FRAG DEN SCHMIDT

Mit dem Kauf der 45. Auflage des Schmidt EStG 2026 haben Sie automatisch die im vergangenen Jahr erstmals enthaltene zusätzliche KI-Anwendung FRAG DEN SCHMIDT erworben. Nutzer zeigen sich begeistert von der KI-gestützten Recherche. Das »Chat-Book« besteht aus dem Printwerk und der KI-basierten Online-Anwendung.

Gleichzeitig ist FRAG DEN SCHMIDT ab sofort über die neue zentrale Plattform – die Chat-Book-Kollektion – verfügbar. Wer weitere Chat-Books erwirbt, kann die KI-Anwendung nun werkübergreifend einsetzen und erhält auf diese Weise rechtsgebietsübergreifende Antworten. Nutzen Sie die Möglichkeiten mit dem SCHMIDT 2026 zu interagieren und sparen Sie dadurch im beruflichen Alltag viel Zeit:

- Sie können gezielt Fragen stellen und Dialoge führen, um KI-generierte Antworten auf Basis der 45. Auflage 2026 zu erhalten,
- Sie werden bei der Formulierung von E-Mails, Schriftsätzen und Mandantenschreiben auf Basis der von der KI-Anwendung erzeugten Antworten unterstützt*,
- Sie können mit Hilfe der Anwendung nach Inhalten suchen, z.B. durch Eingabe von Stichwörtern oder Randnummern.

Darüber hinaus stehen Ihnen die Kommentierungen im Originaltext und in einer durch KI erzeugten Langfassung ohne Abkürzungen zur Verfügung.

Zur Freischaltung von FRAG DEN SCHMIDT benötigen Sie einmalig einen Code.
Um das Chat-Book FRAG DEN SCHMIDT freizuschalten, ist nur der unten auf dieser Seite abgedruckte Code erforderlich. Dieser Code verliert nach erfolgter Freischaltung seine Gültigkeit. Eine Weitergabe des Codes an Dritte ist nicht zulässig. Nach Beendigung des Freischaltprozesses ist die hinterlegte E-Mail-Adresse mit dem Freischaltcode verknüpft, sodass der Code bei zukünftigen Logins nicht mehr benötigt wird. Die Anwendung FRAG DEN SCHMIDT funktioniert auf unterschiedlichen Geräten wie PC, Tablets oder Smartphones mit Ihren persönlichen Login-Daten.

SO EINFACH GEHT'S:

1. Code im Buch freirubbeln.
2. In die Chat-Book-Kollektion auf **chat-books.de** einloggen oder einen Account erstellen.
3. Schmidt EStG 2026 auswählen, auf »Chat-Book freischalten« klicken und den Code eingeben.
4. Nach erfolgreicher Eingabe des Codes können Sie die Anwendung FRAG DEN SCHMIDT nutzen.

Schmidt, EStG, 45. A.

WICHTIG!

Rubbeln Sie den hier abgedruckten Code nur dann frei, wenn Sie FRAG DEN SCHMIDT nutzen möchten.
Ein etwaiges Rückgaberecht für das Buch besteht nur bei unbeschädigtem Rubbelfeld.
Der Code ist nur einmalig einlösbar und verliert nach erfolgter Freischaltung seine Gültigkeit.
Das Nutzungsrecht für FRAG DEN SCHMIDT ist an die Laufzeit dieser Auflage gebunden und endet automatisch mit Ablauf des Folgemonats nach dem Erscheinen der Neuauflage.
Weitere Informationen auf **beck.chat-books.de.**

*Hinweis: Die KI-Anwendung erbringt und ersetzt keine Rechtsdienstleistungen iSd RDG.

Schmidt

Einkommensteuergesetz

Einkommensteuergesetz

Kommentar inkl. Chat-Book

Herausgegeben von

Professor Dr. Heinrich Weber-Grellet

Erläutert von

Wolfgang Heinicke
Vors. Richter am Finanzgericht
in München a. D.

Dr. Roland Krüger
Richter am Bundesfinanzhof
in München

Dr. Egmont Kulosa
Richter am Bundesfinanzhof
in München

Dr. Christian Levedag, LL.M Tax
(London)
Richter am Bundesfinanzhof
in München

Dr. Friedrich Loschelder, LL.M
(Edin)
Richter am Bundesfinanzhof
in München

Prof. Dr. Roland Wacker
Vors. Richter am Bundesfinanzhof
in München a. D.

Prof. Dr. habil. Heinrich Weber-Grellet
Vors. Richter am Bundesfinanzhof
in München a. D.

Begründet von Prof. Dr. Ludwig Schmidt†

45., völlig neubearbeitete Auflage
2026

C.H.BECK

Zitierweise

Schmidt/Heinicke EStG § 1 Rn. 1
Schmidt/Krüger EStG § 8 Rn. 1
Schmidt/Kulosa EStG § 6 Rn. 1
Schmidt/Levedag EStG § 3 Rn. 1
Schmidt/Loschelder EStG § 4 Rn. 1
Schmidt/Wacker EStG § 4i Rn. 1
Schmidt/Weber-Grellet EStG § 2 Rn. 1

Ausgeschiedene Autoren

Prof. Dr. Walter Drenseck† (1.–30. Aufl.)
Dr. Peter Glanegger† (6.–28. Aufl.)
Prof. Dr. Ludwig Schmidt† (1.–25. Aufl.)
Prof. Dr. Siegbert F. Seeger (1.–41. Aufl.)

beck.de

ISBN PRINT 978 3 406 84000 5

Wilhelmstraße 9, 80801 München
info@beck.de
Druck und Bindung: Druckerei C.H.Beck Nördlingen
(Adresse wie Verlag)

Satz: Jung Crossmedia Publishing GmbH
Gewerbestr. 17, 35633 Lahnau

Umschlag: Druckerei C.H.Beck Nördlingen

myclimate
shape our future

chbeck.de/nachhaltig
produktsicherheit.beck.de

Gedruckt auf säurefreiem, alterungsbeständigem Papier
(hergestellt aus chlorfrei gebleichtem Zellstoff)

Vorwort zur 45. Auflage

Verehrte Leserinnen und Leser,

die Neuauflage unseres Kommentars bietet Ihnen wie gewohnt die umfassende und systematische Erläuterung aller Vorschriften des EStG in ihrer aktuellen Fassung. Zudem können Sie weiterhin online mit dem Schmidt als **„Chat-Book"** kommunizieren. Die im vergangenen Jahr präsentierte zusätzliche KI-Anwendung, die bei den Nutzern ein sehr positives Echo ausgelöst hat, kann auch weiterhin von allen Käufern des gedruckten Buchs genutzt werden. Gleichzeitig ist *„Frag den Schmidt"* nun in eine *Chat-Book-Kollektion* eingebunden, so dass die KI-Anwendung ab sofort auch werkübergreifend eingesetzt werden kann. So werden die Vorzüge der traditionellen Kommentierung mit dem technischen Fortschritt und den innovativen Möglichkeiten der KI verbunden. Sie können dem *Schmidt* weiterhin gezielt Fragen stellen und mit ihm Dialoge führen. Alle KI-generierten Antworten beruhen ausschließlich auf unserer Kommentierung; damit werden (in Zeiten von KI keineswegs selbstverständlich) die Authentizität der Antworten und die Quellensicherheit gewährleistet.

Detaillierte Informationen zu den Funktionen und zur Freischaltung der KI-Anwendung *„Frag den Schmidt"* sowie zur neuen *„Chatbook-Kollektion"* entnehmen Sie bitte der Seite mit dem **Freischaltcode** *„Frag den Schmidt"* unmittelbar vor der Titelseite dieses Buches und dem Inhalt der speziellen Internetseite **chat-books.de.** Dort finden Sie auch eine ausführliche FAQ-Liste zum Produkt.

Wer meint, das Einkommensteuerrecht sei eine eher spröde Materie, verkennt, dass dieses Rechtsgebiet das Leben in seiner ganzen Breite erfasst: Geburt und Tod, Ehe und Familie, Kinder, Ausbildung und Studium, Beruf und Gewerbe, ja selbst das (Glücks-)Spiel – das alles sind Vorgänge von steuerlicher Relevanz und Gegenstand steuerlicher Entscheidungen: Unsere nachfolgende Aufstellung neuer BFH-Entscheidungen zeugt von der Vielgestaltigkeit einkommensteuerlicher Sachverhalte.

Wie geht es nun mit der Entwicklung des Einkommensteuerrechts weiter? Die Zeiten großer Reformentwürfe scheinen passé. Erinnert sei nur an die Modelle Lang (1993), Rose (2002), P. Kirchhof (2003, 2011), FDP (2003), Mitschke (2004), Elicker (2004), Lang/Herzig/Hey u. a. (2005), Sachverständigenrat/MPI/ZEW (2006), Stiftung Marktwirtschaft (2006), Kommission Steuergesetzbuch (2013), Bund der Steuerzahler (2024). Für Teilbereiche haben die vom Bundesministerium der Finanzen im Juli 2023 eingesetzten Expertenkommissionen „Bürgernahe Einkommensteuer" und „Vereinfachte Unternehmensteuer" ihre Entwürfe (mit einer Vielzahl von Einzelheiten) vorgelegt.

Demgegenüber ist der Koalitionsvertrag v. 6.5.25 in einkommensteuerrechtlicher Hinsicht (vgl. Rn. 1426 ff) eher bescheiden ausgefallen; die Pläne erschöpfen sich in einer Vielzahl von Einzelmaßnahmen, strukturelle Änderungen sind nicht vorgesehen: degressive Abschreibungen auf Ausrüstungsinvestitionen, steuerliche Anreize für Mehrarbeit, Erhöhung der Pendlerpauschale, Erhöhung der Pauschalen im Bereich des Ehrenamts und der Gemeinnützigkeit. Die Thesaurierungsbegünstigung nach § 34a soll wesentlich verbessert werden. Die Einkommensteuer für kleine und mittlere Einkommen soll zur Mitte der Legislaturperiode gesenkt werden. Es ist geplant, die Schere zwischen der Entlastungswirkung der Kinderfreibeträge und dem Kindergeld schrittweise zu verringern; bei einer Erhöhung des Kinderfreibetrags soll auch eine adäquate Anhebung des Kindergelds erfolgen; die finanzielle Situation von Alleinerziehenden soll durch Anhebung oder Weiterentwicklung des Alleinerziehenden-Entlastungsbetrags verbessert werden. Grundlegende Reformansätze, wie sie noch in den Wahlprogrammen formuliert waren, sind nicht erkennbar.

Was gibt es Neues? In der vorliegenden 45. Auflage haben wir die seit Veröffentlichung der letzten Auflage ergangenen EStG-Änderungsgesetze ebenso wie die bis Ende Januar 2026 veröffentlichten Entscheidungen des BFH und der Finanzgerichte und die neuen Verwaltungsanweisungen verarbeitet; selbstverständlich haben wir auch das einschlägige Schrifttum gesichtet und in der Kommentierung berücksichtigt. Kommentiert sind auch noch die im Standortfördergesetz (StoFöG) v. 4.2.26 enthaltenen Änderungen. Im Einzelnen:

1. Gesetzgebung

- **Gesetz für ein steuerliches Investitionssofortprogramm zur Stärkung des Wirtschaftsstandorts Deutschland (InvBoosterG)** v. 14.7.25 (BGBl I 25 Nr 161): § 6, § 7, § 34a, § 52
- **Gesetz zur Anpassung des Mindeststeuergesetzes und zur Umsetzung weiterer Maßnahmen (MinStAnpG)** v. 22.12.25 (BGBl I 25 Nr 353): § 4j, § 9, § 52
- **Gesetz zur steuerlichen Förderung von Arbeitnehmerinnen und Arbeitnehmern im Rentenalter (AktivRentG)** v. 22.12.25 (BGBl I 25 Nr 361): § 3 Nr 21, § 41, § 41b, § 42b
- **Steueränderungsgesetz 2025 (StÄndG 2025)** v. 22.12.25 (BGBl I 25 Nr 363): § 3 Nr 26, 26a, 72, 73, § 4, § 7b, § 9, § 9a, § 10b, § 32c, § 34g, § 40, § 52, § 101
- **Gesetz zur Modernisierung des Wehrdienstes (Wehrdienst-Modernisierungsgesetz – WDModG)** v. 22.12.25, BGBl I 25 Nr 370: § 3 Nr 5
- **Zweites Betriebsrentenstärkungsgesetz (BRSG II)** v. 16.1.26, BGBl I 26 Nr 14: § 3 Nr 55c, § 100
- **Gesetz zur Förderung privater Investitionen und des Finanzstandorts (Standortfördergesetz – StoFöG)** v. 4.2.26, BGBl I 26 Nr 33: § 3 Nr 70, § 6b, § 52
- **Siebte Verordnung zur Änderung steuerlicher Verordnungen** v. 19.12.25, BGBl I 25 Nr 372: §§ 8, 60, 73, 84 EStDV, §§ 4, 8 LStDV

2. BFH-Rechtsprechung (Auswahl)

§ 2a: Gegenstand und Wirkung der Verlustfeststellung nach § 2a III 5 (I R 8/24)

§ 3a: Sanierungsertrag im Sonderbetriebsvermögen und Begriff der unternehmensbezogenen Sanierung bei einer Mitunternehmerschaft (IV R 23/23)

§ 4: Entstrickung durch Überführung von Wirtschaftsgütern in ausländische Betriebsstätte – verfassungsrechtliches Vertrauensschutzgebot bei rückwirkenden Gesetzen, § 4 I 2–4 (I R 5/24, I R 99/15)

§ 4: Betriebsausgabenabzug von Ausgleichszahlungen im Rahmen eines Zinsswaps, § 4 I, IV (VI R 11/22)

§ 4: Ertragsteuerrechtliche Abziehbarkeit von Vermögensabschöpfungen, § 4 V 1 Nr 8 S 4, § 12 Nr 4 (X R 6/23)

§ 4: Änderung der Gewinnermittlungsart, Wahlrecht, § 4 I, III (X R 1/23)

§ 4f: Übertragung von Pensionsverpflichtungen – erstmalige Anwendung des § 4f (IV R 27/22)

§ 5: Abgrenzung von Anlagevermögen und Umlaufvermögen (X R 4/23)

§ 5: Keine Rückstellung für künftige Wartung von Zügen, § 5 I 1 (XI R 11/22)

§ 5: Aktivierung von Provisionsansprüchen bei Versicherungsvertretern, § 5 I 1 (X R 12–13/22)

§ 5a: Voraussetzungen für die Gewinnermittlung nach der Tonnage für ein Folgejahr – Prüfung der langfristigen Betriebsabsicht trotz bestandskräftiger Gewinnermittlung nach der Tonnage im Erstjahr, § 5a I 1 (IV R 7/22)

§ 6: Unentgeltliche Übertragung der Wirtschaftsgüter eines Gewerbebetriebs unter Vorbehaltsnießbrauch, § 6 I Nr 1, 2 (X R 35/19)

§ 6: Anscheinsbeweis für Privatnutzung eines Pickup und Anwendung der Ein-Prozent-Regelung, § 6 I Nr 4 S 2 Hs 1 (III R 34/22)

§ 6a: Ansatz und Teilwert von Pensionsrückstellungen für beitragsorientierte Leistungszusagen ohne garantierte Mindestversorgung (XI R 25/21)

§ 6b: Zur Verfassungsmäßigkeit des Gewinnzuschlags nach § 6b VII (VI R 20/23)

§ 6b: Rücklage nach § 6b und Grundsätze des formellen Bilanzenzusammenhangs, § 4 I, II (XI R 27/22)

§ 6e: Rückwirkende Anwendung von § 6e (IX R 13/24)

§ 7: Aufteilung eines Gesamtkaufpreises für eine denkmalgeschützte Immobilie in Grund- und Boden – sowie Gebäudeanteil für Zwecke der AfA (IX R 26/24)

§ 7b: Keine Sonderabschreibung für neue Mietwohnung bei Abriss und Neubau (IX R 24/24)

§ 7g: Zur Auswirkung der Hinzurechnung gem § 7g II 1 auf die Höhe des verrechenbaren Verlustes gem § 15a und zum Begriff des Kapitalkontos iSd § 15a (IV R 28/23)

§ 7i: Kein Verstoß gegen Unionsrecht durch Beschränkung der Steuerbegünstigung des § 7i auf im Inland gelegene Baudenkmale (X R 19/22)

§ 9: Zahlungen in die Erhaltungsrücklage einer Wohnungseigentümergemeinschaft sind keine Werbungskosten, § 9 I 1 (IX R 19/24)

§ 9: Kein Werbungskostenabzug bei Umzug des Steuerpflichtigen wegen Einrichtung eines Arbeitszimmers, § 9 I 1, § 12 Nr 1 S 2 (VI R 3/23)

§ 9: Doppelte Haushaltsführung: Kosten der Lebensführung bei einem Ein-Personen-Haushalt (VI R 12/23)

§ 9: Unterkunftskosten bei einer doppelten Haushaltsführung eines Beamten im Ausland, § 3 Nr 64, § 9 I 3 Nr 5 S 1 (VI R 21/23)

§ 9: Doppelte Haushaltsführung: Kein Werbungskostenabzug für die vom Ehegatten aufgrund eigener Verpflichtung gezahlten Kosten einer Zweitwohnung des anderen Ehegatten (VI R 16/23)

§ 9: Aufwendungen für die Anmietung eines Pkw-Stellplatzes als Werbungskosten im Rahmen einer doppelten Haushaltsführung (VI R 4/23)

§ 10: Zur Abziehbarkeit von Beiträgen zu einer freiwilligen privaten Pflegezusatzversicherung als Sonderausgaben (X R 10/20)

§ 10: Zur Verfassungsmäßigkeit des Kriteriums der Haushaltszugehörigkeit beim Sonderausgabenabzug für Kinderbetreuungskosten (III R 8/23)

§ 10a: Günstigerprüfung gem § 10a II; Reihenfolge der Rechenschritte von der tariflichen zur festzusetzenden Einkommensteuer (X R 11/21)

§ 11: Kein Zufluss von Darlehenszinsen bei Prolongation vor Fälligkeit (VIII R 30/23)

§ 12: Anerkennung eines Ehegatten-Mietverhältnisses bei Einlagen des Vermieter-Ehegatten in den Betrieb des Mieter-Ehegatten (VIII R 23/23)

§ 15: Verlusttragung bei einem Vorbehaltsnießbrauch an einem Kommanditanteil (IV R 12/21)

§ 15: Korrespondierende Bilanzierung und Wertberichtigung von Darlehensforderungen im Sonderbetriebsvermögen bei Betriebsaufgabe einer gewerblich geprägten Personengesellschaft (IV R 28/22)

§ 15: Kapitalgesellschaftsanteile als Sonderbetriebsvermögen (IV R 12/23)

§ 15: Zur Mitunternehmerstellung des durch einen Nießbrauch an einem Kommanditanteil Begünstigten (IV R 36/22)

§ 15: Online-Poker in der Variante „Pot Limit Omaha" als im Einzelfall gewerbliche Tätigkeit (X R 26/21)

§ 15: Keine gewerbliche Tätigkeit bei bloßer Übernahme der Kosten der Erschließung eines land- und forstwirtschaftlichen Grundstücks (VI R 9/23)

§ 15: Zur Gewinnerzielungsabsicht bei langjährigen gewerblichen Verlusten (III R 45/22)

§ 15: Feststellung von Besteuerungsgrundlagen einer KGaA (I R 27/22)

§ 15a: Zur Gewinnhinzurechnung gem § 15a III (IV R 11/22; IV R 7/23)

§ 15a: Einbringungsgeborene Anteile und verrechenbare Verluste § 15a II (X R 5/22)

§ 16: Realteilung und Körperschaftsteuerklausel (IV R 16/22)

§ 17: Entgeltliche Ablösung eines Nießbrauchs an GmbH-Anteilen (IX R 14/24)

§ 17: Rückabwicklung einer Anteilsübertragung wegen Wegfalls der Geschäftsgrundlage (IX R 4/23)

§ 17: Veräußerungskosten im Sinne von § 17 II (IX R 12/24)

§ 18: Freiberufliche Einkünfte einer Mitunternehmerschaft bei kaufmännischer Führung durch einen Berufsträger (VIII R 4/22)

§ 20: Zurechnung von Dividenden beim Vorbehaltsnießbrauch (IX R 5/24)

§ 20: Keine rückwirkende Beseitigung einer vGA durch Anrechnung auf den Kaufpreis nach Bestellung eines „Vorkaufsrechts" (VIII R 19/24)

§ 20: Eingeschränkte Anwendung der investmentrechtlichen Teilfreistellung auf Veräußerungsverluste im Anwendungsbereich von § 56 InvStG (VIII R 15/22/VIII R 22/23)

§ 20: EuGH-Vorlage zur Erstattung von Kapitalertragsteuer an japanische Mutterkapitalgesellschaften (III R 21/22)

§ 20: Zur Besteuerung der laufenden Einnahmen aus einer Mitarbeiterbeteiligung (VIII R 11-12/23, VIII R 13/23, VIII R 14/23)

§ 21: Entgeltlicher Verzicht auf Nießbrauch bei einem vermieteten Grundstück (IX R 4/24)

§ 21: Ortsübliche Vermietungszeit für eine Ferienwohnung (IX R 23/24)

§ 23: Veräußerungsgewinn nach § 23 bei teilentgeltlicher Übertragung eines Grundstücks (IX R 17/24)

§ 32: Zur Selbstunterhaltsfähigkeit eines volljährigen Kindes mit Behinderung bei Bezug von Erwerbsminderungsrenten und von ALG II infolge der Mitgliedschaft in einer Bedarfsgemeinschaft (III R 20/23)

§ 32: Kein Kindergeldanspruch während des freiwilligen Wehrdienstes (III R 43/22)

§ 32: Kindergeld wegen seelischer Behinderung (III R 9/23)

§ 33: Abzug ersparter Mietaufwendungen (vGA) als außergewöhnliche Belastung (VI R 15/23)

§ 34a: Thesaurierungsbegünstigung und Verfahrensrecht (VI R 23/23)

§ 43b: Verzinsung von Kapitalertragsteuerbeträgen, die nach § 50d I 2 zu erstatten sind (VIII R 32/21)

§ 49: Besteuerung deutscher Rentner in Portugal (X R 1/24)

§ 50a: Verzinsung von Kapitalertragsteuerbeträgen, die nach § 50d Abs. 1 Satz 2 iVm § 43b EStG und Art. 5 MTR zu erstatten sind (VIII R 32/21)

§ 62: Kindergeld für ein im außereuropäischen Ausland studierendes Kind (III R 32/23)

§ 74: Keine Abzweigung von Kindergeld an ein volljähriges Kind bei mangelnder Unterhaltsbedürftigkeit des Kindes (III R 10/24)

3. Finanzverwaltung (BMF; Auswahl)

§ 3: Steuerbefreiung nach § 3 Nr 46 und Pauschalierung der Lohnsteuer nach § 40 II 1 Nr 6; steuerliche Behandlung der vom Arbeitnehmer selbst getragenen Stromkosten (BStBl I 25, 1929)

§ 4: Standardisierte Einnahmenüberschussrechnung nach § 60 IV EStDV; Anlage EÜR 2025 (BStBl I 25, 1652)

§ 4: Steuerliche Anerkennung von Aufwendungen für die Bewirtung von Personen aus geschäftlichem Anlass in einem Bewirtungsbetrieb als Betriebsausgaben (BStBl I 25, 1938)

§ 4h: Zinsschranke gem. § 4h EStG; § 8a KStG (BStBl I 25, 683)

§ 5b: E-Bilanz; Veröffentlichung der Taxonomien 6.9 v. 1.4.25 (BStBl I 25, 1450)

§ 6: Unentgeltliche Übertragung der Wirtschaftsgüter eines Gewerbebetriebs unter Vorbehaltsnießbrauch; Anwendung des BFH-Urteils v. 29.1.25, X R 35/19 (BStBl I 25, 1834)

§ 6: Bewertung von Tieren in land- und forstwirtschaftlichen Betrieben (BStBl I 25, 2042)

§ 6: Pauschbeträge für unentgeltliche Wertabgaben (Sachentnahmen) für das Kalenderjahr 2026 (BStBl I 26, 4)

§ 7: Aufhebung des BMF-Schreibens v. 22.2.23, BStBl I 23, 332; AfA von Gebäuden nach der kürzeren tatsächlichen Nutzungsdauer, § 7 IV 2 (BStBl I 25, 2028)

§ 7b: Anwendungsschreiben zur Sonderabschreibung für die Anschaffung oder Herstellung neuer Mietwohnungen nach § 7b (BStBl I 25, 1419)

§ 9: Steuerliche Behandlung von Reisekosten und Reisekostenvergütungen bei betrieblich und beruflich veranlassten Auslandsreisen ab 1.1.26 (BStBl I 25, 2078)

§ 10: Sonderausgabenabzug von Vorsorgeaufwendungen bei grenzüberschreitender Betätigung; Anwendung der Ausnahme vom Sonderausgabenabzugsverbot für Vorsorgeaufwendungen gem § 10 II 1 Nr 1 Hs 2 (BStBl I 25, 964)

§ 13a: Standardisierte Gewinnermittlung nach Durchschnittssätzen nach § 13a III 4 (BStBl I 25, 1710)

§ 15: Beteiligung von juristischen Personen des öffentlichen Rechts an einer Personengesellschaft; Folgen aus den BFH-Urteilen I R 52/13 und I R 16/19 (BStBl I 25, 1174)

§ 20: Neu gefasster Erlass zur Abgeltungsteuer (BStBl I 25, 1330).

§ 20: Einzelfragen zur ertragsteuerrechtlichen Behandlung bestimmter Kryptowerte (BStBl I 25, 658)

§ 22: Besteuerung von Leibrenten und anderen Leistungen aus der Basisversorgung nach § 22 Nr 1 S 3 Buchst a Doppelbuchstabe aa (BStBl I 25, 654)

§ 32c: Verlängerung der Tarifermäßigung gem § 32c (BStBl I 25, 1695)

§ 33a: Allgemeine Hinweise zur Berücksichtigung von Unterhaltsaufwendungen nach § 33a I als außergewöhnliche Belastung (BStBl I 25, 1779)

§ 34a: Anwendungsschreiben zur Begünstigung der nicht entnommenen Gewinne, § 34a (BStBl I 25, 671)

§ 35: Steuerermäßigung bei Einkünften aus Gewerbebetrieb (BStBl I 25, 649)

§ 35c: Förderung energetischer Maßnahmen an zu eigenen Wohnzwecken genutzten Gebäuden; Einzelfragen zu § 35c (BStBl I 25, 1609)

§ 39b: Anwendung der Vorsorgepauschale gemäß § 39b II 5 nach dem Pflegeunterstützungs- und -entlastungsgesetz (BStBl I 25, 2012)

§ 45a: Schreiben betr. Kapitalertragsteuer; Ausstellung von Steuerbescheinigungen (BStBl I 25, 1388)

§ 49: Steuerliche Behandlung des Arbeitslohns nach den DBA (BStBl I 26, 20)

Wir möchten uns auch in diesem Jahr wieder bei allen an der Herstellung des Werks beteiligten Mitarbeitern des Verlags ganz herzlich bedanken. Insbesondere bei unserem Lektor *Herrn Michael Müller* und bei *Frau Alexandra Theato* für den überaus engagierten und unermüdlichen Einsatz; ohne diesen besonderen Einsatz könnte das Werk nicht gelingen.

Sie, liebe Leserinnen und Leser, sind wieder in zahlreichen Fällen mit uns in Kontakt getreten, haben uns auf kleine Fehler und Unklarheiten aufmerksam gemacht und uns mit Ihren Anregungen unterstützt, auch dafür herzlichen Dank!

Und im Hinblick auf die weitere Entwicklung des Einkommensteuerrechts sollten wir vielleicht zum guten Schluss mit (dem fast vergessenen) Ernst Bloch auf das Prinzip Hoffnung setzen, auf die fundamentale Sehnsucht des Menschen nach einer besseren Zukunft und damit auch auf die Hoffnung auf ein einfaches und gerechtes Einkommensteuerrecht.

Im März 2026 Die Verfasser

Redaktionelle Hinweise:

Kontaktadresse: Wenn Sie uns Fehler, Ungenauigkeiten oder Verbesserungsvorschläge mitteilen wollen, kontaktieren Sie uns bitte über die Mail-Adresse steuerrecht@beck.de.

Lücken bei den Randnummern: Die gelegentlichen Randnummern-Sprünge sind bewusst gesetzt, damit wir bei eventuell notwendigen Ergänzungen in späteren Auflagen nicht alle Randnummern der betreffenden Kommentierung ändern müssen.

Balken am vorangestellten Gesetzestext: Gesetzesänderungen seit der Vorauflage sind mit seitlichen Balken gekennzeichnet. So erkennen Sie auf einen Blick alle Änderungen, die der Gesetzgeber im vergangenen Jahr vorgenommen hat und die in der Kommentierung berücksichtigt sind.

Vorwort zur 1. Auflage 1982

Unsere Verwegenheit, dem geneigten Publikum einen neuen Kommentar zum Einkommensteuergesetz anzubieten, lässt sich rational kaum erklären, am ehesten vielleicht noch aus dem eigenen Wunsch nach einer auf praktische Bedürfnisse konzentrierten, aber gleichwohl möglichst umfassenden, aktuellen und einsichtigen Erläuterung des EStG. Jedenfalls war ein solches Werk das Ziel unserer Anstrengungen, wobei wir mit einer einsichtigen Erläuterung in aller Bescheidenheit nur eine Darstellung meinen, die bemüht ist, sowohl dem Experten als auch dem interessierten Steuerlaien weiterzuhelfen. Folgerichtig wenden wir uns zwar naturgemäß primär an den Praktiker im Bereich der beratenden Berufe, der Wirtschaft, der Gerichte und der Verwaltung, grundsätzlich aber an jeden, der gelegentlich (z. B. als Zivilrichter, als Anwalt, als Vermögensverwalter oder einfach als Steuerzahler) oder der erstmals (z. B. im Rahmen seiner Ausbildung) mit Fragen des Einkommensteuerrechts konfrontiert wird. Bei unserer Dokumentation zum EStG waren wir bemüht, die Rechtsprechung des Bundesfinanzhofs, soweit veröffentlicht und soweit nicht durch jüngere Entscheidungen überholt, erschöpfend zu berücksichtigen. Die Rechtsprechung der Finanzgerichte und das Schrifttum, insbesondere in Form von Aufsätzen und Monografien, sind in einer, wie wir hoffen, reichhaltigen und weiterführenden Auswahl dargeboten. Ein besonderes Anliegen war uns die stete Verbindung mit dem Zivilrecht einschließlich Handels- und Gesellschaftsrecht, insbesondere die Erkenntnis zivilrechtlicher Gegebenheiten als Grundlage einkommensteuerrechtlicher Wertungen. Unsere eigenen Rechtsansichten, für die jeder Autor nur persönlich verantwortlich zeichnet, bleiben nicht verborgen, stehen aber ebensowenig im Vordergrund der Kommentierung wie etwa neue Theorien oder Systeme.

Für Hinweise und Anregungen aus der Leserschaft werden wir uns stets dankbar zeigen.

Herzlicher Dank gebührt dem Verleger und seinen Mitarbeitern, unter ihnen insbesondere Herrn *Albert Buchholz* für das große Engagement und die vielfältige Unterstützung.

Im April 1982 Die Verfasser

Bearbeiterverzeichnis

Es wurden bearbeitet von

Wolfgang Heinicke
§§ 1, 1a, 2a, 4a, 4g, 10b–10d, 32b, 34c, 34d, 34g, 110, 111

Dr. Roland Krüger
§§ 8–9a, 10, 11–11b, 19, 19a, 35a, 38–42g, 79–109, 112–122

Dr. Egmont Kulosa
§§ 6, 6e, 7–7i, 10f, 10g, 13–14, 21, 25–28, 32c, 34b, 35b, 46

Dr. Christian Levedag
§§ 3–3c, 17, 20, 23, 32d, 35c, 36a, 43–45e, 50b, 50g, 50h, 50j

Dr. Friedrich Loschelder
§§ 4, 4h, 4j, 4k, 5a, 6b, 6c, 12, 24b, 31–32a, 33–33b, 36, 37–37b, 48–50a, 50c–50e, 50i, 51a

Prof. Dr. Roland Wacker
§§ 4i, 15–16, 18, 24, 24a, 34, 34a, 35

Prof. Dr. habil. Heinrich Weber-Grellet
§§ 2, 4b–4f, 5, 5b, 6a, 9b, 10a, 22, 22a, 50f, 51, 52, 56–78, 123–126

Inhaltsverzeichnis

Einkommensteuergesetz (EStG)

I. Steuerpflicht

II. Einkommen

1. Sachliche Voraussetzungen für die Besteuerung

2. Steuerfreie Einnahmen

3. Gewinn

4. Überschuss der Einnahmen über die Werbungskosten

4a. Umsatzsteuerrechtlicher Vorsteuerabzug

5. Sonderausgaben

6. Vereinnahmung und Verausgabung

7. Nicht abzugsfähige Ausgaben

8. Die einzelnen Einkunftsarten

a) Land- und Forstwirtschaft (§ 2 Absatz 1 Satz 1 Nummer 1)

b) Gewerbebetrieb (§ 2 Absatz 1 Satz 1 Nummer 2)

c) Selbständige Arbeit (§ 2 Absatz 1 Satz 1 Nummer 3)

d) Nichtselbständige Arbeit (§ 2 Absatz 1 Satz 1 Nummer 4)

e) Kapitalvermögen (§ 2 Absatz 1 Satz 1 Nummer 5)

f) Vermietung und Verpachtung (§ 2 Absatz 1 Satz 1 Nummer 6)

g) Sonstige Einkünfte (§ 2 Absatz 1 Satz 1 Nummer 7)

h) Gemeinsame Vorschriften

III. Veranlagung

6. Steuerermäßigung für energetische Maßnahmen bei zu eigenen Wohnzwecken genutzten Gebäuden

VI. Steuererhebung

1. Erhebung der Einkommensteuer

2. Steuerabzug vom Arbeitslohn (Lohnsteuer)

3. Steuerabzug vom Kapitalertrag (Kapitalertragsteuer)

X. Kindergeld

XI. Altersvorsorgezulage

Lohnsteuer-Durchführungsverordnung

Abkürzungsverzeichnis

aA	anderer Ansicht
aaO	am angeführten Ort
AbgeltungSt	Abgeltungsteuer
abl	ablehnend
ABl EU	EU-Amtsblatt
Abs	Absatz
abw	abweichend
AbwStVermG	Gesetz zur Abwehr von Steuervermeidung und unfairem Steuerwettbewerb
AbzStEntlModG	Abzugsteuerentlastungsmodernisierungsgesetz
AdV	Aussetzung der Vollziehung
AEAO	Anwendungserlass zur Abgabenordnung
AEAStG	Anwendungserlass zum AStG 2023 (*BMF* BStBl I 23 SonderNr 1, 2)
AEUV	Vertrag über die Arbeitsweise der Europäischen Union
aF	alte Fassung
AfA	Absetzung für Abnutzung
AfaA	Absetzung für außergewöhnliche Abnutzung
AfS	Absetzung für Substanzverringerung
AG	Aktiengesellschaft; Die Aktiengesellschaft (Zeitschrift)
agB	außergewöhnliche Belastung
AK	Anschaffungskosten
AktG	Aktiengesetz
AktivRentG	Gesetz zur steuerlichen Förderung von Arbeitnehmerinnen und Arbeitnehmern im Rentenalter
allg	allgemein
Alt	Alternative
AltEinkG	Alterseinkünftegesetz
AltfahrzeugG	Gesetz über die Entsorgung von Altfahrzeugen
Altmeppen	Kommentar zum GmbHG, 11. Aufl. 2023
AltvVerbG	Altersvorsorge-Verbesserungsgesetz
AltZertG	Altersvorsorgeverträge-Zertifizierungsgesetz
AmtshilfeRLUmsG	Amtshilferichtlinie-Umsetzungsgesetz
Anm	Anmerkung
ao	außerordentlich
AO	Abgabenordnung
AOS Rechnungslegung	Anzinger/Oser/Schlotter, Rechnungslegung und Prüfung der Unternehmen, 7. Aufl. 2023–2025 (zuvor: ADS)
AO-StB	Der AO-Steuerberater (Zeitschrift)
ArbG	Arbeitgeber
ArbLohn	Arbeitslohn
ArblVers	Arbeitslosenversicherung
ArbN	Arbeitnehmer
ArbVerh	Arbeitsverhältnis
ArbZG	Arbeitszeitgesetz
arg	argumentum
Art	Artikel
AStG	Außensteuergesetz

ATAD	Anti-Tax Avoidance Directive – Richtlinie (EU) 2016/1164 v 12.7.16 mit Vorschriften zur Bekämpfung von Steuervermeidungspraktiken mit unmittelbaren Auswirkungen auf das Funktionieren des Binnenmarkts (ABl. EU L 193 S. 1)
ATADUmsG	Gesetz zur Umsetzung der Anti-Steuervermeidungsrichtlinie
ATG	Altersteilzeitgesetz
AuA	Arbeit und Arbeitsrecht (Zeitschrift)
AufenthG	Gesetz über den Aufenthalt, die Erwerbstätigkeit und die Integration von Ausländern
Aufl	Auflage
AÜG	Arbeitnehmerüberlassungsgesetz
Ausl, ausl	Ausland, ausländisch
AUV	Auslandsumzugskostenverordnung
AV	Anlagevermögen
AVmG	Altersvermögensgesetz
BA	Betriebsausgaben
BAA	Bundesausgleichsamt
BADV	Bundesamt für zentrale Dienste und offene Vermögensfragen
BaFin	Bundesanstalt für Finanzdienstleistungsaufsicht
BAföG	Bundesausbildungsförderungsgesetz
BAG	Bundesarbeitsgericht
BAnz	Bundesanzeiger
BauGB	Baugesetzbuch
BB	Betriebs-Berater (Zeitschrift)
BBK	Buchführung, Bilanz, Kostenrechnung (Zeitschrift)
BC	Bilanzbuchhalter und Controller (Zeitschrift)
Bd	Band
BE	Betriebseinnahme(n)
BeBiKo	Beck'scher Bilanz-Kommentar, 14. Aufl. 2024
BeckHdB IFRS	Senger/Driesch/Brune/Schulz-Danso, Beck'sches IFRS-Handbuch, 7. Aufl. 2025
BeckHdB PersGes	Beck'sches Handbuch der Personengesellschaften, 5. Aufl. 2020
BeckOK EStG	Kirchhof/Kulosa/Ratschow, Beck'scher Online-Kommentar zum Einkommensteuergesetz
BEEG	Bundeselterngeld- und Elternzeitgesetz
Beil	Beilage
Begr	Begründung
BehPauschG	Gesetz zur Erhöhung der Behinderten-Pauschbeträge u. a.
BeitrRLUmsG	Beitreibungsrichtlinie-Umsetzungsgesetz
bej	bejahend
BEPS-UmsG	Gesetz zur Umsetzung der Änderungen der EU-Amtshilferichtlinie und von weiteren Maßnahmen gegen Gewinnverkürzungen und -verlagerungen (*englisch:* **B**ase **E**rosion **P**rofit **S**hifting)
BerAusübGes	Berufsausübungsgesellschaft
beschr	beschränkt
bestr	bestritten
betr	betreffend
BetrAufsp	Betriebsaufspaltung
BetrAV	Mitteilungsblatt der Arbeitsgemeinschaft für betriebliche Altersversorgung (Zeitschrift)
BetrAVG	Gesetz zur Verbesserung der betrieblichen Altersversorgung
BetrRentStG	Betriebsrentenstärkungsgesetz (I und II)
BetrVG	Betriebsverfassungsgesetz
BewG	Bewertungsgesetz

BfA	Bundesanstalt für Arbeit
BfF	Bundesamt für Finanzen
BFHE	Sammlung der Entscheidungen des Bundesfinanzhofs
BFH/NV	Sammlung amtlich nicht veröffentlichter Entscheidungen des Bundesfinanzhofs (Zeitschrift)
BFH-PR	Entscheidungen des BFH für die Praxis der Steuerberatung (Zeitschrift)
BGB	Bürgerliches Gesetzbuch
BGBl	Bundesgesetzblatt
BGHZ	Entscheidungen des Bundesgerichtshofs in Zivilsachen
BH/Bearbeiter	Brandis/Heuermann, Ertragsteuerrecht (Loseblatt)
BilStR	Bilanzsteuerrecht
BImSchG	Bundesimmissionsschutzgesetz
Binz/Sorg GmbH & Co. KG-HdB	Binz/Sorg, GmbH & Co. KG, 12. Aufl. 2018
BiRiLiG	Bilanzrichtlinien-Gesetz
BKGG	Bundeskindergeldgesetz
Bln	Berlin
BMF	Bundesministerium der Finanzen
BNotO	Bundesnotarordnung
Bordewin/Brandt	Bordewin/Brandt, Kommentar zum EStG (Loseblatt)
BörsG	Börsengesetz
BP	Betriebsprüfung
BPO	Betriebsprüfungsordnung
BR	Bundesrat
BR-Drs	Bundesrats-Drucksache
BReg	Bundesregierung
Brem	Bremen
Brexit-StBG	Brexit-Steuerbegleitgesetz
BRH	Bundesrechnungshof
BRKG	Bundesreisekostengesetz
BSG	Bundessozialgericht
BsGaV	Betriebsstättengewinnaufteilungs-Verordnung
BSGE	Entscheidungen des Bundessozialgerichts
BStBl	Bundessteuerblatt
BT	Bundestag
BT-Drs	Bundestags-Drucksache
Buchst	Buchstabe
BUKG	Bundesumzugskostengesetz
Bunjes	Bunjes, Kommentar zum UStG, 24. Aufl. 2025
BüroEntlG	Bürokratieentlastungsgesetz I bis IV
BuW	Betrieb und Wirtschaft (Zeitschrift)
BV	Betriebsvermögen
BVerfG	Bundesverfassungsgericht
BVerwG	Bundesverwaltungsgericht
BVG	Bundesversorgungsgesetz
BW	Baden-Württemberg
bzgl	bezüglich
BZSt	Bundeszentralamt für Steuern
bzw	beziehungsweise
Chem	Chemnitz
CoronaStHG I, II, III, IV	Corona-Steuerhilfegesetze I, II, III, IV
Cott	Cottbus

DA-KG	Dienstanweisung zum Kindergeld nach dem EStG
DB	Der Betrieb (Zeitschrift)
DBA	Doppelbesteuerungsabkommen
Ddorf	Düsseldorf
demggü	demgegenüber
ders	derselbe
Desens/Tappe	Desens/Tappe, Kommentar zum GewStG, 2024
Desens/Tappe SteuerR	Desens/Tappe, Lehrbuch Steuerrecht, 28. Aufl., 2025
DienstVerh	Dienstverhältnis
diff	differenzierend
DirektVers	Direktversicherung
Diss	Dissertation
DK	Der Konzern (Zeitschrift)
DMBilG	Gesetz über die Eröffnungsbilanz in Deutscher Mark und die Kapitalneufestsetzung
döR	des öffentlichen Rechts
Dötsch	Dötsch/Pung/Möhlenbrock, Kommentar zum KStG und UmwStG (Loseblatt)
Drs	Drucksache
DRV Bund	Deutsche Rentenversicherung Bund
DSAnpUG-EU	Zweites Datenschutz-Anpassungs- und Umsetzungsgesetz EU
DStBTg	Deutscher Steuerberatertag (Protokoll)
DStJG, Bd	Deutsche Steuerjuristische Gesellschaft e. V., Band
DStR	Deutsches Steuerrecht (Zeitschrift)
DStR-Beih	Beihefter zur Zeitschrift Deutsches Steuerrecht
DStRE	Deutsches Steuerrecht Entscheidungsdienst (Zeitschrift)
DStZ	Deutsche Steuer-Zeitung
dt	deutsch
DV	Durchführungsverordnung
EB	Eröffnungsbilanz
EBITDA	Gewinn vor Zinsen, Steuern und Abschreibungen (*englisch:* **e**arnings **b**efore **i**nterest, **t**axes, **d**epreciation and **a**mortization)
EFG	Entscheidungen der Finanzgerichte (Zeitschrift)
EG	Einführungsgesetz; Europäische Gemeinschaft
EGAmtAnpG	EG-Amtshilfe-Anpassungsgesetz
EGMR	Europäischer Gerichtshof für Menschenrechte
EGRiLi	EG-Richtlinie
ehem	ehemalige(r)
EigRentG	Eigenheimrentengesetz
Einl	Einleitung
einschr	einschränkend
EJGK	Endres/Jacob/Gohr/Klein, DBA Deutschland/USA, Kommentar, 2008
EK	Eigenkapital
EK-Vergleich	Eigenkapitalvergleich
ELStAM	Elektronische Lohnsteuerabzugsmerkmale
entspr	entsprechend
Entw	Entwurf
ErbSt	Erbschaftsteuer
ErbStG	Erbschaftsteuer- und Schenkungsteuergesetz
ErbStPfl, erbstpfl	Erbschaftsteuerpflicht, erbschaftsteuerpflichtig
Erf	Erfurt
Erläut	Erläuterung
ESt	Einkommensteuer

EStÄndG . . . . Einkommensteueränderungsgesetz
EStB . . . . Der Ertragsteuerberater (Zeitschrift)
EStDV . . . . Einkommensteuer-Durchführungsverordnung
EStG . . . . Einkommensteuergesetz
EStH . . . . Einkommensteuer-Hinweise
estl . . . . einkommensteuerlich
EStPfl, estpfl . . . . . . Einkommensteuerpflicht, einkommensteuerpflichtig
EStR . . . . Einkommensteuer-Richtlinien
EU . . . . Europäische Union
EuG . . . . Gericht der Europäischen Union
EuGH . . . . Europäischer Gerichtshof
EURLUmsG . . . . Richtlinien-Umsetzungsgesetz
EuroG . . . . Gesetz zur Einführung des Euro
EuZW . . . . Europäische Zeitschrift für Wirtschaftsrecht
evtl . . . . eventuell
EWIV . . . . Europäische wirtschaftliche Interessenvereinigung
EWR . . . . Europäischer Wirtschaftsraum
EWS . . . . Europäisches Wirtschafts- und Steuerrecht (Zeitschrift)
ExistMinG . . . . Gesetz zur steuerlichen Freistellung des Existenzminimums 2024
EZB . . . . Europäische Zentralbank

FA . . . . Finanzamt
FamEntlG . . . . Gesetz zur steuerlichen Entlastung der Familien (Familienentlastungsgesetz)
FamFördG . . . . Gesetz zur Familienförderung
FamLeistG . . . . Familienleistungsgesetz
FBeh Hmb . . . . Finanzbehörde Hamburg
FELEG . . . . Gesetz zur Förderung der Einstellung landwirtschaftlicher Erwerbstätigkeit
Felsmann . . . . Felsmann u. a., Einkommensbesteuerung der Land und Forstwirte (Loseblatt)
Ffm . . . . Frankfurt am Main
FG . . . . Finanzgericht
FG Bbg . . . . Finanzgericht Brandenburg
FG Bln . . . . Finanzgericht Berlin
FG Bln-Bbg . . . . . . Finanzgericht Berlin-Brandenburg
FG Brem . . . . Finanzgericht Bremen
FG BW . . . . Finanzgericht Baden-Württemberg
FG Ddorf . . . . Finanzgericht Düsseldorf
FG Hmb . . . . Finanzgericht Hamburg
FG Köln . . . . Finanzgericht Köln
FG LSA . . . . Finanzgericht Sachsen-Anhalt
FG Mchn . . . . Finanzgericht München
FG Mster . . . . Finanzgericht Münster
FG MV . . . . Finanzgericht Mecklenburg-Vorpommern
FG Nbg . . . . Finanzgericht Nürnberg
FG RhPf . . . . Finanzgericht Rheinland-Pfalz
FG Saarl . . . . Finanzgericht Saarland
FGO . . . . Finanzgerichtsordnung
FinA . . . . Finanzausschuss
FinVerw . . . . Finanzverwaltung
FM Bay . . . . Finanzministerium Bayern
FM Bbg . . . . Finanzministerium Brandenburg
FM BW . . . . Finanzministerium Baden-Württemberg
FM Hess . . . . Finanzministerium Hessen

FM LSA	Finanzministerium Sachsen-Anhalt
FM MV	Finanzministerium Mecklenburg-Vorpommern
FM Nds	Finanzministerium Niedersachsen
FM NRW	Finanzministerium Nordrhein-Westfalen
FM RhPf	Finanzministerium Rheinland-Pfalz
FM Saarl	Finanzministerium Saarland
FM Sachs	Finanzministerium Sachsen
FM SchlH	Finanzministerium Schleswig-Holstein
FM Thür	Finanzministerium Thüringen
Fn	Fußnote
FN-IdW	Fachnachrichten des Instituts der Wirtschaftsprüfer
FördWachsG	Gesetz zur stl Förderung von Wachstum und Beschäftigung
ForstschädAusglG	Forstschädenausgleichsgesetz
FoStoG	Fondsstandortgesetz
FR	Finanz-Rundschau (Zeitschrift)
Frotscher/Geurts	Frotscher/Geurts, Kommentar zum EStG (Loseblatt)
FS	Festschrift
FSen Bln	Finanzsenat Berlin
FSen Brem	Finanzsenat Bremen
FusionsRL	Richtlinie 2009/133/EG v. 19.10.09 (ABl. EU L 310 S. 34)
FVG	Gesetz über die Finanzverwaltung
FWDS	Flick/Wassermeyer/Ditz/Schönfeld, Kommentar zum Außensteuerrecht (Loseblatt)
GAV	Gewinnabführungsvertrag
GBl	Gesetzblatt
GbR	Gesellschaft bürgerlichen Rechts
gem	gemäß
GenG	Genossenschaftsgesetz
Ges	Gesellschaft
Ges'ter	Gesellschafter
GewBetr	Gewerbebetrieb
GewSt	Gewerbesteuer
GewStDV	Gewerbesteuer-Durchführungsverordnung
GewStG	Gewerbesteuergesetz
gewstl	gewerbesteuerlich
GewStPfl, gewstpfl	Gewerbesteuerpflicht, gewerbesteuerpflichtig
GewStR	Gewerbesteuer-Richtlinien
GG	Grundgesetz
ggf	gegebenenfalls
ggü	gegenüber
glA	gleicher Ansicht
Glanegger/Güroff, GewStG	Glanegger/Güroff, Kommentar zum GewStG, 11. Aufl. 2023
GLE	Gleichlautende Ländererlasse der obersten Finanzbehörden der Länder bzw. Küstenländer
GmbHG	Gesetz betreffend die GmbH
GmbHR	GmbH-Rundschau (Zeitschrift)
GmbH-StB	Der GmbH-Steuerberater (Zeitschrift)
GoB	Grundsätze ordnungsmäßiger Buchführung
Gosch AO/FGO	Gosch, Kommentar zur Abganordnung und Finanzgerichtsordnung (Loseblatt)
Gosch AStG	Gosch, Kommentar zum AStG, 2025
Gosch KStG	Gosch, Kommentar zum KStG, 4. Aufl. 2020
Gräber	Gräber, Kommentar zur FGO, 10. Aufl. 2025

GRCh	EU-Grundrechtecharta
grds	grundsätzlich
GrESt	Grunderwerbsteuer
GrEStG	Grunderwerbsteuergesetz
GrS	Großer Senat
GrStRefG	Grundsteuer-Reformgesetz
GrRentG	Grundrentengesetz
Grüneberg	Grüneberg, Kommentar zum BGB, 85. Aufl. 2026
GS	Gedächtnisschrift
GStB	Gestaltende Steuerberatung (Zeitschrift)
GuB	Grund und Boden
GuV	Gewinn- und Verlustrechnung
GVBl	Gesetz- und Verordnungsblatt
GWG	geringwertige Wirtschaftsgüter
Habil	Habilitationsschrift
HAG	Heimarbeitsgesetz
Hann	Hannover
HB	Handelsbilanz
HBeglG	Haushaltsbegleitgesetz
Hbg	Hamburg
HdJ	Schulze-Osterloh/Hennrichs/Wüstemann, Handbuch des Jahresabschlusses (Loseblatt)
HessFG	Finanzgericht Hessen
HFA	Hauptfachausschuss des Instituts der Wirtschaftsprüfer
HFR	Höchstrichterliche Finanzrechtsprechung (Zeitschrift)
HHR/Bearbeiter	Herrmann/Heuer/Raupach, Kommentar zum EStG und KStG (Loseblatt)
HHS	Hübschmann/Hepp/Spitaler, Kommentar zu AO und FGO (Loseblatt)
HK	Herstellungskosten
hL	herrschende Lehre
hM	herrschende Meinung
HöfeO	Höfeordnung
Hopt	Hopt, Kommentar zum HGB, 45. Aufl 2026
HReg	Handelsregister
Hs	Halbsatz
HStruktG	Haushaltsstrukturgesetz
Hüttemann/Schön	Unternehmenssteuerrecht, 2023
idF	in der Fassung
IdNr	Identifikationsnummer
idR	in der Regel
idS	in diesem Sinne
IdW	Institut der Wirtschaftsprüfer
iEinz	im Einzelnen
iErg	im Ergebnis
ieS	im engeren Sinne
iHd	in Höhe des
IHK	Industrie- und Handelskammer
INF	Die Information über Steuer und Wirtschaft (Zeitschrift)
InflAusglG	Gesetz zum Ausgleich der Inflation durch einen fairen Einkommensteuertarif sowie zur Anpassung weiterer steuerlicher Regelungen
Inl, inl	Inland, inländisch

insb	insbesondere
InsO	Insolvenzordnung
InstFSt	Institut Finanzen und Steuern
InvBoosterG	Gesetz für ein steuerliches Investitionssofortprogramm zur Stärkung des Wirtschaftsstandorts Deutschland
InvG	Investmentgesetz
InvStG	Investmentsteuergesetz
iRd	im Rahmen der/des
iSd	im Sinne des
ISR	Internationale Steuer-Rundschau (Zeitschrift)
IStR	Internationales Steuerrecht (Zeitschrift)
iSv	im Sinne von
iÜ	im Übrigen
iVm	in Verbindung mit
IWB	Internationale Wirtschafts-Briefe (Zeitschrift)
iwS	im weiteren Sinne
iZm	im Zusammenhang mit
Jauernig	Jauernig, Kommentar zum BGB, 19. Aufl. 2023
JbFfSt	Jahrbuch der Fachanwälte für Steuerrecht
jM	Juris Die Monatszeitschrift
JStG	Jahressteuergesetz
„JStG 2018“	Gesetz zur Vermeidung von Umsatzsteuerausfällen beim Handel mit Waren im Internet und zur Änderung weiterer steuerlicher Vorschriften
„JStG 2019“	Gesetz zur weiteren Förderung der Elektromobilität
jurisPR-StR	PraxisReport Steuerrecht (juris)
Ka	Karlsruhe
KapCoRiLiG	Kapitalgesellschaften- und Co-Richtlinie-Gesetz
KapEinkünfte	Kapitaleinkünfte
KapErhStG	Kapitalerhöhungsteuergesetz
KapErträge	Kapitalerträge
KapESt	Kapitalertragsteuer
kapestfrei	kapitalertragsteuerfrei
kapestpfl	kapitalertragsteuerpflichtig
KapGes	Kapitalgesellschaft
KapKto	Kapitalkonto
KapVerm	Kapitalvermögen
KAV	Kindergeldauszahlungs-Verordnung
Kfm, kfm	Kaufmann, kaufmännisch
KG	Kammergericht; Kommanditgesellschaft
KGaA	Kommanditgesellschaft auf Aktien
KiGeld	Kindergeld
KindGrundSiG	Kindergrundsicherungsgesetz
KiSt	Kirchensteuer
KiStPfl, kistpfl	Kirchensteuerpflicht, kirchensteuerpflichtig
Kj	Kalenderjahr
KKBMHG	Kanzler/Kraft/Bäuml/Marx/Hechtner/Geserich, Einkommensteuergesetz Kommentar online (NWB Datenbank)
KKM	Kirchhof/Kube/Mellinghoff, Kommentar zum EStG (Loseblatt – früher: *KSM*)
Klein	Klein, Kommentar zur AO, 19. Aufl. 2025
KlimaSG	Gesetz zur Umsetzung des Klimaprogramms
Knobbe-Keuk	Knobbe-Keuk, Bilanz- und Unternehmenssteuerrecht, 9. Aufl. 1993

Kobl	Koblenz
KohleAusG	Kohleausstiegsgesetz
KöMoG	Körperschaftsteuer-Modernisierungsgesetz
KonTraG	Gesetz zu Kontrolle u. Transparenz im Unternehmensbereich
Korn	Korn, Kommentar zum EStG (Loseblatt)
KÖSDI	Kölner Steuerdialog (Zeitschrift)
krit	kritisch
KrZwFördG	Kreditzweitmarktförderungsgesetz
KS/Bearbeiter	Kirchhof/Seer, Kommentar zum EStG, 24. Aufl. 2025
KSt	Körperschaftsteuer
KStDV	Körperschaftsteuer-Durchführungsverordnung
KStG	Körperschaftsteuergesetz
KStTG	Kryptotransparenzgesetz
kstl	körperschaftsteuerlich
KStPfl, kstpfl	Körperschaftsteuerpflicht, körperschaftsteuerpflichtig
KStR	Körperschaftsteuer-Richtlinien
KSVG	Künstlersozialversicherungsgesetz
K'tist	Kommanditist
Küttner	Küttner, Personalbuch 2026
KV	Krankenversicherung
KW	Küting/Weber, Handbuch der Rechnungslegung (Loseblatt)
KWG	Kreditwesengesetz
Lademann	Lademann, Kommentar zum EStG (Loseblatt)
LB	Lehrbuch
LBauO	Landesbauordnung
Leingärtner	Leingärtner, Besteuerung der Landwirte (Loseblatt)
lfd	laufend
LFD Thür	Landesfinanzdirektion Thüringen
Lfg	Lieferung
LfSt Bay	Landesamt für Steuern Bayern
LfSt Nds	Landesamt für Steuern Niedersachsen
LfSt RhPf	Landesamt für Steuern Rheinland-Pfalz
Littmann	Littmann/Bitz/Pust, Das Einkommensteuerrecht (Loseblatt)
LPartG	Gesetz über die eingetragene Lebenspartnerschaft
LSF Sachs	Landesamt für Steuern und Finanzen Sachsen
LSt	Lohnsteuer
LStDV	Lohnsteuer-Durchführungsverordnung
LStH	Lohnsteuer-Hinweise
LStJA	Lohnsteuerjahresausgleich
LStPfl, lstpfl	Lohnsteuerpflicht, lohnsteuerpflichtig
LStR	Lohnsteuer-Richtlinien
lstrechtl	lohnsteuerrechtlich
LuF, luf	Land- und Forstwirtschaft, land- und forstwirtschaftlich
LV	Lebensversicherung
Mbg	Magdeburg
Mchn	München
MDR	Monatsschrift für Deutsches Recht (Zeitschrift)
mE	meines Erachtens
MHH	Meincke/Hannes/Holtz, Kommentar zum ErbStG, 19. Aufl. 2025
MietWoG	Gesetz zur steuerlichen Förderung des Mietwohnungsbaus
MinBl	Ministerialblatt
MinStAnpG	Gesetz zur Anpassung des Mindeststeuergesetzes und zur Umsetzung weiterer Maßnahmen

MinStRLUmsG . . . . . Mindeststeuer-Richtlinien-Umsetzungsgesetz
MoPeG . . . . Gesetz zur Modernisierung des Personengesellschaftsrechts
Mster . . . . Münster
MUer . . . . Mitunternehmer
MUerschaft . . . . Mitunternehmerschaft
MüKoBGB . . . . Münchener Kommentar zum Bürgerlichen Gesetzbuch, 9. Aufl.
MüKoHGB . . . . Münchener Kommentar zum Handelsgesetzbuch, 5. Aufl.
MuSchG . . . . Mutterschutzgesetz
Musil/Weber-Grellet . . Europäisches Steuerrecht, Kommentar, 2. Aufl. 2022
MV . . . . Mecklenburg-Vorpommern
mwN . . . . mit weiteren Nachweisen

Nbg . . . . Nürnberg
Nds . . . . Niedersachsen
NdsFG . . . . Finanzgericht Niedersachsen
nF . . . . neue Fassung
NJW . . . . Neue Juristische Wochenschrift (Zeitschrift)
npoR . . . . Zeitschrift für das Recht der Non Profit Organisationen
nrkr . . . . nicht rechtskräftig
NSH . . . . Noack/Servatius/Haas, Kommentar zum GmbHG, 24. Aufl. 2025
nv . . . . nicht veröffentlicht
NW . . . . Nordrhein-Westfalen
NWB . . . . Neue Wirtschafts-Briefe (Zeitschrift)
NZB . . . . Nichtzulassungsbeschwerde
NZFam . . . . Neue Zeitschrift für Familienrecht
NZG . . . . Neue Zeitschrift für Gesellschaftsrecht

oÄ . . . . oder Ähnliches
obj . . . . objektiv
OECD-BEPS Aktionspunkt 2 . . . . OECD, Neutralisierung der Effekte hybrider Gestaltungen, Aktionspunkt 2 – Abschlussbericht 2015
OECD-BEPS Aktionspunkt 4 . . . . OECD, Begrenzung der Gewinnverkürzung durch Zins- und wirtschaftlich vergleichbare Aufwendungen, Aktionspunkt 4 – Abschlussbericht 2015
OECD-BEPS Aktionspunkt 5 . . . . OECD, Wirksame Bekämpfung schädlicher Steuerpraktiken unter Berücksichtigung von Transparenz und Substanz, Aktionspunkt 5 – Abschlussbericht 2015
OECD-MA . . . . OECD-Musterabkommen zur Vermeidung der Doppelbesteuerung auf dem Gebiet der Steuern vom Einkommen und vom Vermögen
OFD . . . . Oberfinanzdirektion
OGAW-IV-UmsG . . . Gesetz zur Umsetzung der Richtlinie 2009/65/EG zur Koordinierung der Rechts- und Verwaltungsvorschriften betreffend bestimmte Organismen für gemeinsame Anlagen in Wertpapieren
OptGes . . . . Optionsgesellschaft (optierende Gesellschaft iSv § 1a KStG)
österr . . . . österreichisch
ÖStZ . . . . Österreichische Steuer-Zeitung
OWiG . . . . Ordnungswidrigkeitengesetz

ParteiG . . . . Parteiengesetz
PartGG . . . . Partnerschaftsgesellschafts-Gesetz
PersGes . . . . Personen(handels)gesellschaft(en)

PflegeVG	Pflege-Versicherungsgesetz
PflV	Pflegeversicherung
phGes'ter	persönlich haftender Gesellschafter
PSV	Pensionssicherungsverein (auf Gegenseitigkeit)
PV	Privatvermögen
QuellenSt	Quellensteuer
RA	Rechtsanwalt
RAP	Rechnungsabgrenzungsposten
RdF	Recht der Finanzinstrumente (Zeitschrift)
RegBegr	Regierungsbegründung
RegEntw	Regierungsentwurf
Rev	Revision
RfE	Rücklage für Ersatzbeschaffung
Rhl	Rheinland
RIW	Recht der internationalen Wirtschaft (Zeitschrift, bis 1974 AWD)
rkr	rechtskräftig
RL	Richtlinien der EG/EU
Rn.	Randnummer
Rspr	Rechtsprechung
RV	Rentenversicherung
S; s	Satz, Seite; siehe
SA	Sonderausgaben
SächsFG	Finanzgericht Sachsen
Schaumburg	Schaumburg, Internationales Steuerrecht, 5. Aufl. 2022
SchlHFG	Finanzgericht Schleswig-Holstein
Schmitt/Hörtnagl	Schmitt/Hörtnagl, Kommentar zum UmwG, UmwStG, 10. Aufl. 2024
Schr	Schreiben
SchwArbBekG	Schwarzarbeitsbekämpfungsgesetz
SED	Schaumburg/Englisch/Dobratz, Europäisches Steuerrecht, 3. Aufl. 2025
SEStEG	Gesetz über steuerl Begleitmaßnahmen zur Einführung der Europäischen Ges und Änderung weiterer strechtl Vorschriften
SGB	Sozialgesetzbuch
Sölch/Ringleb	Sölch/Ringleb, Kommentar zum UStG (Loseblatt)
SolZG	Solidaritätszuschlagsgesetz
SonderBV	Sonderbetriebsvermögen *(auch SBV)*
SRÜ	UN-Seerechtsübereinkommen
StÄndG	Steueränderungsgesetz
StandOG	Standortsicherungsgesetz
StAnpG	Steueranpassungsgesetz
StB	Der Steuerberater (Zeitschrift)
stbar	steuerbar
StBerG	Steuerberatungsgesetz
StBereinG	Gesetz zur Bereinigung von steuerlichen Vorschriften
Stbg	Die Steuerberatung (Zeitschrift)
StBil	Steuerbilanz
StbJb	Steuerberater-Jahrbuch
StBP	Die steuerliche Betriebsprüfung (Zeitschrift)
StBürAbG	Steuerbürokratieabbaugesetz
StEd	Steuer-Eildienst (Zeitschrift)

StFeG	Gesetz zur Fortentwicklung des Steuerrechts und zur Anpassung des Einkommensteuertarifs (Steuerfortentwicklungsgesetz)
StEntlG 1999 ff	Steuerentlastungsgesetz 1999/2000/2002
SteuerStud	Steuer und Studium (Zeitschrift)
Steufa	Steuerfahndung
stfrei	steuerfrei
StGB	Strafgesetzbuch
stl	steuerlich
StLex	Steuer-Lexikon
StMBG	Gesetz zur Bekämpfung des Missbrauchs und zur Bereinigung des Steuerrechts
StoFöG	Standortfördergesetz
Stöckler/Karst	Stöckler/Karst, Steuerrecht der betrieblichen Altersversorgung (Loseblatt)
StPfl, stpfl	Steuerpflicht, steuerpflichtig
StPO	Strafprozessordnung
str	strittig
strechtl	steuerrechtlich
Streck	Streck, Kommentar zum KStG, 10. Aufl. 2022
StRefG	Steuerreformgesetz
stRspr	ständige Rechtsprechung
StSenkG	Steuersenkungsgesetz
StuB	Steuern und Bilanzen (Zeitschrift)
StuW	Steuer und Wirtschaft (Zeitschrift)
StVerG	Steuervereinfachungsgesetz
StVergAbG	Steuervergünstigungsabbaugesetz
subj	subjektiv(e)
SV	Sozialversicherung
SvEV	Sozialversicherungsentgeltverordnung
TEHG	Treibhaus-Emissionshandelsgesetz
ThürFG	Finanzgericht Thüringen
Tipke/Lang SteuerR	Tipke/Lang, Steuerrecht, 25. Aufl. 2024
TK	Tipke/Kruse, Kommentar zu AO und FGO (Loseblatt)
TW	Teilwert
TW-AfA	Teilwertabschreibung
ua	unter anderem
uÄ	und Ähnliches
Ubg	Unternehmensbesteuerung (Zeitschrift)
UmweltHG	Umwelthaftungsgesetz
UmwG	Umwandlungsgesetz
UmwStErl 2025	Umwandlungsteuererlass 2025 (*BMF* BStBl I 25, 92)
UmwStG	Umwandlungs-Steuergesetz
unbeschr	unbeschränkt
unstr	unstrittig
UntStFG	Gesetz zur Fortentwicklung des Unternehmenssteuerrechts
UntStRefG	Unternehmenssteuerreformgesetz
unzul	unzulässig
unzutr	unzutreffend
UR	Umsatzsteuer-Rundschau (Zeitschrift)
Urt	Urteil
USt	Umsatzsteuer
UStDV	Umsatzsteuer-Durchführungsverordnung
UStG	Umsatzsteuergesetz

UStPfl, ustpfl . . . . . . Umsatzsteuerpflicht, umsatzsteuerpflichtig
UStR . . . . Umsatzsteuer-Richtlinien
uU . . . . unter Umständen
UV . . . . Umlaufvermögen

v . . . . vom
VA . . . . Verwaltungsakt
VAG . . . . Versicherungsaufsichtsgesetz
VAStrRefG . . . . Gesetz zur Strukturreform des Versorgungsausgleichs
VBL . . . . Versorgungsanstalt des Bundes und der Länder
VE . . . . Vieheinheiten
verf . . . . verfassungs …
VerfBeschw . . . . Verfassungsbeschwerde
VermBG . . . . Vermögensbildungsgesetz
vern . . . . verneinend
VersSt . . . . Versicherungsteuer
Verw . . . . Verwaltung
VerwG . . . . Verwaltungsgericht
Vfg . . . . Verfügung
vGA . . . . verdeckte Gewinnausschüttung
vH . . . . vom Hundert
VIZ . . . . Zeitschrift für Vermögens- und Immobilienrecht
VO . . . . Verordnung
Vogel/Lehner . . . . . . Vogel/Lehner, DBA-Kommentar, 7. Aufl. 2021
Vorb . . . . Vorbemerkung
VorSt . . . . Vorsteuer
vT . . . . von Tausend
VuV . . . . Vermietung und Verpachtung
VVaG . . . . Versicherungsverein auf Gegenseitigkeit
VWG BsGa . . . . Betriebsstättengewinnaufteilungs-Verwaltungsgrundsätze
VwGO . . . . Verwaltungsgerichtsordnung
VwZG . . . . Verwaltungszustellungsgesetz
VZ . . . . Veranlagungszeitraum

WachstChG . . . . Wachstumschancengesetz
WagKapG . . . . Gesetz zur Förderung des Wagniskapitals
Wassermeyer . . . . . . Wassermeyer, Doppelbesteuerungsabkommen (Loseblatt-Kommentar)
WDModG . . . . Gesetz zur Modernisierung des Wehrdienstes (Wehrdienst-Modernisierungsgesetz)
WG . . . . Wirtschaftsgut
WiB . . . . Wirtschaftsrechtliche Beratung (Zeitschrift)
Wj . . . . Wirtschaftsjahr
WK . . . . Werbungskosten
WM . . . . Widmann/Mayer, Umwandlungsrecht (Loseblatt)
wNachw . . . . weitere Nachweise
WoBauG . . . . Wohnungsbaugesetz
WoGG . . . . Wohngeldgesetz
WoPG . . . . Wohnungsbauprämiengesetz
WP . . . . Wirtschaftsprüfer
WPg . . . . Die Wirtschaftsprüfung (Zeitschrift)
WPIG . . . . Wertpapierinstitutsgesetz
WpÜG . . . . Wertpapiererwerbs- und Übernahmegesetz
WRS . . . . Wassermeyer/Richter/Schnittker, Personengesellschaften im Internationalen Steuerrecht, 2. Aufl. 2015

ZBB	Zeitschrift für Bankrecht und Bankwirtschaft
ZEV	Zeitschrift für Erbrecht und Vermögensnachfolge
ZfV	Zeitschrift für Versicherungswesen
ZgK	Zeitschrift für das gesamte Kreditwesen
ZGR	Zeitschrift für Unternehmens- und Gesellschaftsrecht
ZHR	Zeitschrift für das gesamte Handels- und Wirtschaftsrecht
ZIP	Zeitschrift für Wirtschaftsrecht
ZIV	Zinsinformationsverordnung
ZIVIT	Zentrum für Informationsverarbeitung und Informationstechnik der Bundesfinanzverwaltung
ZPO	Zivilprozessordnung
zR	zu Recht
zT	zum Teil
ZuFinG	Zukunftsfinanzierungsgesetz
zul	zulässig
zust	zustimmend
ZustAnpVO	Zuständigkeitsanpassungsverordnung
zutr	zutreffend
ZVG	Gesetz über die Zwangsversteigerung und -verwaltung
zw	zwischen

Einkommensteuergesetz (EStG)

In der Fassung der Bekanntmachung vom 8.10.2009 (BGBl. I S. 3366),
berichtigt am 8.12.2009 (BGBl. I S. 3862)

FNA 611-1

Geändert durch Art. 1 Gesetz zur Beschleunigung des Wirtschaftswachstums v. 22.12.2009 (BGBl. I S. 3950), Art. 1 Gesetz zur Umsetzung steuerlicher EU-Vorgaben sowie zur Änderung steuerlicher Vorschriften v. 8.4.2010 (BGBl. I S. 386), Jahressteuergesetz 2010 v. 8.12.2010 (BGBl. I S. 1768), Gesetz zur Restrukturierung und geordneten Abwicklung von Kreditinstituten, zur Errichtung eines Restrukturierungsfonds für Kreditinstitute und zur Verlängerung der Verjährungsfrist der aktienrechtlichen Organhaftung v. 9.12.2010 (BGBl. I S. 1900), Gesetz zur bestätigenden Regelung verschiedener steuerlicher und verkehrsrechtlicher Vorschriften des HGB 2004 v. 5.4.2011 (BGBl. I S. 554), Gesetz zur Umsetzung der Richtlinie 2009/65/EG zur Koordinierung der Rechts- und Verwaltungsvorschriften betr. bestimmte Organismen für gemeinsame Anlagen in Wertpapieren v. 22.6.2011 (BGBl. I S. 1126), Steuervereinfachungsgesetz 2011 v. 1.11.2011 (BGBl. I S. 2131), Gesetz zur Umsetzung der Beitreibungsrichtlinie sowie zur Änderung steuerlicher Vorschriften v. 7.12.2011 (BGBl. I S. 2592), Gesetz zur Verbesserung der Eingliederungschancen am Arbeitsmarkt v. 20.11.2012 (BGBl. I S. 2854), Art. 13 Abs. 4 Gesetz zur Neuordnung der Organisation der landwirtschaftlichen Sozialversicherung v. 12.4.2012 (BGBl. I S. 579), Art. 3 Gesetz zur Änderung des Gemeindefinanzreformgesetzes und von steuerlichen Vorschriften v. 8.5.2012 (BGBl. I S. 1030), Gesetz zum Abbau der kalten Progression v. 20.2.2013 (BGBl. I S. 283), Gesetz zur Änderung und Vereinfachung der Unternehmensbesteuerung und des steuerlichen Reisekostenrechts v. 20.2.2013 (BGBl. I S. 285), Art. 2 Gesetz zur Stärkung des Ehrenamtes v. 21.3.2013 (BGBl. I S. 556), Art. 2 Abs. 11 Gesetz zur Fortentwicklung des Meldewesens v. 3.5.2013 (BGBl. I S. 1084, geänd. durch Gesetz v. 20.11.2014 (BGBl. I S. 1738)), Gesetz zur Verbesserung der steuerlichen Förderung der privaten Altersvorsorge v. 24.6.2013 (BGBl. I S. 1667), Art. 2 Gesetz zur Umsetzung der Amtshilferichtlinie sowie zur Änderung steuerlicher Vorschriften v. 26.6.2013 (BGBl. I S. 1809), Gesetz zur Änderung des EStG in Umsetzung der Entscheidung des BVerfG vom 7. Mai 2013 v. 15.7.2013 (BGBl. I S. 2397), Gesetz zur Anpassung des InvStG und anderer Gesetze an das AIFM-Umsetzungsgesetz v. 18.12.2013 (BGBl. I S. 4318), Gesetz zur Anpassung steuerlicher Regelungen an die Rechtsprechung des BVerfG v. 18.7.2014 (BGBl. I S. 1042), Art. 1, 2, 3 Gesetz zur Anpassung des nationalen Steuerrechts an den Beitritt Kroatiens zur EU und zur Änderung weiterer steuerlicher Vorschriften v. 25.7.2014 (BGBl. I S. 1266), Gesetz zur Änderung des Freizügigkeitsgesetzes/EU und weiterer Vorschriften v. 2.12.2014 (BGBl. I S. 1922), Gesetz zur Anpassung der Abgabenordnung an den Zollkodex der Union und zur Änderung weiterer steuerlicher Vorschriften v. 22.12.2014 (BGBl. I S. 2417), Gesetz zur Modernisierung der Finanzaufsicht über Versicherungen v. 1.4.2015 (BGBl. I S. 434), Gesetz zur Neuregelung der Unterhaltssicherung sowie zur Änderung soldatenrechtlicher Vorschriften v. 29.6.2015 (BGBl. I S. 1061), Gesetz zur Anhebung des Grundfreibetrags, des Kinderfreibetrags, des Kindergeldes und des Kinderzuschlags v. 16.7.2015 (BGBl. I S. 1202), Gesetz zur Entlastung insbesondere der mittelständischen Wirtschaft von Bürokratie v. 28.7.2015 (BGBl. I S. 1400), Zehnte Zuständigkeitsanpassungsverordnung v. 31.8.2015 (BGBl. I S. 1474), Steueränderungsgesetz 2015 v. 2.11.2015 (BGBl. I S. 1834), Gesetz zur Umsetzung der EU-Mobilitäts-Richtlinie v. 21.12.2015 (BGBl. I S. 2553), Gesetz zur Änderung des Einkommensteuergesetzes zur Erhöhung des Lohnsteuereinbehalts in der Seeschifffahrt v. 24.2.2016 (BGBl. I S. 310), Zweites Gesetz über die weitere Bereinigung von Bundesrecht v. 8.7.2016 (BGBl. I S. 1594), Gesetz zur Modernisierung des Besteuerungsverfahrens v. 18.7.2016 (BGBl. I S. 1679), Gesetz zur Reform der Investmentbesteuerung v. 19.7.2016 (BGBl. I S. 1730), Gesetz zur Neuregelung des Kulturgutschutzrechts v. 31.7.2016 (BGBl. I S. 1914), Gesetz zur steuerlichen Förderung von Elektromobilität im Straßenverkehr v. 7.11.2016 (BGBl. I S. 2498), Gesetz zur Beendigung der Sonderzuständigkeit der Familienkassen des öffentlichen Dienstes im Bereich des Bundes v. 8.12.2016 (BGBl. I S. 2835), Gesetz zur Umsetzung der Änderungen der EU-Amtshilferichtlinie und von weiteren Maßnahmen gegen

Gewinnkürzungen und -verlagerungen v. 20.12.2016 (BGBl. I S. 3000), Gesetz zum Erlass und zur Änderung marktordnungsrechtlicher Vorschriften sowie zur Änderung des EStG v. 20.12.2016 (BGBl. I S. 3045), Drittes Gesetz zur Stärkung der pflegerischen Versorgung und zur Änderung weiterer Vorschriften v. 23.12.2016 (BGBl. I S. 3191), Gesetz zur Bekämpfung der Steuerumgehung und zur Änderung weiterer steuerlicher Vorschriften v. 23.6.2017 (BGBl. I S. 1682), Gesetz gegen schädliche Steuerpraktiken iZm Rechteüberlassungen v. 27.6.2017 (BGBl. I S. 2074), Zweites Gesetz zur Entlastung insbesondere der mittelständischen Wirtschaft von Bürokratie v. 30.6.2017 (BGBl. I S. 2143), Gesetz zur strafrechtlichen Rehabilitierung der nach dem 8. Mai 1945 wegen einvernehmlicher homosexueller Handlungen verurteilten Personen und zur Änderung des Einkommensteuergesetzes v. 17.7.2017 (BGBl. I S. 2443), Gesetz zum Ausschluss verfassungsfeindlicher Parteien von der Parteienfinanzierung v. 18.7.2017 (BGBl. I S. 2730), Gesetz zur Stärkung der betrieblichen Altersversorgung und zur Änderung anderer Gesetze v. 17.8.2017 (BGBl. I S. 3214), Gesetz zur steuerlichen Entlastung der Familien sowie zur Anpassung weiterer steuerlicher Regelungen v. 29.11.2018 (BGBl. I S. 2210), Gesetz zur Vermeidung von Umsatzsteuerausfällen beim Handel mit Waren im Internet und zur Änderung weiterer steuerlicher Vorschriften v. 11.12.2018 (BGBl. I S. 2338), Gesetz zur Umsetzung der Richtlinie (EU) 2016/2341 des Europäischen Parlaments und des Rates v. 14.12.2016 über die Tätigkeiten und die Beaufsichtigung von Einrichtungen der betrieblichen Altersversorgung v. 19.12.2018 (BGBl. I S. 2672), Brexit-Steuerbegleitgesetz v. 25.3.2019 (BGBl. I S. 357); Gesetz gegen illegale Beschäftigung und Sozialleistungsmissbrauch v. 11.7.2019 (BGBl. I S. 1066); Gesetz zur steuerlichen Förderung des Mietwohnungsneubaus v. 4.8.2019 (BGBl. I S. 1122); Zweites Datenschutz-Anpassungs- und Umsetzungsgesetz EU v. 20.11.2019 (BGBl. I S. 1626); Drittes Bürokratieentlastungsgesetz v. 22.11.2019 (BGBl. I S. 1746); Grundsteuer-Reformgesetz v. 26.11.2019 (BGBl. I S. 1794); Gesetz zur weiteren steuerlichen Förderung der Elektromobilität und zur Änderung weiterer steuerlicher Vorschriften v. 12.12.2019 (BGBl. I S. 2451); Gesetz zur Regelung des Sozialen Entschädigungsrechts v. 12.12.2019 (BGBl. I S. 2652); Gesetz zur steuerlichen Förderung von Forschung und Entwicklung v. 14.12.2019 (BGBl. I S. 2763); Gesetz zur Einführung einer Pflicht zur Mitteilung grenzüberschreitender Steuergestaltungen v. 21.12.2019 (BGBl. I S. 2875); Gesetz zur Umsetzung des Klimaschutzprogramms 2030 im Steuerrecht v. 21.12.2019 (BGBl. I S. 2886); Elfte Zuständigkeitsanpassungsverordnung v. 19.6.2020 (BGBl. I S. 1328); Gesetz zur Umsetzung steuerlicher Hilfsmaßnahmen zur Bewältigung der Corona-Krise v. 19.6.2020 (BGBl. I S. 1385); Zweites Gesetz zur Umsetzung steuerlicher Hilfsmaßnahmen zur Bewältigung der Corona-Krise v. 29.6.2020 (BGBl. I S. 1512); Gesetz zur Reduzierung und zur Beendigung der Kohleverstromung und zur Änderung weiterer Gesetze v. 8.8.2020 (BGBl. I S. 1818); Gesetz zur Einführung der Grundrente für langjährige Versicherung in der gesetzlichen Rentenversicherung mit unterdurchschnittlichem Einkommen und für weitere Maßnahmen zur Erhöhung der Alterseinkommen v. 12.8.2020 (BGBl. I S. 1879); Zweites Gesetz zur steuerlichen Entlastung von Familien sowie zur Anpassung weiterer steuerlicher Regelungen v. 1.12.2020 (BGBl. I S. 2616); Gesetz zur Digitalisierung von Verwaltungsverfahren bei der Gewährung von Familienleistungen v. 3.12.2020 (BGBl. I S. 2668); Gesetz zur Erhöhung der Behinderten-Pauschbeträge und zur Anpassung weiterer steuerlicher Regelungen v. 9.12.2020 (BGBl. I S. 2770); Jahressteuergesetz v. 21.12.2020 (BGBl. I S. 3096); Gesetz zur Verbesserung der Transparenz in der Alterssicherung und der Rehabilitation sowie zur Modernisierung der Sozialversicherungswahlen und zur Änderung anderer Gesetze v. 11.2.2021 (BGBl. I S. 154); Drittes Gesetz zur Umsetzung steuerlicher Hilfsmaßnahmen zur Bewältigung der Corona-Krise v. 10.3.2021 (BGBl. I S. 330); Gesetz zur Reform des Vormundschafts- und Betreuungsrechts v. 4.5.2021 (BGBl. I S. 882); Gesetz zur Verlängerung des erhöhten Lohnsteuereinbehalts in der Seeschifffahrt v. 12.5.2021 (BGBl. I S. 989); Gesetz zur Umsetzung der Richtlinie (EU) 2019/2034 über die Beaufsichtigung von Wertpapierinstituten v. 12.5.2021 (BGBl. I S. 990); Gesetz zur Modernisierung der Entlastung von Abzugsteuern und der Bescheinigung der Kapitalertragsteuer v. 2.6.2021 (BGBl. I S. 1259); Gesetz zur Stärkung des Fondsstandorts Deutschland und zur Umsetzung der Richtlinie (EU) 2019/1160 zur Änderung der Richtlinien 2009/65/EG und 2011/61/EU im Hinblick auf den grenzüberschreitenden Vertrieb von Organismen für gemeinsame Anlagen v. 3.6.2021 (BGBl. I S. 1498); Gesetz zur Umsetzung der Anti-Steuervermeidungsrichtlinie v. 25.6.2021 (BGBl. I S. 2035); Gesetz zur Modernisierung des Körperschaftsteuerrechts v. 25.6.2021 (BGBl. I S. 2050); Gesetz zur Abwehr von Steuervermeidung und unfairem Steuerwettbewerb und zur Änderung weiterer Gesetze v. 25.6.2021 (BGBl. I S. 2056); Gesetz zur Rehabilitierung der wegen einvernehmlicher homosexueller Handlungen, wegen ihrer homosexuellen Orientierung oder wegen ihrer geschlechtlichen Identität dienstrechtlich benachteiligten Soldatinnen und Soldaten v. 16.7.2021 (BGBl. I S. 2993); Gesetz über die Entschädigung der Soldatinnen und Soldaten und zur Neuordnung des Soldatenversorgungsrechts v. 20.8.2021 (BGBl. I S. 3932); Steuerentlastungsgesetz 2022 v. 23.5.2022 (BGBl. I S. 749); Gesetz zur Regelung eines Sofortzuschlages und einer Einmalzahlung in den sozialen Mindestsicherungssystemen sowie zur Änderung des Finanzausgleichsgesetzes und weiterer Gesetze v. 23.5.2022 (BGBl. I S. 760); Viertes Gesetz zur Umsetzung steuerlicher Hilfsmaßnahmen zur Bewältigung der Corona-Krise v. 19.6.2022 (BGBl. I S. 911); Gesetz zur temporären Senkung des Umsatzsteuersatzes auf Gaslieferungen über das Erdgasnetz v. 19.10.2022 (BGBl. I S. 1743); Gesetz zum Ausgleich der Inflation durch einen fairen Einkommensteuertarif sowie zur Anpassung weiterer steuerlicher Regelungen v. 8.12.2022 (BGBl. I S. 2230); Jahressteuergesetz 2022 v. 16.12.2022 (BGBl. I S. 2294); Achtes Gesetz zur Änderung des Regionalisierungsgesetzes und zur Änderung des Einkommensteuergesetzes v. 16.12.2022 (BGBl. I 2352); Gesetz zur Umsetzung der Richtlinie (EU) 2021/514 des Rates vom 22. März 2021 zur Änderung der Richtlinie 2011/16/EU über die Zusammenarbeit der Verwaltungsbehörden im Bereich der Besteuerung und zur Modernisierung des Steuerverfahrensrechts v. 20.12.2022 (BGBl. I S. 2730); Gesetz zur Finanzierung von zukunftssichernden Investitionen (Zukunftsfinanzierungsgesetz – ZuFinG) v. 11.12.2023 (BGBl I Nr. 354); Gesetz zur Umsetzung der Richtlinie (EU) 2022/2523 des Rates zur Gewährleistung einer globalen Mindestbesteuerung und weiterer Begleitmaßnahmen v. 21.12.2023 (BGBl I Nr. 397); Gesetz zur Förderung geordneter Kreditzweitmärkte und zur Umsetzung der Richtlinie (EU) 2021/2167 über Kreditdienstleister und Kreditkäufer und zur Änderung weiterer finanzrechtlicher Bestimmungen (Kreditzweitmarktförderungsgesetz) v. 22.12.2023 (BGBl I Nr. 411); Gesetz zur Stärkung von Wachstumschancen, Investitionen und Innovation sowie Steuervereinfachung und Steuerfairness (Wachstumschancengesetz) v. 27.3.2024 (BGBl I Nr. 108); Gesetz zur Verlängerung der Tarifermäßigung für Einkünfte aus Land- und Forstwirtschaft v. 23.10.2024 (BGBl I Nr. 321); Viertes Gesetz zur Entlastung der Bürgerinnen und Bürger, der Wirtschaft sowie der Verwaltung von Bürokratie (Viertes Bürokratieentlastungsgesetz) v. 23.10.2024 (BGBl I Nr. 323); Gesetz zur steuerlichen Freistellung des Existenzminimums 2024 v. 2.12.2024 (BGBl I Nr. 386); Jahressteuergesetz 2024 (JStG 2024) v. 2.12.2024 (BGBl I Nr. 387); Gesetz zur Fortentwicklung des Steuerrechts und zur Anpassung des Einkommensteuertarifs (Steuerfortentwicklungsgesetz – SteFeG) v. 23.12.2024 (BGBl I Nr. 449); Gesetz für ein steuerliches Investitionssofortprogramm zur Stärkung des Wirtschaftsstandorts Deutschland v. 14.7.2025 (BGBl I Nr. 161); Gesetz zur Anpassung des Mindeststeuergesetzes und zur Umsetzung weiterer Maßnahmen v. 22.12.2025 (BGBl I Nr. 353); Gesetz zur steuerlichen Förderung von Arbeitnehmerinnen und Arbeitnehmern im Rentenalter (Aktivrentengesetz) v. 22.12.2025 (BGBl I Nr. 361); Steueränderungsgesetz 2025 v. 22.12.2025 (BGBl I Nr. 363); Gesetz zur Modernisierung des Wehrdienstes (Wehrdienst-Modernisierungsgesetz – WDModG) v. 22.12.2025 (BGBl I Nr. 370); Zweites Gesetz zur Stärkung der betrieblichen Altersversorgung und zur Änderung anderer Gesetze (Zweites Betriebsrentenstärkungsgesetz) v. 16.1.2026 (BGBl I Nr. 14); Gesetz zur Förderung privater Investitionen und des Finanzstandorts (Standortfördergesetz – StoFöG) v. 4.2.2026 (BGBl I Nr. 33).

Einkommensteuer-Durchführungsverordnung (EStDV)

In der Fassung v. 10.5.2000 (BGBl. I S. 717)

FNA 611-1-1

Geändert durch Gesetz zur weiteren steuerlichen Förderung von Stiftungen v. 14.7.2000 (BGBl. I S. 1034), Steuersenkungsgesetz v. 23.10.2000 (BGBl. I S. 1433), Steuer-Euroglättungsgesetz v. 19.12.2000 (BGBl. I S. 1790), Neuntes Buch Sozialgesetzbuch (SGB IX) – Rehabilitation und Teilhabe behinderter Menschen v. 19.6.2001 (BGBl. I S. 1046), Siebente Zuständigkeitsanpassungs-Verordnung v. 29.10.2001 (BGBl. I S. 2785), Steueränderungsgesetz 2001 v. 20.12.2001 (BGBl. I S. 3794), Flutopfersolidaritätsgesetz v. 19.9.2002 (BGBl. I S. 3651), Kleinunternehmerförderungsgesetz v. 31.7.2003 (BGBl. I S. 1550), Achte Zuständigkeitsanpassungsverordnung v. 25.11.2003 (BGBl. I S. 2304), Gesetz zur Umsetzung der Protokollerklärung der Bundesregierung zur Vermittlungsempfehlung zum Steuervergünstigungsabbaugesetz v. 22.12.2003 (BGBl. I

S. 2840), Gesetz zur Einordnung des Sozialhilferechts in das Sozialgesetzbuch v. 27.12.2003 (BGBl. I S. 3022), Haushaltsbegleitgesetz 2004 v. 29.12.2003 (BGBl. I S. 3076), Geschmacksmusterreformgesetz v. 12.3.2004 (BGBl. I S. 390), Alterseinkünftegesetz v. 5.7.2004 (BGBl. I S. 1427), EU-Richtlinien-Umsetzungsgesetz v. 9.12.2004 (BGBl. I S. 3310, 3843), Dreiundzwanzigste Verordnung zur Änderung der EStDV v. 29.12.2004 (BGBl. I S. 3884), Neunte Zuständigkeitsanpassungsverordnung v. 31.10.2006 (BGBl. I S. 2407), Gesetz über steuerliche Begleitmaßnahmen zur Einführung der Europäischen Gesellschaft und zur Änderung weiterer steuerrechtlicher Vorschriften v. 7.12.2006 (BGBl. I S. 2782), ber. BGBl. I 2007 S. 68, Gesetz zur weiteren Stärkung des bürgerschaftlichen Engagements v. 10.10.2007 (BGBl. I S. 2332), Jahressteuergesetz 2008 v. 20.12.2007 (BGBl. I S. 3150), Jahressteuergesetz 2009 v. 19.12.2008 (BGBl. I S. 2794), Gesetz zur Modernisierung und Entbürokratisierung des Steuerverfahrens v. 20.12.2008 (BGBl. I S. 2850), Gesetz zur Sicherung von Beschäftigung und Stabilität in Deutschland v. 2.3.2009 (BGBl. I S. 416), Begleitgesetz zur zweiten Föderalismusreform v. 10.8.2009 (BGBl. I S. 2702), VO zur Änderung steuerlicher Verordnungen v. 17.11.2010 (BGBl. I S. 1544), Gesetz über die weitere Bereinigung von Bundesrecht v. 8.12.2010 (BGBl. I S. 1864), Steuervereinfachungsgesetz 2011 v. 1.11.2011 (BGBl. I S. 2131), VO zum Erlass und zur Änderung steuerlicher Verordnungen v. 11.12.2012 (BGBl. I S. 2637), Gesetz zur Stärkung des Ehrenamts v. 21.3.2013 (BGBl. I S. 556), VO zur Übertragung der Zuständigkeit für das Steuerabzugs- und Veranlagungsverfahren nach den §§ 50 und 50a des EStG auf das Bundeszentralamt für Steuern und zur Regelung verschiedener Anwendungszeitpunkte und weiterer Vorschriften v. 24.6.2013 (BGBl. I S. 1679), Gesetz zur Anpassung steuerlicher Regelungen an die Rechtsprechung des BVerfG v. 18.7.2014 (BGBl. I S. 1042), Gesetz zur Anpassung des nationalen Steuerrechts an den Beitritt Kroatiens zur EU und zur Änderung weiterer steuerlicher Vorschriften v. 25.7.2014 (BGBl. I S. 1266), Art. 3 Verordnung zur Änderung steuerlicher Verordnungen und weiterer Vorschriften v. 22.12.2014 (BGBl. I S. 2392), Zehnte Zuständigkeitsanpassungsverordnung v. 31.8.2015 (BGBl. I S. 1474), Art. 5 Gesetz zur Modernisierung des Besteuerungsverfahrens v. 18.7.2016 (BGBl. I S. 1679), Art. 1 Dritte Verordnung zur Änderung steuerlicher Verordnungen v. 18.7.2016 (BGBl. I S. 1722), Art. 19 Abs. 14 Gesetz zur Stärkung der Teilhabe und Selbstbestimmung von Menschen mit Behinderungen v. 23.12.2016 (BGBl. I S. 3234), Art. 8 Vierte Verordnung zur Änderung steuerlicher Verordnungen v. 12.7.2017 (BGBl. I S. 2360), Gesetz zum Ausschluss verfassungsfeindlicher Parteien von der Parteienfinanzierung v. 18.7.2017 (BGBl. I S. 2730); Art. 1 Fünfte Verordnung zur Änderung steuerlicher Verordnungen v. 25.6.2020 (BGBl. I S. 1495); Gesetz zur Erhöhung der Behinderten-Pauschbeträge und zur Anpassung weiterer steuerlicher Regelungen v. 9.12.2020 (BGBl. I S. 2770); Art. 6, Art. 7 Jahressteuergesetz 2020 (JStG 2020) v. 21.12.2020 (BGBl. I S. 3096); Art. 10 Gesetz zur Modernisierung der Entlastung von Abzugsteuern und der Bescheinigung der Kapitalertragsteuer (Abzugsteuerentlastungsmodernisierungsgesetz – AbzStEntModG) v. 2.6.2021 (BGBl. I S. 1259); Gesetz zur Stärkung von Wachstumschancen, Investitionen und Innovation sowie Steuervereinfachung und Steuerfairness (Wachstumschancengesetz) v. 27.3.2024 (BGBl I Nr. 108); Jahressteuergesetz 2024 (JStG 2024) v. 2.12.2024 (BGBl I Nr. 387); Siebte Verordnung zur Änderung steuerlicher Verordnungen v. 19.12.2025 (BGBl I Nr. 372).

Lohnsteuer-Durchführungsverordnung (LStDV 1990)

In der Fassung v. 10.10.1989 (BGBl. I S. 1848)

FNA 611-2

Geändert durch Steueränderungsgesetz 1992 v. 25.2.1992 (BGBl. I S. 297), Jahressteuergesetz 1996 v. 11.10.1995 (BGBl. I S. 1250), Steuerentlastungsgesetz 1999/2000/2002 v. 24.3.1999 (BGBl. I S. 402), Steuerrechtsbereinigungsgesetz 1999 v. 22.12.1999 (BGBl. I S. 2601), Steuer-Euroglättungsgesetz v. 19.12.2000 (BGBl. I S. 1790), Steueränderungsgesetz 2001 v. 20.12.2001 (BGBl. I S. 3794), Steueränderungsgesetz 2003 v. 15.12.2003 (BGBl. I S. 2645), Alterseinkünftegesetz v. 5.7.2004 (BGBl. I S. 1427), Art. 2 Jahressteuergesetz 2007 v. 13.12.2006 (BGBl. I S. 2878), Art. 2 Verordnung zur Änderung steuerlicher Verordnungen v. 17.11.2010 (BGBl. I S. 1544), Art. 3 Gesetz zur Umsetzung der Beitreibungsrichtlinie sowie zur Änderung steuerlicher Vorschriften v. 7.12.2011 (BGBl. I S. 2592), Art. 5 Gesetz zur Änderung und Vereinfachung der

Unternehmensbesteuerung und des steuerlichen Reisekostenrechts v. 20.2.2013 (BGBl. I S. 285), Art. 27 Gesetz zur Anpassung des nationalen Steuerrechts an den Beitritt Kroatiens zur EU und zur Änderung weiterer steuerlicher Vorschriften v. 25.7.2014 (BGBl. I S. 1266), Art. 6 Gesetz zur Modernisierung des Besteuerungsverfahrens v. 18.7.2016 (BGBl. I S. 1679), Betriebsrentenstärkungsgesetz v. 17.8.2017 (BGBl. I S. 3214), Art. 4 Gesetz zur Vermeidung von Umsatzsteuerausfällen beim Handel mit Waren im Internet und zur Änderung weiterer steuerlicher Vorschriften v. 11.12.2018 (BGBl. I S. 2338), Art. 2 Fünfte Verordnung zur Änderung steuerlicher Verordnungen v. 25.6.2020 (BGBl. I S. 1495); Siebte Verordnung zur Änderung steuerlicher Verordnungen v. 19.12.2025 (BGBl I Nr. 372).

Einkommensteuer-Richtlinien 2012 (EStR 2012)

Vom 16.12.2005 (BStBl. I Sondernummer 1) i. d. F. der EStÄR 2012 v. 25.3.2013 (BStBl. I S. 276). – Mit den **EStH 2024** –

Lohnsteuer-Richtlinien 2023 (LStR 2023)

Vom 5.12.2022 (BStBl. I Sondernummer 2) – Mit den **LStH 2025** –

I. Steuerpflicht

§ 1 Steuerpflicht

(1) [1]Natürliche Personen, die im Inland einen Wohnsitz oder ihren gewöhnlichen Aufenthalt haben, sind unbeschränkt einkommensteuerpflichtig. [2]Zum Inland im Sinne dieses Gesetzes gehört auch der der Bundesrepublik Deutschland zustehende Anteil

1. an der ausschließlichen Wirtschaftszone, soweit dort
   a) die lebenden und nicht lebenden natürlichen Ressourcen der Gewässer über dem Meeresboden, des Meeresbodens und seines Untergrunds erforscht, ausgebeutet, erhalten oder bewirtschaftet werden,
   b) andere Tätigkeiten zur wirtschaftlichen Erforschung oder Ausbeutung der ausschließlichen Wirtschaftszone ausgeübt werden, wie beispielsweise die Energieerzeugung aus Wasser, Strömung und Wind oder
   c) künstliche Inseln errichtet oder genutzt werden und Anlagen und Bauwerke für die in den Buchstaben a und b genannten Zwecke errichtet oder genutzt werden, und

2. am Festlandsockel, soweit dort
   a) dessen natürliche Ressourcen erforscht oder ausgebeutet werden; natürliche Ressourcen in diesem Sinne sind die mineralischen und sonstigen nicht lebenden Ressourcen des Meeresbodens und seines Untergrunds sowie die zu den sesshaften Arten gehörenden Lebewesen, die im nutzbaren Stadium entweder unbeweglich auf oder unter dem Meeresboden verbleiben oder sich nur in ständigem körperlichen Kontakt mit dem Meeresboden oder seinem Untergrund fortbewegen können; oder
   b) künstliche Inseln errichtet oder genutzt werden und Anlagen und Bauwerke für die in Buchstabe a genannten Zwecke errichtet oder genutzt werden.

(2) [1]Unbeschränkt einkommensteuerpflichtig sind auch deutsche Staatsangehörige, die

1. im Inland weder einen Wohnsitz noch ihren gewöhnlichen Aufenthalt haben und

2. zu einer inländischen juristischen Person des öffentlichen Rechts in einem Dienstverhältnis stehen und dafür Arbeitslohn aus einer inländischen öffentlichen Kasse beziehen,

sowie zu ihrem Haushalt gehörende Angehörige, die die deutsche Staatsangehörigkeit besitzen oder keine Einkünfte oder nur Einkünfte beziehen, die ausschließlich im Inland einkommensteuerpflichtig sind. [2]Dies gilt nur für natürliche Personen, die in dem Staat, in dem sie ihren Wohnsitz oder ihren gewöhnlichen Aufenthalt haben, lediglich in einem der beschränkten Einkommensteuerpflicht ähnlichen Umfang zu einer Steuer vom Einkommen herangezogen werden.

(3) [1]Auf Antrag werden auch natürliche Personen als unbeschränkt einkommensteuerpflichtig behandelt, die im Inland weder einen Wohnsitz noch ihren gewöhnlichen Aufenthalt haben, soweit sie inländische Einkünfte im Sinne des § 49 haben. [2]Dies gilt nur, wenn ihre Einkünfte im Kalenderjahr mindestens zu 90 Prozent der deutschen Einkommensteuer unterliegen oder die nicht der deutschen Einkommensteuer unterliegenden Einkünfte den Grundfreibetrag nach § 32a Absatz 1 Satz 2 Nummer 1 nicht übersteigen; dieser Betrag ist zu kürzen, soweit es nach den Verhältnissen im Wohnsitzstaat des Steuerpflichtigen notwendig und angemessen ist. [3]Inländische Einkünfte, die nach einem Abkommen zur Vermeidung der Doppelbesteuerung nur der Höhe nach beschränkt besteuert werden

dürfen, gelten hierbei als nicht der deutschen Einkommensteuer unterliegend. [4]Unberücksichtigt bleiben bei der Ermittlung der Einkünfte nach Satz 2 nicht der deutschen Einkommensteuer unterliegende Einkünfte, die im Ausland nicht besteuert werden, soweit vergleichbare Einkünfte im Inland steuerfrei sind. [5]Weitere Voraussetzung ist, dass die Höhe der nicht der deutschen Einkommensteuer unterliegenden Einkünfte durch eine Bescheinigung der zuständigen ausländischen Steuerbehörde nachgewiesen wird. [6]Der Steuerabzug nach § 50a ist ungeachtet der Sätze 1 bis 4 vorzunehmen.

(4) **Natürliche Personen, die im Inland weder einen Wohnsitz noch ihren gewöhnlichen Aufenthalt haben, sind vorbehaltlich der Absätze 2 und 3 und des § 1a beschränkt einkommensteuerpflichtig, wenn sie inländische Einkünfte im Sinne des § 49 haben.**

Einkommensteuer-/Lohnsteuer-Richtlinien: EStR 1/LStH 1

Übersicht Rn.

I. Allgemeines zur persönlichen Steuerpflicht

1. Persönliche Steuerpflicht. – a) Begriff. Die ESt ist eine **Personensteuer.** 1
Daher steht vor Prüfung der sachl StPfl die Prüfung der persönl StPfl, dh die Prüfung, ob eine Person als **Steuerschuldner** der dt ESt unterliegt.

b) Arten der persönlichen Steuerpflicht. § 1 unterscheidet nach Voraussetzungen und Rechtsfolgen zw unbeschr und beschr StPfl. Die **unbeschr StPfl** setzt grds gemäß **§ 1 I** einen Wohnsitz oder gewöhnl Aufenthalt im Inl voraus und erstreckt sich auf *alle* stbaren Einkünfte iSv § 2 I (Welteinkünfte – Doppelbesteuerung → Rn. 80). Die **beschr StPfl** erfasst grds alle übrigen Personen, aber nur mit ihren *inl* Einkünften iSv § 49 (§ 1 IV). Die unbeschr StPfl hat durch **§ 1 II** für im Ausl ansässige öffentl Bedienstete eine personelle Erweiterung erfahren (sog **erweiterte un-** 2

beschr StPfl, → Rn. 35 ff), die beschr StPfl durch **§§ 2, 5 AStG** eine sachl Erweiterung (sog **erweiterte beschr StPfl,** → Rn. 75). **§ 1 III** nimmt **Grenzeinpendler** ohne inl Wohnsitz oder gewöhnl Aufenthalt auf Antrag in den Personenkreis der **fiktiv unbeschr StPfl** auf (→ Rn. 41 ff), aber nur mit ihren inl Einkünften iSv § 49 und mit auf den EU/EWR-Bereich begrenzten familienbezogenen Vergünstigungen nach § 1a. **Wechsel der StPfl** s § 2 VII 3 (→ Rn. 77) und § 2 AStG (→ Rn. 75).

3 **c) Unterschiede unbeschränkte/beschränkte Steuerpflicht. – aa) Verfahrensrechtl Unterschiede, § 50 II, 50a.** Die früheren Veranlagungsunterschiede (abgeltender StAbzug bei beschr StPfl, § 50 II 1) sind vor allem im EU-Bereich durch ein Veranlagungswahlrecht minimiert (§ 50 II 2; → § 50 Rn. 28 ff).

4 **bb) Sachliche Unterschiede.** Bestimmte steuerl Vergünstigungen sind an die unbeschr StPfl geknüpft (zB § 1a, § 26, § 32 VI 2, § 32b I, § 50 I, § 62 I 1 – Bindung an EStBescheid s BFH III R 11/20, BStBl II 21, 682).

2. EU-Problematik

Schrifttum: *Kessler/Spengel* DB 22, Beil 01 zu Heft 05 (Checkliste potenziell EU-rechtswidriger Normen); *Weber-Grellet* DB 22, 1344 (Entwicklungen des europäischen StRechts); *Schönfeld/Ellenrieder/Sendke* IStR 22, 517 (Europäische Grundrechte und Sekundärrecht); *Schönfeld* IStR 22, 617 (Rspr im Europäischen StRecht); *Kahle/Kopp* DStR 21, 1569 (Europarechtl Einflüsse im BilanzStR); *Stöber* DStR 23, 1969 (EU-Grundrechte und Steuerrecht); *Fehling* IStR 23, 589 (Harmonisierung direkter Steuern in der EU); *Hummel/Sendke* IStR 25, 185 (Rechtsstellung des Stpfl im Mehrebenensystem der EU); steuerwissenschaftl Symposium beim BFH über nationale StRspr im Lichte unionsrechtl Vorgaben, DStR Beihefter zu Heft 24/2024.

Verträge (ausführl *TK* § 2 AO Rn. 46; → 39. Aufl 2020, § 1 Rn. 5):

5 – Der **EU**-Gründungsvertrag **(EUV)** regelt die EU-Grundlagen und ersetzt den **EWG**-Gründungsvertrag **(EGV);** der EU-Arbeitsweisevertrag **(AEUV)** regelt gleichberechtigt mit dem EUV die Einzelheiten der vertragl Grundlagen einschließl der Grundfreiheiten; das **EWR**-Abkommen regelt die Gleichstellung weiterer nicht der EU angehöriger Staaten, → § 1a Rn. 5.
– **Wichtige EuGH-Urteile zu direkten Steuern** → Rn. 7, → 39. Aufl 2020, § 1 Rn. 5.

6 **a) EG/EU-Recht und Einkommensteuer.** Da der Einfluss des EG/EU-Rechts ausdrückl nur auf die indirekten Steuern (vor allem die USt) in Art 113 AEUV vorgeschrieben ist, hatten Gesetzgebung und Rspr den Einfluss auf die direkten Steuern, vor allem die ESt, lange negiert bzw unterschätzt. Das hat sich geändert.

7 **b) EuGH-Rechtsprechung. – aa) Grundsatz.** Im Urteil *„Schumacker"* EuGH C-279/93, DStR 95, 326 stellt der EuGH folgende Grundsätze klar: Die direkten Steuern fallen zwar in die Zuständigkeit der EU-Mitgliedstaaten. Diese müssen jedoch ihre Befugnisse unter Wahrung des Gemeinschaftsrechts ausüben und deshalb jede offene oder versteckte Diskriminierung Staatsangehöriger anderer EU-Staaten durch Verstoß gegen eine der EU-Grundfreiheiten unterlassen (→ Rn. 8). Das bedeutet zunächst, dass zwar **keine grds Bedenken** gegen unterschiedl nationale Steuerrechtsordnungen oder gegen die international übl unterschiedl **Besteuerung Gebietsfremder** als beschr StPfl und Gebietsansässiger als unbeschr StPfl bestehen (obj ungleichartige Stellung hinsichtl der Einkunftsquelle, der persönl Steuerkraft und des Familienstands; grds Gewährung personen- und auslandseinkünftebezogener Abzüge bereits bei Besteuerung im Wohnsitzstaat; keine Doppelentlastung), auch nicht gegen unterschiedl **DBA-Regelungen** (EuGH C-336/96, DStRE 98, 445 – *Gilly*) oder unterschiedl **ausl Steuerfreibeträge** (EuGH C-39/10, DStRE 12, 1185 – EU-*Kommmission/Republik Estland* mwN; s auch § 1 III 4 → Rn. 56). Die EU-vertragl garantierte nationale Steuersouveränität ist im Grundsatz nicht in Frage gestellt; insb kann sich kein StPfl auf günstigere Regelungen in anderen EU-Staaten berufen (**kein Meistbegünstigungsanspruch,** s EuGH C-240/10, BStBl II 13, 56 – *Schulz* – zu § 3 Nr 64).

bb) Grenzen der Steuersouveränität. Der **EU-Vertrag** enthält **einzelne Grundfreiheitsrechte,** an welchen sich die nationalen Gesetzgeber in vergleichbaren Fällen stets zu orientieren haben. Dazu gehört insb die Freiheit des Personenverkehrs über die EU-Grenzen hinweg mit Freizügigkeit, Niederlassungsfreiheit für ArbN, Selbständige, Gesellschaften, Art 45 ff, 49 ff AEUV (ausführl EuGH C-20/16, BStBl II 17, 1271 – *Bechtel*), zu Kapitalverkehrsfreiheit Art 63 AEUV. **Diskriminierungen und sonstige ungerechtfertigte Behinderungen** dieser EU-Grundfreiheiten sind zu vermeiden. Primär ist der nationale Gesetzgeber gehalten, diskriminierende Vorschriften anzupassen; andernfalls sind diese von den Gerichten nicht anzuwenden bzw gemeinschaftskonform auszulegen oder dem EuGH vorzulegen (→ Rn. 10). Verstöße sind nicht nur bei gezielter, sondern auch bei *versteckter* Benachteiligung gegeben, soweit im vergleichbaren Einzelfall vorwiegend ausl Staatsangehörige betroffen sind. 8

cc) Rechtfertigungsgründe; Vergleichbarkeit. Vgl iEinz → 39. Aufl 2020, § 1 Rn. 9, → *BeckOK EStG* § 1 Rn. 44. Nachteilige Regelungen diskriminieren nur insoweit, als *gleichartige* Situationen ungleich behandelt werden, also nur bei Ausländern, die eine dem unbeschr stpfl Inländer vergleichbare Stellung haben. IÜ ist eine **Tendenz der EuGH-Rspr** zu erkennen, die Rechtfertigungsgründe für eine unterschiedl Besteuerung auszudehnen und scharfe Eingriffe in die nationale Gesetzgebung abzuschwächen, vor allem durch Ausweitung des Rechtfertigungsgrundes der **„Kohärenz"** bei wechselseitigem Zusammenhang zw Entlastung und Besteuerung (Rspr → § 2a Rn. 9 zu Ausschluss eines DBA-widrigen, uU doppelten Verlustabzuges und der freien Wahl des Verlustabzugsstaates) sowie durch Aufnahme des **Territorialitätsprinzips** und der **Abwehr von StVermeidung** als Rechtfertigungsgründe. 9

c) Rechtsfolgen eines Verstoßes. Der StPfl hat einen Rechtsanspruch auf Gleichbehandlung und auf Anwendung der EuGH-Rspr, allerdings kein *eigenes* EU-Beschwerderecht. Bei Abweichung durch die *FinVerw* kann (FG) bzw muss (BFH) der Fall dem EuGH vorgelegt werden (Rechtsfolgen einer Nichtvorlage s BFH IX K 1/21, BFH/NV 23, 975; BVerfG 2 BvR 1079/20 DStRE 24, 449). Die Vollziehung solcher abw StBescheide ist ggf auszusetzen (**AdV** – zB BFH I B 44/04, BStBl II 04, 882). 10

3. Kreis der Steuerpflichtigen. Das BGB unterscheidet zur Rechtsfähigkeit zw natürl und juristischen Personen; der ESt-Pflicht unterliegen nur natürl Personen (§ 1 I, IV), KapGten der KSt → Rn. 12. – **a) Natürliche Personen.** Das sind alle Menschen von der Geburt bis zum Tod (vgl § 1 BGB). Jede natürl Person ist *einzeln* stpfl, auch Kinder und zusammen veranlagte Ehegatten (s Wortlaut § 26 I). **Sonstige Persönlichkeitsmerkmale** wie Staatsangehörigkeit, Geschäftsfähigkeit, Alter, Verfügungsbeschränkungen durch Konkurs/Insolvenz oÄ berühren die StPfl grds nicht (Ausnahmen s § 1a, § 2a I–IIa, § 50 II 7 zu **EU-Staatsangehörigkeit**). 11

Beispiele:
- Dreijähriges **Kind** erbt Mietshaus; für das Kind als StPfl ist eine Veranlagung durchzuführen.
- Ausländische **Gastarbeiter** sind grds gemäß § 1 I estpfl (→ Rn. 23, 27; § 1a I); ohne inl Wohnsitz/Aufenthaltsort gilt § 1 III, sonst § 1 IV.
- **Gemeinschuldner** bleibt in der Insolvenz estpfl (BFH XI R 73/92, BFH/NV 94, 477).
- **Verschollene** werden im StRecht bis zur Rechtskraft der Todeserklärung als lebend und damit als stpfl ohne Wohnsitzaufgabe behandelt (§ 49 AO abw von §§ 13 ff VerschG).

b) Juristische Personen. Sie unterliegen nicht der ESt, sondern gem §§ 1, 2 KStG der KSt (KapGes einschließl Einmann-GmbH, Genossenschaften, Vereine). Nichtrechtsfähige Vereine sind zwar keine juristischen Personen, werden jedoch aus praktischen Gründen ebenso besteuert (§ 1 I Nr 5 KStG). Bei **Betriebsaufspaltung** sind Besitz- und Betriebsunternehmen zwei selbständige StSubjekte (→ § 15 Rn. 870), ebenso **Organträger/OrganGes** (§ 14 KStG, § 2 II 2 GewStG). 12

13 **c) Personengesellschaften.** OHG, KG, GbR unterliegen als solche zwar der USt und GewSt, nicht aber der ESt oder KSt. Stpfl sind nach § 1 EStG die beteiligten Ges'ter als natürl Personen bzw KapGten gem § 1 KStG. Um eine einheitl Besteuerung zu erreichen, werden die Einkünfte einheitl und gesondert festgestellt, auf die Ges'ter verteilt und diesen bei ihrer Besteuerung zugerechnet (§§ 179, 180 I Nr 2a, 182 I AO; → § 15 Rn 163 ff)); über die persönl Voraussetzungen der unbeschr/beschr StPfl ist im Veranlagungsverfahren der Ges'ter zu entscheiden. Das gilt auch für die **GmbH & Co KG** (bei der ledigl die GmbH mit dem festgestellten Gewinnanteil der KSt unterliegt) und die **atypische stille Gesellschaft** (vgl → § 15 Rn. 340 ff), auch als **Publikumsgesellschaften. Option zur KSt** s § 1a KStG, → § 15 Rn. 160 ff. Qualifikationsprobleme bei ausl Ges → § 34c Rn. 4.

14 **d) Steuerpflicht im Erbfall.** → § 16 Rn. 590 ff. Die persönl StPfl erlischt mit dem Tod. – **aa) Bis zum Todeszeitpunkt erzielte Einkünfte:** Veranlagung des Verstorbenen als StPfl. Hierunter fallen – unterschiedl nach Art der Einkünfteermittlung – alle Einkünfte, die zu seinen Lebzeiten zu versteuern waren, einschließl Übergangsgewinn nach Auflösung einer Zwei-PersGes (BFH IV R 18/97, BStBl II 98, 290). Diese Einkünfte des Erblassers werden nicht mit denen des Erben zusammengerechnet, auch nicht über § 2 VII 3. Der Bescheid ist an den Erben *als Rechtsnachfolger* zu adressieren und ihm bekanntzugeben; er schuldet die Steuer als Nachlassverbindlichkeit (§ 45 AO).

15 **bb) Nach dem Tode bezogene Einkünfte.** Der Erbe tritt als Gesamtrechtsnachfolger (vgl § 1922 BGB) zivilrechtl und strechtl in die vermögensgebundenen **Rechtsbeziehungen des Erblassers** ein, und zwar unabhängig von Nachlassverwaltung (s BFH VII R 33/91, BStBl II 92, 781), Nachlasskonkurs/-Insolvenz (BFH VII R 118/95, BStBl II 98, 705), Testamentsvollstreckung (s BFH X B 328/94, BStBl II 96, 322) oder Vermächtnissen (s BFH X R 14/94, BStBl II 96, 287). ***Beispiele:*** Art und Zurechnung der Einkünfte (Rspr → 37. Aufl 2018, § 1 Rn. 15); zu AfA und § 82b EStDV → § 21 Rn. 126; Anschaffungszeitpunkt des Erblassers → § 16 Rn. 590, → § 23 Rn. 41; Verlustabzug → § 2a Rn. 45, 63; → § 10d Rn. 14. In der Person des Erben sind nur **höchstpersönl Besteuerungsmerkmale** zu prüfen, wie etwa fachl Voraussetzungen der freiberufl Tätigkeit iSv **§ 18** (→ 29. Aufl 2010, § 1 Rn. 15 mwN).

16 **cc) Erbengemeinschaft; Erbauseinandersetzung.** Probleme der Gewinnrealisierung → § 16 Rn. 608 ff zu BFH GrS 2/89, BStBl II 90, 837.

17 **dd) Vorweggenommene Erbfolge; Schenkung.** S BFH GrS 4/89, BStBl II 90, 847, *BMF* BStBl I 93, 80 und *BMF* BStBl I 07, 269, → § 16 Rn. 50 ff, → § 23 Rn. 40.

II. Unbeschränkte Steuerpflicht, § 1 I

19 **1. Personenkreis.** Unbeschr stpfl sind natürl Personen mit Wohnsitz oder gewöhnl Aufenthalt im Inl (§ 1 I). EU/EWR-Angehörige s § 1a.

20 **2. Wohnsitz.** S AEAO § 8, A 2 DA-KG BStBl I 25, 1018; zu Zuzug/Wegzug *Haag* DB 18, 1303. – **a) Allgemeines.** Einen Wohnsitz hat jemand dort, wo er eine Wohnung unter Umständen innehat, die darauf schließen lassen, dass er sie beibehalten und benutzen wird (§ 8 AO; zum von der Rspr neu eingeführten **Zeitmoment** – 6 Monate gem § 9 AO *als Anhaltspunkt* – s BFH I R 215/85, BStBl II 89, 956, auch zu Bindung an Tatsachenwürdigung durch FG). Die Begriffsmerkmale gehen fließend ineinander über und werden auch in der Rspr oft nicht sauber getrennt. **Mehrfache Wohnsitze** sind mögl und ausreichend (BFH I R 58/16, BFH/NV 19, 104 mwN; zu mehreren Wohnstätten mit **Ansässigkeit nach DBA** und **Doppelansässigkeit** s DBA-Einzelregelungen, zB Art 4 OECD-MA), auch Wohnsitz neben stän-

diger Wohnstätte (s *Kramer* DStR 19, 2572) oder neben gewöhnl Aufenthalt (nicht zwei gewöhnl Aufenthalte gleichzeitig, s Wortlaut § 1 I, BFH I R 241/82, BStBl II 84, 11). Für die unbeschr StPfl genügt *ein* inl Wohnsitz (BFH I R 250/73, BStBl II 75, 708), **unabhängig vom Lebensmittelpunkt** (BFH I R 74/16, BFH/NV 19, 388) und grds unabhängig von der tatsächl Nutzung (vgl FG Saarl DStRE 23, 577, rkr). Prüfung nach dt Recht zunächst ohne DBA für jeden StPfl und jeden VZ neu (BFH I R 8/94, BStBl II 96, 2 zu Ehegatten). Keine DBA-Ansässigkeit durch § 1 III (→ Rn. 70). Zur **Ansässigkeit nach Art 37 III WüD, Art 49 I WÜK** von Botschafts- und Konsularbediensteten vgl BFH I R 119/95, BFH/NV 97, 664; → § 3 Rn. 104. **„Heiratsprivileg"** bei Wegzug s *BMF* BStBl I 94, 683, BFH I R 44/10, BFH/NV 11, 2005.

b) Wohnung. Der Begriff ist **weit auszulegen** iSv Räumlichkeiten, die zum 21
Wohnen geeignet sind. Es braucht sich nicht um ein Gebäude oder einen baul abgeschlossenen Gebäudeteil zu handeln, wenn nur ein fester, zum Wohnen geeigneter Raum vorhanden ist (mit Möbeln ausgestattet, heizbar, idR Wasch- und Kochgelegenheit). Das kann ein möbliertes Zimmer sein, eine Unterkunft in einer Gemeinschaftsbaracke, eine Zweitwohnung, ein Sommer- oder Ferienhaus, ein Jagdhaus, uU eine „Standby-Wohnung" (BFH I R 50/12, BFH/NV 13, 1909; s aber HessFG EFG 15, 2138, rkr), ausnahmsweise selbst ein *feststehender* Campingwagen, der *ständig zu Wohnzwecken* und nicht nur vorübergehend zu Erholungsaufenthalten benutzt wird (BFH VI R 195/72, BStBl II 75, 278; s aber BFH I R 80/92, BStBl II 93, 655; FG Hmb EFG 99, 222, rkr). Ein gemietetes Hotelzimmer wird allenfalls bei Dauernutzung eine Wohnung idS sein; keine Wohnung ist der mobile Wohnwagen eines fahrenden Zirkusartisten oder das Wohnmobil in einem Ferienpark (FG Hmb EFG 82, 18, rkr). Je zweifelhafter es ist, ob eine solche Wohnung vorliegt, desto sorgfältiger sind Verfügungsrecht und sonstige Umstände zu prüfen (und umgekehrt, s FG BW EFG 85, 483, rkr).

c) Verfügungsrecht. Der Wohnberechtigte muss die Wohnung **„innehaben"**, 22
dh er muss darüber nach Belieben verfügen können. Dabei steht weniger die rechtl als die *tatsächl* Verfügungsmöglichkeit im Vordergrund. Das Verbot des Bewohnens muss nicht entgegenstehen (BFH VI R 127/76, BStBl II 79, 335, → Rn. 27). Das Verfügungsrecht entfällt bei längerfristiger Vermietung (→ Rn. 24). Besuchsweise Überlassung an Dritte ist idR unschädl. Benutzungsrecht mehrerer Personen kann genügen (sorgfältige Prüfung der obj Umstände, → Rn. 21, 23). **Strafgefangene** begründen keinen Wohnsitz am Ort der Strafanstalt, es fehlt die Verfügungsbefugnis (→ Rn. 27). Ausgewiesene Ausländer geben ihren Wohnsitz auf (FG Mchn EFG 04, 837, rkr) – Ausreiseverfügung allein reicht nicht. Das Verfügungsrecht kann von dritten Personen abgeleitet sein (**Kinder**/Ehegatten, → Rn. 24).

d) Tatsächliche Nutzung. Darüber hinaus müssen **obj Umstände** darauf 23
schließen lassen, dass eine **Wohnung beibehalten und benutzt** werden soll (objektivierter Wohnsitzbegriff im StRecht). Die *Absicht* des StPfl, einen Wohnsitz zu begründen, ist weder ausreichend noch erforderl. **Polizeil Anmeldung** ist nicht ausschlaggebend (zB BFH III R 89/06, BFH/NV 08, 351). Eine ständige **Nutzung** ist nicht geboten; ein bloßes Innehaben ohne Nutzung genügt nicht. Einschränkung durch Visabegrenzung s FG Hmb EFG 18, 1079, rkr. Im Einzelfall sind alle **tatsächl Umstände** zu berücksichtigen, die erkennen lassen, dass die Wohnung dadurch als Bleibe dient, dass sie ständig oder doch mit einer gewissen Regelmäßigkeit und Gewohnheit benutzt wird bzw zu nicht nur vorübergehenden Wohnzwecken *bestimmt* ist. Diese Umstände stellt das FG mit Bindung für den BFH fest (BFH VIII B 155/02, BFH/NV 03, 881). ***Beispiele:*** Dauer der tatsächl Nutzung, Bauausführung, Lage, Ausstattung und Einrichtung, Angemessenheit nach den sonstigen Lebensverhältnissen des Inhabers (BFH VI 236/62 U, BStBl III 64, 462), Anlass für den Aufenthalt, zeitl Pläne über Rückkehrabsicht eines **Gastarbeiters** in sein Heimatland sowie seine

Familienbande nach dorthin, Umfang der tatsächl und rechtl Verfügungsmacht über eine Wohnung, Erst- oder Zweitwohnung, Familienstand, Entfernung vom Hauptwohnsitz (BFH I B 112/92, BFH/NV 94, 456). Bei **Zweitwohnung** mit begrenztem Verwendungszweck werden an die Ausstattung geringere Anforderungen gestellt; es muss jedoch ein zweiter Lebensmittelpunkt geschaffen werden. **Kurzfristige Aufenthalte** (Erholung, Ferien, Kur) *begründen* grds keinen Wohnsitz (BFH I 38/65, BStBl II 68, 439, FG BW EFG 88, 418, rkr – 5 bis 6 Wochen; zu besuchsweiser Nutzung eines Elternhauses BFH III B 99/05, BFH/NV 06, 300 mwN); sie können jedoch für die *Beibehaltung* reichen (→ Rn. 24). ArbN-Entsendung → Rn. 24. Durch *regelmäßige* Aufenthalte an Wochenenden/in den **Ferien** kann ein Wohnsitz beibehalten werden (BFH VI R 107/99, BStBl II 01, 294). Aufenthalte von Familienangehörigen, Hauspersonal oder Gästen können dem Wohnungsinhaber als **eigene Nutzung** zuzurechnen sein.

24 **e) Aufgabe des Wohnsitzes.** Sie ist anzunehmen, wenn tatsächl Umstände so verändert werden, dass die Voraussetzungen des § 8 AO nicht mehr vorliegen. Die Begründung eines neuen Wohnsitzes ist nicht erforderl. Erzwungene Nutzungsunterbrechungen können, aber müssen nicht schädl sein (→ Rn. 22 – Gefängnis- oder Krankenhausaufenthalt – sowie unten zu Touristen- oder Kindesentführung). Die Begründung eines zweiten Wohnsitzes oder die längere Abwesenheit müssen keine Aufgabe des ersten Wohnsitzes bewirken, vor allem nicht bei **Familienwohnsitzen** (s zu 12 Monaten Familienauslandsaufenthalt FG SchlH DStRE 24, 1281, rkr). So wird ein Schiffskapitän oder ein längerfristig auswärts, auch im Ausl beschäftigter ArbN bei Aufrechterhaltung der ehel Wirtschaftsgemeinschaft und gelegentl Besuchen seinen Familienwohnsitz beibehalten (widerlegbare Vermutung, s BFH I R 8/94, BStBl II 96, 2; FG BW EFG 08, 1626, rkr). Entscheidend sind die tatsächl Umstände für oder gegen die Beibehaltung zu – auch zukünftigen – eigenen Wohnzwecken (vgl BFH III R 89/06, BFH/NV 08, 351). Dies ist für jeden Familienangehörigen gesondert zu prüfen (vgl BFH I R 58/16, BFH/NV 19, 104 mwN). Bei Auslandstätigkeit über 1 Jahr eines Ledigen bzw bei Familienmitnahme führen auch kurzfristige Inlandsbesuche nicht zur Beibehaltung oder Begründung eines Wohnsitzes (vgl BFH III B 121/12, BFH/NV 13, 1381 mwN, s aber FG SchlH DStRE 24, 1281, rkr). **Wohnsitzaufgabeabsicht** beendet die unbeschr StPfl erst bei tatsächl Umzug ins Ausl (vgl FG Hmb EFG 22, 1267, rkr). **Vermietung** spricht idR für Aufgabe (FG Brem EFG 90, 93, rkr, zu Schiffsoffizier – **aA** zu befristeter/kurzfristiger Vermietung bis 6 Monate FG Hmb EFG 92, 277, rkr); bei Leerstehen während einer **ArbN-Entsendung** kommt es auf die Umstände des Einzelfalls an (kurzfristig idR keine Wohnsitzaufgabe, *BMF* BStBl I 17, 1257, AEAO § 8; uU auch nicht längerfristig, FG Mchn EFG 18, 1240, rkr – **aA** zu zweijähriger Abwesenheit NdsFG EFG 17, 544, rkr; zu Inlandsumzug zutr FG Mster EFG 20, 240, rkr). Aufgabe bei dauernder Überlassung an volljähriges Kind mit eigenen Einkünften (NdsFG EFG 97, 1150, rkr). Die **Ehefrau** teilt nicht ohne Weiteres den Wohnsitz des Mannes (BFH I R 8/94, BStBl II 96, 2; FG Hmb EFG 18, 1079, rkr; s aber BFH I R 69/96, BStBl II 97, 447, BFH I R 56/02, BFH/NV 04, 917). Zu Zeit zw Heirat im Ausl und Bezug der Inlandswohnung des Ehegatten FG Hmb EFG 94, 730, rkr; → Rn. 37; fragl bei anschließendem Umzug im Inl; zum umgekehrten Fall der Anmietung einer Familienwohnung im Ausl trotz kurzfristigen Verbleibs der Ehefrau und der Kinder bis zum Schuljahresabschluss s NdsFG EFG 03, 756, rkr. **Kinder** behalten idR ihren Wohnsitz bei den Eltern, auch wenn sie sich vorübergehend berufl (zB NdsFG EFG 93, 135, rkr zu ledigem Seemann) oder zu Ausbildungszwecken auswärts aufhalten (BFH III R 38/14, BStBl II 16, 102; anders uU bei längerfristigen Auslandsstudien mit wenigen Inlandsaufenthalten, vgl BFH III R 10/14, BStBl II 15, 655, oder bei längerfristigem Aufenthalt von Gastarbeiterkindern im Heimatland trotz Ferienaufenthalts im Inl, s BFH III B 99/05, BFH/NV 06, 300, BFH III R 6/20, BFH/NV 2021, 646) – s aber BFH III R 12/20, BStBl II 22, 681. Zur

Bedeutung inl Zwischenaufenthaltszeiten s BFH III R 11/21, BStBl II 23, 970, BFH III R 32/23 BStBl II 25, 554. **Wegzugsprobleme § 2 AStG** s *Kunz/Rein* FR 25, 801. IdR keine automatische Aufgabe durch **Kindesentführung** ins Ausl (s BFH III B 174/11, BFH/NV 12, 1599; A 23.1 VIII DA-KG) oder **Touristenentführung.** Dagegen grds Wohnsitzaufgabe im Ausl verheirateter Kinder (BFH VI B 387/98, BFH/NV 00, 42). **Studenten** begründen am Hochschulort idR weder Wohnsitz noch gewöhnl Aufenthalt (s zu **EU-Staatsangehörigen** FG BW EFG 92, 238, rkr).

3. Gewöhnlicher Aufenthaltsort. Vgl *BMF* BStBl I 17, 1257, AEAO § 9. Den 27
gewöhnl Aufenthaltsort hat der StPfl dort, wo er sich unter Umständen aufhält, die erkennen lassen, dass er an diesem Ort oder in diesem Gebiet nicht nur vorübergehend verweilt (**§ 9 AO,** BFH I R 215/85, BStBl II 89, 956), häufig neben Wohnsitz (→ Rn. 20), mit der gleichen Rechtsfolge der unbeschr StPfl. Dann kann die schwierigere Wohnsitzprüfung uU unterbleiben, zB bei einem ein Jahr im Inl arbeitenden und wohnenden Gastarbeiter. Die **Unterschiede zum Wohnsitz** liegen darin, dass keine Wohnung als fester Lebensmittelpunkt unterhalten werden muss, dass nicht einmal ein gleich bleibender Aufenthaltsort zu bestehen braucht. Anders als beim Wohnsitz genügt es, dass sich jemand tatsächl für eine gewisse Dauer „in diesem Gebiet" aufhält (dh im Inl, → Rn. 30). ***Beispiele:*** Fahrendes Volk, Filmschauspieler mit wechselnden Drehorten im Inl; zu Pilot mit Standby-Wohnung BFH I R 38/13, BFH/NV 14, 1046, → Rn. 21. **Vorübergehende Aufenthalte** begründen grds keinen gewöhnl Aufenthalt. Ausnahmen sind mögl. Vorübergehend sind nach § 9 S 2 AO Aufenthalte bis zu 6 Monaten, in Sonderfällen (Urlaub, Erholung, Kur, private Besuche, Studium – soweit dadurch überhaupt ein gewöhnl Aufenthalt begründet wird) bis zu einem Jahr, vgl § 9 S 3 AO. Alle längeren Aufenthalte, durch die kein Wohnsitz begründet wird, führen über die unwiderlegbare gesetzl Vermutung in § 9 S 2 AO zur unbeschr StPfl (s umgekehrt zur **Aufgabe** BFH I R 112/04, BFH/NV 05, 1756). Kurzfristige **Unterbrechungen** (zB Weihnachtsurlaub, Jahresurlaub eines Gastarbeiters) bleiben ohne Auswirkung, dh die 6-Monatsfrist läuft weiter und die Unterbrechungszeit wird mitgerechnet (vgl § 9 S 2 AO „von Beginn an"). Unterbrechungen setzen den erkennbaren Willen und die Möglichkeit zur Fortsetzung des unterbrochenen Aufenthaltes voraus. Beurteilung nach obj Merkmalen (zB Dauer) unter Einbeziehung der erkennbaren Pläne und Absichten (vgl zu ausl **Pflegekraft** FG Mster DStRE 23, 827, rkr). **Rechtswidriger** (FG BW EFG 91, 102, rkr) oder **unfreiwilliger Aufenthalt** genügt (**Krankenhaus/Gefängnis,** BFH VI B 97/86, BFH/NV 87, 262), unabhängig von Beibehaltung eines Wohnsitzes (→ Rn. 22). **Asylbewerber** werden erst ab Anerkennung unbeschr stpfl, dann aber rückwirkend ab Aufnahme (vgl BFH III R 148/86, BStBl II 88, 14). Die 6 Monate brauchen nicht in *einen* VZ zu fallen. ***Beispiel:*** Bei Aufenthalt eines **Gastarbeiters** vom 1.10.01 bis 15.4.02 mit 3 Wochen Weihnachtsurlaub unbeschr StPfl im VZ 01 und im VZ 02. Der gewöhnl Aufenthalt setzt eine gewisse Beständigkeit der Anwesenheit voraus. So verweilt ein ArbN, der sich regelmäßig zur Arbeit im Inl aufhält und tägl zu seinem Familienwohnsitz im Ausl zurückkehrt **(Grenzgänger),** nur vorübergehend im Inl (und umgekehrt); dagegen begründet er einen gewöhnl Aufenthalt im Inl, wenn er nur zum Wochenende heimfährt (vgl BFH I R 205/82, BStBl II 90, 687; zu Grenzgänger Schweiz *Schustek* DStR 25, 1905 und DStR 25, 1985). Das gilt entspr für pendelnde **Inlandsunternehmer** (s *Löffler/Stadler* IStR 08, 832).

**4. Inland. – a) Staatliches Hoheitsgebiet als Grundlage unbeschränkter 30
Steuerpflicht, § 1 I 1.** Inland idS ist – ohne Begriffsbestimmung im EStG – das staats- und völkerrechtl Gebiet der BRD innerhalb seiner Bundesgrenzen, dh der Geltungsbereich des GG. Die früheren Zollgrenzen sind nicht maßgebl, so dass auch „Zollausschlussgebiete" (EU-rechtl „Drittlandsgebiete"), „Zollfreigebiete"/Freihäfen sowie exterritoriale Grundstücke wie ausl Botschaften Inl idS sind (zB BFH IV R 196/85, BStBl II 89, 614), nicht aber „Zollanschlussgebiete" oder dt Botschaf-

ten im Ausl. **Schiffe** zählen zum Inl, soweit sie unter inl Flagge in dt Gewässern oder auf hoher See fahren (vgl BFH I R 250/75, BStBl II 78, 50; s aber *Maciejewski/Theilen* IStR 13, 846 und IStR 16, 401; zur Einschränkung durch DBA-Regelungen und Seeleutebesteuerung s *BMF* BStBl I 25, 1008; *Heidecke/Westphal/Zänker* IStR 25, 275). **Flugzeuge** zählen zum Inl, soweit sie dt Hoheitsgebiet oder völkerrechtl Niemandsland überfliegen (vgl BFH I R 148/87, BStBl II 89, 319, zu Pilotenbesteuerung BFH VI R 28/22, BStBl II 25, 240; zu DBA-Regelungen BVerfG 2 BvL 21/14, DStR 25, 2647).

31 **b) Ausdehnung des Inlandsbegriffs über das staatliche Hoheitsgebiet hinaus ab 2016, § 1 I 2.** Vgl § 1 III KStG, § 2 VII GewStG; s *Hawlitschek* IStR 15, 413; *Maciejewski/Theilen* IStR 16, 401. Die zunehmende wirtschaftl Ausbeutung des Meeres und seines Untergrundes hat zu mehrfacher Ausdehnung des Inlandsbegriffs im Küstenbereich geführt. Dabei hat sich der Gesetzgeber an das **UN-Seerechtsübereinkommen** (**SRÜ,** BGBl II 94, 1799) angelehnt und die dortigen Tatbestände ohne Verweisung im Wortlaut übernommen. Das SRÜ unterscheidet zw inl Küstenmeer (→Rn. 32) und dem anschließenden Seegebiet bis zu 200 Seemeilen von der Küste, das für abschließend festgelegte Zwecke hoheitl genutzt werden kann (→Rn. 33, 34). Jenseits von 200 Seemeilen entfallen alle staatl Hoheitsrechte. Die Tatbestände des § 1 I 2 überschneiden sich weitgehend (so führt die Ausbeutung des Festlandsockels idR zu ausschließl Wirtschaftszone).

32 **aa) Küstenmeer.** Bis zu 12 Seemeilen (Art 2 ff SRÜ; vgl BGBl I 94, 3428) gehört das Küstenmeer ohne Einschränkung zum Inl iSv **§ 1 I 1** (so dass auch der gewöhnl Aufenthalt von ArbN in diesem Teil zur unbeschr StPfl führt; vgl zu Binnenschifffahrt zw Hamburg und Helgoland FG MV EFG 24, 454, Rev VI R 1/24). Die GewSt-Hebeberechtigung für gemeindefreie Betriebsstätten im Küstenmeer darf nicht auf ein Bundesland, sondern nur auf eine Gemeinde übertragen werden (BFH IV R 5/22, BStBl II 25, 596, Anm *Möhrle/Baier* DStR 25, 2529).

33 **bb) Ausschließliche Wirtschaftszone, § 1 I 2 Nr 1.** Dies ist das jenseits des Küstenmeeres angrenzende Seegebiet bis 200 Seemeilen, in dem der Küstenstaat unabhängig vom Festlandsockel (aber häufig überlappend) einzelne souveräne Rechte hat. Diese Rechte sind in Nr 1 in Anlehnung an Art 56 SRÜ abschließend aufgezählt und beschränken sich grds auf diese Tätigkeiten. – **Buchst a und b** erfassen jegl wirtschaftl Erforschung oder Ausbeutung der Zone. Die ursprüngl in § 1 I 2 aF geforderte Verbindung mit dem Meeresboden des Festlandsockels (zB Abbau von Mineralien oder anderen Naturschätzen, nach zutr hM wohl auch Erdöl, Erdgas, Kohle) war bereits ab 2008 erweitert worden um die Energieerzeugung unter Nutzung erneuerbarer Energien (zB Windräder, Solaranlagen, Erdwärmeanlagen, Gezeitenanlagen), ab 2015 erstmals ausgedehnt auf ausschließl Wirtschaftszonen zur Errichtung (neu) oder zum Betrieb von Energieerzeugungsanlagen unabhängig von einer Bodenverbindung, allerdings immer noch beschränkt auf die Nutzung erneuerbarer Energien (zB schwimmende Windanlagen). Damit waren die mögl Tatbestände noch nicht voll ausgeschöpft. **Ab 2016** hat der Gesetzgeber alle Lücken geschlossen durch umfassende Übernahme der Hoheitsbefugnisse aus Art 56 SRÜ (neu vor allem „lebende Ressourcen über dem Meeresboden" wie Meeresfischzuchten, Pflanzennutzung). – **Buchst c** übernimmt als Sonderfall aus Art 56/60 SRÜ die Errichtung und Nutzung künstl Inseln oä dauerhafter Bauwerke unter Einbeziehung der Errichtung von Anlagen und Bauwerken für Zwecke des Buchst a und b.

34 **cc) Festlandsockel, § 1 I 2 Nr 2.** Der Festlandsockel umfasst den jenseits des Küstenmeeres gelegenen Meeresboden und -untergrund der Unterwassergebiete, die sich über die natürl Verlängerung des Landgebietes bis zur äußeren Kante des Festlandsockels oder bis zu einer Entfernung von 200 Seemeilen von der Küste erstrecken, nicht aber den Tiefseeboden (Art 76 SRÜ), für den ggf Nr 1 greift. – **Buchst a** entspricht im Wesentlichen den hier auf den Meeresboden beschränkten Hoheits-

befugnissen der ausschließl Wirtschaftszone (→ Rn. 33, Art 77 SRÜ). – **Buchst b** übernimmt (wie Art 80 den Art 60 SRÜ) wörtl § 1 I 2 Nr 1c. Unterseeische **Kabel und Rohrleitungen** darf nicht nur der Küstenstaat verlegen, sondern mit dessen Zustimmung jeder ausl Staat; das hindert den Küstenstaat nicht, diese auf seinem Festlandterritorium als inl Betriebsstätten zu besteuern (Art 79 SRÜ; § 49 I Nr 2 Buchst a, BFH II R 12/92, BStBl II 97, 12).

III. Erweiterte unbeschränkte Steuerpflicht, § 1 II

1. Personenkreis, § 1 II 1. § 1 II erfasst öffentl **Auslandsbedienstete** ohne unbeschr StPfl im Ausl. Die Vorschrift unterstellt unter bestimmten Voraussetzungen alle dt Staatsangehörigen, die keinen Wohnsitz oder gewöhnl Aufenthalt im Inl haben, der unbeschr StPfl, wenn sie zu einer inl juristischen Person döR in einem DienstVerh stehen und dafür ArbLohn aus einer **inl öffentl Kasse** beziehen (dazu BFH I R 88/00, BFH/NV 02, 623 – DAK –, wie § 3 Nr 64, anders § 49 I Nr 4b, → § 49 Rn. 87). Das sind insbes (nicht nur, s unten und → Rn. 36) aktive Staatsbedienstete mit diplomatischem/konsularischem Status (auch → Rn. 39, § 3 Nr 29, → § 3 Rn. 104), dagegen **nicht** dt Beschäftigte internationaler Organisationen (dazu → Rn. 38; zu Goethe-Institut China BFH I R 60/05, BStBl II 07, 106; EStH 1a; zu Kirchenkasse BFH VI R 35/21 BStBl II 24, 710) und auch nicht Empfänger von Versorgungsbezügen (§ 1a II, → § 1a Rn. 28). **Hintergrund:** Ihnen sollen die steuerl Vorteile der unbeschr StPfl erhalten bleiben, die sie sonst verlieren würden (vgl BFH V R 9/12, BStBl II 14, 715). **Auslandslehrer** können nach § 1 I, § 1 II oder § 1 III unbeschr stpfl sein (s *BMF* BStBl I 94, 853, *BMF* BStBl I 96, 373, *BMF* BStBl I 96, 688 und *BMF* BStBl I 99, 844 – USA –; FG BW EFG 99, 453, rkr), sonst beschr stpfl. Die StPfl gem § 1 II erstreckt sich während dieser Zeit (→ Rn. 37) auf die zum Haushalt gehörenden **Angehörigen** iSv § 15 AO (also nicht nur Ehegatten/Lebenspartner und Kinder). Einschränkung bei *ausl* Staatsangehörigen: sie dürfen keine oder nur ausschließl im Inl stpfl Einkünfte beziehen (§ 1 II 1). IÜ können ausl EU-Ehegatten/Lebenspartner bei geringfügigen Auslandseinkünften unabhängig von § 1 II unbeschr StPfl nach **§ 1 III/§ 1a II** beantragen (→ § 1a Rn. 27). 35

2. Sachliche Voraussetzung, § 1 II 2. Der StPfl/der Angehörige darf bei Bezug **eigener Einkünfte** iSv § 2 I nach ausl Recht/Völkerrecht im ausl Wohnsitzstaat dort allenfalls nach den Grundsätzen der beschr EStPflicht zur ESt herangezogen werden, um nicht die doppelten Vorteile der unbeschr StPfl in beiden Staaten zu genießen (vgl → Rn. 3, 4; BFH I R 45/19, DStR 23, 1406); das sind idR im Wohnsitzstaat erzielte und sonstige ohne Berücksichtigung persönl Verhältnisse besteuerte Einkünfte. Der Bezug im Ausl **steuerfreier Einkünfte** schließt eine wegen der dortigen Ansässigkeit grds bestehende unbeschr ausl StPfl nicht allg aus (vgl BFH V R 9/12, BStBl II 14, 715). Entscheidend ist die gesetzl Besteuerungs*möglichkeit,* nicht die tatsächl Besteuerung im Ausl (zu unterlassener Besteuerung ohne Freistellung BFH I R 60/05, BStBl II 07, 106). Auch eine fehlende ausl Besteuerung wegen DBA-Zuweisung an das Inl ist einer beschr Besteuerung im Ausl iSv § 1 II 2 nicht gleich zu setzen (vgl BFH I R 205/82, BStBl II 90, 687). Dagegen besteht beschr ausl StPfl iSv § 1 II 2 (und damit unbeschr inl StPfl nach § 1 II 1) für Diplomaten und Konsularbeamte, die nach den Wiener Übereinkommen über diplomatische bzw konsularische Beziehungen (WÜD und WÜK) im Tätigkeitsstaat *allg* wie beschr StPfl behandelt werden (vgl FG Bln-Bbg EFG 18, 1198, rkr). 36

3. Rechtsfolgen, § 1 II 1. Grds bestehen keine Unterschiede zur unbeschr StPfl nach § 1 I (→ Rn. 2). Auch die erweiterte unbeschr StPfl nach § 1 II erfasst entgegen § 1 III *alle* und nicht nur die von der öffentl Kasse gezahlten Einkünfte (vgl zur beschr StPfl § 49 I Nr 4b). Der mit einer Inländerin oder mit einer Ausländerin ohne oder mit geringfügigen (→ Rn. 35) Auslandseinkünften verheiratete Auslandsbeschäftigte 37 kann die **LSt-Klasse III** bzw den **Splittingtarif** beanspruchen (Korrektur ggf nach § 50 II 2 Nr 2).

38 **4. Deutsche Bedienstete der EU.** Sie fallen nicht unter § 1 II, weil sie von der EU besoldet werden. Sie werden jedoch nach besonderen zwischenstaatl Vereinbarungen uU wie unbeschr StPfl behandelt (EG-Privilegienprotokoll BGBl II 65, 1482 und BGBl II 67, 2156). Ohne solche Vereinbarungen allg Beurteilung der StPfl nach § 1 (vgl BFH VI R 381/70, BStBl II 74, 230). Häufig *sachl* StBefreiung (→ Rn. 39, § 3 Nr 29, → § 3 Rn. 104; Aufstellung *BMF* BStBl I 13, 404).

39 **5. Ausländische Diplomaten/Soldaten in Deutschland.** Ausl **Diplomaten** sind wie sonstige Beschäftigte ausl Vertretungen trotz Wohnsitz im Inl hier grds nicht unbeschr stpfl (vgl § 3 Nr 29, → § 3 Rn. 104, BFH I R 119/95, BFH/NV 97, 664, umgekehrt → Rn. 35). **Ausnahmen:** – Ständige Ansässigkeit nach § 49 WÜD (vgl FG Köln EFG 01, 552, rkr; → Rn. 20, 35); – dt Staatsangehörigkeit (vgl FG Köln EFG 12, 65, rkr). Ausl Mitglieder **ausl Streitkräfte,** gleichgestellte technische Fachkräfte (BFH I R 47/04, BStBl II 06, 374) und ihre – ausl – Angehörigen sind im Inl mit ihren *Truppenbezügen* nicht stpfl (Art X NATO-Truppenstatut, BGBl II 61, 1190 sowie BGBl II 63, 745; *BMF* BStBl I 23 1565; BFH VI B 132/07, BFH/NV 09, 21; BFH I R 35/19, BFH/NV 21, 1354 zu **Rückkehrwillen;** s auch FG RhPf EFG 23, 256, rkr). Mit anderen inl Einkünften unterliegen sie der beschr StPfl (zB US-Soldaten, die im Inl als Musiker auftreten). StPfl einer **Einmalzahlung** zur Abgeltung von Versorgungsbezügen s FG Mster EFG 23, 1223 mit Anm *Anders,* Rev VI R 24/23. Ausl Mitglieder des zivilen Gefolges, die sich auf Grund dieser Tätigkeit im Inl aufhalten, sind nicht unbeschr stpfl, wohl aber dt Staatsangehörige, selbst als **Ehegatte** eines Truppenmitgliedes (BFH III R 95/68, BStBl II 70, 153), sowie uU Truppenangehörige, die im Inl einen Deutschen geheiratet haben (BFH I R 69/84, BStBl II 89, 290).

IV. Grenzpendlerbesteuerung, § 1 III

41 **1. Personenkreis; Problemstellung.** Die Problematik der Besteuerung im Ausl wohnhafter Personen mit inl Einkünften hat sich durch zunehmende Durchlässigkeit der Grenzen iRd EG/EU ständig verschärft. Der Gesetzgeber musste daher im Anschluss an EuGH-Urt *Schumacker* (→ Rn. 7) die für beschr StPfl bestehenden Einzelregelungen (§ 50 aF) durch eine familiengerechtere Grenzpendlerbesteuerung ersetzen.

42 **2. Grenzpendler (Einpendler) mit Inlandseinkünften. – a) Fiktive Steuerpflicht.** Abs 3 fingiert seit VZ 1996 die Antragsmöglichkeit einer unbeschr StPfl für diesen Personenkreis. Zur begrenzten Wirkung dieser Fiktion → Rn. 70. **§ 1a** erstreckt darüber hinaus einzelne Vergünstigungen auf **Familienangehörige** im EU-Ausl, teils durch Fiktion deren begrenzter unbeschr StPfl (§ 1a I Nr 2 iVm § 26 I 1), teils durch Unbeachtlichkeit deren beschr StPfl (§ 1a I Nr 1).

45 **b) Sonstige Steuerpflichtige.** Besteht kein Wohnsitz/gewöhnl Aufenthalt im Inl, fallen inl Einkünfte ohne § 1 III unter die normale beschr StPfl nach **§ 1 IV, § 49, § 50 I 1–3, § 50a.** Sonderregelungen für die Besteuerung von ArbN und EU-Künstlern/Sportlern s § 50 und → 39. Aufl 2020, Rn. 46 ff.

50 **3. Ziel der besonderen Grenzpendlerbesteuerung, § 1 III 1.** Die subj Leistungsfähigkeit soll stärker berücksichtigt werden, soweit nach der Summe der Einkünfte und dem Anteil der Auslandseinkünfte anzunehmen ist, dass der Grenzpendler nicht auch im Wohnsitzstaat veranlagt wird und er persönl und familienbezogene Entlastungen nicht doppelt in Anspruch nehmen kann.

51 **4. Persönlicher Geltungsbereich des § 1 III 1.** Der Personenkreis der Grenzpendler umfasst grds alle Personen ohne inl Wohnsitz oder gewöhnl Aufenthaltsort,

die im Inl nach § 49 stbare Einkünfte erzielen (§ 1 III 1), mit denen sie sonst beschr stpfl wären. Das sind zwar vielfach ArbN (und Selbständige) aus EU-Staaten. Gleichwohl enthält § 1 III aus Gleichbehandlungsgründen **keine persönl Beschränkungen.** Die fiktive unbeschr StPfl erfasst *alle* (Nur-)Auslandsbewohner mit Inlandseinkünften. Sie beschränkt ihre begrenzte Wirkung jedoch zunächst auf die **Person des Grenzpendlers selbst.** Nur Familienvergünstigungen unterliegen weiteren persönl Beschränkungen nach **§ 1a.**

5. Sachliche Voraussetzungen, § 1 III 2–5. – a) Beschränkungen. Es müssen inl Einkünfte iSv § 49 vorliegen (abl zu ausl selbständigen **Pflegekräften** ohne inl Betriebsstätte FG Mster DStRE 23,837, rkr), ohne Beschränkungen durch § 1 III nach Art der Einkünfte über § 49 hinaus (nicht nur ArbN) oder nach deren Erhebung (auch bei StAbzug), nur nach Höhe und anteiliger Länderzurechnung der Einkünfte. 52

b) Einkünftegrenzen, § 1 III 2. – aa) Voraussetzungen, § 1 III 2 Hs 1. Grenzpendler iSv § 1 III ist, wer seine weltweiten Einkünfte zu mindestens **90%** im Inl zu versteuern hat **(relative Begrenzung).** Liegt der Inlandsanteil unter 90%, ist dies unschädl, wenn die Auslandseinkünfte im Kj den jeweiligen **Grundfreibetrag** § 32a I nicht übersteigen (**absolute Begrenzung** –2023: 10908 €; 2024: 11784 €; 2025: 12096€, 2026: 12348€). Bei **Ehegatten/Lebenspartnern** (§ 2 VIII) mit Splittingtarif nach § 1a I Nr 2 S 3 Verdoppelung unter Einbeziehung der Einkünfte *beider* Partner (auch in 90%-Prüfung; → § 1a Rn. 21 zu BFH I R 16/14, BStBl II 15, 957). Nachweis § 1 III 5 → Rn. 57. Darüber hinaus sind die Beträge **personenbezogen,** auch bei PersGes. Zeitl **Kj-Zurechnung** nach EStG (§§ 4 ff, § 11). Erreicht der Auslandsanteil mindestens 10% der Gesamtsumme *und* übersteigt er den Grundfreibetrag im Kj (*ein* höherer Betrag ist unschädl), entfällt das Wahlrecht nach § 1 III 1 und die Veranlagung nach § 46 II 1 Nr 7/§ 50. Die tatsächl Besteuerung ist für diese Berechnung unmaßgebl. Zur StFreiheit im Ausl → Rn. 56. 53

bb) Kürzung, § 1 III 2 Hs 2. Der Höchstbetrag ist zu **kürzen** auf Beträge, die nach den Lebensverhältnissen des Wohnsitzstaates notwendig und angemessen sind (vgl die vom BFH gebilligten Länderaufstellungen ab 2024 *BMF* BStBl I 23, 236). An der **Rechtmäßigkeit der Grenze von 90%** geäußerte Zweifel hat der **EuGH** ausgeräumt (EuGH C-234/01, BStBl II 03, 859 – *Gschwind*). **Zeitl** ist bei **Wechsel** im lfd VZ auf die Einkünfte *im Kj* abzustellen (EuGH C-9/14, DStRE 15, 1233 – *Staatssecretaris van Financiën/Kieback;* vgl auch → Rn. 77 zu § 2 VII 3). Die erforderl **Einkünfteberechnung** erfolgt in **zwei Schritten: (1) Gesamteinkünfteermittlung** (→ Rn. 55 ff); **(2) Aufteilung** (→ Rn. 59). 54

c) Gesamteinkünfteermittlung, § 1 III. Zunächst ist die Gesamtheit aller maßgebl inl und ausl Einkünfte zu ermitteln. – **aa) Einkünfte, § 1 III 1, 2.** „Einkünfte" = „Summe der Einkünfte". Einzubeziehen sind mangels Sonderregelung alle bei – unterstellter – Inlandsbesteuerung nach dt EStG im Kj anzusetzenden inl und ausl Einkünfte iSv § 2 I, II. Das ist die Summe der Gewinne/Verluste bzw der BE/Einnahmen abzügl BA/WK (ggf Pauschbeträge § 9a, § 20 IX, Versorgungs-Freibetrag § 19 II), soweit diese Einkünfte bei unbeschr StPfl nach dt Recht ohne DBA stbar und stpfl wären (vgl zu entspr Regelung in § 2 AGGrenzgNL BFH I R 222/82, BStBl II 87, 256). Dazu gehören nicht nur Einkünfte iSv § 49, sondern grds alle Inlands- und Auslandseinkünfte mit oder ohne Inlandsbezug, positive abzügl ausgleichbare negative Einkünfte ohne Beschränkungen nach § 50 (→ Rn. 58), unabhängig vom inl StAbzug (§ 1 III 3, 6; auch Kap-Einkünfte iSv § 32d s *FM SchlH* DStR 16, 1266, zu § 2 Vb BFH I R 18/14, BStBl II 16, 201, trotz § 3 Nr 40 voll, FG Köln EFG 17, 1072 mit Anm *Kahler,* rkr) und unabhängig davon, welchem Staat das Besteuerungsrecht zusteht (zB Grenzgänger). Besteuerungsgrundlagen außerhalb des Einkünftebereichs sind unbeachtl (zB Verluste § 10d I 1, → § 10d Rn. 17). 55

56 **bb) Steuerpflicht/Steuerfreiheit von Auslandseinkünften, § 1 III 4.** Die **Welteinkünfte** müssen nach dt ESt-Grundsätzen zu § 1 III 2 stbar und stpfl sein (hM, str, offen BFH I R 18/13, BStBl II 15, 474); stfreie Einkünfte und nicht stbare Bezüge sind daher grds nicht einzubeziehen. Rechtsentwicklung bei StFreiheit *nur nach ausl Recht* → 39. Aufl 2020, § 1 Rn. 56. Nach § 1 III 4 (mit Folgewirkung auf § 1a I Nr 2 S 3) bleiben nicht der dt ESt unterliegende und hier der Art nach stfreie Einkünfte, die im Ausl nicht besteuert werden (also dort nicht stbar oder stfrei sind), seit 2008 außer Ansatz. Allerdings ist § 1 III 4 nach hM bei allen Ausländern davon abhängig, dass diese Einkünfte im Ausl stfrei sind und bei Inlandserzielung auch hier stfrei wären (vgl abl zu im Inl stfreiem, aber im Ausl stpfl Arbeitslosengeld BFH I R 18/13, BStBl II 15, 474, zu ausl KV-Leistungen BFH I R 3/18, BStBl II 23, 230; *OFD NRW* DB 15, 1933; → 34. Aufl 2015, § 1 Rn. 56 mwN – also **kein Umkehrschluss** aus § 1 III 4; str, **aA** FG Köln EFG 12, 1677, rkr; auch → Rn. 58).

57 **cc) Nachweis, § 1 III 5.** Sonstige Auslandseinkünfte hat der StPfl zu erklären und ggf durch Vorlage einer **Vordruck-Bescheinigung EU** der zuständigen ausl StBehörde nachzuweisen (s auch § 90 II AO, § 76 I 4 FGO). Keine Bindung durch Auslandsbescheid – Berechnung nach EStG (BFH I R 78/07, BStBl II 09, 708). Der Nachweis muss als materielle Tatbestandsvoraussetzung grds auch dafür erbracht werden, dass *keine* ausl Einkünfte erzielt wurden (BFH I R 80/09, BStBl II 11, 447 – **Nullbescheinigung** des ausl FA oder der dt Auslandsvertretung). Der Gesetzeswortlaut des § 1 III 2 erfasst aus Praktikabilitätsgründen als Auslandseinkünfte auch **Drittstaateneinkünfte** (vgl BFH I R 72/02, BFH/NV 04, 321, → *BeckOK* EStG § 1 Rn. 278); mE bei Nachweis fehlender Berücksichtigung im Wohnsitzstaat und Drittstaaten durch den StPfl Billigkeitsanwendung von § 1 III (glA *OFD Ffm* DB 13, 907).

58 **dd) Ausnahmen.** Nicht einzubeziehen sind dagegen: – nach ausl Recht stbare, nach inl Recht auch bei unbeschr StPfl nicht stbare Einkünfte (zB Spekulationsgewinne nach Fristablauf § 23; nach ausl StRecht stpfl Wohnungseigennutzung, s BFH I R 18/13, BStBl II 15, 474); – nach § 3 oä Regelungen (außer DBA, s § 1 III 3, → Rn. 60) im Inl stfreie Einkünfte (zB inl Lohnersatzleistungen iSv § 3 Nr 2; → Rn. 56); – nach §§ 40–40b pauschal besteuerter ArbLohn (s § 40 III 3); – Verluste, die nach EStG nicht ausgleichbar wären (zB nach §§ 2a, 15 IV, 15a, b, 22 Nr 3 S 3, 23 III 7), unabhängig vom Auslandsabzug und von einem Ausgleichsverbot (s zu § 50 II aF BFH I R 222/82, BStBl II 87, 256). KapEinkünfte → Rn. 55. – **Ehegatteneinkünfte** sind – nur – bei Veranlagung nach § 26 I einzubeziehen (§ 1 I oder § 1a I Nr 2, Ehegatte/Lebenspartner im Inl oder EU-Ausl).

59 **d) Einkünfteaufteilung, § 1 III 2.** § 1 III 2 stellt für die Aufteilung in einem **zweiten Schritt** auf Teilmengen der (Summe der) Einkünfte iSv → Rn. 55 ab. Nicht darin enthaltene Einkünfte (→ Rn. 58) und inl Einkünfte, die nicht unter § 49 fallen oder nach DBA im Inl stfrei sind (→ Rn. 60), entfallen auch für die Aufteilung; die übrigen Einkünfte sind nach dem Verhältnis dt/ausl Besteuerungsrecht aufzuteilen (§ 1 III 2). Frei- und Pauschbeträge sind ohne Aufteilung den der dt Besteuerung unterliegenden Einkünften zuzurechnen. **Drittstaateneinkünfte** → Rn. 57.

60 **e) Sonderzuweisung, § 1 III 3.** Für nach **DBA** im Inl **steuerfreie** inl Einkünfte iSv § 49 gilt die Sonderregelung des § 1 III 3. Sie werden unabhängig von einem inl **Quellensteuerabzug** stets dem Auslandsanteil zugerechnet (unterliegen jedoch uU dem inl Progressionsvorbehalt, § 32b I Nr 5). *Beispiel:* Ausl Gewerbetreibender bezieht im Inl neben gewerbl Eink auch KapEinkünfte, die im Inl nur einem begrenzten Quellensteuerabzug unterliegen. Letztere dürfen als ausl Eink die Grenzen des § 1 III 2 nicht überschreiten. Der StAbzug als solcher wird dadurch nicht in Frage gestellt (→ Rn. 71). Zur Gleichstellung mit Staaten ohne DBA hat der BFH **§ 1 III 3 nach seinem Wortsinn europarechtskonform** dahingehend ausgelegt, dass sich diese Vorschrift allein auf die Ermittlung der in S 2 geregelten Einkunftsgrenzen bezieht und nicht die Rechtsfolge nach sich zieht, dass die im Inl beschr stpfl und nach

DBA nur einem beschr StAbzug unterliegenden Einkünfte keine „inländischen" iSv § 1 III 1 wären (BFH I R 67/01, BStBl II 03, 587). Der Einklang mit den DBA-rechtl Vorgaben ist danach durch quotale Aufteilung der rechnerischen Gesamtsteuer mit anschließender Reduzierung des StSatzes für die betr Einkünfte herzustellen. Bei DBA-Beschränkungen der Höhe nach (zB 15% bei Auslandsrenten) ist auf die abstrakte Besteuerungsbeschränkung abzustellen (also kein Fall des § 1 III 3), nicht auf die konkrete Auswirkung der Kappungsgrenze im Einzelfall (BFH I R 37/20, DStR 24, 595 unter Abgrenzung von EuGH Rs C-520/04 – *Turpeinen* DStRE 07, 862!). Inl Einkünfte, die nach DBA im Inl unter **Anrechnung** ausl ESt zu versteuern sind und inl Einkünfte eines StPfl mit Wohnsitz in einem Nicht-DBA-Staat gelten als der dt ESt unterliegende Einkünfte (*OFD Ffm* DB 13, 907).

6. Verfahrensfragen. – a) Zeitliche Anwendung. § 1 III gilt grds **ab 1996** (§ 52 II aF), § 1 III 4 **ab 2008** (§ 52 Ia aF). 65

b) Antrag, § 1 III 1. Grenzpendler haben ein **Wahlrecht** der Antragsbesteuerung als unbeschr StPfl nach § 1 III (§ 32b I Nr 5 ist zu beachten) – ohne Antrag Besteuerung als beschr StPfl nach §§ 49 ff. Der Antrag ist personenbezogen, auch bei Ehegatten (nur für § 1a I Nr 2 einheitl Ausübung) und PersGes'tern (unterschiedl Ausübung mögl). Verfahrensrechtl ist er bis zum Schluss des Rechtsbehelfsverfahrens zu stellen/zu widerrufen (vgl BFH I R 109/09, BStBl II 11, 443 Rn. 21). 66

c) Erhebungsverfahren. Der LStAbzug ist durch § 1 III nicht tangiert. Nach § 1 III/§ 1a unbeschr StPfl sind nach § 46 II Nr 7 von Amts wegen zu veranlagen. So erhalten befristet beschäftigte ArbN-Grenzpendler uU ihre gesamte ESt erstattet. Für die übrigen Einkünfte gelten bei unbeschr und beschr StPfl die allg Veranlagungsvorschriften (§ 25, § 56 EStDV). 67

7. Rechtsfolgen. – a) Beschränkte Wirkung der fiktiven unbeschränkten Steuerpflicht nach § 1 III. Sie ist durch § 1 III 1 ausdrückl beschränkt auf die Besteuerung inl Einkünfte iSv § 49. Damit sollte zum Ausdruck kommen, dass die Regelung keine Bedeutung hat für eine DBA-Ansässigkeit oder die Besteuerung ausl Einkünfte (keine Besteuerung der Welteinkünfte wie nach § 1 I und 1 II). § 1 III betrifft die Besteuerung des Grenzpendlers selbst; Ehegatten s § 1a. 70

b) Steuerabzug, § 1 III 6. Der StAbzug ist unabhängig von der Art der StPfl. Eine Besonderheit ist die unsystematische Regelung in § 1 III 6: Der StAbzug nach § 50a, der grds nur beschr StPfl trifft, wird trotz des Wechsels in die unbeschr StPfl zur Sicherung des StAufkommens und der Rechtssicherheit für den Vergütungsschuldner beibehalten; betroffen sind insb Künstler und Sportler. 71

V. Beschränkte Steuerpflicht, § 1 IV

1. Beschränkte Steuerpflicht, §§ 1 IV, 49 ff. Sie erfasst natürl Personen, die im Inl weder Wohnsitz noch gewöhnl Aufenthaltsort haben und auch nicht nach §§ 1 II, 1 III oder § 1a unbeschr stpfl sind. Diese unterliegen der dt ESt, *soweit* sie inl Einkünfte iSv §§ 49 ff erzielen. Wie § 1 IV verweist der Kommentar insoweit auf die Erläut zu §§ 49 ff. Zu Besonderheiten bei Wechsel der StPfl → Rn. 75 ff. 74

2. Erweiterte beschränkte Steuerpflicht, § 2 AStG. S Schrifttum → 38. Aufl 2019, § 1 Rn. 75; *Haag* DB 18, 1303. Personen, die ihren Wohnsitz und gewöhnl Aufenthalt als Deutsche nach mindestens fünfjähriger unbeschr StPfl aus dem Inl wegverlegen, können 10 Jahre lang mit anderen als den in § 49 aufgezählten, nach dem Wegzug im In- und Ausl erzielten Einkünften in der BRD mit allen Rechtsfolgen wie bei unbeschr StPfl fiktiv erweitert beschr stpfl sein. Voraussetzung ist, dass sie in einem niedrig besteuerten Land ansässig sind und wesentl wirtschaftl Interessen im Inl haben. IEinz wird auf § 2 AStG verwiesen. 75

77 **3. Beginn, Ende, Wechsel der Steuerpflicht (mit § 2 VII 3).** Die unbeschr StPfl beginnt mit Geburt oder Zuzug in das Inl und endet mit dem Tod (→ Rn. 14) bzw Wegzug aus dem Inl (→ Rn. 24). Den **Wechsel** von der unbeschr zur beschr StPfl (und umgekehrt) innerhalb eines VZ regelt **§ 2 VII 3.** Einzelheiten → § 2 Rn. 69 und → 39. Aufl 2020, § 1 Rn. 77.

80 **4. Doppelbesteuerung von Einkünften.** Sie ist idR ebenso wenig gewollt wie Keinmalbesteuerung. Da jeder Staat sein Besteuerungsrecht selbständig regelt, ergibt sich nach den einzelnen nationalen ESt-Gesetzen jedoch häufig eine mehrfache StPfl. **Beispiel:** A hat einen Wohnsitz im Inl (unbeschr StPfl mit Welteinkünften, § 1 I) und ein Mietshaus im Ausl (dort beschr StPfl mit den Mieteinkünften nach dem Belegenheitsprinzip; vgl dazu umgekehrt § 49 I Nr 6). Diese Doppelbesteuerung ist im Verhältnis zu vielen Staaten durch vertragl Vereinbarungen ausgeschlossen. Vgl jährl DBA-Zusammenstellung (zB *BMF* BStBl I 25, 291). Zum Verhältnis OECD-MA zu (vorrangigen) DBA s BFH I R 42/20, BStBl II 26, 13 mit Anm *Mitschke* IStR 24, 489, BFH I R 44/16, BStBl II 23, 430 mit zunächst abw Auslegung durch *BMF* BStBl I 23, 630 zum dynamischen Rückgriff *späterer* Änderungen des OECD-MA auf *bestehende* DBA (fragl, s *Grotherr* FR 23, 633, *Lang* IStR 23, 549; *Melau* IStR 24, 766; *Ott* IStR 24, 809; *Strunk* IStR 24, 901 sowie Rspr-Anpassung durch *BMF* BStBl I 26, 26)). Vgl auch BFH IX R 38/21 BFH/NV 24, 1221 mit Anm *Mitschke* IStR 24, 775; Schweizer Bundesgericht 9C_682/2022, 9C_683/2022, IStR 23, 914 mit Anm *Blum*.

81 **a) Zuteilungsverfahren mit Freistellung.** Die meisten DBA schränken den *sachl* Umfang der Besteuerung durch Zuweisung des Besteuerungsrechts an einen Staat nach Art der Einkünfte und Ort der Einkünfteerzielung ein. Die Einkünfte – Gewinne wie grds Verluste (→ § 2a Rn. 8) – sind dann häufig nach DBA in dem anderen Staat stfrei, auch im EU-Raum, idR unabhängig davon, ob das vereinbarte Besteuerungsrecht im Einzellfall ausgeübt wird oder nicht (→ § 49 Rn. 6 mit Ausnahmen, zB § 50d VIII ff, § 50i – das Ziel der Vermeidung einer Doppelbesteuerung und der Sicherung einer Einmalbesteuerung wird oft durch unterschiedl Einkünftequalifikationen in Frage gestellt). DBA gehen wie andere internationale Abkommen den StGesetzen vor, soweit ihr Regelungsinhalt reicht (§ 2 AO). Sie beschränken nicht die *persönl* StPfl nach EStG (BFH I R 250/73, BStBl II 75, 708). Obwohl nach DBA stfreie Einkünfte im Inl nicht versteuert werden, sind sie idR in die Berechnung des – progressiven – Steuersatzes einzubeziehen (**Progressionsvorbehalt,** vgl § 32b I Nr 3); Einschränkungen bei Verlusten im EU-Bereich → § 2a Rn. 6 ff, → § 32b Rn. 17. Nach DBA stfreie **Auslandsverluste** waren bei Entstehung vor 1999 in den Fällen des § 2a III 1, 2 aF absetzbar, sind aber später zeitl unbegrenzt wieder hinzuzurechnen (s § 2a III 3, → § 2a Rn 55 ff).

82 **b) Anrechnungsverfahren.** Ohne Zuteilung erfolgt statt StBefreiung eine Doppelbesteuerung mit Anrechnung im Ausl erhobener, der dt ESt entspr QuellenSt auf die dt ESt nach DBA/§ 34c (vgl BFH I R 47/14, BStBl II 15, 808).

83 **c) DBA-Klauseln.** Reaktionen des dt Gesetzgebers zur Vermeidung einer Doppelbesteuerung bzw einer Doppelfreistellung oder Niedrigbesteuerung → 37. Aufl 2018, § 1 Rn. 83 sowie Einzelheiten bei **§ 50d** und **§ 50i.**

§ 1a [Fiktive unbeschränkte Steuerpflicht von EU-/EWR-Familienangehörigen]

(1) **Für Staatsangehörige eines Mitgliedstaates der Europäischen Union oder eines Staates, auf den das Abkommen über den Europäischen Wirtschaftsraum anwendbar ist, die nach § 1 Absatz 1 unbeschränkt einkommensteuerpflichtig sind oder die nach § 1 Absatz 3 als unbeschränkt einkommensteuerpflichtig zu behandeln sind, gilt bei Anwendung von § 10 Absatz 1a und § 26 Absatz 1 Satz 1 Folgendes:**

1. **Aufwendungen im Sinne des § 10 Absatz 1a sind auch dann als Sonderausgaben abziehbar, wenn der Empfänger der Leistung oder Zahlung nicht unbeschränkt einkommensteuerpflichtig ist. [2]Voraussetzung ist, dass**
   a) **der Empfänger seinen Wohnsitz oder gewöhnlichen Aufenthalt im Hoheitsgebiet eines anderen Mitgliedstaates der Europäischen Union oder eines Staates hat, auf den das Abkommen über den Europäischen Wirtschaftsraum Anwendung findet und**
   b) **die Besteuerung der nach § 10 Absatz 1a zu berücksichtigenden Leistung oder Zahlung beim Empfänger durch eine Bescheinigung der zuständigen ausländischen Steuerbehörde nachgewiesen wird;**

1a. *(aufgehoben)*
1b. *(aufgehoben)*
2. **der nicht dauernd getrennt lebende Ehegatte ohne Wohnsitz oder gewöhnlichen Aufenthalt im Inland wird auf Antrag für die Anwendung des § 26 Absatz 1 Satz 1 als unbeschränkt einkommensteuerpflichtig behandelt. [2]Nummer 1 Satz 2 Buchstabe a gilt entsprechend. [3]Bei Anwendung des § 1 Absatz 3 Satz 2 ist auf die Einkünfte beider Ehegatten abzustellen und der Grundfreibetrag nach § 32a Absatz 1 Satz 2 Nummer 1 zu verdoppeln.**

(2) **Für unbeschränkt einkommensteuerpflichtige Personen im Sinne des § 1 Absatz 2, die die Voraussetzungen des § 1 Absatz 3 Satz 2 bis 5 erfüllen, und für unbeschränkt einkommensteuerpflichtige Personen im Sinne des § 1 Absatz 3, die die Voraussetzungen des § 1 Absatz 2 Satz 1 Nummer 1 und 2 erfüllen und an einem ausländischen Dienstort tätig sind, gilt die Regelung des Absatzes 1 Nummer 2 entsprechend mit der Maßgabe, dass auf Wohnsitz oder gewöhnlichen Aufenthalt im Staat des ausländischen Dienstortes abzustellen ist.**

Einkommensteuer-Richtlinien: EStH 1a

Übersicht Rn.

1. Hintergrund der Regelung. Ziel von **§ 1a I** ist die Beseitigung von StNachteilen für bestimmte nicht nach § 1 I–III unbeschr stpfl Personen. Damit (über-)erfüllt der Gesetzgeber im Anschluss an § 1 III die Auflagen des EuGH, EU-Grenzpendlern, die im Inl weder Wohnsitz noch gewöhnl Aufenthaltsort haben, personen- und familienbezogene Vergünstigungen für Ehegatten/Lebenspartner im EU/EWR-Ausl zu gewähren, insb eine Zusammenveranlagung zu ermöglichen. Dies geschieht, indem § 1a entweder die unbeschr StPfl ausl Angehöriger fingiert (§ 1a I Nr 2) oder – für den SA-Abzug iSv § 10 Ia – deren beschr StPfl negiert (§ 1a I Nr 1). **§ 1a II** dehnt die Anwendung von § 1a I auf weitere Personen iSv § 1 II aus. 1

2. Regionale Voraussetzungen im EU/EWR-Raum. § 1a I enthält eine mehrfache regionale Begrenzung auf EU-Mitgliedstaaten (→ Rn. 4) bzw Staaten, auf die das Abkommen über den EWR anwendbar ist, das die EG/EU-Grundfreiheiten und deren Auslegung durch den EuGH übernimmt. Die Anknüpfungspunkte sind unterschiedl für den StPfl (→ Rn. 11) und die Angehörigen (→ Rn. 13). 3

a) EU-Staaten. Das sind Belgien, Niederlande, Luxemburg, Deutschland, Frankreich, Italien, Großbritannien (bis 2020, vgl Austritts-Übergangsregelung § 1 BrexitÜG, BGBl I 19, 402; *OFD Ffm* DStR 21, 1658), Irland, Spanien, Portugal, Griechenland, Dänemark, Finnland, Schweden, Österreich sowie ab 1.5.2004 Est- 4 land, Lettland, Litauen, Malta, Polen, Slowakische Republik, Slowenien, Tschechische Republik, Ungarn, Zypern, ab 2007 Bulgarien, Rumänien und ab 1.7.2013 Kroatien.

5 **b) EWR-Staaten.** Vgl **EWR-Abkommen** → § 1 Rn. 5. Das sind derzeit folgende frühere EFTA-Staaten: Island, Norwegen (seit 1994, → Rn. 7) und Liechtenstein (ab 1996). Zu Unterschieden/Einschränkungen s § 2a IIa, § 32b I 2, 3.

6 **c) Assoziationsabkommen.** Keine Ausdehnung auf andere assoziierte Staaten (zB Türkei, s FG Mchn EFG 99, 167, rkr; FG Hmb EFG 00, 866, rkr). Besonderheiten nach Freizügigkeitsabkommen **Schweiz** → Rn. 13.

7 **3. Zeitliche Voraussetzungen.** § 1a gilt **grds seit VZ 1996.** Maßgebend ist der Zeitpunkt des EU-Beitritts bzw der vorherige EWR-Beitritt. Die Änderungen Abs 1 S 1 Nr 1, 2, Nr 1a aF gelten ab 2008, die Änderungen Abs 1 Nr 1b aF ab 2010, die Änderungen durch ZK-AnpG (Abs 1 Nr 1) ab 2015.

10 **4. Persönliche Voraussetzungen, § 1a I, II. – a) Person des Steuerpflichtigen. – aa) Personenkreis.** Erfasst werden neben den nach der Fiktion des **§ 1 III** im Ausl ansässigen unbeschr stpfl Grenzpendlern (diese unter Beachtung der Voraussetzungen des § 1 III 2–4) *alle* im Inl ansässigen unbeschr stpfl **Gastarbeiter (§ 1 I),** Letztere ohne die frühere Einschränkung, dass auch sie (und ihre Ehegatten/Lebenspartner) neben ihren Inlandseinkünften nur geringfügige Auslandseinkünfte erzielen durften – die entspr Verweisung in § 1a I 1 aF auf § 1 III 2–4 entfällt nach Streichung dieses Zusatzes im JStG 2008 (→ Rn. 21, BFH I R 16/14, BStBl II 15, 957). StPfl iSv **§ 1 II** sind grds unbeschr stpfl; ausgenommen sind jedoch Ausländer-Ehegatten mit im Ausl stpfl Einkünften (§ 1 II). Sind diese Einkünfte geringfügig iSv § 1 III 2, erfüllt auch dieser Personenkreis die Grundvoraussetzungen des § 1 III 1/§ 1a (Klarstellung in **§ 1a II;** auch → § 1 Rn. 35). **Sonstige Angehörige** iSv § 1 II müssen die Voraussetzungen des § 1 III gesondert erfüllen.

11 **bb) Staatsangehörigkeit; Ansässigkeit.** Anders als bei Angehörigen stellt der Gesetzgeber in § 1a I **beim StPfl selbst** (entgegen § 1 I und III) für alle Vergünstigungen nach § 1a nicht auf die Ansässigkeit, sondern primär auf die Staatsangehörigkeit zu einem Mitgliedstaat der EU/EWR ab. *Grund:* Die EU-Grundfreiheiten gelten nur für Gemeinschaftsangehörige. EU/EWR-Staatsangehörige iSv § 1 I haben stets einen Wohnsitz/gewöhnl Aufenthaltsort in Deutschland, solche iSv § 1 III im beliebigen Ausl. Das bedeutet, dass Nicht-EU/EWR-Staatsangehörige iSv § 1 III 1 den § 1a I nicht in Anspruch nehmen können (zB BFH I B 101/13, BFH/NV 15, 201), auch nicht bei Wohnsitz im EU-Bereich. Umgekehrt ist zu differenzieren: Ein dt oder österr Staatsangehöriger mit Wohnsitz zB in der Schweiz erfüllt die Voraussetzungen des Einleitungssatzes von § 1a I und kann Unterhaltsleistungen an den geschiedenen Ehegatten in Deutschland oder Österreich absetzen (§ 1a I Nr 1). Einschränkungen können sich aber aus § 1a I Nr 2 ergeben (zB Splitting nach Nr 2 nur bei Gemeinschaftswohnung im EU/EWR-Bereich). Hier kann der gemeinsame Wohnsitzwechsel in ein Nicht-EU-Land auch bei dt Staatsangehörigkeit schädl sein. **Sonderregelung § 1a II** → Rn. 26.

13 **b) Person des Ehegatten/Lebenspartners.** Die Vergünstigungen des **§ 1a I Nr 1 und 2** beziehen sich auf beschr stpfl Ehegatten/Lebenspartner (§ 2 VIII) im Ausl, für welche die angesprochenen Vorschriften sonst nicht anwendbar wären. Diese müssen einen **Wohnsitz** oder ihren gewöhnl Aufenthaltsort im Hoheitsgebiet eines EU-/EWR-Staates haben (vgl **§ 1a I Nr 1 Buchst a, Nr 2 S 2;** zu **Ausnahmen** nach Freizügigkeitsabkommen **Schweiz** s EuGH C-425/11, BStBl II 13, 896 – *Katja Ettwein/FA Konstanz;* FG BW DStRE 15, 591, rkr; *BMF* BStBl I 13, 1325; EuGH C-627/22 DStR 24, 1347- *FA Köln*). Anders als beim StPfl selbst ist ihre **Staatsangehörigkeit unerhebl** (*Beispiel:* Splitting für unbeschr stpfl Österreicher mit türkischem Ehegatten in Österreich, jedoch nicht mit dt Ehegatten in der

Türkei). **Auslandsangehörige öffentl Bediensteter** können nach **§ 1 II** oder **§ 1 III** iVm § 1a II selbst unbeschr stpfl sein (→ Rn. 10, 25 ff).

c) Person des Versorgungsempfängers. § 1a I Nr 1 betrifft alle im EU/EWR-Bereich ansässigen Versorgungsempfänger iSv § 10 Ia (wie → Rn. 13). 14

5. Einzelne familienbezogene Vergünstigungen, § 1a I. Eine Reihe von **Vergünstigungen,** die § 50 I für beschr StPfl ausschließt, die aber Gastarbeitern und Grenzpendlern schon vorher gewährt wurden, stehen auf Grund der unbeschr StPfl **nach § 1 I** ohnehin sowie nach **§ 1 III** auf Antrag zu. *Beispiele:* SA-Abzug nach § 10, Pauschbeträge nach §§ 9a, 10c aF/39b II 5, Freibeträge nach § 16 IV, § 24a, § 32 VI, § 33b V, KiGeld s §§ 62, 63, 65 I Nr 2, ag Belastungen nach §§ 33 ff; Anspruch auf Veranlagung nach § 46. **§ 1a gewährt darüber hinaus** *einzelne,* idR familienbezogene Vergünstigungen, die von einem gesetzl geforderten, hier fehlenden Inlandsbezug abhängen (unbeschr StPfl des Ehegatten/Lebenspartner oder Versorgungsempfängers). Diesen Bezug fingiert § 1a I ohne Änderung der betroffenen Vorschriften, gewährt jedoch auch über § 1a I Nr 2 S 1 keine *allg* Behandlung als unbeschr StPfl (vgl BFH I R 26/21, BFH/NV 24, 757). Die **Nachweisvoraussetzungen** (Wohnsitz/Besteuerung) gelten für alle Varianten des § 1a I (→ **§ 1a I Nr 1, Nr 2 S 2**). 15

a) Unterhaltszahlungen/Versorgungsleistungen an geschiedene/getrennt lebende Ehegatten/Lebenspartner, § 1a I Nr 1 iVm § 10 Ia Nr 1, § 2 VIII. § 10 Ia Nr 1 knüpft den Abzug als SA grds an die unbeschr StPfl des Empfängers. Bei Vorliegen der persönl Voraussetzungen (→ Rn. 10 ff, 13) und der sonstigen Voraussetzungen des § 10 Ia Nr 1 ermöglicht § 1a I Nr 1 dagegen den Abzug auch bei Zahlung an beschr stpfl EU/EWR-Auslandsehegatten/-Lebenspartner, seit 2008 unabhängig davon, welchen Teil seiner Einkünfte dieser im Inl erzielt (→ Rn. 10). Der Abzug von Unterhaltsleistungen zB an die *im Inl nicht stpfl* geschiedene Ehefrau im EU/EWR-Ausl ist jedoch davon abhängig, dass diese dem Ehemann bzw dessen FA durch Vorlage einer **Bescheinigung** der für sie zuständigen ausl StBehörde oder ihres StBescheides nachweist, dass sie die Leistungen dort tatsächl versteuert hat **(Nr 1 S 2 Buchst b).** Hieran wird der Abzug häufig scheitern, so auch wenn keine Besteuerung im Ausl vorgesehen ist (vgl zu Österreich BFH XI R 5/02, BFH/NV 06, 1069 – nicht EU-widrig gem EuGH C-403/03, DStR 05, 1265 – *Egon Schempp*). Dieser Nachweis ersetzt die nach § 10 Ia Nr 1 geforderte Zustimmung. Er muss bis zur Veranlagung des Unterhaltsleistenden bzw bis zur Bestandskraft seines StBescheides vorliegen (→ Rn. 7). Bei nachträgl Auslandsveranlagung kann der inl Bescheid uU nach § 175 I 1 Nr 2 AO geändert werden (vgl auch → § 10 Rn. 106). Ist der Ehegatte im Inl unbeschr oder mit Einkünften iSv § 49 beschr stpfl, ist der Nachweis ab 2016 durch Mitteilung der **Identifikationsnummer** (§ 139b AO) zu erbringen (§ 10 Ia Nr 1 S 7–9, → § 10 Rn. 108). Ist § 1a I nicht anwendbar (zB Ehefrau in den USA, → Rn. 6) oder fehlt der Nachweis, kann sich eine Abzugsmöglichkeit aus DBA ergeben (zB USA, Kanada, s EStH 10.2). 16

b) Versorgungsleistungen, § 1a I Nr 1 iVm § 10 Ia Nr 2. § 10 Ia Nr 2 macht den SA-Abzug von Versorgungsleistungen iZm Vermögensübertragungen grds von der *unbeschr* StPfl des Empfängers abhängig. Zur Sicherung der EU-vertragl garantierten Freizügigkeit und des Korrespondenzprinzips (s § 1a I Nr 1 S 2 Buchst b) muss der SA-Abzug durch im Inl unbeschr estpfl Staatsangehörige aber auch bei Leistung an nicht im Inl stpfl, in einem EU/EWR-Mitgliedstaat ansässige Empfänger gewährt werden (s EuGH C-450/09, DStR 11, 664 – *Ulrich Schröder*). Das stellt § 1a I Nr 1 für alle Versorgungsleistungen nach § 10 Ia Nr 2–4 unter den Voraussetzungen S 2 Buchst a, b sicher (Wohnsitz- und Besteuerungsnachweis wie → Rn. 16). S auch → § 10 Rn. 18, *BMF* BStBl I 15, 1088. 17

c) Ausgleichsleistungen, § 1a I Nr 1 iVm § 10 Ia Nr 3. § 1a I Nr 1 erfasst auch Ausgleichsleistungen *zur Vermeidung* eines Versorgungsausgleichs iSv § 10 Ia Nr 3, die 18 auf Antrag des Leistenden mit Zustimmung des EU-EWR-Empfängers unabhängig von dessen inl StPfl als SA abgesetzt werden können (wie → Rn. 17).

19 **d) Versorgungsausgleichszahlungen, § 1a I Nr 1 iVm § 10 Ia Nr 4.** Auch für sie gilt die Erweiterung des SA-Abzugs entspr → Rn. 17, 18.

20 **e) Zusammenveranlagung, § 1a I Nr 2. – aa) Gesetzeszweck.** § 26 I 1 gewährt Ehegatten/Lebenspartner nur dann ein Veranlagungswahlrecht mit Splitting/LSt-Klasse III, wenn beide unbeschr stpfl sind. Nur hierfür (→ Rn. 15) und für Folgevorschriften (→ Rn. 22) fingiert § 1a I Nr 2 die unbeschr StPfl des Ehegatten/Lebenspartners im Ausl.

bb) Voraussetzungen, § 1a I Nr 2 S 1

21 – Gültige **Ehe/Lebenspartnerschaft,** bei Ausländern auch nach ausl Recht, → § 26 Rn. 7;
– keine dauernde Trennung (→ § 26 Rn. 11);
– **unbeschr StPfl** *eines* Ehegatten/Lebenspartners nach § 1 I, § 1 II oder § 1 III;
– *dessen* EU/EWR-**Staatsangehörigkeit** (→ Rn. 11, 25 ff);
– **Ansässigkeit** des *anderen* Ehegatten/Lebenspartners im EU/EWR-Ausl (→ Rn. 3–6 und 13 mit Ausnahmen); diese ist selbst dann erforderl, wenn für den Ehegatten/Lebenspartner isoliert ebenfalls die Voraussetzungen des § 1 III vorlägen. *Beispiel:* Kein Splitting für US-Gastarbeiter (§ 1 I), wenn die Ehefrau in USA lebt, selbst wenn diese auf Grund eigener Einkünfte iSv § 1 III 2 im Inl unbeschr stpfl ist (anders aber, wenn sie EU-Staatsangehörige wäre, **§ 1a I Nr 2 S 2**); zum DBA-Ansässigkeitsnachweis s *OFD NRW* IStR 20, 435;
– **Antrag** (§ 1a I Nr 2 S 1, § 1 III 1), wohl entspr § 26 II 2, 3 *von beiden* schriftl oder zu Protokoll, ohne Frist bis zur Bestandskraft des StBescheides, aber nicht mehr im Revisionsverfahren (BFH I R 65/95, BStBl II 98, 21);
– **Einkünftegrenzen, § 1a I Nr 2 S 3.** – ***(1)*** Bei unbeschr StPfl des Inlands-Ehegatten/Lebenspartners nach **§ 1 I** ist die Höhe der Auslandseinkünfte *beider* Ehegatten/Lebenspartner seit 2008 nicht mehr zu prüfen (geänderter Einleitungssatz § 1a I; → Rn. 10). – ***(2)*** Bei unbeschr StPfl nach **§ 1 III** sind inl und ausl Einkünfte beider Ehegatten/Lebenspartner in die abw von § 1 III einstufige Prüfung nach § 1 III 2 einzubeziehen (§ 1a I Nr 2 S 3, § 1a II). Zusammenveranlagung erfolgt nur, wenn die *gesamten* Einkünfte zu weniger als 10% oder bis zum doppelten Grundfreibetrag (s § 1 III 2, → § 1 Rn. 53) nicht der dt ESt unterliegen (BFH I R 16/14, BStBl II 15, 957; BFH I R 45/19, DStR 23, 1406; EStH 1a). Einkünfte *eines* Ehegatten/Lebenspartners über den einfachen Höchstbetrag nach § 1 III 2 hinaus sind unschädl (zB 1000 + 15 000 €: § 1a). Berechnung der ausl Einkünfte nach dt Recht (→ § 1 Rn. 57, BFH I R 78/07, BStBl II 09, 708). Nach ausl Recht stfreie Auslandseinkünfte des im Ausl wohnhaften Ehegatten/Lebenspartners erhöhen die schädl Einkunftsgrenze, wenn sie im Inl stpfl wären (§ 1 III 4 mit Wirkung auf § 1a I Nr 2, → § 1 Rn. 56). **Einkünftenachweis** des Ehegatten/Lebenspartners nach **§ 1a I Nr 2 S 3** gem § 1 III 5 (→ § 1 Rn. 57). – ***(3)*** StPfl iSv **§ 1 II** s Sonderregelung dort (→ § 1 Rn. 35 ff) und § 1a II (→ Rn. 25 ff).

22 **cc) Rechtsfolgen.** Zusammenveranlagung mit Splitting bzw LSt-Klasse III mit Pflichtveranlagung nach § 46 II Nr 7b und allen sonstigen Zusammenveranlagungsvergünstigungen (zB Verdoppelung von Höchst- und Pauschbeträgen, § 10 III 2, § 9a S 1 Nr 2, § 20 IX 2; Grenze → Rn. 15). Dafür Wegfall von Einzelveranlagungsvergünstigungen (zB § 24b). Bei StPfl nach § 1 I sind alle stpfl Einkünfte, bei StPfl nach § 1 III inl Einkünfte iSv § 49 nach Splittingtarif zu versteuern – die übrigen Einkünfte (nach DBA stfreie Einkünfte, bei § 1 III insb ausl Einkünfte beider Ehegatten/Lebenspartner) uU über den Progressionsvorbehalt zu erfassen.

25 **6. Beamtenprivileg, § 1a II. – a) Hintergrund der Regelung.** § 1a II **erweitert** aus Gleichbehandlungsgründen den **persönl Anwendungsbereich** von § 1 II/

§ 1a I mit Ausdehnung des Ehegattensplittings nach § 1a I Nr 2 auf dt Diplomaten ua öffentl Bedienstete mit Einkünften, die aufgrund der Kassenstaatsklausel des § 1 II 1 Nr 2 der dt Besteuerung unterliegen, und deren Angehörige, bei denen einzelne Voraussetzungen dieser Vorschriften nicht gegeben sind (vor allem EU/EWR-Angehörigkeit nach § 1a I Nr 1 S 2, Nr 2 S 2). § 1a II erfasst außerdem Personen iSv § 1 II, die ohne Wohnsitz oder gewöhnl Aufenthaltsort im Inl ArbLohn aus einer inl öffentl Kasse für inl öffentl Dienste iSv § 1 II 1 Nr 2 beziehen, aber nicht alle Voraussetzungen für eine unbeschr StPfl nach dieser Vorschrift erfüllen (zB ohne diplomatischen Status, ohne dt Staatsangehörigkeit), die jedoch nach § 1 III auf Antrag unbeschr stpfl sind. § 1a II soll nach BT-Drs 13/1558, 149 – unverständl verklausuliert – **zwei Dinge regeln:**

b) Erweiterung von § 1a I über EU/EWR-Raum hinaus, § 1a II Alt 1. Liegen bei Auslandsansässigkeit *im EU/EWR-Bereich* die übrigen Voraussetzungen des § 1a I vor (→ Rn. 11 und 13), stehen die Vergünstigungen des § 1a unabhängig von einer aktiven Tätigkeit im Ausl und damit auch für Versorgungsempfänger und ohne Anwendung von § 1a II nach § 1a I zu. *Beispiel:* dt Pensionäre in Spanien. Diesen Personenkreis erweitert § 1a II Alt 1 (und schränkt ihn gleichzeitig in Alt 2 ein). Zunächst soll ein Teil des **„Beamtenprivilegs"** über § 1a I hinaus erhalten bleiben. § 1a I Nr 2 soll grds auch für alle außerhalb des EU/EWR-Raums ansässigen öffentl Bediensteten iSv § 1 III, § 1 II 1 Nr 1 und 2 anwendbar sein, auch für Deutsche iSv § 1 II, deren Ehegatte nicht unter diese Vorschrift fällt (zB Russin mit geringfügigen Auslandseinkünften; → Rn. 10). Die Voraussetzungen des § 1a S 1 (EU/EWR-Staatsangehöriger) brauchen nicht vorzuliegen, wohl aber die übrigen Voraussetzungen des § 1 III und § 1 II 1 Nr 1 und 2 (*Beispiel:* § 1a II, I Nr 2 für in Moskau ansässigen, von einer inl Kasse besoldeten russischen Botschaftssekretär ohne wesentl Auslandseinkünfte iSv § 1 III 2). Die sonst erforderl Ansässigkeit im EU/EWR-Bereich (§ 1a I Nr 2) wird durch ausreichende Ansässigkeit im Staat des ausl Dienstortes ersetzt. 26

c) Reduzierung des bisherigen „Beamtenprivilegs" auf seinen Kernbereich, § 1a II Alt 2. Hauptanliegen des Gesetzgebers war offenbar weniger eine erweiterte Anwendung von § 1a I Nr 2, als vielmehr die Absicht, durch § 1a II öffentl **Versorgungsempfänger** ua Personen iSv § 1 II, die aus privaten Motiven außerhalb des EU/EWR-Raums wohnen, von den familienbezogenen Vergünstigungen des § 1a I auszuschließen. § 1a II setzt daher (jedenfalls für Alt 2, str) **aktive Tätigkeit an einem ausl Dienstort** voraus (Schlechterstellung aller Personen mit Ruhestandsbezügen im Drittland, zB dt Beamter im Ruhestand in Südafrika). 27

II. Einkommen

1. Sachliche Voraussetzungen für die Besteuerung

§ 2 Umfang der Besteuerung, Begriffsbestimmungen

(1) [1]**Der Einkommensteuer unterliegen**

1. Einkünfte aus Land- und Forstwirtschaft,
2. Einkünfte aus Gewerbebetrieb,
3. Einkünfte aus selbständiger Arbeit,
4. Einkünfte aus nichtselbständiger Arbeit,
5. Einkünfte aus Kapitalvermögen,
6. Einkünfte aus Vermietung und Verpachtung,
7. sonstige Einkünfte im Sinne des § 22,

die der Steuerpflichtige während seiner unbeschränkten Einkommensteuerpflicht oder als inländische Einkünfte während seiner beschränkten Einkommensteuerpflicht erzielt. [2]Zu welcher Einkunftsart die Einkünfte im einzelnen Fall gehören, bestimmt sich nach den §§ 13 bis 24.

(2) **[1]Einkünfte sind**

1. **bei Land- und Forstwirtschaft, Gewerbebetrieb und selbständiger Arbeit der Gewinn (§§ 4 bis 7k und 13a),**
2. **bei den anderen Einkunftsarten der Überschuss der Einnahmen über die Werbungskosten (§§ 8 bis 9a).**

[2]Bei Einkünften aus Kapitalvermögen tritt § 20 Absatz 9 vorbehaltlich der Regelung in § 32d Absatz 2 an die Stelle der §§ 9 und 9a.

(3) **Die Summe der Einkünfte, vermindert um den Altersentlastungsbetrag, den Entlastungsbetrag für Alleinerziehende und den Abzug nach § 13 Absatz 3, ist der Gesamtbetrag der Einkünfte.**

(4) **Der Gesamtbetrag der Einkünfte, vermindert um die Sonderausgaben und die außergewöhnlichen Belastungen, ist das Einkommen.**

(5) **[1]Das Einkommen, vermindert um die Freibeträge nach § 32 Absatz 6 und um die sonstigen vom Einkommen abzuziehenden Beträge, ist das zu versteuernde Einkommen; dieses bildet die Bemessungsgrundlage für die tarifliche Einkommensteuer. [2]Knüpfen andere Gesetze an den Begriff des zu versteuernden Einkommens an, ist für deren Zweck das Einkommen in allen Fällen des § 32 um die Freibeträge nach § 32 Absatz 6 zu vermindern.**

(5a) **[1]Knüpfen außersteuerliche Rechtsnormen an die in den vorstehenden Absätzen definierten Begriffe (Einkünfte, Summe der Einkünfte, Gesamtbetrag der Einkünfte, Einkommen, zu versteuerndes Einkommen) an, erhöhen sich für deren Zwecke diese Größen um die nach § 32d Absatz 1 und nach § 43 Absatz 5 zu besteuernden Beträge sowie um die nach § 3 Nummer 40 steuerfreien Beträge und mindern sich um die nach § 3c Absatz 2 nicht abziehbaren Beträge. [2]Knüpfen außersteuerliche Rechtsnormen an die in den Absätzen 1 bis 3 genannten Begriffe (Einkünfte, Summe der Einkünfte, Gesamtbetrag der Einkünfte) an, mindern sich für deren Zwecke diese Größen um die nach § 10 Absatz 1 Nummer 5 abziehbaren Kinderbetreuungskosten.**

(5b) **Soweit Rechtsnormen dieses Gesetzes an die in den vorstehenden Absätzen definierten Begriffe (Einkünfte, Summe der Einkünfte, Gesamtbetrag der Einkünfte, Einkommen, zu versteuerndes Einkommen) anknüpfen, sind Kapitalerträge nach § 32d Absatz 1 und § 43 Absatz 5 nicht einzubeziehen.**

(6) **[1]Die tarifliche Einkommensteuer, vermindert um den Unterschiedsbetrag nach § 32c Absatz 1 Satz 2, die anzurechnenden ausländischen Steuern und die Steuerermäßigungen, vermehrt um die Steuer nach § 32d Absatz 3 und 4, die Steuer nach § 34c Absatz 5 und den Zuschlag nach § 3 Absatz 4 Satz 2 des Forstschäden-Ausgleichsgesetzes in der Fassung der Bekanntmachung vom 26. August 1985 (BGBl. I S. 1756), das zuletzt durch Artikel 412 der Verordnung vom 31. August 2015 (BGBl. I S. 1474) geändert worden ist, in der jeweils geltenden Fassung, ist die festzusetzende Einkommensteuer. [2]Wurde der Gesamtbetrag der Einkünfte in den Fällen des § 10a Absatz 2 um Sonderausgaben nach § 10a Absatz 1 gemindert, ist für die Ermittlung der festzusetzenden Einkommensteuer der Anspruch auf Zulage nach Abschnitt XI der tariflichen Einkommensteuer hinzuzurechnen; bei der Ermittlung der dem Steuerpflichtigen zustehenden Zulage bleibt die Erhöhung der Grundzulage nach § 84 Satz 2 außer Betracht. [3]Wird das Einkommen in den Fällen des § 31 um die Freibeträge nach § 32 Absatz 6 gemindert, ist der Anspruch auf Kindergeld nach Abschnitt X der tariflichen Einkommensteuer hinzuzurechnen; nicht jedoch für Kalendermonate, in denen durch Bescheid der**

Familienkasse ein Anspruch auf Kindergeld festgesetzt, aber wegen § 70 Absatz 1 Satz 2 nicht ausgezahlt wurde.

(7) [1]**Die Einkommensteuer ist eine Jahressteuer.** [2]**Die Grundlagen für ihre Festsetzung sind jeweils für ein Kalenderjahr zu ermitteln.** [3]**Besteht während eines Kalenderjahres sowohl unbeschränkte als auch beschränkte Einkommensteuerpflicht, so sind die während der beschränkten Einkommensteuerpflicht erzielten inländischen Einkünfte in eine Veranlagung zur unbeschränkten Einkommensteuerpflicht einzubeziehen.**

(8) **Die Regelungen dieses Gesetzes zu Ehegatten und Ehen sind auch auf Lebenspartner und Lebenspartnerschaften anzuwenden.**

Einkommensteuer-Durchführungsverordnung:

§ 1 EStDV Anwendung auf Ehegatten und Lebenspartner

Die Regelungen dieser Verordnung zu Ehegatten und Ehen sind auch auf Lebenspartner und Lebenspartnerschaften anzuwenden.

Einkommensteuer-/Lohnsteuer-Richtlinien: EStR 2/EStH 2/LStH 2

Übersicht

Schrifttum: *Weber-Grellet,* Steuern im modernen Verfassungsstaat, 2001; *Hey* (Hrsg), Einkünfteermittlung, DStJG 34 (2011); *Weber-Grellet,* Zur Emanzipation des StRechts, StuW 16, 226; *Waldhoff,* StRecht in der Inflation, FR 23, 485. – **Verwaltungsanweisungen:** *BMF* BStBl I 25, 755 (Positivliste der geltenden Anweisungen).

I. Grundaussage des § 2 I; Struktur und Aufbau des EStG

1 § 2 konstituiert das „Programm" und das **System der ESt** und normiert deren Begriffe. Mit der ESt soll der einzelne StPfl nach Maßgabe seiner finanziellen Leistungsfähigkeit zum Zwecke der (teilweisen) Deckung des Finanzbedarfs des Fiskus (Bund, Länder, Gemeinden) besteuert werden (*P. Kirchhof* GS Musil, 2024, 153); daneben werden sozial- und wirtschaftspolitische Ziele verfolgt. Das Aufkommen der ESt (im Jahr 2024 ca 386 Mrd €) steht Bund und Ländern gemeinsam zu. – **§ 2 I** bestimmt die Steuerbarkeit von Einkünften, §§ 13–24 (1. aus LuF, 2. aus GewBetr, 3. aus selbständiger Arbeit, 4. aus nichtselbständiger Arbeit, 5. aus KapVerm, 6. aus VuV, 7. Sonstige Einkünfte iSd § 22); Einkünfte resultieren aus (entgeltl) Leistungen (→ § 22 Rn. 1, 130). Erfasst werden die Einkünfte, die der StPfl während seiner unbeschr EStPfl oder als inl Einkünfte während seiner beschr EStPfl erzielt. – Gem **§ 2 II** sind Einkünfte nach §§ 13–18 der Gewinn (§§ 4–7k), nach §§ 19–22 der Überschuss der Einnahmen über die WK (§§ 8–9a); **Abzug erwerbssichernden Aufwandes** durch BA und WK **(obj Nettoprinzip).** Bei Einkünften aus KapVerm tritt § 20 IX vorbehaltl der Regelung in § 32d II an die Stelle der §§ 9 und 9a. – Der sog **Dualismus der Einkunftsarten** (mit der Freistellung der nichtbetriebl Vermögensphäre) ist durch § 20 II und auch durch die Erweiterung der §§ 17, 23 relativiert worden. – Die Summe der Einkünfte, vermindert um den Altersentlastungsbetrag, den Entlastungsbetrag für Alleinerziehende und den Abzug nach § 13 III, bildet nach **§ 2 III** den Gesamtbetrag der Einkünfte. – Der Gesamtbetrag der Einkünfte, vermindert um die SA und die agB, ist gem **§ 2 IV** das Einkommen (**Abzug existenzsichernden Aufwandes; subj Nettoprinzip;** → Rn. 11). – Das Einkommen, vermindert um die Frei-

beträge nach § 32 VI 6 und um die sonstigen vom Einkommen abzuziehenden Beträge, ist das zu versteuernde Einkommen **(§ 2 V);** dieses bildet die Bemessungsgrundlage für die tarifl ESt. Dass gilt auch, wenn andere (Steuer-)Gesetze an den Begriff des zu versteuernden Einkommens anknüpfen. – Knüpfen außersteuerl Rechtsnormen an diese Begriffe an, erhöhen sich diese Größen um die Beträge nach § 32d I, § 43 V, § 3 Nr. 40, und mindern sich um die Beträge nach § 3c II **(§ 2 Va).** – IRd Gesetzes sind KapErträge nach § 32d I und § 43 V grds nicht einzubeziehen **(§ 2 Vb 1 und 2).** – Die tarifl ESt wird dann nach **§ 2 VI** errechnet **(progressiver Tarif).** – Nach **§ 2 VII** ist die ESt eine **Jahressteuer** (Kj, Wj). Bei gemischter unbeschr und beschr EStPflicht ist eine Veranlagung zur unbeschr EStPfl vorzunehmen. – **§ 2 VIII** überträgt Ehe-Regelungen auf Lebenspartnerschaften.

II. Kompetenzen; Grundlagen; Nichtanwendungserlasse

Gesetzgebungskompetenz. Die konkurrierende Gesetzgebungskompetenz für die ESt hat der **Bund** (Art 105 II, Art 106 III GG); verwaltet wird die ESt durch Landesfinanzbehörden. Kompetent zur StFestsetzung einschließl des Einspruchsverfahrens (§ 355 AO) sind die FinBeh (§ 16 AO, §§ 17, 21a FVG); zur Streitentscheidung über Steueransprüche sind allein die Finanzgerichte berufen (§ 2 FGO; Art 92, 20 III GG). – Steuern unterliegen dem Gesetzesvorbehalt (Gesetz; VO; *TK* § 4 AO Rn. 50), die Verwaltung dem Legalitätsprinzip. Ausnahmsweise ist aus Billigkeitsgründen („Gerechtigkeit des Einzelfalls") eine Abweichung geboten (§§ 163, 227 AO), mE durch Einzel- und „Allgemein-Verfügung" (einschr BFH GrS 1/15, BStBl II 17, 393; dazu *BMF* BStBl I 17, 741; zR krit *Sistermann* DStR 17, 689); Neuregelung zum Sanierungsgewinn durch § 3a nF). – Die Verwaltung handelt durch Richtlinien (Art 108 VII GG), BMF-Schreiben, Ländererlasse und (OFD-)Verfügungen (zur Bindung s *TK* § 4 AO Rn. 80 f). Für nach dem 31. 12. 23 verwirklichte StTatbestände sind nur die in der sog **Positivliste** aufgenommenen Anweisungen anzuwenden (*BMF* BStBl I 25, 755). Sog **Nichtanwendungserlasse** sind grds zul (*Weber-Grellet* FS Lang 2010, 927; ferner Beiträge in FS Spindler 2011); die Diskussion hat sich beruhigt. EUrechtl prüft der EuGH Normen der nicht harmonisierten ESt an den Grundfreiheiten und den Diskriminierungsverboten (zur Checkliste potenziell EU-rechtswidriger Normen – Update 2024 *Kessler/Spengel* DB1456565 *(Online-Zusatzbeitrag für DB-Abonnenten).* 2

III. Einkunftsarten, § 2 I

Schrifttum: *Birk,* Einkommen, Einkunftsarten, Einkünfteermittlung, DStJG 34 (2011), 11; *Weber-Grellet,* Aktuelles zur Abgrenzung der Einkunftsarten …, FR 22, 694.

1. Einkunftssphäre. Der ESt unterworfen ist das Entgelt für Leistungen; das gemeinsame Merkmal aller Einkunftstatbestände ist die Anknüpfung an bestimmte Leistungen. Dies dokumentiert § 22 Nr 3 als allgemeinste Einkunftsart („Einkünfte aus Leistungen"); die sog Markteinkommenstheorie findet im Gesetz keine Stütze (*Weber-Grellet,* vor → Rn. 1, 80 f; *Wernsmann* StuW 18, 100 (104); *P. Kirchhof* FS RFH/BFH 2018, 1197 (1209); **aA** *Marx/Kilincsoy* StuW 19, 36). Das Gesetz erfasst nur die in § 2 I 1 aufgezählten sieben Einkunftsarten (zu Konkurrenzen *Weber-Grellet* FR 22, 694); nach der ursprüngl Konzeption wurde das private Vermögen nicht erfasst (Änderungen zB durch § 20 II). Die **Steuerfreiheit des Vermögensstamms** bildet mittlerweile die Ausnahme; zur Rechtsentwicklung sowie zur **Reinvermögenszuwachstheorie** und zur **Quellentheorie** *KKM* § 2 Rn. A 240–460; zum Begriff der **„Einkunftsquelle"** s § 15b I. Zunehmend enthält das EStG **schedulenähnl** Elemente (zB § 20 VI). 3

Diskussionswürdig sind insoweit der Dualismus der Einkunftsarten, die differenzierte „Vermögenserfassung" (s nur VuV-Einkünfte) und die Neuerungen der jüngeren Zeit (zB AbgeltungSt, § 20 II, § 22, Erweiterung des § 23). Der Einkünftedualismus in seinen verschiedenen Ausprägungen (zu den verschiedenen Dualismen *Niestegge,* Dualismus der Einkunftsarten, Diss jur 2018; *Naumann* FR 23, 49) ist nicht mehr aufrecht zu halten (*P. Kirchhof* GS Musil, 2024, 153 (163)); notwendig sind einheitl Regeln für die estrechtl Einkommensermittlung.

Mit der **KSt** werden die Erträge „juristisch ausgegliederter Sondervermögen" gesondert erfasst. Das Besteuerungssubstrat wird durch das Teileinkünfteverfahren aufgeteilt; die KSt ist wirtschaftl eine Art Vorauszahlung auf die ESt (zur Reintegration der KSt in die ESt s *Weber-Grellet* FS Zorn, 2022, 629).

4 **2. Welteinkommen.** Der ESt unterliegen die Einkünfte, die weltweit erzielt werden („Welteinkommen"), wenn der StPfl unbeschr stpfl ist (§ 1 I–III). Ist er beschr stpfl (§ 1 IV), wird er (ledigl) mit seinen inl Einkünften zur ESt herangezogen (§§ 49–50a). Bei erweiterter beschr StPfl unterliegen der dt ESt auch die im Ausl erzielten Einkünfte, sofern sie nicht Einkünfte iSv § 34c I sind (§ 2 AStG); nach § 5 AStG kann sich auch eine Hinzurechnung von Einkünften aus ZwischenGes ergeben. Durch zahlreiche **DBA** ist der Grundsatz der Welteinkommensbesteuerung praktisch beseitigt; der Sache nach gilt ein „Ursprungsprinzip", das an den Arbeitsort oder die Betriebsstätte/Grundbesitz anknüpft (FG Köln EFG 10, 435; *Fischer* FR 01, 1). Soweit nach einem DBA das Besteuerungsrecht dem Quellenstaat zusteht, dieser davon aber keinen Gebrauch macht, fällt es an den Wohnsitzstaat nur dann zurück, wenn dies im DBA ausdrückl vorgesehen ist (BFH I R 14/02, BStBl II 04, 260).

3. Währung

Schrifttum: *HHR/Hey* Einf ESt Rn. 47 (4/20).

5 **a) Fremdwährungseinkünfte.** Sie sind zum **Tageskurs** (= Anschaffungskurs = Zeitbezugsverfahren) in Euro umzurechnen (BFH I R 117/87, BStBl II 90, 57 (59)); **§ 340h HGB** schreibt für Kreditinstitute grds ebenfalls Bewertung nach dem Zeitbezugsverfahren vor, lässt aber Ausnahmen zu. – Zur **Euro-Umstellung** → 27. Aufl 2008, § 2 Rn. 5.

6 **b) Nominalwertprinzip.** Die Einkünfte werden nach den nominellen Geldbeträgen ermittelt (BFH X R 33/19, BFH/NV 21, 992; *Gröpl,* Das Nominalwertprinzip im StRecht, FS Kußmaul 2022, 412; *Tipke/Lang* SteuerR Rn. 856; → § 5 Rn. 82; → § 6 Rn. 21). – Das Nominalwertprinzip ist auch bei der Gegenüberstellung der Beitragszahlungen mit dem nicht stbaren Rentenzufluss verfrechtl zul (BVerfG 2 BvR 2683/11, DStR 15, 2757). – Zum StRecht in der Inflation → *Waldhoff* FR 23, 485; *Hundsdoerfer* StuW 23, 295 (für einen Inflationsabzugsbetrag; dagegen *Siegel* StuW 24, 26).

IV. Ermittlung der Einkünfte, § 2 II

7 **Gewinn; Einnahmenüberschuss.** Einkünfte sind der **Gewinn** (§§ 4–7k; der Überschuss der BE über die BA bzw die BV-Differenz, die Differenz von Aufwand und Ertrag) oder der **Überschuss** der Einnahmen über die WK (§§ 8–9a), die der StPfl iRd sieben Einkunftsarten erzielt (§ 2 II); mE gibt es nur einen einheitl stl Gewinn, der sich ua aus der Anwendung der stl Vorschriften ergibt (→ § 5 Rn. 21); die Unterscheidung zw stl Gewinn und (unkorrigiertem) StBil-Gewinn ist unzul (**aA** etwa *Liesenhoff ua* DStR 25, 1305; iErg wie hier → § 7g Rn. 31). Der Begriff der Einkünfte wird im EStG grds einheitl verwendet (BFH III R 69/09, DStRE 12, 880, zu § 32 IV 2). Ab **VZ 09** gehören dazu nicht mehr Einkünfte aus **Kapitalvermögen** (→ Rn. 64), sofern sie der AbgeltungSt unterliegen; bei ihnen wird statt der tatsächl WK der Sparer-Pauschbetrag (§ 20 IX) abgezogen; nach § 2 II 2 verdrängt § 20 IX die §§ 9 und 9a. Zur Einbeziehung bei Steuerermäßigungen → Rn. 64. – Eine in § 2 II nicht erwähnte Ausnahme bildet der Gewinn iSd § 20 II, der in § 20 IV definiert wird. – Bei den Gewinneinkünften ist im Allgemeinen auch das (eingesetzte)

Vermögen steuerverstrickt, also Erfassung von Veräußerungsgewinnen und -verlusten.

V. Verfassungsrechtliche Maßstäbe

Schrifttum: *Desens/Tappe* SteuerR Rn. 155 ff; *HHR/G Kirchhof* Einf ESt Rn. 220, 331 (4/20). – *Weber-Grellet,* Das Koordinatensystem des BVerfG bei der Prüfung von Steuergesetzen, FR 11, 1028; *Weber-Grellet,* Die Ethik des Steuerrechts, DStR 18, 1398; *Kempny,* Gedanken zum Leistungsfähigkeitsprinzip, StuW 21, 85; *Wernsmann/Anzinger/Kube ua,* Steuergerechtigkeit – zum Gedenken an Tipke, StuW 22, 280; *Schober,* Leistungsfähigkeitsprinzip ..., GS Musil, 2024, 171; *Weber-Grellet,* Die Bedeutung der GRCh ..., GS Musil 2024, 477; *Hongler,* Das Gleichbehandlungsgebot im StR, StuW 25, 157; *Tappe,* Die Formalisierung des StVerfassungsrechts, StuW 25, 171.

1. Maßstäbe des Grundgesetzes. Die verfrechtl Maßstäbe für das EStRecht ergeben sich aus einzelnen Grundrechten, aus dem Rechtsstaatsprinzip und den Regelungen des GG über das Finanzwesen (Art 104a ff GG). Hauptmaßstab ist der **Gleichheitssatz** des Art 3 GG, der dem Gesetzgeber gebietet, wesentl Gleiches gleich und wesentl Ungleiches ungleich zu behandeln (BVerfG 2 BvR 988/16, FR 23, 508; BVerfG 2 BvL 22/17, DStR 23, 2051). – Die StBelastung fällt auch in den Schutzbereich des **Art 14 GG;** allerdings bildet der sog **Halbteilungsgrundsatz** keine Belastungsobergrenze (BVerfG 2 BvR 2194/99, DStR 06, 555); die Besteuerung „unterhalb der Schwelle der Erdrosselung" ist eine Konkretisierung des Inhalts und der Schranken des Art 14 GG (auch bei Ergänzungsabgabe; BVerfG 2 BvR 1505/20, DStR 25, 761). – Entscheidend ist der Aspekt der angemessenen **Lastenverteilung** (durch den demokratisch legitimierten Gesetzgeber), der mE in der BVerfG-Rspr und auch in der wissenschaftl Diskussion (s Beiträge beim BFH-Symposium DStR 15, 1137; krit etwa *Kempny* StuW 21, 85) zu kurz kommt (so auch *Schober* GS Musil 2024, 171 (190)); zur Bedeutung der GRCh *Weber-Grellet* GS Musil, 2024, 477. 8

2. Konkretisierungen. – *(1)* Konkretisiert werden Art 2, 3, 14 GG als steuerverfassungsrechtl Maßstäbe *(a)* durch das Gebot der Besteuerung nach der finanziellen ***Leistungsfähigkeit:*** Die (stl) Leistungsfähigkeit, die nach strechtl Maßstäben und Wertungen zu bestimmen ist, bemisst sich nach den individuellen Möglichkeiten, die der Einzelne zur Finanzierung des Gemeinwesens beitragen kann (und soll); ***(b)*** durch das Gebot der Besteuerung nach der horizontalen und vertikalen ***Steuergerechtigkeit*** (BVerfG 2 BvL 19/14, DStR 25, 2000), ***(c)*** durch das obj und subj ***Nettoprinzip*** (→ Rn. 10, 11), ***(d)*** durch das – so die BVerfG-Rspr – ***Gebot der Folgerichtigkeit,*** das aber die (für eine Demokratie typische) Gemengelage widerstreitender Interessen vernachlässigt (krit auch *Tappe* JZ 16, 27; *Eichberger* FS RFH/BFH 2018, 501 (511) – Einbindung in Gleichheitsdogmatik) und ***(e)*** durch Beachtung des allg ***Grundsatzes der Verhältnismäßigkeit.*** – ***(2)*** Der Gesetzgeber hat im StRecht prinzipiell einen weiten Entscheidungsspielraum, er ist zur Vereinfachung und Typisierung befugt und ist berechtigt, nichtfiskalische Förderungs- und Lenkungsziele zu verfolgen (dazu BVerfG 2 BvL 1/13, DStR 22, 19; zu § 32c aF; BVerfG 2 BvL 19/14, DStR 25, 2000 zu § 10d II – Mindestbesteuerung), etwa auch die Gebote der Nachhaltigkeit (*Greil/Sopp* StuW 23, 97) und des Klimaschutzes (zu Sondersteuern *Straßburger* DStR 24, 2145). – ***(3)*** Steuergesetze müssen den rechtsstaatl-verfahrensrechtl Geboten (ua Gebot der Normenklarheit; Rückwirkungsverbot; Datenschutz) genügen. 9

3. Objektives Nettoprinzip

Schrifttum: *HHR/G. Kirchhof* Einf ESt Rn. 295 (4/20); *F Kirchhof,* Das Leistungsfähigkeitsprinzip nach dem GG, BB 17, 662; *Wernsmann,* Die Finanzverfassung als Rahmen der Besteuerung, StuW 18, 100; *Drüen,* Das objektive Nettoprinzip bei der KSt ..., FS Zorn (2022), 79.

Zum obj Nettoprinzip auch → § 9 Rn. 4. Prinzipiell sind alle Aufwendungen, die durch die Einnahmeerzielung veranlasst sind, als BA/WK abziehbar; die ESt besteuert 10 das Nettoeinkommen; dementsprechend definiert § 2 II (nur) den Gewinn bzw den Überschuss der Einnahmen über die Ausgaben als zu erfassende Einkünfte (*Tipke/Lang* SteuerR Rn. 8.54 f; *Desens/Tappe* SteuerR Rn. 611 f). Das obj Nettoprinzip dient der Besteuerung nach der individuellen Leistungsfähigkeit (*Wernsmann* StuW 18, 100 (107)).

Dem obj Nettoprinzip stehen **typisierende Regelungen** von Erwerbsaufwendungen nicht entgegen (BVerfG 2 BvL 77/92, BStBl II 97, 518; BVerfG 2 BvL 13/09, DStR 10, 1563), sodass WK- oder BA-Pauschalen, Freibeträge und mE auch Quellensteuern mit Abgeltungswirkung (zB KapESt) zul sind. In jüngerer Zeit ist das obj Nettoprinzip eingeschränkt worden, zB ***(1)*** Teileinkünfteverfahren (§ 3 Nr 40), ***(2)*** beschränkter BA-Abzug (§ 4 V), ***(3)*** Arbeitszimmer (§ 4 V Nr 6b; einschr BVerfG 2 BvL 13/09, DStR 10, 1563 – Arbeitszimmer; → § 19 Rn. 60), ***(4)*** Zinsschranke (→ § 4h Rn. 3), ***(5)*** Entfernungspauschale (→ § 9 Rn. 179), ***(6)*** Berufsausbildungskosten (BVerfG 2 BvL 22/14, DStR 20, 93: Der Beruf beginnt erst nach der (Erst-) Ausbildung (BFH VI R 17/20, BStBl II 20, 719); → § 12 Rn. 1, 4), ***(7)*** AbgeltungSt (§ 20 IX), ***(8)*** AK für Renteneinkünfte (§ 10 III 1). – Ggf verlangt das obj Nettoprinzip eine realitätsgerechte Typisierung (BVerfG 2 BvL 13/09, DStR 10, 1563 zu § 4 V Nr 6b – Arbeitszimmer – und verbietet grundlose Schlechterstellungen (BVerfG 2 BvL 1/07, DStR 08, 2460 – Pendlerpauschale). – Sind die Erwerbsaufwendungen (BA/WK) höher als die Erträge/Einnahmen, ergeben sich ein **Verlust** bzw negative Einkünfte (§ 39a I Nr 5 Buchst b); ein Verlust ist „nicht wirksam gewordener Aufwand". Die Wirksamkeit (Abzug) kann durch Rücktrag bzw Vortrag nachgeholt werden; endgültiger Ausfall (iRd Mindestbesteuerung) führt nich zur Verfassungswidrigkeit (BVerfG 2 BvL 19/14, DStR 25, 2000). Schon vor und auch nach Einnahmenerzielung können negative Einkünfte (insb durch Zinsaufwendungen) entstehen. Verluste sind prinzipiell mit dem Ergebnis anderer Einkünfte auszugleichen, auch interperiodisch; ein intersubjektiver Ausgleich ist nur bei Ehegatten (Lebenspartnern, § 2 VIII) geboten (→ Rn. 19). – Gegenstand des obj Nettoprinzips ist auch die Frage, ob und in welchem Umfang sog gemischte Aufwendungen abgezogen werden können. BFH GrS 1/06, BStBl II 10, 672 hatte die Aufteilung grds zugelassen; **aA** (bedauerl im Lichte der aktuellen Home-office-Diskussion) BFH GrS 1/14, BStBl II 16, 265 zu Arbeitszimmeraufwendungen.

4. Subjektives Nettoprinzip

Schrifttum: *Krüger,* Subjektives Nettoprinzip im Einkommensteuerrecht, FS RFH/BFH 2018, 1261; *Kempny,* Gedanken zum Leistungsfähigkeitsprinzip, StuW 21, 85; *Moes,* Das „subjektive Nettoprinzip" …, DStR 23, 2369.

11 Das subj Nettoprinzip (als Ausprägung des Leistungsfähigkeitsprinzips), das nach Maßgabe strechtl und verfrechtl Maßstäbe die persönl Verhältnisse des Einzelnen berücksichtigt, gebietet die StFreiheit des **Existenzminimums,** mE aber ebenso die progressive Besteuerung höherer Einkommen. ***(1)*** Der (das Existenzminimum repräsentierende) Grundfreibetrag hat sich an den Sozialhilfeleistungen zu orientieren (BVerfG 2 BvL 5/91, BStBl II 93, 413; *Krüger,* vor → Rn. 11; krit *Bareis* DStR 10, 565: Abschmelzung zul; *Kempny* StuW 21, 85), ***(2)*** die Kinderfreibeträge und Unterhaltsaufwendungen an den gesetzl Unterhaltslasten des StPfl (§§ 1601 ff BGB) und ***(3)*** die Abziehbarkeit der Vorsorgeaufwendungen (zB Versicherungsbeiträge) an den **Sozialhilfesätzen** (vgl BVerfG 2 BvL 1/06, DStR 08, 604 und BFH X R 10/20, BB 25, 2912 zum Abzug von Versicherungsleistungen als SA;). Bei agB ist die zumutbare Eigenbelastung abzusetzen (*Krüger,* vor → Rn. 11, 1275). – Nach BVerfG-Rspr ist das Existenzminimum durch einen Abzug von der estl Bemessungsgrundlage freizustellen (krit *Moes* DStR 23, 2369); kein Verstoß gegen das subj Nettoprinzip liegt im Ausschluss des WK-Abzugs für Berufsausbildungskosten gem § 9 VI (BVerfG 2 BvL 22/14, DStR 20, 93).

5. Zulässigkeit von BVerfG-Vorlagen. Sie bestimmt sich nach eigenen Regeln (*Franz* DStR 11, 2118; vgl etwa BVerfG 2 BvL 59/06, DStR 10, 2290 zur Mindestbesteuerung; BVerfG 2 BvL 12/11, DStR 21, 2888 zum SolZ); zur Zulässigkeit einer VerfBeschw (SolZ) s BVerfG 2 BvR 1505/20, DStR 25, 761. – Bei anhängigen **Musterverfahren** kann die Steuer gem § 165 I AO vorläufig festgesetzt werden (*BMF* BStBl I 25, 1178 zu §§ 20 VI, 32 VI, § 32a I). 12

VI. Nichtsteuerbare Vermögensmehrungen

Das EStG besteuert Entgelte für Leistungen (*Weber-Grellet* DStR 12, 1253; *HHR/Musil* § 2 Rn. 68). Bezüge (Einnahmen/Erträge), die außerhalb der gesetzl Einkunftsarten anfallen, sind nicht stbar (§ 6 III EStG 1925, der nach der Begründung zum EStG 1934, RStBl 35, 35, als selbstverständl gestrichen wurde). In der Vergangenheit wurde die **private Vermögensphäre** nur ausnahmsweise erfasst (zB §§ 17, 23). Das hat sich durch § 20 II völlig geändert; Ähnl gilt bei der nachgelagerten Rentenbesteuerung. – Sittenwidrigkeit oder Strafbarkeit eines auf Vermögensmehrung gerichteten Verhaltens schließen die StBarkeit nicht aus (§ 40 AO; BFH X R 142/95, BStBl II 00, 610). Keine stbaren Einkünfte sind zB Erbschaften (**aA** für Pflegeheim-GmbH BFH I R 50/16, FR 17, 531; zR krit *Fischer* FR 17, 534; Erbschaft ist kein Leistungsentgelt), Schenkungen, Aussteuern, Ehrenpreise, Einkünfte aus Spiel und Wette, Erlöse aus der Veräußerung von Gegenständen des PV, soweit nicht die Voraussetzungen der §§ 17, 23 erfüllt sind, Schadenersatzleistungen für private Schäden (iEinz → § 22 Rn. 51 f). 14

VII. Veranlassungszusammenhang; nichtabziehbare Vermögensminderungen

Einnahmen und Ausgaben müssen durch eine einkunftserzielende Tätigkeit veranlasst sein (§§ 2 I, 4 IV, 8, 9); entscheidend ist nicht eine kausale Verursachung, sondern der (normative) Sachzusammenhang (BFH VI R 37/12, BFH/NV 13, 1706; BFH I R 48/13, BStBl II 15, 713; *Wacker* BB 18, 2519; *Ismer* GS Musil, 2024, 209). – Grds nichtabziehbar sind Einkommensverwendungen (§ 12), auch wenn sie dem StPfl zwangsläufig erwachsen, zB Aufwendungen iRd familiären Haushaltsgemeinschaft (BFH IX B 5/05, BFH/NV 05, 1551). Allerdings sieht das EStG (außerhalb der Einkünfteermittlung) insoweit die Möglichkeit der Einkommensminderung durch Abzug von SA und agB vor. 15

VIII. Sachliche Steuerbefreiungen

Soweit Einnahmen und Einkünfte aus sachl Gründen von der Steuer befreit sind (zB § 3), sind sie bei den (stbaren) Einkünften nicht anzusetzen (BFH VI R 30/69, BStBl II 72, 341). Sie gehören idR auch nicht zum Gewerbeertrag des § 7 GewStG (BFH IV R 84/74, BStBl II 78, 267). Damit zusammen hängende Aufwendungen dürfen die (stpfl) Einkünfte nicht mindern (§ 3c). 16

IX. Einkünfteerzielung

Schrifttum: *Urban,* Die Einkünfteerzielungsabsicht in der Systematik des EStG, 2010; *Ratschow,* Subjektsteuerprinzip, DStJG 34 (2011), 35; *Stöber,* Die subjektübergreifende Einkünfteerzielungsabsicht, FR 17, 801; *Danz,* Das Subjektsteuerprinzip …, FR 18, 160; *Kanzler,* Zur Rechtsentwicklung … der Liebhaberei …, FR 23, 241.

Finanzverwaltung: → Rn. 30.

1. Objektiver und subjektiver Tatbestand. Wer den (obj und subj) Tatbestand verwirklicht (→ Rn. 19), an den das EStG die Entstehung der Steuer knüpft (Tat- 18 bestand der Einkünfteerzielung), erzielt stbare Einkünfte (BFH IX R 269/87, BStBl II 94, 615; § 38 AO). Der Steuertatbestand der ESt setzt sich zusammen aus: Steuersubjekt, Steuerobjekt (= Einkünfte), Zurechnung (→ Rn. 19), Inlandsbezug, Bemessungsgrundlage, Steuersatz (*Tipke/Lang* SteuerR Rn. 6.27 f). StRecht ist **obj Lastenverteilungsrecht** (*Weber-Grellet* StuW 16, 226 (235)); subj Absichten und Einschätzungen sind grds irrelevant (→ Rn. 35; BFH GrS 1/10, BStBl II 13, 317 hat den subj Fehlerbegriffs aufgegeben). StObjekt ist die einzelne **„Einkunftsquelle"**, die sich nach dem einheitl Nutzungs- und Funktionszusammenhang einer Sache/ Sachgesamtheit bestimmt; dies gilt bei gewerbl Einkünften und auch bei VuV, zB die einzelne Etage bei unterschiedl Gebäudenutzung (BFH GrS 5/71, BStBl II 74, 132; BFH III R 40/11, BStBl II 13, 340). – ***(1)* Objektiver Tatbestand.** Einkünfteerzielung setzt – bei den Gewinn- und auch bei den Überschusseinkünften – eine wirtschaftl auf **Vermögensmehrung** gerichtete Tätigkeit des StPfl voraus (BFH GrS 4/82, BStBl II 84, 751 unter C III, IV; BFH IV R 15/05, BStBl II 08, 465). Diese zielgerichtete Tätigkeit muss auf die Erwirtschaftung eines Vermögenszuwachses – über die gesamte Dauer der Tätigkeit betrachtet – gerichtet sein (BFH IX R 80/94, BStBl II 98, 771); ist ein **Totalgewinn** wahrscheinl, ist dies ein gewichtiges (aber nicht entscheidendes) Indiz einer Einkünfteerzielungsabsicht (→ Rn. 23, 24, 32; *Drüen* FR 99, 1097 (1102)). Für die Totalgewinnprognose (*Drüen* AG 06, 707) ist nach dem Grundsatz der **Individualbesteuerung** auf den jeweiligen StPfl und auf die (voraussichtl) Gesamtdauer der Betätigung abzustellen (BFH I R 2/16, BStBl II 18, 567; BFH IX R 8/17, BFH/NV 19, 398), bei LuF auch generationsübergreifend (BFH VI R 3/22, BStBl II 24, 823). Bei der Prognose ist nicht nur auf die Verhältnisse des jeweiligen VZ abzustellen; auch **spätere Erkenntnisse** (zB im Klageverfahren) sind zu berücksichtigen, ggf auch **rückwirkende Ereignisse** (VZ-übergreifend; BFH IX R 31/14, BFH/NV 16, 188). Ausnahmsweise (zB bei unentgeltl Rechtsnachfolge; § 6 III, § 24 Nr 2, § 11d EStDV) wird die Totalerfolgsrechnung personenübergreifend verstanden (dazu BFH GrS 2/04, BStBl II 08, 608 unter D. III. 6; BFH I R 2/16, BStBl II 18, 567). Die Lebenserwartung des StPfl ist unerhebl, die Einkunftserzielung ist insoweit obj zu bestimmen. – ***(2)*** Der **subjektive Tatbestand** ist erfüllt, wenn sich der StPfl **wie ein Gewerbetreibender** (und nicht wie ein „Liebhaber") verhält (→ Rn. 23). Die Einkunfts-/Gewinnerzielungsabsicht ist entgg allg Ansicht keine (voluntative) innere Tatsache (*Weber-Grellet* DStR-Beih Heft 39/07, 40; dazu iEinz → Rn. 23). – ***(3)* Entstehung.** Die ESt entsteht grds („veranlagungstechnisch") erst mit Ablauf des VZ (§ 25 I, § 36 I; BFH I R 117/87, BStBl II 90, 57); zur Rückwirkung → Rn. 41 ff. – ***(4)*** Der für die Beurteilung maßgebl **Zeitraum,** der für die Ermittlung und Einordnung der Einkünfte zu beachten ist, geht häufig über den Besteuerungsabschnitt (→ Rn. 23) hinaus, BFH IX R 31/14, BFH/NV 16, 188; vgl zB → § 15 Rn. 25.

19 **2. Zurechnung.** Nach Maßgabe des obj Nettoprinzips und des Prinzips der Individualbesteuerung (**Subjektsteuerprinzip;** BVerfG 2 BvL 8/13, DStR 24, 155 (zu § 6 V); *Danz* FR 18, 160; krit *Ratschow* DStJG 34 (2011), 35; *HHR/Musil* § 2 Rn. 100 f) können dem StPfl nur die selbst erzielten Einnahmen und der selbst geleistete Aufwand zugerechnet werden. Drittaufwand ist nicht abziehbar (→ Rn. 21). Die **Tatbestandsverwirklichung** bestimmt die persönl Zurechnung der Einkünfte (BFH X R 3/19, DStR 22, 2552; *Fischer* jurisPR-StR 13/16 Anm 2). Das gilt prinzipiell auch für nahe Angehörige und für Ehegatten (Lebenspartner, § 2 VIII; BFH X R 25/12, DStRE 16, 660). Nach dem Tod des Erblassers erzielen allein die Erben Einkünfte (BFH IX B 142/15, BFH/NV 16, 1453); auch bei **Rechtsnachfolge** gilt der Grundsatz der Individualbesteuerung (*HHR/Musil* § 2 Rn. 159).

20 **a) Eigene Aufwendungen.** Grds können nur selbst getragene Aufwendungen abgesetzt werden, zB auch wenn der StPfl einem anderen Aufwendungen für eine Bürgschaft ersetzt (BFH VIII R 22/92, BStBl II 01, 385) oder bei Zinszahlungen auf

Grund nachträgl Schuldbeitritts nach (unentgeltl) Grundstückserwerb (BFH IX R 14/00, BFH/NV 03, 468).

Als eigene Aufwendungen gelten ferner Zahlungen aus einem **gemeinsamen Konto** von Ehegatten zur Tilgung der Schuld eines von ihnen (BFH VIII R 10/14, BStBl II 17, 819); eigene Zahlungen sind auch gegeben bei **Abkürzung des Zahlungsweges** (→ § 9 Rn. 18 f) sowie bei **abgekürztem Vertragsweg** (BFH X R 36/05, DStR 08, 2204; BFH IX R 45/07, BStBl II 08, 572: sofern Vertrag des Dritten im Interesse des StPfl und Zuwendung durch Dritten an StPfl; zust *BMF* BStBl I 08, 717; *Kestler* DStR 15, 2465; *Schmidtmann* FR 24, 1071), nicht bei Kreditverbindlichkeiten und anderen Dauerschuldverhältnissen, nicht bei agB und bei SA (*BMF* BStBl I 08, 717). Problematisch ist der Fall, dass der Ehemann für seine Ehefrau eine Rente kauft und diese fremdfinanziert, möglicherweise kein Zinsabzug.

b) Drittaufwand. Drittaufwand (insb Nutzungsaufwand, Dritt-AfA) ist grds nicht abziehbar (BFH GrS 2/04, BStBl II 08, 608 und BFH IX R 9/16, BFH/NV 17, 567 zum Erblasseraufwand; *HHR/Musil* § 2 Rn. 139; → § 4 Rn. 500 ff; → § 9 Rn. 21 ff), weil von einem Dritten getragener Aufwand den StPfl nicht belastet, also seine Leistungsfähigkeit nicht mindert; die Ermittlung der Einkünfte ist subjektbezogen (BFH VI R 16/23, BFH/NV 25, 1577). Das Drittaufwandsverbot ist auch relevant für die Behandlung von Nutzungen und Nutzungsrechten (*Weber-Grellet* BB 23, 1963). (Abgekürzte) Zuwendungen (durch Übertragung von WG) sind zul (Zuwendungsgedanke; *Weber-Grellet* DB 95, 2550). Als Erwerbsaufwendungen (BA, WK) abziehbar sind daher zB Aufwendungen eines StPfl iZm dem Eigentumserwerb eines WG durch einen Dritten (zB den Ehegatten), die der StPfl im eigenen berufl Interesse trägt). Kein Drittaufwand bei abgekürztem Zahlungs- und Vertragsweg (→ Rn. 20). 21

c) Nutzungsüberlassung. Entscheidend ist, wer den Tatbestand der Einkunftserzielung verwirklicht (→ Rn. 18; *HHR/Musil* § 2 Rn. 204 f). Die Einkünfteerzielung kraft **Nießbrauchs** setzt das Auftreten des Nießbrauchers ggü dem Vertragspartner (Mieter) voraus (*Carlé/Bauschatz* KÖSDI 01, 12872 mit Überblick). Der Vorbehaltsnießbraucher kann die AfA fortsetzen (→ § 7 Rn. 60; BFH IX B 34/20, BFH/NV 21, 632), nicht aber der (unentgeltl) Zuwendungsnießbraucher (→ § 21 Rn. 74 f). Dass auch im Eigentum eines Dritten stehende Betriebsgrundlagen nicht notwendigerweise einer Unternehmereigenschaft desjenigen entgegenstehen, der diese WG als fremdes Eigentum nutzt, zeigen die landwirtschaftl sog **Wirtschaftsüberlassungsverträge,** die häufig zw Eltern und Kindern bestehen (→ § 13 Rn. 141 f). 22

X. Einkünfteerzielungsabsicht; Liebhaberei

1. Allgemeines. Einkünfte (Gewinn oder Verlust) aus GewBetr kann nur erzielen, wer in der Absicht – mindestens Nebenabsicht – tätig ist, „Gewinn zu erzielen" (§ 15 II 1, 3; → Rn. 18); „Einkünfte" aus Liebhaberei oder gemeinnütziger Tätigkeit sind nicht stbar (*Tipke/Lang* SteuerR Rn. 8.133; **aA** *Beiser* DB 05, 2598). 23

Der BFH-Rspr liegt der sog **zweigliedrige Liebhabereibegriff** zugrunde (*obj:* negative Ergebnisprognose (→ Rn. 18); *subj:* Ausübung der Tätigkeit aus persönl Neigung; BFH IV B 137/10, BFH/NV 12, 732; BFH X B 20/15, BFH/NV 15, 1418; → § 15 Rn. 24 f). Das BVerfG hat ihn akzeptiert (BVerfG 2 BvR 1818/91, DStR 98, 1743, Anm *Weber-Grellet* DStR 98, 1781).

***(1)* Tatbestand.** Die Gewinnerzielungsabsicht liegt vor, wenn sich der StPfl **wie ein Gewerbetreibender** (und nicht wie ein „Liebhaber") verhält; (nur) in diesem Fall sind auch Verluste („fehlgeschlagene Gewinnerzielung") anzuerkennen. Im StRecht verwendet der Gesetzgeber „Absichten" iZm „unvollendeten" Sachverhalten (zB Abbruchabsicht, Investitionsabsicht); zu strafrechtl Absicht oder Vorsatz (als Wissen und Wollen) besteht keine Ähnlichkeit. Trotz fehlender Tatbestandsvollendung („Gewinnerzielung") ist die Einkunftserzielungsabsicht gegeben, wenn sich der StPfl (nach Maßgabe eines normativen Fremdvergleichs) **wie ein Einkünfteerzieler** verhält (grundlegend *Weber-Grellet* DStR-Beih 39/07, 40 (45 f); *Wüllenkemper* EFG 10, 1413; *Plücker* FS Spindler 2011, 703; zur Maßgeblichkeit obj Kriterien auch BFH X R 25/06, BStBl II 09, 965; *Hartrott* FR 10, 72). Zu differenzieren ist zw Hobby- und Nicht-Hobby-Bereich (BFH X R 27/16, BFH/NV 18, 36). Die (positive) Einkunftserzielungsabsicht lässt den Versuch genügen, die fehlende Vollendung ist unerhebl. Die Rede von subj Tatbestandsmerkmalen und inneren Tatsachen führt mE in die Irre; maßgebl sind nicht Vorstellungen, sondern die obj Verhältnisse (so schon *Mrozek* PrEStG, 1914, § 14 Rn. 2; vgl auch öVwGH 2006/15/0095 zur LiebhabereiVO 1993; *Kanzler* FR 23, 241). Die Auslegung und Anwendung des Merkmals (auch der normative **Fremdvergleich;** dazu *Weber-Grellet* FR 15, 609 zu BFH VIII R 32/12, FR 15, 607) sind reine Gesetzesauslegung und Rechtsanwendung (*Stein* DStZ 13, 33) und haben mit Tatsachenermittlung und Beweiserhebung, mit Anscheinsbeweisen und Vermutungen nichts zu tun (*Schell* Subj Besteuerungsmerkmale im EStR, 2006, 65; **aA** *Anzinger* Anscheinsbeweis und tatsächl Vermutung, 2006; *HHR/Musil* § 2 Rn. 413; *BH/Ratschow* § 2 Rn. 121 f; *Hüttemann/Schön* UnternehmenStR Rn. 1.27; **aA** zB auch BFH VIII R 32/12, FR 15, 607; BFH X R 27/16, BFH/NV 18, 36). – ***(2)* Rechtsfolge.** Der Betrieb des Liebhabers wird strechtl nicht anerkannt; das entspr BV ist strechtl irrelevant; es nimmt am BV-Vergleich nicht teil (dasselbe gilt für BE und BA). Beim Wechsel in die Liebhaberei („Strukturwandel“) wird das BV „eingefroren“ (*Weber-Grellet* DStR 92, 602; *ders* DStZ 98, 357; BFH X R 61/14, BStBl II 16, 939); keine BetrAufgabe. Veräußerung/Aufgabe des „Liebhabereibetriebs“ ist stpfl, soweit der Gewinn auf die estl relevante Phase des Betriebs entfällt. (BFH X R 15/15, BStBl II 17, 112). Veräußerung von UV führt ggf zu nachträgl BE (BFH X R 61/14, BStBl II 16, 939).

24 **2. Einzelne Einkünfte.** Inhalt und Funktion der Einkunftserzielungsabsicht sind von der jeweiligen Einkunftsart abhängig (*Stöber* FR 17, 801). Zur Gewinnerzielungsabsicht iRv gewerbl Einkünfte → § 15 Rn. 24 ff; zur Einkünfteerzielungsabsicht bei **PersGes** → § 15 Rn. 182 f); zu § 17 → BFH IX R 12/22, DStR 23, 1763. Auch bei den **Überschusseinkünften** (§ 2 I Nr 4–7) gelten prinzipiell die zur sog Liebhaberei entwickelten Grundsätze: zu § 19 (§ 2 I Nr 4) → BFH VI R 50/06, BStBl II 09, 243; zur Einkunftserzielungsabsicht bei Vermietungseinkünften (§ 2 I Nr 6; mE [bisher] „Subventionstatbestand“; BFH IX R 46/13, BFH/NV 15, 668: keine Absicht bei langjährigem Leerstand; BFH IX R 16/18, DStR 19, 1914: objektbezogen; *KKM/Drüen* § 21 Rn. B 135; krit *Stein* StBP 18, 376; iEinz → § 21 Rn. 24 f); zur Einkunftserzielungsabsicht bei **KapEinkünften** (§ 2 I Nr 5) → § 20 Rn. 19. Zur Einkunftserzielungsabsicht iRd § 22 → § 22 Rn. 2, zu § 23 → § 23 Rn. 2. – Nach BFH I R 54/95, DStR 97, 492 und BFH I R 123/97, BFH/NV 99, 269 haben **KapGes** nur einen betriebl Bereich; danach können Liebhabereitätigkeiten nur als vGA erfasst werden (krit *Weber-Grellet* BB 14, 2263; *Briese* FR 14, 1001).

XI. Abgrenzung der Einkunftsarten

Schrifttum: *Tipke/Lang* SteuerR Rn. 8.400 f; *Jah,* Zur steuerl Abgrenzung gewerbl Tätigkeit von freiberufl und sonstiger Tätigkeit, DB 07, 2613; *Weber-Grellet,* Aktuelles zur Abgrenzung …, FR 22, 694.

27 **1. Bedeutung.** Von der Zuordnung zu einer bestimmten Einkunftsart (§§ 13–24) hängen ua ab die Art der Gewinnermittlung, der Zeitpunkt und Umfang der Erfassung von Vermögenszugängen und -minderungen, etwaige bzw unterschiedl Freibeträge (§ 13 III, § 14a, § 16 IV, § 17 III, § 18 III, IV, § 19 II, § 20 IX, § 22 Nr 3, § 23 III, § 24a), die Möglichkeit des Verlustausgleichs (→ Rn. 58) bzw Verlustabzugs (§ 10d, § 15a II, § 22 Nr 3, § 23 III, § 50 II), die Höhe der WK-Pauschbeträge und der Vorsorgepauschale (§ 9a, § 10c III), einkunftsartabhängige Steuervergünstigungen (§ 34, § 46, § 51 I Nr 2w) und Steuerbefreiungen (§ 3, § 3a, § 3b), die Frei-

stellung von der dt Steuer auf Grund eines DBA bzw für die Besteuerung nach § 49 (*Weber-Grellet* FR 22, 694). Zu den Schwierigkeiten der Einordnung der Einkünfte aus gewerbl Grundstückshandel → § 15 Rn. 47.

2. Abgrenzung. Hinsichtl der Artzurechnung wird auf die Erläut zu §§ 13, 15, 18, 19, 20, 21 und 22 verwiesen. Subsidiar sind KapVermEinkünfte (§ 20 VIII), VuV (§ 21 III) und die sonstigen Einkünfte (§ 22 Nr 1 S 1, Nr 3; § 23 II; *Weber-Grellet* FR 22, 694). Fingiert wird der Umfang der gewerbl Einkünfte in § 8 II KStG für KapGes und in § 15 III für PersGes. – Wegen **gemischter Tätigkeiten** → § 15 Rn. 97 f; → § 18 Rn. 50 ff. 28

XII. Eheliches Güterrecht

Soweit Ehegatten die zur Einkünfteerzielung verwendeten WG kraft ehel Güterrechts gemeinschaftl gehören und verwenden *(Gütergemeinschaft)*, erzielen sie die Einkünfte grds je zur Hälfte. Beruht die Einkünfteerzielung (vorwiegend) auf – evtl qualifizierter – Arbeitsleistung, wie dies bei Einkünften aus **freiberufl Tätigkeit** die Regel und bei Einkünften aus GewBetr mögl ist, so erzielt die Einkünfte, wer die spezifische Tätigkeit ausübt (vgl BFH IV R 53/76, BStBl II 80, 634). Zur Bedeutung des Güterstandes für die gewerbl Einkünfteerzielung → § 15 Rn. 375 f. Zur auch verdeckt mögl (gewerbl) MUerschaft zw Eheleuten → § 15 Rn. 286; für LuF-Einkünfte (Gütergemeinschaft ähnl der PersGes; BFH IV R 37/04, BFH/NV 05, 2289) → 39. Aufl 2020, § 13 Rn. 104. – Für die Annahme der **Beherrschung** eines Unternehmens durch Ehegatten dürfen deren Anteile nicht wegen der Vermutung **gleichgerichteter Interessen** der Ehegatten zusammengerechnet werden (→ § 15 Rn. 823, 846 f); andererseits sind Besitz- und Betriebsunternehmen grds (materiell) als Einheit zu behandeln (BFH X R 59/00, BStBl II 06, 661). 30

XIII. Rechtsanwendung; wirtschaftliche Betrachtung; Missbrauch

1. Rechtsanwendung; Auslegung; Methode

Schrifttum: *Eckhoff,* Rechtsanwendungsgleichheit, 1999, 285 ff; *TK/Drüen* § 4 AO Rn. 200 ff; *Schwenke,* Die Rechtsfindung im StRecht, 2007; *Tipke/Lang* SteuerR Rn. 5.46 f. – *Englisch,* Zulässigkeit und Grenzen steuerverschärfender Rechtsfortbildung, StuW 15, 302; *Weber-Grellet,* Die Urteilsfindung des BFH, DStR 23, 1858.

a) Rechtsanwendung. Die Aussage, dass sich Sachverhalt und Norm decken, ist ein auf Wertung und Abwägung beruhender argumentativer Prozess, die „Politik des Einzelfalls" nach Maßgabe des Gesetzes. Das einzelne Tatbestandsmerkmal ist erfüllt, wenn ihm Tatsachen zugeordnet werden können, die den abstrakten Vorgaben des Tatbestandes entsprechen (**„ähnlich"** sind). Der wertende Auslegungsakt darf nicht mit einem Akt der Beliebigkeit und der Willkür gleichgesetzt werden; er ist auch kein (dezisionistischer) Willensakt (*Weber-Grellet* DStR 91, 438; *ders* DStR 23, 1858). In einem Kollegialgericht werden die einzelnen Argumente in einem offenen Diskurs erörtert und abgewogen; es entscheidet die Mehrheit des Spruchkörpers. 32

b) Auslegung. Das Gesetz ist als sinnvolle Einheit zu interpretieren, dessen Inhalt durch einen Rückgriff auf den Wortsinn, den Zweck (telos), die Entstehungsgeschichte und die Systematik der Norm zu bestimmen ist (BFH XI R 66/98, BStBl II 00, 533; BFH GrS 1/05, BStBl II 07, 508; BFH IX R 6/16, BStBl II 18, 9). Der Richter hat die Befugnis und die Pflicht zu „schöpferischer Rechtsfindung" und Rechtsfortbildung (BVerfG 1 BvR 112/65, NJW 73, 1221; *Weber-Grellet* DStR 91, 438). Rechtsfortbildung intra legem ist Aufgabe der Gerichte und entspricht der grundgesetzl Kompetenzverteilung zw Gesetzgeber und Gerichten. Bei der Auslegung ist grds vom Wortlaut einer Norm (von der Wortbedeutung des einzelnen Tatbestandsmerkmals) auszugehen. Jedoch darf der Richter nicht am Wortlaut haltmachen, son- 33 dern ist verpflichtet, den Sinn und Zweck der Norm unter Berücksichtigung ihrer Einordnung in das Gesetz zu ermitteln (BFH GrS 1/05, BStBl II 07, 508; Diskussionsbeitrag *Weber-Grellet* in DStR-Beih 11, 47 Tz 1.3); teleologische Reduktion und Extension sind uU auch gegen den eindeutigen Wortlaut der Norm zulässig (*Weber-Grellet* FR 18, 330; **aA** etwa BFH IX R 19/20, DStR 22, 1363); allerdings dürfen die Gerichte nicht ihre eigene materielle Gerechtigkeitsvorstellung an die Stelle derjenigen des Gesetzgebers setzen (BVerfG 2 BvL 8/13, DStR 24, 155, iZm § 6 V). – Maßgebend für die Interpretation eines Gesetzes ist letztl der in ihm zum Ausdruck kommende **objektivierte Wille des Gesetzgebers.** Die obj Theorie eröffnet die Möglichkeit, im Einzelfall vom Willen des historischen Gesetzgebers abzuweichen; das Gesetz kann klüger sein als der Gesetzgeber (**aA** *Rüthers* JZ 08, 446). Ein instruktives Beispiel für eine teleologische Auslegung bildet die Entscheidung des GrS zur Bodenschatzeinlage (BFH GrS 1/05, BStBl II 07, 508). Offene und verdeckte Lücken können durch Analogie (dazu BVerfG 2 BvL 8/13, DStR 24, 155), Reduktion und Extension geschlossen werden. Die Lückenausfüllung ist im Prinzip nur eine besondere Form der Auslegung, bei der allerdings deren Grenzen tangiert werden und daher erhöhte Vorsicht geboten ist (iEinz BFH-Symposium zu Rechtsanwendung im StRecht, DStR-Beih 11, 47; *Englisch* StuW 15, 302; *Weber-Grellet* DStR 23, 1858).

34 **c) Rechtlicher Vorgang.** Auslegung und Anwendung eines Tatbestandes (auch der normative Fremdvergleich) sind reine Gesetzesauslegung und Rechtsanwendung (*Weber-Grellet* DStR-Beih 39/07, 40; → Rn. 23); der Fremdvergleich ist ein ergänzendes Tatbestandmerkmal für die Fälle, in denen der „natürl" Interessengegensatz (etwa zw Angehörigen, Ges'ter) fehlt (*Weber-Grellet* FR 15, 609); Schriftform ist kein selbständigesTatbestandsmerkmal eines Fremdvergleichs (BVerfG 2 BvR 172/24, DStR 25, 1569).

35 **d) Abgrenzung zur Tatsachenermittlung.** Die Ermittlung der relevanten Tatsachen ist eine Sache der Tatsachenfeststellung (zur Beweiswürdigung, insb iZm der Bargeldbranche, BFH X B 73/15, BFH/NV 16, 1299); alles, was darüber hinausgeht, ist nicht mehr Tatsachenermittlung, sondern Rechtsanwendung (Subsumtion; kein Fall des § 118 II FGO; dazu BVerfG 2 BvL 21/14, IStR 25, 903, Rn. 39 f); anders für Einkünfteerzielungsabsicht etwa BFH IX R 8/17, BFH/NV 19, 398; ähnl zum Wohnsitz BFH III R 10/14, BStBl II 15, 655). Subj Absichten sind im StRecht grds fehl am Platz (→ Rn. 18, 23; so bereits *Schanz* Finanz-Archiv 1896, 1 (55) – „Ungeheuerlichkeit"). – Die Lehre vom Typus-Begriff (zB der Gewerbebetrieb; → § 15 Rn. 11) ist im StRecht wegen dessen strikter Gesetzesgebundenheit nur mit Vorsicht einzusetzen (*HHR/Musil* § 2 Rn. 90; *Weber-Grellet* FS Beisse 1997, 551; *Döllefeld* StuW 22, 129 (143)).

36 **e) Beweislast.** Die **Verteilung der materiellen Beweislast** ist unter Berücksichtigung des eingriffs- und des verteilungsrechtl Charakters des StRechts vorzunehmen. Die (materielle) Beweislast, die bestimmt, zu wessen Lasten ein „non-liquet" geht, liegt prinzipiell für steuerbegründende Merkmale (zB Einnahmen) beim Fiskus (s BFH VIII R 54/10, BFH/NV 14, 1501: Feststellungslast für vGA) und für steuerentlastende Merkmale (zB WK) beim StPfl. Die Gleichmäßigkeit der Besteuerung verlangt allerdings die vollständige Aufklärung des Sachverhalts und auch die Berücksichtigung von Beweisinteresse, Beweisnähe (Sphäre) und Beweisvereitelung (BFH X B 138/13, BFH/NV 14, 720).

37 **f) Europarechtliche Aspekte.** Seit der Entscheidung *„avoir fiscal"* (EuGH 270/83, NJW 87, 569) greift der EuGH auch in das Ertragsteuerrecht ein, trotz des Fehlens einer besonderen Harmonisierungskompetenz. Von besonderer Bedeutung ist der **Anwendungsvorrang** europäischen Rechts (BFH VIII R 24/07, BStBl II 09, 518), der dazu führt, dass bei eindeutiger Rechtslage europäisches Recht nationales Recht verdrängt (FG Köln DStRE 14, 966, rkr); *Musil* in *Musil/Weber-Grellet* Einführung, Rn. 39; iEinz → § 1 Rn. 5 f).

2. Wirtschaftliche Betrachtungsweise

Schrifttum allgemein: *Ball,* StRecht und Privatrecht, 1924, 118 ff; *Tipke,* Steuerrechtsordnung, Bd III, §§ 28, 29 (1229 ff; 1309 ff); *Drüen,* Eigenständigkeit und Methodik des Steuerrechts, 2019, 95. *Osterspey,* Die wirtschaftl Betrachtungsweise …, 2023.

Die sog wirtschaftl Betrachtungsweise (besser: strechtl oder funktionale Betrachtungsweise) ist Ausdruck der Eigenständigkeit des StRechts, insb der funktionalen Differenz zw Zivil- und StRecht und ermöglicht die Besteuerung nach der wirtschaftl. Leistungsfähigkeit (*Tipke/Lang* SteuerR Rn. 3.40 f); die sog wirtschaftl Betrachtungsweise ist kein defizienter Modus der Rechtsanwendung; sie indiziert den Sieg der Wertungsjurisprudenz über die Begriffsjurisprudenz. – Die wirtschaftl Betrachtungsweise verlangt im Kern die autonome strechtl Beurteilung eines konkreten Sachverhalts (BFH VII B 39/15, BFH/NV 16, 230), eine an den spezifischen Regelungszielen einer strechtl Regelung und deren eigengesetzl Terminologie auszurichtende strechtl Beurteilung. Die wirtschaftl Betrachtungsweise stellt auf den Inhalt ab, nicht auf die äußere Form („substance over form"), zB bei dem grunderwerbsteuerl Vertragsbündel, bei der Leibrente (BFH GrS 1/90, BStBl II 92, 78) oder auch im Fall der BetrAufsp, bei der die zivilrechtl Aufspaltung einzelner Vorgänge überwunden und diese einheitl als betriebl erfasst werden (→ § 15 Rn. 800 f); zur wirtschaftl Betrachtungsweise im BilanzStR s *Weber-Grellet* BB 18, 2347. – § 39 AO enthält eine diesen Grundsätzen entspr Regelung des sog **wirtschaftl Eigentums** (dazu – und zur Übertragung von Mietereinbauten – BFH XI R 18/06, BStBl II 09, 957; ferner BFH X R 57/04, BFH/NV 06, 1819; *HHR/Musil* § 2 Rn. 147). Da Einkünfteerzielung Tatbestandsverwirklichung bedeutet (§§ 13–24), besagt das wirtschaftl Eigentum an einem WG noch nicht, dass nur der wirtschaftl Eigentümer unter Einsatz des WG Einkünfte erzielen kann (*Beispiel:* der Mieter eines Gebäudes ist nicht dessen wirtschaftl Eigentümer, kann aber durch Untervermietung Einkünfte aus VuV erzielen). – Im Hinblick auf die Selbständigkeit des StRechts ist auch ein **Durchgriff** (durch die juristische Person des Privatrechts), insb in den Fällen des Missbrauchs (→ Rn. 40) nicht ausgeschlossen (zB → § 15 Rn. 76). „Piercing the corporate veil" bedeutet die Einschränkung des Trennungsprinzips (dazu *Weber-Grellet* FR 15, 1085 zu BFH GrS 2/12, BStBl II 15, 1007); die zivilrechtl Abschirmwirkung kann im StRecht allenfalls begrenzte Wirkung entfalten. 38

3. Verhältnis zum Zivilrecht

Schrifttum: *Weber-Grellet,* vor → Rn. 1, 194 f, 207 f; *Vogel,* Die Auslegung privatrechtl geprägter Begriff im Ertragsteuerrecht, 2015; *Tipke/Lang* SteuerR Rn. 1.31 f; 5.70 f.; *Schön,* Die zivilrechtl Voraussetzungen steuerl Leistungsfähigkeit, StuW 05, 247.

Es besteht keine Vorrangigkeit des Zivilrechts, auch nicht dessen Maßgeblichkeit (BVerfG 2 BvL 1/00, BStBl II 09, 685: Vorrang des StRechts bei Jubiläumsrückstellung); zwar knüpft das StRecht an zivilrechtl und gesellschaftsrechtl Gestaltungen und Verträge an, beurteilt sie aber nach strechtl Maßstäben. Zivilrecht und StRecht haben ihre jeweils eigenen Teleologien (BFH X R 28/12, BStBl II 16, 81 – GrS-Vorlage). Zivilrechtl Begriffe haben in vielen Fällen infolge vertragl Gestaltung (§ 311 BGB) einen Inhalt, der von dem im StGesetz bestimmten Inhalt abweicht; in diesem Fall ist eine an dem Gehalt der StRechtsnorm orientierte, vom (konkreten) zivilrechtl Begriffsinhalt abw Bestimmung des Begriffs geboten (vgl das Leasing-Urt BFH IV R 144/66, BStBl II 70, 264), die sich aus der Eigenständigkeit des StRechts als Teil des öffentl Rechts ergibt (*Weber-Grellet* vor → Rn. 1, 207 f). 39

4. Gestaltungsmissbrauch

Schrifttum: *Hensel,* Zur Dogmatik des Begriffs „Steuerumgehung", Festgabe für Zitelmann, 1923, 217; *HHR/G Kirchhof* Einf ESt Rn. 207 (4/20); *Hüttemann,* StRspr und StUmgehung, DStR 15, 1146; *Weber-Grellet,* Die Urteilsfindung des BFH, DStR 23, 1858.

40 Nach § 42 AO kann das Gesetz durch den **Missbrauch** von Gestaltungsmöglichkeiten des Rechts (unangemessene rechtl Gestaltung; § 42 II AO) nicht umgangen werden. Der gestaltete Sachverhalt erfüllt zwar äußerl den Tatbestand der Norm, entspricht aber nicht ihrem Zweck; die Normanwendung wird durch § 42 AO blockiert. Die Unangemessenheit ist nach Maßgabe des steuergesetzl geregelten Tatbestandes und dessen Zweck (also nach dem **„Gesamtplan des Gesetzes"**) zu bestimmen (§ 42 II 1 AO); kein Missbrauch bei beachtl außersteuerl Gründen (§ 42 II 2 AO). Missbrauch beruht vielfach auf dem sachwidrigen Einsatz von Formen des Privatrechts (zB durch Zwischenschaltung einer funktionslosen GmbH (BFH IV R 25/08, BStBl II 10, 622; BFH IV R 62/07, BFH/NV 10, 2261) oder durch Vermietung mit anschließender Rückmietung (BFH IX R 2/13, BStBl II 14, 527)) oder etwa auch auf Zweckentfremdung des Umlegungsverfahrens (BFH II R 14/22, BFH/NV 25, 898). Die unangemessene Gestaltung ist obj zu bestimmen; eine **Missbrauchsabsicht** ist obsolet. § 42 I 2, 3 AO bestimmt das Verhältnis einzelsteuergesetzl Umgehungsverhinderungsregelungen ggü der allg Regelung (BFH I R 8/19, BFH/NV 24, 759). – Der **EuGH** sieht eine „obj künstl" Gestaltung, die „einzig darauf gerichtet ist, der Anwendung von Regelungen des jeweils nationalen StRechts zu entgehen", als missbräuchl an (EuGH C-504/16, DStR 18, 119: rein künstl, jeder wirtschaftl Realität bare Konstruktion). – Vom „Gesamtplan des Gesetzes" ist der **Gesamtplan der tatsächl und rechtl Gestaltung** („Figur des Gesamtplans") zu unterscheiden (zB BFH II R 37/11, BStBl II 13, 934; BFH VIII R 23/23, BFH/NV 25, 1283; *Wacker* Ubg 16, 245). IZm sog cum/ex-Geschäften hat der I. Senat (ohne Anwendung des § 42 AO) auf ein „modellhaft aufgelegtes Gesamtvertragskonzept" abgestellt (BFH I R 22/20, BStBl II 22, 324).

XIV. Rückwirkung

Schrifttum: *HHR/G Kirchhof* Einf ESt Rn. 331 (4/20); *Lairich,* Vertrauensschutz – Neue Entwicklungen …, Diss 2022. – *P. Kirchhof,* Verfassungsrechtl Grenzen rückwirkender StGesetze, DStR 15, 717; *Bienert/Seidler,* Rückwirkung im Handelsbilanzrecht, DB 20, 1451; *Wernsmann,* Rückwirkende Änderung von verfgerichtl festgestellten Verstößen …, DStR 23, 2745.

Rspr: BVerfG 1 BvL 5/08, DStR 14, 520 (zu § 40a I 2, § 43 XVIII KAGG iVm § 8b II, III KStG); BVerfG 2 BvR 988/16, FR 23, 508 (zu § 34 XVI KStG idF JStG 2008).

41 **1. Rückwirkung von Gesetzen. – a) Grundsätzliche Unzulässigkeit.** Die Grundrechte garantieren die Verlässlichkeit der Rechtsordnung. Unterschieden wird zw echter und unechter Rückwirkung. Eine Rechtsnorm entfaltet **echte Rückwirkung,** wenn ihre Rechtsfolge mit belastender Wirkung schon für vor dem Zeitpunkt ihrer Verkündung bereits abgeschlossene Tatbestände gelten soll („Rückbewirkung von Rechtsfolgen"); das ist grds verfrechtl unzul (BVerfG 2 BvR 988/16, FR 23, 508). Eine **unechte Rückwirkung** (Änderung für lfd oder künftige VZ; nur „tatbestandl Rückanknüpfung") ist mit den Grundsätzen grundrechtl und rechtsstaatl Vertrauensschutzes vereinbar, wenn sie – kurz gesagt – verhältnismäßig ist (BVerfG 2 BvR 988/16, FR 23, 508; BFH III R 9/20, DStR 22, 1193; BFH VIII R 23/20, BStBl II 23, 48; wN → 43. Aufl 2024, § 2 Rn. 41).

42 **b) Einzelfälle.** Im Hinblick auf vor dem 29.10.2004 geleistete Erbbauzins-Vorauszahlungen hält BVerfG 2 BvL 1/11, DStR 21, 1153 die Regelung in § 11 II 3 idF JStG 2007 (BGBl I 06, 2878) für verfwidrig. – Eine gesetzl „Klarstellung", die eine Auslegungsvariante beseitigt, soll als echte Rückwirkung unzulässig sein (BVerfG 1 BvL 5/08, DStR 14, 520; wN → 41. Aufl 2022, § 2 Rn. 42). – Bei bilanzierenden StPfl ist Vertrauensschutz ggü unecht rückwirkenden Gesetzen nicht über mindestens zwei VZ hinweg zu gewähren (BFH III R 9/20, DStR 22, 1193).

43 **2. Rückwirkung von Rechtshandlungen. – a) Einkommensteuerrechtliche Wirkung.** Rechtshandlungen, die kraft Gesetzes zurückwirken (§§ 142, 184

BGB; § 175 I Nr 2 AO) wird auch estrechtl Rückwirkung beigelegt (BFH VIII R 67/02, BStBl II 04, 107 mwN); es ist sachgerecht, Änderungen, die sich auf einen strechtl relevanten Vorgang beziehen (wie etwa die Betriebsveräußerung) diesem Vorgang zuzuordnen (BFH GrS 1/92, BStBl II 93, 894 mwN). Auch der Eintritt einer **auflösenden Bedingung** kann – unbeschadet § 158 II BGB – ein rückwirkendes Ereignis sein (BFH VIII R 67/02, BStBl II 04, 107 mwN). § 175 I 1 Nr 2 AO ist auch in den Fällen steuerl wirksamer Steuerklauseln anwendbar (→ Rn. 45).

IÜ beruht die Rspr auf dem Grundsatz der Unabänderlichkeit des verwirklichten Einkünfteerzielungstatbestandes (zB BFH VIII R 149/75, BStBl II 80, 441 unter B II 3 zur nachträgl Erlangung der Bauherreneigenschaft). – **Einlagen** und **Entnahmen** können als tatsächl Vorgänge nicht auf einen früheren Zeitpunkt zurückbezogen werden (BFH X R 57/04, BFH/NV 06, 1819). Fehlt eine Einlage-/Entnahmehandlung, kann sie nicht rückwirkend nachgeholt werden, auch nicht dadurch, dass die Bilanz nach dem Bilanzstichtag berichtigt wird, da sie nicht unrichtig ist (BFH IV R 84/96, BStBl II 98, 104). Eine Entnahme kann nicht durch eine andere buchmäßige Behandlung oder durch „rückwirkende" Einbuchung einer Einlage/Entnahme aufgehoben werden (vgl BFH VIII R 15/80, BStBl II 83, 736; vgl *Barth* BB 89, 746). 44

b) Steuerklauseln. Noch nicht abschließend geklärt ist die strechtl Wirkung von Steuerklauseln (dazu *TK* § 41 AO Rn. 49 f). – Steuerklauseln sind Vertragsbestimmungen, denen zufolge ein Rechtsgeschäft als aufgelöst, nicht abgeschlossen und damit als unwirksam angesehen werden soll, wenn das Geschäft zu nicht vorhergesehenen ungünstigen Steuerfolgen führt. Strechtl können solche (salvatorischen) Klauseln prinzipiell nicht anerkannt werden, da das StRecht an den tatsächl verwirklichten Tatbestand anknüpft; die strechtl Folgen sind grds unbeachtl. Die Rspr nimmt grds eine ablehnende Haltung ein, etwa zu **vGA** (BFH VIII R 10/07, BFH/NV 09, 1815) und zu **Gewinnverteilungsbeschlüssen** (BFH I B 58/87, BFH/NV 89, 460). 45

c) Einzelfälle. In Fällen der Anfechtung (§§ 119, 123 BGB) kommt es darauf an, wie die Beteiligten das Geschäfts zunächst behandelt haben (§ 41 I 1 AO); die Anfechtung führt nicht automatisch zur Rückwirkung (*TK* § 41 AO Rn. 43, 44). Die Rückabwicklung ist ggf ein neues Geschäft (*Schulz* Die Rückabwicklung im Ertragsteuerrecht, 2019). – Diese Grundsätze gelten auch für den Eintritt von Bedingungen (*TK* § 41 AO Rn. 47). – Die Erstattung von KiSt ist insoweit ein rückwirkendes Ereignis iS des § 175 I 1 Nr 2 AO, als sie die im Jahr der Erstattung gezahlte KiSt übersteigt (BFH X R 46/07, DB 08, 2465). – Bei der Ausübung von **Wahlrechten** sind die materiellrechtl und die verfahrensrechtl Ebene (Bestandskraft) zu trennen (BFH X R 56/13, BStBl II 16, 967; *Weber-Grellet* DStR 92, 1417). **Besonderheiten** gelten für **Bilanzierungswahlrechte** und **Bilanzänderungen,** → § 4 Rn. 350. 46

d) Ausnahmen. Ausnahmen sind aus Vereinfachungsgründen und im Falle fehlender steuerl Auswirkung bei kurzfristigen Rückbeziehungen, insb auf den Bilanzstichtag, zugelassen worden (BFH I R 202/75, BStBl II 79, 581); ferner bei gerichtl und außergerichtl Vergleichen (BFH I R 234/74, BStBl II 75, 603; FG Mster EFG 14, 1574). Als Ereignis mit Rückwirkung wird eine Auseinandersetzungsvereinbarung zw Erben zur Erbauseinandersetzung angesehen, wenn die Erbauseinandersetzung innerhalb von sechs Monaten nach dem Erbfall zustande kommt (*BMF* BStBl I 93, 62 Tz 8); zu längerer Frist → § 16 Rn. 623. Soweit die Rspr wegen Unvorhersehbarkeit besonders harter steuerl Folgen die rückwirkende Aufhebung von Geschäftsvorfällen zugelassen hatte (zB BFH I 65/61 U, BStBl III 62, 255), ist durch BFH VIII R 15/80, BStBl II 83, 736 eine Änderung eingetreten; danach kommt in solchen Fällen nur eine **Billigkeitsmaßnahme** in Betracht. 52

3. Rückwirkende Rechtsprechungsänderung

Schrifttum: *Haunhorst/Huber/Pohl/Myßen,* Rspr-Änderung und Vertrauensschutz, FR 24, 505 ff.

53 Prinzipiell wirkt sich eine RsprÄnderung auf alle offenen Fälle aus; verfahrensrechtl bieten die §§ 176, 163 AO einen beschränkten Schutz (BFH X R 45/03, BStBl II 07, 103). – Allerdings kann der BFH im Wege der Rechtsfortbildung anordnen, dass die RsprÄnderung erst in der Zukunft wirkt (BFH GrS 2/04, BStBl II 08, 608; *Haunhorst* FR 24, 505); zurückhaltend BFH GrS 1/10, BStBl II 13, 317). – Zur Rückwirkung von BVerfG-Entscheidungen (zur Verpflichtung des Gesetzgebers zu einer rückwirkenden Neuregelung) s BVerfG 2 BvL 8/13, DStR 24, 155 und von EuGH-Entscheidungen s *Waldhoff* EuR 06, 615: „kontrollierte und maßvolle Folgenorientierung".

XV. Übertragung von Ertragsgrundlagen; Einkünfteerzielung durch Minderjährige; Angehörigenverträge; Verträge Gesellschafter/Kapitalgesellschaft

Schrifttum: *Ruppe* Möglichkeiten und Grenzen der Übertragung von Einkunftsquellen als Problem der Zurechnung, DStJG 1, 7; *L. Schmidt* Möglichkeiten und Grenzen der Übertragung von Einkunftsquellen von Eltern auf Kinder, DStJG 1, 41; *Kulosa,* Verträge zwischen nahen Angehörigen, DB 14, 972.

Verwaltungsanweisungen: *BMF* BStBl I 11, 37 (zu Darlehensverträgen).

54 **1. Ertragsgrundlagen.** Die Rspr stellt bei der Übertragung von Ertragsgrundlagen („Einkunftsquellen") – unter Abkehr von der sog **Abspaltungstheorie** – zutr allein darauf ab, ob der Übertragungsempfänger mit Hilfe der ihm übertragenen WG und/oder ihm eingeräumten Rechtsposition (Ges'terstellung, Nießbrauch, Wohnrecht) den **Tatbestand der Einkünfteerzielung** selbst verwirklicht (BFH VIII R 128/78, BStBl II 81, 299; BFH X R 3/19, DStR 22, 2552; vgl → § 4 Rn. 60 f), indem er nicht nur die sächl Mittel (wie Grundstücke oder Nutzungsrechte) besitzt, sondern auch darüber durch die Erbringung und Verwertung von Leistungen disponiert (*Ruppe* DStJG 1, 18 f).

55 **2. Einkünfteerzielung durch Minderjährige.** Auch Minderjährige können Einkünfte erzielen, sofern sie die zur Einkünfteerzielung erforderl Maßnahmen in ihrem Namen, auf ihre Rechnung und Gefahr durchführen (BFH IX R 8/22, BFH/NV 23, 1308); die freie Widerruflichkeit eines Nießbrauchs für Einkünfteerzielung durch Nießbraucher – Kind – soll unschädl sein (BFH IX R 54/00, BFH/NV 04, 1079). – Die unentgeltl Bestellung eines Nießbrauchs zugunsten minderjähriger Kinder ist ohne Ergänzungspfleger unwirksam und nicht anzuerkennen (BFH IX R 216/84, BStBl II 92, 506), ebenso die Vereinbarung einer atypisch stillen Ges (BFH IV R 27/13, BFH/NV 16, 1559). Zur Übertragung von KapVerm auf Kinder vgl *OFD Mbg* DB 07, 603. Die zivilrechtl wirksame und rechtl vorteilhafte **Darlehensschenkung** ist strechtl anzuerkennen (BFH VIII R 13/05, BStBl II 08, 568).

56 **3. Angehörigenverträge.** Vereinbarungen unter Angehörigen (§ 15 AO), die zu einer Verlagerung der Einkünfteerzielung führen können, müssen ***(1)*** zivilrechtl wirksam, ***(2)*** klar und eindeutig, ***(3)*** fremdübl sein (Fremdvergleich) und ***(4)*** tatsächl durchgeführt werden (dazu → § 12 Rn. 20 ff; *BMF* BStBl I 11, 37, BStBl I 14, 809; BFH IX R 8/16, BStBl II 17, 273; iEinz *Kulosa* DB 14, 972). Die einzelnen Kriterien haben unterschiedl Gewicht und sind im Lichte der konkreten Vereinbarung zu sehen (*Kulosa* DB 14, 972); methodisch geht es (auch hier) nicht um Indizien und Beweisanzeichen, sondern ausschl um Rechtsanwendung. – So ist etwa die **Formwirksamkeit** nur ein (formelles) **Indiz** der Ernsthaftigkeit des Vertrages/Geschäfts, sodass bei anderweitig erkennbarer Ernsthaftigkeit die (zeitweilige) Unwirksamkeit der steuerl

Anerkennung eines Vertrages zw Angehörigen nicht entgegen steht (BFH IX R 45/06, BStBl II 11, 20; *BMF* BStBl I 11, 37); eine eher großzügige Prüfung ist bei Darlehen zur Finanzierung von Kaufverträgen angezeigt (BFH IX R 46/01, BStBl II 03, 243; *Kulosa* DB 14, 972 (978)). – Zum **Gestaltungsmissbrauch** bei Angehörigen-Vereinbarungen BFH IX R 17/07, BStBl II 08, 502.

4. Verträge Gesellschafter/Gesellschaft. Ähnl Maßstäbe (→ Rn. 56) gelten für 57
Verträge zw Ges'ter und KapGes (BFH X R 49/13, BFH/NV 15, 704), speziell auch hinsichtl der Voraussetzungen einer vGA (→ § 20 Rn. 44). Ein Näheverhältnis kann auch zw Ges und Ges'tern bestehen (BFH IV R 25/19, BStBl II 23, 695).

XVI. Summe und Gesamtbetrag der Einkünfte, § 2 III

1. Saldierung der Einkünfte. Die Summe der Einkünfte ist der sich bei ihrer 58
Zusammenrechnung *im Veranlagungsverfahren* ergebende Saldo, der auch negativ sein kann (§ 39a I 1 Nr 5 Buchst b); Einkünfte aus KapVerm iSd § 43 V werden nicht einbezogen. Negative Einkünfte einer Einkunftsart werden zunächst mit positiven Einkünften derselben Einkunftsart ausgeglichen (BFH VIII R 209/72, BStBl II 75, 698); sog **horizontaler Verlustausgleich;** sodann werden verbleibende positive und negative Einkünfte verschiedener Einkunftsarten ausgeglichen; sog **vertikaler Verlustausgleich** (*HHR/Musil* § 2 Rn. 560). Begünstigt zu versteuernde Einkünfte werden (zur Erhaltung des StVorteils) nachrangig ausgeglichen (BFH XI R 27/03, BStBl II 04, 547; *Wendt* FR 04, 538; vgl auch § 34). Nicht am (horizontalen) Verlustausgleich nehmen Veräußerungsgewinne iSv § 14, § 14a I bis III, § 16 IV, § 17 III, § 18 III teil, da die Freibeträge als sachl StBefreiungen aufgefasst werden (BFH VIII R 147/71, BStBl II 76, 360; BFH X R 46/02, BFH/NV 04, 1643). IÜ ist der Verlustausgleich vollständig, dh nicht nach Wahl des FA oder StPfl teilweise (etwa bis zu einer bestimmten Progression) durchzuführen (BFH IV R 188/71, BStBl II 76, 248). Auch bei der **Zusammenveranlagung** nach § 26b ergibt sich durch das „Zusammenrechnen" der Einkünfte ein Verlustausgleich (BFH VIII R 120/74, BStBl II 78, 8). – Der **Erbe** kann nach dem 12.3.08 entstandene Verluste des Erblassers nicht mehr ausgleichen (Veröffentlichung von BFH GrS 2/04, BStBl II 08, 608 [Drittaufwand]; nach *BMF* BStBl I 08, 809: kein Ausgleich von nach dem 18.8.08 entstandenen Verlusten (→ § 10d Rn. 14). – Ausgleichsfähig sind auch während eines **Insolvenzverfahrens** erlittene Verluste (BFH IV R 288/66, BStBl II 69, 726; EStH § 10d) Das gilt grds auch für nicht voll haftende Ges'ter einer PersGes (zB K'tist), wenn und soweit nach § 15a der Verlustausgleich nicht ausgeschlossen ist (vgl → § 15a Rn. 23). – Durch die Aufhebung der Sätze 2–8 ab VZ 2004 ist im Verlustentstehungsjahr wieder ein uneingeschränkter sog **vertikaler Verlustausgleich** mögl; zur Neuregelung des § 10d (Begrenzungen des Rück- und Vortrags) → § 10d Rn. 4. – Zum Verlustausgleich gem § 2 III von VZ 99 bis VZ 03 → 33. Aufl 2014, § 2 Rn. 58.

2. Einschränkungen. Kein bzw eingeschränkter Verlustausgleich mit: ***(1)*** Ver- 59
lusten aus **sonstigen Einkünfte** gem § 22 Nr 3 S 4 idF des StEntlG 1999 sowie aus **privaten Veräußerungsgeschäften** gem § 23 III 7, 8; – ***(2)*** im Ausl erzielten negativen Einkünften iSd § 2a; – ***(3)*** in einem anderen Staat erzielten Verlusten, wenn dem anderen Staat durch ein **DBA** das Besteuerungsrecht für Einkünfte dieser Art zugewiesen ist (BFH I B 3/69, BStBl II 70, 569; auch nicht EU-widrig, EuGH C-414/06, BStBl II 09, 692 – *Lidl*); eine Steuerminderung kann sich aber durch den negativen **Progressionsvorbehalt** ergeben (§ 32b); – ***(4)*** Verlusten aus **gewerbl Tierhaltung, betriebl Termingeschäften** und **mitunternehmerischen InnenGes an KapGes** (§ 15 IV); wegen der Ermittlung des ausgleichsfähigen Verlustes bei Zusammentreffen mit Einkünften aus LuF vgl EStR 15.10; – ***(5)*** Verlusten bei beschränkter Haftung des StPfl gem § 15a, § 13 V, § 18 V, § 20 I Nr 4 S 2, § 21 I 2. – Dem **Steuerabzug** unterliegende positive Einkünfte **beschr StPfl** (§ 50 II, V, § 50a) und Einkünfte aus Grundpfandrechten und Kapitalforderungen (§ 20 I Nr 5, 8) kön-

nen nicht mit negativen inl Einkünften ausgeglichen werden. **Unbeschr StPfl,** die dem Steuerabzug unterliegende Einkünfte erzielen (LSt, KapErtragSt), können nach § 46 II Nr 8 Veranlagung beantragen und dadurch Verlustausgleich erreichen. Die im Steuerabzugsverfahren gem § 39a I 1 Nr 5 vorläufig berücksichtigten Verluste (Abzüge) werden im Veranlagungsverfahren endgültig ausgeglichen (§ 46 II Nr 4).

60 **3. Gesamtbetrag der Einkünfte.** Dieser ergibt sich gem § 2 III, indem von der Summe der Einkünfte der Altersentlastungsbetrag (§ 24a) und der Entlastungsbetrag für Alleinerziehende (§ 24b; *Plenker/Schaffhausen* DB 04, 2440) und der Landwirtschaftsfreibetrag (§ 13 III) abgezogen werden. Der negative Gesamtbetrag der Einkünfte im Entstehungsjahr (§ 2 III) ist nach Durchführung des Verlustrücktrags um den Betrag der zurückgetragenen Einkünfte zu erhöhen (BFH IX R 6/21, DStR 23, 1699). Der (verbleibende) Erstattungsüberhang nach § 10 IVb 3 erhöht nicht den Einkünfte-Gesamtbetrag (BFH IX R 34/17, BStBl II 19, 658: „negative SA").

XVII. Einkommen, § 2 IV–VI

61 **1. Einkommen, § 2 IV.** Zur Entstehung und Abgrenzung des Einkommensbegriffs ggü dem finanzwissenschaftl Sprachgebrauch vgl die Begründung zum EStG 1934 (RStBl 35, 34 f). Das Einkommen wird als die Besteuerungsgrundlage (nicht: Bemessungsgrundlage, § 2 V) angesehen. – Nach § 2 IV ist Einkommen der Gesamtbetrag der Einkünfte, vermindert um SA (§§ 10–10c) und agB (§§ 33–33c); das Einkommen berücksichtigt den Abzug privat veranlasster, zwangsläufiger, also **existenzsichernder Aufwendungen.** Da SA und agB dem StPfl zwangsläufig erwachsen (wenn auch nicht wie BA oder WK bei der Einkünfteerzielung), ist das Einkommen der Maßstab der Leistungsfähigkeit des StPfl für die Steuerbelastung; deshalb muss das **Existenzminimum** einschließl der gesamten Unterhaltslasten (§§ 1601, 1610 BGB) stfrei bleiben (→ Rn. 11 mwN). Wegen der teilweise unterschiedl Höhe dieser Abzüge je nach Veranlagungsart s Erläut zu § 26a und § 26b. – Den SA sind (rechtstechnisch) verschiedene Aufwendungen gleichgestellt, § 10d, §§ 10e–10g. – Ein KiSt-Erstattungsüberhang ist an Stelle der SA zu berücksichtigen und erhöht das Einkommen (BFH X R 1/20, DStR 22, 2423).

62 **2. Zu versteuerndes Einkommen, § 2 V 1.** Das Einkommen, vermindert um die Freibeträge nach § 32 VI und um die sonstigen vom Einkommen abzuziehenden Beträge, ist das zu versteuernde Einkommen; dieses bildet die Bemessungsgrundlage für die tarifl ESt (§ 2 V 1, § 32a; maßgebl auch für §§ 34, 34a, 34b, 34c, 35, 50, 51a; BFH X R 65/14, DStR 17, 1645). – § 2 V 2 legt (wohl aus Vereinfachungsgründen) fest, dass bei Verwendung des Begriffs *„zu versteuerndes Einkommen"* in anderen Gesetzen dieses stets (bei Vorhandensein berücksichtigungsfähiger Kinder und ohne Berücksichtigung von KiGeld) unter Abzug der Kinderfreibeträge (Kinderfreibetrag; Freibetrag für den Betreuungs- und Erziehungs- oder Ausbildungsbedarf; § 32 VI) zu ermitteln ist.

63 **3. Außersteuerliche Rechtsnormen, § 2 Va 1.** Knüpfen außersteuerl Normen (idR Leistungsgesetze) an die genannten strechtl Begriffe an (zB in § 1 VIII BEEG; § 14 I WoGG), werden die Einnahmen (§ 3 Nr 40) und die Erwerbsaufwendungen (§ 3c II) vollständig erfasst, ebenso auch die Einkünfte aus KapVerm, die (ab 2009, s § 52a II idF 2013) nach § 32d I und § 43 V der AbgeltungSt unterliegen, um die Zahl der Leistungsberechtigten zu begrenzen (*HHR/Musil* § 2 Rn. 870 f). Kinderbetreuungskosten nach § 10 I Nr 5 sind gem § 2 Va 2 iZm der Anwendung außersteuerl Normen abzuziehen (*Hechtner/Sielaff* BBK 11, 963).

64 **4. Abgeltungsteuer, § 2 Vb.** Soweit bestimmte EStG-Normen (ua §§ 10b I, 10d, 24a, 24b, 25, 26b, 31, 32 IV2 ff., 32a, 32b, 33, 33a, 34, 39 I Nr 5 Buchst. b, § 46 II Nr 1, V) an die Begriffe „Einkünfte, Summe der Einkünfte, Gesamtbetrag der Einkünfte, Einkommen, zu versteuerndes Einkommen" anknüpfen, sind darin

ggfs enthaltene KapErträge, die nach § 32d I und § 43 V der AbgeltungSt unterliegen, auszusondern (Abkehr von der synthetischen ESt; BT-Drs 16/4841, 46; *HHR/Musil* § 2 Rn. 872). Hingegen sind bei der Prüfung der Einkunftsgrenzen nach § 1 III 2 auch die der AbgeltungSt unterliegenden KapEinkünfte einzubeziehen (BFH I R 18/14, BStBl II 16, 201; *FM SchlH* DStR 16, 1266), ggf bei § 15b III (*Gragert* NWB 10, 2450).

5. Festzusetzende Einkommensteuer, § 2 VI. – a) Berechnung. Die festzusetzende (endgültige) ESt ergibt sich aus der Korrektur der tarifl ESt (Anwendung der EStTarifformel; § 32a I oder V) um die in § 2 VI 1 genannten Beträge, also Abzug von anzurechnenden ausl Steuern (BFH VIII R 11/14, BStBl II 17, 443), Abzug von StErmäßigungen (zB § 35a) und Hinzurechnung der Steuer nach § 32d III, IV, der Steuer nach § 34c V und des Zuschlags für Forstschädenausgleich (iEinz s *Rechenschema* in EStR 2; BFH X R 11/21, BStBl II 25, 655). – Die festzusetzende ESt ist Steuermaßstab iSd § 51a II für die Zuschlagsteuern; dazu gehört ab 1995 auch der **Solidaritätszuschlag.** Mit der festzusetzenden ESt kann nach § 11 II, III AStG zu erstattende Steuer verrechnet werden. IÜ ist nach § 36 II abzurechnen. – Bei Abzug **nach § 10a** ist eine (nach §§ 79 ff) gewährte Zulage hinzurechnen (VI 2; BFH X R 11/21, BStBl II 25, 655; → § 10a Rn. 27). Die Grundzulage für junge Zulagenberechtigte wird nach VI 2 Hs 2 nicht in die Günstigerprüfung einbezogen (*HHR/Musil* § 2 Rn. 882). – Bei Abzug von **Freibeträgen (§§ 31, 32 VI)** ist das KiGeld hinzurechnen (VI 3; BFH III R 34/19, BStBl II 21, 848). 65

b) Ermittlungsschema. Das Schema zur Ermittlung des zu versteuernden Einkommens ist in EStR 2 I und der festzusetzenden ESt in EStR 2 II enthalten. 66

6. Einkommensteuer bei Insolvenz. Die Insolvenz (§§ 17, 18 InsO) wirkt sich nicht auf die Einkunftserzielung aus (BFH X R 12/12, BStBl II 16, 852). Die ESt-Pflicht besteht unverändert fort; ein Insolvenzplanverfahren führt nicht zum Erlöschen (BFH VII R 13/17, BStBl II 19, 126). Handlungen des Insolvenzverwalters sind dem StPfl zuzurechnen; die ESt ist nach allg Regeln zu ermitteln. Die ESt-Schuld kann *(1)* Teil der Insolvenzmasse (§§ 35, 38 InsO), *(2)* Masseverbindlichkeit (§ 55 InsO; BFH X R 28/19, BStBl II 23, 341; BFH IX R 6/24, BStBl II 25, 350) oder *(3)* Teil des insolvenzfreien Vermögens (§§ 35 II, 36 InsO) bzw des nachinsolvenzl Vermögens sein. Der StBescheid ist bei *(1)* und bei *(2)* an den Insolvenzverwalter, bei *(3)* an den StPfl zu richten (BFH X R 9/20, BStBl II 24, 227). – Einspruchs- und Klageverfahren werden unterbrochen (§ 240 ZPO); Fortsetzung gem §§ 85, 86, 180 II, 185 InsO. – Bei **Zwangsverwaltung** ist der Zwangsverwalter estpfl (BFH IX B 79/18, BFH/NV 19, 257; iEinz *BMF* BStBl I 25, 1491). Zum BA-Abzug bei Insolvenz s BFH X R 25/12, DStRE 16, 660, zur Aufteilung der EStSchuld (zw Insolvenzverwalter und -schuldner) s BFH III R 44/20, BStBl II 24, 559; zur Nachlassinsolvenz s *Kahlert* DStR 16, 1325. 67

7. Einkunftsgrenzen; Einkommensgrenzen. Soweit es nach dem Gesetz auf Einkunfts- oder Einkommensgrenzen ankommt (zB: § 13 III, § 24a, § 33 III, § 46, § 48), sind die nach § 2 II bzw § 2 IV sich tatsächl ergebenden Beträge maßgebl. **Steuerfreie** Beträge bleiben außer Ansatz. Auch bei nach § 26b zusammenzuveranlagenden Ehegatten sind Einkunftsgrenzen getrennt zu ermitteln. 68

XVIII. Abschnittsbesteuerung, § 2 VII

Schrifttum: *Giloy,* Zum Zeitpunkt der steuerl Erfassung von Einnahmen/Ausgaben, GS Trzaskalik 2005, 311; *Ismer,* Periodizitätsprinzip, DStJG 34 (2011), 91.

1. Veranlagungszeitraum. Die ESt entsteht jährl mit Ablauf des Kj (§ 2 VII, § 36 I) und wird grds nachträgl veranlagt (§ 25 I, § 46); dabei sind auch außerhalb des StAbschnitts liegende Tatsachen und Umstände zu beachten (zur Bedeutung des 69

Prinzips der Abschnittsbesteuerung vgl BFH XI B 138/03, BFH/NV 05, 1264). Es werden Vorauszahlungen erhoben (§ 37); auf die JahresESt sind LSt und KapESt (Quellensteuerabzug) anzurechnen. Für zusammenveranlagte Ehegatten entsteht die EStSchuld – ggf ohne Verwirklichung eines Einkünfteerzielungstatbestands – auf Grund des EStBescheids (→ § 26b Rn. 3). Hat die StPfl nicht während des ganzen Kj bestanden, ist idR der kürzere Zeitraum Ermittlungs-, nicht aber Veranlagungszeitraum (→ § 25 Rn. 3); auch dann ist die Tarifformel (§ 32a I, V) auf das tatsächl Einkommen anzuwenden. Vollzieht sich während des Kj ein **Wechsel** zw **unbeschr** und **beschr StPfl,** sind nach § 2 VII 3 (→ § 1 Rn. 77) während der beschr StPfl erzielte inl Einkünfte in eine Veranlagung zur unbeschr StPfl einzubeziehen; dabei werden ausl Einkünfte, auch wenn sie auf Grund von DBA im Inl nicht der Besteuerung unterliegen, im Wege des **Progressionsvorbehalts** gem § 32b I Nr 2 und 3, II Nr 2 berücksichtigt (BFH I R 40/01, BStBl II 02, 660; *Schnitger* IStR 02, 638; **aA** *Jacob* FR 02, 1113). § 4a II (→ Rn. 70) gilt hier ebenso. Zum Verlustabzug und Verlustausgleich beim Wechsel der StPfl → § 10d Rn. 23. Wegen der Berücksichtigung agB bei Wegfall der unbeschr StPfl → § 33a Rn. 5.

70 **2. Abweichendes Wirtschaftsjahr.** Weicht das Wj vom Kj ab (§ 4a I), ist bei LuF-Einkünften der Gewinn zeitanteilig aufzuteilen; bei Einkünften aus GewBetr wird er dem Kj zugerechnet, in dem das Wj endet (§ 4a II). Veräußerungsgewinne iSd §§ 16, 18 III, 14, 14a I–III (nicht § 14a IV) werden im Kj ihrer Entstehung (Veräußerung) erfasst (→ § 4a Rn. 21). Zum Ausscheiden eines MUer bei abw Wj BFH X R 8/07, BStBl II 10, 1043.

XIX. Lebenspartnerschaften, § 2 VIII

Schrifttum: *Merkt,* Die Gleichstellung der eingetragenen Lebenspartnerschaft mit der Ehe im EStRecht, DStR 13, 2312.

71 **1. Anlass der Regelung.** Die EStG-Regelungen zu Ehegatten und Ehen sind uneingeschränkt auch auf Lebenspartner und Lebenspartnerschaften anzuwenden. Durch das EStG-ÄndG v 15.7.13 (BGBl I 13, 2397) zur Umsetzung von BVerfG 2 BvR 909/06, DStR 13, 1228 ist § 2 VIII – rückwirkend für alle noch offenen Fälle – eingefügt worden. Ab 1.10.17 kann die Ehe auch von zwei Personen gleichen Geschlechts geschlossen werden (§ 1353 BGB; BGBl I 17, 2787); gem § 20a LPartG kann die Lebenspartnerschaft in eine Ehe umgewandelt werden; neue Lebenspartnerschaften können nicht mehr begründet werden (→ § 26 Rn. 6). § 2 VIII hat daher seine frühere Bedeutung verloren (zu weiteren Nachweisen → 38. Aufl 2019, § 2 Rn. 71). – Nicht eingetragene Lebenspartnerschaften werden nach wie vor nicht zusammenveranlagt (BFH III R 14/05, BStBl II 14, 829; *Kanzler* FR 14, 1048); das gilt auch für nicht eingetragene verschiedengeschlechtl Lebenspartnerschaften (BFH III B 100/16, BStBl II 17, 903; *Wendl* DStRK 17, 224).

72 **2. Betroffene Vorschriften. § 2 VIII** wirkt sich auf **alle** Regelungen aus, in denen für Ehen und Ehegatten besondere Regelungen getroffen sind (vgl iEinz BT-Drs 17/11844, 8 ff; → 38. Aufl 2019, § 2 Rn. 72).

73 **3. Erweiterungen.** Die Erstreckung des § 2 VIII auf **DV und EStG-Nebengesetze** (dazu *Merkt* DStR 13, 2312) ist durch Gesetz v 18.7.14 BGBl I 14, 1042 obsolet geworden; die EStDV ist nach deren § 1 auch auf Lebenspartnerschaften anzuwenden.

74 **4. Anwendung.** § 2 VIII war (und ist) auf alle noch offenen Verfahren anwendbar (BFH VI R 76/12, BStBl II 14, 36; → Rn. 71). – Ist die Veranlagung des einen Lebenspartners noch offen, die des anderen nicht, so ist (zur Vermeidung einer widerstreitenden StFestsetzung) auch der bestandskräftige Bescheid ggf zu ändern; das gilt mE auch für Saldierungsfälle und Fälle des § 164 AO.

§2a Negative Einkünfte mit Bezug zu Drittstaaten

(1) [1]**Negative Einkünfte**

1. aus einer in einem Drittstaat belegenen land- und forstwirtschaftlichen Betriebsstätte,

2. aus einer in einem Drittstaat belegenen gewerblichen Betriebsstätte,

3. a) aus dem Ansatz des niedrigeren Teilwerts eines zu einem Betriebsvermögen gehörenden Anteils an einer Drittstaaten-Körperschaft oder

b) aus der Veräußerung oder Entnahme eines zu einem Betriebsvermögen gehörenden Anteils an einer Drittstaaten-Körperschaft oder aus der Auflösung oder Herabsetzung des Kapitals einer Drittstaaten-Körperschaft,

4. in den Fällen des §17 bei einem Anteil an einer Drittstaaten-Kapitalgesellschaft,

5. aus der Beteiligung an einem Handelsgewerbe als stiller Gesellschafter und aus partiarischen Darlehen, wenn der Schuldner Wohnsitz, Sitz oder Geschäftsleitung in einem Drittstaat hat,

6. a) aus der Vermietung oder der Verpachtung von unbeweglichem Vermögen oder von Sachinbegriffen, wenn diese in einem Drittstaat belegen sind, oder

b) aus der entgeltlichen Überlassung von Schiffen, sofern der Überlassende nicht nachweist, dass diese ausschließlich oder fast ausschließlich in einem anderen Staat als einem Drittstaat eingesetzt worden sind, es sei denn, es handelt sich um Handelsschiffe, die

aa) von einem Vercharterer ausgerüstet überlassen oder

bb) an in einem anderen als in einem Drittstaat ansässige Ausrüster, die die Voraussetzungen des §510 Absatz 1 des Handelsgesetzbuchs erfüllen, überlassen oder

cc) insgesamt nur vorübergehend an in einem Drittstaat ansässige Ausrüster, die die Voraussetzungen des §510 Absatz 1 des Handelsgesetzbuchs erfüllen, überlassen

worden sind, oder

c) aus dem Ansatz des niedrigeren Teilwerts oder der Übertragung eines zu einem Betriebsvermögen gehörenden Wirtschaftsguts im Sinne der Buchstaben a und b,

7. a) aus dem Ansatz des niedrigeren Teilwerts, der Veräußerung oder Entnahme eines zu einem Betriebsvermögen gehörenden Anteils an

b) aus der Auflösung oder Herabsetzung des Kapitals,

c) in den Fällen des § 17 bei einem Anteil an

einer Körperschaft mit Sitz oder Geschäftsleitung in einem anderen Staat als einem Drittstaat, soweit die negativen Einkünfte auf einen der in den Nummern 1 bis 6 genannten Tatbestände zurückzuführen sind,

dürfen nur mit positiven Einkünften der jeweils selben Art und, mit Ausnahme der Fälle der Nummer 6 Buchstabe b, aus demselben Staat, in den Fällen der Nummer 7 auf Grund von Tatbeständen der jeweils selben Art aus demselben Staat, ausgeglichen werden; sie dürfen auch nicht nach § 10d abgezogen werden. [2]Den negativen Einkünften sind Gewinnminderungen gleichgestellt. [3]Soweit die negativen Einkünfte nicht nach Satz 1 ausgeglichen werden können, mindern sie die positiven Einkünfte der jeweils selben Art, die der Steuerpflichtige in den folgenden Veranlagungszeiträumen aus demselben Staat, in den Fällen der Nummer 7 auf Grund von Tatbeständen der jeweils selben Art aus demselben Staat, erzielt. [4]Die Minderung ist nur insoweit zulässig, als die negativen Einkünfte in den vorangegangenen Veranlagungszeiträumen nicht berücksichtigt werden konnten (verbleibende negative Einkünfte). [5]Die am Schluss eines Veranlagungszeitraums verbleibenden negativen Einkünfte sind gesondert festzustellen; §10d Absatz 4 gilt sinngemäß.

(2) [1]**Absatz 1 Satz 1 Nummer 2 ist nicht anzuwenden, wenn der Steuerpflichtige nachweist, dass die negativen Einkünfte aus einer gewerblichen Betriebsstätte in einem Drittstaat stammen, die ausschließlich oder fast ausschließlich die Herstellung oder Lieferung von Waren, außer Waffen, die Gewinnung von Bodenschätzen sowie die Bewirkung gewerblicher Leistungen zum Gegenstand hat, soweit diese nicht in der Errichtung oder dem Betrieb von Anlagen, die dem Fremdenverkehr dienen, oder in der Vermietung oder der Verpachtung von Wirtschaftsgütern einschließlich der Überlassung von Rechten, Plänen, Mustern, Verfahren, Erfahrungen und Kenntnissen bestehen; das unmittelbare Halten einer Beteiligung von mindestens einem Viertel am Nennkapital einer Kapitalgesellschaft, die ausschließlich oder fast ausschließlich die vorgenannten Tätigkeiten zum Gegenstand hat, sowie die mit dem Halten der Beteiligung in Zusammenhang stehende Finanzierung gilt als Bewirkung gewerblicher Leistungen, wenn die Kapitalgesellschaft weder ihre Geschäftsleitung noch ihren Sitz im Inland hat.** [2]**Absatz 1 Satz 1 Nummer 3 und 4 ist nicht anzuwenden, wenn der Steuerpflichtige nachweist, dass die in Satz 1 genannten Voraussetzungen bei der Körperschaft entweder seit ihrer Gründung oder während der letzten fünf Jahre vor und in dem Veranlagungszeitraum vorgelegen haben, in dem die negativen Einkünfte bezogen werden.**

(2a) [1]**Bei der Anwendung der Absätze 1 und 2 sind**

1. **als Drittstaaten die Staaten anzusehen, die nicht Mitgliedstaaten der Europäischen Union sind;**
2. **Drittstaaten-Körperschaften und Drittstaaten-Kapitalgesellschaften solche, die weder ihre Geschäftsleitung noch ihren Sitz in einem Mitgliedstaat der Europäischen Union haben.**

[2]**Bei Anwendung des Satzes 1 sind den Mitgliedstaaten der Europäischen Union die Staaten gleichgestellt, auf die das Abkommen über den Europäischen Wirtschaftsraum anwendbar ist, sofern zwischen der Bundesrepublik Deutschland und dem anderen Staat auf Grund der Amtshilferichtlinie gemäß § 2 Absatz 2 des EU-Amtshilfegesetzes oder einer vergleichbaren zwei- oder mehrseitigen Vereinbarung Auskünfte erteilt werden, die erforderlich sind, um die Besteuerung durchzuführen.**

(3)[1] [1]***Sind nach einem Abkommen zur Vermeidung der Doppelbesteuerung bei einem unbeschränkt Steuerpflichtigen aus einer in einem ausländischen Staat belegenen Betriebsstätte stammende Einkünfte aus gewerblicher Tätigkeit von der Einkommensteuer zu befreien, so ist auf Antrag des Steuerpflichtigen ein Verlust, der sich nach den Vorschriften des inländischen Steuerrechts bei diesen Einkünften ergibt, bei der Ermittlung des Gesamtbetrags der Einkünfte abzuziehen, soweit er vom Steuerpflichtigen ausgeglichen oder abgezogen werden könnte, wenn die Einkünfte nicht von der Einkommensteuer zu befreien wären, und soweit er nach diesem Abkommen zu befreiende positive Einkünfte aus gewerblicher Tätigkeit aus anderen in diesem ausländischen Staat belegenen Betriebsstätten übersteigt.*** [2]***Soweit der Verlust dabei nicht ausgeglichen wird, ist bei Vorliegen der Voraussetzungen des § 10d der Verlustabzug zulässig.*** [3]**Der nach den Sätzen 1 und 2 abgezogene Betrag ist, soweit sich in einem der folgenden Veranlagungszeiträume bei den nach diesem Abkommen zu befreienden Einkünften aus gewerblicher Tätigkeit aus in diesem ausländischen Staat belegenen Betriebsstätten insgesamt ein positiver Betrag ergibt, in dem betreffenden Veranlagungszeitraum bei der Ermittlung des Gesamtbetrags der Einkünfte wieder hinzuzurechnen.** [4]***Satz 3 ist nicht anzuwenden, wenn der Steuerpflichtige nachweist, daß nach den für ihn geltenden Vorschriften des ausländischen Staates ein Abzug von Verlusten in anderen Jahren als dem Verlustjahr allgemein nicht beansprucht werden***

[1] Änderungen Abs 3: Sätze 1, 2 und 4 zum Verlustabzug sind ab VZ 1999 aufgehoben; Sätze 3, 5 und 6 zur späteren Hinzurechnung gelten jedoch gleichwohl fort, nach JStG 2008 (BGBl I 08, 3150) unbefristet auch über VZ 2008 hinaus (§ 52 II 3, 4).

kann. [5]Der am Schluß eines Veranlagungszeitraums nach den Sätzen 3 und 4 der Hinzurechnung unterliegende und noch nicht hinzugerechnete (verbleibende) Betrag ist gesondert festzustellen; § 10d Abs. 4 gilt entsprechend. [6]In die gesonderte Feststellung nach Satz 5 einzubeziehen ist der nach § 2 Abs. 1 Satz 3 und 4 des Gesetzes über steuerliche Maßnahmen bei Auslandsinvestitionen der deutschen Wirtschaft vom 18. August 1969 (BGBl. I S. 1214), das zuletzt durch Artikel 8 des Gesetzes vom 25. Juli 1988 (BGBl. I S. 1093) geändert worden ist, der Hinzurechnung unterliegende und noch nicht hinzugerechnete Betrag.

(4)[2] [1]**Wird eine in einem ausländischen Staat belegene Betriebsstätte**

1. **in eine Kapitalgesellschaft umgewandelt oder**
2. **entgeltlich oder unentgeltlich übertragen oder**
3. **aufgegeben, jedoch die ursprünglich von der Betriebsstätte ausgeübte Geschäftstätigkeit ganz oder teilweise von einer Gesellschaft, an der der inländische Steuerpflichtige zu mindestens 10 Prozent unmittelbar oder mittelbar beteiligt ist, oder von einer ihm nahe stehenden Person im Sinne des § 1 Absatz 2 des Außensteuergesetzes fortgeführt,**

so ist ein nach Absatz 3 Satz 1 und 2 abgezogener Verlust, soweit er nach Absatz 3 Satz 3 nicht wieder hinzugerechnet worden ist oder nicht noch hinzuzurechnen ist, im Veranlagungszeitraum der Umwandlung, Übertragung oder Aufgabe in entsprechender Anwendung des Absatzes 3 Satz 3 dem Gesamtbetrag der Einkünfte hinzuzurechnen. [2]Satz 1 gilt entsprechend bei Beendigung der unbeschränkten Einkommensteuerpflicht (§ 1 Absatz 1) durch Aufgabe des Wohnsitzes oder des gewöhnlichen Aufenthalts oder bei Beendigung der unbeschränkten Körperschaftsteuerpflicht (§ 1 Absatz 1 des Körperschaftsteuergesetzes) durch Verlegung des Sitzes oder des Orts der Geschäftsleitung sowie bei unbeschränkter Einkommensteuerpflicht (§ 1 Absatz 1) oder unbeschränkter Körperschaftsteuerpflicht (§ 1 Absatz 1 des Körperschaftsteuergesetzes) bei Beendigung der Ansässigkeit im Inland auf Grund der Bestimmungen eines Abkommens zur Vermeidung der Doppelbesteuerung.

Einkommensteuer-Richtlinien: EStR 2a/EStH 2a

Übersicht

[2] Abs 4 aF ist zwar formal ab 1999 aufgehoben, gilt aber gleichwohl fort in der hier abgedruckten Fassung (§ 52 III 8 aF vom 30.6.14, § 52 II 3,4).

I. Vorbemerkung zu § 2a I–IV

1 § 2a I, II und § 2a III, IV sind Vorschriften mit unterschiedl Regelungsinhalt, die nur gemeinsam haben, dass sie beide Auslandsverluste betreffen und systemwidrig sind. Während **§ 2a I, II** den sonst mögl Verlustabzug einschränkt, eröffnete **§ 2a III 1, 2, 4 aF** für Verluste aus vor 1999 endenden Wj zusätzl Abzugsmöglichkeiten (Aufhebung durch StEntlG 99 ff). Nach § 52 II 3, 4 sind vor 1999 abgezogene Verluste nach **§ 2a III 3, 5 und 6, IV** jedoch gleichwohl gesondert festzustellen und ggf später wieder hinzuzurechnen, *ohne zeitl Begrenzung,* auch Altabzüge nach § 2 I/§ 8 V AIG.

II. Regelungsinhalt, § 2a I, II, IIa

2 **1. Gesetzeszweck; Bedenken.** Grds sind positive und negative Einkünfte eines StPfl im selben Jahr iRv § 2 III auszugleichen, verbleibende Verluste iRv § 10d in anderen Jahren abziehbar. Aus wirtschaftspolitischen Erwägungen *beschränkt* § 2a I diese Möglichkeiten für *bestimmte* Auslandsverluste ohne Volkswirtschaftsnutzen. § 2a I, II ist verfmäßig und schließt *nach inl Recht* idR auch den **negativen Progressionsvorbehalt** aus, beides mit Beschränkung auf **Drittstaaten** außerhalb des EU/EWR-Bereichs (§ 2a IIa; → Rn. 46).

3 **2. Anwendungsbereich. – a) Zeitliche Anwendung.** Hierzu → 39. Aufl 2020, § 2a Rn. 3.

4 **b) Persönliche Anwendung.** § 2a I, II betrifft primär unbeschr stpfl Personen – beschr StPfl mit inl Einkünften haben kaum negative Einkünfte mit Bezug auf Drittstaaten iSv § 2a I. Ausl Verluste ohne gleichzeitige inl StPfl sind auch im EU-Bereich im Inl nicht ausgleichbar oder abziehbar (vgl BFH IX R 57/09, BStBl II 11, 405). § 2a I Nr 1 und 2 sind unternehmerbezogen, die Rechtsfolgen sind iRd Veranlagung des Einzelunternehmers bzw der KapGes (§ 8 I KStG) zu berücksichtigen. § 2a I Nr 3, 4 und 7 betreffen private StPfl und Unternehmer. Verluste einer **PersGes** (→ Rn. 25) sind einheitl und gesondert festzustellen, bindend zu Art, Höhe und Abziehbarkeit. Verlusthinzurechnung bei **Wechsel der StPfl** (Erbfall, Umwandlung) → Rn. 60 ff.

5 **c) Sachliche Anwendung.** Negative Einkünfte (*eigene* Verluste, TochterGes- und Betriebsstättenverluste iZm inl Einkünften) sind bestimmte in § 2a I aufgezählte Drittstaatenverluste. **§ 2a I 1, 3** stellt dabei nicht auf einzelne Einkunftsarten ab, sondern – unabhängig von Verlustgründen und strechtl Zuordnung gem §§ 13 ff – auf *der Art nach* bestimmte Quellen und Tätigkeiten *in einem Staat* (s auch BFH IV R 69/92, BFH/NV 94, 100). *Beispiel:* Eine KapGes kann aus Vermietung im Ausl nach Nr 2 gewerbl Verluste oder – ohne Betriebsstätte – Verluste iSv Nr 6 erzielen. Die Höhe der Einkünfte wird nach dt Recht ermittelt. **§ 2a I 2** stellt entspr **Gewinnminderungen** den negativen Einkünften gleich (→ Rn. 28). **Verhältnis zu anderen Verlustvorschriften:** Von mehreren einschlägigen Ausschlussvorschriften ist jeweils diejenige mit den weitergehenden bzw spezielleren Einschränkungen anzuwenden (Beispiele → 39. Aufl 2020, § 2a Rn. 10).

d) Regionale Anwendung; Drittstaaten, § 2a I, II, IIa. Wegen EU-rechtl Bedenken sind seit 2009 im *EU/EWR-Bereich* erzielte Auslandsverluste von Abzugsbeschränkungen nach § 2a I, II ausgenommen; sie sind grds mit positiven Einkünften jeder Art ausgleichbar (Ausnahmen → Rn. 7 ff). § 2a gilt daher nur für Verluste aus *Drittstaaten,* also **nicht EU-Mitgliedstaaten** (→ § 1a Rn. 4) bzw für KapGes, die weder Geschäftsleitung noch Sitz in einem EU-Mitgliedstaat haben **(§ 2a IIa S 1),** sowie für **EWR-Staaten** (→ § 1a Rn. 5), für die kein gegenseitiges Amtshilfe- und Auskunftsrecht besteht **(§ 2a IIa S 2).** EU-Einschränkungen beim Progressionsvorbehalt s § 32b I 2 (→ § 32b Rn. 17). 6

3. § 2a und DBA; EU-Recht; Symmetriegrundsatz; finale Verluste. – a) Ohne DBA-Einkünftefreistellung. § 2a I, II beschränkt den Abzug von Verlusten aus Drittstaaten, mit denen **kein DBA** den Einkünfteausgleich einschränkt (BFH I R 7/99, BStBl II 00, 605), auch bei DBA mit Anrechnungs- statt Freistellungsverfahren, gilt also für EU-Staaten mit fast ausschließl DBA-Freistellungsregelungen nur ausnahmsweise. **Finale Verluste** → Rn. 9,10. 7

b) DBA-Einkünftefreistellung; Symmetriegrundsatz. Sind von Betriebsstätten oder TochterGes im EU-Ausl oder in Drittstaaten erzielte Gewinne nach DBA nur dort zu versteuern, sind symmetrisch dazu grds auch deren dort erlittene Verluste *unabhängig von § 2a* im Inl nicht abziehbar. So im Grundsatz ohne Prüfung der Vergleichbarkeit mit Inlandssachverhalten unter Berufung auf Rechtfertigungsgründe bereits EuGH C-414/06, BStBl II 09, 692 – *Lidl Belgium* –, noch verstärkt durch EuGH C-157/07, BStBl II 09, 566 – *Wannsee* – zu § 2a III 3, sowie schließl unter Verneinung der Vergleichbarkeit inl und ausl Verluste EuGH C-388/14, DStR 16, 28 – *Timac Agro* - und wohl abschließend auch für finale Verluste bestätigt durch EuGH C-538/20, DStR 22, 1993 – *FA B/WAG* – nach Vorabentscheidungsersuchen des BFH I R 32/18, BStBl II 21, 68; → Rn. 9. 8

c) „Finale Verluste" mangels Verlustabzugsmöglichkeit im Ausland. Der **EuGH** hatte im (Sonder-)Fall ***Marks & Spencer*** EuGH C-446/03, DStR 05, 2168 zwar erstmals das Territorialitätsprinzip und die Abwehr von StVermeidung als Rechtfertigungsgründe für die Einschränkung des Verlustabzugs im Grunde anerkannt (keine generelle EU-Widrigkeit von § 2a), aber den Abzug im Ausland erlittener Verluste im Inl gefordert, wenn der TochterGes/Betriebsstätte in ihrem ausl Sitzland kein entspr Verlustausgleich oder Verlustabzug mögl ist. Die EuGH-Rspr und die folgende BFH-Rspr schwankte (→ 39. Aufl 2020, § 2a Rn. 13; *Nolte* DStR 24, 14). EuGH C-388/14, BStBl II 16, 362 – ***Timac Agro*** – billigte schließl das dt Verlustabzugsverbot ausnahmslos und verneinte – in der Begründung abw von seinen Vorentscheidungen – bereits die Vergleichbarkeit von inl und ausl Betriebsstätten in DBA-Freistellungsfällen. Damit schien die frühere Rspr zunächst faktisch überholt zu sein. Demggü schränkte EuGH C-650/16, DStR 18, 1353 – ***AS/Bevola*** – dieses Ergebnis zum wiederholten Male „verfeinernd" ein und schlug wiederum eine Brücke zum Ausgangsverfahren *Marks & Spencer.* Er stellte zwar grds nochmals klar, dass die Ungleichbehandlung inl und ausl Betriebsstätten zur Wahrung der Kohärenz des StSystems und zur Vermeidung einer doppelten Verlustberücksichtigung gerechtfertigt sein kann (so bei *Timac Agro*). Dabei müsse jedoch der Grundsatz der Verhältnismäßigkeit einer Abzugsbeschränkung ausl Verluste beachtet werden. Diese sei trotz des Besteuerungsrechts des ausl Staates dann nicht mehr gegeben, wenn die ausl Betriebsstätte – wie bei *Marks & Spencer* und bei *AS/Bevola* – zum einen alle Möglichkeiten zum Abzug dieser Verluste ausgeschöpft habe, die ihr das Recht des Belegenheitsstaats biete, und wenn sie zum anderen über diese Betriebsstätte keine Einnahmen mehr erziele, sodass keine Möglichkeit mehr bestehe, die Verluste in diesem Mitgliedstaat zu berücksichtigen. Dabei müsse nur jede doppelte Verlustberücksichtigung ausgeschlossen sein, auch die wirtschaftl Auswirkung durch eine Verkaufspreisminderung (Prüfung durch die Nationalgerichte) – wobei im Streitfall sogar unschädl war, dass die 9

Klägerin die in Dänemark mögl Option einer „international gemeinsamen Besteuerung" nicht gewählt hatte. Die Rspr der FG und des BFH war erneut verunsichert. Der I. Senat des **BFH,** der nach *Timac Agro* im Verfahren BFH I R 2/15, BStBl II 17, 709 von seiner früheren Rspr BFH I R 48/11, DStR 14, 837 zur Ausnahme finaler Verluste abgerückt war und eine weitere Vorlage an den EuGH zunächst abgelehnt hatte, sah sich durch diese neue EuGH-Rspr genötigt, mit unterschiedl FG-Ergebnissen anhängige Verfahren auszusetzen (→ 41. Aufl 2022, § 2a Rn. 9, neue Az BFH I R 43/22 und BFH I R 42/22 zurückgenommen; BFH I R 35/22, BStBl II 23, 761 und – zu qualifizierter DBA-Rückfallklausel – BFH I R 44/22, BStBl II 23, 974 abgewiesen; BFH I R 26/19 BStBl II 24, 134, Anm *Ludwig* FR 24,281, DStR 23, 2784 zu nicht von MutterGes getragenen Verlusten einer OrganGes über die Grenze, abgewiesen), und den EuGH durch ein neues Vorabentscheidungsersuchen mit umfassender Problemdarstellung und einem detaillierten Fragenkatalog endlich zu einer von Generalanwälten bereits mehrfach angemahnten grundlegenden Stellungnahme zum Verhältnis Symmetriegrundsatz bei DBA-Freistellung (→ Rn. 8) und unionsrechtl EuGH-Ausnahmen bei finalen Verlusten im Grundsatz und in Einzelfällen zu zwingen (BFH I R 32/18, BStBl II 21, 68, ausführl Anm des zuständigen VorsRiBFH *Wacker* DStR 20, 2354). EuGH C-538/20, DStR 22, 1993 – *FA B/W AG* mit Anm *Ismer/Mitschke* IStR 22,771 hat nunmehr für DBA-Fälle endlich kurz und bündig ohne auf die weiteren angefragten Problempunkte einzugehen eine wohl **endgültige Entscheidung** getroffen (s *Mitschke* IStR 23, 509, *Nolte* DStR 24, 14, str – zweifelnd *Sillich/Nagler* IStR 23, 773, *Schönfeld/Sendke* IStR 23, 333, *Kessler ua* DB 23,731; s auch *Dautzenberg* FR 23, 612, *ders* FR 23,764): Falls ein **DBA** eine Gewinnbesteuerung dem Inl zuweist, ist danach die Versagung entspr inl Verlustabzüge auch bei finalen Verlusten europarechtl nicht zu beanstanden. Bei DBA-Einschränkungen durch Subject-to-Tax-Klauseln oder Switch-Over-Klauseln wird die Gleichstellung voraussetzen, dass entspr Gewinne unter die Regelung fallen würden (vgl *Ismer* DStR 22, 1996). Bestätigung durch BFH I R 35/22, BStBl II 23, 761 und – auch bei qualifizierter Rückfallklausel in DBA – BFH I R 44/22, BStBl II 23, 974. Finale **Fremdwährungsverluste** s FG Mchn EFG 23, 1409 mit Anm *Ehrt,* Rev I R 45/23. S auch **Schrifttum** → 39. Aufl 2020, § 2a Rn. 13 mwN und → 41. Aufl 2022, § 2a Rn. 9.

10 **d) Mögliche Ausnahmen.** Diese die Vergleichbarkeit verneinende Rspr hat der EuGH **ausdrückl beschränkt** auf die Gewinn- (und Verlust-)zuweisung **in DBA.** Demgegenüber hat das Gericht nach wie vor die Gleichstellung und die mögl Verlagerung finaler Verluste bejaht, wenn die Gewinnfreistellung nicht auf DBA, sondern auf einseitigem nationalen StRecht beruht – wenig überzeugende Abgrenzung, s *Schnitger* IStR 22, 779. Dann sollen nur die europarechtl Grenzen des Abzugs finaler Verluste zu beachten sein wie in den Fällen *Marks & Spencer* und *Bevola,* also keine doppelte Verlustberücksichtigung und kein Wahlrecht des Verlustabzugsortes; endgültiger Wegfall des Verlustabzugs im Ausl aus tatsächl, nicht aus rechtl Gründen (vgl BFH I R 107/09, DStR 10, 1611; *Mitschke* IStR 22, 771). Die letzten EuGH-Entscheidungen betrafen zwar nur **KSt-Verluste ohne Progressionsauswirkung** (→ § 32b Rn. 5). Die Begründungen lassen jedoch nicht erkennen, dass der EuGH bei Verlusten natürl Personen allein auf Grund der in DBA neben der Freistellung allg vorgesehenen Progressionsvorbehaltsmöglichkeit wieder anders entscheiden würde, zumal § 32b I 2 diese für alle wesentl Fälle ausschließt (so aber *Kollruss* IStR 25, 542 unter Bezugnahme auf – nicht entscheidungserhebl – Ausführungen im *„Extremfallurteil"* EuGH C-322/11, DStR 13, 2441 – *K;* → § 32b Rn. 17). Die wankelmütige Entwicklung der EuGH-Rspr zeigt sich in EuGH C-601/23, IStR 25, 167 – *Credit Suisse Securities (Europe)* zur Berücksichtigung ausl Verluste beschr StPfl aus Drittstaaten selbst beim inl Quellensteuerabzug (hiergegen überzeugend ausführl *Hummel* IStR 26, 37). **Währungsverluste** iZm der Veräußerung einer ausl Betriebsstätte sind wirtschaftl begründet, gemeinschaftsrechtl nicht relevant und daher im Inl unabhängig von § 2a nicht abziehbar (vgl. FG Mchn EFG 23, 1409, Rev I R 45/23, mit Anm

Schulz-Trieglaff IStR 23, 839(842); s auch EuGH C-293/06, DStRE 08, 1263 – *Shell* und EuGH C-157/07, BStBl II 09, 566 – *Wannsee*).

III. Einzelne Tatbestände, § 2a I, II

1. Land- und Forstwirtschaft, § 2a I Nr 1. Die Vorschrift beschränkt den Abzug von Verlusten aus in Drittstaaten belegenen luf Betriebstätten (§ 12 AO), auch von Nebenbetrieben iSv § 13 II Nr 1 (vgl zu § 32b BFH I R 68/12, BStBl II 14, 875), unabhängig von inl LuF. § 2a I Nr 1 erfasst Verluste jeder Art, auch solche aus *aktiver* Bewirtschaftung einer LuF oder Betriebsstättenveräußerung. *Beispiele:* Obstplantagen, luf Tierfarmen; s auch BFH IV R 69/92, BFH/NV 94, 100. 11

2. Gewerbeverluste. – a) Grundsatz, § 2a I Nr 2. Abzugsbeschränkung für Verluste eines inl StPfl aus in **Drittstaaten** belegenen gewerbl Betrieben, unselbständigen Betriebsstätten oder Beteiligungen an einer ausl PersGes. Dazu gehören alle durch die Auslandstätigkeit veranlassten Verluste einschließl Anlauf-, Veräußerungs- und Betriebsveräußerungsverlusten. – ***(1)* Betriebsstätten.** Das sind idR wie bei § 49 I Nr 2a solche iSv § 12 AO, nicht iSv DBA-Recht (→ § 49 Rn. 21 ff). Verlustermittlung nach wirtschaftl Veranlassung (BFH I R 49/84, BStBl II 89, 140, → § 50 Rn. 29 ff). Prüfung von § 2a für jede einzelne Betriebsstätte (EStR 2a II). Ohne ausl Betriebsstätte greift § 2a I Nr 2 nicht ein (zB bei normalen Exportgeschäften vom Inl aus). – ***(2)* Gewerblichkeit.** Gewerbl sind Betriebsstätten, in denen eine nach dt Recht ihrer Natur nach gewerbl Tätigkeit ausgeübt wird (§ 15 II, → Rn. 5). – ***(3)* Belegenheit.** Belegen ist eine Betriebsstätte unabhängig vom Sitz der Geschäftsleitung (str) dort, wo sie unterhalten und die wirtschaftl Tätigkeit/Leistung erbracht wird. S auch § 2a IIa 1 Nr 2. – ***(4)* Ausland/Drittstaaten** → Rn. 6. 12

b) Ausnahmen vom Abzugsverbot ausländischer Gewerbeverluste, § 2a II. – aa) Aktivitäts-/Produktivitätsklausel, § 2a II 1 Hs 1. § 2a I Nr 2 ist auf bestimmte, erwünschte *gewerbl* Auslandsbetätigungen nicht anzuwenden (Aktivitätsklausel, die zT von solchen nach DBA abweicht; EStR 2a III; vgl → 34. Aufl 2015, § 2a Rn. 14 mwN). Die zunächst mit gewerbl Lieferungen und Leistungen recht umfassend anmutende – unschädl – Ausnahmeregelung des Abs 2 enthält ihrerseits eine Reihe wichtiger – schädl – Rückausnahmen, die wiederum unter Abs 1 Nr 2 fallen. Voraussetzung für alle Begünstigungen nach Abs 2 ist eine (fast) *ausschließl* (dh – indiziell – mindestens 90% des Betriebsergebnisses tragende) Tätigkeit der ausl Betriebsstätte (vgl BFH I R 77/94, BStBl II 96, 122). **Progressionsvorbehalt** → Rn. 46. 14

bb) Beteiligungsverluste. § 2a II 1 Hs 2 schließt gewerbl Beteiligungen über KapGes ein (→ Rn. 23). **§ 2a II 2** erweitert die Aktivitätsklausel auf ausl Beteiligungsverluste iSv Abs 1 Nr 3, 4 (→ Rn. 26, → Rn. 30). **PersGes** → Rn. 25. 15

cc) Nachweispflicht. Der Nachweis für das Vorliegen begünstigter Tätigkeitsmerkmale obliegt dem StPfl (klarstellend § 2a II 2, → Rn. 39). 16

dd) Warengeschäfte. Auslandsverluste aus der Herstellung oder Lieferung von Waren sind grds abziehbar. Der **Begriff Waren** ist im EStG nicht bestimmt. Unstreitig handelt es sich um übl Gegenstände des Handelsverkehrs als Teile des UV (s § 266 II HGB unter B I 3). Unklar ist, ob alle zum Verkauf bestimmten WG darunter fallen. Dem allg Sprachgebrauch entspricht das kaum. Die hM versteht als Waren ausdrückl nur bewegl Sachen (BFH I R 70/00, BStBl II 03, 48). Strom oder ähnl Energie werden als Waren umgesetzt, **nicht** dagegen Grundstücke, Gebäude, immaterielle WG, Wertpapiere (vgl § 266 II HGB unter B III) oder sonstige nichtverbriefte Rechte des UV (dazu → Rn. 33), auch nicht Spielfilme, bei denen nicht die Produktion oder Lieferung einer Ware, sondern die Übertragung von Rechten im Vordergrund steht (str, BFH X R 225/93, BStBl II 97, 320). Allg **PC-Software** auf Datenträger kann zu den Waren gehören (→ § 5 Rn. 270; BFH IX R 22/08, BStBl II 17

09, 527; *Herbsthofer* DStR 24, 1273; str, → 37. Aufl 2018, § 2a Rn. 17 mwN; s auch *Kopp* FR 25, 1).

18 **ee) Waffen.** Alle Waffen einschl Sport- und Jagdwaffen und Kriegs-Rüstungsmaterial sind ausdrückl vom Warenverlustabzug ausgenommen, *nicht* jedoch der Handel mit Jagd- und Sportmunition (BFH I R 95/02, BStBl II 03, 918).

19 **ff) Umfang der Begünstigung; funktionale Betrachtungsweise.** § 2a II umfasst alle Vorgänge, die in einem funktionalen Zusammenhang mit dem förderungswürdigen Bereich stehen, einschließl Vorbereitungshandlungen, Herstellung von WG des AV zum Zwecke der Warenherstellung, Nebenkosten und -erträge, Veräußerungsgewinne und -verluste. S auch EStR 2a III.

20 **gg) Bodenschatzgewinnung, § 2a II 1.** Sie ist auf eigenem oder fremdem Grundstück grds ohne Einschränkung begünstigt. *Beispiele:* Gewinnung von Öl, Gas, Uran, Kohle uÄ. Begriff Bodenschatz → § 5 Rn. 270. Aufsuchen ohne Gewinnung ist idR als gewerbl Leistung begünstigt (→ Rn. 22).

22 **hh) Gewerbliche Leistungen, § 2a II 1.** Sonstige ihrer Art nach gewerbl Leistungen iSv § 15 (→ Rn. 5) sind nach § 2a I 1 Hs 1 grds begünstigt. *Beispiele:* Handwerkl, technische und kfm Leistungen, Transportleistungen, Betrieb von Handelsschiffen und Luftfahrzeugen, Produktion von Spielfilmen.

23 **ii) Beteiligungsverluste. § 2a II 1 Hs 2** erstreckt die aktiv begünstigten gewerbl Leistungen iSv Hs 1 auf das unmittelbare Halten bestimmter Auslandsbeteiligungen iHv – entgegen § 271 HGB – mindestens ¼ des Nennkapitals einer (rechtl selbständigen) KapGes/Körperschaft (auch → Rn. 26). **Voraussetzungen:** Die KapGes darf weder Geschäftsleitung noch Sitz (§§ 10, 11 AO) im Inl haben, im Ausl jedoch auch außerhalb des Betriebsstättenstaates. Sie muss selbst – im Ausl oder Inl – aktiv iSv → Rn. 14 tätig sein. Damit sind nicht nur Landes- und Funktionsholdings begünstigt, wie ursprüngl geplant. Nach § 2a II 1 Hs 2 ist die Art der Finanzierung unerhebl. Unmittelbares Halten bedeutet Halten durch die Betriebsstätte bzw durch den inl StPfl für die Betriebsstätte, in deren Ergebnis die Beteiligungserträge eingehen (→ Rn. 12). Sinn und Zweck der Regelung: Hs 2 betrifft nicht den Abzug von Verlusten der KapGes durch die KapGes oder den Halter, erweitert vielmehr nur den Umfang der begünstigten Auslandsaktivitäten der Betriebsstätte iSv Hs 1 durch Fiktion des Haltens unabhängig vom Betriebsergebnis der KapGes als gewerbl Leistung der Betriebsstätte mit Folge des Abzugs etwaiger Betriebsstättenverluste beim inl StPfl.

24 **c) Rückausnahmen § 2a II 1 Hs 1 („soweit diese nicht …").** Nicht begünstigt sind die Errichtung und der Betrieb von **Fremdenverkehrsanlagen** in Drittstaaten (s Beispiele → 39. Aufl 2020, § 2a Rn. 24; zur Aktivität *mittelbarer* Förderungsanlagen wie Schwimmbäder, Skilifte, Gaststätten, Golfplätze s BFH I R 53/20 DStR 24, 414 mwN) sowie die **gewerbl Vermietung und Verpachtung** einzelner WG jeder Art einschließl der Übertragung von Know-how uä Nutzungsrechten – Einschränkung der Verlustberücksichtigung für Besitz-, Leasing-, Lizenzvergabe- und Spielfilmverleihunternehmen.

25 **d) Personengesellschaften.** Verluste aus Beteiligung an ausl PersGes sind in § 2a nicht ausdrückl geregelt. Der Ges'ter erzielt Einkünfte aus ausl Betriebsstätte mit der Folge, dass wirtschaftl durch die PersGes veranlasste Verluste (s BFH I R 7/99, BStBl II 00, 605) nach § 2a I Nr 2 grds nicht abziehbar sind.

26 **3. Schädliche Verluste aus Beteiligung an Drittstaaten-Körperschaften, § 2a I 1 Nr 3, 4, S 2, mit Ausnahmen gem § 2a II 2. – a) Gesetzeszweck.** § 2a enthielt Besteuerungslücken, die bald ausgenutzt wurden: Die Wertminderung von Anteilen an ausl Körperschaften durch **TW-AfA,** Veräußerungs-, Entnahme- oder Liquidationsverluste als Folge schädl Auslandsverluste hätte mittelbar zum unbeschr Abzug ausl Beteiligungsverluste im Inl geführt. Diese ungewollte Rechtsfolge

schließt § 2a I Nr 3, 4 (und 7 – dazu →Rn. 37) für Verluste aus passiven Auslands- und Inlandsbeteiligungen aus, auch für inl Holding iSv § 2a II 1 Hs 2 (→Rn. 23). § 2a I 1 Nr 4 ist verfassungsgemäß (BFH VIII R 43/00, BFH/NV 02, 14).

b) Drittstaatenbezug. Er ist unterschiedl: Für Nr 3, 4 genügt grds die Auslandsbeteiligung (mit Aktivitätsnachweismöglichkeit des StPfl nach § 2a II 2, s BFH VIII R 43/00, BFH/NV 02, 14); bei Nr 7 muss eine Tatbestandserfüllung Nr 1–6 durch die KapGes in einem EU/EWR-Staat feststehen. 27

c) Beteiligungsverluste im inländischen Betriebsvermögen. – ***(1)* Wertminderungstatbestände:** – *(a)* TW-AfA (§ 2a I Nr 3a, → § 6 Rn. 281). – ***(b)*** Veräußerung oder Entnahme der Beteiligung oder eines Teils davon (§ 2a I Nr 3b). – *(c)* Auflösung oder Kapitalherabsetzung der ausl Ges (§ 2a I Nr 3b, → § 16 Rn. 140). – ***(2)* Betriebsvermögen.** Für jegl BV iSd Einkunftsarten § 2 I Nr 1–3, bei dessen inl Besteuerung sich der Verlust auswirken würde, gilt das Abzugsverbot. – ***(3)* Drittstaaten-Körperschaften** sind solche iSv §§ 1, 2 KStG ohne Sitz oder Geschäftsleitung im Inl oder im EU-Bereich (§ 2a IIa 1 Nr 2). – ***(4)* Gewinnminderungen.** **§ 2a I 2** stellt den Verlusten einzelne Gewinnminderungen iSv § 2a I 1 gleich (vorgangsbezogene Einschränkungen, s BFH I R 35/18, BStBl II 23, 370) und beschränkt so deren StAbzug insb bei (unmittelbaren/mittelbaren) Beteiligungen im BV, unabhängig vom Gesamtergebnis des Beteiligungsunternehmens. *Beispiel:* Die Minderung eines Gesamtgewinns von 1 Mio um eine darin enthaltene TW-AfA iHv 400 000 wirkt sich nur iHv 600 000 iRv § 2a steuerl aus. 28

d) Beteiligungsverluste im inländischen Privatvermögen, § 2a I 1 Nr 4. Diese könnten sich nach **§ 17** auswirken. Nr 4 beschränkt den Verlustabzug aus der Veräußerung wesentl Beteiligungen im PV und aus der Auflösung einer Drittstaaten-KapGes bzw deren Kapitalherabsetzung – fragl bei Ansässigkeit von Veräußerer und Erwerber im Inl (NdsFG EFG 21, 815, rkr). 29

e) Aktivitätsklausel; Produktivitätsklausel, § 2a II S 2. Beteiligungsverluste sind entgegen Abs 1 Nr 3, 4 im BV und im PV abziehbar, wenn der **StPfl nachweist,** dass die ausl Körperschaft selbst gewerbl aktiv tätig iSv Abs 2 S 1 ist, und zwar nicht nur (stets) im Jahr des Beteiligungsverlusts, sondern volle 5 Jahre vorher oder – ohne Frist – seit (späterer) Gründung ohne Unterbrechung. 30

4. Stille Gesellschaft; partiarische Darlehen, § 2a I Nr 5. Die Regelung betrifft die *typische* stille Ges iSv § 20 I Nr 4, über § 20 VIII auch gewerbl Verluste, auch vergebl Aufwendungen (BFH I B 80/98, BStBl II 99, 293), abl zu TW-AfA wegen Einlageverlust BFH I R 35/18, BStBl II 23, 370. Verluste aus *atypisch* stiller Ges fallen unter § 2a I Nr 2, § 2a II. Sonstige absetzbare Verluste iSv § 20, § 23 fallen nicht unter § 2a. Der Schuldner der KapErträge muss Wohnsitz, Sitz oder Geschäftsleitung im Drittstaat haben. 32

5. Vermietung und Verpachtung, § 2a I Nr 6. – a) Unbewegliches Vermögen, § 2a I Nr 6a. Die Regelung beschränkt nur den Abzug von Verlusten aus der Nutzungsüberlassung von in Drittstaaten belegenem unbewegl Vermögen (Grundstücke, Gebäude, Gebäudeteile, registrierte Schiffe und Rechte, § 21 I Nr 1, FG Saarl EFG 06, 172, rkr) und Sachinbegriffen (§ 21 I Nr 2), **nicht** von bewegl Sachen (s § 22 Nr 3 S 3) und nicht registrierten Rechten oder Schiffen (§ 21 I Nr 1, 3, → Rn. 34). Soweit § 2a I Nr 2 nicht anwendbar ist, umfasst Nr 6 auch nach § 21 III gewerbl Vermietungsverluste, auch Veräußerungsverluste von BV. 33

b) Schiffe, § 2a I Nr 6b. Die Vorschrift beschränkt den Verlustabzug aus entgeltl Überlassung nicht registrierter Schiffe, wenn diese Einkünfte nicht tatsächl der inl Besteuerung unterliegen – vor allem bei betriebl Vercharterung ohne ausl Betriebsstätte (sonst § 2a I Nr 2 oder – privat – § 22 Nr 3). Die ursprüngl geplante Erstreckung auf Luftfahrzeuge/Raumfahrzeuge/Satelliten ist gescheitert (s *OFD Ffm* DB 02, 34

1408). Betroffen sind insb Leasingstrukturen und Beteiligungsmodelle mit hohen Anlauf-AfA-Verlusten (s *Dammer* IStR 99, 572; *Lüdicke* DB 99, 1921), vor allem die sog „bare-boat-Vercharterung" unausgerüsteter, in ausl Häfen liegender Freizeityachten. **Ausgenommen** sind diese Schiffe bei Nachweis des (fast = mindestens 90%) ausschließl Einsatzes im Inl, außerdem alle Handelsschiffe, die ausgerüstet verchartert oder an im Inl ansässige Ausrüster iSv § 510 I HGB oder nur vorübergehend an solche im Ausl ansässigen Ausrüster überlassen werden.

36 **c) Sonstige Verluste, § 2a I Nr 6c.** Nr 6c stellt klar (FG Brem EFG 95, 571, rkr), dass Vermietungsverluste, die wirtschaftl auf eine **Wertminderung** durch TW-AfA oder Übertragung von Auslandsvermögen iSv Buchst a und b entfallen, auch im BV nicht abziehbar sind, unabhängig vom Gesamtergebnis (§ 2a I 2, → Rn. 28). **Übertragungen** sollten nach Sinn und Zweck dieser Regelung nicht nur solche in ein anderes BV (Veräußerungen), sondern auch Entnahmen ins PV umfassen (hM, nicht eindeutig, **aA** zu „Anschaffung" iSv § 6 I Nr 1a BFH IX R 7/21, BStBl II 23, 104). Wertminderungen ausl KapGesAnteile fallen unter Nr 3, 4 (→ Rn. 26 ff), inl KapGesAnteile unter Nr 7 (→ Rn. 37).

37 **6. Mittelbare Drittstaatenverluste aus Beteiligung an Nicht-Drittstaaten-Körperschaften, § 2a I Nr 7. – a) Gesetzeszweck.** → Rn. 26. § 2a I Nr 7 erweitert die Verlustabzugsbeschränkungen auf Grund der Tatbestände § 2a I Nr 1–6 kraft gesetzl Fiktion auf die nahe liegende Variante, solche wirtschaftl im Ausl angefallenen Verluste durch Zwischenschaltung einer inl KapGes in abziehbare inl Beteiligungsverluste umzuwandeln (vor allem Verluste iSv Nr 2, Nr 3, Nr 6d).

38 **b) Inlandsverlusttatbestände.** Die Tatbestände des § 2 I Nr 7 entsprechen den Beteiligungsverlusten nach Nr 3, Nr 4 in anderer Zusammenfassung (auch → Rn. 41). Buchst a betrifft eindeutig nur BV, Buchst c nur PV, Buchst b sicher *auch* BV – hier ist fragl, aber wohl bedeutungslos, ob § 17 IV unter Buchst b oder c fällt.

39 **c) Auslandsbezug.** § 2a I Nr 7 erfasst anders als Nr 3, 4 nur Beteiligungen an Nicht-Drittstaaten-Körperschaften (→ Rn. 6), also idR mit Sitz im EU-/EWR-Raum. Abw von Nr 3 (allg → Rn. 27) muss bei Nr 7 feststehen, dass der Beteiligungsverlust auf einen der in Nr 1–6 genannten Tatbestände zurückzuführen ist (→ Rn. 42), ohne Ausnahme nach § 2a II (dadurch mittelbarer Drittstaatenbezug). Diese Tatbestände erfüllt nicht der StPfl, sondern idR die KapGes. Offenbar hat der Gesetzgeber deshalb entgegen § 2a II 1 und 2 die **Beweislast** nicht dem StPfl auferlegt (s aber zu Mitwirkungspflicht § 90 II AO, → Rn. 15).

IV. Rechtsfolgen, § 2a I

41 **1. Beschränkter Verlustausgleich, § 2a I 1 Hs 1. – a) Allgemeines.** Während „aktive" Verluste iSv § 2a II iRv § 2 III uneingeschränkt abziehbar und ausgleichbar sind, ist dies bei sonstigen Verlusten iSv § 2a I 1 Nr 1–7 beschränkt auf positive Einkünfte *derselben Art* und – mit Ausnahme von Nr 6b – aus *demselben Staat* (= **Verluststaat**). Dabei sind § 3 Nr 40 und § 3c vorrangig zu beachten (EStR 2a VIII). **Einkünfte derselben Art** (auch von zusammenveranlagten **Ehegatten/Lebenspartnern;** hM, → 22. Aufl 2003, § 2a Rn. 41 mwN; EStR 2a VII) sind weder solche einer Einkunftsart iSv § 2 I noch solche einzelner Einkunftsquellen (wie bei § 15a einer bestimmten Beteiligung); → Rn. 5. Entscheidend sind grds die **einzelnen Nummern in Abs 1,** auch wenn sie mehrere Einzeltatbestände aufführen. *Beispiel:* Nr 2 zwei Betriebsstätten, Nr 5 stille Ges/partiarisches Darlehen, jeweils im selben Staat – bei Nr 2 mE nach Gesetzeswortlaut und -zweck unabhängig von der Aktivitätsklausel des Abs 2 (dh Verlustverrechnung auch mit „aktiven" Betriebsstättengewinnen, str). Die Zuordnung zu einer anderen Nr auf Grund einer **Subsidiaritätsklausel** (→ Rn. 5) stellt die Gleichartigkeit nicht in Frage. *Beispiel:* Gewerbl

VuV-Verlust ohne Betriebsstätte ist mit positiven Einkünften aus VuV ausgleichbar – beides Nr 6; Nr 3 und 4 sind gleichartig. Keine Übertragung auf **Erben** (→ Rn. 45).

b) Beteiligungsproblematik. § 2a I Nr 7 stellt auf „Tatbestände der jeweils selben Art" ggü sonst „positive Einkünfte der jeweils selben Art" ab. Vor allem der Wortlaut von § 2a I 3 zeigt, dass der Gesetzgeber dabei nur die Lückenfüllung im Auge hatte, ohne die Auswirkungen abschließend zu bedenken. Die Neuregelung zu Beteiligungsverlusten iSv Nr 7 sollte sicher nicht die nummernmäßige Bestimmung der Art der Einkünfte durch eine buchstabenmäßige Abgrenzung oder andere „Tatbestände" ersetzen. Die nummernmäßige Artbestimmung gilt jetzt für Nr 1–7. Die Zusatzvoraussetzung für Nr 7 in § 2a I 1 aE geht offenbar auf den Wortlaut in Nr 7 zurück. Das Merkmal *„soweit die negativen Einkünfte auf einen der in Nummern 1 bis 6 genannten Tatbestände zurückzuführen sind"* betrifft unmittelbar die inl KapGes und damit mittelbar den inl StPfl. 42

2. Beschränkter Verlustabzug, § 2a I 1 Hs 2, I 3–5; § 10d. – a) Grundsatz. § 2a I 1 Hs 2 erstreckt die sachl auf entspr positive Eink *beschr* Verlustausgleichsregelung von § 2a-Verlusten auf den Abzug nach § 10d; **§ 2a I 3** gibt jedoch den Abzug dieser Verluste auf einen entspr § 2a I 1 HS 2 beschr **Vortrag** nach § 10d II frei (Koppelung Verlustabzug/Verlustausgleich; keine Rücktragsmöglichkeit). Aktive" Verluste iSv § 2a II (→ Rn. 14) können dagegen unbeschränkt ausgeglichen und iRv § 10d zurück- und vorgetragen werden. 43

b) Verlustfeststellung. § 2a I 3–5 gleichen die Regelung an § 10d an. Die abziehbaren und die verbleibenden negativen Einkünfte" werden wegen des Abzugs bei den Einkünften einfacher, ohne Sockelbegrenzung entspr § 10d II berechnet als nach § 10d. Negative Einkünfte **„konnten nicht berücksichtigt werden"**, wenn im Vorjahr gleichartige positive Einkünfte aus demselben Staat fehlten; die steuerl Auswirkung ist nicht entscheidend, solange die Summe der Einkünfte positiv bleibt. Die danach am Schluss eines VZ verbleibenden negativen Einkünfte sind entspr § 10d IV **gesondert festzustellen (§ 2a I 5).** 44

c) Erbfall. Ein Verlustabzug nach § 10d geht nicht auf Erben über (BFH GrS 2/04, BStBl II 08, 608). Das gilt – anders als bei Hinzurechnung späterer Gewinne beim Erben nach § 2a III 3, → Rn. 63 – auch, wenn der Erbe später positive Einkünfte aus dem geerbten Verlustobjekt erzielt (BFH I R 23/17, BStBl II 21, 138). 45

3. Negativer Progressionsvorbehalt, § 32b. § 2a schließt nicht nur die Einkünfteminderung, sondern auch den negativen Progressionsvorbehalt aus (BFH I R 35/10, BStBl II 11, 494 mwN). **EU-rechtl Bedenken** sind weitgehend durch **Gesetzesänderungen** ausgeräumt: Nach DBA stfreie Einkünfte unterliegen grds dem allg (positiven wie negativen) Progressionsvorbehalt (§ 32b I Nr 3), der allerdings in Fällen des inl Abzugsverbots sowie bei bestimmten Einkünften im EU/EWR-Bereich entfällt (§ 32b I 2, 3, → § 32b Rn. 17). 46

V. Verlustabzug, § 2a III 1, 2, 4 aF

Verweisung auf → 39. Aufl 2020, § 2a Rn. 50–53, da Verluste nach § 2a III 1 seit 1999 nicht mehr abziehbar sind und Altverluste für spätere Hinzurechnungen festzustellen waren (§ 2a III 4, → Rn. 59). 50

VI. Hinzurechnung, § 2a III 3, 5, 6, IV

1. Hinzurechnungsgrundsatz, § 2a III 3. Hinzugerechnet werden nur positive Einkünfte aus ausl gewerbl Tätigkeit, soweit bis 1998 gewerbl Verluste nach § 2a III aF abgezogen waren. Die ursprüngl **zeitl Begrenzung** bis längstens 2008 ist wegen der Vielzahl offener Verlustabzüge durch das JStG 2008 **aufgehoben** (s § 52 II 3). Dabei 55 werden nicht Gewinne als Einkünfte zugerechnet; vielmehr wird nur der – nach § 2a III 4 festgestellte – **Verlustabzug korrigiert,** abw von § 2a IV der Höhe nach auf spätere Gewinne **begrenzt** und nur aus Vereinfachungsgründen nicht durch rückwirkende Berichtigung, sondern – zwingend – **ex nunc** durch Zurechnung zum Gesamtbetrag der Einkünfte *des Gewinnjahres* („in dem betreffenden VZ"). Anders als beim Verlustabzug ist das systematisch unstr (s BFH X R 181/87, BStBl II 89, 541). Wie die Beschränkung eines ausl Verlustabzugs ist die spätere Hinzurechnung **EU-rechtmäßig** (EuGH C-157/07, BStBl II 09, 566 – *Wannsee* –; BFH I R 2/15, BStBl II 17, 709 Rn. 9). Bei **PersGes** ist die Hinzurechnung (wie früher der Verlustabzug) in das einheitl **Feststellungsverfahren** einzubeziehen (BFH I R 25/07, BFH/NV 08, 1097). Hinzurechnung beim Erben, beim Wechsel der StPfl und bei Umwandlung/Übertragung/Aufgabe → Rn. 60 ff.

56 **2. Art der Hinzurechnungsbeträge.** § 2a III 3 enthält (neben § 2a IV) einen abschließenden Hinzurechnungstatbestand für Folgejahre. Hinzuzurechnen ist der **positive Saldo** aller stfreien Gewinne und Verluste aus – alten und neuen – **gewerbl Betriebsstätten iSv § 12 AO** *dieses* StPfl in *diesem* ausl Staat. Dazu gehören unselbständige Zweigniederlassungen eines Inlandsbetriebs, Auslandsbetriebe eines unbeschr StPfl und Beteiligungen an PersGes (nicht KapGes, BFH I R 78/80, BStBl II 82, 243), nicht selbständige TochterGes, nicht ständige Vertreter iSv § 13 AO. Gewerbl Gewinne sind unabhängig davon einzubeziehen, ob für *diese* Betriebsstätte bereits ein Verlustabzug beantragt war und ob die Gewinne aus produktiver Tätigkeit iSv § 2a II stammen (vgl BFH X R 180/87, BStBl II 90, 112). Abw von § 2a III 4 („in anderen Jahren") beschränkt § 2a III 3 die Zurechnung auf *entspr* Gewinne *„der folgenden"* VZ. Gewerbl Gewinne vergangener VZ vor Verlusterzielung sind ebenso wenig hinzuzurechnen wie positive Einkünfte aus anderen Einkunftsarten. Sonstige Gründe, wie die bloße Tatsache eines endgültigen doppelten Verlustabzuges im Ausl und im Inl ohne spätere Gewinne (zB nach Liquidation, Wohnsitzwechsel) rechtfertigten keine Hinzurechnung *nach § 2a III 3* (aber uU nach § 2a IV, → Rn. 60 ff); § 2a III ist **nicht** als **Entstrickungstatbestand** konzipiert. Bei **PersGes** sind § 15 I Nr 2 und § 15a zu beachten.

57 **3. Höhe der Zurechnungsbeträge.** Sie ist **doppelt begrenzt,** zum einen durch die gem § 2a III 4 festgestellten, *tatsächl* nach *§ 2a III 1 und 2* abgezogenen und „wieder hinzuzurechnenden" **Verlustbeträge,** zum anderen – abw von § 2a IV – durch die Höhe der zurechenbaren **Gewinne.** Gewinne über den Verlustabzug hinaus werden weder im gleichen VZ noch später hinzugerechnet, ein Restverlust allenfalls bei Gewinnen in späteren Jahren. Wie beim Verlustabzug (auf Grund ausdrückl Regelung in § 2a III 1 aF) müssen trotz Fehlens einer solchen Regelung in § 2a III 3 auch die Art der Einkünfte und die Höhe des Hinzurechnungsbetrages nach **inl Recht** bestimmt werden (BFH IV R 128/86, BStBl II 89, 543; str). Gleichwohl sind nicht Einkünfte zu ermitteln, sondern nur **Verlustkorrekturposten** auf der Grundlage der umgerechneten Betriebsstättengewinne als Anknüpfungspunkt und Berechnungsgrundlage. Daher erstreckt sich der Hinzurechnungsbetrag ohne Kürzung auf lfd und ao, aktive und passive, im Inl stpfl und stfreie Gewinne, stfreie Teile eines **Veräußerungsgewinns** (zu § 16 IV s BFH X R 181/87, BStBl II 89, 541) – für den auch keine Tarifermäßigung nach § 34 gewährt wird (BFH IV R 128/86, BStBl II 89, 543) –, *realisierte* **Umwandlungsgewinne** ua Gewinne aus Übertragung von GesAnteilen (str, → Rn. 61).

58 **4. Hinzurechnungsausnahmen, § 2a III 4 aF.** § 2a III 4 aF, wonach von der Hinzurechnung abgesehen werden konnte, falls der ausl Staat keinen Verlustabzug kennt, ist an versteckter Stelle gestrichen worden (Fortgeltung der Hinzurechnungsvorschriften in § 52 II 3 ist auf § 2a III 3, 5, 6 beschränkt unter Ausnahme von S 4).

59 **5. Feststellung verbleibender Hinzurechnungsbeträge, § 2a III 5, 6.** Am Jahresende nicht gem § 2a III 3 (und ggf § 2 I 3, 4 AIG) ausgeglichene Altverluste

sind entspr § 10d IV gesondert festzustellen, um eine spätere – dann unbefristete – Hinzurechnung im Veranlagungsverfahren sicherzustellen. Dabei ist der Ablauf der Feststellungsfrist zu beachten (§§ 181 I 1 iVm 169 ff AO). Ungeklärt ist, ob § 181 V AO anwendbar ist oder ob § 10d IV 6 einer späteren Feststellung entgegensteht, obwohl in Folgejahren noch zu kürzende Gewinne zu erwarten sind. FG BW EFG 15, 626, rkr, hat die nachträgl Feststellung im Jahr 2012 für VZ bis 1998 zugelassen, auch wenn das FA die Feststellung jahrelang unterlassen hatte, mE zutr. Zur Bindungswirkung alter Feststellungsbescheide s BFH I R 15/22, BFH/NV 25, 1161; BFH I R 8/24, BFH/NV 25, 1164.

6. Sonstige Hinzurechnungen, § 2a IV (idF von § 52 II 3). – a) Hintergrund. Da nach § 2a III 3 grds nur Gewinne *des StPfl* zuzurechnen sind, der Verluste abgezogen hat, musste der Gesetzgeber weitere Hinzurechnungstatbestände beim StPfl selbst schaffen, um die Umgehung der Rechtsfolgen des Abs 3 zu verhindern. Die Neufassung von § 2a IV ergibt sich allerdings nicht direkt aus § 2a, sondern über § 52 II 3 aus § 52 III 8 aF (v. 30.7.14!). 60

b) Umwandlung, § 2a IV 1 Nr 1. Nur realisierte Umwandlungsgewinne sind *gem § 2a III* zuzurechnen (→ Rn. 57); daher war die Sonderregelung in § 2a IV erforderl. Ausgangstatbestand war die Erfassung der Umwandlung ausl Betriebsstätten auf eine KapGes (TochterGes) als selbständiges Rechtssubjekt. Wie bei § 1 IV 3 AIG aF sollten primär alle Fälle erfasst werden, in denen die Betriebsstätte ohne Veräußerung in einer KapGes aufgeht (Untergang im Rechtssinne, endgültiger Verlust der Zuordnung zum Inlandsbetrieb), s EStR 2a V. **Hierunter fällt** insb die **Einbringung** der ausl Betriebsstätte in eine KapGes gegen Gewährung von GesRechten ohne Gewinnrealisierung (vgl BFH I R 38/18, BFH/NV 22, 1041) oder der **Formwechsel** einer Ges (vgl UmwSt-Erlass 2025 *BMF* BStBl I 25 , 92 Rn. 00.02). 61

c) Weitere Hinzurechnungstatbestände, § 2a IV 1 Nr 2, 3, S 2 (idF von § 52 III 8 aF iVm § 52 II 3). Sie wurden von § 2a IV aF nicht erfasst, wenn nicht der StPfl *selbst* einen der gesetzl Tatbestände erfüllte, sondern *ein Dritter,* auf den er die Betriebsstätte übertrug oder wenn die persönl StPfl entfiel. Der Gesetzgeber erweiterte daher die Zurechnungstatbestände zunächst ab 1999 (s BFH I R 48/11, DStR 14, 837) durch § 2a IV 1 Nr 2, 3 idF von § 52 III 7 aF auf Fälle der **Übertragung** und **Aufgabe,** ab 2006 durch § 2a IV 2 idF von § 52 III 8 aF/II 3 nF unter Aufhebung der ursprüngl zeitl Begrenzung bis 2008 auf die **Beendigung der persönl StPfl** (verfgem Rückwirkung, s BFH I R 2/15, BStBl II 17, 709). 62

aa) Übertragung der Betriebsstätte, § 2a IV 1 Nr 2. Sie führt unabhängig von einer tatsächl Gewinnrealisierung durch den StPfl oder Dritte vorweg zur Hinzurechnung abgezogener Verluste *beim StPfl selbst.* – ***(1)*** **Entgeltl Übertragungen** sind Veräußerung, Einbringung gegen Gewährung von GesRechten (§ 2a IV ist wohl nicht Sonderregelung, sondern nur Ergänzungsregelung zu § 2a III 3 – letztl ist der gesamte Verlust über § 2a IV hinzuzurechnen). Beteiligungsveräußerungen s BFH I R 57/11, BStBl II 16, 633, BFH I R 2/15, BStBl II 17, 709. Zur Bindungswirkung alter Feststellungsbescheide s BFH I R 15/22, BFH/NV 25, 1161. – ***(2)*** **Unentgeltl Übertragungen.** Dies sind Schenkungen einschließl vorweggenommene Erbfolge; die Hinzurechnung nach § 2a IV 1 Nr 2 *beim StPfl* ersetzt eine spätere Verlusthinzurechnung beim Rechtsnachfolger. – ***(3)*** **Erbfall.** Im Erbfall entfällt zwar der Verlustübergang auf den Erben – der Erbe kann daher grds verbleibende Verluste des Erblassers nicht abziehen (→ § 10d Rn. 14). Das schließt jedoch eine Nachversteuerung der vom Erblasser geltend gemachten Verluste durch den Erben nicht aus: Die Hinzurechnung nach **§ 2a III 3 aF** (nach § 52 II 3 auch nach Aufhebung fortgeltend) beruht nicht auf einer Besteuerung von – nach DBA stfreien – Auslandsgewinnen des Erben, sondern auf einer Korrektur des früheren Verlustabzugs durch den Erblasser (→ Rn. 55, 57). Diese Rechtsfolge geht wegen der systematischen Verklammerung zw Verlustabzug und Nachsteuer in § 2a III ohne Rückgriff auf § 2a IV 1 Nr 2 auf den Erben 63 als Gesamtrechtsnachfolger über, wenn dieser die Voraussetzungen des § 2a III 3 erfüllt und eigene positive Einkünfte aus dem Verlustabzugsstaat erzielt (glA BFH I R 13/09, BStBl II 11, 113 zu § 2 I 3 AuslInvG aF/§ 2a III 3 – **aA** zu **§ 2a I** BFH I R 23/17, BStBl II 21, 138: keine Feststellung von Erblasserverlusten für spätere positive Einkünfte des Erben aus dem ausl Mietobjekt, → Rn. 45). **§ 2a IV 1 Nr 2** betrifft den darüber hinaus gehenden Fall, dass der Erblasser eine in einem ausl Staat belegene Betriebsstätte vererbt: Dann erfolgt die Hinzurechnung bei ihm unabhängig von der Erzielung positiver Auslandsgewinne bereits im Zeitpunkt der Übertragung der Betriebsstätte, nach der BFH-Rspr oben wohl auch bei unbeschr StPfl des Erben.

64 **bb) Aufgabe der Betriebsstätte, § 2a IV 1 Nr 3.** Die *endgültige* Betriebsaufgabe ist unschädl. Erfasst werden soll die Umgehung der Hinzurechnung durch Fortführung der Geschäftstätigkeit durch eine KapGes (nicht zwingend desselben Staates) ohne Umwandlung der Betriebsstätte; die Einbringung in eine PersGes (nach dt Recht, auch bei ausl Qualifikation als KapGes) fällt unter § 2a III 3. Voraussetzung ist, dass der StPfl oder eine nahe stehende Person iSv § 1 II AStG zu mindestens 10% unmittelbar oder mittelbar an der KapGes beteiligt ist.

65 **cc) Wegfall der unbeschränkten Steuerpflicht, § 2a IV S 2.** S 2 stellt klar, dass eine Nachversteuerung auch bei tatsächl Verlegung des Wohnsitzes/Sitzes oder Ansässigkeitsbeendigung nach DBA erfolgt (entspr Art 10 I 2 FusionsRL 2009/133/EG).

66 **d) Höhe, Sofortige Hinzurechnung, § 2a IV 1.** Rechtsfolge ist in diesen Fällen die *sofortige* Hinzurechnung der vorher nach § 2a III 1 und 2 abgezogenen Verluste zum Gesamtbetrag der Einkünfte des handelnden StPfl im Zeitpunkt des Ereigniseintritts nach § 2a IV, wohl auch bei Fortführung nach Betriebsaufgabe, § 2a IV 1 Nr 3. Trotz des Wortlauts (Hinzurechnung „entsprechend Abs 3 S 3") werden, anders als bei § 2a III 3 (→ Rn. 57) unabhängig von einer Gewinnauswirkung in vollem Umfang alle abgezogenen Verluste korrigiert. Berechnung nach dt Recht (wie → Rn. 57). Die Ausnahmeregelung „soweit …" schließt doppelte Hinzurechnung bei Anwendung von § 2a III 3 in früheren Jahren („hinzugerechnet worden ist") und im lfd Jahr („noch hinzuzurechnen ist") und die Anwendung der weitergehenden Ausnahmeregelungen aus. Eine Feststellung entspr § 2a III 5 entfällt nach Änderung der persönl StPfl (aber zu Erben → Rn. 63).

2. Steuerfreie Einnahmen

§ 3 [Steuerfreie Einnahmen]

Steuerfrei sind

1. **a) Leistungen aus einer Krankenversicherung, aus einer Pflegeversicherung und aus der gesetzlichen Unfallversicherung,**
   b) Sachleistungen und Kinderzuschüsse aus den gesetzlichen Rentenversicherungen einschließlich der Sachleistungen nach dem Gesetz über die Alterssicherung der Landwirte,
   c) Übergangsgeld nach dem Sechsten Buch Sozialgesetzbuch und Geldleistungen nach den §§ 10, 36 bis 39 des Gesetzes über die Alterssicherung der Landwirte,
   d) das Mutterschaftsgeld nach dem Mutterschutzgesetz, der Reichsversicherungsordnung und dem Gesetz über die Krankenversicherung der Landwirte, die Sonderunterstützung für im Familienhaushalt beschäftigte Frauen, der Zuschuss zum Mutterschaftsgeld nach dem Mutterschutzgesetz sowie der Zuschuss bei Beschäftigungsverboten für die Zeit vor oder nach einer Entbindung sowie für den Entbindungstag während einer Elternzeit nach beamtenrechtlichen Vorschriften;

2\. a) **das Arbeitslosengeld, das Teilarbeitslosengeld, das Kurzarbeitergeld, der Zuschuss zum Arbeitsentgelt, das Übergangsgeld, der Gründungszuschuss, das Qualifizierungsgeld nach dem Dritten Buch Sozialgesetzbuch sowie die übrigen Leistungen nach dem Dritten Buch Sozialgesetzbuch und den entsprechenden Programmen des Bundes und der Länder, soweit sie Arbeitnehmern oder Arbeitsuchenden oder zur Förderung der Aus- oder Weiterbildung oder Existenzgründung der Empfänger gewährt werden,**

b) **das Insolvenzgeld, Leistungen auf Grund der in § 169 und § 175 Absatz 2 des Dritten Buches Sozialgesetzbuch genannten Ansprüche sowie Zahlungen des Arbeitgebers an einen Sozialleistungsträger auf Grund des gesetzlichen Forderungsübergangs nach § 115 Absatz 1 des Zehnten Buches Sozialgesetzbuch, wenn ein Insolvenzereignis nach § 165 Absatz 1 Satz 2 auch in Verbindung mit Satz 3 des Dritten Buches Sozialgesetzbuch vorliegt,**

c) **die Arbeitslosenbeihilfe nach dem Soldatenversorgungsgesetz,**

d) **Leistungen zur Sicherung des Lebensunterhalts und zur Eingliederung in Arbeit nach dem Zweiten Buch Sozialgesetzbuch,**

e) **mit den in den Nummern 1 bis 2 Buchstabe d und Nummer 67 Buchstabe b genannten Leistungen vergleichbare Leistungen ausländischer Rechtsträger, die ihren Sitz in einem Mitgliedstaat der Europäischen Union, in einem Staat, auf den das Abkommen über den Europäischen Wirtschaftsraum Anwendung findet oder in der Schweiz haben;**

2a. *(aufgehoben)*[1]

2b. *(aufgehoben)*[1]

3\. a) **Rentenabfindungen nach § 107 des Sechsten Buches Sozialgesetzbuch, nach § 21 des Beamtenversorgungsgesetzes, nach § 9 Absatz 1 Nummer 3 des Altersgeldgesetzes oder entsprechendem Landesrecht und nach § 59 des Soldatenversorgungsgesetzes in Verbindung mit § 21 des Beamtenversorgungsgesetzes,**

b) **Beitragserstattungen an den Versicherten nach den §§ 210 und 286d des Sechsten Buches Sozialgesetzbuch sowie nach den §§ 204, 205 und 207 des Sechsten Buches Sozialgesetzbuch, Beitragserstattungen nach den §§ 75 und 117 des Gesetzes über die Alterssicherung der Landwirte und nach § 26 des Vierten Buches Sozialgesetzbuch,**

c) **Leistungen aus berufsständischen Versorgungseinrichtungen, die den Leistungen nach den Buchstaben a und b entsprechen,**

d) **Kapitalabfindungen und Ausgleichszahlungen nach § 48 des Beamtenversorgungsgesetzes oder entsprechendem Landesrecht und nach den §§ 43 bis 50 und 53 des Soldatenversorgungsgesetzes;**

4\. **bei Angehörigen der Bundeswehr, der Bundespolizei, der Zollverwaltung, der Bereitschaftspolizei der Länder, der Vollzugspolizei und der Berufsfeuerwehr der Länder und Gemeinden und bei Vollzugsbeamten der Kriminalpolizei des Bundes, der Länder und Gemeinden**

a) **der Geldwert der ihnen aus Dienstbeständen überlassenen Dienstkleidung,**

b) **Einkleidungsbeihilfen und Abnutzungsentschädigungen für die Dienstkleidung der zum Tragen oder Bereithalten von Dienstkleidung Verpflichteten und für dienstlich notwendige Kleidungsstücke der Vollzugsbeamten der Kriminalpolizei sowie der Angehörigen der Zollverwaltung,**

c) **im Einsatz gewährte Verpflegung oder Verpflegungszuschüsse,**

d) **der Geldwert der auf Grund gesetzlicher Vorschriften gewährten Heilfürsorge;**

---

[1] § 3 Nr 2a und Nr 2b aufgehoben durch Gesetz v. 25.7.14 (BGBl I 14, 1266).

5. a) die Geld- und Sachbezüge, die Wehrpflichtige während des Wehrdienstes nach § 4 des Wehrpflichtgesetzes erhalten,

b) die Geld- und Sachbezüge, die Zivildienstleistende nach § 35 des Zivildienstgesetzes erhalten,

c) die Heilfürsorge, die Soldaten nach § 16 des Wehrsoldgesetzes und Zivildienstleistende nach § 35 des Zivildienstgesetzes erhalten,

d) das an Personen, die einen in § 32 Absatz 4 Satz 1 Nummer 2 Buchstabe d genannten Freiwilligendienst leisten, gezahlte Taschengeld oder eine vergleichbare Geldleistung,

e) Leistungen nach § 5 des Wehrsoldgesetzes,

f) Zuschüsse nach den §§ 31b und 31c des Soldatengesetzes;

6. Bezüge, die auf Grund gesetzlicher Vorschriften aus öffentlichen Mitteln versorgungshalber an Wehrdienstbeschädigte, im Freiwilligen Wehrdienst Beschädigte, Zivildienstbeschädigte und im Bundesfreiwilligendienst Beschädigte oder ihre Hinterbliebenen, Kriegsbeschädigte, Kriegshinterbliebene und ihnen gleichgestellte Personen gezahlt werden, soweit es sich nicht um Bezüge handelt, die auf Grund der Dienstzeit gewährt werden. ^{2}Gleichgestellte im Sinne des Satzes 1 sind auch Personen, die Anspruch auf Leistungen nach dem Vierzehnten Buch Sozialgesetzbuch oder auf Unfallfürsorgeleistungen nach dem Soldatenentschädigungsgesetz, Beamtenversorgungsgesetz oder vergleichbarem Landesrecht haben;

7. Ausgleichsleistungen nach dem Lastenausgleichsgesetz, Leistungen nach dem Flüchtlingshilfegesetz, dem Bundesvertriebenengesetz, dem Reparationsschädengesetz, dem Vertriebenenzuwendungsgesetz, dem NS-Verfolgtenentschädigungsgesetz sowie Leistungen nach dem Entschädigungsgesetz[2] und nach dem Ausgleichsleistungsgesetz, soweit sie nicht Kapitalerträge im Sinne des § 20 Absatz 1 Nummer 7 und Absatz 2 sind;

8. Geldrenten, Kapitalentschädigungen und Leistungen im Heilverfahren, die auf Grund gesetzlicher Vorschriften zur Wiedergutmachung nationalsozialistischen Unrechts gewährt werden. ^{2}Die Steuerpflicht von Bezügen aus einem aus Wiedergutmachungsgründen neu begründeten oder wieder begründeten Dienstverhältnis sowie von Bezügen aus einem früheren Dienstverhältnis, die aus Wiedergutmachungsgründen neu gewährt oder wieder gewährt werden, bleibt unberührt;

8a. Renten wegen Alters und Renten wegen verminderter Erwerbsfähigkeit aus der gesetzlichen Rentenversicherung, die an Verfolgte im Sinne des § 1 des Bundesentschädigungsgesetzes gezahlt werden, wenn rentenrechtliche Zeiten auf Grund der Verfolgung in der Rente enthalten sind. ^{2}Renten wegen Todes aus der gesetzlichen Rentenversicherung, wenn der verstorbene Versicherte Verfolgter im Sinne des § 1 des Bundesentschädigungsgesetzes war und wenn rentenrechtliche Zeiten auf Grund der Verfolgung in dieser Rente enthalten sind;

9. Erstattungen nach § 23 Absatz 2 Satz 1 Nummer 3 und 4 sowie nach § 39 Absatz 4 Satz 2 des Achten Buches Sozialgesetzbuch;

10. Einnahmen einer Gastfamilie für die Aufnahme eines Menschen mit Behinderungen oder von Behinderung bedrohten Menschen nach § 2 Absatz 1 des Neunten Buches Sozialgesetzbuch zur Pflege, Betreuung, Unterbringung und Verpflegung, die auf Leistungen eines Leistungsträgers nach dem Sozialgesetzbuch beruhen. ^{2}Für Einnahmen im Sinne des Satzes 1, die nicht auf Leistungen eines Leistungsträgers nach dem Sozialgesetzbuch beruhen, gilt Entsprechendes bis zur Höhe der Leistungen nach dem Zwölften Buch Sozialgesetzbuch. ^{3}Überschreiten die auf Grund der in Satz 1 bezeichneten

---

[2] Aufgehoben durch den Einigungsvertrag v 31.8.90 (BGBl II 90, 889).

Tätigkeit bezogenen Einnahmen der Gastfamilie den steuerfreien Betrag, dürfen die mit der Tätigkeit in unmittelbarem wirtschaftlichen Zusammenhang stehenden Ausgaben abweichend von § 3c nur insoweit als Betriebsausgaben abgezogen werden, als sie den Betrag der steuerfreien Einnahmen übersteigen;

11. Bezüge aus öffentlichen Mitteln oder aus Mitteln einer öffentlichen Stiftung, die wegen Hilfsbedürftigkeit oder als Beihilfe zu dem Zweck bewilligt werden, die Erziehung oder Ausbildung, die Wissenschaft oder Kunst unmittelbar zu fördern. [2]Darunter fallen nicht Kinderzuschläge und Kinderbeihilfen, die auf Grund der Besoldungsgesetze, besonderer Tarife oder ähnlicher Vorschriften gewährt werden. [3]Voraussetzung für die Steuerfreiheit ist, dass der Empfänger mit den Bezügen nicht zu einer bestimmten wissenschaftlichen oder künstlerischen Gegenleistung oder zu einer bestimmten Arbeitnehmertätigkeit verpflichtet wird. [4]Den Bezügen aus öffentlichen Mitteln wegen Hilfsbedürftigkeit gleichgestellt sind Beitragsermäßigungen und Prämienrückzahlungen eines Trägers der gesetzlichen Krankenversicherung für nicht in Anspruch genommene Beihilfeleistungen;

11a. zusätzlich zum ohnehin geschuldeten Arbeitslohn vom Arbeitgeber in der Zeit vom 1. März 2020 bis zum 31. März 2022 auf Grund der Corona-Krise an seine Arbeitnehmer in Form von Zuschüssen und Sachbezügen gewährte Beihilfen und Unterstützungen bis zu einem Betrag von 1 500 Euro;

11b. zusätzlich zum ohnehin geschuldeten Arbeitslohn vom Arbeitgeber in der Zeit vom 18. November 2021 bis zum 31. Dezember 2022 an seine Arbeitnehmer zur Anerkennung besonderer Leistungen während der Corona-Krise gewährte Leistungen bis zu einem Betrag von 4 500 Euro. [2]Voraussetzung für die Steuerbefreiung ist, dass die Arbeitnehmer in Einrichtungen im Sinne des § 23 Absatz 3 Satz 1 Nummer 1 bis 4, 8, 11 oder Nummer 12 des Infektionsschutzgesetzes oder § 36 Absatz 1 Nummer 2 oder Nummer 7 des Infektionsschutzgesetzes tätig sind; maßgeblich ist jeweils die am 22. Juni 2022 gültige Fassung des Infektionsschutzgesetzes. [3]Die Steuerbefreiung gilt entsprechend für Personen, die in den in Satz 2 genannten Einrichtungen im Rahmen einer Arbeitnehmerüberlassung oder im Rahmen eines Werk- oder Dienstleistungsvertrags eingesetzt werden. [4]Nummer 11a findet auf die Leistungen im Sinne der Sätze 1 bis 3 keine Anwendung. [5]Abweichend von Satz 1 gilt die Steuerbefreiung für Leistungen nach § 150c des Elften Buches Sozialgesetzbuch in der Fassung des Gesetzes zur Stärkung des Schutzes der Bevölkerung und insbesondere vulnerabler Personengruppen vor COVID-19 vom 16. September 2022 (BGBl. I S. 1454) auch dann, wenn sie in der Zeit bis zum 31. Mai 2023 gewährt werden;

11c. zusätzlich zum ohnehin geschuldeten Arbeitslohn vom Arbeitgeber in der Zeit vom 26. Oktober 2022 bis zum 31. Dezember 2024 in Form von Zuschüssen und Sachbezügen gewährte Leistungen zur Abmilderung der gestiegenen Verbraucherpreise bis zu einem Betrag von 3 000 Euro;

12. aus einer Bundeskasse oder Landeskasse gezahlte Bezüge, die zum einen
a) in einem Bundesgesetz oder Landesgesetz,
b) auf Grundlage einer bundesgesetzlichen oder landesgesetzlichen Ermächtigung beruhenden Bestimmung oder
c) von der Bundesregierung oder einer Landesregierung
als Aufwandsentschädigung festgesetzt sind und die zum anderen jeweils auch als Aufwandsentschädigung im Haushaltsplan ausgewiesen werden. [2]Das Gleiche gilt für andere Bezüge, die als Aufwandsentschädigung aus öffentlichen Kassen an öffentliche Dienste leistende Personen gezahlt werden, soweit nicht festgestellt wird, dass sie für Verdienstausfall oder Zeitverlust gewährt werden oder den Aufwand, der dem Empfänger erwächst, offenbar übersteigen;

13. die aus öffentlichen Kassen gezahlten Reisekostenvergütungen, Umzugskostenvergütungen und Trennungsgelder. [2]Die als Reisekostenvergütungen gezahlten Vergütungen für Verpflegung sind nur insoweit steuerfrei, als sie die Pauschbeträge nach § 9 Absatz 4a nicht übersteigen; Trennungsgelder sind nur insoweit steuerfrei, als sie die nach § 9 Absatz 1 Satz 3 Nummer 5 und Absatz 4a abziehbaren Aufwendungen nicht übersteigen;
14. Zuschüsse eines Trägers der gesetzlichen Rentenversicherung zu den Aufwendungen eines Rentners für seine Krankenversicherung und von dem gesetzlichen Rentenversicherungsträger getragene Anteile (§ 249a des Fünften Buches Sozialgesetzbuch) an den Beiträgen für die gesetzliche Krankenversicherung;
14a. der Anteil der Rente aus der gesetzlichen Rentenversicherung, der auf Grund des Zuschlags an Entgeltpunkten für langjährige Versicherung nach dem Sechsten Buch Sozialgesetzbuch geleistet wird;
15. Zuschüsse des Arbeitgebers, die zusätzlich zum ohnehin geschuldeten Arbeitslohn zu den Aufwendungen des Arbeitnehmers für Fahrten mit öffentlichen Verkehrsmitteln im Linienverkehr (ohne Luftverkehr) zwischen Wohnung und erster Tätigkeitsstätte und nach § 9 Absatz 1 Satz 3 Nummer 4a Satz 3 sowie für Fahrten im öffentlichen Personennahverkehr gezahlt werden. [2]Das Gleiche gilt für die unentgeltliche oder verbilligte Nutzung öffentlicher Verkehrsmittel im Linienverkehr (ohne Luftverkehr) für Fahrten zwischen Wohnung und erster Tätigkeitsstätte und nach § 9 Absatz 1 Satz 3 Nummer 4a Satz 3 sowie für Fahrten im öffentlichen Personennahverkehr, die der Arbeitnehmer auf Grund seines Dienstverhältnisses zusätzlich zum ohnehin geschuldeten Arbeitslohn in Anspruch nehmen kann. [3]Die nach den Sätzen 1 und 2 steuerfreien Leistungen mindern den nach § 9 Absatz 1 Satz 3 Nummer 4 Satz 2 abziehbaren Betrag;
16. die Vergütungen, die Arbeitnehmer außerhalb des öffentlichen Dienstes von ihrem Arbeitgeber zur Erstattung von Reisekosten, Umzugskosten oder Mehraufwendungen bei doppelter Haushaltsführung erhalten, soweit sie die nach § 9 als Werbungskosten abziehbaren Aufwendungen nicht übersteigen;
17. Zuschüsse zum Beitrag nach § 32 des Gesetzes über die Alterssicherung der Landwirte;
18. das Aufgeld für ein an die Bank für Vertriebene und Geschädigte (Lastenausgleichsbank) zugunsten des Ausgleichsfonds (§ 5 des Lastenausgleichsgesetzes) gegebenes Darlehen, wenn das Darlehen nach § 7f des Gesetzes in der Fassung der Bekanntmachung vom 15. September 1953 (BGBl. I S. 1355) im Jahr der Hingabe als Betriebsausgabe abzugsfähig war;
19. Weiterbildungsleistungen des Arbeitgebers oder auf dessen Veranlassung von einem Dritten
    a) für Maßnahmen nach § 82 Absatz 1 und 2 und § 82a des Dritten Buches Sozialgesetzbuch oder
    b) die der Verbesserung der Beschäftigungsfähigkeit des Arbeitnehmers dienen.

    [2]Steuerfrei sind auch Beratungsleistungen des Arbeitgebers oder auf dessen Veranlassung von einem Dritten zur beruflichen Neuorientierung bei Beendigung des Dienstverhältnisses. [3]Die Leistungen im Sinne der Sätze 1 und 2 dürfen keinen überwiegenden Belohnungscharakter haben;
20. die aus öffentlichen Mitteln des Bundespräsidenten aus sittlichen oder sozialen Gründen gewährten Zuwendungen an besonders verdiente Personen oder ihre Hinterbliebenen;
21. [1]Einnahmen aus nichtselbständiger Arbeit nach § 19 Absatz 1 Satz 1 Nummer 1 bis zu einer Höhe von insgesamt 24 000 Euro im Jahr, soweit die Einnahmen für vom Steuerpflichtigen ab dem Folgemonat nach Erreichen der Regelaltersgrenze gemäß § 35 Satz 2 oder § 235 des Sechsten Buches Sozial-

gesetzbuch erbrachte Leistungen zufließen und der Arbeitgeber für diese Leistungen Beiträge nach § 168 Absatz 1 Nummer 1 oder Nummer 1d oder Absatz 3, § 172 Absatz 1 oder § 172a des Sechsten Buches Sozialgesetzbuch zu entrichten hat. [2]Die Steuerfreiheit gilt nicht, wenn die Einnahmen bereits nach anderen Vorschriften steuerfrei sind. [3]Für jeden Kalendermonat, in dem die Voraussetzungen des Satzes 1 nicht vorgelegen haben, ermäßigt sich der Steuerfreibetrag um ein Zwölftel. [4]Beim Lohnsteuerabzug ist der Freibetrag in der Steuerklasse VI nur zu berücksichtigen, wenn der Steuerpflichtige gegenüber dem Arbeitgeber bestätigt hat, dass die Steuerbefreiung nach Satz 1 nicht bereits in einem anderen Dienstverhältnis berücksichtigt wird. [5]Diese Bestätigung ist zum Lohnkonto zu nehmen. [6]Im Lohnsteuerabzugsverfahren ist der Steuerfreibetrag zeitanteilig zu berücksichtigen; dies gilt entsprechend bei der Veranlagung zur Einkommensteuer;

22. *(aufgehoben)*
23. **die Leistungen nach**
    a) dem Häftlingshilfegesetz,
    b) dem Strafrechtlichen Rehabilitierungsgesetz,
    c) dem Verwaltungsrechtlichen Rehabilitierungsgesetz,
    d) dem Beruflichen Rehabilitierungsgesetz,
    e) dem Gesetz zur strafrechtlichen Rehabilitierung der nach dem 8. Mai 1945 wegen einvernehmlicher homosexueller Handlungen verurteilten Personen und
    f) dem Gesetz zur Rehabilitierung der wegen einvernehmlicher homosexueller Handlungen, wegen ihrer homosexuellen Orientierung oder wegen ihrer geschlechtlichen Identität dienstrechtlich benachteiligten Soldatinnen und Soldaten;
24. **Leistungen, die auf Grund des Bundeskindergeldgesetzes gewährt werden;**
25. **Entschädigungen nach dem Infektionsschutzgesetz vom 20. Juli 2000 (BGBl. I S. 1045);**
26. **Einnahmen aus nebenberuflichen Tätigkeiten zur Förderung gemeinnütziger, mildtätiger und kirchlicher Zwecke (§§ 52 bis 54 der Abgabenordnung) als Übungsleiter, Ausbilder, Erzieher, Betreuer oder vergleichbaren nebenberuflichen Tätigkeiten, aus nebenberuflichen künstlerischen Tätigkeiten oder der nebenberuflichen Pflege alter, kranker Menschen oder Menschen mit Behinderungen im Dienst oder Auftrag einer juristischen Person des öffentlichen Rechts, die in einem Mitgliedstaat der Europäischen Union, in einem Staat, auf den das Abkommen über den Europäischen Wirtschaftsraum Anwendung findet, oder in der Schweiz belegen ist, oder einer unter § 5 Absatz 1 Nummer 9 des Körperschaftsteuergesetzes fallenden Einrichtung bis zur Höhe von insgesamt 3 300 Euro im Jahr. [2]Überschreiten die Einnahmen für die in Satz 1 bezeichneten Tätigkeiten den steuerfreien Betrag, dürfen die mit den nebenberuflichen Tätigkeiten in unmittelbarem wirtschaftlichen Zusammenhang stehenden Ausgaben abweichend von § 3c nur insoweit als Betriebsausgaben oder Werbungskosten abgezogen werden, als sie den Betrag der steuerfreien Einnahmen übersteigen;**

26a. **Einnahmen aus nebenberuflichen Tätigkeiten zur Förderung gemeinnütziger, mildtätiger und kirchlicher Zwecke (§§ 52 bis 54 der Abgabenordnung) im Dienst oder Auftrag einer juristischen Person des öffentlichen Rechts, die in einem Mitgliedstaat der Europäischen Union, in einem Staat, auf den das Abkommen über den Europäischen Wirtschaftsraum Anwendung findet, oder in der Schweiz belegen ist, oder einer unter § 5 Absatz 1 Nummer 9 des Körperschaftsteuergesetzes fallenden Einrichtung bis zur Höhe von insgesamt 960 Euro im Jahr. [2]Die Steuerbefreiung ist ausgeschlossen, wenn für die Einnahmen aus der Tätigkeit – ganz oder teilweise – eine Steuerbefreiung nach § 3 Nummer 12, 26 oder 26b gewährt wird. [3]Überschreiten die Ein-**

nahmen für die in Satz 1 bezeichneten Tätigkeiten den steuerfreien Betrag, dürfen die mit den nebenberuflichen Tätigkeiten in unmittelbarem wirtschaftlichen Zusammenhang stehenden Ausgaben abweichend von § 3c nur insoweit als Betriebsausgaben oder Werbungskosten abgezogen werden, als sie den Betrag der steuerfreien Einnahmen übersteigen;

26b. Aufwandspauschalen nach § 1878 des Bürgerlichen Gesetzbuchs, soweit sie zusammen mit den steuerfreien Einnahmen im Sinne der Nummer 26 den Freibetrag nach Nummer 26 Satz 1 nicht überschreiten. [2]Nummer 26 Satz 2 gilt entsprechend;

27. der Grundbetrag der Produktionsaufgaberente und das Ausgleichsgeld nach dem Gesetz zur Förderung der Einstellung der landwirtschaftlichen Erwerbstätigkeit bis zum Höchstbetrag von 18 407 Euro;

28. die Aufstockungsbeträge im Sinne des § 3 Absatz 1 Nummer 1 Buchstabe a sowie die Beiträge und Aufwendungen im Sinne des § 3 Absatz 1 Nummer 1 Buchstabe b und des § 4 Absatz 2 des Altersteilzeitgesetzes, die Zuschläge, die versicherungsfrei Beschäftigte im Sinne des § 27 Absatz 1 Nummer 1 bis 3 des Dritten Buches Sozialgesetzbuch zur Aufstockung der Bezüge bei Altersteilzeit nach beamtenrechtlichen Vorschriften oder Grundsätzen erhalten sowie die Zahlungen des Arbeitgebers zur Übernahme der Beiträge im Sinne des § 187a des Sechsten Buches Sozialgesetzbuch, soweit sie 50 Prozent der Beiträge nicht übersteigen;

28a. Zuschüsse des Arbeitgebers zum Kurzarbeitergeld und Saison-Kurzarbeitergeld, soweit sie zusammen mit dem Kurzarbeitergeld 80 Prozent des Unterschiedsbetrags zwischen dem Soll-Entgelt und dem Ist-Entgelt nach § 106 des Dritten Buches Sozialgesetzbuch nicht übersteigen und sie für Lohnzahlungszeiträume, die nach dem 29. Februar 2020 beginnen und vor dem 1. Juli 2022 enden, geleistet werden;

29. das Gehalt und die Bezüge,
    a) die die diplomatischen Vertreter ausländischer Staaten, die ihnen zugewiesenen Beamten und die in ihren Diensten stehenden Personen erhalten. [2]Dies gilt nicht für deutsche Staatsangehörige oder für im Inland ständig ansässige Personen;
    b) der Berufskonsuln, der Konsulatsangehörigen und ihres Personals, soweit sie Angehörige des Entsendestaates sind. [2]Dies gilt nicht für Personen, die im Inland ständig ansässig sind oder außerhalb ihres Amtes oder Dienstes einen Beruf, ein Gewerbe oder eine andere gewinnbringende Tätigkeit ausüben;

30. Entschädigungen für die betriebliche Benutzung von Werkzeugen eines Arbeitnehmers (Werkzeuggeld), soweit sie die entsprechenden Aufwendungen des Arbeitnehmers nicht offensichtlich übersteigen;

31. die typische Berufskleidung, die der Arbeitgeber seinem Arbeitnehmer unentgeltlich oder verbilligt überlässt; dasselbe gilt für eine Barablösung eines nicht nur einzelvertraglichen Anspruchs auf Gestellung von typischer Berufskleidung, wenn die Barablösung betrieblich veranlasst ist und die entsprechenden Aufwendungen des Arbeitnehmers nicht offensichtlich übersteigt;

32. die unentgeltliche oder verbilligte Sammelbeförderung eines Arbeitnehmers zwischen Wohnung und erster Tätigkeitsstätte sowie bei Fahrten nach § 9 Absatz 1 Satz 3 Nummer 4a Satz 3 mit einem vom Arbeitgeber gestellten Beförderungsmittel, soweit die Sammelbeförderung für den betrieblichen Einsatz des Arbeitnehmers notwendig ist;

33. zusätzlich zum ohnehin geschuldeten Arbeitslohn erbrachte Leistungen des Arbeitgebers zur Unterbringung und Betreuung von nicht schulpflichtigen Kindern der Arbeitnehmer in Kindergärten oder vergleichbaren Einrichtungen;

34. zusätzlich zum ohnehin geschuldeten Arbeitslohn erbrachte Leistungen des Arbeitgebers zur Verhinderung und Verminderung von Krankheitsrisiken und zur Förderung der Gesundheit in Betrieben, die hinsichtlich Qualität, Zweckbindung, Zielgerichtetheit und Zertifizierung den Anforderungen der §§ 20 und 20b des Fünften Buches Sozialgesetzbuch genügen, soweit sie 600 Euro im Kalenderjahr nicht übersteigen;

34a. zusätzlich zum ohnehin geschuldeten Arbeitslohn erbrachte Leistungen des Arbeitgebers

a) an ein Dienstleistungsunternehmen, das den Arbeitnehmer hinsichtlich der Betreuung von Kindern oder pflegebedürftigen Angehörigen berät oder hierfür Betreuungspersonen vermittelt sowie

b) zur kurzfristigen Betreuung von Kindern im Sinne des § 32 Absatz 1, die das 14. Lebensjahr noch nicht vollendet haben oder die wegen einer vor Vollendung des 25. Lebensjahres eingetretenen körperlichen, geistigen oder seelischen Behinderung außerstande sind, sich selbst zu unterhalten oder pflegebedürftigen Angehörigen des Arbeitnehmers, wenn die Betreuung aus zwingenden und beruflich veranlassten Gründen notwendig ist, auch wenn sie im privaten Haushalt des Arbeitnehmers stattfindet, soweit die Leistungen 600 Euro im Kalenderjahr nicht übersteigen;

35. die Einnahmen der bei der Deutsche Post AG, Deutsche Postbank AG oder Deutsche Telekom AG beschäftigten Beamten, soweit die Einnahmen ohne Neuordnung des Postwesens und der Telekommunikation nach den Nummern 11 bis 13 und 64 steuerfrei wären;

36. Einnahmen für Leistungen zu körperbezogenen Pflegemaßnahmen, pflegerischen Betreuungsmaßnahmen oder Hilfen bei der Haushaltsführung bis zur Höhe des Pflegegeldes nach § 37 des Elften Buches Sozialgesetzbuch, mindestens aber bis zur Höhe des Entlastungsbetrages nach § 45b Absatz 1 Satz 1 des Elften Buches Sozialgesetzbuch, wenn diese Leistungen von Angehörigen des Pflegebedürftigen oder von anderen Personen, die damit eine sittliche Pflicht im Sinne des § 33 Absatz 2 gegenüber dem Pflegebedürftigen erfüllen, erbracht werden. [2]Entsprechendes gilt, wenn der Pflegebedürftige vergleichbare Leistungen aus privaten Versicherungsverträgen nach den Vorgaben des Elften Buches Sozialgesetzbuch oder nach den Beihilfevorschriften für häusliche Pflege erhält;

37. zusätzlich zum ohnehin geschuldeten Arbeitslohn vom Arbeitgeber gewährte Vorteile für die Überlassung eines betrieblichen Fahrrads, das kein Kraftfahrzeug im Sinne des § 6 Absatz 1 Nummer 4 Satz 2 ist;

38. Sachprämien, die der Steuerpflichtige für die persönliche Inanspruchnahme von Dienstleistungen von Unternehmen unentgeltlich erhält, die diese zum Zwecke der Kundenbindung im allgemeinen Geschäftsverkehr in einem jedermann zugänglichen planmäßigen Verfahren gewähren, soweit der Wert der Prämien 1080 Euro im Kalenderjahr nicht übersteigt;

39. der Vorteil des Arbeitnehmers im Rahmen eines gegenwärtigen Dienstverhältnisses aus der unentgeltlichen oder verbilligten Überlassung von Vermögensbeteiligungen im Sinne des § 2 Absatz 1 Nummer 1 Buchstabe a, b und f bis l und Absatz 2 bis 5 des Fünften Vermögensbildungsgesetzes in der Fassung der Bekanntmachung vom 4. März 1994 (BGBl. I S. 406), zuletzt geändert durch Artikel 2 des Gesetzes vom 7. März 2009 (BGBl. I S. 451), in der jeweils geltenden Fassung, am Unternehmen des Arbeitgebers, soweit der Vorteil insgesamt 2000 Euro im Kalenderjahr nicht übersteigt. [2]Voraussetzung für die Steuerfreiheit ist, dass die Beteiligung mindestens allen Arbeitnehmern offensteht, die im Zeitpunkt der Bekanntgabe des Angebots ein Jahr oder länger ununterbrochen in einem gegenwärtigen Dienstverhältnis zum Unternehmen stehen. [3]Als Unternehmen des Arbeitgebers im Sinne des Satzes 1 gilt auch ein Unternehmen im Sinne des § 18 des Aktien-

gesetzes. [4]Als Wert der Vermögensbeteiligung ist der gemeine Wert anzusetzen;

40. 40 Prozent

a) der Betriebsvermögensmehrungen oder Einnahmen aus der Veräußerung oder der Entnahme von Anteilen an Körperschaften, Personenvereinigungen und Vermögensmassen, deren Leistungen beim Empfänger zu Einnahmen im Sinne des § 20 Absatz 1 Nummer 1 und 9 gehören, oder an einer Organgesellschaft im Sinne des § 14 oder § 17 des Körperschaftsteuergesetzes oder aus deren Auflösung oder Herabsetzung von deren Nennkapital oder aus dem Ansatz eines solchen Wirtschaftsguts mit dem Wert, der sich nach § 6 Absatz 1 Nummer 2 Satz 3 ergibt, soweit sie zu den Einkünften aus Land- und Forstwirtschaft, aus Gewerbebetrieb oder aus selbständiger Arbeit gehören. [2]Dies gilt nicht, soweit der Ansatz des niedrigeren Teilwerts in vollem Umfang zu einer Gewinnminderung geführt hat und soweit diese Gewinnminderung nicht durch Ansatz eines Werts, der sich nach § 6 Absatz 1 Nummer 2 Satz 3 ergibt, ausgeglichen worden ist. [3]Satz 1 gilt außer für Betriebsvermögensmehrungen aus dem Ansatz mit dem Wert, der sich nach § 6 Absatz 1 Nummer 2 Satz 3 ergibt, ebenfalls nicht, soweit Abzüge nach § 6b oder ähnliche Abzüge voll steuerwirksam vorgenommen worden sind,

b) des Veräußerungspreises im Sinne des § 16 Absatz 2, soweit er auf die Veräußerung von Anteilen an Körperschaften, Personenvereinigungen und Vermögensmassen entfällt, deren Leistungen beim Empfänger zu Einnahmen im Sinne des § 20 Absatz 1 Nummer 1 und 9 gehören, oder an einer Organgesellschaft im Sinne des § 14 oder § 17 des Körperschaftsteuergesetzes. [2]Satz 1 ist in den Fällen des § 16 Absatz 3 entsprechend anzuwenden. [3]Buchstabe a Satz 3 gilt entsprechend,

c) des Veräußerungspreises oder des gemeinen Werts im Sinne des § 17 Absatz 2. [2]Satz 1 ist in den Fällen des § 17 Absatz 4 entsprechend anzuwenden,

d) der Bezüge im Sinne des § 20 Absatz 1 Nummer 1 und der Einnahmen im Sinne des § 20 Absatz 1 Nummer 9. [2]Dies gilt nur, soweit sie das Einkommen der leistenden Körperschaft nicht gemindert haben. [3]Sofern die Bezüge in einem anderen Staat auf Grund einer vom deutschen Recht abweichenden steuerlichen Zurechnung einer anderen Person zugerechnet werden, gilt Satz 1 nur, soweit das Einkommen der anderen Person oder ihr nahestehender Personen nicht niedriger ist als bei einer dem deutschen Recht entsprechenden Zurechnung. [4]Satz 1 Buchstabe d Satz 2 gilt nicht, soweit eine verdeckte Gewinnausschüttung das Einkommen einer dem Steuerpflichtigen nahe stehenden Person erhöht hat und § 32a des Körperschaftsteuergesetzes auf die Veranlagung dieser nahe stehenden Person keine Anwendung findet,

e) der Bezüge im Sinne des § 20 Absatz 1 Nummer 2,

f) der besonderen Entgelte oder Vorteile im Sinne des § 20 Absatz 3, die neben den in § 20 Absatz 1 Nummer 1 und Absatz 2 Satz 1 Nummer 2 Buchstabe a bezeichneten Einnahmen oder an deren Stelle gewährt werden,

g) des Gewinns aus der Veräußerung von Dividendenscheinen und sonstigen Ansprüchen im Sinne des § 20 Absatz 2 Satz 1 Nummer 2 Buchstabe a,

h) des Gewinns aus der Abtretung von Dividendenansprüchen oder sonstigen Ansprüchen im Sinne des § 20 Absatz 2 Satz 1 Nummer 2 Buchstabe a in Verbindung mit § 20 Absatz 2 Satz 2,

i) der Bezüge im Sinne des § 22 Nummer 1 Satz 2, soweit diese von einer nicht von der Körperschaftsteuer befreiten Körperschaft, Personenvereinigung oder Vermögensmasse stammen.

[2]Dies gilt für Satz 1 Buchstabe d bis h nur in Verbindung mit § 20 Absatz 8. [3]Satz 1 Buchstabe a, b und d bis h ist nicht anzuwenden auf Anteile, die bei Kreditinstituten, Finanzdienstleistungsinstituten und Wertpapierinstituten dem Handelsbestand im Sinne des § 340e Absatz 3 des Handelsgesetzbuchs zuzuordnen sind; Gleiches gilt für Anteile, die bei Finanzunternehmen im Sinne des Kreditwesengesetzes, an denen Kreditinstitute, Finanzdienstleistungsinstitute oder Wertpapierinstitute unmittelbar oder mittelbar zu mehr als 50 Prozent beteiligt sind, zum Zeitpunkt des Zugangs zum Betriebsvermögen als Umlaufvermögen auszuweisen sind. [4]Satz 1 ist nicht anzuwenden bei Anteilen an Unterstützungskassen;

40a. 40 Prozent der Vergütungen im Sinne des § 18 Absatz 1 Nummer 4;

41. *(aufgehoben)*

42. die Zuwendungen, die auf Grund des Fulbright-Abkommens gezahlt werden;

43. der Ehrensold für Künstler sowie Zuwendungen aus Mitteln der Deutschen Künstlerhilfe, wenn es sich um Bezüge aus öffentlichen Mitteln handelt, die wegen der Bedürftigkeit des Künstlers gezahlt werden;

44. Stipendien, die aus öffentlichen Mitteln oder von zwischenstaatlichen oder überstaatlichen Einrichtungen, denen die Bundesrepublik Deutschland als Mitglied angehört, zur Förderung der Forschung oder zur Förderung der wissenschaftlichen oder künstlerischen Ausbildung oder Fortbildung gewährt werden. [2]Das Gleiche gilt für Stipendien, die zu den in Satz 1 bezeichneten Zwecken von einer Einrichtung, die von einer Körperschaft des öffentlichen Rechts errichtet ist oder verwaltet wird, oder von einer Körperschaft, Personenvereinigung oder Vermögensmasse im Sinne des § 5 Absatz 1 Nummer 9 des Körperschaftsteuergesetzes gegeben werden. [3]Voraussetzung für die Steuerfreiheit ist, dass
   a) die Stipendien einen für die Erfüllung der Forschungsaufgabe oder für die Bestreitung des Lebensunterhalts und die Deckung des Ausbildungsbedarfs erforderlichen Betrag nicht übersteigen und nach den von dem Geber erlassenen Richtlinien vergeben werden,
   b) der Empfänger im Zusammenhang mit dem Stipendium nicht zu einer bestimmten wissenschaftlichen oder künstlerischen Gegenleistung oder zu einer bestimmten Arbeitnehmertätigkeit verpflichtet ist;

45. die Vorteile des Arbeitnehmers aus der privaten Nutzung von betrieblichen Datenverarbeitungsgeräten und Telekommunikationsgeräten sowie deren Zubehör, aus zur privaten Nutzung überlassenen System- und Anwendungsprogrammen, die der Arbeitgeber auch in seinem Betrieb einsetzt, und aus den im Zusammenhang mit diesen Zuwendungen erbrachten Dienstleistungen. [2]Satz 1 gilt entsprechend für Steuerpflichtige, denen die Vorteile im Rahmen einer Tätigkeit zugewendet werden, für die sie eine Aufwandsentschädigung im Sinne des § 3 Nummer 12 erhalten;

46. zusätzlich zum ohnehin geschuldeten Arbeitslohn vom Arbeitgeber gewährte Vorteile für das elektrische Aufladen eines Elektrofahrzeugs oder Hybridelektrofahrzeugs im Sinne des § 6 Absatz 1 Nummer 4 Satz 2 zweiter Halbsatz an einer ortsfesten betrieblichen Einrichtung des Arbeitgebers oder eines verbundenen Unternehmens (§ 15 des Aktiengesetzes) und für die zur privaten Nutzung überlassene betriebliche Ladevorrichtung;

47. Leistungen nach § 14a Absatz 4 und § 14b des Arbeitsplatzschutzgesetzes;

48. Leistungen nach dem Unterhaltssicherungsgesetz mit Ausnahme der Leistungen nach § 6 des Unterhaltssicherungsgesetzes;

49. *(aufgehoben)*

50. die Beträge, die der Arbeitnehmer vom Arbeitgeber erhält, um sie für ihn auszugeben (durchlaufende Gelder), und die Beträge, durch die Auslagen des Arbeitnehmers für den Arbeitgeber ersetzt werden (Auslagenersatz);

51. **Trinkgelder, die anlässlich einer Arbeitsleistung dem Arbeitnehmer von Dritten freiwillig und ohne dass ein Rechtsanspruch auf sie besteht, zusätzlich zu dem Betrag gegeben werden, der für diese Arbeitsleistung zu zahlen ist;**
52. *(weggefallen)*
53. **die Übertragung von Wertguthaben nach § 7f Absatz 1 Satz 1 Nummer 2 des Vierten Buches Sozialgesetzbuch auf die Deutsche Rentenversicherung Bund. [2]Die Leistungen aus dem Wertguthaben durch die Deutsche Rentenversicherung Bund gehören zu den Einkünften aus nichtselbständiger Arbeit im Sinne des § 19. [3]Von ihnen ist Lohnsteuer einzubehalten;**
54. **Zinsen aus Entschädigungsansprüchen für deutsche Auslandsbonds im Sinne der §§ 52 bis 54 des Bereinigungsgesetzes für deutsche Auslandsbonds in der im Bundesgesetzblatt Teil III, Gliederungsnummer 4139-2, veröffentlichten bereinigten Fassung, soweit sich die Entschädigungsansprüche gegen den Bund oder die Länder richten. [2]Das Gleiche gilt für die Zinsen aus Schuldverschreibungen und Schuldbuchforderungen, die nach den §§ 9, 10 und 14 des Gesetzes zur näheren Regelung der Entschädigungsansprüche für Auslandsbonds in der im Bundesgesetzblatt Teil III, Gliederungsnummer 4139-3, veröffentlichten bereinigten Fassung vom Bund oder von den Ländern für Entschädigungsansprüche erteilt oder eingetragen werden;**
55. **der in den Fällen des § 4 Absatz 2 Nummer 2 und Absatz 3 des Betriebsrentengesetzes vom 19. Dezember 1974 (BGBl. I S. 3610), das zuletzt durch Artikel 8 des Gesetzes vom 5. Juli 2004 (BGBl. I S. 1427) geändert worden ist, in der jeweils geltenden Fassung geleistete Übertragungswert nach § 4 Absatz 5 des Betriebsrentengesetzes, wenn die betriebliche Altersversorgung beim ehemaligen und neuen Arbeitgeber über einen Pensionsfonds, eine Pensionskasse oder ein Unternehmen der Lebensversicherung durchgeführt wird; dies gilt auch, wenn eine Versorgungsanwartschaft aus einer betrieblichen Altersversorgung auf Grund vertraglicher Vereinbarung ohne Fristerfordernis unverfallbar ist. [2]Satz 1 gilt auch, wenn der Übertragungswert vom ehemaligen Arbeitgeber oder von einer Unterstützungskasse an den neuen Arbeitgeber oder eine andere Unterstützungskasse geleistet wird. [3]Die Leistungen des neuen Arbeitgebers, der Unterstützungskasse, des Pensionsfonds, der Pensionskasse oder des Unternehmens der Lebensversicherung auf Grund des Betrags nach Satz 1 und 2 gehören zu den Einkünften, zu denen die Leistungen gehören würden, wenn die Übertragung nach § 4 Absatz 2 Nummer 2 und Absatz 3 des Betriebsrentengesetzes nicht stattgefunden hätte;**

55a. **die nach § 10 des Versorgungsausgleichsgesetzes vom 3. April 2009 (BGBl. I S. 700) in der jeweils geltenden Fassung (interne Teilung) durchgeführte Übertragung von Anrechten für die ausgleichsberechtigte Person zu Lasten von Anrechten der ausgleichspflichtigen Person. [2]Die Leistungen aus diesen Anrechten gehören bei der ausgleichsberechtigten Person zu den Einkünften, zu denen die Leistungen bei der ausgleichspflichtigen Person gehören würden, wenn die interne Teilung nicht stattgefunden hätte;**

55b. **der nach § 14 des Versorgungsausgleichsgesetzes (externe Teilung) geleistete Ausgleichswert zur Begründung von Anrechten für die ausgleichsberechtigte Person zu Lasten von Anrechten der ausgleichspflichtigen Person, soweit Leistungen aus diesen Anrechten zu steuerpflichtigen Einkünften nach den §§ 19, 20 und 22 führen würden. [2]Satz 1 gilt nicht, soweit Leistungen, die auf dem begründeten Anrecht beruhen, bei der ausgleichsberechtigten Person zu Einkünften nach § 20 Absatz 1 Nummer 6 oder § 22 Nummer 1 Satz 3 Buchstabe a Doppelbuchstabe bb führen würden. [3]Der Versorgungsträger der ausgleichspflichtigen Person hat den Versorgungsträger der ausgleichsberechtigten Person über die für die Besteuerung der Leistungen erforderlichen Grundlagen zu informieren. [4]Dies gilt nicht, wenn der Versorgungs-**

träger der ausgleichsberechtigten Person die Grundlagen bereits kennt oder aus den bei ihm vorhandenen Daten feststellen kann und dieser Umstand dem Versorgungsträger der ausgleichspflichtigen Person mitgeteilt worden ist;

55c. Übertragungen von Altersvorsorgevermögen im Sinne des § 92 auf einen anderen auf den Namen des Steuerpflichtigen lautenden Altersvorsorgevertrag (§ 1 Absatz 1 Satz 1 Nummer 10 Buchstabe b des Altersvorsorgeverträge-Zertifizierungsgesetzes), soweit die Leistungen zu steuerpflichtigen Einkünften nach § 22 Nummer 5 führen würden. [2]Dies gilt entsprechend,

a) wenn Anwartschaften aus einer betrieblichen Altersversorgung, die über einen Pensionsfonds, eine Pensionskasse oder ein Unternehmen der Lebensversicherung (Direktversicherung) durchgeführt wird, lediglich auf einen anderen Träger einer betrieblichen Altersversorgung in Form eines Pensionsfonds, einer Pensionskasse oder eines Unternehmens der Lebensversicherung (Direktversicherung) übertragen werden, soweit keine Zahlungen unmittelbar an den Arbeitnehmer erfolgen,

b) wenn Anwartschaften der betrieblichen Altersversorgung abgefunden werden, soweit das Altersvorsorgevermögen zugunsten eines auf den Namen des Steuerpflichtigen lautenden Altersvorsorgevertrages geleistet wird, und in den Fällen des § 3 Absatz 2a des Betriebsrentengesetzes,

c) wenn im Fall des Todes des Steuerpflichtigen das Altersvorsorgevermögen auf einen auf den Namen des Ehegatten lautenden Altersvorsorgevertrag übertragen wird, wenn die Ehegatten im Zeitpunkt des Todes des Zulageberechtigten nicht dauernd getrennt gelebt haben (§ 26 Absatz 1) und ihren Wohnsitz oder gewöhnlichen Aufenthalt in einem Mitgliedstaat der Europäischen Union oder einem Staat hatten, auf den das Abkommen über den Europäischen Wirtschaftsraum anwendbar ist; dies gilt auch, wenn die Ehegatten ihren vor dem Zeitpunkt, ab dem das Vereinigte Königreich Großbritannien und Nordirland nicht mehr Mitgliedstaat der Europäischen Union ist und auch nicht wie ein solcher zu behandeln ist, begründeten Wohnsitz oder gewöhnlichen Aufenthalt im Vereinigten Königreich Großbritannien und Nordirland hatten und der Vertrag vor dem 23. Juni 2016 abgeschlossen worden ist;

55d. Übertragungen von Anrechten aus einem nach § 5a Altersvorsorgeverträge-Zertifizierungsgesetz zertifizierten Vertrag auf einen anderen auf den Namen des Steuerpflichtigen lautenden nach § 5a Altersvorsorgeverträge-Zertifizierungsgesetz zertifizierten Vertrag;

55e. die auf Grund eines Abkommens mit einer zwischen- oder überstaatlichen Einrichtung übertragenen Werte von Anrechten auf Altersversorgung, soweit diese zur Begründung von Anrechten auf Altersversorgung bei einer zwischen- oder überstaatlichen Einrichtung dienen. [2]Die Leistungen auf Grund des Betrags nach Satz 1 gehören zu den Einkünften, zu denen die Leistungen gehören, die die übernehmende Versorgungseinrichtung im Übrigen erbringt;

56. Zuwendungen des Arbeitgebers nach § 19 Absatz 1 Satz 1 Nummer 3 Satz 1 aus dem ersten Dienstverhältnis an eine Pensionskasse zum Aufbau einer nicht kapitalgedeckten betrieblichen Altersversorgung, bei der eine Auszahlung der zugesagten Alters-, Invaliditäts- oder Hinterbliebenenversorgung entsprechend § 82 Absatz 2 Satz 2 vorgesehen ist, soweit diese Zuwendungen im Kalenderjahr 2 Prozent der Beitragsbemessungsgrenze in der allgemeinen Rentenversicherung nicht übersteigen. [2]Der in Satz 1 genannte Höchstbetrag erhöht sich ab 1. Januar 2020 auf 3 Prozent und ab 1. Januar 2025 auf 4 Prozent der Beitragsbemessungsgrenze in der allgemeinen Rentenversicherung. [3]Die Beträge nach den Sätzen 1 und 2 sind jeweils um die nach § 3 Nummer 63 Satz 1, 3 oder Satz 4 steuerfreien Beträge zu mindern;

57. die Beträge, die die Künstlersozialkasse zugunsten des nach dem Künstlersozialversicherungsgesetz Versicherten aus dem Aufkommen von Künstlersozialabgabe und Bundeszuschuss an einen Träger der Sozialversicherung oder an den Versicherten zahlt;
58. das Wohngeld nach dem Wohngeldgesetz, die sonstigen Leistungen aus öffentlichen Haushalten oder Zweckvermögen zur Senkung der Miete oder Belastung im Sinne des § 11 Absatz 2 Nummer 4 des Wohngeldgesetzes sowie öffentliche Zuschüsse zur Deckung laufender Aufwendungen und Zinsvorteile bei Darlehen, die aus öffentlichen Haushalten gewährt werden, für eine zu eigenen Wohnzwecken genutzte Wohnung im eigenen Haus oder eine zu eigenen Wohnzwecken genutzte Eigentumswohnung, soweit die Zuschüsse und Zinsvorteile die Vorteile aus einer entsprechenden Förderung mit öffentlichen Mitteln nach dem *Zweiten Wohnungsbaugesetz,*[3] dem Wohnraumförderungsgesetz oder einem Landesgesetz zur Wohnraumförderung nicht überschreiten, der Zuschuss für die Wohneigentumsbildung in innerstädtischen Altbauquartieren nach den Regelungen zum Stadtumbau Ost in den Verwaltungsvereinbarungen über die Gewährung von Finanzhilfen des Bundes an die Länder nach Artikel 104a Absatz 4 des Grundgesetzes zur Förderung städtebaulicher Maßnahmen;
59. die Zusatzförderung nach § 88e des *Zweiten Wohnungsbaugesetzes*[3] und nach § 51f des Wohnungsbaugesetzes für das Saarland und Geldleistungen, die ein Mieter zum Zwecke der Wohnkostenentlastung nach dem Wohnraumförderungsgesetz oder einem Landesgesetz zur Wohnraumförderung erhält, soweit die Einkünfte dem Mieter zuzurechnen sind, und die Vorteile aus einer mietweisen Wohnungsüberlassung im Zusammenhang mit einem Arbeitsverhältnis, soweit sie die Vorteile aus einer entsprechenden Förderung nach dem *Zweiten Wohnungsbaugesetz,*[3] nach dem Wohnraumförderungsgesetz oder einem Landesgesetz zur Wohnraumförderung nicht überschreiten;
60. das Anpassungsgeld für Arbeitnehmer der Braunkohlekraftwerke und -tagebaue sowie Steinkohlekraftwerke, die aus Anlass einer Stilllegungsmaßnahme ihren Arbeitsplatz verloren haben;
61. Leistungen nach § 4 Absatz 1 Nummer 2, § 7 Absatz 3, §§ 9, 10 Absatz 1, §§ 13, 15 des Entwicklungshelfer-Gesetzes;
62. Ausgaben des Arbeitgebers für die Zukunftssicherung des Arbeitnehmers, soweit der Arbeitgeber dazu nach sozialversicherungsrechtlichen oder anderen gesetzlichen Vorschriften oder nach einer auf gesetzlicher Ermächtigung beruhenden Bestimmung verpflichtet ist, und es sich nicht um Zuwendungen oder Beiträge des Arbeitgebers nach den Nummern 56, 63 und 63a handelt. [2]Den Ausgaben des Arbeitgebers für die Zukunftssicherung, die auf Grund gesetzlicher Verpflichtung geleistet werden, werden gleichgestellt Zuschüsse des Arbeitgebers zu den Aufwendungen des Arbeitnehmers
    a) für eine Lebensversicherung,
    b) für die freiwillige Versicherung in der gesetzlichen Rentenversicherung,
    c) für eine öffentlich-rechtliche Versicherungs- oder Versorgungseinrichtung seiner Berufsgruppe,

    wenn der Arbeitnehmer von der Versicherungspflicht in der gesetzlichen Rentenversicherung befreit worden ist. [3]Die Zuschüsse sind nur insoweit steuerfrei, als sie insgesamt bei Befreiung von der Versicherungspflicht in der allgemeinen Rentenversicherung die Hälfte und bei Befreiung von der Versicherungspflicht in der knappschaftlichen Rentenversicherung zwei Drittel der Gesamtaufwendungen des Arbeitnehmers nicht übersteigen und

[3] Zweites Wohnungsbaugesetz aufgehoben ab 1. 1. 02.

nicht höher sind als der Betrag, der als Arbeitgeberanteil bei Versicherungspflicht in der allgemeinen Rentenversicherung oder in der knappschaftlichen Rentenversicherung zu zahlen wäre;

63. Beiträge des Arbeitgebers aus dem ersten Dienstverhältnis an einen Pensionsfonds, eine Pensionskasse oder für eine Direktversicherung zum Aufbau einer kapitalgedeckten betrieblichen Altersversorgung, bei der eine Auszahlung der zugesagten Alters-, Invaliditäts- oder Hinterbliebenenversorgungsleistungen entsprechend § 82 Absatz 2 Satz 2 vorgesehen ist, soweit die Beiträge im Kalenderjahr 8 Prozent der Beitragsbemessungsgrenze in der allgemeinen Rentenversicherung nicht übersteigen. [2]Dies gilt nicht, soweit der Arbeitnehmer nach § 1a Absatz 3 des Betriebsrentengesetzes verlangt hat, dass die Voraussetzungen für eine Förderung nach § 10a oder Abschnitt XI erfüllt werden. [3]Aus Anlass der Beendigung des Dienstverhältnisses geleistete Beiträge im Sinne des Satzes 1 sind steuerfrei, soweit sie 4 Prozent der Beitragsbemessungsgrenze in der allgemeinen Rentenversicherung, vervielfältigt mit der Anzahl der Kalenderjahre, in denen das Dienstverhältnis des Arbeitnehmers zu dem Arbeitgeber bestanden hat, höchstens jedoch zehn Kalenderjahre, nicht übersteigen. [4]Beiträge im Sinne des Satzes 1, die für Kalenderjahre nachgezahlt werden, in denen das erste Dienstverhältnis ruhte und vom Arbeitgeber im Inland kein steuerpflichtiger Arbeitslohn bezogen wurde, sind steuerfrei, soweit sie 8 Prozent der Beitragsbemessungsgrenze in der allgemeinen Rentenversicherung, vervielfältigt mit der Anzahl dieser Kalenderjahre, höchstens jedoch zehn Kalenderjahre, nicht übersteigen;

63a. Sicherungsbeiträge des Arbeitgebers nach § 23 Absatz 1 des Betriebsrentengesetzes, soweit sie nicht unmittelbar dem einzelnen Arbeitnehmer gutgeschrieben oder zugerechnet werden;

64. bei Arbeitnehmern, die zu einer inländischen juristischen Person des öffentlichen Rechts in einem Dienstverhältnis stehen und dafür Arbeitslohn aus einer inländischen öffentlichen Kasse beziehen, die Bezüge für eine Tätigkeit im Ausland insoweit, als sie den Arbeitslohn übersteigen, der dem Arbeitnehmer bei einer gleichwertigen Tätigkeit am Ort der zahlenden öffentlichen Kasse zustehen würde. [2]Satz 1 gilt auch, wenn das Dienstverhältnis zu einer anderen Person besteht, die den Arbeitslohn entsprechend den im Sinne des Satzes 1 geltenden Vorschriften ermittelt, der Arbeitslohn aus einer öffentlichen Kasse gezahlt wird und ganz oder im Wesentlichen aus öffentlichen Mitteln aufgebracht wird. [3]Bei anderen für einen begrenzten Zeitraum in das Ausland entsandten Arbeitnehmern, die dort einen Wohnsitz oder gewöhnlichen Aufenthalt haben, ist der ihnen von einem inländischen Arbeitgeber gewährte Kaufkraftausgleich steuerfrei, soweit er den für vergleichbare Auslandsdienstbezüge nach § 55 des Bundesbesoldungsgesetzes zulässigen Betrag nicht übersteigt;

65. a) Beiträge des Trägers der Insolvenzsicherung (§ 14 des Betriebsrentengesetzes) zugunsten eines Versorgungsberechtigten und seiner Hinterbliebenen an ein Unternehmen der Lebensversicherung zur Ablösung von Verpflichtungen, die der Träger der Insolvenzsicherung im Sicherungsfall gegenüber dem Versorgungsberechtigten und seinen Hinterbliebenen hat,
    b) Leistungen zur Übernahme von Versorgungsleistungen oder unverfallbaren Versorgungsanwartschaften durch eine Pensionskasse oder ein Unternehmen der Lebensversicherung in den in § 4 Absatz 4 des Betriebsrentengesetzes bezeichneten Fällen,
    c) der Erwerb von Ansprüchen durch den Arbeitnehmer gegenüber einem Dritten im Fall der Eröffnung des Insolvenzverfahrens oder in den Fällen des § 7 Absatz 1 Satz 4 des Betriebsrentengesetzes, soweit der Dritte ne-

ben dem Arbeitgeber für die Erfüllung von Ansprüchen auf Grund bestehender Versorgungsverpflichtungen oder Versorgungsanwartschaften gegenüber dem Arbeitnehmer und dessen Hinterbliebenen einsteht; dies gilt entsprechend, wenn der Dritte für Wertguthaben aus einer Vereinbarung über die Altersteilzeit nach dem Altersteilzeitgesetz vom 23. Juli 1996 (BGBl. I S. 1078), zuletzt geändert durch Artikel 234 der Verordnung vom 31. Oktober 2006 (BGBl. I S. 2407), in der jeweils geltenden Fassung oder auf Grund von Wertguthaben aus einem Arbeitszeitkonto in den im ersten Halbsatz genannten Fällen für den Arbeitgeber einsteht und

d) der Erwerb von Ansprüchen durch den Arbeitnehmer im Zusammenhang mit dem Eintritt in die Versicherung nach § 8 Absatz 2 des Betriebsrentengesetzes.

[2]In den Fällen nach Buchstabe a, b und c gehören die Leistungen der Pensionskasse, des Unternehmens der Lebensversicherung oder des Dritten zu den Einkünften, zu denen jene Leistungen gehören würden, die ohne Eintritt eines Falles nach Buchstabe a, b und c zu erbringen wären. [3]Soweit sie zu den Einkünften aus nichtselbständiger Arbeit im Sinne des § 19 gehören, ist von ihnen Lohnsteuer einzubehalten. [4]Für die Erhebung der Lohnsteuer gelten die Pensionskasse, das Unternehmen der Lebensversicherung oder der Dritte als Arbeitgeber und der Leistungsempfänger als Arbeitnehmer. [5]Im Fall des Buchstaben d gehören die Versorgungsleistungen des Unternehmens der Lebensversicherung oder der Pensionskasse, soweit sie auf Beiträgen beruhen, die bis zum Eintritt des Arbeitnehmers in die Versicherung geleistet wurden, zu den sonstigen Einkünften im Sinne des § 22 Nummer 5 Satz 1; soweit der Arbeitnehmer in den Fällen des § 8 Absatz 2 des Betriebsrentengesetzes die Versicherung mit eigenen Beiträgen fortgesetzt hat, sind die auf diesen Beiträgen beruhenden Versorgungsleistungen sonstige Einkünfte im Sinne des § 22 Nummer 5 Satz 1 oder Satz 2;

66. Leistungen eines Arbeitgebers oder einer Unterstützungskasse an einen Pensionsfonds zur Übernahme bestehender Versorgungsverpflichtungen oder Versorgungsanwartschaften durch den Pensionsfonds, wenn ein Antrag nach § 4d Absatz 3 oder § 4e Absatz 3 gestellt worden ist;

67. a) das Erziehungsgeld nach dem Bundeserziehungsgeldgesetz und vergleichbare Leistungen der Länder,

b) das Elterngeld nach dem Bundeselterngeld- und Elternzeitgesetz und vergleichbare Leistungen der Länder,

c) Leistungen für Kindererziehung an Mütter der Geburtsjahrgänge vor 1921 nach den §§ 294 bis 299 des Sechsten Buches Sozialgesetzbuch sowie

d) Zuschläge, die nach den §§ 50a bis 50e des Beamtenversorgungsgesetzes oder nach den §§ 96 bis 100 des Soldatenversorgungsgesetzes oder nach vergleichbaren Regelungen der Länder für ein vor dem 1. Januar 2015 geborenes Kind oder für eine vor dem 1. Januar 2015 begonnene Zeit der Pflege einer pflegebedürftigen Person zu gewähren sind; im Falle des Zusammentreffens von Zeiten für mehrere Kinder nach § 50b des Beamtenversorgungsgesetzes oder § 97 des Soldatenversorgungsgesetzes oder nach vergleichbaren Regelungen der Länder gilt dies, wenn eines der Kinder vor dem 1. Januar 2015 geboren ist;

68. die Hilfen nach dem Gesetz über die Hilfe für durch Anti-D-Immunprophylaxe mit dem Hepatitis-C-Virus infizierte Personen vom 2. August 2000 (BGBl. I S. 1270);

69. die von der Stiftung „Humanitäre Hilfe für durch Blutprodukte HIV-infizierte Personen“ nach dem HIV-Hilfegesetz vom 24. Juli 1995 (BGBl. I S. 972) gewährten Leistungen;

70. *(aufgehoben)*[4]

71. der aus einer öffentlichen Kasse gezahlte Zuschuss

a) für den Erwerb eines Anteils an einer Kapitalgesellschaft oder einer eingetragenen Genossenschaft in Höhe von bis zu 25 Prozent der Anschaffungskosten, höchstens jedoch 100 000 Euro. ²Voraussetzung ist, dass

aa) der Anteil an der Kapitalgesellschaft oder der eingetragenen Genossenschaft länger als drei Jahre gehalten wird,

bb) die Kapitalgesellschaft oder die eingetragene Genossenschaft, deren Anteil erworben wird,

aaa) nicht älter ist als sieben Jahre, wobei das Datum der Eintragung der Gesellschaft in das Handelsregister oder in das Genossenschaftsregister maßgeblich ist,

bbb) weniger als 50 Mitarbeiter (Vollzeitäquivalente) hat,

ccc) einen Jahresumsatz oder eine Jahresbilanzsumme von höchstens 10 Millionen Euro hat und

ddd) nicht an einem regulierten Markt notiert ist und keine solche Notierung vorbereitet,

cc) der Zuschussempfänger das 18. Lebensjahr vollendet hat oder eine GmbH oder Unternehmergesellschaft ist, bei der mindestens ein Gesellschafter das 18. Lebensjahr vollendet hat und

dd) für den Erwerb des Anteils kein Fremdkapital eingesetzt wird. ²Wird der Anteil von einer GmbH oder Unternehmergesellschaft im Sinne von Doppelbuchstabe cc erworben, gehören auch solche Darlehen zum Fremdkapital, die der GmbH oder Unternehmergesellschaft von ihren Anteilseignern gewährt werden und die von der GmbH oder Unternehmergesellschaft zum Erwerb des Anteils eingesetzt werden.

b) anlässlich der Veräußerung eines Anteils an einer Kapitalgesellschaft oder an einer eingetragenen Genossenschaft im Sinne von Buchstabe a in Höhe von 25 Prozent des Veräußerungsgewinns, wenn

aa) der Veräußerer eine natürliche Person ist,

bb) bei Erwerb des veräußerten Anteils bereits ein Zuschuss im Sinne von Buchstabe a gezahlt und nicht zurückgefordert wurde,

cc) der veräußerte Anteil frühestens drei Jahre (Mindesthaltedauer) und spätestens zehn Jahre (Höchsthaltedauer) nach Anteilserwerb veräußert wurde,

dd) der Veräußerungsgewinn nach Satz 2 mindestens 2000 Euro beträgt und

ee) der Zuschuss auf 25 Prozent der Anschaffungskosten begrenzt ist.

²Veräußerungsgewinn im Sinne von Satz 1 ist der Betrag, um den der Veräußerungspreis die Anschaffungskosten einschließlich eines gezahlten Agios übersteigt. ³Erwerbsneben- und Veräußerungskosten sind nicht zu berücksichtigen;

72. die Einnahmen und Entnahmen im Zusammenhang mit dem Betrieb von auf, an oder in Gebäuden (einschließlich Nebengebäuden) vorhandenen Photovoltaikanlagen, wenn die installierte Bruttoleistung laut Marktstammdatenregister bis zu 30 Kilowatt (peak) je Wohn- oder Gewerbeeinheit und insgesamt höchstens 100 Kilowatt (peak) pro Steuerpflichtigem oder Mitunternehmerschaft beträgt. ²Werden Einkünfte nach § 2 Absatz 1 Satz 1 Nummer 2 erzielt und sind die aus dieser Tätigkeit erzielten Einnahmen insgesamt steuerfrei nach Satz 1, ist kein Gewinn zu ermitteln. ³In den Fällen des Satzes 2 ist § 15 Absatz 3 Nummer 1 nicht anzuwenden;

---

[4] § 3 Nr 70 aufgehoben ab VZ 2026 durch StoFöG v. 4. 2. 26 (BGBl I 26 Nr 33). → Rn. 230.

73. Prämienzahlungen der Stiftung Deutsche Sporthilfe, die für Platzierungen bei Olympischen oder Paralympischen Spielen gewährt werden.

Einkommensteuer-Durchführungsverordnung:

§ 4 EStDV *Steuerfreie Einnahmen*

Die Vorschriften der Lohnsteuer-Durchführungsverordnung über die Steuerpflicht oder die Steuerfreiheit von Einnahmen aus nichtselbständiger Arbeit sind bei der Veranlagung anzuwenden.

Lohnsteuer-Durchführungsverordnung:

§ 5 LStDV *Besondere Aufzeichnungs- und Mitteilungspflichten im Rahmen der betrieblichen Altersversorgung*

(1) **Der Arbeitgeber hat bei der Durchführung einer kapitalgedeckten betrieblichen Altersversorgung über eine Pensionskasse oder eine Direktversicherung im Fall des § 52 Absatz 40 des Einkommensteuergesetzes aufzuzeichnen, dass vor dem 1. Januar 2018 mindestens ein Beitrag nach § 40b Absatz 1 und 2 des Einkommensteuergesetzes in einer vor dem 1. Januar 2005 geltenden Fassung pauschal besteuert wurde.**

(2) **[1]Der Arbeitgeber hat der Versorgungseinrichtung (Pensionsfonds, Pensionskasse, Direktversicherung), die für ihn die betriebliche Altersversorgung durchführt, spätestens zwei Monate nach Ablauf des Kalenderjahres oder nach Beendigung des Dienstverhältnisses im Laufe des Kalenderjahres die für den einzelnen Arbeitnehmer geleisteten und**

1. nach § 3 Nummer 56 und 63 sowie nach § 100 Absatz 6 Satz 1 des Einkommensteuergesetzes steuerfrei belassenen,

2. nach § 40b des Einkommensteuergesetzes in der am 31. Dezember 2004 geltenden Fassung pauschal besteuerten oder

3. individuell besteuerten

Beiträge mitzuteilen. [2]Ferner hat der Arbeitgeber oder die Unterstützungskasse die nach § 3 Nr. 66 des Einkommensteuergesetzes steuerfrei belassenen Leistungen mitzuteilen. [3]Die Mitteilungspflicht des Arbeitgebers oder der Unterstützungskasse kann durch einen Auftragnehmer wahrgenommen werden.

(3) **[1]Eine Mitteilung nach Absatz 2 kann unterbleiben, wenn die Versorgungseinrichtung die steuerliche Behandlung der für den einzelnen Arbeitnehmer im Kalenderjahr geleisteten Beiträge bereits kennt oder aus den bei ihr vorhandenen Daten feststellen kann, und dieser Umstand dem Arbeitgeber mitgeteilt worden ist. [2]Unterbleibt die Mitteilung des Arbeitgebers, ohne dass ihm eine entsprechende Mitteilung der Versorgungseinrichtung vorliegt, so hat die Versorgungseinrichtung davon auszugehen, dass es sich insgesamt bis zu den in § 3 Nr. 56 oder 63 des Einkommensteuergesetzes genannten Höchstbeträgen um steuerbegünstigte Beiträge handelt, die in der Auszahlungsphase als Leistungen im Sinne von § 22 Nr. 5 Satz 1 des Einkommensteuergesetzes zu besteuern sind.**

Einkommensteuer-/Lohnsteuer-Richtlinien: EStR 3.0–3.44/EStH 3.0–3.65; LStR 3.2–3.65/LStH 3.0–3.67

I. Allgemeine Erläuterungen

1. Steuerbefreiung von Einnahmen. – ***(1)*** **Einnahmenbegriff.** § 3 enthält sachl (nicht persönl) StBefreiungen von *Einnahmen* in Geld und aus Sachbezügen für unterschiedl Einkunftsarten (BFH I R 28/87, BStBl II 89, 449). *Ausl vergleichbare Einnahmen* sind stfrei, wenn nach dem Wortlaut des Einzeltatbestands nicht ausdrückl nur inl Einnahmen befreit sind (s BFH I R 152/94, BStBl II 97, 358; § 3 Nr 2 Buchst e, → Rn. 7, 9, 21). – ***(2)*** **Einkünfteermittlung.** IRd Einkünfteermittlung gem § 4 III, § 8 I 1 sind stfreie Einnahmen im Zuflussjahr nicht anzusetzen; bei § 4 I, § 5 I sind sie außerbilanziell zu kürzen (→ § 4 Rn. 447). – ***(3)*** **Geltendmachung.** Über eine StBefreiung gem § 3 ist bei *unbeschr StPfl* iRd Veranlagung und des LSt-Abzugs (§ 4 EStDV, § 39b II: nur stpfl ArbLohn) sowie bei *beschr StPflicht* (§ 1 IV iVm § 49 I) iRd Veranlagung oder des StAbzugs zu entscheiden (→ § 50 Rn. 6, 14; BFH I R 28/87, BStBl II 89, 449). IRd gesonderten und einheitl Feststellung (§ 180 I Nr 2 Buchst a AO) sind die StBefreiung der Einnahme und die Höhe der gem § 3c abzugsfähigen Ausgaben (→ Rn. 4) unselbständige Vorfragen zur Höhe der festzustellenden Einkünfte (BFH VIII R 36/23, BFH/NV 25, 682; BFH VIII R 29/23, BStBl II 25, 723). Anders ist dies bei § 3 Nr 40 (→ § 3 Rn. 136 *(6)*). 1

2. Persönlicher Geltungsbereich. – ***(1)*** **Natürliche Personen.** § 3 gilt für unbeschr und beschr stpfl ESt-Subjekte (→ § 50 Rn. 6, 14). – ***(2)*** **Körperschaften.** Zu den bei der kstl Einkommensermittlung (§ 7, § 8 KStG) anwendbaren Regelungen des § 3 s KStR 8.1. § 5 KStG enthält persönl/sachl Befreiungen für KSt-Subjekte von der KStPfl. 2

3. Verhältnis zu anderen Vorschriften. – **a) Andere Steuerbefreiungen.** – ***(1)*** **EStG.** S § 3a § 3b, § 20 I Nr 6 S 2, § 106. Freibeträge/-grenzen enthalten § 13 III, § 14, § 14a I, IV, V, § 16 IV, § 17 III, § 18 III, § 22 Nr. 3, § 24a, § 46 II Nr. 1, § 49 IV. – ***(2)*** **DBA-Freistellung.** Sie wirkt für die StBemessungsgrundlage wie eine StBefreiung iSd § 3, da sie die ausl Einkünfte/Einnahmen ausnimmt (BFH I R 79/96, BStBl II 98, 113; → § 49 Rn. 6; *Wassermeyer* OECD-MA, Art. 23A Rn. 2, 20, 50 f, 56). § 3 ist auch iZm der Ermittlung des StSatzeinkommens (§ 32b I Nr 2, II Nr 2) anzuwenden: Sind Einkünfte gem § 3 stfrei, wird die DBA – Freistellung verdrängt (BFH I R 152/94, BStBl II 97, 358; → § 32b Rn. 11, 16, 20, 23); ansonsten sind stfreie Einkünfte aus dem StSatzeinkommen zu kürzen (zB BFH VI R 55/16, BFH/NV 18, 1145; → § 32b Rn. 31, 38). Zur DBA-Freistellung iRd inl StAbzugs → § 50d I Rn. 4, 5. – ***(3)*** **Angehörige internationaler Organisationen.** StBefreiungen können aufgrund zwischenstaatl Abkommen zu gewähren sein (Übersicht s *BMF* BStBl I 13, 404 [gültig für VZ vor 2020]). **Einzelfälle:** zu EPA-Gehältern BFH I R 28/14, BFH/NV 16, 919; *FSen Bln* DStR 18, 2028; zum EPA – Ruhegehalt BFH X R 2/20, BStBl II 24, 894; zu EU-Abordnungen BFH I R 28/99, BStBl II 02, 238, *BMF* BStBl I 06, 340; zum Aushilfsdolmetscher beim EU – Parlament BFH VIII R 33/19, BStBl II 22, 552; zu FRONTEX BFH VI R 31/21, BStBl II 24, 646; zur OSZE BFH I R 73/13, BFH/NV 15, 1674; zur ISAF BFH I R 43/19, DStR 22, 90; zur UN-Altersrente BFH X R 50/14, BFH/NV 17, 1101; zu UNO/Weltbank FG Köln EFG 07, 743, rkr; zu inl US-Soldaten FG RhPf 3 K 1372/20, EFG 23, 262, rkr. – ***(4)*** **Sonstiges.** S zu anderen StBefreiungen bei EStR 3.0, EStH 3.0 und § 56 VI InvStG. § 163 I 2 AO ermöglicht die Nichtberücksichtigung von Besteuerungsgrundlagen aus Billigkeitsgründen. 3

b) Verhältnis zu sonstigen Regelungen. – ***(1)*** **Verhältnis zu § 1 III.** Stfreie Einnahmen gehen nicht in die Einkunftsgrenze des § 1 III 4 ein (BFH I R 3/18, BStBl II 23, 230; → § 1 Rn. 56). – ***(2)*** **Abzugsbeschränkungen.** BA/WK, die im unmittelbaren wirtschaftl Zusammenhang mit gem § 3 stfreien Einnahmen stehen, sind bis zu deren Höhe nicht abzugsfähig **(§ 3c I).** BV-Minderungen, BA, AK, die durch Einnahmen gem § 3 Nr 40 veranlasst sind, sind nur zu 60% abzugsfähig (Teil- 4 abzugsverbot, **§ 3c II**). **§ 3c III** beschr den Abzug für ebensolche Aufwendungen iZm gem § 3 Nr. 70 stfreien Einkünften. **§ 3c IV** enthält ein Abzugsverbot für Sanierungsaufwendungen. – ***(3)* Rückzahlung steuerfreier Einnahmen.** → § 8 Rn. 9 und → § 9 Rn. 108, 110. – ***(4)* Verhältnis zu § 4 IV/§ 9.** Die Erstattung von Ausgaben durch gem § 3 stfreie Einnahmen lässt die für WK, BA erforderl wirtschaftl Belastung des StPfl nicht entfallen. selbst wenn die stfreien Erstattungen zweckgerichtet und im Vorhinein gewährt werden, um daraus die Aufwendungen zu bestreiten (BFH VI R 34/20, BStBl II 23, 142). Die Aufwendungen (BA/WK) sind idR gem § 3c I nicht abzugsfähig (→ § 3c Rn. 2; → § 9 Rn. 112) oder bei gesetzl Anordnung um die stfreien Einnahmen zu kürzen (vgl § 3 Nr 15 S 3). Auch → § 3 Rn. 54, → § 9 Rn. 14, 15; → § 4 Rn. 490. – ***(5)* Verhältnis zum SA-Abzug.** § 10 IV 2 und § 10 IVb S 1, 2 enthalten für die dort genannten gem § 3 stfreien Zuschüsse, Erstattungen spezielle Kürzungs- und Verrechnungsregeln (→ § 10 Rn. 161, 167 ff; aber → § 3 Rn. 23); iÜ kann aufgrund stfreier Zuschüsse die für eine SA erforderl wirtschaftl Belastung fehlen (→ § 10 Rn. 6, 7; zu § 10 I Nr 5 → § 3 Rn. 112). – ***(6)* Progressionsvorbehalt, § 32b.** S oben *(2);* zu § 32b I Nr 1, II Nr 1 die Einzelkommentierungen sowie → § 32b Rn. 12 ff, 30 ff. – ***(7)* Vereinbarkeit mit höherrangigem Recht.** § 3 enthält deklaratorische und konstitutive StBefreiungen. Wenn § 3 stbare Einnahmen konstitutiv befreit, ist dies als Durchbrechung der Besteuerung nach der Leistungsfähigkeit am Maßstab des Art 3 I GG rechtfertigungsbedürftig. In den Blick zu nehmen ist hierbei der jeweilige Normzweck der StBefreiung als Lenkungsnorm, Sozial-, Fiskalzweck- oder Vereinfachungsnorm. Zu Zweifelsfragen der Vereinbarkeit des § 3 mit dem Unionsrecht s *Kessler/Spengel* DB 22, Beil Nr. 1; zum FZA Schweiz *Schustek* DStR 25, 1985 (1989).

5 **4. Übergreifende Auslegungsfragen zu § 3. – a) Entgeltumwandlung.** IRd § 3 sind Einnahmen vielfach nur stfrei, wenn sie *„zusätzlich zum ohnehin geschuldeten"* Lohn erbracht werden (§ 3 Nr 11a, Nr 11b, Nr 11c, Nr 15, Nr 33, Nr 34, Nr 34a, Nr 37, Nr 46). Zur daher schädl Entgeltumwandlung zuvor stpfl Entgeltbestandteile in stfreie Lohnbestandteile s iEinz § 8 IV (→ § 8 Rn. 81 f, auch zur fortbestehenden Beitragspflicht gem § 1 SvEV mwN).

6 **b) Optimierung durch Steuerbefreiungen.** Zur **Steueroptimierung** für ArbN durch Zuwendung gem § 3 stfreier Einnahmen und stfreier Sachbezüge iSd § 8 II 11 s iEinz → § 8 Rn. 68; *BMF* BStBl I 22, 242; *Korn/Strahl* NWB 24, 3391 (3393) unter „ArbLohn"). Zu Mobilitätsbudgets des ArbG s *Weber* LGP 24, 99; zur Übernahme von RV-Beiträgen gem § 3 Nr 28 → Rn. 102. **§ 42 AO** kann zwar eingreifen, wenn der Sachverhalt einer StBefreiungsvorschrift gezielt gestaltet wird. Er dürfte aber iErg für fremdübl Gestaltungen nicht greifen. Der Verzicht auf die StBefreiung ist nicht die „angemessene Gestaltung" iSv § 42 II 1 AO (BFH VI R 50/20, BStBl II 23, 584).

II. Kommentierung von § 3 Nr 1–72

7 **Nr 1 Buchst a–d: Leistungen aus gesetzlichen Versicherungen, Übergangsgeld und Mutterschaftsgeld ua. – a) Kranken-, Pflege- und gesetzliche Unfallversicherung, § 3 Nr 1 Buchst a. – aa) Krankenversicherungsleistungen. –** ***(1)* Begriffsinhalt.** Stfrei sind Bar- und Sachleistungen für den StPfl und seine mitversicherten Angehörigen durch gesetzl (§ 4 I SGB V) *und* private KVen. Maßgebend ist der Leistungskatalog (§ 21 I SGB Vzu Krankenhaus und weiteren Leistungen §§ 27 ff SGB V). KV, PflVsind nicht betriebl veranlasst (→ § 4 Rn. 178 ff). – ***(2)* Inländische Leistungen.** *Krankengeld* (§ 44 I SGB V) nach der Entgeltfortzahlung (§ 49 I Nr 1 SGB V) ist gem § 3 Nr 1 Buchst a stfrei (BFH VI B 86/96, BFH/NV 97, 22; auch → § 32b Rn. 23); der *Krankengeldzuschuss* des ArbG ist stpfl. Stfrei sind auch Leistungen privater *Tagegeldversicherungen* (BFH IV R 144/68, BStBl II 69, 489) sowie bestimmte *Verdienstausfallentschädigungen* (§ 11 III, § 37 IV,

§ 38 IV 2 SGB V). *Bonuszahlungen* der KV sind nicht stbar und ggf mit den SA zu verrechnen (→ § 10 Rn. 6). *Sterbegeld* aus der gesetzl KV gibt es nicht mehr, als Beihilfe kann es gem § 3 Nr 11 (→ Rn. 42) stfrei sein; in Form einer Einmalzahlung der DRV ist es stpfl (→ § 22 Rn. 171). – ***(3)* Ausländische Leistungen.** Sie sind bei StBarkeit (idR § 22 Nr 1) und Vergleichbarkeit gem Nr 1a stfrei, da der Wortlaut nicht auf eine bestimmte inl Rechtsgrundlage verweist. Nr 2 Buchst e (→ Rn. 21) ist insoweit deklaratorisch (BFH I R 3/18, BStBl II 23, 230; BFH VI R 9/96 BStBl II 98, 581; EStH 3.1); zum schweizer Unfalltaggeld aufgrund eines Nichtberufsunfalls FG BW EFG 25, 229, Rev VI R 26/24: wie inl Krankengeld. – ***(4)* Leistungen anderer Personen** als einer Versicherung sind nicht stfrei (zB BFH VI B 113/05, BFH/NV 06, 1093; zur Einkommensergänzung für Notare und zu § 3 Nr 2 s FG LSA EFG 15, 31, rkr).

bb) Pflegeversicherung. – *(1)* Pflegeversicherungsleistungen. Zum Pflegebegriff und den Pflegegraden s § 14, § 15 SGB XI. Stfrei sind bei der pflegeversicherten Person das Pflegegeld und Sachleistungen einer inl PflV nach den § 21a SGB I iVm § 28 ff SGB XI, unabhängig von der Art der PflV (gesetzl, privat, Beihilfe). – ***(2)* Abgrenzung.** Zu Altenteilsleistungen → § 10 Rn. 119, zu Leistungen einer ausl PflV → Rn. 7, 21 und zur Pflegeperson § 3 Nr 26 (→ Rn. 93) und § 3 Nr 36 (→ Rn. 123). 8

cc) Unfallversicherung. – *(1)* Leistungen aus der gesetzlichen Unfallversicherung. Stfrei sind einmalige und wiederkehrende Leistungen aus einer inl (§§ 27 ff SGB VII) *gesetzl* Unfallversicherung (s auch *BMF* BStBl I 21, 1837 Rn. 197) einschließl der Verdienstausfallentschädigungen (§ 65 SGB I, § 45 bis § 49 SGB V). Zur Umqualifizierung einer Witwen- in eine stfreie Unfallrente s FG Ddorf EFG 23, 1236, rkr. Empfänger können auch freiwillig (Mit-)Versicherte (zB der Betriebsinhaber gem § 6 SGB VII, s *OFD Koblenz* DStR 05, 968: stfreie BE; Beiträge sind BA → § 4 Rn. 186) und Hinterbliebene sein. ArbG-Beiträge sind beim ArbN gem § 3 Nr 62 stfrei; die ArbN-Beiträge sind SA (→ § 10 Rn. 56). Zur landwirtschaftl Unfallversicherung s *Leingärtner* Kap 49 Rn. 30. – ***(2)* Leistungen aus freiwilligen Unfallversicherungen.** Sie sind nicht gem Nr 1 Buchst a stfrei (zum ArbN → § 19 Rn. 100 „Unfallversicherung; zu betriebl UnfallVers → § 4 Rn. 184, 187) sowie *BMF* BStBl I 09, 1275. S zu *Unfallrenten* BFH X B 132/10, BFH/NV 11, 1136 und → § 22 Rn. 42. Zur vGA bei Beitragsübernahme durch die KapGes *Gosch* § 8 KStG Rn. 1195; zu Beiträgen der KapGes zu einer BetriebsunterbrechungsVers BFH I R 16/13, BFH/NV 15, 1273. – ***(3)* Ausländische Leistungen.** Bei vergleichbarer Leistung ausl gesetzl Unfallversicherung greift Nr. 1 Buchst a, ohne dass es Nr. 2 Buchst e bedarf (wie → Rn. 7 mwN, auch → Rn. 21). 9

b) Sachleistungen und Kinderzuschüsse aus der gesetzlichen Rentenversicherung, § 3 Nr 1 Buchst b. – *(1)* Sachleistungen. Hierunter fallen alle Sachleistungen der RV-Träger nach SGB XI und bei Landwirten nach ALG. – ***(2)* Kinderzuschüsse** gem § 270 I SGB VI aus der gesetzl RV waren stfrei, werden aber nicht mehr gezahlt. Kinderzuschüsse aus einem berufsständischen Versorgungswerk sind stpfl (BFH X R 11/10, BStBl II 12, 312). Auch → Rn. 21. 10

c) Übergangsgeld, § 3 Nr 1 Buchst c. Stfrei ist nur das in Nr 1 Buchst c genannte gesetzl Übergangsgeld (aus der RV gem §§ 20–27 SGB VI; für Landwirte gem § 10, §§ 36–39 ALG). Auch → § 32b Rn. 12, → § 3 Rn. 17 zu Leistungen gem § 119 SGB III und → § 3 Rn. 21 zu ausl Leistungen. 11

d) Mutterschaftsgeld, § 3 Nr 1 Buchst d. – *(1)* Gesetzlicher Katalog. Stfrei sind heute noch das vor und nach der Entbindung innerhalb der Schutzfristen (ua § 3 MuSchG) gezahlte *Mutterschaftsgeld* gem § 19 I, II MuSchG und Zuschüsse des ArbG gem § 20 MuSchG sowie entspr Leistungen bei Beamten (§ 79 I BBG). Ferner sind Zuschüsse während eines Beschäftigungsverbots (§§ 1, 3, 4, 6 MuSchG) stfrei. *Mutter-* 12 *schutzlohn* (§ 18 MuSchG), der aufgrund eines Beschäftigungsverbots außerhalb der Schutzfristen gezahlt wird, die Fortzahlung von Zuschlägen iSd § 3b (→ § 3b Rn. 4), das bei freiwilliger Weiterarbeit gem § 3 I 2 MuSchG gezahlte Arbeitsentgelt (*Küttner* „Mutterschaftsgeld" Rn. 3, 4) sowie *freiwillige* (tarifvertragl) Zuschüsse des ArbG (BFH VIII R 39/19, DStR 23, 134) sind stpfl. – *(2)* **Folgen.** S § 32b I Nr 1 Buchst c (→ § 32b Rn. 12). Der LStJA ist ausgeschlossen (§ 42b I Nr 4).

16 **Nr 2 Buchst a–e: Entgeltersatzleistungen und Arbeitsförderungsleistungen. – a) Entgeltersatzleistungen nach § 3 IV SGB III, Nr 2 Buchst a.** Stfrei sind nach dem gesetzl Katalog in Nr 2 Buchst a heute noch das *Arbeitslosengeld* (§§ 136 ff SGB III), *Teilarbeitslosengeld* (§ 162 SGB III), *Kurzarbeitergeld* in sämtl Formen (§ 95 SGB III, Saison-Kurzarbeiter- [§ 101] und *Wintergeld* [§ 102 SGB III, s LStR 3.12 III] sowie das *Transferkurzarbeitergeld* [§ 111 SGB III], zu Aufstockungsbeträgen des ArbG s § 3 Nr 28a, → Rn. 103) und das *Übergangsgeld* für Behinderte gem § 119 SGB III und § 64 I, § 71 IV, V SGB IX; LStR 3.2 IV ist überholt). Den *Zuschuss zum Arbeitsentgelt* (§ 417 SGB III aF) gibt es nicht mehr. Auch → § 32b Rn. 12.

17 **b) Arbeitsförderungsleistungen, Nr 2 Buchst a. –** ***(1)*** **Leistungen nach dem SGB III.** Der *Gründerzuschuss* gem § 93, § 94 SGB III an arbeitslose ArbN ist stfrei, nicht aber ein Zuschuss an bereits selbständig tätige StPfl (BFH IV R 39/01, BStBl II 02, 697; zum EXIST-Zuschuss → § 3 Rn. 154). Andere stfreie *Leistungen nach dem SGB III an ArbN und Arbeitsuchende zur Aus- und Weiterbildung* sind Geld- und Sachleistungen der aktiven Arbeitsförderung (§ 3 II SGB III iVm dem Dritten Kapitel), ab 1.4.24 auch das *Qualifizierungsgeld* nach § 82a SGB III als iZm der Weiterbildungsmaßnahme gewährte Entgeltersatzleistung (*Bergan/Lätsch* DStR 24, 705 (706)); s zur Weiterbildungsmaßnahme s bei § 3 Nr 19, → Rn. 74). – ***(2)*** **Leistungen aus entsprechenden Programmen des Bundes und der Länder.** Stfrei sind auch landes- und bundesrechtl Existenzgründerzuschüsse bei Empfängern, die nicht ArbN/arbeitsuchend sind (zutr vern FG Thür EFG 25, 1235, rkr: Landesprogramm für Nichtarbeitslose). Nicht stfrei sind Leistungen aus dem *Europäischen Sozialfonds,* die um Bundes- oder Landesmittel ergänzt werden (BFH IV R 39/01, BStBl II 02, 697). Eine erweiternde Auslegung durch die Rspr ist nicht mögl (BFH IX R 63/06, BFH/NV 08, 1108). S auch § 32b I Nr 1 Buchst a (→ § 32b Rn. 12), → § 3c Rn. 7 und § 3 Nr 71 (→ Rn. 235).

18 **c) Insolvenzgeld und vergleichbare Leistungen, Nr 2 Buchst b. –** ***(1)*** **Insolvenzgeld,** das iHd jeweiligen *Nettoentgelts* (§ 167 I SGB III) für die letzten drei Monate des ArbVerh vor Eintritt des maßgebl Insolvenzereignisses (§ 165 I 2 SGB III) durch die Arbeitsagentur als Lohnersatzleistung an den ArbN gezahlt wird, ist stfrei. Offene ArbN-Pflichtbeiträge zahlt die Arbeitsagentur gem § 175 I 1 SGB III an die Einzugsstelle; sie sind auch bei späterer Zahlung der ArbG an die Einzugsstelle stfrei (s *(2)*). Stfrei ist auch das von Dritten an den ArbN gezahlte vorfinanzierte Insolvenzgeld (BFH VI R 4/11, BStBl II 12, 596, dazu → § 32b Rn. 45). Auch → § 3c Rn. 6, § 32b I Nr 1a, § 32b III, § 41b, § 46 II Nr 1. – ***(2)*** **Leistungen gemäß § 169 III, § 175 II SGB III.** Mit Antragstellung auf Insolvenzgeld gehen die ArbN-Ansprüche aus dem ArbVerh vollständig (§ 165 II 1 SGB III) auf die Arbeitsagentur über (§ 169 SGB III). Leistungen des Insolvenzverwalters/ehemaligen ArbG auf übergegangene Ansprüche an die Agentur sind für den ArbN (zum Zufluss s BFH VI R 66/03, BStBl II 08, 375) stfrei, ebenso Rückzahlungen von ArbN-Pflichtbeiträgen seitens der Einzugsstelle an die Agentur (§ 175 II 1 SGB III, LStR 3.2 II). – ***(3)*** **Leistungen des ArbG an andere Träger.** Stfrei für den ArbN sind auch Zahlungen des ArbG an andere SV-Träger als die Agentur, die insolvenzbedingt zugunsten des ArbN vorleisten und durch Forderungsübergang gem § 115 SGB IX Gläubiger des ArbG werden.

19 **d) Weitere Leistungen, Nr 2 Buchst c, d.** Stfrei ist gem *§ 3 Nr 2c* die *Arbeitslosenbeihilfe* für Zeitsoldaten gem § 86a I SVG. Gem *§ 3 Nr 2 Buchst d* sind die im SGB II (§§ 20 ff) geregelten Leistungen zur Sicherung des Lebensunterhalts *(Arbeits-*

losengeld II) und Leistungen zur Eingliederung (§ 16 SGB II ff) stfrei (für Corona-Überbrückungshilfen zutr vern FG Ddorf EFG 24, 147, rkr; BFH VIII R 4/25, DStR 26, 272). Zu ArbG-*Eingliederungszuschüssen* s BFH VIII R 17/13, BStBl II 18, 408: falls stfrei, greift § 3c I. Lohnkostenzuschüsse sind nicht stfrei (BFH IV B 139/00, BFH/NV 03, 158).

e) Leistungen ausländischer Träger, Nr 2 Buchst a–d iVm Nr 2 Buchst e. 20
Vergleichbare ausl Leistungen iSv § 3 Nr 2 Buchst a–d (auch vergleichbares *ausl Elterngeld* iSd Nr 67 Buchst b) aus EU, EWR und Schweiz sind stfrei (zur Schweiz iEinz *Schustek* DStR 25, 1985 (1990). Nr 2 Buchst e ist wegen der Verweise in Nr 2 Buchst a bis Nr 2 Buchst d auf inl Leistungen konstitutiv (BFH I R 3/18, BStBl II 23, 230, → Rn. 7). Zu § 32b I Nr. 1 Buchst k → § 32b Rn. 11.

f) Ausländische Leistungen gem § 3 Nr 1 Buchst a–d iVm Nr 2 Buchst e. – 21
***(1)* Einordnung.** Nr 2 Buchst e ist nur dort konstitutiv, wo nicht bereits Nr 1 Buchst a bis d unmittelbar greifen (BFH I R 3/18, BStBl II 23, 230). Nach § 3 Nr 2 Buchst e sind vergleichbare Leistungen ausl Versicherungsträger mit Sitz in einem EU/EWR-Staat oder in der Schweiz iSd § 3 Nr 1 Buchst a–d stfrei. Die Vergleichbarkeit für die ausl Leistung ist anhand des Leistungskatalogs einer entspr gesetzl oder privaten inl Versicherung zu prüfen (BFH X R 31/08, BFH/NV 09, 1625). § 32b I 1 Nr 1 Buchst k ordnet eine weitere Vergleichbarkeitsprüfung an (→ § 32b Rn. 12). – ***(2)* Einzelfälle.** Schweiz Geburtengeld: BFH X R 31/08, BFH/NV 09, 1625; Schweiz Krankentagegeld: BFH VI R 9/96, BStBl II 98, 581, FG BW EFG 19, 1903, rkr; Schweizer Unfalltagegeld für Nichtberufsunfall: FG BW EFG 24, 926, rkr (→ Rn. 7); Schweizer Invalidenversicherung BFH VI R 98/95, BStBl II 96, 478; Schweizer Unfallrente FG BW EFG 17, 1140, rkr; Kinderrenten aus der schweizer gesetzl RV und aus dem Obligatorium einer schweizer Pensionskasse sind gem § 3 Nr 1 Buchst b stfrei. S iÜ *Schustek* DStR 25, 1985. Niederländisches Krankengeld ist stfrei (BFH I R 3/18, BStBl II 23, 230).

Nr 3 Buchst a–d: Rentenabfindungen, Beitragserstattungen, berufsständische Versorgungsleistungen, Kapitalabfindungen und Ausgleichszahlungen. – ***(1)* Abschließender Katalog.** Stfrei sind gem § 3 Nr 3 Buchst a–d nur noch Abfindungen, Ausgleichszahlungen, Beitrags(rück)erstattungen nach den genannten inl Gesetzen. – ***(2)* Steuerfreie Leistungen.** Stfrei sind – nach *(Buchst a)* die Abfindung von Witwen- und Witwerrenten bei Wiederheirat gem § 107 SGB VI, gem § 9 I Nr 3, § 9 IV AltGG und gem § 21 BeamtVG iVm Landesrecht oder gem § 59 SVG; – die *(Buchst b)* Erstattung von Beiträgen aus der gesetzl RV gem § 204, § 205, § 207, § 210, § 268d SGB VI, gem § 75, § 117 ALG und gem § 26 SGB IV sowie zu Unrecht gezahlter Beiträge; – die *(Buchst c)* entspr Leistungen berufsständischer Versorgungswerke (dazu *BMF* BStBl I 21, 1831 Rn. 205) und – nach *(Buchst d)* Ausgleichsleistungen, Kapitalabfindungen gem § 48 BeamtVG und entspr Landesrecht, die bei vorzeitigem Ausscheiden aus dem Dienst gewährt werden und die Kapitalabfindungen an Ruhestandssoldaten nach §§ 43–50, 53 SVG). – ***(3)* Einzelfragen:** S zu Versorgungswerk BFH X R 3/17, BStBl II 21, 746 (Wesensgleichheit mit Leistungen nach Buchst a/b genügt). Eine Rentenbeitragserstattung iSd Nr 3 Buchst a ist nur stfreie Einnahme und keine negative SA (BFH X R 35/18, BStBl II 21, 750; zu § 10 II 1 Nr 1, § 10 IV b 2 → § 10 Rn. 7, 169). Zinsen auf Kapitalabfindungen sind stpfl (BFH VIII R 64/78, BStBl II 81, 6). – ***(4)* Ablösezahlungen für privatrechtliche Versorgungsansprüche** sind nicht stfrei (BFH IX B 45/12, BFH/NV 12, 1958). – ***(5)* Ausländische Kapitalabfindungen** etc sind nicht mehr stfrei (offen gelassen in BFH X R 43/11, BStBl II 16, 685; *BMF* BStBl I 16, 759, Rn. 25; *OFD Karlsruhe* IStR 18, 814; krit iZm dem Unionsrecht *BeckOK EStG* § 3 Nr 3 Rn. 14 f). 23

Nr 4 Buchst a–d: Leistungen an Berufssoldaten und andere. – ***(1)* Persönliche Voraussetzungen.** Für Berufssoldaten der Bundeswehr (s LStR 3.4 S. 2), An- 25 gehörige der Bundespolizei und des Bundeskriminalamtes, der Berufsfeuerwehr, Zollverwaltung (zu anderen Berufsgruppen s § 3 Nr 31) gelten zT klarstellend, da kein ArbLohn (→ § 19 Rn. 100 „Berufskleidung"), folgende StBefreiungen. – ***(2)* § 3 Nr 4 Buchst a, § 3 Nr 4 Buchst b:** für den Geldwert überlassener Dienstkleidung und entspr Einkleidungsbeihilfen sowie Abnutzungsentschädigungen (s LStR 3.4 S 1: sämtl Bekleidung; zu WK → § 9 Rn. 266 ff). – ***(3)* § 3 Nr 4 Buchst c,** Verpflegungszuschüsse und Geldwert der unentgeltl Verpflegung *im Einsatz* (nicht im übl Dienstbetrieb, s LStR 8.1 VII). – ***(4)* § 3 Nr 4 Buchst d,** Geldwert der gesetzl Heilfürsorge (§§ 69a–70a BBesG).

27 **Nr 5 Buchst a–f: Leistungen an Wehr-, Zivil- und Freiwilligendienstleistende. – *(1)* Leistungen an (freiwillig) Wehrdienst Leistende, § 3 Nr 5 Buchst a, Nr 5 Buchst c, Nr 5 Buchst e, Nr 5 Buchst f.** Stfrei sind Geld- und Sachbezüge (Auflistung in LStH 3.5), Bezüge iRd truppenärztl Heilfürsorge und KV/PflV-Beiträge (§ 5 WSG), während eines Wehrdienstes iSd § 4 WPflG (Grundwehrdienst und Spannungs-/Verteidigungsfall) sowie ab 1.1.26 Zuschüsse zum Erwerb einer Fahrerlaubnis (§§ 31b, 31c SG idF WDModG, BGBl I 25 Nr 370). Zu Reservisten s § 3 Nr 48. – ***(2)* Zivildienstleistende, § 3 Nr 5 Buchst b, Nr 5 Buchst c.** Zur Aussetzung s § 1a ZDG. Geld- und Sachbezüge sowie Bezüge iRd Heilfürsorge nach § 35 ZDG sind stfrei. – ***(3)* Freiwillig dienstleistende Personen iSv § 32 IV 1 Nr 2d, § 3 Nr 5 Buchst d.** Hierunter fallen ua Dienstleistende nach dem JugendfreiwilligendienstG (JFDG). Taschengeld ist stfrei.

29 **Nr 6: Leistungen an Wehrdienstbeschädigte und ähnliche Beschädigte. § 3 Nr 6 S 1** befreit Leistungen *aus öffentl Mitteln* (→ Rn. 41) an Kriegs- (§§ 80–86 BVG), Zivildienstgeschädigte und Angehörige von Freiwilligendiensten sowie Hinterbliebene, die aufgrund der Beschädigung versorgungshalber gezahlt werden. Sie dürfen gem § 3 Nr 6 S 1 Hs 2 nicht „aufgrund der Dienstzeit" gezahlt werden (BFH VI R 25/07, BStBl II 09, 150 zu Unfallruhegehalt). S den Katalog der stfreien Leistungen in LStR 3.6; LStH 3.6. **§ 3 Nr 6 S 2** befreit Leistungen an gleichgestellte Personen (idR Beamte), die auf dem § 52 SGB XIV beruhen und Unfallfürsorgeleistungen nach dem SEG, BeamtVG, Landesrecht. Zur KV-Beitragspflicht BSG B 12 KR 6/23 R, NZS 25, 742. Für ausl Leistungen s zu EU: BFH I R 152/94, BStBl II 97, 358; LStH 3.6; zu Drittstaat: FG BW EFG 22, 1823, Rev X R 29/22.

30 **Nr 7: Ausgleichsleistungen nach dem LAG und ähnliche Geschädigtenleistungen. § 3 Nr. 7 Hs 1** befreit Leistungen an Vertriebene, NS-Verfolgte, Flüchtlinge für Reparationen aufgrund der genannten zT noch nicht aufgehobenen Gesetze. Darlehen (zB zur Eingliederung) sind nicht stbar (EStH 3.7). Stfrei ist auch der Mehrerlös aus einem Weiterverkauf nach begünstigtem Flächenerwerb und Wegfall der Beschränkungen gem § 3 X AusglLeistG (zutr *Otto* DStZ 20, 715 (718 f); str). **§ 3 Nr 7 Hs 2** nimmt Zinsen für vorenthaltene Entschädigungen von der Begünstigung aus (zB FG Hmb EFG 12, 60, rkr; FG Mchn EFG 13, 1012, rkr; FG Köln EFG 14, 273, rkr; SchlHFG EFG 18, 1884, rkr. „Zinsen", die rückwirkend nach konstitutiver Festsetzung einer Geldentschädigung statt einer Naturalrestitution nach dem NS-VEntSchG gewährt werden, sind als Entschädigung für eine überlange Antragsbearbeitung stfrei (BFH VIII R 36/23, BFH/NV 25, 682).

31 **Nr 8: Wiedergutmachungsleistungen.** Stfrei sind gem **§ 3 Nr 8 S 1** Geldrenten, Kapitalentschädigungen und Leistungen in einem Heilverfahren (zu den maßgebl Gesetzen EStH 3.8). Leistungen, die nicht auf Wiedergutmachungsvorschriften beruhen, sind stpfl (BFH VIII R 93/70, BStBl II 75, 884). **§ 3 Nr 8 S 2** schließt die StBefreiung für Bezüge aus neuen/wiederbegründeten ArbVerh aus. Zinsen gem § 20 I Nr 7 iZm stfreien Leistungen sind stpfl (BFH VIII R 64/78, BStBl II 81, 6).

33 **Nr 8a: Verfolgten-Rentenleistungen. § 3 Nr 8a S 1** befreit Alters- und Erwerbsunfähigkeitsrenten (s § 33 SGB VI; → § 22 Rn. 51), wenn der Empfänger

Verfolgter gem § 1 BundesentschädigungsG ist und verfolgungsbedingte rentenrechtl Zeiten (s § 54 SGB VI) im Rentenstammrecht enthalten sind. **§ 3 Nr 8a S 2** befreit Hinterbliebenenrenten.

Nr 9: Beitragserstattungen an Pflegepersonen. Gemäß **§ 3 Nr 9 Alt 1** sind die vom Träger der öffentl Jugendhilfe an den StPfl als Pflegeperson geleisteten Erstattungen (§ 23 II Nr 3, 4 SGB VIII) für nachgewiesene Beiträge zu einer UnfallVers vollständig und Erstattungen für Beiträge zu einer angemessenen RV, KV, PflV hälftig stfrei (*BMF* BStBl I 16, 1236 zur Kindertagespflege; *BMF* BStBl I 21, 1802 zur Vollzeitpflege ua). Dies gilt insb für selbständige, angestellte Kindertagespflegeperson (§ 23 SGB VIII, zB „Tagesmütter"; auch → § 18 Rn. 84, 155 „Kindertagespflege" und zu § 19 *BMF* BStBl I 16, 1236; *Thönnes/Langhoff* NWB 19, 3081). **§ 3 Nr 9 Alt 2** befreit entspr Leistungen (§ 39 IV SGB VIII) an StPfl, die Pflegeleistungen in Tagesgruppen, der Familienpflege (§ 32 SGB VIII), als Pflegeeltern iRd Kindervollzeitpflege (§ 33 SGB VIII, dazu → § 18 Rn. 100 „Kindervollzeitpflege"), in einer Fachfamilie/Einzelbetreuung (§ 34, § 35 SGB VIII) oder einer Tageseinrichtung gem § 35a SGB VIII erbringen. Es ist unerhebl, ob das Pflegegeld gem § 3 Nr 11 (→ Rn. 43) stfrei ist. Zum SA-Abzug s § 10 IV 2 (→ § 10 Rn. 161). 35

Nr 10: Einnahmen für betreutes Wohnen von Behinderten in einer Gastfamilie. – ***(1)* Abgrenzung.** § 3 Nr 10 stellt das sog *Betreuungsgeld* beim Empfänger stfrei, das ihm für die Pflege, Betreuung, Unterbringung und Verpflegung eines erwachsenen Behinderten in seiner Gastfamilie gezahlt wird. Dieses ist gem § 18 I Nr 1 stpfl (*BMF* BStBl I 21, 1802), bei der Pflege im familiären Umfeld aber nicht stbar. § 3 Nr 10 ergänzt § 3 Nr 11, der nur Leistungen an die hilfsbedürftige Person und § 3 Nr 26, der nur nebenberufl Betreuungsleistungen erfasst. – ***(2)* Behinderte.** Behinderte iSv § 2 I SGB IX sind Personen, deren körperl Funktion, geistige Fähigkeit oder seelische Gesundheit mit hoher Wahrscheinlichkeit länger als 6 Monate von dem für das Lebensalter typischen Zustand abweichen, sodass ihre Teilhabe am Leben in der Gesellschaft beeinträchtigt ist. – ***(3)* Zahlende.** Dies sind gem *S 1* öffentl Leistungsträger (zB § 21 SGB I, § 17, § 46 SGB IX) oder gem *S 2* andere Personen, Organisationen bzw der Behinderte als Selbstzahler. – ***(4)* Gastfamilien** sind Angehörige des Behinderten und andere Privatpersonen (BT-Drs 16/11108, 14), nicht aber Fachfamilien, Pflegeheime iSd § 34 SGB VIII (*BMF* BStBl I 21, 1802; → Rn. 43). Der Behinderte muss in den „Familienhaushalt" aufgenommen werden (sonst uU § 3 Nr 36: häusl „Pflege"). Für die Zurechnung der stfreien Einnahmen ist festzulegen, wer aus der Gastfamilie die Einkünfte iSd § 2 erzielt. – ***(5)* Rechtsfolgen.** Stfrei sind die für Pflege, Betreuung, Unterbringung und Verpflegung gezahlten Beträge, bei § 3 Nr 10 S 1 bis zur Höhe von Leistungen iSd § 2 I SGB IX, bei § 3 Nr 10 S 2 bis zur Höhe entspr SGB XII-Leistungen. § 3 Nr 10 S 3 begrenzt wie § 3c I den BA/WK-Abzug auf die die stfreien Einnahmen übersteigenden Ausgaben. 38

Nr 11: Bezüge und Beihilfen aus öffentlichen Mitteln wegen Hilfsbedürftigkeit sowie zur Erziehungs-, Ausbildungs- und Kunstförderung. – **a) Übergreifende Voraussetzungen.** – ***(1)* Öffentliche Mittel und Stiftungen.** Die Bezüge/Beihilfen für die gem Nr. 11 begünstigten Zwecke müssen aus öffentl Mitteln (nicht aus öffentl Kassen wie in § 3 Nr 12), dh aus Mitteln einer juristischen Person des öffentl Rechts oder einer öffentl Stiftung verausgabt werden (BFH VI R 20/80, BStBl II 84, 113; LStH 3.11). Über die Mittel darf nur nach haushaltsrechtl Vorschriften verfügt werden können; die zweckgerichtete Verwendung muss einer gesetzl geregelten Kontrolle unterliegen. Bezüge können auch aus öffentl Mitteln stammen, wenn sie in einem öffentl Haushalt als Ausgaben festgelegt sind und verausgabt, aber über private Dritte an den Empfänger gezahlt werden (BFH VI R 20/80, BStBl II 84, 113; auch → Rn. 42, 43). Öffentl Stiftungen sind juristische Personen des öffentl Rechts mit einem eigenen oder durch eine solche Person ver- 41 walteten Stiftungsvermögen sowie rechtsfähige privatrechtl Stiftungen, die der Allgemeinheit dienen (EStH 3.11, zur nichtrechtsfähigen privatrechtl Stiftung abl FG RhPf EFG 15, 358, rkr). Empfänger der stfreien Bezüge, Beihilfen kann nur ein StPfl sein, dem die öffentl Mittel bewilligt werden (BFH IV R 26/96, BStBl II 97, 652). – ***(2)* Unmittelbare Förderung des Zwecks (S 1).** Die Zuwendung der öffentl Mittel muss die Erziehungs-, Ausbildungs- und Kunstförderung unmittelbar, dh ohne ein Dazwischentreten weiterer Ereignisse fördern. Die Übernahme der Lebenshaltungskosten des StPfl genügt dem Unmittelbarkeitserfordernis nur iRd Erziehungs- und Ausbildungsförderung (BFH IV R 41/04, BStBl II 06, 755; EStH 3.11). – ***(3)* Kein Gegenleistungscharakter (S 3).** § 3 Nr 11 greift nicht, wenn die *Bezüge* Gegenleistung für eine wissenschaftl, künstlerische oder ArbN-Tätigkeit des Empfängers ist. Der Begriff der *Beihilfe* setzt ohnehin eine unentgeltl einseitige Leistung voraus (EStH 3.11). – ***(4)* Verhältnis zu § 3c.** S BFH IV R 41/04, BStBl II 06, 755.

42 **b) Bezüge und Beihilfen aus öffentlichen Mitteln wegen Hilfsbedürftigkeit, § 3 Nr 11 S 1 Alt 1. – *(1)* Körperliche Hilfsbedürftigkeit.** Der Begriff umfasst gem § 53 Nr 1 AO erstens Personen, die infolge ihres körperl, geistigen oder seelischen Zustandes (nur natürl Personen) auf die Hilfe anderer angewiesen ist und gem § 53 Nr 2 AO zweitens Personen, für die dies wegen ihrer Wirtschaftslage gilt. Der Empfänger der Beihilfe muss selbst hilfsbedürftig sein („wegen"). Hierunter fallen grds Leistungen an öffentl Bedienstete nach den Beihilfevorschriften und an gleichgestellte Personen auf vertragl Grundlage. Auch die Beihilfe eines privaten ArbG muss aus öffentl Mitteln gezahlt werden (BFH VI R 128/99, BFH/NV 05, 12; BFH VI R 28/11, BStBl II 13, 572; FG Ddorf EFG 04, 1502, rkr sowie LStR 3.11 I Nr. 1–4; LStH 3.11. *Beispiele:* Beihilfen in Krankheits-, Geburts- oder Todesfällen sind stfrei (LStR 3.11 I Nr 1, 2); nicht stfrei ist aber das pauschale (nicht am Bedarf ausgerichtete) beamtrechtl Sterbegeld (BFH VI R 8/19, BFH/NV 21, 1253; BFH VI R 33/20, DStR 23, 2103). S auch § 3 Nr. 25, Nr. 35, Nr. 68, Nr. 69. – ***(2)* Wirtschaftliche Hilfsbedürftigkeit.** Sie trifft Personen mit Bezügen, die die in § 53 Nr 2 AO genannten Grenzen (Anknüpfung an § 28 SGB XII) nicht übersteigen oder die sich bei höheren Bezügen in einer akuten Notlage befinden (BFH VI R 8/19, BStBl II 21, 909). *Einzelfälle:* Sozialhilfe (BFH VIII R 32/02, BStBl II 04, 588); Leistungen nach dem AsylbLG (*OFD Ffm* BeckVerw 561501). Die FinVerw hält stfreie Beihilfen zur Abwehr einer Existenzgefährdung auch bei Körperschaften für mögl (KStR 8.1; offengelassen für MUerschaften in BFH IV R 109/84, BStBl II 86, 806). Zur StPflicht **öffentl Coronahilfen** FG Mster EFG 23, 1068, rkr, FG Ddorf EFG 24, 147, rkr; BFH VIII R 4/25, DStR 26, 272. – ***(3)* Notstandsbeihilfen** des ArbG werden nach LStR 3.11 II (iRe Billigkeitsmaßnahme) idR bis zu 600 € pro Kj, in Katastrophenfällen darüber hinaus) stfrei gestellt. Zur StBarkeit → § 19 Rn. 100 „Beihilfen und Unterstützungen". Zum **Coronabonus** gem § 3 Nr 11a → Rn. 48.

43 **c) Bezüge und Beihilfen aus öffentlichen Mitteln zur Erziehung. – *(1)* Erziehung.** Erziehung ist die planmäßige Tätigkeit der körperl, geistigen und sittl Formung von Kindern und Jugendlichen (BFH VIII R 29/11, BStBl II 17, 432). Sie findet iRd **Kindertagespflege** (§ 23 SGB VIII, s *BMF* BStBl I 16, 1236; zur Einkünfteermittlung *Thönnes/Langhoff* NWB 19, 3081 (3086)), **Kindervollzeitpflege** (§ 33 SGB VIII, zu den Formen s *BMF* BStBl I 21, 1802), in **Einrichtungen, betreuten Wohnformen,** auch bei familienähnl Aufnahme (§ 34 SGB VIII) und als **intensive ambulante oder außerfamiliäre Einzelbetreuung** sowie in **Mischfällen** intensivpädagogischer Betreuung mit familienähnl Aufnahme durch besonders qualifizierte Betreuer (§ 35, § 35a SGB VIII) statt. – ***(2)* Begünstigte Erziehungsformen.** Stfreie Beihilfen (zu den Gründen s *(3)*) sind iErg nur Pflegegelder für die Erziehung iRd der *Kindervollzeitpflege* (§ 33 SGB VIII) und iRd *spezialisierten Tagesgruppenerziehung* (Familienpflege gem § 32 S 2 SGB VIII, dazu *BMF* BStBl I 21, 1802). Eine Vollzeitpflege setzt die Aufnahme des Pflegekinds in den Haushalt des StPfl (der Pflegeperson) voraus. Maßgebl dafür, ob eine Haushaltsaufnahme des Pflegekindes iRe Vollzeitpflege

oder die Betreuung iRe Einrichtung iSd § 34 SGB VIII vorliegt, sind grds die tatsächl Verhältnisse der Unterbringung (insb deren geplante Dauer) und der Umfang der Betreuungsleistungen (BFH VIII R 29/11, BStBl II 17, 432; *BMF* BStBl I 21, 1802). Unter die Vollzeitpflege kann auch die intensive Betreuung iSd § 35 SGB VIII eines einzelnen in den Erzieherhaushalt unbefristet aufgenommenen Pflegekinds fallen (Mischfall, s BFH VIII R 27/18, BStBl II 21, 672; *BMF* BStBl I 21, 1802). Die BFH-Rspr grenzt bei mehreren aufgenommenen Kindern in den sog. **Mischfällen** zw § 33, § 34, § 35 SGB VIII anders als die VG (vgl VG Potsdam BeckRS 2020, 23930) bislang nicht vorrangig danach ab, ob die intensiv betreuten Kinder dauerhaft der Pflegeperson zugewiesen sind und bei ihr im Haushalt leben, sondern danach, ob aus den Umständen der Betreuung und den ausgehandelten Tagessätzen der Entgeltcharakter des Pflegegeldes abzuleiten ist (BFH VIII R 13/19, BFH/NV 23, 441; FG Mster BeckRS 2024, 40947, NZB VIII B 7/25; zur Erziehungsstelle FG LSA EFG 23, 978, aufgehoben von BFH VIII R 19/22, DStR 25, 103; anders SchlHFG EFG 19, 766, rkr.– Bei der **Inobhutnahme** (§§ 42, 42a SGB VIII) kommt es ebenfalls auf die konkrete Durchführung der Pflege an (*BMF* BStBl I 21, 1802); ebenso für die Tätigkeit sog **Erziehungs- und Familienhelfer** *OFD Ffm* BeckVerw 354354. – ***(3)* Beihilfe.** Pflegegelder für die **Kindervollzeitpflege** und spezialisierte **Tagesgruppenerziehung** sind Beihilfen, da typisierend angenommen wird, dass keine erwerbsmäßige Betreuung vorliegt, weil der sachl, zeitl Aufwand der Pflegeperson nicht zu marktübl Preisen ersetzt und vergütet wird. Dass die Pflegeperson durch das Pflegegeld ein ausreichendes Einkommen erzielt, ist unerhebl. Bei der Kindervollzeitpflege wird eine Beihilfe vermutet, solange nicht mehr als sechs Kinder gleichzeitig betreut werden (BFH VIII R 29/11, BStBl II 17, 432, *BMF* BStBl I 21, 1802). Pflegegelder, die iRd **anderen Erziehungsformen** gezahlt werden, sind unabhängig von der Kinderzahl idR marktübl stpfl Entgelte für die Erziehungsleistung (zu § 34 SGB VIII s BFH XI R 11/98, BStBl II 99, 133; zu § 35 SGB VIII bei mehreren Kindern (s *(2)* mwN). S zur stpfl Kindertagespflege FG Mster EFG 20, 248, rkr; zur nachmittägl sozialpädagogischen Betreuung NdsFG EFG 20, 915, rkr.– ***(4)* Zahlung aus öffentlichen Mitteln.** Es genügt, wenn von den im Haushaltsplan bewilligten und der Verwendungskontrolle unterliegenden Mitteln für ein konkretes Pflegeverhältnis vom Jugendamt Gelder an einen privaten Träger der freien Jugendhilfe vergeben werden, dieser mit dem StPfl einen Pflegevertrag abschließt und das Pflegegeld an ihn zahlt. Erforderl ist aber, dass das bewilligende Jugendamt weiß, ob und in welcher Höhe der freie Träger einen Eigenanteil einbehält, dies billigt und ihm gegen den freien Träger ein gesetzl oder vertragl Anspruch zusteht, nach dem zur Mittelverwendung von diesem die Rechnungslegung und die Vorlage von Nachweisen verlangen kann (BFH VIII R 37/19, BStBl II 21, 685; *BMF* BStBl I 21, 1802; zT überholt FG RhPf EFG 21, 354, rkr). – ***(5)* Rechtsfolgen.** Das aus öffentl Mitteln gewährte Pflegegeld ist idR gem § 18 I Nr 1, uU gem § 15 oder § 19 stbar. Es ist auch stfrei, soweit es den Unterhalt der Pflegeperson abdeckt (→ Rn. 41). Nicht stfrei sind mangels erbrachter Pflegeleistungen das *Bereitschaftspflegegeld* und die Erstattung von *Platzhaltekosten* (*BMF* BStBl I 21, 1802).

d) Bezüge und Beihilfen zur Ausbildungsförderung. – ***(1)* Ausbildung.** 44
S zum Begriff § 10 I Nr 7 (→ § 10 Rn. 81 ff); hierunter fällt nicht die Fortbildung (BFH X R 6/19, BStBl II 21, 557). – ***(2)* Beihilfe; Unmittelbarkeit.** Die Ausbildung muss gefördert werden, ohne dass der Empfänger eine Gegenleistung schuldet (→ Rn. 41); die Beihilfe darf auch der Sicherung des Lebensunterhalts des StPfl dienen. – ***(3)* Einzelfälle.** Stfrei ist zB BAföG (LStH 3.11), nicht aber ein „Fortbildungszuschuss" (zB BFH IX R 63/06, BFH/NV 08, 1138) oder Promotionsstipendium (FG Mster EFG 14, 19, rkr) aus öffentl Mitteln. Der bay Meisterbonus ist nicht stbar (FG Mchn EFG 16, 1513, rkr); zum AFBG-Zuschuss NdsFG EFG 23, 1617, Rev VI R 18/23. S. auch § 3 Nr. 19.

45 **e) Bezüge zur Wissenschafts- und Kunstförderung.** – ***(1)* Begriffsbestimmungen** → § 18 Rn. 66. – ***(2)* Beihilfe; Unmittelbarkeit.** Der Zuschuss darf nur für Sachaufwendungen iZm der künstlerischen, wissenschaftl Tätigkeit (nicht zum Lebensunterhalt! → Rn. 41) und ohne Gegenleistung gewährt werden (zB BFH IV R 11/74, BStBl II 75, 378) – ***(3)* Einzelfälle.** Abl zu Bundesfilmpreis für Kinobesitzer BFH IV R 11/74, BStBl II 75, 378, zu Preisgeldern s *BMF* BStBl I 96, 1150, geändert durch *BMF* BStBl I 03, 76; zur StBarkeit und StFreiheit bei Wissenschaftspreisen BFH VI R 12/22, BStBl II 25, 534; *Thiel* NWB 25, 1502; krit *Hüttemann,* GemeinnützigkeitsR, Rn. 9.87 bis 9.92; zur Künstlerförderung nach Corona *OFD Ffm* DStR 22, 1049 sowie → Rn. 6. – ***(4)* Abgrenzung zu § 3 Nr 44.** Nr 44 begünstigt unter weiteren Voraussetzungen Aus-, Fortbildungs- und Forschungsstipendien aus öffentl Mitteln. Die Vorschriften überschneiden sich zT.

46 **f) Ausschluss und Erweiterung, § 3 Nr 11 S 2 und 4.** Kinderzuschläge und -beihilfen nach den Besoldungsgesetzen oä Vorschriften (zB Ortszuschläge) sind stpfl (§ 3 Nr 11 *S 2*). Beitragsermäßigungen und -rückzahlungen einer gesetzl KV für nicht in Anspruch genommene Beihilfen werden gem § 3 Nr 11 *S 4* stfrei gestellt (BFH VI B 176/03, BFH/NV 05, 205).

48 **Nr 11a, 11b: Coronabeihilfen und Pflegebonus des Arbeitgebers.** – ***(1)* Abgelaufener Begünstigungszeitraum für § 3 Nr 11a.** Der Freibetrag gem § 3 Nr 11a gilt nur für Bar- und Sachzuwendungen vom ArbG an seine ArbN **zwischen dem 1.3.20 und 31.3.22.** Str ist, ob Sonderleistungen des ArbG (zB Urlaubsgeld) stfrei gem Nr 11a gezahlt werden konnten (→ IEinz → 41. Aufl. 2022, § 3 Rn. 48; vern NdsFG EFG 25, 172, Rev VI R 25/24: verdecktes Urlaubsgeld; zum Arbeitsrecht *Wehner/Gunkel* BB 24, 372). – ***(2)* Abgelaufener Begünstigungszeitraum für § 3 Nr 11b.** Der Freibetrag gem § 3 Nr 11b S 1 – S 4 (sog. **Pflegebonus**) gilt, wenn die ArbG-Leistungen **zwischen dem 18.11.21 und dem 31.12.22** gewährt wurden. Nach S 5 ist der Zeitraum für Sonderleistungen gem § 150c SGB XI **bis zum 31.5.23 verlängert.** IEinz → 42. Aufl 2023, § 3 Rn. 49.

49 **Nr 11c: Leistungen des Arbeitgebers zum Inflationsausgleich.** § 3 Nr 11c galt ab VZ 21 (§ 52 I 1 iVm G v 19.10.22 BGBl I 22, 1743). Stfrei waren zusätzl Leistungen des ArbG **zw dem 26.10.22 und dem 31.12.24** bis zur Höhe von insges 3000 €. S → 43. Aufl 2024, § 3 Rn. 49. Zu Lohnerhöhungen als Ersatz für die stfreien Leistungen nach dem 31.12.24 *Seifert* DStZ 25, 207 (213 f). Zum Arbeitsrecht BAG 9 AZR 71/24, NJW 25, 1764; BAG 10 AZR 121/24, NJW 25, 1946; zur Pfändbarkeit BGH IX ZB 55/23, NZI 24, 590.

50 **Nr 12: Aufwandsentschädigungen aus öffentlichen Kassen.** – **a) Allgemeines.** – ***(1)* Regelungsinhalt.** § 3 Nr 12 befreit Bezüge, die „als" Aufwandsentschädigung aus öffentl Kassen, iEinz aus Bundes- und Landeskassen (§ 3 Nr 12 S 1) und sonstigen öffentl Kassen (§ 3 Nr 12 S 2) gewährt werden. Aufwandsentschädigungen sind Ersatzleistungen für Ausgaben, Verdienstausfall und Zeitverlust (zur StBarkeit BFH IX R 10/16, BStBl II 18, 571; → § 19 Rn. 35 „Ehrenamtl Tätigkeit"; → § 19 Rn. 100 „Aufwandsentschädigungen"). – ***(2)* Verfassungskonforme Auslegung.** Anknüpfend an BVerfG 2 BvL 10/95, BStBl II 99, 502 befreit § 3 Nr. 12 in S 1 und S 2 nur Aufwandsentschädigungen, die tatsächl entstandene Aufwendungen abgelten, welche den WK-Begriff erfüllen (BFH VIII R 57/09, BStBl II 13, 799; BFH IX R 10/16, BStBl II 18, 571). Zur Verfassungsmäßigkeit der nach § 3 Nr 12 S 1 stfreien Ausgabenpauschale gem § 12 AbgG → § 9a Rn. 11. – ***(3)* Abgrenzung zu anderen Steuerbefreiungen und zu § 3c.** Statt nach § 3 Nr 12 können Entschädigungen uU vorrangig nach § 3 Nr 26, Nr 26a, Nr 26b stfrei sein (BFH IX R 10/16, BStBl II 18, 571; BFH VIII R 28/15, BFH/NV 18, 1196). Erhält der StPfl eine pauschale Aufwandsentschädigung für sämtl Aufwendungen (WK) iSd § 3 Nr 12 S 2 und stfreien Reisekostenersatz gem § 3 Nr 13 S 1, kann er wegen § 3c I iErg nur diejenigen Reisekosten als WK abziehen, die die stfreie Summe beider Bezüge übersteigen (BFH VI R 23/15, BStBl II 17, 345; → § 3c Rn. 8, LStR 3.12 IV 1).

b) Aufwandsentschädigungen gem § 3 Nr 12 S 1. – ***(1)* Voraussetzungen.** 51
§ 3 Nr 12 S 1 befreit idR für ArbN (aber auch für andere StPfl, str) **Bezüge in Geld,** die kumulativ – *(a)* auf Grund eines formellen Gesetzes, einer RVO, durch Kabinettsbeschluss der zuständigen Regierung (nicht Gemeinderatsbeschluss oÄ) als Aufwandsentschädigung festgesetzt (§ 3 Nr 12 S 1 Buchst a; Buchst b) oder im Haushaltsplan als eigener Titel Aufwandsentschädigung [mit Bezeichnung der ersetzten Ausgaben/der Entschädigungshöhe; str] ausgewiesen sind (§ 3 Nr 12 S 1 Buchst c) *und* – *(b)* als Aufwandsentschädigung von einer (inl) Bundes- oder Landeskasse ausgezahlt werden. – ***(2)* Einzelfälle.** Aufwandsentschädigungen für den Bundespräsidenten, Bundes- und Landesminister, Abgeordnete (§ 12 AbgG); zu EU-Parlamentariern → § 22 Rn. 161 ff, für Bezirksverordnete (*FSen* Bln DStR 17, 1484) und für Gerichtsvollzieher (FG Bbg EFG 06, 1506, rkr) sind stfrei. Nicht stfrei sind zB Zahlungen der DRV Bund an Versichertenberater (BFH VIII R 28/15, BFH/NV 18, 1196), Entschädigungen gem § 18 JVEG an ehrenamtl Richter (BFH IX R 10/16, BStBl II 18, 571); zum Aufwendungsersatz für ehrenamtl Betreuer zutr FG BW EFG 19, 1262, rkr. – ***(3)* Nachweisanforderungen.** Bei Einhaltung der in S 1 benannten Festsetzungsvoraussetzungen für die Aufwandsentschädigung und dem WK-Charakter der Aufwendungen ist unwiderlegbar zu vermuten, dass die Bezüge nur den tatsächl angefallenen Aufwand ersetzen (vgl BFH VIII R 57/09, BStBl II 13, 799).

c) Gleichgestellte Aufwandsentschädigungen, § 3 Nr 12 S 2. – ***(1)* Zahlung „als" Aufwandsentschädigung.** Die Zahlung muss gem *§ 3 Nr 12 S 2 Hs 1* zweckgebunden geleistet werden, um Aufwendungen auszugleichen, die dem Empfänger iZm der öffentl Dienstleistung tatsächl entstanden und als WK/BA zu qualifizieren sind (BFH VI R 3/04, BStBl II 07, 308; BFH IX R 10/16, BStBl II 18, 571; → Rn. 50). Ferner darf kein Ausschlussgrund gem *§ 3 Nr. 2 S 2 Hs 2* greifen (unten *(4)*). – ***(2)* Zahlung aus öffentlicher Kasse.** Zum Begriff → § 3 Rn. 55, LStH 3.11 und BFH IV R 228/82, BStBl II 86, 848). Dies sind zB Kassen der juristischen Personen des öffentl Rechts (zB Kommunen), AOK, öffentl Rundfunkanstalten, uä Kassen, zB eines Versorgungswerks (BFH VIII R 34/11, BStBl II 14, 248), *nicht* Kassen der kommunalen Spitzenverbände (*FM BW* DStR 09, 1312; FG Mster EFG 19, 1895, rkr) und Fraktionskassen (FG Bln DStRE 02, 1168, rkr). – ***(3)* Öffentliche Dienste** leisten Personen, die eine hoheitl Tätigkeit im Gesamtbereich der Verwaltung einschließl der schlichten Hoheitsverwaltung, nicht aber iRd Daseinsvorsorge und Fiskalverwaltung iwS ausüben (grundlegend BFH VI R 288/66, BStBl II 68, 437, ebenso LStR 3.12 I). – ***Einzelfälle:*** Stfrei sind zB Entschädigungen für Tätigkeiten bei berufsständischen Versorgungswerken [BFH VIII R 34/11, BStBl II 14, 248 (Anwälte), BFH IV R 160/71, BStBl II 74, 631 (Ärzte)]; zu öffentl-rechtl Berufsverband/-kammer s BFH VIII R 72/03, DStR 05, 690, BFH VIII R 29/23, BStBl II 25, 723). Zur kommunalen Dienstaufwandsentschädigung FG BW EFG 23, 975, rkr; SächsFG DStRK 25, 315. Zur Daseinsvorsorge s BFH VI R 42/86, BStBl II 90, 679; zum öffentl-rechtl Rundfunk *OFD Ffm* DStR 24, 2489 und zu Organen der Sozialversicherungsträger *OFD Ffm* BeckVerw 642053. Die Fiskalverwaltung „iwS" umfasst Betriebe gewerbl Art von Körperschaften des öffentl Rechts (BFH VIII R 34/11, BStBl II 14, 248; s auch LStH 3.12). Bei gemischter Tätigkeit muss der hoheitl Teil überwiegen (BFH VI R 171/74, BStBl II 75, 563). – ***(4)* Kraft Gesetzes ausgeschlossene Steuerfreiheit, § 3 Nr 12 S 2 Hs 2.** Entschädigungen für **Verdienstausfall oder Zeitverlust** sind stpfl *(Alt 1)*. Maßgebl sind die Bezeichnung und Auslegung der Rechtsgrundlage (BFH IX R 10/16, BStBl II 18, 571; BFH VIII R 28/15, BFH/NV 18, 1196; FG Nbg EFG 21, 1717, rkr; FG Bbg EFG 25, 111, rkr). Ferner *(Alt 2)* darf die Entschädigung den tatsächl Aufwand iZm der öffentl Dienstleistung nicht **offenbar** übersteigen. Der Entschädigungsbetrag ist hierzu mit dem durchschnittl mehrjährigen Aufwand von Personen in ähnl dienstl Stellung zu vergleichen (BFH VI R 83/89, BStBl II 92, 140; LStR 3.12 II S 5). Das Merkmal *„offenbar"* schließt eine kleinl Prüfung aus. – ***(5)* Höhe des Freibetrags.** Bei hauptamtl tätigen StPfl ist die durch Gesetz/RVO gewährte Entschädigung stfrei; bei nebenberufl Tätigkeit 1/3 des Betrags, mindestens 250 €/Monat (LStR 3.12 III 2). Bei anderweitiger Rechtsgrundlage (zB Satzung) sind in beiden Fällen 250 €/Monat der tatsächl gewährten Entschädigung stfrei (LStR 3.12 III; zur erforderl Anhebung BT-Drs 21/2470, 25, 30). Der Monatsbetrag ist innerhalb des Kj übertragbar (LStR 3.12 III 8; LStH 3.12 mit Beispiel). Ferner kann die *FinVerw* mit den obersten Landesbehörden pauschale stfreie Beträge festlegen (LStR 3.12 III S 10; BFH IV R 7/91, BStBl II 93, 50, LStR 3.12 V: 8 €/Tag). Zur **Bindung** der FG an diese VerwAnweisungen s HessFG EFG 13, 1820, rkr, FG Nbg EFG 15, 1188, rkr. – ***(6)* Höhere Ausgaben.** Der StPfl kann nachweisen, dass ihm tatsächl ein höherer Aufwand iZm der Tätigkeit entstanden ist (LStR 3.12 IV). BA aus einer betriebl Haupttätigkeit können bei Vereinnahmung der stfreien Entschädigung als BE/SBE durch die ehrenamtl Nebentätigkeit mitveranlasst sein (BFH VIII R 29/23, BStBl II 25, 723). Zum Abzugsverbot gem § 3c I → § 3c Rn. 8.

54 **Nr 13: Reisekosten- und Umzugskostenvergütungen sowie Trennungsgelder aus öffentlichen Kassen. – a) Verhältnis zu anderen Vorschriften.** – ***(1)* Verhältnis zu § 3 Nr. 12.** § 3 Nr 13 ist ggü § 3 Nr. 12 vorrangig (BFH VI R 23/15, BStBl II 17, 345). – ***(2)* Verhältnis zu § 3c I.** Übersteigen die tatsächl BA/WK den stfreien Erstattungsbetrag, sind sie insoweit abzugsfähig (BFH VI R 73/06, BFH/NV 08, 936; BFH VIII R 58/06, BStBl II 09, 405; auch → § 3 Rn. 50). Fahrtkosten für regelmäßig verkehrende Beförderungsmittel sind nur iHd tatsächl Beförderungsentgelte WK, höhere Pauschbeträge sind keine WK (BFH VI R 50/18, BStBl II 21, 440). Die abzugsfähigen WK und die stfreie Fahrtkostenerstattung entsprechen sich. BA/WK nach der Homeoffice-Tagespauschale werden bei Erstattung von Unterkunftskosten der Zweitwohnung gem § 3 Nr 13 durch den ArbG gekürzt (*BMF* BStBl I 23, 1551 Rn. 38). – ***(3)* § 32b.** → Rn. 66. – ***(4)* EU-Abordnungen.** S *BMF* BStBl I 06, 340 und → Rn. 3.

55 **b) Übergreifende Voraussetzungen. – *(1)* Berufliche Veranlassung der erstatteten Kosten.** Stfrei ist nur der Ersatz tatsächl entstandener und berufl veranlasster Aufwendungen, die als BA/WK abziehbar wären (BFH VI R 67/92, BStBl II 95, 17; BFH VIII R 58/06, BStBl II 09, 405; BFH VI R 25/10, BStBl II 13, 699; auch → § 19 Rn. 66 ff). Werden Reisekosten-, Umzugskostenvergütungen, Trennungsgelder aus einer öffentl Kasse gezahlt, ist für die StBefreiung daher zu prüfen, in welchem Umfang durch die Zahlung estl BA/WK-ersetzt werden. Dies gilt insb bei Vergütungspauschalen (BFH VIII R 58/06, BStBl II 09, 405); s zur Umzugskostenerstattung des Erwerbs privater Kleidung BFH VI R 67/92, BStBl II 95, 17). – ***(2)* Öffentliche Kassen.** Dies sind inl juristische Personen des öffentl Rechts sowie Unternehmen, Kammern, Verbände, die einer Dienstaufsicht und Prüfung ihres Finanzgebarens durch die öffentl Hand unterliegen (LStH 3.11). – ***(3)* Vergütungsformen.** Bar- und Sachleistungen (EStR 3.13 I; → § 19 Rn. 67).

56 **c) Steuerfreie Reisekostenvergütungen, § 3 Nr 13 S 1, 2. – *(1)* Reisekostenbegriff.** Reisekostenvergütungen werden gem § 1 II BRKG und dem entspr Landesrecht für Kosten einer *Dienstreise* gewährt. § 3 Nr 13 stellt Vergütungen stfrei, die nach diesen Vorschriften (EStR 3.13 II 1, IV 1) und aufgrund anderer Rechtsgrundlagen (zB Tarifverträge, öffentl-rechtl Satzungen) gewährt werden, den Vorschriften des Bundes, der Länder vollumfängl entsprechen (LStR 3.13 II) und aus einer öffentl Kasse gezahlt werden. **EStl** Reisekosten gem § 3 Nr 13 iVm § 9 sind der Verpflegungsmehraufwand, Fahrt-, Übernachtungs- und sonstige Kosten (→ § 19 Rn. 110 „Reisekosten", → § 4 Rn. 520 „Geschäftsreise"; → § 4 Rn. 570). Die einzelnen Aufwendungen dürfen zusammengefasst werden; die Vergütung ist nach § 3 Nr 13 stfrei, wenn sie die zul stfreie Gesamtsumme nicht übersteigt (*BMF* BStBl I 20, 1228, → Rn. 134). – ***(2)* Verpflegungsmehraufwand iSd § 9 IVa (§ 3 Nr 13 S 2 Hs 1).** Reisekostenvergütungen (zB Tagegeld gem § 6, § 9 BRKG), die Verpflegungsauf-

wand ersetzen, sind nach S 2 Hs 1 stfrei, soweit gem § 9 IVa ein WK-Abzug mögl wäre. Zu den Pauschbeträgen für Inlands- und Auslandsreisen und deren Kürzung bei Mahlzeitengestellung gem § 9 IVa → § 9 Rn. 310 ff. Übersteigende Vergütungen sind stpfl, können aber bis zur Höhe der doppelten Pauschbeträge gem § 40 II 1 Nr 4 pauschal besteuert werden (→ § 40 Rn. 16). – ***(3)* Übernachtungskosten.** Diese können bei **Auslands-/Inlandsreisen** durch den ArbG gem Nr 13 entweder in nachgewiesener Höhe oder *pauschal,* dh bei Auslandsreisen iHd nach § 7 BRKG höchsten Auslandsübernachtungsgelds (*BMF* BStBl I 25, 2078) und bei Inlandsreisen iHv 20 € je Übernachtung stfrei erstattet werden (s iEinz LStR 9.7 III 1, *BMF* BStBl I 20, 1228 Rn. 128). Der *WK-Abzug* von Übernachtungskosten ist hingegen nur iHd der tatsächl Kosten mögl (→ § 9 Rn. 260). – ***(4)* Fahrtkosten.** Dies sind bei Dienstreisen zB Vergütungen gem § 4, § 5 BRKG. Stfrei erstattbar gem § 3 Nr 13 S 1 sind die tatsächl Aufwendungen oder Pauschbeträge gem § 9 I 3 Nr 4a S 2, dh die höchste Wegstreckenentschädigung nach dem BRKG (*BMF* BStBl I 20, 1228 Rn. 37; → § 9 Rn. 212, 213). Unter § 3 Nr 13 S 1 fallen weder Vergütungen des ArbG für Fahrten von der Wohnung zur ersten Tätigkeitsstätte iSd § 9 I 3 Nr 4 (s zu diesen bei § 3 Nr 15) noch für Familienheimfahrten (aber → Rn. 58). Zur Bahncardgestellung durch den ArbG → Rn. 69. – ***(5)* Reisenebenkosten** (vgl § 10 BRKG) können in nachgewiesener Höhe (LStR 9.8, Begriff: *BMF* BStBl I 20, 1228 Rn. 129) stfrei erstattet werden, soweit sie beim ArbN WK sind.

d) Steuerfreie Umzugskostenvergütungen, § 3 Nr 13 S 1. Umzugskostenerstattungen aus öffentl Kassen an ArbN im öffentl Dienst (zu „Post-ArbN" s § 3 Nr 35), die berufl veranlasst sind, sind stfrei (s LStR 3.16, 3.13 IV). Die Höhe der Vergütungen richtet sich öffentl-rechtl nach dem BUKG bzw bei Umzügen zw Inl und Ausl nach der AUV (LStR 9.9 II). Auch die nach öffentl Recht gewährten Umzugsvergütungen müssen estl WK ersetzen (→ § 3 Rn. 55; BFH VI R 53/04, BStBl II 07, 536; zur Indizwirkung einer Erstattung nach dem BUKG s BFH VI R 2/11, BStBl II 12, 104). Vergütungen nach dem BUKG, die tatsächl Aufwendungen oder Aufwendungen erstatten, die gem § 12 Nr 1 keine BA/WK sind (BFH VI R 188/98, BStBl II 03, 314; BFH VI R 25/10, BStBl II 13, 699 zu § 8 III BUKG), sind stpfl. iEinz → § 19 Rn. 110 „Umzugskosten". 57

e) Steuerfreies Trennungsgeld. – ***(1)* Verweis auf § 9 I 3 Nr 5, IVa.** Öffentlrechtl handelt es sich um Vergütungen gem § 12 BUKG, § 15 BRKG, der TGV (BGBl I 09, 320) und der AuslandstrennungsgeldVO (BGBl I 09, 160; BFH VI R 226/80, BStBl II 87, 385). Gem § 3 Nr 13 S 2, Hs 2 ist das Trennungsgeld nur stfrei, soweit es Aufwendungen ersetzt, die iRe nach § 9 I 3 Nr 5 anzuerkennenden doppelten Haushaltsführung als WK abzugsfähig wären und auch gem § 3 Nr 16 stfrei ersetzt werden könnten (BFH VI B 31/00, BFH/NV 00, 1465). Dies sind Aufwendungen für die erste und letzte Fahrt zum Beschäftigungsort, für Familienheimfahrten, für Verpflegungsmehraufwand, für die notwendigen Kosten der Unterkunft am Beschäftigungsort und für sonstige Kosten. – ***(2)* Höhe der Steuerbefreiung, § 3 Nr 13 S 2 Hs 2.** Stfrei sind Trennungsgelder bis zu den Pauschbeträgen gem § 9 I 3 Nr 5 S 4 für Unterkunftskosten und WK iSd § 9 I 3 Nr 5 S 5–8 für Familienheimfahrten, iHd tatsächl Kosten für die erste und letzte Fahrt zum Beschäftigungsort (→ § 9 Rn. 253) und iHd Verpflegungsmehraufwands gem § 9 IVa S 12 f; § 9 I 3 Nr 5b (LStR 9.11 VI–X). 58

Nr 14: Krankenversicherungszuschüsse des Rentenversicherungsträgers an Rentner. Zuschüsse iSd § 106 I 1, § 315 SGB VI durch Träger der gesetzl RV an freiwillig in der gesetzl KV und an privat krankenversicherte Rentner sind stfrei. Gleiches gilt für Zuschüsse der gesetzl RV-Träger für pflichtversicherte Rentner an die gesetzl KV (§ 249a SGB V). S zum SA-Abzug jeweils § 10 IV 2 und § 10 IVb (→ § 10 Rn. 161, 167 ff; NdsFG EFG 26, 95, Rev X R 11/25). 61

62 **Nr 14a: Rentenleistungen aus dem Grundrentenzuschlag.** – ***(1)* Allgemeines.** § 3 Nr 14a ist rückwirkend zum 1.1.21 in Kraft getreten (Art 29 III, Art 3 JStG 2022, BGBl I 22, 2294; § 52 IV 5–8 iVm Art 1 Nr 13 Buchst a, Art 29 I JStG 2022). – ***(2)* Norminhalt.** Stfrei ist derjenige Teil der Einkünfte gem § 22 I Nr 1 S 3 Buchst a aa aus der gesetzl RV (→ § 22 Rn. 91), der auf Entgeltpunkte aus dem Grundrentenzuschlag für langjährig Versicherte entfällt (§ 76g I SGB VI: mindestens 33 Beitragsjahre an sog Grundrentenzeiten mit unterdurchschnittl Einkommen; § 120f II Nr 3 SGB VI: eigenständige Entgeltpunkteart und selbständiger Teil des Rentenstammrechts). Der Zuschlag soll steuerl unbelastet bleiben (BT-Drs 20/3879, 86 f). Der SA-Abzug für KV- und PflV-Beiträge ist gem § 10 II S 1 Nr 1 Hs 2 (→ § 10 Rn. 137) zu kürzen. – ***(3)* Korrekturvorschriften.** § 52 IV S 5–8 enthalten flankierende Vorschriften zur Umsetzung der StBefreiung für den VZ 21. Die Träger der gesetzl RV haben den FA bis zum 29.2.24 korrigierte Rentenbezugsmitteilungen (§ 22a I 1 Nr 2) zu übermitteln, wenn in den früheren Mitteilungen für den VZ 21 ein Grundrentenzuschlag ausgewiesen war. Mitzuteilen ist der Rentenbetrag, der auf den Grundrentenzuschlag entfällt (S 6). Bestandskräftige ESt-Bescheide für den VZ 21 können mit Bindung an die korrigierte Rentenbezugsmitteilung gem S 7, S 8 zugunsten des StPfl geändert werden (BT-Drs 20/3879, 83 f).

63 **Nr 15: Zuschüsse des Arbeitgebers zu Fahrausweisen des Arbeitnehmers im öffentlichen Personenfern- und -nahverkehr.** – ***(1)* Bezuschussung von Fahrausweisen, § 3 Nr 15 S 1. S 1 Alt 1** befreit seit dem VZ 19 *zweckgebundene* Barzuschüsse des ArbG zu Aufwendungen von aktiv beschäftigten (Leih-)ArbN (*BMF* BStBl I 19, 875 Rn. 4) für Fahrausweise im Linienverkehr (Personenfernverkehr) mit öffentl Verkehrsmitteln (dazu *BMF* BStBl I 19, 875 Rn. 3, 7), die die Strecke zw Wohnung und erster Tätigkeitsstätte, zu einem Sammelpunkt und einer weiträumigen Tätigkeitsstätte gem § 9 I 3 Nr 4a S 3 (→ § 9 Rn. 214 ff) betreffen. **S 1 Alt 2** befreit Zuschüsse an ArbN für alle Fahrausweise im öffentl Personennahverkehr (s *BMF* BStBl I 19, 875 Rn. 5, 8–10), die für sämtl berufl und private Fahrten eingesetzt werden. Nach *BMF* BStBl I 23, 1969, Rn. 8 gehören hierzu auch Nahverkehrsfahrausweise, die streckenbezogen die Nutzung auch von Fernverkehrszügen gestatten,. Stfrei ist auch ein **ArbG-Zuschuss zum Deutschlandticket** s *BMF* BStBl I 22, 922; iEinz *Seifert* DStZ 25, 207 (211 ff). – ***(2)* Überlassung von Fahrausweisen, § 3 Nr 15 S 2.** S 2 befreit ArbLohn in Form der verbilligten, unentgeltl Überlassung von Fahrausweisen durch den ArbG (zB Job-Tickets, s iEinz *BMF* BStBl I 19, 875 Rn. 5) als Sachzuwendung (bei stfreier Zuwendung kein Verbrauch der Freigrenze des § 8 II 11, → § 8 Rn. 68). Die Fahrausweise dürfen wie in S 1 Alt 1 und Alt 2 nur zu Fahrten im Linienverkehr als Personenfern- und im Personennahverkehr berechtigen. Auch die Überlassung des **Deutschlandtickets** kann stfrei sein (iEinz *Seifert* DStZ 25, 207 (211 ff) zur Vorteilshöhe); ggf Vorrang von § 3 Nr 13, Nr 16 → Rn. 69). – ***(3)* Zusätzlichkeit.** S § 8 IV (→ § 3 Rn. 54), dh keine Entgeltumwandlung. – ***(4)* Bahncard.** Die Bezuschussung oder Überlassung einer Bahncard ist kein ArbLohn, wenn sie sich auf Grundlage einer Prognose durch Dienstreisen iSd *§ 3 Nr 13, Nr 16* vollständig amortisiert. *Stfrei* ist der Vorteil auch, wenn allein durch die gem § 3 Nr 15 begünstigten Fahrten prognostisch eine Vollamortisation erreicht wird (*BMF* BStBl I 19, 875 Rn. 15–18). Bei Prognose einer *Teilamortisation* durch Dienstreisen gem *§ 3 Nr 13, Nr 16* entsteht iHd Vorteils ArbLohn, der gem § 3 Nr 15 für ersparte Fahrausweise zu den begünstigten Fahrten (nachträgl) stfrei oder zu mindern sein kann (*BMF* BStBl I 19, 875 Rn. 19, 20; ebenso bei fehlender Amortisationsprognose s *BMF* BStBl I 19, 875 Rn. 22; krit dazu → § 19 Rn. 100 „BahnCard"). – ***(5)* Kürzung (S 3).** Die stfreien ArbG-Zuschüsse mindern die WK des ArbN iHd Entfernungspauschale (§ 9 I 3 Nr 4 S 2) bis maximal auf 0 €. Dies gilt unabhängig von der tatsächl Nutzung der Fahrberechtigung, es sei denn, der ArbN verzichtet auf deren Nutzung (*BMF* BStBl I 19, 875 Rn. 27, 31, 38). – ***(6)* Andere Leistungen; Pauschalierung.** Ein ArbG-Zuschuss zu Kraftfahrzeugkosten oder Ta-

xifahrten des ArbN ist stpfl. Es kann ggf pauschaliert werden (§ 40 II Nr 2). Zur Pauschalierung (§ 40 II Nr 2) statt § 3 Nr 15 wegen Vermeidung der Kürzung in S 3 → § 40 Rn. 20, 21; zum Deutschlandticket *Seifert* DStZ 25, 207 (212); → § 37b Rn. 21. – ***(7)* Bescheinigung.** S § 41b I 2 EStG, § 4 II Nr 4 LStDV und *BMF* BStBl I 19, 875 Rn. 39 ff. – ***(8)* Mobilitätsbudget.** → Rn. 6.

Nr 16: Erstattungen privater Arbeitgeber für Reise- und Umzugskosten sowie Mehraufwendungen bei doppelter Haushaltsführung. – a) Anknüpfung an Werbungskostenabzug. – *(1)* Allgemeines. § 3 Nr 16 gilt für ArbN privater ArbG und ergänzt § 3 Nr 13. Auch hier (→ § 3 Rn. 55) kann der ArbG nur Aufwendungen stfrei erstatten, die der ArbN als berufl veranlasste WK abziehen könnte (zB BFH VI R 53/04, BStBl II 07, 536; auch → § 19 Rn. 67). – ***(2)* Verhältnis zu anderen Vorschriften.** Die stfreie Erstattung von Reisekosten gem § 3 Nr 16 iRe Gehaltsumwandlung ist zul, wenn sie vor dem Entstehen des Vergütungsanspruchs des ArbN vereinbart wird (BFH VI R 2/98, BStBl II 01, 601; LStH 3.16). Werden gemischt veranlasste Aufwendungen vom ArbG erstattet, müssen diese gem **§ 12 Nr 1** im Schätzwege aufgeteilt werden (BFH VI R 55/16, BFH/NV 18, 1145). Stfreie Reisekostenvergütungen sind keine Zuwendungen iRe Betriebsveranstaltung iSd **§ 19 I 1 Nr 1a** (→ § 19 Rn. 82). Zur Anwendung des § 3 Nr 16 iRd **§ 32b** s BFH VI R 21/18, BStBl II 21, 506; → § 3 Rn. 3 *(2)*. Zu **§ 3c I** → § 3 Rn. 54. S auch § 41b I Nr 10, § 50 II 2, § 50a IV. Stfreier WK-Ersatz ist gem **§ 1 I 1 Nr 1 SvEV** beitragsfrei; nicht aber iRe Barlohnumwandlung (§ 17 I 1 Nr 1 SGB IV). 66

b) Steuerfrei erstattbare Aufwendungen. – *(1)* Reisekosten. S § 9 I Nr 4a, Nr 5a, § 9 IVa und → § 19 Rn. 110 „Reisekosten", „Einsatzwechseltätigkeit", „Fahrtätigkeit", „Kraftfahrzeugkosten"; zu Berufskraftfahrern s § 9 I 3 Nr 5b (→ § 9 Rn. 263). Zu E-Bikes iSd § 6 I Nr 4 2 s *Lerbs* NWB 23, 1391 (1395). Stfrei können sein: Vergütungen des ArbG für Verpflegungsmehraufwand, Fahrt-, Übernachtungs- und sonstige Kosten iRe Auswärtstätigkeit des ArbN (auch Reisenebenkosten, LStR 9.8 II), **nicht aber** für Fahrten zw Wohnung und erster Tätigkeitsstätte (BFH VI R 21/18, BStBl II 21, 506) und für Familienheimfahrten iRe doppelten Haushaltsführung. – ***(2)* Umzugskosten.** → § 19 Rn. 110 „Umzugskosten" und LStR 9.9 II 4, III. – ***(3)* Doppelte Haushaltsführung.** S § 9 I 3 Nr 5, § 9 IVa 12, 13 und → § 9 Rn. 210 ff, → § 9 Rn. 245 ff. Stfrei sind Erstattungen für die erste/letzte Fahrt zum Beschäftigungsort, für Familienheimfahrten, für Verpflegungsmehraufwand, für die notwendigen Kosten der Unterkunft am Beschäftigungsort und für sonstige Kosten. 67

c) Deckelung auf die nach § 9 abziehbaren Werbungskosten. – *(1)* Reisekosten. Zu Fahrtkosten iSd § 9 I 3 Nr 4a → § 9 Rn. 212, 213 und → Rn. 55; zu Übernachtungskosten iSd § 9 I 3 Nr 5a → § 9 Rn. 260 f sowie zu Auslandsreisen ab dem VZ 24 *BMF* BStBl I 23, 2076. Zu Verpflegungsmehraufwendungen s § 9 IVa 3, 5 (→ § 9 Rn. 310 f). – ***(2)* Umzugskosten.** Zur stfrei erstattbaren Höhe s LStR 9.9 und → § 19 Rn. 110 „Umzugskosten". – ***(3)* Doppelte Haushaltsführung.** S LStR 9.11 VI–X. Stfrei erstattbare inl Übernachtungskosten am Beschäftigungsort sind auf 1000 €/Monat begrenzt (§ 9 I 3 Nr 5 S 4); erstattbare Auslandsübernachtungskosten müssen angemessen sein; Mietnebenkosten sind abgegolten (→ § 9 Rn. 246). Zur Erstattung der ersten/letzten Fahrt an den Beschäftigungsort → § 9 Rn. 253. Zur Erstattung von WK für Familienheimfahrten s § 9 I 3 Nr 5 S 5, 6 (Entfernungspauschale); diese sind beim WK-Abzug des ArbN in der ESt-Erklärung um stfreie Erstattungen gem Nr 13, Nr 16 zu kürzen (→ § 9 Rn. 248). Zum stfrei erstattbaren Verpflegungsmehraufwand s § 9 IVa 12, 13 (→ § 9 Rn. 314) und zu sonstigen Kosten → § 9 Rn. 252. – ***(4)* Rechtsfolge.** Bei zu hoher Erstattung liegt iHd Differenz ArbLohn vor (→ § 19 Rn. 67; zur Beweislast BFH VI B 72/00, BFH/NV 01, 36). 68

d) Bahncard- oder Kraftfahrzeuggestellung durch den Arbeitgeber. – *(1)* Bahncardgestellung; Deutschlandticket. Auch → § 3 Rn. 63. Kein ArbLohn wird bei Überlassung einer *Bahncard 100* oder *Bahncard 25/50* im eigenbetriebl Inter- 69 esse des ArbG erzielt. Dies ist der Fall, wenn nach einer Prognoserechnung im Gewährungszeitpunkt die Kosten regulärer/ermäßigter Fahrausweise für von § 3 Nr 16 erfasste Reisen die Kosten der Bahncard übersteigen oder erreichen (sog *Vollamortisation,* s *BMF* BStBl I 19, 875, Rn. 15); die auch private Nutzung der Bahncard durch den ArbN ist unerhebl. Bei prognostizierter *Teilarmotisation/fehlender Amortisationsprognose* wird der Wert der Bahncard zunächst voll als ArbLohn erfasst und kann nachträgl durch stfreie Kürzungsbeträge (auch solche gem § 3 Nr 15, → § 3 Rn. 63) gemindert werden (*BMF* BStBl I 19, 875 Rn. 19, 20, 22; krit → § 19 Rn. 100 „Bahncard"). Sind Reisekosten des ArbN höher und werden durch die Überlassung eines *Deutschlandtickets* abgedeckt, ist dies gem § 3 Nr 16 statt gem Nr 15 stfrei (*Seifert* DStZ 25, 207 (211)). – ***(2)* Familienheimfahrten.** Bei unentgeltl Fahrzeuggestellung durch den ArbG kein Ansatz eines geldwerten Vorteils für Familienheimfahrten und kein WK-Abzug des ArbN (§ 9 I 3 Nr 5 S 8, → § 9 Rn. 250).

71 **Nr 17: Beitragszuschüsse zur Alterssicherung der Landwirte.** Zuschüsse an Landwirte und mitarbeitende Familienangehörige zur Entlastung von Beiträgen an die landwirtschaftl Alterskasse gem § 32 ALG sind stfrei, wenn das maßgebl jährl Einkommen 15 500 € nicht übersteigt. S *Leingärtner* Kap. 49 Rn. 49 (auch zum SA-Abzug).

72 **Nr 18: Aufgelder für Lastenausgleichsdarlehen.** Befreit wurden Aufgelder, die die Lastenausgleichsbank (§ 5 LAG) an die Empfänger zahlte. Die Regelung hat faktisch keinen Anwendungsbereich mehr, da die betroffenen Darlehen **vor dem 1.1.55** gewährt worden sein müssen und getilgt sein dürften. Der Ausgleichsfonds gem § 5 LAG wurde aufgelöst.

74 **Nr 19: Weiterbildungsleistungen des Arbeitgebers nach dem SGB III.** Weiterbildungsmaßnahmen sind für ArbN idR schon nicht stbar (BT-Drs 19/13436, S 89; → § 19 Rn. 100 „Betriebl Weiterbildung"). Nr 19 befreit in *S 1 Buchst a* iVm § 82 I Nr 1–4 SGB III bestimmte von der Arbeitsagentur und dem ArbG gemeinsam (§ 82 II SGB III) finanzierte außerbetriebl (von Trägern durchgeführte) Qualifizierungsmaßnahmen für beschäftigte ArbN, die nicht nur eine arbeitsplatzbezogene Fortbildung, sondern eine Kompetenzerweiterung bewirken sollen (zB Sprach-/PC-Kurse, Nachholung eines Schul-/Berufsabschlusses). Stfrei sind seit dem **1.4.24** auch ArbG-Weiterbildungsleistungen iZm dem *Qualifizierungsgeld* gem § 82a III. Auch → § 3 Rn. 18. – *S 1 Buchst b* befreit (auch innerbetriebl und digitale) Weiterbildungsmaßnahmen mit derselben Ausrichtung (*OFD Ffm* DStR 21, 988). Nach *S 2* sind New- und Outplacementberatungen stfrei (zur StBarkeit → § 19 Rn. 100 „Outplacementberatung"). Ein eigenbetriebl Interesse des ArbG (kein ArbLohn) besteht bei Beratungsleistungen iSd S 2 für unkündbare und unbefristet beschäftigte ArbN (BFH V R 32/20, BStBl II 23, 45 zu § 15 UStG). Zu weiteren Fragen s *Hilbert/Endert* NWB 21, 3108. *S 3* schließt die Befreiungen nach S 1, S 2 aus, wenn die Maßnahme überwiegend Belohnungscharakter hat, also leistungsabhängig gewährt wird.

77 **Nr 20: Zuwendungen des Bundespräsidenten.** Die Zuwendungen (Einmalzahlungen, wiederkehrende Leistungen) stammen aus öffentl Mitteln des Bundespräsidenten, wenn sie auf einem entspr Haushaltstitel beruhen und der Rechnungskontrolle unterliegen (→ Rn. 192).

78 **Nr 21: Förderung von Arbeitnehmern im Rentenalter (Aktivrente).** – **Verwaltung:** *BMF* 6.2.26 FAQ zur Aktivrente (https://www.bundesfinanzministerium.de/Content/DE/FAQ/FAQ-zur-Aktivrente.html). – **a) Regelungsinhalt; Inkrafttreten. *(1)* Allgemeines.** § 3 Nr 21 idF des AktivRentG (BGBl I 25 Nr 361) enthält einen Freibetrag für bestimmte Lohneinkünfte bestimmter ArbN, die über das gesetzl Rentenregelalter hinaus weiterarbeiten und für die der ArbG RV-Beiträge zu leisten hat. Die Regelung gilt **ab dem 1.1.26** (§ 52 I iVm Art 4 AktivRentG). Sie verursacht verschiedene Ungleichbehandlungen (Bevorzugung ggü Regel-ArbN, ArbN-Rentnern unterhalb des Regelalters, ArbN-Rentnern ohne RV-Pflicht; Ausschluss von Beamten und StPfl mit Gewinneinkünften); die auch unter Anwendung

des Willkürverbots iRd Art. 3 I GG jedenfalls im Hinblick auf die ausschließl Begünstigung von ArbN schwer zu rechtfertigen sind (*Kempny* DStZ 26,12; **aA** BT-Drs 21/2673, 14). Dies gilt insbes (zutr BT-Drs 21/2984, 4), wenn eine RV-Pflicht als abhängig Beschäftigter (zB BSG B 12 BA 3/23 R, NZS 25, 503) oder anderweitig besteht, aber keine Einkünfte aus § 19 erzielt werden. – ***(2)* Persönlicher Anwendungsbereich.** – ***(a)* Regelalter.** StPfl müssen die Regelalterszeit in der gesetzl RV erreicht haben und als ArbN (→ § 19 Rn. 21) -nicht zwingend im bisherigen ArbVerh- tätig bleiben. Das Regelalter ist für nach dem 31.12.63 Geborene mit Vollendung des 67. Lebensjahrs (§ 35 S 2 SGB VI), bei Geburt vor dem 1.1.47 des 65., für nach dem 31.12.46 bis 31.12.63 Geborene gem § 235 II SGB VI gestuft (BT-Drs 21/2673, 14). ArbN, die vorzeitig eine Rente als besonders langjährig Versicherte beziehen, sind vor Erreichen der Regelaltersgrenze nicht begünstigt (kein Verweis in Nr 21 S 1 auf §§ 36, 38 SGB V). – ***(b)* Rentenbeitragspflicht.** Der ArbG muss für die Tätigkeit einer **Beitragspflicht zur gesetzl RV** unterliegen. VA der DRV (§ 7a SGB VI), Einzugsstellen (§ 28h SGB VI), BP (§ 28p SGB VI) haben insoweit Tatbestandswirkung (→ § 19 Rn. 21). Im Einz verweist § 3 Nr 21 S 1 (BT-Drs 21/2673, 14) auf – ***(aa)* § 168 SGB VI.** StPfl bleiben nach Erreichen des Regelalters als ArbN neben dem ArbG persönl in der RV beitragspflichtig, wenn sie keine Vollrente beziehen (§ 1 S 1 Nr 1, § 168 I 1 *Nr 1* SGB VI). Durch Erwerb zusätzl Entgeltpunkte erhöhen sich die Rentenbezüge (*Küttner* „Rentnerbeschäftigung" Rn. 25 f). Ferner besteht die ArbG-Beitragspflicht für ArbN, die ein Arbeitsentgelt bis zum oberen Grenzbetrag des sog. Übergangsbereichs verdienen (§ 168 I 1 *Nr 1d* iVm § 20 Abs. 2, § 163 VII SGB VI; **2026:** *603,01 € bis 2000 €*). ArbN die der RV-Pflicht iRd Knappschaften unterliegen, sind gleichgestellt *(§ 168 III SGB VI).* – ArbN in Kurzarbeit, geringfügig Beschäftigte in und außerhalb von Privathaushalten sind mangels Verweises auf § 168 I 1 Nr 1a bis 1c SGB VI nicht begünstigt (BT-Drs 21/2673, 14). – ***(bb)* § 172 I SGB VI.** Bezieht der ArbN eine Vollrente aus der gesetzl RV, ist er für seine daneben ausgeübte abhängige Beschäftigung in der RV versicherungsfrei (§ 5 IV 1 Nr 1 SGB VI); nur der ArbG schuldet einen Rentenbeitrag (§ 172 I *Nr 1* SGB VI). Verzichtet der ArbN auf die RV-Befreiung (§ 5 IV 2 SGB VI), ist er neben dem ArbG beitragspflichtig iSd § 168 I 1 Nr 1 SGB VI (→ *(aa)*). Der Verweis auf *§ 172 I Nr 2- Nr 4 SGB VI* umfasst ansonsten RV-freie ArbN, die Versorgungsbezieher sind (§ 5 IV 1 Nr 2 SGB VI) oder zuvor nie RV-pflichtig waren (§ 5 IV 1 Nr 3 SGB VI) oder die eine RV-Beitragserstattung erhalten haben (§ 5 IV 1 Nr 4 SGB VI). Über den Verweis auf *§ 172 I 2 SGB VI* sind RV-freie geringfügig Beschäftigte und behinderte ArbN nicht begünstigt. – ***(cc)* § 172a SGB VI.** Begünstigt sind ferner ArbN, die nach Erreichen der Regelaltersgrenze für ihre Tätigkeit gem § 6 I 1 1 SGB VI nach Befreiung Pflichtmitglied eines berufsständischen Versorgungswerks und einer Berufskammer sind, sodass der ArbG gem *§ 172a SGB VI* einen Beitragszuschuss zu leisten hat (BT-Drs 21/2673, 14). – ***(dd)* Gesellschafter-Geschäftsführer.** Zur RV-Beitragspflicht für diesen Personenkreis s *Küttner* „Arbeitnehmer (Begriff)" Rn. 143 bis 164. – MUer einer PersGes erzielen aus einer Tätigkeitsvergütung selbst bei einer RV-Beitragspflicht keine iRd § 3 Nr 21 begünstigten Einkünfte (§ 15 I 1 Nr 2, → § 15 Rn. 581, 584). – Bei einer OptionsGes (§ 1a KStG) bestimmt sich die RV-Beitragspflicht nach den bei PersGes geltenden sozialrechtl Grundsätzen, steuerl kann anders als beim MUer Arblohn erzielt werden (*BMF* BStBl I 21, 2212 Rn. 81–83). – Ist die Tätigkeitsvergütung des StPfl als Organ einer KapGes eine vGA (→ § 20 Rn. 56, 58), greift § 3 Nr 21 auch im Fall einer RV-Beitragspflicht nicht. -Wird zwar ArbLohn erzielt, fehlt aber mangels abhängiger Beschäftigung iSd § 7 SGB VI die RV-Beitragspflicht, ist § 3 Nr. 21 ebenfalls nicht erfüllt. – ***(3)* Sachlicher Anwendungsbereich.** Begünstigte Einnahmen sind **nur** lfd und einmalige Bar- und Sachzuwendungen iSd § 19 I 1 **Nr 1** (→ § 19 Rn. 40 ff), die nach dem 31.1.25 für Leistungen zufließen, die vom ArbN ab dem Folgemonat nach Erreichen der Regelaltersgrenze in der gesetzl RV erbracht werden. Zahlungen für frühere Zeiträume sind nicht begünstigt (BT-Drs 21/2673, 14).

79 **b) Rechtsfolgen.** – ***(1)* Steuerfreibetrag.** Der jährl Freibetrag beträgt maximal 24 000 €. Er ist zeitanteilig als monatsbezogener Freibetrag zu zwölfteln **(§ 3 Nr 21 S 1, 3, 6 HS 2).** Bei Beginn/Ende der Tätigkeit genügt mE eine zeitweise Tätigkeit innerhalb des Monats. Begünstigte Einnahmen aus einer begünstigten Tätigkeit sind daher monatl nur bis maximal 2 000 € befreit (BT-Drs 21/2673, 14 f). Ein Rück- und Vortrag nicht ausgeschöpfter Monatsfreibeträge findet nicht statt. Dies ergibt sich mE hinreichend klar aus der Norm (str, s BT-Drs 21/2984, 1 f, 6). Sind Einnahmen iSd § 19 I 1 Nr 1 nach anderen Regelungen stfrei (zB § 3 Nr 13, 15, 16), sind diese Befreiungen vorrangig. Sie mindern den Monatsfreibetrag iRd § 3 Nr 21 aber nicht (**§ 3 Nr 21 S 2,** BT-Drs 21/2673, 14). Die nach § 3 Nr 21 stfreien Einnahmen werden weder in § 32b erfasst noch wird der Grundfreibetrag gem § 32a I 1 Nr 1 gekürzt. – ***(2)* Werbungskosten.** Soweit der ArbN WK trägt, die ausschließl den stfreien Einnahmen gem § 3 Nr 21 zuzuordnen sind, sind diese gem § 3c I bis zu deren Höhe nicht abzugsfähig. Werden neben den stfreien auch stpfl Einnahmen iRd § 19 erzielt, sind gem § 3c I die WK nur anteilig abzugsfähig (→ § 3c Rn. 7; BT-Drs 21/2984, 2, 6). Der ArbN-Pauschbetrag (§ 9a S 1 Nr 1 Buchst a) ist nur von den stpfl Einnahmen gem § 19 abzuziehen (→ § 9a Rn. 3). Negative Einkünfte können hierdurch aber nicht entstehen (§ 9a S 2). Da dem Pauschbetrag eine konkrete Veranlassung zu den erzielten stfreien und stpfl Einnahmen fehlt, ist er für den Abzug von den stpfl Einnahmen nicht gem § 3c I zu kürzen (vgl *HHR/Desens* § 3c Rn. 30; *BeckOK EStG* § 3c Rn. 68). – ***(3)* Mehrere Dienstverhältnisse.** Der ArbN kann den Freibetrag in einem ArbVerh mit LSt-Klasse VI nur in Anspruch nehmen, wenn er dem ArbG schriftl versichert, dies in keinem anderen ArbVerh zu tun (§ 3 **Nr 21 S 4;** zur Dokumentation **S 5**). **–** ***(4)* Lohnsteuer.** Der Freibetrag findet iRd LSt-Abzugs zeitanteilig Anwendung **(§ 3 Nr 21 S 6 HS 1).** S ferner § 41 I 4 nF, § 41b I 2 Nr 5 nF, § 42 b I 3 Nr 4 nF. – ***(5)* Arbeits- und Sozialrecht.** Zur erleichterten **Befristung** s § 41 I 3 iVm § 41 II SGB VI nF; – **Beitragsbemessung:** die stfreien Einnahmen sind Arbeitsentgelt (§ 14 SGB IV iVm § 1 SvEV nF) iRd Beitragserhebung zur KV/PflV (§ 226 SGB V) und ggf ArbeitslosenV (BT-Drs 21/2673, 15; *Küttner* „Rentnerbeschäftigung" Rn. 27 f); ebenso beim **Wohngeld** (§ 14 WoGG nF).

83 **Nr 22:** *(aufgehoben)*

86 **Nr 23: Leistungen an Verfolgte.** § 3 Nr 23 befreit (ähnl § 3 Nr 8, § 3 Nr 8a) idR gem § 22 Nr 1 stbare wiederkehrende Leistungen, die nach den im Wortlaut des § 3 Nr 23 in Bezug genommenen Gesetzen gewährt werden. Empfänger der Leistungen können dt Staats- und Volkszugehörige sein, die in der sowjetischen Besatzungszone unverschuldet (aus politischen Gründen) inhaftiert wurden, deren Angehörige sowie Personen, die während des SED-Regimes inhaftiert wurden, Opfer rechtswidrigen Verwaltungshandelns waren oder in ihrem berufl Fortkommen behindert wurden.

87 **Nr 24: Bundeskindergeldgesetz-Leistungen.** Leistungen nach dem BKGG sind stbar, aber gem § 3 Nr 24 stfrei. Zur KiGeld-Berechtigung nach dem BKGG → § 62 Rn. 1. Stfrei sind auch die Zuschläge gem § 6a, § 6b BKKG.

88 **Nr 25: Infektionsschutzgesetz-Entschädigungen.** – ***(1)* Norminhalt.** § 3 Nr 25 befreit Entschädigungen für Verdienstausfall, die Erstattung von Mehraufwendungen sowie solche gem § 56 I IfSG, die aufgrund eines Betätigungsverbots, einer Quarantäneanordnung und aufgrund einer Betreuungspflicht für Kinder gem § 56 Ia IfSG idF CoronaStHG I (BGBl I 20, 1385) geleistet werden (s auch § 32b). Stfrei sind auch Entschädigungen aufgrund behördl Maßnahmen an Gegenständen (§ 65 IfSG). Zur lohnsteuerl Behandlung der Erstattungsbeträge *BMF* BStBl I 23, 207. – ***(2)* Einzelfragen.** Nicht unter Nr 25 fallen nach der Rspr Corona-Überbrückungshilfen (→ Rn. 19, 42 mwN). Zur ungeklärten Befreiung schweizer AHV-Leistungen an inl Grenzgänger über den Wortlaut hinaus nach dem FZA *Schustek* DStR 25, 1985 (1990).

Nr 26: Einnahmen aus bestimmten nebenberuflichen Tätigkeiten. – **a) Einnahmen.** Die Einnahmen müssen stbar sein (BFH III R 23/15, BStBl II 19, 469). Unerhebl ist, ob sie Aufwendungen, einen Verdienstausfall erstatten oder die Tätigkeit vergüten soll (anders bei § 3 Nr 12 S 2). 91

b) Tätigkeitskatalog. – ***(1)* Abschließender Katalog.** § 3 Nr 26 begünstigt anders als § 3 Nr 26a nur stbare Einnahmen aus dem gesetzl Tätigkeitskatalog. S zu Beispielen LStR 3.26 I 2; *OFD Ffm* BeckVerw 457318. – ***(2)* Übungsleiter; Ausbilder.** *Übungsleiter* fördern die Entwicklung geistiger und körperl Fähigkeiten anderer Menschen durch Ausbildung vorhandener Anlagen oder leiten Menschen an, Fähigkeiten selbst zu entwickeln oder zu erproben. *Ausbildung* ist nicht nur die Aus- oder Fortbildung iSd EStG, sondern auch die Vermittlung von Allgemeinwissen und handwerkl Fähigkeiten. *Unterricht* ist begünstigt, wenn die Aus- oder Fortbildung im Interesse der Allgemeinheit liegt (BFH IV R 34/91, BStBl II 93, 20). *Beispiele:* SchlHFG EFG 18, 925, rkr – Lehrarzt; BFH IV R 24/84, BStBl II 86, 398 – Volkshochschule. S auch LStR 3.26 I 2. – ***(3)* Erzieher.** Zum Begriff → § 18 Rn. 84, zu den Formen → § 3 Rn. 43. – ***(4)* Betreuer.** Erforderl ist eine betreuende Tätigkeit mit pädagogischer Ausrichtung (etwa im Jugend- und Sportbereich). Zu Beispielen s LStR 3.26 I 2; *bejaht* zB für die Hausaufgabenbetreuung (FG Köln EFG 15, 2086, rkr); *verneint* für Versichertenberaterin der DRV (BFH VIII R 28/15, BStBl II 18, 715). Zum ehrenamtl rechtl Betreuer s § 3 Nr 26b. – ***(5)* Vergleichbare Tätigkeiten.** Es genügt nicht, dass eine Tätigkeit unter sozialen Aspekten wünschenswert ist (BFH VIII R 28/15, BStBl II 18, 715). Erforderl ist ihre pädagogische Ausrichtung idS, dass der StPfl auf andere Menschen durch persönl Kontakt Einfluss nimmt, um geistige und leibl Fähigkeiten zu entwickeln und zu fördern (BFH IV R 106/90, BStBl II 92, 176; LStR 3.26 I 2). Dies umfasst die Wissensvermittlung (auch zur Charakter- und Persönlichkeitsbildung) und Vermittlung von Fähigkeiten. *§ 3 Nr 26 wird bej* für Abschlussprüfer (BFH IV R 189/85, BStBl II 87, 783; BFH IV R 21/86, BStBl II 88, 890; BT-Drs 21/2470, 28), das Erstellen von Lehrplänen (BFH IV R 24/84, BStBl II 86, 398); die Lehrarzttätigkeit (BFH IV R 34/91, BStBl II 93, 20); zu Corona → 42. Aufl 2023, § 3 Rn. 5, 92. – *Verneint:* für Turnierrichter FG Nbg EFG 15, 1425, rkr; die private Fachanwaltsfortbildung FG Köln EFG 22, 572, rkr; einen Akkreditierungsprüfer HessFG BeckRS 2017, 94197; das Lehrbrieferstellen s BFH VIII R 43/14, BFH/NV 17, 569; die Tätigkeit ehrenamtl Richter BFH IX R 10/16, BStBl II 18, 571. – ***(6)* Künstlerische Tätigkeit.** Zum Begriff → § 18 Rn. 66 ff. – ***(7)* Pflege alter, kranker, behinderter Menschen.** Stfrei sind auch Einnahmen für Pflegeleistungen, die vom StPfl iRd häusl und teilstationären Pflege erbracht werden (vgl § 36, § 45a SGB XI; zur Angehörigenpflege s § 3 Nr 36). Der Pflegebegriff ist weit auszulegen (*Geserich* NWB 20, 2596 (2601)) und umfasst auch Rettungs-, Hilfs- und Betreuungsdienste (LStR 3.26 I 4; FG Köln EFG 15, 1507, rkr: Hausnotruf; FG BW EFG 18, 1058, rkr: Hol- und Bringdienst iRd Tagespflege), nicht die Leitung einer Pflegeeinrichtung (BFH XI B 117/02, BFH/NV 04, 1405). 92

c) Person des Auftraggebers; Zweckbindung. – ***(1)* Auftraggeber.** Dieser muss entweder *(Alt 1)* eine juristische Person des öffentl Rechts („im Dienst oder Auftrag") sein, die im Inl, einem EU/EWR-Staat, der Schweiz ansässig ist *oder (Alt 2)* eine gem § 5 I Nr 9 KStG iRd KSt stfreie inl oder ausl private Körperschaft („Einrichtung") sein (s *Hüttemann,* GemeinnützigkeitsR, Rn. 9.55). *Beispiele:* Bund, Länder, Gemeinden, Universitäten, Schulen, Volkshochschulen, Beratungsstellen, Sportvereine, gemeinnützige Körperschaften, Ärzte- und Anwaltskammern, IHK, SV-Träger. – ***(2)* Zweckförderung.** Nur sofern die jeweilige Tätigkeit (→ Rn. 92) für einen begünstigten Auftraggeber auch gemeinnützige, mildtätige und kirchl Zwecke (§§ 52 bis 54 AO) fördert, ist sie nach S 1 nF (StÄndG 2025, BGBl I 25 Nr 363; rückwirkend in allen offenen Fällen, § 52 IV 10) stfrei. Dies ist eine Folgeanpassung zu § 3 Nr 26a nF (BT-Drs 21/1974, 32). Es muss wie dort durch die Tätigkeit einer der stbegünstigten Zwecke („und" zu lesen als „oder") gefördert werden (*Hüttemann,* 93

GemeinnützigkeitsR, Rn. 9.54). Ferner genügt auch hier eine der Zweckförderung bei weitem Verständnis dienende Tätigkeit (→ Rn. 96 mwN; s die Vermutungen in LStR 3.26 IV – VI; *BMF* BStBl I 14, 1581, Nr 1, Nr 4).

94 **d) Nebenberufliche Tätigkeit.** – ***(1)*** **Zulässiger zeitlicher Umfang.** Die Tätigkeit muss neben einer Vollzeitbeschäftigung in einem Hauptberuf geleistet werden können. Ein Hauptberuf muss aber nicht ausgeübt werden, dh auch Rentner, Studenten, Hausfrauen können nebenberufl tätig sein. Das dienstrechtl Nebentätigkeitsrecht ist für die Einordnung als nebenberufl Tätigkeit unerhebl (FG Köln BeckRS 2017, 141133). BFH VI R 188/87, BStBl II 90, 854 und R 3.26 II 1 LStR nehmen eine Nebentätigkeit bis zu einem Drittel der übl Arbeitszeit einer Vollzeitkraft (Durchschnittswert bezogen auf das Kj) an (glA *Hüttemann,* GemeinnützigkeitsR, Rn. 9.36 f; zur berechtigten Kritik an der strikten zeitl Anknüpfung FG Köln EFG 15, 1507, rkr; *Bender* DStR 15, 2257 (2259)). – ***(2)*** **Gleichartige Nebentätigkeit für den ArbG.** Sind Haupt- und Nebentätigkeit gleichartig und erfüllt der StPfl mit der Nebentätigkeit eine ihm faktisch/rechtl obliegende Nebenpflicht oder unterliegt er vollständig der Weisung und Kontrolle des ArbG, liegt eine einheitl Haupttätigkeit vor (BFH VIII R 43/14, BFH/NV 17, 569; BFH VI B 75/17, BFH/NV 18, 337). LStR 3.26 II und *BMF* BStBl I 14, 1581, Nr 2 vern idR eine Nebentätigkeit für denselben ArbG. Die Rspr prüft den Einzelfall (BFH VIII R 43/14, BFH/NV 17, 569; zum Freiberufler s SchlHFG EFG 18, 925, rkr).

95 **e) Rechtsfolgen.** – ***(1)*** **Höhe der Steuerbefreiung.** Der Jahresfreibetrag beträgt ab VZ 26 **3300 €** (Art 2 Nr 1 iVm Art 11 II des StÄndG 2025, BGBl I 25 Nr 363). Er ist nicht zeitanteilig aufzuteilen (LStR 3.26 VIII 1); bei mehreren Tätigkeiten (BFH VIII R 28/15, BStBl II 18, 715) oder bei Nachzahlung für mehrere Jahre ist er nur einmal zu gewähren (BFH IV R 87/89, BStBl II 90, 686). Andere StBefreiungen, zB gem § 3 Nr 12, Nr 13, Nr 16, Nr 50 können neben § 3 Nr 26 in der für den StPfl günstigsten Reihenfolge angewendet werden, daneben greift ggf noch der ArbN-Pauschbetrag gem 9a I Nr 1 (LStR 3.26 IX). Für parallele Tätigkeiten nach § 3 Nr 26 und Betreuungen nach § 3 Nr 26b gilt der Freibetrag insges (→ § 3 Nr 26b Hs 2). – ***(2)*** **Werbungskosten- und Betriebsausgabenabzug (S 2).** S 2 regelt (nur) den Fall, dass die stbaren Einnahmen (→ Rn. 91) 3300 € übersteigen *und* die BA/WK höher als die Einnahmen sind. Die BA/WK dürfen dann oberhalb der Einnahmen abw von § 3c I (keine Aufteilung) voll abgezogen werden (s FG Bln-Bbg EFG 08, 1535, rkr; *Selder* jurisPR-SteuerR 23/2018 Anm. 3; str). Sind *nur* (stbare!), zB vorweggenommene BA/WK angefallen, ist S 2 nicht anwendbar. Es gilt § 3c I, so dass die BA/WK voll abzugsfähig sind, weil sie die stfreien Einnahmen (0 €) übersteigen (BFH XI R 61/04, BStBl II 06, 163; glA *HHR/Desens* § 3c Rn. 22; str). Bei stfreien Einnahmen unter dem Freibetrag *und* BA/WK, die die stfreien Einnahmen übersteigen, sind gem § 3c I die BA/WK abzugsfähig, „soweit" sie höher als die stfreien Einnahmen sind (BFH III R 23/15, BStBl II 18, 469; BFH VIII R 17/16, BStBl II 19, 422). – ***(3)*** **Sozial- und Verfahrensrecht.** S § 1 I 1 Nr 16 SvEV (kein Arbeitsentgelt) und zu Minijobber → § 40a Rn. 9 (zur Technik *Altmann* B+P 24, 641). S zum LSt-Abzug LStR 3.26 X 2.

96 **Nr 26a: Freibetrag für weitere nebenberufliche Tätigkeiten.** – ***(1)*** **Ehrenamtspauschale.** § 3 Nr 26a enthält einen Freibetrag für stbare Einnahmen (→ Rn. 91) aus nebenberufl Tätigkeiten „im gemeinnützigen Bereich", die nicht schon unter Nr 12 oder Nr 26 fallen. Pauschale Vergütungen an ehrenamtl Vorstände für *Arbeits- und Zeitaufwand* können nur stfrei sein, wenn sie gem § 27 III, § 662 BGB satzungsmäßig vorgesehen sind; bei einem pauschalen *Aufwendungsersatz* ist dies nicht erforderl (*BMF* BStBl I 14, 1581, Nr. 8). – ***(2)*** **Nebenberuflichkeit; Auftraggeber.** → Rn. 93, → Rn. 94. – ***(3)*** **Begünstigte Tätigkeit; Zweckföderung.** Nach der rückwirkend in allen offenen Fällen (§ 52 IV 10) anwendbaren Neufassung von S1 durch das StÄndG 2025 (BGBl I 25 Nr 363) muss wie bei Nr 26 eine Tätigkeit im

Dienst/Auftrag einer juristischen Person des öffentlichen Rechts oder für eine iSd § 5 I Nr 9 KStG gem § 52 –§ 54 AO stbegünstigte inl oder ausl Körperschaft zusätzl *einen* (→Rn. 93 *(2)*) stbegünstigten Zweck iSd § 52-§ 54 AO fördern (BFH VIII R 9/21, DStR 24, 1709 ist dadurch überholt; BT-Drs 21/2974, 32: Vermeidung überschießender Begünstigung). Eine unmittelbare Förderung des stbegünstigten Zwecks durch die Tätigkeit ist nicht notwendig. Es genügt eine der Zweckförderung bei weitem Verständnis dienende Tätigkeit (*Hüttemann,* GemeinnützigkeitsR, Rn. 9.39; *BMF* BStBl I 14, 1581, Nr 1, Nr 4: Vermutung bei Handeln iRd Satzungszwecks; nicht bei Tätigkeit iRe wirtschaftl Geschäftsbetriebs; Tätigkeit im Hoheitsbereich ist unschädl). – ***(4)* Vorrang anderer Steuerbefreiungen, § 3 Nr 26a S 2.** Greifen für *dieselbe Tätigkeit* auch die StBefreiungen gem Nr 12 S 2 oder Nr 26b, sind diese vorrangig und abschließend (BFH IX R 10/16, BStBl II 18, 571; s iEinz *BMF* BStBl I 14, 1581, Nr 5; unzutr FG Nbg EFG 21, 1717, rkr). Fällt eine Tätigkeit nur zT unter Nr 26a, soll der Freibetrag laut *BMF* BStBl I 19, 875 Nr 6 nur zT gewährt werden (str, **aA** zutr FG Bln-Bbg EFG 21, 825, nachgehend in BFH VIII R 9/21, DStR 24, 1709 nicht entschieden). – ***(5)* Höhe.** Der Freibetrag für sämtl gem Nr 26a begünstigten Tätigkeiten beträgt **960 €** je VZ, dies ist ein Jahresbetrag (*BMF* BStBl I 14, 1581, Nr 9: keine Zwölftelung). →Rn. 95 *(1)* zum ArbN-Pauschbetrag. – ***(6)* Rechtsfolgen.** S 3 entspricht Nr 26 S 2 (→Rn. 95 *(2)*). Der Freibetrag kann bei unentgeltl Tätigkeit nicht von anderen Einkünften abgezogen werden (BFH VIII B 202/11, BFH/NV 12, 1330). Zum Sozial- und Verfahrensrecht →Rn. 95 *(3)*. Zu „Rückspenden" stfreier Einnahmen iRd Spendenabzugs *BMF* BStBl I 14, 1581, Nr 12.

Nr 26b: Aufwandspauschalen nach § 1878 BGB. – *(1)* Aufwandspauschalen (§ 3 Nr 26b S 1, Hs 1). Die Betreuung (angehender) Volljähriger (s § 1814 I, V BGB) ist ehrenamtl, weil die Betreuer keine Vergütungen (§ 1876 BGB) erhalten. Sie bekommen aber gem § 1878 I BGB iR jedes einzelnen Betreuungsverhältnisses Aufwandspauschalen, die idR stbar gem § 18 I Nr 3 sind (→§ 18 Rn. 141, *FM Thür* DStR 23, 888; erforderl ist wie bei § 3 Nr 26 (→Rn. 91) aber die Einkunftserzielungsabsicht). Die jährl gem § 3 Nr 26b stfreie Pauschale (§ 1878 I BGB) für jedes Betreuungsverhältnis ergibt sich aus dem 17fachen einer einstündigen Zeugen-Verdienstausfallentschädigung gem. § 22 S 1 JVEG (derzeit jährl 17 × 25 € = 425 €). IRd § 3 Nr 26b muss keine Nebentätigkeit iSd § 3 Nr 26 vorliegen (→Rn. 94). – ***(2)* Höhe, § 3 Nr 26b S 1 Hs 2.** Der Freibetrag ist zusammen mit einer ggf daneben ausgeübten Tätigkeit iSd § 3 Nr 26 (oder bei mehreren Betreuungen) auf **3000 €**/Jahr begrenzt (§ 3 Nr 26b Hs 2; keine Anhebung im StÄndG 2025, BGBl I 25 Nr 363). § 3 Nr 26b ist seit dem VZ 11 ggü § 3 Nr 26a und § 3 Nr 12 S 1 spezieller und abschließend (zutr FG BW EFG 19, 1262, rkr, *BMF* BStBl I 14, 1581, Nr 5). – ***(3)* Ausgabenabzug (S 2).** Kein Abzug der Betriebsausgabenpauschale nach EStR 18.2 (*FM Thür* DStR 23, 888). S iÜ →Rn. 95 zu § 3 Nr 26 S 2. 98

Nr 27: Grundbetrag für Produktionsaufgaberenten und Ausgleichsgelder. – *(1)* Zweck. Die Regelung hat nur noch für Bestandsrenten Bedeutung (§ 13 II Nr 3, →§ 13 Rn. 84), zu denen Produktionsaufgaberenten und das Ausgleichsgeld gem § 1, § 9 FELEG gehören. Sie sind bis zum gesetzl Höchstbetrag (18 407 €) stfrei. Der Freibetrag kann nur einmal in Anspruch genommen werden. Zum Ausgleichsgeld gem § 9 FELEG und zu SV-Beiträgen iSd § 15 FELEG als Entschädigungen gem § 24 Nr 1a s BFH VI R 134/01, BStBl II 05, 569, BFH IV R 30/06, BFH/NV 08, 546 und *Leingärtner* Kap. 49 Rn. 35 ff, 40a. – ***(2)* Abgrenzung.** Nicht stfrei sind Vorruhestandsleistungen iZm einer Betriebsaufgabe nach anderen öffentl-rechtl Grundlagen (BFH IV R 17/08, BStBl II 11, 716). 100

Nr 28: Aufstockungsbeträge bei Altersteilzeit und für Rentenbeiträge. – *(1)* Altersteilzeit. – *(a)* Voraussetzungen. Erfasst sind Lohnzuschläge, die vom ArbG nach der zugrundeliegenden Vereinbarung als Aufstockungsbeträge gem *§ 3 I* 102

Nr 1 Buchst a AltTZG an einen ArbN in Altersteilzeit (zu den Voraussetzungen s § 2 I AltTZG) zum Ausgleich des verringerten ArbLohns gezahlt werden (Mindesthöhe 20%). Die Aufstockungsbeträge müssen zweckbestimmt für die Phase bis zur vorzeitigen Beendigung der Altersteilzeit (auch in sog Störfällen), längstens bis zum regulären Renteneintritt (vgl § 5 AltTZG) gewährt werden. Unerhebl ist, ob der ArbG Erstattungen gem § 4 AltTZG erhält und ob der Arbeitsplatz des ArbN wiederbesetzt wird (s iEinz LStR 3.28 I, II). Stfrei sind auch die vom ArbG gezahlten RV-Zusatzbeiträge gem *§ 3 I Nr 1a Buchst b AltTZG.* Gleiches gilt für vergleichbare Aufwendungen für nicht RV-pflichtige ArbN gem *§ 4 II 2 AltTZG,* vergleichbare ArbG-Leistungen an Beamte, Richter und gleichgestellte Personen (s *§ 27 I Nr 1–3 SGB III*). – ***(b)* Einzelfragen.** Freiwillige höhere ArbG-Aufstockungsbeträge oberhalb des Mindestbetrags sind nur bis zu 100% des NettoArbLohns bei fiktiver Vollzeittätigkeit stfrei (LStR 3.28 III mit Beispielen in LStH 3.28). Variable Aufstockungsbeträge können auch bei Zufluss nach Ende der Altersteilzeit stfrei sein (BFH VI R 4/22, BStBl II 25, 36; ähnl § 3 Nr 28a → § 3 Rn. 103).– ***(2)* Rentenbeitragsausgleich.** Stfrei sind auch Zahlungen des ArbG *gem § 187a SGB VI* zur Übernahme der Beiträge, die zum Ausgleich von Rentenminderungen bei vorzeitiger Altersrente an die DRV geleistet werden, soweit sie 50% der Beiträge nicht übersteigen. Die Höhe der erforderl Beiträge (ArbN- und ArbG-Anteil) ergibt sich aus einer zu beantragenden DRV-Auskunft (§ 109 V 4 SGB VI). Beiträge können gem § 187 Ia 2 SGB VI idF BRSG II (BGBl I 26 Nr 14) mit Vollendung des 50. Lebensjahrs geleistet werden (BT-Drs 21/1859, 54). Weder die Auskunftseinholung noch die ArbG-Zahlung an die DRV verpflichtet den ArbN zum vorzeitigen Renteneintritt. Er kann bis zum Renteneintrittsalter weiterarbeiten; vergebl freiwillige Beiträge werden nicht erstattet (§ 187a III 3 SGB VI). Zul ist auch die Weiterarbeit mit gestreckter Beitragszahlung des ArbN (zum Ganzen *Schönhöft/Röpke* NZA 21, 1610 ff; *dies,* NZA 24, 523 (523 f)). In LStH 3.28 verlangt die *FinVerw* für die volle StBefreiung des hälftigen ArbG-Beitrags einen ebenso hohen ArbN-Beitrag an die DRV im Abflussjahr. Sonst soll nur die Hälfte des *gezahlten* ArbG-Beitrags stfrei sein. Dies ist zweifelhaft. § 3 Nr 28 äußert sich zur Abhängigkeit von einem geleisteten ArbN-Beitrag nicht. Es genügt, wenn die ArbG-Zahlung zur Beitragsübernahme gezahlt wird und 50% des lt DRV-Auskunft errechneten Beitrags nicht übersteigt (glA *BeckOK EStG* § 3 Nr 28 Rn. 36; **aA** *HHR/Hamacher* § 3 Nr 28, Rn. 12). Folgte man der *FinVerw,* müssten spätere ArbN-Beiträge den stfreien ArbG-Beitrag nachträgl erhöhen (Änderung der ArbN-Veranlagung gem § 175 I Nr 2 AO). – **Einzelfragen:** Zur Entgeltumwandlung s *Schönhöft/Röpke* NZA 24, 523 (**aA** *BeckOK EStG* § 3 Nr 28 Rn. 37). Zu schweizerischen ArbG-Zahlungen in Obligatorium und Überobligatorium einer Pensionskasse (→ Rn. 200) s BFH X R 10/15, BStBl II 17, 1251; FG BW EFG 21, 358, rkr. – ***(3)* Weitere Folgen.** WK des ArbN in Altersteilzeit stehen nicht iSd § 3c I iZm den gem Nr 28 stfreien Einnahmen (*OFD Rhl* DB 08, 1408). – ArbN-Beiträge iSd § 187a SGB VI sind SA (§ 10 I Nr 2 Buchst a → § 10 Rn. 34). S auch → § 19 Rn. 96; → § 32b Rn. 12; → § 38a Rn. 2. § 3 Nr 28 führt grds zur Beitragsfreiheit (§ 1 I 1 Nr 1 SvEV; nicht aber bei Entgeltumwandlung *Schönhöft/Röpke* NZA 24, 523 (525 ff)).

103 **Nr 28a: Aufstockungsbeträge zum Kurzarbeitergeld.** Das Kurzarbeitergeld ist gem § 3 Nr 2a stfrei (→ § 3 Rn. 17). § 3 Nr 28a enthielt einen **Freibetrag** für ArbG-Aufstockungsbeträge, die „für" Lohnzahlungszeiträume **zw dem 29.2.2020 und dem 30.6.2022** gezahlt wurden. IEinz → 41. Aufl. 2022, § 3 Rn. 103 und → 42. Aufl. 2023, § 3 Rn. 103.

104 **Nr 29 Buchst a und b: Gehälter und Bezüge ausländischer Diplomaten und Konsulatsangehöriger.** – ***(1)* Vorrang des Völkerrechts.** Ausl Angehörige diplomatischer oder konsularischer Vertretungen besitzen im Inl einen exterritorialen Status; ob sie gem § 1 I beschr oder unbeschr stpfl sind, ist str (*Wassermeyer* OECD-MA Art 28 Rn. 16c unbeschr StPflicht mit sachl StBefreiung; **aA** EStH 3.29 Nr 2, → § 1 Rn. 39). § 3 Nr 29 ergänzt die Wiener Übereinkommen über diplomatische Beziehungen (BGBl II 64, 957, BGBl II 65, 147) und für ausl Konsularbeamte

(BGBl II 69, 1585; BGBl II 71, 1285). Die in den völkerrechtl Übereinkommen enthaltenen steuerl Privilegien sind ggü § 3 Nr 29 vorrangig und zT weitergehend (s Art 28 OECD-MA, *Wassermeyer* OECD-MA Art 28 Rn. 11). Zu dt Diplomaten im Ausl → § 1 Rn. 35. – ***(2)* Persönlicher Anwendungsbereich.** Die StBefreiung gilt für **ausl Diplomaten** (auch Mitglieder des Verwaltungs- und technischen Personals, des dienstl und privaten Hauspersonals, jeweils einschließl der Familienangehörigen, s EStH 3.29 Nr 3 bis Nr 8; nicht für sog Ortskräfte iSd EStH 3.29 Nr 8) in Deutschland, auch für ausl **Konsuln,** Konsulatsangehörige, privates Hauspersonal und Familienangehörige (EStH 3.29), aber nicht für ehrenamtl tätige **Wahlkonsuln** (EStR 3.29; *Streck/Hahn* ErbR 16, 64 auch zur ErbSt; ggf aber § 3 Nr 12). S auch *OFD Ffm* BeckVerw 455798. – ***(3)* Voraussetzungen.** Die gem § 3 Nr 29 begünstigten Personen dürfen nicht die dt Staatsangehörigkeit besitzen und nicht im Inl ständig ansässig sein (§ 3 Nr 29 Buchst a, Buchst b S 2), dh Grund für den inl Aufenthalt muss die Tätigkeit iRd inl Mission sein (FG Bln-Bbg EFG 22, 232, rkr). – ***(4)* Umfang, § 3 Nr 29 Buchst a, b.** Stfrei sind die Dienstbezüge iSd § 19, nicht aber andere beschr stpfl Einkünfte aus anderen inl Quellen. Für Personen iSd § 3 Nr 29 Buchst b gilt die StBefreiung nur, wenn kein Beruf, Gewerbe und keine andere gewinnbringende Tätigkeit im Inl ausgeübt wird, sonst ist auch das Gehalt stpfl. – ***(5)* Andere Fälle.** S *BMF* BStBl I 13, 404; EStH 3.29 Nr. 10.

Nr 30: Werkzeuggeld. Stfrei sind Entschädigungen des ArbG für den betriebl Einsatz ArbN-eigener Werkzeuge; idR fehlt die StBarkeit (→ § 19 Rn. 69, → Rn. 100 „Arbeitsmittel"). Der Aufwand des ArbN muss durch die Anschaffung, Erhaltung iSv § 9 I Nr 6 und den betriebl Einsatz der Werkzeuge veranlasst sein und zu den WK des ArbN gehören (EStR 3.30 S 4 Nr 1–3, auch Beförderungskosten, aber kein Ersatz für Zeitaufwand). Instrumentengeld für Orchestermusiker ist stpfl (BFH VI R 30/95, BStBl II 95, 906, LStR 3.30 S 1). S LStR 9.13 zu Heimarbeitszuschlägen. 106

Nr 31: Überlassung typischer Berufskleidung und Barablösungen. – ***(1)* Überlassung an Arbeitnehmer.** Die verbilligte, unentgeltl Gestellung und die Übereignung typischer Berufskleidung (zum Begriff → § 9 Rn. 246 f; LStR 3.31 I 3) durch den ArbG sind idR nicht stbar (→ § 19 Rn. 100 „Berufskleidung"), jedenfalls aber stfrei (§ 3 Nr 31 Hs 1). S auch § 3 Nr 4a, b, Nr 5. – ***(2)* Barablöse des Arbeitgebers.** Hat der ArbN gegen den ArbG einen Anspruch auf Überlassung typischer Berufskleidung, trägt er aber aus betriebl Gründen die Aufwendungen für deren Erwerb, Instandhaltung (aber nicht Reinigung, s LStR 3.31 II 1, 4) selbst, ist gem § 3 Nr 31 Hs 2 auch eine angemessene (ggf pauschale) Ablösezahlung des ArbG stfrei (BFH VI R 37/14, BStBl II 16, 751; LStR 3.31 II 2). 108

Nr 32: Sammelbeförderung durch Arbeitgeber. Zur str Frage, ob die Beförderung ArbLohn ist, → § 19 Rn. 55, 100 „Sammelbeförderung". Stfrei ist nach § 3 Nr. 32 Hs 1 die unentgeltl, verbilligte, vom ArbG organisierte oder veranlasste Sammelbeförderung zw Wohnung und erster bzw einer weiträumigen Tätigkeitsstätte von mindestens zwei ArbN mit vom ArbG gestellten, nicht unbedingt arbeitgebereigenen Kfz oder sonstigen Beförderungsmitteln, die auf einer besonderen Rechtsgrundlage (Betriebsvereinbarung/Tarifvertrag) beruht (BFH VI R 56/07, BStBl II 10, 1067). FG MV EFG 21, 2081, rkr verneint mE unzutr die „Gestellung", wenn der ArbN ein ArbG-Fahrzeug zur Sammelbeförderung anderer ArbN einsetzen muss, das er auch privat nutzen darf. Zur gem § 3 Nr 32 Hs 2 erforderl betriebl Notwendigkeit der Sammelbeförderung s LStR 3.32. – Der ArbN kann bei unentgeltl Sammelbeförderung keine WK abziehen (§ 9 I 3 Nr 4 S 3; → § 9 Rn. 190). 110

Nr 33: Arbeitgeberleistungen zur vorschulischen Kinderbetreuung. – ***(1)* Allgemeines.** Zum ArbLohn → § 19 Rn. 100 „Kindergarten"; LStR 3.33 I 4. Die Begrenzung der StBefreiung in Nr 33 auf Kinder von ArbN ist verfgemäß (BFH III R 80/09, BStBl II 12, 816). Zweckgebundene stfreie ArbG-Leistungen iSd Nr 33 112 lassen die erforderl wirtschaftl Belastung des ArbN für den Abzug als Kinderbetreuungskosten iSd § 10 I Nr 5 entfallen; die Betreuungskosten sind auch keine WK (BFH III R 30/20, BStBl II 21, 772; BFH III R 54/20, BFH/NV 22, 225; → § 10 Rn. 76; → Rn. 3). – *(2)* **Voraussetzungen.** Leistungen des ArbG zur Unterbringung, Betreuung (nicht zu Beförderung und Unterricht, vgl LStR 3.33 II 5, 6) nicht schulpflichtiger (und nicht einzuschulender, vgl LStR 3.33 III) Kinder in Betriebskindergärten oder in entspr außerbetriebl Einrichtungen (nicht ArbN-Haushalt, s LStR 3.33 II) sind stfrei. *Unterbringung* ist die Unterkunft und Verpflegung, *Betreuung* die „behütende Betreuung" (*BMF* BStBl I 12, 307) des Kindes (BFH III R 29/11, BStBl II 12, 862). Zum *Zusätzlichkeitserfordernis* s § 8 IV (→ § 8 Rn. 81); zur *Beitragspflicht* BSG B 12 BA 10/23 R, DStR 25, 2920.

115 **Nr 34: Arbeitgeberleistungen zur betrieblichen Gesundheitsförderung.** – *(1)* **Steuerbarkeit.** Diese hängt davon ab, ob die ArbG-Leistung im eigenbetriebl Interesse erbracht wird (→ § 19 Rn. 100 „Gesundheitsfürsorge", *BMF* BStBl I 21, 700 Rn. 35). – *(2)* **Voraussetzungen.** – *(a)* **Relevante Vorteile.** Stfrei gem Nr 34 sind Sachleistungen des ArbG iSd § 8 II (Dienstleistungen Dritter) und Barzuschüsse an die ArbN. Die Leistungen müssen der Verhinderung, Verminderung von Krankheitsrisiken (Primärprävention) dienen oder das gesundheitsorientierte Handeln der ArbN iRd allgemeinen Arbeits- und Lebensstils fördern (§ 20 I 1, § 20 II, § 20 IV Nr 3, § 20b SGB V; FG Köln EFG 25, 1287, Rev VI R 9/25). Es muss sich um qualitative zertifizierte Maßnahmen iRd verhaltensbezogenen Prävention oder um qualitativ gleichwertige unzertifizierte Maßnahmen handeln (s iEinz *BMF* BStBl I 21, 700). Die Maßnahmen können vom ArbG oder Dritten (zB Fitnessstudio, Trainer) erbracht werden Nicht stfrei sind ua ArbG-Zuschüsse zu Mitgliedsbeiträgen des ArbN oder die Zuwendung der Mitgliedschaft (aber ggf § 8 II 11). – *(b)* **Einzelbetrachtung.** Die iZm einer Maßnahme gewährten Vorteile sind iRd § 3 Nr 34 einzeln zu prüfen. Verpflegungs-, Übernachtungs-, Beförderungskosten des ArbG sind stpfl (*BMF* BStBl I 21, 700 Rn. 30, 34; BFH VI R 24/21, BStBl II 24, 557). – *(c)* **Zusätzlichkeitserfordernis.** s § 8 IV (→ § 3 Rn. 6). – *(3)* **Freibetrag.** 600 €/Kj; ebenso Beitragsfreiheit (§ 1 I 1 Nr 1 SvEV).

118 **Nr 34a Buchst a und b: Arbeitgeberleistungen zur Betreuung von Arbeitnehmerangehörigen.** – *(1)* **Beratung oder Vermittlung (Buchst a).** Beratungsleistungen für den ArbN zur Betreuung (zum Begriff → Rn. 112) von Kindern iSd § 32 I, pflegebedürftigen Angehörigen (§ 14 I, § 15 I SGB XI) und Leistungen zur Vermittlung von Betreuungspersonen, die der ArbG an entspr Dienstleister zahlt, sind ohne Höchstbetrag stfrei. – *(2)* **Kurzfristige Betreuung (Buchst b).** Stfrei bis 600 €/Kj ist auch der Ersatz von Betreuungsaufwand durch den ArbG, der dem ArbN für die zwingend notwendige kurzfristige („Notfall"-)Betreuung von Kindern (iSd § 32 I, bei Behinderung iSd § 32 IV 1 Nr 3) oder von pflegebedürftigen Angehörigen durch Dritte entsteht. Die Betreuung darf im Privathaushalt des ArbN geleistet werden. Der ArbN muss aufgrund betriebl Bedürfnisse des ArbG unabkömml sein. – *(3)* **Zusätzlichkeitserfordernis.** S § 8 IV (→ § 8 Rn. 81).

120 **Nr 35: Ausdehnung von Steuerbefreiungen auf ehemalige Postbeamte.** Die Regelung enthält eine Sonderregelung für die an **Nachfolgeunternehmen der Bundespost** zugewiesenen Beamten. Stfrei sind Leistungen iSd § 3 Nr 11 bis § 3 Nr 13 (zu § 3 Nr 13 s BFH VI R 22/10, BStBl II 12, 827) und Zuschläge iSd § 3 Nr 64.

123 **Nr 36: Einnahmen für die Pflege von Angehörigen.** – *(1)* **Steuerbarkeit.** Vergütungen für die Pflege von Angehörigen sind nur ausnahmsweise stbar. S BFH IX R 88/95, BStBl II 99, 776 (vern zu § 22 Nr 3), zu § 18 glA FG RhPf 4 K 3114/98, EFG 99, 1123, rkr. Fremdübl (Arbeits-)Verträge und stpfl ArbLohn sind aber auch unter Angehörigen mögl. § 3 Nr 36 liegt die Vorstellung zugrunde, dass der Pflegebedürftige die pflegerischen Leistungen des Angehörigen durch stfreies Pflegegeld (§ 3 Nr. 1a) vergütet, das weitergeleitet wird (BT-Drs 19/4455, 39). – *(2)* **Pflege-**

bedürftiger. Empfänger der Pflegeleistungen iRd **Nr 36 S 1** muss ein Pflegebedürftiger (iSv § 14 I, II, § 15 SGB XI) sein, der *Pflegegeld aus der gesetzl PflV* (§ 37 SGB XI) bezieht. Die Bedürftigkeit ist formal nachzuweisen (vgl § 18 SGB XI: Feststellung Pflegegrad oder amtsärztl Zeugnis gem § 64 II EStDV). Eine von Beginn an dauerhafte Pflegebedürftigkeit (mindestens sechs Monate gem § 14 I SGB XI) oder Hilflosigkeit iSv § 33b VI ist nicht erforderl. Zur Anwendung der StBefreiung auf die Pflege *Hilfsbedürftiger* s iEinz *OFD Ffm* DStR 24, 1722. – ***(3)*** **Pflegeleistungen.** Von der Pflegeperson müssen körperbezogene Leistungen iRd Grundpflege, Betreuung und hauswirtschaftl Versorgung iSd SGB XI erbracht werden. Erfasst sind insbes Leistungen iRd häusl Pflegehilfe (§ 36 I SGB XI), der Verhinderungspflege (§ 39 SGB XI) oder Unterstützungsleistungen gem § 45b SGB XI (BT-Drs 19/4455, 39). – ***(4)*** **Pflegeperson.** Diese muss ein Angehöriger des Pflegebedürftigen iSv § 15 AO oder ein zur Pflege iSd § 33 II sittl verpflichteter Nichtangehöriger (zB Nachbar, Freund; → § 33 Rn. 26) sein, der mindestens 10 Stunden an zwei Tagen je Woche pflegt (vgl § 19 SGB XI). Hauptberufl tätige Pflegepersonen sind idR nicht sittl verpflichtet (vgl HessFG EFG 01, 125, rkr; NdsFG EFG 07, 994, rkr). S zur Pflege durch Nichtangehörige *OFD Ffm* DStR 24, 1722 (Vermutung bei nicht mehr als zwei Personen; auch § 3 Nr 26, → Rn. 92). – ***(5)*** **Steuerfreibetrag.** Steuerfrei ist der *höchstmögl Betrag* des Pflegegelds gem § 37 I, II SGB XI im Pflegegrad des Pflegebedürftigen. Dies gilt auch für freiwillige Aufstockungsbeträge des Bedürftigen bis zum jeweiligen Höchstbetrag, da die Weiterleitung des Pflegegelds keine tatbestandl Voraussetzung ist (**aA** *OFD Ffm* DStR 24, 1722: StPflicht, soweit Vergütung > Pflegegeld für Grad 3). Bei **Kombinationspflege** (§ 38 I 1 SGB XI) durch Angehörigen und Pflegedienst wird nur ein gekürztes Pflegegeld gewährt; gleichwohl sind mE durch den Verweis auf § 37 SGB XI Einnahmen in Höhe des ungekürzten Pflegegelds für den jeweiligen Pflegegrad stfrei. Bei der **Verhinderungspflege** (§ 39 SGB XI) kann die Vergütung wie bei der regulären Pflege stfrei sein (glA *OFD Ffm* DStR 24, 1722). Bei mehreren pflegenden Angehörigen muss der Freibetrag zeitanteilig (nicht entspr § 33b VI 6 kopfanteilig) aufgeteilt werden (str). – **Seit VZ 25** betragen die monatl Pflegegeld-Höchstbeträge bei *Grad 2:* 347 €, *Grad 3:* 599 €, *Grad 4:* 800 €, *Grad 5:* 990 €; der sog Entlastungsbetrag bei *Grad 1: 131 €.* – ***(6)*** **Entsprechende Geltung, § 3 Nr 36 S 2.** Einnahmen von Pflegeperson sind unter den Voraussetzungen des S 1 auch stfrei, wenn der Pflegebedürftige dem Pflegegeld iSd SGB XI entspr Zahlungen aus einer privaten PflV oder von der Beihilfe erhält (BT-Drs 19/4455, 40); ebenso für andere Erstattungen für häusl Pflege (zB gem §§ 37, 38 IV SGB V). – ***(7)*** **Pflegeunterstützungsgeld** ist eine stpfl Lohnersatzleistung für die Pflegeperson bei kurzzeitiger pflegebedingter Arbeitsverhinderung (§ 44a III SGB XI: bis zu 10 Tage/Jahr). – ***(8)*** **Bayerisches Landespflegegeld** wird auf Antrag für das sog Pflegegeldjahr (1.10. bis 30.9.) iHv 500 € jährl neben dem Pflegegeld an Pflegebedürftige *ab Pflegegrad 2* geleistet. Es ist nicht stbar.

Nr 37: Überlassung eines betrieblichen Fahrrads an Arbeitnehmer. – 126
(1) **Geltungsdauer.** Die StBefreiung des geldwerten Vorteils für die Überlassung bestimmter „Dienstfahrräder" zur Privatnutzung an ArbN (zur Stbarkeit → § 19 Rn. 100 „Kraftfahrzeuggestellung" unter *(1)* entspr) gilt seit VZ 19 bis einschließl VZ 30 (§ 52 IV 7). – ***(2)*** **Betriebliches Fahrrad.** Dies ist ein Fahrrad/E-Bike, das noch kein Kfz ist (zum Begriff → § 6 Rn. 583; Kfz sind auch E-Scooter; s auch *BMF* BStBl I 25, 1929, Rn. 10), einschließl festverbauten typischen Zubehörs (*OFD Ffm* DStR 23, 2860; LStH 3.37: kein Anhänger). Das Rad muss betriebl, dh der ArbG dessen zivilrechtl oder (zB als Leasingnehmer) wirtschaftl Eigentümer (*BMF* BStBl I 17, 1546) sein und dem ArbN zur *Nutzung* überlassen werden. – ***(3)*** **Zusätzlichkeitserfordernis.** S § 8 IV (→ § 8 Rn. 81). – ***(4)*** **Rechtsfolgen.** Stfrei ist der ArbN-Vorteil aus der Privatnutzung einschließl der Fahrten zur Arbeitsstätte. Fahrtkosten iHd Entfernungspauschale sind gem § 9 I 3 Nr 4 S 7 ungekürzt als WK abzugsfähig (→ § 9 Rn. 204; auch soweit USt anfällt). Es ist auch die Überlassung mehrerer Räder

stfrei mögl (*OFD Ffm* DStR 23, 2860). S auch § 6 I Nr 4 S 6 (→ § 6 Rn. 583). – ***(5)* Steuerpflichtige Überlassung.** ArbLohn entsteht, bei Überlassung eines dem Kfz gleichgestellten Rads, bei Überlassung iRe *Entgeltumwandlung* (s *(3); BMF* BStBl I 17, 1546, *Lerbs* NWB 23, 1391 (1393)) und bei *Übereignung* des Rads an den ArbN. Der private Nutzungsvorteil kann anhand von Durchschnittswerten ermittelt werden (*GLE* BStBl I 20, 174). Der Vorteil (§ 8 II 1, § 8 III) aus der Übereignung eines Rads, das nicht als Kfz gilt, kann gem § 40 II 1 Nr 7 pauschaliert werden (→ § 40 Rn. 19).– ***(6)* Aufladen.** S § 3 Nr 46 (→ Rn. 160). – ***(7)* USt.** S *BMF* BStBl I 22, 197, *Lerbs* NWB 23, 1391 (1396).

129 **Nr 38: Sachprämien aus Kundenbindungsprogrammen.** – ***(1)* Steuerpflicht der Prämien.** Unentgeltl Sachprämien iSd Regelung können bei allen Einkunftsarten stbare Einnahmen sein (idR relevant für Selbständige, ArbN, Abgeordnete). Die Verwendung von Gutschriften für Dienstleistungen, die der ArbN empfangen, aber der ArbG finanziert hat, durch den ArbN für private Zwecke ist ArbLohn (→ § 19 Rn. 70, → § 37a Rn. 5; *BMF* BStBl I 15, 143 Rn. 2a). Die Einlösung betriebl erworbener Bonuspunkte für private Zwecke ist eine stpfl Entnahme (→ § 37a Rn. 3); umgekehrt eine Einlage. – ***(2)* Voraussetzungen.** *Sachprämien* sind Sachzuwendungen iSd § 8 II, III, nicht Rückvergütungen oder Preisnachlässe durch den Programmbetreiber. *Unentgeltl* erhält ein StPfl die Prämie, soweit er Gutschriften aus dem Kundenbindungsprogramm für ihm ggü erbrachte Dienstleistungen (nicht für *Wareneinkäufe!*), die mit Mitteln des ArbG oder beim Unternehmer aus betriebl Mitteln finanziert wurden, für die *private Inanspruchnahme* der Sachprämie einsetzt. Die Prämien müssen *planmäßig,* dh nach festen Regeln iRe *jedermann zugängl* Kundenbindungsprogramms vergeben werden (zu einem nicht öffentl Programm s FG Mster EFG 11, 1886, rkr). – ***(3)* Rechtsfolgen.** Der Freibetrag (1080 € pro Kj) ist auf den gem § 8 II zu ermittelnden Prämienwert anzuwenden. Prämien aus mehreren Programmen sind zu addieren und bis zum Höchstbetrag stfrei. Zur Pauschalierung des Betreibers s bei § 37a. – ***(4)* Betrieblich genutzte Sachprämien.** § 3 Nr. 38 greift nicht und wird nicht benötigt (→ § 37a Rn. 3).

Nr 39: Arbeitslohn aus Vermögensbeteiligungen

Schrifttum: *Bleschick* DB 25, 830; *Fahsel/Bergan* NWB 25, 2068; → 44. Aufl § 3 Rn. 132

132 **a) Zeitlicher Anwendungsbereich; Verhältnis zu § 19, § 19a, § 37b.** – ***(1)* Zeitlicher Anwendungsbereich.** – ***(aa)* § 19a aF, § 52 XXVII.** § 3 Nr 39 ersetzte ab 1.1.09 § 19a aF (→ 40. Aufl 2021, § 3 Rn. 132). – ***(bb)* § 3 Nr 39 S 1, § 19a, § 52 XXVII.** Seit 1.1.24 beträgt der Freibetrag *2000* € (zur Einkommensgrenze der ArbN-Sparzulage s § 13 I 1 5. VermBG). – ***(2)* Verhältnis zu anderen Regelungen** – ***(aa)* § 19, § 37b.** Die unentgeltl oder verbilligte Zuwendung einer Beteiligung ist stbarer ArbLohn. Geldwerter Vorteil ist die Verbilligung (Preisnachlass), nicht die Beteiligung selbst (→ § 19 Rn. 100 „Aktien", „Ankaufsrecht", „Gewinnbeteiligung"; BFH VI R 1/21, DStR 24, 483; → Rn. 133 *(4) (aa)*). Ist der Vorteil nicht gem § 3 Nr 39 stfrei, darf nicht pauschaliert werden (§ 37b II 2, → § 37b Rn. 12; *BMF* BStBl I 24, 946 Rn. 24). – ***(bb)* § 19a.** Die Anwendungsbereiche und Voraussetzungen von § 3 Nr 39 und § 19a stimmen noch nicht überein. Mögl iRd § 3 Nr. 39 ist auch die verbilligte Einräumung iRe *Entgeltumwandlung* (→ Rn. 4; BT-Drs 20/9363, 129, 132); dies gilt nicht für § 19a (→ § 19a Rn. 6). § 3 Nr 39 befreit sämtl Preisnachlässe bei der Gewährung, auch bei Anteilsgewährungen an Konzernunternehmen da die Norm keine Schwellenwerte enthält. In § 19a idF ZuFinG (BGBl I 23 Nr 354) wurden die Schwellenwerte für das ArbG-Unternehmen zur Angleichung an § 3 Nr 39 zuletzt aber erhöht (ZuFinG, BGBl I 23 Nr 354; JStG 2024, BGBl I 24 Nr 387) und **in § 19a I 3** nF rückwirkend zum 1.1.24 eine auf die Schwellenwerte des § 19a III begrenzte **Konzernklausel** eingefügt (→ § 19a Rn. 5, 11). Auch → Rn. 133 *(5)*. – ***(cc)* Gewinnanteile; Veräußerung.** IdR wird anknüpfend an eine verbilligte, unentgeltl und ggf stfreie Überlassung der Beteiligung zw

ArbN und ArbG ein gesellschaftsrechtl Sonderrechtsverhältnis neben dem ArbVerh begründet. Lfd Erträge und Veräußerungsgewinne des ArbN aus der Beteiligung gehören idR nicht mehr zu den Einkünften gem § 19 (→ § 19 Rn. 52); sondern zu denen aus § 17, § 20 (→ § 20 Rn. 260 mwN; zur Ausnahme eines nicht marktübl Veräußerungspreises BFH VI R 1/21, BStBl II 24, 387). An diese Grundsätze zur Einkunftsartenabgrenzung knüpfen § 19a I 5 (→ § 19a Rn. 6) zu den AK der Beteiligung und § 19a IV Nr 1 (→ § 19a Rn. 14) zur aufgeschobenen Besteuerung an.

b) Voraussetzungen, § 3 Nr 39 S 1–3. – *(1)* Sachliche Voraussetzungen, § 3 Nr 39 S 1. Die *begünstigten Vermögensbeteiligungen* ergeben sich aus dem Verweis auf § 2 I Nr 1 Buchst a, b, f–l, II–V 5. VermBG (*BMF* BStBl I 24, 946 Rn. 4 ff mit Verweis auf *BMF* BStBl I 24, 929 Rn. 16 ff). Dies sind insbes Beteiligungen in Form von handelbaren (Unternehmens-)Aktien (§ 2 I Nr 1 Buchst a 5. VermBG, nicht aber Aktienoptionen), bestimmte Schuldverschreibungen (§ 2 I Nr 1 Buchst b, II, III 5. VermBG), verbriefte/unverbriefte Genussrechte (§ 2 I Nr 1 Buchst f, IV, V 5. VermBG, § 2 I Nr 1 Buchst k, l, II, IV, V 5. VermBG) und Beteiligungen an Genossenschaften, GmbH, stillen Ges (§ 2 I Nr 1 Buchst g–i, II, IV, V 5. VermBG). Die Beteiligungen müssen *am Unternehmen des ArbG* oder an *Beteiligungsunternehmen* (S 3) eingeräumt werden. Virtuelle Beteiligungen, Investmentanteile und Barzuschüsse des ArbG zum Anteilserwerb des ArbN sind ausgeschlossen (*BMF* BStBl I 24, 946 Rn. 7, 11). – ***(2)* Einzubeziehende Arbeitnehmer, § 3 Nr 39 S 2; Gleichbehandlungsgebot.** Dies sind unbeschr und beschr stpfl ArbN. Das Beteiligungsangebot muss sich mindestens – *(1)* an ArbN iSv § 1 LStDV richten, die in einem gegenwärtigen, dh arbeitsrechtl bestehenden Haupt- oder Neben-DienstVerh zum ArbG-Unternehmen stehen (auch ArbN in Altersteilzeit, Erziehungsurlaub, in einem abzuwickelnden ArbVerh nach Kündigung, Auszubildende und geringfügig Beschäftigte, Ddorf EFG 24, 932, Rev VI R 5/24: nicht aber in einem ruhendem ArbVerh (FG Ddorf DStRE 24, 1173, Rev VI R 4/24; s *BMF* BStBl I 24, 946 Rn. 1–3; 13–16, auch zu Ausnahmen wie entsandten ArbN und Leih-ArbN), wenn – *(2)* diese ArbN bei Bekanntgabe des Angebots ein Jahr oder länger beim ArbG-Unternehmen beschäftigt sind. Die Zuteilungsgrundsätze dürfen für verschiedene ArbN-Gruppen unterschiedl sein (*Niemann* DB 24, 2045 (2046)). Kürzer Beschäftigte *können* beteiligt werden (*BMF* BStBl 24, 946 Rn. 17). – Das Gleichbehandlungsgebot bezieht sich nur auf das ArbG-Unternehmen, nicht auf die ArbN von Konzernunternehmen (FG Ddorf DStRE 24, 1173, Rev VI R 4/24: Verweis des S 3 nur auf S 1; glA *BMF* BStBl I 24, 946 Rn. 13). Ein ArbG-Vetorecht, abstrakter Ausschluss von ArbN im Gewährungsplan sind unschädl (FG Ddorf BeckRS 2023, 43680, rkr). Erst der tatsächl Ausschluss zu beteiligender ArbN ist für alle danach beitretenden ArbN schädl; dies gilt auch bei einer vertretbaren Fehleinschätzung (*BMF* BStBl I 24, 946 Rn. 13, 14.1, 15). – ***(3)* Beteiligungen an Konzernunternehmen, § 3 Nr 39 S 3.** Begünstigt nach § 3 Nr 39 ist auch die verbilligte Überlassung der Beteiligung an einem Konzernunternehmen iSv § 18 AktG. Auch ein Dritter kann verwahrte Beteiligungen am ArbG-Unternehmen übertragen (*BMF* BStBl I 24, 946 Rn. 9). – ***(4)* Zufluss und Höhe, § 3 Nr 39 S 4. – *(aa)* Bewertung.** Ein geldwerter ArbN-Vorteil in Form eines Preisnachlasses (→ Rn. 132 *(2)*) verlangt, dass die Gegenleistung des ArbN am Gewährungstag unterhalb des gemeinen Werts der Vermögensbeteiligung gem § 3 Nr 39 S 4 liegt. Der gemeine Wert ist gem § 9, § 11 II, § 199 ff BewG zu ermitteln (BFH VI R 73/12, BStBl II 14, 904; BFH VI R 8/16, BStBl II 18, 550; s zur vertragl Wertfindung FG Ddorf EFG 21, 206, rkr); Nebenkosten sind nicht einzubeziehen. Veräußerungsverbote und Verfügungsbeschränkungen (Haltefristen) mindern den Wert grds nicht (zu negativen Liquidationspräferenzen *Mertes ua* DStR 23, 1450 (1456 f.)). Die Bewertungsregeln des S 4 sind iRd §§ 19, 19a auch maßgebl, wenn der Freibetrag nicht zu gewähren ist. S iEinz *BMF* BStBl 24, 946 Rn. 12, 18-23. – ***(bb)* Zufluss.** Der Zufluss gem § 11 erfordert die Erlangung der wirtschaftl Verfügungsmacht des ArbN. Ein Ankaufrecht (Option) mit Erdienungszeitraum schiebt 133 den Zufluss grds hinaus, nicht aber Veräußerungsbeschränkungen und Leaver-Klauseln (*Egermann ua* DStR 24, 1 (3 f); *Carlé* KÖSDI 24, 23818 (23820)). Seit 1.1.24 wird die Erlangung der Verfügungsmacht für vinkulierte Beteiligungen bei Gewährung fingiert (§ 19a I 4, II 1; → § 19a Rn. 4; *BMF* BStBl I 24, 946, Rn. 35.1 ff, 36); mE greift dies auch für § 3 Nr 39. – ***(5)*** **Rechtsfolgen.** Der Freibetrag iHv *2000 €/Kj* kann bei mehreren ArbVerh mehrfach im Kj in Anspruch genommen werden (*BMF* BStBl I 24, 946 Rn. 10). Greift § 3 Nr 39, ist der Vorteil iHd Freibetrags bei Zuflusses stfrei zu stellen (*BMF* BStBl I 24, 946 Rn. 22). Nur der geminderte Vorteil unterliegt der aufgeschobenen Besteuerung gem § 19a IV (§ 19a I 3, *BMF* BStBl I 24, 946 Rn. 36; → § 19a Rn. 5). Ist § 3 Nr 39 nicht erfüllt, kann gleichwohl § 19a mit der aufgeschobenen Besteuerung des Vorteils greifen (→ Rn. 132; zu § 19a II, IV 1 → § 19a Rn. 14). Bei Rückübertragung *auf den ArbG* (zB iRe *Leaver-Klausel*) zum Erwerbspreis oder darunter entsteht mE iErg kein ArbLohn, da zwar zunächst ein Vorteil (ggf gem § 19a IV Nr 1 mit aufgeschobener Besteuerung) erzielt wird (*BMF* BStBl I 24, 946 Rn. 45), aber (bei § 19a zugleich) negative Einnahmen (BFH VI R 17/08, BStBl II 10, 299) vorliegen (**aA** *Egermann ua* DStR 24, 1 (4)).

135 **Nr 40 Buchst a–i: Teileinkünfteverfahren. – a) Anwendungsbereich; Verfahrensrecht. – aa) Entlastung des Anteilseigners. – *(1)* Zweck.** § 3 Nr 40 mildert als sachl StBefreiung (BFH IV R 47/16, BStBl II 20, 467) iRd ESt die Doppelbelastung von lfd Bezügen und Veräußerungsgewinnen (sowie gleichgestellten Vorgängen) beim Anteilseigner eines in- oder ausl KSt-Subjekts iRd Teileinkünfteverfahrens. *Lfd Bezüge* des Anteilseigners sind auf Ebene des KSt-Subjekts mit KSt/SolZ/GewSt vorbelastet. Die *Veräußerung* von Anteilen stellt der Gesetzgeber typisierend einer Vollausschüttung thesaurierter vorbelasteter Bezüge gleich (krit *Kempny/Plesdonat* StuW 24, 33). – ***(2)*** **Erfasste Beteiligungen/Bezüge.** Die anteiligen StBefreiungen gelten Nr 40 S 2 iVm § 20 VIII S 1 nur *für BV-Mehrungen/BE* aus lfd Bezügen und Veräußerungsgewinnen, dh die jeweilige Beteiligung muss *zu einem BV* gehören. Veräußerungsgewinne iSd § 17 unterliegen aber ebenfalls dem Teileinkünfteverfahren (Nr 40 S 1 Buchst c; → § 17 Rn. 13). Bei Beteiligungen *im PV* werden die lfd Bezüge (§ 20 I Nr 1 und Nr 2) über den gesonderten Tarif des § 32d I entlastet. Allerdings ermöglicht § 32d II Nr 3 S 1, 2 (→ § 32d Rn. 17) dem Anteilseigner, *für lfd Bezüge* gem § 20 I Nr 1, Nr 2 im PV zum Teileinkünfteverfahren zu optieren (→ § 32d Rn. 18). Die Hinzurechnung von Bezügen iSd § 20 I Nr 1 iRd Günstigerprüfung (§ 32d VI) zu den tarifl besteuerten Einkünften löst das Teileinkünfteverfahren nicht aus (BFH VIII R 33/15, BStBl II 18, 69). Für Veräußerungsgewinne iSd § 20 II S 1 Nr 1 kann nicht optiert werden. – ***(3)*** **Persönlicher Anwendungsbereich.** Nr 40 gilt iRd Einkommensteuer für *unbeschr und beschr stpfl* (idR Einkünfte gem § 49 I Nr 2 Buchst a und f, 5 oder 8) *natürl Personen*. Bei *MUerschaften* sind die im Gesamtgewinn enthaltenen stfreien Bezüge iSd § 3 Nr 40 (BE der PersGes; SonderBE des MUers) sowie damit iZm stehende BA/SonderBA auf dieser Ebene zu ermitteln; dies gilt auch bei mehrstöckigen PerGes (BFH IV R 26/20, BStBl II 24, 367). Auch → Rn. 140. – ***(4)*** **Teilabzugsverbot.** Sind Einnahmen gem § 3 Nr 40 anteilig stfrei, sind hierdurch veranlasste BA und AK/Veräußerungskosten gem § 3c II nur zu 60% abzugsfähig. Der Abzug ist nicht gem § 3c II 1 beschr, wenn mit dem Aufwand (BA/SonderBA) im Gesamtgewinn derselben MUerschaft stfreie Einnahmen (BE/SonderBE) gem § 3 Nr 40 korrespondieren (→ § 3c Rn. 14). Bei einer Option gem § 32d II 1 Nr 3 iVm S 2 kürzt § 3c II 1 den WK-Abzug (Ausschluss von § 20 IX, → § 20 Rn. 267). – ***(5)*** **Technik.** Nr 40 stellt die Brutto-BE/BV-Mehrungen anteilig stfrei. Bei lfd Bezügen gem § 20 I 1 Nr 1 umfassen diese auch die an das FA abgeführte KapESt (s unter bb *(7)*); bei Veräußerungsentgelten die volle Einnahme. Korrespondierend werden die abzugsfähigen BA/WK und AK/Veräußerungskosten gem § 3c II 1 anteilig gekürzt. Beim BV-Vergleich werden zunächst vollständig erfasste Einnahmen/Entgelte außerbilanziell um den stfreien Teil gemindert, zunächst vollständig abgezogene BA/WK/AK werden außerbilanziell iHd nicht abzugsfähigen

Betrags hinzugerechnet (→ § 15 Rn. 438). – ***(6)* Verfahrensrecht.** Einnahmen iSd § 3 Nr 40 EStG/§ 8b I, II, IV KStG und BA/Veräußerungskosten/AK iSd § 3c II EStG/§ 8b III, V KStG, die auf der Gesellschaftsebene, im SonderBV oder iZm einem Gewinn gem § 16 iRe Mitunternehmerschaft erzielt werden, sind im Feststellungsbescheid *zwingend* für jeden Bereich als „Nettoeinkünfte" nach Anwendung der Befreiungs- und Hinzurechnungsnormen ([= BE ./. stfreier Teil + nichtabzugsfähige BA/AK]; s auch § 7 S 4 GewStG) gesondert und einheitl festzustellen (BFH IV R 15/19, BStBl II 22, 651; BFH IV R 26/20, BStBl II 24, 467). Fehlt die Nettofeststellung im Gewinnfeststellungsbescheid, ist durch dessen Auslegung zu ermitteln, ob sie vergessen wurde (dann ggf Nachholung durch Ergänzungsbescheid, § 179 III AO) oder bewusst nicht getroffen worden ist (dann negative Bindungswirkung gem § 182 AO). Ebenfalls zul ist die sog modifizierende Bruttofeststellung, dh Einnahmen/BV-Mehrungen iSd § 3 Nr 40 EStG/§ 8b I, II, IV KStG und BA/BV-Minderungen iSd § 3c II EStG/§ 8b III, V KStG werden nebeneinander festgestellt, sodass im Folgebescheid der stfreie Nettobetrag ermittelt werden kann (BFH X R 28/10, BStBl II 13, 444; BFH IV R 5/18, BStBl II 20, 448). Die Feststellungen zu den stfreien BE/BV-Mehrungen und zu den relevanten BA/BV-Minderungen auf der Gesellschaftsebene, im SonderBV oder iZm einem Gewinn gem § 16 sind verfahrensrechtl getrennte Feststellungen („andere Besteuerungsgrundlagen" iSd § 180 I Nr 2 Buchst a AO), die eigenständig bestandskräftig werden (BFH IV R 5/18, BStBl II 20, 448). Bei mehrstöckigen MUerschaften ist auf jeder Ebene brutto festzustellen, welche Einnahmen (BE/SonderBE) und Ausgaben (BA/SonderBA/AK) unter § 3 Nr 40, § 3c II EStG; § 8b KStG fallen (BFH IV R 47/16, BStBl II 20, 467). Dies gilt entspr iRd KGaA (BFH I R 24/22 DStR 25, 568; BFH I R 14/21 BFH/NV 25, 568). Zu weiteren Fragen → Rn. 136 *(2)* zu § 8b IV KStG; → Rn. 136 *(4)* zur Organschaft; → § 3 Rn. 136 *(7)* zum Übernahmeverlust.

bb) Verhältnis zu anderen Vorschriften. – ***(1)* EStG.** – ***(a)* § 6b X.** → § 6b Rn. 106 und BFH IV R 19/14, BStBl II 18, 575. – ***(b)* § 32b.** Keine Einbeziehung des stfreien Teils der Einnahmen in den Progressionsvorbehalt gem § 32b. – ***(c)* § 16 IV, § 34.** Zu § 16 IV s BFH X R 61/08, BStBl II 10, 1011 und → § 16 Rn. 581 f. Entfällt ein Veräußerungsgewinn gem §§ 14, 14a, 16, 18 III zT auf den Anteil an einer KapGes im BV, ist dieser anteilig gem § 3 Nr 40/§ 3c stfrei (→ Rn. 140); für den stpfl Teil des Veräußerungsgewinns, der auf der Beteiligung beruht, greift § 34 I nicht (§ 34 II Nr 1; → § 34 Rn. 28 f). Zur Bildung einer Rücklage gem § 6b X für den stpfl Teil des Veräußerungsgewinns neben der Tarifbegünstigung gem § 34 I s FG Mster EFG 16, 20, rkr. Die anteilig stfreien Einkünfte aus der *Veräußerung* des Anteils an einer KapGes gem § 17 II, § 3 Nr 40 S 1 Buchst c/§ 3c werden ebenfalls nicht gem § 34 I begünstigt. – ***(d)* § 34a.** Weder außerbilanziell gekürzte stfreie Einnahmen iSd § 3 Nr 40 noch außerbilanziell gem § 3c II hinzugerechnete BA erhöhen iErg den begünstigungsfähigen Gewinn (iEinz → § 34a Rn. 24–26, 35); – ***(e)* § 34c.** → § 34c Rn. 12. – ***(2)* KStG.** § 8b I, II, III KStG gelten gem § 8b VI 1 KStG für MUer-KapGes vorrangig (*RHN* § 8b KStG Rn. 487, 502). Zu Streubesitzanteilen s § 8b IV 4 KStG (Bruchteilsbetrachtung; *RHN* § 8b KStG Rn. 452). Die relevanten Größen (Bezüge iSd § 8b I, IV iVm § 8b VI KStG, BA/SonderBA iSd § 8b II, V KStG; Anteilshöhe iSd § 8b IV KStG) sind auf Ebene der MUerschaft zu ermitteln und grds netto festzustellen (→ § 3 Rn. 135 *(6)*). – ***(3)* GewStG.** Gem § 7 S 4 GewStG gehen in den Gewerbeertrag (§ 7 S 1 GewStG) die stpfl Einnahmen/Aufwendungen *nach* Anwendung der § 3 Nr 40/§ 3c II EStG/§ 8b KStG ein (Nettobetrag). Im zweiten Schritt sind die Kürzungen gem § 9 Nr 2a/Nr 7 GewStG und die Hinzurechnung gem § 8 Nr 5 GewStG vorzunehmen. § 9 Nr 2a/Nr 7 GewStG verlangen eine 15%-Beteiligung an der inl/ausl KapGes zu Beginn des Erhebungszeitraums des Zuflusses der Ausschüttung. Zu Beispielen *Ludwig/Ruiner* StB 22, 7 (9 f) – ***(4)* ErtragsteuerlicheOrganschaft.** – ***(a)* Zurechnung.** – ***(aa)* Einkünfteerzielung.** Einer natürl Person als Organträger und dem MUer einer Organträger- 136

MUerschaft (§ 14 I Nr 2 Sätze 1, 2 KStG) wird das Einkommen der OrganGes zum Ende des Wj der OrganGes zugerechnet (§ 14 I 2 KStG; BFH IV R 50/09, BStBl II 13, 494). Dies ist keine Ausschüttung (→ Rn. 143); Finanzierungsaufwendungen sind vorbehaltl § 8b V, VI KStG voll abziehbar (→ § 3c Rn. 22). Für Bezüge gem § 20 I Nr 1 sind auf Ebene der OrganGes iRd kstl Einkommensermittlung weder § 8b KStG noch § 3 Nr 40, § 3c II anzuwenden (Bruttomethode); für Bezüge/Beteiligungsaufwendungen im zugerechneten Einkommen greifen erst beim Organträger § 3 Nr 40, § 3c II (§ 15 S 1 Nr 2 S 2 KStG, → § 3c Rn. 19), bei MUer-KapGes § 8b VI KStG. – ***(bb)* Verfahren.** Das nach der Bruttomethode iSd § 15 1 Nr 2 S 1 KStG zuzurechnende Einkommen der OrganGes wird samt eines Korrekturbetrags (ua für § 3 Nr 40, § 3c II EStG; § 8b KStG) gem § 14 V 1 KStG mit Grundlagenwirkung für die Veranlagung des Organträgers (§ 14 V 2 KStG; auch für den Feststellungsbescheid einer Organträger-MUerschaft) festgestellt (BFH IV R 29/22, BStBl II 25, 369, auch zur Rechtslage davor). Bei der Organträger-MUerschaft wird das zugerechnete Organeinkommen gesondert vom eigenen Gewinn festgestellt und verteilt (BFH IV R 26/20, BStBl II 24, 367). Die im zugerechneten Einkommen enthaltenen Dividendenerträge und BA können auf dieser Ebene „netto" oder „brutto" festgestellt werden (BFH IV R 29/22, BStBl II 25, 369; → Rn. 135 *(6))*. – ***(cc)* GewSt.** Der *Gewerbeertrag* der OrganGes und des Organträgers sind eigenständig zu ermitteln und dann zusammenzurechnen; Doppelbelastungen sind zu eliminieren (GewStR 7.1 V). Der Gewerbeertrag *der OrganGes* ist bei Bezügen gem § 20 I Nr 1 von einer Tochter-KapGes gem § 7a I, II GewStG zweistufig zu ermitteln. Dividenden sind gem § 7a I S 1, 2 GewStG auf der ersten Stufe nicht gem § 9 Nr 2a, Nr 7, Nr 8 GewStG zu kürzen; Finanzierungsaufwendungen nicht gem § 8 Nr 1 GewStG hinzuzurechnen. Auf der 2. Stufe ist der Gewerbeertrag gem § 7a II S 1 Nr 1, 2 iVm § 15 I Nr 2 S 2 KStG iVm § 3 Nr 40 iHv 40% der Bruttodividende zu mindern, gem § 3c II 1 um 40% der wirtschaftl veranlassten BA zu erhöhen; ggf ist § 8b VI KStG anzuwenden. Auf den so ermittelten Betrag sind bei der OrganGes ggf § 9 Nr 2a S 3, Nr. 7 S 2, Nr 8 S 2 GewStG und gem § 7a II 2 GewStG für Finanzierungsaufwendungen § 8 Nr 1 GewStG anzuwenden. Dieser Gewerbeertrag ist dem Gewerbeertrag des Organträgers gem § 2 II 2 GewStG zuzurechnen (s BT-Drs 18/9636, 60 mit Beispiel). – ***(b)* Minder- und Mehrabführungen.** – ***(aa)* Übergangsrecht.** Aktive und passive Ausgleichsposten aufgrund innerorganschaftl Mehr- und Minderabführungen waren zum Schluss des ersten Wj des Organträgers, das **nach dem 31. 12. 21** endet, aufzulösen (iEinz → 44. Aufl. 2025, § 3 Rn. 136; *BMF* BStBl I 22, 1412 Rn. 12 f). – ***(bb)* Einlagenlösung, § 14 IV, § 27 VI KStG.** Innerorganschaftl *Minderabführungen* sind **nach dem 31. 12. 21** Einlagen des Organträgers in die OrganGes (Erhöhung des Beteiligungsbuchwerts bei ihm [Buchertrag mit außerbilanzieller Minderung]; Erhöhung des Einlagekontos der OrganGes). *Mehrabführungen* **nach dem 31. 12. 21** sind einer Einlagenrückgewähr gleichgestellt und ggü anderen Leistungen vorrangig (§ 27 VI KStG), dh Minderung des Beteiligungsbuchwerts beim Organträger (Buchaufwand mit außerbilanzieller Erhöhung; maximal au 0 €) und Minderung des Einlagekontos bei der OrganGes (*BMF* BStBl I 22, 1412, Rn. 2, 3,7, 8). Mehrabführungen, die den Buchwert und die Einlagen des Wj übersteigen, sind veräußerungsähnl BV-Mehrungen iSd Nr 40 S 1 Buchst a (§ 14 IV 3, 5 KStG; *BMF* BStBl I 22, 1412 Rn. 10). Zu Einzelfragen bei Organträger-PersGes s *BMF* BStBl I 22, 1412 Rn. 11; *Liedgens/Himmer* DStR 22, 2393 (2396 f); *Liekenbrock/Liedgens* DStR 23, 113 (120). – ***(cc)* Vororganschaftl Mehrabführungen (§ 14 III KStG)** sind Ausschüttungen gem § 3 Nr 40 S 1 Buchst d (BFH IV R 61/16 DStR 19, 2131). – ***(5)* InvStG.** § 3 Nr 40/§ 3c werden für Bezüge aus Anteilen an *Publikums-Investmentfonds* im BV durch die spezielleren Teilfreistellungsregelungen (§ 16–§ 20 InvStG) verdrängt (auch → § 20 Rn. 80 ff). Zu *Spezial-Investmentfonds* s § 34 II 1, § 42 InvStG. Auf den fiktiven Veräußerungsgewinn von Investmentanteilen im BV zum 31. 12. 17 (§ 56 III InvStG; → § 20 Rn. 82) ist § 3 Nr 40 anzuwenden (*BMF* BStBl I 19, 527, Rn. 56.64). – ***(6)* REITG.** S § 19 REITG – ***(7)* UmwStG.** Bezüge gem § 7 UmwStG iVm § 20 I Nr 1 aus gem § 5 II UmwStG fiktiv eingelegten Anteilen werden gem § 20 VIII im BV erzielt; Nr 40 S 1 ist anzuwenden (BFH IV R 1/17, BStBl II 19, 501; UmwStE 2025 *BMF* BStBl I 25, 92, Rn. 07.07, 18.04). Zur Anwendung des § 3 Nr 40 auf einen Übernahmegewinn s § 4 VII 2 UmwStG; zum Übernahmeverlust s § 4 VI 4 UmwStG. Zur Netto-/Bruttofeststellung BFH IV R 8/22, DStR 24, 2577. – Bei Einbringungen in eine KapGes/PersGes zum gemeinen Wert wird die Tarifbegünstigung gem § 34 EStG iVm § 20 IV S 2, § 24 III 2 UmwStG nicht für den nicht gem Nr 40 anteilig stfreien Gewinn gewährt (→ *oben (1)(d)*). § 3 Nr 40 ist für einen Einbringungsgewinn II (§ 22 I 5, § 22 II 1 UmwStG) anzuwenden, soweit er auf miteingebrachten Anteilen beruht, s UmwStE 2025 *BMF* BStBl I 25, 92, Rn. 22.12; *Schmitt/Hörtnagl* § 22 Rn. 135; zur GewSt BFH I R 13/18, BStBl II 22, 91; str für eingebrachte einbringungsgeborene Anteile gem § 21 UmwStG aF: bej FG Mster EFG 23, 1187, Rev X R 29/23). – ***(8)* KapitalertragSt.** Der KapESt-Abzug ist ohne Anwendung des § 3 Nr 40 vorzunehmen (§ 43 I 1 Nr 1, S 3, V, 43a I Nr 1, → § 43 Rn. 9). IRd Veranlagung kann die KapESt angerechnet werden (§ 36 II Nr 2); zu beschr StPfl s § 50 II 1, 2 (→ § 50 Rn. 27, 28). – ***(9)* Zuschlagsteuern.** Zur Nichtanwendung des § 3 Nr 40 iRd KiSt/SolZ s § 51a II, § 3 I SolZG (→ § 51a Rn. 2). – ***(10)* AStG.** § 3 Nr 40 stellt nicht den Hinzurechnungsbetrag anteilig stfrei (§ 10 II 4 AStG), jedoch S 1 Buchst d die ggf auch unter § 11 AStG fallenden Ausschüttungen (*Moser* RIW 24, 340 (341)).

cc) Zeitlicher Anwendungsbereich. Zur Entwicklung iEinz → 39. Aufl 2020, 137
§ 3 Rn. 137 und → Rn. 141 *(3)*. Durch das ATADUmsG (BGBl I 21, 2035, → § 4k Rn. 1 mwN) wurde § 3 Nr 40 S 1 Buchst d S 3 rückwirkend für nach dem 31.12.19 zufließende Bezüge (§ 52 IV 9) eingefügt. In § 3 Nr 40 S 3 Hs 1 u. 2 sind ab VZ 21 Wertpapierinstitute den zuvor genannten Instituten gleichgestellt worden.

b) Steuerbefreiung der Betriebsvermögensmehrungen und Betriebsein- 138
nahmen aus der Veräußerung von Anteilen und gleichgestellten Vorgängen, § 3 Nr 40 S 1 Buchst a–c. – aa) Übergreifende Voraussetzungen. Die *Anteile* müssen an Körperschaften, Personenvereinigungen und Vermögensmassen bestehen, die Leistungen iSd § 20 I Nr 1 oder Nr 9 gewähren. Dies sind *inl KSt-Subjekte* gem § 1 I Nr 1 bis Nr 5 KStG und diesen nach dem Typenvergleich *vergleichbare ausl KSt-Subjekte. Anteile an OrganGes* sind einbezogen, auch wenn die Gewinnabführung keine Ausschüttung iSd § 20 I Nr 1 ist (→ § 3c Rn. 22). Die Anteile müssen bei *Buchst a, b* zu einem inl oder ausl BV/SBV des StPfl gehören [zB BetrAufsp (→ § 15 Rn. 873), gewerbl Holding-PersGes (→ § 15 Rn. 438, 714)]. *Buchst c* erfasst Anteile gem § 17 im *PV*.

bb) Betriebsvermögensmehrungen/Betriebseinnahmen gem § 3 Nr 40 139
S 1 Buchst a. – *(1)* Erfasste Vorgänge (Buchst a S 1) – *(a)* Anteilsveräußerung; Entnahme. Stfrei sind 40% der BE aus der *Veräußerung* (auch Tausch und Einbringung), *Entnahme* (auch bei nachfolgender verdeckter Einlage zum TW, → § 6 Rn. 872) von Anteilen (Begriff → Rn. 138, auch an OrganGes). Entnahmen sind auch *Entstrickungen* gem § 4 I 3, wenn kein Ausgleichsposten gem § 4g gebildet wird (→ § 4 Rn. 246; zur Auflösung des Ausgleichspostens s zutr FG Köln EFG 16, 793, rkr). – ***(b)* Auflösung; Herabsetzung des Nennkapitals.** Auskehrungen der KapGes iRd Auflösung (Gewinne, sonstige Rücklagen, Nennkapital) sind erfolgsneutral mit dem Buchwert der Anteile zu verrechnen, diese übersteigende Beträge sind veräußerungsähnl BV-Mehrungen iSd Nr 40 Buchst a (anders BFH IV R 15/20, BFH/NV 23, 1350: Einzelbetrachtung von Liquidationserlös/Buchwert). Zum zurückgewährten Nennkapital s BFH IV R 19/14, BStBl II 18, 575. – ***(c)* Einlagenrückgewähr** Leistungen iRe Einlagenrückgewähr (§ 27 I 3, § 27 VIII 1 KStG, → § 20 Rn. 66–68) sind veräußerungsähnl BV-Mehrungen iSd Nr 40 Buchst a, wenn sie den Buchwert übersteigen, bis dahin sind sie erfolgsneutral mit diesem zu verrechnen (BFH VIII R 38/96, BStBl II 99, 647; BFH IV R 19/18, BStBl II 23,

136). Zur Organschaft →Rn. 136. – ***(2)* Zuschreibungen (Buchst a S 2).** BE *aus Zuschreibungen* nach § 6 I Nr 2 S 3 iVm § 6 I Nr 1 S 4 (→§ 6 Rn. 371) sind zu 40% stfrei, wenn die BA aus der vorherigen TW-AfA dem Abzugsverbot des § 3c II unterlegen hat. War die TW-AfA *vollständig* gewinnmindernd, sind BE aus einer Zuschreibung solange in voller Höhe stpfl, bis diese iRe Wertberichtigung aufgeholt worden ist. Die BE aus der *Veräußerung/Entnahme* sind auch stpfl, soweit eine stwirksame TW-AfA des Anteils bis zur Veräußerung/Entnahme nicht aufgeholt wurde (BFH IV R 19/14, BStBl II 18, 575). Zur unterbliebenen Wertaufholung für iRe Verschmelzung untergegangene Anteile bei Veräußerung der Neuanteile s FG Ddorf EFG 23, 757, Rev IV R 10/23 zu § 13 UmwStG 1995; gem § 13 II 2 UmwStG 2006 Übergang der Wertaufholungspflicht. Zur Zuschreibungsreihenfolge nach stwirk- und -unwirksamen TW-AfA-Beträgen vgl BFH I R 2/09, BStBl II 10, 760, BFH I R 21/17, BStBl II 19, 567 – mE auf S 2 übertragbar (glA *BeckOK EStG* § 3 Nr 40 Rn. 66): zuerst Ausgleich der zeitl letzten TW-AfA. – ***(3)* Abzüge nach § 6b (Buchst a S 3).** BE aus Vorgängen nach S 1 sind voll stpfl, soweit zuvor § 6b uä Vergünstigungen steuerwirksam in Anspruch genommen wurden. Dies betrifft nur Altfälle (s § 6b Rn. 100: Altfälle vor Geltung des § 6b X S 3).

140 **cc) Betriebsveräußerungsgewinne und Betriebsaufgabegewinne (§ 16 II und III), § 3 Nr 40 S 1 Buchst b S 1–3.** Bei *Betriebsveräußerungen* iSd § 16 I S 1 Nr 1 – Nr 3 und *Betriebsaufgaben* gem § 16 III (auch iRd § 14 oder § 18 III 2) ist der auf die Anteile iSv S 1 Buchst a (→Rn. 138) entfallende Teil des Veräußerungsentgelts iSd § 16 II (abl zur anteiligen Freistellung eines wegfallenden negativen KapKtos FG Mchn EFG 17, 1340, rkr) bzw der gemeine Wert des Anteils iRd Aufgabegewinns (etwa bei Beendigung der BetrAufsp s BFH X R 14/11, BStBl II 14, 158; BFH X R 22/12, BStBl II 14, 388) nur zu 60% stpfl. Dies gilt auch für nachträgl BE bei Wahl der Zuflussbesteuerung und im Fall eines gewinn- und umsatzabhängigen Kaufpreises iRe Earn-Outs (→§ 16 Rn. 221, 250, 340 ff). Erfasst sind Teilentgelte/Entnahmegewinne iZm sämtl Veräußerungen iRd § 16 (echter Teilbetriebe, MUeranteile, fiktiver Teilbetrieb in Form der *100%-Beteiligung* an einer KapGes; zum persönl haftenden Ges'ter der KGaA BFH I R 44/18, DStR 22, 2047). Gleiches gilt für die *Aufgabetatbestände iSd § 16 III* (auch für den rückwirkenden TW-Ansatz iRd *Realteilung* gem § 16 III 2, 3 (→§ 16 Rn. 551, 553) und iSd § 16 IIIa. Die Bestimmung des auf die Beteiligung entfallenden Anteils am Gesamtkaufpreis kann im Kaufvertrag erfolgen (zur Bindung s BFH VIII B 110/13, BFH/NV 14, 1886), sonst nach dem Verhältnis der TW (→§ 6 Rn. 123). Abw von S 1 Buchst a schließt *Buchst b* S 3 die StBefreiung zwar nicht wegen einer vorangegangenen stwirksamen TW-AfA oÄ aus, jedoch wegen stwirksamer Abzüge nach § 6b oÄ (→Rn. 139).

141 **dd) Veräußerungen und gleichgestellte Vorgänge bei Beteiligungen iSd § 17, § 3 Nr 40 S 1 Buchst c. – *(1)* Tatbestände.** Stfrei sind 40% des – *(a) Veräußerungspreises* gem § 17 I 1, II 1, IV 2 (zum Veräußerungsbegriff s BFH IX R 1/16, BStBl II 18, 94; →§ 17 Rn. 26 ff; zum Veräußerungspreis →§ 17 Rn. 113 ff, 160). Hierzu gehören auch Abfindungen aufgrund einer Zwangseinziehung (FG RhPf EFG 16, 288, rkr: Veräußerung, keine Teilliquidation) und Entgelte iRd Erwerbs eigener Anteile durch die KapGes (BFH IX R 7/17, BStBl II 19, 213). Zur Freistellung des Preises beim Verkauf gegen wiederkehrende Leistungen →§ 17 Rn. 130 ff; ebenso gilt dies für einen gewinn- und umsatzabhängigen Preis iRe *Earn-Outs* (→§ 17 Rn. 123). Die StBefreiung gilt auch iHv 40% – *(b)* des *gemeinen Werts* bei verdeckten Einlagen (§ 17 I 2 und II 2, →§ 17 Rn. 135, 160), – *(c)* für die unter § 17 IV fallenden Auskehrungen (ohne die Bezüge gem § 17 IV 3, →§ 17 Rn. 206 ff) iRe *Auflösung, KapHerabsetzung* der KapGes (BFH IX R 19/13, BStBl II 14, 682) und iRe *Einlagenrückgewähr* (§ 17 IV, →§ 17 Rn. 215), *soweit* sie die AK übersteigen (BFH IX R 24/12, BStBl II 13, 484; BFH VIII R 25/05, BStBl II 08, 298). Schließl ist – *(d)* das fiktive Entgelt in den Fällen des § 17 V anteilig stfrei (→§ 17 Rn. 240). – ***(2)* Ermittlung.** Die (ursprüngl und nachträgl) AK und die Veräußerungskosten iSd

§ 17 IV (→ § 17 Rn. 134, 163 ff) sind gem § 3c II (→ § 3c Rn. 13) entspr zu kürzen. Dies gilt auch *bei Veräußerungs- und Auflösungsverlusten* (→ § 3c Rn. 11). Zu § 17 III → § 17 Rn. 201. – ***(3)* Maßgeblichkeit des Veräußerungsjahrs.** Der Umfang der StBefreiung nach S 1 Buchst c richtet sich nach der Rechtslage im Veräußerungsjahr (BFH IX B 45/20, BFH/NV 21, 767; FG Mchn EFG 21, 573 rkr).

c) Betriebsvermögensmehrungen und Betriebseinnahmen aus lfd Bezügen und gleichgestellten Einnahmen, § 3 Nr 40 Satz 1 Buchst d–h. – aa) Sachlicher/persönlicher Anwendungsbereich. Die Anteile, aus denen die Bezüge stammen, müssen wie bei § 3 Nr 40 S 1 Buchst a–c an inl oder vergleichbaren ausl KSt-Subjekten bestehen (→ Rn. 135, 138). Die Bezüge gem § 3 Nr 40 S 1 Buchst d–h sind nach S 1 nur anteilig stfrei, wenn sie zu den BE gehören (s § 3 Nr 40 S 2 iVm § 20 VIII). Dies setzt die Zugehörigkeit der Anteile/Dividendenscheine und -ansprüche zum *BV/SBV* voraus. Für Bezüge *im PV* (nur bei solchen gem § 20 I Nr 1 und Nr 2 denkbar) muss die Option (§ 32d II Nr 3) ausgeübt werden (→ Rn. 135). 142

bb) Betriebsvermögensmehrungen und Betriebseinnahmen gem § 20 I Nr 1 und Nr 2, § 20 II 1 Nr 2 Buchst a, § 3 Nr 40 S 1 Buchst d, e, f, g, h. – *(1)* Bezüge gem § 3 Nr 40 S 1 Buchst d S 1. – *(a)* Offene Ausschüttungen. Hierzu gehören die Bezüge iSd § 20 I Nr 1; auch disquotale offene Ausschüttungen und solche aus eigenkapitalähnl Genussrechten (→ § 20 Rn. 31 f). Ebenso fallen darunter Gewinnanteile des persönl haftenden Ges'ters der KGaA, die auf von der KGaA vereinnahmten Bezügen iSd § 20 I Nr 1 beruhen (BFH I R 44/18, DStR 22, 2047). Keine anteilig stfreien Bezüge nach Buchst d iVm § 20 I S 1 Nr 1 sind *Gewinnabführungen* iSd § 14 KStG (zur Kumulation mit Ausschüttungen s BFH IV R 61/16, DStR 19, 2131 und → § 3c Rn. 22). Nicht stbar (s § 20 I Nr 1 S 3 EStG, § 27 VIII S 1 KStG) sind *Leistungen iRe Einlagenrückgewähr* (bis zur Höhe der AK, → Rn. 139). *Nicht* unter *Buchst d* fallen Zinsen des MUers aus Ges'terdarlehen (Sondervergütung/SonderBE), die iRe eines Finanzierungsdarlehens des MUers für den Anteilserwerb der PersGes gezahlt und aus den stfreien Bezügen der PersGes getilgt werden (BFH IV R 5/18, BStBl II 20, 448). Dies gilt umgekehrt auch für Zinsen der PersGes aus Darlehen an den MUer für dessen Anteilserwerb im SonderBV (BFH IV R 26/20, BStBl II 24, 367). Stpfl sind auch Bezüge aus Aktienanleihen (§ 20 I Nr 7 iVm § 20 VIII 1; zutr HessFG EFG 19, 599, rkr). – ***(b)* VGA.** Zum Begriff der *vGA* gem § 20 I Nr 1 S 2 → § 20 Rn. 37. 40% der BE aus der vGA sind anteilig stfrei (FG Mchn EFG 24, 15, Rev VI R 15/23). Die Vorgaben in Buchst d S 3 müssen zusätzl erfüllt sein. Bei vGA *im PV* greift Nr 40 S 1 Buchst d nur bei wirksamer Option (§ 32d II Nr 3, → Rn. 135). – ***(2)* Rückausnahmen (S 2 bis S 4). – *(a)* Fehlende Einkommensminderung (S 2).** Die Bezüge iSd Buchst d S 1 (Ausschüttungen) sind nur stfrei, wenn sie das Einkommen der leistenden inl oder ausl Körperschaft (→ Rn. 142) tatsächl (in deren StFestsetzung) nicht gemindert haben. S zur inl Körperschaft § 8 III S 1 KStG, Bezüge aus ausl Ges werden nicht freigestellt, wenn sie deren Einkommen (zB wegen der ausl Qualifikation als BA) gemindert haben (zB aufgrund einer „umgekehrten" D/NI-Inkongruenz, → § 4k Rn. 1, 12; BT-Drs 19/28652, 34). Bei *vGA* setzt die StBefreiung voraus, dass das Einkommen der inl, ausl KapGes entspr § 8 III 2 KStG erhöht wurde. Zu den Auslegungsfragen *Rüsch* GmbHR 20, 251. – ***(b)* Zurechnungskonflikte (S 3).** S 3 ist der sog Fallgruppe D/NI iRd § 4k zuzurechnen (→ § 4k Rn. 1) und kann Fälle sog. hybrider *Übertragungen* erfassen. Durch die Übertragung eines Finanzinstruments kann es zu einer abw persönl Zurechnung des Instruments und der Erträge/Aufwendungen kommen (iEinz BT-Drs 19/28652, 32, 34, 35, 43; *Link/Küpper* GmbHR 23, 825 (827 ff). S 3 versagt die anteilige StBefreiung der Bezüge iSd S 1, wenn eine Vergleichsbetrachtung ergibt, dass das Einkommen beim aus Sicht des Zahlungsstaats zutr anderen Gläubiger der Erträge iErg niedriger als bei einer aus inl Sicht zutr Zurechnung beim inl Gläubiger besteuert wird (auch → § 4k Rn. 6, 12, 13). – ***(c)* Zuwendung an nahestehende Person (S 4).** Wird eine vGA durch eine Zuwendung an eine dem Ges'ter nahestehende 143

Person ausgelöst (Zufluss beim Ges'ter!, → § 20 Rn. 43) wird dem Ges'ter die StBefreiung nach *S 3* (ebenso § 32d II Nr 4) trotz einer Einkommensminderung bei der KapGes gewährt, wenn die Zuwendung bei der nahestehenden Person stpfl veranlagt wurde und dies nicht mehr nach § 32a KStG geändert werden kann. – ***(3)*** **Bezüge gem § 20 I Nr 2, § 3 Nr 40 S 1 Buchst e.** Auskehrungen iSd § 20 I Nr 2 iRe Auflösung, Kapitalherabsetzung sind bei Anteilen im BV gem S 1 Buchst a vorrangig mit den AK zu verrechnen und ggf als Veräußerungsgewinn stpfl (→ Rn. 139). Für Anteile gem § 17 gilt Buchst e nicht (→ Rn. 142). Buchst e läuft leer (glA *HHR/Intemann* § 3 Nr 40 Rn. 141). – ***(4)*** **Besondere Entgelte/Vorteile iSv § 20 III, § 3 Nr 40 S 1 Buchst f.** Zu § 20 III bei → § 20 Rn. 190. Stfrei sind auch BE (→ Rn. 142) iHv 40% der Entgelte, die *neben* oder *an Stelle* von Einnahmen iSd § 20 I Nr 1 oder gem § 20 II 1 Nr 2 Buchst a erzielt werden. – ***(5)*** **Veräußerung von Dividendenscheinen und sonstigen Ansprüchen, § 3 Nr 40 S 1 Buchst g.** Stfrei können nur BE sein (→ Rn. 142); zum Begriff → § 20 Rn. 160. – ***(6)*** **Gewinne aus der Veräußerung von Dividendenansprüchen, § 3 Nr 40 S 1 Buchst h:** Stfrei zu 40% ist auch der Gewinn (nur BE, → Rn. 142) aus der Abtretung von Dividendenuä Ansprüchen iSv § 20 II 1 Nr 2 Buchst a iVm § 20 II S 2 (→ § 20 Rn. 160).

144 **d) Sonstige gem § 3 Nr 40 S 1 steuerfreie Bezüge.** – ***(1)*** **Bezüge gem § 20 I Nr 9, § 3 Nr 40 S 1 Buchst d, Alt. 2.** Anteilig stfrei können *ausschüttungsähnl Bezüge* gem § 20 I Nr 9, § 20 I Nr 2 und aus vGA von sonstigen KSt-Subjekten (§ 1 I Nr 3–5 KStG, zB Stiftungen, → § 20 Rn. 129 ff) sein, wenn es sich um BE des Empfängers handelt (§ 3 Nr 40 S 2; → Rn. 142). – ***(2)*** **Wiederkehrende Bezüge gem § 22 I 2, § 3 Nr 40 S 1 Buchst i.** Zu den stbaren Leistungen iEinz → § 22 Rn. 68 und bei → § 20 Rn. 129 ff. Es muss sich beim Empfänger nicht um BE handeln. Wegen der Vorbelastung der Bezüge mit KSt sind die Bezüge nur anteilig stpfl.

145 **e) Ausnahmetatbestände, § 3 Nr 40 S 2–4.** – ***(1)*** **Beschränkung auf Betriebseinnahmen gem § 3 Nr 40 S 1 Buchst d–h (S 2).** → Rn. 136, 143. – ***(2)*** **Nichtanwendung der § 3 Nr 40 S 1 Buchst a, b, d–h (S 3).** – Zur Rechtslage *bis Ende 2016* → 37. Aufl 2018, § 3 Rn. 140; BFH I R 37/18, BStBl II 23, 264). – ***(a)*** **Rückausnahme.** Greift *S 3,* sind seit dem VZ 17 unter § 3 Nr 40 S 1 Buchst a, b, d bis h fallende BE/Verluste abw von § 3 Nr 40/§ 3c voll stpfl bzw abziehbar. Hierfür muss der StPfl ein *Kredit- oder Finanzdienstleistungsinstitut* oder ab dem VZ 21 (→ § 3 Rn. 137) ein *Wertpapierinstitut* sein und müssen die in S 1 Buchst a, b, d–h genannten WG dessen Handelsbestand iSd § 247 II, § 340e HGB zuzuordnen sein. Die Zuordnung zum Handelsbestand setzt den Erwerb der WG mit der Absicht voraus, einen kurzfristigen Eigenhandelserfolg zu erzielen und dass für die WG im Zugangszeitpunkt eine solche Zuordnungsentscheidung zum UV getroffen wird (BT-Drs 18/8828, 61–63). Die nachträgl Umgliederung aus dem AV in den Handelsbestand ist gem § 340 III HGB idR ausgeschlossen (auch → § 6 Rn. 427). – ***(b)*** **Verhältnis zum Aufsichtsrecht.** Der Begriff des *Finanzunternehmens* in S 3 umfasst unabhängig von demjenigen des KWG StPfl/MUerschaften, an denen Kredit- und Finanzdienstleistungsinstitute un- oder mittelbar zu mehr als 50% beteiligt sind, sodass nur noch Strukturen im Bankensektor darunter fallen sollten (BT-Drs 18/8828, 62); anders davor, s BFH I R 46/20, BStBl II 25, 91). *Wertpapierinstitute* sind solche iSd § 2 I, II WPIG, die Wertpapierdienstleistungen einschließl des Eigenhandels (§ 2 II Nr 10 WPIG) ausführen. – ***(3)*** **Nichtanwendung auf Bezüge aus Unterstützungskassen (S 4).** Unterstützungskassen sind idR rechtsfähige und gem § 5 I Nr 3 KStG stbefreite inl KSt-Subjekte iSd § 1 I KStG (s § 1b III, IV BetrAVG), die ArbN iRd betriebl Altersvorsorge (→ Rn. 209) Leistungen gewähren. ArbG-Beiträge iSd § 3 Nr 63, die vom Trägerunternehmen an die Unterstützungskasse gezahlt werden, sind gem § 4d BA. Ist der StPfl Träger/Ges'ter der Unterstützungskasse, können ihm aufgrund einer Zuwendung (als vGA oder iRd Auflösung der Kasse) BE iSd § 3 Nr 40 S 1 Buchst a, d, e zufließen (zu Auswirkungen auf die StBefreiung gem § 5 I Nr 3 KStG s *Blomeyer/Rolfs/Otto* Teil 4 Abschn G Rn. 76 f, 83 f; § 6 VI KStG). S 4 schließt

(entspr § 8b XI KStG) die StBefreiung gem § 3 Nr 40 S 1 für sämtl Zuwendungen der Unterstützungskasse an den StPfl (Träger) zur Vermeidung von Gestaltungen durch Überdotierungen und Rückführungen aus (s BR-Drs 121/15, 45). S 4 ist überschießend, da er solche Gestaltungen nicht tatbestandl voraussetzt.

Nr 40a: Wagniskapitalförderung. – ***(1)* Zeitlicher Anwendungsbereich.** S § 52 IV 18, 19. Vergütungen iSd § 18 I Nr 4 können seit dem 6.8.04 (BGBl I 04, 2013) erzielt werden (zu Übergangsfragen s HessFG EFG 18, 569, → § 18 Rn. 289). Die heutige 40%-Befreiung greift, wenn der Fonds nach dem 31.12.08 gegründet wurde. – ***(2)* Persönlicher Anwendungsbereich.** § 3 Nr 40a gilt für beschr und unbeschr StPfl (auch bei Beteiligung an *Carry Holder* – PersGes) sowie für inl und ausl *Carry Holder* – KapGes (KStR 8.1 I; → § 18 Rn. 287). – ***(3)* Rechtsgrundverweisung.** Nr 40a befreit Einkünfte iSd § 18 I Nr 4. Dies sind kapitaldisproportionale Gewinnanteile für ideelle Ges'terBeiträge der Carry Berechtigten aus vermögensverwaltenden (nicht gewerbl) Fonds, die gem § 18 I Nr 4 bei diesen (ggf einer Carry Holder PersGes) in Einkünfte gem § 18 umqualifiziert werden (BFH VIII R 11/16, DStR 19, 1136; BFH VIII R 3/21, BStBl II 24, 902; *BeckOK EStG* § 18 Rn. 513 ff, 541; → § 18 Rn. 284). Der kapitalproportionale Gewinnanteil wird demggü nach der Bruchteilsbetrachtung (§ 39 II Nr. 2 AO iVm § 17, § 20 II, ggf § 32d) besteuert. Abschläge, die vor der Rückgewähr des eingezahlten Kapitals an die Investoren erfolgen, können gem § 18 I Nr 4 iVm § 3 Nr 40a anteilig stfrei sein, wenn sie mit einer Rückgewährverpflichtung (sog *claw back*) versehen sind (s *BeckOK EStG* § 18 Rn. 603 ff; **aA** → § 18 Rn. 286). – ***(4)* Vergütungen außerhalb des § 18 I Nr 4.** Gewinnanteile aus gewerbl Fonds fallen unter § 15 I 1 Nr 2 iVm § 3 Nr 40 (BFH VIII R 11/16, DStR 19, 1136; *Weber-Grellet* DStR 18, 992 (998)). Disproportionale Gewinnanteile aus einem vermögensverwaltenden Fonds außerhalb des § 18 I Nr 4 EStG werden gem § 39 II Nr. 2 AO iVm § 17, § 20 II, ggf § 32d besteuert. – ***(5)* Höhe.** BE sind iHv 40% stfrei; BA zu 60% abziehbar (§ 3c II). – ***(6)* Verfahrensrecht.** Bei Carry Holder PersGes wie bei → § 3 Rn. 135 *(6)*: Feststellung des stfreien Betrags. 146

Nr 41: Gewinnausschüttungen und Veräußerungsgewinne nach Hinzurechnungsbesteuerung. – ***(1)* Aufhebung.** § 3 Nr 41 wurde durch das **ATADUmsG** (BGBl I 21, 2035) im Zuge der Neuordnung der Hinzurechnungsbesteuerung mit Wirkung **ab dem VZ 22 aufgehoben** (§ 52 IV 15). Zur Rechtslage bis einschließl VZ 21 → 40. Aufl 2021, § 3 Rn. 147. – ***(2)* Neukonzeption.** S § 11 I, II AStG, § 21 IV 4 AStG sowie → 42./44. Aufl. 2023/2025, § 3 Rn. 147 mwN und → § 3c Rn. 14. 147

Nr 42: Fulbright-Stipendium. Maßgebl ist das Abkommen v. 20.11.62 (BGBl. II 64, 27; EStH 3.42). § 3 Nr 42 ist *lex specialis* zu § 3 Nr 11 (→ Rn. 45) und § 3 Nr 44 (→ Rn. 154). 151

Nr 43: Ehrensold an Künstler. – ***(1)* Ehrensold.** Hierunter fallen Geld- und Sachzuwendungen (zB Beigaben zum Verdienstorden). – ***(2)* Deutsche Künstlerhilfe.** Die Zuwendungen müssen aus öffentl Mitteln (→ § 3 Rn. 45) an bedürftige Künstler gewährt werden. S auch § 3 Nr 11 (→ Rn. 45); § 3 Nr 20 (→ Rn. 77). 152

Nr 44: Stipendien. – ***(1)* Verhältnis zu anderen Steuerbefreiungen.** Zu Nr 42 → Rn. 151 und zu § 3 Nr 11 → Rn. 44 f. § 3 Nr 44 S 3 Buchst a stellt anders als Nr 11 auch die dem Stipendiaten zum Bestreiten des Lebensunterhalts gewährten Mittel stfrei. – ***(2)* Stipendien aus öffentlichen Mitteln, § 3 Nr 44 S 1.** Zum Begriff der *öffentl Mittel* → Rn. 43; BFH X R 21/20 DStRE 23, 398. Geber können inl und zwischen- oder überstaatl Einrichtungen sein, denen die Bundesrepublik angehört (zB EU-/EWR-KSt-Subjekte unter den Voraussetzungen des § 5 II Nr 2 KStG; zur Prüfung der Voraussetzungen s EStR 3.44 S 3, 4; *OFD Ffm* BeckVerw 657162, Rn 1.2). Eine fehlende beschr inl StPfl ausl Geber gem § 2 Nr 1 KStG ist unschädl (BFH X R 33/08, BStBl II 11, 637). Zu Körperschaft aus Drittstaat s ThürFG 154

EFG 15, 1717, rkr; *Maciejewski* npoR 23, 51 (52)). – ***(3)* Private Stipendiengeber, § 3 Nr 44 S 2.** Schließl sind zul Geber gemeinnützige inl KSt-Subjekte gem § 1 I Nr 1–5 iVm § 5 I Nr 9 KStG. S 2 erfasst *Einrichtungen,* die von einer Körperschaft des öffentl Rechts errichtet oder verwaltet werden (zB Vereine und andere Privatrechtssubjekte). – ***(4)* Bescheinigung, EStR 3.44 S 2.** Das zuständige FA hat die Voraussetzungen des Nr 44 zu prüfen und hierüber eine Bescheinigung zu erteilen (EStR 3.44 S 1–4), die aber kein Grundlagenbescheid gem § 171 X AO für das Wohnsitz-FA ist (zutr insoweit FG Nbg EFG 21, 25, nachgehend BFH X R 21/20 DStRE 23,398; *OFD Ffm* BeckVerw 657162, Rn. 1.1: verwaltungsinterne Mitteilung). – ***(5)* Begünstigte Zwecke, § 3 Nr 44 S 1, 2.** – ***(a)* Forschungsstipendium.** Wissenschaftl Forschung ist die Suche nach neuen Erkenntnissen (BFH III B 128/11, BFH/NV 2013, 29). – ***(b)* Ausbildung; Fortbildungsstipendium.** Zudem wird die wissenschaftl und künstlerische Aus- oder Fortbildung gefördert (zu den Merkmalen → Rn. 45). – ***(6)* Zweckbindung; Höhe; Vergabe, § 3 Nr 44 S 3 Buchst a.** Das Stipendium (Sach- oder Geldleistungen) darf nur denjenigen Bedarf abdecken, der zur Umsetzung der Forschung, der wissenschaft- und künstlerischen Aus- und Fortbildung unmittelbar erforderl und zum Bestreiten eines angemessenen Lebensunterhalts notwendig ist. Der zur Förderung des Zwecks *erforderl Betrag* ist nach der Verkehrsanschauung zu ermitteln. Mittel zum Bestreiten des Lebensunterhalts sind idR angemessen, wenn die stfreien Netto(-Bezüge) aus dem Stipendium einen vor Aufnahme des Stipendiums bezogenen (Brutto-)ArbLohn nicht übersteigen; ein aufschiebend bedingter Zuschlag im Fall der StPflicht ist unschädl (s zu *Forschungsstipendien* BFH IV R 15/01, BStBl II 04, 190; BFH VIII R 43/12, BStBl II 15, 691; BFH VIII R 11/22, DStRE 24, 324; *OFD Ffm* BeckVerw 657162 Rn. 2; glA *Hüttemann,* GemeinnützigkeitsR, Rn. 9.77). S vertiefend *Schomaker* npoR 24, 207 (208); *Maciejewski* BB 24, 791 (791). Zudem ist die Vergabe nach den *vom Geber erlassenen Richtlinien* erforderl. Fehlen Vergabekriterien oder werden sie missachtet, ist das Stipendium nicht stfrei (zutr FG Mster EFG 14, 19, rkr; FG RhPf EFG 15, 358, rkr). – ***(7)* Fehlender Gegenleistungscharakter, § 3 Nr 44 S 3 Buchst b.** Das Stipendium darf keine offene, verdeckte Vergütung für eine gegenwärtige wissenschaftl, künstlerische oder andere weisungsgebundene Arbeitsleistung oder künftige Tätigkeit des Empfängers sein (BFH X R 6/19, BStBl II 21, 557; BFH IX R 33/18, BStBl II 21, 488; BFH VI R 34/20, BStBl II 23, 142). Maßgebl ist bei wissenschaftl Tätigkeit, ob eine Entscheidungsfreiheit des Stipendiaten innerhalb des Forschungsthemas besteht, wobei die themengebundene Vergabe des Stipendiums und die Pflicht, die Ergebnisse zu publizieren, Zwischen- und Abschlussberichte zu erstellen, an Stipendiatenkolloqium teilzunehmen sowie eine Residenzpflicht unschädl sind (BFH X R 21/20 DStRE 23, 398; BFH VIII R 11/22, DStRE 24, 324). Ob das Stipendium eine Gegenleistung für die Zusage ist, eine künftige Tätigkeit aufzunehmen oder iZm einer solchen steht, wird von der Rspr indiziell ua anhand von Rückzahlungsklauseln, der Verbindung zum fördernden Betrieb und der Zweckbestimmung des Programms geprüft (BFH IX R 33/18, BStBl II 21, 488; BFH VI R 34/20, BFH VI R 34/20, BStBl II 23, 142; FG Mchn EFG 22, 316, rkr; FG Bln-Bbg EFG 22, 1186, rkr). – ***(8)* Rechtsfolgen.** § 3 Nr 44 ist für jede Einkunftsart anwendbar. Die Stbarkeit und Einkunftsartenzuordnung von Stipendien sind aber nach wie vor str (*Maciejewski,* BB 24, 791 (792); *Hüttemann,* GemeinnützigkeitsR, Rn. 9.61). Aus der Rspr: zu § 22 Nr 3 BFH X R 6/19, BStBl II 21, 557; BFH IX R 33/18, BStBl II 21, 488, → § 22 Rn. 133, 150; zu § 22 Nr 1 BFH X R 21/20, DStRE 23, 398; zu § 19 BFH VI R 34/20, BStBl II 23, 142. – Bei stfreiem Stipendium sind Aufwendungen des Stipendiaten zwar ggf BA/WK, aber bis zur Höhe der stfreien Einnahmen gem § 3c I nicht abzugsfähig (BFH VI R 34/20, BStBl II 23, 142; → § 3 Rn. 3, 8). – ***(9)* Einzelfälle.** Zu einer Übersicht s *OFD Ffm* BeckVerw 657162. Im Einzelnen: – **Ärzte:** BFH IX R 33/18, BStBl II 21, 488 (Thüringen); FG Mchn EFG 22, 316, rkr (Studienbeihilfen). – **Lehrer:** FG Bln-Bbg EFG 22, 1186, rkr. – Studenten: BFH VI R 34/20, BStBl II 23, 142 (DAAD). – **Gründer:** EXIST-Zuschüsse (Einzelunternehmer BFH III B 128/11, BFH/NV 13, 29; zur MU'er BFH VIII R 47/18, BStBl II 21, 696); zu ESF-Stipendien BFH X R 21/20, DStRE 23, 398; SächsFG EFG 25, 550, Rev X R 29/24. – **Forschung:** BFH VIII R 11/22, DStRE 24, 324 (*DFG-Heisenberg;* überholt: FG Mchn DStRE 22, 389, rkr zu ESO/DFG).

Nr 45: Private Nutzung arbeitgebereigener Datenverarbeitungsgeräte und Telekommunikationsgeräte sowie Software-Überlassung. – ***(1)* Steuerbefreiung für Arbeitnehmer, § 3 Nr 45 S 1.** – ***(a)* Anwendungsbereich.** Zur Stbarkeit der Vorteile aus der Privatnutzung → § 19 Rn. 49, 100 „Internetnutzung". S 1 gilt für ArbN in einem aktiven ArbVerh (BFH XI R 50/05, BStBl II 06, 715). Eine Barlohnumwandlung ist zul (LStR 3.45 S 6; LStH 3.45). – ***(b)* Private Mitnutzung arbeitgebereigener Geräte und Leistungen.** *ArbG-eigene betriebl* Geräte erfordern mindestens dessen wirtschaftl Eigentum (zum zul Leasing LStH 3.45; BFH VI R 50/20, BStBl II 23, 584). Erfasst werden alle vom ArbN (im Betrieb oder zu Hause) auch privat genutzten betriebl *Datenverarbeitungsgeräte.* Hierzu gehören zB Personalcomputer (Desk- und Laptops, Tablets) einschließl aller Hardware-Standardkomponenten und Zubehörgeräte (LStH 3.45). Betriebl *Telekommunikationsgeräte* sind zB Telefon, Faxgeräte und „Diensthandys". Stfrei sind auch die vom ArbG getragenen Verbindungsentgelte für die Privatnutzung (LStR 3.45 S 5), nicht aber Barzuschüsse zur Anschaffung und Nutzung privater Handys der ArbN (zutr FG Mster EFG 17, 1598, nachgehend BFH VI R 40/17, BFH/NV 19, 1341). Zum zul Ankauf des ArbN-Handys durch den ArbG mit Rücküberlassung an den ArbN BFH VI R 50/20 BStBl II 23, 584; LStH 3.45 (auch → § 3 Rn. 5). – *System- und Anwendungsprogramme* sind solche, die der ArbG im Betrieb einsetzt und die der ArbN auf seinem privaten Rechner installieren und nutzen darf. Schließl sind *Dienstleistungen* stfrei, die sich auf die zur Nutzung überlassene Hard- und Software beziehen. Unerhebl ist das Verhältnis des privaten zum betriebl Nutzungsanteil (LStR 3.45 S 1). – ***(2)* Personen gem § 3 Nr 12, § 3 Nr 45 S 2.** Stfrei sind auch Vorteile iSd S 1, die öffentl Dienste leistenden Personen iSv § 3 Nr 12 S 2 (→ Rn. 52; s *OFD Ffm* Beck-Verw 492383 zu kommunalen Mandatsträgern) und Abgeordneten (§ 3 Nr 12 S 1) gewährt werden. – ***(3)* Übereignung von Geräten, Zubehör** und das **Einrichten** eines privaten Internetzugangs für den ArbN durch den ArbG sind stpfl ArbLohn (BFH XI R 50/05, BStBl II 06, 715). Zur Pauschalierung s § 40 II 1 Nr 5 (→ § 40 Rn. 17). – ***(4)* Sonstiges.** Sind Geräte iSd Nr 45 S 1 in einem dem ArbN auch für Privatfahrten überlassenen ArbG-Kfz verbaut, ist der Vorteil nicht stfrei (zu Navigationsgerät BFH VI R 37/04, BStBl II 05, 563; LStH 3.45, auch → § 6 Rn. 541, → § 8 Rn. 35). Auch → § 9 Rn. 270 „Computer"; → § 4 Rn. 270 „Nutzung", → § 19 Rn. 110 „Telekommunikationsaufwendungen". 157

Nr 46: Aufladen von Elektrofahrzeugen. – ***(1)* Zeitliche Anwendung.** Nr 46 gilt für vom ArbG nach dem 31.12.16 und vor dem 1.1.31 gewährte Vorteile (§ 52 IV 14, Abs 37c). – ***(2)* Sachlicher Anwendungsbereich.** Zum Begriff des Elektro- und Hybridelektrofahrzeugs iSd § 6 I Nr 4 → § 6 Rn. 548 und *BMF* BStBl I 25, 1929 Rn. 6–9). Nr 46 befreit aus Vereinfachungsgründen Vorteile bei solchen ArbN-eigenen und dem ArbN zur Privatnutzung überlassenen Dienst-Kfz. Bei Letzteren ist § 3 Nr 46 nur iRd *Fahrtenbuchmethode* relevant (iEinz *BMF* BStBl I 25, 1929 Rn. 12–14), iRd 1%-Methode ist der Vorteil abgegolten. Stfrei sind geldwerte Vorteile aus – *(a)* dem kostenlosen/verbilligten Aufladen an einer ortsfesten Ladestation des ArbG oder eines verbundenen Unternehmens iSd § 15 AktG sowie eines Dritten (*BMF* BStBl I 25, 1929, Rn. 16 ff) und – *(b)* aus der zeitweisen *Nutzungsüberlassung* einer arbeitgebereigenen Ladestation (samt Zubehör, Installationskosten) an den ArbN zur privaten (idR häusl) Verwendung, aber ohne den vom ArbN bezogenen Ladestrom (*BMF* BStBl I 25, 1929, Rn. 21 ff). Das Aufladen von *E-Bikes,* die keine Kfz sind, im Betrieb des ArbG ist iRe unbefristeten Billigkeitsregelung stfrei (*BMF* BStBl I 25, 1929 Rn. 11; zu § 3 Nr 37 → Rn. 126). Vorteile aus der unentgeltl Überlassung der Ladestation und von ArbG-Zuschüssen können pauschaliert werden (§ 40 II 1 160

Nr 6, *BMF* BStBl I 25, 1929 Rn. 32 ff). – ***(3)* Zusätzlichkeitserfordernis** s § 8 IV → § 8 Rn. 81. – ***(4)* Sonstiges.** Erstattet der ArbG dem ArbN Aufwendungen für häusl Ladestrom, ist dies stpfl; bei Dienst-KfZ ggf stfreier Auslagenersatz § 3 Nr 50 (→ Rn. 167; zur vereinfachenden Ermittlung s *BMF* BStBl I 25, 1929, Rn. 27–30). ArbN-Reisekosten (→ 9 Rn. 213) sind nicht wegen stfreier Vorteile zu kürzen (*BMF* BStBl I 25, 1929 Rn. 37 f). – Zu außersteuerl Fragen *Zumpf* BB 24, 503.

162 **Nr 47: Leistungen nach dem Arbeitsplatzschutzgesetz.** – ***(1)* Vorsorgeaufwendungen gem § 14a IV ArbPlSchG.** Freiwillige Beiträge eines wehrpflichtigen ArbN zur gesetzl RV oder zu einer sonstigen Alters- und Hinterbliebenenversorgung sind nach Alt 1 stfrei, wenn sie dem ArbN für die Dauer des Dienstes erstattet werden. Gleiches gilt bei Kriegsdienstverweigerern (§ 78 I Nr 1 ZDG). – ***(2)* Gleichgestellte Arbeitnehmer, § 14b ArbPlSchG.** Alt 2 befreit entspr erstattete Vorsorgeaufwendungen an öffentl-rechtl Versicherungs- oder Versorgungseinrichtungen für StPfl, die von der Versicherungspflicht in der gesetzl RV befreit sind.

164 **Nr 48: Leistungen nach dem Unterhaltssicherungsgesetz.** Leistungen nach dem USG an StPfl, die **Reservistendienst** leisten (§ 1 USG), sind stfrei. Nicht stfrei sind Leistungen gem § 6 USG an StPfl mit Gewinneinkünften. S (auch zu § 3c I) FG Bln-Bbg EFG 17, 1665, rkr. S ferner § 32b I Nr 1h.

165 **Nr 49:** *(weggefallen)*

167 **Nr 50: Durchlaufende Gelder; Auslagenersatz.** – ***(1)* Steuerbarkeit.** Weder durchlaufende Gelder noch ein Auslagenersatz führen beim ArbN zu ArbLohn, da diese Gelder im eigenbetriebl Interesse des ArbG verausgabt werden (BFH VI R 24/03, BStBl II 06, 473; → § 19 Rn. 43, 65 ff). – ***(2)* Durchlaufende Gelder, § 3 Nr 50, Alt 1.** Dies sind nach der Legaldefinition Beträge, die dem ArbN im eigenbetriebl Interesse des ArbG zugewendet werden, um sie für zukünftige Aufwendungen des ArbG auszugeben (LStR 3.50 I 1 Nr 1, 2). – ***(3)* Auslagenersatz, § 3 Nr 50, Alt 2.** Dies sind Erstattungen für Aufwendungen, die im eigenbetriebl Interesse des ArbG getätigt und durch den ArbN verauslagt werden (BFH VI R 24/03, BStBl II 06, 473; LStH 3.50; zu Ladestrom → Rn. 160, *BMF* DStR 25, 2672, Rn. 25–31; zu Führungszeugnissen BFH VI R 10/22, BStBl II 24, 527). – ***(4)* Pauschaler Auslagenersatz.** Erforderl ist grds eine Einzelabrechnung der erstatteten Auslagen (LStR 3.50 II 1). Ein pauschaler Auslagenersatz ist stfrei, wenn er den tatsächl Aufwendungen im Großen und Ganzen entspricht und sich die Verhältnisse nicht maßgebl ändern (BFH IV R 4/02, BStBl II 04, 129; LStR 3.50 II). Zum Nachweis regelmäßiger Ausgaben s LStR 3.50 II 2 (Dreimonatszeitraum); zur pauschalen Erstattung von ArbN-Aufwendungen *für Telekommunikation* (lfd Entgelte/Grundpreis) s LStR 3.50 II 3 ff: bis zu 20% des monatl Rechnungsbetrags, 20 €/Monat ohne Nachweis); zu Reisekosten (*OFD Ffm* BeckVerw 642053). Auch → § 19 Rn. 110 „Telekommunikationsaufwendungen" und bei § 3 Nr 45 (→ § 3 Rn. 157).

170 **Nr 51: Trinkgelder.** – ***(1)* Arbeitslohn.** Trinkgelder sind als Zuwendungen an ArbN grds stbarer Drittlohn (BFH VI R 37/05, BStBl II 07, 712; → § 19 Rn. 70). – ***(2)* Voraussetzungen.** Stfrei gem Nr 51 ist *nur* Trinkgeld (Barentgelt und Sachzuwendungen), das der ArbN *freiwillig* (ohne Rechtsanspruch) als „kleineres Geschenk" anlässl seiner Arbeitsleistung und zusätzl zum ArbLohn erhält (§ 107 III 2 GewO; BFH VI R 6/14, BStBl II 15, 767; BFH VI R 37/14, BStBl II 16, 751: „besonderes Entgelt" iRe eigenständigen Beziehung zum Kunden). Im Fall eines Rechtsanspruchs des ArbN besteht StPflicht. – ***(3)* Einzelfälle.** *Stfrei* sind zB Beträge aus einer allg Trinkgeldkasse (BFH VI R 37/14, BStBl II 16, 751). – *Stpfl* sind zB (EStH 3.51) Gelder aus Spielbanktronc (BFH VI R 49/06, BStBl II 09, 820; zum Kassier im Automatenbereich s FG Bln-Bbg EFG 09, 2006, rkr; anders ggf bei Saalassistenten s BFH VI R 37/14, BStBl II 16, 751); freiwillige Zahlungen von Notaren an Notarassessoren für eine Vertretung (BFH VI R 6/14, BStBl II 15, 767), Vergütungen von

Krankenhausärzten aus Chefarzt-Pool (FG BW EFG 09, 1286, rkr); Gratifikationen an Prokuristen über 1,3 Mio € (FG Kln 9 K 2814/20, EFG 24, 143, rkr). – ***(4)* Andere Steuerpflichtige.** Zur Steuerbarkeit → § 4 Rn. 442, → § 8 Rn. 13. Nr 51 greift insoweit nicht, was verfrechtl bedenkl ist (offengelassen in BFH VI R 49/06, BStBl II 09, 821). – ***(5)* Aufzeichnung.** Keine Aufzeichnungspflicht gem § 4 II Nr 4 LStDV.

Nr 52: *(weggefallen)* 173

Nr 53: Übertragung von Wertguthaben. – *(1)* Aufbauphase. – *(a)* Arbeitnehmer. Wird iRe Wertguthabenvereinbarung künftig fällig werdender ArbLohn einem Zeitwertkonto iSd § 7b SGB IV gutgeschrieben, fließt der Lohn noch nicht zu (auch nicht iHd ArbG-Beiträge zu einer Zeitkontenrückdeckungsversicherung). Dies geschieht erst mit Beginn der Freistellungsphase (→ § 19 Rn. 100 „Arbeitszeitkonten"; BFH VI R 17/16, BStBl II 19, 496; BFH VI R 39/17, BFH/NV 20, 85). Arbeits- und sozialrechtl Mängel sind steuerl bei tatsächl Durchführung wegen § 41 AO unerhebl. – Siehe iEinz BFH VI R 39/17, BFH/NV 20, 85; BFH IX R 25/21, BStBl II 23, 978 zu Abfindungen iRd *„Mannheimer Modells"* und BFH VI R 28/21, BFH/NV 23, 1185 zur fehlenden insolvenzrechtl Zeitwertkontengarantie (§ 7e SGB IV). Es kann gem § 7c iVm § 23b II 4 SGB IV idF BRSG II (BGBl I 26, Nr 14) grds bis zum Ablauf des Kalendermonats des Erreichens der Regelaltersgrenze iSd § 35 II 2, § 235 SGB VI in Anspruch genommen werden (BT-Drs 21/1859, 48 f). – ***(b)* Organe von Kapitalgesellschaften.** → § 19 Rn. 100 „Arbeitszeitkonten"; BFH VI R 17/16 BStBl II 19, 496; *BMF* BStBl I 19, 874 zum *beherrschendem Ges'ter-Geschäftsführer,* zum *nicht beherrschenden Ges'terGeschäftsführer* und zum *Fremdgeschäftsführer.*– ***(2)* Übertragung von Wertguthaben (S 1).** Das Wertguthaben kann bei *Beendigung* eines ArbVerh gem § 7f I 1 Nr 2 SGB IV auf die DRV Bund übertragen werden, *wenn sich kein neues ArbVerh anschließt* oder ein *neuer ArbG der Übernahme nicht zustimmt.* Die Übertragung ist gem § 3 Nr 53 S 1 stfrei (deklaratorisch, da trotz Disposition keine wirtschaftl Verfügungsmacht – BFH IX R 25/21, BStBl II 23, 978; glA → § 19 Rn. 100 „Arbeitszeitkonten"). Bei tatsächl Übertragung ist wegen § 41 AO unerhebl, ob die Wertguthabenvereinbarung arbeits- und sozialrechtl rechtmäßig gebildet wurde (BFH IX R 25/21, BStBl II 23, 978). Auch bei der nicht in Nr 53 geregelten Übertragung eines Zeitwertkontos gem § 7f I 1 Nr 1 SGB IV auf einen *neuen* ArbG iRe *neuen ArbVerh* durch eine Schuldübernahme (*BMF* BStBl I 09, 1286, → § 3 Rn. 180) kommt es nach zutr hM nicht zum Lohnzufluss. – ***(3)* Leistungen aus dem Wertguthaben (S 2, 3).** Die Leistungen der DRV aus dem Guthaben sind ArbLohn (zum LStAbzug § 38 III 3).

Nr 54: Zinsen aus Entschädigungsansprüchen nach §§ 52–54 AuslWBG. Die Regelung hat faktisch keine Bedeutung mehr. Sie betrifft Entschädigungsansprüche für **vor 1945** ausgegebene Wertpapiere, die nach den genannten Gesetzen für kraftlos erklärt wurden. Die Zinsen für diese Entschädigungsansprüchen sind stfrei. 177

Nr 55: Übertragung von Versorgungsanwartschaften. – *(1)* Übertragung von Pensionsfonds-, Pensionskassenzusagen und Direktversicherungen (S 1). – *(a)* Arbeitgeberwechsel mit Neuzusage. ArbN können *bei einem ArbG-Wechsel* (Beendigung und Neubegründung des ArbV) bei bisheriger betriebl Altersvorsorge über einen Pensionsfonds, eine Pensionskasse oder DirektVers gem § 4 III Nr 1 und Nr 2 BetrAVG innerhalb der gesetzl Fristen eine wertgleiche Fortsetzung im neuen ArbVerh verlangen, wenn der versicherungsmathematische Anwartschaftsbarwert iSd § 4 V BetrAVG (sog Übertragungswert) die Beitragsbemessungsgrenze West in der gesetzl RV nicht übersteigt. Es muss hierzu gem *§ 4 II Nr 2* BetrAVG zw ArbN, altem und neuem ArbG vereinbart werden, dass der neue ArbG dem ArbN eine *wertgleiche Neuzusage* über eine sofort unverfallbare Anwartschaft (§ 4 I BetrAVG) bei einem externen Versorgungsträger erteilt; die Zusage des alten ArbG erlischt (§ 4 VI BetrAVG). *S 1 Hs 1* befreit die Übertragung gesetzl unverfallbarer Anwart- 180 schaften; *S 1 Hs 2* befreit die Übertragung vertragl unverfallbarer Anwartschaften. § 3 Nr 55 setzt diese Übertragung iRd BetrAVG voraus (*BMF* BStBl I 21, 1050, Rn. 57, 58). – Die Mitnahme der *unveränderten Anwartschaft* iRe Schuldübernahme gem *§ 4 II Nr 1 BetrAVG* zum neuen ArbG gegen Ausgleichszahlung ist nicht gem Nr 55 S 1 befreit. Sie ist aber *nicht stbar* (*BMF* BStBl I 21, 1050 Rn. 62). Gleiches müsste mE für den Übergang von Anwartschaften *gem § 613a BGB* auf einen neuen ArbG gelten (**aA** *BMF* BStBl I 21, 1050 Rn. 61). – ***(b)* Steuerbefreiung.** Nr 55 S 1 befreit den Übertragungswert, weil der ArbN wirtschaftl über seine Altzusage disponiert, um vom neuen ArbG eine Neuzusage zu erhalten und dadurch stpfl Einkünfte iHd Ausgleichsbetrags erzielen würde (§ 22 Nr 5 S 1; vgl BFH VI R 18/13, BStBl II 17, 730; **aA** *Briese* DStR 26, 7 (15)). *Nicht stfrei* gem S 1 ist die Übertragung einer Anwartschaft auf den neuen ArbG als Direkt- oder Unterstützungskassenzusage (ggf greifen § 3 Nr 63 oder § 3 Nr 66; *BMF* BStBl I 21, 1050, Rn. 60, 61). – ***(c)* Arbeitnehmerbegriff.** S *BMF* BStBl I 21, 1050, Rn. 58. Erfasst sind auch (beherrschende) Ges'ter-Geschäftsführer einer KapGes (→ *(5)*) – ***(2)* Übertragung von Direkt- und Unterstützungskassenzusagen (S 2).** Stfrei sind auch Übertragungen solcher Zusagen des alten ArbG auf einen neuen ArbG mit Ausgleichsbetrag und Neuzusage. Ohne S 2 würde der ArbN Einkünfte gem § 19 I Nr 2 iHd Übertragungswerts erzielen. Ein Wechsel des Durchführungswegs ist wie bei S 1 nicht befreit. Die Schuldübernahme einer unveränderten Zusage durch einen neuen ArbG ist aber nicht stbar. Zu weiteren Folgen → § 4f Rn. 3. – ***(3)* Auszahlungsphase (S 3).** Die auf dem stfreien Übertragungswert beruhenden späteren Versorgungsleistungen sind so zu besteuern, wie sie ohne die Übertragung aufgrund der vom ehemaligen ArbG erteilten Zusage zu besteuern wären. Dies führt zu Einkünften gem § 19 I Nr 2 (Fälle des S 2) oder gem § 22 Nr 5 (Fälle des S 1; s auch § 22 Nr 5 S 10, 12). – ***(4)* Ausländische Übertragungen.** Kein Zufluss von ArbLohn, wenn Anrechte eines dt Grenzgängers von einer schweiz Pensionskasse auf ein schweiz Freizügigkeitskonto übertragen werden (BFH VI R 20/10, BStBl II 13, 405; BFH VIII R 41/11, BFH/NV 15, 1154).– ***(5)* Gesellschaftergeschäftsführer.** § 3 Nr 55 ist ungeachtet § 17 I 2 BetrAVG, der § 4 II 2 Nr 2 BetrAVG für beherrschende Ges'tergeschäftsführer ausschließt, lt dem *BMF* auch für diese (analog) anwendbar, wenn ein neues ArbVerh begründet, eine Neuzusage erteilt wird und der Ausgleichsbetrag übergeht (*BMF* BStBl I 21, 1050, Rn. 58). Übertragungen mit einer Neuzusage auf eine Rentner-Ges (ohne neues ArbVerh) fallen wohl nicht hierunter.

Einzelfälle. Die Ablösung einer Direktzusage bei einer alten KapGes samt Übertragung des Deckungskapitals auf eine neue KapGes des beherrschenden Ges'tergeschäftsführers iRe *Schuldübernahme iSd §§ 414 ff BGB* (entspr § 4 II Nr 1 BetrAVG) führt zum stpfl Zufluss des Ablösebetrags, wenn er wählen darf, ob er den Ablösebetrag an sich oder einen Dritten auszahlen lässt (BFH VI R 6/02, BStBl II 07, 581). – Kein Zufluss von stpfl Einkünften bei einer solchen Übertragung jedoch, wenn ein solches Wahlrecht nicht besteht und der Ges'tergeschäftsführer der Schuldübernahme nur gem § 415 BGB zustimmt; ein neues ArbVerh muss nicht begründet werden (BFH VI R 18/13, BStBl II 17, 730 zu Rentner-Ges; glA *BMF* BStBl I 17, 883, aber nicht bei Wechsel des Durchführungswegs). – Es können vGA iZm der Ausgleichszahlung der übertragenden KapGes in Relation zum Übertragungswert und bei der übernehmenden KapGes aufgrund der Neuzusage ausgelöst werden (*RHN* § 8 KStG Rn. 1441; HVV BetrAVG II Kap 44 Rn. 429 ff). IRe Neuzusage kann beim wertgleichen Wechsel zw zwei internen Durchführungswegen uU die Erdienbarkeitsprüfung entbehrl sein (BFH I R 89/15, BStBl II 19, 70). – Zum Übergang bei *Schuldbeitritt, Ausgliederung, Abspaltung* s *BMF* BStBl I 21, 1050, Rn. 64.

181 **Nr 55a: Versorgungsausgleich durch interne Teilung.** Vgl *BMF* BStBl I 23, 1726 Rn. 322 ff; *BMF* BStBl I 23, 611; krit *Briese* DStR 26, 7 (16). – ***(1)* Gesetzlicher Versorgungsausgleich durch interne Teilung.** Die während einer Ehe/LPart erworbenen unverfallbaren Versorgungsanrechte aus der betriebl und privaten Altersvorsorge werden bei einer Scheidung/Auflösung einer LPart durch das Familiengericht auf öffentl-rechtl Grundlage (Urteilswirkung) im jeweiligen System (**§ 10 VersAusglG,** § 20 LPartG) aufgeteilt. Jeder der Ehegatten/LPart erhält einen An-

spruch gegen den oder eine Anwartschaft bei dem Versorgungsträger des Ausgleichsverpflichteten. – *(2)* **Übertragung (S 1).** Nr 55a EStG stellt die Übertragung der Anrechte für die ausgleichspfl und – berechtigte Person stfrei, sodass hierdurch keine stpfl Einkünfte gem § 22 Nr 5 S 1 iRd privaten/betriebl Altersvorsorge oder iRd § 19 I Nr 2 bei Direktzusagen/Unterstützungskassen entstehen können (*BMF* BStBl I 23, 611 Rn. 18, 20, 21). BFH IX R 15/22, BFH/NV 24, 171 hat mE geklärt, dass die StBefreiung *deklaratorisch* ist, wenn das Anrecht im System der nachgelagerten Besteuerung bleibt. Weder die *Teilung* als Einräumung des Anrechts noch der *nachträgl entgeltl Verzicht* auf das zugeteilte Anrecht lösen beim Berechtigten einen Zufluss aus. Auch der Verpflichtete verzichtet nicht stbar nur auf künftige Ansprüche (glA *BMF* BStBl I 23, 1726 Rn. 331, 344). Eine schädl Verwendung von Altersvorsorgevermögen iSd § 22 Nr 5 S 3 iVm § 93 Ia findet ebenfalls nicht statt (*BMF* BStBl I 23, 1726 Rn. 344 ff). – *(3)* **Auszahlung (S 2).** Beim *Ausgleichsberechtigten* sind die Einkünfte aus dem iRd internen Teilung begründeten Anrecht gem S 2 der Einkunftsart zugewiesen, die auch für den Ausgleichsverpflichteten greift. Weitere Merkmale des Anrechts des Verpflichteten gehen mit über („Fußstapfenbetrachtung"). Für geteilte Anwartschaften aus Versicherungsverträgen iSd § 22 Nr 5 S 2 Buchst b und c iVm § 20 I Nr 6 ist für die StBefreiung und Abgrenzung von Neu-/Altverträgen (→ § 20 Rn. 102, 106) gem § 52 XXVIII 9 auf den ursprüngl Abschlusszeitpunkt abzustellen. S iEinz *BMF* BStBl I 23, 1726 Rn. 334 ff. Ob die Fußstapfenbetrachtung für den Versorgungsfreibetrag gilt, ist str (zutr bej HessFG EFG 24,1902, Rev VI R 19/24; **aA** *BMF* BStBl I 23, 1726, Rn. 335; → § 19 Rn. 97). Leistungen aus Altersvorsorgevermögen, Pensionsfonds/-kassen und DirektVers aus dem iRd Teilung begründeten Anrecht sind gem § 22 Nr 5 S 1 vollumfängl stpfl, soweit das Anrecht iRd Teilung gem § 3 Nr 55a S 1 stfrei gefördert worden ist (s § 22 Nr 5 S 9, S 12 und → § 22 Rn. 170 ff; *BMF* BStBl I 23, 1726, Rn. 131). Zur Teilung von Direktzusagen (§ 19 I Nr 2) → § 19 Rn. 89; *BMF* BStBl I 23, 1726, Rn. 358 ff; **aA** *Briese* DB 24, 962 (962). – Nach FG Mster EFG 25, 1275, Rev IV R 12/25 soll S 2 nach interner Teilung einer MU'er-Zusage für die Erhöhung der *Pensionsberechtigung* beim „Nicht-MUer" zu einer stbaren Aktivpostenerhöhungen im SBV (→ § 15 Rn. 585 f: SBE) führen. ME gibt dies der Wortlaut nicht her. Die Erhöhung ist als Gewinnzuweisung (BFH VIII R 17/20, DStR 24, 806) nur beim aktiven und ehemaligen MUer (§ 15 I 1 Nr 2; § 15 I 2 iVm § 24 Nr 2) stbar. Erst die Pensionszahlungen sind als Leistungen „aus dem Anrecht" gem S 2 iVm § 15 I 1 Nr 2 stbar und mit dem gem S 1 stfrei übernommenen Aktivposten zu verrechnen. – *(4)* **Schuldrechtliche Ausgleichszahlungen** werden für noch nicht aufteilbare verfallbare Anrechte geleistet (§ 20 VersAusglG, *BMF* BStBl I 23, 1726 Rn. 328). Ausführl *BMF* BStBl 23, 611 Rn. 4–6, 23–42 (zu den SA → § 10 Rn. 130 ff; → § 19 Rn. 110 „Versorgungsausgleich"); *keine entspr Anwendung* bei Abtretungen gem §§ 1587f, g, i BGB aF (BFH X R 7/14, BFH/NV 15, 824). – **(5) Vermeidung; Wiederauffüllungszahlung** Zu Ausgleichszahlungen zur Vermeidung eines schuldrechtl Versorgungsausgleichs s § 10 Ia Nr 3; *BMF* BStBl I 23, 611 Rn. 9 ff; zur Wiederauffüllung BFH X R 4/19, BStBl II 22, 256; → § 10 Rn. 127 f.

Nr 55b: Versorgungsausgleich durch externe Teilung. Vgl *BMF* BStBl I 23, 1726, Rn. 332, 336 ff; *BMF* BStBl I 23, 611; krit *Briese* DStR 26, 7 (16); – 182
(1) **Gesetzlicher Versorgungsausgleich durch externe Teilung.** Ist eine interne Teilung nicht mögl, kann das Familiengericht im Fall der Scheidung/Auflösung einer Ehe/LPart ausnahmsweise eine externe Teilung **(§ 14–§ 17 VersAusglG)** durchführen. Die ausgleichsberechtigte Person kann wählen, ob bei einem anderen Versorgungsträger ein neues Anrecht begründet oder ein bestehendes Anrecht aufgestockt wird. Verbunden ist die externe Teilung mit der zweckgebundenen Leistung eines Kapitalbetrags (Ausgleichswert) vom Versorgungsträger der ausgleichspflichtigen an den Versorgungsträger der ausgleichsberechtigten Partei (*BMF* BStBl I 23, 611 Rn. 19). Zu Ausgleichzahlungen zur *Vermeidung* des externen Versorgungsausgleichs

→ Rn. 181. – ***(2)* Steuerbefreiung der Übertragung (S 1); Ausnahmen (S 2).** – ***(a)* Steuerbarkeit.** *BMF* BStBl I 23, 1726 Rn. 332 nimmt eine grds stbare Leistung iHd Ausgleichswerts an den Ausgleichsverpflichteten an, wenn die Teilung des Anrechts wegen eines Wechsels des Versorgungsträgers oder des Durchführungswegs aus der nachgelagerten Besteuerung heraus führt (Fälle des § 3 Nr 55b S 2). In diesen Fällen erzielt der Verpflichtete nach den Regelungen der zugrundeliegenden Altersvorsorge ggf stpfl Einkünfte (BT-Drs 16/10144, 108: vorgezogene Besteuerung; **aA** *Briese* DB 24, 962 (965)). – ***(b)* Einzelfälle.** Die Teilung iHd Ausgleichswerts ist gemäß S 1 stfrei, wenn die Leistungen aus dem übergegangenen Anrecht für den Ausgleichsberechtigten in der Auszahlungsphase gem § 19, § 20, § 22 stpfl sind. Wenn die Leistungen in der Auszahlungsphase zwar gem § 20 oder § 22 grds stpfl, aber anteilig oder insges stfreie Einkünfte gem § 20 I Nr 6 sind (stfreier Unterschiedsbetrag oder bei Altverträgen gem § 20 I Nr 6 S 2 aF, s zum übergehenden Vertragsabschlusszeitpunkt § 22 Nr 5 S 12, § 52 XXVIII 9), oder mit dem Ertragsanteil zu besteuernde Einkünfte gem § 22 Nr 1 S 3 Buchst a bb sind, ist die Übertragung des Anrechts stpfl. – Die Übertragung des Anrechts ist nicht stbar, soweit die späteren Auszahlungen beim Ausgleichsberechtigten nicht zu stpfl Einkünften führen würden (s zum übergehenden Vertragsabschlusszeitpunkt § 22 Nr 5 S 12, § 52 XXVIII 9). Ausführl *BMF* BStBl I 23, 1726 Rn. 337 f; *BMF* BStBl I 23, 611, Rn. 22 f mit Beispiel B; BT-Drs 16/10144, 108. – Die Aufteilung geförderten *Altersvorsorgevermögens* ist mangels einer schädl Verwendung (§ 93 Ia) nicht gem § 22 Nr 5 S 3 stpfl (*BMF* BStBl I 23, 1726, Rn. 344 ff). –***(3)* Auszahlungsphase.** Zur Besteuerung der Leistungen beim Ausgleichsberechtigten nach einer *stfreien* Übertragung des Anrechts gem Nr 55b S 1 bei Direkt- und Unterstützungskassenzusagen s § 19 I Nr 2 (→ § 19 Rn. 89). Leistungen aus Altersvorsorgeverträgen, Pensionsfonds/-kassen und DirektVers, soweit sie auf dem nach S 1 stfrei übertragenen Ausgleichsbetrag beruhen, sind gem § 22 Nr 5 S 1 voll stpfl (*BMF* BStBl I 23, 1726 Rn. 131, 139, 339 ff mit Beispielen; → § 22 Rn. 172; § 22 Nr 5 S 12 zum Vertragsbeginn). – ***(4)* Mitteilungspflichten (S 3, 4).** Zur Datenübermittlung s *BMF* BStBl I 23, 1726 Rn. 343, 349 ff. – ***(5)* Wiederauffüllung.** → Rn. 181 *(5)*.

183 **Nr 55c: Übertragung von Altersvorsorgevermögen.** Vgl *BMF* BStBl I 21, 1050, Rn. 63; *BMF* BStBl I 23, 1726 Rn. 150 ff. – ***(1)* Übertragungen gem § 1 I Nr. 10 Buchst. b AltZertG (S 1).** – ***(a)* Vertragswechsel.** Nr 55c S 1 befreit den *Vertragswechsel,* dh ein StPfl kündigt seinen Altersvorsorgevertrag vor der Auszahlungsphase und überträgt das bis dahin gebildete Altersvorsorgevermögen (s § 92 I Nr 5) auf einen anderen, *auf seinen Namen lautenden* Altersvorsorgevertrag bei demselben oder einem anderen Anbieter (*BMF* BStBl I 23, 1726, Rn. 151). – ***(b)* Übertragung.** Nr 55c S 1 befreit konstitutiv den Übertragungswert, soweit *im Übertragungszeitpunkt* eine hypothetische Leistung aus dem Altvertrag zu stpfl Einkünften nach § 22 Nr 5 führen würde. Handelt es sich beim Altvertrag um ein steuerl (ganz oder zT) *gefördertes Altersvorsorgevermögen,* wären die Leistungen im Übertragungszeitpunkt idR gem § 22 Nr 5 S 1 und S 2 stpfl (*BMF* BStBl I 23, 1726 Rn. 139–149, 152). Die StPflicht der hypothetischen Leistung aus einem *vollständig ungeförderten Altersvorsorgevermögen* richtet sich nach der Art der Leistung (*BMF* BStBl I 23, 1726 Rn. 145 ff). Hypothetische Kapitalabfindungen aus versicherungsförml Vorsorgevermögen (§ 22 Nr 5 S 2 Buchst b iVm § 20 I Nr 6) können mangels eines Rückkaufs oder Erlebensfalls nicht (Altvertrag vor dem 1.1.05) oder anteilig stbar sein (iEinz *BMF* BStBl I 23, 1726 Rn. 154, 158). Der Vertragswechsel selbst ist keine schädl Verwendung iSd § 22 Nr 5 S 3 (§ 93 II 1, 2). § 82 IV Nr 5 schließt SA und Zulagen für den Übertragungswert aus. – ***(c)* Auszahlungsphase.** Es ist iRd § 22 Nr 5 nach der Art der Leistung und Umfang der steuerl Förderung zu unterscheiden (iEinz → § 22 Rn. 171 ff). Soweit ein Vertragswechsel gem § 3 Nr 55c S 1 stfrei gestellt wird, handelt es sich um steuerl gefördertes Vermögen und sind die hierauf entfallenden Leistungen gem § 22 Nr 5 S 1 stpfl (*BMF* BStBl I 23, 1726 Rn. 155 zu gefördertem;

Rn. 159 f, 161–167 zu ungefördertem Vermögen iVm § 22 Nr 5 S 2; *BMF* BStBl I 21, 1050, Rn. 148, 154 zu Direktversicherung, Pensionskasse/-fonds). Bei aus ungeförderten Beiträgen gebildetem Vermögen iSd § 22 Nr 5 S 2 Buchst b iVm § 20 I Nr 6, dessen Übertragung nicht stbar war, bleibt zwar die darauf beruhende Leistung stfrei; die aus dem übergegangenen Kapital entstandenen und iRd Leistung ausgezahlten Erträge sollen aber gem § 22 Nr 5 S 2 stpfl sein (*BMF* BStBl I 23, 1726, Rn. 159, 160; zu Recht krit *Patzner/Mann* BB 15, 2070).

(2) **Entsprechende Anwendung der Steuerbefreiung (S 2).** – *(a)* **Anwartschaftsübertragung (S 2 Buchst a).** Stfrei ist die *Übertragung* von ArbN-Anwartschaften zw externen Versorgungsträgern ohne ArbG-Wechsel (§ 4 II BetrAVG), wenn der ArbN dabei keine unmittelbaren Zahlungen erhält. Anpassungen der Bedingungen beim übernehmenden Versorgungsträger sind unschädl; bei Versicherungen iSd § 20 I Nr 6 keine Novation (*BMF* BStBl I 21, 1050 Rn. 63, 148 ff; *Meissner* DStR 21, 2774 (2777)). – *(b)* **Anwartschaftsabfindung (S 2 Buchst b).** Die *Abfindung* von Anwartschaften auf *betriebl Altersversorgung* ist bei Unverfallbarkeit nur iRd § 3 BetrAVG zul. *Buchst b S 2, Alt 1* befreit Abfindungen, die auf einen privaten oder betriebl Altersvorsorgevertrag des ArbN iSd § 82 übertragen werden (→ § 82 Rn. 1–8). Nach *Alt 2* nF, der auf § 3 IIa BetrAVG nF (beide idF BRSG II (BGBl I 26 Nr 14) verweist, sind Abfindungen von Kleinanwartschaften stfrei, die *vom ArbG* zugunsten des ArbN in die *DRV* (Jahresfrist: § 187b SGB VI nF) geleistet werden (BT-Drs 21/1859, 33, 49). – *(c)* **Erbfall; Brexit.** *Satz 2 Buchst c HS 1* befreit die Übertragung des Anrechts auf den Altersvorsorgevertrag eines nicht dauernd getrennt lebenden und in einem EU-/EWR-Staat ansässigen Ehegatten/Lebenspartners aufgrund eines Todesfalls. *Buchst c Hs 2* ermöglicht bei Vertragsabschluss durch den Erblasser vor dem 23.6.16 die stfreie Übertragung des Anrechts auf einen Ehegatten/Lebenspartner mit Wohnsitz im Vereinigten Königreich und Nordirland. – *(d)* **Übertragung.** Es ist auch hier für die StBefreiung des Übertragungswerts/der Abfindung zu unterscheiden, ob im Übertragungszeitpunkt eine hypothetische Leistung aus dem Vorsorgevermögen aufgrund vorheriger steuerl Förderung der Beiträge gem § 22 Nr 5 stbar und stpfl wäre (→ Rn. 183 *(b)* mwN). S zu Abfindungen iSd *Buchst b S 2, Alt 2* iEinz BT-Drs 21/1859, 39; BT-Drs 21/2455, 5 f, 9: str, ob die Abfindung zusätzl eine SA gem § 10 I Nr 2 Buchst a ist. § 82 IV Nr 5 schließt eine Doppelförderung des stfreien Übertragungswerts aus. Eine Übertragung gem *S 2 Buchst c* ist auch keine schädl Verwendung iSd § 93 I 4 Buchst c iVm § 22 Nr 5 S 3 (*BMF* BStBl I 23, 1726 Rn. 232).– *(e)* **Auszahlungsphase.** Leistungen sind gem § 22 Nr 5 S 1, 2 stpfl, soweit sie auf einem gem § 3 Nr 55c stfreien Übertragungswert/einer Abfindung beruhen (→ Rn. 183 *(c)*; zu S 2 Buchst c *BMF* BStBl I 23, 1726 Rn. 155 f). Leistungen der DRV aus einer stfreien Abfindung gem *Buchst b S 2, Alt 2* sind gem § 22 Nr 1 S 3 Buchst a aa stpfl (BT-Drs 21/1859, 39). 184

Nr 55d: Übertragung von Anrechten auf Basisrenten. – *(1)* **Voraussetzungen; Rechtsfolgen.** Nr 55d stellt nach dem Vorbild des § 3 Nr 55c die Übertragung der Anrechte aus einem nach § 5a AltZertG **zertifizierten Basisrentenvertrag** auf einen anderen Vertrag dieser Art *desselben StPfl* stfrei. Dies gilt unabhängig davon, ob das Kapital vor der Übertragung steuerl gefördert wurde. Die Übertragung wäre ohne § 3 Nr 55d als andere Leistung iSd § 22 Nr 1 S 3 Buchst a aa stbar. Der Übertragungsbetrag ist nicht als SA abziehbar (§ 10 II 1 Nr 1, → § 10 Rn. 136). – *(2)* **Rentenzahlungen.** S § 22 Nr 1 S 3 Buchst a aa (→ § 22 Rn. 51). 185

Nr 55e: Übertragung von Anrechten bei einer zwischenstaatlichen/überstaatlichen Einrichtung. – *(1)* **Voraussetzungen (§ 3 Nr 55e S 1).** S 1 befreit die Übertragung von Anrechten auf Altersversorgung unter Beendigung des alten und Begründung *eines neuen Anrechts* bei der übernehmenden Einrichtung, wenn die Übertragung in einem Abkommen mit einer zwischen- oder überstaatl Einrichtung vereinbart ist (nicht bei anteiliger Barauszahlung der bisherigen Anwartschaft s BT-Drs 17/7524, 9). Ob die späteren Versorgungsbezüge der inl StPfl unterliegen, ist un- 186 erhebl. – *(2)* **Auszahlungsphase (§ 3 Nr 55e S 2) und Folgen.** Maßgebl ist, welcher Einkunftsart die Leistung der übernehmenden Einrichtung bei Vergleich mit einer inl Leistung und Einrichtung zuzuordnen wäre (BFH X R 24/15, BStBl II 17, 636; BFH X R 2/20, BStBl II 25, 894). Dies können Versorgungsbezüge gem § 19 I 1 Nr 2, Leibrenten gem § 22 Nr 1 S 3 Buchst a aa oder bb oder Altersrenten gem § 22 Nr 5 (§ 22 Nr 5 S 10) sein. S 2 macht eine Aufteilung der Bezüge (→ § 22 Rn. 92) entbehrl, kann aber wegen seiner Anknüpfung an die Leistungen der übernehmenden Einrichtung nachteilig wirken (zB trotz des eingebrachten Anrechts Besteuerung gem § 19 I 1 Nr 2, s *Reddig* HFR 22, 638). Die Auszahlungen können aufgrund von Abkommen (ua DBA) stfrei sein (s auch § 22 Nr 5 S 14). Zu den Folgen der Übertragung für den SA-Abzug → § 10 Rn. 136.

188 **Nr 56: Arbeitgeberzahlungen an umlagefinanzierte Pensionskassen.** – *(1)* **Zuwendungen gem § 19 I 1 Nr 3 S 1, § 3 Nr 56 S 1.** ArbG-Beiträge und Sonderzuwendungen sind ArbLohn (→ § 19 Rn. 91, 92). – *(2)* **Voraussetzungen.** Die Pensionskasse darf nicht kapitalgedeckt sein (s dazu § 3 Nr. 63, → Rn. 208). § 3 Nr 56 stellt den ArbG-Beiträge im ersten DienstVerh stfrei (zum ArbN-Begriff und DienstVerh *BMF* BStBl I 21, 1050 Rn. 76 iVm Rn. 23 f: auch bei Kurzarbeit; auch → Rn. 200 ff). Zu den Anforderungen an die Zusage s § 82 II und ausführl → Rn. 208 ff. Zu Einzelfragen s *BMF* BStBl I 21, 1050 Rn. 76 ff. Zur erforderl Vergleichbarkeit ausl Versorgungseinrichtungen s BFH VI R 20/16, BStBl II 21, 311 (Österreich); BFH X R 10/15, BStBl II 17, 1251 (Schweiz). – *(3)* **Steuerfreibetrag, § 3 Nr 56 S 1 und 2:** 4% der RV-Beitragsbemessungsgrenze. – *(4)* **Kürzung, § 3 Nr 56 S 3.** Der Freibetrag ist bei stfreien ArbG-Beiträgen gem § 3 Nr 63 iR desselben DienstVerh um diese zu kürzen. S auch *BMF* BStBl I 21, 1050 Rn. 79. – *(5)* **Verhältnis zu § 40b I.** § 40b I ist anwendbar, soweit § 3 Nr 56 nicht greift (*BMF* BStBl I 18, 147 Rn. 77; → § 40b Rn. 1).

190 **Nr 57: Künstlersozialkassen-Leistungen.** – *(1)* **Beiträge an Träger der Sozialversicherung.** Beiträge, die die Künstlersozialkasse für bei ihr gem § 1, § 2 KSVG versicherte selbständige Künstler, Publizisten aus dem Aufkommen der Künstlersozialabgabe (§§ 24–26 KSVG) und dem Bundeszuschuss (§ 34 KSVG) an die Träger der SV zur RV/KV/PflV (§ 169 Nr 2 SGB VI, § 251 III SGB V) leistet, sind stfrei (entspr Nr 62 S 1 für ArbN). Die vom Künstler/Publizisten selbst zu tragende Beitragshälfte zur RV/KV/PflV (§ 15 bis § 16a KSVG) kann eine SA sein (→ § 10 Rn. 34). – *(2)* **Zuschüsse an den Versicherten.** Beitragszuschüsse an nicht in der gesetzl KV/PflV pflichtversicherte Künstler/Publizisten (§ 7 KSVG, § 10, § 10a KSVG) sind stfrei; nicht aber andere Zuschüsse (BFH IV R 13/89, BStBl II 90, 621).

192 **Nr 58: Wohngeldgesetz-Leistungen; andere Leistungen.** – *(1)* **Wohngeld.** Wohngeld wird nach dem WoGG als (nicht stbarer) Miet- oder (bei Wohneigentum) Lastenzuschuss für selbst genutzten Wohnraum an die Berechtigten (§ 3 WoGG) gezahlt und ist gem § 3 Nr 58 stfrei. – *(2)* **Sonstige Leistungen aus öffentlichen Mitteln.** Öffentl Haushalte sind die Haushalte von Bund, Ländern, Gemeinden, Gemeindeverbänden, kommunalen Zweckverbänden sowie sonstiger öffentl Körperschaften (LStR 3.58, zu Handwerkskammern BFH VI R 37/16, BStBl II 20, 241). Stfrei sind auch Leistungen gem § 11 II Nr 4 WoGG, die die Belastung aus Miete oder anderen Aufwendungen (zB Finanzierung) senken. – *(3)* **Aufwandszuschüsse und Zinsvorteile** bei Darlehen für eigengenutztes Wohneigentum aus öffentl Haushalten sind bis zur Höhe der Fördergrenzen nach dem WoFG ebenfalls stfrei. Bei Überschreiten der Einkommens- und Fördergrenzen (§ 9 WoFG) sind stbare Leistungen (zB gem § 19) stpfl (BFH VI R 37/16, BStBl II 20, 241). – *(4)* **Stadtumbau Ost.** Stfrei sind auch Zuschüsse iRd Programms Stadtumbau Ost für die Wohneigentumsbildung in innerstädtischen Altbauquartieren.

194 **Nr 59: Wohnungsbau-Förderleistungen.** – *(1)* **Bestimmte öffentliche Fördermittel für Mieter, § 3 Nr 59 Hs 1.** Fördermittel, die aufgrund der in *Hs 1* ge-

nannten Gesetze an *Mieter* (nicht an Eigentümer, s BFH IX R 60/02, BStBl II 04, 14) gezahlt werden, sind stfrei, wenn der Mieter aus der geförderten Wohnung (Baujahrgänge ab 1957) selbst (zB bei Untervermietung) Einkünfte nach § 21 erzielt und die Fördermittel zu den stpfl Einnahmen gehören. – ***(2)* Verbilligte Wohnraumüberlassung an Arbeitnehmer, § 3 Nr 59 Hs 2.** Zur Steuerbarkeit → § 19 Rn. 100 „Dienstwohnung"; § 8 II 12 (→ § 8 Rn. 69), LStR 8.1 VI S 7. *Hs 2* erfasst einen Ausschnitt dieser Fälle. Stfrei sind Mietvorteile des ArbN nur, wenn ihm der ArbG Wohnraum (Baujahrgänge ab 1957) überlässt, der bei Errichtung nach den in Hs 2 genannten Gesetzen gefördert wurde, der Wohnraum noch den Mietbindungen der Fördergesetze unterliegt (BFH VI R 58/03, BStBl II 05, 750; LStR 3.59 S 5 ff) und der Mietvorteil des ArbN die Fördergrenzen nicht übersteigt. S auch die Billigkeitsmaßnahme in LStR 3.59 S 3 ff für „fiktiv öffentl geförderten Wohnraum".

Nr 60: Anpassungsgelder aufgrund des Kohleausstiegs. § 3 Nr 60 gilt **erstmals** für den **VZ 20.** Stfrei sind Anpassungsgelder nach § 57 I KohleAusG (BGBl I 20, 1818), die als Lohnersatz an ArbN (mindestens 58 Jahre; für längstens fünf Jahre) aus öffentl Mitteln (Bundeshaushalt) wegen des Arbeitsplatzverlusts aufgrund der Stilllegung von *Braun- und Steinkohlekraftwerken* gezahlt werden; stfrei sind auch freiwillige RV-Beiträge zum Ausgleich von Rentenminderungen (ähnl § 3 Nr 28). S ferner § 32b I Nr 1 Buchst i und § 32b III. Anpassungsgelder iRd *Steinkohlebergbaus* sind bis zum 31. 12. 27 stfrei (§ 52 IV 15). Für diese gilt § 32b nicht (BT-Drs 19/17342, 152). 196

Nr 61: Entwicklungshelferleistungen. Nur die gesetzl in Bezug genommenen Leistungen nach dem **EntwicklungshelferG** (EhfG) sind stfrei. § 3 Nr 61 ist nicht auf vergleichbare Leistungen aus anderen Gesetzen entspr anzuwenden (NdsFG EFG 96, 1200, rkr). S auch § 3 Nr 64 (→ Rn. 208) und § 3 Nr 13 (→ Rn. 54). 198

Nr 62: Zukunftssicherungsleistungen des Arbeitgebers. – a) Allgemeines. 200
– ***(1)* Verhältnis zu anderen Vorschriften.** § 3 Nr 62 gilt **nur für ArbN.** Zur Übernahme gesetzl Pflichtbeiträge bei Landwirten gem § 9, § 15 FELEG s § 3 Nr 27 (→ Rn. 100). Zu Beiträgen an die Künstlersozialkasse s § 3 Nr 57 (→ Rn. 190). Zur Nachversicherung von Abgeordneten s § 22 Nr 4a (→ § 22 Rn. 164). ArbG-Anteile zum Gesamt-SozVersBeitrag für „angestellte MUer" sind Einkünfte gem § 15 (BFH XI R 37/88, BStBl II 92, 812); Zuschüsse eines Geschäftsherrn für die persönl Altersvorsorge des Handelsvertreters sind BE (BFH XI R 24/88, BFH/NV 91, 453). Zu ArbG-Beiträgen einer KapGes für den *Ges'ter-Geschäftsführer* → Rn. 201, 204. Zum **SA-Abzug** der ArbN-Beiträge → § 10 Rn. 34, 46 ff: Hinzurechnung (§ 10 I Nr 2 S 6) und Kürzung der gem § 3 Nr 62 stfreien ArbG-Beiträge gem § 10 III 5 → § 10 Rn. 40, 153 ff. – ***(2)* Besteuerung der Leistungen.** Leistungen aus der **KV/PflV/ ArblVers** sind gem § 3 Nr 1a und § 3 Nr 2a stfrei. Leistungen aus **den gesetzl RV** werden gem § 22 I Nr 1 S 3 Buchst a aa nachgelagert besteuert (→ § 22 Rn. 89 ff). Leistungen aus einer ArbN-LV, die auf gem § 3 Nr 62 S 2 Buchst a stfrei gestellten ArbG-Zuschüssen beruhen, sind idR nach § 20 I Nr 6 (ggf Altvertrag gem § 20 I Nr 6 S 2 aF, → § 20 Rn. 102; zu Neuvertrag → § 20 Rn. 106), uU nach § 22 Nr 5 S 2 (→ § 22 Rn. 172) stpfl.

b) Steuerbefreiung der Arbeitgeberpflichtbeiträge, § 3 Nr 62 S 1. – 201
aa) Beiträge an inländische Sozialversicherungsträger. – *(1)* Zukunftssicherungsleistungen. Hierunter fallen Beiträge zur Absicherung des ArbN gegen Krankheit, Unfall, Invalidität, Alter, Tod und Arbeitslosigkeit (BFH VI R 20/17, BStBl II 21, 311 und § 2 II Nr 3 LStDV, LStR 3.62 I, II). Maßgebl für die StBarkeit der ArbG-Beiträge als ArbLohn ist, ob dem ArbN aus der Beitragsleistung leistungsrechtl ein Vermögenszuwachs in Form eines unentziehbaren eigenen Rechtsanspruchs gegen die Versorgungseinrichtung erwächst (BFH VI R 58/15, BStBl II 18, 72; BFH VI R 27/20, BStBl II 23, 1066). Die *gesetzl geschuldeten* ArbG-Beiträge zur KV, RV, ArblVers werden in § 3 Nr 62 S 1 deklaratorisch steuerbefreit (→ § 19 Rn. 100 „ArbG-Anteil zur Gesamtsozialversicherung"; BFH VI R 46/20, BStBl II

24, 297). Freiwillige ArbG-Beiträge sind stpfl ArbLohn, wenn dem ArbN der og Rechtsanspruch zusteht (BFH VI R 8/11, BStBl II 14, 124). Auch → § 19 Rn. 60. – ***(2)* Gesetzliche Pflichtbeiträge des Arbeitgebers.** – ***(a)* Sozialversicherungsrechtliche Verpflichtung, § 3 Nr 62 S 1 Alt 1.** Maßgebl ist, ob für den ArbN eine gesetzl Beitragspflicht des ArbG besteht (→ § 19 Rn. 21; s zu KV-/RV-Beiträgen LStR 3.62 II). Eine ArbG-Verpflichtung aus *Tarifvertrag, Betriebsvereinbarung* fällt grds nicht unter S 1, Alt 2 und 3 (BFH VI R 8/07, BStBl II 10, 194; LStR 3.62 I S 4); anders für allg verbindl *Tarifvertrag* BFH VI R 16/06, BStBl II 08, 394. Entscheidungen der SV-Träger zum Status des ArbN (zB Auskunft der DRV, § 7a SGB IV) haben eine Tatbestandswirkung. Eine eigene steuerl Prüfung für, ob die sozialrechtl Verpflichtung besteht, ist nur bei offensichtl Rechtswidrigkeit der Entscheidung des SV-Trägers zulässig (BFH VI R 52/08, BStBl II 10, 703; BFH VI B 38/12, BFH/NV 12, 1968; LStH 3.62 I). – ***(b)* Andere gesetzliche oder auf einer gesetzlichen Ermächtigung beruhende Verpflichtungen, § 3 Nr 62 S 1 Alt 2 und Alt 3.** Stfrei sind auch Beiträge des ArbG auf Grund anderer Gesetze oder einer gesetzl Ermächtigung. Unter *Alt* 2 fallen zB ArbG-Beiträge für geringfügig beschäftigte ArbN (§ 40a) und der 50%ige Zuschuss zu den tatsächl Beitragszahlungen an die private KV/PflV oder an die gesetzl KV/PflV bei freiwilliger Versicherung eines nicht versicherungspflichtigen ArbN gem § 257 I, II SGB V, § 61 I, II SGB XI bis zur Höhe der gesetzl Versicherungsbeiträge (LStR 3.62 II Nr 3 S 1, 9 ff zum **Nachweis** durch Bescheinigung/Datenübermittlung). Die *FinVerw* verlangt insb bei der *Pflegeversicherung* die Vergleichbarkeit des Leistungsumfangs (LStR 3.62 II Nr 3 S 7). Unter *Alt 3* fallen zB RVO-Beiträge (BFH IX R 77/01, BFH/NV 06, 2242). Stfrei können auch KV-Beiträge sein, die vom ArbG nach einer *zwischenstaatl VerwVereinbarung* mit gesetzl Ermächtigung geleistet werden (BFH VI R 24/10, BStBl II 11, 767). S iEinz LStR 3.62 II. – ***(3)* Höhe der Steuerbefreiung.** Diese umfasst nur den gesetzl geschuldeten Betrag. – ***(4)* Gesellschafter-Geschäftsführer.** Die StFreiheit der Beiträge gem § 3 Nr 62 S 1 hängt vom sozialversicherungsrechtl Status des Ges'ter-Geschäftsführers im Zeitpunkt der Beitragsleistung ab (BFH VI R 95/99, BStBl II 02, 886). Die sozialrechtl Statusentscheidung entfaltet Tatbestandswirkung (S oben *(2a)*). Entfällt der ArbN-Status, sind erst die danach abgeführten ArbG-Beiträge stpfl ArbLohn (zur Erstattung an den ArbG s BFH VI R 35/89, BStBl II 92, 663; an den ArbN → § 10 Rn. 6, 7). Auch → Rn. 204. Zu vGA bei Weiterleitung erstatteter ArbG-Beiträge an den beherrschenden Ges'ter-Geschäftsführer s FG Ddorf EFG 94, 566, rkr; *RHN* § 8 KStG Rn. 891; zur Weiterleitung an die ArbN-Ehefrau des Ges'ter-Geschäftsführers BFH VIII R 21/12, BStBl II 15, 638.

202 **bb) Beiträge an ausländische Sozialversicherungsträger.** – ***(1)* Doppelte Vergleichbarkeitsprüfung.** Für ArbG-Beiträge an ausl SV-Träger ist die *gesetzl oder andere Verpflichtung* des ArbG für Leistungen zur Zukunftssicherung des ArbN nach den im Ausl maßgebenden Vorschriften zu prüfen. Ausreichend ist **nur** eine *gesetzl ausl* Beitragspflicht des ArbG; eine *vertragl Verpflichtung* genügt nicht (BFH VI R 20/17, BStBl II 21, 311; BFH VI R 6/11, BStBl II 16, 650; BFH VI R 27/06, BStBl II 09, 857 zur EU-Vereinbarkeit; zu freiwilligen oder tarifvertragl ArbG-Beiträgen BFH VI R 11/01, BStBl II 04, 1014; BFH I R 49/10, BStBl II 11, 446; LStH 3.62); auch keine *Satzungspflicht* (BFH VI R 46/20, BStBl II 24, 297). Eine gesetzl ArbG-Beitragspflicht besteht grds zu EU-/EWR–KVen (*BMF* BStBl I 14, 210). Außerdem müssen die ausl Vorsorgeeinrichtung nach Art und Struktur einer inl SozVers und die Leistungen denen einer inl Sozialversicherung (→ Rn. 201) vergleichbar sein (BFH X R 43/11, BStBl II 16, 685; BFH VI R 20/17, BStBl II 21, 311). Dies gilt auch iRd **SA-Abzugs** (→ § 10 Rn. 34, zu KV/PflV → § 10 Rn. 138). – ***(2)* Deutsche Grenzgänger.** – ***(a)* Schweiz.** – ***(aa)* Rentenversicherung.** Beiträge schweizer *privater und öffentl-rechtl ArbG* in die gesetzl RV (AHV-IV) sind gem § 3 Nr 62 S 1 in der geschuldeten Höhe (ohne Begrenzung auf die nach der inl BBG-West anfallenden Beiträge) stfrei (BFH VI R 6/11, BFH/NV 14, 241; LStH 3.62). Sie sind auch bei fehlender

Rentenbildung nur eingeschränkt als SA abzugsfähig (FG BW EFG 25, 1527, Rev X R 10/25); zur hier mE mögl (strukturellen) Doppelbesteuerung beim Leistungsbezug → § 22 Rn. 89. – ***(bb)* Pensionskassen.** Zur Entwicklung **vor VZ 15** s *Schustek* DStR 25, 1905 ff; → 44. Aufl 2025, § 3 Rn. 202. *Seit dem VZ 15* werden ArbG-Beiträge und Auszahlungen (Renten; Einmalzahlungen) iZm dem Obligatorium und Überobligatorium bei privaten und öffentlichen schweizer Pensionskassen rechtsformneutral jeweils gleich behandelt (*Einheitsbetrachtung; BMF* BStBl I 16, 759 Rn. 16; BFH VI R 46/20, BStBl II 24, 297). – **Obligatorium:** ArbG-Beiträge sind gem § 3 Nr 62 S 1 ohne Rücksicht auf die inl Beitragsbemessungsgrenze stfrei. Erreichen die ArbG-Beiträge nicht den Betrag, der bei inl RV-Pflicht stfrei wäre, sind sie nicht fiktiv aufzustocken (BFH VIII R 39/10, BStBl II 16, 665; *BMF* BStBl I 16, 759 Rn. 18 f). Die ArbN-Beiträge sind SA gem § 10 I Nr 2 S 1 Buchst a (→ § 10 Rn. 34). Renten und Einmalzahlungen fallen unter § 22 I Nr 1 S 3 Buchst a aa (ggf iVm § 34 II Nr 4); bei Öffnungsklausel unter § 22 I Nr 1 S 3 Buchst a bb (BFH VIII R 39/10, BStBl II 16, 665). Zum DBA *Schustek* DStR 25, 1905 (1907 f). – **Überobligatorium** ArbG-Beiträge sind nicht gem § 3 Nr 62 S 1 stfrei, sondern stpfl ArbLohn, da der Beitrag nicht auf einer gesetzl Verpflichtung beruht und die Absicherung einer privaten RV mit Kapitalwahlrecht vergleichbar ist (*BMF* BStBl I 16, 759 Rn. 26 f; BFH VI R 46/20, BStBl II 24, 297; zum SA-Abzug s → § 10 Rn. 136; krit *Schustek* DStR 25, 1905 (1910)). *Rentenzahlungen* fallen unter § 22 I Nr 1 S 3 Buchst a bb (Ertragsanteil); *Einmalzahlungen* unter § 20 I Nr 6 (Unterscheidung zw Alt- und Neuverträgen, s → Rn. 200; *BMF* BStBl I 16, 759 Rn. 26 f; BFH VIII R 38/10, BStBl II 16, 657; BFH X R 43/11, BStBl II 16, 685; BFH I R 83/11, BStBl II 16, 681; → § 22 Rn. 92; zu sog Mischfällen *Schustek* DStR 25, 1905 (1909)). – **(cc) Sonstiges.** ArbG-Beiträge an die schweizer UnfallVers für Berufsunfälle und -krankheiten sind gem § 3 Nr 62 S 1 stfrei (BFH VI R 98/95, BStBl II 96, 478); ArbG-NBUV-Beiträge zur Absicherung privater Freizeit- und Wegeunfälle nur anteilig (FG BW DStRE 21, 1091, rkr: zusätzl anteilig SA gem § 10 I 1 Nr 3 Buchst a). S iEinz *Schustek* DStR 25, 1985 (1985). – ***(b)* Österreich.** Zu ArbG-Beiträgen nach dem österreichischen BMSVG s BFH VI R 20/17, BStBl II 21, 311; FG Mchn EFG 21, 660, rkr. – ***(cc)* Frankreich.** S BFH VI R 11/01, BStBl II 04, 1014; BFH I R 49/10, BStBl II 11, 446 (Nichtanwendung nach *BMF* BStBl I 14, 210).

cc) Vorrang der § 3 Nr 56, § 3 Nr. 63, § 3 Nr. 63a, § 3 Nr. 62 S 1. Gesetzl ge- 203
schuldete ArbG-Beiträge können nicht gem § 3 Nr 62 stfrei gestellt werden, wenn sie als ArbG-Beiträge iRd betriebl Altersvorsorge stfrei gestellt werden, auch nicht wenn die Höchstbeträge iRd § 3 Nr 56 und § 3 Nr 63 überschritten sind.

c) Gleichgestellte Arbeitgeberbeiträge, § 3 Nr 62 S 2, 3. – *(1)* Befreiung des 204
Arbeitnehmers von der gesetzlichen Rentenversicherungspflicht, (S 2). Der ArbN kann *auf eigenen Antrag oder Antrag des ArbG* (BFH VI R 39/81, BStBl II 83, 712) *durch VA* von der gesetzl RV-Pflicht befreit werden (s zu den Befreiungsregelungen LStR 3.62 III 1) und sich freiwillig anderweitig versichern. Stfrei sind gem ArbG-Zuschüsse zu Aufwendungen des ArbN für eine LV *(S 2 Buchst a),* für die freiwillige Weiterversicherung in einer gesetzl RV *(S 2 Buchst b)* und für eine öffentl-rechtl Versicherungs- oder Versorgungseinrichtung der Berufsgruppe des ArbN *(S 2 Buchst c).* Dies gilt auch für ArbG-Beiträge, die iRd der freiwilligen Versicherung des ArbN in der knappschaftl RV oder iRd freiwilligen Weiter-/Selbstversicherung in der gesetzl RV gezahlt werden (LStR 3.62 III 2). – ***(2)* Einzelfälle.** – ***(a)* Inland.** Stfrei gem S 2 sind zB ArbG-Zuschüsse, die an angestellte und von der RV-Pflicht befreite Freiberufler (zB gem § 6 I 1 Nr 1 SGB VI) zur Weiterleitung in ein Versorgungswerk gezahlt werden (zu *Syndikusanwälten* s BGBl I 15, 2517). VBL-Umlagezahlungen des ArbG sind stpfl ArbLohn (→ § 19 Rn. 61). – ***(b)* Ausland.** Für die Anwendung des S 2 auf ArbG-Beiträge in eine schweizer Anlagestiftung ist eine Befreiung des ArbN *von der schweizer RV-Pflicht* erforderl (BFH VIII R 40/11, BStBl II 16, 675); ebenso BFH VI R 11/01, BStBl II 1014 zu französischen SozVers-Beiträgen. – ***(c)* Organe**

von Kapitalgesellschaften; verdeckte Gewinnausschüttung. Nicht stfrei gem S 2, sondern stpfl ArbLohn sind ArbG-Beiträge zu einer freiwilligen RV bei *gesetzl Versicherungsfreiheit* des ArbN (BFH VI R 8/11, BStBl II 14, 124; LStR 3.62 III 2). Dies gilt auch für Zuschüsse einer KapGes zur freiwilligen Altersvorsorge des angestellten versicherungsfreien Ges'ter-Geschäftsführers (BFH VI R 16/03, BFH/NV 06, 544). ArbG-Beiträge der KapGes sind vGA und nicht Lohn, wenn die Gesamtbezüge einschließl der Beiträge unangemessen sind (*BMF* BStBl I 02, 679, → § 20 Rn. 56) oder die Beitragstragung bei beherrschenden Ges'ter-Geschäftsführern nicht zuvor klar und eindeutig mit der KapGes vereinbart wurde (*Gosch KStG* § 8 KStG Rn. 1016; *RHN* § 8 KStG Rn. 91). – ***(3)* Subsidiaritätsklausel.** Der Vorrang der §§ 3 Nr 56, Nr 63, Nr 63a (→ Rn. 225) gilt für ArbG-Beiträge gem S 2 entspr. – ***(4)* Höhe der Steuerbefreiung, (S 3).** Sie ist auf die Höhe des stfreien ArbG-Beitrags bei Versicherungspflicht begrenzt (LStR 3.62 IV 1; zum Nachweis LStR 3.62 IV 2, 3). – ***(5)* Beitragserstattung.** S § 3 Nr 3 Buchst b und c (→ Rn. 23).

208 **Nr 63: Betriebliche Altersvorsorgebeiträge des Arbeitgebers.** S ausführl *BMF* BStBl I 21, 1050; *BMF* BStBl I 23, 1726, Rn. 131, 133, 139; krit *Briese* DStR 26, 7 ff. – **a) Verhältnis zu anderen Vorschriften.** – ***(1)* Normzweck.** Gem Nr 63 werden ArbG-Beiträge stfrei gestellt, die iRe betriebl Altersvorsorge zugunsten des ArbN in der Aufbauphase an externe Versorgungseinrichtungen (*kapitalgedeckte* Pensionsfonds (§ 4e), Pensionskassen (§ 4c) und für Direktversicherungen (§ 4b)) geleistet werden (zu ArbG-Beiträgen in *umlagefinanzierte* Pensionskassen s § 3 Nr 56, → Rn. 188). Der ArbN erwirbt aufgrund der ArbG-Beiträge für den Versorgungsfall unmittelbar Ansprüche gegen die Versorgungseinrichtung. Die ArbG-Beiträge sind als Barlohn (FG Hmb EFG 24, 1382, Rev VI R 13/24, str) stbarer ArbLohn (§ 19 I 1 Nr 3, § 2 II Nr. 3 LStDV; BFH VI R 47/02, BFH/NV 07, 1876; BFH VI R 36/09, BFH/NV 12, 201; → § 19 Rn. 60, 91; zum Zuflusszeitpunkt je nach Durchführungsweg *BMF* BStBl I 21, 1050 Rn. 8). S zu *Geringverdienern* § 100. – ***(2)* Auszahlungsphase.** – ***(a)* Einkunftsart.** Die dem ArbN von der Pensionskasse, Pensionsfonds oder aus der DirektVers (zum Begriff BFH X R 44/18, BFH/NV 21, 1175) gewährten Leistungen (wiederkehrende und Einmalzahlungen) sind unabhängig davon, ob die ArbG-Beiträge gem Nr 63 stbefreit waren, **kein ArbLohn** (BFH VI R 9/96, BStBl II 98, 581; zu schweiz Pensionskasse BFH VIII R 31/10, BStBl II 16, 653). Die Besteuerung richtet sich nach **§ 22 Nr 5.** – ***(b)* Geförderte Beiträge.** Leistungen der Vorsorgeeinrichtung sind **gem § 22 Nr 5 S 1** stpfl, soweit sie auf gem § 3 Nr 63 geförderten ArbG-Beiträgen beruhen. Dies gilt auch bei rechtswidriger StBefreiung in der Beitragsphase (BFH X R 23/15, BStBl II 17, 347; BFH X R 43/11, BStBl II 16, 685 → § 22 Rn. 170; *BMF* BStBl I 21, 1050 Rn. 154). Inl ArbG-Beiträge in eine *ausl Vorsorgeeinrichtung* können gem § 3 Nr 63 gefördert sein (→ Rn. 211 *(3)*). Beiträge *ausl ArbG in ausl Einrichtungen* fallen bei ausl Förderung auch unter § 22 Nr 5 S 1 (→ § 22 Rn. 170, 173 *(11)*). – ***(c)* Nicht geförderte Beiträge.** Leistungen, die nicht auf gem § 3 Nr 63 stfrei gestellten ArbG-Beiträgen beruhen, unterliegen der Besteuerung **gem § 22 Nr 5 S 2 Buchst a–c** (→ § 22 Rn. 172). Trotz der Bezugnahme auf § 20 handelt es sich um sonstige Einkünfte (BFH X R 44/18, BFH/NV 21, 1175). Rentenzahlungen sind idR mit dem Ertragsanteil stpfl (§ 22 Nr 1 S 3 Buchst a bb; *BMF* BStBl I 21, 1050 Rn. 150 f). Kapitalauszahlungen aus DirektVers, Pensionskassen/fonds sind je nach Vertragsschlusszeitpunkt gem § 20 I Nr 6 aF/nF stbar, anteilig stfrei oder stpfl (iEinz → § 22 Rn. 172, 173; → § 4b Rn. 35; → § 4c Rn. 9; → § 4e Rn. 11; *BMF* BStBl I 21, 1050 Rn. 152, Rn. 155 ff zur Aufteilung bei Mischförderung). Vor 1.1.25 gehörten Leistungen ausl Versorgungseinrichtungen idR zu § 22 Nr 5 S 2 Buchst b (BFH X R 23/22, DStR 25, 2955 zu US-401k-Plan). Leistungen in sonstigen Fällen fallen unter **§ 22 Nr 5 S 2 Buchst c** (zur Abgrenzung auch von § 22 Nr 5 S 2 Buchst a BFH X R 29/18, BStBl II 21, 675; BFH X R 23/22, DStR 25, 2955). Hierzu gehörten bis zur Neufassung von § 22 Nr 5 S 2 im JStG 2024 (BGBl I 24 Nr 387) zB Leistungen ausl Vorsorgeeinrichtungen (BFH

X R 29/18, BStBl II 21, 675 zu US-401k-Plan). – ***(d)* Sonstiges.** Zur **vorzeitigen Beendigung** s *BMF* BStBl I 21, 1050 Rn. 167 ff. **Zu § 34** → § 34 Rn. 45; FG Mster EFG 24, 153, Rev X R 25/23; ThürFG EFG 24, 1916, Rev X R 28/23. – ***(3)* Behandlung beim Arbeitgeber.** Zum BA-Abzug des ArbG für Beiträge zu DirektVers → § 4 Rn. 185; zu Beiträgen an Pensionsfonds → § 4e Rn. 4 und an Pensionskassen → § 4c Rn. 6. S zur vGA *BMF* BStBl I 21, 1050 Rn. 35. – ***(4)* Verhältnis zum Sozialrecht.** Stfrei gestellte ArbG-Beiträge sind beitragsfrei (§ 1 I 1 Nr 9 SvEV). – ***(5)* Übergangsrecht bei kapitalgedeckten Pensionskassen- und Direktversicherungszusagen.** S § 52 IV 23, 24; § 52 XL. Es ist zu unterscheiden zw *vor dem 1. 1. 05* erteilten Altzusagen und *nach dem* 31. 12. 04 erteilten Neuzusagen. Ob eine Altzusage oder (ggf wegen einer Inhaltsänderung zusätzl) eine Neuzusage erteilt wurde, bestimmt sich nach dem Zeitpunkt der zu einem Rechtsanspruch führenden arbeitsrechtl bzw. betriebsrentenrechtl Verpflichtungserklärung des ArbG; nicht entscheidend ist, ob ein weiteres biometrisches Risiko abgesichert wird (BFH VI R 21/19, BStBl II 22, 233; *BMF* BStBl I 22, 333, Rn. 85, *Meissner* DStR 22, 917 (918)). ArbG-Beiträge aufgrund von *Neuzusagen* sind nur gem § 3 Nr 63 stfrei (→ § 40b Rn. 1), dh StBefreiung in der Beitrags- und volle Besteuerung gem § 22 Nr 5 S 1 in der Auszahlungsphase. Bei *Altzusagen* werden hingegen die stpfl ArbG-Beiträge (§ 40b aF iVm § 52 XL) in der Beitragsphase (vorgelagert) pauschal besteuert (20% und Höchstbetrag 1752 €/Kj; auch → § 40b Rn. 5 sowie § 1 I Nr 4 SvEV); zur Auszahlungsphase s § 22 Nr 5 S 2 (*BMF* BStBl I 21, 1050 Rn. 148; → § 22 Rn. 172). *Altzusagen* behalten diesen Status für das ganze Leben des ArbN, wenn für den ArbN vor dem 1. 1. 18 ein personenbezogener ArbG-Beitrag an die Versorgungseinrichtung gezahlt, pauschal besteuert und vom ArbN eine Verzichtserklärung auf die StBefreiung der Beiträge gem § 3 Nr 63 abgegeben wurde (*BMF* BStBl I 21, 1050 Rn. 85 f). Zu *Einzelfragen s Veh* DStR 20, 1101, zur Übertragung von Altzusagen auf neue ArbG gem § 4 II Nr 2 BetrAVG, zur gleichzeitigen Anwendung der § 3 Nr 63 iVm § 52 IV 14, § 52 XLb bei Überschreiten des Pauschalierungshöchstbetrags s *BMF* BStBl I 21, 1050 Rn. 86 ff mit Beispielen.

b) Voraussetzungen, § 3 Nr 63 S 1. – aa) Begünstigte Durchführungswege und Beiträge. – *(1)* Begünstigte Versorgungseinrichtungen. Unter Nr 63 S 1 fallen Beiträge, die dem ArbN Versorgungsleistungen eines externen Trägers aus einer DirektVers (§ 1b II BetrAVG, → § 4b Rn. 5), kapitalgedeckten Pensionskasse (§ 1b III BetrAVG, → § 4c Rn. 10) oder einem kapitalgedeckten Pensionsfonds (§ 1b III BetrAVG, → § 4e Rn. 2, 5) verschafft. § 3 Nr 63 gewährleistet durch die StBefreiung der ArbG-Beiträge in der Ansparphase iErg die Gleichbehandlung der externen Durchführungswege mit Direkt- und Unterstützungskassenzusagen, bei denen die ArbG-Beiträge und Rückstellungszuführungen gem § 6a kein ArbLohn sind (s zur Direktzusage BFH VI R 165/01, BStBl II 05, 890; gegen die Unterstützungskasse hat der ArbN gem § 1b IV BetrAVG nicht den für ArbLohn erforderl [→ Rn. 201] eigenen Anspruch). – ***(2)* Zusageformen.** Die Zusage des ArbG auf Gewährung Versorgung kann im Innenverhältnis als Leistungszusage (§ 1 I BetrAVG), beitragsorientierte Zusage mit dynamischer Leistungshöhe (§ 1 II Nr 1 BetrAVG) oder als Beitragszusage mit Mindestleistung (§ 1 II Nr 2 BetrAVG) erteilt werden. Bei diesen Zusagen muss der ArbG dem ArbN die Höhe der späteren Versorgungsleistungen (in unterschiedl Umfang) garantieren muss (§ 1 I 3 BetrAVG). Ferner kann vom ArbG eine *reine Beitragszusage* im sog *Sozialpartnermodell* durch Tarifverträge (§ 24 BetrAVG) erteilt werden (§ 1 II Nr 2a iVm § 22 BetrAVG); das Risiko für die Höhe der späteren Leistungen liegt hier vollständig beim ArbN. Durch Tarifvertrag kann eine automatische Bruttoentgeltumwandlung zur Finanzierung der Zusage mit Opt-Out des ArbN vorgesehen werden (§ 20 II BetrAVG). Der ArbG soll zu zusätzl Sicherungsbeiträgen (§ 23 I BetrAVG, → Rn. 216) verpflichtet werden; bei der Bruttoentgeltumwandlung des ArbN (§ 23 II BetrAVG) ist er wegen ersparter SV-Beiträge zu Zuschüssen iHv bis zur 15% des umgewandelten Entgelts an die Versorgungseinrichtung verpflichtet. 209

Zur Erweiterung der Sozialpartnermodells (§ 24 BetrAVG) und zur verpflichtenden Entgeltumwandlung (§ 20 III BetrAVG: obligatorischer 20%-Arb-Zuschuss) durch das BRSG II (BGBl I 26 Nr 14) s *Meissner* DStR 24, 2541 (2541). – ***(3)* Finanzierungsarten.** Die erteilten Zusagen können im InnenVerh durch zusätzl zum ArbLohn gezahlte Beiträge (§ 1 II Nr 1 BetrAVG – *ArbG-finanziert*) oder iRe Bruttoentgeltumwandlung (§ 1 II Nr 3 iVm § 1a BetrAVG – lfd Zahlungen und Verwendung eines Wertguthabens (→ Rn. 214); iEinz *BMF* BStBl I 21, 1050, Rn. 9 ff) oder durch ArbN-Eigenbeiträge (§ 1 II Nr 4 BetrAVG) finanziert sein. – ***(4)* Begünstigte Beiträge.** Es kann sich um lfd Beiträge und Einmalbeiträge handeln. Beiträge sind gem § 3 Nr 63 S 1 stfrei, wenn der ArbG sie als Versicherungsnehmer oder Beitragsschuldner aufgrund einer eigenen Außenverpflichtung ggü Pensionsfonds, Pensionskasse oder dem LV-Unternehmen leistet und die Beiträge sich einem ArbN individuell zuordnen lassen (s iEinz *BMF* BStBl I 21, 1050 Rn. 25 ff; BFH VI R 57/08, BStBl II 11, 978). Die Norm erfasst also *rein ArbG-finanzierte Beiträge* (*BMF* BStBl I 21, 1050 Rn. 9 ff) und ArbG-Beiträge, durch eine *Bruttoentgeltumwandlung* des ArbN finanziert werden. Erfasst sind auch die zusätzl ArbG-Beiträge gem § 23 II Betr AVG (*BMF* BStBl I 21, 1050 Rn. 26). *Nicht stfrei* sind *Eigenbeträge,* die der ArbN aufgrund einer eigenen rechtl Verpflichtung an die Versorgungseinrichtung leistet (zur sog Nettoentgeltumwandlung → Rn. 213).

210 **bb) Arbeitgeberbeiträge im erstem Dienstverhältnis.** – ***(1)* Arbeitnehmerbegriff; erstes Dienstverhältnis.** S § 1 LStDV. Unerhebl ist, ob eine gesetzl RV-Pflicht besteht. Erfasst sind zB auch geringfügig Beschäftigte (§ 40a) sowie beherrschende Ges'tergeschäftsführer von KapGes (→ § 4b Rn. 11). Nur die ArbG-Beiträge *im bestehenden ersten DienstVerh* sind stfrei (*BMF* BStBl I 21, 1050 Rn. 23, 24: Kurzarbeit ist unschädl). – ***(2)* Gesellschaftergeschäftsführer.** Die *FinVerw* versagt zutr die StBefreiung gem § 3 Nr 63, wenn die Beiträge vGA sind (*BMF* BStBl I 21, 1050 Rn. 2). Eine vGA kann bei einer durch das GesVerh veranlassten Zusagerteilung oder zu hoher Gesamtausstattung entstehen (ausführl *Dommermuth/Linden* Altersversorgung … Rn. 752–892; *Gosch KStG* § 8 KStG Rn. 720, 991 ff). Die Bruttoentgeltumwandlung aus einem angemessenem Gehalt führt mE nicht zur vGA (entspr BFH VIII R 68/06, BStBl II 08, 973).

211 **cc) Kapitalgedeckte betriebliche Altersversorgung mit bestimmten zulässigen Auszahlungsformen.** – ***(1)* Betriebliche Altersversorgung.** Arbeitsrechtl ist der Begriff definiert als Zusage von Leistungen durch den ArbG aus Anlass des ArbVerh zur Alters-, Invaliditäts- oder Hinterbliebenenversorgung, die durch den ArbG selbst oder einen Versorgungsträger erfolgt (§ 1 I 1 und 2 BetrAVG). § 3 Nr 63 S 1 ist enger, da er eine kapitalgedeckte Absicherung über eine externe Versorgungseinrichtung verlangt und weitere Anforderungen aufstellt. Auch → § 10a Rn. 16. – ***(2)* Anforderungen im Einzelnen.** S *BMF* BStBl I 21, 1050 Rn. 1–7, *BMF* BStBl I 22, 333 Rn. 3 (dazu *Meissner* DStR 21, 2774 ff, *dies* DStR 22, 917). – ***(aa)* Kapitaldeckung.** S LStH 3.63; *BMF* BStBl I 21, 1050, Rn. 74, 77–82). – ***(bb)* Versicherbare Risiken:** Erforderl ist die Absicherung *mindestens eines* der in Nr 63 S 1 genannten *biometrischen Risiken* des ArbN (Alter, Invalidität, Tod). Eine Mehrfachabsicherung ist zulässig. Bei Absicherung des Risikos *Alter* darf die Auszahlung von Leistungen an den ArbN mit Vollendung des 60., bei Zusagen nach dem 31.12.2011 des 62. Lebensjahres erfolgen. Das Ausscheiden aus dem Erwerbsleben wird nicht mehr verlangt (*BMF* BStBl I 22, 333 Rn. 3). – ***(cc)* Erbfall:** Die Anwartschaft des ArbN darf nicht *vererblich* sein. Eine Hinterbliebenenversorgung darf idR nur Witwen, Witwer, LPart, Kinder, frühere Ehegatten und namentl benannte Lebensgefährten bei gemeinsamer Haushaltsführung begünstigen (iEinz *BMF* BStBl I 21, 1050 Rn. 4 ff). – ***(dd)* Auszahlungsformen (§ 82 II 2):** Auszahlungen *im Erlebensfall* dürfen nur in Form einer lebenslangen monatl Rente oder eines Auszahlungsplans (mit 30%-Obergrenze für eine Teilkapitalauszahlung und anschließender lebenslanger Teilkapitalverrentung) erfolgen (§ 82 II 2 Nr 1 Buchst a). Nach § 82 II Nr 1 Buchst b ist nur die Ausübung

eines Kapitalwahlrechts schädl. Bei reiner Beitragszusage müssen lebenslange (aber nicht gleichbleibende/steigende) Versorgungsleistungen erbracht werden (§ 82 II 2 Nr 2). S zur Nachschärfung *BMF* BStBl I 21, 1050 Rn. 34. – ***(3)* Ausländische Versorgungseinrichtungen.** ArbG-Beiträge an ausl Versorgungseinrichtungen können bei Vergleichbarkeit oder bei Geltung des § 3 Nr 63 aufgrund eines DBA stfrei sein (BFH X R 29/18, BStBl II 21, 675; zum DBA USA s FG Mchn EFG 24, 1565, Rev I R 66/23). Zu den Anforderungen *BMF* BStBl I 21, 1050 Rn. 36 ff. – Überobligatorische Beiträge schweizer ArbG in schweizer Pensionskassen fallen weder unter Nr 56 noch unter Nr 63 (BFH VI R 46/20, BStBl II 24, 297; zu § 3 Nr 62 → Rn. 202). S zur Auszahlung → Rn. 208 *(2)(b)*).

dd) Höhe (S 1, 3). Stfrei sind ArbG-Beiträge maximal iHv 8% der BBG-West. Dies entspricht bei einer BBG iHv 101 400 € für 2026 einem stfreien Betrag iHv 8112 € (12* 676 €); gem § 1 I 1 Nr 9 SvEV verbleibt es dort aber bei 4% der BBG (2026: 4056 €; 12 * 338 €). Der Freibetrag ist ein Jahresbetrag, der bei unterjährigem Beginn des DienstVerh nicht gekürzt wird. Pauschal gem § 40b II iVm § 52 IV 14 besteuerte ArbG-Beiträge für Altzusagen sind auf den stfreien Betrag zuerst anzurechnen, anschließend wird er durch rein ArbG-finanzierte Beiträge und danach durch Beiträge aus einer Entgeltumwandlung des ArbN verbraucht. Übersteigende ArbG-Beiträge sind stpfl ArbLohn. S zum Ganzen *BMF* BStBl I 21, 1050 Rn. 28 ff. 212

c) Verzicht auf die Steuerbefreiung, § 3 Nr 63 S 2. ArbN können gem § 1a III BetrAVG iRe sog *Nettoentgeltumwandlung* verlangen, dass die ArbG-Beiträge an die externe Versorgungseinrichtung als stpfl ArbLohn behandelt werden. Es handelt sich dann um Altersvorsorgebeiträge aus dem Nettoeinkommen des ArbN gem § 10a iVm § 82 II 1 (→ § 10a Rn. 16). S iEinz *BMF* BStBl I 21, 1050 Rn. 40 ff mit Ergänzung in *BMF* BStBl I 22, 333 Rn. 41: Ohne Verzicht ist der ArbG-Beitrag gem § 3 Nr 63 S 1 stfrei und kann zusätzl der SA-Abzug gem § 10a für übersteigende ArbN-Beiträge greifen (*Meissner* DStR 22, 917). 213

d) Steuerbefreiung bei Beendigung des Dienstverhältnisses, § 3 Nr 63 S 3. Bei Beendigung des DienstVerh kann der ArbN Abfindungen oder Wertguthaben aus Arbeitszeitkonten stfrei für den Aufbau einer kapitalgedeckten betriebl Altersversorgung in eine Versorgungseinrichtung iSd S 1 einzahlen. Die StBefreiung gem S 3 wird neben der des § 3 Nr 63 S 1 gewährt. Der Freibetrag gem S 3 beträgt 4% der BBG-West; er ist mit der Anzahl der Kj (bis zu zehn Kj) zu vervielfältigen, die das ArbVerh bestanden hat (*BMF* BStBl I 21, 1050 Rn. 43). 214

e) Nachzahlung von Beiträgen, § 3 Nr 63 S 4. Stfrei sind nach § 3 Nr 63 S 3 auch ArbG-Beiträge iSd § 3 Nr 63 S 1 (→ Rn. 210), die geleistet werden, um eine Versorgungszusage nachträgl zu dotieren. Voraussetzung ist ein ruhendes inl erstes ArbVerh (idR aufgrund einer Entsendung) aus dem *während eines ganzen Kj* (BT-Drs 18/11286, 60) kein ArbLohn bezogen wird. Nachgezahlte ArbG-Beiträge sind bis zu 8% der BBG-West des Zahlungsjahres, vervielfältigt mit der Anzahl der Kj, in denen das ruhende ArbVerh ganzjährig bestanden hat (bis zu zehn Kj), befreit. Bei höherer Nachzahlung kann ein nicht ausgeschöpfter Freibetrag gem § 3 Nr 63 S 1 genutzt werden. S iEinz *BMF* BStBl I 21, 1050 Rn. 46 ff (insbes Rn. 49). 215

Nr 63a: Sicherungsbeiträge des Arbeitgebers. – ***(1)* Reine Beitragszusage.** § 3 Nr 63a stellt nur Sicherungsbeiträge des ArbG iSd **§ 23 I BetrAVG** (→ Rn. 209) stfrei, die iRe *reinen Beitragszusage* des ArbG (§ 1 II Nr 2a BetrAVG) geleistet werden.. – ***(2)* Steuerbefreiung.** Erforderl ist, dass die Sicherungsbeiträge dem ArbN nicht unmittelbar gutgeschrieben werden (*BMF* BStBl I 21, 1050 Rn. 51 f). Zusatzbeiträge des ArbG **gem § 23 II BetrAVG,** die dem ArbN gutgeschrieben werden, sind gem § 3 Nr 63 stfrei (→ Rn. 209 *(4)*) Die Versorgungsleistungen des ArbN, die auf den gem § 3 Nr 63a stfreien Beiträgen beruhen, sind gem § 22 Nr 5 S 1 stpfl (→ Rn. 208 *(2)(b)*). 216

218 **Nr 64: Auslandszuschläge; Kaufkraftausgleich.** – ***(1)*** **Arbeitnehmer im öffentlichen Dienst und Gleichgestellte, § 3 Nr 64 S 1, 2.** Bei Auslandsbediensteten im inl öffentl Dienst, die ArbLohn aus inl öffentl Kassen beziehen (→ § 1 Rn. 35; auch → § 49 Rn. 88 zu § 49 I Nr 4), sind besondere Auslandsdienstbezüge (Auslandszuschlag, Mietzuschuss [LStR 8.1 VI 10] und Zulagen, § 47, § 52–§ 54 BBesG) sowie der Kaufkraftzuschlag nach § 55 BBesG *gem § 3 Nr 64 S 1* stfrei. Dies ist nicht EU-widrig (EuGH C-240/10, BStBl II 13, 56, str). Zu **EU-Tagegeldern** s *BMF* BStBl I 06, 340. § 3 *Nr 64 S 2* stellt entspr Bezüge von ArbN sonstiger ganz oder wesentl durch öffentl Mittel finanzierter Einrichtungen stfrei, deren Gehalt nach öffentl-rechtl Grundlagen ermittelt wird. – *Beispiele:* Dt Zentrum für Luft- und Raumfahrt eV, Max-Planck-Ges; Goethe-Institut; Dt Akademischer Austauschdienst; Dt Entwicklungsdienste; Gesellschaft für technische Zusammenarbeit (FG Bbg EFG 02, 311, rkr); vern für Frontex-Bezüge BFH VI R 31/21, BStBl II 24, 646. – ***(2)*** **Arbeitnehmer in der Privatwirtschaft, § 3 Nr 64 S 3.** Begründen diese zeitl begrenzt (dazu LStR 3.64 I 2) im Ausl einen Wohnsitz oder gewöhnl Aufenthalt, ist ein als Zuschlag in Anlehnung an § 55 BBesG gewährter Kaufkraftausgleich stfrei (zu verfrechtl Bedenken s BFH VI R 38/97, BStBl II 01, 132). Zu den zul Zuschlägen für einzelne Länder s zum 1.1.26 *BMF* BeckVerw 663575; zu Abschlagsätzen und zur Berechnung des Freibetrags LStR 3.64 III–V.– ***(3)*** **Ausländisches Arbeitsverhältnis.** S 3 greift nicht für ausl Zuschläge ausl ArbG (BFH I R 17/20, BFH/NV 22, 711). – ***(4)*** **§ 3c I.** Zur Kürzung der WK s BFH VI R 21/23, BStBl II 25, 917: Mietzuschuss; allg → § 3c Rn. 8.

220 **Nr 65 Buchst a–d: Beiträge des Insolvenzsicherungsträgers und ähnlichen Sicherungsleistungen.** S *BMF* BStBl I 21, 1050 Rn. 53 ff; redaktionelle Änderungen in *BMF* BStBl I 22, 333; krit *Briese* DStR 26, 7 ff. – ***(1)*** **Abgrenzung zu § 3 Nr 62.** Gesetzl geschuldete Beiträge *des ArbG* zur Insolvenzsicherung gem § 10 BetrAVG (Direkt- und Unterstützungskassenzusagen, Direktversicherungen und Pensionsfonds für ArbN und ArbN-ähnl Personen iSd § 17 I 2 BetrAVG) sind nach § 3 Nr 62 S 1 stfrei (LStR § 3 Nr 65 II). – ***(2)*** **Ablösung von Verpflichtungen des PSV (S 1 Buchst a).** Bei Eintritt eines Sicherungsfalls (Insolvenz des ArbG und gleichgestellte Ereignisse, § 7 I BetrAVG) geht der Versorgungsanspruch von ArbN und ArbN-ähnl Personen gem § 17 I 2 BetrAVG idR auf den PSV als gesetzl Träger der Insolvenzsicherung (§ 14 I BetrAVG) über. Diesen erfüllt der PSV idR nicht selbst, sondern zahlt gem § 8 I 1, § 8a BetrAVG einen stfreien Einmalbeitrag an ein LV-Unternehmen (nicht mehr an eine Pensionskasse), damit dieses die Verpflichtung des PSV übernimmt. Durch die Übernahme wird die ursprüngl Verpflichtung zwar ggf in eine DirektVers umgewandelt. Es handelt sich aber im Kern nur um eine Schuldübernahme für die bestehende Zusage ähnl § 4 II Nr 1 BetrAVG (→ Rn. 180). Die StBefreiung der Leistung des PSV an den Übernehmer *gem S 1 Buchst a* ist idR deklaratorisch. Zur Besteuerung der Auszahlungen s S 2. Wird der Versorgungsberechtigte vom PSV abgefunden, führt dies idR zu stpfl Einkünften gem § 24 Nr 1 (→ § 24 Rn. 24 ff). – ***(3)*** **Leistungen in Fällen des § 4 IV BetrAVG (S 1 Buchst b).** Stfrei sind vom *ArbG* an eine Pensionskasse oder ein LV-Unternehmen erbrachte Leistungen, wenn im Fall der Liquidation/Betriebseinstellung des ArbG Verpflichtungen aus lfd Versorgungsleistungen und unverfallbare Anwartschaften (§ 1b BetrAVG) *aller Durchführungswege* von diesen unter Erteilung neuer Zusagen/DirektVers übernommen werden. *S 1 Buchst b* wirkt für den Versorgungsberechtigten konstitutiv (ähnl → Rn. 180, 223, str). Ges'ter-Geschäftsführer von KapGes sind im Liquidationsfall auch in Fällen einbezogen, in denen § 4 IV BetrAVG iVm § 17 I 2 BetrAVG (BGH II ZR 386/17, DStR 19, 2550: Mehrheitsges'ter; Sperrminorität) nicht greift (LStR 3.65 I 3, 4). Die Vorgaben der § 4 IV, § 16 III Nr 2 BetrAVG sind zu erfüllen. Wenn die bisherige Zusage vom Übernehmer nicht vollständig aufrechterhalten bleiben kann, ist dies bei Wertäquivalenz der neuen Zusage unschädl; beim Ges'ter-Geschäftsführer kann die Kürzung von Leistungen iRe neuen Zusage ggf zur

verdeckten Einlage führen. § 3 Nr 65 S 1 Buchst b befreit auch Einmalzahlungen für die Übernahme einer Zusage, die bei der alten KapGes vGA war (str; s *Dommermuth/Linden* Altersversorgung …, Rn. 1376–1360, 1391 ff; → Rn. 223). – ***(4)* Einräumung von zusätzlichen Ansprüchen für den Sicherungsfall (S 1 Buchst c).** Steuerbefreit ist **(S 1 Buchst c Hs 1)** beim *ArbN* ferner die Einräumung von Ansprüchen durch den ArbG gegen Dritte (idR Treuhänder), die eine Versorgungsverpflichtung bei Eintritt des Sicherungsfalls *neben* der gesetzl Insolvenzsicherung schuldrechtl absichern (zB CTA-Modelle *Dommermuth/Linden,* Altersversorgung.., Rn. 560). Buchst c gilt nicht für die Übertragung/Umwandlung einer RückdeckungsV (LStR 3.65 IV). **S 1 Buchst c Hs 2** befreit auch die Absicherung von Ansprüchen aus Altersteilzeitmodellen und aus Arbeitszeitkonten durch Dritte. – ***(5)* Erwerb einer Rückdeckungsversicherung im Insolvenzfall (S 1 Buchst d).** Der ArbN darf gem § 8 II BetrAVG (*BMF* BStBl I 22, 333 Rn. 54 f) in eine für ihn abgeschlossene RückdeckungsV des ArbG oder als Versicherungsnehmer in eine Unterstützungskassenzusage eintreten und diese fortführen. Die Zuwendung des Versicherungsanspruchs ist ArbLohn, den § 3 Nr 65 S 1 Buchst d befreit (*BMF* BStBl I 18, 147 Rn. 54 f). Dies gilt auch für Ges'ter-Geschäftsführer einer KapGes (*Dommermuth/Linden,* Altersversorgung.., Rn. 435, 438; *BMF* BStBl I 22, 333, Rn. 54). – ***(6)* Behandlung der Auszahlungen (S 2–5).** *S 2* fingiert für die Auszahlungen eine Zuordnung zu der Einkunftsart, die sich ohne Eintritt des Sicherungsfalls (*S 1 Buchst. a* und *c)* bzw der Liquidation *(S 1 Buchst. b)* ergäbe (LStR 3.65 III). *S 3 und 4* ordnen den LStEinbehalt durch die auszahlende Stelle (als fiktiven ArbG) an, wenn die Auszahlungen gem S 2 Einkünfte iSd § 19 I 1 Nr 2 sind (*BMF* BStBl I 21, 1050 Rn. 53). *S 5* bestimmt für die Fälle des *S 1 Buchst d,* dass die Leistungen aus der übernommenen Rückdeckungsversicherung beim ArbN gem § 22 Nr 5 S 1 zu besteuern sind, soweit sie auf geförderten ArbG-Beiträgen bis zur Übernahme beruhen *(Hs 1);* für die auf den nicht geförderten Eigenbeiträgen des ArbN iSd § 8 II BetrAVG beruhenden Leistungen sind nach *Hs 2* entweder § 22 Nr 5 S 2 Buchst a (Ertragsanteil) oder Buchst b (§ 20 I Nr 6) anzuwenden (*BMF* BStBl I 22, 333 Rn. 55).

Nr 66: Leistungen des Arbeitgebers oder einer Unterstützungskasse an Pensionsfonds zur Übernahme von Versorgungsverpflichtungen. – 223
***(1)* Übertragungen auf Pensionsfonds.** – ***(a)* Steuerbarkeit.** Die Übertragung der Versorgungsverpflichtung des ArbG aus einer *Direkt- oder Unterstützungskassenzusage* **auf einen Pensionsfonds** mit der flankierenden Einmalzahlung des ArbG begründet ArbLohn (Verschaffung eines unentziehbaren Rechtsanspruchs, s BFH VI R 66/97, BStBl II 00, 408; BFH VI R 19/92, BStBl II 94, 246; BFH VI R 45/18, BStBl II 21, 775; auch → § 19 Rn. 61 ff; ebenso § 1 I Nr 10 SvEV). § 3 Nr 66 stellt diesen stfrei. Andere Übertragungen (Zusagearten; übernehmender Rechtsträger) erfasst Nr 66 nicht. – ***(b)* Verdeckte Gewinnausschüttung.** Ist die Pensionszusage eines Ges'ter-Geschäftsführers fremdübl und die Rückstellungsbildung gem § 6a nicht zu korrigieren, führt die Einmalzahlung an den Pensionsfonds iRd Übertragung für die KapGes und den Ges'ter nicht zu einer vGA (HessFG EFG 19, 1926, rkr). War die regelmäßige Rückstellungsbildung gem § 6a wegen einer vGA zu kürzen, ist für die Einmalzahlung die betriebl Veranlassung der Übertragung iRd § 8 III 2 KStG als isolierter Geschäftsvorfall gleichwohl eigenständig zu betrachten. Sie ist idR betriebl veranlasst, da die Zusage zivilrechtl in vollem Umfang *„besteht"* und die Einmalzahlung wertadäquat sein muss (FG BW EFG 25, 312, Rev VIII R 19/24) – ***(2)* Persönlicher Anwendungsbereich.** § 3 Nr 66 gilt für alle ArbN (§ 1 I, II LStDV), unabhängig davon, ob sie in der gesetzl RV pflichtversichert sind (auch für beherrschende Ges'ter-Geschäftsführer, ArbN iSd § 40a), s *BMF* BStBl I 21, 1050 Rn. 23, 56; **aA** ThürFG EFG 17, 1784, rkr für arbeitnehmerähnl Selbständige iSd § 17 I 2 BetrAVG. – ***(3)* Antrag des Arbeitgebers gem § 4d III und § 4e III.** Wird der unwiderufl Antrag vom ArbG nicht bis zum Eintritt der Bestandskraft für StFestsetzung des Übertragungsjahrs gestellt, fließt dem ArbN aufgrund der Übertragung

stpfl ArbLohn zu (BFH VI R 45/18, BStBl II 21, 775). Zur gewinnerhöhenden Auflösung der Rückstellung bei zeitl Streckung der idR höheren BA für die Einmalzahlung s iEinz → § 4e Rn. 8 ff und → § 4d Rn. 26 (auch *BMF* BStBl I 15, 544; *Briese* DStR 24, 847 (848)).– ***(4)* Umfang.** Bei aktiven ArbN befreit Nr 66 nach seinem Wortlaut *(„bestehenden")* nur Zahlungen an den Pensionsfonds für die Übernahme bis zum Übertragungszeitpunkt erdienter Versorgungsanwartschaften *(past service);* bei ausgeschiedenen ArbN die volle Anwartschaft (*BMF* BStBl I 21, 1050 Rn. 56; *BMF* BStBl I 15, 544 unter 1.). Zahlungen für die Übernahme noch zu erdienender Anwartschaften aktiver ArbN *(future service)* sind ausschließl iRd § 3 Nr 63 S 1, 3, 4 befreit. S zum sog **Kombinationsmodell** (parallele nicht stbare Übertragung der Verpflichtung für den *future service* auf eine Unterstützungskasse) BFH XI R 52/17, BStBl II 20, 264; *Dommermuth/Linden,* Altersversorgung …, Rn. 1433, 1478, 1501). Nr 66 greift auch, wenn nach der Übertragung von Anwartschaften für den *past service* die neu erdienten Anrechte übertragen werden (*BMF* BStBl I 21, 1050 Rn. 55). – ***(5)* Auszahlung.** Es kommt durch die Übertragung der Zusage auf den Pensionsfonds zum Wechsel aus einem internen in einen externen Durchführungsweg. Die Leistungen des Pensionsfonds sind gem § 22 Nr 5 S 1 stpfl, soweit sie auf der nach § 3 Nr 66 stfrei übertragenen Anwartschaft beruhen (*BMF* BStBl I 21, 1050 Rn. 148; → § 22 Rn. 172 f, auch zu § 22 Nr 5 S 11).

226 **Nr 67 Buchst a–c: Erziehungsgeld, Elterngeld und Beamtenversorgungszuschläge.** – ***(1)* Leistungen nach dem BErzGG und ähnliche Leistungen, § 3 Nr 67 Buchst a.** Der Verweis ist insgesamt überholt (Geltung des BErzGG vom 1.1.04 bis 31.12.08). – ***(2)* Elterngeld und ähnliche Leistungen, § 3 Nr 67 Buchst a.** Stfrei sind als einkünfteersetzende Sozialleistungen (BFH VI R 57/15, BStBl II 17, 194) das *Elterngeld* nach dem BEEG und das sog *Elterngeld Plus.* Zu § 32b I Nr 1j → § 32b Rn. 12 und zu § 33a I 5 → § 33a Rn. 28. *Ausl Elterngeld* ist bei Vergleichbarkeit gem § 3 Nr 2e stfrei (→ § 3 Rn. 20, s auch§ 32b I Nr 1k → § 32b Rn. 12). *Vergleichbares Landeselterngeld* kann stfrei sein, nicht aber kommunales (BFH IV R 26/96, BStBl II 97, 652). Stfrei ist auch das *bayerische Familiengeld.* – ***(3)* Leistungen für Kindererziehung, § 3 Nr 67 Buchst c.** Erfasst sind Rentenleistungen „für Kindererziehung" (§§ 294–299 SGB VI) an *vor dem 1. 1. 1921* geborene Mütter und unter besonderen Voraussetzungen an *vor dem 1. 1. 1927* geborene Mütter, die keine gesetzl Altersrente erhalten und deshalb von erhöhten Anwartschaften für Kindererziehungszeiten nicht profitieren (*Myßen/Müller* NWB 15, 905). Nr 67 Buchst c gilt nicht für Mütter der Geburtsjahrgänge ab 1921 (BFH X B 169/11, BFH/NV 13, 536). – ***(4)* Bestimmte Ruhegehaltszuschüsse, § 3 Nr 67 Buchst d.** S *BMF* BStBl I 16, 278; LStH 3.67. Ruhegehaltszuschläge für Kindererziehungs- und Pflegezeiten nach dem BeamtVG/SVG entfallen für *ab 2015* geborene Kinder/begonnene Pflegezeiten (krit *Myßen/Müller* NWB 15, 905).

228 **Nr 68: Anti-D-Hilfegesetz-Leistungen.** Mit **Hepatitis-C** infizierte Frauen und Kontaktpersonen, die zw dem 2.8.1978 und dem 14.3.1979 in der ehemaligen DDR mit Anti-D-Immunglobulin behandelt und infiziert wurden, erhalten Hilfeleistungen nach dem AntiDHG (BGBl I 00, 1270). – Stfrei sind Einmalzahlungen und Renten gem §§ 2 ff AntiDHG.

229 **Nr 69: HIV-Hilfegesetz-Leistungen.** Gem § 1 HIVHG wird Personen, die durch Blutprodukte mit dem **HIV-Virus** infiziert oder infolge davon an **AIDS** erkrankt sind und deren unterhaltsberechtigten Angehörigen finanzielle Hilfe gewährt. – Stfrei sind Leistungen gem § 15, § 16 HIVHG (BT-Drs 14/2958, 11).

230 **Nr 70: REIT-Exit Tax.** § 3 Nr 70 ist durch das **StoFöG** (BGBl I 26 Nr 33) ab VZ 26 ersatzlos **aufgehoben** worden. Die Regelung hatte schon seit längerem faktisch keinen Anwendungsbereich mehr (BT-Drs 21/2507, 197; → 44. Aufl 2025, § 3 Rn. 230 mwN). **§ 3c III** wird nicht aufgehoben.

Nr 71: INVEST-Zuschüsse an Wagniskapitalgeber. – ***(1)* Entwicklung.** Zur Entwicklung ab VZ 17 (§ 52 IV 16) → 38. Aufl 2019, § 3 Rn. 235; → 44. Aufl 2025, § 3 Rn. 235, auch mwN zum Schrifttum. § 3 Nr 71 ist faktisch auf die Förderrichtlinie für INVEST-Zuschüsse (vom 6.3.2024, BAnz AT 20.3.24 B2) ausgerichtet. Letztere ist bei den Bewilligungsvoraussetzungen aber detaillierter. – ***(2)* Anwendungsbereich.** § 3 Nr 71 richtet sich an Wagniskapitalgeber (Investoren). Die Norm gilt für natürl Personen und KapGes (KStR 8.1 I Nr 1). Auszahlende öffentl Kasse (zum Begriff → Rn. 52, 55) ist das Bundesamt für Wirtschaft und Ausfuhrkontrolle. Zum Verfahren s iEinz Nr 7 der Förderrichtlinie. – ***(3)* INVEST-Erwerbszuschuss, Nr 71 S 1 Buchst a.** – ***(a)* Steuerbarkeit.** – ***(aa)* BV.** Öffentl Zuschüsse für den Erwerb von Anteilen an KapGes und eingetragenen Genossenschaften unterliegen dem Wahlrecht in EStR 6.5 II (→ § 6 Rn. 72; → § 4 Rn. 460 „Zulagen/Zuschüsse“). Eine Minderung der AK durch den Zuschuss ist aber nicht sinnvoll, da dies einen späteren Veräußerungsgewinn erhöht, für den § 3 Nr 71 nicht greift (glA *BH/Valta* § 3 Nr 71 Rn. 21; **aA** *HHR/Hamacher* § 3 Nr 71 Rn. 8). Der Zuschuss erhöht die BE und lässt die AK der Beteiligung unberührt. Ist er gem § 3 Nr 71 stfrei, sind die BE iRd EÜR oder außerbilanziell zu kürzen (→ § 3 Rn. 1). – ***(bb)* PV.** Die AK der Beteiligung (unten *(c)*) sind nicht um den Zuschuss zu kürzen (→ § 6 Rn. 71, 73; → § 17 Rn. 166 *(7)*), sonst würde wie im BV iRe höheren späteren stpfl Veräußerungsgewinns der Förderzweck unterlaufen. Der Zuschuss ist im PV kein stbarer Bezug (**aA** *HHR/Hamacher* § 3 Nr 71 Rn. 4 mwN: stbar gem § 20 III und stfrei). – ***(b)* Voraussetzungen. Nr 71 S 1 Buchst a S 2 aa–dd.** Gefördert wird der Anteilserwerb an KapGes und eingetragenen Genossenschaften, der iRe KapErhöhung (Ausgabe neuer Anteile gegen Bareinlage) oder aufgrund eines Wandeldarlehens vollzogen werden muss (iEinz Nr 2, Nr 4.1.3 der Förderrichtlinie). Daneben enthält Buchst a S 2 aa–dd bestimmte unternehmens-, beteiligungsbezogene und persönl Vorgaben sowie ein Fremdkapitalverbot für den Erwerb (Nr. 4.1 der Förderrichtlinie). – ***(c)* Rechtsfolgen.** Stfrei (falls stbar) sind gezahlte Erwerbszuschüsse von „bis zu“ 25% der AK iSd § 255 HGB (einschließl Nebenkosten; enger Nr. 5.1 FörderRL: bei KapErhöhung der Ausgabepreis einschließl eines Agios; bei Wandeldarlehen der gewandelte Betrag). Zu den steuerl AK s *im PV* bei Aktien § 20 IV 1, IVa 3 (→ § 20 Rn. 204, 217; *BMF* BStBl I 25, 1330, Rn. 103, 104), iErg ebenso bei § 17 IIa 1 (→ § 17 Rn. 50, 167 ff) und im *BV* (→ § 6 Rn. 140 „Beteiligung an Kapitalgesellschaft“). Maximal stfrei je StPfl/Beteiligung sind 100 000 €. – § 3c II greift für sonstige BA des Investors. – ***(4)* INVEST-Exitzuschuss, Nr 71 S 1 Buchst b.** – ***(a)* Normzweck.** Der Zuschuss kompensiert nach einem geförderten Anteilserwerb *(Buchst b aa)* pauschalierend die dem Investor bei der Anteilsveräußerung entstehenden Steuern auf den Gewinn (BT-Drs 18/12128, S 33). Den Zuschuss können nur natürl Personen erhalten *(Buchst b aa)*. Er beträgt 25% des Gewinns (Nr. 5.2 FörderRl: Veräußerungspreis ./. Ausgabepreis *(iSv (3)(c))* ohne Nebenkosten). – ***(b)* Wirkungsweise.** Der stfreie Exitzuschuss ist im BV und iRd §§ 17 II, 20 II Nr 1, IV als Drittzahlung dem Veräußerungspreis zuzurechnen, erhöht diesen aber nicht (**aA** *Gragert* NWB 17, 2326 (2332); *v Cölln* DStR 17, 1185 (1190): stfreie Einnahme iSd § 20 III). – ***(c)* Voraussetzungen, § 3 Nr 71 S 1 Buchst b aa–ee.** Zur Mindest-, Höchsthaltedauer und Mindestgewinnhöhe (2000 €) s iEinz Nr 4.2 FörderRL, *Buchst b cc–dd* sowie *Buchst b ee:* Begrenzung des Zuschusses auf 25% der AK. – ***(d)* Rechtsfolgen.** Stfrei ist der Zuschuss maximal iHv **25 % des Gewinns** (*Buchst b S 2, 3:* Veräußerungspreis ./. AK einschließl eines Agios ohne Nebenkosten). Für den stpfl Teil gelten §§ 3 Nr 40, 3c II EStG, § 8b KStG – ***(5)* Förderwegfall.** § 175 I Nr 2 AO greift, wenn der Zuschuss wegen Verstoßes gegen die Haltedauer stpfl (nur im BV mögl) wird (*BH/Valta* § 3 Nr 71 Rn. 22). Zur **Rückzahlung** eines stfreien Zuschusses → Rn. 4 *(3)*. 235

Nr 72: Steuerbefreiung kleiner Photovoltaikanlagen. – a) Allgemeines. – ***(1)* Entwicklung.** § 3 Nr 72 idF JStG 2022, BGBl I 22, 2294 ist auf Einnahmen, Entnahmen anwendbar, die aus einer vor dem 1.1.25 in Betrieb genommenen sog **PV-** 237

Altanlage nach dem 31.12.21 erzielt werden (§ 52 IV 28). Es konnte zuvor für kleinere vor dem 31.12.21 in Betrieb genommene Altanlagen (bis 10 KW (peak)) für die VZ 21 und davor die Behandlung als nicht stbarer Liebhabereibetrieb beantragt werden (*BMF* BStBl I 21, 2202 iVm *BMF* BStBl I 23, 1494 Rn. 30; → 43. Aufl 2024, § 3 Rn. 237 mwN). Das JStG 2024 (BGBl I 24 Nr 387) hat eine erweiterte Befreiung für Einnahmen, Entnahmen aus **PV-Neuanlagen** geschaffen, die nach dem 31.12.24 angeschafft, in Betrieb genommen oder erweitert werden (§ 52 IV 29). – ***(2)* Persönlicher Anwendungsbereich.** § 3 Nr 72 gilt für „StPfl" iSd EStG (natürl Personen) und für MUerschaften als Gewinnermittlungssubjekte (*BMF* BStBl I 23, 1494 Rn. 1). Bei Körperschaften ist § 3 Nr 72 gem § 8 I KStG anwendbar (iEinz *Wangler/Wagner* NWB 25, 520). Zur Geltung bei jPöR iRe BgA und bei stbefreiten Körperschaften (§ 5 I Nr 3, 8, 9 KStG) *Schiffers* DStZ 23, 380 ff (bei Gemeinnützigkeit Erleichterung iRd Mittelverwendung durch § 58 Nr 11 AO nF idF StÄndG 2025, BGBl I 25 Nr 363). Zur Stromerzeugung als unschädl Bewirtschaftung iRd § 6 V 1, 2 InvStG bei Spezialfonds s *Jansen/Röhrbein* RdF 23, 121 ff, § 26 Nr 7a InvStG idF StoFöG, BGBl I 26 Nr 33 und BT-Drs 21/2507, 194 ff. – ***(3)* Verhältnis zu anderen Regelungen.** – ***(a)* Umsatzsteuer.** S § 12 III UStG (Nullsteuersatz, dazu *BMF* BStBl I 23, 351). – ***(b)* EStG.** – ***(aa)* § 6 III, V.** S zutr *BMF* BStBl I 23, 1494 Rn. 22: kein Buchwert-Ansatz bei StFreiheit im Ziel-BV. – ***(bb)* § 7g.** → § 7g Rn. 23, 60. – ***(cc)* Betriebsaufspaltung.** *bej LfSt Nds* DB 23, 2600; mE zweifelhaft (*Middendorf/Dotzki* DStR 24, 1329 (1333)); – ***(dd)* § 35a** ist anwendbar (*BMF* BStBl I 23, 1494 Rn. 28). – ***(ee)* § 35c.** → § 35 c Rn. 7, 11. – ***(c)* GewSt.** § 3 Nr 72 gilt gem § 7 S 1 GewStG; s ferner § 3 Nr. 32 GewStG.

238 **b) Sachlicher Anwendungsbereich.** – ***(1)* Stromerzeugung.** Die Stromerzeugung mittels PV-Anlage mit Gewinnerzielungsabsicht (aufgrund Einspeisung, Drittveräußerung zB an Mieter; betriebl Verbrauch) ist eine **gewerbl Tätigkeit** (→ § 15 Rn. 150 „Photovoltaik"; BFH X B 46/22, BFH/NV 23, 118; zur *Gewinnprognose* FG BW DStRE 25, 65, rkr). Die Stromerzeugung kann die einzige betriebl Tätigkeit oder eine von mehreren betriebl Tätigkeiten eines Betriebs (ggf iRe Teilbetriebs) sein (BFH III R 27/12, BStBl II 14, 372; BFH X R 32/12, BFH/NV 15, 324; *BMF* BStBl I 23, 1494 Rn. 3). Es gelten für die Abgrenzung eines einheitl von mehreren Betrieben des StPfl die allg Grundsätze (zum Einzelunternehmer → § 15 Rn. 125 mwN; zur MUerschaft → § 15 Rn. Rn. 185, 194; zur Abfärbung → Rn. 242). – ***(2)* Einzelbetrieb.** Leitbild des § 3 Nr 72 ist ein PV-Einzelbetrieb, der ausschließl stfrei Strom erzeugt. – ***(3)* Gemischter Betrieb.** Wird stfrei Strom iRe einheitl Betriebs erzeugt, in dem aus einer anderen stpfl Tätigkeit Gewinneinkünfte erzielt werden, bedarf es der Segmentierung der BE/BA für die stfreie Stromerzeugung und die stpfl Tätigkeit (→ § 15 Rn. 26; → Rn. 241). Wird der Strom im wesentl in einem anderen Betrieb des StPfl verbraucht, soll dies bei Einzelunternehmern einen einheitl Betrieb indizieren (*BMF* BStBl I 23, 1495 Rn. 26: Stromverbrauch > 50% im anderen Betrieb; BFH X R 36/10, BFH/NV 13, 252: kein einheitl Betrieb, wenn kein Verbrauch im anderen Betrieb).– ***(4)* Steuerpflichtige Stromerzeugung.** Zu Praxisfragen *Ringwald* EStB 25, 427.

239 **c) Objektbezogene Voraussetzungen.** – ***(1)* Photovoltaikanlage.** Die einzelne Anlage umfasst Solarmodule, Wechselrichter und einen Einspeisezähler. Es darf sich um (integrierte) Dach-, Fassaden-, nicht aber um Freiflächenphotovoltaikanlagen und Balkonanlagen handeln. Die Anlage ist ein **eigenständiges betriebl WG** (EStR 4.2 III 4), das grds nicht Teil des jeweiligen Gebäudes wird (*Seifert* NWB 25, 688 (692), ggf Abweichung zum Handelsrecht nach *IDW* RS IFA 1 v 06.11.24 zu Auf- und Indach-PV-Anlagen). Eine begünstigte Anlage gehört zum BV (zutr *BMF* BStBl I 23, 1494, Rn. 2–8, 15, 22; *Gragert* NWB 23, 2480 (2483); *Fietz/Mayer* NWB 23, 706 (708). Die Eigentümerstellung des StPfl am Gebäude ist unerhebl. Nicht begünstigungsfähige Freiflächen- und Balkonanlagen bleiben für die objekt- und subjektbezogenen Höchstgrenzen außer Betracht. – ***(2)* Altanlagen**

(§ 52 IV 28). – ***(a) Einfamilienhäuser; nicht Wohnzwecken dienende Gebäude, § 3 Nr 72 S 1 Buchst a aF:*** PV-Anlagen, die an, in, auf (eigenen, fremden Wohnzwecken dienenden) Einfamilienhäusern einschließl Nebengebäuden (zB Garagen, Carports) und auf Gebäuden, die insges nicht eigenen, fremden Wohnzwecken dienen (zB Gewerbeimmobilien) und mit einer Gesamtbruttoleistung laut Marktstammdatenregister *von bis zu 30,00 KW (peak)* betrieben werden können, sind begünstigt. – ***(b) Sonstige Gebäude, § 3 Nr 72 S 1 Buchst b aF.*** PV-Anlagen, die an, in, auf Gebäuden betrieben werden, die nur zu fremden Wohnzwecken oder gemischt zu (eigenen, fremden) Wohnzwecken und anderen Zwecken genutzt werden, sind begünstigt, wenn die Gesamtbruttoleistung *15,00 KW (peak) je Wohn- oder Gewerbeeinheit* (zB 5 * 15 KW = 75 KW) nicht übersteigt. *Gewerbeimmobilien mit ausschließl Gewerbeeinheiten* fallen nach *BMF* BStBl I 23, 1494 Rn. 2 unter S 1 Buchst b *analog.* – ***(3)* Neuanlagen (§ 52 IV 29).** PV-Anlagen, an, auf oder in einem Gebäude (einschließl Nebengebäude), die nach dem 31.12.24 angeschafft, in Betrieb genommen oder erweitert werden, sind begünstigt, wenn die Gesamtbruttoleistung laut Marktstammdatenregister **bis zu 30,00 KW (peak)** *je Wohn- oder Gewerbeeinheit* nicht übersteigt. Eine PV-Anlage, die sich über mehrere Gebäude erstreckt, ist iRd gebäudebezogenen Betrachtung begünstigt, wenn die maximal zul Höchstgrenze für alle Gebäude eingehalten ist (*FM SchlH* EStB 25, 131). – ***(4)* Einheiten.** Eine „Einheit" (unbestimmter Rechtsbegriff) muss bei Alt- und Neuanlagen jeweils selbständig und unabhängig nutzbar, jedoch kein Gebäudeteil (→ § 5 Rn. 135 f) sein. – ***(5)* Statuswechsel.** PV-Altanlagen, die stpfl sind, können in die StBefreiung für Neuanlagen ab VZ 25 iRe „Erweiterung" durch Änderung des Marktstammdatenregisters gelangen (zutr *Seifert* NWB 24, 1504 (1504)).

d) Subjektbezogene Höchstgrenzen. – ***(1)* Zusammenrechnung.** S *BMF* BStBl I 23, 1494, Rn. 13 ff.. Mehrere PV-Alt- und Neuanlagen dürfen eine Gesamtbruttoleistung von 100 kW (peak) je *StPfl* [natürl Person (BV; PV), Körperschaft] oder je *MUerschaft nicht* überschreiten. Die Leistungen stbegünstigter Anlagen einer MUerschaft und eines MUers sind nicht zusammenzurechnen. Auch wenn es sich bei vermögensverwaltenden PersGes und Bruchteilsgemeinschaften mangels Abfärbung einer begünstigten PV-Anlage (S 3) obj nicht um MUerschaften handelt, sind diese für Zwecke der Zusammenrechnung als solche zu behandeln (zutr *Middendorf/Dotzki* DStR 24, 1329 (1331); unklar *BMF* BStBl I 23, 1494 Rn. 23). – ***(b)* Freigrenze.** Wird die 100 kW (peak)-Grenze aufgrund der Zusammenrechnung überschritten, sind alle Einnahmen, Entnahmen eines StPfl/einer MUerschaft aus den PV-Anlagen stpfl. – Zum unterjährigen Wechsel s *BMF* BStBl I 23, 1494 Rn. 18; zur Entfärbung → Rn. 242. 240

e) Gewinnermittlung; Gewinnermittlungsbefreiung. – ***(1)* Einnahmen.** Stfrei gem § 3 Nr 72 S 1 sind BE „iZm dem Betrieb" begünstigter PV-Anlagen. Zu den stfreien lfd Einnahmen aus der *Stromerzeugung* s iEinz *BMF* BStBl I 23, 1494, Rn. 9 (Einspeisevergütungen, Entgelte, USt). – ***(2)* Entnahmen.** Der Verbrauch des erzeugten Stroms für private Zwecke des StPfl ist eine gem § 3 Nr 72 S 1 stfreie Sachentnahme (*BMF* BStBl I 23, 1494 Rn. 10). Die Entnahme des Stroms in ein anderes BV ist grds stpfl (zur Bewertung → § 6 Rn. 517), kann nach *BMF* BStBl I 23, 1494 Rn. 27 aber eine Überführung zum BW iSd § 6 V 1 sein (zur BW-Ermittlung *Wangler/Wagner* NWB 25, 101 (106 f)). – ***(3)* Gemischter Betrieb.** Nach *BMF* BStBl I 23, 1495, Rn. 24 f sind iRd Segmentierung die BE aus der Einspeisung, Drittveräußerung und die Stromentnahme ins PV stfrei (iEinz zutr *Wangler/Wagner,* NWB 25, 101 (104 ff), *dies.* NWB 25, 520 zu KapGes); bei Verbrauch des Stroms in einem anderen Betrieb wie (→ bei *(2)*). – ***(4)* Veräußerung; Entnahme der PV-Anlage.** Im **PV-Einzelbetrieb** (→ Rn. 238 *(2)*) sind *auch* Gewinne, Verluste aus der Veräußerung und Entnahme **der Anlage** ins PV (ggf iRd § 16 I, III) stfrei, was sich mE auch aufgrund der gem Nr 72 S 2 entbehrlichen Gewinnermittlung ergibt (zutr *BMF* BStBl I 23, 1494, Rn. 11; *Rothe* FR 23, 877 (885)). Veräußerungs-, Entnahmegewinne und 241

-verluste aus der PV-Anlage **in einem gemischten Betrieb** (→ Rn. 238 *(3)*) sind nach zutr hM aufgrund des weiten Wortlauts von S 1 ebenfalls stfrei (glA *Roth* FR 23, 877 (855); *Fietz/Mayer* NWB 23, 706 (709); **aA** *BMF* BStBl I 23, 1494, Rn. 24; *Wangler/Wagner* NWB 25, 101 (107 f)). – ***(5)* Gewinnermittlungsbefreiung, § 3 Nr 72 S 2; Betriebsausgaben.** – ***(aa)* Gemischter Betrieb.** Es besteht eine Gewinnermittlungspflicht (kein Fall des S 2). IRd Einkünfteermittlung ist § 3c I auf unmittelbar und mittelbar den stfreien BE zuordenbare BA anzuwenden. BA iZm dem eigenbetriebl genutzten Strom sind abzugsfähig, BA bis zur Höhe der stfreien BE nicht (zutr *BMF* BStBl I 23, 1494, Rn. 24; *Wangler/Wagner* NWB 25, 101 (106) zum Aufteilungsmaßstab). – ***(bb)* PV-Einzelbetrieb.** – ***(1)* Abzugsverbot aus S 2?** § 3 Nr 72 enthält keine direkte Regelung zum BA-Abzug, aber in S 2 die Aussage, dass ein „Gewinn" (als Saldo aus BE und BA) nicht zu ermitteln „ist", wenn stfreie BE erzielt werden. Nach mittlerweile **hM** unter den FG entbindet S 2 nur von der Pflicht zur Gewinnermittlung, verbietet diese aber nicht (NdsFG EFG 25, 478, Rev X R 2/25; FG Mster EFG 25, 232, Rev X R 30/24; FG Mster EFG, 25, 51 (AdV) mit Verweis auf BT-Drs 457/22, 9). BFH III B 24/24 (AdV), BStBl II 25, 30 hat diese Frage offen gelassen. Wenn ein Gewinn ermittelt werden darf, entscheidet nur § 3c I (unten *(2)*) über die Abzugsfähigkeit der BA. Nach mE zutr **aA** enthält S 2 aus Vereinfachungsgründen ein *Gewinnermittlungsverbot,* aus dem dann ein ggü § 3c I vorrangiges vollständiges Abzugsverbot für alle ab VZ 22 abfließenden BA (auch der nachlaufenden iZm früheren stpfl Einnahmen stehenden BA) folgt (FG Nbg EFG 24, 2035, Rev III R 35/24; wie bei § 20 IX → § 20 Rn. 264). – ***(2)* § 3c I.** Wendet man mit der hM § 3c I an, ergeben sich mE folgende Fallgruppen. BA, die *ab VZ 22* abgeflossen sind und im unmittelbaren wirtschaftl Zusammenhang mit *ab VZ 22 und danach* erzielten *stfreien BE* stehen (→ § 3c Rn. 7 *(3)*), sind bis zur Höhe der stfreien BE nicht abzugsfähig (unklar *BMF* BStBl I 23, 1494, Rn. 21, 29). Dies widerstreitet dem Vereinfachungszweck des S 2 und spricht insges gegen die hM. Für im VZ 22 abfließende BA, die *iZm früheren stpfl BE vor VZ 22* stehen, schließt § 3c I den BA-Abzug aber nicht aus. Mangels Existenz der StBefreiung können in den *VZ vor 22 abgeflossene BA* nicht rückwirkend gem § 3c I gekürzt werden (→ § 3c Rn. 6; str für abgeflossene BA des VZ 22 vor Einführung von § 3 Nr 72 s FG Ddorf EFG 25, 1278, Rev X R 17/25; *Mücke* DStR 25, 2122).

242 **f) Entfärbung; Abfärbung.** – ***(1)* Abfärbung, § 3 Nr 72 S 3.** Im Fall eines PV-Einzelbetriebs färben die stfreien gewerbl Einkünfte gem S 3 nicht iSd § 15 III Nr 1 auf die übrigen Einkünfte der PesGes ab. Dies gilt für die Seitwärts- und die Aufwärtsabfärbung (→ § 15 Rn. 188 mwN). – ***(2)* Entfärbung.** Nach *BMF* BStBl I 23, 1494, Rn. 23 (mit Übergangsregelung bis 31.12.23) wird bei vorheriger Abfärbung der Betrieb der PersGes mit Beginn der StFreiheit entfärbt. Folge soll lt *BMF* die Entnahme der stverstrickten WG ins PV gem § 16 III sein; die PV-Anlage bleibe im stfreien BV der PersGes (grds zutr, s BFH IX R 13/19, BFH/NV 21, 1169; → § 15 Rn. 233). Ob diese Totalentnahme, wie das *BMF* meint, die Gebäude erfasst, ist zweifelhaft (→ § 7 Rn. 38; *Middendorf/Dotzki* DStR 24, 1329 (1332 f)). Es sind mE zudem die unter → § 16 Rn. 156 für Liebhabereibetriebe dargelegten Grundsätze entspr anzuwenden, dh die stverstrickten WG bleiben eingefrorenes BV bis zur tatsächl Veräußerung; Entnahme (glA *Graw* DStR 24, 1218 (1221)).

244 **Nr 73: Steuerbefreiung von Prämien für olympische Platzierungen.** – ***(1)* Steuerbarkeit.** Die Platzierungsprämien unterliegen nach dem Wissenschaftl Dienst des BT (WD 4 - 3000 - 077/21) bei Profisportlern der Besteuerung gem §§ 15, 19, bei Amateuersportlern soll dies bei wiederholter Teilnahme an Wettkämpfen mit Preisgeldern und „sicheren Siegchancen" (wohl gem § 22 Nr 3) der Fall sein. Der Gesetzgeber hat sich diese Sichtweise zu eigen gemacht (BT-Drs 21/3104, 36). – ***(2)* Voraussetzungen.** Es muss sich um Prämien der Stiftung Dt Sporthilfe für Platzierungen bei Olympischen und Paralympischen Spielen handeln. Prämien für Erfolge bei anderen Wettkämpfen sind nicht erfasst. – ***(3)* Rechtsfolgen.** Die Befreiung

erfasst die volle Prämie. Der Abzug von BA, WK iZm konkreten Trainingsmaßnahmen kann gem § 3c I (VZ-übergreifend) bis zur Höhe der stfreien Einnahme zu kürzen sein; fehlt ein solcher konkreter Zusammenhang, ist im Zuflussjahr aufzuteilen (→ § 3c Rn. 6, *(2), (3),* 10).

§ 3a Sanierungserträge

(1) [1]**Betriebsvermögensmehrungen oder Betriebseinnahmen aus einem Schuldenerlass zum Zwecke einer unternehmensbezogenen Sanierung im Sinne des Absatzes 2 (Sanierungsertrag) sind steuerfrei.** [2]**Sind Betriebsvermögensmehrungen oder Betriebseinnahmen aus einem Schuldenerlass nach Satz 1 steuerfrei, sind steuerliche Wahlrechte in dem Jahr, in dem ein Sanierungsertrag erzielt wird (Sanierungsjahr) und im Folgejahr im zu sanierenden Unternehmen gewinnmindernd auszuüben.** [3]**Insbesondere ist der niedrigere Teilwert, der nach § 6 Absatz 1 Nummer 1 Satz 2 und Nummer 2 Satz 2 angesetzt werden kann, im Sanierungsjahr und im Folgejahr anzusetzen.**

(2) **Eine unternehmensbezogene Sanierung liegt vor, wenn der Steuerpflichtige für den Zeitpunkt des Schuldenerlasses die Sanierungsbedürftigkeit und die Sanierungsfähigkeit des Unternehmens, die Sanierungseignung des betrieblich begründeten Schuldenerlasses und die Sanierungsabsicht der Gläubiger nachweist.**

(3) [1]**Nicht abziehbare Beträge im Sinne des § 3c Absatz 4, die in Veranlagungszeiträumen vor dem Sanierungsjahr und im Sanierungsjahr anzusetzen sind, mindern den Sanierungsertrag.** [2]**Dieser Betrag mindert nacheinander**

1. **den auf Grund einer Verpflichtungsübertragung im Sinne des § 4f Absatz 1 Satz 1 in den dem Wirtschaftsjahr der Übertragung nachfolgenden 14 Jahren verteilt abziehbaren Aufwand des zu sanierenden Unternehmens, es sei denn, der Aufwand ist gemäß § 4f Absatz 1 Satz 7 auf einen Rechtsnachfolger übergegangen, der die Verpflichtung übernommen hat und insoweit der Regelung des § 5 Absatz 7 unterliegt.** [2]**Entsprechendes gilt in Fällen des § 4f Absatz 2;**
2. **den nach § 15a ausgleichsfähigen oder verrechenbaren Verlust des Unternehmers (Mitunternehmers) des zu sanierenden Unternehmens des Sanierungsjahrs;**
3. **den zum Ende des dem Sanierungsjahr vorangegangenen Wirtschaftsjahrs nach § 15a festgestellten verrechenbaren Verlust des Unternehmers (Mitunternehmers) des zu sanierenden Unternehmens;**
4. **den nach § 15b ausgleichsfähigen oder verrechenbaren Verlust derselben Einkunftsquelle des Unternehmers (Mitunternehmers) des Sanierungsjahrs; bei der Verlustermittlung bleibt der Sanierungsertrag unberücksichtigt;**
5. **den zum Ende des dem Sanierungsjahr vorangegangenen Jahrs nach § 15b festgestellten verrechenbaren Verlust derselben Einkunftsquelle des Unternehmers (Mitunternehmers);**
6. **den nach § 15 Absatz 4 ausgleichsfähigen oder nicht abziehbaren Verlust des zu sanierenden Unternehmens des Sanierungsjahrs;**
7. **den zum Ende des dem Sanierungsjahr vorangegangenen Jahrs nach § 15 Absatz 4 festgestellten in Verbindung mit § 10d Absatz 4 verbleibenden Verlustvortrag, soweit er auf das zu sanierende Unternehmen entfällt;**
8. **den Verlust des Sanierungsjahrs des zu sanierenden Unternehmens;**
9. **den ausgleichsfähigen Verlust aus allen Einkunftsarten des Veranlagungszeitraums, in dem das Sanierungsjahr endet;**
10. **im Sanierungsjahr ungeachtet des § 10d Absatz 2 den nach § 10d Absatz 4 zum Ende des Vorjahrs gesondert festgestellten Verlustvortrag;**
11. **in der nachfolgenden Reihenfolge den zum Ende des Vorjahrs festgestellten und den im Sanierungsjahr entstehenden verrechenbaren Verlust oder die negativen Einkünfte**

a) **nach § 15a,**
b) **nach § 15b anderer Einkunftsquellen,**
c) **nach § 15 Absatz 4 anderer Betriebe und Mitunternehmeranteile,**
d) **nach § 2a,**
e) **nach § 2b,**
f) **nach § 23 Absatz 3 Satz 7 und 8,**
g) **nach sonstigen Vorschriften;**

12. **ungeachtet der Beträge des § 10d Absatz 1 Satz 1 die negativen Einkünfte nach § 10d Absatz 1 Satz 1 des Folgejahrs und die negativen Einkünfte nach § 10d Absatz 1 Satz 2 des zweiten Folgejahrs. [2]Ein Verlustrücktrag nach § 10d Absatz 1 Satz 1 und 2 ist nur möglich, soweit die Beträge nach § 10d Absatz 1 Satz 1 und 2 durch den verbleibenden Sanierungsertrag im Sinne des Satzes 4 nicht überschritten werden;**
13. **den zum Ende des Vorjahrs festgestellten und den im Sanierungsjahr entstehenden**
    a) **Zinsvortrag nach § 4h Absatz 1 Satz 5,**
    b) **EBITDA-Vortrag nach § 4h Absatz 1 Satz 3. [2]Die Minderung des EBITDA-Vortrags des Sanierungsjahrs und der EBITDA-Vorträge aus vorangegangenen Wirtschaftsjahren erfolgt in ihrer zeitlichen Reihenfolge.**

[3]Übersteigt der geminderte Sanierungsertrag nach Satz 1 die nach Satz 2 mindernden Beträge, mindern sich insoweit nach Maßgabe des Satzes 2 auch der verteilt abziehbare Aufwand, Verluste, negative Einkünfte, Zinsvorträge oder EBITDA-Vorträge einer dem Steuerpflichtigen nahestehenden Person, wenn diese die erlassenen Schulden innerhalb eines Zeitraums von fünf Jahren vor dem Schuldenerlass auf das zu sanierende Unternehmen übertragen hat und soweit der entsprechende verteilt abziehbare Aufwand, die Verluste, negativen Einkünfte, Zinsvorträge oder EBITDA-Vorträge zum Ablauf des Wirtschaftsjahrs der Übertragung bereits entstanden waren. [4]Der sich nach den Sätzen 2 und 3 ergebende Betrag ist der verbleibende Sanierungsertrag. [5]Die nach den Sätzen 2 und 3 mindernden Beträge bleiben endgültig außer Ansatz und nehmen an den entsprechenden Feststellungen der verrechenbaren Verluste, verbleibenden Verlustvorträge und sonstigen Feststellungen nicht teil.

(3a) **Bei Zusammenveranlagung sind auch die laufenden Beträge und Verlustvorträge des anderen Ehegatten einzubeziehen.**

(4) **[1]Sind Einkünfte aus Land- und Forstwirtschaft, Gewerbebetrieb oder selbständiger Arbeit nach § 180 Absatz 1 Satz 1 Nummer 2 Buchstabe a oder b der Abgabenordnung gesondert festzustellen, ist auch die Höhe des Sanierungsertrags nach Absatz 1 Satz 1 oder Absatz 5 sowie die Höhe der nach Absatz 3 Satz 2 Nummer 1 bis 6 und 13 mindernden Beträge gesondert festzustellen. [2]Zuständig für die gesonderte Feststellung nach Satz 1 ist das Finanzamt, das für die gesonderte Feststellung nach § 180 Absatz 1 Satz 1 Nummer 2 der Abgabenordnung zuständig ist. [3]Wurden verrechenbare Verluste und Verlustvorträge ohne Berücksichtigung des Absatzes 3 Satz 2 bereits festgestellt oder ändern sich die nach Absatz 3 Satz 2 mindernden Beträge, ist der entsprechende Feststellungsbescheid insoweit zu ändern. [4]Das gilt auch dann, wenn der Feststellungsbescheid bereits bestandskräftig geworden ist; die Feststellungsfrist endet insoweit nicht, bevor die Festsetzungsfrist des Einkommensteuerbescheids oder Körperschaftsteuerbescheids für das Sanierungsjahr abgelaufen ist.**

(5) **[1]Erträge aus einer nach den §§ 286 ff. der Insolvenzordnung erteilten Restschuldbefreiung, einem Schuldenerlass auf Grund eines außergerichtlichen Schuldenbereinigungsplans zur Vermeidung eines Verbraucherinsolvenzverfahrens nach den §§ 304 ff. der Insolvenzordnung oder auf Grund eines Schuldenbereinigungsplans, dem in einem Verbraucherinsolvenzverfahren zugestimmt wurde oder wenn diese Zustimmung durch das Gericht ersetzt wurde, sind, so-**

weit es sich um Betriebsvermögensmehrungen oder Betriebseinnahmen handelt, ebenfalls steuerfrei, auch wenn die Voraussetzungen einer unternehmensbezogenen Sanierung im Sinne des Absatzes 2 nicht vorliegen. [2]Absatz 1 Satz 2 und die Absätze 3 und 3a gelten entsprechend.

Übersicht

I. Allgemeines

1. Grundlagen. § 3a wurde als Reaktion auf den Beschluss BFH GrS 1/15, BStBl II 17, 393 eingefügt, weil der BFH die StBefreiung von Sanierungsgewinnen gem § 163, § 227 AO nach dem *Sanierungserlass* (*BMF* BStBl I 03, 240, *BMF* BStBl I 10, 18) als Verstoß gegen den Grundsatz der Gesetzmäßigkeit der Verwaltung beurteilt hatte. § 3a wurde mit § 3c IV EStG, § 8c II KStG, § 8d I 9 KStG, § 15 S 1 Nr 1, 1a KStG und § 7b GewStG im SchädlStPraktG (BGBl I 17, 2074) als erneute *gesetzl* StBefreiung von Sanierungserträgen geschaffen. Sämtl Vorschriften sind mit Aufhebung des beihilferechtl Vorbehalts (Art 19 des „JStG 2018" [BGBl I 18, 2338]; BT-Drs 19/5595, 92) zum 5.7.17 mit Wirkung für den VZ 17 in Kraft getreten (§ 52 IV 1). Die zu § 3 Nr 66 aF entwickelten Auslegungsgrundsätze des BFH sind auch für die Auslegung des § 3a II bedeutsam (BFH X B 63/20, BFH/NV 21, 531; BFH X B 94/23, BStBl II 25, 304). 1

2. Zeitliche Anwendung. – a) Schuldenerlasse nach dem 8.2.2017 (Neufälle). Gem § 52 IVa S 1 ist § 3a samt des nachträgl eingefügten § 3a IIIa (s § 52 IVa 4) auf Sanierungsgewinne aus Schuldenerlassen nach dem 8.2.17 *zwingend* anzuwenden (zur Rückausnahme → Rn. 4). § 3a gewährt eine StBefreiung des Gewinns nur im StFestsetzungs-/Feststellungsverfahren. 2

b) Schuldenerlasse vor dem 9.2.2017; Fälle des § 52 IVa 2. Für Sanierungsgewinne aus bis *einschließl dem 8. 2. 17 vollzogenen* Schuldenerlassen (sog Altfälle) muss der StPfl gem **§ 52 IVa 3** für die StFestsetzung/Feststellung des Sanierungsjahres die Anwendung von § 3a iVm § 3c IV beantragen. Es handelt sich um ein unbefristetes Antragsrecht. Die Antragstellung ist ein rückwirkendes Ereignis, dh die Bestandskraft einer StFestsetzung/Feststellung des Sanierungsjahrs wird 3 gem § 175 I 1 Nr 2 AO durchbrochen; zum (ggf erneuten Anlauf der) Festsetzungsfrist s § 175 I 2 AO (glA BFH IV R 1/22, BStBl II 25, 294; jedoch offen lassend, ob stets der Antrag einen erneuten Fristlauf auslöst oder von einem zwingenden Beginn der Frist zum 31.12.18 auszugehen ist). S auch FG Mster EFG 24, 210, Rev IV R 23/23. Eine Billigkeitsmaßnahme nach dem *Sanierungserlass* (→ Rn. 1) gem S 3 kommt in Altfällen nicht in Betracht (iEinz → 39. Aufl 2020, § 3a Rn. 3, 4; FG Mster EFG 19, 1353; rkr; FG RhPf EFG 21, 992, rkr; krit *BH/Krumm* § 3a Rn. 4). – Wenn dem StPfl bis zum 8.2.17 durch eine verbindl Auskunft/Zusage Vertrauensschutz gewährt worden war und der Schuldenerlasss danach nur noch vollzogen wurde (Neufall, → Rn. 3), kann er gem § 52 IVa 2 auf Antrag eine Billigkeitsmaßnahme nach dem *Sanierungserlass* (→ Rn. 1) beanspruchen (iEinz → 38. Aufl. 2019, § 3a Rn. 7; *BH/Krumm* § 3a Rn. 4; **aA** *Kanzler* NWB 21, 1235 (1241): Leerlaufen der Norm).

4 **3. Persönlicher Anwendungsbereich; erfasste Steuern.** § 3a findet auf unbeschr und beschr StPfl Anwendung. Bei einer MUerschaft ist § 3a auf Ebene der Ges anzuwenden (s § 3a IV). § 3a gilt über § 8 I KStG auch für KSt-Subjekte. Besondere Regelungen gibt es für Betriebe gewerbl Art (§ 8 VIII 6 KStG, § 8 IX 9 KStG, § 8c II KStG, § 8d I 9 KStG) und iRd Organschaft (§ 15 S 1 Nr 1, Nr 1a KStG). Die StBefreiung gem § 3a gilt gem § 7b I GewStG auch für die GewSt. § 41 MinStG enthält spezielle Regelungen (*Schmittmann* KSI 25, 77 (80)).

5 **4. Verhältnis zum Insolvenzrecht.** Schulden können *vor* der Insolvenzeröffnung (außergerichtl Restrukturierung, auch gem § 17 StaRUG); iRe gerichtl bestätigten Sanierungsvergleichs/Restrukturierungsplans iRd StaRUG; iRd Eigenverwaltung gem § 270, § 270d InsO und im Insolvenzverfahren (iRe rechtskräftigen Insolvenzplans, § 254 InsO) erlassen werden (s iEinz *Kahlert* NWB 23, 681 ff). Da § 3a und das Insolvenzrecht nicht aufeinander abgestimmt sind, ist § 3a II jeweils iEinz zu prüfen (insbes → Rn. 22). – § 3a ist iZm StForderungen, die Insolvenz- (§ 38 InsO) und Masseforderungen (§ 55 InsO) des FA sind, anzuwenden (BFH XI B 49/18, BFH/NV 19, 208). – Zur unternehmerbezogenen Sanierung (§ 3a V) → Rn. 45.

II. Begriff des Sanierungsertrags; Zwang zur Ausübung von Wahlrechten, § 3a I

8 **1. Voraussetzungen der Steuerbefreiung, § 3a I 1. – a) Betriebsvermögensmehrungen und Betriebseinnahmen.** § 3a I 1 (und § 3a V) setzt voraus, dass aufgrund eines Schuldenerlasses beim Schuldner (dem StPfl) eine BV-Mehrung gem § 4 I, § 5 I durch „Ausbuchung" (→ Rn. 10) oder BE gem § 4 III (→ § 4 Rn. 384), § 13a VII zu erfassen und als Sanierungsertrag (→ Rn. 11) zu qualifizieren ist. § 3a greift nicht für Überschusseinkünfte.

9 **b) Sanierungserträge, § 3a I 1.** Ein Sanierungsertrag verlangt nach der Legaldefinition, dass Schulden zum Zweck einer unternehmerbezogenen Sanierung iSd § 3a II durch die Gläubiger ganz oder teilweise erlassen werden. Die Zweckbindung verlangt, dass der Gläubiger mit Sanierungsabsicht handeln muss, was § 3a II ohnehin vorgibt (→ Rn. 21, 24). Zu § 3a V → Rn. 45.

10 **c) Schuldenerlass.** Der Gesetzgeber (BT-Drs 18/12128, 31) hat als Leitbild für einen stfreien Sanierungsertrag *betriebl veranlasste* Sanierungsmaßnahmen der *Gläubiger* (nicht der Ges'ter!) vor Augen. Ein begünstigter Schuldenerlass wird verwirklicht, wenn aufgrund einer unternehmensbezogenen Sanierungsmaßnahme (§ 3a II) die Verbindlichkeit beim Schuldner nach den bilanzsteuerrechtl Kategorien (dazu *Weber-Grellet* DB 24, 2519) nicht mehr zu passivieren ist (glA *BH/Krumm* § 3a Rn. 20, 27; *BeckOK EStG* § 3a Rn. 187 ff; weitergehend *Kanzler* NWB 21, 1235 (1245 ff): auch Verbindlichkeitsrückstellungen). Dessen wirtschaftl Belastung iSd § 247 HGB entfällt, wenn er mit einer Inanspruchnahme durch den Gläubiger nicht mehr rechnen muss. Die Vermögenslosigkeit/Insolvenz des Schuldners genügt nicht (BFH XI R 32/18, BStBl II 21, 279; → § 5 Rn. 311, 313). Verbindlichkeiten im Abwick-

lungsendvermögen einer KapGes sind nicht ertragswirksam auszubuchen (*OFD Ffm* DStR 21, 2973), sodass § 3a nicht benötigt wird.

11 **d) Einzelfälle. – aa) Verzicht; Schuldübernahme.** S zum Ganzen *BH/Krumm* § 3a Rn. 20; *BeckOK EStG* § 3a Rn. 190 ff. Die Gesetzesbegründung (BT-Drs 18/12128, 31) fasst unter Abs 1 S 1 den Erlassvertrag (§ 397 I BGB) und das negative Schuldanerkenntnis (§ 397 II BGB; auch der Verzicht eines öffentl-rechtl Gläubigers durch VA/öffentl-rechtl Vertrag). Schuldenerlasse sind insbes der *Forderungsverzicht* des Ges'ters, Gläubigers mit und ohne Besserungsschein (Umkehrschluss aus § 3c IV 3, *Förster* DStR 23, 1041 (1044 ff) und die *befreiende Schuldübernahme.* Zur mE nicht ertragswirksamen *regresslosen Schuldübernahme* des Ges'ters s BFH I B 74/01, DStRE 02, 257; *Moritz* DStR 23, 1 (5 f); *Wagner* DStR 24, 1061 (1070); *Ott* DStZ 25, 151 (154); unklar *OFD Ffm* DStR 21, 2973).

12 **bb) Insolvenzplan, Restrukturierungsplan, Sanierungsvergleich.** Auch → Rn. 5. Der Forderungsverzicht des Gläubigers iRe Insolvenzplans ist ein Schuldenerlass iSd Abs 1 S 1 (BT-Drs 18/12128, 31). Wegen des aus § 227 I, § 254 I InsO folgenden Durchsetzungsverbots des Gläubigers entfällt die wirtschaftl Belastung des Schuldners (BFH XI B 49/18, BFH/NV 19, 208). Gleiches gilt für den (Teil-)Erlass iRe eines gerichtl bestätigten Restrukturierungsplans (§§ 2 I Nr 1, 7, 11, 67 I ff StaRuG; glA *BH/Krumm* § 3a Rn. 20; *Kahlert* NWB 23, 681 ff). Beim Sanierungsvergleich (§ 95 I, § 97 I StaRUG) kann ein Forderungserlass oder Durchsetzungsverbot vereinbart werden. Beides genügt für § 3a I 1.

13 **cc) Rangrücktritt.** Ein einfacher Rangrücktritt (§ 19 II 2 InsO) lässt die wirtschaftl Belastung samt Passivierung unberührt (→ Rn. 8, → Rn. 10), sodass eine BV-Mehrung/BE iSd Abs 1 fehlt. Ist die Verbindlichkeit nach der Rangrücktrittsvereinbarung aber *nur* aus künftigen Einnahmen/Gewinnen (nicht auch aus sonstigem Vermögen) zu tilgen, fällt sie unter ein Passivierungsverbot gem § 5 IIa (BFH XI R 32/18, BStBl II 21, 279). Ein solcher Rangrücktritt ist ein Schuldenerlass iSd Abs 1 S 1 (glA *BH/Krumm* § 3a Rn. 20; *BeckOK EStG* § 3a Rn. 211). Auch → Rn. 26.

14 **dd) Debt-Buy-Back.** Beim sog *Debt-Buy-Back* erwirbt der Schuldner die Forderung des Gläubigers unterhalb des Nennwerts, sodass iHd Differenz zw Kaufpreis und Nennwert ein Konfusionsgewinn entsteht. Die verbilligte Veräußerung der Forderung durch den Gläubiger ist ein Schuldenerlass iSd § 3a I 1 (*Kahlert/Schmidt* DStR 17, 1897 (1899)*BH/Krumm* § 3a Rn. 20; *BeckOK EStG* § 3a Rn. 201; *Förster* DStR 23, 1041 (1048)).

16 **ee) Debt-Equity-Swap.** S § 225a II InsO/§ 7 IV StaRUG. Erhält der Gläubiger iRe Insolvenz-/Restrukturierungsplans durch eine Kapitalerhöhung Anteile an der Schuldner-KapGes, für die er seine Forderung einbringt, entfällt die Verbindlichkeit bei der KapGes. Dies ist ein Schuldenerlass iSd § 3a I 1 (glA *BH/Krumm* § 3a Rn. 20) und gilt auch für Vorgänge außerhalb eines Planverfahrens (glA *OFD Ffm* BeckVerw 353177; **aA** *Kanzler* NWB 21, 1235 (1247); *BeckOK EStG* § 3a Rn. 202, 217); krit zur Abstimmung mit § 3a II *Ekkenga* DStR 25, 925 (933)).

17 **ff) Nicht erfasste Maßnahmen.** Nicht begünstigt sind nach hM ua die Stundung, Aufrechnung, oder andere Sanierungsbeiträge von Gläubigern (akzeptierte Preiserhöhungen; geminderte Einkaufspreise, Barzuschüsse). S iEinz *BeckOK EStG* § 3a Rn. 209 ff.

18 **2. Gewinnmindernde Ausübung von Wahlrechten, § 3a I 2, 3.** Der Unternehmer/MUer als StPfl hat im *Sanierungsjahr* (Wj = Kj) und im *Folgejahr* (bei abw Wj), dh im Gewinnermittlungszeitraum des Schuldenerlasses, bestehende steuerl Wahlrechte stmindernd auszuüben. Es soll hierdurch der Verlust des Sanierungsjahrs/

Folgejahrs erhöht werden (BT-Drs 18/12128, 31) Zu dessen Verrechnung iEinz → Rn. 33.

III. Unternehmensbezogene Sanierung, § 3a II

20 **1. Begriffsinhalt. – a) Legaldefinition.** Voraussetzungen für einen stfreien Sanierungsertrag sind nach **Abs 2** ein betriebl begründeter Schuldenerlass des Gläubigers und der vom StPfl zu erbringende **Nachweis** über die Sanierungsbedürftig- und -fähigkeit des Unternehmens, die Sanierungseignung des Schuldenerlasses und die hierauf bezogene Sanierungsabsicht **im Zeitpunkt der Verwirklichung** des jeweiligen Schuldenerlasses (→ Rn. 10 ff). Bei Plangenehmigungen (§ 248, § 249 InsO) trägt der StPfl das Risiko einer zwischenzeitl Änderung der tatsächl Verhältnisse. Zu den Voraussetzungen des Abs 2 s auch die Rspr-Nachweise in BFH GrS 1/15, BStBl II 17, 393 und Tz 4 des *Sanierungserlasses* (*BMF* BStBl I 03, 240; *BMF* BStBl I 10, 18; *Schmittmann* KSI 25, 77 ff). – Bei **PersGes** müssen die Voraussetzungen des Abs 2 auf Ebene der PersGes erfüllt sein (BFH IV R 23/23, DStR 25, 2652; → Rn. 28).

21 **b) Sanierungsbedürftigkeit. – aa) Voraussetzungen.** Es ist nach **obj Umständen** zu prüfen, ob es ohne den Schuldenerlass mögl wäre, das Unternehmen auf Dauer nach kfm Gesichtspunkten rentabel und ertragsfähig fortzuführen. Dabei kommt es auf die Liquidität, die Schuldentraglast, die Fälligkeiten, Gliederung des BV, die Ertragslage, Kapitalverzinsung und weiteres BV/PV des StPfl an. Die Insolvenzreife (§ 17, § 19 InsO) ist nicht erforderl. Die drohende Zahlungsunfähigkeit (§ 18 InsO) kann genügen (glA *BH/Krumm* § 3a Rn. 24).

22 **bb) Einzelfälle.** S *zum Einzelunternehmer* BFH X R 39/10, BStBl II 14, 572 und bei mehreren Betrieben BFH VIII R 37/84, BStBl II 85, 501; zum Erlass von Schulden bei *MUerschaften:* BFH IV R 23/23, DStR 25, 2562; BFH IV R 63/01, BStBl II 04, 9; BFH VIII R 64/96, BStBl II 98, 537;. Ebenso finden diese Kriterien Anwendung für den Schuldenerlass ggü einer *KapGes* (*Kanzler* NWB 17, 2260 (2267); *Förster/Hechtner* DB 17, 1536 (1538)). – *StaRuG.* Auch → Rn. 5. Bei außergerichtl Sanierungen, Sanierungsvergleichen und Restrukturierungsplänen darf nur die drohende Zahlungsunfähigkeit vorliegen (*Schülke* DStR 21, 621 (624)). Für die Sanierungsbedürftigkeit genügt es, wenn der StPfl den Gläubigern ein Vergleichs-/Planangebot nach dem StaRUG macht (glA *Kanzler* NWB 21, 1235 (1252); wohl auch *BH/Krumm* § 3a Rn. 24; *Gläser/Kosik* NWB Sanieren 21, 232 (235)).

23 **c) Sanierungseignung des Schuldenerlasses; Sanierungsfähigkeit.** Der Schuldenerlass muss im Zeitpunkt der Maßnahme geeignet erscheinen, den Zusammenbruch abzuwenden; die **Ertragsfähigkeit** muss auf Dauer oder bis zur Beendigung der geplanten Geschäftstätigkeit wiederhergestellt werden können. Sie muss aber nicht bereits vor der Sanierungsmaßnahme vorhanden sein (FG BBg EFG 25, 1217). Nicht erforderl ist eine Kongruenz der Tätigkeit des zu sanierenden und sanierten Unternehmens (FG Mster 15 K 2520/19 F, EFG 25, 302, nachgehend BFH IV B 4/25, BFH/NV 26, 17). Maßgebende Indizien sind die Höhe der Verschuldung und des Erlasses, die Gründe, welche die Notlage bewirkt haben, die allg Ertragsaussichten sowie alle diese beeinflussenden Umstände (BFH IV R 23/23, DStR 25, 2562). Die Eignung kann auch vorliegen, wenn der Schuldenerlass eines neuen Ges'ters vor dem Einstieg *einer übertragenden Sanierung* dient (*BMF* BStBl I 03, 240 Rn. 2 S 3; BFH VIII R 303/84, BStBl II 89, 711). Diese Umstände hat der StPfl nachzuweisen. Es bedarf aber keines schriftl Sanierungskonzepts (BFH X B 94/23, BStBl II 25, 304) als Beweismittel. Ein tatsächl Sanierungserfolg ist nicht erforderl (BFH GrS 1/15, BStBl II 17, 393 mwN). Wird ein Insolvenz- oder Restrukturierungsplan erstellt, müssen sich Eignung und Fähigkeit aus der Begründung ergeben.

24 **d) Sanierungsabsicht.** Diese liegt vor, wenn die Schuld nach den Vorstellungen des Gläubigers zur Sanierung erlassen wird. Das Gläubigerinteresse muss zumindest

mitentscheidend für den Erlass sein. Ausschließl eigennützige Motive des Gläubigers sind schädlich (zur uneinheitl Rspr BFH GrS 1/15, BStBl II 17, 393 mwN; BFH X B 63/20, BFH/NV 21, 531). Die Absicht ist iRe Gläubigerakkords oder Planerlasses für sämtl Gläubiger zu vermuten). Sie kann für diesen Gläubiger aber nicht aus einem einzigen Schuldenerlass abgeleitet werden (BFH X B 94/23, BStBl II 25, 304). S auch BFH IV R 23/23, DStR 25, 2652 mwN.

e) Schuldenerlass durch Gesellschafter/Mitunternehmer. – **aa) Drittvergleich.** Zum Überblick s *Kahle/Kopp* DB 24, 133; *Wagner* DStR 24, 1063 (1064). Der Schuldenerlass des Ges'ters kann auf Grundlage eines Drittvergleichs betriebl begründet sein, wenn er zusammen mit den Gläubigern einen entspr (fremdübl) Verzicht leistet (*FM SchlH* BeckVerw 268796; eingehend *Desens* BB 23, 2263 (2265 ff); krit *Ekkenga* DStR 25, 929 (931 ff,); ein alleiniger/weitergehender Verzicht ist durch das Ges'terverhältnis veranlasst. Der *gesetzl* Nachrang der Ges'ter-Forderung (§ 39 I Nr 5 InsO) schließt allein einen fremdübl Schuldenerlass nicht aus. Anders ist dies, wenn der Nachrang (zB aufgrund eines Rangrücktritts) auch auf dem Ges'ter-Verhältnis beruht (zutr *BH/Krumm* § 3a Rn. 28). Dies gilt auch bei Ausbuchung der Schuld aufgrund des Passivierungsverbots gem § 5 IIa (→ Rn. 13). Der Untergang der Ges'ter-Forderung iRe gerichtl bestätigten Restrukturierungs-/Insolvenzplans ist nach denselben Maßstäben zu beurteilen (*BH/Krumm* § 3a Rn. 28). 25

bb) Kapitalgesellschaft als Schuldnerin. IEinz → § 6 Rn. 879 f, 882. Ist ein Forderungsverzicht durch das *Ges'ter-Verhältnis* veranlasst, greift § 3a nicht. Es liegt iHd werthaltigen Teils der Forderung eine Einlage in die KapGes vor, die den Ausbuchungsertrag außerbilanziell neutralisiert und § 3a insoweit ausschließt. Der Ertrag iHd nicht werthaltigen Teils ist nicht fremdübl iSd § 3a II. Maßgebl ist die Sicht des Ges'ters als Verzichtendem (**aA** – die der KapGes- *Förster* DStR 23, 1041 (1042 f)). Die Veranlassung durch das Ges'ter-Verhältnis prägt den gesamten Verzicht (str, glA *FM SchlH* BeckVerw 268796; *BH/Krumm* § 3a Rn. 27; **aA** *Wagner* DStR 24, 1061 (1063); krit zur Methodik *Ekkenga* DStR 25, 925 (932 f); zum Drittvergleich → Rn. 25). S auch ErbStR E 7.5 XI 9. 26

cc) Mitunternehmerschaft als Schuldnerin. Ges'terDarlehen eines MUers sind nach den Grundsätzen zur korrespondierenden Bilanzierung **funktionales Eigenkapital** bis zur Veräußerung der Forderung oder Beendigung der MUerschaft/MUerstellung (BFH IV R 1/15, BStBl II 17, 943 mwN). Verzichtet der MUer auf die Forderung, entsteht nach zutr hM unabhängig von der Veranlassung (→ Rn. 25) und Werthaltigkeit gem § 6 V 3 kein Ausbuchungsertrag bei der MUerschaft und im SonderBV des MUers (iEinz → § 6 Rn. 799; *Reinhard* Ubg 26, 5; BFH IV R 28/20, BStBl II24, 258: Wegfallgewinn aber bei AK < Nennwert; diff → § 15 Rn. 550; iEinz *Desens* BB 23, 2326 ff). Es fehlt auch die BV-Mehrung/BE iSd § 3a I (→ Rn. 8). Die Ausbuchung nach *Rangrücktritt gem § 5 IIa* (→ Rn. 13) des MUers führt zum Nichtausweis der Forderung im SonderBV und der Verbindlichkeit bei der MUerschaft (BFH II R 64/14, BStBl II 17, 104). Der Vorgang ist aber bei der MUerschaft nicht gewinnwirksam. Da Forderung und Verbindlichkeit zivilrechtl fortbestehen, bleiben sie funktionales Eigenkapital. 27

dd) Mitunternehmer als Schuldner. Erlässt der Gläubiger dem MUers eine zum SonderBV gehörende Schuld, entsteht der Ertrag idR aufgrund einer unternehmensbezogenen Sanierung iSd Abs 2, wenn diese bei der PersGes vorliegt (BFH IV R 23/23, DStR 25, 2652; *Desens* BB 23, 2326 (2328 f)). 28

2. Nachweis durch den Schuldner. Die Voraussetzungen des Abs 2 sind in **Neufällen** (→ Rn. 2) vom StPfl **nachzuweisen** (Freibeweis). Der Nachweis kann in StaRUG- und Insolvenzverfahren durch die Pflichtangaben im Sanierungsvergleich, Restrukturierungs- oder Insolvenzplan sowie durch ein Sanierungsgutachten (IDW S6) geführt werden (ausführl *Klein/von Mach* DStR 24, 1961 (1967)); → Rn. 23). 29

Trägt der StPfl zu Abs 2 nichts vor, sind FA/FG zur Amtsermittlung verpflichtet; erst ein non liquet führt zur Nichtanwendung. Ein faktisches Antragsrecht des StPfl folgt hieraus nicht (glA *BH/Krumm* § 3a Rn. 31; **aA** hM: *Kanzler* NWB 21, 1311 (1312); *Wagner* DStR 24, 1061 (1067 f mwN)).).

IV. Rechtsfolgen, § 3a III, IIIa

31 **1. Steuerbefreiung des Sanierungsertrags.** Ein Sanierungsertrag iSd Abs 2 ist iHd BV-Mehrung/BE aus der Ausbuchung (→ Rn. 8) **ohne Antrag** des StPfl stfrei (Abs 1 S 1). Der gem § 3a stfreie Betrag ist im Sanierungsjahr außerbilanziell zu kürzen oder die BE nicht anzusetzen. Die gem § 3c IV nicht abzugsfähigen BA sind (ggf außerbilanziell) hinzurechnen (*BH/Krumm* § 3a Rn. 32). Die Verrechnung der Verlustpotenziale des Sanierungsjahrs und vorgetragener Verluste gem Abs 3, 3a (→ Rn. 35 ff) kürzt nicht den stfreien Betrag. Das FA entscheidet idR über den stfreien Sanierungsertrag iRe Anlage zur StFestsetzung/zum Feststellungsbescheid.

32 **2. Gewinnmindernde Ausübung von Wahlrechten, § 3a I 2, 3. – a) Steuerfreier Sanierungsertrag.** Liegt ein stfreier Sanierungsertrag iSd § 3a I 1 vor, sind gem § 3a I 2, 3 steuerl Wahlrechte zwingend stmindernd auszuüben, um im Sanierungsjahr/Folgejahr einen verrechenbaren Verlust zu erhöhen (→ Rn. 35). Der Verlust des Sanierungsjahrs mindert nicht den stfreien Sanierungsertrag (→ Rn. 31). Ist er mit dem geminderten Sanierungsertrag iSd Abs 3 S 1 (zur gesetzl Rangfolge s § 3a III 2 Nr 8) zu verrechnen, kann er künftig nicht mehr genutzt werden. Das FA kann gem § 3a I 2, 3 die Besteuerungsgrundlagen so festsetzen, als habe der StPfl die Wahlrechte entspr Abs 1, 2, 3 ausgeübt, wenn er dies unterlässt (*Kahlert/Schmidt* DStR 17, 1897 (1902); *Kanzler* NWB 17, 2260 (2265)). Abs 1 S 2, 3 wirken überschießend, wenn durch die Wahlrechtsausübung im Sanierungsjahr neue Verluste geschaffen werden und der geminderte Sanierungsertrag schon mit den vorjahresbezogenen Posten gem Abs 3 S 2 Nr 1–7 vollständig verrechnet werden kann. Dennoch ist die Regelung eindeutig (*Desens* FR 17, 981 (989)). Aus dem Gesetz ergibt sich zwar nicht, dass die Pflicht zur gewinnmindernden Ausübung der steuerl Wahlrechte der Höhe nach auf den Betrag des geminderten Sanierungsertrags gem Abs 3 S 2 zu begrenzen ist; die Vorschrift ist aber insoweit teleologisch zu reduzieren, da in diesem Fall eine Doppelbegünstigung ausgeschlossen ist (*Förster/Hechtner* DB 17, 1536 (1543)).

33 **b) Steuerliche Wahlrechte. – aa) Persönliche Reichweite.** Erfasst werden Wahlrechte, die für die Gewinnermittlung des zu sanierenden Unternehmens im Gewinnermittlungszeitraum des Schuldenerlasses (→ Rn. 18) ausgeübt werden können (*Förster/Hechtner* DB 17, 1536 (1542)).

34 **bb) Begriff. – *(1)* Regelbeispiel** gem Abs 1 S 3 ist die TW-AfA (§ 6 I Nr 1 S 2/ § 6 I Nr 2 S 2). Str ist, ob das Wahlrecht auch auszuüben ist, wenn sich gem § 8b III 3 KStG iVm KStR 7.1. Abs 1 aus der TW-AfA keine Gewinnauswirkung ergibt (zutr vern *Kahlert/Schmidt* DStR 17, 1897 (1902); *Förster/Hechtner* DStR 17, 1536 (1543)). – ***(2)* Der Grundtatbestand** des Abs 1 S 2 umfasst bilanzielle und außerbilanzielle steuerl Wahlrechte (zu weitgehend *Kanzler* NWB 17, 2260 (2265)). Dies sind solche iSd § 5 I 2 (→ § 5 Rn. 64 mit Aufzählung), die ohne Bindung an die HB ausgeübt werden können (*Förster/Hechtner* DB 17, 1536 (1542), auch zu Einzelfragen); nicht dazu gehören wegen des Gesetzesvorbehalts Wahlrechte in Verwaltungsvorschriften (str, zutr *Desens* FR 17, 981 (989); **aA** *Förster/Hechtner* DB 17, 1536 (1542); *Kanzler* NWB 17, 2260, 2265). – ***(3)* § 6b, § 6c, § 7g.** Die Wahlrechte zur Rücklagenbildung oder zum Abzug eines Investitionsabzugsbetrags müssen wegen der mögl Nachteile im Fall der Nichtinvestition nicht ausgeübt werden. Das Gesetz ist insoweit teleologisch zu reduzieren (str, glA *Kahlert/Schmidt* DStR 17, 1897 (1902); *Förster/Hechtner* DB 17, 1536 (1542); **aA** *Desens* FR 17, 981 (989); *Kanzler* NWB 17, 2260 (2265)).

3. Verbrauch von Verlusten, Vorträgen und Steuerminderungspositionen, § 3a III 2 ff, IIIa. – a) Normzweck. Vermieden werden soll eine Doppelbegünstigung des StPfl, die eintreten würde, wenn die StBefreiung des Sanierungsertrags in Anspruch genommen werden und daneben bestehende Verluste zeitl unbefristet vorgetragen werden könnten (BT-Drs 18/12128, 31; dazu auch BFH GrS 1/15, BStBl II 17, 393). Anders als unter dem Sanierungserlass findet aber keine Kürzung des stfreien Betrags mehr statt (→ Rn. 31). Stattdessen ordnet § 3a III 2 eine Minderung der Verlustpotenziale des StPfl an, wenn ein stfreier Sanierungsertrag gem Abs 1 S 1 entsteht. Speziellere Regelungen zu § 3a III 2 EStG enthalten **§ 8c II KStG, § 7b II GewStG** (dazu *Uhländer* BB 23, 2140 (2144)). 35

b) Technik. Im ersten Schritt ist für die Verrechnung der Verlustpositionen der stfreie Sanierungsertrag um die gem § 3c IV nichtabzugsfähigen BA zu kürzen (§ 3a III 1). Ergebnis der **Kürzung** ist der sog. *geminderte Sanierungsertrag* als Nettogröße (*Desens* FR 17, 981 (986)). Anschließend sind die in § 3a III 2 Nr 1–13 enthaltenen Posten mit dem geminderten Sanierungsertrag zu verrechnen und werden hierdurch verbraucht. Technisch setzt das Gesetz dies um, indem die Posten gem § 3a III 2 Nr 1–13 nacheinander vom geminderten Sanierungsertrag abzuziehen sind (BT-Drs 18/12128, 32). Posten aus dem Katalog, die von dem geminderten Sanierungsertrag vollständig abzuziehen sind, gehen unter (§ 3a III 5). Verbleibt nach der Verrechnung des geminderten Sanierungsertrags mit allen Posten des Katalogs gem Abs 3 S 2 Nr 1–13 (und ggf den Posten eines Dritten, § 3a III 3, § 3a IIIa) ein positiver Restbetrag, ist dies der *verbleibende Sanierungsertrag* (§ 3a III 4). Sind keine verrechenbaren Posten iSd § 3a III 2 Nr 1–13 vorhanden, ist der Sanierungsertrag iSd Abs 1 S 1 gleichwohl stfrei; die gem § 3c IV nicht abzugsfähigen BA sind aber anzusetzen. Die Verrechnung gem Abs 3 S 2 ist nur Rechtsfolge eines positiven geminderten Sanierungsertrags, nicht aber Voraussetzung der StBefreiung des Sanierungsertrags iSd Abs 1 S 1 (*Kahlert/Schmidt* DStR 17, 1897 (1903)). 36

c) Fallgruppen. – aa) Zeitliche Anknüpfung. Die im Katalog des § 3a III 2 enthaltenen Posten knüpfen zT an festgestellte Beträge (Nr 1) oder festgestellte Verluste zum Ende des *Vorjahres* des Sanierungsjahres (Nr 3, 5, 7, 11, 13) an. Der geminderte Sanierungsgewinn verringert diese Posten der gesetzl Reihenfolge, sodass sie sich im Gewinnermittlungszeitraum des Schuldenerlasses für andere BV-Mehrungen/BE (außerhalb des stfreien Sanierungsertrags) nicht mindernd auswirken können. Knüpft das Gesetz an Posten des *Sanierungsjahrs/Folgejahrs* an, mindert der geminderte Sanierungsertrag die im Gewinnermittlungszeitraum des Schuldenerlasses (→ Rn. 18) erst entstehenden Verlustpotenziale (*Förster/Hechtner* DB 17, 1536 (1541)). Auch ein Verlustrücktrag ins Sanierungsjahr ist zu verrechnen (Nr 12). 37

bb) Anknüpfung an Unternehmen und Steuerpflichtigen. – ***(1)*** **§ 3a III 2 Nr. 1–8.** Diese Posten erfassen Verluste des zu sanierenden Unternehmens und der MUer aus den Vorjahren oder aus dem Sanierungsjahr. – ***(2)*** **§ 3a III Nr 9–11, 12.** Diese Posten erfassen Verluste, die nicht zwingend auf der unternehmerischen Tätigkeit beruhen. Dies ist iErg gerechtfertigt (*Desens* FR 17, 981 (986); krit *Sistermann/Beutel* DStR 17, 1065 (1068)). **Nr 9** ordnet nach Durchführung eines horizontalen Verlustausgleichs (BT-Drs 18/12128, 32) und nach hM auch eines vertikalen Verlustausgleichs an, dass der ausgleichsfähige „Verlust" aus den „anderen" Einkunftsarten des StPfl im Sanierungsjahr zu verrechnen ist (str, glA *Desens* FR 17, 981 (987); *Kanzler* NWB 17, 2260 (2270); **aA** *Förster/Hechtner* DB 17, 1536 (1541)). **Nr 10** verlangt die Verrechnung eines Verlustvortrags gem § 10d zum Ende des Vorjahres des Sanierungsjahrs mit dem geminderten Sanierungsertrag (Verhinderung des Verlustabzugs) und **Nr 11 Buchst a–g** mit den dort genannten Verlusten des StPfl aus besonderen Verrechnungskreisen in der vorgegebenen Reihenfolge. „Sonstige Verluste" (Nr 11 Buchst g) sind nach hM festgestellte Verluste gem § 20 VI und § 22 Nr 3 S 4 (*Förster/Hechtner* DB 17, 1536 (1541); *Kanzler* NWB 17, 2260 (2270)). Ein im sog Verlustver- 38 rechnungstopf gem § 43a III 2 ff (→ § 43a Rn. 3) erfasster Verlust aus § 20 kann mE nicht verrechnet werden. – **Nr 12** gibt vor, dass der geminderte Sanierungsertrag mit den Verlusten der beiden Folgejahre des Sanierungsjahrs zu verrechnen ist; der Verlustrücktrag bleibt auf den Betrag des verbleibenden Sanierungsertrags iSd Abs 3 S 4 beschränkt. – ***(3)*** **§ 3a III 2 Nr 13.** Auch Zins- und EBITDA-Vorträge sind zu mindern (krit *Desens* FR 17, 981 (988); zur Organschaft s BT-Drs 18/12128, 32).

39 **cc) Untergang von Verlusten bei einer nahestehenden Person, § 3a III 3.** Ist nach der Minderung des geminderten Sanierungsertrags um die Posten gem § 3a III 2 Nr 1–13 beim zu sanierenden Unternehmer/MUer noch ein **Restbetrag** vorhanden, kann dieser bei einer nahestehenden Person Posten iSd § 3a III 2 Nr 1–13 mindern und zum Untergang bringen. Dies gilt auch für die GewSt (§ 7b II 2 GewStG). § 3a III 3 enthält eine Missbrauchsvorschrift für den Fall, dass Schulden von einer nahestehenden Person innerhalb eines Zeitraums von fünf Jahren vor dem Schuldenerlass auf das zu sanierende Unternehmen (zB gem § 6 III EStG, §§ 20, 24 UmwStG) übergegangen sind. Das Gesetz will Übertragungen treffen, durch die stfreier Sanierungsertrag und die Verlustpotenziale gem § 3a III 2 Nr 1–13 getrennt werden (s *Sistermann/Beutel* DStR 17, 1065 (1068): Betriebseinbringung samt Schulden in eine Tochter-KapGes unter Verbleib von Verlustvorträgen bei der Mutter-KapGes; anschließender Schuldenerlass durch die Gläubiger der Tochter-KapGes). Beziehungen, die ein Nahestehen zw übertragendem und übernehmendem Rechtsträger begründen, können familien-, gesellschafts- und schuldrechtl oder auch rein tatsächl Art sein (BT-Drs 18/12128, 32; s vertiefend *Desens* FR 17, 981 (989 ff) mit Beispielen).

40 **d) Ehegatten, § 3a IIIa.** Bei **zusammenveranlagten** Ehegatten sind in die Verrechnung gem Abs 3 die lfd negativen Einkünfte und Verlustvorträge des anderen Ehegatten einzubeziehen. Es handelt sich um eine personenübergreifende Verrechnung iRd § 3a III 2, nicht um eine nachrangige iSd § 3a III 3. § 3a IIIa gilt immer, wenn § 3a zur Anwendung kommt (auch iRd Antrags, → Rn. 2, 3; BT-Drs 19/1409, 40). Er widerspricht der individuellen Einkünfteermittlung der Ehegatten iRd Zusammenveranlagung. Bei getrennter Veranlagung für das Sanierungsjahr findet keine Verrechnung statt.

V. Verfahrensrechtliche Regelungen, § 3a IV

41 **1. Besondere Feststellungen, § 3a IV 1, 2.** § 3a IV enthält verfahrensrechtl Regelungen für die Fälle, in denen iRe Betriebs iSd oder auf Ebene einer MUerschaft der Sanierungsertrag erzielt und die Einkünfte gesondert (und ggf einheitl) festgestellt werden müssen (§ 180 I Nr 2 Buchst a und Buchst b AO). Das zuständige Feststellungs-FA hat den *Sanierungsertrag* (Abs 1 S 1) **und** die *nach § 3a III 2 Nr 1–6, 13 verrechneten Beträge* festzustellen (BT-Drs 18/12128, 32). In der gesonderten und ggf auch einheitl Feststellung zum Sanierungsertrag gem § 3a IV 1 ist über die StBefreiung des Sanierungsbetrags zu entscheiden. Der Bescheid ist Grundlagenbescheid für den Gewinnfeststellungsbescheid der MUerschaft (s BFH IV R 1/22, BStBl II 25, 294 zum Ertrag auf der Gesellschaftsebene sowie zur Nettofeststellung des Gewinns und § 3c IV; BFH IV R 23/23, DStR 25, 2625 zum Ertrag im SonderBV). Durch die Ergänzung von § 3a IV 1 gilt dies ab dem VZ 24 auch im Fall der Restschuldbefreiung (BT-Drs. 20/12780, 120). Zu § 3c IV → § 3c Rn. 27 ff. IRd Folgebescheids des MUers ist dann der geminderte Sanierungsbetrag (Abs 3 S 1) zu bestimmen und ggf die Verrechnung gem § 3a III 2 iVm § 3a III 2 Nr 9–Nr 12 durchzuführen. – Die Feststellungen gem Abs 4 können mit den Feststellungen gem § 180 I Nr 2 Buchst a AO verbunden werden. Einspruchs- und klagebefugt ist dann die MUerschaft als gesetzl Prozessstandschafterin (§ 352 AO/§ 48 FGO, s *Gräber* § 48 aF Rn. 29a). Die Feststellung gem § 3a IV ist iSd § 74 FGO vorgreifl für die Gewinnfeststellung (BFH IV B 4/25, BFH/NV 26, 17).

2. Korrekturvorschriften, § 3a III 3, 4. Die Regelungen enthalten eigene Korrekturvorschriften, um Verlust- und sonstige Feststellungen zu ändern, falls in den festgestellten Beträgen gem § 3a III 5 untergegangene Beträge enthalten sind oder sich diese Beträge (etwa nach einer BP) ändern. § 3a IV 4 Hs 2 enthält hierfür eine besondere Ablaufhemmung. § 3a III 3, 4 haben für die Feststellung gem § 3a IV 1 (→ Rn. 41) keine Bedeutung. 42

VI. Unternehmerbezogene Sanierung, § 3a V

1. Erweiterung gegenüber Sanierungserlass. § 3a V 1 regelt sog *unternehmerbezogene* Sanierungen, die unter dem Sanierungserlass (s *BMF* BStBl I 10, 18) zT nicht erfasst waren. Er normiert Fälle der persönl Billigkeit (*Kanzler* NWB 21, 1311 (1324)). Die Voraussetzungen des Abs 2 zur unternehmensbezogenen Sanierung, insb die Sanierungsbedürftigkeit/-eignung/-absicht des Unternehmens, müssen nicht erfüllt sein (BFH X B 63/20, BFH/NV 21, 531). Eine Nachweispflicht wie bei Abs 2 (→ Rn. 29) besteht nicht (*Desens* FR 17, 981 (984)). 45

2. Voraussetzungen und Rechtsfolgen. – a) Erfasste Maßnahmen. § 3a V 1 nennt als begünstigte Fälle den Schuldenerlass aufgrund der Restschuldbefreiung (§ 286 InsO), iRe außergerichtl Schuldenbereinigungsplans gem §§ 304 ff InsO, auf Grund eines Schuldenbereinigungsplans, dem in einem Verbraucherinsolvenzverfahren durch die Gläubiger zugestimmt oder wenn diese Zustimmung durch das Insolvenzgericht ersetzt wurde. Der gesetzl Katalog ist abschließend (BT-Drs 18/12128, 31). § 3a V erfasst nicht rein unternehmerbezogen wirkende Schuldenerlasse iRe Insolvenzplans (*Desens* BB 23, 2326 (2338); *BeckOK EStG* § 3a Rn. 20, 600; **aA** *BH/Krumm* § 3a Rn. 29b: Analogie) und nicht Zahlungen iRe Vergleichs zur Insolvenzanfechtung (FG Mster EFG 22, 31, rkr). 46

b) Betriebsvermögensmehrungen; Betriebseinnahmen. Der Sanierungsertrag muss wie bei § 3a I 1 (→ Rn. 8) zu BV-Mehrungen/BE führen. Abs 5 erfasst daher iErg hauptsächl Einzelunternehmer. Gewinne aus dem Schuldenerlass iRe einer Restschuldbefreiung sind erst im Jahr der Restschuldbefreiung zu berücksichtigen. Der Untergang einer Verbindlichkeit, die in einer Aufgabebilanz gem § 16 III erfasst war, iRe Restschuldbefreiung, wirkt auf den VZ der Aufgabe zurück (§ 175 I 1 Nr 2 AO) und betrifft damit einen VZ, in dem § 3a V nicht greift (BFH X R 4/15, BStBl II 17, 786; ebenso bei Betriebsaufgabe im Insolvenzverfahren, s BFH X R 28/19, BStBl II 23, 341; glA *BMF* BStBl I 22, 632 Rückwirkung bei Aufgabe vor und während des Verfahrens; Übergangsregelung für Aufgaben vor dem 8.8.2017). 47

c) Verweis auf § 3a I 2, § 3a III und § 3a IIIa. Steuerl Wahlrechte waren iRd § 3a V bis Ende VZ 24 nicht gewinnmindernd auszuüben (*Kanzler* NWB 21, 1311 (1324)). Dies ist durch einen Verweis auf § 3a I 2 ab VZ 24 geändert worden. Ebenso sind bei Sanierungen iSd § 3a V (→ Rn. 46) nunmehr die Regelungen zur Verrechnung des Sanierungsertrags (§ 3a III) und zu Ehegattenverlusten iSd § 3a IIIa anzuwenden (BT-Drs 20/12870, 120). 48

d) Rechtsfolgen. Der geminderte Sanierungsertrag gem § 3a I 1 ist stfrei. § 3a III und § 3a IIIa gelten gem § 3a V 2 entspr (→ Rn. 48). 49

§ 3b Steuerfreiheit von Zuschlägen für Sonntags-, Feiertags- oder Nachtarbeit

(1) **Steuerfrei sind Zuschläge, die für tatsächlich geleistete Sonntags-, Feiertags- oder Nachtarbeit neben dem Grundlohn gezahlt werden, soweit sie**

1. für Nachtarbeit 25 Prozent,
2. vorbehaltlich der Nummern 3 und 4 für Sonntagsarbeit 50 Prozent,

3. vorbehaltlich der Nummer 4 für Arbeit am 31. Dezember ab 14 Uhr und an den gesetzlichen Feiertagen 125 Prozent,
4. für Arbeit am 24. Dezember ab 14 Uhr, am 25. und 26. Dezember sowie am 1. Mai 150 Prozent

des Grundlohns nicht übersteigen.

(2) [1]**Grundlohn ist der laufende Arbeitslohn, der dem Arbeitnehmer bei der für ihn maßgebenden regelmäßigen Arbeitszeit für den jeweiligen Lohnzahlungszeitraum zusteht; er ist in einen Stundenlohn umzurechnen und mit höchstens 50 Euro anzusetzen.** [2]**Nachtarbeit ist die Arbeit in der Zeit von 20 Uhr bis 6 Uhr.** [3]**Sonntagsarbeit und Feiertagsarbeit ist die Arbeit in der Zeit von 0 Uhr bis 24 Uhr des jeweiligen Tages.** [4]**Die gesetzlichen Feiertage werden durch die am Ort der Arbeitsstätte geltenden Vorschriften bestimmt.**

(3) **Wenn die Nachtarbeit vor 0 Uhr aufgenommen wird, gilt abweichend von den Absätzen 1 und 2 Folgendes:**

1. Für Nachtarbeit in der Zeit von 0 Uhr bis 4 Uhr erhöht sich der Zuschlagssatz auf 40 Prozent,
2. als Sonntagsarbeit und Feiertagsarbeit gilt auch die Arbeit in der Zeit von 0 Uhr bis 4 Uhr des auf den Sonntag oder Feiertag folgenden Tages.

Lohnsteuer-Richtlinien: LStR 3b/LStH 3b

1 **1. Allgemeines.** – ***(1)* Inhalt und Zweck.** § 3b enthält eine StBefreiung ausschließl für Arbeitszeitzuschläge für Sonntags-, Feiertags- und Nachtarbeit bei § 19-Einkünften (krit wegen des Subventionscharakters BFH VI R 50/09, BStBl II 11, 43; BFH VI B 69/08, BStBl II 09, 730). – ***(2)* Restriktive Auslegung.** Der BFH hat zutr eine über den Wortlaut hinausgehende Ausweitung des § 3b auf Zuschläge für andere Erschwernisgründe stets abgelehnt (BFH VI R 6/09, BStBl II 12, 144; BFH VI R 30/16, BStBl II 17, 644). – ***(3)* Persönlicher Geltungsbereich.** § 3b gilt für unbeschr/beschr stpfl ArbN, auch bei Pauschalierung gem § 40a (LStR 3b I 7). Zum unbeschr stpfl Grenzgänger s BFH VI R 48/12, BFH/NV 14, 341. – ***(4)* Verdeckte Gewinnausschüttungen.** Zuschläge iSd § 3b sind bei Ges'ter-Geschäftsführern und Ges'terAngestellten von KapGes idR vGA, da die Arbeit zu den ungünstigsten Zeiten als Ges'ter-Beitrag verlangt werden kann. Durch einen betriebsinternen Fremdvergleich kann die Veranlassung durch das GesVerhältnis widerlegt werden (BFH I R 111/03, BStBl II 05, 307; BFH VIII R 27/09, BFH/NV 12, 1127; zutr auch FG Mster EFG 16, 671).

2 **2. Voraussetzungen, § 3b I, § 3b II. – a) Grundlohn.** Grundlohn ist der arbeitsvertragl regelmäßig gewährte *laufende ArbLohn* iSd § 39b II für die *regelmäßige Arbeitszeit* einschließl sog Grundlohnzusätze, ohne sonstige Bezüge (iEinz BFH VI R 28/19, BStBl II 22, 209; LStR 3b II). Der Grundlohn umfasst auch Lohnbestandteile, die dem ArbN zustehen (§ 3b II 1), aber nicht zufließen (BFH VI R 11/21, BStBl II 24, 202 zu ArbG-Beitrag an Unterstützungskasse). Der Grundlohn ist in einen *Stundengrundlohn* umzurechnen (§ 3b II 1 Hs 1; s LStR 3b II Nr 1a, b iVm 39b.2, 3b II Nr 2; LStR 3b II Nr 1c; BFH VI R 61/14, BStBl II 17, 718; BFH VI R 16/19, BStBl II 21, 936). Zur Ermittlung der regelmäßigen Stundenzahl s LStR 3b II Nr 2a S 5, Nr 3 S 2 (bei monatl Lohnzahlung: das 4,35-fache der wöchentl Arbeitszeit; zu Bereitschaftsdienstzeiten → Rn. 3 *(3)* mwN). Der Stundengrundlohn ist Bemessungsgrundlage für die höchstens stfreien Prozentzuschläge iSd § 3b I 1 Nr 1–4, III Nr 1 (→ Rn. 7).

3 **b) Zuschlag „für" Arbeit zu den ungünstigen Zeiten.** – ***(1)* Zuschlag.** Für die Sonn-, Feiertags- und Nachtarbeit muss nach der maßgebl Anspruchsgrundlage Grundlohn geschuldet und („neben") ein besonderes Entgelt (Zuschlag) vereinbart sein, das zweckbestimmt gezahlt wird; die Bezeichnung des Zuschlags ist unerhebl

(BFH VI R 28/19, BStBl II 22, 209; BFH VI R 30/16, BStBl II 17, 644). Der Anspruch auf den Zuschlag kann auf Gesetz (§ 6 V ArbZG,), Tarifvertrag, Betriebs- oder Einzelvereinbarung beruhen (LStR 3b I S 2, 3). Bei einheitl Vergütung der gesamten zu günstigen und ungünstigen Zeiten geleisteten Arbeit fehlt es an einem Zuschlag (BFH VI R 50/09, BStBl II 11, 43; LStH 3b). – ***(2)* Ausgestaltung.** § 3b I verlangt nicht, dass der ArbG einen unveränderl Bruttogrundlohn schuldet, der um einen festen stfreien Zuschlag erhöht wird. Mögl ist auch die Vereinbarung eines festen Brutto(gesamt)lohns, der sich aus den stfreien Zuschlägen und einem stpfl Restbetrag zusammensetzt, also zu einem variablen Nettolohn führt (s BFH VI R 50/09, BStBl II 11, 43; zur *Theaterbetriebszulage* BFH VI R 16/19, BStBl II 21, 936). – ***(3)* Einzelfälle.** S LStH 3b und zu stpfl *Wechselschichtzulagen* BFH IX R 81/98, BStBl II 05, 888; zu stpfl Zuschlägen gem § 17a, § 17b EZulV BFH VI R 30/16, BStBl II 17, 644; zur *Offshorezulage* NdsFG EFG 15, 2165 rkr; zu *Bereitschaftsdienstentgelt und -zulagen* BFH VI R 61/14, BStBl II 17, 718; BFH VI R 1/22, BStBl II 24, 798. Ein *Mischzuschlag* ist ein für verschiedene Erschwernisgründe gewährter einheitl Betrag. Er ist in einen stfreien, stpfl Teil aufteilbar, wenn der ArbG auf unterschiedl Ansprüche des ArbN zahlt (BFH VI R 79/86, BStBl II 91, 8). Zu Mischzuschlägen, die Mehrarbeit und Sonn-, Feiertags- und Nachtarbeit vergüten, s iEinz LStR 3b V.

c) Tatsächliche Arbeitsleistung. – ***(1)* Ausübung.** Der ArbN muss während 4
der Zeiten iSd Abs 1, 2 tätig sein. Hierzu zählen unabhängig von der arbeitsrechtl Einordnung auch Zeiten für Ruf- und Anwesenheitsbereitschaft (BFH VI R 1/22, BStBl II 24, 798), Schichtübergaben, Pausen, Reisezeiten (BFH VI R 28/19, BStBl II 22, 209; LStR 3b VI S 2). Die tatsächl Arbeitsleistung kann durch jedes Beweismittel nachgewiesen werden (BFH VI R 56/90, BStBl II 91, 298; LStR 3b VI 6 und → Rn. 5; FG BW EFG 17, 1076, rkr zum Nachweis iRd ESt-Veranlagung). Stfreie Zuschläge dürfen nicht nach Erfahrungswerten/Modellen aus dem gezahlten Lohn herausgerechnet werden (BFH VI R 27/10, BStBl II 12, 288; BFH IX R 72/02, BStBl II 05, 725). Nicht stfrei sind mangels tatsächl Arbeitsleistung Zuschläge, die iRd Entgeltfortzahlung gezahlt werden (BFH VI B 69/08, BStBl II 09, 730). Erwirbt der ArbN durch Sonn-, Feiertags-, Nachtarbeit einen Anspruch auf vergüteten Freizeitausgleich, der durch eine Barablösung abgegolten wird, ist die Ablöse stpfl (BFH IX R 55/04, BFH/NV 06, 712; BFH IX R 27/05, BFH/NV 06, 1274). – ***(2)* Nachweis.** S LStR 3b VI/LStH 3b. Es ist eine Einzelaufstellung erforderl (BFH VI R 18/11, BStBl II 12, 291). Sie ist grds unverzichtbar und nicht nachholbar (BFH VI R 18/11, BStBl II 12, 291; BFH VI R 48/12, BFH/NV 14, 341), kann aber bei *ausschließl Nachtarbeit* entbehrl sein (BFH VI R 16/08, BFH/NV 10, 201; auch SchlHFG DStRE 24, 137).

d) Begünstigte Tätigkeiten und Höhe, § 3b I Nr 1–4. – ***(1)* Nachtarbeit,** 5
§ 3b I Nr 1. Zum Begriff → Rn. 8. Stfrei sind Zuschläge iHv bis zu 25% des Stundengrundlohns (→ Rn. 2). Werden neben dem Grundlohn auch Bereitschaftsdienstentgelte gezahlt, auf die sich der Zuschlag bezieht, kommt es auf den höheren Stundengrundlohn (→ Rn. 2), nicht das Bereitschaftsdienstentgelt an (BFH VI R 1/22, BStBl II 24, 798). Zur Erhöhung gem Abs 3 Nr 1 → Rn. 9. – ***(2)* Sonntagsarbeit, § 3b I Nr 2.** Auch → Rn. 8. Stfrei ist ein Zuschlag bis 50%; zur Ausweitung gem Abs 3 Nr 2 → Rn. 9. – ***(3)* Feiertagsarbeit, § 3b I Nr 3, Nr 4.** → Rn. 8. Stfrei sind Zuschläge bis 125% (§ 3b I Nr 3) für Arbeit an sonstigen gesetzl Feiertagen; am 31.12. ab 14 Uhr; Zuschläge bis 150% (§ 3b I Nr 4) für Arbeit am 1.5., 25. und 26.12. ganztags sowie am 24.12. ab 14 Uhr. Zur Ausweitung gem Abs 3 Nr 2 → Rn. 9. – ***(4)* Kollisionsregeln („vorbehaltlich").** Für Arbeit an Feiertags- und Sonntagen, die auf den 31.12. fallen, gilt Nr 3; für Sonntagsarbeit an den in Nr 4 genannten Tagen hat Nr 4 Vorrang vor Nr 2. Zur Nachtarbeit gem Abs 3 → Rn. 9.

e) Auszahlung. Abschlagszahlungen dürfen als lfd Pauschale im Vorgriff auf 6
eine Einzelabrechnung stfrei gezahlt werden (LStR 3b VII; zur Abgrenzung stpfl Pau-

schalzuschläge von stfreien Vorschüssen FG Ddorf EFG 21, 381, rkr). Die Stfreiheit bleibt auch bei *zeitversetzter Auszahlung* der Zuschläge im Blockmodell oder bei Gutschrift als *Geldanspruch* auf einem Wertguthabenkonto erhalten (→ § 3 Rn. 175 *(1)*); dies gilt nicht für Zinsen und Wertsteigerungen (s LStR 3b VIII).

7 **f) Rechtsfolgen, § 3b I.** – ***(1)* Steuerbefreiung.** Der stfreie Stundengrundlohn als Berechnungsgrundlage ist auf 50 € gedeckelt. Zuschläge sind bis zur gesetzl zulässigen Höhe stfrei („soweit", BFH VI R 28/19, DStR 22, 187). § 3b ist iRd LStAbzugs (§ 4 LStDV) und in der Veranlagung anwendbar (BFH VI B 45/17, BFH/NV 18, 333). – ***(2)* Beitragsfreiheit** (§ 1 I 1 Nr 1 SvEV) besteht, wenn der Stundengrundlohn nicht mehr als 25 € (steuerl 50 €!) beträgt und § 3b iÜ erfüllt ist (BSG 12 BA 5/22 R DStR 25, 1289: tatsächl Arbeitsleistung erforderl → Rn. 4).

8 **3. Begünstigte Zeiten, § 3b II 2–4.** – ***(1)* Nachtarbeit, § 3b II 2.** 20 bis 6 Uhr des Folgetags. – ***(2)* Sonn- und Feiertagsarbeit, § 3b II 3.** 0 bis 24 Uhr. – ***(3)* Feiertagsbegriff, § 3b II 4.** Maßgebl sind die Landesfeiertagsgesetze.

9 **4. Nachtarbeitsaufnahme vor 0 Uhr, § 3b III.** – ***(1)* Erhöhung des Prozentsatzes auf 40 %, § 3b III Nr 1.** Der stfreie Prozentsatz erhöht sich bei Arbeitsaufnahme zw 20 und 24 Uhr für Nachtarbeit, die zw 0 und 4 Uhr geleistet wird, auf 40 %; für die Nachtarbeit zw 20–24 Uhr und von 4 bis 6 Uhr bleibt es bei 25 % (§ 3b I Nr 1). – ***(2)* Erhöhung bei Sonn- und Feiertagsarbeit, § 3b III Nr 2.** Wird mit der Nachtarbeit an einem Sonn- oder Feiertag zw 20 und 24 Uhr begonnen, ist die fortgeführte Nachtarbeit zw 0 bis 4 Uhr des Folgetags noch Sonn- oder Feiertagsnachtarbeit. Bei Sonntagsnachtarbeit sind zw 0 und 4 Uhr Zuschläge iHv 50 % + 40 % und bei Feiertagsnachtarbeit (§ 3b I Nr 3, 4) iHv 125 %/150 % + 40 % zum Grundlohn stfrei (s LStR 3b III).

§ 3c Anteilige Abzüge

(1) **Ausgaben dürfen, soweit sie mit steuerfreien Einnahmen in unmittelbarem wirtschaftlichen Zusammenhang stehen, nicht als Betriebsausgaben oder Werbungskosten abgezogen werden; Absatz 2 bleibt unberührt.**

(2) [1]**Betriebsvermögensminderungen, Betriebsausgaben, Veräußerungskosten oder Werbungskosten, die mit den dem § 3 Nummer 40 zugrunde liegenden Betriebsvermögensmehrungen oder Einnahmen oder mit Vergütungen nach § 3 Nummer 40a in wirtschaftlichem Zusammenhang stehen, dürfen unabhängig davon, in welchem Veranlagungszeitraum die Betriebsvermögensmehrungen oder Einnahmen anfallen, bei der Ermittlung der Einkünfte nur zu 60 Prozent abgezogen werden; Entsprechendes gilt, wenn bei der Ermittlung der Einkünfte der Wert des Betriebsvermögens oder des Anteils am Betriebsvermögen oder die Anschaffungs- oder Herstellungskosten oder der an deren Stelle tretende Wert mindernd zu berücksichtigen sind.** [2]**Satz 1 ist auch für Betriebsvermögensminderungen oder Betriebsausgaben im Zusammenhang mit einer Darlehensforderung oder aus der Inanspruchnahme von Sicherheiten anzuwenden, die für ein Darlehen hingegeben wurden, wenn das Darlehen oder die Sicherheit von einem Steuerpflichtigen gewährt wird, der zu mehr als einem Viertel unmittelbar oder mittelbar am Grund- oder Stammkapital der Körperschaft, der das Darlehen gewährt wurde, beteiligt ist oder war.** [3]**Satz 2 ist insoweit nicht anzuwenden, als nachgewiesen wird, dass auch ein fremder Dritter das Darlehen bei sonst gleichen Umständen gewährt oder noch nicht zurückgefordert hätte; dabei sind nur die eigenen Sicherungsmittel der Körperschaft zu berücksichtigen.** [4]**Die Sätze 2 und 3 gelten entsprechend für Forderungen aus Rechtshandlungen, die einer Darlehensgewährung wirtschaftlich vergleichbar sind.** [5]**Gewinne aus dem Ansatz des nach § 6 Absatz 1 Nummer 2 Satz 3 maßgeblichen Werts bleiben bei der Ermittlung der Einkünfte außer Ansatz, soweit auf die vorangegangene Teilwert-**

abschreibung Satz 2 angewendet worden ist. [6]Satz 1 ist außerdem ungeachtet eines wirtschaftlichen Zusammenhangs mit den dem § 3 Nummer 40 zugrunde liegenden Betriebsvermögensmehrungen oder Einnahmen oder mit Vergütungen nach § 3 Nummer 40a auch auf Betriebsvermögensminderungen, Betriebsausgaben oder Veräußerungskosten eines Gesellschafters einer Körperschaft anzuwenden, soweit diese mit einer im Gesellschaftsverhältnis veranlassten unentgeltlichen Überlassung von Wirtschaftsgütern an diese Körperschaft oder bei einer teilentgeltlichen Überlassung von Wirtschaftsgütern mit dem unentgeltlichen Teil in Zusammenhang stehen und der Steuerpflichtige zu mehr als einem Viertel unmittelbar oder mittelbar am Grund- oder Stammkapital dieser Körperschaft beteiligt ist oder war. [7]Für die Anwendung des Satzes 1 ist die Absicht zur Erzielung von Betriebsvermögensmehrungen oder Einnahmen im Sinne des § 3 Nummer 40 oder von Vergütungen im Sinne des § 3 Nummer 40a ausreichend. [8]Satz 1 gilt auch für Wertminderungen des Anteils an einer Organgesellschaft, die nicht auf Gewinnausschüttungen zurückzuführen sind. [9]§ 8b Absatz 10 des Körperschaftsteuergesetzes gilt sinngemäß.

(3) **Betriebsvermögensminderungen, Betriebsausgaben oder Veräußerungskosten, die mit den Betriebsvermögensmehrungen oder Einnahmen im Sinne des § 3 Nummer 70 in wirtschaftlichem Zusammenhang stehen, dürfen unabhängig davon, in welchem Veranlagungszeitraum die Betriebsvermögensmehrungen oder Einnahmen anfallen, nur zur Hälfte abgezogen werden.**

(4) **[1]Betriebsvermögensminderungen oder Betriebsausgaben, die mit einem steuerfreien Sanierungsertrag im Sinne des § 3a in unmittelbarem wirtschaftlichem Zusammenhang stehen, dürfen unabhängig davon, in welchem Veranlagungszeitraum der Sanierungsertrag entsteht, nicht abgezogen werden. [2]Satz 1 gilt nicht, soweit Betriebsvermögensminderungen oder Betriebsausgaben zur Erhöhung von Verlustvorträgen geführt haben, die nach Maßgabe der in § 3a Absatz 3 getroffenen Regelungen entfallen. [3]Zu den Betriebsvermögensminderungen oder Betriebsausgaben im Sinne des Satzes 1 gehören auch Aufwendungen im Zusammenhang mit einem Besserungsschein und vergleichbare Aufwendungen. [4]Satz 1 gilt für Betriebsvermögensminderungen oder Betriebsausgaben, die nach dem Sanierungsjahr entstehen, nur insoweit, als noch ein verbleibender Sanierungsertrag im Sinne von § 3a Absatz 3 Satz 4 vorhanden ist. [5]Wurden Betriebsvermögensminderungen oder Betriebsausgaben im Sinne des Satzes 1 bereits bei einer Steuerfestsetzung oder einer gesonderten Feststellung nach § 180 Absatz 1 Satz 1 der Abgabenordnung gewinnmindernd berücksichtigt, ist der entsprechende Steuer- oder Feststellungsbescheid insoweit zu ändern. [6]Das gilt auch dann, wenn der Steuer- oder Feststellungsbescheid bereits bestandskräftig geworden ist; die Festsetzungsfrist endet insoweit nicht, bevor die Festsetzungsfrist für das Sanierungsjahr abgelaufen ist.**

Einkommensteuer-Richtlinien: EStH 3c

Übersicht Rn.

I. Allgemeine Abzugsbeschränkung, § 3c I

1 **1. Allgemeines. – a) Anwendungsbereich; Normzweck.** Das Abzugsverbot des § 3c I soll bei unbeschr und beschr StPfl (→ § 50 Rn. 8, 9) für stfreie Einnahmen den Abzug von iZm diesen stehenden BA/WK von anderen stpfl Einkünften verhindern (BFH VI R 26/00, BStBl II 02, 823; BFH XI R 61/04, BStBl II 06, 163). Zu KapGes → Rn. 2.

2 **b) Verhältnis zu anderen Vorschriften.** – ***(1)* Einkünfteermittlung.** § 3c I gilt nur iRd Einkünfteermittlung (BA/WK). Gem § 12 nicht stbare Aufwendungen und nicht durch stbare Einnahmen veranlasste Aufwendungen sind weder WK/BA noch Ausgaben iSd § 3c I (BFH I R 34/05, BFH/NV 06, 1068; → Rn. 5 zu DBA). – ***(2)* Speziellere Abzugsverbote.** § 3c II ist ggü § 3c I spezieller (§ 3c I Hs 1). Speziellere Abzugsverbote für BA/WK enthalten § 3 Nr 10 S 3 (→ § 3 Rn. 38), Nr 26 S 2 (→ § 3 Rn. 95), § 3 Nr 26a S 3 (→ § 3 Rn. 96), § 3 Nr 26b S 2 (→ § 3 Rn. 98), uU § 3 Nr 72 S 2 (str → § 3 Rn. 241); § 22 Nr 4 S 2 (Abgeordnete), § 109. WK iZm KapErträgen iSd § 32d I sind nicht abzugsfähig (§ 2 II 2, § 20 IX); dies gilt auch für gem § 20 I Nr 6 S 2 hälftig stbefreite LV-Leistungen (→ § 32d Rn. 16). S auch § 21 InvStG. Für die SA enthalten § 10 II Nr 1 (→ § 10 Rn. 138) und § 10 I Nr 5 (s BFH III R 30/20, BStBl II 21, 772) speziellere Regelungen. – ***(3)* Sonstiges.** Zum Progressionsvorbehalt → § 32b Rn. 41. Zu ausl Einkünften gem § 34c, § 34d → § 34c Rn. 11. – ***(4)* KStG.** § 3c I ist zwar grds auch iRd KSt (§ 8 I KStG, s KStR 8.1) anzuwenden, hat dort aber nur geringe Bedeutung. Für BA/AK iZm Beteiligungserträgen und Veräußerungsgewinnen sind § 8b III 2, § 8b V 2 KStG vorrangig (*RHN* § 8b KStG Rn. 483; *Gosch* § 8b KStG Rn. 280, 285, 484; zu § 3c als Wertungsvorgabe BFH I R 3/21, DStRE 25, 610). § 8b I, V KStG werden nicht von einem DBA-Schachtelprivileg iVm § 3c I verdrängt (BFH I R 29/15, BFH/NV 17, 324; s auch BFH I R 84/15, BStBl II 18, 492). Bei gem § 5 I Nr 9 KStG persönl – sachl befreiten KSt-Subjekten wird § 3c I für ein Abzugsverbot der Ausgabenüberhänge aus dem stfreien ideellen Bereich von den stpfl Einkünften (§ 5 I Nr 9 S 2 KStG) nicht benötigt s BFH V R 28/21, BStBl II 25, 425; zur gemischten Veranlassung I R 48/13, BStBl II 15, 713). Zur Organschaft → § 3c Rn. 22.

3 **2. Ausgaben.** – ***(1)* Begriff.** Ausgaben iSd § 3c I sind WK/BA (§ 4 IV/§ 9 I), die in Geld abfließen, Aufwendungen in Geldeswert sowie sämtl einkünftemindernden (auch buchmäßige) Aufwendungen wie Rückstellungen, RAP, AfA, TW-AfA, Gemeinkosten uÄ (vgl BFH IV R 122/79, BStBl II 83, 566; BFH I R 11/03, BStBl II 05, 581; zum Vorteilsverbrauch BFH I R 32/12, BFH/NV 14, 1090; aber kein § 3c iRd vGA wegen ersparter Aufwendungen BFH VI R 15/23, BStBl II 25, 965). – ***(2)* Rückzahlung steuerfreier Einnahmen.** Es handelt sich beim Zahlenden um

Ausgaben oder negative Einnahmen, die iErg keine StMinderung bewirken (→ § 3 Rn. 3, → § 8 Rn. 9, → § 9 Rn. 108, 110).

3. Steuerfreie Einnahmen. – a) Allgemeines. Hierzu gehören Einnahmen iSv § 2 I Nr 4–7, § 8, § 4 III, § 11 I sowie künftige stbare Vermögensmehrungen *(Bruttoeinnahmen),* die von der Besteuerung freigestellt sind. Die StBefreiung kann auf *gesetzl Vorschriften* (zB § 3, § 3b), *DBA* (→ § 3 Rn. 3), *Unionsrecht/Völkerrecht* (→ § 3 Rn. 3), *Billigkeitsregelungen* der Verwaltung (BFH VI R 209/82, BStBl II 89, 351) oder sog *technischen StBefreiungen* beruhen (§§ 40–40b; zu § 3 Nr 40 s aber § 3c II 1). – ***(2)* Abgrenzung.** Aufwendungen iZm Einlagen gem § 4 I fallen nicht unter § 3c I, da Einlagen keine stfreien Einnahmen sind (BFH I R 20/76, BStBl II 78, 346). Einnahmen, die iZm gem § 4 V nicht abzugsfähigen Ausgaben erzielt werden, sind *stpfl* („keine Umkehrung des § 3c I", → § 4 Rn. 460 „Abfindungen"). Hinzurechnungsbeträge gem § 10 AStG sind keine Einnahmen (BFH I R 118/04, BStBl II 06, 537; BFH I R 40/08, BStBl II 09, 594; → Rn. 14). 4

b) DBA-Freistellung. – *(1)* Einkünfte. Bei Freistellung ausl „Einkünfte" durch ein DBA bleiben diese als Nettogröße bei der inl Besteuerung außer Ansatz (BFH I R 32/93, BStBl II 94, 113). Der Anwendung des § 3c I bedarf es grds nicht. Entscheidendes Kriterium für die Zuordnung von BA/WK zu den nach DBA freigestellten Einkünften ist ein unmittelbarer wirtschaftl Veranlassungszusammenhang mit den im Inl freigestellten ausl Einkünften (*Wacker* BB 18, 2519 (2526)); die abstrakte Möglichkeit eines künftigen Zusammenhangs genügt nicht BFH VI R 5/10, BStBl II 12, 553). § 3c I greift bei zielgerichteten Aufwendungen (vorab entstandenen inl Bewerbungs-, Ausbildungs-, Umzugskosten, s BFH I R 32/93, BStBl II 94, 113; BFH I R 59/05, BStBl II 07, 756) und vergebl Gründungskosten für eine ausl Betriebsstätte (BFH I R 56/12, BStBl II 14, 703). Die Rspr wendet die Aufteilungsgrundsätze (→ Rn. 7, nicht aber § 3c I) für die Zuordnung von WK zu DBA-freigestellten und inl Einkünften entspr an (BFH I R 25/08, BStBl II 10, 536; iErg zutr FG Köln EFG 15, 573, rkr). – ***(2)* Einnahmen.** § 3c I ist anwendbar, wenn das DBA ausl *Einnahmen* als Bruttogröße (nicht die „Einkünfte") im Inl freistellt (*HHR/Desens* § 3c Rn. 33; *BeckOK EStG* § 3c Rn. 73). 5

4. Unmittelbarer wirtschaftlicher Zusammenhang der Ausgaben mit steuerfreien Einnahmen. – a) Grundsätze. – *(1)* Erforderlicher Zusammenhang. Der unmittelbare wirtschaftl Zusammenhang iSd § 3c I besteht, wenn Ausgaben *nach ihrer Entstehung/Zweckbestimmung* mit stfreien Einnahmen *in einem unlösbaren Zusammenhang* stehen, dh ohne diese nicht angefallen wären. Dies ist der Fall, wenn die stfreien Einnahmen/Aufwendungen klar abgrenz- und feststellbar *durch dasselbe Ereignis* oder *dieselbe Tätigkeit* verursacht werden. Ferner kann der Zusammenhang bestehen, wenn stfreie Einnahmen der einen Einkunftsart BA/WK einer anderen Einkunftsart ersetzen (s zum Ganzen BFH VI R 66/91, BStBl II 93, 450; BFH VI R 26/00, BStBl II 02, 823; BFH I R 11/03, BStBl II 05, 581; BFH X R 62/09, BStBl II 12, 721, BFH I R 32/10, BStBl II 14, 513 BFH VIII R 17/13, BStBl II 18, 408; *HHR/Desens* § 3c Rn. 37 ff; *BeckOK EStG* § 3c Rn. 84 ff). – ***(2)* Zeitbezug.** Der Zusammenhang kann *periodenübergreifend* bestehen. Wird nach dem VZ des Aufwandsabzugs für spätere BE eine Stbefreiung eingeführt, genügt dies grds nicht (BFH IV R 51/09 BStBl II 13, 203). Anders ist dies, wenn die StBefreiung existiert und bei Abfluss der vorab entstandenen BA/WK mit stfreien Einnahmen zu rechnen ist (BFH I R 59/05 BStBl II 07, 756). Auch → § 3 Rn. 241 zu § 3 Nr 72. 6

b) Konkretisierung. – *(1)* Eindeutige Zuordnung von Ausgaben zu steuerpflichtigen Bezügen. Kein unmittelbarer Zusammenhang besteht, wenn vom StPfl stfreie und stpfl Einnahmen erzielt werden, die Ausgaben aber *ausschließl* der Tätigkeit mit stpfl Einnahmen zuzuordnen ist (BFH VI R 93/98, BStBl II 01, 199; BFH VI R 21/23 DStR 25, 2298). Gleiches gilt, wenn die stfreien Einnahmen dem StPfl unabhängig von der Tätigkeit zufließen, für die die Ausgaben anfallen (BFH I 7

R 208/85, BStBl II 90, 88; BFH X R 62/09, BStBl II 12, 721). – ***(2)* Keine eindeutige Zuordenbarkeit der Ausgaben bei derselben Tätigkeit.** Werden durch *dieselbe Tätigkeit* stfreie/stpfl Einnahmen und Ausgaben (idR innerhalb einer Einkunftsart) erzielt und kann eine abgrenzbare Beziehung der Ausgaben nur zu den stfreien oder nur zu den stpfl Einnahmen nicht festgestellt werden, besteht der Zusammenhang mit den stfreien Einnahmen nur teilw; die Ausgaben sind grds im Verhältnis der stfreien Einnahmen zu den Gesamteinnahmen *aufzuteilen* und insoweit nicht abzugsfähig (BFH VI R 26/00, BStBl II 02, 823; BFH III R 23/15, BStBl II 19, 469; BFH VI R 21/23, BStBl II 25, 917). Das gilt nicht bei einem ledigl mittelbaren Zusammenhang von Ausgaben, die nicht aufteilbar mit stfreien und mit nicht stfreien Einnahmen stehen (BFH XI R 39/20, BStBl II 25, 618). – ***(3)* Zuordnung der Ausgaben ausschließlich zu steuerfreien Einnahmen.** Ein unmittelbarer Zusammenhang der Ausgaben nur mit den stfreien Einnahmen besteht, soweit bestimmte oder sämtl berufl veranlasste Aufwendungen durch stfreie Einnahmen ersetzt werden (BFH IV R 41/04, BStBl II 06, 755; BFH VI R 34/20, BStBl II 23, 142; BFH VI R 21/23, BStBl II 25, 917). „Soweit" die BA/WK die stfreien Einnahmen übersteigen, können sie abgezogen werden, da § 3c I kein Abzugsverbot dem Grunde, sondern der Höhe nach anordnet (BFH VI R 23/15, BStBl II 17, 345; BFH III R 23/15, BStBl II 19, 469, str). – ***(4)* Verschiedene Tätigkeiten; verschiedene steuerfreie Einnahmen.** Bei stfreien/stpfl Einnahmen aus verschiedenen Tätigkeiten ist eine Einzelzuordnung der Ausgaben zu den Einnahmen zu prüfen und bei einem Zusammenhang der Ausgaben mit sämtl stfreien/stpfl Einnahmen aufzuteilen (BFH IV R 41/04, BStBl II 06, 755). Werden iRe Tätigkeit nebeneinander verschiedene stfreie Einnahmen erzielt, die auf unterschiedl Tätigkeiten beruhen, ist erst eine Einzelzuordnung der Ausgaben erforderl und bei fehlender Abgrenzbarkeit aufzuteilen (BFH VI R 71/02, BStBl II 04, 890). – ***(5)* Nebenberufliche (ehrenamtliche) Tätigkeit.** Sind bei einer nebenberufl Tätigkeit die stfreien Einnahmen niedriger als die Aufwendungen, ist die Einkünfteerzielungsabsicht zu prüfen (→ § 3 Rn. 94). Ist sie vorhanden, sind die die stfreien Einnahmen übersteigenden Aufwendungen abzugsfähig (BFH III R 23/15, BStBl II 19, 469; → § 3 Rn. 94). – ***(6)* Vergebliche Aufwendungen.** Entfallen beabsichtigte (zB gem § 3 Nr 26) stfreie Einnahmen, steht § 3c I dem Abzug der BA/WK grds nicht entgegen (BFH XI R 61/04, BStBl II 06, 163).

8 **c) Einzelfälle. Aufwendungsersatz/Ausbildungsförderung.** Werden einzelne berufl veranlasste Ausgaben (zB WK dem ArbN) stfrei erstattet (zB § 3 Nr 13, § 3 Nr 16), sind die Ausgaben bis zur Höhe der stfreien Erstattung gem § 3c I nicht abzugsfähig (→ § 3 Rn. 3, → § 9 Rn. 14, 15, 112; → § 19 Rn. 66 f mwN). § 3c I greift auch für BA/WK, die der StPfl aus stfreien Ausbildungsförderungsleistungen (Stipendien gem § 3 Nr 11, § 3 Nr 44) finanziert (→ § 3 Rn. 154 mwN; zur AFGB-Förderung NdsFG EFG 23, 1617, Rev VI R 18/23); hier fehlt es nicht an der für BA/WK erforderl wirtschaftl Belastung (BFH VI R 34/20, BStBl II 23, 142; → § 3 Rn. 3). Eine stfreie Zulage zum Lebensunterhalt kann aber uU mit (künftigen) stpfl Einnahmen im Zusammenhang stehen (→ § 3c Rn. 7 *(1)*).

Aufwandsentschädigungen. Es ist *anhand der Zweckbestimmung* der Entschädigung (Auslegung der Rechtsgrundlage) zu ermitteln, ob die stfreien Einnahmen gezielt bestimmte Ausgaben erstatten (*Fallgruppe 1:* Behandlung wie Aufwendungsersatz, zB BFH VI R 21/23, BStBl II 25, 917; *HHR/Desens* § 3c Rn. 39), ob sie pauschal alle Ausgaben der berufl Tätigkeit abgelten sollen *(Fallgruppe 2)* oder ob die stfreien Einnahmen einen gesonderten Vergütungsbestandteil neben der iÜ stpfl Vergütung bilden *(Fallgruppe 3)*. Stfreie Aufwandsentschädigungen der Fallgruppe 2, die *pauschal alle Ausgaben* abgelten sollen, stehen in unmittelbarem wirtschaftl Zusammenhang mit allen BA/WK, dh Aufteilung und Abzug nur der den Entschädigungsbetrag übersteigenden BA/WK (zu § 3 Nr 12 S 2 BFH VI R 23/15, BStBl II 17, 345, FG BW EFG 23, 974, rkr; BFH VIII R 29/23, BStBl II 25, 723). Bei stfreien Aufwandsentschädigungen der *Fallgruppe 3* (zB Auslandszuschlägen gem § 3 Nr 64), die nicht bestimmten Ausgaben zuzuordnen sind und wie stfreie Zulagen iRd ArbLohns wirken, ist der gem § 3c I nicht abziehbare Teil der Ausgaben durch Aufteilung [stfreie Einnahmen/Gesamteinnahmen] zu ermitteln (BFH VI R 26/00, BStBl II 02, 823; BFH VI R 66/91, BStBl II 1993, 450).

5. Rechtsfolgen. – *(1)* **Technik.** § 3c I enthält ein Abzugsverbot für Ausgaben. Haben gem § 3c I nicht abzugsfähige Ausgaben beim BV-Vergleich den Gewinn gemindert, sind sie *außerhalb der Bilanz* hinzuzurechnen. Bei der Gewinn-/Einkünfteermittlung gem § 4 III, § 8, § 9 sind sie erst gar nicht abzuziehen. Fallen Ausgaben und stfreie Einnahmen nicht innerhalb eines VZ an, ist bei Abfluss der Ausgaben vor Zufluss der stfreien Einnahmen § 3c I im Abflussjahr anzuwenden und dessen Veranlagung ggf gem § 175 I 1 Nr 2 AO zu korrigieren (*HHR/Desens* § 3c Rn. 43). – *(2)* **Umfang des Abzugsverbots.** Das Abzugsverbot ist auf den Betrag der *tatsächl erzielten* stfreien Einnahmen beschr (→ § 3c Rn. 7 *(3)*). – *(3)* **WK-Pauschbeträge** sind nicht gem § 3c I zu kürzen (zu § 3 Nr 21 → § 3 Rn. 79 mwN). 9

II. Abzugsbeschränkungen im Teileinkünfteverfahren, § 3c II

1. Anwendungsbereich; Verfahrensrecht. – a) Normzweck; Verfahren. – *(1)* **Komplementärfunktion.** § 3c II 1 statuiert ein besonderes Abzugsverbot iRd Teileinkünfteverfahrens für Aufwendungen, die iZm mit stfreien Einnahmen iSd § 3 Nr 40 stehen, um Doppelvorteile des Ges'ters zu vermeiden (BFH IV R 25/22, BStBl II 25, 184; → Rn. 1). Korrespondierend zur 60%-StPfl der Einnahmen sind nur 60% der BA/WK/AK abzugsfähig (→ § 3 Rn. 135). Diese Rechtfertigung des Abzugsverbots ist vor dem Hintergrund des *obj Nettoprinzips* nicht ganz überzeugend. Während § 3 Nr 40 der Vorbelastung der Einnahmen des Ges'ters auf Ebene der KapGes mit KSt Rechnung trägt, greift § 3c II auch, wenn auf Ebene des Ges'ters Verluste entstehen, die nur auf Einlagen/nachträgl AK und nicht auf stfreien Einnahmen aus der Beteiligung beruhen (BFH IX R 19/13, BStBl II 14, 682; BFH IX R 3/23, DStRE 24, 341; → § 3 Rn. 135, 141). – *(2)* **Verhältnis zu anderen Vorschriften.** IEinz → § 3 Rn. 136. § 3c II ist auch anwendbar bei Einkünften aus § 18 I Nr 4 iVm § 3 Nr 40a – *(3)* **Verfahrensrecht.** → § 3 Rn. 135 *(6)*. 11

b) Persönlicher Anwendungsbereich. § 3c II gilt wie § 3 Nr 40 für alle natürl Personen und MUerschaften mit *Anteilen an KapGes im BV* (ausführl → § 3 Rn. 135 ff; zu § 3c II 2-6 → § 3c Rn. 18). –Wird gem § 32d II Nr 3 S 2 *bei Anteilen im PV rechtzeitig* ein Antrag gem § 32d II Nr 3 gestellt, ist für *lfd Beteiligungsaufwendungen* (WK) § 3c II 1 statt § 20 IX anzuwenden (→ § 32d Rn. 19; → § 3 Rn. 143). Zudem greift § 3c II 1 iRd § 17 II, IV (→ Rn. 14). Zu *KapGes* → Rn. 1. 12

2. Abzugsverbot gem § 3c II 1, 7. – a) Ausgabenkategorien, § 3c II 1 Hs 1 und 2. § 3c II 1 erfasst mit den Merkmalen *BV-Minderungen, BA/SonderBA, Veräußerungskosten, WK, AK und HK* sämtl den stfreien Einnahmen/Vermögensmehrungen iSv § 3 Nr 40 korrespondierenden *„Ausgaben"* im BV und im PV: – Bei Ausschüttungen iSv *§ 3 Nr 40 S 1 Buchst d* (→ § 3 Rn. 143), *§ 3 Nr 40a* gilt **§ 3c II 1 Hs 1** für damit wirtschaftl zusammenhängende BA/SonderBA/WK (für letztere nur auf Antrag gem § 32d II Nr 3). – Bei BE/SonderBE iZm *anteilsbezogenen BE iSv § 3 Nr 40 S 1 Buchst a* (→ § 3 Rn. 139), bei Zuschreibungsgewinnen sowie *Gewinnen iSv § 3 Nr 40 S 1 Buchst b* iVm § 16 (→ § 3 Rn. 140) greift **§ 3c II 1 Hs 2** für die *BV-Minderungen/SBA* (zB Veräußerungskosten, AK; zu § 3 Nr 40 S 1 Buchst a S 2). S auch § 3c II 5 und → Rn. 22. – Bei Veräußerungen gem *§ 17 iVm § 3 Nr 40 S 1 Buchst c* (→ § 3 Rn. 141) kürzt § 3c II S 1, Hs 2 die Veräußerungskosten sowie die ursprüngl und nachträgl AK der Beteiligung (→ § 17 Rn. 132 ff, 163 ff). 13

b) Wirtschaftlicher Zusammenhang; teleologische Reduktion. – *(1)* **Grundsatz.** Abw von § 3c I (→ Rn. 6, 7) verlangt § 3c II 1 einen (mittelbaren) *wirtschaftl Zusammenhang* der Ausgaben mit den gem § 3 Nr 40 anteilig stfreien Einnahmen. Hierfür genügt jede obj kausale oder finale Beziehung zw den Ausgaben und den anteilig stfreien Einnahmen. Maßgebl ist das auslösende Moment der Aufwandstragung aus Sicht des StPfl. Ähnl § 3c I (→ Rn. 6) können Aufwendungen durch stpfl Einnahmen oder gemischt durch stpfl/stfreie Einnahmen veranlasst (und 14 ggf aufzuteilen) sein (BFH IV R 4/11, BFH/NV 13, 1081; BFH X R 5/10, BStBl II 13, 785; BFH IV R 49/11, BStBl II 13, 802; BFH IV R 26/20, BStBl II 24, 367). Unerhebl ist wie bei § 3c I (→ Rn. 6), wann die im Zusammenhang stehenden Ausgaben und stfreien Einnahmen zeitl erzielt worden sind **(§ 3c II 1).** – ***(2)* Einzelfälle.** Den Zusammenhang *vern* zB HessFG EFG 19, 599, rkr: TW-AfA auf eine Umtauschanleihe (zutr); BFH IV R 26/20, BStBl II 24, 367: Zinsen zur Finanzierung einer Lästigkeitsprämie; *bej* BFH IV R 25/22, BStBl II 25, 184 zu Verwaltungs- und Konzernabschlusskosten. Sonderregeln enthalten § 3c II 2–5 (→ Rn. 17, 21). – Beteiligungsaufwendungen iZm einer AStG-ZwischenGes unterliegen unabhängig von einer Hinzurechnung § 3c II (*BMF* BStBl I 23, SonderNr 1, 2 Rn. 530; krit *Moser* RIW 24, 340 (341)). – ***(3)* Teleologische Reduktion.** Trotz eines wirtschaftl Zusammenhangs ist § 3c II nicht auf BA/SonderBA einer MUerschaft (zB Zinsen iZm Ges'terDarlehen und GesDarlehen) anzuwenden, wenn die korrespondierende stfreie Einnahme Sondervergütung/SonderBE des MUers oder BE der Gesellschaft ist und dadurch der Gesamtgewinn der MUerschaft nicht gemindert ist. Maßgebl ist eine Gesamtgewinnbetrachtung auf Ebene derselben MUerschaft. Unerhebl ist, ob sich Aufwendungen und Einnahmen für die einzelnen MUer ausgleichen. Fallen die Aufwendungen/Einnahmen auf unterschiedlichen Gewinnermittlungsebenen (OberPersGes; OrganGes) an, greift § 3c II 1 (BFH IV R 5/18, BStBl II 20, 446; BFH IV R 26/20, BStBl II 24, 367).

15 **c) Absicht der Einnahmenerzielung, § 3c II 7.** Bereits die *Absicht des StPfl,* stbefreite Einnahmen iSd § 3 Nr 40, § 3 Nr 40a erzielen zu wollen, führt zur Anwendung des § 3c II. Es spielt keine Rolle, ob tatsächl stfreie Einnahmen anfallen (BFH IX R 43/13, BStBl II 15, 257; BFH IX R 40/17, BFH/NV 18, 944). Der BFH beurteilt § 3c II 7 als verfgemäß (BFH IX R 43/13, BStBl II 15, 257; BFH IX R 3/23, DStRE 24, 341). Zur früheren Rechtslage → 43. Aufl 2024, § 3c Rn. 11, 13.

16 **d) Rechtsfolgen.** – ***(1)* Abzugsbeschränkung.** BV-Minderungen, BA, Veräußerungskosten, WK, AK und HK iSd § 3c II 1 sind nur zu 60% abzugsfähig. Zur zeitl Anwendung: BFH IV R 15/20, BFH/NV 23, 1350. – ***(2)* Umsetzung.** Bei zunächst vollständig gewinnminderndem Abzug sind im BV die nicht abzugsfähigen BA/AK *außerbilanziell* hinzurechnen (→ § 3 Rn. 135 *(3)*). Zu den **Freibeträgen** s § 16 IV → § 3 Rn. 136 und § 17 III → § 3 Rn. 141.

17 **3. Abzugsverbot bei Substanzverlusten von Darlehensforderungen/vergleichbaren Forderungen, § 3c II 2–5. – a) Normzweck. § 3c II 2–5 EStG** fingieren (wie § 8b III 3–8 KStG) für ab 2015 beginnende Wj (§ 52 V 2) einen wirtschaftl Zusammenhang zw bestimmten BV-Minderungen/BA und stfreien Beteiligungserträgen iSd § 3 Nr 40 (zuvor *vern* BFH X R 5/10, BStBl II 13, 785; BFH X R 7/10, BStBl II 13, 791; BFH IV R 45/10, BFH/NV 13, 518; *bej BMF* BStBl I 13, 1269).

18 **b) Persönlicher und sachlicher Anwendungsbereich, § 3c II 2, 4.** – ***(1)* Persönlicher Anwendungsbereich.** *Hauptanwendungsfälle* der Regelung dürften wie insges iRd § 3c II StPfl mit einem Besitzunternehmen iRe BetrAufsp (MUer einer Besitz-PersGes) und MUer betriebl Holding-PersGes sein. – ***(2)* Sachlicher Anwendungsbereich.** Erfasst sein können BV-Minderungen/BA, die aufgrund des *Verzichts (auf den nicht werthaltigen Teil),* eines *Ausfalls* oder einer *TW-AfA* auf ein Ges'terdarlehen (Satz 2) oder auf eine vergleichbare Forderung (zB Bürgenregressforderung uA, Satz 4) gegen eine inl oder ausl KapGes resultieren. Dies schließt Fremdwährungsverluste iZm diesen Forderungsverlusten ein, da § 3c II keine § 8b III 6 KStG entspr Ausnahme enthält (vgl BFH I R 11/23, BStBl II 24, 790). – ***(3)* Beteiligungsvoraussetzung, § 3c II 2.** Die *mittel- oder unmittelbare Beteiligung* des „StPfl" von *mehr als einem Viertel* am Grund- oder Stammkapital der schuldenden KapGes ist *gesellschafterbezogen* und nur für die natürl Personen zu prüfen.

Vergibt eine *gewerbl PersGes* ein Darlehen an die KapGes und ist zwar die PersGes unmittelbar, die natürl Person über die PersGes aber nicht mittelbar zu mehr als einem Viertel an der KapGes beteiligt, ist § 3c II 2 *nicht* erfüllt (zutr FG Mster EFG 25, 615, Rev IV R 6/25). Eine qualifizierte mittelbare Beteiligung besteht aber, wenn die gewerbl PerGes und der StPfl jeweils zu mehr als einem Viertel an der PersGes beteiligt sind (glA *BeckOK EStG* § 3c Rn. 150; **aA** *Fiege/Gelsdorf* DStR 25, 1991 (1993 f)). Ist Darlehensgeberin eine *vermögensverwaltende PerGes,* kann wegen der Bruchteilsbetrachtung nur eine qualifizierte unmittelbare Beteiligung des StPfl an der KapGes vorliegen (BFH I R 11/22, BStBl II 25, 531). – Eine qualifzierte unmittelbare Beteiligung ist ebenso mögl, wenn die Beteiligung an der KapGes und das Darlehen dem Sonder-BV des StPfl bei einer MUerschaft zuzuordnen sind. – Ist die qualifizierte Beteiligung des StPfl in seinem SonderBV, das Darlehen an die KapGes aber von der MUerschaft gegeben worden, ist § 3c II 2 erfüllt; nur die *Korrektur* der abgezogenen Aufwendungen richtet sich nach dem Gewinnverteilungsschlüssel der MUerschaft.

c) Gegenbeweis, § 3c II 3; Rechtsfolgen. – ***(1)*** **Gegenbeweis, § 3c II 3.** Die *gesellschaftl Veranlassung* wird aufgrund der qualifizierten Beteiligung vermutet. IRd Gegenbeweises muss die Fremdüblichkeit für die Verzinsung, Besicherung und im Zeitpunkt der Forderungsbegründung sowie eines Stehenlassens in der Krise dargelegt und nachgewiesen werden (FG BBg EFG 24, 1432, Rev I R 11/24; zum fremdübl Stehenlassen im Hinblick auf § 39, § 130 ff InsO; *Ott* DStZ 16, 14 (23)). Es dürfen zum Nachweis der fremdübl Besicherung nur die eigenen Sicherungsmittel der KapGes herangezogen werden **(§ 3c II 3, HS 2).** Nach BFH I R 11/23, BStBl II 24, 790 können Besicherungsmängel durch einen Zinszuschlag ausgeglichen werden; zu weiteren Nachweismitteln FG Mster EFG 25, 876, Rev I R 6/25. – ***(2)*** **Rechtsfolgen.** Die BV-Minderungen/BA sind bei Misslingen des Gegenbeweises nur zu 60% abziehbar. Wertaufholungen nach einer anteilig stwirksamen TW-AfA (→ § 3 Rn. 139) unterliegen zur Vermeidung einer vollen Übermaßbesteuerung nicht der vollen StPflicht **(§ 3c II 5).** – Bei einer Beteiligung bis 25% oder aufgrund eines erfolgreichen Gegenbeweises besteht kein fingierter Zusammenhang zw BV-Minderung/BA und den gem § 3 Nr 40 S 1 Buchst a teilbefreiten BE (→ Rn. 17). Diese sind nicht zu kürzen. 19

d) Einzelfälle. Schrifttum. → § 5 Rn. 550 „Gesellschafterfinanzierung"; *Förster* DStR 23, 1041 (1046); *Desens* BB 23, 2263 (2266 f). – **Unentgeltl Darlehen.** Abgrenzung von Darlehen/Einlage erforderl (BFH I R 67/23, IStR 24, 629); eine TW-AfA fällt idR unter § 3c II 2. – **Forderungsverzicht** (auch gegen Besserungsschein): iHd wertlosen Teils im Verzichtszeitpunkt BV-Minderung (BFH GrS 1/94, BStBl II 98, 307), die unter § 3c II 2 fallen kann; ein noch werthaltiger Teil führt zur verdeckten Einlage (§ 6 VI 2; → § 6 Rn. 879 f.). Zusätzl entsteht ein Wegfallgewinn bei der KapGes iHd Nennwerts, der idR nicht gem § 3a stfrei ist (→ § 3a Rn. 13, 26); ggf Kürzung iHe verdeckten Einlage. – Im **Besserungsfall** aufwandswirksame Wiedereinbuchung der Schuld bei der KapGes (ggf § 3c IV 3 → Rn. 29); beim Ges'ter Korrektur einer vorherigen verdeckten Einlage durch Minderung der AK der Beteiligung; ein Wertaufholungsertrag iHd zuvor wertlosen Teils ist entspr § 3c II 5 (→ Rn. 19) nur zu 60% stpfl. – Ein **nicht unter § 5 IIa fallender Rangrücktritt** ist kein Forderungsverzicht, die Verbindlichkeit ist bei der KapGes weiter zu passivieren (BFH XI R 32/18, BStBl II 21, 279); BA aus einer TW-AfA auf die Forderung beim Ges'ter sind gem § 3c II 2 zu kürzen. – Bei Ausbuchung der Schuld bei der KapGes **gem § 5 IIa nach Rangrücktritt** (→ § 5 Rn. 315; → § 3a Rn. 13) ist iHd werthaltigen Teils eine verdeckte Einlage des Ges'ters (BFH I R 44/14, BStBl II 15, 769; BFH I R 25/15, BStBl II 17, 670; *BMF* BStBl I 22, 897, Rn. 6) anzunehmen; bei TW-AfA für den wertlosen Teil greift § 3c II 2 (*Wacker* DB 17, 26 (30)); bei Wiedereinbuchung der Schuld s zum Besserungsfall. – Bei Ausbuchung der Forderung aufgrund **Insolvenz/Liquidation der KapGes** fällt die BV-Minderung unter § 3c II 2; es gibt aber keinen Wegfallgewinn der KapGes (*OFD Ffm* DStR 21, 2973). 20

4. Verluste aus der verbilligten Wirtschaftsgutüberlassung an Kapitalgesellschaft, § 3c II 6. – ***(1)*** **Beteiligungsvoraussetzungen.** § 3c II 6 setzt die *verbilligte/unentgeltl* und *gesellschaftl veranlasste Nutzungsüberlassung* eines WG an eine KapGes durch einen zu mehr als ein Viertel an der KapGes mittel- oder unmittelbar beteiligten Ges'ter voraus. Zum zeitl, persönl Anwendungsbereich → Rn. 14, 15. Zu 21 den Anforderungen an die mittel- und unmittelbare Beteiligung bei Überlassung durch PersGes → Rn. 18. – *(2)* **Gesellschaftliche Veranlassung.** Diese wird mE aufgrund der qualifizierten Beteiligung und verbilligten Überlassung vermutet, ist dann aber trotz Fehlens eines Verweise auf Abs 2 S 3 iRe Fremdüblichkeitsprüfung widerlegbar (ebenso *HHR/Desens,* § 3c Rn. 79; *BeckOK EStG* § 3c Rn. 192). Zur Minderung der Pacht iRe Sanierung *BMF* BStBl I 13, 1269, Rn. 6 f; dazu *Ott* DStZ 16, 14. – *(3)* **Fingierter Zusammenhang.** Die BFH-Rspr nimmt bei unentgeltl und verbilligter Nutzungsüberlassung eines WG trotz der Förderung der Beteiligung für *substanzbezogene BV-Minderungen/BA* des Ges'ters (AfA; Erhaltungsaufwand) keinen wirtschaftl Zusammenhang mit gem § 3 Nr 40 S 1 Buchst a anteilig stfreien Beteiligungserträgen an. Für *andere BV-Minderungen/BA* (zB Finanzierungsaufwendungen) des Ges'ters verlagert sich aufgrund der nicht fremdübl Nutzungsüberlassung die Veranlassung der Aufwendungen von den Pachteinnahmen hin zu den Beteiligungserträgen (BFH IV R 49/11, BStBl II 13, 802; BFH X R 17/11, BStBl II 13, 817; BFH X R 6/12, BFH/NV 14, 21; zustimmend *BMF* BStBl I 13, 1269). **§ 3c II 6** fingiert davon abw einen Zusammenhang zu den Beteiligungserträgen für sämtl BV-Minderungen/BA des Ges'ters (nach dem Wortlaut einschließl der Veräußerungskosten). Dem ist für BA wie der TW-AfA auf das WG und BV-Minderungen aus dem BW-Abgang des WG (Veräußerung; Entnahme) und die Veräußerungskosten zu widersprechen (zutr *HHR/Desens* § 3c Rn. 81: teleologische Reduktion; anders *BeckOK EStG* § 3c Rn. 197: Kürzung nur des Veräußerungs-/Entnahmeverlusts als Nettobetrag). – *(4)* **Rechtsfolgen.** Die BV-Minderung/BA sind (bei teilentgelt Überlassung anteilig) auf 60% (ggf außerbilanziell) zu berichtigen. § 12 ist bei verbilligter Nutzungsüberlassung an eine Angehörigen-KapGes vorrangig (s BFH VIII R 68/96, BFH/NV 00, 1278). Unterhalb der qualifizierten Beteiligung bleibt § 3c II 1 iVm *BMF* BStBl I 13, 1269 bei einem tatsächl wirtschaftl Zusammenhang anwendbar (*HHR/Desens* § 3c Rn. 76; *BeckOK EStG* § 3c Rn. 198). Zur SchenkungSt s § 7 VIII ErbStG (ErbStR E 7.5 XI).

22 **5. Wertminderungen bei Organgesellschaftsanteilen, § 3c II 8.** – *(1)* **Anwendung des § 3c II beim Organträger.** Bei der Einkünfteermittlung eines Organträgers, der Einzelunternehmer/MUerschaft ist, sind BA (idR Refinanzierungszinsen für den Anteil), die iZm mit den voll stpfl Gewinnabführungen der OrganGes (→ § 3 Rn. 143; *Gosch KStG* § 15 KStG Rn. 438) stehen, voll abzugsfähig. § 3c II 1 ist aber für natürl Personen als MUer anzuwenden, wenn der Organträger zugleich Ausschüttungen aus vororganschaftl Mehrabführungen und Gewinnabführungen erzielt (BFH IV R 61/16, DStR 19, 2131; → § 3 Rn. 138). – Zur Anwendung des § 3c II für BA/SBA natürl Personen als MUer einer Organträger-PersGes nach der Bruttomethode (§ 15 S 1 Nr 2 S 2 KStG) s BFH IV R 29/22, BStBl II 25, 360 (→ § 3 Rn. 136 *(4)*). Nach FG Mster EFG 25, 264 (Rev I R 27/24) unterliegen Zinsen iRe Darlehens, das die OrganGes von der Organträger-PersGes für einen Beteiligungserwerb erhalten hat, ebenso § 3c II 1. – Ferner sind beim Organträger die AK des Anteils an der OrganGes iRe Veräußerung zu kürzen (*Gosch KStG* § 15 KStG Rn. 438). – IRd sog Einlagenlösung ab VZ 22 (§ 14 IV KStG) ist bei innerorganschaftl Mehrabführungen § 3 Nr 40 S 1 Buchst a anzuwenden (→ § 3 Rn. 138: erst nach Verbrauch des Buchwerts), sodass auch § 3c II gilt (zB für BA iZm der Mehrabführung). – *(2)* **Teilwertabschreibung, § 3c II 8.** BA aus einer TW-AfA auf die OrganGes-Anteile, welche auf abführungsbedingten Gewinnminderungen beruhen, sind gem *§ 3c II 8* beim Organträger nur zu 60% abzugsfähig (s KStR 14.7 III 2; *Gosch KStG* § 15 KStG Rn. 429 ff); ebenso für eine TW-AfA, die auf Ausschüttungen beruht, gem *§ 3c II 1* (s unter *(1)*).

23 **6. Wertpapierleihe, § 3c II 9.** § 8b X KStG gilt sinngemäß. Die Regelung gilt für einen Entleiher, der der ESt unterfällt. Die Gewinnausschüttungen aus den entliehenen Anteilen sind bei ihm idR anteilig stfrei, da er idR wirtschaftl Eigentümer der

Anteile ist (BFH I R 88/13, BStBl II 16, 961; BFH I R 40/17, BStBl II 23, 127; BFH I R 3/21, DStRE 25, 610; → § 20 Rn. 235). **§ 3c II 9** beschr den BA-Abzug für die vom Entleiher an den Verleiher zu entrichtenden Entgelte (idR die Dividendenkompensationszahlung und Leihgebühr).

III. Abzugsbeschränkungen bei § 3 Nr 70, § 3c III

§ 3 Nr 70 wurde im **StoFöG** (BGBl I 26 Nr 33) ab VZ 26 **gestrichen** → § 3 Rn. 230. § 3c III gilt weiter (zum Inhalt → 44. Aufl. 2025, § 3c Rn. 24). 24

IV. Abzugsbeschränkung für Sanierungsaufwendungen, § 3c IV

1. Allgemeines. – a) Normzweck. Abs 4 regelt iZm § 3a **klarstellend,** dass Sanierungsaufwendungen ähnl wie bei § 3c I VZ-übergreifend nicht abzugsfähig sind. 25

b) Zeitlicher Anwendungsbereich. – *(1)* Neufälle. § 52 V 3 verknüpft die zeitl Anwendung des § 3c IV mit der des § 3a. Abs 4 gilt danach für BV-Minderungen/BA, die iZm Sanierungserträgen aus Schuldenerlassen *nach dem 8. 2. 17* stehen *und* gem § 3a iVm § 52 IVa 1 stfrei sind (→ § 3a Rn. 2). Auch *vor dem 9. 2. 17* entstandene Sanierungsaufwendungen fallen unter § 3c IV (*Desens* FR 17, 981 (985)). Bei Billigkeitsmaßnahmen (§ 52 IVa 2, → § 3a Rn. 3) gilt nicht § 3c IV, sondern der *Sanierungserlass,* dh die Sanierungsaufwendungen mindern den stfreien Sanierungsertrag (*Desens* FR 17, 981 (984) mwN). – ***(2)* Altfälle.** § 3c IV gilt gem § 52 V 3 auch, wenn § 3a gem § 52a IVa 3 auf Antrag anzuwenden ist (→ § 3a Rn. 3). 26

c) Persönlicher Anwendungsbereich und Verhältnis zu anderen Vorschriften. → § 3a Rn. 4. IRd GewSt gilt § 3c IV EStG gem § 7b I GewStG entspr. § 8 IX KStG, § 15 S 1 Nr 1 KStG enthalten Sonderregelungen. 27

2. Abzugsverbot, § 3c IV 1–3. – a) Betriebsvermögensminderungen und Betriebsausgaben. Sanierungsaufwendungen sind unabhängig von der Gewinnermittlungsart nach § 3c IV nicht abzugsfähig (→ Rn. 31). Sie mindern *nicht* den stfreien Sanierungsertrag gem § 3a I, sondern werden nur als Rechengröße von diesem abgezogen, um den *geminderten Sanierungsertrag* zu ermitteln. Dieser ist anschließend gem § 3a III 1, 2 mit den Verlustposten des StPfl zu verrechnen (→ § 3a Rn. 36). 28

b) Unmittelbarer wirtschaftlicher Zusammenhang mit steuerfreien Sanierungserträgen. – *(1)* Sanierungskosten. Diese sind der Regelfall des § 3c IV 1. Dazu gehören alle Aufwendungen, die unmittelbar der Erlangung von Sanierungsbeiträgen der Gläubiger dienen (zB Kosten für den Sanierungsplan und die -beratung; Ausgaben für Vergleichsverfahren, Treuhänder und Sachverständige, vgl BT-Drs 18/12128, 33; *Desens* FR 17, 981 (984), auch Kosten iRe StaRUG-Verfahrens). *Auch fruchtlose Sanierungskosten* sollen unter das Abzugsverbot fallen (BT-Drs 18/12128, 33). Dem ist nicht zuzustimmen, da § 3c II 7 iRd Abs 4 nicht gilt (glA *Desens* FR 17, 981 (985); *Förster/Hechtner* DB 17, 1536 (1543)). – ***(2)* Veranlagungszeitraumübergreifend.** Vor und nach dem Entstehen des Sanierungsertrags entstehende Sanierungskosten sind nicht abzugsfähig (BT-Drs 18/12128, 33); aber → Rn. 28. – ***(3)* Höhe.** Anders als in § 3c I („soweit", → Rn. 9) ist das Abzugsverbot in § 3c IV nicht auf die Höhe des stfreien Sanierungsertrags begrenzt. Entsteht ein *negativer geminderter Sanierungsertrag* iSd § 3a III 1, ist der Sanierungsertrag gem § 3a I 1 stfrei und die Verlustpositionen des StPfl können nicht gem § 3a III 2 verrechnet werden (→ § 3a Rn. 36). 29

c) Besserungsfall, § 3c IV 3. BA aus der Wiedereinbuchung einer Verbindlichkeit nach Verzicht gegen Besserungsschein oder bei deren Tilgung aus künftigen Ge- 30 winnen iSd § 5 IIa (→ Rn. 14; *Förster/Hechtner* DB 17, 1536 (1543)) fallen bei vorheriger StBefreiung des Wegfallgewinns gem § 3a unter das Abzugsverbot.

31 **d) Rückausnahmen, § 3c IV 2, 4. – *(1)* Sanierungskosten aus Vorjahren, § 3c IV S 2.** Sind Sanierungskosten in Vorjahren der Entstehung eines stfreien Sanierungsertrags als BA in einen Verlustvortrag eingegangen, der iRd § 3a III 2 (→ § 3a Rn. 39) erlischt, greift das Abzugsverbot nicht. – ***(2)* Nachträgliche Sanierungskosten, § 3c IV S 4.** Sie fallen unter das Abzugsverbot, wenn nach Verrechnung eines geminderten Sanierungsertrags (§ 3a III 1) und Verbrauchs sämtl Verlustpotenziale (§ 3a III 2 Nr 1–13, § 3a IIIa) ein *verbleibender Sanierungsertrag* (§ 3a III S 4, → § 3a Rn. 37) vorhanden ist.

32 **e) Rechtsfolgen.** Gem Abs 4 S 1 sind die als BV-Minderungen/BA abgezogenen Sanierungsaufwendungen dem Gewinn des Entstehungsjahres **außerbilanziell hinzuzurechnen** (zur Rückausnahme gem IV 2 → Rn. 30). Ähnl der Technik bei § 3c I (→ Rn. 7 *(2)*) sind Sanierungsaufwendungen, Besserungszahlungen im Verhältnis der unterschiedl Sanierungsbeiträge aufzuteilen und nur anteilig abzugsfähig, wenn sie iZm stfreien und anderen Sanierungsmaßnahmen stehen (*Kanzler* NWB 17, 2260 (2263); *Förster/Hechtner* DB 17, 1536 (1543)).

33 **3. Korrekturvorschriften. § 3c IV 5, 6 Hs 1** ermöglichen die Änderung von (bestandskräftigen) Feststellungs- und StBescheiden für *Vorjahre* des Sanierungsjahres, wenn sich Sanierungsaufwendungen einkünftemindernd ausgewirkt haben und § 3c IV 2 (→ Rn. 30 *(1)*) nicht greift. **§ 3c IV 6 Hs 2** setzt eine Ablaufhemmung für den Bescheid des Vorjahres bis zum Ablauf der Festsetzungsfrist des Sanierungsjahres.

3. Gewinn

§ 4 Gewinnbegriff im Allgemeinen

(1) **[1]Gewinn ist der Unterschiedsbetrag zwischen dem Betriebsvermögen am Schluss des Wirtschaftsjahres und dem Betriebsvermögen am Schluss des vorangegangenen Wirtschaftsjahres, vermehrt um den Wert der Entnahmen und vermindert um den Wert der Einlagen. [2]Entnahmen sind alle Wirtschaftsgüter (Barentnahmen, Waren, Erzeugnisse, Nutzungen und Leistungen), die der Steuerpflichtige dem Betrieb für sich, für seinen Haushalt oder für andere betriebsfremde Zwecke im Laufe des Wirtschaftsjahres entnommen hat. [3]Einer Entnahme für betriebsfremde Zwecke steht der Ausschluss oder die Beschränkung des Besteuerungsrechts der Bundesrepublik Deutschland hinsichtlich des Gewinns aus der Veräußerung oder der Nutzung eines Wirtschaftsguts gleich; dies gilt auf Antrag auch in den Fällen, in denen die Beschränkung des Besteuerungsrechts der Bundesrepublik Deutschland hinsichtlich des Gewinns aus der Veräußerung eines Wirtschaftsguts entfällt und in einem anderen Staat eine Besteuerung auf Grund des Ausschlusses oder der Beschränkung des Besteuerungsrechts dieses Staates hinsichtlich des Gewinns aus der Veräußerung des Wirtschaftsguts erfolgt. [4]Ein Ausschluss oder eine Beschränkung des Besteuerungsrechts hinsichtlich des Gewinns aus der Veräußerung eines Wirtschaftsguts liegt insbesondere vor, wenn ein bisher einer inländischen Betriebsstätte des Steuerpflichtigen zuzuordnendes Wirtschaftsgut einer ausländischen Betriebsstätte zuzuordnen ist. [5]Satz 3 gilt nicht für Anteile an einer Europäischen Gesellschaft oder Europäischen Genossenschaft in den Fällen**

1. **einer Sitzverlegung der Europäischen Gesellschaft nach Artikel 8 der Verordnung (EG) Nr. 2157/2001 des Rates vom 8. Oktober 2001 über das Statut der Europäischen Gesellschaft (SE) (ABl. EG Nr. L 294 S. 1), zuletzt geändert**

durch die Verordnung (EG) Nr. 885/2004 des Rates vom 26. April 2004 (ABl. EU Nr. L 168 S. 1), und

2. einer Sitzverlegung der Europäischen Genossenschaft nach Artikel 7 der Verordnung (EG) Nr. 1435/2003 des Rates vom 22. Juli 2003 über das Statut der Europäischen Genossenschaft (SCE) (ABl. EU Nr. L 207 S. 1).

[6]Ein Wirtschaftsgut wird nicht dadurch entnommen, dass der Steuerpflichtige zur Gewinnermittlung nach § 13a übergeht. [7]Eine Änderung der Nutzung eines Wirtschaftsguts, die bei Gewinnermittlung nach Satz 1 keine Entnahme ist, ist auch bei Gewinnermittlung nach § 13a keine Entnahme. [8]Einlagen sind alle Wirtschaftsgüter (Bareinzahlungen und sonstige Wirtschaftsgüter), die der Steuerpflichtige dem Betrieb im Laufe des Wirtschaftsjahres zugeführt hat; einer Einlage steht die Begründung des Besteuerungsrechts der Bundesrepublik Deutschland hinsichtlich des Gewinns aus der Veräußerung eines Wirtschaftsguts gleich. [9]In den Fällen des Satzes 3 zweiter Halbsatz gilt das Wirtschaftsgut als unmittelbar nach der Entnahme wieder eingelegt. [10]Bei der Ermittlung des Gewinns sind die Vorschriften über die Betriebsausgaben, über die Bewertung und über die Absetzung für Abnutzung oder Substanzverringerung zu befolgen.

(2) **[1]Der Steuerpflichtige darf die Vermögensübersicht (Bilanz) auch nach ihrer Einreichung beim Finanzamt ändern, soweit sie den Grundsätzen ordnungsmäßiger Buchführung unter Befolgung der Vorschriften dieses Gesetzes nicht entspricht; diese Änderung ist nicht zulässig, wenn die Vermögensübersicht (Bilanz) einer Steuerfestsetzung zugrunde liegt, die nicht mehr aufgehoben oder geändert werden kann. [2]Darüber hinaus ist eine Änderung der Vermögensübersicht (Bilanz) nur zulässig, wenn sie in einem engen zeitlichen und sachlichen Zusammenhang mit einer Änderung nach Satz 1 steht und soweit die Auswirkung der Änderung nach Satz 1 auf den Gewinn reicht.**

(3) **[1]Steuerpflichtige, die nicht auf Grund gesetzlicher Vorschriften verpflichtet sind, Bücher zu führen und regelmäßig Abschlüsse zu machen, und die auch keine Bücher führen und keine Abschlüsse machen, können als Gewinn den Überschuss der Betriebseinnahmen über die Betriebsausgaben ansetzen. [2]Hierbei scheiden Betriebseinnahmen und Betriebsausgaben aus, die im Namen und für Rechnung eines anderen vereinnahmt und verausgabt werden (durchlaufende Posten). [3]Die Vorschriften über die Bewertungsfreiheit für geringwertige Wirtschaftsgüter (§ 6 Absatz 2), die Bildung eines Sammelpostens (§ 6 Absatz 2a) und über die Absetzung für Abnutzung oder Substanzverringerung sind zu befolgen. [4]Die Anschaffungs- oder Herstellungskosten für nicht abnutzbare Wirtschaftsgüter des Anlagevermögens, für Anteile an Kapitalgesellschaften, für Wertpapiere und vergleichbare nicht verbriefte Forderungen und Rechte, für Grund und Boden sowie Gebäude des Umlaufvermögens sind erst im Zeitpunkt des Zuflusses des Veräußerungserlöses oder bei Entnahme im Zeitpunkt der Entnahme als Betriebsausgaben zu berücksichtigen. [5]Die Wirtschaftsgüter des Anlagevermögens und Wirtschaftsgüter des Umlaufvermögens im Sinne des Satzes 4 sind unter Angabe des Tages der Anschaffung oder Herstellung und der Anschaffungs- oder Herstellungskosten oder des an deren Stelle getretenen Werts in besondere, laufend zu führende Verzeichnisse aufzunehmen.**

(4) **Betriebsausgaben sind die Aufwendungen, die durch den Betrieb veranlasst sind.**

(4a) **[1]Schuldzinsen sind nach Maßgabe der Sätze 2 bis 4 nicht abziehbar, wenn Überentnahmen getätigt worden sind. [2]Eine Überentnahme ist der Betrag, um den die Entnahmen die Summe des Gewinns und der Einlagen des Wirtschaftsjahres übersteigen. [3]Die nicht abziehbaren Schuldzinsen werden typisiert mit 6 Prozent der Überentnahme des Wirtschaftsjahres zuzüglich der Überentnahmen vorangegangener Wirtschaftsjahre und abzüglich der Beträge, um die in den**

vorangegangenen Wirtschaftsjahren der Gewinn und die Einlagen die Entnahmen überstiegen haben (Unterentnahmen), ermittelt; bei der Ermittlung der Überentnahme ist vom Gewinn ohne Berücksichtigung der nach Maßgabe dieses Absatzes nicht abziehbaren Schuldzinsen auszugehen. [4]Der sich dabei ergebende Betrag, höchstens jedoch der um 2050 Euro verminderte Betrag der im Wirtschaftsjahr angefallenen Schuldzinsen, ist dem Gewinn hinzuzurechnen. [5]Der Abzug von Schuldzinsen für Darlehen zur Finanzierung von Anschaffungs- oder Herstellungskosten von Wirtschaftsgütern des Anlagevermögens bleibt unberührt. [6]Die Sätze 1 bis 5 sind bei Gewinnermittlung nach § 4 Absatz 3 sinngemäß anzuwenden; hierzu sind Entnahmen und Einlagen gesondert aufzuzeichnen.

(5) **[1]Die folgenden Betriebsausgaben dürfen den Gewinn nicht mindern:**

1. **Aufwendungen für Geschenke an Personen, die nicht Arbeitnehmer des Steuerpflichtigen sind. [2]Satz 1 gilt nicht, wenn die Anschaffungs- oder Herstellungskosten der dem Empfänger im Wirtschaftsjahr zugewendeten Gegenstände insgesamt 50 Euro nicht übersteigen;**
2. **Aufwendungen für die Bewirtung von Personen aus geschäftlichem Anlass, soweit sie 70 Prozent der Aufwendungen übersteigen, die nach der allgemeinen Verkehrsauffassung als angemessen anzusehen und deren Höhe und betriebliche Veranlassung nachgewiesen sind. [2]Zum Nachweis der Höhe und der betrieblichen Veranlassung der Aufwendungen hat der Steuerpflichtige schriftlich die folgenden Angaben zu machen: Ort, Tag, Teilnehmer und Anlass der Bewirtung sowie Höhe der Aufwendungen. [3]Hat die Bewirtung in einer Gaststätte stattgefunden, so genügen Angaben zu dem Anlass und den Teilnehmern der Bewirtung; die Rechnung über die Bewirtung ist beizufügen;**
3. **Aufwendungen für Einrichtungen des Steuerpflichtigen, soweit sie der Bewirtung, Beherbergung oder Unterhaltung von Personen, die nicht Arbeitnehmer des Steuerpflichtigen sind, dienen (Gästehäuser) und sich außerhalb des Orts eines Betriebs des Steuerpflichtigen befinden;**
4. **Aufwendungen für Jagd oder Fischerei, für Segeljachten oder Motorjachten sowie für ähnliche Zwecke und für die hiermit zusammenhängenden Bewirtungen;**
5. **Mehraufwendungen für die Verpflegung des Steuerpflichtigen. [2]Wird der Steuerpflichtige vorübergehend von seiner Wohnung und dem Mittelpunkt seiner dauerhaft angelegten betrieblichen Tätigkeit entfernt betrieblich tätig, sind die Mehraufwendungen für Verpflegung nach Maßgabe des § 9 Absatz 4a abziehbar;**
6. **Aufwendungen für die Wege des Steuerpflichtigen zwischen Wohnung und Betriebsstätte und für Familienheimfahrten, soweit in den folgenden Sätzen nichts anderes bestimmt ist. [2]Zur Abgeltung dieser Aufwendungen ist § 9 Absatz 1 Satz 3 Nummer 4 Satz 2 bis 6 und Nummer 5 Satz 5 bis 7 und Absatz 2 entsprechend anzuwenden. [3]Bei der Nutzung eines Kraftfahrzeugs dürfen die Aufwendungen in Höhe des positiven Unterschiedsbetrags zwischen 0,03 Prozent des inländischen Listenpreises im Sinne des § 6 Absatz 1 Nummer 4 Satz 2 des Kraftfahrzeugs im Zeitpunkt der Erstzulassung je Kalendermonat für jeden Entfernungskilometer und dem sich nach § 9 Absatz 1 Satz 3 Nummer 4 Satz 2 bis 6 oder Absatz 2 ergebenden Betrag sowie Aufwendungen für Familienheimfahrten in Höhe des positiven Unterschiedsbetrags zwischen 0,002 Prozent des inländischen Listenpreises im Sinne des § 6 Absatz 1 Nummer 4 Satz 2 für jeden Entfernungskilometer und dem sich nach § 9 Absatz 1 Satz 3 Nummer 5 Satz 5 bis 7 oder Absatz 2 ergebenden Betrag den Gewinn nicht mindern; ermittelt der Steuerpflichtige die private Nutzung des Kraftfahrzeugs nach § 6 Absatz 1 Nummer 4 Satz 1 oder Satz 3, treten an die Stelle des mit 0,03 oder 0,002 Prozent des**

inländischen Listenpreises ermittelten Betrags für Fahrten zwischen Wohnung und Betriebsstätte und für Familienheimfahrten die auf diese Fahrten entfallenden tatsächlichen Aufwendungen; § 6 Absatz 1 Nummer 4 Satz 3 zweiter Halbsatz gilt sinngemäß; *[bis VZ 2025: [4]§ 9 Absatz 1 Satz 3 Nummer 4 Satz 8 und Nummer 5 Satz 9 gilt entsprechend;]*

6a. die Mehraufwendungen für eine betrieblich veranlasste doppelte Haushaltsführung, soweit sie die nach § 9 Absatz 1 Satz 3 Nummer 5 Satz 1 bis 4 abziehbaren Beträge und die Mehraufwendungen für betrieblich veranlasste Übernachtungen, soweit sie die nach § 9 Absatz 1 Satz 3 Nummer 5a abziehbaren Beträge übersteigen;

6b. Aufwendungen für ein häusliches Arbeitszimmer sowie die Kosten der Ausstattung. [2]Dies gilt nicht, wenn das Arbeitszimmer den Mittelpunkt der gesamten betrieblichen und beruflichen Betätigung bildet. [3]Anstelle der Aufwendungen kann pauschal ein Betrag von 1 260 Euro (Jahrespauschale) für das Wirtschafts- oder Kalenderjahr abgezogen werden. [4]Für jeden vollen Kalendermonat, in dem die Voraussetzungen nach Satz 2 nicht vorliegen, ermäßigt sich der Betrag von 1 260 Euro um ein Zwölftel;

6c. für jeden Kalendertag, an dem die betriebliche oder berufliche Tätigkeit überwiegend in der häuslichen Wohnung ausgeübt und keine außerhalb der häuslichen Wohnung belegene erste Tätigkeitsstätte aufgesucht wird, kann für die gesamte betriebliche und berufliche Betätigung ein Betrag von 6 Euro (Tagespauschale), höchstens 1 260 Euro im Wirtschafts- oder Kalenderjahr, abgezogen werden. [2]Steht für die betriebliche oder berufliche Tätigkeit dauerhaft kein anderer Arbeitsplatz zur Verfügung, ist ein Abzug der Tagespauschale zulässig, auch wenn die Tätigkeit am selben Kalendertag auswärts oder an der ersten Tätigkeitsstätte ausgeübt wird. [3]Der Abzug der Tagespauschale ist nicht zulässig, soweit für die Wohnung Unterkunftskosten im Rahmen der Nummer 6a oder des § 9 Absatz 1 Satz 3 Nummer 5 abgezogen werden können oder soweit ein Abzug nach Nummer 6b vorgenommen wird;

7. andere als die in den Nummern 1 bis 6 und 6b bezeichneten Aufwendungen, die die Lebensführung des Steuerpflichtigen oder anderer Personen berühren, soweit sie nach allgemeiner Verkehrsauffassung als unangemessen anzusehen sind;

8. Geldbußen, Ordnungsgelder und Verwarnungsgelder, die von einem Gericht oder einer Behörde im Geltungsbereich dieses Gesetzes oder von einem Mitgliedstaat oder von Organen der Europäischen Union festgesetzt wurden sowie damit zusammenhängende Aufwendungen. [2]Dasselbe gilt für Leistungen zur Erfüllung von Auflagen oder Weisungen, die in einem berufsgerichtlichen Verfahren erteilt werden, soweit die Auflagen oder Weisungen nicht lediglich der Wiedergutmachung des durch die Tat verursachten Schadens dienen. [3]Die Rückzahlung von Ausgaben im Sinne der Sätze 1 und 2 darf den Gewinn nicht erhöhen. [4]Das Abzugsverbot für Geldbußen gilt nicht, soweit der wirtschaftliche Vorteil, der durch den Gesetzesverstoß erlangt wurde, abgeschöpft worden ist, wenn die Steuern vom Einkommen und Ertrag, die auf den wirtschaftlichen Vorteil entfallen, nicht abgezogen worden sind; Satz 3 ist insoweit nicht anzuwenden;

8a. Zinsen auf hinterzogene Steuern nach § 235 der Abgabenordnung und Zinsen nach § 233a der Abgabenordnung, soweit diese nach § 235 Absatz 4 der Abgabenordnung auf die Hinterziehungszinsen angerechnet werden;

9. Ausgleichszahlungen, die in den Fällen der §§ 14 und 17 des Körperschaftsteuergesetzes an außenstehende Anteilseigner geleistet werden;

10. die Zuwendung von Vorteilen sowie damit zusammenhängende Aufwendungen, wenn die Zuwendung der Vorteile eine rechtswidrige Handlung darstellt, die den Tatbestand eines Strafgesetzes oder eines Gesetzes verwirk-

licht, das die Ahndung mit einer Geldbuße zulässt. [2]Gerichte, Staatsanwaltschaften oder Verwaltungsbehörden haben Tatsachen, die sie dienstlich erfahren und die den Verdacht einer Tat im Sinne des Satzes 1 begründen, der Finanzbehörde für Zwecke des Besteuerungsverfahrens und zur Verfolgung von Steuerstraftaten und Steuerordnungswidrigkeiten mitzuteilen. [3]Die Finanzbehörde teilt Tatsachen, die den Verdacht einer Straftat oder einer Ordnungswidrigkeit im Sinne des Satzes 1 begründen, der Staatsanwaltschaft oder der Verwaltungsbehörde mit. [4]Diese unterrichten die Finanzbehörde von dem Ausgang des Verfahrens und den zugrundeliegenden Tatsachen;

11. **Aufwendungen, die mit unmittelbaren oder mittelbaren Zuwendungen von nicht einlagefähigen Vorteilen an natürliche oder juristische Personen oder Personengesellschaften zur Verwendung in Betrieben in tatsächlichem oder wirtschaftlichem Zusammenhang stehen, deren Gewinn nach § 5a Absatz 1 ermittelt wird;**
12. **Zuschläge nach § 162 Absatz 4 der Abgabenordnung;**
13. **Jahresbeiträge nach § 12 Absatz 2 des Restrukturierungsfondsgesetzes.**

[2]Das Abzugsverbot gilt nicht, soweit die in den Nummern 2 bis 4 bezeichneten Zwecke Gegenstand einer mit Gewinnabsicht ausgeübten Betätigung des Steuerpflichtigen sind. [3]§ 12 Nummer 1 bleibt unberührt.

(5a) *(weggefallen)*

(5b) **Die Gewerbesteuer und die darauf entfallenden Nebenleistungen sind keine Betriebsausgaben.**

(6) **Aufwendungen zur Förderung staatspolitischer Zwecke (§ 10b Absatz 2) sind keine Betriebsausgaben.**

(7) **[1]Aufwendungen im Sinne des Absatzes 5 Satz 1 Nummer 1 bis 4, 6b und 7 sind einzeln und getrennt von den sonstigen Betriebsausgaben aufzuzeichnen. [2]Soweit diese Aufwendungen nicht bereits nach Absatz 5 vom Abzug ausgeschlossen sind, dürfen sie bei der Gewinnermittlung nur berücksichtigt werden, wenn sie nach Satz 1 besonders aufgezeichnet sind.**

(8) **Für Erhaltungsaufwand bei Gebäuden in Sanierungsgebieten und städtebaulichen Entwicklungsbereichen sowie bei Baudenkmalen gelten die §§ 11a und 11b entsprechend.**

(9) **[1]Aufwendungen des Steuerpflichtigen für seine Berufsausbildung oder für sein Studium sind nur dann Betriebsausgaben, wenn der Steuerpflichtige zuvor bereits eine Erstausbildung (Berufsausbildung oder Studium) abgeschlossen hat. [2]§ 9 Absatz 6 Satz 2 bis 5 gilt entsprechend.**

(10) **§ 9 Absatz 1 Satz 3 Nummer 5b ist entsprechend anzuwenden.**

Einkommensteuer-Durchführungsverordnung:

§ 6 EStDV *Eröffnung, Erwerb, Aufgabe und Veräußerung eines Betriebs*

(1) **Wird ein Betrieb eröffnet oder erworben, so tritt bei der Ermittlung des Gewinns an die Stelle des Betriebsvermögens am Schluss des vorangegangenen Wirtschaftsjahrs das Betriebsvermögen im Zeitpunkt der Eröffnung oder des Erwerbs des Betriebs.**

(2) **Wird ein Betrieb aufgegeben oder veräußert, so tritt bei der Ermittlung des Gewinns an die Stelle des Betriebsvermögens am Schluss des Wirtschaftsjahrs das Betriebsvermögen im Zeitpunkt der Aufgabe oder der Veräußerung des Betriebs.**

§ 7 EStDV *(weggefallen)*

§ 8 EStDV *Eigenbetrieblich genutzte Grundstücke von untergeordnetem Wert*

[1]Eigenbetrieblich genutzte Grundstücksteile brauchen nicht als Betriebsvermögen behandelt zu werden, wenn ihre Größe nicht mehr als 30 Quadratmeter oder ihr Wert nicht mehr als 40 000 Euro beträgt. [2]In diesem Fall dürfen Aufwendungen, die mit dem Grundstücksteil im Zusammenhang stehen, nicht abgezogen werden.

Einkommensteuer-Richtlinien: EStR 4.1–4.14/EStH 4.1–4.16

Übersicht Rn.

C. Bilanzberichtigung; Bilanzänderung, § 4 II

D. Gewinnermittlung durch Überschussrechnung, § 4 III

A. Allgemeines

I. Regelungsgegenstand

1 **1. Bedeutung.** § 4 knüpft an § 2 II 1 Nr 1 an und enthält allg Grundsätze zur **Ermittlung des Gewinns** für die dort genannten Einkünfte aus LuF, GewBetr und selbständiger Arbeit. Der Gewinnbegriff und die Gewinnermittlungsvorschriften bilden die Grundlage für die Berechnung des stpfl Einkommens (§ 2 III–V). Sie dienen der Verwirklichung des **Leistungsfähigkeitsprinzips** auf der Grundlage des **obj Nettoprinzips** (→ § 2 Rn. 9). Der Gewinn ist zudem Ausgangsgröße für die Ermittlung des Gewerbeertrags bei der **GewSt.**

Hinweis: Die in **§ 4** verwendeten und (nur teilweise) definierten Begriffe BV, BE, BA, Entnahmen, Einlagen, Bilanzänderung und -berichtigung gelten auch für die Gewinnermittlung buchführender Gewerbetreibender (§ 5 I, VI). Sie werden einheitl bei § 4 erläutert. – **§ 5** bestimmt, welche WG des BV zu bilanzieren sind, auch für die Gewinnermittlung nach § 4 I; bei § 5 werden daher insb die allg Grundsätze ordnungsmäßiger Buchführung und Bilanzierung nach Handels- und Steuerrecht mit dem Begriff WG und Fragen der Aktivierung und Passivierung erläutert. – **§§ 6 ff** behandeln die Bewertung von WG mit AfA für alle Gewinnermittlungsarten (vgl § 4 I 9, III 3 und IVa 6, § 5 VI und § 6 VII).

2 **2. Persönlicher und sachlicher Anwendungsbereich.** § 4 gilt unmittelbar für estpfl **natürl Personen** mit Gewinneinkünften (§ 2 II 1 Nr 1) und mittelbar (über §§ 1, 8 KStG) auch für kstpfl **juristische Personen.** Bei einer **PersGes** folgt die Gewinnermittlung für den Ges'ter der Gewinnermittlung der Ges (→ § 15 Rn. 400 ff). – Bei **unbeschr StPfl** gilt § 4 für inl und ausl Einkünfte, bei **beschr StPfl** für alle inl Einkünfte iSd § 49 mit Sonderregelungen in § 50 I 1 (BA → § 50 Rn. 7) und § 50 II (Veranlagung inl Betriebe → § 50 Rn. 28 ff).

3 **3. Aufbau. § 4 I** regelt die Gewinnermittlung durch BV-Vergleich mit den Begriffen BV, Entnahme und Einlage. **§ 4 II** legt fest, unter welchen Voraussetzungen Bilanzberichtigungen und -änderungen zulässig sind. **§ 4 III** eröffnet die Möglichkeit

einer vereinfachten Gewinnermittlung durch Gegenüberstellung von BE und BA (Überschussrechnung). **§ 4 IV** definiert den Begriff der BA. **§ 4 IVa** beschränkt den Abzug von Schuldzinsen als BA. **§ 4 V** enthält weitere Abzugsbeschränkungen und -verbote (unangemessene Aufwendungen etc), ebenso **§ 4 Vb** (GewSt) und **§ 4 VI** (politische Zuwendungen). Für bestimmte nur beschränkt abziehbare Aufwendungen sieht **§ 4 VII** besondere Aufzeichnungspflichten vor. Für die Verteilung von Erhaltungsaufwand bei bestimmten Wohngebäuden (Sanierungsgebiet, Baudenkmal) verweist **§ 4 VIII** auf §§ 11a, 11b. **§ 4 IX** regelt die Berücksichtigung von Ausbildungskosten als BA. **§ 4 X** verweist auf die Übernachtungspauschale für Berufskraftfahrer (§ 9 I 3 Nr 5b).

4. Neuere Rechtsentwicklung. Mit dem **StÄndG 2025** (BGBl I 25 Nr 363) ist 4
die Entfernungspauschale (§ 4 V 1 Nr 6) mit Wirkung ab VZ 2026 erhöht worden (→ Rn. 586). Durch die **7. VO Änd steuerl VO** (BGBl I 25 Nr 372) ist § 8 EStDV mit Wirkung für Wj, die nach dem 31.12.25 beginnen (§ 84 I d EStDV), neu gefasst worden (→ Rn. 126). S iÜ → 44. Aufl 2025, § 4 Rn. 4 und ausführl *BH/Drüen* § 4 Rn. 2 ff.

II. Systematik der Gewinnermittlung

1. Grundlagen. Der Gewinn als steuerl Größe ist nach §§ 4–7k und 13a zu er- 8
mitteln (§ 2 II 1 Nr 1) und zwar **periodisch** für ein Kj (§ 2 VII, § 25 I) bzw Wj (§ 4a). Einkunfts- und Aufzeichnungsart beeinflussen den Lauf des Wj (§ 4a I EStG; §§ 8b, 8c EStDV) und die Höhe des Jahresgewinns (→ Rn. 11). Die Veranlagung erfolgt unabhängig von der Gewinnermittlung nach dem Prinzip der **Abschnittsbesteuerung** (§ 2 VII, § 25) jeweils für ein Kj. Der Gewinn eines abw Wj ist nach § 4a II auf das Kj umzurechnen. – Jeder Vorgang mit gesetzl Gewinnauswirkung muss und darf nur insgesamt einmal erfasst werden (BFH VI R 31/20, BStBl II 23, 852; → Rn. 691). Der Begriff „Gewinn" in § 4 I umfasst auch **Verluste** (→ Rn. 22). – Seit 2012 sind Bilanzen und GuV-Rechnungen dem FA grds **elektronisch** zu übermitteln (§ 5b). Für § 4 III ergibt sich eine entspr Verpflichtung aus § 60 IV EStDV (→ § 5b Rn. 1).

2. Gewinnermittlungsarten. Unterschieden wird zw drei Arten der Gewinn- 9
ermittlung:

- **BV-Vergleich** gem **§ 5 I** nach handelsrechtl GoB für *Gewerbetreibende,* die auf Grund gesetzl Verpflichtung (§§ 238 ff HGB; §§ 140, 141 AO) oder freiwillig Bücher führen und regelmäßige Abschlüsse machen (→ § 5 Rn. 6 ff);
- **BV-Vergleich** gem **§ 4 I** für *Nichtgewerbetreibende:* Selbständige, die freiwillig Bücher führen (→ Rn. 21 ff), und Land- und Forstwirte, die gesetzl buchführungspflichtig sind oder freiwillig Bücher führen (iEinz → § 13 Rn. 191 ff);
- **Überschussrechnung** gem **§ 4 III** für *(Klein-)Gewerbetreibende* und *Land- und Forstwirte,* die weder gesetzl buchführungspflichtig sind (§§ 238, 241a HGB, § 141 AO) noch freiwillig Bücher führen, sowie für *Selbständige,* die nicht freiwillig Bücher führen (→ Rn. 370 ff).

Die Gewinnermittlung durch BV-Vergleich ist der gesetzessystematische Regelfall; durch EÜR darf der Gewinn nur ermittelt werden, wenn die im Gesetz genannten Voraussetzungen erfüllt sind (BFH X R 1/23, BStBl II 25, 236). Daneben gibt es Sonderregelungen für die **pauschalierende Gewinnermittlung** bei Handelsschiffen im internationalen Verkehr gem **§ 5a** (sog Tonnagesteuer, → § 5a Rn. 8) und die Gewinnermittlung nach Durchschnittsätzen für Land- und Forstwirte gem **§ 13a** (verfrechtl Problematik → § 13a Rn. 2).

Bei § 5a und § 13a handelt es sich um selbständige Gewinnermittlungsarten, deren Wesensmerkmal allerdings der Verzicht auf die Ermittlung des tatsächl Gewinns ist (BFH VI R 31/20, BStBl II 23, 852, Rn. 11). – Zur Gewinnermittlung bei **Betriebsveräußerung/-aufgabe**

→ § 16 Rn. 305; zur Abgrenzung zw lfd Gewinn und (tarifbegünstigtem) Aufgabegewinn s BFH VI R 51/16, BStBl II 18, 778 Rn. 13 und → § 16 Rn. 325 ff. Zur Gewinnermittlung bei **Veräußerung von KapGes-Anteilen** → § 17 Rn. 110 ff. – **§ 1 V AStG** ist eine Einkünftekorrekturnorm, keine eigenständige Regelung zur Gewinnermittlung von Betriebsstätten (BFH I R 45/22, DStR 25, 1081, Rn. 14).

10 3. **Wahlrecht.** StPfl, die nicht gesetzl verpflichtet sind, Bücher zu führen, bestimmen grds durch die **Art ihrer Aufzeichnungen** die Art der Gewinnermittlung: entweder dadurch, dass sie eine EB aufstellen, eine kaufmännische Buchführung einrichten und aufgrund von Bestandsaufnahmen einen Abschluss machen, den sie obj erkennbar als endgültig ansehen (§ 4 I, s BFH X R 1/23, BStBl II 25, 236, Rn. 18 mwN: Übersendung an FA), oder durch Anlegen einer geordneten Belegsammlung (§ 4 III; stRspr, s BFH IV R 39/13, BStBl II 17, 154: tatsächl Handhabung maßgebl; BFH X R 15/11, BFH/NV 13, 1548: Vorlage kursorischer Überschussrechnung). Die Wahl ist eine „Grundentscheidung", die nicht jährl wiederholt werden muss (BFH X R 58/06, BStBl II 09, 368), aber einen Wechsel auch nicht ausschließt. Im Fall einer **PersGes** steht dieser das Wahlrecht zu, nicht dem Ges'ter (BFH IV R 3/20, BStBl II 23, 703: auch bei ausl PersGes [*„fiktive Normadressatin"],* VerfBeschw nicht angenommen; BFH I R 5/21, BFH/NV 25, 664). – **Wahl und Wechsel** der Gewinnermittlungsart sind zwar prinzipiell unbefristet mögl, dh formal bis zur Bestandskraft der StFestsetzung (s BFH X R 15/11, BFH/NV 13, 1548: Schluss der mündl Verhandlung). Tatsächl ergeben sich jedoch Schranken durch die Gewinnermittlungsvorschriften des § 4 I, III (→ Rn. 680 ff). – Nur derjenige kann eine Wahl (ausdrückl oder durch schlüssiges Verhalten) treffen, der auch tatsächl einen **Willen zu Gewinnermittlung** hat (BFH IV R 57/07, BStBl II 09, 659 mwN).

Die Art, wie Aufzeichnungen geführt werden, ist **Tatsache iSv § 173 I Nr 1 AO** (BFH III R 14/22 DStR 24, 1550). – **Nachträgl BE** werden stets ohne Wahlrecht nach § 4 III ermittelt (→ Rn. 446). – Zur Einschränkung des Wahlrechts bei Beteiligung eines inl StPfl an einer ausl PersGes und **ausl Bilanzierungspflicht** s BFH I R 24/13, BStBl II 15, 141 (atypisch stille Beteiligung an österr GmbH) und BFH I R 3/13, BFH/NV 15, 667 (Beteiligung an englischer Partnership), Anm *Mann/Stahl* DStR 15, 1425; s auch EStR 4.1 IV; zweifelnd *Salzmann* IStR 15, 282; *Henrichs* DStR 15, 1320; *Müller* BB 15, 2327.

11 4. **Gesamtgewinngleichheit.** Je nach Art der Gewinnermittlung können sich **unterschiedl Periodengewinne** ergeben. Die Unterschiede sind geringfügig zw § 4 I und § 5, wesentl jedoch zw BV-Vergleich nach §§ 4 I/5 (Realisationsprinzip → § 5 Rn. 78) und Überschussrechnung nach § 4 III („Kassenrechnung", Zufluss-/Abflussprinzip, § 11 I 5, II 6; BFH IV R 12/14, BStBl II 18, 20, Rn. 20). Nach dem verfrechtl Grundsatz der Gesamtgewinngleichheit (Art 3 I GG) muss aber jedenfalls *auf Dauer gesehen* nach § 4 III im Wesentlichen der **gleiche Totalgewinn** wie beim BV-Vergleich erfasst werden (vgl BFH VIII R 26/20, BStBl II 22, 829 Rn. 35; BFH VIII R 9/18, BStBl II 20, 845 Rn. 24; BFH IV R 12/14, BStBl II 18, 20 Rn. 20; krit *Drüen* FR 99, 1097; *BH/Drüen* § 4 Rn. 58 f mwN). Die richtige Besteuerung des einzelnen Geschäftsvorfalls und die Ermittlung des richtigen Totalgewinns haben **Vorrang** vor der Ermittlung richtiger Periodengewinne. Teilweise hat der Gesetzgeber sich um eine entspr Angleichung der Regelungen in § 4 III an den BV-Vergleich bemüht (→ Rn. 406). Darüber hinaus ist der Grundsatz der Gesamt-/Totalgewinngleichheit aber auch bei der Auslegung und Anwendung der Gewinnermittlungsvorschriften zu berücksichtigen (s BFH XI B 166/05, BFH/NV 06, 2047), insb durch eine **einheitl Auslegung** der maßgebl Grundbegriffe (insb „Betrieb" → Rn. 25 und „betriebl Veranlassung" → Rn. 30).

Beispiele: Berücksichtigung von **Entnahmen/Einlagen** bei § 4 III (→ Rn. 386 ff); **wiederkehrenden Leistungen** bei § 4 III (→ Rn. 400); Geltung der Beschränkungen des **Schuldzinsenabzugs** (§ 4 IVa) bei § 4 III (→ Rn. 534); Zu- und Abrechnungen beim **Wechsel der Gewinnermittlungsart** (→ Rn. 681 ff); zum Grundsatz des **Bilanzenzusammenhangs** bei § 4 III → Rn. 303. – Die StTarifbegünstigung für nicht entnommene Gewinne gem **§ 34a** gilt allerdings nur bei Gewinnermittlung nach § 4 I/§ 5 (aber → § 34a Rn. 12: kein hinreichender sachl Grund). – Die *FinVerw* lässt zudem aus Billigkeits- oder Vereinfachungsgründen bei der **Rentenbesteuerung** rechtsunsystematische Abweichungen zu (→ Rn. 400 f), ebenso bei der „Rücklage für Ersatzbeschaffung" (EStR 6.6 V).

B. Betriebsvermögensvergleich, § 4 I

I. Gewinn, § 4 I 1

1. Gewinnbegriff. Gewinn iSv § 4 I 1 ist der **Unterschiedsbetrag** zw dem BV am Schluss des Wj und dem BV am Schluss des vorangegangenen Wj, vermehrt um den Wert der Entnahmen und vermindert um den Wert der Einlagen. Es handelt sich um einen **stichtagsbezogenen Bestandsvergleich** durch Gegenüberstellung zweier Vermögensübersichten („Bilanz", s § 4 II 1; BFH IV R 13/17, BStBl II 19, 754, Rn. 25). Aufwendungen und Erträge werden in dem Wj erfasst, dem sie wirtschaftl zuzurechnen sind; auf den Zeitpunkt der Zahlung kommt es nicht an (§ 252 I Nr 5 HGB). Zu Betriebsbeginn/-beendigung s § 6 EStDV. – Gem § 242 II HGB hat ein Kaufmann (jenseits der Umsatz-/Erlösgrenzen des § 241a HGB) für den Schluss eines jeden Geschäftsjahres (= Wj) neben der Bilanz eine **GuV** aufzustellen, in der die Aufwendungen und Erträge des Wj zusammengefasst werden (§§ 275 ff HGB; s *BeBiKo* § 275 HGB Rn. 7: Gewinnermittlungs- und Informationsfunktion). Das Ergebnis der GuV (Differenz zw Aufwendungen und Erträgen) muss dem Ergebnis des BV-Vergleichs entsprechen. – Dem **BV-Vergleich (nur) nach § 4 I** liegt keine HB, sondern eine StBil zugrunde; aber auch hier ist das BV nach handelsrechtl GoB auszuweisen (s BFH IV R 13/17, BStB II 19, 754, Rn. 25 mwN). 20

2. Anwendungsbereich. Der BV-Vergleich gem § 4 I gilt für **Land- und Forstwirte,** die gesetzl buchführungspflichtig sind (→ § 13 Rn. 193 mwN) oder freiwillig Bücher führen, für **Selbständige,** die freiwillig Bücher führen (→ § 18 Rn. 156 ff), und gem § 5 I 1 für **Gewerbetreibende,** die gesetzl verpflichtet sind, Bücher zu führen und regelmäßige Abschlüsse zu machen, oder dies freiwillig tun, mit der Besonderheit, dass jeweils das nach den handelsrechtl **GoB** auszuweisende BV anzusetzen ist (→ § 5 Rn. 6 ff, 21 ff). – Auch **ausl Rechtsnormen** können eine inl Buchführungspflicht begründen (BFH I R 81/16, BStBl II 19, 390). Die ausl gesetzl Pflichten müssen nicht mit den dt funktions- und informationsgleich sein (BFH IV R 3/20, BStBl II 23, 703: ggf Überleitungsrechnung, VerfBeschw BVerfG 2 BvR 1618/21, zweiter Rechtsgang: FG Bln-Bbg BB 25, 2799, Rev IV R 18/25; BFH IV R 20/17, BFH/NV 21, 1191). – Werden trotz Buchführungspflicht keine bzw keine ordnungsgemäßen Bücher geführt, erfolgt **Schätzung** nach § 4 I/§ 5 oder § 4 III (vgl BFH VI R 70/15, BStBl II 18, 174); → § 5 Rn. 19. 21

3. Vermögensvergleich. – a) Vermögen. Vermögen idS ist das eingesetzte **Eigenkapital** als Differenz zw der Summe aller aktiven WG und der Summe aller passiven WG (→ Rn. 24). Alle WG des BV müssen in einer geschlossenen Buchführung erfasst sein (→ Rn. 82). Zum Schluss eines Wj (§ 4a) ist eine **Inventur** (mengen- und wertmäßige Bestandsaufnahme, § 240 I, II HGB) durchzuführen und zu einem Jahresabschluss zusammenzufassen (Entwicklung der Bilanz aus dem Inventar, → § 5 Rn. 18). Die **„Abschlüsse"** (s Wortlaut § 4a I Nr 2 und 3, § 5 I 1) bilden die **StB;** sie ist bei § 4 I unmittelbar zu erstellen und bei § 5 grds aus der HB abzuleiten (Maßgeblichkeitsgrundsatz, → § 5 Rn. 26 ff). 22

b) Vergleich; Korrekturen. Die Gewinnermittlung erfolgt **zweistufig:** Die **Differenz** („Unterschiedsbetrag" → Rn. 20) zw den Ergebnissen der beiden Abschlüsse (Wj und vorangegangenes Wj) bildet die Grundlage für die Ermittlung des Gewinns iSd § 4 I 1 *(1. Stufe).* Diese Differenz muss um **Entnahmen und Einlagen** (→ Rn. 220) bereinigt werden *(2. Stufe).* Denn in der StBil werden idR alle tatsächl 23

Wertveränderungen des BV wiedergegeben, ohne Rücksicht auf die Veranlassung des jeweiligen Vorgangs; der estl Gewinn umfasst jedoch nur betriebl Wertveränderungen. Daher ist das Bilanzergebnis ggf außerhalb der Bilanz (→ Rn. 85, 89) zu korrigieren: durch Zurechnung aller *privat* veranlassten Wertabgaben, die das BV tatsächl gemindert haben (Entnahmen, § 4 I 2), und durch Kürzung um *privat* veranlasste Wertzuführungen, die das BV tatsächl erhöht haben (Einlagen, § 4 I 8 Hs 1). – Ggf sind **weitere Korrekturen** vorzunehmen wegen stfreier BE (zB § 3 Nr 40, § 3c II; → Rn. 447), nicht abziehbarer BA (zB § 4 V, → Rn. 491, 521 ff) oder vGA (→ Rn. 296). Der nach § 4 I 1 ermittelte Gewinn (betriebl veranlasste Eigenkapitaländerung) ist daher nicht identisch mit dem stpfl Gewinn (BFH IV R 13/17, BStBl II 19, 754, Rn. 25). – Das Ergebnis kann positiv oder negativ sein. „Gewinn" iSd § 4 I sind auch **Verluste;** das folgt zwingend aus § 4 I 1 (s auch BFH X R 17/16, BStBl II 18, 744 Rn. 22 mwN; zu deren Berücksichtigung → § 10d Rn. 1 und 11). – Zum BV-Vergleich bei einer **PersGes** → § 15 Rn. 407 ff, 441 ff.

24 **4. Betriebsvermögen. – a) Bedeutung; Begriff.** Ausgangsgröße der Gewinnermittlung nach § 4 I 1 ist das Betriebsvermögen (BV). Den Begriff „BV" verwendet das Gesetz, ohne ihn zu definieren (zB § 4 I, § 5 I, § 6 I 1, wohl synonym „WG des Betriebs" in § 6 I Nr 2 S 1). Nach stRspr gehören zum BV alle aktiven und passiven **WG,** die aus **betriebl Veranlassung** (→ Rn. 30 ff) angeschafft, hergestellt oder eingelegt werden (BFH IV R 13/17, BStBl II 19, 754; BFH VI R 68/15, BStBl II 19, 128 zu § 4 III). Für jedes WG muss im Einzelfall geprüft werden, ob ein entspr *sachl* betriebl Zusammenhang vorliegt. Außerdem muss eine *persönl* Zurechnung erfolgen, da zum BV nur WG gehören, die dem StPfl **als eigene zuzurechnen** sind (→ Rn. 60 ff). BV ist demnach die Summe aller im Eigentum des Betriebsinhabers stehenden WG, die in einem **tatsächl oder wirtschaftl Zusammenhang** zum Betrieb stehen. Diese Voraussetzungen sind für jeden VZ neu zu prüfen; maßgebl sind idR die Verhältnisse zum **Bilanzstichtag** (Ende des jeweiligen Wj, §§ 4 I 1, 4a).

Zur Bedeutung für die Gewinnermittlung nach **§ 4 III** → Rn. 370, 406. – **Überschusseinkünfte** (§ 2 I Nr 4–7) kennen nach bislang hM kein entspr „Einkünftevermögen"; alle für die Einkünfteerzielung eingesetzten WG sind PV (→ Rn. 41). – Zum BV von PersGes und KapGes → Rn. 54 f.

25 **b) Wirtschaftsgüter.** Gegenstand des BV können **WG aller Art** sein. Der Begriff des WG ist weit zu fassen (s BFH IV R 9/17, BStBl II 21, 226: Wärmeenergie). Er beinhaltet neben Sachen und Rechten (§ 90 BGB) auch tatsächl Zustände, konkrete Möglichkeiten oder Vorteile für den Betrieb, deren Erlangung der Kaufmann sich etwas kosten lässt, die einer besonderen Bewertung zugängl sind, idR eine Nutzung für mehrere Wj erbringen und zumindest mit dem Betrieb übertragen werden können (stRspr, BFH IX R 3/22, BStBl II 23, 571 Rn. 23 mwN: Kryptowährung; → § 5 Rn. 93 f). Es kann sich um aktive und passive WG einschließl Rückstellungen handeln, um Wertberichtigungen und RAP, die beim BV-Vergleich als Bilanzierungshilfen *wie* WG behandelt werden, um abnutzbare WG (einschließl GWG) und nicht abnutzbare WG, um WG des AV und des UV, um materielle und immaterielle WG und unter den immateriellen nicht nur um dingl, sondern auch um obligatorische Nutzungsrechte. – **Beispiele** → Rn. 110 ff; **eigene Arbeitskraft** ist kein WG (→ Rn. 229).

Welche Einzelposten dem BV zuzurechnen sind, bestimmt sich **ausschließl nach steuerrechtl Grundsätzen** (→ § 5 Rn. 22), vor allem nach dem tatsächl oder wirtschaftl Zusammenhang zur betriebl Sphäre (→ Rn. 30 ff). Die §§ 140 ff AO und die allg GoB sind zu beachten (vgl → § 5 Rn. 26; §§ 240 ff HGB). – Die in § 266 HGB vorgesehene **Gliederung** ist nicht allg verbindl (→ § 5 Rn. 30). Auf der Aktivseite der Bilanz müssen alle aktiven Vermögenswerte erscheinen (mindestens AV, UV und RAP, → § 5 Rn. 92); die Passivseite muss die Herkunft der eingesetzten Mittel erkennen lassen (Fremd- und Eigenkapital → § 5 Rn. 306).

c) Betrieb. – aa) Begriff; Funktion. „Betrieb" ist im Grunde jede wirtschaftl, auf Gewinn ausgerichtete Betätigung des StPfl. Die Begriffe „Betrieb" und „betriebl" werden im EStG nicht definiert, obgleich sie die Definitionen für die Begriffe BV, BE, BA, Gewinn, Entnahme und Einlage prägen und damit die **Grundlage für die gesamte Gewinnermittlung** bilden. Sie haben je nach Regelungszusammenhang unterschiedl normspezifische Funktionen: Sie dienen zunächst und vor allem der *Abgrenzung* der estl relevanten **Erwerbssphäre** des StPfl von der estl irrelevanten **Privatsphäre.** Darüber hinaus trennen sie die Gewinneinkünfte von den übrigen Einkünften. Schließl grenzen sie verschiedene Einzelbetriebe desselben StPfl als organisatorische Einheiten voneinander ab (vgl § 6 V 1). – Zu den unterschiedl Facetten des Begriffs s auch *HHR/Schober* Vor §§ 4–7 Rn. 84. 26

Die **Identität des Totalgewinns** (→ Rn. 11) ist nur erreichbar, wenn die für die einzelnen Gewinnermittlungsarten maßgebl **Grundbegriffe einheitl ausgelegt** werden. Das gilt vor allem für die Zentralbegriffe „Betrieb" und „betriebl Veranlassung" (→ Rn. 30 ff). Die Gewinnermittlungsvorschriften sind zT unscharf, weil sie in erster Linie die jeweilige Ermittlungstechnik im Auge haben. Entscheidend ist, dass sie alle die gleiche gedankl Wurzel haben: die *Abgrenzung* der betriebl von der außerbetriebl Sphäre. – Bei der Auslegung des Begriffs **Entnahme** für betriebsfremde Zwecke (§ 4 I 2) bei Überführung von einem Betrieb in einen anderen desselben StPfl hat sich allerdings die Rspr vom allg Betriebsbegriff gelöst (vgl → Rn. 243, § 6 III–VII).

bb) Betrieb als Objekt der Gewinnermittlung. Die Auffassungen zu der Frage, was iRd Gewinnermittlung als „Betrieb" heranzuziehen ist, sind vielfältig und reichen von der Ermittlung des Gewinns des Einzelbetriebs über den Gewinn aller Betriebe einer Einkunftsart bis hin zum (konsolidierten) Gewinn aus allen Gewinneinkunftsarten (§ 2 I Nr 1–3, II 1 Nr 1). ME steht es dem StPfl grds frei, den Umfang seines Betriebs selbst zu bestimmen; das entspricht auch der gängigen Praxis. Eine **natürl Person** kann demnach *mehrere* Betriebe und damit auch *mehrere* BV unterhalten (BFH X R 15/18, BStBl II 21, 157; vgl § 141 I 1 AO; → § 6 Rn. 762 f, → § 13 Rn. 9, → § 15 Rn. 125; zu Einschränkungen für Freiberufler → § 18 Rn. 50). Die Betriebe können unterschiedl Einkunftsarten angehören; es können aber auch innerhalb derselben Einkunftsart mehrere Einzelbetriebe geführt werden (vgl → § 34a Rn. 21). BV, Entnahmen, Einlagen und Gewinn sind den einzelnen Betrieben nach dem wirtschaftl Zusammenhang zuzurechnen. – **PerGes** und **Körperschaften** unterhalten dagegen stets *nur einen* Betrieb und haben somit auch nur *ein* BV (vgl BFH VI R 66/15, BStBl II 22, 301 Rn. 27 zu gewerbl und freiberufl MUerschaft; → § 18 Rn. 39). 27

Ob tatsächl **mehrere Betriebe** vorliegen, richtet sich nach der sachl Selbständigkeit der einzelnen Betätigungen. Gleichartige Betätigungen indizieren einen einheitl Betrieb; letztlich kommt es auf den wirtschaftl, organisatorischen und finanziellen Zusammenhang an (BFH X R 15/18, BStBl II 21, 157, Rn. 18). – Bei mehreren Betrieben können **betriebsbezogene Vergünstigungen** für *jeden* Betrieb gesondert geltend gemacht werden (zB → § 7g Rn. 28); ebenso ist bei betriebsbezogenen **Beschränkungen** auf den Einzelbetrieb abzustellen (→ Rn. 524 zu § 4 IVa; → § 4h Rn. 8).

d) Betriebliche Veranlassung. – aa) Definition. Zum BV gehören alle WG, die aus betriebl Veranlassung angeschafft, hergestellt oder eingelegt werden (→ Rn. 23). Betriebl Veranlassung liegt vor, wenn ein **obj wirtschaftl** oder **tatsächl Zusammenhang** zw dem angeschafften, hergestellten oder eingelegten WG und dem Betrieb besteht (BFH VI R 68/15, BStBl II 19, 128; BFH III R 42/13, BStBl II 17, 339). Dieser Zusammenhang wird grds nicht nur durch **Widmung** des angeschafften WG zu betriebl Zwecken begründet; er kann auch unabhängig von der tatsächl oder beabsichtigten Nutzung des WG dadurch hergestellt werden, dass die Anschaffung als solche ein **betriebl Vorgang** ist (→ Rn. 39). 30

Der Begriff „betriebl Veranlassung" dient ebenso wie der Betriebsbegriff (→ Rn. 25) der für die Verwirklichung des obj Nettoprinzips erforderl Trennung der estl relevanten **Erwerbssphäre** des StPfl von der estl irrelevanten **Privatsphäre** (s auch § 4 IV). Es handelt sich um den wichtigsten Begriff der betriebl Einkunftsarten (vgl BFH VIII R 34/07, BStBl II 10, 612) bzw, wenn man auch den Begriff des Veranlassungszusammenhangs iRd Überschusseinkunftsarten mit einbezieht (→ § 9 Rn. 40 ff), der Einkünfteermittlung überhaupt. Die Auslegung des Veranlassungsbegriffs sollte **in allen Bereichen einheitl** erfolgen, nicht nur wegen der Identität des Totalgewinns (→ Rn. 25), sondern weil eine unterschiedl Handhabung zu unterschiedl Ausprägungen des Nettoprinzips führt und damit den **allg Gleichheitssatz (Art 3 I GG)** verletzt (zutr *Tipke* Steuerrechtsordnung, 2. Aufl, S 765; → § 9 Rn. 40).

31 **bb) Allgemeine Zuordnungskriterien. – (1) Maßgeblichkeit des objektiven Zusammenhangs.** Ein obj sachl Zusammenhang zw WG und Betrieb ist unabdingbare Voraussetzung für die Annahme von BV (→ Rn. 480 zu § 4 IV). Dieser obj Zusammenhang ist für **jedes einzelne WG** gesondert zu prüfen. Jedes *bewegl* WG kann grds nur einheitl zum BV oder zum PV gerechnet werden, auch bei **gemischter Nutzung** (hM, → Rn. 47 ff); dagegen sind *GuB* (→ Rn. 110 ff) sowie *Gebäude* (→ Rn. 115 ff) ggf in mehrere WG aufzuteilen. Ob das jeweilige WG im konkreten Einzelfall bilanzierbar (§ 5) und bewertbar (§ 6) ist, berührt nicht die Zuordnung zum BV. Innerhalb dieses obj Rahmens steht dem StPfl als Betriebsinhaber ein **Handlungs- und Entscheidungsspielraum** hinsichtl der Frage zu, welche WG er im Betrieb zum Einsatz bringen will.

Ebenso wie beim BA-Begriff enthält der Begriff der betriebl Veranlassung gleichwohl auch im Zusammenhang mit dem BV ein **subj Element** (→ Rn. 484; vgl zu § 4 IV: BFH X R 10/16, BStBl II 18, 630 Rn. 31). Daher setzt auch bei der Anschaffung oder Herstellung von WG die Zuordnung zum BV nicht ausnahmslos voraus, dass der angestrebte betriebl Zweck auch tatsächl erreicht wird. Die BV-Eigenschaft kann auch darauf beruhen, dass der StPfl ein WG in der **Erwartung** anschafft oder herstellt, es würde dem Betrieb dienen; es muss sich aber um eine auch für Dritte *nachvollziehbare* Erwartung handeln (zB Fehlinvestition → Rn. 37 und 43, auch zur Beweislast).

32 **(2) Betriebsvermögen und § 4 V.** Dass Aufwendungen für ein WG nicht oder nur beschränkt als BA abziehbar sind, berührt die BV-Eigenschaft nicht. Ein betriebl Gästehaus ist trotz § 4 V 1 Nr 3 mit allen Folgen BV (→ Rn. 563); dasselbe gilt für ein häusl Arbeitszimmer (§ 4 V 1 Nr 6b; BFH XI R 87/03, BStBl II 06, 18) oder für unangemessene BA (§ 4 V 1 Nr 7; BFH VIII R 20/12, BStBl II 14, 679: geleaster Ferrari eines Tierarztes). Ein etwaiger **Veräußerungserlös** ist voll zu versteuern (BFH X R 14/12, BFH/NV 15, 973 mwN; **aA** *Stadie* FR 16, 289; auch zur Veräußerung gemischt genutzter WG → Rn. 51).

33 **(3) Mittelherkunft.** Die Herkunft der für den Erwerb eines WG eingesetzten Mittel lässt keine zwingenden Rückschlüsse auf die Zuordnung des erworbenen WG zu (vgl BFH VIII R 1/08, BStBl II 11, 862 mwN: Arzt erwirbt Wertpapiere). Betriebl Mittel können dem Betrieb vorher entnommen und private Mittel vorher in den Betrieb eingelegt worden sein (aber → Rn. 39).

34 **e) Dreiteilung des Vermögens.** Bei der Prüfung, ob der erforderl Veranlassungszusammenhang zw dem angeschafften, hergestellten oder eingelegten WG und dem Betrieb besteht, geht die Rspr (nach wie vor) von einer Dreiteilung des Vermögens des StPfl aus (s zB BFH X R 1/16, BStBl II 18, 181): WG, die nach Art und Einsatz eine *besonders enge Beziehung* zum Betrieb des StPfl aufweisen, werden als **notwendiges BV** bezeichnet. WG, die der StPfl für Zwecke der *privaten Lebensführung* verwendet, sind (notwendiges) **PV.** Fehlt eine eindeutige Beziehung zu einem der beiden Bereiche, steht es dem StPfl grds frei zu bestimmen, ob er das *an sich neutrale WG* als sog **gewillkürtes BV** der Förderung betriebl Zwecke widmen will oder nicht (stRspr, vgl BFH IV R 56/11, BFH/NV 15, 317 mwN; *Kritik* → 39. Aufl 2020, § 4 Rn. 34).

35 **f) Notwendiges Betriebsvermögen. – aa) Begriff.** Zum notwendigen BV gehören alle WG, die dem Betrieb in der Weise unmittelbar dienen, dass sie obj er-

kennbar zum unmittelbaren Einsatz im Betrieb selbst bestimmt sind (BFH X R 38/17, BStBl II 19, 518, mwN). Sie rechnen ggf auch ohne weitere Einlagehandlung zum BV, also auch dann, wenn die Bilanzierung oder sonstige Erfassung in den Büchern des StPfl unterblieben ist (BFH VI R 68/15, BStBl II 19, 128; BFH X R 20/86, BStBl II 90, 128).

(1) Unmittelbar dienen. Dieses **obj Begriffsmerkmal** bringt die für den Veranlassungszusammenhang erforderl besonders enge, untrennbare Beziehung zum Betrieb zum Ausdruck (s auch § 18 III 1). Es wird nicht vorausgesetzt, dass das betr WG für den Betrieb „notwendig" iSv erforderl, wesentl oder unentbehrl ist (BFH X R 28/16, BStBl II 19, 474 Rn. 27 mwN; mE nur in der Formulierung missverständl: BFH IV R 56/11, BFH/NV 15, 317 Rn. 23). Es muss sich aber doch obj nachvollziehbar auf den konkreten Betriebsablauf (Fabrikation, Handel, Dienstleistung etc) beziehen. 36

Beispiele: Büro- und Fabrikgebäude, Lagerplätze, Roh- und Betriebsstoffe, Maschinen, Waren etc; Beteiligung eines **Bild-Journalisten** an Vermarktungs-GmbH (BFH VIII R 34/07, BStBl II 10, 612, Anm *Kempermann* FR 10, 664); Beteiligung eines **Arztes** an Lizenz-GmbH, die von ihm entwickelte Präparate vermarktet (BFH IV R 14/00, BStBl II 01, 798); Zuckerfabrik-Aktien eines **Landwirts,** der Rüben anbaut (BFH IV R 19/02, BStBl II 04, 280; FG Nbg EFG 10, 637, rkr). – **Weitere Beispiele:** → § 18 Rn. 163 ff (auch zur Bedeutung von Standesrecht).

(2) Bestimmung. Hinsichtl des **subj Begriffsmerkmals** „bestimmt sein" ist auf die tatsächl Zweckbestimmung abzustellen, also die konkrete Funktion des WG im Betrieb (BFH IV R 10/09, BStBl II 12, 93). Das erfordert eine (ggf konkludente) **endgültige Funktionszuweisung** oder „Widmung" durch den StPfl (BFH XI R 32/01, BStBl II 05, 431; vgl auch Wortlaut des § 16 III 5, 6; ferner § 247 HGB). Dies kann auch schon die abschließende Bestimmung sein, dass das WG *in Zukunft* betriebl genutzt werden soll (→ Rn. 32); es genügt hingegen nicht, wenn der Einsatz des WG im Betrieb nur als *mögl* in Betracht kommt (vgl BFH IV R 10/09, BStBl II 12, 93: „eindeutige Bekundung" und „überschaubarer Zeitraum"). – Ob der angestrebte betriebl Erfolg im Einzelfall erreicht wird, ist nicht entscheidend; auch eine **Fehlinvestition** kann notwendiges BV sein (BFH I R 6/73, BStBl II 76, 179; s allg auch BFH X R 10/16, BStBl II 18, 630 Rn. 29 ff). 37

Beispiel: Bei einem gewerbl Grundstückshandel sind diejenigen Objekte zum Einsatz im Betrieb „bestimmt", auf die sich die Veräußerungs*absicht* des StPfl bezieht (BFH X R 26/17, BFH/NV 18, 1255 Rn. 28).

bb) Verwendung des Wirtschaftsguts. Der erforderl unmittelbare Zusammenhang ergibt sich bei notwendigem BV idR aus der konkreten Verwendung des WG im Betrieb. Eine **aktuelle betriebl Nutzung** ist allerdings nicht zwingend erforderl. Als notwendiges BV werden nicht nur WG erfasst, die unmittelbar im technischen, verwaltungsmäßigen oder wirtschaftl Ablauf des Betriebsprozesses verwendet oder verwertet werden (zB Betriebsgrundstück, Maschinen, Fuhrpark etc), sondern auch WG, die (obj erkennbar) für eine **künftige Verwendung** im Betrieb bestimmt sind. – **Beleihung und dingl Belastung** für betriebl Zwecke funktionieren ein WG des PV nicht notwendig in BV um (und umgekehrt). Sie schaffen nur einen rechtl, keinen wirtschaftl Zusammenhang (s BFH XI R 16/93, BFH/NV 94, 631; → Rn. 270 „Belastung"). Daher können auch ein privates Mietshaus oder Wertpapiere *als PV* zur Absicherung einer Betriebsschuld eingesetzt werden. Die betriebl Schuld bleibt unabhängig davon BV (→ Rn. 140). Dasselbe gilt für den **Verkauf** von WG zur Kapitalbeschaffung (BFH X R 18/19, BStBl II 21, 213). 38

Beispiele: WG des **Vorratsvermögens; Ersatzteile; Ersatzmaschinen;** ungenutzte **Grundstücke,** die nach konkreten Plänen später mit einem Betriebsgebäude bebaut oder als Lagerplatz verwendet werden sollen oder als betriebl Anlageobjekt dienen (vgl BFH X R 41/04, BFH/NV 07, 21: zu veräußerndes Grundstück eines Baubetreuers; BFH IV R 10/09, BStBl II

12, 93: auswärtiges Grundstück einer verpachteten LuF). Zu notwendigem BV eines ruhenden **Verpachtungsbetriebs** (s BFH VI R 53/16, BStBl 21, 427, mit krit Anm *Kanzler* FR 20, 737 (741)). – Weitere Beispiele → 37. Aufl 2018, § 4 Rn. 143.

39 **cc) Anschaffung als betrieblicher Vorgang.** Ein betriebl Zusammenhang kann sich unabhängig von der tatsächl oder beabsichtigten Nutzung des WG auch dadurch ergeben, dass die Anschaffung als solche ein **betriebl Vorgang** ist (BFH III R 42/13, BStBl II 17, 339 mwN), wenn zB das betr WG im lfd Geschäftsbetrieb angeschafft oder hergestellt wird (BFH X R 41/04, BFH/NV 07, 21) oder wenn das angeschaffte WG Entgelt für ein weggegebenes WG oder für einen sonstigen Wertabgang aus dem BV ist (BFH IV R 57/99, BStBl II 01, 546); denn WG, die für notwendiges BV eingetauscht worden sind, bleiben grds so lange selbst notwendiges BV, bis sie entnommen werden (BFH VI R 22/20, BFH/NV 22, 985). Der Zugang des angeschafften WG zum BV ist notwendige Folge des betriebl veranlassten Erwerbs (BFH VI R 68/15, BStBl II 19, 128 Rn. 14 mwN). – Die Herkunft der aufgewendeten **Geldmittel** lässt allerdings keine zwingenden Rückschlüsse auf den Charakter des erworbenen WG zu (→ Rn. 33).

Beispiele – ***notwendiges BV:*** Börsenmakler erhält **AG-Anteile** zur Erfüllung seiner Courtageforderung (BFH III R 42/13, BStBl II 17, 339); StBer erhält **GmbH-Beteiligung** als Honorar (BFH X R 41/04, BFH/NV 07, 21); Einzelhändler erhält **unentgeltl Nutzungsrecht** für Ladenlokal in Geschäftszentrum gegen Belastung seines Betriebsgrundstücks (BFH X R 20/86, BStBl II 90, 128); Erwerb eines **Grundstücks** in der Zwangsversteigerung zur Rettung einer betriebl Forderung (BFH I R 7/84, BStBl II 88, 424) oder im **Umlegungsverfahren** (BFH VI R 22/20, BFH/NV 22, 985 Rn. 42; ggf anteilig, s BFH IV R 70/06, BStBl II 10, 270); **Werke eines Künstlers** (BFH XI R 6/06, BFH/NV 07, 436: Manuskripte, Ideensammlungen uÄ; FG Bln-Bbg EFG 22, 1188: Bilder). – ***Kein notwendiges BV:*** entgeltl Erwerb von WG mit betriebl Geldmitteln, zB **Barrengold** (BFH XI R 52/95, BStBl II 97, 351) oder **Wertpapiere** (BFH X R 37/91, BStBl II 94, 172; mE zweifelhaft: FG Nbg EFG 24, 1671, Rev IV R 5/24).

40 **dd) Berufstypische und branchentypische Geschäfte.** Geschäftstypische Vorgänge sind idR dem Betrieb zuzurechnen und führen grds auch dann zu notwendigem BV, wenn sie **buchmäßig nicht erfasst** oder **als Privatgeschäft behandelt** werden (vgl BFH XI R 31/95, BStBl II 97, 247; anders allerdings für branchentypische *Risiko*geschäfte BFH IV R 67/95, BFH/NV 97, 114: lfd betriebl Verbuchung erforderl). So kann der StPfl Waren, die zum Sortiment seines Betriebs gehören, regelmäßig nicht „privat" verkaufen (vgl BFH X R 51/03, BFH/NV 05, 1532). Das schließt die Möglichkeit, durch branchentypische Geschäfte **PV** zu erwerben, zu verwalten und umzuschichten, nicht generell aus (vgl BFH X B 70/13, BFH/NV 14, 1043); auch begründet nicht jeder **Einsatz betriebl Kenntnisse,** Erfahrungen und Verbindungen einen notwendigen betriebl Zusammenhang (vgl BFH X R 39/88, BStBl II 91, 631; BFH III R 9/89, BFH/NV 94, 80 mwN). Doch muss im Zweifelsfall der Unternehmer anhand obj Umstände darlegen, dass er bestimmte WG **eindeutig vom betriebl Bereich getrennt** hat (vgl BFH X R 51/03, BFH/NV 05, 1532). Umgekehrt sind die Anforderungen an die Darlegung bzw Feststellung des notwendigen betriebl Zusammenhangs umso höher, je weiter sich Art und Inhalt des betr Geschäfts von der Haupttätigkeit des Betriebs entfernen (BFH VIII R 63/96, BStBl II 99, 466); → Rn. 46.

Beispiele – ***branchentypische Geschäfte:*** Online-Händler verkauft (angebl) private Modelleisenbahn über **Ebay** (BFH X R 18/19, BStBl II 21, 213); gewerbl Grundstückshändler verkauft **Immobilien** (BFH X B 70/13, BFH/NV 14, 1043; BFH III R 20/01, BStBl II 03, 297); **Eigenprovision** eines Maklers für den Erwerb von Wertpapieren im PV (BFH X R 24/10, BStBl II 12, 498 mwN; überholt: BFH IV R 183/78, BStBl II 82, 587); Bauunternehmer veräußert **Teileigentumsanteile** an Grundstück (BFH XI R 71/96, BFH/NV 97, 839); Malermeister hält **Beteiligung an Bau-GmbH** (BFH XI R 18/93, BStBl II 94, 296: geringfügige Beteiligung); Kursmakler tätigt **Wertpapiergeschäfte** (BFH X R 38/92, BFH/NV 94, 850). – ***Keine branchentypischen Geschäfte:*** **Termingeschäfte** eines Textilhandels (BFH VIII R 63/96,

BStBl II 99, 466; s aber auch BFH IV R 67/95, BFH/NV 97, 114: Termingeschäfte zur Stärkung des Betriebskapitals); **Darlehen** des Ges'ters einer Bank an GmbH (BFH IV R 2/90, BStBl II 91, 786).

g) Privatvermögen. WG, die der StPfl für Zwecke der **privaten Lebensführung** einsetzt, sind kein BV und daher nicht in die Gewinnermittlung einzubeziehen. Das ergibt sich ohne Rückgriff auf § 12 EStG unmittelbar aus § 4 I, da es in entspr Fällen bereits obj am betriebl Zusammenhang fehlt (s auch BFH IV R 56/11, BFH/NV 15, 317). Den Begriff „PV" bzw „notwendiges PV" nennt das EStG nicht ausdrückl; er ergibt sich aber als Korrelat zum BV mittelbar aus § 4 I. – Ein WG ist PV entweder bereits durch Erwerb/Herstellung im privaten Bereich oder dadurch, dass ein zunächst bestehender betriebl Zusammenhang gelöst wird (Entnahme aus dem BV, → Rn. 75, 220). Die Gründe hierfür können im Bereich der privaten Lebensführung liegen oder in der Verwendung des WG iZm einer Überschuss-Einkunftsart (§ 2 I Nr 4–7, II Nr 2). Beispiele → § 12 Rn. 8 und 32; → 39. Aufl 2020, § 4 Rn. 41. – Zum PV bei **PersGes** → § 15 Rn. 484; eine KapGes hat grds kein PV (→ Rn. 55). 41

h) Gewillkürtes Betriebsvermögen. – aa) Begriff. WG, die weder notwendiges BV noch notwendiges PV sind, gehören zum gewillkürten BV, wenn sie **obj geeignet** und **subj dazu bestimmt** sind, den Betrieb zu fördern (BFH X R 1/16, BStBl II 18, 181). Fehlt es an einer eindeutigen Beziehung zu einem der beiden anderen Bereiche, hat der StPfl, insb der gewerbl Unternehmer (→ Rn. 45), die Möglichkeit zu bestimmen, ob er ein WG der Förderung betriebl Zwecke widmen will oder nicht (BFH IV R 56/11, BFH/NV 15, 317). – Zur Anerkennung gewillkürten BV bei Überschussrechnung nach **§ 4 III** s BFH IV R 13/03, BStBl II 04, 985; EStR 4.1, 4.2. 42

Beispiele: fremdvermietete **Wohnungen/Grundstücke** eines Hotelbetriebs (BFH IV R 56/11, BFH/NV 15, 317: Nutzungsentnahme bei außerbetriebl veranlasster verbilligter Vermietung); **Wertpapiere** im BV eines Arztes (BFH VIII R 1/08, BStBl II 11, 862: Ausnahme, → Rn. 170 und → § 18 Rn. 164). – S iÜ zu **Grundstücken/Gebäuden** EStR 4.2 IX und EStH 4.2 IX mit Beispielen; zu **Forderungen** → Rn. 130; zu **Beteiligungen** → Rn. 45 und 160; zu **Wertpapieren** → Rn. 170.

bb) Fördern. Das Begriffsmerkmal „fördern" drückt dabei eine weniger intensive Bindung an den Betrieb aus als der Begriff „unmittelbar dienen" beim notwendigen BV (→ Rn. 36), setzt aber gleichwohl einen **obj Bezug** voraus, zumindest iSe obj *Fördermöglichkeit.* Ein freies Wahlrecht, WG allein durch einen formalen Buchungsakt dem gewillkürten BV zuzuweisen, gibt es nicht (s BFH GrS 2–3/88, BStBl II 90, 817, unter C.II.3.a.). – Die Anforderungen an die Feststellung, ob das betr WG obj geeignet ist, den Betrieb zu fördern, steigen dabei umso mehr, je weiter das WG bzw das damit verbundene Geschäft nach Art und Inhalt von der Haupttätigkeit des Betriebs entfernt sind (BFH IV R 5/07, BFH/NV 10, 612; → Rn. 46). Innerhalb dieses obj Rahmens obliegt aber grds dem StPfl als Betriebsinhaber die **subj Bestimmung,** was dem Betrieb förderl ist bzw sein soll. – Spätere (bessere) Erkenntnis schließt die Annahme von gewillkürtem BV nicht aus; der Stpfl muss aber glaubhaft machen, dass **aus damaliger Sicht** das betr WG geeignet *schien,* den Betrieb zu fördern (ähnl: vergebl Aufwendungen, → Rn. 481). – Der für den Ausweis als gewillkürtes BV notwendige obj Zusammenhang kann auch dann bejaht werden, wenn die **endgültige Verwendung** im Zeitpunkt des Erwerbs noch offen ist (BFH VIII R 4/94, BStBl II 98, 461 mwN). – **Verbindlichkeiten,** die kein notwendiges BV sind, können nicht dem gewillkürten BV zugeordnet werden (stRspr, BFH X R 5/11, BFH/NV 14, 1018: kein gewillkürtes BV auf der Passivseite; → Rn. 140 ff). 43

Die steuerrechtl Einordnung des WG beruht auf Tatsachenfeststellungen, für die **obj Beweislastregeln** gelten. Die bloße Behauptung, es seien betriebl Gründe ausschlaggebend gewesen, reicht nicht aus, wenn sich (wie in der Praxis häufig) später herausstellt, dass das WG dem Betrieb *tatsächl nicht obj förderl* war. Es obliegt dem StPfl, der sich auf die BV-Eigenschaft beruft, darzulegen, welche Beziehung das WG zum Betrieb haben sollte und welche vernünftigen wirtschaftl Überlegungen ihn veranlasst haben, das WG als BV zu behandeln (vgl BFH III B 123/07, BFH/NV 09, 916). Zu Risikogeschäften und betriebsschädl WG → Rn. 46.

44 **cc) Widmung.** Eine Zuordnung zum gewillkürten BV kommt nur in Betracht, wenn der StPfl eine entspr Widmung des WG unmissverständl, zeitnah und unumkehrbar **dokumentiert** hat (s BFH X B 159/15, BFH/NV 17, 54 Rn. 24 mwN), idR durch Ausweis der damit zusammenhängenden Aufwendungen und Erträge in der Buchführung und durch Aktivierung des WG (s BFH VIII R 9/18, BStBl II 20, 845: Aufnahme ins Anlagenverzeichnis; BFH VI R 53/16, BStBl II 21, 427: keine entspr Zuordnung). Die Widmung setzt einen klar nach außen in Erscheinung tretenden **Willensentschluss des StPfl** voraus; eine Zuordnung ledigl durch die BP genügt im Zweifel nicht (BFH X R 1/16, BStBl II 18, 181 mwN).

45 **dd) Einkunftsart und gewillkürtes Betriebsvermögen.** Gewerbetreibende können Gegenstand und Umfang ihres Betriebs weitgehend frei bestimmen; das gibt ihnen grds auch einen weiten Spielraum bei der Zuordnung von WG zum gewillkürten BV (vgl unter Berufung auf § 344 I HGB: BFH IV R 45/05, BStBl II 09, 449; einschr BFH X R 36/03, BFH/NV 05, 682). Demggü unterliegen StPfl, die LuF betreiben oder freiberufl tätig sind, nach stRspr Einschränkungen, die sich aus den durch § 13 und § 18 umrissenen **Tätigkeitsbereichen der jeweiligen Einkunftsart** ergeben (vgl BFH IV R 49/00, BStBl II 01, 828; BFH VIII R 19/08, BFH/NV 11, 1311; s auch *Kahle/Kopp* FR 20, 1117 (1119)). WG, die einem luf bzw freiberufl Betrieb wesensfremd sind, können daher grds kein gewillkürtes BV sein (BFH IV R 14/07, BStBl II 10, 227 mwN; s insb zu Geldgeschäften BFH VIII R 1/08, BStBl II 11, 862), es sei denn, ihnen kommt eine konkrete betriebsförderl Funktion zu (→ Rn. 46). Zu den Besonderheiten bei **LuF** iÜ → § 13 Rn. 243 ff; zu **freiberufl Tätigkeit** → § 18 Rn. 157 ff.

Beispiele: Wertpapiere im BV eines Arztes (BFH VIII R 1/08, BStBl II 11, 862: Ausnahme) oder RAs (BFH IV R 49/00, BStBl II 01, 828; BFH VIII R 19/08, BFH/NV 11, 1311; → Rn. 170 und → § 18 Rn. 164); **Genossenschaftsanteile** eines luf Betriebs (BFH IV R 5/07, BFH/NV 10, 612). – ***Notwendiges BV verneint:*** Steuerberater erwirbt **Baumaschinen** (BFH IV R 57/83, BFH/NV 87, 708); RA gewährt **Darlehen** (BFH XI B 25/07, BFH/NV 07, 1888). – Zu **Grundstücken** als risikoarmer Vermögensanlage s auch BFH III B 66/93, BFH/NV 96, 327 mwN; weitere Beispiele → 37. Aufl 2018, § 4 Rn. 164.

46 **ee) Risikogeschäfte; betriebsschädliche Wirtschaftsgüter.** Bei riskanten Geschäften, die nicht berufs-/branchentypisch (→ Rn. 40 und 45) sind, ist **besonders sorgfältig zu prüfen,** ob sie nach den im Zeitpunkt des Vertragsschlusses bekannten Umständen obj geeignet und subj dazu bestimmt sind, die betriebl Tätigkeit zu fördern, und ob sie von vorneherein als betriebl Geschäfte behandelt worden sind (BFH IV R 14/07, BStBl II 10, 227 mwN). Dabei gilt auch hier, dass die Anforderungen an die Feststellung der obj Eignung umso mehr steigen, je weiter Art und Inhalt des Geschäfts von der betriebl Haupttätigkeit entfernt sind (→ Rn. 43), vor allem dann, wenn es sich um Geschäfte handelt, die üblicherweise auch im Privatbereich getätigt werden (BFH IV R 87/05, BFH/NV 09, 1650). Zwar kann ein StPfl Beteiligungen, Grundstücke uÄ auch jenseits seiner gewöhnl betriebl Tätigkeit dem gewillkürten BV widmen; denn solche WG können sich als Anlage für betriebl Mittel eignen oder aber als Kapitalverstärkung, Kreditgrundlage und Liquiditätsreserve dem Betrieb förderl sein (vgl zB BFH IV R 67/95, BFH/NV 97, 114 mwN: Termingeschäften eines Einzelhändlers). Es darf sich jedoch nicht um eine Verlagerung privater Risiken in den betriebl Bereich handeln. Eine Zuordnung von WG zum gewillkürten BV ist jedenfalls ausgeschlossen, wenn bereits im **Zeitpunkt** der Anschaffung oder Einlage erkennbar ist, dass sie dem Betrieb keinen Nutzen, sondern

nur Verluste bringen werden (BFH XI R 1/96, BStBl II 97, 399 mwN; BFH IV R 12/23, DStR 26, 26 Rn. 38 ff mwN).

Beispiele – ***gewillkürtes BV bejaht:*** **Termingeschäfte** eines Tiefbauunternehmens (BFH IV R 87/05, BFH/NV 09, 1650) oder Textilhandels (BFH VIII R 63/96, BStBl II 99, 466). – *Gewillkürtes BV verneint:* **„verlustgeneigte" GmbH-Anteile** eines MUers (BFH IV R 12/23, DStR 26, 26 Rn. 41); **Optionsscheine** einer Partnervermittlung (BFH XI R 1/96, BStBl II 97, 399); **Barrengold** eines Gartenbaubetriebs (BFH XI R 52/95, BStBl II 97, 351); Beteiligung zur **Steuerersparnis** (BFH X R 36/03, BFH/NV 05, 682). Zu **Wertpapiergeschäften** s auch *Ritzrow* StBP 12, 284 und 322 (Rspr-Übersicht); *Weyde/Frey* FR 02, 190; zur Abzugsbeschränkung bei betriebl **Termingeschäften** gem § 15 IV 3 → § 15 Rn. 900 ff.

i) Gemischt genutzte Wirtschaftsgüter. – aa) Unbewegliche Wirtschafts- **47**
güter. Gebäude (Begriff → § 7 Rn. 36) und Grundstücke sind bei verschiedenartiger Nutzung einzelner Teile in mehrere WG aufzuteilen; iEinz → Rn. 110 ff und 115 ff; EStR 4.2 IV.

bb) Bewegliche Wirtschaftsgüter. – (1) Keine Aufteilung. Bei bewegl WG **48**
lässt die hM eine Aufteilung nicht zu. Das WG ist grds nach dem **Schwerpunkt** seiner Nutzung sachl ungeteilt entweder dem BV oder dem PV zuzuordnen (s zB BFH III B 152/13, BFH/NV 14, 1364: Pkw; *Neufang/Haak* StBP 14, 291). Eine betriebl oder private Nutzung von weniger als 10% gilt ohnehin als unbeachtl. Wird ein WG **in mehreren Betrieben** genutzt, sollte ebenfalls eine Zuordnung nach dem Schwerpunkt erfolgen.

(2) Zuordnung. Wird das WG nicht nur vorübergehend zu mehr als 50% be- **49**
triebl genutzt oder ist es von besonderer Bedeutung für die Erwerbstätigkeit, liegt **notwendiges BV** vor (vgl auch § 6 I Nr 4 S 2); die Art des WG hat dabei nur indizielle Bedeutung für die betriebl Nutzung (BFH IV B 73/05, BFH/NV 07, 1106: Oldtimer; *Eckert* DStR 12, 1119). Eine geringere betriebl Nutzung begründet, soweit sie nicht von untergeordneter Bedeutung ist (unter 10%, EStR 4.2 I), einen betriebl Förderungszusammenhang, der die Behandlung als **gewillkürtes BV** ermöglicht (vgl BFH IV R 13/03, BStBl II 04, 985, zu § 4 III); zu Nachweis s FG RhPf EFG 11, 1313 (bestätigt durch BFH VIII R 12/11, BeckRS 2013, 94963; s auch FG Mchn DStRE 10, 394, rkr). Ein Absinken unter die 10%-Grenze führt nicht zur Entnahme (BFH VIII R 11/11, BStBl II 13, 117). – Gemischt genutzte **GWG** (§ 6 II; Höchstbetrag ab VZ 2018: 800 € netto, → § 6 Rn. 663) sind gem EStH 6.13 dem BV zuzurechnen; die AK/HK sind im Jahr der Anschaffung/Herstellung in voller Höhe als BA zu berücksichtigen, allerdings unter jährl Hinzurechnung des privaten Nutzungsanteils. Ob man bei **Sammelposten** iSv § 6 IIa (alle WG bis 1000 €) die Nutzungsentnahme entspr über eine Nebenrechnung jährl berücksichtigen kann, erscheint fragl (so wohl auch *BMF* BStBl I 10, 755 Tz 18; Problematik → § 6 Rn. 675).

(3) Auswirkungen. – (a) Betriebseinnahmen/-ausgaben. Durch Nutzungs- **50**
überlassung erzielte **Einnahmen** werden nach der Einordnung des WG besteuert (BE aus Vermietung gemischt genutzter Pkw im BV ohne Privatanteilskürzung). § 12 Nr 1 ist nicht einschlägig (BFH VI R 48/99, BStBl II 03, 724). Die durch Privatnutzung anfallenden lfd **Aufwendungen** sind zwar BA; sie werden jedoch einschließl der fixen Kosten (Versicherung, Steuer etc) und der AfA (anteilig) als Nutzungsaufwandsentnahmen zugerechnet (BFH X R 1/92, BStBl II 94, 353; § 4 V 1 Nr 6, → Rn. 578 ff; offengelassen → 44. Aufl 2025, § 4 Rn. 50).

(b) Buchgewinne. Wird der zu 60% betriebl, zu 40% privat genutzte Pkw über **51**
Buchwert veräußert, entsteht der Veräußerungsgewinn zu 100% im betriebl Bereich (vgl BFH VIII R 9/18, BStBl II 20, 845: trotz Besteuerung der Nutzungsentnahme, VerfBeschw BVerfG 2 BvR 2161/20; krit Anm *Kanzler* FR 20, 1142 (1145); ebenso zu § 4 V 1 Nr 6b: BFH VIII R 15/17, BStBl II 20, 841, und zu anteiligem AfA-Ab-

zugsverbot nach § 4 V 1 Nr 7: BFH X R 14/12, BFH/NV 15, 973; str, **aA** *Stadie* FR 16, 289 (295); → Rn. 32, 564, 603). – Eine fehlerhafte Berechnung und Aufteilung der AfA in Vorjahren, die zur Ansammlung stiller Reserven geführt hat, kann nicht über Aufteilung des Buchgewinns oder Vorwegabzug des Veräußerungsgewinns als BA korrigiert werden (BFH X R 1/92, BStBl II 94, 353; FG Mster EFG 96, 216, rkr).

52 **(c) Buchverluste.** Die Behandlung von Buchverlusten ist nicht abschließend geklärt; die Rspr ist mE nicht konsequent. Bei einem Privatunfall mit dem Betriebs-Pkw wird nicht auf die Veranlassung der Fahrt abgestellt, sondern auf die **Bilanzierung des WG als BV** (BFH I R 213/85, BStBl II 90, 8: betriebl Buchwertminderung ohne Aufdeckung stiller Reserven; → Rn. 78). Demggü schlägt beim Verlust des Betriebs-Pkw auf einer privat veranlassten Fahrt durch Diebstahl die **Privatfahrt als auslösendes Moment** durch (BFH XI R 60/04, BStBl II 07, 762: kein betriebl Buchwertverlust, auch nicht anteilig; fragl, s *Weber-Grellet* NWB F 3, 14869; → Rn. 179 und ausführl Vorlagebeschluss BFH VIII R 48/98, BStBl II 01, 395 an GrS, erledigt).

53 **(d) Ersatzleistungen.** Die Problematik setzt sich fort bei der Besteuerung von Ersatzleistungen einer Versicherung. Ungeklärt ist vor allem, wie eine Ersatzleistung bei Diebstahl nach Privatfahrt zu behandeln ist; eine Besteuerung als BE ohne Verlustabzug wäre jedenfalls widersprüchl (→ Rn. 179).

54 **j) Betriebsvermögen bei Personengesellschaften.** Zu BV der MUerschaft s BFH IV R 12/23, DStR 26, 26 Rn. 22 ff mwN und → § 15 Rn. 480 ff. Zu PersGes, deren Ges'ter/Gemeinschafter einen freien Beruf ausüben (zB zahnärztl Gemeinschaftspraxis), → § 18 Rn. 157. Erzielt eine Ges/Gemeinschaft Überschusseinkünfte iSv § 2 II Nr 2, liegt kein BV vor (PV der Ges'ter); es gibt insb auch kein „SBV" (→ § 21 Rn. 69; s aber zur Modifikation der steuerl Gewinnverteilung durch eine Ergänzungsrechnung BFH IX R 38/17, BStBl II, 202 Rn. 32). – Zur Zurechnung von BV bei Ehegatten/Part als MUer → Rn. 63.

55 **k) Betriebsvermögen bei Kapitalgesellschaften.** Eine KapGes erzielt ausnahmslos gewerbl Einkünfte (§ 8 II KStG). Daher gehören die ihr persönl zuzurechnenden WG (→ Rn. 60 f) zum BV. Privatnutzung durch Ges'ter löst den betriebl Zusammenhang nicht und führt allenfalls zu vGA iHd Nutzungswerts; Ges'terVermögen wird andererseits durch betriebl Nutzung im Dienst der KapGes nicht zu BV (zu Nutzungseinlage/vGA → Rn. 224). Eine außersteuerl Privatsphäre und PV der KapGes schließt der I. Senat aus (s BFH I R 32/06, BStBl II 07, 961; s auch *BMF* BStBl I 02, 1394 und *BMF* BStBl I 07, 905; zu vGA bei KapGes mit Überschusseinkünften s *Böhmer* DStR 12, 1995); anders zu Vereinen BFH I R 48/13, BStBl II 15, 713. Zu gewillkürtem BV öffentl Betriebe gewerbl Art s BFH I R 52/06, BStBl II 09, 248 mwN.

Der I. Senat des BFH wertet Privatinteressen der Ges'ter nach Liebhabereigrundsätzen und korrigiert das steuerl Ergebnis ggf über vGA („liebhabereigeneigte vGA"; s *Mindermann/Lukas* NWB 14, 2092) oder, wohl vorrangig, über die Abzugsbeschränkungen nach § 4 V (BFH I R 27–29/05, DStRE 07, 946, als Folgeurteil zu BFH I R 54/95, DStR 97, 492, Anm *Pezzer* FR 07, 890). Diese Rspr ist str, s *Weber-Grellet* BB 14, 2263; *Briese* FR 14, 1002; *ders* DB 14, 2610; *ders* BB 14, 1943; *Brenner* DStZ 14, 464, entgegen *Wassermeyer* DB 11, 1828.

60 **5. Persönliche Zurechnung. – a) Betriebsinhaber.** Zum BV gehören nur WG, die dem Betriebsinhaber als *eigene* zuzurechnen sind (→ Rn. 23; zB BFH IV R 33/13, BStBl II 18, 81). Betriebsinhaber ist, wer den Betrieb nach eigenem Willen und auf eigene Rechnung und Gefahr führt und damit den Tatbestand der jeweiligen Gewinneinkunftsart selbst verwirklicht (→ § 2 Rn. 19). Zu **LuF** → § 13 Rn. 111 ff, → Rn. 161 ff, → Rn. 166 ff (MUerschaft, Ehegatten); zu **gewerbl Tätig-**

keit → § 15 Rn. 135 ff; zu **freiberufl Tätigkeit** → § 18 Rn. 15. – Inhaber des Betriebs einer **MUerschaft** sind die MUer (→ § 15 Rn. 257 ff; zu atypisch stiller Ges → § 15 Rn. 354 ff); das gilt grds auch bei freiberufl Personenzusammenschlüssen (→ § 18 Rn. 39 ff). Bei einer **KapGes** ist stets diese Betriebsinhaber.

b) Zivilrechtliches und wirtschaftliches Eigentum. WG sind dem Betriebs- 61
inhaber grds dann als eigene zuzurechnen, wenn sie in seinem **zivilrechtl Eigentum** stehen (§ 39 I AO; s auch §§ 242 I 1, 246 I 1 HGB). Übt der Betriebsinhaber die tatsächl Herrschaft über ein WG in der Weise aus, dass er den zivilrechtl Eigentümer idR für die gewöhnl Nutzungsdauer von der Einwirkung auf das WG wirtschaftl ausschließen kann, ist ihm als **wirtschaftl Eigentümer** gem § 39 II Nr 1 S 1 AO auch dieses WG zuzurechnen (stRspr, zB BFH IV R 56/16, BFH/NV 18, 597; BFH X R 17/05, BStBl II 08, 579). Ein wirtschaftl Ausschluss des zivilrechtl Eigentümers wird ua angenommen, wenn der Herausgabeanspruch des Eigentümers nach dem Gesamtbild der Verhältnisse keine wirtschaftl Bedeutung mehr hat (BFH VI R 67/15, BStBl II 18, 798). Ob das der Fall ist, obliegt der **tatrichterl Würdigung** (BFH I R 34/15, BStBl II 20, 201 Rn. 21). Zu den Voraussetzungen des wirtschaftl Eigentums iEinz → § 5 Rn. 152 ff. – Im Fall einer **Konkurrenz** geht die steuerrechtl Zurechnung gem § 39 II Nr 1 AO der handelsbilanziellen Zurechnung (§ 246 I 2 HGB) vor (str, s *Wendt* FR 17, 527 (531) mwN; offen gelassen in BFH IV R 56/16, BFH/NV 18, 597 Rn. 28).

Beispiele: Bei **Miete und Pacht** ist das vermietete/verpachtete WG weiterhin dem Vermieter/Verpächter zuzurechnen, da schuldrechtl oder dingl Nutzungsrechte idR kein wirtschaftl Eigentum begründen (BFH VI R 67/15, BStBl II 18, 798 Rn. 19: Sondernutzungsrecht nach WEG; zur Aktivierung von Nutzungsrechten aber → § 5 Rn. 101). – Der **Vorbehaltsnießbraucher** behält idR kein wirtschaftl Eigentum zurück (→ § 5 Rn. 156 mwN; AfA: → § 7 Rn. 60). – Errichtet der Betriebsinhaber auf eigene Rechnung ein **Gebäude auf fremden GuB,** werden die Aufwendungen als „Aufwandsverteilungsposten" aktiviert (ausführl BFH X R 46/14, BStBl II 16, 976 Rn. 20 ff; zu AfA-Befugnis → § 7 Rn. 81 ff; str, → § 5 Rn. 114 und → § 5 Rn. 270 „Bauten auf fremdem GuB"); entspr gilt für **Mietereinbauten,** die auf Rechnung des Betriebsinhabers als Mieter eingebaut worden sind (→ § 5 Rn. 270 „Mietereinbauten"; zu AfA → § 7 Rn. 77 ff). – Beim **Leasing** ist das WG idR dem Leasinggeber zuzurechnen (vgl BFH VIII R 1/21, BStBl II 24, 633 Rn. 15; → § 5 Rn. 725 ff), bei **Treuhand/Sicherungseigentum** dem Sicherungs-/Treugeber (§ 39 II Nr 1 S 2 AO; → § 5 Rn. 154); zu Treuhand, die die Mitgliedschaft in einer PersGes zum Gegenstand hat, → § 15 Rn. 300. – Sog **Cum-Ex-Geschäfte** als Durchgangserwerb nach Maßgabe eines „modellhaft aufgelegten Gesamtvertragskonzepts" verschaffen kein wirtschaftl Eigentum (BFH I R 2/12, DStR 14, 2012; → § 43 Rn. 3 mwN); zu zusätzl Anforderungen an das wirtschaftl Eigentum bei sog **Cum-Cum-Geschäften** → § 36a Rn. 1 f mwN. – Zu den Folgen einer **Verpachtung** s BFH VI R 66/15, BStBl II 22, 301 Rn. 23, → § 5 Rn. 701 und → § 16 Rn. 166 ff. – Weitere Beispiele → § 5 Rn. 152 ff, → § 5 Rn. 270 mit „ABC der Aktivierung".

c) Miteigentum. Steht das WG im Miteigentum eines anderen, der kein (Mit-) 62
Betriebsinhaber ist, wird dem Betriebsinhaber *nur sein eigener* ideeller Anteil als materielles WG zugerechnet; die schlichte Mitnutzung von Miteigentum führt nicht zu BV über den eigenen Anteil hinaus (BFH VIII R 98/04, BStBl II 08, 749, → § 5 Rn. 157; zu AfA → § 7 Rn. 56 und 88). Es kommt hier also zu einer persönl Aufteilung, insoweit auch bei bewegl WG (aber → Rn. 48: keine sachl Aufteilung). – Ein Wechsel des Rechtsträgers (zB Übertragung auf Ehepartner) oder eine Änderung der Nutzung (PV statt BV) führt zur Entnahme des Anteils (vgl zu Garage BFH X R 1/16, BStBl II 18, 181). – Speziell zu **Gebäuden** → Rn. 115 ff. Zu gemeinsamem Miteigentum von **MUern und Nicht-MUern** → § 15 Rn. 532; zu Konkurrenzen bei **Schwester-PersGes** → § 15 Rn. 533.

d) Ehegatten; Lebenspartner. – aa) Gemeinsamer Betrieb. Unterhalten 63
Ehegatten/Lebenspartner als MUer gemeinsam einen Betrieb, rechnen zum BV alle betriebl genutzten WG des Gesamtguts und ggf im Alleineigentum eines Ehegatten/

Lebenspartners stehende WG als SBV (vgl BFH IV R 62/94, BStBl II 95, 592; → § 15 Rn. 377). Zu den Voraussetzungen, unter denen ein Ehegatte/Lebenspartner MUer im Betrieb des anderen und damit auch zusammen mit diesem Betriebsinhaber ist, → § 13 Rn. 163 ff (LuF), → § 15 Rn. 375, 740 ff (GewBetr) und → § 18 Rn. 41 (selbständige Arbeit).

64 **bb) Getrennte Betriebe.** Unterhält jeder Ehegatte/Lebenspartner einen eigenen Betrieb, muss für jedes WG nach allg Kriterien festgestellt werden, welchem Betrieb das WG sachl (→ Rn. 30 ff) und persönl (→ Rn. 61) zuzurechnen ist. Nutzt ein Ehegatte/Lebenspartner für seinen Betrieb gelegentl ein zum BV des anderen gehörendes WG, ohne hierfür Aufwendungen zu tragen, kann er hierfür keine BA geltend machen (s BFH X R 24/12, BStBl II 15, 132: Pkw, keine zusätzl Nutzungsentnahme bei Anwendung der 1%-Regelung). Zur sachl Zuordnung einzelner Gebäudeteile → Rn. 120 ff.

65 **cc) Nur *ein* Betriebsinhaber. – (1) Wirtschaftliches Eigentum.** Wird der Betrieb nur von einem Ehegatten/Lebenspartner geführt, sind ihm WG, die im zivilrechtl Eigentum oder Miteigentum des anderen Ehegatten/Lebenspartners stehen, nur dann als eigene zuzurechnen, wenn er (der Betriebsinhaber) als wirtschaftl Eigentümer (→ Rn. 61) die **tatsächl Herrschaftsgewalt** ausübt und den anderen Ehegatten/Lebenspartner auf Dauer von der Einwirkung auf das WG ausschließen kann (s BFH XI R 18/06, BStBl II 09, 957: uneingeschränktes Nutzungs- und Verfügungsrecht; BFH III R 8/07, BFH/NV 10, 190; zu AfA → § 7 Rn. 81). Dies setzt idR eine entspr vertragl **Nutzungsvereinbarung** voraus, mit der die Nutzungen und Lasten sowie Chancen und Risiken einschließl der Gefahr des zufälligen Untergangs auf den Betriebsinhaber verlagert werden (vgl *Levedag* GmbHR 16, 652 (661); *Kleinmanns* BB 16, 1330).

66 **(2) Kein wirtschaftliches Eigentum.** Errichtet der Betriebsinhaber **ohne entspr Nutzungsvereinbarung** mit eigenen Mitteln ein betriebl genutztes Gebäude auf einem Grundstück, das (ganz oder teilweise) dem anderen Ehegatten/Lebenspartner gehört, wird dieser nach der BFH-Rspr zivilrechtl und wirtschaftl Eigentümer des Gebäudes bzw des auf seinen Miteigentumsanteil entfallenden Gebäudeteils. Das Gebäude bzw der Gebäudeteil gehört dann zu seinem **Privatvermögen** und ist nicht dem Betriebsinhaber als BV zuzurechnen. Der Betriebsinhaber kann aber die Baukosten bilanziell in einem sog **Aufwandsverteilungsposten** erfassen (ausführl, auch zur Entwicklung der Rspr: BFH X R 46/14, BStBl II 16, 976 mwN: kein WG, nur „Aufwandsspeicher" ohne Bildung stiller Reserven – auch zu AfA bei Übertragung auf Dritte; Anm *Kanzler* FR 16, 907; *BMF* BStBl I 16, 1431, Anm *Levedag* GmbHR 17, 107; abl *Weber-Grellet* BB 16, 2220; → § 5 Rn. 270 „Bauten auf fremdem GuB": gewöhnl WG). Dieser Aufwandsverteilungsposten ist selbst **kein WG,** kann nicht Sitz stiller Reserven sein und muss bei Beendigung der unternehmerischen Nutzung erfolgsneutral ausgebucht werden (→ § 7 Rn. 96 mwN); die frühere Rspr, derzufolge stille Reserven gem § 6b auf diese Bilanzposition übertragen werden können, hat der IV. BFH-Senat aufgegeben (BFH IV R 29/09, BStBl II 13, 387 Rn. 29). – Zur **Behandlung der AfA** → § 7 Rn. 56 f, 81 ff.

70 **6. Veränderungen im Betriebsvermögen. – a) Begründung von Betriebsvermögen.** Ein WG wird dadurch BV, dass ein sachl Bezug zum Betrieb (→ Rn. 30 ff) oder die persönl Rechtszuständigkeit des Betriebsinhabers hergestellt wird (→ Rn. 60 ff). Das kann geschehen durch Betriebseröffnung oder Betriebserwerb (→ Rn. 71), durch den entgeltl oder unentgeltl Erwerb einzelner WG aus betriebl Veranlassung (→ Rn. 72), durch Herstellung im betriebl Bereich (→ Rn. 73) oder durch Einlage aus dem eigenen PV in den betriebl Bereich (→ Rn. 74).

71 **aa) Betriebseröffnung; Betriebserwerb.** Hierin liegt die erste Entscheidung des StPfl, WG seinem BV zuzuführen. Da Einlagen iSv § 4 I 8, § 6 I Nr 5 bzw An-

schaffungen iSv § 6 I Nr 1–3 einen Betrieb voraussetzen, hat der Gesetzgeber die einlage- und anschaffungsähnl Vorgänge in Anlehnung an diese Bestimmungen gesondert geregelt (§ 6 I Nr 6 und 7 EStG, → § 6 Rn. 633 ff; vgl auch § 6 I EStDV zum Zeitpunkt der EB). BV kann bereits vor Betriebseröffnung begründet werden (→ Rn. 270 „Vorbereitungshandlung", → § 15 Rn. 129). Bei **unentgeltl Betriebserwerb** ohne betriebl Veranlassung (Erbschaft, Schenkung) wird BV grds in der Person des Erwerbers fortgeführt (vgl → Rn. 94; zu Besonderheiten bei § 18 → § 18 Rn. 256, → § 1 Rn. 15). § 6 III betrifft nur die Bewertung und Gewinnrealisierung.

bb) Erwerb. Erwirbt der Unternehmer ein WG, zählt dieses zum BV, wenn der Erwerb betriebl veranlasst war (→ Rn. 30), sei es wegen betriebl Nutzungsabsicht oder aus anderen betriebl Gründen (BFH III R 42/13, BStBl II 17, 339; BFH X R 20/86, BStBl II 90, 128). Fehlt diese Veranlassung, handelt es sich um PV. **Dokumentation** idR durch Bilanz-/Buchführungsausweis (s auch BFH XI R 5/93, BFH/NV 94, 472; zu Einlage → Rn. 74, 233 ff). Auch **unentgeltl Erwerb** schafft bei betriebl Veranlassung BV (§ 6 IV, → Rn. 428); private Veranlassung → Rn. 74. 72

cc) Herstellung. Ein im Betrieb für betriebl Zwecke hergestelltes WG entsteht notwendig als BV. Die Art des WG (AV/UV) kann für die Beurteilung des sachl Zusammenhangs von Bedeutung sein, der bei zur Veräußerung bestimmten WG stets vorliegt. Bei Herstellung branchenübl WG spricht eine Vermutung für betriebl Veranlassung (→ Rn. 40). Außerhalb des Betriebs hergestellte WG können PV sein. 73

dd) Einlage. Durch Einlage führt ein StPfl ein WG einem bestehenden Betrieb zu (§ 4 I 8 Hs 1, → Rn. 220 ff). Die persönl Zurechnung ändert sich im Gegensatz zur Anschaffung nicht. Der StPfl muss seine unternehmerische Entscheidung, ein WG *endgültig* dem Betrieb zu widmen, durch sein obj Verhalten für Dritte erkennbar zum Ausdruck bringen (s BFH X R 37/91, BStBl II 94, 172; BFH IV B 22/01, BStBl II 02, 690; → Rn. 233 ff, 270). Einer so verstandenen **„Widmung"** (→ Rn. 35, 42) bedarf es beim notwendigen BV ebenso wie bei gewillkürtem BV (BFH X R 57/88, BStBl II 91, 829). 74

b) Ausscheiden aus Betriebsvermögen. Ist ein WG zu BV geworden, verliert es diese Eigenschaft bis zur Betriebsbeendigung nur durch **Lösung des persönl oder sachl Betriebszusammenhangs** (BFH VI R 130/82, BStBl II 85, 395; → Rn. 76 ff). Insb verliert ein WG des notwendigen BV diese Eigenschaft erst durch Entnahme oder durch den Eintritt tatsächl Umstände, aufgrund derer das WG fortan *zwingend* zum notwendigen PV gehört (BFH X R 38/17, BStBl II 19, 518 Rn. 57 mwN; iÜ → Rn. 233 ff zur unterschiedl Bindung von notwendigem und gewillkürtem BV). – Im Fall eines Wechsels zur **Liebhaberei** wird das BV ledigl „eingefroren" (→ § 2 Rn. 23). 75

aa) Lösung des persönlichen Betriebszusammenhangs. Sie erfolgt durch Wechsel der Rechtszuständigkeit wie Veräußerung gegen Entgelt oder uU unentgeltl Übertragung (Verlust des zivilrechtl und wirtschaftl Eigentums, BFH IV R 89/90, BStBl II 93, 225; § 6 IV – s aber Ausnahmen § 6 III, V). Tausch und Betriebsveräußerung sind Veräußerungsvorgänge (→ Rn. 88 und 94). Persönl Zurechnung vgl → Rn. 60 ff; Zeitpunkt → Rn. 80. Tod eines Freiberuflers s BFH IV R 45/87, BStBl II 89, 509, → § 1 Rn. 15, → § 18 Rn. 256 (Übergangszeit). 76

bb) Lösung des sachlichen Betriebszusammenhangs. Sie erfolgt durch *endgültige* Entnahme des WG (§ 4 I 2, → Rn. 233 ff, 270) oder Betriebsaufgabe (→ Rn. 90). Dagegen idR **keine Entnahme** des WG durch: Einstellung der betriebl Nutzung, vorübergehende oder anteilige Privatnutzung (→ Rn. 270 „Bebauung", „Nutzung", „LuF", „Nießbrauch", → Rn. 54), vollständige Absetzung des Buchwertes, Zerstörung (→ Rn. 78), Belastung für private Zwecke (→ Rn. 38), Vermietung (→ Rn. 270), Betriebsverpachtung (→ § 16 Rn. 166 ff), Umwandlung eines WG 77

(Alt- in Feinsilber s BFH IV R 50/86, BStBl II 86, 907); Absinken der betriebl Kfz-Nutzung unter 10% (BFH VIII R 11/11, BStBl II 13, 117).

78 **cc) Lösung des tatsächlichen Betriebszusammenhanges.** Durch **Änderung oder Einstellung der tatsächl Nutzung** (Beteiligung → Rn. 163) ohne Veräußerung wird die BV-Eigenschaft ebenso wenig beendet wie durch **Unfall** (keine Sachentnahme mit Aufdeckung stiller Reserven). Das soll nach stRspr seit BFH I R 213/85, BStBl II 90, 8, auch bei Zerstörung durch **Privatunfall** gelten, ist aber str und kaum vereinbar mit der Rspr zu Verlust (→ Rn. 50 ff, → Rn. 520 „Verlust") und zur Besteuerung von Ersatzleistungen einer Kaskoversicherung (→ Rn. 179). – Verlust, Untergang, Zerstörung, Diebstahl, Unterschlagung oÄ machen das WG für den Betrieb wertlos mit der Folge der **gewinnmindernden Ausbuchung** des Restwerts (ohne Aufdeckung stiller Reserven). Das wiedergefundene WG ist grds noch BV; Schrotterlös ist BE (EStR 4.7 I).

79 **c) Rechtsfolgen. – aa) Begründung von Betriebsvermögen.** Aufwendungen zum Erwerb und Erhalt eines zum BV gehörenden WG sind betriebl veranlasst und damit BA. Einnahmen, die im Zusammenhang mit dem WG (zB durch Nutzung oder Verkauf) entstehen, sind BE. Ab Zuführung des WG zum BV werden stille Reserven im betriebl Bereich angesammelt, bei notwendigem wie bei gewillkürtem BV, auch bei anteiliger Privatnutzung (→ Rn. 48 ff, 87, 89). Der betriebl Zusammenhang kann durch außerbetriebl Umstände unterbrochen sein. – Die Zuführung eines WG zum BV kann erfolgsneutral oder erfolgswirksam sein. Beim bilanzierenden Unternehmer sind Anschaffungen und Einlagen idR erfolgsneutral (→ Rn. 83, 85). Die Einbuchung kann erfolgswirksam sein, wenn das KapKto als Erfolgskonto berührt wird (→ Rn. 84).

Beispiele: Einbuchung von Forderungen oder Verbindlichkeiten (soweit Erfolgskonten angesprochen sind), Rückstellungen, Wertberichtigungs- oder Rechnungsabgrenzungsposten. – **Bei § 4 III** kann sich nach Art des WG eine Gewinnminderung ergeben (Beispiele → Rn. 382 ff).

80 **bb) Ausscheiden eines Wirtschaftsguts aus Betriebsvermögen.** Veräußerung oder Entnahme (nicht Verlust, → Rn. 78, str) führt idR im Wj des Ausscheidens zur Aufdeckung und Besteuerung der im (notwendigen und gewillkürten) BV angesammelten stillen Reserven (→ Rn. 256; Zeitpunkt → Rn. 96, 260). Zu § 4 III → Rn. 382 ff (Veräußerung) und → Rn. 386 ff (Entnahme). Spätere Fehlerkorrektur → Rn. 315, 325 f.

81 **cc) Keine Gewinnrealisierung.** In bestimmten Fällen wird auf die **Gewinnrealisierung** endgültig oder vorübergehend **verzichtet** (→ Rn. 98, 237, 240 ff zu Veräußerungs-, Entnahmevorgängen), auch bei Betriebsgründung und Betriebsbeendigung (→ Rn. 71, 77, 88 ff). Bei unentgeltl Betriebsübertragung entfällt die Gewinnrealisierung gem § 6 III (→ Rn. 71, 94), bei unentgeltl WG-Übertragung uU nach § 6 V. IÜ wirken sich Einlagen und Entnahmen auf die Höhe der abziehbaren Schuldzinsen (**§ 4 IVa,** → Rn. 522 ff) und bei § 4 I/§ 5 auf die StBegünstigung nach **§ 34a** aus.

82 **d) Buchungstechnik und laufende Gewinnauswirkung.** Jede Veränderung im BV muss ihren Niederschlag in der Bilanz finden, wobei in der doppelten Buchführung stets zwei Konten angesprochen werden. Das besagt noch nichts über die Gewinnauswirkung. Es gibt Geschäftsvorfälle ohne Gewinnauswirkung (→ Rn. 83), solche mit unmittelbarer Gewinnauswirkung auf Grund der Buchung (→ Rn. 84) und solche mit ungewollter Gewinnauswirkung, die außerhalb der Bilanz korrigiert werden muss (→ Rn. 23 und 85).

83 **aa) Erfolgsneutrale Betriebsvermögensumschichtungen.** Sie berühren iRd **Bestandskonten** des Aktivvermögens und des Fremdkapitals nicht das Eigenkapital

und damit auch nicht den Gewinn. Die Bestandskonten werden zum Jahresabschluss erfolgsneutral über das Schlussbilanzkonto zusammengeführt.

Beispiele – ***Aktivtausch:*** Anschaffung von Ware gegen Barzahlung (Buchung: Ware an Kasse); Veräußerung eines WG zum Buchwert (Buchung: Kasse an WG). – ***Passivtausch:*** Schuldwechsel an Lieferanten (Buchung: Lieferantenverbindlichkeit an Schuldwechselverbindlichkeit). – ***Aktiv-Passivtausch:*** Warenkauf auf Kredit (Buchung: Ware an Lieferantenverbindlichkeit).

bb) Erfolgswirksame Geschäftsvorfälle. Sie berühren nicht nur ein Bestandskonto, sondern auch ein **Erfolgskonto** (Ertrags- oder Aufwandskonto) und damit das **Eigenkapital.** Soweit Bestandskonten angesprochen sind, werden sie wie in → Rn. 83 abgeschlossen. Soweit Erfolgskonten angesprochen sind, werden sie über das Gewinn- und Verlustkonto als Unterkonto des KapKto abgeschlossen. Dessen Saldo, der den Reingewinn oder Reinverlust wiedergibt, wird auf das KapKto übertragen. Aus den Erfolgskonten wird außerdem – mit gleichem Ergebnis – die **Gewinn- und Verlustrechnung** abgeleitet, in der die einzelnen Ertrags- und Aufwandsposten festgehalten werden (vgl § 60 EStDV, § 275 HGB). 84

Beispiele: Dienstleistung gegen Barzahlung (Buchung: Kasse an Kapital bzw Ertragskonto); Barzahlung der Büromiete (Buchung: Kapital bzw Aufwand an Kasse); Erlass einer Forderung aus betriebl Gründen (Buchung: Kapital bzw Aufwand an Forderung); Verkauf von Waren gegen Barzahlung (Buchung: Kasse an Ware und Kapital bzw Ertrag); Verkauf von Wertpapieren mit Verlust (Buchung: Kasse und Kapital bzw Aufwand an Wertpapiere); → Rn. 86 ff, → § 5 Rn. 601 ff.

cc) Nichtbetriebliche Betriebsvermögensveränderungen. Gem § 4 I 1 dürfen **Einlagen/Entnahmen** den zu versteuernden Gewinn nicht berühren. Sie müssen daher, soweit sie die Höhe des BV bzw der betriebl Erträge beeinflusst haben, in der lfd steuerl Buchführung oder spätestens beim Jahresabschluss mit gegenläufiger Wirkung auf einem Privatkonto verbucht werden, das über das KapKto aufgelöst wird. Sie wirken zwar – für sich betrachtet – gewinnerhöhend (Entnahmen) bzw gewinnmindernd (Einlagen). Soweit sie jedoch nur der Korrektur einer sonst erfolgswirksamen Buchung dienen, sind sie im Gesamtergebnis erfolgsneutral. Für Einlagen gilt das ausnahmslos (Buchwert § 6 I Nr 5), ebenso bei der Betriebseröffnung (§ 6 I Nr 6, § 6 I EStDV) und für Entnahmen, die mit dem Buchwert angesetzt werden können (§ 6 I Nr 4). Zur Folgewirkung der Aufdeckung stiller Reserven durch Entnahmen → Rn. 89. – **Sonstige Korrekturen** s § 4 V, → Rn. 521 ff. 85

Beispiele: StPfl trinkt privat betriebl eingekauften Wein, zahlt EStSchuld vom Betriebskonto, schenkt Sohn den BetriebsPkw, legt Geld aus privater Erbschaft in den Betrieb ein und zahlt betriebl Miete vom Privatkonto.

e) Gewinnrealisierung; Aufdeckung stiller Reserven. Stille Reserven sind grds immer dann aufzudecken, wenn ein WG seine betriebl Zugehörigkeit verliert (s BFH X R 38/17, BStBl II 19, 518 Rn. 61: allg ertragsteuerl Grundsatz). Der **Zeitpunkt** der Gewinnrealisierung ergibt sich aus den Aktivierungsgrundsätzen des § 5 (→ § 5 Rn. 607) bzw aus § 4 III ff/§ 11; zum PersGes'ter → Rn. 165, → § 15 Rn. 441, zum abw Wj § 4a II. 86

Schrifttum: → § 5 vor Rn. 601. – Gewinnrealisierung und **Erbfall.** → § 16 Rn. 50, 590 ff; → § 1 Rn. 14, → § 4 Rn. 520 „Erbfall"; *BMF* BStBl I 93, 80; *BMF* BStBl I 07, 269 und *BMF* BStBl I 06, 253.

aa) Stille Reserven; Realisationsprinzip. Durch Ausschluss einer Aktivierungsmöglichkeit (zB § 5 II), überhöhte AfA oder spätere Wertsteigerung bei Fortführung der Buchwerte (§ 6 I Nr 1, 2) können sich stille Reserven als unversteuerte Gewinne bilden. Da ihr Bestand nicht gesichert ist (bei Auflösung im inl BV ergibt sich kein Vermögenszuwachs), werden sie grds nur versteuert, wenn sie durch **Erfüllung eines Besteuerungstatbestands** verwirklicht werden (Realisationsprinzip, → § 5 Rn. 78). Das WG muss idR aus dem BV ausscheiden (→ Rn. 75 ff), sei es durch Über- 87 tragung auf andere Rechtsträger (Veräußerung, Betriebsveräußerung, → Rn. 88), sei es durch endgültige Lösung des betriebl Zusammenhanges (Entnahme, Betriebsaufgabe → Rn. 89 f; Entstrickung → Rn. 244). Durch Zuführung eines höheren Werts bei gleichzeitigem Ausscheiden des Buchwerts wird die Wertsteigerung des BV verwirklicht. **Absicht der Gewinnrealisierung** ist nicht erforderl (vgl zu Entnahme → Rn. 235). **Wertverluste** können bei betriebl Veranlassung den lfd Gewinn mindern (vgl → Rn. 30 und 520 „Verluste"; zu TW-AfA s § 6 I Nr 1 S 2, Nr 2 S 2). Sie führen jedoch ohne Rücksicht auf die Veranlassung nicht zur Aufdeckung stiller Reserven (str, → Rn. 78).

Ausnahmefälle: uU trotz Gewinnrealisierung Aufschiebung der Besteuerung (→ Rn. 98 ff, 250); gewinnerhöhende **TW-Zuschreibung** ohne Veräußerung bei UV und AV, bei abnutzbarem AV bis zur Höhe der AK/HK abzügl AfA (§ 6 I Nr 1 S 4, Nr 2 S 3, s auch § 7 I 7). – Für eine umfassende **Veräußerungsgewinnbesteuerung** *Krumm* DStR 23, 362.

88 **bb) Veräußerung; Betriebsveräußerung.** Wie lfd Gewinne gehen auch verwirklichte Veräußerungsgewinne nach der Ermittlungstechnik des § 4 I im Zeitpunkt der Aktivierung des Anspruchs auf Gegenleistung unmittelbar in das Bilanzergebnis ein. Der Buchwert scheidet aus, der (Anspruch auf den) Veräußerungserlös wird zugeführt. Gewinn aus der Veräußerung von BV ist stets betriebl Gewinn (private Mitbenutzung → Rn. 47 ff; zu § 4 III → Rn. 24, 370). – Eine **Betriebsveräußerung** wird als Veräußerung der Gesamtheit der WG des BV ebenso behandelt (vgl § 16 II), nur mit den Vergünstigungen der §§ 16 IV, 34. Vgl → Rn. 193 ff (Veräußerungsrenten), → Rn. 130 (Forderung), → Rn. 383 (§ 4 III), → Rn. 446 (nachträgl BE), → Rn. 486 (nachträgl BA), → Rn. 698 sowie → § 16 Rn. 230 ff.

89 **cc) Entnahme.** § 4 I 1 enthält ausdrückl den **Gewinnrealisierungstatbestand** der Entnahme (zum Begriff → Rn. 220). Der Entnahme*bewertung* liegt die Vorstellung einer Veräußerung in das PV zugrunde (BFH IX B 169/91, BStBl II 92, 909 mwN). Das WG wird mit dem Buchwert ausgebucht; gleichzeitig wird der Gewinn idR außerhalb der Bilanz um den Teilwert erhöht (§ 6 I Nr 4, aber → Rn. 98, 242 f). Der Differenzbetrag (dh: die während der betriebl Nutzung angesammelten stillen Reserven) ist als Entnahmegewinn (Verlust) zu versteuern. Keine Gewinnauswirkung hinsichtl des Buchwertes, → Rn. 85, 326. Die Korrekturvorschriften des § 4 I haben Vorrang vor den Aktivierungs- und Bewertungsvorschriften (BFH VIII R 74/77, BStBl II 80, 244, unter 3b/bb). Daher sind die stillen Reserven auch bei Entnahme nicht aktivierbarer WG aufzudecken (→ Rn. 220 f), auch bei WG, die vorher privat mitgenutzt wurden, voll (vgl → Rn. 51).

90 **dd) Betriebsaufgabe.** Sie gilt als Veräußerung (§ 16 III), ist ein Entnahmevorgang eigener Art (BFH VIII R 90/81, BStBl II 84, 474 unter III 3a; **Betriebsverlegung ins Ausland** s § 4 I 3, 4, § 4g, § 16 IIIa, → Rn. 245 ff). Die stillen Reserven sind im Jahr der Aufgabe zu versteuern (s § 16 IIIb). Den Buchwerten werden die gemeinen Werte der einzelnen WG gegenübergestellt. Vgl → § 16 Rn. 150, 270.

91 **ee) Betriebsverpachtung.** Sie ist idR eine Betriebsaufgabe. Vgl → Rn. 270 „Betriebsverpachtung", → Rn. 178 „Geschäftswert"; zum Verpächterwahlrecht s BFH VI R 66/15, BStBl II 22, 301 Rn. 23 und → § 16 Rn. 166 ff.

92 **ff) Steuerentstrickung.** Sie führt in bestimmten Fällen zu einer Besteuerung stiller Reserven ohne Gewinnrealisierung (→ Rn. 240 ff).

93 **gg) Unentgeltliche Übertragung einzelner Wirtschaftsgüter des Betriebsvermögens.** Bei **betriebl Gründen** führt sie zur gewinnmindernden Ausbuchung des Buchwertes beim Übertragenden (beim Erwerber uU zu BE und zur Aktivierung gem § 6 IV; zu § 4 III → Rn. 382, 408 ff). *Beispiele:* Schmiergelder; Werbegeschenke iRv § 4 V 1 Nr 1, 10; unentgeltl Überlassung eines Vorführwagens an den Händler.

Einer Schenkung aus **privater Veranlassung** muss eine erfolgswirksame Entnahme vorangehen. Schulderlass → Rn. 384 (§ 4 III) und → § 5 Rn. 671.

hh) Tausch. Wirtschaftl besteht der Tausch aus einer **Veräußerung** (mit Gewinnrealisierung iHd der Differenz zw Buchwert und gemeinem Wert des *hingegebenen* WG – vgl aber im PV → § 23 Rn. 64) und einer **Anschaffung** (mit AK in Höhe des aufgewandten gemeinen Wertes des *hingegebenen* WG); vgl → § 5 Rn. 631 f, → § 6 Rn. 851. Seit 1999 führt Tausch ausnahmslos zu Gewinnrealisierung (s § 6 VI), wohl auch bei gesetzl Tausch im Umlegungsverfahren, → § 6b Rn. 73. Austausch von eigenen Grundstücksteilen → Rn. 223; Tausch von MUer-Anteilen → § 16 Rn. 475. 94

ii) Unentgeltliche Übertragung eines Betriebes. Sie bewirkt keine Aufdeckung stiller Reserven beim Übertragenden (Erbschaft → Rn. 97, Schenkung § 6 III). 95

jj) Wechsel der Gewinnermittlung. S § 4 I 6, → Rn. 681 (keine Entnahme). 96

f) Verzicht auf Besteuerung der Gewinnrealisierung. Grds führt jede Lösung aus einem EinzelBV (Übertragung ins PV oder auf andere Rechtsträger) zur Gewinnrealisierung, selbst wenn die Besteuerung der stillen Reserven gesichert bleibt (→ Rn. 86). ***Ausnahmen:*** Buchwertspende nach § 6 I Nr 4 S 4; unentgeltl Übertragung nach § 6 III, IV; Überführung/Übertragung von WG nach § 6 V; Rücklage für Ersatzbeschaffung, EStR 6.6 (→ § 5 Rn. 501, → § 6 Rn. 101 ff); Übertragung stiller Reserven nach § 6b/§ 6c; Buchwertfortführung nach UmwStG. – Zu Entnahmen durch StEntstrickung s § 4 I 3, 4 (→ Rn. 244 ff), § 4g. Die Veräußerung von **Kapitalbeteiligungen** ist bei KapGes voll (§ 8b KStG), sonst anteilig steuerbefreit (§ 3 Nr 40). 98

7. Behandlung bestimmter Wirtschaftsgüter. – a) Grund und Boden. GuB ist (abw von § 94 BGB) gem § 6 I Nr 2 als nicht abnutzbares WG getrennt vom abnutzbaren WG Gebäude zu aktivieren (→ § 5 Rn. 133). Ein Gesamtkaufpreis ist aufzuteilen (→ § 6 Rn. 118 ff). 110

aa) Unbebaute Grundstücke. Sie sind BV, wenn sie dazu bestimmt sind, dem Betrieb zu dienen oder ihn zu fördern (→ Rn. 35, 42). Der sachl Zusammenhang ergibt sich idR aus der tatsächl oder geplanten betriebl Nutzung (zB als Lagerplatz). Neutrale Grundstücke können als Wertanlage zum BV gezogen werden (→ Rn. 42 ff). Das ist grds für jedes Grundstück iSv § 3 GBO bzw bei unterschiedl Nutzung für jeden realen Grundstücksteil zu prüfen. – Mögl **Aufteilung** → Rn. 113, zur LuF → Rn. 45, 113, → § 13 Rn. 217 ff, BFH IV R 12/98, BFH/NV 00, 317. Ein Surrogationsgrundstück im Umlegungsverfahren ist ggf anteilig BV und PV zuzuordnen (BFH VI R 22/20, BStBl II 23, 384). 111

Anlieger- und Erschließungsbeiträge iZm der *Erstanlage* von Straßen und Ent- oder Versorgungsanlagen mit Strom, Wasser sind, anders als nachträgl verbessernde Ergänzungsbeiträge (ggf BA/WK), unselbständiger Teil des GuB (ggf nachträgl AK, BFH I R 36/04, BStBl II 06, 369 mwN). **Grundstücksgleiche Rechte** sind trotz Verbindung mit dem Grundstück selbständige WG (zB Grunddienstbarkeit auf Nachbargrundstück, NdsFG EFG 22, 911 rkr; Wassernutzungsrecht, Jagdrecht, Auffüllungsrecht – außer bei Übertragung mit dem Grundstück, s BFH IV R 27/01, BStBl II 03, 878). Erbbaurecht → § 5 Rn. 270. **Milch-** und **Zuckerrübenlieferungsrecht** als eigenes WG in der LuF → § 13 Rn. 252 f.

bb) Bebauter Grund und Boden. Er teilt das Schicksal des Gebäudes als BV oder PV; ein Privatgrundstück wird durch Bebauung mit einem Betriebsgebäude in das BV eingelegt, ein Betriebsgrundstück durch die Bebauung mit einem Privatgebäude idR daraus entnommen (→ Rn. 270 „Bebauung"). Das gilt grds auch für PersGes (→ Rn. 54). LuF → § 13 Rn. 217 ff. 112

cc) Ausnahmen. Eine vom Gebäude abw Zuordnung bzw eine – vertikale oder horizontale – **Aufteilung** von GuB *eines* StPfl in mehrere WG ist mögl, wenn ein- 113 zelne Teile verschiedenartig genutzt werden (EStR 4.2 IV). Auch der **unter der Erdoberfläche** liegende Teil kann einer besonderen Nutzung unterliegen und ist dann als eigenes WG zu bewerten (zB nicht erneuerbare Kohle-, Mineral-, Lehm-, Kies-, Erdölvorkommen). Ein solcher **Bodenschatz** ist bis zur Erschließung unselbständiger, bei Kenntnis wertbildender Teil des WG GuB. Er erstarkt zum selbständigen materiellen WG durch Aufschließung (zB durch Antragstellung auf Abbaugenehmigung, bergrechtl Berechtigung oder Aneignungsrecht nach BBergG) oder Verwertung (zB durch Veräußerung; vgl BFH GrS 1/05, BStBl II 07, 508; BFH IV R 45/05, BStBl II 09, 449; einschr trotz vertragl Trennung bei Veräußerung BFH IV R 36/06, BeckRS 2008, 15014903). Gleichwohl auch bei Einlage eines im PV entdeckten Schatzes ins BV mit dem Teilwert keine AfS nach § 7 VI und keine abbaubedingte TW-AfA. Weitere Einzelheiten → § 5 Rn. 270, → § 7 Rn. 222, Schrifttum → 31. Aufl 2012, § 4 Rn. 189; *Ritzrow* StBP 14, 77 (110, 143 und 175). **Feldinventar** (Pflanzenbestände) und **stehende Ernte** sind bilanzrechtl selbständige WG des UV (BFH IV R 23/07, BStBl II 11, 654), anders als die **Grasnarbe** (BFH IV R 229/81, BStBl II 84, 424). **Wald** → § 13 Rn. 14 mwN (bei bestimmter Größe selbständiges WG als nicht abnutzbares AV; s auch *BMF* BStBl I 12, 595).

Beispiele für Aufteilung: Wird ein Teil des Grundstücks mit einem privaten Wohngebäude bebaut und ein Teil als betriebl Abstellplatz genutzt, ist **flächenmäßig** aufzuteilen; bei Bebauung mit einem gemischt genutzten Gebäude ist **quotenmäßig** aufzuteilen; zu **Nutzungsverlagerung** auf dem Grundstück → Rn. 223; bei Vermietung eines unterirdisch gelegenen Teiles zur Erdöllagerung erfolgt eine **wertmäßige Aufteilung** (BFH IV R 19/79, BStBl II 83, 203); Überlassung zum U-Bahnbau s BFH VIII R 7/74, BStBl II 77, 796 (Privatgrundstück) und FG Nbg EFG 84, 390, rkr (Betriebsgrundstück – Letzteres mE iErg zweifelhaft).

115 **b) Gebäude; Gebäudeteile. – aa) Grundsatz der Gebäudeeinheit.** Gebäude sind Bauwerke auf eigenem oder fremdem Grund, die Menschen oder Sachen durch räuml Umschließung Schutz gegen Witterungseinflüsse gewähren, den nicht nur vorübergehenden Aufenthalt von Menschen gestatten, fest mit dem Boden verbunden, von einiger Beständigkeit und ausreichender Standfestigkeit sind (BFH III R 26/99, BStBl II 01, 137 mwN; *GLE* BStBl I 13, 734, Anm *Eisele* NWB 13, 2473). Ein einheitl genutztes Gebäude bildet grds mit allen Bestandteilen ein einheitl WG „Gebäude" und ist, soweit es zum BV gehört (→ Rn. 36 ff, 42), als solches nach § 6 I Nr 1, 1a mit den gesamten AK/HK zu aktivieren und nach § 7 IV, V, Va auf die Dauer der Gebäudenutzung abzuschreiben (grundlegend **BFH GrS 5/71,** BStBl II 74, 132). **Gebäudebestandteile:** Welche Einzelteile zum WG „Gebäude" gehören, entscheidet sich weniger nach der zivilrechtl Zugehörigkeit als nach dem nach der Verkehrsauffassung zu beurteilenden **Nutzungs- und Funktionszusammenhang.** Gebäudeteile sind solche, deren Fehlen dem Gebäude ein negatives Gepräge gäbe, die unabdingbar sind (zB Treppe) oder die zwar nicht allg übl sind, aber die Gebäudenutzung in einer bestimmten Weise festschreiben und dem Gebäude eine besondere Prägung verleihen (→ § 7 Rn. 36 ff). Rspr-Änderung zu **Einbauküchen (Spüle, Herd)** s BFH IX R 14/15, BStBl II 17, 437 (überholt: BFH IX R 176/84, BStBl II 90, 430).

116 **bb) Ausnahmen. – (1) Gemischt genutzte Gebäude.** Eine reale Aufteilung gemischt genutzter Gebäude in mehrere WG entspricht dem allg Grundsatz der Gewinnermittlung, den betriebl Bereich vom privaten zu trennen (→ § 5 Rn. 135; krit *Wichmann* Stbg 24, 241), und vermindert Schwierigkeiten der Aufteilung von Einnahmen und Ausgaben, wie sie sich bei bewegl WG ergeben, deren sachl Aufteilung die Rspr nicht zulässt (→ Rn. 48 f). Voraussetzung für die Aufteilung ist, dass einzelne Gebäudeteile in einem von der sonstigen Nutzung eindeutig und nicht nur vorübergehend **abw Nutzungs- und Funktionszusammenhang** stehen (zB etagenweise teils betriebl Nutzung, teils Vermietung, teils Eigennutzung/Eigentumswohnung, → Rn. 119). Die kleinste Einheit, für die eine gesonderte Zuordnung mögl ist, ist

ein Raum; dieser muss umschlossen und abgeschlossen sein (BFH X R 1/16, BStBl II 18, 181 Rn. 22). Betriebl *Mit*nutzung einzelner Räume → Rn. 121.

(2) Wesentliche Gebäudebestandteile iSv §§ 93, 94 II BGB. Sie sind zwar idR Gebäudeteile, können aber bei Sonderfunktion als unbewegl oder bewegl WG oder als anderes Gebäude gesondert zu aktivieren und abzuschreiben sein (EStR 4.2 III–V, 7.1 V, VI). **Selbständige WG** sind insb: **Betriebsvorrichtungen,** die nicht der Funktion Gebäude, sondern der Betriebsführung dienen (→ § 7 Rn. 34); – **Scheinbestandteile,** die nur zu vorübergehenden Zwecken eingebaut sind (§ 95 BGB, zB entfernbare nichttragende Trennwände, BFH III R 247/94, BFH/NV 98, 215; EStR 7.1 IV, EStH 7.1); – **Mietereinbauten** oä Einbauten in Fremdgebäude (BFH III R 191/85, BStBl II 88, 300, BFH XI R 18/06, BStBl II 09, 957 – Aktivierung „*wie* ein materielles WG" als „Quasi-WG", s EStH 4.2 III, → Rn. 61, 65 f, → § 5 Rn. 114, 270); – **Ladeneinbauten,** Schaufensteranlagen, Gaststätteneinrichtungen, Schalterhallen uä einem schnellen Wandel des modischen Geschmacks unterliegende WG (s EStR/H 7.1); – **Garten-** bzw Strandanlagen (BFH IX R 18/91, BStBl II 97, 25), **Schwimmbäder** im Garten (BFH IX B 40/03, BFH/NV 03, 1324, aber → Rn. 115), *betriebl* **Zäune,** Einfriedungen, Platzbefestigungen (BFH III R 18/70, BStBl II 71, 673, EStH 7.1), Tennis- oder Reitplätze, Garagen im Außenbereich (→ Rn. 115), jeweils ohne unmittelbaren Gebäudebezug. Problematisch ist die Einordnung von **Heizanlagen,** die teils den Gebäudebedarf decken, teils Strom ins allg Netz liefern: Ob Gebäudeteil oder eigenes WG des BV, hängt vom Leistungsverhältnis im Einzelfall ab (vgl zu Wärmerückgewinnungsanlage BFH III R 8/99, BStBl II 02, 877). Zu **Photovoltaikanlagen** und **Blockheizkraftwerken** → § 7 Rn. 38 mwN. 117

(3) Sonstiges. Miteinander **verbundene Bauwerke** sind einheitl WG, wenn in der baulichen Verbindung ein einheitl Nutzungs- und Funktionszusammenhang zum Ausdruck kommt. Ein grundlegender **Umbau** kann zu einem neuen WG Gebäude führen (vgl BFH VIII R 6/01, BStBl II 04, 783); zu Anbau als neues WG s BFH III R 49/06, BStBl II 07, 586; zu Ausbauten/Erweiterungen → § 7 Rn. 132. 118

cc) Aufteilungsumfang bei unterschiedlicher Gebäudenutzung. Werden Gebäude teils eigenbetriebl, teils fremdbetriebl, teils zu eigenen und fremden Wohnzwecken genutzt, entstehen mindestens zwei, höchstens vier WG (EStR 4.2 IV; **BFH GrS 5/71,** BStBl II 74, 132 und GrS 5/97, BStBl II 99, 774; BFH III R 40/11, BStBl II 13, 340 zu Bauphase). Betriebl genutzte Teile sind grds BV, eigengenutzte Wohnungen grds PV, Vermietung kann betriebl oder privat sein. Nach dem Grundsatz der Gebäudeeinheit (→ Rn. 115) ist eine Aufteilung über zwei WG (BV/PV) hinaus pro Eigentümer (→ Rn. 62) auf Ausnahmefälle zu begrenzen, in denen sie (zB wegen unterschiedl AfA, → Rn. 123) aus steuerrechtl Gründen geboten ist. Eine weitergehende Aufteilung eigenbetriebl genutzter Teile eines Grundstücks in mehrere WG ist, ohne Aufteilung in Teileigentum, grds nicht mögl (BFH X R 1/16, BStBl II 18, 181 Rn. 19; BFH III R 80/92, BStBl II 95, 72); ebenso wenig bei Fremdvermietung an verschiedene Personen (EStR 4.2 IV 4). **Ausnahmen:** Keine Zwangsentnahme bzw Zwangseinlage durch *(1)* **Hinzuerwerb** eines weiteren Miteigentumsanteils im PV zu gewillkürtem BV-Anteil (BFH IV R 60/89, BStBl II 94, 559) und *(2)* **Nutzungsänderung** eines Gebäudeteils nach zunächst gemischter Nutzung (im gewillkürten BV keine Zwangsanpassung an den anderen Teil, s BFH XI R 31/03, BStBl II 05, 334 – BV neben PV –, BFH III R 4/04, BStBl II 05, 604 – PV neben gewillkürtem BV –; glA EStH 4.2 IV). **Räuml Verlagerungen** auf dem Grundstück haben mE keine bilanz- und gewinnmäßigen Auswirkungen (str, → Rn. 223). **Wahlrecht § 8 EStDV** bei „geringfügigen Betriebsanteilen" → Rn. 126; zu Altfällen einer überwiegend betriebl Nutzung → Rn. 115, EStR 4.2 X – auch zu Baudenkmalen in der LuF § 13 II Nr 2, IV. 119

120 **dd) Sachliche Zuordnung einzelner Gebäudeteile. – (1) Art der Aufteilung.** Wird ein Gebäude teils betriebl, teils privat genutzt (zwei WG), sind die dem BV oder PV zuzurechnenden Werte idR nach dem Größenverhältnis der für den einen oder den anderen Zweck eingesetzten Nutzflächen zu ermitteln (vgl BFH GrS 5/97, BStBl II 99, 774; BFH VIII R 3/12, BStBl II 15, 382; BFH X R 1/16, BStBl II 18, 181 Rn. 20; s auch – gegen Verhältnis der Ertragswerte – BFH III R 20/99, BStBl II 03, 635).

121 **(2) Aufteilung, § 12.** Einzelne Räume sind **notwendiges BV,** wenn sie zu mehr als 50% eigenbetriebl genutzt werden (zum Arbeitszimmer → Rn. 607); bei einer geringeren betriebl Nutzung kann, soweit sie nicht von untergeordneter Bedeutung ist (unter 10%), **gewillkürtes BV** vorliegen (vgl BFH X R 1/16, BStBl II 18, 181 Rn. 28 ff: wie bei abnutzbaren bewegl WG, Anm *Nöcker* HFR 18, 546 (549); → Rn. 49 und → Rn. 51 zur vollständigen Erfassung von Buchgewinnen). – Unabhängig davon ist die Frage nach dem BA-Abzug zu beantworten. Dieser setzt eine ganz überwiegende betriebl Nutzung (idR mind 90%) voraus. Bei höherem Privatnutzungsanteil entfällt eine Aufteilung (GrS 1/14, BStBl I 16, 265), und zwar unabhängig von der anteiligen Einrichtung als typisches Arbeitszimmer (BFH VIII R 24/12, BStBl II 16, 884) und unabhängig von einer räuml Abtrennung zB durch einen Raumteiler (BFH X R 18/12, BStBl II 17, 450, VerfBeschw nicht angenommen; BFH VIII R 10/12, BStBl II 16, 881; Nebenräume → Rn. 602).

Anders uU bei eindeutiger anteiliger **betriebl Fremdnutzung;** so sollte mE zB bei Nutzung halbtags als betriebl Angestelltenbüro und iÜ als privaten Aufenthaltsraum das Aufteilungsprinzip gelten mit Abzug von 50% der Aufwendungen als BA, wohl auch nach BFH GrS 1/06, BStBl II 10, 672 und nach der abw Rspr zum Arbeitszimmer (vgl dazu Vorlagebeschluss BFH IX R 23/12, BStBl II 14, 312; anders BFH X R 26/13, BStBl II 16, 611, aber nur für Nebenräume eines *Arbeitszimmers*). Die offene Frage, ob dafür der Raum steuerl in zwei WG aufzuteilen ist, sollte nicht entscheidend sein (vgl → Rn. 48, 126). Das davon abw **Aufteilungsverbot zum Arbeitszimmer** (BFH GrS 1/14, BStBl II 16, 265, str) beruht auf den Besonderheiten des § 4 V 1 Nr 6b und steht dem mE nicht entgegen (→ Rn. 590 ff). Auch zu bewegl WG → Rn. 48, EStR 4.2 I. *Geringwertige Gebäudeteile* → Rn. 126.

122 **(3) Unselbständige Gebäudeteile.** Wenn sie *zwangsläufig* mehreren Zwecken dienen (zB Treppenhaus, Fahrstuhl, Heizungsanlage, Hausmeisterwohnung; „Zubehörräume" iSv § 2 III Nr 1 WoFlV), sind sie nicht unmittelbar in diese Rechnung einzubeziehen, sondern nach dem ohne sie ermittelten Verhältnis entspr → Rn. 120 aufzuteilen (EStR 4.2 VIII 6; abw Wahlrecht zB für Lager/Arbeitszimmer im Keller s EStH 4.7 „Nebenräume", BFH X R 1/05, BStBl II 07, 304). BFH GrS 5/71, BStBl II 74, 132 – unter C II 3d – spricht von Zurechnung „entsprechend ihren Wertverhältnissen".

123 **ee) Rechtsfolgen der Aufteilung. – (1) Grundsatz.** Gebäudeteile im Wohnhaus, die selbständige WG des BV darstellen, sind mit allen Konsequenzen in die Gewinnermittlung einzubeziehen: **BE** → Rn. 520 „Gebäude"; konkret zuzuordnende **BA** (zB Streichen des Büros; problematisch bei allg und unselbständigen Gebäudeteilen: zB bei Dachreparatur Aufteilung, bei Bürofenterersatz mE voll BA, umgekehrt bei Schlafzimmerfenster keine anteiligen BA, sehr str; wie hier FG Mster EFG 98, 1000, rkr; für Aufteilung als Gebäudekosten FG Saarl EFG 93, 70, rkr; zu Zinsen für Privatanbau BFH VI R 49/95, BStBl II 95, 729; vgl auch FG BW EFG 95, 914, rkr, und FG Köln EFG 95, 913, rkr; zu durch Gebäudereparatur entstandenen Gartenschäden BFH VI R 27/01, BStBl II 04, 1071 – anteilig BA des Arbeitszimmers; s aber zu Badezimmererneuerung BFH VIII R 16/15, BStBl II 19, 510; *Hilbertz* NWB 15, 1520; abl zu Dachaufteilung nach Installierung einer gewerbl Fotovoltaikanlage auch BFH X R 32/12, BFH/NV 15, 324; zu AfA → Rn. 124; zu Versicherungen → Rn. 180). Anteilige Aufdeckung der **stillen Reserven** bei Entnahme oder Veräußerung, auch im Falle der Zuordnung über EStR 4.2 X bis 1999 (→ Rn. 115).

Nur im Ausnahmefall des § 8 EStDV (→ Rn. 126) folgt die Zurechnung der lfd Einnahmen und Ausgaben nicht der Zuordnung der Vermögensart; obwohl PV, fallen BE und BA an (EStR 4.7 II 4).

(2) Abschreibung. Bei der AfA können sich besondere Schwierigkeiten ergeben. IdR ist die AfA für jedes WG gesondert zu berechnen; iEinz → § 7 Rn. 36 ff. 124

(3) Sonstiges. Verlagerung von Betriebsteilen auf dem Grundstück als Einlage/ Entnahme → Rn. 223. AfA nach Einlage/Entnahme → Rn. 326, → § 7 Rn. 117. 125

ff) Grundstücksteile von „untergeordnetem Wert", § 8 EStDV. Grundstücksteile sind selbständige WG (→ Rn. 116). Bis zu einer **Größe von 30 qm** *oder* bis zu einem **Wert von 40 000 €** können sie gem § 8 S 1 EStDV auf Antrag (Wahlrecht) trotz eigenbetriebl Nutzung dem PV zugerechnet werden (s auch EStR 4.2 VIII zu § 8 EStDV aF). Es genügt, wenn eine der Bedingungen erfüllt ist; dh, ein Grundstücksteil von 30 qm kann dem PV auch dann zugerechnet werden, wenn er mehr wert ist als 40 000 € (s auch BR-Drs 626/25, 30). Wird das Wahlrecht ausgeübt, schließt § 8 S 2 EStDV einen Abzug von BA aus (entgegen BFH IV R 21/08, BStBl II 10, 337; EStR 4.7 II 4 aF (zu § 8 EStDV aF)). Die neuen Grenzen in § 8 S 1 EStDV gelten in allen noch offenen Fällen; das Abzugsverbot gem § 8 S 2 gilt erstmals für Wj, die **nach dem 31. 12. 25** beginnen (§ 84 I d EStDV). Die Prüfung erfolgt zu jedem Bilanzstichtag neu (bei endgültiger Überschreitung beider Werte: Einlage, vgl BFH VI 290/65, BStBl III 67, 752; fragl bei geringfügiger und vorübergehender Wertüberschreitung). – Für Wj, die **vor dem 1. 1. 26** beginnen, gilt das Wahlrecht gem § 8 EStDV aF für Grundstücksteile im Wert von bis zu 20 500 € *und* ⅕ des Gesamtwerts des Grundstücks. Hier müssen *beide* Wertgrenzen eingehalten werden (iEinz → 44. Aufl 2025, § 4 Rn. 126 mwN). 126

Kritik: § 8 EStDV war schon bisher weder als Vereinfachungs- noch als Billigkeitsregelung vertretbar (→ 39. Aufl 2020, § 4 Rn. 126). Er durchbricht ohne sachl Grund das **obj Nettoprinzip** (→ Rn. 30 f), privilegiert bestimmte StPfl und verstößt damit gegen den allg **Gleichheitssatz** (Art 3 I GG). Die Gewinnermittlungsvorschriften verlangen die Einbeziehung des gesamten im Betrieb eingesetzten Vermögens, soweit es betragsmäßig ins Gewicht fällt. Durch die (nunmehr) alternativen Voraussetzungen einer absoluten Flächenobergrenze von 30 qm und die annähernde Verdoppelung der Wertgrenze auf 40 000 € wird der Systembruch noch verschärft. Beides überschreitet den Bereich typischer Bagatellfälle, fordert Gestaltungen heraus (Aufteilung eines Gebäudes in mehrere WG) und würde es ermöglichen, auch vollwertige Appartements und kleine Ferienwohnungen der steuerl Verstrickung zu entziehen (so auch *FinA*, BR-Drs 626/1/5, 2). FinA und Bundesrechnungshof empfehlen daher zurecht, die Regelung abzuschaffen.

c) Forderungen. – aa) Begründung. Es besteht ein unlösbarer Zusammenhang zw der Rechtsnatur der Forderung und des sie begründenden Vorganges. Eine Forderung entsteht notwendig als BV oder PV, je nachdem, ob sie betriebl veranlasst ist oder nicht. Das gilt auch bei § 4 III (→ Rn. 383). *Beispiele:* Die Forderung aus Warenverkauf entsteht notwendig als BV, die Forderung aus der Gewährung privater Darlehen notwendig als PV; die Forderung aus einer **Betriebsveräußerung** wird der Berechnung des Veräußerungsgewinns zugrunde gelegt. Sie entsteht daher mE zu diesem Zeitpunkt als BV und verliert diesen Charakter allenfalls durch endgültige Betriebsabwicklung (glA BFH II R 45/97, BFH/NV 00, 686; str, → Rn. 383, → § 16 Rn. 337). 130

bb) Spätere Veränderungen. – (1) Grundsatz. Eine Forderung behält ihre Rechtsnatur als BV/PV bis sie erlischt, sei es durch Zahlung, sei es durch Aufrechnung, Erlass oder Ausbuchung aus betriebl oder privaten Gründen. Die **Verpfändung** für private oder betriebl Zwecke ändert den Charakter als BV/PV nicht notwendig (→ Rn. 145). 131

(2) Entnahme. Die Abhängigkeit von dem Entstehungsgrund entfällt mE nach der Entstehung. **Werthaltige Forderungen** sind ihrer Natur nach ähnl vermögens- 132 neutral wie etwa Bargeld oder Wertpapiere. Es handelt sich um rechtl und wirtschaftl selbständige Vermögenswerte, deren späteres Verhältnis zum Betrieb losgelöst vom Entstehungsgrund zu prüfen ist. Der betriebl Zusammenhang einer solchen Forderung kann jederzeit durch private Verwertung gelöst werden – Entnahme in das PV mit allen Folgen und Risiken (str). *Beispiele:* Erlass aus privaten Gründen, Abtretung an Privatgläubiger. Die Gewinnrealisierung bei Überschussrechnung (→ Rn. 394) zeigt deutl, dass die Forderung selbst entnommen wird und nicht nur der Wert in Geld. Die Verlagerung betriebl Erträge in den Privatbereich durch Entnahme **zweifelhafter Forderungen** scheidet jedoch aus (s zu BE aus bestrittener, nicht aktivierbarer Forderung s BFH IV R 37/92, BStBl II 94, 564).

133 **(3) Einlage.** In diesem Rahmen können privat begründete Forderungen in das BV eingelegt werden (str, → 16. Aufl 1997, § 4 Rn. 220). Allerdings sind dabei die **Grenzen der betriebl Veranlassung** zu beachten (→ Rn. 46 und 134).

134 **cc) Darlehensforderungen.** Sie sind notwendig BV, wenn die Gewährung des Darlehens auf einem Vorgang beruht, der in den betriebl Bereich fällt. Die Herkunft der Mittel ist nicht entscheidend (→ Rn. 33); zB der StPfl gewährt Darlehen, um eine andere betriebl Forderung zu retten (BFH XI B 25/07, BFH/NV 07, 1888), betriebl WG anzuschaffen oder die Anschaffung sicherzustellen (BFH I R 212/73, BStBl II 74, 734), Geschäfte anzubahnen, Kunden zu werben, den guten Ruf des Unternehmens zu bewahren. BV sind auch Darlehen eines Einzelhändlers an seine Wareneinkaufsgenossenschaft (→ Rn. 45). – Die **Person** des Darlehensnehmers und seine Stellung zum Darlehensgeber lassen keine zwingende Schlussfolgerung auf die Darlehensnatur zu.

Weitere Beispiele: zu Darlehen an Angehörige → § 12 Rn. 20 ff. Darlehen an **KapGes** oder Genossenschaft, deren Beteiligung im notwendigen BV gehalten wird, kann PV darstellen; die Rechtsnatur des Darlehens und der Beteiligung sind unabhängig voneinander zu prüfen; zu Darlehen eines Freiberuflers s BFH XI B 25/07, BFH/NV 07, 1888; BFH IV R 185/71, BStBl II 76, 380). Darlehen des Ges'ters an die KapGes sind idR Fremdkapital und nicht **verdeckte Einlage** (→ Rn. 270) vgl → Rn. 253; Forderungsverzicht als Einlage → Rn. 221.

135 **dd) Forderungen Gesellschafter/Personengesellschaft.** Sie werden grds gem § 15 I Nr 2 steuerl nicht berücksichtigt, vgl → § 15 Rn. 540 ff; zu Angehörigen → § 15 Rn. 427. Anders Forderungen **PersGes/Ges'ter,** → § 15 Rn. 629 ff, BFH IV R 64/93, BStBl II 96, 642.

136 **ee) Forderungen aus Bausparverträgen.** Sie sind BV, wenn die Bausparsumme der Errichtung eines Betriebsgebäudes dient. Bei Errichtung eines gemischt genutzten Gebäudes besteht ein betriebl Förderungszusammenhang, sodass eine Einlage in das gewillkürte BV mögl ist. Notwendiges BV liegt selbst dann nicht vor, wenn die Kosten für den betriebl Gebäudeteil überwiegen, soweit die Baukosten für den Privatteil die Bausparsumme erreichen (BFH VIII R 168/83, BStBl II 89, 299). Vgl BFH VIII R 422/83, BStBl II 91, 765.

137 **ff) Verweisungen.** Aktivierung von Forderungen → § 5 Rn. 270, Bewertung → § 6 Rn. 291, Forderungserlass bei § 4 III → Rn. 383 (betriebl) und 394 (privat), zu Darlehensforderungen und Forderungsverlusten bei § 4 III → Rn. 370, 375, 520 „Verlust", zu Forderungen aus Bankguthaben → Rn. 150 ff, zu Forderungsverlust aus Betriebsveräußerung → Rn. 383.

140 **d) Verbindlichkeiten. – aa) Entstehung.** Eine Verbindlichkeit gehört zum BV, wenn ihre Begründung auf einem Vorgang beruht, der in den betriebl Bereich fällt (BFH X R 34/17, BFH/NV 19, 530); der auslösende Vorgang muss einen tatsächl oder wirtschaftl Zusammenhang mit dem Betrieb aufweisen (BFH X R 19/17, BStBl II 19, 795). *Beispiele:* Verwendung der Kreditmittel, um WG des BV anzuschaffen, herzustellen, zu erneuern, zu verbessern, um andere Betriebsschulden abzulösen bzw zu sichern, um dem Betrieb liquide Mittel zuzuführen, auch zur Bilanzverschö-

nerung (sog „window-dressing", BFH I R 237/70, BStBl II 73, 136). Bürgschaftsverbindlichkeiten → Rn. 146, Darlehensverbindlichkeiten → Rn. 147. Dieser Zusammenhang ist nach dem tatsächl Geschehensablauf aus **Sicht des Schuldners** zu beurteilen, der mit dem Einsatz von Eigenmitteln weitgehend den Bedarf an Fremdkapital steuern kann (→ Rn. 152). Ein **rechtl Zusammenhang** genügt ebenso wenig wie der Ausweis in der HB: Eine Privatschuld wird nicht durch hypothekarische Absicherung auf Betriebsgrundstück zur Betriebsschuld und umgekehrt; das privat belastete Grundstück bleibt BV und umgekehrt (vgl → Rn. 38, 270 „Belastung"). Bei **gemischt genutzten WG** folgt die Behandlung der Verbindlichkeit idR der Behandlung des WG (BFH GrS 2–3/88, BStBl II 90, 817; BFH IV R 57/90, BStBl II 92, 141); vgl → Rn. 110 ff (Grundstück) und → Rn. 48 f (bewegl WG); die Zinsen sind grds anteilig BA. Vgl zu **VuV** Rspr → § 9 Rn. 143.

Schulden, deren Entstehung nicht betriebl veranlasst ist, gehören notwendig zum **PV:** BFH GrS 2–3/88, BStBl II 90, 817; → Rn. 152 und 480; auch **Zugewinnausgleichsschulden** (RsprÄnderung in BFH IX R 68/89, BStBl II 93, 434; → 20. Aufl 2001, § 4 Rn. 226); **sonstige Privatkredite** s etwa BFH IV R 63/88, BStBl II 91, 238 (Privatschuldablösung für Ehegatten), BFH IV R 46/86, BStBl II 91, 514 (EStZahlung) und BFH VIII R 93/84, BStBl II 91, 516 (sonstige Entnahmefinanzierung).

bb) Zinsen. Sie teilen das Schicksal der Verbindlichkeit (→ Rn. 520 „Schuldzinsen"). **Abzugsbeschränkungen** für Zinsen stellen die Zugehörigkeit betriebl Schulden zum BV grds nicht in Frage: Überentnahmebesteuerung gem § 4 IVa → Rn. 522; GewSt-Zinsen s § 4 Vb, → Rn. 651; Zinsschranke § 4h (auch bei § 4 III), § 8a KStG; eingeschränkte Verlustübertragung §§ 8 IV/8c KStG, §§ 4 II, III, 12 III, 15 III, 20 IX, 24 VI UmwStG; Mindestbesteuerung § 10d II. 141

cc) Spätere Veränderungen. – (1) Grundsatz. Verbindlichkeiten bleiben so lange BV/PV, bis sie erlöschen (BFH GrS 2–3/88, BStBl II 90, 817 unter C II 3b). Zum Erlass bei § 4 III vgl → Rn. 384 (betriebl Gründe) und → Rn. 395 (private Gründe). Eine Verbindlichkeit verliert ihre Abhängigkeit vom Entstehungsgrund nicht durch Willensentscheidung des StPfl, Betriebsaufgabe (vgl BFH I R 205/85, BStBl II 90, 537; → Rn. 486 und 520 „Schuldzinsen"), Betriebseinbringung in PersGes (BFH IV R 131/91, BStBl II 93, 509) oder durch **Ablösungsdarlehen** (BFH VIII R 42/98, BStBl II 00, 390 mwN). Wie das finanzierte WG bleibt die Verbindlichkeit auch nach Einstellung der betriebl Nutzung (ohne Veräußerung/Entnahme), Verlust oder vollständiger Abschreibung des WG BV (→ Rn. 78, 533; *BMF* BStBl I 00, 1118 zu Policendarlehen). Nach ganz hM gibt es **keine gewillkürten Betriebsschulden** (BFH GrS 2–3/88, BStBl II 90, 817 unter C. II. 3.a; BFH X R 5/11, BFH/NV 14, 1018; → Rn. 147). Verbindlichkeiten sind zwar zu bilanzierende WG, im Gegensatz zu Forderungen jedoch keine Vermögenswerte, die einen betriebl Förderungszusammenhang begründen könnten (auch nicht iSv § 240 I HGB). Der Tilgung einer Betriebsschuld mit Privatmitteln geht eine Geldeinlage voraus, der Tilgung einer Privatschuld mit betriebl Mitteln eine Geldentnahme. – Zu Verbindlichkeiten nach **Betriebsbeendigung** → Rn. 383, 486, → § 16 Rn. 335 ff sowie → 23. Aufl 2004, Rn. 234–236. 142

(2) Ausnahmen. Das bedeutet nicht, dass die Rechtsnatur einer Schuld nicht wechseln könnte. Die **Umwandlung** einer Betriebsschuld in eine Privatschuld **(Entnahme)** und umgekehrt **(Einlage)** ist mögl, wenn sich die ursprüngl Veranlassung ändert, sei es durch Verwendung betriebl aufgenommener Kreditmittel für nichtbetriebl Zwecke (oder umgekehrt), sei es iZm der Entnahme/Einlage des mit diesen Mitteln angeschafften WG (→ Rn. 145). Das gilt mE entgegen EStR 4.2 XV grds für UV wie für AV (*Beispiel:* Grundstückshändler entnimmt Grundstück des UV für Privatzwecke: die Schuld wird PV; der BA-Abzug späterer Zinsen entfällt). **Sonstige Schuldumwandlungen** → Rn. 383, 487, → § 9 Rn. 99. 143

144 **(3) Höhe einer Entnahme/Einlage.** Diese entscheidet sich bei Änderung des Verwendungszwecks nach dem Umfang der Veränderung. Beim Wechsel zusammen mit einem WG kann die ganze Verbindlichkeit zu überführen sein. Sind jedoch die finanzierten Aufwendungen für die Anschaffung des WG zeitbezogen (abnutzbare WG des AV) dürfte das auch für die wirtschaftl damit zusammenhängende Verbindlichkeit gelten. Während ein Kredit für die Anschaffung von Waren oder nicht abnutzbaren WG des AV bei Überführung des WG in das PV voll PV wird, bleibt zB ein offener PkwKredit mit dem Anteil BV, der auf die Zeit der betriebl Nutzung entfiel. In diesem Umfang wird die ursprüngl Veranlassung durch den Wechsel des Pkw nicht mehr berührt. Rückständige Zinsen bleiben mE insoweit BA (→ Rn. 145). Die Restschuld wird zusammen mit dem Pkw PV.

145 **(4) Sonstiges.** Bei **Veräußerung des auf Kredit erworbenen WG des BV** gelten mE ähnl Grundsätze wie bei der Betriebsveräußerung. Die Schuld ist mit dem Kaufpreis zu verrechnen; eine übersteigende Restschuld bleibt BV, die Zinsen BA. Die Entnahme des Veräußerungserlöses wirkt sich über § 4 IVa aus (→ Rn. 522 ff). **Rückständige Zinsen,** die im BV angelaufen sind, bleiben BA (→ Rn. 144, 486, auch zu Betriebsübertragung). **Umschuldungen** → Rn. 143.

146 **dd) Bürgschaftsverbindlichkeiten.** Es gelten ähnl Grundsätze. Bei betriebl veranlasster Übernahme handelt es sich um **notwendiges BV.** *Beispiele:* Sicherung einer Geschäftsverbindung, Existenzbedrohung, entgeltl Übernahme mit Gewinnerzielungsabsicht (zB BFH IV R 42/96, BFH/NV 97, 837; auch zu WK → § 19 Rn. 110); zu Betriebsaufspaltung BFH VIII R 27/00, BStBl II 02, 733. Ohne betriebl Veranlassung liegt **PV** vor, auch im Verhältnis PersGes-Ges'ter (BFH I R 136/74, BStBl II 76, 668) und Ges'ter-PersGes (BFH IV R 37/89, BStBl II 91, 64; → Rn. 132). **Einlage** scheidet jedenfalls dann aus, wenn sich bereits Verluste abzeichnen (BFH IV R 2/90, BStBl II 91, 786; → Rn. 155).

147 **ee) Darlehensverbindlichkeiten.** Sie sind BV, wenn die Kreditmittel für betriebl Zwecke verwendet werden (BFH X R 34/17, BFH/NV 19, 530), insb zum Erwerb von WG; die Person des Gläubigers oder dessen Beweggründe für die Darlehenshingabe sind idR unbeachtl (BFH X R 19/17, BStBl II 19, 795). Daher können auch Darlehensverbindlichkeiten ggü **Familienangehörigen** BV und die Zinsen BA sein (→ Rn. 140; BFH IV R 17/89, BStBl II 91, 18; → § 12 Rn. 20 ff; → § 15 Rn. 740 ff). Die **Buchung** ist nicht entscheidend (→ Rn. 152 und → Rn. 72).

150 **e) Geldbestände; Bankverbindlichkeiten.** – **aa) Geldbestände.** Bargeld, Bank- und Postscheckguthaben können BV sein; der betriebl Zusammenhang kann allerdings jederzeit gelöst werden. Das Entgelt aus betriebl Vorgängen fließt als BV zu. Es bleibt bei **§ 4 I/§ 5** BV, solange es nicht für außerbetriebl Zwecke aus der geschlossenen Kassenführung entnommen wird. Bei **§ 4 III** ist die Zurechnung von Geld zum BV zweifelhaft. Geld ist hier nur eine Art Gewinnberechnungseinheit; die betriebl Veranlassung einzelner Vorgänge ist unabhängig davon zu beurteilen (vgl → Rn. 375 zu Geldverlusten; aber zu § 4 IVa 6 → Rn. 534); das Entgelt aus betriebl Vorgängen wird bei Zufluss als BE erfasst und geht dann unmittelbar ins PV über (→ Rn. 388, 393, 374), jedenfalls soweit keine geschlossene Kassenführung besteht. Umgekehrt können Privatgelder in das BV **eingelegt** werden, da sie das Betriebskapital verstärken – Gewinnauswirkung allerdings erst bei betriebl Ausgabe (vgl → Rn. 393).

151 **bb) Bankkonto.** Das Bankkonto selbst dient nur als Rechnungsabschlussgrundlage; unabhängig vom Zivilrecht enthält der Schuldensaldo nur das vom ursprüngl Rechtsgrund der einzelnen Zahlungen gelöste Saldoanerkenntnis durch gewinnneutrale Buchung (vgl § 355 I HGB, BFH GrS 2–3/88, BStBl II 90, 817 unter C II 4 und Anm c zu Kontokorrent). – **Forderungen** gegen die Bank können wie Geldbestände

(→ Rn. 150) zum BV gehören. Die Verbuchung von Privateinnahmen auf dem Betriebskonto führt zur Einlage der Geldmittel, die Verbuchung von Privatausgaben zu deren Entnahme (BFH VIII R 61/96, BFH/NV 99, 463). – Der Entstehungsgrund von **Bankschulden** ist nach allg Grundsätzen zu prüfen (→ Rn. 140). Bei betriebl Veranlassung ist die Kreditaufnahme idR gewinnneutral (bei § 4 I/§ 5 Passivierung der Verbindlichkeit, Aktivierung der Valuta oder Wegfall einer anderen Verbindlichkeit, zu § 4 III → Rn. 375). Gewinnauswirkung nur hinsichtl Zinsen und Gebühren.

cc) Gemischte Kontokorrentkonten; Mehrkontenmodelle. *BMF* BStBl I 93, 930 idF BStBl I 00, 588 Tz 39 (Aufhebung von Tz 8–10 aF). Gesetzesentwicklung zur allg Beschränkung des Schuldzinsenabzuges als BA durch **§ 4 IVa** → Rn. 154 und 522 ff. – **(1) Veranlassungsgrundsatz.** Jedem StPfl steht es grds frei, seinen Betrieb ganz oder zT fremd zu finanzieren (gesetzl Einschränkungen → Rn. 141). Wie bei anderen Schulden (→ Rn. 140) ist jedoch nur der betriebl Teil eines Kredits BV und nur der entspr Zinsanteil BA. Die entscheidende Frage, ob ein wirtschaftl Zusammenhang zw Zinsen und Betrieb besteht, ist danach zu beurteilen, inwieweit die Entstehung der Schuld durch den Betrieb veranlasst ist (BFH GrS 2–3/88, BStBl II 90, 817 unter C II). Maßgebl ist allein der tatsächl Verwendungszweck der Darlehensmittel als auslösendes Moment *jeder einzelnen* Darlehensaufnahme bzw Krediterhöhung (BFH GrS 1–2/95, BStBl II 98, 193). – Ein für betriebl Zahlungsverkehr eingerichtetes Kontokorrentkonto verliert seinen betriebl Charakter nicht bereits dadurch, dass Privatentnahmen über das Konto getätigt werden. § 12 ist nicht einschlägig. Das gilt auch bei Darlehensgutschrift (BFH IV R 80/99, BFH/NV 01, 902). Andererseits schafft die **Buchung** über ein betriebl Konto noch keine betriebl Veranlassung, auch *keine Vermutung* dafür, wohl auch keine Indizwirkung. Unbeachtl sind die **Art der Gewinnermittlung** (zu §§ 4 I/5 und § 4 III BFH GrS 2–3/88, BStBl II 90, 817; zu § 13a BFH IV R 103/87, BFH/NV 91, 805), der **handelsrechtl Bilanzausweis** und **wirtschaftl Alternativlösungen** (wie die Möglichkeit, fremdfinanzierte Aufwendungen durch eigene private oder betriebl Mittel zu bestreiten). Der StPfl hat grds die **Wahl,** Privataufwendungen über Darlehensaufnahme zu finanzieren (auch bei Belastung eines Betriebskontos kein BV, keine BA, vgl BFH IV R 46/86, BStBl II 91, 514; BFH XI R 74/00, BFH/NV 02, 188; → Rn. 147) oder aber dafür **im Betrieb vorhandene Mittel** zu entnehmen und gleichzeitig weitere – nicht bereits getätigte, eigenfinanzierte – betriebl Aufwendungen über Betriebsschulden (und BA) zu bestreiten. 152

Ggf entscheidet die richtige **Gestaltung:** Bargeldentnahme oder Zahlung der Privatschuld über Betriebskontenentnahme mit späterer Finanzierung betriebl Vorgänge führt zu BA, nicht Finanzierung des Privataufwandes (vgl auch zu § 4 IVa und WK BFH IX R 29/15, BFH/NV 16, 1698, krit Anm *Paus* DStZ 17, 127). Solche Gestaltungsmöglichkeiten werden estl beachtet (BFH GrS 2–3/88, BStBl II 90, 817 unter C II 4b/cc; BFH IV R 25/07, BStBl II 08, 715) und sind unabhängig von der wirtschaftl Veranlassung (auch bei zeitl Nähe und betragsmäßige Übereinstimmung mit Privatschuldtilgung) in den Grenzen von → Rn. 153 grds nicht missbräuchl nach § 42 AO, zB bei Privathausbau mit entnommenen 1 Mio € aus der Betriebskasse und gleichzeitiger „Betriebsschuldaufnahme" von 1 Mio €. Entscheidend ist allein der Nachweis der tatsächl betriebl Darlehenszuordnung, der Finanzierung von Betriebsschulden und des Vorhandenseins entnahmefähiger betriebl Eigenmittel.

(2) Grenzen; Betriebsausgaben-Rechtsprechung bei Sollsaldo. Der BFH übernahm diese Grundsätze unabhängig vom tatsächl Schuldgrund auch für die Fälle, in denen durch private Entnahmenfinanzierung über ein Betriebskonto ein **Sollsaldo** entstand (GrS 1–2/95, BStBl II 98, 193 im Anschluss an BFH GrS 2–3/88, BStBl II 90, 817). Die Überziehungsmöglichkeit wurde durch Billigung der sog **Mehrkontenmodelle** erleichtert (reines BA-Konto, privat belastbares BE-Konto, dazu uU noch ein reines Privatkonto, → Rn. 154 f, 522). Die schädl **Grenze zur privaten Entnahmenfinanzierung** zog der **GrS** erst, wenn dem Betrieb keine entnahmefähigen Finanzmittel mehr zur Verfügung stehen und die Entnahme nur da- 153 durch mögl wird, dass Darlehensmittel in das Unternehmen fließen (BStBl II 98, 193 unter B I 6 mwN), wenn also eine betriebl Fremdfinanzierung ausscheidet und nicht Eigen- durch Fremdkapital ersetzt wird, sondern Entnahmen durch Darlehensmittel finanziert werden.

Die vom I. Senat vertretene *automatische* wirtschaftl **Umschuldung** von privaten in betriebl Kontokorrentschulden hat der GrS zwar nicht gebilligt, wohl aber die *tatsächl* nachträgl Umschuldung, unabhängig von der Aufteilung auf mehrere Konten (BFH GrS 1-2/95, BStBl II 98, 193 unter B II; → Rn. 383 und → Rn. 487). **Habenbuchungen** sind im Zweifel automatisch mit privaten Schuldenteilen zu verrechnen (BFH GrS 1-2/95, BStBl II 98, 193 unter B I 3; ebenso jetzt § 4 IVa: „Unterentnahme" als Gewinn oder Einlage). Diese Grundsätze gelten auch für **PersGes'ter** (vgl → Rn. 535 und → 27. Aufl 2008, § 4 Rn. 242).

154 **(3) Fortgeltung dieser Rechtslage trotz Gesetzesänderungen durch § 4 IVa.** Der StPfl kann entspr der GrS-Rspr auch ab 1999 ohne steuerl Nachteile wählen, ob er seinen Betrieb mit Eigen- oder Fremdkapital finanzieren will; er kann auch nachträgl Eigenkapital durch Fremdkapital ersetzen (vgl BFH IV R 25/07, BStBl II 08, 715). BE mindern im Zweifel die Privatschulden. Die Rspr zu Mehrkontenmodellen gilt weiter. Die Problematik der Zuordnung einzelner Zahlungsvorgänge auf gemischten Konten zum betriebl oder nichtbetriebl Bereich besteht unverändert fort (→ Rn. 155 ff). Die betriebl Veranlassung des Zinsanfalls ist trotz § 4 IVa Primärvoraussetzung für den BA-Abzug, der dann durch § 4 IVa begrenzt ist (→ Rn. 522).

155 **(4) Aufteilung (Grundsatz; Möglichkeiten; Grenzen).** Bei Kontenüberziehung sind alle betriebl und privaten Belastungen zu trennen, am besten durch Abwicklung über **getrennte Konten** (mindestens ein Betriebskonto für jeden Einzelbetrieb für BE und BA und ein Privatkonto – **„Zweikontenmodell"**, → Rn. 153, FG Mchn EFG 05, 422, rkr). Dann entfällt jede weitere Aufteilung. Dies ist ratsam, um die sich sonst ergebenden Aufteilungsprobleme/-nachteile zu vermeiden. Eine getrennte Aufzeichnung oder spätere Aufteilung aller Vorgänge in – mindestens – **zwei Unterkonten** in der Buchführung des StPfl genügt, sogar in Form einer – belegbaren – Kennzeichnung der einzelnen Buchungen durch besondere **Symbole** (s *Weber* DStZ 91, 611). *Zwingende* Voraussetzung für die Aufteilung und den BA-Abzug ist dies nicht (s BFH XI R 19/95, BFH/NV 98, 1342). **Andernfalls** ergeben sich aber praktisch kaum lösbare **Aufteilungs- und Zuordnungsprobleme,** die idR den StPfl treffen (→ Rn. 156). Grds ist jeder einzelne Debetzwischensaldo (nicht Tagessaldo, BFH IV R 97/82, BStBl II 91, 226) nach der **Zinszahlenstaffelmethode** entspr den privaten und betriebl Sollbuchungen dem jeweiligen Bereich zuzuordnen. Jedes Mischkonto ist rechnerisch in zwei Unterkonten zu zerlegen, die unter Beachtung des Zeitmoments fortgeführt werden. Habenbuchungen → Rn. 153. *Berechnungsbeispiele* s BFH GrS 2–3/88, BStBl II 90, 817, C II 5c, e, BFH IV R 87/88, BFH/NV 92, 12. **§ 12 Nr 1 S 2** steht der Aufteilung dann nicht entgegen, wenn einzelne Buchungen ausschließl einen bestimmten Bereich betreffen (BFH GrS 2–3/88, BStBl II 90, 817; → Rn. 241).

156 **(5) Folgen eines fehlenden Aufteilungsnachweises; Schätzung.** Die betriebl Veranlassung jeder einzelnen Buchung hat der StPfl im Zweifel darzulegen und glaubhaft zu machen, uU nachträgl (BFH IV R 20/89, BFH/NV 91, 731); ihn trifft ggf die **Feststellungslast.** In diesem Rahmen kann ohne Einzelkennzeichnung und Berechnung durch den StPfl eine **schätzungsweise Aufteilung** durch FA/FG mögl und geboten sein, vor allem bei zahlenmäßig oder zeitl geringfügigen privaten Belastungen (vgl BFH XI R 19/01, BFH/NV 04, 1277).

Die Aufteilungspflicht von FA/FG im Schätzungswege findet ihre **Grenze** an der bei solchen Zuordnungsfragen **gesteigerten Mitwirkungspflicht** des StPfl. Mit dem Umfang der privaten und betriebl Buchungen wächst die Obliegenheit des StPfl, selbst für die Beschaffung geeigneter Zuordnungsunterlagen Sorge zu tragen. Von einfachen Ausnahmefällen abgesehen wird es dem Betriebsprüfer, der Veranlagungsstelle des FA oder dem FG idR nicht zuzumuten sein, den Aufteilungsmaßstab durch Prüfung der einzelnen Buchungen (deren Art der Veranlassung oft nur der StPfl selbst kennt) selbständig zu ermitteln. Bei gleichbleibenden Verhältnissen und geringen Privatvorgängen kann es genügen, wenn der StPfl eine (nachprüfbare) Berechnung für einen oder einzelne typische **Zeitabschnitte** erstellt (vgl zu allem – auch zu Schätzungsmethoden – BFH GrS 2-3/88, BStBl II 90, 817 unter C II 5h, 6, 7; BFH IV R 97/82, BStBl II 91, 226).

f) Kryptowerte. Kryptowerte bzw Krypto Token werden zwar (zT) als **virtuelle Währungen** („Kryptowährungen", zB Bitcoin [BTC], Ethereum [ETH] etc) von der BaFin als Finanzinstrumente (Rechnungseinheiten iSv § 1 XI KWG) eingestuft (zu den Begriffen s *BMF* BStBl I 25, 658; diff *Richter/Acker* FR 25, 625 mwN). Sie sind aber weder gesetzl Zahlungsmittel noch E-Geld, sondern **WG** (glA BFH IX R 3/22, BStBl II 23, 435, Anm *Kanzler* FR 23, 323 (328); FG Bln-Bbg DStRE 19, 1329, rkr; *BMF* BStBl I 25, 658 Rn. 41; *Sanning* DB 23, 728; *Richter/Sanning* ISR 22, 205 (207); *Dürr* FR 19, 656; → § 5 Rn. 270 „Virtuelle Währungen"; **aA** *Schroen* DStR 19, 1369; *ders* NWB 23, 1370; zu Non-Fungible Token [NFT] s *Link* BB 22, 1706). Nach zutr hM handelt es sich um **immaterielle WG** (s *HHR/Anzinger* § 5 Rn. 1817 mwN; **aA** *BMF* BStBl I 25, 658, Rn. 41). **Bewertung** → § 6 Rn. 22 mwN. – Sind Transaktionen wie Mining oder Handel mit Krypto-Währungen gewerbl (→ § 15 Rn. 150 „Kryptowährung" mwN), gehören die erwirtschafteten Einheiten zum **notwendigen BV;** ebenso, wenn Krypto Token als Entgelt für eine betriebl Leistung oder für einen sonstigen Wertabgang im BV entgegengenommen werden (→ Rn. 39). Ob Krypto Token den Betrieb als **gewillkürtes BV** fördern, zB durch Verstärkung des Betriebskapitals, wird man ähnl wie bei Wertpapieren zu beurteilen haben (Einzelfallwertung, → Rn. 170; eindeutige Einlagehandlung erforderl, → Rn. 234 f; ausführl: *Sanning* in *Richter/Anzinger,* Krypto und Steuern, 2025, Rn. 11.6 ff). Zur **Besteuerung im PV** → § 23 Rn. 27 und BFH IX R 3/22, BStBl II 23, 435 (auch zur Zurechnung). – Zu Erklärungs-, Mitwirkungs- und Aufzeichnungspflichten s *BMF* BStBl I 25, 658 Rn. 87 ff; *Richter/Acker* FR 25, 625; *Sanning* DB 25, 824. 158

g) Beteiligungen. – aa) Begriff. Beteiligungen setzen den Erwerb gesellschaftsrechtl Befugnisse an PersGes oder KapGes zur Herstellung einer dauernden Unternehmensverbindung voraus (idR ab 20%, § 271 HGB). Anders als bei § 17 handelt es sich bei mehreren *Aktien*beteiligungen grds um ein **einheitl WG** „Beteiligung" (BFH VIII R 126/75, BStBl II 79, 77, mit Abgrenzung BFH VIII R 26/03, BStBl II 06, 22; anders auch § 15 II GmbHG zur Selbständigkeit einzelner GmbH-Anteile). Beispiele → Rn. 45 und 162 ff und BFH VIII R 37/92, BStBl II 94, 444, unter 4a. → § 5 Rn. 270 „Beteiligung", → § 15 Rn. 690. 160

bb) Beteiligung an Personengesellschaft iSv § 15. Sie gehört stets zum *notwendigen BV* iRd PersGes (vgl § 15 I Nr 2, § 16 I Nr 2) und zwar in der Weise, dass der Ges'ter an allen WG beteiligt ist, die sich im BV der Ges befinden. Auch wenn die Beteiligung zum BV eines Einzelunternehmens oder einer KapGes gehört, kommt ihr für die ertragsteuerl Gewinnermittlung keine weitere Bedeutung zu. Sie wird nicht als solche bilanziert (→ § 15 Rn. 690; BFH X B 208/10, BFH/NV 11, 1868). Dagegen sind Beteiligungen an einer **vermögensverwaltenden Zebragesellschaft** (bzw die Anteile an den einzelnen WG) anteilig im *BV der gewerbl Beteiligten* zu erfassen (ESt und GewSt; vgl BFH IV R 44/09, BStBl II 13, 142; FG Mchn EFG 02, 420, rkr; zu Verfahren s BFH GrS 2/02, BStBl II 05, 679). 161

cc) Beteiligung an Kapitalgesellschaft. Beim Ges'ter kann die Beteiligung notwendiges oder gewillkürtes BV (in einem anderen Betrieb) oder PV (vgl § 20) sein (s *Prinz* FR 20, 793; *Ritzrow* StBP 13, 349 und 14, 11; zu SBV *Schulze zur Wiesche* DStZ 15, 929). Die Höhe der Beteiligung ist idR nicht ausschlaggebend (BFH X R 38/17, BStBl II 19, 518 Rn. 37 mwN), aber uU Indiz in Zweifelsfällen. Aufteilung in BV und PV kommt idR nicht in Betracht (→ Rn. 160). 162

163 **(1) Notwendiges Betriebsvermögen.** Notwendiges BV liegt vor, wenn die Beteiligung dazu bestimmt ist, die **gewerbl (branchengleiche) Betätigung des StPfl** entscheidend zu fördern *oder* wenn sie dazu dient, den **Absatz von Produkten** des StPfl (Waren, Dienstleistungen etc) zu gewährleisten (BFH X R 28/16, BStBl II 19, 474 und BFH X R 38/17, BStBl II 19, 518, beide mwN; BFH X R 11/22, DStR 24, 1976; krit *Kanzler* FR 19, 910 (918): fließende Übergänge), ferner dann, wenn die Beteiligung als **Honorarersatz** geleistet wird (BFH III R 42/13, BStBl II 17, 339; → Rn. 45). Ob diese Voraussetzungen vorliegen, ist Tatfrage (BFH X R 38/17, BStBl II 19, 518 Rn. 40). Maßgebl ist die Sichtweise des StPfl; der Umfang des eigenen Geschäftsbetriebs der KapGes ist unerhebl (BFH X R 28/16, BStBl II 19, 474 Rn. 39 f; BFH X R 38/17, BStBl II 19, 518, Rn. 38 f, mit Abgrenzung zu BFH IV R 13/08, BFH/NV 12, 1112; s auch Anm *Kulosa* HFR 19, 739). Normale Geschäftsbeziehungen als Lieferant, Abnehmer, Kreditgeber, Schuldner, Bürge, Verpächter, Pächter einzelner WG oder die organisatorische oder finanzielle Unterstützung oder Zusammenarbeit (zB gemeinsamer Bürobetrieb) genügen idR nicht, um ohne Buchung notwendiges BV anzunehmen (zB BFH XI R 36/88, BStBl II 92, 721; BFH IV R 2/90, BStBl II 91, 786); auch nicht bei Branchengleichheit der Unternehmen (s FG Bln EFG 85, 385, rkr). – Eine Beteiligung, die zum notwendigen BV gehört, bleibt notwendiges BV, auch wenn sich die **Umstände ändern,** die ihre Zuordnung begründet haben (BFH X R 11/22, DStR 24, 1976 Rn. 23 und 27: Umsatzrückgang, Einstellung des Geschäftsbetriebs, Insolvenz). – Diese Grundsätze gelten weitgehend übereinstimmend nicht nur für **Gewerbetreibende,** sondern auch für **Freiberufler** und **LuF** (s BFH X R 28/16, BStBl II 19, 474, ausführl mit Rspr-Beispielen zu gewerbl [Rn. 33 ff] und freiberufl Tätigkeit [Rn. 41 ff] und zu LuF [Rn. 48 f]). IÜ → § 18 Rn. 164 f.

Weitere Beispiele: Wesentl **Absatzförderung** durch KapGes (BFH X R 32/05, BStBl II 09, 634), entscheidend ist der **Anteil am Umsatz,** nicht am Gewinn (BFH X R 28/16, BStBl II 19, 474: auch bei **mittelbarer Beteiligung;** BFH X R 34/17, BFH/NV 19, 530); **intensive und nachhaltige Unterstützung** in der Gründungs- und Aufbauphase des Einzelgewerbes (BFH X R 38/17, BStBl II 19, 518 Rn. 42 ff: entscheidende, fremdunübl Förderung); Beteiligung des Besitzunternehmens am Betriebsunternehmen iRe **Betriebsaufspaltung** (BFH X R 2/10, BStBl II 13, 907 mit Anm *Teller* HFR 13, 1093; *Prinz* DB 14, 1218; *OFD Ffm* FR 12, 976; → § 15 Rn. 873 mwN); **Organschaftsanteile** als BV beim Organträger (BFH IV R 12/03, BStBl II 06, 361); – Beteiligung eines gewerbl **Malers an WohnbauGmbH** (BFH X R 46/94, BFH/NV 96, 393) oder eines **Kunsthändlers** an AuktionsGmbH (NdsFG EFG 97, 50, rkr). Zur Beteiligung des Ges'ters einer PersGes als notwendiges **SBV II** s BFH IV R 15/19, BStBl II 22, 651 und → § 15 Rn. 517 f und 716 f.

164 **(2) Gewillkürtes Betriebsvermögen.** Beteiligungen können bei entspr **Eignung und Bestimmung** (→ Rn. 42 ff) auch zum gewillkürten BV gehören (vgl BFH VIII R 1/08, BStBl II 11, 862) und dies auch trotz veränderter Verhältnisse ohne ausdrückl Entnahme bleiben (BFH X R 37/13, BFH/NV 16, 536; → Rn. 270 „Geduldetes BV"). Zeitl Grenze: Betriebsaufgabe (s BFH X R 128/94, BFH/NV 96, 877). Verlagerung von (privaten) Beteiligungsverlusten in den betriebl Bereich ist unzulässig (BFH IV R 14/07, BStBl II 10, 227; → Rn. 46 mit Beispielen). Zu gewillkürtem **SBV II** → § 15 Rn. 527.

165 **dd) Rechtsfolgen. – (1) Beteiligungen im Betriebsvermögen. Veräußerungsgewinne und -verluste** sind betriebl veranlasst (zB BFH X R 38/17, BStBl II 19, 518 Rn. 56 ff: bei Entnahme). Aufwendungen und Vermögensverluste mindern den Gewinn (Beteiligungsverlust → Rn. 409 und → Rn. 520 „Verluste"; zu TW-AfA → § 5 Rn. 270 „Beteiligung an PersGes" und → § 6 Rn. 330). Lfd Erträge sind Gewinn, bei der PersGes über § 15 I 1 Nr 2 iHd anteiligen GesGewinns, bei der KapGes über § 20 VIII iVm § 15 iHd ausgeschütteten Gewinnanteils einschließl KapESt (§ 12 Nr 3). **§ 32d** ist im BV nicht anwendbar. – **Zeitpunkt der Gewinnzurechnung:** Bei **Beteiligung an PersGes** Ende des Wj der Ges, auch für SonderBE (§ 5, → § 15

Rn. 441 und 576, § 4a II Nr 2 – Anteilsveräußerung → § 4a Rn. 23 mwN), auch bei verweigerter Auszahlung (BFH VIII R 12/09, BStBl II 12, 207); zu Betriebsveräußerung → § 16 Rn. 230 ff. Bei **Beteiligung an KapGes** grds Zeitpunkt des Gewinnverwendungsbeschlusses (→ § 5 Rn. 270 „Dividendenanspruch"), bei § 4 III grds Zeitpunkt des Zuflusses (§ 11 I); Ausnahmen bei beherrschenden Ges'tern vgl → § 20 Rn. 22. KapESt wird auf die ESt angerechnet (§ 36 II Nr 2). Teileinkünftebesteuerung § 3 Nr 40 → § 3 Rn. 135 ff.

(2) Beteiligungen im Privatvermögen. Sie führen zu KapEinkünften iSv § 20. **166** Der Veräußerungsgewinn ist seit 2009 statt nach § 23 nach § 20 II zu versteuern. Die Teileinkünftebesteuerung (§ 3 Nr 40, § 3c II; → § 3 Rn. 135 ff) ist im PV (außer § 17) ersetzt durch das Abgeltungsverfahren (§ 32d; mit Option zum Teileinkünfteverfahren → § 32d Rn. 17 f).

h) Wertpapiere. Wenn sie keine Beteiligung verkörpern, sind sie idR **kein notwendiges BV** (nicht wesentl für die Betriebsführung). Ausnahmen sind denkbar (zB bei Wertpapiergeschäften eines Bankiers, vgl → Rn. 148). – Wertpapiere können jedoch **gewillkürtes BV** sein, auch beim LuF und beim Freiberufler; sie sind idR geeignet, den Betrieb durch Verstärkung des Betriebskapitals zu fördern (→ Rn. 46; zu eindeutiger Einlagehandlung → Rn. 234 f). Dass die Wertpapiere aus betriebl Mitteln erworben worden sind, dass sie in der Gewinnermittlung ausgewiesen sind oder dass sie als Sicherheit für betriebl Schulden dienen, genügt jedoch für sich genommen idR nicht (BFH VIII R 1/08, BStBl II 11, 862). Vor allem aber dürfen keine **absehbaren Verluste** in den betriebl Bereich verlagert werden (→ Rn. 46). Ein vorübergehendes Nachgeben der Kurse muss einer Einlage nicht entgegenstehen. Zu **Beleihung und dingl** Belastung → Rn. 37. **170**

i) Immaterielle Wirtschaftsgüter. – aa) Begriff. → § 5 Rn. 171; *Kopp* FR 25, 1. Die Probleme liegen weniger im Bereich der Zuordnung zum BV als im Bereich der Aktivierung (vgl → § 5 Rn. 161 ff) und Bewertung (vgl → § 6 Rn. 322 ff). S einerseits BFH IV R 13/18, BStBl II 22, 656 (Sendelizenz als sofort abziehbare BA) und andererseits BFH I R 108/10, BStBl II 12, 238 (Ablösezahlung im Profi-Fußball als zu aktivierendes immaterielles WG). **172**

bb) Geschäftswert. Begriff und Abgrenzung zu anderen WG → § 5 Rn. 221, **173** BFH I R 49/85, BFH/NV 90, 442, EStR 5.5; Bewertung → § 6 Rn. 311 ff. Die Zuordnung zum BV ist unabhängig von der Aktivierung (→ Rn. 31). Der (selbst geschaffene wie der erworbene) Geschäftswert gehört stets zum notwendigen BV. Er bleibt BV, bis er sich verflüchtigt oder bis er (mit dem Unternehmen, BFH I R 123/78, BStBl II 83, 113, mwN) realisiert wird – auch uU durch BetrAufsp, s BFH I R 42/00, BStBl II 01, 771; FG RhPf EFG 03, 240, rkr. Das soll auch bei **Betriebsverpachtung** mit Aufgabeerklärung gelten: Geschäftswert bleibt BV; stille Reserven werden nicht realisiert. → 23. Aufl 2004, § 4 Rn. 262 und → § 16 Rn. 192. Nutzungsüberlassung an (eigene) GmbH s BFH X R 32/05, BStBl II 09, 634 mit Anm *Levedag* HFR 09, 654 und *ders* NWB 10, 106.

cc) Erfindungen; Patente; Lizenzrechte. Diese können, soweit nicht PV iRe **174** Liebhaberei, zum notwendigen oder gewillkürten BV des selbständigen Erfinders oder des Verwertungsbetriebes gehören (→ 23. Aufl 2004, § 4 Rn. 263 und Abgrenzung BFH XI R 26/02, BStBl II 04, 218: abl zu gelegentl Zufallserfindung). Verhältnis der ungeschützten Erfindung zu Verwertungsrechten → § 49 Rn. 125 (Knowhow), BFH IV B 33/93, BFH/NV 95, 102 (Einlage) und BFH I R 86/92, BStBl II 94, 168, auch zur getrennten Beurteilung regional begrenzter Patente; zu Lizenzrechten s FG BW EFG 94, 606, rkr. Urheberpersönlichkeitsrechte können BV sein (BFH IV B 129/91, BFH/NV 93, 471). Patente gehören zum BV des Verwertungsbetriebes, wenn sie im Betrieb entstanden, in das BV eingelegt oder betriebl angeschafft sind; BetrAufsp s BFH XI R 72/97, BStBl II 99, 281.

178 **j) Versicherungen. – aa) Betriebliche Veranlassung.** Eine Versicherung gehört zum BV, wenn sie **betriebl Risiken** abdeckt; sie gehört zum PV, wenn sie außerbetriebl Risiken abdeckt (s BFH IV R 45/08, BStBl II 11, 552 mwN). Nicht entscheidend ist, welche Schäden ersetzt werden sollen (s BFH VIII R 4/10, BStBl II 13, 615 mit Anm *Brandt* StBP 13, 296). Nach der Zuordnung des Versicherungsvertrags richtet sich die Berücksichtigung von Prämien als (lfd) BA (→ § 5 Rn. 243) und von Versicherungsleistungen als BE (Aktivierung → § 5 Rn. 93 ff, 246), soweit der ursprüngl Zusammenhang nicht durch ein späteres Ereignis überlagert wird. – Versicherungsansprüche gehören idR zum **notwendigen BV oder PV** (s aber BFH IV R 78/74, BStBl II 78, 212: gewillkürtes BV mögl).

179 **bb) Sachversicherungen. – (1) Unteilbare Wirtschaftsgüter.** Die Zuordnung von Sachversicherungen richtet sich grds nach der Zuordnung des versicherten WG. Handelt es sich um ein **WG des BV,** sind die Prämien BA und die Versicherungsleistungen BE. Insb Leistungen, die als Ausgleich für den Substanzverlust eines zum BV gehörenden WG gezahlt werden, sind stets BE. Die Leistung tritt an die Stelle des beschädigten, zerstörten oder gestohlenen WG (Surrogat, § 285 BGB). Daher gehört sie ebenso zum BV wie zuvor das WG selbst (wie Veräußerung → Rn. 51). Unerhebl ist, ob der Schaden bei betriebl oder privater Nutzung eingetreten ist; eine Aufteilung der Leistung nach dem Verhältnis der übl Nutzungsquoten kommt nicht in Betracht (BFH X R 2/14, BStBl II 16, 534). – Das gilt auch bei **Unfall auf Privatfahrt** mit betriebl Kfz und bei Verlust ohne besondere Veranlassung (zB Diebstahl, Brand in Privatgarage; s auch BFH I R 213/85, BStBl II 90, 8). Nicht konsequent ist hier allerdings die Behandlung des Verlustes selbst (vgl BFH XI R 60/04, BStBl II 07, 762: Diebstahl, und → Rn. 52; ausführl auch → 35. Aufl 2016, § 4 Rn. 272 f mwN); eine (vollständige) Besteuerung der Versicherungsleistung ohne Berücksichtigung des Verlustes wäre jedenfalls widersprüchl. – Auch bei **Nutzungsausfallentschädigungen** folgt der Gebrauchsvorteil vollständig der Zuordnung des versicherten WG (auch bei Verzicht auf Anmietung eines Ersatzfahrzeugs). Hinsichtl der Gewinnauswirkung ist bei privater Nutzung eines betriebl Kfz allerdings zu unterscheiden: Wird der Entnahmewert des privaten Nutzungsanteils nach der 1%-Methode ermittelt, kann für die Zeit der Nichtnutzung die Entnahmezurechnung entfallen. Bei Nachweis des privaten Nutzungsanteils durch Fahrtenbuch mindert die Entschädigung die Aufwendungen für das Kfz insgesamt, so dass sich die Entschädigung iErg nur mit dem betr Nutzungsanteil gewinnerhöhend auswirkt (BFH X R 2/14, BStBl II 16, 534 Rn. 22).

Beispiele – betriebl: Versicherung von WG des BV gegen Diebstahl und Feuer (BFH IV R 16/83, BFH/NV 86, 208); Hagel- und Kaskoversicherung für betriebl Pkw (s oben); betriebl Rechtsschutzversicherung (vgl BFH VI R 97/94, BFH/NV 97, 346); Delkredereversicherung gegen Forderungsausfälle; Maschinen-/Betriebsunterbrechungsversicherung (BFH IV R 54/80, BStBl II 83, 371 mwN, aber → Rn. 181); – ***privat:*** Private Hausratsversicherung, Brandversicherung für Privatgebäude (vgl zu Entschädigung BFH IX R 1/14, BStBl II 15, 493); Kaskoversicherung für PrivatPkw. – Zu konzerneigener Rückversicherung s BFH IV R 5/13, BFH/NV 17, 451.

180 **(2) Teilbare Wirtschaftsgüter.** Bei **teilbaren WG** (Grund und Boden, Gebäude → Rn. 113, 115 ff) ist die Versicherung entspr der Aufteilung anteilig BV und PV (zB Feuerversicherung eines zu 40% betriebl und 60% privat genutzten Gebäudes). Die Prämien sind entspr anteilig BA; im Versicherungsfall richtet sich die Zurechnung der Versicherungsleistung grds nach dem Verhältnis der zerstörten Teile (bei Zerstörung des ganzen Gebäudes im Beispielsfall: 40% betriebl, 60% privat). Brennt hingegen nur der Betriebsteil (zB Anbau) ab, ist die Versicherungsleistung in voller Höhe BE (vgl BFH X B 159/15, BFH/NV 17, 54; → Rn. 123).

181 **cc) Personenversicherungen. – (1) Unternehmer.** Auf die **Person des Unternehmers** bezogene Versicherungen sind grds nicht betriebl veranlasst (zB allg KV,

Invaliditäts-/Berufsunfähigkeitsversicherung, allg Rechtsschutzversicherung, Reisegepäckversicherung). Sie fallen auch nicht deshalb in den betriebl Bereich, weil sie mittelbar von Bedeutung für das Unternehmen sind, etwa weil sie einen betriebl Kredit absichern (BFH VIII R 63/88, BStBl II 90, 1017) oder weil bei Krankheit oder Tod des Unternehmers BE entfallen (§ 12 Nr 1; BFH VIII R 6/07, BStBl II 10, 168: Praxisausfallversicherung; BFH X R 21/07, BFH/NV 10, 192; glA *Alvermann/Potsch* FR 08, 119; **aA** *Beiser* DB 09, 2237; uU auch BFH I R 16/13, BFH/NV 15, 1273). Prämien sind folgl keine BA (ggf SA); Versicherungsleistungen sind keine BE, auch nicht nach fehlerhaftem BA-Abzug (ggf rückwirkend ändern). Grds erfolgt **keine Aufteilung,** weil es nicht um gemischte Risiken, sondern um das einheitl dem Privatbereich zuzuordnende Risiko der Sicherung des Lebensunterhalts gehen soll (vgl BFH VI B 20/13, BFH/NV 14, 327); mE zweifelhaft (→ 460 „Abfindungen"). – **Ausnahmen:** Deckt die Versicherung ein **besonderes Berufsrisiko** ab (zB bei gefahrgeneigter Tätigkeit) oder ist sie auf den betriebl Bereich beschränkt (rein betriebl Unfallversicherung, Berufshaftpflichtversicherung, Managerversicherung), kann sie BV sein (ggf Aufteilung: BFH VIII R 6/07, BStBl II 10, 168). Auch kann durch besondere Gestaltung im Einzelfall die private Absicherung überlagert werden durch den Zweck, Geld für die Tilgung betriebl Kredite anzusparen (BFH IV R 45/08, BStBl II 11, 552) oder die Liquidität des Unternehmens zu verbessern (BFH X B 138/14, BFH/NV 15, 982). Die Prämien sind dann BA (*BMF* BStBl I 09, 1275 Tz 1.3 zu WK; *Alvermann/Potsch* FR 09, 1132; *dies* DStR 10, 91). – Zur Mitversicherung des Unternehmers in einer **Gruppenunfallversicherung** → Rn. 182.

Beispiele – privat: Versicherung gegen **Entführungsrisiko** (s Hinweis in BFH IV R 27/77, BStBl II 81, 303, unter 3b; → Rn. 520 „Lösegeld", „Sicherheit"); **Betriebskostenversicherung** (BFH VIII R 36/09, BeckRS 2012, 95377 mwN); – ***betriebl:*** Praxisausfallversicherung gegen das betriebl Risiko der **Quarantäne** (BFH VIII R 6/07, BStBl II 10, 168: aufteilen); Pflichtversicherung oder freiwillige Versicherung nach § 6 SGB VII (*OFD Kobl* DStR 05, 968: stfreie BE → § 3 Rn. 8); uU auch Versicherung einer GmbH gegen Erkrankung der Geschäftsführer, wenn *nur* die GmbH bezugsberechtigt ist (BFH I R 16/13, BFH/NV 15, 1273). – ***Weitere Beispiele:*** → 39. Aufl 2020, § 4 Rn. 184d.

(2) andere Personen. Die Versicherung von **ArbN, Kunden, Geschäftsfreunden** etc ist betriebl veranlasst, auch wenn sie *deren* Privatbereich berührt; ebenso bei Geschäftsführern von KapGes. Die Prämien sind BA, die Versicherungsleistungen BE, wenn sie nicht der anderen Person zustehen (BFH IV R 14/95, BStBl II 97, 232). – Personenversicherungen, die an die **Nutzung von WG des BV** (insb Kfz) anknüpfen, sind grds ebenfalls dem BV zuzuordnen (BFH IV R 132/66, BStBl II 72, 277: Insassenunfallversicherung). Allerdings kann hier der betriebl Zusammenhang durch eine **private Nutzung** überlagert werden. Dann sind die Prämien nur iHd betriebl Nutzungsanteils des Kfz BA; die Behandlung der Versicherungsleistung richtet sich nach der Kfz-Nutzung im Zeitpunkt des Unfalls (BFH IV R 78/74, BStBl II 78, 212 – der Hinweis auf die erforderl Gleichbehandlung von Insassen- und Kaskoversicherungsentschädigungen ist mE durch BFH X R 2/14, BStBl II 16, 534 überholt). – Das gilt auch für eine **Gruppenunfallversicherung** zugunsten aller Betriebsangehörigen (BV, Prämie BA und ggf ArbLohn, Versicherungsleistung bei Zufluss an den ArbN ohne betriebl Gewinnauswirkung, sonst BE; s zu geschätzter Aufteilung: BFH VI R 9/05, BStBl II 09, 385, zu § 19; *BMF* BStBl I 09, 1275). Die Mitversicherung des Unternehmers wird ebenso behandelt. Ob allerdings eine Buchung der Prämie als BA die Möglichkeit eines „Privatunfalls" ausschließt und die Versicherungsleistung stets BE darstellt, ist mE zweifelhaft (so aber BFH IV R 15/86, BFH/NV 89, 499; FG Nbg EFG 81, 119, rkr). 182

Beispiele: Allg **Unfall-, Berufsunfähigkeits-, Invaliditäts-,** wohl auch **Lohnfortzahlungsversicherungen** des ArbG; **Besucherversicherungen;** Versicherungen zum Zweck der **Zukunftssicherung** von ArbN, auch ArbN-Ehegatten, auch bei eigenem Unternehmerbezugsrecht (BFH IV R 14/95, BStBl II 97, 343, s auch *OFD Mbg* DStR 04, 1607). – **D&O-Versiche-**

rung: Beiträge zu Directors & Officers-Versicherungen uä Schadensausgleichsversicherungen für leitende ArbN, AG-Vorstände und Aufsichtsratsmitglieder können BA sein (*FM Nds* FR 02, 358; *Weiß* GmbHR 14, 574; *Bosse/Queisser* NWB 16, 2881; *Wax* NWB 13, 368; → 32. Aufl 2013, § 4 Rn. 276 mwN); bei KapGes ist BA-Kürzung § 10 Nr 4 KStG zu beachten. – Zu **Insassenunfallversicherung** s iÜ auch → 43. Aufl 2024, § 4 Rn. 183.

192 **k) Betriebliche wiederkehrende Bezüge. – aa) Allgemeines.** Das Gesetz regelt nur die Besteuerung und den Abzug *privater* wiederkehrender Bezüge und Leistungen (§ 22 Nr 1, 1a, § 9 I Nr 1, § 10 I Nr 1, 1a, § 12 Nr 2). Im **betriebl Bereich** gelten die allg Gewinnermittlungsvorschriften (zu § 4 III → Rn. 400).

193 **bb) Betriebliche Veräußerungsleibrente. – (1) Begriff.** Eine lebenslange Rente als Gegenwert für die Übertragung eines Betriebs oder WG des BV, auch unter **Familienangehörigen,** liegt vor, wenn sich Leistung und Gegenleistung entsprechen. Die entgegenstehende **Vermutung** ist widerlegt, wenn der StPfl substantiiert darlegen kann, dass die Vertragspartner subj von der Gleichwertigkeit im Übergabezeitpunkt ausgegangen sind, wobei die Anforderungen mit steigender Bewertungsproblematik sinken (BFH X R 12/01, BStBl II 04, 211; BFH X R 2/06, BStBl II 08, 99; → Rn. 200, 203). Umgekehrt gilt die gegenläufige Vermutung unter **Fremden** (s BFH IX R 11/94, BStBl II 98, 718; *BMF* BStBl I 10, 227 Rn. 5).

194 **(2) Besteuerung beim Erwerber.** Dieser aktiviert die einzelnen erworbenen WG mit dem versicherungsmathematischen Rentenbarwert im Zeitpunkt der Anschaffung; iEinz → § 16 Rn. 264. – **§ 4 III** → Rn. 197.

195 **(3) Besteuerung beim Veräußerer.** Er hat bei der Betriebsveräußerung ein **Wahlrecht** zw der Versteuerung eines nach §§ 16, 34 begünstigten Veräußerungsgewinns im Zeitpunkt Veräußerung oder einer Versteuerung nichtbegünstigter nachträgl Einkünfte aus GewBetr nach § 24 Nr 2; iEinz → § 16 Rn. 255 ff.

196 **(4) Veräußerung einzelner Wirtschaftsgüter.** Es besteht kein Wahlrecht (BFH I R 191/79, BStBl II 84, 664; BFH VIII R 64/93, BFH/NV 02, 10).

197 **(5) Überschussrechnung.** → Rn. 401, EStR 4.5 IV 4 (weitergehendes Wahlrecht beim Zahlenden). Auch hier erfolgt eine Aufteilung von dauernden Lasten/Leibrenten in AK und Zinsanteil (vgl BFH IV R 48/90, BStBl II 91, 796).

198 **cc) Betriebliche Veräußerungszeitrenten. – (1) Begriff.** Veräußerungsrenten, deren Laufzeit genau festgelegt ist oder bei denen auf Lebenszeit, mindestens aber 10 Jahre lang ein bestimmter Betrag zu zahlen ist, werden idR wie Kaufpreisraten behandelt (BFH VIII R 37/90, BFH/NV 93, 87, → § 22 Rn. 40, 85).

199 **(2) Besteuerung beim Zahlungsverpflichteten.** Er passiviert den Barpreis (→ Rn. 201) der Kaufpreisschuld und aktiviert mit diesem Wert die angeschafften WG. Der in jeder Zahlung enthaltene Zinsanteil ist betriebl Aufwand. Der Barwert der Ratenzahlungen wird erfolgsneutral mit dem Schuldposten verrechnet.

200 **(3) Besteuerung beim Zahlungsempfänger.** Er hat den abgezinsten Gesamtkaufpreis (Barwert der Rentenzahlungen, → Rn. 201) im Zeitpunkt der Veräußerung als Veräußerungspreis zu versteuern. Der Zinsanteil der jährl Zahlungen unterliegt der Besteuerung gem § 20 I Nr 7 iVm § 11 I (bei Betriebsveräußerung) bzw über § 20 VIII als lfd Gewinn (bei Veräußerung einzelner WG unter Fortführung des Betriebs). Ein **Wahlrecht** besteht idR nicht. **Ausnahmen** (vgl auch zu § 4 III → Rn. 401): Steht der **Versorgungscharakter** der Zahlungen im Vordergrund, hat (auch) der Berechtigte ein Wahlrecht (BFH IV B 52/98, BFH/NV 99, 1330 mwN; EStR 4.5 IV, V). Bei Bemessung der Gegenleistung nach gewichtigen **Wagnisgesichtspunkten** erfolgt Besteuerung ohne Wahlrecht wie Rentenzahlungen, → Rn. 195, etwa bei Ungewissheit wegen gewinn- oder umsatzabhängiger Berechnung (BFH I R 69/75, BStBl II 79, 64, unter 2, mwN), wegen Anknüpfung an künftige Sachwertentwick-

lung (BFH IV 377/62 U, BStBl III 64, 622) oder wegen langer Laufzeit (BFH IV R 137/82, BStBl II 84, 829 weitgehend – 25 Jahre trotz dingl Sicherung).

(4) Zinsanteil. Ohne abw Vereinbarung wird der kapitalisierte Ratenbetrag mit 5,5% abgezinst (EStR 16 XI 10, BFH VIII R 64/93, BFH/NV 02, 10). 201

(5) Ausfall der Betriebsveräußerungsforderung. Die Besteuerung des Veräußerungsgewinns entfällt rückwirkend (BFH GrS 2/92, BStBl II 93, 897 und BFH GrS 1/92, BStBl II 93, 894; § 175 I Nr 2 AO, → Rn. 400, → § 16 Rn. 337). 202

dd) Betriebliche Versorgungsrente. – (1) Begriff. Es handelt sich um eine Rente, die aus betriebl Gründen als Gegenleistung für früher im Betrieb erbrachte Leistungen und nicht aus privaten Gründen oder als Gegenleistung für die Übertragung von WG bezahlt wird (BFH VIII R 11/96, BFH/NV 98, 835). Sie kommt vor allem bei PersGes (→ Rn. 480), ausnahmsweise bei Einzelunternehmen (BFH IV R 62/77, BStBl II 78, 301) vor. Versorgungsrenten an **Familienangehörige** beruhen im Zweifel auf (widerlegbaren) privaten Gründen (vgl → Rn. 193, BFH X R 55/99, BStBl II 04, 706). 203

(2) Besteuerung. Rspr und wohl hM im Schrifttum behandeln betriebl Versorgungsrenten auch bei gleichzeitiger Betriebsübertragung bisher beidseitig als unentgeltl und nicht zT als Veräußerung, unabhängig vom Wertverhältnis (BFH GrS 4–6/89, BStBl II 90, 847; BFH GrS 1/90, BStBl II 92, 78). S auch § 10 Ia Nr 2 zu privaten Versorgungsrenten (→ § 10 Rn. 111 ff). 204

(3) Besteuerung beim Zahlungsverpflichteten. Die betriebl Rentenzahlungen sind nach hM voll als betriebl Aufwand absetzbar. Eine Passivierung der Schuld entfällt, weil wirtschaftl erst die künftigen Erträge belastet sind (BFH I R 72/76, BStBl II 80, 741 unter 2b mwN; vgl → § 5 Rn. 315 und 550 „Versorgungsrente"; zu Rückstellungswahlrecht BFH VIII R 36/90, BStBl II 93, 26). Bei gleichzeitiger Betriebsübernahme sind die Buchwerte folgerichtig gem § 6 III fortzuführen, wenn der Vorgang nicht als entgeltl Erwerb behandelt wird. 205

(4) Besteuerung beim Zahlungsempfänger. Die Zahlungen sind nachträgl BE (§ 24 Nr 2; → Rn. 446), und zwar auch bei gleichzeitiger Übertragung eines Betriebs von Anfang an (fragl, → Rn. 204). Ein Wahlrecht wie in → Rn. 195 besteht bei unentgeltl Betriebsübertragung nicht. Es besteht kein Veräußerungsgewinn. 206

ee) Abfindung lästiger Gesellschafter. → § 16 Rn. 463 (betriebl Aufwand). 207

ff) Betriebliche Schadensrenten. – (1) Begriff. Renten für Personenschäden, die betriebl verursacht sind. 208

(2) Besteuerung beim Zahlungsverpflichteten. Dieser hat die kapitalisierte Rentenschuld im Jahr der Entstehung gewinnmindernd zu passivieren. *Beispiel:* Unternehmer verletzt auf Betriebsfahrt Radfahrer. Bei § 4 III BA bei Zahlung. 209

(3) Besteuerung beim Zahlungsempfänger. Er erzielt Ersatz für den Verlust betriebl Einnahmen, der als Gewinn iSv § 24 Nr 1a (iVm § 15) zu versteuern ist, bei ao Einkünften gem § 34. *Beispiel:* Unternehmer wird auf Betriebsfahrt durch Dritten verletzt. Bilanzierende Unternehmer haben wohl nicht den gesamten Rentenanspruch gewinnerhöhend zu aktivieren, sondern nur den jeweiligen Jahresanspruch (zutr FG BW EFG 94, 740, rkr, entgegen BFH IV 630/55 U, BStBl III 57, 164). Rentenzahlungen für **Schmerzensgeld** haben keinen betriebl Zusammenhang und sind nach BFH VIII R 79/91, BStBl II 95, 121 auch nicht nach § 22 Nr 1 stbar (→ § 22 Rn. 51, 52). 210

II. Einlagen und Entnahmen, § 4 I 2–9

220 **1. Korrektur des Betriebsvermögensvergleichs.** Das Ergebnis des BV-Vergleichs („Unterschiedsbetrag" → Rn. 23) muss gem § 4 I 1 korrigiert werden: *privat veranlasste Abgänge* aus dem BV (Entnahmen, § 4 I 2) müssen wieder hinzugerechnet und *privat veranlasste Zugänge* zum BV (Einlagen, § 4 I 8 Hs 1) müssen wieder herausgerechnet werden (s auch § 5 VI). Dadurch soll gewährleistet werden, dass der estl Gewinn **nur betriebl Geschäftsvorfälle** ausweist. **Höhe** (Bewertung) → § 6 Rn. 511 ff. – Die Gewinnermittlung nach *tatsächl* BV-Veränderungen berücksichtigt weder die Herkunft des BV noch den Anlass für das Ausscheiden eines WG aus dem BV (ähnl § 4 III, → Rn. 386 ff). Ohne Korrektur um **Einlagen** würde der BV-Zuwachs durch betriebl Widmung von stfrei gebildetem oder versteuertem Vermögen unzutr als Gewinn erfasst; umgekehrt würde der Gewinn bei betriebsfremder Verwendung von BV ohne Korrektur um **Entnahmen** um betriebl erwirtschaftete Werte gekürzt (→ Rn. 23, 74, 77, 84, 89: Korrektur durch lfd Buchung auf Privatkonto oder Umbuchung außerhalb der StB, → Rn. 296 zu vGA). Die Begriffspaare BE/BA als *betriebl veranlasste* Wertzugänge/Wertabgänge und Einlagen/Entnahmen als *nichtbetriebl* Wertzuführungen und Wertabgaben (vgl BFH VIII R 41/79, BStBl II 82, 18) decken den gesamten Bereich der für die Gewinnermittlung maßgebl Vermögenswertänderungen ab (**aA** *BeckOK EStG* § 4 Rn. 574 f mwN).

Das ergibt sich nicht deutl aus der gesetzl Regelung, die bei BA auf die Veranlassung (§ 4 IV), bei Entnahmen auf die Zweckbestimmung abzustellen scheint (§ 4 I 2). Die Tendenz geht (ähnl wie bei BA, → Rn. 488) hin zu einer einheitl, sowohl kausalen als finalen Betrachtung (aber → Rn. 241: finaler Entnahmebegriff; → Rn. 226: finaler Einlagebegriff). – Inwieweit § 4 I 1 Gewinnkorrekturen nach **§ 1 AStG** ausschließt, ist ungeklärt (→ Rn. 270 „Auslandsverlagerungen"). **§ 12** kann bei Entnahme-/Einlagevorgängen zu beachten sein. Zu den Begriffen **Überentnahme/Unterentnahme** in § 4 IVa → Rn. 522 ff. Seit 2008 sind bei § 4 I/§ 5 Entnahmefolgen nach **§ 34a** zu beachten.

221 **2. Gesetzliche Definition, § 4 I 2, 8 Hs 1. – a) Wirtschaftsgüter.** Gegenstand von Entnahmen und Einlagen können **WG aller Art** sein (zum Begriff WG → Rn. 25 und → § 5 Rn. 93 ff; EStR 4.3 IV), zB Geld, Waren, Grundstücke, Wertpapiere, Forderungen, Verbindlichkeiten und Patente. Erfasst wird jedes *einzelne* WG, ohne Saldierung von Einlagen/Entnahmen (§ 4 I 1). Wie BE/BA setzen Entnahmen/Einlagen eine **Minderung/Mehrung des BV** voraus (vgl etwa BFH I R 41/85, BStBl II 89, 612). – Ob das WG **im Einzelfall bilanzierbar** ist und seinen Niederschlag in der Buchführung oder im Gewinn findet, ist unerhebl.

Beispiele: – Entnahme selbst geschaffener Patente bzw Einlage unentgeltl erworbener Nutzungsrechte (s § 5 II, → § 5 Rn. 164, 176; → § 4 Rn. 227); Know-how s BFH IV R 94/93, BStBl II 95, 637; Entnahme einer Forderung bei § 4 III (→ Rn. 388, 394); Entnahme eines auf null abgeschriebenen WG.

222 **aa) Klammerzusatz.** Die (grundlos unterschiedl) Klammerzusätze in § 4 I 2 und 8 werden von der Rspr nicht als Begriffserläuterung verstanden (BFH GrS 2/86, BStBl II 88, 348, unter C.I.1.a.bb). Richtig ist, dass den lediglich in § 4 I 2 aufgezählten „Nutzungen und Leistungen" häufig nur ein tatsächl Geschehen zugrunde liegt: Wer ein WG nutzt, entnimmt idR nicht das WG und verfügt häufig nicht über ein vermögenswertes Nutzungsrecht; wer eine Leistung entnimmt, entnimmt kein WG (aber → Rn. 226 und → Rn. 270 „Nutzung").

223 **bb) Reale und ideelle Teile eines Wirtschaftsguts.** Sie sollten mE jedenfalls bei Wertgleichheit im Betrieb unabhängig von der Teilbarkeit auch bei gesonderter Bilanzierung gewinnneutral **austauschbar** sein (zB **räuml Verlagerung** von Betriebsteilen auf gemischt genutztem Grundstück, Wechsel des Arbeitszimmers im Gebäude; glA FG BW EFG 91, 372 und EFG 95, 107, rkr; FG Ddorf EFG 94, 346, rkr; FG Mchn EFG 91, 64, bestätigt mit nicht zwingender Begründung durch BFH

XI R 27/90, BStBl II 93, 391: keine Entnahme, da keine Privatnutzung, aber dafür jetzt zwei BV-Teile; → Rn. 62, 98 ff, 115 – Surrogationsgedanke). Die Frage ist str (**aA** noch BFH IV 134/64, BStBl II 70, 313; ausführl *Wacker* BB Beil 18 zu Heft 47/95, *Ehmcke* DStR 96, 201; vgl auch zu Wohnungstausch und § 52 XXI 2 aF BFH IX R 65/93, BStBl II 95, 535).

cc) Nutzungen; Nutzungsrechte; Nutzungsaufwand. – (1) Allgemeines. Dem GrS zufolge können Nutzungen und Nutzungsrechte nicht Gegenstand einer verdeckten Einlage sein (BFH GrS 2/86, BStBl II 88, 348). Die Entscheidung enthält zwar wichtige allg Ausführungen über die Problematik von Nutzungseinlagen (Entnahmen/vGA) im Bereich des BV-Vergleichs bei Einzelunternehmen, PersGes und KapGes, stützt sich jedoch letztl auf die Sonderbeurteilung verdeckter Einlagen bei verbundenen KapGes'ten (→ Rn. 270 „verdeckte Einlagen" und → Rn. 392). 224

Einzelheiten → § 5 Rn. 100 und 176 ff; *Beiser* DB 03, 15; *Wassermeyer* DB 03, 2616; zu Auswirkungen des Halb-/Teileinkünfteverfahrens (§ 3 Nr 40) s *Starko* DB 00, 2347; s auch BFH IV R 3/04, BFH/NV 05, 1784. – **Abgrenzung:** BFH X R 20/17, BStBl II 20, 3 (kommerzialisierbarer Teil des Namensrechts); Anm *Kanzler* FR 20, 45; *Kopp* FR 25, 1 (12 mwN).

(2) Nutzungsrechte als Wirtschaftsgut einlegbar und entnehmbar. Der GrS baut auf der Systematik der Gewinnermittlungsvorschriften durch Bestandsvergleich auf, die nach dem Wortlaut des § 4 I Wertveränderungen an WG erfassen. Er spricht dem **Klammerzusatz § 4 I 2** begriffsbestimmende Bedeutung ab und kommt so zum Ergebnis, dass (unabhängig von der Erfassung als Überschusseinnahmen §§ 4 III, 8 I) nicht in WG verkörperte **Nutzungsvorteile** grds nicht Gegenstand einer Entnahme oder Einlage mit Gewinnauswirkung nach § 4 I 1 sein können (BFH GrS 2/86, BStBl II 88, 348 zu C.I.1.a). An der Entnahme/Einlage echter **Nutzungsrechte** hat der GrS im Grundsatz festgehalten (BFH GrS 2/86, BStBl II 88, 348 C.I.1.c, str, → § 5 Rn. 176). Dazu gehören dingl und obligatorische Ansprüche auf Nutzungsgewährung auf Grund gesicherter Rechtsposition, nicht die rechtl ungesicherte, entziehbare Überlassung eines WG zur Nutzung. Eine solche, grds formlos gültige, aus Beweisgründen aber besser schriftl festzuhaltende **Rechtsposition** wird idR auf einem Gebrauchsüberlassungsrecht beruhen (zB Nießbrauch, Miete). **Bewertung** mit Selbstkosten → Rn. 270 „Nutzung". Nutzung von **Mietereinbauten** → § 5 Rn. 114. 225

(3) Ausnahmen; Kritik (finaler Einlagenbegriff; Nutzungsaufwandseinlagen/-entnahmen). Diese einschr Auslegung des § 4 I ist, auch im Hinblick auf die zum gleichen Totalgewinn führende Gewinnermittlung nach § 4 III (→ Rn. 11), ebenso wenig zwingend wie die im Vorlagebeschluss vertretene Gegenmeinung. So zieht sich auch wie ein roter Faden durch die Begründung des GrS-Beschlusses das Bestreben, vorrangig die allg Wertungen des EStRechts zu beachten. Danach muss der Grundsatz → Rn. 225 (nur WG) im Zweifelsfall zurücktreten hinter **vorrangigen allg Besteuerungsgrundsätzen** (zust Tipke/Lang SteuerR Rn. 9.365): ***(a)*** Nutzungserträge unterliegen grds der Besteuerung (zur Gefährdung bei Einlegbarkeit lfd Nutzungen BFH GrS 2/86, BStBl II 88, 348, C.I.1.b.aa mit Abgrenzung zu Forderungsverzicht in BFH GrS 1/94, BStBl II 98, 307); – ***(b)*** Abgrenzung privater/betriebl Bereich kann ein Abweichen von einzelnen Vorschriften der §§ 4 ff gebieten (BFH GrS 2/86, BStBl II 88, 348, unter Hinweis auf BFH VIII R 74/77, BStBl II 80, 244; BFH I R 150/82, BStBl II 87, 455); – ***(c)*** Rspr zu besonderen Anforderungen an Verträge mit Angehörigen (→ § 12 Rn. 20 ff) und beherrschenden Ges'tern (→ § 20 Rn. 45) ist vorrangig zu beachten (BFH GrS 2/86, BStBl II 88, 348, C.I.1.c, 3.c). Daraus ergibt sich, ähnl dem finalen Entnahmebegriff zur Sicherung stiller Reserven (→ Rn. 243), eine Art finaler Einlagenbegriff mit **Ausnahmen** vom Grundsatz (→ Rn. 225) in beide Richtungen: 226

227 **(a) Einlage von Nutzungsrechten.** Sie führt nicht immer zur Gewinnauswirkung über § 4 I 1/§ 6 I Nr 5.

Beispiele: Keine künstl Bildung eines neuen AfA-Aufwands durch Einlage unentgeltl erworbener oder eigener privater Nutzungsrechte mit dem TW (BFH GrS 2/86, BStBl II 88, 348, C. I.1.c); keine Gewinnminderung durch verdeckte Einlage von Nutzungsrechten in KapGes (BFH GrS 2/86, BStBl II 88, 348, C.I.3.c und e mit Abgrenzung zur entgeltl, beim Ges'ter stbaren Sacheinlage); keine Einlage/Aktivierung/AfA bloßer Nutzungsvorteile (BFH VIII R 65/91, BStBl II 95, 312; *Gschwendtner* DStZ 95, 417 (421) mwN, → § 5 Rn. 185).

228 **(b) Sonstiger Nutzungsaufwand.** Umgekehrt beeinflusst ein nicht in WG verkörperter Nutzungsaufwand über seine Einlage/Entnahme nach § 4 I 1 den Gewinn, wenn diese sachl gebotene Auswirkung sonst nicht erreicht würde (BFH GrS 2/86, BStBl II 88, 348, C.I.1.b.bb).

Beispiele: Privatnutzungsanteil des Betriebs-Pkw und betriebl Nutzung eines Privat-Pkw (→ Rn. 270 „Nutzung"); Arbeitszimmer im Privathaus (WG-Einlage); Wertentnahme betriebl gewonnener Privatreise (BFH III R 175/85, BStBl II 88, 995; RA überlässt Tochter Kanzleiräume zu Wohnzwecken (BFH VIII R 23/23, BFH/NV 2025, 1283, Rn. 54: Nutzungsentnahme).

229 **dd) Leistungsentnahmen; Leistungseinlagen. – (1) Eigene Arbeitskraft.** Sie kann nicht Gegenstand von Einlagen/Entnahmen sein, soweit sie nicht in den Wert eines WG eingegangen ist (→ Rn. 229, → § 6 Rn. 519).

Beispiel: Errichtet ein Bauunternehmer ein Privatgebäude unter Einsatz seiner Arbeitskraft, entnimmt er dafür kein WG (BFH IV R 87/85, BStBl II 88, 342); errichtet er das Gebäude im BV und entnimmt das fertige Gebäude, erfolgt die Entnahme mit dem TW einschließl Arbeitsleistung (§ 6 I Nr 4, BFH I 69/58 U, BStBl III 59, 421).

230 **(2) Sonstige Eigenleistungen/Fremdleistungen.** Sie sollten in gleichem Umfang einlegbar und entnehmbar sein wie Nutzungen (von denen sie ohnehin schwer abgrenzbar sind), dh wenn sie in einem WG verkörpert sind (zB Entnahme eines von Hilfskräften eines Architekten gefertigten privaten Hausbauplanes) oder wenn Aufwendungen sonst nicht den Wertungen des EStG entspr dem Gewinn zu- oder abgerechnet werden können (*Beispiel:* Einzelunternehmer setzt private ArbN im Betrieb oder betriebl ArbN zur privaten Gartenarbeit ein; der jeweils entstandene Lohnaufwand ist einzulegen oder zu entnehmen). **Unentgeltl private Gefälligkeitsleistungen Dritter** für den Betrieb bewirken grds keine Gewinnminderung (wie → Rn. 229; wohl auch bei Verpflichtung keine Einlage der eigenen Arbeitskraft des Dritten, der bestimmen kann, unentgeltl für den Betrieb tätig zu werden).

231 **(3) Personengesellschaft.** → Rn. 270 und → § 15 Rn. 625 ff. Unentgeltl Leistungen der Ges für Ges'ter: Aufwandsentnahme zu Selbstkosten. Unentgeltl Leistungen der Ges'ter für die Ges sind keine Einlage bei der Ges.

232 **(4) Kapitalgesellschaft.** Unentgeltl Leistungen der Ges für Ges'ter führen zur Besteuerung von vGA bei Ges/Ges'tern (voller Fremdleistungswert, § 8 III 2 KStG). Unentgeltl Leistungen der Ges'ter sind nicht in das BV der Ges einlegbar.

233 **b) Betriebliche Veranlassung.** Wie BV und PV sind Einlagen und Entnahmen nur in den Grenzen der betriebl und privaten Veranlassung möglich. – **WG des notwendigen BV** (→ Rn. 35) können nur durch endgültige Lösung des betriebl Zusammenhanges oder der persönl Zurechnung entnommen (→ Rn. 75 ff), WG des **PV** nur durch Herstellung eines betriebl Zusammenhanges eingelegt werden (→ Rn. 70 und → Rn. 74). Abw Buchungen (→ Rn. 239) und „Erklärungen" (→ Rn. 270) sind nicht maßgebend. Wird der Charakter des WG nicht verändert, kann nur Nutzungsaufwand eingelegt oder entnommen werden (→ Rn. 224, → Rn. 270 „Nutzung", → Rn. 500). – Beim **gewillkürten BV** (→ Rn. 42) bestehen über die Grenzen des sachl Zusammenhangs hinaus keine Einschränkungen. Hier kommt der Buchung (→ Rn. 239) als Bestimmung durch den StPfl maßgebl Bedeu-

tung zu. Auch gewillkürtes BV verliert diese Eigenschaft nur durch eindeutige Entnahmehandlung (→ Rn. 234 f), nicht dadurch, dass sich die rechtl Voraussetzungen oder die tatsächl Beziehung zum Betrieb ohne eine hierauf gerichtete Tätigkeit des StPfl so ändern, dass das WG *nun nicht mehr* BV werden könnte (→ Rn. 270 „Nutzung"). – Bezugspunkt ist der **Betrieb als Objekt der Gewinnermittlung** (→ Rn. 27); Verwendung für Zwecke eines *anderen* Betriebs, ist *betriebsfremde* Verwendung und löst den betriebl Zusammenhang (BFH IV R 8/21, BStBl 24, 110 Rn. 37: keine „betriebsübergreifende" Betrachtung; aber: grds Ansatz des Buchwerts, § 6 V 1 → § 6 Rn. 761). – **§ 4 III** → Rn. 386 ff; **LuF** → Rn. 45.

c) Einlagehandlung; Entnahmehandlung. Der StPfl bestimmt den Umfang seiner betriebl Tätigkeit und damit des BV (→ Rn. 35). Er entscheidet iRd obj mögl betriebl Veranlassung, welches WG dem Betrieb dienen soll (Einlage) sowie ob und wann ein betriebl Zusammenhang gelöst werden soll (Entnahme; → Rn. 270 „geduldetes BV"). Dieser unternehmerische Handlungswille (→ Rn. 235) muss idR durch ein tatsächl Geschehen, ein Verhalten des StPfl deutl für Dritte erkennbar **nach außen hin nachprüfbar** dokumentiert werden, damit die richtige Besteuerung gewährleistet ist (s BFH X B 153/11, BFH/NV 12, 1956; zu § 4 III und Beweislast BFH IV R 13/03, BStBl II 04, 985; zu SBV in GesBilanz BFH VIII R 4/94, BStBl II 98, 461). Deshalb verlangt die hM für Einlagen und Entnahmen eindeutige, unbedingte und endgültige Handlungen (BFH X R 11/22, DStR 24, 1976 Rn. 24 und 35 f.; zur Einlage von notwendigem BV → Rn. 74). Eine **Form** ist nicht vorgeschrieben (BFH VI R 130/82, BStBl II 85, 395; zu Buchung → Rn 239 und → Rn. 270 „schlüssiges Verhalten", „Bebauung", „Nutzung"). Rechtsfolgen/zeitl Wirkung → Rn. 256. – Anders als beim Ausscheiden auf Grund eines Rechtsvorganges (→ Rn. 236) ist nicht erforderl, dass das WG aus dem BV ausscheidet oder dass der Betrieb als wirtschaftl Organismus eingestellt wird. Es genügt häufig, dass die **Erfassung der stillen Reserven** auf Grund einer betriebsbezogenen Handlung des StPfl endgültig nicht mehr gesichert ist (dazu → Rn. 243). – Änderung der **Gewinnermittlungsart** → Rn. 681. 234

Die eindeutige Erklärung **ggü dem FA** ist Einlage- bzw Entnahmehandlung (BFH X R 46/94, BFH/NV 96, 393). Bei notwendigem BV muss eine Änderung des betriebl Zusammenhangs hinzutreten (wie bei der Buchung, → Rn. 239). Die Erklärung **ggü Dritten** *kann uU* den eindeutigen Einlage- oder Entnahmewillen verdeutlichen (→ Rn. 235); zB Anweisung an Buchhalter, der die Buchung vergisst. Zeitpunkt → Rn. 260.

d) Einlagewille; Entnahmewille. Voraussetzung einer Entnahmehandlung ist grds ein konkret gefasster Willensentschluss, idR mit endgültiger Entnahmeabsicht (BFH VI R 30/18, BStBl II 22, 312 Rn. 35; BFH IV R 44/06, BStBl II 09, 811). Bei nachweisl als **Bilanzberichtigung** gedachten Ein- und Ausbuchungen fehlt es wegen der unterschiedl Besteuerung am Einlage- und Entnahmewillen (BFH IV R 36/79, BStBl II 83, 459 unter 5), ebenso bei Erklärung einer „steuerfreien Ausbuchung" (BFH IV R 64/01, BFH/NV 03, 904), bei Erklärung von Einkünften aus VuV statt aus LuF ohne Realisierungsabsicht (→ Rn. 270 „Erklärung") oder bei Einbuchung von gewillkürtem BV in der irrigen Annahme, es handle sich um notwendiges BV (BFH I R 159/71, BStBl II 73, 628; FG RhPf EFG 84, 445, rkr). Hatte der StPfl dagegen die Einlage oder Entnahme beabsichtigt, kann er sich nachträgl nicht erfolgreich auf spätere **RsprÄnderung** oder **Irrtum** über die tatsächl oder rechtl Auswirkungen, dh vor allem über Bestand, Aufdeckung und Höhe stiller Reserven berufen (vgl BFH III R 9/03, BStBl II 05, 160; BVerfG 2 BvR 1883/05, StEd 06, 786 und → 19. Aufl 2000, § 4 Rn. 318); zB Bebauung eines Betriebsgrundstücks mit Privathaus in der Meinung, das Grundstück könne BV bleiben (Entnahme). Die **Motive und Absichten** des StPfl sind ohne Bedeutung (BFH I R 174/66, BStBl II 70, 205), ebenso innere Vorbehalte (BFH IV R 39/78, BStBl II 81, 731). Wille zur Gewinnverwirklichung oder entspr Bewusstsein wird nicht verlangt (BFH VI R 30/18, BStBl II 22, 312 Rn. 35). – Zur Bedeutung der Buchung → Rn. 239. Zu Erklärungen ggü Behörden etc → Rn. 270 „Erklärung". 235

Die Absicht der späteren betriebl Wiederverwendung steht der Entnahme nicht entgegen, wenn der betriebl Zusammenhang zunächst endgültig gelöst wird (BFH VIII R 13/74, BStBl II 75, 811). Vorübergehende „Entnahmen" brauchen nicht immer als solche berücksichtigt zu werden (BFH XI R 48/00, BFH/NV 03, 895: Parken von Betriebsgeld auf Privatkonto). Die bewusst unerlaubte Entfernung eines Bilanzpostens, um Steuern zu hinterziehen, ist keine Entnahme (zB BGH 5 StR 456/79, HFR 80, 155).

236 **e) Ausnahmen; mittelbare Entnahmevorgänge. – aa) Rechtsvorgang.** Der **Große Senat** hat in seinem grundlegenden Beschluss zu **Entnahmen** BFH GrS 1/73, BStBl II 75, 168 betont, dass in besonders gelagerten Fällen auch ein **Rechtsvorgang** (bzw die Rechtsfolge eines mittelbaren tatsächl Geschehens) genügen könne, ein WG aus dem BV auszuscheiden (str). Der BFH scheint dabei vorrangig darauf abzustellen, dass die stillen Reserven steuerl erfasst werden.

Beispiele: Tod eines PersGes'ters mit der notwendigen Folge der Überführung eines WG des SBV in das PV (BFH IV R 115/73, BStBl II 75, 580; s aber BFH IV R 16/92, BStBl II 93, 716); Enteignung, Erbfall, gesellschaftsrechtl Vorgang, der zum endgültigen **Wegfall der *tatsächl* BetrAufsp-Voraussetzungen** führt (→ § 15 Rn. 865 und *OFD Ffm* FR 12, 976 zu Einzelfällen). **Pfändung/Verpfändung** kann bei Verwertung für private Zwecke zu WG-Entnahme führen, → Rn. 270. Das gilt entspr für **Einlagen.**

237 **bb) Verzicht auf sofortige Besteuerung.** Ein Aufschub ist in Ausnahmefällen mögl, wenn spätere Gewinnrealisierung gewährleistet ist, selbst wenn der Rechtsvorgang die spätere Zuführung zum BV ausschließt (s BFH X R 61/14, BStBl II 16, 939 mwN: die im Erwerbsbetriebs genutzten WG bleiben bei Übergang zur Liebhaberei BV, „Strukturwandel"; weitere Beispiele → 39. Aufl 2020, § 4 Rn. 238).

238 **cc) Änderung von Gesetz oder Rechtsprechung.** Beides bewirkt grds keine Einlagen/Entnahmen. Dabei ist zu unterscheiden: ***(1)*** Ein WG des BV ist nicht schon dadurch entnommen, dass es **jetzt nicht mehr BV** werden könnte (BFH X R 11/22, DStR 24, 1976, Rn. 23; s § 4 I 6, 7; → Rn. 270 „Nutzung" zu Nutzungsänderung), soweit es nicht notwendig PV wird. Ein WG des PV wird nicht BV durch Gesetzesänderung, wohl aber durch andauernde betriebl Nutzung. Gesetz oder Verwaltung (§ 163 AO) lassen uU *steuerneutrale* Ausbuchung zu. Vgl *Beispiele* → 23. Aufl 2004, § 4 Rn. 323 f. Eine neue gesetzl Abzugsbeschränkung von BA (zB § 4 V 1 Nr 6b ab 1996) stellt eine vorher gegebene BV-Eigenschaft nicht in Frage und führt nicht zur Entnahme des WG (vgl → Rn. 564, → Rn. 607 und → Rn. 632). – ***(2)*** Dass ein WG **von Anfang an nicht BV** war, führt zur Ausbuchung zum Buchwert (→ 39. Aufl 2020, § 4 Rn. 326). Beispiele → 39. Aufl 2020, § 4 Rn. 240.

239 **f) Buchung.** Bei **notwendigem BV oder PV** wird der Charakter eines WG nicht durch die Art der Buchung verändert. Solche WG werden durch Lösung des betriebl Zusammenhanges oder der persönl Zurechnung entnommen und durch Herstellung eines betriebl Zusammenhanges eingelegt. Eine **fehlerhafte Buchung** bewirkt keine Einlage/Entnahme und ist zu korrigieren (→ Rn. 235). Bei nachträgl auftauchenden Zweifeln am (Fort-)Bestehen einer betriebl Veranlassung und am Zeitpunkt der Beendigung kommt der Buchung auch bei notwendigem BV eine **Indizwirkung** zu (vgl BFH X R 46/94, BFH/NV 96, 393 mwN); das ist eine Folge der Bestimmungsmöglichkeit (→ Rn. 37). – Bei **gewillkürtem BV** hat der Ausweis in der Buchführung zwar größeres Gewicht, da dies die übl Art und oft die einzige Möglichkeit ist, eine Widmung oder Entwidmung zu dokumentieren (→ Rn. 235, 41; BFH VIII R 142/85, BStBl II 91, 401; BFH X R 46/94, BFH/NV 96, 393; zu widersprüchl Buchung SchlHFG EFG 01, 620, rkr). Letztl wirkt die Buchung jedoch auch hier nur als starkes, aber widerlegbares **Beweisanzeichen** für eine Willensentschließung des StPfl. Ob tatsächl ein Förderungszusammenhang mit dem Betrieb begründet oder gelöst worden ist, muss unabhängig davon geprüft werden. Ohne diesen **obj Zusammenhang** kann auch gewillkürtes BV nicht durch formalen Buchungsakt begründet werden (→ Rn. 42 ff; zu den Grenzen der betriebl Veranlassung

→ Rn. 233). Auch ein WG des gewillkürten BV kann ohne Buchung entnommen oder eingelegt werden (BFH VIII R 13/74, BStBl II 75, 811). Ein durch Buchung manifestierter Entnahme- oder Einlagewille kann durch sonstige Umstände in Frage gestellt sein. – **Beweislast** trifft idR den StPfl (→ Rn. 234, BFH IV B 31/97, BFH/NV 98, 1345).

Buchungen eines Dritten (Angestellter, steuerl Vertreter) muss sich der StPfl zurechnen lassen, wenn sie seinem Willen entsprachen, da sie auf seinen Anweisungen beruhten, er sie widerspruchslos zur Kenntnis genommen hat oder er nach den obj Umständen davon hätte Kenntnis nehmen können und müssen (BFH IV R 39/78, BStBl II 81, 731). *Beispiel:* Unterzeichnung der vom Steuerberater gefertigten StErklärung mit anliegender Bilanz, in die Wertpapiere als BV eingebucht sind (Einlage, vgl BFH VIII R 4/94, BStBl II 98, 461). BFH I 154/65, BStBl II 68, 522 zur **irrtüml Fernbuchung** des steuerl Vertreters darf nicht verallgemeinert werden (s FG Mster EFG 10, 967, rkr), ebenso nicht BFH I R 143/66, BStBl II 69, 617 (irrtüml Buchung auf unrichtige Anweisung des Betriebsprüfers hin). – Bei Buchungen, die nicht unmittelbar die **Bilanzierung des WG** betreffen, ist besonders sorgfältig zu prüfen, ob sie den eindeutigen und endgültigen Einlage- oder Entnahmewillen des StPfl ausdrücken; zB **Buchung von Versicherungsprämien** als BA als Einlage der Versicherung in das BV (BFH IV R 132/66, BStBl II 72, 277, vgl → Rn. 178). – **Erklärung ggü FA** → Rn. 270 „Erklärung".

3. Steuerentstrickung, § 4 I 3–5

Neueres Schrifttum: *Dapprich* StuW 23, 123 (passive Entstrickung); *Ditz/Rupp* ISR 21, 413 (ATADUmsG); *Böhmer ua* FR 21, 765 (ATADUmsG, KöMoG); *Heckeroth/Schulz* ISR 18, 229 (§ 6 AStG und Entstrickung); *Köhler* ISR 25, 389; *Schön* DStJG 43 (2020), 563; *Wacker* DStJG 41 (2018), 423. – *BMF* BStBl I 18, 1104 (passive Entstrickung). **Weitere Nachweise** → 40. Aufl 2021, § 4 Rn. 242.

a) Entstrickung und Realisationsprinzip. – aa) Zugriff auf stille Reserven. 240
Als Entstrickung bezeichnet man den Verlust oder die **Beschränkung des staatl Besteuerungszugriffs** auf die in einem WG ruhenden stillen Reserven (→ Rn. 87), zB durch Wegzug des StPfl (subjektbezogene Entstrickung), durch Überführung eines WG in eine ausl Betriebsstätte (objektbezogene Entstrickung) oder durch Abschluss/Änderung eines DBA oder EU-Austritt eines Mitgliedstaates (sog passive Entstrickung, → Rn. 246). Eine Entstrickungsbesteuerung *(„exit tax")* wirkt dem entgegen, indem sie die Aufdeckung und Versteuerung der stillen Reserven anordnet. Sie bildet damit eine Ausnahme zum Realisationsprinzip (→ § 5 Rn. 78 und 601); denn sie fingiert über **Ersatzrealisationstatbestände** eine Verwirklichung stiller Reserven. Es entsteht eine Steuer, ohne dass dem StPfl Geldmittel zufließen. – S auch *Schaumburg* Rn. 6.381 ff. Zum Verlust des Besteuerungszugriffs durch Gesetzes-/Rspr-Änderung → Rn. 238.

bb) Entstehungsgeschichte. § 4 I 3 Hs 1 ist durch das **SEStEG** (BGBl I 06, 241
2782) eingeführt worden, zunächst mit Wirkung für alle nach dem 31.12.05 endenden Wj (§ 52 VIIIb aF); für KapGes gilt § 12 I KStG. Die Regelung geht im Wesentlichen auf die von der Rspr entwickelte **Theorie der finalen Entnahme/Betriebsaufgabe** zurück (vgl BFH I 266/65, BStBl II 70, 175; Betriebsstättenerlass, *BMF* BStBl I 99, 1076, Rn. 2.6; s zur Entwicklung auch BFH I R 5/24, DStR 25, 1737, Rn. 34 und 40 ff; *Kraft/Ungemach* DStZ 20, 440; *Wacker* DStJG 41 (2018), 423 (431 ff)). Diese Theorie hat der BFH allerdings 2009 aufgegeben mit der Folge, dass nach damaligem Recht vor 2006 keine stillen Reserven (mehr) aufzudecken waren: nicht bei **Überführung eines WG** in eine ausl Betriebsstätte (BFH I R 77/06, BStBl II 09, 464) und auch nicht bei steuerbefreiender **Wohnsitz-/Betriebsverlagerung** ins Ausl (BFH I R 99/08, BStBl II 11, 1019; BFH I R 28/08, BFH/NV 10, 432; → 44. Aufl 2025, § 4 Rn. 241 mit weiteren Beispielen). – Mit dem **JStG 2010** (BGBl I 10, 1768) wurde daraufhin § 4 I 3 rückwirkend in allen noch offenen Fällen für anwendbar erklärt (§ 52 VIIIb aF), mit im Wesentlichen **konstitutiver Bedeutung** (**aA:** BT-Drs 16/2710, 28: klarstellend; zu den Folgen → § 16 Rn. 196 f; *Wassermeyer* IStR 15, 37, str), und zusätzl durch § 4 I 4 und § 16 IIIa ergänzt. Es handelt sich

um **echte Rückwirkung,** die aber als „Korrektur" einer Rspr-Änderung verfrechtl zulässig ist (BFH I R 5/24, DStR 25, 1737, Rn. 35 ff: kein Vertrauensschutz). Die **Bedenken** gegen die Grundannahme der Regelung (Verlust des Besteuerungsrechts, → 39. Aufl 2020, § 4 Rn. 251) sind positiv-rechtl durch die Fiktion des § 4 I 4 (und § 16 IIIa) beseitigt worden (→ § 16 Rn. 197; *Wacker* DStJG 41 (2018), 423 (440 ff); str, **aA** *Schaumburg* Rn. 6.382 mwN). Zu den Änderungen durch das **ATADUmsG** (BGBl I 21, 2035; § 4 I 3 Hs 2 und § 4 I 9) → Rn. 255.

242 **cc) Systematik.** Es gab nach Aufgabe der Theorie der finalen Entnahme (→ Rn. 241) keine allg „Grundregel" zur Entstrickung im EStG. Erst durch **§ 4 I 3–5** ist die Entstrickung von BV gesetzl geregelt worden. Die Bewertung erfolgt mit dem gemeinen Wert, **§ 6 I Nr 4 S 1 Hs 2** (→ § 6 Rn. 515). Auf Antrag kann gem **§ 4g** die Besteuerung in bestimmten Fällen durch Bildung eines (passiven) Ausgleichspostens auf fünf Jahre verteilt werden (→ § 4g Rn. 4, mit Sonderregelung für Brexit in § 4g VI). § 4 I 3, 4 gelten auch bei Beteiligung einer **KapGes** als MUer an einer PersGes (BFH I R 5/24, DStR 25, 1737, Rn. 18: keine Verdrängung durch § 12 I KStG).

Weitere Regelungen: **§ 16 III 1** (Betriebsaufgabe) **und IIIa** (Betriebsverlagerung mit Verteilung nach **§ 36 V** → § 16 Rn. 196), **§ 17 V** (Beteiligung an KapGes im PV bei Sitzverlegung → § 17 Rn. 240 f), **§ 50i** (Ausnahmeregelung, s dort); **§ 12 I KStG** (Körperschaften); **§ 6 AStG** (Wegzugbesteuerung). – **UmwStG:** Ausschluss und Beschränkung des inl Besteuerungsrechts bei grenzüberschreitenden Umwandlungen kann zur Versagung des Buchwertansatzes und damit zur Aufdeckung stiller Reserven führen (§ 3 II 1 Nr 2, § 11 II 1 Nr 2, § 20 II 2 Nr 3, § 24 II 2 Nr 1 UmwStG).

243 **dd) Europarecht.** Weder ein Umzug des StPfl im Inl noch die Überführung eines WG von der einen in die andere inl Betriebsstätte führen gem § 4 I 3 zu einer Aufdeckung stiller Reserven. Gleichwohl ist die Entstrickungsbesteuerung (nur) für grenzüberschreitende Fälle nach der EuGH-Rspr grds **EU-rechtskonform** (EuGH C-657/13, DStR 15, 1166 Rn. 36 ff – *Verder Labtec:* Aufteilung der Besteuerungsbefugnisse zw den Mitgliedstaaten; ebenso zu § 6 AStG: EuGH C-581/17, DStR 19, 425 – Wächtler; s auch BFH I R 5/24, DStR 25, 1737, Rn. 47: geklärt). Dem StPfl muss allerdings die Möglichkeit gegeben werden, zw einer sofortigen Besteuerung der aufgedeckten stillen Reserven und einem **Besteuerungsaufschub** bzw einer zeitl gestreckten Besteuerung (mit Verzinsung) zu wählen (EuGH C-657/13, DStR 15, 1166 Rn. 52; s auch Art 5 II RL (EU) 2016/1164 (ATAD); *SED* Rn. 17.50, 17.108 ff).

244 **b) Entstrickungsbesteuerung, § 4 I 3 Hs 1. – aa) Entnahmefiktion.** Im Wege der gesetzl Fiktion („steht … gleich") werden der **Ausschluss** (DBA mit Freistellung) und die **Beschränkung** (kein DBA bzw DBA mit Anrechnung) des inl Besteuerungsrechts als Entnahme für betriebsfremde Zwecke behandelt. Die Fiktion ist erforderl, weil die WG ihre Eigenschaft als BV nicht verlieren. Der Tatbestand ist schon dann erfüllt, wenn ein WG dem inl StZugriff entzogen wird; das folgt insb aus dem systematischen Zusammenhang mit § 4 I 4 (str: glA *Wacker* DStJG 41 (2018), 423 (440 f); *BH/Drüen* § 4 Rn. 486c; *HHR/Reddig* § 4 Rn. 211; **aA** *Schön* DStJG 43 (2020), 563 (599); *Schönfeld* IStR 10, 133 (134); *Oppel* ISR 16, 298 (301)). Einer Veräußerung oder Entnahmehandlung bedarf es nicht. Das gilt auch iZm § 34a II (→ § 34a Rn. 33; *BMF* BStBl I 08, 838 Rn. 34 [bis VZ 2023] bzw *BMF* BStBl I 25, 671 Rn. 40 [ab VZ 2024]; bei § 12 KStG mangels Privatsphäre der KapGes Veräußerungsfiktion). Ausschluss und Beschränkung müssen sich auf den estl Gewinn aus der Veräußerung oder Nutzung des WG beziehen. – Grds führt die gesetzl Entnahmefiktion zur sofortigen **Gewinnbesteuerung** iHd Differenz zw Buchwert und gemeinem Wert (§ 6 I Nr 4 S 1 Hs 1; → § 6 Rn. 515; vor dem 1.1.06: Ansatz des Teilwerts, s BFH I R 5/24, DStR 25, 1737, Rn. 52); dies gilt für alle entnehmbaren WG des BV iSv § 4 I 2, für AV und UV. Folge: **Aufstockung des Buchwerts** auf den gemei-

nen Wert (*BMF* BStBl I 17, 182 Rn. 20). Die StSchuld wird sofort festgesetzt (anders zB in Österreich: zunächst nur Feststellung des aktuellen Fremdvergleichspreises).

bb) Anwendungsfälle. – (1) Persönliche Veränderungen. Der **Wegzug** eines StPfl ins Ausl mit Wegfall des inl Besteuerungsrechts fällt unter § 4 I 3, soweit die betr WG nicht weiterhin einer inl Betriebsstätte zuzurechnen sind (s Kritik von *Schön* DStJG 43 (2020), 563 (603)). Ebenfalls erfasst wird die Begründung einer weiteren, nach DBA vorrangigen (s Art 4 II OECD MA) unbeschr StPfl (s iEinz *Schaumburg* Rn. 6.372 ff). 245

Zu Gestaltungsfragen *Egelhof/Focks* DStR 25, 434; s *Ettinger/Beuchert* IWB 14, 126; *Demuth* KÖSDI 14, 19017; *Schütz* SteuK 13, 331. S auch § 6 AStG; *Schönfeld/Häck* IStR 12, 582; *Haase/Steierberg* IStR 14, 888; Bedenken wegen fortbestehender beschr StPfl gem § 49 s BFH I R 99/08, BStBl II 11, 1019; ab 2013 § 1 AStG, § 50d X, § 50i – *Kudert/Kahlenberg* IStR 15, 918; *Prinz* DB 13, 1378.

(2) Sachliche Veränderungen. WG des BV verlässt die inl betriebl Sphäre oder wird anderweitig dem dt Besteuerungszugriff entzogen. *Beispiele:* **Verlagerung von Betrieben/Betriebsteilen** ins Ausl oder **Überführung von WG** vom inl Stammhaus oder inl Betriebsstätte in ausl Betriebsstätte (§ 4 I 4) oder von inl Betriebsstätte in das ausl Stammhaus (→ Rn. 249); wohl entgegen früherer Rspr (→ Rn. 244) auch bei **isolierter DBA-Änderung** ohne Entnahmehandlung (vgl § 4g VI). 246

Sog **„passive Entstrickung";** str, s auch *BMF* BStBl I 18, 1104; *BH/Drüen* § 4 Rn. 486c; *Herbort/Sendke* IStR 14, 499; *Hosp/Langer* IWB 13, 15; **aA:** FG Mster EFG 23, 37 Rev I R 41/22; *Schneider* DB 22, 2828; *Ditz/Rupp* ISR 21, 413 (417 ff) mit Beispiel; *Bron* IStR 14, 918; s auch *Wassermeyer* DB 06, 2420, *Lüdicke* FR 11, 1077, *Käshammer/Schümmer* IStR 12, 362, *Reiter* IStR 12, 357; *Dapprich* StuW 23, 123: unions- und verfwidrig; offen gelassen in BFH I B 44/21 (AdV), BStBl II 22, 431, und zu § 6 AStG in BFH IX R 38/21, DStR 24, 1913, Anm *Reddig* HFR 24, 821).

(3) Nutzungsüberlassung. Die Nutzungsüberlassung eines inl WG **an ausl Betriebsstätte** für deren Zwecke wird nach § 4 I 3 (abw von § 4 I 8 Hs 2) einer Entnahme für betriebsfremde Zwecke gleichgestellt. § 4 I 3 lässt offen, ob Nutzungsüberlassungen zur Entnahme des überlassenen WG oder eines Nutzungsrechts führen sollen (→ Rn. 222, 225 zu Nutzungsentnahmen, Problematik s *Wassermeyer* DB 06, 2420). EStR 4.3 II 3 geht zutr von **Nutzungsentnahme** aus. Allerdings geht es dem Gesetzgeber um die Besteuerung stiller Reserven *des WG*. So spricht § 12 I KStG nur von „Überlassung des WG", § 4g nur von „Wert eines WG" (*BMF* BStBl I 99, 1076 und *BMF* BStBl I 09, 888 Tz 2.4: „Zuordnung der WG", die bei der ausl Betriebsstätte „bei nur vorübergehender, miet- oder pachtähnl Überlassung wie unter Fremden unterbleiben kann"; ebenso Gesetzesbegründung zu § 4 I 3). Jedenfalls kurzfristige Überlassungen oder längerfristige Überlassungen gegen Verrechnung von Nutzungsgebühren sollten *nicht* zur Aufdeckung stiller Reserven des WG zwingen (glA VWG BsGa *BMF* BStBl I 17, 182 Rn. 20, 78 – fiktive Nutzungsüberlassung). Die Überlassung muss tatsächl betriebsfremden Zwecken dienen (*BMF* BStBl I 17, 182 Rn. 399, 441 ff). Vgl auch *Kußmaul/Delarber/Müller* IStR 14, 573; *Neumann-Tomm* IStR 14, 806 zu ausl Montage-/Förderbetriebsstätten. 247

c) Entnahmefiktion bei Verstrickung, § 4 I 3 Hs 2. Die antragsabhängige Fiktion einer Entnahme (bei Wegfall der Beschränkung des dt Besteuerungsrechts und Entstrickungsbesteuerung im Ausl) erschließt sich nur iZm mit der **fiktiven Einlage** nach **§ 4 I 9** (iEinz → Rn. 255). 248

d) Ausländische Betriebsstätte, § 4 I 4. Den **gesetzl Regelfall** einer Entstrickung iSv § 4 I 3 („insbesondere") bildet die Zuordnung eines WG, das bislang einer inl Betriebsstätte des StPfl zuzuordnen war, zu einer ausl Betriebsstätte. In diesem Fall ist zwingend von einer Entnahme auszugehen; § 4 I 3 muss nicht zusätzl geprüft werden (BFH I R 5/24, DStR 25, 1737, Rn. 21; zust *Reddig* FR 25, 892 (898); s auch 249

FG Köln EFG 16, 793 mit Anm *Neitz-Hackstein,* rkr; **aA** *Köhler* ISR 25, 389; krit auch *Hagemann* ISR 25, 397 (400); *Gebhardt/Krüger* IStR 26, 48; zu inl Immobilienvermögen *Braul* Ubg 26, 11 (16)). Die rückwirkende Anwendung des § 4 I 4 ist **verfrechtl zulässig** (→ Rn. 241). Die Zuordnung des WG zu einer Betriebsstätte richtet sich nach § 1 V 3 AStG und §§ 1, 5 ff. BsGaV (*BMF* BStBl I 17, 182 Rn. 76 ff). – Die Regelung verstößt nicht gegen **DBA-Diskriminierungsverbote,** da sie für Betriebsstätten von unbeschr und beschr StPfl gleichermaßen gilt (BFH I R 5/24, DStR 25, 1737, Rn. 51).

250 **e) Europäische Gesellschaft/Genossenschaft, § 4 I 5.** Die **Sitzverlegung** einer Europäischen Ges (SE, s SEEG BGBl I 04, 3675) oder Genossenschaft kann hinsichtl der Anteile, die einer inl Betriebsstätte zuzurechnen sind, zur Entstrickung führen, da das inl Besteuerungsrecht an dem Betriebsstättenvermögen beschränkt wird. Nach Art 10 FusionsRL 2009/133/EG ist jedoch die sofortige Besteuerung der Ges'ter auf Grund einer solchen Sitzverlegung unzulässig (Verstoß gegen EU-Grundfreiheiten als primäres Europarecht; vgl EuGH C-9/02, DStR 04, 551 – *de Lasteyrie du Saillant;* EuGH C-470/04, DStR 06, 1691 – *N/Almelo;* BFH I R 99/08, BStBl II 11, 1019 zu VZ 1995). Daher musste der StEntstrickungsgrundsatz des § 4 I 3 für solche Anteile bei Sitzverlegung im EU-Bereich nach den in § 4 I 5 Nr 1 und 2 genannten Verordnungen eingeschränkt werden (§ 4 I 5 EStG, § 12 I KStG). Die Anteile bleiben aber insoweit im Inl verstrickt, als der Gewinn aus einer **späteren Veräußerung** erfasst wird (**§ 15 Ia,** → § 15 Rn. 155), und zwar entgegen den DBA-rechtl Grundsätzen ohne ausdrückl Begrenzung auf das Reservevolumen im Zeitpunkt der Sitzverlegung (mögl Folge: Doppelbesteuerung ausl Wertsteigerungen, fragl). Für Anteile im PV gilt dasselbe (§ 17 V; § 20 IVa). EU-grenzüberschreitende Umstrukturierung von EU/EWR-Ges → Rn. 270 „Umwandlung".

252 **4. Gewinnermittlung nach § 13a, § 4 I 6, 7.** Der Übergang zur Gewinnermittlung nach § 13a führt nicht zu einer Entnahme. Dasselbe gilt für Nutzungsänderungen, wenn diese bei Gewinnermittlung nach § 4 I zu keiner Entnahme führen (→ Rn. 225 ff).

253 **5. Einlage, § 4 I 8 Hs 1.** Einlagen setzen eine Einlagehandlung und einen Einlagewillen voraus (iEinz → Rn. 234 ff).

254 **6. Verstrickung; Wertverknüpfung, § 4 I 8 Hs 2 und 9. – a) Begründung des Besteuerungsrechts, § 4 I 8 Hs 2.** Spiegelbildlich zum Begriff der Entstrickung (→ Rn. 240) bezeichnet „Verstrickung" zunächst einen Vorgang, bei dem ein inl Besteuerungsrecht am Gewinn aus der Veräußerung eines WG des BV erstmalig begründet wird, etwa durch Zuzug oder durch Überführung des WG in eine inl Betriebsstätte (anders als bei § 4 I 3 wird Nutzung nicht erfasst). § 4 I 8 Hs 2 normiert für den Zeitpunkt der Verstrickung eine **Einlagefiktion:** Das zugeführte WG wird mit der Begründung des inl Besteuerungsrechts als in das inl BV eingelegt behandelt und ist nach § 6 I Nr 5a Hs 1 mit dem gemeinen Wert (§ 9 II BewG) im Zeitpunkt der Zuführung anzusetzen (→ § 6 Rn. 631). – **Wertverknüpfung:** Kommt es in dem anderen Staat zu einer Entstrickungsbesteuerung, erfolgt die Einlage gem § 6 I Nr 5a Hs 2 jeweils zu dem Wert, den der andere Staat der Besteuerung zugrunde legt, höchstens jedoch mit dem gemeinen Wert (kein Wahlrecht, s § 6 I Nr 5a Hs 2: „ist … anzusetzen").

Beispiele: WG wird aus einer ausl Freistellungsbetriebsstätte ins inl Stammhaus überführt; beschr StPfl überführt WG aus ausl Stammhaus in eine inl Betriebsstätte – s *Ditz/Rupp* ISR 21, 413 (415 f); *Kudert/Kielawa-Buzała* IStR 21, 605 (606 f.)

255 **b) Wegfall der Beschränkung, § 4 I 9 iVm I 3 Hs 2.** Für nach dem 31.12.19 endende Wj kann sich diese Rechtsfolge gem § 4 I 9 iVm § 4 I 3 Hs 2 (idF des ATADUmsG) auch dann ergeben, wenn eine Beschränkung des inl Besteuerungsrechts entfällt. Das ist zB der Fall, wenn ein zuvor nach § 4 I 3 Hs 1 entstricktes WG

aus einer Anrechnungsbetriebsstätte wieder in eine inl Betriebsstätte überführt wird (s auch *Ditz/Rupp* ISR 21, 413 (415 ff), mit Beispiel). Erfolgt aus diesem Grund in einem anderen Staat eine Entstrickungsbesteuerung, wird gem § 4 I 3 Hs 2 **auf Antrag** des StPfl (Wahlrecht) eine Entnahme und gem § 4 I 9 unmittelbar danach eine Einlage fingiert. – **Wertverknüpfung:** Die fiktive Entnahme und die sich daran anschließende fiktive Einlage erfolgen gem § 6 I Nr 4 S 1 Hs 2 und § 6 I Nr 5b jeweils zu dem Wert, den der andere Staat der Besteuerung zugrunde legt, höchstens mit dem gemeinen Wert (sog *step up;* Folge: neues AfA-Volumen, → § 6 Rn. 515; *Jacobsen* DStZ 20, 201 (208); *Kahle/Kopp* DStR 21, 1569 (1573)). Dadurch soll sichergestellt werden, dass Entstrickung im Ausl und Überführung ins Inl mit demselben Wert erfasst werden (entspr Art 5 V ATAD-RL (EU) 2016/1164). – Zur Vermeidung einer Doppelbesteuerung wird die ausl Steuer unter den Voraussetzungen des **§ 34c** angerechnet oder abgezogen (s BT-Drs 19/28652 S 32; *Kudert/Kielawa-Buzała* IStR 21, 605 (607)).

7. Rechtsfolgen von Einlagen/Entnahmen. – a) Grundsatz der Gewinnauswirkung. Die Buchung von Einlagen und Entnahmen ist zwar *iHd Buchwerte* als Korrekturposten im Gesamtergebnis gewinnneutral (→ Rn. 85). Darüber hinaus führen Entnahmen jedoch idR zur gewinnerhöhenden Aufdeckung der stillen Reserven (→ Rn. 89). **Ausnahmen** s § 6 I Nr 4 (uU Entnahmen zum Buchwert oder gemeinen Wert oder Pauschalierung), § 6 I Nr 5 S 3 für Einlagen, § 6 V (Übertragung von WG, *BMF* BStBl I 11, 1279), § 13 IV, V, § 15 I 3 (Sonderregelungen zu Grundstücksentnahmen), → Rn. 326 zur begrenzten Nachholung, → Rn. 238, 242 f, § 4g zum Aufschub der Gewinnrealisierung; uU Verlustrealisierungsausschluss (zB § 2a I Nr 3, 7). – **Gewinnauswirkung** wie bei Veräußerung, soweit das Gesetz nicht ausdrückl Einschränkungen enthält (s § 4g für § 4 I 3 und § 36 V für § 16 IIIa). Die **private Mitbenutzung** des entnommenen WG des BV ist für die Zurechnung des *vollen* Entnahmegewinns zum Betriebsgewinn unbeachtl (→ Rn. 50 ff, 75, 89). Voraussetzung einer Gewinnrealisierung durch Entnahme ist, dass das WG bis zu diesem Zeitpunkt dem BV zugerechnet wurde (BFH VIII R 146/74, BStBl II 78, 144, → Rn. 326; aber → Rn. 238). **Sonstige Rechtsfolgen** → Rn. 79 ff, 258. 256

b) Technische Durchführung. Bei Gewinnermittlung nach § 4 I/§ 5 werden in der Handels- und Steuerbilanz *alle* Vermögensveränderungen erfasst. Daher spätere Korrektur um außerbetriebl veranlasste Vorgänge (→ Rn. 23, 89). Stille Reserven werden dadurch erfasst, dass Entnahmen mit dem **Teilwert** anzusetzen sind (§ 6 I Nr 4 S 1, Ausnahmen → Rn. 256). Dem wird der Buchwert ggü gestellt. Bei Gewinnermittlung nach **§ 4 III** kann Korrektur um Einlagen und Entnahmen über den Wortlaut der Gewinndefinition hinaus erforderl sein, wenn sonst das Gesamtergebnis von dem nach BV-Vergleich abweicht (vgl → Rn. 11, 226 ff, 394 f). 257

c) Folgewirkungen. – *(1)* Einlagen und Entnahmen können sich auf **andere WG** erstrecken. *Beispiele:* GuB/Gebäude (→ Rn. 110, 270 „Bebauung"); Verbindlichkeit/angeschafftes WG (→ Rn. 142 ff, 156); Versicherung/versichertes WG (→ Rn. 178). – *(2)* Auswirkung auf Schuldzinsenabzug s **§ 4 IVa,** → Rn. 522 ff. – *(3)* Tarifauswirkungen auf die begünstigte Besteuerung nicht entnommener Gewinne bei § 4 I/§ 5 und ggf Nachversteuerung s **§ 34a.** 258

d) Höhe späterer Gewinnrealisierung. Wird die Gewinnrealisierung hinausgeschoben (→ Rn. 238, 244 f), werden stille Reserven idR nicht eingefroren, sondern bis zum Besteuerungszeitpunkt angesammelt und dann voll versteuert (BFH VIII R 109/75, BStBl II 77, 283 zur aufgeschobenen Veräußerungswirkung; BFH GrS 1/63 S, BStBl III 64, 124 zur gewerbl Betriebsverpachtung; → Rn. 250 zu § 4 I 5). Spätere Veränderungen bleiben nur unberücksichtigt, wenn sie die Gewinnermittlung nicht mehr berühren dürfen (zB GuB beim Strukturwandel zur LuF nach früherem Recht, § 4 I 5 EStG 1970, BFH GrS 1/73, BStBl II 75, 168 C II 3; Übergang zu Liebhaberei → Rn. 237; Folgen des Übergangs Liebhaberei/GewBetr s BFH 259

IV B 155/11, BFH/NV 12, 950 Rn. 670; Betriebsverpachtung mit Aufgabeerklärung unter Zurückbehalt eines Geschäftswertes → Rn. 173). Stille Reserven bei StEntstrickung gem § 4 I 3, 4 → Rn. 244 f, → § 4g Rn. 1.

260 **e) Zeitliche Wirkung.** Die Rechtsfolgen einer Einlage oder Entnahme treten im Zeitpunkt einer eindeutigen und endgültigen Einlage- bzw Entnahmehandlung ein (→ Rn. 75, 234, 244, 270 „Bebauung", „Erklärung", „Schenkung"), spätestens bei erklärter **Betriebsaufgabe** (→ § 16 Rn. 231, 236; § 16 IIIb – *Wendt* FR 11, 1023). Geheime Pläne oder Entschlüsse reichen nicht, auch nicht die für die Einheitsbewertung uU genügende Wahrscheinlichkeit einer Nutzungsänderung (§ 69 I BewG). Einlagen und Entnahmen sind tatsächl Vorgänge, die nur **in die Zukunft** wirken. Weder der Vorgang selbst noch seine steuerl Folgen können **rückwirkend** nachgeholt oder beseitigt werden (BFH IV R 66/00, BStBl II 02, 815 mwN). Eine Abschlussbuchung im Folgejahr hat keine Wirkung für das Vorjahr (BFH IV R 97/82, BStBl II 91, 226).

261 **f) Grenzen.** Ausnahmen sollten auch bei **Irrtum über Rechtsfolgen** nicht gemacht werden (→ Rn. 235, zu Billigkeitsverfahren § 163 AO BFH IV R 77/84, BFH/NV 87, 768; str). Fragl ist, ob die Erfüllung einer ursprüngl **Rückübertragungsverpflichtung** aus dem BV die Entnahmefolgen beseitigt (so BFH IV R 58/73, BStBl II 77, 823; von der *FinVerw* nicht angewandt und vom Schrifttum zutr abgelehnt, → 16. Aufl 1997/29. Aufl 2010, § 4 Rn. 337). BFH IV R 37/92, BStBl II 94, 564 lässt im Anschluss an BFH GrS 2/92, BStBl II 93, 897 uU rückwirkende Entnahme einer bei Betriebsaufgabe noch nicht entnehmbaren strittigen BV-Forderung zu. Eine unterlassene Einlage oder Entnahme muss zum nächstmögl Zeitpunkt im Wege der Bilanzberichtigung nachgebucht werden; eine zwingende Entnahmegewinnrealisierung kann jedoch in späteren Jahren nicht nachgeholt werden (Ausbuchung zum Buchwert, vgl → Rn. 310, 326). Zum Einlagezeitpunkt bei Beginn eines GewBetr → Rn. 270 „Vorbereitungshandlungen". **USt** → Rn. 270.

262 **g) Persönliche Zurechnung.** Ebenso wie eine vGA KapGes'tern zugerechnet wird, ist der Entnahmegewinn stets dem entnehmenden (Mit-)**Unternehmer** zuzurechnen (*welchem* PersGes'ter, ist str, vgl → § 15 Rn. 446). Das gilt auch bei Zuwendungen an Dritte aus nichtbetriebl Gründen (zB Schenkung des BetriebsPkw an Sohn). Der Unternehmer muss das WG vorher entnehmen. Die **unberechtigte Privatnutzung** eines WG des BV durch Dritte ist ein Vorgang, der in den Bereich des Betriebsrisikos fällt. Der Unternehmer muss sich die private Wertabgabe jedoch zurechnen lassen, wenn er sie billigt (zB wenn er einem Freund den BetriebsPkw für Privatfahrten zur Verfügung stellt). Bei Angehörigen wird das häufig auch im Falle der Wertentnahme bzw Nutzungsentnahme ohne Kenntnis des Unternehmers gelten (Ehefrau entnimmt Geld aus Kasse; Sohn benutzt privat den BetriebsPkw – vgl auch BFH X S 12/03, BFH/NV 04, 337).

8. ABC der Einlagen/Entnahmen

270 **Auslandsverlagerungen** → Rn. 240 ff und 254 f.

Bagatellgrenze. Eine feste Grenze besteht nicht. Grds sind Einlagen und Entnahmen vollständig zu erfassen. Ohne Sonderregelung (zB § 8 EStDV) bleiben nur Vorgänge von untergeordneter Bedeutung unberücksichtigt (zB StPfl klebt gelegentl Briefmarken der Geschäftspost in privates Album). Die Aufteilungsgrundsätze nach § 12 (BFH GrS 1/06, BStBl II 10, 672) sind nicht übertragbar.

Bebauung. Bei bebauten Grundstücken richtet sich der Charakter des WG GuB nach dem Charakter des Gebäudes (→ Rn. 112, BFH VIII R 4/94, BStBl II 98, 461). Hier ist im Einzelfall sorgfältig zu prüfen, ob und ab welchem **Zeitpunkt** die Bebauung eines Betriebsgrundstücks mit einem später privat genutzten Gebäude zur Entnahme des GuB bzw die Bebauung eines Privatgrundstücks mit einem später betriebl genutzten Gebäude zur Einlage führt (s BFH VIII R 301/83, BStBl II 87, 261;

→ 31. Aufl 2012, § 4 Rn. 360 „Bebauung“ mwN; s auch „Vorbereitungshandlungen“; zu LuF BFH IV R 44/06, BStBl II 09, 811). Spätester Zeitpunkt ist der Beginn der endgültigen Nutzung (vgl BFH III R 275/83, BStBl II 88, 293; FG Saarl EFG 92, 407, rkr). Die Einlage- oder Entnahmebestimmung kann vor Baubeginn liegen (BFH IV B 211/01, BFH/NV 03, 1407 und BFH I R 111/73, BStBl II 75, 582). **Vorübergehende Nutzung** muss keine Widmung oder Entwidmung darstellen (s „Nutzung“; BFH X R 105–107/88, BStBl II 91, 519; → Rn. 77). Bebauung eines **fremden Grundstücks** → Rn. 61, „Erbbaurecht“ „Nutzung“, „Nießbrauch“, BFH IV R 137/88, BFH/NV 90, 422. **PersGes** s dort und → Rn. 54. **Neutrale Grundstücksentnahme** s § 6 I Nr 4 S 4, § 13 IV, V/§ 15 I 3. **Räuml Verlagerungen** eines BV-Teils bei gemischter Nutzung → Rn. 223.

Belastung; Beleihung; Verpfändung. Ein bisher zum PV gehörendes WG wird nicht dadurch in das (notwendige) BV eingelegt, dass es zur Absicherung eines Betriebskredites eingesetzt wird. So können privat oder neutral genutzte WG (Mietshäuser oder Wertpapiere) als PV für betriebl Zwecke belastet werden und umgekehrt (→ Rn. 38). Soweit es sich nicht um notwendiges PV handelt (§ 12, → Rn. 48, zu LV → Rn. 181), wird dadurch jedoch ein ausreichender betriebl Förderungszusammenhang begründet, der die Einlage als gewillkürtes BV zulässt (BFH I R 159/71, BStBl II 73, 628 zur **Verpfändung** von Forderungen/Wertpapieren, → Rn. 46; die *Verwertung* für private Zwecke kann zu Entnahme führen, s FG Ddorf EFG 05, 344, rkr). Die abgesicherte **Betriebsschuld** bleibt unabhängig davon BV (→ Rn. 141, → Rn. 520 „Policendarlehen“, → Rn. 524). Vgl auch „Erbbaurecht“ und „Nießbrauch“.

Betriebsaufgabe (§ 16 III) ist ein Entnahmevorgang eigener Art mit Aufdeckung der stillen Reserven und Versteuerung des Gewinns gem § 16 IV, § 34 I, II. Zu den Voraussetzungen der Betriebsaufgabe nach Betriebsverpachtung s § 16 IIIb; *Wendt* FR 11, 1023, → § 16 Rn. 190.

Betriebsverlegung s § 16 IIIa und → Rn. 245 ff.

Betriebsverpachtung. Jedenfalls die nicht nur vorübergehende Betriebsverpachtung ist als „Betriebsaufgabe“ grds ein **Entnahmevorgang.** Gleichwohl verzichtet die Rspr, soweit nicht besondere Umstände oder eine ausdrückl Aufgabeerklärung hinzutreten, *zunächst* auf die zwingende Besteuerung der stillen Reserven (**Wahlrecht,** s EStR 16 V, → § 16 Rn. 166). Damit diese nicht verloren gehen, macht § 16 IIIb die endgültige Betriebsaufgabe von besonderen Voraussetzungen abhängig.

Bewertung von Einlagen/Entnahmen → § 6 Rn. 511 ff.

Bilanzberichtigung → Rn. 239, 259, 280 ff.

Buchung → Rn. 239.

Doppelbesteuerungsabkommen (DBA). Der Abschluss eines DBA kann zu einer sog passiven Entstrickung führen, → Rn. 246 mwN.

Eigenverbrauch. Zu Pauschbeträgen für Sachentnahmen *BMF* BStBl I 18, 1395.

Energieentnahmen. Wärme, die über einen Wärmemengenzähler bestimmungsgemäß geliefert wurde (BFH IV R 9/17, BStBl II 21, 226: Sachentnahme); *Moorkamp* NWB 11, 2947 (Stromentnahmen); → Rn. 192, zu § 7g *BMF* BStBl I 13, 1493 Rn. 41.

Entstrickung → Rn. 240.

Erbbaurecht. Die Belastung eines Betriebsgrundstücks mit einem entgeltl Erbbaurecht führt auch im Falle der Privatnutzung unabhängig von der Höhe des Entgelts idR nicht zur Entnahme des Grundstücks (BFH IV R 46/08, BStBl II 11, 692 mwN; s auch „Belastung“, „Nießbrauch“ und → 20. Aufl 2001, § 4 Rn. 360 mwN).

Erbfall und Entnahme vgl → Rn. 97, → § 16 Rn. 590 ff.

Erklärung →Rn. 234. Die Erklärung von Einkünften aus VuV bei LuF kann jedenfalls ab 2011 gem **§ 16 IIIb** nicht zur Entnahme eines Mietgebäudes oder zur Aufgabe einer LuF führen (vorher →33. Aufl 2014, § 4 Rn. 360).

EU →Rn. 243.

Europäische Gesellschaft s § 4 I 5 (Sonderregelungen), →Rn. 253 mwN.

Finaler Entnahmebegriff/Einlagebegriff →Rn. 226, 242 f.

Forderungen. Zur Einlage und Entnahme →Rn. 130 und →Rn. 394 mwN.

Geduldetes Betriebsvermögen. Rspr, Verwaltung und Schrifttum verwenden diesen Begriff vor allem beim luf BV, um auszudrücken, dass ein WG zwar jetzt nicht mehr (notwendig oder gewillkürt) BV werden könnte, jedoch eine vorher gegebene BV-Eigenschaft nicht durch einen Wechsel äußerer Umstände verliert, soweit es nicht notwendig PV wird (zB § 4 I 6, 7, →§ 13 Rn. 243; BFH IV B 138/98, BFH/NV 00, 713; oben „Erbbaurecht"). ME ist der Begriff überflüssig und keinesfalls als weitere Unterart von BV zu verstehen.

Zu Absinken der **Nutzung eines Kfz** unter 10% s BFH VIII R 11/11, BStBl II 13, 117; zu **luf Grundstück** s BFH VI R 30/18, BStBl II 22, 312 Rn. 35; zu Beteiligung BFH X R 37/13, BFH/NV 16, 536; zu **Nutzungsänderung bei Vermietung** BFH XI R 31/03, BStBl II 05, 334, Anm *Wendt* FR 05, 686 – umgekehrt zu fortbestehendem PV bei fremdbetriebl Vermietung BFH III R 4/04, BStBl II 05, 604).

Geld →Rn. 150, 388, 393.

Grundstücke s „Bebauung", „LuF", „Nießbrauch", „Nutzung", „Wohnung", →Rn. 41, 110, 115, 223, zu Einlage bei gewerbl Grundstückshandel s „Vorbereitungshandlungen". Buchwertentnahmen s § 13 IV, V, § 15 I 3.

Kapitalgesellschaften. Da KapGes über keine Privatsphäre verfügen (str, →Rn. 55), werden § 4 I 2–4 durch § 8 III 2 KStG (vGA, →§ 20 Rn. 37 ff) und § 12 I KStG verdrängt. Zu verdeckten Einlagen →§ 5 Rn. 203, →§ 6 Rn. 681 ff.

Land- und Forstwirtschaft. Zu Entnahmen von **GuB** →§ 13 Rn. 217 ff; Abgrenzung zum gewerbl Grundstückshandel →§ 13 Rn. 215.

Leistungen →Rn. 229; →§ 6 Rn. 519.

Nachversteuerung begünstigter Gewinne bei **Überentnahmen** s § 34a.

Nießbrauch (→§ 5 Rn. 156, 655; →§ 7 Rn. 64). Jede Art von Nießbrauchsrecht ist ein selbständiges immaterielles WG, kein Eigentumsausschnitt, sondern echtes Nutzungsrecht, einlegbar, entnehmbar und abschreibbar (BFH GrS 2/86, BStBl II 88, 348 und →20. Aufl 2001, § 4 Rn. 360 „Nießbrauch" mwN). Die BV-Eigenschaft ist idR unabhängig vom Eigentum an dem belasteten WG zu prüfen. Die Bestellung eines Nießbrauchs an WG des BV aus privaten Gründen führt nur dann zur Entnahme dieses WG, wenn der Nießbraucher ausnahmsweise wirtschaftl Eigentümer wird (abl zu Vorbehaltsnießbrauch BFH IV R 39/98, BStBl II 99, 263; BFH X B 128/05, BFH/NV 06, 704) oder wenn der betriebl Zusammenhang endgültig unterbrochen wird (→Rn. 233, zum Nießbraucher als Unternehmer →§ 15 Rn. 143, 306). Vor allem beim entgeltl bestellten Nießbrauch wird die BV-Eigenschaft häufig fortbestehen. Dann werden allenfalls lfd Nutzungen entnommen. Keine Entnahme des Nutzungsrechts durch unentgeltl Überlassung des Betriebes zur Nutzung (BFH VIII R 55/77, BStBl II 81, 396, str) oder unentgeltl Betriebsübertragung/Nießbrauchsvorbehalt am Grundstück (*L. Schmidt* FR 88, 133 mwN, s „Erbbaurecht"). Umgekehrt wird das Betriebsfremden gehörende WG durch Bestellung eines Nießbrauchs zugunsten des Betriebsinhabers idR nicht in das BV eingelegt. Wird das Nießbrauchsrecht privat erworben oder entsteht es durch Entnahme des belasteten WG auf Grund dessen unentgeltl privater Übertragung bei Nießbrauchsvorbehalt im PV, kann es in das BV eingelegt und mit dem Wert des § 6 I Nr 5 aktiviert und abgesetzt werden (Beschränkung auf AfA des WG s BFH VIII R 57/80, BStBl II

83, 739 zu Zuwendungsnießbrauch; s aber BFH IV R 20/82, BStBl II 84, 202 zu Vorbehaltsnießbrauch); § 5 II ist auf Einlagen nicht anwendbar (vgl → § 5 Rn. 164).

Vermächtnisnießbrauch s BFH IV R 7/94, BStBl II 96, 440. Nießbrauch an PersGesAnteil s *Wälzholz* DStR 10, 1930; *Küspert* FR 14, 397; *Reich/Stein* DStR 13, 1272; zum Tod des Nießbrauchsunternehmers s *Mielke* DStR 14, 18; zu ErbSt *GLE* BStBl I 12, 1101.

Nutzung (→ Rn. 224 ff und „Nießbrauch"). – ***(1)* Eigene Wirtschaftsgüter.** – ***(a)* Dauernutzung** eines WG spiegelt seinen Einsatz im Betrieb wider und bestimmt dabei als schlüssige Einlage- oder Entnahmehandlung den Charakter des WG als PV oder BV (BFH III B 152/13, BFH/NV 14, 1364 mwN). – ***(b)* Vorübergehende betriebl Nutzung** macht ein WG des PV nicht notwendig zu BV und umgekehrt (s auch unten c).

Beispiele: Betriebl Nutzung eines privaten Kfz (BFH VIII R 1/21, BStBl II 24, 633: Leasingsonderzahlung); gelegentl Privatnutzung des Betriebs-Kfz (§ 4 V 1 Nr 6, → Rn. 78 und → Rn. 578 ff); vorübergehende Privatnutzung eines Betriebsgebäudes (BFH IV R 10/03, BStBl II 04, 947; → 31. Aufl 2012, § 4 Rn. 360 mwN); zu Fremdvermietung im BV BFH XI R 31/03, BStBl II 05, 334, im PV BFH III R 4/04, BStBl II 05, 604; zu WG-Überlassung an ausl Betriebsstätte s „Auslandsverlagerungen", § 4 I 3, → Rn. 242 ff.

UU werden nur die Nutzungen entnommen bzw eingelegt (→ Rn. 224 ff, 247, 262, 506). Darunter fallen als Selbstkosten (→ § 6 Rn. 519) alle durch die abw Nutzung veranlassten tatsächl Aufwendungen (→ § 6 Rn. 595), lfd und feste Kosten (uU Schätzung, zu Raumkosten s FG Hmb EFG 91, 457, rkr), AfA (Sonder-AfA s BFH III R 96/85, BStBl II 88, 655), Finanzierungskosten (BFH VIII R 9/87, BFH/NV 92, 590), sonstige durch die Nutzung wirtschaftl verursachte Aufwendungen einschließl vorheriger teilwerterhöhender Erhaltungsaufwendungen, höchstens jedoch iHd Differenz zw Miete und Marktmiete (BFH IV R 46/00, DStRE 03, 773; → 31. Aufl 2012, § 4 Rn. 360). Unfallaufwendungen → Rn. 78, 50 ff. – ***(c)* Gemischte Nutzung.** → Rn. 47 ff. – ***(d)* Nutzungsänderungen.** Der betriebl Zusammenhang ist jährl neu zu prüfen. So ist eine Einlage anzunehmen, sobald bei Grundstücken die Grenzen des § 8 EStDV (→ Rn. 126) überschritten wird (BFH VI 290/65, BStBl III 67, 752) oder ein bewegl WG nicht nur vorübergehend zu mehr als 50% betriebl genutzt wird (Anm c). Umgekehrt löst eine Nutzungsänderung, die ein Absinken unter diese Grenzen bewirkt, keine Entnahme aus (s „geduldetes BV"). Es ist eine zusätzl Entnahmehandlung erforderl, sofern der betriebl Zusammenhang nicht vollständig verloren geht (zB BFH IV R 33/04, BStBl II 06, 68; zu LuF BFH IV R 44/06, BStBl II 09, 811). Das gilt auch, wenn das WG unter diesen Voraussetzungen nicht mehr BV werden könnte (BFH X R 11/22, DStR 24, 1976: Beteiligung; BFH VIII R 11/11, BStBl II 13, 117: Kfz im gewillkürten BV; → Rn. 77, 126, 238; vgl auch § 4 I 6, 7 zum Wechsel der Gewinnermittlungsart und zu Nutzungsänderungen bei § 4 III und § 13a). Gebäude s „Bebauung", „Wohnung", → Rn. 115; s auch „Vermietung" von Betriebsgrundstücken. Zur **räuml Verlagerung** von Betriebsteilen am Grundstück → Rn. 223. Ein Tennisplatz oä WG verliert eine bestehende BV-Eigenschaft durch endgültig ausschließl Privatnutzung, nicht aber durch absinkende ArbN-Nutzung. – ***(2)* Fremde Wirtschaftsgüter** sind nicht BV des StPfl (→ Rn. 60). Gewinnauswirkungen können sich ergeben durch Einlage/Entnahme eines eigenen Nutzungsrechts (→ Rn. 220 f und „Nießbrauch") bzw, wie bei eigenen betriebsfremden WG (s oben (1) (b)), im Wege der Einlage/Entnahme des Nutzungsaufwands (s Drittaufwand → Rn. 500 ff). Die **Bebauung** eines fremden Grundstücks auf Grund eines Nutzungsrechts kann zu einem eigenen WG führen (vgl → Rn. 61, 110, oben „Nießbrauch", BFH IV R 137/88, BFH/NV 90, 422). – ***(3)* Sondernutzungsrechte** s BFH VI R 67/15, BStBl II 18, 798 (kein wirtschaftl Eigentum bei Sondernutzungsrecht nach WEG) und „Nießbrauch".

Personengesellschaft. S § 6 V; → § 15 Rn. 435 f, → Rn. 446, → Rn. 488, → Rn. 627 und → Rn. 631. Überentnahmen § 4 IVa → Rn. 535.

Pfändung/Verpfändung s „Belastung".

Rechtsvorgang als Entnahme → Rn. 236, 242, 259.

Rückgängigmachung von Einlagen und Entnahmen → Rn. 260.

Sachentnahmen s „Eigenverbrauch" sowie → Rn. 85.

Schenkung und Entnahme → Rn. 76, 80, 234, 260; *Giloy* FR 87, 25.

Schlüssiges Verhalten kann Einlage- oder Entnahmehandlung darstellen, aber nur, wenn es die entspr Absicht des StPfl unmissverständl zum Ausdruck bringt (→ Rn. 234 ff, BFH GrS 1/73, BStBl II 75, 168, „Bebauung", „Erklärung", „Nutzung", „Vorbereitungshandlungen").

Schuldzinsenabzug und Über-/Unterentnahmen s § 4 IVa, → Rn. 522 ff.

Steuerbegünstigung nicht entnommener Gewinne bei §§ 4 I/5 s **§ 34a.**

Steuerentstrickung → Rn. 242 ff.

Steuerverstrickung → Rn. 255.

Stromentnahmen s „Energieentnahmen".

Strukturwandel ohne betriebl Umorganisation führt nicht zur Entnahme der WG (BFH X R 61/14, BStBl II 16, 939).

Umwandlung → Rn. 242 aE. Zur Erweiterung auf Drittstaaten-Umwandlungen durch das **KöMoG** (BGBl I 21, 2050) s *Prinz* FR 21, 561, *Jacobsen* DStZ 21, 490.

Verbindlichkeiten. Einlage/Entnahme → Rn. 142, 395, EStR 4.2 XV.

Verdeckte Einlagen/Entnahmen und Gewinnausschüttungen. Beim **Einzelunternehmer** besteht keine Notwendigkeit, zw offenen und verdeckten Einlagen/Entnahmen zu unterscheiden; ebenso bei **„PersGes"** (s BFH IV R 12/08, BFH/NV 11, 768; → § 15 Rn. 515, 538 und 627). **KapGes** s „Kapitalgesellschaften". Nutzungseinlagen → Rn. 224.

Verlust. – ***(1)* Keine Entnahme des Wirtschaftsguts.** Der Verlust eines WG des BV führt auch bei *außerbetriebl* Verursachung nach bisher hM mangels Entnahmehandlung nicht zu einer Entnahme. *Beispiel:* Zerstörung des Betriebs-Pkw durch Unfall auf Privatfahrt. Der Unternehmer, der seinen Betriebs-Pkw privat nutzt, übernimmt damit zwar das Risiko der Beschädigung oder Zerstörung in den privaten Bereich, mit der Folge, dass Reparaturkosten und der Restbuchwert den betriebl Gewinn nicht mindern dürfen (str, → Rn. 78, → Rn. 520 „Verlust"). Das zerstörte Fahrzeug bleibt jedoch BV, selbst wenn es seinen Wert für den Betrieb verloren hat. Der Schrotterlös bleibt BE. Die Aufdeckung und Versteuerung der stillen Reserven ist daher nach bisheriger Rspr ebenso wenig veranlasst wie im Falle der betriebl Zerstörung oder der normalen betriebl Abnutzung und Absetzung (BFH I R 213/85, BStBl II 90, 8; str, → Rn. 78, 50 ff; *Beiser* DB 03, 15 und *Ismer/Beiser* DB 03, 2200). Zur Nutzungsentnahme s „Nutzung", zur Versicherungsentschädigung → Rn. 179, zu § 4 III → Rn. 386, 389, 520 „Verlust". Entnahme bei Versicherungsbetrug s FG Mster EFG 99, 615 rkr, FG Mchn EFG 99, 108, rkr. – ***(2)* Einlage.** In gleicher Weise führt der betriebl veranlasste Verlust eines WG des PV nicht zur Einlage des WG in das BV (betriebl Aufwand → Rn. 520 „Verlust").

Vermietung und Verpachtung eines Betriebsgrundstücks führt grds nicht zur Entnahme (s BFH I R 96/83, BStBl II 87, 113; BFH IV R 49/88, BFH/NV 91, 363). Zum Verpächterwahlrecht s BFH VI R 66/15, BStBl II 22, 301; zur Abgrenzung s BFH I R 7/84, BStBl II 88, 424. S auch „Betriebsverpachtung", „Land- und Forstwirtschaft" und „Wohnung".

Verpfändung s „Belastung".

Vorbereitungshandlungen. Eine gewerbl Tätigkeit beginnt idR mit den ersten Vorbereitungshandlungen; dann werden die zum betriebl Einsatz bestimmten WG in das BV eingelegt (BFH X R 60/93, BFH/NV 96, 202 mwN zum Beginn eines ge-

werbl Grundstückshandels; BFH IV R 110/91, BStBl II 93, 752 zum luf Betriebserwerb; → Rn. 260, → § 15 Rn. 129). Die Widmung muss eindeutig und endgültig gewollt sein (s FG Hmb EFG 92, 521, rkr). Das Gleiche gilt für den umgekehrten Fall der Entnahme aus dem BV. *Beispiel:* Bebauung eines Betriebsgrundstücks mit Privatwohnhaus muss noch nicht *im Zeitpunkt des Baubeginns* zur Entnahme des GuB führen (s „Bebauung" und → Rn. 235); vgl auch zur endgültigen Funktionszuweisung BFH X R 57/88, BStBl II 91, 829.

Wärmeentnahme s „Energieentnahme".

Wechsel der Gewinnermittlungsart. Keine Entnahme, § 4 I 6; → Rn. 254, 681.

Wohnsitzverlegung in das Ausl mit der Folge des Wegfalls der unbeschr StPfl berührt die Besteuerung des *inl* BV meist nicht (§ 49 I Nr 1–3 und die einschlägigen DBA-Regelungen). Das BV einer ausl Betriebsstätte wird dagegen uU der inl Besteuerung entzogen, soweit nicht die Vorschriften des AStG eingreifen. Mögl Folge: Entstrickung (§ 4 I 3, → Rn. 240 ff).

Wohnung. Zur Frage BV/PV → Rn. 41, „Bebauung", „Land- und Forstwirtschaft", „Nutzung", „Vermietung und Verpachtung". Besteuerung von BE/BA → Rn. 520 „Gebäude".

III. Verweisung, § 4 I 10

Die Vorschriften über BA (§ 4 IV), Bewertung (§ 6) und AfA (§§ 7 ff) gelten auch für die Gewinnermittlung durch BV-Vergleich (§ 4 I 1). Das ergibt sich bereits aus der gesetzl Systematik bzw aus § 6 I (→ § 6 Rn. 2) und § 7 I (→ § 7 Rn. 3). § 4 I 10 hat nur deklaratorische Bedeutung. 272

C. Bilanzberichtigung; Bilanzänderung, § 4 II

Schrifttum: *Prinz* StuB 24, 729 (subj/obj Fehlerbegriff); *Prinz* FG 22, 101; *Schoor* StBP 16, 221; *Kanzler* NWB 12, 2374 (Bilanzkorrekturen); *Ritzrow* (BFH-Rspr) StBP 11, 199 und 229 (Bilanzänderung) sowie 278 und 312 (BilBerichtigung); *Werra/Rieß* DB 07, 2502 (Bindungswirkung von Bilanzen); *Kobor* FR 01, 281 (Verbindlichkeiten).

I. Bilanzberichtigung, § 4 II 1

1. Bilanzberichtigung; Bilanzierungsfehler, § 4 II 1 Hs 1. – a) Begriffe. Die Ermittlung eines richtigen Periodengewinns setzt voraus, dass die einzelnen Bilanzposten in zutr Höhe angesetzt sind und den GoB entsprechen (dazu *Schulze-Osterloh* FR 16, 712 mwN). **Bilanzierungsfehler** hat der *StPfl* gem § 4 II 1 zu berichtigen, dh der *falsche* Ansatz wird, soweit mögl (vgl → Rn. 306), *an der Fehlerquelle* durch den richtigen ersetzt; er wird mit gesetzl Gewinnauswirkung „storniert" (s *Beispiele* → Rn. 315). **Bilanzänderung** betrifft dagegen den Austausch *richtiger* Bilanzansätze (§ 4 II 2, vgl → Rn. 350; einzelne Bilanzansätze → Rn. 296). **Bilanz** idS ist dabei nicht nur die eigentl StB, sondern ebenso die HB mit Überleitungsrechnung iSv § 60 II 1 EStDV (BFH XI R 12/18, BStBl II 20, 779). Eine fehlerhafte **außerbilanzielle Gewinnkorrektur** kann nicht über eine Bilanzberichtigung ausgeglichen werden (BFH IV R 15/20, BStBl II 23, 1032). – Die Problematik berührt auch die Gewinnermittlung nach **§ 4 III** (vgl → Rn. 11, 303). Bei **PersGes** ist auf die Ges, nicht die Ges'ter abzustellen, mit Folgeänderung der Sonder- und Ergänzungsbilanzen (BFH I B 179/11, BFH/NV 13, 21; *FM SchlH* DStR 12, 1660; EStR 4.4 II 6; → Rn. 297). 280

b) Fehlerhaftigkeit eines Bilanzansatzes. – aa) Objektiver oder subjektiver Fehlerbegriff (Rspr-Änderung). Ein Ansatz ist unstr fehlerhaft, wenn er *obj* gegen 281

ein handels- oder steuerrechtl Bilanzierungsgebot/-verbot verstößt (es darf also kein strechtl Wahlrecht bestehen). Str ist die Bedeutung der **subj Erkenntnismöglichkeit** des StPfl. Die Rspr hatte zunehmend Bilanzierungsfehler nur noch angenommen, wenn der StPfl die Fehlerhaftigkeit nach den *im Zeitpunkt der Bilanzerstellung* bestehenden subj Erkenntnismöglichkeiten der zum Bilanzstichtag gegebenen obj Verhältnisse bei pflichtgemäßer und gewissenhafter Prüfung erkennen konnte (s zunächst zur Beurteilung tatsächl Verhältnisse: BFH I 56/60 U, BStBl III 61, 3; später zur Beurteilung von Rechtsfragen: BFH IV R 30/71, BStBl II 76, 88; vgl auch BFH I R 47/06, BStBl II 07, 818 zum subj Fehlerbegriff). **BFH GrS 1/10,** BStBl II 13, 317 hat diese Rspr eingeschränkt (Folgeurteil BFH I R 77/08, BStBl II 13, 730, Anm *Hoffmann* DStR 13, 1774).

282 **bb) Beurteilung bilanzieller Rechtsfragen.** Nur Rechtsfragen waren Gegenstand der Vorlage. Insoweit stellt der GrS abw vom Handelsrecht (vgl § 252 I Nr 4 HGB) stets auf die **obj richtige Rechtslage** ab, und zwar zu Gunsten wie zu Ungunsten des StPfl. Dieser kann sich nicht darauf berufen, dass der gewählte Bilanzansatz nach den Erkenntnismöglichkeiten eines gewissenhaften und pflichtgemäß handelnden Kfm aufgrund der *zum Zeitpunkt der Bilanzerstellung* geltenden Rechtsauffassung der FinVerw und der Rspr zutr oder zumindest vertretbar gewesen sei. Die Bilanzansätze sind bei der späteren Entscheidung auf ihre obj Richtigkeit nach der **am Bilanzstichtag geltenden Gesetzeslage** zu prüfen (s auch OLG Ffm WpÜG 3–4/16, AG 19, 687; krit *Ebeling/Häsner* FR 20, 858; einschr für vorgreifl, nicht steuerl Rechtsfragen *Prinz* FR 22, 101). Daran haben sich der StPfl, das FA und die Rspr zu halten, ohne Übergangsregelung und selbst dann, wenn der gewählte Ansatz auf einer im Zeitpunkt der Bilanzerstellung geltenden, *später geänderten Rspr* beruht (wohl ohne Rückwirkung späterer Gesetzesänderungen). Das gilt für eine Bilanzberichtigung des StPfl nach § 4 II 1 ebenso wie für die Überprüfung der Gewinnermittlung durch das FA (§§ 85, 88 AO; s *Oser* DB 13, 2466); vgl auch zu Änderung der Gewinnermittlung BFH VIII R 45/12, BStBl II 15, 759. Damit verliert § 4 II an Bedeutung (→ Rn. 283). Grundlage der *Prüfung der Rechtsfrage* ist der von Amts wegen festzustellende Sachverhalt *am Bilanzstichtag.* – Korrekturen erfolgen grds **im Bilanzierungsjahr;** spätere Folgekorrekturen über den Grundsatz des formellen Bilanzenzusammenhangs und die Zweischneidigkeit der Bilanz (→ Rn. 295 ff) im ersten offenen VZ sind auf Fälle zu begrenzen, in denen ein fehlerhafter Bescheid aus verfahrensrechtl Gründen nicht mehr geändert werden kann. Der Entscheidung sind also *nachträgl bekannt werdende* **rechts- und wertaufhellende Tatsachen,** die zum Bilanzstichtag bereits vorlagen, zu Grunde zu legen, auch ohne ursprüngl Kenntnis oder subj Fehlverhalten des StPfl (→ Rn. 281; → § 5 Rn. 81). Das galt vor der RsprÄnderung nur bei gesetzl verfahrensrechtl Rückwirkung späterer Ereignisse (zB § 7g IV 2, § 175 II AO, vgl zu Verbleibensvoraussetzung § 7d VI aF BFH XI R 64/04, BStBl II 06, 371). – Sonstige nachträgl eintretende **neue tatsächl Umstände,** die nicht werterhellend, sondern wertbegründend und rechtsgestaltend wirken, sind wie bisher auch dann nicht rückwirkend zu berücksichtigen, wenn sie steuerl auf Vergangenheit zurückwirken (zB § 175 II AO). – S auch *OFD Nds* DStR 14, 2294; *Weber-Grellet* DStR 13, 729; *Drüen* GmbHR 13, 505; *Schlotter* FR 13, 835; *Demuth* EStB 13, 350.

Beispiele (s auch *Kamchen/Kling* NWB 13, 4111): Keine estrechtl **Rückwirkung forderungsbegründender Umstände** im Folgejahr (zu späterer Kaufvertragswandlung s BFH VIII R 77/96, BStBl II 02, 227; zu später aufgedeckten Schadensersatzansprüchen BFH III R 190/85, BFH/NV 90, 358; zu späterem Vergleichsabschluss BFH VIII R 45/12, BStBl II 15, 759, Anm *Moritz* DB 15, 1803; zu gerichtl Bestätigung einer bisher str Forderung BFH I R 147/84, BStBl II 91, 213: BFH I R 12/14, BFH/NV 14, 1544; BFH X R 19/10, BStBl II 12, 190; *OFD Nds* DB 15, 2974 – s aber zu fehlender BMF-Freigabe eines BFH-/EuGH-Urt wegen weiter bestrittenem VorSt-Erstattungsanspruch FG BW EFG 14, 149 und – nach Bescheidänderung – BFH I R 59/13, BFH/NV 14, 1752; *Bolik* NWB 14, 409); – keine Fehlerhaftigkeit einer Bewertung durch **wertbegründende Aktienkursentwicklung** im Folgejahr (BFH I R 89/10, BStBl II 14, 612), einer von künftiger Gewinnermittlung abhängigen **Ver-**

bindlichkeitspassivierung (BFH I R 100/10, BStBl II 12, 332, § 5 IIa), einer **USt-Rückstellung** bei späterer Aufhebung eines USt-Bescheids (FG Mchn EFG 87, 58, rkr; zu späterer Verzichtserklärung § 19 II UStG FG Mchn EFG 84, 489, rkr). – Bilanzierungsfehler iZm Gewinnabführung einer **Organschaft** s § 14 I 1 Nr 3 S 4 KStG, *FM SchlH* DStR 16, 539 und *OFD Ffm* DStR 16, 1375.

cc) Beurteilung tatsächlicher Umstände. Eine Entscheidung über die Anwendung des subj Fehlerbegriffs bei der Beurteilung von Tatsachen, Prognosen, Schätzungen oder Abschreibungen hat der GrS ausdrückl ausgeklammert. Die Vorlage BFH I R 77/08, BStBl II 13, 730 hielt eine RsprÄnderung insoweit nicht für erforderl („Befriedungsfunktion"); im Schrifttum wird das in Frage gestellt (zB *Weber-Grellet* DStR 13, 729 und in *KSM* § 4 Rn. C 112; *Stapperfend* DStR 10, 2161 und in *HHR/Stapperfend* § 4 Anm 410). Alle gehen jedoch zutr davon aus, dass sich **keine wesentl unterschiedl Ergebnisse** ergäben, weil auch die Gegner des subj Fehlerbegriffs die Einräumung großzügiger Beurteilungsspielräume und **Entscheidungsprärogativen** befürworten für tatsächl Ansätze, die nicht obj „richtig oder falsch" sind, sondern in Ausübung kfm Ermessens nur die Wahrscheinlichkeit einer unbekannten zukünftigen tatsächl Entwicklung in einer vertretbaren Bandbreite einschätzen. Hier muss man dem StPfl einen Spielraum auf Grund seiner zum Bilanzstichtag mögl Erkenntnisse zugestehen, von denen oft unternehmerische Entscheidungen abhängen (vgl auch *Hoffmann* DStR 11, 88). Insoweit lebt jedenfalls der **Grundgedanke des subj Fehlerbegriffs** fort. Bedenken zur objektivierten Rspr s auch *Drüen* GmbHR 13, 505; zu Verfahrensfragen/Vertrauensschutz *Dißars* Stbg 15, 22. 283

IdS hat jetzt auch das FG Ddorf (EFG 24, 1405, Rev IX R 30/24) hinsichtl einer **Prognoseentscheidungen** (hier: Rückstellung gem § 6a) entschieden, dass eine mehrere Jahre nach dem Bilanzstichtag ergangene arbeitsgerichtl Entscheidung (Unwirksamkeit der Betriebsvereinbarung) bilanzrechtl *nicht* auf den Stichtag zurückwirkt (unter Berufung ua auf *Krumm* JbFfStR 21, 844 (847); zust *Prinz* StuB 24, 729; *Tiedchen* EFG 24, 1405 (1413)).

c) Zeitliche Grenzen. Der StPfl muss „richtige" Bilanzen einreichen (§ 150 II AO; → Rn. 281). Bilanzierungsfehler iSv → Rn. 281, die zu einer StVerkürzung führen können, muss er gem § 153 AO bis zum Ablauf der Festsetzungsfrist richtigstellen. Sonstige Fehler, die zu seinen Lasten gehen oder sich steuerl nicht auswirken, „darf" er gem **§ 4 II 1** dem FA anzeigen. Das FA hat alle bekannten Bilanzierungsfehler bei der Veranlagung (vgl §§ 85, 88 AO) und im außergerichtl Rechtsbehelfsverfahren (vgl § 367 II AO zur Verböserung und → Rn. 285) ohne Einschränkungen **von Amts wegen** zu korrigieren, ebenso das FG in der Klage iRd Verböserungsverbots, der Beschwer und der Klageanträge (nach BFH VIII R 258/72, BStBl II 75, 206 nur bei Auswirkung auf die Höhe der Steuer, fragl; zur Beschwer durch Bilanzenzusammenhang s BFH VIII R 153/77, BStBl II 80, 181). Dem steht nicht entgegen, dass eine „Bilanzberichtigung" iSv § 4 II 1 grds **nur der StPfl** vornimmt mit der Folge, dass das FA eine fehlerhafte Bilanzkorrektur idS nicht von sich aus im Folgejahr rückgängig machen kann (BFH IV R 70/98, BStBl II 00, 129). 284

Das schließt nicht aus, dass das **FA** eine **eigenständige Gewinnermittlung** durchführt und dabei den obj Fehlerbegriff zu Grunde legt (BFH GrS 1/10, BStBl II 13, 317). Die subj Fehlerkenntnis des StPfl ist jedenfalls bei der Beurteilung von Rechtsfragen unbeachtl und wohl auch bei tatsächl Fragen, die keinen Einfluss auf Bilanzierungsentscheidungen des StPfl haben (zB die Erkenntnis im Folgejahr, dass das Unternehmen bereits im Vorjahr insolvent war).

2. Sachliche Grenzen, § 4 II 1 Hs 2. Der Fehler darf noch keiner anderen, nicht mehr änderbaren StFestsetzung zugrunde liegen. Die Bedeutung dieser Regelung ist unklar. Letztl bestätigt sie den (ursprüngl str) Grundsatz des formellen Bilanzenzusammenhangs (→ Rn. 289, 301). Aufgrund des systematischen Bezugs zu § 4 II 1 Hs 1 und S 2 kann davon ausgegangen werden, dass damit keine weiteren Rechtsfolgen verbunden werden sollten, dass Gewerbetreibende mit und ohne abw Wj darüber hinaus nicht betroffen sind (s auch EStR 4.4 I 10) und dass es bei der BFH-Rspr 285 verbleibt, nach der Buchungsfehler ohne Gewinnauswirkung in der Anfangsbilanz des ersten offenen VZ richtigzustellen sind (→ Rn. 291) und sonstige *Veranlagungsfehler* aus früheren VZ nicht später korrigiert werden können (→ Rn. 310, 326). – **Zeitl Anwendung** ab VZ 2007, also entgegen *OFD Hann* DStR 07, 1208 nicht bereits für luf Wj 2006/2007 (BFH IV R 53/09, BStBl II 11, 1017; s auch EStR 4.4 I 10).

Ursprüngl hatte der **Bundesrat** eine Änderung von § 4a II 1 vorgeschlagen, um sicherzustellen, dass Einkünfte aus LuF, die durch Zusammenrechnung zweier Wj-Hälften für eine Veranlagung ermittelt werden, vollständig festgesetzt werden. Grund war die abw BFH-Rspr, nach welcher der LuF-Gewinn für den 2. VZ (mit der 2. Wj-Hälfte) ohne Bindung an die bestandskräftige Festsetzung für den 1. VZ (mit der 1. Wj-Hälfte) zu ermitteln ist (→ § 4a Rn. 22). Um darauf zurückzuführende unzutr Besteuerungen zu verhindern, sollten StBescheide für den *unmittelbar vorangegangenen VZ* bei Vornahme einer Bilanzberichtigung folgeberichtigt werden, auch nach Bestandskraft und unabhängig vom Ablauf der Festsetzungsfrist für den VZ, in dem das Wj endet, für das eine Bilanzberichtigung vorzunehmen ist. Diese Einschränkungen haben zwar einen **Niederschlag in der Gesetzesbegründung** BT-Drs 16/368, nicht aber in der dafür gem FinA aufgenommenen Änderung des § 4 II 1 gefunden.

286 **3. Verhältnis zur Veranlagungsberichtigung.** Bilanzberichtigung und Veranlagungsberichtigung sind zwar nach Voraussetzungen und Rechtsfolgen zunächst *getrennt* zu beurteilen (vgl §§ 129, 164 f, 172 ff AO). Es bestehen jedoch Zusammenhänge, da die Bilanz eine Grundlage der Gewinnermittlung und damit der Veranlagung bildet. Das hat Auswirkungen in zweifacher Hinsicht:

287 **a) Auswirkungen eines Bilanzfehlers auf die Veranlagungsberichtigung.** – **aa) Fehlerjahr.** Der für die Bilanzberichtigung maßgebl Fehlerbegriff (→ Rn. 281) kann bei der Prüfung einer Veranlagungsberichtigung nicht außer Acht gelassen werden. Ist die Bilanz idS nicht fehlerhaft, kann weder eine später bekannt werdende Tatsache, welche die Fehlerhaftigkeit zum Bilanzstichtag zeigt, nach § 173 AO „zu einer höheren oder niedrigeren Steuer führen", noch kann ein „Rechtsfehler" nach § 177 AO im Wege der Saldierung berichtigt werden. Die Bilanz ist „richtig" (vgl → Rn. 281).

288 **bb) Folgejahre.** Wird ein Bilanzansatz rückwirkend für ein früheres Jahr geändert (vgl → Rn. 282 f, 290, 306), kann das Auswirkungen auf die Veranlagungen anderer Jahre haben. Der StAnspruch des Jahres 02 entsteht (§ 38 AO, § 36 I EStG) nach Maßgabe des bei der Veranlagung 01 ausgewiesenen Gewinns (BFH IV R 9/73, BStBl II 77, 472, mwN). Das bei der Veranlagung 01 angesetzte BV wird, soweit sich der Bilanzansatz unmittelbar auf die Besteuerung auswirkt, zum materiell-rechtl Tatbestandsmerkmal für die Entstehung der StSchuld des Jahres 02 (BFH I 136/60 S, BStBl III 62, 273). Die nachträgl Berichtigung eines Ansatzes in der Schlussbilanz 01 führt zur Änderung der Anfangsbilanz 02 und damit auch bei bestandskräftiger Veranlagung des Jahres 02 zu deren Berichtigung gem **§ 175 I 1 Nr 2 AO** (vgl BFH IV B 83/10, BFH/NV 12, 702). Zinsen § 233a AO/§ 10 Nr 2 KStG s BFH I R 54/11, BStBl II 13, 1048. – Str war das Verhältnis Bilanzberichtigung/Bescheidänderung nach **§ 174 IV AO.** Nach BFH GrS 1/96, BStBl II 98, 83 eröffnet diese Vorschrift *nicht* die Möglichkeit, fehlerhafte Bilanzansätze in der Anfangsbilanz zu berichtigen, wenn die entspr Schlussbilanz einer bestandskräftigen Veranlagung zugrunde liegt (s auch § 4 II 1 Hs 2; Folgeurteil s BFH I R 150/94, BStBl II 98, 503).

289 **b) Auswirkungen der Veranlagung auf die Bilanzberichtigung.** – **aa) Grundsatz.** Bilanzierungsfehler können nur so lange rückwirkend berichtigt werden, wie die Berichtigung der fehlerhaften Veranlagung mögl ist, also längstens **bis zum Ablauf der Festsetzungsfrist** (vgl BFH I R 136/85, BStBl II 90, 905; str, *Ausnahmen:* → Rn. 290 ff; *Stapperfend* FR 08, 937); das gilt auch zugunsten des StPfl (vgl § 169 I AO, BFH III R 190/85, BFH/NV 90, 358). Danach greift jedoch (unabhängig vom Ablauf der Festsetzungsfristen für die Berichtigungsjahre) die spätere **Korrektur über den Grundsatz des Bilanzenzusammenhangs.** Das entspricht

der stRspr und ist mE zutr, allerdings str (→ Rn. 301). Der Einwand der Gegenmeinung, es verjähre nicht die Verpflichtung zur Bilanzberichtigung, sondern nur die Festsetzung des Steueranspruchs, dürfte nicht durchschlagen. Der Ablauf der Festsetzungsfrist betrifft zwar in erster Linie das Veranlagungsverfahren (§ 169 I AO), hat jedoch auch materiellrechtl Wirkung (vgl § 47 AO). Die zeitl Begrenzung der Pflicht zur Bilanzberichtigung durch § 153 I 1 AO verdeutlicht das Abhängigkeitsverhältnis zum Veranlagungsverfahren. Sie erscheint nur folgerichtig, wenn dem Gesetzgeber beim Bilanzenzusammenhang eine **Bindung an die Veranlagungsbilanz** und nicht an die materiell richtige Bilanz vorgeschwebt hat (→ Rn. 302). – Nach Ablauf der Festsetzungsfrist bleibt allenfalls die Bilanzberichtigung in späteren Jahren. Daran sollte sich auch durch die Umstellung auf den objektiven Fehlerbegriff nichts ändern (→ Rn. 281 ff). **§ 174 IV 3 AO** und **§ 175 I 1 Nr 2 AO** → Rn. 288, 306. Keine Bilanzberichtigung bei erhöhter Bestandskraft nach BP (§ 173 II AO, FG Ddorf EFG 94, 867, rkr). Zu **§ 164 AO** als Grundlage für Bilanzberichtigung s BFH I R 107/00, BStBl II 02, 134.

Die Voraussetzungen sind für **ESt** und **GewSt** gesondert zu prüfen; es besteht, auch bei rkr Entscheidung über *eine* Veranlagung, keine Bindung zw den StB-Ansätzen (BFH XI R 83/00, BStBl II 04, 699). Nach BFH XI R 18/00, BStBl II 01, 106 Berichtigung der Bilanz ggf in verschiedenen VZ (GewSt Korrektur VZ 01; bei Bestandskraft ESt 01 Korrektur ESt 02). – Einheitl Ausübung von **Wahlrechten** vgl BFH VIII R 72/87, BStBl II 92, 958 zu Bilanzänderung.

bb) Ausnahmen. Ein falscher Bilanzansatz kann vor allem in folgenden Fällen unabhängig von der Möglichkeit der Veranlagungsberichtigung *rückwirkend* bzw in der Anfangsbilanz korrigiert werden. 290

(1) Auswirkungsvorbehalt. Buchungsfehler ohne Auswirkung auf die Höhe der festgesetzten Steuer sind zu stornieren, zu Unrecht als BV bilanzierte WG des PV in der ersten offenen Anfangsbilanz erfolgsneutral auszubuchen (vgl BFH X R 37/13, BFH/NV 16, 536). Dabei sind nur solche steuerl Auswirkungen schädl, die sich *unmittelbar* aus dem Ansatz eines falschen Buchwertes ergeben, nicht zB die unterlassene Aufdeckung stiller Reserven bei Weiterbilanzierung eines entnommenen WG (vgl → Rn. 310, 313, 325). Zu Nachholung und Korrektur von AfA → § 7 Rn. 8 ff. Bei Fehlern, die aus einer **Eröffnungsbilanz** fortgeführt werden, fehlt es idR an der Zweischneidigkeit eines Bilanzansatzes (→ Rn. 295) und damit an der steuerl Auswirkung (BFH VIII R 21/77, BStBl II 82, 456, unter I 3c), vgl aber BFH I R 204/70, BStBl II 73, 320. 291

Beispiele: Gewinnneutrale Bilanzberichtigung (vor allem bei nichtabnutzbaren WG, vgl *Beispiele* → 40. Aufl 2021, § 4 Rn. 325 ff; → Rn. 296 „Schätzung"; BFH VIII R 51/84, BStBl II 92, 512; zur gewinnneutralen Bildung organschaftl aktiver Ausgleichsposten BFH I R 31/08, BFH/NV 09, 790; uU **Saldierung** mehrerer Bilanzposten, aber → Rn. 296); – **gleichbleibender Steuerbetrag** (zB Steuer in beiden Fällen 0, s BFH IV B 107/97, BFH/NV 99, 162 mwN); – **Nichtveranlagung** des StPfl (vgl BFH I R 47/67, BStBl II 69, 464); – **Kapitaländerungen** durch Vorjahresentnahmen (§ 4 I 1, BFH VIII R 128/84, BStBl II 93, 594; aber → Rn. 296). Insoweit auch keine Bindung durch „Einigung" nach BP (BFH X R 96/96, BStBl II 99, 217 unter V 2).

Ungeklärt ist, ob die Auswirkung über die Höhe eines nach § 10d IV festzustellenden **Verlustabzugs** die fehlende Änderung der Höhe der festgesetzten Steuer ersetzt (vgl NdsFG EFG 12, 1027, rkr, mit abl Anm *Wüllenkemper*).

(2) Treu und Glauben. Bei bewusster, willkürl Falschbuchung kann trotz steuerl Auswirkung die Berichtigung der Anfangsbilanz unter Durchbrechung des Bilanzenzusammenhangs geboten sein (BFH IV R 33/87, BStBl II 89, 407; *Beispiele* → Rn. 315). Zum umgekehrten Fall, dass das FA dem StPfl einen unrichtigen Bilanzansatz „aufgedrängt" hat, s BFH X R 1/16, BStBl II 18, 181 Rn. 42 mwN. 292

293 **(3) Gesetzesvorbehalt.** Umgekehrt können gesetzl Vorschriften den Grundsatz des formellen Bilanzzusammenhanges ausschließen (zB Nachholverbot für Pensionsrückstellungen, § 6a IV 1; BFH I R 44/07, BStBl II 08, 673).

295 **4. Bilanzenzusammenhang.** Fehlerhafte Bilanzansätze (→ Rn. 281), die nicht an der Fehlerquelle richtiggestellt werden können (→ Rn. 282, 290, 306), sind nach dem Prinzip des formellen Bilanzenzusammenhangs bis zur Korrekturmöglichkeit lückenlos fortzuführen und erst in der **Schlussbilanz** des ersten Jahres, dessen Veranlagung verfahrensrechtl noch offen ist, richtigzustellen (BFH X R 23/16, BStBl II 19, 483).

296 **a) Gegenstand einer Bilanzberichtigung.** Hierunter fallen die einzelnen **Bilanzposten,** dh die Buchansätze aller einzelnen aktiven und passiven WG einschließl Rückstellungen, RAP, Wertberichtigungen (von der Rspr häufig ohne Erläuterung als „individuelle Gegenstände" bezeichnet), auch bei Zusammenfassung (s zu Gruppenbewertung BFH IV B 154/02, BFH/NV 04, 1099; bei Sammelposten nach § 6 IIa gilt dies nur für Bildungsfehler, nicht für – steuerl unbeachtl – spätere Änderungen, s § 6 IIa 3, → § 6 Rn. 675; EStR 6.13 VI), auch aus Einlagen/Entnahmen abgeleitete Ansätze wie Eigenkapital oder Gewinn ohne Änderung solcher Bilanzposten (s BFH I R 29/13, BFH/NV 15, 27; zu Folgebilanzänderung BFH IV R 54/05, BStBl II 08, 665; *BMF* BStBl I 08, 845). Eine **Saldierung** ist grds *nicht* mögl (§ 246 II, § 252 I 3 HGB; vgl auch BFH XI R 41/95, BStBl II 96, 601). **Ausnahme:** wirtschaftl zusammenhängende gegenläufige Buchungen im selben Jahr (vgl § 252 II HGB; BFH I R 153/86, BStBl II 91, 479 unter II.2.b/cc → Rn. 291); dann ist nicht auf den einzelnen Bilanzposten, sondern auf den Gesamtvorgang abzustellen (vgl BFH X R 23/16, BStBl II 19, 483 Rn. 56 mwN). Die tatsächl Erstellung einer **Schlussbilanz** ist nicht Voraussetzung, sofern nur die einzelnen Posten nach § 4 I/ § 5 ermittelt sind, sei es auch durch **Schätzung.** Nur bei Vollschätzung entfällt eine Anknüpfung an einzelne Posten (vgl BFH VIII R 128/84, BStBl II 93, 594; BFH I B 190/03, BFH/NV 04, 1642; ähnl Rspr zu Korrekturen bei Wechsel der Gewinnermittlungsart, → Rn. 254).

Zur **vGA,** die sich nicht in einem Bilanzansatz niedergeschlagen hat, s BFH I R 137/93, BStBl II 02, 366: **keine Berichtigung** (s auch *BMF* BStBl I 02, 603 und *BMF* BStBl I 05, 387; *Wassermeyer* DB 10, 1959; *ders* DB 11, 1830; str, **aA** *Weber-Grellet* BB 14, 2263; ferner SchlHFG EFG 08, 637, rkr); keine rückwirkende Korrektur einer vGA durch nachträgl „bilanzberichtigende" Forderungseinbuchung bei der Ges (→ § 20 Rn. 48 mwN).

297 **b) Rechtsfolgen; Bilanzenidentität; Zweischneidigkeit der Bilanz.** Diese Buchansätze sind – zugunsten wie zuungunsten des StPfl – für die Gewinnermittlung nicht nur des lfd, sondern auch des folgenden Wj maßgebl. Die Gewinnermittlung knüpft in § 4 I (und damit § 5 I) an das Schlussvermögen des Vorjahres = Anfangsvermögen des Folgejahres an (s auch § 252 I Nr 1 HGB). Die Bilanzansätze werden so automatisch – ggf mit gegenläufiger Gewinnauswirkung – in späteren Jahren fortgeführt. *Beispiel:* Die zu niedrige Einbuchung einer Forderung bewirkt zwar über ein niedrigeres Endvermögen eine Gewinnminderung, dafür im Jahr des Forderungseinganges über ein niedrigeres Anfangsvermögen eine Gewinnerhöhung. Eine **zeitl Begrenzung** (vgl → Rn. 300) besteht ebenso wenig wie eine **persönl Beschränkung** auf bestimmte StPfl, soweit nur die Buchwerte fortgeführt werden. Gebunden ist daher auch, wer **unentgeltl** einen Betrieb übernimmt (§ 6 III, BFH III R 7/22, BStBl II 24, 740, krit *Weber-Grellet* BB 25, 43 (49 f)) oder aus sonstigen Gründen die Buchwerte fortführt (zB nach Umwandlung oder Einbringung in **PersGes,** glA BFH VIII R 296/82, BStBl II 88, 886; → Rn. 280); zu Realteilung s BFH VIII R 33/13, BStBl II 16, 596, Anm *Wendt* FR 16, 773. Bei **abweichenden Wj (LuF)** bestand nach BFH IV R 129/89, BStBl II 91, 356 vor 2007 keine Bindung an den Gewinn des 1. Teils des Wj – aber → Rn. 284 zu Gesetzesänderung **§ 4 II 1 Hs 2.**

c) Grenzen des Bilanzenzusammenhangs. Sie sind zweifelhaft und umstritten, weil das Verhältnis zur bestandskräftigen Festsetzung der einzelnen Periodengewinne nicht geklärt ist. Die Frage bedürfte dringend einer gesetzl Regelung, da alle theoretischen Lösungsmöglichkeiten mit allg Grundsätzen des Verfahrensrechts in Widerspruch stehen und rechtsdogmatisch angreifbar sind. Unstreitig ist, dass nach § 4 I die Anfangsbilanz mit der Schlussbilanz des Vorjahres übereinstimmen muss (→ Rn. 295) und dass vorrangig die Korrekturmöglichkeit der fehlerhaften Veranlagung zu prüfen ist (→ Rn. 306). 300

aa) Meinungsstreit. Er geht um die Frage, ob an die der Vorjahresbesteuerung zugrunde gelegte Veranlagungsbilanz **(formeller Bilanzenzusammenhang) oder** an die **materiellrechtl richtige Bilanz** anzuknüpfen ist. Die erste Lösung widerspricht dem Grundsatz der Abschnittsbesteuerung; die Korrektur eines zunächst nicht mehr zu berichtigenden Fehlers wird in einem späteren Besteuerungsabschnitt nachgeholt. Die zweite Lösung durchbricht den Grundsatz der Bilanzenidentität (→ Rn. 287, 297). 301

bb) Rechtsprechung und Praxis. Sie knüpfen an die Werte der **Veranlagungsbilanz** an (seit BFH **GrS 1/65 S,** BStBl III 66, 142 st Rspr; → Rn. 315, BFH VIII R 46/96, BStBl II 98, 443, BFH I R 29/13, BFH/NV 15, 27, sehr str, → 23. Aufl. 2004/32. Aufl 2013, § 4 Rn. 702 mwN; zur Entwicklung der Rspr s auch *Weber-Grellet* FR 26, 120 (124)). Die Divergenzen tragen keine NZB wegen grds Bedeutung (BFH I B 81/93, BFH/NV 95, 192). Daran hat auch die Vorlage an den GrS BFH I R 150/94, BStBl II 96, 417 festgehalten – BFH GrS 1/96, BStBl II 98, 83 wollte sich zwar nicht festlegen, hat die logisch vorrangige Frage jedoch letztl bestätigt (betr § 174 IV AO, → Rn. 288). GlA BFH GrS 1/10, BStBl II 13, 317. Dem hat sich letztl auch der Gesetzgeber in § 4 II 1 Hs 2 angeschlossen. 302

cc) **Stellungnahme.** ME ist die hM zutr, *soweit* die Korrektur auf die Stornierung einzelner Bilanzierungsfehler beschränkt bleibt (vgl → Rn. 308 ff). Das Anknüpfen an die materiell richtigen Bilanzansätze, welche der Veranlagung nicht zugrunde gelegen haben, würde zu einer vermeidbaren Durchbrechung des Bilanzenzusammenhangs führen. Der Fehlerausgleich durch die Zweischneidigkeit der Bilanz (→ Rn. 295) ginge verloren. Nach Sinn und Zweck des Bilanzenzusammenhangs muss der richtigen Besteuerung jedes einzelnen Geschäftsvorfalls und damit der **Ermittlung des richtigen Totalgewinns** der Vorrang vor der Ermittlung richtiger Periodengewinne eingeräumt werden (dazu → Rn. 11). Für den Vorrang des richtigen Totalgewinns spricht, dass die lfd **Buchführung** von Betriebseröffnung bis Betriebsende ein **geschlossenes Ganzes** darstellt. Die Bilanzen sind nichts anderes als Zwischenabschlüsse zu bestimmten Stichtagen (vgl zur Einheit von Buchführung und Bilanzen BFH IV R 89/79, BStBl II 80, 297, mwN). Allein diese Lösung ist auch praktikabel, weil sonst sowohl der StPfl als auch das FA gezwungen wären, jeden einzelnen Bilanzansatz im Jahr der Veranlagung genauestens zu kontrollieren, um – zugunsten wie zuungunsten des StPfl – die steuerl Auswirkungen zu sichern. Nicht zuletzt sollte der **Grundsatz der Rechtssicherheit** angesichts der gefestigten Rspr beachtet werden (vgl BFH I R 94/10, BStBl II 12, 244 Tz 18). Die von der Gegenmeinung befürchteten **Ungleichheiten je nach Gewinnermittlung** gem § 4 I/§ 5 oder **§ 4 III** lassen sich idR vermeiden (vgl → Rn. 11, zum Übergang bei Betriebsveräußerung § 16 II 2; zu AfA-Nachholung BFH VIII R 3/08, BStBl II 10, 1035) und werden sonst als systembedingt in Kauf genommen (BFH XI R 12/18, BStBl II 20, 779: keine verfwidrige Ungleichbehandlung; zu Berichtigungsunterschieden s BFH I R 78/85, BFH/NV 90, 630, → Rn. 350; zu unterlassener AfA bei § 4 III s BFH XI R 49/05, BStBl II 06, 712; BFH IV R 58/10, BStBl II 14, 966). **Verjährung** → Rn. 289 (Ablauf der Festsetzungsfrist für zu korrigierende VZ steht der späteren Korrektur über den Bilanzenzusammenhang nicht entgegen, s BFH VIII R 46/96, BStBl II 98, 443). 303

dd) Wirtschaftsgutüberführung ins Privatvermögen. → § 7 Rn. 117; Korrekturbeschränkung → Rn. 310. 304

ee) Bilanzberichtigung nach Steueramnestie (StraBEG). → 40. Aufl 2021, § 4 Rn. 305 mwN. 305

306 **d) Berichtigung und Bilanzenzusammenhang.** Der Grundsatz der periodischen Gewinnermittlung gebietet die **Berichtigung an der Fehlerquelle,** soweit diese noch mögl ist (→ Rn. 282, 290), ansonsten die Berichtigung der Schlussbilanz des ersten Jahres, dessen Veranlagung (bis zum Ablauf der Festsetzungsverjährung, → Rn. 289) verfahrensrechtl noch geändert werden kann (BFH I R 58/05, BStBl II 06, 928; EStR 4.4 I). Hierauf hat der StPfl einen **Rechtsanspruch** (vgl Wortlaut § 173 I 1 AO, § 129 S 2 AO). Die Gerichte haben diese Berichtigungsmöglichkeit im Verfahren gegen späteren Berichtigungsbescheid zu prüfen und diesen ggf aufzuheben, soweit eine Gewinnauswirkung fälschlicherweise über den formellen Bilanzenzusammenhang in spätere Jahre verlagert wurde. Entscheidend ist dabei nach BFH X R 72/87, BStBl II 90, 1044 die Möglichkeit der Rückwärtsberichtigung zum Zeitpunkt der gerichtl Entscheidung über den Änderungsbescheid.

308 **5. Gewinnauswirkung.** Das Anknüpfen an die Veranlagungsbilanz (→ Rn. 300) besagt noch nichts über die Gewinnauswirkung einer späteren Bilanzkorrektur. Der Bilanzenzusammenhang gibt nicht etwa eine umfassende Handhabe, jegl Veranlagungsfehler in späteren Jahren durch Nachholung der sachl zutr Gewinnkorrektur richtigzustellen.

309 **a) Korrektur fehlerhafter Bilanzansätze.** Es dürfen nur solche Gewinne oder Verluste nachgeholt werden, die unmittelbar auf der fehlerhaften Buchung eines individuellen Bilanzpostens (vgl → Rn. 291, 310) durch den StPfl (s BFH-Rspr → Rn. 283) beruhen. In jedem Einzelfall muss daher die Fehlerursache gesucht und sodann geprüft werden, ob und auf welche Weise sich ein fehlerhafter Bilanzansatz als solcher an der Fehlerquelle gewinnmäßig ausgewirkt hat (BFH IV R 222/72, BStBl II 77, 148). Einer gewinnwirksamen Einbuchung folgt idR eine gewinnwirksame Ausbuchung, einer gewinnneutralen Einbuchung eine gewinnneutrale Ausbuchung (vgl Bsp → Rn. 315). Das muss jedoch nicht immer so sein (zB BFH I R 204/70, BStBl II 73, 320 zur gewinnändernden Ausbuchung eines Eröffnungsbilanzwertes; BFH VIII R 46/96, BStBl II 98, 443 zu Ausschluss nach Treu und Glauben oder bei fehlender Einbuchungsauswirkung). Letztl wird nur die unterbliebene **Stornierung** des fehlerhaften Bilanzansatzes unter Berücksichtigung der Fehlerursache mit gleicher Gewinnauswirkung nachgeholt (vgl BFH I R 54/11, BStBl II 13, 1048; BFH X R 23/05, BStBl II 09, 407 zu Besonderheit bei „nicht erkanntem GewBetr"). Damit können idR Fehlerberichtigung und materiell richtige Besteuerung über den Bilanzenzusammenhang erreicht werden, stimmen Fehlerbildung und Fehlerkorrektur überein.

310 **b) Sonstige Veranlagungsfehler.** Darüber hinaus sind die Grundsätze der Abschnittsbesteuerung und der Bestandskraft nicht eingeschränkt, auch dann nicht, wenn sie mittelbar mit der falschen Bilanzierung zusammenhängen (str, vgl → Rn. 313). Das ist in zweifacher Hinsicht von Bedeutung: Solche Folgefehler stehen der Rückwärtsberichtigung des fehlerhaften Buchansatzes im vorgenannten Sinne nicht entgegen (keine steuerl Auswirkung iSv → Rn. 291) und sind selbst nur durch Berichtigung der fehlerhaften Veranlagung auszuräumen (soweit dies mögl ist, vgl BFH IV R 19/16, BStBl II 19, 614, Anm *Weber-Grellet* FR 19, 1047 (1049)).

Beispiele: Fehlerhafte **Qualifikation eines WG** als BV/PV, **unterlassene Gewinnrealisierung** stiller Reserven auf Grund tatsächl Vorgänge wie Entnahme, Veräußerung (aber zur Forderungsbuchung → Rn. 315); keine **Nachholung einer Einlagenbuchung** (BFH IV R 19/16, BStBl II 19, 614; BFH III R 54/12, BFH/NV 13, 1916); **fehlerhafte Bilanzanbindung** im Vorjahr (BFH X B 40/10, BFH/NV 10, 1632); **fehlerhafter Übergangsgewinn** (→ Rn. 696); Fehler iZm **außerbilanzieller Zurechnung** gem § 4 V (zB BFH III R 43/06, BStBl II 13, 8 mwN); zwischenzeitl **gewinnerhöhende Auflösung einer Verbindlichkeit** oder **gewinnmindernde Übertragung einer § 6b-Rücklage** (→ 39. Aufl 2020, § 4 Rn. 318); **AfA-Fehler** (→ Rn. 326 mwN); **vGA außerhalb der StBilanz** (→ Rn. 296); ursprüngl fehlerhafte **gewinnneutrale Einbuchung einer Verbindlichkeit** kann nicht durch spätere gewinnneutrale Ausbuchung korrigiert werden (BFH XI R 41/95, BStBl II 96, 601; s aber *Groh* DB 98, 1931; *Kobor* FR 01, 281). Diese Fehler beruhen nicht auf der Zweischneidigkeit der Bilanzansätze.

6. Technische Durchführung. – a) Berichtigung an der Fehlerquelle. Bilanzierungsfehler sind vorrangig in der Bilanz des Wj zu berichtigen, in dem es zu der fehlerhaften Bilanzierung gekommen ist (BFH XI R 27/22, BStBl II 25, 970, Rn. 14). Der fehlerhafte Ansatz wird in der ursprüngl fehlerhaften Eröffnungs- oder Schlussbilanz und dann, über den Bilanzenzusammenhang bzw § 175 I Nr 2 AO, in allen folgenden Bilanzen/Veranlagungen richtiggestellt. 311

Ohne Gewinnauswirkung (→ Rn. 291) genügt es, mit gleichem Ergebnis die Anfangsbilanz des letzten Jahres zu berichtigen (keine Durchbrechung des Bilanzenzusammenhangs, sondern nur technisches Mittel der Fehlerberichtigung an der Quelle; vgl zu Buchung von PV als BV: BFH X R 37/13, BFH/NV 16, 536).

b) Nachholung. Ist die Berichtigung an der Fehlerquelle nicht mögl (bestandskräftiger Bescheid, keine Änderungsmöglichkeit), scheidet die Berichtigung einer späteren *Anfangsbilanz* aus, soweit dies gegen den Grundsatz des Bilanzenzusammenhangs verstieße (vgl → Rn. 296 ff). Dann muss der Fehler in der *Schlussbilanz* des ersten Jahres korrigiert werden, dessen Veranlagung unter Beachtung der Regeln der Bestandskraft und der Verjährung noch berichtigt werden kann (s BFH XI R 27/22, BStBl II 25, 970, Rn. 14; BFH VIII R 239/82, BStBl II 84, 695 und *Beispiele* → Rn. 315). 312

c) Gewinnneutrale Bilanzansätze. Zur Korrektur zunächst gewinnneutraler Bilanzansätze, die sich aus anderen Gründen (zB AfA) steuerl ausgewirkt haben, vgl *Beispiele* → Rn. 310, 325. Jede Minderung des BV durch Ausbuchung in der Schlussbilanz ohne Berichtigung der Anfangsbilanz führt über die gesetzl Systematik des § 4 I zu einer Gewinnminderung. Nach hM ist in solchen Fällen die Ausbuchung *außerhalb* dieser allg Gewinnermittlungsgrundsätze vorzunehmen (so im Anschluss an *Woerner* DStR 76, 623 (626): BFH IV R 67/97, BStBl II 99, 14 für erfolgswirksame StB-Buchung und Neutralisierung nach Einlagegrundsätzen – Ablehnung einer Berichtigung des [Rest]-)Buchwertes in der **Anfangsbilanz,** weil sich an dessen ursprüngl gewinnneutraler Buchung nichts geändert hat). Das ist nicht zwingend (→ 35. Aufl 2016, § 4 Rn. 713). So sieht auch BFH IV R 222/72, BStBl II 77, 148 (aE) in der gewinnneutralen Ausbuchung eines zu Unrecht nicht als entnommen gebuchten WG keine Durchbrechung, nur eine „Begrenzung" des Bilanzenzusammenhangs, die „im Ergebnis nicht anders als eine Berichtigung der Eröffnungsbilanz des Jahres der Berichtigung" wirke. 313

7. Übersicht zur Bilanzfehlerkorrektur. – a) Bilanzierungsfehler *mit* Gewinnauswirkung durch Buchungsvorgang. Sie sind grds in der *Schlussbilanz* des ersten Jahres, dessen Veranlagung noch geändert werden kann, mit Gewinnauswirkung richtigzustellen. 315

- Typische Fälle solcher Gewinnkorrekturen sind versehentl nicht oder falsch in der Bilanz ausgewiesene **Forderungen** (zB BFH IV R 25/04, BStBl II 08, 171) oder **Schulden** (BFH IV R 38/16, BFH/NV 19, 551; BFH X R 30/12, BFH/NV 16, 203; BFH VIII R 29/82, BStBl II 85, 308).
- **Fehlaktivierungen** sind grds erfolgswirksam nachzuholen (BFH X R 38/10, BStBl II 12, 725, einschr *Prinz* FR 12, 1123); bei **gewinnneutraler Aktivierung** eines WG des PV gewinnneutrale Ausbuchung (BFH X R 37/13, BFH/NV 16, 536). Zum Problem der fehlerhaft nur einmal steuerl erfassten **Doppelbuchung** s BFH I R 54/11, BStBl II 13, 1048 – abl *Bareis* DStR 13, 1397; *Siegel* FR 13, 691. Versehentl **Nichtaktivierung** eines WG des BV führt zur erfolgswirksamen Nachaktivierung im ersten offenen VZ (s BFH IV R 37/10, BFH/NV 13, 910).
- Die unterlassene Passivierung einer zu passivierenden **Rückstellung** ist nachzuholen (BFH XI R 25/21, DStR 25, 327, Rn. 54: Pensionsrückstellung). Rückstellungen, die zu Unrecht gewinnmindernd gebildet waren, sind – auch bei Duldung durch FA – später gewinnerhöhend aufzulösen (BFH I R 43/08, BStBl II 12, 688, Abgrenzung BFH I R 54/11, BStBl II 13, 1048).

Weitere *Beispiele* → 39. Aufl 2020, § 4 Rn. 316 ff.

325 **b) Sonstige Bilanzierungsfehler.** Fehler *ohne* Gewinnauswirkung durch Buchungsvorgang als solchen können nicht durch Bilanzberichtigung repariert werde, (→ Rn. 308). Sie sind an der Fehlerquelle oder in der Anfangsbilanz eines Folgejahres *gewinnneutral* zu korrigieren (Aus-/Einbuchung zum Restbuchwert, vgl BFH X R 37/13, BFH/NV 16, 536 Rn. 40 mwN). Beispiele → 39. Aufl 2020, § 4 Rn. 326 ff.

326 **c) Nachholung und Korrektur von AfA.** → § 7 Rn. 8 ff, 117 ff, 193 f und → § 7a Rn. 2 und 16 ff; iÜ → 39. Aufl 2020, § 4 Rn. 336 ff.

II. Bilanzänderung, § 4 II 2

350 **1. Begriff.** Bilanzänderung iSv § 4 II 2 ist der Ersatz eines zulässigen (also nicht fehlerhaften) Bilanzansatzes (→ Rn. 296) durch einen anderen, ebenfalls zulässigen Bilanzansatz (BFH I R 34/04, BFH/NV 06, 1099). Eine Bilanzänderung scheidet demnach aus, wenn ein anderer als der gewählte Bilanzansatz fehlerhaft gewesen wäre. Durch die Fehlerobjektivierung (BFH GrS 1/10, BStBl II 13, 317; → Rn. 281) hat § 4 II jedenfalls bei Rechtsfehlern an Bedeutung verloren (→ Rn. 283). – § 4 II 2 gilt auch nach Einreichung einer **Überleitungsrechnung** (§ 60 II 1 EStDV; BFH XI R 12/18, BStBl II 20, 779). Bei **§ 4 III** hingegen ergibt sich keine Einschränkung durch § 4 II; Ansatz- und Bewertungswahlrechte können grds bis zur Bestandskraft bzw bei AO-Änderungsmöglichkeit der Veranlagung bis zum Ablauf der Festsetzungsfrist ausgeübt werden (zu § 6c: BFH IV R 30/99, BStBl II 02, 49, *OFD Mchn* FR 00, 342; zu § 7g: BFH VIII R 48/10, BStBl II 13, 952). – Die Regelung ist **verfgemäß** (BFH XI R 8/18, BStBl II 20, 772, mwN; BFH IV B 103/07, BFH/NV 10, 865; s auch BFH XI R 12/18, BStBl II 20, 779: keine verfwidrige Ungleichbehandlung ggü § 4 III; krit *Kanzler* FR 02, 577).

Beispiele: Zulässige Wahl einer anderen AfA-Methode (vgl § 7 III, § 6 II, SonderAfA – s BFH III R 39/04, BStBl II 08, 226, → Rn. 520 „Steuervergünstigungen" und → Rn. 351 zu nachträgl WG-Aktivierung); Bilanzierung eines WG mit Teilwert statt AK (s BFH IV R 56/90, BStBl II 93, 272); Wertberichtigung einer Forderung, Bildung einer Rückstellung bei Wahlrecht, einer Rücklage nach § 6b (→ Rn. 351 mit Abgrenzung, BFH VIII R 10/99, BStBl II 01, 282). – **Tatsächl Vorgänge** wie Veräußerung (BFH IV R 30/71, BStBl II 76, 88), Entnahme (BFH I R 57/71, BStBl II 73, 700), Einlage oder vGA (→ Rn. 296) können nicht über Bilanzänderung rückgängig gemacht werden; nachträgl Änderung eines Einbringungswertes/rückwirkende Sachverhaltsgestaltung s BFH I R 98/06, BStBl II 08, 916 mwN.

351 **2. Grenzen.** *Bis* zur Einreichung der Bilanz beim FA kann der StPfl Bilanzansätze beliebig ändern. *Nach* diesem **Zeitpunkt** gelten die Einschränkungen nach § 4 II 2: Bei zeitl und sachl Zusammenhang mit Änderung eines Bilanzpostens iSv → Rn. 296 mit Gewinnauswirkung nach § 4 II 1 kann ein Bilanzierungswahlrecht ohne Zustimmung des FA neu ausgeübt werden, allerdings **betragsmäßig begrenzt** auf Gewinnänderungen durch Bilanzberichtigung nach S 1 (ähnl § 351 I AO; s auch BFH III R 43/06, BStBl II 13, 8). Dies gilt auch für Gewinnänderungen, die sich bilanziell nur im Kapital eines VZ niederschlagen (so zu fehlerhafter Einlage-/Entnahmebuchung BFH IV R 54/05, BStBl II 08, 665; Abgrenzung BFH IV R 19/16, BStBl II 19, 614: Begrenzung auf das Fehlerjahr) und für **SonderAfA** (Grenze: BFH I B 169/05, BFH/NV 07, 48 – bei nachträgl WG-Aktivierung ist SonderAfA unabhängig von § 4 II mögl; zu § 7g s BFH IV R 9/14, BStBl II 17, 295, Anm *Wendt* FR 16, 1102). **Außerbilanzielle Hinzurechnungen** bleiben bei der Bemessung des Änderungsrahmens unberücksichtigt (BFH XI R 8/18, BStBl II 20, 772: Bilanzgewinn iSv § 4 I 1 maßgebl; krit *Weber-Grellet* FR 20, 1093 (1099)). – **Zeitl** verlangt *BMF* BStBl I 00, 587, I 01, 244, EStR 4.4 II 5 einen „unverzügl" Änderungsantrag; weiter – Änderung eines subj richtigen Ansatzes auch noch nach Klärung der Änderungsmöglichkeit im Anschluss an eine BilBerichtigung – BFH I R 85/07, BStBl II 08, 924 mit mwN → 30. Aufl 2011, § 4 Rn. 751. Ein *WG-bezogener sachl* Zusammen-

hang wird nicht gefordert (str); die Beschränkung auf dieselbe Bilanz ist mE nicht zwingend (**aA** EStR 4.4 II 5).

Beispiele: 6b-Rücklage nach Veräußerungsgewinnerhöhung oder BP-Änderung (vgl BFH IV R 14/04, BStBl II 06, 418; BFH 7/06, BStBl II 08, 600 zu nachträgl Bildung bei erstmaliger WG-Bilanzierung); BFH I R 85/07, BStBl II 08, 924 zu Rückstellung nach Änderung auf Grund neuer Rspr ist überholt durch BFH GrS 1/10, BStBl II 13, 317 (→ Rn. 281).

3. Rechtsfolgen. Abgesehen von den lfd Auswirkungen bestimmt der gewählte Bilanzansatz über den Bilanzenzusammenhang die Ansätze der Folgejahre. 352

D. Gewinnermittlung durch Überschussrechnung, § 4 III

I. Gewinn, § 4 III 1

1. Gewinnbegriff. Gewinn iSv § 4 III ist der Überschuss der BE (→ Rn. 420) über die BA (→ Rn. 470 ff). Im Grundsatz handelt es sich um eine (Geld-)Zu- und Abflussrechnung iSv § 11 („Kassenrechnung"), die jedoch durch viele Ausnahmen modifiziert und erschwert ist (→ Rn. 406 ff). **BE** werden grds im Zeitpunkt des Zuflusses und **BA** im Zeitpunkt der Verausgabung erfolgswirksam, auch beim Erwerb von UV (BFH VI R 31/20, BStBl II 23, 852, Rn. 10; zu § 11 II 2 s BFH VIII R 1/20, BFH/NV 23, 375). Die für den Betrieb eingesetzten WG sind **BV** (→ Rn. 24), bei einer Nutzung von wenigstens 10% gewillkürtes BV (s BFH IV R 13/03, BStBl II 04, 985; EStR 4.1, 4.2). Änderungen im Bestand des BV berühren den Gewinn im Grundsatz nicht. **Einlagen/Entnahmen** → Rn. 386 ff. – Die Besteuerung der **stillen Reserven** folgt den gleichen Regeln wie beim BV-Vergleich (→ Rn. 86). **Forderungen und Schulden** entstehen auch bei § 4 III als BV, haben nur (zunächst) keinen Einfluss auf den Gewinn (→ Rn. 383 ff). Für Rechnungsabgrenzungsposten, Rückstellungen (s BFH XI R 9/19, BStBl II 20, 802 Rn. 38), Wertberichtigungen, TW-AfA ist grds kein Raum (str, → Rn. 408); ggf Ersatz durch BA-Abzug bzw BE-Ansatz (zB § 6c, § 7g VI aF – dazu BFH IV R 30/04, BStBl II 05, 704, ebenso ab 2008, § 7g; auch bei §§ 4 I/5 außerbilanzieller Abzug). **Geld** und BV → Rn. 374 ff. **Systemwidrige Ausnahmen** (§ 4 III 2–5) sind zur Wahrung der Identität des Gesamtgewinns geboten (→ Rn. 11, 383, 406 ff, 471), sollten sich aber auf anders nicht lösbare Unterschiedsfälle beschränken (zust *Kahle/Kopp* FR 20, 1117 zweifelnd *Groh* FR 86, 396; s auch *Söhn* StuW 91, 270; *Kanzler* FR 98, 233; *Weber-Grellet* DStR 98, 1343; FG Köln EFG 94, 1083, rkr). – Anlage EÜR → Rn. 413. Schätzung → Rn. 415. 370

2. Anwendungsbereich. Besteht **keine Buchführungspflicht,** *kann* der Gewinn durch Gegenüberstellung der BE und BA nach § 4 III ermittelt werden. Das gilt für *(Klein-)Gewerbetreibende* und *Land- und Forstwirte* (→ § 13 Rn. 191), die weder gesetzl buchführungspflichtig sind (§§ 238, 241a HGB, § 141 AO) noch freiwillig Bücher führen, sowie für *Selbständige,* die nicht freiwillig Bücher führen; ebenso für PersGes als Gewinnermittlungssubjekt (s BFH IV R 50/14, BStBl II 17, 456 Rn. 52, auch zu *ausl* PersGes); Betriebe gewerbl Art von juristischen Personen döR s *BMF* BStBl I 12, 184, BStBl I 13, 59. – Werden **tatsächl Bücher geführt,** schließt das Gewinnermittlung nach § 4 III aus (BFH I R 24/13, BStBl II 15, 141; → § 5 Rn. 17). Ob die Bücher freiwillig geführt werden oder auch aufgrund einer Rechtspflicht nach ausl Recht, ist grds unerhebl (BFH IV R 50/14, BStBl II 17, 456). Dass die ausl Rechtsvorschriften einem Bestandsvergleich nach inl Recht gleichkommen, wird nicht vorausgesetzt (BFH IV R 3/20, BStBl II 23, 703 Rn. 55, VerfBeschw BVerfG 2 BvR 1618/21; BFH I R 48/19, BFH/NV 23, 814; → Rn. 10 aE; **aA** *Drüen* IStR 19, 833 mwN). 371

3. Vorteile; Nachteile. Die Gewinnermittlung nach § 4 III ist von der Grundidee her buchungstechnisch einfach, vor allem, weil sie grds keine Kassenführung, keine Bestandskonten und keine Inventur voraussetzt (Aufzeichnungspflichten 372

→ Rn. 412 ff). Dieser **Vereinfachungseffekt** kann jedoch in einzelnen VZ zur Besteuerung wirtschaftl nicht erzielter Gewinne/Verluste führen. *Beispiel:* Durch Einkauf und Zahlung von Waren im Jahr 01 im Wert von 10 000 entstehen BA in dieser Höhe, obwohl ein Verlust wirtschaftl nicht eingetreten ist; Einnahmen von 15 000 aus dem Verkauf dieser Waren im Jahr 02 sind voll BE 02 (zu **Steuerstundungseffekt** BFH IV R 10/14, BStBl II 17, 466, Anm *Wendt* BFH/PR 17, 209; s aber § 15b IIIa). Bestandsveränderungen bleiben unberücksichtigt. Ausnahmen s § 4 III 4, → Rn. 406 ff. Die **umwidmende Zweckbestimmung** eines WG (zB UV statt ursprüngl AV oder umgekehrt) kann nicht rückwirkend berücksichtigt werden (vgl BFH IV R 20/04, BStBl II 05, 758). Ebenso wenig kann der **fehlerhaft unterlassene Abzug** von BA später nachgeholt werden, selbst wenn diese dadurch verloren gehen (BFH XI R 49/05, BStBl II 06, 712; umgekehrt zu unterlassener Auflösung einer § 7g-Rücklage BFH VIII B 212/07, BFH/NV 08, 1322). **§ 4 II** findet keine Anwendung (BFH XI R 12/18, BStBl II 20, 779: verfgemäß; → Rn. 350).

Zu verspäteter BV-Einbuchung s BFH VIII R 3/08, BStBl II 10, 1035; bei zu niedrigen AK ggf Ausgleich durch spätere Gewinnminderung bei Veräußerung (BFH IV R 20/04, BStBl II 05, 758; BFH III R 54/12, BFH/NV 13, 1916).

374 **4. Bedeutung des Geldes bei § 4 III. – a) Grundsatz.** Geld dient zunächst nur als Berechnungsgrundlage für BE und BA (→ Rn. 150, 388). Maßgebl ist der Zeitpunkt der Zahlung (§ 11). Ausnahmen → Rn. 376, 406 ff sowie § 4 IVa 6 mit → Rn. 534; zur Bedeutung von Forderungen und Schulden → Rn. 383 f.

375 **b) Geldverluste.** Verluste durch Diebstahl, Unterschlagung, Brand oä Ereignisse können **BA** sein, wenn sie betriebl veranlasst sind (→ Rn. 520 „Verlust"). Die Tendenz der Rspr geht dahin, solche vom privaten Bereich trennbaren Verluste unabhängig von der BV-Eigenschaft und dem Vorliegen einer geschlossenen Kassenführung *bei betriebl Anlass* als BA zu berücksichtigen, zB bei **Unterschlagung** durch Angestellte nach Zufluss **im betriebl Bereich** (BFH IV R 79/73, BStBl II 76, 560; BFH X B 296/95, BFH/NV 96, 739 zu § 18). Fragl ist das bei Unterschlagungen **im Ges-Bereich** (s BFH IV R 56/04, BStBl II 06, 838 mwN; s aber BFH VIII S 37/18, BFH/NV 20, 196). Unterschlagung von Einlagebeträgen durch Vermittler führt nicht zum BA-Abzug, wohl aber Haftungszahlung wegen Beihilfe zur StHinterziehung (vgl BFH VI R 35/96, BStBl II 04, 641). Die *Bestimmung* zur betriebl Verwendung oder der **Verlust auf Geschäftsreise** schaffen mE keinen ausreichenden betriebl Zusammenhang (zu § 4 III FG BW EFG 98, 721, rkr; **aA** NdsFG EFG 99, 761 = BFH X R 65/98, NWB 02, 944 wegen Absicht der Einzahlung auf Betriebskonto; zu WK BFH VI R 26/95, BStBl II 95, 744 – Reisegepäckverlust auf Dienstreise, fragl). Die Möglichkeit privater Veranlassung muss ausscheiden (vgl BFH XI R 35/89, BStBl II 92, 343; BFH X R 69/88, BFH/NV 90, 553 zum Sonderfall der **Unterschlagung durch Ehefrau** → Rn. 262 und FG Mchn EFG 77, 205, rkr). Zweifel gehen zu Lasten des StPfl. Regressansprüche beeinflussen den Abzug als BA nicht (→ Rn. 476).

376 **c) Darlehensgeschäfte. – aa) Grundsatz.** Die Gewährung bzw Aufnahme eines Darlehens und seine Rückzahlung beruhen auf Geldbewegungen im Vermögensbereich. Sie werden deshalb wie beim BV-Vergleich auch iRv § 4 III trotz betriebl Veranlassung zunächst nicht berücksichtigt. Der BFH begründet dieses Ergebnis zutr damit, dass der StPfl bei Hingabe von Darlehensmitteln AK für das nicht abnutzbare WG des AV „Forderung" aufwende (BFH IV R 4–5/72, BStBl II 73, 293, § 4 III 4, 5, → Rn. 409). Die Rückzahlung führt zur erfolgsneutralen Verrechnung mit dieser Forderung. Abgrenzung „Zahlungsvorschuss" und „Darlehen" bei § 4 III (GEMA) s FG Ddorf EFG 11, 313, rkr.

377 **bb) Ausnahmen.** Wie beim betriebl veranlassten Verlust eines nicht abnutzbaren WG des BV (→ Rn. 409) sind die AK der Forderung in dem Jahr, in dem der endgültige Ausfall feststeht, gewinnmindernd auszubuchen (BFH XI B 184/06, BFH/NV 07,

1880). Umgekehrt führt der endgültige Wegfall einer betriebl Darlehensverbindlichkeit aus betriebl Gründen grds zur Gewinnerhöhung (s aber § 3a).

cc) Einlage/Entnahme einer Darlehensforderung/Darlehensverbindlichkeit. Darlehen als **BV** → Rn. 134, 136. **Zinsen** einer betriebl Darlehensschuld sind BA ab Einlage bis zur Entnahme (BFH IV R 39/69, BStBl II 70, 518); die erhaltenen Zinsen aus betriebl gewährten Darlehen sind in gleichem Umfang BE. Das **Damnum** (Disagio) ist gem § 11 II 4 idR ohne Verteilung sofort als BA abziehbar, anders als beim BV-Vergleich (→ Rn. 520). 378

d) Geldschenkungen an Dritte. Bei betriebl Veranlassung BA, bei privater Veranlassung keine Aufzeichnung (Ausnahme s § 4 IVa 6) – wie bei betriebl Arbeitsleistung ohne Entgelt (s auch Verzicht auf Einnahmen, → Rn. 433). Bei Leistung gegen Entgelt und Verzicht auf die Forderung aus betriebl Gründen keine BE (→ Rn. 400), bei privaten Gründen Entnahmegewinn (→ Rn. 394). 379

e) Geldschenkungen an Steuerpflichtigen. Bei betriebl Veranlassung BE, bei privater Veranlassung keine Aufzeichnung (außer § 4 IVa 6), auch nicht bei unentgeltl Tätigkeit Dritter für den Betrieb, da StPfl sonst BA abgesetzt hätte. 380

5. Umlaufvermögen. Aufwendungen zum Erwerb von UV mindern grds im Jahr der Verausgabung den Gewinn (§ 11 II, s BFH VIII R 9/14, BStBl II 18, 387 Rn. 13 mwN); zu den Ausnahmen für bestimmte WG gem § 4 III 4 → Rn. 409. – ***(1)* Anschaffung.** Kaufpreis ist grds BA bei Zahlung (zu Vorratskäufen s BFH IV R 137–138/89, BStBl II 91, 13). – ***(2)* Herstellung.** BA bei Zahlung der Material- und Fertigungskosten. – ***(3)* Veräußerung.** BE bei Zahlungseingang, soweit früher BA abgesetzt waren. – ***(4)* Tausch.** → Rn. 94, 428 (zunächst idR keine Gewinnauswirkung). – ***(5)* Verlust** (Verderb, Zerstörung). Bei *betriebl* Veranlassung grds keine Auswirkung, soweit bereits BA abgesetzt waren, s § 4 III 4; bei *privater* Veranlassung Gewinnerhöhung (→ Rn. 408). – ***(6)* Einlage.** → Rn. 389, 414. – ***(7)* Entnahme.** → Rn. 389, 414. – ***(8)* Schenkung durch StPfl.** Bei *betriebl* Veranlassung wie *(5),* bei *privater* Veranlassung Entnahme wie *(7).* – ***(9)* Schenkung an StPfl.** Bei *betriebl* Veranlassung wohl keine Gewinnerhöhung bei Zuwendung (§ 6 IV ist durch entfallenden BA-Abzug Genüge getan, → Rn. 427, 454); BE bei Veräußerung/Entnahme. Bei *privater* Veranlassung Einlage (→ Rn. 389). – ***(10)* Wechsel der Gewinnermittlungsart.** → Rn. 680. 382

6. Forderungen bei § 4 III und ihr Wegfall. – ***(1)* Grundsatz.** Forderungen (Entstehung, Wertberichtigung, Ausfall) beeinflussen den Gewinn nach § 4 III grds nicht (→ Rn. 370). Es kann sich um WG des UV (→ § 6 Rn. 349) oder bei langfristiger Ausleihung auch um nicht abnutzbare WG des AV handeln (→ Rn. 376). Sie entstehen zwar bei betriebl Veranlassung als BV (→ Rn. 130). Ihr **Erlass** aus *privaten* Gründen kann zu Entnahmegewinn führen (→ Rn. 394); ansonsten wird der Gewinn jedoch grds erst durch den Zahlungseingang berührt. **Konfusion** mit Verbindlichkeiten s *Grube* FR 12, 551, → Rn. 356, 495. **Verrechnung mit Fremdgeld** (§ 4 III 2) führt zu BE (BFH VIII R 14/17, BStBl II 21, 431). Erlässt der StPfl die Forderung vorher aus *betriebl* Gründen, darf der zugrunde liegende Vorgang den Gewinn nicht berühren. Dabei sind die Besonderheiten der Gewinnermittlungstechnik des § 4 III und die bisherige Aufzeichnung des Geschäftsvorfalls zu beachten. IEinz ist zw dem Ausfall folgender Forderungen zu unterscheiden: – ***(2)* Laufender Geschäftsvorfall.** ZB bei Ausfall einer Honorarforderung keine Gewinnauswirkung, wie bei von Anfang an unentgeltl Leistung des StPfl (Verzicht auf BE, vgl → Rn. 379, 433). – ***(3)* Darlehen.** BA im Jahr der Ausbuchung (→ Rn. 376). – ***(4)* Veräußerungsforderungsverluste: – UV.** Wie beim Verlust des WG (→ Rn. 382) grds keine Gewinnauswirkung. Ausnahme: UV iSv § 4 III 4. – **Abnutzbare WG des AV.** Je nach Besteuerung der Veräußerung (→ Rn. 408) keine Gewinnauswirkung oder bei Forderungsausfall BA iHd Restbuchwerts. – **GWG.** Je nach Behandlung 383 bei Anschaffung und Veräußerung (→ Rn. 407) keine Gewinnauswirkung oder BA bei Forderungsausfall. – **Nicht abnutzbare WG des AV.** Je nach Behandlung der Anschaffung und Veräußerung (→ Rn. 409) keine Gewinnauswirkung oder BA im Jahr des Forderungsausfalls. – ***(5)* Betriebsveräußerung** (→ Rn. 399). Der Wert des BV wird nach den Grundsätzen der § 4 I/§ 5 ermittelt (§ 16 II 2). Die Forderung wird der Besteuerung des Veräußerungsgewinns als Veräußerungserlös zugrunde gelegt, was bedeuten müsste, dass sie noch im BV entsteht (→ Rn. 130). Der **GrS** hat diese Frage offengelassen (BFH GrS 2/92, BStBl II 93, 897 und GrS 1/92, BStBl II 93, 894), sieht jedoch die Forderungsrealisierung als Tatbestandsmerkmal des § 16 II mit der Folge der rückwirkenden Bescheidberichtigung bei späterem Ausfall, egal aus welchem Grund (**§ 175 I Nr 2 AO;** → § 16 Rn. 337 ff; BFH VIII R 69/88, BStBl II 94, 648 zu privatem Forderungserlass; glA zu Vertragsaufhebung und Veräußerung an neuen Erwerber BFH VIII R 66/03, BStBl II 06, 307; zu vergleichsweiser Rückzahlung nach vollständiger Kaufpreiszahlung BFH VIII R 67/02, BStBl II 04, 107). Zum Anfall von Schuldzinsen als nachträgl BA → Rn. 486. Zur Gewinnermittlung → Rn. 446 (§ 4 III), Veräußerung gegen Leibrente und Wahl der Versteuerung nach § 24 Nr 2 → Rn. 195, 400. Bei Besteuerung nachträgl Gewinne entspr § 4 III (→ Rn. 446) müssen Forderungen wohl BV bleiben. Erlass aus betriebl Gründen wirkt sich durch Wegfall der BE aus.

384 **7. Verbindlichkeiten bei § 4 III und ihr Wegfall.** – ***(1)* Grundsatz.** Verbindlichkeiten beeinflussen den Gewinn nach § 4 III grds nicht (→ Rn. 370). Sie entstehen zwar wie Forderungen als BV (→ Rn. 140). Ihr **Erlass** aus *privaten* Gründen kann zur Einlage führen (→ Rn. 394). Ansonsten wird der Gewinn erst durch Tilgung berührt. Wird dem StPfl die Schuld vorher aus *betriebl* Gründen erlassen, darf der zugrunde liegende Vorgang den Gewinn nicht mindern. **Konfusion** mit Forderungen s *Grube* FR 12, 551, → Rn. 395, 460. Dabei sind die Besonderheiten der Gewinnermittlungstechnik des § 4 III und die Behandlung des Vorgangs, der zur Entstehung der Verbindlichkeit geführt hat, zu beachten. IEinz ist zw Wegfall folgender Verbindlichkeiten zu unterscheiden: – ***(2)* Laufende Verbindlichkeiten.** (*Beispiel:* Lohnverbindlichkeit). Wie bei unentgeltl Tätigkeit des Dritten keine BE (→ Rn. 380, 430) und keine BA (keine Zahlung). – ***(3)* Darlehensverbindlichkeiten.** → Rn. 376. – ***(4)* Anschaffungsverbindlichkeiten.** ME ist der Erlass bei § 4 III nicht wie die Schenkung der für die Anschaffung erforderl Mittel, sondern wie die Schenkung des angeschafften WG zu behandeln, dessen Art das steuerl Ergebnis beeinflusst: – **Umlaufvermögen:** Nach hM keine Gewinnauswirkung (wie → Rn. 382). Ausnahme: WG iSv § 4 III 4. – **Abnutzbare WG des AV:** ME im Jahr des Erlasses BE iHd Nennbetrags (→ § 6 Rn. 441 ff). Dafür weiterhin AfA auf das WG als BA (entspr § 6 IV, VII). – **GWG:** BE in Höhe der AK (Nennbetrag der Verbindlichkeit), → Rn. 407 *(9)*. – **Nicht abnutzbare WG des AV:** Wohl nach Ziel des § 4 III 4 Wegfall der aufgezeichneten AK (mit Folge der Erhöhung des späteren VeräußerungsEntnahmegewinns); → Rn. 409. – ***(5)* Verbindlichkeiten aus Betriebserwerb** (→ Rn. 398). Angeschafft werden die einzelnen WG. Für sie sind die Auswirkungen nach den vorgenannten Grundsätzen zu prüfen. – ***(6)* Schuldzinsen nach Betriebsaufgabe.** → Rn. 383 (5) und → Rn. 486.

386 **8. Einlage und Entnahme bei § 4 III.** – **a) Grundsatz.** Auch bei § 4 III sind zur richtigen Ermittlung des Gewinns Entnahmen und Einlagen grds in gleicher Weise zu berücksichtigen wie bei § 4 I (vgl BFH IV R 9/17, BStBl II 21, 226, Rn. 21; BFH X R 20/17, BStBl II 20, 3, Rn. 72; zu Geld → Rn. 388). Die Gewinndefinition in § 4 III 1 enthält zwar keine Verweisung auf Einlage- oder Entnahmevorschriften; dass die Überschussrechnung nicht ohne diese Begriffe auskommt, ergibt sich aber aus § 4 III 4, dem allg Veranlassungsprinzip (→ Rn. 30, 220) und der Identität der Totalgewinne (→ Rn. 11). Will man die Begriffe BE und BA nicht überdehnen, muss der Differenzbetrag (Gewinn iSv § 4 III 1) um den Wert der Einlagen und Entnahmen korrigiert werden. Bestätigung durch **§ 4 IVa 6,** → Rn. 534. **Unter-**

b) Besteuerung beim Erwerber (Zahlungsverpflichteten). – *(1)* **Erwerb einzelner Wirtschaftsgüter** (WG des AV oder WG des UV iSv § 4 III 4). Zunächst gelten die Ausführungen zum BV-Vergleich (vgl → Rn. 193, EStR 4.5 IV). Keine Berechnung nach § 22 (BFH XI R 46/98, BStBl II 00, 120). Die FinVerw gewährt jedoch dem Erwerber(!) zusätzl das **Wahlrecht,** stattdessen die Rentenzahlungen zunächst gewinnneutral mit dem versicherungsmathematischen Wert der ursprüngl Rentenverpflichtung zu verrechnen und die übersteigenden Zahlungen voll als BA abzusetzen (EStR 4.5 IV 4 – nicht für Kaufpreisraten, BFH IX R 110/90, BStBl II 95, 47). Fällt die Rentenverpflichtung vorzeitig fort, muss der Erwerber den nicht verbrauchten Teil des Rentenbarwerts als BE versteuern (→ Rn. 194, EStR 4.5 IV 5, str). Bei Rentenerhöhung durch **Wertsicherungsklausel** nach BFH IV R 48/90, BStBl II 91, 796 (anders als im PV) sofortiger BA-Abzug (Zins-/Tilgungsanteil des Erhöhungsbetrages abw von § 5 voll, str). Umgekehrt bei Rentenermäßigung sofortige Besteuerung als BE (→ Rn. 194 mwN). Keine nachträgl **Korrektur** bei fehlerhafter Barwertfortschreibung (BFH IV R 48/90, BStBl II 91, 796). – ***(2)* Erwerb von nicht in § 4 III 4 aufgeführtem Umlaufvermögen.** Volle Gewinnauswirkung im Zeitpunkt der Verausgabung (EStR 4.5 IV 6, 7). 401

c) Besteuerung beim Zahlungsempfänger. Dieser setzt bei Veräußerung einzelner *WG des UV iSv § 4 III 4* jährl Teilbeträge der AK/HK von den zufließenden Renten- oder Ratenbeträgen als BA ab (EStR 4.5 V 1 – bei sonstigem UV voll BE). Das gilt auch bei **Betriebsveräußerung** (EStR 4.5 VI) und wahlweise bei Veräußerung **abnutzbarer WG des AV** (EStR 4.5 V 2). **Forderungsausfall** → Rn. 383 *(5)* und EStR 4.5 V 3 (BA bei Ausfall). 402

II. Durchlaufende Posten, § 4 III 2

Im Namen und vor allem **für Rechnung eines anderen** vereinnahmte und verausgabte Gelder werden auch bei § 4 III nicht als BE/BA erfasst, da sie wirtschaftl nicht das *eigene* BV betreffen, auch wenn ihre Zahlung betriebl veranlasst ist (vgl BFH VIII R 19/12, BStBl II 15, 643; *Beispiel:* RA kassiert von Mandanten im Jahr 01 Gerichtskostenvorschuss und zahlt diesen im Jahr 02 bei Gericht ein oder umgekehrt, s BFH IV B 54/96, BFH/NV 97, 290). Es darf sich nicht um *eigene* Verbindlichkeit handeln, die der StPfl auf Dritte abwälzen kann. – Einnahme und Ausgabe müssen zu einem einheitlichen Vorgang „verklammert" sein; dh, beide Geldbewegungen müssen in fremdem Namen und für fremde Rechnung geschehen (BFH VIII R 14/17, BStBl II 21, 431 Rn. 21). Betrag, Verpflichtung und **Wille zur Weiterleitung** müssen bei Zufluss dem Grunde und der Höhe nach zweifelsfrei erkennbar feststehen (BFH IV R 190/71, BStBl II 75, 776). Hat der StPfl die vorweggenommene Zahlung im Jahr 01 entgegen § 4 III 2 als BA gebucht, kann er nicht im Jahr 02 unter Berufung auf § 4 III 2 von der Besteuerung der BE absehen; durchlaufende Posten setzen gewinnneutrale Vereinnahmung und Verausgabung voraus (BFH IV R 25/07, BStBl II 08, 715). Eine **Unterschlagung** von Fremdgeldern führt idR nicht zu BE (BFH VIII R 19/12, BStBl II 15, 643; Anm *Levedag* HFR 15, 722 und *ders* NWB 15, 3323; abl *Kanzler* FR 15, 802; abl zu eigener Zinsanlage FG Köln EFG 14, 1768, rkr), eine **Verrechnung** mit eigenen Forderungen hingegen schon (BFH VIII R 14/17, BStBl II 21, 431). Da durchlaufende Posten keinen Aufwand darstellen, der das BV belastet, findet **§ 160 AO** keine Anwendung (BFH IV R 26/16, BFH/NV 18, 1260, Rn. 39). – Für bilanzierenden StPfl gilt § 4 III 2 nicht; die Gewinnneutralität wird durch Ansatz gleichhoher Wertzu- und -abgänge sichergestellt (BFH XI B 1/20, BFH/NV 20, 1258 Rn. 16 mwN). 404

Weitere Beispiele – keine durchlaufenden Posten: Zahlung und Erstattung von **Auslagen des RA** für Porti und Telefon führen zu BA und BE, ebenso Verausgabung und Vereinnahmung von **USt** (BFH VIII B 54/20, BFH/NV 21, 310; zu UStVZ: BFH IV S 6/06, BFH/NV 06, 1827; zu UStVZ als regelmäßig wiederkehrende BA, § 11 II 2: BFH VIII R 34/12,

BStBl II 15, 285; *Jochum* DStZ 14, 811; *Peetz* DStZ 15, 347; *Handor/Bergan* DStR 16, 2568); ebenso *BMF* BStBl I 04, 526 zu **Ärzte-Praxisgebühr** (fragl).

III. Abweichungen vom Abflussprinzip, § 4 III 3, 4

406 **1. Bedeutung der Regelungen.** Die wirtschaftl Nachteile der Überschussrechnung durch § 11 werden zB bei lfd Geschäftsvorfällen/Geschäften mit typischem UV, das idR bald umgesetzt wird, grds in Kauf genommen, ohne Nachholung vergessenen Aufwands (→ Rn. 372). Bei stärkerer Berührung des Vermögensbereichs hielt der Gesetzgeber dieses Ergebnis nicht mehr für vertretbar (s auch BFH VIII R 9/14, BStBl II 18, 387 Rn. 23 mwN): – **Gesetzl Durchbrechungen der Ist-Rechnung** (§ 4 III 2–5, → Rn. 11 und § 4 VIII): – ***(1)*** **Abnutzbare WG des AV/GWG, § 4 III 3:** AK/HK sind wie bei § 4 I nach §§ 6 ff zu bewerten und abzuschreiben (§ 6 VII; → Rn. 407 f). – ***(2)*** **Nicht abnutzbare WG des AV, § 4 III 4:** Der StPfl kauft im Jahr 07 ein Grundstück für 1 Mio, das er im Jahr 15 für 2 Mio veräußert (nur Gewinnbesteuerung **bei Zahlung** im VZ 15 und Aufzeichnungspflicht § 4 III 5 ab VZ 07; → Rn. 11, 409 und unten). Zusatzregelung in § 52 VI 6: Der *Zuflusszeitpunkt* (statt vorher Zeitpunkt der Veräußerung) ist auch für vor dem 6.5.2006 angeschaffte (und noch nicht veräußerte) WG des nicht abnutzbaren AV maßgebend (vgl BFH IV R 2/09, BFH/NV 12, 1309). – ***(3)*** **Umlaufvermögen:** § 4 III 4 enthält seit 6.5.2006 (§ 52 VI 3) eine Ausdehnung der Ausnahmen auf ***bestimmte*** **WG des UV;** → Rn. 400.

Rspr und Verwaltung lassen **weitere Ausnahmen** zu, zT um Härten zu beseitigen, zT um die Gesamtgewinngleichheit mit dem BV-Vergleich zu gewährleisten (→ Rn. 11). Sonstige außergewöhnl Härten können allenfalls ausnahmsweise bei besonderen Umständen über abw Gewinnauswirkung hinaus **im Erlasswege** ausgeräumt werden (§§ 163, 227 AO, vgl BFH X R 9/09, BFH/NV 11, 561; → 35. Aufl 2016, § 4 Rn. 373 mwN).

407 **2. Geringwertige Wirtschaftsgüter; Sammelposten.** § 4 III 3 bestimmt auch den Vorrang des § 6 II, IIa vor § 11; s § 6 VII. – ***(1)*** **Anschaffung** (s *BMF* BStBl I 10, 755). Grds Abzug der AK/HK bis 450 €, aber nicht im Jahr der *Zahlung,* sondern im Jahr der Anschaffung, bis 2007 und ab 2010 wahlweise statt AfA § 7. Seit 2010 Aufzeichnungen nach § 6 II 4. Ggf AfA auf Sammelposten (§ 6 IIa). – ***(2)*** **Herstellung.** Wie *(1):* Jahr der Herstellung. – ***(3)*** **Veräußerung.** BE iHd Veräußerungserlöses, soweit die AK nach § 6 II abgesetzt waren (wie → Rn. 408). Bei Fortführung eines Sammelpostens gilt § 6 IIa 3. – ***(4)*** **Tausch.** → Rn. 94, 428. – ***(5)*** **Verlust** (Zerstörung, Diebstahl). Bei *betriebl* Veranlassung keine Aufzeichnung, soweit die AK schon BA waren. Sonst wie → Rn. 408 *(5);* ggf § 6 IIa 3. Bei *privater* Veranlassung nach Anwendung § 6 II Gewinnerhöhung um fiktiven Restbuchwert (ähnl Entnahme – → Rn. 391 – bzw privater Mitbenutzung – → Rn. 49); nach § 6 IIa 3 Fortführung mit Entnahmegewinn. – ***(6)*** **Einlage.** → Rn. 391. – ***(7)*** **Entnahme.** S *(5)* und → Rn. 391. – ***(8)*** **Schenkung durch StPfl.** Bei *betriebl* Veranlassung wie *(5);* bei *privater* Veranlassung Entnahme des WG wie *(7).* – ***(9)*** **Schenkung an StPfl.** Bei *betriebl* Veranlassung (aus Sicht des StPfl) BE gem § 6 IV. ME ist § 6 II auf die fiktiven AK § 6 IV anwendbar. Bei *privater* Veranlassung Einlage wie *(6).*

408 **3. Abnutzbare Wirtschaftsgüter des Anlagevermögens.** Sonderregelung des § 4 III 3 iVm §§ 6 VII, 7 ff mit Gleichstellung zum BV-Vergleich, gültig für materielle und immaterielle, bewegl und unbewegl WG. Die Nutzungsdauer muss ein Jahr übersteigen (§ 7 I; BFH IV R 127/91, BStBl II 94, 232). – ***(1)*** **Anschaffung.** BA nur iHd auf das einzelne Jahr entfallenden AfA (grds Zwölftelung, § 7 I 4, II 3). Die Zahlung hat keine Gewinnauswirkung, sodass die AfA auch vor Zahlung des Kaufpreises als BA abgesetzt werden kann (Sonderregelung zu § 11, BFH IX R 50/06, BStBl II 08, 480; → Rn. 460 „Zuschuss"). *Beispiel:* Anschaffung Betriebs-Pkw im Dez 01; Zahlung 30 000 im Jahr 02. Bei Nutzungsdauer von 5 Jahren BA im Jahr 01 von 500 (1/12 von 6000). Ab 6.5.06 Aufzeichnungspflicht, s § 4 III 5 (→ Rn. 414). Ge-

schäftswert → § 6 Rn. 311. UU BA-Abzug statt Ansparrücklage nach **§ 7g VI** aF (→ Rn. 370 – iErg ebenso bei InvAbzugsbetrag § 7g nF). – ***(2)* Herstellung.** Berechnung der HK wie bei AK und beim BV-Vergleich, soweit die Kosten nicht bereits als BA abgesetzt waren. AfA als BA im Zeitpunkt der Fertigstellung. – ***(3)* Veräußerung.** Der Veräußerungserlös ist BE, nach BFH im Jahr der Zahlung, der Restbuchwert BA, und zwar in Anknüpfung an § 7 grds im Jahr der Veräußerung ohne Rücksicht auf die Zahlung (BFH IV R 29/94, BStBl II 95, 635 – § 52 VI 4 gilt nur für nicht abnutzbare WG des AV). Bei Forderungsausfall BA. Mögl Verlagerung der steuerl Auswirkungen auf spätere Jahre bei Rentenzahlung s EStR 4.5 V 1, 2. Die Besteuerung stiller Reserven kann uU durch Abzug einer Rücklage als BA nach § 6c (Gebäude) oder EStR 6.6 VII hinausgeschoben werden. **Betriebsveräußerung** → Rn. 399. – ***(4)* Tausch.** → Rn. 94, 428. – ***(5)* Verlust** (Zerstörung, Diebstahl). Bei *betriebl* Veranlassung BA iHd Restbuchwerts. Keine TW-AfA, da § 6 I Nr 2 nicht anwendbar ist (BFH XI R 49/05, BStBl II 06, 712; s auch *Kahle/Kopp* FR 20, 1117 (1120) mwN; → § 6 Rn. 360), aber ggf außerordentl AfA gem § 7 I 7, IV 3. Bei *privater* Veranlassung keine Entnahme des WG, also keine Aufdeckung etwaiger stiller Reserven (→ Rn. 78, 270 „Verlust"), aber auch keine BA (weder AfA noch Restbuchwert, BFH XI R 60/04, BStBl II 07, 762; str, → Rn. 52, 78). – ***(6)* Einlage.** → Rn. 390. – ***(7)* Entnahme.** → Rn. 390. – ***(8)* Schenkung durch StPfl.** Bei *betriebl* Veranlassung wie *(5)*; bei *privater* Veranlassung Entnahme wie *(7)*: – ***(9)* Schenkung an StPfl.** Bei *betriebl* Veranlassung BE. Höhe: gemeiner Wert, zugleich Bemessungsgrundlage für die AfA (§ 6 IV, VII). Bei *privater* Veranlassung Einlage des WG wie *(6)*. – ***(10)* Verteilung von Erhaltungsaufwand, § 4 VIII.** Für bestimmte Wohngebäude iSv §§ 11a, b auf 2–5 Jahre. **§ 82b EStDV** ist ab 2004 wieder gültig, aber wie vor 1999 **nicht für BV.**

4. Nicht abnutzbare Wirtschaftsgüter des Anlagevermögens. § 4 III 4 ist **Sondervorschrift zu § 11.** – ***(1)* Anschaffung; Herstellung.** Die AK/HK werden grds im Jahr der Anschaffung/Herstellung **ohne Gewinnauswirkung** in ein Verzeichnis aufgenommen (§ 4 III 5). Die tatsächl Zahlung ist mE, anders als bei Veräußerung, ohne Bedeutung. Spätere Gewinnauswirkung s *(3)*. Auch bei § 4 III gilt das Aktivierungsverbot gem **§ 5 II;** Aufwendungen für selbst geschaffene immaterielle WG des AV sind daher abw von § 4 III 4 bei Zahlung als BA absetzbar (BFH III R 6/05, BStBl II 07, 301; zu Rückdeckungsversicherung s BFH VIII R 9/14, BStBl II 18, 387). Fiktive Anschaffungskosten für bis 1970 nicht zu aktivierenden luf GuB (§ 55 → Rn. 110). Zu § 6 IV s unten *(9)*. – ***(2)* Teilwertabschreibung** ist unzulässig (BFH X R 11/22, DStR 24, 1976 Rn. 73; **aA** *Söhn* StuW 91, 270, 277). – ***(3)* Veräußerung.** Der Veräußerungserlös wird um den aufgezeichneten Buchwert gekürzt, soweit nicht AK von luf GuB vor 1971 als BA abgesetzt waren (dann BE iHd Veräußerungserlöses; § 52 VI 4, oben 2; BFH IV R 85/79, BStBl II 82, 397; EStR 4.5 III 4). Im Normalfall ist der Differenzbetrag abzügl der Veräußerungskosten als Gewinn zu versteuern (HessFG EFG 23, 1523, Rev I R 50/23). **Zeitpunkt:** nach § 4 III 4 *Jahr der Zahlung* (§ 52 VI 6: bei Veräußerung nach 6.5.2006; vorher Jahr der Veräußerung). Zur Berücksichtigung eines vorangegangenen Tauschs s BFH VI R 68/15, BStBl II 19, 218; zur Absetzung einer Rücklage als BA s § 6c (GuB) sowie EStR 6.6 VII (für alle WG). – ***(4)* Tausch.** → Rn. 94, 428. – ***(5)* Verlust** (Zerstörung, Diebstahl etc) eines der in § 4 III 4 genannten WG ist iHd aufgezeichneten Buchwertes als BA zu berücksichtigen (BFH X R 11/22, DStR 24, 1976 Rn. 45), soweit die AK/HK noch nicht als BA abgesetzt waren (sonst keine Gewinnauswirkung; → Rn. 520 „Verlust"). Maßgebl ist der Zeitpunkt, zu dem die für das WG aufgewendeten Mittel *endgültig* verloren gegangen sind (BFH X R 11/22, DStR 24, 1976 Rn. 53 ff: Einzelfallbetrachtung, kein Wahlrecht, kein Rückgriff auf Grundsätze zu § 17 IV). Bei *privater* Veranlassung gewinnneutrale Ausbuchung des Buchwertes; bei vorheriger Absetzung als BA Gewinn in dieser Höhe. – ***(6)* Einlage.** → Rn. 92, 414. – ***(7)* Entnahme.** → Rn. 92, 414. – ***(8)* Schenkung durch StPfl.** Bei *betriebl* Veranlassung wie *(5)*, bei *privater* Veranlassung Entnahme des WG wie *(7)*. – 409

(9) **Schenkung an StPfl.** Bei *betriebl* Veranlassung BE im Zeitpunkt der Zuwendung. Zum Ausgleich Aufnahme der fiktiven AK § 6 IV in das Verzeichnis nach § 4 III 5, um nochmalige Versteuerung bei Veräußerung/Entnahme zu vermeiden. Bei *privater* Veranlassung liegt eine Einlage des WG vor.

410 **5. Bestimmte Wirtschaftsgüter des Umlaufvermögens.** Ebenso sind gem § 4 III 4 die AK/HK für **Wertpapiere, KapGesAnteile uä Forderungen und Rechte, GuB und Gebäude** grds im Jahr der Anschaffung/Herstellung ohne Gewinnauswirkung in ein Verzeichnis aufzunehmen (§ 4 III 5; seit 6.5.2006, s § 52 VI 5). Damit sollen Missbräuche verhindert werden; sonstiges „normales" UV ist nicht betroffen (vgl *Stahl/Mann* FR 11, 1139). – Die AK/HK sind erst bei **Zufluss** des Veräußerungserlöses bzw bei Entnahme abziehbar, auch bei Verlust durch Diebstahl, Brand uÄ. – Zu **Wertpapieren** und **vergleichbaren Rechten** s BFH VIII R 9/14, BStBl II 18, 387 (RückdeckVers wird nicht erfasst). Problematik besteht bei anderen, mit Besitzkonstitut gehandelten WG (zB Edelmetalle, Holz, Kunstgegenstände uÄ): Sie fallen nach zutr hM nicht unter § 4 III 4 (vgl zu **Gold** BFH IV R 10/14, BStBl II 17, 466 mwN: *kein* Missbrauch, Anm *Wendt* BFH/PR 17, 209, auch zu § 15b IIIa; BFH IV R 50/14, BStBl II 17, 456). Ausnutzung iZm Auslandsbeteiligungen und Vorteilen durch negativen Progressionsvorbehalt **(„Goldfälle", „double-dip")** s Schrifttum → 34. Aufl 2015, § 4 Rn. 373; § 32b II 1 Nr 2 S 2c mit → Rn. 45; zu § 15b s dort. Zu **Wahlrecht** bezügl § 4 III → Rn. 10, *Krää* FR 15, 928. – Bei **PersGes** ist nicht auf die GesAnteile, sondern auf die WG der PersGes abzustellen (vgl → Rn. 251; BFH X B 208/10, BFH/NV 11, 1868).

IV. Aufzeichnungspflichten (allgemein und aus § 4 III 5)

412 **1. Allgemeine Nachweise.** Das EStG sieht für die Gewinnermittlung nach § 4 III **keine förmlichen Aufzeichnungspflichten** vor (BFH VIII R 29/20, BStBl II 23, 1005, Rn. 17). §§ 140 ff AO gelten nur eingeschränkt (keine *obligatorische* Kassenbuchführung, auch nicht aus § 22 UStG, § 63 UStDV, s BFH X B 16/17, BFH/NV 17, 1204, auch zu „Schuhkarton-Buchführung"). Gleichwohl ist die **Höhe der BA** durch **Belege** nachzuweisen (§ 146 I, V AO, BFH VIII R 6/14, BFH/NV 18, 606: geordnet und vollständig; → Rn. 415 f). Bei freiwilliger Kassenbuchführung sind die **Datenträger** vorzulegen (BFH X R 42/13, BStBl II 15, 519; einschr zur Überlassung digitalisierter Steuerdaten iRe BP: BFH VIII R 24/18, BStBl II 23, 63 und BFH X R 8/18, BFH/NV 20, 1045 für § 147 VI AO; seit 1.1.23 s aber § 147 VII AO). Änderungen zu Kassenaufzeichnung s §§ 146, 146a, 146b AO nF. – Einzelne **Sonderaufzeichnungspflichten:** § 4 III 5, § 4 IVa 6, § 4 VII, § 4g IV, 5 I 2 und 3, § 6 II 4, § 6c II, § 7a VIII, § 13a II Nr 2 EStG und § 5 LStDV.

§ 90 III AO enthält eine Aufzeichnungspflicht für **Auslandsgeschäfte** (seit 30.6.03; s *Kußmaul/Müller* StB 13, 432). S iEinz *Klein* § 90 AO Rn. 50 ff; zu VerfMäßigkeit BFH I R 45/11, BStBl II 13, 771. – **Bilanzielle Wahlrechte** erfordern nach BilMoG bei Abweichung der StBil von der HB die Aufzeichnung der betr WG in einem besonderen Verzeichnis (§ 5 I 2, 3). – **Elektronische Übermittlung von Bilanz- und GuV** seit 2012 → § 5b Rn. 7.

413 **2. Einnahmeüberschussrechnung, § 60 IV EStDV.** Für VZ ab 2005 ist der StErklärung eine Gewinnermittlung nach amtl vorgeschriebenem **Vordruck** beizufügen, die elektronisch zu übermitteln ist (bis einschließl VZ 16: nur bei BE ab 17 500 €). Die geänderten **Vordrucke „EÜR"** sind jährl mit Erläuterungen im BStBl veröffentlicht (zuletzt *BMF* BStBl I 24, 1148 und *BMF* BStBl I 25, 1652). Obwohl der StVereinfachungszweck str war, hat BFH X R 18/09, BStBl II 12, 129 aus Gründen der Gleichmäßigkeit der Besteuerung und der Verfahrensvereinfachung § 60 IV EStDV bestätigt (s Anm *Kulosa* HFR 12, 153). Zu Ausnahmen **wirtschaftl Unzumutbarkeit** s BFH VIII R 29/19, BStBl II 21, 290.

3. Aufzeichnungspflichten nach § 4 III 5. Aufzuzeichnen sind (seit 6.5.2006, § 52 VI 5): – *(1)* alle WG des *abnutzbaren* **AV** (früher war nur nicht abnutzbares AV betroffen) und – *(2)* einzelne in § 4 III 4 genannte WG des **UV** (wohl für jede Art ein Verzeichnis). Die Anwendung auf **Einlagen/Einbringungen** ergibt sich nicht ausdrückl aus § 4 III 5 (AK/HK), entspricht aber dem Willen des Gesetzgebers (vgl § 52 VI 5, § 6 I Nr 5) und der BFH-Rspr (BFH I R 142/76, BStBl II 79, 729). 414

4. Fehlende oder unvollständige Aufzeichnungen. – a) Belegsammlung. 415 Der StPfl muss bei § 4 III in seiner StErklärung BE und BA aufführen, ohne Saldierung, und sie dem FA auf Verlangen erläutern und glaubhaft machen, damit die Behörde die Richtigkeit (BA) und Vollständigkeit (BE) nachprüfen kann (§ 90 I AO). Dazu gehört auch die Darlegung der betriebl Veranlassung aller BA. Das FA kann Nachweise verlangen, die Art und Entstehungszeitpunkt einer Aufwendung und den Bezug zum Betrieb des StPfl erkennen lassen (geordnete Belegablage, § 146 V 1 AO; vgl → Rn. 440, 480, 488 f). Diese **Belegsammlung** ist bei § 4 III die entscheidende Grundlage für die StErklärung (s auch BFH IV R 68/98, BStBl II 99, 481 und → Rn. 10, 418: Wahlrechtsausübung). **Schätzung** ggf nach § 4 III (→ Rn. 684 f mwN zu Korrekturen; zu Richtsatzschätzung s BFH X R 19/21, DStR 25, 2300, Anm *Loschelder* HFR 25, 116 (1125)).

Beispiele: Vgl zu **Taxifahrer**-Schichtzetteln BFH III B 43/14, BFH/NV 15, 978 mwN; *BMF* BStBl I 10, 1342; *Ritzrow* StBP 15, 45; zu **Altkassen** s BFH X R 3/22, BStBl II 24, 329; zu **Unsicherheitsabschlag** bei BA s BFH VIII B 97/21, BFH/NV 23, 113; zu **Gaststätte** BFH X B 16/17, DStRE 17, 1316 mwN, auch zur Begründung einer **Hinzuschätzung** (Zeitreihenvergleich, Quantilsschätzung); zu **Eigenprostitution** s FG Hmb EFG 17, 489, rkr (Einzelaufzeichnung).

b) Objektive Beweislast. Der StPfl trägt die obj **Beweislast (Feststellungslast)** 416 für den BA-Abzug (→ Rn. 31). Ist die betriebl Veranlassung nicht nachgewiesen, wird das FA idR keine BA berücksichtigen; ist dagegen nur die **Höhe** nicht nachgewiesen, muss das FA wahrscheinl angefallene Kosten schätzen (→ Rn. 494). Der StPfl kann sich dabei nicht zu seinen Gunsten auf allg Erfahrungssätze berufen (vgl BFH VI R 113/88, BStBl II 92, 854 und → Rn. 590 zu ADAC-Tabellensätzen). **Mitwirkungsverstöße gegen § 90 AO** können zur Versagung eines BA-Abzugs und zu Sanktionen führen (s § 162 IV AO, § 4 V 1 Nr 12, → Rn. 647). **Eigene Nutzungsaufzeichnungen** erkennen Rspr und FinVerw idR an (vor allem für Telefon und Pkw; aber strenge Rspr zu inhaltl Anforderungen). **Fahrtenbücher** müssen formell ordnungsmäßig geführt und wenigstens stichprobenweise sachl nachprüfbar sein anhand sonstiger Belege und Unterlagen wie Benzinquittungen, Terminkalender oÄ (vgl BFH VI R 33/10, BStBl II 12, 505 mwN; → § 6 Rn. 562, auch zu elektronischer Führung). Sonstige **Eigenbelege** genügen nur in glaubhaften Einzelfällen. Keine Bindung der FG (→ Rn. 480).

c) Einlagen und Entnahmen. In **Geld** waren sie ursprüngl nicht aufzuzeichnen, 417 da sie für die Besteuerung nach § 4 III grds keine Bedeutung besitzen (→ Rn. 374). **Ab 1999** beeinflussen sie den allg Schuldzinsenabzug als BA und sind daher wie andere Einlagen und Entnahmen (ab VZ 2000) gesondert aufzuzeichnen (**§ 4 IVa 6,** § 52 VI 7, → Rn. 534). Für **Sacheinlagen/-entnahmen** gelten die vorgenannten Grundsätze (→ Rn. 386). Sachentnahmen sind ggf nach Erfahrungssätzen zu schätzen (vgl amtl Richtsatzsammlungen, zB für 2024/2025: *BMF* BStBl I 25, 2018; s aber BFH X R 19/21, DStR 25, 2300).

d) Aufzeichnungsgrenzen. Der StPfl darf für § 4 III keine Aufzeichnungen 418 führen, die als Abschluss iSv § 4 I/§ 5 gelten; zu Wahlrecht der Gewinnermittlungsart → Rn. 10, zu Buchführungspflicht und Hinweis des FA nach § 141 II AO → Rn. 9.

E. Betriebseinnahmen; Betriebsausgaben, § 4 IV–X

I. Betriebseinnahmen

420 **1. Begriff „Betriebseinnahmen".** Eine Begriffsbestimmung enthält das Gesetz nicht. Die Rspr greift auf die Definitionen der BA in § 4 IV und der Überschusseinnahmen in § 8 zurück. BE sind danach **Zugänge von WG** in Form von **Geld oder Geldeswert,** die **durch den Betrieb veranlasst** sind (stRspr, zB BFH VIII R 14/17, BStBl II 21, 431; BFH VI R 54/16, BStBl II 19, 311: Entschädigung; BFH VIII R 4/14, BStBl II 17, 310: Vorschusszahlung). Erfasst werden Geld- und Sachleistungen (→ Rn. 427). Im Gegensatz dazu stehen Einlagen als *außerbetriebl* Wertzugänge (→ Rn. 220). – **Keine Korrespondenz:** Beim Geber nicht abziehbare BA können beim Empfänger gleichwohl BE sein (BFH VIII R 35/93, BStBl II 96, 273); ebenso BE aus der Veräußerung eines WG, dessen AK der StPfl nicht als BA absetzen konnte (§ 4 V; → Rn. 564; uU doppelte steuerl Auswirkung, s *oV* HFR 96, 244; → Rn. 477, 490).

BE bilden eine unmittelbare Besteuerungsgrundlage für die Gewinnermittlung nach **§ 4 III.** Der Begriff hat daneben *als betriebl Ertrag* auch Bedeutung für die Gewinnermittlung durch BV-Vergleich nach **§ 4 I/§ 5 VI** (auch ohne Verweisung, vgl BFH X R 24/10, BStBl II 12, 498). – **SonderBE** → § 15 Rn. 640 ff und BFH VIII R 47/18, BStBl II 21, 696 Rn. 26.

421 **2. Wertzugang. – a) Zufluss.** Zufluss tritt mit der Erlangung der **wirtschaftl Verfügungsmacht** ein (→ § 11 Rn. 15 ff). Geld fließt idR zu, wenn es dem Empfänger bar ausbezahlt oder seinem Konto bei einem Kreditinstitut gutgeschrieben wird (BFH VI R 44/17, BStBl II 21, 392 Rn. 24). Fälligkeit eines Anspruchs ohne Erfüllung führt nach § 4 III (noch) nicht zum Zufluss (BFH I R 10/18, BFH/NV 23, 24 Rn. 11). Ob der Vermögenszuwachs im Betrieb erwirtschaftet wurde oder ob ein **Rechtsanspruch** auf die Einnahmen besteht, ist unerhebl (BFH VIII R 4/14, BStBl II 17, 310); ebenso ob sich ein **Zugang im BV** ergibt (→ Rn. 427, 444).

Ob der Zufluss ein Begriffsmerkmal der BE darstellt, ist str, dürfte aber keine praktische Auswirkung auf die Gewinnermittlung nach § 4 III haben, da es jedenfalls gem § 11 I auf den Zufluss ankommt, uU auch im PV oder bei Dritten (→ Rn. 444, 456). Eine reine Geldrechnung ist die Überschussrechnung nur noch in den durch § 4 III eng abgesteckten Grenzen (→ Rn. 406). Es ist im Einzelfall unter Berücksichtigung der Ausnahmetatbestände nach dem Grundsatz der Gesamtgewinngleichheit (→ Rn. 11) zu entscheiden, welche Wertzugänge als BE aufzuzeichnen sind (→ Rn. 443 aE).

422 **b) Geldzuwendungen. – aa) Allgemeines.** Dazu gehören neben lfd Einnahmen **Vorschüsse** (BFH III R 30–31/85, BStBl II 90, 287; s auch BFH VIII R 4/14, BStBl II 17, 310: Vorfinanzierung erwarteter GEMA-Zahlungen) und **BE nach Betriebsbeendigung** (§ 24 Nr 2; → Rn. 446); ebenso **unentgeltl** Zuwendungen (BFH VIII R 41/14, BFH/NV 17, 1180). Bezeichnung ist ohne Bedeutung (→ Rn. 441). Es kommt darauf an, ob der StPfl **wirtschaftl Verfügungsmacht** über die jeweiligen Geldbeträge endgültig erlangt hat (s BFH VIII S 37/18, BFH/NV 20, 196 mwN). – Trotz Zufluss keine Einnahmen: durchlaufende Posten (→ Rn. 404); Zahlungen im Vermögensbereich (zB Darlehen, → Rn. 376, → § 8 Rn. 8).

423 **bb) Betriebsausgabenersatz.** Dem StPfl zurückerstattete oder durch Dritte ersetzte Betriebsausgaben können als BE zu versteuern sein (→ Rn. 460 „Abfindung" und „Zinsen"), nicht jedoch solche Zuwendungen außerhalb des Einkünftebereichs (→ Rn. 426).

424 **cc) Erstattungspflicht.** Zugeflossene BE sind auch dann zu versteuern, wenn sie in späteren VZ zurückzuerstatten sind (BFH III R 30–31/85, BStBl II 90, 287; → Rn. 475 mwN zu negativen Einnahmen). **Gespendete** TV-Spielgewinne von Prominenten fließen ihnen idR nicht zu (bei vorheriger Spendenzusage weder BE noch BA oder Spende; *BMF* BStBl I 06, 342 und *BMF* BStBl I 08, 645).

dd) Abgekürzter Zahlungsweg. Zufluss liegt auch vor, wenn der Zuwendende im Einvernehmen mit dem StPfl dessen Schuld ggü einem Dritten tilgt; zB: der Auftraggeber behält einen Teil des Honorars ein und erfüllt damit eine StSchuld des Auftragnehmers. Allein der Einbehalt der Steuer führt allerdings noch nicht zum Zufluss (BFH I R 10/18, BFH/NV 23, 24 Rn. 17). 425

c) Sonstige Zuwendungen in Geldeswert. – aa) Sachzuwendungen. Gegenwert für betriebl Leistungen ist BE, auch ohne Zuwendung eines WG (zB Honorarzahlung in Form einer GmbH-Beteiligung, vgl BFH IV R 57/99, BStBl II 01, 546; BFH XI R 39/01, BFH/NV 04, 622 und → 20. Aufl 2001, § 4 Rn. 427). Vgl zu **Incentivereise** BFH X R 36/03, BFH/NV 05, 682 mwN. **Höhe** → Rn. 452. **Tausch** → Rn. 94, 428, → § 5 Rn. 631, zu § 4 III *Groh* FR 86, 393. – **Gutscheine** sind keine Sachzuwendung; maßgebl ist der Zufluss des Geldes (→ Rn. 421, BFH X R 3/22, BStBl II 24, 329 Rn. 69). Zu **Influencern** s *FM SchlH* DB 24, 2057. 427

bb) Unentgeltliche betriebliche Sachzuwendungen Dritter. Sie führen zu BV und bei **AV** und **GWG** zu BE iHd Verkehrswertes (§ 6 IV, VII, BFH IV R 86/86, BStBl II 88, 633; → Rn. 407 ff). Bei **UV** muss die – einmalige – steuerl Auswirkung nach Art und Verwendung des WG und Systematik des § 4 III gesichert werden (uU Ansatz von BE mit Ausgleich durch BA in gleicher Höhe; ggf später Entnahme). 428

Beispiele: Überlassung von **Altgold** an Zahnarzt (BFH IV R 115/84, BStBl II 86, 607); **Silberabfälle** bei Röntgenarzt (BFH IV R 50/86, BStBl II 86, 907); **Erbschaft** bei betriebl Veranlassung (zu Altenheimträger BFH VIII R 60/03, BStBl II 06, 650); **Forderungsverzicht** (→ Rn. 384, → § 11 Rn. 50 „Verzicht"); unentgeltl **Informations-/Fortbildungsveranstaltungen** können, soweit BA nicht abziehbar wären (→ Rn. 520 „Informationsreisen"), zu BE führen (vgl BFH III R 175/85, BStBl II 88, 995 unter II 2), zB bei **Ärzteeinladungen durch Arzneimittelhersteller** (s *LS* DStR 90, 561; *HG* DStR 94, 1415; s auch *Balzer* NJW 03, 3325 zu § 95d I 3 SGB V: Standesrechtl Anerkennung von ärztl Fortbildungsveranstaltungen nur, wenn diese „frei von wirtschaftl Interessen" sind); uU **Schiffsreisetagung** (zu PersGes'ter s BFH VIII R 35/93, BStBl II 96, 273); – **aA** bzgl Überlassung metallischer Rückstände an **Krematorium:** FG BW EFG 24, 1123, Rev IX R 29/24 (mE zweifelhaft). – Weitere *Beispiele* → 42. Aufl 2023, § 4 Rn. 428.

cc) Sonstige Sachwertzugänge. Sonstige Sachwertzugänge im Bestandsbereich (zB Wareneingang) haben als solche bei § 4 III keine Auswirkung. 429

d) Leistungszuwendungen Dritter. Bei **entgeltl** Leistungen wird im Betrieb nur die Zahlung als BA aufgezeichnet. **Unentgeltl** Leistungszuwendungen an Betrieb sind keine BE, soweit nur die Leistung, nicht aber ein WG zugewendet wird. 430

e) Ersparte Aufwendungen. IdR keine BE; Auswirkung auf die Gewinnermittlung ergibt sich durch Wegfall des BA-Abzugs. *Beispiele:* Einsatz der eigenen Arbeitskraft statt Beschäftigung fremder ArbN (Auswirkung durch höheren Gewinn, → Rn. 229); unentgeltl Beratung des StPfl (vgl → Rn. 379, 430); Gewährung zinsloser Darlehen an den StPfl (ersparte Zinsen sind keine BE), → Rn. 436; zum Verzicht auf eine gegen den StPfl bestehende betriebl Forderung → Rn. 384. **Abgrenzung:** Betriebl Zuwendungen sind grds BE, wenn der StPfl dadurch Aufwendungen erspart (→ Rn. 428, 460 „Zuschüsse", EStR 6.5, → § 7 Rn. 107, zu Dienstleistungen an Influencer s *FM SchlH* DB 24, 2057). BA-Abzug von Drittaufwendungen bei privater Zuwendung → Rn. 500. 431

f) Fiktive Einnahmen. Ohne Zufluss grds keine BE (Grundsatz der Tatbestandsmäßigkeit der Besteuerung). Bei **§ 4 III** uU BE aus Rückgängigmachung rücklagenersetzender BA (zB § 6c, § 7g VI aF, § 7g II–IV nF, → Rn. 370, 408). 432

g) Verzicht auf Einnahmen. Wird der StPfl **von vornherein** unentgeltl tätig, entstehen keine betriebl Forderung und keine BE. Das Motiv ist unerhebl. *Beispiel:* Arzt behandelt Patienten ohne Honorar. 433

434 **aa) Nachträglicher Verzicht.** Wird der StPfl gegen Entgelt tätig und **verzichtet er später** ohne Gegenleistung/Zuflussersatz auf die Forderung, entstehen keine BE. Dann ist jedoch das Motiv für den Verzicht zu prüfen. Bei *betriebl* Veranlassung (Zahlungsunfähigkeit des Schuldners, Erwartung neuer Aufträge) keine Gewinnauswirkung. Bei *privater* Veranlassung (zB Verwandtschaftsverhältnis) Gewinnerhöhung durch Entnahme (BFH IV R 180/71, BStBl II 75, 526 Rn. 355).

435 **bb) Einsatz von Sachwerten.** Stellt der StPfl nicht nur seine Arbeitskraft unentgeltl zur Verfügung, sondern sonstige betriebl Vermögenswerte, Nutzungen oder Leistungen, entsteht bei *privater* Veranlassung auch bei vorherigem Verzicht ein Entnahmegewinn. Bei *betriebl* Veranlassung keine Gewinnerhöhung.

436 **cc) Zinslose Forderung.** Für die Hingabe eines zinslosen Darlehens bzw den späteren Erlass vereinbarter Darlehenszinsen gelten die Grundsätze zu → Rn. 433, 434. Zur Zerlegung einer Kaufpreisforderung in Kapital- und Zinsanteil auch ohne Vereinbarung vgl § 6 I Nr 3, BFH VIII R 163/71, BStBl II 75, 431, → § 20 Rn. 119.

440 **3. Betriebliche Veranlassung. – a) Objektiver Zusammenhang.** Zunächst gelten die Grundsätze → Rn. 30 ff. Ein Wertzugang ist betriebl veranlasst, wenn ein sachl, wirtschaftl Zusammenhang mit dem Betrieb besteht (BFH X R 19/19, BStBl II 23, 319 Rn. 28 mwN). Erfasst werden alle lfd, einmaligen und ao Einnahmen aus betriebl Tätigkeiten und Geschäften einschließl **Verwertungseinkünften** (BFH VIII B 59/23, BFH/NV 24, 1327: VG Wort), **Hilfsgeschäften** (Veräußerung von WG des AV, vgl → Rn. 86 f; Gewinnchancen aus Tauschgeschäft, → Rn. 39, 428; Grundstücksersteigerung aus betriebl Forderung → Rn. 39 aE mwN) und **Nebentätigkeiten** (→ Rn. 445).

Seinen **subj Beurteilungsspielraum** steckt der StPfl weitgehend bereits im Vorfeld ab; denn durch Bestimmung des betriebl Aufgabenbereichs und des Umfanges des dafür eingesetzten BV setzt er die obj Maßstäbe, an denen er sich bei der Beurteilung der betriebl Veranlassung daraus entstehender Einnahmen festhalten lassen muss.

441 **b) Einzelfälle. – aa) Abgrenzung.** Es ist nicht erforderl, dass die Einnahmen *im Betrieb erwirtschaftet* wurden oder Entgelt *für eine betriebl Leistung* sind (BFH X R 19/19, BStBl II 23, 319 Rn. 28, → Rn. 460 „Sportförderung"; BFH VI R 54/16, BStBl II 19, 311: Belastung eines Betriebsgrundstücks). Entgelt für **Nutzungsüberlassung** und **Veräußerung** von WG des BV stellen ohne Rücksicht auf den Willen des StPfl und die Buchung notwendig BE dar (BFH I R 44/73, BStBl II 74, 488), auch bei gewillkürtem BV (→ Rn. 42). Die Besteuerung der Nutzungseinnahmen und stillen Reserven ist nicht davon abhängig, ob bzw in welcher Höhe sich die Anschaffung/Nutzung des WG gewinnmäßig ausgewirkt hat (→ Rn. 51; zur Veräußerung von WG iSv § 4 V → Rn. 564). Darlehenszinsen sind auch bei § 4 III BE (→ Rn. 376, auch zu Kursgewinnen).

Beispiele: keine Berücksichtigung der Besteuerung einer Nutzungsentnahme bei Veräußerung/Inzahlunggabe eines zum BV gehörenden, **teilweise privat genutzten Kfz** (BFH VIII R 9/18, BStBl II 20, 845, VerfBeschw nicht angenommen); Ansatz des vollen Buchwerts eines **häusl Arbeitszimmers** trotz § 4 V 1 Nr 6b (BFH VIII R 15/17, BStBl II 20, 841). – Zu **Veruntreuung** s BFH VIII S 37/18, BFH/NV 20, 196 mwN.

442 **bb) Zuwendungen Dritter.** Sie können auch dann betriebl veranlasst sein, wenn sie nicht unmittelbar als Gegenleistung für eine betriebl Leistung gedacht sind (BFH X R 19/19, BStBl II 23, 319 Rn. 28: untrennbarer Sachzusammenhang, → Rn. 460 „Sportförderung"; BFH IV R 125/89, BStBl II 90, 1028: unentgeltl Zuwendung; § 6 IV); ebenso sonstige **Zuwendungen ohne Rechtspflicht** (wie § 19 I S 2, zB einem Selbständigen gewährte Trinkgelder, „Sanierungsgewinne" → Rn. 460). Auch → Rn. 460 „Preise", „Stipendium", „unentgeltliche Zuwendungen".

cc) Bezeichnung einer Zuwendung. Diese hat allenfalls Indizwirkung für die betriebl Veranlassung (wie § 19 I). Es ist stets unter Abwägung aller Umstände des Einzelfalls zu prüfen, ob der Anlass für die Leistung im betriebl oder im außerbetriebl Bereich liegt. BE ist letztl **jeder wirtschaftl Vorteil,** den der StPfl **aus betriebl Gründen** erlangt, insb für die Hingabe oder den Verlust von etwas, was als Teil des Betriebes oder als Objekt des Gewinnstrebens des Betriebsinhabers zu qualifizieren ist (s BFH X R 2/14, BStBl II 16, 534 mit Abgrenzung von Kasko- und Unfallversicherungsleistungen, → Rn. 179). S auch BFH IV R 13/89, BStBl II 90, 621 zu Altersversorgungszuschuss der VG Wort bzw aus Härtefonds der GEMA. Die Besteuerung beim Leistenden ist ohne Bedeutung (→ Rn. 477, 460 „Abfindung“, → Rn. 425). 443

dd) Verwendung der Betriebseinnahmen. Diese ist unerhebl (BFH XI R 35/96, BStBl II 97, 125). BE können **im PV** des StPfl und **bei Dritten** zufließen (BFH X R 146/94, BFH/NV 98, 961). **Eigene Versicherungsprovisionen** s BFH X R 24/10, BStBl II 12, 498 mwN. Die Versteuerung ist unabhängig vom BA-Abzug (BFH III R 175/85, BStBl II 88, 995 zu Reisepreis; dazu → Rn. 427), sofern noch betriebl Veranlassung besteht (abl BFH IV R 183/78, BStBl II 82, 587 zu Provisionsvorteilen mit Abgrenzung in BFH X R 24/89, BFH/NV 91, 537 zu unübl Preisnachlässen). Bei **gemischter Veranlassung** ist aufzuteilen. 444

c) Einnahmen aus Nebentätigkeiten. Fallen die Einnahmen nicht unter die eigentl betriebl Zweckbestimmung, sind sie BE, wenn ein wirtschaftl Zusammenhang mit dem Betrieb besteht (zB berufl Mitwirkung an Prüfungen, berufsbezogene Gutachtenerstellung, Aufwandsentschädigung für berufsbezogenes Ehrenamt, s BFH III R 241/84, BStBl II 88, 615; BFH VIII R 72/03, BFH/NV 05, 29; BVerfG BB 91, 2423; uU StFreiheit nach § 3 Nr 12, 26, 26a, 26b); zu **BA** → Rn. 488. **Verwertung berufl Kenntnisse und Fähigkeiten** führt nur bei berufstypischen Geschäften zu BE (→ Rn. 40 und → § 15 Rn. 126). Bei **Risikogeschäften** ist betriebl Förderungszusammenhang häufig auszuschließen (→ Rn. 46). 445

Beispiele: Wetteinnahmen sind auch bei Trabertrainer, Buchmacher oder Jockey idR privat veranlasst (BFH IV R 139/68, BStBl II 70, 411; FG Köln EFG 88, 518, rkr; Abgrenzung zu Rennstall § 15 s BFH IV R 82/89, BStBl II 91, 333). **Werbeeinkünfte** von Fußballspielern als BE s BFH X R 14/10, BStBl II 12, 511.

d) Betriebseinnahmen nach Betriebsbeendigung. BE können nach Betriebsende anfallen (vgl § 24 Nr 2, → § 16 Rn. 348 ff; zu BE nach **Erbfall** → § 1 Rn. 14, → § 16 Rn. 590 ff). Nach welcher Gewinnermittlungstechnik solche Gewinne zu berechnen sind, scheint geklärt. Nach aktueller Rspr sind nicht die Vorschriften des BV-Vergleichs, sondern die der **Überschussrechnung** anzuwenden (s BFH IV R 31/09, BFH/NV 12, 1448 – kein Wahlrecht). *Beispiele:* Forderungseingänge nach dem Tode eines Freiberuflers mit Überschussrechnung (noch weiter zu Erbengeschäften BFH IV R 16/92, BStBl II 93, 716; s § 24 Nr 2); Forderungseingang nach Praxiseinbringung → Rn. 698; noch nicht versteuerte Rentenzahlungen aus Betriebsveräußerung (→ Rn. 195); betriebl Versorgungsleistungen (→ Rn. 205; zu Ges'ter-Witwenpension BFH VIII B 111/93, BStBl II 94, 455); Wegfall einer in der Schlussbilanz passivierten oder später entstandenen Schuld (BFH I R 205/85, BStBl II 90, 537; FG Mster EFG 94, 824, rkr). Nachträgl BE bei **beschr StPfl** → § 49 Rn. 15, 81; nachträgl BE und **DBA** s BFH I R 75/14, BFH/NV 15, 1687, Anm *Schäfer* IStR 15, 346; *Hagemann* IWB 16, 75; *ders* DB 16, 1217. 446

e) Steuerfreie Betriebseinnahmen. Sie sind keine „Einlagen“ und stehen diesen nicht gleich. Bei § 4 III keine Aufzeichnung; bei § 4 I/§ 5 ggf Korrektur außerhalb der Bilanz. Zur Erstattung solcher BE vgl → Rn. 460 „Abfindung“ *(4).* 447

f) Gesetzeswidrigkeit; Sittenwidrigkeit. Sie stellt die betriebl Veranlassung und die Besteuerung dabei erzielter BE nicht in Frage (§ 40 AO, verfmäßig, BVerfG 448

2 BvL 18/93, DStRE 97, 273). *Beispiele:* Gewinn aus verbotenem gewerbl Glücksspiel, aus gewerbsmäßiger Hehlerei oder aus verbotenen Ein- und Ausfuhrgeschäften, empfangene Bestechungsgelder sowie Zinsen aus Wuchergeschäften. Auch die sonstige **Rechtsunwirksamkeit** des zugrunde liegenden Rechtsgeschäfts ist für die Besteuerung nicht entscheidend (§ 41 AO). Vgl → Rn. 492 (BA). Zur **Standeswidrigkeit** → § 18 Rn. 163.

450 **4. Verhältnis zu Einlagen und Entnahmen.** Entnahmen werden bei § 4 III *wie* BE besteuert, soweit sonst – entgegen § 4 III 1 – außerbetriebl veranlasste Wertabgänge den Gesamtgewinn durch vorangegangene Aufzeichnung von BA bzw Wegfall der späteren Aufzeichnung von BE beeinflussen würden. *Beispiele:* Privatentnahme eines GWG, eines WG des UV nach BA-Abzug, einer lfd betriebl Forderung (vgl → Rn. 386 ff, BFH IV R 180/71, BStBl II 75, 526). **Steuerfreie BE** → Rn. 447. Unentgeltl Sachzuwendungen → Rn. 428.

452 **5. Höhe der Betriebseinnahmen; Aufzeichnungen.** BE sind iHd obj Wertzugangs festzuhalten (vgl zu Sacheinnahmen § 8 II, ähnl § 6 IV zur betriebl Schenkung, → Rn. 427). Aufzeichnungsumfang → Rn. 412 ff, auch zu EÜR. Sie sind ggf zu **schätzen** (→ Rn. 415 f, § 162 AO, BFH III R 175/85, BStBl II 88, 995 mwN), entspr § 8 II mit dem übl Marktpreis (→ § 6 Rn. 519); die obj Feststellungslast trifft grds das FA; aber uU Minderung des Beweismaßes bei Zweifeln und fehlender Mitwirkung des StPfl (BFH X R 16/86, BStBl II 89, 462); ggf Vornahme eines **Sicherheitszuschlags** (BFH VIII R 49/12, BeckRS 2015, 95104; BFH X B 25/20, BFH/NV 21, 680). Die Höhe der BA beim Geber und dessen BA-Abzug sind nicht verbindl für die BE-Beurteilung (→ Rn. 425, 477, 490). Die Angemessenheit einer Gegenleistung ist nicht zu prüfen (zB BFH IV R 125/89, BStBl II 90, 1028). Bei der Veräußerung von WG des AV und bestimmten WG des UV sind § 4 III 3–5 zu beachten.

454 **6. Zeitpunkt der Besteuerung.** Der Besteuerungszeitpunkt richtet sich nach Art der Einnahme und Gewinnermittlungsart. Bei § 4 III ist der Zufluss maßgebend (Erlangung der tatsächl Verfügungsmacht, → Rn. 421, 456, § 11, zur mögl „Steuerung" BFH IX R 1/09, BStBl II 10, 746). Spätere Rückzahlungspflicht steht der Besteuerung nicht entgegen (→ Rn. 424).

456 **7. Persönliche Zurechnung von Betriebseinnahmen.** BE sind dem zuzurechnen, der den Tatbestand der Tätigkeit iSv §§ 13–18 verwirklicht. Grds gilt, dass kein StPfl Einnahmen versteuern muss, die tatsächl einem anderen zugeflossen sind (BFH VIII R 6/19, BStBl II 23, 323, Rn. 15 mwN). Zufluss bei dritten Personen → Rn. 444, Rechtsnachfolger s § 24 Nr 2, § 15 I 2; Erbschaft → Rn. 446, 460.

8. ABC der Betriebseinnahmen

460 **Abfindungen (Entschädigungen, Schadensersatzleistungen).** – ***(1)* Begriffe.** Sie gehen fließend ineinander über und sind für die Besteuerung nicht entscheidend. Zur Bedeutung einer vertragl Vereinbarung → § 24 Rn. 14 f. – ***(2)* Besteuerung.** Beim Empfänger liegen BE vor, wenn der Grund für die Entstehung des Anspruchs *bei ihm* im betriebl Bereich liegt, unabhängig von der Behandlung beim Leistenden (BFH IV R 20/18, BStBl II 21, 904: Schadensersatzanspruch eines MUers wegen Prospekthaftung; FG Hmb EFG 22, 1279 rkr: Abgeltung der Verletzung von Urheberrechten; FG Hmb EFG 22, 582, rkr; Vergleichszahlung einer Bank; vgl → Rn. 520 „Abfindungen", „Schadensersatzleistungen"). Anders als bei privaten Abfindungen ist unerhebl, ob ein Vorgang in den Vermögensbereich fällt (→ Rn. 87, aber → Rn. 423, 426). Erfasst wird *jedes Entgelt* für die Veräußerung, Nutzungsüberlassung, Belastung, Wertminderung, Aufgabe oder den Verzicht oder Verlust von WG des BV (vgl → Rn. 441). Selbst Entschädigungen für Verlust von PV können im Einzelfall betriebl veranlasst sein (zB Versicherungsentschädigungen, → Rn. 520 „Verlust", s auch BFH X S 12/03, BFH/NV 04, 337). Zur Anwendung

von § 24 Nr 1/§ 34 I, II s dort. **PersGes** → § 16 Rn. 498 ff. – ***(3)* Beispiele für vertragliche Abfindungen:** Verzicht auf betriebl Vorkaufsrecht (BFH IV R 236/71, BStBl II 77, 62); Aufgabe eines betriebl Mietrechts (zu § 24 Nr 1 BFH IV R 43/74, BStBl II 79, 9); Entschädigung an abziehenden Pächter einer LuF für stehende Ernte (BFH IV R 172/72, BStBl II 76, 781). – ***(4)* Entschädigungen für Wegfall von Einnahmen** sind so zu versteuern, wie die Einnahmen zu versteuern gewesen wären: – ***(a)* Ersatz stpfl Betriebseinnahmen** ist stpfl, unabhängig von § 24 Nr 1a (Ausnahme: StFreiheit zB nach § 3). *Beispiele:* Verlust eines Bauauftrages (BFH IV R 153/77, BStBl II 79, 69); Stornierung eines Architektenvertrages (BFH IV R 149/77, BStBl II 79, 66); Aufgabe oder Nichtausübung einer berufl Tätigkeit, Wettbewerbsabrede/Ausgleichszahlung an Handelsvertreter (§ 24 Nr 1b, c); betriebl Schadensrenten (→ Rn. 208); Versicherungsleistungen als betriebl Entschädigung (aber → Rn. 178); Pachtaufhebungsentschädigung (BFH VIII R 10/91, BStBl II 96, 281); Entschädigung an LuF (→ § 13 Rn. 251 ff). – ***(b)* Ersatz stfr Betriebseinnahmen** sollte mE in gleicher Weise stfrei sein. *Beispiele:* Ersatz für Ausfall von Leistungen aus gesetzl UV (§ 3 Nr 1a), des Trinkgelds eines ArbN (§ 3 Nr 51) oder eines Wohngeldanspruchs (§ 3 Nr 58); **aA** BFH unten *(5);* s auch BFH VI R 33/03, BStBl II 06, 911 zu Rückzahlung einer ermäßigt besteuerten Abfindung – mE anders bei stfreiem Zufluss. Dass die Erstattung von Aufwendungen außerhalb des Betriebes stfrei wäre, berührt die Besteuerung bei Ersatz im betriebl Bereich nicht. *Beispiel:* Ersatz von Krankheitskosten durch Geschäftsherrn eines Handelsvertreters (BFH VI R 63/73, BStBl II 75, 632). – ***(c)* Ersatz nichtbetriebl Einnahmen** führt nicht zu BE. *Beispiel:* Ersatz der InvZulage durch StB, §§ 12, 13 InvZulG (BFH I R 73/76, BStBl II 79, 120 – offen BFH I R 26/91, BStBl II 92, 686 unter 1, 3). – ***(5)* Ersatz von Aufwendungen.** – ***(a)* Ersatz abziehbarer BA** als BE. *Beispiele:* Versicherung ersetzt Sachschäden an WG des BV (→ Rn. 179); FA erstattet überzahlte GewSt oder Zinsen § 233a AO (nur nach BA-Abzug, s § 4 Vb, → Rn. 651, auch bei Erstattung von Rückzahlungszinsen zu – nicht stbarer – InvZul BFH IV B 131/07, BFH/NV 09, 133; ebenso, wenn StBerater für Ausfall Schadensersatz leistet – EStErsatz (s *(b), (c)*); Geldersatz aus betriebl Unterschlagung (BFH IV R 79/73, BStBl II 76, 560, → Rn. 375); Schrotterlös aus Zerstörung des BetriebsPkw, auch bei Privatfahrt (→ Rn. 78, 270 und 520 „Verlust"). – ***(b)* Ersatz nichtabziehbarer BA.** Die Besteuerung ist ungeklärt. Die Rspr verneint allg Grundsatz, wonach BE iZm nichtabziehbaren BA stfrei wären (Umkehrung von § 3c) und tendiert zu stpfl BE. *Beispiele:* **§ 3c EStG/§ 10 Nr 2 KStG:** Erstattung von KSt durch das FA sowie von GewSt durch die Gemeinde soll stfrei sein, Ersatz durch Dritte stpfl (BFH I R 43/08, BStBl II 12, 688 mit Anm *Gosch* BFH/PR 10, 162 und *ders* BFH/PR 13, 220; BFH I R 54/11, BStBl II 13, 1048 mwN; → 32. Aufl 2013, § 4 Rn. 460 „Abfindungen" mwN; **aA** jedoch zu EStHaftungsanspruch gegen StBerater BFH IV R 61/97, BStBl II 98, 621, mit Abgrenzung zu KSt in BFH I R 54/05, BFH/NV 08, 617; FG Hmb EFG 08, 1268, rkr; zu Schadensersatz des StBer wegen Falschberatung zu nach § 4 Vb nicht als BA abziehbarer GewSt als BE s FG BW EFG 14, 1980, rkr, Anm *Merkt* DStRE 15, 1223; BR-Drs 220/07 S 75; zu Erstattung von VorSt für nicht als BA anerkannte Zahlungen als BE s BFH X R 39/13, BFH/NV 15, 486. Vgl zur berechtigten **Kritik** (hM im Schrifttum) Hinweise in BFH I R 26/91, BStBl II 92, 686; BFH VIII R 24/95, DStRE 97, 532. – **Erstattungszinsen** § 233a AO s „Zinsen" (BE wohl auch bei nach § 4 Vb nichtabziehbarer GewSt). § 4 V 1 Nr 8 S 3 enthält eine Sonderregelung zu Geldbußen. – **§ 160 AO** (→ Rn. 661): Die Rückerstattung durch nichtbenannte Empfänger oder Dritte kann als BE zu versteuern sein; – **§ 4 V** (→ Rn. 536 ff, Rückgabe eines Geschenks durch den Empfänger). Die fehlende Abzugsmöglichkeit der BA hat zwar keinen Einfluss auf den Veräußerungsgewinn eines WG des BV (→ Rn. 564); sie sollte jedoch nach Sinn und Zweck des § 4 V bei Erstattung nichtabziehbarer BA berücksichtigt werden (vgl **§ 4 V 1 Nr 8 S 3,** BFH IV 117/60 S, BStBl III 64, 181). BFH I R 136/72, BStBl II 74, 210 betraf das Verhältnis zum Abzug von BA bei *anderen* StPfl und lässt keine Rückschlüsse auf diese

Fälle zu. – *(c)* **Ersatz nichtbetriebl Aufwendungen:** ME keine BE. *Beispiele:* Verluste von PV (aber → Rn. 520 „Verlust"), Schmerzensgeld (→ Rn. 208), Erstattung privater ESt (durch FA oder als Schadensersatz durch StBerater – s aber BFH oben *(b)* und „Zinsen").

Aufrundungsbeträge sind bei Vereinnahmung BE, bei Spendenabführung BA (*BMF* DStR 13, 1288).

Beteiligungen s „Wertpapiere".

Buchgewinne (stille Reserven) → Rn. 86, 441, 564, → § 5 Rn. 601 ff.

Corona. Unentgeltl Zuwendungen von Sponsoren und Geschäftspartnern als Unterstützungsleistung (vgl → Rn. 482) sind BE, s *BMF* BStBl I 20, 498 – IV.4; *BMF* BStBl I 22, 1677: verlängert bis 31.12.23). Zu Corona-Soforthilfe/Corona-Überbrückungshilfe s „Zulagen/Zuschüsse".

Darlehen. Zinsen aus hingegebenen Darlehen sind BE, wenn die Darlehensforderung zum BV gehört (dazu → Rn. 134). Das gilt auch bei § 4 III, obwohl die Darlehensrückzahlung ohne Aufzeichnung von BE im Vermögensbereich stattfindet (→ Rn. 376, auch zum Erlass einer gegen den StPfl bestehenden Darlehensforderung und zu Kursgewinnen).

Durchlaufende Posten → Rn. 404.

Erbschaft kann uU zu BE führen (→ § 1 Rn. 14, → § 16 Rn. 590 mwN).

Erstattung von BA → Rn. 422 und → Rn. 460 „Abfindungen", „Zinsen".

Forschungszulage s „Zulagen/Zuschüsse".

Geschenke als BE s „Preise", „Stipendium", „unentgeltl Zuwendungen".

Hilfsgeschäfte → Rn. 441.

Insolvenzerträge können stpfl BE sein (*BMF* BStBl I 22, 632; vgl zu StErlass *BMF* BStBl I 10, 18).

Investitionszulagen sind keine stbaren BE, § 13 InvZulG.

Inzahlunggabe eines zum BV gehörenden Pkw ist stbare Veräußerung (BFH VIII R 9/18, BStBl II 20, 845).

Konfusion von Forderungen und Schulden kann zwar zu BE führen (vgl → Rn. 316, 384, 395; → § 5 Rn. 672), wird sich aber idR gegenseitig neutralisieren (ausführl *Grube* FR 12, 551).

Mehrgewinn aus der Korrektur nicht betriebl veranlasster BA (BFH VIII R 6/19, BStBl II 23, 323; *Levedag* NWB 23, 1427).

Miete, Mietwert s „Wohnung" und → Rn. 520 „Gebäudenutzung".

Nebengeschäfte → Rn. 445.

Negative Betriebseinnahmen → Rn. 475.

Nutzungsausfallentschädigung → Rn. 179.

Optionsanleihen. Aufgeldzahlung bei Ausgabe ist Einlage, nicht BE (BFH I R 3/04, BStBl II 08, 809).

Photovoltaikanlagen → § 3c Rn. 239.

Preise als Gegenleistung für eine mit Gewinnstreben betriebene Tätigkeit sind **BE** (vgl *Marx* DStZ 14, 282; Abgrenzung: BFH VI R 12/22, BStBl II 25, 534) und können ansonsten unter § 22 Nr 3 fallen (→ § 22 Rn. 150 „Preise"). Voraussetzung ist ein **wirtschaftl Bezug** zum Beruf. Wissenschaftspreise s *Grotherr/Hardeck* StuW 14, 3. – **Keine BE** sind Preise, die das Gesamtwerk oder eine Forschungstätigkeit des StPfl würdigen (zB Goethepreis, Nobelpreis etc).

Zu **Forschungspreisgeldern** *Krumm* FR 15, 639; **Meisterbonus** für erfolgreichen Abschluss ist idR nicht stbar (*LfSt Bay* DStR 16, 2404). **Verlosungspreise** können nur bei konkretem Betriebsbezug BE sein (BFH X R 25/07, BStBl II 10, 550 mit Abgrenzung in BFH

X R 8/06, BStBl II 10, 548; *Förster* DStR 09, 249). **Fernsehpreisgelder** für öffentl Auftritte können uU in den Einkünftebereich fallen (s zu § 22 Nr 3 → 35. Aufl 2016, § 4 Rn. 460 „Preise" und → § 22 Rn. 150 „Preise"), ebenso professionelle **Spielgewinne** (BFH X R 43/12, BStBl II 16, 48, VerfBeschw nicht angenommen, Anm *Ebner* NWB 16, 1584; *Meier* FR 16, 359; abgrenzend *Schiefer/Quinten* DStR 13, 686). – Weitere Beispiele → 39. Aufl 2020, Rn. 460 „Preise".

Provisionszahlungen → Rn. 444.

Rabatte uä Nachlässe, die ein Selbständiger von seinem Unternehmen erhält, sind iRv § 8 I uU zu versteuern (vgl zu Versicherungsvertreter BFH XI R 24/88, BFH/NV 91, 453, X R 43/08, BFH/NV 10, 1436). Vom Unternehmen bei Dritten ausgehandelte Rabatte sind nicht stbar (zB Firmenautorabatte).

Rentenbezüge als BE s § 24 Nr 2; → Rn. 427, oben „Erbschaft"; „Preise".

Sanierungsgewinne. Die frühere Behandlung von Sanierungsgewinnen nach dem **Sanierungserlass** *BMF* BStBl I 03, 240 verstieß gegen den Grundsatz der Gesetzmäßigkeit der Verwaltung (BFH GrS 1/15, BStBl II 17, 393). S jetzt **§ 3a.**

Schadensersatz s „Abfindung" und → Rn. 179; BFH IX R 32/04, BStBl II 07, 44: „Reuegeld" nicht stbar (betrifft nur PV).

Schmiergelder sind beim Empfänger BE, wenn sie iZm einer selbständigen Tätigkeit geleistet werden. § 160 AO ist zu beachten, wenn der Empfänger nicht benannt wird (dazu → Rn. 661). S auch „Abfindungen" (Rückzahlung) und → Rn. 448.

Sonderbetriebseinnahmen → Rn. 54, → § 15 Rn. 640 ff.

Sponsoringzuschüsse an gemeinnützigen Sportverein können uU BE eines wirtschaftl Geschäftsbetriebs sein (BFH I R 42/06, BStBl II 08, 949); → Rn. 520.

Sportförderung als Spitzensportler: Bei untrennbarem Zusammenhang mit Sponsorenverträgen können BE vorliegen (BFH X R 19/19, BStBl II 23, 319).

Steuererstattungen betriebl Steuern sind grds BE. S „Abfindungen", „Zinsen" zu Erstattungszinsen iSv § 233a AO.

Stipendium führt zu BE, wenn es dem Ersatz von BA dient und die Gründe für die Gewährung der Erwerbssphäre zuzurechnen sind (vgl BFH VI R 34/20, BStBl II 23, 142 Rn. 20: DAAD).

Streikunterstützungsleistungen des ArbG-Verbandes sind stpfl Unternehmergewinne (s FG Köln EFG 01, 1230, rkr) – nur bei ArbN stfrei.

Umsatzsteuer nach Vorsteuerberichtigung s § 9b II, → § 9b Rn. 8.

Unentgeltliche Zuwendungen sind bei betriebl Veranlassung BE (§ 6 IV, → Rn. 428, 441, unten „Zulagen"). Der BA-Abzug beim Schenker ist nicht maßgebl (→ Rn. 425). Erlass einer Verbindlichkeit → Rn. 395, 404.

Veräußerungsvorgänge. Veräußerung von BV ist stets betriebl veranlasst (→ Rn. 51, 441 und „Inzahlunggabe"). Sie führt grds zur Aufdeckung stiller Reserven (→ Rn. 87, zu § 4 V → Rn. 564). Ausnahmen → Rn. 98. Besonderheiten bei § 4 III → Rn. 382, 407 ff. Zum Veräußerungspreis (→ § 16 Rn. 270) gehört alles, was der Veräußerer in wirtschaftl Zusammenhang mit der Veräußerung erhält (zB auch Schuldbefreiung, Entgelt für die Aufgabe eines Mietrechts anlässl Betriebsveräußerung). **Tausch** → Rn. 428.

Versicherungsleistungen → Rn. 179.

Verzicht auf BE → Rn. 433 (grds keine BE).

Vorschüsse sind auch bei § 4 III BE (→ Rn. 422).

Wertpapiere (Beteiligungen). Die Erträge sind BE, soweit die Wertpapiere oder Beteiligungen zum BV gehören (→ Rn. 160 ff).

Wohnung. Wohnen ist idR privat veranlasst (§ 12 Nr 1). Ausnahmen s § 13 II Nr 2, → Rn. 35, 520 „Gebäudenutzung", → Rn. 270 „Land- und Forstwirtschaft".

Zinsen aus betriebl Forderungen (vgl → Rn. 130) sind BE (§ 20 I Nr 7, VIII). Buchmäßiges Erfassen durch den Schuldner führt noch nicht zu BE (BFH VIII R 18/19, BFH/NV 23, 116). Zur Besteuerung von Erstattungszinsen iSv § 233a AO auf Betriebssteuern trotz des Nichtabzugs von Nachzahlungszinsen nach § 12 Nr 3 (→ Rn. 520 „Steuern") → § 20 Rn. 120. Zur Erstattung von GewSt-Zinsen s „Abfindungen".

Zulagen/Zuschüsse sind BE, wenn ein wirtschaftl Zusammenhang mit dem Betrieb besteht, sofern Einlagen, Aktivierung oder **steuerneutrale Behandlung nach EStR 6.5** oder StFreiheit nach anderen Vorschriften ausscheiden. Das gilt für Aufwands- und Ertragszuschüsse (BE, → § 6 Rn. 79), lfd und einmalige Investitionszuschüsse privater und öffentl Art (mit Wahlrecht, EStR 6.5 II; → § 6 Rn. 71 ff) mit – rechtsbegründenden – Ausnahmen zu einzelnen stfreien Zulagen in § 13 InvZulG, § 19 IX 1 BerlinFG (zur außerbetriebl Veranlassung s BFH I R 73/76, BStBl II 79, 120). – Auch **Corona-Soforthilfe/Corona-Überbrückungshilfe** (Billigkeitsleistung nach § 53 BHO) sind als stbare BE zu erfassen (zutr NdsFG EFG 25, 1353, Rev VIII R 4/25; LSG NRW L 12 AS 291/23, BeckRS 2025, 7807; glA *Wagner/Weber* DStR 20, 745 (746 f); *Hey* DStR 20, 2041; *Köster* DStZ 20, 925; → § 3 Rn. 5; **aA** *Heigl* BB 20, 2011; *Seifert* NWB 20, 1744); sie wirken sich erst bei der Veranlagung für VZ 2020 aus, nicht bereits bei den Vorauszahlungen (s § 37 III 2). Dasselbe muss mE aus systematischen Gründen für die **Forschungszulage** gelten; sie ist keine StVergütung, sondern wird ledigl gem § 36 II Nr 3 iVm §§ 10, 12 FZulG wie eine solche behandelt (vgl auch *Kessler/Spychalski* DStR 19, 2043 (2046 f); **aA** *Haase/Boli/Nonnenmacher* BB 20, 791 (793): außerbilanzielle Korrektur; *Brunckhorst* DStR 20, 2349; diff *Althoff* DB 20, 1256: bei KapGes BE, bei PersGes nicht). Zuschüsse zum **Kurzarbeitergeld** s § 3 Nr. 28a. – Bei **§ 4 III** mindert der Zuschuss die AfA ggf schon im Jahr der Bewilligung, nicht erst im Jahr der Zahlung (BFH IV R 81/05, BStBl II 08, 561; zu nachträgl Bewilligung – Zuschuss statt Darlehen – BFH IX R 46/09, BStBl II 12, 310). – Weitere **Beispiele** → 35. Aufl 2016, § 4 Rn. 460 „Zulagen/Zuschüsse" und → § 6 Rn. 76.

II. Betriebsausgaben, § 4 IV

470 **1. Begriff.** BA sind Aufwendungen (→ Rn. 471 ff), die durch den Betrieb veranlasst sind (→ Rn. 480 ff). Sie sind unmittelbare Besteuerungsgrundlage bei der Gewinnermittlung nach § 4 III. Die Verweisungen in § 4 I 9 (deklaratorisch, → Rn. 272) und § 5 VI zum BV-Vergleich dienen der Abgrenzung von außerbetriebl Aufwendungen bzw Wertabgaben zu außerbetriebl Zwecken (Entnahmen) und der Anwendung des § 4 V–VIII. **SonderBA** → § 15 Rn. 640.

471 **2. Aufwendungen. – a) Allgemeines.** Aufwendungen sind alle Wertabflüsse, die nicht Entnahmen sind (BFH X R 33/16, BStBl II 18, 185 Rn. 23). Das umfasst insb Ausgaben, die in Geld oder Geldeswert bestehen und aus dem Vermögen des StPfl abfließen (vgl BFH GrS 1/89, BStBl II 90, 830), aber auch TW-AfA, AfA, RAP und Rückstellungen für bereits entstandene Verbindlichkeiten (BFH X R 33/16, BStBl II 18, 185 Rn. 23). Allerdings ist eine allg gültige Begriffsbestimmung wegen fehlender Systematik der Gewinnermittlung nach § 4 III (→ Rn. 406) kaum mögl (grundlegend *Söhn* StuW 91, 271 f).

472 **aa) Zahlung; Abfluss von Aufwendungen.** Ausgaben in Geld und Geldeswert werden im Grundsatz bei Zahlung (§ 11 II) als BA erfasst, idR auch **Vorauszahlungen** (BFH III R 30–31/85, BStBl II 90, 287; → Rn. 382, 422; → § 11 Rn. 50), soweit die gewinnmäßige Auswirkung nicht durch **Sondervorschriften** bzw § 42 AO eingeschränkt ist. Dann werden die Ausgaben durch sonstige Aufwendungen ersetzt, die an andere Werte oder Zeitpunkte anknüpfen, bzw – im Vermögensbereich – überhaupt nicht berücksichtigt.

Beispiele: Durchlaufende Posten (→ Rn. 404); Zahlungen für die Anschaffung eines abnutzbaren (→ Rn. 408) oder nicht abnutzbaren WG des AV (→ Rn. 409) sowie bestimmter WG des UV (§ 4 III 4, → Rn. 406); Darlehenshingabe (vgl → Rn. 376); sonstige regelmäßig wiederkehrende Ausgaben (§ 11 II 2).

bb) Wertabgänge ohne Zahlung. AfA, Ausfall einer Darlehensforderung, Anrechnung früherer AK nach § 4 III 4, Verlust oder Zerstörung aus betriebl Anlass sind Aufwendungen mit BA-Charakter (s zu AfA BFH I R 29/85, BStBl II 87, 108), jedenfalls wie BA absetzbar (→ Rn. 370, 376, 383). **Ersparte BA** sind nicht abziehbar (→ Rn. 431); **entgehende BE** sind keine BA (vgl BFH VI R 25/10, BStBl II 13, 699). 473

cc) Praxis. Bei **§ 4 III** müssen sich ebenso wie bei § 4 I/§ 5 alle betriebl veranlassten Geschäftsvorfälle im Gesamtergebnis gewinnmindernd und alle außerbetriebl veranlassten Geschäftsvorfälle gewinnneutral auswirken (vgl → Rn. 226; zur Gleichheit der Gesamtgewinne → Rn. 11, auch zu Einschränkungen). Die Entscheidung hängt damit wesentl von der Art der Aufwendung, bei Anschaffung und Einlage eines WG von Art und Verwendung und steuerl Behandlung nach § 4 III 2–5 ab (Einzelfälle → Rn. 406 ff). Bei § 4 III uU BA-Abzug statt Rücklagenbildung (zB § 6c, § 7g, → Rn. 370). 474

b) Zurückgezahlte Betriebseinnahmen. Es handelt sich um betriebl Aufwendungen, soweit die BE stpfl waren und eine Bescheidänderung im BE-Jahr ausscheidet. Die Rspr nimmt in diesen Fällen zT statt BA sog **negative Einnahmen** an, wenn von Anfang an eine rechtl oder tatsächl Verpflichtung zur Rückzahlung bestand (→ Rn. 424). Die Bedeutung liegt mehr im Bereich der Überschusseinkünfte iSv § 2 II 2 (WK-Pauschbetrag). Vgl → § 9 Rn. 108, → § 11 Rn. 18. – Rückzahlungen im außersteuerl Vermögensbereich sind keine BA. Andererseits steht der **Rückfluss von BA** als Einlage oder Darlehen dem Abzug nicht entgegen (BFH I R 2/85, BStBl II 89, 473 Rn. 520 „Angehörige"). 475

c) Ersatzansprüche, Erstattung. Ersatzansprüche stehen dem BA-Abzug bei § 4 III nicht entgegen (BFH IV R 79/73, BStBl II 76, 560, → § 11 Rn. 38; aber → Rn. 472). Eine endgültige Belastung setzt der BA-Begriff nicht voraus; eine Erstattung durch Dritte aus Gründen, die der Erwerbssphäre zuzurechnen sind, führt aber zu BE (BFH VI R 34/20, BStBl II 23, 142 Rn. 17 und 23: DAAD-Stipendium). 476

d) Besteuerung beim Empfänger. Die Besteuerung bei Geber und Empfänger ist gesondert zu prüfen und muss nicht übereinstimmen (→ Rn. 425; → § 8 Rn. 7 zum Fehlen eines *allg* Korrespondenzprinzips). So können BA beim Empfänger zu stpfl, pauschalierten, stfreien oder nichtsteuerbaren Zuflüssen führen (→ Rn. 490, 425, 460 „Abfindung"). Zahlungen an unbekannte Empfänger sind ggf nach **§ 160 AO** oder **§ 90 AO** vom BA-Abzug ausgenommen (→ Rn. 661). Beim ArbN stfreie Lohnzahlungen sind beim ArbG BA (→ Rn. 520 „Arbeitslohn"). S auch § 50d. 477

e) Betriebliche Sachaufwendungen. Veräußerung, Tausch, unentgeltl Zuwendung, Verlust sind bei *betriebl* Veranlassung gewinnmindernd zu berücksichtigen (zB BFH VIII R 33/18, BStBl II 22, 614 Rn. 25: Kleidung als Sachlohn, klare und eindeutige Vereinbarung erforderl). Dabei sind Art der Gewinnermittlung und Art der Aufwendung zu beachten. BE sind unabhängig davon zu beurteilen. 478

3. Betriebliche Veranlassung. – a) Allgemeine Grundsätze; Nachweis. Betriebl veranlasst sind alle Aufwendungen, die obj, dh tatsächl oder wirtschaftl, in einem Zusammenhang mit dem Betrieb stehen und subj dem Betrieb zu dienen bestimmt sind (stRspr, vgl BFH VI R 11/22, BStBl II 25, 730, Rn. 17). Abzustellen ist auf das **„auslösende Moment"**, also die Gründe, die den StPfl bewogen haben, die Kosten zu tragen (BFH VIII R 28/17, BStBl II 21, 14: Sponsoring). – Bei BA ist der dem StPfl verbleibende subj Entscheidungsspielraum größer als bei BE. Der StPfl hat es in der 480

Hand, den Betriebsumfang und damit den Umfang der betriebl Veranlassung von Aufwendungen zu bestimmen (vgl → Rn. 477 und BFH GrS 2–3/88, BStBl II 90, 817 unter C II 2). *Dass* er derartige Entscheidungen getroffen hat, muss *er* jedoch im Zweifelsfall anhand obj Tatsachen darlegen (**Feststellungslast** → Rn. 416). Es muss feststehen, dass eine Aufwendung in tatsächl oder wirtschaftl Zusammenhang mit konkreter Gewinnerzielungsabsicht angefallen ist (BFH X R 146/94, BFH/NV 98, 961; FG Mchn EFG 14, 445, rkr) und dass eine ggf private Mitveranlassung unbedeutend oder trennbar ist (§ 12; BFH VIII R 33/18, BStBl II 22, 614 Rn. 12; BFH GrS 1/06, BStBl II 10, 672; → Rn. 520 „Informationsreisen"); zur **Gewichtung der Einzelumstände** s BFH XI R 30–31/89, BStBl II 91, 842. Nur die Höhe kann geschätzt werden (→ Rn. 416, 494). Die **Art der Buchung** ist nur Indiz (BFH VIII R 296/81, BStBl II 85, 325 mwN; zu BV → Rn. 239).

Der Gesetzeswortlaut scheint in § 4 IV bei den BA im Gegensatz zu den WK in § 9 I 1 zunächst auf einen Zusammenhang abzustellen, der sich weniger subj nach der Zielrichtung („zur") als der obj Veranlassung richtet. Tatsächl hat die Rspr den WK-Begriff an § 4 IV angeglichen; das ist zutr, auch unter verfrechtl Gesichtspunkten (iEinz → § 9 Rn. 40 mwN).

481 **b) Typische Betriebsausgaben.** Betriebl veranlasst sind zunächst die lfd Betriebsaufwendungen, zB gezahlte Arbeitslöhne, Betriebsmiete, Betriebssteuern und betriebl Versicherungen (→ Rn. 178), Werbekosten usw; ebenso Ausgaben für dem Betrieb ggü erbrachte Leistungen und für die Anschaffung von BV. Wie beim BV (→ Rn. 36 ff) ist auch bei den BA die konkrete **Funktion des WG im Betrieb** von Bedeutung (BFH IV R 107/77, BStBl II 81, 564; → Rn. 520 „Alltagsgegenstände"). – Auch ohne oder **gegen den Willen des StPfl** anfallende Aufwendungen können BA sein, zB bei Zerstörung, Verlust, Unterschlagung (→ Rn. 375), Diebstahl von BV, Schadensersatz (→ Rn. 78, 50 ff, 520 „Verlust"). Dasselbe gilt für **vergebl Aufwendungen** (BFH X R 10/16, BStBl II 18, 630 Rn. 29 ff: betrogener StPfl, Investition in nicht existierende Blockheizkraftwerke). – Die **Zuordnung des WG zum BV** ist häufig, aber nicht immer maßgebend für BA-Abzug (→ Rn. 520 „Verlust", „Schuldzinsen"), auch nicht bei lfd Nutzungsaufwendungen (→ Rn. 48 f, 224, 500). Die steuerl Berücksichtigung der Anschaffung muss nicht mit der Besteuerung der lfd Aufwendungen übereinstimmen (zB Darlehenszinsen bei § 4 III, vgl → Rn. 376). Eine betriebl (Primär-)Kausalität kann durch eine nichtbetriebl **Sekundärkausalität** überholt werden (zB vorübergehende nichtbetriebl Nutzung von WG des BV oder Verlust/Beschädigung von aus privaten Gründen auf Geschäftsreise mitgenommenen Sachen oder Personen; s auch BFH IV R 22/15, BFH/NV 18, 335: Belastung eines betrieblichen Grundstücks mit Grundschuld zur Besicherung einer betriebsfremden Verbindlichkeit; Abgrenzung: BFH IV R 1/23, BFH/NV 25, 1548).

Typische BA bei **PersGes/PersGes'ter** → § 15 Rn. 425 ff. und Rn. 485 ff. (Abgrenzung: Veranlassung durch GesVerhältnis); typische BA eines **Selbständigen** → § 18 Rn. 190. – Zur betriebl Veranlassung **wiederkehrender Zahlungen** → Rn. 192, 400. S iÜ auch **Stichworte** → Rn. 520; zu **Vordruck EÜR** → Rn. 413.

482 **c) Rechtspflicht zur Zahlung.** Freiwillige unentgeltl Zuwendungen können beim Geber betriebl veranlasst sein (zB Schmiergelder, Geschenke an ArbN und Geschäftsfreunde – unabhängig von der Abziehbarkeit nach § 4 V 1 Nr 1 und Nr 10, → Rn. 536 und 638). Das gilt auch für (angemessene) unentgeltl Zuwendungen von Geld oder WG iZm der **Corona-Krise** bis 31. 12. 23 (zB Sponsoring, Unterstützung von Geschäftspartnern, s *BMF* BStBl I 22, 1677 und *BMF* BStBl I 20, 498, IV.: BA, keine Anwendung von § 4 V 1 Nr 1; → Rn. 460 „Corona": beim Empfänger BE); ebenso für Leistungen an Geschädigte im Krieg gegen die **Ukraine** (s *BMF* BStBl I 22, 330, IV., und *BMF* DStR BStBl I 25, 2048: bis 31. 12. 26) oder bei **Hochwasser** (*OFD Ka* BeckVerw 643542 Rn. 29). IÜ → Rn. 520 **„Klimaschutz"**.

483 **d) Notwendigkeit, Angemessenheit, Üblichkeit, Zweckmäßigkeit.** Sie sind ebenso wenig Voraussetzung für den Abzug von BA wie der Eintritt des be-

absichtigten Erfolges (vgl BFH IX R 52/14, BFH/NV 17, 1017: Arbeitszimmer; Entscheidungsspielraum des StPfl → Rn. 480; vergebl Aufwendungen → Rn. 481; Grenze: § 4 V 1 Nr 7, → Rn. 630). Daher können auch überhöhte, unübl und unzweckmäßige oder erfolglose Aufwendungen BA sein (BFH VI R 11/22, BStBl II 25, 730, Rn. 18). Das Fehlen der Zweckmäßigkeit, Üblichkeit etc der Aufwendungen kann aber Zweifel an der betriebl Veranlassung begründen, vor allem wenn die Möglichkeit einer privaten Mitveranlassung nach Art der Aufwendung nicht auszuschließen ist (zB BFH VIII R 51/10, BStBl II 13, 808: Auslandsreise). Grenze ist stets die **obj Nachvollziehbarkeit** (zutr abl zu spiritueller „Betriebsförderung" FG Mster EFG 14, 630, rkr).

e) Vorab entstandene Betriebsausgaben. Betriebl Aufwendungen können bereits *vor Betriebseröffnung* anfallen. Es muss nur ein ausreichender Zusammenhang mit der Gewinnerzielung bestehen. Ein Unterfall sind **vergebliche BA** (→ Rn. 481); kommt es nicht zur Betriebsgründung, kann der Nachweis der betriebl Veranlassung schwierig sein (s FG Nbg EFG 16, 1008, rkr, mit Anm *Hüttner;* FG Mster DStRE 19, 1117, rkr; → Rn. 483, → Rn. 520 „Anlaufkosten"). Auch bei § 4 III ist zu prüfen, ob eine Aufwendung zu aktivieren ist (vgl § 4 III 3, → Rn. 498, → § 5 Rn. 90 ff). Soweit die Rspr den Bezug zu einem **bestimmten Betrieb einer *feststehenden* Einkunftsart** verlangte (zB BFH IV R 117/94, BFH/NV 96, 461), ist sie überholt, wenn nur überhaupt Ausgaben iZm der Erzielung von Einkünften anfallen. 484

Beispiele: Zu **Finanzierungskosten** → Rn. 520, vgl → § 15 Rn. 522 zur Finanzierung einer KG-Beteiligung, zu Vermittlungsprovisionen einer PersGes für Ges'terBeitritt → § 5 Rn. 270 „Provisionen"; **Gründungskosten, Anlaufkosten** → Rn. 520 (auch zu vergebl Ges-Beitrittskosten); **Reisekosten** für die Besichtigung von zum Verkauf angebotenen Betrieben (BFH III R 96/88, BStBl II 92, 819), bei tatsächl Ankauf uU AK; **Abfindung** an Mieter wegen betriebl Gebäudenutzung (→ § 5 Rn. 270); **Planungskosten** für Betriebsgebäude (Aktivierung → § 5 Rn. 270 „Gebäude"); **Auslandseinkünfte** → Rn. 520 „Sprachkurse", → § 3c Rn. 5 (s auch § 2a); zu **Fortbildungskosten,** auch bei ungewisser/fehlender Berufsausübung, → § 10 Rn. 82. – IÜ → § 9 Rn. 95.

f) Nachträgliche Betriebsausgaben. Aufwendungen nach Betriebsbeendigung sind idR nicht mehr betriebl veranlasst. Die Betriebsbeendigung soll einen Schlussstrich unter betriebl Geschäftsvorfälle setzen, die mit allen erkennbaren Forderungen/Verbindlichkeiten iRd Veräußerungs- oder Aufgabengewinns erfasst werden. Aktivvermögen ist grds zur Schuldenbegleichung einzusetzen (BFH XI R 98/96, BStBl II 98, 144 mwN und Abgrenzung). Gleichwohl können auch **nach Betriebsende** BA anfallen (BFH III R 7/22, BStBl II 24, 740 Rn. 38, Anm *Kanzler* FR 24, 1044 (1048); iEinz → § 16 Rn. 348 ff, → § 24 Rn. 72 f; zu BE → Rn. 446). Das Aktivvermögen übersteigende Schulden bleiben **„Restbetriebsvermögen",** die Zinsen BA, wenn und soweit die zugrunde liegenden Verbindlichkeiten nicht durch eine mögliche Verwertung von Aktivvermögen beglichen werden können (BFH X R 3/99, BStBl II 02, 809: Übergang zur Liebhaberei; s aber *Weber-Grellet* FR 02, 1228). Zum späteren Ausfall der Forderung aus **Betriebsveräußerung** → Rn. 383; zu BA nach unentgeltl Betriebsübertragung → § 6 Rn. 723. 486

Weitere Beispiele: Rentenzahlungen (BFH XI R 46/98, BStBl II 00, 120, auch zu Verwertungshindernis des Aktivvermögens; Abgrenzung in BFH X R 15/04, BStBl II 07, 642 mwN: nur betriebl Hindernisse); Schuldzinsen nach **Insolvenz** (BFH X R 25/12, BStBl II 16, 391); **Schätzung** (BFH X B 168/95, BFH/NV 97, 348); **„Vertragsstrafen"** → Rn. 520; nachträgl BA bei **beschr StPfl/wechselnder StPfl** → § 50 Rn. 9; nachträgl BE/BA und **DBA** (BFH I R 75/14, BFH/NV 15, 1687, Anm *Schäfer* IStR 15, 346; *Hagemann* IWB 16, 75; *ders* DB 16, 1217); zu **PersGes** → § 16 Rn. 369. – Zu **nachträgl WK** → § 9 Rn. 99.

g) Mittelbare betriebliche Veranlassung. Nach wohl hM soll ein mittelbarer betriebl Zusammenhang für den Abzug von BA ausreichen. Das ist in dieser Allgemeinheit missverständl und bedeutet sicher nicht, dass *jeder* mittelbare betriebl Zusammenhang den Abzug von BA rechtfertigen würde (grundlegend BFH 487

GrS 2–3/77, BStBl II 78, 105 – Unfallkosten). Ein zunächst bestehender betriebl Zusammenhang kann durch außerbetriebl Umstand überlagert werden und umgekehrt. Es ist daher in jedem Einzelfall zu prüfen, welches das **auslösende Moment** für die Aufwendung war und ob es dem betriebl oder dem außerbetriebl Bereich zuzurechnen ist. Dabei ist **§ 12** zu beachten. *Beispiele:* Unfall mit BetriebsPkw auf Privatfahrt (keine BA, → Rn. 520 „Verlust"); Verlust eines privaten WG auf Betriebsfahrt (idR § 12); Fund eines WG auf Betriebsfahrt (keine BE); Lohn für Hausgehilfin oder Kindergartenkosten (→ Rn. 520 „Arbeitslohn"). Ehrenamtl oder verlustbringende **Nebentätigkeit** kann uU durch Haupttätigkeit veranlasst sein (vgl → Rn. 445, BFH VI R 122/92, BStBl II 94, 510; SchlHFG EFG 19, 681 rkr: nebenberufl Professur). S iÜ → Rn. 520 „Kleidung", „Schadensersatz", „Verlust", zu Einschränkung der sog Sekundärfolgen-Rspr „Schuldzinsen".

488 **h) Anteilige betriebliche Veranlassung.** Werden Aufwendungen durch verschiedene Einkunftsarten verursacht, sind sie aufzuteilen, notfalls im Schätzungswege. Bei gemischter Tätigkeit § 18/§ 19 keine Kürzung des ArbN-Pauschbetrages und gesondert zuzuordnender BA; Aufwendungen, die beide Einkunftsarten betreffen, sind im Schätzungswege aufzuteilen (BFH VIII R 76/05, BStBl II 08, 937).

489 **i) Gemischte Veranlassung.** Aufwendungen, die nicht unwesentl sowohl betriebl als auch privat veranlasst sind, müssen **aufgeteilt** werden, soweit dies mögl ist. Das von der Rspr jahrzehntelang aus § 12 Nr 1 hergeleitete umstrittene sog *Aufteilungs- und Abzugsverbot* ist mit BFH GrS 1/06, BStBl II 10, 672 zutr aufgegeben worden (→ § 12 Rn. 10). Die steuerl Anerkennung des betriebl veranlassten Teils der Aufwendungen als BA ist ein Erfordernis des **obj Nettoprinzips.** Die Höhe ist ggf zu schätzen. Ein Abzugsverbot besteht nur dann, wenn private und betriebl Gründe so zusammenwirken, dass eine Trennung nicht mögl ist, weil sie willkürl wäre. Geringfügige Veranlassungsbeiträge sind unbeachtl. Die unter → § 9 Rn. 54 ff dargestellten Grundsätze gelten auch iRd Gewinneinkünfte. – Zu gemischt genutzten WG → Rn. 47 ff.

Beispiele: Zu **gemischten Kontokorrentkonten** → Rn. 152 ff; zu **Bewirtungskosten** → Rn. 546 f; zum privaten Nutzungsanteil eines **betriebl Pkw** → Rn. 578 ff; zu **Arbeitszimmer** → Rn. 121 und 590; zu **Arbeitsmitteln, Feiern, Reisekosten** und **Sprachkursen** → § 9 Rn. 63 ff; zu **„Fachliteratur", „Informationsreisen", „Kleidung", „Lösegeld", „Sprachkurse", „Telefonkosten", „Umzugskosten"** → Rn. 520; zu **Brille** und **Hörgerät** → Rn. 520 „Krankheitskosten"; zu **Versicherungen** → Rn. 178 ff. – Teilweise wird wegen der Bedeutung eines WG für den Beruf eine private Mitbenutzung ausgeschlossen, zB Aufwendungen für **Schreibtisch** im Privatraum (BFH VI R 182/75, BStBl II 77, 464 und → Rn. 596), für **Instrumente von Musikern** (vgl FG Mchn EFG 09, 1447, rkr) oder für **Fernsehgerät** eines Medienpädagogen am Arbeitsplatz (FG Mster FR 87, 458, rkr). – Zur Fortgeltung der **früheren Aufteilungs-Rspr** → § 9 Rn. 71.

490 **j) Verhältnis Betriebsausgaben/Betriebseinnahmen.** – ***(1)*** **Eigene Betriebsausgaben/Betriebseinnahmen.** Im Inl schließt § 3c grds den BA-Abzug iZm nicht zu versteuernden BE aus, ggf anteilig (BFH IV R 25/22, BStBl II 25, 184). – ***(2)*** **Betriebsausgaben im Verhältnis zur Besteuerung beim Empfänger** → Rn. 477. – ***(3)*** **Hybride Gestaltungen; inkongruente Besteuerung.** Vielfach werden in international verbundenen Unternehmen staatl Unterschiede in der steuerl Behandlung von Rechtsträgern oder Rechtsverhältnissen/Finanzinstrumenten gezielt ausgenutzt, um zB einen BA-Abzug ohne BE-Besteuerung, eine doppelte Nichtbesteuerung („weiße Einkünfte") oder einen doppelten BA-Abzug („double dip") zu erreichen. Dies soll durch § 4k vermieden werden (→ § 4k Rn. 3 ff).

Die nicht umgesetzte Einfügung eines § 4 Va (vgl BT-Drs 18/2158, 7 (13); *Kahlenberg/Vogel* StuW 16, 288; *Kahlenberg* IStR 16, 834; *Bahns/Schatz* FR 16, 1079; *Rautenstrauch/Suttner* BB 16, 2391) ist ab 2017 – zunächst eingeschränkt auf den Abzug von SonderBA iRe PersGes – ersetzt durch **§ 4i** (s dort und BR-Drs 406/16); *Schreiber/Greil* DB 17, 10 (17); *Benz/Böhmer* DB 17, 206 auch zu weiteren Einschränkungen ab 2018 durch die Lizenzschranke, **§ 4j.**

k) Nicht abziehbare Betriebsausgaben, § 4 IVa–VIII. Dies sind betriebl veranlasste Aufwendungen iSv § 4 IV (→ Rn. 521 ff). Sie sind jedoch nicht abziehbar, werden nicht gebucht (zB § 4 III) oder außerhalb der Bilanz dem Gewinn hinzugerechnet. Das gilt auch für GewSt (§ 4 Vb, → Rn. 651). Weitere Abzugsbeschränkungen ergeben sich, wenn Mitwirkungs- und Aufzeichnungspflichten nicht erfüllt werden, zB nach § 90 II, § 160 AO (→ Rn. 477 und 661). 491

l) Gesetzeswidrigkeit/Sittenwidrigkeit eines Handelns. Weder die BE-Besteuerung noch die betriebl Veranlassung und der Abzug dabei aufgewandter BA sind eingeschränkt (§ 40 AO, verfgemäß, s BVerfG HFR 96, 597). *Beispiel:* BE/BA aus verbotenem Bordell. Eine systemwidrige Ausnahme macht § 4 V 1 Nr 10 für strafbare Schmier- und Bestechungsgeldzahlungen (→ Rn. 613). **Standeswidrigkeit** → § 18 Rn. 163. Die Wirksamkeit des zugrunde liegenden Rechtsgeschäfts ist ohne Bedeutung (§ 41 AO, → Rn. 448 – BE – und → § 15 Rn. 45). 492

4. Verhältnis zu Einlagen und Entnahmen. Einlagen werden nur *wie* BA behandelt, soweit sonst – entgegen § 4 III 1 – außerbetriebl veranlasste Wertzugänge den Gesamtgewinn durch die Aufzeichnung eines außerbetriebl veranlassten Vorganges beeinflussen würden. *Beispiele:* Einlage von UV bei § 4 III (vgl → Rn. 389, 410), Einlage einer Forderung (vgl → Rn. 394). Die Kürzung um nicht abziehbare BA ist keine Entnahme (→ Rn. 491). 493

5. Höhe. BA sind iHd **tatsächl Wertabgabe** absetzbar. Die Höhe der Aufwendungen hat der StPfl ggf zu belegen (Aufzeichnungspflichten → Rn. 412 ff). Soweit ihm das nicht gelingt, obwohl der Anfall und die betriebl Veranlassung feststehen (→ Rn. 480), ist die Höhe zu **schätzen** (§ 162 II 1 AO; s auch BFH VIII B 97/21, BFH/NV 23, 113: Unsicherheitsabschlag). – **Einschränkungen** müssen sich aus dem Gesetz ergeben, als Abzugsverbot oder Begrenzung der Höhe nach (zB § 3c, § 4 IVa, V–VIII oder § 12 EStG, → Rn. 521 ff und → Rn. 661 f, als gesetzl Pauschalierung (zB § 4 V 1 Nr 5) oder als zeitl Verschiebung (Sondervorschriften bei Anschaffung von WG des AV, → Rn. 498, uU des UV, → Rn. 410). Darüber hinaus brauchen Aufwendungen nicht notwendig, übl, zweckmäßig, angemessen oder erfolgreich zu sein (→ Rn. 483). 494

6. Pauschbeträge. Anders als § 9a zu WK sieht das Gesetz **keinen allg Pauschbetrag** für BA vor. Immerhin enthält § 51 I Nr 1 Buchst c eine – offene – Ermächtigung zum Erlass einer derartigen **VO-Regelung.** Die Verwaltung lässt jedoch aus Gründen der Vereinfachung bei einzelnen Berufsgruppen oder Aufwendungsarten pauschale Abzüge zu – an die die Rspr (nur) gebunden ist, wenn sie nicht gesetzesauslegenden Charakter haben (BFH VI R 154/00, BStBl II 02, 779). – *Pauschbeträge auf Empfängerseite* wie WK-Pauschbeträge/-Höchstbeträge beim ArbN berühren die Höhe des BA-Abzugs nicht (→ Rn. 520 „Arbeitslohn"). 496

Einzelfälle: s „Fahrtkosten"; ArbG-Ersatz s „Arbeitslohn"; **Abgeordnete** → § 3 Rn. 50; **Arbeitszimmer** → Rn. 604 und **Homeoffice** → Rn. 615; **forstwirtschaftl Betriebe** s § 51 EStDV (→ § 13 Rn. 18); **Eigenverbrauch** s *BMF* BStBl I 26, 4; **Kindertagespflege** s *BMF* BStBl I 23, 669 (bis zu 400 € monatl für 40 Stunden); **Sachzuwendungen** s §§ 37a, 37b, → Rn. 537; **schriftstellerische oder journalistische Tätigkeit:** → § 18 Rn. 216. – Pauschalierende Aufteilung von **VIP-Logen-Rechnungen** → Rn. 520 „Sponsoring".

7. Aktivierung. Bei § 4 I/§ 5 und § 4 III sind, soweit der sofortige Abzug von Aufwendungen gem § 4 I 9, § 5 VI, § 4 III 3–5 ausgeschlossen ist, die Vorschriften über die Aktivierung (→ Rn. 407 ff, → § 5 Rn. 90 f) und Aktivierungsverbote zu beachten (zB § 5 II). 498

8. Zeitpunkt des Betriebsausgabenabzugs. Dieser richtet sich nach Art der Aufwendung und Gewinnermittlung (BFH IV R 27/22, BStBl II 25, 697, Rn. 45). Bei Gewinnermittlung nach §§ 4 I, 5 kommt es auf den Zeitpunkt der wirtschaftl Belastung an (→ § 5 Rn. 80); bei § 4 III ist grds der Zeitpunkt der Zahlung als Verlust der 499 tatsächl Verfügungsmacht maßgebend (vgl § 11 II). Zu den zahlreichen Ausnahmen s § 4 III 3, 4, → Rn. 406 ff. – **§ 82b EStDV** gilt nicht für BA/Betriebsgebäude. Beim BV-Vergleich erfolgt Ausgleich durch Bildung von RAP, → § 5 Rn. 241, 301. Zu § 4 VIII → Rn. 658.

500 **9. Persönliche Zurechnung; Drittaufwand. – a) Allgemeines.** Die Frage, ob man Aufwand, der die Erzielung von stpfl Einnahmen ermöglicht, deshalb vom Abzug als BA/WK ausschließen kann, weil ein Dritter den Aufwand für den StPfl trägt, hat der GrS des BFH in vier Beschlüssen grundlegend, wenn auch nicht abschließend, geklärt (BFH GrS 1/97, BStBl II 99, 778; BFH GrS 2/97, BStBl II 99, 782; BFH GrS 3/97, BStBl II 99, 787; BFH GrS 5/97, BStBl II 99, 774). Er macht den BA-Abzug davon abhängig, dass der StPfl selbst Aufwand trägt, verneint grds den Abzug von Drittaufwand unter Verweisung auf das **Leistungsfähigkeitsprinzip/Nettoprinzip,** macht jedoch großzügige Ausnahmen bei der Frage der Zurechnung der Aufwandstragung.

Die Fälle betrafen vorwiegend Aufwendungen an Gebäuden von Ehegatten, insb Fragen des AfA-Abzuges; sie haben jedoch, mit Ausnahme der Mittelzurechnung (→ Rn. 502), darüber hinaus **Gültigkeit für alle Einkunftsarten** und **alle Arten der Gewinnermittlung.** – IÜ → § 2 Rn. 21, → § 7 Rn. 51 ff, 101, → § 9 Rn. 21 ff. Zu Drittaufwand bei KapGes *Kestler* DStR 15, 2465.

501 **b) Eigene Aufwendungen.** Aufwendungen, die ein StPfl für seinen Betrieb erbringt, kann er grds als BA absetzen, auch wenn sie an WG im PV, im anderen eigenen Betrieb oder an fremden WG anfallen. *Beispiele:* Pachtzinsen für die Nutzung von Betriebsgebäuden/-flächen (BFH VI R 59/15, BStBl II 18, 461); Dacherneuerung an gepachtetem Betriebsgebäude (BFH IV R 1/02, BStBl II 04, 780; → Rn. 65 f); lfd eigene Betriebskosten für Pkw der Ehefrau; mE auch AfA auf den Pkw, soweit der StPfl selbst AK getragen hat (BFH GrS → Rn. 500 und → Rn. 506 zu Gebäude-AfA).

502 **c) Geldschenkung; Zuwendungsgedanke.** Die Herkunft der Mittel, die tatsächl finanzielle Belastung und die endgültige Kostentragung sind für den BA-Abzug nach zutr hM ohne Bedeutung. Der StPfl kann BA aus (betriebl und privaten) eigenen oder fremden Mitteln bestreiten, die er sich wiederum entgeltl (Darlehen) oder unentgeltl beschaffen kann (Schenkung, Erbschaft). Für betriebl Zwecke des StPfl bestimmte unentgeltl private Geldzuwendungen Dritter sind grds bei deren ESt nicht abziehbar, bei der ESt des Empfängers nicht zu versteuern. Dieser Zuwendungsgedanke verlagert Aufwendungen des Dritten außerhalb der ESt in den Geschäftsbereich des Bedachten und rechtfertigt so den Abzug von BA bei ihm als dem – ohne eigene finanzielle Belastung – wirtschaftl in seiner Leistungsfähigkeit beeinträchtigten StPfl. Deutl wird dies bei **Zahlung von BA mit geschenktem Geld** (*Beispiel:* Vater gibt Sohn Geld für Kauf eines Betriebs-Pkw; BA des Sohnes – AfA und lfd Kosten) und bei **AfA auf geschenktes WG** (→ § 7 Rn. 109 ff).

503 **d) Abkürzung des Zahlungswegs.** Wirtschaftl gleichgelagert sind Fälle der unmittelbaren Zahlung von Betriebsschulden durch Dritte (*Beispiel:* Vater zahlt Rechnung über eine vom Sohn als StPfl in Auftrag gegebene Pkw-Reparatur an die Werkstatt). Auch hier ist unstreitig, dass der Dritte mit oder ohne Auftrag BA des StPfl in Zuwendungsabsicht trägt und dass die Zahlung Vermögen und Leistungsfähigkeit des StPfl betrifft. Der Zahlende muss im Einvernehmen mit dem StPfl, also mit „Drittleistungswillen" *dessen* Schuld tilgen (BFH GrS 2/97, BStBl II 99, 782 B. IV.1.c/aa). Damit steht die Zahlung von Schulden des StPfl durch Dritte dem BA-Abzug beim StPfl grds nicht entgegen (wesentl Entschärfung der Drittaufwandsproblematik).

504 **e) Abkürzung des Vertragswegs.** Tätigt ein Dritter Aufwendungen zu Gunsten des StPfl aufgrund *eigener* vertragl Verpflichtung (zB: Vater gibt selbst Reparatur des betriebl Pkw des Sohnes in Auftrag), handelt es sich um Aufwendungen des StPfl, wenn der Vertrag **im Interesse des StPfl** geschlossen wird und sich die Zahlung als

Zuwendung des Dritten an den StPfl darstellt (vgl BFH IX R 25/03, BStBl II 06, 623: Handwerkerrechnung; BFH X R 15/05, BStBl II 07, 390: Hinterbliebenenrente; zur Abgrenzung s BFH X R 24/12, BStBl II 15, 132: nicht bei gelegentl Nutzung eines zum BV des anderen Ehegatten gehörenden PKW; *Schmidtmann* FR 24, 1071). Abgelehnt wird eine Zurechnung der Aufwendungen bei Kreditverbindlichkeiten und anderen Dauerschuldverhältnissen (s BFH IV R 75/98, BStBl II 00, 314: Darlehen; zu Rentenversicherung FG Ddorf EFG 01, 428, rkr; Nutzung der vom Vater angemieteten Wohnung durch Sohn, NdsFG EFG 16, 891, rkr, mit (fragl) Abgrenzung zu Maklerkosten; vgl auch *Vorbeck* EFG 16, 893, *Knebusch* NWB 16, 1266; → 34. Aufl 2015, § 4 Rn. 504 mwN). Das ***BMF*** (BStBl I 08, 717) hat sich dieser Rspr angeschlossen, aber eine Ausdehnung auf SA und agB ausdrückl verneint (mE fragl). Aufwendungen eines **Vorbehaltsnießbrauchers** können Zuwendungen an den Eigentümer iSv § 12 Nr 2 oder abziehbare BA sein (s BFH IV R 20/07, BFH/NV 10, 20; aber → § 12 Rn. 23).

Der **GrS** hatte die Behandlung des abgekürzten Vertragswegs ausdrückl offengelassen (→ Rn. 500, BFH GrS 2/97, BStBl II 99, 782 C.IV.1.c/bb). Eine Versagung des BA-Abzugs wäre aber wegen der dann erforderl **Abgrenzung** zur vorherigen Geldschenkung (→ Rn. 503) kaum nachvollziehbar und widerspräche vor allem bei Ehegatten/Lebenspartnern (s BFH VI R 56/02, BFH/NV 06, 1650) dem vom GrS herausgestellten **Netto- und Leistungsfähigkeitsprinzip,** dem Zuwendungsgedanken und den allg Veranlassungsgrundsätzen (ohne diese BA keine BE). – Weitere *Beispiele* → § 9 Rn. 19 f.

f) Sonstige Drittaufwendungen. Ohne Mittelzuwendung oder Vertrag zu 505 Gunsten Dritter lässt der BFH GrS (→ Rn. 500) auch nach dem Zuwendungsgedanken grds keinen BA-Abzug zu (s auch BFH VI R 41/15, BStBl II 18, 355). – *Beispiele/Ausnahmen:* Ehegatte nimmt eigenes Darlehen zur Finanzierung eines im Alleineigentum des anderen Ehegatten stehenden Grundstücks auf (vgl BFH IX R 22/97, BStBl II 01, 785), nutzt Pkw des Ehegatten auch für eigenen Betrieb (BFH X R 24/12, BStBl II 15, 132), nutzt Dienstwagen mit 1 %-Regelung und Kostentragung durch ArbG für selbständige Tätigkeit (BFH III R 33/14, BStBl II 16, 44, Anm *Kanzler* FR 16, 223); zu Leistungen (Zahlungen, Darlehens- oder Bürgschaftsübernahme) auf KapGes-Beteiligung des Ehegatten **(§ 17)** vgl BFH VIII R 22/92, BStBl II 01, 385, auch zu **Ausnahmen** bei gemeinsamer Schuldaufnahme und interner Ausgleichsverpflichtung; zu Ausnahmen auch BFH IX R 29/11, BFH/NV 12, 1952; BFH IX R 78/07, BStBl II 09, 299; BFH X R 36/02, BStBl II 05, 707; FG Ddorf EFG 15, 709, rkr; ausführl *OFD Ffm* StEd 15, 222; *Rennar* NWB 14, 828. BA nach **Insolvenz** eines Ehegatten s BFH X R 25/12, BStBl II 16, 391. Drittaufwand bei Übernahme von **Kinderbetreuungskosten** für Lebenspartner abl BFH III R 79/09, BStBl II 11, 450, → § 10 Rn. 65; fragl nach § 2 VIII.

g) Gebäude-AfA bei Ehegatten. Hier erweitert die Rspr die Auslegung des Be- 506 griffs „Drittaufwand" (vgl → § 7 Rn. 101; *Neufang/Körner* BB 10, 1503). Sie schließt Aufwand auf ein Grundstück im Miteigentum oder im Alleineigentum des anderen Ehegatten *insoweit* nicht als Drittaufwand vom Abzug aus, als es sich um **eigene Aufwendungen** der StPfl handelt. *Beispiel:* Der StPfl unterhält ein Büro im Gebäude des Ehegatten. Er kann nicht nur alle lfd – nutzungsorientierten – Kosten für seinen Bürobetrieb als BA absetzen, sondern auch anteilige Gebäude-AfA mit den unmittelbar auf die Anschaffung/Herstellung/Erhaltung des Gebäudes entfallenden – grundstücksorientierten – Ausgaben, *soweit er solche selbst getragen hat* (BFH VIII R 10/14, BStBl II 17, 819: nicht bei Zahlung von Oder-Konto). – Für **Lebenspartner** muss dies auch gelten (§ 2 VIII, FG Ddorf EFG 15, 709, rkr).

Die Rspr stellt hier also nicht auf die Aufwandleistung an einem fremden WG ab, sondern auf den **eigenen Aufwandsbeitrag** hierzu. Die Bedeutung dieser Rspr liegt darin, dass sie bei gemeinsamer Gebäudeanschaffung/-herstellung ohne Prüfung der Mittelherkunft unterstellt, dass jeder Ehegatte einen Aufwandsbeitrag iHv seinem Miteigentumsanteil leistet und dass dieser Aufwandsbeitrag in erster Linie auf eigengenutzte berufl/betriebl Gebäudeteile entfällt (iEinz → § 7

Rn. 56 f, 81 ff). – Zu *gemeinsamer* Nutzung eines **Arbeitszimmers** → Rn. 605; zu gemeinsamer **Pkw-Nutzung** BFH X R 24/12, BStBl II 15, 132; zu **Finanzierungskosten** → Rn. 505, zur begrenzten Zurechnung **stiller Reserven** BFH VIII R 98/04, BStBl II 08, 749; → Rn. 66.

510 **10. Angehörige; nahestehende Personen.** Zahlungen an Angehörige sind nur dann als BA zu berücksichtigen, wenn die der Zahlung zugrunde liegende Vereinbarung einem Fremdvergleich standhält (→ § 12 Rn. 20 ff).

11. ABC der Betriebsausgaben

520 **Abfindungen** (Abstandszahlungen, Entschädigungen). Begriffe → Rn. 460. Entspr Zahlungen sind BA, wenn sie *aus der Sicht des Leistenden* betriebl veranlasst und nicht zu aktivieren sind. *Beispiele:* Aufwendungen für den Erwerb eines WG, einer Nutzungsmöglichkeit, für die Aufgabe eines Mietrechts, die Nichtübernahme eines Warenlagers (BFH I R 66/72, BStBl II 75, 56), Bindung an Kaufangebot (BFH X R 136/87, BStBl II 92, 70), Kündigungsabfindung (zu Angehörigen BFH I R 89/84, BFH/NV 89, 577). Die Zahlung darf nicht privat mitveranlasst sein (§ 12 Nr 1, zB „Lösegeldzahlung"). Bilanzierungsfragen → Rn. 498, → § 5 Rn. 270.

Abwehrkosten (Rufschädigung). Aufwendungen, die primär bestimmt und geeignet sind, *betriebl* Schäden und Beeinträchtigungen abzuwenden, sind BA (Feststellung durch FG; abl zB BFH IV B 101/03, BFH/NV 05, 2205). *Beispiele:* Wahrung des Rufs als ehrl Kaufmann (nicht der persönl Ehre) durch Bezahlung fremder Geschäftsschulden aus *eigenem* betriebl Interesse, auch uU für Familienangehörige (FG Mster EFG 68, 57, rkr – Kleinstadt, branchengleiche Unternehmen von Vater und Sohn, Konkursabwendung); Abwehr von gegen den Betrieb erhobenen Ansprüchen; Abfindung lästiger Ges'ter (→ § 16 Rn. 463); Streit über Fortbestand einer PersGes; s auch „Rechtsverfolgung", → § 9 Rn. 84. Abl zu RA-Kosten iZm K'tisten-Haftung gem § 17 ff HGB FG BW EFG 15, 901, rkr (private Vermögenssphäre).

AfA. Länger als ein Jahr abnutzbare WG des AV sind grds nur iRd zeitanteiligen Nutzungsdauer als BA absetzbar (§ 7 iVm §§ 4 III, 5 VI). *BMF* BStBl I 00, 1532 hat dafür **AfA-Tabellen** für einzelne WG aufgestellt, die nicht für die FG, aber für die FÄ bindend sind (vgl NdsFG EFG 14, 1780, rkr; zu Computerhardware s *BMF* BStBl I 22, 187). Zu Pkw s „Fahrtkosten".

Alltagsgegenstände. Bei Gegenständen, die auch iRd allg Lebensführung (§ 12 Nr 1 S 2) genutzt werden können, ist der tatsächl Verwendungszweck im Einzelfall entscheidend (s BFH VI R 135/01, BStBl II 04, 958: häusl PC). Insb die berufl Nutzung zB von Fotoapparaten, Beamern, Laptops und Tablets muss der StPfl nachweisen (FG Nbg EFG 19, 95, rkr: iPad eines Architekten, starke Vermutung für private Nutzung; anders FG Bln-Bbg EFG 22, 575, rkr: MacBook und iPad anerkannt). Indizien für ausschließl berufl Nutzung: Aufbewahrung in Geschäftsräumen oder Praxis, Vorhandensein eines gleichwertigen/besseren Geräts für private Zwecke, Dokumentation der berufsbezogenen Nutzung; → § 12 Rn. 13 f.

Angehörige; Angehörigenverträge → § 12 Rn. 20 ff.

Anlaufkosten; Gründungskosten (s *Köhler* StBP 96, 253, *Kudert* DB 92, 437, *Urban* FR 92, 569 – Emissionskosten –, *Schiller* BB 91, 2403; Umwandlungskosten s *Mühle* DStZ 06, 63). – ***(1)* Begriff.** Aufwendungen vor Betriebseröffnung zur „Ingangsetzung und Erweiterung des Geschäftsbetriebs" (vgl § 282 HGB) und bei Betriebsgründung sind stets betriebl veranlasst (vgl → Rn. 484). **Anlaufzeit** für inl TochterGes grds 3 Jahre (BFH I R 3/92, BStBl II 93, 457, str); sonst betriebsspezifische Einzelfallprüfung der Gewinnerzielungsabsicht (Abgrenzung zu Anlaufverlusten iVm Liebhaberei s BFH VIII R 28/94, BStBl II 97, 202). – ***(2)* Besteuerung.** Die Aufwendungen sind als BA abziehbar (→ Rn. 484), soweit sie nicht zu aktivieren sind (§ 259 HGB, → § 5 Rn. 270; zu Due-Diligence-Kosten – § 8b II KStG – BFH I R 72/11, BStBl II 13, 343; *Kahle/Hiller* DB 14, 500). Ausl Anlaufkosten → § 3c Rn. 8.

Beispiele für Anlaufkosten: Planung, Organisationsaufbau, Werbung, Anschaffung von Vorbereitungsmaterial, Auswahl der Lieferanten und Kunden, Beratung, Besichtigung von Betriebsgebäuden (beides uU AK), Erprobung von Maschinen, Gebühren, Entwicklung. – **Beispiele für Gründungskosten:** Gerichts- und Notarkosten, Kosten der Kapitalbeschaffung (s „Finanzierungskosten"), der Börseneinführung, der „Umwandlung" (vgl zu Einbringungskosten *Ott* DStR 16, 777). Das gilt auch für vergebl BA iZm dem geplanten Erwerb eines PersGes-Anteils (vgl – abgrenzend – BFH III R 38/03, BFH/NV 05, 202).

Anschaffung. Die Anschaffung von WG des BV ist stets betriebl veranlasst. §§ 7, 6 II, IIa, VII sind zu beachten (s „AfA"; vgl §§ 4 I 9, 5 VI, 4 III 3, zu Besonderheiten bei § 4 III → Rn. 406 ff). Begriff AK → § 6 Rn. 32, zu SonderAfA und Anschaffungsrücklagen s „Steuervergünstigungen"; zu „Zuschüssen" für die Anschaffung eines WG → Rn. 460 und EStR 6.5. DrittAfA als BA → Rn. 506 mwN.

Arbeitslohn (betriebl Auswirkungen). – ***(1)* Dem Grunde nach.** Alle Aufwendungen des Unternehmers für ArbN sind BA. Auf die Art der Aufwendung und deren Bezeichnung kommt es nicht an (vgl FG Bln-Bbg EFG 12, 1905, rkr). Voraussetzung ist nur die betriebl Veranlassung *beim ArbG*. BA ist der betriebl Lohnanteil für die im Betrieb mitbeschäftigte **Hausgehilfin/Kinderpflegerin** (vgl FG Mchn EFG 98, 937, rkr); der Privatanteil fällt seit 2012 unter § 10 I Nr 5, → § 10 Rn. 62 ff. – ***(2)* Höhe der Betriebsausgaben.** Maßgebl ist der tatsächl Aufwand ohne Rücksicht auf die StPfl beim ArbN. Auf die Angemessenheit kommt es nicht an. § 4 V enthält für Zuwendungen an ArbN keine Einschränkungen und nimmt sie zT ausdrückl (§ 4 V 1 Nr 1), zT sinngemäß aus (→ Rn. 542, 567, 570, 601 sowie BFH I R 20/96, BStBl II 97, 539). **Pauschbeträge** kann der ArbG uU in Anspruch nehmen, wenn er in dieser Höhe Erstattung leistet (zB stfreier Ersatz gem § 3 Nr 13, 16); erstattet er (beim ArbN stpfl) höhere Beträge, hat er höhere BA. Auch die **Höchstbeträge** nach § 9 IVa/§ 4 V 1 Nr 5 gelten nur für *eigene* Mehraufwendungen für Verpflegung. Bei **Sachzuwendungen** sind nicht die vom ArbN nach der SachbezugsVO zu versteuernden Werte maßgebl, sondern die tatsächl Aufwendungen, soweit nicht bereits vorher als BA abgesetzt. Im Falle der **unentgeltl Wohnungsüberlassung** gleichen sich BE und BA in Höhe des obj Mietwerts aus. Die sonstigen Aufwendungen auf das Gebäude sind BA. **Zukunftssicherungsleistungen** für ArbN s §§ 4b–4e.

Arbeitsmittel. Gegenstände, die der StPfl nach Art, Verwendungszweck und tatsächl Nutzung für seine berufl Tätigkeit benötigt (→ § 9 Rn. 265 mwN), gehören zum BV. Die Aufwendungen sind nach allg Grundsätzen BA (§ 7, § 6 II, IIa). Die Problematik liegt in der Abgrenzung zu § 12 (s „Alltagsgegenstände", → § 4 Rn. 480 und → § 12 Rn. 13). Die Angemessenheit kann nach § 4 V 1 Nr 7 zu prüfen sein (→ Rn. 630).

Arbeitszimmer → Rn. 121 und → Rn. 590 ff.

Aufsichtsratsvergütungen sind nur zur Hälfte als BA abziehbar (§ 10 Nr 4 KStG, str, s *Clemm/Clemm* BB 01, 1873). Vgl zu Haftpflicht-/D&O-Versicherung → Rn. 182, *Kästner* DStR 01, 195 und *ders* DStR 01, 422; *OFD Mbg* FR 03, 48.

Auto. Keine BA für Überlassung eines Dienstwagens an Lebensgefährtin bei geringfügiger Beschäftigung (BFH III B 27/17, BFH/NV 18, 432: nicht fremdübl). Siehe iÜ unter „Verlust", „Fahrtkosten", „Geschäftsreisen" – auch zu „AfA" –; zu § 4 V 1 Nr 6 → Rn. 578 ff; zu Angemessenheit § 4 V 1 Nr 7 → Rn. 631; zu Versicherungen → Rn. 178.

Beiträge. Beiträge an **Berufsverbände** sind BA, selbst wenn diese auch allg politische Rahmenziele verfolgen (weit BFH VIII R 76/85, BStBl II 89, 97; enger BFH VI R 51/92, BStBl II 94, 33, § 5 I Nr 5 KStG), allerdings nur bei **betriebl Bezug des Verbandszwecks,** nicht Beiträge und Spenden an **Sportvereine** oÄ, selbst wenn der Sport nicht ausgeübt wird und die Mitgliedschaft dem Beruf förderl ist (§ 12 Nr 1, zB Golfclub, Rotary-Club, vgl FG Hmb EFG 02, 708, rkr; FG Köln

EFG 11, 1782, rkr; → Rn. 567 zu Golfturnierveranstaltung; BFH VI R 31/10, BStBl II 13, 700 zu Golfclubbeitrag als ArbLohn – s aber BFH VI R 69/13, BStBl II 15, 41 –; BFH VI R 106/88, BStBl II 93, 840 zu Abgrenzung berufsbezogene/berufsfremde Verbände; BFH VI R 50/93, BFH/NV 95, 22 zu **„Wirtschaftsjunioren"**; str, → 20. Aufl 2001, § 4 Rn. 520 mwN). Zur Abgrenzung Mitgliedsbeiträge/Beiträge für Sonderleistungen eines Vereins s BFH I R 86/85, BStBl II 90, 550, → § 10b Rn. 20; zu Beiträgen an Berufsverbände (Marketing-Club) BFH VI R 35/86, BFH/NV 90, 701. Soweit **Freiberufler-Kammerbeiträge** einem Versorgungszweck dienen, handelt es sich um SA (*BH/Vogel* § 10 Rn. 135). Kein Abzug von Beiträgen an **politische Parteien** (§ 4 VI), **Gewerkschaften** (*OFD Ffm* DStR 96, 1606), **Bund der Steuerzahler,** s „Spenden", „Wahlkampfkosten", → Rn. 643; BFH X B 263/07, BFH/NV 08, 1329); zu **CDU-Wirtschaftsrat** s *OFD Kiel* DStR 90, 118, BFH IV R 28/89, BFH/NV 90, 360.

Beratungskosten s „Prozesskosten".

Berufskleidung s „Kleidung".

Bestechung s „Schmiergelder" und → Rn. 638.

Bewirtungskosten → Rn. 540 ff und → Rn. 520 „Kundschaftsessen/-trinken"; vgl → § 19 Rn. 110 „Bewirtung".

Bürgschaft → Rn. 146 und „Verlust".

Corona → Rn. 482; zur verstärkten Nutzung des häusl Arbeitszimmers → Rn. 599.

Damnum/Disagio ist zinsähnl Aufwand, s „Finanzierungskosten"; → § 5 Rn. 270 „Disagio"; BFH X R 69/96, BStBl II 00, 259.

Darlehen → Rn. 376 ff.

Diebstahl von WG/Geld kann uU zu BA führen (s „Verlust" und → Rn. 375).

Doppelte Haushaltsführung → Rn. 588 und → § 9 Rn. 220 ff.

Drittaufwendungen als BA → Rn. 500.

Einbürgerungskosten sind keine BA/WK (→ § 12 Rn. 32 mwN).

Emissionsberechtigungen → § 5 Rn. 270.

Entschädigungen s „Abfindungen".

Entgelterhöhungen (nachträgl), die betriebl veranlasst sind, werden im VZ, in dem die Belastungswirkung eintritt als BA berücksichtigt (BFH IV R 27/22, BStBl II 25, 697, Rn. 46: keine Rückwirkung).

Erbfall; Erbschaftsauseinandersetzungskosten (BFH GrS 2/89, BStBl II 90, 837; *BMF* BStBl I 06, 253 und *BMF* BStBl I 19, 11: Erbauseinandersetzung, BStBl I 93, 80 und *BMF* BStBl I 07, 269: vorweggenommene Erbfolge; BStBl I 94, 603: Sekundärfolgen-Rspr). ***Schrifttum:*** → § 16 Rn. 50 und 590 ff; *Röhrig/Doege* DStR 06, 969; *Grube* FR 07, 533. Der Erbfall ist nach wie vor grds ein privater Vorgang. Kosten eines **Rechtsstreits** über die Erbenstellung sind auch bei gewerbl Erbteil grds keine BA (§ 12, BFH III R 37/98, BStBl II 99, 600 zu Testamentsanfechtung unter Ausnahme entgeltl Erbauseinandersetzung; BFH X R 16/98, BFH/NV 01, 1262; nicht zwingend, s *Grube* DB 03, 2300 und FR 07, 533; *Kanzler* FR 99, 1119; ausführl *Dusowski* DStZ 00, 584). Das müsste auch für betriebl **Erbfolgeberatungskosten** gelten (str; zu Beurkundungskosten bei vorweggenommener Erbfolge BFH IV R 44/12, BFH/NV 15, 1085, **aA** etwa *Götz* DStR 06, 545). **Testamentskosten** sind auch bei betriebl Nachfolgeregelung keine BA (NdsFG EFG 00, 1372, rkr). Getrennt davon ist die **Erbauseinandersetzung** zu beurteilen als im BV betriebl Vorgang mit allen Folgerungen für BA, AK usw, (nur) soweit Leistungen über den Erbanteil hinaus erbracht werden (→ § 16 Rn. 609 ff). Übernommene Betriebsschulden bleiben grds BV, übernommene Privatschulden PV der Erben – die Übernahme im Wege vorweggenommener Erbfolge kann jedoch zu AK des Übernehmers führen (mit Zinsen als BA, BFH IV R 73/87, BStBl II 91, 450; *BdF* BStBl I 93, 80 Tz 22 und 40; → § 16 Rn. 35 ff). **Erbfallschulden** (zB Vermächtnis-, Pflichtteilsschulden, Erbersatzansprüche) sind durch den außerbetriebl Vorgang des Erbfalls veranlasst und begründen keine AK der WG des Nachlasses beim Erben (BFH VIII R 6/87, BStBl II 93, 275 mwN). Es handelt sich um notwendige Privatschulden mit Ausschluss des BA-Abzuges von **Kreditzinsen** für Ablösungsdarlehen, Stundung, Verzug oÄ (BFH IV R 62/93, BStBl II 95, 413). **Keine BA** waren schon bisher Zinsen zur Zahlung von **ErbSt** (BFH VIII R 35/80, BStBl II 84, 27; **aA** *Paus* FR 91, 69) oder **ESt** oä Privatzinsen (→ „Schuldzinsen"). Testamentsvollstreckerkosten s „Rechtsverfolgung".

Fachliteratur. BA, wenn die betriebl Veranlassung der Anschaffung und der Ausschluss einer privaten Mitveranlassung nach Art des Werkes und Art der Tätigkeit obj feststehen. Dazu muss der StPfl ggf auf seinen Namen lautende **Belege mit Titelangabe** vorlegen; der Ausweis als „Fachliteratur" ist nicht nachprüfbar und reicht idR nicht (nicht verallgemeinerbar: BFH VI R 144/86, BFH/NV 90, 763, s BFH IV B 4/00, BFH/NV 01, 774). In Zweifelsfällen muss ein konkreter berufl Grund für die Anschaffung jedes Einzelwerks (BFH VI R 164/87, BFH/NV 91, 598) glaubhaft gemacht werden. Dazu genügt idR nicht der Nachweis, dass die Literatur *auch* berufl benötigt wird, selbst wenn der StPfl noch ein ähnl Werk für die private Nutzung besitzt. Zu Fachliteratur eines Lehrers hat der BFH die Prüfung der berufl Nutzung in den Vordergrund gerückt (BFH VI R 53/09, BStBl II 11, 723). – Völlig fließend wird die Grenze bei der fremdsprachigen Enzyklopädie eines Sprachlehrers (nach BFH VI R 180/79, BStBl II 82, 67 berufl Aufwand). Für Berufsübersetzer dürfte jede Enzyklopädie Arbeitsmittel sein (BA). Die Kosten für im Büro oder im Wartezimmer aufliegende Allgemeinliteratur sind BA. Das Gleiche gilt für **Fachzeitschriften,** nach BFH VI R 64/95, BFH/NV 96, 402 uU auch für das „Handelsblatt" (s aber zutr Abgrenzung HessFG EFG 02, 1289, rkr). Computerschriften s *Voss* FR 89, 72 (wie PC). Die Anschaffung von allg informierenden **Tages- oder Wochenzeitschriften** ist idR nicht ausschließl betriebl veranlasst (zB BFH IV R 2/81, BStBl II 83, 715 – FAZ).

Zu **Belletristik** als Arbeitsmittel: BFH IV R 70/91, BStBl II 92, 1015 mit Hinweis auf tatsächl Verständigungsmöglichkeit über Berufsanteil (nicht Schätzung bei Einzelwerk); zum allg **Nachschlagewerk** eines Lehrers: BFH VI R 208/75, BStBl II 77, 716; zur **Englischliteratur** einer Lehrerin: BFH VI R 305/69, BStBl II 72, 723; anders uU bei berufsbezogenen **wissenschaftl Werken** als „Arbeitsmittel" (Wörterbuch eines Englischlehrers, *Grzimeks Tierleben* uä Literatur eines Biologielehrers; BFH VI R 112/87, BFH/NV 90, 564: Einzelprüfung). – *Weitere Einzelfälle zu Berufsbezogenheit* → 35. Aufl 2016, § 4 Rn. 520 „Fachliteratur" mwN. Der Sonderfall FG Köln EFG 94, 199 (rkr) darf nicht verallgemeinert werden (rein berufl Bezug). Hält der StPfl mehrere *gleiche* Zeitungen/Zeitschriften (zB zweimal FAZ), kann Ausnahme gerechtfertigt sein, nicht bei *gleichartigen* Zeitungen/Zeitschriften (zB *Die Zeit* und *DER SPIEGEL, SZ* und *FAZ*).

Fahrtkosten. – ***(1)*** **Betrieblich veranlasste Fahrten.** Aufwendungen für betriebl veranlasste Fahrten (→ Rn. 520 „Geschäftsreise" *(1) (a)*) sind grds in voller Höhe als BA zu berücksichtigen; ledigl für Fahrten zw Wohnung und (erster) Betriebsstätte und für Familienheimfahrten gelten **Abzugsbeschränkungen,** § 4 V 1 Nr 6 (→ Rn. 578 ff). Nicht unter die Beschränkung fallen ua Fahrten zu einer anderen Betriebsstätte, die nicht erste Betriebsstätte ist (→ Rn. 579), sowie sämtl Fahrten bei Fahrtätigkeit ohne ortsfeste Betriebsstätte (Pkw, Lkw, Schiff, Flugzeug, s *BMF* BStBl I 15, 26 Rn. 6). Ein Arbeitszimmer im eigenen Haus ist keine Betriebsstätte (s *BMF* BStBl I 15, 26 Rn. 3; BFH X R 13/13, BStBl II 15, 273). Zu Mischfahrten/Dreiecksfahrten s BFH VIII R 12/13, NWB 15, 3522; FG Mchn EFG 14, 2128, rkr, mit Anm *Rosenke.* Privatnutzung eines betriebl Kfz führt zu **Nutzungsentnahme** (→ § 6 Rn. 525). – ***(2)*** **Tatsächliche Aufwendungen.** Zu berücksichtigen sind grds die tatsächl Aufwendungen (Pkw, Bahn, Flugzeug, Taxi). Die Wahl des Verkehrsmittels steht dem StPfl frei (Einschränkung: Angemessenheitsprüfung nach § 4 V 1 Nr 7, → Rn. 631; BFH VI R 37/15, BStBl II 17, 526: Privatflugzeug). Zu den **Kfz-Kosten** gehören neben AfA, Betriebs-, Wartungs- und Reparaturkosten auch Autoclubbeitrag, Kasko-/Unfallversicherung (→ Rn. 179) und Garage (auch am Betriebsort, BFH IV B 13/93, BFH/NV 94, 777). **AfA:** Nutzungsdauer für Neuwagen idR **8 Jahre** (→ § 7 Rn. 169 „Pkw"), in Sonderfällen kürzer (zB LStH 9.5, FG Mster EFG 00, 350, rkr), bei Gebrauchtwagen uU länger (BFH VI B 306/00, BFH/NV 01, 1255); nach AfA-Tabellen grds **6 Jahre** (s *BMF* BStBl I 00, 1532, unter 4.2.1; für Rspr nicht bindend, aber grds für die FinVerw, s NdsFG EFG 14, 1780, rkr). Leasingsonderzahlungen sind neben AfA abziehbar (BFH VI R 100/93, BStBl II 94, 643), ggf anteilig (BFH VIII R 1/21, BStBl II 24, 633 Rn. 20). Unfallkosten → Rn. 520 „Verlust". – ***(3)*** **Pauschalierung.** Bei Nutzung eines **privaten Kfz** *kann* (Wahlrecht) der StPfl *stattdessen* pauschale Kilometersätze gem § 9 I 3 Nr. 4a Satz 2 nach **BRKG** ansetzen (EStR 4.12 II iVm LStR 9.5 I): für Pkw (unverändert) 0,30 € für jeden gefahrenen km und für andere motorbetriebene Fahrzeuge 0,20 € (*BMF* BStBl I 20, 1228 Rn. 36). Eine „offensichtl unzutreffende Besteuerung" gibt es nicht mehr. S iEinz → § 9 Rn. 213. Grenzen des Abzugs s § 4 V 1 Nr 7 (→ Rn. 632). Ggf anteiliger Abzug bei privater Mitveranlassung (s „Info-Reisen"). – ***(4)*** **Außergewöhnliche Fahrtkosten, § 9 II 1.** Die frühere Rspr, nach der Pausch- bzw Höchstbeträge nur übl Fahrtkosten abgelten, nicht aber (nicht pauschalierbare) außergewöhnl Fahrtkosten, ist seit Einführung der **Entfernungspauschale** nicht mehr für diese Fahrten iSv § 9 I Nr 4, 5 anzuwenden. Die unabhängig vom Transportmittel und vom Aufwand für Fahrten Wohnung/Betrieb stets anzusetzende Entfernungspauschale gilt nach dem eindeutigen Gesetzeswortlaut *sämtl* Aufwendungen ab (§ 9 II 1, → § 9 Rn. 290). Das soll nach **Rspr-Änderung** durch BFH VI R 29/13, BStBl II 14, 849 (Motorschaden nach Falschbetankung) ausnahmslos gelten, auch für **Unfallschäden** (so BFH VI R 8/18, BStBl II 20, 291, Ausnahme: Krankheitskosten); dagegen lässt *BMF* BStBl I 13, 1376 und *BMF* BStBl I 21, 2315 Rn. 30 einen zusätzl Abzug nach § 9 I 1 ausdrückl zu (fahrzeug-/wegstreckenbezogenen Aufwendungen, Körperschäden). Vgl auch FG RhPf EFG 16, 819 rkr mit Anm *Kühnen* (wie BFH zu Unfall-Krankheitskosten); **aA** FG BW EFG 16, 819, rkr.

Finanzierungskosten (Geldbeschaffungskosten). – ***(1)*** **Begriff.** Aufwendungen für Beschaffung von Kreditmitteln, zB „Schuldzinsen", Bereitstellungs- bzw Vermittlungsprovisionen oder -gebühren, Damnum/Disagio), Notargebühren (s BFH IX R 72/99, BStBl II 03, 399), Gerichtskosten, Abschluss-, Beratungs- oder Verwaltungsgebühren. **Vorfälligkeitsentschädigung** → § 5 Rn. 270, BFH VIII R 55/97, BFH/NV 00, 1028 (Betriebsveräußerungskosten); s auch BFH VIII R 34/04, BStBl II 06, 265. – ***(2)*** **Besteuerung.** Finanzierungskosten sind BA, wenn Geldmittel für betriebl Zwecke aufgenommen werden (vgl → Rn. 140). Sie gehören grds nicht zu den AK/HK des finanzierten WG (→ § 6 Rn. 206) oder des Darlehens, das mit dem Nennbetrag bilanziert wird (→ § 5 Rn. 270). Bei **§ 4 I/§ 5** werden sie uU auf die Laufzeit des Darlehens abgegrenzt; sonst sind sie Aufwendungen des Entstehungsjahres (→ § 6 Rn. 448). – **Kontokorrent** → Rn. 152 ff. **§ 4 IVa** → Rn. 522 ff. **Drittschulden** → Rn. 505.

Forderungsausfall → Rn. 383 (zu § 4 III).

Fortbildungskosten (s „Fachliteratur", „Informationsreisen", „Sprachkurse" und zu Arbeitszimmer → Rn. 590 ff). – ***(1)*** **Begriffe Ausbildung/Fortbildung** → § 19 Rn. 110, → § 10 Rn. 81 ff. – ***(2)*** **Besteuerung.** *Eigene* Fortbildungskosten eines Selbständigen sind BA. Ausbildungskosten – grds auch für erstmalige Berufsausbildung und Erststudium – sind keine BA (s § 4 IX, str, → Rn. 659), sondern SA (§ 10 I Nr 7, § 12 Nr 5 aF). *Für ArbN* gezahlte Aus- und Fortbildungskosten sind BA des ArbG (s „Arbeitslohn"). – ***(3)*** **Auswärtige Ausbildung.** Nach § 9 IV 8, § 9 I 3 Nr 4a S 3 kann eine vollzeitige auswärtige Bildungseinrichtung erste Tätigkeitsstätte werden (damit beschr Fahrtkostenabzug wie bei Fahrten Wohnung/Arbeit); das gilt aber nicht bei vorübergehenden Fortbildungsveranstaltungen (zB bei StB-Tagung voller Fahrtkostenabzug; Verpflegungsmehraufwand → Rn. 570).

Gebäudenutzung. – ***(1)* Eigenes Gebäude.** – ***(a)* Eigennutzung zu Wohnzwecken:** Grds PV; in Ausnahmefällen kann das Wohnen betriebl veranlasst sein, → Rn. 41, dann BV, BE (§ 21 III) und BA. – ***(b)* Nutzung zu eigenbetriebl Zwecken.** Grds BV (→ Rn. 115 mit Ausnahme → Rn. 126); Ausgaben sind BA (vgl EStR 4.7 II). – ***(c)* Vermietung** zu Wohnzwecken oder fremdbetriebl Zwecken: PV oder gewillkürtes BV. Zur Behandlung als *ein* WG → Rn. 119. Bei BV fallen BE und BA an (auch bei EStR 4.2 X, 13 X aF), bei PV Einnahmen iSv § 21 I und WK aus VuV. **§ 21 II** gilt im BV nicht entspr für vollen BA-Abzug bei Mietnachlass (vgl BFH IV R 46/08, BStBl II 11, 692 Rn. 31 mwN – Nutzungsentnahme bzw vGA zur Abgrenzung § 4 IV/§ 12. – ***(d)* Gemischte Nutzung.** Zu Aufteilung → Rn. 116 ff und 590 (Arbeitszimmer). – ***(2)* Fremdgebäude.** – ***(a)* Betriebl Nutzung.** Miete und sonstige Aufwendungen sind BA, etwaige Mieteinnahmen BE. – ***(b)* Privatnutzung.** Miete und sonstige Aufwendungen sind nicht abziehbar (§ 12 Nr 1). – ***(c)* Mietvertrag unter Ehegatten** s „Angehörige", → Rn. 63 und 506. – ***(d)* Gemischte Nutzung.** Aufteilung der Einnahmen/Ausgaben erforderl. – ***(e)* Unentgeltlich überlassenes Gebäude** → Rn. 66.

Geld. Zu Geldbeständen und Bankverbindlichkeiten als BV sowie Zinsen für ein gemischt genutztes Kontokorrentkonto als BA → Rn. 152 ff, zu Geldbeschaffungskosten s „Finanzierungskosten", zu § 4 III → Rn. 374.

Geldbußen/Geldstrafen s § 4 V 1 Nr 8 (→ Rn. 635); § 12 Nr 4 (→ § 12 Rn. 42).

Gerichtskosten s „Strafverfahrenskosten".

Geschäftsreise. – ***(1)* Begriff.** Der StPfl wird außerhalb seiner regelmäßigen Betriebsstätte bzw, ohne eine solche, auch von seiner Wohnung aus betriebl tätig. – ***(a)* Betriebliche Veranlassung.** Dem StPfl obliegt es, die obj Umstände für die betriebl Veranlassung der einzelnen Reise glaubhaft darzulegen (Feststellungslast → Rn. 416). *Beispiele:* Verhandlungen mit Geschäftsfreunden, Besuch eines Lieferanten, Abnehmers, Vertreters oder einer Fachmesse, Besichtigung einer Maschine, Abholung oder Lieferung von Waren, betriebl Behördenbesuche, auswärtige Berufsausübung, auch ohne doppelte Haushaltsführung. Ein *allg* betriebl Interesse genügt idR nicht (s „Informationsreisen"; s aber zu Teilnahme an Regierungsdelegation im Ausl BFH VIII R 32/07, DStRE 10, 925). – ***(b)* Entfernung** spielt keine Rolle mehr. – ***(c)* Dauer** wirkt sich nur bei Verpflegungsaufwand auf die Höhe der Pauschbeträge aus. – ***(d)* Regelmäßige/erste Betriebsstätte** (vgl § 4 V 1 Nr 5 S 2, wohl auch iSv § 4 V 1 Nr 6) ist als Pendant zur „ersten Tätigkeitsstätte" iSv § 9 IV der zentrale ortsgebundene Mittelpunkt einer auf Dauer angelegten berufl Tätigkeit. Das gilt auch bei Gewinneinkünften (→ Rn. 579). Ein StPfl kann nur *eine* solche Mittelpunktsbeschäftigungsstätte haben; nur wenn er keine regelmäßige Betriebsstätte hat, wird er ohne Abzugsbeschränkungen tätig. Abw von § 12 AO ist dafür weder eine abgrenzbare Fläche oder Räumlichkeit noch eine hierauf bezogene eigene Verfügungsmacht des StPfl erforderl (vgl *BMF* BStBl I 15, 26 Rn. 1; BFH III R 19/13, BStBl II 15, 323). – ***(2)* Höhe der Betriebsausgaben.** Zu berücksichtigen sind vor allem **Fahrtkosten** (s oben „Fahrtkosten") und **Verpflegungsmehraufwand** (→ Rn. 570 ff); vgl auch EStR 4.12 II iVm LStR 9.4 ff). – ***(a)* Übernachtungskosten.** Bei **Inlandsreisen** schon vor 2008 kein Pauschbetrag, nur Nachweis der tatsächl Aufwendungen (uU Schätzung der Höhe, → Rn. 494). Grenze: § 4 V 1 Nr 7 (→ Rn. 603). In der Übernachtungsrechnung enthaltene **Frühstückskosten** sind im Ausl und seit 2008 auch im Inl mit 20% des Verpflegungspauschbetrages bzw 4,80 € herauszurechnen (vgl ab 2014 § 4 V 1 Nr 5 iVm § 9 IVa 8). **Ersatz** durch Geschäftsherrn ist stpfl (§ 3 Nr 16 ist auf Selbständige nicht anwendbar, str) und tangiert daher den BA-Abzug nicht. Bei

Auslandsreisen ab 2008 nur noch Einzelnachweis (s *BMF* BStBl I 25, 2078 aE). **Ab 2014** nach Ablauf von 4 Jahren an derselben inl Betriebsstätte Begrenzung auf 1000 € monatl (§ 4 V 1 Nr 6a iVm § 9 I 3 Nr 5a, Nr 5 S 4). – ***(b)*** **Nebenkosten.** Sonstige nachgewiesene Nebenkosten (LStR 9.8, EStR 4.12). Das sind zB Taxi am Beschäftigungsort, Parkgebühren, Gepäckbeförderung, Porto, Telefon (s BFH VI R 50/10, BStBl II 13, 282); uU **Verluste** von BV und betriebl genutztem PV, fragl bei sonstigem PV einschließl Geld (s aber BFH VI R 26/95, BStBl II 95, 744 zu praktisch seltenen Ausnahmen, s auch unten „Verlust", „Kleidung", → Rn. 375, 656).

Geschenke → Rn. 536 ff.

Gründungskosten s „Anlaufkosten".

Herstellung. Die Herstellung von WG des BV (→ Rn. 73) ist betriebl veranlasst. §§ 6 II, IIa, 7 sind zu beachten (s „Anschaffung"). Besonderheiten bei § 4 III → Rn. 406 ff *(2)*. Begriff HK → § 6 Rn. 151. HK auf fremde WG → Rn. 66.

Hochwasser → Rn. 482.

Informationsreisen (*OFD Ffm* IStR 12, 729 und *OFD Hann* StEd 09, 232 mit Rspr-Übersicht; EStH 12.2). – Eigene Reisekosten sind BA, wenn und soweit die Reise betriebl veranlasst ist (§ 4 IV). Im Fall einer Reise, die sowohl betriebl als auch privaten Belangen dient (zB an Geschäftsreise wird Urlaub „angehängt"), sind die auf die **betriebl genutzte Zeit** entfallenden Kosten für Übernachtung, Verpflegungsmehraufwand etc als BA abziehbar; die auf die Urlaubstage entfallenden Kosten sind nicht abziehbare Lebensführungskosten. Die Kosten der **Hin- und Rückreise** dienen obj sowohl dem betriebl als auch dem privaten Reiseteil; sie sind daher regelmäßig im Verhältnis der betriebl und privat veranlassten Zeitanteile der Reise **aufzuteilen,** ohne Berücksichtigung der An-/Abreisetage (BFH GrS 1/06, BStBl II 10, 672, C. III.2./4.; *BMF* BStBl I 10, 614 Rn. 15). Der StPfl muss dem FA/FG den **Umfang der betriebl Veranlassung** nachweisen. Bei der Aufteilung sind alle Umstände des Einzelfalls zu berücksichtigen, nicht nur das zeitl Verhältnis der Reiseabschnitte, sondern auch zB die Gewichtung des betriebl/privaten Anlasses, wobei das **Reiseziel** oder das **Transportmittel** Rückschlüsse auf eine stärkere private Veranlassung zulassen kann (BFH X B 115/09, BFH/NV 10, 1248) und ein konkreter betriebl Zweck mehr für einen betriebl Anlass sprechen kann als eine allg Informationsreise. Zweifel bei der (bindenden) Tatsachenfeststellung durch das FG gehen zu Lasten des StPfl (BFH VI R 3/11, BStBl II 12, 416). Ohne klare Trennungsmöglichkeit gibt es keinen anteiligen BA-Abzug (BFH VIII R 51/10, BStBl II 13, 808).

(1) **Für betriebliche Veranlassung sprechende Umstände.** – ***(a)*** **Unmittelbarer betriebl Anlass.** Besuch von (auch potentiellen) Geschäftspartnern zu Vertragsverhandlungen (s „Geschäftsreise" *(1)(a)*). Maßgebl sind der tatsächl Reiseablauf, der Anteil der berufl Tätigkeit, die Bedeutung der Reise für die Ausübung der Tätigkeit und wohl auch die spätere Verwertung des Arbeitserfolges (s BFH VI R 51/88, BStBl II 91, 575 mit – nicht entscheidungserhebl – fragl Beispielen am Ende). BA-Abzug, wenn die Reisetage wie **normale Arbeitstage** mit der berufl Tätigkeit ausgefüllt sind und Privataktivitäten *in dieser Zeit* ausgeschlossen werden können (BFH IV R 37/93, BStBl II 94, 350, BFH VIII R 43/03, BFH/NV 05, 2174). RsprÄnderung zu praktischer **Sportärzteausbildung** (zB Skitage in Davos): BFH VI R 66/04, BStBl II 10, 685; zu **Anwälten** BFH IV R 36/96, BFH/NV 97, 219. – ***(b)*** **Lehrgangsmäßige Organisation einer Fortbildungsveranstaltung.** Sie kann eine berufl Veranlassung begründen. Nicht jede von einem Fachverband organisierte Reise ist jedoch als betriebl veranlasst anzusehen. Voraussetzungen (vgl BFH X B 210/06, BFH/NV 07, 2106; Kriterien in BFH I R 73/79, BStBl II 83, 409; BFH VI R 3/11, BStBl II 12, 416): Berufsbezogene Fachprogrammgestaltung; gleichartiger, fachbezogener Teilnehmerkreis (Nachweis s *OFD Nds* DB 99, 408, BFH I R 178/78, BStBl II 80, 386); straffe zeitl Programmgestaltung ohne überflüssige Ruhetage (was nicht bedeutet, dass das Programm sich auf Wochenenden erstrecken müsste).

(2) **Gegen berufliche Veranlassung sprechende Indizien.** – ***(a)*** Wahl eines **touristisch interessanten Tagungsortes** oder häufiger Ortswechsel, der nicht aus sachl Gründen geboten ist, dessen Informationswert sich ohne besonderen Anlass auf allg Besichtigungen beschränkt (*Beispiele:* Richter-Japanreise BFH VI R 64/91, BStBl II 93, 612; Lehrer Chinareise BFH VI R 3/11,

BStBl II 12, 416; → § 19 Rn. 110 „Studienreisen"). Der **EuGH** C-55/98, DStRE 00, 114 – *Vestergaard* lehnt zwar das *alleinige* Abstellen auf einen EU-Auslandsort als schädl ab, stellt aber eine *indizielle* Würdigung durch das FA/FG im Einzelfall nicht in Frage (s „Sprachkurse"; BFH VI B 133/12, BFH/NV 13, 552; *BMF* BStBl I 03, 447). – ***(b)*** Offene, nicht fachbezogene Veranstaltung durch allg Reiseunternehmen (BFH IV R 88/76, BStBl II 80, 152); – ***(c)*** Besichtigung beliebter Touristenziele ohne konkretes Betriebsziel (Brasilienreise eines Tabakhändlers BFH IV R 86/86, BStBl II 88, 633; Chinareise auch zur Mandantenwerbung, BFH IV B 57/09, BFH/NV 10, 880; Skisport in Davos oä Orten); – ***(d)*** Verlegung des Programms in eine Zeit mit vielen Wochenend- und Feiertagen; – ***(e)*** Benutzung eines erholsamen und zeitaufwändigen Beförderungsmittels (Schiffsreise – s aber zu Schiffstagung BFH IV R 57/87, BStBl II 89, 19; BFH IV R 54/94, BFH/NV 95, 1052); – ***(f)*** Mitnahme des Ehepartners muss nicht schädl sein (Tatfrage; s BFH III B 21/12, BFH/NV 12, 1973). – ***(g)*** Unangemessenheit der Kosten im Verhältnis zum Betriebsgewinn kann für private Mitveranlassung sprechen. – S auch „Sprachkurse".

(3) **Nachweise; Feststellungslast; Höhe.** Die entscheidenden tatsächl Feststellungen muss das FA bzw das FG treffen; die obj Beweislast trifft den StPfl (→ Rn. 416, s *(2) (b);* BFH VIII R 80/05, BFH/NV 10, 1805). Reisefälle werden daher idR mit tatsächl Bindung des BFH durch das FG entschieden (s aber BFH VI R 61/04, BFH/NV 07, 1132); ein Unbehagen im Tatsächlichen (Fortbildung ohne Skifahren im Januar in Davos, s *Macher* DStZ 07, 253) kann nicht im rechtl Bereich gelöst werden (s *Heuermann* StBP 07, 122 zu BFH VI R 8/05, BStBl II 07, 457). Der Nachweis eines berufl Anlasses kann, muss aber nicht zum BA-Abzug führen (uU **Aufteilung** oder Überlagerung durch private Mitveranlassung, vgl BFH GrS 1/06, BStBl II 10, 672). – **BA-Höhe** s „Fahrtkosten", „Geschäftsreise", EStH 12.2.

Insolvenz. Vergütung des **Insolvenzverwalters** ist keine BA, da auslösendes Moment (→ Rn. 480) die Befriedigung der Gläubiger ist (§ 1 InsO, FG Mster EFG 18, 2044, iErg bestätigt durch BFH VI R 41/18, BStBl II 22, 321; **aA** *Kahlert* NWB 23, 473 (483 f)); keine Rückstellung (FG RhPf EFG 23, 1779, Rev III R 35/23). Für Ausgleichzahlungen nach **§ 295a II aF** gilt dies ebenso (FG Mster EFG 24, 1692, Rev VIII R 12/24).

iPad s „Alltagsgegenstände".

Kinder s „Angehörige"; zur Kinderbetreuung s „Arbeitslohn"; § 10 I Nr 5.

Kindertagespflege → Rn. 496.

Kleidung. Abziehbar sind nur Aufwendungen für **typische Berufskleidung** (zB Schutzkleidung, Uniform); § 9 I 3 Nr 6 gilt entspr für BA (vgl BFH IV R 65/90, BStBl II 91, 348). Begriff und Abgrenzung → § 9 Rn. 266. Ausschließl berufl Nutzung muss spätestens beim FG nachgewiesen werden. Höhe: AK (§ 6 II, IIa), AfA (§ 7), Reparatur- und Reinigungskosten (Akzessorietät der Folgekosten, → § 9 Rn. 266 aE und LStR 3.31 II 4). Zu Verlust → Rn. 520 „Verlust" und → § 9 Rn. 269. – Nicht abziehbar sind Aufwendungen für Kleidungsstücke, die obj auch als **bürgerl Kleidung** genutzt werden können, auch nicht bei ausschließl berufl Nutzung, auch nicht anteilig (BFH VIII R 33/18, BStBl II 22, 614 Rn. 14 ff: unverzichtbare Aufwendungen der Lebensführung, § 12 Nr 1 S 2; BFH GrS 1/06, BStBl II 10, 672 C III 4a); auch nicht bei berufsbezogener und für die Berufsausübung erforderl, uU vorgeschriebener Kleidung (BFH IV R 91–92/87, BStBl II 90, 49), auch nicht bei erhöhtem, berufl veranlasstem Verschleiß (BFH VIII R 33/18, BStBl II 22, 614 Rn. 19 mwN). Soweit die Rspr bislang auch **schwarze Kleidung** als Berufskleidung anerkannt hat (zB: Kellner, Empfangschef, Leichenbestatter, Geistlicher etc), ist dies weitgehend überholt (s BFH VIII R 33/18, BStBl II 22, 614 Rn. 16 aE). Zu Kleidung mit Firmenlogo etc s *Urbahns* DStR 23, 1303 mwN. – Aufwendungen für Kleidung (auch bürgerl), die der ArbG seinem ArbN als **Sachlohn** überlässt, können zu BA führen (BFH VIII R 33/18, BStBl II 22, 614 Rn. 25: klare und eindeutige Vereinbarung erforderl; → Rn. 478).

Beispiele – ***Abzug:*** **Arztkittel** (BFH IV R 65/90, BStBl II 91, 348); **Hemd des Piloten** (HessFG EFG 89, 173, rkr: wg Schulterklappen, aber nicht Schuhe); **Dienstkleidung des Försters** (HessFG EFG 87, 552, bestätigt; aber nicht Lodenmantel: BFH VI R 73/94, BStBl II 96,

202, zutr); **Frack eines Musikers** (mE keine bürgerl Kleidung mehr; wohl **aA** *Kanzler* FR 22, 844 (846)). – ***Kein Abzug:*** Kleidung und Mode-Accessoires einer **Influencerin** (NdsFG EFG 24, 759, rkr; FG Köln EFG 24, 1014, rkr; *FM SchlH* DB 24, 2057 (2059)); schwarzer Anzug eines **Trauerredners** (BFH VIII R 33/18, BStBl II 22, 614); **„Businesskleidung"** (BFH VI B 40/13, BFH/NV 14, 335; FG Mchn DStRE 15, 1482, rkr); **Kleider/Hosen einer Musikerin** (BFH IV R 13/90, BStBl II 91, 751); **weiße Hose von Ärzten** (BFH IV R 65/90, BStBl II 91, 348, auch zu Bedeutung des Kaufs im Fachhandel/Privatgeschäft); **weiße Berufskleidung von Masseuren** (BFH I B 5/94, BFH/NV 95, 207) oder **Altenpflegern** (FG Hmb EFG 02, 963). – Weitere *Beispiele:* → § 9 Rn. 266 f. und → 41. Aufl 2022, § 4 Rn. 520 „Kleidung".

Klimaschutz. Aufwendungen, die dazu dienen, das unternehmerische Ansehen zu stärken oder zu erhöhen (zB durch öffentlichkeitswirksame Berichterstattung), sind BA. Zu **Emissionsberechtigungen** → § 5 Rn. 270; zu freiwilligen CO_2-Kompensationen s *Apitz* EStB 22, 217; *Rodi/Weidinger* StuW 23, 114.

Kontokorrentzinsen → Rn. 152 ff.

Kraftfahrzeug s unter „Fahrtkosten", „Geschäftsreisen", „Verlust"; zu Versicherungen → Rn. 179, zu Angemessenheit § 4 V 1 Nr 7, → Rn. 630 ff.

Krankheitskosten sind BA, wenn der StPfl unter einer typischen Berufskrankheit leidet oder der Zusammenhang mit dem Beruf in anderer Weise eindeutig feststeht. *Beispiele:* Strahlenschäden des Röntgenarztes, Tuberkulose des Lungenarztes (BFH IV R 207/75, BStBl II 80, 639); Folgen eines Betriebsunfalls (Fahrt zum Arzt s HessFG EFG 88, 556, rkr); Berufssportlerkrankheit (HessFG EFG 01, 683, rkr); uU physische Erkrankung wegen Mobbing (FG RhPf DStRE 14, 1217, rkr); **nicht** Herzinfarkt (zu RA BFH IV R 59/68, BStBl II 69, 179) oder Gelenkarthrose (zu Lehrer FG Bln EFG 92, 322, rkr) oder allg vorbeugende Kur (vgl BFH VI R 96/88, BFH/NV 93, 19); s auch zu Berufsmusikerin BFH VI R 37/12, BStBl II 13, 815. Kein BA-Abzug für **Brille** (§ 12, BFH VI R 50/03, BFH/NV 05, 2185, → 31. Aufl 2012, § 4 Rn. 520 mwN) oder **Hörgerät** (BFH VI B 275/00, BFH/NV 03, 1052). KV-Beiträge sind auch bei Arzt keine BA.

Kundschaftsessen; Kundschaftstrinken. Sucht der StPfl einen Geschäftsfreund (zB den Inhaber einer Gastwirtschaft) auf, um zur Pflege bestehender oder Anknüpfung neuer Geschäftsbeziehungen für die ***eigene*** **Verpflegung** eine größere Zeche zu machen, sollte es nach BFH VI 340/62 U, BStBl III 64, 98 mögl sein, außergewöhnl Kosten bei Branchenüblichkeit als BA abzusetzen. ME nach Auslegung von § 12 Nr 1 durch BFH GrS 2/70, BStBl II 71, 17 nur noch bei konkreten betriebl Anlässen anzuwenden (vgl auch BFH IV R 205/85, BStBl II 88, 771; zu übl „Jahresessen" FG Mchn EFG 96, 93, rkr; abl zu „Testessen" eines Kochs BFH III R 11/94, BFH/NV 96, 539; offen zu Restaurantkritiker BFH IV B 131/99, BFH/NV 01, 162). Anders bei **Kundenbewirtung zu Werbezwecken** (s „Bewirtung", BFH I B 157/02, BFH/NV 03, 1314 und → Rn. 540).

Laptop s „Alltagsgegenstände".

Lösegeld. – ***(1)*** **Zahlungen nach Entführung des StPfl** sind keine BA (§ 12, BFH IV R 27/77, BStBl II 81, 303). Ort und Zeit der Entführung sowie die Person des Entführers sind für die Beurteilung des privaten Zusammenhanges nicht entscheidend; das Risiko der Entführung und Erpressung ist grds personenbezogen, anders als das Risiko der Zerstörung eines Pkw oder eines Arbeitsunfalles bei besonders gefahrgeneigter Tätigkeit. Keine BA sind auch Aufwendungen für den persönl Schutz (zB Beschäftigung eines persönl Bewachers, vgl FG Köln EFG 81, 558, rkr) und Prämien einer Versicherung gegen Entführungsrisiko (→ Rn. 181, unten „Sicherheit"). – ***(2)*** **Entführung eines PersGes'ters:** Zahlungen der Ges sind idR keine BA (§ 15 I Nr 2, BFH IV R 223/79, BStBl II 81, 307); bei Entführung eines **KapGes'ters** kann **vGA** vorliegen (BFH I B 132/00, BFH/NV 01, 1048). – ***(3)*** **Entführung von ArbN oder Kunden:** Zahlungen des Unternehmers sind idR BA.

Nachträgliche Betriebsausgaben → Rn. 148, 486, → § 16 Rn. 348 ff.

Nahestehende Personen → § 12 Rn. 20.

Nutzungsaufwendungen → Rn. 270 „Nutzung", 500 ff (Drittaufwand).

Pauschbeträge → Rn. 496, auch zu Bindung.

Personal Computer (PC) s „Alltagsgegenstände".

Personengesellschaft → § 15 Rn. 425 ff, 485 ff.

Photovoltaikanlagen → § 3c Rn. 239.

Policendarlehen auf private LV sind unabhängig von der Behandlung der Versicherung (PV, SA, → Rn. 181) bei betriebl Veranlassung der Schuldaufnahme wie bisher grds BV, hierfür (nicht für LV-Beiträge) aufgewandte Zinsen sind BA (→ Rn. 141, unten „Schuldzinsen") – fragl jedoch, soweit das Policendarlehen das ursprüngl benötigte Bankdarlehen übersteigt. Vgl zu **§ 4 IVa** → Rn. 524.

Rechtsverfolgungskosten. – ***(1)* Grundsatz.** Beratungs-, Vertretungs- und Prozesskosten für die Verfolgung betriebl Ansprüche und die Abwehr gegen den Betrieb erhobener Ansprüche sind BA (vgl „Abwehrkosten"). Zum Zeitpunkt der Passivierung von Prozesskosten → § 5 Rn. 550; bei § 4 III gilt § 11 II. *Beispiele:* Anwaltsberatung zu Betriebskosten (iZm Anschaffungen uU AK) oder gesellschaftsrechtl Auseinandersetzungen (BFH IV R 19/16, BStBl II 19, 614 mwN; BFH I R 215/72, BStBl II 73, 493); betriebl Mietprozesskosten (BFH I R 61/93, BStBl II 94, 323); Kosten eines Zivilprozesses wegen Honorarzahlung (BFH VIII R 102/79, BStBl II 84, 314); Passivprozess wegen Schadensersatz nach betriebl Pkw-Unfall (ohne Rücksicht auf Verschulden, s „Verlust" – zu privater Mitveranlassung BFH IV R 26/04, BStBl II 06, 182); VerwG-Kosten wegen betriebl Genehmigung. – ***(2)* Steuerberatungs-/Steuerprozesskosten** sind BA, soweit sie iZm der Gewinnermittlung oder der Buchführung entstehen. Die Rechtslage ist eindeutig bei reinen **Betriebssteuern** einschließl GewSt, → Rn. 651 (Abschlusskosten als BA s BFH IV R 22/81, BStBl II 84, 301 und → § 5 Rn. 550; uU Aktivierung), fragl bei Personensteuern, die auch betriebl veranlasst, aber nicht abziehbar sind (**abl** zu EStErklärung über Gewinnermittlung hinaus BFH III B 22/13, BFH/NV 14, 1200; → § 12 Rn. 38 und unten „Steuern"; abl zu Feststellungserklärung BFH VIII B 40/14, BFH/NV 15, 1565; Selbstanzeigekosten/StAmnestieberatungskosten s unter *(3)*). Bisher dehnen Rspr und Verwaltung **§ 12 Nr 3 nicht** auf Kosten der **Rechtsverfolgung** aus (bei ESt-Verfahren unabhängig vom Ausgang BA, soweit sie die Gewinnermittlung oder Fragen der – erfolgreichen – Betätigung mit Gewinnabsicht oder der Gewinnverteilung betreffen, s BFH IV 151/64 U, BStBl III 66, 190 zu Steuerberatungskosten, abgrenzend BFH III R 220/83, BStBl II 87, 711 zu Kosten eines FG-Verfahrens bei Verneinung der beantragten Gewerbetätigkeit – anders wohl bei Gewerbe mit 0 € Gewinn –; BFH VIII R 27/08, BFH/NV 10, 2038 zu WK). Das ist – im abgesteckten Rahmen – wohl zutr, da es sich nicht, wie bei der ESt selbst, um Einkommensverwendung, sondern um Kosten der Einkommenserzielung handelt. **Haftungsprozesskosten** des StPfl gegen seinen StBerater wegen Fehlberatung sind keine BA, Schadensersatzleistungen keine BE (FG Hmb EFG 08, 1268, rkr). Bei ESt-Veranlagungen sind StBKosten aufzuteilen (ggf Herausschätzung der Kosten für Mantelbogen, s *BMF* BStBl I 08, 256). Zu **Auskunftskosten** nach § 89 III AO → Rn. 520 „Steuern". – ***(3)* Strafverteidigungskosten** können bei betriebl Veranlassung BA sein (s „Strafverfahren"); ebenso StErmittlungs- und Nacherklärungskosten iRe **Selbstanzeige** (*OFD Mster* DB 06, 2091 und *OFD Ffm* BeckVerw 241539; *Viebrock ua* DStR 15, 391); damit zusammenhängende Strafverteidigungskosten oder StBer-Kosten wegen StAmnestie nach StraBEG sind nicht abziehbar (s *FinVerw* in → 32. Aufl 2013, § 4 Rn. 520, BFH VIII R 29/10, BStBl II 13, 344). – ***(4)* Testamentsvollstreckungskosten** sind BA, soweit sie die Erzielung von BE (zB Betriebsfortführung) und nicht die Nachlassabwicklung betreffen (BFH VIII R 47/77, BStBl II 80, 351 zu WK, BFH IV R 36/73, BStBl II 78, 499 zu BA; zu **Nachlass-**

pfleger FG Nbg EFG 87, 20, rkr). **Testamentskosten** sind keine BA (s „Erbfall"). **Nachlasskonkursverwaltergebühren** sind keine BA (FG Mchn EFG 98, 548); fragl nach BFH III R 39/97, BStBl II 00, 69 (BA/WK für Vermögensvorsorgekosten eines **Vormunds/Betreuers**); s auch **„Insolvenzverfahren"**. – *(5)* **Vorweggenommene Erbfolge-Beratungskosten** sind wie **Erbprozesskosten** auch bei BV keine BA (str, s „Erbfall"; *Grube* FR 07, 533).

Reisekosten s „Fahrtkosten", „Geschäftsreisen", „Informationsreisen", → Rn. 484.

Renten → Rn. 75, 410, → § 16 Rn. 240 ff.

Sachaufwendungen können BA sein (→ Rn. 478 mwN).

Schadensersatzleistungen an Dritte sind BA, wenn ihr Rechtsgrund in der berufl Tätigkeit des StPfl liegt (s BFH IV R 140/84, BFH/NV 87, 577), oder wenn die Entstehung des Schadens selbst betriebl/berufl veranlasst ist (vgl → Rn. 481 – Sekundärkausalität). Auf das Verschulden und die Behandlung beim Empfänger kommt es nicht an. *Beispiele:* Kunstfehler des Arztes, fehlerhafte Warenlieferung, Fristversäumung durch StB; Haftung wegen Beihilfe zur StHinterziehung (zu WK BFH VI R 35/96, BStBl II 04, 641; s aber auch BFH VI R 27/15, BStBl II 18, 441). Private Mitveranlassung muss ausscheiden (→ § 19 Rn. 110 „Schadensersatz"; BFH IV R 207/75, BStBl II 80, 639 zu Heilkosten für strahlengeschädigte Kinder eines Röntgenarztes; BFH IV R 26/04, BStBl II 06, 182 zu Schadensersatz an Privatpassagiere wegen Unfalls auf Betriebsfahrt, s auch FG RhPf EFG 09, 31, rkr; zu Untreueschaden BFH X R 163–164/87, BStBl II 91, 802; FG Hmb EFG 01, 559, rkr, und → Rn. 375).

Schmiergelder (Bestechungsgelder) werden oft aus betriebl Gründen gezahlt (→ Rn. 482, 492, unten „Spenden"). Sie sind als BA absetzbar, soweit es sich nicht um Geschenke iSv § 4 V 1 Nr 1 handelt (Abgrenzung → Rn. 537), keine strafbare Handlung vorliegt (§ 4 V 1 Nr 10, → Rn. 638) und der Empfänger benannt wird (§ 160 AO, → Rn. 661).

Schuldzinsen. Betriebl Schulden → Rn. 522 ff (auch zu BA-Abzugsbegrenzung bei „Überentnahmen", § 4 IVa); → Rn. 152 mwN zu gemischten Kontokorrentkonten. S auch **„Swap-Geschäfte"**. Finanzierung gemischt genutzter WG s BFH IV R 57/90, BStBl II 92, 141; → Rn. 486 zu nachträgl BA, auch nach Strukturwandel; → Rn. 376, 441, 481 zu Darlehenszinsen, → Rn. 383 und 487 zu Umschuldung. Sonstige gesetzl Abzugsbeschränkungen → Rn. 141. – **Zinsen für Privatschulden** sind auch bei Betriebsbelastung und wirtschaftl Zusammenhang mit künftigen BE nur dann BA, wenn die Schuldübernahme zu AK betriebl WG führt (Aufgabe der sog Sekundärfolgen-Rspr durch BFH GrS 2–3/88, BStBl II 90, 817 und BFH GrS 2/89, BStBl II 90, 837; BFH VIII R 47/90, BStBl II 94, 619; → Rn. 141 mwN). Umgekehrt sind **Zinsen für Betriebsschulden** BA auch bei Privatabsicherung (zB über Privathaus oder private Lebensversicherung), s „Policendarlehen", → Rn. 141, 184, 524; zu Notargebühren iVm Finanzierung BFH IX R 72/99, BStBl II 03, 399.

Sicherheit. Ausgaben für die persönl Sicherheit des StPfl sind idR keine BA (s „Lösegeld", → Rn. 181, 184, *BMF* BStBl I 10, 614, FG BW EFG 93, 72, rkr), für fremde ArbN BA (→ § 19 Rn. 100, *BMF* BStBl I 97, 696 bzw *BMF* BStBl I 24, 1412).

Sonderabschreibungen s „Steuervergünstigungen".

Sonderbetriebsausgaben → Rn. 54, → § 15 Rn. 640 ff.

Spenden sind freiwillige, unentgeltl Zuwendungen zur Förderung bestimmter begünstigter Zwecke iSv § 10b I. Dazu gehören grds als Ausgaben zur Förderung staatspolitischer Zwecke auch Spenden und Beiträge an politische Parteien (§ 10b II), die aber nach § 4 VI nicht als BA abziehbar sind. Das Motiv für die Zahlung ist zwar unerhebl (→ § 10b Rn. 15), jedoch müssen Spenden **ohne Erwartung einer konkreten Gegenleistung** erbracht werden. Solche unentgeltl Zuwendungen können andererseits auch betriebl/berufl veranlasst und damit BA sein, soweit eine private Mitveranlassung ausscheidet (vgl „Schmiergelder", § 4 IV, V S 3, § 12 Nr 1 und unten „Sponsoring"). **Humanitäre Katastrophenspenden** aus BV als BA s *BMF* BStBl I 15, 466, *BMF* BStBl I 16, 641; Flüchtlingsspenden s *BMF* BStBl I 15, 745; *BMF* BStBl I 16, 1425.

Sponsoring. Aufwendungen zur Förderung von Personen oder Organisationen in sportl, kulturellen oder ähnl gesellschaftl Bereichen sind BA, wenn der Sponsor **wirtschaftl Vorteile** für sein Unternehmen erstrebt, idR durch Werbung für seine Produkte (zB auf Trikots, Fahrzeugen, Plakaten, Veranstaltungshinweisen, Katalogen etc); Vorteile idS können aber auch die Sicherung/Erhöhung des unternehmerischen Ansehens sein (Ukraine-Krieg und Corona Krise → Rn. 482; BFH VIII R 28/17, BStBl II, 21, 14 mwN: Ärzte-GbR, die bekannte Sportler fördert, kein Fall des § 4 V 1 Nr 7; BFH I R 37/91, BStBl II 93, 441: Unternehmen, das über den eigenen Bedarf hinaus ausbildet; s iÜ auch *BMF* BStBl I 98, 212). Geht es dem StPfl dagegen überwiegend um die Förderung gemeinnütziger Zwecke, liegen ggf Spenden (s oben) vor (BFH IV R 24/13, BStBl II 17, 224: Veranstaltung eines Golfturniers durch OHG, § 4 V 1 Nr 4). Weitere Beispiele und Nachweise → 39. Aufl 2020, § 4 Rn. 520 „Sponsoring".

Sprachkurse. Die Kosten können bei konkreter betriebl Veranlassung ohne Privatinteresse BA sein. Der obj Zusammenhang mit der Einnahmenerzielung und die subj Förderungsabsicht der Tätigkeit müssen (durch das FA bzw das FG) auf Grund einer tatsächl Gesamtwürdigung von Indizien festgestellt werden (zB Bedeutung für die Tätigkeit, Lernziel, Kostenhöhe, Kursort, Kursprogramm, Freizeit usw; grundlegend BFH IV R 153/79, BStBl II 80, 746; s auch BFH VI R 13/07, BFH/NV 08, 1356). Bei **Sprachkursen im Ausl** ist berufl Grund für die Ortswahl grds zu prüfen (BFH VI R 12/10, BStBl II 11, 796; BFH VI B 133/12, BFH/NV 13, 552). Die tatsächl Teilnahme an den Veranstaltungen muss feststehen (BFH GrS 8/77, BStBl II 79, 213 C.II.1.g); der Nachweis der Zahlung reicht im Zweifel nicht aus (eigentl müsste Anwesenheitsliste mit Eintragungspflicht und Bestätigung durch Veranstalter gefordert werden; Zeugenbeweis ist mögl). Dies gilt auch nach der EuGH-RsprÄnderung im EU-Bereich. Mit BFH VI R 168/00, BStBl II 03, 765 hat sich die Rspr – im Anschluss an **EuGH** C-55/98 (DStRE 02, 114) – Vestergaard – nur insoweit geändert, als Auslandsaufenthalte in EU-Staaten oder außerhalb bei gleichwertigen Inlandsangeboten nicht *per se* eine Ablehnung rechtfertigen (so auch *BMF* BStBl I 03, 447; s *Rößler* StBP 04, 176; *Brähler/Lösel* Stbg 05, 250). Wie bei Inlandsaufenthalten ist die berufl Veranlassung nach den Gesamtumständen zu prüfen; dabei kann *auch* der Kursort eine Rolle spielen (Hamburger mit Sprachkurs in Berchtesgaden, Honolulu oder Sevilla: uU – schwaches – negatives Indiz mit der Folge des § 12; s auch BFH VI R 89/02, BFH/NV 06, 934 mit Folgeurteil FG Hmb EFG 07, 755, rkr; „Informationsreisen"; → 27. Aufl 2008, § 4 Rn. 520 mwN). Daher uU Ablehnung bei Erwerb von Grundkenntnissen im Ausl trotz berufl (Mit-)Veranlassung wegen § 12 (s aber – Inlandskurs – BFH VI R 46/01, BStBl II 02, 579). Vgl auch zu Deutschkurs eines Ausländers (§ 12) BFH VI R 14/04, BStBl II 07, 814, FG Nbg EFG 15, 2052, rkr – abl *Beiser* DB 07, 1720.

Steuern. ***(1)*** **Betriebssteuern** sind als betriebl Aufwendungen BA. *Beispiele:* USt, GewSt bis 2008 (seit 2008 Abzugsverbot nach § 4 Vb und Ausgleich durch § 35, → Rn. 651), betriebl Kfz-Steuer (s „Auto"), Grundsteuer für Betriebsgrundstück (GrESt als AK → 35. Aufl 2016, § 4 Rn. 520 mwN). **Steueramnestiebetrag** ist trotz des Wortlauts von § 10 I StraBEG keine ESt und daher BA, soweit er auf Betriebssteuern (USt, GewSt, nicht ESt) entfällt; aber auch insoweit kein Abzug der StB-Kosten (BFH VIII R 29/10, BStBl II 13, 344). Die USt ist auch bei § 4 III kein durchlaufender Posten (→ Rn. 404). – ***(2)*** **Private Steuern** dürfen den Gewinn nicht mindern, auch nicht, soweit sie auf betriebl Gewinne oder BV entfallen (ESt, KSt, ErbSt, USt auf Entnahmen, KiSt, SolZ – § 12 Nr 3, § 10 I Nr 4, § 10 Nr 2 KStG, BFH I R 7/94, BStBl II 95, 477), auch nicht Kreditkosten hierfür (s Anm 3, → Rn. 141 und oben „Erbfall"). Das gilt auch für AbzugSt (BFH I R 64/96, BStBl II 97, 548). Vgl → § 12 Rn. 38. – ***(3)*** **Steuerliche Nebenleistungen** werden idR wie die Steuern behandelt (§ 3 IV AO, Zinsen, Verspätungs- und Säumniszuschläge, Zwangsgelder, Kosten, Auskunftsgebühren nach § 89 III AO; bei ESt/KSt Abzugsbeschränkung, § 12 Nr 3, § 10 Nr 2 KStG, s BFH I B 97/11, BStBl II 12, 697, VerfBeschw 2 BvR 1608/12 nicht angenommen; Sanktionszuschläge gem § 162 IV AO sind nicht abziehbar, § 4 V 1 Nr 12, → Rn. 647). Die Ungleichbehandlung von Nachforderungszinsen (keine BA, § 12 Nr 3) und Erstattungszinsen (BE gem § 20 I Nr 7, → Rn. 460 „Zinsen") wird nur als unbillig angesehen, soweit sie auf demselben Ereignis beruhen (dann uU Erlass gem § 163 AO, s *OFD Nds* DB 14, 571). Zinsen auf Betriebssteuern sind nach wie vor grds – mit Einschränkung durch § 4 IVa, Vb – gem § 4 IV als BA abziehbar. Hinterziehungszinsen iSv § 235 AO sind nicht abziehbar (§ 4 V 1 Nr 8a, § 9 IV). – ***(4)*** **Steuerberatungs-, Steuererklärungs- und Prozesskosten** s „Rechtsverfolgung".

Strafen s § 12 Nr 4 (→ § 12 Rn. 42 ff) und § 4 V 1 Nr 8 (Geldbußen etc, → Rn. 604 ff).

Strafverfahren. Betriebl veranlasste Strafverfahrenskosten sind BA (vgl BFH IX R 5/12, BStBl II 13, 806; BFH VI R 75/10, BFH/NV 11, 2040; FG Mster EFG 13, 425 mit Anm *Hennigfeld,* rkr), einschließl Kosten der VerfBeschwerde und eines Wiederaufnahmeverfahrens (BFH VIII R 34/93, BStBl II 95, 457). Zu **Steuerhinterziehung** vgl BFH VI B 88/21, BFH/NV 22, 722; zu Verteidigungskosten für Geschäftsführerveruntreuung s BFH VI R 42/04, BStBl II 08, 223 mit Abgrenzung; zu Abrechnungsbetrug FG Mster EFG 94, 88, rkr; vgl auch BFH VIII R 43/14, BFH/NV 17, 569 (Würdigung des FG maßgebl); zu § 153a StPO s FG RhPf EFG 21, 92, rkr; zu Tötungsvorwurf ggü Altenpflegerin abl BFH XI R 35/01, BFH/NV 02, 1441; zu Promotionsbestechungszahlungen abl FG Köln EFG 12, 286, rkr; zur Unterbrechung des betriebl Zusammenhangs s unten „Verlust", HessFG EFG 94, 1043, rkr; FG BW EFG 95, 246, rkr.

Studienreisen s „Informationsreisen" und → § 19 Rn. 110.

Swap-Geschäfte (Zinsswap etc). Ausgleichszahlungen können BA sein, soweit sie ein betriebl Zinsänderungsrisiko absichern (BFH VI R 11/22, BStBl II 25, 730). Swap-Geschäft und (betriebl) Darlehen müssen auf einem **einheitl Finanzierungskonzept** beruhen (hinreichend enge Verknüpfung). Zusätzl müssen die Ausgleichszahlungen von vornherein als betriebl Geschäft behandelt und bereits unterjährig in der Buchführung als Aufwand/Ertrag abgebildet werden. Ansonsten handelt es sich um ein betriebsfremdes (bloßes) spekulatives Termingeschäft (BFH VI R 11/22, BStBl II 25, 730, Rn. 29 mwN).

Telefonkosten sind bei betriebl Veranlassung BA. Bei privater Mitbenutzung eines betriebl Anschlusses (und umgekehrt) ist der BA-Anteil ggf im Schätzungswege zu ermitteln (Gesprächs- und Grundgebühr, BFH IX R 83/85, BFH/NV 91, 95 mwN; NdsFG EFG 97, 1300, rkr); uU Abzug auch bei gemischter Veranlassung (BFH VI R 50/10, BStBl II 13, 282 zu Auswärtstätigkeit).

Testamentsvollstreckerkosten s unter „Rechtsverfolgungskosten".

Ukraine-Krieg → Rn. 482.

Umsatzsteuer → § 9b Rn. 1 ff; zu § 4 III s BFH VIII R 1/20, BFH/NV 23, 375 und BFH X R 2/21 BStBl II 22, 448 (Vorauszahlung, § 11 II 2). – Zu gemischter Verwendung s auch BFH IV R 6/16, BStBl II 19, 160 Rn. 54 ff (Aufteilung); zum Verhältnis USt/1%-Regelung bei Kfz-Nutzung s BFH VIII R 54/07, BStBl II 11, 451 (Ansatz nach UStG). Sonstige Auswirkungen der USt auf die ESt (Entnahmen, GWG, BA iSv § 4 V, § 12 Nr 3) → Rn. 270, 538.

Umwandlung; Verschmelzung. Unmittelbar hierdurch verursachte Kosten sind unabhängig von der Besteuerung eines Übernahmegewinns BA des jeweils Betroffenen (BFH I R 83/96, BStBl II 98, 698 mwN; *Mühle* DStZ 06, 86).

Umwelt s „Klimaschutz".

Umzugskosten. Sie sind BA, wenn der Umzug durch Aufnahme oder Wechsel einer Berufstätigkeit, Betriebsverlegung oder sonstige Veränderungen im berufl/betriebl Bereich veranlasst ist. Die WK-Grundsätze gelten auch hier; iEinz → § 19 Rn. 110 „Umzugskosten" *(1).* – **Höhe: BA** sind alle betriebl veranlassten Aufwendungen; → § 19 Rn. 110 „Umzugskosten" *(2),* auch zu Höchst-/Pauschbeträgen. Begrenzung bei Zwischenumzug: BFH IV R 78/99, BStBl II 01, 70 (Möbeleinlagerung).

Unentgeltliche Zuwendungen s „Geschenke", „Spenden".

Unfallaufwendungen s „Verlust" und „Schadensersatz".

Unterschlagung kann zu BA führen (s „Schadensersatz", „Verlust"; → Rn. 375).

Verlust (Zerstörung; Diebstahl; Unterschlagung; Unfall). – ***(1)*** **Betriebliche Veranlassung.** Verluste mindern den Gewinn, wenn ihre Entstehung betriebl veranlasst ist. Dafür ist zunächst Voraussetzung, dass die zugrunde liegende Tätigkeit mit Gewinnabsicht betrieben wird (BFH GrS 4/82, BStBl II 84, 751 mwN). Zur Feststellung der Veranlassung durch diese Tätigkeit → Rn. 30, 52, 78, 182. Der Verlust *fremder* WG ist idR nur bei „Schadensersatzleistung" (s Stichwort) als eigener Aufwand absetzbar. Die **Art des WG** ist allenfalls ein Indiz für die Art des Verlusts (weit zu Arbeitsmitteln – Violine – BFH VI R 185/97, BStBl II 04, 491). So sind Verluste typischer WG des **BV** idR betriebl veranlasst, zB Beteiligungsverluste (→ Rn. 409 *(5)*), Forderungsverluste (einschließl Darlehensforderungen, → Rn. 376), Bürgschaftsverluste (→ Rn. 146), Wertpapierverluste (→ Rn. 170), Zerstörung einer Maschine, eines BetriebsPkw (unten *(2)*). – Umgekehrt führen Verluste von **WG des PV** nach wohl zutr hM grds nicht zu betriebl Aufwand, selbst wenn die auslösende Verwendung bei fortbestehender privater Mitveranlassung *auch* im betriebl Interesse erfolgte (§ 12 Nr 1). *Beispiele:* Verlust eines privaten Schmuckstücks auf betriebl Veranstaltung oder Geschäftsreise (vgl BFH VI R 131/66, BStBl II 68, 342; zu Kleidung, Koffer, Brille usw FG Nbg EFG 89, 226, EFG 90, 19, rkr, und „Kleidung"; ähnl zu Geldverlusten eines ArbN BFH VI R 227/83, BStBl II 86, 771, → Rn. 375 – weiter uU BFH VI R 26/95, BStBl II 95, 744, mE fragl). **Aufteilung** scheidet aus (BFH VI R 133/76, BStBl II 78, 457 zum Unfall mit gemischt genutztem Privat-Pkw auf der Fahrt zum TÜV oder zum Kundendienst, → Rn. 50 ff und → 35. Aufl 2016, § 4 Rn. 520 mwN; Austauschmotor s „Fahrtkosten"). Entscheidend ist, ob das **verlustauslösende Ereignis** wesentl betriebl veranlasst ist (abl zu privat mitveranlasstem Schadensersatz wegen Unfalls auf Betriebsflug BFH IV R 26/04, BStBl II 06, 182). **Versicherungsbetrug** führt nicht zu BA (zu Betriebs-Pkw FG Mchn EFG 99, 108, bestätigt; FG Mster EFG 99, 615, rkr). **Ausnahmen: –** ***(a)*** **Privatverluste von BV.** Die zur Zurechnung des WG zum BV führende – fortbestehende – betriebl Veranlassung kann ohne Entnahme des WG (→ Rn. 270 „Verlust") vorübergehend im Nutzungsbereich durch tatsächl außerbetriebl Verwendung unterbrochen und ersetzt sein. Unter welchen Voraussetzungen dies anzunehmen ist, hat **BFH GrS 2–3/77,** BStBl II 78, 105 **(Kfz-Unfallkosten)** grundlegend geklärt. Fragen des Verschuldens oder der Strafbarkeit spielen in diesem Zusammenhang grds keine Rolle. Willensentscheidungen, die der StPfl iRd Zielvorstellung Betriebsfahrt trifft, stellen die ursprüngl betriebl Veranlassung nicht in Frage. *Beispiele:* Zu schnelles Fahren, Übersehen eines Verkehrszeichens, Übermüdung und Einschlafen am Steuer, Auswechseln einer Musikkassette, Herabfallen einer brennenden Zigarette, Überfall durch mitgenommenen Anhalter. Die betriebl Veranlassung wird nur durch eine **außerbetriebl Willensentscheidung oder Handlung des Stpfl** gelöst. *Beispiele:* Unfall mit BetriebsPkw auf einer (auch) **Privatfahrt** bzw auf Umweg aus außerbetriebl

Gründen oder unfallauslösender **Alkoholgenuss** (BFH VI R 103/79, BStBl II 84, 434). Auch bei *vorsätzl* Unfallverursachung wird das auslösende Moment idR im privaten Bereich liegen (zB Selbstmordabsicht). Ebenso, wenn der Juwelier Betriebsschmuck aus privatem Anlass trägt und ihn dabei verliert (betriebl Folgen sind str, s *(2)*). Ungeklärt sind Umfang und Dauer der Unterbrechung. Sie sollte mE auf die tatsächl bestimmungsgemäße Verwendung zu privaten Zwecken beschränkt werden (fragl zB bei Diebstahl des BetriebsPkw aus der Garage des Urlaubshotels ohne besondere Diebstahlsgefährdung, nach BFH IV R 31/02, BStBl II 06, 7, BFH XI R 60/04, BStBl II 07, 762 kein Betriebsverlust; nicht zwingend, s *Weber-Grellet* NWB F 3, 14869, → Rn. 50 ff, 182 zu abw BFH-Rspr zu Kaskoversicherungsentschädigung). – ***(b)* Durch Verlust von Privatvermögen** kann umgekehrt betriebl Aufwand entstehen, wenn der private Zusammenhang unterbrochen ist. *Beispiele:* Auslage eines Privatringes im Geschäft zu Dekorationszwecken: Diebstahlsverlust dürfte BA darstellen; fragl bei Privatschmuckdiebstahl auf Dienstreise (zu Schauspielerin abl FG Mchn EFG 99, 1216, rkr – § 12 Nr 1 –, → Rn. 375 zu Verlust von Kleidung, Geld; weitere *Beispiele:* → 35. Aufl 2016, § 4 Rn. 520 „Verlust" *(1)(b)*). – ***(2)* Rechtsfolgen.** – ***(a)* Dem Grunde nach** sind betriebl veranlasste Verluste von BV und PV betriebl Aufwand. Private Verluste dürfen sich nicht betriebl auswirken (→ Rn. 481 „Sekundärkausalität" zu nichtbetriebl Folgeschäden, → Rn. 179 zu Versicherung). Eine Aufteilung scheidet aus, wenn der Verlust privat mitveranlasst war (Anm *1*). Ein Entnahmegewinn fällt nicht an (aber → Rn. 52, 78, 183, 270 „Verlust"). Verluste eines in diesem Moment nicht genutzten WG durch Zerstörung **ohne unmittelbare betriebl oder private Veranlassung** (zB Zerstörung des gemischt genutzten Pkw in der Garage durch höhere Gewalt) rechnet die Rspr bisher je nach Zuordnung des WG voll dem betriebl oder dem privaten Bereich zu, ebenso wie bei Veräußerung (dazu → Rn. 52, 183), Entnahme (vgl → Rn. 89) und Zerstörung aus rein betriebl oder privatem Anlass (BFH I R 213/85, BStBl II 90, 8; BFH VI R 171/88, BStBl II 93, 44 – s aber zu Diebstahl auf Privatfahrt oben *(1) (a)*, → Rn. 52, 78, 183). Das ist komplikationslos und praktikabel. Rechtsdogmatisch erscheint es jedoch nicht unbedenkl, hier sachl Unterschiede zu den lfd Aufwendungen zu machen. Ähnl Zweifel bestehen bei außergewöhnl **Reparaturkosten** (Austauschmotor, s „Fahrtkosten" und → Rn. 579 zu **Entfernungspauschale** § 9 I Nr 4, 5, II 1, § 4 V 1 Nr 6 S 2). – ***(b)* Höhe der Betriebsausgaben** (→ § 19 Rn. 110 „Unfallkosten"). Im **BV** Ausbuchung des (Rest-) Buchwerts bzw TW-AfA, außerordentl AfA oder Reparaturkosten als betriebl Aufwand (bei privatem Anlass – nicht anlässl Fahrten Wohnung/Betrieb, s § 4 V 1 Nr 6, → Rn. 579, str; → 35. Aufl 2016, § 4 Rn. 520 mwN); Versicherungsleistung → Rn. 179. Der betriebl Verlust von **PV** führt zu BA iHd Reparaturkosten bzw ohne Reparatur nicht iHd der Differenz zw dem Zeitwert vor und nach dem Unfall, sondern nach dem – fiktiv ermittelten – **Restbuchwertverlust** (s zu § 4 BFH IV R 25/94, BStBl II 95, 318; zu WK BFH VIII R 33/09, BStBl II 13, 171, → § 19 Rn. 110 „Unfall", auch zu merkantilem Minderwert); fragl, → 24. Aufl. 2005, § 4 Rn. 520. Die Verluste können als außerordentl Aufwendungen im Verlustjahr (s *(3)*) neben Pausch- und Höchstbeträgen für die Nutzung geltend gemacht werden (fragl bei Entfernungspauschale, s „Fahrtkosten"; zu 1%-Regelung § 6 I Nr 4 S 2 → § 6 Rn. 551). Außerdem können betriebl Folgekosten (Taxi, Mietwagen – soweit betriebl genutzt, BFH I R 213/85, BStBl II 90, 8 –, Porti, Telefon oÄ) abgesetzt werden, auch für unbedeutende Unfallschäden (BFH VI R 158/76, BStBl II 78, 595) und „Krankheit". – ***(3)* Verluste bei § 4 III.** Damit sich Verluste nicht doppelt auswirken, muss jeweils geprüft werden, ob nicht die AK des WG bereits als BA abgesetzt waren (Beispiel: UV) oder ob der Verlust nicht auf andere Weise berücksichtigt wird (Beispiel: Wegfall von BE durch Forderungsverlust). IEinz wird auf → Rn. 382, 408 ff, sowie → Rn. 383 zu betriebl Forderungsverlusten, → Rn. 376 zu Darlehensverlusten, → Rn. 394 zu privaten Forderungsverlusten verwiesen. Etwaige Regressansprüche berühren den Abzug des Verlustes als BA nicht (BE bei Zufluss, → Rn. 476; BA nur im *VZ des Schadenseintritts,* s RsprÄnderung BFH VI R 27/97,

BStBl II 98, 443; FG Saarl EFG 00, 1249, rkr). Zu **USt** s oben „Umsatzsteuer" und → Rn. 270 mwN.

Verpflegungsaufwendungen → Rn. 570 ff.

Versicherungen. Die Prämien können BA (WK), SA oder nicht abziehbare Ausgaben sein (vgl → Rn. 178 ff). Hiervon zu trennen ist der BA-Abzug von Zinsen auf „Policendarlehen" (s dort).

Versorgungszuwendungen betriebl Art → Rn. 203, → § 5 Rn. 550.

Vertragsstrafen sind bei berufl Veranlassung BA (oder bei Nichteinhaltung einer Tätigkeitsverpflichtung nach unentgeltl Ausbildung nachträgl WK, s BFH VI R 5/03, BStBl II 07, 4; zu **Schadensersatz bei Vertragsaufhebung** BFH IX R 45/05, BStBl II 06, 803). § 4 V 1 Nr 8 ist nicht einschlägig (s „Strafen").

Vorweggenommene (vorab entstandene) BA → Rn. 484.

Verschmelzung s „Umwandlung" sowie → Rn. 270.

Wahlkampfkosten für ehrenamtl Stadtratsmandat können nach BFH IV R 15/95, BStBl II 96, 431 BA sein (s auch *FM BW* DStR 96, 1732). Vgl → § 19 Rn. 110, → § 22 Rn. 163, *Stübe* FR 94, 385, *BMF* DStR 92, 358 (hauptamtl kommunale Vertretungsorgane) und *OFD Hann* BeckVerw 460369 (Aufsichtsrat – dazu → Rn. 484), FG Bln-Bbg EFG 07, 1323, rkr (Personalratswahl). **Partei-Sonder- und Fraktionspflichtbeiträge** sind keine BA/WK (§ 4 VI; FG Mster EFG 02, 129, rkr). Die Abführung von ArbN-Aufsichtsratsvergütungen an betriebl Sozialeinrichtung kann zu BA führen (BFH IV R 81/76, BStBl II 81, 29), einschr zu gewerkschaftl Einrichtung FG Bln-Bbg EFG 09, 1286 mit Anm *Rosenke,* rkr.

Wertpapiere (Beteiligungen). Bei BV (→ Rn. 160 ff) sind AK, lfd Aufwendungen und „Verluste" betriebl veranlasst.

Zinsen → Rn. 523; s auch „Finanzierung", „Erbschaft", „Schuldzinsen", „Steuern" *(3),* „Swap-Geschäfte".

Zinsswap s „Swap-Geschäfte".

Zwangsarbeiter. Humanitäre Hilfezahlungen sind BA der Beschäftigungsunternehmen (*OFD Mchn* DB 00, 398; s auch „Spenden").

Zwangsgelder (zB §§ 328 ff AO) als Beugemaßnahmen zur Erzwingung bestimmter Handlungen können BA sein (EStR 4.13 IV 2). Nicht abziehbar sind mE jedoch nicht zur Erzwingung, sondern als gesetzl Bußgeldfolge für den Fall der Unterlassung festzusetzende „Ordnungsgelder", zB für unterlassene Offenlegung von GmbH-Abschlüssen (§ 334 I Nr 5 HGB), auch wenn die in § 335 III HGB vorgeschriebene „Androhung eines Ordnungsgeldes" wie eine Zwangsmaßnahme wirkt (vgl dazu FG Nbg 1 K 1017/14, nv).

III. Nicht abziehbare Betriebsausgaben, § 4 IVa–IX

1. Durchbrechung des objektiven Nettoprinzips. – *(1)* **Hintergrund und Grenzen der Abzugsbeschränkungen.** Die Einkommensbesteuerung nach der 521
Leistungsfähigkeit beruht auf dem Grundsatz des **obj Nettoprinzips.** Ausgaben zur Erzielung stpfl Einkommens (bei stfreien Einnahmen gilt § 3c) können nur ausnahmsweise vom Abzug ausgeschlossen werden, wenn der Abzug systemwidrige Auswirkungen zur Folge hätte (zB: Gefahr des Ausfalls der Besteuerung bei Dritten, § 160 AO; Berührung der privaten Lebenssphäre des StPfl oder Dritter, § 12; Durchsetzung der Wirkung von Strafen und Geldbußen, § 4 V 1 Nr 8). Nach BVerfG 1 BvL 4–7/87, BVerfGE 81, 228 (238) ist eine Durchbrechung bei **„Vorliegen wichtiger Gründe"** gerechtfertigt (s zu § 4 V 1 Nr 8 BFH I R 100/97, BStBl II 99, 658; zu § 4 V 1 Nr 6b aF BVerfG 2 BvR 301/98, BStBl II 00, 162). Keine ausreichenden Gründe sind der Finanzbedarf der öffentl Hand oder die Gesetzes-/Sittenwidrigkeit von BA (§ 40, § 41 AO). Nach diesen Grundsätzen war der Gesetzgeber früher ver-

fahren. Er hatte zwar den Katalog der Abzugsbeschränkungen in **§ 4 V** lfd erweitert, aber stets begrenzt auf Aufwendungen, die ohne betriebl Veranlassung typische Kosten der **privaten Lebensführung** wären („Spesenunwesen"; s BFH I R 111/77, BStBl II 81, 58: Einschränkung unangemessener Repräsentationsaufwendungen nach **§ 4 V 1 Nr 7** [damals: § 4 V 2] als „Schlüssel zum Verständnis" von § 4 V). Auf dieser Überlegung beruht letztl auch die Abzugsbeschränkung privat veranlasster Schuldzinsen als BA in **§ 4 IVa** (→ Rn. 522). – Dagegen stehen Ausgaben für notwendige Arbeitsmittel und sonstige Ausgaben, die obj zur Einnahmenerzielung dienen und nicht die private Lebensführung berühren, nicht zur Disposition des Gesetzgebers. Diese Grenze war zB mit der Kürzung bzw Streichung der **Arbeitszimmerkosten** in § 4 V 1 Nr 6b aF 2007 überschritten (→ Rn. 590). Eine zusätzl Problematik ergibt sich aus dem häufig praktizierten **Gesetzgebungsverfahren,** solche Einschränkungen im Vermittlungsausschuss nachzuschieben (s BVerfG 2 BvL 12/01, DStR 08, 556 nach Vorlage BFH I R 38/99, BStBl II 02, 27 zu § 10d); allerdings ist die VerfWidrigkeit der Ergänzungen im HBeglG 2004 (BGBl I 03, 3076) durch rückwirkende Nachbesserung im Reparaturgesetz 2011 (BGBl I 11, 554) geheilt (BVerfG 2 BvL 4/13, NVwZ 19, 875). – ***(2)* Rechtsfolgen.** Nicht abziehbare BA erhöhen den Gewinn außerhalb der Gewinnermittlung nach §§ 4 I, III, 5, sind aber als BA **keine Entnahmen** (daher keine Zurechnung nach § 4 IVa, → Rn. 525; keine Tarifbegünstigung nach § 34a, s *BMF* BStBl I 08, 838; → § 34a Rn. 25 mwN). Das gilt wohl auch für **GewSt** ab 2008 trotz des Wortlauts § 4 Vb („keine BA"). – Die **Erstattung** nicht abziehbarer BA führt zu BE (BFH XI B 1/20, BFH/NV 20, 1258 Rn. 18 mwN; → Rn. 460 „Abfindungen" *(5)(b)*).

Bei der Prüfung der **Gewinnerzielungsabsicht** bleiben nicht abziehbare BA ggf unberücksichtigt (BFH VIII B 50/24, BFH/NV 25, 1020 mwN: § 4 V 1 Nr 7). – § 4 V gilt auch für **KapGes** (§ 8 I KStG), soweit ein Abzugsverbot nicht eine natürl Person voraussetzt (§ 4 V 1 Nr 5–6c). Weitere Abzugsbeschränkungen enthält § 10 KStG. Zu § 4 V 1 Nr 4 und vGA → Rn. 469. Zu § 4 IVa → Rn. 535 *(4)*. – Zur Bedeutung iRd **USt** gem § 15 Ia UStG s BFH V R 27/19 (V R 1/17), DStR 19, 2524 (Jagd und Fischerei) und BFH XI R 19/18, BStBl II 24, 495 (Pferderennstall).

2. Schuldzinsen, § 4 IVa

Schrifttum: *Wendt* FR 00, 417; *Weber-Grellet* DB 12, 1889 (Rspr-Entwicklung); *Möller* NWB 14, 3184 (Praxisleitfaden); *Schmudlach* StBP 15, 103 (Entnahmen/Einlagen iSv § 4 IVa); zuletzt → 34. Aufl 2015, § 4 Rn. 522 mwN. – **Verwaltung:** *BMF* BStBl I 18, 1207.

522 **a) Beschränkung der Kapitalentnahme. – *(1)* Grundsatz.** Betriebl veranlasste Schuldzinsen sind BA (→ Rn. 520 „Schuldzinsen"). Sie sind aber gem § 4 IVa nur beschränkt abziehbar, wenn der StPfl seinem Betrieb mehr entnimmt, als er an Gewinn erwirtschaftet und in den Betrieb eingelegt hat (s auch BFH X R 15/21, BStBl II 23, 116, Rn. 14). – Die Regelung des Schuldzinsenabzugs im BV gilt losgelöst von der Art der Finanzierung, von gemischten Zahlungskonten, vom Verhältnis von BE und BA im Einzelfall. IdR bleibt es damit bei den Grundsätzen des GrS des BFH zum **freien Finanzierungswahlrecht** (→ Rn. 152; zum „umgekehrten Zwei-Konten-Modell" s *Graf* DStR 00, 1465; abl BFH IV R 53/07, BStBl II 11, 688). Der Zinsabzug als BA wird aber rückwirkend ab VZ 1999 (s § 52 VI S 5, → Rn. 530) beschränkt, soweit der StPfl **„Überentnahmen"** tätigt, soweit also das KapKto durch Entnahmen negativ wird. § 4 IVa 1 fingiert damit, dass die Fremdfinanzierung solcher Überentnahmen (anders als die von Verlusten) grds **nicht betriebl veranlasst** ist. Bei der Berechnung der nicht abziehbaren und dem Gewinn gem § 4 IVa 4 außerhalb der Bilanz hinzuzurechnenden Zinsen werden alle bisherigen Eigenkapitalvorgänge, Gewinne (und Verluste, → Rn. 526), Einlagen, Entnahmen einschließl Umschuldungen des StPfl berücksichtigt. – Die Abzugsbeschränkung ist nach zutr hM **verfgemäß** (zB BFH III R 99/07, BFH/NV 12, 729 und Rspr → Rn. 530), gilt unabhängig vom Entstehungsgrund der Zinsen (zu AK für UV → Rn. 533) und wohl auch dann, wenn mit den Entnahmen Schulden anderer

Einkunftsarten getilgt werden, wodurch dort WK-Abzüge entfallen (vgl BFH IX R 29/15, BFH/NV 16, 1698, krit Anm *Paus* DStZ 17, 127); sie gilt auch für die **GewSt** (§ 7 GewStG, ohne Zurechnung nach § 8 Nr 1 GewStG). Zur **Höhe** der Zinsen → Rn. 528. – ***(2)* Zweistufige Prüfung.** In einem *ersten Schritt* muss geprüft werden, ob die betr Zinsen **betriebl veranlasst** sind (BFH IV R 19/19, BFH/NV 22, 1045). Denn weder Privatzinsen noch Zinsen für andere Einkunftsarten sind BA; auf § 4 IVa kommt es insoweit nicht an. An der Problematik vor allem bei Zahlung über gemischte Kontokorrentkonten hat sich damit nichts geändert (→ Rn. 152 ff). Erst wenn und soweit die betriebl Veranlassung feststeht, ist in einem *zweiten Schritt* der **BA-Abzug nach § 4 IVa** zu prüfen (BFH X R 17/16, BStBl II 18, 744 Rn. 17; s auch *BMF* BStBl I 18, 1207 Tz 1–7). – ***(3)*** Die Regelung ist **verfgemäß** (s BFH VIII R 38/18, BStBl II 22, 662); zur Zinshöhe → Rn. 528.

Daher sind Zinsen für über betriebl Konten finanzierte Privatentnahmen vorweg aus der Berechnung nach § 4 IVa auszuklammern, ebenso die Entnahmen selbst (*BMF* BStBl I 18, 1207 Tz 6, sowie „Einlagen" zur Tilgung von Privatschulden; s auch BFH IV R 53/07, BStBl II 11, 688).

b) Begriffsbestimmungen, § 4 IVa 1, 2. – aa) Schuldzinsen. Der Begriff ist 523 wirtschaftl (weit) auszulegen: Schuldzinsen sind alle Leistungen in Geld/Geldeswert, die ein Schuldner für die **Überlassung/Nutzung von Kapital** an den Gläubiger zu erbringen hat, und darüber hinaus alle Aufwendungen zur **Erlangung/Sicherung eines Kredits** (BFH VI R 11/22, BStBl II 25, 730, Rn. 21). Maßgebl ist, ob die Aufwendungen dazu bestimmt sind, ein (betriebl) Darlehen zu erlangen oder zu sichern (BFH X R 15/21, BStBl II 23, 116, Rn. 17 mwN). – Auch *BMF* BStBl I 18, 1207 Tz 19 geht iZm § 4 IVa (abw von BStBl I 00, 588 Tz 22) von einem **weiten Zinsbegriff** aus (wie beim WK/BA-Abzug entspr BFH IX R 72/99, BStBl II 03, 399) und bezieht zu Lasten der StPfl nicht nur alle Finanzierungs- und Geldbeschaffungskosten, sondern auch Nachzahlungs-, AdV- und Stundungszinsen in die Abzugsbeschränkung ein (nicht zwingend; glA zu Vergütungen an typisch stille Ges'ter FG Köln EFG 14, 173, rkr; offen gelassen in BFH X R 40–41/18, BFH/NV 20, 858; diff für **Avalprovisionen** BFH X R 15/21, BStBl II 23, 116, Anm *Wendt* FR 23, 64, 66).

bb) Überentnahmen; Unterentnahmen. Die Begriffsbestimmungen greifen 524 auf die Tatbestandsmerkmale „Gewinn", „Entnahmen" und „Einlagen" aus § 4 I zurück. **§ 4 IVa 2** geht dabei aber von einem **engeren Gewinnbegriff** als in § 4 I 1 aus, näml vom Jahresgewinn (= realisierter Gewinn im – uU abw – Wj), zunächst ohne Zurechnung von Entnahmen und Kürzung um Einlagen (nur in der Summe in Satz 2 erhöht um Einlagen). § 4 IVa 1, 2 beschränkt den betriebl Schuldzinsenabzug, soweit die Entnahmen die Summe von Gewinn und Einlagen in diesem Wj in diesem Betrieb übersteigen. **§ 4 IVa 3** bezieht entspr Vorgänge der Vorjahre in die Abzugsbeschränkung ein. Das Gesetz stellt nicht auf einzelne Zahlungsvorgänge ab, sondern, mit gleicher Absicht, auf die **Summe aller Entnahmen** (→ Rn. 529). Zur zeitl Anwendung → Rn. 530. Bei der Prüfung ist auf den **Einzelbetrieb** abzustellen (→ Rn. 26; s auch FG Köln EFG 19, 520 rkr, zu konzerninternem Cash-Pooling, keine Saldierung; *FinSen Hbg* DStR 19, 2028: Nichtberücksichtigung abgeführter Gewinne; krit *kk* KÖSDI 19, 21459). Anders als die unentgeltl Betriebsübertragung nach **§ 6 III** (s BFH IV R 17/10, BStBl II 14, 316: unentgeltl Übertragung des Verpachtungsbetriebs auf den bisherigen Pächter; BFH IV R 15/17, BFH/NV 19, 526) und Einbringung nach **§ 24 UmwStG** (hier Fortführung durch Rechtsnachfolger) führt daher auch die gewinnneutrale Verlagerung im Gewinnbereich eines StPfl gem **§ 6 V** grds zu Entnahmen und Einlagen iSv § 4 IVa, allerdings zu Buchwerten, ohne Aufdeckung stiller Reserven (BFH IV R 33/08, BStBl II 12, 10: Ausnahme einer mitunternehmerischen BetrAufsp; s auch *BMF* BStBl I 18, 1207 Tz 10 f). Entnahmen von WG, die bereits vor der Einführung der Vorschrift in den Betrieb eingelegt worden sind, sind zu berücksichtigen (BFH IV R 46/13, BStBl II 17, 268).

525 **cc) Gewinn; Entnahmen.** – ***(1)* Gewinn.** Mangels abw gesetzl Regelung gilt der Gewinnbegriff iSv § 4 I/§ 4 III ohne Entnahmen/Einlagen (BFH X R 6/18, BStBl II 21, 77 Rn. 14 mwN; → Rn. 524; zu uU missbräuchl Geldeinlagen bei § 4 III s BFH VIII R 32/09, BStBl II 13, 16). – **Stfreie Gewinne** sind ebenso in die Berechnung einzubeziehen wie **Übergangsgewinne** nach EStR 4.6 (BFH VIII R 5/08, BeckRS 2012, 95375; *BMF* BStBl I 18, 1207 Tz 8) und **stfreie Rücklagen** (zB nach § 6b, gewinnmindernd und überentnahmeerhöhend wie bei BA-Abzug nach § 4 III/§ 6c/§ 7g I, V; gewinnerhöhend bei Auflösung wie bei BE-Ansatz, § 6b III 4, 5, § 6c I 2, § 7g II–IV, s FG Mster EFG 14, 254, rkr; gewinnerhöhende Auflösung eines Ausgleichspostens nach § 4g IV; zu stillen Reserven im AV: BFH III B 4/13, BFH/NV 14, 339). – **BE** erhöhen den Gewinn und ermöglichen so einen höheren Schuldzinsenabzug, soweit sie nicht zur Tilgung eines privaten Sollsaldos verwendet werden (dann Entnahme, BFH X R 46/04, BStBl II 06, 125). – **Verluste** → Rn. 526. – **Nicht abziehbare BA** „dürfen den Gewinn nicht mindern" **(§ 4 V)** und sind trotz betriebl Veranlassung dem Gewinn ggf außerhalb der Gewinnermittlung wieder hinzuzurechnen. Da es sich gleichwohl um BA handelt, scheidet trotz des fingierten privaten Hintergrunds eine Zuordnung zu den Entnahmen iSv § 4 IVa aus (so auch BFH X R 6/18, BStBl II 21, 77 Rn. 28; zust *BMF* BStBl I 21, 119: gilt auch für §§ 4 Vb, 4d III, 4e III, 4f, 7g und für EStR 4.6 I 2, aber Wahlrecht des StPfl bis VZ 2020 – anders nur bei tatsächl Entnahme zu privaten Zwecken, zB durch private Kfz-Nutzung, § 6 I Nr 4; zu GewSt-Rückstellung s *BMF* BStBl I 21, 2211). Die Streitfrage, ob gem § 4 IVa nicht abziehbare Zinsen danach nicht auch selbst den Gewinn iSv § 4 IVa 2 erhöhen (vgl → 20. Aufl 2001, § 4 Rn. 523), ist durch Ergänzung von S 3 Hs 2 „klarstellend" verneint. Zu Organschaft s *v. Freeden* FR 20, 615. – ***(2)* Entnahmen.** Das sind (zunächst unabhängig von der Höhe des im Betrieb vorhandenen Eigenkapitals) alle Geld-, Sach- und sonstigen Entnahmen iSv § 4 I 2 (BFH IV R 8/21, BStBl II 24, 110 Rn. 32; zu Zwangsentnahmen/-einlagen s NdsFG EFG 13, 1825, rkr). Entspr sind alle **Einlagen** entnahmemindernd zu berücksichtigen; es gilt die gesetzl Definition des § 4 I 8 (→ Rn. 221; ebenso FG Bln-Bbg EFG 24, 1598, Rev III R 19/24, iErg aber mE unzutr). Zu **Gestaltungsmissbrauch** durch kurzfristiges „windowdressing" s BFH VIII R 32/09, BStBl II 13, 16, Anm *Wendt* FR 13, 29, *Heuermann* StBP 13, 27; *Schiffers* DStZ 23, 868 (883 mwN). – **Stfreie Entnahmen** (zB § 13 IV, V, § 14a IV) sind Entnahmen iSv § 4 IVa, können jedoch statt mit dem Wert nach § 6 I Nr 4 ohne Gewinnbesteuerung mit dem Buchwert angesetzt werden (vgl *BMF* BStBl I 18, 1207 Tz 8; → Rn. 524). – **Entnahme und Einlage von AV** wirken sich unabhängig von § 4 IVa 5 als solche iSv § 4 IVa 2 aus (→ Rn. 533, auch zur umgekehrten Wirkung bei Entnahme/Einlage von Verbindlichkeiten). – Abzüge und Rücklagen nach **§ 6b I und III** sind keine einlagefähigen WG (BFH IV R 8/21, BStBl II 24, 110 Rn. 40). – **Privatentnahmen,** deren Fremdfinanzierung zuvor zur Ausklammerung der Zinsen als BA geführt hat, sind nicht nochmals in die Berechnung der Überentnahmen einzubeziehen (glA *BMF* BStBl I 18, 1207 Tz 6, → Rn. 522). Sie können aber auch durch Einlage zB von mit Geldentnahmen finanzierten Wertpapieren ins BV ausgeglichen werden (s BFH VIII R 1/08, BStBl II 11, 862). – **Betriebseröffnung/Betriebsaufgabe:** WG des BV sind als eingelegt bzw als entnommen zu behandeln; bei **Betriebsveräußerung** gehen sie in den Veräußerungserlös ein. Für **vor 1999 eröffnete Betriebe** gilt insoweit die Sonderregelung des § 52 VI 9 und bereits vor der Gesetzesänderung *BMF* BStBl I 18, 1207 Tz 8, 9 mit Billigkeitsregelung in Tz 44 (bei Überführung in das PV keine Entnahme zu Buchwerten; bei Betriebsveräußerung wird nur Veräußerungsgewinn erfasst, auch bei MUeranteilen, s *OFD Mster* DB 07, 197; → Rn. 530); **Betriebsverpachtung** s BFH IV R 17/10, BStBl II 14, 316.

526 **dd) Verluste.** Für die Berücksichtigung von Verlusten hat der X. Senat (BFH X R 17/16, BStBl II 18, 744; ebenso BFH IV R 15/17, BFH/NV 19, 526) im Wege der richterl Rechtsfortbildung und (teilweise) entgegen *BMF* BStBl I 05, 1019

Tz 11 (→ 37. Aufl 2018, § 4 Rn. 526) wie folgt entschieden: – *(a)* **Berechnung der Überentnahme.** Ausgangspunkt iSd § 4 IVa 2 ist der estl Gewinn; „Gewinn" idS ist auch ein Verlust (→ Rn. 23). Das gilt auch iRd § 4 IVa 2; allerdings bewirken Verluste als solche noch keine Überentnahme und dürfen damit auch für sich genommen nicht zu einer Kürzung des Schuldzinsenabzugs führen (BFH X R 17/16, BStBl II 18, 744 Rn. 22 f: teleologische Reduktion). Somit kann in einem Verlustjahr bei *isolierter* Betrachtung die Überentnahme nicht höher sein als die Entnahmen dieses Jahres bzw, wenn Einlagen getätigt worden sind, nicht höher als die Differenz zw Entnahmen und Einlagen (s auch BFH IV R 53/07, BStBl II 11, 688). Die Überentnahme des aktuellen Wj ist somit auf den **Entnahmenüberschuss** begrenzt (so auch bereits *BMF* BStBl I 05, 1019 Tz 11). Übersteigen die Einlagen die Entnahmen, wird der **Einlagenüberschuss** mit dem Verlust verrechnet; ggf mindert der Verlust die Unterentnahme dieses Jahres bis auf null (BFH X R 17/16, BStBl II 18, 744 Rn. 24; BFH X R 12/09, BFH/NV 12, 1418). – *(b)* Für die **periodenübergreifende Berechnung der Überentnahme iSd § 4 IVa 3** gilt das entspr: – *(1)* In einem *ersten Schritt* fließen etwaige Verluste (wie eben dargestellt) in die Ermittlung der auf die einzelnen Jahre bezogenen und nach § 4 IVa 3 zu addierenden Über- und Unterentnahmebeträge ein. – *(2)* In einem *zweiten Schritt* wird die Bemessungsgrundlage der nicht abziehbaren Schuldzinsen des *aktuellen* Jahres auf den kumulierten Entnahmenüberschuss der Totalperiode begrenzt (BFH X R 17/16, BStBl II 18, 744 Rn. 27: erneute teleologische Reduktion). Das bedeutet: nicht nur die Über- und Unterentnahmebeträge der einzelnen Jahre müssen ermittelt und addiert werden **(kumulierte Überentnahmen);** sondern in einer weiteren Berechnung müssen die Entnahmen- bzw Einlagenüberschüsse für jedes Jahre ermittelt und ebenfalls addiert werden **(kumulierter Entnahmenüberschuss).** Übersteigen die kumulierten Überentnahmen den kumulierten Entnahmeüberschuss, bildet dieser die Bemessungsgrundlage für die nicht abziehbaren Schuldzinsen nach § 4 IVa 3. Die *FinVerw* ist inzwischen der Auffassung des BFH gefolgt (s *BMF* BStBl I 18, 1207 Tz 16). – **Berechnung** s Beispiel 5 in *BMF* BStBl I 18, 1207 Tz 15 und BFH X R 17/16, BStBl II 18, 744 Rn. 2 und 47; die kumulierten Über-/Unterentnahmen und der kumulierte Entnahmenüberschuss sind formlos festzuhalten (*BMF* BStBl I 18, 1207 Tz 14).

ee) Ausnahmen. Da die Gesamtentwicklung im Wj mehr oder weniger zufällig ist, sehen **§ 4 IVa 3–5** drei wesentl Ausnahmen von dieser rigiden Einschränkung des freien Finanzierungswahlrechts vor: – ***(1)* § 4 IVa 5:** Finanzierung von AV (→ Rn. 533). – ***(2)* § 4 IVa 3 Hs 1 Teil 2:** Berücksichtigung von Unterentnahmen aus Vorjahren → Rn. 529. – ***(3)* § 4 IVa 4:** uU Kürzung des Hinzurechnungsbetrages um einen Bagatellbetrag von bis zu 2050 €. 527

c) Höhe der nicht abziehbaren Schuldzinsen, § 4 IVa 3. – aa) Fester Zinssatz, § 4 IVa 3 Hs 1 Teil 1. Nicht abziehbar sind typisierend **6 % der Bemessungsgrundlage,** unabhängig vom tatsächl Zinssatz und vom zeitl Anfall der Einzelkomponenten im VZ. Dies ist **verfgemäß,** da der StPfl, der eine Überentnahme tätigt, die Zinshöhe damit bewusst in Kauf nimmt (vgl BVerfG 1 BvR 2237/14, 1 BvR 2422/17, DStR 21, 1934 Rn. 243); das ist allerdings str (wie hier: BFH VIII R 38/18, BStBl II 22, 662 Rn. 29 mwN; FG BW EFG 25, 1149, Rev VIII R 1/25; FG Ddorf EFG 24, 1688, Rev IV R 8/24; FG BaWü EFG 24, 1832 [ua]; ebenso bis VZ 09: BFH X R 7/17, BStBl II 20, 635 zu § 6b VII; *BH/Drüen* § 4 Rn. 611; krit *Prinz* FR 17, 632; *BeckOK EStG* § 4 Rn. 2684; s allg auch *Hey* FR 16, 485). – Die tatsächl Entnahmeverwendung spielt keine Rolle (FG Köln EFG 08, 1191, rkr). Insoweit entfällt die Anwendung der Zinszahlenstaffelmethode nach einzelnen Zahlungsvorgängen (aber → Rn. 155). Höhere Zinsen sind stets abziehbar; ein niedrigerer Zinssatz bleibt ohne Auswirkung (s FG Mster EFG 05, 179, rkr). 528

529 **bb) Einbeziehung der Eigenkapitalentwicklung, § 4 IVa 3 Hs 1 Teil 2.** Durch die Erweiterung der Bemessungsgrundlage um die Kapitalentwicklungsvorgänge in den Vorjahren hat der Gesetzgeber das freie Finanzierungswahlrecht des Unternehmers in einem begrenzten Rahmen wiederhergestellt (→ Rn. 522). Die Ausgangsgröße der Überentnahmen des Wj ist nicht nur um **Überentnahmen in vorangegangenen Wj** zu *erhöhen,* sondern auch um **Unterentnahmen dieser Vorjahre** zu *kürzen,* sodass der StPfl zunächst eingelegte Gelder und im Betrieb erwirtschaftete Gewinne später ohne BA-Kürzung wieder entnehmen und durch Fremdkapital ersetzen kann. Somit entspricht die Bemessungsgrundlage der nicht abziehbaren Schuldzinsen grds (Ausnahme → Rn. 526) der **Summe der Über- und Unterentnahmen aller Wj,** die in die Berechnung einzubeziehen sind (BFH X R 17/16, BStBl II 18, 744 Rn. 19). Damit wird die betriebl Liquidität durch Eigenkapitalbildung mit Fremdfinanzierungswahlrecht ausreichend berücksichtigt. Das bedeutet eine Rückkehr zum Grundsatz der Rspr, dass die schädl Grenze der privaten Entnahmefinanzierung erst dann erreicht wird, wenn kein Eigenkapital mehr vorhanden ist und daher zwingend Fremdkapital zur Finanzierung der Entnahmen eingesetzt wird (→ Rn. 152 mwN). Liegt im aktuellen Wj keine Über-, sondern eine **Unterentnahme** vor, ist diese in die Berechnung einzubeziehen (s BFH X R 17/16, BStBl II 18, 744: erkennbar lückenhafter Wortlaut). Auch Überentnahmen im Vorjahr können zur Abzugsbeschränkung nach S 1 führen (BFH VIII R 42/07, BStBl II 10, 1041; glA *BMF* BStBl I 18, 1207 Tz 20; **aA** zB *Horlemann* FR 11, 612). – **§ 4 IVa 3 Hs 2** stellt klar, dass es sich bei der pauschalen Kürzung ledigl um einen Berechnungsmodus handelt, bei dem die zwangsläufige Gewinnauswirkung der Rechtsfolge nicht zu berücksichtigen ist (vgl → Rn. 525).

530 **cc) Zeitliche Anwendung.** – *(1)* Gem **§ 52 VI 7** gilt § 4 IVa rückwirkend für Wj, die nach dem 31.12.98 enden (→ Rn. 535). Für den BA-Abzug in VZ vor 1999 gilt die Rspr des GrS → Rn. 152 ff ohne Einschränkung fort. Gem **§ 52 VI 8** bleiben Über- und Unterentnahmen aus der Zeit vor 1999 außer Ansatz, sodass von einem KapKto „0“ zum 31.12.98 auszugehen ist; dies ist verfgemäß (BFH X R 40–41/18, BFH/NV 20, 858 mwN). – ***(2)* Billigkeitsregelung bei Betriebsbeendigung, § 52 VI 9.** Zur Beseitigung einer Benachteiligung von vor 1999 eröffneten Betrieben bei deren Aufgabe oder Veräußerung ab 1999 gehen die eingelegten WG nicht in die Berechnung der Überentnahmen ein (s auch oben *BMF* BStBl I 06, 416 und → Rn. 525). – ***(3)* Aufzeichnungen.** Die besondere Eigenkapitalentwicklung ist spätestens ab 1.1.99 gem § 4 IVa festzuhalten und jährl fortzuschreiben, mE in einem Betrag, der nach § 4 IVa 3 zu berücksichtigen ist, nicht notwendig in einzelnen Jahresbeträgen (Einlagen + Gewinne ./. Entnahmen ./. unterentnahmenmindernde Verluste für alle vorangegangenen Jahre zusammen). Auf Dauer wird die gesetzl Regelung einer **gesonderten Feststellung** zum Ende des jeweiligen Wj unentbehrl sein (bisher nicht vorgesehen). Ggf wird das FA die Grundlagen der nichtabziehbaren BA **schätzen** (→ Rn. 534). Für **§ 4 III** gelten entspr Aufzeichnungspflichten seit 1.1.00 (vgl § 4 IVa 6, § 52 I 4 aF).

532 **d) Betragsbegrenzung; Rechtsfolge, § 4 IVa 4.** Die nicht abziehbaren Schuldzinsen sind dem Betriebsergebnis – wie die Entnahmen – außerhalb der Gewinnermittlung hinzuzurechnen (auch für GewSt, FG RhPf EFG 07, 706, rkr). Das sind entweder 6% der Bemessungsgrundlage nach Satz 3 – ohne Berücksichtigung dieser weiteren Gewinnerhöhung, → Rn. 525 –, wenn die tatsächl aufgewandten Zinsen mindestens 2050 € höher sind, sonst die um diesen Betrag gekürzten tatsächl Zinsen (Bagatellbetrag, kein allg Frei- oder Pauschbetrag). – Berechnung s *Beispiel 6* in *BMF* BStBl I 18, 1207 Tz 17. Verhältnis zu § 4 IVa 5 → Rn. 533. Es handelt sich um einen **Jahresbetrag** ohne zeitl Aufteilung nach dem Zeitpunkt der Entnahmen/Einlagen. Bei **PersGes** ist der betriebsbezogene Kürzungsbetrag nur einmal anzusetzen (→ Rn. 535). Für **mehrere Einzelbetriebe** muss er ggf mehrfach gewährt werden (→ Rn. 524; glA *Wendt* FR 00, 417 (428)).

533 **e) Investitionskredite (Ausnahme), § 4 IVa 5.** Schuldzinsen für Darlehen zur Finanzierung von AK/HK von **WG des AV** sind ohne Einschränkung durch § 4 IVa

abziehbar (problematische Abgrenzung AV/UV → § 6 Rn. 343 ff) und sollten daher gesondert festgehalten werden. Hier geht die betriebl Veranlassung vor. Das gilt allerdings nur iZm der *Anschaffung/Herstellung* solcher WG (nicht für deren Erhaltung, sodass auch für § 4 IVa AK und Erhaltungsaufwand zu trennen sind) und nur für den BA-Abzug der Zinsen: Die Einlage oder Entnahme solcher WG wird bei der Ermittlung der Über-/Unterentnahmen berücksichtigt (→ Rn. 524), ebenso wie die der zugehörigen Verbindlichkeit (→ Rn. 143 ff) und sonstige eigenkapitalverändernde Vorgänge (zB die Ablösung eines solchen Darlehens durch Geldeinlage). *Mittelbarer* Finanzierungszusammenhang kann genügen (BFH III R 26/15, BStBl II 16, 837: BA-Abzug für Zinseszinsen von Investitionsdarlehen; zust *Prinz* FG 17, 632). Die **Anschaffung von UV** ist nicht begünstigt (s BFH X R 28/09, BStBl II 11, 753; BFH IV R 48/09, BFH/NV 13, 187; *Weiland* DStR 12, 372). Fragl ist, ob die begünstigten Zinsen iSv Satz 5 in die Höchstbetragsberechnung nach Satz 4 einzubeziehen sind (abl wohl zutr hM; FG Mster EFG 06, 1152, rkr, str, → 35. Aufl 2016, § 4 Rn. 533). Nicht geregelt ist die Bedeutung **späterer WG-Veränderungen.** Schädl ist der Wegfall der BV-Eigenschaft des WG und der Verbindlichkeit durch **Veräußerung oder Entnahme des WG** (→ Rn. 142 ff) sowie dessen **Umwidmung,** unschädl die Einstellung der betriebl Nutzung, der Verlust oder die völlige AfA des WG (→ Rn. 78, 372). Die spätere **Umwandlung eines Kontokorrentkredits** für die Anschaffung eines WG des AV in ein Darlehen ist ausnahmsweise ab Umschuldung nach Satz 5 begünstigt, wenn der StPfl nach der tatsächl Verwendung eine eindeutige vorübergehende Vorfinanzierung der Anschaffung eines WG über lfd Konten nachweist (enger zeitl – bis 30 Tage – und betragsmäßiger Zusammenhang zw Kontobelastung und Darlehensaufnahme; außerhalb dieser Frist kann ein Finanzierungszusammenhang im Einzelfall nachgewiesen werden; BFH IV R 19/08, BStBl II 13, 151; ebenso *BMF* BStBl I 18, 1207 Tz 24). Ein **gemischtes betriebl Darlehen** kann geteilt werden (Teilbegünstigung nach Satz 5; *BMF* BStBl I 00, 588 Tz 28; *Kempermann* FR 06, 282); bei Teiltilgung wird automatisch der nicht begünstigte Teil zuerst getilgt (vgl schon BFH-Rspr → Rn. 153).

f) Überschussrechnung (§ 4 III), § 4 IVa 6. Die Beschränkung des Schuldzin- 534
senabzugs gilt *„sinngemäß"* auch bei Gewinnermittlung nach § 4 III (Grundsatz der Identität der Totalgewinne, → Rn. 11). Auch hier sind die Über-/Unterentnahmen **periodenübergreifend** zu berechnen; eine Begrenzung der Überentnahmen auf die Höhe eines (vereinfacht ermittelten) niedrigeren bilanziellen negativen Eigenkapitals sieht § 4 IVa nicht vor (BFH VIII R 38/18, BStBl II 22, 662, Anm *Kanzler* FR 22, 930 (934)). – Seit 2000 sind Entnahmen und Einlagen von Geld gem § 4 IVa 6 Hs 2 **gesondert aufzuzeichnen** (§ 52 XI 4 aF, → Rn. 417); Grund: Einlagen/Entnahmen von Geld wirken sich bei § 4 III grds nicht gewinnmäßig aus (→ Rn. 388, 393, 417; idR Saldierung von BE durch gleichzeitige Entnahme). Die Aufzeichnung sieht *BMF* BStBl I 18, 1207 Tz 41 über § 4 IVa 4, 5 hinaus offenbar als materiellrechtl Abzugsvoraussetzung (str) – mE unzutr, da keine Regelung entspr § 4 VII 2; nachträgl Belegableitung sollte idR ausreichen. Für VZ 99 war ggf zu schätzen (*BMF* BStBl I 18, 1207 Rn. 45).

Dem Überschussrechner werden hier (für die Vergangenheit) zusätzl Buchführungspflichten zur Kapitalermittlung auferlegt. Dabei sollten die StPfl versuchen, zumindest Unterentnahmen, Entnahmenüberschüsse (→ Rn. 526) und nach Satz 5 begünstigte Investitionsdarlehen zu rekonstruieren; für Überentnahmen ist das FA beweispflichtig. Im Zweifel ist jedenfalls der Sockelbetrag von 2050 € nach § 4 IVa 3 als BA abziehbar (s *BMF* BStBl I 18, 1207 Tz 41). Durch die unterschiedl Gewinnermittlung ergeben sich in einzelnen Jahren unterschiedl Gewinne und damit unterschiedl Kürzungsbeträge nach § 4 IVa. Daher sind auch bei **Wechsel der Gewinnermittlungsart** anfallende Übergangsgewinne zu berücksichtigen (→ Rn. 680 ff; *BMF* BStBl I 18, 1207 Rn. 8).

g) Anwendungsbereich. – ***(1)* Zeitlich.** → Rn. 530. – ***(2)* Sachlich.** § 4 IVa 535
gilt nur für **Gewinneinkünfte** iSv § 2 II Nr 1, bei diesen unabhängig von der Art

der Gewinnermittlung (→ Rn. 534 zu § 4 III), allerdings nicht bei § 5a oder § 13a (vgl *BMF* BStBl I 18, 1207 Tz 42, § 13a III 2, fragl Vergünstigung für § 13a, s *Kanzler* INF 00, 513; *Eggesiecker/Ellerbeck* BB 00, 1763). In eine **Schätzung** der Besteuerungsgrundlagen ist § 4 IVa einzubeziehen. – ***(3)*** **Personengesellschaft.** Persönl ist § 4 IVa nicht nur beim Einzelunternehmer, sondern auch bei MUer-PersGes zu beachten mit entspr gesteigerter Problematik wegen der Doppelstellung von Ges und Ges'ter (grundlegend zur Problematik der Entnahmen bei PersGes → § 15 Rn. 485 ff). BFH IV R 72/02, BStBl II 08, 420 bestätigt die **gesellschaftsbezogene Gewinnermittlung,** geht dagegen stets von einer **gesellschafterbezogenen Hinzurechnung** des Mehrgewinns unter Einbeziehung der vom einzelnen Ges'ter verwirklichten Merkmale eines überhöhten Kapitalentzugs (Überentnahmen im SBV mit Ergänzungsbilanzen) aus, allerdings **ohne Vervielfältigung des Sockelbetrages** nach § 4 IVa 5 (einmalige Gewährung für die Ges; zu PartnerschaftsGes BFH VIII R 56/13, BStBl II 16, 936; Aufteilung nach Schuldzinsanteilen der Ges'ter – offen, welche Anteile einzubeziehen sind, s *OFD NRW* DB 16, 2633). Diese Rspr hat *BMF* BStBl I 18, 1207 Tz 27 ff übernommen. Die Grundsätze gelten auch bei **Schwester-PersGes/doppelstöckiger PersGes/Konzern** (BFH IV R 8/21, BStBl II 24, 110 Rn. 33 ff: betriebsbezogener Entnahmebegriff, keine konzernbezogene Betrachtung; BFH IV R 22/10, BStBl II 14, 621 mit Anm *Bode* NWB 14, 2320, *Wendt* FR 14, 768 – Sonderfall zu SonderBE; FG Mster EFG 24, 1661, Rev IV R 13/24).

Entnahmen iSv § 4 IVa sind nicht nur „Gewinnausschüttungen", sondern alle Geld-, Sach- oder Aufwandsentnahmen der Ges'ter aus dem GesVermögen oder SBV (zB ausgezahlte Sondervergütungen, *BMF* BStBl I 18, 1207 Tz 36). Gleiches gilt, wenn WG zu Buchwerten in ein anderes BV eines Ges'ters überführt (BFH IV R 46/13, BStBl II 17, 268; BFH IV R 33/08, BStBl II 12, 10 – Sonderfall mitunternehmerische BetrAufsp, s auch *BMF* BStBl I 13, 197) oder vom SBV des Ges'ters A in dasjenige des Ges'ters B unentgeltl übertragen wird (§ 6 V 3 Nr 3). – **Keine Entnahmen** sind zB Darlehen an Ges'ter oder die Veräußerung von WG des Gesamthandsvermögens an Ges'ter zu fremdübl Konditionen oder Tilgungsleistungen auf steuerl anerkannte Ges'terdarlehen (*BMF* BStBl I 18, 1207 Tz 30 und 34). – **Einlagen** sind umgekehrt alle offenen oder verdeckten Geld- oder Sachzuwendungen aus BV oder PV ins GesamthandsBV oder SBV einschließl der Übertragung von WG zum Buchwert. Problematik von Darlehensrückzahlungen durch PersGes an Ges'ter s *Pach/Hanssenheimb* DStR 12, 2519. – **Zinsen** für einen Kredit, den ein Ges'ter zB zum Erwerb eines wie **AV** zu wertenden Grundstücks des SBV aufnimmt, sind stets voll abzugsfähig (§ 4 IVa 5; dazu *BMF* BStBl I 18, 1207 Rn. 32 f). Gleiches gilt für einen Kredit zum Erwerb eines Anteils an der PersGes, soweit die AK anteilig auf WG des AV der PersGes entfallen (Bruchteilsbetrachtung; *BMF* BStBl I 18, 1207 Rn. 34). **Einbringung** von Einzelunternehmen in PersGes → Rn. 524 und *Rüping* DStR 10, 1560; zu Formwechsel KapGes/PersGes FG Mster EFG 24, 1768: fingierte Einlage, Rev IV R 10/24; *Mühlhausen* DStR 13, 2496. **Betriebsveräußerung** → Rn. 525.

(4) **Kapitalgesellschaft.** Grds keine Abzugsbeschränkung von Schuldzinsen (→ Rn. 55); die Ges hat keine Privatsphäre und Entnahmen allenfalls über vGA oder Einlagenrückgewähr mit Sonderregelungen im KStG. KapGes sind nur als Ges'ter von PersGes betroffen (s zB *Ettinger* DStR 19, 1386). Das gilt auch für eine **Options-Ges** iSv § 1a KStG (s *BMF* BStBl I 21, 2212 Rn. 53). Die Ungleichbehandlung ist bedenkl (GmbH-Geschäfte können trotz § 8 I KStG unabhängig von Eigenkapitalminderung durch Ausschüttung für Privatzwecke der Ges'ter über BA fremdfinanziert werden). ME ist eine Gesetzesänderung geboten. Zu **Organschaft** mit PersGes als Organträgerin s *Altrichter-Herzberg* DStR 19, 31. – ***(5)*** **Unentgeltl Rechtsnachfolge.** Wegen der Betriebsbezogenheit Bindung an verbleibende Über-/Unterentnahmen (vgl § 6 III, → Rn. 524; glA FG Köln EFG 23, 1760, rkr, Anm *Urban* NWB 24, 20; *BMF* BStBl I 18, 1207 Tz 11; BFH X R 28/09, BStBl II 11, 753). **Umwandlung** s *BMF* BStBl I 18, 1207 Rn. 37 f.

536 **3. Geschenke, § 4 V 1 Nr 1. – a) Anwendungsbereich.** § 4 V 1 Nr 1 (§ 8 I KStG) erfasst *betriebl* veranlasste Geschenke; dh, die Voraussetzungen des § 4 IV müs-

sen vorliegen und § 12 Nr 1 darf nicht eingreifen (BFH VI R 78/04, BStBl II 07, 721). Geschenke an *eigene* ArbN (und deren Hinterbliebene, § 1 I 2 LStDV) sind ausdrückl ausgenommen, ohne Rücksicht auf die Besteuerung bei diesen. Für Geschenke an alle anderen Personen sind BA nur iRv § 4 V 1 Nr 1 S 2 absetzbar; das gilt auch für Geschenke an *fremde* ArbN (BFH IV R 186/82, BStBl II 85, 286) oder an juristische Personen (str; glA FG Köln EFG 83, 60, rkr, EStR 4.10 II).

Berufl veranlasste Geschenke *von* ArbN fallen unter § 4 V 1 Nr 1/§ 9 V. Privatgeschenke aus dem BV müssen vorher entnommen werden (→ Rn. 93). Zum schenkweisen Forderungserlass bei § 4 III → Rn. 400 (betriebl Gründe) und → Rn. 394 (private Gründe); zum Verzicht auf Einnahmen → Rn. 433, 500. Zu Bestechungs- und Schmiergeldern → Rn. 607 ff.

b) Begriff. Geschenke sind unentgeltl Zuwendungen. **Zuwendung** ist die Verschaffung eines vermögenswerten Vorteils, der auch in der Minderung einer Verbindlichkeit liegen kann. Die Zuwendung ist **unentgeltl,** wenn sie aus Sicht *beider* Beteiligter nicht als konkrete Gegenleistung für eine bestimmte Leistung des Empfängers gedacht ist und nicht in unmittelbarem zeitl oder wirtschaftl Zusammenhang mit einer solchen Leistung steht (vgl BFH IV R 13/14, BStBl II 17, 892 mwN); keine Geschenke sind daher sog **Zugaben** (BFH I R 99/09, BFH/NV 11, 650; zur Abgrenzung s auch FG BW EFG 16, 1197, rkr). WG, die beim Empfänger ausschließl berufl/betriebl genutzt werden können, fallen nicht unter § 4 V 1 Nr 1 (zutr FG Ddorf EFG 02, 1227, rkr: Bücher an Bibliothek; s auch EStR 4.10 II 4). – **Parteispenden** sind *keine* BA (§ 4 VI; → Rn. 643) und damit keine Geschenke iSv § 4 V 1 Nr 1 (→ Rn. 520 „Spenden"). – Übernahme einer **PauschalSt nach § 37b** für geschenkte Sachzuwendungen iSv § 4 V 1 Nr 1 (auch unter 35 € → Rn. 538], s BFH VI R 52/11, BStBl II 15, 455) an Geschäftsfreunde und deren ArbN ist aus Sicht des zuwendenden StPfl ein zusätzl Geschenk iSv § 4 V 1 Nr 1 (BFH IV R 13/14, BStBl II 17, 892; abl *Kohlhaas* FR 14, 545). Die *FinVerw* stellt aber aus Vereinfachungsgründen weiterhin gem *BMF* BStBl I 15, 468 Rn. 25, nur auf den Betrag der Zuwendung ab (s Fußnote des *BMF* in BFH IV R 13/14, BStBl II 17, 892). S iEinz § 37b. 537

Beispiele – ***Geschenke:*** Geld- oder Sachzuwendungen an Kunden, Geschäftsfreunde oder selbständige Handelsvertreter (s EStR 4.10 II 2) als **lfd Aufmerksamkeiten** zB zu Weihnachten oder zum Geburtstag, um sich für etwaige spätere Aufträge in Erinnerung zu halten; **Freikarten** (vgl BFH IV R 13/14, BStBl II 17, 892); **Auslandsreise** (BFH I R 14/93, BStBl II 93, 806; vgl zu Incentivereisen *BMF* BStBl I 96, 1192, *OFD Mster* DStR 03, 2225; s aber FG Köln EFG 25, 920, rkr: **Incentivereisen** und **Shoppinggutscheine** iRe Vertriebswettbewerbs); zu **Tombolapreisen** für Geschäftsfreunde s FG Köln EFG 14, 296, rkr, mit Anm *Neu*. – ***Keine Geschenke:*** betriebl Bewirtungen (Sonderregelung in § 4 V 1 Nr 2; EStR 4.10 IV 6; sonstige Bewirtungen s ThürFG EFG 14, 1290, rkr, mit Anm *Wagner*); allg Zweckgeschenke (BFH I B 1/15, BFH/NV 16, 384 mwN); Spargeschenkgutscheine einer Bank für Kontoeröffnung, Abo-Gutscheine einer Zeitung, Sponsoring-Ausgaben zu Werbezwecken (→ Rn. 520 Sponsoring); **Ärztemuster** uä betriebl nutzbares Werbematerial (EStR 4.10 II 4); **Werbezugaben** (BFH III R 76/88, BStBl II 94, 170; s auch *BMF* DStR 95, 884 (bis 2007) und DStR 95, 1150; BGH NJW-RR 94, 942 „Stofftragetasche" und Änderung ZugabeVO BGBl I 94, 1688; **aA** zu größeren „Zugaben" BFH I R 99/09, BFH/NV 11, 650); **Preisnachlässe** für „gute Kunden"; Preise eines Preisausschreibens oder einer Auslobung (EStR 4.10 IV); Gewinne aus **Losverteilung** anlässl Warenkauf (*el* DB 88, 579; uU Loswert, FG Ddorf EFG 88, 11, rkr); Zuwendungen in Erfüllung einer betriebl Obliegenheit ohne geldwerten Empfängervorteil (zB Kränze und Blumen zur Beerdigung eines Geschäftsfreundes). – Zu freiwilligen Zahlungen eines Windparkbetreibers an Anwohner s FG Mster BeckRS 2025, 35802.

c) Abzugsvoraussetzungen. – ***(1)*** **Geschenkwert.** Die AK/HK der *einem* Empfänger in *einem Wj* zugewendeten Geschenke iSv → Rn. 537 dürfen zusammengerechnet **50 €** [bis 31. 12. 23: 35 €, § 52 VI 10] nicht übersteigen. Geschenke an dem Empfänger nahestehende Personen können einzubeziehen sein (FG Nbg EFG 94, 815, rkr). Es handelt sich um eine **Freigrenze:** 50 € sind voll abziehbar, bei 51 € entfällt *jeder* Abzug. Die Berechnung der AK/HK richtet sich nach allg Vorschriften (→ § 6 Rn. 31, 151), bei VorStAbzugsberechtigten *ohne* **USt,** sonst *einschließl* USt 538

(§ 15 Ia UStG; EStR 4.10 III, 9b II). Bei gebrauchten WG sind das wohl aktuelle (fiktive) AK/HK (str). Echte Verpackungs-/Versandkosten werden nicht angesetzt (EStR 4.10 III). Der Wert nach vorangegangener Einlage des WG ist nicht geregelt (TW, § 6 I Nr 5). KapGes/Verein ist *ein* Empfänger (FG Köln EFG 83, 60, rkr); bei Zuwendungen an einzelne PersGes'ter ist auf den Ges'ter abzustellen. – ***(2)*** **Werbeträger.** Die frühere Kennzeichnungspflicht als Abzugsvoraussetzung ist entfallen. Damit sind auch **Geld- und Geschenkgutscheine** iRv → Rn. 536, 537 abziehbar. – ***(3)*** **Aufzeichnungen, § 4 VII.** → Rn. 654 und EStR 4.11 (nach *LfSt Bay* 7.10.2011, nv, ist Vereinfachung für Streuwerbeartikel bis 10 € nicht mehr *allg* anzuwenden; Einzelfallprüfung zB bei auch privat nutzbaren WG, wie Golfbällen, Pralinen oä). Aufzeichnung von Werbekalendern s FG BW EFG 16, 1197, rkr (mE zweifelhaft).

539 **d) Rechtsfolgen.** Bei Übersteigen der Grenze oder fehlender Aufzeichnung trotz betriebl Veranlassung kein BA-Abzug, ggf Zurechnung im Schenkungsjahr außerhalb der Bilanz, jedoch keine Entnahmen (→ Rn. 525, EStR 4.10 I 3).

540 **4. Bewirtungskosten, § 4 V 1 Nr 2. – a) Allgemeines.** Aufwendungen des StPfl für die Bewirtung von Geschäftsfreunden, Kunden, Lieferanten etc aus betriebl Anlass sind dem Grunde nach BA. Der Höhe nach wird der Abzug durch § 4 V 1 Nr 2 beschränkt auf 70% der *angemessenen* Aufwendungen. Grund: Einschränkung des sog „Spesenunwesens" (s BT-Drs 7/1470, 221, 249; s auch BFH I B 53/12, BFH/NV 13, 1561); zu verfrechtl Bedenken → Rn. 521. Zu Aufzeichnung (§ 4 VII) → Rn. 554 ff. Bei privater Mitveranlassung erfolgt ggf Aufteilung (→ Rn. 546). – Auch → Rn. 520 „Kundschaftsessen/-trinken". – Bewirtungen fallen nicht unter die Geschenkregelung nach § 4 V 1 Nr 1. – S iÜ auch *BMF* BStBl I 25 Nr 1938 (Nachweise, E-Rechnung) bzw bis VZ 2024 *BMF* BStBl I 21, 908; EStR 4.10 V ff.

541 **b) Bewirtende Person.** § 4 V 1 Nr 2 gilt nicht nur für Selbständige iSv § 2 I Nr 1–3, sondern nach § 9 V auch für ArbN (→ § 19 Rn. 110 „Bewirtung") ua Überschusserzieler. **Einschränkungen:** – ***(1)*** Kürzung nur bei **persönl Bewirtung** oder Bewirtung durch Dritte im Namen und für Rechnung des StPfl (vgl BFH VI R 48/07, BStBl II 08, 870; zu Kaffeefahrten BFH X R 37/10, BFH/NV 14, 347); Weiterbelastung der Kosten an Dritte ist unschädl (zutr FG Köln EFG 19, 55, rkr). – ***(2)*** **Gastwirte uÄ (§ 4 V 2).** *Berufsmäßig* gegen Entgelt bewirtende Unternehmer können grds gem § 4 V 2 betriebl veranlasste Bewirtungsaufwendungen unabhängig von § 4 V 1 Nr 2 voll als BA absetzen. Allerdings ist die Rückausnahme nach Sinn und Zweck eng auszulegen (s BFH I R 12/11, BStBl II 12, 194: Bewirtung von Kunden/Lieferanten eines Hotelbetriebs mit Restaurant). Zum Begriff „Entgelt" → Rn. 544 (Leistungsaustausch).

542 **c) Bewirtete Personen; geschäftlicher Anlass.** § 4 V 1 Nr 2 erfasst nicht nur Kunden, Geschäftsfreunde, mögl Auftraggeber uä Personen, sondern (seit 1990) grds alle Personen einschließl **ArbN,** Ges'ter/Genossen (vgl *OFD Kiel* BB 98, 1401). Dadurch wären alle auf ArbN entfallenden Bewirtungskosten grds nicht mehr voll abziehbar. Das entsprach wiederum nicht der Absicht des Gesetzgebers, nur die bisher gebotene Aufteilung der BA für „normale" Fremdbewirtungen unter Teilnahme von ArbN zu beseitigen. Durch die Beschränkung auf Bewirtungen „aus geschäftl Anlass" sollte erklärtermaßen der volle Abzug für **rein betriebsinterne ArbN-Bewirtungen** erhalten bleiben (ArbN-Bewirtung durch Vorgesetzte: BFH VI R 33/07, BStBl II 09, 11; zu Aufteilungsmöglichkeit von Betriebsveranstaltungskosten s *OFD NRW* DStR 16, 2757). *Beispiele:* Weihnachtsfeier, Betriebsausflug, Betriebsfeste, mE einschließl der Bewirtung des Unternehmers selbst ua mitveranstaltender Dritter, zB der Musiker (glA EStR 4.10 VII 1 und 4). Ist bereits diese sprachl Deutung ohne Rückgriff auf die Gesetzesbegründung kaum nachvollziehbar, bereitet die Ausgrenzung des geschäftl Anlasses aus dem Oberbegriff der betriebl Veranlassung (die stets vorliegen muss) Probleme. Sicher ist, dass der Gesetzgeber einerseits die Bewirtung von **Geschäftsfreunden** ieS treffen wollte, also von Personen, mit denen Geschäfte

abgeschlossen oder angebahnt werden sollen, einschließl deren und der eigenen teilnehmenden ArbN; das gilt wohl auch für selbständige Vertreter, die ArbN ihres Versicherungsunternehmens bewirten, und für Schulungsbewirtung von freien Mitarbeitern/Handelsvertretern (BFH I R 75/06, BStBl II 08, 116; zu Bewirtung bei Fremdschulung s FG Ddorf EFG 01, 731, rkr). Andererseits wollte der Gesetzgeber bestimmte, „nichtgeschäftliche" Bewirtungen vom Abzugsverbot ausnehmen. Selbst wenn rein innerbetriebl Veranstaltungen nicht betroffen sind, bleibt fragl, ob ein Anlass auch ohne konkrete Geschäftsinteressen schon deshalb „geschäftl" ist, weil betriebsexterne Personen bewirtet werden (zB allg Informationsbesuche einer Schulklasse, Betriebsbesichtigungen zur Öffentlichkeitsdarstellung, BP, Ges'ter-Versammlungen). Für geschäftl Anlass EStR 4.10 VI 3. Die einfachste Lösung wäre sicherl, geschäftl und betriebsintern nur nach den die Bewirtung auslösenden Personen abzugrenzen und nur die primäre Bewirtung Betriebsangehöriger von § 4 V 1 Nr 2 auszunehmen. Das hätte der Gesetzgeber jedoch eindeutiger zum Ausdruck bringen können. Kosten, die anlässl der Bewirtung Dritter auf den **Unternehmer selbst** und seine (aus betriebl Gründen teilnehmende, → Rn. 546) **Ehefrau** entfallen, sind wie die übrigen Bewirtungskosten beschr abziehbar (vgl auch BFH IV R 150/85, BStBl II 86, 488; EStR 4.10 VI 7). – **Eigenbewirtungskosten** sind grds nicht abziehbar (§ 12 Nr 1; → Rn. 546) und iÜ nicht nach § 4 V 1 Nr 2, sondern ggf nach § 4 V 1 Nr 5 zu beurteilen (vgl → Rn. 544, zu **Ges** s FG RhPf EFG 90, 294, rkr). – **Kundschaftsessen/-trinken** (→ Rn. 520) fallen als reine Werbebewirtungen Dritter nicht unter § 4 V 1 Nr 2 (s FG RhPf EFG 01, 420, rkr; s auch BFH I R 12/11, BStBl II 12, 194 mwN).

d) Begriff „Bewirtung". Bewirtung ist jede Darreichung von Speisen, Getränken oder sonstigen Genussmitteln zum sofortigen Verzehr. § 4 V 1 Nr 2 setzt nicht voraus, dass die Beköstigung im Vordergrund steht (BFH I B 4/99, BFH/NV 00, 698; EStR 4.10 V 2 ist mE nur indiziell zu verstehen; **aA** BFH III R 21/86, BStBl II 90, 575; *Langel* DB 23, 1503 für Ges'ter-Versammlung; diff *BH/Drüen* § 4 Rn. 719); Unentgeltlichkeit wird ebenfalls nicht vorausgesetzt (BFH I B 53/12, BFH/NV 13, 1561; zum Begriff „unentgeltl" s BFH I R 12/11, BStBl II 12, 194). Die Bewirtung darf aber **nicht (unmittelbar) im Leistungsaustausch** erfolgen (BFH X R 37/10, BFH/NV 14, 347). Abzustellen ist auf die konkrete einzelne Bewirtung. Die Gegenleistung muss nicht in Geld bestehen, sondern kann auch in Form einer Werk-, Dienst-, oder Vermittlungsleistung erbracht werden (BFH X R 24/17, BStBl II 18, 750: Bewirtung von Busfahrern durch Raststättenbetreiber). – Der **Ort der Bewirtung** spielt nur iZm § 4 V 1 Nr 3 (Gästehaus, → Rn. 562), Nr 4 (Jagd oä Veranstaltung, → Rn. 567), Nr 7 (unangemessene bewirtungsähnl Einladungen, → Rn. 545, 601) und § 12 Nr 1 eine Rolle (→ Rn. 546 zu Hauseinladungen). Bei Bewirtung im Betrieb gelten die Grundsätze → Rn. 542. – **Geringfügige Aufmerksamkeiten** bei betriebl Anlässen sind voll abziehbar (zB Kaffee, Wasser, Kekse, s EStR 4.10 V); Grenze (Wein) s FG Mster EFG 15, 453, rkr; *LfSt Nds* DB 23, 1892. 544

Nachtbar- oder Bordellbesuch fallen nicht unter § 4 V 1 Nr 2 (→ Rn. 630); ebenfalls nicht Geschenknebenleistungen (BFH I R 79/08, BFH/NV 10, 1307); zu Messebewirtung FG Mster EFG 96, 1203 (aus anderen Gründen aufgehoben); zu Verzehrgutscheinen FG Mchn EFG 97, 1099, rkr.

e) Bewirtungskosten. Das sind über die BA für die eigentl Bewirtung hinaus auch die dabei anfallenden Nebenkosten, wie Garderobegebühren, Trinkgelder, Taxi, Saalmiete, wohl auch Unterhaltungskosten iZm der Bewirtung (zB für Musik; für vollen BA-Abzug EStR 4.10 VI 5 Nr 5; offen: BFH III R 96/85, BStBl II 88, 655; BFH I R 57/92, BFH/NV 93, 530). Übernachtungskosten fallen nicht darunter, wohl auch nicht Fahrtkosten, begleitende Vergnügungskosten (Theaterbesuch, Damenzuführung) oä Begleitkosten. Solche Ausgaben sind grds voll als BA abziehbar, wenn nicht sonstige Beschränkungen entgegenstehen (zB § 4 V 1 Nr 7, s EStR 4.10 VI 5 Nr 1–4, → Rn. 630, BFH III R 21/86, BStBl II 90, 575). 545

546 **f) Betrieblicher Anlass und private Lebensführung, § 4 V 3. – aa) Abgrenzung.** Betriebl Veranlassung muss stets gegeben sein (vgl BFH XI B 159/02, BFH/NV 03, 754; → Rn. 520 „Bewirtung", auch zu Aufteilung); es gelten die allg Grundsätze (→ Rn. 480). § 4 V 1 Nr 2 schränkt nur den BA-Abzug für betriebl Bewirtungen aus geschäftl Anlass ein (→ Rn. 542). Eine **private Mitveranlassung** über den Verzehr hinaus (30%, → Rn. 548) schließt den BA-Abzug ggf anteilig aus (§ 4 V 3, § 12 Nr 1; EStR 4.10 VI 5).

547 **bb) Aufteilung.** Auch für Bewirtungsaufwendungen gilt das **Aufteilungsgebot** entspr GrS 1/06, BStBl II 10, 672 (vgl → § 9 Rn. 54 ff). Bei Feiern bietet sich ggf eine Aufteilung nach Köpfen an (s auch BMF BStBl I 10, 614 Rn. 15 mit Beispiel 2; ausführl *Leisner-Egensperger* DStZ 10, 673); zu Indizien (Anlass, konkrete Umstände wie Gastgeber, Gästeliste, Ort, finanzieller Rahmen etc) → § 9 Rn. 65 mit Rspr-Nachweisen.

Die **frühere Rspr** ist sehr stark geprägt vom überkommenen Aufteilungs- und Abzugsverbot und kann **keine Geltung** mehr beanspruchen. Zur Anerkennung entspr Aufwendungen als WK s zB BFH VI R 7/16, BStBl II 17, 409 (Geburtstagsfeier zur Pflege des Betriebsklimas); diese Rspr wird auch in Bezug auf BA zu berücksichtigen sein. IdS ist auch die Bewirtung von Geschäftsfreunden **in der Wohnung des StPfl** nur ein Indiz, das in eine Gesamtwürdigung mit einfließt (strenger: EStR 4.10 VI 8). S auch *Wilhelm* NWB 10, 2164 (2166); *Niermann* DB 17, 577.

548 **g) Höhe; Angemessenheit, § 4 V 1 Nr 2 S 1.** Die tatsächl Aufwendungen sind aufzuteilen. § 4 V 1 Nr 2 S 1 begrenzt den BA-Abzug zunächst auf einen angemessenen Betrag und schließt sodann **30 %** vom BA-Abzug aus. Diese frei gegriffene Aufteilung soll dem Umstand Rechnung tragen, dass die Bewirtung die Lebensführung der Bewirteten und des Bewirtenden berührt; sie ist unbedenkl (→ Rn. 521). Der Gesetzeswortlaut ist durch die Negation im Einleitungssatz § 4 V 1 („Gewinn nicht mindern"), durch die seit 1990 positiv gefassten Voraussetzungen in Nr 2 S 1 („angemessen", „nachgewiesen") und durch die verschachtelten „soweit"-Verknüpfungen schwer verständl. Die Vorschrift ergibt nur bei **folgendem Berechnungsaufbau** einen Sinn:

549 **aa) Bewirtungskostenermittlung.** § 4 V 1 Nr 2 S 1 letzter Hs wiederholt nicht nur den allg Nachweisgrundsatz für BA (dazu → Rn. 416, 480; → Rn. 545), sondern bestimmt darüber hinaus die Berechnungsgrundlage für die Aufteilung. Vor Aufteilung sind daher die nach betriebl Anlass und Höhe nicht nachgewiesenen Bewirtungskosten auszuscheiden (→ Rn. 554). Die Berechnung ist einfach bei Fremdbewirtungen. Bei Bewirtung in **werkseigenen Einrichtungen** (Kantine, Casino) werden sich die maßgebl einrichtungsspezifischen (Gesamt-)Aufwendungen häufig nur durch Schätzung ermitteln lassen. Eine Schätzung nach Restaurantpreisen ist unrealistisch. Die *FinVerw* lässt (im Wj einheitl) einen Pauschalansatz von 15 € pro Bewirtung zu (EStR 4.10 VI 9).

550 **bb) Angemessenheitsprüfung, Aufteilung.** Sodann ist zu prüfen, ob die tatsächl Kosten – bezogen auf *eine* Bewirtungsveranstaltung, nicht auf einzelne Personen und nicht auf den Jahresaufwand – angemessen sind (glA BFH III R 21/86, BStBl II 90, 575). Das richtet sich nach der allg Verkehrsauffassung und damit nach den Umständen des Einzelfalls (→ Rn. 631: Größe des Unternehmens, Art und Umfang der – ggf beabsichtigten – Geschäftsbeziehungen, Stellung des Geschäftsfreundes oÄ). Feste Grenzen bestehen nicht (s aber FG Hmb EFG 94, 780, rkr). § 4 V 1 Nr 5 ist nicht anwendbar. Ggf sind die Kosten auf das angemessene Maß zu kürzen. Der unangemessene Teil ist – vorweg – dem Gewinn hinzuzurechnen. Vgl *Wilhelm* NWB 10, 2164 (2168). – **Aufteilung:** Vom so errechneten Restbetrag sind 70% abziehbar (Nachweis → Rn. 554). 30% dürfen den Gewinn nicht mindern.

Beispiel: Tatsächl Bewirtungskosten 900; angemessen 500, abziehbar 350 (70% von 500). Bei Nachweis von nur 300 sind 210 abziehbar (70% von 300).

h) Aufzeichnungen; Nachweise, § 4 V 1 Nr 2 S 2, 3. – aa) Eigene Aufzeichnungen, § 4 V 1 Nr 2 S 2. Die Angaben idR im *Vordruck* sind unabdingbare **materielle Voraussetzung** für den BA-Abzug (→ Rn. 557 und 651); nur die Angaben zu Tag und Ort der Bewirtung sowie Höhe der Aufwendungen werden ggf durch eine **Gaststättenrechnung** ersetzt **(§ 4 V 1 Nr 2 S 3 Hs 1).** Aufzeichnungen in Vordruck und Rechnung können verbunden sein. Nicht nur die Bewirteten, sondern auch der Bewirtende ist anzugeben („Teilnehmer der Bewirtung", → Rn. 555). Anschriften der Gäste sind nicht erforderl, können aber nachgefordert werden. Bei Unzumutbarkeit genügt die Angabe der Zahl der Teilnehmer (EStR 4.10 IX, → Rn. 622). Der **Anlass** der Bewirtung muss konkret angegeben sein (zB Kunde – Kaufverhandlungen Maschine; Handelsvertreter oder Einkäufer Firma X); allg Angaben wie „Geschäftsfreund", „Arbeitsessen", „Informationsgespräch", „Kundenpflege" oÄ sind wenig aussagekräftig und reichen idR als Grundlage für die gebotene Nachprüfung nicht (BFH IV B 76/94, BFH/NV 97, 218; FG Bln-Bbg EFG 11, 2130, rkr), auch nicht bei Schweigepflicht (vgl zu RA: BFH IV R 50/01, BStBl II 04, 502; zu Journalisten: BFH IV R 81/96, BStBl II 98, 263). Nach dem fortbestehenden **Zweck** der Vorschrift (leichte und sichere Prüfungsmöglichkeit, Manipulationsausschluss) sind die Aufzeichnungen **zeitnah** zu erstellen, auch bei § 4 III (s BFH IV R 47/02, BFH/NV 04, 1402). Die Erstellung ist **nicht nachholbar** (unstr, → Rn. 655 mwN). Dazu gehören die wesentl Angaben iSv § 4 V 1 Nr 2 S 2 und die **Unterschrift** des Bewirtenden (wie Rspr vor 1990, → 32. Aufl 2013, § 4 Rn. 554). Vordrucke sind als Eigenbuchungsbelege aufzubewahren (wie → Rn. 555). Vgl auch *BMF* BStBl I 25, 1938 Rn. 1. 554

bb) Rechnung, § 4 V 1 Nr 2 S 3 Hs 2. Das Gesetz verlangt bei Gaststättenbewirtung die Beifügung der Rechnung mit Angabe der Gaststätte (ohne Unterschrift des Inhabers), des Tages und Ortes der Bewirtung sowie der Höhe und Art der Aufwendungen – *insoweit* als Ersatz für eigene Aufzeichnungen (S 3 Hs 1). Rspr und Verwaltung verlangen auch im Ausl die Angabe des *Bewirtenden* auf Rechnungen über 250 € (vgl EStR 4.10 VIII 4, glA BFH X R 57/09, BStBl II 12, 770). Nur der Gastwirt kann die Zuordnung zu dem StPfl nachweisen (materiell-rechtl BA-Abzugsvoraussetzung ohne sonstige Nachweismöglichkeit, auch nicht durch Zahlung); nur er kann ggf die Rechnung um die Angabe des Bewirtenden nachträgl ergänzen. Die *FinVerw* verlangt, dass die Rechnung den Anforderungen des § 14 UStG genügt (*BMF* BStBl I 25, 1938 Rn. 1) und dass „Speisen und Getränke" nach Art und Zahl erkennbar einzeln ausgewiesen werden (EStR 4.10 VIII 8, 9). Erleichterungen für **Kleinbetragsrechnungen bis 250 €** (Gesamtbetrag, s § 33 UStDV; s *BMF* BStBl I 25, 1938 Rn. 3 und 13. Handschriftl Rechnungen genügen grds nicht (§ 146a I 1 AO; *BMF* BStBl I 25, 1938 Rn. 13; **aA** FG Bln-Bbg EFG 22, 575, rkr: keine Rechtsgrundlage). Die Belege müssen der Bewirtende (registrierte Rechnung) und der Wirt (nur registrierte Rechnungsendsumme) 10 Jahre **aufheben** (§ 147 I Nr 4, III AO). 555

cc) Gesonderte Aufzeichnung, § 4 VII. → Rn. 654. Rechnung und *Vordruck* müssen leicht zusammenzuführen sein („beizufügen" – idR Vorder- und Rückseite). **Ausnahmen** → Rn. 656. 556

i) Rechtsfolgen. Soweit Bewirtungskosten nicht betriebl und geschäftl veranlasst, unangemessen oder nicht entspr → Rn. 554 nachgewiesen sind, können sie nicht als BA abgesetzt werden und sind ggf durch spätere Korrekturbuchungen dem Gewinn außerbilanziell hinzuzurechnen. Verbleibende Bewirtungskosten sind zu 70% abziehbar, einschließl **USt** (s § 9b I; § 15 Ia 2 UStG). 557

5. Gästehäuser, § 4 V 1 Nr 3. – a) Anwendungsbereich. Aufwendungen für *eigene* Gästehäuser, die **Kunden oder Geschäftsfreunden** etc aus betriebl Gründen (§ 4 IV) unentgeltl zur Verfügung gestellt werden, sind BA (iRd § 4 V 1 Nr 7), wenn sie sich am Ort eines Betriebs des StPfl befinden. Sonst fallen sie unter das Abzugsverbot des § 4 V 1 Nr 3. Betreibt der StPfl das Gästehaus **mit Gewinnabsicht** (Pension), 560 ist § 4 V 1 Nr 3 gem **§ 4 V 2** nicht anwendbar (s aber BFH XI R 49/17, BFH/NV 20, 497: unentgeltl Überlassung, Veräußerungsgewinn). Ein gepachtetes, ständig betriebenes Gästehaus ist eine „Einrichtung des StPfl" (NdsFG EFG 05, 1261, rkr).

Abgrenzung: Aufwendungen für **privat** genutzte Gästehäuser (Wohnungen, Zimmer) sind keine BA (§ 4 IV). Aufwendungen für *betriebl* genutzte Gästehäuser, die **ArbN** (→ § 19 Rn. 20) zur Verfügung gestellt werden, sind unabhängig von der Lage BA; § 4 V 1 Nr 3 gilt hier nicht (*Beispiel:* Erholungsheim im Gebirge, auch im Ausl, BFH I R 20/96, BStBl II 97, 539). Kosten für Unterbringung in **fremden Beherbergungsbetrieben** fallen nicht unter § 4 V 1 Nr 3 (allenfalls § 4 V 1 Nr 7).

561 **b) Betrieb; Ort des Betriebs.** Begriff „Betrieb" s **§ 12 AO** (BFH XI R 49/17, BFH/NV 20, 497, Rn. 26). Weitere Voraussetzungen muss der Betrieb nicht erfüllen (entgegen EStR 4.10 X 3); ein Unternehmen kann mehrere Betriebe haben („eines Betriebs" – zu beidem: BFH XI R 37/20, BStBl II 24, 223). – Der **Ort** muss nicht mit den politischen Gemeindegrenzen übereinstimmen (BFH I 156/65, BStBl II 68, 603: Vorortgemeinde; abgrenzend NdsFG EFG 05, 1262, rkr).

562 **c) Aufwendungen.** § 4 V 1 Nr 3 erfasst alle Kosten für Herstellung, Anschaffung und Unterhalt der Einrichtung, einschließl AfA (BFH I R 29/85, BStBl II 87, 108), Personalkosten, Zinsen. USt s § 9b I; § 15 Ia 1 UStG. Kosten der Bewirtung fallen nur unter § 4 V 1 Nr 2. – **Gesonderte Aufzeichnung** → Rn. 654, 656.

564 **d) Rechtsfolgen.** – ***(1)* Betriebsausgaben.** Keine Berücksichtigung, keine Aufzeichnung bzw Gewinnerhöhung aufgezeichneter BA nach § 4 V 1 Nr 3 außerhalb der Bilanz. – ***(2)* Betriebseinnahmen.** Verlangt der StPfl ein (nicht kostendeckendes) Mietentgelt, fällt der Eigenzuschuss unter das Abzugsverbot (EStR 4.10 XI 2). Die Miete dürfte umgekehrt nach Sinn und Zweck des Gesetzes nicht als BE zu versteuern sein: unmittelbarer Zusammenhang mit nicht abziehbaren BA (→ Rn. 460 „Abfindung" *(5)*, glA *KS/Bode* § 4 Rn. 208; *BeckOK EStG* § 4 Rn. 2742.4). – ***(3)* Veräußerung.** Gewinne aus der Veräußerung des Gästehauses etc sind voll zu versteuern. Dem Veräußerungserlös ist ein (auch) um die nicht abziehbare AfA geminderter Bilanzwert gegenüberzustellen (BFH VIII R 40/69, BStBl II 74, 207; BFH X R 14/12, BFH/NV 15, 973; str, vgl *Stadie* FR 16, 289; → Rn. 32, 51, 607). Nicht der Ansatz der AK als BV ist beschränkt, sondern nur der Aufwandsabzug als BA (s BFH IV R 5/85, BStBl II 87, 853 unter 3a mwN zu 4 I 1 Nr 7). Sonst würde die ausgeschlossene Gewinnminderung auf Umwegen nachgeholt.

Beispiel: HK eines Gebäudes 200 000. Jährliche AfA 4000 (keine BA, § 4 V 1 Nr 3). Bei Veräußerung nach 10 Jahren für 250 000 (Bilanzwert 160 000): Veräußerungsgewinn 90 000.

567 **6. Jagd, Fischerei usw, § 4 V 1 Nr 4. – a) Anwendungsbereich.** § 4 V 1 Nr 4 ergänzt § 12 Nr 1 und erfasst im Grenzbereich zw privater und berufl Veranlassung Aufwendungen, die der unangemessenen **Repräsentation** und der **Unterhaltung** von Geschäftsfreunden dienen und bei denen die betriebl Veranlassung im Einzelfall kaum nachprüfbar ist (trotzdem vorrangig: § 4 IV). Die Aufzählung ist beispielhaft. Es kann sich um eigene, gepachtete oder fremde Einrichtungen handeln (BFH VIII R 26/14, BStBl II 17, 161, Rn. 14). Unerhebl ist, ob betriebl Nebeneffekte verfolgt werden (zB Werbung; s BFH I R 27–29/05, DStRE 07, 946, auch zum Verhältnis zu **vGA;** *Pezzer* FR 07, 890; s auch BFH X B 123/08, BFH/NV 09, 752).

Beispiele: Tennis- oder Golfplatz bzw Golfturnier (s BFH IV R 24/13, BStBl II 17, 224; anders aber, soweit es sich um reine Werbeveranstaltung handelt, s BFH I R 74/13, BStBl II 17, 222; vgl *OFD Ffm* DStR 16, 1868; *Wendt* FR 16, 627; *Schiffers/Feldgen* DStZ 16, 326); Schwimmbecken; Segeljacht; Reitpferd (zB FG BW EFG 15, 1791 mit Anm *Lemaire,* rkr; zu Rennpferden einer Ges s BFH XI R 66/06, BStBl II 09, 206); Jagdpachtabfindung (BFH I B 29/96, BFH/NV 97, 285); Motorflugzeug, Segelflugzeug, Sportflugzeug (FG Mchn EFG 10, 1345, rkr); Oldtimer (BFH I B 42/11, BFH/NV 11, 2097; s auch *Eckert* DStR 12, 1119), Rennwagen (BFH III B 154/07, BFH/NV 09, 579; FG Mchn EFG 23, 744, rkr); häusl Einladung zu „Herrenabend" einer RA-Kanzlei (BFH VIII R 26/14, BStBl II 17, 161); selten bei Event-Marketingveranstaltung (s *Schiffers/Feldgen* DStZ 14, 571). – Charter eines Begleitschiffs der Kieler Regatta s BFH IV R 25/09, BStBl II 12, 824; Charter eigener Flugzeuge s FG Hmb EFG 07, 616, rkr.

Unbeschränkt abziehbar sind Kosten für Anlagen und Einrichtungen, die *nur ArbN* zur Verfügung stehen (BFH I R 111/77, BStBl II 81, 58) oder *gewerbl* betrieben werden, **§ 4 V 2** (zB Vermietung von Segelbooten mit Gewinnabsicht; zu gemietetem Konferenzschiff BFH I R 18/92, BStBl II 93, 367). Dasselbe gilt für auch Nebenanlagen eines GewBetr (zum Hotel gehöriger Tennisplatz) und für sonstige berufl Zwecke genutzte WG dieser Art (zu Motorboot für Fahrten Wohnung/Betrieb, vgl BFH IV R 6/00, BStBl II 01, 575 – unter fragl Ausdehnung von § 4 V 1 Nr 6).

b) Rechtsfolgen. Alle BA iZm Anschaffung und Betrieb der Anlage oder Einrichtung einschließl dabei anfallender Bewirtungskosten (Wortlaut § 4 V 1 Nr 4) sind dem Gewinn ggf außerhalb der Bilanz zuzurechnen. USt s § 9b I, § 15 Ia 1 UStG. Ein Veräußerungsgewinn ist wie bei → Rn. 564 zu versteuern. Entgelt für gelegentl Vermietung ist nach hM unabhängig vom BA-Abzugsverbot als BE zu erfassen (str, vgl → Rn. 564 und → Rn. 460 „Abfindung" *(5)*). – Für unangemessene Aufwendungen iSd § 4 V 1 Nr 7 darf **keine Rücklage** gebildet werden (BFH X R 33/16, BStBl II 18, 185: drei Luxus-Pkw; ferner: FG Bln-Bbg EFG 17, 192, rkr: Segelyacht als Seminarraum). – **Gesonderte Aufzeichnung** → Rn. 654, 656. 569

§ 4 V gilt grds auch für **KapGes** (→ Rn. 521). § 4 V 1 Nr 4 und **vGA** (§ 8 III 2 KStG) sind nebeneinander anwendbar, solange ihre Rechtsfolgen nicht voneinander abweichen (BFH I R 27–29/05, DStRE 07, 946). Für einen generellen Vorrang des § 4 V 1 Nr 4: FG Köln EFG 25, 855, Rev I R 23/25; mE zweifelhaft: Wenn eine GmbH, die ohne Gewinnerzielungsabsicht tätig ist und nur wegen der Fiktion des § 8 II KStG gewerbl Einkünfte erzielt, alle Kosten, die aus dem **Betrieb eines Flugzeugs** entstehen, ihren Ges'tern in Rechnung stellt, dann wird kein Aufwand „auf die Allgemeinheit abgewälzt" (s BT-Drs 3/1811, 8; BFH IV R 25/09, BStBl II 12, 824). § 4 V 1 Nr 4 ist in diesem Fall nicht einschlägig (teleologische Reduktion; idS wohl auch *Broemel/Gescher* DStR 25, 1673).

7. Verpflegungsmehraufwand, § 4 V 1 Nr 5. S zu BA *BMF* BStBl I 15, 26; → § 9 Rn. 310 ff. – Seit 2014 bestimmt § 4 V 1 Nr 5 nur noch, dass Verpflegungsmehraufwendungen grds nicht als BA abziehbar sind, und verweist iÜ auf die Regelung zu WK in **§ 9 IVa.** Einzelne sachl Änderungen haben sich vor allem in Bezug auf die Höhe ergeben (→ Rn. 574). 570

a) Grundsatz, § 4 V 1 Nr 5 S 1. Verpflegungsaufwendungen führen auch bei berufl Mitveranlassung als private Lebensführungskosten grds nicht zu BA (§ 4 V 1 Nr 5 S 1, § 12 Nr 1). Abziehbar sind nur Verpflegungs*mehr*aufwendungen, die auf einer rein betriebl/berufl **auswärtigen Tätigkeit** beruhen, nicht solche bei Fahrten von der Wohnung zur regelmäßigen Betriebsstätte (§ 4 V 1 Nr 5 S 2; s Abgrenzung → Rn. 520 „Fahrtkosten"). – **Aufzeichnungen** entfallen für § 4 V 1 Nr 5 (→ Rn. 656). 571

b) Auswärtige Tätigkeit, § 4 V 1 Nr 5 S 2. Jede längere vom „Mittelpunkt der dauerhaft angelegten betriebl Tätigkeit" entfernte Auswärtstätigkeit ist begünstigt. Der Begriff „Tätigkeitsmittelpunkt" entspricht dem der „Betriebsstätte" in § 4 V 1 Nr 6 (BFH VI R 1/19, BFH/NV 22, 19 Rn. 23 mwN). StPfl mit einer **regelmäßigen Betriebsstätte** müssen vorübergehend außerhalb *davon* betriebl tätig sein, ohne Rücksicht auf die Entfernung. Bei StPfl **ohne regelmäßige Betriebsstätte,** die typischerweise auf Grund der individuellen betriebl Tätigkeit nur an ständig wechselnden Tätigkeitsstätten (BFH III R 19/13, BStBl II 15, 323: selbständige Musiklehrerin) oder auf einem Fahrzeug tätig sind (zB Taxi- oder LKW-Fahrer), ist für Verpflegungskosten auf die Abwesenheit von der Wohnung (Lebensmittelpunkt) abzustellen **(§ 4 V 1 Nr 5 iVm § 9 IVa 4). Doppelte Haushaltsführung** → Rn. 576. 572

573 **c) Dreimonatsgrenze.** Für alle diese längeren Auswärtstätigkeiten an *derselben* auswärtigen Tätigkeitsstätte bzw für jede doppelte Haushaltsführung (→ Rn. 576) werden Pauschbeträge *nur* für die ersten drei Monate gewährt (verfgemäß, BFH VI R 10/08, BStBl II 11, 32). Das sind Kalendermonate, unabhängig von Zwischenheimfahrten, Urlaub, Krankheit oä kurzfristigen Unterbrechungen (s auch BFH VI R 70/98, BStBl II 04, 962). Fristanlauf nur bei „längerfristiger" Berufsausübung an einer (derselben) auswärtigen Tätigkeitsstätte **(§ 9 IVa 6);** § 9 IV 4 Nr 2 ist anwendbar, auch ohne Verweisung in § 4 V 1 Nr 5 (*BMF* BStBl I 15, 26 Rn. 5 Beispiel 4: wöchentl mind 2 volle Arbeitstage oder ⅓ der Arbeitszeit). Nach mindestens vierwöchiger Unterbrechung oder bei Aufnahme einer anderen Auswärtstätigkeit beginnt eine neue Frist (**§ 9 IVa 7;** BFH III R 94/10, BStBl II 13, 725). Bei sonstigen Geschäftsreisen während der Frist ist für jeden Kalendertag nur einmal der jeweils höhere Betrag zu gewähren **(§ 9 IVa 12).** Die Dreimonatsfrist gilt auch bei längerer Abwesenheit von der Wohnung an einer Tätigkeitsstätte **ohne *regelmäßige* auswärtige Tätigkeitsstätte (§ 9 IVa 4).**

574 **d) Höhe der Pauschbeträge. – aa) Inlandsreisen.** Verpflegungsmehraufwand wird **pauschal** berücksichtigt (§ 9 IVa 3, → § 9 Rn. 311). Der Abzug erfolgt kalendertagsbezogen und richtet sich ausschließl nach der Dauer der Abwesenheit von der Wohnung (bei unmittelbarem Reiseantritt von hier aus) bzw vom Tätigkeitsmittelpunkt (bei Reiseantritt von dort aus). Tatsächl Aufwendungen müssen nicht angefallen sein oder nachgewiesen werden; Kürzung oder Versagung wegen offenbar unzutr Besteuerung ist nicht vorgesehen (s BFH VIII R 21/08, DStRE 09, 771). Ein Nachweis höherer Aufwendungen ist nicht mögl, auch nicht nach Ablauf der Dreimonatsfrist (→ Rn. 573).

575 **bb) Auslandsreisen.** § 9 IVa 5 stellt nicht auf die Inlandspauschbeträge ab, sondern auf die höchsten Auslandstagegelder nach dem BRKG für den jeweiligen Staat, die das *BMF* im Einvernehmen mit den Länderfinanzministerien lfd festsetzt (→ § 9 Rn. 311; *BMF* BStBl I 25, 2078). Ein höherer Nachweis ist nicht mehr mögl.

576 **cc) Doppelte Haushaltsführung.** Diese Grundsätze gelten gem § 4 V 1 Nr 5 iVm § 9 IVa 12, 13 auch für die doppelte Haushaltsführung. Bei Anmietung einer Zweitwohnung auf Grund einer „Auswärtstätigkeit" sind daher für 3 Monate Reisekostenpauschbeträge für Verpflegung abziehbar (allg → Rn. 588; Auslandswohnung s LStR 9.11 VIII). Fristbeginn in Wegverlegungsfällen s BFH VI R 7/13, BStBl II 15, 336.

577 **dd) Aufwandserstattung, Gestellung von Mahlzeiten.** Während ArbG ihren ArbN die nach § 4 V 1 Nr 5 abziehbaren Pauschbeträge stfrei erstatten können (§ 3 Nr 13, 16), entfällt diese Möglichkeit bei Selbständigen (BE und BA). Erstattung durch Dritte kann zu BE führen (BFH VI R 34/20, BStBl II 23, 142 Rn. 23: DAAD-Stipendium). – Bei unentgeltl Abgabe von Mahlzeiten werden die BA-Abzüge für Auswärtstätigkeit ab 2014 entspr § 9 IVa 8 gekürzt (→ § 9 Rn. 313).

578 **8. Fahrten zwischen Wohnung und Betriebsstätte; Familienheimfahrten, § 4 V 1 Nr 6. – a) Abzugsbeschränkung, § 4 V 1 Nr 6 S 1.** Aufwendungen für betriebl veranlasste Fahrten sind grds in voller Höhe als BA zu berücksichtigen (→ Rn. 520 „Fahrtkosten"). Für Fahrten zw Wohnung und Betriebsstätte sowie Familienheimfahrten gilt jedoch trotz betriebl Veranlassung (BFH III B 108/14, BFH/NV 15, 1575) ein **partielles Abzugsverbot** (§ 4 V 1 **Nr 6 S 1;** Gleichbehandlung mit ArbN, Hintergrund → § 9 Rn. 180). Sie sind, soweit *kein betriebl* Kfz genutzt wird, grds unabhängig vom benutzten Verkehrsmittel nur iHd **Entfernungspauschale** als BA absetzbar (§ 4 V 1 **Nr 6 S 2**). Nutzt der StPfl ein *betriebl* Kfz, sind die tatsächl Kosten zwar BA; diese werden aber gekürzt (§ 4 V 1 **Nr 6 S 3:** Listenpreis oder Fahrtenbuch; entspr § 8 II 3 ff). Für Fernpendler gilt die erhöhte Entfernungspauschale (§ 4 V 1 **Nr 6 S 4**).

Eine **Aufzeichnungspflicht** ist für § 4 V 1 Nr 6 nicht vorgeschrieben; § 4 VII ist nicht anwendbar. Zu Fahrtenbuch → Rn. 584. Zu Nutzung des Betriebs-Kfz für **andere Einkunftsarten** vgl LStR 8.1 IX Nr 1 S 8. – **Verwaltung:** *BMF* BStBl I 15, 26; *BMF* BStBl I 20, 1228; *BMF* BStBl I 21, 2205 (Elektro-/Hybridelektro-Kfz); *BMF* BStBl I 21, 2315 (Entfernungspauschale).

b) Entfernungspauschale, § 4 V 1 Nr 6 S 2. – aa) Fahrten Wohnung-Betriebsstätte. Aufwendungen des StPfl für Wege zw Wohnung und Betriebsstätte sind, soweit *kein betriebl Kfz* genutzt wird (dann: § 4 V 1 Nr 6 S 3), iHd verkehrsmittelunabhängigen Entfernungspauschalen als BA abziehbar (§ 9 I 3 Nr 4 S 2–6). **Höhe** → § 9 Rn. 184 ff; **Fernpendler** (bis VZ 2025) → Rn. 586. Das gilt nicht für Flugstrecken (§ 9 I 3 Nr 4 S 3; BFH VI R 42/07, BStBl II 09, 724). Zur Berücksichtigung höherer Kosten für öffentl Verkehrsmittel s § 9 II 2 mit *Jahres*vergleichsrechnung (→ § 9 Rn. 293). **Wege** → § 9 Rn. 182; **Wohnung** → § 9 Rn. 183. – **Betriebsstätte** iSv § 4 V 1 Nr 6 ist abw von § 12 AO jede regelmäßige Tätigkeitsstätte; es ist weder eine abgrenzbare Fläche/Räumlichkeit noch eine eigene Verfügungsmacht des StPfl erforderl (BFH VI R 1/19, BFH/NV 22, 19, Rn. 10). Jeder beschäftigte StPfl hat **höchstens *eine*** Betriebsstätte iSv § 4 V 1 Nr 6, und zwar dort, wo außerhalb seiner Wohnung der zentrale *ortsgebundene* Mittelpunkt seiner *gesamten* betriebl/berufl Tätigkeit liegt (zB BFH VI R 55/10, BStBl II 12, 38; BFH VIII R 33/14, BFH/NV 17, 1013: einheitl Betriebsstätte für Ärzte bei Praxisräumen mit angrenzender Klinik). Ohne auswärtige Betriebsstätte greift keine Abzugsbeschränkung (zB Tätigkeit auf Lkw, Schiff oder Flugzeug; → Rn. 520 „Fahrtkosten“ und *BMF* BStBl I 15, 26 Rn. 6). Das gilt auch bei wechselnden Tätigkeitsstätten (BFH III R 19/13, BStBl II 15, 323, auch zum Begriff Betriebsstätte iSv § 4 V 1 Nr 6; BFH VIII R 47/11, HFR 15, 944; FG RhPf EFG 15, 367, rkr; *BMF* BStBl I 15, 26 Rn. 3, 5). – Bei **mehreren Betriebsstätten** gelten auch ohne ausdrückl Verweisung in § 4 die Grundsätze des § 9 IV 4 und 7: Die erste Betriebsstätte ist dort, wo der StPfl zwei volle Arbeitstage pro Woche oder mindestens ⅓ seiner regelmäßigen Arbeitszeit tätig ist, sonst an der nächstgelegenen Betriebsstätte (*BMF* BStBl I 15, 26 Rn. 5; str, wie hier: *BH/Drüen* § 4 Rn. 805; **aA** FG RhPf EFG 24, 1656, Rev VIII R 15/24; *HHR/Schober* § 4 Rn. 1366; *Ott* DStR 21, 700; offen gelassen in BFH X R 14/19, BStBl II 22, 805 Rn. 33, mit Anm *Wick* DStR 22, 1474 (1480)). – **Tätigkeit bei Kunden** führt idR nicht zu einer regelmäßigen Arbeitsstätte (BFH VI R 47/11, BStBl II 13, 169), aber uU zu regelmäßiger Betriebsstätte (BFH X R 13/13, BStBl II 15, 273 zu Dauerkunden; BFH III R 59/13, BFH/NV 15, 1365, und BFH X R 14/19, BStBl II 22, 805 zu Tätigkeit bei *einem* Kunden; FG Köln BeckRS 2024, 48999, Rev III R 18/25; HessFG EFG 17, 120, rkr: Kunde des Auftraggebers; vgl auch *BMF* BStBl I 15, 26 Rn. 1, 5). – **Häusl Arbeitszimmer** ist keine Betriebsstätte (*BMF* BStBl I 15, 26 Rn. 3, BFH X R 13/13, BStBl II 15, 273; str, s *Schmidt* NWB 15, 1758). – Abzug von **Unfallkosten** neben der Entfernungspauschale ist str (→ Rn. 520 „Fahrtkosten“ mwN). 579

bb) Familienheimfahrten. Im Fall einer berufl veranlassten **doppelten Haushaltsführung** gelten, soweit *kein betriebl Kfz* genutzt wird (dann: § 4 V 1 Nr 6 S 3), die allg Abzugsbeschränkungen nach § 9 I 3 Nr 5 (→ § 9 Rn. 220 ff). § 4 V 1 Nr 6 S 2 verweist zwar nur auf § 9 I 3 Nr 5 S 5–7. Da jedoch das Tatbestandsmerkmal „Familienheimfahrt“ eine doppelte Haushaltsführung voraussetzt, müssen auch die tatbestandl Voraussetzungen des § 9 I 3 Nr 5 S 1–3 erfüllt sein. – Der StPfl kann für die Dauer der doppelten Haushaltsführung grds nur die Kosten für *eine Heimfahrt wöchentl* unter Ansatz der **Entfernungspauschale** als BA absetzen (→ § 9 Rn. 248 ff). Ausnahme für Behinderte entspr § 9 II 3. Der Abzug ist grds aufwandsunabhängig, allerdings mit Einschränkungen bei Erstattung (§ 9 I 3 Nr 5 S 7, 8; BFH VI R 29/12, BStBl II 13, 735). Die Kosten für die erste Hinfahrt und die letzte Rückfahrt fallen nicht unter § 4 V 1 Nr 6 S 2 (keine Begrenzung → § 9 Rn. 253). 580

c) Nutzung eines betrieblichen Kfz, § 4 V 1 Nr 6 S 3. Nutzt der StPfl ein **Kfz** 581
(Begriff → § 6 Rn. 528 ff), das zum **BV** (→ Rn. 30 ff) gehört, für Fahrten zw Woh-

nung und Betriebsstätte sowie für Familienheimfahrten, sind die tatsächl Kfz-Kosten zwar BA (→ Rn. 520 „Fahrtkosten" *(2)*); die **Nutzungsentnahme** (→ Rn. 270 „Nutzung") ist aber zusätzl zur Bewertung der *privaten* Nutzung gem § 6 I Nr 4 S 2, 3 zu berücksichtigen. Hierzu ist ein sog Unterschiedsbetrag zu ermitteln, der dem **Gewinn hinzugerechnet** wird (iErg wie bei den Überschusseinkünften nach § 9 I 3 Nr 4, 5, § 8 II 2-5). Der StPfl kann wählen, ob er den Unterschiedsbetrag pauschal nach dem Listenpreis (Nr 6 S 3 Hs 1) oder konkret nach der Fahrtenbuchmethode (Nr 6 S 3 Hs 2) ermittelt. Dies gilt auch für **Leasingfahrzeuge** (→ § 6 Rn. 529). Der Vorteil der Pauschalregelung sinkt mit steigendem Listenpreis und abnehmender Fahrtenzahl.

Die pauschale Gewinnzurechnung nach dem Listenpreis setzt voraus, dass das Kfz zu **mehr als 50%** betriebl genutzt wird (§ 6 I Nr 4 S 2 → § 6 Rn. 532); Fahrten nach § 4 V 1 Nr 6 werden der betriebl Nutzung zugerechnet (*BMF* BStBl I 09, 1326 Rn. 1). Für Kfz, die **weniger als 50%** betriebl genutzt werden, ist der Wert der privaten Nutzung zu schätzen (vgl BFH X R 28/15, BStBl II 18, 712) oder nach der Fahrtenbuchmethode (→ Rn. 584) zu ermitteln (glA *BH/Drüen* § 4 Rn. 809).

582 **aa) Pauschale Gewinnzurechnung (Listenpreis), § 4 V 1 Nr 6 S 3 Hs 1. – (1) Fahrten Wohnung-Betriebsstätte.** Der Unterschiedsbetrag wird in zwei Schritten ermittelt: ***(1.)*** *inl Listenpreises des Kfz* (→ § 6 Rn. 526 ff) *x 0,03% x Kalendermonate x Entfernungskilometer* (grds kürzeste Straßenverbindung, → § 9 Rn. 192 f); ***(2.)*** von dem sich daraus ergebenen Betrag wird die Entfernungspauschale abgezogen, also (bis VZ 2025: *0,30 €;* ab VZ 2026:) *0,38 € x Entfernungskilometer x Anzahl der tatsächl Fahrten* (§ 9 I 3 Nr 4 S 2–6, II, → § 9 Rn. 184); Fernpendler (bis VZ 2025) → Rn. 586. Ein **positiver Unterschiedsbetrag** wird dem Gewinn hinzugerechnet; ein **negativer Unterschiedsbetrag** (bei niedrigen Kfz-AK) ist nach zutr hM (ab VZ 2001) als BA absetzbar (EStR 4.12 I 2; s auch BFH XI B 178/06, BFH/NV 08, 562; nach *Briese* DStR 03, 1336 Einbuchung einer Aufwandseinlage). – Bei der Berechnung sind für jedes tatsächl genutzte Kfz grds **12 Kalendermonate** anzusetzen, auch bei zeitweiliger Reparatur, Urlaub, Krankheit; aber nicht, wenn das Kfz in einem Kalendermonat überhaupt nicht zur Verfügung steht (vgl *BMF* BStBl I 22, 232 Rn. 16).

Der klare Wortlaut der Regelung lässt *ohne* Fahrtenbuch **keine abweichende taggenaue Berechnung** zu, auch nicht bei Nutzung unter 15 Tagen (BFH VIII R 14/15, BStBl II 18, 755: kein Rückgriff auf Rspr zu § 8 II 3, → § 8 Rn. 48; ebenso FG Ddorf EFG 14, 1770, rkr). – Zu **Kostendeckelung** und **Leasingsonderzahlungen** → § 6 Rn. 546.

583 **(2) Familienheimfahrten.** Auch hier wird der Unterschiedsbetrag in zwei Schritten ermittelt: ***(1.)*** *inl Listenpreises des Kfz* (→ § 6 Rn. 526 ff) *x 0,002% x Anzahl der Fahrten x Entfernungskilometer* (grds kürzeste Straßenverbindung, → § 9 Rn. 192 f); ***(2.)*** von dem sich daraus ergebenen Betrag wird die Entfernungspauschale abgezogen, also (bis VZ 2025: *0,30 €;* ab VZ 2026:) *0,38 € x Entfernungskilometer x Anzahl der tatsächl Fahrten* (§ 9 I 3 Nr 5 S 5–7, II → § 9 Rn. 248 f; s auch *BMF* BStBl I 22, 232 Rn. 16); Fernpendler → Rn. 586. Berücksichtigt wird höchstens **eine Fahrt pro Woche** (§ 9 Rn. 248). Die abw Zurechnung bei Überlassung eines Kfz mit AK über dem Schwellenpreis entspr § 8 II 5 Hs 2 ist verfgemäß (BFH VIII R 24/09, BStBl II 13, 812).

584 **bb) Tatsächliche Aufwendungen (Fahrtenbuch), § 4 V 1 Nr 6 S 3 Hs 2.** Führt der StPfl ein ordnungsgemäßes Fahrtenbuch (→ § 6 Rn. 559 ff), in dem er *alle* betriebl und privaten Fahrten einschließl der Fahrten iSv § 4 V 1 Nr 6, § 9 I 3 Nr 4, 5 für den gesamten VZ (BFH VI R 35/12, BStBl II 14, 643) gesondert aufzeichnet, und den Belegnachweis (→ § 6 Rn. 568), werden die Unterschiedsbeträge nach § 4 V 1 Nr 6 S 3 Hs 1 durch ***(1.)*** Ansatz der auf die jeweiligen Fahrten entfallenden tatsächl Aufwendungen ermittelt; von diesen wird ***(2.)*** die jeweilige Entfernungspauschale abgezogen (vgl *BMF* BStBl I 22, 232 Rn. 21 ff).

cc) Elektrofahrzeuge, § 4 V 1 Nr 6 S 3 Hs 3. Während die Listenpreisminderung nach § 6 I Nr 4 S 2 bei Anschaffung vor dem 1.1.2023 automatisch auf § 4 V 1 Nr 6 durchschlägt, stellt die Verweisung auf § 6 I Nr 4 S 3 Hs 2 sicher, dass die Entnahmeminderung um die Batteriesystemkosten nach § 6 I Nr 4 S 2 Hs 2, 3 auch bei der Fahrtenbuchmethode greift (Kürzung der tatsächl Aufwendungen). Die Regelung gilt ab VZ 2013, auch für am 30.6.2013 bereits vorhandene Fahrzeuge (§ 52 XII 1). S auch *BMF* BStBl I 21, 2205. 585

d) Fernpendler, § 4 V 1 Nr 6 S 4. Die zeitl befristete **Anhebung der Entfernungspauschale** ab dem 21. km auf 0,35 € für 2021 und auf 0,38 € für 2022–2025 in § 9 I 3 Nr 4 S 8 und Nr 5 S 9 (→ § 9 Rn. 205 und → § 9 Rn. 248) galt auch iZm § 4 V 1 Nr 6. Dies betraf sowohl den Ansatz der Entfernungspauschale nach § 4 V 1 Nr 6 S 2 als auch die Ermittlung des Unterschiedsbetrags nach § 4 V 1 Nr 6 S 3. **Ab VZ 2026** ist die Entfernungspauschale ab dem ersten Km auf 0,38 € erhöht worden (→ § 9 Rn. 184); § 4 V 1 Nr 6 S 4 ist gestrichen worden. 586

9. Doppelte Haushaltsführung, § 4 V 1 Nr 6a. Die Kosten einer betriebl veranlassten doppelten Haushaltsführung sind BA (Grundentscheidung des ESt-Rechts, → § 9 Rn. 220 mwN). Die Höhe des Abzugs wird gesetzl beschränkt. Ab 2014 verweist § 4 V 1 Nr 6a hinsichtl der **Abzugsvoraussetzungen** auf § 9 I 3 Nr 5 S 1–4 (wie bisher keine zeitl Beschränkung dem Grunde nach; iEinz → § 9 Rn. 221 ff). – **Höhe des BA-Abzugs:** Die **Fahrtkostenbeschränkung** ergibt sich aus § 4 V 1 Nr 6 iVm § 9 I 3 Nr 5 (→ Rn. 580, 583, → § 9 Rn. 248 ff, 253), der nur betragsmäßig veränderte 3-monatige Abzug des **Mehraufwands für Verpflegung** durch Verweisung in § 4 V 1 Nr 5 auf § 9 IVa (→ § 9 Rn. 314), der Abzug von **Übernachtungskosten** (Hotel, Miete, eigene Wohnung) durch Verweisung auf § 9 I 3 Nr 5 S 4 und Nr 5a in § 4 V 1 Nr 6a unter Begrenzung auf 1000 € (Inl) bzw 2000 € (Ausl) monatl (Neuregelung durch StÄndG 2025, BGBl I 25 Nr 363, → § 9 Rn. 246 f). – **Erstattung durch Dritte** kann zu BE führen (BFH VI R 34/20, BStBl II 23, 142 Rn. 23: DAAD-Stipendium). 588

10. Häusliches Arbeitszimmer, § 4 V 1 Nr 6b. – a) Überblick; Rechtsentwicklung. Mit dem **JStG 2022** (BGBl I 22, 2294) sind die Regelungen zum häusl Arbeitszimmer mit Wirkung **ab VZ 23** (§ 52 VI 12) neu gefasst worden. Nach wie vor gilt, dass Aufwendungen für ein häusl Arbeitszimmer und seine Ausstattung gem § 4 V 1 Nr 6b S 1 grds nicht als BA oder WK (§ 9 V) abziehbar sind. Gem Nr 6b S 2 kann der StPfl nur noch dann, wenn das Arbeitszimmer den **Mittelpunkt** der gesamten betriebl *und* berufl Betätigung bildet, entweder die tatsächl Kosten oder aber die (neue) Jahrespauschale von 1260 € (Nr 6b S 3) geltend machen, letzteres ggf anteilig (monatsweise ermäßigt, Nr 6b S 4). Das **Fehlen eines anderen Arbeitsplatzes** wird nur noch iRd „Homeoffice-Pauschale" (Nr 6c, → Rn. 619) berücksichtigt. – **Finanzverwaltung:** *BMF* BStBl I 23, 1551 (Anwendungsschreiben); *BMF* BStBl I 19, 461 (Vermietung an ArbG). 590

Grundvoraussetzung für die Anerkennung als Arbeitszimmer ist weiterhin die nach Einrichtung und sonstigen erkennbaren obj Umständen zu beurteilende *ausschließl* bzw *ganz überwiegende* berufl/betriebl Nutzung (vgl → Rn. 121); keine **Aufteilungsmöglichkeit** (→ Rn. 601). Auf **Erforderlichkeit** oder **Notwendigkeit** kommt es nicht an (→ Rn. 483 und 598). Zur Berücksichtigung iRe **Ausbildung** als SA: § 10 I Nr 7 S 4; *BMF* BStBl I 23, 1551 Rn. 41. – Zu der **bis einschließl VZ 22** geltenden Regelung → 41. Aufl 2022, § 4 Rn. 590 und *BMF* BStBl I 17, 1320; zur **Entstehungsgeschichte** s BFH X R 49/11, BFH/NV 15, 177 Rn. 29 ff; *Hübner/Berg* FR 24, 111.

b) Regelfall: Abzugsverbot, § 4 V 1 Nr 6b S 1. Das Abzugsverbot gilt nur für häusl Arbeitszimmer. Betriebl genutzte Räume, die entweder kein „Arbeitszimmer" oder aber nicht „häuslich" sind, werden von § 4 V 1 Nr 6b nicht erfasst; entspr Aufwendungen sind nach den allg Voraussetzungen des § 4 IV (→ Rn. 470 ff) als BA/WK zu berücksichtigen. 591

592 **aa) Begriff „häusliches Arbeitszimmer".** Häusl Arbeitszimmer iSv § 4 V 1 Nr 6b ist ein Raum, der seiner Ausstattung nach der **Erzielung von Einnahmen** dient und ausschließl oder nahezu ausschließl auch hierfür genutzt wird (Typusbegriff, s BFH VI R 164/00, BStBl II 03, 350). Er ist nach Lage, Funktion und Ausstattung in die häusl Sphäre des StPfl eingebunden und dient vorwiegend der Erledigung gedankl, schriftl, verwaltungstechnischer oder -organisatorischer Arbeiten. Er ist typischerweise mit Büromöbeln eingerichtet, idR mit einem Schreibtisch als dem zentralen Möbelstück (BFH GrS 1/14, BStBl II 16, 265; BFH VIII R 16/15, BStBl II 19, 510; s auch *BMF* BStBl I 23, 1551 Rn. 3–7 mit *Beispielen*).

593 **(1) Arbeitszimmer.** Der BFH hat den Begriff zwar nicht als Gegenstück zur häusl Betriebsstätte iSv § 12 AO definiert (vgl BFH IV R 19/03, BStBl II 05, 212; BFH VI R 74/98, BStBl II 00, 7), ihn jedoch *abgegrenzt* von **betriebsstättenähnl Räumen** im Wohnungsbereich, die nach Ausstattung und tatsächl Nutzung *kein* typisches Arbeitszimmer darstellen (s BFH VIII R 11/17, BStBl II 20, 445 Rn. 18 mwN: Behandlungsraum einer Augenärztin). FA und FG sind daher gehalten, sich nach den konkreten tatsächl Verhältnissen ein Gesamtbild zu machen und danach zu werten, ob der betr Raum dem Typus „häusl Arbeitsbüro" entspricht oder dem Typus „häusl Betriebsstätte" (BFH VI R 15/07, BStBl II 09, 598 mwN). Dabei kann **maschinelle Ausrüstung** ebenso eine Rolle spielen wie **Beschäftigung von Angestellten** (nicht: Familienangehörige, s BFH VI B 153/09, BFH/NV 10, 1442 mwN) oder **Publikumsverkehr** (BFH VIII R 8/11, HFR 15, 914: intensiv und dauerhaft; BFH X B 23/17, BFH/NV 17, 1170: nach außen erkennbare Widmung maßgebl) sowie **Größe, Lage** und sonstige **Raumausstattung** (s auch BFH VIII B 22/10, BFH/NV 11, 1682). Eine feste Grenzlinie gibt es nicht. Bei zutr Vorgehensweise ist der BFH an die Würdigung des FG gebunden (§ 118 II FGO; zB BFH XI B 93/06, BFH/NV 07, 1650).

Beispiele – ***Arbeitszimmer:*** Häusl Büro eines **Syndikusanwalts** (BFH XI R 13/04, BStBl II 05, 344; BFH VIII R 27/08, BFH/NV 10, 2038) oder **Journalisten** (BFH VIII B 186/10, BFH/NV 12, 574); „Gutachterbüro" eines **Ingenieurs** im Keller (BFH VIII R 3/12, BStBl II 15, 382); Telearbeitsplatz (BFH VI R 40/12, BStBl II 14, 568); „Übezimmer" eines **Schauspielers** (BFH VIII R 4/09, BFH/NV 12, 200); Musikzimmer von **Berufsmusikern** (BFH VIII R 44/10, BFH/NV 13, 359; BFH VIII R 8/13, HFR 16, 13). – ***Kein Arbeitszimmer:*** Büro eines **StBer** mit Publikumsverkehr, Mitarbeitern, Wartebereich, Toilette und Garderobe (BFH VIII B 22/10, BFH/NV 11, 1682); **RA-Kanzlei** im Keller mit separatem Eingang (BFH IV R 2/06, BFH/NV 07, 677); **ärztl Notfallpraxis** (BFH VIII R 11/17, BStBl II 20, 445); **Lager, Werkstatt, Ausstellungs- oder Archivräume** (BFH VI R 15/07, BStBl II 09, 598, unter II.1.a. mwN); **Tonstudio** (BFH IV R 53/01, BStBl II 04, 55); **Unterrichtsraum** einer Pilates-Trainerin (FG Mchn EFG 21, 1458, rkr); **Garage** (BFH X R 1/16, BStBl II 18, 181 Rn. 39); **„Kreativraum"** eines Künstlers (NdsFG EFG 12, 2098, rkr).

594 **(2) Häuslichkeit.** Ein Arbeitszimmer ist „häuslich" iSv § 4 V 1 Nr. 6b, wenn es zum Wohnbereich und damit **zur privaten Lebenssphäre** des StPfl gehört; auch dies richtet sich nach den konkreten Umständen des Einzelfalls (BFH VI R 41/15, BStBl II 18, 355 Rn. 10). Ein Arbeitszimmer, das sich in einem **privaten Wohnhaus** oder selbst **genutzten Einfamilienhaus** befindet, ist grds ein „häusliches" Arbeitszimmer (BFH IV R 2/06, BFH/NV 07, 677); Ausnahme: die Einbindung in die häusl Sphäre wird durch Publikumsverkehr oder Beschäftigung familienfremder Mitarbeiter etc aufgehoben/überlagert (BFH VIII R 8/11, HFR 15, 914; BFH VIII B 22/10, BFH/NV 11, 1682: Anbau). Eine unmittelbare Verbindung zur Wohnung ist nicht erforderl, etwa bei einem ausschließl vom StPfl genutzten **Zweifamilienhaus** (BFH VIII R 7/10, BStBl II 13, 374; FG Nbg EFG 16, 188, rkr). Nicht häusl ist dagegen idR eine in einem **Mehrfamilienhaus** zusätzl angemietete weitere Wohnung, die der StPfl als Arbeitszimmer nutzt (BFH VIII B 59/20 (AdV), BFH/NV 21, 181 Rn. 31 f mwN, auch zu Ausnahmen). S iÜ → 34. Aufl 2015, § 4 Rn. 591 mwN; *BMF* BStBl I 23, 1551 Rn. 5 f.

(3) Vermietung. Wird das Arbeitszimmer iRe **gewerbl Tätigkeit** an den Auftraggeber vermietet, führt dies zu gewerbl Einkünften, nicht zu VuV, wenn die Vermietung ohne den Gewerbebetrieb nicht denkbar wäre; die Aufwendungen für das Arbeitszimmer unterliegen gleichwohl der Abzugsbeschränkung (BFH X R 18/12, BStBl II 17, 450: kein systematischer Widerspruch, VerfBeschw nicht angenommen). Dagegen ist die Vermietung eines im Wohnbereich des ArbN gelegenen Zimmers **an den ArbG** mit Rücküberlassung an den ArbN idR anzuerkennen (Einkünfte aus VuV; § 4 V 1 Nr 6b nicht anwendbar); entscheidend ist die Intensität der betriebl Bedürfnisse für die Anmietung des Raumes durch den ArbG (*Beispiele:* Heimarbeit, Telearbeitsplätze; s BFH VI R 25/02, BStBl II 06, 10; zur **Abgrenzung** s auch *BMF* BStBl I 19, 461; zur erforderl Überschusserzielungsabsicht s BFH IX R 9/17, BStBl II 19, 219). 595

bb) Reichweite des Abzugsverbots. § 4 V 1 Nr 6b erfasst neben anteiligen **Gebäudekosten** mit Nebenkosten (→ Rn. 602) auch die **Kosten der Ausstattung,** zB Tapeten, Teppiche, Vorhänge, Gardinen, Deckenlampen uä raumzugehörige, funktionell dem Gebäude zuzurechnende Gegenstände (*BMF* BStBl I 23, 1551 Rn. 7). Aufwendungen für arbeitsbedingtes, raumunabhängiges Mobiliar wie Schreibtisch, Stuhl, Schreibtischlampe, Bücherschrank uÄ fallen dagegen nicht unter das Abzugsverbot; denn es handelt sich um **Arbeitsmittel** (Vorrang von § 9 I Nr 6, s BFH VI R 91/10, BStBl II 12, 127). Abzustellen ist auf die Funktion des jeweiligen Gegenstands im Einzelfall, unabhängig vom Standort im Arbeitszimmer (vgl BFH VI R 4/97, BStBl II 98, 351; BVerfG 2 BvR 301/98, BStBl II 00, 162). Arbeitsmittel idS sind nicht nur reine Arbeitswerkzeuge, wie Bleistift, Schreibmaschine, PC oder Klavier des Musiklehrers, sondern darüber hinaus alle zum unmittelbaren Arbeitseinsatz bestimmten WG (→ § 9 Rn. 265 mwN). 596

c) Ausnahme: Arbeitszimmer als Tätigkeitsmittelpunkt, § 4 V 1 Nr 6b S 2. Das Abzugsverbot gilt nicht, wenn das Arbeitszimmer den **Mittelpunkt** der gesamten betriebl und berufl Tätigkeit bildet. In diesem Fall kann der StPfl die Kosten des häusl Arbeitszimmers entweder in tatsächl Höhe (§ 4 V 1 Nr 6b S 2) oder aber mit Wirkung **ab VZ 23** (→ Rn. 590) iHd Jahrespauschale (§ 4 V 1 Nr 6b S 3 und 4) geltend machen. – Zu der **bis VZ 22** maßgebl Regelung → 41. Aufl 2022, § 4 Rn. 593 ff. 597

Geplant war zunächst, den Vollabzug der Aufwendungen in Mittelpunktfällen nur unter der **zusätzl Voraussetzung** zu gewähren, dass dem StPfl dauerhaft **kein anderer Arbeitsplatz** zur Verfügung steht (s BT-Drs 20/3879, 8 und 79). Hiervon hat der Gesetzgeber mit dem JStG 2022 (BGBl I 22, 2294) aber letztl wieder Abstand genommen. Erfüllt das häusl Arbeitszimmer das Mittelpunkt-Erfordernis, sind die Aufwendungen auch dann abziehbar, wenn für die betriebl oder berufl Betätigung ein anderer Arbeitsplatz zur Verfügung steht (so ausdrückl BT-Drs 20/4729, 147).

aa) Qualitativer Mittelpunkt. Der Mittelpunkt iSv § 4 V 1 Nr 6b S 2 bestimmt sich nach dem inhaltl, dh **qualitativen Schwerpunkt** der Erwerbstätigkeit des StPfl (BFH VIII R 8/13, HFR 16, 13 Rn. 39 mwN). Es kommt darauf an, wo der StPfl die für seine Berufsausübung wesentl **Kerntätigkeit** erbringt. Maßgebl ist die Verkehrsanschauung, nicht die Vorstellung des StPfl (BFH VIII B 166/19, BFH/NV 20, 1255). Dem Zeitaufwand und der Höhe der im Arbeitszimmer erzielten Einnahmen kommt nur nachgeordnete Bedeutung zu (→ Rn. 599). Dass das Arbeitszimmer für die Tätigkeit **erforderl** oder **notwendig** sein muss, wird nicht verlangt (BFH VI R 46/17, BFH/NV 19, 903: kein ungeschriebenes Tatbestandsmerkmal; BFH IX R 52/14, BFH/NV 17, 1017). – Abzustellen ist auf die „gesamte betriebl *und* berufl Betätigung", also auf die **gesamte Erwerbstätigkeit** des StPfl. Das gilt insb bei Nutzung des Arbeitszimmers für mehrere Einkunftsquellen (BFH X R 49/11, BFH/NV 15, 177); zu berücksichtigen sind dabei auch Einkünfte aus KapVermögen, VuV und sonstige Einkünfte, soweit ein Tätigwerden des StPfl erforderl ist, nicht hin- 598 gegen nachträgl Einkünfte aus einer nicht mehr ausgeübten Tätigkeit (BFH VIII R 3/12, BStBl II 15, 382 Rn. 24 f). Vgl *BMF* BStBl I 23, 1551 Rn. 12 ff. – Die Voraussetzungen sind bei nicht ganzjähriger Nutzung und bei Nutzung für einzelne aufeinander folgende Tätigkeiten **zeitanteilig** zu prüfen; die auf das Arbeitszimmer entfallenden Aufwendungen sind ggf zu zwölfteln (s *BMF* BStBl I 23, 1551 Rn. 21; → Rn. 606). Bei **vorab entstandenen BA/WK** (→ Rn. 484) ist auf die spätere betriebl/berufl Tätigkeit abzustellen (BFH VI R 21/03, BStBl II 06, 600); zu Mutterschutz, Elternzeit, Erwerbslosigkeit etc s *BMF* BStBl I 23, 1551 Rn. 23. – Die Würdigung der konkreten Umstände des jeweiligen Falles obliegt auch hier dem FG und bindet idR den BFH (§ 118 II FGO; BFH IV R 19/03, BStBl II 05, 212).

599 **(1) Nur eine Erwerbstätigkeit.** Übt der StPfl nur eine einzige Erwerbstätigkeit aus und tut er dies (nahezu) ausschließl vom häusl Arbeitszimmer aus, bildet dieses ohne weiteres den Tätigkeitsmittelpunkt iSv § 4 V 1 Nr 6b S 2. Wird die Tätigkeit zT von zu Hause aus und zT auswärts ausgeübt, bestimmt sich der Mittelpunkt danach, wo der StPfl diejenigen Handlungen vornimmt und Leistungen erbringt, die für seine Erwerbstätigkeit **wesentl und prägend** sind (BFH X R 49/11, BFH/NV 15, 177 Rn. 37 mwN). Dabei können das Arbeitszimmer und ein auswärtiger Tätigkeitsort/Außendienst nicht gleichermaßen „Mittelpunkt" der Erwerbstätigkeit sein (BFH VI R 14/02, BStBl II 04, 68: Handelsvertreter). – Dem jeweiligen **Zeitaufwand** kommt ledigl indizielle Bedeutung zu, zB wenn die im Arbeitszimmer und die woanders erbrachten Arbeitsleistungen qualitativ gleichwertig sind (BFH VI R 21/03, BStBl II 06, 600: Telearbeit an drei Tagen zu Hause und an zwei Tagen im Betrieb); das kann iZm der **Corona-Pandemie** zu einer Verschiebung des Tätigkeitsmittelpunkts ins häusl Arbeitszimmer führen (s auch *BMF* v 9.7.21 BeckVerw 558234, Nr 6). Das zeitl Überwiegen der außerhäusl Tätigkeit schließt andererseits nicht aus, dass der Tätigkeitsmittelpunkt gleichwohl im häusl Arbeitszimmer liegt (BFH VI R 28/02, BStBl II 04, 59: Ingenieur; BFH VI R 82/01, BStBl II 04, 62: Produkt- und Fachberaterin; BFH VI R 104/01, BStBl II 04, 65: Verkaufsleiter; glA *BMF* BStBl I 23, 1551 Rn. 13). – Typischerweise hat ein **Unternehmer** seinen qualitativen Tätigkeitsmittelpunkt im Betrieb (BFH XI R 87/03, BStBl II 06, 18: Tankstelle; abl *Bergkemper* FR 06, 228; zu Ladengeschäft FG Mchn EFG 07, 1067, rkr), ein **StB/WP** in der Kanzlei (BFH VIII B 134/12, BFH/NV 14, 509), ein **Richter** im Gericht (BFH VI R 13/11, BStBl II 12, 236), ein **Professor** in der Hochschule (BFH VI R 71/10, BStBl II 12, 234; s aber FG RhPf DStRE 17, 1489, rkr), ein **Unfallchirurg/Oberarzt** im Krankenhaus (NdsFG EFG 21, 735, rkr) und ein **Lehrer** in der Schule (BFH VI R 19/04, BStBl II 06, 328), und zwar auch dann, wenn die im häusl Arbeitszimmer verrichteten Tätigkeiten zeitl überwiegen. Allerdings wird man im Einzelfall prüfen müssen, ob sich nicht mit der **Digitalisierung** das typische Berufsbild durch „Fernunterricht" und Online-Schulung nach der Verkehrsanschauung (→ Rn. 598) geändert hat (s allg auch *Grotherr* NWB 23, 2730 (2739); *Goldmann* Das Homeoffice im Steuerrecht, 2022, S. 174).

Weitere Beispiele – ***Tätigkeitsmittelpunkt im häusl Arbeitszimmer:*** selbständiger **Konstrukteur** (BFH X R 52/01, BFH/NV 03, 1172); **Layouter** (BFH X R 75/00, BFH/NV 03, 917); **Kfz-Sachverständiger** (BFH VI R 84/02, BFH/NV 03, 1042); **Dirigent/Orchestermanager** (FG BW EFG 15, 888, rkr – mE Sonderfall); **Insolvenzprüfer** (NdsFG EFG 10, 711, rkr); **Gerichtsvollzieher** (FG BW DGVZ 17, 214, rkr; FG Nbg DStRE 07, 595, rkr – mE zweifelhaft; s auch FG BW BeckRS 2014, 122485, rkr); offen gelassen für **Arbeitsmediziner** (BFH VIII R 8/10, BFH/NV 13, 1096). – ***Tätigkeitsmittelpunkt nicht im häusl Arbeitszimmer:*** **Ärztin,** die Befunde vor Ort erhebt (BFH IV R 71/00, BStBl II 04, 43; anders zu psychologischem Gutachter: FG Mster EFG 22, 1749, rkr, mE zweifelhaft, weil außerhäusl Exploration nicht nur Vorbereitungshandlung ist, sondern den Kern der ärztl Tätigkeit ausmacht); **Kostümbildner und Bühnenbildner** (FG Köln EFG 18, 442, rkr); **Betriebsprüferin** (BFH IX R 19/14, BFH/NV 16, 380); **Exportberater** (BFH X R 57/09, BStBl II 12, 770); **Bildjournalist** (BFH IV R 34/02, BStBl II 04, 53; s aber auch HessFG EFG 05, 518, rkr); **Berufsbetreuer** (BFH X B 112/08, BFH/NV 09, 161); **Instrumentalsolistin** (BFH XI B 87/05, BFH/NV 06,

2045); **IT-Beraterin** (FG Mchn EFG 14, 1659, rkr); **„typischer" Handelsvertreter** (BFH X R 1/03, BFH/NV 04, 1387; anders: FG Mster EFG 15, 889, rkr) und **Außendienstmitarbeiter** (FG Bln-Bbg EFG 12, 500, rkr); freikirchl **Bischof** (ThürFG EFG 15, 975, rkr).

(2) Mehrere Erwerbstätigkeiten. Übt der StPfl mehrere Erwerbstätigkeiten aus, 600
muss das Arbeitszimmer nicht den Mittelpunkt einer jeden einzelnen betriebl/berufl Tätigkeit bilden; vielmehr sind alle Tätigkeiten in eine **Gesamtbetrachtung** mit einzubeziehen (BFH VI R 27/02, BStBl II 04, 771). Hierfür ist zunächst der jeweilige qualitative Mittelpunkt der *einzelnen* Tätigkeiten zu bestimmen; sodann ist wie folgt zu unterscheiden (s ausführl BFH X R 49/11, BFH/NV 15, 177 Rn. 39 mwN; ähnl: *BMF* BStBl I 23, 1551 Rn. 15): – ***(1)*** Gibt es eine **Haupttätigkeit,** indiziert deren Mittelpunkt auch den Mittelpunkt der Gesamttätigkeit (BFH IV R 19/03, BStBl II 05, 212; BFH VI B 96/06, BFH/NV 07, 1131). Haupttätigkeit idS ist vor allem eine Vollzeitbeschäftigung iRe privatrechtl/öffentlichrechtl Arbeits- oder Dienstverhältnisses. Fehlt ein solches, lässt sich die Haupttätigkeit uU anhand der jeweiligen Höhe der erzielten **Einnahmen,** des den einzelnen Tätigkeiten nach der Verkehrsauffassung zukommenden **Gewichts** und des jeweiligen **Zeitaufwands** bestimmen. – ***(2)*** Liegt **bei allen Tätigkeiten** der jeweilige qualitative Mittelpunkt im häusl Arbeitszimmer, so liegt dort auch der Mittelpunkt der Gesamttätigkeit. – ***(3)*** Bilden die außerhäusl Tätigkeiten jeweils den qualitativen Schwerpunkt der Einzeltätigkeiten bzw lassen sich diese **keinem Schwerpunkt** zuordnen, kann das häusl Arbeitszimmer auch nicht durch die Summe der darin verrichteten Arbeiten zum Mittelpunkt der Gesamttätigkeit werden. – ***(4)*** Bildet das häusl Arbeitszimmer den qualitativen Mittelpunkt ledigl einer Einzeltätigkeit oder mehrerer Einzeltätigkeiten, nicht jedoch im Hinblick auf die übrigen, muss das FG anhand der konkreten Umstände des Einzelfalles wertend entscheiden, ob die Gesamttätigkeit gleichwohl einem einzelnen qualitativen Schwerpunkt zugeordnet werden kann und ob dieser im häusl Arbeitszimmer liegt (BFH VIII B 100/14, BFH/NV 15, 1107; wohl etwas enger: *BMF* BStBl I 23, 1551 Rn. 15).

Beispiele – ***Tätigkeitsmittelpunkt im häusl Arbeitszimmer:*** **Gutachtertätigkeit** eines pensionierten Ingenieurs mit weiteren Nebeneinkünften (BFH VIII R 3/12, BStBl II 15, 382); **Fachjournalistin** (HessFG EFG 05, 518, rkr, im Gegensatz zu BFH IV R 34/02, BStBl II 04, 53). – ***Kein Tätigkeitsmittelpunkt im häusl Arbeitszimmer:*** **Chefarzt,** der auch Gutachten und Fachartikel verfasst (BFH VIII B 100/14, BFH/NV 15, 1107); **Architekt,** dem auch die Bauüberwachung obliegt (BFH IV R 9/03, BStBl II 04, 50); **Syndikusanwalt** mit anwaltl Nebentätigkeit (BFH VIII B 166/19, BFH/NV 20, 1255). – **Offengelassen: Kirchenmusiker** (BFH IV R 33/02, BFH/NV 05, 174); **Berufsschullehrer** und Schriftsteller (BFH IV R 19/03, BStBl II 05, 212). – S auch *BMF* BStBl I 23, 1551 Rn. 16. – Eine **Zurechnung** der Tätigkeit des unentgeltl mitarbeitenden Ehegatten hält der VIII. Senat jedenfalls für möglich (BFH VIII S 27/24 (AdV), BeckRS 2025, 33918: Musikschulleiter).

(3) Keine private Mitbenutzung, keine Aufteilung. Das Zimmer muss aus- 601
schließl oder nahezu **ausschließl berufl oder betriebl** genutzt werden. Eine Aufteilung ist dem BFH zufolge nicht mögl (s entgegen Vorlage BFH IX R 23/12, BStBl II 14, 312: BFH GrS 1/14, BStBl II 16, 265; BFH X R 26/13, BStBl II 16, 611 zu Nebenräumen; BFH X R 32/11, BStBl II 16, 708 zu Arbeitsecke). Die Begründung ist str (zurecht abl *Kempermann* FR 16, 317; *Kanzler* NWB 16, 1071; *Georg* DStR 16, 1353) und kann mE nicht auf Betriebsstättenräume in der Wohnung ausgedehnt werden (vgl → Rn. 195, 593; s auch FG Mchn EFG 21, 1458, rkr). Eine untergeordnete private Mitbenutzung ist unschädl (BFH VIII R 24/12, BStBl II 16, 884; *BMF* BStBl I 23, 1551 Rn. 3: weniger als 10%). – Einzelne **Privatgegenstände** können, müssen aber nicht schädl sein (BFH VI R 70/01, BStBl II 03, 139 mwN: Liege, Radio – geringe Privatnutzung; vgl auch BFH VI R 15/07, BStBl II 09, 598). Bei gesonderter berufl Anmietung **außerhalb der Wohnung** (ohne Verlagerung von Privatkosten in BA-Bereich) sind mE private Mitbenutzungsumstände geringer zu gewichten als bei häusl Arbeitszimmer.

Beispiele: Durchgangszimmer (BFH VI B 49/06, BFH/NV 06, 2074); **Küchenzeile** (BFH III R 62/11, BStBl II 17, 163); offene **Galerie** (BFH VI B 8/05, BFH/NV 05, 2006); nur durch **Sideboard** abgetrennter Arbeitsbereich (BFH VIII R 10/12, BStBl II 16, 881).

602 **bb) Abziehbare Aufwendungen.** Berücksichtigt werden *anteilige* Gebäudekosten (Miete, AfA, Schuldzinsen, Energiekosten, Renovierung etc; s auch BFH VI R 27/01, BStBl II 04, 1071; *BMF* BStBl I 23, 1551 Rn. 7 f) sowie Ausstattungskosten, auch als **vorab entstandene BA/WK** (BFH VI R 21/03, BStBl II 06, 600 mwN; *BMF* BStBl I 23, 1551 Rn. 23). Zu Renovierungskosten s BFH VIII R 16/15, BStBl II 19, 510). – Die Ermittlung der anteiligen Arbeitszimmeraufwendungen erfolgt nach der WoFIV (→ Rn. 120 ff, auch zu sachl Zuordnung sonstiger Hausaufwendungen) unter Einbeziehung als Arbeitszimmer genutzter Kellerräume, nicht aber *allg* nutzbarer **Nebenräume** (BFH VIII R 16/15, BStBl II 19, 510: Badezimmer; BFH X R 26/13, BStBl II 16, 611: Küche, Bad, Flur; auch nicht bei Betriebsstätten, BFH X B 14/16, BFH/NV 16, 1552); vgl *BMF* BStBl I 23, 1551 Rn. 9. Bei Abzug keine Überprüfung der Angemessenheit nach § 4 V 1 Nr 7 (s Wortlaut Nr 7). – Der Abzug für **Arbeitsmittel** (→ § 9 Rn. 265 mwN) richtet sich nach § 4 IV iVm § 9 I Nr 6 (Abgrenzung → Rn. 596). Bei nur zeitweiliger Nutzung sind die zu berücksichtigenden **Aufwendungen** entspr zeitanteilig zu kürzen (BFH VI R 86/13, BStBl II 17, 941). – Ist der StPfl **Miteigentümer,** kann er die auf sein Arbeitszimmer entfallende AfA vollständig geltend machen, bis zur Höhe der von ihm getragenen Aufwendungen (BFH VI R 41/15, BStBl II 18, 355); für **Mietaufwendungen** gilt das entspr (BFH IV R 21/08, BStBl II 10, 337; FG Ddorf EFG 22, 1825, rkr). – Bei **mehreren Tätigkeiten** akzeptiert das FA die vollständige Zuordnung zu nur *einer* Tätigkeit (*BMF* BStBl I 23, 1551 Rn. 17). Zur Nutzung durch **mehrere StPfl** s *BMF* BStBl I 23, 1551 Rn. 19.

603 **cc) Nachweis, gesonderte Aufzeichnung.** Der StPfl muss darlegen und ggf nachweisen, dass bzw wie er das häusl Arbeitszimmers betriebl/berufl nutzt, dass die tatbestandl Voraussetzungen der Mittelpunktregelung erfüllt sind und dass die geltend gemachten Aufwendungen für Arbeitszimmer und Ausstattung angefallen sind. Er trägt insoweit die **Feststellungslast,** während das FA die Feststellungslast für eine mehr als unerhebl außerberufl Nutzung trägt (BFH VI R 15/07, BStBl II 09, 598). Zur **Sachaufklärungspflicht** des FG (§ 76 I 1 FGO) s BFH IX R 19/14, BFH/NV 16, 380 Rn. 25 f (Hinweispflicht) und BFH X B 254/10, BFH/NV 11, 2095; tatsächl Probleme s *Urban* DStZ 16, 747 („Illusion") und *Wittwer* FR 21, 1019. Eine **unangekündigte Wohnungsbesichtigung** durch FA/Steufa ist unverhältnismäßig (BFH VIII R 8/19, DStR 22, 2002; *Schwindt/Blesius* DStR 23, 1459). – Die Aufwendungen sind gesondert aufzuzeichnen (§ 4 VII 2: ohne Aufzeichnung kein Abzug; → Rn. 656 mit Erleichterungen für Arbeitszimmer).

604 **d) Jahrespauschale, § 4 V 1 Nr 6b S 3 und 4.** Sind die tatbestandl Voraussetzungen des § 4 V 1 Nr 6b S 2 erfüllt, kann der StPfl anstelle der tatsächl Aufwendungen gem § 4 V 1 Nr 6b S 3 die sog Jahrespauschale iHv **1260 €** geltend machen. Dem StPfl steht ein **Wahlrecht** zu (*BMF* BStBl I 23, 1551 Rn. 1: bis zu Unanfechtbarkeit der StFestsetzung). Der Nachweis von Aufwendungen entfällt (Unterschied zu § 4 V 1 Nr 6b S 3 aF); ebenso mE die Aufzeichnungspflicht (auch wenn § 4 VII insoweit keine Ausnahme macht), da sie bei Pauschalierung keinen Sinn ergibt (glA *BMF* BStBl I 23, 1551 Rn. 26).

605 **aa) Personenbezogene Jahrespauschale.** Ausgehend vom **Grundsatz der Individualbesteuerung** ist die Jahrespauschale mE eine **personenbezogene** Pauschale, wie der bisherige Höchstbetrag in § 4 V 1 Nr 6b S 3 aF (vgl BFH VI R 53/12, BStBl II 17, 938; s auch BT-Drs 20/4729, 147); daher kann grds auf die bisherige BFH-Rspr zurückgegriffen werden, sofern diese nicht an den Nachweis der Aufwendungen anknüpft (wegen Pauschalierung, → Rn. 604). Das bedeutet: – ***(1)*** Die Jahrespauschale steht einem StPfl auch bei *mehreren* häusl Arbeitszimmern, die die Vor-

aussetzungen des § 4 V 1 Nr 6b S 2 erfüllen (gleichzeitig oder nacheinander), **nur einmal** zu, auch bei mehreren Haushalten (vgl BFH VIII R 15/15, BStBl II 17, 956). Das gilt auch bei Nutzung für mehrere Einkunftsarten (Gesamtbetrachtung, → Rn. 600); die FinVerw akzeptiert auch hier, wenn der StPfl auf eine Aufteilung verzichtet und die Pauschale nur einer Tätigkeit zuordnet (*BMF* BStBl I 23, 1551 Rn. 19). – ***(2)*** Teilen sich **mehrere StPfl** (auch Ehegatten/Lebenspartner), die jeweils die Voraussetzungen des § 4 V 1 Nr 6b S 2 erfüllen, ein häusl Arbeitszimmer, steht jedem die Jahrespauschale **je einmal** zu. Ob tatsächl Kosten iHd doppelten Pauschale angefallen sind, ist mE unerhebl, weil es auf den Nachweis von Aufwendungen nicht ankommt (vgl BFH VI R 53/12, BStBl II 17, 938, zu hälftigem Miteigentum; BFH VI R 86/13, BStBl II 17, 941, zu gemieteter Wohnung; ebenso *BMF* BStBl I 23, 1551 Rn. 20; **aA** noch BFH IV R 21/08, BStBl II 10, 337 mwN).

bb) Anteilige Ermäßigung, § 4 V 1 Nr 6b S 4. Die Jahrespauschale wird **für jeden vollen Monat,** in dem die Voraussetzungen des § 4 V 1 Nr 6b S 2 nicht vorliegen, um ein Zwölftel gekürzt (anders als der Höchstbetrag nach § 4 V 1 Nr 6b S 3 aF, → 41. Aufl 2022, § 4 Rn. 598). Da die Regelung ausdrückl auf „volle" Monate abstellt, sind Kürzungsmonate nur Kalendermonate, in denen die Voraussetzungen des § 4 V 1 Nr 6b S 2 **an keinem Tag** vorgelegen haben. Wird das häusl Arbeitszimmer erst im Verlauf eines Monats zum Mittelpunkt der betriebl/berufl Tätigkeit, ist für diesen Monat die anteilige Pauschale daher zu gewähren; dasselbe gilt für Monate, in deren Verlauf das häusl Arbeitszimmer seine Mittelpunkt-Eigenschaft verliert. 606

e) Arbeitszimmer als Betriebsvermögen. Ein betriebl genutztes Arbeitszimmer (→ Rn. 121) wird idR (zu § 8 EStDV → Rn. 126) unabhängig vom BA-Abzug **notwendiges BV** mit der Folge der Besteuerung des Aufgabe-/Veräußerungsgewinns *ohne* Kürzung der Buchwerte um nicht absetzbare AfA (BFH VIII R 15/17, BStBl II 20, 841; → Rn. 32, 564; zweifelnd noch BFH VIII R 16/15, BStBl II 19, 510). Zu „Umzug" des Arbeitszimmers in einen anderen Raum → Rn. 223. Der Wegfall der *gesetzl* Abzugsvoraussetzungen führt nicht zur Entnahme aus dem BV (BFH XI B 16/04, BFH/NV 06, 268). – **ArbN** haben **kein BV** (BFH IX R 27/19, BStBl II 21, 680, → Rn. 24 aE). 607

11. „Homeoffice-Pauschale", § 4 V 1 Nr 6c. – a) Überblick, Bedeutung. Mit dem **JStG 2022** (BGBl I 22, 2294) ist die „Homeoffice-Pauschale" in § 4 V 1 Nr 6c mit Wirkung **ab VZ 23** (§ 52 VI 12) **neu geregelt** worden. Sie gilt jetzt unbefristet und ist auf **6 € pro Tag,** höchstens **1260 € im Wj/Kj** erhöht worden. Sie soll als vereinfachende Regelung allen Stpfl zugutekommen, die einer betriebl oder berufl Tätigkeit in der häusl Wohnung nachgehen, und zwar unabhängig davon, ob ein häusl Arbeitszimmer (iSv § 4 V 1 Nr 6b) vorliegt. Darüber hinaus wird die Pauschale nunmehr auch dann gewährt, wenn dem StPfl dauerhaft **kein anderer Arbeitsplatz** zur Verfügung steht (→ Rn. 619 ff; bislang Berücksichtigung iRd Arbeitszimmer-Regelung in § 4 V 1 Nr 6b S 2 aF; s auch BT-Drs 20/4729, 147). – Die Regelung lässt Aufwendungen für die häusl Wohnung und damit an sich Kosten der Lebensführung (→ § 12 Rn. 8) pauschalierend zum Abzug als BA/WK zu (→ Rn. 615), ohne dass es auf die Trennbarkeit eines (zusätzl) betriebl/berufl Aufwands nach obj Kriterien (→ Rn. 489 und → § 9 Rn. 56) ankommt. Sinn und Zweck des § 4 V 1 Nr 6c ist es, der „Flexibilisierung der Arbeitswelt" Rechnung zu tragen; außerdem sollen unnötige Fahrten zur Arbeit und die Schaffung zusätzl Arbeitsraums in der häusl Wohnung vermieden werden (BT-Drs 20/3879, 78). – **Finanzverwaltung:** *BMF* BStBl I 23, 1551. 612

§ 4 V 1 Nr 6c tritt an die Stelle der in § 4 V 1 Nr 6b S 4 aF geregelten Homeoffice-Pauschale von **5 €** pro Tag, **höchstens 600 €** im Kj/Wj (→ 41. Aufl 2022, § 4 Rn. 600). Diese ist durch das **JStG 2020** (BGBl I 20, 3096) für die Jahre 2020/2021 geschaffen und durch das **CoronaStHG IV** (BGBl I 22, 911) für 2022 fortgeschrieben worden. S iÜ zur bisherigen Regelung auch *Bergan* DStR 21, 587; *M. Müller* DStR 20, 760; *ders* DStR 21, 1079; *Sopp/Gast/Ullmann* FR 22, 106; *Wittwer* FR 21, 1019.

613 **b) Überwiegende Tätigkeit im „Homeoffice“, § 4 V 1 Nr 6c S 1. – aa) Häusliche Erwerbstätigkeit.** Tatbestandl setzt die Regelung zunächst voraus, dass der StPfl an den Tagen, für die er die Pauschale in Anspruch nehmen möchte, tatsächl einer **betriebl/berufl Tätigkeit** nachgegangen ist und dass er dies *überwiegend* in der häusl Wohnung getan hat. Auf die Gründe hierfür kommt es nicht an; es ist also unerhebl, ob der StPfl freiwillig oder aufgrund äußerer Zwänge zuhause gearbeitet hat. Ebenfalls unerhebl ist, ob es in der häusl Wohnung einen festen Arbeitsplatz iSe „Arbeitsecke“ gibt; der StPfl kann auch am Küchen-, Ess- oder Wohnzimmertisch gearbeitet haben oder im Bett, im Garten oder auf dem Balkon etc. Eine Ferienwohnung ist keine „häusl“ Wohnung. – „Überwiegend“ bedeutet: **mehr als die Hälfte der Gesamtarbeitszeit** des betreffenden Tages (s BT-Drs 20/3879, 80 f; glA s *BMF* BStBl I 23, 1551 Rn. 27). Zur Problematik des **Nachweises** → Rn. 618.

§ 4 V 1 Nr 6c S 1 setzt nicht zwingend **büromäßige Arbeit** voraus, auch nicht, dass eine solche nach der vom StPfl ausgeübten Tätigkeit überhaupt in Betracht kommt. Zwar mögen der systematische Zusammenhang mit der Arbeitszimmerregelung in § 4 V 1 Nr 6b (s BFH III R 9/16, BStBl II 17, 698, Rn. 16: „büromäßige Arbeit“) und die Entstehungsgeschichte des § 4 V 1 Nr 6c dies nahelegen (insb auch der immer wieder verwendete Begriff „Homeoffice“, s zB BT-Drs 20/3879, 78 f). Im Gesetzestext findet sich eine solche Einschränkung jedoch nicht und sie ist auch nach dem Sinn und Zweck der Regelung (→ Rn. 612) nicht erforderl. Es muss daher mE genügen, wenn der StPfl irgendeiner betriebl/berufl Tätigkeit nachgeht, die zumindest teilweise auch im häusl Bereich als „Heimarbeit“ iwS ausgeübt werden kann.

614 **bb) Keine erste Tätigkeitsstätte aufgesucht.** Der StPfl darf an dem jeweiligen Tag keine außerhalb der Wohnung belegene erste Tätigkeitsstätte aufgesucht haben. Aufgrund des verwendeten Begriffs „erste Tätigkeitsstätte“ gelten die Regelungen der Legaldefinition in § 9 IV entspr (str iZm § 4 V 1 Nr 6, → Rn. 579): Die erste Tätigkeitsstätte setzt eine **ortsfeste betriebl Einrichtung** voraus, die der StPfl dauerhaft nutzt; es kann sich um eine eigene Betriebsstätte, aber auch um den Betrieb eines Kunden oder eines Mandanten handeln (entspr § 9 IV 1; iEinz → § 9 Rn. 302, auch zu großräumiger Tätigkeitsstätte). Bei **mehreren Tätigkeitsstätten** befindet sich die erste Tätigkeitsstätte dort, wo der StPfl dauerhaft typischerweise arbeitstägl oder je Woche an zwei vollen Arbeitstagen oder mindestens zu 1/3 der regelmäßigen Arbeitszeit tätig werden will (entspr § 9 IV 4); an die Stelle des Direktionsrechts des ArbG tritt die eigene unternehmerische Entscheidung des StPfl (ex-ante-Sicht, vgl → § 9 Rn. 303). Es kann immer nur eine *erste* Tätigkeitsstätte geben; dies ist ggf die der Wohnung des StPfl näher gelegene Tätigkeitsstätte (entspr § 9 IV 7). – Homeoffice-Pauschale und Aufwendungen für **Fahrten zw Wohnung und Betriebsstätte** (§ 4 V 1 Nr 6 S 1 und 2) können damit nicht nebeneinander geltend gemacht werden; ein Abzug beider Pauschalen für denselben Tag ist ausgeschlossen. Dagegen können **Reisekosten** (→ Rn. 520 „Geschäftsreise“ und § 9 I 3 Nr 4a) grds *neben* der Homeoffice-Pauschale als BA/WK geltend gemacht werden (s zu beidem BT-Drs 20/3879, 79 f mit Beispiel).

615 **cc) Tagespauschale.** Die Pauschale beträgt **6 € pro Tag,** höchstens **1260 € im Wj/Kj,** unabhängig von der Größe und Lage der häusl Wohnung und von der Beschaffenheit des häusl Arbeitsplatzes. Der Höchstbetrag wird bei 210 Tagen erreicht. Dass dem StPfl zusätzl Aufwendungen entstanden sind, wird, soweit die Voraussetzungen des § 4 V 1 Nr 6c S 1 erfüllt sind, typisierend unterstellt. Das folgt aus dem Sinn und Zweck der Pauschalierung und aus der gesetzl Regelung selbst (zusätzl Aufwendungen sind kein gesetzl Tatbestandsmerkmal; keine Nachweispflicht und auch keine Aufzeichnungspflicht nach § 4 VII, da Nr 6c dort zutr nicht genannt wird). – Die Pauschale ist auf den **ArbN-Pauschbetrag** (§ 9a) anzurechnen; sie wird also nicht zusätzl hierzu gewährt.

616 **(1) Personenbezogene Pauschale.** Die Begrenzung gilt auch, wenn der StPfl **mehrere betriebl/berufl Tätigkeiten** ausübt; denn es handelt sich (ungeachtet des

Wortlauts „betriebl *oder* berufl Tätigkeit") um eine personenbezogene Pauschale (Grundsatz der Individualbesteuerung, → Rn. 605), nicht um eine tätigkeitsbezogene. Bei mehreren betriebl/berufl Tätigkeiten ist die Pauschale entspr aufzuteilen (s aber s *BMF* BStBl I 23, 1551 Rn. 29: vollständige Zuordnung zu einer Tätigkeit wird akzeptiert). – Leben **mehrere StPfl** in einem Haushalt (Ehegatten, erwerbstätige Kinder, Mehrgenerationshaus, WG), steht ggf *jedem,* der die Voraussetzungen des § 4 V 1 Nr 6c S 1 erfüllt, die Pauschale von 6 € pro Tag, höchstens 1260 € im Kj/Wj, zu; auf die Anzahl und Beschaffenheit der häusl Arbeitsplätze kommt es dabei mE nicht an.

(2) Abgeltungswirkung. Mit der Pauschalierung werden alle **Aufwendungen für die häusl Wohnung** abgegolten, zB Miete oder AfA, Schuldzinsen, Energiekosten und Ausstattung (Tapete, Teppiche, Vorhänge, Lampen etc). Nicht erfasst werden Aufwendungen für **Arbeitsmittel** uÄ (zB Büromöbel, PC-Ausstattung, Fachliteratur etc) sowie **Telefonkosten/Internetkosten;** diese können nach den allg Grundsätzen zusätzl zur Pauschale geltend gemacht werden (→ Rn. 520 „Arbeitsmittel"). 617

dd) Nachweis. Die Pauschalierung soll betriebl/berufl Mehraufwendungen typisierend abgelten (s BT-Drs 20/3879, 78). Die Typisierungswirkung der Pauschale ersetzt aber nur den Nachweis, dass Aufwendungen entstanden sind (→ Rn. 615). Die Feststellungslast für das Vorliegen der tatbestandl Voraussetzungen des § 4 V 1 Nr 6c S 1 trifft daher an sich den Stpfl (→ Rn. 416 und 480); zu Nachweisproblemen und Kritik → 42. Aufl 2022, § 4 Rn. 618 (Pauschale „auf Zuruf"; glA *Stapperfend* FR 23, 253 (257); *Tipke/Lang* SteuerR Rn. 8.254). – Die FinVerw lässt **Aufzeichnungen** der Kalendertage und **Glaubhaftmachung** genügen (*BMF* BStBl I 23, 1551 Rn. 30; zum Begriff s § 294 ZPO und *Klein* AO § 110 Rn. 110: geringerer Grad des Beweises, „überwiegende Wahrscheinlichkeit"). ArbN können ggf eine Bestätigung des ArbG oÄ vorlegen; iÜ kommt letztl wohl nur eine Schlüssigkeitsprüfung in Betracht, insb ein Abgleich der Gesamtarbeitstage (Wochentage abzgl Urlaubs- und Krankheitstage: idR 230 bei 5-Tage-Woche) mit Homeoffice-Tagen einerseits und Fahrten zw Wohnung und Betriebsstätte und sonstigen Geschäftsreisen andererseits. 618

c) Dauerhaft kein anderer Arbeitsplatz, § 4 V 1 Nr 6c S 2. § 4 V 1 Nr 6c S 2 erweitert den Anwendungsbereich der Tagespauschale (→ Rn. 615). Sie gilt auch für StPfl, denen dauerhaft kein anderer Arbeitsplatz zur Verfügung steht. Ob der StPfl an dem jeweiligen Tag eine außerhalb der häusl Wohnung belegene erste Tätigkeitsstätte aufgesucht hat, ist unerhebl. Dh, der **Abzug der Tagespauschale** ist in diesem Fall ggf auch *neben* dem Abzug von Aufwendungen für Fahrten zwischen Wohnung und Betriebsstätte oder regelmäßiger Arbeitsstätte zulässig (s auch BT-Drs 20/4729, 147). – Zudem muss der StPfl, anders als nach § 4 V 1 Nr 6c S 1, seine Erwerbstätigkeit ***nicht* überwiegend in der häusl Wohnung** ausgeübt haben; er muss nur überhaupt dort (nicht unwesentl) tätig geworden sein (**aA** *KKBMHG* § 4 Rn. 756). Letzteres wird zwar nicht ausdrückl als tatbestandl Voraussetzung in § 4 V 1 Nr 6c S 2 genannt, folgt aber mE daraus, dass die Regelung bei Fehlen eines anderen Arbeitsplatzes nicht den Höchstbetrag von 1260 € als Jahrespauschale gewährt, sondern den „Abzug der Tagespauschale" vorsieht. Das ergibt aber nur dann Sinn, wenn die Berücksichtigung der Pauschale von einer weiteren Voraussetzung abhängt, die **von Tag zu Tag zu prüfen** ist, und das kann mE nur die Ausübung der betriebl oder berufl Tätigkeit in der häusl Wohnung sein (iErg glA *Stapperfend* FR 23, 253 (256)). 619

Wegen des systematischen Zusammenhangs zw § 4 V 1 Nr 6c S 1 und 2 könnte man auch meinen, dass mit S 2 nur das (negative) Tatbestandsmerkmal „keine außerhalb der häusl Wohnung belegene erste Tätigkeitsstätte aufgesucht" in S 1 durch das Erfordernis der dauerhaften Nichtverfügbarkeit eines anderen Arbeitsplatzes ersetzt werden soll. Dann wäre auch nach § 4 V 1 Nr 6c S 2 Voraussetzung, dass die betriebl oder berufl Tätigkeit an den Tagen, für die die Tagespauschale geltend gemacht wird, *überwiegend* in der häusl Wohnung ausgeübt worden sein muss. Das ist aber mE nicht gemeint. Es handelt sich bei § 4 V 1 Nr 6c S 2 um eine eigenständige Regelung, die mit dem Satzteil „ist ein Abzug der Tagespauschale zulässig" iÜ allein auf die Rechtsfolge des § 4 V 1 Nr 6c S 1 verweist (s auch BT-Drs 20/4729, 147).

620 **aa) Verfügbarkeit eines anderen Arbeitsplatzes. „Anderer Arbeitsplatz"** iSv § 4 V 1 Nr 6c S 2 ist grds jeder außerhäusl Arbeitsplatz, der zur Erledigung der von dem StPfl im häusl Bereich ausgeübten Tätigkeit geeignet ist. Auf die Rspr zu § 4 V 1 Nr 6b S 2 aF kann mE grds zurückgegriffen werden, allerdings ohne die Beschränkung auf büromäßiges Arbeiten (→ Rn. 613). Demnach ist ein anderer Arbeitsplatz nur dann schädl, wenn er so beschaffen ist, dass der StPfl die in der häusl Wohnung tatsächl ausgeübte betriebl oder berufl Tätigkeit auch an dem außerhäusl Arbeitsplatz verrichten kann (entspr BFH VI R 40/12, BStBl II 14, 568 Rn. 17). Dieser steht somit nur dann für die betriebl oder berufl Tätigkeit **„zur Verfügung"**, wenn ihn der StPfl auch tatsächl in dem konkret erforderl Umfang und in der konkret erforderl Art und Weise nutzen kann (vgl BFH VIII R 15/15, BStBl II 17, 956 Rn. 13). Umgekehrt fehlt es an der Verfügbarkeit, wenn die Nutzung des außerhäusl Arbeitsplatzes eingeschränkt ist, so dass der StPfl zu Hause einen nicht unerhebl Teil seiner berufl oder betriebl Tätigkeit verrichten muss (vgl BFH III R 9/16, BStBl II 17, 698 Rn. 17).

Beispiel: Der **Poolarbeitsplatz** eines ArbN oder der **Coworking Space** eines Selbständigen schließen, soweit sie tatsächl verfügbar sind, die Tagespauschale grds aus. Kann aber der StPfl regelmäßig nur an zwei Tagen die Woche auf den außerhäusl Arbeitsplatz zugreifen und ist er an den übrigen drei Tagen auf den häusl Arbeitsplatz angewiesen, steht ihm für diese drei Tage kein anderer Arbeitsplatz zur Verfügung. Dass der Selbständige selbst entscheidet, ob er für einzelne Tage einen Coworking Space anmietet, schließt mE die tatsächl mangelnde Verfügbarkeit an den übrigen Tagen nicht aus (zu Selbständigen s iÜ auch BFH III R 9/16, BStBl II 17, 698 mwN). – **Lehrern** steht typischerweise für Unterrichtsvor- und -nachbereitung in der Schule kein anderer Arbeitsplatz zur Verfügung (glA *BMF* BStBl I 23, 1551 Rn. 31, 34). – Weitere *Beispiele* → 41. Aufl 2022, § 4 Rn. 592; *BMF* BStBl I 23, 1551 Rn. 34.

621 **bb) Dauerhaftigkeit. „Dauerhaft"** bedeutet, nicht nur vorübergehend und nicht nur gelegentl. Dem StPfl darf über einen längeren Zeitraum hin beständig kein außerhäusl Arbeitsplatz zur Verfügung stehen. Dabei ist „dauerhaft" nicht gleichzusetzen mit „durchgängig"; die Voraussetzung ist auch dann erfüllt, wenn der StPfl den außerhäusl Arbeitsplatz regelmäßig nur an bestimmten Tagen nutzen kann und an den übrigen Tagen in der häusl Wohnung arbeiten muss (vgl auch BT-Drs 20/38/79, 79). *Beispiele* s *BMF* BStBl I 23, 1551 Rn. 35 f.

622 **d) Ausschluss der Homeoffice-Pauschale, § 4 V 1 Nr 6c S 3.** Kann der StPfl die Aufwendungen für die häusl Wohnung, in der er seine betriebl oder berufl Tätigkeit tageweise iSv § 4 V 1 Nr 6c S 1 ausübt, als Unterkunftskosten iRe **doppelten Haushaltsführung** gem § 4 V 1 Nr 6a/§ 9 I 3 Nr 5 geltend machen, schließt das den Abzug der Tagespauschale aus (s auch *BMF* BStBl I 23, 1551 Rn. 38). Dasselbe gilt, soweit der StPfl Aufwendungen für ein **häusl Arbeitszimmer** gem § 4 V 1 Nr 6b S 2–4 geltend macht; zum Nebeneinander von § 4 V 1 Nr 6b und 6c bei Nutzung durch **mehrere StPfl** s *BMF* BStBl I 23, 1551 Rn. 19. – Der Ausschluss nach § 4 V 1 Nr 6b S 3 wirkt ggf nur partiell („soweit"), also ledigl für die Zeiträume, in denen es ansonsten zu einer Doppelberücksichtigung käme (**aA** wohl *Stapperfend* FR 23, 253 (256), der das „soweit" auf den anzusetzenden Betrag bezieht).

Bezügl der doppelten Haushaltsführung stellt die Regelung auf die *Möglichkeit* des Abzugs der Unterkunftskosten ab („abgezogen werden können"), bezügl des häusl Arbeitszimmers auf den *tatsächl erfolgten* Abzug („Abzug … vorgenommen wird"). Der Sinn dieser Unterscheidung erschließt sich nicht. ME geht es in beiden Fällen um den **Ausschluss einer Doppelberücksichtigung;** daher sollte es in beiden Fällen gleichermaßen allein darauf ankommen, ob die Unterkunftskosten tatsächl bereits anderweitig als BA/WK berücksichtigt werden (glA *BH/Drüen* § 4 Rn. 868g).

12. Repräsentationsaufwand, § 4 V 1 Nr 7. – a) Anwendungsbereich. Aufwendungen berühren die **Lebensführung** eines StPfl iSd § 4 V 1 Nr 7, wenn er sie zwar aus persönl Motiven tätigt, aber ohne dass deshalb die betriebl Veranlassung zu verneinen wäre (BFH VI R 37/15, BStBl II 17, 526 mwN). Der Grundgedanke dieser Regelung gilt als „Schlüssel zum Verständnis des § 4 V" (BFH I R 111/77, BStBl II 81, 58; → Rn. 521; *Weiss* NWB 15, 2774). – Grds ist die Angemessenheit von BA nicht zu prüfen (→ Rn. 483, 494). § 4 V 1 Nr 7 schränkt diesen Grundsatz ein, zwar nicht für die Zuordnung angeschaffter WG zum BV (→ Rn. 564), aber für den Abzug aller BA einschließl **AfA** (BFH I R 29/85, BStBl II 87, 108), die ohne betriebl Veranlassung Kosten der Lebensführung des StPfl oder anderer Personen wären (BFH IV R 5/85, BStBl II 87, 853) und nicht schon durch § 4 V 1 Nr 1–6, 6b, VI, VII, IX oder § 12 Nr 1 vom Abzug ausgeschlossen sind. 630

Nach ursprüngl hM beschränkte § 4 V 1 Nr 7 **nur die Höhe** des BA-Abzugs auf einen angemessenen Betrag; dafür sprechen Wortlaut und Systematik der Regelung („andere …, *soweit* … unangemessen"). BFH III R 21/86, BStBl II 90, 575 hat über Nr 7 den gesetzl Katalog der Abzugsverbote ausgedehnt auf sonstige BA, die in besonderem Maße die private Lebenssphäre des StPfl oder anderer Personen berühren (Unangemessenheit **dem Grunde nach** ohne jegl BA-Abzug). Der Fall betraf den Besuch von Nachtbars und Bordellen, müsste aber grds auf andere Privatvergnügungen wie Opern- oder Theaterbesuche uä BA übertragbar sein (*Herden* BB 90, 1251). Ein solches generelles Abzugsverbot ist rechtsdogmatisch und von den wirtschaftl Auswirkungen her bedenkl, auch im Hinblick auf die Möglichkeit, Geschäftsfreunden bei Betriebsbesuchen nicht zweckgebundene Barspesen zu zahlen und diese in einer dem **Geschäftszweck** angemessenen Höhe (§ 4 V 1 Nr 7) als BA abzusetzen (abl auch *Steilen* BB 92, 755; abgrenzend BFH I B 157/02, BFH/NV 03, 1314). Mögl ist allerdings der Ausschluss des BA-Abzugs in voller Höhe. Ob auch **ArbN** als „andere Personen" iSv § 4 V 1 Nr 7 in Frage kommen, ist zweifelhaft, jedenfalls wenn die Zuwendungen als ArbLohn erfasst werden (str; **aA** *HHR/Stapperfend* § 4 Rn. 1615). *Beispiele* s EStR 4.10 XII und → Rn. 631.

b) Angemessenheitsprüfung. Die Prüfung eines betriebl Einzelaufwands richtet sich als WG-bezogene **Einzelprüfung** nach der allg Verkehrsauffassung (BFH III R 21/86, BStBl II 90, 575, auch zu Bewirtungskosten). Die Verwaltung ist idR großzügig und wendet die Vorschrift nur an, wenn die Grenze des Angemessenen *erhebl* überschritten ist (so ausdrückl A 20 Abs 17 S 2 EStR 1990; zur Handhabung in der BP s auch *Becker* DB 24, 1507). Grund: Bestimmungsrecht des Unternehmers (vgl → Rn. 480). Die allg Verkehrsauffassung ist nicht nur aus Sicht der beteiligten Wirtschaftskreise, sondern nach Anschauung breitester Bevölkerungskreise („des Durchschnittsbürgers") zu beurteilen (BFH IV R 5/85, BStBl II 87, 853). Diese Wertgrenzen werden als gerichtsbekannt unterstellt (BFH VIII R 225/72, BStBl II 76, 97; nach FG Bln EFG 90, 295, rkr, richterl Ermessen). Entscheidend sind die Umstände des Einzelfalls. Dabei sind neben der Größe des Unternehmens, der Höhe des – längerfristigen – Umsatzes und Gewinns (nicht allein, BFH I R 149/84, BFH/NV 89, 362) und der Bedeutung des Repräsentationsaufwands für den Geschäftserfolg nach Art der Tätigkeit (dazu BFH XI B 155/94, BFH/NV 96, 308) in erster Linie die Art der Aufwendung, ihre Üblichkeit und Erforderlichkeit im betriebl Bereich und der Grad der Berührung der privaten Lebenssphäre von Bedeutung. Die **absolute Höhe** der Aufwendungen spielt nur in diesem Rahmen eine Rolle (vgl BFH IV R 5/85, BStBl II 87, 853). So werden Preis und Größe eines Pkw oder Möbelstücks erst dann das Interesse der FinVerw wecken, wenn ein obj Grund (stabile Verarbeitung, längere Haltbarkeit oÄ) nicht mehr erkennbar ist und ein Mehraufwand dieser Art üblicherweise in den privaten Bereich fällt. Die Rspr spricht von **Kosten-Nutzen-Analyse** eines ordentl und gewissenhaften Unternehmers (→ Rn. 33, BFH VIII R 20/12, BStBl II 14, 679; zu Fremdvergleich *Eppler* DStR 87, 607). § 4 V 1 Nr 7 will nicht den Mercedes vom Volkswagen abgrenzen, sondern ein übl Betriebsfahrzeug vom (betriebl) Sportwagen, Rennwagen oder Sportflugzeug (vgl BFH IV B 50/00, BFH/NV 02, 1145: StBerater mit fünf Luxus-Pkw; FG BW EFG 12, 1134, rkr: Vertreter mit 2 Luxus-Pkw). Da- 631 bei kann auch eine Rolle spielen, ob der StPfl sich die Nutzung überwiegend selbst vorbehält.

Beispiele – ***Unangemessener Aufwand:*** AfA für **Perserteppich** für 22 301 DM (BFH I R 29/85, BStBl II 87, 108; →Rn. 632); **Ferrari** eines Tierarztes (BFH VIII R 20/12, BStBl II 14, 679; s aber FG Hmb EFG 19, 135, rkr; zu lfd Pkw-Kosten →Rn. 603); Geschäftsreise mit **Privatflugzeug** (BFH VI R 37/15, BStBl II 17, 526) oder gemietetem **Hubschrauber** (BFH I R 20/82, BStBl II 85, 458); **Luxushandy** eines Zahnarztes für 5 200 € (FG RhPf DStRE 12, 981, rkr). – ***Kein unangemessener Aufwand:*** Aufwendungen einer GmbH für ein **Kleinflugzeug** (FG Mster EFG 25, 1166, rkr: unternehmerisch nachvollziehbar); **Motorsport-Sponsoring** einer Ärzte-GbR (BFH VIII R 28/17, BStBl II 21, 14). – **Weitere Beispiele** →32. Aufl 2013, § 4 Rn. 602; *Zwirner/Krauß* DStR 24, 734, und krit dazu *Keitel* DStR 24, 1855.

632 **c) Rechtsfolgen.** § 4 V 1 Nr 7 betrifft nur bestimmte BA iSv § 4 V 1 Nr 1–6, 6b (kein umfassendes Abzugsverbot – Ausnahme →Rn. 630). Es ist im Einzelfall zu prüfen, in welcher Höhe die Aufwendungen *angemessen* wären. Dieser Betrag ist dem Abzug zu Grunde zu legen. Dabei verfahren FinVerw und Rspr zu Recht nicht kleinl (vgl →Rn. 631, zu lfd BA für teuren Pkw: BFH IV R 5/85, BStBl II 87, 853 – keine Kürzung). *Beispiele:* StPfl kauft Barockschrank im Wert von 100 000 und nutzt ihn als Büroschrank; angemessen wäre ein Schrank im Wert bis 10 000. Als BA ist nur die **nach fiktiven AK** von 10 000 und der für einen „normalen" Büroschrank übl Nutzungsdauer zu berechnende AfA abzusetzen. Das ändert allerdings nichts daran, dass der Barockschrank **BV** wird und etwaige Veräußerungsgewinne/-verluste im Verhältnis zum Buchwert von 100 000 abzügl JahresAfA von 10 000 voll zu versteuern sind (str, aber stRspr: BFH X R 14/12, BFH/NV 15, 973; →Rn. 51, 564). Auch der für den privaten Pkw-Nutzungsanteil maßgebl Listenpreis iSv §§ 6 I Nr 4, 4 V Nr 6 bleibt trotz BA-Kürzung unverändert. – **Aufzeichnungen** →Rn. 654 ff.

Bei der Prüfung der **Gewinnerzielungsabsicht** bleiben die nicht abziehbare BA unberücksichtigt (BFH VIII B 50/24, BFH/NV 25, 1020 mwN). – **Investitionsabzug nach § 7g:** Für unangemessene Aufwendungen darf keine Rücklage gebildet werden (BFH X R 33/16, BStBl II 18, 185: drei Luxus-Pkw).

635 **13. Geldbußen; Ordnungsgelder; Verwarnungsgelder, § 4 V 1 Nr 8. – a) Abzugsverbot (Satz 1).** Unter das Abzugsverbot fallen betriebl veranlasste Geldbußen, Ordnungsgelder und Verwarnungsgeld, die von einem **dt Gericht,** einer **dt Behörde,** einem **EU-Organ** oder **EU-Mitgliedstaat** (letzteres nur bei Festsetzung *nach dem 31. 12. 18,* § 52 VI 10; →39. Aufl 2020, Rn. 4) festgesetzt worden sind. § 4 V 1 Nr 8 gilt damit nicht für ausl Sanktionen, die von anderen Staaten und Organen festgesetzt worden sind, und nicht für Vertragsstrafen. Privat veranlasste Sanktionen sind schon gem § 4 IV (und § 12 Nr 1) keine BA (vgl BFH VI B 133/14, BFH/NV 15, 1247 mwN). – Wesensmerkmal der betroffenen Sanktionen ist, dass sie rechtswidrige Handlungen ahnden, die (nur) gegen **Ordnungsrecht** verstoßen; für Strafverfahren gilt allein § 12 Nr 4 (BFH X R 6/23, DStR 25, 958, Rn. 15; zur Abgrenzung s auch BFH IV R 31/99, BStBl II 01, 536). Erfasst werden zB Geldbußen nach OWiG, berufsgerichtl Gesetzen und Disziplinargesetzen sowie Art 101, 102 AEUV (s iEinz EStR 4.13 II–IV). – Betroffen sind nur *gegen den StPfl* gerichtete Sanktionen, nicht solche, die er als ArbG für ArbN übernimmt (BA ArbG, Einnahmen ArbN ohne WK-Abzug, vgl BFH VI R 36/12, BStBl II 14, 278; s aber *TK* § 40 AO Rn. 17 mwN, mE zutr). **Rückstellungen** dürfen nicht gebildet werden (vgl BFH I R 15/19, BFH/NV 23, 803, Rn. 18). – § 4 V 1 Nr 8 ist **verfgemäß** (BFH I R 64/97, BStBl II 99, 656). Die Vorgaben des BVerfG zur Berücksichtigung der ESt-Belastung bei Abschöpfung eines wirtschaftl Vorteils (BVerfG BStBl II 90, 483) hat der Gesetzgeber rückwirkend in § 4 V 1 Nr 8 S 4 zutr berücksichtigt (→Rn. 638).

Hintergrund: Entgegen der jahrzehntelangen Praxis erkannte BFH GrS 2/82, BStBl II 84, 160 Geldbußen als BA an. Der Gesetzgeber hat daraufhin die bisherige Praxis mit § 4 V 1 Nr 8 S 1 gesetzl festgeschrieben. – ***Abgrenzung:*** Für **Geldstrafen** und **Nebenstrafen** gilt § 12 Nr 4 (→§ 12 Rn. 42 f); die beiden Regelungen schließen sich gegenseitig aus (BFH IV R 31/99,

BStBl II 01, 536). Zu **Sanktionszuschlägen** gem § 162 IV AO s § 4 V 1 Nr 12 (→ Rn. 647). **Haftungszahlungen** wegen Beihilfe zur StHinterziehung Dritter können zu Erwerbsaufwendungen führen (Schadensersatz ohne Straffunktion, BFH VI R 35/96, BStBl II 04, 641). **Einziehung von Gegenständen** nach §§ 76, 76a StGB s EStR 12.3; zu Verfallsanordnung gem § 73 StGB s BFH X R 23/12, BStBl II 14, 684 (nicht § 4 V 1 Nr 8, aber Nr 10 bei Zugrundelegung der stl Bruttoerträge; s auch *Schneider/Perrar* DB 14, 2428; *Hermenns/Sendke* FR 14, 550). **Gewinnabschöpfung** nach § 29a OWiG s Gehm NWB 12, 2149. Zu **Verkehrsdelikt** auf Dienstreise s FG RhPf EFG 16, 568, rkr. Zu **Kosten des Rechtsstreits** vor dem EuGH, in dem um die Rechtmäßigkeit einer von der Kommission verhängten betriebl veranlassten Geldbuße gestritten wird s FG Brem EFG 89, 185, rkr.

b) Auflagen; Weisungen (Satz 2). Das Abzugsverbot gilt auch für Auflagen und Weisungen in berufsgerichtl Verfahren, die sich nicht nur auf Ersatz des Schadens richten (zB nach § 153a StPO, § 56b StGB; zu Auflagen s BFH VIII R 21/11, BFH/NV 15, 191, auch zu Zahlung der PersGes für Ges'ter, Anm *G. Wacker* DStR 15, 1591; Abgrenzung zu Nebenstrafzweck nach § 56b II Nr 1 StGB s BFH VI R 37/06, BStBl II 10, 111). Das Abzugsverbot gilt darüber hinaus wohl auch für den **Strafzuschlag nach § 398a Nr 2 AO** nach Selbstanzeige (str, s *Roth* DStR 11, 1410 und Sonderregelung § 4 V Nr 12, → Rn. 647). **636**

c) Rückzahlungen (Satz 3). Zahlungen iSv S 1 und 2, die an den StPfl zurückfließen, sind keine BE (→ § 4 Rn. 460 „Abfindungen" *(5.b)*). Für Erstattungen durch Dritte gilt dies nicht. **637**

d) Abschöpfung des wirtschaftlichen Vorteils (Satz 4). Soweit mit einer Geldbuße nach Satz 1 (auch) der gesetzeswidrig erlangte wirtschaftl Vorteil abgeschöpft werden soll, sollten die zuständigen Behörden, Organe oder Gerichte bei der Verhängung der Sanktion die auf dem wirtschaftl Vorteil beruhende **ertragsteuerl Belastung berücksichtigen,** ggf im Schätzungswege; nur der um diese Belastung geminderte wirtschaftl Vorteil sollte abgeschöpft werden (vgl BFH I R 64/97, BStBl II 99, 656; zur unterschiedl Auswirkung s *Zimmerl/Roth* Ubg 19, 446). Bleibt die ertragsteuerl Belastung unberücksichtigt, greift das Abzugsverbot gem § 4 V 1 Nr 8 S 4 nicht ein; die Geldbuße ist *insoweit* als **BA** zu berücksichtigen (BFH XI R 40/17, BStBl II 19, 663, Rn. 27: Vermeidung einer verfwidrigen *Doppelbelastung*). Das gilt für alle Geldbußen, denen nach den zugrundeliegenden Bestimmungen **obj Abschöpfungswirkung** zukommt. Daran fehlt es idR, wenn die Höhe der Buße keinen Bezug zum wirtschaftl Vorteil aufweist; dass (wie faktisch immer) die Liquidität des büßenden Unternehmens belastet ist, genügt nicht (ausführl: BFH I R 15/19, BFH/NV 23, 803, Rn. 20: „subj Abschöpfungswille" unerhebl, Anm *Eilers* DStR 23, 986). Es kommt nicht darauf an, ob sich der abschöpfende Teil einer einheitl Geldbuße eindeutig abgrenzen lässt; ggf muss geschätzt werden (BFH I R 100/97, BStBl II 99, 658: zB nach Maßgabe der regulären gesetzl Höchstbeträge). Ist die hinterzogene Steuer erloschen (zB durch Zahlung), schließt **§ 73e StGB** eine Einziehung aus. **638**

EG-Kartellgeldbuße (BFH I R 15/19, BFH/NV 23, 803); **Bußgeld des Bundeskartellamts** (BFH XI R 40/17, BStBl II 19, 663); **Buße der EU-Kommission** (BFH IV R 4/12, BStBl II 14, 306; → 42. Aufl 2023, Rn. 638 mwN). – Zu **§ 81 II 1 GWB/§ 17 IV 1 OWiG** s BFH I R 100/97, BStBl II 99, 658; zu **§§ 73 ff StGB** s *Maciejewski/Schumacher* DStR 16, 2553; zu Verfall bei **Schmiergeldzahlungen** *Sedemund* DB 04, 2256.

14. Hinterziehungszinsen, § 4 V 1 Nr 8a. Zinsen iSv § 235 AO auf Betriebssteuern (und Zölle, s HessFG EFG 14, 1461, rkr) sind vom BA-Abzug ausgeschlossen (→ Rn. 520 „Steuern"). Da § 235 IV AO eine Anrechnung von Nachzahlungszinsen gem § 233a AO vorsieht, fallen auch diese unter das Abzugsverbot (s BR-Drs 356/19 S 98); das gilt erstmals für nach dem 31.12.2018 festgesetzte Zinsen (§ 52 VI 11). **640**

15. Ausgleichszahlungen bei Organschaft, § 4 V 1 Nr 9. S § 16 KStG und § 304 AktG sowie die Kommentierungen (*BH/Rode* § 16 KStG Rn. 1 ff; *Koch* § 304 AktG Rn. 1 ff) dazu; zu Zinsen nach § 305 III 3 AktG s FG Mster EFG 22, 416 rkr. **641**

16. Bestechungsgelder; Schmiergelder, § 4 V 1 Nr 10

Schrifttum: *Passarge* DStR 16, 482 (aktuelle Korruptionsbekämpfung); *Pelz* DStR 14, 449; *Gotzens* DStR 05, 673 (Risiken nützl Aufwendungen); *Preising/Kiesel* DStR 06, 118 (Probleme); *Schmidt/Leyh* NWB F 13, 1199 (Informationsaustausch); → 34. Aufl 2015, § 4 Rn. 607 mwN; → Rn. 521. – **Verwaltung:** *BMF* BStBl I 02, 1031; EStR/EStH 4.14. – **Gesetzesentwicklung:** → 30. Aufl 2011, § 4 Rn. 607 f (Geltung ab 1996; Verschärfung ab 1999, → Rn. 643).

642 **a) Abzugsverbot, § 4 V 1 Nr 10 S 1. – aa) Korruptionsbekämpfung.** Seit der Änderung durch das StEntlG 1999 ff (BGBl I 99, 402) setzt das Abzugsverbot keine rechtskräftige Verurteilung des Zuwendenden oder des Empfängers oder die Verhängung einer Geldbuße mehr voraus. Es genügt die **abstrakte Strafbarkeit** nach *deutschem* Recht als solche, unabhängig vom Verschulden, vom Vorliegen eines Strafantrags, von der Eröffnung eines Strafverfahrens, von einer Verurteilung und unabhängig vom Erfolg der Aufwendung (missglückter Bestechungsversuch, str; s auch BT-Drs 14/23, 169: wirksamere Bekämpfung von Korruption). – Bei den betroffenen Aufwendungen muss es sich um **BA** handeln, also um betriebl veranlasste Wertabflüsse (BFH IV R 25/18, BStBl II 21, 703 Rn. 34: Rechtsfrage, keine tatsächl Verständigung). Daran fehlt es zB bei entgangenen Einnahmen (→ Rn. 473) oder bei Rabattgewährung (*BMF* BStBl I 02, 1031 Tz 7). – Gegenstand des Abzugsverbots sind tatsächl zugewendete, nicht vergebl angebotene oder versprochene Geld- und Sachvorteile sowie damit zusammenhängende Aufwendungen. Bewertungsfragen stellen sich nicht, da nur die gebuchten Werte korrigiert werden. – § 4 V 1 Nr 10 beschränkt nur den BA-Abzug und sieht weder eine Einnahmeminderung beim Zuwendenden (anders als § 1 AStG) noch die Besteuerung beim Empfänger vor (§ 40 AO, → Rn. 448; ggf § 22 Nr 3). Die **Feststellungslast** trifft das FA (s auch BFH IV R 25/18, BStBl II 21, 703 Rn. 29).

Beispiele: AK des zugewandten Teppichs; Handwerkerlohn für die zugewandte Hausreparatur; Reise-, Transport- oder Telefonkosten; Beratungs- und Verteidigungskosten, s *BMF* BStBl I 02, 1031 Tz 8, *FM SchlH* DStR 10, 1890; *Stapf* DB 00, 1092; zu Verfallsanordnung § 73 StGB BFH X R 23/12, BStBl II 14, 684; *Hermenns/Sendke* FR 14, 550; *Maciejewski/Schumacher* DStR 16, 2553.

643 **bb) Rechtswidrige Handlung.** Sowohl der obj als auch der subj Tatbestand des jeweiligen Strafgesetzes muss erfüllt sein (so jetzt BFH IV R 25/18, BStBl II 21, 703 Rn. 29, zu Überfakturierung); das FA muss also Feststellungen zum Vorsatz des Zuwendenden treffen. Als **Geber** kommen alle inl, bei Auslandstaten uU nur dt StPfl in Frage (vgl § 9 V zu ArbN; Ges'ten werden die Handlungen ihrer Vorstände, Geschäftsführer, Prokuristen und Handelsbevollmächtigten zugerechnet, s § 30 I Nr 1–4 OWiG; *BMF* BStBl I 02, 1031 Rn. 7 und Rn. 19, 45, 46 – Auslandstaten), als **Empfänger** ursprüngl nur inl Amtsträger und Richter iSv § 11 I Nr 2, 3 StGB, Soldaten (vgl § 48 WStG, § 19 SG), Abgeordnete, ab 1.9.14 auch ehrenamtl kommunale Mandatsträger (§ 108e StGB idF BGBl I 14, 410) ua für den öffentl Dienst besonders Verpflichtete (zB öffentl Angestellte), bei Wettbewerbsverstößen auch Privatangestellte (§ 299 StGB), ab 2016 Ärzte (§ 299a, § 299b StGB, BGBl I 16, 1254; *Müller* NWB 16, 2284). – **Ausland** (s *Schrifttum* → 32. Aufl 2013, § 4 Rn. 611): Seit 1999 sind auch Bestechungsaufwendungen an bestimmte **ausl Amtsträger ua EU-Empfänger** nicht mehr abziehbar (s Art 2 §§ 1, 2 EUBestG; *BMF* BStBl I 02, 1031 Rn. 17 ff, 45, 46). Auslandstaten müssen im Inland verfolgbar sein (§§ 3–9 StGB; s *BMF* BStBl I 02, 1031 Rn. 26, 40). Der Vorteil kann auch **Dritten** zugutekommen (§§ 331 ff StGB; s auch zu verdeckten Zahlungen FG Mster EFG 10, 2053, rkr).

Eine **Bewirtung von Busfahrern** durch Raststättenbetreiber fällt nicht unter § 299 II StGB (BFH X R 24/17, BStBl II 18, 750); Direktzahlungen an **private Geschäftsinhaber** werden ebenfalls grds nicht erfasst (s *Bürger* DStR 03, 1421). Der Abzug rechtswidriger **Betriebsratsbegünstigungen** ist str (s *Rieble* BB 09, 1612).

b) Mitteilungspflichten, § 4 V 1 Nr 10 S 2–4. Gerichte, Staatsanwaltschaft und Verwaltungsbehörden müssen gem **Satz 2** *dienstl* erfahrene Tatsachen, die einen entspr Tatverdacht iSv Satz 1 begründen, dem FA mitteilen, um einen Abzug zu verhindern; *private* Kenntnisse begründen keine Mitteilungspflicht nach § 4 V 1 Nr 10. Ob ein **Anfangsverdacht** (§ 152 StPO, s BFH VII B 92/08, BStBl II 08, 850; *Pelz* DStR 14, 449 (453)) vorliegt, prüft gem **Satz 3** das FA, bevor es die Angaben an Staatsanwaltschaft oder Verwaltungsbehörden weiterleitet. Auf die Mitteilungspflichten hat das FA den StPfl hinzuweisen (s *BMF* BStBl I 02, 1031 Rn. 30; strafrechtl Verwertungsvoraussetzung, nach *FM Sachs* DStR 03, 1527; *OFD Nbg* DStR 03, 1927 nicht Mitteilungsvoraussetzung). 644

Die Regelung begründet keinen ungerechtfertigten Eingriff in **Persönlichkeitsrechte** (BFH VII B 92/08, BStBl II 08, 850). Zum Zusammenwirken von FinBeh und Staatsanwaltschaft s BGH 1 StR 90/09, BStBl I 10, 835. Zu Geldwäschemitteilung s § 31b AO/§ 261 StGB *OFD Ffm* DStR 04, 506.

17. Tonnagesteuer, § 4 V 1 Nr 11. Die pauschalierende Gewinnermittlung nach **§ 5a** (Tonnagesteuer) hatte durch Ausnutzung der Rechtsinstitute der kapitalistischen BetrAufsp und der kstl Organschaft sowie der BFH-Rspr zur unentgeltl Nutzungseinlage (→ Rn. 224) zu einer Aufspaltung der Betriebsergebnisse durch künstl Trennung von BE und BA geführt. Dies soll § 4 V 1 Nr 11 verhindern (BR-Drs 560/03, 13). Entscheidend ist der wirtschaftl Zusammenhang mit der Gewinnermittlung nach § 5a. 646

18. Sanktionszuschläge, § 4 V 1 Nr 12. Die Regelung schließt ab 2007 Zuschläge nach § 162 IV AO der *FinVerw* bei Verstoß gegen die Vorlage von Aufzeichnungen bei Auslandsgeschäften nach § 90 III AO wegen des Sanktionscharakters vom BA-Abzug aus. Weder kann dies auf andere Sanktionszuschläge ausgedehnt werden noch sollte daraus der Umkehrschluss gezogen werden, sonstige Sanktionszuschläge iZm Straf-/Ordnungswidrigkeitshandlungen würden nicht unter § 4 V Nr 8 fallen (zu Strafzuschlägen nach § 398a AO → Rn. 636). 647

19. Restrukturierungsfondsbeiträge, § 4 V 1 Nr 13. Eine Maßnahme der Finanzmarktstabilisierung ist die Einrichtung eines Restrukturierungsfonds zur Finanzierung künftiger Restrukturierungs- und Abwicklungsmaßnahmen bei systemrelevanten Banken. Der Fonds soll durch Beiträge aller Kreditinstitute entspr ihrem systemischen Risiko in nach dem 30.9.2010 beginnenden Wj aufgebaut werden, sog **Bankenabgabe.** Um die Steuerzahler nicht an der Finanzierung von Bankenrettungen zu beteiligen, sind die Jahresbeiträge der Banken iSv § 12 II RStruktFG nicht als BA absetzbar. Das Verbot ist verfgemäß (jedenfalls bis VZ 2014) und auch auf die ab 2015 EU-rechtl determinierte Bankenabgabe anzuwenden (BFH XI R 20/18, BStBl II 21, 296, VerfBeschw BVerfG 2 BvR 926/21; glA für VZ 2017: FG Hmb EFG 23, 200, Rev XI R 30/22 [ausgesetzt]; *Rehr* FR 22, 924; **aA** *Kube* DStR 16, 572; *Drüen* ZgK 21, Beilage zu Heft 23, 1 ff). Der Vorschlag des BR, auch Sonderbeiträge nach § 12 III RStruktFG vom Abzug auszunehmen, wurde nicht übernommen. 648

20. Betätigung mit Gewinnabsicht, § 4 V 2. Für StPfl, die mit Gewinnabsicht (zB als Gastwirt) Personen bewirten, ein Gästehaus oder eine Pension unterhalten oder Jagd und Fischerei betreiben, gelten die Abzugsverbote in § 4 V 1 Nr 2–4 nicht; betriebl veranlasste Aufwendungen können als BA berücksichtigt werden. lEinz → Rn. 541, 560, 567. 649

21. Privataufwendungen (§ 12 Nr 1), § 4 V 3. Unter § 12 Nr 1 S 1 fallende Aufwendungen für die **private Lebensführung** sind bereits begriffl keine BA iSv § 4 IV (→ § 12 Rn. 8). – Während § 4 V 1 Aufwendungen betrifft, die zwar nicht betriebsnotwendig, aber doch betriebl veranlasst sind, erfasst § 12 Nr 1 S 2 Aufwendungen, die als sog **Repräsentationskosten** ganz oder zT durch die private Lebensführung veranlasst sind, gleichzeitig aber der Förderung des Berufs dienen; betriebl und 650 private Veranlassung greifen hier so ineinander, dass eine Trennung unmögl wäre oder nur willkürl erfolgen könnte (→ § 12 Rn. 9 mit Beispielen). Eine Berücksichtigung als BA (§ 4 IV) ist daher ausgeschlossen. – Zu § 12 Nr 3–4 → § 12 Rn. 38 ff.

651 **22. Gewerbesteuer, § 4 Vb.** Entgegen Wortlaut und unsystematischer Stellung handelt es sich um ein **BA-Abzugsverbot** iSv § 4 V; denn die GewSt ist BA (zur Gleichbehandlung iZm § 4 IVa und § 34a → Rn. 521). Die Regelung beeinträchtigt das obj Nettoprinzip, ist aber **verfgemäß** (zu KapGes: BFH I R 21/12, BStBl II 14, 531, VerfBeschw nicht angenommen; zu PersGes: BFH IV R 8/13, BStBl II 15, 1046; *Müller-Gatermann* FR 18, 389 (400); zu den Folgen nach Vorläufigkeitsvermerk s BFH IV R 13/21, BFH/NV 24, 371). § 4 Vb ist **bei allen Gewinnermittlungsarten** zu berücksichtigen (s § 5 VI; → § 16 Rn. 302, 311), aber nur beim Schuldner der GewSt (BFH IV R 18/17, BStBl II 19, 696: nicht bei vertragl Übernahme; Anm *Nöcker* FR 19, 614 (617)); erfasst werden auch GewSt-Zinsen und andere **Nebenleistungen** iSv § 3 IV AO (s *OFD NRW* DStR 15, 2777; vgl auch BFH IX B 21/18, BStBl II 18, 415; BFH I R 24/19, BStBl II 24, 550 Rn. 62: Gebühr für verbindliche Auskunft). Rückstellungen entfallen bzw sind außerbilanziell zu neutralisieren (*OFD Mster* DStR 10, 1890, EStR 5.7 I; zu § 4 III DB 10, 24). – **Erstattungszinsen** sind dagegen BE (FG Ddorf EFG 23, 1215, Rev IV R 16/23; *HHR/Tiede* § 4 Rn. 1985). – **Ausl GewSt** und sonstige lokale UnternehmenSt sind nicht betroffen (glA *Kollruss* BB 08, 1373).

Die **Streichung des GewSt-Abzugs** als BA (seit VZ 2008) beendete die wechselseitige Beeinflussung der Bemessungsgrundlagen der GewSt und der ESt/KSt; er erleichtert die Gewinnberechnung und klärt die (unterschiedl) Ertragshoheiten. Zum **Ausgleich** sind der Anrechnungsfaktor für die ESt-Ermäßigung bei gewerbl Einkünften nach § 35 ab 2008 von 1,8 auf 3,8 erhöht und die GewStMesszahl von 5% auf 3,5% gesenkt worden (§ 11 II GewStG).

652 **23. Förderung staatspolitischer Zwecke, § 4 VI.** → Rn. 520 „Spenden".

654 **24. Gesonderte Aufzeichnung, § 4 VII. – a) Anwendungsbereich.** § 4 VII betrifft nur einzelne Aufwendungen iSv § 4 V 1 Nr 1–4, 6b und 7. Nach dem Gesetzeswortlaut ist der Aufwand als materiell-rechtl Voraussetzung *für jede Gruppe* ihrer Art nach gesondert aufzuzeichnen, also für alle Geschenke, Nr 1, für alle Bewirtungen, Nr 2 usw (s auch EStR 4.11 I), auch soweit die betriebl Veranlassung feststeht und kein Abzugsverbot nach § 4 V eingreift (BFH I B 125/06, BFH/NV 07, 1305). Die Einbeziehung *ihrer Art nach nicht unter § 4 V fallender* Aufwendungen ist grds schädl. **Ausnahmen:** Offenbare **Fehlbuchungen** und **versehentl Mitbuchung** wegen rechtl Zweifel, wenn der Nachweiszweck gesichert ist (s BFH IV R 20/99, BStBl II 00, 203). Die Zusammenfassung verschiedener Gruppen iSv § 4 V lässt EStR 4.11 bei sachl Zusammenhang zu (→ Rn. 656). Die Mitbuchung voll abziehbarer Kosten *innerhalb einer Gruppe* ist nicht Voraussetzung für den Abzug, steht ihm jedoch auch nicht entgegen (zB Geschenke ab und unter 35 € [→ Rn. 538] oder an ArbN und Dritte), vgl BFH IV R 20/99, BStBl II 00, 203, EStR 4.11. Ausnahmen → Rn. 656. § 4 VII ist unabhängig von der Gewinnermittlungsart und gilt, trotz Wegfalls der Verweisung in § 4 III 1, nach hM auch für **§ 4 III** (s BFH IV R 47/02, BFH/NV 04, 1402, → Rn. 655). Die Anforderungen sind unterschiedl für die einzelnen BA (→ Rn. 656).

655 **b) Art der Aufzeichnung (EStR 4.11).** „Einzeln und getrennt von den sonstigen Betriebsausgaben" bedeutet Aufzeichnung auf einem besonderen Konto oder in einer besonderen Spalte der Buchführung. Belegablage allein genügt auch bei **§ 4 III** nicht (BFH IV R 207/85, BStBl II 88, 611; BFH IV R 47/02, BFH/NV 04, 1402). Nach BFH VIII R 208/78, BStBl II 80, 745 schließt die Buchung zusammen mit anderen – nicht unter § 4 V 1 Nr 1–4, 6b, 7 fallenden (sonst uU → Rn. 656) – BA die Abzugsmöglichkeit aus, auch bei vorübergehender Buchung in der letzten Spalte des Amerikanischen Journals und Aufteilung im Hauptbuch zum Monatsende

(aber → Rn. 654). Die Aufzeichnung muss **zeitnah** erfolgen, dh grds 10 Tage bis höchstens 1 Monat nach dem Geschäftsvorfall, keinesfalls durch Umbuchung nach Ablauf des Geschäftsjahres (BFH I R 62/88, BStBl II 91, 28 mit Abgrenzung zu nachträgl **Ergänzung**). Zu **Fehlbuchungen** → Rn. 654.

c) Ausnahmen. Zu **§ 4 V 1 Nr 1–4, 6b, 7:** Zusammenfassung aller *dieser* BA (→ Rn. 655) auf *einem* Konto oder in *einer* Spalte gem EStR 4.11 (zweifelhaft, ob Einzelaufzeichnung; s auch HessFG EFG 24, 1290, Rev VIII R 6/24); zu Benennung des tatsächl Empfängers s *Starke* FR 06, 501. Aufzeichnung von Werbekalendern → Rn. 538. – Zu **§ 4 V 1 Nr 1:** Sammelbuchung bestimmter Geschenke gem EStR 4.11 II. Geringfügige Geschenke s EStR 4.11, → Rn. 538. – Zu **§ 4 V 1 Nr 2:** Verzicht auf besondere Aufzeichnungen bei Bewirtung im Betrieb und Unzumutbarkeit (EStR 4.10 IX; zu unbekannten Teilnehmern BFH IV R 95/86, BStBl II 88, 581); vgl auch EStR 4.10 V 9 zu geringen Aufmerksamkeiten mit Abgrenzung bei Messeeinladungen durch FG Mster EFG 96, 1203, aus anderen Gründen aufgehoben, und EStR 4.10 VIII 4 zu Rechnungen bis 250 € ohne Namen des StPfl = BFH I R 168/85, BStBl II 90, 903 (aber Angabe der Gaststätte, s *BMF* BStBl I 25, 1938 Rn. 4); → Rn. 654 zu irrtüml Fehlbuchung; BFH IV R 50/01, BStBl II 04, 502 zu Bedeutung des Berufsgeheimnisses (hier bei RA; → Rn. 554 zu Journalisten und Empfängerbenennung). – Zu **§ 4 V 1 Nr 5** keine gesonderte Reisekostenaufzeichnung (Streichung in § 4 VII). – **§ 4 V 1 Nr 3, Nr 6b.** Die auf das häusl Arbeitszimmer anteilig entfallenden Finanzierungskosten können anhand der Jahresabrechnung geschätzt werden, ebenso verbrauchsabhängige Aufwendungen (Wasser, Strom). Beim Abzug der Jahrespauschale gilt § 4 VII nicht. S *BMF* BStBl I BStBl I 23, 1551 Rn. 25 f. 656

d) Rechtsfolgen. Ausschluss vom Abzug als BA bzw Zurechnung außerhalb der Bilanz (§ 4 VII 2, BFH III R 20/85, BStBl II 88, 613), ohne Ersatznachweismöglichkeit (FG Hmb EFG 94, 780, rkr), auch bei **Belegverlust** (FG Hmb EFG 85, 547, rkr), **wenigen Vorgängen** (BFH IV R 122/88, BFH/NV 90, 495) und **Bagatellfällen** (FG Ddorf EFG 89, 104, rkr; **aA** FG Bln EFG 89, 165, rkr). Versehentl **Fehlbuchung** → Rn. 654. – Zur Bedeutung für die **USt** s BFH V R 52/17, BStBl II 19, 345. Zu Mitwirkungs- und Aufzeichnungspflichten bei **Auslandsgeschäften** s § 90 II, III AO. 657

25. Verteilung von Gebäudeerhaltungsaufwand, § 4 VIII. Die Regelung übernimmt seit 1990 die früher in §§ 11h, 11k EStDV geregelte Verteilungsmöglichkeit von Erhaltungsaufwand bestimmter Wohngebäude auf 2–5 Jahre (Sanierungsgebiet, Baudenkmal iSv §§ 11a, b). 658

26. Aufwendungen für Erstausbildung, § 4 IX. Aufwendungen für die berufl/betriebl Aus- und Fortbildung sind Erwerbsaufwand und als solcher nach dem obj Nettoprinzip estl grds zu berücksichtigen (vgl BVerfG 2 BvL 1–2/07, 1–2/08, DStR 08, 2460 unter C.II.1; zu WK s auch BFH VI R 137/01, BStBl II 03, 407: berufsbegleitendes Erststudium). Das gilt auch für die Kosten einer erstmaligen Berufsausbildung und eines Studiums als Erstausbildung. Diesen Grundsatz schränkt § 4 IX iVm § 9 VI 2–5 idF des BeitrRLUmsG ein. Die **Verfassungsmäßigkeit** dieser Regelungen hat das BVerfG in Bezug auf § 9 VI bestätigt (BVerfG 2 BvL 22/14, DStR 20, 93; s dazu *Köster* DStZ 20, 152; krit *Hey* FR 20, 578; *Maciejewski* FR 20, 545); für § 4 IX gilt das gleichermaßen und zwar rückwirkend ab VZ 2004 (BFH VIII R 4/20, BStBl II 21, 11: Erststudium auch bei bereits ausgeübter künstlerischer Tätigkeit). IEinz → § 9 Rn. 340 ff. 659

27. Übernachtungspauschale für Berufskraftfahrer, § 4 X. Die Pauschale in § 9 I 3 Nr 5b (→ § 9 Rn. 263) gilt auch iRd Gewinnermittlung nach § 4 I und III. 660

28. Benennung des Empfängers, § 160 AO. Die Benennung des Empfängers von BA kann nicht erzwungen werden. Die Nichtbenennung trotz Aufforderung 661 hat jedoch die (nur) materiell-rechtl Wirkung eines Abzugsverbots und schränkt die Aufklärungspflicht von FA/FG ein (BFH I R 7/81, BStBl II 86, 318). Es handelt sich um eine Art Haftung des Zahlenden und ist verfgemäß (BVerfG StEd 97, 235). Zu § 48 IV Nr 1 EStG s BFH IV R 4/20, BStBl II 22, 271. – S iEinz Kommentierungen zu § 160 AO; *Bruschke* DStZ 14, 315.

Beispiele: Bei ausl **Domizilgesellschaft/Basisgesellschaft** kommt es auf den wirkl Empfänger an (BFH IV R 25/18, BStBl II 21, 703 Rn. 44; s auch BFH IV R 27/09, BStBl II 13, 989; Grenze: NdsFG EFG 15, 2145, rkr; *Gehm* StBP 15, 283); Ausgaben zum **Erwerb aktivierungspflichtiger WG** fallen unter § 160 AO (BFH IV R 27/09, BStBl II 13, 989: TW-Abschreibung; *Jorde/Verfürth* DB 14, 563); für **durchlaufende Posten** gilt § 160 AO nicht (BFH IV R 26/16, BFH/NV 18, 1260, Rn. 37 ff); zu nachträgl **Änderung nach Bestandskraft** (§ 173 AO) s BFH X R 9/13, BStBl II 16, 815, und BFH III R 28/14, BStBl II 17, 743.

662 **29. Weitere Abzugsverbote.** Zu § 3c und §§ 4c ff s jeweils dort. Zu § 8 StAbwG iVm § 2 StAbwVO s *Haun/Sauer* IStR 21, 917; *Nientimp ua* IStR 2023, 234; *Kölbl/Masannek* Ubg 23, 482.

F. Wechsel der Gewinnermittlungsart

I. Allgemeines

680 **1. Zulässigkeit des Wechsels.** Auch wenn Wahl und Wechsel der Gewinnermittlungsart **prinzipiell unbefristet** mögl sind (dh formal bis zur Bestandskraft der StFestsetzung, → Rn. 10), ergeben sich faktische **Schranken** durch die Gewinnermittlungsvorschriften des § 4 I und III: Der Wechsel *von § 4 III zu § 4 I/§ 5* setzt Maßnahmen zum Jahresbeginn voraus und kann ohne zeitnahe Erstellung einer EB und Einrichtung einer kfm Buchführung nicht nachgeholt werden (s BFH IV R 39/13, BStBl II 17, 154 mwN; BFH III R 13/13, BStBl II 16, 468). Umgekehrt kann der Wechsel *von § 4 I/§ 5 nach § 4 III* auch noch nach Ablauf des Wj erklärt werden (RsprErweiterung in BFH IV R 57/07, BStBl II 09, 659; s auch BFH X R 15/11, BFH/NV 13, 1548: bis zum Schluss der mündl Verhandlung; BFH I R 5/21, BFH/NV 25, 664: ausl PersGes). – Hat der StPfl seine **Wahl wirksam ausgeübt,** etwa durch Erstellen eines Abschlusses (BFH IV R 57/07, BStBl II 09, 659) oder durch eine entspr Mitteilung an das FA, ist ein Wechsel für das gleiche Wj auch vor Eintritt der Bestandskraft nur bei Vorliegen **besonderer Gründe** zulässig; ein Irrtum über die steuerl Folgen der Wahl genügt nicht (BFH IV R 39/13, BStBl II 17, 154; BFH X R 1/23, BStBl II 25, 236). – Bei **LuF** ist § 13a II zu beachten. Auch ansonsten ist ein willkürl Hin- und Herschwanken unzulässig (s BFH IV R 84/93, BStBl II 94, 932). – *Otto* NJW 10, 3601 zu Übergangsgewinn bei RA; *Schoor* StBP 15, 45.

Bindung an ausgeübte Wahl mindestens 3 Jahre (BFH IV R 18/00, BStBl II 01, 102), bei Erstwahl nur bei Kenntnis des Wahlrechts (keine „Wahl" durch Erklärung von gewerbl Einkünften als solche aus VuV, BFH III R 72/11, BStBl II 13, 684; Abgrenzung zu Fortgeltung der § 4 III-Wahl in BFH X R 58/06, BStBl II 09, 368; zu Unkenntnis über gemischte Tätigkeit BFH X R 28/06, BFH/NV 09, 1979), auch ohne Kenntnis der Folgen (BFH IV R 111/83, BFH/NV 86, 158). – Ohne Wahlrechtsausübung bei Buchführungspflicht **Schätzung** nach § 4 I/§ 5 (BFH VIII R 201/78, BStBl II 81, 301, § 162 II 2 AO, EStR 4.1 II). – Zur zehnjährigen Bindung nach **§ 5a III** (Tonnagesteuer) → § 5a Rn. 32.

681 **2. Auswirkungen auf stille Reserven.** Durch Änderung der Gewinnermittlungsart wird ein WG nicht aus dem BV entnommen (BFH X R 11/22, DStR 24, 1976 Rn. 25 mwN), sodass stille Reserven nicht zu versteuern sind (§ 4 I 6), auch wenn die Zuführung des WG nach dem Wechsel nicht mehr mögl wäre. Die Streichung von § 4 III in § 4 I 6 ändert jedoch nichts daran, dass durch den Wechsel zur Sicherstellung eines einheitl Totalgewinns **Zu- und Abrechnungen** zum lfd Ge-

winn anfallen können. Außerdem können sich Auswirkungen über **§ 34a** ergeben (§ 34a VI 1 Nr 3).

3. Zurechnungen/Abrechnungen beim laufenden Gewinn. Das Gesetz enthält keine ausdrückl Regelung. EStR 4.6 mit Anlage und 4.5 VI geben die stRspr des BFH wieder und werden zutr allg gebilligt (zB BFH I R 124/93, BStBl II 94, 852). Die Gewinnermittlung nach § 4 I/§ 5 und nach § 4 III kann zu unterschiedl Periodengewinnen führen. Trotzdem muss der Gesamtgewinn von Beginn bis Ende des Betriebes gleich hoch sein (→ Rn. 11). Das lässt sich häufig nur durch Korrekturen im Zeitpunkt des Wechsels erreichen (Zu-/Abschläge, → Rn. 691). 682

4. Sonderfälle. Bei **§ 13a** ist zu unterscheiden: Die Gewinnermittlung beruht zT auf den Grundsätzen von § 4 I (Grundbetrag, s § 13a IV 1), zT auf denen der Überschussrechnung nach § 4 III (Zuschläge, vgl → § 13 Rn. 21). Korrektur nach allg Grundsätzen (→ Rn. 691, BFH IV R 33/97, BStBl II 98, 145). Beim Wechsel von § 4 III zu § 13a ist eine Überleitungsrechnung zu erstellen (BFH VI R 31/20, BStBl II 23, 852, Rn. 14). – Übergang zu **Tonnagebesteuerung** s § 5a IV, BFH IV R 40/08, BFH/NV 12, 393. 683

5. Korrekturen bei Schätzung. – a) Schätzung des Vermögenszuwachses. 684
Bei griffweiser Schätzung der Besteuerungsgrundlagen wird der wahrscheinl Vermögenszuwachs nach den Grundsätzen von § 4 I/§ 5 als Gewinn geschätzt (vgl FG Mchn EFG 14, 1949, rkr, mwN). Korrekturen im Jahr der Schätzung sind nur dann vorzunehmen, wenn der Gewinn im Vorjahr, nicht jedoch im Schätzungsjahr nach § 4 III zu ermitteln war (BFH VIII R 225/80, BStBl II 84, 504 unter 1d, EStR 4.1 II/4.6 I); dann entfallen Korrekturen auf Grund späteren Übergangs zum BV-Vergleich.

b) Schätzung bei Ist-Rechnung. Hat der StPfl den Gewinn *tatsächl* – berechtigt oder unberechtigt, vgl BFH IV R 155/83, BStBl II 85, 255, – durch Gegenüberstellung der Ist-BE/Ist-BA ermittelt und hat das FA unter Beibehaltung dieser Gewinnermittlungsart einzelne Besteuerungsgrundlagen geschätzt, erfolgen wie bei § 13a (→ Rn. 683) im Zeitpunkt eines späteren Übergangs zu § 4 I/§ 5 Korrekturen (BFH IV B 8/75, BStBl II 75, 732). 685

II. Durchführung

1. Prüfung im Einzelfall. – a) Prüfungsfragen. Bei jedem noch nicht endgültig abgeschlossenen Geschäftsvorgang bzw bei jedem im Zeitpunkt des Übergangs bilanzierten oder zu bilanzierenden Aktiv- oder Passivwert (BFH IV 270/65, BStBl II 70, 745) ist zu untersuchen: – ***(1)*** Welche (Gesamt-)Gewinnauswirkung sieht das Gesetz vor? Das ist idR unmittelbar nach den Grundsätzen des BV-Vergleichs zu beurteilen (dazu → Rn. 82 ff und § 5). – ***(2)*** Welche Gewinnauswirkung ist nach der *bisherigen* Gewinnermittlungsart bereits eingetreten durch Mehrung oder Minderung des BV bzw durch den Ansatz von BE oder BA? – ***(3)*** Welche Gewinnauswirkung ist nach der *neuen* Gewinnermittlungsart ohne Zu- und Abrechnungen zu erwarten? 690

b) Ergebnis. Jeder Vorgang mit gesetzl Gewinnauswirkung muss und darf nur insgesamt einmal erfasst werden (BFH VI R 31/20, BStBl II 23, 852). Ein gewinnneutraler Vorgang, der sich bereits ausgewirkt hat und nicht mehr gegenläufig auswirken würde, muss neutralisiert werden (*Beispiel:* Anschaffung von Waren bei § 4 III → Rn. 382). Eine zu hohe Gesamtauswirkung ist durch *Abschlag,* eine zu niedrige Gesamtauswirkung durch *Zuschlag* zu korrigieren; eine ausdrückl gesetzl Regelung braucht es hierzu nicht (BFH VI R 31/20, BStBl II 23, 852, Rn. 14). Beim **Übergang von § 4 III zu § 4 I/§ 5** werden die einzelnen WG – gewinnneutral – in der Eröffnungsbilanz mit demjenigen Wert angesetzt, mit dem sie zu Buche stehen würden, wenn der Gewinn von Anfang an durch Bestandsvergleich ermittelt worden 691 wäre (Korrektur der vergangenen Gewinne, vgl EStR 4.6, BFH I R 255/71, BStBl II 74, 518). Beim **Übergang von § 4 I/§ 5 zu § 4 III** waren die vergangenen Gewinne zutr ermittelt; es ist jedoch den Besonderheiten der Überschussermittlung Rechnung zu tragen (EStR 4.6). **Übergang von § 13a auf § 4 III** s BFH IV R 56/01, BStBl II 03, 801.

692 **2. Beispiele.** → 39. Aufl 2020, Rn. 658 f und Übersicht Anlage zu EStR 4.6.

693 **3. Laufender Gewinn.** Bei dem Übergangsgewinn handelt es sich – auch im Falle der Betriebsveräußerung – um einen Teil des lfd Gewinns, bei der GewSt um lfd Gewerbeertrag (GewStR 7.1 III, BFH VIII R 32/67, BStBl II 73, 233; zu Ausscheiden aus PersGes BFH IV R 67/98, BStBl II 00, 179 – zweifelnd *Kanzler* FR 00, 100). Es ändert sich ledigl der Zeitpunkt der Versteuerung (→ Rn. 684). Eine Trennung vom sonstigen lfd Gewinn des Übergangsjahres erfolgt nicht, auch nicht für den Zinsabzug nach § 4 IVa (BFH VIII R 5/08, BeckRS 2012, 95375).

Die Auflösung eines wegen eines Zinszuschusses gebildeten **passiven RAP** bei Betriebsaufgabe führt zu einem Aufgabegewinn, wenn das dem Zinszuschuss zugrundeliegende Darlehen fortgeführt wird (BFH VI R 51/16, BStBl II 18, 778), die Auflösung eines **Investitionsabzugsposten**s zu lfd Gewinn (BFH X R 16/15, BFH/NV 16, 1444).

694 **4. Zeitpunkt der Entscheidung/Versteuerung. – a) Übergang von § 4 III auf §§ 4 I/5.** Über die Höhe des Übergangsgewinns ist im ersten Jahr der geänderten Gewinnermittlung zu entscheiden (Übergangsjahr, BFH IV R 39/89, BStBl II 90, 495; **aA** *HHR/Schober* vor §§ 4–7 Rn. 70; offen gelassen in BFH IV B 46/17, BFH/NV 18, 728). Der Gewinn/Verlust ist grds auch in diesem Jahr zu versteuern. Die Verwaltung lässt in Härtefällen uU (bei hohen Zuschlägen) aus Billigkeitsgründen eine von der Rspr gebilligte gleichmäßige **Verteilung** auf 2 oder 3 Jahre zu (EStR 4.6 I 2), auch bei Einbringung in GbR zu Buchwerten, s FG Mster EFG 08, 763, rkr. – **Ausnahmen:** Betriebsveräußerung (→ Rn. 698); Verluste (BFH VIII R 17/10, BStBl II 13, 820, Anm *Kanzler* FR 14, 21). Auch bei Verteilung ist im Übergangsjahr mit Bindungswirkung für die Folgejahre über die Höhe der Korrekturen zu entscheiden (BFH VIII R 20/68, BStBl II 74, 303; → Rn. 696). Abschlagsverluste können gem § 10d abgezogen werden (mE auch durch Rücktrag nach § 10d I). Beim Zusammenfallen mit Strukturwandel ändert sich nach BFH I R 134/78, BStBl II 81, 780 auch die Art des Übergangsgewinns (str).

695 **b) Übergang von § 4 I/§ 5 auf 4 III.** Es gelten die Grundsätze → Rn. 694. Außerdem uU Nachversteuerung nach **§ 34a VI 1 Nr 3. Ausnahmen:** Grds keine Verteilung; die Korrektur kann in Ausnahmefällen auf Antrag in spätere Jahre der tatsächl Auswirkung verschoben werden (EStH 4.6).

Beispiel: Rückstellung in der Bilanz 01, ab 02 Übergang zu § 4 III, Zahlung im Jahre 03. Grds Zuschlag in 02 und BA 03. Ausnahmsweise Zuschlag (und BA) erst 03.

696 **5. Rechtsfolgen fehlerhafter Ermittlung. – a) Fehler bei Festsetzung des Übergangsgewinns.** Sie können nur durch Berichtigung der ESt-Veranlagung des Übergangsjahres (→ Rn. 694) berichtigt und mit Rechtsbehelf gegen diesen Bescheid angefochten werden, auch bei Verteilung des Übergangsgewinns (→ Rn. 694, BFH X R 32/13, BStBl II 16, 139; FG Mchn EFG 10, 1678, rkr – keine spätere Bilanzberichtigung). Kein Ausgleich durch erneuten Wechsel der Gewinnermittlungsart, wenn die betr Bilanzposten dann nicht mehr vorhanden sind (BFH IV 270/65, BStBl II 70, 745).

697 **b) Nachholung unterlassener Korrekturen einzelner Bilanzposten.** Sie ist uU mögl im Jahr der tatsächl Auswirkung (oder eines vorangehenden weiteren Wechsels der Gewinnermittlungsart, → Rn. 696), damit der StPfl keinen ungerechtfertigten StVorteil erlangt (allerdings keine Nachholung einer fehlerhaften Gewinn-

auswirkung zu Unrecht bilanzierter WG in späteren VZ, → Rn. 696, 310). – *Beispiele* → 39. Aufl 2020, Rn. 667.

6. Veräußerung, Aufgabe und Einbringung von Betrieben. Zum Zeitpunkt der Veräußerung muss der StPfl den Wert des BV nach § 4 I/§ 5 ermitteln (§ 16 II 2). lEinz → § 16 Rn. 305 und → § 18 Rn. 230 ff; *Korn* FR 05, 1236; *Otto* NJW 10, 3601. 698

7. Unentgeltliche Betriebsübertragung. Schenkung oder Erbschaft bewirken als solche keinen Wechsel der Gewinnermittlungsart. Der Rechtsnachfolger tritt in die Stellung des Rechtsvorgängers ein (vgl § 1922 BGB, § 6 III) und übernimmt verteilten Übergangsgewinn (BFH VIII R 22/67, BStBl II 72, 338 – s aber BFH IV R 18/97, BStBl II 98, 290: Auflösung 2-PersGes mit Fortsetzungsklausel). Wechselt der Rechtsnachfolger die Gewinnermittlung, sind die Verhältnisse des Rechtsvorgängers bei den Korrekturen zu beachten (BFH I R 184/69, BStBl II 71, 526). Ebenso bei **Realteilung** und Umwandlung ohne Gewinnrealisierung (→ § 16 Rn. 541; BFH III R 32/12, BStBl II 14, 242; zu Rückstellungsauflösung BFH VIII R 45/12, BStBl II 15, 759; jetzt auch *OFD NRW* DStR 16, 1031). Vgl → Rn. 698; *Schoor* NWB 13, 3239. 699

8. Übergang zur Liebhaberei. Der Übergangsgewinn ist erst bei tatsächl Betriebsaufgabe/Betriebsveräußerung zu erfassen (→ § 2 Rn. 23, → § 16 Rn. 156); die **Höhe** der zu versteuernden stillen Reserven richtet sich allerdings nach dem Zeitpunkt des Übergangs zur Liebhaberei (vgl BFH X R 15/15, BStBl II 17, 112; BFH X R 61/14, BStBl II 16, 939; s auch; *Kanzler* FR 23, 241 (249)). – Zu Auswirkungen auf § 7g s BFH X R 2/16, BFH/NV 18, 421. 700

§ 4a Gewinnermittlungszeitraum, Wirtschaftsjahr

(1) **[1]Bei Land- und Forstwirten und bei Gewerbetreibenden ist der Gewinn nach dem Wirtschaftsjahr zu ermitteln. [2]Wirtschaftsjahr ist**

1. **bei Land- und Forstwirten der Zeitraum vom 1. Juli bis zum 30. Juni. [2]Durch Rechtsverordnung kann für einzelne Gruppen von Land- und Forstwirten ein anderer Zeitraum bestimmt werden, wenn das aus wirtschaftlichen Gründen erforderlich ist;**
2. **bei Gewerbetreibenden, deren Firma im Handelsregister eingetragen ist, der Zeitraum, für den sie regelmäßig Abschlüsse machen. [2]Die Umstellung des Wirtschaftsjahres auf einen vom Kalenderjahr abweichenden Zeitraum ist steuerlich nur wirksam, wenn sie im Einvernehmen mit dem Finanzamt vorgenommen wird;**
3. **bei anderen Gewerbetreibenden das Kalenderjahr. [2]Sind sie gleichzeitig buchführende Land- und Forstwirte, so können sie mit Zustimmung des Finanzamts den nach Nummer 1 maßgebenden Zeitraum als Wirtschaftsjahr für den Gewerbebetrieb bestimmen, wenn sie für den Gewerbebetrieb Bücher führen und für diesen Zeitraum regelmäßig Abschlüsse machen.**

(2) **Bei Land- und Forstwirten und bei Gewerbetreibenden, deren Wirtschaftsjahr vom Kalenderjahr abweicht, ist der Gewinn aus Land- und Forstwirtschaft oder aus Gewerbebetrieb bei der Ermittlung des Einkommens in folgender Weise zu berücksichtigen:**

1. **[1]Bei Land- und Forstwirten ist der Gewinn des Wirtschaftsjahres auf das Kalenderjahr, in dem das Wirtschaftsjahr beginnt, und auf das Kalenderjahr, in dem das Wirtschaftsjahr endet, entsprechend dem zeitlichen Anteil aufzuteilen. [2]Bei der Aufteilung sind Veräußerungsgewinne im Sinne des § 14 auszuscheiden und dem Gewinn des Kalenderjahres hinzuzurechnen, in dem sie entstanden sind;**

2. **bei Gewerbetreibenden gilt der Gewinn des Wirtschaftsjahres als in dem Kalenderjahr bezogen, in dem das Wirtschaftsjahr endet.**

Einkommensteuer-Durchführungsverordnung:

§ 8b EStDV *Wirtschaftsjahr*

[1]Das Wirtschaftsjahr umfasst einen Zeitraum von zwölf Monaten. [2]Es darf einen Zeitraum von weniger als zwölf Monaten umfassen, wenn
1. **ein Betrieb eröffnet, erworben, aufgegeben oder veräußert wird oder**
2. **ein Steuerpflichtiger von regelmäßigen Abschlüssen auf einen bestimmten Tag zu regelmäßigen Abschlüssen auf einen anderen bestimmten Tag übergeht. [2]Bei Umstellung eines Wirtschaftsjahrs, das mit dem Kalenderjahr übereinstimmt, auf ein vom Kalenderjahr abweichendes Wirtschaftsjahr und bei Umstellung eines vom Kalenderjahr abweichenden Wirtschaftsjahrs auf ein anderes vom Kalenderjahr abweichendes Wirtschaftsjahr gilt dies nur, wenn die Umstellung im Einvernehmen mit dem Finanzamt vorgenommen wird.**

§ 8c EStDV *Wirtschaftsjahr bei Land- und Forstwirten*

(1) **[1]Als Wirtschaftsjahr im Sinne des § 4a Abs. 1 Nr. 1 des Gesetzes können Betriebe mit**
1. **einem Futterbauanteil von 80 Prozent und mehr der Fläche der landwirtschaftlichen Nutzung den Zeitraum vom 1. Mai bis 30. April,**
2. **reiner Forstwirtschaft den Zeitraum vom 1. Oktober bis 30. September,**
3. **reinem Weinbau den Zeitraum vom 1. September bis 31. August**

bestimmen. [2]Ein Betrieb der in Satz 1 bezeichneten Art liegt auch dann vor, wenn daneben in geringem Umfang noch eine andere land- und forstwirtschaftliche Nutzung vorhanden ist. [3]Soweit die Oberfinanzdirektionen vor dem 1. Januar 1955 ein anderes als die in § 4a Abs. 1 Nr. 1 des Gesetzes oder in Satz 1 bezeichneten Wirtschaftsjahre festgesetzt haben, kann dieser andere Zeitraum als Wirtschaftsjahr bestimmt werden; dies gilt nicht für den Weinbau.

(2) **[1]Land- und forstwirtschaftliche Betriebe können auch das Kalenderjahr als Wirtschaftsjahr bestimmen. [2]Stellt ein Land- und Forstwirt von einem vom Kalenderjahr abweichenden Wirtschaftsjahr auf ein mit dem Kalenderjahr übereinstimmendes Wirtschaftsjahr um, verlängert sich das letzte vom Kalenderjahr abweichende Wirtschaftsjahr um den Zeitraum bis zum Beginn des ersten mit dem Kalenderjahr übereinstimmenden Wirtschaftsjahr; ein Rumpfwirtschaftsjahr ist nicht zu bilden. [3]Stellt ein Land- und Forstwirt das Wirtschaftsjahr für einen Betrieb mit reinem Weinbau auf ein Wirtschaftsjahr im Sinne des Absatzes 1 Satz 1 Nr. 3 um, gilt Satz 2 entsprechend.**

(3) **Buchführende Land- und Forstwirte im Sinne des § 4a Absatz 1 Satz 2 Nummer 3 Satz 2 des Gesetzes sind Land- und Forstwirte, die auf Grund einer gesetzlichen Verpflichtung oder ohne eine solche Verpflichtung Bücher führen und regelmäßig Abschlüsse machen.**

Einkommensteuer-Richtlinien: EStR 4a/EStH 4a.

Übersicht

1. Wirtschaftsjahr als Gewinnermittlungszeitraum, § 4a I . Die ESt beruht auf dem Prinzip der Abschnittsbesteuerung. VZ ist das Kj (§ 25 I). Die Grundlagen für die Festsetzung der JahresSt werden jeweils für ein Kj ermittelt (§ 2 VII, § 32a I). Das gilt auch für die Gewinnbesteuerung (§ 2 I Nr 1–3, § 4). Die Besonderheit des § 4a liegt darin, dass der Gewinn in bestimmten Fällen vom Kj abw Wj zunächst nach den Wj-Verhältnissen ermittelt (§ 4a I 1; → Rn. 3) und erst dann auf einen Jahresgewinn umgerechnet wird (§ 4a II; vgl → Rn. 20). **Wj** ist also der strechtl Gewinnermittlungszeitraum, der bei Freiberuflern und bei Gewerbetreibenden mit Überschussermittlung § 4 III wie bei den Einkünften iSv § 2 I Nr 4–7 stets dem Kj entspricht, während buchführende Gewerbetreibende ein Wahlrecht haben und das Wj bei LuF idR vom Kj abweicht (§ 4a I 2). 1

2. Dauer eines Wirtschaftsjahres, § 8b EStDV. Auch das Wj umfasst idR einen Zeitraum von 12 Monaten, kann nur ausnahmsweise kürzer oder länger sein (§§ 8b, 8c II EStDV für LuF), was nicht ausschließt, dass bei *einer* Veranlagung Gewinne mehrerer Wj angesetzt werden (vgl → Rn. 23). Ein kürzeres **Rumpf-Wj** ist nur bei Beginn oder Beendigung des Betriebes bzw bei Umstellung des Wj zugelassen. RumpfWj bei unentgeltl Betriebsübertragung → Rn. 10. Ohne Wj-Umstellung (→ Rn. 3) keine Umrechnung kürzerer Wj auf Kj. 2

3. Einzelfälle abweichender Wirtschaftsjahre, § 4a I EStG, § 8c EStDV. – a) Land- und Forstwirtschaft, § 4a I 2 Nr 1 EStG, § 8c EStDV. Der Gewinn aus LuF ist grds für genau festgelegte, vom Kj abw Zeitabschnitte zu ermitteln (§ 4a I 2 Nr 1 EStG, § 8c I EStDV), allerdings mit **Wahlmöglichkeit des Kj** ohne FA-Zustimmung rückwirkend für nach dem 31. 12. 18 beginnende Wj nicht nur wie vorher für Forst- und Gartenbaubetriebe, sondern für *alle* luf Betriebe (§ 8c II 1 EStDV – fragl, ob durch gesetzl Ermächtigung *„für einzelne Gruppen"* von LuF in § 4a I 2 Nr 1 S 2 getragen). Ohne Erklärung gilt § 4a I 2 Nr 1 (1.7.–30.6.). Bei Umstellung abw Wj auf Kj verlängert sich das Wj ohne Rumpf-Wj (§ 8c II 2, 3 EStDV, → Rn. 21). 3

b) Wahlrecht bei Gewerbetreibenden, § 4a I 2 Nr 2, 3. *Vorteil:* Anpassung an besondere wirtschaftl Gegebenheiten. – **aa) Handelsrecht.** Während § 240 HGB keine bestimmten Geschäftsjahre für die Gewinnermittlung festlegt, macht das **StRecht** Unterschiede. 4

bb) Buchführende Gewerbetreibende, § 4a I 2 Nr 2. Gewerbetreibende, deren Firma – bis zum Ende des gewählten Geschäftsjahres (str, vgl → 39. Aufl 2020, § 4a Rn. 5; *BeckOK EStG* § 4a Rn. 59.1) – tatsächl im HReg eingetragen ist und die regelmäßig Abschlüsse machen (Gewinnermittlung nach § 5), können den Beginn ihres Wj bei Eröffnung oder Betriebserwerb zu einem beliebig gewählten Abschlusszeitpunkt bestimmen (§ 4a I 2 Nr 2, § 7 IV KStG), idR durch Einreichung der ersten Schlussbilanz. *Beispiel:* Betriebseröffnung am 1.1.01; Bilanzstichtag etwa 1.1., 31. 1., 31.12.01 (nicht später). **Grenze: Missbrauch** (§ 42 AO) bei Wahl *ausschließl* aus Gründen der StErsparnis (vgl BFH IV R 21/05, BStBl II 10, 230 mwN, → Rn. 15). 5

cc) Sonstige Gewerbetreibende, § 4a I 2 Nr 3. Bei ihnen (wie bei **Freiberuflern** sowie **Überschusseinkünfteerzielern**) ist Wj bzw Einkünfteermittlungs- und Besteuerungszeitraum grds das **Kj** (§ 4a I 2 Nr 3 **S 1**). **Ausnahme:** § 4a I 2 Nr 3 **S 2** EStG, § 8c III EStDV und → Rn. 13 (Wahlrecht für Gewerbetreibende mit LuF). Für **mehrere Gewerbebetriebe eines StPfl** sind unterschiedl Wj mögl (vgl → § 4 6

Rn. 27). Für **PersGes'ter** gilt das Wj der Ges, auch für ihr SonderBV (→ Rn. 8, 10, 19); **KapGes** s § 7 III, IV KStG.

7 **dd) Partnerschaftsgesellschaft.** → § 18 Rn. 41. Die Ges'ter erzielen grds freiberufl Einkünfte und haben daher kein Wahlrecht zum Kj (→ 39. Aufl 2020, § 4a Rn. 7).

8 **c) Gewinnfeststellung nach § 180 AO.** Anders als bei LuF (BFH IV R 87/82, BStBl II 85, 148) und § 18 wird bei Gewerbetreibenden ggf nicht der im Kj zu versteuernde, sondern der im abw Wj erzielte Gewinn einheitl festgestellt, auch bei Schätzung der Besteuerungsgrundlagen (→ 39. Aufl 2020, § 4a Rn. 8, EStR 4a IV). Bindung bei abw Wj LuF → Rn. 22, § 4 II 1 Hs 2.

10 **4. Umstellung des Wirtschaftsjahres; Einvernehmen, § 4a I 2 Nr 2 S 2, Nr 3 S 2 EStG, § 8b S 2 Nr 2 S 2 EStDV. – a) Sachlicher Geltungsbereich.** Bei bestehendem Wahlrecht (→ Rn. 5) können Gewerbetreibende ein gewähltes Wj auf ein anderes Wj umstellen, bei *Wahl eines abweichenden Wj* allerdings nur mit Zustimmung des FA (§ 4a I 2 Nr 2 S 2, Nr 3 S 2 EStG, § 8b S 2 Nr 2 S 2 EStDV), auch bei Umstellung vom Kj auf bei LuF *übl* Wj iSv § 4a I 2 Nr 1 EStG oder § 8c I EStDV (BFH IV R 4/98, BStBl II 00, 5). **Umstellung** ist begriffl ein Wechsel innerhalb *fortbestehender* Betriebe. Bei Betriebsbeendigung und Neugründung kann abw Wj ohne FA-Zustimmung gewählt werden (→ Rn. 19). Der Begriff Wj ist betriebs- und personenbezogen. Daher keine Zustimmungsbedürftigkeit bei Einbringung eines Einzelunternehmens in PersGes (vgl auch BFH IV R 49/02, BFH/NV 04, 1247 – Ende des Einzel-Wj) oder bei Fortführung einer PersGes als Einzelunternehmen mit Verpflichtung, eine Schluss- und eine Eröffnungsbilanz zu erstellen. **Gesellschafterwechsel** und **unentgeltl Übertragung** → Rn. 19.

11 **b) Persönlicher Geltungsbereich. – aa) LuF.** Bei LuF scheidet (ohne Strukturwandel) eine Umstellung grds wegen der vorgegebenen Zeiträume aus. *Ausnahmen* → Rn. 3 (Umstellung bei Wahlrecht, § 8c EStDV).

12 **bb) Buchführende Gewerbetreibende.** Sie können bei Eröffnung abw Wj wählen und dieses jederzeit ohne FA-Zustimmung auf Kj umstellen. Umstellung Kj *auf* abw Wj ist nur im Einvernehmen mit dem FA wirksam (→ Rn. 14).

13 **cc) Sonstige Gewerbetreibende; Freiberufler.** Ohne abw Wj grds keine Umstellung (Ausnahme: gewerbl Nebenbetriebe einer buchführenden LuF, § 4a I 2 Nr 3 S 2, → Rn. 6). Bei Richtigstellung eines **unberechtigten abw Wj** auf Kj ist mE § 4a II Nr 2 entspr anzuwenden (→ 39. Aufl 2020, § 4a Rn. 13; BFH X R 34/05 BStBl II 07, 775).

14 **c) Einvernehmen, § 4a I 2 Nr 2, Nr 3 S 2 EStG, § 8b S 2 Nr 2 S 2 EStDV. – aa) Begriff.** Einvernehmen des FA durch (vorherige) Zustimmung oder (nachträgl) Genehmigung (BFH I R 167/66, BStBl II 70, 85, str). Konkludente Zustimmung ist mögl (BFH IV R 13/10, BStBl II 15, 226).

15 **bb) Erteilung der Zustimmung; Ermessensfrage.** Die Umstellung muss nicht betriebsnotwendig sein. Es müssen jedoch gewichtige wirtschaftl, die Organisation des Betriebes berührende Gründe für die Umstellung auf abw Wj vorliegen (BFH I R 141/72, BStBl II 74, 238; EStR 4a II). *Beispiele:* Inventurschwierigkeiten zum 31.12., Umstellung des Rechnungswesens, Gründung einer Organschaft. Der Beurteilung durch den StPfl kommt hier besondere Bedeutung zu. Die Umstände werden sich auf mehr als ein Jahr erstrecken müssen. Einem Wechsel aus rein steuerl Gründen braucht das FA nicht zuzustimmen (BFH I R 76/82, BStBl II 83, 672 → Rn. 5).

16 **cc) Verfahrensfragen.** Der StPfl kann den Antrag iRd Besteuerungsverfahrens sowie unabhängig davon stellen. In beiden Fällen entscheidet das FA durch **selb-**

ständigen Verwaltungsakt (BFH I R 76/82, BStBl II 83, 672 und → Rn. 18), auch bei Verbindung mit dem StBescheid. **Widerruf** nur gem §§ 130, 131 AO. **Anfechtung:** Einspruch (§ 347 I Nr 1 AO).

dd) Berichtigung. Wird die – erforderl – Zustimmung nachträgl erteilt, muss ein bestandskräftiger StBescheid nach § 175 I 1 Nr 1 iVm § 171 X AO berichtigt werden (BFH IV R 4/98, BStBl II 00, 5). S auch → Rn. 20. 18

5. Einzelfälle der Umstellung, Neubegründung oder Fortführung abweichender Wirtschaftsjahre, § 4a I 2 Nr 2 S 2. – (*Folgen einer Neugründung:* Entstehung eines Rumpf-Wj und Möglichkeit einer Wj-Wahl ohne Zustimmung des FA) – ***(1)*** **Betriebsveräußerung/Betriebsaufgabe** führt stets zur Betriebsbeendigung (→ Rn. 21, 24). – ***(2)*** **Ausscheiden von G'tern:** Bei Fortbestehen der Ges kein Betriebsende, kein RumpfWj (BFH VIII R 48/93, BFH/NV 95, 84 mwN; Veräußerungsgewinn → Rn. 24). – **Ausnahmen:** *(a)* Wechsel *aller* Ges'ter (str. **aA** zu Anteilsveräußerungen *BeckOK EStG* § 4a Rn. 29); – *(b)* bei Ausscheiden aus einer *zweigliedrigen PersGes* wird die Ges voll beendet (BFH VIII B 73/96, BFH/NV 97, 838); – *(c)* Neugründung einer Einzelfirma → Rn. 10. – ***(3)*** **Unentgeltliche Betriebsübertragung.** Die Möglichkeit der Buchwertfortführung steht der Annahme einer Betriebsbeendigung idS nicht entgegen (vgl BFH IV R 95/75, BStBl II 80, 8). Bei **Gesamtrechtsnachfolge** läuft das Wj des Rechtsvorgängers weiter (im **Erbfall** keine Betriebsbeendigung, kein RumpfWj, Zustimmung zur Umstellung erforderl, s EStH 4a, BFH IV 244/63, BStBl II 69, 34, offen zu **unentgeltl Einzelrechtsnachfolge** – dazu **aA** BFH I 47/64, BStBl III 67, 86, *HHR/Schober* § 4a Rn. 14). – ***(4)*** **Betriebsverpachtung.** Gewinne der LuF oder des GewBetr (Wahlrecht → § 16 Rn. 166) sind weiterhin nach abw Wj zu ermitteln, wenn die Voraussetzungen → Rn. 5 vorliegen (vgl BFH IV 60/61 U, BStBl III 65, 286, EStR 4a III, EStH 4a, jedenfalls bei Wj-Fortführung auch in der Person des Pächters, str). – ***(5)*** **Umwandlung/Einbringung** eines Betriebes führt idR zur Neugründung (s EStH 4a). – ***(6)*** **Liquidation** beendet den Betrieb noch nicht, erst deren Abschluss bzw die tatsächl Betriebsaufgabe (str, s *BeckOK* EStG § 4a Rn. 30.3). – ***(7)*** **Insolvenzeröffnung.** Damit beginnt ein neues Geschäftsjahr (§ 155 II 1 InsO, *BeckOK EStG* § 4a Rn. 45)). – ***(8)*** **Strukturwandel** (→ § 13 Rn. 64) führt zu Einstellung der LuF und Eröffnung eines Gewerbebetriebes. 19

6. Gewinnumrechnung abweichender Wirtschaftsjahre, § 4a II. Der nach § 4a I 2 Nr 1, 2 ermittelte Gewinn des abw Wj muss für die Besteuerung auf das Kj als Bemessungs- und Veranlagungszeitraum umgerechnet werden. Die Umrechnung ist unterschiedl für LuF und Gewerbebetriebe. Bei Korrektur eines Jahres uU Änderung des anderen Jahres nach **§ 174 IV AO** (BFH IV R 25/88, BStBl II 90, 373); → Rn. 22 zu Bindung § 4 II 1 Hs 2. § 4a II gilt entspr für die ermäßigte Besteuerung nicht entnommener Gewinne nach § 34a. Eine Tarifglättung nach **§ 32c** erfolgt nicht iRd Gewinnermittlung, sondern iRe StTarifermäßigung. 20

a) Umrechnung bei Land- und Forstwirtschaft, § 4a II Nr 1. – aa) Aufteilung. Bei LuF zeitanteilige Aufteilung des Wj-Gesamtgewinns auf die Kj, in denen das Wj beginnt und endet. Bei Umstellung *auf* Kj entsteht nach 8c II 2 EStDV kein RumpfWj (Verlängerung des letzten abw Wj). **Betriebsveräußerungsgewinne** sind im Veräußerungsjahr zu erfassen (§ 4a II Nr 1 S 2), nach hM nicht Veräußerungsverluste (str, vgl HHR/Schober § 4a Rn. 37). **Entnahmegewinne** sind als lfd Gewinne aufzuteilen (FG RhPf EFG 93, 511, rkr). Der Grundbetrag nach **§ 13a IV 2** und der Zuschlag nach **§ 13a IV 3** sind zeitanteilig aufzuteilen (BFH VI R 30/20, BStBl II 23, 80; *BMF* BStBl I 23, 175). 21

bb) Veranlagungsbindung, § 4 II 1 Hs 2. Ab 2007 können bestandskräftige StFestsetzungen im VZ mit dem 1. Teil des Wj nach Bilanzberichtigung im VZ mit 22 dem 2. Teil des Wj noch bis zum Ablauf der Festsetzungsfrist für *diesen* VZ geändert werden (→ § 4 Rn. 285).

23 **Beispiele:**
- Wj 1.7.01 bis 30.6.02 Gewinn 10 000, Wj 1.7.02 bis 30.6.03 Verlust 24 000: Verlust VZ 02: 7000 (6/12 von 10 000 und 6/12 von ./. 24 000);
- Wj 1.10.01 bis 30.9.02 Gewinn 10 000; Wj 1.10.02 bis 30.9.03 Gewinn 24 000: Gewinn VZ 02: 13 500 (9/12 von 10 000 und 3/12 von 24 000);
- RumpfWj 1.9.01–30.6.02 Gewinn 10 000, RumpfWj 1.7.02–31.3.03 (Betriebsbeendigung) Gewinn 24 000, davon 9000 Veräußerungsgewinn: Gewinn VZ 02: 16 000 (6 Monate = 6/10 von 10 000 und 6 Monate = 6/9 von 15 000); Gewinn VZ 03: 14 000 (3 Monate = 3/9 von 15 000 und 9000 Veräußerungsgewinn).

24 **b) Umrechnung bei Gewerbebetrieb, § 4a II Nr 2.** Anders als bei LuF gilt der Gewinn als in dem Kj bezogen, in dem das Wj endet. Für die Beispiele → Rn. 23 bedeutet das, dass der Gewinn des Kj 02 jeweils 10 000 beträgt. Damit erübrigte sich eine Sonderregelung entspr § 4a II Nr 1 S 2 zu Veräußerungsgewinnen. Das soll für die Besteuerung von Gewinnanteilen und Veräußerungsgewinnen im Vorjahr **ausgeschiedener PersGes'ter** nicht gelten (nach EStR 4a V Besteuerung entgegen § 4a II Nr 2 im Kj des Ausscheidens, bestätigt durch BFH X R 8/07, BStBl II 10, 1043). Diese Abweichung von der gesetzl Fiktion des § 4a II Nr 2 (zu Lasten oder zu Gunsten des StPfl) ist fragl (→ 37. Aufl 2018, § 4a Rn. 24; *BeckOK EStG* § 4a Rn. 29 mwN). Bei Eröffnung und Umstellung auf abw Wj kann in einem VZ eine **Steuerpause** entstehen; dafür ist später bei Umstellung/Veräußerung der Gewinn für mehrere Wj in einem VZ zu versteuern (EStH 4a; BFH I R 140/90, BStBl II 92, 750; zu **§ 42 AO** → Rn. 5, 15). Die Berechnung des alternativen **Spendenhöchstbetrages gem § 10b I 1** ist von § 4a II nicht betroffen (→ § 10b Rn. 25). Bedeutung für **§ 35 II 2** s § 35 Rn. 24, BFH IV R 21/22, BStBl II 25, 727 (maßgebl ist die Beteiligung am Ende des Wj – s dazu *HHR/Levedag* § 35 Rn.128).

§ 4b Direktversicherung

[1]Der Versicherungsanspruch aus einer Direktversicherung, die von einem Steuerpflichtigen aus betrieblichem Anlass abgeschlossen wird, ist dem Betriebsvermögen des Steuerpflichtigen nicht zuzurechnen, soweit am Schluss des Wirtschaftsjahres hinsichtlich der Leistungen des Versicherers die Person, auf deren Leben die Lebensversicherung abgeschlossen ist, oder ihre Hinterbliebenen bezugsberechtigt sind. [2]Das gilt auch, wenn der Steuerpflichtige die Ansprüche aus dem Versicherungsvertrag abgetreten oder beliehen hat, sofern er sich der bezugsberechtigten Person gegenüber schriftlich verpflichtet, sie bei Eintritt des Versicherungsfalls so zu stellen, als ob die Abtretung oder Beleihung nicht erfolgt wäre.

Einkommensteuer-Richtlinien: EStR 4b/EStH 4b – **Verwaltungsanweisungen:** *BMF* BStBl I 21, 1050 (Stl Förderung der betriebl Altersversorgung; Neufassung von *BMF* BStBl I 18, 147).

Übersicht

Schrifttum: *Blomeyer/Rolfs/Otto,* Betriebsrentengesetz – Gesetz zur Verbesserung der betriebl Altersversorgung (BetrAVG), 8. Aufl 2022 (zit *Blomeyer*); *Höfer/Veit/Verhuven* (zitiert *Höfer*), Betriebsrentenrecht (BetrAVG), Band II, StR (Loseblatt); *Uckermann* ua BetrAV 2. Aufl 2022, Kap 11; *Myßen/Adam/Gragert/Voigt/Wißborn,* Renten, Raten, Dauernde Lasten, 17. Aufl 2021 (zit *Myßen/Adam ua*); *Stöckler/Karst,* StR der betriebl Altersversorgung (Loseblatt); *Conrads,* Die Direktversicherung …, BetrAV 23, 539.

I. Betriebliche Altersversorgung

1. Überblick. Die betriebl Altersversorgung (zum Inhalt *BMF* BStBl I 21, 1050 Rn. 1) bildet (neben der gesetzl RV und der Privatvorsorge, auch Riester- und Rürup-Rente) die **dritte Säule** der Alterssicherung; ihre Verbreitung und Ausstattung sind unbefriedigend (zu aktuellen Entwicklungen *Niermann* DB 21, 2990; zur Reform *Dommermuth* BetrAV 16, 571). – **Durchführungswege** der betriebl Altersversorgung sind – *(1)* **Direktversicherung** (§ 4b), *(2)* **Pensionskassen** (§ 4c), *(3)* **Unterstützungskassen** (§ 4d), *(4)* **Pensionsfonds** (§ 4e), *(5)* **Pensionszusage** (Direktzusage, § 6a), daneben auch **Basisrente** (§ 3 Nr 63 idF AltEinkG, BStBl I 04, 554; *BMF* BStBl I 21, 1050 Rn. 23 ff) und **Riesterförderung** (z Reform *BMF* BetrAV 22, 455). Die betriebl Altersversorgung wird strechtl und sozialabgabenrechtl in unterschiedl Weise gefördert (zB Stfreiheit und BA-Abzug der Beiträge). Bei einer **reinen Beitragszusage,** die den ArbG von bestimmten Pflichten befreit, können Leistungen an einen Pensionsfonds, an eine Pensionskasse oder in eine Direktversicherung geleistet werden (§§ 1 II Nr 2a, 22 BetrAVG). Auf Empfängerseite werden Leistungen aus Direktzusagen und Unterstützungskassen idR von § 19 I Nr 2 erfasst, aus Pensionskassen und Pensionsfonds von § 22 Nr 5 (*BMF* BStBl I 21, 1050 Rn. 146 ff). **Rückdeckungen** sind mögl, zB bei Direktzusagen und bei Unterstützungskassen (zu den Auswirkungen *Schu* BetrAV 25, 100). Ein **Durchführungswegwechsel** soll einer Neuzusage gleichstehen (BFH I R 33/15, BStBl II 17, 66); keine Anwendung von §§ 4f, 5 VII (*BMF* BStBl I 17, 1619 Rn. 4; s auch *Hartmann* BetrAV 17, 392). – Versorgungszusagen gehören auch dann zur betriebl Altersversorgung, wenn Leistungen nicht vom Ausscheiden des Begünstigten aus dem DienstVerh abhängig sind (*BMF* BStBl I 17, 1293; *Weppler* BB 17, 2420). 1

Ende 2023 betrugen die Deckungsmittel der betriebl Altersversorgung insgesamt ca 728 Mrd € (Pensionsrückstellungen 336 Mrd €, Pensionskassen 210 Mrd €, Unterstützungskassen 41 Mrd €, DirektVers 81 Mrd €, Pensionsfonds 60 Mrd €; es bestehen ca 21 Mio Anwartschaften auf betriebl Altersversorgung (*Klein* BetrAV 25, 430). – Begünstigt durch einen höheren Rechnungszins ist der Grad der Ausfinanzierung (Verhältnis der Zusagen z entspr vorgehaltenen Vermögen) der DAX-Pensionswerke 2025 auf 87% gestiegen (German Pension Finance Watch Q2/2025). – Das AltEinkG bezweckt – mit langen Übergangsfristen (bis 2058) – den Übergang zur einheitl **nachgelagerten Besteuerung** von Versorgungsbezügen (zur Entwicklung der Rentenbesteuerung s iE *Weber-Grellet* DStR 12, 1253). Der SA-Abzug für KapitalLV ist für ab dem 1.1.2005 abgeschlossene Neuverträge abgeschafft; (begrenzter) Abzug weiterhin von Beiträgen zum Aufbau einer eigenen kapitalgedeckten Altersversorgung (§ 10 I Nr 2/2b, III). Die Besteuerung der Empfänger von **Renten** in der sog Leistungsphase ist in § 22 Nr 1 S 1 und 3 sowie Nr 5 geregelt; Empfänger von Pensionen werden nach § 19 besteuert.

2 **2. Finanzierung.** Die **fünf Durchführungswege** der betriebl Altersversorgung beruhen grds auf dem *Versicherungsprinzip* (Überblick bei *KSM* § 19 Rn. B 715 ff). Dabei folgt die Finanzierung der Pensionskassen (§ 4c) dem Anwartschaftsdeckungsverfahren, die der Unterstützungskassen (§ 4d) und Pensionsfonds (§ 4e) dem Kapitaldeckungsverfahren (Mischform zw Umlage- und Anwartschaftsdeckungsverfahren; → § 4c Rn. 1; → § 4d Rn. 2; → § 4e Rn. 5); (teilweise) Kapitaldeckung ergibt sich auch, wenn für die Finanzierung einer Pensionszusage von der Rückstellung des § 6a Gebrauch gemacht wird. Bei Versorgungszusage nach § 6a und der Unterstützungskasse ist der BA-Abzug beschränkt, dafür entfällt aber die Lohnbesteuerung in der Anwartschaftsphase (nachgelagerte Besteuerung). Direktzusage und Unterstützungskasse können zu § 19-Einkünften führen, DirektVers, Pensionskasse und Pensionsfonds (externe Wege) zu solchen aus § 22.

3 **3. Wirkungsweise.** § 4b stellt klar, dass der DirektVersAnspruch nicht dem BV des ArbG (Versicherungsnehmer) zuzurechnen ist (Aktivierungsverbot; Ergänzung zu § 4 I, IV; § 5 I) und ermöglicht den Sofortabzug der Versicherungsprämien (*HHR/Rätke* § 4b Rn. 4 f); demggü begrenzen **§§ 4c, 4d, 4e** den Umfang des BA-Abzugs (wegen der Nähe zum Versorgungsträger).

DirektVers beruhen, wie auch die anderen Formen der betriebl Altersvorsorge, auf einem **Vertrag zw ArbG und ArbN** (Zusage und Annahme; vgl → § 6a Rn. 7, 8). Durch § 1 II BetrAVG ist die **Beitragszusage mit Mindestleistung** auch für die DirektVers als mögl Gestaltung eingeführt worden. Das BetrRentStärkG (BGBl I 17, 3214) hat (ab 1.1.18) die „reine Beitragszusage" eingeführt (§ 1 II Nr 2a BetrAVG; *Friedrich* BetrAV 17, 469). Nach § 1b II BetrAVG darf der ArbG das Bezugsrecht des ArbN ab Lebensalter 21 und dreijähriger Dauer des ArbVerh nicht mehr widerrufen (→ Rn. 25); bei DirektVers durch **Entgeltumwandlung** (zur Vorteilhaftigkeit *Schanz* BetrAV 24, 11) ist dem (finanzierenden) ArbN ein unwiderrufl Bezugsrecht einzuräumen (§ 1b V BetrAVG; sofortige Unverfallbarkeit).

II. Versicherte Risiken

6 **1. Direktversicherung.** Das ist eine LV zur betriebl Altersversorgung von ArbN oder deren Hinterbliebenen (§ 1b II BetrAVG; *Blomeyer* § 1b BetrAVG Rn. 164 f; *HHR/Rätke* § 4b Rn. 33). Eine LV sichert das Risiko des Todes (Todesfallversicherung) oder das Erreichen eines bestimmten Lebensalters (Erlebensfallversicherung; → Rn. 7); wesentl ist, dass das Bezugsrecht (im Unterschied zur Rückdeckungsversicherung) dem ArbN oder seinen Hinterbliebenen zusteht. Das Todesfallwagnis und/oder das Rentenwagnis müssen abgedeckt sein (§ 1 II Nr 2; § 1b II BetrAVG); das gilt auch für § 4b (vgl EStR 4b I 1). Anders als bei der Pensionszusage (§ 6a) steht dem ArbN bei der DirektVers ein Versorgungsanspruch gegen den ArbG nicht zu. Zusage auch anlässl der Beendigung des ArbVerh mögl (BFH X R 44/18, BFH/NV 21, 1175). – Nach EStR 4b I 2 ist als DirektVers auch eine Versicherung zu behandeln, die der ArbN abgeschlossen hat und die vom ArbG zu einem späteren Zeitpunkt als Versicherungsnehmer übernommen wird (**Versicherungsübernahme;** vgl § 4 II, III BetrAVG). – **Zweck** der Versicherung iSd § 4b muss die Alters-, Invaliditäts- oder Hinterbliebenenversorgung sein (§ 1 I 1 BetrAVG; *HHR/Rätke* § 4b Rn. 33; *BMF* BStBl I 09, 1172). Versicherungsnehmer ist der ArbG (= StPfl), versicherte Person der ArbN oder eine andere Person, die aus betriebl Gründen eine Versorgung erhalten soll (vgl § 17 I 2 BetrAVG); bezugsberechtigt sind die **versicherte Person** oder ihre **Hinterbliebenen,** ggf auch Lebenspartner (iEinz *BMF* BStBl I 02, 706). – **Ausbildungs-** und **Aussteuerversicherungen** sind nicht als DirektVers iSd § 4b anzusehen, da sie nicht der Versorgung des ArbN dienen.

2. Direktversicherungsarten. Nach EStR 4b I sind folgende Versicherungen LV iSd § 4b (§ 1b II 1 BetrAVG): *(1) Risiko-LV* (Versicherung auf den Todesfall), *(2) Gemischte LV* (Versicherung auf den Todes- oder Erlebensfall), *(3) RV* (Versicherung auf den Erlebensfall), *(4) Berufsunfähigkeitsversicherung* jeweils iZm einer LV, *(5) Berufsunfähigkeitszusatzversicherung* (iZm einer LV), *(6) Unfallzusatzversicherung* (iZm einer Todesfallversicherung wird bei Tod durch Unfall die Versicherungsleistung erhöht), *(7) Unfallversicherung mit Prämienrückgewähr* bei Ablauf der Versicherungszeit; der LV-Charakter überwiegt (BFH I 191/59 S, BStBl III 62, 101). Keine LV sind Unfallversicherungen (EStR 4b I 6). 7

3. Art der Versicherungsleistung. DirektVers sind mögl als Kapital- oder RV und fondsgebundene LV (EStR 4b I 5). Voraussetzung für den Abschluss einer DirektVers ist nicht, dass das Versicherungsunternehmen die Voraussetzungen des § 10 II 1 Nr 2 erfüllt. 8

4. Arbeitgeberwechsel eines Arbeitnehmers. In diesem Fall kann die DirektVers – ohne Neuabschluss – auf ein anderes VersUnternehmen übertragen werden; Erträge nach § 20 II Nr 6 fallen nicht an (§ 4 II BetrAVG; *BeckOK EStG* § 4b Rn. 30). 9

III. Versicherte Personen

1. Allgemeines. § 4b begrenzt nach seinem Wortlaut den Kreis der Personen, auf deren Leben eine DirektVers abgeschlossen werden kann, nicht auf ArbN des Unternehmens (§ 17 I 2 BetrAVG), auch zB für freie Mitarbeiter mögl (*HHR/Rätke* § 4b Rn. 41 f; → § 6a Rn. 16); notwendig ist nur der betriebl Anlass. 10

2. Gesellschafter. Für Ges'ter einer PersGes, die auch ArbN sind, kann eine DirektVers nicht abgeschlossen werden (vgl BFH GrS 1/70, BStBl II 71, 177); auch → § 6a Rn. 35. Für den GmbH-Geschäftsführer kommt eine DirektVers auch dann in Betracht, wenn er beherrschender Ges'ter ist, ebenso für den Geschäftsführer einer GmbH & Co KG, sofern er nicht an der KG beteiligt ist. 11

3. Arbeitnehmerehegatten. Auch für ArbN, die zugleich Ehegatte eines Einzelunternehmers (BFH I R 135/80, BStBl II 83, 173) oder eines MUers (BFH I R 42/80, BStBl II 83, 405) sind, ist eine DirektVers zulässig, wenn die folgenden durch die Rspr entwickelten und von der *FinVerw* anerkannten Voraussetzungen vorliegen (dazu auch *HHR/Rätke* § 4b Rn. 43): 12

a) Steuerrechtlich beachtliches Arbeitsverhältnis. Die vertragl Hauptpflichten müssen klar und eindeutig vereinbart sein sowie entspr durchgeführt werden (BFH X R 31/12, BStBl II 13, 1015). Eine (teilweise) unentgeltl Mitarbeit eines ArbN-Ehegatten genügt nicht. 13

b) Versorgungszusage. Die Zusage muss ernstl gewollt und tatsächl vollzogen sein (BFH X B 147/04, BFH/NV 05, 1052). Die Versicherungsleistungen dürfen – außer bei Berufs- und/oder Arbeitsunfähigkeit – grds frühestens bei Erreichen der Altersruhegrenzen der SV fällig werden. Die **Regelaltersgrenze** gilt grds für Männer und Frauen, da eine Differenzierung unzul ist (EuGH C 207/04, HFR 05, 1030); sie wird (frühestens) mit Vollendung des 65. Lebensjahres (§ 235 SGB VI) erreicht (s *BMF* BStBl I 16, 1427), jahresweise monatl Anhebung für ab 1947 Geborene (§ 235 II SGB VI); von vor dem 1.1.52 geborenen Frauen ausnahmsweise mit 60 Lebensjahren (§ 237a SGB VI). 14

c) Betriebliche Veranlassung der Versicherung. Notwendig ist ein **Fremdvergleich** (BFH VIII R 49/12, BeckRS 2015, 95104; *BMF* BStBl I 84, 495); bei Fehlen (vergleichbarer) fremder ArbN ist ein sog **betriebsexterner Vergleich (Üblichkeitsprüfung)** vorzunehmen (BFH XI R 87/93, BStBl II 95, 873). 15

16 **d) Direktversicherung mit Entgeltumwandlung.** →Rn. 3. Auch ArbN-Ehegatten haben wie andere „fremde" ArbN Anspruch auf Entgeltumwandlung (vgl BFH VIII R 68/06, BStBl II 08, 973). Eine DirektVers kann auch anlässl einer betriebl veranlassten **Lohnerhöhung** abgeschlossen werden oder bei Übernahme weiterer oder höherwertiger Aufgaben durch den ArbN-Ehegatten (vgl BFH IV R 198/84, BStBl II 87, 557 mwN).

18 **e) Verhältnis zu „Aktivbezügen".** Der Aufwand für DirektVers darf ggü dem übrigen ArbLohn bzw dem sog Barlohn nicht unangemessen hoch sein (BFH I R 220/82, BStBl II 87, 205 unter II 4c; krit *Seeger* FS Wassermeyer 2004, 81 ff).

19 **f) Barlohnumwandlung.** Wird in einem steuerl anzuerkennenden ArbVerh zw Ehegatten ein Teil des bis dahin bestehenden angemessenen Lohnanspruchs ohne Veränderung des ArbVerh iÜ in einen DirektVersSchutz umgewandelt (sog echte Barlohnumwandlung), sind die Versicherungsbeiträge betriebl veranlasst und regelmäßig **ohne Prüfung einer sog Überversorgung** als BA zu berücksichtigen (BFH VIII R 68/06, BStBl II 08, 973).

IV. Rechtsfolgen; Verfahren

25 **1. Aktivierungsverbot, § 4b S 1.** Für den ArbG besteht hinsichtl des Versicherungsanspruchs (zum Schutz des ArbN) ein Aktivierungsverbot, soweit der Versicherte bezugsberechtigt ist. Auch bei Beleihung oder Abtretung der Versicherungsansprüche ergibt sich keine Aktivierungspflicht (§ 4b S 2; *HHR/Rätke* § 4b Rn. 70 f). – Nach § 159 I VVG kann eine LV zu Gunsten eines Dritten abgeschlossen werden. Bezugsberechtigt werden idR der versicherte ArbN bzw seine Hinterbliebenen sein, ggf auch der ArbN-Ehegatte (BFH I R 135/80, BStBl II 83, 173; *HHR/Rätke* § 4b Rn. 48 f). Der ArbG darf nach § 1b II BetrAVG das Bezugsrecht des ArbN ab Lebensalter 21 und nach dreijähriger Dauer des ArbVerh nicht widerrufen. Versicherungsrechtl steht im Falle des widerrufl Bezugsrechts der Versicherungsanspruch bis zum Eintritt des Versicherungsfalles dem Versicherungsnehmer und danach dem Bezugsberechtigten als versicherter Person zu (s § 1 I BetrAVG). Widerruft der ArbG das Bezugsrecht, entsteht ein **Schadensersatzanspruch** des ArbN. Der **Versicherungsanspruch** kann auch **geteilt** werden (gespaltene Bezugsberechtigung). Es ist mögl, dass der ArbN oder seine Hinterbliebenen nur teilweise bezugsberechtigt sind (zB nur hinsichtl der Versicherungssumme, während die Überschussanteile dem ArbG zustehen). Bei gespaltener Bezugsberechtigung ist der Anspruch teilweise zu aktivieren. – Die Bezugsberechtigung kann auch beim **Versorgungsausgleich** anlässl der **Ehescheidung** des ArbN geteilt werden (BGH XII ZB 134/19, FamRZ 21, 745).

26 **2. Betriebsausgabenabzug.** Beiträge (Versicherungsprämien) zur DirektVers sind, da die Zahlungen betriebl veranlasst sind und eine Aktivierung verboten ist, für den ArbG sofort abziehbare BA (*HHR/Rätke* § 4b Rn. 70); das gilt mE auch für eine reine Beitragszusage (→Rn. 1, 3). Bei Zahlungen auf Versicherungsverträge für Angehörige ist der Abzug nur zul, wenn die Prämien iRe steuerl anzuerkennenden ArbVerh geleistet werden (→Rn. 12–19). Andernfalls gehören die Ansprüche zum PV; die Beiträge sind dann, wenn sie aus dem BV geleistet werden, Entnahmen oder vGA. Dem BA-Abzug einer betriebl veranlassten DirektVers steht nicht entgegen, dass der Versicherungsanspruch gegen **Einmalbetrag** erworben wird (vgl BFH I R 209/81, BStBl II 83, 664); ein aktiver **RAP** ist nicht zu bilden, da eine kalendermäßig bestimmte Frist für die Versicherung nicht gegeben ist.

27 **3. Rückstellung.** Gerät der ArbG ggü dem Versicherungsunternehmen in Rückstand, hat er die Verpflichtung zur Nachentrichtung der Prämien zu passivieren (→§ 5 Rn. 311, 361). Kürzt das Versicherungsunternehmen die zu erbringenden Versorgungsleistung, entfällt die Verpflichtung und es entsteht ein **Schadenersatzanspruch** des ArbN gegen den ArbG (→Rn. 25).

30 **4. Abtretung; Beleihung; Insolvenzsicherung, § 4b S 2.** Der ArbG kann den Anspruch aus der Versicherung abtreten oder beleihen (*HHR/Rätke* § 4b Rn. 85 f).

Als Beleihung ist auch ein **Policendarlehen** anzusehen, bei dem die VersicherungsGes dem Versicherungsnehmer bis zur Höhe des Rückkaufwertes eine verzinsl Vorauszahlung auf die Versicherungsleistung gewährt (BFH VI R 339/70, BStBl II 74, 237; EStH 4b). Die Abtretung oder Beleihung durch den ArbG berührt das **Aktivierungsverbot** nicht, sofern sich der ArbG der bezugsberechtigten Person ggü **schriftl verpflichtet,** sie bei Eintritt des Versicherungsfalles so zu stellen, als ob die Abtretung oder Beleihung nicht erfolgt wäre (§ 4b S 2; s auch § 1b II 3 BetrAVG).

Die Verpflichtungserklärung des ArbG nach § 4b S 2 bedarf der Schriftform und muss dem Bezugsberechtigten ausgehändigt werden (s auch *KSM* § 4b Rn. C 29). Auf welche Art der ArbG die Verpflichtung verwirklicht, bleibt ihm überlassen. Die Verpflichtung ist nicht zu passivieren. – Zur **Insolvenzsicherung** der DirektVers s §§ 7, 10 BetrAVG.

5. Verfahren. Der ArbG hat gem § 6 I 1 AltvDV der Versorgungseinrichtung (Pensionsfonds, Pensionskasse, DirektVers), die für ihn die betriebl Altersversorgung durchführt, spätestens zwei Monate nach Ablauf des Kj oder nach Beendigung des Dienstverhältnisses im Laufe des Kj gesondert je Versorgungszusage mitzuteilen, in welcher Höhe die für den einzelnen ArbN geleisteten Beiträge individuell besteuert wurden. 33

V. Besteuerung beim Empfänger

1. Allgemeines. Beiträge des ArbG für eine **Direktversicherung** (§ 4b), an eine **Pensionskasse** (§ 4c) oder einen **Pensionsfonds** (§ 4e) führen (schon in der Ansparphase) zu ArbLohn des ArbN. Zugleich sind die Beiträge beim ArbN ihrer Art nach als SA abziehbar (BFH X R 35/12, BStBl II 15, 213; FM Nds ESt-Kartei ND § 10 EStG Nr 2.15; *Höreth/Schiegl* BB 04, 2101) und unterliegen später (in der sog Leistungsphase) der Besteuerung nach § 22 Nr 5 S 1; *BMF* BStBl I 21, 1050 Rn. 148 f; *Myßen/Adam ua* Rn. 2018; → § 22 Rn. 170 f). Seit 2018 sind Beitragszahlungen für DirektVers, die nach dem 1.1.05 abgeschlossen worden sind, bis zu 8% der Beitragsbemessungsgrenze der gesetzl RV stfrei (ab 1.1.26 bis zu 8112 €; § 3 Nr 63 S 1; → § 3 Rn. 209 f) – und insoweit *nicht* absetzbar. 35

2. Arbeitslohn. Für den ArbN sind die Beiträge ArbLohn, weil der ArbN ggü dem leistungsverpflichteten Träger der Versorgungslast einen **Rechtsanspruch** erwirbt (BFH X R 35/12, DStR 14, 2498; *Heger* BetrAV 13, 305; § 19 I Nr 3); dieser ArbLohn ist aber grds (bis zu den gesetzl Höchstbeträgen) stfrei (§ 3 Nr 63; *Myßen/Adam ua* Rn. 2181 f). Weil die Beiträge bereits zum Lohnzufluss geführt haben, entstehen iZm den Versorgungsleistungen keine lohnstl Pflichten; der ArbN erzielt Einkünfte aus § 22 Nr 5 (*Myßen/Adam ua* Rn. 2018; *Höfer* BetrAVG Kap 18 Rn. 103). – Beiträge des ArbG (Ansparphase) an Unterstützungskassen (§ 4d) und Pensionsrückstellungen gem § 6a führen nicht zu stpfl ArbLohn des ArbN; auf sie besteht noch kein durchsetzbarer Rechtsanspruch (*Portner* BB 15, 854). 36

§ 4c Zuwendungen an Pensionskassen

(1) [1]**Zuwendungen an eine Pensionskasse dürfen von dem Unternehmen, das die Zuwendungen leistet (Trägerunternehmen), als Betriebsausgaben abgezogen werden, soweit sie auf einer in der Satzung oder im Geschäftsplan der Kasse festgelegten Verpflichtung oder auf einer Anordnung der Versicherungsaufsichtsbehörde beruhen oder der Abdeckung von Fehlbeträgen bei der Kasse dienen.** [2]**Soweit die allgemeinen Versicherungsbedingungen und die fachlichen Geschäftsunterlagen im Sinne des § 219 Absatz 3 Nummer 1 Buchstabe b des Versicherungsaufsichtsgesetzes nicht zum Geschäftsplan gehören, gelten diese als Teil des Geschäftsplans.**

(2) **Zuwendungen im Sinne des Absatzes 1 dürfen als Betriebsausgaben nicht abgezogen werden, soweit die Leistungen der Kasse, wenn sie vom Trägerunternehmen unmittelbar erbracht würden, bei diesem nicht betrieblich veranlasst wären.**

Einkommensteuer-Richtlinien: EStR 4c/EStH 4c.

Schrifttum: vor → § 4b Rn. 1; *Uckermann ua* BetrAV 2. Aufl 2022, Kap 12.

1 **1. Regelungsbereich.** Einem ArbN kann eine betriebl Altersversorgung auch über eine Pensionskasse zugesagt werden (§ 1 II Nr 4 BetrAVG). § 4c regelt, unter welchen Voraussetzungen Zuwendungen an Pensionskassen durch das Trägerunternehmen abgezogen **(Abs 1)** bzw nicht abgezogen **(Abs 2)** werden können. § 4c ist eine Sonderregelung zu § 4 IV (*HHR/Rätke* § 4c Rn. 3, 4) und beschränkt den Abzug der an die Pensionskasse gezahlten Zuwendungen.

2 **2. Pensionskasse. – a) Definition.** In Deutschland gab es Ende 2024 122 Pensionskassen mit ca 210 Mrd Euro Kapitalanlagen. Eine Pensionskasse ist eine regelmäßig **kapitalgedeckte rechtsfähige Versorgungseinrichtung** zur Durchführung der betriebl Altersversorgung, die dem ArbN oder seinen Hinterbliebenen auf ihre Leistungen einen **Rechtsanspruch** gewährt (§ 232 I VAG; § 1b III BetrAVG; *HHR/Rätke* § 4c Rn. 26); ggf besteht eine Einstandspflicht des ArbG (BAG 3 AZR 157/19, BetrAV 20, 435; *de Groot* BB 21, 1908). Eine Rückdeckungskasse ist daher keine Pensionskasse; wegen des Kreises der Begünstigten → § 4b Rn. 6. Nach EStR 4c I ist auch eine rechtl unselbständige **Zusatzversorgungseinrichtung des öffentl Dienstes** iSd § 18 BetrAVG als Pensionskasse anzusehen, wenn sie einen Rechtsanspruch gewährt (zu umlagefinanzierte Versorgungskassen *Abel* DB 06, 961). **Pensionskassen** sind **ihrer Art nach Versicherungsunternehmen.** Ihre Geschäftspläne müssen von den VersAufsichtsbehörden genehmigt werden. Damit soll die jederzeitige Erfüllbarkeit der Verpflichtungen gesichert werden.

§ 4c I 2 (Einbeziehung von deregulierten Pensionskassen) dient ebenfalls diesem Zweck und soll die Gleichbehandlung aller Pensionskassen gewährleisten (*HHR/Rätke* § 4c Rn. 55). Auch Leistungen an **ausl Pensionskassen** können nach § 4c abgezogen werden (*BH/Stöckler* § 4c Rn. 24; vgl → § 22 Rn. 170).

3 **b) Pensionskassen bei wirtschaftlich verbundenen Unternehmen.** Träger einer Pensionskasse können auch wirtschaftl verbundene **(Konzernpensionskassen)** und wirtschaftl nicht verbundene Unternehmen sein, die aber (häufig) demselben Wirtschaftszweig **(Gruppenpensionskassen)** angehören. Der steuerl Vorteil der Einrichtung einer Pensionskasse kommt nur dann zum Tragen, wenn diese stbefreit ist (vgl § 5 I Nr 3, § 6 KStG, §§ 1, 2 KStDV, § 3 Nr 9 GewStG). Wegen der danach für die Anerkennung als soziale Einrichtung (§ 5 I Nr 3b KStG) vorgeschriebenen Begrenzung der Leistungshöhe s § 2 KStDV.

4 **c) Abgrenzung zur Unterstützungskasse.** Die Pensionskasse **unterscheidet** sich von der **Unterstützungskasse** (§ 4d) vor allem dadurch, dass auf die Leistungen der Pensionskasse ein **Rechtsanspruch** besteht (§ 232 I Nr 4 VAG).

5 **3. Trägerunternehmen und versicherte Arbeitnehmer.** Um Leistungen an die Versicherten erbringen zu können, muss eine Pensionskasse nach den versicherungsrechtl Bestimmungen in der Zeit bis zum Eintritt des Versicherungsfalles **(Anwartschaftszeit)** das Deckungskapital ansammeln. Die Finanzierung erfolgt durch das Trägerunternehmen, also den ArbG (§ 4c I 1; *HHR/Rätke* § 4c Rn. 25), zT auch durch die versicherten ArbN. – Der ArbN ist versicherte Person und kann zugleich Versicherungsnehmer sein; insofern besteht ein Unterschied zur DirektVers (BFH VI R 61/88, BStBl II 91, 647). Der ArbN ist Inhaber des Anspruchs auf Kassenleistung. Begünstigte Personen sind der ArbN und seine Angehörigen; Teilung iRd Versorgungsausgleichs mögl (*Thurnes* BetrAV 10, 230). Auch Personen, die außerhalb

eines arbeitsrechtl ArbVerh für den ArbG tätig geworden sind, können Leistungen aus der Pensionskasse empfangen (s § 17 I BetrAVG; → § 4b Rn. 6).

4. Beschränkter Abzug von Zuwendungen an Pensionskasse, § 4c I. – **a) Abzug.** Leistungen des Trägerunternehmens an die Pensionskasse (lfd Zuweisungen und auch Einmalzahlungen; *HHR/Rätke* § 4c Rn. 36) sind als BA nur abziehbar, wenn sie für die Erfüllung der Aufgaben der Pensionskasse notwendig sind. Abziehbar sind nach § 4c I Zuwendungen, *(1)* die zur Erfüllung einer in der Satzung oder im Geschäftsgang der Kasse festgelegten Verpflichtung gemacht werden, *(2)* die auf Anordnung der Versicherungsaufsichtsbehörde geleistet werden oder die *(3)* der Abdeckung von Fehlbeträgen bei der Kasse dienen (*HHR/Rätke* § 4c Rn. 50). Die **Höhe** der erforderl Zuwendungen wird nach dem Bedarf der Kasse (Deckungsmittel) anhand versicherungsmathematischer Grundsätze ermittelt. Dabei ist ein *Rechenzinsfuß* von 3,5% zu Grunde zu legen (*BH/Stöckler* § 4c Rn. 36). Liegt eine Beitragszusage vor, kann sich keine Überdotierung ergeben, wenn ledigl die zugesagten Beiträge gezahlt werden. 6

b) Nichtabzug. Darüber hinausgehende Zuwendungen sind nicht als BA abziehbar (*HHR/Rätke* § 4c Rn. 62). Die Abzugsbeschränkung soll verhindern, dass einer Pensionskasse mehr Mittel zugeführt werden, als zur Erfüllung ihrer Aufgaben erforderl sind. Eine Überdotierung der Pensionskasse (wenn das Reinvermögen die Verlustrücklagen übersteigt) führt zur teilweisen KStPflicht der Pensionskasse (§ 6 I KStG). Für die Feststellung der Überdotierung besteht keine Bindung an Entscheidungen der Versicherungsaufsichtsbehörden. Die StPfl ist auflösend bedingt; sie entfällt nach § 6 II KStG mit Wirkung für die Vergangenheit, soweit das übersteigende Vermögen innerhalb von 18 Monaten nach dem Schluss des Wj, für das es festgestellt worden ist, mit Zustimmung der Versicherungsaufsichtsbehörde etwa durch **Rückzahlung an das Trägerunternehmen** wieder beseitigt wird. – Ggf hat das Trägerunternehmen einen Rückforderungsanspruch zu aktivieren (*HHR/Rätke* § 4c Rn. 62). 7

5. Kein Betriebsausgabenabzug bei Zuwendungen an sich selbst, § 4c II. Leistungen können auch an den ArbG und seine Angehörigen selbst erbracht werden; die dafür erbrachten Zuwendungen an die Kasse dürfen dann aber (mangels betriebl Veranlassung) nicht als BA abgezogen werden; der „Umweg" über die Kasse führt nicht zu BA (*Frotscher/Geurts* § 4c Rn. 28; *HHR/Rätke* § 4c Rn. 70). Das Abzugsverbot greift nicht ein, soweit zw dem ArbG und seinen Angehörigen ein **strechtl anzuerkennendes ArbVerh** besteht (EStR 4c IV 3). 8

6. Kassenzuweisungen als Arbeitslohn. – a) Art der Besteuerung. Die Zuweisungen des Trägerunternehmens an die Pensionskasse sind für den ArbN und bezugsberechtigte ehemalige ArbN ArbLohn und daher grds bereits bei ihrer Entrichtung vom ArbG für den ArbN zu versteuern, da die Zuwendung einen Zufluss beim ArbN darstellt (§ 11, § 2 II Nr 3 LStDV). Die **Pauschalierung nach § 40b** ist bei umlagefinanzierten Pensionskassen (→ Rn. 2) weiterhin mögl (§ 40b I, II; auch → Rn. 10; → § 4b Rn. 3, 36). Die Beitragsleistungen an Pensionskassen sind gem § 3 Nr 63 begrenzt stfrei (→ § 4b Rn. 35). Für die Steuerfreiheit ist es nach § 1 II BetrAVG unerhebl, ob die Beiträge vom ArbG aufgebracht oder durch Entgeltumwandlung vom ArbN finanziert werden. 9

b) Einzahlungen in kapitalgedeckte Pensionskasse. Diese werden *(a) vorgelagert individuell, (b)* in Altfällen *pauschaliert* gem § 40b (§ 52 XL) besteuert oder es kann *(c)* der SA-Abzug gem §§ 10, 10a, 79 ff iVm individueller Besteuerung der Beiträge (Nettoentgeltumwandlung) oder *(d)* Steuerfreiheit der Zuwendungen gem § 3 Nr 63 geltend gemacht werden (Bruttoentgeltumwandlung). **Leistungen** der Pensionskasse werden in den Fällen *(a)* und *(b)* mit dem Ertragsanteil nach § 22 Nr 1 S 3a bb besteuert. In den Fällen *(c)* und *(d)* bleiben die Beiträge unversteuert, sodass die volle 10 nachgelagerte Besteuerung zum Zuge kommt (§ 22 Nr 5; *Myßen/Adam ua* Rn. 2008; *Höfer* BetrAVG Kap 26 Rn. 11).

11 **c) Zuwendungen an umlagefinanzierte Pensionskasse (öffentliche Hand).** Diese werden *(a)* individuell vorgelagert oder *(b)* pauschal nach § 40b versteuert; Gegenwertzahlungen bei Systemumstellung unterliegen nicht der LSt (BFH VI R 32/04, DB 05, 2445; *Seeger* DB 05, 2771). In der Auszahlungsphase ist § 22 Nr 1 S 3a bb anzuwenden.

§ 4d Zuwendungen an Unterstützungskassen

(1) [1]Zuwendungen an eine Unterstützungskasse dürfen von dem Unternehmen, das die Zuwendungen leistet (Trägerunternehmen), als Betriebsausgaben abgezogen werden, soweit die Leistungen der Kasse, wenn sie vom Trägerunternehmen unmittelbar erbracht würden, bei diesem betrieblich veranlasst wären und sie die folgenden Beträge nicht übersteigen:

1. bei Unterstützungskassen, die lebenslänglich laufende Leistungen gewähren:

a) das Deckungskapital für die laufenden Leistungen nach der dem Gesetz als Anlage 1 beigefügten Tabelle. [2]Leistungsempfänger ist jeder ehemalige Arbeitnehmer des Trägerunternehmens, der von der Unterstützungskasse Leistungen erhält; soweit die Kasse Hinterbliebenenversorgung gewährt, ist Leistungsempfänger der Hinterbliebene eines ehemaligen Arbeitnehmers des Trägerunternehmens, der von der Kasse Leistungen erhält. [3]Dem ehemaligen Arbeitnehmer stehen andere Personen gleich, denen Leistungen der Alters-, Invaliditäts- oder Hinterbliebenenversorgung aus Anlass ihrer ehemaligen Tätigkeit für das Trägerunternehmen zugesagt worden sind;

b) in jedem Wirtschaftsjahr für jeden Leistungsanwärter,

aa) wenn die Kasse nur Invaliditätsversorgung oder nur Hinterbliebenenversorgung gewährt, jeweils 6 Prozent,

bb) wenn die Kasse Altersversorgung mit oder ohne Einschluss von Invaliditätsversorgung oder Hinterbliebenenversorgung gewährt, 25 Prozent der jährlichen Versorgungsleistungen, die der Leistungsanwärter oder, wenn nur Hinterbliebenenversorgung gewährt wird, dessen Hinterbliebene nach den Verhältnissen am Schluss des Wirtschaftsjahres der Zuwendung im letzten Zeitpunkt der Anwartschaft, spätestens zum Zeitpunkt des Erreichens der Regelaltersgrenze der gesetzlichen Rentenversicherung erhalten können. [2]Leistungsanwärter ist jeder Arbeitnehmer oder ehemalige Arbeitnehmer des Trägerunternehmens, der von der Unterstützungskasse schriftlich zugesagte Leistungen erhalten kann und am Schluss des Wirtschaftsjahres, in dem die Zuwendung erfolgt,

aa) bei erstmals nach dem 31. Dezember 2017 zugesagten Leistungen das 23. Lebensjahr vollendet hat,

bb) bei erstmals nach dem 31. Dezember 2008 und vor dem 1. Januar 2018 zugesagten Leistungen das 27. Lebensjahr vollendet hat oder

cc) bei erstmals vor dem 1. Januar 2009 zugesagten Leistungen das 28. Lebensjahr vollendet hat;

soweit die Kasse nur Hinterbliebenenversorgung gewährt, gilt als Leistungsanwärter jeder Arbeitnehmer oder ehemalige Arbeitnehmer des Trägerunternehmens, der am Schluss des Wirtschaftsjahres, in dem die Zuwendung erfolgt, das nach dem ersten Halbsatz maßgebende Lebensjahr vollendet hat und dessen Hinterbliebene die Hinterbliebenenversorgung erhalten können. [3]Das Trägerunternehmen kann bei der Berechnung nach Satz 1 statt des dort maßgebenden Betrags den Durchschnittsbetrag der von der Kasse im Wirtschaftsjahr an Leistungsempfänger im Sinne des Buchstabens a Satz 2 gewährten Leistungen zugrunde legen. [4]In diesem Fall

sind Leistungsanwärter im Sinne des Satzes 2 nur die Arbeitnehmer oder ehemaligen Arbeitnehmer des Trägerunternehmens, die am Schluss des Wirtschaftsjahres, in dem die Zuwendung erfolgt, das 50. Lebensjahr vollendet haben. [5]Dem Arbeitnehmer oder ehemaligen Arbeitnehmer als Leistungsanwärter stehen andere Personen gleich, denen schriftlich Leistungen der Alters-, Invaliditäts- oder Hinterbliebenenversorgung aus Anlass ihrer Tätigkeit für das Trägerunternehmen zugesagt worden sind;

c) den Betrag des Beitrages, den die Kasse an einen Versicherer zahlt, soweit sie sich die Mittel für ihre Versorgungsleistungen, die der Leistungsanwärter oder Leistungsempfänger nach den Verhältnissen am Schluss des Wirtschaftsjahres der Zuwendung erhalten kann, durch Abschluss einer Versicherung verschafft. [2]Bei Versicherungen für einen Leistungsanwärter ist der Abzug des Beitrages nur zulässig, wenn der Leistungsanwärter die in Buchstabe b Satz 2 und 5 genannten Voraussetzungen erfüllt, die Versicherung für die Dauer bis zu dem Zeitpunkt abgeschlossen ist, für den erstmals Leistungen der Altersversorgung vorgesehen sind, mindestens jedoch bis zu dem Zeitpunkt, an dem der Leistungsanwärter das 55. Lebensjahr vollendet hat, und während dieser Zeit jährlich Beiträge gezahlt werden, die der Höhe nach gleich bleiben oder steigen. [3]Das Gleiche gilt für Leistungsanwärter, die das nach Buchstabe b Satz 2 jeweils maßgebende Lebensjahr noch nicht vollendet haben, für Leistungen der Invaliditäts- oder Hinterbliebenenversorgung, für Leistungen der Altersversorgung unter der Voraussetzung, dass die Leistungsanwartschaft bereits unverfallbar ist. [4]Ein Abzug ist ausgeschlossen, wenn die Ansprüche aus der Versicherung der Sicherung eines Darlehens dienen. [5]Liegen die Voraussetzungen der Sätze 1 bis 4 vor, sind die Zuwendungen nach den Buchstaben a und b in dem Verhältnis zu vermindern, in dem die Leistungen der Kasse durch die Versicherung gedeckt sind;

d) den Betrag, den die Kasse einem Leistungsanwärter im Sinne des Buchstabens b Satz 2 und 5 vor Eintritt des Versorgungsfalls als Abfindung für künftige Versorgungsleistungen gewährt, den Übertragungswert nach § 4 Absatz 5 des Betriebsrentengesetzes oder den Betrag, den sie an einen anderen Versorgungsträger zahlt, der eine ihr obliegende Versorgungsverpflichtung übernommen hat.

[2]Zuwendungen dürfen nicht als Betriebsausgaben abgezogen werden, wenn das Vermögen der Kasse ohne Berücksichtigung künftiger Versorgungsleistungen am Schluss des Wirtschaftsjahres das zulässige Kassenvermögen übersteigt. [3]Bei der Ermittlung des Vermögens der Kasse ist am Schluss des Wirtschaftsjahres vorhandener Grundbesitz mit den Anschaffungs- und Herstellungskosten anzusetzen; Ansprüche aus einer Versicherung sind mit dem Wert des geschäftsplanmäßigen Deckungskapitals zuzüglich der Guthaben aus Beitragsrückerstattung am Schluss des Wirtschaftsjahres anzusetzen, und das übrige Vermögen ist mit dem gemeinen Wert am Schluss des Wirtschaftsjahres zu bewerten. [4]Zulässiges Kassenvermögen ist die Summe aus dem Deckungskapital für alle am Schluss des Wirtschaftsjahres laufenden Leistungen nach der dem Gesetz als Anlage 1 beigefügten Tabelle für Leistungsempfänger im Sinne des Satzes 1 Buchstabe a und dem Achtfachen der nach Satz 1 Buchstabe b abzugsfähigen Zuwendungen. [5]Soweit sich die Kasse die Mittel für ihre Leistungen durch Abschluss einer Versicherung verschafft, ist, wenn die Voraussetzungen für den Abzug des Beitrages nach Satz 1 Buchstabe c erfüllt sind, zulässiges Kassenvermögen der Wert des geschäftsplanmäßigen Deckungskapitals aus der Versicherung am Schluss des Wirtschaftsjahres; in diesem Fall ist das zulässige Kassenvermögen nach Satz 4 in dem Verhältnis zu vermindern, in dem die Leistungen der Kasse durch die Versicherung gedeckt sind. [6]Soweit die Berechnung des Deckungskapitals nicht zum Geschäftsplan gehört, tritt an die Stelle

des geschäftsplanmäßigen Deckungskapitals der nach § 169 Absatz 3 und 4 des Versicherungsvertragsgesetzes berechnete Wert, beim zulässigen Kassenvermögen ohne Berücksichtigung des Guthabens aus Beitragsrückerstattung. [7]Gewährt eine Unterstützungskasse an Stelle von lebenslänglich laufenden Leistungen eine einmalige Kapitalleistung, so gelten 10 Prozent der Kapitalleistung als Jahresbetrag einer lebenslänglich laufenden Leistung;

2. bei Kassen, die keine lebenslänglich laufenden Leistungen gewähren, für jedes Wirtschaftsjahr 0,2 Prozent der Lohn- und Gehaltssumme des Trägerunternehmens, mindestens jedoch den Betrag der von der Kasse in einem Wirtschaftsjahr erbrachten Leistungen, soweit dieser Betrag höher ist als die in den vorangegangenen fünf Wirtschaftsjahren vorgenommenen Zuwendungen abzüglich der in dem gleichen Zeitraum erbrachten Leistungen. [2]Diese Zuwendungen dürfen nicht als Betriebsausgaben abgezogen werden, wenn das Vermögen der Kasse am Schluss des Wirtschaftsjahres das zulässige Kassenvermögen übersteigt. [3]Als zulässiges Kassenvermögen kann 1 Prozent der durchschnittlichen Lohn- und Gehaltssumme der letzten drei Jahre angesetzt werden. [4]Hat die Kasse bereits zehn Wirtschaftsjahre bestanden, darf das zulässige Kassenvermögen zusätzlich die Summe der in den letzten zehn Wirtschaftsjahren gewährten Leistungen nicht übersteigen. [5]Für die Bewertung des Vermögens der Kasse gilt Nummer 1 Satz 3 entsprechend. [6]Bei der Berechnung der Lohn- und Gehaltssumme des Trägerunternehmens sind Löhne und Gehälter von Personen, die von der Kasse keine nicht lebenslänglich laufenden Leistungen erhalten können, auszuscheiden.

[2]Gewährt eine Kasse lebenslänglich laufende und nicht lebenslänglich laufende Leistungen, so gilt Satz 1 Nummer 1 und 2 nebeneinander. [3]Leistet ein Trägerunternehmen Zuwendungen an mehrere Unterstützungskassen, so sind diese Kassen bei der Anwendung der Nummern 1 und 2 als Einheit zu behandeln.

(2) [1]Zuwendungen im Sinne des Absatzes 1 sind von dem Trägerunternehmen in dem Wirtschaftsjahr als Betriebsausgaben abzuziehen, in dem sie geleistet werden. [2]Zuwendungen, die bis zum Ablauf eines Monats nach Aufstellung oder Feststellung der Bilanz des Trägerunternehmens für den Schluss eines Wirtschaftsjahres geleistet werden, können von dem Trägerunternehmen noch für das abgelaufene Wirtschaftsjahr durch eine Rückstellung gewinnmindernd berücksichtigt werden. [3]Übersteigen die in einem Wirtschaftsjahr geleisteten Zuwendungen die nach Absatz 1 abzugsfähigen Beträge, so können die übersteigenden Beträge im Wege der Rechnungsabgrenzung auf die folgenden drei Wirtschaftsjahre vorgetragen und im Rahmen der für diese Wirtschaftsjahre abzugsfähigen Beträge als Betriebsausgaben behandelt werden. [4]§ 5 Absatz 1 Satz 2 ist nicht anzuwenden.

(3) [1]Abweichend von Absatz 1 Satz 1 Nummer 1 Satz 1 Buchstabe d und Absatz 2 können auf Antrag die insgesamt erforderlichen Zuwendungen an die Unterstützungskasse für den Betrag, den die Kasse an einen Pensionsfonds zahlt, der eine ihr obliegende Versorgungsverpflichtung ganz oder teilweise übernommen hat, nicht im Wirtschaftsjahr der Zuwendung, sondern erst in den dem Wirtschaftsjahr der Zuwendung folgenden zehn Wirtschaftsjahren gleichmäßig verteilt als Betriebsausgaben abgezogen werden. [2]Der Antrag ist unwiderruflich; der jeweilige Rechtsnachfolger ist an den Antrag gebunden.

Anlage 1 zu § 4d Absatz 1:

Tabelle für die Errechnung des Deckungskapitals für lebenslänglich laufende Leistungen von Unterstützungskassen

Erreichtes Alter des Leistungsempfängers (Jahre)	Die Jahresbeiträge der laufenden Leistungen sind zu vervielfachen bei Leistungen an männliche Leistungsempfänger mit	an weibliche Leistungsempfänger mit
1	2	3
bis 26	11	17
27 bis 29	12	17
30	13	17
31 bis 35	13	16
36 bis 39	14	16
40 bis 46	14	15
47 und 48	14	14
49 bis 52	13	14
53 bis 56	13	13
57 und 58	13	12
59 und 60	12	12
61 bis 63	12	11
64	11	11
65 bis 67	11	10
68 bis 71	10	9
72 bis 74	9	8
75 bis 77	8	7
78	8	6
79 bis 81	7	6
82 bis 84	6	5
85 bis 87	5	4
88	4	4
89 und 90	4	3
91 bis 93	3	3
94	3	2
95 und älter	2	2

Einkommensteuer-Richtlinien: EStR 4d/EStH 4d – **Verwaltungsanweisungen:** *OFD Nds* DB 06, 644 (zur Portabilität); *BMF* BStBl I 10, 1303 (Versorgungsausgleich); *BMF* BStBl I 11, 1084 (Versorgungsausgleich).

Übersicht

Schrifttum: *Uckermann ua* BetrAV 2. Aufl 2022, Kap 10. – *Buttler/Baier* Stl Behandlung von Unterstützungskassen, 6. Aufl 2014; s auch Schrifttum zu § 4b. – *Jungblut* ua, Was tun mit historischen Unterstützungskassen? BetrAV 17, 131; *Beckstette/Blome,* Fondsgebundene Rückdeckungsversicherungen in der Unterstützungskasse, BetrAV 20, 186; *Veh/Denfeld,* Die pauschaldotierte Unterstützungskasse in der Praxis, DB 25, 185.

I. Allgemeines

1 **1. Regelungsbereich.** § 4d regelt den Umfang des BA-Abzugs bei einer Unterstützungskasse (Zuwendungen zum Deckungskapital für lfd Leistungen und zum Reservepolster für Anwartschaften); gemessen an ihrer Bedeutung ist die Regelung viel zu umfangreich und **reformbedürftig;** auch existieren offenbar keine empirischen Erkenntnisse über ihre stl Auswirkungen. Die Unterstützungskasse ist der älteste, aber auch der wirtschaftl unbedeutendste Durchführungsweg der betriebl Altersversorgung (→ § 4b Rn. 1); sie ist eine rechtsfähige Versorgungseinrichtung, die die Durchführung einer Versorgungszusage für einen ArbG organisiert, die aber auf ihre Leistungen keinen Rechtsanspruch gewährt (§ 1b IV BetrAVG; → Rn. 3). Da kein Rechtsanspruch auf Leistungen besteht, sind die Dotierungsmöglichkeiten der Unterstützungskasse restriktiv (*BH/Stöckler* § 4d Rn. 2). § 4d ist eine abschließende Sonderregelung für mittelbare Versorgungszusagen (FG BW EFG 24, 1499, Rev IX R 36/23). Im Unterschied zur pauschaldotierten Unterstützungskasse, bei der sich eine Unterdeckung ergeben kann, ist bei der **rückgedeckten Unterstützungskasse** („outside funding“) eine vollständige und periodengerechte Ausfinanzierung der Versorgungsleistungen mögl (*Höfer* BetrAVG Kap 9 Rn. 292; zur Vorteilhaftigkeit *Harte/Kesting/Leser* BB 06, 131). Bei kongruenter Rückdeckung sind Regelzuwendungen nicht zul (*BH/Stöckler* § 4b Rn. 121). Die **Beitragszusage mit Mindestleistung** ist für die Unterstützungskasse nicht zugelassen. Unterstützungskassen sind in der Anlage ihres Vermögens frei. Sie überlassen es meist kreditweise dem oder den Trägerunternehmen, die dadurch bei unveränderter Liquidität einen erhebl steuerl Vorteil erzielen können. Für Leistungsempfänger wird bei den Unterstützungskassen

das Deckungskapital grds nach dem sog **Kapitaldeckungsverfahren** (Zuwendung des Deckungskapitals für die Leistungen erst im Zeitpunkt des Leistungsfalls) finanziert; daneben darf bereits vor Eintritt des Versorgungsfalls (für Leistungsanwärter) ein **Reservepolster** gebildet werden, das sich nach den voraussichtl Kassenleistungen bemessen muss; das zul Kassenvermögen darf nicht überschritten werden.

Abzugsbegrenzungen (Übersicht):

	Unterstützungskassen, die lebenslängl lfd Leistungen gewähren			Unterstützungskassen, die keine lebenslängl lfd Leistungen gewähren
	Leistungsanwärter		Leistungsempfänger	
	Unterstützungskassen, die nur Invaliditäts- oder nur Hinterbliebenenversorgung gewähren	Unterstützungskassen, die eine Altersversorgung gewähren		
Jährliche Zuwendungen:				
Bei pauschal dotierter UK	6% der Jahresrente (Reservepolster)	25% der Jahresrente (Reservepolster)	das Deckungskapital für lfd Leistungen	0,2% der Lohn- und Gehaltssumme
Bei rückgedeckter UK	alternativ: Beitrag für eine entspr Rückdeckungsversicherung			
Insgesamt zulässiges Kassenvermögen:				
Bei pauschal dotierter UK	Deckungskapital der lfd Leistungen + das achtfache der Regelzuwendung			1,0% der Lohn- und Gehaltssumme
Bei rückgedeckter UK	alternativ: Deckungskapital der Rückdeckungsversicherung			

2. Beschränkter Betriebsausgabenabzug. Die Beitragsleistungen müssen be- 2
triebl iSd § 4 IV veranlasst sein (BFH X R 30/12, BFH/NV 16, 203; → § 4b Rn. 3); Fremdvergleichsgrundsätze sind zu beachten (BFH X R 32/18, BStBl II 21, 434; *Weber-Grellet* jurisPR-ArbR 34/21 Anm 7), beim beherrschenden Ges'terGeschäftsführer auch die sog Erdienensdauer (idR 10 Jahre; BFH I R 33/15, BStBl II 17, 66; → § 6a Rn. 23). Die sog Überversorgungsgrenze von 75% (→ § 6a Rn. 56) gilt auch bei § 4d (BFH VIII R 6/15, BStBl II 19, 197; krit *Briese* BetrAV 21, 399); eine jährl Steigerungsrate von mehr als 3% kann schädl sein. Die Zuwendungen sind nur iRd jeweiligen Höchstbeträge abziehbar (Bedarfsgrenze): – ***(1)*** zum **Deckungskapital** für **lfd Leistungen** nach Maßgabe des Vervielfältigers in Anlage 1 zum EStG (§ 4d I 1 Nr 1 S 1 Buchst a; → Rn. 8); – ***(2)*** zum **Reservepolster für Leistungsanwartschaften** jährl für jeden Leistungsanwärter ***(a)*** bei Leistung von Altersversorgung mit und ohne Einschluss von Invaliditäts- oder Hinterbliebenenversorgung 25% und ***(b)*** bei Leistung nur von Invaliditäts- oder Hinterbliebenenversorgung 6% des Durchschnittsbetrages der jährl mögl Leistungen (§ 4d I 1 Nr 1 S 1 Buchst b; → Rn. 9); – ***(3)*** **Jahresprämie für eine Rückdeckungsversicherung,** soweit solche abgeschlossen worden ist (§ 4d I 1 Nr 1 S 1 Buchst c; → Rn. 16); – ***(4)*** **Ablösungs- und Abfindungsbeträge,** die vor Eintritt des Versorgungsfalles an einen anderen Versorgungsträger bei Übernahme der Versorgungsleistung geleistet werden (§ 4d I 1 Nr 1 S 1 Buchst d; → Rn. 17). – Neben diesen Zuwendungen iSd § 4d (Definition → Rn. 7) darf das Trägerunternehmen die **Verwaltungskosten der Kasse** überneh-

men und als Ersatz dafür an die Kasse geleistete Zahlungen als BA abziehen (→ Rn. 7). § 4d I 1 Nr 2 regelt den Abzug für sog Notstandsleistungen. – Die Abziehbarkeit sämtl Zuwendungen ist weiter durch das zul Kassenvermögen begrenzt (Vermögensgrenze; → Rn. 13, 21). – § 4d II, III bestimmt den BA-Abzug in zeitl Hinsicht, die Behandlung von Zuwendungen nach dem Bilanzstichtag, den Vortrag überhöhter Zuwendungen auf folgende Wj und die Verteilung der Zuwendungen bei Verpflichtungsübernahme. – Zu aktuellen Praxisfragen (zB Weiterarbeit, Wechsel der Kasse, Betriebsübergang) s *Haack* BetrAV 22, 436.

II. Unterstützungskassen

3 **1. Rechtsform und Ausgestaltung.** Die Unterstützungskasse ist gesetzl als Versorgungseinrichtung definiert, „die auf ihre Leistungen keinen Rechtsanspruch gewährt" (§ 1b IV BetrAVG; BFH I R 6/12, BFH/NV 13, 1817; *HHR/Dommermuth* § 4d Rn. 21). Der gesetzl Ausschluss der Rechtsansprüche auf Unterstützungskassenleistungen steht in einem sachl und systematischen Zusammenhang mit der Freistellung der Unterstützungskassen von der **Versicherungsaufsicht,** der Begrenzung der als BA abzugsfähigen **Zuführungen** des Träger-Unternehmens nach Maßgabe des Kapitaldeckungsverfahrens und der Nichterhebung von **LSt auf die Zuführungen** (während die Zuführungen zur Pensionskasse der LSt unterliegen). Eine Unterstützungskasse muss rechtsfähig sein und wird üblicherweise als eingetragener Verein, GmbH oder Stiftung betrieben. Wesentl Merkmal ist im Unterschied zur Pensionskasse, dass ein **Rechtsanspruch auf die Leistungen ausgeschlossen** ist (§ 3 KStDV; *Ulbrich* BetrAV 15, 546). In den Fällen der **Entgeltumwandlung** (→ § 4b Rn. 3), die bei Unterstützungskassen wegen des fehlenden Rechtsanspruchs kaum vorkommt, behält der ArbN seine Anwartschaft, auch wenn sein ArbVerh vor dem Eintritt des Versorgungsfalles endet (§ 1b V BetrAVG; BFH X R 30/11, BFH/NV 13, 1393). Zuwendungen an die Unterstützungskasse werden ausschließl durch das Trägerunternehmen geleistet, nicht auch durch die ArbN (vgl § 1a BetrAVG; *HHR/Dommermuth* § 4d Rn. 11). Die Zuwendungen der Trägerunternehmen sind bei der Kasse BE, deren Leistungen BA (BFH I R 110/09, BStBl II 14, 119).

4 **2. Begünstigter Personenkreis.** Dieser deckt sich mit dem bei der DirektVers und bei der Pensionskasse (→ § 4b Rn. 6), auch ein Ges'tergeschäftsführer (*Intemann* BetrAV 14, 525; *HHR/Dommermuth* § 4d Rn. 43). Der **Unternehmer** kann nach Wortlaut des § 4d I 1 Nr 1 S 1 Buchst b S 2 nicht Leistungsanwärter (noch Leistungsempfänger) sein.

III. Abziehbare Zuwendungen für lebenslänglich laufende Leistungen, § 4d I 1 Nr 1

7 **1. Abziehbare Zuwendungen.** Zuwendungen sind einseitige Vermögensübertragungen des Trägerunternehmens an die Unterstützungskasse (BFH GrS 6/71, BStBl II 73, 79). **Lebenslängl lfd Leistungen,** die von den Unterstützungskassen idR erbracht werden, sind Alters-, Invaliden- und Witwenrenten, die nicht von vornherein auf eine bestimmte Zeit begrenzt sind. Der **Vorbehalt eines Widerrufs,** etwa für den Fall der Wiederverheiratung einer Witwe oder Wiederaufnahme der Arbeit nach Wiedererlangung der Arbeitsfähigkeit, berühren nicht die Eigenschaft der Renten als lebenslängl lfd Leistungen (EStR 4d II 8; BFH I R 6/12, BFH/NV 13, 1817). Die lebenslängl lfd Leistungen dienen dem Zweck, die Altersversorgung der Empfänger zu sichern), auch Kapitalabfindungen bzw Kapitalleistungen geringeren Umfangs (BFH II R 77/91, BStBl II 95, 21; iEinz EStR 4d II); davon zu unterscheiden sind sog Notfallleistungen zur Behebung konkreter Notstandslagen (→ Rn. 18). – Zuwendungen sind beim Trägerunternehmen nur als **BA** abziehbar, wenn die sich aus § 4d I 1 Nr 1 S 1 Buchst a–d ergebenden **Betragsgrenzen** nicht überschritten werden

und wenn – wie sich aus § 4d I 1 Nr 1 S 2 ergibt – das (aE des Wj) insgesamt zul Kassenvermögen der Unterstützungskasse nicht überschritten wird (→ Rn. 2). Soweit Zuwendungen eine **Überdotierung** bewirken, sind sie nicht abziehbar, können aber unter den Voraussetzungen des § 4d II 3 auf die drei folgenden Wj vorgetragen werden. Tritt eine Überdotierung nicht ein und sind die Voraussetzungen einer Zuwendung nach § 4d I 1 Nr 1 S 1 Buchst c nicht gegeben, wohl aber die für einen Abzug nach § 4d I 1 Nr 1 S 1 Buchst b, so steht der Abschluss einer **Rückdeckungsversicherung** dem Abzug nicht entgegen. Auch Zahlungen zur Übernahme der **Verwaltungskosten der Kasse** können als BA (§ 4 IV) vom Trägerunternehmen abgezogen werden (*BMF* BStBl I 96, 1435). – Der **Zeitpunkt,** auf den die abziehbaren Zuwendungen zu ermitteln sind, ist grds der **Bilanzstichtag.**

2. Zuwendungen zum Deckungskapital für laufende Leistungen, § 4d I 1 Nr 1 S 1 Buchst a. Für jeden Leistungsempfänger ist nach der dem EStG als Anlage 1 (abgedruckt nach § 4d) beigefügten Vervielfältigungstabelle ein Deckungskapital zu ermitteln (*HHR/Dommermuth* § 4d Rn. 54). Nur ehemalige ArbN kommen als **Leistungsempfänger** in Betracht (§ 4d I 1 Nr 1 S 1 Buchst a S 2), nicht aktive ArbN. Sofern ArbN infolge Invalidität oder Erreichen der Altersgrenze Versorgungsleistungen nach § 4d erhalten, aber gleichwohl (in vollem Umfang) im Betrieb weiter arbeiten, sind sie keine ehemaligen ArbN; für sie kommen Zuwendungen zum Reservepolster in Betracht (vgl *Doetsch* BB 95, 2553). Soweit sie teilweise weiter arbeiten, sind sie „teilweise" ehemalige ArbN, sodass Zuwendungen zum Deckungskapital zur Finanzierung der **Teilrente** abziehbar bleiben (s auch *BMF* BStBl I 96, 1435 unter B 2; *KSM* § 4d Rn. B 80). Das Deckungskapital richtet sich nach dem Alter des Leistungsempfängers zu Beginn der Leistungen und nach dem Jahresbetrag der Leistungen, die **nach dem Leistungsplan** der Kasse vorgesehen sind. Die Tabelle beruht auf einem **Rechenzinsfuß von 5,5 %.** Für Männer ergeben sich höhere Jahresbeträge (zur Begründung → 43. Aufl 2024, § 4d Rn 8). Das Alter des Leistungsempfängers ist nach §§ 187, 188 BGB zu bestimmen (EStR 4d III 5). Wird eine Leistung erhöht, erhöht sich das Deckungskapital entspr. Nach § 4d I 1 Nr 1 S 1 Buchst a können Zuwendungen als BA abgezogen werden, die das Deckungskapital für die lebenslängl lfd Leistungen nicht übersteigen. Für die Zuwendung gilt kein Nachholverbot. Die Beträge brauchen nicht im Jahre des Beginns der Leistungen in einem Betrag zugewendet werden, sondern können solange (verteilt) zugewendet werden, wie die Leistungen noch laufen, also bis zum Tod des Leistungsempfängers; hinsichtl der Zuwendungen zum Reservepolster gilt dies nicht. 8

3. Zuwendungen zum Reservepolster für Leistungsanwärter, § 4d I 1 Nr 1 S 1 Buchst b. – a) Allgemeines; Schriftform. Die Unterstützungskasse kann vorab aus Zuweisungen des Trägerunternehmens für Leistungsanwärter ein Reservepolster bilden (§ 4d I 1 Nr 1 S 1 Buchst b; *HHR/Dommermuth* § 4d Rn. 71). Die Abzugsfähigkeit der Zuwendungen für das Reservepolster ist nicht vom Bestehen eines Leistungsplans abhängig (BFH I R 22–23/87, BStBl II 90, 1088). Für die Bemessung der Zuwendungen zum Reservepolster sind die Verhältnisse am Schluss des Wj maßgebend (*BMF* BStBl I 94, 18). – Die Leistungen, für die das Reservepolster gebildet wird, müssen schriftl zugesagt worden sein (§ 4d I 1 Nr 1 S 1 Buchst b S 2; iEinz BFH I R 6/12, BFH/NV 13, 1817; auch → § 6a Rn. 15). 9

b) Summe der erreichbaren Endrenten als Bemessungsgrundlage. Die Zuwendungen zum Reservepolster (→ Rn. 1) bemessen sich nach den verschiedenen Leistungen der Unterstützungskasse (EStR 4d IV). Nach § 4d I 1 Nr 1 S 1 Buchst b kann nur (noch) der **durchschnittl Betrag der jährl Versorgungsleistungen,** den die Leistungsanwärter bzw deren Hinterbliebene erhalten können, dem **Reservepolster** zugeführt werden. Leistungsanwartschaft setzt **Mindestalter** voraus, bei vor 2009 zugesagten Leistungen 28 Jahre, ab 2009 27 Jahre, ab 2018 23 Jahre (§ 4d I 1 Nr 1 S 1 Buchst b S 2; BT-Drs 18/6283); Entsprechendes gilt, soweit Hinterblie- 10 benenversorgung gewährt wird. § 4d deckt sich insoweit mit § 6a II, III. – Statt der Ermittlung des Zuführungsbetrags zum Reservepolster anhand der jährl mögl Leistungen darf nach § 4d I 1 Nr 1 S 1 Buchst b S 3–5 aus Vereinfachungsgründen der **Durchschnittsbetrag** der nach § 4d I 1 Nr 1 S 1 Buchst a im Wj tatsächl gewährten individuellen Leistungen je Leistungsanwärter zu Grunde gelegt werden (schriftl Zusage auch insoweit erforderl; BFH I R 110/09, BStBl II 14, 119). An die Ausübung der **Wahl der Berechnungsmethode** zur Dotierung des Reservepolsters ist das Trägerunternehmen **fünf Jahre gebunden** (*BMF* DStR 93, 566). Um Missbräuche zu vermeiden, schreibt § 4d I 1 Nr 1 S 1 Buchst b S 4 vor, dass nur solche Leistungsanwärter bei der Ermittlung des Durchschnittsbetrags zu berücksichtigen sind, die im Jahr der Zuwendung das **50. Lebensjahr** vollendet haben.

11 **c) Höhe der Zuwendungen.** Diese richtet sich nach der **Zahl der Leistungsanwärter** und der **Art der Versorgungsleistungen.** Für jeden Leistungsanwärter kann eine Zuwendung von 25% des Durchschnittsbetrages der mögl künftigen Leistungen (→ Rn. 10) gemacht werden, wenn die Kasse Altersversorgung (mit oder ohne Einschluss von Invaliditäts- oder Hinterbliebenenversorgung) gewährt, und iHv 6% des Durchschnittsbetrags, wenn die Kasse nur eine Invaliditäts- oder nur eine Hinterbliebenenversorgung vorsieht. Wird für bestimmte Personenkreise des Trägerunternehmens teils eine Altersversorgung teils eine Invaliditäts- oder Hinterbliebenenversorgung gewährt, so ist für die verschiedenen Versorgungsbereiche eine besondere Berechnung vorzunehmen (EStR 4d IV 9). Hinzu kommen Abfindungsbeträge und Prämien für Rückdeckungsversicherungen (vgl → Rn. 16).

12 **d) Leistungsanwärter.** Das sind nach § 4d I 1 Nr 1 S 1 Buchst b alle ArbN, ehemaligen ArbN und ihnen gleichgestellte Personen des Trägerunternehmens, denen eine schriftl Versorgungszusage erteilt worden ist (BFH I R 110/09, BStBl II 14, 119); auch Auszubildende können bereits Leistungsanwärter sein. Leistungsanwärter müssen ein **Mindestalter** erreicht haben (→ Rn. 10). Nach § 4d I 1 Nr 1 S 1 Buchst b gilt als Leistungsempfänger für Hinterbliebenenversorgung die Person, deren Hinterbliebene die Hinterbliebenenversorgung erhalten können; ob diese Person überhaupt Angehörige hat, ist nicht zu prüfen. Scheiden ArbN mit unverfallbaren Versorgungsrechten aus dem Trägerunternehmen aus, bleiben sie Leistungsanwärter, bis die Kasse nicht mehr mit der Inanspruchnahme rechnen muss (EStR 4d V).

13 **4. Zulässiges Kassenvermögen.** Nach § 4d 1 I Nr 1 S 2 dürfen Zuwendungen zum Deckungskapital (→ Rn. 8) und zum Reservepolster (→ Rn. 9–12) nicht als BA abgezogen werden, wenn das Vermögen der Kasse zu hoch wird **(Überdotierung).** § 4d I 1 Nr 1 S 2 verhindert die Privilegierung rückgedeckter Kassen. Eine Überdotierung tritt danach stets ein, wenn das tatsächl das zul Kassenvermögen übersteigt (FG RhPf EFG 12, 1436); bei mehreren Trägerunternehmen ist eine kassenbezogene (und keine segmentierende) Betrachtung vorzunehmen (BFH I R 37/13, BStBl II 15, 813; krit *Höfer* BetrAVG Kap 35 Rn. 94; zu Lösungen *Hartmann* BetrAV 17, 392 (396)). Zur Ermittlung des zul Kassenvermögens sind auch bei einer rückgedeckten Kasse Vermögenserträge nicht anzusetzen (BT-Drs 13/901, 131).

14 **a) Berechnung.** Zul Kassenvermögen ist gem § 4d I 1 Nr 1 S 4 die Summe aus dem Deckungskapital für alle am Schluss des Wj lfd Leistungen nach der dem Gesetz als Anl 1 beigefügten Tabelle für Leistungsempfänger iSd S 1 Buchst a (→ Rn. 8) und dem Achtfachen der nach S 1 Buchst b abzugsfähigen Zuwendungen zum Reservepolster (→ Rn. 9). Wenn für Leistungen der Unterstützungskasse eine **Rückdeckungsversicherung** abgeschlossen ist, mindert dies das zul Kassenvermögen dadurch, dass an die Stelle des Reservepolsters der Wert der Rückdeckungsversicherung tritt (iEinz → 34. Aufl 2015, § 4d Rn. 14; EStR 4d VI f).

Das zul Kassenvermögen nach § 4d I 1 Nr 1 und Nr 2 ist einheitl zu ermitteln und insgesamt mit dem tatsächl Kassenvermögen zu vergleichen (EStR 4d XIII); mehrere Unterstützungskassen eines Unternehmens sind stets als Einheit zu behandeln (BFH

I R 187/84, BStBl II 90, 210; § 4d I 3). Bei der Berechnung ist auf das Wj der Unterstützungskasse abzustellen (EStR 4d XIII).

b) Vorhandenes Kassenvermögen. Das ist der Unterschied zw Vermögensgegenständen und Schulden der Kasse. Das Vermögen ist grds mit dem gemeinen Wert, **Grundbesitz** mit den AK oder HK anzusetzen (§ 4d I 1 Nr 1 S 3 idF JStG 2024 BGBl I 24 Nr 387; zur Anwendung § 52 VII). Nach § 4d I 1 Nr 1 S 3 werden Versicherungsansprüche unabhängig davon, ob sie fällig sind, mit dem geschäftsplanmäßigen Deckungskapital bzw dem Wert iSd § 169 III, IV VVG bewertet, und zwar zuzügl des Guthabens aus Beitragsrückerstattung (FG RhPf EFG 12, 1436). Die künftig zu erbringenden Leistungen sind nicht als Schuldposten abzuziehen (§ 4d I 1 Nr 1 S 2), da auf diese kein Rechtsanspruch besteht. 15

5. Beiträge zur Rückdeckungsversicherung, § 4d I 1 Nr 1 S 1 Buchst c. 16
Unterstützungskassen können schon für die späteren Leistungen an ihre Leistungsanwärter (fondsgebundene) Rückdeckungsversicherungen abschließen und die **Jahresprämien** nach **§ 4d I 1 Nr 1 S 1 Buchst c** als BA abziehen (*BMF* BetrAV 22, 573; *Höfer* BetrAV 22, 542; *Selig-Kraft/Kovac* StuB 22, 898). Durch die Versicherung kann die von der Unterstützungskasse zu erbringende Leistung voll abgedeckt sein (**kongruente Rückdeckung;** dazu *Thierer* BetrAV 09, 115) oder nur teilweise **(partielle Rückdeckung);** allerdings muss die Versicherung grds bis zu dem Zeitpunkt abgeschlossen werden, zu dem erstmals Leistungen vorgesehen sind (BFH VIII R 98/02, BFH/NV 05, 1768). Die Aufbringung der Mittel für die Versorgungsleistungen anhand einer Rückdeckungsversicherung bedeutet, dass die Unterstützungskasse schon in einer Art **Anwartschaftsdeckungsverfahren** (ähnl der Pensionskasse), nicht erst im **Kapitaldeckungsverfahren** (vgl → Rn. 1) finanziert wird.

Bei kongruenter Deckung sind demgemäß die Regelzuwendungen (sowohl Zuwendungen zum Deckungskapital als auch zum Reservepolster) nicht zul (vgl zur Rechtsentwicklung insoweit *Buttler* BB 97, 1661). Bei partieller Deckung sind die Regelzuwendungen zu kürzen (s „soweit" in § 4d I 1 Nr 1 S 5); das Verhältnis des rückgedeckten Teils zur gesamten Leistung der Kasse kann durch Vergleich des Barwertes der Versicherungsleistungen mit dem Barwert der Kassenleistungen ermittelt werden, ggf durch Schätzung.

Zuwendungen für Rückdeckungsversicherungen sind an folgende **Voraussetzungen** gebunden worden (*Thierer* BetrAV 09, 115): – ***(1)*** Versorgungsleistungen an Leistungsempfänger oder **schriftl Zusage** von Versorgungsleistungen an Leistungsanwärter (§ 4d I 1 Nr 1 S 1 Buchst c S 2 iVm I Nr 1 S 1 Buchst b S 2). – ***(2)*** Begrenzung der Zuwendungen auf die Höhe des **Beitrags je Leistungsanwärter** oder **Leistungsempfänger,** wobei Rückdeckungsversicherungen beim tatsächl Kassenvermögen mit dem Deckungskapital zuzügl des Guthabens aus Beitragsrückerstattung und beim zul Kassenvermögen mit dem Deckungskapital ohne Guthaben aus Beitragsrückerstattung anzusetzen sind (vgl → Rn. 12–14). Bei inkongruenter Rückdeckungsversicherung gilt daneben eine anteilige Abzugsbeschränkung (s oben). – ***(3)*** Das **tatsächl Kassenvermögen** darf das zul Kassenvermögen nicht übersteigen (→ Rn. 12–14). – ***(4)*** Die Ansprüche aus der Rückdeckungsversicherung dürfen nicht der **Sicherung eines Darlehens** dienen (§ 4d I 1 Nr 1 S 1 Buchst c S 4; BFH IV R 8/02, BFH/NV 04, 1246; **Beleihungsverbot**) Vorauszahlungen auf die Versicherungsleistung (sog. Policendarlehen) stehen einer Beleihung gleich (vgl EStH 4b; FG Köln EFG 00, 415). Verpfändung an den ArbN ist unschädl. – ***(5)*** Zuwendungen an **Leistungsanwärter** unterliegen folgenden weiteren Voraussetzungen: – ***(a)*** Erreichen des Mindestalters (→ Rn. 10, 12) und unverfallbare Anwartschaft (vgl EStR 4d VIII 7) oder ledigl Anwartschaft auf Invaliditäts- oder Hinterbliebenenversorgung; – ***(b)*** **steigende oder gleich bleibende** (jährl; s EStR 4d VIII) **Beiträge** (→ Rn. 13) bis wenigstens zum 55. Lebensjahr des Begünstigten (wegen der Altersgrenze s EStR 4d II 4: Alter 60 erforderl; für Zusagen nach 31. 12. 11: Alter 62, s EStR 4d II 5; *BMF* BStBl I 12, 238); die Altersgrenze gilt entspr auch für Gruppenunterstützungskassen (BFH XI R 10/02, BStBl II 03, 599). Zeitweilige Unterbrechung ist unschädl (*BMF* BStBl I 96, 1435 unter E). Das Absinken der **Netto-Prämie** kann bei Verrechnung mit Gewinngutschriften, bei Änderung der Versorgungszusage oder wegen Gesetzesänderungen (EStR 4d IX 2 f) unschädl sein. Entspr gilt, wenn der Beitrag infolge vorzeitigen Ausscheidens des ArbN oder Reduzierung der Versorgungszusage sinkt (*Doetsch* BB 95, 2553 mwN). – Sofern die Voraussetzungen ***(1)–(5)*** nicht erfüllt sind, kann gleichwohl ein BA-Abzug nach § 4d I 1 Nr 1 S 1 Buchst a oder b in Betracht kommen (vgl § 4d I 1 Nr 1 S 1 Buchst c S 5).

17 **6. Abfindungen, § 4d I 1 Nr 1 S 1 Buchst d; Übernahme von Versorgungsverpflichtungen.** Abfindungen sind nur noch unter den Voraussetzungen des § 3 BetrAVG zul; der ArbN hat einen Anspruch auf Übertragung auf den neuen ArbG oder einen anderen Versorgungsträger (§ 4 III, IV BetrAVG). § 4d I 1 Nr 1 S 1 Buchst d bestimmt, welche Beträge abziehbar sind. Zul ist die Übernahme von Zusagen durch andere Unterstützungskassen, uU mit erfolgsneutraler Weiterleitung der Beiträge und ohne Verstoß gegen das „Jährlichkeitsgebot" (BFH VIII R 98/02, BFH/NV 05, 1768). – Unter § 4d I 1 Nr 1 S 1 Buchst d fällt (bei externer Teilung) auch die Zuwendung an andere Versorgungsträger iRd **Versorgungsausgleichs;** bei interner Teilung weiterhin Abzug nur nach § 4d I 1 Nr 1 S 1 Buchst a, b, bei rückgedeckten Unterstützungskassen (→ Rn. 16) nach Buchst c (*BMF* BStBl I 10, 1303; *Heger* BB 10, 3081; *Schu* BetrAV 10, 237). – Ebenso kann eine Pensionsverpflichtung (ggü Ges'terGeschäftsführer) mit schuldbefreiender Wirkung auf eine Unterstützungskasse übertragen werden (*Neufang ua* BB 17, 1559).

IV. Abziehbare Zuwendungen für nicht lebenslänglich laufende Leistungen, § 4d I 1 Nr 2

18 **1. Befristete Leistungen, Notstandsleistungen.** Befristete Leistungen iSd § 4d I 1 Nr 2 sind alle nur auf eine bestimmte Anzahl von Jahren lfd Leistungen (Überbrückungsrenten, zB Invalidenrente bis zum Einsetzen der Altersversorgung aus der SV – anders bei Altersversorgung aus betriebl Altersversorgung, vgl → Rn. 6 – und von vornherein zeitl befristete Witwenrente) und alle nur bis zu einem bestimmten Alter des Leistungsempfängers lfd Leistungen (zB Waisenrente). Dazu gehören auch abgekürzte Leibrenten, die bis zum Ableben des Leistungsempfängers, höchstens aber eine bestimmte Anzahl von Jahren gezahlt werden (→ Rn. 6; krit *Höfer* BetrAVG Kap 9 Rn. 458), ebenso auch sog Notstandsleistungen; das sind wiederholte Leistungen aus besonderem Anlass wie Krankheit, Geburt, Tod oder Arbeitslosigkeit. Das Trägerunternehmen hat bei nicht lebenslängl lfd Leistungen eine gewisse **Wahlmöglichkeit** zw Regelzuwendungen und dem Ersatz der Leistungen, sofern nicht das zul Kassenvermögen überschritten wird.

19 **2. Regelzuwendungen.** Diese sind iHv 0,2% der Lohn- und Gehaltssumme des Trägerunternehmens für jedes Wj als BA abziehbar. Nach EStR § 4d XII gehören zur Lohn- und Gehaltssumme iSd § 4d I 1 Nr 2 alle Arbeitslöhne iSd § 19 I Nr 1, soweit sie nicht von der ESt befreit sind. Bei der Ermittlung der Arbeitslöhne ist § 19 III, IV nicht anzuwenden. Zuschläge für Mehrarbeit und für Sonntags-, Feiertags- und Nachtarbeit gehören zur Lohn- und Gehaltssumme, auch soweit sie stfrei sind.

Nicht in die Lohn- und Gehaltssumme einzubeziehen sind Ruhegelder, Witwen- und Waisenbezüge und Leistungen an eine Unterstützungskasse. Vermögenswirksame Leistungen nach dem 3. VermögensBG gehören dazu, nicht jedoch die ArbN-Sparzulage. Gehören auch Nicht-ArbN zu den Leistungsanwärtern (§ 17 I 2 BetrAVG), so sind Provisionszahlungen und sonstige Entgelte an diese Personen zur Lohn- und Gehaltssumme zu rechnen (EStR § 4d XV). Pauschalzuwendungen sind für den gleichen Personenkreis zugelassen, für den auch Zuwendungen zum Reservepolster zul sind (vgl → Rn. 11). Diese Zuwendungen sind nur abziehbar, wenn sie das zul Kassenvermögen nicht übersteigen (§ 4d I 1 Nr 2 S 2).

3. Ersatz der Leistungen. Statt Regelzuwendungen kann das Trägerunternehmen der Unterstützungskasse die Leistungen ersetzen, die sie in einem Wj für nicht lebenslängl lfd Leistungen aufgewendet hat. Dieser Betrag ist um die Beträge zu kürzen, die das Trägerunternehmen in den fünf vorangegangenen Jahren über die tatsächl Kassenleistungen hinaus der Kasse zugewendet hat (§ 4d I 1 Nr 2 S 1). 20

4. Zulässiges Kassenvermögen. Das zul Kassenvermögen ist für **zeitl befristete Leistungen** in § 4d I 1 Nr 2 S 3–5 gesondert definiert (zu Nr 1 → Rn. 13). Die Beschränkung der Zuwendungsmöglichkeit beruht darauf, dass für Unterstützungskassen, die bereits zehn Jahre bestehen, das zul Kassenvermögen – neben der weiterhin geltenden 1%-Lohndurchschnittsgrenze – auf die Summe der in den letzten zehn Jahren gewährten Leistungen begrenzt ist. 21

V. Besonderheiten des Betriebsausgabenabzugs

1. Zuwendungen an mehrere/an gemischte Kassen, § 4d I 2, 3. Gewährt eine Kasse Leistungen iSd Nr 1 und Nr 2 nebeneinander, sind die Leistungen entspr aufzuteilen. Bei Zuwendungen an mehrere Kassen sind diese als Einheit zu behandeln. 22

2. Abzug und Nachholung, § 4d II 1, 2. Grds sind die Zuwendungen im Wj der Leistung abzuziehen (§ 4d II 1; BFH VIII R 98/02, BFH/NV 05, 1768; *HHR/Dommermuth* § 4d Rn. 171). Die Möglichkeit, den Abzug von in den Vorjahren nicht ausgenutzten Zuwendungen nachzuholen, ist bei den verschiedenen Zuwendungsarten unterschiedl. Zuwendungen zum Deckungskapital können nach dem Wortlaut beliebig nachgeholt werden. Zuwendungen zum Reservepolster (§ 4d I 1 Nr 1 S 1 Buchst b) und Pauschalzuwendungen (§ 4d I 1 Nr 2) sind auf einen Jahresbetrag beschr; eine Nachholung kommt nicht in Betracht (*Alt/Stadelbauer* StuB 11, 731). Zuwendungen nach § 4d I 1 Nr 1 S 1 Buchst c und d sind von den tatsächl Zahlungen abhängig und daher nicht nachholbar (**aA** *KSM* § 4d Rn. B 227, B 287). Für Zuwendungen, die innerhalb eines Monats nach Aufstellung oder Feststellung der Bilanz des Trägerunternehmens für den Schluss eines Wj geleistet (bzw verbindl zugesagt) werden, kann noch für das abgelaufene Wj eine **Rückstellung** gebildet werden (§ 4d II 2; *Blomeyer* BetrAVG StR A Rn. 216). 23

3. Aktive Rechnungsabgrenzung, § 4d II 3. Sind für die Unterstützungskasse höhere als die zugelassenen Zuwendungen geleistet worden, sind die überhöhten Zuwendungen nicht als BA abziehbar. Der nicht abziehbare Betrag kann durch Einstellung eines entspr RAP in der Bilanz auf drei Jahre vorgetragen werden. Im Umfang der für die drei folgenden Wj abziehbaren Beträge kann der RAP gewinnmindernd aufgelöst werden; der StPfl hat die Wahl, ob er den steuerl abziehbaren Beitrag erst mit dem RAP oder erst mit den Zuführungen verrechnet (*Kuhfus* EFG 06, 1821). Die Auflösung nach drei Jahren geschieht erfolgsneutral (BFH I R 48/06, BFH/NV 07, 2089). – Bei der § 4 III-Rechnung kann § 4d II 3 sinngemäß im Wege der Billigkeit angewandt werden (*BMF* BStBl I 96, 1435, unter J 2; FG Ddorf EFG 06, 1818). 24

VI. Partielle Steuerpflicht überdotierter Unterstützungskassen

Übersteigt das tatsächl Kassenvermögen während oder aE des Wj den Betrag des zul Kassenvermögens um mehr als 25%, wird die Unterstützungskasse mit dem übersteigenden Teil ihres Vermögens stpfl (§ 5 I Nr 3e, § 6 VI KStG), dh ⅘ des zul Kassenvermögens bleiben steuerbefreit. Auf die Erträge aus dem übersteigenden Vermögen ist KSt und – wenn die Kasse eine KapGes ist (§ 2 GewStG) – auch GewSt zu entrichten. Die stpfl Einkünfte sind nach dem Verhältnis des zul zum tatsächl Kassenvermögen aus der Summe der Einkünfte zu errechnen; nach diesem Verhältnis bestimmt 25 sich auch die Anrechnung von KapESt. Anders als bei den Pensionskassen (vgl → § 4c Rn. 7) ist die partielle StPfl nicht auflösend bedingt. Sie kann grds erst für das folgende Wj wieder beseitigt werden.

VII. Änderung des Durchführungswegs, § 4d III

26 Versorgungsanwartschaften und entspr Verpflichtungen können durch Vertrag vom bisherigen Versorgungsträger auf einen Pensionsfonds übertragen werden (*Selig-Kraft* BB 17, 919; → § 4e Rn. 8 mwN; allg → § 4b Rn. 1). Das Trägerunternehmen hat dann alle zur Erfüllung der Zusagen erforderl Mittel an den Pensionsfonds zu zahlen. Da Zuwendungen an Unterstützungskassen nur in den oben dargestellten Grenzen – zwecks Vermeidung der KStPflicht – zul sind (→ Rn. 7 ff), ergibt sich für das Trägerunternehmen eine zusätzl Zahlungsverpflichtung. Die Zahlung darf nur nach Maßgabe des § 4d III über 10 Jahre verteilt als BA abgezogen werden. – Zur Auslagerung einer Pensionszusage auf eine Unterstützungskasse s *Uckermann ua* BetrAV 2. Aufl 2022, Kap 17 Rn. 22 f. Wird bei einer bestehenden Versorgungszusage ledigl der Durchführungsweg gewechselt (wertgleiche Umstellung einer Direktzusage in eine Unterstützungskassenzusage), löst allein diese Änderung keine erneute Erdienbarkeitsprüfung aus (BFH I R 89/15, BStBl II 19,70; *Weber-Grellet* BB 19, 43).

VIII. Besteuerung beim Arbeitnehmer

27 In der Auszahlungsphase sollen dem ArbN nach allg Meinung Bezüge iSd § 19 zufließen (*Myßen/Adam ua* Rn. 2003; *Portner* BB 14, 91; vgl → § 4b Rn. 35 f und → § 4c Rn. 9–11).

§ 4e Beiträge an Pensionsfonds

(1) **Beiträge an einen Pensionsfonds im Sinne des § 236 des Versicherungsaufsichtsgesetzes dürfen von dem Unternehmen, das die Beiträge leistet (Trägerunternehmen), als Betriebsausgaben abgezogen werden, soweit sie auf einer festgelegten Verpflichtung beruhen oder der Abdeckung von Fehlbeträgen bei dem Fonds dienen.**

(2) **Beiträge im Sinne des Absatzes 1 dürfen als Betriebsausgaben nicht abgezogen werden, soweit die Leistungen des Fonds, wenn sie vom Trägerunternehmen unmittelbar erbracht würden, bei diesem nicht betrieblich veranlasst wären.**

(3) **[1]Der Steuerpflichtige kann auf Antrag die insgesamt erforderlichen Leistungen an einen Pensionsfonds zur teilweisen oder vollständigen Übernahme einer bestehenden Versorgungsverpflichtung oder Versorgungsanwartschaft durch den Pensionsfonds erst in den dem Wirtschaftsjahr der Übertragung folgenden zehn Wirtschaftsjahren gleichmäßig verteilt als Betriebsausgaben abziehen. [2]Der Antrag ist unwiderruflich; der jeweilige Rechtsnachfolger ist an den Antrag gebunden. [3]Ist eine Pensionsrückstellung nach § 6a gewinnerhöhend aufzulösen, ist Satz 1 mit der Maßgabe anzuwenden, dass die Leistungen an den Pensionsfonds im Wirtschaftsjahr der Übertragung in Höhe der aufgelösten Rückstellung als Betriebsausgaben abgezogen werden können; der die aufgelöste Rückstellung übersteigende Betrag ist in den dem Wirtschaftsjahr der Übertragung folgenden zehn Wirtschaftsjahren gleichmäßig verteilt als Betriebsausgaben abzuziehen. [4]Satz 3 gilt entsprechend, wenn es im Zuge der Leistungen des Arbeitgebers an den Pensionsfonds zu Vermögensübertragungen einer Unterstützungskasse an den Arbeitgeber kommt.**

Einkommensteuer-Richtlinien: EStH 4e.

Schrifttum: *Blank,* Der Pensionsfonds im StRecht, Diss 2014; *Briese/Horlemann* Staatl Förderung … Pensionsfonds (Kz 425). – *Uckermann ua* BetrAV 2. Aufl 2022, Kap 13. – *Klinger,* Bilanzierung des Future-Services …, BetrAV 16, 102; *Briese,* Auslagerung von Direktzusagen auf Pensionsfonds …, DStR 24, 847.

1. Entstehung und Bedeutung der Vorschrift. Der Pensionsfonds (§ 236 VAG) ist iRd sog Riester-Reform als **5. Durchführungsweg** in die gesetzl freiwillige betriebl Altersversorgung eingeführt worden; seine Akzeptanz ist eher gering (*Günter* BetrAV 11, 677). Beiträge des ArbG zu Pensionsfonds sind – ab 1.1.02 (Art 35 AVmG) – gem § 3 Nr 63 stfrei. Der Pensionsfonds kann auch zur Durchführung der sog „reinen Beitragszusage“ eingesetzt werden (*Herrmann* BetrAV 17, 463; → § 4b Rn. 3). 1

2. Regelungsbereich. Pensionsfonds gewähren nach Maßgabe der Zusage (Leistungszusage, Beitragszusage mit Mindestleistung) einen **lebenslangen Versorgungsanspruch;** auch eine einmalige Leistung ist zul (§ 236 I Nr 1, 4 VAG). Da Pensionsfonds einen **Rechtsanspruch** auf ihre Leistungen gewähren (§ 236 I Nr 3 VAG), sind die Beiträge grds sofort stpfl Arbeitsentgelt des ArbN. Pauschalierung nach § 40b ist (weiterhin) nicht mögl. IRd Höchstbeträge des § 3 Nr 63 sind Beiträge an den Pensionsfonds aber stfrei. **Entgeltumwandlung** in einen Pensionsfonds findet auf Antrag des ArbN statt, wenn ein Pensionsfonds besteht oder vom ArbG eingerichtet wird (§ 1a I BetrAVG). Der Wechsel aus einem anderen Durchführungsweg zum Pensionsfonds ist stfrei mögl (vgl § 3 Nr 55), ebenso ein Wechsel des Pensionsfonds (*Wellisch* BB 13, 1047). Die Übertragung einer Pensionsverpflichtung auf einen Pensionsfonds führt nicht zu einer vGA (HessFG DStRE 20, 335). 2

3. Begrenzter Betriebsausgabenabzug, § 4e I, II. – a) Voraussetzungen. Beiträge an einen Pensionsfonds sind als BA abziehbar, soweit sie auf einer festgelegten Verpflichtung beruhen oder der Abdeckung von Fehlbeträgen bei dem Fonds dienen (Abs 1; *BH/Stöckler* § 4e Rn. 20) und auch beim Trägerunternehmen betriebl veranlasst wären (Abs 2; wie § 4c II). 4

b) Pensionsfonds. Ein Pensionsfonds ist gem § 236 I VAG eine rechtsfähige Versorgungseinrichtung, ***(1)*** die im Wege des Kapitaldeckungsverfahrens Leistungen der betriebl Altersversorgung für einen oder mehrere ArbG zugunsten von ArbN erbringt, ***(2)*** die die Höhe der Leistungen oder die Höhe der für diese Leistungen zu entrichtenden künftigen Beiträge nicht für alle vorgesehenen Leistungsfälle durch versicherungsförmige Garantien zusagen darf, ***(3)*** den ArbN einen eigenen Anspruch auf Leistung gegen den Pensionsfonds einräumt und ***(4)*** verpflichtet ist, die Altersversorgungsleistung als lebenslange Zahlung oder als Einmalkapitalzahlung zu erbringen. – Pensionsfonds sind Versorgungsträger, die – im Unterschied zu Versicherungen und Pensionskassen – mit höherem „Renditeprofil“ ein größeres Risiko bei der Vermögensanlage eingehen. Sie können als AG oder als Pensionsfondsverein auf Gegenseitigkeit errichtet werden. 5

c) Körperschaftsteuer. Pensionsfonds sind subj nicht von der KSt befreit (*Höfer* BetrAVG Kap 34 Rn. 1), aber de facto mit ihr nicht belastet; denn für Beitragszusagen ergeben sich keine Erträge, da diese dem Versorgungskapital des ArbN gutgeschrieben werden; soweit für Leistungszusagen Erträge aus den Beiträgen erwirtschaftet werden, sind diese als Dividenden oder Kapitalanlagen in KapGes nach § 8b KStG stfrei; ledigl Zinsen werden als Einkommen erfasst (*Langohr-Plato* INF 01, 518 (522)). 6

d) Versicherungsaufsicht und Leistungsarten. Pensionsfonds unterliegen wie DirektVers und Pensionskassen der Versicherungsaufsicht. In der Vermögensanlage gelten für sie jedoch weniger strenge Grundsätze als für Versicherungen (vgl § 115 VAG; PFKapAV). Deshalb besteht für Pensionsfonds Beitragspflicht zum **Pensionssicherungsverein.** Im Hinblick auf die Inkaufnahme größerer Risiken sind auch 7

Beitragszusagen mit Mindestleistungspflicht (§ 1 II Nr 2 BetrAVG) – statt der bisher allein bekannten **Leistungszusagen** (§ 1 I 1 BetrAVG) – eingeführt worden (*Höfer* DB 01, 1145). Nach § 236 I Nr 4 VAG ist auch eine Einmalkapitalzahlung mögl (iEinz *Höfer/de Groot* DB 14, 540).

8 **4. Abzug der erforderlichen Leistungen bei Übernahme einer Versorgungsverpflichtung, § 4e III. – a) Verteilung der BA-Abzugs.** Bei Übernahme einer bestehenden Verpflichtung ist die Pensionsrückstellung gewinnerhöhend aufzulösen; die Beiträge an den Fonds können (auf unwiderrufl Antrag) auf zehn Jahre verteilt werden (§ 4e III 1, 2; *Briese/Horlemann* Staatl Förderung … Kz 200 § 6a Rn. 458). Der sofortige BA-Abzug nach § 4e III 3 ist nur insoweit mögl, als die Auflösung der Pensionsrückstellung (maßgebl ist die letzte StB) auf der Übertragung des erdienten Teils (Past-Service) auf den Pensionsfonds beruht (BFH XI R 42/18, BStBl II 20, 271; *Briese* DStR 24, 847 *Weber-Grellet* Fr 25, 372); daher genaue StVorteilsBerechnung geboten (*Fassbender* BeSt 20, 32); z sog Kombinationsmodell → § 6a Rn. 1.

9 **b) Differenz zwischen Auflösung und Zuwendung.** Die Differenz zw dem Auflösungsbetrag der Pensionsrückstellung und der Zuwendung an den Pensionsfonds folgt daraus, dass Pensionsrückstellungen gem § 6a III 3 mit 6% abgezinst werden müssen, während für Unternehmen, die der Versicherungsaufsicht unterliegen, eine niedrigere Abzinsung (*Blomeyer* DB 01, 1413) vorgeschrieben ist (*Langohr-Plato* INF 01, 518). **Unterstützungskassen** können nach § 4d nicht voll finanziert werden (→ § 4d Rn. 2), da ihnen nur die Mittel für das zul Kassenvermögen – eingeschränkt für das sog Reservepolster sowie für eine Rückdeckungsversicherung und Abfindungen – zugewendet werden dürfen (vgl § 4d Nr 1a–d). Deshalb ergibt sich bei der Übertragung der Versorgungsverpflichtung auf einen Pensionsfonds ein Nachzahlungsbedarf für den ArbG.

10 **c) Auswirkungen beim Arbeitnehmer.** Da Direktzusagen und Unterstützungskassen keinen Rechtsanspruch auf die zugesagten Leistungen begründen, aber bei Übertragung von Versorgungsanwartschaften auf Pensionsfonds ein solcher **Rechtsanspruch** entsteht (→ Rn. 2), ist die mit der Verpflichtungswechsel verbundene Vermögenszuwendung an den Pensionsfonds vom ArbN zu versteuern (dazu BFH VI R 45/18, BStBl II 21, 775, *Weber-Grellet* FR 21, 1080; zur Abmilderung von Härten mE evtl analoge Anwendung des Abs 3 S 3). Bei einer entgeltl Übertragung von Versorgungsanwartschaften aktiv Beschäftigter kommt § 3 Nr 66 nur für bereits erdiente Versorgungsanwartschaften in Betracht; künftige (noch nicht fest zugesagte) Rentenanpassungen sind nicht einzubeziehen. Aus Vereinfachungsgründen kann jedoch für Verpflichtungen nach § 16 I BetrAVG eine jährl pauschale Erhöhung von bis zu 1% berücksichtigt werden (IEinz *BMF* BStBl I 15, 544, BStBl I 21, 1050).

11 **5. Besteuerung der Versorgungsleistungen beim Arbeitnehmer.** Beiträge an Pensionsfonds werden *(a)* individuell vorgelagert besteuert. *(b)* Dabei kann gem §§ 10, 10a, 79 ff SA-Abzug und Zulage gewährt werden (Nettoentgeltumwandlung). *(c)* Beiträge können auch iRd Höchstbeträge nach § 3 Nr 63 stfrei sein (Bruttoentgeltumwandlung; vgl → Rn. 1). – Soweit die Beiträge der Besteuerung unterlegen haben (Fall *(a)*), werden die Versorgungsleistungen nur mit dem niedrigeren Ertragsanteil des § 22 Nr 1 S 3a bb besteuert. In den Fällen *(b)* und *(c)* sind die Beiträge aus (quasi) unversteuertem Einkommen geleistet worden; sie werden deshalb nach § 22 Nr 5 besteuert (*Myßen/Adam ua* Rn. 2013; *Blank* Der Pensionsfonds im StRecht, Diss 2014 S. 67). – Auch → § 4c Rn. 9–11.

§ 4f Verpflichtungsübernahmen, Schuldbeitritte und Erfüllungsübernahmen

(1) [1]**Werden Verpflichtungen übertragen, die beim ursprünglich Verpflichteten Ansatzverboten, -beschränkungen oder Bewertungsvorbehalten unterlegen haben, ist der sich aus diesem Vorgang ergebende Aufwand im Wirtschaftsjahr der Schuldübernahme und den nachfolgenden 14 Jahren gleichmäßig verteilt als Betriebsausgabe abziehbar. [2]Ist auf Grund der Übertragung einer Verpflichtung ein Passivposten gewinnerhöhend aufzulösen, ist Satz 1 mit der Maßgabe anzuwenden, dass der sich ergebende Aufwand im Wirtschaftsjahr der Schuldübernahme in Höhe des aufgelösten Passivpostens als Betriebsausgabe abzuziehen ist; der den aufgelösten Passivposten übersteigende Betrag ist in dem Wirtschaftsjahr der Schuldübernahme und den nachfolgenden 14 Wirtschaftsjahren gleichmäßig verteilt als Betriebsausgabe abzuziehen. [3]Eine Verteilung des sich ergebenden Aufwands unterbleibt, wenn die Schuldübernahme im Rahmen einer Veräußerung oder Aufgabe des ganzen Betriebes oder des gesamten Mitunternehmeranteils im Sinne der §§ 14, 16 Absatz 1, 3 und 3a sowie des § 18 Absatz 3 erfolgt; dies gilt auch, wenn ein Arbeitnehmer unter Mitnahme seiner erworbenen Pensionsansprüche zu einem neuen Arbeitgeber wechselt oder wenn der Betrieb am Schluss des vorangehenden Wirtschaftsjahres die Gewinngrenze des § 7g Absatz 1 Satz 2 Nummer 1 nicht überschreitet. [4]Erfolgt die Schuldübernahme in dem Fall einer Teilbetriebsveräußerung oder -aufgabe im Sinne der §§ 14, 16 Absatz 1, 3 und 3a sowie des § 18 Absatz 3, ist ein Veräußerungs- oder Aufgabeverlust um den Aufwand im Sinne des Satzes 1 zu vermindern, soweit dieser den Verlust begründet oder erhöht hat. [5]Entsprechendes gilt für den einen aufgelösten Passivposten übersteigenden Betrag im Sinne des Satzes 2. [6]Für den hinzugerechneten Aufwand gelten Satz 2 zweiter Halbsatz und Satz 3 entsprechend. [7]Der jeweilige Rechtsnachfolger des ursprünglichen Verpflichteten ist an die Aufwandsverteilung nach den Sätzen 1 bis 6 gebunden.**

(2) **Wurde für Verpflichtungen im Sinne des Absatzes 1 ein Schuldbeitritt oder eine Erfüllungsübernahme mit ganzer oder teilweiser Schuldfreistellung vereinbart, gilt für die vom Freistellungsberechtigten an den Freistellungsverpflichteten erbrachten Leistungen Absatz 1 Satz 1, 2 und 7 entsprechend.**

Einkommensteuer-Richtlinien: EStH 4f – **Verwaltungsanweisungen:** *OFD Mbg* DStR 14, 1546; *BMF* BStBl I 17, 1619.

Schrifttum: *Weimer,* Die Hebung stiller Lasten in der StBil, 2017; *Mundfortz,* Das Realisationsprinzip und die Aufdeckung stiller Lasten, Diss 2019; *Briese/Horlemann* Staatl Förderung … Kz 200 § 4f). – *Förster/Werthebach,* Immer noch offene Fragen …, BB 19, 299; *Bünning,* Übernahme stiller Lasten beim Unternehmenskauf in der Krise, BB 19, 2667.

1. **Grundaussage.** § 4f untersagt den Sofortabzug des bei Verpflichtungsübertragung entstehenden Aufwands (zur Gesetzesbegründung s BR-Drs 740/13 (B), 114 f; BT-Drs 18/68, 73; zum Hintergrund und zur Wirkungsweise *Weber-Grellet* FR 25, 374). Nach der BFH-Rspr konnten **estl Passivierungsbegrenzungen** (zB nach § 5 III, IV, IVa, § 6a) überwunden werden, indem Dritte die Verbindlichkeiten übernahmen (BFH IV R 43/09, BStBl II 17, 1228; BFH I R 72/10, BStBl II 17, 1226; *KS/Schindler* § 4f Rn. 1); insb verbundene Unternehmen konnten Verpflichtungen stgünstig „verschieben". Diese Praxis soll § 4f begrenzen. – § 4f und § 5 VII sind komplementäre Regelungen, die ihrem Zweck nach nebeneinander anwendbar sind (so auch deutl *BMF* BStBl I 17, 1619 Rn. 2, 3; *Weber-Grellet* DB 18, 661; *Schulenburg* FR 18, 1030; *Bünning* BB 19, 2667; *HHR/Schober* § 4f Rn. 5), § 4f beim Veräußerer (Aufwandsverteilung), § 5 VII beim Übernehmer (Ertragsverteilung; → § 5 Rn. 503; *Klein* DB 17, 1789); die Begründung in BR-Drs 740/13 (B), 117 („bis zur erstmaligen Anwendung des § 4 f") ist irreführend (ähnl *Schultz/Debnar* BB 14, 109; *OFD* 1

Mbg DStR 14, 1546). – Die Regelungen sind mE nicht verfwidrig, da sie ledigl bezwecken, die Passivierungsbeschränkungen (auch) für den Fall der Übertragung beim Veräußerer und beim Erwerber aufrechtzuerhalten (*Weimer* [vor → Rn. 1] S. 312; *HHR/Schober* § 4f Rn. 3; *Weber-Grellet* DB 18, 661; **aA** *BH/Krumm* § 4f Rn. 11; **aA** auch *Mundfortz* [vor → Rn. 1] S. 184, der mE den rechtstatsächl Hintergrund (Konzernfälle) vernachlässigt). – Umwandlungsfälle (Gesamtrechtsnachfolge) sind nach UmwStG zu behandeln (*Schmitt/Keuthen* DStR 15, 2521). dazu *BMF* BStBl I 25, 92, Rn. 03.05, 04.16, 11.03, 12.04, 15.14; *Ott* StBp 25, 167 (173).

2 **2. Aufwandsverteilung, § 4f I. – a) Verpflichtungsübernahme.** Den bei Übertragung (Veräußerung) einer Verpflichtung, die beim Übertragenden Ansatz- und Bewertungsvorbehalten unterlegen hat, entstehende Aufwand darf der Veräußerer nicht sofort, sondern nur über einen Zeitraum von 15 Jahren verteilt abziehen (§ 4f I; BR-Drs 740/13 (B), 123; *HHR/Schober* § 4f Rn. 1). Eine Verpflichtung kann im Wege einer Schuldübernahme nach § 414 BGB oder durch Schuldbeitritte und Erfüllungsübernahmen übernommen werden (*BMF* BStBl I 17, 1619 Rn. 1, 5 f, 22 f). – Durfte die Verpflichtung (zB § 5 IVa, IVb, V 1 Nr 2, § 6 I Nr 3, 3a, § 6a; *BMF* BStBl I 17, 1619 Rn. 2) beim Übertragenden bisher nicht passiviert werden, ist der Aufwand im Wj der Übertragung und in den folgenden 14 Wj mit jeweils ¹⁄₁₅tel zu berücksichtigen (§ 4f I 1; *Benz/Placke* DStR 13, 2653 (2655)), mE als aktiver steuerl Ausgleichsposten (RAP-ähnl; so auch *Riedel* FR 14, 6 (10); *HHR/Schober* § 4f Rn. 12) und nicht außerhalb der Bilanz (so auch *Briese* DStR 16, 2126 (2131); **aA** *BMF* BStBl I 17, 1619 Rn. 16). – War dagegen eine Verpflichtung (begrenzt; zB gem § 6a) passiviert und ist diese gewinnerhöhend aufzulösen, darf der Aufwand iHd aufgelösten Passivpostens sofort und iÜ mit ¹⁄₁₄tel des verbleibenden Betrags verteilt in den folgenden 14 Wj abgezogen werden (§ 4f I 2; *BMF* BStBl I 17, 1619 Rn. 18, 26 f; *KS/Schindler* § 4f Rn. 15; *Höfer* BetrAV 14, 134). Kein Fall des § 4f ist die externe Teilung einer Direktzusage (*Briese* DB 24, 962).

Beispiel: Die A-GmbH hat in ihrer HB für eine Kaufpreisverpflichtung eine Verlustrückstellung von 500 gebildet; die B-GmbH übernimmt die Verpflichtung für 500. Buchung bei A-GmbH: per Aufwand an Geld 500; per § 4f-Ausgleichsposten an Aufwand 500. – Buchung bei B-GmbH: per Geld an Ertrag (nicht: an Rückstellung) 500; ggf per Ertrag an Rücklage (*OFD Mbg* DStR 14, 1546 mit weiteren Beispielen; → § 5 Rn. 504).

3 **b) Keine Aufwandsverteilung, § 4f I 3.** Eine Aufwandsverteilung unterbleibt (also Sofortabzug) – ***(1)*** bei Schuldübernahme iRd Veräußerung oder Aufgabe des ganzen Betriebs oder des gesamten MUeranteils (*Förster/Staaden* BB 16, 1323; *BMF* BStBl I 17, 1619 Rn. 20; zur diff Behandlung von sog Anwachsungen *Nielsen/Schulenburg* FR 17, 623), zur Anwendung auf SonderBV *Riedel* FR 17, 949; – ***(2)*** bei ArbG-Wechsel unter Mitnahme der Pensionsansprüche (keine Anwendung bei § 613a BGB: *BMF* BStBl I 17, 1619 Rn. 27; *Hartmann* BetrAV 17, 392; krit *Kahle/Braun* FR 18, 197 (204)); bei Übertragung von Pensionsverpflichtungen steht deren Portabilität im Vordergrund (*Schulenburg* FR 18, 1030); – ***(3)*** wenn die Gewinngrenze des § 7g I 2 Nr 1 nicht überschritten wird (*BMF* BStBl I 17, 1619 Rn. 21; *Weber-Grellet* DB 18, 661).

4 **c) Teilbetriebsveräußerung; Teilbetriebsaufgabe, § 4f I 4–6.** Auch in den Fällen einer Teilbetriebsveräußerung bzw -aufgabe werden die aus der Übertragung der Verpflichtung resultierenden BA verteilt, allerdings jedoch nur insoweit, als diese den Verlust aus Teilbetriebsaufgabe oder -veräußerung begründet oder erhöht haben. Somit kommt es nur dann zu einer Verteilung, wenn die durch den Vorgang der Teilbetriebsaufgabe oder -veräußerung realisierten stillen Lasten die stillen Reserven übersteigen (BR-Drs 740/13 (B), 124; *Benz/Placke* DStR 13, 2653); entspr Anwendung für Funktionsverlagerung (*Reichl/von Bredow* IStR 15, 23).

5 **d) Rechtsnachfolge, § 4f I 7.** § 4f I 7 gewährleistet, dass beim Übertragenden noch nicht berücksichtigter Aufwand (zB infolge Todes) nicht untergeht, sondern

auf die Rechtsnachfolger übergeht; dadurch ist die vollständige steuerl Berücksichtigung des durch die Übertragung realisierten Aufwands gesichert.

3. Erfüllungsübernahme und Schuldbeitritt, § 4f II. – a) Freistellungsverpflichtung. Erfüllungsübernahme und Schuldbeitritt (zur Abgrenzung *Klein* DB 17, 1789) sind gesondert geregelt, da die Schuld abw von den Fällen des § 4f I nicht direkt übernommen wird, sondern sich aus dem Rechtsgeschäft eine neue Verpflichtung ergibt (*Benz/Placke* DStR 13, 2653). 8

b) Entsprechende Anwendung des § 4f I. Nach § 4f II gilt für die Fälle der Erfüllungsübernahme (§ 329 BGB) und des Schuldbeitritts, bei denen die Verpflichtung des bisherigen Schuldners im Innenverhältnis ganz oder teilweise übernommen wird (*BMF* BStBl I 17, 1619 Rn. 22 f) § 4f I entspr. Auch in diesen Fällen wird der durch die genannten Vorgänge entstehende Aufwand gestreckt. Eine Erfüllungsübernahme liegt im Zweifel auch vor, wenn in Fällen der Schuldübernahme nach § 415 I BGB der Gläubiger die Genehmigung noch nicht erteilt oder sie verweigert hat (§§ 415 III 3, 329 BGB). Nach ZK-AnpG-Entwurf soll Abs 1 zwecks Gleichbehandlung in Gänze entspr anzuwenden sein (BR-Drs 432/1/14, 36); mE bleibt bei Erfüllungsübernahme der „Veräußerer" Schuldner, sodass eine Betriebsveräußerung (§ 4f I 3–6) ausscheidet (*HHR/Schober* § 4f Rn. 31). 9

4. Erstmalige Anwendung. § 4f idF AIFM-StAnpG (BGBl I 13, 4318) ist gem § 52 VIII erstmals für Wje anzuwenden, die nach dem 28.11.13 enden (*OFD Mbg* DStR 14, 1546; BFH IV R 27/22, BStBl II 25, 697; *Weber-Grellet* FR 25, 846), also bereits auf Übertragungen nach dem 30.11.12 anwendbar (zur Rückwirkungsproblematik → § 2 Rn. 41). Die Erhöhung des Entgelts für einen Schuldbeitritt verändert nicht dessen Zeitpunkt (BFH IV R 27/22, BStBl II 25, 697). 10

§ 4g Bildung eines Ausgleichspostens bei Entnahme nach § 4 Absatz 1 Satz 3

(1) [1]**Der Steuerpflichtige kann in Höhe des Unterschiedsbetrags zwischen dem Buchwert und dem nach § 6 Absatz 1 Nummer 4 Satz 1 zweiter Halbsatz anzusetzenden Wert eines Wirtschaftsguts auf Antrag einen Ausgleichsposten bilden, soweit das Besteuerungsrecht der Bundesrepublik Deutschland hinsichtlich des Gewinns aus der Veräußerung des Wirtschaftsguts zugunsten eines Staates im Sinne des § 36 Absatz 5 Satz 1 beschränkt oder ausgeschlossen wird (§ 4 Absatz 1 Satz 3).** [2]**Der Ausgleichsposten ist für jedes Wirtschaftsgut getrennt auszuweisen.** [3]**Der Antrag ist unwiderruflich.** [4]**Die Sätze 1 bis 3 gelten in den Fällen des Umwandlungssteuergesetzes entsprechend.**

(2) [1]**Der Ausgleichsposten ist im Wirtschaftsjahr der Bildung und in den vier folgenden Wirtschaftsjahren zu jeweils einem Fünftel gewinnerhöhend aufzulösen.** [2]**Er ist in vollem Umfang gewinnerhöhend aufzulösen, wenn ein Ereignis im Sinne des § 36 Absatz 5 Satz 4 eintritt oder wenn ein künftiger Steueranspruch aus der Auflösung des Ausgleichspostens gemäß Satz 1 gefährdet erscheint und der Steuerpflichtige dem Verlangen der zuständigen Finanzbehörde auf Leistung einer Sicherheit nicht nachkommt.**

(3) *(aufgehoben)*

(4) [1]**Die Absätze 1 und 2 finden entsprechende Anwendung bei der Ermittlung des Überschusses der Betriebseinnahmen über die Betriebsausgaben gemäß § 4 Absatz 3.** [2]**Wirtschaftsgüter, für die ein Ausgleichsposten nach Absatz 1 gebildet worden ist, sind in ein laufend zu führendes Verzeichnis aufzunehmen.** [3]**Der Steuerpflichtige hat darüber hinaus Aufzeichnungen zu führen, aus denen die Bildung und Auflösung der Ausgleichsposten hervorgeht.** [4]**Die Aufzeichnungen nach den Sätzen 2 und 3 sind der Steuererklärung beizufügen.**

(5) [1]**Der Steuerpflichtige ist verpflichtet, der zuständigen Finanzbehörde die Entnahme oder ein Ereignis im Sinne des Absatzes 2 unverzüglich anzuzeigen.** [2]**Kommt der Steuerpflichtige dieser Anzeigepflicht, seinen Aufzeichnungspflichten nach Absatz 4 oder seinen sonstigen Mitwirkungspflichten im Sinne des § 90 der Abgabenordnung nicht nach, ist der Ausgleichsposten dieses Wirtschaftsguts gewinnerhöhend aufzulösen.** [3]**§ 36 Absatz 5 Satz 8 gilt entsprechend.**

(6) **Absatz 2 Satz 2 ist mit der Maßgabe anzuwenden, dass allein der Austritt des Vereinigten Königreichs Großbritannien und Nordirland aus der Europäischen Union nicht dazu führt, dass ein als entnommen geltendes Wirtschaftsgut als aus der Besteuerungshoheit der Mitgliedstaaten der Europäischen Union ausgeschieden gilt.**

Schrifttum: → 39. Aufl 2020, vor § 4g Rn. 1, *Desens* DStR 22, 1588; *ders* FR 22, 681 (Probleme der Entstrickungsbesteuerung); *Kahle/Kopp* DStR 21, 1569; Hinweise im Text und → § 4 Rn. 240. **Verwaltungsanweisungen:** *BMF* BStBl I 99, 1076 **(Betriebsstättenerlass)** – weitgehend überholt durch § 4g EStG, § 1 V AStG (zu **Verrechnungspreisen** s *BMF* BStBl I 23, 1093 – zu Änderungen ab 2024 *BMF* BStBl I 25, 207 mit Anm *Hornstein/Reul* IStR 24, 820; *Ebeling/Heidecke* DStR 23, 2689; *Nientimp/Heitfeld* IStR 25, 280; *Busch/Bühl* IStR 25, 311; *Engelen/Leucht* IStR 25, 329; *Gilson/Borgmann* IStR 25, 615; *Ditz/Quilitzsch* FR 25, 729 mwN; zu Bedeutung von § 1 V 1 AStG als Einkünftekorrekturvorschrift s BFH I R 45/22, DStR 25, 1081, Anm *Bärsch/Hillers* IStR 25, 783, *van der Ham/Retzer* IStR 25, 858; zu Dokumentationspflicht § 90 III, IV AO; OECD-Verrechnungspreis-RL *BMF* BStBl I 23, 1130; zur Anwendung des AStG *BMF* BStBl I 23, SonderNr 1, 2; *Baumgartner/Lührs* IStR 24, 1), die BsGaV (*BMF* BStBl I 14, 1378; *Kahle* FR 26, 57), die VWG BsGa (*BMF* BStBl I 17, 182, geändert durch *BMF* BStBl I 20, 84) sowie das ATADUmsG (BGBl I 21, 2035). **Verrechnungspreisdokumentation** s § 90 AO. *Sussick/Gilson* FR 25, 815.

1 **1. Hintergrund der Regelung; EU-Recht/ATADUmsG. – *(1)* Grundlage.** § 4g beruht auf der gesetzl Festschreibung einer Entnahmefiktion in § 4 I 3 bei Gefährdung des inl Besteuerungsrechts durch Auslandsvorgänge (→ § 4 Rn. 244). § 4g ermöglicht bei Verbringung einzelner WG in andere EU-Staaten eine 5-jährige Streckung der Versteuerung des Entnahmegewinns, ähnl wie § 36 V für Betriebsverlagerungen nach § 16 IIIa. – ***(2)* EU-Rechtmäßigkeit** war str, da Inlandsverlagerungen nach § 6 V ohne Gewinnrealisierung mögl sind. **EuGH** C-371/10, DStR 11, 2334 – *National Grid Indus B. V.* – billigt jedoch bei **Wegzug** einer KapGes aus den Niederlanden den Entnahmetatbestand und die sofortige StFestsetzung, hält nur die *sofortige Fälligkeit* der Steuer für EU-widrig und weist darauf hin, dass die „Wahl einer Aufschiebung" durch **Stundung** eine weniger beeinträchtigende Maßnahme wäre. Diesen Anforderungen entspricht die Streckung nach § 4g/§ 36 V. Vgl auch zur Wegzugsbesteuerung – **Schweiz** – EuGH Rs C-581/17 *Wächtler* DStR 19, 425 und BFH I R 35/20, BStBl II 25, 436 mit Anm *Schlücke* FR 24, 285, *Prell* IStR 25, 457, sowie Anpassung durch *BMF* BStBl I 25, 1448.

***(3)* Änderungen durch ATADUmsG** v 25.6.21 (BGBl I 21, 2035): Die Rechtsgrundlage Art 5 der EU-RL 2016/1164 v. 12.7.16 befasst sich ua mit steuerl Rechtsfolgen der Auslandsübertragung von Vermögenswerten und Wegzugsbesteuerung (vgl allg → § 4k Rn. 1). Das sollen die Änderungen von § 4g und § 36 V im ATADUmsG **rückwirkend** für alle offenen Fälle umsetzen **(§ 52 VIIIa). Wesentl Änderungen bei § 4g:** – § 4g gilt nun **auch für beschr StPfl,** für **alle Fälle der Beschränkung des Besteuerungsrechts der BRD** (§ 4 I 3 EStG/§ 12 Ia KStG), unter bestimmten Voraussetzungen auch für Übertragungen im **EWR-Raum** (§ 4g I 1 iVm § 36 V I); – § 4g erfasst nun **alle WG,** nicht wie vorher nur WG des AV; – die komplizierte **Auflösungsregelung in § 4g Abs 2 S 2, Abs 3 aF wird aufgehoben** und über § 4g II 2 nF durch eine Fälligkeitsregelung gegen Sicherheitsleistung in § 36 V 4 ersetzt (iEinz → § 36 Rn. 4, 28–32).

2 **2. Anwendungsbereich, § 4g I. – a) Persönliche Anwendung.** Unbeschr und beschränkt StPfl können einen Gewinnaufschub über § 4g erreichen (§ 4g I 1, → Rn. 1). Unerhebl sind die Art der Gewinneinkünfte (wie § 4 I 3, 4 gilt § 4g für alle Gewinneinkunftsarten iSv § 2 II Nr 1) und die Art der Gewinnermittlung (§ 4g

I 1, IV, → Rn. 6). Unmittelbar gilt § 4g nur für EStPfl; die Anwendung auf KStPfl ist durch § 12 KStG klargestellt. Ob bei Entnahmen eines WG aus dem Gesamthandsvermögen einer PersG im Anschluss an BFH I R 17/01, BStBl II 03, 631 eine *quotale* Bildung von Ausgleichsposten bei den Ges'tern mögl ist, ist fragl (s *HHR/Kolbe* § 4g Rn. 15; s auch *BeckOK EStG* § 4g Rn. 49). Begünstigt sind Überführungen vom inl Unternehmen (Stammhaus oder Betriebsstätte) in eine ausl **EU/EWR-**Betriebsstätte ***desselben* StPfl.** Keine Anwendung findet die Regelung auf Überführungen in andere, eigene oder fremde Unternehmen, selbständige TochterGes, in ein ausl Stammhaus oder *dessen* ausl Betriebsstätte oder auf ausl PersGes. **§ 1 V 6 AStG** soll klarstellen, dass § 4g nicht dadurch entfällt, dass neben den Voraussetzungen des § 4 I 3 EStG auch jene des § 1 AStG gegeben sind.

b) Zeitliche Anwendung. § 4g aF knüpfte an § 4 I 3 an und war daher in gleicher Weise anzuwenden auf alle Entstrickungsvorgänge iSd Vorschrift ab 2006 (bis 2019). Für vorher gebildete Ausgleichsposten galten die Grundsätze *BMF* BStBl I 99, 1076 fort (*BMF* BStBl I 09, 888; VWG BsGa *BMF* BStBl I 17, 182 Rn 450 ff). Die Änderungen durch **ATADUmsG** (→ Rn. 1) sind **rückwirkend** auf alle offenen Fälle anzuwenden (§ 52 VI, VIIIa, verfgemäß, s BFH I R 5/24, DStR 25, 1737, Anm *Mitschke* IStR 25, 716; **aA** *Oppel* DB 25, 2805; s auch *Gebhardt/Krüger* IStR 26, 48, *Böhmer/Schlücke* DB 25, 145). 3

c) Sachliche Anwendung, § 4g I. § 4g aF galt vor dem *ATADUmsG* (→ Rn. 1) nur für Verlagerung von WG **des *AV*** vom inl Stammhaus in eine eigene ausl **EU-**Betriebsstätte iSv § 4 I 3, 4. **§ 4g I nF** erfasst dagegen auch WG des **UV** und grds Verlagerungen in **EWR**-Betriebsstätten. Der Ausgleichsposten ist für jedes einzelne WG zu bilden (**§ 4g I 2,** (→ Rn. 15). **Voraussetzungen/Verlagerung:** Das WG muss aus dem Inl ohne ausdrückl Veräußerungs- oder Entnahmehandlung einer eigenen ausl EU/EWR-Betriebsstätte körperl oder – nicht nur vorübergehend – zur Nutzung überlassen werden mit der Folge, dass es nach § 4 I 3, 4 wie nach DBA-Recht (vgl Art 7 IV OECD-MA) für die Gewinnzuordnung nicht mehr dem überlassenden Stammhaus, sondern der Betriebsstätte zuzurechnen ist und hierdurch das inl Besteuerungsrecht der stillen Reserven mit der Folge der grds Gewinnrealisierung nach § 4 I 3 EStG bzw § 12 KStG beschränkt würde oder verloren ginge. Kein Ausgleichsposten bei **Sitz- oder Wohnsitzverlegung** (s zu Wegzugs- und Entstrickungsbesteuerung *Haun/Kahle* IStR 25, 153). Während anfangs die Vorschriften des **UmwStG** als vorrangig erklärt waren (§ 4g I 4 aF – arg: andere Entstrickungsregeln), stellt **§ 4g I 4/ § 52 VIII a nF** im JStG 2024 für alle offenen Fälle zur Anpassung an EU-Recht einen *vollständigen* Gleichlauf mit den Entstrickungsregelungen und der Verteilungsmöglichkeit des § 4g in *allen* Umwandlungsfällen sicher (s UmwSt-Erlass 2025 *BMF* BStBl I 25, 92, zur Problematik bei grenzüberschreitender Hinausumwandlung *Eisenmann* IStR 25, 840, ausführl *Schaumberger/Stößel/Ditandy* FR 24, 925 und FR 24, 1035; s auch *Sparr* DStR 25, 425 und DStR 25, 494; *Link* DStR 24, 1056 mwN). Nicht geregelt ist, ob der StPfl bei **nachträgl Eintritt der Voraussetzungen** für den Gewinnaufschub einen anteiligen Ausgleichsposten für die verbleibende Fünfjahresfrist ansetzen kann (*Beispiel:* Weiterverlagerung eines WG 2 Jahre nach der Überführung über einen Drittstaat in einen EU-Staat) – die nicht begünstigte Entnahmefiktion kann wohl wie eine tatsächl Entnahme nicht rückgängig gemacht werden (glA *BeckOK EStG* § 4a Rn. 54.1). Umgekehrt gilt § 4g I 1 iVm § 36 V S 4 Nr 1. Zum **Brexit** → Rn. 19. 4

3. Gewinnaufschub; Bildung eines Ausgleichspostens, § 4g I 1, IV. – a) Unterschiede nach Gewinnermittlungsart. – ***(1)*** Für die Durchführung des Gewinnaufschubs können Bilanzierende die sofortige Gewinnerhöhung iHd stillen Reserven durch Ansatz eines passiven Ausgleichspostens in zunächst gleicher Höhe neutralisieren (§ 4g I 1 iVm § 4 I 3). Bei Entnahmen iSv § 4 I 3 *ohne veränderte Zuordnung/Veräußerung* nach hM keine Bildung eines Ausgleichspostens (keine Minderung 6 des inl Besteuerungsrechts, s *HHR/Kolbe* § 4g Rn. 16; *BeckOK EStG* § 4g Rn. 55, zutr). Es handelt sich um eine **Bilanzierungshilfe** als Merkposten innerhalb oder außerhalb der StB (→ 37. Aufl 2018, § 4g Rn. 6 mwN). – ***(2)*** Die Gewinnermittlung nach **§ 4 III** führt zum selben Ergebnis. Auch hier ist ein Ausgleichsposten nach Abs 1 zu bilden und in ein lfd Verzeichnis aufzunehmen, zunächst ohne Gewinnauswirkung **(§ 4g IV).** Anders als bei § 4 I/§ 5 ist dem Ausgleichsposten keine Gewinnerhöhung iHd stillen Reserven ggü zu stellen. Zwar sind Entnahmen grds auch bei § 4 III gewinnerhöhend zu buchen, aber nur, wenn der Vorgang sonst nicht erfasst würde (→ § 4 Rn. 386). Die Gewinnerhöhung nach § 4 I 3 erfolgt grds durch sukzessive Auflösung des Ausgleichspostens.

7 **b) Höhe des Ausgleichspostens, § 4g I 1, 2.** Der Ausgleichsposten verkörpert wie eine *Bilanzierungshilfe* die im Zeitpunkt der Überführung im WG enthaltenen stillen Reserven. Entspr den ohne die Sonderregelung aufzudeckenden stillen Reserven (→ § 4 Rn. 257) ist der Ausgleichsposten iHd Unterschiedsbetrages zw dem Buchwert und dem nach § 6 I Nr 4 S 1 Hs 2 als von fremden Dritten unter gleichen Bedingungen zu erwartenden **Fremdvergleichspreis** anzusetzenden gemeinen Wert für jedes einzelne überlassene WG auszuweisen.

10 **4. Auflösung des Ausgleichspostens, § 4g II, III aF, V, VI. – a) Sukzessive Gewinnerhöhung, § 4g II 1.** Im Normalfall der Dauerüberlassung erstreckt sich der Gewinnaufschub auf **fünf Jahre.** Daher ist der Ausgleichsposten im Wj der Verlagerung – ohne Zwölftelung – und in den vier folgenden Wj pauschal zu jeweils einem Fünftel gewinnerhöhend aufzulösen, unabhängig von der Abnutzungsdauer des WG. Damit wird die Gewinnrealisierung der stillen Reserven gleichmäßig auf fünf Jahre verteilt. Auch RumpfWj sind als Wj einzubeziehen. Das Auflösungsergebnis ist lfd Gewinn des übertragenden Stammhauses. Gewinnrealisierungen der Betriebsstätte sind dieser zuzurechnen.

11 **b) Vorzeitige Auflösung, § 4g II 2/§ 36 V 4.** Die sukzessive Auflösung unterstellt zur Verfahrensvereinfachung pauschalierend, dass die Voraussetzungen für die Bildung des Ausgleichspostens nach § 4g I 1 fünf Jahre lang bestehen bleiben (§ 4g II 1). Tritt zwischenzeitl ein gewinnrealisierender Umstand iSv § 36 V 4 ein, ist der (verbleibende) Ausgleichsposten für betroffene WG ohne Änderung der abgelaufenen Veranlagungen *sofort gewinnerhöhend* aufzulösen. Das gilt auch für sonstige Gefährdungen des künftigen StAnspruchs, wenn auf Grund tatsächl Umstände unsicher ist, ob dieser später realisiert werden kann. Dann kann der StPfl die Sofortbesteuerung durch Leistung einer Sicherheit abwenden.

Auflösungstatbestände iSv § 36 V 4:

- **Nr 1:** Ausscheiden **des WG** aus dem BV des StPfl zB durch Veräußerung, Verschenken oder sonstige Verlagerung, nicht durch vorzeitige Abnutzung;
- **Nr 2:** Einstellung, Veräußerung oder Verlagerung **des Betriebes** aus der Besteuerungshoheit der EU/EWG (zB Verlagerung von einer italienischen in eine US-Betriebsstätte). Zum Brexit s § 4g VI und → Rn. 19;
- **Nr 3:** Entstrickung durch Beendigung der **persönl StPfl,** auch ohne eigenes Zutun (zB Beendigung der unbeschr StPfl, **passive Entstrickung** durch **DBA-Änderungen,** bisher str, s *Desens* DStR 22, 1588; *Kessler/Spychalski* IStR 19, 193; FG Hess EFG 23, 1022 Rev I R 6/23 Anm *Loewens* EFG 23, 1022 und *Weiss* IStR 23, 626,; zu § 4 I 3 **aF** FG Mster EFG 23, 37, Rev I R 41/22, zust Schneider DB 22, 2828; zu Entstrickungszeitpunkt § 6 I 2 Nr 4 AStG BFH IX R 38/21 DStR 24, 1913); offen zu § 1 V 3 AStG BFH I B 44/21, BStBl II 22, 431. **Wegzugsprobleme § 2 AStG** s *Kunz/Rein* FR 25, 801.
- **Nr 4: Insolvenz** des StPfl;
- **Nr 5:** Verstoß gegen **Sicherheitszahlungen** (s auch § 4g II 2).

12 **c) Auflösung bei Verstoß gegen Mitwirkungspflichten, § 4g V.** § 4g V 1 erlegt dem StPfl eine allg Anzeigepflicht von Vorgängen iSv § 4g II auf (→ Rn. 16). Ein Verstoß hiergegen oder gegen Aufzeichnungspflichten gem § 4g IV oder sonstige

Mitwirkungspflichten nach § 90 AO (Auslandsbezug!) führt ebenfalls – WG-bezogen – zur sofortigen gewinnerhöhenden Auflösung des Ausgleichspostens bzw des verbleibenden Restpostens (§ 4g V 2), idR unverzügl im VZ des ersten Verstoßes (36 V 7) bzw durch Anzeige in der nächsten StErklärung (§ 36 V 8 iVm § 4g V 3).

d) Rückführung des Wirtschaftsguts ins inländische Betriebsvermögen, § 4g III aF. Die Vorschrift betraf die Sonderbehandlung der steuerneutralen Auflösung des Ausgleichspostens im Falle der vorzeitigen Rückführung eines WG. Sie wurde allg als wenig gelungen und zu kompliziert angesehen. Da sie durch die ATAD-RL (EU) 2016/1164 nicht zwingend vorgeschrieben war, ist sie im ATADUmsG (BGBl I 21, 2035) ersatzlos rückwirkend aufgehoben worden. Es gelten die allg Grundsätze zur Ent- bzw Verstrickung (§ 4 I 3, 9, § 4g II 2, § 6 I Nr 4 S 1, Nr 5b). Daher wird zu § 4g III aF auf → 39. Aufl 2020, § 4g Rn. 13–18 verwiesen. 13

5. Verfahrensfragen. – a) Antrag, § 4g I. Wie früher hat der StPfl ein **Wahlrecht** für *jedes einzelne WG.* Der Gewinnaufschub erfolgt nur auf unwiderrufl Antrag (§ 4g I 3). Die Regelung der einheitl Ausübung für alle WG in einem Wj **(§ 4g I 3 aF)** ist durch ATADUmsG aufgehoben worden. 15

b) Aufzeichnung, § 4g I, IV. Bei Gewinnermittlung nach **§ 4 I/§ 5** ergibt sich die Aufzeichnungspflicht aus dem gesonderten Ausweis des Ausgleichspostens für jedes WG in der Bilanz **(§ 4g I 2).** Ein Gesamtverzeichnis über die betroffenen WG entspr § 4g IV ist nicht ausdrückl vorgeschrieben, kann aber sinnvoll sein. Bei Gewinnermittlung nach **§ 4 III** sind alle WG, für die ein Ausgleichsposten nach Abs 1 gebildet wurde, in ein lfd zu führendes Verzeichnis aufzunehmen **(§ 4g IV 2).** Außerdem sind – uU damit verbunden – Aufzeichnungen zu führen, aus denen die weitere Entwicklung des Ausgleichspostens (Bildung und Fortgang der Auflösung) hervorgehen **(§ 4g IV 3).** Diese Aufzeichnungen sind der StErklärung beizufügen **(§ 4g IV 4).** Folge eines Verstoßes: Gewinnerhöhende Auflösung des Ausgleichspostens für nicht aufgezeichnete WG **(§ 4g V 2,** → Rn. 12). 16

c) Anzeigepflicht, § 4g V. Der StPfl ist verpflichtet, dem FA die Entnahme einzelner WG oder andere zur Auflösung führende Ereignisse iSv § 4g II unverzügl anzuzeigen, spätestens in der nächsten StErkl (§ 4g V 3, § 36 V 8). Folge eines Verstoßes: Gewinnerhöhende Auflösung des Ausgleichspostens *dieses* WG (§ 4g V 2, → Rn. 12). 17

6. Sonderregelung Brexit, § 4g VI. Bislang war str, ob eine Entstrickung ohne aktives Handeln des StPfl, etwa durch DBA-Änderungen oder EU-Austritt eines Staates mögl ist. Das ist inzwischen geklärt (→ Rn. 11). § 4g VI idF BrexitStBG (BGBl I 19, 357) soll sicherstellen, dass allein der Brexit auch nach Ablauf der Übergangszeit 1.2.20 bis 31.12.20 (→ § 1a Rn. 4 mwN) die Rechtsfolge des § 4g II 2 nicht auslöste für WG, die die Voraussetzungen vorher erfüllt hatten (so schon *BMF* BStBl I 18, 1104), anders wohl bei späterer aktiver Verlagerung auf *andere britische* Betriebsstätten (so hM – wie bei steuerneutraler Rückverlagerung auf andere EU-Betriebsstätten). Dagegen keine steuerneutrale Zuführung aus dem Inl nach dem endgültigen Austritt Ende 2020. 19

§ 4h Betriebsausgabenabzug für Zinsaufwendungen (Zinsschranke)

(1) [1]**Zinsaufwendungen eines Betriebs sind abziehbar in Höhe des Zinsertrags, darüber hinaus nur bis zur Höhe des verrechenbaren EBITDA.** [2]**Das verrechenbare EBITDA ist 30 Prozent des um die Zinsaufwendungen und um die nach § 6 Absatz 2 Satz 1 abzuziehenden, nach § 6 Absatz 2a Satz 2 gewinnmindernd aufzulösenden und nach § 7 abgesetzten Beträge erhöhten und um die Zinserträge verminderten maßgeblichen Gewinns.** [3]**Soweit das verrechenbare EBITDA die um die Zinserträge geminderten Zinsaufwendungen des Betriebs (Nettozinsaufwendungen) übersteigt, ist es in die folgenden fünf Wirtschaftsjahre vorzutragen**

(EBITDA-Vortrag); ein EBITDA-Vortrag entsteht nicht in Wirtschaftsjahren, in denen die Zinsaufwendungen die Zinserträge nicht übersteigen oder Absatz 2 die Anwendung von Satz 1 ausschließt. 4Zinsaufwendungen, die nach Satz 1 nicht abgezogen werden können, sind bis zur Höhe der EBITDA-Vorträge aus vorangegangenen Wirtschaftsjahren abziehbar und mindern die EBITDA-Vorträge in ihrer zeitlichen Reihenfolge. 5Danach verbleibende nicht abziehbare Zinsaufwendungen sind in die folgenden Wirtschaftsjahre vorzutragen (Zinsvortrag). 6Sie erhöhen die Zinsaufwendungen dieser Wirtschaftsjahre, nicht aber den maßgeblichen Gewinn. 7Absatz 2 findet keine Anwendung, soweit Zinsaufwendungen aufgrund eines Zinsvortrags erhöht wurden.

(2) **1Absatz 1 Satz 1 ist nicht anzuwenden, wenn**

a) die Nettozinsaufwendungen des Betriebs weniger als drei Millionen Euro betragen,

b) der Steuerpflichtige keiner Person im Sinne des § 1 Absatz 2 (gegebenenfalls in Verbindung mit § 1 Absatz 1 Satz 2) des Außensteuergesetzes nahesteht und über keine Betriebsstätte außerhalb des Staates verfügt, in dem sich sein Wohnsitz, gewöhnlicher Aufenthalt, Sitz oder seine Geschäftsleitung befindet, oder

c) der Betrieb zu einem Konzern gehört und seine Eigenkapitalquote am Schluss des vorangegangenen Abschlussstichtages gleich hoch oder höher ist als die des Konzerns (Eigenkapitalvergleich). 2Ein Unterschreiten der Eigenkapitalquote des Konzerns um bis zu zwei Prozentpunkte ist unschädlich.

3Eigenkapitalquote ist das Verhältnis des Eigenkapitals zur Bilanzsumme; sie bemisst sich nach dem Konzernabschluss, der den Betrieb umfasst, und ist für den Betrieb auf der Grundlage des Jahresabschlusses oder Einzelabschlusses zu ermitteln. 4Wahlrechte sind im Konzernabschluss und im Jahresabschluss oder Einzelabschluss einheitlich auszuüben; bei gesellschaftsrechtlichen Kündigungsrechten ist insoweit mindestens das Eigenkapital anzusetzen, das sich nach den Vorschriften des Handelsgesetzbuchs ergeben würde. 5Bei der Ermittlung der Eigenkapitalquote des Betriebs ist das Eigenkapital um einen im Konzernabschluss enthaltenen Firmenwert, soweit er auf den Betrieb entfällt, zu erhöhen sowie um das Eigenkapital, das keine Stimmrechte vermittelt – mit Ausnahme von Vorzugsaktien –, die Anteile an anderen Konzerngesellschaften und um Einlagen der letzten sechs Monate vor dem maßgeblichen Abschlussstichtag, soweit ihnen Entnahmen oder Ausschüttungen innerhalb der ersten sechs Monate nach dem maßgeblichen Abschlussstichtag gegenüberstehen, zu kürzen. 6Die Bilanzsumme ist um Kapitalforderungen zu kürzen, die nicht im Konzernabschluss ausgewiesen sind und denen Verbindlichkeiten im Sinne des Absatzes 3 in mindestens gleicher Höhe gegenüberstehen. 7Sonderbetriebsvermögen ist dem Betrieb der Mitunternehmerschaft zuzuordnen, soweit es im Konzernvermögen enthalten ist.

8Die für den Eigenkapitalvergleich maßgeblichen Abschlüsse sind einheitlich nach den International Financial Reporting Standards (IFRS) zu erstellen. 9Hiervon abweichend können Abschlüsse nach dem Handelsrecht eines Mitgliedstaats der Europäischen Union verwendet werden, wenn kein Konzernabschluss nach den IFRS zu erstellen und offen zu legen ist und für keines der letzten fünf Wirtschaftsjahre ein Konzernabschluss nach den IFRS erstellt wurde; nach den Generally Accepted Accounting Principles der Vereinigten Staaten von Amerika (US-GAAP) aufzustellende und offen zu legende Abschlüsse sind zu verwenden, wenn kein Konzernabschluss nach den IFRS oder dem Handelsrecht eines Mitgliedstaats der Europäischen Union zu erstellen und offen zu legen ist. 10Der Konzernabschluss muss den Anforderungen an die handelsrechtliche Konzernrechnungslegung genügen oder die Voraussetzungen erfüllen, unter denen ein Abschluss nach den §§ 291 und 292 des Handelsgesetzbuchs befreiende Wirkung hätte. 11Wurde der Jahresabschluss oder

Einzelabschluss nicht nach denselben Rechnungslegungsstandards wie der Konzernabschluss aufgestellt, ist die Eigenkapitalquote des Betriebs in einer Überleitungsrechnung nach den für den Konzernabschluss geltenden Rechnungslegungsstandards zu ermitteln. [12]Die Überleitungsrechnung ist einer prüferischen Durchsicht zu unterziehen. [13]Auf Verlangen der Finanzbehörde ist der Abschluss oder die Überleitungsrechnung des Betriebs durch einen Abschlussprüfer zu prüfen, der die Voraussetzungen des § 319 des Handelsgesetzbuchs erfüllt.

[14]Ist ein dem Eigenkapitalvergleich zugrunde gelegter Abschluss unrichtig und führt der zutreffende Abschluss zu einer Erhöhung der nach Absatz 1 nicht abziehbaren Zinsaufwendungen, ist ein Zuschlag entsprechend § 162 Absatz 4 Satz 1 und 2 der Abgabenordnung festzusetzen. [15]Bemessungsgrundlage für den Zuschlag sind die nach Absatz 1 nicht abziehbaren Zinsaufwendungen. [16]§ 162 Absatz 4 Satz 5 bis 7 der Abgabenordnung gilt sinngemäß.

[2]Ist eine Gesellschaft, bei der der Gesellschafter als Mitunternehmer anzusehen ist, unmittelbar oder mittelbar einer Körperschaft nachgeordnet, gilt für die Gesellschaft § 8a Absatz 3 des Körperschaftsteuergesetzes entsprechend. [3]An die Stelle des Steuerpflichtigen tritt für Zwecke des Satzes 1 Buchstabe b bei Personengesellschaften oder Mitunternehmerschaften die Personengesellschaft oder Mitunternehmerschaft.

(3) **[1]Maßgeblicher Gewinn ist der nach den Vorschriften dieses Gesetzes mit Ausnahme des Absatzes 1 ermittelte steuerpflichtige Gewinn. [2]Zinsaufwendungen sind Vergütungen für Fremdkapital, wirtschaftlich gleichwertige Aufwendungen und sonstige Aufwendungen im Zusammenhang mit der Beschaffung von Fremdkapital im Sinne des Artikels 2 Absatz 1 der Richtlinie (EU) 2016/1164 des Rates vom 12. Juli 2016 mit Vorschriften zur Bekämpfung von Steuervermeidungspraktiken mit unmittelbaren Auswirkungen auf das Funktionieren des Binnenmarkts (ABl. L 193 vom 19.7.2016, S. 1), die den maßgeblichen Gewinn gemindert haben. [3]Zinserträge sind Erträge aus Kapitalforderungen jeder Art und wirtschaftlich gleichwertige Erträge im Zusammenhang mit Kapitalforderungen, die den maßgeblichen Gewinn erhöht haben. [4]Ein Betrieb gehört zu einem Konzern, wenn er nach dem für die Anwendung des Absatzes 2 Satz 1 Buchstabe c zugrunde gelegten Rechnungslegungsstandard mit einem oder mehreren anderen Betrieben konsolidiert wird.**

(4) **[1]Der EBITDA-Vortrag und der Zinsvortrag sind gesondert festzustellen. [2]Zuständig ist das für die gesonderte Feststellung des Gewinns und Verlusts der Gesellschaft zuständige Finanzamt, im Übrigen das für die Besteuerung zuständige Finanzamt. [3]§ 10d Absatz 4 gilt sinngemäß. [4]Feststellungsbescheide sind zu erlassen, aufzuheben oder zu ändern, soweit sich die nach Satz 1 festzustellenden Beträge ändern.**

(5) **[1]Bei Aufgabe oder Übertragung des Betriebs gehen ein nicht verbrauchter EBITDA-Vortrag und ein nicht verbrauchter Zinsvortrag unter. [2]Scheidet ein Mitunternehmer aus einer Gesellschaft aus, gehen der EBITDA-Vortrag und der Zinsvortrag anteilig mit der Quote unter, mit der der ausgeschiedene Gesellschafter an der Gesellschaft beteiligt war. [3]§ 8c des Körperschaftsteuergesetzes ist auf den Zinsvortrag einer Gesellschaft entsprechend anzuwenden, soweit an dieser unmittelbar oder mittelbar eine Körperschaft als Mitunternehmer beteiligt ist. [4]Bei Aufgabe oder Übertragung eines Teilbetriebs gehen ein nicht verbrauchter EBITDA-Vortrag und ein nicht verbrauchter Zinsvortrag anteilig unter; § 15 Absatz 3 des Umwandlungssteuergesetzes gilt entsprechend.**

(6) **[1]Zinsaufwendungen oder Zinserträge aus Darlehen, die zur Finanzierung langfristiger öffentlicher Infrastrukturprojekte verwendet und auf Grund von allgemeinen Förderbedingungen vergeben werden, stellen keine Zinsaufwendungen**

oder Zinserträge im Sinne des Absatzes 3 Satz 2 und 3 dar, sofern es sich um mittelbar oder unmittelbar aus öffentlichen Haushalten gewährte Mittel der Europäischen Union, von Bund, Ländern, Gemeinden oder Mittel anderer öffentlich-rechtlicher Körperschaften oder einer nach § 5 Absatz 1 Nummer 2, 17 oder 18 des Körperschaftsteuergesetzes steuerbefreiten Einrichtung handelt. [2]Satz 1 gilt nur, sofern sämtliche geschaffenen Vermögenswerte in einem Mitgliedstaat der Europäischen Union belegen sind, der Projektbetreiber in einem Mitgliedstaat der Europäischen Union ansässig ist und die Einkünfte aus dem Infrastrukturprojekt in einem Mitgliedstaat der Europäischen Union der Besteuerung unterliegen. [3]Bei der Ermittlung des verrechenbaren EBITDA im Sinne des Absatzes 1 Satz 2 bleiben Aufwendungen und Erträge, die auf das Infrastrukturprojekt im Sinne des Satzes 1 entfallen, außer Ansatz.

Einkommensteuer-Richtlinien: EStH 4h – **Verwaltungsanweisungen:** *BMF* BStBl I 25, 683 (ab VZ 2024) und *BMF* BStBl I 08, 718 (bis VZ 2023); *BMF* BStBl I 14, 1516.

Übersicht

I. Allgemeines

1 **1. Bedeutung; Aufbau.** Die sog **Zinsschranke** knüpft systematisch an § 4 IV an und beschränkt die steuerl Berücksichtigung betriebl veranlasster Zinsaufwendungen (→ § 4 Rn. 522). Diese sind grds nur noch bis zur Höhe des Zinsertrags und, soweit sie diesen übersteigen, bis zur Höhe von 30% eines modifizierten Betriebsergebnisses, des verrechenbaren EBITDA, abziehbar. Die Regelung gilt für Gewinneinkünfte aller Unternehmensformen und für jede Art von Fremdfinanzierung (auch Bankdarlehen). Doch sollen aufgrund von Ausnahmebestimmungen nur Betriebe erfasst werden, die einen negativen Zinssaldo (sog Nettozinsaufwendungen) von 3 Mio € oder mehr aufweisen und zu einem Konzern gehören. Eigenständige Unternehmen hingegen sind, wenn sie über keine ausl Betriebsstätte verfügen, von der Zinsschranke ausgenommen. – **§ 4h I** regelt den Grundsatz der Abzugsbeschränkung sowie den

EBITDA-Vortrag und den Zinsvortrag. **§ 4h II** bestimmt drei Ausnahmen von der Zinsschranke: Freigrenze, Stand-alone-Klausel, Eigenkapitalvergleich. **§ 4h III** enthält Legaldefinitionen zu § 4h I und II. **§ 4h IV und § 4h V** behandeln die gesonderte Feststellung des EBITDA-Vortrags und des Zinsvortrags sowie ihren (vollständigen/partiellen) Untergang bei Betriebsaufgabe/-übertragung und bei Ausscheiden eines MUers. **§ 4h VI** enthält eine Sonderregelung für langfristige öffentl Infrastrukturprojekte.

Die Zinsschranke soll als **Missbrauchsvorschrift** die unerwünschte Verlagerung von Gewinnen ins Ausl bekämpfen (aber → Rn. 4); zudem war sie **Gegenfinanzierungsmaßnahme** zur Absenkung des KSt-Tarifs, der GewSt-Messzahl und der Thesaurierungsbegünstigung für Personenunternehmen. Ferner soll sie dem Schutz vor Insolvenz dienen (Förderung höherer Eigenkapitalquoten) und das **inl Steuersubstrat sichern** (BT-Drs 16/4841, 35 und 48, s auch *BH/Loewens* § 4h Rn. 12: Lenkungsnorm, mwN). Darüber hinaus dient sie der Umsetzung von **Art 4 ATAD** (Anti Tax Avoidance Directive, RL (EU) 2016/1164, → § 4k Rn. 1), der eine Zinsabzugsbeschränkung für alle KSt-Subjekte vorsieht, an die § 4h spätestens bis zum 1.1.24 anzupassen war (Art 11 VI ATAD).

2. Persönlicher Anwendungsbereich. Der Zinsschranke unterliegen Einzelunternehmer und (iErg) die Ges'ter von gewerbl tätigen oder geprägten PersGes (zu Erben- und Gütergemeinschaften sowie luf/freiberufl MUerschaften mit privaten Einkünften → § 15 Rn. 187, 190) jeweils mit ihren Gewinneinkünften (→ Rn. 7), ferner über § 8 I KStG Körperschaften (Sonderregelungen in § 8a KStG) einschließl der Betriebe gewerbl Art juristischer Personen des öffentl Rechts. Auf OrganGes ist § 4h nicht anzuwenden (§ 15 S 1 Nr 3 KStG). 2

Zu **Holding-PersGes** s *Kessler/Benke* DB 19, 2367. Zur **KGaA:** *Kollruss* BB 07, 1988; *ders* DStR 09, 88; *Rohrer/Orth* BB 07, 2266; *Rödder ua* DB 09, 1561. Zu **Genossenschaften:** *Kollruss ua* DStR 09, 117. Zu **Publikum GmbH & Co KG** s *Dorenkamp* FR 08, 1129. Zu sog **Öffentl Privaten Partnerschaften** (ÖPP/PPP) s *BMF* BStBl I 25, 683 Rn. 102 ff.

3. Neuere Rechtsentwicklung. Durch das **KrZwFördG** (BGBl I 23 Nr. 411) sind § 4h und § 8a KStG an die Vorgaben von **Art 4 ATAD** (→ Rn. 1) angepasst worden; darüber hinaus hat der Gesetzgeber drei aus seiner Sicht „systematische Korrekturen" in Bezug auf den Zins- und EBITDA-Vortrag vorgenommen (BT-Drs 20/9782, 191 f; *Bolik ua* DB 25, 1780; *Grotherr* DStR 23, 714). Die Änderungen betreffen insb den sachl Anwendungsbereich der Zinsschranke (→ Rn. 25) und die Stand-alone-Klausel (→ Rn. 18). Sie gelten für Wj, die nach dem 14.12.23 beginnen und nicht vor dem 1.1.24 enden (§ 52 VIIIb). S iU → 42. Aufl 2023, § 4h Rn. 3. 3

4. Verfassungsrecht; Europarecht. Die Zinsschranke verstößt gegen **Verfassungsrecht** (s Vorlagebeschluss BFH I R 20/15, BStBl II 17, 1240, Rn. 21 ff mwN: Verstoß gegen Art 3 I GG, BVerfG 2 BvL 1/16; zust *HHR/Hick* § 4h Rn. 6). § 4h wirkt, soweit ein Zinsvortrag tatsächl nicht genutzt werden kann (→ Rn. 13), wie ein (partielles) definitives Abzugsverbot für betriebl veranlassten Zinsaufwand und ordnet für bestimmte Fälle den Untergang des Zinsvortrags explizit an (→ Rn. 32). Damit **durchbricht** § 4h das **obj Nettoprinzip,** ohne dass sich dies rechtfertigen ließe; denn die Regelung ist *keine* Missbrauchsvorschrift, sondern Fiskalzwecknorm. Missbrauchsvorschrift kann sie nicht sein, da sie einerseits regelmäßig (auch) Finanzierungsgestaltungen erfasst, die marktübl, sinnvoll und typischerweise nicht missbräuchl sind, andererseits missbräuchl Gestaltungen unterhalb der Freigrenze von 3 Mio € nicht berücksichtigt. – Allerdings verhindert seit dem 1.1.19 **Art 4 ATAD** wegen des Anwendungsvorrangs des Unionsrechts in Bezug auf KSt-Subjekte eine Überprüfung des § 4h durch nationale Gerichte; die Entscheidungskompetenz liegt beim EuGH, der iRe Vorabentscheidungsverfahrens angerufen werden muss (s iEinz *Prinz* FR 26, 97: verbleibende Entscheidungskompetenzen des BVerfG; *Levedag* StuW 24, 197; *Sendke* StuW 20, 219 (227); vgl auch *Hey* StuW 17, 248 (255); *Prinz* FR 19, 789 (792)). Jedoch verstößt Art 4 ATAD möglicherweise seinerseits gegen den **unions-** 4

rechtl Gleichheitssatz des Art 20 EU-GrCh (*Kessler/Bötzel* DB 24, 688 (691 f); *Tipke/Lang* SteuerR Rn. 11.55; zur Rücknahme des Schutzes durch die Grundfreiheiten bei „marktschädl StGestaltungen" s *SED* Rn. 17.13 ff). Außerdem ist zweifelhaft, ob Art 4 ATAD von **Art 115 AEUV** gedeckt ist (*Gosch KStG* § 8a Rn. 57a mwN). S iÜ → 42. Aufl 2023, § 4h Rn. 4.

5 **5. Verhältnis zu anderen Vorschriften. § 3c, § 4 IVa, § 4 V 1 Nr 8a und 12** sowie **§ 4k** (→ § 4k Rn. 5) gehen als speziellere Abzugsverbote und wegen § 4h III 1 und 3 der Zinsschranke vor (dh für § 4 IVa: Summe der ges'terbezogenen Überentnahmen [→ § 15 Rn. 430] erhöht den „maßgebl Gewinn" und vermindert zugleich den Zinsaufwand iSv § 4h), ebenso **§ 4i** (str, s *Ettinger* DStR 19, 548 mwN; *Prinz* FR 19, 597; *ders* DB 18, 1615 mwN; → § 4i Rn. 2). **§ 2a, § 15a und § 15b** betreffen die Einkünfteermittlung und sind ggü § 4h nachrangig. Da der Verlustabzug an den Gesamtbetrag der Einkünfte anknüpft, geht § 4h dem **§ 10d** vor. Zur Abgeltungssteuer gem **§ 32d** s *Kollruss* GmbHR 07, 1133; zu **§ 50d III** *ders* IStR 07, 870; *ders* BB 07, 2274. – Für Körperschaften enthält **§ 8a KStG** eine Sonderregelung, die gem § 4h II 2 auch für PersGes gelten kann (→ Rn. 20); zu **§ 8c KStG** → Rn. 32. Bei Organschaft ist **§ 15 S 1 Nr 3 KStG** zu beachten (→ Rn. 8). – Bei der Ermittlung von Zwischeneinkünften ist § 4h gem **§ 10 III 4 AStG** anzuwenden (*Brinkmann/Krüger* PIStb 22, 317; *Böhmer ua* IWB 21, 479). Nicht abzugsfähige Zinsaufwendungen dürfen nach **§ 8 Nr 1 Buchst a GewStG** erst dann dem gewstl Gewinn hinzugerechnet werden, wenn sie im Wege des Zinsvortrags in einem späteren Wj tatsächl berücksichtigt worden sind (s *Schaumburg* JbFfSt 2009/2010, 160; *Schuck/Faller* DB 10, 2186; vgl auch BFH III R 27/21, DStR 24, 103, Rn. 21). Zu **§ 46 InvStG** → Rn. 25; zu **§ 4 II 2, § 15 III, § 20 IX, § 24 VI UmwStG** → Rn. 32. – **§ 8 StAbwG** ist vorrangig anzuwenden (*BMF* BStBl I 24, 1086 Rn. 99).

II. Abzugsbeschränkung und Ausnahmen

7 **1. Abzugsbeschränkung, § 4h I. – a) Grundregel, § 4h I 1, 2.** Zinsaufwendungen eines Betriebs können bis zur Höhe des Zinsertrags desselben Wj als BA abgezogen werden. Übersteigen die Zinsaufwendungen den Zinsertrag, ergibt sich ein Saldo, die sog **Nettozinsaufwendungen** (Legaldefinition, → Rn 12). Diese sind nur bis zur Höhe von 30% des verrechenbaren EBITDA (→ Rn. 10) abziehbar. Nicht abzugsfähige Zinsaufwendungen sind dem Betriebsergebnis (wie Entnahmen) außerhalb der Gewinnermittlung wieder hinzuzurechnen und in die folgenden Wj vorzutragen. Beim Empfänger werden die Zinszahlungen ungekürzt als Einnahmen erfasst (keine Umqualifizierung); dies kann, soweit ein Zinsvortrag unberücksichtigt bleibt (→ Rn. 13) oder untergeht (→ Rn. 32), zu einer wirtschaftl Doppelbesteuerung führen. – Die Zinsschranke gilt **nur für Gewinneinkünfte** (keine Verweisung in § 9; s aber § 8a I 4 KStG für ausl KapGes mit inl Einkünften, → Rn. 11). Das schließt § 15 III Nr 1 *und* 2 ein (mE nur missverständl: *BMF* BStBl I 25, 683 Rn. 5; wie hier: *van Lishaut ua* DStR 08, 2341; *BH/Loewens* § 4h Rn. 28; **aA** *Winkler/Käshammer* Ubg 08, 478 (479)). Auf eine **vermögensverwaltend tätige,** nicht gewerbl geprägte **PersGes** ist § 4h nicht anwendbar, bei sog **ZebraGes** (→ § 15 Rn. 201) nur auf der Ges'terebene mit gewerbl Einkünften (→ Rn. 11). – Bilanzierung wird nicht vorausgesetzt; Gewinnermittlung nach § 4 III genügt.

8 **aa) Betrieb.** Gegenstand der Abzugsbeschränkung sind Zinsaufwendungen eines „Betriebs", nicht eines StPfl (objektbezogene Zinsschranke). – **(1) Begriff.** „Betrieb" wird in § 4h nicht definiert, sollte aber wegen der systematischen Stellung der Vorschrift und der Bezugnahme auf die Gewinnermittlungsvorschriften in § 4h III 1 ebenso wie in § 4 verstanden werden (→ § 4 Rn. 27). – Ein **Einzelunternehmer** kann *mehrere* Betriebe unterhalten; die Zinsschranke ist auf jeden selbständig geführten, abgrenzbaren Betrieb gesondert anzuwenden (keine Zusammenfassung mehrerer Betriebe, auch nicht innerhalb einer Einkunftsart). Zinsaufwendungen und -erträge

sind ggf den einzelnen Betrieben nach wirtschaftl Zusammenhang zuzuordnen. **Körperschaften** und **PersGes** unterhalten stets *nur einen* Betrieb; das gilt auch für eine KGaA (*BMF* BStBl I 25, 683 Rn. 6 ff). – Inl und ausl **Betriebsstätten** (§ 12, § 13 AO) eines inl Unternehmens sind *keine* Betriebe, sondern Teil des *einen* inl Betriebs (bei Einzelunternehmer ggf Abgrenzung zu eigenständigem Betrieb erforderl). Mehrere (inl) Betriebsstätten einer **ausl Körperschaft** sind gem § 8a I 4 KStG nF als *ein* Betrieb zu behandeln (ab 2024, → Rn. 3); die Freigrenze des § 4h II 1 Buchst a ist nur einmal zu berücksichtigen (wg Art 4 III ATAD, s *Grotherr* DStZ 23, 713 (722); bislang str → 43. Aufl 2024, § 4h Rn. 8).

Bei **Organschaft** gelten Organträger und OrganGes als *ein* Betrieb (→ Rn. 11, 27, 32); die Zinsschranke greift (ggf) nur auf der Ebene des Organträgers ein (§ 15 S 1 Nr 3 KStG; s *Herzig/Liekenbrock* Ubg 09, 750; *Bron* IStR 08, 14; zu PersGes als Organträger → § 15 Rn. 175). – **SchwesterPersGes** und **Ober/UnterPersGes** unterhalten *jeweils* eigenständige Betriebe (keine Zusammenfassung, kein Rückgriff auf § 15 S 1 Nr 3 KStG; aber → Rn. 11), ebenso eine OrganGes/KapGes, die als MUer an einer PersGes beteiligt ist. – Zu **Vermietungseinkünften beschr stpfl KapGes** s *HHR/Hick* § 4h Rn. 26 mwN. Zu **Treuhandmodellen** s *Schaumburg/Rödder* UntStRef 2008, 456; *van Lishaut ua* DStR 08, 2341 (2342).

(2) Betrieb einer Personengesellschaft. Hierzu gehört (ggf neben Ergänzungsbilanzen) auch das **SonderBV** (zB Zinsaufwendungen eines Ges'ters zur Finanzierung seines Anteils; dagegen heben sich Zinsaufwendungen und -erträge aus Ges'terdarlehen gegenseitig auf, → Rn. 24). Unklar ist, in welcher Weise die Zinsschranke hier zur Anwendung kommen soll. Da PersGes und SonderBV *einen* Betrieb iSd § 4h bilden und die Zinsschranke objektbezogen wirkt, sollten mE die nicht abziehbaren Zinsaufwendungen **in einer Gesamtrechnung** auf der Grundlage des zusammengefassten Gesamthands- und SonderBV ermittelt werden. Bei der sich anschließenden **Verteilung der nicht abziehbaren Zinsaufwendungen** muss allerdings nicht nur berücksichtigt werden, in welcher Höhe der einzelne Ges'ter die Nettozinsaufwendungen des Betriebs (mit)verursacht hat, sondern auch, wie hoch sein Anteil am verrechenbaren EBITDA ist, mit dem er die Nettozinsaufwendungen kompensieren kann (Umsetzung → 27. Aufl 2008, § 4h Rn. 10; iErg ebenso: *BH/Loewens* § 4h Rn. 41). 9

Beides vernachlässigt ***BMF*** BStBl I 25, 683, Rn. 65: Zurechnung nach dem **allg Gewinnverteilungsschlüssel** (zust *HHR/Hick* § 4h Rn. 29). Auf § 4h V 2 kann in diesem Zusammenhang jedenfalls nicht zurückgegriffen werden; denn dort ist ausdrückl nur der Fall des Ausscheidens eines Ges'ters geregelt (abl auch *Hoffmann* Zinsschranke Rn. 851 ff, 883 f; *ders* GmbHR 08, 113 (114 f); *Kußmaul ua* DStR 08, 904 – mit unterschiedl Berechnungen).

bb) Verrechenbares EBITDA. Die Zinsschranke knüpft an den stpfl Gewinn vor Zinsen, Steuern und Abschreibungen auf materielle und immaterielle WG an (***E****arnings* ***B****efore* ***I****nterest,* ***T****ax,* ***D****epreciations and* ***A****mortization* = EBITDA). – **(1) Maßgebl Gewinn.** Der „maßgebl Gewinn" (§ 4h III 1: Gewinn „vor" Zinsschranke, → Rn. 22) eines Betriebs muss um die Zinsaufwendungen sowie um abgesetzte GWG (§ 6 II 1), Sammelposten (§ 6 IIa 2) und reguläre AfA (§ 7) erhöht und um die Zinserträge vermindert werden. Die Beschränkung des § 4h I 1 greift nur ein, *soweit* die Zinsaufwendungen des Betriebs die Zinserträge *zuzügl* 30 % des Ergebnisses dieser Berechnung übersteigen. Nicht hinzugerechnet zum maßgebl Gewinn werden damit TeilwertAfA (§ 6 I Nr 1 S 2 und Nr 2 S 2), erhöhte AfA (§§ 7h, 7i) und SonderAfA (§ 7g; auch → § 7a Rn. 1). – Das verrechenbare EBITDA des § 4h deckt sich *nicht* mit dem betriebswirtschaftl EBITDA, da es gem § 4h III 1 auf dem *stpfl* Gewinn aufbaut. 10

(2) Ermittlung. Sie erfolgt grds **betriebsbezogen** (→ Rn. 8). Daraus folgert das *BMF,* dass Beträge, die in das verrechenbare EBITDA einer **MUerschaft** eingeflossen sind, beim MUer nicht erneut berücksichtigt werden dürfen (*BMF* BStBl I 25, 683 Rn. 48). Mit der Regelung des § 4h I 1, III 1 lässt sich das allerdings nicht vereinbaren; der „maßgebl Gewinn" des MUers als Ausgangsgröße *seines* verrechenbaren EBITDA 11 ist der stpfl Gewinn *ohne* § 4h I 1, dh: einschließl seines Anteils am Gewinn einer nachgeordneten PersGes (→ § 15 Rn. 620; so auch FG Köln EFG 14, 521, Rev IV R 4/14; ebenso *HHR/Hick* § 4h Anm 71; zum Streit s *Liekenbrock* DStR 14, 991 mwN; *Bolik ua* NWB 25, 1642 (1645); **aA** wohl *Baschnagel* BB 15, 349).

Bei **Organschaft** wird das verrechenbare EBITDA auf der Ebene des Organträgers unter Zusammenrechnung aller Zinsaufwendungen, -erträge und Abschreibungen des Organkreises ermittelt. – Bei einer **ZebraGes** (→ Rn. 7 aE) gehen die Berechnungsgrößen des verrechenbaren EBIDTA der Ges anteilig in die Zinsschrankenberechnung des Ges'ters ein, der gewerbl Einkünfte erzielt (*BMF* BStBl I 25, 683 Rn. 49, zutr wegen BFH GrS 2/02, BStBl II 05, 679). Zur Beteiligung einer **ausl KapGes** (§ 8a I 4 KStG, § 49 I Nr 2 Buchst f) s *Schuck/Faller* DB 12, 1893; *HHR/Hick* § 4h Rn. 26. – Zur **KGaA** s *BMF* BStBl I 25, 683 Rn. 50 (Gewinnanteil des persönl haftenden Ges'ters bleibt unberücksichtigt; keine Anwendung von § 9 I KStG; bei Sondervergütungen war/ist § 8a II aF, III KStG zu prüfen); s auch *Herzig/Liekenbrock* Ubg 11, 102 (106); *Hoffmann* Zinsschranke Rn. 1206; *Kollruss ua* DStR 09, 88 (91 f). – Zu **Dividenden und Beteiligungsveräußerungsgewinnen** s *Kraft* FR 19, 1029.

12 **b) EBITDA-Vortrag, § 4h I 3, 4.** Übersteigt das verrechenbare EBITDA eines Betriebs in einem Wj die nach § 4h I 1 Hs 1 ermittelten **Nettozinsaufwendungen** (→ Rn. 7), kann der StPfl den nicht ausgeschöpften Betrag gem **§ 4h I 3 Hs 1** in spätere Wj vortragen, so dass sich in diesen Wj ein höheres verrechenbares EBITDA (§ 4h I 1) ergibt. Die Verrechnung erfolgt von Amts wegen (BT-Drs 17/15, 17: kein Wahlrecht). Der Vortrag ist auf die folgenden **fünf Wj** beschränkt. Zu gesonderter Feststellung und Untergang des EBITDA-Vortrags → Rn. 31 f. Erstmalige Geltung: für Wj, die nach dem 31.12.09 endeten (→ 42. Aufl 2023, § 4h Rn. 12, auch zu fiktiven EBITDA-Vorträgen der Vorjahre). – Gem **§ 4h I 3 Hs 2** kommt die Regelung nur dann zur Anwendung, wenn für das betreffende Wj keine der in § 4h II genannten Ausnahmen gilt (s *Körner* Ubg 11, 610; krit *Grotherr* DStZ 23, 713, (718)). Zudem dürfen mit Wirkung **ab VZ 2024** (→ Rn. 3) die Zinsaufwendungen die Zinserträge nicht übersteigen (bislang str, s *HHR/Hick* § 4h Rn. 30 mwN; FG Köln EFG 25, 1753, Rev IX R 12/25); es handelt sich mE um eine *konstitutive Neufassung* des § 4h I 3 Hs 2, nicht ledigl um eine Klarstellung (**aA** BT-Drs 20/9782, 192; s auch *BMF* BStBl I 25, 683 Rn. 54). – **§ 4h I 4** legt die **Verwendungsreihenfolge** fest: Zunächst wird geprüft, inwieweit Zinsaufwendungen eines Wj durch Zinserträge und das verrechenbare EBITDA *dieses* Wj ausgeglichen werden. Sodann sind die EBITDA-Vorträge aus vorangegangenen Wj zur Verrechnung heranzuziehen, beginnend mit dem jeweils ältesten EBITDA-Vortrag. Ein EBITDA-Vortrag, der in dem fünften auf seine Feststellung folgenden Wj nicht bzw nicht vollständig mit Zinsaufwendungen verrechnet worden ist, verfällt.

Zum **fiktiven EBITDA-Vortrag** nach § 52 XIId 5 aF s *Herzig/Liekenbrock* DB 10, 690 (691); *Bohn/Loose* DB 11, 1246 (kein negatives EBITDA). – Zu **Organschaft** s *Goldacker ua* BB 22, 218 (vororganschaftl EBITDA-Vorträge); *Bohn/Loose* DStR 11, 1009.

13 **c) Zinsvortrag, § 4h I 5, 6.** Zinsaufwendungen, die der Zinsschranke unterliegen, gehen idR (zumindest rechtl) nicht verloren, sondern können ohne zeitl Begrenzung in spätere Wj vorgetragen werden (§ 4h I 5). Der StPfl kann den Zinsvortrag allerdings nur dann nutzen, wenn sich die Finanzierungssituation des Betriebs in einem späteren Wj wesentl ändert. Ist dies nicht der Fall, entsteht ein stetig wachsender **„ewiger" Zinsvortrag,** der einem definitiven Abzugsverbot gleichkommt. Einen Zinsrücktrag gibt es nicht. – Vorgetragene Zinsaufwendungen erhöhen in Folgejahren den Zinsaufwand (§ 4h I 6 Hs 1); dies kann dazu führen, dass die Freigrenze von 3 Mio € überschritten wird, obwohl die „aktuellen" Zinsaufwendungen des betreffenden Wj unter diesem Betrag liegen (str, glA *HHR/Hick* § 4h Rn. 35; **aA** *KSM* § 4h Rn. B83 mwN: teleologische Reduktion; krit auch *Köhler/Hahne* DStR 08, 1505 (1512)). – Dem maßgebl Gewinn dürfen vorgetragene Zinsen bei der Ermittlung des verrechenbaren EBITDA nicht hinzugerechnet werden (§ 4h I 6 Hs 2), sodass der Zinsvortrag nicht (erneut) das Abzugsvolumen für die Ermittlung der Zins-

schranke des lfd Wj erhöhen kann. – Zu gesonderter Feststellung und Untergang des Zinsvortrags → Rn. 31 f.

d) Verrechnungsbeschränkung, § 4h I 7. Die Ausnahmen zur Zinsschranke in § 4h II greifen gem § 4h I 7 nF nicht ein, *soweit* Zinsaufwendungen aufgrund eines Zinsvortrags erhöht wurden. Somit können vorgetragene Zinsaufwendungen in einem folgenden Wj nur insoweit berücksichtigt werden, als verrechenbares EBITDA vorhanden ist (s auch *BMF* BStBl I 25, 683 Rn. 55 mit Beispiel; krit *Bolik ua* NWB 25, 1642 (1651)). Es muss also ein Gewinn erwirtschaftet worden sein (keine Umwandlung eines Zinsvortrags in einen Verlustvortrag, s *Wagner/Herbst* DB 23, 2330 (2335); *Grotherr* DStZ 23, 713 (720)). 14

2. Ausnahmen, § 4h II. Drei Ausnahmen zur Zinsschranke gibt es: Freigrenze, eigenständiges Unternehmen und Eigenkapitalvergleich. Es genügt, wenn einer der drei Tatbestände erfüllt ist („oder"). Die **Beweislast** trägt der StPfl. – Durch § 8a III KStG wird nur noch die letztgenannte Ausnahme für Körperschaften eingeschränkt (schädl Ges'ter-Fremdfinanzierung); für MUerschaften, die unmittelbar oder mittelbar einer Körperschaft nachgeordnet sind, gelten diese Einschränkungen gem § 4h II 2 entspr (→ Rn. 20). 16

a) Freigrenze, § 4h II 1 Buchst a. Die Zinsschranke ist bei Nettozinsaufwendungen (→ Rn. 7) von **weniger als 3 Mio €** nicht anzuwenden, sog **Kleinbetriebsklausel.** Es handelt sich weiterhin um eine Freigrenze für das jeweilige Wj: Betragen die Nettozinsaufwendungen 3 Mio € oder mehr, unterliegen die *gesamten* Zinsen den Beschränkungen des 4h I. – Die Freigrenze ist betriebsbezogen zu prüfen (→ Rn. 9); bei mehreren Betrieben gilt für jeden Betrieb eine eigene Freigrenze von 3 Mio €. Bei Organschaft kommt die Freigrenze nur einmal zur Anwendung (§ 15 S 1 Nr 3 KStG). – Ein Näheverhältnis iSv § 1 II AStG oder das Vorhandensein einer ausl Betriebsstätte sind für Betriebe mit Nettozinsaufwendungen von weniger als 3 Mio € **unschädl;** ebenso eine nach § 4h II 2 iVm § 8a III KStG (an sich) schädl Ges'ter-Fremdfinanzierung. Das gilt auch für Körperschaften. Dass § 8a KStG nicht auf § 4h II 1 Buchst a verweist, ist unerhebl; denn die (generelle) Anwendbarkeit der Zinsschranke ergibt sich aus § 8 I 1 KStG (vgl *Rödder/Stangl* DB 07, 478). 17

Zu **Gestaltungsmöglichkeiten** (Spaltung des Betriebs, Beendigung der Organschaft, Finanzierungssplitting, variable Verzinsung) s *Dörr/Fehling* Ubg 08, 345 (351); *Prinz* FR 08, 441 (446); *Kußmaul ua* GmbHR 08, 505 (512); *Schirmer* StBP 12, 64 (mit Beispielen).

b) Eigenständige Unternehmen, § 4h II 1 Buchst b und II 3. Die Zinsschranke gilt nicht für StPfl, die keiner Person iSv **§ 1 II AStG** nahestehen (bei PersGes/MUerschaft iVm § 1 I 2 AStG) *und* über keine Betriebsstätte außerhalb des Staates verfügen, in dem sich ihr Wohnsitz, gewöhnl Aufenthalt, Sitz oder die Geschäftsleitung befindet (sog Stand-alone-Klausel). Die bisherige Konzernklausel (→ 42. Aufl 2023, § 4h Rn. 16) ist damit an **Art 4 III Buchst b ATAD** angepasst worden (zeitl Anwendung → Rn. 3). Zu Gestaltungsüberlegungen s *Wagner/Herbst* DB 23, 2333 (2335). – Gem § 4h II 3 ist bei einer PersGes/MUerschaft hinsichtl des Nahestehens auf diese abzustellen. 18

c) Eigenkapitalvergleich, § 4h II 1 Buchst c. Ein Betrieb, der zu einem Konzern gehört, unterliegt gleichwohl nicht der Zinsschranke, wenn seine **Eigenkapitalquote** (= Eigenkapital/Bilanzsumme × 100) die des Konzerns (einschließl des betr Betriebs) nicht oder nur um bis zu zwei Prozentpunkte unterschreitet, sog **Escape-Klausel** (ausführl *Hennrichs* DB 07, 2101; *Hoffmann* Zinsschranke Rn. 521 ff; *Pawelzik* DB 08, 2439; *ders* Ubg 09, 50; *Schulz* DB 08, 2043). Maßgebl sind die Eigenkapitalquoten zum vorangegangenen Abschlussstichtag. Bei Neugründung eines Betriebs wird dessen Quote gem Eröffnungsbilanz mit der Konzernquote zum vorangegangenen Abschlussstichtag verglichen (*ohne* dass der neu gegründete Betrieb in die Konzernquote eingeht, s *BMF* BStBl I 25, 683 Rn. 85; krit *Huken* DB 08, 544, 19

547). Für jeden (inl) Betrieb wird ein eigener Eigenkapitalvergleich durchgeführt (zu ausl Betriebsstättenvermögen s *Prinz* FR 08, 441, 447). – Regelungen zu **Abschlüssen** und **Korrekturen** enthalten § 4h II 1 Buchst c S. 4–7. Wahlrechte sind gem S 4 Hs 1 einheitl auszuüben; das *BMF* fordert über den Gesetzeswortlaut hinaus einen einheitl Ansatz weiterer Bilanzpositionen (*BMF* BStBl I 25, 683 Rn. 88: maßgebl ist der Konzernabschluss; mE zweifelhaft, krit auch *BH/Loewens* § 4h Rn. 76 mwN; *Köhler/Hahne* DStR 08, 1505, 1515; *Geißelmeier/Bargenda* NWB F 4 5329 (5330); **aA** *Fischer/Wagner* BB 08, 1872, 1877 f). – Die Ermittlung der Eigenkapitalquoten von Konzern und Betrieb setzt grds Abschlüsse nach **einheitl Rechnungslegungsstandards** voraus, idR nach IFRS, subsidiär nach Handelsrecht (HGB oder Handelsrecht eines anderen EU-Mitgliedstaats) oder US-GAAP (§ 4h II 1 Buchst c S. 8 ff; krit *Kahle ua* StuW 08, 266 (269); *Stibi/Thiele* BB 08, 2507 (2509)). Wird die Eigenkapitalquote falsch ausgewiesen, kann dies zu **Strafzuschlägen** (§ 162 IV AO) führen (§ 4h II 1 Buchst c S. 14 ff). – Weitere Nachweise → 43. Aufl 2024, § 4h Rn. 19.

20 **d) Rückausnahme: Gesellschafterfremdfinanzierung, § 4h II 2.** Körperschaften mit Nettozinsaufwendungen von 3 Mio € oder mehr unterliegen im Fall einer **schädl Ges'ter-Fremdfinanzierung** gem § 8a III KStG der Zinsschranke, ohne dass sie sich auf die Ausnahmeregelung in § 4h II 1 Buchst c berufen können. Für **MUerschaften** gilt dies gem § 4h II 2 entspr, wenn sie einer Körperschaft (KapGes = MUer) unmittelbar (als Tochter-PersGes) oder mittelbar (als Enkel-PersGes) nachgeordnet sind. „Nachordnung" setzt, anders als etwa § 8a II 1 aF KStG, keine (wesentl) Mindestbeteiligung der betr Körperschaft voraus (so auch *Wagner/Fischer* BB 07, 1811 (1812); *van Lishaut ua* DStR 08, 2341 (2346); **aA** *Prinz* FR 08, 441 (445); *Schaden ua* BB 07, 2259 (2262); *BH/Loewens* § 4h Rn. 94). Es kann sich um eine inl oder ausl Körperschaft handeln (*Hoffmann* GmbHR 08, 183 (185)). Dagegen unterliegen MUerschaften, an denen unmittelbar/mittelbar ausschließl natürl Personen beteiligt sind, nicht der Regelung des § 8a III KStG. – Die **Beweislast** trifft den StPfl (so ausdrückl § 8a III 1 KStG aE, → Rn. 19; s auch *BMF* BStBl I 25, 683 Rn. 96; zu den Anforderungen: FG LSA EFG 25, 883, Rev I R 29/24). Die Möglichkeit, einen entlastenden Fremdvergleich zu führen, ist (anders als in § 8a KStG aF) nicht vorgesehen.

Zu § 4h II 2 EStG iVm § 8a II KStG nF → 42. Aufl 2023, § 4h Rn. 18 ff. Zu § 8c KStG → Rn. 32. Zu Organschaft s *Herzig/Liekenbrock* Ubg 09, 750. – Die Auffassung des BFH, dass bei Prüfung der 10%-Grenze eine Einzelbetrachtung vorzunehmen ist (BFH I R 57/13, BStBl II 17, 319: keine Zusammenrechnung, entgegen *BMF* BStBl I 08, 718 Rn. 82), hat der Gesetzgeber mit § 8a III 1 nF korrigiert.

22 **3. Legaldefinitionen, § 4h III. – a) Maßgeblicher Gewinn, § 4h III 1.** Ausgangsgröße für die Ermittlung des verrechenbaren EBITDA (→ Rn. 10) ist bei **Einzelunternehmen** und **PersGes** der maßgebl Gewinn. Dabei handelt es sich um den *ohne § 4h* nach den Vorschriften der §§ 4 ff ermittelten Gewinn (Gewinn *vor* Zinsschranke). Bei **KapGes** wird gem § 8a I 1 KStG auf das in § 8a I 2 KStG definierte maßgebl Einkommen abgestellt (Einkommen nach EStG und KStG *vor* Anwendung von § 4h, § 10d EStG und § 9 I Nr 2 KStG; zu § 8b KStG s FG Bln-Bbg EFG 23, 266, Rev IV R 30/22).

23 **b) Zinsaufwendungen; Zinserträge, § 4h III 2–4.** In die Berechnung der Zinsschranke gehen nach den Definitionen des § 4h III 2 und 3 nur solche Aufwendungen und Erträge ein, die als BA/BE den maßgebl Gewinn gemindert bzw erhöht haben. Unberücksichtigt bleiben stfreie Zinserträge (zB nach DBA), nicht abziehbare Zinsen (§ 3c, § 4 IVa, § 4 V 1 Nr 8a, § 4j, § 4k, § 12 Nr 3) und Zinsen, die als vGA unter § 8 III 2 KStG fallen (s dazu *Schirmer* StBP 12, 64 (71)). Zu § 2a, § 15a und § 15b → Rn. 5. – **Negative Zinsen** sind weder Zinsaufwand noch -ertrag (zutr *Patzner/Joch* GmbHR 15, 747). Nicht erfasst werden nach *BMF* BStBl I 25, 683 Rn. 113 auch Förderdarlehen, Baudarlehen, Wohnungsfürsorgemittel etc.

aa) Zinsaufwendungen, § 4h III 2. – (1) Vergütungen für Fremdkapital. 24
Zinsaufwendungen iSd § 4h sind Vergütungen *für* die **zeitl begrenzte Überlassung von Fremdkapital,** bei denen sich das Entgelt typischerweise an der Höhe des überlassenen Fremdkapitals und der Laufzeit orientiert (Einzelfallprüfung, s BFH XI R 45/19, BStBl II 24, 643: „Entgelte für Schulden", § 8 Nr 1 Buchst a GewStG, abl für *„arrangement fee"* bei Konsortialkredit; abl für Zinsswap zu § 8 Nr 1 Buchst a GewStG: BFH III R 27/21, BStBl II 24, 292; s ab VZ 2024 aber → Rn. 25). Auf die Dauer der Überlassung kommt es, anders als nach § 8a KStG aF, nicht an; auch kurzfristige Kapitalüberlassung unterliegt der Zinsschranke. Ob die Höhe der Vergütung von einem gewissen oder ungewissen Ereignis abhängt, ist ebenfalls unerhebl. – Was zum **Fremdkapital** zählt, lässt § 4h offen (vgl die Diskussion zu § 8a KStG aF). Grds fallen darunter alle Kapitalzuführungen in Geld, die als Verbindlichkeiten passivierungsfähig sind und nach steuerrechtl Grundsätzen nicht zum Eigenkapital gehören. Die Überlassung von Sachkapital wird hingegen nicht erfasst (enger Zinsbegriff, s *BMF* BStBl I 25, 683 Rn. 12); dadurch ergeben sich Gestaltungsspielräume (Zuführung entsprechender Sachwerte, vgl *Kußmaul* ua GmbHR 08, 505 (506); *Häuselmann* Ubg 09, 225; *ders* FR 09, 401 und *ders* FR 09, 506; s aber § 8b X KStG). Auch sog **Krypto-Währungen** (Bitcoin etc, → § 4 Rn. 158) sind kein Fremdkapital (vgl *Dürr* FR 19, 656). – Zu **Auf-/Abzinsungen** → Rn. 25. Zu den Folgen einer **Aktivierung als HK** → § 6 Rn. 206.

Beispiele: – ***Vergütung für Fremdkapital:*** Zinsen für fest und variabel verzinsl Darlehen, Erträge aus partiarischem Darlehen und typisch stiller Beteiligung, Damnum, Disagio (s auch BFH IX R 38/14, BStBl II 16, 646: Vorauszahlung eines Teils der Zinsen), Diskontgebühren, Vorfälligkeitsentschädigung, Verwaltungskosten für Kapitalüberlassung (soweit sie keine sonstigen Leistungen entgelten, s *Schaumburg/Rödder* UntStRef, 460; *Kreft/Schmitt-Homann* BB 09, 2404 (2408)); verdeckte Zinszahlungen. Zu den unterschiedl Formen von Bankentgelten s auch *Haase/Geils* DStR 16, 273: einzelfallbezogene Prüfung. – ***Keine Vergütung für Fremdkapital:*** Dividenden, Erträge aus atypisch stiller Ges, Miet- und Pachtzinsen, Erbbauzinsen, Gebühren für Wertpapierleihe, Teilwertabschreibungen (*BMF* BStBl I 25, 683 Rn. 27), Lizenzgebühren, Zinsen nach §§ 233 ff AO, Skonti, Boni und Rabatte, Bereitstellungszinsen (bis VZ 2023), Mahngebühren, Aval- und Bürgschaftsprovisionen, Vermittlungsprovisionen, auf Deckungsrückstellungen und Rückstellungen für Beitragsrückerstattungen beruhende Leistungen an Versicherungsnehmer (BT-Drs 16/4841, 49), nach § 253 III 2 HGB aktivierte Zinsen (vgl BFH I R 19/02, BStBl II 04, 192: Bauzeitzinsen; s aber ab VZ 2024 → Rn. 25). – Zu **Leasing** s *BMF* BStBl I 25, 683 Rn. 31 f; zu **Forfaitierung/Factoring** s *BMF* BStBl I 25, 683 Rn. 15 (ggf Wahlrecht) und Rn. 33 ff. Zu Währungssicherungsgewinnen/-verlusten s *Eilers/Seibold* FR 21, 241 (244) mwN.) – **Weitere Beispiele und Nachweise:** *BMF* BStBl I 25, 683 Rn. 12 ff; *Wienke/Graßl* DStR 25, 1777 (1785, mit ABC).

(2) Wirtschaftlich gleichwertige Aufwendungen. Mit Wirkung **ab VZ 2024** 25
(→ Rn. 3) ist die Definition des Begriffs „Zinsaufwendungen" und damit der sachl Anwendungsbereich des § 4h erweitert worden. Erfasst werden nunmehr auch „wirtschaftlich gleichwertige Aufwendungen" und „sonstige Aufwendungen iZm der Beschaffung von Fremdkapital" iSv **Art 2 I ATAD** (→ Rn. 1). Die Verweisung auf Art 2 I ATAD ist bei der Auslegung von § 4h III 2 zu berücksichtigen und schließt insb auch die dort aufgeführten **Regelbeispiele** mit ein (s unten; *Wienke/Graßl* DStR 25, 1777 (1779)). Auch den zugrunde liegenden Bericht der OECD wird man berücksichtigen müssen (OECD-BEPS Aktionspunkt 4). – **Wirtschaftl gleichwertige Aufwendungen** sind Zahlungen, die iZm der Finanzierung eines Unternehmens stehen und die ermittelt werden, indem im Zeitverlauf ein fester oder variabler Prozentsatz auf einen tatsächl oder fiktiven Kapitalbetrag angewandt wird (vgl. OECD-BEPS Aktionspunkt 4, Rn. 35). Es kommt auf die wirtschaftl Substanz der betr Zahlungen an, nicht auf die gewählte Form oder Bezeichnung. Art 2 I ATAD stellt auf die Gleichwertigkeit der Zahlungen **nach nationalem Recht** ab; maßgebl ist die auch sonst im dt StRecht geltende wirtschaftl Betrachtungsweise (vgl *Klein* § 4 AO Rn. 34). Das kann dazu führen, dass dieselben Aufwendungen in verschiedenen

Mitgliedstaaten unterschiedl behandelt werden (s *Hagemann/Kahlenberg* ATAD Art 2 Rz 15). – Darüber hinaus werden nunmehr ausdrückl auch **Nebenkosten der Kapitalbeschaffung** erfasst, bei denen es sich weder tatsächl noch wirtschaftl um Zinsen handelt (anders noch BFH XI R 45/19, BStBl II 24, 643, bis VZ 2023). Ziel dieser (sehr) weiten Begrifflichkeit ist es zu verhindern, dass die Zinsschranke durch „Verlagerung" von Zinsaufwendungen auf sonstige Kosten ganz oder teilweise umgangen wird (vgl *Staats* IStR 16, 135 (138)). – **Aufzinsungen und Abzinsungen** fallen unter den neu gefassten weiten Zinsbegriff (*BMF* BStBl I 25, 683 Rn. 30; diff *Bolik ua* DB 25, 1780 (1784)). Die Regelung in § 4h III 4 aF ist damit obsolet geworden; zur Rechtslage bis VZ 2023 → 42. Aufl 2023, § 4h Rn. 32 (auch zu FG Mster EFG 18, 98 mwN, Rev IV R 16/17).

Regelbeispiele gem **Art 2 I ATAD** („unter anderem", keine abschließende Aufzählung; s auch *BMF* BStBl I 25, 683 Rn. 17): Zahlungen iRv **Beteiligungsdarlehen;** kalkulatorische Zinsen auf Instrumente wie **Wandelanleihen** und **Nullkuponanleihen;** Beträge iRv **alternativen Finanzierungsmodalitäten** (zB Finanzierungsmodelle islamischer Banken); Finanzierungskosten iRv **Finanzierungsleasing;** im Bilanzwert eines zugehörigen Vermögenswerts enthaltene **kapitalisierte Zinsen** und **Amortisation** kapitalisierter Zinsen (s auch *BMF* BStBl I 25, 683 Rn. 16 f (mit Übergangsregelung); *Wienke/Graßl* DStR 25, 1777 (1779); entgegen BFH I R 19/02, BStBl II 04, 192); Beträge, die durch Bezugnahme auf eine Finanzierungsrendite im Rahmen von **Verrechnungspreisregelungen** gemessen werden; Beträge fiktiver Zinsen iRv **Derivaten** oder **Hedging-Vereinbarungen** iZm dem Fremdkapital eines Unternehmens; bestimmte **Wechselkursgewinne und -verluste** auf Fremdkapital und Instrumente iZm der Kapitalbeschaffung (einschr: *BMF* BStBl I 25, 683 Rn. 17 und 28); **Garantiegebühren** für Finanzierungsvereinbarungen; **Vermittlungsgebühren** und ähnliche Kosten iZm der Aufnahme von Fremdkapital. S auch OECD-BEPS Aktionspunkt 4, Rn. 33 ff. und Rn. 241 f. – **Weitere Beispiele** (*BMF* BStBl I 25, 683 Rn. 18): Zinsswaps, Vorfälligkeitsentschädigungen, Bereitstellungszinsen, Avalprovision (Bürgschaftsgebühren), Arrangement Fees, Agency und Security Agency Fees, fiktive Zinsen iRe Vorteilsverbrauchs etc (zT **aA** *Wienke/Graßl* DStR 25, 1777 (1780 ff); *Bolik ua* DB 25, 1780 (1783)).

26 **bb) Zinserträge, § 4h III 3.** Erfasst werden Erträge aus KapForderungen jeder Art. KapForderung ist grds jede auf eine Geldleistung gerichtete Forderung ohne Rücksicht auf die Dauer der Kapitalüberlassung oder den Rechtsgrund des Anspruchs (so zu § 20 I Nr 7: BFH VIII R 67/95, BFH/NV 97, 175). Bezeichnung und zivilrechtl Gestaltung sind unerhebl; ebenso, ob die Höhe der Vergütung von einem gewissen oder ungewissen Ereignis abhängt (iEinz → § 20 Rn. 115 f). Dividenden sollen nicht darunterfallen (BT-Drs 16/4841, 49; str, s *BH/Loewens* § 4h Rn. 36a). Ab **VZ 2024** (→ Rn. 3) werden auch wirtschaftl gleichwertige Erträge erfasst; auch dies entspricht den Begrifflichkeiten der ATAD (Art 2 II ATAD; s auch BT-Drs 20/9782, 193).

Dem *BMF* (BStBl I 25, 683 Rn. 19) zufolge entspr der Begriff der Zinserträge spiegelbildl dem der Zinsaufwendungen. Allerdings nennt § 4h III 2 ausdrückl auch „sonstige Aufwendungen"; dass auch „sonstige Erträge" erfasst werden sollen, geht aus § 4h III 3 nicht hervor (so zutr *Wienke/Graßl* DStR 25, 1777 (1784). – Gem **§ 46 InvStG** werden auch Zinsanteile an ausgeschütteten und ausschüttungsgleichen **Investmenterträgen** beim Anleger als Zinserträge iSd § 4h berücksichtigt (s *BMF* BStBl I 25, 683 Rn. 20).

27 **c) Konzernzugehörigkeit, § 4h III 4. – aa) Konzernbegriff.** Ein Betrieb ist einem Konzern zuzurechnen, wenn er nach den maßgebl Rechnungslegungsstandards (§ 4h II 1 Buchst c S 8 und 9: vorrangig IFRS, subsidiär Handelsrecht eines EU-Mitgliedstaats oder US-GAAP, → Rn. 19) in den handelsrechtl Konzernabschluss eines anderen Betriebs einbezogen wird. Erfasst wird mit Wirkung ab VZ 2024 (→ Rn. 3) nur noch die **tatsächl Konsolidierung;** zum bis VZ 2023 geltenden weiten Konzernbegriff → 42. Aufl 2023, § 4h Rn. 27. Die gesetzl Regelung setzt **mindestens zwei Betriebe** iSd § 4h voraus (s auch BFH II R 26/18, BStBl II 22, 72 Rn. 32; **aA** *Fischer/Wagner* BB 08, 1872 (1876)). Bei Anwendung der Zinsschranke sind *alle* Betriebe einzubeziehen, die den Konzernbegriff erfüllen.

Kein Konzern (vgl BT-Drs 16/4841, 49): Einzelunternehmer, der keine weiteren Beteiligungen hält (mehrere Betriebe sind insoweit unschädl); Einzelunternehmen oder Ges mit einer oder mehreren Betriebsstätten im Ausland; KapGes, die sich im Streubesitz befindet und keine weiteren Beteiligungen hält; Beteiligung einer MUerschaft/KapGes an einer nur vermögensverwaltenden PersGes, da letztere keinen Betrieb iSd § 4h unterhält (vgl *Kußmaul ua* BB 08, 135 (137)). – Decken sich bei einer **Organschaft** Konzern und Organkreis, greift die Zinsschranke ebenfalls nicht ein (nur *ein* Betrieb, s § 15 S 1 Nr 3 KStG). Etwas anderes gilt, wenn der Organkreis seinerseits einer nicht zum Organkreis gehörenden MutterGes nachgeordnet ist (s auch *Töben/Fischer* BB 07, 977); zur schädl mehrheitl Beteiligung an einer MUerschaft s *Herzig* DB 07, 2388. – **Zweckgesellschaften** (SIC 12 zu IAS 8) werden ggf einem Konzern zugerechnet (*BMF* BStBl I 25, 683 Rn. 81). **Körperschaften des öffentl Rechts** sollen mit ihren Betrieben gewerbl Art und sonstigen Beteiligungen grds keinen Gleichordnungskonzern bilden (s iEinz *BMF* BStBl I 25, 683 Rn. 109; *Strunk/Hofacker* Stbg 08, 249).

bb) Maßgeblicher Zeitpunkt. Das *BMF* will auf den vorangegangenen Abschlussstichtag abstellen, auch bei Erwerb/Veräußerung von Ges und Neugründungen im lfd Wj; entsteht ein Konzern überhaupt erst im Verlauf eines Wj, werden die einzelnen Betriebe zum folgenden Abschlussstichtag als konzernangehörig angesehen (*BMF* BStBl I 25, 683 Rn. 82 ff; zust: *HHR/Hick* § 4h Rn. 42 mwN: Vereinfachung). Eine **gesetzl Grundlage** gibt es hierfür nicht. Man wird dem *BMF* daher nur dort folgen können, wo sich diese Regelungen zugunsten des StPfl auswirken (so *Köhler/Hahne* DStR 08, 1505 (1514): eine Ges, die zum 2.1. veräußert wird, darf nicht für das gesamte Wj dem Konzern zugerechnet werden; diff *BH/Loewens* § 4h Rn. 59). 28

III. EBITDA-Vortrag; Zinsvortrag

1. Gesonderte Feststellung, § 4h IV. EBITDA- und Zinsvorträge werden entspr § 10d IV 1 auf den Schluss eines VZ gesondert festgestellt (§§ 179 ff AO). Der Bescheid ist an den Betriebsinhaber zu richten: den Einzelunternehmer (unter Bezeichnung des betr Betriebs), die Körperschaft und im Falle einer PersGes an die MUer (so zutr *BH/Loewens* EStG § 4h Rn. 99; **aA** *BMF* BStBl I 25, 683Rn. 58: MUerschaft). Die Feststellungsbescheide sind eigenständige VAe. Sie sind (wegen § 4h I 3–6) **Grundlagenbescheide** iSd § 171 X, § 351 II AO für StBescheide des folgenden VZ sowie hinsichtl des Zinsvortrags für Feststellungsbescheide späterer VZ; gleichzeitig sind sie für den Zinsvortrag **Folgebescheide** zum jeweiligen Feststellungsbescheid des vorangegangenen VZ. Hinsichtl der Feststellungsfrist gilt § 10d IV 6 entspr (→ § 10d Rn. 48 ff). Handelt es sich um den Betrieb einer PersGes, ist das FeststellungsFA zuständig, ansonsten das für die Besteuerung zuständige FA. – § 4h IV 4 enthält eine eigene, an § 10d IV 4 angelehnte **Korrekturvorschrift** (vgl → § 10d Rn. 42); zur prozessualen Bedeutung s FG Mster EFG 18, 98, Rev IV R 16/17 (Aufhebungsinteresse). 31

2. Untergang, § 4h V. Bei Betriebsaufgabe/-übertragung geht ein nicht verbrauchter EBITDA-Vortrag/Zinsvortrag gem **§ 4h V 1** vollständig unter, bei Ausscheiden eines MUers gem **§ 4h V 2** anteilig entspr seiner Beteiligung (wie § 10a GewStG, vgl BT-Drs 16/4841, 50); ob der Vortrag das Gesamthands- oder SonderBV betrifft, ist unerhebl (s auch *BMF* BStBl I 25, 683 Rn. 66 mit Beispiel). Es kommt auch nicht darauf an, ob der Betrieb oder der Anteil eines MUers entgeltl oder unentgeltl übertragen worden ist (vgl *BH/Loewens* § 4h Rn. 103 unter Hinweis auf die Gesetzesgenese; krit *Hoffmann* GmbHR 08, 113 (116); *Köhler/Hahne* DStR 08, 1505 (1513)). – In **Umwandlungsfällen** gehen EBITDA- und Zinsvorträge unter (§ 4 II 2, § 15 III, § 20 IX, § 24 VI UmwStG – Anmeldung zur Eintragung nach dem 31.12.07, § 27 V UmwStG); ebenso im Fall der **Optionsausübung nach § 1a KStG** (*BMF* BStBl I 21, 2212 Rn. 47). Zur Auf-/Abspaltung einer PersGes s *Hoffmann* GmbHR 08, 113 (118); *Hierstetter* DB 09, 79 (82). – Die Beendigung einer **Organschaft** führt nicht zum Untergang des Zinsvortrags, wenn der Organträger den Betrieb fortführt. Das gleiche gilt mangels entspr Regelung in § 4h V für das Aus- 32 scheiden einer OrganGes (**aA** *BMF* BStBl I 25, 683 Rn. 56; ebenso *Ettinger* Ubg 17, 293; *Bolik ua* NWB 25, 1642 (1652)). Der vororganschaftl Zinsvortrag einer OrganGes geht durch Begründung der Organschaft nicht verloren, kann aber während der Organschaft nicht genutzt werden (FG Köln EFG 25, 820, Rev I R 1/25; *BMF* BStBl I 25, 683 Rn. 57; s auch *Schaden/Käshammer* BB 07, 2317 (2322), mit Gestaltungshinweisen; ausführl *Herzig/Liekenbrock* DB 09, 1949; krit *Kußmaul/Klauck* DB 20, 185; *Köhler/Hahne* DStR 08, 1505 (1515)). – **Schädl Beteiligungserwerb.** Der nachträgl eingefügte **§ 4h V 3** ordnet für PersGes, an denen unmittelbar oder mittelbar eine Körperschaft als MUer beteiligt ist, die entspr Anwendung von § 8c KStG an. Allerdings war **§ 8c I 1 KStG verfwidrig** (BVerfG 2 BvL 6/11, BStBl II 17, 1082; zur Reichweite s *Gosch* GmbHR 17, 695), sodass die Verweisung insoweit leerlief. Dem Gesetzgeber wurde aber zugestanden, rückwirkend eine Neuregelung zu schaffen (zu Konsequenzen für § 4h s *Blumenberg/Crezelius* DB 17, 1405 (1409); *Dreßler* DB 17, 2629 (2631)). Zur Neufassung von § 8c I KStG durch des JStG 2018 (BGBl I 18, 2338) s *Förster/Hechtner* DB 19, 10 (12) und *FM SchlH* DStR 21, 2242. – Die Aufgabe/Übertragung eines **Teilbetriebs** fiel bislang nicht unter § 4h V (entgegen *BMF* BStBl I 08, 718 Rn. 47, → 42. Aufl 2023, § 4h Rn. 32). Dies hat sich durch die Neuregelung in **§ 4h V 4** mit Wirkung ab VZ 2024 (→ Rn. 3; *BMF* BStBl I 25, 683 Rn. 56) geändert. Die Aufteilung erfolgt gem § 4h V 4 Hs 2 EStG iVm § 15 III UmwStG anhand des Verhältnisses des gemeinen Wertes der Teilbetriebe.

Zu **unterjährigem Ges'ter-Wechsel** s *BMF* BStBl I 25, 683 Rn. 61 mit Beispiel: Verrechnung bis zum Eintritt des schädl Ereignisses; so auch schon *Fischer* DStR 12, 2000 und *Liekenbrock* DB 12, 2488 unter Hinweis auf BFH I R 14/11, BStBl II 12, 360.

IV. Öffentliche Infrastrukturprojekte, § 4h VI

33 Zinsaufwendungen für die Finanzierung langfristiger öffentl Infrastrukturprojekte und entspr Zinserträge sind unter den in § 4h VI genannten Voraussetzungen mit Wirkung ab VZ 2024 (→ Rn. 3) vom Anwendungsbereich der Zinsschranke ausgenommen, sofern Projektbetreiber, Fremdkapitalkosten, Vermögenswerte und Einkünfte allesamt unionsverhaftet sind. Der Gesetzgeber hat damit von der in **Art 4 IV Buchst b ATAD** geschaffenen Option Gebrauch gemacht (Erwägungsgrund 8 ATAD: geringes BEPS-Risiko). S iEinz *BMF* BStBl I 25, 683 Rn. 112 ff.

§ 4i Sonderbetriebsausgabenabzug bei Vorgängen mit Auslandsbezug

[1]Aufwendungen dürfen nicht als Sonderbetriebsausgaben abgezogen werden, soweit sie auch die Steuerbemessungsgrundlage in einem anderen Staat mindern. [2]Satz 1 gilt nicht, soweit diese Aufwendungen Erträge desselben Steuerpflichtigen mindern, die bei ihm sowohl der inländischen Besteuerung unterliegen als auch nachweislich der tatsächlichen Besteuerung in dem anderen Staat.

I. Allgemeines

1 **1. Rechtspolitische Diskussion.** Die (erneute) **BR-Empfehlung,** § 4i mit Rücksicht auf die Abzugsbeschränkungen gem § 4k **abzuschaffen** (s auch → Rn. 1a, 2), ist auch iRd **MinStAnpG** (BGBl I 25 Nr 353) **nicht** umgesetzt worden (FinA, BT-Drs 21/2751, 70: Normen nicht vollständig deckungsgleich).

1a **2. Inhalt und Zweck der Regelung.** Die Vorschrift steht iZm Aktionspunkt 2 des OECD/G 20-Projekts *„Base Erosion and Profit Shifting (BEPS)"*, der Vorschläge zur Vermeidung der Nichtbesteuerung sowie des doppelten Aufwandsabzugs bei grenzüberschreitenden Sachverhalten aufgrund sog hybrider Gestaltungen enthält. Letztere zeichnen sich dadurch aus, dass zwei oder mehrere Steuersysteme den näml

Vorgang oder die näml rechtl Einheit unterschiedl („inkongruent"/„hybrid") qualifizieren (zB bezügl Aufwandzuordnung; Einordnung als KapGes/PersGes; vgl zu § 4k idF ATADUmsG BT-Drs 19/28652, 26, 34). Obgleich das „Gesamtpaket" der OECD-Empfehlungen und dessen Rezeption in der ATAD-RL (EU) 2016/1164 zur Bekämpfung von Steuervermeidungspraktiken (ATAD = Anti Tax Avoidance Directive = Anti-SteuervermeidungsRichtlinie = „BEPS"-RL) erst im Dezember *2019* auf der Grundlage entspr Vorarbeiten der FinVerw Eingang in den Entwurf eines ATADUmsG gefunden haben (→ § 4k Rn. 1, 3), ist § 4i bereits durch das sog BEPS-UmsG (BGBl 16, 3000; zum StUmgBG, BGBl I 17, 1682 → Rn. 5) auf Initiative des BR als „unaufschiebbare Sofortmaßnahme" zur Vermeidung eines doppelten BA-Abzugs („Double Dip") „in Milliardenhöhe" (dh als Abwehrmaßnahme zur „Missbrauchsvermeidung") beschlossen worden (zum Verhältnis § 4i zu § 4k → Rn. 2). Dem Gesetzgeber stand hierbei vor Augen, dass eine ausl KapGes als MUerin einer inl PersGes ihre Einlage durch ein (Konzern-)Darlehen refinanziert und den Zinsaufwand nicht nur als SonderBA im Inl, sondern auch im (ausl) Ansässigkeitsstaat, der zB kein SonderBV kennt, als BA abzieht (BT-Drs 18/10506, 84; vgl BFH I R 92/12, BStBl II 22, 123; *Wacker* IStR 17, 278). Der § 4i-Tatbestand greift allerdings weiter. Er erfasst auch unbeschr ESt-/KSt-pflichtige MUer (→ Rn. 11) sowie MUeranteile an ausl PersGes mit inl Betriebstätten (*Beispiele:* inl MUer mit refinanzierten KapGesAnteil im inl SonderBV, deren Dividende abzügl Refinanzierungsaufwand auch im Ausl besteuert wird; inl MUer mit weiteren betriebl Einkunftsquellen im Ausl und doppelter (hybrider) Aufwandszuordnung). Entspr dem Abwehr-/Missbrauchsvermeidungscharakter der Vorschrift (dazu allg *Fehling* FR 22, 482) greift das Abzugsverbot nach Satz 2 nicht, wenn die SonderBA auch im Ausl besteuerte Erträge mindern, dh ihr zweifacher Abzug die symmetrische Folge der zweifachen Ertragsbesteuerung ist (→ Rn. 14). Zu etwaigen überschießenden Wirkungen → Rn. 15.

3. Systematischer Zusammenhang. – a) Einkommen-/Körperschaftsteuer. Die Regelung knüpft an die beschr/unbeschr ESt-/KSt-Pflicht für muerschaftl erzielte betriebl Einkünfte (einschließl des KGaA-Komplementärs) an (→ Rn. 10). Die Abzugssperre für SonderBA durch § 4i kann neben Beschränkungen anderer Vorschriften treten (zB § 4 IVa; § 4h, → § 4h Rn. 5; iEinz *Ettinger* DStR 19, 548). Maßgebl ist die jeweils *weitestgehende* Vorschrift; **aA** *Bergmann* FR 17, 126 (128): § 50d X (lex specialis) schränke § 4i ein (unzutr; glA *Kahle ua* DStZ 18, 381 (388): *Gah ua* IStR 18, 817); vgl auch § 8 StAbwG. Gleiches gilt im Verhältnis zu **§ 4k** (*BMF* BStBl I 24, 1578 Rn. 125; → Rn. 1; *Link* ua GmbHR 23, 825; *Schnittker ua* IStR 25, 257 (266 f); → § 4k Rn. 5; **aA** *Rüsch* IStR 21, 380) sowie zu **§ 1 IIId, IIIe AStG nF.** Zur Hinzurechnungsbesteuerung gem § 10 III 4 AStG aF s *Schnitger* IStR 17, 214 (217); zu § 10 III AStG nF s AEAStG *BMF* BStBl I 23, SonderNr 1, 2 Rn. 544. Zu **§ 14 I 1 Nr 5 aF** KStG s *Kahle ua* DStZ 18, 381; *Kraft ua* Ubg 19, 305 (313 f.) 2

b) DBA-Recht. § 4i ist insofern ggü DBA und etwa abkommensüberschreibenden Vorschriften vorrangig, als sich die Einkünfteermittlung auch in DBA-Fällen nach innerstaatl Recht richtet (zB BFH I R 114/97, BStBl II 00, 399). Unberührt hiervon bleibt die Prüfung, ob das einschlägige DBA das Besteuerungsrecht für die (muerischen) Einkünfte (einschließl SonderBA) beschränkt. 3

c) Gewerbesteuer. Da in den Gewinn gem § 7 S 1 GewStG – ungeachtet der gewstl Schuldnerschaft der PersGes – auch SonderBA eingehen (*BH/Drüen* § 7 GewStG Rn. 7), gilt § 4i auch für die GewSt (BT-Drs 18/10506, 85; *Breuer ua* IStR 22, 235; s auch BFH I R 93/12, BFH/NV 17, 586; → Rn. 20). 4

4. Gesetzeshistorie; zeitlicher Anwendungsbereich. § 4i ist am 1.1.17 in Kraft getreten (Art. 19 II BEPS-UmsG) und ab VZ 2017 für als SonderBA zu qualifizierende Aufwendungen auch dann anwendbar (§ 52 I), wenn der Rechtsgrund hier- 5 für (zB Darlehensgewährung; Beteiligungserwerb) bereits vor 2017 gelegt worden ist (*Kahle ua* DStZ 18, 381). Sollte hiermit eine sog unechte Rückwirkung verbunden sein, wäre sie durch das Ziel der Vorschrift (Einmalabzug entspr reiner Inlandssachverhalte; → Rn. 6) gerechtfertigt. Durch das StUmgBG (BGBl I 17, 1682) wurden die Worte „Ges einer PersGes" in S 1 gleichfalls mit Wirkung ab VZ 2017 „redaktionell" (BT-Drs 18/12127, 59) gestrichen (→ Rn. 10 f). Zur aktuellen Diskussion → Rn. 1.

6 **5. Verhältnis zu höherrangigem Recht. – a) Grundgesetz.** § 4i ist **verfgemäß** (auch → Rn. 5) und verstößt insb nicht gegen Art 3 I GG. Die Versagung eines doppelten SonderBA-Abzugs bei grenzüberschreitenden Sachverhalten zielt auf die auch wettbewerbsrelevante Gleichbehandlung (BT-Drs 18/10506, 84) mit einem entspr reinen Inlandsfall; *Beispiel:* StPfl ist inl MUer mit weiteren *inl* Einkunftsquellen mit der Folge, dass seine einkunftsbezogenen Aufwendungen (ggf im Wege der Schätzung) unter Beachtung des obj Nettoprinzips (BFH IX R 14/19, BStBl II 20, 545: Einmalabzug) und des Subjektsteuerprinzips (→ § 2 Rn. 19; BFH IX R 31/19, BStBl II 21, 474) nur *einmal* als (Sonder-)BA/(Sonder-)WK abgezogen werden können. Auch war es angesichts der international uneinheitl (hybriden) Qualifikation von SonderBA und des hierdurch eröffneten Gestaltungsrahmens nicht zu beanstanden, dass § 4i im Vorgriff zu § 4k idF ATADUmsG (→ Rn. 1) die sonstigen BA/WK (einschließl solcher der PersGes selbst) vom Abzugsverbot ausgenommen hatte (krit *Kahle ua* DStZ 18, 381).

7 **b) EU-Konformität.** § 4i verletzt bei im EU-Ausl ansässigen MUern nicht die Grundfreiheiten des AEUV, insb nicht die **Niederlassungsfreiheit** (Art 49 AEUV). Zum einen befindet sich ein solcher MUer ggü einem inl MUer mit inl Einkunftsquellen nicht in einer obj vergleichbaren Situation, da Letzterem ein mehrfacher (Sonder-)BA/(Sonder-)WK desselben Aufwands von vorneherein verschlossen ist (→ Rn. 6). Zum anderen wäre eine Verletzung von Art 49 AEUV durch das Ziel des § 4i (Vermeidung eines Mehrfachabzugs des näml Aufwands beim näml StPfl iVm der Wahrung der Besteuerungsbefugnisse der Mitgliederstaaten) gerechtfertigt; deshalb sind auch die Grundsätze in EuGH C-18/11, IStR 12, 847 – *Philips Electronics* zur Verlustübertragung im UK-Konzern nicht einschlägig. § 4i ist auch mit Art. 9 I ATAD II-RL (EU) 2017/952 vereinbar (*Kahle ua* DStZ 18, 381 (390); **aA** *Schnitger* IStR 17, 214 (219)).

II. Tatbestand

10 **1. Mitunternehmerschaft; Mitunternehmer; KGaA. – a) Mitunternehmerschaft; KGaA.** Die ursprüngl Fassung (BEPS-UmsG, BGBl I 16, 3000) wurde bereits mit dem StUmgBG (BGBl I 17, 1682) durch Streichung der Worte „Ges einer PersGes" in S 1 geändert (→ Rn. 5). Der Gesetzgeber ging hierbei im Grundsatz zR (→ 36. Aufl 2017, § 4i Rn. 10) davon aus, dass das (unveränderte) Merkmal der SonderBA (→ Rn. 12) die MUerstellung und damit das Vorliegen einer MUerschaft voraussetzt (BT-Drs 18/12127, 59). Demgemäß erfordert auch § 4i grds, dass die MUerschaft (*zB* PersGes) als Subjekt der Einkünftequalifikation ihren MUern (*zB* Ges'tern) betriebl *und* gemeinschaftl (muerschaftl) erzielte Einkünfte nach den §§ 13, 15 oder 18 vermittelt; § 4i gilt demnach nicht für OptGes gem § 1a KStG (→ § 15 Rn. 160a). Einbezogen sind aber nicht nur die zivilrechtl (Pers-)Ges, sondern – nunmehr zweifelsfrei (ebenso zur früheren Fassung → 36. Aufl 2017, § 4i Rn. 10) – im Gleichklang mit § 15 I 1 Nr 2 auch gesähnl Rechtsgemeinschaften (zB Güter-/Erbengemeinschaften; iEinz → § 15 Rn. 169 f, 171). Ferner ausl Ges, wenn sie nach dem sog Typenvergleich als PersGes einzuordnen sind (dazu → § 15 Rn. 173) und ihren Ges'tern im Inl estpfl/kstpfl Einkünfte vermitteln (hierzu auch → Rn. 1). Darüber hinaus werden von der geänderten Fassung aber auch die SonderBA des phGes'ters („Komplementär") einer KGaA (§ 15 I 1 Nr 2; → § 15 Rn. 891) erfasst.

b) Mitunternehmer; KGaA-Komplementär. Zunächst → Rn. 10. Dazu gehören neben natürl Personen auch KSt-Pflichtige (zB KapGes; auch → Rn. 2). Unerhebl ist, ob sie im Inl unbeschr oder nur beschr estpfl/kstpfl sind (→ Rn. 1; **aA** *Kahle ua* DStZ 18, 381 (383)); ebenso, ob der Ges'ter unmittelbar oder nur mittelbar an der (inl/ausl) PersGes beteiligt ist, vorausgesetzt, er erfüllt die Merkmale des § 15 I 1 Nr 2 Satz 2, dh er ist ein „mittelbar über eine oder mehrere PersGes beteiligter *Ges'ter*" (s dazu auch BFH I R 92/12, BStBl II 22, 123; *Wacker* IStR 17, 278). 11

2. Aufwendungen; Sonderbetriebsausgaben. Zu den Aufwendungen gehört neben sofort abziehbaren BA auch periodisierter Aufwand (zB AfA; *Rüsch* FR 18, 299). Betroffen sind aber nicht die BA der PersGes (zB im Gesamthandsbereich; BT-Drs 18/10506, 84 f), sondern nur die SonderBA des Ges'ters als Teil seiner im Inl estpfl/kstpfl Einkünfte. Damit werden sämtl Aufwendungen erfasst, die durch die unmittelbare oder mittelbare MUerstellung des (unbeschr oder beschr ESt-/KSt-Pflichtigen; → Rn. 11) Ges'ters veranlasst sind, unabhängig davon, ob sie iZm SonderBV I oder II oder iZm der Mehrung/Erhaltung/Förderung des gemeinschaftl Vermögens (zB Refinanzierung einer Einlage) stehen (iEinz → § 15 Rn. 640–647); ebenso können hierzu Aufwendungen einer weiteren MUerschaft (insoweit einschließl Gesamthandsvermögen), eines Einzelunternehmens oder einer originär nicht betriebl PersGes gehören (→ § 15 Rn. 643, 646 mwN). Nicht jedoch Aufwand aus der Fortschreibung von Ergänzungsbilanzen (→ § 15 Rn. 642); mE ebenso nicht (teleologische Reduktion), soweit bei einem KG-Darlehen der Zinsaufwand des Ges'ters (SonderBA) durch seinen Anteil an den Zinserträgen der Ges neutralisiert wird (ähnl *Breuer ua* IStR 22, 235). 12

3. Minderung der Steuerbemessungsgrundlage in anderem Staat. Dies setzt keine effektive StMinderung, sondern ledigl die tatsächl Minderung der ertragsteuerrechtl Bemessungsgrundlage (einschließl Verlustvortrag; **aA** *Schnitger* IStR 17, 214) nach dem Recht des anderen Staates voraus. Letzteres ist zwar ungeachtet der (ausl) Einkünftequalifikation sowie auch in Fällen der Konsolidierung iR einer ausl Gruppenbesteuerung zu bejahen (glA *Schulz-Trieglaff* IStR 23, 918 mwN; vgl. zu § 4k IV auch *BMF* BStBl I 24, 1578; **aA** zB FG Mster EFG 23, 1765, Rev I R 58/23; *Kahle ua* DStZ 18, 381 (384); *Engelen ua* DB 25, 74; offen *Weiss* DStR 23, 2766; auch → Rn. 16). Nicht aber, wenn der andere Staat die Aufwendungen dem nicht stbaren Bereich zuordnet; ebenso mE nicht, wenn er sie aufgrund einer sachl/persönl StBefreiung vom Abzug ausschließt oder (ggf teilweise; → Rn. 20) einem Abzugsverbot unterwirft oder nur iRd Progressionsvorbehalts berücksichtigt (zust *Rüsch* FR 18, 299). Allerdings greift Satz 1 – im Gegensatz zur Ausnahme (Satz 2; dazu → Rn. 14) – unabhängig davon, bei welcher Person (zB „hybride" PersGes; **aA** *Kraft ua* Ubg 19, 305 (313)) und in welcher Rechnungsperiode (Kj, Wj, Steuerjahr; BT-Drs 18/10506, 85; *Bergmann* FR 17, 126 (128); *Breuer ua* IStR 22, 235: auch für Kj vor 2017; → Rn. 5; fragl) die Aufwendungen die StBemessungsgrundlage mindern (ggf nachträgl Korrektur gem § 175 I 1 Nr 2 AO; zweifelnd *Sommer ua* ISR 16, 377; *Rüsch* FR 18, 299). Zum Vorrang-/Nachrang von § 4i ggü einer (etwaigen) entspr Regelung des *anderen* Staates s *Schnitger* IStR 17, 214. Werden die Aufwendungen bei der ausl ESt/KSt-Bemessungsgrundlage abgezogen, greift Satz 1 ungeachtet dessen auch für die GewSt, ob der andere Staat eine vergleichbare Steuer kennt (auch → Rn. 4, 14, 16, 20). 13

4. Ausnahme, § 4i Satz 2. Das Abzugsverbot (Satz 1) gilt nicht, wenn die Aufwendungen des StPfl (MUers) iZm Erträgen stehen, die sowohl im Inl als auch in dem ausl („anderen") Staat der Besteuerung unterliegen, in dem die SonderBA die StBemessungsgrundlage mindern (zu mehreren ausl Staaten s *Schnitger* IStR 17, 214 (218)). Die Aufwandsberücksichtigung beider Jurisdiktionen ist maW die (systemgerechte) Folge des zweifachen Besteuerungsrechts, das ggf durch eine StAnrechnung (§ 34c EStG, § 26 KStG iVm dem jeweiligen DBA) gemindert wird; zur Anrechnung 14 gem § 50d X 5 s *Breuer ua* IStR 22, 235. Die ESt-/KSt-Besteuerung der Erträge im anderen Vertragsstaat schlägt mE ungeachtet der Frage, ob eine Steuerarten übergreifende Anrechnung zu befürworten ist (dazu zB *Vogel/Lehner* Art 23 Rn. 138; Hess FG EFG 21, 779, Rev unzul BFH I R 8/21, BFH/NV 22, 814), auch auf die GewSt durch (auch → Rn. 4, 14, 16, 20).

15 **a) Ertragsbesteuerung im Inland und Ausland.** Auch dies erfordert nach Gesetzeswortlaut („Erträge, die der inl Besteuerung (und) nachweisl der tatsächl Besteuerung im anderen Staat unterliegen") und Gesetzesbegründung keine effektive StBelastung. Ausreichend ist vielmehr, dass die Erträge in die StBemessungsgrundlage eingehen; dies ist nach dem *jeweiligen* (dt/ausl) StRecht zu beurteilen (zB Welteinkommensprinzip ggf iVm StAnrechnung gem DBA; *Schnitger* IStR 17, 214 (218): einschließl Hinzurechnungsbesteuerung; zutr). Auf eine übereinstimmende Einkünftequalifikation oder die zeitkongruente Erfassung kommt es auch hier nicht an (zu Satz 1 → Rn. 13), ebenso nicht, ob die Aufwendungen die Erträge übersteigen (*Jehl-Magnus* NWB 17, 179; **aA** *Sommer ua* ISR 16, 377 (381)). Allerdings muss es sich um die näml Erträge handeln (**aA** *Schnitger* IStR 17, 214 (218), wenn ausl Staat die MUerschaft als KapGes behandelt; *Breuer ua* IStR 22, 235: betr andere Einkunftsquellen). Nach der Gesetzesbegründung (BT-Drs 18/10506, 85) greift Satz 2 mangels tatsächl ausl Besteuerung nicht, soweit der andere Staat die Erträge entweder aus rechtl Gründen (zB sachl/persönl StBefreiung; *Wacker* IStR 17, 286; *Schnitger* IStR 17, 214 (217); *Rüsch* FR 18, 229: jeweils auch zu ausl StFreistellung inl Organschaftseinkommen) oder aus sonstigen Gründen nicht besteuert (mE einschließl etwaiger Erhebungsdefizite; glA *Käshammer ua* ISR 18, 115 (121); ebenso zu § 17 II 3 BFH IX R 13/20, DStR 22, 86). Dies zielt erkennbar auf die DBA-rechtl Freistellung (zB für Einkünfte inl Betriebstätten), erfasst aber auch unilaterale (persönl/sachl) StBefreiungen des anderen Staates, sodass das Abzugsverbot (Satz 1) gleich einer Rückfallklausel wirkt. Soweit hiervon auch „nichtsteuerbare" Erträge betroffen sein sollen (BT-Drs 18/10506, 85), dürfte nicht selten der Aufwand im anderen Vertragsstaat nicht abziehbar und damit bereits § 4i Satz 1 nicht anwendbar sein.

16 **b) Ertragsmindernde Aufwendungen des Steuerpflichtigen.** Die Aufwendungen (dh SonderBA) müssen die ggf unterschiedl qualifizierten Erträge iSv → Rn. 15, dh deren Bemessungsgrundlage mindern. Dies beurteilt sich nach dem jeweiligen einschlägigen dt und ausl Steuerrecht. Nicht erforderl ist, dass die Aufwendungen mit den Erträgen korrespondieren (BT-Drs 18/10506, 85). Erforderl ist aber im Gegensatz zu S 1 (→ Rn. 13) die Minderung bei *demselben* StPfl. Gemeint ist hiermit der MUer (Ges'ter etc; → Rn. 10 f), nicht die PersGes/MUerschaft (**aA** *Schnitger* IStR 17, 214; *Nielsen* ISR 18, 377: betr Qualifikationskonflikte und Hinzurechnungsbesteuerung). Diese Grundsätze sind auch bei Einbeziehung der Aufwendungen in eine ausl Gruppenbesteuerung zu beachten (insoweit glA *Kahle ua* DStZ 18, 381 (387); s aber → Rn. 13). Sie gelten – unbeschadet der StSchuldnerschaft der PersGes gem § 5 I 3 GewStG – auch für die GewSt (BT-Drs 18/10506, 85; auch → Rn. 4, 13 f, 16, 20).

17 **c) Nachweis.** Satz 2 erfordert den Nachweis, dass der näml MUer mit den Erträgen im anderen Staat tatsächl der Besteuerung unterliegt. Daraus folgen – ungeachtet dessen, dass den StPfl die materielle Beweis-/Feststellungslast für Satz 2 trifft – erhöhte Mitwirkungspflichten gem § 90 II AO (ggf Beweismaßreduzierung).

III. Rechtsfolge

20 Das Abzugsverbot für inl SonderBA (Satz 1) greift nur, „soweit" die Aufwendungen die StBemessungsgrundlage im anderen Staat mindern. Werden deshalb zB im Ansässigkeitsstaat des MUers dessen Refinanzierungszinsen für die Einlage bei einer inl PersGes vom (ausl) BA-Abzug *teilweise* ausgeschlossen, bleiben sie in diesem Um-

fang als SonderBA im Inl abziehbar. Ebenso erfordert Satz 2 eine quantitative Korrelation zw den um die Aufwendungen geminderten Erträgen und deren (ggf nur partieller) inl und ausl Besteuerung. Die sich hieraus ergebenden Rechtsfolgen gelten auch für die GewSt. Zur Konkurrenz zu anderen Abzugsbeschränkungen → Rn. 2.

[bis VZ 2024:]

§ 4j[1] *Aufwendungen für Rechteüberlassungen*

(1) [1]Aufwendungen für die Überlassung der Nutzung oder des Rechts auf Nutzung von Rechten, insbesondere von Urheberrechten und gewerblichen Schutzrechten, von gewerblichen, technischen, wissenschaftlichen und ähnlichen Erfahrungen, Kenntnissen und Fertigkeiten, zum Beispiel Plänen, Mustern und Verfahren, sind ungeachtet eines bestehenden Abkommens zur Vermeidung der Doppelbesteuerung nur nach Maßgabe des Absatzes 3 abziehbar, wenn die Einnahmen des Gläubigers einer von der Regelbesteuerung abweichenden, niedrigen Besteuerung nach Absatz 2 unterliegen (Präferenzregelung) und der Gläubiger eine dem Schuldner nahestehende Person im Sinne des § 1 Absatz 2 des Außensteuergesetzes ist. [2]Wenn auch der Gläubiger nach Satz 1 oder eine andere dem Schuldner nach Satz 1 nahestehende Person im Sinne des § 1 Absatz 2 des Außensteuergesetzes wiederum Aufwendungen für Rechte hat, aus denen sich die Rechte nach Satz 1 unmittelbar oder mittelbar ableiten, sind die Aufwendungen nach Satz 1 ungeachtet eines bestehenden Abkommens zur Vermeidung der Doppelbesteuerung auch dann nur nach Maßgabe des Absatzes 3 abziehbar, wenn die weiteren Einnahmen des Weiteren Gläubigers einer von der Regelbesteuerung abweichenden, niedrigen Besteuerung nach Absatz 2 unterliegen und der weitere Gläubiger eine dem Schuldner nach Satz 1 nahestehende Person im Sinne des § 1 Absatz 2 des Außensteuergesetzes ist; dies gilt nicht, wenn die Abziehbarkeit der Aufwendungen beim Gläubiger oder der anderen dem Schuldner nahestehenden Person bereits nach dieser Vorschrift beschränkt ist. [3]Als Schuldner und Gläubiger gelten auch Betriebsstätten, die ertragsteuerlich als Nutzungsberechtigter oder Nutzungsverpflichteter der Rechte für die Überlassung der Nutzung oder des Rechts auf Nutzung von Rechten behandelt werden. [4]Die Sätze 1 und 2 sind nicht anzuwenden, soweit sich die niedrige Besteuerung daraus ergibt, dass die Einnahmen des Gläubigers oder des Weiteren Gläubigers einer Präferenzregelung unterliegen, die dem Nexus-Ansatz gemäß Kapitel 4 des Abschlussberichts 2015 zu Aktionspunkt 5, OECD (2016) „Wirksamere Bekämpfung schädlicher Steuerpraktiken unter Berücksichtigung von Transparenz und Substanz", OECD/G20 Projekt Gewinnverkürzung und Gewinnverlagerung[2], entspricht. [5]Die Sätze 1 und 2 sind insoweit nicht anzuwenden, als auf Grund der aus den Aufwendungen resultierenden Einnahmen ein Hinzurechnungsbetrag im Sinne des § 10 Absatz 1 Satz 1 des Außensteuergesetzes anzusetzen ist.

(2) [1]Eine niedrige Besteuerung im Sinne des Absatzes 1 liegt vor, wenn die von der Regelbesteuerung abweichende Besteuerung der Einnahmen des Gläubigers oder des weiteren Gläubigers zu einer Belastung durch Ertragsteuern von weniger als 15 Prozent führt; maßgeblich ist bei mehreren Gläubigern die niedrigste Belastung. [2]Bei der Ermittlung, ob eine niedrige Besteuerung vorliegt, sind sämtliche Regelungen zu berücksichtigen, die sich auf die Besteuerung der Einnahmen aus der Rechteüberlassung auswirken, insbesondere steuerliche Kürzungen, Befreiungen, Gutschriften oder Ermäßigungen. [3]Werden die Einnahmen für die Überlassung der Nutzung oder des Rechts auf Nutzung von Rechten einer anderen Person ganz oder teilweise zugerechnet oder erfolgt die Besteuerung aus anderen Gründen ganz oder teilweise bei einer anderen Person als dem Gläubiger oder dem weiteren Gläubiger, ist auf die Summe der Belastungen abzustellen. [4]§ 8 Absatz 5 Satz 2 und 3 des Außensteuergesetzes gilt entsprechend.

---

[1] § 4j aufgehoben durch MinStAnpG (BGBl I 25 Nr 353) und letztmals anzuwenden für den VZ 2024 (§ 52 VIIIc 3). Vgl → Rn. 3.

[2] **Amtl Hinweis:** Zu beziehen unter OECD Publishing, Paris, http://dx.doi.org/10.1787/9789264258037-de.

(3) [1]Aufwendungen nach Absatz 1 sind in den Fällen einer niedrigen Besteuerung nach Absatz 2 nur zum Teil abziehbar. [2]Der nicht abziehbare Teil ist dabei wie folgt zu ermitteln:

$$\frac{15\,\% - \text{Belastung durch Ertragsteuern in }\%}{15\,\%}$$

Übersicht Rn.

Verwaltungsanweisungen: *BMF* BStBl I 22, 100 (Anwendungsfragen); *BMF* BStBl I 22, 103 (nicht Nexus-konforme Präferenzregelungen).

1 **1. Allgemeines. – a) Bedeutung; Aufbau.** Nur noch **bis VZ 2024** einschließl (→ Rn. 3) begründet § 4j eine **Abzugsbeschränkung** für betriebl veranlasste Lizenzzahlungen und andere Aufwendungen für die Überlassung von Immaterialgüterrechten (nur) an nahestehende Personen iSd § 1 II AStG, sog **Lizenzschranke.** Sie macht den BA-Abzug beim im Inl stpfl Schuldner (Lizenznehmer) von der Höhe der Besteuerung beim (ausl) Lizenzgeber abhängig. Die Abzugsbeschränkung greift ein, wenn die Lizenzeinnahmen im Empfängerland abw von der Regelbesteuerung aufgrund einer besonderen, nach dem **Nexus-Ansatz der OECD** (→ Rn. 18) als schädl einzustufenden Regelung (Präferenzregime) nicht oder nur niedrig (**unter 15 %,** *bis VZ 2023: 25 %*) besteuert werden. In diesem Fall richtet sich die Höhe des BA-Abzugs nach der Ertragsteuerbelastung beim ausl Lizenzgeber. Ziel der Regelung ist es vor allem gewesen, die Nutzung sog **Patent-/Lizenzboxen** im Ausl einzuschränken (BT-Drs 18/11233, 9: „faire Besteuerung"; krit *Gosch* ISR 23, 2). – **§ 4j I** enthält die Grundregel der Abzugsbeschränkung (S 1), eine Erweiterung auf Zwischenschaltungsfälle (S 2) und Betriebsstätten (S 3), eine komplexe Ausnahmeregelung (Escape) unter Verweisung auf den OECD-Bericht (S 4) und eine Abgrenzung zu § 10 AStG (S 5). **§ 4j II** legt fest, wann von einer niedrigen Besteuerung iSd § 4j I auszugehen ist. **§ 4j III** konkretisiert die Rechtsfolge (Abzugsbeschränkung) und enthält eine Formel zur Berechnung des nicht abziehbaren Teils.

§ 4j knüpft (ausdrückl, s § 4j I 4) an Kapitel 4 des **Abschlussberichts 2015 zu Aktionspunkt 5, OECD (2016)** „Wirksamere Bekämpfung schädlicher Steuerpraktiken unter Berücksichtigung von Transparenz und Substanz" an, der Teil der OECD-Kampagne gegen künstl Gewinnverkürzung und Gewinnverlagerung (Base Erosion and Profit Shifting – **BEPS**) ist; → 44. Aufl, § 4j Rn. 1 (mwN).

2 **b) Persönlicher Anwendungsbereich.** Die Abzugsbeschränkung gilt gleichermaßen für unbeschr und beschr StPfl und ist über § 8 I KStG auch auf Körperschaften anwendbar; zu Betriebsstätten → Rn. 16. Der gesetzgeberischen Zielsetzung nach

richtet sich § 4j vor allem gegen **multinationale Konzerne** (vgl BT-Drs 18/11233, 1; → Rn. 10).

c) Rechtsentwicklung; zeitlicher Anwendungsbereich. § 4j ist **durch** das **MinStAnpG** (BGBl I 25 Nr 353) mit Wirkung **ab VZ 2025 abgeschafft** worden (§ 52 VIIIc 3), da die mit der Lizenzschranke verfolgten Ziele auch durch die Mindestbesteuerung erreicht werden (s BT-Drs 21/1865, 65). Die Regelung gilt somit nur noch für Aufwendungen, die nach dem 31.12.17 und vor dem 1.1.25 entstanden sind (§ 52 VIIIc 1 und 3). 3

Durch das **MinStRLUmsG** (BGBl I 23 Nr 397) ist die Niedrigsteuergrenze in § 4j II 1 und III 2 **auf 15 % abgesenkt** worden; dies gilt für alle Aufwendungen, die nach 31.12.23 entstehen (§ 52 VIIIc 2). S iU → 44. Aufl, § 4j Rn. 3.

d) Verfassungsrecht; Europarecht. Die Beschränkung und ggf Versagung des Abzugs von Aufwendungen, die betriebl/berufl veranlasst und der Höhe nach angemessen und fremdübl sind, durchbricht das **obj Nettoprinzip** (Art. 3 I GG). Ob der Zweck der Vorschrift (Bekämpfung von Gewinnverlagerungen) diese Durchbrechung rechtfertigt, erscheint im Hinblick auf den Umstand, dass der inl StPfl als Lizenznehmer keinen Einfluss auf die Besteuerung beim Lizenzgeber hat und sich nicht exkulpieren kann, zweifelhaft (s *Lüdicke* DB 17, 1482, unter Hinweis auf BVerfG 2 BvL 6/11, BStBl II 17, 1082 Rn. 105 mwN; *KKM* § 4j Rn. A49 f; *Ditz/Quilitzsch* DStR 17, 1561 (1566); *Benz/Böhmer* DB 17, 206 (211); *Heil/Pupeter* BB 17, 1947 (1950); *Gosch* ISR 23, 2; *Müllmann* Lizenzschranke als Abwehrmaßnahme, Diss 2021, S 138 ff, 207 f; **aA** *Woitok* Das obj Nettoprinzip im internationalen Steuerwettbewerb, Diss 2022, S 168 ff, 585 f; Fehling FR 22, 482 (491 ff) mwN; *Link* DB 17, 2372 (2376); s allg auch *Lenhart* StuW 22, 50). Zur Problematik der **Tatbestandsmäßigkeit der Besteuerung** im Hinblick auf die Verweisung in § 4j I 4 auf den Bericht der OECD → Rn. 19. – Da § 4j tatsächl nur grenzüberschreitende Sachverhalte erfasst (→ Rn. 6), verletzt die Regelung im Anwendungsbereich der EU-Grundfreiheiten die **Niederlassungs- und Dienstleistungsfreiheit.** Sie stellt sich im Ergebnis als eine nach der EuGH-Rspr unzulässige pauschalierende Missbrauchsvermutung ohne Möglichkeit eines entlastenden Gegenbeweises dar (vgl EuGH C-504/16, C-613/16, DStR 18, 119 – **Deister Holding,** und EuGH C-440/17, DStR 18, 1479 – **GS,** beide zu § 50d III aF; glA *Lüdicke* DB 17, 1482; *Schnitger* IStR 17, 214 (225); *ders* DB 18, 147: Erfordernis eines allg Substanztests wie bei § 8 II AStG; *Gosch* ISR 23, 2 (5 ff); *Müllmann* Lizenzschranke als Abwehrmaßnahme, Diss 2021, S 235 ff, 323; **aA** *Woitok* Das obj Nettoprinzip im internationalen Steuerwettbewerb, Diss 2022, S 588 ff, 834 f; *Fehling* FR 22, 482 (487 ff); *Grotherr* Ubg 17, 233 (246); *Link* DB 17, 2372; zurückhaltend auch *Benz/Böhmer* DB 17, 206 (210) mit dem Hinweis, dass noch nicht absehbar sei, wie der EuGH auf einzelne Maßnahmen des BEPS-Projekts reagieren werde). Ein Verstoß gegen die **Zins- und Lizenz-RL** 2003/49/EG liegt nicht vor (vgl *Ditz/Quilitzsch* DStR 17, 1561 (1567); *Frotscher/Geurts* § 4j Rn. 110). 4

e) Verhältnis zu anderen Vorschriften. Zu **DBA** (treaty override) → Rn. 11; zu **§ 10 AStG** → Rn. 20. – Im Fall einer **vGA** ist § 4j nur auf den Teil der Aufwendungen anzuwenden, die keine vGA darstellen (vgl *Benz/Böhmer* DB 17, 206; *Holle/Weiss* FR 17, 217 (223); *BH/Pohl* § 4j Rn. 31; str, **aA** *Grotherr* Ubg 17, 233 (245): weitergehende Rechtsfolge setzt sich durch, „Idealkonkurrenz"). – Aufwendungen, die unter die Abzugsbeschränkung fallen, mindern nicht den Gewerbeertrag (§ 7 S 1 GewStG), sodass auch eine Hinzurechnung nach **§ 8 Nr 1 Buchst f GewStG** entfällt. 5

2. Abzugsbeschränkung, § 4j I. – a) Grundregel; Reichweite, § 4j I 1. Die Grundregel in § 4j I 1 unterscheidet zw dem im Inl stpfl Schuldner der Lizenzzahlungen (Lizenznehmer), für den der Ausgabenabzug ggf beschränkt wird, und dem (ausl) 6

Gläubiger (Lizenzgeber). Zwar findet sich in § 4j kein ausdrückl **Auslandsbezug;** da es aber im Inl keine Präferenzregelungen für Lizenzzahlungen gibt, werden tatsächl nur Zahlungen an ausl Lizenzgeber von der Abzugsbeschränkung erfasst. – Die Regelung gilt gleichermaßen für **Gewinn- und Überschusseinkünfte** (§ 9 V 2, zB vermögensverwaltende PersGes mit Lizenzaufwand).

7 **aa) Aufwendungen.** Dies sind grds alle Ausgaben, die in Geld/Geldeswert bestehen und aus dem Vermögen des StPfl abfließen (vgl BFH GrS 1/89, BStBl II 90, 830; iEinz → § 4 Rn. 471 ff). Nach der Art der Aufwendungen wird nicht differenziert. Entscheidend ist, dass sie als **wirtschaftl Gegenleistung** „für" die Rechteüberlassung gezahlt werden. Das schließt umsatz-/gewinnabhängige Vergütungen ebenso ein wie Schadensersatz für unberechtigte Nutzung. – **Fiktive Lizenzzahlungen** gem § 16 I Nr 2 Buchst a, § 16 II BsGaV fallen mE nicht unter § 4j, da sie tatsächl nicht aus dem Vermögen des StPfl abfließen (so iErg auch *Ditz/Quilitzsch* DStR 17, 1561 (1563); *Benz/Böhmer* DB 17, 206 (207)).

8 **bb) Rechteüberlassung.** Die Regelung übernimmt hinsichtl der betroffenen (geschützten/ungeschützten) **Immaterialgüterrechte** und des Tatbestandsmerkmals der (zeitl begrenzten) **Nutzungsüberlassung** den Wortlaut des § 50a I Nr 3, sodass auch auf § 73a II und III EStDV zurückgegriffen werden kann; iEinz → § 50a Rn. 13 unter ***(1)*** und ***(2)***. Zur Überlassung von **Software** s *BMF* BStBl I 17, 1448.

9 **cc) Abweichende, niedrige Besteuerung.** Die Einnahmen müssen gem § 4j I 1 beim Gläubiger einer von der Regelbesteuerung abw, niedrigen Besteuerung nach § 4j II unterliegen, sog *Präferenzregelung.* Gemeint sind die **Einnahmen aus der Rechteüberlassung** (vgl auch Wortlaut § 4j II 2), also diejenigen Einnahmen, die den Aufwendungen des StPfl entsprechen. – Es handelt sich um *zwei* tatbestandl Voraussetzungen, die beide, kumulativ erfüllt sein müssen: Für diese Einnahmen muss ein **besonderes Steuerregime** gelten, das im Verhältnis zur regulären Besteuerung zu einer niedrigeren Steuerlast führt; *und* diese niedrige Steuerlast muss **weniger als 15%** *(bis VZ 2023: 25%)* betragen. Die Abzugsbeschränkung greift nicht ein, wenn sämtl Einnahmen des Gläubigers ledigl aufgrund der *regulären* Besteuerung mit weniger als 15% besteuert werden. – Maßgebl Bezugsgröße sind die **Bruttoeinnahmen** (s auch § 4j II 2), nicht die Einkünfte als Nettogröße. Eigene Aufwendungen des Gläubigers bleiben insoweit unberücksichtigt. – Ermittlung nach **§ 4j II** → Rn. 25.

ME lässt sich der gesetzl Formulierung nicht entnehmen, dass die Besteuerung (erst) *durch* die Abweichung von der Regelbesteuerung auf weniger als 15% sinken muss. Eine Präferenzregelung ist auch dann schädl iSd § 4j, wenn die reguläre Steuer bereits weniger als 15% beträgt und eine Präferenzregelung zu einer *noch* niedrigeren Besteuerung der Einnahmen aus der Rechteüberlassung führt. – Die bis VZ 2023 geltende **Grenze von 25%** war sehr hoch angesetzt (→ 42. Aufl 2023, § 4j Rn. 9 mwN). – Zu einzelfallbezogenen Absprachen (sog *Tax Rulings*) s *BMF* BStBl I 22, 100, I.1.

10 **dd) Nahestehende Person.** Die Abzugsbeschränkung greift nur dann ein, wenn der Gläubiger eine dem Schuldner nahestehende Person iSd **§ 1 II AStG** ist (Beteiligung von mind 25%, Einflussmöglichkeit außerhalb der Geschäftsbeziehung oder Interessenidentität; s iEinz *BMF* BStBl I 23, 1093 Rn. 1.9 ff.; *BH/Pohl* § 1 AStG Rn. 57 ff; *FWDS* § 1 AStG Rn 503; *Kraft* AStG § 1 Rn. 167 ff). Erfasst werden damit vor allem unmittelbare und mittelbare **Mutter- und Tochtergesellschaften** sowie **Schwestergesellschaften.** Lizenzzahlungen an fremde Dritte fallen nicht unter § 4j EStG. – Das Näheverhältnis muss mE im **Zeitpunkt der Aufwendungen** bestehen; ob es vorher oder nachher vorliegt, ist unerhebl (s auch *KKM* § 4j Rn. B 8).

11 **ee) Treaty override.** Die Abzugsbeschränkung soll ungeachtet eines bestehenden DBA gelten. Mit diesem *treaty override* soll sichergestellt werden, dass § 4j auch dann anwendbar ist, wenn ein abkommensrechtl Diskriminierungsverbot entspr Art 24 IV OECD-MA eine den im Inl stpfl Schuldner treffende Abzugsbeschränkung

für Lizenzgebühren eigentl ausschließt (vgl BT-Drs 18/11233, 13; s auch *Schnitger* IStR 17, 214: steuerpolitisches Novum; einschr *Ditz/Quilitzsch* DStR 17, 1561 (1567): keine Kollision mit Abkommensrecht). – Regelungen wie Art 9 oder Art 12 I OECD-MA berühren § 4j als innerstaatl Abzugsbeschränkung nach der BFH-Rspr ohnehin nicht (vgl BFH I R 23/13, BStBl II 16, 261).

b) Zwischenschaltung, § 4j I 2. – aa) „Kettenüberlassung". Hat der Gläubiger der Zahlungen seinerseits Aufwendungen für die Rechteüberlassung an einen Dritten („weiteren Gläubiger") geleistet, greift die Abzugsbeschränkung gem § 4j I 2 Hs 1 auch dann ein, wenn zwar nicht die Einnahmen des Gläubigers, wohl aber die Einnahmen des Weiteren Gläubigers einer abw, niedrigen Besteuerung nach § 4j II unterliegen. Dadurch sollen **Umgehungsgestaltungen** in Form von Kettenüberlassungen mit zwischengeschalteten Gesellschaften ausgeschlossen werden. Erfasst werden auch Strukturen mit *mehreren* weiteren Gläubigern. Alle weiteren Gläubiger müssen ebenfalls **nahestehende Personen** iSd § 1 II AStG sein. – Auch dies gilt ungeachtet eines bestehenden DBA (→ Rn. 11). – *Beispiel* → 44. Aufl, § 4j Rn. 12. 12

bb) Abgeleitete Rechte. Weitere Voraussetzung ist, dass sich das dem im Inl stpfl Schuldner zur Nutzung überlassene Recht vom dem Recht, das dem zwischengeschalteten Gläubiger von dem weiteren Gläubiger überlassen worden ist, **„unmittelbar oder mittelbar"** ableiten lässt. Ein unmittelbar abgeleitetes Recht liegt jedenfalls vor, wenn *dasselbe* Recht zunächst vom weiteren Gläubiger an den Gläubiger und von diesem an den Schuldner überlassen wird. Ein mittelbar abgeleitetes Recht wird dann vorliegen, wenn mehrere weitere Gläubiger zwischengeschaltet sind. In jedem Fall muss es sich aber um Rechte iSd § 4j I 1 handeln. 13

cc) Keine Kaskadeneffekte, § 4j I 2 Hs 2. Ist ein Gläubiger in die Kettenüberlassung eingeschaltet, der selbst der Abzugsbeschränkung unterliegt, ist die Wirkung des § 4j auf diesen Gläubiger als Lizenznehmer beschränkt. § 4j greift dann nicht erneut auf der Stufe des Schuldners als Unter-Lizenznehmer. 14

dd) Andere nahestehende Person. Welche Bedeutung die in § 4j I 2 neben dem Gläubiger aufgeführte „andere dem Schuldner nach Satz 1 nahestehende Person" haben soll, hat sich dem Kommentator bislang nicht erschlossen. Denn auch für diese Person gilt, dass sich ihre Aufwendungen auf Rechte beziehen müssen, aus denen sich die Rechte nach Satz 1 unmittelbar oder mittelbar ableiten (so zutr *Schnitger* IStR 17, 214 (222)). Den Gesetzesmaterialien lässt sich hierzu nichts entnehmen. 15

c) Betriebsstätten, § 4j I 3. Betriebsstätte ist jede feste Geschäftseinrichtung oder Anlage, die der Tätigkeit eines Unternehmens dient (→ § 49 Rn. 22 mwN; keine Beschränkung auf EU-/EWR-Betriebsstätten). Die Tatbestandsmerkmale „Nutzungsberechtigter" und „Nutzungsverpflichteter" verweisen wohl, da es an einer eigenen Definition in § 4j fehlt, auf § 50g III Nr 1 S 2 Buchst b und III Nr 2 bzw auf Art 1 V der Zins- und Lizenz-RL 2003/49/EG. 16

d) Ausnahme vom Abzugsverbot, § 4j I 4. Die Abzugsbeschränkung ist *nicht* anzuwenden, *soweit* die Präferenzregelung, aus der sich die niedrige Besteuerung der Einnahmen des (nahestehenden) Gläubigers oder weiteren Gläubigers aus der Rechteüberlassung ergibt, dem Nexus-Ansatz der OECD entspricht. Hierzu verweist die Regelung auf Kapitel 4 des Abschlussberichts zu Aktionspunkt 5 des OECD-Berichts (OECD-BEPS Aktionspunkt 5). 17

aa) Nexus-Ansatz der OECD. Der Nexus-Ansatz fordert folgenden Zusammenhang („Nexus") zw einer steuerl Vergünstigung und der Geschäftstätigkeit eines Unternehmens: Einnahmen sollen nur insoweit in den Genuss einer steuerl Bevorzugung kommen, als die **Forschungs- und Entwicklungsausgaben,** die zur Entstehung des geistigen Eigentums beigetragen haben, bei dem betr Unternehmen *selbst* angefallen sind oder aus Auftragsforschung eines fremden Dritten stammen. Einnah- 18 men aus geistigem Eigentum, das der StPfl erworben hat oder das auf Auftragsforschung durch nahestehende Personen beruht, sollen grds nicht mehr begünstigt besteuert werden (OECD-BEPS Aktionspunkt 5 Rn. 28 und 55). Dabei dienen die Ausgaben des betr Unternehmens, die *direkt* mit der Entwicklungstätigkeit verknüpft sind, sog **qualifizierte Ausgaben,** als Maßstab (Hilfsvariable) für eine wesentl Geschäftstätigkeit (OECD-BEPS Aktionspunkt 5 Rn. 29). Die qualifizierten Ausgaben werden ins Verhältnis gesetzt zu den Gesamtausgaben des Unternehmens für Forschung und Entwicklung; die daraus resultierende Quote bestimmt den Anteil der Einnahmen, der steuerl begünstigt werden darf (s auch BT-Drs 18/11233, 13 ff). – Wegen der Verwendung der **Konjunktion „soweit“,** greift die Ausnahme vom Abzugsverbot auch dann ein, wenn die zulässige Quote überschritten wird, aber in diesem Fall beschränkt auf den Anteil der Aufwendungen, der der zulässigen Quote entspricht (so zutr *Ditz/Quilitzsch* DStR 17, 1561 (1565), mit Beispiel; s auch *Grotherr* Ubg 17, 233 (239 f); *Schnitger* IStR 17, 214 (224); *Frotscher/Geurts* § 4j Rn. 61 f). Aufwendungen für **Markenrechte** und andere „marketingbezogene geistige Eigentumswerte“ erfüllen nach dem Nexus-Ansatz nie die Voraussetzungen für eine vergünstigte Besteuerung (s OECD-BEPS Aktionspunkt 5 Rn. 38); soweit es um solche Aufwendungen geht, gibt es im Fall einer abw und niedrigen Besteuerung beim Lizenzgeber für den inl Lizenznehmer keine Ausnahme vom Abzugsverbot (s *Grotherr* Ubg 17, 233 (241); krit *Ditz/Quilitzsch* DStR 17, 1561 (1565)).

Die in dem Bericht niedergelegten Grundsätze sind **sehr komplex.** Schwierigkeiten ergeben sich mE (ua) daraus, dass die qualifizierten Ausgaben von den übrigen Ausgaben **abgegrenzt** werden müssen (OECD-BEPS Aktionspunkt 5 Rn. 30 ff); hierbei sind den betroffenen Staaten hinsichtl der Zuordnung Beurteilungsspielräume eingeräumt (OECD-BEPS Aktionspunkt 5 Rn. 39 mit Anm 10) und es dürfen auch nicht qualifizierte Ausgaben in Form eines 30%igen Aufschlags („uplift“) einbezogen werden (OECD-BEPS Aktionspunkt 5 Rn. 40). Die qualifizierten Ausgaben müssen ins Verhältnis zu den **Gesamtausgaben** gesetzt werden, die aber nicht alle Entwicklungsausgaben des Unternehmens erfassen (OECD-BEPS Aktionspunkt 5 Rn. 42 ff). Auch deckt sich der im Bericht verwendete **Begriff „geistiges Eigentum“,** der auf „Patente und andere geistige Eigentumswerte, die Patenten funktionell entsprechen“, beschränkt ist (OECD-BEPS Aktionspunkt 5 Rn. 34 ff), nur teilweise mit dem sachl Anwendungsbereich von § 4j. Unternehmen mit einem konzernweiten **Umsatz von mehr als 50 Mio €** und **Bruttoerlösen von mehr als 7,5 Mio €** aus geistigen Eigentumswerten werden aus dem Kreis der Begünstigten ausgeschlossen (OECD-BEPS Aktionspunkt 5 Rn. 37 mit Anm 7), ohne dass dies anhand des Berichts sachl nachvollziehbar wäre.

19 **bb) Regelungstechnik.** Verwiesen wird auf die in OECD-BEPS Aktionspunkt 5 niedergelegten Grundsätze zur Bestimmung unschädl Präferenzregelungen, und zwar in der Form, in der diese Grundsätze 2016 veröffentlicht worden sind. Es handelt sich mE um eine **statische konstitutive Rechtsgrundverweisung.** Die in Kap 4 auf knapp 25 Seiten niedergelegten Maßstäbe sind damit Bestandteil der gesetzl Regelung geworden. Die Verweisung lässt jedoch offen, wer festzustellen hat, ob eine Präferenzregelung dem Nexus-Ansatz entspricht. Nach OECD-BEPS Aktionspunkt 5 kommt diese Aufgabe dem FHTP (Forum on Harmful Tax Practices) zu, das eine solche Prüfung Ende 2010 begonnen und inzwischen abgeschlossen hat. Die Ergebnisse der Prüfung sind in Kap 6 des Berichts niedergelegt; danach laufen 16 Präferenzregelungen aus 14 Staaten dem Nexus-Ansatz zuwider (s dazu auch *BMF* BStBl I 22, 100, II. und III.1.: keine abschließende Aufzählung). Allerdings verweist § 4j I 4 gerade nicht auf das Ergebnis dieser Prüfung. Weder wird auf Kapitel 6 des Berichts verwiesen noch bezieht sich § 4j I 4 auf eine „Präferenzregelung …, die *nach den Feststellungen der FHTP* dem Nexus-Ansatz … entspricht“. Damit wird es im Zweifel dem Rechtsanwender und letztl der Finanzgerichtsbarkeit überlassen, die nach OECD-BEPS Aktionspunkt 5 erforderl Feststellungen zu treffen. Dem in Kapitel 6 niedergelegten Ergebnis kommt iRd Prüfung im Zweifel nur Indizwirkung zu. Dasselbe gilt für die vom ***BMF*** für die VZ 2018–2020 als **Arbeitshilfen** veröffentlichten (nicht abschließenden) Listen ausl Präferenzregelungen (*BMF* BStBl I

20, 238 und *BMF* BStBl I 22, 103; s allg auch BFH I R 50/15, BStBl II 17, 230, Rn. 22: „bloße Verwaltungsanweisung"); **aA** wohl *BMF* BStBl I 22, 100, III.4.).

Kritik: Nach der BFH-Rspr sind solche Verweisungen grds zulässig (vgl etwa BFH VII R 23/03, DStRE 04, 1485 mwN). ME bestehen aber erhebl Bedenken, ob die umfassende Darstellung des Nexus-Ansatzes **verweisungstauglich** ist und ob die in § 4j I 4 getroffene Regelung iVm dem OECD-Bericht hinreichend genau festlegt, wann die Abzugsbeschränkung tatsächl eingreift und wann nicht. Der Text selbst „beschreibt" mehr, als dass er definiert, und enthält „Leitlinien" anstatt Tatbestandsmerkmale. Für das StRecht gilt aber der Grundsatz der **Tatbestandsmäßigkeit der Besteuerung:** Steuerbegründende Tatbestände müssen so bestimmt sein, dass der StPfl die auf ihn entfallende Steuerlast vorausberechnen kann (BVerfG 1 BvR 571/60, BVerfGE 19, 253 (267); BVerfG 2 BvL 7, 8/84, BVerfGE 73, 388 (400)). Dabei hat der Gesetzgeber einfache, für die Betroffenen **verständl Regelungen** zu wählen, die verlässl und effizient vollzogen werden können (BVerfG 2 BvL 10/95, BVerfGE 99, 280 (290); BVerfG 2 BvL 77/92, BVerfGE 96, 1 (7)). Es erscheint mehr als fragl, auch im Hinblick auf die unter → Rn. 18 aufgezeigten Schwierigkeiten, ob § 4j I 4 diesen Anforderungen entspricht (str, iErg glA *Müllmann* Lizenzschranke als Abwehrmaßnahme, Diss 2021, S 208 ff; *KKM* § 4j Rn. A57 f; *Heil/Pupeter* BB 17, 1947 (1949); KKBMHG § 4j Rn. 11 f geht von einer dynamischen Verweisung aus; zweifelnd auch *KS/Gosch* § 4j Rn. 13; **aA** *Link* DB 17, 2372 (2376); *BH/Pohl* § 4j Rn. 13).

e) Hinzurechnungsbesteuerung, § 4j I 5. Aufwendungen, die an eine ausl ZwischenGes iSd §§ 7 ff AStG geleistet werden und in den Hinzurechnungsbetrag gem **§ 10 I 1 AStG** eingehen, fallen nicht unter das Abzugsverbot (Vermeidung wirtschaftl Doppelbelastung, s auch BT-Drs 18/11233, 9; zu Defiziten der Regelung s *Schnitger* IStR 17, 214 (221)). – Bei der Ermittlung der Einkünfte, die dem Hinzurechnungsbetrag zugrunde zu legen sind, bleibt § 4j gem § 10 III 4 AStG unberücksichtigt. 20

f) Objektive Beweislast. Den StPfl trifft die obj Beweislast für Höhe und betriebl/berufl Veranlassung der Lizenzaufwendungen (vgl → § 4 Rn. 480). Macht das FA geltend, dass die Aufwendungen der Abzugsbeschränkung unterliegen, muss es das Vorliegen einer abw, niedrigen Besteuerung nachweisen (so auch *BMF* BStBl I 22, 100, III.1); bei Auslandssachverhalten trifft den StPfl allerdings eine erhöhte Mitwirkungs- und Beweisvorsorgepflicht, § 90 II AO (einschr *Frotscher/Geurts* § 4j Rn. 99 f). Dass die abw, niedrige Besteuerung der Einnahmen beim Lizenzgeber dem Nexus-Ansatz entspricht, muss nach den allg Beweislastregeln wiederum der StPfl nachweisen (s aber *BMF* BStBl I 22, 100, III.4.: bei entspr Feststellung des FHTP [→ Rn. 19] kein weiterer Nachweis erforderl). Hier werden im Zweifel die eigentl Schwierigkeiten bei der Anwendung des § 4j liegen (→ Rn. 18 f; s auch *Grotherr* Ubg 17, 233 (244); *KS/Gosch* § 4j Rn. 6: bei tiefergestaffelten Konzernstrukturen zumeist „nicht erfüllbar"; **aA** *Eisbach* IStR 22, 414 (419)). Zu den Unterlagen, die der StPfl insb vorlegen soll, s *BMF* BStBl I 22, 100, III.3. 21

3. Niedrige Besteuerung, § 4j II. – a) Ermittlung, § 4j II 1, 2. Eine niedrige Besteuerung liegt vor, wenn aufgrund der abw Besteuerung die Bruttoeinnahmen (→ Rn. 9) mit weniger als 15% *(bis VZ 2023: 25%)* belastet sind. Abgestellt wird ausdrückl auf die *Einnahmen* aus der Rechteüberlassung (§ 4j II 2), nicht auf die Einkünfte (anders: § 8 V AStG), und es sind sämtl Regelungen zu berücksichtigen, die sich auf die Belastung mit **Ertragsteuern** auswirken; genannt werden beispielhaft („insbesondere") steuerl Kürzungen, Befreiungen, Gutschriften oder Ermäßigungen (*Grotherr* Ubg 17, 233 (242): auch nicht anrechenbare QuellenSt). Eine Steuerlast von weniger als 15% kann sich daher auch durch eine präferenzielle Verringerung der Bemessungsgrundlage ergeben (zB durch Ansatz fiktiver BA; *Beispiele:* BT-Drs 18/11233, 15). Eine Besteuerung der Einnahmen von weniger als 15%, die darauf beruht, dass *tatsächl* angefallene Aufwendungen nach den *regulären* ertragsteuerl Bestimmungen von der Bemessungsgrundlage abgezogen werden, ist dagegen unschädl. – Es gibt **keine Bagatellgrenze;** auch eine nur geringfügige Abweichung von der Regelbesteuerung kann eine präferentielle Besteuerung iSv § 4j I 1 begrün- 22 den (s zu § 8 AStG: BFH I R 102–104/03, BStBl II 05, 255; glA *KKM* § 4j Rn. A 79). – Bei **mehreren Gläubigern** wird gem § 4j II 1 Hs 2 auf die niedrigste Belastung abgestellt. Zu „foreign-derived intangible income" **(FDII)** nach Sec. 250 IRC → 44. Aufl, § 4j Rn. 22 mwN und BT-Drs 21/2817, 7: nach Auffassung der FinVerw offenbar keine Anwendung von § 4j.

23 **b) Abweichende Zurechnung, § 4j II 3.** Einnahmen für die Rechteüberlassung werden vor allem dann einer anderen Person ganz oder teilweise zugerechnet, wenn Gläubiger eine **steuerl transparente Ges** ist (s BT-Drs 18/11233, 16); zu ausl Gruppenbesteuerung und Hinzurechnungsbesteuerung s *Benz/Böhmer* DB 17, 206 (208); *Grotherr* Ubg 17, 233 (242 f.)

24 **c) Sonderfälle, § 4j II 4.** Die Sonderregelungen des § 8 V 2 und 3 AStG zur Hinzurechnungsbesteuerung sind auch iRd Ermittlung der Ertragsteuerbelastung nach § 4j II entspr heranzuziehen. Das gilt sowohl für die Berücksichtigung von **Erstattungs- und Anrechnungsansprüchen** der Ges'ter (sog Malta-Modell) als auch für den Fall, dass Ertragsteuern von mindestens 15% (bis VZ 2023: 25%) zwar rechtl geschuldet, aber **tatsächl nicht erhoben** werden (s iEinz *FWDS* § 8 AStG Rn. 749 ff, 760 ff).

25 **4. Nicht abziehbare Aufwendungen, § 4j III.** Aufwendungen für Rechteüberlassungen (§ 4j I) sind gem § 4j III 1 im Fall einer abw, niedrigen Besteuerung von weniger als 15% (§ 4j II) nur zum Teil abziehbar. Nach der **Formel** des § 4j III 2 ist der Ausgabenabzug umso höher, je mehr sich die Ertragsteuerbelastung beim Lizenzgeber 15% annähert. Umgekehrt führt die Abzugsbeschränkung bei einer Ertragsteuerbelastung von 0% zu einem vollständigen Abzugsverbot. – Nicht abziehbare Aufwendungen erhöhen den Gewinn **außerhalb der Gewinnermittlung.** Einen Vortrag der nicht abziehbaren Aufwendungen wie bei § 4h gibt es nicht. – Die Formel in § 4j III 2 ist **unvollständig;** denn sie enthält nur einen von zwei Faktoren der erforderl Berechnung. Das Ergebnis muss noch mit den Aufwendungen des StPfl für die Rechteüberlassung multipliziert werden.

Beispiel: Die Aufwendungen des S als inl Lizenznehmer belaufen sich auf 200. Die Ertragsteuerbelastung der Lizenzzahlungen beim Lizenzgeber A beträgt 9%. Das ergibt nach § 4j III 2 eine Quote von 6%/15% = 40%. Der nichtabziehbare Teil der Aufwendungen des S beträgt somit 40% × 200 = 80. – ***Abwandlung:*** Die Lizenzzahlungen beim Lizenzgeber A sind steuerbefreit (Belastung: 0%). Das ergibt nach § 4j III 2 eine Quote von 15%/15% = 100%. Der nichtabziehbare Teil der Aufwendungen beträgt somit 100% × 200 = 200.

§ 4k Betriebsausgabenabzug bei Besteuerungsinkongruenzen

(1) [1]**Aufwendungen für die Nutzung oder im Zusammenhang mit der Übertragung von Kapitalvermögen sind insoweit nicht als Betriebsausgaben abziehbar, als die den Aufwendungen entsprechenden Erträge auf Grund einer vom deutschen Recht abweichenden steuerlichen Qualifikation oder Zurechnung des Kapitalvermögens nicht oder niedriger als bei dem deutschen Recht entsprechender Qualifikation oder Zurechnung besteuert werden.** [2]**Satz 1 gilt nicht, soweit die Besteuerungsinkongruenz voraussichtlich in einem künftigen Besteuerungszeitraum beseitigt wird und die Zahlungsbedingungen einem Fremdvergleich standhalten.**

(2) [1]**Soweit nicht bereits die Voraussetzungen für die Versagung des Betriebsausgabenabzugs nach Absatz 1 vorliegen, sind Aufwendungen auch insoweit nicht als Betriebsausgaben abziehbar, als die den Aufwendungen entsprechenden Erträge auf Grund einer vom deutschen Recht abweichenden steuerlichen Behandlung des Steuerpflichtigen oder auf Grund einer vom deutschen Recht abweichenden steuerlichen Beurteilung von anzunehmenden schuldrechtlichen Beziehungen im Sinne des § 1 Absatz 4 Satz 1 Nummer 2 des Außensteuergesetzes in**

keinem Staat einer tatsächlichen Besteuerung unterliegen. [2]Handelt es sich bei dem Gläubiger der Erträge im Sinne des Satzes 1 um einen unbeschränkt steuerpflichtigen, unmittelbaren oder mittelbaren Gesellschafter einer ausländischen vermögensverwaltenden Personengesellschaft oder um eine Personengesellschaft, an der ein solcher Gesellschafter unmittelbar oder mittelbar beteiligt ist, gilt § 39 Absatz 2 Nummer 2 der Abgabenordnung nicht, soweit die in Satz 1 genannten Aufwendungen in dem anderen Staat zum Abzug zugelassen sind und die den Aufwendungen entsprechenden Erträge durch die vom deutschen Recht abweichende Zurechnung keiner tatsächlichen Besteuerung unterliegen. [3]Satz 1 gilt nicht, soweit den Aufwendungen Erträge desselben Steuerpflichtigen gegenüberstehen, die sowohl im Inland als auch nachweislich in dem Staat des Gläubigers oder, wenn es sich bei dem Gläubiger um eine Personengesellschaft handelt, im Staat des unmittelbaren oder mittelbaren Gesellschafters beziehungsweise des anderen Unternehmensteils im Rahmen einer anzunehmenden schuldrechtlichen Beziehung einer tatsächlichen Besteuerung unterliegen.

(3) **Soweit nicht bereits die Voraussetzungen für die Versagung des Betriebsausgabenabzugs nach den vorstehenden Absätzen vorliegen, sind Aufwendungen auch insoweit nicht als Betriebsausgaben abziehbar, als die den Aufwendungen entsprechenden Erträge auf Grund deren vom deutschen Recht abweichender steuerlicher Zuordnung oder Zurechnung nach den Rechtsvorschriften anderer Staaten in keinem Staat einer tatsächlichen Besteuerung unterliegen.**

(4) **[1]Soweit nicht bereits die Voraussetzungen für die Versagung des Betriebsausgabenabzugs nach den vorstehenden Absätzen vorliegen, sind Aufwendungen auch insoweit nicht als Betriebsausgaben abziehbar, als die Aufwendungen auch in einem anderen Staat berücksichtigt werden. [2]Eine Berücksichtigung der Aufwendungen im Sinne des Satzes 1 liegt bei unbeschränkt Steuerpflichtigen auch vor, wenn der andere Staat den Abzug der Aufwendungen bereits nach seinen Vorschriften nicht zulässt, die diesem oder den vorstehenden Absätzen entsprechen; dies gilt nicht, wenn der Abzug der Aufwendungen in einem anderen Staat auf Grund einer diesem Absatz entsprechenden Regelung nicht zugelassen wird bei**

1. **einem mittelbaren oder unmittelbaren Gesellschafter eines unbeschränkt Steuerpflichtigen im Sinne des § 1 des Körperschaftsteuergesetzes oder**
2. **dem Steuerpflichtigen, sofern sich dessen Wohnsitz, Sitz oder Ort der Geschäftsleitung auch in einem anderen Mitgliedstaat der Europäischen Union befindet und dieser Staat den Steuerpflichtigen für Zwecke der Anwendung eines Abkommens zur Vermeidung der Doppelbesteuerung zwischen der Bundesrepublik Deutschland und diesem Staat als nicht in diesem Staat ansässig behandelt.**

[3]Satz 1 gilt nicht, soweit den Aufwendungen Erträge desselben Steuerpflichtigen gegenüberstehen, die sowohl im Inland als auch nachweislich in dem anderen Staat einer tatsächlichen Besteuerung unterliegen. [4]Bei unbeschränkt Steuerpflichtigen, bei denen eine Doppelbesteuerung durch Anrechnung oder Abzug der ausländischen Steuer vermieden wird, finden die Sätze 1 bis 3 nur Anwendung, soweit die Aufwendungen auch Erträge in einem anderen Staat mindern, die nicht der inländischen Besteuerung unterliegen.

(5) **[1]Soweit nicht bereits die Voraussetzungen für die Versagung des Betriebsausgabenabzugs nach den vorstehenden Absätzen vorliegen, sind Aufwendungen auch insoweit nicht als Betriebsausgaben abziehbar, als den aus diesen Aufwendungen unmittelbar oder mittelbar resultierenden Erträgen Aufwendungen gegenüberstehen, deren Abzug beim Gläubiger, einem weiteren Gläubiger oder einer anderen Person bei entsprechender Anwendung dieses Absatzes oder der Absätze 1 bis 4 versagt würde. [2]Satz 1 findet keine Anwendung, soweit der steuerliche Vorteil infolge einer Besteuerungsinkongruenz im Sinne dieses Absatzes**

oder der Absätze 1 bis 4 bereits beim Gläubiger, beim weiteren Gläubiger oder bei der anderen Person im Sinne des Satzes 1 beseitigt wird.

(6) **[1]Die Absätze 1 bis 5 finden nur Anwendung, wenn der Tatbestand dieser Absätze zwischen nahestehenden Personen im Sinne des § 1 Absatz 2 des Außensteuergesetzes oder zwischen einem Unternehmen und seiner Betriebsstätte verwirklicht wird oder wenn eine strukturierte Gestaltung anzunehmen ist. [2]Einer Person, die mit einer anderen Person durch abgestimmtes Verhalten zusammenwirkt, werden für Zwecke dieses Absatzes und der Absätze 1 bis 5 die Beteiligung, die Stimmrechte und die Gewinnbezugsrechte der anderen Person zugerechnet. [3]Eine strukturierte Gestaltung im Sinne des Satzes 1 ist anzunehmen, wenn der steuerliche Vorteil, der sich ohne die Anwendung der vorstehenden Absätze ergeben würde, ganz oder zum Teil in die Bedingungen der vertraglichen Vereinbarungen eingerechnet wurde oder die Bedingungen der vertraglichen Vereinbarungen oder die den vertraglichen Vereinbarungen zugrundeliegenden Umstände darauf schließen lassen, dass die an der Gestaltung Beteiligten den steuerlichen Vorteil erwarten konnten. [4]Ein Steuerpflichtiger wird nicht als Teil einer strukturierten Gestaltung behandelt, wenn nach den äußeren Umständen vernünftigerweise nicht davon auszugehen ist, dass ihm der steuerliche Vorteil bekannt war und er nachweist, dass er nicht an dem steuerlichen Vorteil beteiligt wurde.**

(7) **Die Absätze 1 bis 6 sind ungeachtet der Vorschriften eines Abkommens zur Vermeidung der Doppelbesteuerung anzuwenden.**

Übersicht

Verwaltungsanweisungen: *BMF* BStBl I 24, 1578 (Anwendungsschreiben; Anm *Link/Tschatsch* FR 25, 55; *Schnitger/Oskamp/Krockow* IStR 25, 257; *Tcherveniachki* ISR 25, 164).

1 **1. Allgemeines. – a) Bedeutung; Aufbau.** Im internationalen Steuerrecht werden sog **hybride Gestaltungen** dazu verwendet, Unterschiede in der steuerl Be-

handlung von Unternehmen (transparent/intransparent), von Betriebsstätten und von Zahlungsflüssen (Eigen-/Fremdkapital) nach den Rechtsvorschriften der beteiligten Staaten auszunutzen, um an sich nicht vorgesehene steuerl Vorteile zu erzielen, sog **Besteuerungsinkongruenzen.** Dabei kann es sich um eine Berücksichtigung von Aufwand ohne entspr Besteuerung des Ertrags beim Empfänger handeln (sog ***De**duction/**N**on-**I**nclusion* – **D/NI**), um eine mehrfache Berücksichtigung von Aufwand (sog ***D**ouble **D**eduction* – **DD**) oder um Konstruktionen, mit deren Hilfe die Ergebnisse solcher Gestaltungen durch den Einsatz nicht hybrider Instrumente (zB gewöhnl Darlehen) ins Inland verlagert werden (sog indirekte oder **importierte D/NI-Ergebnisse**). – § 4k begründet eine Reihe von **Abzugsbeschränkungen** für BA/WK (§ 9 V 2), mit denen die steuerl Effekte hybrider Gestaltungen neutralisiert werden sollen. Es handelt sich um Korrespondenzregeln *(linking rules),* die die ertragsteuerl Berücksichtigung des Aufwands von den steuerl Folgen der Gestaltung in einem anderen Staat abhängig machen. – § 4k I–III regeln die Beschränkung des BA-Abzugs für D/NI-Inkongruenzen: **§ 4k I** in Bezug auf hybride Finanzinstrumenten (zB Darlehen) und iZm hybriden Übertragungen von KapVerm (zB Wertpapierleihe); **§ 4k II** in Bezug auf andere hybride Zahlungen (zB Lizenz- oder Mietzahlungen) und fingierte Betriebsstättenzahlungen (§ 1 IV 1 Nr 2 AStG); und **§ 4k III** in Form eines allgemein gehaltenen Abzugsverbots für weitere D/NI-Inkongruenzen. **§ 4k IV** soll generell eine doppelte Berücksichtigung von Aufwand ausschließen (DD-Inkongruenzen). **§ 4k V** behandelt Gestaltungen, die zu indirekten D/NI-Ergebnissen führen (importierte Inkongruenzen). Nach **§ 4k VI** gelten diese Regelungen nur für Gestaltungen zw nahestehende Personen (§ 1 II AStG), zw einem Unternehmen und seiner Betriebsstätte und bei sog strukturierten Gestaltungen. **§ 4k VII** schließl enthält ein *treaty override.*

Mit § 4k kommt der Gesetzgeber seiner Verpflichtung zur Umsetzung von Art 9 und 9b der Steuervermeidungsrichtlinie der EU nach (**A**nti-**T**ax **A**voidance **D**irective – **ATAD,** RL (EU) 2016/1164 und RL (EU) 2017/952), allerdings verspätet, da die Bestimmung der ATAD bereits **bis zum 31.12.19** in nationales Recht hätten umgesetzt werden müssen (Art. 2 I RL (EU) 2017/952). Art 9 und 9b ATAD wiederum knüpfen an den **Abschlussbericht 2015 zu Aktionspunkt 2 der OECD,** „Neutralisierung der Effekte hybrider Gestaltungen", an (OECD-BEPS Aktionspunkt 2), der Teil der OECD-Kampagne gegen künstl Gewinnverkürzung und Gewinnverlagerung (**B**ase **E**rosion and **P**rofit **S**hifting – **BEPS,** auch → 44. Aufl 2025, § 4j Rn. 1) ist. Das übergeordnete Ziel dieser Kampagne ist es, eine Besteuerung am Ort der Gewinnerwirtschaftung und Wertschöpfung zu gewährleisten und das „Vertrauen in die Fairness der Steuersysteme" wiederherzustellen (s Erwägungsgrund (1) RL (EU) 2017/952). Weitere Änderungen in diesem Kontext: **§ 3 Nr 40** (iZm § 8b KStG), **§ 49 I Nr 11** und **§ 50d IX 1.** – Zur Bedeutung der ATAD für eine **richtlinienkonforme Auslegung** von § 4k → Rn. 6. Zur Entstehungsgeschichte s ausführl *SED* Rn. 17.1 ff; *Kahlenberg* IStR 19, 636; *Krause* DB 19, 1097; *Musil* FR 18, 933; ferner *Rüsch* ISR 19, 304. Gegen eine Umsetzung in Form von Abzugsverboten *Müller-Gatermann/Strüder/Ludwig* FR 20, 303.

b) Persönlicher Anwendungsbereich. Die Abzugsbeschränkungen gelten grds gleichermaßen für unbeschr und beschr StPfl, die Gewinneinkünfte erzielen, und gem § 9 V 2 auch für StPfl, die Überschusseinkünfte erzielen. Sie sind gem § 8 I KStG auch auf Körperschaften anwendbar. Allerdings wird der persönl Anwendungsbereich der Vorschrift durch **§ 4k VI** stark eingeschränkt (→ Rn. 36 f). 2

Gem **Art 1 I ATAD** gilt die RL für alle StPfl, die kstpfl sind, und darüber hinaus gem Art 1 II ATAD für alle Unternehmen, die von einem Mitgliedstaat als steuerl transparent behandelt werden. Die Regelungen der ATAD legen gleichwohl nur ein **Mindestschutzniveau** fest; die Mitgliedstaaten dürfen strengere Vorschriften einführen bzw beibehalten (Art 3 ATAD). Es ist ihnen insb nicht verwehrt, entspr Regelungen auch auf **Einzelunternehmen** und **PersGes** anzuwenden (s *SED* Rn. 17.30).

c) Rechtsentwicklung; zeitlicher Anwendungsbereich. Die Regelung ist mit ATAD-UmsG (BGBl I 21, 2035) geschaffen worden und gilt für Aufwendungen, die **nach dem 31.12.19** entstehen (§ 52 VIIIc 1). Für Aufwendungen aus **Dauer-** 3

schuldverhältnissen (Darlehen, Miete, Pacht, Lizenzen, Dienstleistungen etc), die vor dem 1.1.20 begründet worden sind, gelten die Abzugsbeschränkungen nur dann, wenn die Aufwendungen **ohne wesentl Nachteile** hätten vermieden werden können oder wenn das Dauerschuldverhältnis nach dem 31.12.19 wesentl geändert worden ist (§ 52 VIIIc 2 und 4). Ein Nachteil ist insb dann wesentl, wenn die dadurch entstehenden Kosten höher sind als der *durch die Inkongruenz* erzielte **steuerl Vorteil** (§ 52 VIIIc 3; *Schnitger/Oskamp/Krockow* IStR 25, 257 (258)). Zu Zinsvortrag (§ 4h I 6) und abw Wj (§ 4a I 2 Nr 2) s *BMF* BStBl I 24, 1578 Rn. 3 ff.

4 **d) Verfassungsrecht; Europarecht.** Das ATAD-UmsG (BGBl I 21, 2035) ist am 30.6.21 verkündet worden. Soweit Aufwendungen vor diesem Zeitpunkt entstanden sind, kommt dem Gesetz **Rückwirkung** zu. Dies ist problematisch, da bis zum 31.12.20 nur ein Referentenentwurf vorlag und kein Kabinettsbeschluss (vgl BVerfG 2 BvL 1/03, NJW 10, 3638 Rn. 87 ff). Der **Umsetzungsbefehl der ATAD** (Art 2 I RL (EU) 2017/952, → Rn. 1) steht allerdings im sachl und persönl Anwendungsbereich der RL, also insb im Hinblick auf StPfl, die kstpfl sind (→ Rn. 2), der Entstehung eines verfrechtl geschützten Vertrauens ab diesem Zeitpunkt entgegen (BT-Drs 19/28652, 43; str, glA *Rüsch* DStZ 20, 274 (276); *BeckOK EStG* § 4k Rn. 44 ff.; diff *Ehlermann/Link* ISR 21, 319 (329); **aA** *Greinert/Siebing* Ubg 21, 525 (529); *Kahlenberg/Radmanesh* IWB 21, 497 (507); *FWDS* § 4k Rn. 12; *KS/Gosch* § 4k Rn. 2).

Zur Rücknahme des Schutzes durch die Grundfreiheiten bei „marktschädl StGestaltungen" s *SED* Rn. 17.13 ff; zum Verhältnis von Primärrecht und Sekundärrecht s allg auch *Wacker* FS BFH, S. 781 (784 ff): „praktische Konkordanz"; ferner *Benz/Böhmer* DB 17, 206 (210: noch nicht absehbar, wie der EuGH auf Maßnahmen des BEPS-Projekts reagieren wird).

5 **e) Systematik; Verhältnis zu anderen Vorschriften.** Die einzelnen Abzugsverbote sind dem Aufbau der Vorschrift entspr zu prüfen, beginnend mit § 4k I. Dh, § 4k II kommt nur zur Anwendung, *„soweit"* sich nicht bereits aus § 4k I ein Abzugsverbot ergibt etc. Greift eine der **Ausnahmeregelungen** in § 4k I 2, II 3 und IV 3, schließt das mE aus systematischen Gründen die Anwendung eines nachgelagerten Abzugsverbots aus; zB: ist der Abzug von Aufwendungen, die an sich unter § 4k I 1 fallen, nach § 4k I 2 zugelassen, ist für diese Aufwendungen § 4k II oder III nicht mehr zu prüfen; dasselbe gilt für Aufwendungen, die an sich unter § 4k II 1 fallen, bei denen aber die Ausnahme des § 4 II 3 greift (**aA** *BMF* BStBl I 24, 1578 Rn. 68; *Link/Küpper* GmbHR 23, 825 (832); *HHR/Rüsch* § 4k Rn. 37; wie hier dagegen, jedenfalls in Bezug auf § 4 II 3: *Schnitger/Oskamp/Krockow* IStR 25, 257 (265 f); *Tcherveniachki* ISR 25, 164 (171)). – § 4k verdrängt als speziellere Regelung für hybride Zinsaufwendungen **§ 4h** (s auch § 4h III 1; → § 4h Rn. 22; *Grotherr* IStR 20, 773 (783)). § 4k und **§ 4i** sind nebeneinander anwendbar (→ § 4i Rn. 2 mwN; glA *Engelen/Licht* DB 25, 74; *BeckOK EStG* § 4k Rn. 53; **aA** *Schnitger/Oskamp* IStR 20, 909 (913): § 4i vorrangig). **§ 4j** ging mE als speziellere Regelung für Lizenzzahlungen § 4k vor (str, **aA** *KS/Gosch* § 4k Rn. 3: nebeneinander anwendbar). Ggü **§ 14 I Nr 5 KStG aF** war § 4k vorrangig (s *Grotherr* IStR 20, 773 (783)). **§ 8 StAbwG** ist neben § 4k anwendbar (*BMF* BStBl I 24, 1086 Rn. 99).

6 **f) Richtlinienkonforme Auslegung.** Einzelstaatl Steuergesetze, die das Gemeinschaftsrecht umsetzen, sind so weit wie mögl RLkonform auszulegen (EuGH C-332/14, DStR 16, 1370 Rn. 53 mwN; s auch BFH V R 53/04, BStBl II 07, 16, II.1.c). Damit werden zwar die allg gültigen nationalen Auslegungsmethoden nicht außer Kraft gesetzt; doch sind die Behörden und Gerichte verpflichtet, dort, wo Auslegungsspielräume bestehen, die Ziele der RL iSe **Optimierungsgebots** bestmöglich umzusetzen (BVerfG 2 BvR 2216/06, NJW 12, 669 Rn. 43 ff; zu den Grenzen s *SED* Rn. 4.62 f und 13.14 ff; *TK* § 4 AO Rn. 240 ff). Daraus kann sich im Einzelfall auch das Gebot einer RL-konformen Rechtsfortbildung durch **teleologische Reduktion** ergeben (*SED* Rn. 4.62 mwN). – Mit § 4k kommt der Gesetzgeber sei-

ner Verpflichtung aus Art 9 und 9b ATAD (→ Rn. 1 aE) nach, den BA-Abzug für bestimmte Aufwendungen im Zusammenhang mit hybriden Gestaltungen zu versagen (s BT-Drs 19/28652, 1 und 25 f). Die einzelnen Absätze und Sätze des § 4k sind dabei den Gesetzesmaterialien zufolge ganz konkret einzelnen **Regelungen der ATAD** zugeordnet, die sie umsetzen sollen (s BT-Drs 19/28652, 34 ff). Diese Regelungen sind daher nicht nur für das Verständnis von § 4k hilfreich, sondern in Zweifelsfällen auch bei der Auslegung zu berücksichtigen (glA *BH/Pohl* § 4k Rn. 19; wohl **aA** *Baur/Schrenk/Ullmann* Ubg 22, 41 (43)).

In Erwägungsgrund (12) zur RL (EU) 2017/952 heißt es zudem, zur **Wahrung der Verhältnismäßigkeit** sollte nur gegen die Fälle vorgegangen werden, in denen eine erhebl Gefahr bestehe, dass durch Nutzung hybrider Gestaltungen eine Besteuerung vermieden werde. Auch dies wird man ggf bei der Auslegung des § 4k berücksichtigen müssen (etwa → Rn. 21, 23 und 26). Zum unionsrechtl Verhältnismäßigkeitsgrundsatz s auch EuGH C-623/22, DStRE 24, 1123 – *Belgian Association of Tax Lawyers ua* Rn. 139 ff).

g) Beweislast, Nachweise und ausländisches Recht. – aa) Erhöhte Mitwirkungspflicht bei Auslandssachverhalten (§ 90 II AO). Die betriebl Veranlassung des geltend gemachten Aufwands (→ Rn. 11) muss nach allg Grundsätzen der StPfl nachweisen, der den BA-Abzug begehrt. Die einzelnen Voraussetzungen, die den BA-Abzug nach Maßgabe der § 4k I-VI ausschließen, muss zwar grds das FA darlegen; jedoch trifft den StPfl bei Auslandssachverhalten gem **§ 90 II AO** eine erhöhte Mitwirkungspflicht: Er hat den Sachverhalt aufzuklären, die erforderl Beweismittel zu beschaffen (§ 90 II 2) und ggf eine Beweisvorsorge zu treffen (§ 90 II 4; s ausführl *Schnitger/Haselmann* ISR 22, 13). Der Umstand, dass eine ausl MutterGes der inl TochterGes Unterlagen nicht zur Verfügung stellt, entlastet mE die inl TochterGes nicht (**aA** *Schnitger/Oskamp/Krockow* IStR 25, 257 (270)). – Darüber hinaus begründen § 4k II 3, IV 3 und VI 4 **spezielle Nachweispflichten** des StPfl; und der StPfl trägt schließl auch die obj Beweislast hinsichtl der Ausnahmen von den Abzugsverboten (§ 4k I 2, IV 2 und 4 und V 2; s auch *Grotherr* IStR 20, 773 (782 f)). Zum unionsrechtl **Verhältnismäßigkeitsgrundsatz** s *Schnitger/Oskamp/Krockow* IStR 25, 257 (268 f). 7

bb) Anwendung ausländischen Rechts. Die Ermittlung des einschlägigen ausl Rechts und dessen Auslegung hingegen obliegen **FA und FG von Amts wegen** (§ 155 Satz 1 FGO iVm § 293 ZPO); denn sie sind verpflichtet, ihren Entscheidungen die obj richtige Rechtslage zugrundezulegen (s BFH IV R 37/16, BFH/NV 18, 440 Rn. 59; *Klein* § 88 AO Rn. 32 mwN). Den StPfl trifft insoweit keine Darlegungs- oder Mitwirkungspflicht (BFH I R 33/16, BFH/NV 20, 201: auch nicht aus § 90 II AO; *Loschelder* DStR 23, 1871 (1873); wohl **aA** *BMF* BStBl I 24, 1578 Rn. 122; *Schnitger/Haselmann* ISR 22, 13 (15)). Wie insb das FG das ausl Recht ermittelt, steht grds in seinem **pflichtgemäßen Ermessen,** doch sind die Anforderungen an die Ermittlungspflicht umso höher, je komplexer und fremder das anzuwendende Recht ist (BFH IV R 50/14, BStBl II 17, 456 Rn. 60 f mwN). Ggf muss ein Rechtsgutachten eingeholt werden (BFH IV R 23/14, BStBl II 18, 444 Rn. 39). Der StPfl wiederum ist ggf verpflichtet nachzuweisen, dass die tatbestandl Voraussetzungen der ausl Rechtsnormen erfüllt sind (s *Koch* § 90 AO Rn. 22), zB durch Vorlage einer Bescheinigung des ausl FA, dass bestimmte Aufwendungen in einem anderen Staat berücksichtigt worden sind (§ 4k IV 1; s allg auch *Lüdicke* in FS Frotscher, S 403). 8

2. Nutzung und Übertragung von Kapitalvermögen, § 4k I. – a) Abzugsverbot, § 4k I 1. Die Regelung soll Art 9 II Buchst a iVm Art 2 IX (1) Buchst a ATAD umsetzen (BT-Drs 19/28652, S 34). Sie richtet sich gegen hybride Gestaltungen bei der **Nutzung und Übertragung von KapVerm,** bei denen der inl StPfl Aufwendungen steuerl geltend macht, die vom ausl Empfänger *nicht* als Ertrag versteuert werden müssen **(D/NI-Inkongruenz).** 10

Die Berücksichtigung iRe **Hinzurechnungsbesteuerung** ist Besteuerung iSd § 4k I 1 (*BMF* BStBl I 24, 1578 Rn. 30; iEinz *Schnitger/Oskamp/Krockow* IStR 25, 257 (259)); ebenso schließt eine inl **AbzugSt** die Anwendung von § 4k I 1 aus (*BMF* BStBl I 24, 1578 Rn. 29; *Schnitger/Oskamp/Krockow* IStR 25, 257 (262): gilt auch für *ausl* AbzugSt).

11 **aa) Aufwendungen; Kapitalvermögen.** § 4k I 1 setzt (wie die übrigen Abzugsverbote auch) nach Wortlaut und Systematik betriebl veranlasste Aufwendungen voraus (vgl auch RL (EU) 2017/952, 9. Erwägungsgrund). Es müssen also aus Sicht des inl StPfl (Schuldner) **BA iSv § 4 IV** vorliegen (→ § 4 Rn. 470 ff), die entweder „für" die Nutzung oder iZm der Übertragung von KapVerm geleistet worden sind (insb Zinsen; *BMF* BStBl I 24, 1578 Rn. 21: sämtl Einkünfteminderungen). Ein „unmittelbarer wirtschaftl Zusammenhang" wie bei § 3c (→ § 3c Rn. 6) oder § 50a III 1 (→ § 50a Rn. 23) wird nicht verlangt (glA *BeckOK EStG* § 4k Rn. 223). – **KapVerm** liegt vor, wenn es sich um Zahlungen handelt, die nach dt Verständnis beim Gläubiger an sich als Einkünfte aus KapVerm iSv § 20 zu erfassen wären und nur wegen der Besteuerungsinkongruenz (→ Rn. 12) tatsächl nicht erfasst werden (*BMF* BStBl I 24, 1578 Rn. 20: ohne Berücksichtigung von § 20 VIII EStG oder § 8 II KStG). Es kann sich um Eigen- oder Fremdkapital handeln; die Erträge führen zu Zinsen/zinsähnl Erträge oder Gewinnausschüttungen.

12 **bb) Qualifikationskonflikt; Zurechnungskonflikt.** Die D/NI-Inkongruenz kann auf einer abweichenden steuerl **Einordnung des KapVerm** beruhen (sog Qualifikationskonflikt); zB: eine beim inl StPfl grds als BA abziehbare Zinszahlung wird vom Staat des Gläubigers nicht als Vergütung für die Überlassung von Fremdkapital, sondern als Gewinnausschüttung behandelt und darum nicht/niedriger besteuert (zB steuerbefreite Dividende), als wenn auch der ausl Staat die Vergütung als Zinszahlung berücksichtigt hätte. – Grund für die D/NI-Inkongruenz kann aber auch eine abweichende steuerl **Zurechnung des KapVerm** infolge einer hybriden Übertragung sein (sog Zurechnungskonflikt); zB: Transaktionen, bei denen das übertragene KapVerm (zB Aktien) wirtschaftl unterschiedl Personen zugerechnet wird (s auch OECD-BEPS Aktionspunkt 2, S. 274 – Beispiele 1.31 ff).

In der Gesetzesbegründung werden genannt: Hybridanleihen, Überlassung von Genussrechten, Repo-Geschäfte (Kauf- und Rückkaufsvereinbarung) und Wertpapierleihen (s BT-Drs 19/28652, S 34 f). S auch *BMF* BStBl I 24, 1578 Rn. 24 f mit Beispielen; *Kahlenberg/Radmanesh* NWB 21, 497 (498); *Schnitger/Oskamp* IStR 20, 909 (910). – Zur wirtschaftl Zurechnung von **Wertpapiergeschäften** s *BMF* BStBl I 21, 1002. Zu **hybriden Finanzinstrumenten** s iÜ auch *Kofler/Schnitger* BEPS-Handbuch Rn. C.20 ff; *Mössner* ua Steuerrecht international tätiger Unternehmen (5. Aufl), Rn. 12.10 ff und 12.124; *Jakobs* Internationale Unternehmensbesteuerung (8. Aufl), S. 1269 ff; *Häuselmann* Hybride Finanzinstrumente (2019).

13 **cc) Rechtsfolge.** Die nicht abziehbaren Aufwendungen werden außerbilanziell hinzugerechnet bzw bei § 4 III nicht als BA erfasst. Sie unterliegen nur *„insoweit"* dem Abzugsverbot, als die D/NI-Inkongruenz zu einer Nichtbesteuerung beim Empfänger führt. Die tatsächl Besteuerung beim Empfänger muss mit einer (gedachten) Besteuerung verglichen werden, die sich ergäbe, wenn der ausl Staat die Zahlung so ein- bzw zuordnen würde, wie es dem dt Verständnis entspricht (*BMF* BStBl I 24, 1578 Rn. 27 ff). Findet gar keine Besteuerung beim Empfänger statt, sind die Aufwendungen insges nicht als BA abziehbar (s auch OECD-BEPS Aktionspunkt 2, Rn. 43 ff sowie Beispiele 1.2 und 1.3, mit Berechnung Rn. 13 f; glA *BeckOK EStG* § 4k Rn. 268; **aA** *Rüsch* DStZ 20, 274 (278)). – **Kausalität:** Abzugsverbot/-beschränkung greifen nur dann und nur insoweit ein, wenn bzw wie die Nichtbesteuerung auf der D/NI-Inkongruenz beruht (s Wortlaut: „… auf Grund …").

14 **b) Ausnahme, § 4k I 2.** Ist zu erwarten, dass die Zahlung beim Empfänger in einem **späteren Besteuerungszeitraum** als steuerl Ertrag ganz oder teilweise erfasst wird, greift die Abzugsbeschränkung insoweit, dh ggf wiederum anteilig, nicht ein. Die künftige Besteuerung muss sich konkret abzeichnen („voraussichtlich"; s auch

Art 2 IX (1) a ATAD: „innerhalb eines angemessenen Zeitraums"); die abstrakte Möglichkeit einer späteren Besteuerung genügt mE nicht. Ist im Hinblick auf § 4k I 2 der Abzug von Aufwendungen zugelassen worden und stellt sich im Nachhinein heraus, dass eine Besteuerung beim Gläubiger der Erträge wider Erwarten doch nicht erfolgt ist, liegt mE ein **rückwirkendes Ereignis iSv § 175 I 1 Nr 2 AO** vor, das eine nachträgl Versagung des BA-Abzugs rechtfertigen würde (vgl BFH I R 8/96, BStBl II 97, 117; BFH II R 54/09, BStBl II 11, 247); **aA** aber *BMF* BStBl I 24, 1578 Rn. 34: § 4k I 1 ist nicht anzuwenden. – Die zw dem inl Schuldner und dem ausl Gläubiger vereinbarten Zahlungsbedingungen müssen **fremdüblich** sein; nicht jede Abweichung vom Fremdüblichen schließt eine Berücksichtigung der BA aus (vgl BFH I R 62/17, BStBl II 23, 723 Rn. 18 ff).

3. Hybride Rechtsträger; Betriebsstätten, § 4k II. – a) Abzugsverbot, § 4k II 1. Die Regelung soll Art 9 II Buchst a iVm Art 2 IX (1) Buchst e *(disregarded hybrid payments)* und f *(deemed branch payments)* ATAD umsetzen (BT-Drs 19/28652, S 35). Sie knüpft an **Leistungsbeziehungen** zw einem hybriden Rechtsträger und seinem Anteilseigner oder zw der (inl/ausl) Betriebsstätte und dem (inl/ausl) Stammhaus an, bei denen die korrespondierenden Erträge entweder *wegen* einer abweichenden steuerl Behandlung des Rechtsträgers (transparent/intransparent) oder einer abweichenden Gewinnaufteilung zw Stammhaus und Betriebsstätte keiner tatsächl Besteuerung unterliegen (zur Kausalität s *BMF* BStBl I 24, 1578 Rn. 48 f). Es geht also um einen weiteren Fall von **D/NI-Inkongruenz.** Die Regelung ist ggü § 4k I subsidiär (→ Rn. 5). 18

aa) Aufwendungen; Leistungsbeziehungen. Auch § 4k II 1 setzt zunächst **BA iSv § 4 IV** voraus (→ Rn. 11). Es kann sich um tatsächl Aufwendungen wie Zinsen, Miet-/Lizenzzahlungen, Dienstleistungsentgelte oder AfA handeln oder um fiktive Aufwendungen iZm § 1 IV 1 Nr 2 AStG (s BT-Drs 19/28652, S 35; *Link/Küpper* GmbHR 23, 825). – Im Fall der **AfA** ist hinsichtl des Ertrags auf den Veräußerungsgewinn abzustellen, nicht auf den Veräußerungserlös („Erträge", zutr *Schnitger/Oskamp* IStR 20, 909 (915); krit *Greinert/Siebing* Ubg 20, 589 (593)). Die Ermittlung des den Aufwendungen entsprechenden Ertrags erfolgt mangels anderweitiger Regelung nach dt Recht (str, glA *KS/Gosch* § 4k Rn. 10; *FWDS* § 4k Rn. 53; **aA** *Schnitger/Oskamp* IStR 20, 909 (915)). Für AfA, die auf einer Anschaffung vor dem 1.1.20 beruht, gilt § 4k II 1 nicht (§ 52 VIIIc S 2). 19

Das *BMF* geht hier von einem sehr *weiten Aufwendungsbegriff* aus, offenbar ohne Anbindung an § 4 IV (*BMF* BStBl I 24, 1578 Rn. 40; s auch *KS/Gosch* § 4k Rn. 7: „normspezifisch weit verstanden"). Dies wird jedoch iErg über die Prüfung, ob die Aufwendungen zu einer Gewinnminderung geführt haben, wieder eingefangen (s *BMF* BStBl I 24, 1578 Rn. 71; dazu auch *Link/Küpper* GmbHR 23, 825 (827)). Unsystematisch ist, dass auch Entnahmen als Aufwand erfasst werden sollen (so ausdrückl *BMF* BStBl I 24, 1578 Rn. 40; s dagegen BFH X R 33/16, BStBl II 18, 185 Rn. 23); aber auch dies müsste mE iErg über die fehlende Gewinnauswirkung (§ 4 I 1: „vermehrt um den Wert der Entnahmen") korrigiert werden.

bb) Qualifikationskonflikt; Gewinnabgrenzung. Die D/NI-Inkongruenz kann gem § 4k II 1 Alt 1 darauf beruhen, dass der StPfl, der die Aufwendungen geltend macht, im Inl als intransparente Körperschaft und im Staat des Gläubigers als transparenter (eigentl: nicht-existierender) Rechtsträger behandelt wird (zB aufgrund einer sog *check-the-box*-Regel). Eine D/NI-Inkongruenz ergibt sich zudem gem § 4k II 1 Alt 2 auch dann, wenn im Fall einer anzunehmenden schuldrechtl Beziehung zw Stammhaus und Betriebsstätte gem § 1 IV 1 Nr 2 AStG fiktive Aufwendungen (zB nach § 16 II 2 BsGaV) berücksichtigt werden, die im Staat des (fiktiven) Gläubigers nicht als steuerl Ertrag erfasst werden (*BMF* BStBl I 24, 1578 Rn. 45 ff). 20

Beispiele s *Schnitger/Oskamp* IStR 20, 909 (914 f.). Zu hybriden Gesellschaften s auch *Mössner ua* StRecht international tätiger Unternehmen (5. Aufl), Rn. 12.125 f; *Jakobs* Internationale

Unternehmensbesteuerung (8. Aufl), S 1274 ff. Zu hybriden Betriebsstätten s *Kahlenberg* IStR 18, 93; *Köhler* ISR 18, 250 (259).

21 **cc) Rechtsfolge.** Die Aufwendungen unterliegen einem Abzugsverbot (→ Rn. 13), wenn die den Aufwendungen entsprechenden Erträge aufgrund der D/NI-Inkongruenz **in keinem Staat** einer tatsächl Besteuerung unterliegen; dh, eine Besteuerung in *irgendeinem* Staat genügt. Einer **tatsächl Besteuerung** unterliegen die Erträge, wenn sie in dem betreffenden Staat in die Bemessungsgrundlage einfließen. Ein bestimmter Mindeststeuersatz wird in § 4k II 1 nicht verlangt, ebenso wenig, dass es iErg zu einer tatsächl Steuerlast kommt (s aber *BMF* BStBl I 24, 1578 Rn. 50: eine insgesamt niedrigere effektive Besteuerung soll *nicht* zu einem anteiligen Abzugsverbot führen). Der Nachweis obliegt dem StPfl (§ 90 II AO; insb: Vorlage der StErklärung, → Rn. 7). – Str ist, ob es genügt, dass die Erträge **in einem späteren VZ** steuerl erfasst werden. Dagegen spricht, dass § 4k II keine § 4k I 2 entspr Regelung enthält (so *KS/Gosch* § 4k Rn. 10). Allerdings wäre ein Abzugsverbot trotz späterer steuerl Erfassung mE *unverhältnismäßig* (→ Rn. 6: Erwägungsgrund (12) zur RL (EU) 2017/952), da in einem solchen Fall letztl der Zweck des § 4k erreicht wird; somit sind die Aufwendungen auch in diesem Fall zu berücksichtigen (so iErg auch *Schnitger/Oskamp* IStR 20, 909 (915)), ggf über **§ 175 I 1 Nr 2 AO** (→ Rn. 14 aE mwN).

Das *BMF* äußert sich hierzu nicht. Es bestimmt nur für den umgekehrten Fall, dass eine tatsächl Besteuerung der Erträge später rückgängig gemacht wird, die rückwirkende Anwendung des § 4k II 1 EStG gem § 175 I 1 Nr 2 AO (*BMF* BStBl I 24, 1578 Rn. 50). – Zu den **Folgen** einer ausbleibenden ausl Hinzurechnungsbesteuerung s *BMF* BStBl I 24, 1578 Rn. 60 einerseits und *Schnitger/Oskamp/Krockow* IStR 25, 257 (261) andererseits).

22 **b) Ausschluss der Bruchteilsbetrachtung, § 4k II 2.** Die Regelung soll Art 9 II Buchst b iVm Art 2 IX (1) Buchst e ATAD umsetzen. Sie betrifft den Fall, dass ein im Inl unbeschr stpfl Gläubiger als Ges'ter einer **ausl vermögensverwaltenden PersGes** von dieser Zahlungen erhält, die bei ihm wegen der Bruchteilsbetrachtung gem § 39 II Nr 2 AO im Inl an sich nicht als Ertrag erfasst würden, die aber im Staat der ausl Ges steuerl als Aufwand berücksichtigt werden, weil der ausl Staat die Ges als intransparent behandelt. § 4k II 2 schließt hier die Anwendung von § 39 II Nr 2 AO aus, so dass die Zahlung **beim inl Gläubiger als Ertrag** zu erfassen ist. Dies gilt sowohl bei unmittelbarer wie mittelbarer Beteiligung des unbeschr stpfl Gläubigers; zur 2. Alt, dass der Gläubiger eine PersGes ist, an der ein unbeschr stpfl Ges'ter beteiligt ist, s *Zinowsky* IStR 21, 500 (504). S auch *BMF* BStBl I 24, 1578 Rn. 58 ff.

Haben alle EU-Mitgliedstaaten die Vorgaben der ATAD umgesetzt, kann die Regelung nur noch in **Drittstaatenfälle** zur Anwendung kommen (*Kahlenberg/Rein* SWI 20, 189 (193)). Kritisch zur Stellung der Regelung *Rüsch* DStZ 20, 274 (280 f) (keine Abzugsbeschränkung).

23 **c) Ausnahme: doppelt berücksichtigte Erträge, § 4k II 3.** Die Regelung begründet eine Ausnahme ausdrückl nur zu § 4k II 1. Sie schließt dieses Abzugsverbot aus, wenn den Aufwendungen Erträge desselben StPfl gegenüberstehen, die tatsächl doppelt besteuert werden: einmal im Inl und ein weiteres Mal entweder im Staat des Gläubigers oder aber, wenn der Gläubiger eine PersGes ist, im Staat des unmittelbaren/mittelbaren Ges'ters bzw im Fall von Geschäftsbeziehungen iSv § 1 IV 1 Nr 2 AStG im Staat der Betriebsstätte (*BMF* BStBl I 24, 1578 Rn. 55: nicht zwingend beim Gläubiger selbst). Sind die doppelt besteuerten Erträge niedriger als die betr Aufwendungen, gilt das Abzugsverbot bis zur Höhe der Erträge nicht. „Derselbe StPfl" ist der StPfl iSv § 4k II 1, also idR derjenige, dem der BA-Abzug versagt bzw beschränkt wird (s *Schnitger/Oskamp* IStR 20, 909 (918) mit Beispiel); Erträge einer OrganGes sind dem Organträger iSv § 14 I 1 KStG zuzurechnen (*BMF* BStBl I 24, 1578 Rn. 53; s auch *Schnitger/Oskamp/Krockow* IStR 25, 257 (263) mit Beispiel). Zum Begriff „tatsächl Besteuerung" → Rn. 21. Irgendein Zusammenhang mit den betr Aufwendungen soll gem *BMF* (BStBl I 24, 1578 Rn. 53 f) nicht erforderl sein. –

Auch bei § 4k II 3 ist mE **§ 175 I 1 Nr 2 AO** anzuwenden, wenn sich eine doppelte Besteuerung der Erträge erst **in einem späteren VZ** ergibt (→ Rn. 21 aE; so tatsächl auch *BMF* BStBl I 24, 1578 Rn. 54).

4. Weitere Zuordnungs- und Zurechnungskonflikte, § 4k III. Die Regelung soll Art 9 II Buchst a iVm Art 2 IX (1) Buchst b, c und d ATAD umsetzen (BT-Drs 19/28652, S 37). Das betrifft zum einen „umgekehrt hybride Rechtsträger" *(reverse hybrids),* die im Staat ihrer Errichtung als transparent, im Staat des unmittelbar oder mittelbar Beteiligten aber als intransparent behandelt werden; zum andern geht es um Zuordnungskonflikte bei Zahlungen an Betriebsstätten *(diverted branch payments)* und um sog „unberücksichtigte Betriebsstätten" (*disregarded branch structures* – s *BMF* BStBl I 24, 1578 Rn. 62 ff, mit Beispielen). Allerdings ergibt sich dies nicht aus dem Wortlaut des § 4k III, der ohne Einschränkung **jede Form von D/NI-Inkongruenz** erfasst, die nicht bereits unter § 4k I und II fällt. Der Betriebsausgabenabzug wird damit generell insoweit versagt, als die den Aufwendungen entspr Erträge in keinem Staat einer tatsächl Besteuerung (→ Rn. 21) unterliegen und dies auf einer vom dt Recht abweichenden steuerl Zuordnung (zu einer Betriebsstätte) oder Zurechnung (zu einem Rechtsträger) nach den Rechtsvorschriften anderer Staaten beruht (s auch *Schnitger/Oskamp* IStR 20, 960 (961 f); *Rüsch* DStZ 20, 274 (283)). Soweit andere Gründe für die Nichtbesteuerung ursächl sind, greift das Abzugsverbot nicht ein (*BMF* BStBl I 24, 1578 Rn. 70; *Schnitger/Oskamp/Krockow* IStR 25, 257 (265)). Bei der Ermittlung der **Höhe** des Abzugsverbots ist auf den Veräußerungsgewinn abzustellen (zutr *Schnitger/Oskamp/Krockow* IStR 25, 257 (263); **aA** *BMF* BStBl I 24, 1578 Rn. 71). – § 4k III sieht **keine Ausnahmen** vor; auf § 4k II 3 kann nicht zurückgegriffen werden. Allerdings ist mE auch hier im Fall einer späteren tatsächl Besteuerung **§ 175 I 1 Nr 2 AO** anzuwenden (→ Rn. 21 aE). 26

5. Mehrfach berücksichtigte Aufwendungen, § 4k IV. – a) Abzugsverbot, § 4k IV 1. Die Regelung setzt Art 9 I Buchst a iVm Art 2 IX (1) Buchst g und IXb ATAD um (BT-Drs 19/28652, S 37 f) und richtet sich gegen Gestaltungen, die zu einer mehrfachen Berücksichtigung von Aufwendungen führen **(DD-Inkongruenzen),** ohne allerdings die Beschränkung des BA-Abzugs an das Vorliegen weiterer Voraussetzungen zu knüpfen; insb einen Bezug zu hybriden Gestaltungen enthält der Tatbestand nicht. Da dies den Vorgaben in Art 2 IX (1) Buchst g und IXb ATAD entspricht, der eine hybride Gestaltung iSd RL bereits dann annimmt, wenn ein „doppelter Abzug" erfolgt, kann auch in § 4k IV 1 kein hybrides Element als ungeschriebenes Tatbestandsmerkmal „hineingelesen" werden. Allerdings spricht die Formulierung „doppelter Abzug" immerhin dafür, dass Aufwendungen nur dann iSv § 4k IV 1 auch in einem anderen Staat „berücksichtigt" werden, wenn sie dort die steuerl **Bemessungsgrundlage mindern** (so zutr *Schnitger/Oskamp* IStR 20, 960 (963)). 28

Berücksichtigung iRe ausl **Hinzurechnungsbesteuerung** genügt daher nicht (glA *BMF* BStBl I 24, 1578 Rn. 75; *Schnitger/Oskamp/Krockow* IStR 25, 257 (262); **aA** *KS/Gosch* § 4k Rn. 16; *BeckOK EStG* § 4k Rn. 500; einschr auch *FWDS* § 4k Rn. 74). Berücksichtigung iRe **Verlustvortrags** hingegen genügt. – Zu Anwendungsfällen s iÜ *BMF* BStBl I 24, 1578 Rn. 76, auch zu **Gruppenbesteuerung** (krit *Schnitger/Oskamp/Krockow* IStR 25, 257 (266)); *FWDS* § 4k Rn. 74 f; BT-Drs 19/28652, 37 f. Zu den von der OECD in Betracht gezogenen Gestaltungen s auch *Schnitger/Oskamp* BEPS-Handbuch Rn. C.152 ff.

b) Rangfolge, § 4k IV 2. § 4k IV 1 soll die mehrfache Berücksichtigung von Aufwendungen ausschließen. Soweit in dem betreffenden ausl Staat **entspr Abzugsverbote** gelten, muss eine Rangfolge festgelegt werden, damit die Einmalberücksichtigung der Aufwendungen gewährleistet bleibt. Zu diesem Zweck bestimmt § 4k IV 2 Hs 1 zunächst, dass für **unbeschr StPfl** von einer mehrfachen Berücksichtigung von Aufwand iSv § 4k IV 1 auch dann auszugehen ist (gesetzl Fiktion), wenn die Aufwendungen in dem ausl Staat aufgrund einer § 4k entspr Regelung nicht zum Abzug 29 zugelassen werden. Das ist zunächst verwirrend und erklärt sich aus der Regelungshierarchie der ATAD: Im Fall eines doppelten Abzugs von Aufwendungen soll vorrangig derjenige Staat den BA-Abzug versagen, in dem die Mutter-Ges ansässig ist. Nur für den Fall, dass dieser Staat den BA-Abzug nicht versagt, soll der Staat des Zahlenden den Abzug versagen (s iEinz *BMF* BStBl I 24, 1578 Rn. 77 ff, auch zu doppelt ansässigen StPfl; *Schnitger/Oskamp* IStR 20, 960 (963 f), „Vorfahrtsregelung"; *Greinert/Siebing* Ubg 21, 525).

30 **c) Ausnahme: doppelt besteuerte Erträge, § 4k IV 3.** Das Abzugsverbot gem § 4k IV 1 gilt nicht, wenn der StPfl nachweisen kann (§ 90 II AO; insb: Vorlage der StErklärung), dass den doppelt berücksichtigten Aufwendungen eigene Erträge gegenüberstehen, die sowohl im Inl als auch in dem weiteren Staat, in dem die Aufwendungen berücksichtigt werden, tatsächl besteuert werden. Eigene Erträge des StPfl liegen auch dann vor, wenn ihm als Organträger Erträge der Organ-Ges zugerechnet werden. Es genügt, wenn die Aufwendungen in einen Verlustvortrag eingehen und in einem anderen VZ mit doppelt erfassten Erträgen verrechnet werden können (s zu beidem BT-Drs 19/28652, 39); die Berücksichtigung erfolgt in diesem Fall wiederum nach § 175 I 1 Nr 2 AO (so auch *BMF* BStBl I 24, 1578 Rn. 85 iVm 54). Zu konzerninternen Leistungsbeziehungen s iÜ *Schnitger/Posch* ISR 21, 187.

31 **d) Steueranrechnung, § 4k IV 4.** § 4k IV 1–3 gelten nicht für unbeschr StPfl, bei denen die Aufwendungen Einkünfte mindern, wenn zur Vermeidung der Doppelbesteuerung eine Anrechnung oder ein Abzug der auf diese Einkünfte erhobenen ausl Steuern vorgesehen sind. Mindern die Aufwendungen in dem anderen Staat allerdings auch Erträge, die nicht der inl Besteuerung unterliegen, greift diese Ausnahme insoweit nicht (s *Schnitger/Oskamp* IStR 20, 960 (964 f) mit Beispiel). S iEinz *BMF* BStBl I 24, 1578 Rn. 88 ff.

34 **6. Importierte Inkongruenzen, § 4k V. – a) Abzugsverbot, § 4k V 1.** Die Regelung setzt Art 9 III ATAD um. Sie soll ausschließen, dass die Effekte einer Besteuerungsinkongruenz, die durch Gestaltungen in anderen Staaten eingetreten und von diesen Staaten nicht beseitigt worden sind, ganz oder teilweise ins Inl verlagert werden *(imported hybrid mismatches)*. Es geht also darum zu verhindern, dass die in § 4k I–IV getroffenen Regelungen durch sog Back-to-back-Gestaltungen (Finanzierung über mehrere Stufen) unterlaufen werden. Zu diesem Zweck werden die ausl Strukturen einer Überprüfung in Form einer **hypothetischen Anwendung von § 4k I–V** unterzogen: Stehen den aus den BA iSv § 4 IV (unmittelbar oder mittelbar – also auch über mehrere zwischengeschaltete Stufen hinweg) resultierenden Erträgen wiederum auf einer weiteren Stufe Aufwendungen ggü, die bei einer entspr Anwendung von § 4k I–V einem Abzugsverbot unterlägen, ist insoweit der BA-Abzug nach § 4k V 1 ausgeschlossen (s *BMF* BStBl I 24, 1578 Rn. 96 ff, mit Beispielen). Die entspr Anwendung von § 4k I–V schließt die Ausnahmeregelungen in § 4k I 2, II 3, IV 3 und 4 und V 2 mit ein. Die Formulierung „... deren Abzug beim Gläubiger, einem weiteren Gläubiger oder einer anderen Person ..." soll sicherstellen, dass auch bei tiefer gestaffelten Strukturen und wohl auch iRe Gruppenbesteuerung jede Stufe einer Überprüfung unterzogen wird (s ausführl *Schnitger/Oskamp/Kockrow* IStR 21, 701; *Greinert/Siebing* Ubg 21, 525 (526 f)). **Beispiele:** *BMF* BStBl I 24, 1578 Rn. 117; iEinz *Schnitger/Oskamp/Krockow* IStR 25, 257 (267 ff).

35 **b) Ausnahme, § 4k V 2.** Das Abzugsverbot in § 4k V 1 gilt nicht, soweit die Inkongruenz bereits auf einer anderen Ebene der Rechtsbeziehungen beseitigt wurden. Bei Zahlungen an eine Ges in einem anderer EU-Mitgliedstaat wird zugunsten des StPfl (widerlegbar) vermutet, dass die Inkongruenz dort beseitigt wird (*BMF* BStBl I 24, 1578 Rn. 112; s auch *Schnitger/Oskamp/Krockow* IStR 25, 257 (269)).

36 **7. Einschränkung des Anwendungsbereichs, § 4k VI.** Die Abzugsbeschränkungen in § 4k I–V greifen nur dann ein, wenn der jeweilige Tatbestand zw naheste-

henden Personen iSd § 1 II AStG *oder* zw einem Unternehmen (also dem Stammhaus) und seiner Betriebsstätte verwirklicht worden *oder* eine strukturierte Gestaltung iSv § 4k VI 2 und 3 anzunehmen ist.

a) Nahestehende Personen, § 4k VI 1 und 2. Zum Begriff **„nahestehende Person"** iSd § 1 II AStG → § 4j Rn. 10. Das Näheverhältnis bezieht sich bei § 4k I-III auf das Verhältnis zw Gläubiger und Schuldner der jeweiligen Erträge, bei § 4k IV auf das Verhältnis zw den StPfl, bei denen es zu einem mehrfachen BA-Abzug kommt. Bei § 4k V ist mE auf die jeweilige Leistungsbeziehung der einzelnen Stufen abzustellen (glA *BeckOK EStG* § 4k Rn. 122; weitergehender: *Schnitger/Oskamp/Kockrow* IStR 21, 701: Näheverhältnis zw allen beteiligten Personen). – Im Fall eines **abgestimmten Verhaltens** sind gem § 4k VI 2 die Beteiligungen, Stimmrechte und Gewinnbezugsrechte weiterer Personen hinzuzurechnen (Fiktion des Nahestehens, *BMF* BStBl I 24, 1578 Rn. 9). Das Gesetz lässt offen, wann ein abgestimmtes Verhalten idS vorliegt. Allerdings wird man auf Art 2 Nr 4 Buchst b ATAD zurückgreifen können und müssen (→ Rn. 6); danach wird eine Person, die „in Bezug auf **Stimmrechte oder KapBeteiligung** an einem Unternehmen" gemeinsam mit einer anderen Person handelt, so behandelt, „als hielte sie eine Beteiligung an allen Stimmrechten oder dem gesamten Kapital dieses Unternehmens". Ein ledigl koordiniertes und gemeinsames Vorgehen wie bei § 30 II 1 WpÜG oder „gleichgerichtete Interessen" iSv § 8c I KStG ohne entspr vertragl Vereinbarung genügen daher mE nicht (s aber BT-Drs 19/28652, 54 f zu § 7 IV AStG nF; str, wie hier: *Rüsch* DStZ 20, 274, 276; *Zinowsky* IStR 21, 500 (501); *KS/Gosch* § 4k Rn. 5; **aA** offenbar *BMF* BStBl I 24, 1578 Rn. 9 unter Verweis auf *BMF* BStBl I 23, SonderNr. 1, S 2 Rn. 293; *HHR/Rüsch* § 4k Rn. 230; *Grotherr* IStR 20, 773 (779)). 37

b) Strukturierte Gestaltung, § 4k VI 3 und 4. Eine strukturierte Gestaltung liegt gem § 4k VI 3 vor, wenn der aus der Inkongruenz resultierende steuerl Vorteil bei der vertragl Gestaltung der schuldrechtl Beziehungen berücksichtigt worden ist. Das wird man idR dann annehmen können, wenn sich die vertragl vereinbarte Gegenleistung (zB Zinsen zu einem Darlehen) von entspr Gegenleistungen unterscheidet, bei denen sich keine Inkongruenz ergibt. – Der StPfl kann sich allerdings nach § 4k VI 4 **exkulpieren** (gegen überzogene Nachweisanforderungen: *Ehlermann/Link* ISR 21, 319 (330); s aber *BMF* BStBl I 24, 1578 Rn. 11). 38

Der Begriff „strukturierte Gestaltung" wird in Art 2 XI ATAD erläutert; s auch OECD-BEPS Aktionspunkt 2, S 119; *Kofler/Schnitger* BEPS-Handbuch Rn. C.17 f; *Rüsch* DStZ 20, 74; *Kahlenberg/Oppel* IStR 17, 205 (207).

8. Treaty Override, § 4k VII. Die Anwendung der genannten Regelungen erfolgt **ohne Rücksicht auf ein DBA** *(treaty override),* dh insb auch ohne Rücksicht auf DBA-rechtl Diskriminierungsverbote (vgl Art 24 OECD-MA; wohl wegen BFH I R 6/09, BStBl II 13, 186, und BFH I R 30/12, BStBl II 14, 721, obgleich die OECD einen Verstoß verneint, OECD-BEPS Aktionspunkt 2, S 164 f; s auch *Schnitger/Oskamp* BEPS-Handbuch Rn. C.278). 39

§ 5 Gewinn bei Kaufleuten und bei bestimmten anderen Gewerbetreibenden

(1) [1]**Bei Gewerbetreibenden, die auf Grund gesetzlicher Vorschriften verpflichtet sind, Bücher zu führen und regelmäßig Abschlüsse zu machen, oder die ohne eine solche Verpflichtung Bücher führen und regelmäßig Abschlüsse machen, ist für den Schluss des Wirtschaftsjahres das Betriebsvermögen anzusetzen (§ 4 Absatz 1 Satz 1), das nach den handelsrechtlichen Grundsätzen ordnungsmäßiger Buchführung auszuweisen ist, es sei denn, im Rahmen der Ausübung eines steuerlichen Wahlrechts wird oder wurde ein anderer Ansatz gewählt.** [2]**Voraussetzung für die Ausübung steuerlicher Wahlrechte ist, dass die Wirtschaftsgüter, die nicht mit dem handelsrechtlich maßgeblichen Wert in der steuerlichen Gewinnermitt-**

lung ausgewiesen werden, in besondere, laufend zu führende Verzeichnisse aufgenommen werden. [3]In den Verzeichnissen sind der Tag der Anschaffung oder Herstellung, die Anschaffungs- oder Herstellungskosten, die Vorschrift des ausgeübten steuerlichen Wahlrechts und die vorgenommenen Abschreibungen nachzuweisen.

(1a) **[1]Posten der Aktivseite dürfen nicht mit Posten der Passivseite verrechnet werden. [2]Die Ergebnisse der in der handelsrechtlichen Rechnungslegung zur Absicherung finanzwirtschaftlicher Risiken gebildeten Bewertungseinheiten sind auch für die steuerliche Gewinnermittlung maßgeblich.**

(2) **Für immaterielle Wirtschaftsgüter des Anlagevermögens ist ein Aktivposten nur anzusetzen, wenn sie entgeltlich erworben wurden.**

(2a) **Für Verpflichtungen, die nur zu erfüllen sind, soweit künftig Einnahmen oder Gewinne anfallen, sind Verbindlichkeiten oder Rückstellungen erst anzusetzen, wenn die Einnahmen oder Gewinne angefallen sind.**

(3) **[1]Rückstellungen wegen Verletzung fremder Patent-, Urheber- oder ähnlicher Schutzrechte dürfen erst gebildet werden, wenn**

1. **der Rechtsinhaber Ansprüche wegen der Rechtsverletzung geltend gemacht hat oder**
2. **mit einer Inanspruchnahme wegen der Rechtsverletzung ernsthaft zu rechnen ist.**

[2]Eine nach Satz 1 Nummer 2 gebildete Rückstellung ist spätestens in der Bilanz des dritten auf ihre erstmalige Bildung folgenden Wirtschaftsjahres gewinnerhöhend aufzulösen, wenn Ansprüche nicht geltend gemacht worden sind.

(4) **Rückstellungen für die Verpflichtung zu einer Zuwendung anlässlich eines Dienstjubiläums dürfen nur gebildet werden, wenn das Dienstverhältnis mindestens zehn Jahre bestanden hat, das Dienstjubiläum das Bestehen eines Dienstverhältnisses von mindestens 15 Jahren voraussetzt, die Zusage schriftlich erteilt ist und soweit der Zuwendungsberechtigte seine Anwartschaft nach dem 31. Dezember 1992 erwirbt.**

(4a) **[1]Rückstellungen für drohende Verluste aus schwebenden Geschäften dürfen nicht gebildet werden. [2]Das gilt nicht für Ergebnisse nach Absatz 1a Satz 2.**

(4b) **[1]Rückstellungen für Aufwendungen, die in künftigen Wirtschaftsjahren als Anschaffungs- oder Herstellungskosten eines Wirtschaftsguts zu aktivieren sind, dürfen nicht gebildet werden. [2]Rückstellungen für die Verpflichtung zur schadlosen Verwertung radioaktiver Reststoffe sowie ausgebauter oder abgebauter radioaktiver Anlagenteile dürfen nicht gebildet werden, soweit Aufwendungen im Zusammenhang mit der Bearbeitung oder Verarbeitung von Kernbrennstoffen stehen, die aus der Aufarbeitung bestrahlter Kernbrennstoffe gewonnen worden sind und keine radioaktiven Abfälle darstellen.**

(5) **[1]Als Rechnungsabgrenzungsposten sind nur anzusetzen**

1. **auf der Aktivseite Ausgaben vor dem Abschlussstichtag, soweit sie Aufwand für eine bestimmte Zeit nach diesem Tag darstellen;**
2. **auf der Passivseite Einnahmen vor dem Abschlussstichtag, soweit sie Ertrag für eine bestimmte Zeit nach diesem Tag darstellen.**

[2]Der Ansatz eines Rechnungsabgrenzungspostens kann unterbleiben, wenn die jeweilige Ausgabe oder Einnahme im Sinne des Satzes 1 den Betrag des § 6 Absatz 2 Satz 1 nicht übersteigt; das Wahlrecht ist einheitlich für alle Ausgaben und Einnahmen im Sinne des Satzes 1 auszuüben. [3]Auf der Aktivseite sind ferner anzusetzen

1. **als Aufwand berücksichtigte Zölle und Verbrauchsteuern, soweit sie auf am Abschlussstichtag auszuweisende Wirtschaftsgüter des Vorratsvermögens entfallen,**

2. als Aufwand berücksichtigte Umsatzsteuer auf am Abschlussstichtag auszuweisende Anzahlungen.

(6) **Die Vorschriften über die Entnahmen und die Einlagen, über die Zulässigkeit der Bilanzänderung, über die Betriebsausgaben, über die Bewertung und über die Absetzung für Abnutzung oder Substanzverringerung sind zu befolgen.**

(7) **[1]Übernommene Verpflichtungen, die beim ursprünglich Verpflichteten Ansatzverboten, -beschränkungen oder Bewertungsvorbehalten unterlegen haben, sind zu den auf die Übernahme folgenden Abschlussstichtagen bei dem Übernehmer und dessen Rechtsnachfolger so zu bilanzieren, wie sie beim ursprünglich Verpflichteten ohne Übernahme zu bilanzieren wären. [2]Dies gilt in Fällen des Schuldbeitritts oder der Erfüllungsübernahme mit vollständiger oder teilweiser Schuldfreistellung für die sich aus diesem Rechtsgeschäft ergebenden Verpflichtungen sinngemäß. [3]Satz 1 ist für den Erwerb eines Mitunternehmeranteils entsprechend anzuwenden. [4]Wird eine Pensionsverpflichtung unter gleichzeitiger Übernahme von Vermögenswerten gegenüber einem Arbeitnehmer übernommen, der bisher in einem anderen Unternehmen tätig war, ist Satz 1 mit der Maßgabe anzuwenden, dass bei der Ermittlung des Teilwertes der Verpflichtung der Jahresbetrag nach § 6a Absatz 3 Satz 2 Nummer 1 so zu bemessen ist, dass zu Beginn des Wirtschaftsjahres der Übernahme der Barwert der Jahresbeträge zusammen mit den übernommenen Vermögenswerten gleich dem Barwert der künftigen Pensionsleistungen ist; dabei darf sich kein negativer Jahresbetrag ergeben. [5]Für einen Gewinn, der sich aus der Anwendung der Sätze 1 bis 3 ergibt, kann jeweils in Höhe von vierzehn Fünfzehntel eine gewinnmindernde Rücklage gebildet werden, die in den folgenden 14 Wirtschaftsjahren jeweils mit mindestens einem Vierzehntel gewinnerhöhend aufzulösen ist (Auflösungszeitraum). [6]Besteht eine Verpflichtung, für die eine Rücklage gebildet wurde, bereits vor Ablauf des maßgebenden Auflösungszeitraums nicht mehr, ist die insoweit verbleibende Rücklage erhöhend aufzulösen.**

Einkommensteuer-Richtlinien: EStR 5.1–5.7/EStH 5.1–5.8.

Übersicht Rn.

I. Allgemeines

Schrifttum (allgemeiner Art): *Anzinger/Oser/Schlotter,* Rechnungslegung und Prüfung der Unternehmen, 7. Aufl, 2023; *Baetge/Kirsch/Thiele,* Bilanzen 17. Aufl, 2024; *Beck'scher Bilanzkommentar (BeBiKo),* 14. Aufl, 2024; *Desens/Tappe* SteuerR, Lehrbuch 28. Aufl, 2025, § 5 E; *Hüttemann/Schön* (Hrsg), Unternehmenssteuerrecht, 2024; *IdW* (Hrsg), WP-Handbuch Band I 19. Aufl, 2025; *Kahle/Kopp,* Grundzüge der Handels- und Steuerbilanz, 2. Aufl, 2021; *Knobbe-Keuk,* Bilanz- und Unternehmenssteuerrecht 9. Aufl, 1993; *Moxter,* Bilanzrechtsprechung 6. Aufl, 2007; *Prinz/Kanzler* (Hrsg), Handbuch Bilanzsteuerrecht 4. Aufl, 2021; *Schulze-Osterloh/Hennrichs/Wüstemann* (Hrsg), Handbuch des Jahresabschlusses in Einzeldarstellungen (HdJ); *Weber-Grellet,* Steuerbilanzrecht, 1996; *Weber-Grellet,* Bilanzsteuerrecht (BilStR) 21. Aufl, 2024. – **Aufsätze:** *Kahle,* Grundfragen und aktuelle Entwicklungen …, FR 24, 1; *Prinz,* Bilanzsteuerrecht im Umbruch, DB 24, 1; *Marx,* Kernelemente eines Rahmenkonzepts für die StBil, Ubg 24, 113; *Prinz,* Gedanken zur Auslegung von Bilanzrecht, FR 24, 289; *Kahle,* Brennpunkte …, FR 24, 1117; *Weber-Grellet,* BFH-Rspr zum BilanzStRecht, BB 26, 43.

Verwaltungsanweisungen: *BMF* EStH Anhang 9 (Bilanzierung); *BMF* BStBl I 24, 450 (Positivliste der geltenden Anweisungen).

1. Übersicht (§ 5 I–VII); Entwicklungen. – a) Gesetzesinhalt. § 5 I enthält eine Sonderregelung für die Gewinnermittlung der Gewerbetreibenden durch BV-Vergleich nach § 4 I (→ § 4 Rn. 20 f). Das StBilR ist **dreischichtig** (reines StRecht; GoB; analog angewendetes Handelsrecht). Grundlage der Gewinnermittlung sind die handelsrechtl GoB **(§ 5 I 1)** über den Ansatz (→ Rn. 26 f, 30) und die Bewertung (str, → Rn. 33). **§ 5 II** *verbietet* die Aktivierung nicht entgeltl erworbener immaterieller WG des AV und *gebietet* die Aktivierung entgeltl erworbener immaterieller WG (→ Rn. 161). **§ 5 IIa** schränkt den Ansatz gewinnabhängiger Verpflichtungen ein. **§ 5 III–IVb** beschränken Rückstellungen wegen Verletzung bestimmter Schutzrechte (III); für Verpflichtungen zu Dienstjubiläumszuwendungen (IV); Verbot der Verlustrückstellung (IVa); Rückstellungsverbot für AK/HK (IVb). **§ 5 V 1** regelt – wie § 250 I HGB – den Ansatz von RAP. **§ 5 V 3** gebietet die Aktivierung der als Aufwand berücksichtigten Zölle und Verbrauchsteuern sowie der USt auf Anzahlungen. **§ 5 VI** stellt klar, dass estrechtl Normen, insb über Bewertung (§§ 6–7k) und BA (§ 4 IV–X) Vorrang vor HB-Recht haben (Steuer-, insb Bewertungsvorbehalt); damit richtet sich die Beurteilung der betriebl Veranlassung *allein* nach EStRecht. **§ 5 VII** (idF AIFM-StAnpG) regelt – korrespondierend zu § 4f (s dort) – die Fortgeltung der Passivierungsbeschränkungen beim Übernehmer (→ Rn. 503). 1

Erhebl verändert wurde das Bilanzsteuerrecht durch das **StEntlG 1999 ff** (BT-Drs 14/23, 170; iEinz → 23. Aufl 2004, § 5 Rn. 1 ff). De lege ferenda ist – im Hinblick auf die Eigenständigkeit des StRechts (BFH GrS 1/10, BStBl II 13, 317; → § 2 Rn. 38) – ein **eigenständiges Bilanzsteuerrecht** anzustreben (s iEinz *Weber-Grellet* DB 16, 1279; → Rn. 26). – Die Neuregelungen des **BilMoG** (BGBl I 09, 1102) sind überwiegend ab 1. 1. 10 anzuwenden; Übersicht über die Änderungen bei *Hennrichs* StbJb 09/10, 261 (278 ff). – Die **IFRS** haben grds keine Bedeutung für die steuerl Gewinnermittlung (*Kahle* FR 24, 1117 (1121)).

b) Entwicklungen. Auch das Bilanzsteuerrecht ist obj Lastenverteilungsrecht (→ § 2 Rn. 1; zu den verfrechtl Maßstäben *HHR/Anzinger* § 5 Rn. 50 f). Maßgebl sind die obj Verhältnisse. Der Fehlerbegriff (→ § 4 Rn. 281 f) ist obj zu bestimmen (BFH GrS 1/10, BStBl II 13, 317; *Weber-Grellet* BB 18, 2347); Ähnl gilt für die Wertaufhellung (→ Rn. 81). – Das Bilanzsteuerrecht ist teleologisch auszulegen (→ Rn. 59); Ausprägungen der teleologischen Betrachtungsweise sind das Realisationsprinzip und das Belastungsprinzip (*Weber-Grellet* BB 19, 2411; → Rn. 382); z BilanzStRecht der PersGes nach MoPeG s *Weber-Grellet* BB 22, 2345. 2

Grundpfeiler des (heutigen) Bilanzsteuerrechts sind das imparitätische Realisationsprinzip (*Kahle* FR 25, 927: Dreh- und Angelpunkt), eine steuerrechtl-teleologische Auslegungsmethode und der Aspekt der Objektivierung. Alle bilanzsteuerrechtl Fragen sind nach Maßgabe dieser Vorgaben, die weitgehend schon in der RFH-Rspr angelegt sind, zu entscheiden (*Weber-Grellet* BB 18, 2347; *ders* BB 21, 1451).

3 **2. Europäisierung des Bilanzsteuerrechts.** Die RL 2013/34/EU (ABl EU 2013 Nr L 182, 19; dazu *Velte* GmbHR 13, 1125) ersetzt die 4. RL (78/660/EWG – BiRiLi) und die 7. RL (83/349/EWG – konsolidierter Abschluss); die RL ist durch das **BilRUG** (BGBl I 15, 1245) umgesetzt worden (BRegEntw BR-Drs 23/15). – Die RL 2013/34/EU steht mit ihrem „true and fair view" (Bilanzwahrheit; Art 4 III; EuGH C-444/16, DStR 17, 1669 – de Bruyne zur Verbuchung eines Optionspreises) dem Bilanzsteuerrecht näher als dem vom Vorsichtsprinzip bestimmten Handelsrecht und den GoB; die allg Grundsätze (Art 6 I RL 2013/34/EU) ähneln denen des § 252 HGB, gelten aber auch für den Ansatz (zu EU-rechtl Einflüssen auf das Bilanzsteuerrecht *HHR/Anzinger* § 5 Rn. 40 f; allg *Weber-Grellet* DB 22, 1344). Dem **EuGH** sind nur Fragen zur Gültigkeit und Auslegung von Europarecht **vorzulegen** (Art 267 AEUV; BVerfG 2 BvR 1079/20, IStR 24, 139; zur Vorlagepraxis *Kahle/Kopp* DStR 21, 1569 (1573)), nicht bei eindeutiger Rechtslage (BFH X R 7/13, DStR 15, 989); konkret verneint der **BFH** die Vorlagepflicht auch bei eigenständigen steuerl Regelungen wie § 6 und soweit nicht KapGes betroffen sind (BFH VIII R 77/96, BStBl II 02, 227).

Der **EuGH** selbst hielt sich auch in bilanzstrechtl Fällen zur Auslegung der 4. RL für zuständig (zB C-306/99, BStBl II 04, 144 – BIAO, zur Wertaufhellung; EuGH C-640/18, DStRE 20, 577 – Wagram, zur Bilanzwahrheit; krit *Weber-Grellet* FR 20, 834; *Lüdenbach* StuB 20, 613), überlässt die Entscheidung über eine Vorlage aber den nationalen Gerichten (EuGH C-297/88, 197/89, Slg 90, I-3763 – Dzodzi; EuGH C-439/07 Rn. 59, DStRE 09, 1181 – KBC Bank; zur Vorlagepflicht an den EuGH vgl auch BVerfG 1 BvR 1631/08, RIW 10, 792 [Geräteabgabe]). – Dementspr haben in den letzten Jahren die FG von **bilanzsteuerrechtl Vorlagen** abgesehen.

II. Zur Buchführung verpflichtete Gewerbetreibende (Tatbestand)

6 **1. Tatbestandsvoraussetzungen.** § 5 setzt – im Unterschied zu § 4 I – einen „Gewerbetreibenden" voraus; dieser muss entweder nach inl Recht gesetzl verpflichtet sein (→ Rn. 12) – vertragl Pflicht genügt nicht –, „Bücher" zu führen und „regelmäßige Abschlüsse zu machen", oder dies freiwillig tun. Bücher sind Handelsbücher iSv §§ 238, 239 HGB und § 141 I AO. Regelmäßiger Abschluss sind ieS Eröffnungs- und Jahresschlussbilanz (§ 242 I HGB), iwS der aus Bilanz, GuV-Rechnung und – ggf – Anhang bestehende Jahresabschluss (§§ 242 III, 264 I, 284–286 HGB). IRd doppelten Buchführung wird neben der Bilanz eine GuV-Rechnung erstellt, die – korrespondierend zum BV der Bilanz – alle Erträge (BE) und Aufwendungen (BA) nach dem Grundsatz der wirtschaftl Verursachung (§ 252 I Nr 5 HGB) erfasst. Unter § 5 fällt aber auch, wer freiwillig eine Jahresbilanz, jedoch keine GuV-Rechnung erstellt. – Auf StPfl, die nicht unter § 5 (sondern unter § 4 I) fallen (zB bei §§ 13, 18), ist das BV gleichwohl nach den handelsrechtl GoB auszuweisen (BFH IV R 13/17, BStBl II 19, 754).

7 **2. Persönlicher Anwendungsbereich. – a) Gewerbetreibender.** Das ist nur, wer ein gewerbl Unternehmen iSv § 15 I 1 Nr 1 betreibt (*HHR/Anzinger* § 5 Rn. 70). Ein Handelsgewerbe iSv §§ 1, 2 HGB ist weder erforderl noch ausreichend. Trotz handelsrechtl Buchführungspflicht muss § 5 nicht unmittelbar anwendbar sein, zB bei einem in das HReg eingetragenen Landwirt oder einer Grundstücksvermietung; umgekehrt kann § 5 ohne handelsrechtl Buchführungspflicht anwendbar sein (etwa über § 141 AO), zB bei gewerbl Grundstückshandel (dazu BFH VIII R 40/94, BFH/NV 97, 403).

8 **b) Natürliche Personen.** Gewerbetreibender kann eine – unbeschr oder beschr estpfl – **natürl Person** (§ 1) sein, aber auch eine **PersGes** iSv § 15 I 1 Nr 2 (→ § 15 Rn. 407 ff). Zur Anwendung des § 5 auf Sonder-BV und -vergütungen → § 15 Rn. 400, 475, 560.

c) Juristische Personen. Für KapGes gilt § 5 über die §§ 7, 8 KStG. Zum Gewinnanteil des persönl haftenden Ges'ters einer KGaA → § 15 Rn. 891. 9

d) Geltung für inländische/ausländische Gewerbebetriebe. Bei unbeschr StPfl erfasst § 5 inl und ausl Unternehmensteile, letztere nur, soweit dies für die inl Besteuerung erforderl ist, zB wenn keine DBA-Befreiung oder in den Fällen der §§ 2a, 32, 34c (BFH I R 3/13, DStR 15, 629; **aA** *HHR/Anzinger* § 5 Rn. 81); bei beschr StPfl gilt § 5 nur für inl GewBetr (§ 49 I Nr 2; BFH I R 49/84, BStBl II 89, 140). Die gewerbl Einkünfte einer ausl PersGes ohne inl Betriebsstätte (aber mit unbeschr stpfl Ges'tern) sind nach § 4 I unter Beachtung der materiellen GoB zu ermitteln (BFH I R 32/90, BStBl II 92, 94 mwN). Eine inl Betriebsstätte eines ausl Unternehmens hat ihren Gewinn in Euro zu ermitteln (BFH I B 44/08, BFH/NV 09, 940). 10

3. Sachlicher Anwendungsbereich. § 5 gilt nur für den **lfd Gewinn.** Ein Betriebsveräußerungs- oder -aufgabegewinn ist nach § 16 II zu ermitteln; dabei ist aber für den Zeitpunkt der Veräußerung oder Aufgabe der Buchwert des BV nach § 5 fortzuschreiben (§ 16 II 2; → § 16 Rn. 305). Gewinne aus der Veräußerung von Anteilen an KapGes bei relevanter Beteiligung (§ 17) oder von im PV gehaltenen einbringungsgeborenen Anteilen (§ 20 UmwStG) sind zwar Einkünfte aus GewBetr, aber nur bedingt nach § 5 zu ermitteln (BFH VIII R 69/93, BStBl II 95, 725; → § 17 Rn. 106 f). 11

4. Gesetzliche Buchführungspflicht; Abschlusspflicht. – a) Verpflichtung. Verpflichtet, Bücher zu führen und regelmäßig (Jahres-)Abschlüsse (→ Rn. 6) zu machen, sind: – *(1)* Natürl Personen gem §§ 238, 242 HGB, wenn sie Kfm (§ 1 HGB, FG Bln-Bbg DStRE 12, 201) oder Kannkaufmann (§§ 2, 3, 105 II HGB; ab Eintragung) sind; zur Befreiung von der Buchführungspflicht: § 241a HGB idF BilMoG. – *(2)* OHG, KG nach § 6 iVm §§ 238, 242 HGB. Die Buchführungspflicht einer OHG/KG erstreckt sich (auch) auf SonderBV (str, → § 15 Rn. 508). – *(3)* AG und KGaA; GmbH; Genossenschaften, sonstige juristische Personen des Privatrechts (zB eV, rechtsfähige Stiftung) und des öffentl Rechts; auch Betriebe gewerbl Art und andere juristische Personen döR. – Ein Einzelunternehmer kann mehrere Betriebe haben; für jeden ist eine eigene Gewinnermittlung zu erstellen (BFH X B 156/14, BFH/NV 15, 1087). IEinz → 38. Aufl 2019, § 5 Rn. 12. 12

b) Beginn und Ende. – aa) Handelsrechtliche Buchführungs-/Abschlusspflicht. Sie beginnt für Musskaufleute mit dem „Beginn des (vollkaufmännischen) Handelsgewerbes", dh von der ersten Vorbereitung an (BGH II ZR 205/52, BGHZ 10, 91); auf diesen Zeitpunkt ist eine **Eröffnungsbilanz** aufzustellen (§ 242 I HGB). – Sie endet mit Betriebseinstellung (Betriebsaufgabe oder -veräußerung iSv § 16), vorher zB mit Löschung im HReg bei Kannkaufmann, nicht bei einer Teilbetriebsveräußerung (BFH IV R 4/93, BStBl II 94, 677). – Zur Gründungsbilanzierung bei KapGes vgl *Tipke/Lang* SteuerR Rn. 11.26; zur Buchführungs-/Bilanzierungspflicht während der **Insolvenz** BFH VIII R 128/84, BStBl II 93, 594; BFH XI B 49/18, BFH/NV 19, 208; §§ 153, 155 InsO; *Beck HdR* B 768 (4/19); zur Bilanzierung bei Liquidation vgl § 71 GmbHG, § 270 AktG. 13

bb) Steuerliche Buchführungspflicht/Bilanzierungspflicht. Nach § 141 I AO beginnt sie im nächsten Wj nach Mitteilung des FA (§ 141 II 1 AO). Sie endet erst mit Ablauf des Wj nach entspr Feststellung des FA (§ 141 II 2 AO). 14

cc) Besondere Anlässe. Im Fall der Betriebsaufgabe (Betriebsveräußerung) sind eine letzte Schlussbilanz zur Ermittlung des lfd Gewinns und eine Aufgabebilanz zur Ermittlung des Aufgabegewinns bzw -verlusts aufzustellen (BFH X R 48/13, BFH/NV 15, 1358); ebenso ist mE eine Veräußerungsbilanz aufzustellen (*Weber-Grellet* BilStR Rn. 109 mit Beispiel). 15

16 **dd) Ausländische Buchführungspflicht/Bilanzierungspflicht.** Auch eine ausl Rechtsnorm kann Buchführungspflicht begründen (BFH I R 81/16, BStBl II 19, 390); Sperrwirkung ggü § 4 III – Gewinnermittlung (BFH I R 48/19, DStR 23, 1250; FG Bln-Bbg BB 25, 2799, Rev I R 10/25; *Weber-Grellet* BB 24, 43; krit *Herrfurth* StuB 23, 692); str ist, ob eine ausl Immobilien-KapGes von § 141 AO erfasst wird (BFH I B 93/15, BStBl II 16, 66).

17 **5. Freiwillige Buchführung und Bilanzierung, § 5 I 1 Hs 1 Alt 2.** Freiwillige Buchführung zwingt zur Gewinnermittlung nach § 5, auch die eines Ausländers (BFH I R 24/13, BStBl II 15, 141; BFH IV R 3/20, BStBl II 23, 703 – gegen „Goldfinger-Modell"). Nur Gewerbetreibende, die weder nach Handelsrecht buchführungs- und abschlusspflichtig sind (zB Kleingewerbetreibende [frühere Minderkaufleute]; s § 1 II HGB; § 241a HGB: Erlöse unter 600 T€, Überschuss unter 60 T€) noch § 141 I AO erfüllen und auch tatsächl keine Bücher führen, haben die Wahl zw Überschussrechnung (§ 4 III) und Vermögensvergleich (§ 4 I iVm § 5); sie üben die Wahl zB durch entspr Handeln aus (BFH I R 5/21, BFH/NV 25, 664, BFH X R 1/23, BStBl II 25, 236; *Weber-Grellet* BB 26, 43 (49) auch → § 4 Rn. 10). Trifft der StPfl keine Wahl (zB keinerlei Aufzeichnungen), ist nach BV-Vergleichsgrundsätzen zu schätzen (BFH III R 30–31/85, BStBl II 90, 287). Bei nachträgl Einkünften kann (muss?) der Gewinn nach § 4 III ermittelt werden (BFH XI S 14/98, BFH/NV 99, 926; *Weber-Grellet* BB 25, 43 – zu BFH III R 7/22, BStBl II 24, 740).

6. Ordnungsvorschriften; Schätzung

Schrifttum: *Bieg/Waschbusch,* Buchführungspflichten und -vorschriften, Beck HdR A 100/110 (03/20); *Gehringer,* Buchführungssysteme Beck HdR A 120 (8/10). – *Bartuschka,* GoBD, BB 25, 1906. – **Verwaltung:** EStR 5.2–5.4; *BMF* BStBl I 24, 1198 (Richtsatzsammlung 2023); *BMF* BStBl I 19, 1269 zu EDV-gestützten Buchführungssystemen, geändert durch *BMF* BStBl I 24, 374 und *BMF* BStBl I 25, 1502 (GoBD).

18 **a) Ordnungsgemäße Buchführung.** Der Jahresabschluss (die Bilanz) ist klar und übersichtl aufzustellen, § 243 Abs. 2 HGB (Grundsatz der Bilanzklarheit). Buchführung und Jahresabschluss müssen einem sachverständigen Dritten verständlich sein (Qualität der äußeren Gestaltung; Ordnungsmäßigkeit der lfd Buchführung; vgl §§ 241–243, 257, 264 I HGB; s auch EStR 5.2–5.4). Die GoB verpflichten Einzelhändler (zB Apotheker) grds, alle **bar vereinnahmten Umsätze** einzeln aufzuzeichnen (BFH X R 42/13, BStBl II 15, 519; zur Ordnungsmäßigkeit der Kassenbuchführung s *OFD Ka* DStR 25, 530, zur Schätzungsbefugnis bei (Alt-)Kassen BFH X R 3/22. BStBl II 24, 329). Die Buchführung muss an die Ergebnisse der **Inventur** angepasst werden. Besondere Ordnungsvorschriften für die Buchführung und für Aufzeichnungen enthalten §§ 146 f. AO, zB für das Taxigewerbe (*BMF* BStBl I 24, 367). – Für **elektronische Bücher** gelten im Prinzip dieselben Anforderungen (*BMF* BStBl I 19, 1269 idF *BMF* BStBl I 25, 1502 – GoBD; *Brinkmann* StBP 20, 163; § 146a AO); im Vordergrund steht der Grundsatz der Nachvollziehbarkeit. Die vom *BMF* aufgestellten GoBD sind nicht „per se" GoB (zutr *Goldshteyn/Thelen* DStR 15, 326).

19 **b) Schätzung.** Bei Verletzung der Ordnungsvorschriften (formelle Ordnungswidrigkeit) entfällt die widerlegbare Vermutung der sachl Richtigkeit (§ 158 AO; dazu BFH III R 129/85, BStBl II 92, 55 mwN); der Gewinn ist gem § 162 AO ganz oder teilweise zu schätzen (vgl BFH X B 25/20, BFH/NV 21, 680; EStR 4.1 II 3, 4); der BFH hält die Schätzung nach amtl Richtsätzen für ungeeignet (BFH X R 19/21, BFH/NV 25, 1476; bestätigend BFH X R 23–24/21, DStR 25, 2730); mE geht der faktische Ausschluss zu weit (*Weber-Grellet* FR 26, 32; *ders* BB 26, 43). Die Schätzung ist, sofern der StPfl buchführungs- und abschlusspflichtig ist, nach den Regeln des BV-Vergleichs (§ 4 I) durchzuführen (BFH X R 163–164/87, BStBl II 91, 802); dabei sind beim Ansatz des BV die materiellen GoB (→ Rn. 58 f) zu berücksichtigen

(BFH VIII R 28/90, BStBl II 92, 881). Zur Geldverkehrsrechnung BFH VIII B 138/10, BFH/NV 11, 1662; zu Umfang und Methoden der Schätzung s *KKM* § 5 Rn. A 245; *TK* § 162 AO Rn. 8. – Zur Möglichkeit eines Zeitreihenvergleichs s BFH X R 20/13, DStR 15, 1739; zur Ziffernanalyse BFH X B 25/20, BFH/NV 21, 680.

III. Gewinnermittlung nach Maßgabe der handelsrechtlichen GoB (Rechtsfolge)

1. Normative Aussage des § 5; bilanzsteuerrechtliche Gewinnermittlung. 21
– **a) Allgemeines.** Funktion der StBil ist die periodengerechte Ermittlung des („vollen") Gewinns als Indikator der wirtschaftl Leistungsfähigkeit mit dem Ziel einer gesetz-, insb gleichmäßigen Besteuerung (BFH GrS 2/68, BStBl II 69, 291; BFH GrS 2/99, BStBl II 00, 632; *Weber-Grellet* StBilR § 2). Sind die tatbestandl Voraussetzungen des § 5 I 1 erfüllt, hat das zur Folge: – ***(1)*** **BV-Vergleich.** Der Gewinn iSv § 4 I ist auf der Grundlage einer „Vermögensübersicht (Bilanz)" (vgl § 4 II) zu ermitteln, dh durch Vergleich des Endvermögens eines Wj (Schlussbilanz) mit dem Anfangsvermögen (vgl § 242 I HGB: Eröffnungsbilanz; dazu → Rn. 13) bzw dem Endvermögen des vorhergehenden Wj (vgl § 252 I Nr 1 HGB); der „Gewinn" umfasst positive wie negative Betriebsergebnisse (BFH IV R 156/74, BStBl II 75, 734). Die den steuerl Vorschriften entspr Schlussbilanz (**Steuerbilanz;** vgl § 27 I KStG – häufig „Einheitsbilanz") und ggf die Eröffnungsbilanz sind mit der Steuererklärung beim FA einzureichen (vgl § 60 EStDV), nebst GuV-Rechnung (§ 60 I 1 EStDV idF BGBl I 25 Nr 372); zur Anpassung der HB vgl *IDW/HFA* WPg 01, 1084. – ***(2)*** **GoB-Maßgeblichkeit.** IRd BV-Vergleichs ist jeweils das BV anzusetzen, das nach den handelsrechtl GoB (Buchführung und Bilanzierung) auszuweisen ist (§ 5 I 1; *Weber-Grellet* BilStR Rn. 55 f). Zu **Durchbrechungen** → Rn. 34. – ***(3)*** Gewinn ist der sich aus den GoB und den (ggfs korrigierenden) stl Vorschriften ergebende (StBil-) Gewinn (→ Rn. 22; → § 2 Rn. 7). – ***(4)*** **Bilanzberichtigung.** Zur Fehlerkorrektur (über den Bilanzenzusammenhang) → § 4 Rn. 296; BFH XI R 27/22, DStR 25, 2472; iEinz *Weber-Grellet* FR 26, 123).

b) Betriebsvermögensvergleich. In den Vergleich sind nur aktive und passive 22
Bilanzposten einzubeziehen, die **BV** iSv **§ 4 I** sind. Dabei bestimmt sich die sachl Zuordnung zum BV ausschließl nach EStRecht; der Ausweis in der HB genügt nicht. – Umgekehrt kann der Nichtausweis in der HB die Einbeziehung in den BV-Vergleich nicht hindern, sofern notwendiges BV iSv § 4 I vorliegt (BFH VIII R 322/84, BFH/NV 90, 499; → § 4 Rn. 35 ff). Ebenso bestimmt sich ausschließl nach ESt-Recht, welchem von mehreren BV ein Aktiv- oder Passivposten bei sog **Bilanzierungskonkurrenz** zuzurechnen ist (vgl BFH VIII B 88/10, BFH/NV 11, 600); für SonderBV bei PersGes → § 15 Rn. 533. Im System der doppelten Buchführung sind GuV und Bilanz komplementäre Rechnungen, die zwingend zum identischen Ergebnis führen müssen. Außerbetriebl (privat) veranlasste BV-Veränderungen sind entspr zu korrigieren (§ 4 I 1 Hs 2; zB „per Privatkonto an Geld"); andere „außerbilanzielle Korrekturen" (zB für stl Ausnahmeregelungen, etwa § 4 V) sind im System eigentl nicht vorgesehan (**aA** zB BFH I R 54/11, BStBl II 13, 1048; *BH/Krumm* § 5 Rn. 97; krit *Niederberger* Die Systeme der ein- und zweistufigen Gewinnermittlung, 2019; *Weber-Grellet* BilStR Rn. 110; *Weber-Grellet* BB 24, 1450; *Briese* BB 24, 2199).

2. Maßgeblichkeit handelsrechtlicher GoB; Maßgeblichkeitsgrundsatz, § 5 I

Schrifttum (s auch vor → Rn. 60): *Böcking/Korn* Beck HdR B 120 (1/23); *Kahle,* Maßgeblichkeitsprinzip, HdJ VII/1 (5/24); *Weber-Grellet* BilStR Rn. 77 f. – *Marx,* Kernelemente eines Rahmenkonzepts für die StBil, Ubg 24, 113; *Drüen,* Die FGe als Normsetzer im Bilanzrecht, DStR 24,1258; *Prinz,* Wider die Ausweitung der IFRS …, DB 24, 1976; *Marx,* 150 Jahre Maßgeblichkeitsgrundsatz …, FR 24, 969.

Verwaltung: EStR 6.11 III (zur Rückstellungsbewertung); *BMF* BStBl I 10, 239 (zu § 5 I idF BilMoG – GoB-Maßgeblichkeit). – **Gesetzesmaterialien zu § 5 I 2:** BT-Drs 11/2157; BT-Drs 11/5970.

26 **a) Überblick.** Der Maßgeblichkeitsgrundsatz (Gewinnermittlung nach den handelsrechtl GoB; BFH I R 58/05, BStBl II 06, 928) ist in § 5 I normiert, in 5 I 1 die **materielle** und in 5 Ia 2 die **konkrete** Maßgeblichkeit für Sicherungseinheiten (weiterer Fall in § 6 I Nr 1b 2). Die frühere umgekehrte Maßgeblichkeit (§ 5 I 2 aF; → Rn. 64) wurde durch BilMoG (BGBl I 09, 1102) abgeschafft (*Künkele/Zwirner* DStR 09, 1277). Eine weitergehende (konkrete) Maßgeblichkeit (HB-Ansatz = StBil-Ansatz oder HB = StBil) bestand und besteht nicht (BFH I R 44/07, DStR 08, 1226; vgl *Weber-Grellet* StBilR § 6 Rn. 7). – Erst recht nicht maßgebl ist der konkrete Ansatz in der HB, soweit dieser handels- oder estrechtl unzul ist, zB bei GoB-Widrigkeit oder bei Nichtigkeit der HB (vgl § 256 AktG; *NSH* GmbHG § 42a Rn. 22). Maßgebl ist nach dem (eindeutigen) Gesetzeswortlaut nicht das HGB, sondern sind die GoB (*Weber-Grellet* DB 16, 1279; **aA** zB *Velte* Ubg 15, 1). – Einen (unsystematischen) Fall konkreter (formeller) Maßgeblichkeit enthält allerdings § 5 Ia (HB-Bewertungseinheiten; → Rn. 70). – Sachl nicht gerechtfertigt ist mE die Begrenzung („Deckelung") von Rückstellungen nach EStR 6.11 III auf den niedrigeren HB-Wert (*Weber-Grellet* FR 23, 576; *ders* BB 24, 43 (45); *Prinz* DB 25, 1 (12); **aA** BFH XI R 46/17, BStBl II 20, 195; BFH IV R 24/19, BStBl II 23, 698; *Kahle* FR 24, 1 (3); → § 6 Rz 472); „höchstens" in § 6 I Nr 3a bestimmt allein die steuerl Obergrenze (steuerl Bewertungsvorbehalt; → Rn. 33). – Wie für Verbindlichkeitsrückstellungen besteht mE auch für die Pensionsrückstellung und die allg TW-AfA (nach allg steuerl Grundsätzen) ein Ausweiszwang (*Weber-Grellet* FR 24, 233; so auch *HHR/Anzinger* § 5 Rn. 280; *Schulze-Osterloh* DStR 11, 534; *Meinert* RdF 24, 196; **aA** → § 6 Rn. 361 mwN; **aA** wohl auch *BMF* BStBl I 16, 995; *BMF* BStBl I 24, 701); der Gesetzgeber sollte die Formulierungen in § 6 I Nr 1 S 2 (TW-AfA) und § 6a I (Pensionsrückstellung) korrigieren.

Kritik: Der Maßgeblichkeitsgrundsatz als solcher ist wegen der Unbestimmtheit und Unvollständigkeit der GoB nicht leistungsfähig; **notwendig** ist die **Normierung der bilanzstrechtl Grundtatbestände** (iEinz *Weber-Grellet* DB 16, 1279; *ders* BB 21, 1451; *Müller-Gatermann* Ubg 19, 19); der genaue Inhalt der Grundbegriffe (zB WG, Rückstellung, RAP) ist nach wie vor ungeklärt (ähnl *Marx* Ubg 24, 113), was von der Gegenmeinung schlicht ignoriert wird; mit einer „HGB-Renaissance" oder einer verstärkten betriebswirtschaftl Ausrichtung (so *Prinz* FR 24, 289) ist es nicht getan. Der Ruf nach Vereinfachung (*Kahle* HdJ VII/1 (5/24) Rn. 367) und Stärkung des Maßgeblichkeitsgrundsatzes (*Kahle* FS Böcking 2021, 571) ist daher nicht besonders hilfreich, eher schon eine Regelung zur sinngemäßen Anwendung handelsrechtl Vorschriften (*Böcking/Korn* Beck HdR B 120 (1/23) Rn. 160). Auch hat sich die Rspr der FG nicht „außerordentl bewährt" (so aber – mE viel zu allg – *Drüen* DStR 24, 1258).

27 **b) Zweck der Steuerbilanz.** Das ist (auch nach BilMoG, BGBl I 09, 1102) unverändert die Ermittlung des „wirklichen" Gewinns als Indikator der stl Leistungsfähigkeit auf der Grundlage des obj Nettoprinzips (*Kahle* DB 14, Beil 4, 1). Die Behauptung, dass die StBil keinen eigenen Zweck habe, ist unzutr (so aber *HHR/Anzinger* § 5 Rn. 172). – Zum Ende der Einheitsbilanz und zu Abweichungen zw HB/StB nach BilMoG und zur Internationalisierung s *Herzig/Briesemeister* DB 09, 1; *Weber-Grellet* DB 10, 2298 (2302); *DWS* Merkblatt 1/17.

Nach **BVerfG** 2 BvL 1/00, BStBl II 09, 685 (Jubiläumsrückstellung; krit *ms* KÖSDI 09, 16585; *Hüttemann* FS Spindler 2011, 627) ist eine steuergesetzl Abweichung von der Maßgeblichkeit des handelsrechtl Vorsichtsprinzips (→ Rn. 409) nur dann verfwidrig, wenn sie als willkürl zu bewerten ist. Dies folge jedenfalls bei Verbindlichkeitsrückstellungen aus der grundsätzl steuergesetzl Disponibilität des einfachgesetzl Maßgeblichkeitsgrundsatzes und insb aus der speziell handelsrechtl Zielsetzung des Vorsichtsprinzips (Vorrang des StRechts).

28 **c) Materielle Maßgeblichkeit.** Die Verweisung in § 5 I 1 auf die handelsrechtl GoB (dazu → Rn. 58) bezieht sich nur auf die **GoB ieS,** also auf die Grundsätze und

nicht auf die unterhalb dieser Grundsätze angesiedelten Normen (str; wie hier BFH I R 58/05, BStBl II 06, 928; *Schulze-Osterloh* DStR 11, 534), auch nicht auf die HB (ungenau BFH X R 27/13, BFH/NV 15, 1676). Die GoB sind ein – auch von der technischen Entwicklung abhängiges – **offenes (dynamisches) System.** Nicht alle handelsrechtl Normen sind GoB (str; wie hier zB *KKM* § 5 Rn. B 38); andere handelsrechtl Normen können nur im Wege der **Analogie** in das StRecht übertragen werden (vgl § 141 I 2 AO), sofern die Voraussetzungen dafür vorliegen (zum bilanzstrechtl Koordinatensystem vgl *Weber-Grellet* StBilR § 2 Rn. 12 f; ähnl *Schreiber* FS Beisse, 1997, 491 (508); nicht diff BFH VIII R 1/03, BStBl II 06, 298).

d) Inkorporation in das Steuerrecht. Durch die Verweisung in § 5 I 1 werden – 29
vorbehaltl vorrangiger abw oder deckungsgleicher estrechtl Normen und teleologischer Grenzen der Verweisung (Steuervorbehalt) – in das EStRecht übernommen: – *(1)* Die normierten und die ungeschriebenen GoB über die formellen Anforderungen an die **lfd Buchführung,** soweit nicht vorrangige (abw oder deckungsgleiche) AO-Normen (§§ 143–147 AO) eingreifen (→ Rn. 18 f); – *(2)* die für das einzelne Unternehmen nach Rechtsform und Geschäftszweig verbindl GoB über die **äußere Form des Jahresabschlusses** und die Frist, innerhalb der der Jahresabschluss aufzustellen ist sowie über den **materiellen Inhalt** des Jahresabschlusses (vgl → Rn. 58–84), also Ansatz-, Bewertungs- und Gliederungsvorschriften, die mittelbare Ansatzvorschriften sind; – *(3)* die Regeln über den **materiellen Inhalt** des Jahresabschlusses, die als allg GoB nach §§ 238 I, 243 I HGB für alle Kaufleute handelsrechtl verbindl sind (vgl → Rn. 58–84).

Nicht zu den von § 5 I 1 umfassten GoB gehören einfache handelsrechtl Normen unterhalb der Schwelle der GoB (zB AK-Begriff, handelsrechtl Wahlrechte, §§ 258 ff HGB; vgl *Weber-Grellet* DB 94, 2405; *KKM* § 5 Rn. B 119), ebenfalls nicht IAS/IFRS und GAAP (*Moxter* WPg 09, 7); IFRS bestimmen nicht die steuerl Gewinnermittlung (BFH I R 103/09, BStBl II 11, 215); generell skeptisch ggü IFRS im StRecht *Hachmeister/Benzel/Albrecht* FR 24, 781 ff („volatile Bilanzwelt"). – § 5b normiert die sog E-Bilanz, die zu einer weiteren Ablösung von der HB und dem HB-Recht führen wird (→ § 5b Rn. 1).

e) Ansatzvorschriften. Für die estrechtl Gewinnermittlung ist zw Ansatz- und 30
Bewertungsnormen und dem konkreten Bilanzansatz (nach Grund und Höhe) zu unterscheiden. – **aa) Maßgeblichkeit.** Sofern keine estrechtl Ansatznorm eingreift (zB § 5 II), sind handelsrechtl Aktivierungs- und Passivierungsge- und -verbote maßgebl; nach dem Wortlaut des § 5 I 1 ist das GoB-BV (→ Rn. 22) anzusetzen (vgl §§ 242–251 HGB, aber auch die materiell aussagefähigen Gliederungsvorschriften des § 266 HGB für KapGes; → Rn. 110 ff). Eigene Ansatzvorschriften, die zT mit Handelsrecht deckungsgleich sind, enthält das EStG in § 5 II für immaterielle Anlagegüter, in § 5 IIa, III, IVb für Rückstellungen, in § 5 V für RAP, in § 5 VI iVm § 4 I V–X für BA (entspr dem allg Vorbehalt der BV-Eigenschaft iSv § 4 I), in § 5 VI iVm § 4 I 1 Hs 2 für Entnahmen und Einlagen sowie zB für Sonderfälle in § 6b III (Rücklage für bestimmte Veräußerungsgewinne). § 6 regelt nur die (estrechtl) Bewertung (zB BFH IV R 87/92, BStBl II 94, 176).

bb) Handelsrechtliche Ansatzwahlrechte. Sie sind grds nicht maßgebl, sofern 31
nicht estrechtl Vorschriften ein gleichartiges Wahlrecht einräumen (zB § 6a für Alt-Pensionszusagen vor 1. 1. 87; → § 6a Rn. 3); einzige Ausnahme: das Wahlrecht bei öffentl Zuschüssen (EStR 6.5 II; BFH X R 23/89, BStBl II 92, 488). Demnach muss in der StBil aktiviert werden, was handelsrechtl aktiviert werden darf (aber nicht muss), und darf in der StBil nicht passiviert werden, was handelsrechtl nicht passiviert werden muss, sondern nur passiviert werden darf (so ständige BFH-Rspr: grundlegend BFH GrS 2/68, BStBl II 69, 291; ferner zB BFH IV R 87/92, BStBl II 94, 176). – Auch nicht maßgebl für die StBil sind (handelsrechtl) **Bilanzierungshilfen** (wNachw → 29. Aufl 2010, § 5 Rn. 31).

33 **f) Bewertungsvorschriften.** Die Bewertung der Aktiv- und Passivposten in der StBil bestimmt sich primär nach § 6 (§ 5 VI; **Bewertungsvorbehalt;** *BMF* BStBl I 10, 239 Rn. 8; *Weber-Grellet* BilStR Rn. 83, 252 f); subsidiär, dh soweit die estrechtl Bewertungsnormen lückenhaft sind, gelten die als kodifizierte GoB zu beurteilenden „Allg Bewertungsgrundsätze" des § 252 HGB, und ggf – analog – auch die Bewertungsnormen der §§ 253–256a HGB (zB *Weber-Grellet* DB 94, 2405; *KKM* § 5 Rn. B 121; BFH VIII R 1/03, BStBl II 06, 298). – § 253 I 2, II HGB enthält mE keine strechtl maßgebl Obergrenze (iEinz → Rn. 26).

§§ 6, 7 enthalten das selbständige bilanzsteuerrechtl Bewertungsrecht; ein Rückgriff auf die GoB ist grds obsolet (**aA** – unter Außerachtlassung des „Regelungsgefüges" [vgl nur § 5 I und § 6 I] – BFH I R 66/11, BStBl II 13, 676, betr § 6 I Nr 3a; EStR 6.11 III); der Maßgeblichkeitsgrundsatz hat im Bereich der Bewertung nur untergeordnete Bedeutung (*Weber-Grellet* BilStR Rn. 253); der Hinweis auf die Begr zum StEntlG 99 ff (FinA BT-Drs 14/443, 23) ist bedeutungslos, da zwischenzeitl mit dem BilMoG die formelle Maßgeblichkeit abgeschafft worden ist (aber → Rn. 55). – § 5 verweist auf die GoB, nach § 6 I 1 gilt für die Bewertung (nur) „das Folgende".

Handelsrechtl Bewertungswahlrechte führen in der StBil auf der Aktivseite zum Ausweis des höchsten Werts, auf der Passivseite zu dem des niedrigsten Werts, soweit nicht auch nach StRecht ein entsprechendes Bewertungswahlrecht besteht (BFH IV R 87/92, BStBl II 94, 176; *Weber-Grellet* FR 23, 576).

34 **g) Durchbrechungen der Maßgeblichkeit.** StRecht ist ggü GoB in folgenden Fällen vorrangig: – *(1)* steuerl Ansatzgebote, Ansatzverbote, Ansatzvorbehalte (zB § 5 II–V, VII); – *(2)* steuerl Bewertungsvorbehalt (§ 5 VI iVm §§ 6, 7; → Rn. 33); – *(3)* Vorrang steuerl Wahlrechte (Wahlrechtsvorbehalt; → Rn. 60 ff); *(4)* Einschränkung handelsrechtl Wahlrechte durch Zwecke der estrechtl Gewinnermittlung; handelsrechtl Wahlrechte führen zu steuerl Aktivierungsgebot bzw Passivierungsverbot (BFH GrS 2/68, BStBl II 69, 291; BFH GrS 2/99, BStBl II 00, 632).

ME ist die Position der FinVerw inkonsistent: auf der einen Seite Freiheit bei der TW-AfA (EStR 6.8 I), auf der anderen Seite Bindung an die HB (nicht GoB!) bei der Rückstellungsbewertung (EStR 6.11 III), partieller steuerl Aktivierungszwang bei HK-Wahlrechten (EStR 6.3 I, V; überholt durch § 6 I Nr 1b) und Passivierungszwang dem Grunde nach bei § 6a (EStR 6a I).

3. Handelsbilanzrecht

Gesetzesmaterialien: BR-Drs 257/83; BT-Drs 10/4268 (BiRiLiG); BR-Drs 616/89 (Bank-BiRiLiG); BR-Drs 11/7818, 65 ff (DMBilG); BT-Drs 12/5587, 7646 (VersRiLiG).

55 **a) HGB.** Das HGB enthält im *3. Buch 1. Abschnitt* (§§ 238–263 HGB) Vorschriften über Buchführung, Inventar, Eröffnungsbilanz, Jahresabschluss, Vorlage und Aufbewahrung von Handelsbüchern, die **für alle Kfm** (Einzelkaufmann, OHG, KG, KapGes) gelten (§ 1 HGB), und im *2. und 3. Abschnitt* (§§ 264–339 HGB) ergänzende Vorschriften **für KapGes** und Genossenschaften einschließl Konzerne (zur Entwicklung *Hopt* vor § 238 HGB). – Der für alle Kaufleute verbindl Unterabschnitt über den Jahresabschluss (§§ 242–256 HGB) umfasst formelle Vorschriften (§§ 242–245 HGB) sowie Ansatz- und Bewertungsvorschriften (§§ 246–256a HGB). Zum Teil sind diese Normen **kodifizierte GoB,** die früher ungeschrieben oder nur im AktG ausformuliert waren (→ Rn. 58–84). Zum Bilanzrecht der GmbH vgl *Möller* in *MünchHdB GesR* Bd 3 § 56; *NSH* GmbHG §§ 41, 42. Das HGB lässt dem Bilanzierer immer noch erhebl Freiraum (zB Veräußerung mit Wiedererwerb; Einbringung von immateriellen WG, Sale-and-Lease-back, öffentl Zuschüsse, Wahlrechte; zR krit *Hoffmann* DB 14, Heft 30 M5).

Das **BilMoG** hat die formelle Maßgeblichkeit abgeschafft. Ein Wahlrecht für IFRS-Einzelabschluss wurde nicht normiert; IFRS sind für tax-accounting nicht geeignet (*Prinz* DB 24, 9). – Einen „letzten" Fall der formellen Maßgeblichkeit enthält § 6 I Nr 1b 2 (idF ModBestVerfG) iZm der HK-Aktivierung (→ § 6 Rn. 199).

b) Nebengesetze. Bankbilanzrichtlinie-Gesetz (BGBl I 90, 2570; Ergänzung um die §§ 340 ff HGB) und **VersicherungsBiRiLi-Gesetz** (BGBl I 94, 1377; Ergänzung um die §§ 341–341o HGB); s auch *Hopt* HGB 2. Teil – Nebengesetze). 56

4. Grundsätze ordnungsmäßiger Buchführung (GoB)

Schrifttum (Auswahl): *Weber-Grellet,* Steuerbilanzrecht, 1996, § 5; *Moxter,* Grundsätze ordnungsgemäßer Rechnungslegung, 2003; *Dauber,* Das Realisationsprinzip als Grundprinzip der strechtl Gewinnermittlung, Diss jur 2003; *Lutz/Schlag,* Der Gegenstand der Aktivierung und seine Zurechnung, HdJ II/1 (2/22). – *Moxter,* Das Wertaufhellungsverständnis in der jüngeren höchstrichterl Rspr, DStR 08, 469; *Weber-Grellet,* Die Unterschiede handels- und strechtl Wertaufhellung – ein Beitrag zur weiteren Objektivierung des StRechts, FS Reiß, 2008, 483; *Herzig,* Zum Prinzip der Wertaufhellung, FS Meilicke, 2010, 179; *Kahle/Kopp,* Der Wesentlichkeitsgrundsatz in HB und StBil, DStR 22, 2627; *Drüen,* Der ungeschriebene Grundsatz der Nichtbilanzierung schwebender Geschäfte, StuW 24, 289; *Kahle,* Auslegungsfragen des Realisationsprinzip, FR 25, 927.

a) Normative Begriffe. Die GoB des § 5 I 1 (ähnl wie zB §§ 243 I, 264 II HGB; → Rn. 21) haben als **unbestimmte Rechtsbegriffe** (grundlegend *Döllerer* BB 59, 1217; *BMF* BStBl I 14, 1450 Rn. 17) normativen Charakter (*Beisse* BB 99, 2180); sie sind nicht einseitig induktiv oder deduktiv, sondern hermeneutisch-teleologisch zu ermitteln (*Baetge/Kirsch/Thiele* Bilanzen, 107 f.; *Drüen/Mundfortz* DB 14, 2245; *Kahle* HdJ VII/1 (5/24) Rn. 53; *Weber-Grellet* BilStR Rn. 57). Mit dem **BiRiLiG** (BGBl I 85, 2355) sind die meisten **GoB kodifiziert;** die handelsrechtl Regelungen konkretisieren den Begriff „GoB". Weitere **(ungeschriebene) GoB** sind ggf aus den (heterogenen und zT auch kollidierenden) Zwecken der Rechnungslegung im Wege der Auslegung abzuleiten (*Weber-Grellet* StBilR § 5 Rn. 2). Nicht alle Regeln des 3. Buchs des HGB sind GoB (*Beck HdR* B 120 [1/23] Rn. 5; *Weber-Grellet* DB 94, 2405; → Rn. 27, 30). Zur Relativität der GoB im Hinblick auf Rechtsform und Branchenzugehörigkeit vgl *Ballwieser* FS Budde, 1995, 43. 58

b) Auslegung von Bilanzsteuerrecht. Der Bilanzansatz wird bestimmt nach dem **Prinzip der wirtschaftl** (besser: *teleologischen*) **Betrachtungsweise** (EuGH C-234/94, DStR 96, 1093; BFH GrS 2/99, BStBl II 00, 632; *Weber-Grellet* StBilR § 5 Rn. 6; *Florstedt/Wüstemann* StuW 15, 374 (381); → § 2 Rn. 33). Die wirtschaftl Betrachtungsweise bezweckt, die einzelnen Tatbestandsmerkmale in ihrem bilanzstrechtl Sinn- und Zweckzusammenhang zu erfassen (BFH I R 17/15, BStBl II 16, 930; *Priester* DB 16, 1025; *Weber-Grellet* BilStR Rn. 9; *Weber-Grellet* BB 21, 1451). Bei der Verwerfung des subj Fehlerbegriffs hat der GrS (erneut) die eigenständige Bedeutung der strechtl Systematik hervorgehoben (BFH GrS 1/10, BStBl II 13, 317).Auch das **Realisationsprinzip** und das **Belastungsprinzip** sind teleologisch zu interpretieren (→ Rn. 78, 80, 382). Zur bilanzstrechtl Betrachtungsweise gehört auch die Anknüpfung an reale Sachverhalte; Umgehungs-, fiktive oder missbräuchl Geschäfte können der Besteuerung nicht zugrunde gelegt werden (§§ 41, 42 AO; → § 2 Rn. 40). 59

5. Ausübung steuerlicher Wahlrechte, § 5 I 2

Schrifttum (s auch vor → Rn. 26): *Drüen/Mundfortz,* Zweck und Zulässigkeit der Lifo-Methode in der StBilanz, DB 14, 2245; *Barke,* Verfrechtl Grundfragen strechtl Bilanzierungswahlrechte, DStZ 15, 302.

Verwaltungsanweisungen: *BMF* BStBl I 10, 239 (zu § 5 I idF BilMoG – GoB-Maßgeblichkeit); *BMF* BStBl I 10, 597 (Beginn der HK-Aktivierungspflicht für Kosten der allg Verwaltung und soziale Einrichtungen; überholt durch § 6 I Nr 1b); *BMF* BStBl I 16, 995 (TW-AfA).

a) Unbeschränkte Ausübung. Steuerl Wahlrechte sind (im Hinblick auf die Gleichmäßigkeit der Besteuerung) problematisch, aber nicht verfwidrig (*Barke* DStZ 15, 302 mwN). Das BilMoG (BGBl I 09, 1102) hat die sog formelle („umgekehrte") Maßgeblichkeit (§ 5 I 2 aF; → Rn. 64) abgeschafft (*Förster/Schmidtmann* BB 09, 1342; → Rn. 26); steuerl Wahlrechte können nun unbeschränkt – auch abw 60 von den handelsrechtl GoB – ausgeübt werden – mit der Möglichkeit einer eigenständigen StBil-Politik (*Ernsting* FR 10, 1067; *Korn/Strahl* KÖSDI 12, 18126). Auch eine konkrete Maßgeblichkeit (Bindung an den konkreten HB-Ansatz) besteht nicht. Alleinige Voraussetzung ist insoweit die Erfüllung des § 5 I 2 EStG nF, näml die Aufnahme der Abweichungen vom handelsrechtl maßgebl Wert in besondere, lfd zu führende Verzeichnisse (*BMF* BStBl I 10, 239 Rn. 19 f; RegEntw BT-Drs 16/10067, 99; *Zwirner* DStR 11, 802). Der Bezug auf den „handelsrechtl maßgebl Wert" ist terminologisch nicht korrekt (richtiger: GoB-Wert). Steuerl Wahlrechte unterliegen nicht dem Stetigkeitsgrundsatz (*Zwirner* DStR 21, 202).

61 **b) Steuerliche Wahlrechte iSv § 5 I.** Das sind grds alle Ansatz- und Bewertungswahlrechte für die Aktiv- und Passivseite; zur Ausübung und zur verfahrensrechtl Seite s *Weber-Grellet* DStR 92, 1414; *KKM* § 5 Rn. B 154). Zu unterscheiden sind: *(1)* fiskalische Wahlrechte (zB TW-AfA); *(2)* subventionelle Wahlrechte (zB § 6b); *(3)* GoB-konforme Wahlrechte (zB Festbewertung).

Steuerl Wahlrechte enthalten zB folgende Regelungen: ***(1)*** die AfA-Wahl (linear oder degressiv; BFH I R 84/05, BFH/NV 06, 2334), bei bewegl WG des AV (§ 7 I–III) und bei Gebäuden (§ 7 IV–Va); – ***(2)*** TW-AfA (§ 6 I Nr 1 S 2, Nr 2 S 2; BFH XI R 43/03, BFH/NV 05, 22) und (früher) TW-Aufstockungen (§ 6 I Nr 1 S 3; BFH I R 179/94, BStBl II 96, 402); – ***(3)*** erhöhte AfA, zB nach §§ 7h, 7i EStG, §§ 82a, 82g, 82i EStDV; – ***(4)*** SonderAfA/Investitionsabzugsbetrag zB nach § 7g EStG, §§ 81, 82f EStDV, §§ 1, 4 FördG (bis 1998); – ***(5)*** Bewertungsfreiheit nach § 6 II; – ***(6)*** Abzug von den AK/HK nach § 6b I, III 2 (*FinMin NRW* StEK EStG § 5 Bil Nr 98; *BMF* BStBl I 08, 495); – ***(7)*** Lifo-Bewertung (§ 6 I Nr 2a; BFH VIII R 32/98, BStBl II 01, 636; EStR 6.9; *Herzig* DB 14, 1756); – ***(8)*** Bildung/Auflösung stfreier Rücklagen nach §§ 6b III, 6d, § 6 UmwStG und EStR 6.5, 6.6 (*HHR/Anzinger* § 5 Rn. 262).

62 **c) Inhalt des Verzeichnisses, § 5 I 3.** Aufzunehmen sind ***(1)*** der Tag der Anschaffung/Herstellung, ***(2)*** die AK/HK, ***(3)*** die Wahlrechtsnorm; ***(4)*** nachzuweisen sind die vorgenommenen AfA. Buchhaltungsbelege sind kein Verzeichnis (FG Mchn BB 15, 2864). Zu erfassen sind mE auch „vor 2010 begonnene Wahlrechte"; § 5 I 2 enthält keine Beschränkung auf erstmals ausgeübte Wahlrechte (**aA** *Ortmann-Babel ua* DStR 09, 934). Das Wort „wurde" (in Abs 1 S 1 letzter Satzteil) will nur sicherstellen, dass „Zeitraum-Wahlrechte" in jedem Wj erfasst werden.

63 **d) BMF-Position.** Nach ***BMF*** BStBl I 10, 239 (zur Kritik am ursprüngl Entw *Weber-Grellet* DB 09, 2402) gilt: Handelsrechtl Aktivierungsgebote und -wahlrechte führen zu stl Aktivierungszwang, aber Vorrang strechtl Regelungen (*BMF* BStBl I 10, 239 Rn. 3); auf der Passivseite Ausweis nur bei handelsrechtl Passivierungsgebot (*BMF* BStBl I 10, 239 Rn. 4). HB-Bewertungswahlrechte sollen bei fehlender stl Regelung auch für die StBil wirken (*BMF* BStBl I 10, 239 Rn. 5 f, zB bei §§ 240, 255 III 2 HGB). – Pensionsrückstellungen sind bei Vorliegen der § 6a-Voraussetzungen auszuweisen (*BMF* BStBl I 10, 239 Rn. 9; krit *Frank/Wittmann* Stbg 10, 362). – Bei Wahlrechten nach Handels- und StRecht sei unterschiedl Ausübung zul (*BMF* BStBl I 10, 239 Rn. 16; wohl auch *BMF* BStBl I 16, 995 zu § 6 – voraussichtl dauernde Wertminderung).

64 **e) Frühere Rechtslage.** Zur **umgekehrten und formellen Maßgeblichkeit** vgl → 29. Aufl 2010, § 5 Rn. 41–49 mwN; → 31. Aufl 2012, § 5 Rn. 65.

67 **6. Einzelne materielle GoB, auch § 5 Ia (Bewertungseinheiten).** GoB – teils gesetzl formuliert, teils ungeschrieben – sind zB (Übersicht bei *Beck HdR* B 105 – 1/25): – **a) Bilanzwahrheit und Bilanzrichtigkeit; Vollständigkeitsgebot.** Der Grundsatz der Bilanzwahrheit verlangt, dass die Eintragungen und Aufzeichnungen richtig, vollständig, zeitgerecht und geordnet sind (EuGH C-640/18, DStRE 20, 577; *HHR/Tiedchen* § 5 Rn. 320; → Rn. 3, 83). – In der HB hat der Kfm grds seine *sämtl* Vermögensgegenstände (und aktiven RAP) zu aktivieren (ggf mit Erinnerungsposten 1 €) und seine *sämtl* Schulden (und passiven RAP) zu passivieren; die GuV-Rechnung muss grds sämtl Aufwendungen und Erträge enthalten. Dies gilt nicht, soweit gesetzl (→ Rn. 76 f) etwas anderes bestimmt ist (§ 246 I HGB), zB bei Bilanzierungswahlrechten (zB bei selbst geschaffenen immateriellen WG nach § 248 II HGB

nF) oder bei Bilanzierungsverboten (zB § 248 I HGB nF). Damit in Zusammenhang steht das **„Objektivierungsprinzip"** iS eindeutiger Anwendungsregeln und eine „Verrechtlichung" des Bilanzinhalts. – Zur Bewertungsstetigkeit → § 6 Rn. 12 ff.

b) Verrechnungsverbot, § 5 Ia 1. Aktivposten dürfen nicht mit Passivposten, Grundstücksrechte nicht mit Grundstückslasten verrechnet werden (§ 5 Ia 1; § 246 II 1 HGB; **Bruttoprinzip;** BFH I R 54/02, BStBl II 04, 654; *HHR/Tiedchen* § 5 Rn. 440; *HHR/Hick* § 5 Rn. 1700). Dies ist Ausprägung des Grds der Einzelbewertung, sodass die entspr Regeln und Ausnahmen (zB § 252 II HGB) auch strechtl maßgebl sind (vgl BFH I R 91/98, BStBl II 00, 381). § 246 II 2 HGB ist nicht anwendbar (RegEntw BT-Drs 16/10067, 35, 99). 68

c) Einzelbewertung. Die WG und Schulden sind in HB und StBil „einzeln" anzusetzen und zu bewerten (vgl § 240 I, § 252 I Nr 3 HGB; BFH VIII R 62/85, BStBl II 89, 359); zB ist ein Gebäude auch dann auf den TW abzuschreiben, wenn der Buchansatz für den GuB stille Reserven enthält. **Ausnahmen** ergeben sich aus gesetzl Vorschriften (zB §§ 240 III, IV; 256 HGB), in „begründeten Ausnahmefällen" (§ 252 II HGB), aus Sinn und Zweck der Bilanzierung (*Finne* BB 91, 1295) und aus dem Prinzip der Wesentlichkeit (→ Rn. 84). **Pauschalbewertungen** (Bewertungsvereinfachung; einheitl Bewertung mehrerer Bewertungsobjekte, zB Gruppenbewertung) verstoßen nicht gegen das Einzelbewertungsprinzip (*Weber-Grellet* BilStR Rn. 310 f; → § 6 Rn. 48, 651). – Gleiche Bewertungsobjekte sind unter gleichen Bedingungen einheitl zu bewerten (*Kupsch* FS Börner, 1998, 31); Ansatz- und Bewertungsstetigkeit (§ 246 III HGB; *Bense* DStR 20, 1658). – Bei der Bewertung ist von der **Fortführung** der Unternehmenstätigkeit auszugehen, sofern dem nicht tatsächl oder rechtl Gründe entgegenstehen (*Hennrichs/Schulze-Osterloh* DStR 18, 1731; *Mader/Seitz* DStR 18, 1933). 69

d) Bewertungseinheiten, § 5 Ia 2

Schrifttum: *Wiechens* ua HdJ I/13 Rn. 210 ff (5/2014). – *Rau,* Kompensatorische Bewertung von Finanzinstrumenten …, DStR 17, 737; *Meinert,* Aktuelle Anwendungsfragen …, DStR 17, 1401 (1447); *Gröne,* Bilanzierung von Bewertungseinheiten, StB 18, 250. – **Verwaltung:** *OFD Ffm* DStR 23, 1658.

aa) Hedging. – ***(1)* Funktion.** Nach § 5 Ia 2 sind die Ergebnisse der in der handelsrechtl Rechnungslegung (*HHR/Hick* § 5 Rn. 1720) zur Absicherung finanzwirtschaftl (nicht leistungswirtschaftl) Risiken, etwa Liquiditäts-, Kredit-, Marktrisiko (Währungen, Zinsen, Rohstoffe), gebildeten (objektübergreifenden) Bewertungseinheiten (§ 254 HGB) auch für die steuerl Gewinnermittlung maßgebl („Spezialmaßgeblichkeit"; *OFD Ffm* DStR 23, 1659), auch bei **Macro- und Portfolio-Hedging** (BT-Drs 16/10067, 58; *BeBiKo* § 254 HGB Rn. 4; *Freidank* DStR 24, 379). – ***(2)* Voraussetzungen.** Nach handelsrechtl Regeln (§ 254 HGB) gebildete Bewertungseinheiten sind nach Abs Ia für die steuerl Gewinnermittlung maßgebl, wenn sie *(1)* in der HB ausgewiesen sind (dazu BFH I R 83/13, DStR 16, 1314) und *(2)* der Absicherung finanzwirtschaftl Risiken wie zB steigende Zinsen, Wechselkursschwankungen dienen (*Rau* DStR 17, 737). Im Hinblick auf die Abweichung von strechtl Grundsätzen ist Abs 1a eng auszulegen; Handelsportfolios (Ertragsmehrung) werden mE nicht erfasst. Die Anwendung von Abs 1a in anderen Bereichen (zB InvStG; AStG) bedarf gesonderter Anordnung. – Eine eigenständige Bewertung der zusammengefassten WG scheidet aus; zur Beendigung einer Bewertungseinheit s *Weitbrecht/Helios* RdF 12, 141. § 5 Ia 2 verdrängt nicht die Abzinsungspflicht nach § 6 I Nr 3a (FG Mster EFG 17, 564). – ***(3)* Verluste.** § 5 IVa 2 stellt klar, dass das negative Ergebnis einer Bewertungseinheit nicht vom Verlustrückstellungsverbot (→ Rn. 450) erfasst wird (*Meinert* DStR 17, 1447). – Eine Rückstellung für die Zusage einer Zinsunterbeteiligung kommt (bei Sicherungszusammenhang) nicht in Betracht (BFH I R 83/13, DStR 16, 1314; *Weber-Grellet* FR 16, 816; krit *Meinert/Helios* DB 14, 1697). 70

71 **bb) Bewertungseinheiten nach § 254 HGB.** Die Bewertungseinheit beruht auf der Überlegung, dass die aus einem Grundgeschäft resultierenden Risiken durch den Einsatz von **Sicherungsinstrumenten** – wirtschaftl betrachtet – neutralisiert werden können. Daher wird bei Bestehen einer Bewertungseinheit – unter Einschränkung des Imparitätsprinzips, des Realisationsprinzips und des Einzelbewertungsgrundsatzes – auf die Berücksichtigung nicht realisierter Verluste verzichtet, wenn diesen in gleicher Höhe nicht realisierte Gewinne gegenüberstehen, also soweit der Eintritt der abgesicherten Risiken ausgeschlossen ist (BT-Drs 16/10067, 58; *OFD Ffm* DStR 23, 1658); Vorrang der **Nettoverbuchung** (*BeBiKo* § 254 HGB Rn. 52). Eine Vielzahl der im **Bankbuch** geführten (Kassa-)Geschäfte dienen nicht der Absicherung eines Risikos, sondern der Erzielung einer Zinsmarge; solche Geschäfte sind nicht Gegenstand einer Bewertungseinheit. Demnach stellt das Bankbuch selbst keine Bewertungseinheit iSd § 254 HGB dar (*OFD Ffm* DStR 23, 1658). – Zumindest vor Einführung des § 254 HGB nF müssen sich Forderungen und Verbindlichkeiten (wie bei Micro-Hedges) identisch gegenüberstehen (FG Ddorf EFG 24, 21, Rev IX R 35/23).

Beispiel für Kreditsicherung: U nimmt für 5 Jahre Kredit iHv 10 Mio Dollar auf zum Kurs von 1 € = 1,25 Dollar. Zur Absicherung des Wechselkursrisikos kauft U 10 Mio Dollar per Termin (Devisentermingeschäft) zum selben Kurs. Zum Stichtag steigt der Kurs auf 1 € = 1,20 Dollar. Der Wert der Verbindlichkeit steigt von 8 Mio auf 8,333 Mio €, dem ein unrealisierter Ertrag aus Termingeschäft von 333 T gegenübersteht (zu einer CDS/CLN-„Kreditversicherung" s BFH I R 83/13, DStR 16, 1314).

76 **e) Nichtbilanzierung schwebender Geschäfte.** *„Schwebende Geschäfte"* sind gegenseitig verpflichtende Verträge (zB Kauf-, Werkvertrag), die auf Leistungsaustausch gerichtet sind und von demjenigen, der zu liefern oder leisten hat, noch nicht erfüllt sind (→ 39. Aufl 2020, § 5 Rn. 76 mwN). Ansprüche und Verbindlichkeiten aus einem schwebenden Geschäft dürfen grds **nicht** bilanziert werden, weil während des Schwebezustands die (widerlegbare) Vermutung bestehen soll, dass sich die wechselseitigen Rechte und Pflichten aus dem Vertrag wertmäßig ausgleichen (BFH IV R 23/14, DStR 18, 407; BFH XI R 30/16, BB 18, 3058; BFH X B 33/25, BeckRS 2025, 34716; EStR 5.7. VII). ME ist nichts zu bilanzieren, weil noch nichts realisiert ist; allein der Abschluss eines Vertrags hat (trotz rechtl Entstehung) noch keine bilanziellen Wirkungen (*Weber-Grellet* FR 23, 1109 zu BFH IV R 22/20, BStBl II 23, 1091). – Bei entgeltl Übernahme des Ausfallrisikos nach Hingabe des Kredits ist der „Schwebezustand" überwunden (also ggf Rückstellung, s FG Mchn EFG 20, 982). – Dementspr sind **Vorleistungen** („Vor-Realisation"), zB als erhaltene/geleistete Anzahlungen oder unfertige Leistungen (→ Rn. 244) zu neutralisieren (BFH I R 15/12, BFH/NV 14, 907; FG Mchn BB 23, 2992, rkr). **Erfüllungsrückstände** („Nach-Realisation"; → Rn. 317) sind (ungewisse) Verbindlichkeiten des Zahlungsverpflichteten aus einem insoweit bereits abgewickelten – also nicht mehr schwebenden, sondern teilrealisierten – (Dauer-)Schuldverhältnis. – Teilerfüllung ist mögl (BFH VIII R 25/11, BStBl II 14, 968; → Rn. 608). Das Verbot bezieht sich auch auf Nebenkosten des Vertrags (zB Maklerkosten eines Mietvertrags; FG Mchn EFG 21, 931, rkr). – Aufwendungen und Erträge sind nach den jeweils maßgebl Regeln auszuweisen (→ Rn. 79, 80); es besteht kein Grundsatz der „einheitl Behandlung schwebender Verträge" (BFH VIII R 24/91, BFH/NV 93, 461). – Der entgeltl Eintritt in schwebende Absatzgeschäfte begründet (neben dem schwebenden Geschäft) ein immaterielles EinzelWG, das nach § 7 I über die Laufzeit der Verträge abzuschreiben ist (BFH X R 102/92, BFH/NV 94, 543).

77 **f) Vorsichtsprinzip.** Das allg Vorsichtsprinzip (dazu *KKM* § 5 Rn. B 96; *HHR/Tiedchen* § 5 Rn. 375; *Moxter/Engel-Ciric* BB 14, 489) konkretisiert sich insb im Realisationsprinzip (→ Rn. 78 f) und im Imparitätsprinzip (allg *Tipke/Lang* SteuerR Rn. 9.78 f): Vermögenszuwächse dürfen erst bei Realisation ausgewiesen werden; demgegenüber sind „Risiken und Verluste, die bis zum Abschlussstichtag entstanden

sind", bereits bei Vorhersehbarkeit zu berücksichtigen (§ 252 I Nr 4 Hs 1 HGB), und zwar über § 252 I Nr 4 HGB hinaus auch beim Ansatz dem Grunde nach (zB durch Rückstellungen), sofern nicht Bewertungseinheiten bestehen oder eine „zweckadäquate" Kompensation von Aktiv- und Passivposten (→ Rn. 69 f) geboten ist

Das Vorsichtsprinzip wird zumeist mit dem Gedanken des Gläubigerschutzes begründet (krit *Weber-Grellet* DB 97, 385; *Follert/Biewer* DStR 23, 2120). Ausprägungen des Imparitätsprinzips sind das strenge Niederstwertprinzip für UV (§ 253 IV HGB nF; BFH IV R 31/90, BStBl II 91, 627) und das gemäßigte Niederstwertprinzip für AV (§ 253 III 4 HGB). – Durch das StEntlG 1999 ff wurde die strechtl Geltung des handelsrechtl Imparitätsprinzips (§ 252 I Nr 4 HGB) und des Niederstwertprinzips erhebl eingeschränkt (BT-Drs 14/23, 171; → Rn. 1). Gesetzl Ausdruck dieser geänderten Betrachtungsweise sind die Abschaffung der Verlustrückstellung (§ 5 IVa), die Beschränkung der Rückstellungsbildung (§ 5 IIa, IVb; § 6 I Nr 3a) und der TW-AfA in § 6 I Nr 1 und 2. – **Wertverluste** sind (als außerplanmäßige Abschreibungen, also als Ausnahme von der Regel) erst zu berücksichtigen, wenn sie sicher sind (BFH X R 11/22, DStR 24, 1976; *Weber-Grellet* BB 25, 43); dementspr verlangen § 6 I Nr 1 S 2 und § 253 III 5 HGB eine „voraussichtlich dauernde Wertminderung".

Wahlrechte (→ Rn. 61) sind weder selbst GoB noch durch das Vorsichtsprinzip oder andere GoB legitimiert (*Weber-Grellet* StBilR § 7; *Kropff* FS Baetge, 1997, 65).

g) Realisationsprinzip. – aa) Bedeutung. Das Realisationsprinzip ist das 78
Grundprinzip der bilanziellen Gewinnermittlung (*Weber-Grellet* FR 17, 1010; *ders* FR 18, 234; *Wüstemann* ua HdJ IV/1 [9/19]) und knüpft die Gewinnwirksamkeit von Geschäftsvorfällen an den Tatbestand der wirtschaftl Verursachung (vgl § 252 I Nr 5 HGB: „Aufwendungen (!) und Erträge des Geschäftsjahrs … unabhängig von den Zeitpunkten der entspr Zahlungen"); Kriterium für die Erfolgszurechnung ist die wirtschaftl Verursachung (*BeBiKo* § 252 HGB Rn 52; *Wüstemann* ua HdJ IV/1 [9/19] Rn. 46; *Kahle* FR 24, 1). Das Realisationsprinzip (→ Rn. 601–750; *HHR/Tiedchen* § 5 Rn. 395) ist Maßstab für den (zeitgerechten) Ausweis von Erträgen und Aufwendungen. Forderungen und (ungewisse) Verbindlichkeiten müssen dem Grund und der Zeit nach verursacht sein. Das Maß dieser Gewissheit ist im Hinblick auf das Imparitätsprinzip unterschiedlich: Forderungen müssen so gut wie sicher sein, Verbindlichkeiten müssen wahrscheinl sein (*Weber-Grellet* NWB 17, 2984). Das Realisationsprinzip ist damit **grundlegendes Aktivierungs-** und (nach zutr, aber str Meinung) **Passivierungsprinzip** (*Herzig* FS Schmidt, 1993, 209 (219); *KKM* § 5 Rn. B 84; *Moxter* FS Havermann, 1995, 487 (496); **aA** – nur Aktivierungsprinzip – zB *Knobbe-Keuk* § 3 III 4c; *Siegel* BFuP 94, 1). Den Zeitpunkt der Gewinnrealisierung sehen Rspr und hM allgemein als gegeben an, wenn der Leistungsverpflichtete die von ihm geschuldete Erfüllungshandlung erbracht, dh seine Verpflichtung „wirtschaftl erfüllt" hat (BFH X R 15/11, BFH/NV 13, 1548; BFH IV R 32/19, BStBl II 22, 832). Damit steht dem Leistenden der Anspruch auf Gegenleistung (Zahlung) so gut wie sicher zu. Sein Risiko reduziert sich darauf, dass der Empfänger im Einzelfall Gewährleistungs- oder Schadensersatzansprüche geltend macht oder sich als zahlungsunfähig erweist. Damit ist der Schwebezustand des zugrunde liegenden Geschäfts beendet (BFH IV R 62/05, BStBl II 08, 557; → Rn. 76). – Spiegelbildl hat der Leistungsempfänger eine **Verbindlichkeit** (ggf Erfüllungsrückstand; → Rn. 317) auszuweisen; der früher mögl Ausweis eines drohenden Verlustes ist nicht mehr zulässig (§ 5 IVa; → Rn. 450). Ggf kommt eine **TW-AfA** („realisierter Aufwand"; → Rn. 382) in Betracht (→ Rn. 451).

bb) Realisierter Ertrag. Nur die am Bilanzstichtag realisierten, „durch einen 79
Umsatzakt in Erscheinung getretenen Gewinne (Wertsteigerungen)" sind auszuweisen; vgl § 252 I Nr 4 Hs 2 HGB (*Buchung:* per Geld an Ertrag; *Lutz/Schlag* HdJ I/4 Rn. 1); dies trifft zu, sobald der Leistungsverpflichtete seine Leistung (Veräußerung, Dienstleistung usw) im Wesentl erbracht hat und deshalb sein Anspruch auf die Gegenleistung (Zahlung usw) nicht mehr mit ungewöhnl Risiken belastet erscheint (zB BFH III B 114/03, BFH/NV 04, 1109: „so gut wie sicher"; zur Aktivierung nach

HGB Beck HdR B 131 – 1/25). Auf Vertragsabschluss oder Zahlungseingang kommt es nicht an. Auch ein rechtl noch nicht entstandener, aber wirtschaftl in der Vergangenheit verursachter und am Bilanzstichtag hinreichend sicherer künftiger Anspruch muss in der Bilanz des Gläubigers aktiviert werden (BFH I R 11/02, BStBl II 03, 400; BFH IV R 24/15, BFH/NV 19, 516); **rechtl Entstehung** und **Fälligkeit** sind letztl unerhebl; iEinz → Rn. 601 f. – Gewinne aus anderen Rechtsverhältnissen als gegenseitigen Verträgen sind auszuweisen, sobald sie gesichert erscheinen (→ Rn. 97 f, 676; zu Dividendenanspruch → Rn. 270; BFH I R 91, 92/02, BFH/NV 04, 182; BFH X S 12/03, BFH/NV 04, 337 für Schadenersatzanspruch).

80 **cc) Realisierter Aufwand.** Im Unterschied zu BA (§ 4 I V), die iRd Gewinnermittlung nach § 4 III bei Zahlung abzuziehen sind (→ § 4 Rn. 499), ist betriebl Aufwand (vgl zB §§ 3a, 4f, 5 V) bei Gewinnermittlung nach §§ 4 I, 5 (schon bzw erst) im Zeitpunkt seiner wirtschaftl Belastung verursacht und gewinnmindernd zu berücksichtigen (BFH IV R 13/18, BStBl II 22, 656; *Buchung:* per Aufwand an Verbindlichkeit/Rückstellung). Der Ausweis von Aufwand ist nur unzureichend geregelt; Anhaltspunkte ergeben sich aus § 252 I Nr 4, 5 HGB, aus § 5 IIa, IV a, IV b (iEinz *Weber-Grellet* DB 02, 2180). Bezweckt wird die periodengerechte Erfassung von Vermögensminderungen, die vor oder nach der rechtl Entstehung der Verbindlichkeit liegen können (*Weber-Grellet* BB 19, 2411 (2412); *Wüstemann/Rost* HdJ III/5 Rn. 44 f; zu den entspr Rückstellungsvoraussetzungen → Rn. 386). Hat sich die Verpflichtung zu einer wirtschaftl Belastung verdichtet, ist der entspr Aufwand nach Maßgabe des **Belastungsprinzips** grds immer abziehbar (zB BFH IV R 5/09, BStBl II 12, 122 – Zulassungskosten für Pflanzenschutzmittel); hingegen ist (künftiger) Aufwand, der noch nicht zu einer wirtschaftl Belastung geführt hat, grds noch nicht absetzbar (so auch BFH I R 44/14, BStBl II 15, 769); iEinz → Rn. 311, 317, 381 f.

81 **h) Stichtagsprinzip; (Wert-)Aufhellung.** Maßgebl sind die am Bilanzstichtag vorliegenden Verhältnisse – grds auch Preisverhältnisse (str; → Rn. 421) – nach dem **Erkenntnisstand des sorgfältigen Kfm** bei (fristgerechter) Bilanzaufstellung (BFH I R 47/06, BStBl II 07, 818; *HHR/Tiedchen* § 5 Rn. 420; vgl § 252 I Nr 3 bzw 4 HGB „... *zum Abschlussstichtag* ... "). Dies gilt entgegen dem Wortlaut des § 252 I HGB auch für den Ansatz (vgl BFH I R 147/84, BStBl II 91, 213). **(Neue)** Tatsachen, die erst nach dem Bilanzstichtag eintreten, bleiben unberücksichtigt (BFH X R 19/17, BStBl II 19, 795). Berücksichtigt werden hingegen sog **aufhellende** (positive wie negative) Umstände, die zum Bilanzstichtag bereits „obj" vorliegen, aber erst nachträgl (zw Stichtag und Aufstellung bzw späterer Feststellung) bekannt geworden sind (EuGH C-306/99, BStBl II 04, 144 – BIAO; BFH IV R 3/15, BFH/NV 17, 1019). – Die (fristgerechte) Bilanzaufstellung (Ende der Feststellung; bei Einzelkaufleuten längstens 12 Monate; BFH VIII R 110/79, BStBl II 84, 227; § 243 III HGB) soll den Zeitraum begrenzen, in dem noch nachträgl bekannt gewordene Tatsachen aufhellend wirken können (BFH I R 5/04, BStBl II 09, 100; zR **aA** OLG Ddorf NJW 89, 2143). –

Stellungnahme:

– Im Hinblick auf unterschiedl Systematik und abw Zwecke ist zw der handels- und der strechtl Wertaufhellungskonzeption zu differenzieren, ähnl wie beim (obj) Fehlerbegriff (BFH GrS 1/10, BStBl II 13, 317).
– Strechtl sind die obj Verhältnisse zum Bilanzstichtag maßgebl, wie sie sich zum Zeitpunkt der Veranlagung darstellen (*Hüttemann* FS Priester, 2007, 301 (334)). Aus strechtl Sicht ist der Tag der Bilanzaufstellung insoweit irrelevant. Bereits nach BFH I 324/62 S, BStBl III 65, 409 bezweckt die Berücksichtigung wertaufhellender Umstände, die Verhältnisse am Stichtag so zutr wie mögl zu erfassen; deren „Wurzel" ist irrelevant (**aA** *Tanski/Widmnn* DB 24, 1969).
– Über die bisherige Rspr hinaus (zB BFH XI R 64/04, BStBl II 06, 371) sind daher nicht nur die bis zur Bilanzaufstellung, sondern die bis zur Veranlagung bekannt gewordenen Tatsachen und Erkenntnisse, soweit sie zur Beurteilung der am Bilanzstichtag gegebenen tatsächl obj Verhältnisse geeignet sind, zu berücksichtigen (*Weber-Grellet* FS Reiß, 2008, 483 (492); **aA** *Marx* StuB 25, 521 (526)).

Vergleichsabschluss, Vertragsänderung (Wandlung), Urteil (rkr) oder **Rechtsmittelverzicht** sind keine (nur) aufhellenden, sondern rechtsgestaltende („wertbegründende") neue Tatsachen; sie bleiben idR (zunächst) unberücksichtigt (zB BFH XI R 30/16, BStBl II 19, 67; FG Ddorf EFG 24, 1405, Rev IX R 30/24).

i) Nominalwertprinzip. Alle Bilanzposten sind **in Euro** (§ 244 HGB) ohne Berücksichtigung einer etwaigen Geldentwertung anzusetzen (*Hopt* § 244 HGB Rn. 2; BFH II R 10/92, DStR 95, 979); die gesetzl Fixierung der AK/HK als Wertobergrenze für die HB in §§ 253, 255 HGB und für die StBil in § 6 ist Ausdruck des Prinzips der nominellen Kapitalerhaltung (wNachw zum Nominalwertprinzip → § 2 Rn. 6; → § 6 Rn. 21). 82

j) True and fair view. Dieses Gebot (§ 264 II 1 HGB: tatsächl Verhältnisse maßgebl; „Generalnorm") ist ein von § 5 I erfasster GoB; nach BFH GrS 2/99, BStBl II 00, 632 ergänzt der true-and-fair-view-Grundsatz das Realisations- und das Vorsichtsprinzip, hat also auch materielle Bedeutung (*Weber-Grellet* StBilR § 5 Rn. 4: Erläuterungs-, Interpretations- und Abweichungsfunktion, overriding principle; *Kirsch* DStZ 13, 258; *Wengerofsky* DStZ 17, 317). Ausdruck des „true-and-fair-view" ist etwa der obj Fehlerbegriff (→ Rn. 2). 83

k) Wesentlichkeit. Dieser Grundsatz („materiality"; BFH VIII R 32/98, BStBl II 01, 636; *HHR/Tiedchen* § 5 Rn. 460) modifiziert den Grundsatz der Bilanzklarheit und Bilanzwahrheit und erlaubt, unwesentl Elemente bei der Bilanzierung und Bewertung außer Betracht zu lassen. Aus Gründen der Wirtschaftlichkeit der Rechnungslegung dürfen (!) unwesentl Faktoren unberücksichtigt bleiben. Unwesentl sollen nach *BMF*-Auffassung zB die Betreuungskosten für LV sein (*BMF* BStBl I 06, 765 [nicht in Positivliste]; **aA** BFH XI R 63/03, BStBl II 06, 866; *Wendt* FS Herzig 2010, 517). Unwesentl Abweichungen machen den Abschluss nicht unrichtig (*Groh* ZGR 96, 642); vergleichbar kein Zwang zum Ausweis **geringfügiger RAP** (Maßstab § 6 II; BFH X R 20/09, BFH/NV 10, 1796; FG BW EFG 19, 415; **aA** BFH X R 34/19, BStBl II 21, 844; krit *Weber-Grellet* BB 22, 43). Der Gesetzgeber hat im **JStG 2022** (BGBl I 22, 2294) die Auffassung des X. Senats korrigiert und in § 5 V 2 ein entspr Wahlrecht aufgenommen (zur Begründung FinA BT-Drs 20/4729, 147). 84

IV. Aktivierung

Schrifttum: *Lutz/Schlag,* Gegenstand der Aktivierung, HdJ II/1 (2/22).

1. Aktivierung. – a) Voraussetzungen und Wirkung. Die Aktivierung bewirkt den Ausweis von Ertrag bzw den „Noch-Nicht-Ausweis" (Stornierung) von Aufwand. Für den Ansatz eines Postens auf der Aktivseite der Bilanz ist entscheidend, *wer* (Zurechnung), *was* (dem Grunde nach), *wann* (der Zeit nach) und *mit welchem Wert* (der Höhe nach = Bewertung) auszuweisen hat. Die Aktivierung als solche trifft noch keine Aussage über die Erfolgsauswirkung; entscheidend ist die Gegenbuchung (BFH X R 37/13, BFH/NV 16, 536). Erfolgswirksam ist eine Aktivierung nur, wenn die Gegenbuchung als Ertrag (ggf auch „Stornierung" von Aufwand) auf einem GuV-Konto vorgenommen werden muss (zB Verkauf von Waren über AK: per Forderung an Ware und Ertrag, oder bei vereinnahmten Zinsen: per Geld an Zinsertrag); (noch) keine Erfolgsauswirkung daher zB bei Anschaffung eines WG (per WG an Geld/Verbindlichkeit), bei Hingabe eines Darlehens (per Darlehensforderung an Bankkonto; Aktivtausch) oder bei Einlage (per WG an Einlage); bei der Aktivierung nicht realisierter Werte (Anlage-, UV, halbfertige Arbeiten) wird Aufwand „abgegrenzt" und bis zur Realisierung „gespeichert" (Aktivseite als „Aufwandsspeicher"). – **Aktivierung erfordert positiv** (vgl BFH GrS 2/86, BStBl II 88, 348), ***(1)*** dass zum Bilanzstichtag ein aktivierungsfähiges WG existiert (→ Rn. 93 f), das dem StPfl subj zuzurechnen (→ Rn. 151 f) und BV ist (→ Rn. 22) oder ***(2)*** dass ein aktiver RAP 90 auszuweisen ist (→ Rn. 241–252), und **negativ,** dass kein Aktivierungsverbot eingreift, wie zB nach § 5 II (→ Rn. 161–207), und kein schwebendes Geschäft (→ Rn. 76) vorliegt. Sind diese Voraussetzungen erfüllt, *muss* in der StBil aktiviert werden (→ Rn. 30 f). Zur Rückgängigmachung und rückbezügl Änderung eines Geschäftsvorfalls → Rn. 616.

91 **b) Zeitpunkt.** Maßgebl ist insoweit das (imparitätische) Realisationsprinzip (→ Rn. 76 f, 601). Für die Aktivierung von Aufwendungen als AK (HK) eines WG reicht es aus, dass am Bilanzstichtag mit der Anschaffung (Herstellung) begonnen ist; nicht erforderl ist, dass das WG bilanzrechtl bereits dem Erwerber zuzurechnen ist (BFH IV R 160/78, BStBl II 84, 101). Lfd (Erhaltungs-)Aufwand ist nicht zu aktivieren (BFH I R 9/91, BStBl II 93, 41; → § 6 Rn. 188), da weder AK noch HK (§ 255 HGB) vorliegen. Ein StErstattungsanspruch ist erst zu aktivieren, wenn er durchsetzbar ist und nicht bestritten wird (BFH X R 19/10, BStBl II 12, 190; BFH IV R 26/22, DStR 25, 261).

92 **c) Gliederung.** Für die Gliederung der Aktivseite sind die handelsrechtl Normen iVm GoB maßgebl; danach sind bei allen Kfm aktiv mindestens das AV und UV und die RAP gesondert und hinreichend aufgegliedert auszuweisen (§ 243 I, II, § 247 I HGB; für KapGes § 266 II HGB).

2. Wirtschaftsgut; Vermögensgegenstand (Grundsätzliches)

Schrifttum: *Weber-Grellet,* StBilR, § 8; *Wildner,* Nutzungsrechte in HB und StBil, 2004; *Ebber,* Die Abbildung von Nutzungsrechten in HB und StBil, 2011. – *Weber-Grellet* Nutzungen und Nutzungsrechte im BilStR, BB 23, 1963; *Wichmann,* Aufteilung von Gebäuden …, Stbg 24, 241; *Kopp,* Der Wirtschaftsgutbegriff im Lichte digitaler Tendenzen, FR 25, 1; *Sanning,* Kryptowerte in der StErklärung, DB 25, 824; *Freyenfeld ua,* Bilanzierung von Kryptowerten, DStR 25, 2796 (s auch Schrifttum bei → Rn. 150, 161).

Verwaltung: *BMF* BStBl I 25, 658 (zu Kryptowerten, auch zum Verfahren; dazu *Arendt* DStR 25, 1323; *Richter/Acker* FR 25, 625; *Krüger* StuB 25, 611).

93 **a) Begriffe. Handelsrechtl** sind Vermögensgegenstände (vgl §§ 246 I, 252, 253, 266, 240, 241 HGB), **estrechtl** sind WG zu aktivieren (§§ 4, 5, 6). Die Begriffe **Vermögensgegenstand** und **(aktives) WG** werden gleichgesetzt (BFH GrS 2/99, BStBl II 00, 632); mE erfordert das StBilRecht eine eigenständige Definition des WG-Begriffs (*Weber-Grellet* BB 19, 2415 (2419); **aA** *Lutz/Schlag* HdJ II/1 (2/22) Rn. 39); maßgebl sind nur die GoB, nicht einzelne Begriffe (wie Vermögensgegenstand).

94 **b) Weiter Wirtschaftsgutbegriff. – aa) Vermögenswert.** Der **BFH** fasst den estrechtl Begriff des WG zR weit; für die Begriffsbestimmung sind weniger zivilrechtl als strechtl (wirtschaftl) Gesichtspunkte maßgebend (zB BFH IV R 41/13, BStBl II 16, 984). WG sind Sachen, Tiere (§§ 90, 90a BGB) und auch unkörperl Gegenstände, sofern sie am Bilanzstichtag bereits „als realisierbarer Vermögenswert" angesehen werden können (BFH I R 218/82, BStBl II 87, 14), also auch bloße vermögenswerte Vorteile (vgl § 266 II HGB „Rechte und Werte") einschließl „tatsächl Zustände" und „konkreter Möglichkeiten", Chancen (zB BFH IV R 13/18, BStBl II 22, 656; BFH IX R 3/22, BStBl II 23, 571 zu § 23); Voraussetzung ist aber (sowohl bei „Gegenständen" als auch „tatsächl Zuständen"), dass diese *(1)* sich der Kfm etwas kosten lässt, *(2)* nach der Verkehrsauffassung einer selbständigen Bewertung zugängl sind und *(3)* idR einen Nutzen für mehrere Wj erbringen (zR einschr BFH X R 20/12, BStBl II 15, 325).

95 **bb) Übertragbarkeit.** Nicht erforderl für den Begriff des WG ist nach der Rspr die Einzelveräußerbarkeit, wohl aber die Übertragbarkeit zusammen mit dem Betrieb (BFH IV R 13/18, BStBl II 22, 656) oder wenigstens eine wirtschaftl Verwertbarkeit zB durch Überlassung zur Ausübung (vgl § 1059 BGB), Übertragung „dem Werte nach" oder Pfändbarkeit. WG sind deshalb zB auch vertragl (§ 399 BGB) oder gesetzl

nicht abtretbare Ansprüche oder Rechte (BFH I R 44/83, BStBl II 89, 323), das Recht auf die Firma, der Geschäftswert oder ein Belieferungsrecht (BFH I B 144/01, BFH/NV 03, 154); eine Sendelizenz soll danach kein WG sein (BFH IV R 13/18, BStBl II 22, 656; **aA** *Weber-Grellet* BB 23, 43).

cc) Selbständige Bewertbarkeit. Sie bestimmt sich nach dem (einheitl) Nutzungs- und Funktionszusammenhang, nach dem Grad der Festigkeit einer evtl vorgenommenen Verbindung, nach dem Zeitraum, auf den die Verbindung und gemeinsame Nutzung angelegt sind, sowie nach dem äußeren Erscheinungsbild (BFH IV R 27/01, BStBl II 03, 878; *Weber-Grellet* StBilR § 8 Rn. 6). Von Bedeutung ist, ob das Objekt vollständig erscheint und ihm ein „negatives Gepräge" fehlt; ein Drucker oder andere Peripheriegeräte sind selbständige WG (BFH VIII R 42/03, BFH/NV 04, 1527; → Rn. 131 f). – Den Gegensatz zu selbständigen WG bilden unselbständige Teile (zB Kiesvorkommen als Teil des Grundstücks, FG Bln-Bbg EFG 08, 1544), wertbildende Faktoren, Rechtsreflexe (zB günstige Verkaufslage, *BeBiKo* § 247 HGB Rn. 10) oder Nutzungsvorteile eines WG (→ Rn. 100); eine Kassenzulassung ist kein selbständiges WG (BFH VIII R 13/08, BStBl II 11, 875), mE Einzelfall entscheidend. 96

c) Forderungen. – aa) Zivilrechtliche Entstehung. Zu den WG gehören Forderungen, insb Geldansprüche, die zivilrechtl im abgelaufenen Wj bereits entstanden sind, auch wenn sie noch nicht fällig oder als Naturalobligation nicht einklagbar sind (BFH IV 73/63, BStBl II 68, 79 zu § 656 BGB; BFH X B 167/94, BFH/NV 96, 34 zu Optionsrechten). 97

bb) Konkretisierung. Bei bestimmten zB bestrittenen Ansprüchen reicht deren obj Entstehung nicht aus; erforderl ist, dass sich der Anspruch konkretisiert hat (zB durch Anerkenntnis; BFH II R 15/98, BStBl II 00, 588; → Rn. 270) oder bei einer vGA der Wille zur Geltendmachung kundgetan ist (zB BFH VIII R 7/99, BStBl II 01, 173: *Einlage*forderung). – Zu strittigen Forderungen in der Insolvenz *Höffner* DStR 08, 1787. 98

cc) Künftige Entstehung. Ansprüche, die zivilrechtl obj noch nicht bestehen (vor rechtl Entstehung; zur Parallelproblematik auf der Passivseite → Rn. 384), sind WG, sofern die für die künftige Entstehung wesentl wirtschaftl Ursachen im abgelaufenen Wj gesetzt worden sind und der StPfl mit der künftigen Entstehung fest rechnen kann (BFH VIII R 28/95, BStBl II 98, 505 für Pachterneuerungsanspruch nur bei eingetretenem Pachterneuerungsfall). 99

d) Nutzungsvorteile. Diese sind keine WG, sondern nur „Reflexe" der genutzten WG; sie können daher nicht Gegenstand einer Einlage iSv § 4 I 1, 5 sein (str, → Rn. 185). Aufwendungen, die bei betriebl Nutzung von *eigenem* PV entstehen, sind aber wie BA abziehbar (BFH GrS 2/86, BStBl II 88, 348). Bei außerbetriebl Verwendung sind betriebl erlangte Nutzungsvorteile bereits beim Zufluss als BE zu erfassen (BFH IV R 106/87, BStBl II 89, 641; ähnl BFH VI R 10/96, BStBl II 96, 545). Veräußerte (bedingte) Nutzungsvorteile sind daher grds Teil des (GuB-)Veräußerungsgeschäfts (BFH IV R 41/13, BStBl II 16, 984; diff *Weber-Grellet* BB 17, 43). 100

e) Nutzungsrechte. Dingl oder obligatorische Nutzungsrechte (gesicherte Rechtsposition) sind nach hM idR *selbständige* (immaterielle) WG (iEinz → Rn. 176 f, die auch selbständig veräußert werden können (IEinz *Weber-Grellet* BB 23, 1963). Werden außerbetriebl unentgeltl erlangte Nutzungsrechte (WG) in ein BV eingelegt, soll nach dem Zweck der estrechtl Einlageregelung nicht der Nutzungswert (TW) angesetzt und abgeschrieben werden dürfen; der StPfl kann stattdessen seine eigenen Aufwendungen wie bei schlichter Nutzungsüberlassung absetzen (BFH GrS 2/86, BStBl II 88, 348). Ein Mietvertrag ist idR kein WG; das Mietrecht kann ggf aber veräußert werden und wird dann zum WG; das gilt entspr für ein Erbbaurecht (BFH IX R 25/15, DStR 18, 609; *Weber-Grellet* FR 18, 612). 101

Beispiele *(Grundfall mit Abwandlungen):* A schließt mit B einen Mietvertrag ab; schwebendes Geschäft; Dauerschuldverhältnis; A erzielt Einkünfte aus § 21. – *1. Abwandlung:* Der Fall spielt im gewerbl Bereich: Einkünfte nach § 15; keine Bilanzierung; erfasst werden nur die lfd Leistungen; nur Aufwand (bei B) und Ertrag (bei A). – *2. Abwandlung:* A verkauft ein „Mietrecht" für 10 Jahre; (B erwirbt die Nutzung gegen Einmalzahlung): bei A RAP (per Geld an RAP); bei B: *(1)* per Mietrecht an Geld; *(2)* per Aufwand an Mietrecht; pro rata temporis. – *3. Abwandlung:* A legt privat erworbenes Mietrecht in seinen Betrieb ein: *(1)* bei unentgeltl Erwerb: keine TW-Einlage; kein Aufwand; *(2)* bei entgeltl Erwerb: *(a)* Aktivierung mit Rest-AK; *(b)* AfA pro rata temporis (Übertragung von „Nutzungspotential"; TW-Aspekt [Zuordnung von WG-Wertsteigerungen] passt nicht; str). – *4. Abwandlung:* B nutzt betriebl ein Nutzungsrecht des A: kein Abzug, da Drittaufwand. – *5. Abwandlung* (Leasing-Fall): → Rn. 731, 741.

Der Nutzende kann Aufwendungen des Eigentümers, insb die AfA grds nicht abziehen (**Drittaufwand;** zB BFH GrS 2/04, DStR 08, 545, unter D III 2 zum nicht übertragbaren Erblasseraufwand); Ausnahme bei Miteigentum und Mitfinanzierung; keine Sonderbehandlung für Eheleute (BFH GrS 1/97 ua, BStBl II 99, 774 ff; BFH VI R 41/15, DStR 18, 664). Weitgehend geklärt schien die dogmatische Behandlung der **Fremdbauten als WG** (BFH XI R 18/06, BStBl II 09, 957); s nun aber BFH IV R 29/09, BStBl II 13, 387; BFH X R 46/14, BStBl II 16, 976; so auch *BMF* BStBl I 16, 1431; *Strahl* KÖSDI 17, 20449; krit *Weber-Grellet* BB 16, 2220; *ders* BB 17, 176; auch → Rn. 114, 270. Abgekürzter Zahlungsweg und auch abgekürzter Vertragsweg werden anerkannt (BFH IX R 45/07, DStR 08, 495); allerdings nicht bei Kreditverbindlichkeiten und bei Dauerschuldverhältnissen (*BMF* BStBl I 08, 717). – Die Mittelherkunft ist irrelevant (BFH IX R 27/08, BFH/NV 09, 901).

102 **f) Handelsrechtliche Bilanzierungshilfe.** Diese ist kein WG (vgl § 274 II HGB aF; Einzelheiten → 29. Aufl 2010, § 5 Rn. 101).

103 **g) Neues Wirtschaftsgut.** Bei grundlegender Erweiterung oder Umgestaltung kann ein neues WG entstehen; das ist nicht der Fall, wenn wesentl Elemente bestehen bleiben und keine Zweckänderung vorgenommen wird; dann Erhaltungsaufwand oder nachträgl HK (iEinz → § 6 Rn. 166 f).

110 **3. Arten von Wirtschaftsgütern.** Zu unterscheiden ist zw WG und Schulden (zB §§ 240 I, 252 I, 253 HGB) und innerhalb der WG zw verschiedenen Arten, an die das EStG unterschiedl Rechtsfolgen knüpft (zB § 6, § 7).

111 **a) Unterscheidung nach Substanz.** Zu unterscheiden sind materielle WG, immaterielle WG, Geldforderungen und Anteile an KapGes (→ Rn. 171 f). Zur Einordnung von WG mit materiellen und immateriellen Komponenten (zB Buch, Software, Film) ist auf die Funktion, das wirtschaftl Interesse, die Werterelation, den Marktpreis und die Vervielfältigung abzustellen (BFH III B 7/14, BFH/NV 14, 1590; *KKM* § 5 Rn. C 65; → Rn. 270). Die Unterscheidung ist in verschiedenen Zusammenhängen bedeutsam, zB § 5 II, § 7g, § 7h, § 7i EStG; § 2 I InvZulG.

112 **aa) Materielle Wirtschaftsgüter.** Das sind körperl (räuml abgrenzbare) Gegenstände, wie zB Sachanlagen, Grundstücke, Gebäude, Kiesvorkommen, Maschinen, maschinelle Anlagen, Kraftfahrzeuge, Betriebsvorrichtungen, Geschäftsausstattungen, Waren, Roh-, Hilfs- und Betriebsstoffe (BFH GrS 1/05, BStBl II 07, 508, C II 1a), auch Gase, Fernwärme (an Trägermedium gebunden), mE auch Strom als verbrauchbare Energie (BFH IV R 9/17, BStBl II 21, 226; *Weber-Grellet* BB 21, 43). Unerhebl ist, ob es sich dabei um Sachen iSd § 90 BGB, Bestandteile von Sachen gem § 93 BGB oder Zubehör nach § 97 BGB handelt. Auch die sog Finanzanlagen (vgl § 266 II A III HGB) werden als WG materieller Art behandelt, weil sich ihr Gegenstand auf konkrete materielle Werte richtet. Materielle WG sind auch *(1)* Sachteile, die selbständige WG sind, wie zB Betriebsvorrichtungen iSv § 68 II Nr 2 BewG und Ladeneinbauten (→ Rn. 132 f); *(2)* Tiere iSv § 90a BGB.

bb) Immaterielle Wirtschaftsgüter. Immaterielle WG (iEinz → Rn. 171 f; EStR 5.5 I, EStH 5.5) unterscheiden sich von den materiellen WG durch ihre **„Unkörperlichkeit"**; es handelt sich zumeist um **„geistige Werte"** (zB Ideen; „intellectual property"; *Haase/Nürnberg* FR 17, 1) und Rechte; BFH GrS 1/05, BStBl II 07, 508, C II 1a. Immaterielle WG sind zB Forderungen, Konzessionen, gewerbl Schutzrechte (*Donle* DStR 97, 74), Urheberrechte, auch ungeschützte Erfindungen (BFH I R 20/74, BStBl II 76, 666), know-how (BFH II R 209/82, BStBl II 89, 82), Software (BFH III R 47/92, BStBl II 94, 873; str; → Rn. 270), Rechte aus vertragl Wettbewerbsverboten, Belieferungsrechte, Kauf- und Verkaufsoptionen (BFH X R 139/93, BFH/NV 97, 105), Nutzungsrechte (→ Rn. 176 f) und der Geschäftswert (vgl § 266 II iVm § 246 I 4 HGB nF), nicht die einfache Liefermöglichkeit (NdsFG EFG 04, 1428). – Soweit der kommerzialisierbare Teil eines Namensrechts als übertragbares WG angesehen wird (BFH X R 20/17, BStBl II 20, 3; FG BW EFG 24, 1414, rkr; *Kulosa* HFR 19, 1052; *FM SchlH* DStR 24, 1816 zum Namen eines Influencers), scheint diese Auffassung problematisch (*Weber-Grellet* BB 20, 43 (44); *Klenk ua* DStR 23, 7). Das allg Persönlichkeitsrecht, zu dem auch das Namensrecht gehört, ist grds unübertragbar; in der zivrechtl Literatur wird aber die Einräumung von Nutzungsrechten (Abspaltung) für zul gehalten (*Erman* BGB, 17. Aufl 2023, § 12 BGB Rn. 32; Anh zu § 12, Rn. 204); so auch § 29 UrhG; → Rn. 180. – Auch (digitale) **Kryptowerte,** die auf der (manipulationssicheren) Blockchain-Technologie (nur Hinzufügungen mögl) beruhen (etwa Currency-, Utility- oder Security-Token) sind WG (BFH IX R 3/22, BStBl II 23, 571; FG Nbg EFG 25, 1058, rkr; ausführl *BMF* BStBl I 25, 658, Rn. 3, 31, 41; *Kopp* FR 25, 1), mE immateriell (**aA** *BMF* BStBl I 25, 658, Rn. 41). 113

cc) Mietereinbauten. Diese (sonstige unbewegl WG, kein Gebäude; → Rn. 270) und **Gebäude auf (teilweise) fremdem Grund** (§ 266 II A II 1 HGB; § 94 I 2 BewG) können bilanzrechtl materielle WG sein (BFH VIII R 30/98, BStBl II 02, 741), nicht nur „bilanztechnische" Merkposten (IEinz *Weber-Grellet* BB 16, 2220); sie können auf Dritte übereignet werden (durch Einräumung des Besitzes und Übertragung des Wertersatzanspruchs) und auch in der Hand des zivrechtl Eigentümers bei separatem Nutzungs- und Funktionszusammenhang bestehen bleiben (BFH XI R 18/06, BStBl II 09, 957). Bauten auf fremdem Grund sind wie Gebäude (zB iSv § 6b, § 7 IV, V) zu behandeln (EStR 7.1 V 3–4; BFH GrS 4/92, BStBl II 95, 281). – IEinz → Rn. 101, 270. 114

b) Bewegliche/unbewegliche Wirtschaftsgüter. Auch → Rn. 135. Die Qualifikation ist zB wesentl für § 6 II, § 7 II, für SonderAfA (zB §§ 7g, 7h EStG) und InvZul (§ 2 I InvZulG). Nur materielle (körperl) WG können bewegl oder unbewegl sein, nicht immaterielle WG (BFH III B 7/14, DStRE 14, 1198; EStR 7.1 II; *HHR/Anzinger* § 7 Rn. 315), Geldforderungen und Anteile an KapGes. – ***(1)* Bewegl Wirtschaftsgüter.** Dies sind bewegl Sachen, Scheinbestandteile iSv § 95 BGB (→ Rn. 139), Betriebsvorrichtungen iSv § 68 II Nr 2 BewG (vgl BFH III R 60/89, BStBl II 92, 5; → Rn. 137), mit einem Gebäude verbundene Sachen zB Maschinen, wenn sie nicht wesentl Bestandteile des Gebäudes sind (BFH III R 76/75, BStBl II 77, 590), Schiffe, Feldinventar (→ Rn. 141) und stehende Ernte (BFH IV R 160/74, BStBl II 79, 138), Dauerkulturen (*BMF* BStBl I 90, 420), Zubehör (Datenkabel; FG Bln EFG 05, 1464). – ***(2)* Unbewegl Wirtschaftsgüter.** Dies sind *(1)* der GuB, Gebäude iSv § 7 IV, V, Gebäudeteile (vgl § 7 Va), Eigentumswohnungen und im Teileigentum stehende Räume iSv § 7 Va und *(2)* sonstige unbewegl WG (EStR 7.1 VI; § 89 BewG) wie zB auf festen Fundamenten ruhende Bürocontainer (BFH III R 47/93, BStBl II 96, 613); Tankstellenüberdachung (BFH III R 26/99, BStBl II 01, 137); Videoüberwachungsanlage (FG LSA DStRE 01, 761); Bodenschätze (→ Rn. 140), Ladeneinbauten (EStR 4.2 III Nr 3), Dachausbauten (*BMF* BStBl I 96, 689, Rn. 9), Teppichböden, Trennwände (BFH III R 247/94, BFH/NV 98, 215), 115 wenn diese keine Betriebsvorrichtungen oder Scheinbestandteile und damit bewegl WG sind (BFH IV R 170/70, BStBl II 75, 531).

116 **c) Abnutzbare/nichtabnutzbare Wirtschaftsgüter.** Die Einteilung betrifft alle WG. Abnutzbare WG (zum Begriff s BFH X R 131–133/87, BStBl II 90, 50) sind Voraussetzung zB des § 6 I Nr 1, 2, § 6 II, § 7, der Vorschriften über erhöhte AfA und SonderAfA und des § 2 I InvZulG. – ***(1)* Abnutzbare Wirtschaftsgüter.** Entscheidend ist, ob sich der Wert in einer bestimmten oder bestimmbaren Zeit erschöpft (BFH VIII R 56/14, BStBl II 17, 694). Dies sind zB Gebäude und Gebäudeteile (auch ein unfertiges, aber in Gebrauch genommenes Gebäude, BFH X R 21/81, BStBl II 87, 463) und andere unbewegl WG außer GuB, idR alle bewegl Sachen, auch tatsächl genutzte antike Möbel (BFH VI R 26/98, BStBl II 01, 194 für alte Meistergeige) und aufliegende antike Orientteppiche. – GAP-Ansprüche (Betriebsprämien-Anwartschaftsrechte) sind abnutzbar (BFH IV R 6/12, BStBl II 17, 45; *BMF* BStBl I 17, 33; *Weber-Grellet* FR 16, 675). – ***(2)* Nicht abnutzbare Wirtschaftsgüter.** Dies sind zB der GuB, Anteile an KapGes, Geldforderungen, Wertpapiere, Bargeld, uU Warenzeichen (BFH II B 135/95, BStBl II 96, 586; → Rn. 270), Gemälde alter oder anerkannter Meister (BFH III R 58/75, BStBl II 78, 164) oder berufshistorische Dekorationsobjekte (BFH X R 131–133/87, BStBl II 90, 50), immaterielle WG (BFH VIII R 56/14, BStBl II 17, 694; → Rn. 188), zB Software (→ Rn. 270); Ausnahme → Rn. 233; auch → § 7 Rn. 43.

117 **d) Wirtschaftsgüter des Anlage-/Umlaufvermögens.** Vgl EStR 6.1; *HHR/Tiedchen* § 5 Rn. 580 f; iEinz → § 6 Rn. 343 ff). – Kein UV bei Containervermietung trotz beabsichtigter Veräußerung (BFH III R 35/22, BFH/NV 25, 147; BFH X R 4/23, BFH/NV 25, 1288).

118 **e) Kurzlebige Wirtschaftsgüter.** WG mit einer Nutzungsdauer von weniger als einem Jahr (vgl § 7 I 1; BFH X R 20/12, BStBl II 15, 325) sind auch bei hohem Rohstoffwert weder einzeln noch als Festwert zu aktivieren (BFH X R 19/81, BStBl II 88, 502), auch nicht bei Anschaffung in der zweiten Hälfte eines Wj (BFH IV R 127/91, BStBl II 94, 232) oder in einem RumpfWj. Die Behandlung **geringwertiger WG** ist in § 6 II geregelt (→ § 6 Rn. 651 f).

119 **f) Wirtschaftsgüter der Spesensphäre.** § 4 V Nr 3, 4; zB Gästehaus (→ § 4 Rn. 560).

131 **4. Selbständige Wirtschaftsgüter (unselbständige Teile eines Wirtschaftsguts; mehrere Wirtschaftsgüter). – a) Bewertungseinheit.** Das WG bildet bilanzrechtl eine Ansatz- und Bewertungseinheit (dazu *Glanegger* FS Schmidt, 1993, 145); Abgrenzungskriterium ist der einheitl Nutzungs-/Funktionszusammenhang (→ Rn. 96, 135); auch bei immateriellen WG (*Kopp* FR 25, 828 (838)). – Selbständige WG sind grds gesondert zu bilanzieren und zu bewerten (Einzelbewertung; → Rn. 69); AfA ist einheitl vorzunehmen (BFH GrS 5/71, BStBl II 74, 132). Betriebl Aufwendungen, die nicht zur Anschaffung (Herstellung) selbständiger WG führen, sind entweder sofort abziehbar oder Teil der AK (HK) bereits vorhandener WG, insb nachträgl AK (HK; vgl BFH III R 178/86, BStBl II 91, 187).

132 **b) BGB-Sache.** Jede Sache iSv § 90 BGB (zB auch *ein* Grundstück iSv § 3 GBO) ist grds ein selbständiges WG (BFH IV R 67/97, BStBl II 99, 14). Unselbständiger Teil des immateriellen WG Software ist der Datenträger (BFH III R 7/86, BStBl II 87, 728); umgekehrt kann Systemsoftware (bewegl Systemplatte) unselbständiger Teil der Hardware sein (BFH III B 90/88, BStBl II 90, 794; → Rn. 270). Bei **Bruchteilseigentum** (Miteigentum) sind (mindestens) so viele WG gegeben, wie Eigentümer vorhanden sind (BFH GrS 4/92, BStBl II 95, 281; FG Hmb EFG 12, 1448; *HHR/Tiedchen* § 5 Rn. 607); bilanziert wird (anteilig) die Sache selbst (BFH IV R 60/89, BStBl II 94, 559). Bei einheitl Nutzung können die Anteile aus praktischen Gründen zusammengefasst werden.

c) Grundstücke und Gebäude. – aa) Wirtschaftliche Betrachtung. Abw vom BGB können auch **wesentl Bestandteile (§§ 93, 94 BGB)** bilanzrechtl *selbständige* WG und – umgekehrt – verschiedene Sachen (zB mehrere Grundstücke) *ein* WG sein, wenn sie eine wirtschaftl Einheit bilden (BFH I R 33/75, BStBl II 79, 259 mwN). Selbständige WG, obwohl zivilrechtl grds nur *eine* Sache, sind der (nackte) **GuB** (unbewegl nichtabnutzbares WG) und das aufstehende **Gebäude** (unbewegl abnutzbares WG), gleichgültig, ob Grund und Gebäude gleichzeitig oder nur der Grund erworben und darauf ein Gebäude errichtet wurde (BFH I R 58/90, BStBl II 92, 517); Gesamtkaufpreis ggf aufzuteilen (BFH XI R 3/89, BFH/NV 92, 373). Selbständige WG sind **grundstücksgleiche Rechte** wie zB ein Erbbaurecht (dazu → Rn. 270) und das auf Grund des Erbbaurechts errichtete Gebäude (BFH VIII R 202/72, BStBl II 77, 384 zu § 23). Betriebsvorrichtungen (wie zB eine Tankstellenbedachung) sind keine Gebäude (→ Rn. 112, 137; BFH I R 109/04, BFH/NV 06, 1812). 133

bb) Einheitlichkeit. Grundstück und Gebäude sind zwar selbständige WG, können aber nur einheitl entweder BV oder PV sein (BFH IV R 130/82, BStBl II 85, 395: Identität der Nutzung); anders ist dies bei realen Teilen des (nackten) Bodens, die selbständige WG und daher teils BV und teils PV sein können (vgl BFH VIII R 7/74, BStBl II 77, 796). Tiefere Bodenschichten sind kein selbständiges WG (BFH VI R 49/18, BStBl II 22, 316). Die mit einem Grundstück verbundenen **Rechte** wie zB Grunddienstbarkeit, Wassernutzungsrecht, Jagdrecht, Auffüllrecht sind zivilrechtl Bestandteile des Grundstücks (§ 96 BGB), estrechtl aber bei Abspaltung uU selbständige (immaterielle) WG, nicht zB bei einheitl Übertragung (BFH IV R 27/01, BStBl II 03, 878). – Einschlag kann zu selbständigem WG (UV) führen (mit Buchwertabspaltung; BFH IV R 21/14, BFH/NV 16, 17). 134

cc) Gebäudeteile. Reale Teile eines Gebäudes (zB Erdgeschoss) können selbständige WG (teils BV und teils PV) sein, wenn sie in unterschiedl Nutzungs- und Funktionszusammenhang stehen, zB teils eigenbetriebl, teils durch Vermietung genutzt werden (EStR 4.2 III–IV; BFH GrS 5/71, BStBl II 74, 132; BFH IV R 30/05, BFH/NV 08, 1246); zu Grundstücksteilen von untergeordnetem Wert → § 4 Rn. 126. Eine eigengenutzte Wohnung ist stets notwendig PV. – Ein eigenbetriebl genutzter Gebäudeteil kann nicht nach verschiedenen betriebl Funktionen oder bei Nutzung durch verschiedene Personen weiter aufgeteilt werden (BFH III R 29/88, BStBl II 89, 903, EStR 4.2 IV 4), es sei denn, Aufteilung in Teileigentum (BFH III R 80/92, BStBl II 95, 72). – Keine Zwangsentnahme in den Fällen der Nutzungsänderung (BFH XI R 31/03, BStBl II 05, 334: geduldetes BV; BFH III R 4/04, BStBl II 05, 604) und des Hinzuerwerbs von Miteigtanteilen (BFH IV R 44/06, BB 09, 1970). Reale Gebäudeteile können, auch wenn sie verschiedene WG sind, gleichwohl eine Bewertungs-, insb AfA-Einheit bilden, vgl § 7 Va. Mehrere **miteinander verbundene Bauwerke** sind ein einheitl WG, wenn ein einheitl Nutzungs- und Funktionszusammenhang besteht, der auch in der baul Verbindung zum Ausdruck kommt (BFH IX R 72/00, BStBl II 03, 916); zu Gebäude und GuB s BFH IX R 14/22, BStBl II 24, 256. **Freistehende Gebäude** auf demselben zivilrechtl nur *eine* Sache bildenden Grundstück sind idR selbständige WG (BFH VIII R 179/79, BStBl II 84, 196). Zu Anbau s BFH IX R 1/08, BFH/NV 09, 370; zu Ausbauten und Erweiterungen → § 4 Rn. 115 f). – **Raumtausch** oder **räuml Verlegung** betriebl genutzter Fläche (BFH XI R 27/90, BFH/NV 92, 454) führen nicht zur Entnahme (→ § 4 Rn. 119). 135

dd) Maßgeblichkeit des Funktionszusammenhangs. Gebäudebestandteile, die der Nutzung des Gebäudes dienen, sind grds unselbständige Teile des WG Gebäude; sie sind selbständige WG, wenn sie in einem von der Gebäudenutzung verschiedenen Nutzungszusammenhang stehen (→ § 4 Rn. 115). 136

137 **ee) Betriebsvorrichtungen.** S BFH IV R 3/17, BFH/NV 19, 1076 (iEinz → § 4 Rn. 117).

138 **d) Einzelfälle. – aa) Ladeneinbauten; Schaufensteranlagen; Gaststätteneinrichtungen; Schalterhallen uÄ.** Diese (idR unbewegl [BFH VI R 209/67, BStBl II 68, 581] und einem schnellen Wandel des modischen Geschmacks unterworfen) sind selbständige WG; → § 4 Rn. 117.

139 **bb) Scheinbestandteile, § 95 BGB.** Auch diese sind trotz ihres vorübergehenden Zwecks selbständige WG, zB Windkraftanlage (BFH IV R 1/14, BStBl II 17, 171; → § 4 Rn. 117).

140 **cc) Bodenschätze.** Sie sind grds unselbstständiger Bestandteil des GuB. Die Eigenschaft eines selbständigen WG erlangt ein Kiesvorkommen, wenn mit seiner Aufschließung (zB durch Stellung eines Antrags auf Genehmigung) oder Verwertung (zB Veräußerung) begonnen wird (vgl BFH GrS 1/05, BStBl II 07, 508; BFH IV R 25/19 BStBl II 23, 695); iEinz → Rn. 270, → § 4 Rn. 113.

141 **dd) Grundstücksteile. Feldinventar** (Pflanzenbestände) und **stehende Ernte** sind bilanzrechtl selbständige WG des UV (→ § 4 Rn. 113; zur Aktivierung BFH VI R 48/16, BFH/NV 19, 908); zum Baumbestand BFH IV R 50/07, BStBl II 08, 968; *BMF* BStBl I 10, 224 (grds stehendes Holz als einheitl, nicht abnutzbares WG). Auch **Garten** (FG Mster DStRE 23, 715, rkr) und **Kreisverkehr** (FG Köln EFG 25, 554, rkr) können selbständiges WG sein;, ebenso unter der Erdoberfläche gelegene, räuml abgegrenzte **Grundstücksteile** (BFH VIII R 7/74, BStBl II 77, 796) sein, zB Verfüllvolumen, oder Anlagen im Boden, zB Drainage, evtl Regenwasser-Hebeleitung (BFH III R 125/84, BStBl II 90, 82). – Das **Leitungsnetz** (einschließl sog Hausanschlüsse) eines Versorgungsunternehmens ist idR ein einheitl WG; Teilnetze mit unterschiedl Funktionen können ein besonderes WG bilden (BFH I R 9/91, BStBl II 93, 41 mwN; *BMF* BStBl I 97, 567), ebenso Netzwerkkabel (FG LSA DStRE 13, 129); zur Aktivierung geographischer Informationssysteme OFD Mster DB 07, 1837. – Ein Windpark umfasst mehrere WG, zB Kraftanlage, Wegebau, Anschlusskosten, Verkabelung (BFH I R 57/10, BStBl II 12, 407), selbständig auch Biogasanlage und Kraftwerk (FG Mster EFG 15, 891).

142 **ee) Beiträge.** Der durch **Anlieger-** und **Erschließungsbeiträge** zur *Erstanlage* von Straßen erlangte Vorteil für ein angrenzendes Grundstück führt zu nachträgl AK (BFH III R 114/95, BStBl II 97, 811; EStH 21.1), uU auch bei Zweitanlage (BFH IX R 54/94, BStBl II 96, 190). Keine nachträgl AK des GuB, sondern abziehbarer Erhaltungsaufwand sind aber nachträgl Erschließungskosten (**Ergänzungsbeiträge;** vgl *Spindler* DB 96, 444), zB zur Verbesserung einer Ortsstraße (BFH VIII R 198/85, BFH/NV 91, 29), zur Ersetzung eines Wegs (BFH IX R 5/95, BStBl II 96, 134), zur Erweiterung einer Kanalisation oder Stromumstellung; Beiträge zum Ausbau einer Ortsstraße wegen besonderer Beanspruchung (BFH II R 30/89, BStBl II 90, 569).

143 **e) Patente.** Werden für das **immaterielle WG** „Erfindung" Patente in mehreren Ländern erteilt, spaltet sich für jedes Land ein immaterielles WG Patent ab (BFH I R 20/74, BStBl II 76, 666; offen für *ungeschützte Erfindung,* BFH I R 86/92, BStBl II 94, 168).

144 **f) Optionsgeschäfte.** Hier ist zu differenzieren zw dem Kauf des Optionsrechts (selbständiges immaterielles WG) einerseits und der Ausübung der Option mit Abschluss des Hauptvertrags andererseits (**Zweivertragstheorie;** BFH XI R 44/17, BStBl II 20, 44; mE kein Widerspruch zu BFH I R 18/12, BStBl II 13, 588); die Prämie ist erfolgsneutral zu erfassen (per Geld an Optionsverpflichtung; so auch *Herzig/Briesemeister* DB 02, 1570; *Günkel* StbJb 02/03, 275; **aA** *Schmid/Renner* DStR 13, 2734). – Ferner → Rn. 270 „Finanzprodukte".

Vor Ausübung der Option sind – soweit nicht Nichtbilanzierung wegen schwebenden Geschäfts (dazu *Weber-Grellet* FR 03, 514; *Hahne/Sievert* DStR 03, 1992) – das Optionsrecht (immaterielles WG) bzw beim Stillhalter die Optionsverpflichtung mit dem Optionsentgelt (Prämie) – als bedingtes Übertragungsgeschäft – gewinnneutral zu erfassen (*Günkel* JbFfSt 98/99, 218; ähnl BFH I R 17/02, BStBl II 04, 126). – Bei **Ausübung** der Option erhöht die Prämie die AK des erworbenen WG (Kauf) oder sie mindert den Erlös (Verkauf). – Beim Stillhalter ist die Auflösung der Verbindlichkeit – neben der Abwicklung des eigentl Geschäfts – gewinnerhöhend zu berücksichtigen (allg *Wiese/Dammer* DStR 99, 867). – Bei **Nichtausübung** sind Optionsrecht/-verpflichtung erfolgswirksam aufzulösen (*Schumacher* DStR 97, 1236; unklar *OFD Köln* DB 97, 753).

5. Subjektive Zurechnung als Aktivierungsvoraussetzung. – a) Ausweiszwang. Ein WG ist in der Bilanz auszuweisen, sofern die sachl, zeitl und **subj Voraussetzungen** gegeben sind. Die sachl Zurechnung verlangt die betriebl Veranlassung (→ § 4 Rn. 30 ff), die zeitl Zurechnung richtet sich nach GoB, insb nach dem Realisationsprinzip (→ Rn. 601 ff) und konkret nach dem Prinzip der wirtschaftl Belastung/Verursachung (→ Rn. 80, 361, 381); für die subj Zurechnung ist das wirtschaftl Eigentum maßgebend (vgl *Weber-Grellet* StBilR §§ 13–15; FR 03, 468; *HHR/Tiedchen* § 5 Rn. 515). Erwirbt ein StPfl ein WG, hat er es in dem Zeitpunkt zu aktivieren, in dem das wirtschaftl Eigentum, dh Nutzen und Lasten und die Gefahr des zufälligen Untergangs auf ihn übergehen (BFH VIII R 26/01, DB 04, 1243). Auch rechtsunwirksame Geschäfte können wirtschaftl Eigentum begründen und zur Realisation führen; § 41 AO gilt auch im Bilanzsteuerrecht. 150

b) Handelsbilanzzurechnung. Handelsrechtl darf und muss der Kfm nur „seine" Vermögensgegenstände aktivieren (vgl §§ 240, 242 I, 246 I HGB). Auch die für die HB maßgebende **Zugehörigkeit zum Vermögen des Kfm** richtet sich vorrangig nach der wirtschaftl Zurechnung (§ 246 I 2 HGB). § 39 AO enthält eine eigenständige strechtl Zurechnungsnorm; interpretiert man § 246 I 2 HGB als Ausdruck eines GoB, ist diese Regelung maßgebl iSd § 5 I 1 (*HHR/Tiedchen* § 5 Rn. 516). IdR dürften § 39 AO und § 246 I 2 HGB zu identischen Ergebnissen führen (*HHS* § 39 AO Rn. 79). 151

c) Steuerbilanzzurechnung. Nach der BFH-Rspr ist insoweit maßgebl, wer **wirtschaftl Eigentümer** ist (BFH VIII R 30/98, BStBl II 02, 741; BFH XI R 18/06, BStBl II 09, 957). Wirtschaftl Eigentum (§ 39 II Nr 1 AO; iEinz *Drüen* FR 23, 537) bedeutet den „wirtschaftl Ausschluss" des rechtl Eigentümers (BFH IV R 32/19, BStBl II 22, 832) bzw die „aktive Nutzungsmacht" (BFH I R 22/20, BStBl II 22, 324); es kommt darauf an, ob die mit dem Vollrecht verbundenen rechtl Befugnisse, soweit sie wirtschaftl wertvoll sind, einem anderen zustehen oder tatsächlich von einem anderen wahrgenommen werden können (BFH I R 3/21, BFH/NV 25, 538; BFH IX R 14/24, BB 25, 1264; *Weber-Grellet* BB 26, 43 (44)). Merkmale des wirtschaftl Eigentums sind Eigenbesitz, Gefahrtragung, Nutzen und Lasten der Sache, Teilnahme an Wertsteigerungen und (Wert-) Ersatzanspruch (BFH I R 22/20, BStBl II 22, 324 zu Cum/Ex-Geschäften) oder güterrechtl Ausgleich (BFH X R 72/98, BStBl II 04, 403); entscheidend sind Gesamtbild und „normaler Verlauf der Dinge" (BFH I R 22/20, BStBl II 22, 324 – „modellhaftes Gesamtvertragskonzept"). WEG-Sondernutzungsrecht begründet kein wirtschaftl Eigentum (BFH VI R 67/15, BStBl II 18, 798; wie Vorbehaltsnießbrauch; → Rn. 156). – Die **Aktivierung** als wirtschaftl Eigentum verlangt *(1)* eigenen betriebl veranlassten Aufwand und *(2)* das Fehlen einer Zuwendung an den rechtl Eigentümer (BFH XI R 43/01, BFH/NV 04, 1397 [Dachausbau]; BFH XI R 18/06, BStBl II 09, 957; BFH IV R 2/07, BStBl II 10, 670 betrifft nur AfA). Eine ausschließl Nutzungsbefugnis ist mE nicht erforderl, die faktische Nutzung reicht aus (*Weber-Grellet* BB 16, 2220; **aA** die zitierte Rspr); zu wirtschaftl Eigentum bei Bauten auf fremdem Grund und Mietereinbauten → Rn. 270. Zu weiteren Fällen (zB Dauernutzungsrecht, Scheidungsklausel, kurzfristiger Aktienerwerb) → 41. Aufl 2022, § 5 Rn. 153. 152

d) Einzelfälle. – aa) Sicherungsweise oder treuhänderisch übereignete Wirtschaftsgüter. Diese sind nicht in der Bilanz des zivilrechtl Eigentümers, son- 154 dern in der des Sicherungs- bzw Treugebers auszuweisen (§ 39 II Nr 1 S 2 AO; BFH IV R 17/09, BStBl II 11, 419); nach BFH I R 3/21, BFH/NV 25, 943 ist der Einzelfall entscheidend (dazu *Weber-Grellet* BB 26. 43). **Treuhand** verlangt: *(1)* Beherrschung durch Treugeber, *(2)* Weisungsgebundenheit des Treuhänders, *(3)* Verpflichtung zur jederzeitigen Rückgabe des Treuguts (BFH I R 42/12, BStBl II 15, 4). – Die Bestellung von **Pfandrechten** verändert nicht die subj Zurechnung; Sicherungsfunktion macht WG nicht zu notwendigem BV (BFH XI R 32/01, BStBl II 05, 431). **Kommissionsgüter** gehören nicht in die Bilanz des Kommissionärs (*Hottmann* StBP 83, 221). Unter **Eigentumsvorbehalt** veräußerte WG sind bereits dem (anwartschaftsberechtigten) Erwerber zuzurechnen, mE auch nach nF von 2009 (§ 246 I 2 HGB; wirtschaftl Zurechnung); Entsprechendes gilt uU für Objekte eines **Mietkaufvertrags** (BFH III R 233/90, BStBl II 92, 182). Die Übertragung „quoad sortem" (dem Wert nach; im Unterschied zu „quoad usum") kann genügen (BFH VIII R 18/92, BStBl II 96, 291).

155 **bb) Grundstücksveräußerungen.** Das Grundstück ist dem Erwerber nicht erst mit Grundbucheintragung zuzurechnen, sondern von dem Zeitpunkt an, zu dem – idR nach Auflassung (§ 925 BGB) – Besitz, Gefahr, Nutzen und Lasten übergehen (BFH I R 213/69, BStBl II 73, 209; auch → Rn. 602 f); ein Verkaufsangebot oder ein Optionsrecht begründen idR noch kein wirtschaftl Eigentum des späteren Käufers (BFH XI R 6/93, BStBl II 94, 23); ebenso wenig eine Rückfallklausel (BFH IV R 114/91, BStBl II 94, 635). Bei Gebäudeveräußerung mit **Abbruchverpflichtung** bleibt Veräußerer wirtschaftl Eigentümer (BFH XI R 14/87, BStBl II 91, 628).

156 **cc) Nutzungsrechte.** Zugewendete *Nutzungsrechte* (→ Rn. 176) begründen idR kein wirtschaftl Eigentum (BFH X R 91/94, BStBl II 98, 203; BFH X B 40/99, BFH/NV 00, 563; BFH IV R 32/19, BStBl II 22, 832). – Ein unter dem Vorbehalt des Nießbrauchs „unentgeltl" übertragenes WG kann dem **Vorbehaltsnießbraucher** als (verbliebenes) wirtschaftl Eigentum nach § 39 II Nr 1 AO zuzurechnen sein, wenn der Nießbrauch eine umfassende Position vermittelt (BFH X R 59/14, BStBl II 19, 730; *TK* § 39 AO Rn. 59); auch → Rn. 180, 653; zur AfA → § 7 Rn. 60. Bei Übertragung eines gewerbl Betriebs unter Vorbehaltsnießbrauch ist § 6 III nicht anwendbar (BFH IV R 1/20, DStR 24, 2417 und BFH X R 35/19, BStBl II 25, 768; *Weber-Grellet* BB 26, 43 (44)); anders bei LuF-Betrieb (BFH VI R 26/17, BStBl II 19, 660; *BMF* BStBl I 25, 1834).

157 **dd) Miteigentum, §§ 1008, 741 BGB.** Es ist nur der ideelle (Gebäude-)Teil als materielles WG zu bilanzieren (→ Rn. 132), nicht etwa ein immaterielles WG „Gemeinschaftsanteil" (vgl BFH IV R 60/89, BStBl II 94, 559), und bei nur teilweise betriebl Nutzung (zB nur Erdgeschoss) nur der entspr ideelle Anteil (BFH IV R 57/90, BStBl II 92, 141). Schlichte Mitnutzung von Miteigentum führt nicht zu BV (BFH VIII R 98/04, BStBl II 08, 749); Trennung von Nutzungs- und Vermögensebene. – Die Änderung der Eigentumsverhältnisse kann zu Entnahme/Einlage führen (*Ehmcke* DStR 96, 201); ggf Bildung von Teileigentum. Hinsichtl des fremden (Miteigentums-)Anteils kann ein Mietereinbau/Bau auf fremdem Boden vorliegen (→ Rn. 270).

6. Aktivierung immaterieller Wirtschaftsgüter, § 5 II

Schrifttum (Auswahl): *Niemann,* Immaterielle WG im Handels- und StRecht, 2. Aufl, 2006; *Haase* (Hrsg), Geistiges Eigentum, 2012; *HHR/Anzinger* § 5 Rn. 1750 ff. – *Kopp,* Immaterielle WG im StBilRecht, FR 25, 634, FR 25, 691, FR 25, 828 (s auch Schrifttum vor → Rn. 93). – **Verwaltung:** EStR 5.5.

161 **a) Bedeutung; Funktion.** 5 II gebietet („ist") bei entgeltl Erwerb (→ Rn. 190 ff) die Aktivierung (→ Rn. 90) immaterieller WG (→ Rn. 94–96; 171 ff) des AV **(Aktivierungsgebot).** Daraus folgt im Umkehrschluss: – *(1)* Unentgeltl erworbene oder selbsthergestellte WG des AV sind nicht zu aktivieren **(Aktivierungsverbot).** – *(2)* Immaterielle WG des **Umlaufvermögens** (→ Rn. 117, 171; zB EDV-Programme) sind stets zu aktivieren. Hintergrund sind das Vorsichtsprinzip, der Verein-

fachungsgedanke, die Möglichkeit der Sofortabschreibung (*Anzinger* StbJb 17/18, 353).

Die unterschiedl Behandlung von AV und UV lässt sich im Hinblick auf die Dauer der Zugehörigkeit zum BV, die von materiellen und immateriellen WG in Bezug auf ihre Greifbarkeit rechtfertigen. § 5 II verhindert periodengerechte Gewinnermittlung und führt zum sofortigen Abzug entspr Aufwands (zB sofort abziehbare Aufwendungen auf den originären Geschäftswert). Immaterielle WG des AV dürfen nur bei Marktbestätigung aktiviert werden (BFH I R 24/91, BStBl II 92, 977 mwN). In der Praxis kann § 5 II durch Gründung einer Tochter-GmbH und Veräußerung der immateriellen WG an diese zum „Marktpreis" (= mindestens HK) unterlaufen werden (*Küting/Kaiser* BB 94 Beil 2, 11; → Rn. 199, 744). – Handelsrechtl besteht grds ein Wahlrecht, aber Aktivierungsverbot für Marken- und Verlagsrechte, Kundenliste und vergleichbare Rechte (§ 248 II HGB; RegEntw BT-Drs 16/10067, 50).

b) Sphärenvorrang. – aa) Einlage; Entnahme. Die estrechtl Normen über **Einlagen** (§§ 4 I 5, 6 I Nr 5) sind (wegen der strechtl Notwendigkeit der strikten Trennung von PV und BV) ggü § 5 II vorrangig (BFH IV B 33/93, BFH/NV 95, 102; stRspr). **Selbstgeschaffene** oder unentgeltl erworbene immaterielle WG, die aus dem PV in ein BV überführt werden, sind danach im BV grds mit dem TW anzusetzen (BFH GrS 2/86, BStBl II 88, 348 (353); BFH GrS 1/94, BStBl II 98, 307; EStR 5.5 III 3). – Ebenso steht bei **Entnahmen** das Aktivierungsverbot des § 5 II der Bewertung eines entnommenen immateriellen WG mit dem TW nicht entgegen (BFH X R 20/12, BStBl II 15, 325). 164

bb) Übertragungen im Gesellschaftsbereich. Auch die Trennung des gesellschaftl vom betriebl Bereich bei KapGes geht dem Aktivierungsverbot des § 5 II vor; deshalb ist § 5 II nicht anzuwenden auf Wertbewegungen zw einer KapGes und ihren Ges'tern, die – wie zB vGA oder verdeckte Einlagen – ihre Ursache im GesVerhältnis haben (BFH GrS 2/86, BStBl II 88, 348; BFH GrS 1/94, BStBl II 98, 307; BFH I R 6/01, BFH/NV 03, 88; → Rn. 202–207). Entspr gilt für Übertragungen zw PersGes und ihren Ges'tern und beim Formwechsel von KapGes zu PersGes (BFH IV R 49/14, BStBl II 16, 722). 165

cc) Verhältnis zu anderen Regelungen. Bei Vorliegen eines WG hat § 5 II zwingend Vorrang vor § 5 V 1 Nr 1 (aktiver RAP; → Rn. 244). – Bei unentgeltl Übertragung eines Betriebs usw sind die Buchwerte aktivierter immaterieller WG fortzuführen; kein Fall des § 5 II (EStR 5.5 III). 166

c) Entsprechende Anwendung. § 5 II gilt analog für die Gewinnermittlung nach § 4 I und § 4 III und damit auch für Einkünfte aus selbständiger Arbeit (BFH VIII R 74/77, BStBl II 80, 244) oder aus LuF (s auch § 141 S 2 AO). 167

7. Immaterielle Wirtschaftsgüter. – a) Begriff. Immaterielle WG iSv § 5 II sind alle unkörperl WG, insb Rechte und tatsächl Positionen von wirtschaftl Wert (*Weber-Grellet* StBilR § 8 Rn. 23; *HHR/Tiedchen* § 5 Rn. 586 f; → Rn. 93 ff, 113); die Bedeutung der unkörperl Substanz muss im Vordergrund stehen. Ausgenommen sind Anteile an KapGes (einschließl Bezugsrechte) und an PersGes (zu diesen → Rn. 270) sowie Geldforderungen (vgl auch § 266 II HGB; → Rn. 111; EStR 5.5 I, EStH 5.5). – Körperl WG können ausnahmsweise unselbständiger Teil eines immateriellen WG sein, zB Datenträger für EDV-Programme, Negative und Kopien für Filmwerke. Ein immaterielles WG ist auch der (umfassende) Geschäftswert (→ Rn. 221, 223). – Zur Abnutzbarkeit → Rn. 188. 171

Beispiele: Ungeschützte Erfindungen, Rezepte, Know-how, ArbN-Erfindung (*Geier* DStR 17, 1192; → Rn. 270); EDV-Programme (BFH III R 49/83, BStBl II 88, 737; → Rn. 270 „Software"), Marken-, Urheber-, Verlagsrechte (BFH I R 37/75, BStBl II 79, 470), Emissionsberechtigungen (→ Rn. 270), Geopunkte (BFH III B 7/14, BFH/NV 14, 1590); weitere Beispiele → 34. Aufl 2015, § 5 Rn. 171.

b) Nutzungsrechte

Schrifttum (Auswahl): *Ebber,* Die Abbildung von Nutzungsrechten in HB und StBil, 2011. – *Birnbaum,* Die Einlagefähigkeit von Nutzungsrechten, DStR 23, 1275; *Weber-Grellet,* Nutzungen und Nutzungsrechte im BilStR, BB 23, 1963 (s auch Schrifttum bei → Rn. 93, 161).

176 **aa) Begriff.** Nach der BFH-Rspr sind Nutzungsrechte dingl (zB Nießbrauch) oder schuldrechtl Art (zB Rechte aus Miet-, Pacht- oder Leihvertrag) immaterielle WG (BFH I R 109/04, BFH/NV 06, 1812; *Ebber* vor → Rn. 176, 193 f), sofern sie auf bestimmbare Zeit (*Groh* DB 88, 514) oder gar immerwährend (vgl BFH X R 20/86 BStBl II 90, 128) eine „gesicherte Rechtsposition" gewähren; sie sind nicht zu aktivieren, wenn ihnen ein schwebendes Geschäft zugrunde liegt (BFH IV R 16/95, BStBl II 97, 808; diff *HHR/Anzinger* § 5 Rn. 1787). Nutzungsrechte entstehen durch Abspaltung der Nutzungsbefugnis vom Recht des Eigentümers (§ 903 BGB) direkt in der Hand eines Dritten und berechtigen diesen zur Nutzung des WG.

Stellungnahme: ME können Nutzungsrechte im Einzelfall immaterielle WG sein, zB im Fall des entgeltl Erwerbs eines Mietrechts (→ Rn. 101). Damit entfällt die Notwendigkeit, einmalige oder voraus gezahlte Nutzungsentgelte ggf als RAP zu aktivieren. Bei der Aktivierung oder Einlage von Nutzungsrechten muss den estrechtl Wertungen Rechnung getragen werden: So darf (nach bisheriger Rspr) zur Vermeidung von Besteuerungslücken als Einlagewert unentgeltl erworbener (schenkweise oder von Todes wegen zugewendeter) Nutzungsrechte weder der TW (Nutzungswert) angesetzt werden (BFH GrS 2/86, BStBl II 88, 348; BFH GrS 1/05, BStBl II 07, 508; zur Problematik *Weber-Grellet* DB 95, 2550) noch ist ein Ansatz des Nutzungsrechts mit einem auf die Summe der Aufwendungen des Eigentümers des genutzten WG „reduzierten TW" zul (BFH IV R 300/84, BStBl II 91, 82; *Schubert* DStR 95, 362). – ME ist die bisherige Rspr ua durch BFH GrS 1/05, BStBl II 07, 508 überholt; die dort entwickelten Grundsätze (Einlage zum TW, keine AfA) sind auf Nutzungsrechte zu übertragen. Im Fall unentgeltl bezogener Nutzungen und unentgeltl erworbener Nutzungsrechte sind der Subjektsteuercharakter der ESt und das Drittaufwands-Abzugsverbot zu beachten (IEinz *Weber-Grellet* BB 23, 1963; so auch *Ebber,* vor → Rn. 176, 245).

180 **bb) Vorbehalt von Nutzungsrechten. – (1) Bei entgeltlicher Veräußerung.** Nutzungsrechte, die sich der Veräußerer bei entgeltl Veräußerung eines WG vorbehält, sind nach hM nicht Teil der Gegenleistung und damit bereits mangels AK nicht aktivierbar (zB BFH IX B 187/12, BFH/NV 13, 1405; *KKM* § 5 Rn. E 92) und beim Erwerber nicht passivierbar (→ Rn. 321). Andererseits entstehen aber, wenn ein StPfl als Entgelt für die Einräumung einer Dienstbarkeit ein Nutzungsrecht an anderen WG erlangt, für dieses AK iHd Wertminderung des belasteten WG (BFH X R 20/86, BStBl II 90, 128). – Folgt man der hM, muss auch (zumindest) ein Teil des Buchwerts des veräußerten WG beim Veräußerer bleiben (*L Schmidt* DStR 90, 611); spätere Ablösezahlungen sind dann zusätzl Veräußerungspreis des Veräußerers und nachträgl AK des Erwerber-Eigentümers (BFH IX R 72/90, BStBl II 93, 486).

181 **(2) Bei unentgeltlicher Übertragung.** Behält sich der Eigentümer eines Betriebsgrundstücks anlässl der Schenkung ein schuldrechtl Nutzungsrecht vor und nutzt er das Grundstück wie bisher betriebl, bleibt mE das (abgespaltene) Nutzungsrecht (ohne Entnahme) BV, die AfA ist mE nach den ursprüngl AK/HK zu bemessen (so auch *HHR/Anzinger* § 7 Rn. 119; → § 7 Rn. 65); zur Gegenmeinung BFH X R 140/87, BStBl II 90, 368; BFH IV R 1/20, BStBl II 25, 122; krit. *Weber-Grellet* BB 25, 43 (49)). – Soweit sich das vorbehaltene Nutzungsrecht auf den GuB bezieht, ist AfA nicht zul. – Erlischt das Vorbehalts-Nutzungsrecht zB durch Tod des Berechtigten, ist ein etwaiger „Restbuchwert" im Hinblick auf die bereits erfolgte Übertragung erfolgsneutral auszubuchen (BFH III R 113/85, BStBl II 89, 763; → krit § 7 Rn. 66).

183 **cc) Rechte auf Dienstleistung.** Auch diese (→ Rn. 187) können – unabhängig davon, dass sie gesrechtl keine Sacheinlage sein können (§ 27 II AktG) – immaterielle WG sein (BFH I R 8/85, BStBl II 89, 633; *Groh* StbJb 88/89, 187).

185 **c) Nutzungen. – aa) Nutzung eines fremden Wirtschaftsguts.** Bloße Nutzungen eines fremden WG (die rein faktische Inanspruchnahme) begründen nach der Rspr keine (immateriellen) WG. Sie können daher nicht Gegenstand einer Einlage iSv § 4 I 8 sein, insb auch nicht einer verdeckten Einlage bei einer KapGes (BFH GrS 2/86, BStBl II 88, 348; BFH I B 2/95, BFH/NV 96, 215; *Beinert* StbJb 03/04, 345; *Weber-Grellet* BB 23, 1965), wohl aber vGA (BFH GrS 2/86, BStBl II 88, 348 (356)) oder estpfl BE (→Rn. 100); kein Abzug von Drittaufwand; Aufteilung bei Miteigentum und Mitfinanzierung (iEinz →Rn. 101).

186 **bb) Nutzung eigenen Privatvermögens.** Nutzt ein StPfl *eigene* WG des PV vorübergehend für betriebl Zwecke, sind seine Aufwendungen anteilig BA (BFH X R 1/92, BStBl II 94, 353); iErg entspricht dies der Anerkennung einer Nutzungseinlage mit den anteiligen Selbstkosten (Aufwandseinlage; zB *J. Thiel* DStJG 14, 161 (186); *Weber-Grellet* BB 23, 1963). – Dachnutzung für Photovoltaikanlage soll keine Aufwandseinlage sein (BFH III R 27/12, BStBl II 14, 372; BFH X R 32/12, BFH/NV 15, 324); mE müssten zumindest Mehrkosten absetzbar sein.

187 **d) Dienstleistungen.** Diese (des StPfl oder Dritter) begründen keine (immateriellen) WG; ihr Wert und der Aufwand des Dritten können nicht als Einlage abgezogen werden (BFH III R 67/87, BFH/NV 91, 442 mwN; BGH II ZR 120/07, DStR 09, 809; § 27 II AktG); ggf Vergütungsansprüche.

188 **e) Verzehr.** Immaterielle WG können **abnutzbar** (mit entspr Wertverzehr; „Werterschöpfung") oder **nicht abnutzbar** sein (BFH VIII R 56/14, BStBl II 17, 694; →Rn. 116, 233). Zeitl befristete, auch lebenslängl Rechte sind abnutzbare WG (zB BFH IV R 30/88, BStBl II 90, 623 für Nutzungsrecht; BFH X R 5/05, BStBl II 07, 959 für Vertreterrecht); „ewige" Rechte sind nicht abnutzbare WG (Pflanzungsrechte; BFH VI R 65/15, BStBl II 18, 353; krit *Abele* BB 18, 881); weitere Einzelheiten → § 7 Rn. 40 f.

190 **8. Aktivierung bei entgeltlichem Erwerb. – a) Voraussetzungen.** Das in § 5 II enthaltene Aktivierungsgebot verlangt den Erwerb gegen Entgelt, also *(1)* den abgeleiteten Erwerb von einem Dritten und *(2)* die Erbringung einer Gegenleistung (BFH VIII R 37/92, BStBl II 94, 444; EStR 5.5 II; *HHR/Anzinger* § 5 Rn. 1830 f).

191 **aa) Erwerb.** Grundlage eines Erwerbsaktes ist ein Rechtsgeschäft (zB Kauf, Tausch), ein Hoheitsakt oder ein gesellschaftl Vorgang. Erwerb ist immer der abgeleitete Erwerb von einem Dritten; unechte Auftragsproduktion (Werbefilm, Imagefilm) ist kein Erwerb (FG RhPf EFG 13, 15). Umwandlung genügt nicht (BFH III R 45/98, BStBl II 03, 10: keine Marktbestätigung; **aA** für übertragende Umwandlung *HHR/Anzinger* § 5 Rn. 1851). Anschaffung ist im Regelfall Erwerb (im Unterschied zur eigenen Herstellung; BFH I R 109/04, BFH/NV 06, 1812) mit Übergabe/-nahme (BFH III R 92/08, BStBl II 14, 190); kein Erwerb eines immateriellen WG bei Entschädigung für die vorzeitige Auflösung eines unbefristeten Vertriebsvertrags (BFH IV R 26/16, BFH/NV 18, 1260; *Weber-Grellet* BB 19, 43).

192 **bb) Entgelt.** Für den Erwerb muss eine Gegenleistung aufgewendet werden; die Art des Entgelts ist grds ohne Bedeutung (*KKM* § 5 Rn. C 86); unerhebl ist, ob eine einmalige oder wiederkehrende Gegenleistung gewährt wird, soweit nicht das Verbot der Bilanzierung eines schwebenden Geschäfts entgegensteht (BFH I R 24/91, BStBl II 92, 977). – Entgeltl Erwerb liegt vor, wenn der Nutzungsberechtigte sein Recht zB als stpfl Einnahme aus nichtselbständiger Arbeit (Sachbezug; vgl BFH VI R 135/84, BStBl II 88, 525) oder als Entgelt für die Einräumung einer Dienstbarkeit erlangt hat (vgl BFH X R 20/86, BStBl II 90, 128), mE auch bei gleichzeitiger Gewähr eines zinsl Darlehens (BFH X R 2/04, BStBl II 08, 109). Zuschuss ist Entgelt, wenn er als unmittelbare Gegenleistung für den Erwerb gezahlt wird, zB bei Bierlieferungsrecht (*Niemann* vor →Rn. 161, 68). – Kein Entgelt und keine Aktivierung, wenn die Gegenleistung in wiederkehrenden Bezügen mit schwankender Be-

zugsgröße (zB Umsatz, Gewinn) besteht (BFH X R 10/86, BStBl II 89, 549 mwN; „praktische Unmöglichkeit"), ebenso bei variablem gewinnabhängigen Kaufpreis (BFH IV B 132/09, BFH/NV 11, 27; → Rn. 314; → § 6 Rn. 82); weitere Einzelfälle → 41. Aufl 2022, § 5 Rn. 200.

193 **cc) Synallagmatische Verknüpfung.** Der Erwerb des WG muss Gegenstand eines gegenseitigen Vertrags sein, bei dem Leistung und Gegenleistung kfm gegeneinander abgewogen sind und die Leistung des anderen Vertragspartners in der Übertragung oder Begründung eines Rechts besteht (zB BFH VIII R 37/92, BStBl II 94, 444); Aufwendungen gelegentl des Erwerbs (zB Provision an Handelsvertreter) genügen nicht (BFH I R 108/10, BStBl II 12, 238); das Entgelt muss sich direkt auf das WG beziehen.

194 **dd) Tausch.** Ein entgeltl Erwerb liegt auch vor, wenn ein immaterielles WG gegen ein anderes getauscht wird (§ 6 VI 1; BFH I R 6/01, BFH/NV 03, 88; *HHR/Anzinger* § 5 Rn. 1832).

195 **ee) Nutzungsrechtserwerb.** Die entgeltl Begründung eines Nutzungsrechts (zB Lizenzvertrag) ist entgeltl Erwerb und kann Anschaffung sein (BFH X R 136/87, BStBl II 92, 70); vorausgezahlte oder einmalige Nutzungsentgelte sind ggf zu aktivieren (BFH VIII R 65/91, BStBl II 95, 312; *Weber-Grellet* BB 23, 1963).

196 **b) Kein entgeltlicher Erwerb.** Den Gegensatz zum entgeltl bilden der abgeleitete unentgeltl Erwerb und die Herstellung eines immateriellen WG; der **teilentgeltl** Erwerb ist teils entgeltl teils unentgeltl (→ § 6 Rn. 131 f; → § 16 Rn. 35). – **aa) Unentgeltlicher Erwerb.** Wird ein betriebl genutztes immaterielles WG von einem anderen unentgeltl aus privaten Gründen erworben (zB Schenkung Vater an Sohn), liegt ein abgeleiteter, aber unentgeltl Erwerb vor; gleichwohl greift das Aktivierungsverbot nicht ein, weil dem privaten Erwerb notwendig eine Einlage folgt und für diese § 5 II nicht gilt (→ Rn. 164; Ansatz mit dem TW). Geht einem unentgeltl ein entgeltl Erwerb voraus, greift § 5 II nicht ein (*KKM* § 5 Rn. C 89). – Die unentgeltl Übertragung nach § 6 III (Buchwertfortführung) ist bezügl der Rechtsfolgen ebenso wenig eine Einlage wie die Einbringung nach § 20 UmwStG.

197 **bb) Unentgeltlicher Erwerb aus betrieblichen Gründen, § 6 IV.** Wird ein immaterielles WG unentgeltl aus betriebl Gründen erworben, zB Schenkung eines Lieferanten, und betriebl genutzt (private Nutzung s BFH III R 175/85, BStBl II 88, 995), sind Absetzungen (wegen des Drittaufwands-Abzugsverbots) unzul (*Weber-Grellet* BB 23, 1963).

198 **cc) Herstellung.** Kein Erwerb; für die Unterscheidung zw (Fremd-)Herstellung und entgeltl Anschaffung (vgl zB BFH III R 53/84, BStBl II 88, 1009) sind die allg Rechtsgrundsätze anzuwenden (→ § 6 Rn. 34, 151). – Die Beteiligung von Dienstverpflichteten steht der Herstellung nicht entgegen; str bei Werk(lieferungs)vertrag (*KKM* § 5 Rn. C 99).

199 **dd) Konzerntransaktionen.** Bei entgeltl Transaktionen zw Mutter-/TochterGes kann ein entgeltl Erwerb vorliegen; Gewinnausweis und Aktivierung sind zul (diff *HHR/Anzinger* § 5 Rn. 1851; → Rn. 744).

201 **c) Verdeckte Gewinnausschüttung.** Kein entgeltl Erwerb ist der Erwerb durch vGA (BFH IV R 90/72, BStBl II 77, 467) oder Liquidation einer KapGes (BFH VIII R 23/75, BStBl II 77, 712; *Groh* StbJb 88/89, 187; *HHR/Anzinger* § 5 Rn. 1850). Gleichwohl ist das WG zu aktivieren (soweit BV), weil die „Trennung des gesellschaftl vom betriebl Bereich" dem Aktivierungsverbot des § 5 II vorgeht (BFH I R 150/82, BStBl II 87, 455; → Rn. 165).

202 **d) Offene Sacheinlage in Kapitalgesellschaft.** Entgeltl Erwerb der KapGes (tauschähnl Anschaffung) liegt nach hM vor, wenn ein (immaterielles) WG gegen

Gewährung von GesRechten in KapGes eingebracht wird (offene Sacheinlage; BFH I R 6/01, BFH/NV 03, 88; *HHR/Anzinger* § 5 Rn. 1846; **aA** *Schmidt/Hageböke* DStR 03, 1813: Einlage; krit zur Einordnung der Einbringung als entgelt Vorgang *Weber-Grellet* BB 24, 1450 (1452 f); ferner → Rn. 270 „Beteiligungen an KapGes"; zur Sacheinlage in PersGes → Rn. 638). – Entgeltl ist ein Geschäft nach hL auch, wenn ein (dingl oder schuldrechtl) Nutzungsrecht an einem WG des BV des Ges'ters Gegenstand der Sacheinlage ist (*K. Schmidt* GesRecht, 4. Aufl, 2002, § 20 II 3; BGH II ZR 121/02, BB 04, 1925). Die KapGes aktiviert das Nutzungsrecht (wie einen RAP); der Ges'ter hat die (als vorausgezahltes Nutzungsentgelt) erlangten Anteile zu aktivieren, in gleicher Höhe einen passiven RAP zu bilden und diesen über die Nutzungsdauer gewinnerhöhend aufzulösen (*Beinert* StbJb 03/04, 345); die Aufwendungen des Ges'ters für die Nutzungsüberlassung sind keine nachträgl AK, sondern sofort abziehbar (*Groh* DB 88, 514).

e) Verdeckte Einlage

Schrifttum (Auswahl): *Gassner,* Die verdeckte Einlage in KapGes, 2004; *Marschner,* Einlagen in KapGes, 2015. – *Fuhrmann/Demuth* Verdeckte Sacheinlagen, KÖSDI 09, 16562; *Kahle,* Ertragstl Aspekte der verdeckten Einlage …, DStZ 22, 699; *Weber-Grellet,* Ges'terfinanzierung im Lichte des BilStR, DB 24, 2519.

aa) Begriff. Eine verdeckte Einlage ist die Zuwendung eines bilanzierbaren Vermögensvorteils (durch den Ges'ter an die KapGes) aus gesellschaftl Gründen ohne Entgelt in Gestalt von GesRechten (BFH IX R 5/22, BFH/NV 23, 537; BFH I R 52/20, BStBl II 23, 501; BFH I R 24/20, DStR 23, 1310; *Weber-Grellet* DB 19, 2201). Die verdeckte Einlage („zusätzl Beitrag eines Ges'ters"; § 272 II Nr 4 HGB) stellt einen **unentgeltl** – besser: entgeltlosen – Erwerb dar (BFH X R 22/02, BStBl II 06, 457; *HHR/Anzinger* § 5 Rn. 1848; *Weber-Grellet* DB 24, 2519). Als verdeckte Einlagen sind nur WG geeignet, die das KapGes-Vermögen vermehren, sei es durch den Ansatz oder die Erhöhung eines Aktivpostens, sei es durch den Wegfall oder die Verminderung eines Passivpostens (vgl. BFH X R 19/11, BFH/NV 14, 1736), etwa auch eine Zinsforderung (BFH I R 24/20, DStR 23, 1310) oder ein Verzicht auf Pensionsanspruch (BFH VI R 4/16, BStBl II 18, 208). 203

bb) Wirkungen. Die verdeckte Einlage führt beim Ges'ter zur (gewinnrealisierenden) „Entnahme" und zu (nachträgl) AK auf die Beteiligung und bei der Ges zur Einlage (mit dem TW); sie ist beim Empfänger wegen ihrer unternehmerischen/gesellschaftl Veranlassung **kein Ertrag** (BFH I R 44/04, BStBl II 05, 522; BFH I R 67/15, DStR 17, 1650; *Weber-Grellet* FR 18, 182; KStR 40 II). Das Einkommen erhöht sich, soweit das Einkommen des Ges'ters gemindert wurde (materielles [§ 8 III 4 KStG] und formelles [§ 32a II KStG] Korrespondenzprinzip; BT-Drs 16/2712, 70; *Dötsch/Pung* DB 07, 11). Nach § 32a II KStG kann der KSt-Bescheid entspr geändert werden. – § 6 VI 2 stellt die verdeckte Einlage (in Bezug auf die Realisation, nicht auf die Entgeltlichkeit) einem Veräußerungsvorgang gleich. Entnahmewert und Einlagewert bemessen sich grds nach dem TW (BFH I R 30/01, BFH/NV 02, 677; FG Hmb DStRE 02, 193); nur in den Fällen des § 6 I Nr 5 S 1 Buchst a gilt (zur Vermeidung einer Übermaßbesteuerung) der Einlagewert als Veräußerungspreis (§ 6 VI 3). Die KapGes hat ein entgeltlos erworbenes immaterielles (materielles) WG mit dem TW zu aktivieren (Geltung der estrechtl Normen über Einlagen auch für KapGes und Vorrang ggü § 5 II; → Rn. 165) und ggf auch abzuschreiben. Ein überhöhtes Aufgeld ist keine verdeckte Einlage (BFH I R 53/08, BB 10, 304). – Zur **Bewertung** → § 6 Rn. 605, 861 f. 204

cc) Verknüpfung. § 6 VI 2, 3 verknüpft den Wertansatz zw Ges und Ges'ter. War das WG BV und sind die Anteile PV, wird Gewinn durch Entnahme oder Betriebsaufgabe realisiert (BFH I R 104/94, BB 96, 842; *Weber-Grellet* DB 98, 1532). War das WG BV und sind die Anteile ebenfalls BV, wird Gewinn realisiert durch Ent- 205 nahme iVm dem Ansatz **zusätzl AK** für die GesAnteile iHd TW des WG (§ 6 VI 2; BFH X R 36/02, DStR 05, 1389; → § 6 Rn. 861). Ferner (auch zur disquotalen/inkongruenten Einlage) → Rn. 270 „Beteiligungen an KapGes" und → Rn. 639. Eine verdeckte Einlage kann auch durch einen Ges'terVerzicht bewirkt werden, der bei diesem zu Gewinnrealisation bzw Zufluss („Fiktion") führt (BFH GrS 1/94, BStBl II 98, 307); → Rn. 550 „Ges'terfinanzierung"; → Rn. 671.

206 **dd) Nutzungen.** Diese können nicht Gegenstand einer verdeckten Einlage bei einer KapGes sein (→ Rn. 185), Dienstleistungen ebenfalls nicht. Wenn kein Drittaufwand eingelegt werden kann, kann auch kein „Drittertrag" in Gestalt eines zinslosen Darlehens eingelegt werden (**aA** BFH I R 97/00, DStR 02, 78). – **(1) Gesellschafter.** Er hat keine Einnahmen aus der Nutzungsüberlassung; seine eigenen Aufwendungen hierfür sind keine nachträgl AK auf die GesAnteile, sondern als BA (Anteile im BV) oder WK bei Einkünften aus KapVerm (Anteile im PV) sofort abziehbar (BFH GrS 2/86, BStBl II 88, 348 (354); BFH I R 8/85, BStBl II 89, 633; krit *Beiser* DStR 95, 635).

207 **(2) Nutzungsrechte.** Die für die verdeckte Einlage von Nutzungen maßgebl Grundsätze finden mE auch auf die verdeckte Einlage von Nutzungsrechten (→ Rn. 176 f) Anwendung (*Beinert* StbJb 03/04, 345/369; *Weber-Grellet* BB 23, 1963; *Weber-Grellet* DB 24, 2519; abl *Groh* StbJb 88/89, 187). – Bei teilentgeltl Nutzungsüberlassung (zB Überlassung eines Grundstücks durch A an die A-GmbH zu 100 bei angemessenen 200) sollen die auf die unentgeltl überlassenen Teile entfallenden Aufwendungen gem § 3c II nur zu 60% abziehbar sein (FG Brem EFG 06, 1234; **aA** *Schwedhelm ua* GmbHR 06, 1225). – **(3)** Zur Einlage in bzw Entnahme aus **MUerschaft** → 29. Aufl 2010, § 5 Rn. 207 und → § 6 Rn. 597 ff.

9. Geschäftswert

Schrifttum (Auswahl): *Radde/Rauschenberg,* Geschäfts- oder Firmenwert, Beck HdR B 211a (7/25). – *Velte,* HB- und StBil-Qualifikation des derivativen Geschäfts-/Firmenwerts, StuW 10, 93; *Mujkanovic,* Die Bilanzierung des derivaten Geschäfts- oder Firmenwerts, StuB 10, 167; *Velte,* Negative Geschäftswerte im Handels- und StRecht, StB 11, 396. – **Finanzverwaltung:** EStH 5.5.

221 **a) Geschäftswert (Firmenwert; Goodwill).** Das ist der Mehrwert, der einem gewerbl Unternehmen über den Substanzwert der einzelnen materiellen und immateriellen WG abzügl Schulden hinaus innewohnt (BFH I R 42/00, BStBl II 01, 771; BFH III R 40/07, BStBl II 10, 609; vgl § 246 I 4 HGB, der sich in der „Mehrzahlung" des Käufers ausdrückt (ein „Sammelbecken aller nicht bilanzierbaren immateriellen Werte"; *Küting* DStR 08, 1795). Er wird durch die Gewinnaussichten bestimmt, die, losgelöst von der Person des Unternehmers, auf Grund besonderer dem Unternehmen eigener Vorteile (zB Ruf, Goodwill, Kundenkreis, Organisation, Humankapital usw) gegeben sind (BFH II R 102/90, BStBl II 94, 9; *Kluth/Leuers* StBP 23, 337). Auch ein **Teilbetrieb** kann einen Geschäftswert haben (BFH I R 60/95, BStBl II 96, 576), nicht ein Unternehmen im Aufbau (BFH IV R 40/92, BStBl II 94, 224; krit *Moxter* StuW 95, 378). – Er ist an den (Teil-)Betrieb gebunden und kann nicht ohne diesen veräußert oder „entnommen" werden (BFH X R 57/93, DStR 98, 887: grds keine Entnahme bei BetrAufsp). Entgeltl Erwerb eines Geschäftswerts auch bei Integration des erworbenen Unternehmens in ein vorhandenes mögl (BFH IV R 61/77, BStBl II 80, 690); bei Aufteilung eines Unternehmens geht der Geschäftswert nicht zwangsläufig unter (BFH I R 60/95, BStBl II 96, 576), ggf sogar Spaltung des Geschäftswerts in einzelne geschäftswertbildende Faktoren (BFH I R 42/00, BStBl II 01, 771). – Auch bei **„personenbezogenen GewBetr"** bejaht die Rspr einen Geschäftswert (zB BFH I R 60/95, BStBl II 96, 576 Apotheke); Ausnahme: Handelsvertreter (BFH IV R 50/72, BStBl II 77, 201). – Zur **Unterschei-**

dung zw **Geschäfts-** und **Praxiswert** s BFH I R 83/89, BStBl II 91, 595; zu den Rechtsfolgen dieser Unterscheidung → Rn. 227 f.

aa) Wirtschaftsgut. Der Geschäftswert ist handelsrechtl ein (abnutzbarer) Vermögensgegenstand (§§ 266 II, 246 I 4 HGB idF BilMoG) und estrechtl ein **immaterielles WG,** keine Bilanzierungshilfe (BFH X R 5/05, BStBl II 07, 959); § 253 V 2 HGB idF BilMoG bedeutet eine Absage an die Einheitstheorie (*Hennrichs* StbJb 09/10, 261). 222

ME ist zu erwägen, ob de lege ferenda die (strechtl) Einordnung des Geschäftswerts als WG nicht aufgegeben werden sollte. Die bilanziellen Probleme (Einheitstheorie; TW-AfA; negativer Geschäftswert) beruhen größtenteils auf dieser Einordnung; ein (positiver oder negativer) Ausgleichsposten wäre leichter zu handhaben (ähnl *Hügel* ÖStZ-Sonderheft 97, 9 (32); *Bruckner* in: Steuern in Österreich, 1998, 109).

Der Geschäftswert *gilt* als **abnutzbares WG** mit einer gesetzl festgelegten Nutzungsdauer von 15 Jahren (§ 7 I 3; → Rn. 227), der auch verdeckt eingelegt werden kann (BFH I R 104/94, BB 96, 842). – Handelsrechtl darf ein selbst geschaffener (originärer) Geschäftswerts aktiviert werden (§ 248 II HGB); bei entgeltl Erwerb besteht Ansatzpflicht (Schluss aus § 248 II HGB). **Estrechtl** darf ein **selbst geschaffener** Geschäftswert **nicht** aktiviert werden; ein **entgeltl** erworbener (derivativer) Geschäftswert **muss** aktiviert werden (§ 5 II; *Velte* StuW 10, 93). Aufwendungen für den **Erwerb zum Zwecke der Stilllegung** (Ausschaltung eines Konkurrenten) sind sofort abziehbare Aufwendungen zur Verbesserung des eigenen Geschäftswerts, sofern sie nicht AK für EinzelWG (zB Kundenstamm) sind (BFH I R 49/85, BFH/NV 90, 442). Wird nur eine Summe einzelner WG erworben, ist kein Geschäftswert zu aktivieren (BFH IV R 218/72, BStBl II 77, 595).

bb) Abgrenzung. Eigenständige WG sind anzunehmen, wenn es sich um **Gegenstände** handelt, die auch als solche **am Markt greifbar** sind und gesondert übertragen werden (→ Rn. 171 ff mwN für Rechte, Patente, EDV-Programme, EStR 5.5 I), Nicht zum Geschäftswert gehören insb kurzfristig **abnutzbare immaterielle EinzelWG** (BFH III R 40/07, BStBl II 10, 609), zB Konzessionen (BFH X R 176–177/87, BStBl II 90, 15), kassenärztl Zulassung (*OFD Koblenz* DB 06, 127), Wettbewerbsverbot (bei wirtschaftl Eigengewicht und besonderem Entgelt; BFH IX R 86/95, BStBl II 99, 590). Insoweit kann indiziell bedeutsam sein, ob die Vertragsparteien bei der Preisfindung erkennbar bestimmte Verhältnisse des Unternehmers einzeln bewertet haben (BFH IV R 7/83, BStBl II 86, 176). – **Unselbständige geschäftswertbildende Faktoren** sind zB das Recht zur Fortführung des Firmennamens, ein bei Geschäftsübernahme vereinbartes Wettbewerbsverbot (BFH I R 130/85, BFH/NV 89, 780), der Kundenstamm (dazu *von Sanden* DB 22, 2945) – aber nicht bei Unternehmenserwerb zur Stilllegung (BFH I R 49/85, BFH/NV 90, 442) –, die Kundenkartei und günstige Einkaufsmöglichkeiten, schwebende Arbeitsverträge (BFH IV R 7/83, BStBl II 86, 176), die (innere und äußere) Organisation des Unternehmens, eingearbeitetes Personal, wohl auch sog Zertifizierungsaufwendungen (*Streck/Alvermann* BB 97, 1184). 223

b) Negativer Geschäftswert. Dieser („Geschäftsmangel"; wegen geringen Ertragswerts Kaufpreis niedriger als Substanzwert; „Mehrzahlung" des Verkäufers = „Anschaffungsertrag" des Erwerbers) soll nach wohl noch hM weder in der HB noch in der StBil passivierbar sein (BFH IV R 77/93, BStBl II 98, 180; *Groh* FS Klein, 1994, 815; **aA** zB *Clemm* FS Claussen, 1997, 605). Er kann aber *(1)* eine TW-AfA bzw eine Abstockung (nicht Bar- und Buchgeld) rechtfertigen (BFH VIII R 160/79, BStBl II 84, 56 mwN; *Strahl* DStR 98, 515) oder *(2)* als **„passiver Ausgleichsposten"** in Erscheinung treten (BFH I R 49, 50/04, BStBl II 06, 656; dazu *Velte* StB 11, 396), der gewinnerhöhend aufzulösen ist (evtl entspr § 7 I 3); nach **aA** ist der negative Geschäftswert erst bei Verkauf, bei Liquidation oder bei Wegfall der Ursachen für den negativen Geschäftswert gewinnerhöhend aufzulösen (*Preißer* DStR 11, 133; *Meier/Geberth* DStR 11, 733). Nach *Pickhardt* DStR 97, 1095 führt Zuzahlung des Verkäufers zu sofortigem Gewinnausweis; mE AK-korrespondierende Betrachtung vorzuziehen (ähnl BFH I R 49, 50/04, BStBl II 06, 656). 226

227 **c) Absetzung.** Der Geschäftswert (GewBetr; LuF) kann mit einer für die StBil (zur HB s § 246 I 4 HGB) gesetzl festgelegten fiktiven Nutzungsdauer von 15 Jahren (§ 7 I 3) abgesetzt werden, die weder über- noch unterschritten werden darf (lEinz → § 7 Rn. 171).

228 **d) Praxiswert.** Anders als ein Geschäftswert ist ein **freiberufl** Praxiswert ein abnutzbares WG (zB BFH VIII B 42/10, BFH/NV 11, 1345; zur Ermittlung des Werts einer Praxis s *George* DB 95, 896 mwN). Ein Praxiswert kann nur in der Person des Praxisinhabers entstehen; zur Abgrenzung von Praxiswert und Mandantenstamm BFH I R 52/93, BStBl II 94, 903. Eine Kassenzulassung ist idR kein selbständiges WG (BFH VIII R 7/14, BStBl II 17, 689). – Seit Inkrafttreten des BiRiLiG ist auch der bei der Sozietätsgründung oder -erweiterung (in vollem Umfang) aufgedeckte Praxiswert ein abnutzbares WG, dessen Nutzungsdauer bei weiterer Mitarbeit des Praxisinhabers doppelt so lang ist wie die des Wertes einer Einzelpraxis, idR 3–5 Jahre (BFH IV R 38/94, BFH/NV 95, 385; *BMF* BStBl I 95, 14); bei Übertragung auf KapGes ist die Stellung des übertragenden Ges'ters von Bedeutung (BFH I R 52/93, BStBl II 94, 903). Bei Fortführung einer Praxis mit Betriebsfremden soll der Praxiswert zu einem Geschäftswert werden (BFH VIII R 13/93, BStBl II 94, 922); zur AfA bei Aufnahme eines Sozius in eine Einzelpraxis BFH VIII R 13/07, BStBl II 09, 993.

230 **e) Teilwertabschreibung.** Dazu → § 6 Rn. 313 f; zur TW-AfA bei BetrAufsp BFH X R 45/06, BStBl II 10, 274.

233 **f) Geschäftswertähnliche Wirtschaftsgüter.** Das sind vom Geschäftswert abgrenzbare immaterielle EinzelWG, die ähnl wie der Geschäftswert mit dem Unternehmen als solchem und seinen Gewinnchancen unmittelbar verknüpft sind, zB Arzneimittelzulassung, Belieferungsmöglichkeiten, Brennrechte, die Firma und Marken des Unternehmens, Gewinnchancen aus schwebenden Geschäften, Güterfernverkehrsgenehmigungen (*HHR/Anzinger* § 5 Rn. 1802), Humankapital (*Kluth/Leuers* StBP 23, 337). Diese sind uU als abnutzbar und analog § 7 I 3 zu behandeln (BFH IV R 48/97, BStBl II 98, 775; *BMF* BStBl I 86, 532 für Verlagswert; BFH IV B 24/97, BFH/NV 98, 1467 für Kundenstamm).

10. Aktive und passive Rechnungsabgrenzung

Schrifttum: *Weber-Grellet,* StBilRecht, 1996, § 9; *Bertl* (Hrsg) *ua,* Erfolgsabgrenzungen in Handels- und Steuerbilanz, 2001; Beck HdR B 218; *KKM* § 5 Rn. F 1–386; *Weber-Grellet,* RAP als Anwendungsfall des Realisationsprinzips, NWB 17, 2984; *Lüdenbach/Freiberg,* RAP bei der Erstkonsolidierung, DB 21, 2573. – Verwaltung: EStR 5.6; *BMF* BStBl I 95, 183; *OFD Ffm* Beck-Verw 272353 (Milchaufgabevergütung).

241 **a) Grundsätzliches.** Nach § 5 V 1 EStG (§ 250 I, II HGB) besteht ein Ansatzgebot für „vorverausgabten Aufwand" (noch kein Aufwand; per RAP an Geld) und für „vorvereinnahmten Ertrag" (noch kein Ertrag; per Geld an RAP) – sog **transitorische RAP** (zu antizipativen RAP → Rn. 244). RAP beruhen mE nicht auf dem Vorsichtsprinzip (§ 252 I Nr 4 HGB), sondern sind **Stornoposten zur perioden- und realisationsgerechten Gewinnermittlung** (§ 252 I Nr 5 HGB; BFH I R 18/06, BStBl II 07, 697; *Tiedchen* HdJ III/8 Rn. 9; → Rn. 78); sie sind weder WG (*Lüdenbach/Freiberg* DB 21, 2573) noch (ungewisse) Verbindlichkeit (so aber wohl *Hommel* ua BB 19, 1259). Zahlungen mit Zukunftsbezug sind (nach Maßgabe des imparitätischen Realisationsprinzips; → Rn. 381, 601) aufwands- und ertragsmäßig den zukünftigen Zeiträumen zuzuordnen (**Zahlungszuordnungsposten;** *Weber-Grellet* RdF 14, 56 (61)). RAP entstehen nur iZm Einnahmen und Ausgaben (baren und unbaren Zahlungen, *KKM* § 5 Rn. F 47), denn allen anderen Bilanzposten (Forderungen, Verbindlichkeiten) ist der zeitgerechte Ausweis wesensimmanent; eine Forderung kann nicht Gegenstand eines RAP sein (*Weber-Grellet* NWB 17, 2984; *ders* FR 17, 1010; **aA** BFH VI R 96/13, BStBl II 17, 884). – Zur bilanziellen Abwicklung eines subventionierten Handyverkaufs (nach BFH I R 77/08, BStBl II 13, 730) mit Hilfe eines verdeckten Zuschusses → 34. Aufl. 2015, § 5 Rn. 241. – Nach § 5 V 2 idF JStG 2022 (BGBl I 22, 2294) besteht kein Zwang, **geringfügige** RAP auszuweisen (**Wahlrecht;** Maßstab § 6 II 1; zur Begründung FinA BT-Drs 20/4729, 147; so bereits BFH X R 20/09, BFH/NV 10, 1796; FG

BW BB 19, 1138, rkr; **aA** BFH X R 34/19, BStBl II 21, 844; → Rn. 84; zu Rückstellungen → Rn. 370). Das Wahlrecht ist einheitl für alle Ausgaben und Einnahmen iSd S 1 auszuüben.

Unterbliebene RAP sind in späteren Wj nachzuholen (BFH IV R 33/87, BStBl II 89, 407). Die Vorschrift gilt sinngemäß für § 4 I (BFH VI R 96/13, BStBl II 17, 884 zu LuF; EStH 5.6), nicht aber für § 4 III.

b) Aktive Rechnungsabgrenzungsposten. – aa) Funktion. § 5 V 1 Nr 1 (ab- 242
schließende Sondernorm, BFH I R 92/94, BStBl II 95, 594) statuiert ein **Aktivierungsgebot** für Ausgaben, die der Definition entsprechen (BFH IV R 153/72, BStBl II 78, 262; *HHR/Tiedchen* § 5 Rn. 2185 f), und ein Aktivierungsverbot für Ausgaben, die der Definition nicht genügen und auch aus anderen Gründen zB als AK/HK für WG nicht aktivierungspflichtig sind. Aktive RAP stehen häufig mit Leistungen aus Dauerschuldverhältnissen in Zusammenhang.

bb) Voraussetzungen. Ein aktiver RAP erfordert, *(1)* Ausgaben vor dem Ab- 243
schlussstichtag, *(2)* d ie Aufwand für eine **bestimmte Zeit** nach dem Abschlussstichtag sind. Aktiviert werden Aufwendungen, die als **laufende BA** abziehbar sind (zB vor dem Bilanzstichtag vorausgezahlte Mietzinsen, Versicherungsprämien und ähnl wiederkehrende Leistungen (BFH I 93/64, BStBl II 70, 178), auch Kfz-Steuer (BFH I R 65/09, BStBl II 10, 967; so auch *Tiedchen* FR 10, 160); dienen die Aufwendungen dem Erwerb eines WG, das erst in späterer Zeit genutzt werden soll, sind die Aufwendungen als WG zu aktivieren und die Absetzungen erst mit der späteren Nutzung zu beginnen.

c) Verhältnis zu anderen Aktivposten. – *(1)* Antizipative RAP. Im Unter- 244
schied zu den transitorischen sind antizipative RAP bei nachfolgenden Zahlungsvorgängen (also „Ertrag/Aufwand jetzt, Zahlung später") nicht zul; diese Tatbestände sind ggf als Forderung oder Schuld zu erfassen (vgl EStR 5.6 III; BFH X R 49/89, BStBl II 92, 904). – ***(2)* Geleistete/erhaltene Anzahlungen** (→ Rn. 270, 550). Diese sind in HB und Steuerbilanz gesondert zu aktivieren (vgl für KapGes § 266 II HGB). Anzahlungen (nach Bestellungen) werden zumeist iZm der Anschaffung von WG geleistet; ihre Aktivierung dient dazu, das schwebende Geschäft erfolgsneutral zu lassen (*Tiedchen* HdJ II/9 Rn. 49 f; *KKM* § 5 Rn. F 21). – ***(3)* Vorrang des § 5 II.** Das Aktivierungsgebot für **entgeltl erworbene immaterielle WG** (→ Rn. 161) hat Vorrang (ähnl *BH/Krumm* § 5 Rn. 567; offen in BFH IV R 184/79, BStBl II 82, 696); jedenfalls ist Aktivierung geboten, wenn die Voraussetzungen des § 5 V 1 nicht, die des § 5 II aber erfüllt sind (ähnl *KKM* § 5 Rn. F 30).

d) Passive Rechnungsabgrenzungsposten. – aa) Funktion. § 5 V 1 Nr 2 245
enthält – deckungsgleich mit § 250 II HGB – eine Definition des passiven RAP, ein **Passivierungsgebot** für die der Definition entspr „Einnahmen" (BFH IV R 33/87, BStBl II 89, 407; *HHR/Tiedchen* § 5 Rn. 2210 f) und ein **Passivierungsverbot** für andere „Einnahmen", soweit nicht eine Passivierung aus anderen Gründen geboten ist (BFH IV R 96/82, BStBl II 84, 552). Zur Abgrenzung von noch nicht verbrauchten Aufwandsbeträgen (Franchise-Werbung) s BFH X R 59/04, BStBl II 08, 284. Vorab vereinnahmte Entgelte werden erst erfolgswirksam, wenn die ausstehende Gegenleistung erbracht wird; ähnl einer Anzahlung nach § 266 III C Nr 3 HGB (BFH I R 18/06, BStBl II 07, 697). Der Begriff des passiven RAP erfordert Einnahmen vor und Ertrag für eine bestimmte Zeit nach dem Abschlussstichtag.

bb) Anwendungsbereich. Gegenstand der passiven RAP sind vor allem ge- 246
genseitige Verträge, idR Dauerschuldverhältnisse, bei denen Leistung und Gegenleistung zeitl auseinander fallen, also einer erhaltenen Einnahme eine Verpflichtung zu einer noch nicht erbrachten zeitbezogenen Leistung gegenübersteht (BFH I B 12/94, BFH/NV 95, 786; *Tiedchen* HdJ III/8 Rn. 31 f), zB vor dem Bilanzstichtag empfangene Miet-, Pacht-, Erbbau-, Darlehenszinsen, Versicherungsprämien und ähnl wiederkehrende Leistungen, die Entgelt für erst nach dem Bilanzstichtag zu erbringende

Leistungen sind (zu RAP iZm Bestattungswald *OFD NRW* DStR 22, 2209). Ein passiver RAP kann aber auch bei einer Forfaitierung (BFH I R 94/95, BStBl II 97, 122; → Rn. 270, 732) oder bei einer Leistung auf öffentl-rechtl Grundlage (zB öffentl Subventionen) veranlasst sein, sofern das vom Empfänger erwartete Verhalten (zB ein Unterlassen) zeitraumbezogen und wirtschaftl Gegenleistung für die Subvention ist (BFH I R 56/94, BStBl II 96, 28), *nicht* hingegen bei einem einmaligen Verzicht/Schadensausgleich (BFH I R 18/06, BStBl II 07, 697) oder bei einer Abfindung für eine vorzeitige Vertragsauflösung (BFH I R 9/04, BStBl II 05, 481; vollständige Gewinnrealisierung). – Im Verhältnis zu anderen Passivposten ist § 5 V 1 subsidiär (*KKM* § 5 Rn. F 30 mwN).

247 **e) Vorzahlungen. – aa) Zahlungen.** Vorgezahlte Ausgaben/Einnahmen iSd § 5 V EStG liegen nur vor, wenn Bar- oder Buchgeldzahlungen (zB Darlehen) geleistet bzw empfangen worden sind (vgl BFH IV R 10/76, BStBl II 81, 669).

Beispiel: Ausgabe einer Schuldverschreibung mit Emissionsdisagio (nach BFH I R 46/05, BStBl II 09, 955): per Geld 900 und RAP 100 an Verpflichtung 1000.

Nur den Ausgaben und Einnahmen fehlt eine zeitl Dimension. Andere Bilanzposten (zB als Ertrag gebuchte Forderungen und als Aufwand gebuchte Verbindlichkeiten) gehören – logisch zwingend – nicht dazu (*Klein* BB 69, 908; *Weber-Grellet* NWB 17, 2984; *Roß/Ummenhofer* DB 25, 2585; **aA** BFH VI R 96/13, BStBl II 17, 884; *KKM* § 5 Rn. F 49; einschr *Tiedchen* HdJ II/8 Rn. 70), so dass insoweit eine Stornierung der Realisation mittels RAP obsolet ist; die entspr Forderungen hätten (mangels Realisation) im BFH-Fall noch gar nicht ausgewiesen werden dürfen; die Buchung „per Forderung an RAP" ist in sich widersprüchl.

248 **bb) Aufwand nach Bilanzstichtag.** Ob Ausgaben Aufwand für das abgelaufene Wj oder für eine (bestimmte) Zeit nach dem Bilanzstichtag sind, ist allg danach zu entscheiden, ob der wirtschaftl Grund der Ausgaben in der Vergangenheit oder Zukunft liegt, insb ob die Ausgaben durch im abgelaufenen Wj empfangene oder durch künftig zu erwartende Gegenleistungen (nach Maßgabe des Realisationsprinzips) wirtschaftl verursacht sind (BFH IV R 184/79, BStBl II 82, 696; Abgrenzung wie bei Rückstellung [mit umgekehrten Vorzeichen], → Rn. 381); ggf Aufteilung (BFH VIII R 87/91, BStBl II 94, 109). Erforderl ist grds, dass einer Vorleistung eine noch nicht erbrachte zeitbezogene Gegenleistung des Vertragspartners gegenübersteht (BFH VIII R 86/91, BStBl II 93, 709 mwN; *KKM* § 5 Rn. F 56 f; *Hartung* FS Moxter, 1994, 213: bilanzrechtl Synallagma). Abzustellen ist auf das einzelne Rechtsverhältnis (BFH I R 48/69, BStBl II 73, 565); keine Beschränkung auf gegenseitige Verträge (BFH VIII R 145/78, BStBl II 79, 625; EStH 5.6). Leistungen an einen Dritten (zB Maklerprovision) rechtfertigen keinen aktiven RAP (BFH IV R 16/95, BStBl II 97, 808; krit *Stobbe* FR 97, 812).

249 **cc) Ertrag nach Bilanzstichtag.** Ertrag für eine (bestimmte) Zeit nach dem Abschlussstichtag ist eine Einnahme, soweit sie Entgelt für noch nicht erbrachte, nach dem Bilanzstichtag zu erbringende zeitraumbezogene Leistungen (Tun, Dulden, Unterlassen) ist (BFH I R 18/06, BStBl II 07, 697). Bei einmaligen Leistungen (zB Lieferung) ist die Einnahme als erhaltene Anzahlung zu passivieren (→ Rn. 244).

250 **f) Bestimmte Zeit. – aa) Funktion.** Das gesetzl Bestimmtheitsgebot („für eine bestimmte Zeit") setzt nach hM einen Zeitraum voraus, der sich rechnerisch ermitteln lässt; die bestimmte Zeit muss **kalendermäßig** festgelegt oder berechenbar oder aus anderen Rechengrößen mathematisch ableitbar sein; eine nur mehr oder minder vage Schätzung genügt nicht (BFH I B 107/13, BFH/NV 15, 352; *Tiedchen* HdJ II/9, Rn. 95; *Weber-Grellet* RdF 14, 56). Das Merkmal ist Ausdruck des **Objektivierungsprinzips** (*Moxter* BilRspr § 7 I 3); Beginn und Ende des Zeitraums müssen bestimmt werden können. Eine enge Auslegung des Merkmals „bestimmte Zeit" entspricht bei aktiven RAP dem Vorsichtsprinzip; bei passiven RAP kann sie zu einer zu frühen Ge-

winnrealisierung führen. Das Merkmal der bestimmten Zeit ist daher **„imparitätisch“** auszulegen (FG Köln EFG 12, 105; so auch *Weber-Grellet* RdF 14, 56; *Bertl* vor → Rn. 241, 139; **aA** (mE unter Vernachlässigung bilanzsteuerrechtl Grundprinzipien) *Marx/Löffler* DB 15, 2765; *KKM* § 5 Rn. F 99); die Voraussetzungen für den Ausweis von Aufwand und Ertrag sind (rechtl) unterschiedl. Der BFH vertritt dementspr bei der Bildung passiver RAP eine relativ weite Auslegung (BFH I R 77/08, BStBl II 13, 730 – Zuschuss für Handy, *Weber-Grellet* BB 14, 42; weitere Beispiele → 36. Aufl 2017, § 5 Rn. 250).

bb) Einzelfälle. – *(1)* Eine **bestimmte Zeit** kann zB auch ein **langjähriger Zeitraum** sein (zB BFH IV R 111/79, BStBl II 82, 655: 30 Jahre; **aA** *Mathiak* StuW 86, 173) und auch eine **immerwährende Zeit** (→ Rn. 252). Relevant wird dies zB, wenn die noch zu erbringende Leistung in einem Dulden besteht und man mit der hL Duldungsleistungen(-pflichten) zwar als zeitraumbezogene Leistung iSd RAP-Begriffs, nicht aber als passivierbare Verbindlichkeit (→ Rn. 319) wertet. – *(2)* **Keine bestimmte Zeit** ist nach noch hM ein Zeitraum, der nur im Schätzungswege bestimmbar ist, wie zB Nutzungsdauer eines (materiellen) WG (BFH I R 56/94, BStBl II 96, 28; EStR 5.6 II, EStH 5.6) oder die Dauer der zu erbringenden Gegenleistung (BFH IV R 22/20, BStBl II 23, 1091, zT krit *Weber-Grellet* FR 23, 1109). Bei § 11 II 3 soll eine sachgerechte Schätzung genügen (BFH IX R 18/22, BStBl II 24, 402). 251

cc) Rechtsprechungstendenzen. Die Rspr tendiert im Hinblick auf eine zutr Periodenabgrenzung zR zu einer **extensiveren Auslegung.** Für einen **aktiven RAP** kann nach BFH VIII R 65/91, BStBl II 95, 312 (dazu *Stobbe* FR 95, 399) der „bestimmte Zeitraum“ nicht nur durch ein Zeitmaß, sondern zB durch die jeweilige **Abbaumenge** bestimmt werden. Für einen **passiven RAP** verzichtet der BFH auf einen kalendermäßig festgelegten Zeitraum und lässt – unter Hinweis auf die Funktion der RAP, näml eine willkürl Beeinflussung des Gewinns zu verhindern – einen **Mindestzeitraum** genügen (BFH IV R 130/91, BStBl II 95, 202; *Beisse* FS Budde, 1995, 67; *BMF* BStBl I 95, 183). Eine **immerwährende** Verpflichtung soll ebenfalls RAP-geeignet sein (Auflösung über einen Zeitraum von 25 Jahren; BFH VI R 96/13, BStBl II 17, 884). 252

g) Abwicklung. – aa) Höhe und Auflösung. Sie bestimmen sich nach hM (zB BFH IV R 76/82, BStBl II 84, 713 für Disagio) nach dem Umfang der Vorauszahlung (BFH I 208/63, BStBl III 67, 607) und nach dem Wertverhältnis der noch ausstehenden (Gegen-)Leistung zur gesamten (Gegen-)Leistung (*Tiedchen* HdJ II/9 Rn. 139), zB nach dem Verhältnis der Höhe und Zeitdauer der gesamten Kapitalüberlassung bei Darlehensgewährung (BFH IV R 66/94, BStBl II 95, 772) oder nach dem Ausmaß der Erfüllung bei Pauschalvergütung (FG Bln EFG 03, 980). Beträgt der RAP-Zeitraum **mehr als ein Jahr,** ist der RAP um den jeweiligen Betrag, der dem abgelaufenen Jahr erfolgsmäßig zuzurechnen ist, zu vermindern (*KKM* § 5 Rn. F 126 f); eine **Abzinsung** (zukünftiger Aufwendungen oder Erträge) scheidet aus (*Tiedchen* HdJ II/9 Rn. 134). **§ 6** ist, da der RAP ledigl lfd Zahlungen abgrenzt, weder unmittelbar noch sinngemäß anzuwenden (*Tiedchen* HdJ II/9 Rn. 133; *KKM* § 5 Rn. F 116). Dementspr kann ein aktiver RAP nicht auf einen niedrigeren TW abgeschrieben werden. Bei Betriebsaufgabe ist ein passiver RAP zugunsten des Aufgabegewinns aufzulösen (BFH VI R 51/16, BStBl II 18, 778). 253

bb) Erfolgsauswirkung. Diese hängt von den individuellen Verhältnissen ab (BFH VIII R 87/91, BStBl II 94, 109: **lineare Auflösung** bei vorausbezahltem Erbbauzins, so auch FG Bln EFG 01, 38; BFH VIII R 65/91, BStBl II 95, 312: Auflösung nach Maßgabe der **jährl Fördermenge**) und kann auf Grund allgemeingültiger Maßstäbe geschätzt werden. – Zur **degressiven** Auflösung eines Disagios s BFH IV B 132/90, BFH/NV 91, 736; FG BW EFG 03, 379; *Meyer-Scharenberg* DStR 91, 754. 254

255 **h) Rechtsprechungsbeispiele. – aa) Aktive Rechnungsabgrenzungsposten (noch kein Aufwand).** Diese sind erforderl für einmalige Bearbeitungsgebühr und vorausgezahlte Avalprovision für Bürgschaft (BFH IV R 28/91, BStBl II 92, 600), für Zahlung eines Kaufinteressenten für mehrjährig bindendes Verkaufsangebot (vgl BFH X R 136/87, BStBl II 92, 70); für Vorauszahlungen auf Ausbeuteverträge (BFH VIII R 65/91, BStBl II 95, 312). Bei Stufenzinsprodukten kommt RAP in Betracht (BFH I R 77/10, BStBl II 12, 284: wie Damnum). – Der Aufwand für Zinsbegrenzung ist aktiv abzugrenzen (*Lüdenbach* StuB 11, 26). – Zu Darlehensgebühren → Rn. 270.

256 **bb) Ausschluss.** Kein aktiver RAP ist erlaubt für vor Verkauf von Schallplatten entstandene Lizenzgebührenschuld (BFH I R 22/66, BStBl II 70, 104), für degressive Raten beim Mobilienleasing (BFH I R 51/00, BStBl II 01, 645; krit → Rn. 735); kein RAP bei Vermarktungskostenzuschuss eines Filmfonds, sondern Darlehen (BFH IV R 25/12, BStBl II 15, 772), auch kein aktiver RAP für Zahlung wegen vorzeitiger Vertragsauflösung (BFH IV R 26/16, BFH/NV 18, 1260) oder für *Signing Fee/Handgeld* (FG Mchn EFG 23, 954, Rev IX R 33/23; **aA** *OFD NRW* DB 15, 1013; wNachw → Rn. 270, 550).

257 **cc) Passive Rechnungsabgrenzungsposten (noch kein Ertrag).** Diese sind zu bilden: bei einem Elektrizitätsversorgungsunternehmen für von den Abnehmern erhaltene Baukostenzuschüsse (BFH I R 104/75, BStBl II 77, 392; *BMF* BStBl I 03, 361: nur sofortige Vereinnahmung oder AK/HK-Verrechnung; → Rn. 550); für Erlös aus Forderungsverkauf (Forfaitierung) einer LeasingGes (→ Rn. 732); bei Gebühren für die Übernahme einer Ausbietungsgarantie (BFH IV R 66/94, BStBl II 95, 772); für Zuschuss bei Bierlieferungsvertrag; für vorab gezahlte Provisionen (BFH IV R 12/99, BStBl II 00, 25); für Vertragsfortführungsentgelt (*Weber-Grellet* DB 11, 2875), für Zinszuschuss bei Autokauf (*Balmes/Graessner* FR 11, 885), für Entschädigung wegen Verzicht auf baul Veränderungen (BFH VI R 96/13, BStBl II 17, 884), bzgl öffentl Zuschuss für geleastes Fahrzeug (FG Mster EFG 16, 462); iRe (Dauer-) Grabpflegevertrags (FG Brem EFG 21, 443, rkr; BFH X B 53/20, BFH/NV 21, 1062; *Weber-Grellet* BB 22, 43); weitere Beispiele → 34. Aufl 2015, § 5 Rn. 257.

258 **dd) Ausschluss.** Unzul ist die Bildung eines passiven RAP für ratenweisen Schadensersatz (BFH I R 78/10, BFH/NV 12, 44), für Entgelt für Gesamtwerk-Verwertungsrechte (BFH X B 72/14, BFH/NV 15, 1252), für Werkzeugkostenbeitrag (BFH I R 87/99, BStBl II 02, 655; → Rn. 550); für eine erhaltene Vorfälligkeits-Entschädigung für Zinsherabsetzung (BFH I R 18/06, BStBl II 07, 697: Aufgabe einer Rechtsposition, keine künftige Leistung; *Weber-Grellet* RdF 14, 56); für eine Entschädigung bei durch Straßenbau bedingte künftige Erwerbsverluste (FG Köln EFG 09, 1369); für close-out-Zahlungen iRe Zinsswaps (*Weber-Grellet* RdF 14, 56 (60); **aA** *Helios* DB 12, 2890); für InvZul (BFH XI R 8/18, BStBl II 20, 772); für den Kauf einer virtuellen (Spiele-) Währung (FG Nbg EFG 25, 1512, Rev IX R 7/25); weitere Beispiele → 44. Aufl 2025, § 5 Rn. 258.

259 **11. Zölle und Verbrauchsteuern, § 5 V 3 Nr 1.** Zölle/Verbrauchsteuern (zB Bier-/MineralölSt) wirken erst in dem Wj als Aufwand, in dem der Hersteller das belastete Produkt veräußert und die im Preis einkalkulierte Abgabe vom Abnehmer vergütet erhält (Aktivierungsgebot; *HHR/Tiedchen* § 5 Rn. 2292); das gilt (natürl) nicht, soweit sie bereits als Teil der AK/HK der Vorräte aktiviert sind (BFH I R 32/00, BStBl II 02, 349); iEinz *KKM* § 5 Rn. F 135–165.

261 **12. Umsatzsteuer auf erhaltene Anzahlungen, § 5 V 3 Nr 2.** In der StBil ist gem § 5 V 2 Nr 2 die als Aufwand berücksichtigte USt auf am Abschlussstichtag auszuweisende Anzahlungen zu aktivieren; also Bruttoausweis der Anzahlungen und noch kein UStAbzug (iEinz *KKM* § 5 Rn. F 166–188). – Zur Bilanzierung der USt (Vorsteuer) bei *geleisteten* Anzahlungen s § 9b.

13. ABC der Aktivierung

270 **Abbauberechtigung** s „Bodenschätze“.

Abbruchkosten eines Gebäudes s EStH 6.4; s auch „Gebäude“.

Abfindungen s Abstandszahlungen, Ablösebeträge. Zur Abfindung eines ausscheidenden Mitunternehmers → § 16 Rn. 395 f.

Ablösebeträge im Sport sind idR zu aktivieren (BFH I R 108/10, BStBl II 12, 238; *OFD Ffm* BeckVerw 152097; *Teschke* ua FR 12, 1137; *Weber-Grellet* BB 13, 43), ebenso die Beteiligung an Spielertransferrechten (*Küting ua* DStR 10, 2646); s auch Spielerlaubnis.

Abraumvorrat ist als Teil der HK der herzustellenden Mineralien zu aktivieren (BFH IV R 20/75, BStBl II 79, 143). S aber § 81 V EStDV.

Abschlussprovision s „Provisionen".

Abstandszahlungen zB des Erwerbers eines Grundstücks an den Mieter (Pächter) für Räumung vor Ablauf der Mietzeit sind als AK eines selbständigen immateriellen WG zu aktivieren (BFH GrS 1/69, BStBl II 70, 382; EStH 6.4); demggü ging es i n BFH IV R 26/16, BFH/NV 18, 1260 nicht um den Erwerb der vollen Nutzung, sondern um die Aufhebung eines Vertriebsrechts. Nicht zu aktivieren sind Zahlungen des Neumieters für die Nichtübernahme bestimmter WG (BFH I R 66/72, BStBl II 75, 56); weitere Fälle → 36. Aufl 2017, § 5 Rn. 270.

Abspaltung von AK/HK bei Entstehung neuer WG (*Weber-Grellet* FR 07, 515 (518); BFH IV R 30/08, BStBl II 11, 210; FG Köln EFG 17, 648). Zur Abspaltung von Nutzungsrechten → Rn. 113, 176.

Abwasserbeseitigung (Kläranlage, Kanalisation). Eigentümerbeiträge für den **erstmaligen Anschluss** eines Grundstücks an eine öffentl Abwasserbeseitigungsanlage sind als nachträgl AK des Bodens zu aktivieren (BFH I R 129/82, BFH/NV 86, 205); Hausanschlusskosten (vom Haus zum öffentl Kanal; „Kanalanstich") sind HK des Gebäudes (EStH 6.4). – **Sofort abziehbar** sind *(1)* Beiträge zur Ersetzung oder Verbesserung einer alten Anlage (sog Ergänzungsbeiträge; BFH VIII R 198/85, BFH/NV 91, 29); *(2)* Erstanschlussbeiträge, wenn der Grundstückseigentümer eine eigene Anlage hatte; *(3)* Beiträge wegen gewerbl Sondernutzung (gewerbebezogene Aufwendungen; s BFH VIII R 322/83, BStBl II 87, 333 mwN).

Abzinsung → § 6 Rn. 452 ff.

Ackerprämienberechtigung und Ackerquote. Zur Entstehung als immaterielles WG BFH IV R 28/08, BStBl II 11, 406; FG SchlH EFG 15, 245.

Agentur. Arbeitsagentur-Vermittlungshonorar nach Maßgabe der sozrechtl Vorschriften zu aktivieren (FG Bln-Bbg EFG 18, 1696).

Aktienoptionsprogramme → Rn. 550.

Aktivierung s „Forderungen".

Ankaufsrecht s „Bezugsrecht".

Anleihen. Zur steuerbilanziellen Erfassung aktienbezogener Anleihen (Options-, Wandel-, Umtausch- und Aktienanleihen) s *Häuselmann/Wagner* BB 03, 1531; *Rau* DStR 06, 627; ferner „Finanzprodukte". **Optionsanleihen** sind Schuldverschreibungen mit dem Recht des Gläubigers, zusätzl Aktien zu einem bestimmten Preis zu beziehen (§ 221 I 1 AktG). Das Optionsrecht ist immaterielles WG und als solches neben der Forderung mit den AK zu aktivieren (*OFD Mchn* BeckVerw 150295; *Holle/Tschatsch* FR 18, 884). – **Wandelanleihen** gewähren dem Gläubiger das Recht, den Rückzahlungsanspruch in GesAnteile umzutauschen (§ 221 I 1 AktG; BFH I R 37/18, DStR 22, 542), bei **Aktienanleihen** hat der Emittent ein Andienungsrecht (*Kowanda* DStR 17, 2403), keine Gewinnrealisierung (*BMF* FR 18, 907; trotz BFH IX R 55/13, BStBl II 15, 265, eher wie BFH IX R 33/17, BStBl II 18, 525). – Das bei Ausgabe erhobene **Aufgeld** ist in eine stfreie Rücklage einzustellen und bei Nichtausübung des Umtauschrechts erfolgswirksam aufzulösen (BFH I R 3/04, BStBl II 08, 809; BFH I R 26/04, BFH/NV 06, 616: Einlage; *Niedling* RdF 16, 49);

die leistenden Optionsinhaber sind nicht Ges'ter geworden; damit ist mE eine Kapitaleinlage zwingend ausgeschlossen (Vorrang des § 4 IV).

Anliegerbeiträge → Rn. 142 und „Erschließungsbeiträge".

Anschluss s „Stromanschluss".

Anteile s „Beteiligungen".

Anzahlungen (Vorleistungen auf eine vom anderen Vertragsteil zu erbringende Lieferung oder Leistung; auch → Rn. 244) sind als „geleistete Anzahlungen" (BFH IV R 300/84, BStBl II 89, 411) grds (gewinnneutral) zum Nennwert zu aktivieren (vgl § 266 II HGB; *Köhler* StBP 16, 14), auch wenn der Gegenstand des Gegenanspruchs kein aktivierungsfähiges WG ist (BFH VIII R 65/91, BStBl II 95, 312); AK (HK) erst bei erbrachter Gegenleistung (BFH GrS 1/89, BStBl II 90, 830).

Arbeitnehmererfindung. Diensterfindungen fallen unter § 5 II (*OFD Ffm* DStR 18, 2639); AK für freie Erfindungen sind zu aktivieren (*LfSt Bayern* DStR 17, 2055; *Geier* DStR 17, 1192); Zufallserfindungen → § 22 Rn. 150.

Arzneimittelzulassungen können bei entgeltl Erwerb als immaterielle (Einzel-) WG zu aktivieren sein; nach *BMF* BStBl I 99, 686 wie Warenzeichen (s dort) abzuschreiben; *Boorberg ua* DStR 98, 113: circa acht Jahre.

Ärztemuster. Beim Hersteller als körperl WG zu aktivieren (BFH I R 89/79, BStBl II 80, 327).

Auftragsbestand → Rn. 171, 188, 223.

Ausgleichsanspruch des Handelsvertreters (§ 89b HGB) bzw Kommissionsagenten oder Eigenhändlers entsteht (erst und schon) mit der Beendigung des Vertragsverhältnisses, zB zum 31.12.; er ist grds zu diesem Zeitpunkt zu aktivieren (BFH XI R 72/94, BFH/NV 96, 312 bei Tod; zur Betriebsaufgabe → § 16 Rn. 310); die Neutralisierung durch passiven RAP ist unzul (*KKM* § 5 Rn. F 277). – Auch kein Aktivposten für künftige „Vorteile" (kein RAP; kein immaterielles WG; vgl BFH X R 111/88, BStBl II 91, 218); bei Ausgleichszahlungen an Eigenhändler ist dies evtl anders (entgeltl Erwerb eines Kundenstamms).

Aussetzungszinsen s „Steuerschulden".

Baggersee (Ansatz und Bewertung) s *Burger* StBP 10, 148.

Bauaufträge s „Unfertige Erzeugnisse".

Bauplanungskosten s „Gebäude".

Bauspardarlehen. Zuteilungs- und Abschlussgebühren sind wie Disagio zu aktivieren und auf Darlehenslaufzeit abzuschreiben (BFH IV 131/63, BStBl III 67, 670; *Herzig/Joisten* DB 11, 1014: bei Laufzeitabhängigkeit).

Bauten auf fremdem Grund und Boden (§ 266 II A II 1 HGB, § 5 I EStG; § 94 I BewG), die der Hersteller auf eigene Rechnung baut, die aber zivilrechtl voll oder anteilig im (Mit-)Eigentum des Grundstückseigentümers stehen, sind nach BFH GrS 1/97, BStBl II 99, 778 (EStR 7.1 V 3–4) wie Gebäude zu behandeln (AfA idR gem § 7 IV; auch erhöhte Absetzungen; so wohl auch BFH VIII R 10/14, BStBl II 17, 819; dazu *Weber-Grellet* BB 18, 43 (48)); → Rn. 152. Fremdbauten sind **materielle WG** (vgl → Rn. 114, 176; BFH XI R 18/06, BStBl II 09, 957). Bilanzsteuerrechtl ist der Fremdbau als ganz gewöhnl WG des Fremdbauers zu behandeln (zB kein „Aufwandsverteilungsposten", kein „Quasi-WG"; dazu *Horst* DB 17, 1349); alle anderen Lösungsansätze sind mE ohne Rechtsgrundlage und führen zu bilanzsteuerrechtl Friktionen (*Weber-Grellet* BB 17, 176; *Hoffmann* StuB 17, 209; krit auch *Kowanda* DStR 17, 961).

Stellungnahme: Der IV. Senat (BFH IV R 29/09, BStBl II 13, 387) und der X. Senat (BFH X R 46/14, BStBl II 16, 976; so auch *BMF* BStBl I 16, 1431; *Kulosa* jM 17, 167) argumentieren allein mit der „typisierten Aufwandsverteilung", ohne die einschlägigen bilanzrechtl und bilanzsteuerrechtl Normen zu berücksichtigen. Sofern keine besonderen Abreden getroffen werden, wird der Fremdbauer wirtschaftl Eigentümer – und zwar mit allen Konsequenzen. Der Fremdbau ist ein materielles WG, das den allg bilanzsteuerrechtl Regeln unterliegt. Der Fremdbau ist ein WG, das an Wert verlieren, aber auch gewinnen kann. Es kann Gegenstand einer TW-AfA sein, in ihm können sich stille Reserven bilden; es kann in einen anderen Betrieb „eingelegt", es kann auch veräußert werden. BFH X R 46/14, BStBl II 16, 976, kann weder im Ergebnis noch in der Begründung gefolgt werden (zur alten Rspr → 35. Aufl 2016, § 5 Rn. 270).

Bauzeitzinsen sind strechtl im Hinblick auf das Wahlrecht nach § 255 III 2 HGB (dazu → Rn. 31) nicht zu aktivieren (iEinz *Haupt* DStR 08, 1814).

Bearbeitungsgebühren für Darlehen (auch für öffentl geförderte) sollen nur bei Laufzeitabhängigkeit aktiv abzugrenzen sein (BFH I R 7/10, BStBl II 11, 870; → Rn. 243).

Beihilfeansprüche (Corona-Hilfen und andere Beihilfeansprüche) sind zu aktivieren bei wirtschaftl Verursachung in der Verganenheit und hinreichender Sicherheit (*Lüdenbach* StuB 21, 137; *IDW* 6.4.21, Frage 2.2.4); mE Bewilligung nicht zwingend erforderl.

Beiträge (Zuschüsse) zu kommunalen Investitionen; s „Abwasserbeseitigung"; „Fußgängerzone"; „Straßenbeiträge"; „Strom-, Wasserversorgung".

Belieferungsrechte zB Bier-, Strom-, Gas- oder Zeitschriftenlieferungsrechte, die auf einer rechtl begründeten Absatzmöglichkeit beruhen, sind, soweit entgeltl erworben und nicht Teil eines Geschäftswerts, als immaterielle WG zu aktivieren (BFH I B 144/01, BFH/NV 03, 154; → Rn. 233). Sog Listungs-/Positionierungsgebühren sind Aufwendungen auf den eigenen Geschäftswert (*FM NRW* BB 97, 519; → Rn. 96 und → Rn. 270 „Zuschüsse"). Milchlieferrechte sind abnutzbare (immaterielle) WG (BFH IX R 34/08, BFH/NV 10, 17; sa BFH VI R 52/16, BStBl II 19, 472).

Besserungsscheine. Das sind verbriefte Schuldversprechen mit dem Inhalt, Gläubigern, die auf ihre Forderungen gegenüber der Ges verzichtet haben, die erlassenen Schulden aus dem zukünftigen Gewinn zurückzuzahlen (*Weber-Grellet* DB 24, 2519). Der Besserungsanspruch ist erst bei hinreichender Sicherheit zu aktivieren (→ Rn. 78, 601); die dem Besserungsschein zugrundeliegende Schuld ist im Zeitpunkt des Forderungsverzichts ergebniswirksam auszubuchen und erst bei Erzielung von Gewinne wieder zu passivieren; → Rn. 314.

Beteiligungen (allg) sind dauernd dienende Anteile (§ 271 HGB) und strechtl ein einheitl WG (BFH IV R 19/14, BStBl II 18, 575); iEinz *Hopt* § 271 HGB Rn. 1 f.

Beteiligungen an Kapitalgesellschaft im BV sind – ***(1)* Wirtschaftsgüter,** die mit den AK zu aktivieren und auf die keine AfA zul sind (BFH I R 73/15, BStBl II 17, 1065, zu Investmentfonds); bei neuen Anteilen sind AK der Ausgabebetrag, auch bei erst teilweiser Einzahlung (Bruttoausweis; *FM Nds* FR 89, 215). Das Teileinkünfteverfahren nach § 3 Nr 40 erfordert Zu- und Abrechnungen „außerhalb der Bilanz", zB bei TW-Ab- oder -zuschreibungen und bei Veräußerungsgewinnen (vgl *Hoffmann* DB 00, 1931), innerhalb eines kstl BV komplett (§ 8b III KStG), innerhalb eines estl BV anteilig (§ 3c II). – Für Anteile an einem „herrschenden oder mehrheitl beteiligten Unternehmen" ist eine (Gewinn-)Rücklage zu bilden (§§ 272 IV, § 266 III A III Nr 3 HGB; RegEntw BT-Drs 16/10067, 66). – ***(2)* Sacheinlagen** (gegen Gewährung von GesRechten) führen nach Tauschregeln (§ 6 VI 1; → Rn. 634) zu AK (BFH I R 36/15, DStR 17, 2658); dies gilt auch bei der Sacheinlage eines (dingl oder schuldrechtl) Nutzungsrechts (→ Rn. 202). – ***(3)*** Ebenso führen **verdeckte Einlagen** (zusätzl Beiträge; Zuzahlungen iSv § 272 II Nr 4 HGB) durch Zuschüsse, Verlustübernahme, Verzicht (auf Forderungen, Gehalt, Pensionszusage) oder Übertragung materieller oder immaterieller WG auf die KapGes grds zu aktivierungspflichtigen nachträgl AK (§ 6 VI 2; BFH I R 58/99, BStBl II 01, 168; *Weber-Grellet* DB 24, 2519); zu Nutzungsrechten → Rn. 206 f. – ***(4)*** Noch nicht abschließend geklärt ist die Behandlung der **disquotalen Einlage** (zur disquotalen/inkongruenten

Gewinnverteilung s BFH VIII B 174/11, BFH/NV 12, 1330; FG Mster EFG 21, 1615, rkr; *BMF* BStBl I 14, 63 [zul bei wirksamer Bestimmung]; *Fuhrmann* KÖSDI 17, 20563). Ist der Ges'ter nicht AlleinGes'ter, soll seine (disquotale) verdeckte Sacheinlage bei ihm nur nach dem Maß seines Anteils zu aktivieren sein, sofern nicht die anderen Ges'ter entspr Leistungen erbringen (so *Schulze-Osterloh* FS Kropff, 1997, 605 (612 f); **aA** BFH IV R 135/82, BStBl II 85, 635; Sonderfall BFH X R 34/03, DB 04, 2505: teilentgeltl Veräußerung), iÜ uU bei den anderen Ges'tern. ME ist darauf abzustellen, ob der Ges'ter vorrangig im eigenen Interesse handelt oder ob er auch seinen MitGes'tern einen Vorteil zuwenden will (*Weber-Grellet* StB 00, 122; ähnl BFH VIII R 68/96, DStR 00, 1426). – Zur **„disquotalen Entnahme"** (ua des Geschäftswerts) bei Begründung einer BetrAufsp mit Verwandten BFH X R 17/05, BStBl II 08, 579.

(5) Zu Verzicht auf Ges'terforderung → Rn. 550 „Gesellschafterfinanzierung". – ***(6)*** Soweit bei **Forderungsverzicht** mit Besserungsklausel die Forderung wieder auflebt (BFH I R 41/87, BStBl II 91, 588; krit *Eppler* DB 91, 195), mindern sich auch die AK um die evtl frühere Erhöhung. – Zu Verlusten von **Ges'terDarlehen** (und Regressforderungen aus Bürgschaft) und ihre Behandlung als AK vgl → § 17 Rn. 187 f.

Beteiligungen an Personengesellschaft. – ***(1)*** In der StBil wird eine (betriebl) Beteiligung (ein WG) nach der sog **Spiegelbildmethode** ausgewiesen; anzusetzen ist das Kapkto bei der PersGes geführte des Ges'ters (aus Gesamthands-, Ergänzungs- und Sonderbilanz); eine eigenständige Bewertung entfällt; die Gewinn- bzw Verlustanteile sind, per Beteiligung an Gewinnvortrag/Verlustvortrag zu verbuchen (vgl BFH IV R 1/11, DStR 15, 283; FG Mster DStRE 11, 473); die Ergebnisse der PersGes (und der Ges'ter) werden einheitl und gesondert nach § 180 AO festgestellt (iEinz → § 15 Rn. 690; *Kahle/Mock* DStZ 22, 232, *Weber-Grellet* BB 22, 2345). – ***(2)*** **Gewinnmindernde TW-AfA** auf die Beteiligung sind in der StBil nicht mögl (BFH IV R 36/83, BStBl II 85, 654); umgekehrt werden durch eine „Entnahme" der in der HB als BV ausgewiesenen Beteiligung keine stillen Reserven realisiert. Ist der Ges'ter aber eine KapGes, ist eine unentgeltl Übertragung auf deren Ges'ter vGA. – ***(3)*** **ZebraGes.** Werden Anteile an einer vermögensverwaltenden, nicht gewerbl geprägten PersGes von einem oder mehreren Ges'tern im BV gehalten, sind die nicht gewerbl Einkünfte der PersGes beim betriebl beteiligten Ges'ter anteilig gewerbl Einkünfte; die WG der ZebraGes sind anteilig im BV auszuweisen (iEinz → § 15 Rn. 200 f).

Beteiligungsentwertungskonto (§ 24 V DMBilG) → 29. Aufl 2010, § 5 Rn. 102.

Betriebsteuern. Ein Anspruch auf Erstattung überzahlter Betriebssteuern zB GewSt (ab VZ 08 keine BA; § 4 Vb idF UntStRefG; BFH I R 21/12, BStBl II 14, 531: verfgemäß) ist mE erst zu aktivieren, wenn er vom FA anerkannt ist (s „Steuererstattungsansprüche"; → Rn. 745).

Betriebsstoffe. Vorräte an Öl, Kohle usw müssen aktiviert werden (BFH I 56/57 U, BStBl III 57, 237).

Betriebsvorrichtungen → Rn. 137.

Bezugsrecht auf Anteile an KapGes kann als selbständiges WG mit entspr Minderung des Buchwerts der alten Anteile (Abspaltung) zu aktivieren sein (vgl BFH IV R 27/97, BStBl II 99, 638; → § 6 Rn. 140 „Optionen"; → § 17 Rn. 52).

Bierlieferungsrecht s „Belieferungsrechte".

Bilanzierungshilfen → Rn. 31, 102, 222.

Bitcoins (virtuelle Währung) sind immaterielle WG (*Richter/Augel* FR 17, 937; *Kirsch/von Wieding* BB 17, 2731; *Beck HdR* B 731 Rn. 36; **aA** *Schroen* DStR 19, 1369; **aA** auch *BMF* BStBl I 25, 658 Rn. 41: materielles WG); zum stl Geldbegriff *Hötzel*, Virtuelle Währungen …, 2018; s auch „Virtuelle Währungen".

Blockheizkraftwerk kann Gebäudebestandteil sein, nicht mehr Betriebsvorrichtung (*Schustek* DStR 15, 678; *OFD Nds* DB 15, 2360); Auswirkung auf InvZul.

Bodenschätze. *(1)* Selbständige, vom GuB zu unterscheidende materielle abnutzbare WG (BFH GrS 1/05, BStBl II 07, 508; BFH I R 101/10, BStBl II 13, 165; *Wolf,* Besteuerung der Bodenschatzverwertung, 2011). – *(2)* Der Bodenschatz (→ Rn. 140) **entsteht** (zB durch Abschluss eines Kaufvertrags; FG Mster EFG 15, 1265) im Regelfall im PV (BFH X R 10/07, BFH/NV 10, 184); bei einem gewerbl Abbauunternehmer kann er im BV entstehen (BFH X B 70/99, BFH/NV 00, 713), ebenso bei unmittelbarer Verwendung für LuF-Zwecke (*BMF* BStBl I 98, 1221; zum Verkauf an Ehegatten s BFH IV R 50/88, BFH/NV 90, 693, an eigene GmbH s *Pflug* INF 89, 4. – *(3)* Bei **Einlage** eines Kiesvorkommens in GewBetr ist der TW anzusetzen; gleichwohl sind AfS nicht zul, auch keine TW-AfA (Bruttobesteuerung der Abbauerträge; BFH III R 8/98, DStR 07, 2311 – Endentscheidung nach GrS 1/05; BFH IV R 46/12, BStBl II 16, 607; BFH IV R 15/14, BStBl II 16, 593 betr Veräußerung an bzw Einlage/Einbringung in PersGes/Einmann-GmbH & Co-KG; dazu *Weber-Grellet* BB 17, 43). Bei Veräußerung ist der noch nicht verbrauchte Buchwert gegenzurechnen (BFH GrS 1/05, BStBl II 07, 508; *Weber-Grellet* FR 07, 515, DStR 07, 1788; krit *Hoffmann* DStR 07, 1783 und auch *Wendt* FR 20, 593, zu dem (mE untaugl) Versuch, „aus Kies Kohle zu machen"). – *(4)* Ein **Substanzausbeutevertrag** (Abbauvertrag) ist bürgerl-rechtl idR Pachtvertrag nach § 581 BGB und berechtigt den Pächter zum Genuss der Ausbeute, § 99 BGB (BFH GrS 1/05, BStBl II 07, 508; BFH IX R 6/12, BFH/NV 13, 907). Allg zu Substanzausbeuteverträgen (VuV) → § 21 Rn. 18.

Bonusansprüche aus Lieferungen im abgelaufenen Wj sind auch (abgezinst) zu aktivieren, wenn sie erst mehrere Jahre später fällig werden und nicht abgetreten werden dürfen (BFH I R 93/79, BeckRS 1983, 5178) oder wenn sie erst mit Rechnungsregulierung entstehen (BFH I B 182/00, BFH/NV 01, 1399; → Rn. 608).

Bürgschaft → Rn. 550.

CD-ROM s „Software".

Cloud-Computing. Bilanzierung hängt von der Art der Software-Lösung ab (*Bonnecke* StuB 25, 890).

Darlehen. Zinsansprüche sind (unabhängig von ihrer Fälligkeit und ggf zeitanteilig) zu aktivieren, soweit sie auf die Zeit vor dem Bilanzstichtag entfallen (BFH I R 11/02, BStBl II 03, 400), nicht aber als Gegenleistung für die künftige Kapitalüberlassung für die Zeit danach (schwebender Vertrag). Unverzinsl oder niederverzinsl Darlehen an ArbN sind mit dem Nennwert zu aktivieren (BFH VIII R 7/86, BFH/NV 91, 451). Gleiches gilt idR für entspr Darlehen an Kunden (BFH IV R 35/78, BStBl II 81, 734) und unterverzinsl, aber kongruent refinanzierte Ausleihungen (BFH I R 145/86, BStBl II 90, 639). S auch Abzinsung und → Rn. 550 „Gesellschafterfinanzierung".

Darlehensgebühren (gezahlte) sind nicht aktiv abzugrenzen, wenn der Empfänger sie bei vorzeitiger Kündigung behalten dürfte, es sei denn, dass die Kündigungsmöglichkeit nicht real ist (BFH I R 19/12, BFH/NV 13, 1389).

Digitale Wirtschaftsgüter s „Software".

Disagio (ausführl *Tiedchen* HdJ II/9 Rn. 151 f). Den Unterschiedsbetrag zw Erfüllungs- und Ausgabebetrag bei Aufnahme eines Kredits, für den in der HB ein Aktivierungswahlrecht besteht (§ 250 III HGB), *muss* der Darlehensnehmer in der StBil als RAP aktivieren (BFH IV R 47/85, BStBl II 89, 722; EStH 6.10) und auf den **Zinsfestschreibungszeitraum** abschreiben (BFH IV R 47/85, BStBl II 89, 722); wird das Darlehen vorzeitig zurückgezahlt, ist das Disagio außerplanmäßig abzuschreiben (BFH IV R 76/82, BStBl II 84, 713 zur Rückzahlung bei Betriebsaufgabe) bzw mit Anspruch auf anteilige Erstattung (BGH XI ZR 231/89, NJW 90,

2250) zu verrechnen. – Für ein einbehaltenes Disagio ist ein **passiver RAP** zu bilden (EStH 6.10), der nach der Zinsstaffelmethode im vertragl Zinsfestschreibungszeitraum aufzulösen ist (BFH II R 29/86, BStBl II 90, 207; § 340e II HGB).

Diskontgeschäfte s „Wechselforderungen".

Dividendenanspruch aus Anteilen an KapGes ist idR in der Bilanz des Jahres zu aktivieren, in dem ein entspr Ausschüttungsbeschluss gefasst worden ist (BFH IV R 28/11, BFH/NV 15, 495). – ***(1)*** Bei **(betriebl) Mehrheitsbeteiligung** ist nach **GrS** (BFH GrS 2/99, BStBl II 00, 632) eine phasengleiche Dividenden-Aktivierung strechtl nicht mehr zul, es sei denn, es ist obj belegt, dass die ausschüttende Ges am maßgebl Bilanzstichtag unwiderrufl zur Ausschüttung entschlossen war (BFH I R 15/06, BStBl II 08, 340), oder auch bei vergleichbaren Konstellationen (BFH IV R 24/15, BFH/NV 19, 516). Vorabausschüttung indiziert nicht weitere Ausschüttung (BFH I R 48/94, BStBl II 01, 401). – Eine Mindestbesitzzeit ist obsolet (BFH I R 50/95, BStBl II 01, 409).

Kritik: Die Entscheidung GrS 2/99 basiert auf einer formalen Betrachtung (kein WG zum Bilanzstichtag); die wirtschaftl Verhältnisse (Beherrschung) werden nicht berücksichtigt; auch in anderen Fällen (zB bei Wahlrechtsausübung) findet eine Rückbeziehung statt (krit ua *Moxter* DStZ 02, 243; *Groh* DB 00, 2444). Besondere Bedeutung hat die Entscheidung indes (eher ungewollt) unter dem Aspekt der Eigenständigkeit des Bilanzsteuerrechts (Gleichheit der Besteuerung vor Gläubigerschutz; Anerkennung einer funktionalen Differenz).

(2) Auch im Fall einer **BetrAufsp** sind die Grundsätze des GrS (BFH GrS 2/99, BStBl II 00, 632) für den Einzel- und MUer anwendbar (BFH VIII R 85/94, BStBl II 01, 185); es gelten die allg Regeln der Gewinnrealisierung (so bereits BFH IV R 52/96, BStBl II 99, 547; krit auch → § 15 Rn. 870.

(3) Die **PersGes** aktiviert die (Netto-)Dividende einschließl KapESt; die (nach KStG aF) anrechenbare KSt steht nur den MUern zu (SonderBV); BFH I R 114/94, BStBl II 96, 531 **(eingeschränkte Nettomethode).** – ***(4)*** Bei ergebnisneutraler Entnahme (Ausschüttung aus Kapitalrücklage ist der Ausschüttungsbeschluss maßgebl (BFH VIII R 60/96, BFH/NV 99, 1200).

Domain/Internetadresse kann ein nicht abnutzbares immaterielles WG sein (BFH III R 6/05, BStBl II 07, 301; krit *Mank* DStR 05, 1294). Die mit einem Domain-Namen verbundene IP-Adresse ist von der homepage zu unterscheiden (ausführl und diff *Wübbelsmann* DStR 05, 1659; → § 7 Rn. 43).

Drittaufwand → Rn. 101.

Durchlaufende Posten sind nur bei der Überschussrechnung anzusetzen (§ 4 III 2; BFH I R 85/96, BStBl II 98, 161); bei Bilanzierung wird die Gewinnneutralität durch Verbuchung gleich hoher Wertzu- und -abgänge erreicht (BFH III R 5/03, BStBl II 05, 277 für Tankstellenpächter). – Veruntreuung soll nicht zu BE führen (BFH VIII R 19/12, DStR 15, 1367); mE schon – wegen „Unterbrechung des Durchlaufs" (*KKM* 1/88 § 4 Rn. D 145).

EDV-Programm s „Software".

Ehevermittler. Honorarforderung zu aktivieren, obwohl nicht einklagbar (BFH IV 73/63, BStBl II 68, 79).

Eigene Anteile einer KapGes waren bisher nach hM WG (wNachw 36. Aufl). Nach § 272 Ia HGB ist stets eine passivische Absetzung (vom Posten „Gezeichnetes Kapital") vorzunehmen („Kapitaltransaktion"); **aA** FG Mster DStRE 18, 385: weiterhin WG (sofern nicht zur Einziehung bestimmt) – iZm § 8b KStG (zust *Drüen* DB 20, 1864 (1869)); **aA** auch BFH IV R 15/22, BeckRS 2025, 36515).

Beispiel: Buchung bei Erwerb eigener Anteile: per Kapital an Geld (= Kapitalherabsetzung); Buchung bei Wiederveräußerung (§ 272 Ib HGB): per Geld an Kapital/Rücklage (= Kapitalerhöhung). Bei Veräußerung über „AK" entsteht gleichwohl Gewinn (*Herzig* FS Haarmann 2015, 641; **aA** *Müller/Reinke* DStR 14, 711). – Vgl auch → § 17 Rn. 32.

Eigenkapitalvermittlungsprovisionen bei gewerbl Immobilienfonds sollen als AK/HK zu aktivieren sein (BFH IV R 40/97, BStBl II 01, 717; krit *Anm* FR 01, 888; zur Anwendung s *BMF* BStBl I 01, 780).

Einbuchung (spätere) von WG s BFH X R 37/13, BFH/NV 16, 536.

Emballagen (Verpackungsmittel). Verbuchung *Köhler/Wiemers* StBP 05, 351.

Emissionsdisagio bei Ausgabe von Inhaberschuldverschreibungen ist mE wie ein Disagio zu aktivieren (Zins-Feineinstellung; BFH I R 46/05, BStBl II 09, 955); zur Aufstockung *BMF* DStR 00, 687.

Emissionsberechtigungen (§ 7 TEHG – Treibhausgase; BGBl I 11, 1475; § 9 BEHG – Brennstoffe). Zur Ausgabe, Bilanzierung als immaterielles WG des UV, zur Rückstellungsbildung bei fehlenden Berechtigungen iEinz *BMF* BStBl I 05, 1047, *BMF* BStBl I 13, 275; *Abts* StuB 17, 171; zur HGB-Bilanzierung s *Bormann ua* DB 24, 1643, zu Emissions- und Grünstromzertifikaten *Brüggemann/Polster* DB 21, 1077. Hintergrund ist die Verringerung von Treibhausgasemissionen (Einzelheiten unter www.umweltbundesamt.de).

Die Emissionsberechtigungen werden **(kontingentiert)** für jede Zuteilungsperiode durch das Umweltbundesamt unentgelt zugeteilt (§ 9 TEHG) und sind mit 0 € zu bewerten (*BMF* BStBl I 05, 1047, Rn. 9); sie sind dann handel- und übertragbar (§ 7 III 1 TEHG; *BMF* BStBl I 05, 1047, Rn. 3, 5). Nach jeder Periode besteht die Verpflichtung, dem tatsächl Ausstoß entspr bei der Emissionshandelsstelle eine entspr Zahl von Berechtigungen einzureichen (§ 7 TEHG); bei fehlenden Berechtigungen sind Rückstellungen zu bilden (*BMF* BStBl I 05, 1047, Rn. 17, 22). Zu Gewinnauswirkungen kommt es nur dann, wenn Berechtigungen zugekauft werden müssen oder abgegeben werden können; zur Verbrauchsreihenfolge *BMF* BStBl I 13, 275.

Entwicklungskosten s „Forschungskosten".

Erbbaurecht (§§ 1, 12 ErbbauRG: das Recht, auf dem Grundstück ein Bauwerk zu haben) und Gebäude sind getrennt zu erfassen. Das Erbbaurecht ist grds ein (schwebendes) **Nutzungsverhältnis** (Erbpacht), kann aber bei Veräußerung zum WG werden (vgl *Kanzler* NWB 14, 1070). – ***(1)*** Die Rspr ist (dementspr) **uneinheitl,** teils eher WG (BFH I R 126/83, BStBl II 88, 70: dingl Recht), teils eher mietähnl Nutzungsverhältnis (BFH IV R 40/96, BFH/NV 98, 569), teils gemischt (BFH X R 97/92, BStBl II 94, 934: Aktivierung (nur) der einmaligen Erwerbskosten wie Notar- und Gerichtskosten, GrESt, Maklerprovision als AK). – ***(2)*** Einigkeit besteht darin, dass der Kapitalwert der Erbbauzinsverpflichtung nicht als Teil der AK aktiviert werden darf, weil das Erbbaurechtsverhältnis im Regelfall auch noch nach Entstehung des Erbbaurechts ein schwebendes Geschäft ist (BFH IV R 11/92, BStBl II 94, 796). Im Voraus gezahlter Erbbauzins ist als RAP zu aktivieren (BFH IV B 132/90, BFH/NV 91, 736). – ***(3)*** Die Übernahme von **Erschließungskosten** (auch Ergänzungsbeiträgen) durch den Erbbauberechtigten ist zusätzl Nutzungsentgelt, und ggf aktiv (BFH VIII R 87/91, BStBl II 94, 109) bzw passiv abzugrenzen und linear aufzulösen (BFH IV R 40/96, BFH/NV 98, 569); im Einzelfall können auch AK gegeben sein (BFH IX R 31/96, BFH/NV 00, 558). – ***(4)*** Ist das Erbbaurechts-Grundstück bebaut, geht das **(wirtschaftl) Eigentum am Gebäude** auf den Erbbauberechtigten über (insoweit AK; einheitl Entgelt ggf aufzuteilen). – ***(5)*** Nur ausnahmsweise ist der Erbbauberechtigte **wirtschaftl Eigentümer des Grundstücks** (BFH IV R 67/94, BFH/NV 96, 101); er muss dieses aktivieren und die Erbbauzinsverpflichtung mit ihrem Barwert passivieren (BFH VI 288/63 U, BStBl III 65, 613). – Zum späteren entgeltl Erwerb des belasteten Grundstücks s BFH I R 132/81, BStBl II 85, 617. – ***(6)*** Die entgeltl **Begründung** eines Erbbaurechts auf einem BV-Grundstück führt idR nicht zur Entnahme des Grundstücks (BFH XI R 28/97, BStBl II 98, 665); anders ist dies uU bei privater unentgeltl Belastung (*Kanzler* NWB 14, 1070; krit → Rn. 655). – ***(7)*** Zahlungen für **Ablösung** können ggf zu HK des neuen Gebäudes führen (BFH IX R 24/03, BStBl II 06, 461). – ***(8)*** Der Anspruch auf **entschädigungslose Rückübertragung** bei Heimfall bewirkt zusätzl Nutzungsentschädigung, die auf die Dauer des Erbbaurechts zu verteilen ist (BFH IV R 42/02, BStBl II 04, 353). – ***(9)*** Wird ein **unentgeltl** erworbenes Erbbaurecht in ein BV eingelegt, sind mE – ebenso wie bei anderen Nutzungsrechten (*Weber-Grellet* BB 23, 1963) – Absetzungen nicht zul (→ Rn. 101); Gleiches gilt für die verdeckte Einlage bei KapGes oder PersGes (→ Rn. 165, 204 ff). – Zum Erbbaurecht als **Sacheinlage** bei KapGes s *Groh* StbJb 88/89, 187; *Geissen ua* JbFfSt 90/91, 409; → Rn. 202. – ***(10)*** Zur teilweise abw Beurteilung bei VuV (kein RAP mögl) BFH IX R 101/92, BStBl II 94, 348; *BMF* BStBl I 96, 1440; → § 6 Rn. 89 ff.

Erfindungen, geschützte und ungeschützte, sind bei entgeltl Erwerb als immaterielle WG zu aktivieren (BFH IV R 145/77, BStBl II 80, 146); s auch ArbN-Erfindungen.

Erhaltungsaufwand → Rn. 103; → § 6 Rn. 188.

Erschließungsbeiträge (vgl § 127 BauGB) sind nach hM zusätzl AK des GuB (EStH 6.4; zB BFH III R 114/95, BStBl II 97, 811); das gilt auch für Zweit- und Zusatzerschließung, sofern die Nutzbarkeit erhöht wird (BFH IX R 54/94, BStBl II 96, 190; EStH 6.4). Zur Übernahme durch Pächter s BFH IV 403/62 U, BStBl III 65, 414, durch Erbbauberechtigten s BFH VIII R 87/91, BStBl II 94, 109; *OFD Ddorf* BB 92, 2391: RAP. Zu nachträgl Erschließungskosten → Rn. 142.

Erweiterungskosten s „Ingangsetzungskosten".

Explorationsaufwendungen (zB iVm einer Bodenschatzerschließung). Die (nach allg Regeln vorzunehmende) Einordnung ist abhängig von der Art der Aufwendungen: Forschungskosten (s dort) sind idR sofort absetzbar; sind die Kosten mit einem bestimmten WG verbunden, kann es sich auch um HK handeln.

Factoring. Beim Factoring-Geschäft lässt sich der Factor (regelmäßig noch nicht fällige) Forderungen des sog Anschlusskunden gegen sofortige Zahlung abtreten; echtes Factoring liegt vor, wenn der Factor auch das Risiko des Forderungsausfalls übernimmt (BFH V R 34/99, BStBl II 04, 667 zur USt). – Factoring (Finanzierungs-, Dienstleistungs-, Delkredere-Funktion) kann Forderungsverkauf (echtes Factoring; bei Übergang des Ausfallwagnisses; Bilanzierung beim Factor) oder Kredit mit Sicherungsabtretung (unechtes Factoring) sein; in diesem Fall ist die Forderung weiterhin beim Zedenten zu aktivieren, der Kredit zu passivieren; ähnl sog Securisations- und ABS (Asset-Backed Securities) – Finanzierung; s BFH I R 17/09, DStR 10, 2455 (keine Übertragung wegen verbliebenen Bonitätsrisikos; „Aus" für das ABS-Modell), krit *Mihm* BB 11, 112); s auch Forfaitierung.

Fernwärmeversorgung s „Stromversorgung"; „Gasversorgung".

Fertige Erzeugnisse sind (funktionell) in gewisser Weise RAP-ähnl; sie sind mit den bis zum Bilanzstichtag angefallenen HK beim Vorratsvermögen zu aktivieren. Erst mit Abnahme/Übergabe ist der Schwebezustand beendet; Ausbuchung bei Ablieferung: „per Forderung an Ertrag und Fertige Erzeugnisse". TW-AfA ist schon vorher mögl (→ Rn. 76, 79; EStH 6.7). Die Abrechnung ist nicht entscheidend. – „Vorstufe" der fertigen sind die unfertigen Erzeugnisse (s dort).

Filme (Filmrechte; Filmverwertungsrechte; Ausstrahlungsrechte) sind – soweit umfassend – immaterielle WG iSv § 5 II (*OFD Ffm* DStR 10, 1338); der Filmstreifen erhält rechtl und wirtschaftl Wert erst durch das Schutzrecht. HK des Produzenten sind (wegen § 5 II) nicht zu aktivieren (vgl BFH V R 11/78, BFH/NV 85, 58), ausgenommen Auftragsproduktion (UV; BFH X R 225/93, BStBl II 97, 320; Abgrenzung zu Werbespots *Söffing/Schaz* DB 16, 1838: unechte Auftragsproduktion). Zum Übergang des wirtschaftl Eigentums BFH IV R 32/19, BStBl II 22, 832, *Weber-Grellet* BB 23, 43. – Einzelheiten zur Bilanzierung von Filmen und erworbener Film-(Lizenz-)rechte s *Petersen/Zwirner* PiR 08, 162, *Drüen* StuW 24, 289; zu Film- und Fernsehfonds BFH IV B 126/07, DStRE 09, 268; *BMF* BStBl I 01, 175. – Die

Lizenzüberlassung ist ggf zeitanteilig zu aktivieren (BFH IV R 37/16, BFH/NV 18, 440).

Finanzprodukte (zB von Kursen, Indizes, Basispapieren abhängige **Derivate;** häufig zur Absicherung von Risiken eingesetzt; → Rn. 70) sind im Regelfall schwebende Geschäfte (→ Rn. 76) mit wettähnl Charakter (allg *Zerey* Finanzderivate 5. Aufl 2023 §§ 39, 41; *Assmann/Schütze* Kapitalanlagerecht 6. Aufl 2024).

(1) Nach **GoB** zu bilanzieren sind allg nur Prämien- und Marginzahlungen (Sicherheitsleistung); Erträge sind nach dem Realisationsprinzip abzurechnen. – ***(2)*** (Bedingte) **Termingeschäfte** (Auseinanderfallen von Vertragsabschluss und -erfüllung) in Gestalt von Optionen und Zinsbegrenzungsvereinbarungen (Caps, Floors, Collars; vgl auch §§ 20 I Nr 11, 20 II Nr 3) beinhalten den Kauf (Verkauf) bestimmter WG (Waren, Devisen, Wertpapiere, Zinsen) zu einem künftigen Stichtag zu festem Preis (vgl § 2 III WpHG). Sie können als Sicherungsgeschäfte mit anderen WG eine Bewertungseinheit bilden (→ Rn. 70, 270 „Fremdwährung"). – ***(a)*** **Optionsgeschäfte** (vgl § 2 III WpHG) begründen ein Recht (keine Pflicht), WG (zB Devisen, Aktien) vom „Stillhalter" während einer bestimmten Frist oder zu einem bestimmten Datum zu festem Preis zu kaufen (Kaufoption = **Call**) oder an diesen zu verkaufen (Verkaufsoption/Andienungsrecht = **Put**); sie können mit anderen WG (zB Aktien, Devisen) eine **„Bewertungseinheit"** (→ Rn. 70) bilden; iEinz → Rn. 144. – Der Aufwand für Zinsbegrenzung ist aktiv abzugrenzen (*Lüdenbach* StuB 11, 26). – ***(b)*** **Futures** (§ 138 IV WpHG; standardisierte Termingeschäfte) sind an den Terminbörsen gehandelte unbedingte (beide Vertragspartner bindende) Kontrakte. Financial Futures (an Terminbörsen mit Clearing-System gehandelte Finanzterminkontrakte) und Forward Rate Agreements (individuell vereinbarte Zinstermingeschäfte) sind (bilanzunwirksame) schwebende Geschäfte (zu Krypto Futures *Gawenko* DStR 25, 801). – ***(c)*** **Swaps** (im Prinzip: Austausch von Zahlungsforderungen und -verpflichtungen, zB zur Reduzierung von Zinskosten) beruhen auf der Ausnutzung der Zinsdifferenzen auf den Finanzmärkten (Zinsswaps, Währungsswaps). Zur Bilanzierung s *Helios* DB 12, 2890; *Kopp/Neika* DStR 23, 1368. – ***(3)*** **Zero-Bonds** (Null-Koupon-Anleihen; festverzinsliches Wertpapier, bei dem die Gegenleistung ausschließl in der Differenz zw niedrigerem Ausgabebetrag (Ausgabekurs) und höherem Rückzahlungskurs liegt) sind beim Gläubiger, soweit BV, mit dem Ausgabebetrag (zzgl Nebenkosten) als RAP zu aktivieren; während der Laufzeit ist jährl der anteilige Zinsbetrag den AK gewinnerhöhend zuzuschreiben (Nettomethode). – Der Emittent hat zunächst nur den Ausgabebetrag zu passivieren (netto): die Zinsverpflichtung ist mit Ablauf der jeweiligen Nutzungsperiode (Wj) zusätzl gewinnmindernd zu passivieren (hM; *BMF* BStBl I 87, 394; nach **aA** auch Bruttoausweis mit aktivem RAP zul). – ***(4)*** **Zu Finanzprodukten im PV** (zB Zinsanleihen, Optionsscheine, Garantie-Scheine) *OFD Kiel* BeckVerw 151952. – ***(5)*** Zur (einheitl) Bilanzierung **strukturierter Finanzprodukte** (zusammengesetzt aus einfachen Bausteinen, zB Anleihen, Aktien und Derivaten) *Haisch* RdF 18, 159.

Firmenwert → Rn. 221.

Forderungen (§ 266 II B. II HGB), insb Geldforderungen aus Lieferungen und Leistungen, sind – ***(1)*** **zu aktivieren,** sobald sie (unabhängig von der rechtl Entstehung) wirtschaftl in der Vergangenheit verursacht und am Bilanzstichtag hinreichend sicher sind (BFH X R 19/10, BStBl II 12, 190; BFH I B 119/13, BFH/NV 15, 53), sobald also zB im wesentl geliefert bzw geleistet, insb „wirtschaftl erfüllt" ist (BFH XI R 1/93, BStBl II 93, 786); **Teilerfüllung** bei insoweit gesichertem Anspruch (BFH VIII R 25/11, BStBl II 14, 968). Zur Erfüllung gehört beim Werkvertrag idR auch die Abnahme (§§ 640, 644 BGB; BFH IV R 40/04, BStBl II 06, 26); nicht maßgebl ist der Zeitpunkt der Rechnungserteilung und der Fälligkeit (zB BFH I R 121/74, BStBl II 76, 541; → Rn. 79, 608). Eine Provisionsforderung, die nach einem mehrjährigen Zeitraum berechnet wird, kann nicht zeitanteilig aktiviert werden (FG Mster EFG 02, 1582). – ***(2)*** **Bestrittene Forderungen** können weder aktiviert noch entnommen werden (BFH X R 10/12, BStBl II 14, 668; FG Mster EFG 25, 923, rkr); Aktivierung erst, wenn Streit beseitigt ist, zB nach rkr Entscheidung oder (auch konkludenter) Anerkennung (BFH XI R 8/18, BStBl II 20, 772; BFH IV R 26/22, DStR 25, 261; *Weber-Grellet* BB 26, 43); auch abgeschriebene Forderungen bleiben BV. – ***(3)*** **Aufschiebend bedingte** Forderungen sind bis zum Eintritt der Bedingung noch nicht realisiert und daher nicht zu aktivieren (BFH X R 42/08,

BStBl II 12, 188 mit Anm *Kulosa* HFR 11, 1092); ähnl für aufschiebend bedingte Anteilsveräußerung BFH IV R 3/07, BStBl II 10, 182, mit Anm *Hoffmann* GmbHR 09, 1282; so auch für BewG BFH II R 92/93, BStBl II 96, 348); ausnahmsweise Realisierung, wenn der Bedingungseintritt so gut wie sicher ist (BFH X B 27/12, BFH/NV 13, 1566; *Weber-Grellet* BB 14, 42). Davon zu unterscheiden ist eine aufschiebend bedingte „Entfallens-Klausel" (BFH I R 11/02, BStBl II 03, 400; *Weber-Grellet* BB 04, 35). – ***(4)*** **Auflösend bedingte** Forderungen sind zu aktivieren, sofern die Bedingung (zB Rückzahlungsverpflichtung) erst in späteren Wj wirtschaftl verursacht wird (BFH IV R 37/16, BFH/NV 18, 440); ebenso führen auflösend bedingte Veräußerungen zu Gewinn/Verlust; der (künftige) **Rückforderungsanspruch** ist idR erst mit Eintritt der Bedingung realisiert (**aA** BFH VIII R 29/93, BStBl II 95, 693); ähnl ist ein Vertreterrecht zu aktivieren, obwohl die vereinbarte Einstandszahlung gestundet und aufschiebend bedingt erlassen ist (BFH X R 2/04, BStBl II 08, 109); s auch „Kauf mit Rücktrittsrecht" – ***(5)*** Bei **zeitraumbezogenen** Leistungen (zB Nutzungsüberlassung) ist auch die Forderung zeitraumbezogen zu aktivieren (→ Rn. 618). Maßgebl ist der Nennwert (ggf TW; BFH VIII R 64/86, BFH/NV 92, 449), nicht etwa die AK (HK) der veräußerten WG (Gewinnrealisierung!). – ***(6)*** Ein **Schadenersatzanspruch** ist zu aktivieren, sobald er konkretisiert ist, grds mit Entstehung (BFH IV R 37/92, BStBl II 94, 564), bei Bestreiten später, zB wenn anerkannt oder rkr zuerkannt (BFH II R 15/98, BStBl II 00, 588), bei deklaratorischem Schuldanerkenntnis (FG Mchn DStRE 09, 520); bei Ersatz entgehender künftiger Gewinne aber nur periodengerecht (→ Rn. 745). – ***(7)*** (In unmittelbarem Zusammenhang stehende und zwangsläufig nachfolgende) **Rückgriffsansprüche** sind bei Vollwertigkeit gegenzurechnen (BFH VIII R 58/98, BStBl II 02, 420; → Rn. 70), bei Wertlosigkeit nicht zu aktivieren (BFH XI R 52/01, BStBl II 03, 658). Zum Rückgewähranspruch nach vGA BFH VIII R 7/99, BStBl II 01, 173. – S auch „Langfristige Fertigung" und „Wechselforderungen".

Forfaitierung (uneinheitl Sprachgebrauch; an sich regressloser Verkauf von Exportforderungen; nach BFH I R 94/95, BStBl II 97, 122 Forderungsverkauf unter Haftung des Veräußerers für den rechtl Bestand, nicht für die Bonität) ist wie Factoring (s dort) zu bilanzieren (*Hinz* DStR 94, 1749). Bei Kauf muss auch das Bonitätsrisiko (Werthaltigkeit) vollständig übergehen (BFH I R 44/09, BFH/NV 10, 1622; BFH I R 17/09, DStR 10, 2455), nicht zB bei Sicherungsrechten gegen den Leasinggeber; ansonsten Darlehen (sog unechte Forfaitierung); auch → Rn. 732.

Formen, zB Gussformen, die Eigentum des Bestellers werden, hat dieser als materielle WG zu aktivieren; bleiben sie Eigentum des Lieferers, aber kundengebunden, hat der Besteller die Vergütung als AK eines abnutzbaren immateriellen WG (Verwendungsrecht) zu aktivieren (BFH IV R 64/88, BStBl II 89, 830).

Forschungskosten. Nicht als HK für eigene Kenntnisse, Erfindungen usw aktivierbar; sie gehören, soweit Grundlagenforschung und Neuentwicklung, auch nicht zu den HK der Erzeugnisse (BFH III R 141/74, BStBl II 77, 234); zur Abbildung pharmazeutischer Forschung in der StBil *Schmidt* DStR 14, 544, zu Entwicklungskosten in der Autoindustrie *Jochimsen/Zinowsky* Ubg 16, 520. S auch „Innovation".

Forschungszulage → Rn. 750 „Öffentlich-rechtliche Ansprüche".

Franchising → Rn. 550; ferner *KKM* § 5 Rn. F 323.

Freianteile. Nicht zu aktivieren (BFH VI 140/64, BStBl III 66, 220; anders ausl Anteile BFH I R 164/75, BStBl II 78, 414).

Fremdbauten s „Bauten auf fremdem GuB".

Fremdwährung. Nach § 256a S 1 HGB idF BilMoG sind **auf fremde Währung lautende** Forderungen und Verbindlichkeiten mit dem **Devisenkassamittelkurs** (auf der Basis des EZB-Referenzkurses) **am Abschlussstichtag** umzurechnen (HessFG EFG 24, 842, rkr; *Gelhausen* ua HdJ V/8 Rn. 5 f; *BeBiKo* § 256a HGB Rn. 2; *Freidank* DStR 24, 379). § 256a S 2 HGB (höherer Ansatz bei Restlaufzeit von weniger als einem Jahr) gilt nicht für StBil (*Hiller* StuB 16, 487). Nicht (mehr) maßgebl dürfte für WG der (niedrigere) Geldkurs, für Verbindlichkeiten der Briefkurs sein. Auf jeden Fall nicht maßgebl ist der Kurs im Zeitpunkt der Anschaffung/Herstellung (bisheriges Zeitbezugsverfahren). Steuerl gilt § 6 I (NdsFG DStRE 17, 711, zu Darlehen). – AK/HK der **gegen Fremdwährung erworbenen WG** (und die entspr Verbindlichkeiten) sind hingegen nach den Kursen des Liefertags zu bestimmen (BFH III R 190/94, BStBl II 98, 123; → § 6 Rn. 22). Auszuweisen sind realisierte Fremdwährungsgewinne und -verluste (zB bei höherem Rückzahlungsbetrag).

Fußgängerzone. Beiträge zur Schaffung einer Fußgängerzone sind nachträgl AK des GuB, wenn ein gesetzl Beitragspflicht der Grundeigentümer besteht (BFH IV R 30/80, BStBl II 84, 480). Zuschüsse, die Grundstückseigentümer *und* Mieter freiwillig leisten, sind sofort abziehbar (BFH IV R 137/80, BStBl II 84, 489; allg zu grundstücksbezogenen Beiträgen EStH 6.4).

Futures s „Finanzprodukte".

Gasversorgung. Kosten des erstmaligen Anschlusses an das Erdgasnetz, die bei Umstellung einer Heizungsanlage entstehen, sind sofort abziehbar (*OFD Ddorf* DStR 88, 622; s auch EStH 6.4).

Gebäude. IEinz → § 6 Rn. 211 f; s auch „Bauten auf fremdem Grund"; → Rn. 132 f.

Geldbeschaffungskosten sind idR Kreditaufwand (BFH I R 218/82, BStBl II 87, 14); wNachw → 36. Aufl 2017, § 5 Rn. 270, s auch „Disagio", „Eigenkapitalvermittlungsprovisionen".

Genussscheine. Der Anspruch auf Genussrechtsvergütung ist **phasengleich** zu aktivieren, wenn der Anspruch so gut wie sicher ist (BFH I R 11/02, BStBl II 03, 400); vgl auch „Dividendenanspruch" und → Rn. 550 „Genussrechte".

Geschäftswert → Rn. 221.

Gewinnabhängige Vergütungen für erbrachte Dienstleistungen sind als Forderungen mit Ablauf des Wj, auf dessen Gewinn abzustellen ist, zu aktivieren. – Wird ein WG gegen gewinn- oder umsatzabhängige (oder ähnl ungewisse) wiederkehrende Bezüge entgeltl erworben, ist dieses mit dem gemeinen Wert als AK zu aktivieren und in gleicher Höhe die Schuld zu passivieren, sofern der Wert des WG obj bestimmbar ist (BFH VIII R 16/68, BStBl II 72, 884); mE Anpassung über § 175 I Nr 2 AO (ähnl BFH I R 107/00, BStBl II 02, 134 zu AfA). Andernfalls ist (ohne Passivierung der Schuld) allmähl nach Maßgabe der tatsächl Zahlungen (per WG an Geld) zu aktivieren; ist auch die WG-Nutzungsdauer unbestimmt, unterbleibt jede Aktivierung (und Passivierung), die tatsächl Zahlungen sind BA (BFH X R 10/86, BStBl II 89, 549; → Rn. 192, 550); auch → Rn. 315 zu § 5 IIa.

Gewinnanspruch s „Dividendenanspruch" und „Stille Beteiligung".

Gewinnbezugsrecht. Bei unterjähriger Anteilsveräußerung ist eine gesonderte Aktivierung eines Teils des Kaufpreises als AK für ein WG „Gewinnbezugsrecht" unzul (*Windau/Riehm* IStR 25, 889, für „carried interest"), selbst bei gegenteiliger Vereinbarung unzul (BFH I R 190/81, BStBl II 86, 815). Bei späterer Ausschüttung der „gekauften" Gewinnanteile kommt – ebenso wie bei Ausschüttung „gekaufter" Rücklagen – evtl eine (ausschüttungsbedingte) TW-AfA in Betracht (BFH I R 199/84, BStBl II 86, 794; *Gail ua* GmbHR 93, 685). Gesondert zu aktivieren ist aber ein evtl miterworbener, durch Gewinnverwendungsbeschluss für frühere Wj bereits entstandener Gewinnanspruch. – S ferner „Dividendenanspruch"; „KSt-Anrechnungsanspruch"; „Stille Beteiligung".

Grund und Boden. Aufwendungen, die ein Grundstückseigentümer leistet, sind, wenn sie Nutzbarkeit und Wert des Grundstücks erhöhen (zB Beiträge zur erstmaligen Errichtung von Ent- und Versorgungs- sowie Erschließungsanlagen), nach hM (vgl EStH 6.4) als zusätzl AK des GuB zu aktivieren; sog Ergänzungsbeiträge sind sofort abziehbar (BFH VIII R 322/83, BStBl II 87, 333 mwN) ebenso wie Aufwendungen wegen besonderer Nutzung des Grundstücks (zB ein betriebsbedingter Wegebeitrag; BFH I R 130/78, BStBl II 83, 38 mwN). – Zu Schadstoffbelastung s „Sanierungsaufwendungen" sowie → Rn. 550 „Umweltschutz und -schäden".

Halbfertige Bauten s „Unfertige Erzeugnisse".

Handelsvertreter. Bei Entgeltverpflichtung, die aufschiebend bedingt ist, ist das Handelsvertreterrecht zu aktivieren (BFH X R 2/04, BStBl II 08, 109; → Rn. 192). Zu entgeltl Übernahme eines Bezirks s BFH X R 111/88, BStBl II 91, 218; s auch „Ausgleichsanspruch", „Provisionen", „Pensionsanwartschaften".

Ingangsetzungskosten. Aufwendungen für Ingangsetzung des Geschäftsbetriebs und dessen Erweiterung (zB Aufbau der Innen- und Außenorganisation, Werbekampagne) – zu unterscheiden von nicht aktivierbaren Gründungs- und Kapitalbeschaffungskosten (vgl § 248 I HGB aF) – dürfen in der StBil nicht aktiviert werden (weder WG noch RAP; BFH I 154/54 U, BStBl III 55, 221; → § 4 Rn. 520 „Anlaufkosten, Gründungskosten").

Innovation. Aufwand ist aktivierungspflichtig, soweit auftrags- oder objektgebunden (vgl *W. Müller* DStZ 91, 385).

Instandhaltungsanspruch des Verpächters ist nicht zu aktivieren, nach BFH IV R 29/12, DStR 15, 811 (und BFH IV R 63/11, BFH/NV 15, 832) wegen fehlender AK, mE wegen fehlender Realisierung (*Weber-Grellet* FR 15, 557; *Tiedchen* StuW 15, 281); auch → Rn. 692.

Instandhaltungsrücklage. Bei Zahlendem noch kein Aufwand, daher Aktivierung mit dem Nennwert (BFH I R 94/10, BStBl II 12, 244; FG Köln EFG 23, 1770, Rev IV R 19/23; krit *Ctibor* DB 24, 276); s auch „Instandhaltungsanspruch".

Internet. Webseiten sind zumeist immaterielle (abnutzbare) WG des AV (*Eberlein* DStZ 03, 677) mit Nähe zur Software (s „Software"); Wartung und Aktualisierung sind nach allg Regeln zu beurteilen (*Petereit* StB 05, 288).

Investmentanteile (§ 2 IV InvStG). Zur Bilanzierung s *Wagner* StuB 07, 801; *Köhler* DStR 20, 1697; zur Bilanzierung der Erträge (mit aktivem Ausgleichsposten) *Rockel/Patzner* DStR 07, 1546; ferner *BMF* BStBl I 05, 728 Tz 29 (alt); BStBl I 19, 527 Tz 18.5 (neu).

Joint-Ventures (zB Bau-AG) können ganz unterschiedl gestaltet sein; zur Bilanzierung s *HFA* WPg 93, 441; *Hebestreit* DStR 94, 1707; ferner *Ropohl/Schulz* GmbHR 08, 561.

Kapitalersetzende Darlehen (zur Entwicklung → § 5 Rn. 550 „Gesellschafterfinanzierung"; § 17 Rn. 181 ff) sind beim Darlehensgeber als Forderung (nicht als Beteiligung) zu aktivieren (BFH X R 2/03, BStBl II 05, 694); zur Behandlung bei Ausfall BFH VIII R 27/00, BStBl II 02, 733.

Kassenarztzulassung s „Vertragsarztzulassung".

Kataloge sind grds nicht aktivierungspflichtig (BFH IV 433/62 S, BStBl III 64, 138; krit *Kupsch* DB 83, 509).

Kauf auf Probe (§ 454 BGB) bzw mit „Rück*gabe*recht": Aktivierung der Kaufpreisforderung (Gewinnrealisierung) erst mit Billigung durch Käufer (*OFD Mster* DStR 89, 402); mE Gefahrübergang maßgebl.

Kauf mit Rücktrittsrecht. Kaufpreisforderung mit Lieferung zum Nennwert zu aktivieren; für Rücknahmepflicht ist Rückstellung zu bilden, soweit Rückgabe wirtschaftl verursacht und wahrscheinl (auch → Rn. 616).

KfW-Darlehen. Gebühren sind sofort abziehbare BA, wenn keine Erstattung vorgesehen; Gebühren bei stiller Beteiligung mit Rangrücktritt ggf zu aktivieren (BFH I R 19/12, BFH/NV 13, 1389).

KI-Sprachmodelle (zB ChatGPT) sind nach allg Regeln als immaterielle WG zu aktivieren (*Lüdenbach/Freiberg* BB 24, 1027).

Konzeptionskosten können im Einzelfall zu aktivieren sein (BFH XI R 45/88, BStBl II 93, 538), bei einer Grundstücks-KG aber evtl Teil der AK des von der KG erworbenen Grundstücks (BFH IX S 5/83, BStBl II 87, 212); ferner *Niemann* [vor → Rn. 161] S. 225.

Körperschaftsteuer-Guthaben → 39. Aufl 2020, § 5 Rn. 270.

Körperschaftsteuer-Anrechnungsanspruch → 39. Aufl 2020, § 5 Rn. 270.

Krypto Futures als derivate Finanzinstrumente s „Finanzprodukte"; → § 5 Rn. 113.

Kryptokunst (digitale Datei) ist als immaterielles WG zu aktivieren (*Rapp/Bongers* DStR 21, 2178; FG BW BB 21, 2977, rkr).

Kryptowährungen s „Virtuelle Währungen".

Kundenstamm → Rn. 171, 223.

Kunstgegenstände. Zur Aktivierung als WG des AV s *Roos* DStR 20, 1753.

Ladeneinbauten → Rn. 112, 138.

Langfristige Fertigung. Gewinn wird idR erst mit Fertigstellung realisiert; Teilrealisierungen nur bei abgrenzbaren Teilleistungen (BFH VIII R 1/03, BStBl II 06, 298 aE; BFH IV R 87/06, DStR 08, 665; Beck HdR B 700 (8/22), Rn. 35, 85: „completed-contract-Methode" für StRecht; *HHR/Franz* § 5 Rn. 972. – Zur „percentage-of-completion-Methode" *Baetge/Kirsch/Thiele* Bilanzen, 383 f.; krit *HHR/Tiedchen* § 5 Rn. 398 h. S auch „Nichtabgerechnete Leistungen", „Unfertige Erzeugnisse"; → Rn. 618.

Latente Steuern (nur HB-Ausweis) erfassen bilanzierte zeitl Differenzen zw strechtl und handelsrechtl ermitteltem (fiktivem) Steueraufwand; strechtl sind latente Steuern künftige Steuern (wNachw → 36. Aufl 2017, § 5 Rn. 270).

Leasing → Rn. 721.

Lebensversicherungen. Der Erwerb „gebrauchter LV" ist ein aufschiebend bedingtes (schwebendes) Geschäft; Gewinnrealisierung erst bei Tod des ursprüngl Versicherten; dazu *Kemsat/Wichmann* BB 04, 2287; → § 15 Rn. 92.

Leergut. Entscheidend für die bilanzsteuerrechtl Behandlung von Leergut und **Pfandgeldern** (beim Abfüller) ist die Ausgestaltung des jeweiligen Pfandsystems (Zugehörigkeit zu einem Mehrweg-Pool-System mit Kennzeichnung; Individualleergut; Einheitsleergut ohne Kennzeichnung): Die Flaschen können ***(1)*** Gegenstand eines Veräußerungsgeschäfts sein (Anschaffung und Veräußerung). – ***(2)*** Sie können aber auch „pfandweise" nur zur Nutzung überlassen sein (Individualleergut); das Pfandgeld ist dann nur eine (erfolgsneutrale) Sicherheitsleistung (Kaution), die bei Rückgabe des Leerguts zur Rückzahlung fällig wird. So ist der Pfandgelderstattungsanspruch des Händlers gegen den Lieferanten idR gewinnneutral (wie eine Kaution) zu aktivieren (BFH I R 36/07, BStBl II 10, 232). – ***(3)*** Bei Mehrrücknahmen von „Brunneneinheitsleergut" sollen Nutzungsrechte entstehen (BFH I R 33/11, BStBl II 19, 150; *Oellerich* HFR 13, 582; krit ua *Köhler* StBP 20, 359; *Prinz/Ludwig* FR 20, 153: immer erfolgsneutral). Das BMF hat sich dem BFH angeschlossen (*BMF* BStBl I 19, 210); zur früheren Betrachtung → 32. Aufl 2013, § 5 Rn. 270. – ***(4)*** Aus Vereinfachungsgründen kann der Abfüller Einheitsleergut weiterhin wie Individualleergut (und damit die Pfandgelder gewinn- und steuerneutral) bilanzieren (*BMF* BStBl I 20, 1367; *Zwirner* DB 20, 2646; *Oser/Wirtz* StuB 21, 1 (8); *dies* StuB 21, 49; *Korn* KÖSDI 22, 22611; *Prinz* StuB 22, 761). Für die Verpflichtung, bei Rückgabe des Individualleerguts und der Brunneneinheitsflaschen/-kästen die erhaltenen Pfandgelder an die Kunden zurückzuzahlen, ist eine Verbindlichkeit zu passivieren; die Verbindlichkeit kann (zB wegen Bruchs oder Schwundes des Leerguts) der Höhe nach zu mindern sein (BFH I R 33/11, BStBl II 19, 150). – ***(5)*** **Einwegpfand** (zB Dosenpfand) ist als durchlaufender Posten zu erfassen (*Köhler* DStR 15, 489).

Leibrentenrecht ist als Entgelt für die Veräußerung *einzelner* WG des BV mit dem Barwert zu aktivieren (BFH I R 44/83, BStBl II 89, 323). S auch „Pensionsanwartschaften".

Leitungsnetz (→ Rn. 141) idR einheitl WG; Netzpläne sind unselbständige Teile (*LfSt Bayern* DB 07, 1110).

Lieferrecht s „Belieferungsrechte".

Lizenzen sind nach hM immaterielle WG (*Götting* AG 99, 1; *Hommel/Berndt* K&R 00, 581, auch zu UMTS-Lizenzen). Eine Sendelizenz nach dem LandesmedienG BW soll kein aktivierungsfähiges immaterielles WG sein (BFH IV R 13/18, BStBl II 22, 656; **aA** *Weber-Grellet* BB 23, 43). Bei *Begründung* gegen wiederkehrende Bezüge sind nur die Erwerbskosten als AK zu aktivieren, nicht auch der Kapitalwert der Bezüge; dies gilt auch bei ausschließl Lizenzen, die *dingl* Nutzungsrechte sind, weil das Lizenzverhältnis ein schwebendes Rechtsverhältnis ist (vgl BFH III R 64/74, BStBl II 76, 529), das – wie ein Erbbaurecht (s dort) – grds nicht zu bilanzieren ist (**aA** wohl BFH XI R 12/87, BStBl II 92, 415: WG). Einmalige Nutzungsentgelte sind zu aktivieren (→ Rn. 195). Bei entgeltl *Übertragung* sollen einmalige Entgelte Teil der AK sein (*Döllerer* BB 84, 2034). Zu Lizenzen als Sacheinlage bei KapGes BGH II ZR 359/98, GmbHR 00, 870; *Boehme* GmbHR 00, 841 (krit); → Rn. 202. S auch „Filme".

Makleranspruch. Zu aktivieren, sobald zivilrechtl entstanden (vgl § 652 BGB; BFH I 104/65, BStBl II 69, 296).

Maklergebühren sind grds als AK (Nebenkosten) zu aktivieren (vgl BFH X R 136/87, BStBl II 92, 70); nicht bei Anmietung von Geschäftsräumen, weder als Nutzungsrecht noch als RAP (BFH IV R 16/95, BStBl II 97, 808; *Meyer-Scharenberg* DStR 91, 754; → Rn. 76).

Mandantenstamm ist ein immaterielles WG, das isoliert übertragen werden kann (BFH III R 40/07, BStBl II 10, 609; *Schulze zur Wiesche* DB 10, 1261; zur Abgrenzung vom Praxiswert BFH I R 52/93, BStBl II 94, 903; → Rn. 223, 228). – Die (entgeltl und vorübergehende) Überlassung zur Nutzung bewirkt noch keine verdeckte Einlage (FG Mster BB 21, 2543, rkr; *Weber-Grellet* DB 24, 2519).

Marke (§§ 1, 3 MarkenG) s „Warenzeichen"; zum Inhalt *Schön* IStR 24, 829.

Markterschließungsrecht als geschäftwertähnl WG bei Cash Pooling im Konzern (*Maulberger/Ullmann* IStR 24, 388), mE eher Darlehen.

Mietereinbauten und Mieterumbauten, die ein Mieter/Pächter in gemieteten Räumen auf eigene Rechnung vornimmt, sind als materielle, dem Mieter zuzurechnende WG zu aktivieren (BFH XI R 18/06, BStBl II 09, 957; EStR 7.1 VI; *Nürnberg* DStR 17, 1719). Mietereinbauten sind – ***(1)*** als **Scheinbestandteile** nach § 95 BGB (Verbindung zu einem vorübergehenden Zweck) oder als **Betriebsvorrichtung** nach § 68 II Nr 2 BewG (→ Rn. 137) *bewegl WG* und – ***(2)*** unter dem Gesichtspunkt des **wirtschaftl Eigentums** oder **des einheitl Nutzungs- und Funktionszusammenhangs** (zB Ladeneinbau, Schaufensteranlage) *unbewegl WG* (BFH III R 191/85, BStBl II 88, 300).

Der Mieter ist **wirtschaftl Eigentümer** (→ Rn. 152) der Einbauten, zB *(a)* wenn ihre Nutzungsdauer kürzer als die Mietzeit ist oder *(b)* der Mieter die Sachen nach Ablauf der Mietzeit entfernen muss oder darf (vgl BFH VIII R 63/95, BFH/NV 98, 1202) oder *(c)* wenn er bei Beendigung des Nutzungsverhältnisses einen Anspruch auf eine Entschädigung iHd Restwerts der Einbauten besitzt (BFH I R 88/92, BStBl II 94, 164; BFH XI R 35/97, BStBl II 98, 542;).

(3) Mietereinbauten können durch Einräumung des Besitzes und der Weiterleitung des Wertersatzanspruchs, der ggü dem zivilrechtl Eigentümer bei Beendigung des Nutzungsverhältnisses besteht, auf Dritte übertragen werden (BFH XI R 18/06, BStBl II 09, 957). – ***(4)*** Aufwendungen, die nicht zu materiellen WG führen, sind weder als immaterielle WG noch als RAP zu aktivieren, sondern uU als „uneigentl" Drittaufwand (→ Rn. 101) sofort abziehbar (BFH IV R 1/02, BFH/NV 04, 1335). Durch Aufwendungen, die beim Gebäudeeigentümer Erhaltungsaufwand wären, können keine aktivierungspflichtigen WG des Mieters entstehen (BFH VIII R 148/73, BStBl II 78, 345). – ***(5)*** Einzelheiten *Marx* StuB 24, 409. Auch „Bauten auf fremdem Grund".

Milchreferenzmengen sind immaterielle WG (BFH IV R 64/98, BStBl II 03, 61 zu § 55 VI); zur Bilanzierung *BMF* BStBl I 95, 148, zur Bewertung *BMF* BStBl I 03, 78.

Miteigentum s „Bauten auf fremdem Grund"; → Rn. 132, 157.

Mobilfunkdienstleistungsvertrag → Rn. 241.

Musterbücher aktivierungspflichtig (BFH IV 299/63 U, BStBl III 66, 86).

Nachaktivierungen sind Teil des bilanzsteuerrechtl Korrektursystems (BFH X R 12–13/22, BStBl II 25, 856; *Weber-Grellet* FR 25, 951).

Nachbezugsrecht. Keine Aktivierungspflicht (BFH I R 35/78, BStBl II 79, 262).

Nichtabgerechnete Lieferungen und Leistungen. Bei vollständig bewirkter Lieferung und Leistung (zB ein abgenommenes Bauvorhaben) steht die fehlende Abrechnung der Aktivierung nicht entgegen (BFH VIII R 134/80, BStBl II 86, 788). Zu Dauerschuldverhältnissen → Rn. 618.

Nichteisen (NE)-Metallvorräte. Bilanzierung s *BMF* BStBl I 89, 179.

Nießbrauch an einem Unternehmen ist (bei unentgeltl Erwerb) nicht zu aktivieren (BFH VI R 26/17, BStBl II 19, 660). Zum Nießbrauch an einzelnen WG → Rn. 101, 176 f, 202 f, 653. Bei entgeltl Erwerb sind die für Erbbaurechte maßgebl Grundsätze (s dort) sinngemäß anzuwenden.

Nutzungsdauer. WG mit unterjähriger Nutzungsdauer sind nicht zu aktivieren (BFH IV R 127/91, BStBl II 94, 232).

Nutzungsrechte → Rn. 101, 176 ff, 202 f, 655; 750; „Bauten auf fremdem Grund", „Erbbaurecht", „Lizenz", „Mietereinbauten".

Öffentliche Private Partnerschaften werden als Dauerschuldverhältnisse mit unterschiedl zeitraumbezogenen Leistungen und entspr Abgrenzungen erfasst (*BMF* BStBl I 05, 916; *Fabian/Farle* DStR 06, 169; zu Instandhaltungspflichten *BMF* BStBl I 13, 722). – Die Behandlung der sog A-Modelle kann auf andere Modelle übertragen werden (*BMF* BStBl I 13, 722).

Optionen als selbständige WG → Rn. 144; iÜ s „Finanzprodukte".

Optionsanleihen s „Anleihen".

Organisationsaufwendungen s „Ingangsetzungskosten".

Pachterneuerungsanspruch → Rn. 99 und „Substanzwerterhaltungsanspruch".

Patent ist ein immaterielles WG (*Grünewald ua,* Bilanzierung von Patenten, 2010, 25 ff).

Pensionsanwartschaften, die ein von § 17 I 2 BetrAVG erfasster (ArbN-ähnl) Unternehmer aus betriebl Anlass (Entgelt) erlangt, sind nicht zu aktivieren, auch wenn sie unverfallbar sind (kein Zufluss; BFH I R 44/83, BStBl II 89, 323; s auch BFH X R 42/08, BStBl II 12, 188). S „Leibrentenrecht".

Pensionsgeschäfte. Die frühere Beurteilung der echten Pensionsgeschäfte (s noch → 36. Aufl, 2017 Rn. 270 Pensionsgeschäfte) ist durch § 340b HGB (allg GoB) überholt, also Zurechnung beim Pensionsgeber (*Anzinger* StuW 22, 194; *Heilmeier* StuW 14, 344 (361); str).

Nach § 340b IV HGB hat bei echten Pensionsgeschäften – anders als bei unechten (§ 340b V HGB) – der Pensionsgeber die übertragenen WG weiterhin zu aktivieren und iHd erlangten Betrags eine Verbindlichkeit zu passivieren; die Erträge der WG sind – wie bei Treuhand – dem Pensionsgeber zuzurechnen (Beck HdR B 900 (1/24) Rn. 39; *Hopt* HGB 2. Teil V. (7) Bankgeschäfte Rn J/5), der sie aber (da Zufluss beim Pensionsnehmer) als BA abziehen kann. Für den Pensionsnehmer gilt Entsprechendes. – Ein Unterschied zw Kauf- und Rücknahmepreis ist als RAP auf die Laufzeit des Pensionsgeschäfts zu verteilen (§ 340b IV 3, 6 HGB). – S auch „Wertpapierleihe".

Pensionszusage. Überhöhte Pensionszusage (vGA bei BetriebsGes) ist bei BesitzGes noch nicht zu aktivieren, da nur aufschiebend bedingte Anwartschaft (BFH X R 42/08, BStBl II 12, 188).

Personenbeförderungsgenehmigung (§ 2 II Nr 2 PBefG) ist selbständiges immaterielles abnutzbares WG, auf das § 7 I anzuwenden ist (*OFD NRW* DStR 14, 268); anders früher die Güterfernverkehrsgenehmigung (BFH I R 43/91, BStBl II 92, 529).

Personenhandelsgesellschaft. Zur Bilanzierung s „Beteiligung an PersGes"; *Weber-Grellet* BB 22, 2345; → § 15 Rn. 400 ff.

Pfandgelder s „Leergut".

Photovoltaikanlage kann als Betriebsvorrichtung ein eigenständiges WG sein (BFH X R 32/12, BFH/NV 15, 324).

Positionierungsrecht s „Zuschüsse".

Prämienanspruch ist bei Erfüllung der Voraussetzungen zu aktivieren (*FSen Bln* FR 95, 482 zu Vielfliegerprämien).

Praxiswert → Rn. 228. Eine Kassenzulassung ist kein selbständiges WG; Kassenzulassung und Patientenstamm bilden untrennbar das WG Praxiswert (BFH VIII R 13/08, BStBl II 11, 875).

Prepaidvertrag s „Mobilfunkdienstleistungsvertrag".

Provisionen. – ***(1)* Aktivierung.** Der Zeitpunkt, zu dem ein Anspruch auf eine Vermittlungsprovision im LV-Geschäft realisiert ist, hängt von den Vertragsgestaltungen im konkreten Einzelfall ab (→ Rn. 608); *Provisionsvorschüsse* sind als „erhaltene Anzahlungen" zu passivieren (BFH X R 28/08, BFH/NV 10, 2033; BFH III R 5/16, BStBl II 18, 536). – Ein **Handelsvertreter** hat seinen Provisionsanspruch idR zu aktivieren, sobald das vermittelte Geschäft ausgeführt ist (vgl § 87a HGB; → Rn. 79); anders bei abw Vereinbarung (BFH I 111/64, BStBl III 67, 464), bei aufschiebender Bedingung (vgl BFH I R 15/12, BFH/NV 14, 907) und bei Stornobehaftung (BFH XI R 32/16, BFH/NV 19, 259). – Beim **Versicherungsvertreter** ist idR für die Realisierung der Abschlussprovision der Zeitpunkt der Zahlung der Prämie (des Einlösungsbetrags; materieller Versicherungsbeginn) maßgebl, aus der sich die Provision nach dem Vertretervertrag berechnet (§ 92 IV HGB; BFH X R 28/08, BFH/NV 10, 2033; BFH X R 12–13/22, BStBl II 25, 856).

Ist der Provisionsanspruch noch nicht realisiert, ist der Vorgang erfolgsneutral als Anzahlung (per Geld an Anzahlung; → Rn. 256). Ist der Anspruch realisiert, ist die Forderung zu aktivieren (per Forderung an Ertrag); ein Stornorisiko ist (im Hinblick auf die Rückzahlungsverpflichtung) als (Verbindlichkeits-) Rückstellung auszuweisen (BFH X R 12–13/22, BStBl II 25, 856; *Weber-Grellet* FR 25, 951; **aA** NdsFG EFG 13, 595).

***(2)* Passivierung.** Provisionsverpflichtungen ggü Handelsvertretern sind grds (erst) nach Ausführung des Geschäfts zu passivieren (vgl § 87a HGB; BFH IV R 168/71, BStBl II 73, 481; BFH I R 145/74, BStBl II 76, 675); s „Handelsvertreter" und → Rn. 387.

***(3)* Vermittlungsprovisionen,** die eine KG für die Vermittlung des Eintritts von K'tisten schuldet (Eigenkapitalbeschaffung!), sind nicht zu aktivieren; anders bei geschlossenem Immobilienfonds (BFH IV R 40/97, BStBl II 01, 717). – Die (Fremd- und auch Eigen-)Provisionen, die der Vermittler von Beteiligungen vom Emissionshaus bezieht, sind BE (BFH X R 24/10, BStBl II 12, 498). Zur Provisionszuordnung bei komplexen Leistungen BFH X R 19/03, DStR 04, 2183.

Rangrücktritt. Der Gläubiger hat die Forderung ungeachtet des Rangrücktritts weiter auszuweisen (*Wacker* DB 17, 26; *Ott* DStZ 18, 179; zur Passivseite → Rn. 550 „Gesellschafterfinanzierung").

Recycling (bei Materialausschuss und Materialabfällen). Die Zuordnung und bilanzielle Behandlung hängt vom Einzelfall ab (BFH XI R 34/88, BStBl II 92, 893; *Roos* DStR 24, 1441).

Redaktionskosten sind nach BFH III R 8/75, BStBl II 79, 235 weder als halbfertige Zeitschrift noch als immaterielles WG zu aktivieren; mE vom Einzelfall abhängig (s „Unfertige Erzeugnisse").

Reklamekosten s „Werbung".

Rübenquoten s „Zuckerrübenlieferrechte".

Rückbauberechtigung, sofern ungewiss, noch nicht zu aktivieren (FG Köln EFG 23, 692, Rev IX R 33/22); s auch Rn. 550 „Entfernung".

Rückdeckungsversicherung. Ansprüche zur Rückdeckung von Versorgungszusagen (Versicherung auf das Leben eines ArbN mit Berechtigung des A rbG) sind iHd Deckungskapitals zu aktivieren (→ § 6a Rn. 12).

Rückforderungsansprüche/Übertragungsansprüche führen nicht zum Verlust des wirtschaftl Eigentums, wenn der Anspruch von künftigen Ereignissen abhängt (BFH XI R 55/97, BFH/NV 99, 9); allg zur Auswirkung vertragl Rückforderungsrechte *Jülicher* DStR 98, 1977; s auch „Forderungen".

Sanierungsaufwendungen für die Beseitigung von Altlasten im Boden können beim GuB und/oder beim Gebäude zu aktivieren oder auch sofort als Erhaltungsaufwand abzuziehen sein (iEinz str, vgl zB *Siegel* DB 95, 537); zur Rückstellungsbildung → Rn. 550 „Umweltschutz und -schäden".

Satzungsklauseln/Steuerklauseln. Ein Anspruch auf „Rückgewähr" einer vGA nach Gesetz (§§ 30, 31 GmbHG) oder auf Grund Satzungsklausel (Einlageforderung; BFH VIII R 7/99, BStBl II 01, 173) ist idR erst zu aktivieren, wenn die KapGes den Anspruch tatsächl geltend macht; daher erhöht sich auch das verdeckte Eigenkapital der KapGes erst zu diesem Zeitpunkt (BFH I R 110/88, BStBl II 90, 24). Selbst bei früherer Aktivierung tritt keine Gewinnerhöhung (zum Ausgleich der vGA) ein, weil der Anspruch Einlage ist (BFH VIII R 7/99, BStBl II 01, 173). Zur Aktivierung eines Rückgewähranspruchs einer Einmann-GmbH BFH I B 47/93, BFH/NV 94, 126. Die Rückzahlung führt beim Ges'ter zu nachträgl AK (BFH VIII R 7/99, BStBl II 01, 173).

Schadensersatzanspruch s „Forderungen".

Schallplattenherstellung. Keine Aktivierung der HK für Tonträger (§ 5 II; BFH I R 1/76, BStBl II 79, 734).

Schaufensteranlagen → Rn. 138.

Schwebende Geschäfte → Rn. 76, 242, 451 f, 609; „Forderungen", „Nichtabgerechnete Leistungen", „Unfertige Erzeugnisse bzw Leistungen".

Schwimmende Ware darf der Käufer erst nach Erlangung der Verfügungsmacht aktivieren (BFH I R 157/84, BStBl II 89, 21); der Verkäufer realisiert Gewinn mit Übergang der Preisgefahr (→ Rn. 609).

Signing Fee (Handgeld) s „Spielerlaubnis" und → Rn. 256, 550.

Software (vgl EStR 5.5 I, EStH 5.5; *OFD Mchn* BB 98, 1401; *KKM* § 5 Rn. C 213; *Wulf* DStZ 22, 13; → Rn. 111). – ***(1)*** Software ist (sofern nicht bloße Nutzungsüberlassung nach § 31 UrhG) idR ein **immaterielles (unkörperl) und abnutzbares WG** (BFH X R 26/09, BStBl II 11, 865; *LFD Thür* DB 11, 2812), und zwar nicht nur System- und Anwender-Individualsoftware, sondern auch Anwender-Standardsoftware (BFH X R 26/09, BStBl II 11, 865). – Datenträger, die nur reine Datenbestände enthalten, Trivialprogramme und Programme, deren AK nicht mehr als 800 € betragen (ab 1.1.18), sind stets materielle bewegl WG (EStR 5.5 I 2–3). – Cloud-Computing-Pakete (Verlagerung von Software, Nutzerdaten, IT-Infrastruktur, Rechenleistung, Speicherplatz auf den Server eines Dienstleisters) können ein WG sein (→ Rn. 270 ‚Cloud-Computing').

(2) Software bildet bilanzrechtl idR keine Einheit mit der EDV-Anlage (Hardware), sondern ist **selbständiges WG,** die das Programm, dessen Beschreibung und den maschinenlesbaren Programmträger (Diskette, CD-ROM) umfasst (BFH III R 147/86, BStBl II 87, 787 Rn. 96). – **Technische Geräte,** in deren Gehäuse ein EDV-Programm zur Steuerung fest eingebaut ist (zB Produktionsroboter), sind insgesamt (einschließl verdrahteter Software) ein einheitl materielles (körperl) WG (BFH III R 7/86, BStBl II 87, 728).

(3) **Digitale WG** sind (unter Berücksichtigung ihrer besonderen Art) nach allg Grundsätzen einzuordnen (zur Behandlung von Social-Media-Profilen, Namensrechten und Implementierungs- und Customizing-Maßnahmen s iEinz *Kopp* FR 25,1).

(4) **Erhaltungs- und Herstellungsaufwand** sind nach allg Kriterien abzugrenzen (*Färber* BuW 96, 533); „update" ist Erhaltungsaufwand (*Rätke* StuB 03, 842). Zu **Softwareumstellungen** s *Färber* BuW 96, 533; zu Softwareserviceverträgen s *Delcker* BB 90, 1097; zur steuerl Behandlung von Software-Leasing s *Engel* DStZ 92, 721. – *(5)* Ein neues **Softwaresystem** kann ein einheitl immaterielles WG sein (*FB Brem* DB 04, 2782). – *(6)* Zur Nutzungsdauer *Eisenbach* StuB 05, 293. – *(7)* Bei Nicht-Aktivierung von Nutzungsrechten (→ Rn. 101) wegen schwebenden Vertrags (→ Rn. 76) sind Vorleistungen ggfs zu neutralisieren (vgl FG Mchn DStRK 21, 170, rkr; *Cloer* DStRE 21, 170 zu Implementierungskosten). – *(8)* Zum Urheberrechtsschutz s § 2 I Nr 1, II UrhG; BFH V R 13/96, BStBl II 97, 372. – Zur zivilrechtl Einordnung von Softwareverträgen *Grüneberg* § 90 Rn. 2, § 433 BGB Rn. 9. – Zu Webseiten s „Internet".

Spielerlaubnis/Spielerwert im Lizenzfußball ist selbständiges WG (BFH I R 108/10, BStBl II 12, 238; *Freidank* DStR 23, 1898 (1958); *Bonnecke/Wallbruch* StuB 24, 655). – Handgeld und Vermittlungsprovisionen können zu den AK gehören (*Kirsch/Weber* DStR 18, 584). – S „Ablösezählungen".

Sport(übertragungs)rechte sind keine (aktivierbaren) WG, sondern Gegenstand schwebender Verträge (*Rodewald* BB 95, 2103); zur Aktivierung von Vermarktungsrechten im Profifußball *Kirsch ua* DStR 13, 541; s auch „Ablösebeträge", „Filme".

Steuerabgrenzung s „Latente Steuern".

Steuererstattungsansprüche sind zu erfassen, wenn sie in der Vergangenheit wirtschaftl verursacht und hinreichend sicher sind (BFH X R 19/10, BStBl II 12, 190; BFH I R 96/10, BFH/NV 12, 991; *OFD Nds* DB 15, 2975); s auch „Betriebssteuern", → Rn. 550 „StSchulden". – StErstattungszinsen (§ 233a AO) sind entspr zu aktivieren (HessFG EFG 21, 1041, rkr; *OFD Ffm* DStR 23, 1717); zur UStErstattung in sog Bauträger-Fällen s NdsFG BB 25, 2546, rkr)..

Stille Beteiligung im BV ist eine sonstige Ausleihung. Die typische stille Beteiligung ist in der StBil zu aktiveren (BFH IV R 54/16, DStRE 20, 453); zum Zeitpunkt der Aktivierung des Gewinnanspruchs eines stillen Ges'ters, der zugleich MehrheitsGes'ter der KapGes ist, an der er still beteiligt ist, s BFH VIII R 106/87, BStBl II 91, 569; *BeBiKo* § 271 HGB Rn. 15. – Ist der stille Ges'ter am Verlust beteiligt, sind Verlustanteile phasengleich zu berücksichtigen (BFH I R 62/08, BStBl II 12, 745).

Straßen(anlieger)beiträge → Rn. 142 und „Erschließungsbeiträge".

Stromanschluss: HK des Gebäudes; iÜ abhängig von der Art des Anschlusses (AK des GuB/HK des Gebäudes; EStH 6.4). Abnehmerbeiträge zur Umstellung der Stromversorgung oder zum Bau einer Trafostation sind idR keine AK eines WG ‚Strombezugsrecht', sondern sofort abziehbar (BFH IV R 4/85, BFH/NV 88, 229; *OFD Bln* FR 94, 101). Beiträge (Zuschüsse) des Grundstückseigentümers an ein

Energieversorgungsunternehmen zur Finanzierung der örtl Verteilungsanlagen sind (analog BFH-Rspr zu Wasserversorgungsanlagen, s dort) nachträgl AK des GuB (BFH IX R 138/88, BFH/NV 89, 633; **aA** zR *Glanegger* DB 87, 2115: Gebäude-HK). – Diese Grundsätze gelten sinngemäß für Beiträge zwecks Gas-/Fernwärmeversorgung.

Substanzausbeutevertrag s „Bodenschätze".

Substanzwerterhaltungsanspruch (des Verpächters) ist entspr der Pachterneuerungsrückstellung lfd mit dem TW (BFH IV 228/64 S, BStBl III 1966, 147) zu aktivieren (BFH VIII R 28/95, BStBl II 98, 505); → Rn. 702. Beim Verpächter ist das Ersatzgut mit den AK/HK des Pächters zu aktivieren unter gleichzeitiger Auflösung des Pachterneuerungsanspruchs.

Swapgeschäfte s „Finanzprodukte".

Tabakquote ist ein immaterielles WG (FG RhPf EFG 07, 21); s „Zuckerrübenlieferrechte".

Teilhaberversicherungsanspruch ist notwendiges PV (BFH IV R 30/91, BStBl II 92, 653 mwN).

Teilleistungen s „Langfristige Fertigung", „Unfertige Leistungen", „Nichtabgerechnete Lieferungen und Leistungen".

Termingeschäfte s „Finanzprodukte".

Tilgungsstreckung. Zur Aktivierung eines Anspruchs des Darlehensgebers aus einer Tilgungsstreckung s BFH I 52/64, BStBl II 69, 18.

Transferentschädigungen s „Ablösebeträge".

Transferpaket (Bewertungseinheit) bei Funktionsverlagerung (iZm § 1 III AStG); zR krit *Blumers* BB 07, 1757 (Abkehr von Einzelbewertung).

Treuhandgeschäfte → Rn. 154.

Umsatzprämie. Ein rechtl noch nicht entstandener Anspruch auf Umsatzprämie ist zu aktivieren, wenn der Kfm am Bilanzstichtag mit einer Gewährung fest rechnen kann (BFH IV R 201/74, BStBl II 78, 370).

Umsatzsteuer. Aktivierung des USt-Erstattungsanspruchs wegen stfreier Geldspielautomatenumsätze (BFH X R 19/10, BStBl II 12, 190; BFH I R 96/10, BFH/NV 12, 991).

Umtauschanleihe. Aktivierung der vereinnahmten Beträge, Passivierung der Umtauschverpflichtung (*Neitz-Hackstein* EFG 17, 1019; krit *Prinz* FR 17, 735); ggf Rückstellung, wenn Referenzaktien noch anzuschaffen sind (ao auch BFH I R 20/17, DStR 19, 1963).

Umwandlungskosten als sofort abziehbare BA oder aktivierungspflichtige AK (*Orth* GmbHR 98, 511).

Umweltschützende Einrichtungen, die in betriebl Anlagen eingebaut werden (zB Filter), sind idR als nachträgl AK (HK) zu aktivieren (*Gail* StbJb 90/91, 67; *Korn* KÖSDI 91, 8495).

Unentgeltlich erworbene WG. Zu aktivieren (sofern BV), auch immaterielle WG (§ 6 IV, § 7 II EStDV aF; → Rn. 196 f); bei privatem Anlass Einlage.

Unfertige Erzeugnisse, zB teilfertige Bauten (ggf auch Pflanzen im Wuchs – Cannabis-Anbau, *Kirsch* ua DB 21, 629), sind nach hM mit bis zum Bilanzstichtag angefallenen Aufwendungen als HK materieller WG zu aktivieren (s auch „fertige Erzeugnsse"); mE **Stornierung von Aufwand** iRe schwebenden Geschäfts (→ Rn. 76; *Weber-Grellet* BB 03, 37; vgl BFH I R 15/12, BFH/NV 14, 907 iZm Aufwand für noch nicht realisierte Provisionen); nach **aA** (im Baugewerbe) als Forderung oder als Vorratsvermögen (ua *Hoffmann* DStR 00, 1338; offen gelassen in BFH VIII R 1/03, BStBl II 06, 298 unter B 2b bb) ccc) auszuweisen. Trotz noch schwebenden Geschäfts ist eine **TW-AfA** mögl (BFH VIII R 1/03, BStBl II 06, 298; BFH X R 27/05, BFH/NV 10, 1090; → Rn. 76); der Umfang ist **retrograd** zu ermitteln (voraussichtl Erlöse ./. durchschnittl Gewinn ./. Selbstkosten); dabei ist nicht nur auf das bis zum Bilanzstichtag abgewickelte Geschäft („Teilrealisierung"), sondern (so BFH unter Berufung auf den „gedachten Erwerber") auf das gesamte Geschäft abzustellen (keine Begrenzung auf bereits geleistete Arbeiten; EStH 6.7; zust *Hoffmann* DStR 05, 1981; *BeBiKo* § 253 HGB Rn. 544 f; *HHR/Franz* § 5 Rn. 965).

Stellungnahme: ME übersieht BFH VIII R 1/03, dass der Grundsatz der verlustfreien Bewertung durch § 5 IVa (keine Verlustrückstellung) beseitigt ist (den Widerspruch sieht auch *Hoffmann* StuB 11, 437) und beruft sich zu Unrecht auf die handelsrechtl Praxis; zudem führt der „gedachte Erwerber" zu einer fiktiven Realisation (krit *Weber-Grellet* BB 06, 35; krit auch *Siegel* StuB 06, 61 zum Abzug des durchschnittl Gewinns und der späteren Fixkosten); HB und StBil liegen unterschiedl Konzeptionen zugrunde (*BeBiKo* § 253 HGB Rn. 544 f). S „Fertige Erzeugnisse"; → Rn. 317.

Unfertige Leistungen werden (wegen fehlender Realisation) wie unfertige Erzeugnisse behandelt, auch wenn die Aufwendungen nicht zu materiellen WG geführt haben (vgl *BMF* BStBl I 79, 197; *BeBiKo* § 247 HGB Rn. 64; → Rn. 382; mE zu Unrecht **aA** BFH III R 5/16, BStBl II 18, 536; BFH XI R 32/16, BFH/NV 19, 259; dagegen *Weber-Grellet* BilStR Rn. 196; *ders* FR 19, 276: keine WG-Aktivierung, sondern Aufwandsstornierung). Bei Teilerfüllung ist gesicherter Anspruch auf Teil des Entgelts (als WG) zu aktivieren (BFH VIII R 25/11, BStBl II 14, 968; ThürFG EFG 20, 701, rkr; → Rn. 608).

Ungewisse Anschaffungskosten sind ggf zu aktivieren; ggf ist eine entspr Rückstellung zu bilden (*Lüdenbach* StuB 20, 434).

Urlaub. Kein Ansatz eines Aktivpostens bei vor dem Bilanzstichtag für die Zeit nach dem Bilanzstichtag gewährten Urlaub (*OFD Köln* StEK EStG § 6 I Ziff 3 Nr 5). Für aktive Abgrenzung von Urlaubsgeld bei abw Wj Parteivereinbarung maßgebl (BFH VIII R 86/91, BStBl II 93, 709). Auch → Rn. 550.

Verdeckte Einlage und verdeckte Gewinnausschüttung (vGA) sind gesellschaftl veranlasste Vorgänge. Vereinfacht führt die verdeckte Einlage beim Ges'ter zu Entnahme und nachträgl AK auf die Beteiligung, bei der Ges zum entspr Ausweis (kein Ertrag; *Weber-Grellet* DB 24, 2519). Die vGA bewirkt (wie eine offene Ausschüttung) eine Vermögensminderung bei der Ges (keine BA; keine Einkommensminderung) und beim Ges'ter eine Einnahme aus KapVerm (→ Rn. 201, 203, 207).

Verlagsrecht (Vervielfältigungs- und Verbreitungsrecht) ist ein selbständiges immaterielles WG; abzugrenzen vom Verlagswert (BFH II R 8/92, BStBl II 95, 505; *Niemann* [vor → Rn. 161] Rn. 233 → Rn. 171).

Vermittlungsprovisionen s „Provisionen".

Versendungskauf s „Schwimmende Ware".

Versicherungsprämien sind ggf (dem versicherten Risiko entspr) mittels RAP abzugrenzen (→ Rn. 243, 246).

Versicherungsvertreter s „Provisionen".

Versorgungsanlagen, die von einem privaten Erschließungsträger erstellt und unentgeltl auf gemeindl Versorgungsbetriebe übertragen werden, sind dort ertragswirksam zu aktivieren (*OFD Bln* StEK EStG § 5 Bil Nr 94); s auch „Wasserversorgung".

Vertragsarztzulassung kann (selbständiges, nicht abnutzbares) immaterielles WG sein (BFH VIII R 56/14, BStBl II 17, 694; *LfSt Nds* DStR 22, 1001); zur Abgrenzung von einem (abnutzbaren) Praxiswert s BFH VIII R 24/16, BFH/NV 17, 899; *Durst* BeSt 17, 30.

Vetorechte, die einem Ges'ter zusätzl zustehen, können neben der Beteiligung als solcher zu aktivieren sein.

Virtuelle Währungen (und sonstige Token) sind digital dargestellte Werteinheiten mit WG-Qualität (BFH IX R 3/22 BStBl II 23, 571; dazu *Weber-Grellet* BB 24, 43); zu den verschiedenen Formen informativ *BMF* BStBl I 25, 658 Rn. 1, 2, 31; *Müller* BB 22, 1687, *von Oertzen ua* DStR 24, 969; *Schober/Stein* BB 24, 855; zu nonfungible Token (zB digitale Kunst) *Link* BB 22, 1706; zur Erfassung von Gewinnen aus Kryptotransaktionen *Dietz/Schaupp* IStR 22, 720.

Vorbehalte als Aktivierungshindernis (→ Rn. 151 zur WG-Zurechnung; allg zur Schenkung unter Vorbehalt *Escher* FR 08, 985). Zu vorbehaltenen Nutzungsrechten/-lasten → Rn. 180, 653.

Vorbelastungshaftung. Anspruch der GmbH gegen Ges'ter (BGH II ZR 176/88, BB 89, 169) führt in der StBil nicht zu einer Gewinnerhöhung, weil der Anspruch auf Einlageleistung gerichtet ist (vgl BFH I R 176/83, BStBl II 87, 733).

Vorfälligkeitsentschädigung (Entgelt für Kreditrückzahlung vor Fälligkeit) ist mE sofort abziehbar, iZm Betriebsveräußerung Veräußerungskosten (BFH X R 70/97, BFH/NV 01, 440); → Rn. 258.

Vorkaufsrecht, das einem Ges'ter im Hinblick auf weitere Anteile zusteht, ist als selbständiges WG auszuweisen.

Vorräte sind mit den AK/HK zu aktivieren; allein die lange Lagerdauer rechtfertigt keine TW-AfA (BFH IV R 18/92, BStBl II 94, 514).

Vorsteueranspruch (§ 15 UStG) ist bei Lieferungen vor und Eingang der (berichtigten) Rechnung nach dem Bilanzstichtag bereits zu aktivieren (BFH XI R 1/93, BStBl II 93, 786), es sei denn, der Anspruch ist nicht sicher; bei „Begründung" durch den EuGH erst mit Veröffentlichung im BStBl (→ Rn. 91).

Währungsumrechnung s „Fremdwährung".

Wärmeenergie wird zum WG, wenn sie über Zähler zum Abnehmer geliefert wird (BFH IV R 9/17, BStBl II 21, 226); zur Gewinnrealisation bei Wärmelieferungsvertrag s *Mellwig/Hastedt* DB 92, 1589.

Wärmepumpe kann eigenständiges WG sein (s *BMF* AfA-Tabelle Nr. 9).

Warenrückvergütungen sind in der StBil des Wj, für das die Vergütung gewährt wird, zu aktivieren, wenn sie schon in der Satzung der Genossenschaft begründet sind (BFH IV R 112/81, BStBl II 84, 554).

Warenzeichen (jetzt: Marke; MarkenG, BGBl I, 94, 3082) kann im Einzelfall ein abnutzbares immaterielles WG sein (FG Ddorf EFG 00, 1177; *BMF* BStBl I 99, 687; *Schubert* FR 98, 92; **aA** (für EW des BV) BFH II B 135/95, BStBl II 96, 586); Nutzungsdauer entspr § 7 I 3 oder nachgewiesene kürzere Nutzungsdauer. S „Marke".

Wassernutzungsrecht → Rn. 134, 171; *Niemann* [vor → Rn. 161] Rn. 265 f.

Wasserversorgung (Wasserleitung). Beiträge für den erstmaligen Anschluss eines Grundstücks an eine öffentl Wasserversorgungsanlage sind (sofern nicht gewerbe-, sondern grundstücksbezogen) als nachträgl AK des GuB zu aktivieren; Beiträge zur Ersetzung oder Verbesserung einer alten Anlage (sog Ergänzungsbeiträge) sind als Erhaltungsaufwand sofort abziehbar (BFH X R 6/86, BFH/NV 89, 494). Auch Erstanschlussbeiträge sollen sofort abziehbar sein, wenn der Grundstückseigentümer eine eigene Anlage hatte. → Rn. 142; „Abwasserbeseitigung", „Erschließungsbeiträge", „Stromanschluss".

Website (Internet-Auftritt) s „Internet".

Wechselforderungen sind mit den AK zu aktivieren; der zw Erwerb und Stichtag angefallene Diskont soll noch nicht realisiert sein (BFH I R 92/94, BStBl II 95, 594; zR **aA** *Groh* FR 95, 581; *Moxter* BB 95, 1997; auch → Rn. 618).

Werbespots als immaterielle WG s „Filme".

Werbung. Aufwendungen sind sofort abziehbar (BFH IV 433/62 S, BStBl III 64, 138), auch bei einmaligem Werbefeldzug (*Döllerer* BB 69, 501: kein entgeltl Erwerb eines immateriellen WG; **aA** (noch ‚dynamisch inspiriert') BFH I 198/61 U, BStBl III 63, 7). Für Werbezwecke hergestellte **materielle WG** (Werbemittel) sind aktivierungspflichtig (BFH I R 112/75, BStBl II 77, 278; *Boorberg* DB 01, 497). S auch „Filme".

Werkzeuge als WG oder Teil der HK vgl *Gläßner/Leineweber* StBP 85, 97.

Wertguthaben dienen dazu, eine Freistellung zu finanzieren (§ 7b SGB IV). Ausgelagerte Vermögenswerte sind beim ArbG zu aktivieren; entspr Verpflichtungen führen zu (abzuzinsenden) Rückstellungen (*OFD Ffm* DStR 16, 1869; *Hartmann* BetrAV 14, 444; *Wilckens* DB 24, 1366). – Insolvenzsicherung durch doppelseitige Treuhand (*FSen Bln* DStR 24, 559).

Wertpapiere verbriefen ein unkörperliches (immaterielles) Recht (BFH IV R 10/14, BStBl II 17, 466; → Rn. 113); physisches Gold gehört nicht dazu.

Wertpapierfonds. Der Anspruch auf Ausschüttungen ist zu aktivieren, wenn er nach den Vertragsbedingungen entstanden ist (BFH I R 59/93, BStBl II 95, 54); s auch *Becker* StBP 96, 127; ‚Dividendenanspruch'.

Wertpapierleihe (Wertpapierdarlehen; keine „Zahlung eines Betrags" iSd § 340b HGB) sind wie Sachdarlehen (dh nach hL ohne Gewinnrealisierung, → Rn. 602, 703) zu bilanzieren (*HHR/Haisch* § 5 Rn. 1554). Im Unterschied zum Pensionsnehmer (s ‚Pensionsgeschäfte') ist der Entleiher idR wirtschaftl Eigentümer (BFH I R 2/12, DStR 14, 2012; BFH I R 3/21, BFH/NV 25, 538 – zur „strukturierten Wertpapierleihe"; *Weber-Grellet* BB 26, 43 (44)); ausnahmsweise weiterhin der Verleiher (BFH I R 88/13, BStBl II 16, 961; dazu *BMF* BStBl I 21, 1002; *Weber-Grellet* BB 17, 43; *Haarmann* BB 18, 1623), zB auch bei Gestaltungsmissbrauch. Letztl ist auf die konkreten Umstände (Chancen, Risiken, Insolvenzrisiko; Gesamtwürdigung) abzustellen (so auch BFH I R 40/17, DStR II 22, 483 – in Abgrenzung zu BFH I R 88/13, BStBl II 16, 961). Die *BMF*-Grundsätze gelten auch für andere Wertpapiergeschäfte.

Wettbewerbsverbot (zB zu Lasten der TochterGes) kann ein selbständiges WG sein, wenn dem Verbot eine eigene wirtschaftl Bedeutung zukommt und für seine Übernahme ein besonderes Entgelt vereinbart wurde; Aufwendungen hierfür sind als AK eines entgeltl erworbenen (idR abnutzbaren) immateriellen EinzelWG zu aktivieren (BFH I R 130/85, BFH/NV 89, 780; *HHR/Franz* § 5 Rn. 1570 f; *Eder* DStR 95, 1937), es sei denn, es ist unselbständiger Teil eines entgeltl erworbenen Kundenstamms (BFH I R 49/85, BFH/NV 90, 442) oder Geschäftswerts (BFH IV R 138/80, BStBl II 84, 233). Keine Aktivierung bei Zahlung eines umsatzabhängigen lfd Entgelts (BFH I 224/64, BStBl II 68, 520); zum Wegfall s *HHR/Franz* § 5 Rn. 1594.

Windpark besteht aus mehreren WG, zB Kraftanlage, Wegebau, Anschlusskosten, Verkabelung (BFH IV R 46/09, BStBl II 11, 696; → Rn. 131).

Wirtschaftliches Eigentum → Rn. 152 f.

Wirtschaftsgut → Rn. 93 ff; „verlustträchtige" WG können nicht eingelegt werden (BFH X B 11/89, BFH/NV 90, 769).

Zeitarbeit. Minderstunden sind nach FG Bln-Bbg EFG 12, 600 nicht zu aktivieren (mE falscher Ansatz; es geht um Stornierung von Aufwand); auch → Rn. 550 „Überstunden".

Zero-Bonds s „Finanzprodukte".

Zinsen auf Steuererstattungen s *OFD Ffm* BB 95, 561; zu Zinsbegrenzungsverträgen s „Darlehen" und „Finanzprodukte".

Zuckerrübenlieferrechte sind abnutzbare immaterielle WG (BFH IV R 3/08, BStBl II 14, 512; st Rspr); bei Veräußerung ist kein Grundstücks-Buchwert gegenüberzustellen (NdsFG EFG 01, 1431; *Valentin* EFG 02, 1609); Nutzungsdauer von 15 Jahren ist nicht zu beanstanden (BFH IV R 1/06, BStBl II 10, 28).

Zurechnung von WG → Rn. 151 f.

Zuschüsse, die der Zuschussgeber aus *betriebl Anlass* auf privatrechtl oder öffentlrechtl Grundlage zahlt (zum Erhalt → Rn. 550), sind nach der jeweiligen Funktion des Zuschusses entweder *(1)* sofort abziehbar (Aufwendungen auf den eigenen Firmenwert) oder *(2)* zusätzl AK vorhandener WG (zB Erschließungsbeiträge) oder *(3)* als AK eines entgeltl erworbenen (immateriellen) WG (so BFH VI 239/65, BStBl II 70, 35 – GrS-Vorlagefall) oder *(4)* als aktiver RAP zu aktivieren. IEinz → § 6 Rn. 71; → 28. Aufl 2009, § 5 Rn. 270).

Barzuschüsse, die ein Ges'ter seiner KapGes aus *gesellschaftl Anlass* gewährt, sind **verdeckte Einlagen** (*Weber-Grellet* DB 24, 2519; → Rn. 204) und als nachträgl AK zu aktivieren (§ 6 VI 2; BFH VI R 3/92, BStBl II 94, 242); zur disquotalen Einlage vgl „Beteiligungen an KapGes".

V. Passivierung

1. Passivierung. – a) Gegenstand. Auf der Passivseite der HB und StBil hat der StPfl die **Schulden** (Verbindlichkeiten und Rückstellungen), die (passiven) **RAP** (→ Rn. 245) sowie das **Eigenkapital** (→ Rn. 550; einschließl Rücklagen, ggf auch Bilanzgewinn) gesondert auszuweisen und hinreichend aufzugliedern (§ 247 I HGB; *HHR/Tiedchen* § 5 Rn. 650). – Die GuV-Rechnung weist (realisierten) Ertrag und Aufwand aus, die Bilanz Vermögen (Aktivseite) und dessen Finanzierung (Passivseite); zur spiegelbildl Aktivierung → Rn. 90. 301

b) Unterscheidungen. Bei der Passivierung von **Schulden** (ggf auch von stfreien Rücklagen) ist zu unterscheiden zw der Passivierung dem **Grunde** nach (was und wann) und der Passivierung der **Höhe** nach (Bewertung). Die Passivierung ist **erfolgswirksam,** wenn die Gegenbuchung als lfd Aufwand anzusetzen ist (zB bei Rückstellung für drohende Schadenersatzverpflichtung: „per Aufwand an Rückstellung"); sie ist **erfolgsneutral** bei Gegenbuchung auf einem Bestandskonto (zB „per Geld an Darlehensverbindlichkeit" bei Aufnahme eines Kredits); sie ist **zunächst erfolgsneutral,** wenn die Gegenleistung zu den AK eines abnutzbaren WG zählt (zB – ungewisse – Prozesskosten bei Anschaffung eines abnutzbaren WG „per WG an Rückstellung"). 302

c) Wertberichtigung. Keine echte Passivierung ist die Bildung passiver Wertberichtigungen zur Korrektur der Wertansätze von Aktivposten des AV (sog indirekte Abschreibung) oder des UV (zB Einzel- oder Pauschalwertberichtigungen auf Forderungen); diese sind in der HB als Passivposten – zumindest für KapGes – grds unzul und stattdessen aktivisch abzusetzen (eher offen *BeBiKo* § 253 HGB Rn. 209). 304

d) Maßgeblichkeitsgrundsatz. → Rn. 26. Auch die Passivierung ist nach Maßgabe der handelsrechtl GoB (→ Rn. 58 ff) vorzunehmen. Passivposten dürfen in der StBil nur angesetzt werden, wenn sie in der HB nicht nur passivierungsfähig, sondern -pflichtig sind (→ Rn. 31), sofern nicht estrechtl Sondervorschriften greifen (iEinz → Rn. 30, 34, 60, 352, 353). 305

e) Gliederung. Für die Gliederung der Passivseite sind GoB iVm den handelsrechtl Normen maßgebl; danach sind bei allen Kfm – neben dem Eigenkapital (auch Rücklagen) – mindestens Verbindlichkeiten, Rückstellungen und RAP gesondert, klar und übersichtl auszuweisen (§§ 243 I, II, 247 I HGB; für KapGes § 266 III HGB). Andere Posten (zB negative Vermögensposten) kommen nicht in Betracht; evtl Ausnahme beim Geschäftswert (→ Rn. 226). 306

2. Verbindlichkeiten (einschließlich § 5 IIa)

Schrifttum: *Drüen* Verbindlichkeiten in der HB und StBil HdJ III/4 (9/19); *Weber-Grellet* BilStR Rn. 206 f. – *Hennrichs,* Neuere Entwicklungen im Bilanzrecht, NZG 17, 618 (s auch Schrifttum vor → Rn. 350). – **Finanzverwaltung:** EStR 4.2 XV, EStH 4.2 XV, EStH 6.10.

310 **a) Verbindlichkeiten.** Diese verpflichten als betriebl Schuldposten (vgl § 253 I 2, § 266 III HGB) zu bestimmten Leistungen; Art und Rechtsgrund sind grds irrelevant; sie müssen (wie auch Rückstellungen, → Rn. 351 f) grds ausgewiesen werden (**Passivierungsgebot;** BFH I R 153/86, BStBl II 91, 479; *HHR/Tiedchen* § 5 Rn. 670).

311 **b) Voraussetzungen.** – ***(1)*** Die Verbindlichkeit muss **betriebl veranlasst** sein (§ 4 IV) und darf nicht unter § 4 V fallen (BFH XI R 40/17, BStBl II 19, 663 für Kartellgeldbuße); Veranlassung durch GesVerhältnis genügt nicht (BFH XI R 52/01, BStBl II 03, 658); betriebl und gesellschaftl Veranlassung schließen sich gegenseitig aus (*Weber-Grellet* BB 20, 43 (47); **aA** BFH I R 78/16, BStBl II 19, 570 zu vGA). Auf der Passivseite wird nicht zw notwendigem und gewillkürtem BV unterschieden; entscheidend ist allein, inwieweit die Entstehung der Schuld durch den Betrieb veranlasst ist (BFH IV R 57/90, BStBl II 92, 141); – ***(2)*** sie muss am Bilanzstichtag dem Grund und der Höhe nach **gewiss** und quantifizierbar sein (die Feststellungslast trifft den StPfl; BFH III R 40/95, BFH/NV 98, 1217) und – ***(3)*** das abgelaufene Wj **wirtschaftl belastet** haben („wirtschaftl Verursachung"; BFH IV R 62/05, BStBl II 08, 557; → Rn. 361, 381 f; § 268 V 3 HGB; *Hageböke* RdF 13, 304 (309); *Weber-Grellet* FR 18, 234); Verbindlichkeiten müssen mit Erträgen oder dem betriebl Geschehen des abgelaufenen Wj in Zusammenhang stehen (realisierter Aufwand; ‚per Aufwand an Verbindlichkeit'; iEinz *Weber-Grellet* DB 02, 2180; auch → Rn. 80, 381 f); – ***(4)*** das Bestehen der Verbindlichkeit muss dem Kfm bis zur Bilanzaufstellung **bekannt** geworden sein. – Der Passivierung der Verbindlichkeit steht nicht entgegen, dass sie noch nicht fällig ist (vgl BFH I R 166/78, BStBl II 84, 747) oder dass der Schuldner zahlungsunfähig oder vermögenslos ist (BFH I R 25/15, BStBl II 17, 670; *OFD Ffm* DStR 21, 2973). – Die **Bewertung** von Verbindlichkeiten ist in § 6 I Nr 3 geregelt.

312 **c) Passivierungsverbot. Verboten** ist eine Passivierung von: – ***(1)*** Verbindlichkeiten aus schwebenden Geschäften (→ Rn. 76), es sei denn, dass Vorleistungen erbracht sind (erhaltene Anzahlungen) oder Erfüllungsrückstände bestehen (vgl zB BFH VIII R 28/95, BStBl II 98, 505; EStR 5.7 VIII); – ***(2)*** Schulden, die obschon noch nicht verjährt, mit an Sicherheit grenzende Wahrscheinlichkeit nicht erfüllt werden müssen (keine wirtschaftl Belastung; BFH I R 44/14, BStBl II 15, 769; weniger strenge Grundsätze bei einer **ungewissen** Verbindlichkeit, → Rn. 376); – ***(3)*** Schadensersatzpflichten aus strafbarer Tat vor Entdeckung (BFH X R 163–164/87, BStBl II 91, 802).

313 **d) Ausbuchung.** – (Gewinnerhöhende) Ausbuchung, wenn Inanspruchnahme nicht mehr zu erwarten ist oder rechtsvernichtende Einwendungen oder (dauerhaft wirkende) Einreden (zB Verjährung) geltend gemacht werden (BFH X B 121/99, BFH/NV 00, 1450; *Weber-Grellet* BB 15, 43; → Rn. 376); eine mehrjährige Nicht-Einziehung reicht nicht (HessFG BB 25, 2544, rkr). Die nicht mehr werthaltigen Verpflichtungen sind ggf zu schätzen (auch bei Sammelverbindlichkeiten; BFH I R 3/95, BStBl II 96, 470). – Bei Insolvenz wird erst das tatsächliche Erlöschen der Schuld gewinnwirksam (FG Bln-Bbg DStRE 16, 1167; *OFD NRW* StuB 17, 831; → Rn. 672). – ME sind auch in der Liquidationsschlussbilanz Verbindlichkeiten nach allg Regeln auszuweisen; allein die (bevorstehende) Liquidation oder ein Rangrücktritt sind (noch) kein Anlass zur Ausbuchung (*OFD Ffm* DStR 18, 79, *OFD Ffm* DStR 19, 560; *OFD Ffm* DB 21, 1914; *Dietrich/Weber* DStR 19, 966; FG Mster BB 20, 2480), auch nicht, wenn ein Gläubiger eine Forderung im Insolvenzverfahren nicht geltend macht (FG Mster EFG 25, 164, Rev IX R 34/24); Verbindlichkeiten

sind in der Liquidation „bis zuletzt" zu passivieren (*Mayer/Betzinger* DStR 14, 1573). Bei Liquidation kann Nichtbefriedigung zu ‚Aufwandsstornierung' führen (*Kahlert* DStR 16, 2262 mwN). Die fehlerhafte Ausbuchung (einer Verbindlichkeit) ist ggf durch eine erfolgswirksame Einbuchung zu korrigieren (BFH IV R 38/16, BFH/NV 19, 551).

e) Bedingte Verbindlichkeiten. Es ist zw bedingter **Entstehung** und bedingtem **Erlass** zu unterscheiden (auch → Rn. 270 ‚Forderungen'). **Aufschiebend** bedingt entstehende **(= künftige) Verbindlichkeiten** zB aus Bürgschaften, öffentl Zuschüssen oder Besserungsscheinen sind als Verbindlichkeiten erst mit Eintritt der Bedingung auszuweisen (BFH X R 42/08, BStBl II 12, 188; *HHR/Tiedchen* § 5 Rn. 671 f); als Rückstellungen dürfen sie vorher nur passiviert werden, sofern am Bilanzstichtag der Eintritt der Bedingung wahrscheinl ist (vgl BFH X R 23/89, BStBl II 92, 488) und die künftigen Ausgaben in der Vergangenheit wirtschaftl verursacht sind (→ Rn. 383, 386 f). **Auflösend bedingt entstandene** Verbindlichkeiten (= späterer Wegfall) sind zu passivieren und erst bei Bedingungseintritt wieder auszubuchen (*HHR/Tiedchen* § 5 Rn. 671 f). Wegen zivilrechtl und wirtschaftl Parallelwertung sind **auflösend bedingt erlassene** Verbindlichkeiten – im Unterschied zu aufschiebend bedingt erlassenen oder zu erlassenden (also erst später wegfallenden) – nicht mehr zu passivieren (vgl BFH I R 11/03, BStBl II 05, 581; *BeBiKo* § 247 HGB Rn. 191); zu passivieren sind sie aber bei Entfallen des Erlasses. 314

f) Passivierungsverbot für (erst) aus künftigen Einnahmen/Gewinnen zu tilgende Verbindlichkeiten, § 5 IIa

Schrifttum: *HHR/Rollberg* § 5 Rn. 1900. - *Wacker,* Zu den … Folgen eines Rangrücktritts …, DB 17, 26; *Briese,* Forderungsverzicht gegen Besserungsschein sowie qualifizierter Rangrücktritt …, DStR 17, 799.

Verbindlichkeiten, die erst **aus künftigen Einnahmen/Gewinnen** (je nach Vereinbarung „brutto/netto") zu tilgen (ggf zurückzuzahlen) sind (Sonderfall ‚bedingter Verbindlichkeiten'; → Rn. 314), dürfen (mangels wirtschaftl Verursachung) gem § 5 IIa (mE deklaratorisch), bevor solche Einnahmen/Gewinne entstanden sind, weder als Verbindlichkeit noch als Rückstellung aufwandswirksam passiviert werden (**„Passivierungsaufschub";** Begründung BT-Drs 14/2070, 17; *KKM* § 5 Rn. Ca 1 ff; *HHR/Rollberg* § 5 Rn. 1900); auch → Rn. 383. Bedingt (aus künftigen Gewinnen) rückzahlbare Darlehen (zB Filmdarlehen) sind daher zunächst als Ertrag zu erfassen; entstehen entspr Gewinne, ist der Ertrag (nur) im entspr Umfang zu stornieren (per Aufwand an Darlehensverbindlichkeit; BFH XI R 53/17, BStBl II 19, 803; *Prinz* StuB 19, 881; *Weber-Grellet* BB 20, 43 (46)). – § 5 IIa ist (ebenso wie § 5 IVb; → Rn. 369) Ausdruck des Prinzips der wirtschaftl Verursachung; die rechtl Entstehung ist unmaßgebl (*Weber-Grellet* BB 23, 43 (50)). Die frühere abw Rspr (BFH IV R 21/97, BStBl II 00, 116; BFH X R 225/93, BStBl II 97, 320 – Filmkredit) ist überholt (stets **aA** *BMF* BStBl I 00, 375; wNachw → 34. Aufl 2015, § 5 Rn. 315). 315

Ein Fall des § 5 IIa ist die sog **Besserungsabrede,** nicht hingegen der (einfache) **Rangrücktritt** (BFH I R 11/03, BStBl II 05, 581; iEinz *HHR/Rollberg* § 5 Rn. 1945, 1932; → Rn. 270, 671); hybride Gestaltungen sind mögl (zB BFH I R 25/15, BStBl II 17, 670; *Weber-Grellet* BB 15, 2667). Bei einer Besserungsabrede ist die Verbindlichkeit trotz § 5 IIa auszuweisen, wenn eine Tilgung aus sonstigem freien Vermögen vereinbart ist (BFH II R 64/14, BStBl II 17, 104; BFH XI R 32/18, BStBl II 21, 279; *BMF* BStBl I 06, 497; krit *Weber-Grellet* BB 21, 43). IEinz → Rn. 550 ‚Gesellschafterfinanzierung'; → 43. Aufl 2024, § 5 Rn. 315.

Der Erwerb eines abnutzbaren WG gegen eine abhängige Verbindlichkeit ist wie folgt zu buchen: per WG an Kapital; AfA (Aufwand) frühestens ab Entstehen der Rückzahlungsverpflichtung: per AfA-Aufwand an WG und per Kapital an Geld. Auch → Rn. 369; → Rn. 550 ‚Gewinnabhängige Verbindlichkeiten'; → Rn. 616; → § 16 Rn. 235.

316 **g) Erhaltene Anzahlungen.** Erhaltene Anzahlungen sind als Vorleistungen auf eine von dem anderen Vertragsteil zu erbringende Lieferung oder Leistung (vgl BFH III R 179/82, BStBl II 86, 669; § 266 III C Nr 3 HGB) beim Empfänger mit dem Nennwert (erfolgsneutral) zu passivieren (BFH IV R 138/76, BStBl II 80, 648 mwN), und bei späterer Aktivierung der Forderung zu verrechnen: (1) per Forderung an Ertrag, (2) per Anzahlung und Geld an Forderung (vgl BFH X R 49/89, BStBl II 92, 904). – Auflösung als lfd Gewinn (FG Mchn EFG 09, 337).

317 **h) Erfüllungsrückstand.** Der Erfüllungsrückstand ist der bilanzielle Ausdruck einer in der Vergangenheit (im abgelaufenen VZ) realisierten, aber (teilweise) noch nicht erfüllten Leistungspflicht (ähnl *Marx* StuB 22, 401); der Rückstand ist bereits in der Vergangenheit wirtschaftl verursacht; daher kein Erfüllungsrückstand bei künftigem Aufwand (*Weber-Grellet* FR 22, 1109, *Prinz* DStR 24, 208, *Siegel* DStR 24, 583; iErg **aA** BFH IV R 22/20, BStBl II 23, 1091 iZm vorausgezahlten Erlösen). Jede Verbindlichkeit und jede Rückstellung sind Ausdruck eines „Erfüllungsrückstandes". Der Erfüllungsrückstand ist keine eigenständige bilanzstrechtl Kategorie (iEinz *Weber-Grellet* FS Doralt 2007, 501; BFH XI R 63/03, BStBl II 06, 866; zutr EStR 5.7 VII, VIII: Rückstellung für Erfüllungsrückstand); er kann daher – logisch und rechtl – keine weiteren Voraussetzungen verlangen, die über die zum Ansatz einer (ungewissen) Verbindlichkeit hinausgehen (*Weber-Grellet* BB 07, 35). Fälligkeit (BFH I R 17/15, BStBl II 16, 930; dazu *Weber-Grellet* FR 16, 1109; *Kolbe* StuB 17, 12) und die Unterscheidung nach **Haupt- oder Nebenpflicht** und nach selbständig/unselbständig sind ohne Bedeutung (*Marx* StuB 22, 401); entscheidend ist der Rückstand nach Beendigung des „Schwebezustands". Ein Erfüllungsrückstand entsteht zB iZm der Verpflichtung zu „kostenloser" Nachbetreuung (zB Hörgeräteakustiker, Versicherungsbetreuung (BFH X R 41/07, BFH/NV 10, 860; **aA** *Siegel* DStR 24, 583). Auch eine progressive Miete kann zu einem Erfüllungsrückstand führen (→ Rn. 693), ebenso ein Darlehen mit progressivem Zins (BFH I R 17/15, BStBl II 16, 930). Der vom I. Senat entschiedene Fall BFH I R 43/05 (DStR 06, 1123) betraf keinen Erfüllungsrückstand (→ Rn. 550 „Mietfreistellung"); die damals entwickelten zusätzl Voraussetzungen waren (und sind) obsolet.

319 **i) Dingliche Belastungen.** Erwirbt ein StPfl ein mit einem dingl Nutzungsrecht belastetes Grundstück, führt er seinem BV ein um dieses Nutzungsrecht eingeschränktes Eigentum an diesem Grundstück zu. Dingl Belastungen begründen keine Verbindlichkeiten, deren Übernahme zu AK des Grundstücks führen (BFH I R 96/02, BB 05, 770; *HHR/Franz* § 5 Rn. 1040; → § 6 Rn. 330). – Bei dingl Belastungen mit **Sicherungscharakter** (zB Grundschuld, Hypothek, Reallast) ist die gesicherte Geldschuld oder Sachleistungsschuld (zB Darlehen) zu passivieren (→ 37. Aufl 2018, § 5 Rn. 319 mwN).

321 **j) Verpflichtung zur Nutzungsüberlassung.** Überlässt ein Stpfl einem Dritten ein WG zur Nutzung, handelt es sich um einen schwebenden Vertrag. Leistet der Dritte zB für 10 Jahre im Voraus, ist ggfs ein passiver RAP zu bilden. Verpflichtungen gegen sich selbst sind nicht als Verbindlichkeiten auszuweisen (wNachw → 44. Aufl 2025, § 5 Rn. 321); das dürfte (im Extremfall) auch für eine unentgeltl übernommene zeitl unbegrenzte Nutzungsüberlassung (mit Duldungspflicht) gelten.

322 **k) Übernahme von Verbindlichkeiten.** Die entgeltl Übernahme einer Verpflichtung ist ein „Anschaffungsvorgang" und führt grds nicht zu Ertrag (*Weber-Grellet* DB 11, 2875 mwN; → Rn. 451, 674); nach § 5 VII (→ Rn. 503) sind übernommene Verpflichtungen wie beim ursprüngl Verpflichteten zu bilanzieren (s auch § 4f).

326 **3. Geldverbindlichkeiten. – a) Nennwert.** Sie sind grds einzeln mit dem Nennwert auszuweisen (Erfüllungsbetrag; vgl § 253 I 2 HGB; EStH 6.10); der Nennwert gilt als AK iSv § 6 I Nr 3, da es bei Geldschulden ebenso wie bei Geldforderungen keine echten AK gibt (BFH VIII R 62/85, BStBl II 89, 359).

b) Unverzinsliche Geldschulden. Diese waren bisher mit dem mit 5,5% abgezinsten Erfüllungsbetrag anzusetzen (§ 6 I Nr 3; dazu *BMF* BStBl I 99, 818; → § 6 Rn. 453; zur Abzinsung und zu Fremdwährungsverbindlichkeiten → Rn. 270 – Durch das CoronaStHG IV (BGBl I 22, 911) ist das Abzinsungsgebot (nicht für Rückstellungen) aufgehoben worden (iEinz → § 6 Rn. 452). 327

c) Rentenverbindlichkeiten. Sie haben keinen Nennwert und sind daher mit dem Kapitalwert (Barwert; § 253 I 2 HGB aF) auszuweisen (BFH IV R 126/76, BStBl II 80, 491 mwN, auch zum Zinsfuß; iEinz → § 6 Rn. 443); zur Berechnung des betriebl veranlassten Zinsanteils BFH X R 32, 33/01, DStR 10, 2073. 329

d) Wertsicherung. Bei wertgesicherten Verbindlichkeiten dürfen künftige Leistungserhöhungen vor Eintritt der Wertsicherung, zB Erhöhung von Beamtengehältern, nicht berücksichtigt werden (BFH IV R 170/73, BStBl II 76, 142); nach Eintritt des Wertsicherungsfalles erhöhen sich der zu passivierende Barwert der Schuld, nicht jedoch die AK des erworbenen WG (BFH IV R 48/90, BStBl II 91, 796). 330

e) Sachleistungen; Dienstleistungen. Verbindlichkeiten, die auf Sach- oder Dienstleistungen (im Unterschied zu Geld) gerichtet sind (zB auf Entfernung, Reparatur, Urlaub, Rückgabe oder iRe Tausches), müssen mit dem Betrag passiviert werden, der den zur Leistung erforderl Aufwendungen (idR Vollkosten) entspricht (BFH IV R 191/85, BStBl II 88, 661; auch → Rn. 421; → § 6 Rn. 447). 331

4. Rückstellungen

Schrifttum (Auswahl): *Mayr,* Rückstellungen, 2004 (grundlegend); *Wüstemann/Rost,* Rückstellungen, HdJ III/5 (7/20). – *Prinz,* Steuerbilanzielle Rückstellungen, DB 20, 10; *Marx,* Die Passivierung von Erfüllungsrückständen in der Steuerbilanz, StuB 22, 401; *Kahle,* Bilanzierung von Rückstellungen, StuB 24, 569; *Prinz,* Diskussion um steuerbilanzielle Rückstellungen …, DB 25, 7 (s auch Schrifttum bei → Rn. 311, 450).

Finanzverwaltung: EStR 5.7, EStR 6.11

a) Voraussetzungen. Rückstellungen sind dem Grund und/oder der Höhe nach ungewisse Verbindlichkeiten. Verbindlichkeitsrückstellungen verlangen *(1)* eine ungewisse betriebl veranlasste Dritt-Verpflichtung, *(2)* die in der Vergangenheit verursacht ist (iEinz → Rn. 381 f) und *(3)* aus der eine Inanspruchnahme wahrscheinl ist (iEinz → Rn. 361 f). Der **Ansatz** von Rückstellungen richtet sich gem § 5 I nach den handelsrechtl GoB. Danach wird eine Rückstellung grds aufwandswirksam verbucht (per Aufwand an Rückstellung). Tritt der „Rückstellungsfall" nicht ein, ist die Rückstellung – als „actus contrarius" – wieder auszubuchen (per Rückstellung an Aufwand; BFH X R 51/08, BFH/NV 09, 1789). Tritt der „Rückstellungsfall" ein, ist idR eine schlichte Umbuchung – ohne Gewinnauswirkung – vorzunehmen (per Rückstellung an Verbindlichkeit). – Die **Bewertung** von Rückstellungen ist in § 6 I Nr 3a geregelt. 350

b) Arten. Zu unterscheiden ist zw **Verbindlichkeitsrückstellungen,** denen eine ungewisse (Außen-)Verpflichtung ggü einem anderen zugrunde liegt (realisierter Aufwand; → Rn. 361 ff), **Verlustrückstellungen** für drohende Verluste aus (noch) schwebenden Geschäften (künftiger Mehraufwand; → Rn. 450 f) und (echten) **Aufwandsrückstellungen,** durch die ledigl künftige Ausgaben in gegenwärtigen Aufwand (Aufwandsantizipation) transformiert werden (→ Rn. 461 f). – Nach § 5 IVa dürfen Verlustrückstellungen in der StBil nicht mehr gebildet werden (→ Rn. 450); § 5 IVb verbietet Rückstellungen für AK/HK (→ Rn. 369). – Strechtl führen Rückstellungen zu Aufwand, betriebswirtschaftl ist die Rückstellungsbildung eine günstige Finanzierungsform (*Schwetzler* ZfB 98, 678). 351

c) Passivierungsgebot nach Handelsrecht. In der **Handelsbilanz** müssen Rückstellungen gebildet werden *(1)* für ungewisse Verbindlichkeiten, drohende Verluste aus schwebenden Geschäften und Gewährleistungen ohne Rechtspflicht; vgl § 249 I 1, 2 Nr 2 HGB; *(2)* für im Wj 352 unterlassene Aufwendungen für Instandhaltung, soweit diese im folgenden Wj innerhalb von drei Monaten, und für Abraumbeseitigung, die im folgenden Wj nachgeholt werden („Aufwandsrückstellungen"; vgl § 249 I 2 Nr 1 HGB; EStR 5.7 XI) und *(3)* bei KapGes für latente Steuern, wenn der StBil-Gewinn niedriger ist als der HB-Gewinn (§ 274 I HGB; → Rn. 270 ‚Latente Steuern'). – Nach der Maßgeblichkeit der handelsrechtl Regelungen als GoB und im Hinblick auf die Gleichmäßigkeit und Gesetzmäßigkeit der Besteuerung müssen diese Rückstellungen grds auch in der StBil gebildet werden (**StBil-Passivierungsgebot;** *HHR/Tiedchen* § 5 Rn. 680; *Wehrheim/Rupp* DStR 10, 821). Für andere Zwecke dürfen in der HB und damit auch in der StBil keine Rückstellungen gebildet werden (**Passivierungsverbot;** § 249 II I HGB nF; BFH I R 68/87, BStBl II 88, 338).

353 **d) Abweichungen vom Handelsrecht.** Dazu kommt es – ***(1)*** bei speziellen **steuerl Passivierungsbegrenzungen,** zB § 5 III; IV–IVb (→ Rn. 369, 406, 450); § 4 V Nr 8. Der HB-Passivposten soll in der StBil durch eine außerbilanzielle Hinzurechnung neutralisiert werden (BFH IV R 4/12, BStBl II 14, 306; BFH XI R 40/17, BStBl II 19, 663 für Kartellgeldbuße); mE ist der Posten in der StBil mit seinem steuerl Wert auszuweisen (HB: per Aufwand an Rückstellung; stl Korrektur in StBil: per Rückstellung an Aufwand); – ***(2)*** bei einem **HB-Passivierungswahlrecht,** das zu einem StBil-**Passivierungsverbot** führt (BFH I R 102/88, BStBl II 92, 336), zB für mittelbare Pensionsverpflichtungen und unmittelbare oder mittelbare „ähnl Verpflichtungen" (Art 28 I 2 EGHGB; → § 6a Rn. 5). – § 249 I 3, II aF HGB ist durch das BilMoG (BGBl I 09, 1102) aufgehoben worden (IEinz → 36. Aufl 2017, § 5 Rn. 353).

355 **e) Betriebsveräußerung.** Nach Veräußerung oder Aufgabe eines GewBetr kann eine Rückstellung für künftige nachträgl BA nicht mehr gebildet werden (BFH I R 137/74, BStBl II 78, 430). Eine bestehende Rückstellung muss nicht notwendig aufgelöst werden; ihr späterer Wegfall führt zur Änderung des Veräußerungs-/Aufgabegewinns oder zu nachträgl gewerbl Einkünften (→ § 16 Rn. 365 ff).

361 **5. Rückstellungen für ungewisse Verbindlichkeiten (auch § 5 IV b).** Diese verlangen – ***(1)*** eine betriebl veranlasste (→ Rn. 311 f), – ***(2)*** aber dem Grunde und/oder der Höhe nach ungewisse Verbindlichkeit ggü einem Dritten, sofern – ***(3)*** wahrscheinl ist, dass die (ggf konkretisierte; → Rn. 364 f) Verbindlichkeit besteht oder entstehen wird und der StPfl in Anspruch genommen wird (→ Rn. 376); – ***(4)*** eine Passivierung darf nicht nach estrechtl Normen (zB § 4 V, § 5 III–IVb) verboten sein. – ***(5)*** In zeitl Hinsicht muss die Verbindlichkeit in der Vergangenheit wirtschaftl verursacht sein; bereits bis zum Bilanzstichtag muss eine **wirtschaftl Belastung** vorliegen (BFH XI R 64/04, BStBl II 06, 371; BFH IV R 62/05, BStBl II 08, 557; BFH I R 44/14, BStBl II 15, 769; → Rn. 76, 80; s iEinz *Weber-Grellet* DB 02, 2180; *Osterloh-Konrad* DStR 03, 1631). Entgegen einer verbreiteten Meinung kann das **Vollständigkeitsprinzip** die Frage der wirtschaftl Belastung nicht lösen (vgl *Weber-Grellet* DB 02, 2180; *Moxter* DStR 03, 1586). – ***(6)*** Die künftigen Ausgaben müssen sofort abziehbar sein, dürfen also ihrer Art nach nicht als AK (HK) zu aktivieren sein (BFH XI R 52/01, BStBl II 03, 658; BFH I R 36/04, BStBl II 06, 369; → iEinz Rn. 369).

Die **Konkurrenzproblematik zw TW-AfA** (Wertminderung) **und Rückstellung** (Beseitigungspflicht), die sich insb bei der Altlastenbeseitigung stellt, ist dogmatisch noch nicht geklärt (für einen – mE zutr – Vorrang der Rückstellung wohl BFH VIII R 14/92, BStBl II 93, 891; *Weindel* DB 21, 1689 [Rückstellungsaufwand führt zur Werterholung]; hingegen für getrennte Beurteilung von TW-AfA und Rückstellung BFH I R 77/01, BStBl II 10, 482; *Schmidt/Roth* DB 04, 553; *BMF* BStBl I 10, 495); vgl wNachw bei → Rn. 550 ‚Umweltschutz und -schäden', unter h); ein Doppelabzug desselben Aufwandes ist in jedem Fall nicht zul.

362 **a) Drittverpflichtung.** Eine (ungewisse) Verbindlichkeit setzt eine Verpflichtung ggü einem anderen voraus (zB BFH I R 153/86, BStBl II 91, 479; EStR 5.7 III), der aber nicht persönl bekannt sein muss; auch eine Nebenverpflichtung kann genügen (BFH VIII R 134/80, BStBl II 86, 788; → Rn. 370), zB eine Verpflichtung

zur Nachbetreuung ggü Kunden. Eine nur interne betriebswirtschaftl „Obliegenheit" zur Substanz- und Betriebsbereitschaftserhaltung rechtfertigt keine Schuldrückstellung (BFH I R 77/01, BStBl II 10, 482); diese „interne Verpflichtung" ist mE von (zB) zu erwartenden BP-Kosten oder Nachbetreuungskosten zu unterscheiden (**aA** *Strahl* KÖSDI 13, 18444). Ein **eigenbetriebl Interesse** (zB an einer Entsorgung) steht einer Drittverpflichtung nicht entgegen (**aA** BFH I R 6/96, BStBl II 01, 570; BFH XI R 2/19, BStBl II 20, 493; wie hier *Moxter* BB 01, 569; *Mayr* DB 03, 740; *Tiedchen* NZG 20, 1121; *Weber-Grellet* FR 20, 781 f; *Oser/Wirtz* StuB 21, 1 (3); *Prinz* FR 21, 189). Der Verpflichtung muss mE nicht zwingend ein Anspruch iSd § 194 BGB entsprechen (so aber wohl BFH I R 6/96, BStBl II 01, 570). Die Verpflichtung muss nicht einklagbar sein (BFH IV 285/65, BStBl II 68, 80). Eine tatsächl Verpflichtung, der sich der Kfm nicht entziehen kann und will („faktischer Leistungszwang"), zB Gewährleistung ohne Rechtspflicht (§ 249 I 2 Nr 2 HGB), steht einer rechtl grds gleich (EStR 5.7 XII); bei Abwendungsmöglichkeit keine Rückstellung (BFH XI R 42/17, DStR 19, 1679). Vertragl Verpflichtungen bedürfen keiner weiteren zeitl Konkretisierung (BFH VIII R 13/99, BStBl II 00, 612).

b) Öffentlich-rechtliche Verpflichtungen. Rückstellbar sind auch (unter weiteren Voraussetzungen; → Rn. 364) öffentl-rechtl Verpflichtungen (zB BFH I R 77/01, BStBl II 10, 482; BFH IV R 35/02, BStBl II 06, 644; *HHR/Tiedchen* § 5 Rn. 695), ungeachtet dessen, ob sie auf Geld oder eine andere Leistung gerichtet sind (BFH IV R 28/91, BStBl II 92, 600). Pflichten zu solch anderen „Leistungen" sind zB Erklärungs-, Prüfungs-, Instandhaltungs-, Entfernungs-, Aufbewahrungspflichten, aber auch (ernsthaft drohende) Rückzahlungspflichten, zB an die Kassenärztl Vereinigung (BFH XI R 64/04, BStBl II 06, 371; BFH VIII R 13/12, BStBl II 15, 523). 363

aa) Voraussetzungen. Nach **Rspr** (zB BFH VIII R 30/01, BStBl II 03, 131; BFH I R 70/15, BStBl II 17, 780) und **FinVerw** (EStR 5.7 IV 1; *Meurer* BetrAV 10, 431) ist eine „hinreichende Konkretisierung" der öffentl-rechtl Pflicht notwendig (zust *KKM* § 5 Rn. D 55; mE verschiedene Formen der Konkretisierung mögl; so auch *Köster* FS Herzig 2010, 695). Dazu ist erforderl, dass eine behördl Verfügung ergangen ist oder, sofern diese nicht vorliegt, eine gesetzl Regelung besteht, die *(1)* ein inhaltl bestimmtes Handeln, *(2)* innerhalb eines bestimmten (voraussehbaren) Zeitraums vorschreibt, der in der Nähe des betr Wj liegt (BFH III R 95/87, BStBl II 89, 893) und die *(3)* zwecks Vermeidung unzul Aufwandsrückstellungen die Verletzung der Pflicht **sanktioniert** (zB BFH VIII R 30/01, BStBl II 03, 131; BFH I R 8/12, DB 13, 1087). Die allg gesetzl Entsorgungspflicht, die nur internen künftigen Aufwand bewirke, genügt nicht (BFH I R 6/96, BStBl II 01, 570; **aA** *Frenz* DStZ 97, 37); ebenso wenig allein die Regelungen des BImSchG (FG Mster EFG 07, 504). 364

bb) Kritik. Gegen die Rspr zur „Konkretisierung" wird – speziell im Hinblick auf Rückstellungen für **Umweltschutzpflichten** (→ Rn. 550 mwN) – eingewandt, diese Anforderungen seien ein „im Gesetz nicht vorgesehenes Sonderrecht für öffentl-rechtl Verpflichtungen" (*Schön* BB 94, Beil 9, 8); die allg Voraussetzungen (→ Rn. 361) müssten ausreichen (*Köster* FS Herzig 2010, 695). BFH VIII R 14/92, BStBl II 93, 891 lässt die Frage einer notwendigen Rechtsfortbildung offen (dazu HFR 94, 132; ferner → Rn. 378). Systematisch betrachtet gehört die Frage der Konkretisierung mE zum Merkmal ‚Wahrscheinlichkeit des Ent-/Bestehens und der Inanspruchnahme' (→ Rn. 376); von einem Sonderrecht kann daher keine Rede sein (so auch *Rätke* StuB 02, 135; *Heger* StbJb 05/06, 233). 365

c) Gegenstand. Die Verpflichtung wird idR auf eine Geld-, Sach-, Dienst-, Werkleistung gerichtet sein (BFH VIII R 134/80, BStBl II 86, 788). Auch → Rn. 311 f. 366

d) Ungewissheit. Die Verbindlichkeit muss dem Grunde und/oder der Höhe nach ungewiss sein (dazu zB BFH I R 78/89, BStBl II 92, 177), dh es muss offen sein, ob und/oder in welcher Höhe sie am Bilanzstichtag besteht – andernfalls ist 367 eine Verbindlichkeit auszuweisen (→ Rn. 311). Ungewiss ist eine Verbindlichkeit auch, wenn sie **aufschiebend** oder **auflösend bedingt** und ungewiss ist, ob die Bedingung eintritt (BFH I R 63/86, BB 90, 1524; **aA** für auflösend bedingte Verbindlichkeiten BFH IV B 100/89, BStBl II 90, 980; iEinz → Rn. 314) oder dem Gläubiger ein Wahlrecht zw zwei Ansprüchen zusteht (BFH I R 153/86, BStBl II 91, 479) – immer vorausgesetzt, dass die Entstehung der Schuld wahrscheinl (→ Rn. 376) und diese im abgelaufenen Wj wirtschaftl verursacht ist (→ Rn. 381).

368 **e) Betriebliche Veranlassung.** Die Verbindlichkeit muss, wenn sie be- oder entstehen sollte, **Betriebsschuld** sein (→ Rn. 311; → § 4 Rn. 140) und die Aufwendungen zu ihrer Erfüllung **abziehbare BA** (BFH VIII R 34/96, BFH/NV 01, 297; *KKM* § 5 Rn. D 52). Auch Schadenersatzpflichten aus strafbaren Handlungen können Betriebsschulden sein (BFH III R 54/91, BStBl II 93, 153); ebenso eine drohende Verfallsanordnung (BFH IV R 31/99, BStBl II 01, 536). – Die vom StPfl nachzuweisende betriebl Veranlassung der Schuld muss feststehen; Ungewissheit reicht nicht aus (BFH III R 220/83, BStBl II 87, 711).

369 **f) Keine Rückstellung von Anschaffungskosten/Herstellungskosten, § 5 IVb.** Die Verpflichtung muss – wegen des Erfordernisses der wirtschaftl Verursachung (→ Rn. 381) – Ausgaben zum Inhalt haben, die das abgelaufene Wj betreffen. **(Künftige)** Aufwendungen, die als **(nachträgl) HK (AK)** zu aktivieren sind, sind daher nicht rückstellbar (§ 5 IV b – mE deklaratorisch; BT-Drs 14/23,170; 14/443, 49; BFH XI R 8/96, BStBl II 99, 18; BFH VIII R 27/00, BStBl II 02, 733), also keine Buchung „per (Herstellungs-)*Aufwand* an Rückstellung/Verbindlichkeit". – Hingegen ist für aktivierte und damit neutralisierte (ungewisse) HK der Ansatz eines entspr Passivpostens bei Ungewissheit der Kosten (HK an Rückstellung) nach wie vor zul (*OFD Mchn* WPg 00, 1132; Klarstellung durch StÄndG 2001: „in künftigen Wj als AK oder HK zu aktivieren"; vgl BT-Drs 14/7340, 10). – ME ist (im Hinblick auf die Systematik der HK-Aktivierung) eine **teleologische Reduktion** vorzunehmen, wenn die künftigen HK ausnahmsweise nicht künftige Erträge alimentieren (**aA** BFH I R 35/15, BStBl II 17, 768, mit mE unzureichender Begründung; EStH 5.7 (1); *HHR/Tiedchen* § 5 Rn. 2107; *KKM* § 5 Rn. Eb 20; krit *Weber-Grellet* FR 17, 880; krit auch *Strahl* KÖSDI 17, 20449; *Farwick* StuB 17, 495), sondern iZm realisierten Erträgen stehen, zB bei Nachsorgeverpflichtungen (*Hick* FR 20, 604). Erhaltungsaufwand ist ebenfalls nicht rückstellbar (BFH I R 8/12, DB 13, 1087; dazu → Rn. 383 f).

Nach § 5 IVb 2 dürfen keine Rückstellungen für Aufwendungen gebildet werden, die (auch) zur Gewinnung (werthaltiger) wieder verwendbarer Brennelemente (zB sog MOX-Brennelemente) führen (krit *Günkel/Fenzl* DStR 99, 649); mE enthält S 2 ein Aufteilungsverbot. Zum Übergang s § 52 XIV aF: Auflösungsgebot in voller Höhe. Das Rückstellungsverbot bezieht sich nicht auf die Verwertung radioaktiver Abfälle.

370 **g) Nebenpflichten.** Auch Rückstellungen, die Nebenpflichten betreffen (zB Nachbetreuung, Instandhaltung), sind auszuweisen; ebenso (bereits wirtschaftl verursachte) Entfernungspflichten (**aA** BFH XI R 2/19, BStBl II 20, 493 mit mE falschem Begründungsansatz; iEinz *Weber-Grellet* FR 20, 781; krit auch *Kolbe* StuB 20, 582). Es besteht kein Rückstellungsausschluss unter dem Gesichtspunkt der Wesentlichkeit (BFH X R 26/10, BStBl II 12, 856; BFH I R 99/10, BStBl II 13, 196; *Weber-Grellet* BB 13, 43), aber wohl Wahlrecht bei Geringfügigkeit; die durch BFH X R 34/19, BStBl II, 21, 844 begründeten Zweifel sind durch § 5 V 2 beseitigt worden (→ Rn. 84).

376 **6. Wahrscheinlichkeit des Entstehens/Bestehens der Verbindlichkeit und der Inanspruchnahme. – a) Existenz.** Handelsrechtl und estrechtl geboten sind Rückstellungen nur (auch solche wegen Erfüllungsrückstands; BFH VIII R 88/87, BStBl II 93, 89; → Rn. 317), wenn und soweit der ordentl Kfm nach den am Bilanzstichtag obj gegebenen und bis zur Aufstellung der Bilanz subj erkennbaren Verhält-

nissen (auch → Rn. 81 zur Wertaufhellung) ernsthaft damit rechnen muss, dass eine Verbindlichkeit besteht oder entstehen wird (FG Ddorf EFG 24, 1405, Rev IX R 30/24). Das Bestehen der Verbindlichkeit muss wahrscheinl sein (zB B BFH VIII R 45/12, BStBl II 15, 759; *Mayr,* Rückstellungen, S 165 ff). Allein die erstinstanzl Verurte)ilung eines Dritten (in vergleichbarer Lage) genügt nicht (BFH XI R 64/04, BStBl II 06, 371). Keine Rückstellung nach wirksamem Vergleich (FG Köln EFG 11, 1768).

b) Überwiegende Gründe. Für das Bestehen müssen nach hM überwiegende Gründe sprechen (**„51 %"**; vgl BFH I R 88/80, BStBl II 85, 44; BFH VIII R 45/12, BStBl II 15, 759; FG Mster BB 23, 303, rkr; EStR 5.7 VI; *HHR/Tiedchen* § 5 Rn. 694); mE reicht im Hinblick auf das Vorsichtsprinzip (→ Rn. 77) bereits eine gewisse Wahrscheinlichkeit (*Weber-Grellet* FR 15, 758; krit auch *KKM* § 5 Rn. D 70: Scheinobjektivierung; Gesamtabwägung erforderl). Hingegen genügt die bloße Möglichkeit einer Verbindlichkeit nicht (so – wörtl – BFH I R 35/03, DStR 05, 1485). 377

c) Wahrscheinliche Inanspruchnahme. Auch die Inanspruchnahme aus der Verbindlichkeit muss nach den am Bilanzstichtag gegebenen Verhältnissen wahrscheinl sein (BFH IV R 43/09, BStBl II 17, 1228; BFH X B 48/18, BFH/NV 19, 113; *BeBiKo* § 249 HGB Rn. 42); entgegen BFH VIII R 45/12, BStBl II 15, 759 keine „Prognose" (Vorhersage), sondern Rechtsanwendung (*Weber-Grellet* FR 15, 758). Bei fehlender Wahrscheinlichkeit besteht ein Passivierungsverbot. Der StPfl darf nicht die pessimistischste Alternative wählen; auch für die Inanspruchnahme müssen mehr Gründe dafür als dagegen sprechen; der genaue Zeitpunkt der Inanspruchnahme kann noch ungewiss sein (FG Ddorf DStRE 06, 449). Wird gegen den StPfl ein Anspruch im Klagewege geltend gemacht, ist idR – zumindest – eine Rückstellung zu bilden (so auch die Wertung des § 5 III; *Weber-Grellet* FR 15, 758; **aA** BFH VIII R 45/12, BStBl II 15, 759; diff *Prinz* FR 15, 750). 378

d) Kenntnis. Der Gläubiger muss seinen Anspruch kennen (BFH VIII R 34/99, BFH/NV 02, 486; FG Mster EFG 15, 1749); unproblematisch bei vertragl Verbindlichkeiten (unklar BFH VIII R 40/04, BStBl II 06, 749). Bei einer Verbindlichkeit, die dem Grunde nach gewiss ist, soll davon auszugehen sein, dass der Gläubiger den Anspruch auch geltend machen wird (BFH VIII R 348/82, BStBl II 88, 430 mwN; zust *Herzig* DStJG 14, 215; *Fatouros* DB 05, 117), es sei denn, aus konkreten Umständen ergibt sich das Gegenteil (BFH VIII R 62/85, BStBl II 89, 359); eine Schadenersatzpflicht aus strafbarer Handlung ist erst nach Aufdeckung der Tat passivierbar (BFH X R 163–164/87, BStBl II 91, 802: vorher wirtschaftl nicht belastend). Die Kenntnis kann sich auch durch behördl Kontrolle ergeben (*Zühlsdorff/Geißler* BB 05, 1099). Die unmittelbar bevorstehende Kenntniserlangung soll ausreichen (BFH VIII R 40/04, BStBl II 06, 749; FG Mster EFG 21, 1744, rkr). 379

Stellungnahme: ME ist die Kenntnis des Gläubigers nur *ein* Aspekt bei der Beurteilung der Wahrscheinlichkeit der Inanspruchnahme (so auch BFH X B 48/18, BFH/NV 19, 113; ähnl BFH I R 77/01, BStBl II 10, 482 für öffentl-rechtl Verpflichtung). Dieser Aspekt ist ohne Bedeutung bei Sachverhalten, die offen zutage liegen (vertragl Verbindlichkeiten, Garantierückstellungen, Bergschadenrückstellungen; Rückstellungen für Produzentenhaftung); der Aspekt ist dagegen relevant bei Sachverhalten, die (bewusst) verborgen gehalten werden (wie zB Verpflichtungen aus Straftaten; BFH IV R 56/04, BStBl II 06, 838).

7. Wirtschaftliche Belastung (wirtschaftliche Verursachung) in der Vergangenheit. – a) Systematik. EStrechtl zul (und geboten) sind Rückstellungen erst, wenn und soweit die ungewisse Verbindlichkeit dem abgelaufenen Wj (oder den Vorjahren, BFH I R 31/00, BStBl II 04, 41; *Mayr* Rückstellungen 39 ff) zuzuordnen ist. Dass die „wirtschaftl Verursachung in der Vergangenheit" Tatbestandsmerkmal ist, entspricht der ständigen RFH- und BFH-Rspr, der BGH-Rspr (BGB II ZR 20/90, NJW 91, 1890), der hL (zB *Hopt* § 249 HGB Rn. 2) und der *FinVerw* 381

(EStR 5.7 V). Die Rspr orientiert sich seit alters her in erster Linie am (imparitätischen) **Realisationsprinzip,** am **Vorsichtsprinzip** und am Prinzip der **wirtschaftl Betrachtungsweise;** sie ist weder statisch noch dynamisch. Der I. Senat, der zwischenzeitl eine frühere rechtl Entstehung genügen ließ (BFH I R 23/01, DStRE 02, 1180; dagegen *BMF* BStBl I 05, 953), verlangt in neueren Entscheidungen ebenfalls eine wirtschaftl Belastung (BFH I R 44/14, BStBl II 15, 769; aber → Rn. 384). – Zu unterscheiden sind realisierte Aufwendungen und künftige Aufwendungen und ihr Bezug zu realisierten Erträgen und künftigen Erträgen (ähnl BFH I R 22/66, BStBl II 70, 104; *Moxter* ZfbF 95, 311 (319 f); *Euler/Hommel* BB 14, 2475). Realisierte Aufwendungen sind – von Sonderfällen abgesehen – stets wirtschaftl verursacht, künftige Aufwendungen hingegen nur, sofern sie mit realisierten Erträgen in Zusammenhang stehen (iEinz *Weber-Grellet* DB 02, 2180; *Hruby* DStR 10, 127; *Baetge/Kirsch/Thiele* Bilanzen, 432; *Kahle* StuB 24, 569; ausdrückl FG Mster EFG 19, 1682, bestätigt durch BFH XI R 21/19, BFH/NV 22, 222; dazu *Weber-Grellet* FR 22, 256).

382 **b) Realisierter Aufwand.** Gegenwärtig (fort)bestehender (bereits „realisierter") Aufwand ist gegeben, wenn sich die rechtl Verpflichtung zu einer konkreten Leistungspflicht verdichtet hat, also der Aufwand, der bereits im abgelaufenen Jahr zu einer **Belastung** des Betriebs geführt hat (*Belastungsprinzip;* → Rn. 80; FG Brem DStRE 18, 129; *Wüstemann/Rost* HdJ III/5 Rn. 44); zB Kaufpreisverpflichtung nach Erhalt der Sache; Schadenersatzverpflichtung, Zulassungskosten (BFH IV R 5/09, BStBl II 12, 122). Realisierter Aufwand ist *grds* im abgelaufenen Geschäftsjahr absetzbar; das gilt auch, wenn der realisierte Aufwand (erst) künftige Erträge alimentiert (zB Forschungskosten). Realisierter Aufwand ist abzusetzen, ohne dass es eines Rückgriffs auf dessen rechtl Entstehung bedarf und ohne dass es darauf ankommt, ob er realisierten oder künftigen Ertrag alimentiert (*Weber-Grellet* DB 02, 2180; allg *HHR/Tiedchen* § 5 Rn. 671 f, 702). Dementspr besteht kein Grundsatz der „einheitl Behandlung schwebender Verträge" (→ Rn. 76). Nur ausnahmsweise ist realisierter Aufwand zu **stornieren** (neutralisieren), soweit das gesetzl vorgeschrieben ist, zB bei der Aktivierung von WG (§ 7), in Gestalt der Aktivierung von HK (§ 266 HGB) und bei unfertigen Arbeiten (*Weber-Grellet* DB 02, 2180); nicht „realisierter Aufwand" (zB nicht verbrauchte Werbebeiträge) ist ebenfalls zu stornieren (BFH X R 59/04, BStBl II 08, 284; *Giesler/Dornbusch* DStR 08, 1574 zu den unterschiedl Marketing-Konstruktionen). – Fehlende Mittel (BFH VIII R 29/91, BStBl II 93, 747) und Insolvenz führen nicht zum Fortfall der Belastung (*OFD Mster* DB 05, 2382), anders bei Forderungsverzicht oder Restschuldbefreiung (dazu *Thouet/Baluch* DB 08, 1595).

383 **c) Künftiger Aufwand.** Hinsichtl künftigen Aufwands („Zukunftsbezug"; so *Euler/Hommel* BB 14, 2475) ist zu differenzieren: Künftiger Aufwand ist nicht zu erfassen, soweit er künftigen Erträgen zuzuordnen ist (*Herzig* FS Schmidt, 1993, 209; *Weber-Grellet* DB 02, 2180; → Rn. 79); mit dieser Begründung hätten BFH I R 45/97, BStBl II 03, 121 (Anpassungsverpflichtung für künftige Wj) und auch BFH I R 35/03, DStR 05, 1485, unter II 3d (künftiger Kavernenspeicherbetrieb) entschieden werden müssen (so der Sache nach auch § 5 IVb; → Rn. 369; *Weber-Grellet* BB 06, 35; ähnl BFH I R 8/12, DB 13, 1087). Künftiger Aufwand ist hingegen zu erfassen, sofern er mit bereits realisierten Erträgen (oder dem betriebl Geschehen der Vergangenheit) in Verbindung steht (Gedanke der **Nettorealisation** – Ausweiseinheit in zeitl Hinsicht; BFH XI R 21/19, BFH/NV 22, 222; *Weber-Grellet* FR 22, 256; zB Garantierückstellung); Gewinne, die mit künftigen Aufwendungen belastet sind, sollen nicht brutto ausgewiesen werden (BFH IV R 35/02, BStBl II 06, 644).

384 **d) Rechtliche Entstehung.** – *(1)* Die Frage der Relevanz der rechtl Entstehung ist umstr; mE ist sie für die Frage des Ausweiszeitpunktes prinzipiell unerhebl (so auch *HHR/Tiedchen* § 5 Rn. 673; *Mayr* BB 02, 2323; *Wüstemann/Rost* HdJ III/5 Rn. 55; *Meyering/Gröne* FR 20, 158; **aA** zB *Schulze-Osterloh* DStJG 23 (2000), 67 (83); *Christiansen* DStR 11, 2483; *BH/Krumm* § 5 Rn. 1548; zur ausführl Begründung

→ 39. Aufl 2020, § 5 Rn. 384). Die rechtl Entstehung besagt nichts über die nach Maßgabe des Realisationsprinzips vorzunehmende zeitl Zuordnung von Forderungen und (ungewissen) Verbindlichkeiten (*Weber-Grellet* BB 23, 43; → Rn. 76, 80, 99, 381, 382, 607). – Der I. Senat interpretiert das Merkmal der rechtl Entstehung zZt als „rechtl Wirksamkeit" (BFH I R 8/12, DB 13, 1087) und hat seine frühere Rspr (BFH I R 45/97, BStBl II 03, 121) ausdrückl aufgegeben. – Rechtl entstandene Verbindlichkeiten sind nicht auszuweisen, sofern sie iRe noch nicht erfüllten, also schwebenden Geschäfts entstanden sind (→ Rn. 76). – ***(2)*** Die frühere Rspr des I. Senats (zB BFH I R 45/97, BStBl II 03, 121 widersprach der Nichtbilanzierung schwebender Verträge (trotz rechtl Entstehung), der Aktivierung von AK (trotz rechtl Entstehung) und den Regelungen des § 5 IIa, IVa und IVb (iEinz → 32. Aufl 2013, § 5 Rn. 384). – ***(3)*** Soweit in BFH IV R 7/11, BStBl II 14, 302; BFH IV R 13/18, BStBl II 22, 656 allein die rechtl Entstehung als ausreichend angesehen wird, ist dem nicht zu folgen; die rechtl Entstehung hat bilanzsteuerrechtl keine ausschlaggebende Bedeutung (→ Rn. 76, 80; *Weber-Grellet* BB 23, 43).

e) Unentziehbarkeit. Kein selbständiges Merkmal ist die Unentziehbarkeit (*Wüstemann/Rost* HdJ III/5 Rn. 51). Eine tatsächl Verpflichtung, der sich der Kfm nicht entziehen kann und will („faktischer Leistungszwang"), zB Gewährleistung ohne Rechtspflicht (§ 249 I 2 Nr 2 HGB), steht einer rechtl grds gleich (→ Rn. 362); auf eine rein rechtl Entziehbarkeit kann es nicht ankommen (*Osterloh-Konrad* DStR 03, 1631; wNachw → 37. Aufl 2018, § 5 Rn. 385). 385

f) Kriterien wirtschaftlicher Belastung; Verursachung im abgelaufenen Veranlagungszeitraum. Die verschiedenen von der Rspr entwickelten Kriterien haben alle dieselbe Funktion; sie sollen die Zuordnung von künftigen Aufwendungen zu realisierten Erträgen (oder – hilfsweise – zum vergangenen betriebl Geschehen) bestimmen. Diese Kriterien sind (iEinz *Weber-Grellet* DStR 96, 896 (900)): – ***(1)*** Verwirklichung des wesentl Tatbestandes der Verbindlichkeit (BFH I R 44/94, BStBl II 95, 742); – ***(2)*** Verknüpfung mit dem betriebl Geschehen des abgelaufenen Geschäftsjahrs (BFH XI R 34/91, BStBl II 94, 158); – ***(3)*** Zusammenhang von Verbindlichkeit und Anspruch, Aufwand und Ertrag (BFH I R 44/94, BStBl II 95, 742); – ***(4)*** Bezugspunkt der Verbindlichkeit in der Vergangenheit, Abgeltung von Vergangenem (BFH I B 112/88, BFH/NV 91, 434); – ***(5)*** zukunftsorientierte Verpflichtungen; Verbindung mit künftigen Gewinnchancen (BFH IV R 28/91, BStBl II 92, 600) oder künftigen Tätigkeiten (BFH VIII R 58/96, BFH/NV 99, 27); – ***(6)*** öffentl-rechtl Verpflichtungen (BFH VIII R 30/01, BStBl II 03, 131); – ***(7)*** Beurteilung der Verbindlichkeit im Falle der Veräußerung (BFH I 149/54 S, BStBl III 55, 266). 386

g) Fallgruppen. – (IEinz *Weber-Grellet* DStR 96, 896 (901); weitere (positive und negative) Einzelfälle → 37. Aufl 2018, § 5 Rn. 387; → 40. Aufl 2021, § 5 Rn. 388, 389; → 44. Aufl 2025, § 5 Rn. 387): ***(1)*** **Wiederherstellung** (zB Rekultivierung BFH IV R 205/79, BStBl II 83, 670; Abbruchverpflichtung BFH VIII R 13/99, BStBl II 00, 612). – ***(2)*** **Rückzahlung/Rückgabe/Rück-nahme;** zB bei der Verpflichtung zur Rücknahme von verkauften Batterien (BFH I B 95/98, BFH/NV 99, 1205, BFH I R 53/05, BFH/NV 07, 1102); bei Mietrückzahlungsverpflichtung (BFH I R 50/10, BStBl II 12, 197). Beruht die Rückzahlungsverpflichtung hingegen auf einem **neuen Ereignis** (zB Austritt, Verzicht; Erreichen bestimmter Absatzzahlen), so ist daran anzuknüpfen (§ 5 IIa, → Rn. 315); zur **Rückgängigmachung** → Rn. 616. – ***(3)*** **Abrechnung,** Jahresabschluss (zBJahresabrechnung, BFH I R 44/94, BStBl II 95, 742). – ***(4)*** **Zusammenhang mit erbrachten Leistungen** (konkrete Nachbetreuung, BFH X R 26/10, BStBl II 12, 856 mwN; Aufbewahrungspflichten, BFH VIII R 30/01, BStBl II 03, 131). – ***(5)*** **Provisionsverpflichtungen** (Ausgleichsverpflichtung nach § 89b HGB BFH I R 39/00, BStBl II 05, 465; einschr *BMF* BStBl I 05, 802; → Rn. 270). – ***(6)*** **Steuerschulden** (auf das Jahr, auf das die Steuerschuld entfällt, BFH IV R 112/81, BStBl II 84, 554; hinterzogene LSt, wenn mit der Inanspruchnahme zu rechnen ist, BFH I R 73/95, BStBl II 96, 592). – ***(7)*** **Zukunftspflichten/Nachrüstung** (zB Wartung von Zügen (BFH XI R 11/22, DStR 25, 1676; *Weber-Grellet* BB 26, 43 (45)); allg Nachbetreuung, BFH XI R 34/91, BStBl II 94, 158; Fettabscheider, BFH XI R 8/96, BStBl II 99, 18; Gaspendelung, BFH IV R 85/05, BStBl II 08, 516). 387

8. Rückstellungen wegen Verletzung fremder Schutzrechte, § 5 III

Schrifttum: *Engels,* Patent-, Marken- und Urheberrecht, 11. Aufl, 2020; *Götting/Hofmann/Zech,* Gewerbl Rechtsschutz, 12. Aufl, 2024. – *Offerhaus,* Die besondere Interessenlage bei der Bildung von Rückstellungen für Patentverletzungen, FS Wacker, 2006, 333. – **Verwaltung:** EStR 5.7 X.

391 **a) Funktion.** § 5 III regelt (vorrangig vor GoB; § 5 I), unter welchen tatbestandl Voraussetzungen Schuldrückstellungen wegen Verletzung fremder Schutzrechte in der StBil gebildet und beibehalten werden dürfen. In Begrenzung der vorausgegangenen BFH-Rspr (BFH I R 157/79, BStBl II 82, 748) statuiert § 5 III ein **estrechtl Passivierungsverbot,** und zwar primär in der Form eines **Auflösungsgebots** (§ 5 III 2). § 5 III enthält eine Konkretisierung des Merkmals „Wahrscheinlichkeit der Inanspruchnahme" (*Offerhaus* FS Wacker, 2006, 333) und ist nicht verfwidrig (*HHR/Anzinger* § 5 Rn. 1952). – § 5 III erfasst tatbestandl nur – *(1)* **Rückstellungen,** also Passivposten für ungewisse Schulden (Gegensatz: Verbindlichkeiten), – *(2)* wegen **Verletzung** (also rechtswidriger Eingriffe in fremde Rechte; keine vertragl Ansprüche), – *(3)* der in § 5 III abschließend aufgeführten Schutzrechte.

392 **b) Voraussetzungen.** § 5 III 1 knüpft die estrechtl Rückstellungsbildung und -beibehaltung **alternativ** an zwei (Mindest-)Voraussetzungen: – *(1)* Der Rechtsinhaber hat gegen den StPfl **Ansprüche** wegen der Rechtsverletzung **geltend gemacht** (Nr 1; → Rn. 395 f). – *(2)* Der StPfl muss mit einer **Inanspruchnahme ernsthaft rechnen,** obwohl der Rechtsinhaber (noch) keine Ansprüche geltend gemacht hat, nicht einmal Kenntnis von der Rechtsverletzung hat (Nr 2; BFH IV R 33/05, BStBl II 06, 517); nur für diese Alternative gebietet § 5 III 2 die gewinnerhöhende Auflösung einer Rückstellung „spätestens" in der Bilanz des dritten auf die erstmalige Bildung folgenden Wj, sofern Ansprüche bis zur fristgerechten Aufstellung der Bilanz nicht geltend gemacht wurden.

Beispiel: Erstmalige Patentverletzung in 01. Rückstellungsbildung zum 31.12.01. Auflösung zum 31.12.04, wenn bis zur Aufstellung dieser Bilanz zB am 30.4.05 keine Ansprüche geltend gemacht sind.

393 **aa) Fortgesetzte Verletzung.** Auch wenn **dasselbe Patent über Jahre hinweg fortgesetzt verletzt** wird, läuft die Frist von dem Wj an, in dem das Schutzrecht erstmals verletzt *und* eine Rückstellung gebildet worden ist (BFH IV R 33/05, BStBl II 06, 517; **aA** *Offerhaus* FS Wacker, 2006, 333); Erhöhungen wegen weiterer Verletzungen *desselben* Schutzrechts in den Folgejahren sind ebenfalls spätestens in der Bilanz des dritten auf die erstmalige Bildung folgenden Wj aufzulösen, nicht erst in der Bilanz des dritten auf die Erhöhung folgenden Wj, sofern keine Ansprüche geltend gemacht worden sind (BFH IV R 33/05, BStBl II 06, 517; EStR 5.7 X). Wird das Schutzrecht auch noch im dritten Wj nach der erstmaligen Bildung der Rückstellung und in den folgenden Wj verletzt, darf mE keine Rückstellung mehr gebildet werden („Rückstellungsverbrauch"), solange keine Ansprüche erhoben worden sind (EStR 5.7 X 4).

394 **bb) Geltendmachung.** Mit der (fristgerechten) Geltendmachung von Ansprüchen entfällt das Auflösungsgebot; die Rückstellung ist estrechtl beizubehalten. Werden erst nach Auflösung Ansprüche geltend gemacht, ist estrechtl eine Neubildung nach S 1 Nr 1 zul, soweit diese nach GoB geboten ist. Ansprüche wegen der Rechtsverletzung sind geltend gemacht (§ 5 III 1 Nr 1; § 5 III 2), sobald der Rechtsinhaber mündl oder schriftl mindestens Unterlassung verlangt (zB nach § 139 I PatG, § 97 I UrhG, § 1004 BGB); Klageerhebung ist nicht erforderl (BT-Drs 9/1956, 40; *HHR/Anzinger* § 5 Rn. 1975). Gegenstand der Rückstellung sind die auf Geld gerichteten Schadenersatzverpflichtungen, zB nach § 139 II PatG, § 97 II UrhG oder § 823 BGB (*van Venrooy* StuW 91, 28) oder nach §§ 812 ff BGB (vgl *HHR/Anzinger* § 5 Rn. 1969).

cc) Weitere Voraussetzungen. – *(1)* Werden gegen den StPfl **Ansprüche geltend gemacht** (S 1 Nr 1), folgt daraus noch nicht, dass eine Rückstellung zu bilden ist; es müssen auch die allg Voraussetzungen erfüllt (→ Rn. 361 f), insb muss wahrscheinl sein, dass eine Verbindlichkeit besteht und der StPfl leisten muss (→ Rn. 376); nicht erforderl ist, dass eine Schutzrechtsverletzung feststeht (*Christiansen* StBP 89, 12). – *(2)* Sind **Ansprüche nicht geltend gemacht,** muss (während des Laufs der in S 2 genannten Fristen) mit einer Inanspruchnahme ernsthaft zu rechnen sein (S 1 Nr 2), dh es muss wahrscheinl sein, dass eine Verbindlichkeit besteht und der StPfl leisten muss (ähnl *HHR/Anzinger* § 5 Rn. 1976). Hat der Inhaber des angebl verletzten Rechts Kenntnis von der Verletzung, macht er aber keine Ansprüche geltend, kann dies einen konkludenten Verzicht (zB wegen lfd Geschäftsbeziehungen) beinhalten. 395

c) Schutzrechte. – aa) Patentrecht. Das ist das „Recht aus dem Patent" (§ 9 PatG); gleichgestellt sind europäische Patente (*HHR/Anzinger* § 5 Rn. 1965). Kein Patentrecht sind die Rechte auf das Patent nach §§ 6, 7 PatG und das mit der Erfindung entstehende grds ungeschützte Erfinderrecht, wohl aber die durch Patentanmeldung offen gelegte Erfindung (EStR 5.7 X 1). 398

Ähnl Schutzrechte iSv § 5 III sind zB: das **Gebrauchsmusterrecht** (§§ 1, 5 GebrauchsMG); das **Designschutzrecht** (§§ 1, 2 DesignG); das **Halbleiterschutzrecht** (§§ 5, 6 Halbleiterschutzgesetz; Schutz der Topographie eines Chips); das **Markenrecht** (§§ 1, 3 MarkenG); das **Sortenschutzrecht; ausl Schutzrechte,** insb Patentrechte; **Nutzungsrechte (Lizenzen)** ausschließl Art an den genannten Schutzrechten.

bb) Urheberrecht. Das ist das subj absolute Recht des Urhebers eines Werks der Literatur, Wissenschaft oder Kunst (zB Sprach-, Musik-, Filmwerk, Werk der bildenden Kunst oder Baukunst) nach Maßgabe des UrhG (vgl insb §§ 1, 11, 15, 120–123 UrhG), seine materiellen Verwertungsinteressen (vgl §§ 15–24 UrhG) ggü anderen durchzusetzen. 399

Ähnl Schutzrechte iSv § 5 III sind zB: **Leistungsschutzrechte** iSd §§ 70–87 UrhG; **Nutzungsrechte** ausschließl Art an urheberrechtl geschützten Werken (§ 31 III UrhG), zB Verlags-, Verfilmungsrecht, ausl Rechte.

d) Bewertung. Diese richtet sich nach dem mögl Anspruch des Rechtsinhabers (iEinz *KKM* § 5 Rn. D 253; *HHR/Anzinger* § 5 Rn. 1969). 400

9. Rückstellung für Dienstjubiläumszuwendungen, § 5 IV

Gesetzesmaterialien: BT-Drs 11/2157; BT-Drs 11/2226; BT-Drs 11/2529; BT-Drs 11/2536; BR-Drs 300/88.

Schrifttum: *Dunker,* ArbN-Jubiläumsrückstellungen als Sozialaufwand in HB und StBil, 1991. – *Veit,* Rückstellungen für Dienstjubiläumszuwendungen, StuB 09, 102. – **Verwaltung:** *BMF* BStBl I 08, 1013; *OFD Nds* v 6.2.17 ESt-Kartei ND § 5 EStG Nr 5.3.

a) Gegenstand. § 5 IV begrenzt Rückstellungen für die (ungewisse) Verpflichtung aus einer Zusage, einem ArbN bei einem **Dienstjubiläum** (zum Begriff *BMF* BStBl I 08, 1013) Geld- oder Sachzuwendungen zu gewähren (vgl GrS BAG DB 87, 265). Die Änderung der Rspr durch BFH IV R 81/84, BStBl II 87, 845 war Anlass zu der Regelung in § 5 IV (BGBl I 88, 1093; dazu BT-Drs 11/2536, 86). Zur Anwendung → 29. Aufl 2010, § 5 Rn. 407. 406

b) Verfassungsmäßigkeit. Die Neuregelung wurde zT für verfwidrig gehalten (*Schulze-Osterloh* FS Friauf, 1996, 833 mwN); mE war und ist die Regelung im Hinblick auf die Entwicklung der Rspr und die nur vorläufige Natur des Rückstellungspostens nicht „willkürlich"; *Weber-Grellet* BB 00, 1024; ähnl *Loose* FR 00, 553; diff *HHR/Anzinger* § 5 Rn. 2004 (krit ggü ‚Dienstjubiläen ab 15 Jahre'); BVerfG 2 BvL 1/00, BStBl II 09, 685 (Vorrang des Steuerrechts), gg BFH X R 60/95, BStBl II 00, 131. 409

415 **c) Voraussetzungen.** – (Zusätzl) Voraussetzungen der (zwingenden) Passivierung für nach dem 31.12.92 erworbene Anwartschaften sind: – ***(1)*** Dienstverhältnis (jegl Art), das mindestens 10 Jahre bestanden hat, – ***(2)*** Dienstjubiläum, das das Bestehen eines Dienstverhältnisses von mindestens 15 Jahren voraussetzt; die Jubiläumsdienstzeit muss nicht durch fünf ohne Rest teilbar sein (*BMF* BStBl I 08, 1013 Rn. 1), – ***(3)*** Schriftform der Zusage (iEinz zB *Gail* GmbHR 93, 685; *HHR/Anzinger* § 5 Rn. 2021). – Die Verpflichtung muss nicht rechtsverbindl, unwiderrufl und vorbehaltlos sein, aber Prüfung der Wahrscheinlichkeit (*BMF* BStBl I 08, 1013 Rn. 4; *OFD Nds* v 6.2.17 ESt-Kartei ND § 5 EStG Nr 5.3).

Zur **Bewertung** (TW- oder Pauschalwertverfahren; kein Fluktuationsabschlag; Altersbegrenzung; Kürzung bei Beginn des Dienstverhältnisses vor dem 1.1.93; ArbG-Anteile zur Sozialversicherung) vgl iEinz BFH I R 53/15, BStBl II 18, 702; *BMF* BStBl I 22, 631; *HHR/Anzinger* § 5 Rn. 2031; str ist die Begrenzung auf den HB-Wert (*Haack/Stöckler* BetrAV 19, 329; → Rn. 26).

421 **10. Höhe, Nachholung und Auflösung von Verbindlichkeitsrückstellungen. – a) Höhe.** Grds sind Rückstellungen mit dem Betrag auszuweisen, der bei vernünftiger kfm Beurteilung nach den Verhältnissen am Bilanzstichtag (→ Rn. 81) wahrscheinl zur Erfüllung notwendig ist (notwendiger Erfüllungsbetrag; § 253 I 2 HGB; EStH 6.11). Ist die ungewisse Verbindlichkeit auf eine **Geldleistung** gerichtet, ist der **Betrag** anzusetzen, der nach den **Preisverhältnissen am Bilanzstichtag** wahrscheinl zu leisten ist (iEinz → § 6 Rn. 471 ff). – § 6 I Nr 3a enthält (beispielhaft) objektivierungsbedingte Konkretisierungen (→ § 6 Rn. 478 ff). – Der (niedrigere) HB-Wert ist mE nicht maßgebl (→ Rn. 26 mwN; **aA** → § 6 Rn. 472).

422 **b) Nachholung.** Waren die Voraussetzungen für eine Rückstellung bereits in früheren Wj erfüllt, ohne dass diese passiviert wurde, und sind die Bilanzen dieser Wj nicht mehr zu berichtigen, muss sie in einem späteren Wj (mE nach Maßgabe der Verhältnisse zu diesem Bilanzstichtag) gewinnmindernd nachgeholt werden (Bilanzberichtigung; → § 4 Rn. 280 f; *Prinz/Schulz* FR 07, 749); der Grund für die Fehlerhaftigkeit ist irrelevant (BFH GrS 1/10, BStBl II 13, 317; *Weber-Grellet* DStR 13, 729; *ders* BB 14, 42, es sei denn, diese Nachholung widerspricht Treu und Glauben, zB weil die Bildung aus Gründen steuerl Manipulation unterblieben ist (vgl BFH IV R 81/84, BStBl II 87, 845; *KKM* § 4 Rn. D 216). Das gilt auch (rückwirkend) in den Fällen geänderter Rspr (**aA** früher *OFD Ddorf* DB 05, 1083). – Entsprechendes gilt für die Erhöhung einer Rückstellung.

423 **c) Auflösung.** Rückstellungen sind idR gewinnerhöhend aufzulösen, sobald nach den Verhältnissen am Bilanzstichtag (→ Rn. 81) ihr Anlass, zB drohende Inanspruchnahme, weggefallen ist (vgl § 249 II 2 HGB; BFH IV R 95/96, BStBl II 98, 375; EStR 5.7 XIII), bei Zivilklage erst nach rkr Klageabweisung (BFH I R 68/00, BStBl II 02, 688). Entsprechendes gilt nach dem Grundsatz des Bilanzenzusammenhangs, wenn eine Rückstellung von Anfang an zu Unrecht gebildet wurde (BFH I R 78/85, BFH/NV 90, 630) oder ihre Voraussetzungen bereits in früheren Wj entfallen sind, soweit die entspr Veranlagungen, zB wegen Verjährung, nicht mehr berichtigt werden können (BFH VIII R 33/98, BFH/NV 01, 414; s auch *KKM* § 5 Rn. D 224). Bei „Realisierung" erfolgsneutrale Umbuchung (per Rückstellung an Verbindlichkeit); erfolgsneutrale Auflösung auch bei privatem Schulderlass (BFH I R 41/85, BStBl II 89, 612: Einlage). Zur Auflösung von Rückstellungen wegen Patentverletzung uÄ → Rn. 391, wegen Dienstjubiläumszuwendungen → Rn. 406; die Auflösung einer unberechtigten Rückstellung berührt nicht den Betriebsveräußerungs-/Aufgabegewinn (BFH XI R 8/96, BStBl II 99, 18); zu Insolvenzverfahren → Rn. 672.

11. Rückstellungen für drohende Verluste aus schwebenden Geschäften, § 5 IVa

Schrifttum: *Heddäus,* Handelsrechtl GoB für Drohverlustrückstellungen, 1997; *Bertl/Egger/Gassner/Lang* (Hrsg), Verlustvorsorgen im Bilanz- und StR, 2000. – *Krüger,* Zur Verfassungsmäßigkeit des Verbots der Verlustrückstellung, FR 08, 625 (s auch Schrifttum vor → Rn. 350). – **Verwaltung:** EStR 5.7 VII 7.

a) Verlustrückstellung. – aa) Entwicklung. Nach § 5 IVa dürfen Rückstellungen für drohende Verluste aus schwebenden Geschäften (in Abweichung vom Maßgeblichkeitsgrundsatz; § 5 I, § 249 I 1 HGB) nicht gebildet werden (BT-Drs 13/8325); die Regelung (eine Reaktion auf die von der Rspr mitgetragene Ausweitung; vgl BFH VIII R 160/79, BStBl II 84, 56; BFH GrS 2/93, BStBl II 97, 735) bezieht sich auf Einzelrückstellungen und Rückstellungen aus Dauerschuldverhältnissen; sie ist mE auch bei § 4 I anwendbar. Erfüllungsrückstände (→ Rn. 317) werden ebenso wenig erfasst wie eingegangene Garantie- oder Bürgschaftsverpflichtungen (BFH IV B 176/02, BFH/NV 03, 919; → Rn. 550). § 5 IVa erfasst nicht das negative Ergebnis von Bewertungseinheiten (§ 5 IVa 2; *Meinert* DStR 17, 1447; *HHR/Rade* § 5 Rn. 2065; → Rn. 70). Zur erstmaligen Anwendung, zur VerfMäßigkeit und zur Kritik → 33. Aufl 2014, § 5 Rn. 450 und → 38. Aufl 2019, § 5 Rn. 450. 450

bb) Funktion. Mit einer Rückstellung für drohende Verluste aus schwebenden Geschäften („Verlustrückstellung"), die abw vom Realisationsprinzip aus Gründen der Vorsicht Verluste antizipiert (künftiger Mehraufwand), wird als Ausnahme vom Grundsatz der Nichtbilanzierung schwebender Verträge (→ Rn. 76) **vor Lieferung oder Leistung** der (negative) Saldo zw dem Wert des eigenen Anspruchs und dem Wert der eigenen Verpflichtung (den eigenen Kosten) passiviert (**Verpflichtungsüberschuss;** BFH I R 37/91, BStBl II 93, 441; OLG Ddorf 12 U 4/24, DB 25, 656). Die Verlustrückstellung erfasst künftige Verluste; Verbindlichkeitsrückstellungen (wie auch Absetzungen auf WG) haben ‚realisierte' Aufwendungen zum Gegenstand (→ Rn. 381 f; FG Mchn EFG 03, 31). Eine **TW-AfA** kann daher ggf auch **vor Lieferung oder Leistung** in Betracht kommen (→ Rn. 270 ‚Unfertige Erzeugnisse'; → Rn. 382). – Neben den (mindestens) drohenden werden auch „sichere Verluste" vom Verbot des § 5 IVa erfasst (**aA** *Piltz* StbJb 99/00, 221). – Bei Berechnung des Veräußerungsgewinns sind drohende Verluste nicht zu berücksichtigen (BFH I R 61/06, DStR 08, 963; *Ley* DStR 07, 589); Veräußerungsgewinn ist (verkürzt) nur die Differenz zw Erlös und Aktivvermögen. 451

Bei „Übernahme" eines (Verlust-)Mietvertrags **(angeschaffte Verlustrückstellung)** ist nach BFH I R 102/08, BStBl II 11, 566, eine Rückstellung zu bilanzieren (krit *Bareis* FR 12, 385; *Siegel* FR 12, 388); kein Fall des § 5 IVa (*Weber-Grellet* DB 11, 2875; BFH I R 72/10, BStBl II 17, 1226); iEinz § 4f, § 5 VII (→ Rn. 503); → Rn. 674.

12. Aufwandsrückstellungen. Ihnen liegt keine (ungewisse) Verpflichtung ggü einem anderen (Außenverpflichtung) zugrunde; sie haben den Zweck, künftige Ausgaben als Aufwand des abgelaufenen Wj zu berücksichtigen. – ***(1)*** In der **Handelsbilanz** sind sie **grds unzul** (§ 249 II 1 HGB nF), ausgenommen die in § 249 I 2 HGB abschließend aufgezählten Sonderfälle. – ***(2)*** In der **Steuerbilanz** sind sie nach hM (nur) zul, soweit handelsrechtl gem § 249 I 2 Nr 1 HGB (unterlassene Instandhaltung mit dreimonatiger und Abraumbeseitigung mit einjähriger Nachholfrist) Passivierungs*pflicht* besteht. 461

13. Passive Rechnungsabgrenzung. Ein passiver RAP erfordert Einnahmen vor und Ertrag für eine bestimmte Zeit nach dem Bilanzstichtag; er dient der periodengerechten Gewinnermittlung (*KKM* § 5 Rn. F 2; Buchung: per Geld an RAP). § 5 V 1 Nr 2 enthält – deckungsgleich mit § 250 II HGB – eine Definition des passiven RAP; wegen der Einzelheiten → Rn. 241–258. 481

496 **14. Rücklagen. – a) Begriff.** Rücklagen sind idR Passivposten mit Eigenkapitalcharakter (Kapital- oder Gewinnrücklagen, vgl § 272 II–IV HGB für KapGes; BFH VIII R 46/06, DB 07, 2403; Beck HdR B 231 Rn. 81 f; *Weber-Grellet* BB 24, 1450); sie bewirken eine Ausschüttungssperre (zB § 272 IV 1 HGB für Rücklage bei Mehrheitsbeteiligung); einzubuchen sind sie „per Kapital an Rücklage". Die „Beteiligung an der Rücklage" ist kein selbständiges WG (BFH I R 58/99, BStBl II 01, 168). **Kapitalrücklagen** entstehen aus offenen oder verdeckten Einlagen, die den Gewinn nicht erhöhen (§ 4 I 1; BFH VIII R 52/04, BStBl II 06, 847; als Gestaltungsinstrument *Heidemann* INF 00, 44). Die Bildung von Rücklagen aus dem Gewinn ist eine Maßnahme der Gewinnverwendung, nicht der Gewinnermittlung (BFH IV R 156/77, BStBl II 80, 434; vgl auch § 58 AktG). Zu Rücklagen in der **DM-EB** zum 1.7.90 → 29. Aufl 2010, § 5 Rn. 496.

497 **b) Steuerfreie Rücklage.** Sie storniert (bis zu ihrer Auflösung) den StBil-Gewinn (Buchung: per Ertrag an stfreie Rücklage), wenn dies estrechtl durch besondere Normen zugelassen ist, zB Rücklage nach § 6b; Rücklage nach § 52 XVI aF (BFH X R 33/13, BFH/NV 16, 1002); RfE (→ Rn. 501); Zuschussrücklage nach EStR 6.5 IV. Nach Abschaffung der umgekehrten Maßgeblichkeit (→ Rn. 60, 65) entfallen die Sonderposten mit Rücklagenanteil (§ 247 III, § 273 HGB aF; zur übergangsweisen Fortführung bestehender Posten Art 67 III, IV EGHGB).

501 **15. Rücklage für Ersatzbeschaffung.** Die RfE (bzw Übertragung des Buchgewinns auf ein ErsatzWG = Minderung der AK/HK) verhindert die Aufdeckung der stillen Reserven (→ Rn. 602, 631; *Gröne* StuW 22, 39; krit wegen fehlender Grundlage *Marchal* Die strechtl Grundlagen der RfE, 2006); die durch das Ausscheiden des WG erlangte Gegenleistung soll ungeschmälert zur Ersatzbeschaffung verwendet werden können (BFH IV R 46/97, BStBl II 99, 561), auch soweit sie über den TW des WG hinausgeht (BFH IV R 54/80, BStBl II 83, 371); Auflösung bei nicht zeitnaher Ersatzbeschaffung (BFH IV R 4/09, BStBl II 14, 443). IEinz → § 6 Rn. 101 ff; → 28. Aufl 2009, § 5 Rn. 501–511.

503 **16. Passivierung bei Verpflichtungsübernahme, § 5 VII. – a) Funktion und Systematik.** – ***(1)* Ergänzung des § 4f.** § 5 VII (idF AIFM-StAnpG, BGBl I 13, 4318) „perpetuiert" – korrespondierend zu § 4f (s dort) – die Passivierungsbeschränkungen beim Übernehmer, erlaubt aber eine Streckung des durch die Übernahme entstehenden Ertrags durch Bildung einer stfreien Rücklage (*Lüdenbach/Hoffmann* GmbHR 14, 13; *Weber-Grellet* DB 18, 661 [zu *BMF* BStBl I 17, 1619]; *Bünning* BB 19, 2667); zu Kettenübertragungen *Estler/Tillmann* BetrAV 23, 444. – ***(2)* Fortgeltung der Passivierungsbegrenzungen bei Übernehmer.** § 5 VII 1 ordnet per Fiktion an, dass der Übernehmer einer Verpflichtung (und dessen Rechtsnachfolger) in der ersten nach der Übernahme aufzustellenden StBil die Ansatzverbote, Ansatzbeschränkungen und Bewertungsvorbehalte zu beachten hat, die auch für den ursprüngl Verpflichteten gegolten haben (*BMF* BStBl I 17, 1619 Rn. 2 f); die Verpflichtung unterliegt weiterhin den entspr Vorschriften (zB §§ 6a, 5 IVa). Die Regelung behindert die Portabilität betriebl Versorgungszusagen (§ 4 BetrAVG; *Pagels* BetrAV 15, 409; *Briese* DStR 19, 943; zu (vertragl Regelungsbedarf bei) Umwandlung *Horst* FR 15, 824; → § 4f Rn. 1). – ***(3)* Erstreckung auf Erfüllungsübernahme und Schuldbeitritt.** § 5 VII 2 ist § 4f II vergleichbar (→ § 4f Rn. 8; *OFD Mbg* DStR 14, 1546). – ***(4)* Beispiel** → § 4f Rn. 2.

504 **b) Einzelheiten.** – ***(1)* Mitunternehmeranteil.** § 5 VII 3 regelt den Sonderfall der entgeltl Übertragung eines MUeranteils (*Förster/Staaden* BB 16, 1323; *Weber-Grellet* DB 18, 661; *BMF* BStBl I 17, 1619 Rn. 20). Zwar ist Verpflichtete die MUerschaft; wirtschaftl ist aber eine Gleichstellung mit den Fällen von Satz 1 geboten. – ***(2)* Übernahme einer Pensionsverpflichtung einschließlich Vermögenswerte (§ 5 VII 4).** In diesen Fällen ist die Pensionsverpflichtung beim Übernehmer nach den Grundsätzen des sog *Huckepackverfahrens* (zweigeteilten Bewertungsverfahren) zu

ermitteln (*Weber-Grellet* FR 25, 374; wNachw → 44. Aufl 2025, § 5 Rn. 504). – ***(3)* Steuerfreie Rücklage iHv ¹⁴⁄₁₅.** Sofern sich aus der Anwendung der Sätze 1–3 ein Gewinn ergibt, kann der Übernehmer nach § 5 VII 5 jeweils iHv ¹⁴⁄₁₅ dieses Gewinns eine gewinnmindernde Rücklage bilden, die in den folgenden 14 Wj mit mindestens ¹⁄₁₄ gewinnerhöhend aufzulösen ist (*BMF* BStBl I 17, 1619 Rn. 11 f); Rücklage auch bei übernommener Pensionsverpflichtung (BFH XI R 24/21, BStBl II 25, 281; zust *Weber-Grellet* FR 25, 374; *Kahle* FR 25, 1063). – ***(4)* Auflösung der Rücklage.** § 5 VII 6 ordnet an, dass die verbleibende Rücklage aufzulösen ist, wenn die zugrunde liegende Verpflichtung vor Ablauf des Auflösungszeitraums nicht mehr besteht (*Zwirner ua* DStR 21, 2186). – ***(5)* Erstmalige Anwendung.** § 5 VII ist gem § 52 IX anwendbar für Wj, die nach dem 28. 11. 2013 enden (*Benz/Placke* DStR 13, 2653; *OFD Mbg* DStR 14, 1546; *BMF* BStBl I 17, 1619 Rn. 6 f). Auf Antrag kann § 5 VII auch für frühere Wje angewendet werden (§ 52 IX S 2; *BMF* BStBl I 17, 1619 Rn. 7).

17. ABC der Passivierung

Abbruch. Abbruchverpflichtung kann als Rückstellung zu passivieren sein (BFH I R 28/73, BStBl II 75, 480), auch wenn Abbruchzeitpunkt ungewiss ist (BFH VIII R 13/99, BStBl II 00, 612); bei öffentl-rechtl Verpflichtung ist Konkretisierung geboten (BFH IV R 28/91, BStBl II 92, 600; → Rn. 387). Eine vor Abbruch erhaltene Entschädigung ist als Anzahlung zu passivieren (BFH I R 198/80, BStBl II 85, 126). – Kosten für einen in die Zukunft wirkenden Abriss (zB zur Herstellung eines neuen Gebäudes) sind nicht rückstellbar (FG Brem EFG 07, 665; → Rn. 270 „Gebäude"; → Rn. 550 „Umweltschutz und -schäden"). 550

Abfall s „Umwelt"; → Rn. 270 „Recycling".

Abfindung. Keine Rückstellung für zukünftige Abfindungen an langjährige Mitarbeiter (BFH IV B 97/94, BFH/NV 95, 970; HessFG EFG 05, 938), da idR kein Erfüllungsrückstand (→ Rn. 317). – S auch „Arbeitszeit" wegen Nachteilsausgleich.

Abraum. Für unterlassenen Aufwand für Abraumbeseitigung müssen in der HB und daher auch in der StBil Rückstellungen gebildet werden, aber nur insoweit, als die Aufwendungen im folgenden Wj nachgeholt werden (§ 249 I 2 Nr 1 HGB; EStR 5.7 XI 2); weitergehende Aufwandsrückstellungen sind in der StBil und auch in der HB unzul; das bisherige Wahlrecht des § 249 I 3 HGB aF ist durch das BilMoG (BGBl I 09, 1102) gestrichen (→ Rn. 461).

Abrechnungsverpflichtung (Nebenpflicht aus Werkvertrag) ist als mit den Vollkosten zu bewertende Rückstellung zu passivieren (BFH VIII R 134/80, BStBl II 86, 788; EStH 5.7 III); ähnl BFH I R 44/94, BStBl II 95, 742: iHd erwarteten Kosten der Jahresabrechnungen.

Abschlussgebühren s „Bausparkassen".

Abzinsung → Rn. 270.

Aktienoptionsprogramme (als Teil der Entlohnung; „per Aufwand an eigene Aktien") können zu (ungewissen) Verbindlichkeiten führen, sofern Verpflichtung bereits wirtschaftl verursacht ist (→ Rn. 314; *Walter* DStR 06, 1101); Bewertung von Kursentwicklung abhängig. Bei einem Aktienoptionsplan, der mit einer bedingten Kapitalerhöhung verbunden ist, entsteht im Zeitpunkt der Einräumung der Bezugsrechte noch kein (Personal-)Aufwand (BFH I R 103/09, BStBl II 11, 215; BFH I R 11/15, BStBl II 17, 1043; *Weber-Grellet* BB 18, 43; *ders* FR 18, 234). – Zu SAR (Stock Appreciation Rights) *Fischer/Schmid* DStR 18, 1629: zukunftsbezogen.

Altauto; Altgeräte. Für Verpflichtung zur Altautorücknahme und -entsorgung kann eine Verbindlichkeitsrückstellung zu bilden sein (*Hug/Roß/Seidler* DB 02, 1013), ähnl wie für die Verpflichtung zur Batterierücknahme (BFH I B 95/98, BFH/NV 99, 1205; ‚Umwelt'; → Rn. 376 zum AltfahrzeugG; → § 6 Rn. 487). Zur

Rückstellung bei Elektroaltgeräten nach ElektroG v 16.3.05 *Stegemann* INF 06, 136 (ab Inverkehrbringen); Konkretisierung durch Abholanordnung erforderl (BFH I R 70/15, BStBl II 17, 780 zur Entsorgung von Energiesparlampen; EStH 5.7 (4); *Fink* NWB 17, 2989; *Weber/Grellet* BB 18, 43).

Altersteilzeitarbeit s „Arbeitszeit".

Altlasten s „Umwelt".

Altreifen. Keine Rückstellung für Vernichtung, solange StPfl nicht durch Verwaltungsakt zur Entsorgung verpflichtet ist.

Altschulden: Ausweis einer Rückstellung zul (NdsFG EFG 13, 1777); zur Höhe gem § 9 III LwAltschG s *OFD Mbg* StEK EStG § 5 Rückst Nr 204.

Anfechtbare Rechtshandlungen (§ 135 InsO) können (beim Geschäftspartner) ggf Rückstellungen erfordern (*Klusmeier* DStR 14, 2056 mwN).

Anpassungsverpflichtung → Rn. 550 „Umweltschutz und -schäden", BFH I R 45/97, BStBl II 03, 121 [Nichtanwendung *BMF* BStBl I 03, 125]; → Rn. 384.

Ansammlungsrückstellung → § 6 Rn. 486.

Anschaffungskosten. Bei ungewissen AK (zB Prozesskosten) ist „per AK an Rückstellung" zu buchen; Auflösung: „per Rückstellung an Bank oder an AK".

Anzahlungen. Erhaltene Anzahlungen (auf noch zu erbringende Lieferungen und Leistungen, vgl BFH I R 153/86, BStBl II 91, 479) sind als solche (RAP-ähnl; → Rn. 244) unter den Verbindlichkeiten (vgl § 266 III HGB) grds zum Nennwert ohne Abzinsung und ohne Abzug der USt (per Geld an Anzahlung) zu passivieren (BFH IV R 138/76, BStBl II 80, 648; FG Mchn EFG 03, 148, für Vorauszahlung auf Wartungsaufwand iRe Leasingvertrags) und nach erbrachter Lieferung/Leistung grds mit der zu aktivierenden Forderung zu verrechnen (vgl BFH X R 49/89, BStBl II 92, 904). Zu aktiven RAP für die USt → Rn. 261.

Arbeitnehmer. Risiken aus ArbVerh sind ggf rückstellbar; die Rspr ist tendenziell restriktiv (*Kessler* WPg 96, 2 (10)); vgl auch „Abfindung", „Ausbildungskosten", „Beihilfeverpflichtungen", „Gratifikation", „Inflationsausgleichsprämie", „Jubiläumszuwendungen „Lohnfortzahlung", „Soziallasten", „Verdienstsicherung"; → Rn. 450.

Arbeitszeit. Bei Arbeitsfreistellung nach Vorleistungen, insb in den Fällen der **Altersteilzeit** (sog **Blockmodell;** Beschäftigungs- und Freistellungsphase) ist bis zum Beginn der Freistellungsphase eine **Ansammlungsrückstellung** mit dem Erfüllungsbetrag (Vollkosten; Aufstockungsbeträge; Nebenleistungen; Fluktuationsabschlag) nach den Wertverhältnissen des jeweiligen Bilanzstichtags zu bilden (BFH I R 110/04, BStBl II 07, 251; so auch *BMF* BStBl I 07, 297; Anwendung ab 1.12.06 *BMF* BStBl I 08, 496; *Weber-Grellet* BB 07, 35; *Herzig/Heimig* Ubg 10, 330); Erstattungsansprüche gem § 4 AltTZG sind gegenzurechnen (*BMF* BStBl I 07, 297, Rn. 4 f); zur Bewertung iEinz *BMF* BStBl I 07, 297, Rn. 3 ff (zust *Lieb/Rhiel* StuB 07, 505); *Andresen* BBK 13, 5221. – Das einheitl Teilzeitbeschäftigungsverhältnis (zB Arbeitsleistung 50%; Entlohnung 70%) bedeutet eine Verminderung der Arbeitsleistung zu besseren Konditionen; insoweit entsteht ausschließl lfd Aufwand; keine Rückstellung. – Zusage von Altersfreizeit kann zu Erfüllungsrückstand führen (BFH IV R 22/22, DStR 24, 1695; iEinz *Weber-Grellet* FR 24, 866). – Zu Wertkonten nach BilMoG *Wellisch/Machill* BB 09, 1351; zur Umwandlung von Zeitwertkonten in betriebl Altersversorgung *Wellisch ua* BB 06, 1100. – Für **Nachteilsausgleich** soll keine Rückstellung zu bilden sein; der Abfindungsanspruch entstehe erst, wenn es beim Eintritt in den Ruhestand zu einer Rentenkürzung komme (BFH I R 53/15, BStBl II 18, 702; krit *Weber-Grellet* FR 18, 521; krit auch *Bolik/Kummer* BB 18, 624; *Oser/Wirtz* StuB 20, 41 (47)); das BMF hat sich dem BFH angeschlossen (*BMF* BStBl I 18, 1112).

Arzneimittelhersteller. Kein Schuldposten für in Werbeprospekten zugesagte unentgeltl Abgabe von Ärztemustern (BFH I R 112/75, BStBl II 77, 278). Keine

Rückstellung für Kosten der Analyse und Registrierung bisher zulassungsfreier Arzneimittel (BFH VIII R 59/95, BFH/NV 98, 22).

Atomare Entsorgung. Zur Rückstellungsproblematik *Meyering/Gröne* DB 14, 1385; *Volk* DStR 15, 2193; zur Höhe BFH I R 23/15, BStBl II 17, 472; krit *Weber-Grellet* FR 17, 247; zur mögl Einordnung als unzul Beihilfe nach Art 107 I AEUV *Reich/Helios* IStR 05, 44; mE ist das bei ratierl Aufbau nicht der Fall (kein strechtl Systembruch).

Aufbewahrungspflichten (zB von eigenen Geschäftsunterlagen; auch in digitaler Form) können Rückstellungen auslösen (BFH VIII B 88/10, BFH/NV 11, 600; *OFD Nds* DB 15, 2726; zum Umfang BFH I R 66/11, BStBl II 13, 676); voraussichtl Aussonderungsmöglichkeiten sind zu berücksichtigen (BFH X R 14/09, BStBl II 11, 496). Nicht rückzustellen sind Aufbewahrungskosten von Mandantendaten (BFH XI R 42/17, DStR 19, 1679, *Weber-Grellet* FR 19, 919).

Auffüllverpflichtung s Rekultivierung.

Aufschiebend bedingt entstehende Verbindlichkeiten können (trotz § 6 BewG) als Rückstellung ausgewiesen werden (iEinz → Rn. 314; BFH IV R 20/19, BStBl II 23, 435).

Ausbildungskosten. Wegen künftiger Kosten eines Berufsausbildungsverhältnisses kann grds keine Verlustrückstellung (→ Rn. 450) gebildet werden (BFH I R 7/80, BStBl II 84, 344). Dies gilt idR auch bei „Überbestand" an Ausbildungsverträgen (BFH I R 37/91, BStBl II 93, 441; *Groh* StuW 94, 90; **aA** *Kessler* DStR 94, 1289).

Ausgleichsposten. Zuzahlungen für den Erwerb von KapGesAnteilen sind erfolgsneutral durch Bildung eines passiven Ausgleichsposten zu berücksichtigen, wenn diese die negativen Ertragsaussichten abgelten sollen (BFH I R 49, 50/04, BStBl II 06, 656; *Hoffmann* DStR 06, 1315); Realisation erst bei Realisation der Beteiligung (*Schulze-Osterloh* BB 06, 1955). Sofortige Realisierung (ggf sukzessiv) bei Entgelt für die Gestellung von Sicherheiten (vgl *Heger* jurisPR-StR 34/06 Anm 2). – Zu passiven Ausgleichsposten bei Organschaft BFH I R 5/05, DB 07, 1119; krit *Weber-Grellet* BB 08, 38, *Thiel* FS Lang 2010, 755; Änderung des § 14 IV KStG durch JStG 2008 (BGBl I 08, 3150).

Ausgleichsverpflichtung. Ein Unternehmen kann für künftige Ausgleichsansprüche seiner Handelsvertreter nach § 89b HGB vor Beendigung des Vertretervertrags keine Rückstellung bilden, weil diese erhebl Vorteile nach Vertragsbeendigung voraussetzen und daher nicht im abgelaufenen Wj wirtschaftl verursacht sind (BFH I R 39/00, BStBl II 05, 465; → Rn. 387 f; *BMF* BStBl I 05, 802). Die Verpflichtung ist erst im Jahr der Vertragsbeendigung zu passivieren. – Entsprechendes muss für den Anspruch eines Eigenhändlers (Vertragshändler) gelten. – Zur Ersetzung eines Ausgleichsanspruchs durch (nach § 6a passivierbare) Pensionszusage s *Lutz* DB 89, 2345; auch → Rn. 270.

Außenprüfung s „Betriebsprüfung".

Avalhaftung (Globalgarantie) für Dritten kann (als einseitig verpflichtender Vertrag) zur Rückstellung führen (FG Mchn BB 09, 1011).

Avalprovisionen. Für Verpflichtung zur Zahlung von Avalprovisionen (Gebühren für Bankbürgschaft), die auf künftige Zeiträume des Avalkredits entfallen, darf ein Bauunternehmer eine Rückstellung auch dann nicht bilden, wenn der Avalkredit der Ablösung eines Gewährleistungseinbehalts des Kunden dient (BFH IV R 28/91, BStBl II 92, 600).

Batterierücknahmeverpflichtung s „Altauto".

Baukostenzuschüsse, die ein Energieversorgungsunternehmen von Abnehmern erhält, sind als RAP zu passivieren, der nach der geschätzten (bestimmte Zeit!; → Rn. 250) Dauer der Lieferverträge aufzulösen ist (BFH I R 104/75, BStBl II 77, 392; *FM NRW* BB 89, 1380); *BMF* BStBl I 03, 361 lässt nur noch die sofortige Vereinnahmung oder die AK/HK-Verrechnung zu (*Eisolt* BB 04, 1079; krit *Meißner* DB 03, 2080); Alt-Zuschüsse sind ggf auf 20 Jahre zu verteilen (*OFD Mchn* DB 03, 2027); s Zuschüsse. – Für den Fall der Weiterleitung ist der Zuschuss beim Pächter ein durchlaufender Posten (*FSen Bln* DStR 24, 559).

Baumängel. Zu Rückstellungen im Umfeld von Bauträgern s FG Bln-Bbg BB 19, 944.

Bauschuttaufbereitung kann zur Rückstellung führen („Nettorealisation"; BFH IV R 35/02, BStBl II 06, 644; s „Umwelt".

Bausparkassen. → 42. Aufl 2023, § 5 Rn. 550.

Bedingte Verbindlichkeiten → Rn. 314.

Beihilfeverpflichtungen (als Teil von Pensionsverpflichtungen) sind als wirtschaftl in der Vergangenheit verursachte Verbindlichkeiten rückstellbar (BFH I R 71/00, BStBl II 03, 279; zur Berechnung *Höfer/Pisters* DB 02, 2288; → Rn. 381 f).

Bergbauwagnisse. → 42. Aufl 2023, § 5 Rn. 550.

Berufsgenossenschaft. Keine Rückstellung der Mitglieder für *künftige* Beiträge (BFH I R 50/67, BStBl II 68, 544).

Beseitigung: Aufwendungen zur Beseitigung von Anlagen sind idR in der Vergangenheit verursacht und rückstellbar; das gilt mE ggf auch, wenn Beseitigung zu HK/AK führt (*Weber-Grellet* BB 18, 43; **aA** wohl BFH I R 35/15, BStBl II 17, 768).

Besserungsscheine s „Gesellschafterfinanzierung"; → Rn. 270 „Besserungsscheine".

Bestandspflege s „Nachbetreuung".

Bestattungswald. Abgrenzung der Einnahmen durch passiven RAP (*OFD NRW* DStR 22, 2209).

Betreiberpflichten nach §§ 11 ff., 49 EnWG können ggf zu Rückstellungen führen (*Hageböke* FR 17, 357 (412)).

Betriebsprüfung. Grds keine Rückstellung bei allg Erwartung, dass bei BP mit Nachzahlungen zu rechnen ist (BFH IV 51/62, BStBl III 66, 189; *Hommel/Schall* BB 22, 2410; *Textor* DStR 25, 885); anders, wenn mit einer BP begonnen ist und der Prüfer eine bestimmte Sachbehandlung beanstandet hat (BFH VIII R 36/00, BStBl II 02, 731; FG Mster EFG 21, 1744, rkr); s auch „Steuerschulden und Steuernachforderungen". – (Bereits wirtschaftl verursachte) Verwaltungskosten künftiger (Groß-)BP („BP-Durchführungskosten") sind grds rückstellbar (BFH I R 99/10, BStBl II 13, 196), nach *BMF* BStBl I 13, 274 nur bei Anschlussprüfung gem § 4 II BPO; bei Mittel- und Kleinbetrieben daher nur, wenn eine Prüfung angesetzt ist (FG Mster EFG 21, 1744, rkr; *Korn* BeSt 12, 34); keine Rückstellung für noch nicht konkretisierte zusätzl Buchführungsarbeiten (BFH VIII R 21/69, BStBl II 73, 55). – Ähnl Grundsätze gelten für vergleichbare Prüfungen, zB durch Sozialversicherungsträger (*Hommel/Schall* BB 22, 2410).

Betriebsunterbrechungsversicherungs-Leistungen sind keine die AK eines ErsatzWG mindernde Zuschüsse (BFH IV R 177/78, BStBl II 82, 591), aber Teil einer RfE (BFH IV R 54/80, BStBl II 83, 371).

Bonusschuld ist ggf zurückzustellen (*Küting/Pilhofer* BB 02, 2059; s auch Sparprämienverpflichtungen), nicht bei Kundengutscheinen, da erst durch späteren Einkauf verursacht (NdsFG BeckRS 2013, 96147).

Buchführung s „Jahresabschluss", „Betriebsprüfung".

Bürgschaft. Verpflichtungen sind als (Verbindlichkeits-)Rückstellungen (erst) zu passivieren, wenn die Verpflichtung wirtschaftl in der Vergangenheit verursacht ist (unklar FG Mchn EFG 20, 982) und eine Inanspruchnahme droht (BFH X R 48/13, BFH/NV 15, 1358); ferner → 42. Aufl 2023, § 5 Rn. 550.

Credit Link Notes sind eine Kombination aus Anleihe und Kreditsicherung und getrennt zu bilanzieren; einer Abwertung der Kreditforderungen steht der Credit Default Swap entgegen, auch keine Rückstellung (BFH I R 83/13, DStR 16, 1314).

Damnum → Rn. 270 „Disagio".

Darlehen sind grds mit dem Nennwert (Erfüllungsbetrag) zu passivieren (vgl § 253 I 1 HGB); zum Disagio → Rn. 270": wNachw → 42. Aufl 2023, § 5 Rn. 550.

Datenzugriff. Rückstellung für Anpassung der EDV-Systeme nach GDPdU zul (*OFD Mster* DStR 10, 1785: in nach 24.12.08 endenden Wj).

Dauerschuldverhältnisse → Rn. 450, 618.

Dauerwartungsvertrag. Keine Rückstellung für künftige erhöhte Inanspruchnahme (BFH IV R 138/76, BStBl II 80, 648).

Deponien. Aufwendungen in der Errichtungs- und Ablagerungsphase sind ggf als HK/AK zu aktivieren, Aufwendungen in der Stilllegungs-, Rekultivierungs- und Nachsorgephase sind sofort abziehbar, ggf auch zurückzustellen (*BMF* BStBl I 05, 826; s auch BFH I R 35/15, BStBl II 17, 768, im 2. Rechtsgang FG Mster EFG 19, 1002 (zust *Bolik* StuB 19, 557); *Weber-Grellet* FR 17, 880; „Rekultivierung").

Dienstjubiläum → Rn. 406 ff.

Dienstleistungsgutscheine. Ob für die Erfüllung der Gutschein-Verpflichtung eine Rückstellung zu bilden ist, hängt von deren Inhalt ab; entscheidend ist, welche Umsätze alimentiert werden („Finalität der Gutscheine"). Rabattmarken und Bonuspunkte sind vergangenheitsorientiert (BFH IV R 20/19, BStBl II 23, 435; *Weber-Grellet* FR 23, 121; *Prinz* StuB 23, 7; *Eisenreich* KÖSDI 26, 24555; krit *Hommel/Schall* BB 23, 1323). Im Friseurgutschein-Fall (BFH IV R 45/09, BStBl II 13, 123) wurde die versprochene Preisminderung nicht bereits durch das Versprechen im Ausgabejahr, sondern erst durch die Dienstleistung im Folgejahr wirtschaftl verursacht.

Dingliche Lasten → Rn. 319.

Disagio → Rn. 270.

Drohende Verluste aus schwebenden Geschäften → Rn. 450 f.

Druckbeihilfen sind als Betriebseinnahmen zu erfassen; wegen einer mögl Rückzahlungspflicht soll eine Rückstellung zu bilden sein (BFH IV R 49/96, BStBl II 98, 244; anders § 5 IIa, dazu → Rn. 315; *BMF* BStBl I 98, 368, soweit Rückzahlung aus künftigen Erlösen).

Eichkosten auf Grund gesetzl Pflicht (Eichgesetz), Messgeräte in bestimmten Zeitabständen eichen zu lassen, sind mE nicht rückstellbar (analog BFH VIII R 327/83, BStBl II 87, 848).

Eigenkapital. Nach hL ist zw Eigenkapital (Nachrangigkeit, Nachhaltigkeit, Verlustteilnahme, Gewinnabhängigkeit der Vergütung, Vermögensbindung) einerseits und „haftendem" und „normalen" Fremdkapital andererseits zu unterscheiden (*K. Schmidt* GesRecht, 4. Aufl, 2002, § 18 II 2, § 37 IV; *Baetge/Kirsch/Thiele* Bilanzen, 479 ff; *Beck HdR* B 231 Rn. 1 ff); zum bilstrechtl Ausweis s *Weber-Grellet* BB 24, 1450.

Eigenkapitalersatz s „Gesellschafterfinanzierung".

Einbuchung (gewinnneutral) von Verbindlichkeiten in Anfangsbilanz (BFH X R 23/05, BFH/NV 09, 814).

Einlagensicherungsfonds. Für künftige Beiträge keine Rückstellung (BFH I R 78/89, BStBl II 92, 177).

Einlösungsverpflichtung (zB für Eintrittskarten) entweder durch passiven RAP (besser) oder durch Rückstellung und aktiven RAP (so FG Ddorf DStRE 00, 1087) zu neutralisieren; s „Rabattmarken".

Einkommensteuer-Schulden sind, wie auch Zinsen für Darlehen, die zur Begleichung einer solchen Schuld aufgenommen werden, privat veranlasst (BFH III R 66/87, BFH/NV 92, 17).

Einziehung. Für Abfindung wegen Zwangseinziehung von Geschäftsanteilen keine Rückstellung, da entweder vGA oder kein Aufwand (HessFG EFG 04, 1005).

Emissionsberechtigungen → Rn. 270.

Entfernung. Sind bei Ablauf eines Konzessionsvertrags Anlagen zu entfernen, ist hierfür eine Rückstellung zu bilden (BFH I 162/64, BStBl II 69, 247; → Rn. 386 f); fragl, wenn offen ist, ob eine Entfernung verlangt werden wird (BFH IV R 28/91, BStBl II 92, 600); der Zeitpunkt der Inanspruchnahme kann noch ungewiss sein, für **Rückbau** von Wasserleitungen (FG Ddorf DStRE 06, 449) oder Fernwärmeleitungen (SächsFG BB 14, 2352; keine Rückstellung vor Abnahme (FG Mster BB 22, 113, rkr); zu Rückbauverpflichtung von Erdgasnetzen s *Menke* DB 24, 1500. Keine Rückstellung für Kosten zur Baustellenräumung bei eigenbetriebl Interesse (BFH XI R 2/19, BStBl II 20, 493; krit *Weber-Grellet* FR 20, 781; *Oser/Wirtz* StuB 20, 41; → Rn. 362). Zur Gebäudeentfernungspflicht des Erbbauberechtigten *HHR/Franz* § 5 Rn. 1052. Allg Erwägungen des Umweltschutzes (keine konkrete Verpflichtung) rechtfertigen noch keine Rückstellung für die künftige Entfernung von Versorgungsanlagen, wie zB Öltank.

Entgeltrahmenabkommen – Anpassungsfonds (zur Gleichstellung von Arbeitern und Angestellten): Wirtschaftl verursachte Verpflichtungen sind aufwandswirksam, nicht aber die künftigen Verpflichtungen (*BMF* BStBl I 07, 301; *Frey* BB 05, 1044; **aA** *Herzig* BB 06, 1551: Rückstellung).

Entschädigung (als Ersatz für Tantiemevereinbarung) kann Verbindlichkeit sein (FG Mchn EFG 09, 1000).

Entsorgung (auch nach ElektroG) s „Umwelt", „Altauto"; „Altreifen".

Erbbaurecht. Für im Voraus erhaltenen Erbbauzins hat der Grundeigentümer einen passiven RAP zu bilden (BFH IV R 126/78, BStBl II 81, 398), auch für vom Erbbauberechtigten übernommene Erschließungskosten (BFH IV R 40/96, BFH/NV 98, 569); die dingl Duldungspflicht des Eigentümers ist nicht passivierbar (→ Rn. 319; BFH I R 96/02, BStBl II 08, 296; *Mathiak* FS Döllerer, 1988, 397); der Erwerb eines belasteten Grundstücks ist netto auszuweisen (BFH I R 96/02, BStBl II 08, 296; *Weber-Grellet* FR 05, 322; *Gosch* StBP 05, 149). Auch → Rn. 270, 655.

Erfolgsabhängige Verpflichtungen s „Gewinnabhängige, haftungslose, bedingt erlassene Verbindlichkeiten", „Zuschüsse", „Gratifikation".

Erfüllungsrückstand (= Verbindlichkeit/Rückstellung iRe insoweit realisierten Dauerschuldverhältnisses, zB Pachterneuerungsrückstellung) → Rn. 76, 317.

Erlass. Erlass unter Vorbehalt und Verbindlichkeiten aus Besserungsscheinen sind nach hM als bedingte und wirtschaftl erst im Wj der Gewinne verursachte Schulden *nicht* passivierbar.

Erneuerungsverpflichtung s „Pachterneuerung" und → Rn. 702.

Erstattungszinsen. Keine Rückstellung wegen drohender Rückzahlungsverpflichtung iZm § 176 AO (FG Mster BB 24, 2547, rkr).

Erstinnovationszuschüsse. Für die Verpflichtung, solche Zuschüsse zurückzuzahlen, wenn aus dem geförderten Vorhaben Gewinne erzielt werden, kann vor Entstehung von Gewinnen keine Rückstellung gebildet werden (→ Rn. 315).

Eventualverbindlichkeiten (wie zB eine Bürgschaftsverpflichtung, eine Patronatserklärung oder eine „Wartungsrücklage") sind erst dann zu passivieren, wenn eine (endgültige) Inanspruchnahme droht (BFH VIII R 226/84, BFH/NV 91, 588; *Knobbe-Keuk* § 4 V 4 (S 113); *Weber-Grellet* FR 17, 434 – in Abgrenzung zu BFH I R 43/15, BStBl II 17, 379).

Factoring → Rn. 270, 732.

Filmförderdarlehen → Rn. 315.

Finanzverbindlichkeiten und Restrukturierung s *Häuselmann* BB 10, 944.

Forfaitierung → Rn. 270, 732.

Franchising. Zivilrechtl ein gemischter Vertrag, durch den das Recht des Franchise-Nehmers begründet wird, Waren und/oder Dienstleistungen unter Verwendung bestimmter Namen, Marken usw und des Know-how des Franchise-Gebers im eigenen Namen und auf eigene Rechnung zu vertreiben (zB *Skaupy* NJW 92, 1785 mwN). Der Vertrag ist lizenzvertragsähnl und estrechtl schwebendes Geschäft (*KKM* § 5 Rn. F 323); er kann mit einer Raum- bzw Unternehmenspacht verbunden sein (BFH VIII R 88/87, BStBl II 93, 89); zu Bilanzierungsfragen (ua Konzeptionskosten, Gebühren) *Beck HdR* B 732 (8/22). Nicht verbrauchte Zahlungen auf ein Werbekonto des Franchise-Gebers sind erfolgsneutral zu behandeln (BFH X R 59/04, BStBl II 08, 284; *Marx/Löffler* DB 12, 1337 zu besonderen Entgelten).

Fremdwährungsverbindlichkeiten → Rn. 270 „Fremdwährung".

Futures → Rn. 270 „Finanzprodukte".

Garantiegebühren sind mittels passiver RAP (→ Rn. 245) auf die Garantiedauer zu verteilen (BFH IV R 66/94, BStBl II 95, 772; einschr *IDW* WPg 95, 777; **aA** *Hahne* BB 05, 819).

Garantieverpflichtungen (s auch *Bürgschaft* und *Gewährleistung*) werden von § 5 IVa nicht erfasst (BFH IV B 176/02, BFH/NV 03, 919; FG Mchn EFG 09, 917; → Rn. 450); Rückstellung auch für (einseitige) Mietgarantie iZm Veräußerung von Wohnungen (FG Bln-Bbg EFG 11, 695).

Geldbuße. Für drohende Geldbuße der EU ist bei Vorteilsabschöpfung (§ 4 V Nr 8 S 4) Rückstellung mögl (BFH I B 203/03, DStRE 04, 1449).

Genussrechte enthalten (eigenkapitalähnl) Gläubigerrechte schuldrechtl Art, die mitgliedschaftsrechtl ausgestaltet sein können (BFH VIII R 73/03, BStBl II 05, 861; iEinz *BMF* BStBl I 23, 672; *Marx* DStZ 23, 494; *Kahle/Kopp* FR 23, 913). Genussrechtskapital ist in der StBil regelmäßig Fremdkapital (*Mihm* BB 23, 427, 1007; diff *Briese* DB 23, 2906) und gem § 5 I 1 als Verbindlichkeit auszuweisen (mE per Geld an Verbindlichkeit), nach BMF ggf Passivierungsaufschub nach § 5 II a (*BMF* BStBl I 23, 672, Rn. 21 f; s auch *Albrecht* RdF 23, 77; *Kellmann ua* Ubg 23, 262), Vergütungen sind grds als BA abziehbar; sie mindern, vorbehaltl § 8 III 2 Alt 2 KStG, grds das Einkommen (*FSen Hbg* DStR 19, 1093; auch → § 17 Rn. 46).

Geschäftsrisiko. Keine Rückstellung für das allg Geschäftsrisiko (BFH III R 95/87, BStBl II 89, 893 für künftige Ertragseinbußen durch verschärfte öffentlrechtl Vorschriften); keine Einzelbewertung; Ab- oder Zuschlag zum Geschäftswert. Zu diesem gehören mE auch arbeits-/sozialrechtl Folgelasten, die mit Arbeitsverhältnissen verbunden sind, wie zB Lohnfortzahlung bei Krankheit, Mutterschutz, altersbedingte Leistungsminderung.

Geschäftsverlegung. Keine Rückstellung für Aufwand und Risiken (BFH VIII R 31/70, BStBl II 72, 943).

Gesellschafterfinanzierung; Eigenkapitalersatz; Restrukturierung (insb in Krisen- und Insolvenzsituationen).

Schrifttum (Auswahl): *Förster,* Sanierungsmaßnahmen bei KapGes, DStR 23, 1041; *Kahle/Kopp,* Forderungsverzicht auf Ges'terDarlehen, DB 24, 133; *Weber-Grellet,* Ges'terfinanzierung im Lichte des BilStR, DB 24, 2519. – Zur handelsrechtl Behandlung und zum System des Eigenkapitalersatzrechts (Gläubigerschutz) vgl *Raiser/Veil,* Recht der KapGes, 6. Aufl, 2015, § 38.

Die einzelnen Instrumente der Ges'terfinanzierung sind vielfältig; zu unterscheiden sind die **Ges'tereigenkapitalfinanzierung** (durch offene Einlagen und verdeckte Einlagen [→ Rn. 203 f, 639], zB Gewährung von Zuschüssen, Gesellschafterverzicht, Verzicht gegen Besserungsschein, Schuldübernahme, Verlustübernahme), die **Ges'terfremdfinanzierung** und **hybride Formen der Ges'terfinanzierung,** insb Überlassung von Nutzungen und Nutzungsrechten, Ges'terDarlehen, Veräußerung zu unangemessen niedrigen Preis, Rangrücktritt, Besserungsschein, Bürgschaft, Garantie, Patronatserklärung (iEinz *Weber-Grellet* DB 24, 2519); **Rangrücktritt** s dort; **(Forderungs-)Verzicht** → Rn. 671; **Erlass** s dort; **Schuldübernahme** → Rn. 674. – Das tradierte Eigenkapitalersatzrecht ist durch den insolvenzrechtl Nachrang ersetzt worden; wNachw → 43. Aufl 2024, § 5 Rn. 550.

Gewährleistung. Rückstellungen müssen gebildet werden für ungewisse vertragl oder gesetzl Gewährleistungsansprüche des Vertragspartners auf Minderung, Nachbesserung usw gem §§ 434, 437, 633 ff BGB (BFH VIII R 77/96, BStBl II 02, 227). Zul sind Einzelrückstellungen, soweit bis zur Aufstellung der Bilanz Ansprüche bekannt geworden sind und eine Inanspruchnahme wahrscheinl ist, und Pauschalrückstellungen, soweit nach den Erfahrungen der Vergangenheit Ansprüche wahrscheinl sind (BFH VIII B 163/02, BFH/NV 03, 1313); keine Branchenpauschale. S auch „Kfz-Händler“, „Kundendienst“.

Gewährträgerhaftung. Zum Rückstellungszeitpunkt der Verpflichtung ggü dem Reservefonds s BFH I R 83/10, nv.

Gewerbesteuer. In der HB (vgl § 249 I 1 HGB) und in der StBil musste für die GewStSchuld, sofern diese höher war als die geleisteten VZ, eine Rückstellung in der Bilanz des Wj gebildet werden, auf das die GewSt entfiel (BFH I R 21/06, BFH/NV 10, 1184); ab VZ 08 strechtl kein Abzug (§ 4 Vb; BFH I R 21/12, BStBl II 14, 531: verfgemäß). Zur Berechnung der GewStRückstellung → 27. Aufl 2008, Rn. 550 „Gewerbesteuer“. – EStR 5.7 I 2 (und *BMF* BStBl I 21, 2211) verlangen Ansatz einer Rückstellung und außerbilanzielle Hinzurechnung (ähnl *OFD Hann* DB 10, 24); mE ohne Rechtsgrundlage.

Gewinnabhängige Verbindlichkeiten, die nur aus künftigen Gewinnen zu tilgen sind, dürfen estrechtl nicht passiviert werden (nunmehr § 5 IIa; dazu → Rn. 314, 315; 32. Aufl). Zum entgeltl Erwerb von WG gegen gewinnabhängige Bezüge → Rn. 270 „Gewinnabhängige Vergütungen“. – S auch „Gesellschafterfinanzierung“, „Kaufpreisrente“, „Verbindlichkeiten“, „Zuschüsse“.

Gleitzeit. Nach hL Rückstellung, soweit Gleitzeitüberhang besteht (*Esser* DB 85, 1305; *HHR/Schulz* § 5 Rn. 925), aber ggf auch Aktivierung des Gleitzeitrückstands; s „Arbeitszeit“.

Gratifikation. Zu Rückstellungen für erst künftig fällige – evtl vom (vergangenen) Erfolg abhängige – (freiwillige, aber regelmäßige) Gratifikationen und Mitarbeiterboni s BFH IV R 47/80, BStBl II 83, 753; FG Mster EFG 23, 146, rkr; EStH 6.11. S auch „Leistungsprämien“; → Rn. 406 (Jubiläumszuwendungen).

Großreparaturen. Aufwandsrückstellung in HB und StBil unzul (→ Rn. 461 f).

Grundpfandrechte sind in der Bilanz grds nicht auszuweisen; zu passivieren ist idR nur die durch das Grundpfandrecht gesicherte Darlehensverbindlichkeit (→ Rn. 319). Anders ist es, wenn eine schuldrechtl Verpflichtung fehlt, weil durch die Grundschuld der Anspruch des Gläubigers gegen einen Dritten gesichert werden soll (BFH X R 48/13, BFH/NV 15, 1358).

Gutscheine sind grds zu passivieren, wenn dem Inhaber ein entsprechender Anspruch zusteht (*Diffring/Saft* Ubg 20, 146); s auch „Bonusschuld“ und „Dienstleistungsgutscheine“.

Haftpflichtverbindlichkeiten können bestehen ggü Vertragspartnern, zB auf Grund positiver Vertragsverletzung, oder ggü Dritten nach §§ 823 ff BGB oder gesetzl Vorschriften über eine vom Verschulden unabhängige Haftung (zB StVG, ProdHaftG, UmweltHG, GenTG, BImSchG, AtomG, WHG). Für Schadenersatzansprüche Dritter können grds keine Pauschal-, nur Einzelrückstellungen gebildet werden

(BFH IV R 41/81, BStBl II 84, 263). Ansprüche gegen Versicherer oÄ mindern die Höhe der Rückstellung, ausgenommen der Versicherer bestreitet seine Ersatzpflicht; dieser Nettoausweis verstößt nicht gegen die Einzelbewertung (vgl § 6 I Nr 3a Buchst c; → Rn. 69). S auch „Produkthaftung“, „Umweltschäden“, „Versicherungsvertrag“.

Haftungslose Verbindlichkeiten. → 42. Aufl 2023, § 5 Rn. 550.

Haftungsverhältnisse sind bedingte Verbindlichkeiten ggü Dritten (Eventualverbindlichkeiten), die zu einer Belastung führen können, ohne dass ihnen eine konkrete Gegenleistung gegenübersteht. Erst bei Bedingungseintritt oder wenn mit dem Bedingungseintritt zu rechnen ist, ist zu passivieren (§ 251 HGB; Beck HdR B 250); s iEinz „Verbindlichkeiten“; → Rn. 314.

Handelsvertreter. Keine Rückstellungen für künftigen Aufwand bei Kundenbetreuung (BFH I R 150/77, BStBl II 84, 299; *KKM* § 5 Rn. D 293; Abgrenzung zu BFH XI R 63/03, BStBl II 06, 866: vergütete Nachbetreuung). S ferner „Ausgleichsverpflichtung“, „Provisionen“ und „Wettbewerbsverbot“.

Heimfallverpflichtung. Für die Verpflichtung, ein Erbbaurecht nebst Gebäude entschädigungslos auf den Grundstückseigentümer zu übertragen (vgl § 2 Nr 4 ErbbauRG), kann keine Rückstellung gebildet werden; der Heimfall ist aber bei der AfA-Bemessung für das Gebäude zu berücksichtigen (offen in BFH I R 77/86, BStBl II 91, 471).

Hörgeräteakustiker s „Optiker“.

Inflationsausgleichsprämie berechtigt nicht zur Rückstellung (*Haas/Ritter* DStR 23, 594).

Insolvenzversicherungsbeiträge. s „Pensionssicherungsverein“.

Insolvenzverwaltervergütung. Keine Rückstellung (FG RhPf EFG 23, 1779, Rev III R 35/23; krit KÖSDI 24, 23541; sa NdsFG EFG 23, 1621, rkr [keine BA]).

Instandhaltung. Für im abgelaufenen Wj (nicht auch für in früheren Wj) unterlassene Instandhaltung (Erhaltungsaufwand ohne Fremdverpflichtung; anders zB Pachterneuerungsverpflichtung, BFH VIII R 28/95, BStBl II 98, 505) sind in der HB (Aufwands-)Rückstellungen zu bilden (Passivierungsgebot), aber nur insoweit, als dieser Aufwand im folgenden Wj innerhalb von 3 Monaten nachgeholt wird (§ 249 I 2 Nr 1 HGB); damit sind diese Rückstellungen auch in der StBil zul (EStR 5.7 XI). Weitergehende Rückstellungen sind in HB und StBil unzul (→ Rn. 461, → Rn. 550 „Abraum“). Keine Rückstellung darf für unterlassenen Herstellungsaufwand gebildet werden (BFH I R 27/79, BStBl II 81, 660; vgl → Rn. 369); ebensowenig für künftigen Aufwand zur Überholung von Flugzeugen (BFH I R 43/15, BStBl II 17, 379) oder zur Wartung von Zügen (BFH XI R 11/22, DStR 25, 1676); zur Konkurrenz von öffentl-rechtl Inspektionsverpflichtung und Zahlungen in eine Wartungsrücklage s „Wartungsaufwand“). Generell auch keine Rückstellung für die Modernisierung von Wohnungsbeständen; zur Konkurrenz mit TW-AfA → Rn. 361.

Jahresabschluss. Aufwand für die gesetzl Verpflichtung (§ 141 AO iVm § 242 HGB), den Jahresabschluss aufzustellen (BFH I R 44/94, BStBl II 95, 742; EStR 5.7 IV 1; *KKM* § 5 Rn. D 295), ist zurückzustellen. Gleiches gilt für die gesetzl Verpflichtung zur Prüfung und Veröffentlichung, zur Erstellung eines Geschäftsberichts und von Betriebssteuererklärungen für das abgelaufene Jahr (BFH I R 28/77, BStBl II 81, 62). – Keine Rückstellung für gesellschaftsvertragl Prüfungspflicht einer PersGes (BFH IV R 26/11, BStBl II 14, 886: keine Außenverpflichtung, sondern ges'l veranlasste Selbstverpflichtung; *Weber-Grellet* FR 14, 1033; krit ua *Althoff* DB 16, 1893; IDW-FN 15, 553); im Konzern muss ggf dasselbe gelten (**aA** *Sick/Lukaschek* DStR 15, 712).

Jubiläumszuwendungen. Zu Rückstellungen für künftige *Dienst*jubiläumszuwendungen → Rn. 406 ff. – Künftige (zeitpunktbezogene) *Firmen*jubiläumszuwendungen fallen nicht unter § 5 IV; sie sind nach Maßgabe der vergangenen Betriebszugehörigkeit allg rückstellbar (BFH I R 31/00, BStBl II 04, 41).

Kammerbeiträge. Für Zusatzbeiträge (für künftige Jahre) ist keine Rückstellung zu bilden (BFH X R 30/15, BStBl II 17, 900; krit zur Begründung *Weber-Grellet* FR 17, 968; so auch *Vossel* FR 16, 777; → Rn. 383).

Kapitalersetzende Darlehen s „Gesellschafterfinanzierung".

Kapitalrücklage → Rn. 496 f.

Kartellrechtsverstoß kann zu Rückstellung führen (BFH I R 99/10, BStBl II 13, 196; *OFD Nordrhein-Westfalen* DB 15, 524); im Konzern uU § 3c II.

Kaufpreisrenten. → 42. Aufl 2023, § 5 Rn. 550.

Kfz-Händler. Zu Garantierückstellung auf Grund des Händlervertrags s BFH I R 93/85, BFH/NV 90, 691; zur Geldleistungsrückstellung eines Kfz-Importeurs s HessFG EFG 13, 194.

Kontokorrentverhältnis. Keine Rückstellung für einen zwar bereitgestellten, aber noch nicht in Anspruch genommenen Kontokorrentkredit (BFH I R 62/97, BStBl II 98, 658).

Konzernhaftung. Die Rechtsfigur des „qualifiziert faktischen Konzerns" hat keine Bedeutung mehr; an ihre Stelle ist eine Durchgriffshaftung der Ges'ter/Aktionäre der OberGes für existenzvernichtende Eingriffe getreten; zur früheren Auffassung → 41. Aufl 2022, § 5 Rn. 550. – Zu Rückstellung wegen Freihaltungs- und Verlustausgleichsansprüchen in der Insolvenz der Organgesellschaft FG Köln EFG 06, 648, wegen drohender Haftungsinanspruchnahme für KSt-Schulden BFH I R 78/16, BStBl II 19, 570.

Körperschaftsteuer. Berechnung der (nichtabziehbaren; § 10 Nr 2 KStG) KSt-Rückstellung § 278 HGB; *Orth* FS W. Müller, 2001, 663.

Kostenüberdeckung. Ein Zweckverband muss auszugleichende Kostenüberdeckungen zurückstellen; § 5 IIa ist nicht einschlägig (BFH I R 62/11, BStBl II 13, 954; *BMF* BStBl I 13, 1502; *Janssen* NWB 12, 287; *Welter/Ballwieser* DStR 13, 1492; *Weber-Grellet* BB 14, 42); einfacher wäre es, die Überzahlungen als (ertragsneutrale) Vorauszahlungen zu erfassen; s auch „Mehrerlösabschöpfung".

Krankenhausträger. Öffentl Investitionszuschüsse können die AK oder HK mindern (auch durch passive Wertberichtigung; BFH VIII R 58/93, BStBl II 97, 390); passive RAP sind unzul (BFH I R 56/94, BStBl II 96, 28). S auch „Zuschüsse".

Kulanz. Rückstellungen für Gewährleistung ohne rechtl Verpflichtung sind geboten, wenn sich ihr der StPfl aus tatsächl Gründen nicht entziehen kann (§ 249 I 2 Nr 2 HGB; BFH I 23/63, U BStBl III 65, 383; EStR 5.7 XII); s „Optiker".

Kundendienst. Für die vom Großhändler im Vertrag mit dem Hersteller übernommene Verpflichtung, Kundendienst zu leisten, kann keine Rückstellung gebildet werden (BFH I R 93/85, BFH/NV 90, 691). S auch „Optiker".

Ladungsträger. Zur Bilanzierung bei Tausch und Vermietung s FG Mster DStR 20, 30 *Scheller* DStR 20, 63.

Langfristige Auftragsfertigung → Rn. 270.

Latente Steuern → Rn. 270.

Leasing → Rn. 721 ff.

Lebensversicherung. Die Verpflichtung zu weiterer Vertragsbetreuung kann ggf als Erfüllungsrückstand zurückgestellt werden (BFH XI R 63/03, BStBl II 06, 866; *BMF* BStBl I 06, 765: Nichtanwendung wegen „Unwesentlichkeit"; mE Einzelfallbeurteilung); zur (str) Höhe BFH X R 26/10, BStBl II 12, 856). – S auch „Nachbetreuung", „Optiker".

Leergut → Rn. 270.

Leibrente s „Kaufpreisrente".

Leistungsprämien an ArbN s BFH I R 46/91, BStBl II 93, 109.

Lizenz. Befristete Lizenzverhältnisse (auch ausschließl) sind schwebende Rechtsverhältnisse und als solche (→Rn. 76) nicht zu bilanzieren (vgl BFH III R 64/74, BStBl II 76, 529). In Höhe erhaltener Vorauszahlungen oder Einmalentgelte hat der Lizenzgeber einen Passivposten zu bilden und zeitanteilig aufzulösen, entweder als Schuld oder als RAP. Zu Rückstellungen für Lizenzgebühren BFH I R 22/66, BStBl II 70, 104.

Lohnfortzahlung. Keine Rückstellung für künftige Leistungen (BFH I R 11/00, BStBl II 01, 758; mE auch nicht, wenn ArbN bereits erkrankt. S „Soziallasten" und →Rn. 450.

Lotteriegewinnauszahlungsverpflichtung ist bei Entstehung als Verbindlichkeit zu passivieren, sofern keine Anhaltspunkte für Betrug vorliegen (BFH IV R 17/09, BStBl II 11, 419).

Mehrerlösabschöpfung. Für die Verpflichtung der Netzbetreiber zur Abführung ist eine Verbindlichkeit bzw Rückstellung auszuweisen (vgl iEinz *LfSt Nds* DStR 23, 2671; diff *OFD NRW* DStR 16, 1812); s auch §§ 13, 14 StromPBG, „Kostenüberdeckung"; „Netzbetreiber".

Mehrkomponentengeschäft s „Rücknahmeverpflichtung"; auch →Rn. 241 (Handy und Mobilfunkvertrag).

Mietfreistellung in den ersten Monaten führt nach BFH I R 43/05, BStBl II 06, 593 nicht zu Erfüllungsrückstand; mE möglicherweise gleichwohl Aufwand iRe entgeltl Nutzungsverhältnisses (ähnl *Siegel* ZSteu 07, 300); iEinz →Rn. 317.

Mietkaufvertrag →Rn. 154, 691 ff, 721 ff. – Zum Immobilien-Mietkauf-Modell s BFH IX R 92/89, BFH/NV 1991, 390; →30. Aufl 2011, § 21 Rn. 108.

Mietpreiszusicherung des Veräußerers verlangt ggf eine Verbindlichkeitsrückstellung; kein Fall des § 5 IVa (→Rn. 450), da kein schwebendes Geschäft (*Hofer* DB 03, 1069).

Miet- und Pachtverhältnisse →Rn. 691 ff; für leerstehende Mieträume ist keine Rückstellung auszuweisen (vgl →Rn. 451; unzutr *Niehues* DB 07, 1107).

Mitarbeiterbeteiligung ist (als Geldverbindlichkeit) nach allg Regeln zu passivieren (*Demleitner* DB 24, 1357).

Mobilfunkdienstleistungsvertrag →Rn. 241.

Modernisierung s „Instandhaltung".

Mutterschutz s „Soziallasten".

Nachbetreuung. Künftiger Aufwand für „kostenlose" Bestandspflege/Nachbetreuung kann (bei entspr rechtl Verpflichtung) als Erfüllungsrückstand (→Rn. 317, 383) rückstellbar sein (zuletzt BFH X R 27/13, BFH/NV 15, 1676; BFH IV R 49/16, BFH/NV 20, 15; zur früheren Rspr s 30. und 33. Aufl; iEinz *Weber-Grellet* FR 14, 606; **aA** *Siegel* DStR 24, 583). Keine Verpflichtung trifft den Handelsvertreter (BFH X R 38/13, BFH/NV 15, 195; ähnl BFH III R 14/11, BStBl II 14, 675). – Das *BMF* hat sich der Auffassung des BFH angeschlossen (*BMF* BStBl I 12, 1100; EStH 5.7 VIII). – Auch Wartungsaufwand (Instandhaltung von Werkzeugen) kann Gegenstand der Nachbetreuung sein (BFH XI R 21/19, BFH/NV 22, 222; *Weber-Grellet* FR 22, 256, nicht aber bei Übernahme eines Versicherungsbestandes, um Neuabschlüsse zu erzielen (BFH X B 33/25, BeckRS 2025, 34716). – S auch „Lebensversicherung" und „Optiker".

Nachrangdarlehen („Mezzanine"-Kapital) s *Bösl/Sommer* Mezzanine Finanzierung, 2006; *Kiethe* DStR 06, 1763; *Carlé/Rosner* KÖSDI 06, 15365.

Naturalobligation. Passivierungsfähig und -pflichtig (vgl BFH IV 285/65, BStBl II 68, 80).

Netzbetreiber können ggf – unter den allg Voraussetzungen (→ Rn. 363, 381) – Rückstellungen bilden (iEinz *Hageböke* FR 17, 357).

Nießbrauch s „Dingl Lasten"; → Rn. 180, 319, 245, 653.

Nonrecourse-Finanzierung s „haftungslose Darlehen".

Null-Koupon-Anleihen → Rn. 270 „Finanzprodukte".

Nutzungsüberlassung → Rn. 101.

Offenlegungspflichten nach EHUG (*Althoff/Hoffmann* GmbHR 10, 518).

Öffentl-rechtl Verpflichtungen (zB durch Verwaltungsakt) → Rn. 363.

Optiker. Rückstellungen für Nachbetreuung iZm dem Veräußerungsgeschäft sind mögl (BFH I R 23/01, DStRE 02, 1180; → Rn. 387; iEinz *BMF* BStBl I 05, 953), auch für Garantie und Gewährleistung, nicht für künftigen Reparaturaufwand.

Optionsanleihen → Rn. 270 „Anleihen".

Optionsgeschäfte → Rn. 270 „Finanzprodukte".

Organgesellschaft s „Konzernhaftung".

Pachtaufhebungsentschädigung (iZm Autobahn A 20): kein RAP, keine RfE (FG MV EFG 09, 914).

Pachterneuerung. Auch für die noch nicht fällige Verpflichtung zur Erneuerung unbrauchbar gewordener Pachtgegenstände (Gebäudebestandteile und Betriebsvorrichtungen) hat der Pächter eine Rückstellung (Erfüllungsrückstand; → Rn. 317) zu bilden (BFH VIII R 28/95, BStBl II 98, 505). Auch → Rn. 702.

Palettentausch s „Ladungsträger".

Patentverletzung → Rn. 391 ff.

Patronatserklärung. Verpflichtungen hieraus sind wie Bürgschaften erst zu passivieren, wenn Inanspruchnahme ernstl droht (BFH I R 6/05, BStBl II 07, 384; *Weber-Grellet* BB 08, 38; *ders* DB 24, 2519; *Kantner* BB 24, 1008).

Pensionsrückstellung allg s § 6a; für Ges'ter (und Angehörige) → § 15 Rn. 585 f; s auch „Beihilfeverpflichtungen". Pflicht (zB einer Stadtwerke-AG) zur Erstattung von künftigen Pensionszahlungen ist rückstellbar (FG RhPf EFG 05, 1674).

Pensionssicherungsverein. Nur Rückstellung für Beitragsschuld des abgelaufenen Wj, nicht – mangels wirtschaftl Verursachung in der Vergangenheit – für künftige Beiträge aus bereits eingetretenen oder künftigen Insolvenzfällen (BFH I R 14/95, BStBl II 96, 406; *BMF* BStBl I 87, 365; *Groh* StuW 92, 178). Zur Nachfinanzierung *Höfer* DStR 06, 2227.

Pfandgelder → Rn. 270 „Leergut".

Prämien- bzw Bonusschuld s „Sparprämienverpflichtungen".

Preisnachlass. Bei Veräußerung kundengebundener Formen mit der Verpflichtung, bei künftigen Lieferungen einen Preisnachlass zu gewähren, keine Rückstellung für künftigen Preisnachlass (BFH I R 205/69, BStBl II 73, 305).

Private-Equity-Finanzierung → § 18 Rn. 287.

Produkthaftung nach Maßgabe des ProdHaftG, des ProduktsicherheitsG oder § 823 BGB. – Die FinVerw lässt nur Einzelrückstellungen zu (*OFD Mster* DStR 86, 756), nach Schrifttum auch Pauschalrückstellungen (*HHR/Tiedchen* § 5 Rn. 454b mwN); offen in BFH IV R 41/81, BStBl II 84, 263. Zu Deckungsansprüchen gegen Versicherer s „Haftpflichtverbindlichkeiten".

Produktionsabgabe. Für die Verpflichtung zur Zahlung der Produktionsabgabe bei Zuckerherstellung ist eine Rückstellung zu bilden (*BMF* DStR 99, 1113).

Prospekthaftung. Keine Rückstellung bei „Haftungsausschluss" im Prospekt; iÜ Regressanspruch gegen Geschäftsführer.

Provisionen → Rn. 270.

Prozesskosten. Rückstellung für zu erwartende Kosten eines Zivilprozesses kann idR erst gebildet werden, wenn der Prozess am Bilanzstichtag anhängig ist (*Osterloh-Konrad* DStR 03, 1631 (1675)), und nur für die Kosten dieser Instanz (für Passivprozesse: BFH I R 6/68, BStBl II 70, 802; für Aktivprozesse: BFH I R 14/95, BStBl II 96, 406; *Stengel* BB 93, 1403). – Prozesszinsen dürfen nur für die zurückliegende Zeit rückgestellt werden (BFH I R 14/95, BStBl II 96, 406). – Zu Strafverteidigungskosten BFH XI R 35/01, BFH/NV 02, 1441.

Rabattmarken. Rückstellung für Verpflichtung zur Einlösung BFH I 267/64, BStBl II 68, 445; s aber BFH VIII R 62/85, BStBl II 89, 359; s ferner *Weber-Grellet* FR 23, 121 (iZm BFH IV R 20/19, BStBl II 23, 435).

Rangrücktritt. Zu unterscheiden sind die verschiedenen Erscheinungsformen, der „wirklich" einfache, der qualifizierte und der spezifizierte Rangrücktritt (BFH X R 33/13, BFH/NV 16, 1002; *BMF* BStBl I 06, 497; BGH IX ZR 133/14, BB 15, 973); der Rangrücktritt ist mE strechtl in all seinen Formen nach Maßgabe des Belastungsprinzips zu beurteilen (*Weber-Grellet* FR 17, 1088; → Rn. 382). (Allein) Entscheidend ist, ob die Verbindlichkeit aus gegenwärtig vorhandenem Vermögen zu bedienen ist (*Schulze-Osterloh* BB 17, 427). Die Gewinnwirksamkeit hängt (wie in den Verzichtsfällen) von dessen (betriebl oder gesellschaftl) Veranlassung ab; wNachw → 43. Aufl 2024, § 5 Rn. 550 „Gesellschafterfinanzierung".

Rechnungsabgrenzungsposten → Rn. 241–258.

Recycling-Unternehmen. Für die Bauschuttaufbereitung von aufgekauften Bauabfällen ist mE keine (Verlust-)Rückstellung zu bilden (so aber BFH X R 29/03, BStBl II 06, 647 iZm öffentl-rechtl Entsorgungsverpflichtung; → Rn. 363), auch nicht für die Entsorgungskosten, für die kein Umsatzerlös erzielbar ist (so *Hoffmann* DB 06, 1522).

Rekultivierung. Für die auf Vertrag oder Gesetz beruhende Verpflichtung, nach Abbau von Kies usw die Grube wieder aufzufüllen und das Grundstück zu rekultivieren, muss eine Rückstellung gebildet werden (BFH I R 35/15, BStBl II 17, 768; → Rn. 387; *BMF* BStBl I 05, 826; § 6 I Nr 3a Buchst d); für Erdgasspeicher (*OFD Hann* StuB 10, 198). Die mit der Erfüllung eintretende Wertsteigerung ist idR nicht zu berücksichtigen (BFH II R 76/00, BFH/NV 04, 1072 – EWBV). Zur Höhe → Rn. 421; s auch „Deponien", „Umweltschutz".

Restrukturierung. In Betracht kommen Rückstellungen (zB wegen Abfindungszahlungen); keine Anrechnung von ersparten Aufwendungen gem § 6 I Nr 3a Buchst c (FG BW EFG 18, 1343; *König* DStR 20, 1292; *Bonnecke* StuB 21, 185; str); s auch „Sozialplan".

Rückgriffsmöglichkeiten können bei der Bemessung von Rückstellungen betragsmindernd zu berücksichtigen sein (BFH I R 72/94, BStBl II 95, 412; FG Bln-Bbg BB 19, 944) auch → Rn. 70, 421.

Rücklage für Ersatzbeschaffung → Rn. 501; → § 6 Rn. 101 f.

Rückkaufverpflichtung (von Rücknahmeverpflichtung zu unterscheiden) kann nur zu steuerl unzul Verlustrückstellung führen (*Kolb* StuB 02, 1049; → Rn. 734). – Ist eine Rückkaufoption ohne jede Bedeutung, scheiden eine Aktivierung beim Käufer und eine Passivierung beim Händler aus (*OFD NRW* DB 14, 1770; *LfSt Bayern* DStR 14, 2077).

Rücknahmeverpflichtung für Altgeräte kann allenfalls als Erfüllungsrückstand (→ Rn. 317) rückstellbar sein (zB Batterierücknahmeverpflichtung, BFH I R 53/05, BFH/NV 07, 1102), sofern keine (bedingte) Zukunftspflicht (→ Rn. 314, 387; s „Altauto". – Bei Verpflichtung zur Rücknahme der veräußerten Neuwagen iRv

„Auto-Leasing" soll eine Verbindlichkeit zu bilden sein (BFH IV R 52/04, BStBl II 09, 705; BFH I R 83/09, BStBl II 11, 812; *BMF* BStBl I 11, 967; krit *Hoffmann* DStR 11, 35 und → 30. Aufl 2011, § 5 Rn. 550; → Rn. 734; zur Verbuchung *Weber-Grellet* BB 12, 43: eine Restwertvereinbarung berührt nur die AK (*OFD NRW* StuB 18, 557; *Rätke* StuB 18, 725). – Absicherung iRe Leasing-Restwertmodells ist aufschiebend bedingt (BFH XI R 20/20, BStBl II 24, 252; *Weber-Grellet* BB 25, 43). Rückstellung ggf auch bei Verpflichtung zur Rücknahme von Mehrwegpaletten (FG RhPf EFG 11, 149).

Rückstellungen → Rn. 351 ff.

Rückzahlungsverpflichtung (zB bei Zahlungserhalt trotz Corona-bedingter Nichterfüllung der Leistungspflicht) ist als Verbindlichkeit auszuweisen (*Freichel/Wasmuth* DStR 20, 1141; → Rn. 76); die Pflicht zur Rückzahlung einer Corona-Finanzhilfe ist ggf zurückzustellen (*Zwirner* ua StuB 22, 85 (88)). Die Verpflichtung zur Mietrückzahlung bei Vermietung von Kraftfahrzeugen ist rückzustellen (BFH I R 50/10, BStBl II 12, 197; EStH 2012 5.7 VIII).

Saldierung s „Rückgriffsmöglichkeiten".

Sanierungsgelder (künftig zu zahlende) für eine Umlage-Versorgungseinrichtung: keine Rückstellung (BFH I R 103/08, BStBl II 10, 614; *Buciek* FR 10, 610), da weder rechtl noch wirtschaftl verursacht.

Sanierungsmaßnahmen s „Gesellschafterfinanzierung".

Schadenersatz. Rückstellungen für dem Grunde und/oder der Höhe nach ungewisse Schadenersatzverpflichtungen auf Grund Gesetzes oder Vertrags sind zu bilden, wenn nach den bis zur Aufstellung der Bilanz bekanntgewordenen Verhältnissen am Bilanzstichtag wahrscheinl ist, dass der StPfl in Anspruch genommen wird (BFH I R 81/66, BStBl II 70, 15; → Rn. 376), auch bei Zahlungsunfähigkeit des stpfl Schuldners (BFH VIII R 29/91, BStBl II 93, 747; → Rn. 311). Bei strafbarer Handlung ist erforderl, dass die Tat aufgedeckt ist (BFH III R 54/91, BStBl II 93, 153, *Gail ua* GmbHR 93, 685). Zur Netto-Berücksichtigung von Deckungsansprüchen zB gegen Versicherer s „Haftpflichtverbindlichkeit".

Schadenrückstellungen. Ein Versicherer hat für am Bilanzstichtag noch nicht abgewickelte Versicherungsfälle Rückstellungen zu bilden (§ 20 II KStG; BFH I 114/65, BStBl II 72, 392 mwN; *BMF* BStBl I 00, 487; *OFD Ffm* StEK § 6 I Nr 3a Nr 19 (4/17) einschließl Aufwendungen für die Schadenermittlung, nicht für die Schadenbearbeitung (BFH I 114/65, BStBl II 72, 392; krit *Moxter* StuW 83, 300); anders für Versicherungsvertreter, der dem Versicherer zur Schadenbearbeitung verpflichtet ist. Zur Bewertung vgl → Rn. 421. Zur Schadenrückstellung in der Transportversicherung *Uhrmann* StBP 96, 62.

Schadstoffbelastung s „Umweltschutz".

Schuldbeitritt. Wegen der gesamtschuldnerische Haftung beider Verpflichteter bleibt die Verpflichtung in der Regel bestehen. Ist der Schuldbeitritt mit einer Freistellungsverpflichtung des neuen Schuldners gegenüber dem bisherigen Schuldner verbunden, ist nicht mehr mit einer Inanspruchnahme des bisherigen Schuldners zu rechnen, so dass die Rückstellung beim ursprüngl Verpflichteten auszubuchen ist (iErg BFH IV R 27/22, BStBl II 25, 697; *Weber-Grellet* FR 25, 846; → Rn. 503, 674; § 4f).

Schuldübernahme → Rn. 674.

Schwankungsrückstellung s BFH I 278/63, BStBl II 68, 715.

Schwebende Geschäfte. Zur Nichtbilanzierung → Rn. 76 mwN; zur Verlustrückstellung → Rn. 450 f.

Schwerbehinderte s „Soziallasten".

Sicherheitsleistung s „Bürgschaft", „Patronatserklärung".

Signing Fee (Handgeld; etwa in der Bundesliga) verlangt iR keinen Ausweis eines RAP (FG Mchn DStRE 24, 594, Rev IX R 33/23; **aA** *OFD NRW* DB 15, 1013); → Rn. 256, 270.

Sonderbeiträge nach dem AnlEntG (nach dem Bilanzstichtag festgesetzt) sind nicht rückstellbar (FG Mchn EFG 18, 1437); s „Kammerbeiträge".

Soziallasten. Keine Rückstellung wegen drohenden Verlusts aus schwebenden Verträgen für allg (künftige) Soziallasten wie zB Lohnfortzahlung bei Krankheit, Mutterschutz, Kündigungsschutz, Beschäftigung Schwerbehinderter usw (BFH IV R 82/96, BStBl II 98, 205; *KKM* § 5 Rn. D 270 ff); anders bei Erfüllungsrückstand (BFH IV R 22/22 DStR 24, 1695; s „Arbeitszeit"). Hinterzogene Sozialversicherungsabgaben sind als Verbindlichkeit auszuweisen (BFH I R 73/95, BStBl II 96, 592). S auch „Arbeitnehmer".

Sozialplan. Für künftige Leistungen auf Grund eines Sozialplans (§§ 111, 112 BetrVerfG) müssen Rückstellungen gebildet werden, wenn der ArbG den Betriebsrat vor dem Bilanzstichtag von der geplanten Betriebsänderung unterrichtet hat oder diese wenigstens schon beschlossen oder wirtschaftl notwendig ist (*Bolik/Schuhmann* StuB 16, 679). Die Wahrscheinlichkeit künftiger Betriebsänderungen reicht mE nicht aus (dazu *KKM* § 5 Rn. D 400 „Sozialplan"; s auch EStR 5.7 IX).

Sparprämienverpflichtungen sind nach Maßgabe der Zinsstaffelmethode und abgezinst ratierl zurückzustellen (BFH I R 24/96, BStBl II 98, 728); nicht wenn die Sparprämie von der Nichtkündigung des Sparvertrags abhängt (*FM SchlH* DStR 20, 1378).

Sponsoring-Verträge (entgeltl Vermittlung von Kommunikationsleistungen) sind nach den allg Regeln zu behandeln (vgl *Kessler* WPg 96, 2 mwN, auch zum sog Sozio-Sponsoring); generell *BMF* BStBl I 98, 212.

Steuererklärung. Kosten sind rückstellbar, soweit Betriebssteuern (BFH IV R 22/81, BStBl II 84, 301: nicht für Gewinnfeststellungserklärung; *KKM* § 5 Rn. D 300; zur USt BFH XI R 55/93, BStBl II 94, 907). S „Jahresabschluss".

Steuerschulden; Steuernachforderungen sind grds im Jahr der wirtschaftl Verursachung zu berücksichtigen; bei späterer Aufdeckung und späterer Wahrscheinlichkeit der Inanspruchnahme erst zu diesem Zeitpunkt (→ Rn. 378 f). Das gilt auch für Mehrsteuern nach BP (FG Mster EFG 19, 1820, FG Mster EFG 21, 1744, rkr; FG Mster EFG 25, 622, Rev IV R 1/25) und für hinterzogene Mehrsteuern (BFH XI B 59/19, BFH/NV 20, 909; *Kolbe* StuB 25, 620). Die Rückstellung ist an die Mehrsteuern anzupassen (FG Mchn EFG 16, 1984). Geltend gemachte InvAbzugsbeträge sind mindernd zu berücksichtigen (*BMF* BStBl I 17, 423 Rn. 57). Hinterzogene Lohnsteuer ist vom ArbG zurückzustellen, sobald er mit seiner Haftungsinanspruchnahme ernsthaft rechnen muss (BFH I R 73/95, BStBl II 96, 592). Bei AdV sind die (abziehbaren) Aussetzungszinsen zurückzustellen (BFH I R 10/98, BStBl II 01, 349). Zu Steuerrückstellungen bei Verrechnungspreisrisiken s *Andersen* WPg 03, 593. Steuerverbindlichkeit wegen doppelt ausgewiesenen UStAnspruchs ist sofort zu passivieren, Steuervergütung nach Rechnungsberichtigung erst im Jahr der Rechnungskorrektur (BFH III R 96/07, BStBl II 12, 719). – Abziehbare Steuern (zB KfzSteuer für Betriebsfahrzeuge), die für einen Zeitraum erhoben werden, der vom Wj abweicht, dürfen nur soweit den Gewinn des Wj mindern, wie der Erhebungszeitraum in das Wj fällt.

Stille Beteiligung. Bilanzierung beim Geschäftsinhaber als Fremdkapital (BFH XI R 24/02, BStBl II 03, 656; *Groh* BB 93, 1882); s auch „Genussrechte".

Stock Options. Keine Rückstellungen (§ 5 IVa) in der StBil (*Lange* StuW 01, 137; zu sog Weiterbelastungsverträgen *Bauer/Strnad* BB 03, 895).

Stornorückstellung. Ein Stornoeinbehalt kann als Rückstellung auszuweisen sein (BFH X R 12–13/22, BStBl II 25, 856); Abgrenzung zum Stornoreservekonto (iEinz *Weber-Grellet* FR 25, 951; *OFD Nds* BeckVerw 288647).

Substanzerhaltungsrücklage mindert nicht den Gewinn (BFH IV R 156/77, BStBl II 80, 434).

Subventionen s „Zuschüsse".

Swap → Rn. 270 „Finanzprodukte".

Teilleistungen → Rn. 270.

Teilzahlungsbank. Passiver RAP für vereinnahmte Kreditgebühren, keine Rückstellung für zu erwartende Verwaltungskosten (BFH I R 195/72, BStBl II 74, 684); zur Rückstellung für Teilzahlungsobligo BFH II R 213/82, BStBl II 87, 48 zum BewG.

Termingeschäfte (Futures) → Rn. 270 „Finanzprodukte".

Übergangsgelder (Überbrückungsgelder) sind als Rückstellungen zu passivieren (*Loritz* DStZ 95, 577; *KKM* § 5 Rn. D 361; **aA** *FM NRW* BB 97, 781); die künftige Auszahlungsverpflichtung ist im Unterschied zu anderen Soziallasten ähnl wie eine Pensionsverpflichtung (zT) wirtschaftl bereits in der Vergangenheit verursacht (→ Rn. 381 f).

Überstunden. Für Überstunden sind Rückstellungen zu bilden (geleistete, noch nicht bezahlte Arbeit; per Aufwand an Rückstellung); mE muss für Minusstunden (noch nicht geleistete, aber entlohnte Arbeit) ein RAP gebildet werden (per aktiver RAP an Geld; **aA** FG Bln-Bbg EFG 12, 600).

Umlage-Verpflichtung ggü einem Versorgungswerk für überlassene Mitarbeiter ist als Rückstellung auszuweisen (FG BW EFG 24, 1499, Rev IX R 36/23).

Umsatzabhängige Verbindlichkeiten s „Gewinnabhängige Verbindlichkeiten".

Umsatzsteuer. Für die USt, die bei nachträgl Eingang wertberichtigter Forderungen gem § 17 II Nr 1 S 2 UStG zu entrichten ist, darf keine Rückstellung gebildet werden (wirtschaftl Verursachung erst im VZ des Forderungseingangs). – Zum Ausweis von USt-Verbindlichkeiten auf innergemeinschaftl Leistungen s *Korn* DStR 23, 1488.

Umtauschanleihe → Rn. 270.

Umweltschutz und Umweltschäden

Schrifttum (Auswahl): *Bach,* Umweltrisiken im handelsrechtl Jahresabschluß und in der Steuerbilanz, 1996; *Friedemann,* Umweltschutzrückstellungen im Bilanzrecht, 1996; *Klein,* Umweltschutzverpflichtungen im Jahresabschluß, 1998; *Heisterkamp,* Umweltschutz und Gewinnermittlung, Diss jur 1998. – *Köster,* Objektivierung von Rückstellungen …, FS Herzig 2010, 695; *v Wolfersdorff,* Rückstellungen für Umweltschutzmaßnahmen …, FR 20, 610. – **Finanzverwaltung:** EStR 5.7 IV; *BMF* BStBl I 10, 495.

(1) **Umweltschutzmaßnahmen.** Diese können bilanzstrechtl als Sofortaufwand, HK, TW-AfA, Verbindlichkeiten oder Rückstellungen erfasst werden (*Stuhr/Bock* DStR 95, 1134; *HHR/Tiedchen* § 5 Rn. 698). Für die nach allg Kriterien zu beurteilende Relevanz öffentl-rechtl und zivilrechtl Umweltpflichten (→ Rn. 363; **kein Sonderrecht;** so auch *Köster* FS Herzig 2010, 695) sind nach wohl hL in etwa zu unterscheiden: – *(a) Anpassungspflichten,* dh Pflichten, betriebl Anlagen durch Vorsorgemaßnahmen gegen schädl Umwelteinwirkungen dem Stand der Technik anzupassen (vgl § 5 I Nr 2 BImSchG), – *(b) Inspektionspflichten,* – *(c) Pflichten zur Beseitigung einer Schadstoffbelastung* von WG, insb GuB (sog **Altlasten;** s unten), und zur Abwehr hieraus drohender Gefahren, – *(d) Pflichten zur Rekultivierung* (s dort; „Deponien"), Rücknahmepflicht und Entsorgung (Abfallbeseitigung) nach dem AbfG oder entspr Spezialgesetzen wie zB AtomG, und – *(e) Schadenersatzpflichten.* – ***(2)*** Für **Anpas-**

sungspflichten ist – ebenso wie für Inspektions-(Sicherheits-)pflichten – idR keine Rückstellung zu bilden; in die Zukunft wirkende Aufwendungen sind ggf als (nachträgl) AK/HK zu aktivieren (→ Rn. 369); Vorsorgemaßnahmen sind wirtschaftl nicht in der Vergangenheit verursacht (iErg auch BFH I R 8/12, BStBl II 13, 686; *Prinz* DB 13, 1815; → Rn. 383; die Anpassung führt grds zu sofort abziehbarem Erhaltungsaufwand (*Grube* DB 99, 1723). Hingegen sind **Rücknahme- und Beseitigungspflichten** grds rückstellbar („Altauto"; → Rn. 376). – ***(3)*** Nach ***BMF*** BStBl I 10, 495 gilt: – *(a)* keine hinreichende Konkretisierung allein durch BBodSchG; – *(b)* behördl Anordnung notwendig; – *(c)* keine TW-AfA bei Rückstellung und voraussichtl Wertaufholung. – ***(4)*** **Rechtsprechung.** Nach der Rspr muss *(a)* durch Gesetz oder VA ein inhaltl genau bestimmtes Verhalten innerhalb eines bestimmten Zeitraums verlangt sein, das auch mittels Sanktionen durchgesetzt werden kann **(konkretisierte Sanierungspflicht)** und *(b)* müssen die **verpflichtungsbegründenden Tatsachen** der Fachbehörde **bekannt** geworden sein (zB Anzeige) oder dies muss unmittelbar bevorstehen; ansonsten ist eine Inanspruchnahme nicht wahrscheinl (BFH VIII R 14/92, BStBl II 93, 891; BFH VIII R 34/99, BFH/NV 02, 486; → Rn. 365, 378). – ***(5)*** Dagegen soll nach **hM im Schrifttum,** sofern die Schadstoffbelastung nachgewiesen ist, eine Rückstellung selbst dann zu bilden sein, wenn die zuständige Behörde hiervon noch keine Kenntnis hat und auch in vergleichbaren Fällen nicht eingeschritten ist (statt vieler *Frenz* DStZ 97, 37; *Söffing* FS Ritter 1997, 257; → Rn. 378). – ***(6)*** **Hinreichende Konkretisierung.** Unzul ist eine Rückstellung, wenn eine Schadstoffbelastung nur vermutet wird. Unabhängig von der Kenntnis der Behörde muss sich die Sanierungspflicht auch auf der Sachverhaltsebene hinreichend **konkretisiert** haben (BFH I R 77/01, BStBl II 10, 482; *Groh* StbJb 94/95, 23); die allg gesetzl Entsorgungspflicht genügt nicht (BFH I R 6/96, BStBl II 01, 570; → Rn. 364), nicht die Ankündigung eines Gefahrerforschungseingriffs (BFH IV B 177/04, BFH/NV 06, 1286), wohl aber die Ankündigung der Ersatzvornahme. – ***(7)*** **Bewertung.** Die Rückstellung ist mit dem **Erfüllungsbetrag** zu bewerten (BFH I R 77/01, BStBl II 10, 482; → Rn. 421); grds keine Ansammlungsrückstellung; anders bei kontinuierl Anwachsen der Verpflichtung (→ § 6 Rn. 486). Bei immerwährenden Pflichten evtl Mindestzeitraum entspr passiver RAP (offen; vgl *Groh* StbJb 94/95, 23). – ***(8)*** **Auflösung.** Die Rückstellung ist nach allg Kriterien aufzulösen (→ Rn. 423). – ***(9)*** **Konkurrenzen:** mE Vorrang der Rückstellung (→ Rn. 361 mwN). – ***(10)*** **Abfallbeseitigung.** Die Pflicht zur Abfallbeseitigung (Entsorgung) auf Grund des KrWG (KreislaufwirtschaftsG, BGBl I 12, 212; *Beckmann* AbfallR 12, 142) kann bei hinreichender Konkretisierung Rückstellung erfordern (BFH IV R 35/02, BStBl II 06, 644; *Weber-Grellet* FR 04, 1016; anders noch BFH I R 6/96, BStBl II 01, 570: nur interne Verpflichtung). – ***(11)*** **Umwelthaftung.** Ab 1.1.91 besteht nach Maßgabe des UmweltHG (BGBl I 90, 2634) eine verschuldensunabhängige Haftung für Schäden auf Grund Umwelteinwirkung (Wasser, Boden, Luft) aus dem Betrieb bestimmter Anlagen (zur Rückstellungsrelevanz zB *Leuschner* Umweltrückstellungen, 1994, 192). Zum **Bundes-BodenschutzG** (BBodSchG, BGBl I 98, 502; in Kraft ab 1.3.99) vgl *Kügel* NJW 04, 1570; *BMF* BStBl I 10, 495; zum **UmweltschadensG** (BGBl I 07, 666; in Kraft ab 14.11.07; Umsetzung der UmwelthaftungsRL) *Schubert* WPg 08, 505. – ***(12)*** **Vertragl Verpflichtungen.** Zu Rückstellungen auf Grund vertragl Sanierungsverpflichtungen s BFH VIII R 13/99, BStBl II 00, 612; *Rödl ua* DStR 95, 428.

Unterlassene Instandhaltungen s „Instandhaltung".

Unverzinsliche Verbindlichkeiten → Rn. 327; s auch „Darlehen".

Urheberrechtsverletzung → Rn. 391 ff.

Urlaub. Für am Bilanzstichtag (Wj = Kj) noch nicht genommenen Urlaub der ArbN (Geld-, nicht Sachschuld des ArbG) ist eine Schuldrückstellung zu bilden (BFH I B 100/07, BFH/NV 08, 943; EStH 6.11). Ein Erstattungsanspruch gegen eine Urlaubskasse ist zu saldieren (BFH I R 72/94, BStBl II 95, 412). Bei **abw Wj** ist die Urlaubsverpflichtung nur insoweit zu passivieren, als sie zeitanteilig den auf die Zeit vor dem Bilanzstichtag entfallenden Urlaubsteil erfasst (BFH IV R 35/74, BStBl II 80, 506). Sog **Bildungsurlaub** ist eine nicht rückstellbare soziale Folgelast.

Veräußerungsrente für Betriebserwerb ist mit dem kapitalisierten Barwert auszuweisen (BFH X R 12/01, BStBl II 04, 211; → Rn. 673).

Verbindlichkeiten → Rn. 311 f; bedingte Verbindlichkeiten → Rn. 314; s auch „haftungslose Verbindlichkeiten".

Verdeckte Gewinnausschüttung (§ 8 III 2 KStG) bewirkt keine Umqualifizierung von Verbindlichkeiten (Fremdkapital) in Eigenkapital; die Gewinnerhöhung ist außerhalb der Bilanz durch eine Hinzurechnung zum StBil-Gewinn durchzuführen (BFH I R 123/97, DStR 98, 1749; krit *Bareis* BB 05, 354, *Weber-Grellet* BB 14, 2263, *Briese* DStR 23, 801); Ersatzansprüche, die ledigl der Rückgängigmachung von vGA dienen, sind Einlageforderungen (BFH I R 6/94, BStBl II 97, 89); ferner → Rn. 270 „Satzungs- und Steuerklauseln".

Verdecktes Eigenkapital/Stammkapital s „Gesellschafterfinanzierung".

Verdienstsicherung. Eine tarif- (oder einzel-)vertragl Pflicht des ArbG, einem ArbN nach dessen Umsetzung auf einen niedriger bewerteten und bezahlten Arbeitsplatz aus altersbedingten oder sonstigen betriebl Gründen den bisherigen höheren Lohn fortzuzahlen (Verdienstsicherung), rechtfertigt idR weder vor noch nach der Umsetzung eine Rückstellung (BFH I R 68/87, BStBl II 88, 338; *FM NRW* BB 97, 1411).

Verlustrückstellungen → Rn. 450 ff.

Verlustübernahme. Organträger (§§ 14 ff KStG) dürfen keine Rückstellung für drohende Verluste aus Verlustübernahme bilden (BFH I R 101/75, BStBl II 77, 441; Einzelheiten → 19. Aufl 2000, § 5 Rn. 550; auch → Rn. 450 f); mE auch keine Verbindlichkeitsrückstellung aus Unternehmensvertrag (**aA** *Mujkanovic* AG 22, 685).

Verpackungs-VO (v 30.12.05 BGBl I 06, 2; *Berrizi/Guldan* DB 07, 645). Für Verpflichtungen nach der VerpackVO (jetzt VerpackungsG) sind Rückstellungen zu bilden (FG Köln EFG 15, 1114).

Verpflichtungsübernahme. Nach BFH I R 102/08, BStBl II 11, 566 ist bei „Anschaffung von Verlustverträgen" eine Rückstellung zu bilden, mE ggf ein passiver RAP (iEinz → Rn. 674; *Weber-Grellet* DB 11, 2875; *Hoffmann/Lüdenbach* StuB 12, 3). Nunmehr geregelt durch § 4f und § 5 VII (→ Rn. 503; *Beckert/Hagen* NWB 13, 1468; *Strahl* KÖSDI 13, 18444).

Verrechnungspreisdokumentation. Kosten, die die lfd Dokumentation betreffen (zB Übersetzungskosten), sind rückstellbar (*Dziadkowski* FR 13, 777).

Verrechnungsverpflichtung für zu viel vereinnahmte Entgelte, die in der folgenden Periode auszugleichen sind, ist zurückzustellen (*BMF* BStBl I 13, 1502); s auch „Kostenüberdeckung".

Versicherungstechnische Rückstellungen s BFH I 114/65, BStBl II 72, 392; *Buck* Die versicherungstechnischen Rückstellungen …, 1995; *Felgenbüscher* WPg 95, 582; zum Abzugsverbot bei Rückstellungen für Beitragsrückerstattung s BFH I R 36/95, BStBl II 00, 238.

Versicherungsvertreter. Nachbetreuungspflichten können eine Rückstellung rechtfertigen (BFH X R 26/10, BStBl II 12, 856; s „Nachbetreuung"); zu geringeren Anforderungen bei **Versicherungsmakler** *Wardemann/Pott* DStR 13, 1874).

Versorgungsrente. Betriebl Versorgungsrenten (zu *privaten* zB → § 16 Rn. 69 f) sind bei Abhängigkeit von künftigen Erträgen nicht zu passivieren (BFH I R 72/76, BStBl II 80, 741); ansonsten § 6a (BFH VIII R 64/97, BFH/NV 98, 825).

Vertragsbetreuung s „Lebensversicherung".

Verwaltungsakt-Verpflichtungen → Rn. 363.

Verwaltungskosten. Keine Rückstellung für künftige allg Verwaltungskosten (BFH I R 48/69, BStBl II 73, 565), wohl aber für Versandkosten von Kontoauszügen des abgelaufenen Jahrs (s „Bausparkassen"); s auch „Betriebsprüfung".

Verzicht. Der Verlust aus einem auflösend bedingten Forderungsverzicht ist bereits im Zeitpunkt des Verzichts zu berücksichtigen (BFH VIII R 8/22, DStR 25, 256; *Weber-Grellet* BB 26, 43 (47));→ Rn. 671.

Vorauszahlungen s „Anzahlungen".

Vorruhestandsgeld. Verpflichtungen zu Vorruhestandsleistungen (Lohnfortzahlung während Freistellungsphasen) sind als Gratifikation für bereits geleistete Dienste zu passivieren (FG Ddorf EFG 24, 1484, Rev IV R 11/24); die Rückstellung ist um voraussichtl Zuschüsse zu kürzen (*Herzig* StbJb 85/86, 61 (103); **aA** *BMF* BStBl I 84, 518). Zu Besonderheiten im Baugewerbe s *Hartmann* BB 94, 1319; s „Altersteilzeit".

Vorschüsse s „Anzahlungen".

Wandelschuldverschreibungen → Rn. 270 „Anleihen".

Wandlung → Rn. 616.

Warenproben. Keine Rückstellung für Zusage unentgeltl Zusendung (BFH I R 112/75, BStBl II 77, 278).

Wartungsaufwand bei Verpachtung. Nach FG Bln-Bbg (EFG 09, 316; ähnl FG Ddorf EFG 15, 1247) darf der Verpächter für vom Pächter erhaltene Wartungsentgelte (für Flugzeuge) weder einen passiven RAP noch eine Rückstellung (dazu → Rn. 383, 387) bilden; mE im Hinblick auf den RAP (dazu → Rn. 246, 250) fragl. – BFH I R 43/15, BStBl II 17, 379 differenziert zw der öffentl-rechtl Inspektionsverpflichtung (keine Rückstellung) und den Zahlungen in die Wartungsrücklage des Leasinggebers (dazu krit *Weber-Grellet* FR 17, 434; s oben „Eventualverbindlichkeiten"). Zu Wartung als Nachbetreuung s dort.

Wechseldiskont → Rn. 270 „Wechselforderungen" sowie → Rn. 618.

Wechselobligo → 44. Aufl 2025, § 5 Rn. 550 (Verdrängung des Wechsels durch digitale Zahlungsmittel).

Weihnachtsgratifikation. Verpflichtung zur Zahlung bei abw Wj nur insoweit passivierbar, als sie zeitproportional auf die Zeit vor dem Bilanzstichtag entfällt (BFH IV R 35/74, BStBl II 80, 506).

Werkzeugkostenbeiträge, die vom Kfz-Hersteller an den Zulieferer gezahlt werden, sind nach BFH I R 87/99, BStBl II 02, 655 als BE zu erfassen, als Rückstellung zu passivieren und über die Dauer der Lieferverpflichtung gewinnerhöhend aufzulösen; mE eher Minderung der AK/HK oder RAP (FR 01, 537; krit auch *Welter* DB 17, 2118); **aA** BFH IV R 3/13, BFH/NV 15, 1577 (sofortige Realisation); s auch „Zuschüsse". S auch „Wartungsaufwand".

Wertguthabenvereinbarungen → Rn. 270 „Wertguthaben".

Wertsicherungsklausel → Rn. 330.

Wettbewerbsverbot. Einmalentgelt für Verpflichtung, Wettbewerb zu unterlassen, ist passiv abzugrenzen (str; *Eder* DStR 95, 1937). – Für entspr Zahlungsverpflichtung ist mangels wirtschaftl Verursachung keine Rückstellung zu bilden (BFH I R 39/00, BStBl II 05, 465); auch → Rn. 113, 270.

Wiederaufforstungspflicht rückstellbar (*Schindler* StBP 88, 205).

Windkraft-Energieübernahmeverpflichtungen sind nicht rückstellbar (*Kleine* JbFfSt 97/98, 196).

Zero-Bonds → Rn. 270 „Finanzprodukte".

Zinsen auf StNachforderungen (§ 233a AO), nicht aber Hinterziehungszinsen (BFH I R 73/95, BStBl II 96, 592), können zurückzustellen sein (*OFD Ffm* DStR 23, 1717). S ferner „Darlehen", „Disagio".

Zulassungskosten für Pflanzenschutzmittel rückstellbar, da der Zulassungsantrag Vergangenheitsbezug haben soll (BFH IV R 5/09, BStBl II 12, 122; krit zur Begründung *Weber-Grellet* BB 12, 43; *Hoffmann* StuB 12, 49).

Zusatzversorgungskasse. Rückstellungen nur bei Erfüllungsrückständen (*Uttenreuther/von Puskás* DB 96, 741; *Pfitzer ua* BB 96, 1373).

Zuschüsse. Subventionen, Beihilfen, Prämien usw (vgl *Küting* DStR 96, 276 (313)), deren Erhalt betriebl veranlasst ist (zur Zahlung → Rn. 270) und die nicht oder nur bedingt rückzahlbar sind (verlorene Zuschüsse in Form von Aufwands-, Ertrags- oder Investitionszuschüssen; vgl BFH X R 23/89, BStBl II 92, 488; *Köhler* StBP 17, 359), sind grds estpfl BE (zu stpfl Corona-Zuschüssen KÖSDI 20, 21816; → Rn. 270 „Forderungen"; → Rn. 745); zu Einzelheiten, insb auch zur bilanziellen Behandlung → § 6 Rn. 71 ff; → 28. Aufl 2009, § 5 Rn. 550.

Zuzahlungen s „Ausgleichsposten".

VI. Gewinnverwirklichung (Gewinnrealisation)

Schrifttum (s auch Schrifttum vor → Rn. 58): *Mayr,* Gewinnrealisierung (Wien), 2001; *Sessar,* Grundsätze ordnungsmäßiger Gewinnrealisierung im deutschen Bilanzrecht, 2007; *Wüstemann* ua Gewinnrealisierung HdJ IV/1 (9/19). – *Hommel/Berndt,* Das Realisationsprinzip – 1884 und heute, BB 09, 2190; *Prinz,* Realisation bei Abschlagzahlungen, DB 16, 371; *Weber-Grellet,* RAP als Anwendungsfall des Realisationsprinzips, NWB 17, 2984; *Korn,* Gewinnrealisation, KÖSDI 20, 21685; *Kahle,* Auslegungsfragen des Realisationsprinzips, FR 25, 927. – **Finanzverwaltung:** *BMF* BStBl I 90, 72; 354 (Überführung von WG in ausl Betriebsstätte).

601 **1. Realisierter Gewinn.** In zeitl Hinsicht richtet sich der Ausweis von Geschäftsvorfällen nach dem (imparitätischen) Realisationsprinzip (→ Rn. 91, 150). Ausgewiesen (und besteuert) wird nur der realisierte Gewinn (vgl → Rn. 78, 79; BFH VIII R 25/11, BStBl II 14, 968; *Weber-Grellet* FR 18, 234), zB auf Grund von **Lieferungen** oder **Leistungen** gegen Bar- oder Buchgeld (→ Rn. 602–618), **Tausch** oder tauschähnl Vorgänge (→ Rn. 631–641) oder betriebl **Schulderlass** (→ Rn. 671–674) oder außerhalb gegenseitiger Verträge auf andere Weise, zB durch Ausschüttungen (→ Rn. 745 f). Der Realisierung gleichgestellt sind die **Entnahme** (→ Rn. 651–661), die **Betriebsaufgabe** (§ 16 III) und Fälle der **Entstrickung** (Ersatzrealisation; *Meyer* HdJ IV 2 [11/18]); zur Gewinnrealisierung bei Begründung einer **BetrAufsp** → § 6 Rn. 865; → § 15 Rn. 877. Bei der **Umwandlung** von Unternehmen steht die Frage der Realisation im Vordergrund (*Strahl* KÖSDI 11, 17507). Nach dem **(imparitätischen) Realisationsprinzip** (GoB iSv § 5 I; BFH X R 42/08, BStBl II 12, 188; BFH X R 19/10, BStBl II 12, 190) darf ein Gewinn grds erst ausgewiesen werden, wenn er durch Umsatz (Veräußerung oder sonstigen Leistungsaustausch) verwirklicht ist (BFH VIII R 77/96, BStBl II 2002, 227; § 252 I Nr 4 HGB; → Rn. 78); Vermögensmehrungen dürfen nur erfasst werden, wenn sie disponibel sind (BFH IV R 26/22, DStR 25, 261; *Weber-Grellet* DStR 96, 896, mwN; zur Realisation von Provisionszahlungen BFH X R 28/08, BFH/NV 10, 2033). Gewinnrealisierung tritt dann ein, wenn der Leistungsverpflichtete die von ihm geschuldeten Erfüllungshandlungen in der Weise erbracht hat, dass ihm die **Forderung** auf die Gegenleistung (zB die Zahlung) – von den mit jeder Forderung verbundenen Risiken abgesehen – so gut wie sicher ist (BFH I R 11/06, BStBl II 06, 762; BFH IV R 23/14, BStBl II 18, 444; *Wüstemann ua* HdJ IV/1 [9/19] Rn. 7); spätere Abrechnung ist irrelevant (BFH X B 104/10, BFH/NV 11, 1343). – Zur Aufdeckung stiller Reserven in der Insolvenz s *Janssen* DStR 21, 2105.

602 **2. Entgeltliche Lieferungen und Leistungen, insbesondere Veräußerung von Wirtschaftsgütern gegen Geld. – a) Gewinnrealisierung.** Gewinn wird realisiert, wenn ein WG aus dem BV durch Veräußerung (→ § 6b Rn. 26) ausscheidet und der StPfl stattdessen Geld oder eine auf Geld gerichtete Forderung erlangt, deren

zu bilanzierender Nennwert (§ 6 I Nr 2; *Mayr* Gewinnrealisierung, 31 ff) höher ist als der Buchwert des ausgeschiedenen WG (zB BFH IV R 1/75, BStBl II 79, 412; vgl auch § 6b II). Entsprechendes gilt, wenn ein WG ohne Zutun des StPfl zB durch Enteignung aus dem BV gegen Entschädigung ausscheidet (BFH I R 9/91, BStBl II 93, 41; aber → Rn. 501). Einer Geldleistung steht die Befreiung von einer Geldschuld (vgl § 414 BGB) gleich (vgl BFH IV R 180/80, BStBl II 83, 595; → Rn. 674). Grds keine Gewinnrealisierung bei (Sach-)Darlehensgeschäften; → Rn. 270 „Wertpapierleihe". – Zur Gewinnrealisierung bei SchwesterGes → § 6 Rn. 805 mwN.

b) Zeitpunkt der Gewinnrealisierung. – aa) Wirtschaftliche Erfüllung. Zur Frage, wann der Anspruch auf das Entgelt an Stelle des veräußerten WG oder der HK der versprochenen Leistung zu aktivieren ist (vgl allg zum Realisationsprinzip → Rn. 78) stellt die **BFH-Rspr** idR darauf ab, wann der Vertrag „wirtschaftl erfüllt" ist (zB BFH IV R 32/19, BStBl II 22, 832; FG Mchn DStRE 24, 1010, rkr; *Weber-Grellet* BB 23, 43 (45)), insb „die vereinbarte Lieferung oder Leistung erbracht" ist (BFH X R 48/03, BFH/NV 06, 534; *Wüstemann ua* HdJ IV/1 [9/19] Rn. 50); **Forderungen** sind realisiert, wenn sie (unabhängig von der rechtl Entstehung) wirtschaftl in der Vergangenheit verursacht und am Bilanzstichtag hinreichend sicher sind, grds mit der Ausführung des Geschäfts (iEinz → Rn. 270 „Forderungen"). 607

bb) Einzelne Schuldverhältnisse. Bei **Verkauf (Veräußerung)** bewegl WG wird Gewinn idR realisiert mit der Übergabe der Sache unter Übergang des wirtschaftl Eigentums (BFH I R 192/82, BStBl II 87, 797; *Wüstemann ua* HdJ IV/1 [9/19] Rn. 16), bei Grundstücksveräußerung mit dem Übergang von Besitz, Gefahr, Nutzen und Lasten (BFH X R 49/01, BStBl II 03, 751; NdsFG EFG 15, 1728; *Wüstemann ua* HdJ IV/1 [9/19] Rn. 64); Auflassung nicht erforderl (BFH I B 93/05, BFH/NV 06, 706); frühere Realisierung mögl (zB bei Kaufpreiszahlung nach Vertragsabschluss; BFH III R 25/05, DStR 06, 1359 mit anfechtbarer Begründung); keine Realisierung vor Vertragsabschluss (BFH IV R 35/08, BFH/NV 12, 377). Zur Veräußerung von Eigentumswohnungen s BFH IV R 40/04, BStBl II 06, 26. Bei einem **Dienstvertrag** wird Gewinn realisiert mit der Erbringung der Leistung (FG Mchn BB 23, 2992, rkr), bei einem **Werkvertrag** mit der Abnahme (BFH IV R 62/05, BStBl II 08, 557; mE grds Erfüllung; Abnahme nur Indiz), bei (mangelfreier) **Werklieferung** (§ 651 BGB) mit Auslieferung und Eigentumsübertragung (*HHR/Tiedchen* § 5 Rn. 398f). – Bei geistigen Werken wird die Abnahme durch die Billigung ersetzt; Sonderregelungen (etwa Anspruch nach Gebührenordnung – HOAI) gehen vor (BFH VIII R 25/11, BStBl II 14, 968; str, s etwa *Velte/Stawinoga* StuW 16, 118; nach *BMF* BStBl I 16, 279 Geltung nur für § 8 II HOAI aF (bei mögl Verteilung auf 3 Wj). IÜ führen Abschlagzahlungen nicht zur Realisation (*Prinz* DB 16, 684; *Ramme* DB 17, 2958); mE ggf anders, wenn es sich um selbst Teilleistungen handelt (→ Rn. 270 „Langfristige Fertigung", → Rn. 611, 618). – Entspr ist ein **Gerüstbauvertrag** einheitl zu erfassen (FG BW EFG 16, 1071; *Prinz* DB 16, 1897; *Hoffmann* StuB 16, 717). – **Provisionsforderungen** sind nicht vor Ausführung des vermittelten Geschäfts auszuweisen (BFH X R 28/08, BFH/NV 10, 2033; → Rn. 270); die spätere Rechnungsregulierung ist unerhebl); zu **Dauerschuldverhältnissen** → Rn. 618; vgl ferner → Rn. 745. – Zur Gewinnrealisierung bei vGA → § 20 Rn. 60). 608

cc) Einzelheiten. Die hL (*Woerner* BB 88, 769; *Sessar* [vor → Rn. 601] Rn. 336; zR krit *Hoffmann/Lüdenbach* DStR 04, 1758; *Wüstemann ua* HdJ IV/1 [9/19] Rn. 11) nimmt an, dass der Gewinn idR mit dem **Übergang der Preisgefahr** (§§ 446; 644 BGB) realisiert ist (Einbuchung der Forderung; Ausbuchung der Ware), und zwar grds auch *(1)* beim Versendungskauf (§ 447 BGB; *Knobloch/Baumeister* DStR 15, 2403) – obwohl das wirtschaftl Eigentum erst später übergeht und somit das veräußerte WG zwar nicht mehr beim Veräußerer, aber auch noch nicht beim Erwerber anzusetzen ist (vgl BFH I R 157/84, BStBl II 89, 21) – und *(2)* bei (unstreitigem) An- 609 nahmeverzug, obwohl hier der Veräußerer noch wirtschaftl Eigentümer der Ware ist; der Geldeingang ist unmaßgebl (*Siegel* FS Forster, 1992, 585 (592) mwN). Bei Veräußerung durch Zwangsversteigerung ist der Zuschlag maßgebl (BFH I R 7/84, BStBl II 88, 424). Weder die Abtretung einer Forderung noch § 740 BGB führen zur Realisierung (BFH IV R 75/94, BStBl II 96, 194). – Der Realisierung können forderungsausschließende oder -hemmende Umstände entgegenstehen, es sei denn, es besteht ein zwangsläufig nachfolgender und vollwertiger **Regressanspruch** (BFH I R 10/98, BStBl II 01, 349; → Rn. 70). Keine Gewinnrealisierung vor Beendigung des Probebetriebs (FG Mster DStRE 22, 323, rkr).

611 **dd) Teilgewinnrealisierung.** Diese kommt in Betracht bei langfristiger Fertigung (→ Rn. 270); bei (abgrenzbaren) Teilleistungen (*Wüstemann ua* HdJ IV/1 [9/19] Rn. 23), zB bei lfd Provisionseinnahmen (FG Hmb EFG 04, 1508); bei Sukzessivlieferung oder -werkleistung (BFH X R 49/89, BStBl II 92, 904), bei Provision für Teil-Inkasso (BFH IV R 62/05, BStBl II 08, 557), bei Überlassung von Filmrechten (BFH IV R 37/16, BFH/NV 18, 440; BFH IV R 32/19, BStBl II 22, 832); keine Realisierung bei 3-Jahres-Superprovision. Eine Schlusszahlung kann ein zeitraumbezogenes Entgelt sein (BFH IV R 32/19, BStBl II 22, 832).

616 **c) Rückabwicklung.** Die Rückgängigmachung oder Rückbeziehung einer Veräußerung, zB durch Anfechtung (§§ 119, 123 BGB), Wandlung (§§ 437 ff BGB), Bedingungseintritt (§ 159 BGB), Rücktritt oder Vereinbarung, ist nach GoB grds ein neuer Vorgang (BFH I R 43, 44/98, BStBl II 00, 424; BFH I B 151/13, BFH/NV 14, 1544; FG BW EFG 03, 430: kein Fall des § 175 I Nr 2 AO; **aA** *Fischer* FR 00, 393; *Stoschek/Peter* DB 03, 954); anders ggf bei schlichter Rückabwicklung (ohne Zahlungen und sonstige Rechtswirkungen). Die Rückbuchung kann eine eingetretene Gewinnrealisierung nicht beseitigen (BFH IV B 55/04, BFH/NV 06, 699). – Abzugrenzen ist die Rückgängigmachung von der Kaufpreisanpassung (BFH GrS 2/92, BStBl II 93, 897); mE ungenau BFH VIII R 66/03, BStBl II 06, 307. – Nach BFH VIII R 77/96, BStBl II 02, 227 ist ggf (nach allg Kriterien) eine Rückstellung zu bilden (nach *BMF* BStBl I 02, 335 sofern am Bilanzstichtag eine Vertragsauflösung wahrscheinl ist); mE „Rückabwicklungs-Rückstand" (vgl → Rn. 76, 315, 387); allg z Rückwirkungsproblematik → § 2 Rn. 43).

618 **d) Dauerschuldverhältnisse.** Bei Dauerschuldverhältnissen (zB Sukzessivlieferung) wird der Anspruch auf das Entgelt fortlfd pro rata temporis (zeitraumbezogen) verwirklicht; es kommt zu einer zeitproportionalen Gewinnrealisierung (*HHR/Schulz* § 5 Rn. 1005). Der Anspruch ist unabhängig von Fälligkeit und Abrechnungsperiode zu aktivieren, soweit das Entgelt auf die in der Vergangenheit erbrachte Leistung entfällt (BFH IV R 32/19, BStBl II 22, 832; vgl auch → Rn. 270 „Langfristige Fertigung"; „Wechselforderungen"; → Rn. 611).

631 **3. Tausch und tauschähnliche Vorgänge. – a) Grundtatbestand.** Gewinn wird auch realisiert, wenn ein WG veräußert wird und die Gegenleistung nicht in Geld, sondern in anderen WG besteht (Tausch iSv § 480 BGB oder tauschähnl Geschäft), gleichgültig, ob diese WG zu BV oder PV werden. Die Gewinnrealisierung tritt im Zeitpunkt der Übertragung des wirtschaftl Eigentums des hingegebenen WG ein (→ Rn. 607), auch wenn das eingetauschte WG erst in einem späteren Wj erlangt wird (*Woerner* FR 84, 489); zum Tausch mit Baraufgabe *Lüdenbach/Freiberg* DB 12, 2701.

632 **aa) Gewinnrealisation.** Der Tausch ist (freiwilliger) Umsatzakt und damit Realisationstatbestand (§ 6 VI 1; → § 6 Rn. 851). Dies gilt auch beim Tausch von immateriellen WG (BFH X R 20/86, BStBl II 90, 128). Auch der Erwerb eines Nutzungsrechts an einem anderen als dem veräußerten WG ist Tausch (zum Vorbehalt eines Nutzungsrechts am veräußerten WG → Rn. 180).

bb) Berechnung. Gewinn wird iHd Differenz zw **Buchwert** des hingegebenen und **gemeinem Wert** des erlangten WG realisiert (arg § 6 VI 1). Das erlangte WG seinerseits (oder der Anspruch hierauf) ist, soweit BV, mit dem gemeinen Wert des weggegebenen WG als AK zu aktivieren (§ 6 VI 1; BFH I R 183/81, BStBl II 84, 422; Maßgeblichkeit der jeweiligen Gegenleistung). Wird ein WG des BV aus privatem Anlass gegen ein WG getauscht, das notwendiges PV wird, wird das hingegebene WG zum **TW** entnommen (BFH VIII R 41/79, BStBl II 82, 18). 633

cc) Tausch von Kapitalgesellschaftsanteilen. Nach § 6 VI 1 wird auch in diesen Fällen Gewinn realisiert, selbst wenn die hingegebenen und die erlangten Anteile wert-, art- und funktionsgleich sind (BT-Drs 14/23, 173); die entgegenstehende Rspr, die auf dem sog **Tauschgutachten** beruhte (BFH I D 1/57 S, BStBl III 59, 30), ist überholt (*Hörger/Mentel/Schulz* DStR 99, 565 (573); offen gelassen in BFH VIII R 11/02, DStRE 06, 247). Bereits nach bisherigen Grundsätzen wurde Gewinn realisiert beim Tausch von MU-Anteilen (BFH IV R 103/94, BStBl II 97, 39) oder bei Übertragung von Wertpapieren auf einen Investmentfonds gegen Gewährung von Investmentzertifikaten (*OFD Ffm* DB 96, 1649). – Tausch ist auch die „Umwandlung" von nicht werthaltigen Ges'terDarlehen in Genussrechte (*OFD Rheinland* DStR 12, 189). 634

dd) Umlegung. Bei („identitätswahrendem") Umlegungs-(Flurbereinigungs-)verfahren sind die eingebrachten und die zugeteilten Grundstücke, soweit wertgleich (keine Ausgleichszahlung), wirtschaftl identisch, sodass keine Gewinnrealisierung eintritt (BFH IV R 1/84, BStBl II 86, 711; zust *Jäschke* DStR 06, 1349; EStH 6.6 II), ggf RfE (→ Rn. 501); die Rspr ist im Hinblick auf den Zwangscharakter der Umlegung mE nicht überholt (teleologische Reduktion des § 6 VI 1). Freiwilliger Landtausch nach dem FlurbG führt nicht zur Realisation (BFH VI R 25/17, BFH/NV 20, 276). Bei über- bzw unterschreitender Zuteilung ist die Grundstückszuteilung in einer Tausch- und ein (Ver-)Kaufgeschäft zu zerlegen (BFH VI R 22/20, DStRE 22, 1033). 635

b) Tauschähnlicher Vorgang. Zur **Einbringung** (Sacheinlage) eines Betriebs usw in eine KapGes vgl §§ 20 ff UmwStG, in eine PersGes § 24 UmwStG (iEinz *Weber-Grellet* DB 19, 2201); zu Nutzungsrechten → Rn. 207. Krit zur Einordnung der Einbringung als entgeltl Vorgang *Weber-Grellet* BB 24, 1450 (1452 f). 636

aa) Einbringung in Kapitalgesellschaft. Gewinn wird realisiert bei Einbringung einzelner **WG** aus einem BV in eine KapGes gegen Gewährung von GesRechten (**offene Sacheinlage;** → Rn. 202). Der einbringende Ges'ter hat die erlangten GesAnteile, soweit diese BV werden, mit dem gemeinen Wert der hingegebenen WG als AK zu aktivieren (vgl BFH I R 6/01, BFH/NV 03, 88; *Wassermeyer* BB 94, 1; **aA** *Hoffmann* BB Beil 16/96: kein Zwang zur Gewinnrealisierung). Werden die Anteile PV, wird Gewinn durch Entnahme realisiert (→ Rn. 633). 637

bb) Einbringung in Personengesellschaft. Auch die Einbringung einzelner WG aus einem PV in das GesVermögen einer PersGes gegen Gewährung von GesRechten (Gutschrift auf KapKto) ist tauschähnl Vorgang (BFH VIII R 69/95, BStBl II 00, 230; *BMF* BStBl I 00, 462; zur Einbringung/Veräußerung gegen Mischentgelt BFH VIII R 58/98, BStBl II 02, 240), str bei SchwesterGes (→ § 6 Rn. 805 f); **aA** *Niehus* StuW 17, 27: Übertragung aus dem BV zum Buchwert. 638

cc) Verdeckte Einlage. Kein tauschähnl Vorgang, sondern **unentgeltl** (besser: entgeltlos) ist die Übertragung materieller oder immaterieller WG und Gewährung sonstiger Vorteile durch verdeckte Einlage (§ 6 VI 2; also ohne Einräumung neuer GesRechte; BFH I R 68/89, BStBl II 92, 744; *Weber-Grellet* DB 24, 2519; → Rn. 203 f) auf eine KapGes (Umbuchung auf das Beteiligungskonto; BFH IV B 33/93, BFH/NV 95, 102), auch bei Übertragung einer 100%-Beteiligung auf 100%-Beteiligung (BFH X R 22/02, BStBl II 06, 457). Die durch die Einlage bewirkte Wertsteigerung der (alten) GesAnteile ist keine Gegenleistung (BFH 639

GrS 2/86, BStBl II 88, 348 (354); BFH I R 147/83, BStBl II 89, 271 zu § 17). **Gewinnrealisierung** tritt ein, weil das WG „anderen betriebsfremden Zwecken" zugeführt wird und damit eine Entnahme vorausgeht (BFH X R 22/02, BStBl II 06, 457; *Weber-Grellet* DB 98, 1532; vgl auch § 17 I 2). Dies gilt jedenfalls, soweit die Anteile an der KapGes PV sind (BFH VIII R 17/85, BStBl II 91, 512) oder einem Dritten gehören (verdeckte disquotale Einlage zugunsten Dritter; BFH X R 34/03, BStBl II 05, 378; *Weber-Grellet* FR 05, 94), aber auch, soweit die Anteile BV des Ges'ters sind (vgl *Wassermeyer* DB 90, 855). Überlässt ein Ges'ter ein WG der Ges zu einem unangemessen niedrigen Preis, ist dies – nach stRspr – eine **gemischte verdeckte Einlage** (BFH IX R 7/16, BFH/NV 17, 724; BFH IX R 5/22 BFH/NV 23, 537 Rz 24; *Weber-Grellet* DB 24, 2519 (2526)). Die **verdeckte Sacheinlage** eines Betriebs, auf die die §§ 20 ff UmwStG nicht anwendbar sind, ist Betriebsaufgabe („Totalentnahme"; BFH VIII R 17/85, BStBl II 91, 512).

640 **dd) Weitere Strukturveränderungen.** Zur Sachwertabfindung eines Ges'ter einer PersGes → § 16 Rn. 498 ff. Zur Realteilung einer PersGes → § 16 Rn. 520 ff. – **Umwandlungen** sind weitgehend ohne Gewinnrealisierung mögl (§§ 3, 20 II, 24 II UmwStG; *Weber-Grellet* BB 97, 653). – Durch Kapitalrückzahlung bei **Kapitalherabsetzung** (oder Liquidation) wird Gewinn realisiert, soweit der Buchwert der Anteile (im BV) niedriger ist als die Rückzahlung (BFH I R 1/91, BStBl II 93, 189).

641 **c) Leistung an Erfüllungs Statt, § 364 BGB.** In diesem Fall liegt entgeltl Veräußerung vor mit Gewinnrealisierung iHd Differenz zw Buchwert der Schuld und des WG. Die Tilgung einer Schuld des PV durch Hingabe eines WG des BV führt zur Entnahme (BFH I R 43/77, BStBl II 81, 19).

651 **4. Gewinnrealisierung ohne entgeltliche Lieferung/Leistung. – a) Entnahme.** Gewinn wird realisiert, wenn ein WG aus dem BV in das PV überführt wird (Entnahme; → § 4 Rn. 220 ff) und der TW (§ 6 I Nr 4 S 1) höher ist als der Buchwert (zum Unterschied zu erfolgsneutraler Bilanzberichtigung zB BFH IV R 36/79, BStBl II 83, 459 mwN; zur Buchwertentnahme für gemeinnützige Zwecke s § 6 I Nr 4 S 2).

652 **aa) Einzelne Tatbestände.** Eine Entnahme liegt zB vor bei **(vollständiger) Nutzungsänderung** (private statt betriebl Nutzung; BFH IV R 39/93, BFH/NV 95, 873; anders bei bloßem Gebäudeabbruch oder nur räuml Verlagerung der betriebl Nutzung innerhalb eines Gebäudes, BFH XI R 27/90, BStBl II 93, 391; → § 4 Rn. 223) oder wenn ein WG aus privaten Gründen zB in vorweggenommener Erbfolge unentgeltl oder nur teilentgeltl übertragen wird (BFH IV R 171/85, BStBl II 88, 490; *BMF* BStBl I 93, 80 Rn. 33–34; zur Übertragung des ganzen Betriebs → § 16 Rn. 50 ff), nicht aber bei Nutzungsänderung zu gewillkürtem BV (BFH IV R 69/95, BStBl II 97, 245). Durch **Entnahme eines Bezugsrechts** wird Gewinn realisiert, wenn stille Reserven von GmbH-Anteilen im BV durch Kapitalerhöhung auf junge Anteile im PV zB von Familienangehörigen übergehen (BFH VIII R 63/87, BStBl II 91, 832; anders bei Übergang von Anteilen iSv § 21 UmwStG im PV BFH I R 128/88, BStBl II 92, 761) oder durch **Entnahme stiller Reserven** bei Ausgabe neuer Anteile zum Nominalwert (BFH III R 8/03, DStRE 06, 312). Entnommen werden kann auch eine iRe Leasingvertrags eingeräumte Kaufoption (BFH X R 20/12, BStBl II 15, 325).

653 **bb) Vorbehalt von Nutzungsrechten.** Nach der Rspr soll die Übertragung eines WG unter **Vor-/Rückbehalt eines Nutzungsrechts** eine Entnahme bewirken. Wer ein zu seinem BV gehöriges Grundstück in Vorwegnahme der Erbfolge unter Vorbehalt des Nießbrauchsrechts unentgeltl übertragen wolle, müsse es vorher mit dem vollen Teilwert aus dem BV entnehmen; die Schenkung und die sie voraussetzende Bestellung des Nießbrauchs zugunsten des Schenkers werde in der Privatsphäre vollzogen und damit die volle Entnahme des Grundstücks voraussetzen (BFH IV R 60/69, BStBl II 74, 48). ME verbleibt die Nutzungsbefugnis (ohne Entnahme) im BV (→ Rn. 181). Ebenso führt auch die **Zuwendung eines Nießbrauchs** grds nicht zu einer Entnahme (BFH VIII R 35/92, BStBl II 95, 241). Ein vorbehaltenes Nutzungsrecht ist nach hL

kein (Teil-)Entgelt (BFH GrS 4–6/89, BStBl II 90, 847; BFH XI R 5/83, BStBl II 91, 793; → Rn. 180 f).

cc) Belastung mit Nutzungsrechten. Die Belastung eines Betriebsgrundstücks mit einem *entgeltl* Nutzungsrecht beinhaltet idR keine Entnahme des Grundstücks (BFH VIII R 133/86, BStBl II 90, 961 zu Erbbaurecht; BFH X R 20/86, BStBl II 90, 128 zu Dienstbarkeit: TW-AfA, evtl aktiver RAP; ähnl BFH XI R 28/97, BStBl II 98, 665 zur Betriebsaufgabe). Bei *betriebl unentgeltl* Belastung (zB Sachbezug eines ArbN, BFH VI R 135/84, BStBl II 88, 525) ist, sofern man mit der hL die Nutzungslast für nicht passivierbar hält (→ Rn. 319), eine evtl TW-AfA (dazu *Thiel* DStJG 14, 161 (188 ff)) durch aktiven RAP auszugleichen. Die *private unentgeltl* Belastung eines Betriebsgrundstücks mit einem Nießbrauch führt idR weder zu einer Entnahme des Grundstücks noch eines Nutzungsrechts, sondern nur zur Entnahme lfd Nutzungen (BFH VIII R 35/92, BStBl II 95, 241). Anders (Grundstücksentnahme) ist dies evtl bei besonders langer Laufzeit des Nutzungsrechts (zB Erbbaurecht auf 99 Jahre). 655

dd) Rückabwicklung. Eine Entnahme kann nicht rückgängig gemacht werden, weil der StPfl die steuerl Folgen nicht überblicken konnte (BFH IV R 77/84, BFH/NV 87, 768); mE bei Anfechtung einer Schenkung wegen Irrtums mögl (ähnl *Barth* BB 89, 746; **aA** BFH X R 140/87, BStBl II 90, 368; offen in BFH IV R 43/80, BStBl II 83, 631); keine Rückgängigmachung durch Bilanzänderung (BFH IV R 84/96, BStBl II 98, 104). 656

ee) Keine Entnahme. Keine Entnahmen sind – *(1)* die **Überführung eines WG in** einen anderen inl GewBetr (BFH I S 13/85, BFH/NV 87, 294) oder ein gewerbl SonderBV (→ § 15 Rn. 507) des StPfl (BFH VIII R 65/89, BStBl II 91, 789 mwN: notwendig Buchwertfortführung) oder ein nichtgewerbl BV (SonderBV) des StPfl und umgekehrt (BFH VIII R 387/83, BStBl II 89, 187); mE zumindest zT überholt durch § 6 VI (→ § 6 Rn. 851 f); – *(2)* die **unentgeltl Übertragung eines (Teil-)Betriebs** (§ 6 III), wohl aber als „Totalentnahme" eine Betriebsaufgabe (→ § 16 Rn. 3); – *(3)* die Zurückbehaltung von (wesentl) WG (auch des SonderBV) bei Begründung einer BetrAufsp (BFH X R 57/93, DStR 98, 887), auch iZm einer Einbringung (BFH I R 183/94, BStBl II 96, 342; krit *Wacker* BB 96, 2224). – *(4)* Weder Entnahme noch Betriebsaufgabe ist der Strukturwandel eines luf oder freiberufl Betriebs zu einem GewBetr und umgekehrt (BFH IV R 41/91, BStBl II 93, 430) oder eines luf Betriebs zu einem Liebhabereibetrieb (BFH IV R 138/78, BStBl II 82, 381: eingefrorenes BV; krit *Knobbe-Keuk* DStR 85, 494: fortbestehendes BV ohne Betrieb mit nachträgl gewerbl Einkünften; → § 16 Rn. 156). 657

b) Entstrickung. Gewinn wird auch in Fällen der sog Entstrickung realisiert (nach Aufgabe der Theorie der finalen Betriebsaufgabe durch BFH I R 99/08, BStBl II 11, 1019) neu geregelt durch § 4 I 3, 4 idF JStG 2010 (→ § 4 Rn. 246; *Kahle* StuB 11, 903; *BMF* BStBl I 11, 1278). 661

5. Schuldwegfall. – a) Verzicht (und Erlass). Der Verzicht ist (ebenso wie der Erlass, § 397 I BGB) ein Realisationstatbestand (*Weber-Grellet* BB 95, 243; *Förster* DStR 23, 1041; *Weber-Grellet* DB 24, 2519 (2523)); er muss hinreichend eindeutig sein (BFH IV R 59/96, BStBl II 99, 266); zum Verzicht auf eine Pensionszusage → § 6a Rn. 70. – Der **privat veranlasste** Verzicht/Erlass führt zu Entnahme und Einlage. Beim Ges'terverzicht ist zu unterscheiden: – ***(1)* Auswirkungen bei Gesellschaft.** Der **betriebl** veranlasste Ges'terverzicht führt aufseiten der Ges zur ergebniswirksamen Ausbuchung der Verpflichtung, auch bei Verzicht mit Besserungsschein (*Becker ua* DStR 10, 506), der **gesellschaftl** veranlasste Verzicht führt zu einer Einlage iHd TW (= tatsächl Wert; vgl BFH GrS 1/94, BStBl II 98, 307; BFH I R 103/93, BFH/NV 98, 572; *BMF* BStBl I 03, 648; → § 6a Rn. 71; ist der TW höher als der Buchwert, fällt zusätzl Aufwand an; keine Änderung durch § 6 VI 2 (*Gebhardt/Hoffmann* GmbHR 99, 1280). Bei einer wertgeminderten Verbindlichkeit ist zu differenzieren zw betriebl veranlasster Wertminderung, die zu Ertrag führt (Stornierung von Aufwand), und Verzicht (BFH GrS 1/94, BStBl II 98, 307 zu C. I.). – ***(2)* Auswir-** 671

kungen auf Gesellschafterseite. In gleicher Weise ist (als Folge des sog **Korrespondenzprinzips**) der (Forderungs-)Verzicht (unabhängig vom Zufluss) auf Seiten des Ges'ters ein Realisations- bzw Zuflussersatztatbestand (vgl BFH GrS 1/94, BStBl II 98, 307; *Weber-Grellet* BB 95, 243; gegen BFH I R 34/92, BStBl II 93, 804; *Hoffmann* DStR 02, 1233). Der (gesellschaftl veranlasste) Forderungsverzicht eines Ges'ters (per Einlage an Forderung) kann den Beteiligungsansatz erhöhen (BFH I R 41/93, BStBl II 96, 614; zur Bewertung FG Mster EFG 11, 2194; → § 6a Rn. 71); der betriebl veranlasste Verzicht (per Aufwand an Forderung) führt zu Aufwand (= Stornierung von Ertrag). Der Verlust aus einem auflösend bedingten Forderungsverzicht (mit Besserungsschein) ist bereits im Zeitpunkt des Verzichts zu berücksichtigen (BFH VIII R 8/22, DStR 25, 2569). Zum Verzicht eines PersGes'ters s BFH IV R 28/20, DStR 24, 171: Geltung der allg Grundsätze; so auch *Weber-Grellet* FR 24, 386; → § 15 Rn. 550); wNachw → 43. Aufl 2024, § 5 Rn. 550 „Gesellschafterfinanzierung". – ***(3)*** Zum Verzicht auf eine nicht mehr voll werthaltige Forderung s *Weber-Grellet* BilStR, Rn. 270.

Beispiel: Verzicht auf Darlehensforderung von 100 mit Wert von 30: *(1)* Bei Ges'ter: *(a)* per Forderung an Geld 100 (Hingabe); *(b)* per AK-Beteiligung 30 und per Aufwand 70 an Forderung 100 (Verzicht). *(2)* Bei Ges: *(a)* per Geld an Verbindlichkeit 100; *(b)* per Verbindlichkeit an Einlage 30 und an Ertrag 70 (ggf § 3a; → § 6 Rn. 879).

672 **b) Modalitäten des Schuldwegfalls.** Das Unterlassen von Vollstreckungsmaßnahmen steht einem Erlass nicht gleich, evtl aber die Verjährung (→ Rn. 313) und stets der Untergang einer Schuld durch **Konfusion** (BFH I R 41/85, BStBl II 89, 612). Auch der Erlass einer für den Gläubiger wertlosen Forderung ist für den Schuldner Gewinn (BFH IV 232/64, BStBl III 67, 309; Aufwandskorrektur), so wie umgekehrt zivilrechtl zB die Belastung einer vermögenslosen KapGes mit einer Schadensersatzpflicht für diese Schaden ist (BGHZ 59, 148). Zur Passivierung bedingt erlassener Schulden → Rn. 314. – Allein die Eröffnung eines Insolvenzverfahrens verlangt noch nicht die Ausbuchung (*OFD Ffm* DB 17, 1937; *Mayer/Wagner* DStR 17, 2025); bei Herabsetzung entsteht ein Gewinn wohl erst mit der Bestätigung des Insolvenzplans (§ 248 InsO). – Bei **Liquidation** ist der Liquidationsgewinn zu ermitteln (Versilberung der WG, Begleichung der Verbindlichkeiten); Nichtbefriedigung kann zu „Aufwandstornierung" führen (*Kahlert* DStR 16, 2262 mwN).

673 **aa) Rentenschuld.** Gewinnerhöhend wirkt auch die lfd Barwertminderung einer passivierten betriebl **Rentenschuld** und ihr Wegfall zB durch den Tod des Berechtigten (BFH XI R 41/95, BStBl II 96, 601 mit Anm *WG* DStR 96, 1803; BFH X R 12/01, DB 04, 163).

674 **bb) Schuldübernahme.** Durch befreiende Schuldübernahme (§§ 414, 415 BGB) zB bei Veräußerungen (→ Rn. 602) wird bei betriebl Veranlassung Gewinn realisiert, wenn der Buchwert der Schuld höher ist als der TW (vgl *IdW* WPg 89, 626; s auch BFH I R 61/06, DStR 08, 963; *OFD Ffm* DB 21, 1914; zur Schuldübernahme im Konzern s *Moritz* DStR 23, 1). Gesellschaftl veranlasste **Schuldübernahme** ist iHd Werthaltigkeit des Freistellungsanspruchs eine verdeckte Einlage (BFH X R 36/02, BStBl II 05, 707); beim Ges'ter nachträgl AK, bei der Ges erfolgsneutrale Ausbuchung (FG Köln DStRE 01, 1193; BFH I B 74/01, DStRE 02, 257 [nur GesSeite]; krit *Hoffmann* GmbHR 02, 222) – Für bestimmte Fälle ist die Verpflichtungsübernahme in § 4f und § 5 VII (→ Rn. 503) geregelt.

691 **6. Mietverhältnisse; Pachtverhältnisse (Lizenzverhältnisse). – a) Inhalt.** Das sind als Dauerschuldverhältnisse typische schwebende Verträge (→ Rn. 76 f, 618)); nur **Vorleistungen** und **Erfüllungsrückstände** sind zu aktivieren und zu passivieren (zB BFH IV R 35/74, BStBl II 80, 506; → Rn. 76 mwN); zu **Verlustrückstellungen** → Rn. 450.

692 **b) Einzelheiten.** Der Vermieter hat noch nicht erfüllte **Mietzinsforderungen** zu aktivieren, und zwar unabhängig von Fälligkeit und Abrechnungsperiode, soweit der Mietzins auf die in der Vergangenheit erbrachte Nutzungsüberlassung entfällt (BFH X R 49/89, BStBl II 92, 904); empfangene **Mietzinsvorauszahlungen** hat er zu passivieren; der Mieter hat Mietzinsschulden für das abgelaufene Wj zu passivie-

ren und Vorauszahlungen für kommende Wj zu aktivieren (BFH VIII R 61/81, BStBl II 84, 267: nur als RAP, nicht als AK eines Nutzungsrechts; ähnl BFH I R 132/81, BStBl II 85, 617; *KKM* § 5 Rn. F 282 f; auch → Rn. 243), und zwar mit dem Nennbetrag (BFH I 215/58 U, BStBl III 59, 268). Der Vermieter kann für künftig notwendig werdende **Instandhaltung** weder Rückstellungen bilden (zB BFH I R 80/74, BStBl II 76, 622; → Rn. 550 „Instandhaltung") noch passive RAP (*KKM* § 5 Rn. F 291), aber auch keinen Instandhaltungsanspruch (→ Rn. 270). Gleiches gilt idR für in der Vergangenheit unterlassene Instandhaltung (→ Rn. 550 „Unterlassene Instandhaltung"); zum Erfüllungsrückstand → Rn. 317.

c) Sonderfälle. Ob bei einer unkündbaren mehrjährigen Mietzeit mit **ansteigenden (progressiven) Mietzinsen** der Vermieter den Anspruch auf die künftigen Mietzinsen zu aktivieren hat, weil sie später fälliger Teil der Gegenleistung für die bisherige Gebrauchsüberlassung sind, und ob der Mieter die korrespondierende Schuld zu passivieren hat, richtet sich mE danach, ob die Leistungspflicht des Vermieters gleichbleibt oder ebenfalls ansteigt (→ Rn. 317). Keine Aktivierung und Passivierung sind erforderl, soweit Mietzinsen nur wegen einer Wertsicherungsklausel ansteigen. Jährl **fallende (degressive) Mietzinsen** (bei mehrjährig unkündbaren Mietverträgen) sind abzugrenzen (BFH IV R 184/79, BStBl II 82, 696; str, → Rn. 735). – Zu Mietereinbauten, Bauten auf fremdem GuB und Abstandszahlungen → Rn. 270. Bei entgeltl Eintritt in bestehende Miet- oder Pachtverhältnisse ist das Entgelt als AK (mE RAP; *Weber-Grellet* DB 95, 2550) zu aktivieren (→ Rn. 195). 693

d) Kaufverträge. Anders als Miet- und Pachtverträge sind Kaufverträge, auch wenn die Gegenleistung wiederkehrend ist (zB Leibrente), auf eine einmalige Leistung (Eigentumsübertragung) gerichtet und nur solange schwebende Geschäfte, als sie von keiner Seite ganz oder teilweise erfüllt sind (→ Rn. 602 f). Zur Abgrenzung von Miet- und Kaufverträgen BFH IV R 144/66, BStBl II 70, 264 (sog Leasing-Urteil); BFH I 133/64, BStBl II 71, 133; BFH III R 233/90, BStBl II 92, 182; BGH VIII ZR 95/84, BGHZ 94, 195; → Rn. 602, 721, 550 „Mietkauf". 694

e) Rechteverkauf. Bei Rechtsverkauf tritt eine sofortige Gewinnrealisierung ein, bei Lizenzüberlassung nur pro rata temporis; entscheidend ist, ob bei wirtschaftl Betrachtung das lizensierte Recht unbeschr übertragen worden ist (vgl FG Mster DStRE 11, 1309). 695

7. Betriebsverpachtung

Schrifttum *Bruns,* Verpachtung eines Gewerbebetriebes, 10. Aufl, 2013; *Geissler,* Gewinnrealisierung am Ende eines Unternehmens, 1999, § 16. – *Cornelius,* Das Rechtsinstitut der Betriebsunterbrechung …, DStZ 10, 915; *Kuhr,* Vermeidung ertragsteuerl Gewinnrealisation bei Unternehmenspachtverträgen, Ubg 14, 776; *Deubert/Lewe,* Pachterneuerungsverpflichtungen und -ansprüche …, BB 22, 2731. – **Finanzverwaltung:** GewStR 2009 2.2; *FSen Brem* DStR 00, 1308.

a) Vermeidung der Realisation. Die Verpachtung eines GewBetr im Ganzen ist grds nicht gewerbl (GewStR 2.2). Durch Betriebsverpachtung (BFH X R 39/04, DB 08, 270; *HHR/Rosenberg* § 5 Rn. 1400 ff) (oder Betriebsunterbrechung) kann eine (gewinnrealisierende) Betriebsaufgabe vermieden werden (*Kuhr* Ubg 14, 777); der Verpächter kann die Fortführung wählen (sog **Verpächterwahlrecht;** BFH VIII R 80/03, DStR 06, 1170). Eine gewerbl Betriebsverpachtung setzt voraus, dass die wesentl, dem Betrieb das Gepräge gebenden WG verpachtet werden (BFH X R 20/06, BStBl II 10, 222). – Verpachtet ein Gewerbetreibender sein Unternehmen im Ganzen (BFH XI R 2/96, BStBl II 97, 460; iEinz → § 16 Rn. 166 ff), ohne eine Betriebsaufgabe zu erklären (BFH III R 9/03, BB 05, 84; BFH IV R 52/02, BFH/NV 05, 674), bezieht der Verpächter weiterhin Einkünfte aus GewBetr, die idR nach § 5 zu ermitteln sind; das BV bleibt bestehen (BFH X R 46/94, BFH/NV 96, 393). Von einer **Betriebsunterbrechung** (mit Wiederaufnahmeabsicht) ist auszugehen, solange die Fortsetzung obj mögl und eine eindeutige Aufgabeerklärung nicht abgegeben ist (BFH X R 36/17, BFH/NV 19, 195). Das gilt 701 auch bei unentgeltl Nutzungsüberlassung iR vorweggenommener Erbfolge (BFH X R 176/96, BFH/NV 99, 454) und bei branchenfremder Verpachtung (BFH IV R 20/02, DStR 03, 1785; krit *Paus* FR 04, 198). – Zu einer **Zwangsbetriebsaufgabe** kann es kommen, wenn bei der Betriebsverpachtung (→ § 16 Rn. 166 ff) auch nur eine wesentl Betriebsgrundlage veräußert wird. – Wie beim Wirtschaftsüberlassungsvertrag oder bei der Bestellung eines Unternehmensnießbrauchs (→ § 15 Rn. 143) oder bei der BetrAufsp führt auch die Betriebsverpachtung zur Entstehung zweier Betriebe, eines ruhenden Eigentümerbetriebs (keine GewSt) und eines wirtschaftenden Betriebs in der Hand des Pächters (BFH IV R 7/94, BStBl II 96, 440). Verpächter/Pächter bilanzieren grds unabhängig voneinander (BFH IV R 59/73, BStBl II 75, 700; *OFD Kiel* DStR 89, 470). Im Unterschied zur Betriebsverpachtung muss bei der **BetrAufsp** (→ § 15 Rn. 802) mindestens eine der (bisherigen) wesentl Betriebsgrundlagen beim (nunmehrigen) Besitzunternehmen verbleiben. BetrAufsp kann durch BetrVerpachtung abgelöst werden (BFH III R 13/15, BFH/NV 19, 1069; BFH IV R 12/16, DStRE 19, 1131).

702 **b) Besonderheiten. – aa) Verpachtung von abnutzbarem Anlagevermögen mit Substanzerhaltungspflicht des Pächters. – *(1)* Bilanzierung beim Pächter.** Der Pächter hat weder die übernommenen noch die ersatzbeschafften WG zu aktivieren; er ist nicht AfA-befugt, weil der Verpächter rechtl und wirtschaftl Eigentümer der verpachteten WG bleibt und der ersatzbeschafften WG wird (zB BFH IV R 160/74, BStBl II 79, 138 mwN; *BMF* BStBl I 02, 262). – Der Pächter muss für seine **Pflicht zur Erneuerung** eine Rückstellung bilden, soweit mit einer Ersatzbeschaffung während der Pachtvertragslaufzeit zu rechnen ist; ihre Höhe bestimmt sich nach der Nutzungsdauer der WG und der Wiederbeschaffungskosten am Bilanzstichtag (BFH VIII R 88/87, BStBl II 93, 89 mwN) – ***(2)* Bilanzierung beim Verpächter.** Der Verpächter hat vor Ersatzbeschaffung seinen Anspruch auf Substanzerhaltung (BFH VIII R 28/95, BStBl II 98, 505; **aA** *Westerfelhaus* DB 92, 2365) und nach Ersatzbeschaffung das WG mit den AK/HK des Pächters unter Verrechnung mit dem Anspruch zu aktivieren (BFH VIII R 88/87, BStBl II 93, 89 *BMF* BStBl I 02, 262); die Höhe des zu aktivierenden Anspruchs bestimmt sich nach den gestiegenen Wiederbeschaffungskosten am Bilanzstichtag (BFH IV R 73/97, BStBl II 00, 309 zur sog eisernen Verpachtung; *BMF* BStBl I 02, 262).

703 **bb) Umlaufvermögen.** Überlassung des UV mit der Verpflichtung, bei Pachtende WG gleicher Art, Menge und Güte zurückzuerstatten **(Sachwertdarlehen).** – ***(1)* Bilanzierung beim Pächter.** Er wird idR wirtschaftl Eigentümer der WG; er hat diese mit den TW zu aktivieren und in gleicher Höhe eine Rückgabe- oder Wertersatzverpflichtung zu passivieren (BFH IV R 212/82, BStBl II 85, 391; *BMF* BStBl I 02, 262). In der Folgezeit hat er diese Verpflichtung jeweils mit den AK der vorhandenen neu angeschafften oder übernommenen WG – nicht mit etwaigen höheren Wiederbeschaffungskosten – zu passivieren (BFH I R 166/74, BStBl II 76, 717 mwN). – ***(2)* Bilanzierung beim Verpächter.** Beim Verpächter tritt an die Stelle der übergebenen WG eine wertgleiche Sachwertforderung (BFH IV R 212/82, BStBl II 85, 391). Zu LuF-Besonderheiten s BFH IV R 130/84, BStBl II 86, 399 mwN; *BMF* BStBl I 02, 262).

704 **c) Nießbrauch.** Diese Grundsätze gelten sinngemäß für einen Unternehmensnießbrauch (arg § 22 II HGB; → § 15 Rn. 143; → § 16 Rn. 175), im Einzelfall auch nach Wegfall einer BetrAufsp (BFH X R 8/00, BStBl II 02, 527).

8. Leasing

Schrifttum (Auswahl): *Tonner,* Leasing im Steuerrecht, 7. Aufl, 2022; *Dutzi/Dücker* Leasing Beck HdR B 710 (9/17); *Henneberger/Flick,* Leasingverträge, HdJ I/8 (2/20). – *Wüstemann* ua, Grundsätze wirtschaftl Vermögenszurechnung …, BB 17, 1963. – **Finanzverwaltung** (ab 2012): *LFD Thür* DStR 12, 970 (Container-Leasing).

a) Begriff. Unter **Leasingverträgen** versteht die Praxis – ohne feste Begriffsbestimmung – verschiedenartige Rechtsverhältnisse, die sich dem äußeren Erscheinungsbild nach als Mietverträge über bewegl oder unbewegl Investitions- oder Konsumgüter darstellen (*HHR/Brinkmann* § 5 Rn. 1100 ff; *Weber-Grellet* BilStR Rn. 167 f), sich aber je nach Art weniger oder mehr von herkömml, idR kurzfristig kündbaren Mietverträgen unterscheiden und uU Ratenkaufverträgen angenähert sind („Rechtsgeschäfte zw Miete und Kauf" mit leasingtypischer Amortisationsfunktion; zur Abgrenzung *Veigel/Lentschig* StBP 94, 106) und die vielfach, aber nicht immer, herkömml Formen der Investierung und Finanzierung, zB Kauf unter Kreditaufnahme, substituieren (zu Leasing nach IFRS 16 Beck HdR B 710 Rn. 133 f). 721

aa) Arten. Zu unterscheiden sind zB *Spezial-, Finanzierungs-, Herstellerleasing* (BFH IV R 105/84, BStBl II 87, 448, *BMF* BStBl I 90, 333; *HHS* § 39 AO Rn. 199 f; *Tonner* [vor → Rn. 721] S. 16 f); zu (Mobilien-)Leasingfonds s *Tonner* [vor → Rn. 721], S. 201 f; zu Kommunal-Leasing *Elser* DB 96, 2572; *OFD Mchn* DStZ 05, 317; kein Leasing bei sog Contracting-Anlagen (*FM SchlH* BB 05, 2632; *FSen Bln* DStR 24, 558). Im Vordergrund des bilanzrechtl Interesses stehen **Finanzierungs-Leasingverträge** (s § 1 Ia 2 Nr 10; § 19 I Nr 7 KWG), bei denen ein Finanzierungsunternehmen Leasinggeber ist und die von einem Hersteller erworbenen WG einem Leasingnehmer langfristig unkündbar (sog Grundmietzeit) zur Nutzung überlässt, und zwar in der Form entweder sog **Vollamortisationsverträge** (full-pay-out), bei denen der Leasinggeber seine Investitions- einschließl Finanzierungskosten aus den während der Grundmietzeit gezahlten Mietzinsen voll amortisieren kann (zB BFH I R 146/81, BStBl II 84, 825) oder sog **Teilamortisationsverträgen** (non-full-pay-out), bei denen dies nicht der Fall ist (*Henneberger/Flick* HdJ I/8 Rn. 12 f). **Unterarten** sind Verträge mit und ohne Andienungsrecht des Leasinggebers und mit und ohne Kaufoption des Leasingnehmers (dazu *Tonner* FR 07, 946). Typisch für diese Verträge ist die Vereinbarung einer festen Grundmietzeit, die Verlagerung der Gefahr des zufälligen Untergangs und der zufälligen Verschlechterung des geleasten WG auf den Leasingnehmer und der Ausschluss eigener Gewährleistung des Leasinggebers sowie nach ihrer Funktion das primäre Finanzierungsinteresse der Beteiligten. 722

bb) Zivilrechtliche Einordnung. Die Einordnung, insb des Finanzierungs-Leasingvertrags ist str; die Rspr tendiert zu einem atypischen Mietvertrag (iEinz s *Grüneberg* Einf vor § 535 BGB Rn. 37 ff; *Beck HdR* B 710 Rn. 10 f). 723

b) Bilanzstrechtliche Einordnung. Es ist im Einzelfall zu entscheiden, ob Leasingverträge wie **Mietverträge** (schwebendes Dauerschuldverhältnis) oder wie **(Raten-)Kaufverträge** (Veräußerung mit Gewinnrealisierung) zu behandeln sind, ob der Leasingnehmer nach den Vertragsbedingungen (zB Höhe der Zahlungen, Verlängerungs-, Kaufoption) noch Mieter oder schon (wirtschaftl) Eigentümer ist (BFH IV R 144/66, BStBl II 70, 264; BFH III R 130/95, BFH/NV 01, 1041; BFH IV R 23/13, BFH/NV 16, 1433; *Fischer* jurisPR-StR 51/16 Anm 1). – Ein **Sale-and-lease-back-Geschäft** kann als bloße Darlehensgewährung (Kreditgewährung mit Sicherungsübereignung) zu beurteilen sein (BFH IV R 56/16, BFH/NV 18, 597; iEinz *Henneberger/Flick* HdJ I/8 Rn. 250 f; *Pöschke* DB 17, 625; *Hoffmann ua* BB 17, 874). – Zur Frage des wirtschaftl Eigentums beim Container-Leasing-Modell s FG BW EFG 10, 486; *LFD Thür* DStR 12, 970; s auch BFH III R 35/22, BFH/NV 25, 147. 724

c) Zurechnung. Maßgebl ist der normale Verlauf der Vertragsabwicklung (Erfüllung), nicht außergewöhnl Ereignisse wie zB Insolvenz des Leasingnehmers (BFH IV R 144/66, BStBl II 70, 264). 725

aa) Zurechnung beim Leasinggeber. Der Leasinggegenstand ist dem Leasinggeber zuzurechnen, wenn die betriebsgewöhnl Nutzungsdauer länger als die Grundmietzeit ist und nur der Leasinggeber ein Andienungsrecht hat (BFH IV R 56/16, 726

BFH/NV 18, 597; *Weber-Grellet* BB 19, 43). Danach ist der Leasinggegenstand jedenfalls bei kurzfristig kündbaren, typischen Mietverhältnissen nahezu gleichartigen Verträgen (operating-Leasing) dem **Leasinggeber** zuzurechnen (BFH IV R 144/66, BStBl II 70, 264; *HHR/Brinkmann* § 5 Rn. 1165 f) sowie dann, wenn die Verlängerungsmiete bzw der Anschlusskaufpreis (zumindest) dem Marktpreis zum Ende der Grundmietzeit entspricht (BFH III R 74/97, BStBl II 01, 311). Bei Kaufoption muss der Optionspreis mindestens dem Buchwert entsprechen; Investitionszuschüsse sind nicht abzuziehen (*LfSt Nds* DStR 20, 1739: ungeminderte AK/HK).

727 **bb) Zurechnung beim Leasingnehmer.** Hingegen ist der Leasinggegenstand jedenfalls dann dem Leasingnehmer zuzurechnen, wenn der Herausgabeanspruch des Leasinggebers keine wirtschaftl Bedeutung mehr hat (vgl BFH IV R 56/16, BFH/NV 18, 597; *HHR/Brinkmann* § 5 Rn. 1190 f), iEinz wenn *(1)* der Leasinggegenstand speziell auf die Verhältnisse des LeasingN zugeschnitten ist und nach Ablauf der Grundmietzeit nur noch bei diesem sinnvolle Verwendung finden kann (**Spezialleasing;** vgl BFH III R 130/95, BFH/NV 01, 1041) oder – *(2)* betriebsgewöhnl Nutzungsdauer des Leasinggegenstands (dazu BFH III R 74/97, BFH/NV 00, 658) und Grundmietzeit sich annähernd decken oder – *(3)* die betriebsgewöhnl Nutzungsdauer zwar erhebl länger ist als die Grundmietzeit, dem Leasingnehmer aber ein Recht auf Mietverlängerung oder Kauf (Option) zusteht, bei dessen Ausübung er nur einen geringen Mietzins oder Kaufpreis zu bezahlen hat (BFH I R 146/81, BStBl II 84, 825 zu Immobilien-Leasing mit Vollamortisation in der Grundmietzeit). – *(4)* Zurechnung auch bei Abschlusszahlung iHd Restamortisation mit Ankaufsrecht (*OFD Ffm* BB 06, 2017) oder – wenn der Leasinggeber ein **Andienungsrecht** hat und die Ausübung der Option sicher ist (FG Mster EFG 15, 694; BFH IV R 55/16, BFH/NV 18, 593); daher keine Zurechnung beim Leasingnehmer, wenn die Nutzungsdauer länger als die Grundmietzeit ist (BFH IV R 33/13, BStBl II 18, 81; *Weber-Grellet* BB 18, 43). – *(5)* Zu **Teilamortisationsverträgen** über Immobilien s NdsFG BeckRS 2013, 96146).

728 **d) Behandlung durch Verwaltung.** Bei einem Vollamortisationsvertrag ohne Kauf- oder Verlängerungsoption (Grundfall) ist der Leasinggegenstand regelmäßig dem Leasinggeber zuzurechnen, wenn die Grundmietzeit **mindestens 40%** und **höchstens 90%** der betriebsgewöhnl Nutzungsdauer des Leasinggegenstandes beträgt, dem Leasingnehmer hingegen, wenn die Grundmietzeit weniger als 40% oder mehr als 90% der betriebsgewöhnl Nutzungsdauer beträgt (*BMF* BStBl I 71, 264, unter III.); im zweiten Fall wird das WG während der Grundmietzeit praktisch verbraucht, im ersten Fall wird eine Grundmietzeit von weniger als 40% bei voller Bezahlung aller Kosten des Leasinggebers nur der vereinbaren, der in dieser Zeit das WG verschleißt (*Wilhelm/Hennig* [vor → Rn. 1] S. 149 f). **Einzelheiten** zur Zurechnung von Leasinggegenständen nach der Praxis der **FinVerw** s Anhang 21 zu EStH 18: Ertragsteuerl Behandlung von Leasing-Verträgen über bewegl WG (*BMF* BStBl I 71, 264); von Finanzierungs-Leasing-Verträgen über unbewegl WG (*BMWF* BStBl I 72, 188); strechtl Zurechnung des Leasing-Gegenstandes beim Leasing-Geber (*BMF* 22.12.75, EStH 18 Anhang 21 III.); ertragsteuerl Behandlung von Teilamortisations-Leasingverträgen über unbewegl WG (*BMF* BStBl I 92, 13) und weitere ältere Anweisungen in → 38. Aufl 2019, § 5 Rn. 728.

731 **e) Rechtsfolgen bei Leasinggeberzurechnung. – aa) Aktivierung.** Dieser hat das WG mit seinen AK (HK) zu aktivieren und AfA nach der betriebsgewöhnl Nutzungsdauer des WG (*Henneberger/Flick* HdJ I/8 Rn. 84 ff; *Tonner* [vor → Rn. 721] S. 81; **aA** *Scheiterle* DB 90, 2182: Laufzeit des Mietvertrags) vorzunehmen; die Leasingraten sind BE des jeweiligen Wj der Nutzungsüberlassung (vgl *Henneberger/Flick* HdJ I/8 Rn. 122). Der LeasingN hat die Verpflichtung zur Zahlung künftiger Leasingraten nicht zu passivieren; diese sind grds BA des Wj der Nutzungsüberlassung, für das sie geschuldet werden (*BMF* BStBl I 71, 264; I 72, 188; Beck HdR B 710 Rn. 110 f).

732 **bb) Refinanzierung. – (1) Forfaitierung.** Beim Verkauf der Forderung auf die künftigen Leasingraten mit Übergang des Bonitätsrisikos auf den Käufer (vgl

BGH VIII ZR 17/89, BB 90, 1017; anderenfalls Darlehensgewährung, *BMF* BStBl I 96, 9) hat der LeasingG für den Verkaufserlös einen passiven RAP zu bilden (BFH I R 94/95, BStBl II 97, 122; *BMF* BStBl I 96, 9, *Wilhelm/Hennig* [vor →Rn. 1] S. 162); der RAP ist grds linear und nicht nach dem Kostenverlauf aufzulösen (BFH I R 94/95, BStBl II 97, 122 mwN; *BMF* BStBl I 96, 9; auch →Rn. 317; krit *Moxter* DStR 96, 433: progressiv).

(2) Restwertforfaitierung. Entspr Zahlungen (zB der Bank an den Leasinggeber) sind nach BFH I R 37/99, BStBl II 01, 722 als Darlehen zu passivieren, da das Andienungsrecht noch nicht ausgeübt sei, und sollen bis zum Ablauf der Grundmietzeit (wohl nach vorheriger [ertragswirksamer] Abzinsung) ratierl aufzuzinsen sein; *BMF* BStBl I 96, 9: Anzahlung; vgl auch →Rn. 244, 270, 550. 733

(3) Buy-back-Verpflichtung. Nach BFH IV R 52/04, BStBl II 09, 705 hat der Kfz-Händler für eine solche Verpflichtung iRe Auto-Leasing (zum Zwecke der „Ertragsstornierung") eine Verbindlichkeit auszuweisen (so auch FG Mchn EFG 15, 1561). – Für die vertragl Verpflichtung, den Leasingnehmer bei Beendigung des Leasingvertrags am Erlös aus einer Veräußerung des Leasinggegenstands zu beteiligen oder ihm das Leasing-Objekt zu einem Vorzugspreis zu überlassen, hat der Leasinggeber eine **Rückstellung** anzusammeln (BFH IV R 75/91, BB 93, 1912; *Groh* StuW 94, 90). Zur Rückstellung im Kfz-Handel bei Neuwagenverkauf an LeasingGes mit **Rückkauf-/Rücknahmepflicht** →Rn. 550. Saldierung der einzelnen Kaufverträge unzul (BFH VIII R 35/97, BStBl II 01, 566; *Rätke* StuB 01, 339; auch →Rn. 70). 734

cc) Degressive Raten. Sind in einem Leasingvertrag mit fester mehrjähriger Laufzeit jährl fallende (degressive) Leasingraten (eine Form degressiver AfA) vereinbart, ist idR die Summe der während der vertragl Laufzeit geschuldeten Raten in jährl gleich bleibenden Beträgen auf die Laufzeit zu verteilen (nicht bei Mietverträgen mit Mietänderungsklauseln; *BMF* DB 02, 1530); die in den ersten Jahren über diesen rechnerischen Jahresaufwand hinausgehenden Beträge sind als RAP zu aktivieren und in den Jahren, in denen die Leasingraten niedriger als der rechnerische Jahresaufwand sind, gewinnmindernd linear aufzulösen (BFH IV R 184/79, BStBl II 82, 696; *BMF* BStBl I 83, 431; auch bei zul Zinsanpassung, *OFD Ffm* BB 08, 2232); allg **aA** zB *KKM* § 5 Rn. F 303; *Haarmann* JbFfSt 90/91, 481; **aA** zum Mobilien-Leasing mit Blick auf Kosten-/Nutzenverlauf und freier Preisgestaltung BFH I R 51/00, BStBl II 01, 645; krit *WG* FR 01, 794; *Gosch* StBP 01, 275; umgekehrt können **progressive Leasingraten** nicht mit RAP egalisiert werden (vgl BFH IV R 158/80, BStBl II 83, 413 für progressiven Erbbauzins; *Henneberger/Flick* HdJ I/8 Rn. 127). **Leasingsonderzahlungen** sind ggf als aktive RAP auszuweisen (BFH I R 38/81, BStBl II 94, 643). 735

dd) Vormieten. Leasingraten, die für die Zeit vor Bezugsfertigkeit eines Gebäudes zu zahlen sind und betriebswirtschaftl die Finanzierungskosten des Leasinggebers während der Bauzeit abgelten sollen, sowie andere Sonderzahlungen sind idR Teile des Nutzungsentgelts und deshalb nach Art eines Disagios (→Rn. 270) als aktiver RAP beim Leasingnehmer zu aktivieren; sofort abziehbar sind sie nur, wenn sie Entgelt für eine während der Bauzeit erbrachte Sonderleistung des Leasinggebers sind, die rechtl selbständig neben der Verpflichtung zur Nutzungsüberlassung steht (BFH IV R 184/79, BStBl II, 82, 696; *BMF* BStBl I 83, 431). 736

f) Rechtsfolgen bei Leasingnehmer-Zurechnung. – aa) Leasingnehmer. Dieser hat das WG zu aktivieren mit den der Berechnung der Leasingraten zugrunde gelegten AK (HK) des LeasingG und in gleicher Höhe die Verbindlichkeit ggü dem Leasinggeber als Kaufpreisschuld zu passivieren (Beck HdR B 710 Rn. 125 f; *Tonner* [vor →Rn. 721] S. 118; *Henneberger/Flick* HdJ I/8 Rn. 244 f); als zusätzl AK (HK) hat der Leasingnehmer weitere nicht in die Leasingraten einbezogenen Aufwendungen für das WG zu aktivieren (BFH I R 146/81, BStBl II 84, 825). Die Leasingraten sind in einen erfolgsneutral zu behandelnden Tilgungsanteil und einen sofort abziehbaren Zins-/Kostenanteil aufzuteilen (*Veigel/Lentschig* StBP 94, 106; *BMF* BStBl I 71, 264; *BMF* BStBl I 72, 188). Der Leasingnehmer ist AfA-berechtigt. 741

742 **bb) Leasinggeber.** Er hat eine (abgezinste) Kaufpreisforderung zu aktivieren und zwar grds iHd vom Leasingnehmer passivierten Schuld. Die Leasingraten sind in einen erfolgsneutralen Tilgungs- und in einen als Ertrag zu vereinnahmenden Zins-/Kostenanteil aufzuteilen; iEinz *Beck HdR* B 710 Rn. 118 f.

743 **cc) Herstellerleasing.** Beim Leasing direkt vom Hersteller (Form der Absatzfinanzierung) sind als HK, die beim Leasingnehmer zu aktivieren sind und die die Höhe der Kaufpreisschuld und der Kaufpreisforderung bestimmen, nicht die tatsächl HK iSv § 6, sondern der bei einer Barveräußerung an einen Dritten zu erzielende Preis anzusetzen (str).

744 **9. Sonstige Gewinnrealisierungen. – a) Gewinnrealisierung bei entgeltlichen Veräußerungen zw verbundenen Unternehmen.** Sie werden als Instrument der Bilanzpolitik eingesetzt (erstrebter Gewinnausweis als Ersatz einer nach GoB unzul Wertaufstockung und sind mE grds zul (zu Sacheinlagen→Rn. 636 f).

745 **b) Gewinnverwirklichung aus anderem Rechtsgrund.** Gewinne aus Ansprüchen sind auszuweisen, sobald sie gesichert sind (→Rn. 97; 270 „Forderungen"); BFH X S 12/03, BFH/NV 04, 337 für bestr Schadenersatzanspruch: erst mit Anerkennung; BFH IV R 49/86, BStBl II 88, 327 für öffentl-rechtl Ansprüche [→Rn. 750]; BFH XI R 1/93, BStBl II 93, 786 für VorStAnspruch); BFH VIII R 29/93, BStBl II 95, 693 zu bedingtem Rückübertragungsanspruch; BFH I R 92/94, BStBl II 95, 594 zu Wechseldiskont; BFH I R 56/94, BStBl II 96, 28 zu Investitionszuschüssen (dazu *Weber-Grellet* DStR 96, 896); BFH I R 10/98, BStBl II 01, 349 zu Anspruch auf Magermilchbeihilfe; BFH II R 15/98, BStBl II 00, 588 zu Steuererstattungsanspruch; ferner →Rn. 270 „Steuererstattungsansprüche".

746 **c) Dividendenanspruch.** Dieser (aus Anteilen an KapGes) ist idR erst (zeitversetzt) zu aktivieren, wenn er durch Gewinnverwendungsbeschluss der KapGes entstanden ist (BFH GrS 2/99, BStBl II 00, 632; →Rn. 270; BFH VIII R 106/87, BStBl II 91, 569 zu Gewinnanspruch aus stiller Beteiligung an GmbH; BFH I R 59/93, BStBl II 95, 54 zu Ausschüttungen eines Wertpapierfonds).

10. ABC der Gewinnverwirklichung

750 **Barter-Geschäfte** (*Beck HdR* B 731, 7/00) sind tauschähnl; →Rn. 636.

Bauarbeitsgemeinschaften. Die Leistungen der einzelnen Partner an „kleine" Arbeitsgemeinschaften sind steuerl Fremdleistungen und führen zur sofortigen Realisation (*BMF* BStBl I 98, 251).

Betriebsaufspaltung. Zur Begründung →Rn. 601.

Betriebsveräußerung. Übergang des Betriebs (→§ 16 Rn. 428).

Dauerschuldverhältnisse →Rn. 618.

Drittbezug. Entsteht der Anspruch auf den Veräußerungserlös in der Person eines Dritten zB eines Angehörigen (Vertrag zugunsten Dritter, § 328 BGB), geht der Veräußerung mE (ganz oder teilweise) eine Entnahme des veräußerten WG voraus; Gewinn wird durch Entnahme, evtl teils durch Veräußerung und teils durch Entnahme (wie bei teilentgeltl Veräußerung, →Rn. 652 f) realisiert.

Eigentumswohnungen mit (ggf konkludenter) Abnahme von mehr als der Hälfte der Erwerber (BFH IV R 40/04, BStBl II 06, 26).

Entnahme/Entstrickung →Rn. 651, 661.

Erbbaurecht. Der Vorteil, bei Beendigung des Rechts ein Gebäude entschädigungslos zu übernehmen, ist zusätzl Entgelt (BFH IV R 42/02, BStBl II 04, 353).

Flurbereinigung →Rn. 635.

Forderungen →Rn. 608.

Geschäftswert →Rn. 221.

Kauf auf Probe, mit Rückgabe- oder Rücktrittsrecht (Versandhandel) → Rn. 270; *OFD Mster* DStR 89, 402.

Leasing → Rn. 721 ff.

Leibrente. Zur Veräußerung eines einzelnen WG gegen Leibrente s BFH I R 147/69, BStBl II 71, 302 (ähnl BFH I R 44/83, BStBl II 89, 323).

Lieferungen; sonstige Leistungen → Rn. 602 ff.

Liquidationsgewinn aus der Auflösung einer GmbH kann vor Ablauf der Sperrfrist des § 73 GmbHG realisiert sein (BFH VIII R 7/03, BStBl II 09, 772).

Magermilchbeihilfe → Rn. 745.

Mietverhältnisse → Rn. 691 ff.

Nutzungsrecht. Die vorzeitige Beendigung eines beim Ehemann aktivierten Nutzungsrechts am Gebäudeteil der Ehefrau soll zur Gewinnrealisierung iHd Differenz zw dem Restbuchwert und dem Ausgleichsanspruch führen (BFH XI R 22/98, BStBl II 99, 523); mE eher wirtschaftl Eigentum am Gebäude (→ Rn. 270 „Bauten auf fremden GuB"; auch → § 7 Rn. 81).

Öffentlich-rechtliche Ansprüche. Aktivierung mit Bewilligung (BFH IV R 49/86, BStBl II 88, 327 für Anspruch auf öffentl Subvention), ggf früher, wenn Voraussetzungen vorliegen und Antragstellung ernstl beabsichtigt ist (BFH XI R 8/18, BStBl II 20, 772); zu Corona-Hilfen → Rn. 270 „Forderungen", zu Forschungszulage *Althoff* DB 20, 1256; *Lüdenbach* StuB 21, 823)

Pachtverhältnisse → Rn. 691 ff.

Pensionsgeschäfte. Ob durch echte Pensionsgeschäfte Gewinn realisiert wird, war str, ist aber im Hinblick auf § 340b HGB zu verneinen (→ Rn. 270).

Provisionen eines Assekuradeurs s BFH IV R 12/99, BStBl II 00, 25; → Rn. 608.

Provisionsanspruch für das Inkasso von Teilleistungen (BFH IV R 62/05, BStBl II 08, 557), für einen Arbeitsvermittler bei aufschiebend bedingtem Entgelt erst mit Bedingungseintritt (FG Bln-Bbg EFG 18, 1696; → Rn. 608).

Rückgängigmachung; Rückbeziehung → Rn. 616.

Rücklagen. Kein Gewinn wird realisiert, soweit ein StPfl § 6b anwendet oder zu Recht eine RfE bildet bzw den Buchgewinn auf ein ErsatzWG überträgt (→ Rn. 501; EStR 6.6).

Sachwertdarlehen → Rn. 703.

Schulderlass → Rn. 671.

Tausch → Rn. 631; bei § 4 III-Rechnung s BFH IV R 115/84, BStBl II 86, 607.

Teilentgeltliche Veräußerung. IEinz *Weber-Grellet* DB 19, 2201, auch zur neuen Rspr (für generellen Vorrang der (strengen) Trennungstheorie).

Teilgewinnrealisierung → Rn. 611.

Umlegung → Rn. 635.

Unfertige Erzeugnisse → Rn. 270.

Unternehmensverpachtung → Rn. 701 ff.

Verdeckte (disquotale) Einlage → Rn. 639.

Vergütungsvorschuss nach § 9 InsVV (mit Zustimmung des Gerichts) führt nicht zur (realisierenden) Vorwegbefriedigung (BFH IV R 20/16, BStBl II 19, 224; krit *Kolbe* StuB 19, 263; → Rn. 608).

Verlustrealisation. Der (Total-)Verlust eines WG ist in der StBil (zwingend) auszuweisen, (erst) wenn das WG vollständig und dauerhaft wertlos geworden, zB durch Zerstörung, Diebstahl oder vollständigen Funktionsverlust – und zwar in dem Wj, in dem die Verlustursache eingetreten ist und der Verlust realisiert wurde (BFH X R 11/22, DStR 24, 1976; *Weber-Grellet* BB 25, 43).

Verzicht → Rn. 671.

Vorbehalt eines Nutzungsrechts → Rn. 180 f.

Vorsteueranspruch s BFH XI R 1/93, BStBl II 93, 786; → Rn. 745; zur späteren Aktivierung eines USt-Vergütungsanspruchs BFH III R 96/07, BStBl II 12, 719.

Wertverluste sind erst zu berücksichtigen, wenn sie sicher sind; → Rn. 77 mwN.

Wiederkehrende gewinn- oder umsatzabhängige Bezüge. Die Veräußerung gegen wiederkehrende gewinn- oder umsatzabhängige Bezüge führt nicht zur sofortigen Gewinnrealisierung (BFH VIII R 8/01, DStR 02, 1212; BFH XI B 56/06, BFH/NV 07, 1306; *HHR/Kratzsch* § 5 Rn. 1300 ff; vgl → § 16 Rn. 250; zur korrespondierenden Frage der AK des Erwerbers → Rn. 270 „Gewinnabhängige Vergütungen"; → Rn. 315; BFH X R 10/86, BStBl II 89, 549); ggf auch Wahl der Sofortversteuerung (*HHR/Kratzsch* § 5 Rn. 1316 f).

§ 5a Gewinnermittlung bei Handelsschiffen im internationalen Verkehr

(1) [1]**Anstelle der Ermittlung des Gewinns nach § 4 Absatz 1 oder § 5 ist bei einem Gewerbebetrieb mit Geschäftsleitung im Inland der Gewinn, soweit er auf den Betrieb von Handelsschiffen im internationalen Verkehr entfällt, auf unwiderruflichen Antrag des Steuerpflichtigen nach der in seinem Betrieb geführten Tonnage zu ermitteln, wenn die Bereederung dieser Handelsschiffe im Inland durchgeführt wird. [2]Der im Wirtschaftsjahr erzielte Gewinn beträgt pro Tag des Betriebs für jedes im internationalen Verkehr betriebene Handelsschiff für jeweils volle 100 Nettotonnen (Nettoraumzahl)**

0,92 Euro bei einer Tonnage bis zu 1000 Nettotonnen,
0,69 Euro für die 1000 Nettotonnen übersteigende Tonnage bis zu 10 000 Nettotonnen,
0,46 Euro für die 10 000 Nettotonnen übersteigende Tonnage bis zu 25 000 Nettotonnen,
0,23 Euro für die 25 000 Nettotonnen übersteigende Tonnage.

(2) [1]**Handelsschiffe werden im internationalen Verkehr betrieben, wenn eigene oder gecharterte Seeschiffe, die im Wirtschaftsjahr überwiegend in einem inländischen Seeschiffsregister eingetragen sind, in diesem Wirtschaftsjahr überwiegend zur Beförderung von Personen oder Gütern im Verkehr mit oder zwischen ausländischen Häfen, innerhalb eines ausländischen Hafens oder zwischen einem ausländischen Hafen und der Hohen See eingesetzt werden. [2]Zum Betrieb von Handelsschiffen im internationalen Verkehr gehören auch ihre Vercharterung, wenn sie vom Vercharterer ausgerüstet worden sind, und die unmittelbar mit ihrem Einsatz oder ihrer Vercharterung zusammenhängenden Neben- und Hilfsgeschäfte einschließlich der Veräußerung der Handelsschiffe und der unmittelbar ihrem Betrieb dienenden Wirtschaftsgüter. [3]Der Einsatz und die Vercharterung von gecharterten Handelsschiffen gilt nur dann als Betrieb von Handelsschiffen im internationalen Verkehr, wenn gleichzeitig eigene oder ausgerüstete Handelsschiffe im internationalen Verkehr betrieben werden. [4]Sind gecharterte Handelsschiffe nicht in einem inländischen Seeschiffsregister eingetragen, gilt Satz 3 unter der weiteren Voraussetzung, dass im Wirtschaftsjahr die Nettotonnage der gecharterten Handelsschiffe das Dreifache der nach den Sätzen 1 und 2 im internationalen Verkehr betriebenen Handelsschiffe nicht übersteigt; für die Berechnung der Nettotonnage sind jeweils die Nettotonnen pro Schiff mit der Anzahl der Betriebstage nach Absatz 1 zu vervielfältigen. [5]Dem Betrieb von Handelsschiffen im internationalen Verkehr ist gleichgestellt, wenn Seeschiffe, die im Wirtschaftsjahr überwiegend in einem inländischen Seeschiffsregister eingetragen sind, in diesem**

Wirtschaftsjahr überwiegend außerhalb der deutschen Hoheitsgewässer zum Schleppen, Bergen oder zur Aufsuchung von Bodenschätzen eingesetzt werden; die Sätze 2 bis 4 sind sinngemäß anzuwenden.

(3) [1]**Der Antrag auf Anwendung der Gewinnermittlung nach Absatz 1 ist im Wirtschaftsjahr der Anschaffung oder Herstellung des Handelsschiffs (Indienststellung) mit Wirkung ab Beginn dieses Wirtschaftsjahres zu stellen.** [2]**Vor Indienststellung des Handelsschiffs durch den Betrieb von Handelsschiffen im internationalen Verkehr erwirtschaftete Gewinne sind in diesem Fall nicht zu besteuern; Verluste sind weder ausgleichsfähig noch verrechenbar.** [3]**Bereits erlassene Steuerbescheide sind insoweit zu ändern.** [4]**Das gilt auch dann, wenn der Steuerbescheid unanfechtbar geworden ist; die Festsetzungsfrist endet insoweit nicht, bevor die Festsetzungsfrist für den Veranlagungszeitraum abgelaufen ist, in dem der Gewinn erstmals nach Absatz 1 ermittelt wird.** [5]**Wird der Antrag auf Anwendung der Gewinnermittlung nach Absatz 1 nicht nach Satz 1 im Wirtschaftsjahr der Anschaffung oder Herstellung des Handelsschiffs (Indienststellung) gestellt, kann er erstmals in dem Wirtschaftsjahr gestellt werden, das jeweils nach Ablauf eines Zeitraumes von zehn Jahren, vom Beginn des Jahres der Indienststellung gerechnet, endet.** [6]**Die Sätze 2 bis 4 sind insoweit nicht anwendbar.** [7]**Der Steuerpflichtige ist an die Gewinnermittlung nach Absatz 1 vom Beginn des Wirtschaftsjahres an, in dem er den Antrag stellt, zehn Jahre gebunden.** [8]**Nach Ablauf dieses Zeitraumes kann er den Antrag mit Wirkung für den Beginn jedes folgenden Wirtschaftsjahres bis zum Ende des Jahres unwiderruflich zurücknehmen.** [9]**An die Gewinnermittlung nach allgemeinen Vorschriften ist der Steuerpflichtige ab dem Beginn des Wirtschaftsjahres, in dem er den Antrag zurücknimmt, zehn Jahre gebunden.**

(4) [1]**Zum Schluss des Wirtschaftsjahres, das der erstmaligen Anwendung des Absatzes 1 vorangeht (Übergangsjahr), ist für jedes Wirtschaftsgut, das unmittelbar dem Betrieb von Handelsschiffen im internationalen Verkehr dient, der Unterschiedsbetrag zwischen Buchwert und Teilwert in ein besonderes Verzeichnis aufzunehmen.** [2]**Der Unterschiedsbetrag ist gesondert und bei Gesellschaften im Sinne des § 15 Absatz 1 Satz 1 Nummer 2 einheitlich festzustellen.** [3]**Der Unterschiedsbetrag nach Satz 1 ist dem Gewinn hinzuzurechnen:**

1. **in den dem letzten Jahr der Anwendung des Absatzes 1 folgenden fünf Wirtschaftsjahren jeweils in Höhe von mindestens einem Fünftel,**
2. **in dem Jahr, in dem das Wirtschaftsgut aus dem Betriebsvermögen ausscheidet oder in dem es nicht mehr unmittelbar dem Betrieb von Handelsschiffen im internationalen Verkehr dient,**
3. **in dem Jahr des Ausscheidens eines Mitunternehmers hinsichtlich des auf ihn entfallenden Unterschiedsbetrags; mindert sich die Beteiligung des Mitunternehmers, ohne dass er aus der Mitunternehmerschaft ausscheidet, erfolgt eine Hinzurechnung entsprechend der Minderung der Beteiligung.**

[4]**Satz 3 Nummer 3 gilt auch in den Fällen der §§ 20 und 24 des Umwandlungssteuergesetzes.** [5]**Wird ein Betrieb, Teilbetrieb oder Anteil eines Mitunternehmers an einem Betrieb auf einen Rechtsnachfolger zum Buchwert nach § 6 Absatz 3 übertragen, geht der Unterschiedsbetrag insoweit auf den Rechtsnachfolger über.** [6]**§ 182 Absatz 2 der Abgabenordnung gilt sinngemäß.** [7]**Die Sätze 1 bis 6 sind entsprechend anzuwenden, wenn der Steuerpflichtige Wirtschaftsgüter des Betriebsvermögens dem Betrieb von Handelsschiffen im internationalen Verkehr zuführt.**

(4a) [1]**Bei Gesellschaften im Sinne des § 15 Absatz 1 Satz 1 Nummer 2 tritt für die Zwecke dieser Vorschrift an die Stelle des Steuerpflichtigen die Gesellschaft.** [2]**Der nach Absatz 1 ermittelte Gewinn ist den Gesellschaftern entsprechend ihrem Anteil am Gesellschaftsvermögen zuzurechnen.** [3]**Vergütungen im Sinne des § 15 Absatz 1 Satz 1 Nummer 2 und Satz 2 sind hinzuzurechnen.**

(5) [1]**Gewinne nach Absatz 1 umfassen auch Einkünfte nach § 16.** [2]**§§ 34, 34c Absatz 1 bis 3 und § 35 sind nicht anzuwenden.** [3]**Rücklagen nach den §§ 6b und 6d sind beim Übergang zur Gewinnermittlung nach Absatz 1 dem Gewinn im Erstjahr hinzuzurechnen; bis zum Übergang in Anspruch genommene Investitionsabzugsbeträge nach § 7g Absatz 1 sind nach Maßgabe des § 7g Absatz 3 rückgängig zu machen.** [4]**Für die Anwendung des § 15a ist der nach § 4 Absatz 1 oder § 5 ermittelte Gewinn zugrunde zu legen.**

(6) [1]**In der Bilanz zum Schluss des Wirtschaftsjahres, in dem Absatz 1 letztmalig angewendet wird, ist für jedes Wirtschaftsgut, das unmittelbar dem Betrieb von Handelsschiffen im internationalen Verkehr dient, der Teilwert anzusetzen.** [2]**Für Wirtschaftsgüter des abnutzbaren Anlagevermögens sind den weiteren Absetzungen für Abnutzung unverändert die ursprünglichen Anschaffungs- oder Herstellungskosten zugrunde zu legen.**

Einkommensteuer-Richtlinien: EStH 5a. – **Verwaltungsanweisungen:** *BMF* BStBl I 23, 1486 (Anwendungsschreiben – Überblick zu den Neuerungen: *Dißars/Kahl-Hinsch* DStR 24, 151); *BMF* BStBl I 00, 453 (KSt).

Übersicht

1. Allgemeines. – a) Bedeutung; Aufbau. § 5a lässt als privilegierende Sonderregelung zu § 4 I, § 5 (→ § 4 Rn. 9) eine **pauschalierende Gewinnermittlung** beim Betrieb von Handelsschiffen im internationalen Verkehr zu, sog **Tonnagesteuer.** Auf Antrag des StPfl (Bindung: 10 Jahre) wird auf die Erfassung des tatsächl Gewinns verzichtet und ausgehend vom Rauminhalt eines Handelsschiffs (Nettotonnen) ein fiktiver Gewinn festgelegt. Dies soll als „effektive StEntlastung" die Wettbewerbsfähigkeit des Schifffahrtsstandorts Deutschland stärken und den Erhalt einer eigenen dt Handelsflotte sichern (BT-Drs 13/10271, 8; s auch § 41a IV). – **§ 5a I** bestimmt, wie der pauschalierte Gewinn zu ermitteln ist. **§ 5a II** definiert das Tatbestandsmerkmal „Betrieb eines Handelsschiffs im internationalen Verkehr" (sachl Anwendungsbereich). **§ 5a III** regelt die Antragstellung und **§ 5a IV** die Erfassung und Behandlung stiller Reserven, die sich vor dem Wechsel zur TonnageSt gebildet haben (sog Unterschiedsbetrag). **§ 5a IVa** legt fest, welche Konsequenzen sich ergeben, wenn eine MUerschaft das Schiff betreibt. **§ 5a V** behandelt das Verhältnis zu weiteren Vorschriften (§§ 6b, 7g, 15a, 16, 34 ff). **§ 5a VI** schließl regelt die Folgen eines Wechsels von der TonnageSt zur Gewinnermittlung nach §§ 4 I, 5 (Teilwertaufstockung, Verlustverrechnung). 1

§ 5a ist ein Sonderregime für die Seeschifffahrt (BT-Drs 20/8300, 537) und eine „Lenkungsnorm mit Subventionscharakter" (BFH IV R 46/10, BStBl II 14, 253). Die **StMindereinnahmen** betragen **7,91 Mrd €** (2021), **11,125 Mrd €** (2022), **2,12 Mrd €** (2023) und **1,47 Mrd €** (für 2024); für 2025 und 2026 werden Mindereinnahmen von **1,545 Mrd €** und **1,585 Mrd €** erwartet (s Subventionsberichte des Bundes, BT-Drs 21/1600, 429 und 533; BT-Drs 20/8300, 107 und 544). Die tatsächl StBelastung soll bei etwa 5% liegen, mit wachsenden Gewinnen noch weniger (Bericht BRH 17.5.24; **aA** *Verband Deutscher Reeder,* Stellungnahme: StQuote 2024 bei 20%). – Die TonnageSt folgt niederländischem Vorbild (vgl *Stevens* IStR 96, 323). Sie ist eine weltweit durchgängige Form der Besteuerung des Seetransports (*Martinen* Tonnagesteuer 2010 S. 84 ff). § 5a soll daher auch eine Benachteiligung dt Reedereien ggü ausl Unternehmen verhindern (BT-Drs 20/8300, 544).

b) Persönlicher Anwendungsbereich. § 5a gilt für alle **unbeschr und beschr StPfl** (§ 49 I Nr 2 Buchst a; BFH I R 67/12, BStBl II 14, 172), die einen GewBetr mit Geschäftsleitung im Inl unterhalten; gem § 8 I, II KStG auch für **KStPfl.** Besondere Regelungen für **MUerschaften** finden sich in § 5a IVa. 2

c) Rechtsentwicklung; zeitlicher Anwendungsbereich. Mit dem **AbzStEntModG** (BGBl I 21, 1259) ist § 5a IV neu gefasst worden (rückwirkend, § 52 X 4, → Rn. 4). S iÜ → 42. Aufl 2022, § 5a Rn. 1. 3

d) Verfassungsmäßigkeit; EU-Recht. § 5a ist eine **gleichheitswidrige StBegünstigung** (BFH IV R 14/16, BStBl II 22, 513), die die Leistungsfähigkeit des Stpfl nicht annähernd wirklichkeitsgerecht widerspiegelt (BFH IV R 14/14, BStBl II 22, 716), gleichwohl aber grds als **verfgemäß** angesehen wird (BFH IV R 46/10, BStBl II 14, 253; BFH IV R 42/10, BStBl II 11, 878), weil § 5a den Erhalt einer dt Handelsflotte sichern und damit dem Gemeinwohl dienen soll (BFH IV R 7/22, BStBl II 25, 628). Die gem § 52 X 4 rückwirkende Anwendung von § 5a IV 5–7 ist verfwidrig (s Vorlagebeschlüsse: BFH IV R 13/22, DStR 24, 418: BVerfG 2 BvL 2/24, Anm *Geissler* HFR 24, 517, beißend krit: *Haubner* DStR 24, 393, 430; FG Hmb EFG 23, 550: BVerfG 2 BvL 5/23; **aA** (ua) NdsFG EFG 23, 995, Rev IV R 35/22; SchlHFG EFG 22, 1438, Rev IV R 12/22; offengelassen noch in BFH IV R 15/23, BFH/NV 23, 1304). – Die **EU-Kommission** hat die erforderl Genehmigung erteilt (BGBl I 98, 4023). 4

Kritik: Der **Bestand an Seeschiffen,** die unter dt Flagge fahren, hat sich trotz Einführung der TonnageSt im Jahr 1999 stetig reduziert, von 847 im Jahr 1998 auf 246 im September 2025 (Bundesamt für Seeschifffahrt und Hydrografie 2.10.25, Statistik Handelsschiffe 2024/2025); die Bruttoraumzahl ist nach einem zwischenzeitl Anstieg wieder unter den Bestand von 1998 gesunken (BT-Drs 17/4375, 2, BT-Drs 18/9294, 1 und BT-Drs 20/7714, 4). Das hat ua zur Folge, dass sich die in den letzten Jahren erhebl gestiegenen StVorteile von mehreren Mrd € (→ Rn. 1) auf immer weniger Betriebe konzentrieren. Diese **Ungleichbehandlung** lässt sich nicht mehr rechtfertigen, macht doch der starke Rückgang des Schiffbestandes deutl, dass § 5a **kein geeignetes Mittel** zum Erhalt einer dt Handelsflotte ist; dann fehlt es aber an einer zweckgerechten Ausgestaltung des Begünstigungstatbestands (s dazu BVerfG 2 BvL 1/07, BVerfGE 122, 210, C.I.2.b. aa; glA *Wendt* FR 05, 1246 (1247); *Littmann* § 5a Rn. 5 f; zweifelnd auch *Korn* § 5a Rn. 2; **aA** *BH/Rüsch* § 5a Rn. 9; *KS/Schindler* § 5a Rn. 1; *HHR/Barche* § 5a Rn. 6).

5 **e) Verhältnis zu anderen Vorschriften.** Zu **§§ 6b, 7g, 15a, 16, 34 ff** s Rn. 50 ff. – Eine künstl Trennung von BE und BA durch Aufspaltung des Betriebsergebnisses auf verschiedene Betriebe bzw. Gesellschaften soll **§ 4 V 1 Nr 11** verhindern (→ § 4 Rn. 646). Der nach § 5a ermittelte Gewinn gilt gem **§ 7 S 3 GewStG** als Gewerbeertrag (BFH IV R 22/23, BStBl II 24, 880; und BFH IV R 14/21, BStBl II 24, 408; s auch *BH/Drüen* § 7 GewStG Rn. 14); zu **§ 9 Nr 3 S 2 GewStG** s NdsFG EFG 24, 480 (mit Anm *Glatz*), Rev IV R 30/23. Einkünfte aus dem internationalen Seeverkehr sind gem **§ 28 MinStG** von der Mindestbesteuerung ausgenommen.

8 **2. Tonnagesteuer, § 5a I. – a) Gewinnermittlung nach der Tonnage, § 5a I 1.** Die TonnageSt ersetzt (§ 5a I 1: „anstelle") auf unwiderrufl **Antrag** (→ Rn. 30) des StPfl die Gewinnermittlung nach § 4 I/§ 5, *„soweit"* der Gewinn auf den Betrieb von Handelsschiffen im internationalen Verkehr entfällt (Legaldefinition: § 5 II, → Rn. 18). Werden **mehrere Schiffe** betrieben, muss für jedes Schiff geprüft werden, ob die Voraussetzungen des § 5a vorliegen (BFH IV B 16/20, BFH/NV 21, 1060). – Werden in demselben Gewerbebetrieb noch andere Tätigkeiten ausgeübt oder weitere Handelsschiffe betrieben, die nicht die Voraussetzungen des § 5a erfüllen, ist der Gewinn teilweise nach § 5a und teilweise nach den allg Vorschriften zu ermitteln, sog **Mischbetrieb** (BR-Drs 13/10710, 4). Einnahmen/Ausgaben sind aufzuteilen (*BMF* BStBl I 23, 1486 Rn. 3: klare und einwandfreie buchmäßig Zuordnung, ggf Schätzung). Der wirtschaftl Zusammenhang mit dem Betrieb des jeweiligen Schiffes ist maßgebend.

Die in § 5a I 1 und II genannten Tatbestandsmerkmale müssen **für *jeden* VZ** geprüft werden (s BFH IV R 7/22, BStBl II 25, 628, Rn. 31). Fällt eine der genannten Voraussetzungen in einem späteren VZ weg, endet die Besteuerung nach § 5a; das gilt auch für die (ungeschriebene, → Rn. 21) Voraussetzung der Absicht zum langfristigen Betrieb. Die **Bestandskraft** eines früheren Bescheides, mit dem die Gewinnermittlung nach § 5a rechtsfehlerhaft für einen früheren VZ anerkannt wurde, steht dem nicht entgegen; ihr kommt *keine* materiell-rechtl Bindungswirkung zu (s BFH IV R 7/22, BStBl II 25, 628, Rn. 40 ff; BFH IV R 3/25, BFH/NV 25, 857). Auch die Zehnjahresfrist greift nicht ein (→ Rn. 32).

9 **aa) Gewerbebetrieb; Gewinnerzielungsabsicht.** Der Tatbestand des § 5a I 1 setzt voraus, dass ein Gewerbebetrieb existiert. Es müssen alle Merkmale des § 15 erfüllt sein; das Handelsschiff muss folgl mit **Gewinnerzielungsabsicht** betrieben werden (§ 15 II, → § 15 Rn. 24 ff.: zweigliedrige Prüfung). Ob das der Fall ist, richtet sich nach den tatsächl Verhältnissen (allg BFH X R 27/16, BFH/NV 18, 36). Daher kommt es auch für Zeiträume, in denen der Gewinn nach § 5a ermittelt wird, darauf an, ob der Gewerbetreibende tatsächl einen Gewinn iSv § 4 I/§ 5 erzielt (str, wie hier: *BMF* BStBl I 23, 1486 Rn. 28; *BH/Rüsch* § 5a Rn. 7 mwN; **aA** *KS/Schindler* § 5a Rn. 7; *Frotscher/Geurts* § 5a Rn. 9). Dass die Gewinnermittlung steuerl stets zu einem *fiktiven* Gewinn führt, ist unerhebl (*BeckOK EStG* § 5a Rn. 28; **aA** *Frotscher/Geurts* § 5a Rn. 9).

Auch wenn § 5a die Gewinnermittlung nach § 4 I, § 5 ersetzt, wird damit die **Bilanzierungspflicht** nicht suspendiert. HB und StBilanz müssen als „Schattenrechnung" fortgeführt und eingereicht werden (*BMF* BStBl I 23, 1486 Rn. 27), elektronisch (→ § 5b Rn. 1). Die StBilanzen dienen der Anwendung des § 15a (→ Rn. 53) und der Rückkehr zur allg Besteuerung.

10 **bb) Geschäftsleitung im Inland.** Die Geschäftsleitung (Mittelpunkt der geschäftl Oberleitung, § 10 AO) befindet sich dort, wo der für die Geschäftsführung maßgebende Wille gebildet wird. Bei einer **PersGes** kommt es darauf an, wo die zur

Vertretung befugten Personen die ihnen obliegenden Tätigkeiten entfalten (BFH IV R 58/95, BStBl II 98, 86). Abzustellen ist auf den Ort, an dem das **Tagesgeschäft** erledigt wird, also die zur lfd Geschäftsführung gehörenden tatsächl und rechtsgeschäftl Handlungen, die der gewöhnl Betrieb der Ges mit sich bringt, und die organisatorischen Maßnahmen, die zur gewöhnl Verwaltung der Ges gehören. Eine feste Geschäftseinrichtung oder Anlage ist nicht erforderl (allg: BFH I R 15/93, BStBl II 94, 148); es kann sich auch um die Geschäftsräume eines (inl oder ausl) Managers oder Korrespondentreeders handeln (BFH VIII R 76/95, BFH/NV 00, 300). – Wird das Tagesgeschäft an **verschiedenen Orten** und/oder durch **verschiedene Personen** erledigt, muss gewichtet werden (BFH I R 138/97, BStBl II 99, 437), da es grds nur *einen* „Mittelpunkt" iSv § 10 AO geben kann (BFH IV R 58/95, BStBl II 98, 86: 40% der Bereederungstätigkeit genügt nicht; *Ausnahme:* BFH IV R 30/11, BStBl II 15, 601).

cc) Bereederung in Inland. Die Bereederung eines Handelsschiffs umfasst die **Geschäftsbesorgung** (Verwaltung) des Betriebs durch den Schiffseigentümer oder durch Dritte in kommerzieller, technischer und personeller Hinsicht („Ship-Management", BFH IV R 15/21, BStBl II 24, 759; *Beispiele: BMF* BStBl I 23, 1486 Rn. 1). Sie muss im Inl durchgeführt werden; dh, die kurz- und langfristige Verwaltung und der Einsatz des Schiffes müssen vom Inl aus geplant und organisiert werden. Das gilt für alle Handelsschiffe, die der StPfl im internationalen Verkehr betreibt (*BH/Rüsch* § 5a Rn. 20). – Im Fall einer **Aufspaltung der Bereederung** (zB Crewing, Befrachtung) müssen die wesentl Tätigkeit *fast ausschließl* im Inl durchgeführt werden (BFH IV R 15/21, BStBl II 24, 759 Rn. 25 mwN). 11

b) Pauschalierung; Abgeltungswirkung, § 5a I 2. Der im Wj (§ 4a) erzielte (fiktive) **Gewinn** ist für jedes Handelsschiff, das die Voraussetzungen des § 5a erfüllt, auf der Grundlage der Betriebstage gesondert zu ermitteln. **Betriebstage** sind grds alle Tage ab Infahrtsetzung des Schiffes bzw Charterbeginn, also maximal 365 bzw 366 Tage im Jahr. Wartezeiten, Ballastfahrten und kurzen Werftaufenthalten sind Betriebstage, solange das Schiff betriebsbereit ist und kurzfristig wieder in Fahrt gesetzt werden kann (FG Hmb BeckRS 2020, 41068; BFH I R 163/87, BStBl II 90, 783 zu § 34c IV aF). Zeiten des Umbaus und von Großreparaturen werden nicht als Betriebstage berücksichtigt (*BMF* BStBl I 23, 1486 Rn. 4; *BH/Rüsch* § 5a Rn. 23). 12

aa) Staffeltarif. Der Gewinn pro Betriebstag wird ausgehend von der **Nettoraumzahl** (Nettotonnen) des Schiffes ermittelt, die sich aus dem Schiffsmessbrief ergibt. Berechnungsgrundlage sind jeweils volle 100 Nettotonnen. Der Gewinn beträgt pro Betriebstag *je 100 Nettotonnen* bei einer Tonnage 13

- bis zu 1000 Nettotonnen 0,92 €,
- von 1001 bis 10 000 Nettotonnen 0,69 €,
- von 10 001 bis 25 000 Nettotonnen 0,46 € und
- über 25 000 Nettotonnen 0,23 €.

Zur Ermittlung des für das jeweilige Schiff anzusetzenden Gewinns ist der so berechnete Betrag mit der Anzahl der Betriebstage zu multiplizieren. Werden mehrere Schiffe betrieben, sind die ermittelten Gewinne zu addieren.

Beispiel: Bei einem Schiff mit einer Tonnage von **50 000 Nettotonnen** und **300 Betriebstagen** beträgt der Gewinn je Betriebstag 197,8 € (= 0,92 € × 1000: 100 + 0,69 € × 9000: 100 + 0,46 € × 15 000: 100 + 0,23 € × 25 000: 100), also **59 340 €.**

bb) Abgeltungswirkung. Mit der Pauschalierung sind alle Gewinne abgegolten, die sich aus dem Schiffsbetrieb ergeben (BFH IV R 14/14, BStBl II 22, 716 Rn. 32). Die Abgeltungswirkung erfasst auch Erlöse aus Hilfsgeschäften und Nebengeschäften iSv § 5a II 2 sowie Veräußerungsgewinne nach § 16 (§ 5a V 1, → Rn. 50). Ein Verlust kann bei der Besteuerung nach § 5a nicht entstehen; Kosten und Abschreibungen haben auf das Ergebnis keinen Einfluss. 14

Zu dem nach § 5a I ermittelten Gewinn treten allenfalls noch der **Unterschiedsbetrag** gem § 5a IV 3 (→ Rn. 40) und im Fall einer MUerschaft die **Vergütungen** iSd § 5a IVa 3 hinzu (→ Rn. 47). Diese drei Komponenten sind abschließend (BFH IV R 20/20, BStBl II 23, 857 Rn. 51).

15 **cc) Feststellung.** Der Gewinn iSd § 5a ist gesondert (§ 179 I AO) und ggf einheitl (§ 179 II 2, § 180 I 1 Nr 2 AO) festzustellen, ebenso ein lfd Gewinn, der daneben zu erfassen ist. Die einzelnen Feststellungen sind selbständig anfechtbar und können unabhängig voneinander in Bestandskraft erwachsen (BFH IV R 14/14, BStBl II 22, 716). Zu *atypisch stiller Ges* s BFH IV R 20/14, BFH/NV 17, 475.

18 **3. Betrieb von Handelsschiffen, § 5a II. – a) Beförderung von Personen und Gütern, § 5a II 1.** § 5 II 1 enthält die **Legaldefinition** für das Tatbestandsmerkmal „Betrieb von Handelsschiffen im internationalen Verkehr" in § 5 I 1. Erfasst werden **eigene und gecharterte Handelsschiffe,** die zur Beförderung von Personen und Gütern eingesetzt werden. Für gecharterte Schiffe gelten weitere Voraussetzungen (§ 5 II 3 und 4, → Rn. 25). Eine Mindestbetriebszeit ist nicht vorgesehen; die Rspr verlang aber eine **Absicht zum langfristigen Betrieb** (→ Rn. 21).

19 **aa) Inländisches Seeschiffsregister.** Das Schiff muss im Wj überwiegend in einem inl Seeschiffsregister eingetragen sein. „Inl Seeschiffsregister" sind die gem § 1 SchRegO bei den dt AG geführten **Register iSv § 3 SchRegO.** Eine Eintragung im Internationalen Seeschifffahrtsregister (§ 12 FlRG) genügt folgl nicht (str). Das Führen der dt Flagge wird nicht verlangt (anders: § 41a IV). – **„Überwiegend"** bezieht sich auf das Wj und setzt eine entspr Eintragung für mehr als die Hälfte der Tage des Wj voraus. Wird das Schiff im Lauf des Wj erworben oder gechartert, ist auf die **Tage ab Erwerb bzw Beginn der Charter** abzustellen; bei Verkauf oder Beendigung der Charter gilt dies entspr (glA *BH/Rüsch* § 5a Rn. 32; *HHR/Barche* § 5a Rn. 38; **aA** *BMF* BStBl I 23, 1486 Rn. 8: *Reisetage* im internationalen Verkehr).

20 **bb) Überwiegender Einsatz im internationalen Verkehr.** Die Beförderung von Personen und Gütern durch eigene oder gecharterte Seeschiffe muss unter Berührung eines **ausl Hafens** erfolgen. Ein Einsatz zw inl Häfen oder einem inl Hafen und der Hohen See fällt nicht unter § 5a. Das Erbringen einer Beförderungsleistung muss der Hauptzweck des Einsatzes sein (Passagier- und Frachtschiffe, einschließl Fähren, Montage-, Versorgungs- und Wartungsschiffe); nicht erfasst werden Bagger, Bergungs- und Küstenschiffe sowie Taucher- und Fischereifahrzeuge (vgl BFH I S 17/83, BStBl II 84, 566 zu § 34c aF). – Das zweite **„überwiegend"** in § 5a II 1 bezieht sich auf den Einsatz des Schiffes. Es kommt also auf das Verhältnis der tatsächl **Einsatztage** im internationalen Verkehr zu allen Einsatztagen im Wj an (nicht: Betriebstage, → Rn. 14; glA *BH/Rüsch* § 5a Rn. 33 mwN; **aA** *BMF* BStBl I 23, 1486 Rn. 7: *Reisetage*).

21 **cc) Absicht zum langfristigen Betrieb.** Die Privilegierung des § 5a gilt nur für den Betrieb von Handelsschiffen, **nicht für den Schiffshandel.** Zur Abgrenzung verlangt die Rspr eine Absicht zum *langfristigen* Betrieb (Herleitung aus dem Gesetzeszweck und der zehnjährigen Bindungsfrist in § 5a III 7, s BFH IV R 46/10, BStBl II 14, 253). Diese Absicht muss in dem **Zeitpunkt** vorliegen, in dem erstmals auch alle übrigen Voraussetzungen des § 5a EStG erfüllt sind (BFH IV R 7/22, BStBl II 25, 628, Rn. 34 und 50 mwN). Der BFH hat hierzu folgende Regeln aufgestellt: ***(1)*** Wird das (bestellte) Schiff bereits **vorher veräußert** oder steht fest, dass es veräußert werden soll, und wird es auch tatsächl binnen Jahresfrist veräußert, ist die erforderl Absicht zu verneinen; ein Gegenbeweis ist ausgeschlossen. – ***(2)*** Wird **innerhalb eines Jahres** seit dem maßgebl Zeitpunkt (Jahresfrist) ein Vertrag über die Veräußerung des Schiffs geschlossen, begründet dies die Vermutung, dass *keine* Absicht zum langfristigen Betrieb des Handelsschiffs bestand. Der StPfl kann diese Vermutung widerlegen. – ***(3)*** Wird das Schiff erst **nach Ablauf der Jahresfrist** veräußert, wird

vermutet, dass die Absicht zum langfristigen Betrieb des Schiffes bestand. Das FA kann diese Vermutung widerlegen (s iEinz: BFH IV R 46/10, BStBl II 14, 253; BFH IV R 15/13, BStBl II 14, 774; BFH IV R 45/11, BStBl II 15, 296; BFH IV B 16/20, BFH/NV 21, 1060; krit *Dißars* FR 16, 395; *ders* NWB 14, 1793 (1796); *ders* NWB 14, 3614 (3617)). – Werden **mehrere Schiffe** betrieben, ist die Absicht des StPfl für jedes dieser Schiffe gesondert zu prüfen (BFH IV R 7/22, BStBl II 25, 628, Rn. 53). Die Gewinnermittlung nach § 5a ist auf die Schiffe beschränkt, für die eine Absicht zum langfristigen Betrieb besteht (*BMF* BStBl II 23, 1486 Rn. 5 aE). – Fehlt es an einer entspr Absicht, kann der Gewinn aus der Veräußerung des Schiffes **nach §§ 16, 34 tarifbegünstigt** sein (BFH IV R 12/10, BStBl II 14, 1000 Rn. 47 ff).

b) Vercharterung; Nebengeschäfte und Hilfsgeschäfte, § 5a II 2. § 5a II 2 erweitert den Betriebsbegriff des § 5a II 1 (die Voraussetzungen müssen erfüllt sein) und damit die Reichweite der Abgeltungswirkung des § 5a I 2 (→ Rn. 15; BFH IV R 49/15, BStBl II 22, 674, Rn. 36). **Gewinne *und* Verluste** aus den genannten Tätigkeiten, die unter § 5a II 2 fallen, können *nicht* neben dem pauschal ermittelten Gewinn berücksichtigt werden (BFH IV R 14/14, BStBl II 22, 716: Vermeidung von Zu- und Abrechnungen). 22

aa) Vercharterung. Die Vercharterung gehört zum Betrieb iSv § 5a II 1, wenn das Schiff vom Vercharterer **ausgerüstet** wird. Es muss betriebsbereit und mit einer Mannschaft (§ 557 I HGB) versehen sein, so dass es im internationalen Verkehr eingesetzt werden kann; nicht erfasst wird das reine Überlassen eines Schiffes durch Schiffsmietvertrag (§ 553 I HGB, sog Bareboat Charter; BFH I R 40/15, BStBl II 16, 537; ebenso *BMF* BStBl II 23, 1486 Rn. 13). 23

bb) Nebengeschäfte und Hilfsgeschäfte. Nebengeschäfte sind Geschäfte, die nicht den eigentl Betrieb des Handelsschiffs betreffen und sich auch nicht notwendig aus diesem Betrieb ergeben, aber in seiner Folge vorkommen und nebenbei mit erledigt werden; sie fallen bei Gelegenheit des Hauptgeschäfts an, also *zeitlich neben* diesem. **Hilfsgeschäfte** sind Geschäfte, die der Betrieb eines Handelsschiffs üblicherweise mit sich bringt und die seine Aufnahme, Fortführung und Abwicklung erst ermöglichen; sie können dem Hauptgeschäft auch *zeitl vorangehen*. Beide gehören nur dann zum Betrieb von Handelsschiffen iSv § 5 II 1, wenn ein **unmittelbarer Zusammenhang** mit dem Einsatz oder der Vercharterung besteht (BFH IV R 14/14, BStBl II 22, 716 Rn. 42: Einzelfallbetrachtung). Das setzt zumindest eine konkrete Investitionsentscheidung voraus (BFH IV R 16/16, BStBl II 22, 649 Rn. 20). – Die **Veräußerung** eines Handelsschiffs, das die Voraussetzungen des § 5a erfüllt, ist ein Hilfsgeschäft (BFH IV R 46/10, BStBl II 14, 253 Rn. 21, 31; BFH IV R 45/11, BStBl II 15, 296 Rn. 27 ff). Folgl sind Veräußerungsgewinne/-verluste durch den Tonnagegewinn abgegolten und werden nicht gesondert erfasst (→ Rn. 50). 24

Beispiele – *Neben-/Hilfsgeschäfte:* Erwerb/Anmietung der für den Betrieb erforderl **WG** und **Geschäftsräume,** Anwerbung von **Personal,** Zinserträge/Schuldzinsen aus lfd **Geschäftskonten** und Maßnahmen zur **Kapitalbeschaffung,** zB Aufnahme von Darlehen und Einwerbung von Anlegerkapital (s BFH IV R 14/14, BStBl II 22, 716 Rn. 43 ff: mit Abgrenzung zu Kapitalanlagen; *BMF* BStBl I 23, 1486 Rn. 9: Anrechnung von StAbzugsbeträgen); **Bereederung** eines Schiffes bei eigener Beteiligung (*BMF* BStBl I 23, 1486 Rn. 10: Bereederung fremder Schiffe ist nicht begünstigt); **Liquidation** einer Ein-Schiff-Ges (BFH IV R 3/18, BStBl II 22, 668: jedenfalls bei engem zeitl Zusammenhang mit der Veräußerung des Schiffes). – ***Keine Neben-/Hilfsgeschäfte:*** eigenständige **Währungsgeschäfte** ohne Bezug zum Schiffsbetrieb (BFH IV R 49/15, BStBl II 22, 674: Abgrenzung zu Geschäften zur Wechselkurssicherung; FG Hmb EFG 17, 1503 rkr: Devisentermingeschäfte); eigenständige **Kapitalanlagen** (BFH IV R 14/14, BStBl II 22, 716: Abgrenzung zur Kapitalbeschaffung); **Veräußerung eines Schiffes,** wenn mit dem Erlös das iSv § 5a betriebene Schiff erst erworben werden soll (BFH IV R 46/10, BStBl II 14, 253); Gründungs- und Verwaltungskosten einer **VorratsGes** (BFH IV R 16/16, BStBl II 22, 649). – Zu **Vergütungen** iSd § 15 I 1 Nr 2 und S 2 → Rn. 47.

25 **c) Gecharterte Handelsschiffe, § 5a II 3 und 4.** Bei Verwendung gecharterter Schiffe muss **gleichzeitig** mindestens ein eigenes oder ein selbst ausgerüstetes Schiff betrieben werden (§ 5a II 3). Gleichzeitigkeit wird auch dann bejaht, wenn der StPfl diese Voraussetzung für den *überwiegenden* Zeitraum der Verwendung gecharterter Schiffe erfüllt (*BMF* BStBl I 23, 1486 Rn. 14a). – Sind gecharterte Schiffe **nicht in einem inl Register** eingetragen, darf deren Nettotonnage nicht mehr als das Dreifache der nach § 5a II 1, 2 betriebenen Schiffe betragen (§ 5a II 4). Zu *Konsortium oder Pool* s *BMF* BStBl I 23, 1486 Rn. 14.

26 **d) Schleppen und Bergen etc, § 5a II 5.** Als Betrieb iSv § 5a II 1 gelten auch der Einsatz und die Vercharterung von Schiffen zum **Schleppen, Bergen,** zur Aufsuchung von **Bodenschätzen,** einschließl Neben- und Hilfsgeschäften, wenn diese Tätigkeiten überwiegend außerhalb der dt Hoheitsgewässer erfolgen. Die Aufzählung ist abschließend.

30 **4. Antrag, § 5a III. – a) Antragstellung, § 5a III 1.** Die Anwendung der TonnageSt ist gem § 5a I 1 antragsgebunden; dem StPfl kommt ein **Wahlrecht** zu. Will der StPfl hiervon Gebrauch machen, kann er den Antrag nur im Jahr der **Indienststellung** (Anschaffung/Herstellung) bzw **Eincharterung** (s *BMF* BStBl I 23, 1486 Rn. 15: Übergang von Nutzen und Lasten; krit *Dißars/Kahl-Hinsch* DStR 24, 151) und mit Wirkung ab Beginn dieses Jahres stellen; das gilt für alle ab dem 1.1.06 angeschafften/hergestellten Schiffe. Es handelt sich um eine Ausschlussfrist (Wiedereinsetzung ggf nach § 110 AO; wie bei § 13a II). – Der Antrag ist **unwiderrufl** (§ 5a I 1); er soll schriftl gestellt werden (*BMF* BStBl I 23, 1486 Rn. 15) und wird mit Zugang beim FA wirksam (vgl BFH IX R 37/91, BStBl II 95, 410). **Anfechtung** nach §§ 119 ff BGB ist mögl (AEAO vor §§ 172 bis 177 Rn. 8.3). Wird kein Antrag gestellt oder sind die Voraussetzungen des § 5a nicht erfüllt, bleibt es bei der Gewinnermittlung gem § 4 I, § 5. – Der Antrag bezieht sich gem § 5a I 1 auf den jeweiligen Betrieb von Handelsschiffen (hA, s *BeckOK EStG* § 5a Rn. 81 mwN). Ein Einzelunternehmer kann *mehrere* Betriebe unterhalten, PersGes und Körperschaften nur *einen* Betrieb (→ § 4 Rn. 27; BFH IV R 49/15, BStBl II 22, 674). – **Beispielsfälle** s *BMF* BStBl I 23, 1486 Rn. 15 ff.

31 **b) Gewinne und Verluste vor Indienststellung, § 5a III 2–4.** Alle vor Indienststellung erwirtschafteten Gewinne und Verluste bleiben im Fall der (wirksamen) Antragstellung steuerl unberücksichtigt (§ 5a III 2; Vorverlagerung der Abgeltungswirkung des § 5a I 2, s BFH IV R 19/10, BStBl II 14, 522 Rn. 15 f). § 5a III 3 enthält eine eigene **Korrekturvorschrift** für eine punktuelle Bescheidänderung (wie § 10d I 4); § 177 AO ist anwendbar (vgl → § 10 Rn. 24). Gem § 5a III 4 Hs 1 können auch bestandskräftige Bescheide geändert werden. – Die **Festsetzungsverjährung** dieser Bescheide ist gem § 5a III 4 Hs 2 gehemmt. Es handelt sich um eine punktuelle Ablaufhemmung, die an den Ablauf der Festsetzungsfrist für den VZ geknüpft ist, in dem der Gewinn erstmals nach § 5a I ermittelt wird.

32 **c) Zehnjährige Bindung, § 5a III 5–9.** Stellt der StPfl **keinen Antrag** nach § 5a III 1, ist er *für zehn Jahre* an die Gewinnermittlung nach § 4 I, § 5 gebunden (§ 5a III 5); § 5a III 2-4 gelten in diesem Fall nicht (§ 5a III 6). Die Zehnjährige Frist bezieht sich auf Kj, gerechnet vom Beginn des Kj der Indienststellung. Stellt der StPfl auch nach zehn Jahren keinen Antrag nach § 5a III 1, ist er wiederum (s § 5a III 5: „jeweils") *für zehn Jahre* an die Gewinnermittlung nach § 4 I, § 5 gebunden. – Stellt der StPfl **einen Antrag** nach § 5a III 1, ist er *für zehn Jahre* an die Pauschalierung gem § 5a I 2 gebunden (§ 5a III 7). Danach kann er jährl durch Rücknahme des Antrags für das jeweils folgende Wj zur Gewinnermittlung nach § 4 I, § 5 zurückkehren (§ 5a III 8; Folge: Versteuerung der stillen Reserven, → Rn. 40); die Rücknahme ist wie der Antrag unwiderrufl, kann aber ggf angefochten werden (→ Rn. 30). Erklärt der StPfl die Rücknahme, ist er *für zehn Jahre* an die Gewinnermittlung nach § 4 I, § 5 gebunden (§ 5a III 9).

Nur eine materiell-rechtl zulässige Option löst die zehnjährige Bindung an die Tonnagebesteuerung (§ 5a III 7) aus (→ Rn. 8). Die Bindung entfällt zudem, wenn ihre sachl Voraussetzungen nicht mehr vorliegen. Werden Schiffe defizitär, sind **wirtschaftl angemessene Maßnahmen,** auch wenn sie zu einer Beendigung der § 5a-Besteuerung führen, nicht missbräuchl iSv § 42 AO (*BH/Rüsch* § 5a Rn. 74: Veräußerung des Schiffs, Überführung in einen anderen Betrieb etc; *BeckOK EStG* § 5a Rn. 95; *Lademann* § 5a Rn. 96). Ein neuerl Antrag nach § 5a kann dann (frühestens) *nach zehn Jahren* gestellt werden; das ergibt der Regelungszusammenhang des § 5a III.

5. Unterschiedsbetrag (stille Reserven), § 5a IV. Für jedes WG des Schiffsbetriebs ist zum Schluss des Wj, das der erstmaligen Anwendung des § 5a vorausgeht (sog Übergangsjahr), die **Differenz zw Buchwert und Teilwert** als sog Unterschiedsbetrag zu ermitteln. Zweck der Regelung ist es, stille Reserven, die sich während der Zeit der regulären Gewinnermittlung nach § 4 I, § 5 gebildet haben und **nicht von der Abgeltungswirkung** des § 5a I 2 erfasst werden sollen, „einzufrieren", um ihre spätere Besteuerung sicherzustellen (BFH IV R 28/19, BStBl II 23, 750). Es handelt sich um einen Übergangsgewinn, der erst nachträgl erfasst wird (BFH IV R 42/10, BStBl II 11, 878). Die **Gewinnrealisierung** wird auf die in § 5a IV 3 Nr 1–3 geregelten Zeitpunkte **verschoben** (BFH IV R 4/18, DStRE 21, 399; BFH IV R 35/16, BStBl II 22, 412: einer Stundung vergleichbar). – Bei einem erneuten Wechsel zur TonnageSt gilt § 5a IV entspr (Regelungslücke). 36

a) Bildung des Unterschiedsbetrags, § 5a IV 1. – aa) Dem Schiffsbetrieb dienende Wirtschaftsgüter. Der Unterschiedsbetrag ist für *jedes* bilanzierbare WG (→ § 5 Rn. 93), das dem Schiffsbetrieb **unmittelbar** dient, einzeln zu bilden und in ein besonderes, gem § 60 III 2 EStDV vorzulegendes **Verzeichnis** aufzunehmen (BFH IV R 28/19, BStBl II 23, 750, Rn. 45: keine Bindungswirkung, nur Dokumentation). Die Regelung gilt für alle WG, die in der StBil des Wj auszuweisen sind, das der erstmaligen Anwendung des § 5a I vorangeht (BFH IV R 47/09, BStBl II 13, 324: keine Erweiterung des Begriffs „Wirtschaftsgut"). Erfasst werden aktive und passive WG, also auch Schulden und Verbindlichkeiten (BFH IV B 57/11, BFH/NV 12, 1108: Fremdwährungsverbindlichkeiten), auch WG iSv § 5a II 2 (→ Rn. 24). Nicht erfasst werden Wertaufholungsrücklagen (BFH IV R 60/10, BStBl II 14, 1007) und Schiffbauverträge (BFH IV R 47/09, BStBl II 13, 324). WG, die nur **teilweise** dem Schiffsbetrieb iSv § 5a II dienen, werden anteilig berücksichtigt (*BMF* BStBl I 23, 1486 Rn. 17); der Anteil ist ggf zu schätzen. 37

bb) Teilwertermittlung. Sie richtet sich nach allg Grundsätzen (→ § 6 Rn. 231 ff; BFH IV R 3/14, BStBl II 23, 26: einschließl Teilwertvermutung). Die gewöhnl **Nutzungsdauer eines Schiffs** ist betriebsspezifisch zu ermitteln (BFH IV R 8/10, BStBl II 11, 709). Nach *BMF* BStBl I 23, 1486 (Rn. 16) wird der Ansatz der ursprüngl AK/HK abzügl AfA (Nutzungsdauer: 25 Jahren) nicht beanstandet, wenn das Schiff nicht zeitnah veräußert wird (BFH IV R 3/14, BStBl II 23, 26, Rn. 28: ledigl „Nichtaufgriffsgrenze", keine Bindungswirkung für FG). Kosten der **Kapitalbeschaffung** können AK sein (BFH IV R 36/08, BFH/NV 11, 1361; BFH IV R 8/10, BStBl II 11, 709). – Haben sich bei erstmaliger Anwendung des § 5a im Zeitpunkt der Antragstellung noch keine stillen Reserven gebildet, beträgt der **Unterschiedsbetrag 0 €** (glA *BeckOK EStG* § 5a Rn. 112; **aA** wohl NdsFG EFG 11, 1599, rkr). 38

b) Feststellung des Unterschiedsbetrags, § 5a IV 2. Der Unterschiedsbetrag ist **für jedes WG** gesondert und ggf einheitl festzustellen. Die Feststellung betrifft nicht nur die Höhe des Unterschiedsbetrags, sondern bei MUerschaften auch die Feststellung, welchem MUer welcher Anteil an dem jeweiligen Unterschiedsbetrag zuzurechnen ist (BFH IV R 28/19, BStBl II 23, 750 Rn. 26; *BMF* BStBl I 23, 1486 Rn. 18). Der Feststellungsbescheid ist **Grundlagenbescheid** mit Bindungswirkung für spätere Bescheide. – Werden mehrere Unterschiedsbeträge in einem Bescheid zu- 39 sammengefasst, handelt es sich gleichwohl um selbständige Feststellungen, die im Streitfall gesondert angefochten werden müssen (BFH IV R 47/09, BStBl II 13, 324).

40 **c) Versteuerung des Unterschiedsbetrags, § 5a IV 3 und 4.** Der Unterschiedsbetrag wird in folgenden Fällen aufgelöst und dem lfd Gewinn nach § 4 I, § 5 hinzugerechnet (BFH IV R 4/18 DStRE 21, 399; BFH IV R 23/08, BStBl II 11, 277: kein Wahlrecht): – ***(1)* § 5a IV 3 Nr 1:** Bei **Beendigung der TonnageSt** und Fortführung des Betriebs in jedem der Anwendung des § 5a I folgenden fünf Wj zu mindestens zu 1/5 (*BMF* BStBl I 23, 1486 Rn. 22: auch bei Wegfall der Voraussetzungen des § 5a I, II). Wird der Betrieb vorzeitig veräußert oder aufgegeben, ist der verbleibende Betrag im letzten Wj vor der Veräußerung/Aufgabe zu erfassen. – ***(2)* § 5a IV 3 Nr 2:** Wenn das **WG aus dem BV ausscheidet** oder dem Schiffsbetrieb iSv § 5a II nicht mehr unmittelbar dient, in dem betr Jahr (keine Fünftelung; *BMF* BStBl I 23, 1486 Rn. 20). – ***(3)* § 5a IV 3 Nr 3:** Bei **Ausscheiden eines MUers** oder **Reduzierung seiner Beteiligung** ebenfalls in dem betr Jahr (keine Fünftelung); erfasst wird jeder vollständige oder partielle Verlust der (unmittelbaren) Mitunternehmerstellung (BFH IV R 28/19, BStBl II 23, 750; *BMF* BStBl I 23, 1486 Rn. 23: ggf anteilige Auflösung). – ***(4)* § 5a IV 4:** Letzteres gilt auch im Fall der **Einbringung** nach §§ 20, 24 UmwStG (FG Hmb EFG 25, 1134, Rev IV R 2/25: kein Billigkeitserlass). Betroffen ist hiervon allerdings nur die entgeltl Anteilsübertragung (→ Rn. 41). – Nur ein gem § 5a IV 2 **festgestellter Unterschiedsbetrag** kann nach § 4a IV 3 hinzugerechnet werden (BFH IV R 17/19, BFH/NV 20, 1058; zu § 182 II AO → Rn. 41). Zur Zurechnung bei Ges s BFH IV R 28/19, BStBl II 23, 750: Teil des lfd Gesamthandgewinns, keine Verteilung nach Quote.

Wird eine **Fremdwährungsverbindlichkeit** ratierl getilgt, ist der Unterschiedsbetrag entspr aufzulösen (NdsFG EFG 11, 1599, bestätigt durch BFH IV B 57/11, BFH/NV 12, 1108; *BMF* BStBl I 23, 1486 Rn. 21). – **§§ 16, 34** sind auf den Unterschiedsbetrag nicht anwendbar (BFH IV R 40/08, BFH/NV 12, 393; → § 16 Rn. 574).

41 **d) Rechtsnachfolger, § 5a IV 5 und 6.** Im Fall der **unentgelt Anteilsübertragung** zum Buchwert gem § 6 III (Tod, Schenkung etc, → § 6 Rn. 713) geht der Unterschiedsbetrag auf den Rechtsnachfolger über. Die **Feststellung** (§ 5a IV 2) gilt gem § 5a IV 3 iVm § 182 II AO auch für diesen; erneute Bekanntgabe ist nicht erforderl (dingl Wirkung, BFH IV B 21/21, BFH/NV 22, 816; AEAO zu § 182 AO). Einspruch und Klage: § 353 AO; ggf Wiedereinsetzung, § 110 AO. – Die **abw Rspr des BFH** (zB BFH IV R 4/18, BFH/NV 20, 412) ist damit überholt. Zur **Rückwirkung** dieser Regelungen → Rn. 4.

42 **e) Zuführung von Wirtschaftsgütern, § 5a IV 7.** Werden WG des BV dem Schiffsbetrieb iSv § 5a II zugeführt, ist ebenfalls ein Unterschiedsbetrag zu bilden, in das besondere Verzeichnis aufzunehmen und festzustellen und ggf gem § 5a IV 3 und 4 aufzulösen; und auch insoweit gelten bei unentgeltl Anteilsübertragung § 5a IV 5 und 6. **WG des PV** werden zunächst eingelegt (§ 6 I Nr 5) und sodann iSv § 5a IV 7 zugeführt.

46 **6. Mitunternehmerschaft, § 5a IVa. – a) Pauschalierung, Zurechnung, § 5a IVa 1 und 2.** Da gem § 5a IVa 1 im Fall der MUerschaft die Ges an die Stelle des StPfl tritt, kann für diese die Pauschalierung nach § 5a nur einheitl beantragt und angewendet werden (vgl BT-Drs 13/10710, 4). Die Zurechnung des pauschal ermittelten Gewinns (§ 5a I 2) richtet sich gem § 5a IVa 2 *zwingend* („ist") nach dem Anteil des einzelnen MUers am Ges-Vermögen. Der Ges'ter muss MUer der Ges sein, die ihren Gewinn nach § 5a ermittelt (BFH IV R 33/15, BStBl II 20, 645).

47 **b) Sondervergütungen, § 5a IVa 3.** Vergütungen an den Ges'ter iSv § 15 I 1 Nr 2 und S 2 für Dienstleistungen, Darlehen und Überlassung von WG (→ § 15 Rn. 440, 560 ff) werden **von der Abgeltungswirkung** des § 5a I 2 **nicht erfasst** (BFH IV R 14/16, BStBl II 22, 513: verfgem); sie sind dem nach § 5a I 2 pauschal er-

mittelten Gewinn hinzuzurechnen (→ Rn. 14). Das gilt auch dann, wenn sie vor Indienststellung des Handelsschiffs gezahlt werden (BFH IV R 19/10, BStBl II 14, 522; zu nachträgl Haftungsvergütung s BFH IV R 14/21 BStBl II 24, 408). § 5a IVa 3 dient der Missbrauchsabwehr (BT-Drs 13/10710, 4: geringfügige Beteiligung von Geschäftspartnern und ArbN), ist aber nicht auf Missbrauchsfälle beschränkt (BFH IV B 7/11, BFH/NV 12, 122: Befrachtungskommission). Die Gewinnermittlung richtet sich nach § 4, § 5 I (BFH IV R 20/20, BStBl II 23, 857); auf Zu-/Abfluss kommt es nicht an (BFH IV R 3/18, BStBl II 22, 668). Die StErmäßigung des § 35 ist anwendbar (BFH IV R 27/11, BStBl II 15, 278; krit *Wendt* FR 05, 1246 (1247), zu § 32c). – Die durch die Sondervergütungen veranlassten **Aufwendungen** (§ 4 IV) können als **SonderBA** abgezogen werden (BFH IV R 14/16, BStBl II 22, 513: nicht bei gesellschaftsrechtl Veranlassung; BFH IV R 3/16, BFH/NV 18, 1259). Ein **negativer Saldo** ist ebenfalls dem nach § 5a I 2 pauschal ermittelten Gewinn hinzuzurechnen (glA *BH/Rüsch* § 5a Rn. 94; *BeckOK EStG* § 5a Rn. 155a).

Keine Sondervergütungen iSv § 5a IVa 3 und daher mit der Pauschalierung (§ 5a I 2) abgegolten sind: Ergebnisse aus **SonderBV II** (BFH IV R 3/16, BFH/NV 18, 1259: Zinsen aus Anteilsfinanzierung) und Ergänzungsbilanzen; abgegolten sind daher auch **BA,** die iZm mit dem SonderBV II stehen. Dasselbe gilt für **Vorabgewinne,** die handelsrechtl nicht als Kosten zu behandeln sind (FG Brem EFG 08, 1609, rkr: Haftungsvergütung; NdsFG DStRE 09, 1167, rkr: Heuervergütung; *BMF* BStBl I 23, 1486 Rn. 29). – Dem BMF zufolge soll auch das **Bereederungsentgelt** eines am Schiff beteiligten Vertragsreeders mit der Pauschalierung abgegolten sein (*BMF* BStBl I 23, 1486 Rn. 29: bis zu 4% der Bruttofrachtraten); zutr abl *Lademann* § 5a Rn 173.

7. Sonderregelungen zur Gewinnermittlung, § 5a V. – a) Veräußerungsgewinn (§ 16), § 5a V 1. Veräußerungs- und Aufgabegewinne iSv § 16 sind durch die Pauschalierung (§ 5a I 2) abgegolten (→ Rn. 14). Die Abgeltungswirkung ist **umfassend** und gilt auch für Verluste (vgl → § 4 Rn. 8); eine Berücksichtigung iRd Hinzurechnung von Sondervergütungen (§ 5a IVa 3) ist ausgeschlossen (BFH IV R 20/20, BStBl II 23, 857: Einlage des stillen Ges'ters; BFH IV R 42/10, BStBl II 11, 878; zum Ausfall eines Ges'terDarlehens NdsFG EFG 19, 87, rkr mit Anm *Oellerich;* krit *Dißars/Kahl-Hinsch* DStR 20, 2519 (2525)). Die Reichweite der Abgeltungswirkung wird durch die Begrifflichkeit des § 16 bestimmte (zu Veräußerungskosten und Aufgabekosten → § 16 Rn. 300 f). 50

b) Steuermäßigungen (§§ 34, 34c I–III, 35), § 5a V 2. Für den nach § 5a I 2 ermittelten Gewinn (einschließl der Gewinne iSd § 16, → Rn. 50) werden keine Vergünstigungen gem § 34, § 34c I–III, § 35 gewährt. Der Ausschluss reicht (nur) so weit wie die Abgeltungswirkung des § 5a I 2 (BFH IV R 27/11, BStBl II 15, 278); dh, er gilt nicht für Hinzurechnungen nach § 5a IV 3 (Unterschiedsbetrag), nach § 5a IVa 3 (Sondervergütung, → Rn. 47) und nach § 5a V 3 (Gewinn aus der Auflösung von Rücklagen). S iÜ *BMF* BStBl I 23, 1486 Rn. 35 und *BMF* BStBl I 16, 1187 Rn. 13, 16. 51

c) Rücklagen (§§ 6b, 6d) und Investitionsabzug (§ 7g), § 5a V 3. Beim Wechsel zur TonnageSt vorhandene Rücklagen nach § 6b, § 6d sind aufzulösen; die Beträge werden im Wj der erstmaligen Anwendung des § 5a dem Gewinn hinzugerechnet. Die Aufzählung in § 5a V 3 ist abschließend (BFH IV R 60/10, BStBl II 14, 1007). Gleichwohl sollte die Regelung auf EStR 5.5 entspr angewendet werden (zutr *Kanzler* FR 24, 197 (199 f); **aA** *Gröne* StuW 22, 39 (40)). – Ein Abzugsbetrag nach § 7g ist rückgängig zu machen; die Korrektur erfolgt rückwirkend im Abzugsjahr (→ § 7g Rn. 57 ff). 52

d) § 15a-Verluste, § 5a V 4. § 15a bleibt auch während der Gewinnermittlung nach § 5a anwendbar; maßgebl ist der nach § 4 I, § 5 ermittelte Gewinn („Schattenrechnung", → Rn. 9 aE). § 15a-Verluste, die vor Anwendung des § 5a entstanden sind, werden nur durch die in der „Schattenrechnung" ausgewiesenen Gewinne gemindert (BFH VIII R 33/05, BStBl II 07, 261; BFH IV R 14/09, BStBl II 13, 673); 53

s auch *BMF* BStBl I 23, 1486 Rn. 27. Sofern solche Verluste bei Beendigung der TonnageSt noch vorhanden sind, mindern sie weder den Unterschiedsbetrag noch den Tonnagegewinn (BFH IV R 14/09, BStBl II 13, 673).

56 **8. Beendigung der Tonnagebesteuerung, § 5a VI. – a) Teilwertansatz, § 5a VI 1.** In der Schlussbilanz des Wj, in dem § 5a I letztmalig angewendet wird, sind die WG, die dem Schiffsbetrieb unmittelbar dienen (→ Rn. 37) mit dem **Teilwert** anzusetzen (Teilwertermittlung → Rn. 38). Stille Reserven, die sich während der Dauer der TonnageSt gebildet haben, werden stfrei aufgedeckt; umgekehrt wirkt sich eine während dieser Zeit eingetretene Wertminderung nicht aus. Für alle übrigen WG sind die fortgeführten Werte der Schattenrechnung (→ Rn. 9) zu übernehmen (BFH IV R 35/16, BStBl II 22, 412). – Die Regelung gilt entspr für WG, die dem Schiffsbetrieb nicht mehr unmittelbar dienen und daher bei weiter lfd Besteuerung nach § 5a in die Gewinnermittlung nach § 4, § 5 I wechseln.

57 **b) Neue AfA-Bemessungsgrundlage, § 5a VI 2.** In der Bilanz des Wj, das der letztmaligen Anwendung des § 5a folgt, sind für **abnutzbare WG** des AV „unverändert" die ursprüngl AK/HK für die weitere AfA anzusetzen. Die „Schattenrechnungen" (→ Rn. 6) sind deshalb ausgehend von den **ursprüngl AK/HK** weiter fortzuführen (BT-Drs 19/13436, 212). Das bedeutet, dass zwar der Teilwert in der Schlussbilanz (iSv § 5a VI 1) anzusetzen ist, die AfA aber auf der Basis der ursprüngl AK/HK nach den „Schattenrechnungen" zu bemessen ist; der verbleibende Rest des Teilwertes wirkt sich erst bei der Aufgabe oder Veräußerung des Schiffes gewinnwirksam aus. Zur Rückwirkungsproblematik s *Dißars/Kahl-Hinsch* DStR 20, 2519 (2523 ff).

Für **Wj bis 2018** sind die WG, die unmittelbar dem Schiffsbetrieb dienen (→ Rn. 37), mit dem Teilwert anzusetzen und auf der Grundlage dieses Betrags für die Zeit der betriebsgewöhnl Restnutzungsdauer abzuschreiben (BFH IV R 35/16, BStBl II 22, 412; BFH IV R 14/20, BFH/NV 21, 753; BFH IV R 15/23, BFH/NV 23, 1304); *BeckOK EStG* § 5a Rn. 135.

§ 5b Elektronische Übermittlung von Bilanzen sowie Gewinn- und Verlustrechnungen

(1)[1] [1]**Wird der Gewinn nach § 4 Absatz 1, § 5 oder § 5a ermittelt, so ist der Inhalt der Bilanz, der Gewinn- und Verlustrechnung jeweils einschließlich der unverdichteten Kontennachweise mit Kontensalden sowie der Anlagenspiegel und das diesem zugrundeliegende Anlagenverzeichnis nach amtlich vorgeschriebenem Datensatz durch Datenfernübertragung zu übermitteln. [2]Enthält die Bilanz Ansätze oder Beträge, die den steuerlichen Vorschriften nicht entsprechen, so sind diese Ansätze oder Beträge durch Zusätze oder Anmerkungen den steuerlichen Vorschriften anzupassen und nach amtlich vorgeschriebenem Datensatz durch Datenfernübertragung zu übermitteln. [3]Der Steuerpflichtige kann auch eine den steuerlichen Vorschriften entsprechende Bilanz nach amtlich vorgeschriebenem Datensatz durch Datenfernübertragung übermitteln; Satz 1 gilt insoweit entsprechend. [4]Im Fall der Eröffnung des Betriebs sind die Sätze 1 bis 3 entsprechend anzuwenden; dies gilt auch für solche Bilanzen, die für andere steuerliche Zwecke zu erstellen sind. [*ab 1.1.2028:* [5]Liegt ein Anhang, ein Lagebericht, ein Prüfungsbericht oder ein Verzeichnis nach § 5 Absatz 1 Satz 2 vor, so sind diese nach amtlich vorgeschriebenem Datensatz durch Datenfernübertragung zu übermitteln. [6]Bei der Gewinnermittlung nach § 5a ist das besondere Verzeichnis nach § 5a**

[1] Zur Anwendung s § 52 XI 2, 3: § 5b I 1 ist, soweit er sich auf die Übermittlung von Kontennachweisen bezieht, erstmals für Wirtschaftsjahre anzuwenden, die nach dem 31.12.24 beginnen. § 5b I 1, soweit er sich auf die Übermittlung von Anlagenspiegel und Anlagenverzeichnis bezieht, sowie § 5b I 5, 6 sind erstmals für Wirtschaftsjahre anzuwenden, die nach dem 31.12.27 beginnen.

Absatz 4 nach amtlich vorgeschriebenem Datensatz durch Datenfernübertragung zu übermitteln.]

(2) [1]**Auf Antrag kann die Finanzbehörde zur Vermeidung unbilliger Härten auf eine elektronische Übermittlung verzichten.** [2]**§ 150 Absatz 8 der Abgabenordnung gilt entsprechend.**

Einkommensteuer-Richtlinien: EStH 5b – **Verwaltungsanweisungen:** *BMF* BStBl I 24, 1334 („Mussfelder"); *BMF* BStBl I 25, 1450 (Taxonomien 6.9, auch zum JStG 2024 – Änderungen).

Schrifttum *Ley,* E-Bilanz, Beck HdR B 771 (9/24). – *Ley,* Eine Zwischenbilanz …, KÖSDI 19, 21228; *Schmidt,* Zusätzl Übermittlungspflichten …, NWB 25, 970; *Riepolt,* Änderungen der Taxonomie 6.9, StuB 25, 615.

1 **1. Grundaussage.** Die E-Bilanz ist für alle nach §§ 4 I, 5 bilanzierenden Unternehmen **verpflichtend.** § 5b idF StBürAbG (BStBl I 09, 124; *Beck HdR* B 771 Rn. 12) und des JStG 2024 (BGBl I 24 Nr 387) ist ein weiterer Schritt auf dem Weg zu einer selbständigen StBil (*Weber-Grellet* BB 11, 43 (50)); *Herzig* DB 11, 1; *KKM* § 5b Rn. A 64). Die E-Bilanz ersetzt papierbasierte Arbeitsabläufe durch EDV-Abläufe – auf der Basis von XBRL (dazu http://www.xbrl.de; www.esteuer.de; *BMF* BStBl I 11, 855 Rn. 9 f; *KKM* § 5b Rn. B 24, B 32); Datengrundlage ist die Finanzbuchhaltung. Der Mindestumfang der Taxonomien (Klassifikations- und Ordnungsschema) geht weit über die Gliederungen der §§ 266, 275 HGB hinaus (zum Inhalt der Taxonomie-Module s *Beck HdR* B 771 Rn. 81 f). Die E-Bilanz dient insb dem **steuerl Risikomanagement der FinVerw** (*KKM* § 5b Rn. A5), ein „Baustein des modernen Besteuerungsverfahrens" *(BMF).* § 5b ist eine die Steuererklärungspflicht ergänzende (reine) Verfahrensvorschrift und verlangt bei Gewinnermittlung nach § 4 I, § 5 und § 5a, den Inhalt der Bilanz (auch aperiodische Bilanzen; iEinz *BMF* BStBl I 25, 1450; *Beck HdR* B 771 Rn. 47 f) sowie die GuV nach amtl vorgeschriebenem Datensatz durch Datenfernübertragung zu übermitteln; für § 4 III folgt eine entspr Verpflichtung aus § 60 IV EStDV (BFH X R 18/09, DStR 11, 2447). Nicht erfasst werden Bilanzen, die steuerl bedeutungslos sind (etwa Quartalsbilanzen, Überschuldungsbilanzen; *KKM* § 5b Rn. B 1). – Die bisher nach § 60 I EStDV vorgeschriebene Übermittlung in Papierform entfällt. – Durch den umfassenden Zugriff auf steuerl Daten kann die FinVerw Auswirkungen von Gesetzen, Gesetzesänderungen und Rspr sowie die Evaluation steuerl Lenkungsnormen präzise beurteilen (*KKM* § 5b Rn. A 4). – Die **Rechtsgrundlage** für die Pflicht zur Erstellung und Übermittlung der E-Bilanz folgt unmittelbar aus § 5b I (krit *Rätke* BBK Beil 1/11, 4). § 51 IV Nr 1b ermächtigt das *BMF* im Wege einfacher Verwaltungsvorschrift, den **Mindestumfang** zu bestimmten. Da sich der Umfang der StBil aus §§ 4, 5f iVm den GoB ergibt und jede Bilanzposition grds nach Maßgabe des Einzelbewertungsgrundsatzes zu deklarieren ist, enthält diese Ermächtigung keine Pflichtausdehnung. Die Pflicht zur E-Bilanz ist mE ebenso unbedenkl wie die zur Abgabe der Anlage EÜR (dazu BFH X R 18/09, DStR 11, 2447; *BH/Loewens* § 5b Rn. 15). – Zur Anwendung bei PersGes *Ley* KÖSDI 20, 21729, zur Umsetzung im Konzern *Endert* Der Konzern 12, 389. – Im Jahr 2020 wurden bundesweit rund 2,6 Mio Datensätze übermittelt; neuere Zahlen sind öffentl nicht bekannt.

2 **2. Einzelheiten. – a) Handelsbilanz, § 5b I 1.** Der Inhalt der Bilanz sowie der GuV ist in Form eines **XBRL-Datensatzes** auf elektronischem Weg nach Maßgabe der Steuerdaten-ÜbermittlungsVO (BGBl I 03, 139), idF VO v 8.1.09 (BGBl I 09, 31), in der jeweils geltenden Fassung zu übermitteln. XBRL (eXtensible Business Reporting Language) ist ein international verbreiteter Standard (*BMF* BStBl I 10, 47 Rn. 2; *HHR/Liekenbrock* § 5b Rn. 24). – § 88 AO sowie die Mitwirkungspflichten des StPfl, insb nach §§ 90, 97, 146, 147 und 200 I 2 AO bleiben unberührt. Neben Bilanz und GuV sind auch die unverdichteten Kontennachweise mit Kontensalden sowie

der Anlagenspiegel und das diesem zugrundeliegende Anlagenverzeichnis zu übermitteln (§ 5b I 1 idF JStG 2024; dazu krit *Schmidt* NWB 25, 970). Die Grundsätze der Bilanzklarheit, Übersichtlichkeit (§ 243 II HGB) sowie Ansatz- und Bewertungsstetigkeit (§ 246 III, § 252 I Nr 6 HGB) sind zu beachten (*BMF* BStBl I 10, 47, Rn. 1). Die sog Mussfelder (*BMF* BStBl I 24, 1334) bestimmen den Mindestumfang des amtl vorgeschriebenen Datensatzes; die fett gedruckten Bestandteile des Jahresabschluss-Moduls („GAAP-Modul") sind zwingend zu übermitteln.

3 **b) Steuerbilanz, § 5b I 2, 5, 6.** Enthält die Bilanz Ansätze oder Beträge, die den steuerl Vorschriften nicht entsprechen, so ist gem § 5b I 2 die **Anpassung** (wie § 60 II 1 EStDV) ebenfalls **durch Datenfernübertragung** zu übermitteln (sog „Überleitungsrechnung", die ggf auch zur Geltendmachung stl Wahlrechte notwendig ist; FG Bln-Bbg EFG 25, 940, Rev IX R 9/25). Der StPfl kann stattdessen auch eine StBil (wie § 60 II 2 EStDV) durch Datenfernübertragung übermitteln (§ 5b I 3). – Sonstige Unterlagen (Anhang, Lagebericht, Prüfungsbericht, Verzeichnis nach § 5 I 2 und nach § 5a IV) sind in gleicher Weise zu übermitteln (§ 5b I 5, 6 idF JStG 2024). FinVerw verzichtet auf den Nachweis von Personenkonten und Einzelbuchungen (*BMF* KÖSDI 25, 24122). – Ggf sind auch Sonder- und Ergänzungsbilanzen zu übermitteln (*Beck HdR* B 771 Rn. 53 f). § 5b gilt auch für die steuerl Schlussbilanz nach § 3 UmwStG (UmwStE 2025 *BMF* BStBl I 25, 92 Rn. 03.01).

4 **c) Eröffnungsbilanz, § 5b I 4.** Für die Eröffnungsbilanz gilt § 5b I 1–3 entspr. Anzuwenden ist auch § 150 VII AO (Datensicherheit; *KKM* § 5b Rn. B 19).

5 **d) Härtefallregelung, § 5b II.** Eine **unbillige Härte** kann vorliegen, wenn dem StPfl nicht zuzumuten ist, die technischen Voraussetzungen für eine elektronische Übermittlung zu schaffen (BReg BT-Drs 16/10188, 24; *BMF* BStBl I 10, 47, Rn. 3; BFH VIII B 19/22, BB 23, 1839). Abzustellen ist auf das Verhältnis des finanziellen Aufwandes zum Umsatz/Gewinn (FG Mster EFG 21, 705, rkr); keine unbillige Härte bei einem behaupteten Ausspähungsrisiko (BFH VII R 14/17, BFH/NV 18, 1137) oder bei niedrigem Gewinn (BFH XI R 29/20, DStR 21, 1876); § 150 VIII AO gilt entspr. – Zu § 25 IV vgl BFH VIII R 29/19, BStBl II 21, 290.

6 **e) Rechtsfolgen bei Verstoß.** Bei (teilweiser) Nichtbefolgung der Übermittlungspflicht kann ggf ein **Zwangsgeld** festgesetzt werden (*Beck HdR* B 771 Rn. 74), kein Verspätungszuschlag (*BH/Loewens* § 5b Rn. 40); auch eine Schätzung ist mögl (*KKM* § 5b Rn. B 83).

7 **3. Anwendung.** Gem § 1 AnwZpvV (*BMF* BStBl I 11, 855 Rn. 26) war § 5b erstmals für Wj anzuwenden, die **nach dem 31. 12. 11** begannen. Nach *BMF* BStBl I 11, 855 konnte eine E-Bilanz erstmalig für das Wj aufgestellt werden, das **nach dem 31. 12. 12** begann, also ab VZ 2013; Übermittlung erstmalig zum 31. 5. 14. – Die Taxonomien 6.9 sind grds für die Bilanzen der Wj zu verwenden, die nach dem 31. 12. 25 beginnen (*BMF* BStBl I 25, 1450). Die aktualisierten Taxonomien 6.9 v 10. 6. 25 sind unter www.esteuer.de abrufbar. § 5b I 1 idF JStG 2024 ist, soweit er sich auf die Übermittlung von Kontennachweisen bezieht, erstmals für Wj anzuwenden, die **nach dem 31. 12. 24** beginnen, soweit er sich auf die Übermittlung von Anlagenspiegel und Anlagenverzeichnis bezieht (sowie auch § 5b I 5, 6) erstmals für Wj anzuwenden, die **nach dem 31. 12. 27** beginnen (§ 52 XI 2 idF JStG 2024, BGBl 24 I Nr 387).

§ 6 Bewertung

(1) **Für die Bewertung der einzelnen Wirtschaftsgüter, die nach § 4 Absatz 1 oder nach § 5 als Betriebsvermögen anzusetzen sind, gilt das Folgende:**

1. [1]**Wirtschaftsgüter des Anlagevermögens, die der Abnutzung unterliegen, sind mit den Anschaffungs- oder Herstellungskosten oder dem an deren Stelle tretenden Wert, vermindert um die Absetzungen für Abnutzung, erhöhte Ab-**

setzungen, Sonderabschreibungen, Abzüge nach §6b und ähnliche Abzüge, anzusetzen. [2]Ist der Teilwert auf Grund einer voraussichtlich dauernden Wertminderung niedriger, so kann dieser angesetzt werden. [3]Teilwert ist der Betrag, den ein Erwerber des ganzen Betriebs im Rahmen des Gesamtkaufpreises für das einzelne Wirtschaftsgut ansetzen würde; dabei ist davon auszugehen, dass der Erwerber den Betrieb fortführt. [4]Wirtschaftsgüter, die bereits am Schluss des vorangegangenen Wirtschaftsjahres zum Anlagevermögen des Steuerpflichtigen gehört haben, sind in den folgenden Wirtschaftsjahren gemäß Satz 1 anzusetzen, es sei denn, der Steuerpflichtige weist nach, dass ein niedrigerer Teilwert nach Satz 2 angesetzt werden kann.

1a. [1]Zu den Herstellungskosten eines Gebäudes gehören auch Aufwendungen für Instandsetzungs- und Modernisierungsmaßnahmen, die innerhalb von drei Jahren nach der Anschaffung des Gebäudes durchgeführt werden, wenn die Aufwendungen ohne die Umsatzsteuer 15 Prozent der Anschaffungskosten des Gebäudes übersteigen (anschaffungsnahe Herstellungskosten). [2]Zu diesen Aufwendungen gehören nicht die Aufwendungen für Erweiterungen im Sinne des §255 Absatz 2 Satz 1 des Handelsgesetzbuchs sowie Aufwendungen für Erhaltungsarbeiten, die jährlich üblicherweise anfallen.

1b. [1]Bei der Berechnung der Herstellungskosten brauchen angemessene Teile der Kosten der allgemeinen Verwaltung sowie angemessene Aufwendungen für soziale Einrichtungen des Betriebs, für freiwillige soziale Leistungen und für die betriebliche Altersversorgung im Sinne des §255 Absatz 2 Satz 3 des Handelsgesetzbuchs nicht einbezogen zu werden, soweit diese auf den Zeitraum der Herstellung entfallen. [2]Das Wahlrecht ist bei Gewinnermittlung nach §5 in Übereinstimmung mit der Handelsbilanz auszuüben.

2. [1]Andere als die in Nummer 1 bezeichneten Wirtschaftsgüter des Betriebs (Grund und Boden, Beteiligungen, Umlaufvermögen) sind mit den Anschaffungs- oder Herstellungskosten oder dem an deren Stelle tretenden Wert, vermindert um Abzüge nach §6b und ähnliche Abzüge, anzusetzen. [2]Ist der Teilwert (Nummer 1 Satz 3) auf Grund einer voraussichtlich dauernden Wertminderung niedriger, so kann dieser angesetzt werden. [3]Nummer 1 Satz 4 gilt entsprechend.

2a. [1]Steuerpflichtige, die den Gewinn nach §5 ermitteln, können für den Wertansatz gleichartiger Wirtschaftsgüter des Vorratsvermögens unterstellen, dass die zuletzt angeschafften oder hergestellten Wirtschaftsgüter zuerst verbraucht oder veräußert worden sind, soweit dies den handelsrechtlichen Grundsätzen ordnungsmäßiger Buchführung entspricht. [2]Der Vorratsbestand am Schluss des Wirtschaftsjahres, das der erstmaligen Anwendung der Bewertung nach Satz 1 vorangeht, gilt mit seinem Bilanzansatz als erster Zugang des neuen Wirtschaftsjahres. [3]Von der Verbrauchs- oder Veräußerungsfolge nach Satz 1 kann in den folgenden Wirtschaftsjahren nur mit Zustimmung des Finanzamts abgewichen werden.

2b. [1]Steuerpflichtige, die in den Anwendungsbereich des §340 des Handelsgesetzbuchs fallen, haben die zu Handelszwecken erworbenen Finanzinstrumente, die nicht in einer Bewertungseinheit im Sinne des §5 Absatz 1a Satz 2 abgebildet werden, mit dem beizulegenden Zeitwert abzüglich eines Risikoabschlages (§340e Absatz 3 des Handelsgesetzbuchs) zu bewerten. [2]Nummer 2 Satz 2 ist nicht anzuwenden.

3. Verbindlichkeiten sind unter sinngemäßer Anwendung der Vorschriften der Nummer 2 anzusetzen.

3a. Rückstellungen sind höchstens insbesondere unter Berücksichtigung folgender Grundsätze anzusetzen:

a) bei Rückstellungen für gleichartige Verpflichtungen ist auf der Grundlage der Erfahrungen in der Vergangenheit aus der Abwicklung solcher Verpflichtungen die Wahrscheinlichkeit zu berücksichtigen, dass der Steuer-

pflichtige nur zu einem Teil der Summe dieser Verpflichtungen in Anspruch genommen wird;

b) Rückstellungen für Sachleistungsverpflichtungen sind mit den Einzelkosten und den angemessenen Teilen der notwendigen Gemeinkosten zu bewerten;

c) künftige Vorteile, die mit der Erfüllung der Verpflichtung voraussichtlich verbunden sein werden, sind, soweit sie nicht als Forderung zu aktivieren sind, bei ihrer Bewertung wertmindernd zu berücksichtigen;

d) Rückstellungen für Verpflichtungen, für deren Entstehen im wirtschaftlichen Sinne der laufende Betrieb ursächlich ist, sind zeitanteilig in gleichen Raten anzusammeln. [2]Rückstellungen für gesetzliche Verpflichtungen zur Rücknahme und Verwertung von Erzeugnissen, die vor Inkrafttreten entsprechender gesetzlicher Verpflichtungen in Verkehr gebracht worden sind, sind zeitanteilig in gleichen Raten bis zum Beginn der jeweiligen Erfüllung anzusammeln; Buchstabe e ist insoweit nicht anzuwenden. [3]Rückstellungen für die Verpflichtung, ein Kernkraftwerk stillzulegen, sind ab dem Zeitpunkt der erstmaligen Nutzung bis zum Zeitpunkt, in dem mit der Stilllegung begonnen werden muss, zeitanteilig in gleichen Raten anzusammeln; steht der Zeitpunkt der Stilllegung nicht fest, beträgt der Zeitraum für die Ansammlung 25 Jahre;

e) Rückstellungen für Verpflichtungen sind mit einem Zinssatz von 5,5 Prozent abzuzinsen; ausgenommen von der Abzinsung sind Rückstellungen für Verpflichtungen, deren Laufzeit am Bilanzstichtag weniger als zwölf Monate beträgt, und Rückstellungen für Verpflichtungen, die verzinslich sind oder auf einer Anzahlung oder Vorausleistung beruhen. [2]Für die Abzinsung von Rückstellungen für Sachleistungsverpflichtungen ist der Zeitraum bis zum Beginn der Erfüllung maßgebend. [3]Für die Abzinsung von Rückstellungen für die Verpflichtung, ein Kernkraftwerk stillzulegen, ist der sich aus Buchstabe d Satz 3 ergebende Zeitraum maßgebend; und

f) bei der Bewertung sind die Wertverhältnisse am Bilanzstichtag maßgebend; künftige Preis- und Kostensteigerungen dürfen nicht berücksichtigt werden.

4. [1]Entnahmen des Steuerpflichtigen für sich, für seinen Haushalt oder für andere betriebsfremde Zwecke sind mit dem Teilwert anzusetzen; die Entnahme ist in den Fällen des § 4 Absatz 1 Satz 3 erster Halbsatz mit dem gemeinen Wert und in den Fällen des § 4 Absatz 1 Satz 3 zweiter Halbsatz mit dem Wert anzusetzen, den der andere Staat der Besteuerung zugrunde legt, höchstens jedoch mit dem gemeinen Wert. [2]Die private Nutzung eines Kraftfahrzeugs, das zu mehr als 50 Prozent betrieblich genutzt wird, ist für jeden Kalendermonat mit 1 Prozent des inländischen Listenpreises im Zeitpunkt der Erstzulassung zuzüglich der Kosten für Sonderausstattung einschließlich Umsatzsteuer anzusetzen; bei der privaten Nutzung von Fahrzeugen mit Antrieb ausschließlich durch Elektromotoren, die ganz oder überwiegend aus mechanischen oder elektrochemischen Energiespeichern oder aus emissionsfrei betriebenen Energiewandlern gespeist werden (Elektrofahrzeuge), oder von extern aufladbaren Hybridelektrofahrzeugen, ist der Listenpreis dieser Kraftfahrzeuge

1. soweit die Nummern 2, 3 oder 4 nicht anzuwenden sind und bei Anschaffung vor dem 1. Januar 2023 um die darin enthaltenen Kosten des Batteriesystems im Zeitpunkt der Erstzulassung des Kraftfahrzeugs wie folgt zu mindern: für bis zum 31. Dezember 2013 angeschaffte Kraftfahrzeuge um 500 Euro pro Kilowattstunde der Batteriekapazität, dieser Betrag mindert sich für in den Folgejahren angeschaffte Kraftfahrzeuge um jährlich 50 Euro pro Kilowattstunde der Batteriekapazität; die Minderung pro Kraftfahrzeug beträgt höchstens 10 000 Euro; dieser Höchstbetrag mindert

sich für in den Folgejahren angeschaffte Kraftfahrzeuge um jährlich 500 Euro, oder

2. soweit Nummer 3 nicht anzuwenden ist und bei Anschaffung nach dem 31. Dezember 2018 und vor dem 1. Januar 2022 nur zur Hälfte anzusetzen; bei extern aufladbaren Hybridelektrofahrzeugen muss das Fahrzeug die Voraussetzungen des § 3 Absatz 2 Nummer 1 oder 2 der Elektromobilitätsgesetzes erfüllen, oder

3. bei Anschaffung nach dem 31. Dezember 2018 und vor dem 1. Januar 2031 nur zu einem Viertel anzusetzen, wenn das Kraftfahrzeug keine Kohlendioxidemission je gefahrenen Kilometer hat und der Bruttolistenpreis des Kraftfahrzeugs nicht mehr als 100 000 Euro beträgt, oder |

4. soweit Nummer 3 nicht anzuwenden ist und bei Anschaffung nach dem 31. Dezember 2021 und vor dem 1. Januar 2025 nur zur Hälfte anzusetzen, wenn das Kraftfahrzeug

a) eine Kohlendioxidemission von höchstens 50 Gramm je gefahrenen Kilometer hat oder

b) die Reichweite des Fahrzeugs unter ausschließlicher Nutzung der elektrischen Antriebsmaschine mindestens 60 Kilometer beträgt, oder

5. soweit Nummer 3 nicht anzuwenden ist und bei Anschaffung nach dem 31. Dezember 2024 und vor dem 1. Januar 2031 nur zur Hälfte anzusetzen, wenn das Kraftfahrzeug

a) eine Kohlendioxidemission von höchstens 50 Gramm je gefahrenen Kilometer hat oder

b) die Reichweite des Fahrzeugs unter ausschließlicher Nutzung der elektrischen Antriebsmaschine mindestens 80 Kilometer beträgt,

die maßgebliche Kohlendioxidemission sowie die Reichweite des Kraftfahrzeugs unter ausschließlicher Nutzung der elektrischen Antriebsmaschine ist der Übereinstimmungsbescheinigung nach Anhang IX der Richtlinie 2007/46/EG oder aus der Übereinstimmungsbescheinigung nach Artikel 38 der Verordnung (EU) Nr. 168/2013 zu entnehmen. [3]Die private Nutzung kann abweichend von Satz 2 mit den auf die Privatfahrten entfallenden Aufwendungen angesetzt werden, wenn die für das Kraftfahrzeug insgesamt entstehenden Aufwendungen durch Belege und das Verhältnis der privaten zu den übrigen Fahrten durch ein ordnungsgemäßes Fahrtenbuch nachgewiesen werden; bei der privaten Nutzung von Fahrzeugen mit Antrieb ausschließlich durch Elektromotoren, die ganz oder überwiegend aus mechanischen oder elektrochemischen Energiespeichern oder aus emissionsfrei betriebenen Energiewandlern gespeist werden (Elektrofahrzeuge), oder von extern aufladbaren Hybridelektrofahrzeugen, sind

1. soweit die Nummern 2, 3 oder 4 nicht anzuwenden sind und bei Anschaffung vor dem 1. Januar 2023 die der Berechnung der Entnahme zugrunde zu legenden insgesamt entstandenen Aufwendungen um Aufwendungen für das Batteriesystem zu mindern; dabei ist bei zum Betriebsvermögen des Steuerpflichtigen gehörenden Elektro- und Hybridelektrofahrzeugen die der Berechnung der Absetzungen für Abnutzung zugrunde zu legende Bemessungsgrundlage um die nach Satz 2 in pauschaler Höhe festgelegten Aufwendungen zu mindern, wenn darin Kosten für ein Batteriesystem enthalten sind, oder

2. soweit Nummer 3 nicht anzuwenden ist und bei Anschaffung nach dem 31. Dezember 2018 und vor dem 1. Januar 2022 bei der Ermittlung der insgesamt entstandenen Aufwendungen die Anschaffungskosten für das Kraftfahrzeug oder vergleichbare Aufwendungen nur zur Hälfte zu berücksichtigen; bei extern aufladbaren Hybridelektrofahrzeugen muss das Fahrzeug die Voraussetzungen des § 3 Absatz 2 Nummer 1 oder 2 des Elektromobilitätsgesetzes erfüllen, oder

3. bei Anschaffung nach dem 31. Dezember 2018 und vor dem 1. Januar 2031 bei der Ermittlung der insgesamt entstandenen Aufwendungen die Anschaffungskosten für das Kraftfahrzeug oder vergleichbare Aufwendungen nur zu einem Viertel zu berücksichtigen, wenn das Kraftfahrzeug keine Kohlendioxidemission je gefahrenen Kilometer hat, und der Bruttolistenpreis des Kraftfahrzeugs nicht mehr als 100 000 Euro beträgt oder
4. soweit Nummer 3 nicht anzuwenden ist und bei Anschaffung nach dem 31. Dezember 2021 und vor dem 1. Januar 2025 bei der Ermittlung der insgesamt entstandenen Aufwendungen die Anschaffungskosten für das Kraftfahrzeug oder vergleichbare Aufwendungen nur zur Hälfte zu berücksichtigen, wenn das Kraftfahrzeug
   a) eine Kohlendioxidemission von höchstens 50 Gramm je gefahrenen Kilometer hat oder
   b) die Reichweite des Kraftfahrzeugs unter ausschließlicher Nutzung der elektrischen Antriebsmaschine mindestens 60 Kilometer beträgt, oder
5. soweit Nummer 3 nicht anzuwenden ist und bei Anschaffung nach dem 31. Dezember 2024 und vor dem 1. Januar 2031 bei der Ermittlung der insgesamt entstandenen Aufwendungen die Anschaffungskosten für das Kraftfahrzeug oder vergleichbare Aufwendungen nur zur Hälfte zu berücksichtigen, wenn das Kraftfahrzeug
   a) eine Kohlendioxidemission von höchstens 50 Gramm je gefahrenen Kilometer hat oder
   b) die Reichweite des Kraftfahrzeugs unter ausschließlicher Nutzung der elektrischen Antriebsmaschine mindestens 80 Kilometer beträgt,

die maßgebliche Kohlendioxidemission sowie die Reichweite des Kraftfahrzeugs unter ausschließlicher Nutzung der elektrischen Antriebsmaschine ist der Übereinstimmungsbescheinigung nach Anhang IX der Richtlinie 2007/46/EG oder aus der Übereinstimmungsbescheinigung nach Artikel 38 der Verordnung (EU) Nr. 168/2013 zu entnehmen. [4]Wird ein Wirtschaftsgut unmittelbar nach seiner Entnahme einer nach § 5 Absatz 1 Nummer 9 des Körperschaftsteuergesetzes von der Körperschaftsteuer befreiten Körperschaft, Personenvereinigung oder Vermögensmasse oder einer juristischen Person des öffentlichen Rechts zur Verwendung für steuerbegünstigte Zwecke im Sinne des § 10b Absatz 1 Satz 1 unentgeltlich überlassen, so kann die Entnahme mit dem Buchwert angesetzt werden. [5]Satz 4 gilt nicht für die Entnahme von Nutzungen und Leistungen. [6]Die private Nutzung eines betrieblichen Fahrrads, das kein Kraftfahrzeug im Sinne des Satzes 2 ist, bleibt außer Ansatz.

5. [1]Einlagen sind mit dem Teilwert für den Zeitpunkt der Zuführung anzusetzen; sie sind jedoch höchstens mit den Anschaffungs- oder Herstellungskosten anzusetzen, wenn das zugeführte Wirtschaftsgut
   a) innerhalb der letzten drei Jahre vor dem Zeitpunkt der Zuführung aus dem Privatvermögen angeschafft oder hergestellt worden ist,
   b) ein Anteil an einer Kapitalgesellschaft ist und der Steuerpflichtige an der Gesellschaft im Sinne des § 17 Absatz 1 oder Absatz 6 beteiligt ist; § 17 Absatz 2 Satz 5 gilt entsprechend, oder
   c) ein Wirtschaftsgut im Sinne des § 20 Absatz 2 oder im Sinne des § 2 Absatz 4 des Investmentsteuergesetzes ist.

   [2]Ist die Einlage ein abnutzbares Wirtschaftsgut, so sind die Anschaffungs- oder Herstellungskosten um Absetzungen für Abnutzung zu kürzen, die auf den Zeitraum zwischen der Anschaffung oder Herstellung des Wirtschaftsguts und der Einlage entfallen. [3]Ist die Einlage ein Wirtschaftsgut, das vor der Zuführung aus einem Betriebsvermögen des Steuerpflichtigen entnommen worden ist, so tritt an die Stelle der Anschaffungs- oder Herstellungskosten der Wert, mit dem die Entnahme angesetzt worden ist, und an die Stelle

des Zeitpunkts der Anschaffung oder Herstellung der Zeitpunkt der Entnahme.

5a. In den Fällen des § 4 Absatz 1 Satz 8 zweiter Halbsatz ist das Wirtschaftsgut mit dem gemeinen Wert anzusetzen; unterliegt der Steuerpflichtige in einem anderen Staat der Besteuerung auf Grund des Ausschlusses oder der Beschränkung des Besteuerungsrechts dieses Staates, ist das Wirtschaftsgut mit dem Wert anzusetzen, den der andere Staat der Besteuerung zugrunde legt, höchstens jedoch mit dem gemeinen Wert.

5b. Im Fall des § 4 Absatz 1 Satz 9 ist das Wirtschaftsgut jeweils mit dem Wert anzusetzen, den der andere Staat der Besteuerung zugrunde legt, höchstens jedoch mit dem gemeinen Wert.

6. Bei Eröffnung eines Betriebs ist Nummer 5 entsprechend anzuwenden.

7. Bei entgeltlichem Erwerb eines Betriebs sind die Wirtschaftsgüter mit dem Teilwert, höchstens jedoch mit den Anschaffungs- oder Herstellungskosten anzusetzen.

(2) [1]Die Anschaffungs- oder Herstellungskosten oder der nach Absatz 1 Nummer 5 bis 6 an deren Stelle tretende Wert von abnutzbaren beweglichen Wirtschaftsgütern des Anlagevermögens, die einer selbständigen Nutzung fähig sind, können im Wirtschaftsjahr der Anschaffung, Herstellung oder Einlage des Wirtschaftsguts oder der Eröffnung des Betriebs in voller Höhe als Betriebsausgaben abgezogen werden, wenn die Anschaffungs- oder Herstellungskosten, vermindert um einen darin enthaltenen Vorsteuerbetrag (§ 9b Absatz 1), oder der nach Absatz 1 Nummer 5 bis 6 an deren Stelle tretende Wert für das einzelne Wirtschaftsgut 800 Euro nicht übersteigen. [2]Ein Wirtschaftsgut ist einer selbständigen Nutzung nicht fähig, wenn es nach seiner betrieblichen Zweckbestimmung nur zusammen mit anderen Wirtschaftsgütern des Anlagevermögens genutzt werden kann und die in den Nutzungszusammenhang eingefügten Wirtschaftsgüter technisch aufeinander abgestimmt sind. [3]Das gilt auch, wenn das Wirtschaftsgut aus dem betrieblichen Nutzungszusammenhang gelöst und in einen anderen betrieblichen Nutzungszusammenhang eingefügt werden kann. [4]Wirtschaftsgüter im Sinne des Satzes 1, deren Wert 250 Euro übersteigt, sind unter Angabe des Tages der Anschaffung, Herstellung oder Einlage des Wirtschaftsguts oder der Eröffnung des Betriebs und der Anschaffungs- oder Herstellungskosten oder des nach Absatz 1 Nummer 5 bis 6 an deren Stelle tretenden Werts in ein besonderes, laufend zu führendes Verzeichnis aufzunehmen. [5]Das Verzeichnis braucht nicht geführt zu werden, wenn diese Angaben aus der Buchführung ersichtlich sind.

(2a) [1]Abweichend von Absatz 2 Satz 1 kann für die abnutzbaren beweglichen Wirtschaftsgüter des Anlagevermögens, die einer selbständigen Nutzung fähig sind, im Wirtschaftsjahr der Anschaffung, Herstellung oder Einlage des Wirtschaftsguts oder der Eröffnung des Betriebs ein Sammelposten gebildet werden, wenn die Anschaffungs- oder Herstellungskosten, vermindert um einen darin enthaltenen Vorsteuerbetrag (§ 9b Absatz 1), oder der nach Absatz 1 Nummer 5 bis 6 an deren Stelle tretende Wert für das einzelne Wirtschaftsgut 250 Euro, aber nicht 1000 Euro übersteigen. [2]Der Sammelposten ist im Wirtschaftsjahr der Bildung und den folgenden vier Wirtschaftsjahren mit jeweils einem Fünftel gewinnmindernd aufzulösen. [3]Scheidet ein Wirtschaftsgut im Sinne des Satzes 1 aus dem Betriebsvermögen aus, wird der Sammelposten nicht vermindert. [4]Die Anschaffungs- oder Herstellungskosten oder der nach Absatz 1 Nummer 5 bis 6 an deren Stelle tretende Wert von abnutzbaren beweglichen Wirtschaftsgütern des Anlagevermögens, die einer selbständigen Nutzung fähig sind, können im Wirtschaftsjahr der Anschaffung, Herstellung oder Einlage des Wirtschaftsguts oder der Eröffnung des Betriebs in voller Höhe als Betriebsausgaben abgezogen werden, wenn die Anschaffungs- oder Herstellungskosten, vermindert um einen darin enthaltenen Vorsteuerbetrag (§ 9b Absatz 1), oder der nach Absatz 1 Nummer 5

bis 6 an deren Stelle tretende Wert für das einzelne Wirtschaftsgut 250 Euro nicht übersteigen. [5]Die Sätze 1 bis 3 sind für alle in einem Wirtschaftsjahr angeschafften, hergestellten oder eingelegten Wirtschaftsgüter einheitlich anzuwenden.

(3) **[1]Wird ein Betrieb, ein Teilbetrieb oder der Anteil eines Mitunternehmers an einem Betrieb unentgeltlich übertragen, so sind bei der Ermittlung des Gewinns des bisherigen Betriebsinhabers (Mitunternehmers) die Wirtschaftsgüter mit den Werten anzusetzen, die sich nach den Vorschriften über die Gewinnermittlung ergeben, sofern die Besteuerung der stillen Reserven sichergestellt ist; dies gilt auch bei der unentgeltlichen Aufnahme einer natürlichen Person in ein bestehendes Einzelunternehmen sowie bei der unentgeltlichen Übertragung eines Teils eines Mitunternehmeranteils auf eine natürliche Person. [2]Satz 1 ist auch anzuwenden, wenn der bisherige Betriebsinhaber (Mitunternehmer) Wirtschaftsgüter, die weiterhin zum Betriebsvermögen derselben Mitunternehmerschaft gehören, nicht überträgt, sofern der Rechtsnachfolger den übernommenen Mitunternehmeranteil über einen Zeitraum von mindestens fünf Jahren nicht veräußert oder aufgibt. [3]Der Rechtsnachfolger ist an die in Satz 1 genannten Werte gebunden.**

(4) **Wird ein einzelnes Wirtschaftsgut außer in den Fällen der Einlage (§ 4 Absatz 1 Satz 8) unentgeltlich in das Betriebsvermögen eines anderen Steuerpflichtigen übertragen, gilt sein gemeiner Wert für das aufnehmende Betriebsvermögen als Anschaffungskosten.**

(5) **[1]Wird ein einzelnes Wirtschaftsgut von einem Betriebsvermögen in ein anderes Betriebsvermögen desselben Steuerpflichtigen überführt, ist bei der Überführung der Wert anzusetzen, der sich nach den Vorschriften über die Gewinnermittlung ergibt, sofern die Besteuerung der stillen Reserven sichergestellt ist; § 4 Absatz 1 Satz 4 ist entsprechend anzuwenden. [2]Satz 1 gilt auch für die Überführung aus einem eigenen Betriebsvermögen des Steuerpflichtigen in dessen Sonderbetriebsvermögen bei einer Mitunternehmerschaft und umgekehrt sowie für die Überführung zwischen verschiedenen Sonderbetriebsvermögen desselben Steuerpflichtigen bei verschiedenen Mitunternehmerschaften. [3]Satz 1 gilt entsprechend, soweit ein Wirtschaftsgut**

1. **unentgeltlich oder gegen Gewährung oder Minderung von Gesellschaftsrechten aus einem Betriebsvermögen des Mitunternehmers in das Gesamthandsvermögen einer Mitunternehmerschaft und umgekehrt,**
2. **unentgeltlich oder gegen Gewährung oder Minderung von Gesellschaftsrechten aus dem Sonderbetriebsvermögen eines Mitunternehmers in das Gesamthandsvermögen derselben Mitunternehmerschaft oder einer anderen Mitunternehmerschaft, an der er beteiligt ist, und umgekehrt,**
3. **unentgeltlich zwischen den jeweiligen Sonderbetriebsvermögen verschiedener Mitunternehmer derselben Mitunternehmerschaft oder**
4. **unentgeltlich zwischen den Gesamthandsvermögen verschiedener Mitunternehmerschaften derselben, identisch beteiligten Mitunternehmer**

übertragen wird. [4]Wird das nach Satz 3 übertragene Wirtschaftsgut innerhalb einer Sperrfrist veräußert oder entnommen, ist rückwirkend auf den Zeitpunkt der Übertragung der Teilwert anzusetzen, es sei denn, die bis zur Übertragung entstandenen stillen Reserven sind durch Erstellung einer Ergänzungsbilanz dem übertragenden Gesellschafter zugeordnet worden; diese Sperrfrist endet drei Jahre nach Abgabe der Steuererklärung des Übertragenden für den Veranlagungszeitraum, in dem die in Satz 3 bezeichnete Übertragung erfolgt ist. [5]Der Teilwert ist auch anzusetzen, soweit in den Fällen des Satzes 3 der Anteil einer Körperschaft, Personenvereinigung oder Vermögensmasse an dem Wirtschaftsgut unmittelbar oder mittelbar begründet wird oder dieser sich erhöht. [6]Soweit innerhalb von sieben Jahren nach der Übertragung des Wirtschaftsguts nach Satz 3 der Anteil einer Körperschaft, Personenvereinigung oder Vermögensmasse an dem

übertragenen Wirtschaftsgut aus einem anderen Grund unmittelbar oder mittelbar begründet wird oder dieser sich erhöht, ist rückwirkend auf den Zeitpunkt der Übertragung ebenfalls der Teilwert anzusetzen. [7]Eine unmittelbare oder mittelbare Begründung oder Erhöhung eines Anteils einer Körperschaft, Personenvereinigung oder Vermögensmasse an dem übertragenen Wirtschaftsgut im Sinne von Satz 5 und 6 liegt auch vor, wenn dieser Anteil an die Stelle eines unmittelbaren oder mittelbaren Anteils einer anderen Körperschaft, Personenvereinigung oder Vermögensmasse tritt.

(6) **[1]Wird ein einzelnes Wirtschaftsgut im Wege des Tausches übertragen, bemessen sich die Anschaffungskosten nach dem gemeinen Wert des hingegebenen Wirtschaftsguts. [2]Erfolgt die Übertragung im Wege der verdeckten Einlage, erhöhen sich die Anschaffungskosten der Beteiligung an der Kapitalgesellschaft um den Teilwert des eingelegten Wirtschaftsguts. [3]In den Fällen des Absatzes 1 Nummer 5 Satz 1 Buchstabe a erhöhen sich die Anschaffungskosten im Sinne des Satzes 2 um den Einlagewert des Wirtschaftsguts. [4]Absatz 5 bleibt unberührt.**

(7) **Im Fall des § 4 Absatz 3 sind**

1. **bei der Bemessung der Absetzungen für Abnutzung oder Substanzverringerung die sich bei der Anwendung der Absätze 3 bis 6 ergebenden Werte als Anschaffungskosten zugrunde zu legen und**
2. **die Bewertungsvorschriften des Absatzes 1 Nummer 1a und der Nummern 4 bis 7 entsprechend anzuwenden.**

Einkommensteuer-Richtlinien: EStR 6.1–6.15/EStH 6.1–6.15. – **Wichtige Verwaltungsanweisungen:** *BMF* BStBl I 03, 386 (Abgrenzung AK/HK/Erhaltungsaufwand); *BMF* BStBl I 05, 699 (Abzinsung); *BMF* BStBl I 09, 1326 mit Änderung durch *BMF* BStBl I 12, 1099 (Kfz-Privatnutzung); *BMF* BStBl I 10, 755 (GWG und SammelpostenWG); *BMF* BStBl I 11, 713 (Einbringung von PV in PersGes); *BMF* BStBl I 11, 1279 (Zweifelsfragen zu Abs 5); *BMF* BStBl I 15, 462 (LiFo); *BMF* BStBl I 16, 995 (voraussichtl dauernde Wertminderung); *BMF* BStBl I 19, 1291 mit Änderung durch *BMF* BStBl I 21, 696 (Zweifelsfragen zu Abs 3); *BMF* BStBl I 21, 2205 (ElektroKfz).

Übersicht Rn.

I. Allgemeines

1. Überblick. Allg Schrifttum → § 5 vor Rn. 1. – **a) Norminhalt.** § 6 I regelt die Bewertung der WG, die bei Gewinnermittlung nach § 4 I oder § 5 als BV anzusetzen sind. **Zentraler Bewertungsmaßstab** für die aktiven WG sind die **AK/HK** (§ 6 I Nr 1–2a), ggf gemindert um AfA; nachrangiger Bewertungsmaßstab ist der (niedrigere) TW. Die Begriffe der AK/HK sind durch § 255 HGB geprägt; sie gelten für alle Gewinnermittlungsarten und auch für die Überschusseinkünfte (→ Rn. 32, 151). Spiegelbildl sind diese Bewertungsmaßstäbe auch für WG der Passivseite anzuwenden (§ 6 I Nr 3, 3a). Regelbewertungsmaßstab für **Entnahme- und Einlagevorgänge** ist hingegen der TW; die (fortgeführten) AK/HK gelten hier nur nachrangig (§ 6 I Nr 4–7). – § 6 II, IIa enthalten Vereinfachungsregelungen für den Ansatz 1 von GWG. § 6 III–V behandeln **unentgeltl Übertragungs- und Überführungsvorgänge,** § 6 VI betrifft den **Tausch** und die verdeckte Einlage, § 6 VII die Anwendung des § 6 in den Fällen des § 4 III. – **Spezielle steuerrechtl Bewertungsvorschriften** sind ggü § 6 vorrangig. Dies gilt insb für stfreie Rücklagen (zB § 6b, RfE nach EStR 6.6, → Rn. 101), die Wertansätze bei Betriebsaufgabe (§ 16 III), für Anteile an KapGes im PV (§ 17 II) und die Regelungen des UmwStG.

2 **b) Anwendungsbereich. Gewinnermittlungsarten.** Unmittelbar gilt § 6 nur bei § 4 I oder § 5 (Wortlaut des Einleitungssatzes des § 6 I), und zwar auch für KSt und GewSt (§ 8 I KStG, § 7 S 1 GewStG). In den Fällen des § 4 III gelten Abs 1 Nr 1a, 4–7 sowie Abs 2–6 (s § 6 VII, → Rn. 890). – **Überschusseinkünfte.** § 6 gilt grds nicht. Ausnahmen sind Abs 1 Nr 1a und Abs 2 S 1–3, die durch § 9 V 2 bzw § 9 I 3 Nr 7 S 2 für anwendbar erklärt werden.

3 **c) Rechtsentwicklung.** Zu den zahlreichen Änderungen des § 6 s *HHR/Wendt* § 6 Rn. 2. – **Jüngste Änderungen ab VZ 20:** Durch das **JStG 2019** (BGBl I 19, 2451) und das **CoronaStHG II** (BGBl I 20, 1512) wurde die Subventionierung der privaten Nutzung von betriebl ElektroKfz (Abs 1 Nr 4 S 2, 3; → Rn. 547 ff) und Fahrrädern (Abs 1 Nr 4 S 6; → Rn. 583) erhebl ausgeweitet. Das **ATADUmsG** (BGBl I 21, 2035) hat neue Bewertungsmaßstäbe für Ent- und Verstrickungsfälle mit sich gebracht (§ 6 I Nr 4, 5a, 5b, → Rn. 515, 631). Mit dem **CoronaStHG IV** (BGBl I 22, 911) ist die Abzinsungspflicht für Verbindlichkeiten (nicht aber für Rückstellungen) entfallen (→ Rn. 452). Das **WachstChG** (BGBl I 24 Nr 108) erhöhte die Preisobergrenze für begünstigte ElektroKfz (Abs 1 Nr 4; → Rn. 549) und präzisierte die Einlageregelung (Abs 1 Nr 5; → Rn. 612). Das **JStG 2024** (BGBl I 24 Nr 387) fügte zur Umsetzung der Rspr des BVerfG zu Übertragungen zw SchwesterPersGes die neue Nr 4 in § 6 V 3 ein (→ Rn. 805 ff) und überschrieb mit dem neuen § 6 V 7 die BFH-Rspr zur *„KöKlausel"* (→ Rn. 842). Das **InvBoosterG** (BGBl I 25 Nr 161) erhöhte abermals die Preisobergrenze für begünstigte ElektroKfz (Abs 1 Nr 4; → Rn. 549).

Zu den **Änderungen von VZ 2010–2019** → 35. Aufl 2016, § 6 Rn. 3, → 39. Aufl 2020, § 6 Rn. 3.

5 **2. Verhältnis zu den handelsrechtlichen Bewertungsvorschriften. – a) Maßgeblichkeit.** Die GoB (im Bereich der Bewertung stark geprägt durch die Vorschriften der §§ 252–256a HGB) gelten infolge der in § 5 I 1 angeordneten **materiellen Maßgeblichkeit** (ausführl → § 5 Rn. 26 ff) auch für die StB. Die materiellen GoB sind aber nicht nur von den durch § 5 I erfassten Kaufleuten zu beachten, sondern auch bei Gewinnermittlung durch Betriebsvermögensvergleich nach § 4 I (zB bilanzierende Landwirte und Kleingewerbetreibende). Soweit § 6 allerdings Abweichungen ggü der HB enthält, sind die Vorschriften des § 6 für die StBil vorrangig (§ 5 VI). § 6 soll gerade verhindern, dass die handelsrechtl Unterbewertung auf die StBil durchschlägt (BFH GrS 2/68, BStBl II 69, 291 unter II.3.a; *Weber-Grellet* BB 18, 2347). – **Europäisierung des Bilanzsteuerrechts** → § 5 Rn. 3 mwN.

7 **b) Bewertungsgegenstand; Einzelbewertung.** Zu bewerten sind grds die *einzelnen* WG, die als BV anzusetzen sind (§ 252 I Nr 3 HGB; § 6 I Einleitungssatz; ausführl → § 5 Rn. 69); zw Aktiv- und Passivseite gilt ein Saldierungsverbot (§ 246 II HGB; § 5 Ia 1). Zum Begriff des WG → § 5 Rn. 93 ff (Abgrenzung zu RAP → § 5 Rn. 241, zu Rücklagen → § 5 Rn. 496). Für die Bewertung wird unterschieden zw **Anlage- und Umlaufvermögen** (zu den Begriffen → Rn. 343), **abnutzbaren und nichtabnutzbaren WG** (Begriff: → § 5 Rn. 116) sowie **unbewegl, bewegl und immateriellen WG** (hierzu → § 5 Rn. 110 ff, → § 7 Rn. 33 ff). – Als Ausnahme vom Grundsatz der Einzelbewertung sind unter bestimmten Voraussetzungen **Bewertungseinheiten** zulässig (kompensatorische Bewertung gegenläufiger Erfolgsbeiträge; ausführl → § 5 Rn. 70 f; für Teilbereiche in § 5 Ia 2 geregelt). Weitere

Ausnahmen werden aus Gründen der **Bewertungsvereinfachung** zugelassen, zB Verbrauchsfolgebewertung (LiFo, § 6 I Nr 2a, → Rn. 411 ff), Bildung von Festwerten (§ 240 III HGB), Durchschnittsbewertung (§ 240 IV HGB).

c) Bewertungsstichtag. Handelsrechtl sind die Vermögensgegenstände zum Zeitpunkt des Beginns des Handelsgewerbes und auf den Schluss jedes Wj anzusetzen und zu bewerten (§ 242 I HGB). Dies gilt auch strechtl (§ 6 I Nr 6, 7: Beginn des Betriebs; § 6 I Nr 1–3a iVm § 5 I: Schluss des Wj). – **Zugangsbewertung.** Im Verlauf eines Wj dem BV hinzugefügte WG sind zum Zeitpunkt, in dem das wirtschaftl Eigentum übergeht (bzw zum Zeitpunkt der Einlage) zu bewerten (bei entgeltl Erwerb § 6 I Nr 1–3, bei Einlage/Betriebseröffnung § 6 I Nr 5–7; bei unentgeltl Erwerb § 6 III, IV, bei Übertragungen und Überführungen § 6 V, bei Tausch und verdeckter Einlage § 6 VI). – **Folgebewertung.** In der folgenden Schlussbilanz sind die WG dann gem § 6 I Nr 1–3 auszuweisen. Ferner sind WG im Zeitpunkt ihrer Entnahme zu bewerten (§ 6 I Nr 4). – **Nachträgl Wertänderungen.** Ergeben sich nach dem Jahr der Anschaffung oder Herstellung Änderungen der AK oder HK, ist der Wertansatz des WG (erst) auf den folgenden Bilanzstichtag anzupassen (BFH IV R 216/67, BStBl II 71, 323: keine Minderung der AK um einen Skontoabzug, wenn die Ware erst nach dem Bilanzstichtag bezahlt wird). Zu nachträgl AK → Rn. 57. Ist das WG nicht mehr im BV vorhanden, ist der Betrag, um den sich die AK/HK nachträgl ändern, sofort abzugsfähige BA bzw sofort wirksame BE. Zur **Wertaufhellung** ausführl → § 5 Rn. 81 mwN. 9

d) Bewertungsstetigkeit. Nach § 252 I Nr 6 HGB müssen die auf den vorhergehenden Jahresabschluss angewandten Bewertungsmethoden beibehalten werden (ausführl *Küting/Tesche* DStR 09, 1491; *Bense* DStR 20, 1658). 12

aa) Persönlicher Anwendungsbereich. Handelsrechtl gilt § 252 I Nr 6 HGB nur für Kaufleute. Der materielle GoB der Bewertungsstetigkeit ist aber von allen bilanzierenden StPfl zu beachten (→ Rn. 5) und gilt auch bei LuF (→ § 13 Rn. 49, 240). 13

bb) Sachlicher Anwendungsbereich. Vom Stetigkeitsgrundsatz erfasst werden vor allem (wobei pflichtgemäße Methodenänderungen, insb solche aufgrund besserer Erkenntnisse, außer Betracht bleiben): – **(1) Methodenwahl für die HK des § 255 HGB (2) Inanspruchnahme von Bewertungsvereinfachungsvorschriften.** Dies betrifft insb LiFo (→ Rn. 411), Ansatz von Festwerten (§ 240 III HGB) oder Durchschnittswerten (§ 240 IV HGB). Eine Neuschätzung des Durchschnittswerts bei Zweifeln an der Richtigkeit der bisherigen Ansätze ist zulässig (BFH IV R 67/97, BStBl II 99, 14 unter 2.e). Für die Neuzugänge des lfd Wj ist auch ein Übergang von der Durchschnittsbewertung zur SofortAfA von GWG nach § 6 II zulässig (BFH IV R 19/99, BStBl II 01, 549 unter 1.); dann darf allerdings nicht auf einen *Teil* der Neuzugänge weiterhin die Durchschnittsbewertung angewendet werden (BFH IV R 5/99, BStBl II 01, 548; *BMF* BStBl I 01, 864 Rn. 19). – **(3) Abschreibungen.** Nur die planmäßige Abschreibung (AfA) unterliegt dem Stetigkeitsgebot, nicht aber die Vornahme von Sonder- oder erhöhter AfA, die Bildung stfreier Rücklagen, der Übergang von der degressiven zur linearen AfA nach § 7 III und die handelsrechtl außerplanmäßige AfA (steuerl AfaA oder TW-AfA). – **(4) Ansatzwahlrechte.** S § 246 III HGB; für die Zeit vor 2010 zB BFH IV R 96/86, BStBl II 88, 672 unter 2. Das Stetigkeitsgebot gilt jedoch nicht für den Übergang von einer Nichtbilanzierung, die auf einer Billigkeitsregelung der *FinVerw* beruht, zur gesetzl vorgeschriebenen Bilanzierung (BFH IV R 38/99, BStBl II 00, 422: Feldinventar bei LuF; hierzu auch → § 13 Rn. 240). – **(5) Anwendung auf rein steuerliche Wahlrechte.** Das Stetigkeitsgebot gilt hier ebenfalls (zB TW-AfA, → Rn. 361; **aA** *Zwirner/Künkele* DStR 13, 2077 und *dies* Ubg 13, 305; *Zwirner* DStR 21, 202). Denn es wurde schon vor Schaffung des § 252 HGB für die StBil nicht nur aus den GoB, son- 14 dern auch aus dem Verbot eines willkürl Methodenwechsels abgeleitet (Rspr-Nachweise → 30. Aufl 2011, § 6 Rn. 12).

17 **cc) Abweichungen.** In „begründeten Ausnahmefällen" lässt § 252 II HGB ausdrückl Ausnahmen vom Grundsatz der Bewertungsstetigkeit zu.

Beispiele (s auch *Küting/Tesche* DStR 09, 1491 (1496)): Einschneidende Produktionsumstellungen, geänderte Kostenrechnungskriterien, Änderung des Gesetzes, der Rspr oder der tatsächl Umstände, Sanierungsmaßnahmen, Anpassung an Außenprüfung, Übergang von gröberen zu feineren Bewertungsmethoden. – **Nicht ausreichend** sind für sich genommen hingegen Unternehmenskrisen (*Küting/Kaiser* BB 94, Beilage 2, 9) oder vorsichtsbedingte Änderungen der HK-Ermittlung.

21 **e) Währungsfragen. – aa) Nominalwertprinzip.** Hieran hält die Rspr wegen der Schwierigkeiten der Abgrenzung inflationsbedingter Scheingewinne sowie aus volkswirtschaftl Erwägungen (Vermeidung von Inflationsanreizen) fest (BFH IV R 156/77, BStBl II 80, 434 mwN; auch → § 5 Rn. 82; zu Überschusseinkünften BFH X R 33/19, BFHE 273, 266 Rn. 24). Für das Vorratsvermögen mildert das LiFo-Verfahren die Folgen von Preissteigerungen (→ Rn. 411 ff).

22 **bb) Bewertung bei Fremdwährungen.** → § 5 Rn. 270 „Fremdwährung"; ausführl → 39. Aufl 2020, § 6 Rn. 22; *Zimmermann/Wrede/Ludwig* NWB 22, 1839. – **Kryptowährungen.** S *BMF* BStBl I 22, 668; *Bünning/Park* BB 18, 1835; *Gerlach/Oser* DB 18, 1541; *Sixt* DStR 19, 1766; *Marx/Dallmann* StuB 19, 217; *Prinz/Ludwig* StuB 19, 257 (dort insb zu **Bitcoins** und anderen blockchain-basierten Währungen); *Müller* BB 22, 1687; *Sixt* BB 22, 2268 (zu TW-AfA); auch → § 4 Rn. 158 (Zugehörigkeit zum BV), → § 5 Rn. 270 „Virtuelle Währungen", → § 23 Rn. 25 (Behandlung bei privaten Veräußerungsgeschäften).

II. Anschaffungskosten

31 **1. Begriff der Anschaffungskosten.** Die AK stellen (neben den HK) den Hauptbewertungsmaßstab des § 6 dar (vgl § 6 I Nr 1, 2, 3). Ihr Ansatz soll die mit der Bezahlung des WG einher gehende BV-Minderung neutralisieren und (bei abnutzbaren WG) den Aufwand periodengerecht verteilen. – **Definition in § 255 I HGB.** AK sind die Aufwendungen, die geleistet werden, um einen Vermögensgegenstand zu erwerben (→ Rn. 41) und ihn in einen betriebsbereiten Zustand zu versetzen (→ Rn. 44), soweit sie dem Vermögensgegenstand einzeln zugeordnet werden können (→ Rn. 48). Zu den AK gehören auch die Nebenkosten (→ Rn. 52) und nachträgl AK (→ Rn. 57). Anschaffungspreisminderungen sind abzusetzen (→ Rn. 65).

32 **a) Anwendungsbereich.** Die mit Wirkung ab 1987 in § 255 I HGB aufgenommene Definition der AK geht auf die schon zuvor bestehende BFH-Rspr zurück (zB BFH IV R 160/78, BStBl II 84, 101 unter A.1.; BFH I R 32/00, BStBl II 02, 349 unter II.3.a). Sie gilt daher nicht nur bei Gewinnermittlung nach § 5 I, sondern **für alle Einkunftsarten,** insb für **§ 19** (BFH VI R 89/10, BStBl II 12, 835), **§ 20** (BFH VIII R 1/19, BStBl II 23, 252 Rn. 22), **§ 21** (BFH IX R 22/19, BStBl II 23, 186 Rn. 29), **§ 23** (BFH IX R 25/15, BStBl II 18, 518 Rn. 16) und auch für **StSubventionen,** insb **§ 10e, EigZul, InvZul, FördG** (Nachweise hierzu → 33. Aufl 2014, § 6 Rn. 32). Der Begriff der AK ist daher für alle Einkunftsarten gleich auszulegen (BFH IV R 8/10, BStBl II 11, 709 Rn. 28). – Bei **§ 17** gelten allerdings gewisse Modifikationen (§ 17 IIa; → § 17 Rn. 163 ff).

33 **b) Finales Begriffsverständnis.** Maßgebend für die Zuordnung zu den AK ist der **Zweck der Aufwendungen;** ein ledigl kausaler und zeitl Zusammenhang reicht allein noch nicht aus (BFH I R 32/00, BStBl II 02, 349 unter II.3.a mwN: Zwangsbeiträge an Erdölbevorratungsverband keine AK des importierten Rohöls; BFH I R 36/04, BStBl II 06, 369 unter II.4.c: nachträgl Abwasserbeitrag für bereits er-

schlossenen GuB keine AK; BFH I R 2/10, BStBl II 11, 761 Rn. 12 ff: GrESt bei Anteilsvereinigung keine AK der Beteiligung; auch → Rn. 50 zur Finalität bei Anschaffungsnebenkosten). Dies folgt bereits aus dem Wortlaut des § 255 I 1 HGB („um … zu erwerben") und wurde schon vor dessen Kodifizierung von der Rspr zugrunde gelegt (BFH IV R 160/78, BStBl II 84, 101 unter A.1). – **Vorlaufkosten.** AK sind alle Kosten, die aufgewendet werden, um ein WG von der fremden in die eigene Verfügungsmacht zu überführen (BFH GrS 2/66, BStBl III 66, 672; BFH IV R 52/03, BStBl II 06, 128 unter 2.b). Deshalb zählen Aufwendungen, die auf die Anschaffung eines WG *gerichtet* sind, auch dann zu den AK, wenn der StPfl das Eigentum bisher weder erlangt noch überhaupt sicher in Aussicht hat (näher → Rn. 51, 54). Die finale Sicht der AK gründet in der bei Anschaffungen regelmäßig vorhandenen wirtschaftl Disposition, die auch der innere Grund für die TW-Vermutungen (→ Rn. 241) ist. Daher sind AK nicht zivilrechtl, sondern wirtschaftl aufzufassen. – **Ausnahmen.** Bei nachträgl AK und AK-Minderungen (nach früherer Rspr auch bei Anschaffungsnebenkosten) kann statt der Finalität die bloße *Veranlassung* durch den Erwerbsvorgang **(Kausalität)** genügen (BFH III R 203/83, BStBl II 87, 423 unter II.3.: nachträgl AK durch Änderung des Entgelts; sehr str, → Rn. 50, 65).

c) Abgrenzung zu Herstellungskosten. Hersteller ist der Bauherr, für den das Handeln auf eigene Rechnung und Gefahr prägend ist (§ 15 I EStDV). Der Herstellerbegriff ist wirtschaftl aufzufassen. Er erfordert wesentl **Einwirkungsmöglichkeiten** auf den Herstellungsprozess und die Tragung des **Kostenrisikos** (BFH IX R 197/84, BStBl II 90, 299 unter II.1.b: fehlt beim Erwerb im Bauherrenmodell). Neben diesen Kriterien treten andere zurück. So ist ein Anschaffungsvorgang zwar grds durch den Erwerb eines *bestehenden* WG gekennzeichnet, während „Herstellen" das Schaffen eines noch nicht existenten WG bedeutet. Zwingend ist dies aber nicht, wie Verträge über die Anschaffung noch in Bau befindl Gebäude zeigen (BFH IX R 197/84, BStBl II 90, 299 unter II.1.c; zur Anschaffung teilfertiger Gebäude und ihrer anschließenden Fertigstellung s *BH/Krumm* § 6 Rn. 429 mwN). Zu AK/HK bei **FondsGes** → § 6e Rn. 3. – **Bedeutung der Abgrenzung:** Hinsichtl ihres **Umfangs** unterscheiden sich AK und HK vor allem dadurch, dass betriebl Gemeinkosten nur in HK, nicht aber in AK eingehen (→ Rn. 48), umgekehrt in die HK aber Nebenkosten und nachträgl Aufwendungen nicht stets einzubeziehen sind (BFH I R 32/00, BStBl II 02, 349 unter II.2.a; → Rn. 192). Viele frühere Vorschriften über Sonder-AfA/erhöhte AfA waren nur bei Herstellung, nicht aber bei Anschaffung anwendbar. 34

d) Zeitpunkt der Anschaffung. § 9a EStDV setzt die Anschaffung mit der „Lieferung" gleich. Dies ist der Zeitpunkt, in dem der Erwerber die **wirtschaftl Verfügungsmacht** erlangt, ihm das WG also zuzurechnen ist (hierzu ausführl → § 5 Rn. 150, zum Leasing → § 5 Rn. 725). Bei der Lfg von Sachen (Grundstücke und bewegl WG) ist der **Übergang von Besitz, Gefahr, Nutzungen und Lasten** (§ 446 BGB) maßgebl (BFH III R 92/08, BStBl II 14, 190: bei Auseinanderfallen von vertragl und tatsächl Übergabezeitpunkt kommt es auf die tatsächl Übergabe an; zu Besonderheiten bei Windkraftanlagen → § 7 Rn. 169). – Der Anschaffungsvorgang (und damit die Pflicht zur Aktivierung entspr Aufwendungen) **beginnt** aber bereits, wenn Handlungen vorgenommen werden, die darauf gerichtet sind, das (wirtschaftl) Eigentum an einem WG zu erwerben (BFH IV R 160/78, BStBl II 84, 101 unter A.1.). – **Nach dem Abschluss** des Anschaffungsvorgangs kommen AK nur noch unter dem Gesichtspunkt der nachträgl AK in Betracht (→ Rn. 57). – **Sollprinzip.** AK/HK sind bereits im Zeitpunkt der Erlangung der wirtschaftl Verfügungsmacht über das WG anzusetzen, nicht erst bei Zahlung (BFH III R 92/75, BStBl II 78, 233 unter 1.; BFH X R 2/04, BStBl II 08, 109 unter II.3.a), weil das Entgelt auch in der Übernahme einer Verbindlichkeit liegen kann (→ Rn. 81). Dies gilt auch bei den Überschusseinkünften (BFH IX R 60/94, BFH/NV 96, 600). 35

37 **e) Abspaltung von Anschaffungskosten.** Wird ein WG durch ein anderes oder mehrere andere ersetzt (Surrogation, Auf- oder Abspaltung), setzen sich die ursprüngl AK in dem/den neuen WG fort (BFH IV R 27/97, BStBl II 99, 638 unter B.II.1. mwN: Grundstückstausch bei Flurbereinigung, Grundstücksteilung, Formwechsel, Auf- oder Abspaltung bei Ges; BFH IX R 26/08, BStBl II 09, 658: Ausgabe neuer Anteile iRe KapErhöhung). Maßgebend für die Verteilung der AK auf die neuen WG ist das Verhältnis der TW (BFH IV R 27/97, BStBl II 99, 638 unter B. II.2: Ausgabe neuer Anteile an KapGes zu einem Vorzugspreis; BFH IX R 36/01, BStBl II 06, 12: auch im PV bei § 23 (heute § 20 II); auch →Rn. 140 „Optionen" (4)).

Einzelfälle. Die unentgeltl quotengleiche Einziehung von Anteilen an KapGes führt zum Übergang des anteiligen Buchwerts der eingezogenen Anteile auf die verbleibenden Anteile (→Rn. 404 mwN). Wird eine luf Fläche zu Bauland, muss dafür aber im Umlegungsverfahren eine Teilfläche unentgeltl an die Gemeinde abgetreten werden, erhöhen sich die AK der verbleibenden Fläche um den Buchwert der abgetretenen Fläche (BFH IV R 27/87, BStBl II 90, 126 unter 2.c). Zur Abspaltung des Werts bodengebundener Milch- und Zuckerrübenlieferrechte vom GuB →39. Aufl 2020, § 13 Rn. 252; zur Abspaltung vom Buchwert eines Muttertiers bei der Geburt eines Jungtiers →§ 13 Rn. 46. – Wenn hingegen ein Filmentwickler Silber aus von ihm zu bearbeitendem Filmmaterial abscheidet, sind als AK des Silbers nur die hierbei entstehenden Kosten anzusehen; zu einer Abspaltung von AK kommt es nicht (BFH XI R 34/88, BStBl II 92, 893). Vor 2017 sollen die AK einer Anleihe bei einer Aufspaltung in den Anleihemantel und die Zinsscheine nicht aufzuteilen, sondern in voller Höhe dem Anleihemantel zuzurechnen gewesen sein (BFH VIII R 15/19, BStBl II 23, 632 Rn. 25; mE unzutr; ab 2017 gesetzl Aufteilungsgebot in § 20 II 4, IV 8, 9).

41 **2. Umfang der Anschaffungskosten, § 255 I HGB. – a) Aufwendungen zum Erwerb des Wirtschaftsguts. – aa) Entgelte.** Sie sind der Hauptbestandteil der AK (zB Kaufpreis). Zu den AK gehören aber auch **übernommene Verbindlichkeiten** (ausführl →Rn. 81 ff) sowie weitere Leistungen, die neben dem Kaufpreis an den Lieferer oder Dritte vertragsmäßig erbracht werden (zum Verzicht auf Rechte s BFH IV R 45/99, BStBl II 01, 190 unter 1.d). Bei einem Rückerwerb nach dem VermG zählen dazu auch Ausgleichsleistungen an den bisherigen Nutzer (BFH IX R 15/03, BStBl II 05, 477). Zum Erwerb durch **Zwangsversteigerung** →Rn. 140. Auch **Überpreise,** die tatsächl gezahlt werden, gehören zu den AK (zur TW-AfA bei Fehlmaßnahmen →Rn. 246). – **Waren.** Deren AK dürfen iRd Folgebewertung auch **retrograd** (dh durch Abzug des Rohgewinns vom voraussichtl Verkaufspreis) ermittelt werden (BFH I R 65/82, BFH/NV 86, 204 unter II.1. mwN; s auch *Köhler* StBP 08, 220 (224)); zur Ableitung des TW vom Verkaufspreis →Rn. 257 ff. – **Unangemessene Aufwendungen.** Das Abzugsverbot des § 4 V 1 Nr 7 gilt nur für den BA-Abzug. Die AK als solche werden nicht vermindert (BFH IV R 5/85, BStBl II 87, 853 unter I.3.a), dh unangemessen hohe AfA ist außerhalb der Bilanz hinzuzurechnen. – **Anzahlungen.** Sie sind zunächst als solche, nicht aber als AK zu aktivieren (→§ 5 Rn. 270 „Anzahlungen"; zu verlorenen Vorauszahlungen →Rn. 207). – Zu AK beim **Tausch** (auch soweit es um PV geht) und bei verdeckter Einlage s § 6 VI (→Rn. 851 ff). – **Rückfluss von Aufwendungen.** AK setzen Aufwendungen voraus, die tatsächl eine Veränderung der Rechtslage bewirken. Daran fehlt es, wenn die Rückschenkung des Kaufpreises vereinbart ist, der Veräußerer auf die Entrichtung des Entgelts verzichtet oder eine vom Erwerber entrichtete Zahlung wieder an diesen zurückfließt (BFH X R 14/11, BStBl II 14, 158 Rn. 51; FG Mster DStRE 24, 833, rkr). Zu AK-Minderungen auch →Rn. 65.

42 **bb) Anschaffungskosten nur bei entgeltlichem Erwerb.** Unentgeltl Vorgänge (BFH X R 51/91, BStBl II 94, 779 unter II.3.a) und insb die Gesamtrechtsnachfolge (BFH IX R 47/98, BStBl II 02, 756 unter II.2.b mwN) stellen keine Anschaffung dar. Daher enthalten § 6 III EStG (für BV) und § 11d EStDV (für PV) Regelungen über die Zurechnung der AK/HK des Rechtsvorgängers (zur Abgren-

zung zw entgeltl und unentgeltl Erwerb → Rn. 718; zur Behandlung von Nebenkosten des unentgeltl Erwerbs → Rn. 53).

43 **cc) Vermögensverwaltende Gesellschaften. – (1) Anschaffungskosten bei Anteilserwerb.** Bei VuV werden soweit mögl die für MUer sowie Direkterwerber geltenden Grundsätze angewendet. – **Entgeltl Erwerb.** Tritt ein Ges'ter neu in eine vermögensverwaltende GbR ein, gehören sowohl der Anteilskaufpreis als auch die anteilig übernommenen Verbindlichkeiten der GbR abzügl des anteilig miterworbenen Geldvermögens zu seinen AK. Die GesamtAK sind den anteilig erworbenen WG zunächst nach Maßgabe der bei der GbR geführten „Buchwerte" zuzuordnen; übersteigende Beträge sind nach dem Verhältnis der stillen Reserven auf die einzelnen WG zu verteilen (zum Ganzen BFH IX R 22/19, BStBl II 23, 186 Rn. 28 ff); die Verteilung ist also (anders als im BV) *nicht* anhand des Verhältnisses der Verkehrswerte/TW vorzunehmen (insoweit mE zweifelhaft, führt aber nur dann zu einem anderen Ergebnis, wenn bei mindestens einem WG der TW unter dem Buchwert liegt). Technisch sind die *gesamten* persönl AK des neuen Ges'ters in einer **Ergänzungsrechnung** zur Überschussrechnung der GbR zu erfassen, also im Gegensatz zur Ergänzungsbilanz bei einer MUerschaft nicht nur die *Mehrbeträge* (BFH IX R 38/17, BStBl II 21, 202 Rn. 28 ff; BFH IX R 22/19, BStBl II 23, 186 Rn. 26; ausführl *Ratschow* HFR 22, 1016). Die Übernahme von Verbindlichkeiten soll auch dann zu AK führen, wenn der StPfl die GbR-Anteile aller Mitgesellschafter erwirbt, die GbR dadurch erlischt und der StPfl nur die seinerzeitigen AK der anderen Ges'ter übernimmt (BFH IX R 1/22, BFH/NV 24, 173 Rn. 40 ff). Erwirbt ein Ges'ter einen weiteren Anteil hinzu, ergeben sich stets zwei AfA-Reihen (BFH IX R 1/22, BFH/NV 24, 173 Rn. 46). – Auf andere PersGes als die GbR, bei denen die Ges'ter nicht persönl für die Verbindlichkeiten haften, ist dies wohl nicht übertragbar (*Escher/Weiten* DB 23, 473 (475)). Auch in Bezug auf den entgeltl Hinzuerwerb eines Anteils an einer Erbengemeinschaft hat der IX. Senat des BFH kürzl eine anteilige Anschaffung der WG der Erbengemeinschaft verneint (zu § 23 BFH IX R 13/22, BStBl II 25, 78; mE unzutr und mit der rückwirkenden Änderung des § 23 I 4 durch das JStG 2024 (BGBl I 24 Nr 387) jedenfalls für Zwecke des § 23 überholt). – **Unentgeltl Anteilserwerb.** Hier entstehen keine eigenen AK (auch nicht in Höhe übernommener Verbindlichkeiten), sondern die AfA der PersGes wird nach § 11d EStDV fortgeführt (BFH IX R 22/19, BStBl II 23, 186 Rn. 23). – **(2) Anteilsübertragung ohne Rechtsträgerwechsel.** Übertragen die Mitglieder einer Bruchteilsgemeinschaft ihre im PV befindl Anteile an dem WG auf eine vermögensverwaltende GesamthandsPersGes mit denselben Beteiligungsverhältnissen, entstehen mangels Rechtsträgerwechsel (anteilige Zurechnung nach § 39 II Nr 2 AO) selbst dann keine AK, wenn hierfür ein „Entgelt" vereinbart wird (BFH IX R 18/06, BStBl II 08, 679). Gleiches gilt beim Verkauf eines WG aus dem BV an eine „ZebraGes", soweit der Verkäufer an dieser beteiligt ist (BFH IV R 44/09, BStBl II 13, 142). – Soweit sich die Beteiligung eines Ges'ters an dem WG erhöht, hat er hingegen AK. Haben Bruchteilseigentümer das Objekt so aufgeteilt, dass jeder Miteigentümer eine Wohnung allein nutzen darf und erwirbt später ein Miteigentümer die Anteile der anderen Miteigentümer hinzu, entfallen die AK ausschließl auf die hinzu erworbenen Wohnungen (BFH IX R 36/16, BFH/NV 18, 215). – Zu einer in diesem Zusammenhang bestehenden **Gestaltungsmöglichkeit zur Umwidmung privater Schuldzinsen** → § 9 Rn. 147 aE und → 38. Aufl 2019, § 6 Rn. 43 aE.

44 **b) Betriebsbereitschaftskosten. – aa) Einbeziehung in die Anschaffungskosten.** Aufwendungen, um das WG in einen betriebsbereiten Zustand zu versetzen, gehören gem § 255 I 1 HGB ebenfalls zu den AK. Diese Aufwendungen fallen idR erst nach Erlangung der wirtschaftl Verfügungsmacht an. Was als „betriebsbereiter Zustand" anzusehen ist, bestimmt sich nach dem Zweck, den der Erwerber mit der Anschaffung des WG verfolgt (BFH IX R 39/97, BStBl II 03, 569 unter II.2.b; BFH IX R 52/00, BStBl II 03, 574 unter II.2.b aa).

Einzelfälle. Bei angelieferten Rohstoffen auch Kosten für den betriebsinternen **Transport** zum Lagerplatz und die Einlagerung, sofern es sich um Einzelkosten handelt (BFH I 219/63, BStBl II 68, 22 unter 1.); Kosten für die technische **Umrüstung** (BFH I R 27/79, BStBl II 81, 660: Umrüstung erworbener Güterwaggons, damit sie im Inl zugelassen werden können; BFH IV R 170/83, BStBl II 86, 60: Umrüstung eines erworbenen Arbeitsschiffs zum Transportschiff sowie Kosten der Überführung vom Erwerbsort zum Einsatzort); mE auch Kosten für die einheitl Lackierung und Beschriftung neu angeschaffter Firmenfahrzeuge (**aA** FG Mchn EFG 06, 1238, rkr: sofort BA); zu **Software** →Rn. 140.

45 **bb) Gebäude. – (1) Anschaffungsnahe Aufwendungen (§ 6 I Nr 1a).** Hier gilt zunächst die typisierende gesetzl 15%-Grenze innerhalb von drei Jahren nach Anschaffung (→Rn. 381). – **(2) Weitere Betriebsbereitschaftskosten.** Obwohl die *FinVerw* die 15%-Grenze auch für Fälle der Standarderhöhung als Nichtaufgriffsgrenze ansieht (*BMF* BStBl I 03, 386 Rn. 38), bleiben die Rspr-Grundsätze zu Betriebsbereitschaftskosten daneben anwendbar, und zwar auch dann, wenn die Aufwendungen 15% der AK *nicht* übersteigen (glA *Spindler* DB 04, 507 (509)). Danach sind Gebäude(teile), die im Erwerbszeitpunkt bereits vermietet sind, stets betriebsbereit; Betriebsbereitschaftskosten können hier nicht mehr entstehen (BFH IX R 98/00, BStBl II 03, 604 unter II.1.a: allenfalls HK oder Erhaltungsaufwand; ausführl auch *BMF* BStBl I 03, 386 Rn. 2 ff). Dies gilt jedoch nicht, wenn das Mietverhältnis kurz nach dem Erwerb endet (BFH IX R 98/00, BStBl II 03, 604 unter II.1.a), insb das Gebäude anschließend selbstgenutzt wird (BFH X R 9/99, BStBl II 03, 596 unter II.2.g; BFH X R 20/01, BFH/NV 03, 763). Werden Wohnräume nach dem Erwerb in Büroräume umgestaltet, sind die hierfür entstehenden Aufwendungen AK (BFH IX R 68/00, BFH/NV 03, 595 unter II.1.a cc). Bei Wohnungen, die beim Erwerb zunächst leer stehen, sind Modernisierungsaufwendungen (insb Schönheitsreparaturen und Instandsetzungsarbeiten an vorhandenen und im wesentl funktionierenden Installationen) nur dann unter dem Gesichtspunkt der Betriebsbereitschaftskosten als AK zu behandeln, wenn sie den **Ausstattungsstandard** in mindestens drei der vier funktionswesentl Bereiche (Heizung, Sanitär, Elektro, Fenster) anheben (BFH IX R 52/00, BStBl II 03, 574 unter II.2.b aa; BFH IX R 98/00, BStBl II 03, 604 unter II.1.a). Diese Beurteilung ist für jeden Gebäudeteil, der in einem eigenständigen Nutzungs- und Funktionszusammenhang steht, getrennt vorzunehmen (BFH X R 30/07, BFH/NV 11, 215 Rn. 48), darüber hinaus ggf sogar für jede Wohnung gesondert (BFH IX R 70/00, BStBl II 03, 585 unter II.2.a bb). Wegen der Einzelheiten der hier sehr stark typisierenden Rspr →Rn. 183 (zu HK). – **(3) Wiederherstellung funktionsuntüchtiger Gebäudeteile, die für die geplante Nutzung unerlässl sind.** Auch dies sind Betriebsbereitschaftskosten (zB Reparatur einer defekten Heizung oder eines schweren Wasser- oder Brandschadens; BFH IX R 52/00, BStBl II 03, 574 unter II.2.b bb). Maßgebend ist, ob der Schaden bis zum Beginn der beabsichtigten erstmaligen Nutzung eintritt; er muss nicht notwendig bereits im Erwerbszeitpunkt vorhanden gewesen sein (BFH IX R 70/00, BStBl II 03, 585 unter II.2.b aa). Daher können auch Aufwendungen zur Beseitigung versteckter Mängel zu AK führen (BFH X R 9/99, BStBl II 03, 596 unter II.2.d). Treten derartige Schäden hingegen erst nach dem Beginn der Nutzung ein, liegen (vorbehaltl Nr 1a) nicht AK, sondern idR Erhaltungsaufwendungen und nur ausnahmsweise nachträgl HK vor (→Rn. 188). – **(4) Modernisierungsmodell.** Bilden Kaufvertrag und Renovierungsverträge eine wirtschaftl Einheit, entstehen ebenfalls AK (BFH IX R 52/00, BStBl II 03, 574 unter II.2.b bb mwN auf die fortgeltende ältere Rspr). – **(5) Abfindungen/Räumungskosten.** →Rn. 140.

48 **c) Beschränkung auf Einzelkosten.** AK müssen dem WG einzeln zugerechnet werden können. Gemeinkosten bleiben (anders als bei den HK) außer Betracht (BT-Drs 10/317, 88; NdsFG EFG 03, 835, rkr). – **Einzelkosten** sind nur solche, deren Maßeinheiten (zB Zeit, Menge) für das einzelne WG direkt bewertet werden können (→Rn. 192 zu HK). Eine Aufteilungsmöglichkeit nach Zeitabschnitten (Verbrauchs-

kosten von Maschinen, Lohnkosten) genügt (BFH I 219/63, BStBl II 68, 22 unter 2.). – **Gemeinkosten** sind solche, deren Maßeinheiten nur indirekt (aufgrund einer Annahme) bewertet werden können (BFH I 219/63, BStBl II 68, 22 unter 2.; BFH IV R 191/85, BStBl II 88, 661 unter 2.). Nicht zu den AK gehören jedenfalls allg Betriebskosten, Vertriebskosten sowie Kosten für Orientierungs- und Einkaufsreisen betr Anschaffungsvorgänge, wenn der Erwerb konkreter WG noch nicht feststeht (BFH IV R 4/68, BStBl II 72, 422). Zu den **AK eines Gasvorrats** gehört jedoch nicht nur der pro kWh zu zahlende Arbeitspreis, sondern auch der anteilige Grundpreis (Leistungspreis; BFH I R 104/86, BStBl II 88, 892).

d) Anschaffungsnebenkosten, § 255 I 2 HGB. – aa) Begriff. Die Definition der Nebenkosten ist in der Rspr weiterhin unscharf. In derselben BFH-Entscheidung findet sich sowohl der Satz, es solle eine Zuordnung nach wirtschaftl Gesichtspunkten vorzunehmen sein (was für eine kausale Begriffskomponente spräche), als auch die ausdrückl Einschränkung, ein kausaler oder zeitl Zusammenhang genüge gerade nicht; vielmehr komme es auf die Zweckbestimmung **(Finalität)** der Aufwendungen an (zB BFH I R 2/10, BStBl II 11, 761 Rn. 14 f; BFH IX R 50/13, BStBl II 15, 260 Rn. 14). Nach der älteren (niemals ausdrückl aufgegebenen und mE zutr) Rspr genügt hingegen ein unmittelbarer wirtschaftl Zusammenhang, insb bei „Folgekosten des Erwerbs" (BFH IV R 18/80, BStBl II 83, 559). Auf den **Zeitpunkt** des Anfallens der Nebenkosten (vor, während oder nach der Anschaffung) kommt es jedenfalls nicht an (BFH IX R 50/13, BStBl II 15, 260 Rn. 13); ebenso wenig darauf, ob die Nebenkosten den **Wert** des WG erhöhen (BFH X R 136/87, BStBl II 92, 70 unter 1.b). Auch der Ansatz von Nebenkosten ist auf **Einzelkosten** beschränkt. 50

bb) Aufwendungen zeitlich vor der Anschaffung. Sie zählen ebenfalls zu den *Nebenkosten* (zB Besichtigungs-, Reise- und Begutachtungskosten; → Rn. 54). Diese Aufwendungen sind – obwohl das zu erwerbende WG dem StPfl noch nicht zugerechnet wird – als AK zu aktivieren und nicht zunächst gewinnmindernd zu buchen (BFH IV R 160/78, BStBl II 84, 101 unter A.1). Voraussetzung ist, dass die Aufwendungen zeitl nach einer grds gefassten Erwerbsentscheidung entstehen und nicht lediglich der Vorbereitung einer noch unbestimmten, erst später zu treffenden Erwerbsentscheidung dienen (BFH VIII R 62/05, BStBl II 10, 159; BFH VIII R 22/07, BStBl II 10, 469 unter II.1.b aa). 51

cc) Nebenkosten zur Begründung von Dauerschuldverhältnissen. Eine Aktivierung unterbleibt, weil es an einem aktivierungsfähigen HauptWG fehlt (BFH IV R 16/95, BStBl II 97, 808 unter II.3.: Maklerprovision für Mietvertrag). Anderes gilt nur bei Begründung grundstücksgleicher Rechte (BFH X R 136/87, BStBl II 92, 70: Nebenkosten zur Bestellung eines Erbbaurechts; auch → Rn. 89). 52

dd) Nebenkosten bei unentgeltlichem Erwerb. Begriffl ist der unentgeltl Erwerb zwar keine „Anschaffung" (→ Rn. 42); gleichwohl entstehende Anschaffungsnebenkosten (zB Notar- oder Eintragungskosten; nicht jedoch SchenkungSt, → § 12 Rn. 39) sind aber nicht sofort BA/WK, sondern zu aktivieren (**aA** *BeckOK EStG* § 6 Rn. 266 f). Die Aktivierungspflicht gilt sowohl bei **Gesamtrechtsnachfolge** durch Erbfall (BFH IX R 43/11, BStBl II 14, 878) oder nach dem UmwStG (BFH I R 22/96, BStBl II 98, 168; BFH I R 97/02, BStBl II 04, 686: GrESt bei Verschmelzung) als auch bei **Schenkung** (zutr *Grube* FR 07, 533 (537); hierfür spricht auch die Begründung von BFH IX R 43/11, BStBl II 14, 878). Ausgenommen ist nur der unentgeltl Erwerb immaterieller WG iSd § 5 II (BFH I R 108/10, BStBl II 12, 238 Rn. 34). Die für Schenkungen gegenteilige Auffassung der *FinVerw* (*BMF* BStBl I 93, 80 Tz 13: weder AK noch BA/WK; zur unentgeltl Übertragung von SonderBV ebenso *BMF* DB 93, 1492) verstößt mE gegen das obj Nettoprinzip. Sie kann auch nicht auf BFH X R 51/91, BStBl II 94, 779 gestützt werden, da diese Entscheidung zur Subventionsnorm des § 10e ergangen ist und ihre Begründung nicht auf den Bereich der Einkunftserzielung übertragen werden kann. Außerdem würden ansonsten 53 minimale AK dazu führen, dass sich die steuerl Behandlung der Nebenkosten grundlegend ändern würde. – Bei **Teilentgeltlichkeit** sind Nebenkosten in voller Höhe dem entgeltl Teil zuzuordnen (BFH XI R 2/85, BFH/NV 91, 383).

54 **ee) Einzelfälle Nebenkosten.** S auch ABC in → Rn. 140. – **(1) Grundstücke.** Aufwendungen für GrESt (BFH IX R 226/87, BStBl II 92, 464: auch Säumniszuschläge zur GrESt; AdV-Zinsen zur GrESt sind hingegen sofort abziehbar, s BFH IX R 38/93, BStBl II 95, 835), Makler (BFH IV R 27/94, BStBl II 95, 895 unter 2.a), Beurkundung, Grundbucheintragung und Notaranderkonto (BFH IX R 45/93, BFH/NV 94, 236). Sofort BA/WK sind Zahlungen an den Verkäufer für dessen einseitige Bindung an ein Verkaufsangebot, die unabhängig vom Zustandekommen des Kaufs geleistet und nicht auf einen etwaigen Kaufpreis angerechnet werden (BFH X R 136/87, BStBl II 92, 70 unter 2.a). – **(2) Beteiligung an KapGes.** Die Abgrenzung ist insb dann, wenn die Beteiligung im BV eines KStPfl gehalten wird, wegen der KStFreiheit von Veräußerungsgewinnen/-verlusten nach § 8b II, III KStG (dh Nichtauswirkung von AK) bei gleichzeitiger Abziehbarkeit lfd BA von größter steuerl Bedeutung. AK bei *Gründung* einer KapGes sind Notar- und Beratungskosten, sofern diese nicht kraft Satzungsregelung von der KapGes selbst zu tragen sind (BFH I R 12/87, BStBl II 90, 89 unter II.4.a); beim *Erwerb* von Anteilen (ab dem Zeitpunkt einer grds gefassten Erwerbsentscheidung, die sich zB im Letter of Intent dokumentiert, s *Trossen* EFG 11, 268) Kosten für betriebswirtschaftl Beratungen (BFH VIII R 4/02, BStBl II 04, 597), Prüfungen **(due diligence)** und Unternehmenswertgutachten (mE zutr BFH VIII R 62/05, BStBl II 10, 159; ausführl FG Köln EFG 11, 264, rkr; **aA** *Engler* BB 06, 747; *Peter/Graser* DStR 09, 2032; *Siebmann* StB 11, 163; ausführl *Kahle/Hiller* DB 14, 500; eher krit auch BFH I R 72/11, BStBl II 13, 343 Rn. 7, zu § 8b II KStG); nicht jedoch Kosten im Vorfeld einer konkreten Investitionsentscheidung, selbst wenn das Objekt später tatsächl erworben wird (BFH IV R 33/15, BStBl II 20, 645 Rn. 36). Soweit dazu geraten wird, diese Kosten von der KonzernmutterGes tragen zu lassen (so *Pyszka* DStR 10, 1468), würde dies mE zu einer verdeckten Einlage und damit ebenfalls nicht zur erstrebten Gewinnminderung führen. Die nach § 1 III GrEStG wegen der Vereinigung von mindestens 90% der Anteile in der Hand des Anteilserwerbers entstehende **GrESt** gehört hingegen nicht zu den AK (BFH I R 2/10, BStBl II 11, 761, Anm *Märtens* HFR 11, 1096; BFH I R 40/10, BStBl II 12, 281 Rn. 19; krit *Weber-Grellet* BB 12, 43 (45); zur VerwAuffassung ausführl *Schmitz* NWB 14, 2466); ebenso die GrESt bei Ges'terwechsel in PersGes nach § 1 IIa GrEStG (BFH IX R 50/13, BStBl II 15, 260). Anderes gilt jedoch für GrESt bei Verschmelzung (→ Rn. 53). – **(3) Geschlossene Fonds.** → § 6e Rn. 1 ff. – **(4) Sonstige Kapitalanlagen.** Aufgeld für den Erwerb von typisch stillen Beteiligungen (BFH VIII R 40/98, BStBl II 01, 24); „Strategieentgelt" für die Auswahl unter mehreren Anlagen (BFH VIII R 22/07, BStBl II 10, 469). Hingegen stellt die Abschlussgebühr zu einem Bausparvertrag bei Zusammenhang mit VuV sofort BA/WK dar (Finanzierungskosten; → § 21 Rn. 148 „Bausparvertrag" mwN). – **(5) Reisekosten** sind AK, wenn sie mit dem später konkret erworbenen Objekt in Zusammenhang stehen (BFH VIII R 195/77, BStBl II 81, 470 unter 3.; BFH VIII R 62/05, BStBl II 10, 159). Kosten in Zusammenhang mit nicht erworbenen Objekten sind hingegen sofort BA/WK. – **(6) Sonstige Nebenkosten.** Zu Logistikkosten ausführl *Saure* StBP 13, 255 (287) und *ders* StBP 21, 155. – **(7) Keine Nebenkosten** (sondern sofort BA/WK) sind Kosten der Rechtsverteidigung *nach* Erlangung der Verfügungsmacht.

57 **e) Nachträgliche Anschaffungskosten, § 255 I 2 HGB. – aa) Allgemeines. Begriff.** Es handelt sich um Ausgaben, die nach Abschluss des ursprüngl Beschaffungsvorgangs anfallen, um die Verwendbarkeit eines WG zu ändern oder zu verbessern (BFH IX R 8/18, BStBl II 20, 122 Rn. 26). Teile der Rspr fordern für eine Aktivierung hier (anders als bei den Nebenkosten, → Rn. 50) eine Erhöhung des Werts des WG (BFH IV R 27/87, BStBl II 90, 126 unter 2.a; BFH I R 36/04, BStBl II 06, 369 unter II.4.c; mE unzutr). – **Keine Rückwirkung.** Eine spätere Änderung des Entgelts wirkt grds nicht auf den Zeitpunkt der Anschaffung zurück; vielmehr ändern sich die AK (und damit die AfA, → § 7 Rn. 133 f) erst mit Wirkung vom Entstehen der nachträgl AK (BFH IV R 10/83, BStBl II 84, 786 unter 2.). Etwas anderes gilt nur bei den „Einmaltatbeständen" der §§ 16, 17 (ausführl → § 16 Rn. 335 ff; → § 17 Rn. 123).

Einzelfälle: Der Begriff der nachträgl AK erfasst insb **Beitragslasten** (→ Rn. 59 ff), **verdeckte Einlagen in KapGes** (§ 6 VI 2, → Rn. 861), Zahlungen in die **Kapitalrücklage** von KapGes (BFH I R 58/99, BStBl II 01, 168 unter III.5.b) sowie **Abfindungen** bei dingl Lasten, anderen Nutzungsrechten und Übertragungsansprüchen Dritter (→ Rn. 86, 140 „Abfindung"). – **Keine nachträgl AK:** Wertänderungen der Kaufpreisverbindlichkeit (zB Änderung des Barwerts einer Rentenverbindlichkeit) oder von Verbindlichkeiten, die als Teil des Entgelts übernommen wurden (→ Rn. 81); die spätere Tilgung einer Verbindlichkeit des früheren Eigentümers, die beim Erwerb nicht mit übernommen wurde (BFH IX R 8/18, BStBl II 20, 122 Rn. 28).

bb) Anliegerbeiträge; Erschließungsbeiträge. Es kann sich um nachträgl AK des GuB (→ Rn. 60), HK des Gebäudes (→ Rn. 61), Erhaltungsaufwand (→ Rn. 62) oder besonderen betriebl Aufwand (→ Rn. 63) handeln (ausführl *Günther* EStB 21, 526). 59

(1) Nachträgliche Anschaffungskosten des Grund und Bodens. Sie sind estl wegen der fehlenden AfA-Möglichkeit ungünstig und entstehen bei Beiträgen für eine **bisher nicht vorhandene Erschließungsanlage.** Voraussetzung ist, dass die Beiträge (zumindest auch) der Benutzbarkeit des Grundstücks zugutekommen, unabhängig von dessen konkreter Nutzung sind und zu dessen Wertsteigerung führen, wobei die Werterhöhung typisierend bejaht wird, wenn die Erweiterung der Nutzbarkeit dem Grundstück ein über den bisherigen Zustand hinaus gehendes Gepräge gibt (BFH IV R 3/93, BStBl II 95, 632 unter 1.a; BFH I R 36/04, BStBl II 06, 369 unter II.4.c). Allein der Umstand, dass eine außerhalb des Grundstücks gelegene Erschließungsanlage für eine Bebauung erforderl ist, reicht nicht aus, um typische Erschließungsbeiträge nicht dem GuB, sondern dem Gebäude zuzuordnen (BFH VI 100/63 S, BStBl III 65, 85). 60

Einzelfälle: Beiträge/Baukostenzuschüsse für **erstmalige Versorgungsanschlüsse** (Wasser, Strom, Gas, Fernwärme), soweit sie auf Anlagen *außerhalb* des eigenen Grundstücks entfallen (BFH X R 6/86, BFH/NV 89, 494; BFH IX R 138/88, BFH/NV 89, 633; zu Ausnahmen bei besonderen betriebl Bedürfnissen → Rn. 63; zur Behandlung der Zuschüsse beim Versorgungsunternehmen → Rn. 78); auch bei erstmaliger *eigenständiger* Erschließung des Grundstücks, selbst wenn es bisher mittelbar über ein anderes Grundstück versorgt wurde (BFH VIII R 322/83, BStBl II 87, 333 unter 2.a); **Zusatzbeitrag** für eine bereits weit in der Vergangenheit errichtete (damals erstmalige) Erschließungsanlage, der infolge einer umfassenderen Bebauung des GuB nacherhoben wird (BFH III R 114/95, BStBl II 97, 811); Flächenbeitrag im **Umlegungsverfahren** nach § 58 BauGB (BFH IV R 27/87, BStBl II 90, 126: zwar kein Erschließungsbeitrag, gilt aber ebenfalls Vorteile für den GuB ab); Zahlungen für **Ausgleichsmaßnahmen nach dem BNatSchG** (zutr FG Mster EFG 03, 983, rkr: stellt die Bebaubarkeit des GuB her); Zahlungen für die **Verbesserung der Verkehrsanbindung** des Grundstücks, die erst die Bebauung mit einem Einkaufszentrum ermöglicht (zutr NdsFG EFG 14, 1282, rkr, ausführl Anm *Wüllenkemper* EFG 14, 1284).

Keine AK des GuB sind der Ausgleichsbeitrag für **städtebaul Sanierung** nach § 154 BauGB (BFH I R 65/92, BFH/NV 94, 471: zwar Werterhöhung, Ursache ist aber ledigl eine Umfeldverbesserung; diff *BMF* BStBl I 03, 489; EStH 6.4 „Ausgleichsbeiträge"). Durch erstmaligen Bau einer **Privatstraße** wird ein eigenes abnutzbares WG geschaffen (BFH IX R 34/96, BStBl II 00, 257). Da der spätere Ersatz der Privatstraße durch eine öffentl Straße zu Erhaltungsaufwand führt (→ Rn. 62), ergeben sich hieraus im Vergleich zur sofortigen Herstellung einer öffentl Straße erhebl StVorteile. Legen Gemeinden die HK ihrer Einrichtungen nicht über Einmalbeiträge, sondern über **lfd Gebühren** um, können diese steuerl in vollem Umfang abgezogen werden (BFH VIII R 322/83, BStBl II 87, 333 unter 2.a: keine Verletzung des Gleichheitssatzes).

(2) Herstellungskosten des Gebäudes. Hierzu gehören Kosten eines *erstmaligen* Strom-/Gas-/Wasser-/Fernwärme-Hausanschlusses, soweit die Anlagen auf dem *eigenen* Grundstück liegen (BFH VI R 302/66, BStBl II 68, 178; BFH IX R 34/96, BStBl II 00, 257 unter II.2.), und Stellplatzablösezahlungen, soweit die Baumaßnahme ihrerseits zu HK führt (→ Rn. 212 „Stellplätze"). Ein *nachträgl* Hausanschluss an ein bereits vorhandenes Gebäude führt hingegen nicht zwingend zu HK (BFH IX R 64/99, BStBl II 03, 590 unter II.2.: sofort BA/WK bei Ersatz für vorhandene Ofenheizungen bzw Brunnen; anders nur bei wesentl Verbesserung iSd → Rn. 181). 61

(3) Erhaltungsaufwand. Er fällt an, wenn eine **bereits vorhandene Erschließungseinrichtung** ersetzt oder modernisiert wird und ist sofort BA/WK. 62

Einzelfälle: Rückbau einer Straße zu einer verkehrsberuhigten Zone (BFH IX R 52/90, BStBl II 94, 842); Ergänzungsbeitrag für die umfassende Modernisierung der bereits vorhandenen Wasserver- und -entsorgung (BFH IV R 101/82, BStBl II 85, 49), und zwar auch dann, wenn für die bisher vorhandene Erschließungseinrichtung nach DDR-Recht zuvor kein Beitrag erhoben worden war (BFH I R 36/04, BStBl II 06, 369); Ersatz einer provisorischen Privatstraße durch eine ordnungsgemäße öffentl Straße (BFH VIII R 198/85, BStBl II 91, 448; BFH IX B 22/08, BFH/NV 08, 1524: die Erreichbarkeit des Grundstücks ändert sich dadurch nicht; auf eine mögl Werterhöhung kommt es nicht an); Ersatz einer privaten Kläranlage/Sickergrube durch Anschluss an das öffentl Kanalnetz (BFH VIII R 322/83, BStBl II 87, 333 unter 2.b; BFH IX R 61/96, BFH/NV 99, 1079); Reparatur eines noch funktionsfähigen Abwasserkanals, auch wenn dies anlässl der Neuerrichtung eines größeren nach Abriss eines kleineren Gebäudes geschieht (BFH IX R 2/19, BStBl II 20, 191; jedoch HK des Gebäudes unter dem Gesichtspunkt der Zweitherstellung, wenn der Kanal unbrauchbar geworden war). – Bei einer einheitl Erschließungsmaßnahme, die *mehrere* Grundstücke betrifft, ist danach zu differenzieren, ob das *jeweilige* Grundstück bereits erschlossen war (BFH IV B 19/01, BFH/NV 03, 1159 unter 2.).

Ausnahmen. Der Ersatz einer bereits vorhandenen Einrichtung führt nur dann **zu nachträgl AK des GuB,** wenn dieser sich durch die Maßnahme in seiner Substanz oder seinem Wesen verändert. Die bloße Wertänderung reicht hierfür nicht aus (BFH IX R 52/90, BStBl II 94, 842 unter 3.). – **Zweiterschließung** (neben eine vorhandene Erschließungseinrichtung tritt eine weitere gleichartige). Sie bewirkt nur dann AK, wenn die Nutzbarkeit des GuB erhöht oder die Lage verbessert wird (BFH IV R 3/93, BStBl II 95, 632 unter 2.b: zweite Straßenanbindung für ein Geschäftsgrundstück mit Laufkundschaft; BFH IX R 54/94, BStBl II 96, 190: zweite Straßenanbindung, durch die nunmehr weitere Teile des einheitl Grundstücks bebaubar werden; BFH IX R 4/10, BStBl II 11, 35: ein in einer Fußgängerzone gelegenes Grundstück kann durch eine zweite Straßenanbindung besser vom Lieferverkehr erreicht werden; BFH IV R 40/02, BStBl II 04, 282: Ersatz einer Sickergrube durch einen Kanalanschluss führt zur Bebaubarkeit einer großen zusätzl Grundstücksteilfläche).

63 **(4) Sofortiger betrieblicher Aufwand.** Er ist gegeben, wenn der Beitrag **nicht grundstücks-, sondern betriebsbezogen** ist, zB bei besonderen betriebl Bedürfnissen, die zu erhöhten Anforderungen an die Strom-/Gas-/Wasserversorgung (BFH IV R 4/85, BFH/NV 88, 229; BFH X R 6/86, BFH/NV 89, 494 mwN) oder den Straßenausbau (BFH VIII R 80/77, BStBl II 80, 687) führen.

65 **f) Anschaffungspreisminderungen, § 255 I 3 HGB.** Mit dem Anschaffungsgeschäft in Zusammenhang stehende Ermäßigungen der Aufwendungen für die Anschaffung (einschließl Nebenkosten) führen zu einer Minderung der AK (kein Ertrag; zum Rückfluss von Aufwendungen → Rn. 41 aE). Dies gilt nicht nur für Kaufpreisnachlässe, sondern für sämtl Ermäßigungen der AK (BFH IX R 46/03, BStBl II 04, 1046). Es genügt, wenn der maßgebende Anlass für die Preisminderung in der Anschaffung liegt (wirtschaftl Zusammenhang); eine rechtl oder gar synallagmatische Verknüpfung ist nicht erforderl (BFH VI R 89/10, BStBl II 12, 835 Rn. 14 mwN). Auch AK-Minderungen müssen (ebenso wie die AK selbst) dem Vermögensgegenstand einzeln zuzuordnen sein (§ 255 I 3 HGB). – **Negative AK** sind in der StBil nicht darstellbar. AK-Minderungen können daher im BV maximal zu einer Herabsetzung des Buchwerts auf 0 € führen. Ein übersteigender Rückzahlungsbetrag stellt einen sofort stpfl Ertrag dar (BFH VIII R 38/96, BStBl II 99, 647; BFH IV R 19/18, BStBl II 23, 136 Rn. 23). Handelt es sich um eine Einlagenrückgewähr und ist der Empfänger eine Körperschaft, gilt die StBefreiung des § 8b II KStG (*BMF* BStBl I 03, 292 Rn. 6).

66 **aa) Maßgebender Zeitpunkt.** Die AK sind erst bei Eintritt des maßgebl Ereignisses zu mindern; dies hat keine Rückwirkung (→ Rn. 9; ebenso zu nachträgl AK → Rn. 57). Insb bleibt es für die Vergangenheit beim Ansatz der AfA aus der zunächst noch höheren Bemessungsgrundlage (→ § 7 Rn. 137 mwN), und zwar selbst dann, wenn die AK-Minderung größer ist als das verbleibende AfA-Volumen (→ Rn. 75). Entsteht mit dem Weiterverkauf von Waren ein Bonusanspruch für die Anschaffung, sind die AK erst im Zeitpunkt des Weiterverkaufs zu mindern (BFH I 69/62 U, BStBl III 63, 503 unter II.).

bb) Einzelfälle Anschaffungskostenminderungen. – **(1) Preisnachlässe** (BFH III R 54/83, BStBl II 88, 901: auch bei Gewährung durch den Vermittler; *FM LSA* DB 18, 1243: „Umtauschprämie" der Kfz-Hersteller bei Rückgabe schmutziger DieselKfz und Neukauf); **Skonti,** allerdings nur dann, wenn die Ware am Bilanzstichtag bereits bezahlt ist (BFH IV R 216/67, BStBl II 71, 323; BFH I R 176/84, BStBl II 91, 456); es handelt sich nicht etwa um eine für die AK unbeachtl Wertänderung der Kaufpreisverbindlichkeit (BFH III R 92/75, BStBl II 78, 233 unter 2.); **Boni** (zu Rückvergütungen auf den Jahresumsatz BFH IV 33/56 U, BStBl III 58, 65; ausführl *Saure* DStR 18, 1193; **aA** *Meyering* StuW 09, 42 (47)); mE auch die genossenschaftl Rückvergütung (unklar hierzu BFH IV R 112/81, BStBl II 84, 554); nicht aber die Zuteilung von Bonusaktien für das Halten einer Beteiligung über einen bestimmten Mindestzeitraum (BFH VIII R 70/02, BStBl II 05, 468: Einnahme); **Verzicht** auf einen Teilbetrag des Kaufpreises (BFH XI R 6/84, BFH/NV 91, 453); **Ermäßigung einer Vermittlungsprovision** (BFH IX R 20/98, BStBl II 02, 796; ebenso bei Provisionszahlung des Vermittlers an den Käufer, s BFH IX R 46/03, BStBl II 04, 1046). – **(2) Mängelbedingte Minderungen des Kaufpreises**/Werklohns nach §§ 441, 638 BGB (BFH VI 185/65 U, BStBl III 66, 16), auch wenn der Minderungsanspruch in Form einer Vertragsstrafe abgegolten wird (NdsFG EFG 94, 871, rkr); Zahlungen einer Baumehrpreisversicherung (FG Hmb EFG 08, 107, rkr), nicht jedoch bei **Schadensersatzzahlungen *Dritter*** (BFH IV R 74/90, BStBl II 93, 96: Schadensersatz für schlechte GrESt-Beratung als sofort stpfl Einnahme; BFH IX R 8/15, BStBl II 17, 316: Schadensersatz eines WP für fehlerhafte Testate, die zur Vereinbarung eines zu hohen Kaufpreises für erworbene Anteile geführt haben); auch nicht, wenn der Verkäufer schadensbedingten Aufwand unmittelbar erstattet (BFH IX R 5/13, BFH/NV 14, 312: Saldierung der Schadensersatzzahlung mit dem Aufwand). – **(3) Beteiligung an KapGes** (ausführl *OFD Ffm* FR 00, 683). Rückzahlung von Nennkapital (BFH VIII R 69/93, BStBl II 95, 725); Zahlungen aus dem steuerl Einlagekonto iSd § 27 KStG bzw Auskehrung des früheren EK 04 (BFH VIII R 38/96, BStBl II 99, 647; BFH I R 51/09, BStBl II 14, 937 Rn. 19; BFH IV R 19/18, BStBl II 23, 136 Rn. 22); Umwandlung einer Kapitalrücklage in ein Darlehen (BFH I R 58/99, BStBl II 01, 168 unter III.6.). – **Zuschüsse** ausführl → Rn. 71 ff. 67

3. Zuschüsse. – a) Überblick. Zuschüsse können sofort erfolgswirksam sein, die AK/HK mindern oder durch Bildung von RAP oder Rückstellungen zu passivieren sein. Für diese Rechtsfolgen ist zw Investitions- und Ertragszuschüssen zu unterscheiden. Ertragszuschüsse erhöhen grds den Gewinn (→ Rn. 79). Für Investitionszuschüsse gewährt die *FinVerw* hingegen das Wahlrecht, den Zuschuss erfolgsneutral von den AK/HK abzuziehen (→ Rn. 72). Zur Beeinflussung des TW durch öffentl Zuschüsse → Rn. 241. – **Steuerfreie Zuschüsse.** Gesetzl Sondervorschriften, die dies anordnen (für InvZul § 13 S 1 InvZulG 2010), können nicht auf andere Zuschüsse übertragen werden (BFH III R 225/83, BStBl II 88, 324 unter 4.a). Aufwendungen, für die ein stfreier Zuschuss gewährt wird, sind grds nach § 3c I nicht abziehbar (BFH IX R 26/92, BStBl II 93, 784). Für bestimmte stfreie Zuschüsse ist aber gesetzl ausdrückl angeordnet, dass die steuerl AK/HK sich nicht mindern (§ 13 S 2 InvZulG 2010; Doppelbegünstigung). Zuschüsse, die in Form einer StRückzahlung gewährt werden, sind nicht stbar (BFH I R 74/94, BStBl II 96, 441). – **Privat veranlasste Zuschüsse** (zB Schenkung von Verwandten) erhöhen den Gewinn nicht; idR wird es sich um Einlagen handeln. 71

b) Investitionszuschüsse. – aa) Wahlrecht. – (1) Verwaltungsauffassung für Betriebsvermögen. Der StPfl kann Investitionszuschüsse im BV entweder als BE ansetzen und die vollen AfA von den AK/HK vornehmen oder aber den Zuschuss erfolgsneutral von den AK/HK abziehen und die AfA nur noch von den geminderten AK/HK vornehmen (EStR 6.5 II). Dies gilt unabhängig davon, ob es sich um öffentl oder private Investitionszuschüsse handelt. Die einmal ausgeübte Wahl kann grds nicht mehr rückgängig gemacht werden (BFH IV S 1/10, BFH/NV 10, 1851 Rn. 19). Das Wahlrecht kann in HB und StBil unterschiedl ausgeübt werden (§ 5 I 1). – **Rücklage.** Wird der Zuschuss gewährt, bevor die AK/HK entstehen, kann insoweit eine stfreie Rücklage (Passivposten) gebildet werden, die im Wj der Anschaffung/Herstellung auf das WG zu übertragen ist (EStR 6.5 IV). Ein Erwerber des Betriebs kann die Rücklage fortführen (*BMF* BB 90, 1239). – **Gewinnermittlungsart.** 72

Auch bei **§ 4 III** ist der Zuschuss bereits im VZ seiner Bewilligung von den AK/HK abzuziehen; auf den Zeitpunkt des Zuflusses kommt es für die Ermittlung der AK/HK und die AfA nicht an (BFH IV R 81/05, BStBl II 08, 561 unter II.2.c). Bei **§ 13a** ist grds von einer Minderung der AK/HK auszugehen (→ § 13 Rn. 202).

73 **(2) Privatvermögen (insb VuV).** Hier gilt das Wahlrecht nicht; Investitionszuschüsse mindern zwingend die AK/HK (BFH IX R 104/86, BStBl II 92, 999; näher EStR 21.5 I; ebenso BFH VI R 89/10, BStBl II 12, 835: Zuschuss für den behindertengerechten Umbau eines Pkw, mit dem Einkünfte aus § 19 erzielt werden). Diese einkunftsartabhängige Ungleichbehandlung soll dadurch gerechtfertigt sein, dass bei VuV Einnahmen nur dann erfasst werden, wenn sie Gegenleistung für eine Nutzungsüberlassung sind (*OFD Ddorf* DB 93, 303; mE vertretbar).

74 **(3) Rechtsprechung.** Die Behandlung von Investitionszuschüssen ist innerhalb des BFH str, wobei dieser Streit für die Praxis wegen der nahezu gewohnheitsrechtl Gewährung des Wahlrechts durch die *FinVerw* kaum von Bedeutung ist: Der **III., IV. und IX. BFH-Senat** vertreten die Auffassung, die AK seien gem § 255 I 3 HGB *zwingend* zu mindern (BFH III R 4/87, BStBl II 89, 618; BFH IV R 81/05, BStBl II 08, 561 unter II.2.b mwN; *BH/Krumm* § 6 Rn. 352; IX. BFH-Senat für PV → Rn. 73). Dagegen sehen der **I. und X. BFH-Senat** auch Investitionszuschüsse grds als BE an (BFH X R 23/89, BStBl II 92, 488 unter 3.; BFH I R 56/94, BStBl II 96, 28 unter II.5.c), verweisen zugleich aber auf verschiedene Möglichkeiten, die Gewinnrealisierung aufzuschieben (EStR 6.5 als zulässige Billigkeitsmaßnahme, in Ausnahmefällen TW-AfA).

75 **bb) Öffentliche Investitionszuschüsse.** Sie stellen den Regelfall für die Eröffnung des Wahlrechts dar. Ein RAP kann hierfür mangels Entgeltcharakter nicht gebildet werden (BFH X R 23/89, BStBl II 92, 488 unter 2.c), weil allein das bestimmte Investitionsverhalten, an das die Zuschussgewährung geknüpft ist, noch keine Gegenleistung darstellt. IÜ werden diese Zuschüsse auch nicht für „bestimmte Zeit" gewährt; der Umstand, dass sich die betriebsgewöhnl Nutzungsdauer des bezuschussten WG schätzen lässt, reicht hierfür noch nicht aus. – Soll erst nach Ablauf einer bestimmten Frist entschieden werden, ob öffentl Mittel als **Zuschuss oder Darlehen** gelten sollen, sind diese zunächst zu passivieren; es kommt weder zum Ansatz von BE noch zur Kürzung der AK/HK (BFH IX R 5/92, BStBl II 95, 380; BFH IV R 54/97, BStBl II 00, 139 unter II.2.; s aber BFH IX R 56/13, BStBl II 17, 253: sofort stpfl Einnahme, wenn Rückzahlungen nur insoweit zu leisten sind, als die künftigen Erträge die Prognose eines Fondsprospekts übersteigen). Wird später auf die Rückforderung verzichtet, sind die AK/HK in diesem Zeitpunkt zu kürzen. Ist das WG dann bereits abgeschrieben, soll ein verbleibender Zuschussbetrag im PV nicht als Einnahme behandelt werden können; die überhöhten AfA bleiben dem StPfl also erhalten (BFH IX R 46/09, BStBl II 12, 310; mE wäre die Annahme eines rückwirkenden Ereignisses zutr gewesen).

76 **Einzelfälle:** Investitionszuschüsse nach dem **KrankenhausfinanzierungsG** (BFH IV R 78/85, BStBl II 89, 189: kein RAP mangels Gegenleistung; BFH VIII R 58/93, BStBl II 97, 390: dort auch ausführl zur KHBV und den dort vorgesehenen Passivposten); Zuschüsse zur Errichtung von **Pflegeheimen,** soweit damit keine konkreten Belegungsrechte verbunden sind (BFH IX R 7/08, BStBl II 10, 34 unter II.1., Anm *Heuermann* HFR 10, 26); **Städtebaufördermittel** für denkmalgerechte Restaurierung (BFH IX R 104/86, BStBl II 92, 999); Investitionszuschüsse zur **Schaffung von Arbeitsplätzen** (BFH IV R 81/05, BStBl II 08, 561); Zuschuss für Investitionen in einen **Behindertenarbeitsplatz** (BFH X R 23/89, BStBl II 92, 488); **Teilschulderlass bei KfW-Förderdarlehen** (zur CO_2-Gebäudesanierung *OFD Kobl* DB 05, 698); **„Abwrackprämie"** für Erwerb neuer Pkw während der Finanzkrise 2009 (die allerdings nur für PV gewährt wurde; s ausführl *Martini/Roth* FR 09, 846).

Bei **Verknüpfung mit einer Gebrauchsüberlassung** ist der Zuschuss hingegen zwingend als Entgelt (Einnahme) anzusehen. Dies betrifft vor allem die Einräumung von **Belegungsrechten** und **Mietpreisbindungen,** insb bei Zuschüssen nach dem Dritten Förderweg im Sozialen

Wohnungsbau (BFH IX R 60/02, BStBl II 04, 14; BFH IX R 22/11, BStBl II 16, 432 Rn. 14) und Studentenwohnraumförderung (FG BW EFG 91, 600, rkr). Bei § 4 I ist dann ein passiver RAP über die Laufzeit zu bilden, bei § 4 III und Überschusseinkünften ist gem § 11 I 3 eine Verteilung auf den Bindungszeitraum zulässig. – Städtische Mittel aus Stellplatzablösegeldern für die **Errichtung einer Tiefgarage,** in der ein Teil der Stellplätze der Allgemeinheit (nicht bestimmten Personen) zur Verfügung stehen soll, sind hingegen noch als Investitionszuschüsse anzusehen (BFH IV R 58/94, BStBl II 95, 702). Ebenso, wenn im Einzelfall der Zweck der Neubauförderung ggü dem Belegungsrecht deutl im Vordergrund steht (BFH IX R 7/08, BStBl II 10, 34 unter III.1.).

cc) Private Investitionszuschüsse. Sie sind nur unter der engen Voraussetzung anzunehmen, dass eine bindende, auch im Interesse des Zuwendenden liegende Investitionszweckbestimmung vereinbart wird. Daran fehlt es, wenn der Leistende ledigl eine rechtl Verpflichtung erfüllt (BFH IX R 333/87, BStBl II 94, 12 unter 3.b: Versicherungszahlung für Teilzerstörung eines Gebäudes des PV weder Zuschuss noch sonstige stbare Einnahme; anders nur in dem Umfang, in dem der StPfl zuvor eine AfaA als WK abgezogen hatte, s BFH IX R 1/14, BStBl II 15, 493). **Baukostenzuschüsse,** die Versorgungsunternehmen von ihren Kunden verlangen, stellen Investitionszuschüsse dar, sodass das Wahlrecht eröffnet ist (*BMF* BStBl I 03, 361; *OFD Rhld* DB 06, 586; zur HB *BMF* DStR 04, 2054; ausführl *Meißner* DB 03, 2080; *Eisolt* BB 04, 1079). Gleiches gilt für Zuschüsse einer **privaten Denkmalstiftung** (BFH X R 13/06, BStBl II 07, 879). Zur **mittelbaren Grundstücksschenkung** → Rn. 134. 78

c) Ertragszuschüsse. – aa) Sofort gewinnwirksam. Ertragszuschüsse sind grds **sofort als Einnahme zu versteuern,** weil sie keinen Zusammenhang mit AK/HK aufweisen. *Beispiele:* öffentl Zuschuss zur allg Liquiditätsstärkung nach einer Betriebsverlagerung (BFH III R 225/83, BStBl II 88, 324); Beihilfe für die Stilllegung von Agrarbetrieben, auch wenn sich diese pauschal nach dem Wertverlust des AV bemisst (BFH I R 262/83, BStBl II 88, 592); staatl **Corona-Hilfen** (*Wagner/Weber* DStR 20, 745; *Zwirner/Vodermeier/Krauß* DStR 21, 933). Ertragszuschüsse durch andere KonzernGes stellen idR eine verdeckte Einlage dar (*Bünning* BB 20, 2155). 79

bb) Zeitlich gestreckte Gewinnrealisierung. In den folgenden Fällen kann aber auch bei Ertragszuschüssen eine zeitl gestreckte Gewinnrealisierung erreicht werden: – **(1) Rechnungsabgrenzungsposten.** Der Empfänger muss zeitraumbezogen zu einer Leistung verpflichtet sein (BFH IV R 96/82, BStBl II 84, 552: Zuschuss für die Bereitstellung eines Ausbildungsplatzes für eine bestimmte Zeit; BFH IV R 26/06, BStBl II 09, 781 unter II.2.: Zinsverbilligungszuschuss für LuF, der mE allerdings in der dortigen Ausgestaltung entgegen dem BFH als Investitionszuschuss anzusehen war; BFH IV R 49/86, BStBl II 88, 327: Prämie für fünfjährigen Verzicht auf Vermarktung von Agrarprodukten; *BMF* DStR 95, 1351: Zuschuss des Bierlieferanten für ein Bierlieferungsrecht); nicht hingegen bei allg Eingliederungshilfe für die Beschäftigung Behinderter (BFH I R 45/91, BFH/NV 93, 170). – **(2) Einnahmen für Nutzungsüberlassungen.** Die AK/HK werden nicht berührt (BFH VIII R 34/76, BStBl II 81, 161); die Einnahmen können aber gem § 11 I 3 über die Vertragslaufzeit verteilt werden. *Beispiele:* öffentl Prämie zugunsten von Vermietern, die Wohnungen familiengerecht vermieten (BFH IX R 121/90, BFH/NV 94, 845); Baukostenzuschüsse von Gebäudemietern. – **(3) Rückstellungen.** Sie sind zum Ausgleich etwaiger Rückzahlungsverpflichtungen zu bilden. Dies gilt zB für erhaltene Zuschüsse von Kunden zu den HK spezieller Werkzeuge (BFH I R 87/99, BStBl II 02, 655: Auflösung über die Nutzungsdauer der Werkzeuge; ausführl *Welter* DB 17, 2118). Ist die Rückzahlung allerdings nur von künftigen Einnahmen oder Gewinnen abhängig, scheidet eine Rückstellung gem § 5 IIa aus. 80

4. Anschaffungskosten bei Übernahme oder Eingehung von Verbindlichkeiten oder dinglichen Lasten. – a) Schuldrechtliche Verbindlichkeiten. – 81

aa) Grundsatz. Sie gehören sowohl im BV als auch im PV zu den AK eines WG, wenn der Erwerber sie iRd Anschaffung neu eingeht oder vom Veräußerer übernimmt (zur Bewertung der Verbindlichkeit ausführl → Rn. 441 ff). – **Spätere Wertänderungen der Verbindlichkeit** haben keinen Einfluss mehr auf die Höhe der AK des erworbenen WG, weil die Verbindlichkeit ein eigenes WG darstellt (BFH III R 92/75, BStBl II 78, 233 unter 2.; BFH IV R 3/14, BStBl II 23, 26 Rn. 32: Währungsschwankungen bei Fremdwährungsverbindlichkeit). Dies gilt bei Rentenverbindlichkeiten auch für Änderungen infolge einer Wertsicherungsklausel (→ § 16 Rn. 257 mwN) oder beim Tod des Berechtigten.

82 **bb) Sonderfälle.** – **(1) Rentenverpflichtungen.** Sie sind mit dem Barwert anzusetzen (zu dessen Ermittlung ausführl → Rn. 443 mwN). Der Barwert stellt dann zugleich die AK des erworbenen WG dar. Zur Abgrenzung zw betriebl Erwerbsrenten und privaten Versorgungsrenten s BFH VIII R 64/93, BFH/NV 02, 10 unter 1.; BFH X R 12/01, BStBl II 04, 211 unter II.2.c. – **(2) Dauernde Lasten.** Werden sie als Gegenleistung für den entgeltl Erwerb eines WG erbracht, sind sie ebenfalls mit ihrem Barwert zu passivieren, der wegen der Ungleichmäßigkeit der Zahlungen nur geschätzt werden kann (BFH IX R 46/88, BStBl II 95, 169: § 15 III BewG). – **(3) Unverzinsliche Verbindlichkeiten. Rechtslage ab VZ 23.** Da für die StBil kein Abzinsungsgebot mehr gilt und die Verbindlichkeit mit ihrem Nennwert zu passivieren ist, sind auch die AK eines erworbenen WG des **BV** in dieser Höhe anzusetzen. Im **PV** ist hingegen mE weiterhin eine Abzinsung vorzunehmen (vgl. zu § 17 BFH VIII R 32/96, BFH/NV 99, 922 unter II.2.e cc). – **Rechtslage bis VZ 22.** Im BV war die unverzinsl Verbindlichkeit ab einer Laufzeit von mehr als 12 Monaten (Raten- oder Einmalzahlung) abzuzinsen (§ 6 I Nr 3 aF; → Rn. 452 ff). Dann waren auch die AK des WG nur mit dem abgezinsten Betrag anzusetzen (ausführl *S. Viskorf* DB 06, 1231); hier durfte nur der gesetzl vorgegebene Zinssatz von 5,5% angewendet werden (zutr EStR 6.2 S 2). – **(4) Aufschiebend bedingte Verbindlichkeiten.** Sie sind zunächst nicht zu passivieren (→ § 5 Rn. 314) und führen daher erst bei Eintritt der Bedingung zu AK (BFH XI R 7, 8/84, BStBl II 91, 791; BFH X R 2/04, BStBl II 08, 109 unter II.3.b; dort auch zur Abgrenzung zw aufschiebender Bedingung und anderen Gestaltungen; zur AfA → § 7 Rn. 106). Dies gilt auch für Bedingungen, die in Unternehmenskaufverträgen enthalten sind (zB Abhängigkeit eines Teils des Kaufpreises vom künftigen Erreichen bestimmter Ziele; **aA** *Fey/Deubert* BB 12, 1461). Gleiches gilt für Verbindlichkeiten, die nur aus künftigen Einnahmen/Gewinnen zu tilgen sind (§ 5 IIa, → § 5 Rn. 315), zB beim Erwerb eines WG gegen ein **umsatz- oder gewinnabhängiges Entgelt** (BFH IV B 132/09, BFH/NV 11, 27). Wird erst *nach* dem Erwerb des WG ein **Rangrücktritt** bzgl der Anschaffungsverbindlichkeit vereinbart, bleiben die AK unverändert und die AfA abziehbar. – **(5) Nicht ernsthaft vereinbarte Verbindlichkeiten.** Sie begründen keine AK (BFH XI R 1/83, BFH/NV 91, 309). – **(6) Verbindlichkeiten, die beim Veräußerer Passivierungsbeschränkungen unterlagen.** Die übernommene Verpflichtung erhöht gleichwohl die AK des erworbenen WG. Die Verpflichtung ist zum folgenden Bilanzstichtag allerdings nach Maßgabe der gesetzl Passivierungsbeschränkungen zu bewerten (§ 5 VII; dadurch Ausweis eines Ertrags). Die AK bleiben hiervon unberührt (*BeckOK EStG* § 6 Rn. 329).

84 **b) Dingliche Lasten.** Zum Einfluss auf den TW → Rn. 330 „Dingl Lasten" – **aa) Dingliche Sicherungsrechte.** Allein der Übergang eines solchen Sicherungsrechts (§§ 1105–1203 BGB: Reallast, Hypothek, Grundschuld, Rentenschuld) beim Erwerb des WG führt nicht zu AK (BFH IX R 8/18, BStBl II 20, 122 Rn. 15). Nur iHd beim Erwerb übernommenen oder begründeten *schuldrechtl* Ansprüche (ggf Barwert) liegen AK und zugleich zu passivierende Verbindlichkeiten vor (→ Rn. 81). Auf die Höhe einer rein dingl Belastung kommt es daher grds nicht an, wenn sie entweder nicht mehr valutiert oder eine Inanspruchnahme aus anderen Gründen nicht zu erwarten ist (BFH IV R 42/08, BStBl II 10, 820 Rn. 13). Eine dingl Last, die mit keiner

persönl Schuld des Eigentümers korrespondiert, tritt bilanziell nur dann (als AK des ggf wertgeminderten Rückgriffsanspruchs und spiegelbildl Verpflichtung) in Erscheinung, wenn sie den Anspruch des Gläubigers gegen einen *Dritten* sichert und zu erwarten ist, dass der Dritte seine Schuld nicht begleichen kann (BFH VIII R 226/84, BFH/NV 91, 588 unter 2.a; BFH IV B 107/97, BFH/NV 99, 162 unter 1.a). War dies nicht zu erwarten und tilgt der Eigentümer später gleichwohl die (von ihm nicht geschuldete) dingl gesicherte Verbindlichkeit, führt dies *nicht* zu nachträgl AK (BFH IX R 8/18, BStBl II 20, 122 Rn. 28).

bb) Dingliche Nutzungsrechte. Hierunter fallen die in §§ 1018–1093 BGB geregelten Rechte (Grunddienstbarkeit, Nießbrauch, persönl Dienstbarkeit, insb als Wohnungsrecht), ferner das Dauerwohnrecht iSd §§ 31 ff WEG; zum Erbbaurecht → Rn. 89. Sie führen weder im Fall ihrer erstmaligen Begründung anlässl des Erwerbs des WG noch bei Übernahme bestehender Rechte zu AK, weil von vornherein ein um das Nutzungsrecht gemindertes Eigentum erworben wird (BFH IX R 33, 34/92, BStBl II 94, 927 unter 2.a; BFH IX R 50, 51/97, BStBl II 01, 594 unter II.1.a; BFH I R 96/02, BStBl II 08, 296). Hingegen sind AK des GuB gegeben, wenn der StPfl dem Veräußerer eines unbebauten Grundstücks als Gegenleistung ein lebenslanges Nutzungsrecht an einer Wohnung des noch zu errichtenden Gebäudes bestellt (BFH IX R 265/87, BStBl II 92, 718; *BMF* BStBl I 06, 392). Zu AK führt auch die Verpflichtung, den Veräußerer von einer Verbindlichkeit (dingl oder schuldrechtl) ggü einem *Dritten* freizustellen (BFH IV R 180/80, BStBl II 83, 595 unter 1.b). 85

cc) Ablösung eines dinglichen Nutzungsrechts. Entspr Zahlungen führen zu **nachträgl AK** des GuB bzw Gesamtgrundstücks (BFH VIII R 215/78, BStBl II 83, 410: Erbbaurecht; BFH IX R 56/06, BStBl II 07, 956: Zahlung zur Befreiung von einer Gläubigeranfechtung des Anschaffungsgeschäfts nach dem AnfG; BFH IX R 49/13, BStBl II 15, 224: Vorbehaltsnießbrauch; BFH IV R 37/15, BFH/NV 18, 1082: beschränkt persönl Dienstbarkeit mit Nutzungseinschränkungen; auch → Rn. 140 „Abfindung"). Dies gilt auch bei unentgeltl erworbenen Grundstücken (BFH IX R 44/89, BFH/NV 94, 460 unter 1.a mwN); jedoch nicht, wenn es sich um die Ablösung wiederkehrender Versorgungsleistungen aus einer Vermögensübergabe handelt (BFH X R 66/98, BStBl II 04, 830; korrespondierend ist eine solche Ablösezahlung beim Veräußerer nicht als Veräußerungsentgelt anzusehen, s BFH VIII R 14/04, BStBl II 06, 15). – **Ablösung eines unentgeltl Zuwendungsnießbrauchs.** Solche Zahlungen erkennt die *FinVerw* unter Berufung auf § 12 Nr 2 bzw § 42 AO nicht an (*BMF* BStBl I 13, 1184 Rn. 61). Die Rspr ist großzügiger und wendet § 42 AO nur einzelfallabhängig an (BFH IX R 112/88, BStBl II 98, 429; ebenso für einen nicht durchgeführten Nießbrauch unter Angehörigen BFH IV B 58/97, BFH/NV 99, 1208). – **Erwerb des belasteten WG durch einen Vermächtnisnießbraucher.** Die AK bestehen nur in der für den Erwerb zu leistenden Zahlung; der Wert des Nießbrauchs ist nicht Teil der AK, weil der Nießbraucher insoweit nichts aufgewandt hat und das Nießbrauchsrecht nach § 889 BGB bestehenbleibt (zutr BFH IX R 14/23, BFHE 284, 16 Rn. 31 ff). 86

c) Erbbaurecht. Auch → § 5 Rn. 270 „Erbbaurecht"; *Kanzler* NWB 14, 1070. – 89
aa) Anschaffungskosten bei Erbbaurechtsbegründung. Dem Erbbauberechtigten entstehen AK nur iHd Nebenkosten (zB Notar, GrESt; BFH X R 136/87, BStBl II 92, 70; BFH IX R 25/15, BStBl II 18, 518 Rn. 20). Die Erbbauzinsverpflichtung betrifft hingegen ein schwebendes Geschäft; sie führt nicht etwa mit ihrem kapitalisierten Betrag zu AK, sondern bei Zahlung zu lfd BA/WK (BFH IX R 65/02, BStBl II 05, 159). Von den AK des Erbbaurechts sind die AK/HK eines in Ausübung des Erbbaurechts errichteten Gebäudes zu unterscheiden.

bb) Vorauszahlungen des Erbbauzinses. – (1) Behandlung beim Erbbauberechtigten. Es handelt sich nicht um AK (BFH IX R 25/15, BStBl II 18, 518 Rn. 18). Bilanzierende StPfl haben einen aktiven RAP zu bilden (BFH VIII R 87/91, 90

BStBl II 94, 109 unter 5.). Bei § 4 III und im PV handelt es sich grds um sofort abziehbare BA/WK (BFH IX R 65/02, BStBl II 05, 159); Vorauszahlungen für mehr als 5 Jahre sind aber gleichmäßig zu verteilen (§ 11 II 3). – **Übernahme von Erschließungskosten durch den Erbbauberechtigten.** Dies wird grds als Vorauszahlung von Nutzungsentgelt behandelt (für BV ausführl BFH VIII R 87/91, BStBl II 94, 109 mwN). Die Rspr zu PV sieht aber jedenfalls bei einer Übernahme iZm der *Bestellung* des Erbbaurechts AK vor (BFH IX R 31/96, BFH/NV 00, 558; *BMF* BStBl I 91, 1011 Tz 2.1). – **(2) Behandlung beim Eigentümer des belasteten Grundstücks.** Ein bilanzierender Eigentümer verteilt erhaltene Vorauszahlungen (einschließl Übernahme von Erschließungskosten durch den Erbbauberechtigten) durch Bildung eines passiven **RAP** über die Laufzeit (BFH IV R 40/96, BFH/NV 98, 569). Bei **§ 4 III** handelt es sich um grds sofort zu versteuernde Einnahmen, die aber gem § 11 I 3 auf die Nutzungsdauer verteilt werden können. Davon abw soll bei **VuV** die Übernahme von Erschließungskosten erst im Zeitpunkt der Beendigung des Erbbaurechts als Einnahme des Eigentümers zu erfassen sein (BFH IX R 170/85, BStBl II 90, 310; *BMF* BStBl I 91, 1011 Tz 1.1).

91 **cc) Erwerb eines bereits bestehenden Erbbaurechts.** AK entstehen in Höhe des Kaufpreises; dazu gehören hier jedenfalls im PV auch im Kaufpreis enthaltene Erschließungskosten (BFH IX R 84/92, BStBl II 94, 292; BFH X R 34/00, BFH/NV 02, 914 mwN). Zur **Kaufpreisaufteilung** auf Erbbaurecht und Gebäude s BFH VIII R 102/78, BStBl II 82, 533 unter I.2, sowie → Rn. 118 ff; im Einzelfall können die AK allein auf das mit erworbene Gebäude entfallen (BFH IX R 190/87, BFH/NV 93, 92; BFH IX R 73/92, BStBl II 95, 374 unter 2.).

92 **dd) AfA.** Der Erbbauberechtigte kann AfA zum einen auf das von ihm errichtete oder erworbene Gebäude vornehmen (RegelAfA nach § 7 IV; bei entschädigungslosem Heimfall aber ggf verkürzte Nutzungsdauer), zum anderen auf die AK des (zeitl begrenzten) Erbbaurechts (→ § 7 Rn. 41).

93 **ee) Ablösung des Erbbaurechts durch den Eigentümer des Grund und Bodens.** Die Zahlung führt beim Eigentümer grds zu nachträgl AK auf den GuB (→ Rn. 86). Soweit der Ablösungsbetrag auf ein mit erworbenes Gebäude entfällt, handelt es sich um AK des Gebäudes (für Gutachterkosten s BFH IX R 46/05, BFH/NV 07, 1490). Beim Zusammenhang mit der Errichtung eines *neuen* Gebäudes sind HK des Neubaus gegeben (→ Rn. 140 „Abfindungen"); beim Zusammenhang mit dem Abschluss eines neuen Erbbauvertrags mit höherem Erbbauzins handelt es sich um BA/WK (BFH IX R 24/10, BFH/NV 11, 1480).

94 **ff) Erwerb des Grund und Bodens. – (1) Erwerb durch den Erbbauberechtigten.** Der Restwert der aktivierten AK des Erbbaurechts (nicht eines errichteten Gebäudes) geht in die AK des GuB ein. Hinzu kommt der noch nicht „verbrauchte" Restbetrag eines vorausgezahlten Nutzungsentgelts (Erbbauzins oder übernommene Erschließungskosten), wenn der frühere Eigentümer dies nicht zurückgewähren muss (für BV BFH I R 132/81, BStBl II 85, 617 unter 3.c: Umbuchung des aktiven RAP auf die AK des GuB; für PV BFH IX R 90/92, BFH/NV 94, 633 unter II.1.b). – **(2) Erwerb durch einen Dritten.** Zwar kann ein Teilbetrag der Zahlung als AK des (zivilrechtl dem Erbbauberechtigten gehörenden) Gebäudes anzusehen sein, wenn dieses beim Ablauf des Erbbaurechts entschädigungslos dem Eigentümer des GuB heimfällt. Auch in einem solchen Fall ist aber mangels Nutzungsüberlassung des Gebäudes während der Laufzeit des Erbbauvertrags keine AfA auf die Gebäude-AK zulässig (BFH IX R 41/98, BFH/NV 02, 18).

101 **5. Rücklage für Ersatzbeschaffung.** Ausführl *Schoor* StBP 14, 6 (49); *Gröne* StuW 22, 39; *Kanzler* FR 24, 197. – **a) Überblick.** Werden stille Reserven dadurch aufgedeckt, dass der StPfl eine Entschädigung (→ Rn. 109) für ein durch höhere Gewalt (→ Rn. 104) oder behördl Eingriff (→ Rn. 105) aus dem BV ausgeschiedenes

WG erhält, kann er die Gewinnrealisierung vermeiden (Wahlrecht), wenn er innerhalb einer bestimmten Frist (→ Rn. 113) ein ErsatzWG (→ Rn. 111) anschafft/herstellt und dessen AK/HK buchmäßig um die aufgedeckten stillen Reserven mindert, dh die stillen Reserven auf das ErsatzWG überträgt. Diese Grundsätze gelten bei Gewinnermittlung nach § 4 III oder § 13a entspr (→ Rn. 115). Das Wahlrecht kann in HB und StBil unterschiedl ausgeübt werden (§ 5 I 1 Hs 2). – **Weitere Rechtsfolgen.** Die geminderten AK/HK sind auch für § 6 II, IIa maßgebend (→ Rn. 663). Zugleich mindert sich die Grundlage für AfA bzw TW-AfA für das ErsatzWG (BFH IV R 87/77, BStBl II 81, 432: erst Übertragung der RfE, danach TW-AfA; BFH VIII R 302/84, BStBl II 89, 697 unter 4.: erst Übertragung der RfE, danach Vornahme erhöhter AfA). – **Verhältnis zu § 6b.** Bei der Auslegung der RfE-Grundsätze ist zu beachten, dass die gesetzl Voraussetzungen des § 6b nicht unterlaufen werden (BFH X R 85/87, BStBl II 91, 222 unter II.2.e; BFH VIII R 48/90, BStBl II 93, 93 unter 1.; BFH IV R 7/98, BStBl II 99, 488 unter 2.d: keine Erweiterung der RfE auf Strukturanpassungen). **Unterschiede zu § 6b.** Bei RfE ist auch UV begünstigt, es gilt keine Mindest-Vorbesitzzeit, die Investitionsfrist ist ggf verlängerbar, keine Verzinsung bei Auflösung nicht übertragener Rücklagen.

b) Rechtsgrundlage für das Wahlrecht. Es handelt sich um eine einschr Auslegung des Realisationsgrundsatzes, die inzwischen **Gewohnheitsrecht** geworden ist (EStR 6.6; BFH IV R 4/09, BStBl II 14, 443 Rn. 13; *Gröne* StuW 22, 39 (43)). Zunehmend sieht die Rspr die Grundlage indes eher in **Billigkeitserwägungen** (BFH I R 79/09, BStBl II 14, 943 Rn. 16; mE zutr): Danach soll die Rücklage gewährleisten, dass die Entschädigung ohne Schmälerung durch StZahlungen für die Ersatzbeschaffung verwendet werden kann (BFH IV R 54/80, BStBl II 83, 371; BFH IV R 46/97, BStBl II 99, 561 unter II.2.b). Der Gesetzgeber hat dieses Institut durch ausdrückl Erwähnung in § 13a VI 1 Nr 4 (Fassung 1999–2014) anerkannt. 102

c) Ausscheiden eines Wirtschaftsguts durch höhere Gewalt oder behördlichen Eingriff. Lediglich in diesen Sonderfällen ist die Übertragung stiller Reserven zulässig. Hingegen gibt es keinen allg Grundsatz, wonach bei jedem unbeabsichtigtem Ausscheiden aus dem BV die Gewinnrealisierung vermieden werden kann (BFH I R 9/91, BStBl II 93, 41 unter II.4.b: Ausscheiden als Folge eines privatrechtl Vertrags; BFH I B 39/09, BFH/NV 10, 248: Beschädigung eines WG durch den Vertragspartner; BFH I R 79/09, BStBl II 14, 943: Verlust von Aktien durch „squeeze out" nach § 327a AktG). 103

aa) Höhere Gewalt. Es handelt sich um ein betriebsfremdes, von außen durch elementare Naturkräfte oder Handlungen Dritter einwirkendes Ereignis, das unvorhersehbar ist, selbst durch die äußerste vernünftigerweise zu erwartende Sorgfalt nicht verhütet werden kann und auch nicht wegen seiner Häufigkeit in Kauf zu nehmen ist (BFH IV R 15/99, BStBl II 01, 130 unter 1.c mwN; auch → § 34b Rn. 6). – **(1) Elementarschäden.** ZB Zerstörung eines WG durch Brand (BFH IV R 46/97, BStBl II 99, 561), Sturm, Überschwemmung, Erdbeben. – **(2) Unbeeinflussbare menschliche Einwirkungen.** ZB Straftaten (Raub, Diebstahl, Unterschlagung; EStR 6.6 II 1), unverschuldete Verkehrsunfälle (BFH IV R 15/99, BStBl II 01, 130 unter 1.b: bereits geringstes Mitverschulden schließt die Annahme höherer Gewalt aus; EStR 6.6 II 1: Haftung aus Betriebsgefahr schließt RfE nicht aus), Bergschäden (FG Köln EFG 02, 1288, rkr) oder der wegen schwerster Baumängel erforderl Abriss eines Neubaus (BFH III R 254/84, BStBl II 88, 330); nicht hingegen der gewöhnl Maschinenbruch (BFH IV R 138/70, BStBl II 75, 692 unter 2.; großzügiger BFH IV R 15/99, BStBl II 01, 130 unter 2.). 104

bb) Behördlicher Eingriff. Er ist gegeben, wenn der StPfl kraft öffentl Zwangs seine Entschließungsfreiheit aufgeben muss (BFH X R 85/87, BStBl II 91, 222 unter II.2.d); zB **Enteignung** (EStR 6.6 II), Tötung von Viehbeständen aufgrund von Seuchen (*BMF* BStBl I 01, 254), Anordnung von Betriebsunterbrechungen (BFH 105

I R 134/73, BStBl II 76, 186 unter 2.) oder Bauverboten. Nicht erfasst ist jedoch die Aufstellung eines Bebauungsplans, wenn dieser zwar keine Betriebserweiterungen mehr zulässt, der Betrieb in seiner bestehenden Form aber aufgrund des Bestandsschutzes fortgeführt werden darf (BFH X R 85/87, BStBl II 91, 222 unter II.2.). Im Umlegungs-/Flurbereinigungsverfahren bedarf es keiner RfE, weil es wegen Identitätswahrung der WG schon nicht zu einer Gewinnrealisierung kommt (→ Rn. 854 mwN). – Erfasst sind auch „freiwillige" Veräußerungen, deren Hauptmotiv (BFH I R 134/73, BStBl II 76, 186 unter 4.) die **Vermeidung eines bevorstehenden behördl Eingriffs** ist, mit dem ernstl zu rechnen ist (BFH I 97/65, BStBl II 69, 381 unter 2.; BFH IV R 1/75, BStBl II 79, 412 unter 2.).

107 **cc) Beschädigung eines Wirtschaftsguts.** Nach der **FinVerw** soll eine Beschädigung durch höhere Gewalt oder behördl Eingriff das Wahlrecht ebenfalls eröffnen, wenn der StPfl eine Entschädigung erhält, die er bis zum Ende des übernächsten Wj zur Reparatur des WG verwendet (EStR 6.6 VII). – Die **Rspr** ist hier enger, weil bei bloßer Beschädigung (im Gegensatz zur Neubeschaffung/-herstellung) keine AK/HK entstehen, sondern lfd BA, sodass es der Begünstigung durch die RfE (abgesehen von der Progressionsglättung) nicht bedarf (BFH I B 39/09, BFH/NV 10, 248).

109 **d) Entschädigungen.** In den Fällen der RfE kommen vor allem Versicherungszahlungen oder behördl Enteignungsentschädigungen in Betracht. Zahlungen von Betriebsunterbrechungsversicherungen sind allerdings nur insoweit begünstigt, als sie Mehrkosten für eine *beschleunigte* Wiederbeschaffung abdecken (BFH IV R 54/80, BStBl II 83, 371). Bei Veräußerungen zur Vermeidung eines behördl Eingriffs tritt an die Stelle der Entschädigung der Veräußerungserlös (BFH XI R 5/00, BStBl II 01, 830 unter II.1.). Die Entschädigung kann auch in einem Sachwert bestehen; handelt es sich hierbei um ein WG des PV, schließt dies die Übertragung der aufgedeckten stillen Reserven auf ein anderweitiges ErsatzWG des BV nicht aus (BFH VIII R 29/70, BStBl II 73, 297). Die Gewinnrealisierung durch **Entnahme** eines WG ist (mangels Erhalt einer Entschädigung) nicht begünstigt (BFH IV R 23–24/68, BStBl II 73, 582 unter 3.). – **Begünstigter (übertragungsfähiger) Teil der Entschädigung** ist im Hinblick auf den Zweck der RfE (Vermeidung einer Schmälerung durch StZahlung) alles, was über den Buchwert des ausgeschiedenen WG hinaus geht (zur Ermittlung des Buchwerts → § 6b Rn. 51); auf den TW dieses WG kommt es nicht an (BFH IV R 54/80, BStBl II 83, 371; BFH IV R 46/97, BStBl II 99, 561 unter II.2.b). – **Zinsen** auf eine verspätet ausgezahlte Entschädigung sind nicht begünstigt (BFH X R 96/96, BStBl II 99, 217: ggf sogar Abspaltung eines Zinsanteils aus einem einheitl Entschädigungsbetrag; näher → 38. Aufl 2019, § 6 Rn. 109). – Soweit die Entschädigung für den Erwerb eines Grundstücks zum Autobahnbau nicht für den Wert des GuB gezahlt wird, sondern für **Erschwernisse der künftigen Betriebsführung,** ist sie nicht begünstigt (FG MV EFG 09, 914, rkr; FG LSA EFG 15, 193, rkr; FG LSA EFG 15, 197, rkr: „Erwerbsverlust- und Anschneideentschädigung"). – Sind die **AK/HK des ErsatzWG geringer als die erhaltene Entschädigung,** dürfen die stillen Reserven nur *anteilig* übertragen werden (BFH I 18/65, BStBl II 69, 310; Rechenbeispiel in EStH 6.6 III „Mehrentschädigung").

111 **e) Ersatzwirtschaftsgut.** Die stillen Reserven können nur auf ein WG übertragen werden, das im Betrieb **die gleiche Funktion** hat wie das ausgeschiedene WG (BFH IV R 7/98, BStBl II 99, 488 unter 2.c: nicht, wenn ein eigenbetriebl genutztes luf Stall- und Lagergebäude durch eine an einen GewBetr fremdvermietete Maschinenhalle ersetzt wird). In Sondersituationen lässt die *FinVerw* aus Billigkeitsgründen die Übertragung auf nicht funktionsgleiche WG zu (*BMF* BStBl I 01, 254: BSE-Rindfleischkrise). Die Übertragung auf WG in anderen Betrieben desselben StPfl ist grds nicht mögl (BFH IV R 65/02, BStBl II 04, 421 unter 2.c: ggf anders, wenn die Zwangslage zugleich den Fortbestand des ersten Betriebs gefährdet); zur Übertragung

bei PersGes s *Strahl* KÖSDI 99, 12165 (12173 f)). Ist ein bebautes Grundstück ausgeschieden, kommt es für die Übertragung auf ein anderes bebautes Grundstück nicht darauf an, wie sich die stillen Reserven auf GuB und Gebäude verteilen (EStR 6.6 III; BFH I R 34/69, BStBl II 71, 90 unter 2.). ErsatzWG für ein ausgeschiedenes Grundstück kann auch ein Miteigentumsanteil an einem anderen Grundstück sein, wenn dieser demselben Zweck wie das ausgeschiedene Grundstück dient (glA *BH/Krumm* § 6 Rn. 1291). Die Einlage eines bereits im PV des StPfl vorhandenen WG in das BV ist keine Ersatzbeschaffung (BFH IX R 27/82, BStBl II 85, 250).

f) Investitionsfrist. Die **neuere Rspr** wendet die in § 6b genannten Fristen entspr an (grds 4 Jahre, bei neu hergestellten Gebäuden 6 Jahre) und schließt weitere Fristverlängerungen aus (BFH IV R 4/09, BStBl II 14, 443 Rn. 16 ff). – Die **FinVerw** (EStR 6.6 IV 3–6) hat sich zu Gebäuden der Vier- bzw Sechs-Jahres-Frist des BFH angeschlossen. Bei bewegl WG (zu denen noch keine BFH-Rspr vorliegt) hält sie aber an ihrer bisherigen Auffassung fest, wonach das ErsatzWG zwar grds bis zum Ende des ersten Wj nach dem Ausscheiden des AltWG angeschafft, hergestellt oder bestellt sein muss, diese Frist im Einzelfall aber auf bis zu vier Jahre verlängert werden kann. – Das ErsatzWG kann bereits vor dem Ausscheiden des AltWG angeschafft werden, zB wenn der StPfl erkennt, dass demnächst ein behördl Eingriff droht. In diesem Fall darf der zeitl Zwischenraum zur Wahrung des erforderl ursächl Zusammenhangs aber nicht mehr als 2–3 Jahre betragen (BFH XI R 5/00, BStBl II 01, 830). – **Coronabedingte Fristverlängerung** in den Kj 20–22 s *BMF* BStBl I 22, 1379. – **Vorzeitige Auflösung der RfE.** Dies ist geboten, wenn die Absicht der Ersatzbeschaffung endgültig aufgegeben wird (BFH IV R 97/89, BStBl II 92, 392 unter II.4.: Betriebsveräußerung; BFH IV R 7/98, BStBl II 99, 488 unter 2.c: Anschaffung eines nicht funktionsgleichen ErsatzWG); diesen Umstand hat das FA nachzuweisen (BFH IV R 4/09, BStBl II 14, 443 Rn. 22). Die Auflösung infolge einer Betriebsveräußerung/-aufgabe gehört zum begünstigten Veräußerungsgewinn (BFH IV R 97/89, BStBl II 92, 392 unter II.4.). Anders als bei § 6b bewirkt die Auflösung einer RfE ohne Investition **keinen Gewinnzuschlag.** – Umgekehrt darf der StPfl eine noch nicht vollständig verbrauchte RfE trotz Anschaffung eines ErsatzWG fortführen, wenn er glaubhaft macht, dass er innerhalb der noch lfd Frist weitere ErsatzWG erwerben will. 113

g) Anwendung bei anderen Gewinnermittlungsarten. Bei **§ 4 III** wendet die *FinVerw* die vorstehenden Grundsätze aus Billigkeitsgründen entspr an (Einzelheiten in EStR 6.6 V). Die Rspr hat dies zumindest für den Fall des zwischenzeitl Wechsel von § 4 I zu § 4 III bestätigt (BFH IV R 7/98, BStBl II 99, 488 unter 2.b). – **Bei § 13a** bleiben das Ausscheiden des WG und die Entschädigung auf Antrag außer Betracht, wenn innerhalb der Fristen eine Ersatzbeschaffung vorgenommen wird (EStR 6.6 VI; zur Erfassung der Entschädigung → § 13a Rn. 40). – Bei **Gewinnschätzung** ist eine Rücklagenbildung unzulässig (BFH IV R 57/97, BStBl II 99, 602 unter 2. b). – **Im PV** gelten diese Grundsätze schon deshalb nicht, weil dort keine stillen Reserven zu versteuern sind (iErg auch BFH IX R 333/87, BStBl II 94, 12). 115

6. Aufteilung von Anschaffungskosten bei Gesamtkaufpreis. Erwirbt ein StPfl durch einen einheitl Vertrag mehrere WG (insb GuB/Gebäude; Betriebe), ist der Gesamtkaufpreis auf die einzelnen WG zu verteilen. Diese Grundsätze gelten entspr, wenn nur ein einziges WG angeschafft worden ist, die AK aber später (zB beim Verkauf von Teilflächen) auf Teile des WG aufgeteilt werden sollen (BFH I R 37/81, BStBl II 83, 130 unter II.; BFH VIII R 161/82, BStBl II 84, 26). 118

a) Grundsatz: Berücksichtigung einer vertraglichen Einigung. Eine Einigung über die Aufteilung ist auch steuerl maßgebl, solange dagegen keine nennenswerten Bedenken bestehen und sie von den wechselseitigen Interessen der Vertragsparteien getragen ist (BFH IX B 84/06, BFH/NV 07, 1104; BFH IX R 12/14, BStBl II 16, 397 Rn. 19). 119

Einzelfälle: Erwerb einer Eigentumswohnung. Hier sollte im notariellen Kaufvertrag eine Aufteilung auf GuB (Bodenrichtwert) und Gebäude vorgenommen werden (*Wichmann* Stbg 17, 405). Allein der übl Interessengleichlauf zw Bauträger und Erwerber, einen möglichst hohen Anteil des Gesamtkaufpreises dem Gebäude zuzuordnen, rechtfertigt keine abw Verteilung durch das FA, wenn keine *konkreten* Anhaltspunkte für eine unzutr Aufteilung gegeben sind (BFH IX B 149/08, BFH/NV 09, 365; BFH IX R 26/19, BStBl II 21, 372 Rn. 23). Die neuere Rspr fordert zwar grds einen Abgleich mit den Verkehrswerten, verwirft die vertragl Aufteilung aber nur bei grundlegenden Abweichungen (BFH IX R 12/14, BStBl II 16, 397). – **Verbilligter Verkauf mehrerer steuerl unterschiedl WG.** Beim teilentgeltl Verkauf mehrerer WG ist es zulässig, den Kaufpreis vertragl überproportional (bis zur Höhe des Verkehrswerts) dem WG zuzuordnen, bei dem dies steuerl günstiger ist, zB Verkauf eines Zweifamilienhauses mit einer fremdvermieteten und einer selbstgenutzten Wohnung an einen Angehörigen (BFH IX R 54/02, BStBl II 06, 9; *BMF* BStBl I 07, 269), Verkauf mehrerer teils selbstgenutzter, teils fremdvermieteter Eigentumswohnungen (BFH IX R 35/08, BStBl II 09, 663 unter II.2.c), Verkauf einer zum PV gehörenden Wohnung und eines Betriebs unter vorrangiger Kaufpreiszuordnung zur Wohnung zur Erlangung von EigZul (BFH IX R 34/05, BFH/NV 06, 1634). – **Verkauf mehrerer WG in teils stpfl und teils stfreier Weise.** Auch hier ist grds eine vertragl Einigung zu beachten (für die Aufteilung eines Gesamtkaufpreises auf mehrere Beteiligungen BFH I B 26/07, BFH/NV 07, 2354; die konkrete Einzelfallentscheidung dürfte allerdings eher als großzügig anzusehen sein). Dies gilt mE auch für die Zuordnung bei gleichzeitiger Veräußerung von Anteilen an KapGes (teilweise stfrei) und anderen WG, deren Veräußerung voll stpfl ist (**aA** FG RhPf EFG 12, 63, rkr). – Zur Bedeutung dieser Grundsätze für den **steueroptimierten Abzug von Schuldzinsen** → § 9 Rn. 140 ff.; *Schallmoser* DStR 09, 1685. Zur Aufteilung auf GuB und stehendes Holz beim Verkauf eines **Waldgrundstücks** → § 13 Rn. 16.

120 **b) Fehlen einer bindenden vertraglichen Aufteilung. – aa) Notwendigkeit einer Aufteilung durch das Finanzamt.** Dies ist erforderl, wenn keine vertragl Einigung existiert (BFH IX R 12/21, BStBl II 24, 61 Rn. 46) oder ledigl eine einseitige Erklärung vorliegt (BFH IX R 86/97, BStBl II 01, 183 unter II.1.: nachträgl Bescheinigung des Veräußerers über die Kaufpreiszuordnung). Darüber hinaus sind auch tatsächl vorgenommene vertragl Einigungen über die Aufteilung in den folgenden Fallgruppen steuerl nicht bindend (ausführl BFH IX R 12/14, BStBl II 16, 397 Rn. 20 ff; BFH IX R 26/19, BStBl II 21, 372 Rn. 24 ff; *Graw* HFR 20, 442): – **(1) Anhaltspunkte für einen Gestaltungsmissbrauch oder eine Scheinbestimmung.** Hierunter fallen im Vertrag ausgewiesene Werte, die nicht von gegensätzl Interessen getragen werden, sondern von dem Bestreben, einem Vertragspartner einen möglichst großen StVorteil zukommen zu lassen (BFH X R 96/96, BStBl II 99, 217 unter B.IV.2.c: Aufteilung einer langfristig gestundeten Forderung in Zins- und Kapitalanteil entgegen der Vereinbarung; ausführl BFH X R 19/03, BStBl II 06, 238 unter II.2.a mwN: Zuordnung von Aufwendungen bei *„Kombi-Rente"*; BFH X B 159/13, BFH/NV 14, 1743; ähnl („nicht bindende vertragl Aufteilung") BFH IX R 31/12, BStBl II 13, 1011 Rn. 22); bei einem vom Verkäufer sowohl gewerbl als auch privat genutzten Einfamilienhaus wird ein überproportional großer Teil des Kaufpreises dem nichtsteuerbaren Verkauf der privaten Flächen zugeordnet, obwohl der Erwerber das Gebäude insgesamt privat nutzen wird (zutr NdsFG DStRE 22, 139, rkr). – **(2) Erhebliche Abweichung von den realen Werten.** Bei einer Verifikation der vertragl Aufteilung anhand der obj Verkehrswerte stellt sich heraus, dass die vertragl Aufteilung die realen Wertverhältnisse in grds Weise verfehlt und wirtschaftl nicht haltbar erscheint. Dies kann insb bei einer erhebl Abweichung zw Bodenrichtwert und vertragl GuB-Anteil der Fall sein (BFH IX R 26/19, BStBl II 21, 372 Rn. 34: widerlegbares Indiz, das aber zur Prüfung der Kaufpreisaufteilung berechtigt). Eine „erhebl" Abweichung ist mE allerdings nicht schon dann gegeben, wenn die allg steuerl Geringfügigkeitsgrenze von 10% überschritten ist (**aA** FG Ddorf DStRE 25, 456 unter 1.b, rkr; FG Mchn DStRE 25, 453, rkr).

122 **bb) Vornahme der Aufteilung.** Fehlt es in den Fällen der → Rn. 120 an einer Einigung der Parteien oder kann sie steuerl nicht zugrunde gelegt werden, sind zunächst für alle erworbenen WG (zB GuB, Gebäude) die jeweiligen Einzelwerte zu er-

mitteln. Sodann sind die tatsächl GesamtAK im Verhältnis der Einzelwerte auf die WG aufzuteilen (BFH IX R 86/97, BStBl II 01, 183 unter II.2.; BFH IX B 98/16, BFH/NV 17, 292 Rn. 4; BFH IX R 12/21, BStBl II 24, 61 Rn. 30).

(1) Betriebsvermögen. Aufteilungsmaßstab ist hier das Verhältnis der Teilwerte (BFH GrS 1/77, BStBl II 78, 620 unter D. II.3.a; BFH III R 272/83, BStBl II 88, 441). – **Bewertungsverfahren.** Die Rspr hat hier schon immer das **Ertragswertverfahren** zugelassen (zu vermieteten Geschäftsgrundstücken BFH III R 173/86, BStBl II 90, 497 unter I.2.c; BFH IV B 111/06, BFH/NV 08, 360). Zur Kaufpreisaufteilung beim **Unternehmenskauf** s *Bauer/Baumgartner* FR 15, 838. 123

(2) Privatvermögen. Aufteilungsmaßstab ist hier das **Verhältnis der Verkehrswerte** (BFH X R 97/87, BStBl II 89, 604 unter 1.; BFH IX R 130/90, BStBl II 96, 215 unter 1.a). Gehören die erworbenen WG teils zum BV, teils zum PV, dürfte sowohl die Aufteilung nach TW als auch die nach Verkehrswerten zum selben Ergebnis führen (BFH I R 131/78, BStBl II 82, 320 unter 2.; BFH IV R 204/85, BFH/NV 90, 34). – **(a) Bewertungsmethode beim Erwerb eines bebauten Grundstücks.** Für die Aufteilung auf GuB und Gebäude ist grds das Verhältnis der nach der **ImmoWertV** (→ Rn. 275) zu ermittelnden Verkehrswerte dieser beiden EinzelWG maßgebl (BFH IX R 26/19, BStBl II 21, 372 Rn. 30; ausführl *Kühnberger/Werling* DB 24, 337). – **Sachwertverfahren.** Dies wurde in der früheren Rspr herangezogen (BFH IX R 86/97, BStBl II 01, 183; BFH IX R 13/00, BFH/NV 03, 769; BFH IX B 117/04, BFH/NV 05, 1813; BFH IX B 98/16, BFH/NV 17, 292 Rn. 5; BFH IX R 38/17, BStBl II 21, 202 Rn. 43; krit *Wichmann* Stbg 17, 405). – **Ertragswertverfahren.** Die neuere Rspr stellt für die Methodenwahl im Anschluss an § 6 I 2 ImmoWertV 2022 auf die Art des Objekts, die geschäftl Gepflogenheiten und die sonstigen Umstände, insb die zur Verfügung stehenden Daten ab und hält die Wertermittlungsverfahren für grds gleichwertig, sodass sie auch das Ertragswertverfahren zulässt (BFH IX R 12/14, BStBl II 16, 397 Rn. 25; BFH IX R 26/19, BStBl II 21, 372 Rn. 31; BFH IX R 12/21, BStBl II 24, 61 Rn. 36; BFH IX B 64/23, BFH/NV 24, 407 Rn. 6; glA *Graf/Nacke* NWB 22, 822; krit *Carlé* NWB 23, 12; *Werling/Breitkreuz* FR 25, 293). Die Wahl des Ertragswertverfahrens ist aber mE begründungsbedürftig (glA *Ratschow* BFH/PR 21, 100). Insb für Renditeobjekte kann es herangezogen werden (BFH IX B 144/16, BFH/NV 18, 218 Rn. 6: gemischt genutztes Grundstück; BFH IX R 12/21, BStBl II 24, 61 Rn. 49: ausschließl zur Vermietung bereitgehaltene Ferienwohnung) oder dann, wenn das Sachwertverfahren ungeeignet ist, weil der mit dieser Methode ermittelte Wert (was vor allem in sehr begehrten Lagen der Fall sein kann) ganz erhebl unter dem tatsächl gezahlten Kaufpreis liegt (BFH IX R 12/21, BStBl II 24, 61 Rn. 37). Maßgebend ist das allg Ertragswertverfahren nach § 28 ImmoWertV 2022, nicht das vereinfachte Verfahren nach § 29 ImmoWertV 2022 (BFH IX R 26/24, DStR 25, 2719 Rn. 21 ff). Der Gebäudewert wird im Ertragswertverfahren dadurch ermittelt, dass vom Reinertrag aus der Vermietung des *gesamten* Grundstücks der Verzinsungsbetrag des Bodenwerts abgezogen wird; gleichwohl ist diese Methode mit dem Grundsatz der Einzelbewertung vereinbar (BFH IX R 12/21, BStBl II 24, 61 Rn. 41). – **Maßgebender Zeitpunkt.** ME ist der Vertragsschluss maßgebl (**aA** FG Mster EFG 23, 116, rkr: Besitzübergang; dies ist allerdings nicht praktikabel, da die Parteien die Wertentwicklung nach dem Vertragsschluss nicht vorhersehen können). – **Einzelfragen.** Der Wert des GuB ist nicht deshalb mit 0 € anzusetzen, weil das Gebäude unter Denkmalschutz steht und daher nicht abgerissen werden darf (zutr FG Köln EFG 18, 456, Rev IX R 43/17 unzul). Zu AK für den Gebäudeanteil des Erbbaurechts → Rn. 91; zur Kaufpreiszuordnung bei Abbruch eines Gebäudes kurz nach Erwerb → Rn. 214 ff; zu Modernisierungsmodellen s *OFD Ffm* DStR 99, 762. 124

(b) „Arbeitshilfe" des BMF. Zur Kaufpreisaufteilung nach dem Sachwertverfahren hat das BMF seit 2014 auf seinen Internetseiten eine Arbeitshilfe veröffentlicht (Excel-Tabelle). Der BFH hält die damalige Version der Arbeitshilfe allerdings zR für ungeeignet (BFH IX R 26/19, BStBl II 21, 372 Rn. 36 ff; BFH IX R 12/21, BStBl II 24, 61 Rn. 47; glA *Graf/Nacke* NWB 20, 2383), da sie ausschließl auf den Bodenrichtwerten beruht, keinerlei weitere Umstände (Orts- und Regionalisierungsfaktoren) berücksichtigt und tendenziell zu überhöhten Werten für den GuB führt. Ohne Verständigung mit dem FA (dazu *Ratschow* BFH/PR 21, 100) bleibt daher nur ein (teures) Sachverständigengutachten (dazu *Seitz* DStR 22, 1774; zu weiteren Wertermittlungsverfahren s *Jacoby/Geiling* DStR 20, 481). – 2021 hat das BMF eine **überarbeitete Arbeitshilfe** veröffentlicht, die auch das Ertrags- und Vergleichswertverfahren berücksichtigt und idR zu deutl 125 höheren Gebäudeanteilen führt als die vom BFH verworfene Version (dazu *Ronig* NWB 21, 2059; krit *Geiling/Jacoby* DStR 21, 1855; *Graf/Nacke* NWB 22, 822 (824)).

126 **(c) Aufteilung eines Gebäudes in verschiedene Wirtschaftsgüter.** Bei unterschiedl Nutzungs-/Funktionszusammenhang ist nach dem Verhältnis der Wohn-/Nutzflächen aufzuteilen (*BMF* BStBl I 04, 464). Zu AK bei Vorbehalt eines Nutzungsrechts an einer von mehreren verkauften Wohnungen BFH IX R 33, 34/92, BStBl II 94, 927, teilweise modifiziert durch BFH IX R 50, 51/97, BStBl II 01, 594.

130 **7. Anschaffungskosten bei unentgeltlichem und teilentgeltlichem Erwerb.** Hier nur Kurzüberblick; zu Einzelheiten und Nachweisen auf Rspr und Literatur s die nachfolgenden Verweise. Zur AfA in diesen Fällen → § 7 Rn. 109 ff; zu **Nebenkosten** beim unentgeltl Erwerb → Rn. 53.

131 **a) Erbfall.** Ausführl zu Erbfall und Vermächtnis bei BV → § 16 Rn. 590 ff. – Es handelt sich um einen unentgeltl Vorgang, der keine neuen AK entstehen lässt. Für die AfA ist (ggf durch die Erbengemeinschaft) die Bemessungsgrundlage des Rechtsvorgängers fortzuführen (für BV § 6 III, für PV § 11d EStDV). Der Übergang von *Erblasser*schulden auf den Erben führt hier nicht zu AK; Gleiches gilt für die Erfüllung von *Erbfall*schulden (Vermächtnis-, Pflichtteils-, Erbersatz- und Abfindungsschulden).

132 **b) Erbauseinandersetzung mehrerer Miterben.** Dieser Vorgang bildet mit dem Erbfall *keine* Einheit; hier können daher AK anfallen (grundlegend BFH GrS 2/89, BStBl II 90, 837; ausführl *BMF* BStBl I 06, 253). Grds erwirbt der Miterbe, der bei der Auseinandersetzung Teile des Nachlasses erlangt, aber unentgeltl. AK entstehen nur, soweit der Wert des Erlangten den Wert des Erbanteils des Miterben übersteigt und dafür ein Ausgleich zu leisten ist. Zur Erbauseinandersetzung über **BV** (grds Gleichstellung mit dem Ausscheiden aus einer MUerschaft) → § 16 Rn. 610–623; zur Erbauseinandersetzung über **PV** → § 16 Rn. 625–634 (mit Beispielen zur Berechnung der AfA-Bemessungsgrundlage bei Leistung von Ausgleichszahlungen); zur Erbauseinandersetzung bei **Mischnachlass** → § 16 Rn. 636–643 (es gelten die für den jeweiligen Nachlassbestandteil maßgebenden Grundsätze). Soweit die Erbauseinandersetzung danach als **teilentgeltl Vorgang** anzusehen ist, gelten die in → Rn. 137 dargestellten Grundsätze. Die *Teil*erbauseinandersetzung ist wie die vollständige Auseinandersetzung zu behandeln. Der Verkauf eines Erbteils oder die entgeltl Ausschlagung führen ebenfalls zu AK.

134 **c) Reine Schenkung.** Sie stellt ebenfalls einen unentgeltl Vorgang dar. Im PV führt der Erwerber die AfA-Bemessungsgrundlage des Rechtsvorgängers fort (§ 11d EStDV). Im BV gilt dies nur beim Übergang betriebl Einheiten iSd § 6 III; die unentgeltl Übertragung *einzelner* betriebl WG aus privaten Gründen ist hingegen eine gewinnrealisierende Entnahme, sofern das WG nicht (als SonderBV) im BV derselben MUerschaft verbleibt (§ 6 V 3; → Rn. 799 f). – Die **Übernahme von Verbindlichkeiten** stellt in den Fällen des § 6 III kein Entgelt dar und führt nicht zu AK (→ Rn. 719); beim Übergang von PV entstehen hingegen AK. Zur Behandlung **teilentgeltl Übertragungen** → Rn. 137.

Anschaffungskosten bei mittelbarer Grundstücksschenkung. In diesen Fällen erhält der StPfl zwar nicht das Grundstück, wohl aber einen Geldbetrag geschenkt, den er zweckgebunden zur Begleichung der AK/HK verwenden muss. – ***(1)* BV.** Es handelt es sich um eine Einlage des Grundstücks, die mit dem TW anzusetzen ist, sodass AfA vorgenommen werden können. Weil es sich nicht um eine Anschaffung handelt, ist eine Übertragung stiller Reserven nach § 6b auf dieses WG nicht mögl (BFH IV R 9/06, BStBl II 10, 664 unter II.1.b). – ***(2)* PV.** Der Vorgang ist so zu behandeln, als habe bereits der Schenker das Grundstück angeschafft und anschließend dem StPfl geschenkt, sodass § 11d EStDV anwendbar ist und der StPfl AfA vornehmen kann (BFH IX R 26/15, BStBl II 17, 343 Rn. 15; ebenso für den Fall der Zuwendung ledigl eines *Teils* der Baukosten bereits FG Ddorf EFG 03, 603, rkr). Bei Subventionsnormen, die *eigene* AK/HK voraussetzen und für die § 11d EStDV nicht gilt, ist eine Begünstigung allerdings nicht mögl (zum EigZulG BFH IX R 59/04, BFH/NV 06, 2040; BFH IX R 4/06, BStBl II 07, 372).

d) Vorweggenommene Erbfolge. Zivilrechtl handelt es sich um einen Spezialfall der Schenkung (gemischte oder Auflagenschenkung). Estrechtl ist zu differenzieren (grundlegend BFH GrS 4–6/89, BStBl II 90, 847; *BMF* BStBl I 93, 80; zu BV ausführl → § 16 Rn. 50–62): Sind die Voraussetzungen des Rechtsinstituts der „Vermögensübergabe gegen Versorgungsleistungen" erfüllt (dazu → § 10 Rn. 111 ff), handelt es sich steuerl um einen voll unentgeltl Vorgang; die wiederkehrenden Versorgungsleistungen stellen kein Entgelt dar. Zu AK führen hingegen Abstandszahlungen an den Übergeber, Gleichstellungsgelder an Dritte (zB an weichende potentielle Miterben) und die Übernahme *privater* Schulden des Übergebers (nicht aber die Übernahme vorhandener Betriebsschulden mit dem Betrieb). 135

e) Anschaffungskosten bei teilentgeltlichem Erwerb. Erfasst sind zB Fälle der Erbauseinandersetzung (→ Rn. 132) oder vorweggenommenen Erbfolge (→ Rn. 135). – ***(1)* Teilentgeltlicher Erwerb von Privatvermögen.** Bzgl des unentgeltl Teils tritt der Rechtsnachfolger in die Rechtsstellung des Vorgängers ein; bzgl des entgeltl Teils hat er eigene AK. Zur komplizierten AfA-Berechnung in diesen Fällen → § 7 Rn. 112. Zur Gestaltung der Kaufpreiszuordnung bei teilentgeltl Übertragung eines Gebäudes mit unterschiedl Nutzungen → Rn. 119. – ***(2)* Teilentgeltlicher Erwerb betrieblicher Einheiten iSd § 6 III** (Betrieb, Teilbetrieb, MUerAnteil). Hier gilt die Einheitsbetrachtung (ausführl → § 16 Rn. 65–71): Der Vorgang ist (anders als im PV) nicht in einen voll unentgeltl und einen voll entgeltl Teil aufzuspalten. Vielmehr entstehen AK des Erwerbers nur, soweit das tatsächl gezahlte Entgelt die Buchwerte (KapKto) übersteigt (Entsprechendes gilt für den Veräußerungsgewinn des Veräußerers). – ***(3)* Teilentgeltliche Übertragung einzelner Wirtschaftsgüter des Betriebsvermögens.** Beim **Veräußerer** kommt es iHd Differenz zw Veräußerungspreis und Buchwert zu einem Veräußerungsgewinn, iHd Differenz zw Veräußerungspreis und TW zu einem Entnahmegewinn (BFH VIII R 51/84, BStBl II 92, 512 unter III.; BFH III R 8/03, BStBl II 06, 287 unter II.2.a; für Aufteilung wie bei PV hingegen BFH X R 34/03, BStBl II 05, 378 unter II.7.). Der **Erwerber** kann mE nach § 6 I Nr 5 zum TW in ein BV einlegen (ebenso *BMF* BStBl I 93, 80 Tz 34, allerdings im Wege der Aufspaltung in entgeltl und unentgeltl Übertragung). 137

8. ABC der Anschaffungskosten. – (s auch ABC der Aktivierung, → § 5 Rn. 270). 140

Abbruchkosten → Rn. 214 ff.

Abfindungen. *(1)* Empfänger sind Mieter oder dingl Nutzungsberechtigte. Ausführl *Wenke* NWB 24, 2179. Beim Zahlenden kommen in Betracht (auch → Rn. 86): – ***(a)* Aufzuteilende AK des Gesamtgrundstücks** (unter dem Gesichtspunkt der Betriebsbereitschaftskosten), wenn erst der Auszug der Mieter aus dem Gebäude die mit dem Erwerb bezweckte Nutzung ermöglicht. In der Praxis wird diese Zuordnung aber selten sein, da der BFH eine Abfindung, deren Grundlage erst *nach* Abschluss des Anschaffungsvorgangs gelegt wird, als BA/WK ansieht (BFH GrS 1/69, BStBl II 70, 382: im BV allerdings Aktivierung der Abfindung und Verteilung über die Restlaufzeit des Mietvertrags; BFH VIII R 92/77, BStBl II 80, 187: erst nach dem Erwerb wird an die Baubehörde eine Abfindung wegen Zweckentfremdung von Wohnraum gezahlt, um das Gebäude höherpreisig als Büro vermieten zu können). – ***(b)* AK des GuB.** Ein unbebautes Grundstück soll nach der Räumung erstmals vermietet werden (BFH IX R 57/01, BStBl II 04, 872 unter II.3.: Zwangsräumung von Besetzern). – ***(c)* GebäudeHK.** Die Abfindung soll der Räumung eines unbebauten Grundstücks zum Zwecke des Bebauung (BFH IX R 57/01, BStBl II 04, 872 unter II.2.) oder der Räumung eines Gebäudes zum Zwecke des Abrisses und der Neubebauung dienen (BFH I R 243/73, BStBl II 76, 184: Abfindung für dingl Wohnrecht; BFH I R 29/79, BStBl II 83, 451 unter 3.: Mieterabfindung; BFH IX R 24/03, BStBl II 06, 461: Abfindung für Erbbaurecht). – ***(d)* Sofortige**

BA/WK. Die Abfindung an den bisherigen Nutzer dient der Ermöglichung einer Renovierung (BFH IX R 29/21, BStBl II 23, 1087: auch keine anschaffungsnahen HK nach § 6 I Nr 1a) oder der Erzielung höherer lfd Einnahmen durch sofortigen Abschluss eines neuen Nutzungsvertrags (BFH VIII R 115/70, BStBl II 75, 730, dort auch zur Behandlung von Abfindungen, die in Form einer Leibrente gezahlt werden; BFH IX R 24/10, BFH/NV 11, 1480: Ablösung eines Erbbaurechts zur Begründung eines neuen Erbbaurechts mit höherem Erbbauzins; BFH IX R 28/12, BFH/NV 13, 914: der StPfl bewegt den Inhaber eines Wohnungsrechts zum Auszug, übernimmt im Gegenzug die Miete für dessen neue Wohnung und kann die frei gewordene Wohnung zu einem wesentl höheren Betrag vermieten; dies gilt auch zw nahen Angehörigen, sofern die Vereinbarung einem Fremdvergleich genügt); auch die Abfindung an die Inhaberin eines Wohnungsrechts, um die Wohnung erstmals vermieten zu können (BFH IX R 9/21, BFH/NV 23, 260). – ***(e)* Estl unbeachtl** ist die Abfindung, wenn der Eigentümer die Wohnung selbst nutzen will (BFH IX R 38/03, BStBl II 05, 760) oder kein Zusammenhang zu einer Einkunftsart besteht (BFH VIII R 110/70, BStBl II 75, 663). – ***(f)* Behandlung beim Empfänger.** Will dieser die Wohnung zu eigenen Wohnzwecken nutzen, ist die erhaltene Zahlung nicht stbar (BFH IX R 89/95, BFH/NV 00, 423: kein § 22 Nr 3). Die Abfindung an einen Nießbraucher, der das Objekt vermietet hat, ist Einnahme aus VuV (BFH IX R 4/24, DStR 25, 2831). – ***(2)* Abfindungen an Nachbarn,** die auf ihre Rechte verzichten, sind HK eines Gebäudes, wenn sie nur der konkreten Bebauung dienen (FG Bln EFG 97, 655, rkr), hingegen AK des GuB, wenn die Bebaubarkeit *allgemein* (unabhängig von dem konkreten Bauvorhaben) erhöht wird (FG Köln EFG 87, 166, rkr) und nachträgl AK des Gebäudes, wenn eine am Gebäude bestehende Nutzungsmöglichkeit des Nachbarn abgefunden wird (HessFG EFG 88, 68, bestätigt). – ***(3)* Abfindungen zur Vermeidung von (Rück-)Übertragungsansprüchen** sind nachträgl AK, zB bei Anfechtung nach § 3 II AnfG (BFH IX R 56/06, BStBl II 07, 956), Rückforderungsanspruch des verarmten Schenkers gem § 528 BGB (zutr FG Ddorf EFG 97, 1225; die nachgehend von BFH IX R 66/97, BFH/NV 01, 769 unter II.4. geäußerten Zweifel sind durch BFH IX R 56/06, BStBl II 07, 956 überholt); Abfindung, die der bisherige Ges'ter für den Verzicht eines Dritten auf dessen Recht zum Erwerb des Anteils zahlt (FG BW EFG 03, 378, rkr). Dies gilt jedoch nicht, wenn nach einer Vermögensübergabe gegen Versorgungsleistungen ein vorbehaltener Rückübertragungsanspruch des Voreigentümers abgelöst wird (BFH VI R 43/16, BFH/NV 19, 1335: privater Vorgang, der estl unbeachtl ist).

Anzahlungen sind als solche zu aktivieren und noch keine AK (→ § 5 Rn. 270 „Anzahlungen"); zu verlorenen Vorauszahlungen → Rn. 207. Sie waren auch bis VZ 22 nicht abzuzinsen (→ Rn. 463).

Aufzinsungspapiere s „Zerobonds"

Beteiligung an Kapitalgesellschaft (ausführl → § 5 Rn. 270 „Beteiligungen an KapGes", „eigene Anteile"; zum TW → Rn. 278 ff; zu § 17 IIa → § 17 Rn. 163 ff). – ***(1)* Offene Einlagen** (anlässl der Gründung oder einer späteren Kapitalerhöhung) stellen AK dar; dies gilt auch für Zahlungen in die Kapitalrücklage (→ Rn. 57). Bareinlagen von Beziehern junger Aktien für die Substanzabspaltung der Altaktien sind AK (BFH VIII R 68/05, BStBl II 07, 937 unter II.4.a bb). Bei Erhöhung des Kapitals durch Umwandlung von Rücklagen in Nennkapital entstehen keine neuen AK. Vielmehr sind die AK der Altanteile nach dem Verhältnis der Nennbeträge aufzuteilen und teilweise den neuen Anteilen zuzuordnen (§ 3 KapErhStG). Zahlt der StPfl für den Erwerb eines neuen Anteils iRe Kapitalerhöhung ein Aufgeld, ist dieses ausschließl den AK des neuen Anteils, nicht aber anteilig den AK der Altanteile zuzuordnen, und zwar auch dann, wenn die AK den Verkehrswert des neuen Anteils übersteigen (BFH I R 53/08, BFHE 226, 500). – ***(2)* Verdeckte Einlagen** führen zu nachträgl AK (ausführl → Rn. 861 ff, insb zu Forderungsverzichten → Rn. 879). Dies gilt sowohl für die in § 6 VI 2 erfassten verdeckten Einlagen aus einem BV als auch für verdeckte Einlagen aus dem PV. Auch wenn der Ges'ter zugleich als Geschäftsführer ArbLohn bezieht, werden verdeckte Einlagen idR nicht mit dem ArbVerh in Zusammenhang stehen, sondern die AK erhöhen (BFH VI R 3/92, BStBl II 94, 242). Zu verdeckten Einlagen in den Fällen des § 17 → § 17 Rn. 183. – ***(3)*** **Erwerb einer bestehenden Beteiligung.** Auch Entgelte für die Mitübertragung bereits entstandener, aber noch nicht von einem Verwendungsbeschluss erfassten Gewinne gehören zu den AK (BFH I R 190/81, BStBl II 86, 815); zu Anschaffungsnebenkosten → Rn. 54 (2). Gewährt der Veräußerer dem Erwerber eine Zuzahlung, sind weder „negative AK" zu aktivieren noch Erwerbsgewinne zu realisieren; vielmehr ist im BV ein passiver Ausgleichsposten zu bilden (BFH I R 49, 50/04, BStBl II 06, 656; näher → § 5 Rn. 550 „Ausgleichsposten"; zur Behandlung negativer Kaufpreise, die aus der Übernahme estl nicht passivierungsfähiger Verpflichtungen resultieren, s §§ 4f, 5 VII). Soweit der endgültige Anteilskaufpreis vom Eintritt bestimmter Bedingungen abhängig ist (zB Erreichen von Unternehmenszielen), sind die Kaufpreisänderungen aufschiebend bedingt und beeinflussen die AK daher erst mit Bedingungseintritt (→ Rn. 82 (4)). – ***(4)*** **Rückzahlung von Nennkapital** bewirkt AK-Minderung (näher → Rn. 65 ff).

Beteiligung an Personengesellschaft. Steuerl werden nicht GesAnteile, sondern die Anteile an den einzelnen WG der PersGes angeschafft (BFH IV R 52/03, BStBl II 06, 128 unter 2.c; ausführl → § 5 Rn. 270 „Beteiligungen an PersGes"; *Kahle/Mock* DStZ 22, 232). Zu AK des Erwerbers ausführl → § 16 Rn. 460 ff; zu Ergänzungsbilanzen → § 15 Rn. 462.

Bitcoins → Rn. 22.

Bodenschatz. Einem selbst entdeckten Bodenschatz sind keine AK zuzurechnen (ausführl → § 7 Rn. 227 mwN; → § 5 Rn. 270 „Bodenschätze"). Zur Abgrenzung zw Kauf- und Pachtverträgen bei der Ausbeute → § 21 Rn. 18.

Disagio. Zum Einfluss auf die AK von Forderungen s „Forderungen" (2).

Emissionsberechtigungen („CO_2-Zertifikate") nach dem TreibhausemissionshandelsG (BGBl I 04, 1578) und dem BrennstoffemissionshandelsG (BGBl I 19, 2728) werden dem StPfl von der zuständigen Behörde zunächst unentgeltl zugeteilt. Die AK betragen daher 0 €; Anschaffungsnebenkosten sind BA. Die Berechtigungen sind handelbare immaterielle WG des UV. Bei höherem Emissionsbedarf können sie entgeltl (AK) von Dritten erworben werden. Das LiFo-Verfahren ist nicht anwendbar (→ Rn. 412). Ausführl zur steuerl Behandlung *BMF* BStBl I 05, 1047; *Herzig/Jensen-Nissen/Koch* FR 06, 109; *Klein/Völker-Lehmkuhl* DB 04, 332; *Hoffmann/Lüdenbach* DB 06, 57; *Brüggemann/Polster* DB 21, 1077; *Lenz* DStR 22, 2457.

Erbbaurecht → Rn. 89 ff.

Erhaltungsrücklage bei Eigentumswohnung. Einzahlungen in die Rücklage sind auch im BV nicht sofort BA, sondern zu aktivieren; der auf die Rücklage entfallende Teil des Kaufpreises ist nicht Teil der AK für die Wohnung (näher → § 21 Rn. 148 „Erhaltungsrücklage").

Finanzierungskosten gehören grds nicht zu den AK/HK eines WG, sondern zu den sofort abziehbaren Geldbeschaffungskosten (§ 9 I 3 Nr 1; ausführl → § 9 Rn. 131 ff; zu HK → Rn. 206). Hingegen sind Schuldzinsen des Veräußerers für die Zeit vor der Übergabe des WG, die dieser dem Erwerber weiterberechnet (Bauzeitzinsen), beim Erwerber AK (ausführl BFH IX R 32/01, BStBl II 04, 1002). Wegen Säumniszuschlägen zur GrESt → Rn. 54.

Forderungen. – ***(1)*** **Begründung der Forderung durch Vertrag oder Gesetz.** Die AK entsprechen dem **Nennwert** (BFH IV 123/63, BStBl II 68, 176; zur HB s BGH III ZR 194/19, DStR 22, 506 Rn. 21), dh bei Geldforderungen dem Betrag, auf dessen Zahlung der StPfl Anspruch hat. Dies gilt auch bei fehlender oder niedriger Verzinsung (BFH I R 114/84, BStBl II 90, 117 unter II.1.; BFH I R 2/06, BStBl II 07,

469 unter II.2.a); die Zinsdifferenz beeinflusst allein den TW (→ Rn. 296). Zum KSt-Guthaben nach § 37 IV KStG hat der BFH allerdings entschieden, dass diese Forderung mit dem abgezinsten Betrag anzusetzen ist, weil sie von vornherein als unverzinsl entsteht (BFH I R 56/16, BStBl II 20, 104 Rn. 12; mE Abweichung von früherer Rspr, die ebenfalls Forderungen behandelte, die von vornherein als unverzinsl entstanden waren). – **Ansprüche auf Leibrenten** sind mit dem **Barwert** anzusetzen (BFH I R 147/69, BStBl II 71, 302; ebenso zu Rentenverpflichtungen → Rn. 443). Soll eine Schadensersatzrente hingegen ledigl entgangenen Gewinn ausgleichen, unterbleibt eine Aktivierung; vielmehr sind nur die lfd Zahlungen als Ertrag zu erfassen (FG BW EFG 94, 740, rkr). Zum Zeitpunkt der Aktivierung von Forderungen → § 5 Rn. 270 „Forderungen" (dort auch zur fehlenden Entnahmefähigkeit bestrittener Forderungen); zu gewinn- oder umsatzabhängigen Forderungen → § 5 Rn. 270 „Gewinnabhängige Vergütungen"; zu Forderungen in ausl Währung → Rn. 22; zu den AK von Ansprüchen aus Rückdeckungsversicherungen s „Rückdeckungsversicherung" mwN. – ***(2)*** **Anschaffungskosten bei Disagio.** Wird bei Gewährung eines Darlehens nicht der volle Nennbetrag ausgezahlt, sondern ein Disagio einbehalten, stellt der Unterschiedsbetrag vorausgezahlten Zins dar. Gleiches kann für einbehaltene Bearbeitungsgebühren gelten (nicht jedoch für Bausparabschlussgebühr, s BFH I R 23/96, BStBl II 98, 381). Der Darlehensgeber hat den Nennbetrag der Darlehensforderung (Rückzahlungsbetrag) als deren AK zu aktivieren (Bruttomethode), den Unterschiedsbetrag als RAP zu passivieren und über die Laufzeit der Kreditgewährung bzw Zinsfestschreibung in jährl Teilbeträgen gewinnerhöhend aufzulösen (ausführl → § 5 Rn. 270 „Disagio"). – ***(3)*** **Anschaffungskosten bei Aufgeld (Agio).** Ist beim Erwerb eines Wertpapiers ein Aufgeld über den Nennwert hinaus zu zahlen, gehört dies nicht zu den AK. Im BV ist ein RAP zu bilden (zutr *OFD Ffm* DStR 19, 929). – ***(4)*** **Entgeltlicher Erwerb bereits bestehender Forderung.** Bei Abtretung (Zession) bestehen die AK aus der zu erbringenden Gegenleistung einschließl etwaiger Nebenleistungen. Handelt es sich bei der Gegenleistung um eine Sachleistung, bestimmen sich die AK nach deren gemeinem Wert (§ 6 VI 1).

Fremdwährung → Rn. 22.

Geschlossene Fonds → § 6e Rn. 1 (insb Vertragsbündel, Abgrenzung AK/HK, Provisionen, sofort abziehbare WK).

Grunderwerbsteuer → Rn. 54.

Investmentfondsanteile (zur Bilanzierung im BV ausführl *Rockel/Patzner* DStR 08, 2122). Zu bilanzieren sind die Anteile, nicht die vom Fonds gehaltenen WG (BFH I R 73/15, BStBl II 17, 1065 Rn. 9). Zu den AK der Anteile zählt der Ausgabepreis, der Ausgabeaufschlag und die Vergütung für aufgelaufene Zwischengewinne (dazu *Häuselmann/Ludemann* FR 05, 415). – **Ausschüttungsgleiche Erträge** des Fonds gelten gem § 36 InvStG 2018 (zuvor § 2 I InvStG 2004) als lfd Einnahmen, auch wenn sie tatsächl noch nicht zugeflossen sind. Zur Vermeidung einer nochmaligen Besteuerung bei Veräußerung des Fondsanteils (Differenz zw Veräußerungserlös und Buchwert) ist hierfür ein Merkposten (aktiver Ausgleichsposten) in der StBil zu bilden. Dieser Merkposten ist weder Teil der AK noch einer TW-AfA fähig (BFH I R 73/15, BStBl II 17, 1065 Rn. 18; *BMF* BStBl I 19, 527 Rn. 18.5). Wird ein bloßer Liquiditätsüberhang ausgeschüttet (**negativ thesaurierte Erträge**/ Absetzungsbeträge iSd § 35 IV InvStG 2018), ist dies zwar nicht unmittelbar stpfl und mindert auch nicht die AK. Allerdings ist ein passiver Ausgleichsposten zu bilden, der bei Rückgabe/Veräußerung der Anteile gewinnerhöhend aufzulösen ist (BFH XI R 10/18, BStBl II 21, 292). Daher ist in diesen Fällen eine TW-AfA auf die AK unabhängig von der Existenz eines Ausgleichspostens vorzunehmen (BFH XI R 42/20, BStBl II 22, 20). – Zum **TW** → Rn. 370.

Kapitalanlagen. Zu Nebenkosten → Rn. 54.

Kapitalgesellschaft s Beteiligung an KapGes.

Kundengebundene Werkzeuge/Formen, die ein Hersteller nach den Wünschen seines Abnehmers für die Produktion von Spezialteilen anfertigt, begründen ein Verwendungsrecht; das hierfür geleistete Entgelt hat der Abnehmer als AK des abnutzbaren immateriellen WG zu aktivieren (BFH IV R 64/88, BStBl II 89, 830 unter 4.; ausführl *Welter* DB 17, 2118).

Kryptowährungen → Rn. 22.

Lebensversicherung. Beim Erwerb „gebrauchter" LV gehören zu den AK auch bereits aufgelaufene Zinsen, die mit dem Kaufpreis vergütet werden (BFH VIII R 46/09, BStBl II 11, 920). auch → „Rückdeckungsversicherung".

Optionen (auch → § 5 Rn. 144). Hier wird die Behandlung im BV dargestellt; zur Behandlung im PV → § 20 Rn. 169. – ***(1)* Steuerl Einordnung.** Das Optionsrecht ist ein **nicht abnutzbares immaterielles WG des UV** (auch bei Zeitraumbezogenheit einer Zinsbegrenzungsprämie kein RAP, s zutr FG Mchn EFG 03, 1072, rkr). – ***(2)* AK des Optionsberechtigten.** Zu aktivieren sind dessen für den Erwerb der Option entstandene Aufwendungen, sofern bei Sicherungsgeschäften nicht eine Bewertungseinheit (→ § 5 Rn. 70) zu bilden ist. – ***(3)* TW-AfA.** Dies kommt in Betracht, wenn der Börsenwert der Option (bei nicht börsengehandelten Optionen der innere Wert) gesunken ist oder mit der Ausübung des Optionsrechts nicht mehr zu rechnen ist, sodass es ersatzlos verfallen wird (FG Mchn EFG 03, 1072, rkr: Zinsbegrenzungsprämien bei gesunkenem Marktzinsniveau; hierzu ausführl *Rau* DStR 03, 1769). – ***(4)* Ausübung der Option durch Erwerb des WG.** In die AK des erworbenen WG sollen die historischen AK des Optionsrechts eingehen, nicht etwa der aktuelle Buchwert (BFH XI R 44/17, BStBl II 20, 44, Anm *Rauch* HFR 20, 115). Dies hat zur Folge, dass bei vorangegangener TW-AfA auf das Optionsrecht mit der Ausübung der Option ein entspr Gewinn entsteht (zR krit *Weber-Grellet* FR 19, 964 und BB 20, 43 (48)); auf die Anwendung der Regelungen über die Wertaufholung kommt es danach nicht mehr an. Wird die Option in Gestalt eines **Bezugsrechts auf junge Anteile** gewährt, geht im BV ein Teil der AK der Altanteile auf das Bezugsrecht und bei dessen Ausübung auf die jungen Anteile über (BFH IX R 36/01, BStBl II 06, 12; zur Wertermittlung *Kraft* BB 04, 595); die AK der Altanteile sind entspr zu kürzen (BFH IX R 100/97, BStBl II 01, 345). Im PV schließt § 20 IVa 4 diese Buchwertabspaltung ab 2009 aus. – ***(5)* Behandlung beim Stillhalter.** Er hat in Höhe der vereinnahmten Prämie eine Verbindlichkeit auszuweisen, die erst bei Ausübung oder Verfall der Option erfolgswirksam auszubuchen ist (BFH I R 17/02, BStBl II 04, 126). Ob ein gestiegenes Risiko aus der Ausübung der Option zu einem (in der StBil zu berücksichtigenden) höheren TW der Verbindlichkeit führt (so *Hahne/Liepolt* DB 06, 1329; mE zutr) oder aber zu einer steuerl nicht passivierbaren Drohverlustrückstellung (so *BMF* BStBl I 04, 192; *Paus* FR 03, 1015), hat der BFH offen gelassen (BFH I R 17/02, BStBl II 04, 126 unter II.8.). Zur Bilanzierung des ArbG bei **Aktienoptionsplänen** zugunsten seiner Manager s *Rode* DStZ 04, 404 (408). – ***(6)* Optionsanleihen.** Sie kombinieren einen niedrigen Zins mit der Einräumung einer Option auf verbilligten Erwerb eines anderen WG (idR Aktien des ausgebenden Unternehmens). Der **Erwerber** der Anleihe hat die gesamten AK auf die beiden WG Anleihe und Optionsrecht aufzuteilen (Doppelerwerb; s BFH VIII R 9/02, BStBl II 03, 883; *BMF* BStBl I 04, 1034 Rn. 8). Die **ausgebende KapGes** hat den auf das Optionsrecht entfallenden Betrag in die Kapitalrücklage einzustellen (§ 272 II Nr 2 HGB); die daraus folgende Gewinnneutralität gilt auch steuerl (BFH I R 3/04, BStBl II 08, 809; BFH I R 26/04, BFH/NV 06, 616). Zur Bilanzierung von (hochverzinsl) **Aktienanleihen** mit Optionsrecht des Emittenten s HessFG EFG 19, 599, rkr; *Rau* DStR 06, 627.

Pfandgeld, das bei Mehrrücknahmen von Leergut ausgezahlt wird, stellt AK für Leergut dar, sofern ein Eigentumsübergang stattfindet (*BMF* BStBl I 05, 715; BFH I R 36/07, BStBl II 10, 232 unter II.2.a; zur Aktivierung von Pfandgeldforderungen *OFD Ffm* DStR 07, 806).

Prozesskosten sind AK, wenn der Rechtsstreit AK betrifft, da Prozesskosten stets so zu beurteilen sind wie die Aufwendungen, um die es in dem Prozess geht (→ Rn. 210 mwN).

Räumungskosten sind wie Mieterabfindungen zu behandeln (s „Abfindung").

Realteilung → § 16 Rn. 520 ff.

Reisekosten → Rn. 54.

Rente. Zum Erwerb eines WG gegen Rentenleistungen → Rn. 82 (1); zur Ermittlung des Rentenbarwerts → Rn. 443.

Rückdeckungsversicherungen sind mit dem vom Versicherer ausgewiesenen Deckungskapital (Sparanteil der Beiträge zzgl rechnungsmäßige Zinsen) anzusetzen (→ § 5 Rn. 270 „Rückdeckungsversicherung" mwN). Dies bewirkt angesichts der durch § 6a hervorgerufenen Unterbewertung der korrespondierenden Pensionsrückstellung ggf einen Gewinnausweis (*Neu* EFG 08, 1443). Eine TW-AfA kommt gleichwohl nicht in Betracht; Gleiches gilt (solange kein Rückkauf beabsichtigt ist) für den Umstand, dass der Rückkaufwert idR geringer als das Deckungskapital ist (→ Rn. 263 mwN).

Skonto → Rn. 67.

Software. – (1) Rechtslage ab VZ 21 (Wj 20/21). Aufwendungen für den Erwerb von Betriebs- und Anwendersoftware (einschließl ERP) sind estl (nicht aber in der HB) sofort abziehbar, weil die *FinVerw* eine Nutzungsdauer von nur einem Jahr annimmt (*BMF* BStBl I 22, 187 Rn. 5; zur Kritik an dieser unzutr Nutzungsdauer-Fiktion → § 7 Rn. 169 „Computerhardware"). – **(2) Rechtslage bis VZ 20** (sowie weiterhin in der HB). Bei Anschaffung betriebswirtschaftl **ERP-Software** gehörte auch der (häufig sehr hohe) weitere Aufwand für deren Anpassung an die betriebl Besonderheiten (nur Einzelkosten) als Betriebsbereitschaftskosten zu den aktivierungspflichtigen AK (nicht etwa HK eines immateriellen WG), nicht jedoch der Aufwand für Datenmigration und ArbN-Schulung (insoweit sofort BA). Funktionserweiterungen (Installation neuer Module) führten zu nachträgl AK; bloße Updates aber zu Erhaltungsaufwand. Die Nutzungsdauer betrug 5 Jahre (ausführl zu ERP-Software *BMF* BStBl I 05, 1025; krit *Suchanek/Heyes* FR 05, 184; *Groß/Georgius/Matheis* DStR 06, 339; *Dobner/Hagl* NWB 17, 1651; *Thiele/Jansen* NWB 22, 29; *Wulf* DStZ 22, 13; umfassend *Loitz* DB 22, 2809 und *ders* DB 22, 2873). Die Nutzungsdauer hardwaregebundener Software belief sich auf 3 Jahre (→ § 7 Rn. 169 „Software"). – Wurde für die Software hingegen ein lfd Entgelt gezahlt, waren die Implementierungskosten auch vor VZ 21 nicht aktivierungsfähig, weil sie ein schwebendes Geschäft betrafen (mE zutr FG Mchn EFG 21, 931, rkr, Anm *Carlé* BeSt 21, 41). – Zur Bilanzierung von Internetauftritten s *Schick/Nolte* DB 02, 541. – Zu cloudbasierter Software s *Deubert/Lewe* BB 19, 811.

TSE-System. Kosten für die Nachrüstung elektronischer Kassen mit einer zertifizierten technischen Sicherheitseinrichtung (TSE) sind aus Vereinfachungsgründen sofortige BA (*BMF* BStBl I 20, 1047; zu TSE-Taxametern *BMF* BStBl I 23, 1579).

Verbrauchsteuern. Zu RAP → § 5 Rn. 259.

Vermittlungsprovisionen bei Bauherren- und Modernisierungsmodellen sowie Immobilienfonds → § 6e Rn. 1 ff.

Versorgungsleistungen sind keine AK (→ § 22 Rn. 77).

Vorsteuer gehört nicht zu den AK, soweit sie bei der USt abziehbar ist (§ 9b I; → § 9b Rn. 1).

Wechselforderungen. Anders als bei Zerobonds soll hier keine Aufzinsung um den vereinbarten Diskont vorzunehmen sein, soweit er auf die bereits abgelaufene Haltedauer entfällt (zur Rechtslage bis 1992 s BFH I R 92/94, BStBl II 95, 594). ME ist dies unzutr (ebenso → § 5 Rn. 270 „Wechselforderungen" mwN), da der

Wechsel einem Inhaberpapier gleichkommt und die Ungleichbehandlung zu aufgezinsten Wertpapieren daher nicht überzeugen kann.

Wertpapiere s „Forderungen".

Zerobonds sind mit den jeweiligen AK zu aktivieren. Dies gilt sowohl für den Ersterwerber als auch für einen weiteren Erwerber während der Laufzeit. Im BV ist der Bilanzansatz jährl um die anteiligen rechnerischen Zinsen zu erhöhen (*BMF* BStBl I 87, 394; ausführl und mit Berechnungsbeispielen *Beckmann* BB 91, 938; zur Bilanzierung der Verbindlichkeit beim Schuldner → Rn. 448). Da dem Inhaber ständig Zinsansprüche zuwachsen, entspricht dies dem Realisationsprinzip und bedeutet nicht etwa eine Überschreitung der AK durch unzulässige TW-Zuschreibung. Diese Bewertungsgrundsätze gelten auch für andere **ab- oder aufgezinste Papiere,** sofern im Rückzahlungsbetrag ein Zinsanteil enthalten ist, zB unverzinsl Schatzanweisungen, Sparbriefe sowie beim Bondstripping.

Zölle → § 5 Rn. 259.

Zugewinnausgleichszahlung (§§ 1363, 1378 BGB) ist Teil eines entgeltl Geschäfts (BFH IX R 34/04, BFH/NV 06, 1280). Die Übertragung eines Betriebs (BFH X R 48/99, BStBl II 03, 282 unter II.1.a cc) oder MUerAnteils (BFH IV R 1/01, BStBl II 02, 519) zur Erfüllung der Ausgleichsforderung ist daher gewinnrealisierend und führt zu AK. Ob eine „vorherige unentgeltl Übertragung nach § 6 III" steuerl mögl ist (so *Herrmann/Grobshäuser* FPR 05, 146 (147)), ist zweifelhaft, da ein Zusammenhang zw Betriebsübertragung und Vermögensauseinandersetzung Entgeltlichkeit auch dann begründet, wenn die Parteien den Vorgang als unentgeltl bezeichnen.

Zwangsversteigerung. Beim ersteigerten Grundstück gehören zu den AK (zusammenfassend BFH X R 4/10, BStBl II 11, 887 Rn. 60) – ***(1)*** das **Meistgebot** (BFH IV R 43/93, BFH/NV 96, 26: auch dann, wenn ein Gläubiger das Grundstück ersteigert und im Meistgebot Zinsen auf sein eigenes Grundpfandrecht enthalten sind, die ihm sogleich als Einnahme zuzurechnen sind) einschließl der bestehen bleibenden Rechte (FG RhPf EFG 92, 252, rkr) – ***(2)*** die nicht ausgebotenen nachrangigen **eigenen Grundpfandrechte des Ersteigerers,** allerdings nur, soweit ihr Wert durch den tatsächl Verkehrswert des ersteigerten Grundstücks gedeckt ist (tauschähnl Vorgang; s BFH IV R 199/74, BStBl II 79, 667 unter 3.; BFH I R 7/84, BStBl II 88, 424 unter II.4.b; EStH 6.2 „Zwangsversteigerung") – ***(3)*** **Verpflichtungen,** die der Ersteigerer ggü dem Schuldner oder Dritten außerhalb des Zuschlagsbeschlusses, aber iZm der Zwangsversteigerung übernimmt (BFH IV 226/65, BStBl II 71, 325: Verpflichtungen aus Mietvorauszahlungen, die Mieter an den Voreigentümer geleistet haben) – ***(4)*** die **Nebenkosten,** dh die vom Erwerber zu entrichtende GrESt und die von ihm zu tragenden Versteigerungskosten (BFH VIII R 196/74, BStBl II 77, 714). Hingegen gehören die Bargebotszinsen (§ 49 II ZVG) nicht zu den AK, sondern stellen Schuldzinsen dar (BFH XI R 3/85, BStBl II 92, 727 unter 2.; BFH IX B 101/15, BFH/NV 16, 400 Rn. 4). – Bei Hinzuerwerb eines Miteigentumsanteils in einer **Teilungsversteigerung** liegt nur insoweit ein Anschaffungsvorgang vor, als der StPfl nicht bereits zuvor Miteigentümer war (BFH XI R 47/03, BStBl II 05, 41: gilt auch bei Zwangsversteigerung). Die AK ergeben sich als Differenz aus dem Bargebot für das gesamte Grundstück und dem an den Erwerber zurückfließenden Anteil aus dem Erlösüberschuss (BFH VIII R 196/74, BStBl II 77, 714). Die Auseinandersetzung von Miterben durch Teilungsversteigerung und der Zuschlag an Miterben werden nach den Regeln der Erbauseinandersetzung (→ Rn. 132 mwN) behandelt (BFH XI R 3/85, BStBl II 92, 727).

III. Herstellungskosten

151 **1. Begriff der Herstellungskosten. – a) Überblick.** Ebenso wie bei den AK (→Rn. 31 f) hat die seit 1987 in § 255 II HGB aufgenommene gesetzl Definition der HK die Grundsätze der zuvor entwickelten Rspr und Verwaltungsauffassung weitestgehend übernommen (BFH GrS 1/89, BStBl II 90, 830 unter C. III.1.b; BFH I R 32/00, BStBl II 02, 349 unter II.2.a). Die Definition des § 255 II HGB gilt (wie bei den AK, →Rn. 31) **für alle Gewinnermittlungs- und Einkunftsarten** (BFH GrS 1/89, BStBl II 90, 830 unter C. III.1.c dd; zum FördG BFH IX R 35/10, BFH/NV 11, 1860). – Auch der Begriff der HK (zu AK →Rn. 33) ist **final** zu verstehen („Aufwendungen ... *für* die Herstellung"; BFH IV R 160/78, BStBl II 84, 101 unter A. 1.; BFH IX R 134/83, BStBl II 88, 431 unter 2.a). Zur **Abgrenzung zw AK und HK** sowie zum **Begriff des Herstellers** (Bauherrn) →Rn. 34; zur **Abspaltung von HK** →Rn. 37, zur Behandlung von **Zuschüssen** →Rn. 71 ff, zur **RfE** →Rn. 101 ff. Zur **Zuordnung von HK** und Schuldzinsen bei teils selbstgenutzten, teils vermieteten Gebäuden →§ 9 Rn. 143.

155 **b) Beginn der Herstellung.** Dieser Zeitpunkt ist für die Aktivierungspflicht von Bedeutung, insb bei Herstellungsarbeiten, die sich über das Ende eines Wj hinaus erstrecken (→Rn. 35 zu Parallelproblematik bei AK). Die Herstellung beginnt, wenn Handlungen vorgenommen werden, die darauf gerichtet sind, ein WG zu schaffen, zu erweitern oder wesentl zu verbessern (BFH III R 24/18, BStBl II 22, 279 Rn. 35). Dies ist zB mit der Erteilung des Auftrags für die Fertigung und Lieferung wesentl Teile des herzustellenden WG der Fall (BFH III R 54/86, BStBl II 90, 923 unter II.1., betr InvZul). Bereits der Abbruch eines Gebäudes kann als Beginn der Herstellung eines neuen Gebäudes anzusehen sein (BFH GrS 1/77, BStBl II 78, 620 unter D. II.2.a; →Rn. 215). Zwar setzt die Aktivierung von Aufwendungen als HK voraus, dass **am Bilanzstichtag bereits ein aktivierungsfähiges WG existiert,** mit der Herstellung also schon begonnen wurde. Dies ist bei einem Gebäude aber bereits vor Beginn der eigentl Bauarbeiten der Fall (zum Ganzen BFH IV R 160/78, BStBl II 84, 101 unter A. 1.). Daher sind auch Aufwendungen, die der körperl Herstellung eines WG vorausgehen und diese ermöglichen oder erleichtern sollen, selbst dann HK und als solche (nicht etwa als selbständiges oder immaterielles WG) zu aktivieren, wenn sie sich noch nicht in körperl Gegenständen niederschlagen (BFH IV R 20/75, BStBl II 79, 143: Aufwendungen eines Abbaubetriebs für die Beseitigung des Deckgebirges als HK der erst im Folgejahr zu gewinnenden Ausbeute; BFH I R 29/79, BStBl II 83, 451 unter 4.: Planungskosten; BFH III R 24/18, BStBl II 22, 279 Rn. 35).

156 **c) Ende der Herstellung.** Maßgebl ist der Zeitpunkt der **Fertigstellung** des WG (§ 9a EStDV); zugleich beginnt die AfA. Ein WG ist fertig gestellt, wenn es einen Zustand erreicht hat, der seine bestimmungsgemäße Nutzung ermöglicht (BFH IV R 5/09, BStBl II 12, 122 Rn. 18: Zulassungskosten sind noch Teil der HK eines Pflanzenschutz- oder Arzneimittels). Bei UV ist dies der Zeitpunkt, in dem das WG auslieferungs- und verkaufsfähig ist (BFH III R 24/18, BStBl II 22, 279 Rn. 36). – **Gebäude.** Maßgebl ist der Zeitpunkt, in dem das Gebäude nach Abschluss der wesentl Bauarbeiten bewohnbar ist (BFH IX R 130/90, BStBl II 96, 215 unter 3.b mwN). Gebäudeteile, die in unterschiedl Nutzungs- und Funktionszusammenhängen stehen, können zu verschiedenen Zeitpunkten fertiggestellt sein (BFH X R 77/87, BStBl II 91, 132 unter 1.a). – **Nach dem Zeitpunkt der Fertigstellung.** HK können hier grds nicht mehr anfallen (BFH I R 32/00, BStBl II 02, 349 unter II.2.b: Beiträge zum Erdölbevorratungsverband keine HK bereits fertiggestellter Erdölerzeugnisse; BFH I R 35/15, BStBl II 17, 768 Rn. 26). Etwas anderes gilt nur, wenn die Voraussetzungen der in § 255 II HGB genannten Tatbestände der Erweiterung, wesentl Verbesserung oder wirtschaftl Neuherstellung gegeben sind

(dazu → Rn. 164 ff). Solche nachträgl HK-Maßnahmen sind beendet, wenn die damit sachl zusammenhängenden Arbeiten abgeschlossen sind.

2. Zu Herstellungskosten führende Vorgänge. In § 255 II 1 HGB sind die Herstellung eines WG (Fallgruppe 1, → Rn. 162 ff), seine Erweiterung (Fallgruppe 2, → Rn. 171 ff) oder seine über den ursprüngl Zustand hinausgehende wesentl Verbesserung (Fallgruppe 3, → Rn. 181 ff) genannt. Aufwendungen für Instandsetzungen und Modernisierungen, die innerhalb von drei Jahren nach Anschaffung eines Gebäudes durchgeführt werden und 15% der AK übersteigen, werden durch § 6 I Nr 1a in HK umqualifiziert (→ Rn. 381; gilt nur für die StB). Abgesehen von der Herstellung eines bisher nicht vorhandenen WG (Teil der Fallgruppe 1) geht es hier vor allem um die Abgrenzung der aktivierungspflichtigen **nachträgl HK** zum **sofort abziehbaren Erhaltungsaufwand** (s IDW-Immobilienfachausschuss *IDW* RS IFA 1, IDW-FN 14, 246; *Wichmann* DB 16, 1145; *v Sanden* DStR 20, 958). 161

a) Herstellung eines Wirtschaftsguts. Ersterherstellung. Kennzeichnend ist die Schaffung von etwas Neuem, bisher nicht Vorhandenem. Besondere Abgrenzungsprobleme stellen sich hier nicht. Ein **Anbau** ist ein selbständiges WG (dh Neubau iSd § 7 Va, § 7b), wenn er mit dem Altbau nicht verschachtelt ist, insb eigene Fundamente und tragende Wände hat (BFH IX R 1/08, BFH/NV 09, 370 unter II.1.); zum Anbau als Erweiterung eines bestehenden WG → Rn. 171. – **Zweitherstellung.** Darüber hinaus liegen HK bei der Wiedererstellung eines bereits vorhandenen, aber zerstörten/unbrauchbar gewordenen WG vor (BFH IX R 39/05, BStBl II 07, 922 unter II.1.a; BFH IX R 2/19, BStBl II 20, 191 Rn. 19; mE zutr auch FG Mster EFG 25, 1596, Rev IX R 13/25: Sanierung eines einsturzgefährdeten Schachts, dessen Zustand die Nutzung des gesamten Grundstücks verhinderte, als HK des GuB). Hierunter fällt vor allem die **Neuherstellung durch Instandsetzung nach Vollverschleiß** (→ Rn. 164). – Schließl entsteht ein im steuerl Sinne neues WG, wenn ein vorhandenes WG durch Baumaßnahmen **in seiner Funktion oder seinem Wesen verändert** wird (BFH IX R 59/03, BFH/NV 05, 543 unter II.1.a). Dies ist der Fall, wenn Maßnahmen, die an sich „nur" zu nachträgl HK führen würden, einen neuen Nutzungs- und Funktionszusammenhang ermöglichen (→ Rn. 166) oder eine Flächenerweiterung so umfassend ist, dass sie das gesamte erweiterte WG prägt (→ Rn. 167). Zu **Auswirkungen dieser Differenzierungen auf die AfA** → § 7 Rn. 132. 162

aa) Vollverschleiß. Ist ein WG so sehr abgenutzt, dass es unbrauchbar geworden ist, wird durch die Instandsetzungsarbeiten unter Verwendung der übrigen noch nutzbaren Teile ein neues WG hergestellt. Dies ist aber selten; es genügt nicht, wenn ein noch nutzbares WG erhebl Schäden hat (BFH V R 140/74, BStBl II 77, 577: Lokomotive; BFH VI R 141/82, BFH/NV 86, 529: Pkw; BFH IX R 62/94, BStBl II 96, 639 unter II.2.: Gebäude) oder ein Gebäude faktisch wegen Nichterfüllung zeitgemäßer Wohnvorstellungen nicht mehr vermietbar ist. Es müssen vielmehr schwere Substanzschäden an den für Nutzbarkeit und Nutzungsdauer bestimmenden Gebäudeteilen vorliegen (BFH IX R 61/95, BStBl II 99, 282 unter 1.a; *BMF* BStBl I 03, 386 Rn. 18; weitere Nachweise → 39. Aufl 2020, § 6 Rn. 164). Zur **Vereinfachungsregelung für die Feststellung von Vollverschleiß** (der Wert der Baumaßnahmen übersteigt den Wert der Altsubstanz) → Rn. 167 aE; zur **RfE** bei Erhalt von Entschädigungen → Rn. 101. – **Abriss und Neuerrichtung** eines unbrauchbar gewordenen Gebäude(teil)s führen hingegen stets zu HK (BFH X R 36/01, BFH/NV 03, 765 unter II.2.b: Anbau; BFH IX R 14/10, BFH/NV 11, 1302: Obergeschoss; FG Mchn EFG 10, 1778, rkr: Garage), mE auch die Entkernung (glA *Wolff-Diepenbrock* DB 02, 1286 (1289)). – **Wiederaufbau.** Bei Gewinnermittlung nach §§ 4 I, 5 ist eine Zuschreibung vorzunehmen, wenn das WG nach einer Substanzzerstörung, die zu einer AfaA führt, wieder aufgebaut wird (§ 7 I 7 Hs 2; → § 7 Rn. 194); iÜ sind die Reparaturkosten als HK zu aktivieren. Dabei ist das Gebäude im teilzer- 164 störten Zustand mit dem wiederhergestellten Gebäude zu vergleichen (BFH IX R 333/87, BStBl II 94, 12 unter 2.; krit *Grube* DStZ 00, 469 (474)). Bei der **Wiederherstellung nach Katastrophenschäden** gewährt die *FinVerw* gem § 163 AO Erleichterungen (zB *FM NRW* DStR 21, 1762 unter 4.: nach den Hochwasserschäden 2021 bis 70 000 € grds Erhaltungsaufwand; bei aktivierungspflichtigen HK sofortige SonderAfA von 30% bei Gebäuden und 50% bei bewegl WG; zu den Hochwasserschäden 2024 *Nacke* NWB 24, 2536).

166 **bb) Neuer Nutzungs- und Funktionszusammenhang.** Steht ein neu errichteter Gebäudeteil (zB Anbau, Ausbau, Aufstockung) nicht in einem einheitl Nutzungs- und Funktionszusammenhang mit dem bereits vorhandenen Gebäude (dazu → § 4 Rn. 115 ff), entsteht steuerl ein neues WG. Dies gilt zB, wenn ein bisher selbstgenutztes Gebäude um einen fremdvermieteten oder eigenbetriebl genutzten Anbau erweitert wird (BFH XI R 43/01, BFH/NV 04, 1397: häusl Arbeitszimmer; *BMF* BStBl I 96, 689: Dachgeschossausbau). Umgekehrt fehlt es an einem neuen Nutzungs- und Funktionszusammenhang (dh keine Neuherstellung eines WG, sondern „nur" Erweiterung eines vorhandenen WG), wenn ein schon bisher (zumindest teilweise) zu fremden Wohnzwecken vermietetes Gebäude durch eine neue vermietete Wohnung erweitert wird, unabhängig davon, welche sonstigen Nutzungen in diesem Gebäude noch stattfinden (BFH IX R 16/96, BStBl II 98, 625).

Auch ein **Umbau,** der zu einer neuen Nutzung führt, dient der Herstellung eines neuen WG (BFH IX R 48/95, BStBl II 96, 514: Umbau eines Getreidespeichers in eine Wohnung; BFH X R 151/94, BFH/NV 98, 1086 unter II.1.: Umbau von Wohnungen in Büros; umfassend BFH IX R 59/03, BFH/NV 05, 543 mwN: Umbau von Wohnungen in Arztpraxen; BFH IX R 65/07, BFH/NV 09, 552: Umbau einer Scheune in ein Mehrfamilienhaus; BFH IX R 35/10, BFH/NV 11, 1860: Umbau von Gewerberäumen in Wohnungen gilt nicht als Modernisierung iSd FördG, sondern als HK). Anders zu beurteilen ist hingegen die nur *rechtl* Aufteilung eines bestehenden Gebäudes in **Eigentumswohnungen** ohne gleichzeitige Umbaumaßnahmen (BFH IX R 62/88, BStBl II 93, 188) sowie der Umbau von Großraum- in Einzelbüros unter Fortführung der Büronutzung (BFH IX R 39/05, BStBl II 07, 922).

167 **cc) Besonders umfassende Erweiterungen.** Sind (Bau-)Maßnahmen so umfassend, dass das WG anschließend nicht mehr dasselbe ist, ist zu unterscheiden zw der Herstellung eines *anderen* WG und eines *neuen* WG. – **(1) Herstellung eines *anderen* WG.** In diesen Fällen handelt es sich zwar nicht um einen „Neubau" (dazu (2)), wohl aber um ein eigenständiges WG mit eigenen HK, in die dann der Restwert der Altsubstanz einbezogen wird. – **Beispiele.** Aufstockung eines schon bisher teilweise fremdvermieteten Gebäudes und dadurch Verdreifachung der Fläche des vermieteten Teils (FG BW EFG 05, 856 unter 2.c, rkr); ebenso bei Flächenvergrößerung um 150% (BFH III R 49/06, BStBl II 07, 586 unter II.2.b); nicht hingegen bei Verdoppelung der Fläche (FG BW EFG 95, 1008, rkr). – **Vereinfachungsregelung.** Von der Entstehung eines anderen unbewegl WG kann in dieser Fallgruppe ausgegangen werden, wenn der Wert der Baumaßnahmen einschließl Eigenleistung bei überschlägiger Berechnung den Verkehrswert der Altsubstanz übersteigt (EStR 7.3 V 2; ebenso zur InvZul BFH III R 49/06, BStBl II 07, 586 unter II.2.b). Diese Vereinfachungsregelung gilt auch für *Erwerber* sanierter Gebäude (*FSen Bln* DStR 98, 1555). Auf die Feststellung von *Vollverschleiß* (→ Rn. 164) ist sie hingegen nur mit Einschränkungen übertragbar (BFH X R 54/96, BFH/NV 98, 841; BFH X B 171/06, BFH/NV 07, 1127: nur Einbeziehung von Aufwendungen, die die verwendete Bausubstanz tiefgreifend umgestalten, nicht aber typischer Erhaltungsaufwendungen; beide zu § 10e). – **(2) Herstellung eines *neuen* WG.** Dies ist von Bedeutung für solche Subventionsvorschriften, die nur für „neue" WG gelten (§ 7 Va, § 7b, InvZulG; § 7g bis 2007). Hier darf der TW der verwendeten Altteile höchstens 10% des TW des neuen GesamtWG betragen (→ 29. Aufl 2010, § 7g Rn. 51 mwN).

b) Erweiterung eines Wirtschaftsguts, § 255 II 1 Fall 2 HGB. – aa) Vergrößerung der Nutzfläche eines Gebäudes. Dies ist die Hauptfallgruppe der „Erweiterung". Die Vergrößerung von nicht zur Wohnfläche zählenden Zubehörräumen reicht aus (BFH IX R 36/12, BStBl II 13, 732 unter II.1.a). – **(1) Beispiele.** Ersatz eines Flachdachs durch ein Satteldach, sodass Raum für einen späteren **Dachausbau** entsteht (BFH IX R 1/87, BStBl II 92, 73; BFH IX R 36/12, BStBl II 13, 732); **Aufstockung, Anbau** (BFH IX R 116/92, BStBl II 96, 632 unter I.2.b); Umgestaltung einer Terrasse zu einem **Wintergarten** (BFH IX R 80/95, BFH/NV 99, 605; dort auch zahlreiche weitere Beispiele); Einbau von **Dachgauben** (BFH IX R 88/90, BStBl II 96, 628 unter 2.c; BFH IX R 64/99, BStBl II 03, 590 unter II.4.); Umbau eines offenen Carport zur geschlossenen **Garage** (FG Ddorf EFG 96, 309, rkr); Einbeziehung eines **Balkons** in die Wohnfläche durch Verschiebung der Fensterfront und Überdachung (FG BW EFG 05, 1752, rkr). Bei der Aufstockung um ein weiteres Vollgeschoss unter Neuerrichtung des Daches liegen auch insoweit HK vor, als das zuvor schadhafte Dach ohnehin hätte saniert werden müssen (BFH IX R 30/95, BStBl II 97, 802 unter 3.c: Dachausbau; FG BW EFG 05, 856, rkr: Aufstockung). – **(2) Nur geringfügige Flächenerweiterung.** Dies stellt ebenfalls HK dar (BFH IX R 36/12, BStBl II 13, 732 Rn. 12). Der *Wert* der eingebauten Anlage ist nicht von Bedeutung (BFH X R 1/91, BFH/NV 94, 158). – **(3) Vergrößerung des *Raum*inhalts ohne gleichzeitige *Flächen*vermehrung.** Dies bedeutet noch nicht zwingend HK (BFH VIII R 273/81, BStBl II 85, 394: Erhöhung des Dachs einer Fabrikhalle, um den Betrieb während der Bauzeit nicht schließen zu müssen; BFH III R 170/80, BFH/NV 86, 24: Einbau einer Dachgaube ohne Nutzflächenvermehrung). – **(4) Zusammentreffen einer Erweiterung mit Erhaltungsaufwendungen.** Sämtl Aufwendungen sind HK, wenn die Einzelmaßnahmen bautechnisch ineinander greifen (BFH IX R 69/92, BStBl II 96, 630 unter 2.: bei Erweiterung des Dachgeschosses ist auch die Dacherneuerung HK; BFH IX R 2/94, BStBl II 96, 637 unter 2.b: eine Flächenvergrößerung durch Versetzen von Wänden [HK] ist mit der Erneuerung von Decken, Böden und Installationen [an sich Erhaltungsaufwand] verbunden). Hierfür trägt das FA die Feststellungslast (BFH X R 9/99, BStBl II 03, 596 unter II.2.f gg). Zur Parallelproblematik bei der „wesentl Verbesserung" → Rn. 189. – **(5) Sonstiges.** Zum Entfernen von Zwischenwänden und Verbreitern von Durchgängen → 39. Aufl 2020, § 6 Rn. 171; zu Leitungsnetzen von Versorgungsunternehmen s BFH I R 9/91, BStBl II 93, 41. 171

bb) Einbau bisher nicht vorhandener Bestandteile. – (1) Herstellungskosten. Maßgebl ist hier der Gesichtspunkt der Erweiterung (zu Einschränkungen für bestimmte Fallgruppen → Rn. 174 f). Die Rspr, die dies bejaht hat, wurde bisher nicht ausdrückl aufgegeben (zB BFH IX R 176/84, BStBl II 90, 430 unter I.2.: **Markise;** BFH IX R 85/88, BStBl II 93, 544: **Alarmanlage;** BFH X R 1/91, BFH/NV 94, 158: **Rollläden;** BFH IX R 116/92, BStBl II 96, 632 unter II.: **Leerrohre;** BFH IX R 37/93, BStBl II 96, 131 unter 3.b: **Aufzug**). Hingegen ist BFH IX R 62/94, BStBl II 96, 639 unter II.2. (HK auch bei nachträgl Aufmauerung einer **Vorsatzschale** im Keller, die der Feuchtigkeitsisolierung dient) zu weitgehend (glA *BH/Krumm* § 6 Rn. 455) und wird auch von der *FinVerw* nicht angewendet (*BMF* BStBl I 03, 386 Rn. 24). – Wird in ein vorhandenes Gebäude eine **Betriebsvorrichtung** eingebaut, handelt es sich nicht um eine Erweiterung des Gebäudes, sondern um HK unter dem Gesichtspunkt der erstmaligen Herstellung eines vom Gebäude verschiedenen bewegl WG (BFH XI R 8/96, BStBl II 99, 18 unter II.2.: Fettabscheider in Gaststätte); die nachfolgenden Differenzierungen gelten hierfür nicht. 173

(2) Erweiterung der Nutzungsmöglichkeit. Dies wird in der Rspr (zust *BMF* BStBl I 03, 386 Rn. 23) zur Erfüllung des HK-Begriffs bei Erweiterungsmaßnahmen zusätzl vorausgesetzt (BFH IX R 30/95, BStBl II 97, 802 unter 3.b: fehlt beim bloßen Zumauern von Türen und Fenstern; BFH IX R 52/02, BStBl II 04, 949 unter II.1.b; BFH X R 26/97, BFH/NV 01, 306: bejaht bei Einbau eines **Kachelofens** anstelle 174 eines offenen Kamins; FG BW EFG 00, 926, rkr: bejaht bei Einbau von Fenstergittern zusätzl zu vorhandenen Rollläden, mE unzutr). Für eine **Klimaanlage** ist dies zu bejahen (FG Nbg EFG 06, 1573, rkr; *Beck* DStR 02, 1559 (1561)), bei einem nachträgl verlegten **Kabelanschluss** hingegen nicht (EStR 21.1 I). Das **Einziehen neuer Zwischenwände** (zum Streit über die *Entfernung* von Wänden → Rn. 171 (5)) wird vom X. Senat als HK angesehen (BFH X R 55/98, BFH/NV 02, 627 unter II.2.b; BFH X R 20/01, BFH/NV 03, 763 unter II.3.), vom IX. Senat hingegen nicht (BFH IX R 61/95, BStBl II 99, 282 unter 1.b). Das bloße *Versetzen* von Wänden reicht nicht aus (*BMF* BStBl I 03, 386 Rn. 23). Grundlegend auch NdsFG EFG 23, 1606, rkr.

175 **(3) Einbau neuer Gegenstände in bereits vorhandene Installationen.** Hier soll nach der Rspr des IX. BFH-Senats das Merkmal der „Erweiterung" hinter dem der „wesentl Verbesserung" zurücktreten, um zu vermeiden, dass das letztgenannte Merkmal in diesen Fällen leer läuft. HK liegen dann nur vor, wenn der Einbau zugleich eine wesentl Verbesserung mit sich bringt (BFH IX R 98/00, BStBl II 03, 604 unter II.2.b: nicht beim Einbau einer Türsprechanlage; BFH IX R 52/02, BStBl II 04, 949: nicht bei Ergänzung einer vorhandenen Warmwasserversorgung durch eine solarthermische Anlage). Zur **Kritik** → 39. Aufl 2020, § 6 Rn. 175.

181 **c) Wesentliche Verbesserung, § 255 II 1 Fall 3 HGB.** Dies setzt einen Vergleich zw dem ursprüngl und dem neuen Zustand des WG voraus (umfassend *Mirbach* DStR 19, 2341). – **aa) Vergleichsobjekte.** Für den **„ursprüngl Zustand"** ist grds der Zeitpunkt der Anschaffung/Herstellung des WG durch den jeweiligen StPfl maßgebend (BFH IX R 116/92, BStBl II 96, 632 unter I.2.c; zur Begründung s zutr *Mayr* DStZ 02, 790). Wer ein Gebäude bereits lange hält, bleibt daher eher im Bereich des Erhaltungsaufwands als derjenige, der ein überaltertes Gebäude erst kurz vor der Modernisierung erworben hat. Zu Besonderheiten (unentgeltl Erwerb, nachträgl AK/HK, AfaA, TW-AfA) → 39. Aufl 2020, § 6 Rn. 181 mwN. – Zu betrachten ist grds **das jeweilige WG.** Dies gilt insb für Gebäudeteile, die in unterschiedl Nutzungs- und Funktionszusammenhängen (→ § 4 Rn. 115 ff) stehen (BFH IX R 28/07, BStBl II 08, 218 unter II.1.). Hingegen reicht eine Verbesserung allein von *Teilen* eines WG nicht aus, sodass der Ersatz eines vorhandenen Gebäudebestandteils durch einen moderneren, der dieselbe Funktion erfüllt, Erhaltungsaufwand ist (BFH VIII R 83/77, BStBl II 79, 435: Heizungserneuerung, Außenverkleidung mit besserem Schall- und Wärmeschutz). – **Eigentumswohnungen.** Ob HK vorliegen, ist in zwei Schritten zu prüfen: Zunächst im Bereich des gemeinschaftl Eigentums bezogen auf das gesamte Gebäude, sodann bezogen auf das *einzelne* Sondereigentum (BFH IX R 37/93, BStBl II 96, 131 unter 1.b: auch bei einheitl Eigentümer).

182 **bb) Wesentliche Erhöhung des Gebrauchswerts.** Entscheidend für das Vorliegen einer wesentl Verbesserung ist, ob der Gebrauchswert des Gebäudes ggü dem ursprüngl Zustand wesentl erhöht wird. Dabei ist hinsichtl der Kriterien zw Wohngebäuden (→ Rn. 183 ff) und Betriebsgebäuden (→ Rn. 187) zu differenzieren.

183 **(1) Standardanhebung bei Wohngebäuden.** Dies ist zum prägenden Merkmal der stark typisierenden Rspr des IX. Senats geworden. – **(a) Allgemeine Kriterien.** Maßgebend ist, ob der Gebrauchswert (das Nutzungspotenzial) von einem sehr einfachen Standard (Installationen nur im nötigen Umfang oder in technisch überholtem Zustand) auf einen mittleren (Installationen genügen mittleren und selbst höheren Ansprüchen) oder von einem mittleren auf einen sehr anspruchsvollen Standard (vorhanden ist nicht nur das Zweckmäßige, sondern das Mögliche, Verwendung außergewöhnl hochwertiger Materialien) angehoben wird. Dies ist der Fall, wenn in **mindestens drei** der vier standardprägenden Ausstattungsbereiche (**Heizungs-, Sanitär- und Elektroinstallation** sowie **Fenster**) nicht allein eine zeitgemäße Modernisierung, sondern eine deutl Funktionserweiterung vorgenommen wird, durch die der Wohnkomfort des Gebäudes insgesamt deutl gesteigert wird (grundlegend

zum Ganzen BFH IX R 39/97, BStBl II 03, 569 unter II.3.a cc; BFH IX R 64/99, BStBl II 03, 590 unter II.5.b; *BMF* BStBl I 03, 386 Rn. 9–14, 28; *Spindler* BB 02, 2041; *Beck* DStR 02, 1559 mit Beispielen). Der mittlere Standard deckt dabei die ganz überwiegende Mehrzahl der bestehenden Gebäude ab (*L. Fischer* DStZ 02, 860 (862) mwN; *Beck* DStR 02, 1559 (1562)). Eine Standardanhebung in nur zwei Bereichen genügt hingegen grds nicht (BFH IX R 21/00, BFH/NV 03, 33; BFH IX R 61/99, BFH/NV 03, 148 unter II.3.b; zu Ausnahmen s unten). Reine Reparaturarbeiten genügen auch dann nicht, wenn sie alle vier Bereiche betreffen (BFH IX R 10/02, BFH/NV 03, 35). Verbesserungen in anderen als den genannten vier Ausstattungsbereichen sollen vollständig außer Betracht bleiben (BFH X R 95/00, BFH/NV 03, 301 unter II.2.b: Bodenbeläge, Türen). – Ob der ursprüngl Zustand als einfach, mittel oder sehr anspruchsvoll anzusehen war, ist nach den Maßstäben zu entscheiden, die im Zeitpunkt der damaligen Anschaffung/Herstellung (→ Rn. 181) galten (BFH IX R 64/99, BStBl II 03, 590 unter II.5.b bb). – Bei der Betrachtung sind alle Einzelmaßnahmen, die Teil einer planmäßigen Gesamtmaßnahme sind, **über mehrere VZ zusammengefasst** zu würdigen (BFH IX R 39/97, BStBl II 03, 569 unter II.3.a dd; BFH IX R 73/99, BFH/NV 03, 299 unter II.3.). Die *FinVerw* zieht die Grenze bei 5 Jahren (*BMF* BStBl I 03, 386 Rn. 31; einen so langen Betrachtungszeitraum hält auch BFH IX R 39/97, BStBl II 03, 569 unter II.3.a dd erkennbar noch für mögl). – Wesentl Verbesserung liegt zudem vor, wenn Baumaßnahmen, die ihrer Art nach stets zu HK führen und einen der den Nutzungswert bestimmenden Bereiche betreffen (zB Erweiterung um ein zusätzl Badezimmer), mit einer **Verbesserung in zwei weiteren Bereichen** zusammentreffen (BFH X R 9/99, BStBl II 03, 596 unter II.2.e; *BMF* BStBl I 03, 386 Rn. 14). – Zur Aktivierung unter dem Gesichtspunkt der AK **(Betriebsbereitschaftskosten)** in derartigen Fällen → Rn. 45.

(b) Beispiele für Standardanhebung sowie Feststellungslast. → 39. Aufl 2020, § 6 Rn. 185 f. 185

(2) Betrieblich genutzte Gebäude(teile). Hier kommt es darauf an, ob baul Veränderungen vor dem Hintergrund der betriebl Zielsetzung zu einer höherwertigen Nutzbarkeit des WG führen (BFH IX R 28/07, BStBl II 08, 218 unter II.3.a bb; FG Mster EFG 95, 796, rkr: äußerl Umgestaltung eines Bürogebäudes von einem unscheinbaren Altbau in ein Repräsentativobjekt mit futuristischem Erscheinungsbild) oder eine andere Gebrauchs-/Verwendungsmöglichkeit eröffnen (BFH I R 58/04, BStBl II 06, 707 unter II.2.c: Umbau eines Heizkraftwerks zu einer Müllbehandlungsanlage); ausführl *Steck* DB 23, 1626. 187

cc) Erhaltungsaufwand. Ausführl *Graw* NWB 22, 3366 (insb zu energetischer Sanierung). – **(1) Begriff.** Es handelt sich um die Instandhaltung oder -setzung von etwas Bestehendem (BFH X R 26/97, BFH/NV 01, 306 unter II.2.a). Der Begriff wird heute aber durch Negativabgrenzung aus dem der HK abgeleitet (*Beck* DStR 02, 1559 (1560)): Sind die Voraussetzungen für HK nicht erfüllt, handelt es sich um Erhaltungsaufwand. – **(2) Ersatz von bereits vorhandenen unselbständigen Teilen des WG.** Dies führt auch dann zu Erhaltungsaufwand, wenn der Wert des WG sich erhöht (BFH IV R 56/72, BStBl II 74, 520: Kfz-Austauschmotor; BFH VIII R 42/75, BStBl II 77, 281: Umstellung von Koks- auf Ölheizung; BFH III R 17/84, BStBl II 90, 79 unter II.2.c: Heizkessel; BFH XI R 11/89, BFH/NV 91, 812: Erneuerung der Fassade; BFH VIII R 85/79, BStBl II 82, 64 und BFH IX R 43/06, BFH/NV 08, 208 unter II.3.b: Fassadenverkleidung zur besseren Schall- und Wärmedämmung; zur Standarderhöhung → Rn. 183). Auf Vorrat erworbene **Materialien** sind im BV zunächst zu aktivieren; erst ihr tatsächl Einbau ist gewinnmindernd. – **(3) Werterhöhende Modernisierung.** Erhaltungsaufwand ist gegeben, wenn das Gebäude ledigl den zeitgemäßen Wohnkomfort zurückerhält, den es ursprüngl besessen, aber durch technischen Fortschritt und Änderung der Lebensgewohnheiten verloren hatte (BFH 188

IX R 116/92, BStBl II 96, 632 unter I.3.b aa; BFH IX R 39/97, BStBl II 03, 569 unter II.3.a bb), zB Einbau einer Notentwässerungsanlage zur Erhöhung der Kapazität der vorhandenen Entwässerungsanlage infolge geänderter DIN-Normen infolge des Klimawandels (mE zutr FG Ddorf EFG 24, 1484, Rev IV R 11/24). Dies gilt auch dann, wenn die Maßnahmen das Gebäude als Ganzes betreffen (BFH IX R 116/92, BStBl II 96, 632 unter I.3.b bb). – **(4) Höhe der Aufwendungen.** Dies sowie ihr Verhältnis zu den ursprüngl AK/HK ist kein Indiz für eine wesentl Verbesserung, weil auch das Wiederherstellen des ursprüngl Zustands hohe Aufwendungen erfordern kann (BFH V R 140/74, BStBl II 77, 577: Lokomotive; BFH IX R 116/92, BStBl II 96, 632 unter I.3.b; BFH IX R 61/95, BStBl II 99, 282 unter 1.b: jeweils Gebäude); s auch → 39. Aufl 2020, § 6 Rn. 186. Gleiches gilt für die Zusammenballung von Aufwendungen in einem einzigen VZ (BFH IX R 116/92, BStBl II 96, 632 unter I.4.b). – **(5) Vereinfachungsregelung:** Die *FinVerw* lässt auf Antrag bei Aufwendungen bis zu 4000 € (ohne USt) für die einzelne Baumaßnahme an einem Gebäude stets den Abzug als Erhaltungsaufwand zu (EStR 21.1 II 2; dazu *Grotherr* NWB 22, 906). – **(6) Aufwand auf Betriebsvorrichtungen.** Es handelt sich um eigenständige WG, die getrennt vom Gebäude zu beurteilen sind. HK können daher anfallen, wenn die vorhandene (Gebäude-)Heizung durch ein Blockheizkraftwerk ersetzt und der zusätzl zur Wärme erzeugte Strom gewerbl verkauft wird (**aA** FG RhPf EFG 15, 19, rkr).

189 **dd) Zusammentreffen mehrerer Maßnahmen.** Grds sind zeitgemäße Erneuerungsmaßnahmen einerseits (Erhaltungsaufwand) und wesentl gebrauchswerterhöhende Aufwendungen andererseits (HK) **getrennt zu beurteilen** (BFH IX R 61/95, BStBl II 99, 282 unter 1.b), und zwar auch dann, wenn nur eine einheitl Rechnung vorliegt (ggf Schätzung). Dies gilt insb, wenn die Arbeiten ohne bautechnische Notwendigkeit ledigl deshalb gleichzeitig vorgenommen worden sind, um die damit verbundenen Unannehmlichkeiten abzukürzen. – **Insgesamt HK** liegen nur dann vor, wenn die Arbeiten **bautechnisch ineinandergreifen,** dh in engem räuml, sachl und zeitl Zusammenhang stehen und in ihrer Gesamtheit eine einheitl Maßnahme bilden (zum Ganzen BFH IX R 116/92, BStBl II 96, 632 unter I.3b cc; BFH IX R 34/94, BStBl II 96, 649: HK an einer Stelle des Daches schließen Erhaltungsaufwand an anderer Stelle des Daches nicht aus; BFH IV R 1/02, BStBl II 04, 780: Dachneueindeckung, um weitere Unterkünfte zu schaffen; BFH III R 37/09, BStBl II 13, 182 Rn. 33). Typischerweise sind davon solche (Erhaltungs-)Aufwendungen erfasst, die entweder Vorbedingung für die Herstellungsarbeiten oder aber durch diese verursacht sind (*BMF* BStBl I 03, 386 Rn. 35; dort auch Beispiele, in denen sich die *FinVerw* tendenziell großzügiger als die Rspr zeigt). – Zur Parallelproblematik des bautechnischen Zusammenhangs bei Erweiterungsmaßnahmen → Rn. 171 aE.

191 **3. Umfang der Herstellungskosten, § 255 II, III HGB.** Ausführl *Köhler* StBP 18, 165. Nach § 255 II HGB gehören **zwingend** zu den HK die Material- und Fertigungs(einzel)kosten, die Sonderkosten der Fertigung (→ Rn. 192) sowie angemessene Teile der Material- und Fertigungsgemeinkosten und des durch die Fertigung veranlassten Wertverzehrs des AV (→ Rn. 194 ff). Ein **handelsrechtl und estl Aktivierungswahlrecht** besteht hinsichtl der allg Verwaltungskosten (→ Rn. 199), der Aufwendungen für soziale Einrichtungen, freiwillige soziale Leistungen, betriebl Altersversorgung (→ Rn. 201), Bauzeitzinsen (→ Rn. 206). **Nicht zu den HK gehören** sonstige Zinsen sowie Forschungs- und Vertriebskosten (→ Rn. 202 f).

192 **a) Einzelkosten für Material und Fertigung, § 255 II 2 HGB. Einzelkosten** sind solche, die *unmittelbar* der Herstellung eines WG zuzurechnen sind. Hierzu gehören Aufwendungen für Vorprodukte, Roh-, Hilfs- und Betriebsstoffe sowie Fertigungslöhne (sowohl Akkord- als auch Zeitlöhne). Im Betrieb selbst erzeugtes Material geht mit seinem Buchwert in die HK weiterer Produkte ein (BFH I 175/60 U, BStBl III 60, 492 unter b); Gleiches gilt für wiederverwendete Teile aus alten WG (BFH IV 103/61 U, BStBl III 64, 299). Einzubeziehen sind auch überhöhte Preise,

Schwarzmarktpreise und Schnellbauzuschläge (BFH GrS 1/89, BStBl II 90, 830 unter C. III.1.c aa: nicht etwa sofort BA). – **Sonderkosten der Fertigung** können zB für Planungen, Entwürfe und Lizenzen anfallen; **Nebenkosten** sind allerdings (anders als bei AK, → Rn. 50) nicht in jedem Fall einbezogen (BFH I R 32/00, BStBl II 02, 349 unter II.2.a). Kosten für ein auf Verlangen der finanzierenden Bank durchgeführtes Baucontrolling können ausnahmsweise nicht als Sonderkosten der Fertigung, sondern als sofort abziehbare Finanzierungskosten anzusehen sein, wenn ohnehin schon eine externe Bauüberwachung und -betreuung stattfindet (BFH IX R 8/21, BFH/NV 22, 7131). – **Verbrauch von Gütern oder Inanspruchnahme von Diensten.** Dies ist Voraussetzung für die Annahme von HK (§ 255 II 1 HGB). Danach werden HK aus den Aufwendungen für die Produktionsfaktoren abgeleitet. Für den Güterverbrauch sind die Buchwerte (fortgeführte AK oder HK) maßgebend. Zur den „Herstellungskosten" von Profifußballern, die in einem vereinseigenen Leistungszentrum ausgebildet werden, s *Busch* DStR 22, 112. **Kalkulatorischer Unternehmerlohn** gehört nicht zu den HK (BFH III R 35/93, BStBl II 96, 427 unter II.1.b). **Tätigkeitsvergütungen an MUer** sollen allerdings ungeachtet ihres fehlenden steuerl Aufwandcharakters (§ 15 I 1 Nr 2) in die HK einzubeziehen sein (EStH 6.4 „Tätigkeitsvergütung"; für InvZul auch BFH III R 35/93, BStBl II 96, 427 unter II.1.b; für AK BFH IV R 50/08, BFH/NV 11, 1334 Rn. 23). ME ist dies unzutr, weil es damit zu einer doppelten Hinzurechnung der Tätigkeitsvergütung käme, die systemfremd ist (vgl zu Bauzeitzinsen → Rn. 206 aE). – **Vergebl Aufwendungen.** → Rn. 207; zu den Kosten der Betriebsbereitschaft eines angeschafften WG → Rn. 44.

b) Materialkosten; Fertigungsgemeinkosten. Sie sind in Höhe angemessener Teile zu aktivieren (§ 255 II 2 HGB). Zur Ableitung aus dem Betriebsabrechnungsbogen s *Köhler* StBP 18, 165. 194

aa) Begriff der Gemeinkosten. Sie können einem WG im Gegensatz zu Einzelkosten nicht direkt, sondern nur über eine Schlüsselung oder Umlage zugerechnet werden (BFH IV R 87/92, BStBl II 94, 176 unter I.2.; Literatur → 39. Aufl 2020, § 6 Rn. 195). Sie können sowohl fix als auch variabel sein. 195

Beispiele: (s auch EStR 6.3 II) Aufwendungen für Lagerung, Transport und Prüfung des Fertigungsmaterials, Vorbereitung und Kontrolle der Fertigung, Werkzeuglager, Betriebsleitung, Raumkosten, Sachversicherungen, Unfallstationen und Unfallverhütungseinrichtungen der Fertigungsstätten; Löhne für die vorgenannten Zwecke einschließl zwingender Sozialleistungen (zB Lohnfortzahlung im Krankheitsfall); Lohnbüro, soweit in ihm die Löhne und Gehälter der in der Fertigung tätigen ArbN abgerechnet werden. – Die **GewSt** darf nicht als HK aktiviert werden, weil sie steuerl keinen Aufwand darstellt (EStR 6.3 VI 2).

bb) Angemessene Teile der Gemeinkosten. Wegen der Begrenzung auf „angemessene Teile" kann die Einbeziehung der Gemeinkosten in die HK nicht zu Überbewertungen führen (BFH IV R 87/92, BStBl II 94, 176 unter I.2.; ausführl zur Angemessenheit *Rade* DStR 11, 1334). Außergewöhnl Gemeinkosten sind daher nicht einzubeziehen. Zu erhöhten Gemeinkosten aufgrund **verringerter Kapazitätsauslastung** → 39. Aufl 2020, § 6 Rn. 196. 196

c) Wertverzehr des für die Fertigung eingesetzten Anlagevermögens. Dieser zählt ebenfalls zu den zwingend zu aktivierenden HK (RFH RStBl 40, 683); das gilt auch im PV (FG BW EFG 87, 295: zB Baumaschinen und Werkzeuge eines privaten Bauherrn). Es handelt sich um einen Teil der Gemeinkosten. Zur Ermittlung des Wertverzehrs gewährt die *FinVerw* ein Wahlrecht: Der StPfl kann entweder die tatsächl **AfA** oder aber die lineare AfA (dann aber für die gesamte Nutzungsdauer) ansetzen (EStR 6.3 IV 1–4; dazu *Köhler* StBP 08, 260 (263)). Den Wertverzehr nach § 6 II, IIa lässt die *FinVerw* zugunsten des StPfl unberücksichtigt (EStR 6.3 IV 5). 198

199 **d) Allgemeine Verwaltungskosten.** Sie sind Teil der Gemeinkosten, zB Aufwendungen für die Hauptverwaltung (Geschäftsleitung), die kfm Verwaltung, das Ausbildungs-, Personal- und Rechnungswesen und den Werkschutz (Beispiele in EStR 6.3 III 1; vgl auch BFH I D 1/58 S, BStBl III 60, 191 unter 3.a). – **Wahlrecht.** Sowohl handelsrechtl (§ 255 II 3 HGB) als auch estl **(§ 6 I Nr 1b)** besteht ein Wahlrecht, diese Aufwendungen entweder in die HK einzubeziehen oder sofort als BA abzuziehen. Diese Regelung gilt ungeachtet ihrer gesetzl Stellung für die HK sowohl von AV als auch von UV, unabhängig davon, ob die WG abnutzbar sind oder nicht (zutr *Schumann* DStZ 16, 660 (662)). Das estl Wahlrecht ist zwar erst 2016 ins Gesetz aufgenommen worden, gilt aber ausdrückl auch für zurückliegende Wj (§ 52 XII S 1). Es muss in Übereinstimmung mit der HB ausgeübt werden (§ 6 I Nr 1b S 2; insoweit Abweichung von § 5 I 1 Hs 2). Dieser Gleichklang zw HB und StBil dient der Vereinfachung (BT-Drs 18/8434, 116; zu Unrecht krit *Meyering/Gröne* DStR 16, 1696). – **Produktionsbedingte Verwaltungskosten** sind (im Gegensatz zu allg Verwaltungskosten) *zwingend* als HK zu aktivieren (Fertigungsgemeinkosten, → Rn. 194).

201 **e) Soziale Aufwendungen.** Die weiteren **handelsrechtl Aktivierungswahlrechte** werden durch § 6 I Nr 1b ebenfalls für die StBil übernommen. Dies betrifft angemessene Aufwendungen für **soziale Einrichtungen des Betriebs** (EStR 6.3 III 2: zB Kantine, Freizeitgestaltung), **freiwillige soziale Leistungen** (dh nur solche, die nicht tarif- oder arbeitsvertragl vereinbart sind, EStR 6.3 III 3) und die **betriebl Altersversorgung,** soweit die Aufwendungen auf den Herstellungszeitraum entfallen.

202 **f) Forschungskosten.** Sie sind nicht aktivierungsfähig (§ 255 II 4 HGB; → § 5 Rn. 270 „Forschungskosten"). HK können sich aber bei auftragsgebundener Forschung ergeben (*Nonnenmacher* DStR 93, 1231). – **Entwicklungskosten.** Sie dürfen ab 2010 in der **HB** aktiviert werden (Wahlrecht nach § 248 II, § 255 IIa HGB; zur Abgrenzung zw Forschung und Entwicklung s dort und *Schmalenbach-Ges* DB 08, 1813; *Küting/Ellmann* DStR 10, 1300). In der **StBil** sind Entwicklungskosten für *materielle* WG aktivierungspflichtig (zB Aufwendungen für die Herstellung von Spezialwerkzeugen im Betrieb selbst); Entwicklungskosten für *immaterielle* WG dürfen hingegen wegen § 5 II weiterhin nicht aktiviert werden (glA *Strahl* KÖSDI 08, 16290 (16293)).

203 **g) Vertriebskosten.** Sie gehören nicht zu den HK (§ 255 II 4 HGB) und sind daher sofort abziehbar. Dieses Aktivierungsverbot beruht auf dem Vorsichtsprinzip, da Vertriebskosten von zweifelhafter Werthaltigkeit sind und der eigentl Wertsprung erst mit der tatsächl Umsatzrealisation stattfindet (BFH III R 39/21, BStBl II 24, 67 Rn. 28). Beispiele: **Verpackungskosten** (BFH III R 31/84, BStBl II 88, 961: Verkaufsverpackung um das bereits verpackte Produkt; BFH III R 126/85, BStBl II 90, 593: Kartonverpackung von bereits eingeschweißten Produkten, selbst wenn erst nach dem Verpackungsvorgang eine Sterilisierung erfolgt). HK sind nur dann gegeben, wenn das Produkt ohne die jeweilige Verpackung nicht in Verkehr gebracht werden kann („Innenverpackung"). Dies ist zB bei Milch in Tüten, Zahnpasta in Tuben oder Bier in Flaschen, Fässern oder Dosen (BFH I R 72/73, BStBl II 76, 13) der Fall; Gleiches soll für Schutzumschläge von Büchern gelten (BFH IV R 51/69, BStBl II 71, 304 unter a; mE unzutr). – Vertriebskosten sind auch **Lagerkosten** (anders jedoch, wenn die Lagerung, wie zB bei der Wein- und Sektherstellung, Teil des Herstellungsvorgangs ist); **Provisionen** für die Einwerbung von Aufträgen; Prämien für eine **Ausfuhrversicherung;** Aufwendungen für die Anmietung von Stellplätzen für Imbisswagen (BFH III R 39/21, BStBl II 24, 67 Rn. 29: keine HK der erzeugten Speisen).

206 **h) Fremdkapitalzinsen.** Sie gehören grds nicht zu den HK (§ 255 III 1 HGB). Dies gilt auch für Teilzahlungsaufschläge (BFH VI R 6/67, BStBl II 68, 574) und

zinsähnl Aufwendungen. Hintergrund ist, dass der Umfang der anzusetzenden HK nicht davon abhängig sein soll, ob der Betrieb mit Fremd- oder Eigenkapital wirtschaftet.

Wahlrecht für Bauzeitzinsen. Im **BV** dürfen Fremdkapitalzinsen nur dann in die HK einbezogen werden, wenn das Darlehen zur Finanzierung der Herstellung verwendet wird und soweit die Zinsen auf den Zeitraum der Herstellung entfallen (§ 255 III 2 HGB; BFH III R 73/05, BStBl II 07, 331; Literatur → 39. Aufl 2020, § 6 Rn. 206). Dieses Wahlrecht soll (abw von den allg Grundsätzen, wonach ein Aktivierungswahlrecht in der HB zur Aktivierungspflicht in der StBil führt, s BFH GrS 2/68, BStBl II 69, 291 unter II.3.b) auch für die StBil gelten (EStR 6.3 V; *BMF* BStBl I 10, 239 Rn. 6; Kritik → 39. Aufl 2020, § 6 Rn. 206). – **Überschusseinkünfte.** Die neuere Rspr neigt dazu, das (mE rein handelsrechtl) Wahlrecht ebenfalls zu gewähren (BFH IX R 2/12, BStBl II 12, 674, allerdings in einem Fall, in dem während der Herstellungsphase wegen bestehender Veräußerungsabsicht kein WK-Abzug mögl war; **aA** noch BFH IX R 190/85, BStBl II 90, 460; ausführl *Wüllenkemper* EFG 12, 610; offen gelassen von BFH III R 73/05, BStBl II 07, 331 unter II.1.b). – **Gestaltungsmöglichkeiten.** Die Aktivierung der Zinsen als HK schließt ihre Hinzurechnung nach § 4 IVa, § 4h EStG/§ 8a KStG/§ 8 Nr 1 GewStG aus, und zwar auch insoweit, als sie sich später im Wege der AfA gewinnmindernd auswirken (BFH I R 19/02, BStBl II 04, 192; *GLE* BStBl I 12, 654 Rn. 13, beide zu § 8 Nr 1 GewStG; *Engers* BB 04, 1595; *Haupt* DStR 08, 1814). Auch die Aktivierung von Miet- und Pachtzinsen als HK schließt eine Hinzurechnung nach § 8 Nr 1 GewStG aus, und zwar selbst dann, wenn die hergestellten WG am Bilanzstichtag bereits verkauft wurden, weil die Einbeziehung in die HK den Rechtscharakter der Miet- und Pachtzinsen endgültig geändert hat (BFH III R 24/18, BStBl II 22, 279; BFH IV R 31/18, BFH/NV 21, 1367; *GLE* BStBl I 22, 638 Rn. 2). Die Aktivierung kann zudem zur Erlangung einer höheren InvZul vorteilhaft sein (BFH III R 73/05, BStBl II 07, 331; *Pyszka* DStR 96, 809 (810)).

i) Vergebliche Aufwendungen. Es handelt sich nicht um HK, sondern um 207
sofort abziehbare BA/WK (ausführl *Günther* EStB 09, 318). – **aa) Verlorene Vorauszahlungen.** Sie sind im Zeitpunkt ihres Wertloswerdens BA/WK (grundlegend BFH GrS 1/89, BStBl II 90, 830; BFH IX R 164/87, BStBl II 92, 805 unter 1.), weil nicht die Anzahlung selbst (zu deren Bilanzierung → § 5 Rn. 270 „Anzahlungen"), sondern erst der tatsächl Verbrauch von Gütern bzw die Inanspruchnahme von Diensten zu HK führt (BFH III R 110/80, BStBl II 86, 367 unter 3.b). Gleiches gilt für Zahlungen des Bauherrn aufgrund der Kündigung eines Werkvertrags, wenn der Werkunternehmer tatsächl keine Leistung erbringt (BFH IX R 75/95, BStBl II 99, 20: Kündigung; BFH IX R 3/04, BStBl II 06, 258: Rücktritt; BFH IX R 45/05, BStBl II 06, 803: Schadensersatzzahlung an den Verkäufer, weil der Käufer keine Finanzierung erlangen kann) sowie für Zahlungen aufgrund eines **Betrugs** (BFH IX R 24/16, BStBl II 18, 168: Abzug in dem Zeitpunkt, zu dem feststand, dass das Geld verloren ist). Vergebl Aufwendungen auf den **GuB** sind im PV allerdings nicht abziehbar (BFH IX R 37/09, BFH/NV 11, 36; BFH IX R 24/16, BStBl II 18, 168 Rn. 21).

bb) Objektiv unnötige Aufwendungen. Sofern ihnen tatsächl Leistungen zu- 208
grunde liegen, die wertbestimmend in das WG eingegangen sein könnten, stellen sie HK dar (zutr BFH III R 110/80, BStBl II 86, 367 unter 4.; BFH IX R 23/92, BStBl II 95, 306 unter III.2.a; BFH IX B 35/06, BFH/NV 06, 2072 für **mangelhafte Leistungen,** selbst wenn Schadensersatzansprüche letztl wegen Insolvenz des Bauunternehmers nicht realisierbar sind; zweifelhaft hingegen BFH IX R 23/95, BFH/NV 99, 785: selbst dann HK, wenn die Baumängel zum sofortigen und vollständigen Abriss des mangelhaften Gebäudeteils geführt haben und anschließend ein neues Gebäude errichtet wird). Zur **TW-AfA** in diesen Fällen → Rn. 276; zur AfaA → § 7 Rn. 189 mwN.

cc) Kosten für eine später geänderte Planung. Für die Zuordnung zu den HK 209
genügt es bereits, wenn durch die ursprüngl Planung Erfahrungen für die Errichtung des anderen WG gewonnen worden sind (BFH VIII R 96/81, BStBl II 84, 303 unter 5.; BFH VIII R 173/81, BStBl II 84, 306: Planungskosten für ein letztl nicht geneh-

migungsfähiges Einfamilienhaus sind HK, wenn später durch einen anderen Bauunternehmer ein genehmigungsfähiges Einfamilienhaus errichtet wird; FG Mchn EFG 06, 564, rkr: Planungskosten für ein EFH mit Einliegerwohnung, tatsächl gebaut wird ein Doppelhaus). – Es handelt sich nur dann nicht um HK, wenn das später tatsächl hergestellte WG hinsichtl seiner Bau- und Nutzungsart derart von dem ursprüngl geplanten WG abweicht, dass die Planungskosten in keiner Weise seiner Herstellung gedient haben (BFH IV R 176/72, BStBl II 76, 614 unter 2.a; BFH IX B 95/00, BFH/NV 01, 592).

210 **dd) Prozesskosten.** Sie teilen das Schicksal der Aufwendungen, um die gestritten wird. Zu HK führen daher Kosten für einen Prozess wegen Baumängeln (BFH IX R 134/83, BStBl II 88, 431) oder Rücktritts vom Bauvertrag (BFH IX R 2/90, BFH/NV 95, 381; BFH IX R 3/04, BStBl II 06, 258 unter II.3.), nicht hingegen für einen Prozess wegen verlorener Vorauszahlungen, die ohne Gegenleistung geblieben sind (BFH IX R 164/87, BStBl II 92, 805 unter 2.: sofort BA/WK). Zu sofort als WK abziehbaren Prozesskosten → § 21 Rn. 148 „Prozesskosten".

211 **4. Herstellungskosten von Gebäuden. – a) Einbau unselbständiger Gebäudeteile.** Sie sind in die HK der Bewertungseinheit „Gebäude" einzubeziehen, selbst wenn sie eine wesentl kürzere Lebensdauer als das Gesamtgebäude haben. Im Gegenzug führt die Erneuerung solcher unselbständiger Gebäudeteile nicht zu nachträgl HK, sondern zu Erhaltungsaufwand (BFH GrS 5/71, BStBl II 74, 132). Zur weiteren Abgrenzung zw nachträgl HK und Erhaltungsaufwand ausführl → Rn. 161 ff; zu Erschließungsbeiträgen → Rn. 59 ff. **Betriebsvorrichtungen** sind allerdings steuerl selbständige WG.

212 **aa) Einzelfälle Gebäudeherstellungskosten.** S auch EStH 6.4; → § 4 Rn. 115 ff. **Außenjalousien** (BFH III R 152/85, BFH/NV 89, 456); Kosten für die Eintragung einer **Baulast** auf dem Nachbargrundstück, die für die Genehmigungsfähigkeit des Gebäudes erforderl ist (BFH I R 18/88, BFH/NV 91, 34); **Erdarbeiten** einschließl der Kosten einer Hangabtragung (BFH IV R 104/92, BStBl II 94, 512) sowie des Freimachens des Baugrundstücks von Bewuchs (BFH III R 76/92, BStBl II 95, 71); es handelt sich nicht etwa um nachträgl AK des GuB (werden Hafen-Kaianlagen aber durch Aufschüttung und Verfüllung bisheriger Wasserflächen erweitert, führt dies zu AK des GuB; BFH IV R 33/18, BFH/NV 22, 911); **Fahrtkosten** zur Baustelle (BFH IX R 73/91, BStBl II 95, 713: kein Ansatz der Pauschale des § 9 I 3 Nr 4, sondern der tatsächl Aufwendungen; auch → Rn. 54 (5)); **Planungskosten** (zu vergebl Aufwendungen → Rn. 209); **Richtfest** sowie Feier zur Grundsteinlegung (FG Bln-Bbg EFG 11, 1143, rkr: auch dann keine Vertriebskosten, wenn Mietinteressenten teilnehmen); **Stellplätze für PKW** (nicht etwa AK des GuB) sowie **Stellplatz-Ablösezahlungen** (BFH IX R 45/80, BStBl II 84, 702; BFH VIII R 183/85, BFH/NV 90, 504 unter 3.b). Sofern die Baumaßnahme, die die Ablöseverpflichtung auslöst, steuerl jedoch Erhaltungsaufwand darstellt, sind auch die Ablösezahlungen sofort BA/WK (BFH IX R 51/00, BStBl II 03, 710). Auch **Garagen** sind grds keine selbständigen WG, sondern steuerl Teil des Gebäudes (→ § 7 Rn. 38 mwN).

213 **bb) Selbständige Wirtschaftsgüter.** Diese erhalten eine eigene AfA-Reihe mit kürzerer Nutzungsdauer. – **(1) Außenanlagen.** ZB Hofbefestigung (BFH V R 48/71, BStBl II 72, 76; FG Mster EFG 20, 515, rkr: HK auch bei Ersatz der vorhandenen schadhaften Befestigung durch eine vollständig neue; krit *Steck* DStR 20, 2766), Straßenzufahrt (BFH III R 161/81, BStBl II 83, 686) und Gleisanlagen (BFH IV R 30–31/89, BFH/NV 91, 361); **Grün- und Gartenanlagen** (BFH VI 181/65 U, BStBl III 66, 12; BFH IX R 18/91, BStBl II 97, 25 unter 2.; EStR 21.1 III) und **Kinderspielplätze** (EStR 6.4 II). Eine **Umzäunung** ist bei Betriebsgebäuden idR ein selbständiges WG (BFH III R 161/81, BStBl II 83, 686: dient dem gesamten Betriebsgelände), bei Wohnhäusern (mE unabhängig ob BV oder PV) hingegen idR GebäudeHK (BFH VIII R 121/73, BStBl II 78, 210: dient nur dem Gebäude). – **(2) Einbauküche.** Sie ist grds kein Gebäudebestandteil, sondern ein (einheitl) selbständiges WG, und zwar einschließl Spüle und Herd (BFH IX R 14/15, BStBl II 17, 437; dazu *Kanzler* NWB 17, 1870). Folge: Eigene kürzere AfA getrennt vom Gebäude; die Erneuerung der *gesamten* Einbauküche ist nicht Erhaltungsaufwand, sondern HK der neuen Einbauküche; § 6 II ist auf die Erneuerung einzelner Teile nicht anwendbar (→ Rn. 661). Eine Einbauküche ist nur dann Gebäudebestandteil, wenn sie durch

Einpassen mit den sie umschließenden Gebäudeteilen vereinigt wird, sie insb keine eigenen Rück- und Seitenwände hat (BFH IX R 14/15, BStBl II 17, 437 Rn. 33 mwN). – Zur Abgrenzung weiterer WG vom GuB (insb bei LuF) → Rn. 403.

b) Abbruchkosten. S auch EStH 6.4 „Abbruchkosten"; *Unterrainer* DB 22, 1413. – **aa) Erwerb ohne Abbruchabsicht.** Hier sind im Jahr des Abbruchs der Restbuchwert des zuvor zur Einkunftserzielung genutzten abgebrochenen Gebäudes (AfaA) und die Abbruchkosten BA (BFH GrS 1/77, BStBl II 78, 620 unter D. II.1.). Dies gilt unabhängig davon, ob auf dem GuB ein Neubau errichtet wird (BFH IX R 333/87, BStBl II 94, 12 unter 2.; BFH IX R 79/89, BFH/NV 94, 232 unter 2.a; BFH IX R 26/96, BFH/NV 98, 1212: letzter Akt der vorangegangenen Einkunftserzielung; FG Mster EFG 20, 1507, rkr, auch zur Aufteilung bei zuvor unterschiedl Nutzungen). Zur **AfaA** in diesen Fällen ausführl → § 7 Rn. 184 mwN. 214

bb) Erwerb in Abbruchabsicht. In diesem Fall ist ein sofortiger BA/WK-Abzug nicht mögl. – **(1) Objektiv noch nicht verbrauchtes Gebäude.** Wird dies abgerissen und durch ein neues ersetzt, gehören Restwert, Abbruchkosten und Räumungsabfindungen an Mieter (→ Rn. 140 „Abfindungen"; dort auch zur Ablösung eines Erbbaurechts) zu den HK des neuen Gebäudes (BFH GrS 1/77, BStBl II 78, 620 unter D. II.2.a; BFH I R 58/04, BStBl II 06, 707 unter II.2.f: auch soweit die Abrisskosten den Abbruch von *Betriebsvorrichtungen* des Altgebäudes betreffen; mit beachtl Gründen krit zur Rspr *Wüllenkemper* EFG 14, 530). Gleiches gilt, wenn statt eines neuen Gebäudes ein anderes WG (zB Außenanlage, Straße) errichtet wird. Wenn der Neubau *selbst genutzt* werden soll, sind Restwert und Abrisskosten steuerl daher nicht abziehbar (zutr BFH IX B 120/08, BFH/NV 09, 964 unter 2.a: der Zusammenhang mit der früheren Einkunftserzielung wird überlagert). Der Abriss eines Gebäudes *ohne* Errichtung eines neuen WG (zB Erwerb eines „Sperrgrundstücks") führt zu AK des GuB (BFH GrS 1/77, BStBl II 78, 620 unter D. II.2.b); ebenso bei späterem Scheitern der Neubauplanung (FG Köln EFG 14, 527, rkr: nicht etwa sofort abziehbare WK) oder wenn das neue Gebäude später auf einem *Nachbar*grundstück errichtet wird (BFH IX R 1/03, HFR 05, 743). – **(2) Objektiv wertloses Gebäude.** Die vollen AK entfallen auf den GuB (BFH I 64/65, BStBl II 69, 35; BFH IX R 93/82, BStBl II 87, 330; BFH X R 97/87, BStBl II 89, 604 unter 1.). 215

(3) Indizien für Abbruchabsicht. Entspr Kaufvertragsklauseln, das Unterlassen einer Gebäudenutzung bis zum Abbruch oder (vor allem) der **Abbruch innerhalb von drei Jahren nach dem Erwerb** (grundlegend BFH GrS 1/77, BStBl II 78, 620 unter D.III.; BFH VIII R 105/75, BStBl II 79, 509: maßgebend ist das obligatorische Geschäft; BFH IX R 16/09, BFH/NV 10, 1799). Die Indizwirkung kann nach beiden Seiten hin widerlegt werden. Der Wille des StPfl muss beim Erwerb auf einen *kurzfristigen* Abbruch gerichtet sein (BFH VIII R 93/73, BStBl II 80, 69: die Planung, das Gebäude in 10 Jahren abzubrechen, genügt nicht). – **Widerlegung der Vermutung.** Dies kommt insb bei einer **Fehlmaßnahme** in Betracht (BFH IX R 2/93, BStBl II 97, 325 unter 2.a: der Erwerber plante lediglich einen Teilabbruch, rechnete aber nicht damit, dass ein Vollabbruch erforderl würde; BFH IX R 58/95, BFH/NV 98, 1080 unter 3.: der Mieter großer Büroflächen in dem erworbenen Gebäude löst das Mietverhältnis unerwartet auf; BFH X R 36/01, BFH/NV 03, 765 unter II.3.b: verdeckte Mängel). Für eine solche Fehlmaßnahme genügt es indes nicht, wenn der Erwerber zwar in erster Linie einen Umbau des Vorhandenen plant, aber wegen des schlechten baul Zustands auch einen Abbruch in Kauf nimmt (BFH IX R 5/79, BStBl II 85, 208; BFH IX R 16/09, BFH/NV 10, 1799; FG Mster EFG 22, 210, rkr: fehlende Eignung des erworbenen Gebäudes zur Aufstellung schwerer Maschinen, was für den Erwerber hier aber nicht überraschend war). 216

cc) Erweiterter Anwendungsbereich dieser Grundsätze. – **(1) Einlage in das BV.** Die dargestellten Grundsätze gelten ebenfalls (BFH I R 142/76, BStBl II 79, 729 unter II.1.; BFH I R 29/79, BStBl II 83, 451 unter 2.: bei Einlage in Ab- 217 bruchabsicht geht der Einlagewert, der sich nicht etwa wegen des beabsichtigten Abbruchs mindert, in die HK ein; FG BW DStRE 12, 1173, rkr), ebenso bei **Einbringung** in eine PersGes (zutr FG Ddorf EFG 16, 713, rkr). Ist das eingelegte und abgerissene Gebäude zuvor jedoch **nicht zur Erzielung von Einkünften genutzt** worden, gehören Restwert und Abbruchkosten (unabhängig vom Bestehen einer Abbruchabsicht) stets zu den HK eines neuen Gebäudes (BFH IX R 50/00, BStBl II 02, 805 unter II.2.). – **(2) Unentgeltlicher Erwerb.** Auch hier kommt es darauf an, ob der Erwerber das Gebäude im Erwerbszeitpunkt zur Einkunftserzielung nutzen (dann sind spätere Abrisskosten BA/WK) oder aber abreißen will (dann entstehen HK; zu Schenkung BFH IX R 93/82, BStBl II 87, 330; zu Erbauseinandersetzung BFH IX R 100/83, BFH/NV 88, 26; zu Gesamtrechtsnachfolge BFH X R 116/91, BStBl II 96, 358; zur unentgeltl Übertragung eines MUerAnteils samt SonderBV BFH III R 17/19, BStBl II 21, 748; trotz Anwendung des § 6 III keine Zurechnung der Besitzzeit des Übergebers; krit *Carlé* BeSt 21, 3). – **(3) Teilabbruch.** Hier gelten die Grundsätze ebenfalls (BFH IX R 58/95, BFH/NV 98, 1080 unter 1.).

5. ABC der Herstellungskosten

220 **Abstandszahlungen** → Rn. 140 „Abfindungen".

Außenanlagen → Rn. 213.

Bauherrenmodell → § 6e Rn. 6.

Bauwesenversicherung. Beiträge sind sofort BA/WK (BFH VIII B 81/74, BStBl II 80, 294; ebenso für Bauherren-Haftpflichtversicherung BFH VIII R 96/81, BStBl II 84, 303 unter 7.).

Dacherneuerung. Zur Flächenvergrößerung → Rn. 171; zum bautechnischen Ineinandergreifen mit anderen Maßnahmen → Rn. 189.

Deponien. Zur Aktivierung ausführl *BMF* BStBl I 05, 826.

Eigene Arbeitsleistung führt weder zu HK noch zu BA/WK (BFH IX R 58/81, BStBl II 86, 142).

Erschließungskosten → Rn. 59 ff.

Film → 34. Aufl 2015, § 6 Rn. 34 mwN.

Fremdwährung → 39. Aufl 2020, § 6 Rn. 22.

Gebäude → Rn. 161–189, 211–217.

Grund und Boden → Rn. 213 „Außenanlagen", „Erdarbeiten", zu Altlastensanierung → Rn. 273; zu Kosten der Bodenverbesserung in der LuF → § 13 Rn. 234.

Kuppelerzeugnisse. Hier werden mit *einem* Herstellungsprozess verschiedene WG erzeugt (zB Strom und Wärme bei einem BHKW). Die HK sind grds einzeln zuzuordnen, hilfsweise durch Schätzung auf die erzeugten WG aufzuteilen (BFH IV R 9/17, BStBl II 21, 226 Rn. 38).

Leitungsnetz → Rn. 171 (5).

Prozesskosten → Rn. 210.

Software → Rn. 140 „Software".

Tierbestände ausführl → § 13 Rn. 45 ff.

Verbrauchsteuern → § 5 Rn. 259.

Vergebl Aufwendungen → Rn. 207 ff.

Vorsteuer. Keine HK, soweit sie bei der USt abziehbar ist (§ 9b I; → § 9b Rn. 1).

Zölle → § 5 Rn. 259.

IV. Teilwert, § 6 I Nr 1 S 3

1. Begriff und Bedeutung

Redaktioneller Hinweis: In → Rn. 232 ff ist die *Ermittlung* des TW erläutert. Erläuterungen zu den gesetzl Voraussetzungen, unter denen eine *TW-AfA* vorgenommen werden kann, insb zur voraussichtl dauernden Wertminderung, finden sich in → Rn. 359 ff. 231

a) Begriff. Literatur: → 39. Aufl 2020, § 6 Rn. 232. – TW ist nach der (seit 1934 unveränderten und auf den RFH zurück gehenden) **gesetzl Definition** des § 6 I Nr 1 S 3 (gleichlautend § 10 BewG) der Betrag, den ein Erwerber des ganzen Betriebs iRd Gesamtkaufpreises für das einzelne WG ansetzen würde; dabei ist davon auszugehen, dass der Erwerber den Betrieb fortführt (Going-concern-Prinzip des § 252 I Nr 2 HGB). Maßgebl ist danach der Wert, den das einzelne WG als Teil (daher der Begriff „Teilwert") der wirtschaftl Einheit hat; Spezifikum des TW ist seine Betriebsbezogenheit. – Bereits aus dem Wortlaut der gesetzl TW-Definition folgt, dass hierbei mehrere **Fiktionen** verwendet werden (Erwerb des ganzen Betriebs, Betriebsfortführung, Aufteilung des Gesamtkaufpreises). Der Wert kann daher nur durch **Schätzung** ermittelt werden (BFH IV R 18/12, BStBl II 16, 346 Rn. 30; BFH IV R 3/14, BStBl II 23, 26 Rn. 21). Die vom I. Senat des BFH zur vGA entwickelte BandbreitenRspr ist auf die Schätzung des TW nicht übertragbar, weil es hier nicht um einen Fremdvergleich geht (zutr BFH III R 79/07, BFH/NV 10, 610 Rn. 18; BFH IV R 18/12, BStBl II 16, 346 Rn. 29). – **Nur WG** können mit dem TW bewertet werden und sind einer TW-AfA zugängl. Daran fehlt es bei Beteiligungen an PersGes (BFH I R 171/75, BStBl II 77, 259 unter 2.; BFH X R 34/17, BFH/NV 19, 530 Rn. 89 mwN; auch → Rn. 140 „Beteiligung an PersGes"; zu Forderungen an PersGes → Rn. 310), bei RAP (BFH IV R 3/69, BStBl II 70, 209) und dem Korrekturbetrag nach § 1 AStG (BFH I R 97/88, BStBl II 90, 875 unter II.4.e). – **Bewertungseinheit.** Ist ein WG mit einem anderen vereinigt worden, kommt es nur noch auf den Gesamtwert des WG an. *Beispiele:* Vereinigung zweier Grundstücksteilflächen (BFH I R 33/75, BStBl II 79, 259), Hinzuerwerb von Anteilen an einer KapGes zu einer bereits bestehenden Beteiligung (→ Rn. 404). 232

b) Bedeutung des „gedachten Erwerbers". Die Fiktionen (Veräußerung des Betriebes im Ganzen, Bewertung des einzelnen WG durch den gedachten Erwerber, Korrelation zw Einzel- und Gesamtkaufpreis, Betriebsfortführung) ändern nichts daran, dass die tatsächl **obj betriebl Umstände** – unter Außerachtlassung persönl Umstände und subj Vorstellungen des Betriebsinhabers – für die Schätzung maßgebend sind (BFH I R 116/86, BStBl II 91, 342 unter II.4.; BFH IV R 18/12, BStBl II 16, 346 Rn. 29). Letztl soll das Abstellen auf einen „gedachten Erwerber" nur verdeutlichen, dass eine *obj* Bewertung vorzunehmen ist (BFH I R 51/95, BStBl II 98, 781 unter II.2.a). Insb kommt es nicht darauf an, ob ein gedachter Erwerber wegen fehlender Spezialkenntnisse aus einem vorhandenen WG keinen Nutzen ziehen könnte (BFH IV R 31/90, BStBl II 91, 627 unter 2.). Zu den obj Umständen kann aber auch die konkrete betriebl Funktion des WG gehören (BFH X R 58/14, BFH/NV 17, 275 Rn. 27). Die maßgebl Sicht des Erwerbers führt bei der Ermittlung des TW idR zu einer Unterscheidung zw AV (Orientierung an Wiederbeschaffungswerten) und UV (Orientierung an aktuellen Veräußerungspreisen, → Rn. 251). – Nicht abziehbare **VorSt** ist in den TW einzubeziehen (→ § 9b Rn. 11 aE), sonst nicht. 233

c) Substanz- oder Ertragswert. Substanzwert. Dieser ist für die TW-Ermittlung grds maßgebend, und zwar bezogen auf das *einzelne* WG (BFH I R 56/94, BStBl II 96, 28 unter II.5.c bb; *BeckOK EStG* § 6 Rn. 835). – **Ertragswertverfahren.** Dies wird von der Rspr grds abgelehnt, weil einem EinzelWG idR kein bestimmter Teil des betriebl Gesamtertrags zugeordnet werden kann (→ 39. Aufl 2020, § 6 Rn. 234 mwN). Nur ausnahmsweise können die Ertragsaussichten eines Ein- 234 zelWG für seinen TW berücksichtigt werden, sofern sie nicht dem Geschäftswert zuzuordnen sind (BFH I R 68/92, BStBl II 95, 336 unter II.2.). Dies kann bei einer sich nachträgl herausstellenden Überdimensionierung einer Maschine/Anlage der Fall sein (zu Fehlmaßnahme → Rn. 246). Von besonderer Bedeutung sind die Ertragsaussichten bei Anteilen an KapGes (→ Rn. 278 ff), Wertpapieren, Vermietungsobjekten (zB §§ 27 ff ImmoWertV) und immateriellen EinzelWG (→ Rn. 322), vor allem aber bei zum Verkauf bestimmten WG (zur Verlustantizipation → Rn. 258).

235 **d) Unterschied zum gemeinen Wert. Begriff des gemeinen Werts.** Der im gewöhnl Geschäftsverkehr erzielbare Veräußerungspreis (Definition des § 9 BewG) berücksichtigt im Gegensatz zum TW nicht den wertbestimmenden Einfluss der Betriebszugehörigkeit eines WG. Zudem wird die Betrachtung nicht allein aus der Sicht eines Erwerbers vorgenommen; auch ergeben sich Unterschiede zw den Handelsstufen. Der TW von Waren liegt daher um die Gewinnspanne unterhalb des gemeinen Werts, weil der Erwerber die Gewinnspanne für sich selbst einkalkulieren würde (BFH I 175/60 U, BStBl III 60, 492 unter a). Umgekehrt können bei der TW-Findung in gewissen Grenzen auch ungewöhnl und persönl Verhältnisse berücksichtigt werden (BFH IV R 103/79, BStBl II 82, 258), beim gemeinen Wert wegen § 9 II 3 BewG hingegen nicht. – **Anwendungsbereich des gemeinen Werts.** Er wird im Ertragsteuerrecht bei Bewertung des Vermögens von Unterstützungskassen (§ 4d I 3), bei Ausschluss (§ 6 I Nr 4 S 1 Hs 2) und Begründung (§ 6 I Nr 5a) des dt Besteuerungsrechts, unentgeltl Übertragung einzelner betriebl WG (§ 6 IV), beim Tausch (§ 6 VI 1), der Bewertung von Sachspenden (§ 10b III 3), der Betriebsaufgabe/Realteilung (§ 16 III 3, 4, 7), der verdeckten Einlage (zur verdeckten Einlage von Anteilen an einer KapGes in eine KapGes s § 17 II 2, zu WG iSd § 20 II s § 20 IV 2, zu Grundstücken in eine KapGes innerhalb von 10 Jahren seit Anschaffung s § 23 III 3), der Liquidation von KapGes (§ 17 IV), der Überlassung von Vermögensbeteiligungen durch ArbG an ArbN (§ 3 Nr 39 S 4, § 19a I 5), dem Verlust des dt Besteuerungsrechts für Anteile an KapGes (§ 17 V 1) und Körperschaften (§ 12 KStG) sowie bei Umwandlungs- und Einbringungsvorgängen (§§ 3 I, 11 I, 20 II, 21 I, 24 II UmwStG) verwendet.

237 **e) Steuerliche Bedeutung des Teilwerts.** Der TW verdrängt die als Regelbewertungsmaßstab dienenden (fortgeführten) AK/HK bei einem **Absinken des Wertniveaus** (TW-AfA; für abnutzbare WG § 6 I Nr 1 S 2, für nicht abnutzbare WG § 6 I Nr 2 S 2). Er dient hier der Vorwegnahme (Antizipation) von Verlusten. – **Entnahmen und Einlagen.** Der Ansatz des TW (der hier den Regelbewertungsmaßstab darstellt) soll hier eine zutr Zuordnung von Wertänderungen zw betriebl und privater Sphäre gewährleisten (für Entnahmen § 6 I Nr 4 S 1, für Einlagen § 6 I Nr 5 S 1, Nr 6, 7; für Eintritt oder Beendigung einer StBefreiung bei Körperschaften § 13 KStG). Der in diesen Vorschriften verwendete TW-Begriff ist mit dem des § 6 I Nr 1 S 3 identisch (zu § 6 I Nr 5 BFH IV R 63/97, BStBl II 04, 639 unter 2.a; ebenso zu § 5a IV BFH IV R 3/14, BStBl II 23, 26 Rn. 20); insb gilt die gesetzl Betriebsfortführungsfiktion grds auch für Entnahmen. Zu Besonderheiten der TW-Ermittlung bei Entnahmen → Rn. 251; zur Modifizierung des TW-Begriffs bei Betriebseröffnungen iSd § 6 I Nr 6 → Rn. 633. – **Übertragungsvorgänge bei MUerschaften.** Der TW-Ansatz dient hier der zutr Zuordnung von Wertänderungen zw einzelnen StPfl (§ 6 V 4–6); Gleiches gilt für verdeckte Einlagen in KapGes (§ 6 VI 2).

241 **2. Teilwertvermutungen. – a) Zeitpunkt des Erwerbs/der Fertigstellung eines Wirtschaftsguts.** Hier wird sowohl bei AV als auch bei UV vermutet, dass der TW den AK/HK entspricht (BFH I R 79/74, BStBl II 77, 540 unter I.1.a; BFH I R 114/84, BStBl II 90, 117 unter II.4.: Darlehensforderung), sofern nicht eine Fehlmaßnahme vorliegt (dazu → Rn. 246). Dies dient der Vermeidung sofortiger TW-AfA (BFH IV R 8/10, BStBl II 11, 709 Rn. 32: Anschaffungsnebenkosten bei geschlossenen Fonds). – **Zuschüsse** (ausführl → Rn. 71 ff) oder stfreie InvZul min-

dern den TW nur dann, wenn sie den Marktpreis bestimmter WG *generell* beeinflussen oder der Zuschussempfänger starken Beschränkungen unterliegt (zB BFH III R 109/76, BStBl II 81, 700: Schiffbau; BFH III R 26/79, BStBl II 81, 702: Heizwerk), was der BFH aber weitestgehend verneint (BFH II R 27/87, BStBl II 90, 566: Schlachthof und Molkerei in marktfernen Regionen; BFH I R 56/94, BStBl II 96, 28 unter II.5.c bb: Krankenhauswäscherei).

b) Spätere Bewertungsstichtage. Hier sind die von der älteren Rspr aufgestell- 242
ten TW-Vermutungen (ausführl → 39. Aufl 2020, § 6 Rn. 242 mwN) **nicht mehr sinnvoll.** Bei der Folgebewertung nach § 6 I Nr 1, 2 liegt die Feststellungslast für einen gesunkenen TW ohnehin beim StPfl; dafür benötigt man die TW-Vermutungen also nicht. Bei der Bewertung von Entnahmen und Einlagen (§ 6 I Nr 4, 5) würden die Vermutungen zu unzutr Ergebnissen führen; hier ist daher immer eine Einzelfeststellung des TW erforderl.

c) Widerlegung der Teilwertvermutungen. Alle TW-Vermutungen sind wi- 244
derlegbar. Ein Wert von 0 € kann aber nicht unterschritten werden. Eine TW-AfA setzt nach Rspr und *FinVerw* voraus (BFH I R 54/97, BStBl II 99, 277 unter II. B.3.; EStR 6.7), dass entweder bereits der *Erwerb* des WG eine Fehlmaßnahme darstellte (→ Rn. 246) oder aber die Wiederbeschaffungs-/-herstellungskosten oder erzielbaren Verkaufspreise *später* gesunken sind (→ Rn. 254 ff). Zusätzl muss die **Wertminderung voraussichtl dauernd** sein (→ Rn. 364 ff).

aa) Feststellungslast; Nachweisfragen. Der StPfl, der eine TW-AfA entgegen 245
der Beweislastregelung des § 6 I Nr 1, 2 (bzw entgegen der früheren TW-Vermutungen) begehrt, muss die Voraussetzungen (konkrete Tatsachen und Umstände) dafür darlegen (BFH I R 116/86, BStBl II 91, 342 unter II.3.; BFH X R 58/14, BFH/NV 17, 275 Rn. 36). Bei Modewaren können zB Aufzeichnungen über die tatsächl Preisreduzierungen vergleichbarer Waren in Vorjahren herangezogen werden (BFH IV R 143/80, BStBl II 84, 35). Die späteren Erlöse aus einer Liquidation des Warenlagers iRe Betriebsaufgabe lassen hingegen keinen Rückschluss auf den TW der Vorjahre zu (BFH IV R 329/84, BFH/NV 86, 470). Je kürzer der Zeitraum zw Anschaffung und Bewertungsstichtag, desto strenger sind die Anforderungen (BFH I R 104/86, BStBl II 88, 892 unter II.3.; BFH X R 151/94, BFH/NV 98, 1086 unter II.2.b).

bb) Nachweis einer Fehlmaßnahme. – (1) Begriff. Fehlmaßnahme ist die 246
Anschaffung oder Herstellung eines WG, dessen wirtschaftl Nutzen *von Anfang an* dauerhaft deutl hinter den AK/HK zurückbleibt, sodass ein gedachter Erwerber den Aufwand nicht im Kaufpreis honorieren würde (BFH III R 151/86, BStBl II 89, 269 unter 1.a; BFH X R 151/94, BFH/NV 98, 1086 unter II.2.a). Darauf, ob der Betrieb *insgesamt* rentabel arbeitet, kommt es nicht an (BFH III R 201–202/84, BStBl II 88, 488). Mehrpreise, die aus **betriebsfremden** (persönl) Gründen gezahlt werden, sind schon keine BA (iErg ähnl BFH IV B 4/98, BFH/NV 99, 305: keine TW-AfA); bei KapGes ist hingegen TW-AfA zu gewähren, aber ggf eine vGA anzusetzen. – **(2) Irrtümliche (unbewusste) Fehleinschätzung.** Nur dies rechtfertigt die Annahme einer Fehlmaßnahme (BFH GrS 6/71, BStBl II 73, 79 unter IV. 2.). Bei bewusst in Kauf genommenem (Mehr-)Aufwand (insb erzwungene oder erkennbar überhöhte Preise, s BFH X R 151/94, BFH/NV 98, 1086 unter II.2.a; BFH VI R 9/17, BFH/NV 20, 191 Rn. 28) ist hingegen davon auszugehen, dass auch ein Erwerber diesen für sinnvoll erachtet und getragen hätte (zB Verlustprodukte, → Rn. 262). – **(3) Zeitnahe eigene Einschätzung durch den Steuerpflichtigen.** Dies ist von besonderer Bedeutung. Daher sind, wenn eine Fehlmaßnahme erst bei einem Antrag auf Berichtigung einer zuvor ohne Berücksichtigung der TW-AfA eingereichten Bilanz behauptet wird, höhere Hürden zu überwinden.

Beispiele Fehlmaßnahmen: Erwerb von WG, die nur eingeschränkt funktionsfähig sind; neue gesetzl Regelungen, die das WG nutzlos machen (BFH III R 201–202/84, BStBl II 88, 488 unter 1.a); überdimensionierte Investitionen (BFH III R 201–202/84, BStBl II 88, 488 unter 1.b: Erwerb von Maschinen, die sich in einer kurz danach beginnenden Rezession als überdimensioniert erweisen; BFH VIII R 31/75, BStBl II 78, 335: bei Gebäuden wegen der sehr langen Nutzungsdauer jedoch idR keine Berücksichtigung einer Überdimensionierung). – Die Rspr stellt hohe Anforderungen und hat in den folgenden Fällen **Fehlmaßnahmen verneint:** Zahlung eines Mehrpreises für den Erwerb eines unmittelbar neben dem bisherigen Betriebsgrundstück gelegenen Grundstücks (BFH I 22/61 U, BStBl III 62, 186: auch ein Betriebserwerber hätte den Mehrpreis in Kauf genommen); der StPfl nimmt unerwartete Mehrkosten für die Sicherung des schlechten Baugrunds hin, weil die Lage des Grundstücks besonders gut ist (BFH I 99/63, BStBl III 66, 310); Erwerb von Anteilen an einer Unterstützungskasse für ArbN (BFH GrS 6/71, BStBl II 73, 79); Zahlung eines Mehrpreises an Angehörige zur Vermeidung einer Teilungsversteigerung des Grundstücks, auf dem das Betriebsgebäude errichtet ist (BFH III R 151/86, BStBl II 89, 269 unter 1.a); Inkaufnahme hoher Kosten für den Umbau eines an den Betrieb angrenzenden Wohngebäudes in zusätzl Büros, wenn in der Umgebung keine anderen geeigneten Objekte verfügbar sind (BFH X R 151/94, BFH/NV 98, 1086 unter II.2.b). Zum Sinken der Wiederbeschaffungskosten nach Anschaffung unter Zahlung eines Überpreises, der keine Fehlmaßnahme war, → Rn. 254.

248 **cc) Unrentabilität des Gesamtbetriebs.** Auch in einem solchen Fall ist der TW von EinzelWG nur dann geringer als deren Wiederbeschaffungskosten, wenn die Unrentabilität nachhaltig und erhebl ist. Dies setzt nach der Rspr voraus, dass das Unternehmen nachhaltig mit Verlusten arbeitet und deswegen obj nachprüfbare Maßnahmen getroffen hat, den Betrieb so bald wie mögl zu liquidieren oder **stillzulegen** (BFH IV B 6/93, BStBl II 94, 569 unter 2.b; BFH I R 56/94, BStBl II 96, 28 unter II.5.c bb; Einzelheiten und weitere Nachweise → 39. Aufl 2020, § 6 Rn. 248).

250 **3. Maßstäbe für die Schätzung des Teilwerts. – a) Maßgebender Zeitpunkt.** Die Schätzung des TW ist aus Sicht des Bewertungsstichtags vorzunehmen (BFH IV R 218/80, BStBl II 84, 33), dh es kommt auf den Bilanzstichtag oder den Zeitpunkt einer Entnahme, Einlage (§ 6 I Nr 4, 5) oder Übertragung (§ 6 V) an. Wertaufhellende Umstände sind zu berücksichtigen (→ § 5 Rn. 81).

251 **b) Schätzungsrahmen. Regelbewertung zum Bilanzstichtag.** Geht es um eine TW-AfA, sind obere Grenze die Wiederbeschaffungskosten, untere Grenze ist der Einzelveräußerungspreis (gemeiner Wert), der etwaige Vorteile aus der Betriebszugehörigkeit des WG nicht berücksichtigt (BFH IV R 218/80, BStBl II 84, 33; BFH I R 54/97, BStBl II 99, 277 unter II. B.2.). – **Bewertung von Entnahmen und Einlagen.** Hier geht es idR um *nicht* wertgeminderte WG. Dann kann der Einzelveräußerungspreis die Wiederbeschaffungskosten übersteigen. Die Rspr setzt den „Marktpreis" an, der wohl dem Einzelveräußerungspreis entsprechen soll (BFH VIII R 280/81, BStBl II 86, 17 unter I.3.b). Ganz konsequent ist dies mE nicht, weil der TW nicht durch den Gewinnaufschlag beeinflusst werden darf (→ Rn. 235), der aber bei einem Ansatz des Marktpreises (insb bei selbst hergestellten WG wie zB Gebäude eines Bauunternehmers) einbezogen würde (für Wiederbeschaffungskosten daher FG RhPf EFG 00, 57, rkr; zur Ermittlung der Selbstkosten bei Entnahmen auch → Rn. 519).

252 **c) Methodenwahl.** Für die Ermittlung eines geminderten TW kann der StPfl sich je nach Eigenart des zu bewertenden WG am **Beschaffungsmarkt** (Wiederbeschaffungs- oder Reproduktionskosten, → Rn. 254 f) oder **Absatzmarkt** (Verkaufspreise, → Rn. 257) orientieren. Eine TW-AfA ist schon dann gerechtfertigt, wenn in *einem* dieser Marktsegmente die Preise gesunken sind (BFH IV 236/63 S, BStBl III 64, 426 unter 1.). Der TW von zum Verkauf bestimmten Waren, Eigenerzeugnissen und Zwischenprodukten kann grds sowohl anhand der bei der Anschaffung/Herstellung angefallenen Kosten **(progressive Methode)** als auch durch

Rückrechnung vom voraussichtl Verkaufspreis **(retrograde Methode)** ermittelt werden (BFH III R 100–101/72, BStBl II 73, 794; zur HB *Beine* BB 95, 2415). – Für Erzeugnisse der gewerbl Urproduktion ist allein die progressive Methode anzuwenden (BFH III 217/63, BStBl II 70, 614: Rohölförderung). Sind die Verkaufspreise gesunken, ist der TW ausschließl hieraus abzuleiten; die AK/HK sind nicht mehr von Bedeutung (BFH IV R 143/80, BStBl II 84, 35). Umgekehrt ist der TW bei Vorräten, die *nicht* zum Verkauf bestimmt sind (Roh-, Hilfs- und Betriebsstoffe), ausschließl nach den Verhältnissen auf der Beschaffungs-/Herstellungsseite zu ermitteln (BFH I R 89/79, BStBl II 80, 327: **unverkäufl Ärztemuster** eines Pharmaherstellers, die zu Werbezwecken unentgeltl ausgegeben werden). – Der **Einzelveräußerungspreis** (→ Rn. 263), der idR zugleich die TW-Untergrenze darstellt, ist bei WG maßgebl, die **für den konkreten Betrieb entbehrl** sind, sodass ein gedachter Erwerber nicht seine Wiederbeschaffungskosten ansetzen würde (BFH XI R 41/17, BStBl II 21, 717 Rn. 22; zu Investmentfonds → Rn. 370 (a)). Diese Voraussetzung ist aber nicht stets schon dann erfüllt, wenn ein im Betrieb genutztes WG jederzeit durch ein gleichartiges ersetzbar ist (mE zutr BFH IV R 118/70, BStBl II 73, 207; **aA** BFH IV R 218/80, BStBl II 84, 33; dort wurde zudem unzutr die Übereinstimmung von Einzelveräußerungspreis und Wiederbeschaffungskosten angenommen, obwohl diese sich iHd Nebenkosten unterscheiden).

d) Wiederbeschaffungskosten. Dieser Maßstab kommt für WG in Betracht, 254
die der StPfl **erworben** hat (insb Handelsware, Roh-, Hilfs- und Betriebsstoffe). Maßgebend ist der Beschaffungsmarkt des jeweiligen Unternehmens (insb Börsenpreise; EStR 6.8 II 10; zu stark schwankenden Börsenkursen s BFH I 292/55 U, BStBl III 56, 379). Zur Bewertung von **Vorratsvermögen** s ausführl *Zimmermann/Wrede* NWB 20, 3895. – **Anschaffungsnebenkosten** (→ Rn. 50) sind einzubeziehen (BFH IV R 63/97, BStBl II 04, 639 unter 2.b: Grundstück; BFH VI 226/64, BStBl III 66, 643 und BFH I R 40/17, BStBl II 23, 127 Rn. 44: Wertpapiere; krit *Gabert* FR 09, 812 (814)). Dies unterscheidet die Wiederbeschaffungskosten vom Einzelveräußerungspreis (→ Rn. 263) und vermeidet eine sofort nach dem Erwerb erforderl TW-AfA. Die Möglichkeit zum Abzug von Skonto mindert den TW nur, wenn das WG bis zum Stichtag tatsächl bezahlt ist (BFH I R 176/84, BStBl II 91, 456 unter II.2.4). – Bei **Zahlung eines Überpreises** iRd Anschaffung, die trotz Übersteigen des Marktpreises keine Fehlmaßnahme war, führt ein späteres Sinken der Wiederbeschaffungskosten nur in dem prozentualen Verhältnis zur TW-AfA, das der Differenz zw aktuellen Wiederbeschaffungskosten und früherem Marktpreis entspricht (BFH IV R 87/99, BStBl II 02, 294; BFH IV B 12/09, BFH/NV 10, 2063).

e) Reproduktionskosten. Sie sind bei **selbst erzeugten (hergestellten) WG** 255
maßgebl, deren Bewertung von der Beschaffungsseite ausgehen soll (progressive Methode). Sie umfassen über die aktivierbaren steuerl HK (→ Rn. 191 ff) hinaus die **Vollkosten,** insb auch die bis zum Bewertungsstichtag entstandenen Verwaltungsgemein- und Vertriebskosten (BFH III R 100–101/72, BStBl II 73, 794 unter 2.), nicht aber die wahlweise aktivierbaren Bauzeitzinsen (BFH II R 72/86, BStBl II 89, 962 unter II.2.); zu diesen Begriffen → Rn. 194 ff. Kalkulatorische Ansätze (insb Unternehmerlohn und -gewinn) sind nicht zu berücksichtigen. Zur TW-AfA auf Gebäude wegen Sinkens der Baukosten bzw des maßgebl Index → Rn. 276.

f) Ableitung vom voraussichtlichen Verkaufspreis. Hier ist der **voraussichtl** 257
Verkaufspreis um den kalkulatorischen Gewinnaufschlag und die noch anfallenden Vertriebskosten zu mindern. Die Feststellungslast für ein Sinken des TW und für die Höhe eines gesunkenen TW liegt beim StPfl (Einzelheiten zu den Nachweiserfordernissen → Rn. 245). Gesetzl Absatzbeschränkungen mindern idR den TW (*BMF* DStR 01, 1116, zu Brillenfassungen).

aa) Verlustantizipation (verlustfreie Bewertung). Auch von einem (voraus- 258
sichtl dauerhaft, → Rn. 364) gesunkenen Verkaufspreis ist der **Gewinnaufschlag ab-**

zuziehen, da dem gedachten Erwerber die übl Gewinnspanne verbleiben soll (BFH IV R 143/80, BStBl II 84, 35: eine TW-AfA ist selbst dann vorzunehmen, wenn die Verkaufspreise von Modewaren erst *nach* dem Bilanzstichtag herabgesetzt werden, mit dieser Entwicklung aufgrund kfm Erfahrung aber schon am Stichtag zu rechnen war). StBil und HB (niedrigerer beizulegender Wert) unterscheiden sich insoweit. Diese Verlustantizipation folgt unmittelbar aus der gesetzl TW-Definition; sie wird daher durch das Ansatzverbot für Drohverlustrückstellungen (§ 5 IVa) nicht berührt. Sie ist bei *jedem* Sinken der Verkaufspreise anzuwenden, und zwar auch dann, wenn die AK leicht zu ermitteln sind und noch unterhalb der Verkaufspreise liegen (BFH VIII R 35/97, BStBl II 01, 566 unter II.2.c bb). – **Lange Lagerdauer.** Dies allein rechtfertigt eine TW-AfA ohne weitere Darlegungen nicht, sofern die ursprüngl Verkaufspreise noch tatsächl erzielt werden (ausführl BFH IV R 18/92, BStBl II 94, 514 unter 3.: Kfz-Ersatzteile; *OFD Ffm* DB 97, 1795; zu Werken zeitgenössischer Künstler s BFH II R 218/82, BFH/NV 87, 290; ausführl zur TW-AfA wegen langer Lagerdauer/Gängigkeitsabschlag *Görgen* DStR 15, 2250; *Schmudlach* NWB 18, 1843).

260 **bb) Höhe der Teilwertabschreibung. – (1) Handelswaren.** Decken die voraussichtl Veräußerungserlöse die Selbstkosten zuzügl eines durchschnittl Gewinnaufschlags nicht mehr, ist eine TW-AfA iHd Differenzbetrags vorzunehmen (BFH IV R 18/92, BStBl II 94, 514 unter 2.; BFH X R 36/12, BFH/NV 15, 821 Rn. 22; ausführl zur TW-AfA bei Handelsunternehmen *Saure* DStR 17, 408). – **Selbstkosten.** Sie beinhalten neben den (ggf ebenfalls retrograd ermittelten, → Rn. 41) AK den bis zur Veräußerung anfallenden betriebl Aufwand (zum Abzug des erst nach dem Bewertungsstichtag anfallenden Aufwands s BFH VIII R 35/97, BStBl II 01, 566 unter II.2.e) abzügl der bereits als BA steuerwirksam gewordenen Kosten. – **Vereinfachte Ermittlung.** Nach der **Rspr** kann der Unternehmerlohn und der über die AK hinaus gehende betriebl Aufwand iHd Rohgewinnaufschlagsatzes angesetzt werden, der sich aus der Gewinnermittlung ergibt (BFH IV R 143/80, BStBl II 84, 35 unter 1.), ggf mit dem Aufschlagsatz für die einschlägige Warengruppe (BFH IV 236/63 S, BStBl III 64, 426 unter 2.). Der gesunkene TW einzelner WG kann ggf Rückschlüsse auf einen auch bei gleichartigen WG gesunkenen TW zulassen (BFH X R 36/12, BFH/NV 15, 821 Rn. 24 f: Orientteppiche). – Die **FinVerw** sieht entweder die Kürzung des erzielbaren Verkaufspreises um den nach dem Bewertungsstichtag noch anfallenden Teil des durchschnittl Rohgewinnaufschlags vor (Subtraktionsmethode nach EStR 6.8 II 4) oder aber eine formelmäßige Ermittlung in Abhängigkeit vom Unternehmergewinn und dem durchschnittl nach dem Stichtag anfallenden Aufwand (Formelmethode nach EStR 6.8 II 5; s auch EStH 6.8 „Beispiele"; krit *Kudert/Schuh* StuW 21, 162).

261 **(2) Halbfertige Erzeugnisse/Bauten.** Es gelten dieselben Grundsätze wie zu → Rn. 260. Der TW umfasst die bislang aufgewendeten Selbstkosten (dh Reproduktionskosten zu Vollkosten), nicht aber die noch nicht zu realisierenden anteiligen Gewinne (BFH I R 79/01, BStBl II 02, 784 unter II.1.b mwN). Eine TW-AfA wird durch das Verbot der Bildung von Drohverlustrückstellungen (§ 5 IVa) nicht ausgeschlossen (BFH X R 27/05, BFH/NV 10, 1090 Rn. 61). Maßgebend für die Höhe der TW-AfA ist der *gesamte* aus dem Auftrag (kalkulatorisch) drohende Verlust (dh nicht nur der Verlust aus den bis zum Bilanzstichtag ausgeführten Arbeiten), begrenzt auf die bisher aktivierten HK (ausführl BFH VIII R 1/03, BStBl II 06, 298; BFH X R 27/05, BFH/NV 10, 1090 Rn. 68 ff; EStH 6.7 „Halbfertige Bauten"; krit → § 5 Rn. 270 „unfertige Erzeugnisse").

Beispiel: Ein Bauunternehmer hat bei geplanten GebäudeHK von 200 000 € bis zum Bilanzstichtag 100 000 € verbaut; zugleich stellt sich heraus, dass für das fertige Gebäude nicht die geplanten 300 000 € (Selbstkosten + kalkulierter Unternehmergewinn), sondern nur 250 000 € Verkaufserlös erzielbar sein werden. Der Wertansatz ist hier auf 50 000 € zu mindern (erzielbarer Erlös 250 000 € ./. nach Bilanzstichtag anfallende HK 100 000 € ./. kalkulierter Gewinn 100 000 €); die TW-AfA beträgt 50 000 € und nimmt bereits den (kalkulatorischen) *Gesamtverlust* aus dem erst teilweise erfüllten Auftrag vorweg.

cc) Ausnahmen von der Verlustantizipation. – (1) Seltene Hilfs- und Nebengeschäfte. Hierauf können diese Grundsätze nicht übertragen werden (BFH I R 68/92, BStBl II 95, 336: bei Grundstücken, die eine Bank zur Vermeidung höherer Forderungsausfälle ersteigert, sind die erzielbaren Verkaufspreise weder um eine Gewinnspanne zu mindern noch abzuzinsen; BFH VIII R 35/97, BStBl II 01, 566 unter II.2.d: Rückankauf von Gebrauchtwagen zu garantierten Preisen als Hilfsgeschäft zum vorangegangenen Neuwagenverkauf). – **(2) Verlustprodukte.** Werden einzelne Produkte iRd Gesamtsortiments eines rentabel arbeitenden Betriebs bewusst so kalkuliert, dass sie nicht den durchschnittl Gewinnaufschlag erbringen, gilt die Verlustantizipation ebenfalls nicht (BFH IV R 14/98, BStBl II 99, 681 unter II.3: weder Verstoß gegen den Grundsatz der Einzelbewertung noch gegen das Imparitätsprinzip; *BMF* BStBl I 16, 995 Rn. 3; **aA** *Breidert* BB 01, 979; ausführl *Weindel* DB 13, 353). Letztl geht es hier um die Kompensation eines bewusst in Kauf genommenen Verlusts mit dadurch hervorgerufenen anderweitigen Vorteilen (s hierzu auch BFH GrS 2/93, BStBl II 97, 735: verlustbringende Vermietung an einen Arzt durch benachbarten Apotheker). Zu Leerkosten → 39. Aufl 2020, § 6 Rn. 196, *Köhler* StBP 20, 319; zu Ärztemustern → Rn. 252. 262

g) Einzelveräußerungspreis. Es handelt sich um den **Verkehrswert** (BFH IV R 171/85, BStBl II 88, 490 unter 3.; BFH X R 58/14, BFH/NV 17, 275 Rn. 28). Auch in Fällen nachhaltiger Unrentabilität des Betriebs (→ Rn. 248) gilt als TW der Einzelveräußerungspreis der EinzelWG, mindestens aber der Material- oder Schrottwert. Diese Werte dürfen nur bei hohen Abbruchkosten unterschritten werden (BFH III R 88/69, BStBl II 73, 475 unter 7.). Eine Abzinsung wegen voraussichtl längerer Liquidationsdauer scheidet mE aus. Zu **Anteilen an Investmentfonds** → Rn. 370 (a). – **Ansprüche aus Rückdeckungsversicherungen** (zu deren AK → Rn. 140 „Rückdeckungsversicherung"). Der Umstand, dass der Rückkaufwert erhebl geringer ist als das aktivierte Deckungskapital, rechtfertigt keine TW-AfA, sofern der StPfl keinen Rückkauf beabsichtigt (BFH I R 54/02, BStBl II 04, 654 unter II.3; BFH IV R 45/08, BStBl II 11, 552 Rn. 31). Dies ist zutr, da der gedachte Erwerber ebenfalls an der Deckung des versicherten Risikos, nicht aber am Rückkauf interessiert wäre. 263

4. Besonderheiten der Teilwertschätzung bei einzelnen Wirtschaftsgütern. – a) Grundstücke; Gebäude. Hier unterscheiden sich TW und gemeiner Wert idR kaum, sodass auch auf die Rspr zum gemeinen Wert zurückgegriffen werden kann. Für die TW-Schätzung und TW-AfA ist jeweils zw den EinzelWG (GuB, Gebäude, ggf Außenanlagen) zu trennen (BFH GrS 1/77, BStBl II 78, 620 unter D. I.1.c; BFH I R 22/05, BStBl II 06, 680 unter II.1.a, 3.: Einzelbewertung). 271

aa) Grund und Boden. – (1) Vergleichspreise. Tatsächliche Verkaufspreise. Diese sind vorrangig für die TW-Ableitung; die Grundstücke müssen allerdings vergleichbar sein. Bleiben die Verhältnisse am örtl Grundstücksmarkt längere Zeit unverändert, können auch einige Jahre zurückliegende Verkäufe einbezogen werden; tatsächl Unterschiede zw den Grundstücken können durch Zu-/Abschläge berücksichtigt werden, wenn deren Höhe feststeht (BFH X R 27/19, BFH/NV 21, 15 Rn. 41 ff: Grundstücke mit/ohne Erschließungskosten). – **Bodenrichtwerte (§ 196 BauGB).** Diese haben in der Praxis große Bedeutung, da häufig keine geeigneten Vergleichspreise zur Verfügung stehen (BFH X R 58/14, BFH/NV 17, 275 Rn. 28 ff; BFH VI R 68/15, BStBl II 19, 128 Rn. 18). Sie gelten auch für die Ermittlung des TW des GuB bei Eigentumswohnungen (BFH IX R 81/83, BStBl II 85, 252 unter 1.d). Bei erhebl Abweichungen von der gebietstypischen Lage können aber Zu-/Abschläge erforderl sein (BFH IV R 16/94, BStBl II 95, 309 unter 3.). 272

(2) Abweichungen von den Richtwerten. Der TW kann auch durch behördl Maßnahmen sowie Substanz- oder Marktveränderungen beeinflusst werden. – **(a) Behördl Maßnahmen.** Bei luf Flächen kommt es für die Preisvorstellungen des Marktes entscheidend darauf 273 an, ob es sich um Bauland oder **Bauerwartungsland** handelt oder ob eine solche Entwicklung zumindest absehbar ist (BFH IV R 218/80, BStBl II 84, 33; FG BW EFG 98, 1048, rkr; ebenso für Umwandlung von Gewerbeflächen in Wohnbauland BFH X R 150/95, BStBl II 98, 569 unter 2.). Ansiedlungspolitische **Vorzugspreise** (zB für Betriebe, kinderreiche Familien oder Einheimische) beeinflussen den TW benachbarter Grundstücke hingegen nur dann, wenn auch andere Eigentümer ihre Grundstücke nicht mehr zum früheren Marktwert verkaufen können (BFH IV R 16/94, BStBl II 95, 309 unter 2.; zu einem Grenzfall FG Mchn EFG 12, 501, bestätigt durch BFH IV B 111/11, BFH/NV 12, 1482; ebenso zu öffentl **Zuschüssen** → Rn. 241). Dies ist insb der Fall, wenn es in der Gemeinde kaum noch zu unsubventionierten Grundstücksverkäufen kommt (BFH X R 58/14, BFH/NV 17, 275 Rn. 38 ff). In **Sanierungsgebieten** sind idR die (eher niedrigen) Eingangswerte anzusetzen (ausführl BFH VIII R 15/93, BStBl II 97, 317). Zur TW-Ermittlung bei der Entnahme von **luf GuB** → § 13 Rn. 235. – **(b) Substanzveränderungen. Altlasten.** Sie rechtfertigen bei voraussichtl dauernder Wertminderung eine TW-AfA (BFH VIII R 14/92, BStBl II 93, 891 unter 2.). Hierfür kann bereits ein *Verdacht* auf Altlasten genügen; der Abschlag kann die Höhe der voraussichtl Sanierungskosten übersteigen (zutr FG Mchn EFG 02, 6, rkr). War ein später aufgetretener Altlastenverdacht am Stichtag allerdings noch nicht bekannt, kann er den damaligen TW nicht mindern (BFH X R 150/95, BStBl II 98, 569 unter 3.). Soweit eine TW-AfA vorgenommen wurde, können spätere Maßnahmen zur Beseitigung der Altlasten als HK (wesentl Verbesserung) zu aktivieren sein (NdsFG EFG 07, 1756, rkr; glA zu umweltschutzbedingter Nachrüstung einer emittierenden Anlage BFH I R 45/97, BStBl II 03, 121 unter II.4.); anders jedoch, wenn die Altlasten nicht beseitigt, sondern ledigl gesichert und kontrolliert werden (BFH I R 77/01, BStBl II 10, 482 unter II.9.b; so auch *BMF* BStBl I 10, 495 Rn. 9). Eine TW-AfA schließt die Bildung einer zusätzl Sanierungsrückstellung (ausführl → § 5 Rn. 550 „Umweltschutz") nicht aus (BFH I R 77/01, BStBl II 10, 482 unter II.8. Jedoch fehlt es an der für die TW-AfA erforderl Dauerhaftigkeit der Wertminderung, wenn eine erfolgreiche Sanierung zu erwarten ist (*BMF* BStBl I 10, 495 Rn. 9; *Strahl* BeSt 04, 15; wohl auch BFH I R 77/01, BStBl II 10, 482 unter II.8.a; → Rn. 368). Eine Doppelberücksichtigung wird jedenfalls durch die zwingende Wertaufholung nach erfolgter Sanierung vermieden (*Schmidt/Roth* DB 04, 553 (556)). Zur Frage, ob auf GuB eine AfaA in Betracht kommt, → § 7 Rn. 181. – **Deponiegrundstück.** Wird es im Wege der Verfüllung genutzt, sind auf den GuB weder AfA nach § 7 I noch AfS nach § 7 VI zulässig, wohl aber TW-AfA nach dem Grad der Verfüllung (*OFD Ffm* DB 07, 2441). – **(c) Marktveränderungen.** Die örtl Verknappung von GuB durch umfangreiche Aufkäufe eines Großinvestors beeinflusst den TW (BFH IV R 103/79, BStBl II 82, 258), nicht hingegen die Verpachtung von luf GuB zu einem noch marktübl Preis (BFH IV R 53/90, BStBl II 92, 462) oder die Bestellung eines Erbbaurechts zu einem marktübl Erbbauzins (FG Ddorf EFG 98, 1050 unter 2., rkr; FG Bln EFG 98, 1186, rkr).

275 **bb) Gebäude. – (1) Bewertungsmethoden.** Sind keine Vergleichspreise vorhanden, kann zur Ermittlung des TW (Verkehrswert) die aufgrund von §§ 194, 199 BauGB erlassene **ImmoWertV** (sehr detaillierte Neufassung v 14.7.21, BGBl I 21, 2805; dazu *Nagel* NWB 21, 2464) herangezogen werden. Je nach den Umständen des Einzelfalls ist sowohl das Sach- als auch das Ertragswertverfahren geeignet (BFH III R 173/86, BStBl II 90, 497 unter I.2.c: bei vermieteten Gebäuden idR Ertragswertverfahren; BFH III R 20/99, BStBl II 03, 635 unter 1.; ausführl → Rn. 124).

276 **(2) Einzelfälle Teilwertabschreibung.** Unter der zusätzl Voraussetzung der **Dauerhaftigkeit der Wertminderung** (→ Rn. 364) wurde eine **TW-AfA** in den folgenden Fällen **bejaht:** Änderung des Bebauungsplans, die betriebl notwendige Erweiterungen des Gebäudes nicht mehr zulässt (BFH VIII R 274/81, BFH/NV 86, 22 unter 5.); ein Bauunternehmen mit Gebäuden im Bestand errichtet vergleichbare Objekte aufgrund des Konkurrenzdrucks zu niedrigeren Preisen (BFH VIII R 20/85, BFH/NV 87, 442 unter 1.). Aufwendungen für mangelhafte Bauleistungen gehen zwar zunächst in die HK ein (→ Rn. 208), können aber anschließend ggf eine TW-AfA rechtfertigen, wobei jedoch zu berücksichtigen ist, dass nahezu jedes Bauvorhaben Mängel aufweist. Bei Gebäuden auf fremdem GuB, die nach Ablauf der Vertragsdauer entschädigungslos zu entfernen sind, kann der TW gemindert sein (BFH III R 8/07, BFH/NV 10, 190 unter II.3.). Zu Grundstücken, die eine Bank als Sicherungsgut erworben hat und kurzfristig veräußern will, → Rn. 262. – **Keine TW-AfA.** Absinken des Baukostenindex (BFH I 239/54 U, BStBl III 56, 102: ggf anders bei erhebl und nachhaltigem Absinken); eine übergroße und aufwändige Bauweise ist bei Gebäuden wegen der langen Nutzungsdauer idR nicht zu berücksichtigen (BFH VIII R 31/75, BStBl II 78, 335). Beabsichtigt der StPfl den Verkauf eines obj noch

nicht verbrauchten Gebäudes, ist eine TW-AfA nicht schon deshalb vorzunehmen, weil ein Kaufinteressent den Abriss plant (BFH VIII R 274/81, BFH/NV 86, 22 unter 2.); Gleiches gilt für den Einlagewert, der sich nicht deshalb unter den Verkehrswert mindert, weil der StPfl den Abbruch plant (→ Rn. 217).

b) Anteile an Kapitalgesellschaften. Zu AK → Rn. 140 „Beteiligung an KapGes"; zur Minderung der AK durch Kapitalrückzahlungen → Rn. 67. – **aa) Bewertung börsennotierter Anteile.** – **(1) Börsenkurs** zum Bewertungsstichtag. Dieser ist für den TW grds maßgebl (ggf zzgl Nebenkosten, → Rn. 254). – **(2) Paketzuschlag.** Er ist vorzunehmen, wenn mit einer besonderen Höhe der Beteiligung geldwerte Vorteile verbunden sind (BFH IV R 18/12, BStBl II 16, 346 Rn. 41). Dies kommt insb in Betracht, wenn der StPfl (oder ein MitGes'ter mit gleich hohem Anteil) beim Erwerb seiner Beteiligung einen Zuschlag zum Börsenkurs gezahlt hat (BFH I R 116/86, BStBl II 91, 342 unter II.5.). In solchen Fällen kann eine TW-AfA nicht allein mit einem Absinken des Börsenkurses begründet werden; zusätzl ist eine Betrachtung des Ertrags- und Substanzwertes der BeteiligungsGes vorzunehmen (BFH I R 116/86, BStBl II 91, 342 unter II.6.c). – **(3) Gesetzliche Veräußerungsbeschränkung.** Sie kann trotz Börsennotierung von iÜ vergleichbaren Aktien einen Abschlag auf den Börsenkurs rechtfertigen (BFH IX R 96/07, BStBl II 09, 45). Für *vertragl* Beschränkungen gilt dies nicht, da sie zu den unbeachtl „persönl Verhältnissen" iSd § 9 III BewG gehören (BFH X R 17/20, BStBl II 23, 484 Rn. 67). 278

bb) Bewertung nicht börsennotierter Anteile. – **(1) Vergleichswert.** Die Orientierung an **zeitnahen Verkäufen,** die nicht durch persönl Beziehungen beeinflusst sind, ist die sicherste Bewertungsmethode. Auch ernsthafte Kauf*angebote* können einen Anhalt bieten, nicht jedoch Angebote, die wegen eines kartellrechtl Veräußerungszwangs besonders niedrig ausfallen (FG Hmb EFG 08, 466 unter II.3.b, rkr). 279

(2) Unternehmensbewertungsverfahren. Hierauf muss in allen anderen Fällen zur TW-Schätzung zurückgegriffen werden. – **Ertragswertverfahren.** Sie basieren (bei Unterschieden im Detail) jeweils auf der Multiplikation des nachhaltig erzielbaren Jahresertrags mit einem Kapitalisierungszinssatz (zu Einzelheiten sowie Methoden, die auch den Substanzwert einbeziehen, → Rn. 316 ff). Jedenfalls bei einem Unternehmen, bei dem neben den Fähigkeiten des Ges'ter-Geschäftsführers auch das Betriebskapital von Bedeutung ist, darf der Substanzwert berücksichtigt werden (BFH X B 100/09, BFH/NV 10, 205 unter 2.a). – **IDW-Standard S 1** (für Stichtage seit Einführung des Halbeinkünfteverfahrens s *o V* WPg 05, 1303; Änderungen durch UntStRefG 2008 s WPg-Supplement 3/08; hierzu ausführl *Dörschell/Franken/Schulte* WPg 08, 444; Auswirkungen der Corona-Pandemie s *Müller/Reinke* DB 20, 961; weitere Literatur → 39. Aufl 2020, § 6 Rn. 280). Dies wird auch estl anerkannt (BFH X R 38/17, BStBl II 19, 518 Rn. 66). Für die Bewertung kleiner und mittlerer Unternehmen **(KMU)** haben die Bundessteuerberaterkammer und das *IDW* gemeinsame Hinweise veröffentlicht (IDW-FN 14, 282; s dazu *Stein/Fischer* DStR 14, 1018; *Thees/Sulek* BB 18, 1963). – **Vereinfachtes Ertragswertverfahren** nach § 199 BewG nF (dazu *GLE* BStBl I 11, 606). Es kann eine grobe Orientierung bieten, da es nach seiner Zielsetzung den Verkehrswert abbilden soll (für Anwendung im EStRecht auch *BMF* BStBl I 11, 859). – **Stuttgarter Verfahren.** Im EStRecht nicht zulässig (→ 32. Aufl 2013, § 6 Rn. 280). 280

cc) Teilwertabschreibung auf Anteile an Kapitalgesellschaften. – **(1) Allgemeine Grundsätze.** Grds setzt eine TW-AfA voraus, dass der innere Wert der Beteiligung gesunken ist (BFH I R 116/86, BStBl II 91, 342 unter II.2.). – **TW-Vermutung** (→ Rn. 241 ff). Sie gilt auch für Anteile an KapGes, und zwar auch für die zusätzl AK aus einer **Kapitalerhöhung** (BFH I R 104/84, BStBl II 89, 274 unter II.5.: selbst dann, wenn die Kapitalerhöhung dem Ausgleich von Verlusten diente; NdsFG DStRE 08, 796 unter I.3.b, rkr). – **Verdeckte Einlagen.** Für hierauf beruhende nachträgl AK gilt die TW-Vermutung hingegen nicht ohne Weiteres, sodass 281 dann eine sofortige TW-AfA nicht ausgeschlossen ist (BFH I R 203/74, BStBl II 77, 515; BFH I R 96/88, BStBl II 90, 797 unter II.2.). Diente die verdeckte Einlage (in Form eines verlustdeckenden Zuschusses) der Vermeidung einer Insolvenz, wird idR eine TW-AfA vorzunehmen sein; diente der Zuschuss hingegen in erster Linie der Sanierung mit dem Ziel der Betriebsfortführung (Wiederherstellung der Ertragsfähigkeit), gilt die TW-Vermutung (BFH VIII R 57/94, BStBl II 98, 652 unter B. II.2.; BFH I R 20/03, BFH/NV 05, 19 unter B. I.3.c; BFH X R 19/11, BFH/NV 14, 1736 Rn. 26; krit *Kessler/Kahl* DB 02, 2236). Die Vermutung beschränkt sich jedoch auf das Jahr der Zuschussgewährung; in den Folgejahren gelten für die TW-Schätzung die allg Grundsätze (BFH X R 19/11, BFH/NV 14, 1736 Rn. 34). – **Teileinkünfteverfahren.** TW-AfA auf Anteile an KapGes wirken sich bei Einzelunternehmen und PersGes (zur Behandlung bei Körperschaften → Rn. 288) steuerl nur zu 60% aus (§ 3c II). Dies gilt auch dann, wenn die TW-AfA schon vor Inkrafttreten des Halb-/Teileinkünfteverfahrens vorzunehmen gewesen wäre, aber erst später nachgeholt wird (BFH IV R 15/20, BStBl II 23, 1032). Spätere Wertaufholungen sind nur zu 60% stpfl (→ Rn. 378).

282 **(2) Verluste der Kapitalgesellschaft.** Sie können den Beteiligungswert mindern. – **(a) Anlaufverluste.** Sie rechtfertigen eine TW-AfA grds nicht, weil in der Anlaufphase weniger die gegenwärtigen Verluste als vielmehr die künftigen Ertragsaussichten für den TW maßgebl sind (BFH IV 49/65 U, BStBl III 65, 503; FG Saarl EFG 11, 866, NZB IV B 13/11 erfolglos). Eine Anlaufphase ist auch bei der (Betriebs-)Aufspaltung eines bereits bestehenden Unternehmens anzunehmen (FG Mster EFG 94, 89, rkr; FG Mchn EFG 98, 1188, rkr). TW-AfA ist aber mögl, wenn bereits am Bewertungsstichtag (nicht erst rückblickend) erkennbar ist, dass die Investition eine Fehlmaßnahme war (BFH I R 104/84, BStBl II 89, 274: Anlaufphase bei Inlandsbeteiligungen idR 3 Jahre, im Ausland 5 Jahre; NdsFG DStRE 08, 796 unter I.3.b, rkr).

283 **(b) Substanzwert.** Der TW wird nicht nur durch die Ergebnisse, sondern auch durch den Substanzwert und die **funktionale Bedeutung** der Beteiligung beeinflusst (BFH I R 104/84, BStBl II 89, 274 unter II.2.; BFH I R 20/03, BFH/NV 05, 19 unter B. I.3.b). Daher erhöht die Möglichkeit, über die Beteiligung auf günstige Geschäftsbeziehungen hinzuwirken, den TW über den sich bei bloßer Betrachtung der Verluste ergebenden Betrag hinaus (BFH VIII R 124/74, BStBl II 79, 108; FG Köln DStRE 03, 4, rkr). – **Betriebsaufspaltung.** Eine TW-AfA auf Anteile an der BetriebsKapGes setzt wegen deren funktionaler Bedeutung eine Gesamtbetrachtung der Ertragsaussichten von Betriebs- und Besitzunternehmen voraus (BFH IV R 10/01, BStBl II 04, 416 unter 2.b; hierzu *Paus* FR 04, 943; s auch FG Köln EFG 04, 880 unter III.2.c, rkr). Dies bedeutet nicht, dass eine TW-AfA in diesen Fällen stets ausgeschlossen wäre; allerdings gelten erhöhte Nachweisanforderungen (BFH X R 19/11, BFH/NV 14, 1736 Rn. 33). – Diese Grundsätze werden auch auf die Bewertung von **Darlehensforderungen** des Ges'ters an die KapGes übertragen (ausführl → Rn. 305 ff).

285 **(c) Organschaft.** Hier ist ebenfalls die funktionale Bedeutung (→ Rn. 283) der Beteiligung zu beachten (BFH IV R 6/11, BFH/NV 15, 1381 Rn. 33). Ein Verlust der OrganGes, der dem Organträger zugerechnet worden ist, darf sich nicht nochmals im Wege einer TW-AfA steuermindernd auswirken, weil der Substanzwert der OrganGes sich infolge des vom Organträger zu leistenden Verlustausgleichs nicht gemindert hat (BFH IV R 37/68, BStBl II 73, 76; ebenso zur GewSt BFH I R 56/82, BStBl II 86, 73). Gleiches gilt für eine TW-AfA auf *Forderungen* gegen die OrganGes (zur GewSt BFH IV R 57/06, BStBl II 10, 646). Ob bzw wie diese Korrektur in späteren VZ dann wieder zu neutralisieren ist, ist noch ungeklärt (s hierzu BFH IV R 57/06, BStBl II 10, 646 unter II.4.; *Wendt* FR 10, 280; *Oelmaier* HFR 10, 273).

286 **(3) Ausschüttungsbedingte Teilwertabschreibung.** Sie sind zulässig, wenn der innere Wert der Beteiligung durch den mit der Ausschüttung verbundenen Ver-

mögensabfluss unter den Buchwert gesunken ist. Allein die Vornahme einer (hohen) Ausschüttung genügt noch nicht, da die TW-Vermutung auch in diesen Fällen gilt (BFH I B 158/98, BFH/NV 00, 710 mwN; BFH X B 106/99, BFH/NV 00, 1184). Zur **GewSt** s § 8 Nr 10 GewStG und → 39. Aufl 2020, § 6 Rn. 286.

(4) Sonstiges. Bei **Auslandsbeteiligungen** kann eine TW-AfA ggf auf besondere Auslandsrisiken gestützt werden, nicht jedoch *allein* auf einen gesunkenen Kurs der ausl Währung ohne Berücksichtigung des Werts der Beteiligung. Zur TW-AfA bei **Einlage wertgeminderter Beteiligungen iSd § 17** → Rn. 618. – Zu Besonderheiten bei der Bewertung von **Familienunternehmen** → 39. Aufl 2020, § 6 Rn. 287. 287

(5) Körperschaft als Anteilseigner. In diesen Fällen wirken sich TW-AfA auf Anteile an KapGes körperschaftsteuerl nicht aus (§ 8b III 3 KStG). Zur Anwendung dieses Abzugsverbots auf **Darlehensforderungen** wesentl beteiligter Anteilseigner (§ 8 III 4–8 KStG) → Rn. 307. – **TW-AfA auf eigene Anteile.** Eigene Anteile sind nicht aktivierungsfähig (§ 272 Ia HGB; iErg erfolgsneutrale Behandlung wie eine KapHerabsetzung), sodass TW-AfA schon deshalb ausscheiden. Auch estl ist der Vorgang grds erfolgsneutral (Minderung des kstl Einlagekontos). Ein überhöhter Kaufpreis kann aber (ebenso wie ein späterer Verkauf an einen Ges'ter zu einem zu geringen Preis) eine vGA darstellen (zum Ganzen zutr *BMF* BStBl I 13, 1615; Literatur → 39. Aufl 2020, § 6 Rn. 288). 288

c) Forderungen. Zu AK → Rn. 140 „Forderungen". – Auch hier gilt die TW-Vermutung, die sich auf den Nennbetrag der Forderung bezieht (BFH IV R 35/78, BStBl II 81, 734 unter d). Häufige Fallgruppen für TW-AfA sind Forderungen, die unverzinsl oder niedrig verzinsl sind (→ Rn. 296) oder bei denen die Zahlungsfähigkeit oder -willigkeit des Schuldners zweifelhaft ist (zu Einzelwertberichtigungen in diesen Fällen → Rn. 301; zu Pauschalwertberichtigungen → Rn. 304). Auch bei Forderungen setzt die TW-AfA eine voraussichtl dauernde Wertminderung voraus (→ Rn. 364); zur Wertaufholung → Rn. 376. Zu Buchwertminderungen bei **stillen Beteiligungen,** die als Forderungen anzusehen sind, → Rn. 330 „Stille Beteiligung". – **Literatur:** *Zimmermann/Wrede/Nasouhi* NWB 22, 760; *Kolbe* StuB 22, 577. 291

aa) Unverzinsliche oder niedrig verzinsliche Forderungen. Ein gedachter Erwerber würde für solche Forderungen nicht den Nennbetrag bezahlen (BFH I R 157/85, 145/86, BStBl II 90, 639 unter B. II.1.a). Der TW entspricht dem **Barwert,** zu dessen Ermittlung grds vom Marktzins auszugehen ist (BFH VIII R 190/78, BStBl II 81, 160 zu PV). – Nach der Rspr des I. Senats kann allerdings (im Gegensatz zur HB, s BGH III ZR 194/19, DStR 22, 506 Rn. 22) gleichwohl **keine TW-AfA** vorgenommen werden, da die Unverzinslichkeit **keine voraussichtl dauernde Wertminderung** bewirkt (BFH I R 43/11, BStBl II 13, 162 Rn. 14 ff; auch nicht bei einer Laufzeit von neun Jahren; zust *BMF* BStBl I 16, 995 Rn. 15; *Löbe* NWB 13, 1802; krit *Bareis* FR 13, 170). ME ist dies bei langfristigen Forderungen zu streng (zu Einzelheiten und Kritik → Rn. 364 ff). Im Hinblick auf diese Rspr haben aber die früher diskutierten Streitfragen zur TW-AfA auf unverzinsl Forderungen und zu späteren Wertzuschreibungen (→ 31. Aufl 2012, § 6 Rn. 296) sowie zu den zahlreichen Ausnahmen (→ 39. Aufl 2020, § 6 Rn. 298) keine praktische Bedeutung mehr. 296

bb) Einzelwertberichtigung. Ausführl *Marx* DStZ 24, 512. – Der TW einer Forderung wird beeinflusst durch die Zahlungsfähigkeit und Zahlungswilligkeit des Schuldners. Ist das Ausfallrisiko einer Einzelforderung über das allg Kreditrisiko hinaus (hierfür wird eine Pauschalwertberichtigung gebildet, → Rn. 304) erhöht, ist eine Einzelwertberichtigung vorzunehmen. 300

(1) Zulässigkeit der Einzelwertberichtigung. – (a) Dafür sprechende Umstände. ZB schleppende Zahlungsweise des Schuldners, dessen fehlende flüssige 301

Mittel, negative Auskünfte der Hausbank, nicht eingehaltene Zahlungsankündigungen (BFH I R 49/02, BStBl II 03, 941 unter II.3.a; ausführl zur Bewertung und **Einzelwertberichtigung von Kundenforderungen bei Kreditinstituten** *BMF* BStBl I 24, 701; *Holle* DB 18, 2261). Allein die weitere Fortsetzung der Geschäftsbeziehung zum säumigen Schuldner steht einer TW-AfA auf Altforderungen nicht entgegen (BFH I R 49/02, BStBl II 03, 941 unter II.3.b). – **(b) Auslandsforderungen.** Ein erhöhtes **Länderrisiko** kann durch TW-AfA oder pauschal als Rückstellung zu berücksichtigen sein (zur EG-RL EuGH C-306/99, BStBl II 04, 144 Rn. 101 ff; einschr zum HGB/EStG jedoch BFH I R 5/04, BStBl II 09, 100 unter II.6.). Erhöhte Risiken können bei Auslandsforderungen aber aus dort ggf gegebenen besonderen rechtl oder tatsächl Schwierigkeiten bei deren Durchsetzung resultieren (BFH I R 49/02, BStBl II 03, 941 unter II.2.). – **(c) Wertaufhellung.** Soweit eine Forderung, die (zT) abgeschrieben worden ist, *vor* Bilanzaufstellung tatsächl erfüllt wird, ist eine TW-AfA ausgeschlossen (BFH I R 49/02, BStBl II 03, 941 unter II.3.a; allg → § 5 Rn. 81). Tilgungen *nach* Bilanzaufstellung sind mit dem (Rest-) Buchwert der Forderung zu verrechnen; eine Teil-Tilgung kann zudem Anlass für eine **Wertaufholung** zum nächsten Bilanzstichtag sein (vgl zur Rechtslage vor 1999 BFH I R 179/94, BStBl II 96, 402).

302 **(2) Höhe der Einzelwertberichtigung. Grundsatz.** Endgültig uneinbringl Forderungen sind vollständig abzuschreiben; zweifelhafte Forderungen sind mit ihrem wahrscheinl Wert anzusetzen (BFH I R 49/02, BStBl II 03, 941 unter II.1.). – **Wertschätzung.** Das Ausmaß des Wertverlusts kann idR nur geschätzt werden. Dabei kommt dem **Ermessen des Kaufmanns** besondere Bedeutung zu; allerdings muss sich die Schätzung obj auf die am Bilanzstichtag gegebenen und bis zur Bilanzerstellung bekannt gewordenen Umstände stützen lassen, die vollständig und nachvollziehbar ausgewertet werden müssen (BFH I R 49/02, BStBl II 03, 941 unter II.2.; BFH IV R 21/07, BStBl II 14, 481 Rn. 44; BFH X R 34/17, BFH/NV 19, 530 Rn. 80; BFH IV R 54/16, BStBl II 23, 447 Rn. 49; ausführl NdsFG EFG 05, 1102 mwN, rkr; zur HB BGH III ZR 194/19, DStR 22, 506 Rn. 23). – **Einzelfragen.** Maßgebl sind die **Nettobeträge** (ohne USt; → Rn. 304 (3) zur Pauschalwertberichtigung). Zur Forderungsbewertung bei **Insolvenz** des Schuldners s *Heese* DStR 08, 150. Für eine **bestrittene Forderung** soll gar kein Wert anzusetzen sein (BFH I R 67/06, BStBl II 11, 55 unter B. III.2.a mwN). Der TW einer ungesicherten Forderung gegen eine KapGes, die auch unter Einbeziehung ihrer stillen Reserven **überschuldet** ist, beträgt idR 0 € (BFH X R 34/17, BFH/NV 19, 530 Rn. 81).

303 **(3) Sicherungs- oder Rückgriffsrechte des Gläubigers.** Die TW-AfA ist grds auf den Wert der Sicherheit begrenzt, sofern diese nicht ihrerseits zweifelhaft ist (BFH I R 83/13, BStBl II 16, 831 Rn. 16). Häufige Sicherheiten sind Versicherungen gegen Forderungsausfälle, Grundpfandrechte, Sicherungseigentum oder -abtretungen, Bürgschaften oder andere Garantien Dritter. Den Sicherheiten steht eine **Aufrechnungsmöglichkeit** gleich (BFH IV 215/65 U, BStBl III 65, 686; FG Mster EFG 14, 1863 unter III.2.a cc, rkr). Ist hingegen auch die Werthaltigkeit der Sicherungs- oder Rückgriffsrechte zweifelhaft, kommt eine weitergehende TW-Minderung in Betracht (BFH I R 10/98, BStBl II 01, 349 unter II.1.b aa). Gibt eine Bank zur Finanzierung ausfallgefährdeter Kredite sog Credit Linked Notes aus, die sie bei Kreditausfällen nur eingeschränkt zurückzahlen muss, soll dieser Vorteil einer TW-AfA auf die Darlehensforderung nicht entgegenstehen (BFH I R 83/13, BStBl II 16, 831: Einzelbewertung; mE nur zutr, wenn es sich nicht um eine Bewertungseinheit handelt). – Notleidende Darlehensforderungen, die vom Schuldner **gar nicht mehr bedient** werden, sind auf den Betrag abzuschreiben, der sich bei der Verwertung der Sicherheiten voraussichtl ergeben wird (BFH I R 2/06, BStBl II 07, 469 unter II.2.b aa). Dieser Betrag darf nicht bis zum Zeitpunkt der Verwertung abgezinst werden, weil es insoweit an einer voraussichtl dauernden Wertminderung fehlt (→ Rn. 296; anders zur Rechtslage bis VZ 98 noch BFH I R 2/06, BStBl II 07, 469 unter II.2.).

Bei notleidenden Darlehen, die noch **mit Teilbeträgen bedient** werden, ist danach zu differenzieren, ob die Teilbeträge auf die Zinsen oder auf das Kapital geleistet werden (näher BFH I R 2/06, BStBl II 07, 469 unter II.3.).

cc) Pauschalwertberichtigungen. – (1) Anwendung. Ihre Vornahme auf einen größeren Forderungsbestand (Delcredere) stellt eine den GoB entspr Ausnahme vom Grundsatz der Einzelbewertung dar (BFH IV R 89/80, BStBl II 81, 766). Das pauschale Bewertungsverfahren ist geboten, wenn die individuelle Wertermittlung unmögl, schwierig oder unzumutbar erscheint (BFH VIII R 62/85, BStBl II 89, 359 unter II.2.d). Bei einer größeren Anzahl gleichartiger Forderungen besteht in aller Regel eine gewisse Ausfallwahrscheinlichkeit (BFH I 128/60 S, BStBl III 61, 336; BFH IV R 24/97, BFH/NV 98, 1471 unter 2.a: ein Ausfall ist selbst bei gesicherten Forderungen nicht stets vollständig ausgeschlossen). – **(2) Höhe.** Es ist ein angemessener Durchschnittssatz zu schätzen; der Unternehmer darf nicht vom ungünstigsten Fall ausgehen. Die betriebl Erfahrungen der Vergangenheit geben hierfür einen wesentl Anhalt (BFH I 60/57 U, BStBl III 58, 291). Die Höhe des Erfahrungssatzes wird nicht durch das reine Ausfallrisiko begrenzt; vielmehr sind auch die eigenen und fremden **Kosten für die Bearbeitung und Beitreibung** (Mahnungen, Prozesskosten, Zwangsvollstreckung; allerdings nur, soweit ein Erstattungsanspruch gegen den Schuldner voraussichtl nicht besteht, nicht geltend gemacht wird oder nicht durchsetzbar ist, s *OFD Rhld* DB 08, 2623) und zu erwartende Skontoabzüge einzubeziehen (BFH IV 117/65, BStBl III 67, 336 unter 2.; BFH IV R 24/97, BFH/NV 98, 1471 unter 4.; zur Einbeziehung entgehender Zinsen s unten (4)). Das Risiko, durch verzögerten Eingang der Forderungen selbst einen Kredit aufnehmen zu müssen, beeinflusst die Höhe der Pauschalwertberichtigung hingegen nicht (BFH IV 117/65, BStBl III 67, 336 unter 2.). Gleiches gilt für das Gewährleistungsrisiko, für das allerdings eine besondere Rückstellung zu bilden ist (BFH I 60/57 U, BStBl III 58, 291). Zur Pauschalwertberichtigung bei Kreditinstituten s *BMF* BStBl I 94, 98; *Gaber* DB 19, 1457 (zu IDW ERS BFA 7). Atypische Ausfallrisiken können nicht verallgemeinert werden (FG Hmb DStRE 06, 65, rkr). – **(3) Bemessungsgrundlage.** Maßgebl ist der Gesamtbestand der Forderungen abzügl derjenigen, für die bereits eine Einzelwertberichtigung vorgenommen wurde. Auszuscheiden ist zudem die **USt,** weil diese bei tatsächl Uneinbringlichkeit der Forderung nach § 17 UStG berichtigt werden kann (BFH IV R 89/80, BStBl II 81, 766). – **(4) Voraussichtlich dauernde Wertminderung.** Dieses Erfordernis steht einer Pauschalwertberichtigung nicht entgegen, da deren Grundlage eine wahrscheinl, aber im Einzelfall noch nicht bekannte Wertminderung *einzelner* Forderungen ist und bei *diesen* Forderungen die Wertminderung dauerhaft ist. Nur soweit die frühere Rspr (BFH IV 117/65, BStBl III 67, 336 unter 2.; BFH IV R 24/97, BFH/NV 98, 1471 unter 4.) auch Abzüge für die dem StPfl bis zum Forderungseingang kalkulatorisch entgehenden Zinsen zugelassen hat, ist dies durch das Erfordernis der voraussichtl dauernden Wertminderung überholt (glA *OFD Rhld* DB 08, 2623; auch → Rn. 296). 304

dd) Darlehensforderungen in Gesellschaftsverhältnissen. – (1) Darlehen Gesellschafter an Kapitalgesellschaft. S auch *Baumgartner/Geiling* DB 15, 2476. – **(a) Bewertungsmaßstab.** Hier stellt sich ein Sonderproblem, weil einerseits TW-AfA auf Forderungen relativ leicht zu begründen sind (jede Bonitätsminderung reicht), während andererseits bei Beteiligungen gewisse Wertschwankungen übl sind und häufig die Chance auf Werterholungen besteht, was einer TW-AfA entgegen steht. Entscheidend ist also, ob eine Ges'terForderung nach den für Forderungen oder aber den für Beteiligungen geltenden Grundsätzen zu bewerten ist. ME gilt hier ein **einzelfallabhängiger, gleitender Bewertungsmaßstab,** der vom Grad der unternehmerischen Verbindung zw StPfl und KapGes abhängig ist. – Zur **Abzinsung** der korrespondierenden unverzinsl Verbindlichkeit der KapGes bis VZ 22 → Rn. 457. 305

306 **(b) Fallgruppen. Betriebsaufspaltung.** Hier besteht eine starke Verbindung zw StPfl und KapGes. Nachrangige Darlehen iSd § 39 I Nr 5 InsO (Ges'ter, die mit mehr als 10% beteiligt *oder* geschäftsführend tätig sind) sind daher nach den für Beteiligungen geltenden, strengen Kriterien (→ Rn. 283) zu bewerten, dh einzubeziehen sind auch der Substanzwert und die funktionale Bedeutung der Beteiligung (BFH IV R 10/01, BStBl II 04, 416 unter 2.c; BFH IV R 13/04, BStBl II 06, 618 unter II.2.: auch die Unverzinslichkeit eines kapitalersetzenden Darlehens begründet keine TW-AfA; BFH X R 45/06, BStBl II 10, 274 Rn. 74 ff). – **Darlehen im Konzern.** Hier gelten mE ebenfalls die zur BetrAufsp entwickelten Grundsätze (FG Hmb EFG 13, 1071 unter I.1.b bb, rkr; *Zimmermann* EFG 13, 1074 mwN; in der Tendenz ebenso BFH IV B 120/06, BFH/NV 08, 204 unter II.2.b; von BFH I R 43/11, BStBl II 13, 162 Rn. 13 f jedoch offengelassen für ein nicht kapitalersetzendes Darlehen an eine 100%-Tochter-KapGes). Der sog „Rückhalt im Konzern" steht einer TW-AfA allerdings nicht entgegen, weil er in erster Linie die Forderungen *Dritter,* nicht aber von *Ges'tern* absichert (BFH I R 29/14, BStBl II 16, 258 Rn. 13; BFH I R 15/21, BStBl II 23, 675 Rn. 21). Im Anwendungsbereich des § 1 AStG kann eine TW-AfA allerdings außerbilanziell hinzuzurechnen sein (→ Rn. 308). – Auch wenn in den vorstehend genannten Fallgruppen **strenge Anforderungen** gelten, bedeutet dies nicht, dass eine TW-AfA generell ausgeschlossen wäre. Nur muss der StPfl hierfür mehr Umstände darlegen als *allein* die Verluste (= die gesunkene Bonität) der KapGes. – Auf Darlehen von Ges'tern, die zwar unter § 39 I Nr 5 InsO fallen, aber **keinen unternehmerischen Einfluss auf die KapGes** haben, sind diese Grundsätze mE nur in abgeschwächter Form anzuwenden. Die (großzügigeren) Grundsätze zur Forderungsbewertung setzen sich umso stärker durch, je näher die Beteiligung an einem bloßen **Streubesitz** liegt.

307 **(c) Körperschaftsteuer und Teileinkünfteverfahren.** Ist der Ges'ter seinerseits ein **KStSubjekt** und übersteigt die Beteiligung 25%, fallen auch TW-AfA auf Forderungen unter das **Abzugsverbot nach § 8 III 4–8 KStG.** Bei Nachweis der Fremdüblichkeit der Darlehensbedingungen bleibt ein Abzug jedoch mögl (s *Rolf/Pankoke* BB 09, 1844 (1845); *Kleinert/Podewils* GmbHR 09, 849). Zur Rechtslage bis 2007 → 39. Aufl 2020, § 6 Rn. 307. – In Bezug auf **natürl Personen** oder PersGes als Ges'ter ist erst ab 2015 eine entspr Regelung in § 3c II 2–6 aufgenommen worden (40% Abzugsverbot, → § 3c Rn. 14). Zur Rechtslage bis 2014 → 39. Aufl 2020, § 6 Rn. 307.

308 **(d) Ausland.** Wird einer ausl TochterKapGes in nicht fremdübl Weise ein ungesichertes Darlehen gegeben, kann der Betrag einer erforderl werdenden TW-AfA nach § 1 AStG wieder dem Gewinn hinzugerechnet werden (zutr BFH I R 32/17, BStBl II 23, 686, allerdings vorbehaltl der noch ausstehenden Klärung durch den EuGH; *BMF* BStBl I 16, 455; anders noch BFH I R 23/13, BStBl II 16, 261 Rn. 16 ff; s auch *Ungemach* DStZ 19, 581). Wenn es einen Markt für ungesicherte Darlehen gibt, ist vorrangig die Differenz zum angemessenen Risikozins nach § 1 AStG hinzuzurechnen; nur wenn es keinen solchen Markt gibt, kommt die Hinzurechnung der gesamten TW-AfA in Betracht (BFH I R 15/21, BStBl II 23, 675 Rn. 31).

309 **(2) Darlehen Kapitalgesellschaft an Gesellschafter. Uneinbringliche Forderung.** Nimmt die KapGes eine TW-AfA vor, liegt darin zugleich eine vGA, wenn die KapGes im Zeitpunkt der Darlehensgewährung aufgrund des GesVerhältnisses auf eine hinreichende Besicherung verzichtet hatte (BFH I R 6/89, BStBl II 90, 795 unter II.3.a; BFH I B 112/93, BFH/NV 94, 415; BFH I R 16/03, BStBl II 04, 1010 unter II.2.a; BFH I R 45/06, BFH/NV 07, 1710 unter III.1.b). – **Unverzinsliche oder niedrig verzinsliche Forderung.** Eine TW-AfA soll wegen fehlender Dauerhaftigkeit der Wertminderung ausgeschlossen sein (→ Rn. 296). Die jährl entgehenden Zinseinnahmen sind vGA (*Bohne* DStR 08, 2444).

(3) Forderungen Gesellschafter an Personengesellschaft. Sie gehören zum SonderBV. Eine TW-AfA ist wegen des Grundsatzes der korrespondierenden Bilanzierung gleichwohl ausgeschlossen, zumal sich die Verlustsituation der PersGes beim MUer bereits durch Zurechnung der Verlustanteile bzw bei Beendigung der Ges'terstellung auswirkt (BFH IV R 13/04, BStBl II 06, 618 unter II.1.a; BFH IV B 129/08, BFH/NV 10, 640). Dies gilt auch für Verluste durch Wechselkursänderungen (BFH I R 60/92, BStBl II 93, 714 unter II. A.1.b). Im Zeitpunkt der Betriebsaufgabe kann die TW-AfA aber vorgenommen werden (BFH IV R 28/22, DStR 25, 1915 Rn. 61 ff: auch bei GmbH & Co KG). 310

d) Geschäftswert. Allg dazu → § 5 Rn. 221 ff; *Kirsch* DStZ 20, 74. – **aa) Begriff.** 311
Geschäftswert ist der Ausdruck derjenigen Gewinnchancen eines Unternehmens, die nicht in einzelnen WG verkörpert sind (BFH IV R 2–3/79, BStBl II 82, 620 unter 2.a; BFH III R 40/07, BStBl II 10, 609 Rn. 18 ff: Kundenstamm kann ein EinzelWG sein) und die losgelöst von der Person des Unternehmers aufgrund besonderer, dem Unternehmen eigener Vorteile (zB guter Ruf, günstige Lage, wertvoller Kundenkreis, eingespielte Organisation) besser oder gesicherter erscheinen als bei anderen Unternehmen mit vergleichbaren WG (BFH IV R 40/92, BStBl II 94, 224 unter 4.a; BFH IV R 5/12, BStBl II 15, 935 Rn. 44). – **Personenbezogenheit.** Soweit die Gewinne von der Person des Unternehmers abhängig sind, besteht kein Geschäftswert, weil ein gedachter Erwerber des Betriebs hierfür kein Entgelt zahlen würde. Der Betrieb eines Handelsvertreters hat wegen der Personenbezogenheit idR keinen Geschäftswert (BFH IV R 50/72, BStBl II 77, 201 unter 3.; BFH X R 5/05, BStBl II 07, 959); es kann aber ein immaterielles WG „Vertreterrecht" mit kürzerer Nutzungsdauer erworben werden (→ § 7 Rn. 41). – **Teilbetrieb.** Dessen Geschäftswert ist der diesem Teilorganismus eigene, den Wert der EinzelWG übersteigende Mehrwert (BFH I R 150/82, BStBl II 87, 455 unter B. I.2.: nicht etwa Bruchteil des Geschäftswerts des Gesamtbetriebs). Für Zwecke der TW-AfA kann der Geschäftswert jedes Teilbetriebs gesondert zu betrachten sein (BFH IV R 61/77, BStBl II 80, 690 unter 1.). Liegen hingegen keine Teilbetriebe vor, ist auch dann auf den einheitl Geschäftswert des Gesamtbetriebs abzustellen, wenn dieser durch den Erwerb mehrerer zuvor getrennter Betriebe entstanden ist (BFH IV R 61/77, BStBl II 80, 690 unter 3.; ebenso für die Rechtslage ab 1987 FG BW EFG 96, 1205, rkr).

bb) Steuerliche Behandlung. Bilanzierungsfähig ist nur der entgeltl erworbene (nicht der selbst geschaffene) Geschäftswert (§ 5 II; zum entgeltl Erwerb → § 5 Rn. 190 ff). Es handelt sich um ein abnutzbares WG (nicht nur Bilanzierungshilfe), dessen Nutzungsdauer bei GewBetr gesetzl auf 15 Jahre festgelegt ist (§ 7 I 3; → § 7 Rn. 171; zum freiberufl Praxiswert → § 18 Rn. 200 ff). Eine TW-AfA ist bei einer Wertminderung des Geschäftswerts aber unabhängig von der festgelegten Nutzungsdauer zulässig. Zum Übergang des Geschäftswerts bei BetrAufsp → § 15 Rn. 878 mwN. – Zur abw **Behandlung in der HB** → 39. Aufl 2020, § 6 Rn. 312. 312

cc) Teilwert bei Verflüchtigung des Geschäftswerts. Der entgeltl erworbene Geschäftswert verflüchtigt sich im Laufe der Zeit und wird durch einen selbst geschaffenen Geschäftswert ersetzt. Für die Schätzung des TW eines aktivierten Geschäftswerts ist aber der gesamte Geschäftswert als (Bewertungs-)Einheit anzusehen. Der TW darf daher nicht nur auf der Grundlage des vorhandenen „Rests" des entgeltl erworbenen Geschäftswerts unter Außerachtlassung des selbst geschaffenen Teils ermittelt werden (ausführl → 39. Aufl 2020, § 6 Rn. 313 mwN). 313

dd) Anlässe für eine Teilwertabschreibung auf den Geschäftswert. Aus bestimmten Umständen muss auf ein Absinken der Ertragskraft des Betriebs (und damit des Geschäftswerts) geschlossen werden können (BFH I R 130/74, BStBl II 77, 412 unter 3.: eindeutige Anhaltspunkte). Von entscheidender Bedeutung ist die **nachhaltige wirtschaftl Entwicklung** des Betriebs (BFH IV R 76/72, BStBl II 77, 73 unter 3.), insb die Stagnation oder der **Rückgang der Umsätze und Gewinne** während 315 eines längeren Zeitraums (BFH IV R 49/78, BStBl II 82, 650 unter 3.a; BFH I R 63/79, BStBl II 83, 667 unter II.1.: 5 Jahre; BFH III R 229/84, BFH/NV 88, 432: 4 Jahre; BFH VIII R 170/85, BFH/NV 91, 226 unter 3.: 3 Jahre). Hingegen genügt weder ein nur kurzzeitiger Gewinnrückgang, insb anlässl der Umstellung des Betriebs nach dem Erwerb (BFH I R 83/89, BStBl II 91, 595 unter II.2.b cc: 2 Jahre; BFH VIII R 170/85, BFH/NV 91, 226 unter 2.; NdsFG DStRE 21, 1422, rkr) noch der Umstand, dass sich nach bestimmten betriebswirtschaftl Methoden rein rechnerisch ein niedrigerer als der bisher angesetzte Wert ergibt (BFH IV R 76/72, BStBl II 77, 73 unter 3.; BFH IV R 218/72, BStBl II 77, 595 unter II.). Diese Methoden kommen aber erst dann zur Anwendung, wenn sich aus *anderen* Umständen Anhaltspunkte für ein Absinken des Geschäftswerts ergeben.

Einzelfälle TW-AfA. Überangebot an zum Verkauf stehenden Handwerksbetrieben, das zum deutl Sinken der vergüteten Geschäftswerte führt (BFH I R 234/75, BStBl II 77, 607 unter 3.); Lieferrechte iRe Marktordnung, die nach einer Marktliberalisierung auch tatsächl keine Bedeutung mehr haben (BFH IV R 30/77, BStBl II 80, 346 unter 3.).

Einzelfälle keine TW-AfA. Verlegung der Geschäftsräume eines Einzelhandels um 150 m (BFH I R 154/78, BeckRS 1981, 108000 unter II.1.); Verlust einiger Aufstellplätze für Zigarettenautomaten (BFH IV R 218/72, BStBl II 77, 595 unter II.). Die Betriebsaufgabe bewirkt jedenfalls dann keine TW-AfA auf einen aktivierten Geschäftswert, wenn der aufgegebene Betrieb anschließend im PV verpachtet wird. Der Geschäftswert besteht im RestBV fort; seine spätere Veräußerung führt zu nachträgl gewerbl Einkünften (BFH X R 49/87, BStBl II 89, 606; BFH X R 56/99, BStBl II 02, 387; → § 16 Rn. 192 mwN).

316 **ee) Teilwertschätzung beim Geschäftswert. – (1) Schätzungsmethoden. Direkte Methode** (Übergewinnmethode). Vom nachhaltig erzielbaren Gewinn werden Beträge für Kapitalverzinsung (nach Maßgabe der TW der EinzelWG) und Unternehmerlohn abgezogen; der verbleibende Betrag wird kapitalisiert (BFH IV R 61/77, BStBl II 80, 690 unter 3.a mwN). – **Indirekte Methode.** Zunächst wird der Ertragswert des Gesamtbetriebs ermittelt (kapitalisierter erwartbarer Ertrag); hiervon wird der Substanzwert der EinzelWG nach Maßgabe von deren TW abgezogen (BFH I R 215/73, BStBl II 77, 409 unter II. A. 2.). – **Mittelwertmethode.** Als Geschäftswert wird die Hälfte des Unterschiedsbetrags zw Ertrags- und Substanzwert angesetzt (BFH I R 215/73, BStBl II 77, 409 unter II. A. 4.c; ähnl BFH I R 7/02, BStBl II 05, 867 unter III.2.f ee; BFH III R 79/07, BFH/NV 10, 610 unter II.2.d bb: Wert des Gesamtunternehmens als arithmetisches Mittel zw Ertrags- und Substanzwert). – **Sonstige Schätzungsmöglichkeiten.** Wird ein Betrieb kurz nach dem Bewertungsstichtag veräußert, kann der Geschäftswert aus dem tatsächl Veräußerungspreis abgeleitet werden (BFH IV R 138/80, BStBl II 84, 233 unter 3.). Ein noch im Aufbau befindl Unternehmen soll idR noch keinen Geschäftswert haben (BFH IV R 40/92, BStBl II 94, 224 unter 4.a; zR krit *Moxter* StuW 95, 378).

317 **(2) Komponenten der Schätzung.** Wesentl sind der erzielbare Jahresgewinn (→ Rn. 318) und der Kapitalisierungszinssatz (→ Rn. 319). Die mathematische Anmutung dieser Komponenten täuscht eine in der Praxis nicht zu erreichende Scheingenauigkeit vor (zutr *Barthel* DB 10, 2236).

318 **(a) Künftig nachhaltig erzielbarer Jahresgewinn. Ergebnisse der letzten Jahre.** Diese sind maßgebl, sofern keine Anhaltspunkte für konkret bevorstehende Veränderungen gegeben sind (BFH IV R 61/77, BStBl II 80, 690 unter 3.b; BFH I R 7/02, BStBl II 05, 867 unter III.2.f aa). Sieht die angewendete Schätzungsmethode die Heranziehung nur der Ergebnisse der letzten drei Jahre vor, ist die Betrachtung eines längeren Zeitraums besonders zu begründen (BFH III R 79/07, BFH/NV 10, 610 unter II.2.a). – **Kürzung um angemessenen Unternehmerlohn.** Dies ist bei Einzelunternehmen und PersGes vorzunehmen (Maßstab: leitender Angestellter; für die indirekte Methode BFH I R 215/73, BStBl II 77, 409 unter II.A.4.; für die direkte Methode BFH IV R 61/77, BStBl II 80, 690 unter 3.c; BFH I R 7/02, BStBl II 05, 867 unter III.2.f bb aaa; BFH X R 19/11, BFH/NV 14, 1736

usw anzusetzen (§ 6 I Nr 1 S 1). – **Andere Werte** können in bestimmten Fällen an die Stelle der AK/HK treten, zB der TW nach Einlagen (§ 6 I Nr 5) oder bestimmten Übertragungen (§ 6 V 4–6) oder der gemeine Wert bei unentgeltl Übertragung einzelner WG (§ 6 IV) sowie nach Vorgängen iSd UmwStG. Zur Schätzung der Buchwerte (fortgeführte AK/HK) nach dem Übergang eines LuF von der Gewinnermittlung nach § 13a oder der Richtsatzschätzung zur Bilanzierung → § 13 Rn. 202. Bei GWG (§ 6 II) und SammelpostenWG (§ 6 IIa) gelten Modifikationen (Einzelheiten → Rn. 652 ff). – Zum **Ansatz eines niedrigeren TW** → Rn. 359 ff, zur Wertaufholung → Rn. 376.

2. Begriffe Anlagevermögen/Umlaufvermögen. – a) Bedeutung der Abgrenzung. Nur für AV gilt das Aktivierungsverbot für immaterielle WG (§ 5 II), die Sonderbewertung von GWG und SammelpostenWG (§ 6 II, IIa), die Möglichkeit zur Übertragung stiller Reserven (§§ 6b, 6c), die Vornahme von AfA und SonderAfA (§§ 7–7i), die Gewährung von InvZul (§ 2 I InvZulG 2010) und die Hinzurechnung von Miet- und Pachtzinsen (§ 8 Nr 1 Buchst d, e GewStG). – **Nur für UV** besteht die Möglichkeit der LiFo-Bewertung (§ 6 I Nr 2a, Vorratsvermögen); bei zum Verkauf bestimmtem UV ist der TW erlösorientiert zu bestimmen (→ Rn. 257). 343

b) Anlagevermögen. – aa) Begriff. AV sind WG, die bestimmt sind, dauernd dem Geschäftsbetrieb zu dienen (§ 247 II HGB, s auch die Aufzählung in § 266 II A. HGB; EStR 6.1; Einzelheiten s *ADS* § 247 Rn. 105 ff). Diese Begriffsbestimmung ist auch für die StBil zu übernehmen (BFH VIII R 51/04, BStBl II 08, 137 unter II.2.b aa). Dabei bedeutet „dauernd" nicht etwa „für alle Zeiten" (BFH IV R 105/84, BStBl II 87, 448 unter II.3.b), sodass die Absicht, das WG nach seinem betriebl Gebrauch zu veräußern, der Zuordnung zum AV nicht entgegen steht (BFH IV R 15/04, BFH/NV 06, 1267 unter II.3.a: Flugzeug, das bereits nach dreijähriger Nutzung verkauft werden soll; BFH VIII R 51/04, BStBl II 08, 137 unter II.2.b aa; BFH IV R 49/04, BStBl II 09, 289 unter II.2.c bb und BFH III R 35/22, BFH/NV 25, 147 Rn. 19: vermietete WG, bei denen von Anfang an beabsichtigt ist, sie vor Ablauf ihrer betriebsgewöhnl Nutzungsdauer zu verkaufen). Maßgebend ist die **Zweckbestimmung,** die der StPfl dem WG gegeben hat; diese muss jedoch anhand obj Merkmale (Art des WG, Art und Dauer der Verwendung, Art des Betriebs) nachvollziehbar sein (BFH IV R 105/84, BStBl II 87, 448 unter II.3.b; BFH III R 35/22, BFH/NV 25, 147 Rn. 14). 344

bb) Umwidmung. Umwidmung vom Anlage- ins Umlaufvermögen. Sie findet zB statt, wenn ein WG des AV zum Verkauf bestimmt wird. Der bloße (innere) Veräußerungsentschluss reicht hierfür noch nicht aus, wohl aber das aktive (obj nach außen hervor tretende) Schaffen von Veräußerungsmöglichkeiten (BFH IV R 47, 48/00, BStBl II 02, 289 unter 2.b cc: Aufbereitung von GuB zu Bauland). Es bleibt allerdings auch dann bei der Zuordnung zum AV, wenn *der gesamte Betrieb* kurz nach Erwerb des typischerweise zum AV gehörenden WG verkauft werden soll (BFH VIII R 78/02, BStBl II 06, 58: die Vornahme von AfA zu Lasten des lfd Gewinns unter Erhöhung des begünstigten Veräußerungsgewinns fällt auch nicht unter § 42 AO). – **Umwidmung vom UV ins AV.** ZB bei Produkten, die der Hersteller nicht verkauft, sondern langfristig verleast (BFH IV R 105/84, BStBl II 87, 448 unter II.3.). – **Zeitpunkt.** Die Umwidmung ist vorzunehmen, sobald sich die geänderte Zweckbestimmung konkretisiert (BFH IV R 105/84, BStBl II 87, 448 unter II.3.b). 345

cc) Einzelfälle Anlagevermögen. Die Darstellung orientiert sich an der Reihenfolge des § 266 II A. HGB. – **(1) Immaterielle WG.** ZB Schutzrechte, Lizenzen, Geschäftswert, Spezialsoftware, Internetauftritte. – **(2) Sachanlagen. Grundstücke.** GuB, Gebäude und Außenanlagen; anders jedoch bei gewerbl Grundstückshandel (→ § 15 Rn. 47 ff, 77, zur Abgrenzung bei LuF → § 13 Rn. 215); Musterhäuser vor ihrer Umwidmung zum Verkauf (BFH I R 47/07, BStBl II 09, 986 unter II.1.); Bodenschätze (auch in Ausbeutung befindl, weil der Verbrauch nicht „sofort" 346 stattfindet, s BFH IV R 17/73, BStBl II 77, 825). – **Technische Anlagen und Maschinen. Werkzeuge** sind idR AV, wenn sie der Durchführung *mehrerer* Aufträge dienen sollen; bei Verwendung nur für einen einzigen Auftrag handelt es sich idR um UV (*Köhler* StBP 09, 232 (234); auch → Rn. 140 „Kundengebundene Werkzeuge", ausführl zur Abgrenzung *ADS* § 266 Rn. 51; zu digitalen Druckvorlagen s *BMF* BStBl I 07, 458); **langfristig vermietete oder verleaste WG** (BFH IV R 105/84, BStBl II 87, 448 unter II.3.b; zur Einordnung der Forderungen aus dem Leasingvertrag, wenn das WG dem Leasingnehmer zuzurechnen ist, s BFH VIII R 51/04, BStBl II 08, 137 unter II.2.b). – **Betriebs- und Geschäftsausstattung.** ZB Leergut des Abfüllers (*BMF* BStBl I 05, 715); WG, die Ausstellungszwecken dienen (BFH V R 44/73, BStBl II 77, 684; BFH I R 47/07, BStBl II 09, 986 unter II.1.: Musterhäuser; BFH VIII R 86/78, BStBl II 82, 344; BFH III R 198/90, BFH/NV 97, 148: Vorführwagen; *Westerfelhaus* DStR 97, 1220: Musterküchen; anders jedoch BFH III R 165/85, BStBl II 90, 706: Geräte, die zu Testzwecken für 6 Monate an Kunden vermietet und dann von diesen erworben werden können, sind UV); bei LuF auch stehendes Holz (→ § 13 Rn. 14 mwN), Dauerkulturen (→ § 13 Rn. 29 mwN) und Zuchtvieh (→ § 13 Rn. 45). – **(3) Finanzanlagen.** Insb Beteiligungen (→ Rn. 404) sowie Wertpapiere des AV.

348 **c) Umlaufvermögen. – aa) Begriff.** Zum UV gehören diejenigen WG, die zum Verbrauch oder zur sofortigen Veräußerung bestimmt sind (BFH VIII R 51/04, BStBl II 08, 137 unter II.2.b aa; enger BFH X R 225/93, BStBl II 97, 320 unter 1.c: Veräußerung oder Verbrauch „in einem einmaligen Akt"), und zwar auch dann, wenn sie wegen zeitweilig fehlender Verkaufsmöglichkeit übergangsweise vermietet werden (BFH IV R 49/07, BFH/NV 10, 945 unter II.2.a).

349 **bb) Einzelfälle Umlaufvermögen (in der Reihenfolge des § 266 II B. HGB). – (1) Vorräte. Roh-, Hilfs- und Betriebsstoffe** (BFH I D 1/59 U, BStBl III 61, 31 unter B. II.3.a: Umlaufmetallstock einer Gießerei; zu CO_2-Emissionsrechten → Rn. 140 „Emissionsberechtigungen"); dies gilt auch für Standardmaterial, das zum Einbau in WG des AV bestimmt ist (BFH VI R 232/67, BStBl II 68, 568; BFH X R 19/81, BStBl II 88, 502); Chemikalienbäder, die sich allmähl verbrauchen (BFH IV R 31/90, BStBl II 91, 627 unter II.1.; anders BFH III R 128/80, BStBl II 86, 551 für Chemikalien, die zwar im Produktionsprozess eingesetzt werden, sich aber praktisch nicht verbrauchen). – **Unfertige Erzeugnisse und Leistungen.** Bei LuF auch Feldinventar und stehende Ernte (→ § 13 Rn. 238 ff); Auftragsproduktionen von urheberrechtsfähigen immateriellen WG (BFH X R 225/93, BStBl II 97, 320; *BMF* BStBl I 01, 175 Rn. 20: Filme). – **Fertige Erzeugnisse und Waren.** ZB Ärztemuster (BFH I R 112/75, BStBl II 77, 278); Objekte eines gewerbl Grundstückshändlers (BFH IV R 48/07, BStBl II 10, 799 unter II.3.a aa; → § 7 Rn. 29); zur Abgrenzung zw AV und UV bei Viehbeständen → § 13 Rn. 45. – **(2) Forderungen. Forderungen aus Lieferungen und Leistungen.** Darlehensforderungen einer Bank gehören grds zum UV (§ 340e I 2 HGB; BFH I R 2/06, BStBl II 07, 469 unter II.2.a). **Sonstige Vermögensgegenstände.** ZB Bausparvorratsverträge eines Kreditinstituts (BFH I R 218/82, BStBl II 87, 14). – **(3) Wertpapiere des UV (4) Kassenbestand, Bankguthaben und Schecks (flüssige Mittel).**

351 **3. Von § 6 I Nr 1 erfasste Wirtschaftsgüter. – a) Gebäude.** Zur Aufteilung in verschiedene WG bei unterschiedl Nutzungs- und Funktionszusammenhang, zur Abgrenzung von Betriebsvorrichtungen und zur Einbeziehung unselbständiger Gebäudeteile in den Gebäudebegriff ausführl → § 4 Rn. 115 ff. Zu den AK von Gebäuden ausführl → Rn. 31 ff, zur Aufteilung von AK auf GuB und Gebäude → Rn. 118. Zu den HK von Gebäuden → Rn. 151 ff, insb → Rn. 211 ff; zu anschaffungsnahen HK → Rn. 381. Zum TW von Gebäuden → Rn. 275.

352 **b) Bewegliche Sachanlagen.** *Beispiele:* Maschinen, Betriebs- und Geschäftsausstattung. Zu AK/HK → Rn. 31 ff, zu GWG/SammelpostenWG → Rn. 652 ff.

353 **c) Geschäftswert.** Ausführl → Rn. 311 (Begriff, steuerl Behandlung, Ermittlung des TW, TW-AfA); zum freiberufl Praxiswert → § 18 Rn. 200 ff.

d) Immaterielle Einzelwirtschaftsgüter. Zur Abgrenzung zum Geschäftswert → § 5 Rn. 223, zur Ermittlung des TW → Rn. 322, zur Frage der Abnutzbarkeit und Nutzungsdauer → § 7 Rn. 40. Anzusetzen sind diese WG nur beim entgeltl Erwerb (AK) oder nach Einlagen (TW). Selbst hergestellte immaterielle WG sind hingegen nicht aktivierungsfähig (§ 5 II). 354

4. Teilwertabschreibung, § 6 I Nr 1 S 2, 3, Nr 2 S 2. Die TW-AfA erfasst vor allem Wertminderungen, bei denen die AfaA nicht anwendbar ist (zur Abgrenzung → § 7 Rn. 182), insb solche, die nicht auf Substanzbeeinträchtigungen, sondern auf bloßen Markteinflüssen beruhen. Zur **Ermittlung des TW** umfassend → Rn. 231 ff; die **Feststellungslast** liegt beim StPfl (→ Rn. 245 mwN). Zur weiteren **NormalAfA** nach TW-AfA s § 11c II EStDV (→ § 7 Rn. 131); nach Wertaufholung erhöht sich die Bemessungsgrundlage entspr. Ausführl zur TW-AfA *Korn* KÖSDI 16, 19759; *Hiller/Biebinger* DStZ 16, 612; *Hiller* DStR 16, 813. 359

a) Persönlicher Anwendungsbereich. Eine TW-AfA ist nur bei Gewinnermittlung nach § 4 I, § 5 zulässig (Eingangssatz des § 6 I). Andere StPfl sind auf die AfaA (§ 7 I 7; → § 7 Rn. 181 ff) verwiesen, die aber engere Voraussetzungen hat. – **§ 4 III.** Eine TW-AfA ist nicht mögl (BFH IV 231/53 U, BStBl III 56, 38; BFH III R 12/13, BStBl II 16, 420 Rn. 28 mwN), da hier Zahlungsvorgänge, nicht aber Wertveränderungen im Vordergrund stehen. Das endgültige und vollständige Wertloswerden eines WG ist wegen der Totalgewinngleichheit auch bei § 4 III zu berücksichtigen (FG Saarl EFG 00, 920 unter 2.1, rkr). – **Überschusseinkünfte.** Keine TW-AfA, weil Wertänderungen nur im betriebl Bereich uneingeschränkt erfasst werden (BFH GrS 1/77, BStBl II 78, 620 unter D. I.1.b). 360

b) Verhältnis zur Handelsbilanz. – aa) Steuerliches Wahlrecht. § 6 I Nr 1 S 2 (ebenso Nr 2 S 2) enthält ein eigenständiges steuerl Wahlrecht für die Vornahme der TW-AfA (Ausnahme: Pflicht bei Inanspruchnahme der StFreiheit für Sanierungsgewinne, s § 3a I 2, 3). Auch der Ansatz von Zwischenwerten ist zulässig (dies folgt mE aus dem Wahlrechtscharakter; **aA** *Keitel* DStR 23, 424 unter Hinweis auf den Gesetzeswortlaut). Demggü ist die TW-AfA für AV (abnutzbar oder nicht abnutzbar) bei voraussichtl dauernder Wertminderung **handelsrechtl zwingend** (§ 253 III 5 HGB). Das steuerl Wahlrecht wird jedoch auch für Kaufleute nicht mehr durch die HB überlagert (*BMF* BStBl I 10, 239 Rn. 15; FG Bln-Bbg EFG 18, 1936, rkr; **aA** *Weber-Grellet* FR 24, 233 (235); zur gegenteiligen Rechtslage bis 2008 → 34. Aufl 2015, § 6 Rn. 361). Eine Abweichung von der HB ist allerdings in einem Verzeichnis nachzuweisen (§ 5 I 2; → § 5 Rn. 60 ff). – **Stetigkeitsgrundsatz** (→ Rn. 12). Die Entkoppelung von der HB darf nicht zu einem willkürl „Hin und Her" genutzt werden (*BMF* BStBl I 10, 239 Rn. 15). Die Gegenauffassung, wonach das Stetigkeitsgebot nur für die HB, nicht aber für eigenständige estl Wahlrechte gilt, die daher jedes Jahr neu ausgeübt werden könnten, ist mE abzulehnen (→ Rn. 14 (5) mwN). Die „Nachholung" einer im Erstjahr nicht vorgenommenen TW-AfA in einem Folgejahr ist aber zulässig, wenn die Voraussetzungen weiterhin vorliegen (zutr *Dietel* DB 12, 483). 361

bb) Gestaltungsmöglichkeiten. Gelegentl kann es günstig sein, **keinen Gebrauch vom Wahlrecht** zur TW-AfA zu machen. Dies gilt etwa beim Ausweis von **Verlusten,** die ansonsten vom Untergang bedroht wären (zB aufgrund von § 8c KStG, § 4h). Auch vermeidet bei KapGes der Verzicht auf eine (wegen § 8b III 3 KStG ohnehin nicht steuerwirksame) TW-AfA auf **Anteile an anderen KapGes** die bei einer späteren Wertaufholung eintretende Besteuerung von 5% des Aufholungsbetrags nach § 8b III 1, II 3 KStG (→ Rn. 378). Einen steuerl Grund für die Vornahme von TW-AfA auf Anteile an KapGes durch KapGes gibt es daher nicht mehr. 362

cc) Vorrang des § 6. Soweit § 253 III 6 HGB bei Finanzanlagen eine TW-AfA in der HB auch bei voraussichtl *nicht* dauernder Wertminderung zulässt (Wahlrecht), gilt 363 dies wegen des Bewertungsvorbehalts des § 5 VI nicht für die StB. § 253 IV HGB zwingt bei wertgemindertem UV in der HB stets zu einer TW-AfA (unabhängig von der Dauer der Wertminderung); auch dies wird in der StBil durch das Erfordernis voraussichtl dauernder Wertminderung überlagert. Ein Vorrang des § 6 besteht auch dann, wenn der steuerl TW sich von der handelsrechtl Wertfindung unterscheiden sollte (BFH I R 157/85, 145/86, BStBl II 90, 639 unter B. I.2.b; BFH I R 54/97, BStBl II 99, 277 unter II. B.1.).

364 **c) Voraussichtlich dauernde Wertminderung.** Dies ist seit VZ 1999 für die Vornahme einer TW-AfA erforderl (umfassend hierzu *BMF* BStBl I 16, 995 mit zahlreichen Beispielen; *Literatur* → 38. Aufl 2019, § 6 Rn. 364). Eine Wertminderung ist (in Abgrenzung zu bloßen Wertschwankungen) „dauernd", wenn der aktuelle TW den planmäßigen Restbuchwert (Bewertungsobergrenze) während eines erhebl Teils der Nutzungsdauer im Unternehmen nicht erreichen wird (BFH I R 22/05, BStBl II 06, 680 unter II.1.b) bzw aus der Sicht des Bilanzstichtags aufgrund obj Anzeichen ernstl mit einem langfristigen Anhalten der Wertminderung gerechnet werden muss (BFH IV R 62/06, BStBl II 09, 778 unter II.1.d; BFH I R 53/12, BFH/NV 14, 1016). Die TW-Minderung braucht nicht endgültig sein, darf aber auch nicht ledigl vorübergehend sein (BFH XI R 36/20, BStBl II 24, 563 Rn. 22). Während diese allg Definitionen zutr sind, erscheinen die Grundsätze, die der BFH für die bisher entschiedenen Fallgruppen entwickelt hat, als widersprüchl, ohne dass ein inneres System der Rspr erkennbar wird. So ist die Rspr bei Gebäuden extrem streng (→ Rn. 366), bei Kursschwankungen von Aktien hingegen sehr großzügig (→ Rn. 369) und bei Währungsschwankungen wiederum sehr streng (→ Rn. 375). Der BFH begründet dies damit, dass es auf die „Eigenart des betreffenden WG" ankomme.

365 **aa) Nachweisfragen. Feststellungslast.** Der StPfl muss sowohl die *Dauerhaftigkeit* der Wertminderung (*BMF* BStBl I 16, 995 Rn. 4) als auch das jährl *Fortbestehen* der Wertminderung nachweisen (§ 6 I Nr 1 S 4 Hs 2), sodass sich entspr Beweisvorsorge empfiehlt (→ Rn. 376). ME ist bei der Prognose der Dauerhaftigkeit aber ein eher **großzügiger Maßstab** schon deshalb geboten, weil Fehlprognosen später über das Wertaufholungsgebot korrigiert werden (so auch BFH I R 58/06, BStBl II 09, 294 unter II.1.e; BFH X R 58/14, BFH/NV 17, 275 Rn. 62; BFH XI R 29/18, BStBl II 22, 205 Rn. 23). – **Indizien für die Dauerhaftigkeit.** Sie ergeben sich vor allem aus den Gründen der Wertminderung (bei Katastrophen oder technischem Fortschritt grds dauerhaft), ggf auch aus ihrem Umfang (je größer die Wertminderung, desto dauerhafter) und der Eigenart des WG (BFH I R 123/73, BStBl II 75, 294 unter 2.: je langlebiger das WG, desto größer die Möglichkeit einer Wertaufholung). Maßgebend ist die Sicht des Bilanzstichtags; die Grundsätze über die Wertaufhellung (→ § 5 Rn. 81) sind anzuwenden (*BMF* BStBl I 16, 995 Rn. 6, 14; BFH I R 123/73, BStBl II 75, 294 unter 2.). Bei einem Preiseinbruch, der nicht aufgrund konkreter Anhaltspunkte als vorübergehend erscheint, wird man aber von einer voraussichtl dauerhaften Wertminderung ausgehen können (BFH VIII R 20/85, BFH/NV 87, 442 unter 1.). Jedenfalls bei langlebigen WG sind die Auswirkungen der **Corona-Pandemie** voraussichtl nicht dauernd (*Schütte/Götz* DStR 21, 366 (368); **aA** *Strahl* KÖSDI 21, 22192).

366 **bb) Abnutzbares Anlagevermögen.** Hier soll eine dauernde Wertminderung anzunehmen sein, wenn der aktuelle TW **mindestens für die Hälfte der Restnutzungsdauer** den Restbuchwert zum jeweiligen künftigen Bilanzstichtag unterschreitet; für die Restnutzungsdauer sollen die gesetzl AfA-Sätze oder amtl AfA-Tabellen maßgebend sein (*BMF* BStBl I 16, 995 Rn. 8). Rspr und *FinVerw* typisieren sehr stark und wenden diese Regel **auch bei langlebigen WG** an (BFH I R 22/05, BStBl II 06, 680 unter II.2.: **Gebäude**). Dies soll selbst dann gelten, wenn der StPfl beabsichtigt, das WG vorzeitig zu veräußern (BFH I R 74/08, BStBl II 09, 899; krit *Paus* FR 09, 945; *Weber-Grellet* BB 10, 43 (45)) und sogar dann, wenn das WG bis zur Bi-

lanzaufstellung tatsächl verkauft wird (BFH IV R 38/08, BFH/NV 11, 423 unter II.2.c; *Buciek* DB 10, 1029). Zur (fortgeltenden) **Kritik** → 39. Aufl 2020, § 6 Rn. 366 mwN.

cc) Nichtabnutzbares Anlagevermögen. Hier kommt es darauf an, ob die Gründe für die Wertminderung voraussichtl anhalten werden (*BMF* BStBl I 16, 995 Rn. 11). Es müssen mehr Gründe für als gegen ein Anhalten der Wertminderung sprechen (BFH IV R 38/08, BFH/NV 11, 423 unter II.2.b). Allein die (stets gegebene) Möglichkeit einer künftigen Wertsteigerung steht der TW-AfA aber noch nicht entgegen (BFH I R 58/06, BStBl II 09, 294 unter II.1.b). 367

(1) Grund und Boden. Bei Übertragung der zu Gebäuden ergangenen Rspr dürfte ein strenger Maßstab gelten (→ Rn. 366; dort auch zur Kritik). Allgemeingültige Fristen für die erforderl Dauer der Wertminderung gibt es allerdings nicht; vielmehr ist auf den Einzelfall abzustellen (BFH I B 188/13, BFH/NV 14, 1742; ausführl BFH X R 58/14, BFH/NV 17, 275 Rn. 60 ff). Zu bejahen ist dies jedenfalls dann, wenn der Bodenrichtwert seit 30 Jahren unter den AK liegt (zutr FG RhPf EFG 16, 1600, rkr); zu verneinen, wenn die Bodenpreise in der maßgebl Region aufgrund noch nicht abgeschlossener öffentl Planungen stark schwanken (zutr FG Nbg EFG 17, 1333 Rn. 56, iErg best durch BFH VI R 9/17, BFH/NV 20, 191). Bei Altlasten fehlt es an der Dauerhaftigkeit, wenn und soweit eine Sanierung zu erwarten ist, insb eine Rückstellung für Sanierungskosten zulässig ist (→ Rn. 273). 368

(2) Börsennotierte Aktien. Von einer voraussichtl dauernden Wertminderung ist auszugehen, wenn der Börsenwert (bei ausl Währung umgerechnet in Euro, s BFH I R 40/17, BStBl II 23, 127 Rn. 45) zum Bilanzstichtag unter die AK gesunken ist und zum Zeitpunkt der Bilanzerstellung keine konkreten Anhaltspunkte für eine baldige Wertaufholung vorliegen (BFH I R 58/06, BStBl II 09, 294 unter II.1.d; ausführl hierzu *Patek* FR 08, 689; krit zur These von den informationseffizienten Märkten jedoch *Fey/Mujkanovic* WPg 03, 212 (213); *Scholze/Wielenberg* StuW 09, 372); eine besondere Analyse der Gründe für den Kursverfall ist also nicht erforderl. Eine TW-AfA ist bereits dann zulässig, wenn der Kursverlust eine **Bagatellgrenze von 5%** des Erwerbskurses überschreitet (für Aktien BFH I R 89/10, BStBl II 14, 612; für Aktienfonds BFH I R 7/11, BStBl II 14, 616; für schuldrechtl Rückübertragungsanspruch auf Aktien bei Wertpapierleihe BFH I R 40/17, BStBl II 23, 127 Rn. 45; *BMF* BStBl I 16, 995 Rn. 17; zR abl für strategische börsennotierte Beteiligungen *Starke/Günther* Ubg 13, 93; zu Aktienanleihen *Kowanda* DStR 17, 2303). – **Kurserholungen nach dem Bilanzstichtag** haben auf die TW-AfA keinen Einfluss (BFH I R 89/10, BStBl II 14, 612 Rn. 19; *BMF* BStBl I 16, 995 Rn. 20a; *Knobbe* BB 12, 2169; ebenso zu UV HessFG EFG 14, 982, rkr; krit *Marx* StuB 14, 591 (594)). Bei „Informationsineffizienzen" im Prozess der Bildung des Börsenpreises (zB äußerst geringe Umsätze des jeweiligen Wertpapiers und starker Kursanstieg nach dem Stichtag) will der BFH jedoch eine Einzelfallbetrachtung der Gründe für die Kursschwankungen vornehmen (BFH I R 89/10, BStBl II 14, 612 Rn. 25). – **Nicht börsennotierte Beteiligungen.** S *Küting* DB 05, 1121. Die Rspr zu börsennotierten Papieren ist hier jedenfalls nicht anwendbar (BFH IV B 13/11, BFH/NV 12, 963 Rn. 4). 369

(3) Anteile an Investmentfonds. – (a) Rücknahmepreis oder Ausgabepreis. Die Rspr differenziert zw AV und UV und hält im AV grds den (höheren) Ausgabepreis einschließl Nebenkosten (Wiederbeschaffungskosten) als TW für maßgebl, weil ein gedachter Erwerber ebenfalls diesen Betrag aufwenden würde und dies eine sofort nach dem Erwerb erforderl TW-AfA iHd Ausgabeaufschlags vermeidet (BFH IV R 118/70, BStBl II 73, 207; BFH I R 7/11, BStBl II 14, 616 Rn. 14; für Investmentanteile des AV *BMF* BStBl I 16, 995 Rn. 25). Für entbehrl Anteile (UV) soll hingegen der Einzelveräußerungspreis und damit der (niedrigere) Rücknahmepreis maßgebl sein (umfassend BFH XI R 41/17, BStBl II 21, 717 Rn. 21 f mwN; unklar 370 hingegen BFH I R 6/20, BStBl II 25, 202 Rn. 22: maßgebl sei der Wiederbeschaffungspreis; dieser könne im Einzelfall dem Ausgabepreis, Rücknahmepreis oder dem Kurs an einem Zweitmarkt entsprechen). – Die *FinVerw* differenziert in Bezug auf Wertpapiere allerdings nicht zw AV und UV und bezieht die beim Erwerb anfallenden Nebenkosten stets in den TW mit ein (*BMF* BStBl I 16, 995 Rn. 18), was in Bezug auf UV wohl der Rspr widersprechen dürfte. – **(b) Aktienfonds.** Die Grundsätze der → Rn. 369 (5%-Grenze) gelten auch für Anteile an solchen Investmentfonds, die überwiegend Aktien halten (zutr *BMF* BStBl I 16, 995 Rn. 24). Angesichts der gebotenen Typisierung ist zu vernachlässigen, dass der Fonds ggf auch festverzinsl Wertpapiere hält, bei denen ein Kursverlust grds nicht als voraussichtl dauerhaft anzusehen ist (BFH I R 7/11, BStBl II 14, 616 Rn. 13). Zu TW-AfA bei **ausschüttungsgleichen Erträgen** und negativ thesaurierten Erträgen → Rn. 140 „Investmentfondsanteile". – **(c) Rentenfonds.** Hält der Fonds überwiegend festverzinsl Wertpapiere, gelten die Grundsätze der → Rn. 371; allerdings gilt zusätzl die Bagatellgrenze von 5%, wenn der Fonds auch Aktien hält (zutr FG Mchn EFG 25, 1582, Rev IX R 10/25). War ein solcher Fonds jedoch früher ein Aktienfonds und beruht die Wertminderung darauf, dass die Aktien unter Realisierung von Verlusten für das Fondsvermögen verkauft und anschließend festverzinsl Wertpapiere erworben wurden, ist die Wertminderung dauernd (zutr NdsFG EFG 16, 708, rkr). – **(d) Offene Immobilienfonds.** Auch hier gilt die 5%-Bagatellgrenze. Wenn die FondsGes die Rücknahme der Anteile an einem notleidenden Fonds *endgültig* ausgesetzt hat, ist der Wert der Anteile an einem Zweitmarkt (Freiverkehr) maßgebl (BFH XI R 41/17, BStBl II 21, 717 Rn. 24 ff; mE nicht zwingend, weil der Zweitmarkt sehr eng ist und durch Notverkäufe beeinflusst sein kann; wegen des Wertaufholungsgebots aber vertretbar; abw FG Köln EFG 21, 370, rkr: Ansatz eines von des FondsGes ermittelten „indikativen Anteilswerts"). Bei einer ledigl vorübergehenden Aussetzung bleibt mE hingegen der Rücknahmepreis maßgebl.

371 **(4) Festverzinsl Wertpapiere des Anlagevermögens. – (a) Anstieg des Marktzinses.** Eine allein hierauf gestützte TW-AfA kommt nur bis auf 100% in Betracht, wenn das Wertpapier „über pari" (zu einem Kurs von mehr als 100%) erworben wurde und zu 100% zurückgezahlt wird (zutr *BMF* BStBl I 16, 995 Rn. 21; HessFG EFG 20, 1160 Rn. 258 ff, rkr; auch → Rn. 373 zu UV). Bei nachrangigen Tier-1-**Hybridanleihen** mit unendl Laufzeit, die allein vom Emittenten gekündigt werden können, sind jedoch die für Aktien geltenden Grundsätze anwendbar (BFH XI R 36/20, BStBl II 24, 563: TW-AfA ab Kursverlust von 5%; ausführl *Lenz* BB 24, 361; *Prinz* DB 24, 693). Bei **Zerobonds** (zur Bewertung → Rn. 140 „Zerobonds") wirkt ein verändertes Marktzinsniveau nur teilwertmindernd, wenn sie zum Verkauf bestimmt sind (*Beckmann* BB 91, 938 (941)). Zur voraussichtl dauernden Wertminderung bei langfristigen unverzinsl oder niedrig verzinsl Forderungen → Rn. 296. – **(b) Verschlechterung der Bonität.** Hier wird man von einer voraussichtl dauernden Wertminderung auszugehen haben, wenn bis zur Bilanzerstellung keine konkreten Anhaltspunkte für eine baldige Kurserholung vorliegen (glA *Schmid* BB 11, 2475 (2477); dort sowie *OFD Rhld* DB 12, 1652 auch zu „Griechenland-Anleihen"). Die für Aktien entwickelte Bagatellgrenze von 5% gilt hier nicht (*OFD NRW* DB 15, 217).

373 **dd) Umlaufvermögen.** Insoweit genügt es, wenn die Wertminderung zum Zeitpunkt der Aufstellung der HB oder der vorangegangenen Verwertung des WG noch anhält (*BMF* BStBl I 16, 995 Rn. 16). – **(1) Festverzinsliche Wertpapiere. Anstieg des Marktzinses.** Ist dies der Grund für den Kursrückgang, wird eine TW-AfA auch im UV versagt, wenn keine Anhaltspunkte für eine Gefährdung der Rückzahlung bestehen (BFH I R 98/10, BStBl II 12, 716 Rn. 12 ff; BFH I R 37/16, BStBl II 19, 73 Rn. 12 ff; *BMF* BStBl I 16, 995 Rn. 21; krit *Schmid* BB 11, 2475 (2477) für den Fall, dass die Papiere nicht bis zur Endfälligkeit gehalten werden sollen). – **Bonitätsrisiken.** Dies soll eine TW-AfA auf den tatsächl Kurswert auch

dann rechtfertigen, wenn der Kurs zusätzl noch auf einem gestiegenen Marktzins beruht (*Birker* FR 12, 975; mE aus Vereinfachungsgründen grds vertretbar, kann im Einzelfall aber anders zu beurteilen sein). Bei Aktienanleihen ist eine TW-AfA, die auf Wertänderungen der zugrunde liegenden Aktie gestützt wird, zulässig (zutr HessFG EFG 19, 599, rkr). – **(2) Börsennotierte Aktien.** Hier gilt ebenfalls die 5%-Grenze nach → Rn. 369 (*BMF* BStBl I 16, 995 Rn. 17). – **(3) Finanzinstrumente des Handelsbestands von Kreditinstituten.** In der StBil ist abw von der HB stets der aktuelle Zeitwert am Bilanzstichtag maßgebend (§ 6 I Nr 2b); die Wertminderung braucht nicht voraussichtl dauerhaft sein (→ Rn. 428). – **(4) Handelswaren.** Bei der Ableitung des TW von der Beschaffungsseite (→ Rn. 252 f) erfordert eine voraussichtl dauernde Wertminderung, dass die Einkaufspreise nachhaltig gesunken sind, dh das allg Preisniveau für Waren dieser Art oder zumindest die Preise für einzelne wichtige Bestandteile der Waren (zB Löhne, Rohstoffe) gefallen sind (BFH IV 236/63 S, BStBl III 64, 426 unter 1.).

ee) Verbindlichkeiten. – (1) Kurzfristige Verbindlichkeiten. Hier genügt es (wie beim UV, → Rn. 373), wenn die Wertminderung bis zur Bilanzaufstellung oder der vorangegangenen Tilgung anhält (*BMF* BStBl I 16, 995 Rn. 36). **374**

(2) Langfristige Verbindlichkeiten. – (a) Grundsatz. Der IV. Senat des BFH lehnt die Übertragbarkeit der zum nicht abnutzbaren AV entwickelten Grundsätze ab und verweist statt dessen auf die Rspr zum *abnutzbaren* AV (BFH IV R 62/06, BStBl II 09, 778 unter II.1.d cc), sodass die Wertminderung voraussichtl für die Hälfte der Restlaufzeit andauern muss. Zur Begründung führt er an, Verbindlichkeiten hätten idR eine begrenzte Laufzeit. ME kann dies bereits systematisch nicht überzeugen, da die gesetzl Vorschrift des § 6 I Nr 3 auf Nr 2 (nicht abnutzbares AV) verweist, nicht aber auf Nr 1. Außerdem sind bei Verbindlichkeiten keine AfA vorzunehmen. – **(b) Fremdwährungsverbindlichkeiten.** Eine TW-Zuschreibung ist zulässig, wenn die Fremdwährung aufgrund einer **fundamentalen Änderung der wirtschaftl oder währungspolitischen Daten** außerordentl und nachhaltig aufgewertet hat. Dies gilt auch bei längerer Laufzeit, ist bei kurzer Restlaufzeit aber einfacher zu begründen (BFH IV R 18/18, BStBl II 22, 211 Rn. 30). – **Aufwertung des Schweizer Franken.** Bereits zum 31.12.10 war eine TW-AfA mögl, wenn man auf die damalige Krise des Euro-Systems abstellt (BFH IV R 18/18, BStBl II 22, 211 Rn. 38; Anm *Stutzmann* HFR 21, 1146), jedenfalls aber seit der Festlegung eines Mindestkurses durch die Schweizer Nationalbank am 6.9.11 (BFH XI R 29/18, BStBl II 22, 205 Rn. 31 ff; dazu *Prinz* DB 22, 687; krit zu dieser – durch unterschiedl vorinstanzl Feststellungen bedingten – Uneinheitlichkeit der beiden Entscheidungen *Mihm* BB 21, 2738; *Weber-Grellet* FR 22, 90). Spätere Entwicklungen, insb die tatsächl Kursverläufe nach dem Stichtag, sind nicht wertaufhellend (BFH IV R 2/19, BFH/NV 21, 1483 Rn. 32). Für weitere TW-AfA auf Franken-Darlehen infolge der Aufgabe der Stützung durch die Schweizer Nationalbank zum 15.1.15 *Korn* BeSt 22, 1. – **Ohne eine solche fundamentale Änderung** sollen sich bei langer Laufzeit (jedenfalls ab 10 Jahren) nach Auffassung der Rspr Währungsschwankungen grds ausgleichen (BFH IV R 62/06, BStBl II 09, 778 unter II.1.d cc: 10 Jahre; BFH I R 53/12, BFH/NV 14, 1016: 20 Jahre Laufzeit; BFH XI R 29/18, BStBl II 22, 205 Rn. 24 ff: 12 Jahre Restlaufzeit; ebenso *BMF* BStBl I 16, 995 Rn. 32; glA für ein unbefristetes Darlehen des AuslandsGes'ters mit jährl Kündigungsmöglichkeit HessFG EFG 12, 706 unter 1.b, rkr; krit *Bolik/Peterich* StuB 22, 15). ME ist dies unzutr. Wo der entscheidungserhebl Unterschied zu Kursschwankungen bei Aktien liegen soll, die der I. Senat des BFH grds für dauerhaft hält (→ Rn. 369), bleibt unklar (Nachweise der krit Literatur → 39. Aufl 2020, § 6 Rn. 375). In beiden Fällen kann niemand prognostizieren, welche Entwicklung der künftige Kurs nehmen wird. Sinnvoller als die vom I. bzw IV. Senat jeweils eingenommenen Extrempositionen wäre für beide Fallgruppen die Heranziehung typisierender Schwankungsgrenzen von zB 10% bzw 20% gewesen (hiergegen ausdrückl BFH IV R 18/18, BStBl II 22, **375**

211 Rn. 29, wobei die dortigen Argumente ebenso gegen die Rspr des I. Senats sprechen). – **(c) Überverzinslichkeit einer langfristigen Verbindlichkeit.** Dies ist mE mit dem Kursverlust festverzinsl Wertpapiere bei Absinken des Marktzinses vergleichbar, der wegen der sicheren Rückzahlung zum Nennwert grds nicht als dauerhaft anzusehen ist (→ Rn. 371).

376 **5. Wertaufholungsgebot, § 6 I Nr 1 S 4, Nr 2 S 3. – a) Anwendungsbereich.** Sowohl nach TW-AfA als auch nach AfaA (§ 7 I 7 Hs 2) ist eine Wertaufholung bis zur Bewertungsobergrenze (→ Rn. 377) zwingend. Dies betrifft zum einen Fälle, in denen der Grund für eine TW-AfA (ganz oder teilweise) weggefallen ist, oder wenn sich nachträgl herausstellt, dass die Wertminderung nicht dauerhaft war. Aus anderen Gründen eintretende Wertsteigerungen sind aber ebenfalls erfasst. Auch nach fehlerhaft vorgenommener TW-AfA besteht eine Pflicht zur Zuschreibung, die dann im ersten verfahrensrechtl offenen Jahr vorzunehmen ist (zutr FG Mchn BB 09, 602, rkr). Ist der Kurswert nach vorheriger TW-AfA wieder angestiegen, ist eine Wertaufholung auch dann vorzunehmen, wenn für die Zukunft ein erneutes Absinken mögl erscheint (FG Hmb EFG 20, 1654: Goldvorrat). – Das Wertaufholungsgebot erstreckt sich auch auf TW-AfA, die bereits **vor 1999** vorgenommen wurden (BFH I R 16/06, BStBl II 07, 707 unter II.3.; BFH IV R 19/14, BStBl II 18, 575 Rn. 29; zu Nachweisfragen s *BMF* BStBl I 16, 995 Rn. 28). Zur **AfA nach Wertaufholung** s § 11c II EStDV (→ § 7 Rn. 131). – **Feststellungslast.** Der StPfl hat eine jährl Nachweispflicht für die Beibehaltung des niedrigeren TW (S 4 Hs 2; ebenso BFH I R 1/09, BStBl II 10, 225; BFH I R 49/15, BStBl II 17, 1002 Rn. 16: auch nach früherer TW-AfA bleibt Regelbewertungsmaßstab stets derjenige nach Satz 1, dh die fortgeführten AK/HK). Demggü liegt die Feststellungslast für eine Zuschreibung nach vorangegangener *AfaA* beim FA, weil der Wortlaut des § 7 I 7 abw ist (→ § 7 Rn. 194). – **HB.** Das Wertaufholungsgebot gilt auch hier (§ 253 V HGB; Ausnahme: Geschäftswert; zu Unterschieden zw HB und StBil *Zwirner/Künkele/Mugler* DStR 12, 532).

377 **b) Bewertungsobergrenze für die Zuschreibung.** Obergrenze ist der Wert, der sich bei Anwendung des Regelbewertungsmaßstabs ergeben hätte (→ Rn. 341: idR fortgeführte AK/HK). – ***(1)* Einfluss der AfA.** Maßgebend ist der Wert, der sich beim Ansatz der (fiktiven) NormalAfA ergibt, die ohne die TW-AfA (AfaA) vorzunehmen gewesen wäre. Dies berücksichtigt, dass die frühere TW-AfA (AfaA) seither zu einer Minderung der NormalAfA geführt hat (→ § 7 Rn. 131). – ***(2)* SonderAfA.** Ihre Inanspruchnahme mindert die steuerl Bewertungsobergrenze auch für die Folgezeit (Wortlaut des § 6 I Nr 1 S 4). Im Umfang der SonderAfA wäre eine Wertzuschreibung in der StBil wegen § 5 VI auch dann nicht zulässig, wenn in der HB ein solches Zuschreibungswahlrecht bestehen sollte (zutr BFH I R 84/07, BStBl II 09, 187). – Die *FinVerw* wendet diese Grundsätze auch auf die Minderung der AK/HK durch **Zuschüsse** oder **Übertragung stiller Reserven** nach § 6b oder EStR 6.6 ungeachtet späterer Zuschreibungen in der HB an, nicht aber auf die Beibehaltung von Rücklagen, die auf der *Passivseite* gebildet und in der HB wieder aufgelöst worden sind (*BMF* BStBl I 09, 397). Letzteres war bis VZ 2009 zutr, ist ab VZ 2010 allerdings durch § 5 I 1 Hs 2 überholt (**aA** *OFD Ffm* BB 12, 2492). – ***(3)* Kapitalherabsetzung.** Dies führt nach TW-AfA nur dann zu einer neuen (geringeren) Bewertungsobergrenze für die Anteile an der betroffenen KapGes, wenn der Herabsetzungsbetrag tatsächl an den Anteilseigner ausgekehrt wurde, sonst aber nicht, weil sich das maßgebende WG nicht verändert (zutr BFH IV R 19/14, BStBl II 18, 575 Rn. 28 ff). – ***(4)* Wechsel des Rechtsträgers.** Ist das zuvor einer TW-AfA unterzogene WG iRd Übergangs mit dem (aktuellen) TW oder gemeinen Wert bewertet worden, gilt dieser als neue Bewertungsobergrenze; die TW-AfA des Rechtsvorgängers ist für die weitere Bewertung dann unbeachtl. Führt der Rechtsnachfolger hingegen die **Buchwerte** fort (zB nach § 6 III, V oder dem UmwStG), besteht ein Wertaufholungspotenzial. Dies gilt auch in den Fällen des § 13 II UmwStG 2006

(Buchwertansatz bei Verschmelzung auf eine andere Körperschaft; glA *BMF* BStBl I 11, 1314 Tz 13.11; **aA** für Aufspaltung vor Geltung des UmwStG 2006 FG Ddorf EFG 23, 757, aus anderen Gründen aufgehoben durch BFH IV R 10/23, BFH/NV 25, 1299). Ebenso kommt es zu einer Wertaufholung, wenn zunächst auf Anteile an einer KapGes eine TW-AfA vorgenommen worden war und später in diese KapGes ein Betrieb nach § 20 UmwStG zum Buchwert (mit stillen Reserven) eingebracht wird (BFH I R 49/15, BStBl II 17, 1002); eine solche Einbringung ist daher iErg nicht steuerneutral. – ***(5)* Surrogation.** Für die Wertaufholung sind die AK/HK des hingegebenen WG maßgebend. Dies gilt zB nach Flurbereinigung (für freiwilligen Landtausch nach dem FlurbG FG Mster EFG 18, 95, rkr) sowie bei der Surrogation von Anteilen an KapGes nach den Grundsätzen des früheren Tauschgutachtens (BFH I R 16/06, BStBl II 07, 707 unter II.2.b). – ***(6)* LiFo.** Zur Bewertungsobergrenze s *Loitz/Winnacker* DB 00, 2229 (2233).

c) Anteile an Kapitalgesellschaften. Natürliche Personen, Personengesellschaften. Hier ist die Wertaufholung nur zu 60% stpfl; dies gilt jedoch nicht, soweit die vorangegangene TW-AfA sich in *vollem* Umfang steuermindernd ausgewirkt hatte (§ 3 Nr 40 S 1 Buchst a S 1, 2; vgl BFH IV R 19/14, BStBl II 18, 575 Rn. 53). – **Körperschaften.** Ist der StPfl selbst ein KStSubjekt, ist die Wertaufholung auf Anteile an KapGes stfrei (§ 8b II 3 KStG). Allerdings gelten 5% des Aufholungsbetrags als nicht abziehbare BA (§ 8b III 1 KStG), was nicht gerechtfertigt erscheint (zu Gestaltungsmöglichkeiten → Rn. 362). – **Sowohl steuerwirksame als auch nicht steuerwirksame TW-AfA.** Sind sowohl bis 2001 (steuerwirksam) als auch ab 2002 (nicht steuermindernd) TW-AfA vorgenommen worden, ist eine spätere Zuschreibung zunächst auf die spätere, nicht steuermindernde TW-AfA zu beziehen und damit stfrei (zutr BFH I R 2/09, BStBl II 10, 760; zu Besonderheiten → 39. Aufl 2020, § 6 Rn. 378). – **GewSt.** → 39. Aufl 2020, § 6 Rn. 378. 378

d) Fälle *teilweiser* Wertaufholung bei AV. Beispiel: Aktien des AV (AK 100) haben zum Stichtag 01 die Schwankungs-Bandbreite nach unten verlassen und notieren mit 90, was eine TW-AfA rechtfertigt; zum Stichtag 02 hat sich der Kurs bis auf 96 erholt. Der Gesetzeswortlaut legt eine Wertaufholung auf 100 nahe, da die Schwankungsbandbreite von 5% nicht mehr verlassen wird und daher keine voraussichtl dauernde Wertminderung vorliegt (so dürfte auch BFH I R 49/15, BStBl II 17, 1002 Rn. 16 zu verstehen sein; glA wohl *Strahl* KÖSDI 09, 16642 (16655)). Die *FinVerw* lässt zur Vermeidung von Überbewertungen aber den Ansatz des tatsächl Werts von 96 zu (*BMF* BStBl I 16, 995 Rn. 17 S 3). 379

6. Anschaffungsnahe Herstellungskosten bei Gebäuden, § 6 I Nr 1a. Literatur: *Günther* EStB 19, 189; *Bruschke* DStZ 19, 475; *Denker/Gummels* NWB 20, 3839; *Schoor* StBP 22, 51; *Grotherr* NWB 23, 843; *Grotherr* DStR 23, 1235 (sehr krit); *Kahle* DStZ 24, 771; *Korn* KÖSDI 24, 24012; zur Rechtsentwicklung → 38. Aufl 2019, § 6 Rn. 380. – **a) Anwendungsbereich.** § 6 I Nr 1a gilt unmittelbar für **bilanzierende StPfl** (Einleitungssatz des § 6 I), daneben aber aufgrund von Verweisen auch für **§ 4 III** (§ 6 VII Nr 2) sowie die **Überschusseinkünfte** (§ 9 V 2). Die Regelung gilt auch im Bereich der **Subventionsvorschriften** für Denkmalschutz und Städtebau; die nach den entspr Sondervorschriften (§§ 7i, 7h, 11a, 11b) begünstigten Aufwendungen sind daher in die 15%-Grenze einzubeziehen (zutr *OFD Ffm* DStR 12, 1864; ausführl *Marx/Noack* DStR 13, 173; **aA** *Götz* DStR 11, 1016). – Weil Nr 1a von § 255 II HGB abweicht, kommt es zu einem **Auseinanderfallen von HB und StBil** (s *Kahle/Heinstein* DStZ 07, 93 (99); *Schiffers/Köster* DStR 16, 862 (872); für Anwendung von Nr 1a auch auf die HB aber *Hoffmann* DStR 16, 2273). Wegen der fehlenden Geltung für die HB ist der Anwendungsbereich der **EG-Richtlinie,** auf der § 255 II HGB beruht, nicht berührt (BFH IX R 20/08, BStBl II 10, 125 unter II.2.b bb (2) (d)). 381

b) Instandsetzungs- und Modernisierungsaufwendungen über 15% der Anschaffungskosten. – aa) Begriff. Erfasst sind baul Maßnahmen, durch die 382

Mängel oder Schäden an vorhandenen Einrichtungen eines bestehenden Gebäudes oder am Gebäude selbst beseitigt werden oder das Gebäude durch Erneuerung in einen zeitgemäßen Zustand versetzt wird (BFH IX R 25/14, BStBl II 16, 992 Rn. 15). Hierunter fallen auch die klassischen **Schönheitsreparaturen** iSd Mietrechts (BFH IX R 25/14, BStBl II 16, 992 Rn. 16; BFH IX B 49/19, BFH/NV 20, 94); die *FinVerw* wendet die frühere großzügigere Rspr bis VZ 2016 weiter an (*BMF* BStBl I 17, 1447), sowie Schäden, die durch den langjährigen vertragsmäßigen Gebrauch (BFH IX R 41/17, BStBl II 18, 533: Aufwendungen anlässl eines Mieterwechsels; dazu *Dorn* NWB 18, 2608; *Schießl* StuB 18, 609) oder durch das Alter des Gebäudes bedingt sind (FG Ddorf EFG 16, 1774, rkr). Allein der Umstand, dass die Baumaßnahme gesetzl zwingend ist, schließt die Anwendung der Nr 1a nicht aus (zutr FG Mster EFG 15, 1177, rkr: energetische Sanierung). Letztl sind alle Maßnahmen einbezogen, die nicht durch S 2 ausdrückl ausgenommen werden (BFH IX R 25/14, BStBl II 16, 992 Rn. 22). Dies gilt (entgegen der früheren Rspr zum anschaffungsnahen Aufwand) auch für die **Beseitigung versteckter Mängel** (BFH IX R 6/16, BStBl II 18, 9; BFH IX R 41/17, BStBl II 18, 533 Rn. 16; EStR 6.4 I 1). – Aufwendungen zur Beseitigung von **Schäden, die eindeutig erst nach dem Erwerb *entstanden* sind** (und auch nicht schon vor dem Erwerb angelegt waren), sind im Hinblick auf Zweck und Entstehungsgeschichte aber nicht erfasst (zutr BFH IX R 6/16, BStBl II 18, 9 Rn. 17: nachträgl durch Mieter verursachte Schäden; FG Ddorf EFG 24, 460: Brandschaden nach dem Erwerb; dazu *Grotherr* NWB 24, 913); Gleiches muss mE für Schäden aufgrund späterer Naturereignisse gelten (zutr *Korn* KÖSDI 19, 21210). Allerdings muss es sich um Baumaßnahmen handeln; eine Abfindung an Mieter, die wegen einer unmittelbar nach dem Erwerb durchgeführten Renovierung ausziehen, fällt daher nicht unter Nr 1a (BFH IX R 29/21, BStBl II 23, 1087; krit *Weber-Grellet* FR 23, 224).

383 **bb) Ermittlung der Anschaffungskosten gemischt genutzter Gebäude.** Bei unterschiedl Nutzungs- und Funktionszusammenhängen kommt es für die 15%-Grenze nach den allg Regeln auf das jeweilige WG an, dh Aufteilung (BFH IX R 25/14, BStBl II 16, 992 Rn. 24; Übergangsregelung der *FinVerw* bis VZ 2016 s *BMF* BStBl I 17, 1447). Bei einheitl Nutzung mehrerer Wohnungen im selben Gebäude ist hingegen keine Aufteilung vorzunehmen (BFH IX R 22/15, BStBl II 16, 999 Rn. 25).

384 **cc) Anschaffung.** § 6 I Nr 1a setzt einen Anschaffungsvorgang voraus. – **Unentgeltl Erwerb.** Mangels „Anschaffung" (→ Rn. 42) ist Nr 1a nicht anwendbar. Allerdings tritt der Rechtsnachfolger in eine für den Rechtsvorgänger noch lfd Drei-Jahres-Frist ein (*Röhrig/Doege* DStR 06, 161 (165); *Günther* EStB 16, 424). – **Teilentgeltl Erwerb.** Anschaffungsnahe HK können nur bezogen auf den entgeltl Teil des Erwerbs gegeben sein. Aufwendungen iHd Unentgeltlichkeitsquote sind hingegen sofort abziehbar (EStR 6.4 I 2; *Deutschländer* NWB 14, 1523 (1528); *Dorn* NWB 18, 18 (23)). – **Entnahme.** Da es sich nicht um eine Anschaffung (Übertragung des wirtschaftl Eigentums von einem Dritten auf den StPfl) handelt, ist Nr 1a hier nicht anwendbar (zutr BFH IX R 7/21, BStBl II 23, 104 Rn. 25 ff, Anm *Graw* HFR 23, 17).

385 **dd) 15%-Grenze.** Liegen die anschaffungsnahen HK über 15% der GebäudeAK (ohne AK für GuB, aber einschließl Anschaffungsnebenkosten), wirken sie sich nur im Wege der AfA aus. Dabei sind alle Aufwendungen (mit Ausnahme der in → Rn. 389 f genannten) zu addieren (BFH IX R 20/08, BStBl II 10, 125; BFH IX B 3/13, BFH/NV 13, 1408; krit *Fahlenbach* DStR 10, 2066). Aufwendungen zur Beseitigung von Schäden, für die der Verkäufer des Gebäudes ersatzpfl ist, mindern sich um dessen Ersatzzahlungen (BFH IX R 5/13, BFH/NV 14, 312); nur ein eventueller Restbetrag zählt für die 15%-Grenze. Da Nr 1a sich auf Gebäude beschränkt, sind anschaffungsnahe Aufwendungen für bewegl WG (zB Betriebsvorrichtungen)

und selbständige unbewegl WG (zB Außenanlagen) nicht einzubeziehen (zutr *Dorn* NWB 18, 18 (25)). – **Bedeutung der USt.** Bei den nachträgl Aufwendungen ist nach dem klaren Gesetzeswortlaut unabhängig von der Abziehbarkeit der VorSt stets der Nettobetrag (ohne USt) maßgebl. Der Vergleichswert („AK des Gebäudes") ist hingegen nach Maßgabe des § 9b zu ermitteln (dh nichtabziehbare VorSt erhöht die AK). Dies ist günstig für den StPfl.

ee) Rechtsfolge bei Aufwendungen bis 15 % der Anschaffungskosten. Hier bleiben die allg Regeln für die Abgrenzung zw AK/HK einerseits und Erhaltungsaufwendungen andererseits anwendbar (zutr *Spindler* DB 04, 507 (510); *Pezzer* DStR 04, 525 (527); zu AK unter dem Gesichtspunkt der Betriebsbereitschaftskosten → Rn. 45, zu HK durch wesentl Verbesserung → Rn. 181 ff). Die *FinVerw* sieht die 15%-Grenze allerdings für Fälle der wesentl Verbesserung idR als Nichtaufgriffsgrenze an (*BMF* BStBl I 03, 386 Rn. 38). 386

c) Drei-Jahres-Frist. Nur Maßnahmen, die innerhalb von drei Jahren nach der Anschaffung (Erwerb des wirtschaftl Eigentums; näher zum Zeitpunkt der Anschaffung → Rn. 35) durchgeführt werden, fallen unter Nr 1a; auf den Zeitpunkt der Zahlung kommt es nicht an. Maßnahmen zur energetischen Sanierung, die nach Eigentumserwerb innerhalb der Zwei-Jahres-Frist des § 47 III 2 GEG durchgeführt werden, fallen daher unter Nr 1a, sofern die 15%-Grenze überschritten ist; ein Wertungswiderspruch liegt hierin mE nicht. – **Aufwendungen *vor* Anschaffung.** Sie sind von Nr 1a nicht erfasst (BFH IX B 121/19, BFH/NV 20, 870; *Tiedchen* EFG 20, 1502; *Günther* EStB 21, 123). Dies eröffnet die Möglichkeit, mit dem Voreigentümer zu vereinbaren, dass der Erwerber Reparaturarbeiten bereits vor Übergabe vornehmen darf. Der BRat wollte diese Gesetzeslücke im JStG 20 schließen (BT-Drs 19/23551, 2); dies ist aber nicht ins Gesetz übernommen worden, so dass der Gesetzgeber die Rspr gebilligt hat. – **Unfertige Leistungen.** Die *FinVerw* will auch solche Maßnahmen, die bis zum Fristablauf nicht abgeschlossen werden, insoweit berücksichtigen, als Leistungen bereits innerhalb der Frist erbracht worden sind (*LfSt Bayern* DStR 10, 1941; *OFD Nds* DB 10, 1910 Rn. 6; *OFD NRW* DB 17, 817; glA *Rukaber* NWB 16, 3476 (3483); *Schießl* StuB 18, 609 (614); *Denker/Gummels* NWB 20, 3839 (3845)). ME ist dies unzutr (ebenso *Korn* KÖSDI 24, 24012 (24015)). Der Gesetzeswortlaut „durchgeführt" spricht eher dafür, dass eine Maßnahme „abgeschlossen" sein muss. Ob dies der Fall ist, richtet sich nach den bautechnischen Zusammenhängen; mE gelten dieselben Kriterien wie für die Gewinnrealisierung beim Werkunternehmer (→ § 5 Rn. 608: grds Abnahme; glA *Frantzmann* FR 18, 784 (789)). – **Taggenaue Fristberechnung.** Weil die Vorschrift typisiert, gilt die Drei-Jahres-Frist strikt (taggenau, nicht etwa drei Kj). Die daraus resultierenden Gestaltungsmöglichkeiten hat der Gesetzgeber in Kauf genommen (glA *Pezzer* DStR 04, 525 (527) Fn 21; *Schiffers/Köster* DStZ 16, 862 (872)). Zu beachten ist allerdings, dass der Zeitraum für die Umqualifizierung in HK nach den (neben Nr 1a anwendbaren) Rspr-Grundsätzen zur wesentl Verbesserung länger als drei Jahre sein kann (Sanierung in Raten; → Rn. 183). – **Rückwirkende Änderung.** Wird die 15%-Grenze erst im zweiten oder dritten Jahr überschritten, können die Bescheide der vorangehenden Jahre nach § 175 I 1 Nr 2 AO korrigiert werden (Ereignis mit steuerl Rückwirkung; zutr AEAO § 175 Nr 2.4). 387

d) Nicht in die 15 %-Grenze einzubeziehende Aufwendungen, § 6 I Nr 1a S 2. – aa) Erweiterungen. Außer Betracht bleiben zum einen die Aufwendungen für (echte) Erweiterungen (hierzu ausführl → Rn. 171 ff). Diese sind zwar unabhängig von ihrer Höhe stets HK, „infizieren" iRd Nr 1a aber zusätzl Erhaltungsaufwendungen nicht. – Zu beachten ist allerdings, dass die Rspr den Begriff „Erweiterung" in bestimmten Fällen hinter den der „wesentl Verbesserung" zurücktreten lässt und Erhaltungsaufwand annimmt (→ Rn. 175); dann bleibt Nr 1a anwendbar. – Instandsetzungsaufwendungen, die bereits nach der typisierenden Rspr unter dem Gesichts- 389 punkt einer **wesentl Verbesserung** zu HK führen (→ Rn. 181 ff), sind in die 15%-Grenze einzubeziehen, wenn sie iRe Renovierung oder Modernisierung iZm dem Erwerb des Gebäudes anfallen (BFH IX R 25/14, BStBl II 16, 992 Rn. 20: Vereinfachung und Typisierung; Nr 1a als Spezialregelung zu § 255 HGB). Dadurch können zusätzl auch „echte" Erhaltungsaufwendungen in HK umqualifiziert werden:

Beispiel: AK des Gebäudes 200 000 €, Aufwand für wesentl Verbesserung 100 000 €, sonstiger Instandsetzungsaufwand 20 000 €. Da die bereits durch die Rspr in HK umqualifizierten Aufwendungen für wesentl Verbesserung in die 15%-Grenze der Nr 1a einzubeziehen sind, werden auch die 20 000 € (die bei isolierter Betrachtung unter der 15%-Grenze bleiben) zu HK. – Dasselbe gilt für Aufwendungen, die nach der Rspr auch ohne Nr 1a schon unter dem Gesichtspunkt der **Betriebsbereitschaftskosten** in die AK einzubeziehen wären (BFH IX R 15/15, BStBl II 16, 996 Rn. 12).

390 **bb) Erhaltungsarbeiten, die jährlich üblicherweise anfallen.** Diese sind ebenfalls auszuscheiden. Der enge Gesetzeswortlaut betrifft vor allem die lfd Wartung von Heizungs- und Aufzugsanlagen sowie die Beseitigung von Rohrverschlüssen (BFH IX R 22/15, BStBl II 16, 999 Rn. 24). Die klassischen Schönheitsreparaturen sind hier jedoch nicht erfasst, da sie nicht jährl vorgenommen zu werden pflegen (→ Rn. 382). Alle anderen Aufwendungen sind schon aufgrund des typisierenden Charakters der Regelung einzubeziehen, auch wenn es sich nach den allg Regeln eindeutig um Erhaltungsaufwand handeln würde (BFH IX R 20/08, BStBl II 10, 125 unter II.2.b).

393 **7. Wahlrechte bei Herstellungskosten, § 6 I Nr 1b.** Zu dieser (seit 2016 mit Rückwirkung für die Vergangenheit geltenden) Regelung → Rn. 199.

VI. Nicht abnutzbares Anlagevermögen und Umlaufvermögen, § 6 I Nr 2–2b

401 **1. Bewertungsgrundsätze.** Die nicht abnutzbaren WG des AV und die WG des UV sind mit den AK/HK anzusetzen (§ 6 I Nr 2 S 1). Ggf treten andere Werte (TW, gemeiner Wert, Buchwert) an die Stelle der AK/HK (→ Rn. 341). Diese Bewertungsobergrenze ist um Abzüge nach § 6b zu mindern. AfA nach § 7 dürfen hingegen nicht vorgenommen werden. Zur TW-AfA bei voraussichtl dauernder Wertminderung (§ 6 I Nr 2 S 2) → Rn. 359 ff, zur Wertaufholung (§ 6 I Nr 2 S 3) → Rn. 376 ff. Soweit § 256a S 2 HGB bei Fremdwährungsforderungen mit einer Restlaufzeit von höchstens einem Jahr die **Realisierung aufgelaufener Währungsgewinne** anordnet, gilt dies wegen des Vorrangs von § 6 I Nr 2 (Begrenzung auf die AK) nicht für die StBil (→ 39. Aufl 2020, § 6 Rn. 22).

403 **2. Nach § 6 I Nr 2 zu bewertende Wirtschaftsgüter. – a) Grund und Boden.** Dieser ist getrennt vom WG Gebäude zu bewerten (→ Rn. 271). Zum Umfang der Bewertungseinheit GuB und zu selbständigen WG → Rn. 213 (Abgrenzung zu Außenanlagen), → § 13 Rn. 233 (Besonderheiten der LuF). Selbständige WG sind insb stehendes Holz (→ § 13 Rn. 14), Pflanzenanlagen bei Dauerkulturen (→ § 13 Rn. 26, 29 mwN), Feldinventar und stehende Ernte (→ § 13 Rn. 238), genutzte bzw konkretisierte Bodenschätze (→ § 7 Rn. 227) und mit dem Grundstück verbundene Rechte (→ § 5 Rn. 134; zum Jagdrecht → § 13 Rn. 55; zum Erbbaurecht → Rn. 89). Zu AK durch Erschließungskosten → Rn. 59, zur TW-Ermittlung → Rn. 272.

404 **b) Beteiligungen.** Zur Ermittlung des TW → Rn. 278 ff. – **Abgrenzung zu Wertpapieren.** Nach § 271 I HGB handelt es sich bei Beteiligungen um solche Anteile an anderen Unternehmen, die bestimmt sind, dem eigenen Geschäftsbetrieb durch Herstellung einer dauernden Verbindung zu dienen; dies ist bei Anteilen von mehr als 20% des Nennkapitals zu vermuten (§ 271 I 3 HGB). Der BFH vertritt eine eher weite Auslegung (BFH I R 293/82, BStBl II 87, 446; BFH IV R 133/86, BStBl II 89, 737). – **Bewertungseinheit.** Handelt es sich bei den Anteilen um eine

Beteiligung, dürfen sie nicht mehr mit einem Durchschnittswert bewertet werden, da sie nunmehr zusammen ein einheitl WG bilden, das mit den AK (ggf mit dem niedrigeren TW) anzusetzen ist (BFH I R 76/71, BStBl II 73, 397 unter 3.; BFH I R 199/84, BStBl II 86, 794 unter 1.2). Soweit Anteile veräußert oder eingezogen werden sollen, ist die Bewertungseinheit wieder zugunsten einer Einzelbewertung aufzugeben. Eine quotengleiche unentgeltl Einziehung führt zum Übergang der anteiligen Buchwerte der eingezogenen Anteile auf die verbleibenden Anteile, der disquotale Einzug zugunsten anderer Ges'ter bewirkt Aufwand (BFH VIII R 26/03, BStBl II 06, 22; → Rn. 37). – **Beteiligungen an PersGes** sind von Nr 2 nicht erfasst; insoweit sind in der StBil die Anteile an den einzelnen WG der PersGes zu aktivieren (→ Rn. 140 „Beteiligung an PersGes").

c) Wertpapiere und Forderungen. Wegen der Abgrenzung zw **Wertpapieren** und Beteiligungen → Rn. 404; zur Bewertung von Zerobonds, Wechselforderungen und anderen Aufzinsungspapieren → Rn. 140 „Zerobonds"; zu Optionen und Optionsanleihen → Rn. 140 „Optionen"; zum Ansatz der Anschaffungsnebenkosten → Rn. 254; zur Wertpapierleihe → § 5 Rn. 270 „Wertpapierleihe"; zu Wertpapier-Pensionsgeschäften → § 5 Rn. 270 „Pensionsgeschäfte". – **Forderungen** können auf Geld- oder Sachleistungen gerichtet sein. Sie sind mit den AK (→ Rn. 140 „Forderungen"), ggf mit dem niedrigeren TW (→ Rn. 291 ff), anzusetzen. 405

d) Umlaufvermögen. Zum Begriff und zu Einzelfällen → Rn. 348. – Auch **Vorratsvermögen** ist grds einzeln zu bewerten; Vereinfachungen sind aber ggf zulässig (zu LiFo → Rn. 411 ff). Die AK von Waren dürfen auch retrograd durch Abschläge auf die Verkaufspreise ermittelt werden (→ Rn. 41). Für Zölle und Verbrauchsteuern, die auf das Vorratsvermögen entfallen, ist ein besonderer Aktivposten zu bilden (§ 5 V 2 Nr 1, → § 5 Rn. 259). Zum TW bei Ableitung vom Verkaufspreis → Rn. 257 ff; zur Bewertung von Vorräten nach **IFRS** (IAS 2) s *Quick* DB 08, 2206. – Zur Bilanzierung von **Optionen** → Rn. 140 „Optionen", zu **Finanzinstrumenten** s Nr 2b (→ Rn. 427). 407

3. LiFo-Verfahren, § 6 I Nr 2a. Ausführl *BMF* BStBl I 15, 462; *Hüttemann/Meinert* DB 13, 1865; *Herzig* DB 14, 1756; *Drüen/Mundfortz* DB 14, 2245; *Prinz* DB 15, 1196; *Schumann* EStB 15, 247; *Bolik/Burek* NWB 15, 2214; *Köhler* StBP 16, 249. – In persönl Hinsicht setzt die Anwendung **Gewinnermittlung nach § 5** voraus (dh nur bei *Gewerbetreibenden,* die aufgrund gesetzl Vorschrift oder freiwillig Bücher führen; → § 5 Rn. 6 ff). StPfl, die unter § 4 I fallen (zB buchführende LuF), sind damit ausgeschlossen. In sachl Hinsicht ist das Verfahren auf gleichartige (→ Rn. 414) WG des Vorratsvermögens (→ Rn. 412) beschränkt; ferner muss es im jeweiligen Einzelfall den handelsrechtl GoB entsprechen (→ Rn. 416). Zu den Rechtsfolgen → Rn. 418. 411

a) Wirtschaftsgüter des Vorratsvermögens. Hierzu gehören vor allem Roh-, Hilfs- und Betriebsstoffe, unfertige Erzeugnisse sowie fertige Erzeugnisse und Waren (s § 266 II B. I. HGB). Auf sonstiges UV sowie auf AV ist LiFo grds nicht anwendbar. – **Materialbestandteile von fertigen und unfertigen Erzeugnissen.** Die Anwendung des LiFo-Verfahrens ist hier zulässig, sofern diese Kosten gesondert erfasst werden (EStR 6.9 II 4; *BMF* BStBl I 15, 462 Rn. 4). Auf weitere Kostenbestandteile der Erzeugnisse (zB Fertigungslöhne) ist dies mE nicht übertragbar (zurückhaltend auch *ADS* § 256 Rn. 27; **aA** wohl *Schüttler/Hunecke* DStR 15, 2300). – **Erweiterungen auf WG des UV, die nicht zum Vorratsvermögen gehören.** → 39. Aufl 2020, § 6 Rn. 412. 412

b) Gleichartigkeit. Dieses Merkmal bezieht sich auf die **Warengattung oder Funktion** (zB ähnl Markt-, Umschlags- und Preisentwicklung; vergleichbare Qualität; markt- und verkehrsübl Produktklassen; s EStR 6.9 III). Auf engere gesetzl Handelsvorschriften kommt es nicht immer an (für Weinhandel BT-Drs 11/2536, 47). Sind die WG zu unterschiedl, können sie in mehrere Gruppen eingeteilt werden; auf 414 jede dieser Gruppen kann dann LiFo angewendet werden (ausführl zur Gruppenbildung in der Weinwirtschaft *BMF* BStBl I 90, 148; zu Gruppen in der Sekundärrohstoff- und Entsorgungswirtschaft *OFD Mchn* DB 92, 1602 zu Gruppen für Tabak- und Zigarettenvorräte in der Tabakindustrie s *BMF* DB 92, 1103 und *LfSt Bayern* DStR 09, 2318; zu Gruppen in der Textilindustrie *Jungkunz/Köbrich* DB 89, 2285 (2290); zur Fortschreibung einer einmal gebildeten Gruppenstruktur s *Hörtig/Uhlich* DB 94, 1045). Je größer die Gruppe gewählt wird, desto größer ist der Vereinfachungs- und Unterbewertungseffekt der LiFo-Methode. – **Annähernde Preisgleichheit** ist nicht erforderl; erhebl unterschiedl Preise können jedoch Anzeichen für Gattungsunterschiede (fehlende Gleichartigkeit) sein. – Bei der Prüfung der Gleichartigkeit ist nach dem ausdrückl Willen des Gesetzgebers ein **großzügiger Maßstab** anzulegen (BT-Drs 11/2536, 47; krit allerdings BFH VIII R 32/98, BStBl II 01, 636 unter II.2.d cc). Ein zu enger Maßstab ist schon deshalb nicht gerechtfertigt, weil anstelle von LiFo auch Durchschnittswerte gebildet werden könnten (hierzu ausführl → 37. Aufl 2018, § 6 Rn. 624 ff), dies aber keine Preisgleichheit voraussetzen würde (EStR 6.8 IV). – Zu **Index-Verfahren,** die mE nicht unter Nr 2a fallen, → 30. Aufl 2011, § 6 Rn. 414 mwN.

416 **c) Handelsrechtliche GoB.** Das LiFo-Verfahren muss im jeweiligen Einzelfall den handelsrechtl GoB entsprechen. Allerdings ist nicht erforderl, dass in der konkreten HB entspr verfahren wird (EStR 6.9 I 2; eigenständiges steuerl Wahlrecht, zur Parallelproblematik bei Nr 1, 2 auch → Rn. 361 mwN). – Die *FinVerw* bejaht die GoB-Entsprechung schon dann, wenn die WG mengenmäßig vollständig erfasst werden und die LiFo-Methode nach den betriebsindividuellen Verhältnissen zu einer **Bewertungsvereinfachung** führt (*BMF* BStBl I 15, 462 Rn. 2), zB bei Massenartikeln oder vermengbaren Vorräten. Dass die Einzelbewertung darüber hinaus „typischerweise einen unvertretbaren Aufwand" verursacht (so evtl BFH VIII R 32/98, BStBl II 01, 636 unter II.2.b), ist mE nicht zu fordern. Allein die Nutzung einer **EDV-Lagerhaltung** steht dem LiFo-Verfahren daher grds nicht entgegen (*Hildebrandt* DB 11, 1999; *Hennrichs* Ubg 11, 705 (710); *Hüttemann/Meinert* DB 13, 1865), weil die Abschaffung dieses Verfahrens dem Gesetzgeber, nicht aber der elektronischen Entwicklung vorbehalten ist (glA *Meurer* BB 15, 1394). Die *FinVerw* sieht dies nur für den (seltenen) Sonderfall anders, dass bei Handelswaren die Ermittlung der individuellen AK ohne *jegl* weiteren Aufwand mögl ist (*BMF* BStBl I 15, 462 Rn. 6); diese Einschränkung dürfte aber kaum praktische Bedeutung erlangen. Allerdings scheidet LiFo bei WG aus, deren AK/HK hoch und dem einzelnen WG leicht zuzuordnen sind (BFH VIII R 32/98, BStBl II 01, 636 unter II.2.c: Pkw). – Auch die **Bewertungsstetigkeit** (§ 252 I Nr 6 HGB; → Rn. 12) ist zu beachten (EStR 6.9 V 3). Ein willkürl Übergang zu Durchschnittswerten ist daher nicht mögl. Selbst bei sinkenden Preisen soll eine Abkehr vom LiFo-Verfahren nur bei stichhaltigen Gründen zulässig sein; eine TW-AfA bleibt aber zu prüfen. Steuerl hängt die Beendigung der LiFo-Bewertung ohnehin von der Zustimmung des FA ab (→ Rn. 423).

418 **d) Rechtsfolge des LiFo-Verfahrens. – aa) Last in – First out.** Es wird unterstellt, dass die zuletzt angeschafften oder hergestellten WG zuerst verbraucht oder veräußert werden; dh nur die ältesten WG (die idR die geringeren AK/HK haben werden) verbleiben in der Bilanz. Damit wird der Einzelbewertungsgrundsatz insoweit durchbrochen, als bestimmte WG mit den AK/HK *anderer* (früher angeschaffter) WG bewertet werden (BFH VIII R 32/98, BStBl II 01, 636 unter II.2.a). – **Zweck.** Die Regelung dient in erster Linie der Vereinfachung (Überschrift des § 256 HGB), daneben auch der Vermeidung der Besteuerung von Scheingewinnen (BT-Drs 11/2157, 140; *BMF* BStBl I 15, 462; unzutr **aA** BFH VIII R 32/98, BStBl II 01, 636 unter II.2.d). – **Ermittlung der für LiFo maßgebl AK/HK.** Es gelten grds keine Besonderheiten. Inventurpflicht besteht auch bei LiFo; eine zeitverschobene Inventur ist nicht zulässig (EStR 5.3 II 10; krit *Brezing* StbJb 90/91, 51 (58)). – Zu den **Unterarten des LiFo-Verfahrens** → 38. Aufl 2019, § 6 Rn. 419.

bb) Wahlrecht. Der StPfl kann sein Wahlrecht zur Anwendung des LiFo-Verfahrens für jede Gruppe gesondert ausüben (EStR 6.9 II 3). Das jeweils gewählte Verfahren muss nicht zwingend mit der tatsächl Verbrauchsfolge übereinstimmen, weil sonst keinerlei Notwendigkeit für die gesetzl Vereinfachungsregelung bestanden hätte (*BMF* BStBl I 15, 462 Rn. 5; offen gelassen in BFH VIII R 32/98, BStBl II 01, 636 unter II.2.c). Allerdings darf die bei LiFo unterstellte Verbrauchsfolge nicht dem genauen Gegenteil der tatsächl entsprechen (EStR 6.9 II 2; zust *Hennrichs* Ubg 11, 705 (709)). Beispiele sind etwa leicht verderbl Lebensmittel, bei denen idR ältere Ware vor jüngerer verkauft wird (*BMF* DB 97, 1251: Fleisch), wobei die *FinVerw* die Grenze bei einer **Haltbarkeit von einem Jahr** zieht (*BMF* BStBl I 15, 462 Rn. 9). Es darf auch nicht (wie zB bei Saisonbetrieben) zu einem zwischenzeitl restlosen Verbrauch der Vorräte kommen (*Brezing* StbJb 90/91, 51 (56); **aA** *Herzig/Gasper* DB 92, 1301 (1302)). 419

cc) Andere Verbrauchsfolgen. Denkbar wäre zB HiFo (highest in first out) oder FiFo (first in first out). Sie werden in Nr 2a nicht zugelassen (glA EStR 6.9 I; Einzelheiten → 39. Aufl 2020, § 6 Rn. 420). 420

e) Übergang zum LiFo-Verfahren. Hier gilt als erster Zugang der Bilanzansatz des Vorratsbestands am Schluss des vorangegangenen Wj (§ 6 I Nr 2a S 2). Dabei kann es sich auch um einen Durchschnittswert handeln. Aufgrund der Maßgeblichkeit des letzten Bilanzansatzes werden steuerl Abschläge auf die tatsächl früheren AK/HK (zB TW-AfA; RfE, die auch bei UV zulässig ist) fortgeführt. Da der Übergang auf LiFo aber keine Anschaffung darstellt, ist bei vorangegangener TW-AfA die (bei Erfüllung der Voraussetzungen zwingende) Wertaufholung zu prüfen. 422

f) Übergang vom LiFo-Verfahren zur Regelbewertung. Dieses Wahlrecht kann nur mit Zustimmung des FA ausgeübt werden (§ 6 I Nr 2a S 3). Das FA wird hierbei vor allem prüfen, ob der Grundsatz der Bewertungsstetigkeit beachtet ist (→ Rn. 416), dh der Übergang nicht willkürl erfolgt (BT-Drs 11/2157, 140). Es handelt sich um eine **Ermessensentscheidung** des FA. Die hierfür geltenden Kriterien sind mit denjenigen für die Zustimmung zu einer Umstellung des Wj (§ 4a I Nr 2, → § 4a Rn. 15) vergleichbar. 423

4. Finanzinstrumente des Handelsbestands bei Kreditinstituten, § 6 I Nr 2b. Literatur: *Helios/Schlotter* DStR 09, 547; *Ochs/Behnes* Ubg 13, 681; *Hiller* DStZ 16, 199; zum Hintergrund der Regelung → 33. Aufl 2014, § 6 Rn. 429. – **a) Persönlicher Anwendungsbereich.** Die Regelung beschränkt sich auf **StPfl iSd § 340 HGB,** dh im Wesentl auf Kreditinstitute. Alle anderen StPfl haben Finanzinstrumente mit den AK bzw dem niedrigeren TW zu bewerten (Nr 2). – **b) Sachlicher Anwendungsbereich.** Nr 2b erfasst **Finanzinstrumente,** die zu **Handelszwecken** erworben wurden und *nicht* in eine Bewertungseinheit iSd § 5 Ia fallen. Damit sind solche Finanzinstrumente ausgeschlossen, die Sicherungszwecken dienen. Unter den Begriff der „Finanzinstrumente" (Legaldefinition in § 1 XI KWG) fallen neben Aktien und Schuldtiteln ua auch Derivate, zB Optionen, Futures, Swaps, Forwards und Warenkontrakte (*Scharpf/Schaber* DB 08, 2552 (2553)). Nach Umgliederung des WG in den Anlagenbestand ist Nr 2b nicht mehr anwendbar (*BMF* DStR 15, 1756). 427

c) Rechtsfolge. Finanzinstrumente sind mit dem beizulegenden (dh aktuellen) **Zeitwert** abzügl eines Risikoabschlags nach § 340e III HGB anzusetzen **(„Fair-Value-Prinzip").** – Dies bedeutet im Fall von **Wertsteigerungen,** dass der Bilanzansatz (abw von der Regelbewertung nach Nr 2) nicht durch die AK begrenzt ist; dies ist verfgem (→ 39. Aufl 2020, § 6 Rn. 428). – Umgekehrt setzt der **Ansatz eines gesunkenen Wertes** nicht voraus, dass die Wertminderung voraussichtl von Dauer sein wird (allg hierzu → Rn. 364 ff). Insoweit schließt § 6 I Nr 2b S 2 die Anwendung des § 6 I Nr 2 S 2 ausdrückl aus. Auch § 5 IVa (Verbot von Drohverlustrückstellungen) wird verdrängt (zutr *Helios/Schlotter* FR 10, 874). 428

VII. Verbindlichkeiten und Rückstellungen, § 6 I Nr 3, 3a

441 **1. Ansatz von Verbindlichkeiten mit dem Nennwert. – a) Grundsatz.** Gem § 6 I Nr 3 sind Verbindlichkeiten unter sinngemäßer Anwendung der Nr 2 anzusetzen. Die „AK" einer Verbindlichkeit liegen in ihrem Erfüllungsbetrag iSd § 253 I 2 HGB; dies ist idR der **Nennwert** (BFH I R 24/96, BStBl II 98, 728 unter II.3.a). Eine **Abzinsung** ist seit VZ 23 nicht mehr vorzunehmen (zur Abzinsung unverzinsl Verbindlichkeiten in den VZ 99–22 → Rn. 453 ff). Für einen Bestand aus zahlreichen gleichartigen Verbindlichkeiten können **Durchschnittswerte** angesetzt werden (§ 240 IV HGB). – Ein ***höherer* TW** kann angesetzt werden (BFH VIII R 62/85, BStBl II 89, 359 unter II.2.a); Einzelfragen zum TW von Verbindlichkeiten → Rn. 451. – **Fremdwährungsverbindlichkeiten.** Für die HB ordnet § 256a S 2 HGB bei einer Restlaufzeit von höchstens einem Jahr die Realisierung aufgelaufener Währungsgewinne an. Dies gilt wegen des Vorrangs von § 6 I Nr 3 (Mindestansatz iHd Nennwerts, hier verstanden iSd *ursprüngl* Erfüllungsbetrags) nicht für die StBil (ausführl → 39. Aufl 2020, § 6 Rn. 22).

442 **b) Ansatz von Verbindlichkeiten dem Grunde nach.** Ausführl → § 5 Rn. 310 ff, insb zu Verbindlichkeiten aus **schwebenden Geschäften** (→ § 5 Rn. 76, 312; zur Passivierung von Erfüllungsrückständen und Drohverlustrückstellungen → § 5 Rn. 450 ff), bei **fehlender wirtschaftl Belastung** (→ § 5 Rn. 312), **aufschiebender Bedingung** (→ § 5 Rn. 314: noch keine Verbindlichkeit, für das Risiko der Inanspruchnahme kann aber ggf eine Rückstellung gebildet werden; zu aufschiebend bedingten Hinterbliebenenrenten → Rn. 443), **Tilgung nur aus künftigen Einnahmen/Gewinnen** (§ 5 IIa; → § 5 Rn. 315), **Verbindlichkeiten ggü Ges'tern** (→ § 5 Rn. 550 „Gesellschafterfinanzierung"; dort insb zu Rangrücktritt und Erlass gegen **Besserungsschein**).

443 **c) Rentenverbindlichkeiten. – aa) Rentenbarwert.** Weil eine Rentenverbindlichkeit keinen Nennwert hat, ist für ihre Bewertung der Betrag maßgebl, der am Bilanzstichtag für die Befreiung von dieser Verbindlichkeit aufzuwenden wäre. Dies ist der Barwert (BFH IV R 126/76, BStBl II 80, 491 unter 2.a; BFH X R 12/01, BStBl II 04, 211 unter II.1.). Seine Höhe ist einerseits von der Laufzeit der Rente, andererseits vom gewählten Zinsfuß abhängig. – **(1) Methodik der Barwertermittlung.** Vorrangig sind die **versicherungsmathematischen Grundsätze;** daher sind (abw vom BewG) auch aufschiebend bedingte **Hinterbliebenenrenten** wegen der mit ihnen verbundenen wirtschaftl Belastung einzubeziehen (zutr BFH VIII R 64/93, BFH/NV 02, 10 unter 3.b). Hinsichtl des anzuwendenden **Zinsfußes** orientiert sich die Rspr jedoch idR nicht an versicherungsmathematischen Grundsätzen, sondern an dem in §§ 13 ff BewG zugrunde gelegten (dort gem § 13 III 2 BewG sogar zwingenden) Wert von **5,5%** (BFH IV R 22/68, BStBl II 70, 309; BFH VIII R 64/93, BFH/NV 02, 10 unter 3.c: ein höherer Zinsfuß komme insb bei vorhandener Wertsicherungsklausel grds nicht in Betracht). In der HB wird hingegen der durchschnittl Marktzins der letzten 7 Jahre angesetzt (§ 253 II 1, 3 HGB). – **Berücksichtigung individueller Besonderheiten** (zB Lebenserwartung und Gesundheitszustand des Veräußerers). Hierfür ist grds kein Raum (BFH I R 21/66, BStBl II 69, 334 unter II.1.). Bei nahen Angehörigen wird es aber an der Ausgewogenheit von Leistung und Gegenleistung fehlen, wenn eindeutige Anhaltspunkte für eine kürzere Lebenserwartung vorliegen und die Parteien die Rente gleichwohl nach der allg Sterbetafel bemessen (BFH X R 12/01, BStBl II 04, 211 unter II.2.c dd). – **(2) Höhe des jährlichen Aufwands.** Während des Jahres wirken sich die lfd Rentenzahlungen in voller Höhe gewinnmindernd aus. Am Jahresende ist jedoch die Differenz zw den Rentenbarwerten zum Ende des lfd Wj und dem Ende des letzten Wj gegenzurechnen (idR Ertrag durch Verringerung des Barwerts). Der Wegfall der Rentenverpflichtung (idR durch Tod des Berechtigten) führt zu einem Ertrag iHd noch passivierten

Barwerts (zum Ganzen BFH X R 12/01, BStBl II 04, 211 unter II.1.). – **(3) AK eines gegen Rentenzahlungen erworbenen WG.** → Rn. 82 (1) mwN.

bb) Sonderfälle der Barwertermittlung. – (1) Rente gegen Einmalzahlung. Ist die Begründung der Rentenverpflichtung Gegenleistung dafür, dass der StPfl einen bestimmten Geldbetrag erhält, und wird dieses Geschäft unter fremden Dritten abgewickelt, ist als Barwert und TW der Rentenverpflichtung zwingend dieser Geldbetrag anzusetzen, sofern keine Fehlmaßnahme (Fehlkalkulation) vorliegt (BFH IV R 126/76, BStBl II 80, 491 unter 2.d, betr Hochzinsphase mit Zinsfuß 10%). Gleiches gilt, wenn ein bestimmter Kapitalbetrag für die Ablösung der Rentenverpflichtung vereinbart ist (BFH IV R 126/76, BStBl II 80, 491 unter 2.c mwN). Die Systematik ist hier also im Vergleich zur Anschaffung eines WG gegen Leibrente, wo der Rentenbarwert die AK des WG bestimmt (→ Rn. 82), genau umgekehrt. – **(2) Wertsicherungsklauseln.** Sie haben keinen Einfluss auf den anfängl einzubuchenden Rentenbarwert. Kommt es aufgrund einer solchen Klausel zu einer Erhöhung des lfd Rentenbetrags (und damit des Barwerts), stellt dies vielmehr Aufwand desjenigen Jahres dar, in dem die Erhöhung eintritt (BFH IV R 126/76, BStBl II 80, 491 unter 2.e). 444

d) Sachleistungs- oder Dienstleistungsverpflichtungen. Diese Verbindlichkeiten sind nicht auf Geld gerichtet. Sie sind mit dem Betrag anzusetzen, der den zur Erfüllung erforderl Aufwendungen entspricht. Dies sind idR die **Vollkosten** (bei Rückstellungen allerdings Begrenzung auf Einzelkosten und notwendige Gemeinkosten durch § 6 I Nr 3a Buchst b, → Rn. 481). – *Beispiele:* Verbindlichkeiten, die auf Entfernung, Rückgabe, Übergabe von WG (zB Tausch) oder Reparatur gerichtet sind. Zu rückständigem Urlaub → § 5 Rn. 550 „Urlaub"; zur korrespondierenden Bilanzierung der Warenrückgabe- und Erneuerungsverpflichtung iRe BetrAufsp s BFH IV R 59/73, BStBl II 75, 700; zu Sachwertdarlehen iRe Verpachtung → § 5 Rn. 702 ff, → § 13 Rn. 116. – Vertragl **Rückkaufverpflichtungen** (zB wenn sich der Kfz-Händler beim Verkauf von Kfz an Mietwagen- oder Leasingunternehmen zur Rücknahme der Fahrzeuge zu einem bereits festgelegten Preis verpflichtet) sind mit dem Teil des Entgelts zu bewerten, der iRd Ankaufgeschäfts auf die Rückkaufverpflichtung entfällt (zutr BFH IV R 52/04, BStBl II 09, 705 unter II.D.3.; BFH I R 83/09, BStBl II 11, 812; *BMF* BStBl I 11, 967). 447

e) Verbindlichkeiten, deren Rückzahlungsbetrag höher als der Auszahlungsbetrag ist. Bei **Einbehalt eines Disagio** ist die Verbindlichkeit gleichwohl mit ihrem vollen Rückzahlungsbetrag zu passivieren. Auf der Aktivseite ist iHd Differenz zum Auszahlungsbetrag ein ARAP zu bilden und über den Zeitraum der Zinsfestschreibung aufzulösen (ausführl → § 5 Rn. 270 „Disagio"; zur Behandlung des Disagio beim Darlehensgeber → Rn. 140 „Forderungen" (2); allg zu RAP → § 5 Rn. 241 ff). 448

Bei Verbindlichkeiten aus **Zerobonds** ist zunächst nur der zugeflossene Betrag zu passivieren; die Verbindlichkeit ist zu den folgenden Bilanzstichtagen um den rechnerischen Zinsanteil zu erhöhen (ausführl → Rn. 140 „Zerobonds"). – Zur Bilanzierung von Verbindlichkeiten aus **Optionen** und **Optionsanleihen** → Rn. 140 „Optionen" (5), (6). – Beim **Bonussparen** erhält der Gläubiger einen zusätzl Zins, wenn er innerhalb der vereinbarten Laufzeit von vorzeitigen Verfügungen absieht. Die Verpflichtung der Bank zur Leistung dieses Zusatzzinses ist nicht in Form eines erhöhten Rückzahlungsbetrags der Verbindlichkeit, sondern als eigenständige Rückstellung zu passivieren und bewerten (s näher BFH I R 24/96, BStBl II 98, 728). Dies gilt auch bei **Vereinbarung steigender Zinsen** im Zuge der Laufzeit eines nicht ordentl kündbaren Darlehens (BFH I R 17/15, BStBl II 16, 930); anders jedoch, wenn das Darlehen jederzeit gekündigt werden kann (BFH I R 115/91, BStBl II 93, 373).

2. Ansatz von Verbindlichkeiten mit dem höheren Teilwert. Da für Verbindlichkeiten die Vorschriften des § 6 I Nr 2 *sinngemäß* gelten, ist dem Vorsichtsprinzip hier dadurch Rechnung zu tragen, dass Belastungen aus einem *höheren* TW vor- 451 weggenommen werden (§ 6 I Nr 2 S 3; → Rn. 359 ff; auch hier gilt steuerl seit 2009 ein Wahlrecht). Zum TW von Umtauschanleihen s BFH I R 20/17, BStBl II 20, 685 Rn. 23. – Erforderl ist eine **voraussichtl dauernde Erhöhung** des TW (ausführl zu Verbindlichkeiten → Rn. 374). Daran wird es bei Verbindlichkeiten, die den Betrieb wegen besonders hoher Zinssätze wirtschaftl stark belasten, idR fehlen, da der Rückzahlungsbetrag unverändert bleibt. Bei späterem Sinken des TW einer zuvor höher bewerteten Verbindlichkeit ist (entspr der **Wertaufholung** auf der Aktivseite) eine gewinnerhöhende Minderung des Passivpostens bis maximal zur Höhe des Nennwerts vorzunehmen (§ 6 I Nr 2 S 3 iVm Nr 1 S 4; → Rn. 376). – Der Ansatz eines **niedrigeren TW** kommt bei Verbindlichkeiten hingegen nicht in Betracht, weil dies die Ausweisung nicht realisierter Gewinne bedeuten würde.

452 **3. Abzinsung von Verbindlichkeiten, § 6 I Nr 3 S 1 Hs 2 aF. – a) Zeitlicher Anwendungsbereich.** Für Wj, die nach dem 31.12.22 enden (dh ab VZ 23 bzw ab dem abw Wj 22/23), ist das bisherige **Abzinsungsgebot aufgehoben** worden (§ 52 XII 2). Die nachfolgenden Erläut (→ Rn. 453–463) gelten daher **nur bis einschließl VZ 22.** Die Änderung ist mit der Niedrigzinsphase und einer Vereinfachung begründet worden (BT-Drs 20/1906, 45). Die Behandlung in HB und StBil ist nun wieder identisch. – **Vorgezogene Anwendung der Neuregelung.** Auf Antrag (bereits der Ansatz in der StBilanz genügt, s BT-Drs 20/1906, 45; *LSF Sachs* DStR 22, 1869) kann auch für frühere Wj auf die Abzinsung verzichtet werden (§ 52 XII 3). Da es durch die Höherbewertung der zuvor abgezinsten Verbindlichkeit im ersten Jahr der Anwendung des neuen Rechts zu einem einmaligen Aufwand und damit zu einer ESt-Minderung kommt, ist die Stellung eines solchen Antrags grds zu empfehlen; hinsichtl des zeitl Ansatzes des Einmalaufwands bestehen dadurch **Gestaltungsmöglichkeiten** (s *Prinz* FR 22, 917; *Eggert* BBK 22, 561; *Riepolt* BBK 22, 841; *Korn* KÖSDI 23, 23074). Dies ist natürl nur bei fehlender Bestandskraft der entspr Veranlagung mögl (zutr *Schiffers* DStZ 22, 436 (437); *Tiede* StuB 23, 881 (884)); die Regelung über Bilanzänderungen (§ 4 II 2) gilt mE nicht, weil das Wahlrecht im Zeitpunkt der bisherigen Veranlagung noch gar nicht bestand (vgl. BFH IV R 7/06, BStBl II 08, 600 unter II.b; *Korn* KÖSDI 23, 23074; *Tiede* StuB 23, 881 (884)). Der Gesetzgeber geht (mE zutr) davon aus, dass ein solcher Antrag nur einheitl für alle Wj gestellt werden kann (BT-Drs 20/1906, 45); es ist also nicht mögl, zB für das noch offene Jahr 2010 den Antrag zu stellen, wenn Folgejahre bereits bestandskräftig veranlagt sind. Soweit die *FinVerw* aber darüber hinaus fordert, dass der Antrag so weit zurückwirken müsse, wie Veranlagungen noch offen sind (*LfSt Nds* DB 23, 1192: zB bei offenen Veranlagungen VZ 19–22 müsse der Antrag zwingend für VZ 19 gestellt werden; glA *Tiede* StuB 23, 881 (885)), gibt es hierfür keine gesetzl Grundlage. ME ist der Antrag allerdings rückwirkendes Ereignis, so dass die EStErstattung für das Altjahr nicht auch rückwirkend verzinst wird (§ 233a IIa AO).

453 **b) Grundsatz.** Verbindlichkeiten waren von VZ 99 bis VZ 22 grds mit einem fest vorgegebenen Zinssatz von 5,5% abzuzinsen. Dem lag die Vorstellung zugrunde, dass eine erst in Zukunft zu erfüllende unverzinsl Verpflichtung den Schuldner weniger belastet als eine sofortige Leistungspflicht (BFH X R 19/17, BStBl II 19, 795 Rn. 39 mwN). Die Regelung nahm den eingesparten Zinsaufwand für die gesamte Laufzeit vorweg (*Groh* DB 07, 2275 (2276)). Das Abzinsungsgebot galt sowohl für Geld- als **auch für Sachleistungsverbindlichkeiten** (glA *BH/Krumm* § 6 Rn. 1182). Zur Abzinsung unverzinsl *Forderungen* (TW-AfA) → Rn. 296 f. – Wegen der in S 2 enthaltenen Ausnahmen waren letztl aber nur unverzinsl Verbindlichkeiten mit einer Restlaufzeit von mindestens 12 Monaten, die nicht auf einer Anzahlung oder Vorausleistung beruhen, abzuzinsen. In der Praxis war daher die Abzinsung nicht die Regel, sondern die Ausnahme. – **Verhältnis zur HB.** Dort sind nur Rückstellungen und Rentenverbindlichkeiten abzuzinsen (§ 253 II HGB), nicht aber andere Verbindlichkeiten. Es kam also zu Unterschieden zw HB und StBil (*Schiffers* DStZ 22, 436 (437)). – **Unverzinsliche Anschaffungsverbindlichkeiten** (zB langfristige Kaufpreisraten). Hier sind auch die AK des erworbenen WG nur mit dem abgezinsten Wert anzusetzen (→ Rn. 82 (3)), sodass es im Anschaffungsjahr nicht zu einer Gewinnauswirkung kommt (**aA** wohl *Stockum/Sälzer* GmbHR 11, 20). Wirtschaftl wird eine solche Verbindlichkeit ohnehin in einen Kapital- und einen (verdeckten) Zinsanteil aufzuteilen sein (*Groh* DB 07, 2275 (2277)).

454 **aa) Verfassungsmäßigkeit des Zinssatzes.** Die gesetzl Typisierung mit 5,5% war mE seit der Verfestigung der Niedrigzinspolitik der EZB und dem Ablauf einer gewissen Überlegungsfrist für den Gesetzgeber nicht mehr sachgerecht und daher verfrechtl höchst bedenkl. Das BVerfG

(1 BvR 2422/17, BVerfGE 158, 282) hat zum Zinssatz des § 238 I AO (6%) entschieden, dass dieser ab VZ 14 mit Art 3 I GG unvereinbar, bis VZ 18 aber weiter anzuwenden ist, und den Gesetzgeber für VZ ab 19 zu einer rückwirkenden Neuregelung verpflichtet (seitdem 1,8% gem § 238 Ia AO). – Dies ist mE **auf Nr 3 übertragbar** (dh Verfassungswidrigkeit ab VZ 19), auch wenn diese Regelung (anders als § 238 AO) grds nicht zu endgültigen Belastungen, sondern nur zu Gewinnvorverlagerungen führt, da auch solche Typisierungen auf einer verfrechtl tragfähigen Grundlage beruhen müssen. – **Stand der Rspr.** Jedenfalls im **VZ 10** war der Zinssatz in Nr 3 noch unproblematisch (zutr BFH X R 19/17, BStBl II 19, 795 Rn. 66 ff), ebenso im **VZ 13** (zu § 13 BewG BFH VIII R 3/17, BStBl II 20, 813 Rn. 36; zu Nr 3 FG Mster EFG 21, 1205, Beschw BFH XI B 44/21 unbegr; FG Mster EFG 22, 483 (Erledigung der Hauptsache im RevVerf BFH IV R 4/22; zu § 4 IVa FG BW EFG 25, 1149, Rev VIII R 1/25; **aA** zu Nr 3 FG Hmb EFG 19, 525, rkr [AdV-Gewährung]), **VZ 15** (zur Parallelvorschrift des § 12 III BewG FG Ddorf EFG 21, 1735, rkr; zur Parallelproblematik des 6%-Rechnungszinsfußes bei Pensionsrückstellungen BVerfG 2 BvL 22/17, DStR 23, 2051: unzul Vorlage des FG Köln EFG 18, 287), **VZ 16** (FG Mster EFG 21, 1810, rkr; zu § 4 IVa FG Ddorf EFG 24, 1688, Rev IV R 8/24) und **VZ 18** (zu § 6b VII FG Bln-Bbg EFG 25, 940, Rev IX R 9/25). Für den **VZ 19** hat FG Mchn EFG 2024, 632, Rev II R 35/23 die Verfassungsmäßigkeit des § 14 BewG bej (mE zweifelhaft; die Rev wurde erst vom BFH zugelassen), ebenso für **VZ 20** BFH VI R 20/23, DStR 25, 1573 zum Gewinnzuschlag nach § 6b VII, der allerdings auf freier Entscheidung des StPfl beruht und daher nicht mit Nr 3 vergleichbar ist. – Für eine Auslegung bereits des einfachen Rechts, die eine Abzinsung von EZB-Krediten zum Zinssatz von 0% vermeidet, *Cloer/Holle/Niemeyer* DStR 19, 347; *Melan* DStR 19, 1319. – Durch die **Aufhebung der Abzinsungspflicht ab VZ 23** ist die Problematik für Verbindlichkeiten entschärft worden; ohnehin wird man den Zinssatz ab VZ 22 angesichts des seither scharfen Zinsanstiegs nicht mehr als verfassungswidrig ansehen können (so zu Säumniszuschlägen BFH X B 21/25, BStBl II 25, 485). Die Problematik beschränkt sich daher auf die **VZ 19–21** und kann hier ggf durch einen Antrag auf rückwirkenden Wegfall der Abzinsung vermieden werden (→ Rn. 452).

bb) Technik der Abzinsung und späteren Aufzinsung. – **(1) Abzinsung.** Sie ist **taggenau** vorzunehmen (*BMF* BStBl I 05, 699 Rn. 3; Abzinsungsfaktoren für Fälligkeitsdarlehen dort in Anlage 2, für Tilgungsdarlehen in Anlage 3). – **(2) Aufzinsung in späteren Jahren.** Die während der weiteren Laufzeit vorzunehmenden jährl Zuschreibungen bewirken **Aufwand** (BFH X R 19/17, BStBl II 19, 795 Rn. 40). Wirtschaftl handelt es sich zwar um zinsähnl Aufwand; die speziellen **Hinzurechnungsregelungen** nach § 8 Nr 1 Buchst a GewStG (*BMF* BStBl I 05, 699 Rn. 39; *GLE* BStBl I 12, 654 Rn. 12; anders aber wohl BFH VIII R 19/70, BStBl II 75, 647), § 8a KStG in der bis 2007 geltenden Fassung (*BMF* BStBl I 05, 699 Rn. 22) und § 4 IVa EStG (*Groh* DB 07, 2275 (2278)) sind auf diesen Aufwand aber nicht anwendbar. Anders verhält es sich kraft ausdrückl gesetzl Regelung (§ 4h III 4) bei der **Zinsschranke:** Hier stellen die jährl Aufzinsungsbeträge Zinsaufwand dar; der einmalige Abzinsungsertrag bei Einbuchung der Verbindlichkeit soll sich hingegen nicht zugunsten des StPfl auswirken (*BMF* BStBl I 08, 718 Rn. 27; mE inkonsequent; auch → § 4h Rn. 26 mwN). 455

cc) Abzinsung unverzinslicher Darlehen in Gesellschaftsverhältnissen. – **(1) Personengesellschaft. Darlehen des Ges'ters an die PersGes.** Das Abzinsungsgebot war bis VZ 22 auch hier zu beachten (mE zutr *BMF* BStBl I 05, 699 Rn. 23; missverständl hingegen BFH IV R 66/05, BFH/NV 08, 1301 unter II.3., wo es heißt, eine Abzinsung gemäß § 6 I Nr 3 sei hier wegen des EK-Charakters dieser Finanzierungsform ausgeschlossen). Wegen des korrespondierenden Ansatzes einer Forderung im SonderBV hatte die Abzinsung zwar iErg keine Auswirkung auf den Gesamtgewinn, wohl aber auf die Gewinnverteilung. – **Unverzinsl Darlehen der PersGes an den Ges'ter.** Sie können steuerl zum notwendigen PV der PersGes gehören und unterliegen dann einem Bilanzierungsverbot (BFH IV R 64/93, BStBl II 96, 642). 456

(2) Kapitalgesellschaft. – **(a) Unverzinsliche Darlehen des Gesellschafters.** Sie waren **bis VZ 22** abzuzinsen; dies galt auch zw verbundenen Unternehmen (*BMF* BStBl I 05, 699 Rn. 21). Insb konnte ein höheres Ausschüttungspotenzial die fehlende Verzinsung nicht ausgleichen (BFH I R 35/09, BStBl II 10, 478 Rn. 15). Eine Neutralisation des aus der Abzinsung resultierenden Gewinns durch Abzug einer verdeckten Einlage schied ebenfalls aus, da der Nutzungsvorteil nicht einlagefähig ist. – **(b) Unverzinsliche kapitalersetzende Darlehen.** Auch hier nahm die einhellige Rspr entspr dem Gesetzeswortlaut eine Abzinsung vor (BFH I R 4/08, BStBl II 10, 177 unter II.4.; BFH I R 35/09, BStBl II 10, 478 Rn. 11 ff, VerfBeschw BVerfG 2 BvR 786/10 nicht zur Entscheidung angenommen; BFH I R 102/09, BStBl II 11, 169 Rn. 9; 457

BFH I B 122/14, BFH/NV 16, 405). Dies ist zutr, da Ges'terdarlehen handels- und steuerrechtl Fremdkapital darstellen und unter die hierfür geltenden Bilanzregelungen fallen, nahm aber iErg den gesamten während der Laufzeit anfallenden wirtschaftl Ertrag aus der Unverzinslichkeit vorweg (krit daher *Hauber/Kiesel* BB 00, 1511; *Stümper/Entenmann* GmbHR 08, 312). **Ab VZ 23** (auf Antrag auch für noch offene Altjahre) ist diese Problematik durch Aufhebung des Abzinsungsgebots entschärft worden (→ Rn. 452). – **(c) Gestaltungsmöglichkeiten.** War der **Abzinsungsgewinn unerwünscht,** konnte er durch die Vereinbarung kurzfristiger, aber mehrfach verlängerter Darlehen (→ Rn. 460) oder (was sicherer war) sehr niedriger Zinssätze (→ Rn. 461) vermieden werden. Eine solche Zinsvereinbarung wirkte allerdings nicht wertaufhellend auf den letzten Bilanzstichtag zurück (FG Bln-Bbg EFG 15, 1820, rkr). War der durch die Abzinsung entstehende Gewinn hingegen **erwünscht** (zB bei drohendem Wegfall eines Verlustvortrags wegen § 8c KStG), konnte er (zB innerhalb von Konzernen) gezielt herbeigeführt werden (*Stadler/Bindl* DB 10, 862 (864)). – **(d) Bewertung der Forderung beim Gesellschafter.** Es gelten die allg Grundsätze. Einer auf die Unverzinslichkeit gestützten TW-AfA wird häufig die erhebl funktionale Bedeutung der Forderung für einen gedachten Erwerber (→ Rn. 305 f) oder die fehlende Dauerhaftigkeit der Wertminderung (→ Rn. 296) entgegenstehen.

458 **dd) Unverzinsliche Angehörigendarlehen.** Zunächst ist zu prüfen, ob das Darlehen nach dem **Fremdvergleich** überhaupt anzuerkennen ist. Wenn nicht, scheidet eine Passivierung in der StBil von vornherein aus (BFH X R 19/17, BStBl II 19, 795 Rn. 25). Bei einem anzuerkennenden Angehörigendarlehen war die **Abzinsung vorzunehmen** (zutr BFH VI R 62/15, BStBl II 18, 15 Rn. 19: Darlehen zw Ehegatten; dort auch zur Verfassungsmäßigkeit; zu Gestaltungsmöglichkeiten → Rn. 457 (c); s auch *Ahrensfeld/Hilbert* NWB 18, 731).

459 **c) Ausnahmen vom Abzinsungsgebot, § 6 I Nr 3 S 2 aF.** Aufgrund der gesetzl Formulierung (Abzinsung als Regel, Nichtabzinsung als Ausnahme) lag die **Feststellungslast** für ein Absehen von der Abzinsung beim StPfl (glA *BMF* BStBl I 05, 699 Rn. 11; *Buciek* FR 10, 523).

460 **aa) Restlaufzeit der Verbindlichkeit am Stichtag weniger als 12 Monate.** In diesen Fällen war eine Abzinsung (wegen Geringfügigkeit) entbehrl. Auf die ursprüngl Laufzeit kam es nicht an. – **(1) Kündigungsfrist weniger als zwölf Monate.** Ist ein Darlehen zwar rechtl kurzfristig kündbar, wurde es aber ohne genauen Endtermin gewährt und ist es tatsächl auf eine langfristige Laufzeit angelegt, war es abzuzinsen (zutr BFH I R 4/08, BStBl II 10, 177 unter II.3.; BFH I R 35/09, BStBl II 10, 478 unter II.2.c bb; BFH I B 118/10, BFH/NV 11, 986 unter 1.a). – **(2) Kettendarlehen.** Umgekehrt war ein Darlehen, das vertragl nur für weniger als 12 Monate gewährt wird, auch dann nicht abzuzinsen, wenn die Laufzeit später um einen weiteren Zeitraum von weniger als 12 Monaten verlängert wird (FG Köln EFG 09, 969 unter 1., rkr; FG Köln EFG 09, 973, rkr; offen gelassen von *Buciek* FR 10, 341 unter 4. und *Buciek* DB 10, 1029 (1032)). – **(3) Darlehen mit unbestimmter Laufzeit.** Sie waren grds ebenfalls abzuzinsen (zB bei Abhängigkeit vom Leben einer Person). Die Länge der voraussichtl Laufzeit (die den Abzinsungsfaktor bestimmt) war zu schätzen (*BMF* BStBl I 05, 699 Rn. 6 f; BFH I B 118/10, BFH/NV 11, 986 unter 1.b). Ergab die Schätzung eine voraussichtl Laufzeit von mindestens 12 Monaten, war abzuzinsen. Beim völligen **Fehlen von Anhaltspunkten für die Laufzeit** war § 13 II BewG analog anzuwenden, was zu einem Abzinsungsfaktor von 0,502 führte (BFH I B 183/12, BFH/NV 13, 1779 Rn. 9; mit ausführl Begründung FG Mster EFG 10, 2007 unter 5.a, rkr; FG Bln-Bbg DStRE 12, 268, rkr). Dieser Faktor war auch am nächsten Bilanzstichtag beizubehalten, wenn es weiterhin keine Anhaltspunkte für die Laufzeit gab (zutr FG Köln EFG 15, 668, Rev I R 3/24: nicht etwa jährl anteilige Aufzinsung). – **(4) Tilgungsdarlehen.** Darlehen, die in Raten getilgt werden, sind einheitl zu beurteilen. Eine Abzinsung des *Gesamtbetrags* war daher schon dann vorzunehmen, wenn allein die *letzte* Rate erst in mindestens 12 Monaten fällig wird (*BMF* BStBl I 05, 699 Rn. 9, 12).

461 **bb) Verzinsliche Verbindlichkeiten.** Eine Abzinsung unterbleibt, weil solche Verbindlichkeiten (jedenfalls bei angemessenen Zinsen) von vornherein in Höhe ihres Nennbetrags eine wirtschaftl Belastung darstellen. ME sind auch die bis 2022 erhobenen **Negativzinsen** als „Verzinsung" anzusehen (ausführl *Herkenroth* Ubg 20, 617). – **(1) Sehr niedrige Verzinsung.** Schon eine Verzinsung nahe 0 % genügte nach dem Gesetzeswortlaut, um der Abzinsungspflicht zu entgehen (*BMF* BStBl I 05, 699 Rn. 13; BFH I B 57/09, BFH/NV 09, 1804 unter II.4.; obiter dictum in BFH VI R 62/15, BStBl II 18, 15 Rn. 21; offen gelassen allerdings von BFH I R 4/08, BStBl II 10, 177 unter II.5.). Auch steht der Annahme einer Verzinslichkeit nicht entgegen, wenn die Zinsen tatsächl nicht ausgezahlt, sondern ihrerseits als Darlehen stehen gelassen werden (BFH I B 57/09, BFH/NV 09, 1804 unter II.3.b aa). – **(2) Nur kurzzeitige Verzinsung.** Eine

Abzinsung soll auch dann entfallen, wenn eine **Verzinsung nur für einen kurzen Teil der Gesamtlaufzeit** vorgesehen ist (*BMF* BStBl I 05, 699 Rn. 17; mE zweifelhaft; ausdrückl offen gelassen von BFH I B 183/12, BFH/NV 13, 1779 Rn. 7). Sollen Zinsen nur dann gezahlt werden, wenn eine BeteiligungsGes Dividenden ausschüttet, ist das Darlehen mE verzinsl (offengelassen von BFH XI R 30/16, BStBl II 19, 67 Rn. 27). – **Vertragsänderungen hinsichtl der Verzinsung.** Ist das Darlehen zunächst als unverzinsl vereinbart und werden erst aufgrund einer späteren Vertragsänderung für die Zukunft Zinsen vereinbart, ist die Abzinsung für Bilanzstichtage vor der Vertragsänderung vorzunehmen (BFH X R 19/17, BStBl II 19, 795 Rn. 53). Für Bilanzstichtage nach der Vertragsänderung ist hingegen der Darlehensnennwert anzusetzen, auch wenn die Zinspflicht erst nach dem Bilanzstichtag beginnt (zutr BFH XI R 30/16, BStBl II 19, 67 Rn. 27; vorsichtiger *Kanzler* FR 19, 190: in Extremfällen § 42 AO). Eine für eine KapGes im Verhältnis zu ihrem Ges'ter nachteilige Vertragsänderung kann allerdings zu einer vGA führen (*kk* KÖSDI 10, 16790 (16792)). Ist umgekehrt das Darlehen zunächst verzinsl und wird es aufgrund nachträgl Vertragsänderung unverzinsl gestellt, ist es ab diesem Zeitpunkt abzuzinsen (BFH I B 183/12, BFH/NV 13, 1779). – Die gesetzl Regelung eröffnete daher leicht zu realisierende **Gestaltungsmöglichkeiten,** erschien aber gerade deshalb als ungereimt (ähnl *Paus* FR 05, 1195). – **(3) Andere die Unverzinslichkeit kompensierende Leistungen.** Solche **verdeckten Zinsleistungen** standen der Abzinsung ebenfalls entgegen (BFH X R 19/17, BStBl II 19, 795 Rn. 45). *Beispiele:* Der StPfl ist verpflichtet, dem Darlehensgeber ein *anderes* WG seines BV unentgeltl zu überlassen (*BMF* BStBl I 05, 699 Rn. 14). Gleiches gilt, wenn das Darlehen unter der Auflage gewährt wird, die Vorteile aus der Unverzinslichkeit an Dritte weiterzugeben (zu Wohnungsbauförderdarlehen und zinslosen Förderdarlehen an Betriebe mit der Auflage zur Schaffung von Arbeitsplätzen s *BMF* BStBl I 05, 699 Rn. 15; *BMF* FR 19, 489, Anm *Holle*). Zu anderen Fällen verdeckter Verzinslichkeit → 39. Aufl 2020, § 6 Rn. 298. – **(4) Rückwirkende Zinsvereinbarung.** Wird für ein anzuerkennendes zinsloses Angehörigendarlehen nach Hinweis des FA auf die Abzinsungspflicht **rückwirkend** eine Verzinsung vereinbart, ist die Rückwirkung wegen § 38 AO estl nicht anzuerkennen (zutr BFH X R 19/17, BStBl II 19, 795 Rn. 54 ff).

cc) Verbindlichkeiten, die auf einer Anzahlung oder Vorausleistung beruhen. Das 463
Abzinsungsgebot galt nicht (§ 6 I Nr 3 S 2 Alt 3). Gemeint sind erhaltene Anzahlungen für eigene Leistungen, die noch zu erbringen sind. Diese Ausnahmeregelung sollte verhindern, dass aufgrund der bloßen Entgegennahme einer Anzahlung ein Gewinn aus einem schwebenden Geschäft ausgewiesen wurde (BFH IV R 32/07, BStBl II 12, 98 Rn. 39; BFH I R 50/10, BStBl II 12, 197 Rn. 24).

4. Bewertung von Rückstellungen, § 6 I Nr 3a. – a) Verhältnis von § 6 I 471
Nr 3a zu anderen Vorschriften. Die Einzelregelungen in § 6 I Nr 3a Buchst a–f (→ Rn. 479–501) sind **nicht abschließend** („insbesondere" im Einleitungssatz der Nr 3a). Vielmehr gelten iÜ die Grundsätze für die Bewertung von Verbindlichkeiten (vgl zur Rechtslage vor 1999 BFH I R 28/73, BStBl II 75, 480; BFH I R 24/96, BStBl II 98, 728 unter II.3.a) sowie die allg Grundsätze zur Bewertung von Rückstellungen (→ Rn. 474). Zum **Ansatz von Rückstellungen dem Grunde nach** → § 5 Rn. 350 ff.

b) Verhältnis von § 6 I Nr 3a zur Handelsbilanz. In der HB sind Rückstellun- 472
gen in Höhe des nach vernünftiger kfm Beurteilung notwendigen Erfüllungsbetrags anzusetzen (§ 253 I 2 HGB; BFH IV R 22/20, BStBl II 23, 1091 Rn. 38; s *Weigl/Weber/Costa* BB 09, 1062). Dieser HB-Wert ist grds auch weiterhin für die StBil maßgebl, soweit das StRecht keine Sonderregelungen enthält (BFH IV R 24/19, BStBl II 23, 698, Rn. 23). – **Abweichungen zw Handels- und Steuerbilanz.** Aus dem Gesetzeswortlaut der Nr 3a („höchstens") und dem ausdrückl Willen des Gesetzgebers (BT-Drs 14/443, 23) folgt, dass in diesem Fall **der niedrigere Wert anzusetzen** ist (BFH XI R 46/17, BStBl II 20, 195: verfgem; BFH IV R 24/19, BStBl II 23, 698, Rn. 22; EStR 6.11 III 1; *Kahle/Kopp* DStR 23, 2472; ebenso zur Rechtslage vor BilMoG BFH I R 66/11, BStBl II 13, 676 Rn. 14; BFH IV R 34/14, BFH/NV 17, 1426 Rn. 29; weitere Nachweise, auch zur Gegenauffassung, → 39. Aufl 2020, § 6 Rn. 472). Für Pensionsrückstellungen ist aber unabhängig vom HGB immer der nach der abschließenden Regelung des § 6a ermittelte Wert maßgebl (EStR 6.11 III 1). – **Praktische Bedeutung** hat dies dann, wenn das HGB einen geringeren

Wert vorsieht als die StB-Regelungen der Nr 3a (zB längerer Abzinsungszeitraum bei Sachleistungsrückstellungen, mit deren Erfüllung noch nicht begonnen wurde, → Rn. 496). Demggü ist die HB-Rückstellung höher (und der Zusatz „höchstens" daher nicht von Bedeutung), wenn die Unterschiede zw HB und StBil im konkreten Fall auf der Berücksichtigung künftiger Preissteigerungen (nur in der HB, nicht in der StB, → Rn. 501) oder den geringeren handelsrechtl Abzinsungssätzen in einer Niedrigzinsphase (→ Rn. 492) beruhen. – **Übergangsregelung BilMoG.** Wenn eine Alt-Rückstellung nach Inkrafttreten des BilMoG (BGBl I 09, 1102) in der HB niedriger zu bewerten wäre, der StPfl aber von der Übergangsregelung des Art 67 I 2 EGHGB Gebrauch macht und den Ansatz der Rückstellung beibehält, ist dies auch für die StBil maßgebl (BFH IV R 24/19, BStBl II 23, 698, Rn. 25 ff). Wird eine Rückstellung aufgrund des BilMoG (BGBl I 09, 1102) aufgelöst, kann der Gewinn auf 15 Jahre verteilt werden (EStR 6.11 III 2, 3).

Gestaltungsmöglichkeit. Es bietet sich an, die betroffenen Rückstellungen bereits in der HB höher zu bewerten, was in Teilbereichen mögl ist (s *Heinz/Kemper* NWB 12, 3543 (3546)).

474 **c) Allgemeine Grundsätze für die Rückstellungsbewertung. – Schätzung des Risikos.** Der Auffassung des Kfm kommt besondere Bedeutung zu. Seine Schätzung darf allerdings nicht offensichtl unrichtig oder willkürl sein; sie muss obj in den Verhältnissen des Betriebs eine Stütze finden. Die betriebl Erfahrungen der Vergangenheit sind dabei zu berücksichtigen (BFH IV 117/65, BStBl III 67, 336 unter 1.). – **Rückgriffsansprüche gegen Dritte.** Sie sind rückstellungsmindernd zu berücksichtigen, wenn sie mit der drohenden Inanspruchnahme in unmittelbarem Zusammenhang stehen und werthaltig sind, weil dies der „vernünftigen kfm Beurteilung" (§ 253 I 2 HGB) entspricht und auch ein gedachter Betriebserwerber eine solche Kompensation vornehmen würde (BFH IV 117/65, BStBl III 67, 336 unter 1.; BFH X R 60/89, BStBl II 93, 437 unter 3.; zB Regressmöglichkeiten bei Gewährleistungsinanspruchnahme und Wechselobligo).

475 **d) Einzelfälle Rückstellungsbewertung.** Zur Bewertung von **Urlaubsrückstellungen** s BFH XI R 50/89, BStBl II 92, 910; zu Rückstellungen für die **Aufbewahrung von Geschäftsunterlagen** s BFH X R 14/09, BStBl II 11, 496 (Multiplikator 5,5 bei 10-jähriger Aufbewahrungsfrist; zur Abzinsung → Rn. 499); BFH I R 66/11, BStBl II 13, 676 (Einbeziehung auch allg Finanzierungskosten); ausführl *OFD Nds* DB 15, 2726; *Endert/Sepetauz* DStR 11, 2060; zur **Nachbetreuung von Versicherungsverträgen** s BFH X R 26/10, BStBl II 12, 856 Rn. 42 ff; BFH X R 25/11, BStBl II 14, 517 Rn. 32 ff; *Schustek* DB 15, 882 (zur Abzinsung → Rn. 499); zu **Arbeitszeitkonten/Wertkonten** s *Wellisch/Machill* BB 09, 1351; *Höfer/Greiwe/Hagemann* DB 07, 65 (insb zur Abzinsung bei langfristigen wertpapiergebundenen Konten); zu **Krankheitsbeihilfen** für frühere ArbN *Höfer/Pisters* DB 02, 2288.

478 **e) Sonderregeln für die Rückstellungsbewertung nach § 6 I Nr 3a Buchst a–f.** Rückstellungen sind höchstens unter Berücksichtigung der Grundsätze nach Buchst a–f anzusetzen (→ Rn. 479 ff). Auf Rückstellungen für erfolgsabhängige **Beitragsrückerstattungen** ist Nr 3a nicht anzuwenden (§ 21 II KStG; → 39. Aufl 2020, § 6 Rn. 478).

479 **aa) Erfahrungswerte bei gleichartigen Verpflichtungen, § 6 I Nr 3a Buchst a.** Gleichartige Verpflichtungen sind typischerweise bei einer Vielzahl jeweils kleinerer Einzelrisiken gegeben. – **(1) Bewertung.** Vor allem sind die **Erfahrungen der Vergangenheit** zu berücksichtigen; auf die *tatsächl* spätere Entwicklung kommt es nicht an (BFH X R 60/89, BStBl II 93, 437 unter 5.: ggf anders, wenn der StPfl die Verhältnisse der Vergangenheit nicht offen legt). – Die gleichartigen Risiken können einzeln, pauschal oder gemischt bewertet werden (BFH X R 60/89, BStBl II 93, 437 unter 2.a); der Ansatz von Durchschnittswerten iSd § 240 IV HGB ist zulässig (zur Pauschalbewertung von Altersteilzeitrückstellungen s *BMF* BStBl I 07, 297 Rn. 12; zur Nichtabzinsung von Pauschalrückstellungen → Rn. 494). – **(2) Gewährleistungsrückstellungen; Garantierückstellungen.** Sie sind zum einen für die am

Bilanzstichtag bereits erhobenen Mängelrügen zu bilden, darüber hinaus aber auch (pauschal, zB bestimmter Prozentsatz des Umsatzes) für noch nicht gerügte Mängel, wenn nach den Erfahrungen der Vergangenheit mit einer Inanspruchnahme zu rechnen ist (BFH IV R 39/80, BStBl II 83, 104 unter I.2.; BFH X R 60/89, BStBl II 93, 437 unter 2.a; BFH VIII B 163/02, BFH/NV 03, 1313 unter 2.a mwN; Einzelheiten s *Seidel* StBP 09, 281; HessFG EFG 13, 194, rkr). Branchenübl Werte können einen Anhalt bieten; dies gilt jedoch nicht, wenn die Verhältnisse der Einzelbetriebe und die zivilrechtl Haftungsvereinbarungen zu unterschiedl sind (*BMF* DB 03, 2188). Will der StPfl betriebsindividuelle Werte durchsetzen, die über den branchenübl Werten liegen, sind entspr Aufzeichnungen anzuraten (s FG BW EFG 02, 1431, rkr; FG Hmb BB 08, 2680, rkr). – **(3) Versicherungsunternehmen.** § 341g II HGB enthält eine mit Nr 3a Buchst a vergleichbare Regelung. Für Schadenrückstellungen enthält § 20 II KStG eine Spezialregelung, die aber an Nr 3a Buchst a anknüpft (Einzelheiten s *BMF* BStBl I 00, 487). Die Erfahrungen iSd Nr 3a Buchst a sind bei Schadenrückstellungen von Versicherungsunternehmen (§ 341g HGB) für jeden Versicherungszweig zu berücksichtigen, für den eine gesonderte GuV aufzustellen ist (§ 20 II 1 KStG; vgl BFH I R 40/17, BStBl II 23, 127 Rn. 59).

bb) Sachleistungsrückstellungen, § 6 I Nr 3a Buchst b. – (1) Begriff. Erfasst sind solche Rückstellungen, die **keine Geldleistungsverpflichtungen** betref- 481
fen (zB Durchführung von Instandhaltungs-, Rückbau-, Rekultivierungs-, Gewährleistungs-, Abrechnungs- oder Jahresabschlussarbeiten durch eigene Kräfte), auch die Rückstellung für Erfüllungsrückstand (BFH IV R 22/20, BStBl II 23, 1091 Rn. 38). Zur Rückstellung für die Verpflichtung zur Erneuerung oder Substanzerhaltung bei Verpachtung mit Substanzerhaltungspflicht bzw eisernem Inventar ausführl → § 5 Rn. 702, → § 13 Rn. 116. – **(2) Bewertung.** Sachleistungsrückstellungen sind nach dem Gesetzeswortlaut nur mit den Einzelkosten und den angemessenen Teilen der notwendigen Gemeinkosten (zu diesen Begriffen → Rn. 192 ff) zu bewerten. Der BFH legt die Vorschrift jedoch dahingehend aus, dass die **Vollkosten** anzusetzen sind (BFH I R 66/11, BStBl II 13, 676; zur Kritik → 38. Aufl 2019, § 6 Rn. 475). Maßgebend sind die voraussichtl tatsächl (buchmäßigen) Aufwendungen, nicht hingegen kalkulatorische Kostenbestandteile (BFH I R 5/04, BStBl II 09, 100 unter II.5.b). Finanzierungskosten sollen jedoch auch dann in die Rückstellungshöhe einzubeziehen sein, wenn sie den künftigen Aufwendungen nicht direkt, sondern nur im Wege einer Schlüsselung zugeordnet werden können (BFH I R 66/11, BStBl II 13, 676: Poolfinanzierung; mE zweifelhaft, weil es bei Schuldzinsen steuerl stets auf die tatsächl Verwendung der Darlehensvaluta ankommt; von *LfSt Bayern* DB 14, 270 aber akzeptiert). Zur Bewertung der Rückstellung für den Erwerb von CO_2-Berechtigungen s *BMF* BStBl I 05, 1047 Rn. 16 ff und die Nachweise in → Rn. 140 „Emissionsberechtigungen".

cc) Kompensation mit künftigen Vorteilen, § 6 I Nr 3a Buchst c. Künftige 483
Vorteile, die mit der Erfüllung der Verpflichtung voraussichtl verbunden sein werden, sind bei der Bewertung der Rückstellung belastungsmindernd zu berücksichtigen (ausführl *Pfeifer/Heggemann* DStR 14, 1070). Die Vorschrift weitet die Bewertungseinheit für die Rückstellung aus. – **(1) Hinreichende Wahrscheinlichkeit des Vorteils.** Es müssen mehr Gründe für als gegen den Eintritt des künftigen Vorteils sprechen (BFH I B 60/12, BFH/NV 14, 28 Rn. 11). Daher genügt nicht bereits die bloße *Möglichkeit* eines Vorteils (glA EStR 6.11 I 2). Erforderl ist vielmehr die *begründete Aussicht* auf den Vorteil. Ist der Vorteil allerdings weitergehend zu einer konkreten aktivierungspflichtigen Forderung erstarkt, ist deren Aktivierung vorrangig; zu einer Berücksichtigung des Vorteils bei der Rückstellungsbewertung kommt es dann nicht mehr (*OFD Kobl* DB 12, 2841). – **(2) Sachl Zusammenhang.** Die Rspr verlangt ferner, dass ein „sachl Zusammenhang" zw der Verpflichtung und dem Vorteil besteht. Dabei soll ein „loser Zusammenhang" nicht genügen, ein „unmittelbarer Zusammenhang" (wie in der HB) aber nicht erforderl sein (BFH IV R 7/11, BStBl II

14, 302 Rn. 30 ff). Diese Formel ist mE jedoch zu unpräzise, um daraus vorhersehbare Folgerungen zu ziehen.

484 **(3) Einzelfälle Kompensation.** Hat ein Abbaubetrieb für die Pflicht zur späteren **Auffüllung/Rekultivierung** eine Rückstellung zu bilden, sind Entgelte für die iRd Auffüllung zu erwartende Ablagerung von Abfällen gegenläufig zu berücksichtigen (BFH I B 60/12, BFH/NV 14, 28 Rn. 11; BT-Drs 14/23, 172; hierzu *Brank/Hasenclever* DStR 11, 637). Gleiches gilt für die Verwertung von Deponiegas (*BMF* BStBl I 05, 826 Rn. 20). Ein Apotheker, der eine Rückstellung für die **verbilligte Vermietung von Praxisräumen** an einen Arzt bilden will, hat bei deren Bewertung die Vorteile einzubeziehen, die die Apotheke aus der räuml Nähe der Arztpraxis erlangt (BFH GrS 2/93, BStBl II 97, 735). Ein **Zwischenmieter,** der eine Rückstellung für zu erwartende Betriebskosten-Nachforderungen des Hauptvermieters bilden will, muss die Möglichkeit der Weiterbelastung an seine Untermieter berücksichtigen (BFH X R 29/15, BFH/NV 17, 1597 Rn. 26 ff). – **Einzelfälle keine Kompensation.** Bei **Windkraftanlagen** ist ein künftiger Erlös aus der Verwertung des Altmaterials zu unsicher, um die Rückstellung für die Entfernung der Anlagen zu mindern (zutr *Wischott/Krohn/Nogens* DStR 09, 1737 (1741)). Bei **Altersteilzeitrückstellungen** ist die bloße Möglichkeit, durch Wiederbesetzung der Stelle einen Zuschuss zu erhalten, nicht zu berücksichtigen, solange die Wiederbesetzung noch ungewiss ist (BFH I R 110/04, BStBl II 07, 251 unter II.4.c; *BMF* BStBl I 07, 297 Rn. 4 ff). Eine Rückstellung für die **technische Nachrüstung von Flugzeugen** ist nicht um künftige Einnahmen aus diesen Flugzeugen zu mindern (BFH IV R 7/11, BStBl II 14, 302). Der Ansatz von **Restrukturierungsrückstellungen** (für künftige Abfindungszahlungen an ArbN) wird nicht durch die erwarteten künftigen Vorteile der Restrukturierung (geringere Personalkosten) gemindert (zutr FG BW EFG 18, 1343, rkr; *Prinz/Keller* DB 15, 2224; *König* DStR 20, 1292; **aA** *Ziegler/Renner* DStR 15, 1264).

486 **dd) Ansammlungsrückstellungen. – (1) Grundsatz, § 6 I Nr 3a Buchst d S 1.** Rückstellungen für Verpflichtungen, für deren Entstehen wirtschaftl der lfd Betrieb ursächl ist, sind **zeitanteilig in gleichen Raten** anzusammeln (ebenso für die Rechtslage vor Schaffung der ausdrückl gesetzl Regelung BFH I R 28/73, BStBl II 75, 480 unter 1.b). Zugleich sind die Raten früherer Jahre an das aktuelle Preisniveau am Stichtag anzupassen (zur Behandlung nach EStG, HGB und IFRS *Marx* BB 12, 563); allerdings ist eine Abzinsung vorzunehmen. Buchst d erfasst solche Verpflichtungen, die erst nach einer gewissen Zeit zu erfüllen sind. Die stl Spezialregelung schließt einen für die HB vertretenen sofortigen Ausweis der Verpflichtung in voller Höhe aus (*Wacker* HFR 15, 114). – **Beispiele:** Vertragl Rückbau-, Abbruch-, Erneuerungspflichten (EStR 6.11 II 2); Verpflichtung, bei Altersteilzeit nach dem Blockmodell die Vergütung in der späteren Freistellungsphase weiter zu bezahlen (BFH I R 110/04, BStBl II 07, 251 unter II.4.a; ausführl → § 5 Rn. 550 „Arbeitszeit"; *Geilenkothen/Krönung/Lucius* BB 12, 2103). – **Verlängerung der Vertragslaufzeit.** Dies ist nicht nur für den Abzinsungszeitraum von Bedeutung, sondern führt zu einer Neuberechnung der Rückstellung, die nun über einen längeren Zeitraum anzusammeln ist (zutr BFH I R 46/12, BStBl II 14, 979; HessFG DStRE 13, 193, rkr; dazu *Oser* DB 14, 2487; krit *Paus* DStR 15, 94). Umgekehrt ist bei einer *Verkürzung* der Vertragslaufzeit ebenfalls eine Neuberechnung (einmalige Erhöhung des Rückstellungsbetrags) erforderl.

487 **(2) Ungleichmäßige Ansammlung.** Ist die wirtschaftl Verursachung nicht gleichmäßig über die Zeit verteilt und steht insb der Gesamtumfang der Verpflichtung noch nicht fest **(„unechte Ansammlungsrückstellung"),** ist Buchst. d nicht anzuwenden. Vielmehr richtet sich die Rückstellungsbildung dann nach dem am Bilanzstichtag tatsächl entstandenen Verpflichtungsumfang (EStR 6.11 II 3). So ist für die Ansammlung der **Rekultivierungsverpflichtung** für Deponien der Grad der Verfüllung maßgebl (*BMF* BStBl I 05, 826 Rn. 21; BFH IV R 32/07, BStBl II 12, 98 unter II.1.b; zur Vorteilskompensation → Rn. 484); Entsprechendes gilt für Abbaubetriebe. – Rückstellungen für die **Rücknahme in Verkehr gebrachter Elektrogeräte** (§ 10 ElektroG, BGBl I 05, 762; s BFH I R 70/15, BStBl II 17, 780; *Krink* DB 05, 1893) und **Altfahrzeuge** (§ 3 AltautoV, BGBl I 02, 2199) sind nach

Maßgabe der in Verkehr gebrachten Mengen zu bilden. Es handelt sich nicht um Ansammlungsrückstellungen ieS, sondern um (echte) Verbindlichkeitsrückstellungen (zutr BT-Drs 14/8343, 21; zu Ausnahmen für die Übergangszeit → Rn. 488). Rücknahmepflichten sind auch dann rückstellungsfähig, wenn sie auf einer freiwilligen Selbstverpflichtung beruhen, sofern diese tatsächl beachtet wird (BFH I R 53/05, BFH/NV 07, 1102: Altbatterien; heute allerdings gesetzl Verpflichtung).

(3) Übergangsregelung für neu eingeführte Rücknahmepflichten, § 6 I Nr 3a Buchst d S 2. Wird eine neue gesetzl Verpflichtung zur Rücknahme auch solcher Erzeugnisse eingeführt, die bereits *vor* Inkrafttreten der Rücknahmeverpflichtung in Verkehr gebracht worden waren, ist die Rückstellung ebenfalls zeitanteilig bis zum Beginn der *jeweiligen* Erfüllung anzusammeln (Einzelheiten → 35. Aufl 2016, § 6 Rn. 478). **488**

(4) Ansammlung bei Kernkraftwerken, § 6 I Nr 3a Buchst d S 3. Durch Zeitablauf überholt, da die letzten dt Kernkraftwerke 2023 stillgelegt worden sind. **489**

ee) Abzinsung, § 6 I Nr 3a Buchst e. Rückstellungen für Verpflichtungen sind mit 5,5% abzuzinsen. Insoweit ist das Abzinsungsgebot auch nach der ab VZ 23 in Bezug auf Verbindlichkeiten erfolgten Aufhebung beibehalten worden (zur mE von VZ 19–21 nicht mehr gegebenen Verfassungsmäßigkeit dieses Zinssatzes → Rn. 454). Dem liegt die Vorstellung zugrunde, dass eine erst in der Zukunft zu erfüllende Verpflichtung den Schuldner weniger belastet als eine sofortige Leistungspflicht (BFH I R 35/15, BStBl II 17, 768 Rn. 28). Das Gesetz fingiert damit ein schwebendes Austauschgeschäft; es kommt (im Gegensatz zu der vor VZ 99 geltenden Rechtslage) nicht mehr darauf an, ob die ungewisse Verbindlichkeit tatsächl einen verdeckten Zinsanteil enthält (BFH I R 35/09, BStBl II 10, 478 unter II.3.b). **492**

(1) Abzinsungstechnik. Zur Berechnung, den maßgebenden Vervielfältigern und den Folgen für Zinshinzurechnungsvorschriften (Zinsschranke usw) → Rn. 455. Bei **unbekannter Laufzeit** ist diese zu schätzen (→ Rn. 460 (3); dies ist von Bedeutung sowohl für die Frage, ob überhaupt eine Abzinsung vorzunehmen ist, als auch für den Abzinsungsfaktor). **493**

(2) Ausnahmen von der Abzinsungspflicht. Die Rechtslage entspricht der bei Verbindlichkeiten (Nr 3 S 2). Nicht abzuzinsen sind verzinsl Verpflichtungen, solche mit einer Laufzeit von weniger als 12 Monaten und Verpflichtungen, die auf einer Anzahlung oder Vorausleistung beruhen (näher → Rn. 459 ff). Eine verdeckte Verzinslichkeit, die die Abzinsung ausschließt, kann sich auch hinter der Bemessung des Erfüllungsbetrags verbergen (zutr *Groh* DB 07, 2275 (2277)); sie ist ferner bei Risiken gegeben, über die ein Rechtsstreit schwebt (Prozesszinsen). Die *FinVerw* nimmt aus Vereinfachungsgründen auch **Pauschalrückstellungen** von der Abzinsung aus (*BMF* BStBl I 05, 699 Rn. 27; FG Mchn EFG 04, 641, rkr); zwingend ist dies mE nicht, sofern die Laufzeit auf mindestens 12 Monate geschätzt werden kann (ausdrückl offen gelassen auch von BFH I R 35/09, BStBl II 10, 478 unter II.3.b). **494**

(3) Sachleistungspflichten. Abzuzinsen sind nicht nur für Geldschulden, sondern auch für Sachleistungspflichten gebildete Rückstellungen (so ausdrückl Buchst e S 2; BFH IV R 32/07, BStBl II 12, 98 Rn. 31 ff: verfgem; zust *Bode* FR 12, 476; krit *Prinz* FR 11, 1015). Der Abzinsungszeitraum läuft hier bis zum *Beginn* der Erfüllung. Bei einer Erfüllung in Teilleistungen ist die Vornahme der ersten, nicht völlig unbedeutenden Erfüllungshandlung maßgebl (BFH I R 35/15, BStBl II 17, 768 Rn. 29). Daher unterbleibt eine Abzinsung, wenn die Erfüllung einer Sachleistungspflicht sofort beginnt, selbst wenn der Erfüllungszeitraum sich noch weit in die Zukunft erstreckt (zB Aufbewahrungs-/Nachbetreuungspflichten; → Rn. 499). Auch bei Sachleistungspflichten bleiben die Preisverhältnisse am Bilanzstichtag maßgebend (Buchst f; → Rn. 501). **496**

(4) Handelsbilanz. Rückstellungen sind ab 2010 mit dem ihrer Restlaufzeit entspr Marktzinssatz der vergangenen 7 Jahre abzuzinsen, den die Bundesbank monatl **497**

bekanntgibt (§ 253 II HGB; s *Stapf/Elgg* BB 09, 2134; *Zwirner ua* BB 11, 2155; *Kropp/Wirtz* DB 11, 541). Für die StBil hat dies wegen des Vorrangs des § 6 I Nr 3a Buchst e keine Auswirkung; die Ansätze in HB und StBil unterscheiden sich.

499 **(5) Einzelfälle Abzinsung. Schadenrückstellungen** der Versicherungsunternehmen, wobei ein Pauschalverfahren zulässig ist (näher *BMF* BStBl I 16, 1145; großzügiger bis 31.12.16 noch *BMF* BStBl I 00, 1218 iVm *BMF* BStBl I 15, 1027); Rückstellung für **Erfüllungsrückstand** (BFH I R 50/10, BStBl II 12, 197 Rn. 23: weder Sachleistungsverpflichtung noch Vorausleistung); **Altersteilzeitrückstellungen** (*BMF* BStBl I 07, 297 Rn. 10; mE zutr trotz BFH I R 110/04, BStBl II 07, 251 unter II.4.b, das die überholte Rechtslage bis 1998 betrifft); unverzinsl **Zeitwertkonten von ArbN** (zutr FG Mster EFG 17, 565, rkr; anders bei Vereinbarung einer Mindestverzinsung, s *May/Bechtoldt* BB 16, 235); Rekultivierung von **Deponien** (*BMF* BStBl I 05, 826 Rn. 22; dort auch näher zum Zeitpunkt der Erfüllung der Verpflichtung; zur Nachsorge bei Deponien ausführl BFH I R 35/15, BStBl II 17, 768; 2. Rechtsgang FG Mster EFG 19, 1002, NZB XI B 31/19 unbegr; *Behrens/Renner* BB 15, 2411); diff zu Bergbau-/Abbaubetrieben hingegen *BMF* BStBl I 99, 1127 (ua keine Abzinsung für Rekultivierung bei Tagebau und Dauerbergschäden). Der Abzinsungszeitraum endet mit der Stilllegung der Deponie, dh dem Beginn der Nachsorgephase (BFH IV R 24/19, BStBl II 23, 698 Rn. 49).

Nicht abzuzinsen sind hingegen Rückstellungen für die Erfüllung neu eingeführter gesetzl Rücknahmepflichten (§ 6 I Nr 3a Buchst d S 2 Hs 2); mE auch die Rückstellung für die **Aufbewahrung von Geschäftsunterlagen,** weil es sich um eine Sachleistungsverpflichtung handelt und der Erfüllungszeitraum bereits begonnen hat (iErg glA NdsFG EFG 09, 1004, allerdings unter Berufung auf BFH-Rspr, die zur Rechtslage vor Einführung des Abzinsungsgebots ergangen ist und daher nicht auf die heutige Rechtslage übertragbar ist; die nachgehende Entscheidung BFH X R 14/09, BStBl II 11, 496 hat sich hierzu nicht geäußert). Aus denselben Gründen ist auch die Rückstellung für **Nachbetreuungsleistungen** nur bis zu dem Zeitpunkt abzuzinsen, an dem für die *einzelne* Verpflichtung die lfd Nachbetreuungstätigkeit beginnt (BFH X R 25/11, BStBl II 14, 517 Rn. 43; BFH IV R 34/14, BFH/NV 17, 1426 Rn. 25; *BMF* BStBl I 12, 1100; **aA** *Weber-Grellet* FR 14, 606: Abzinsung bis zur Hälfte des Zeitraums zw Beginn und Ende der Erfüllung).

501 **ff) Wertverhältnisse am Bilanzstichtag, § 6 I Nr 3a Buchst f.** Allein die aktuellen Verhältnisse sind maßgebend; künftige Preis- und Kostensteigerungen sind nicht zu berücksichtigen (Nominalwertprinzip; s BFH IV R 39/80, BStBl II 83, 104 unter I.3.; BFH XI R 50/89, BStBl II 92, 910 unter II.2.). Diese Regelung beruht darauf, dass künftige Kostensteigerungen am Bilanzstichtag noch nicht verursacht sind (BFH IV R 32/07, BStBl II 12, 98 unter II.1.a). – **Verhältnis zur HB.** Dort ist der Ansatz ab 2010 unter Berücksichtigung künftiger Preis- und Kostensteigerungen zu ermitteln (BR-Drs 344/08, 112). Buchst f schließt dies für die StBil aus, sodass sich seither unterschiedl Wertansätze in HB und StBil ergeben. – **Kritik.** Die Kombination aus einerseits Abzinsung und andererseits der Nichtberücksichtigung künftiger Kostensteigerungen ist mE in sich widersprüchl (glA *Scheffler* BB 14, 299) und wirkt doppelt zu Lasten des StPfl.

VIII. Entnahmen und Einlagen, § 6 I Nr 4–7

511 **1. Bewertung von Entnahmen, § 6 I Nr 4 S 1. – a) Entnahmetatbestand.** Nach § 4 I 2–7 sind Entnahmen alle Wertabgaben (WG, Nutzungen und Leistungen) für betriebsfremde Zwecke (ausführl → § 4 Rn. 220 ff). Sie dürfen den Gewinn nicht mindern. Entnahme ist auch die Überführung in ein anderes BV desselben StPfl (BFH I R 72/08, BStBl II 10, 471 Rn. 26; BFH IV R 33/08, BStBl II 12, 10 Rn. 16); allerdings ist hier grds der Buchwert anzusetzen (§ 6 V 1; → Rn. 761). In bestimmten Fällen wird der Entnahmetatbestand eingeschränkt, sofern die weitere Erfassung der stillen Reserven iRd inl Besteuerung gesichert erscheint (→ § 4 Rn. 237). Allein der Umstand, dass eine entnommene Beteiligung nach § 17 stverstrickt bleibt, hindert den Ansatz des TW bei der Entnahme jedoch nicht (BFH X R 38/17, BStBl II 19, 518 Rn. 59 ff; **aA** für die Entnahme einbringungsgeborener Anteile

BFH I R 33/10, BStBl II 12, 445). – **Selbst geschaffene immaterielle WG** sind trotz ihrer fehlenden Aktivierbarkeit (§ 5 II) ebenso entnahmefähig wie andere nicht aktivierte WG; ihre Entnahme ist ebenfalls mit dem TW zu bewerten (→ § 5 Rn. 164). Zur fehlenden Entnahmefähigkeit des **Geschäftswerts** → § 16 Rn. 294 (5) (Betriebsaufgabe), → § 16 Rn. 192 (Betriebsverpachtung im Ganzen).

b) Anwendungsbereich der Nr 4. Gewinnermittlung nach § 4 III. Anzuwenden sind sowohl der Entnahmetatbestand des § 4 I 2 (→ § 4 Rn. 386 ff mwN) als auch die Bewertungsregelungen nach § 6 I Nr 4 (s § 6 VII). – **KapGes.** An die Stelle der Entnahme tritt idR die vGA (BFH GrS 2/86, BStBl II 88, 348 unter C.I.3.a). 512

c) Bewertungsgrundsatz. Entnahmen sind grds mit dem **TW** zu bewerten (zu dessen Ermittlung ausführl → Rn. 231 ff; speziell zu Entnahmen → Rn. 237, 251). Dies gilt vor allem bei der Entnahme von WG. Dem liegt die Vorstellung einer fiktiven Veräußerung des WG aus der betriebl in die private Sphäre zugrunde (BFH IX B 169/91, BStBl II 92, 909 unter 1.b: anschaffungsähnl Vorgang). **Bewertungszeitpunkt** ist stets der Zeitpunkt der Entnahme. 514

d) Beschränkung des deutschen Besteuerungsrechts, § 6 I Nr 4 S 1 Hs 2. Wird eine solche Beschränkung gem § 4 I 3 Hs 1 als Entnahme fingiert (→ § 4 Rn. 244), ist der **gemeine Wert** anzusetzen. Der Entnahmegewinn kann auf fünf Jahre verteilt werden (§ 4g). Diese Regelung ist mit Europarecht vereinbar (EuGH C-657/13, DStR 15, 1166 – Verder LabTec). – Anders als der TW umfasst der gemeine Wert grds auch einen Gewinnaufschlag (näher zum Begriff des gemeinen Werts → Rn. 235). Diese spezielle Bewertungsregelung geht § 6 V 1 (Buchwertansatz bei Überführung in einen anderen Betrieb) vor (*Strahl* FR 07, 665 (668); *BH/Krumm* § 6 Rn. 1324). Sie gilt auch für die Bewertung von Nutzungen und geht dann den in → Rn. 517 dargestellten Grundsätzen vor (zB BT-Drs 16/2710, 28: ein WG, das einer inl Betriebsstätte zugeordnet ist, wird vorübergehend in einer ausl Betriebsstätte genutzt). – Bezieht sich der Ausschluss oder die Beschränkung des inl Besteuerungsrechts auf eine strukturierte Einheit **(Betrieb, Teilbetrieb, MUerAnteil),** gilt § 16 IIIa. – **Verstärkung des dt Besteuerungsrechts.** Entfällt eine vormalige Beschränkung des dt Besteuerungsrechts hinsichtl des Gewinns aus der Veräußerung des WG und wird zugleich in einem ausl Staat eine Entstrickungsbesteuerung vorgenommen (zB bei Rücküberführung des WG aus einer Betriebsstätte in einem ausl Staat mit DBA-Anrechnungsmethode in eine dt Betriebsstätte), wird (nur auf Antrag des StPfl) gem § 4 I 3 Hs 2 ebenfalls eine Entnahme, gem § 4 I 9 aber eine sofortige Einlage fingiert (→ § 4 Rn. 255). Die Entnahme ist mit dem Wert anzusetzen, den der andere Staat der Besteuerung zugrunde legt, höchstens mit dem gemeinen Wert (§ 6 I Nr 4 S 1 Hs 2 aE). Mit demselben Wert ist auch die anschließende Einlage zu bewerten (§ 6 I Nr 5b), so dass neues AfA-Volumen entsteht. Diese Regelungen sind erstmals für nach dem 31.12.19 endende Wj anwendbar (§ 52 XII 14). Sie sollen entspr Art 5 V der **ATAD-RL** (EU) 2016/1164 sicherstellen, dass der Überführungsvorgang im In- und Ausland mit demselben Wert erfasst wird. 515

e) Bewertung der Entnahme von Nutzungen und Leistungen. – aa) Bewertungsmaßstab. – (1) Selbstkosten. Ein TW kann hier in Ermangelung eines WG nicht angesetzt werden. Zur Ausfüllung dieser Gesetzeslücke ist daher auf die anteilige Wertabgabe des Betriebs (Selbstkosten) zurückzugreifen (BFH GrS 2/86, BStBl II 88, 348 unter C. I.1.b bb; BFH III R 20/16, BStBl II 18, 278 Rn. 13; BFH VIII R 9/18, BStBl II 20, 845 Rn. 29). Dies gilt auch bei PersGes (BFH IV R 123/80, BStBl II 83, 598). – **(2) Betrieblich *und* privat genutzte Wirtschaftsgüter.** Die gesamten Selbstkosten für das WG sind nach dem Verhältnis der Nutzungsanteile aufzuteilen (BFH IV R 170/74, BStBl II 80, 176 unter III.2.: Flugzeug). Zur Bewertung der Privatnutzung betriebl **Pkw** → Rn. 525 ff. – **Photovoltaikanlage, Biogasanlage.** Für die Entnahme des elektrischen Stroms sind grds die 517 anteiligen Selbstkosten anzusetzen (soweit nicht § 3 Nr 72 eingreift). Die *FinVerw* lässt aus Vereinfachungsgründen auch den Ansatz des Preises eines regionalen Stromversorgers oder von netto 0,20 €/kWh zu (zu Photovoltaikanlagen *FM SchlH* DB 18, 2020; zu Biogasanlagen *BMF* BStBl I 22, 633 Rn. 23). – **Blockheizkraftwerk.** Die Wärme ist ein WG, so dass es nicht um eine Nutzungsentnahme geht und es auf die Selbstkosten nicht ankommt. Maßgebl ist der TW und damit der regional übl Preis für Lieferungen von BHKW-Wärme (BFH IV R 9/17, BStBl II 21, 226 Rn. 41). – **(3) Aus privaten Gründen verbilligt zur Nutzung überlassene Wirtschaftsgüter.** Anzusetzen ist der Teil der Selbstkosten, der der Unentgeltlichkeitsquote im Verhältnis zur Marktmiete entspricht (BFH IV R 46/00, BFHE 201, 454 unter 2.). Die Grenze des § 21 II (50%; bis VZ 20 66%) ist auf Gewinneinkünfte nicht anzuwenden (BFH IV R 49/97, BStBl II 99, 652 unter 3.b). Bei einer privat veranlassten und auf Dauer angelegten *voll unentgeltl* Überlassung wird allerdings das WG als solches entnommen (BFH IV R 46/08, BStBl II 11, 692 Rn. 29). – **(4) Selbstkosten höher als Marktmiete für gleichartige Wirtschaftsgüter.** → 39. Aufl 2020, § 6 Rn. 517.

519 **bb) Höhe der Selbstkosten. – (1) Buchmäßige Gesamtaufwendungen des Wirtschaftsjahres.** Einzubeziehen sind insb AfA, Finanzierungskosten, Material-, Lohn-, Gemeinkosten (BFH IV R 46/00, BFHE 201, 454 unter 2.a). TW-AfA bleibt außer Ansatz. – **(2) Wert der eigenen Arbeitsleistung des Steuerpflichtigen.** Sie ist nicht anzusetzen (BFH IV R 87/85, BStBl II 88, 342 unter 2.a). Hat sie jedoch zur Schaffung eines WG geführt, das später entnommen wird, ist dieses WG mit dem TW zu bewerten (BFH I 69/58 U, BStBl III 59, 421; BFH VIII R 20/85, BFH/NV 87, 442 unter 2.). In diesen Fällen soll der TW nach der Rspr dem Marktpreis entsprechen, was zweifelhaft ist, weil der Gewinnaufschlag außer Ansatz bleiben muss (mE nur Ansatz der Wiederbeschaffungskosten; zur Kritik auch → Rn. 251). Zur Entnahme von selbst hergestellten Gebäuden durch einen Bauunternehmer s *Korn* KÖSDI 21, 22126. – **(3) Zerstörung eines zum Betriebsvermögen gehörenden Pkw auf Privatfahrt.** Auch hier bleibt es beim Ansatz der buchmäßigen Aufwendungen (Nutzungsentnahme nur iHd Restbuchwerts). Die „zerstörten stillen Reserven" gehen nicht in die Bewertung der Nutzungsentnahme ein; Ersatzleistungen und Resterlöse sind BE (BFH I R 213/85, BStBl II 90, 8 unter II.A.4.; EStR 4.7 I 3; ausführl *Wassermeyer* DB 03, 2616; zur Gegenauffassung → 38. Aufl 2019, § 6 Rn. 507). Von Bedeutung ist dies auch für die Ermittlung der Gesamtkosten iRd Fahrtenbuchmethode (→ Rn. 568); zur Abgeltung von Unfallkosten bei der 1%-Regelung → Rn. 553. – **(4) Behandlung werterhöhender Erhaltungsaufwendungen.** S BFH IV R 46/00, BFHE 201, 454 unter 3.c; zur fortgeltenden Kritik → 39. Aufl 2020, § 6 Rn. 519. – **(5) Spätere Veräußerung/Entnahme des Wirtschaftsguts.** Der hierdurch entstehende Buchgewinn darf nicht etwa wegen der vorangegangenen teilweisen Privatnutzung niedriger angesetzt werden (BFH IV 38/58 U, BStBl III 59, 466; BFH VIII R 9/18, BStBl II 20, 845 Rn. 31 ff). Er mindert auch nicht die im Veräußerungsjahr anzusetzenden Selbstkosten (BFH X R 1/92, BStBl II 94, 353 unter 3.). Setzt man von vornherein eine längere (und daher auch realistischere) AfA-Dauer an, vermeidet man das Entstehen eines Buchgewinns und die damit wirtschaftl eintretende Doppelbelastung (zutr *Haas* DStR 22, 644). – **(6) Geldwerte Vorteile.** Wendet ein Dritter solche Vorteile aus betriebl Gründen zu und werden sie privat genutzt (dh sogleich entnommen), sind sie mit dem übl Marktpreis anzusetzen (§ 8 II analog). Dies gilt zB für zugewendete **Reisen** (BFH VIII R 35/93, BStBl II 96, 273 unter II.4.; *BMF* DStR 96, 1690 unter 2.c).

522 **f) Steuerfreie Entnahmen.** Zuwendung des WG an gemeinnützige Körperschaften (§ 6 I Nr 4 S 4; → Rn. 581); Privatnutzung betriebl Fahrräder (§ 6 I Nr 4 S 6; → Rn. 583); bestimmte luf Entnahmevorgänge (§ 13 IV, V; → § 13 Rn. 102 ff); Strom aus einer Photovoltaikanlage (§ 3 Nr 72).

2. Bewertung der privaten Nutzung betrieblicher Kraftfahrzeuge, § 6 I Nr 4 S 2, 3. S grundlegend *BMF* BStBl I 09, 1326; dazu ausführl *Nolte* NWB 10, 655; krit *Urban* FR 10, 510; *Urban* Besteuerung von Firmen- und Dienstwagen, 2009. Der StPfl kann wählen zw der pauschalierenden 1%-Regelung (→ Rn. 526 ff) und der exakten Fahrtenbuchmethode (→ Rn. 558 ff). 525

a) 1%-Regelung. Nach § 6 I Nr 4 S 2 ist die private Nutzung (→ Rn. 535) eines Kfz (zum Begriff → Rn. 528), das zu mehr als 50% betriebl genutzt wird (→ Rn. 532), für jeden Kalendermonat mit 1% des inl Listenpreises im Zeitpunkt der Erstzulassung (→ Rn. 539) zzgl der Kosten für Sonderausstattungen (→ Rn. 541) einschließl der USt (→ Rn. 544) anzusetzen. ElektroKfz sind begünstigt (→ Rn. 547). Zum Umfang der Abgeltungswirkung → Rn. 552; zur Verfassungsmäßigkeit → Rn. 554. Die Regelung ist grds **zwingend;** wird bei einem zu mehr als 50% betriebl genutzten Kfz kein Fahrtenbuch geführt, ist eine von S 2 abw Schätzung unzulässig (BFH XI B 128/06, BFH/NV 07, 706). 526

aa) Begriff des Kraftfahrzeugs. Hierzu zählen nicht nur **Pkw** (auch zum Rennwagen umgebaute, s FG Ddorf EFG 09, 168, rkr), sondern auch **Krafträder.** Die Regelung gilt gleichermaßen für **neue wie für gebraucht erworbene Kfz** (BFH VIII R 67/06, BFH/NV 08, 1662 unter II.1.a mwN). 528

(1) Leasing-Kraftfahrzeuge. Sie fallen wegen des Vereinfachungszwecks ebenfalls unter die 1%-Regelung, ohne dass es darauf ankommt, ob der StPfl wirtschaftl Eigentümer ist und das Kfz zu aktivieren hat (BFH X R 23/01, BStBl II 03, 472 unter II.1.c; BFH VIII R 26/20, BStBl II 22, 829 Rn. 20; BFH VIII R 1/21, BStBl II 24, 633 Rn. 17; *BMF* BStBl I 09, 1326 Rn. 1). 529

(2) Lkw und Zugmaschinen. Obwohl es sich um Kfz iSd Gesetzeswortlauts handelt, ist die 1%-Regelung nicht anzuwenden, weil hier kein Erfahrungssatz für eine nicht nur gelegentl Privatnutzung spricht (BFH X R 23/01, BStBl II 03, 472 unter II.1.d). Wird ein Lkw im Einzelfall gleichwohl privat genutzt, ist die darin liegende Nutzungsentnahme nach S 1 einzeln (mit den Selbstkosten) zu bewerten (→ Rn. 517). – **Abgrenzung Pkw/Lkw.** Maßgebl ist nicht die kfz-steuerl Behandlung (zB Gewicht, Anteil der Ladefläche), sondern die typischerweise bestehende Eignung für Privatfahrten (BFH X R 23/01, BStBl II 03, 472 unter II.2.b). Diese ist trotz kfz-steuerl Einstufung als Lkw gegeben zB bei einem schweren Geländewagen (BFH X R 23/01, BStBl II 03, 472), einem viersitzigen geschlossenen Kastenwagen (NdsFG EFG 08, 198, rkr), einem fünfsitzigen PickUp (BFH III R 34/22, BStBl II 25, 386 Rn. 28), einem zweisitzigen, von einem RA genutzten PickUp mit offener Ladefläche (FG Mchn EFG 08, 1448, rkr), einem Wohnmobil (BFH VI R 62/96, BStBl II 02, 370 unter II.2.c) und einem Kleinbus (FG Bln-Bbg EFG 08, 681, rkr); nicht aber bei einem zweisitzigen als Lkw zugelassenen reinen Werkstattwagen eines Handwerkers (BFH VI R 34/07, BStBl II 09, 381; FG Mchn DStRE 11, 1439, rkr: Ford Transit mit nur einer Sitzreihe; BFH X R 32/11, BStBl II 16, 708: VW T4 mit Ladefläche), wobei im Einzelfall auch die gegenteilige Beurteilung mögl ist (BFH X B 29/15, BFH/NV 16, 395: Kleinbus VW T5, bei dem die hinteren Sitze zwar entfernt wurden, aber jederzeit wieder montiert werden können; BFH X B 111/22, BFH/NV 23, 958: als Lkw zugelassener zweisitziger Mercedes Vito, wenn der StPfl kein weiteres Kfz im PV hat). 530

bb) Betriebliche Nutzung von mehr als 50%. Maßgebl ist die *dauerhaft* beabsichtigte Nutzung. Die 1%-Regelung ist daher nicht anzuwenden, wenn das Kfz kurz vor Jahresende angeschafft wird und an diesen wenigen Tagen zu mehr als 50% betriebl, in den Folgejahren aber überwiegend privat genutzt wird (BFH VIII R 1/21, BStBl II 24, 633 Rn. 17). Die Überlassung von Kfz an ArbN ist für den ArbG stets betriebl Nutzung. KapGes, die ihrem Ges'ter-Geschäftsführer einen Pkw überlassen, sind daher von der 50%-Grenze nicht betroffen. Auch Fahrten zw Woh- 532 nung und Betriebsstätte sowie Familienheimfahrten zählen *hier* (anders bei § 4 V 1 Nr 6) zu den betriebl Fahrten. – **(1) Darlegung eines betrieblichen Nutzungsanteils von mehr als 50%.** Dies erfordert (anders als die Ersetzung der 1%-Regelung durch die Fahrtenbuchmethode nach S 3) nicht zwingend die Führung eines Fahrtenbuchs (*BMF* BStBl I 09, 1326 Rn. 4). Vielmehr gelten die allg Regeln der Beweiswürdigung (zB können auch zeitl beschr Aufzeichnungen ausreichen). Auch aus der Art der Tätigkeit kann auf eine betriebl Nutzung von mehr als 50% geschlossen werden (zB Taxifahrer, Handelsvertreter; zu Beweiserleichterungen s *BMF* BStBl I 09, 1326 Rn. 5). – **(2) Privatnutzungsanteil bei Kfz des Betriebsvermögens mit maximal 50% betrieblicher Nutzung.** Hier (gewillkürtes BV) ist die Privatnutzung nicht nach S 2, sondern gem S 1 mit den tatsächl Selbstkosten zu bewerten (→ Rn. 517); ggf sind diese zu schätzen. Dieser Wert ist auch ustl zu übernehmen (*BMF* BStBl I 09, 1326 Tz 35). – **(3) Kfz des PV.** Die Anwendung der Nr 4 ist ausgeschlossen. Die in einer betriebl Nutzung liegende Aufwandseinlage kann aber nach den steuerl Pauschbeträgen bemessen werden.

535 **cc) Privatnutzung des Kraftfahrzeugs.** Dies ist stets Voraussetzung für die Anwendung der 1%-Regelung. – **(1) Beweisfragen.** Zwar muss das FA (ggf das FG) sich die volle Überzeugung über das Stattfinden einer Privatnutzung bilden (BFH VIII R 60/06, BFH/NV 09, 1974 unter II.3.a; BFH VIII R 12/21, BStBl II 25, 150 Rn. 19). Für eine Privatnutzung spricht allerdings ein **Erfahrungssatz** (von der Rspr mE unzutr als **„Anscheinsbeweis"** bezeichnet), wonach Kfz, die ihrer Art nach typischerweise zum privaten Gebrauch geeignet sind und die für Privatfahrten zur Verfügung stehen, regelmäßig auch tatsächl privat genutzt werden (BFH VIII R 42/09, BStBl II 13, 365 Rn. 15; BFH III R 34/22, BStBl II 25, 386 Rn. 15; instruktiv *Urban* FR 25, 247). Dies gilt auch für ein Taxi-Kfz (BFH X B 18/12, BFH/NV 13, 1401; BFH III R 13/16, BStBl II 19, 229 Rn. 14). – **Erschütterung des Erfahrungssatzes.** Der StPfl muss einen Sachverhalt darlegen und nachweisen, der die ernsthafte Möglichkeit eines anderen Geschehens ergibt (BFH VI R 19/05, BStBl II 07, 116 unter II.2.b; BFH VIII R 12/21, BStBl II 25, 150 Rn. 21). Die Tatsachen, die den „Anscheinsbeweis" erschüttern sollen, bedürfen des vollen Beweises (BFH VI B 74/08, BFH/NV 10, 197); ein Beweis des *Gegenteils* ist allerdings nicht erforderl (BFH VIII R 42/09, BStBl II 13, 365 Rn. 16; BFH III R 34/22, BStBl II 25, 386 Rn. 16 ff). Dabei ist allerdings zu berücksichtigen, dass es sich um Tatsachen aus der Sphäre des StPfl handelt, sodass strenge Anforderungen zu stellen sind, um den Erfahrungssatz nicht funktionslos werden zu lassen (BFH III R 59/98, BStBl II 00, 273 unter II.2.; BFH VI B 59/04, BFH/NV 05, 1300). – **Unterschiede innerhalb des BFH.** Die Rspr des VI. Senats (zuständig für LSt und damit für die Parallelvorschrift des § 8 II) tendiert zur Großzügigkeit; die Rspr der für betriebl Einkünfte zuständigen Senate ist strenger.

536 **(2) Widerlegung des Erfahrungssatzes. Bloße Behauptung des StPfl, der Pkw werde nicht für Privatfahrten genutzt.** Dies reicht nicht aus (BFH X R 23/01, BStBl II 03, 472 unter II.1.a; BFH III R 34/22, BStBl II 25, 386 Rn. 19; ebenso zu § 8 II BFH VI R 46/08, BStBl II 10, 848 unter II.2.b). Gleiches gilt für die Behauptung, ein (während des gesamten Jahres angemeldeter) Pkw werde in den Wintermonaten nicht genutzt (BFH VIII R 21/20, BFH/NV 22, 1050 Rn. 22 ff). – **Arbeitsvertragliches Nutzungsverbot.** Zu § 8 II hat der VI. Senat des BFH entschieden, der Anscheinsbeweis erstrecke sich nicht auf die Frage, ob eine Privatnutzungsbefugnis besteht (BFH VI R 46/08, BStBl II 10, 848 unter II.2.c; BFH VI R 23/12, BStBl II 13, 920 Rn. 20 ff; trotz fehlenden Interessengegensatzes auch bei Kfz-Überlassung an den als ArbN der PersGes beschäftigten *Ehegatten* des beherrschenden Ges'ters; → § 19 Rn. 100 „KfzGestellung"; zR **aA** für GmbH-Ges'ter-Geschäftsführer FG Köln EFG 23, 797, rkr; FG Mster EFG 23, 1482, Rev I R 33/23: vGA). – **Nutzungsverbot bei unter Nr 4 fallenden StPfl.** Die Rspr zu ArbN ist wegen der unbeschr Verfügungsbefugnis des Betriebsinhabers auf § 6 I Nr 4 nicht übertragbar (glA *Schneider* NWB 10, 3105 (3111)), zumal bei § 8 II bereits die bloße Nutzungs*möglichkeit* für die Besteuerung genügt (BFH VI R 31/10, BStBl II 13, 700), während bei § 6 I Nr 4 das Kfz *tatsächl* privat genutzt werden muss. IÜ sollte in Fällen, die mangels externer Beweismittel

nicht aufklärbar sind (zB Privatnutzung durch GmbH-Ges'ter-Geschäftsführer) die Beweislastverteilung nach Sphären angewendet werden (zutr *Wagner* EFG 13, 346; *Siegers* EFG 13, 924). Der Erfahrungssatz ist nicht widerlegt, wenn zwar im GesVertrag einer PersGes ein Nutzungsverbot enthalten ist, aber ein Interessengegensatz fehlt (BFH VIII R 60/06, BFH/NV 09, 1974 unter II.4. – **Vorhandensein eines weiteren Kfz im PV.** Dies reicht für sich genommen nicht aus, um den Erfahrungssatz zu widerlegen (BFH VI R 46/08, BStBl II 10, 848 unter II.3.b). Ist das private Kfz aber in Status und Gebrauchswert mit dem betriebl Kfz vergleichbar, ist die Wirkung des Erfahrungssatzes leichter zu erschüttern (BFH VIII R 60/06, BFH/NV 09, 1974 unter II.3.b; BFH VIII R 42/09, BStBl II 13, 365 Rn. 20 f; FG Mster EFG 18, 968, rkr; NdsFG EFG 20, 930, rkr; FG Mster EFG 22, 1690, Rev III R 34/22). Das FG muss konkrete Feststellungen zu der Vergleichbarkeit der Fahrzeuge treffen (BFH VIII R 12/21, BStBl II 25, 150 Rn. 30). – **Werbefolien oder Verschmutzung.** Dies reicht zur Widerlegung des Erfahrungssatzes nicht aus (BFH III R 34/22, BStBl II 25, 386 Rn. 29 ff). – **Darlegung fehlender Privatnutzung.** Die Führung eines **Fahrtenbuchs** ist nicht zwingend (BFH VI R 38/06, BStBl II 08, 768 unter II. vor 1.; *Bergkemper* HFR 08, 917). Umgekehrt sind bloße Eintragungen in einer Excel-Tabelle aber auch kein zwingender Beweis fehlender Privatnutzung (HessFG DStRE 09, 1170, rkr). Ein Fahrtenbuch kann allerdings auch dann zu berücksichtigen sein, wenn es nicht in vollem Umfang ordnungsgem ist (BFH VIII R 12/21, BStBl II 25, 150 Rn. 28).

dd) Pauschalierte Höhe der Nutzungsentnahme. Monatl sind 1% des inl Listenpreises im Zeitpunkt der Erstzulassung zzgl Kosten für Sonderausstattungen und einschließl der USt („Bruttolistenpreis") anzusetzen. Die Pauschale entfällt für solche *vollen* Monate, in denen das **Kfz nicht verfügbar war** (zB Reparatur) oder eine private Nutzung aus anderen einfach nachprüfbaren Gründen ausgeschlossen ist (*BMF* BStBl I 09, 1326 Rn. 15; ähnl BFH X R 2/14, BStBl II 16, 534 Rn. 23; FG Ddorf EFG 17, 458, rkr: ärztl Fahrverbot); dies ist vom StPfl nachzuweisen. 538

(1) Inländischer Listenpreis für ein Neufahrzeug. – (a) Gebrauchtwagen. Auch wenn die tatsächl AK hier nur gering sind, bleibt der Listenpreis für einen Neuwagen maßgebl, da individuelle Umstände bei der Pauschalbewertung unberücksichtigt bleiben (BFH VI R 51/11, BStBl II 13, 385). Gleiches gilt für Oldtimer (sofern sie im Einzelfall zu mehr als 50% betriebl genutzt werden sollten). Umgekehrt bleibt bei Gebrauchtwagen aber der im **Zeitpunkt der Erstzulassung** des Fahrzeugs (nicht des Fahrzeug*typs*) geltende Listenpreis maßgebend; es ist nicht etwa der im Zeitpunkt der Anschaffung aktuelle Listenpreis anzusetzen (BFH III R 59/98, BStBl II 00, 273 unter II.4.b cc). – **(b) Rabatte.** Sie sind bei Neuwagenkäufen zwar übl, mindern den Bruttolistenpreis (anders als den übl Endpreis iSd § 8 III) aber nicht (zutr BFH VI R 51/11, BStBl II 13, 385 Rn. 16). Zum einen handelt es sich um eine typisierende Regelung; zum anderen werden die gesamten Kfz-Aufwendungen maßgebl auch durch andere Kostenarten bestimmt (zB Kraftstoff), deren Preissteigerungen durch den Listenpreis gar nicht erfasst werden. Auch Rabatte aufgrund betriebl Besonderheiten bleiben unberücksichtigt (BFH III R 13/16, BStBl II 19, 229 Rn. 16 f: keine Berücksichtigung eines zweiten, niedrigeren Listenpreises, der nur für Kfz-Käufe durch Taxenbetriebe gilt). – Wird die AfA wegen unangemessen hoher AK nach § 4 V 1 Nr 7 gekürzt, ist für die 1%-Regelung gleichwohl der volle Listenpreis maßgebl (FG Saarl EFG 09, 307 unter I.4., NZB durch BFH VIII B 28/09, BFH/NV 09, 1967 zurückgewiesen). Dieses Ergebnis stimmt zwar mit dem Gesetzeswortlaut überein, ist mE aber wegen der eintretenden Doppelbelastungen problematisch. – **(c) Ausland.** Der **inl Listenpreis** gilt auch für Reimporte. Mehr- und Minderausstattungen der Reimport-Kfz sind aber zu berücksichtigen (*BMF* BStBl I 09, 1326 Rn. 10). Existiert für ein nur im Ausl vertriebenes Kfz kein inl Listenpreis, ist nicht etwa der ausl Listenpreis anzusetzen, sondern der inl Listenpreis (mindestens nach Maßgabe des Angebotspreises des Importeurs) zu schätzen (BFH III R 20/16, BStBl II 18, 278; strenger *Wendl* HFR 18, 295: höchster Angebotspreis aller Importhändler). – **(d) Abrundung.** Der Listenpreis ist **auf volle 100 €** abzurunden (BMF BStBl I 09, 1326 Rn. 10). 539

541 **(2) Sonderausstattungen.** Sie sind grds in die Bemessungsgrundlage der 1%-Regelung einzubeziehen. Dies gilt zB für Diebstahlsicherungen; für Navigationsgeräte dann, wenn sie schon werkseitig eingebaut sind und daher kein selbständiges WG darstellen (BFH VI R 37/04, BStBl II 05, 563). Vom Kfz trennbare Geräte sind hingegen selbständige WG und daher nicht einzubeziehen. Der VI. Senat stellt allein darauf ab, ob Sonderausstattungen **im Zeitpunkt der Erstzulassung bereits vorhanden** waren (dann Einbeziehung in die Bemessungsgrundlage der 1%-Regelung) oder nicht (BFH VI R 12/09, BStBl II 11, 361, Anm *Schwenke* HFR 11, 276: keine Einbeziehung nachträgl Einbauten; *BMF* BStBl I 22, 232 Rn. 17; zur Kritik → 38. Aufl 2019, § 6 Rn. 519). – **Nicht einzubeziehen** sind hingegen Autotelefone, ein zusätzl Reifensatz und der Mehrpreis für besondere Leistungsstärke des Kfz, die *nur* wegen einer Sicherheitspanzerung erforderl ist (LStR 8.1 IX Nr 1 S 6, 7).

544 **(3) Verhältnis zur Umsatzsteuer. BFH.** Er sieht die 1%-Regelung nicht als geeigneten Schätzungsmaßstab für die USt-Bemessungsgrundlage an (BFH V R 78/98, BFHE 188, 160; BFH XI R 32/08, BStBl II 10, 1079 Rn. 24). – **FinVerw.** Sie gewährt das **Wahlrecht,** das Ergebnis der 1%-Regelung (nach Abzug von pauschal 20% für nicht mit VorSt belastete Aufwendungen) auch für die USt zu übernehmen, und zwar als *Netto*betrag, obwohl in dessen Bemessung auch die im Listenpreis enthaltene USt eingegangen ist (A 15.23 V 4 Nr 1 Buchst a UStAE; *BMF* BStBl I 14, 896 Tz I.5.a aa). Macht der StPfl von dieser Vereinfachungsregelung Gebrauch, kann er für die USt nicht einerseits die 1%-Regelung, andererseits aber einen höheren nicht vorsteuerbelasteten Anteil als 20% ansetzen (BFH XI R 32/08, BStBl II 10, 1079). – **Auswirkungen der USt auf die ESt.** Der StPfl darf aus der estl Bemessungsgrundlage der 1%-Regelung nicht etwa die USt herausrechnen, da der klare Wortlaut des S 2 den Ansatz *einschließl* der USt verlangt (BFH XI R 12/02, BStBl II 03, 704; BFH X R 70/01, BFH/NV 03, 1580; BFH X R 43/02, BFH/NV 04, 639; VerfBeschw BVerfG 2 BvR 1931/03, 2 BvR 524/04 nicht zur Entscheidung angenommen). Dieser eindeutige Wortlaut steht auch der mitunter geforderten Differenzierung zw regelversteuernden Unternehmern und solchen mit ustfreien Umsätzen entgegen. Verfrechtl Bedenken bestehen nicht, weil es jederzeit mögl ist, auf das Fahrtenbuch auszuweichen. – **Nichtabziehbarkeit der USt auf die Nutzungsentnahme.** Dies folgt aus § 12 Nr 3. Schätzt der StPfl für Zwecke der USt die Nutzungsentnahme abw von der 1%-Regelung (was zulässig ist), darf nur die tatsächl entstandene USt nach § 12 Nr 3 hinzugerechnet werden, nicht aber die fiktive, sich nach der 1%-Regelung ergebende USt (zutr BFH VIII R 54/07, BStBl II 11, 451). Gleiches gilt, wenn der StPfl (zB wegen Anwendung der Durchschnittssätze nach § 24 UStG) faktisch keine USt auf die Nutzungsentnahme zahlt (zutr BFH IV R 45/07, BStBl II 10, 689).

545 **(4) Mehrere Kraftfahrzeuge oder Nutzer.** Wird *ein* Kfz durch *mehrere* Personen genutzt, bleibt es beim Ansatz der 1% pro Monat, da dieser Betrag fahrzeugbezogen ist (BFH VI R 132/00, BStBl II 03, 311). – Nutzt hingegen *eine* Person (abwechselnd) *mehrere* Kfz des BV auch privat, ist grds für *jedes* dieser Kfz die Pauschalentnahme ansetzen (*BMF* BStBl I 09, 1326 Rn. 12, 36; *OFD Ffm* DStR 17, 1764: auch bei Einsatz eines Wechselkennzeichens; BFH VIII R 24/08, BStBl II 10, 903; BFH VIII B 258/09, BFH/NV 10, 1440; BFH XI R 32/08, BStBl II 10, 1079 Rn. 39; glA zu § 8 II BFH VI R 17/12, BStBl II 14, 340 Rn. 9; BFH VI B 101/18, BFH/NV 19, 1072). Wegen des Wortlauts und der fahrzeugbezogenen Konzeption der Regelung ist dies zutr (glA *Urban* FR 10, 510 (516); *ders* FR 10, 585; **aA** *Korn/Strahl* KÖSDI 10, 16801 (16803); *Peetz* DStZ 13, 317: kann zu offensichtl unzutr Besteuerung führen). – Die Problematik ist von der *FinVerw* durch eine **Vereinfachungsregelung** entschärft worden (*BMF* BStBl I 12, 1099): Wenn der StPfl für die private Nutzung eine Nutzungsentnahme für das Kfz mit dem höchsten Listenpreis ansetzt, sieht die *FinVerw* darin die Erklärung, dass die weiteren Kfz des BV nicht privat genutzt werden, und folgt grds dieser Angabe. Nutzen auch andere Personen,

die zur Privatsphäre des StPfl gehören, ein betriebl Kfz, gilt diese Vereinfachungsregelung, wenn der StPfl die Nutzungsentnahme je Person für das Kfz mit dem nächsthöheren Listenpreis ansetzt. ME ist die Regelungstechnik dieser Verwaltungsanweisung zweifelhaft, da sie den StPfl zu bewussten Falschangaben verleitet und so einer weiteren Erosion der Besteuerungsmoral Vorschub leistet. – Ebenso ist, wenn ***mehrere* Kfz durch mehrere Personen** privat genutzt werden, für *jedes* auch privat genutzte Kfz die Pauschalentnahme anzusetzen. – **Fahrzeugwechsel.** Maßgebl ist der Listenpreis des in dem Monat *überwiegend* genutzten Kfz (*BMF* BStBl I 09, 1326 Rn. 9).

(5) Kostendeckelung. Da eine Entnahme eine Wertabgabe des Betriebes dar- 546
stellt, kann sie nicht höher sein als die für das jeweilige Kfz entstandenen Aufwendungen. Die Summe der Pauschalwerte nach § 6 I Nr 4 S 2 sowie § 4 V 1 Nr 6 ist daher auf die tatsächl Aufwendungen zu begrenzen; die Entfernungspauschale ist erst von diesem „gedeckelten" Betrag abzuziehen (*BMF* BStBl I 09, 1326 Rn. 18 ff mit Beispiel). – **Leasingsonderzahlung.** Sie ist zur zutr Ermittlung der jährl Aufwendungen auch bei § 4 III gleichmäßig auf die Vertragslaufzeit zu verteilen (BFH VIII R 26/20, BStBl II 22, 829 Rn. 30; *OFD NRW* DB 18, 2467; zust *Bünning* BB 22, 2032; ebenso zum WK-Abzug BFH VI R 9/22, BStBl II 25, 626); andere Teile der *FinVerw* wollen in diesen Fällen die Kostendeckelung gar nicht anwenden (*FinBeh Hbg* DStR 19, 1407). – **PersGes.** Vermietet ein Ges'ter das Kfz an die PersGes und überlässt diese es ihm zur Privatnutzung, ist für die Kostendeckelung auf die (Miet-)Aufwendungen der PersGes abzustellen, nicht auf die (geringfügigen) eigenen Aufwendungen des Ges'ters (BFH VIII R 28/10, BStBl II 13, 120). – **(a) Rechtscharakter.** Es handelt sich ledigl um eine **Billigkeitsregelung** (BFH XI R 59/04, BFH/NV 07, 1838 unter II.3.; BFH VIII R 28/10, BStBl II 13, 120 Rn. 22; BFH VIII R 26/20, BStBl II 22, 829 Rn. 26), die aber zulässig ist (zutr *Nöcker* HFR 19, 109; krit hingegen *Schneider/Schneider* DB 22, 2049). IErg werden damit 100% der Kfz-Kosten entnommen; dies ist verfgem, obwohl die 1%-Regelung tatbestandl einen betriebl Nutzungsanteil von über 50% voraussetzt (BFH X R 28/15, BStBl II 18, 712 Rn. 25 ff: Verweis auf die Option der Fahrtenbuchmethode; VerfBeschw BVerfG 2 BvR 2129/18 erfolglos). – **(b) Behandlung von Erstattungen.** Die Kostenobergrenze wird auch nicht dadurch gemindert, dass Teile der Kfz-Kosten einem Auftraggeber offen weiterberechnet werden (FG Nbg DStRE 07, 137, rkr; *OFD Mchn/Nbg* DB 05, 1305). Dies ist zutr, weil auch verdeckt (kalkulatorisch) überwälzte Kosten die Obergrenze naturgemäß nicht mindern. Besteht jedoch ein unmittelbarer wirtschaftl Zusammenhang zw *bestimmten* Kosten und einer Erstattung, sind die Gesamtkosten um die Erstattung zu mindern (zB Reparaturkosten und Versicherungserstattung; s *Urban* DStZ 04, 741 (752)). – **(c) Prüfung des Privatanteils.** Falls der sich nach der 1%-Regelung ergebende Pauschalansatz die Gesamtkosten überschreitet, sollte der StPfl prüfen, ob die Privatnutzung evtl über 50% beträgt. Dann ist die 1%-Regelung von vornherein nicht anwendbar (→ Rn. 532), sodass als Privatanteil ledigl die (zu schätzenden) *anteiligen* Gesamtkosten, nicht aber die *vollen* Gesamtkosten (so die Kostendeckelungsregelung der *FinVerw*) anzusetzen sind, was günstiger ist (zutr *Urban* FR 13, 232).

ee) Begünstigung von Elektrofahrzeugen, § 6 I Nr 4 S 2 Hs 2. S *BMF* BStBl I 21, 2205; 547
Eismann DStR 19, 903; *Reiling/Brucher/Looser* DB 19, 2822; Vorteilsrechnungen s *Nürnberg* NWB 20, 2495. – Hs 2 enthält (sehr nachlässig formuliert und in einer Regelungstechnik, die nur schwer nachvollziehbar ist) in fünf Nummern insgesamt drei abgestufte Begünstigungen mit jeweils unterschiedl technischen Anforderungen an das Elektro-Kfz, unterschiedl zeitl Anwendungsbereichen und unterschiedl Rechtsfolgen. Die Begünstigungen gelten auch für den Zuschlag für **Fahrten zw Wohnung und Betrieb** (bzw erster Tätigkeitsstätte bei ArbN) sowie für Familienheimfahrten (§ 4 V 1 Nr 6 S 3). Für die **USt** gelten die Begünstigungen mangels entspr Rechtsgrundlage hingegen nicht (A 15.23 V 4 Nr 1 Buchst a UStAE = *BMF* BStBl I 22, 197). – Sowohl **neu** als auch **gebraucht** erworbene Elektro-Kfz sind begünstigt (*BMF* BStBl I 21, 2205 Rn. 10).

(1) Technische Anforderungen. Die Begünstigung gilt zunächst für Kfz, die *ausschließl* 548
durch **Elektromotoren** angetrieben werden. Die Energieversorgung des Motors muss entweder

durch Energiespeicher (idR Batterien) oder emissionsfrei betriebene Energiewandler (Brennstoffzellen, zB Wasserstoff, s *BMF* BStBl I 21, 2205 Rn. 1) bewirkt werden. Zusätzl sind (mit Ausnahme der Nr 3) auch extern aufladbare **Hybrid**-Elektro-Kfz („Plug-In Hybrid") erfasst, nicht aber solche Hybrid-Kfz, die elektrische Energie ledigl beim Bremsen zurückgewinnen.

549 **(2) Ansatz von 0,25% des Listenpreises (S 2 Nr 3).** In der höchsten Begünstigungsstufe wird die Bemessungsgrundlage für Elektro-Kfz auf 0,25% des Listenpreises ermäßigt, was einen erhebl StVorteil bedeutet. Voraussetzung ist das **Fehlen jegl CO_2-Emission,** was nur reine Elektro- oder Brennstoffzellen-Kfz erreichen können (Hybrid-Kfz, die neben dem Elektromotor auch einen Verbrennungsmotor haben, sind hier also nicht erfasst). – **Preisgrenze.** Der Bruttolistenpreis darf bei Kfz, die **nach dem 30.6.25** (auch gebraucht (→ Rn. 548) angeschafft werden (§ 52 XII 6), nicht mehr als **100 000 €** betragen. Vom 1.1.24 bis 30.6.25 galt ein Höchstpreis von 70 000 € (§ 52 XII 5), zuvor von 60 000 €. Die mehrfache Anhebung der Preisgrenze begünstigt nun auch überschwere Kfz, was umweltpolitisch verfehlt erscheint. – **Zeitl Anwendungsbereich.** Nr 3 gilt ab VZ 20 (§ 52 XII 4) und begünstigt Kfz, die in den VZ 19–30 angeschafft werden.

550 **(3) Ansatz von 0,5% des Listenpreises (S 2 Nr 2, 4, 5).** Bei Elektro-Kfz, die nicht unter Nr 3 (→ Rn. 549) fallen (vor allem Hybrid-Kfz sowie Kfz mit einem Listenpreis oberhalb der in Nr 3 genannten Grenze, sind monatl 0,5% des Listenpreises anzusetzen, wenn die folgenden (zeitl und technischen) Voraussetzungen erfüllt sind: – **(a) Anschaffung in den VZ 19–21 (Nr 2).** Reine Elektro-Kfz sind stets begünstigt (im VZ 19 fielen auch solche Elektro-Kfz unter Nr 2, die die Voraussetzungen der günstigeren, aber erst ab VZ 20 anwendbaren Nr 3 erfüllen). Extern aufladbare Hybridelektro-Kfz müssen zusätzl die Voraussetzungen des § 3 II Nr 1 oder 2 ElektromobilitätsG erfüllen (CO_2-Emission höchstens 50 g/km *oder* rein elektrische Reichweite mindestens **40 km**). Ist dies nicht der Fall, gilt Nr 1 (→ Rn. 551). Fällt die Anschaffung eines solchen Kfz in die VZ 19–21, gilt die Begünstigung auch in späteren VZ (zeitl unbefristet) fort. – **(b) Anschaffung in den VZ 22–24 (Nr 4).** Hybrid-Kfz dürfen höchstens 50 g CO_2/km emittieren *oder* müssen eine rein elektrische Reichweite von mindestens **60 km** haben. – **(c) Anschaffung in den VZ 25–30 (Nr 5).** Hybrid-Kfz dürfen höchstens 50 g CO_2/km emittieren *oder* müssen eine rein elektrische Reichweite von mindestens **80 km** haben. – **(d) Technisches Regelwerk.** Für die Ermittlung der CO_2-Emission und der technischen Reichweite ist die Übereinstimmungsbescheinigung nach den einschlägigen EU-Vorschriften maßgebl (S 2 letzter Satzteil); die *FinVerw* erkennt auch das E-Kennzeichen als Nachweis an (*BMF* BStBl I 21, 2205 Rn. 4). In diesen Bescheinigungen sind idR wesentl günstigere Werte ausgewiesen als in der Praxis erreichbar sind. – **Kritik.** Im Hinblick auf den Normzweck (Förderung umweltverträgl Mobilität) ist es nicht sinnvoll, dass der (erhebl) StVorteil hier mit dem Preis des Kfz (und damit typischerweise auch mit seinen negativen Auswirkungen auf die Umwelt) steigt. Begünstigt sind nach Nr 2, 4, 5 zudem vorwiegend Fahrzeuge mit Verbrennungsmotor und bloßem Elektro-Zusatzantrieb, der nur eine geringe Reichweite hat. Ob der Elektroantrieb überhaupt genutzt wird, ist für die Begünstigung unerhebl, was (gerade angesichts des erhebl Umfangs der Subventionswirkung bei hochpreisigen Hybrid-Kfz) umweltpolitisch unsinnig erscheint.

551 **(4) Herausnahme der Kosten des Batteriesystems (S 2 Nr 1).** Bei Elektro-Kfz, die nicht unter Nr 2–5 fallen (entweder weil sie bereits in den VZ 13–18 erworben wurden oder zwar in den VZ 19–22 erworben werden, aber als Hybrid-Kfz nicht die besonderen Anforderungen der → Rn. 550 erfüllen), werden die pauschalierten Kosten des Batteriesystems aus dem Listenpreis herausgenommen (ausführl *BMF* BStBl I 21, 2205 Rn. 7 f; *Becker* NWB 14, 2870). Der Abzug beträgt für im VZ 13 erworbene Kfz 500 €/kWh, höchstens jedoch 10 000 €/Kfz. Für Kfz, die ab VZ 14 angeschafft werden, mindern sich diese Beträge jährl um 50 € bzw 500 € (bei einem im VZ 22 angeschafften Kfz wird die Bemessungsgrundlage für die 1%-Regelung also pauschal um 50 €/kWh, höchstens aber um insgesamt 5500 € gemindert). Für **ab VZ 23** angeschaffte Kfz wird nach Nr 1 *keine* Begünstigung mehr gewährt. Wird die Batterie getrennt vom Kfz geleast, lässt die *FinVerw* den vollen BA-Abzug dieser Leasingraten (ohne Privatanteil) zu (*BMF* BStBl I 21, 2205 Rn. 9).

552 **ff) Abgeltungswirkung der 1%-Regelung. – (1) Wirkung dem Grunde nach.** Sie beschränkt sich auf **Privatfahrten.** Für Fahrten zw Wohnung und Betrieb sowie Familienheimfahrten sind gem § 4 V 1 Nr 6 zusätzl nichtabziehbare BA anzusetzen. – Wird das betriebl Kfz auch zur Erzielung von **Überschusseinkünften** (BFH X R 35/05, BStBl II 07, 445) oder **in weiteren Betrieben**/MUerschaften

des StPfl (BFH IV R 59/06, BFH/NV 09, 1617) eingesetzt, ist für diese außerbetriebl Nutzung eine zusätzl Entnahme anzusetzen, die gem S 1 mit den Selbstkosten zu bewerten ist. IRd dortigen Einkünfteermittlung können diese Kosten dann wiederum als BA/WK abgezogen werden (anders allerdings für 1%-Regelung bei ArbN iSd § 8 BFH III R 33/14, BStBl II 16, 44 Rn. 20; mE unzutr). Die *FinVerw* lässt eine Pauschalierung der Entnahme mit 0,001% des Listenpreises je km zu; eine Entnahme braucht nicht angesetzt werden, wenn bei der anderen Einkunftsart kein BA/WK-Abzug erfolgt, obwohl dieser unbeschränkt mögl wäre (*BMF* BStBl I 09, 1326 Rn. 17). – Die unentgeltl Überlassung des Kfz an einen **Betrieb des *anderen* Ehegatten** aus privaten Gründen stellt aus Sicht des Überlassenden jedoch eine private Nutzung dar, die mit der 1%-Regelung abgegolten ist und nicht zum Ansatz einer zusätzl Entnahme führt. Korrespondierend kann der andere Ehegatte mangels eigener Aufwendungen keine Aufwandseinlage absetzen (zutr BFH X R 24/12, BStBl II 15, 132 Rn. 26).

(2) Abgeltungswirkung der Höhe nach. Es sind diejenigen Aufwendungen abgegolten, die mit Nutzung und Betrieb des Kfz verbunden sind (BFH VI R 37/03, BStBl II 06, 72). Allerdings differenziert die Rspr zunehmend und sieht zB Kosten bestimmter **Unfälle auf Privatfahrten** nicht als abgegolten an (BFH VI R 73/05, BStBl II 07, 766: Verzicht des ArbG auf Ersatz bei alkoholbedingtem Unfall des ArbN; auch → § 8 Rn. 36; **aA** *Urban* DStZ 04, 741 (744) und FR 07, 873). Auch sind **Maut-, Fähr-, Park- und Schutzbriefkosten für Privatfahrten** nicht abgegolten (zu § 8 II BFH VI R 37/03, BStBl II 06, 72; BFH VIII R 32/20, BStBl II 25, 168 Rn. 24; BFH III R 33/24 (III R 50/17), BStBl II 25, 516 Rn. 14 ff). ME ist dies zutr, weil es sich hier um abgrenzbare, ausschließl privat veranlasste Einzelkosten handelt, deren gesonderte Behandlung zumutbar ist und bei solchen BA, die nicht Kfz-Kosten betreffen, von allen StPfl selbstverständl erwartet wird; dann kann nicht deshalb etwas anders gelten, weil es sich um Kfz-Kosten handelt. Zwar ist diese Rspr zu § 8 II ergangen; ihre Begründung ist aber zugleich auf § 6 I Nr 4 übertragbar. – Die **Fahrergestellung** ist zusätzl anzusetzen; ihr Wert ist ggf anhand der für den LStAbzug geltenden Regeln (LStR 8.1 X) zu schätzen. 553

gg) Verfassungsmäßigkeit. Die Regelung enthält zwar eine sehr grobe Typisierung, ist aber verfgem (BFH VI R 51/11, BStBl II 13, 385 Rn. 14 ff; BFH X R 28/15, BStBl II 18, 712 Rn. 17 ff; BFH VIII B 9/22, BFH/NV 23, 548; ebenso zur Rechtslage bis 2005 ausführl BFH III R 59/98, BStBl II 00, 273; BFH IV R 27/00, BStBl II 01, 403). Denn Einzelermittlungen sind in diesem Grenzbereich zw betriebl und privater Sphäre kaum mögl; außerdem steht dem StPfl jederzeit die Wahl der Fahrtenbuchmethode frei. Verfrechtl unbedenkl ist auch der Umstand, dass der Listenpreis idR höher ist als die tatsächl AK (→ Rn. 539). Denn dies betrifft alle Kfz gleichermaßen und ist daher nur eine Frage der Bemessung des pauschalen Prozentsatzes. Verfgem ist auch die Kumulation mit der für Fahrten zw Wohnung und Betriebsstätte sowie Familienheimfahrten geltenden Regelung des § 4 V 1 Nr 6 EStG (FG EFG 02, 312, rkr). – Im **internationalen Vergleich** ist die Pauschalierung ohnehin eher großzügig; im Ausland wird vor allem bei Pkw mit hohem Schadstoffausstoß der BA-Abzug stärker eingeschränkt als in Deutschland (s die Zusammenstellung in BT-Drs 16/10478). 554

b) Fahrtenbuchmethode, § 6 I Nr 4 S 3. Ausführl *Bilsdorfer* DStR 12, 1477; *Urban* FR 20, 61. Der StPfl kann die Nutzungsentnahme abw von der 1%-Regelung mit den tatsächl auf die Privatfahrten entfallenden Aufwendungen ansetzen, wenn er die Gesamtaufwendungen für das Kfz durch Belege nachweist (→ Rn. 568) und ein ordnungsgemäßes Fahrtenbuch (→ Rn. 559 ff) führt, das das Verhältnis der privaten zu den übrigen Fahrten (Fahrtstrecken in km) wiedergibt. Die Aufteilung ist auch dann vorzunehmen, wenn der Privatanteil unter 10% liegt (FG BW EFG 16, 1076, rkr). 558

559 **aa) Ordnungsmäßigkeit des Fahrtenbuchs.** Das Fahrtenbuch ist ein Eigenbeleg (BFH VI B 128/15, BFH/NV 16, 1752 Rn. 14), bei dem eine formelle (→ Rn. 560–565) und eine inhaltl Komponente (→ Rn. 566) zu unterscheiden ist.

560 **(1) Formelle Ordnungsmäßigkeit.** Die Anforderungen sind hoch (s dazu *Kiermaier* NWB 13, 2406); ihre exakte Erfüllung kostet daher Zeit. Ungeachtet der in Teilen der Literatur geübten Kritik (zB *Bingel/Göttsching* DStR 13, 690; *Schneider* HFR 13, 302) ist jedoch an diesen Anforderungen festzuhalten, da eine (Nicht-)Besteuerung, die allein auf ungenauen und daher nicht überprüfbaren Angaben des StPfl beruhen würde, verfrechtl unzulässig wäre. Der Zweck dieser Aufzeichnungserfordernisse, nachträgl Manipulationen möglichst zu verhindern, wird auch in der neueren Rspr des – ansonsten eher großzügigen – VI. Senats betont (BFH VI R 31/10, BStBl II 13, 700 Rn. 25 f). Die Führung eines Fahrtenbuchs ist daher zumutbar (BFH X R 28/15, BStBl II 18, 712 Rn. 24).

562 **(a) Pflichtangaben. Betriebliche Fahrten.** Erforderl sind Angaben über Datum, km-Stand zu Beginn und Ende der betriebl/berufl veranlassten Fahrt (es genügt die Angabe voller km; eine Rundung auf volle 10 km ist allerdings nicht zul, s BFH VI B 65/04, BFH/NV 05, 1554), Zielorte, Reisezweck und aufgesuchte Geschäftspartner enthalten (*BMF* BStBl I 09, 1326 Rn. 24; BFH VI R 87/04, BStBl II 06, 625; BFH VI R 33/10, BStBl II 12, 505 Rn. 14: Name und Anschrift des Geschäftspartners; dazu *Schneider* NWB 12, 1892; BFH VI R 3/12, BFH/NV 13, 526: Vermerk „Außendienst" ohne Angabe der Zielorte und Geschäftspartner genügt nicht; BFH III R 62/19, BStBl II 22, 435 Rn. 12: bloße Ortsangaben reichen grds nicht aus). Die verwendete Handschrift muss lesbar sein (BFH VIII B 120/11, BFH/NV 12, 949). – **Privatfahrten.** Hier genügt die km-Angabe, für Fahrten zw Wohnung und Betrieb ein kurzer Hinweis (BMF BStBl I 09, 1326 Rn. 29; LStR 8.1 IX Nr 2 S 4). – **Zweck der formellen Anforderungen.** Die Angaben sind erforderl, um ihre inhaltl Richtigkeit anhand der Tank- und Werkstattbelege, Aufzeichnungen zu Kundenkontakten und anderer Unterlagen überprüfen zu können (→ Rn. 566).

563 **(b) Erleichterungen.** Bei **Handelsvertretern** reichen grds Orts- und Kundenbezeichnungen ohne Angabe von Zwischenentfernungen aus. **Taxifahrer** und **Fahrlehrer** können ihre Tagesfahrten, Lieferanten ihre tägl Lieferfahrten zusammenfassen (*BMF* BStBl I 09, 1326 Rn. 25–28); Erleichterungen gelten auch für **Kundendienstmonteure** und **Pflegedienste** (*BMF* BStBl I 22, 232 Rn. 30). Die Ausdehnung dieser Erleichterungen auf andere Berufsgruppen wird von der *FinVerw* abgelehnt. Bei **Freiberuflern,** die der Schweigepflicht unterliegen, genügt es nicht, ledigl den Vermerk „Patientenbesuch" anstelle des Namens anzugeben (FG Hmb EFG 07, 669, rkr; *Bilsdorfer* DStR 12, 1477 (1479); ähnl für RA BFH XI B 128/06, BFH/NV 07, 706; ebenso zum Nachweis von Bewirtungsaufwendungen BFH IV R 50/01, BStBl II 04, 502; diff BFH IX R 31/00, BStBl II 02, 712 unter II.1.e: das FG muss abwägen, ob es die Angaben benötigt). Zulässig ist aber die Verschlüsselung der Patienten-/Mandantennamen über Nummern, wenn eine Zusammenführung mit der Patienten-/Mandantenliste leicht mögl ist (ähnl BFH VI R 87/04, BStBl II 06, 625 unter II.1.b; *BMF* BStBl I 09, 1326 Rn. 28); unverständl **Abkürzungen** genügen jedoch nicht (BFH III R 62/19, BStBl II 22, 435 Rn. 13: eine Abkürzung muss entweder aus sich heraus verständl sein oder im Fahrtenbuch erläutert werden). Ein Fahrtenbuch, in dem sämtl Namen der aufgesuchten Mandanten geschwärzt sind, reicht nicht aus (zutr FG Hmb EFG 25, 394, Rev VIII R 35/24). – Eine dienstl Erklärung von **Beamten** ersetzt fehlende Eintragungen nicht (BFH VI B 112/06, BFH/NV 07, 1654).

564 **(c) Geschlossene äußere Form.** Dieses Erfordernis folgt aus dem Wortlaut „Fahrten*buch*" (BFH VI R 27/05, BStBl II 06, 408; BFH VI B 12/11, BFH/NV 11, 1863; BFH III B 78/12, BFH/NV 13, 39: keine „Lose-Blatt-Sammlung"; BFH X B 258/12, BFH/NV 13, 1412: auch monatsweise geführte Blätter genügen nicht).

Eine **Excel-Tabelle** erfüllt diese Anforderungen wegen der Möglichkeit nachträgl undokumentierter Änderungen nicht (BFH VI R 64/04, BStBl II 06, 410). – **Elektronisches Fahrtenbuch.** Die Ordnungsmäßigkeit setzt voraus, dass die verwendete Software nachträgl Änderungen der Eintragungen entweder von vornherein nicht zulässt oder zumindest als solche kenntl macht (BFH VI B 37/23, BFH/NV 24, 389 Rn. 11; *BMF* BStBl I 09, 1326 Rn. 23; LStR 8.1 IX Nr 2 S 6; ausführl *OFD Rhld/Mster* DB 13, 489; FG Bln-Bbg EFG 12, 402, bestätigt durch BFH VI R 49/11, BFH/NV 13, 1399 Rn. 18; ausführl *Weigel* EStB 17, 75). Dies gilt auch bei kommerzieller Software (FG Mster EFG 09, 1001, NZB VIII B 26/09 unbegründet; hier stimmten allerdings weder die Anfangs- mit den Endbeständen noch die Belege mit den Fahrtenbucheintragungen überein; FG Mster EFG 10, 947, rkr; zu zahlreichen Einzelfragen FG BW EFG 15, 458, rkr; NdsFG EFG 19, 875, rkr; FG Ddorf EFG 24, 181, rkr).

(d) Zeitnahe Führung. Die Eintragungen müssen *sofort* in der geschlossenen **565** „Buch"-Form vorgenommen werden. Es genügt nicht, wenn der StPfl behauptet, er habe zunächst lose Aufzeichnungen geführt und auf deren Grundlage später ein Fahrtenbuch angefertigt (BFH IV R 62/04, BFH/NV 07, 691; BFH VIII R 66/06, BFH/NV 09, 1422; BFH VIII R 33/11, BFH/NV 14, 151 Rn. 37; FG Ddorf EFG 24, 181, rkr: gebündelte Eintragung nur ein- bis zweimal monatl). Auch das Nacherstellen anhand der Eintragungen in einem Terminkalender genügt nicht (BFH VI R 27/05, BStBl II 06, 408; BFH VI R 33/10, BStBl II 12, 505 Rn. 15). Eine Ergänzung im Einspruchsverfahren scheidet ebenso aus (SchlHFG EFG 07, 20, rkr) wie Aufzeichnungen, die sich auf einen (wenn auch ggf repräsentativen) Teilzeitraum beschränken (LStR 8.1 IX Nr 2 S 5).

(2) Inhaltliche Mängel. Sie können die Ordnungsmäßigkeit ebenfalls ausschlie- **566** ßen. In der Praxis greift das FA zumeist **Widersprüche** zw den angegebenen Fahrtzielen/-routen und den sich aus den vorgelegten Tankbelegen ergebenden Orten auf; ebenso das Fehlen von Eintragungen zu nachweisl durchgeführten Fahrten (zB Werkstatt- und Tankfahrten, Kundenbesuche; vgl BFH VI R 94/04, BFH/NV 07, 1302 unter II.2.b). Derartige Widersprüche sind grds gewichtig, weil dann die Richtigkeit der entspr Fahrtenbucheintragung (oder aber die betriebl Veranlassung des vorgelegten Belegs) denklogisch ausgeschlossen ist (FG Mchn EFG 09, 1449, NZB VIII B 109/09 unzul: 15 Fehler in 3 Jahren; FG Mster EFG 06, 652, rkr: zahlreiche Widersprüche, zusätzl Chi^2-Test [hierzu zust *Zimmermann* EFG 06, 653; mE zutr krit *Gebbers* StBP 08, 290 (292); *Huber/Huber* StBP 09, 121]; BFH VIII R 33/11, BFH/NV 14, 151 Rn. 38 f: zahlreiche Unstimmigkeiten). – **Kleinere Mängel** zwingen (ähnl wie bei der Buchführung) aber nicht zur Verwerfung des *gesamten* Fahrtenbuchs, wenn die Angaben insgesamt plausibel sind und trotz der Mängel noch eine hinreichende Gewähr für die Vollständigkeit und Richtigkeit der Angaben besteht (zutr BFH VI R 38/06, BStBl II 08, 768: drei kleinere Mängel innerhalb von vier Jahren; ähnl FG Ddorf EFG 09, 324, rkr; NdsFG EFG 22, 35, rkr). Bei der vorzunehmenden Wertung des Gewichts der Mängel ist allerdings zu beachten, dass dem FA eine vollständige Überprüfung der aus der Sphäre des StPfl stammenden Angaben nicht mögl ist und daher bereits eine Stichprobe, die mit einer gewissen Zahl an nachweisl inhaltl Mängeln belastet ist, einen Rückschluss auf die *insgesamt* fehlende Ordnungsmäßigkeit zulassen kann (glA *Reuß* EFG 09, 1003 unter 6.). Umwegfahrten müssen jedenfalls dann dokumentiert werden, wenn der Umweg erhebl ist (BFH VIII B 120/11, BFH/NV 12, 949: 24%; BFH VIII B 130/19, BFH/NV 21, 33 Rn. 8). – Durchgreifende inhaltl Mängel können nicht durch **Schätzung eines Privatanteils** überwunden werden (FG Mster EFG 05, 854, rkr); vielmehr ist dann zwingend die 1%-Regelung anzuwenden (→ Rn. 526).

bb) Belegnachweis der Aufwendungen für Kfz-Nutzung. – (1) Selbst- 568 kosten. Anzusetzen sind sämtl mit dem Betrieb des Kfz zusammenhängenden (fixen und variablen) Selbstkosten (dazu → § 4 Rn. 520 „Fahrtkosten"). – **Keine Teilschätzung.** Können einzelne Kosten nicht belegt werden können, ist die Fahrtenbuchmethode nach dem klaren Gesetzeswortlaut nicht zulässig (zutr BFH VI R 44/20, BStBl II 23, 442: Betankung an einer betriebl Tankstelle ohne Mengen- und Preisanzeige). Beim Aufladen betriebl ElektroKfz ist daher jeder Ladevorgang zu dokumentieren (*Hoffmann* BeSt 23, 16). – Zur AfA-Dauer → § 7 Rn. 169 „Pkw": grds 8 Jahre. Anstelle von **SonderAfA** kann der StPfl die fiktive lineare AfA ansetzen (BFH III R 96/85, BStBl II 88, 655); dies muss dann aber auch gelten, wenn die fiktive lineare AfA nach Ablauf des Begünstigungszeitraums *höher* ist als die tatsächl AfA. Eine **Leasingsonderzahlung** ist auch bei Nichtbilanzierern auf die Laufzeit des Leasingvertrags zu verteilen (zutr BFH VI R 27/14, BStBl II 16, 174). – **(2) Unfallkosten.** Sie sind je nach dem Anlass der Fahrt direkt dem betriebl oder privaten Bereich zuzuordnen (LStR 8.1 IX Nr 2 S 11 ff; auch → § 8 Rn. 36; zur Ermittlung → Rn. 519 (3)). Eine Nutzungsausfallentschädigung ist zwar in voller Höhe BE, mindert aber die Gesamtkosten des Pkw und damit auch die Bemessungsgrundlage für die Nutzungsentnahme (BFH X R 2/14, BStBl II 16, 534 Rn. 22).

570 **cc) Elektro-Kraftfahrzeuge.** Allgemeines und technische Anforderungen → Rn. 547 ff. – **(1) Ansatz von nur 25 % der AK (S 3 Nr 3).** Die höchste Begünstigung von Elektro-Kfz bei Anwendung der Fahrtenbuchmethode liegt darin, dass die AK (und vergleichbare Aufwendungen, zB Leasingraten) in die Gesamtkosten nur zu ¼ eingehen. Voraussetzung ist das Fehlen jegl CO_2-Emissionen, ein Bruttolistenpreis von höchstens 100 000 € (bei Anschaffung bis VZ 23 maximal 60 000 €, bei Anschaffung vom 1. 1. 24 bis 30. 6. 25 maximal 70 000 €) und die Anschaffung in den VZ 2019–2030 (Inkrafttreten allerdings erst zum VZ 20). Näher → Rn. 549; *BMF* BStBl I 21, 2205 Rn. 15 ff. – **(2) Ansatz von 50 % der AK (S 3 Nr 2, 4, 5).** Bei Elektro-Kfz, die nicht unter Nr 3 fallen (insb Hybrid-Kfz sowie Kfz mit einem Listenpreis oberhalb der vorstehend unter (1) genannten Grenzen) sind die AK zur Hälfte anzusetzen, wenn die in Nr 2, 4, 5 enthaltenen (und in → Rn. 550 näher erläuterten) technischen und zeitl Voraussetzungen erfüllt sind. – **(3) Herausnahme der Kosten des Batteriesystems (S 3 Nr 1).** Bei Elektro-Kfz, die nicht unter Nr 2–5 fallen (entweder weil sie bereits in den VZ 13–18 erworben wurden oder zwar in den VZ 19–22 erworben werden, aber als Hybrid-Kfz nicht die besonderen Anforderungen der → Rn. 550 erfüllen), werden die Gesamtaufwendungen um die Aufwendungen für das Batteriesystem gemindert (zB sind Leasingkosten für Batterien nicht in die Gesamtkosten einzubeziehen). Werden die Batterien beim Kauf des Elektro-Kfz mit erworben, mindert sich die AfA-Bemessungsgrundlage um die in S 2 Hs 2 Nr 1 ausgewiesenen Pauschalbeträge (bei Anschaffung im VZ 22 also um 50 €/kWh, höchstens 5500 €/Kfz; Einzelheiten → Rn. 551; Berechnungsbeispiel bei *Hörster* NWB 15, 1052).

572 **c) Gestaltungsmöglichkeiten.** Die 1%-Regelung stellt Kfz-Nutzer mit relativ hohem Privatanteil besser (zu Formeln s *Rüsch/Hoffmann* DStR 06, 399; *Wagenknecht* FR 13, 754; *Eichfelder/Kluska/Neugebauer* DStR 17, 695). Bei hohem betriebl Anteil (zB Handelsvertreter) empfiehlt sich dagegen das Fahrtenbuch. Auch wenn der StPfl tatsächl ein Fahrtenbuch führt, kann er sich auf die 1%-Regelung berufen, wenn diese günstiger ist (BFH VI R 132/00, BStBl II 03, 311 unter II.3.a). Er kann seine Wahl in jedem Wj erneut treffen, allerdings nicht *innerhalb* eines Wj zw beiden Methoden wechseln (BFH VIII B 190/09, BStBl II 13, 946 Rn. 22; für ArbN BFH VI R 35/12, BStBl II 14, 643); eine Ausnahme gilt beim Fahrzeugwechsel (*BMF* BStBl I 09, 1326 Rn. 8). Nutzt der StPfl mehrere Kfz privat, kann er unterschiedl Methoden wählen (BFH III R 2/00, BStBl II 01, 332; BFH VIII B 190/09, BStBl II 13, 946 Rn. 24). Das Wahlrecht wird durch Einreichen der StErklärung beim FA ausgeübt; die Entscheidung kann aber bis zur materiellen Bestandskraft des Bescheids (dh solange hierfür eine Korrekturvorschrift oder Einspruchsmöglichkeit vorhanden ist) noch geändert werden (*BMF* BStBl I 09, 1326 Rn. 8; FG RhPf EFG 09, 457, rkr).

573 **d) Anwendung in Gesellschaftsverhältnissen. – aa) Personengesellschaften.** Auch hier ist für die 1%-Regelung eine betriebl Nutzung von mehr als 50% erforderl (→ Rn. 532; *BH/Krumm* § 6 Rn. 1370; zu Unrecht **aA** *Urban* DB 06, 408 (414)). Gehört das Kfz zum GesamthandsBV einer PersGes, ist die Nutzungsent-

nahme demjenigen Ges'ter zuzurechnen, der das Kfz nutzt (*BMF* BStBl I 09, 1326 Rn. 13). Gleiches gilt, wenn ein Kfz aus dem SonderBV eines *anderen* Ges'ters genutzt wird. – **Vermietung des Kfz an einen Ges'ter.** Es kommt nur dann zu einer Nutzungsentnahme (mit der Folge der Anwendung von Nr 4 S 2 oder 3), wenn das Entgelt zu gering ist (→ Rn. 517 (3)). Werden die tatsächl Kosten sogar um mehr als 50% unterschritten, kann das Kfz PV der PersGes sein. Nutzt der Ges'ter das angemietete Kfz für betriebl Zwecke, führt dies wiederum zu einer Nutzungseinlage. – Vermietet umgekehrt der Ges'ter sein Kfz an die PersGes und überlässt diese es ihm zu privaten Zwecken, sind die Mietaufwendungen bei der PersGes BA; die Nutzungsentnahme ist nach der 1%-Regelung zu erfassen (BFH VIII R 28/10, BStBl II 13, 120).

bb) Kapitalgesellschaften. Zur Frage, ob es sich bei einer vertragswidrigen 574
Pkw-Privatnutzung durch GmbH-Ges'ter-Geschäftsführer um vGA oder ArbLohn handelt, → § 19 Rn. 100 „Kfz-Gestellung" (5). – Bei der Bewertung von Kfz-Nutzungen, die als **vGA** anzusehen sind, geht die Rspr vom **Fremdvergleichspreis** aus; die 1%-Regelung gilt insoweit nicht (BFH I R 70/04, BStBl II 05, 882 unter II.3.b). Anzusetzen sind die tatsächl auf die Privatfahrten entfallenden anteiligen Kosten (die idR nur grob geschätzt werden können) zzgl eines Gewinnaufschlags (zB 10%; BFH I B 70/09, BFH/NV 10, 247). Die *FinVerw* lässt aus Vereinfachungsgründen auch eine Bewertung nach der 1%-Regelung zu (*BMF* BStBl I 12, 478).

3. Buchwertentnahmen bei Sachspenden, § 6 I Nr 4 S 4, 5. Umfassend 581
Hüttemann DB 08, 1590; zum (teilw überholten) Normzweck → 39. Aufl 2020, § 6 Rn. 581. – **Norminhalt.** WG (auch Anteile an KapGes; gem S 5 nicht jedoch Nutzungen und Leistungen) können wahlweise **zum Buchwert entnommen** werden, wenn sie unmittelbar im Anschluss an die Entnahme einer nach § 5 I Nr 9 KStG von der KSt befreiten Körperschaft, Personenvereinigung oder Vermögensmasse oder einer juristischen Person döR zur Verwendung iSd § 10b I 1 unentgeltl überlassen werden. Eine solche „Verwendung" ist auch dann gegeben, wenn die steuerbegünstigte Körperschaft das WG unmittelbar nach der Übertragung veräußert, um sich flüssige Mittel zu verschaffen (zutr EStR 6.12 III; *Hüttemann* DB 08, 1590; *Seer* GmbHR 08, 785). – **Einzelfragen zum Anwendungsbereich.** Das Buchwertprivileg kann auch iRe **Betriebsaufgabe** beansprucht werden (EStR 16 II 8; BFH VIII R 53/99, BStBl II 03, 237 unter II.1.b: Vererbung von SonderBV an eine gemeinnützige Stiftung). Hingegen ist S 4 bei einer **Entnahme aus einem wirtschaftl Geschäftsbetrieb** der nach § 5 I Nr 9 KStG befreiten Körperschaften nicht eröffnet. Denn beim Übergang in einen anderen Bereich desselben Subjekts fehlt es an der gesetzl vorausgesetzten Entreicherung. – **Höhe des Spendenabzugs.** Macht der StPfl von S 4 Gebrauch, ist auch für Zwecke des Spendenabzugs nur der Buchwert anzusetzen (§ 10b III 2). Die *FinVerw* (EStR 10b.1 I 4) behandelt zR zusätzl auch die anfallende USt als steuerbegünstigte Spende.

4. Privatnutzung betrieblicher Fahrräder, § 6 I Nr 4 S 6. In den VZ 19–30 (§ 52 XII 8) 583
bleibt die private Nutzung eines betriebl Fahrrads, das kein Kfz iSd Satz 2 ist, außer Ansatz, dh hierfür ist keine Entnahme mehr anzusetzen (ausführl *Brunckhorst* EStB 24, 65). Dies soll der Förderung umweltschonender Verkehrsmittel dienen. Für ArbN soll die parallel eingeführte StBefreiung des § 3 Nr 37 einen Anreiz bieten, die Überlassung von Fahrrädern als Lohnbestandteil zu vereinbaren. – **Fahrräder, die zugleich Kfz sind,** fallen nicht unter Satz 6 (Elektro-Fahrräder, deren Antrieb bis 45 km/h unterstützt und die zulassungsrechtl als Kfz eingestuft sind, sog „S-Pedelecs"). Insoweit gilt die 1%-Regelung nach Satz 2 bzw die Fahrtenbuchmethode nach Satz 3, jeweils unter Inanspruchnahme der Begünstigungen für Elektro-Kfz.

5. ABC der Bewertung von Entnahmen. Ein ABC zum *Tatbestand* der Ent- 585
nahme ist in → § 4 Rn. 270 enthalten; zur Ermittlung des TW → Rn. 251 ff.

Arbeitsleistung. Beim Einsatz von ArbN für außerbetriebl Zwecke sind die Selbstkosten anzusetzen (→ Rn. 519); für die Arbeitsleistung des Betriebsinhabers ist mangels Selbstkosten nichts anzusetzen.

Grundstück. Werden einzelne Gebäudeteile zu privaten Zwecken verwendet und damit entnommen, erstreckt sich die Entnahme auch auf einen entspr Teil des GuB (BFH I R 51/82, BStBl II 83, 365). Der Entnahmegewinn ist nach dem Verhältnis der Nutzflächen und nicht nach den Ertragswerten auf die einzelnen WG aufzuteilen (BFH III R 20/99, BStBl II 03, 635).

Nießbrauchsvorbehalt bei Schenkung eines betriebl WG steht der Bewertung der Entnahme mit dem vollen TW des WG nicht entgegen (→ § 7 Rn. 64 mwN).

Nutzungsentnahmen → Rn. 517.

Pauschbeträge für unentgeltl Wertabgaben bestimmter Gewerbezweige s *BMF* BStBl I 18, 1395 (Kj 2019); *BMF* BStBl I 21, 198 (Kj 2020); *BMF* BStBl I 21, 811 und *BMF* BStBl I 22, 4 (Kj 2021); *BMF* BStBl I 22, 137 (Kj 2022); *BMF* BStBl I 23, 52 (Kj 2023); *BMF* BStBl I 24, 286 (Kj 2024); *BMF* BStBl I 25, 288 (Kj 2025); *BMF* BStBl I 26, 4 (Kj 2026); Fundstellen für VZ vor 2014 → 33. Aufl 2014, § 6 Rn. 545; 2014–2018 → 39. Aufl 2020, § 6 Rn. 585. Die für Schank- und Speisewirtschaften geltenden Pauschalen sollen nicht auf Imbissbetriebe anzuwenden sein (FG Ddorf EFG 11, 1177, rkr: AdV-Gewährung; mE zweifelhaft).

Personengesellschaft. Zur Zurechnung des Entnahmegewinns an einen oder alle Ges'ter s BFH IV R 39/94, BStBl II 96, 276 unter 2.

Reise. Bewertung der Zuwendung einer privat genutzten Reise → Rn. 519 (6).

Teilentgeltlichkeit. Zur teilentgeltl Übertragung von WG → Rn. 137; zur teilentgeltl Nutzungsüberlassung → Rn. 517 (3).

Umsatzsteuer. Die Entnahme ist einer ustbaren Lfg/sonstigen Leistung gleichgestellt (WG-Entnahme: § 3 Ib 1 Nr 1 UStG, Nutzungsentnahme: § 3 IXa UStG). Bemessungsgrundlage sind der Einkaufspreis bzw die Selbstkosten (§ 10 IV UStG). Die danach entstehende USt ist eine nach § 12 Nr 3 nichtabzugsfähige BA. Zur USt bei Anwendung der 1%-Regelung → Rn. 544.

591 **6. Bewertung von Einlagen, § 6 I Nr 5. – a) Begriff.** Einlagen sind alle WG, die der StPfl dem Betrieb zuführt (§ 4 I 8; ausführl → § 4 Rn. 220 ff), idR aus dem PV. – **Einlage steuerverstrickter WG des PV.** Wird ein Grundstück in das BV eingelegt und dann innerhalb von 10 Jahren nach seiner Anschaffung aus dem BV heraus veräußert, stellt die Einlage ein stpfl privates Veräußerungsgeschäft dar (§ 23 I 5 Nr 1); der nach § 6 I Nr 5 angesetzte Einlagewert gilt als Veräußerungspreis (§ 23 III 2). Zu Beteiligungen iSd § 17 → Rn. 615; zu WG iSd § 20 II → Rn. 621. – **Einlage immaterieller WG.** Nr 5 geht dem Aktivierungsverbot des § 5 II vor (BFH GrS 2/86, BStBl II 88, 348 unter C. I.1.b aa; BFH X R 20/17, BStBl II 20, 3 Rn. 74). – **Zuführung aus einem anderen BV.** Auch dies ist als Entnahme und Einlage zu behandeln, wie Nr 5 S 3 zeigt. Gem Abs 5 S 1 ist hier aber der Buchwert fortzuführen, sofern die Besteuerung der stillen Reserven gesichert ist (→ Rn. 761). Ein bisher fehlerhaft nicht bilanziertes WG des notwendigen BV wird nicht eingelegt, sondern mit dem fiktiven Buchwert eingebucht (BFH X R 153/97, BStBl II 02, 75). – **Gegenstand von Einlagen** (ausführl → § 4 Rn. 220 ff) können sowohl WG (zu denen auch rechtl gesicherte Nutzungsrechte mit Ausnahme der unentgeltl eingeräumten gehören, → § 4 Rn. 225) als auch der betriebl veranlasste Aufwand aus der Nutzung eines WG des PV sein (zur Bewertung solcher Aufwandseinlagen → Rn. 595). Die eigene Arbeitskraft ist hingegen nicht einlagefähig (BFH IV R 26/98, BStBl II 99, 604).

592 **b) Anwendungsbereich. Gewinnermittlung nach § 4 III.** Auch hier ist sowohl der Einlagetatbestand des § 4 I 8 (→ § 4 Rn. 386) als auch die Bewertungsvorschrift des § 6 I Nr 5 anzuwenden (§ 6 VII). – **Ausland.** Nach § 4 I 8 Hs 2 gilt als Einlage auch die Begründung des dt Besteuerungsrechts hinsichtl des WG. Derartige Einlagen sind nicht gem § 6 I Nr 5 mit dem TW, sondern nach Nr 5a mit dem gemeinen Wert zu bewerten (→ Rn. 631).

c) Grundsatz. Die **Bewertung mit dem TW** ist deshalb geboten, weil vom StPfl stfrei im PV erzielte oder bei ihm bereits nach einem anderen Tatbestand besteuerte Wertzuwächse nicht durch eine StVerstrickung eingelegter stiller Reserven der Besteuerung iRd Gewinneinkünfte unterworfen werden sollen (BFH GrS 2/86, BStBl II 88, 348 unter C. I.1.b aa). Zur Ermittlung des TW ausführl → Rn. 231 ff. Die Einlage wird damit als anschaffungsähnl Vorgang behandelt. **Bewertungszeitpunkt** ist stets der Zeitpunkt der Einlage (→ Rn. 251). 594

d) Aufwandseinlagen. Ausführl hierzu → § 4 Rn. 224 ff. Voraussetzung ist die Nutzung eines *eigenen* WG (ansonsten handelt es sich um Drittaufwand, der steuerl grds unbeachtl ist; dazu und zu den Ausnahmen → § 4 Rn. 500 ff mwN, → § 7 Rn. 101). Sie sind nicht mit dem TW, sondern **mit den tatsächl Aufwendungen zu bewerten** (BFH GrS 2/86, BStBl II 88, 348 unter C. I.1.b bb; ebenso zum Parallelproblem der Nutzungs*entnahmen* → Rn. 517 mwN). Typischer Fall ist der zum PV gehörende **Pkw,** der gelegentl betriebl genutzt wird; eine Leasingsonderzahlung ist hier zur zutr Ermittlung des Aufwands auf die Laufzeit des Leasingvertrags zu verteilen (BFH VIII R 1/21, BStBl II 24, 633 Rn. 21 ff). Erleidet ein solcher Pkw auf einer betriebl Fahrt einen Unfallschaden, ist die AfaA Aufwandseinlage und damit BA (BFH IV R 25/94, BStBl II 95, 318). – Zu Aufwandseinlagen bei MUerschaften → Rn. 603; zu KapGes → Rn. 605; zur Beschränkung von Aufwandseinlagen bei Tonnagebesteuerung (§ 5a) s § 4 V 1 Nr 11 (→ § 4 Rn. 646). 595

e) Besonderheiten bei Mitunternehmerschaften. Ausführl *Weidmann* FR 12, 205; FR 12, 344; *Kraft* FR 13, 825 (auch zu Auslandssachverhalten); *Schmudlach* NWB 16, 3305. – **aa) Vorrang von § 6 V 3 und § 24 UmwStG.** Nach § 6 V 3 ist bei **Übertragungen von WG aus einem EinzelBV in das BV einer MUerschaft** grds der Buchwert fortzuführen, sofern keine Gegenleistungen oder ausschließl GesRechte gewährt werden (→ Rn. 775 ff). Auch nach der Rechtslage vor Schaffung des § 6 V (1999) handelte es sich nicht um eine Einlage, sondern bei Gewährung von GesRechten um einen entgeltl Vorgang (BFH I R 77/06, BStBl II 09, 464 unter B.I.3.; hierzu *Mutscher* DStR 09, 1625; *Siegmund/Ungemach* NWB 11, 2859). – Ebenfalls vorrangig ist § 24 UmwStG, sofern ein Betrieb, Teilbetrieb oder MUerAnteil eingebracht wird. 597

bb) Einbringung gegen Gewährung von Gesellschaftsrechten außerhalb des § 6 V. – (1) Entgeltlicher Vorgang. Die Einbringung eines WG des PV (dh keine Anwendbarkeit des nur für BV geltenden § 6 V) gegen Gewährung von GesRechten (dh Gutschrift auf dem KapKto I) ist keine Einlage, sondern ein tauschähnl, entgeltl Rechtsgeschäft (BFH IV R 37/06, BStBl II 11, 617 unter II.2.b, Anm *Wacker* HFR 08, 692; krit *Reiß* DB 05, 359; *Ekkenga* Ubg 09, 761 (769); *Niehus* StuW 17, 27). Nr 5 ist daher nicht anwendbar. Vielmehr entstehen bei der MUerschaft **AK.** Anzusetzen ist der **gemeine Wert.** Dabei handelt es sich um einen obj Wert, der von einem im Einbringungsvertrag genannten Betrag abweichen kann (BFH IV R 7/12, BFH/NV 15, 1091; BFH IV R 2/20, BStBl II 23, 999 Rn. 35). Mangels Anwendbarkeit der Nr 5 kommt es auch nicht zu der in Nr 5 S 1 Hs 2 (→ Rn. 611 ff) vorgesehenen Begrenzung des Einlagewerts auf die AK. Auf diese Weise kann daher **neues AfA-Volumen** geschaffen werden (s *Paus* EStB 12, 70). Der Einbringende erfüllt ggf die Veräußerungstatbestände der §§ 17, 20 II, 23 (BFH VIII R 69/95, BStBl II 00, 230 unter II.1.d; *BMF* BStBl I 00, 462; krit *Daragan* DStR 00, 573). 598

(2) Nur teilweise Buchung auf dem Kapitalkonto I. Jedenfalls eine Einbringung anlässl der *erstmaligen* Gewährung von GesRechten ist auch dann entgeltl (keine Einlage), wenn der Gegenwert nur *teilweise* dem KapKto I und iÜ einem anderen KapUnterKto, zB KapKto II oder gesamthänderisch gebundenes Rücklagenkonto (BFH IV R 37/06, BStBl II 11, 617 unter II.2.b bb bbb; BFH IV R 2/20, BStBl II 23, 999 Rn. 23 ff), oder einem Darlehenskonto des Ges'ters (BFH IV R 66/05, BFH/NV 08, 1301 unter II.2.) gutgeschrieben wird (ebenso für Einbringungen 599 nach § 24 UmwStG BFH IV R 27/19, BStBl II 23, 1112 Rn. 25). Dies ist zutr, da auch die Gutschrift auf gesamthänderischen Konten (sofern damit keine Vermögensverschiebung zw Ges'tern verbunden ist) dem Einbringenden anteilig in Höhe seiner Beteiligungsquote zugute kommt. – Die *FinVerw* hat diese Grundsätze übernommen (ausführl *BMF* BStBl I 11, 713). Durch entspr Gestaltung des Einbringungsvertrags können die Ges'ter daher über die Entgeltlichkeit bestimmen (*Carlé* BeSt 23, 27). Noch ungeklärt ist, ob Entgeltlichkeit auch dann anzunehmen ist, wenn der bereits zu 100% am Vermögen einer *bestehenden* PersGes Beteiligte ein WG gegen nur teilweise Gutschrift auf dem KapKto I einbringt (hierzu BFH IV R 15/14, BStBl II 16, 593 Rn. 26; klarstellend BFH IV R 2/20, BStBl II 23, 999 Rn. 27 ff).

600 **(3) Teilentgeltliche Übertragung.** Ist die Summe der auf der Passivseite der Bilanz der MUerschaft vorgenommenen Buchungen (Kapital- und Darlehenskonten) geringer als der TW des WG, ist das WG auf der Aktivseite mit dem vollen TW anzusetzen und iHd Unterschiedsbetrags ein Ertrag auszuweisen, der außerbilanziell nach Einlagegrundsätzen neutralisiert wird (zutr *BMF* BStBl I 11, 713 unter II.2.d).

601 **(4) Einbringung quoad sortem.** Hier wird ein WG nicht durch zivilrechtl Eigentumsübertragung eingebracht, sondern nur dem Werte nach (quoad sortem), dh die Ges kommt in den Genuss des wirtschaftl Werts des WG, ohne Eigentümerin zu werden. Dies spart bei Grundstücken Notargebühren und ggf GrESt. Sofern das wirtschaftl Eigentum übergeht und GesRechte gewährt werden, handelt es sich um einen entgeltl Vorgang (zu PersGes BFH VIII R 5/92, BStBl II 94, 856 unter II.2.b; zu KapGes BFH V R 69/05, BFH/NV 07, 1205 unter II.B.2.a aa; ausführl *Carlé* KÖSDI 23, 23340).

603 **cc) Verbleibender Anwendungsbereich der Nr 5 bei Personengesellschaften.** Nur **voll unentgeltl Einlagen** (ohne jede Gewährung von GesRechten) **außerhalb des Anwendungsbereichs des § 6 V 3** (dh vor allem aus dem PV) fallen noch unter Nr 5. Beispiele: Buchmäßige Gutschrift des *gesamten* „Gegenwerts" auf einem gesamthänderisch gebundenen (dh nicht entnahmefähigen) **Rücklagenkonto** (*BMF* BStBl I 11, 713 unter II.2.b; ausführl *Siegmund/Ungemach* DStZ 08, 762; zur Abgrenzung zw gebundenem und Darlehenskonto ausführl → § 15a Rn. 41 ff), einem **variablen KapKto** (BFH IV R 9/20, BStBl II 25, 309 Rn. 65) oder einem **KapKto II,** das für den Anteil an den GesRechten nicht maßgebl ist, auch wenn dort Verluste gebucht werden (zutr BFH IV R 15/14, BStBl II 16, 593 Rn. 26; weiterführend *Strahl* BeSt 16, 13; *Dorn/Niesmann* Ubg 23, 177; Übergangsregelung wegen der zuvor gegenteiligen VerwAuffassung in *BMF* BStBl I 16, 684). Gleiches gilt, wenn ein Vertrag über den „Verkauf" des WG vom Ges'ter an die PersGes steuerl nicht anerkannt werden kann (BFH IV R 46/12, BStBl II 16, 607 Rn. 39 ff). Die Einbringung eines WG gegen Belastung eines **reinen Darlehenskontos** ist hingegen entgeltl (zutr *Kollmann/Schmidt/Kaya* DStR 22, 2294 (2295)). – **Bürgschaftszahlungen** eines MUers auf Verbindlichkeiten seiner PersGes sind Einlagen. Sie mindern daher nicht seinen lfd Gewinn, sondern erst einen späteren Veräußerungs- oder Aufgabegewinn (BFH IV R 37/89, BStBl II 91, 64 unter 2.). Verbürgt sich der MUer einer BesitzPersGes hingegen für Verbindlichkeiten der BetriebsKapGes, führt die Inanspruchnahme zu Aufwand; im Vorfeld kann ggf eine Rückstellung gebildet werden (BFH VIII R 27/00, BStBl II 02, 733). – **Aufwandseinlagen.** Es gilt dasselbe wie bei Einzelunternehmen (→ Rn. 595; BFH GrS 2/86, BStBl II 88, 348 unter C. I.2.). Die *dauerhafte* überwiegende Nutzung eines WG des PV des MUers durch die PersGes führt allerdings zur Einlage des WG (nicht nur des Aufwands) in das SonderBV.

605 **f) Besonderheiten bei Kapitalgesellschaften. – aa) Verdeckte Einlagen in KapGes.** Ausführl → Rn. 861 ff (zu § 6 VI 2). – Im Gegensatz zu offenen Einlagen (→ Rn. 606) fehlt es bei verdeckten Einlagen an einer unmittelbaren Gegenleistung. Allein die reflexartig eintretende Erhöhung des Beteiligungswerts führt (anders als bei

offener Gewährung von GesRechten) nicht zur Entgeltlichkeit des Vorgangs. Zwar ist als Einlage grds nur die Überführung vom PV ins BV *desselben* StPfl anzusehen; Nr 5 ist über § 8 I KStG aber auch auf KapGes anwendbar (BFH GrS 2/86, BStBl II 88, 348 unter C.I.3.a; BFH GrS 1/94, BStBl II 98, 307 unter C.I.1.; BFH I R 40/10, BStBl II 12, 281 Rn. 9). Damit ist das WG bei der KapGes mit dem TW anzusetzen; der Ges'ter hat nachträgl AK auf seine Beteiligung (→ Rn. 57); im abgebenden BV ist dies gewinnrealisierend (§ 6 VI 2). – Die **Erbschaft** einer KapGes von ihrem Ges'ter führt zu einer Einlage der Aktiva zum TW (BFH I R 131/90, BStBl II 93, 799 unter II.B.4.: Passivierung der Verbindlichkeiten zum Nennwert, bei Nachlassüberschuldung vGA). Auch die **Rückabwicklung von vGA** ist verdeckte Einlage (BFH VIII R 7/99, BStBl II 01, 173). Zur TW-AfA nach verdeckter Einlage → Rn. 281. – **Aufwandseinlagen** sind (anders als bei Einzelunternehmern und PersGes) bei KapGes nicht denkbar. Vielmehr führt die Nutzung von WG des Ges'ters bei diesem zu BA/WK (BFH GrS 2/86, BStBl II 88, 348 unter C.I.3.d).

bb) Offene Einlagen. Hier werden im Gegenzug neue Anteile gewährt. Es handelt sich um einen vollentgeltl (Tausch-)Vorgang; der KapGes entstehen AK (ebenso bei MUerschaften; → Rn. 598). Nr 5 gilt insoweit nicht (BFH I R 2/10, BStBl II 11, 761 unter II.1.a). Ist Gegenstand der Einlage seinerseits ein Anteil an einer KapGes (Anteilstausch), gilt die Spezialvorschrift des § 21 UmwStG. Ausführl zur offenen Einlage in KapGes → Rn. 855 (zu § 6 VI 1). 606

cc) Betriebe gewerblicher Art. Die dargestellten Grundsätze gelten hier auch für Übertragungen aus dem Hoheitsbereich (*Bauschatz/Strahl* DStR 04, 489). 607

7. Begrenzung des Einlagewerts. In den Fällen des § 6 I Nr 5 S 1 Hs 2 ist der Einlagewert auf die AK/HK (ggf abzügl AfA; → Rn. 613) begrenzt (zahlreiche Beispiele hierzu bei *Grobshäuser* NWB 11, 4168). 611

a) Anschaffung/Herstellung innerhalb der letzten drei Jahre, § 6 I Nr 5 S 1 Buchst a. – aa) Norminhalt. Eingelegte WG dürfen höchstens mit den AK/HK bewertet werden, wenn sie innerhalb der letzten drei Jahre vor dem Zeitpunkt der Zuführung aus dem PV angeschafft oder hergestellt worden sind (zum Zeitpunkt der Anschaffung oder Herstellung → Rn. 35). Ist der TW *niedriger* als die AK/HK, bleibt es beim Ansatz des TW (BFH I R 142/76, BStBl II 79, 729 unter II. vor 1.); anders jedoch bei KapGesAnteilen iSd Buchst b (→ Rn. 616). – **Beschränkung auf Zuführungen aus dem Privatvermögen.** Dies soll verhindern, dass bei einer verdeckten Einlage in eine KapGes aus einem anderen BV die AK/HK statt des TW maßgebl sind, womit stille Reserven auf eine TochterGes übertragen werden könnten (ausführl BR-Drs 433/23, 14; zur vorherigen Rechtslage BFH I R 32/17, BStBl II 23, 686 Rn. 49). Diese Ergänzung gilt für Einlagen ab dem 28.3.24 (§ 52 XII 7). – **Ausnahmen vom Anwendungsbereich.** Ein **unentgeltl Erwerb** ist keine Anschaffung und lässt die Drei-Jahres-Frist daher nicht neu beginnen. Auch wird dem Einlegenden (Beschenkten) eine innerhalb der Dreijahresfrist vorgenommene Anschaffung durch seinen *Einzel*rechtsvorgänger nicht zugerechnet (ausführl BFH X R 74–75/90, BStBl II 94, 15; BFH IV R 83/95, BStBl II 97, 287 unter 2.b; offen gelassen von BFH X R 46/14, BStBl II 16, 976 Rn. 56); anders jedoch, wenn der Schenker ein anderer Ges'ter derselben PersGes ist und die Schenkung mit der Einlage zusammenfällt (BFH IV R 58/73, BStBl II 77, 823 unter 4.a). Beruht die Einlage auf der Schaffung eines neuen Besteuerungstatbestands für beschr StPfl, ist die Regelung ebenfalls nicht anwendbar (BFH I R 6/06, BStBl II 07, 163). – **Zweck.** Dem StPfl soll es erschwert werden, Gewinne aus Wertsteigerungen von WG dadurch ins PV zu verlagern, dass er den Einlagezeitpunkt hinausschiebt oder das WG zeitweilig entnimmt (§ 6 I Nr 5 S 3; s BT-Drs II/481, 77; 8/3688, 17; BFH X R 74–75/90, BStBl II 94, 15 unter I.1). 612

613 **bb) Minderung der Anschaffungs-/Herstellungskosten um AfA, § 6 I Nr 5 S 2.** Bei der Einlage abnutzbarer WG innerhalb von drei Jahren seit der Anschaffung/Herstellung sind nicht die historischen AK/HK mit dem TW zu vergleichen, sondern die um zwischenzeitl vorgenommene AfA geminderten AK/HK. Dies gilt auch für erhöhte und SonderAfA sowie für GWG iSd § 6 II (BFH IV R 101/92, BStBl II 94, 638). Ist das WG vor der Einlage nicht zur Einkunftserzielung genutzt worden, sind fiktive AfA abzuziehen (EStR 6.12 I 2). – **Verbrauch der AfA-Bemessungsgrundlage nach § 7 I 5:** Unabhängig davon, ob die Einlage innerhalb oder außerhalb der Drei-Jahres-Frist erfolgt, begrenzt § 7 I 5 bei Einlagen von WG, die zuvor zur Erzielung von Überschusseinkünften verwendet worden sind, die AfA-Bemessungsgrundlage auf den TW abzügl der bisher vorgenommenen AfA (Einzelheiten → § 7 Rn. 123 ff).

615 **b) Einlage von Beteiligungen iSd § 17 (§ 6 I Nr 5 S 1 Buchst b).** Auch hier ist der Einlagewert auf die AK begrenzt. – **aa) Zweck.** Die Regelung soll die Besteuerung sämtl Wertsteigerungen zw Anschaffung und späterer Veräußerung sicherstellen, auch soweit diese im PV eingetreten sind, sofern die Voraussetzungen des § 17 erfüllt sind (BFH IV R 73/05, BStBl II 08, 965 unter II.1.b cc). Alternativ hätte der Gesetzgeber in § 17 die Einlage als Veräußerungstatbestand fingieren können; dies ist aber (anders als in § 23 I 5 Nr 1) nicht geschehen. – Zur Anwendung auf **WG, die dem StPfl bereits am 31.3.99 gehörten,** s *BMF* BStBl I 12, 42, *BMF* BStBl I 16, 11 und → 35. Aufl 2016, § 6 Rn. 561 aE.

616 **bb) Anwendungsbereich. Beteiligungsgrenze des § 17 I.** Es genügt, wenn diese Grenze (mindestens 1%) erstmals im Zeitpunkt der Einlage erreicht wird (BFH IV R 73/05, BStBl II 08, 965 unter II.1.b bb: ein Anteil, der bisher die Grenze des § 17 nicht erreichte, überschreitet durch Hinzuerwerb infolge Erbfalls diese Grenze; ebenfalls durch diesen Erbfall wird der Anteil in das SonderBV einer BesitzGes eingelegt) oder zu einem Zeitpunkt innerhalb der letzten fünf Jahre bestanden hat (BFH IV R 19/18, BStBl II 23, 136 Rn. 26). Erfasst sind auch Anteile, die zwar die Beteiligungsgrenze nicht erreichen, aber durch bestimmte Einbringungsvorgänge entstanden sind (§ 17 VI; → § 17 Rn. 245 f). Für Anteile an KapGes, die nicht unter § 17 fallen, gilt iErg gem Buchst c dieselbe Rechtsfolge (→ Rn. 621). – **Offene Einlagen (gegen Gewährung von GesRechten).** Auf solche Einlagen in KapGes oder das GesamthandsBV einer PersGes ist Buchst b nicht anzuwenden, weil es sich nicht um Einlagen iSd Nr 5, sondern um tauschähnl Vorgänge handelt (BFH IV R 73/05, BStBl II 08, 965 unter II.1.a; zur Abgrenzung s *BMF* BStBl I 11, 713; → Rn. 598, 606). – **Verdeckte Einlagen in KapGes.** Sie fallen unter § 17 I 2 oder § 23 I 5 Nr 2 und führen daher auf der Ebene des Anteilseigners zur Besteuerung. Buchst b ist nicht anwendbar (BFH I R 89/97, BStBl II 98, 691 unter II.2.b; BFH I R 32/08, BStBl II 12, 341 unter II.2.c); als Einlagewert ist stets der TW anzusetzen. Gleiches gilt für verdeckte Einlagen aus einem nicht stpfl Bereich (BFH I R 40/10, BStBl II 12, 281 Rn. 12: Einlage einer Beteiligung aus dem Hoheitsbereich einer juristischen Person döR in eine von ihr beherrschte KapGes). Verdeckte Einlagen *aus* einem BV fallen nicht unter § 17, sondern unter § 6 VI 2, sodass § 6 I Nr 5 S 1 Buchst b nicht anwendbar ist.

618 **cc) Rechtsfolgen. – (1) Teilwert übersteigt Anschaffungskosten.** Hier begrenzt schon der Wortlaut des Buchst b den Einlagewert auf die AK, damit die im steuerverstrickten PV eingetretene Wertsteigerung auch nach der Einlage erfasst wird (BFH IV R 19/18, BStBl II 23, 136 Rn. 29). Dies gilt (ebenso wie bei § 17) auch für Wertsteigerungen, die vor dem erstmaligen Erreichen der 1%-Grenze eingetreten sind (BFH IV R 19/18, BStBl II 23, 136 Rn. 29 ff.). Bei unentgeltl Erwerb des Anteils sind die AK des Rechtsvorgängers maßgebend (Hs 2 iVm § 17 II 5). Haben sich iRd § 17 rechnerisch negative AK ergeben, sind diese auch für den Einlagewert maßgebl; allerdings ist eine Nebenrechnung zu führen, weil im BV negative AK nicht dar-

stellbar sind (vgl den Sachverhalt zu BFH IV R 19/18, BStBl II 23, 136). – **(2) Teilwert unterschreitet Anschaffungskosten.** Die Rspr setzt die Einlage abw vom Gesetzeswortlaut mit den höheren AK an, um auch in diesem Fall (nur) die tatsächl Wertsteigerung zw Anschaffung und Veräußerung zu erfassen (BFH VIII R 25/94, BStBl II 96, 684 unter II.2.; BFH IV R 73/05, BStBl II 08, 965 unter II.1.b cc; BFH X R 48/02, BStBl II 10, 162 unter II.1.; BFH X R 8/16, BStBl II 18, 426 Rn. 60 ff; mE überzeugend; glA → § 17 Rn. 36). Dies gilt allerdings nicht, wenn die Einlage erst *nach* einer Verlustrealisation iSd § 17 IV erfolgt (BFH XI R 39/99, BFH/NV 01, 302) sowie in Fällen, in denen gem § 17 II 6 ein Veräußerungsverlust nicht zu berücksichtigen ist (BFH X R 8/16, BStBl II 18, 426 Rn. 65). Eine TW-AfA (iHd Differenz zw Einlagewert/AK und niedrigerem TW) ist aber nicht zulässig; die Verlustrealisation ist bis zum Ausscheiden aus dem BV aufgeschoben (ausführl BFH X R 48/02, BStBl II 10, 162 unter II.2.: alternativ auch Ansatz eines Korrekturpostens mögl). Um den § 17-Verlust zu realisieren, kann die Beteiligung entweder *veräußert* (zB an eine nahestehende Person) oder gegen Gewährung von GesRechten (dh *entgeltl*) eingebracht werden (s *Hoffmann* DStR 08, 2214). Bei der **GewSt** ist der außerbetriebl eingetretene Verlust mE im Zeitpunkt der späteren Veräußerung zu neutralisieren (offengelassen in BFH X R 48/02, BStBl II 10, 162 unter II.1.e). – **(3) Einlage wertgeminderter Forderungen aus Gesellschafterdarlehen.** Hätte sich der Darlehensverlust bei § 17 als nachträgl AK ausgewirkt, dann ist auch eine solche Forderung (ebenso wie die Beteiligung) bei ihrer Einlage nicht mit dem TW zu bewerten, sondern mit den (höheren) AK (zutr BFH X R 8/16, BStBl II 18, 426 Rn. 68 ff; diese Grundsätze gelten allerdings nach der von BFH IX R 36/15, BStBl II 19, 208 getroffenen Übergangsregelung nur noch für Finanzierungshilfen, die bis zum 27.9.17 geleistet wurden). – **(4) Ergebnis.** Als Einlagewert sind daher stets die AK anzusetzen; der TW ist in den Fällen des Buchst b ohne Bedeutung. Bei der **Verschmelzung** einer KapGes auf eine natürl Person oder PersGes gelten Anteile iSd § 17 schon nach der gesetzl Regelung stets als mit den AK eingelegt (§ 5 II UmwStG).

c) Einlage von Wirtschaftsgütern iSd § 20 II EStG und § 2 IV InvStG (§ 6 I Nr 5 S 1 Buchst c). Auch bei WG iSd § 20 II ist der Einlagewert auf die AK begrenzt. Zu diesen WG gehören zB Anteile an KapGes (soweit sie nicht unter § 17 fallen; → Rn. 616), sonstige Wertpapiere und Kapitalforderungen (Einzelheiten → § 20 Rn. 145 ff). Durch den Verweis auf § 2 IV InvStG sind auch Investmentanteile und Spezialinvestmentanteile erfasst. – **Zweck** ist die Schließung einer Besteuerungslücke, die ohne diese Regelung dadurch einträte, dass die Einlage keine Veräußerung iSd § 20 II ist und die im PV eingetretenen Wertsteigerungen durch den Ansatz zum TW steuerl nicht erfasst würden. Zwar stellt die Einlage keinen Veräußerungstatbestand dar; die Regelung bewirkt aber, dass die im PV eingetretenen Wertsteigerungen im BV stverstrickt bleiben. Ist der TW des eingelegten WG geringer als die AK, sind mE aus den in → Rn. 618 genannten Gründen auch hier die höheren AK anzusetzen. – Buchst c ist auf *verdeckte* Einlagen in KapGes nicht anzuwenden; hier ist in § 20 II 2 ausdrückl ein Veräußerungstatbestand fingiert worden. Für Einlagen aus anderen BV gilt nicht Buchst c, sondern § 6 V, VI. 621

d) Ansatz eines früheren Entnahmewerts anstelle der Anschaffungs-/Herstellungskosten, § 6 I Nr 5 S 3. Ist der Einlage eine Entnahme (auch in Form einer Betriebsaufgabe) beim selben StPfl vorausgegangen, sind für Zwecke der Begrenzung des Einlagewerts in den Fällen des § 6 I Nr 5 S 1 Buchst a–c nicht die historischen AK/HK maßgebend; vielmehr ist der Entnahmewert (ggf abzügl AfA) anzusetzen. Dies galt auch schon vor der ausdrückl gesetzl Regelung (BFH I R 142/76, BStBl II 79, 729 unter II.2.a). Fallen Entnahme und Einlage jedoch zeitl zusammen, wird für Überführungen zw zwei BV desselben StPfl durch § 6 V 1 grds Buchwertfortführung angeordnet (→ Rn. 761). – Die Begrenzung ist auch dann anzuwenden, wenn der **Entnahmewert steuerl tatsächl nicht erfasst** wurde; in diesem Fall ist der fiktive Entnahmewert anzusetzen (BFH IV R 83/95, BStBl II 97, 287 unter 2.b). 622

Wird die Entnahme steuerl erfasst, ist der vom FA tatsächl angesetzte Entnahmewert auch dann maßgebl, wenn er fehlerhaft war (zur parallelen Problematik der AfA nach fehlerhaft ermitteltem Entnahmewert ausführl → § 7 Rn. 119 mwN). „Erfasst" ist ein Entnahmewert auch dann, wenn er wegen StFreiheit oder eines Freibetrags nicht steuerwirksam wird (BFH X R 53/04, BStBl II 05, 698 unter II.3.: ist eine selbstgenutzte Wohnung nach der Übergangsregelung des § 52 XV aF steuerfrei ins PV entnommen worden, ist auch bei kurzfristiger Wiedereinlage in ein BV als Einlage- und Entnahmewert der TW anzusetzen, sodass neues AfA-Volumen geschaffen wird). – Bei **teilentgeltl Vorgängen** (zB Verkauf eines WG des BV an eine nahestehende Person zu einem unübl niedrigen Preis), die teils als Veräußerung und teils als Entnahme zu beurteilen sind (→ Rn. 137 mwN), käme zwar im Prinzip eine Aufteilung in Betracht. Eine Begrenzung des Einlagewerts ist aber schon deshalb nicht durchzuführen, weil Entnehmender und Einlegender hier nicht identisch sind.

625 **8. ABC der Bewertung von Einlagen.** Ein ABC zum *Tatbestand* der Einlage ist in → § 4 Rn. 270 enthalten; zur Ermittlung des TW → Rn. 251 ff.

Aufwandseinlage → Rn. 595.

Ausland → Rn. 592.

Bausparvertrag → 39. Aufl 2020, § 6 Rn. 625.

Betriebseröffnung. S § 6 I Nr 6 und → Rn. 633.

Bodenschatz. Zwar wird ein Bodenschatz, der bei seiner Entdeckung üblicherweise zum PV gehört, zum TW ins BV eingelegt. Die Rspr versagt aber die Vornahme von AfS vom TW (→ § 7 Rn. 233 mwN).

Drittaufwand → Rn. 595.

Forderungsverzicht → Rn. 879 ff (verdeckte Einlage in KapGes); → § 15 Rn. 550 (MUerschaft).

Gebäude auf fremdem Grund und Boden → § 7 Rn. 81 ff mwN; dort auch zu den Gewinnauswirkungen bei Beendigung der Nutzung.

Kapitalgesellschaft → Rn. 605 ff; zu offenen Einlagen → Rn. 855; zu verdeckten Einlagen → Rn. 861 ff.

Mitunternehmerschaft → Rn. 597 ff.

Know-how → Rn. 322.

Lizenz s *Schmidt-Troschke* BB 96, 1530.

Nutzungsrecht → Rn. 595; zur Behandlung unverzinsl Ges'terdarlehen → Rn. 457.

Teilentgelt → Rn. 137.

Vorbehaltsnießbrauch. Zur Aufwandseinlage nach Entnahme des unter Nießbrauchsvorbehalt übertragenen WG → § 7 Rn. 65 mwN.

631 **9. Wertansatz bei Begründung des deutschen Besteuerungsrechts, § 6 I Nr 5a, 5b.** Im Fall des § 4 I 8 Hs 2 (→ Rn. 592; → § 4 Rn. 254) ist das WG mit dem gemeinen Wert anzusetzen (§ 6 I Nr 5a Hs 1). Dies gilt mE auch für selbstgeschaffene immaterielle WG. Die Regelung soll einen Anreiz zur Überführung produktiv genutzter WG nach Deutschland bieten. Galt das WG zuvor wegen Ausschlusses des dt Besteuerungsrechts als entnommen und wurde ein Ausgleichsposten nach § 4g gebildet, ist dieser nunmehr gewinnneutral aufzulösen (§ 4g III). – **Verknüpfung mit Wertansätzen im Ausland.** Bis 2019 war in den Fällen der Nr 5a der Wertansatz in Deutschland unabhängig von der Höhe des im Rahmen einer etwaigen Entstrickungsbesteuerung im Ausland angesetzten Wertes (BFH IX R 13/20, BStBl II 22, 172 Rn. 24). Durch Nr 5a Hs 2 ist ab 2020 in Fällen, in denen es im Ausland zu einer Entstrickungsbesteuerung kommt, der dort angesetzte Wert (höchstens aber der gemeine Wert des WG) auch für den Wertansatz in Deutschland maßgebl. Dasselbe

Korrespondenzprinzip gilt auch für Fälle einer Verstärkung des dt Besteuerungsrechts nach § 4 I 3 Hs 2, S 9 (Nr 5b; dazu näher → Rn. 515 aE). Beide Regelungen sind erstmals für nach dem 31. 12. 19 endende Wj anwendbar (§ 52 XII 14).

10. Wertansatz bei Betriebseröffnung, § 6 I Nr 6. – a) Allgemeines. Die für die Bewertung von Einlagen in bereits bestehende Betriebe geltenden Grundsätze (§ 6 I Nr 5) sind bei der Zuführung von WG anlässl der Eröffnung eines Betriebes entspr anzuwenden (dh grds Ansatz des TW, ggf aber begrenzt auf die AK/HK). Nr 6 gilt daher für die Bewertung in der EB iSd § 6 I EStDV. – Der einen lfd Betrieb voraussetzende **TW-Begriff** muss hier **modifiziert** werden: TW eines WG ist – bezogen auf den Betriebseröffnungszeitpunkt – derjenige Preis, den ein fremder Dritter für die Beschaffung des WG aufgewandt hätte, wenn er an Stelle des StPfl den Betrieb eröffnet und fortgeführt haben würde. Dies ist bei WG des AV und UV der **gemeine Wert** (BFH VIII R 126/86, BStBl II 91, 840 unter 1.c mwN). IÜ gelten die von der Rspr entwickelten TW-Vermutungen (→ Rn. 241), jedoch mit der Maßgabe, dass an Stelle der Wiederbeschaffungskosten die Beschaffungskosten treten. Anschaffungsnebenkosten sind auch hier einzubeziehen (BFH IV R 63/97, BStBl II 04, 639; → Rn. 254). Für ESt und GewSt können sich unterschiedl Betriebseröffnungszeitpunkte ergeben (→ § 15 Rn. 130). 633

b) Einzelfälle Betriebseröffnung. Grundfall ist die erstmalige Verwirklichung der Tatbestände der §§ 13, 15, 18 EStG durch **natürl Personen** (→ § 15 Rn. 129) oder **PersGes** (→ § 15 Rn. 195; zur Anwendung der Nr 6 in diesen Fällen s *Rogall* DStR 04, 1243). Bei **KSt-Subjekten,** die unter § 8 II KStG fallen (KapGes, Genossenschaft, VVaG), genügt die Begründung der persönl KSt-Pflicht. Bei allen anderen KSt-Subjekten ist (wie bei natürl Personen) die Verwirklichung der Tatbestände der §§ 13, 15, 18 EStG erforderl. Beim Eintritt einer bisher steuerbefreiten Körperschaft in die KStPflicht ist ebenfalls eine Anfangsbilanz mit Ansatz der TW aufzustellen; § 13 III KStG enthält insoweit aber Spezialregelungen, die § 6 I Nr 6 vorgehen (s dazu BFH I R 69/98, BStBl II 01, 71). Für Fälle der inl StVerstrickung gelten Nr 5a, 5b (→ Rn. 631). 634

c) Keine Betriebseröffnung. § 6 I Nr 6 ist nicht anwendbar bei betriebl Veränderungen, die die wirtschaftl Identität des Betriebs unberührt lassen und allenfalls als Betriebsunterbrechung zu sehen sind (zur Betriebsverlegung und Verpachtung ohne Aufgabeerklärung → § 16 Rn. 160). Gleiches gilt für den bloßen Eintritt in die Buchführungspflicht bei LuF (→ § 13 Rn. 202), für die unentgeltl Übertragung betriebl Einheiten iSd § 6 III und andere Fälle der Buchwertfortführung (zB Realteilung durch Übertragung von Teilbetrieben nach § 16 III 2, Einbringungsvorgänge nach §§ 20, 24 UmwStG). Wird für einen **bisher nicht erkannten Gewerbebetrieb** nunmehr für das erste noch offene Jahr erstmals eine Bilanz aufgestellt, handelt es sich weder um eine Betriebseröffnung noch um eine Einlage. Vielmehr sind die WG mit den Werten anzusetzen, mit denen sie bei von Anfang an richtiger Bilanzierung zu Buche stehen würden (BFH X R 23/05, BStBl II 09, 407 unter II.2.b bb). 635

11. Wertansatz bei entgeltlichem Erwerb eines Betriebs, § 6 I Nr 7. Hier müssen die einzelnen WG mit ihrem TW, höchstens jedoch mit den AK/HK angesetzt werden. Entscheidend ist daher die Verteilung des Gesamtkaufpreises auf die einzelnen WG (hierzu ausführl *Meyering* DStR 08, 1008). Entfällt ein hoher Betrag auf kurzlebige WG, ist die AfA in der näheren Zukunft entspr hoch. Ausführl zu Nr 7 *Werthebach* StuW 24, 48. 638

a) Erwerb eines profitablen Betriebs. Hier werden die Gesamt-AK idR über der Summe der TW der Einzel-WG liegen. In diesem Fall begrenzt Nr 7 den Wertansatz auf den jeweiligen TW. Der übersteigende Teil des Gesamtkaufpreises ist als **Geschäftswert** zu aktivieren (zu TW-AfA auf den Geschäftswert → Rn. 315). Aus- 639 nahmsweise kann der Mehrbetrag jedoch aus anderen Rechtsgründen erbracht und dann sofort als BA abziehbar sein (BFH IV R 129/71, BStBl II 75, 807).

640 **b) Erwerb eines Betriebs mit schlechten Ertragsaussichten.** Ist der Gesamtkaufpreis gering, führt Nr 7 zu einer Begrenzung der Wertansätze der EinzelWG auf die tatsächl anteiligen AK. Das Entgelt kann auch ledigl in der Übernahme von Verbindlichkeiten bestehen (BFH I R 49/69, BStBl II 72, 696). Verbindlichkeiten, für die ein teilweiser Verzicht des Gläubigers absehbar ist, sind allerdings mit dem voraussichtl geminderten Rückzahlungsbetrag anzusetzen (zutr *Paus* FR 06, 170; wohl auch *Groh* DB 07, 2275 (2276)).

641 **c) Zuzahlungen des Verkäufers.** Ergeben sich wegen solcher Zuzahlungen rechnerisch „negative AK" des Erwerbers, sind diese mit 0 € anzusetzen; auf der Passivseite ist ein Ausgleichsposten zu bilden (zum Erwerb einzelner WG BFH I R 49, 50/04, BStBl II 06, 656 unter II.7.; mE auch auf den Erwerb von Betrieben gegen Zuzahlung des Veräußerers übertragbar; zum Ausgleichsposten s auch die Nachweise in → Rn. 320).

643 **d) Verpflichtungen, die beim Betriebsveräußerer einem Passivierungsverbot unterlagen.** Seit 2014 sind die Rechtsfolgen für den bisherigen Betriebsinhaber in § 4f geregelt, die Rechtsfolgen für den Übernehmer in § 5 VII (→ § 5 Rn. 503 f).

644 **e) Buchwerte des Veräußerers.** Sie sind bei entgeltl Erwerb eines Betriebs in keinem Fall maßgebend, weil der Erwerber eine Neubewertung vorzunehmen hat (BFH I R 49/69, BStBl II 72, 696). Liegen hingegen beim **Erwerb eines MUer-Anteils** die AK unter dem Buchwert, sind diese nach Maßgabe der tatsächl AK abzustocken (näher → § 16 Rn. 471 mwN).

IX. Bewertungsvereinfachung, § 6 II, IIa

651 **1. Überblick.** Bereits in der HB werden verschiedene Bewertungsvereinfachungen zugelassen. Dies gilt für **Festwerte** (§ 240 III iVm § 256 S 2 HGB; → 36. Aufl 2017, § 6 Rn. 611 ff), **gewogene Durchschnittswerte** (§ 240 IV iVm § 256 S 2 HGB; → 37. Aufl 2018, § 6 Rn. 624 ff) und bestimmte **Verbrauchsfolgeverfahren** (§ 256 S 1 HGB; zu LiFo in der StBil s § 6 I Nr 2a und → Rn. 411 ff). Soweit diese Verfahren zugleich den GoB entsprechen, sind sie auch für die StBil maßgebl (§ 5 I). – In der StBil sind zusätzl die **Sofort-AfA für GWG** (§ 6 II; → Rn. 652 ff) und die Bildung von **Sammelposten** (§ 6 IIa; → Rn. 671 ff) zu beachten. Diese Regelungen beeinflussen durch ihren Eingang in die Bewertungspraxis zugleich die handelsrechtl GoB.

652 **2. Sofortabschreibung geringwertiger Wirtschaftsgüter, § 6 II. – a) Überblick.** Abs 2 berechtigt den StPfl dazu (zum persönl Anwendungsbereich → Rn. 654), die AK/HK von abnutzbaren bewegl WG des AV (→ Rn. 657), die einer selbständigen Nutzung fähig sind (→ Rn. 658 f), im Wj der Zuführung des WG zum BV (→ Rn. 655: Anschaffung, Herstellung, Einlage oder Betriebseröffnung) in voller Höhe als BA abzusetzen, sofern die Netto-AK/HK einen Höchstbetrag von 800 € (bis VZ 17: 410 €) nicht übersteigen (→ Rn. 663) und die WG in ein besonderes Verzeichnis aufgenommen werden (→ Rn. 665). Es handelt sich um ein **Wahlrecht** (**aA** *Kanzler* NWB 10, 746 für WG mit AK/HK bis 150 €). Macht der StPfl allerdings von der Möglichkeit der Sammelpostenbildung Gebrauch, gilt für sämtl GWG nicht Abs 2, sondern einheitl Abs 2a S 4, 5 (Betragsgrenze 250 €; → Rn. 671). – **Zweck** ist zum einen die Vereinfachung (Verzicht auf die Aufstellung von AfA-Reihen, wenn die finanzielle Auswirkung nur gering wäre), zum anderen die Verbesserung der Selbstfinanzierung der Unternehmen durch die sofortige Absetzung (Begründung zum EStG 1934, RStBl 35, 33 (38); *Wagner/Staats* DB 07, 2395

(2396)). Systematisch gehört die Regelung zu § 7. Weil § 2 I 2 InvZulG 2007/10 GWG von der Förderfähigkeit ausschließt (ebenso zahlreiche andere Subventionsnormen), sind viele Entscheidungen zur Auslegung des § 6 II in Streitigkeiten über die InvZul ergangen.

b) Persönlicher Anwendungsbereich. § 6 II gilt zunächst für die **Gewinneinkünfte** (§§ 13, 15, 18), und zwar auch bei Einnahme-Überschuss-Rechnung (§ 4 III 3). Bei § 13a ist Abs 2 nicht anwendbar; dies gilt auch für Sondergewinne (§ 13a III 2). Zur Auswirkung des Abs 2 auf den Übergang von Durchschnittssätzen zum Bestandsvergleich → § 13 Rn. 202 mwN. – Für die **Überschusseinkünfte** gilt Abs 2 ebenfalls (§ 9 I 3 Nr 7 S 2; → § 9 Rn. 276). 654

c) Zuführung zum Betriebsvermögen. – ***(1)* Anschaffung/Herstellung eines Wirtschaftsguts.** Zum Zeitpunkt der Anschaffung/Herstellung → Rn. 35. Anschaffungsvorgänge sind auch die gewinnrealisierende Übertragung einzelner WG nach § 6 IV sowie Tauschvorgänge nach § 6 VI 1, ebenso **Einbringungen** in KapGes oder PersGes zu Werten oberhalb des Buchwerts. Auch **Einlagen** und einlageähnl Vorgänge (Begründung des Besteuerungsrechts nach § 4 I 8 iVm § 6 I Nr 5a, Betriebseröffnung nach § 6 I Nr 6) ermöglichen die Anwendung des Abs 2, sofern das WG dabei neu bewertet wird (dh Ansatz mit dem TW bzw gemeinen Wert; zu Sacheinlagen in KapGes → Rn. 861 ff). **Überführungen und Übertragungen zu Buchwerten** (§ 6 III, V) fallen nicht in den Anwendungsbereich des Abs 2; der Bilanzansatz ist vielmehr fortzuführen. Gleiches gilt für die Umgliederung eines WG vom UV ins AV (**aA** *BH/Krumm* § 6 Rn. 1617: Behandlung wie eine Einlage). – ***(2)* Korrekturposten für vergütete Mehrbeträge in einer positiven Ergänzungsbilanz.** § 6 II ist anwendbar (→ § 15 Rn. 468). – ***(3)* Anwendung nur im Wirtschaftsjahr der Zuführung zum BV.** WG, die zunächst nach § 7 abgeschrieben wurden oder für die ein Festwert gebildet wurde, sind bei Unterschreiten der 800/250 €-Grenze nicht etwa sofort abzuschreiben. 655

d) Abnutzbare bewegliche Wirtschaftgüter des Anlagevermögens. Zur Abnutzbarkeit → § 5 Rn. 116, → § 7 Rn. 27; zum Begriff des AV → Rn. 344; zur Abgrenzung der bewegl WG → § 5 Rn. 115, 131 ff, → § 7 Rn. 34 ff (insb sind Betriebsvorrichtungen steuerl bewegl WG). Es kommt nicht darauf an, ob das WG bei der Anschaffung **neu oder gebraucht** ist. Auf **RAP** ist die GWG-Grenze seit VZ 22 entspr anwendbar (§ 5 V 2). – **Ausgeschlossen von der Anwendung des Abs 2** sind daher UV, nicht abnutzbare, unbewegl sowie immaterielle WG (zur Abgrenzung der immateriellen von den körperl bewegl WG → § 5 Rn. 113, 171 ff, 270 „Software"). 657

e) Selbständige Nutzbarkeit des Wirtschaftsguts. Daran fehlt es nach der gesetzl Negativabgrenzung des § 6 II 2, wenn das WG nach seiner **betriebl Zweckbestimmung** nur zusammen mit anderen WG des AV genutzt werden kann und die in den Nutzungszusammenhang eingefügten WG **technisch aufeinander abgestimmt** sind. An der selbständigen Nutzbarkeit fehlt es auch dann, wenn das WG aus dem betriebl Nutzungszusammenhang gelöst und in einen anderen betriebl Nutzungszusammenhang (sowohl im Betrieb des StPfl als auch bei einem Dritten, s *BH/Krumm* § 6 Rn. 1625) eingefügt werden kann (§ 6 II 3). – Die **technische Abgestimmtheit** mehrerer WG erfordert nicht zwingend eine dauerhafte, körperl oder mit einer gewissen Festigkeit ausgestattete **Verbindung,** auch wenn eine solche Verbindung bzw ihr Fehlen indizielle Bedeutung hat (BFH III R 57/86, BStBl II 91, 682 unter 1.b; EStR 6.13 I). Umgekehrt genügen allein einheitl Designmerkmale sowie Typenbildung und Normung nicht für die Bejahung des Merkmals der Abgestimmtheit (BFH III R 110/95, BStBl II 98, 789: einheitl Büromöbelprogramm). Die Rspr stellt darauf ab, ob das WG zusammen mit anderen WG als **„einheitl Ganzes"** erscheint (BFH I 286/56 S, BStBl III 59, 77; BFH I R 144/82, BStBl II 88, 126; BFH III R 57/86, BStBl II 91, 682 unter 1.b). Von einer Abstimmung ist stets auszugehen, 658 wenn das eine WG ohne die Verbindung mit anderen seine Nutzbarkeit im Betrieb verliert (BFH III R 110/95, BStBl II 98, 789 unter 2.), insb nicht mehr standfest ist (BFH III R 43/98, BStBl II 02, 100 unter II.2.b). Ist ein WG **noch nicht einmal selbständig bewertbar,** sondern unselbständiger Teil eines anderen (größeren) WG, ist es erst recht nicht selbständig nutzbar (BFH III R 43/98, BStBl II 02, 100 unter II.2.a). – Maßgebl ist der **konkrete betriebl Nutzungszusammenhang,** auch wenn dieser von der allg verbreiteten Nutzung des WG abweichen mag.

660 **aa) Einzelfälle selbständige Nutzbarkeit.** In diesen Fällen ist § 6 II zulässig; es kann aber keine InvZul gewährt werden. – **Arztnotfallkoffer** und seine einzelnen Inhalte (BFH III R 71/97, BStBl II 01, 41); **Ausstellungsstücke,** auch wenn sie zu einem „Ensemble" zusammengefasst sind (BFH III R 30/00, BStBl II 01, 842); **Autotelefon** (BFH III B 98/96, BStBl II 97, 360); **Bestecke** (EStR 6.13 I 5); die einzelnen **Bücher** (BFH IV 80/63, BStBl II 68, 149) oder Zeitschriftenbände (FG Ddorf EFG 01, 281, rkr) einer Bibliothek oder die Videokassetten einer Videothek; **Büromöbel,** zB Schreibtisch im Verhältnis zu Rollcontainer/Beistelltisch, selbst wenn die Elemente miteinander verschraubt sind (BFH III R 110/95, BStBl II 98, 789; BFH III R 43/98, BStBl II 02, 100 unter II.2.; anders jedoch, wenn ein Teil alleine nicht standfest wäre); selbständig nutzbar sind auch einzeln standfeste Elemente von Regalen oder Einbauschränken (BFH III B 70/06, BFH/NV 07, 2353), anders jedoch genormte Einzelteile, die erst zusammengesetzt ein Regal ergeben (BFH IV R 170/74, BStBl II 80, 176; BFH IV R 183/82, BFH/NV 86, 592); **Euro-Flachpaletten** (BFH III R 125/84, BStBl II 90, 82; BFH III B 198/11, BFH/NV 12, 1433: Gitterboxpaletten); **Fernsehgeräte,** die in größerer Zahl an Hotelbetriebe zur Zimmerausstattung vermietet sind (FG Mchn BB 86, 435, rkr); **Frisierstuhl** (FG Bln EFG 90, 285, rkr); **Straßenleuchten.** – **Weitere Beispiele** s EStH 6.13 „ABC"; *BH/Krumm* § 6 Rn. 1685 ff; *HHR/Dreixler* § 6 Rn. 1040.

661 **bb) Einzelfälle keine selbständige Nutzbarkeit.** Hier ist § 6 II nicht anwendbar, wohl aber kann InvZul gewährt werden: Teile einer **Computeranlage** wie Rechner, Monitor, Scanner, Drucker und Maus (BFH VI R 135/01, BStBl II 04, 958 unter II.3.; BFH III R 70/08, BFH/NV 10, 2253 unter II.6.) sowie Netzwerk-Kabel (BFH III R 77/97, BStBl II 02, 233 unter II.2.d; bei fester Verbindung mit dem Gebäude aber Gebäudebestandteil); anders jedoch mobile Datenspeicher, unabhängig vom PC nutzbare Kombinationsgeräte (Drucker, Fax, Kopierer in einem Gerät; s BFH VI R 135/01, BStBl II 04, 958 unter II.3.d) sowie Computertische (FG RhPf EFG 04, 718 unter 3.b, rkr); dies bedeutet allerdings nicht, dass der Austausch einzelner nicht selbständig nutzbarer Peripheriegeräte stets zu Erhaltungsaufwand auf die Gesamtanlage führen muss, weil es sich weiterhin um einzeln *bewertungsfähige* WG handelt (BFH III R 70/08, BFH/NV 10, 2253 unter II.5.); **digitale Druckvorlagen** (BFH III R 14/07, BStBl II 10, 361 unter II.2.c; *BMF* BStBl I 07, 458 Rn. 27); die einzelnen Teile einer **Einbauküche** (BFH IX R 14/15, BStBl II 17, 437 Rn. 26 ff); **Gerüst- und Schalungsteile** (BFH I 286/56 S, BStBl III 59, 77; BFH VI 302/65, BStBl III 67, 151); **Kühlkanäle,** die nur gemeinsam mit einem Kühlgerät verwendet werden können (BFH I R 144/82, BStBl II 88, 126); **Lithographien,** die nur gemeinsam mit entspr Kopiergeräten nutzbar sind (BFH III R 57/86, BStBl II 91, 682); bei Teilen von **Pflanzenanlagen** fehlt es idR bereits an der selbständigen *Bewertungs*fähigkeit, sodass von vornherein nur ein einheitl WG gegeben ist (→ § 13 Rn. 26, 29); mobile **Stellwände** (ThürFG EFG 98, 1280, rkr); maschinengebundene **Werkzeuge** (BFH I 195/60 U, BStBl III 61, 384; BFH III R 101/93, BStBl II 96, 166).

663 **f) Höchstbetrag.** Dieser beläuft sich auf 800 €. In den VZ 2010–2017 galt ein Höchstbetrag von 410 €. – **Keine Einbeziehung der USt.** Maßgebl sind stets die Netto-AK/HK, und zwar unabhängig davon, ob der StPfl die VorSt abziehen kann oder nicht (BFH VIII R 66/71, BStBl II 75, 365; EStR 9b II). Zur Ermittlung der AK → Rn. 31 ff, zu HK → Rn. 151 ff, zum Einlagewert → Rn. 591 ff, zum Wertansatz bei Betriebseröffnung → Rn. 633. – **Kürzung der AK/HK des WG.** Für die Anwendung des § 6 II ist in solchen Fällen der gekürzte Betrag maßgebend (EStR 6.13 II). Dies gilt für die Übertragung stiller Reserven nach §§ 6b, 6c (§ 6b VI), bei Ersatzbeschaffung (RfE; BFH IV R 87/77, BStBl II 81, 432), für den Abzug von Zuschüssen (BFH III R 4/87, BStBl II 89, 618; allg zu Zuschüssen → Rn. 71 ff) und Investitionsabzugsbeträgen (§ 7g II 2; hier kann iErg noch ein WG mit Netto-AK von 2000 € unter Abs 2 fallen, wenn die AK zunächst um 50% nach § 7g gekürzt

wie er auf den übertragenen Teilbetrieb entfällt (ggf Schätzung; glA *BH/Krumm* § 6 Rn. 1682). – **Übertragung von Anteilen an Personengesellschaft.** Es gelten die in → Rn. 655 dargestellten Grundsätze: Hat die PersGes in ihrer StBil einen Sammelposten gebildet, ist auch für die Mehrbeträge in der Ergänzungsbilanz ein Sammelposten zu bilden. – **Vorgänge nach dem UmwStG.** Bei Buchwertfortführung (§ 4 II, § 12 III UmwStG) ist auch ein Sammelposten fortzuführen. Bei einer Einbringung in KapGes/PersGes zu Zwischenwerten ist die AfA-Bemessungsgrundlage aufzustocken (§ 23 III, § 24 IV UmwStG); dies gilt dann auch für einen Sammelposten. Gleiches gilt für die Einbringung zum gemeinen Wert, wenn diese sich als Gesamtrechtsnachfolge darstellt (§ 23 IV Hs 2 UmwStG). Die Einbringung zum gemeinen Wert durch Einzelrechtsnachfolge gilt hingegen als Anschaffungsvorgang (§ 23 IV Hs 1 UmwStG), sodass ein neuer Sammelposten zu bilden ist. Zur Konkurrenz dieser Vorschriften mit dem Anschaffungsbegriff s BFH I R 97/02, BStBl II 04, 686. Bei Übertragung oder Verschmelzung (Abspaltung) nur eines **Teilbetriebs** ist der bisherige Sammelposten ebenfalls aufzuspalten (*Blumenberg/Benz,* UntStRef 2008, 98 f; ähnl *Schaumburg/Rödder,* UntStRef 2008, 593). EStR 6.13 VI 3 schließt dies nicht aus, da dort nur die *Einbringung* von Teilbetrieben nach §§ 20, 24 UmwStG (und die unentgeltl Übertragung nach § 6 III) erfasst ist.

f) Verhältnis zur Handelsbilanz. Der Sammelposten soll auch in der HB gebildet werden können (BT-Drs 16/5491, 12, 14; BR-Drs 344/08, 80); zur Kritik → 38. Aufl 2019, § 6 Rn. 608. Zu Abweichungen von den Sammelposten nach IAS s *Kirsch* DStR 07, 1268 (1270). 679

X. Wertansatz bei unentgeltlicher Übertragung, § 6 III, IV

Schrifttum (s auch vor → Rn. 761 zu Abs 5; ältere Literatur → 38. Aufl 2019, § 6 vor Rn. 641) *Herlinghaus* Betriebsbegriff und „Gesamtplan" bei Unternehmensveräußerungen und -umstrukturierungen, FR 14, 441; *Graw* Möglichkeiten stneutraler Übertragungen bei PersGes, NWB 17, 1498; *Werthebach* Zweifelsfragen zu § 6 III EStG, DStR 20, 6; *Kotzenberg/Riedel* Gestaltungswege und offene Fragen nach dem neuen BMF-Schrb zu § 6 III EStG, DStR 20, 13; *Lorenz* Unternehmensnachfolgeplanung nach dem BMF-Schrb v 20.11.19 zu § 6 III EStG, FR 20, 237; *Strahl* Neues zur Buchwertübertragung bei Umstrukturierungen und vorweggenommener Erbfolge, KÖSDI 20, 21857; *Schulze zur Wiesche* Keine Buchwertfortführung bei gleichzeitiger Veräußerung von SonderBV, DStZ 21, 318; *Ley* § 6 III EStG – eine für Umstrukturierungen nutzbare Vorschrift, KÖSDI 22, 22726; *Rothe* Die ertragsteuerl Begünstigung der unentgeltl Unternehmensnachfolge, Ubg 22, 203; *Ungemach* Die GesamtplanRspr iRd Umstrukturierung von Unternehmen, DStZ 23, 610; *Wangler/Samtner* Unentgeltl Unternehmensübertragung im EStRecht, NWB 24, 1637, 1716, 1774, 1847 (Teil 1–4). – **Verwaltungsanweisungen:** *BMF* BStBl I 19, 1291 mit Änderung durch *BMF* BStBl I 21, 696.

1. Überblick zu § 6 III–VI. – a) Regelungszweck. Abs 3–6 regeln sowohl die **Bewertung** als auch die **Gewinnrealisierung.** Denn bei den hier erfassten Übertragungstatbeständen ist der Wertansatz im ZielBV zugleich mit dem letzten Ansatz im HerkunftsBV (und daher mit der Auflösung stiller Reserven) verknüpft. § 6 III, V sollen **Umstrukturierungen** erleichtern; sie sind neben § 24 UmwStG anwendbar, der demselben Zweck dient. 691

b) Persönlicher Anwendungsbereich. Die Vorschriften gelten sowohl für **Gewinnermittlung** nach § 4 I/§ 5 als auch nach § 4 III (s § 6 VII), nicht jedoch für stbare Vorgänge des PV. Sie sind grds auch auf **KapGes** anwendbar; Ausnahmen sind in § 6 III 1 Hs 2 (→ Rn. 733) und § 6 V 5, 6 (→ Rn. 835) enthalten. 692

2. Unentgeltliche Übertragung betrieblicher Einheiten, § 6 III 1 Hs 1. § 6 III erfasst die unentgeltl Übertragung (zum Begriff → Rn. 713 ff) von Betrieben, Teilbetrieben und MUerAnteilen (→ Rn. 697 ff) und ordnet zwingend die Buchwertfortführung an (→ Rn. 723). Zusätzl sind auch unentgeltl Aufnahmen von natürl Personen in Einzelunternehmen sowie unentgeltl Übertragungen von *Teilen* eines 694

MUerAnteils erfasst (→ Rn. 731 ff). In den Fällen des Abs 3 wird idR auch ein Tatbestand des **ErbStG** verwirklicht sein, wobei die Übertragung von BV zumeist erbstfrei gestaltet werden kann.

695 **a) Zweck.** Die Regelung will den unentgeltl Betriebsübergang (insb in der Generationennachfolge, was aber nicht Voraussetzung ist) von steuerl Belastungen verschonen. Insoweit dient sie zugleich der Verwirklichung des durch Art 14 GG geschützten Erbrechts (*Wendt* FR 05, 468 (472)). Sie lässt abw vom Grundsatz der Individualbesteuerung im Interesse der Erhaltung der wirtschaftl Einheit eine **Übertragung stiller Reserven auf andere StPfl** zu (BFH X R 22/02, BStBl II 06, 457 unter II.3.e bb; BFH GrS 2/04, BStBl II 08, 608 unter D.III.6.a bb). Der unentgeltl Übergang des BV soll (im Gegensatz zur Überführung von WG zw verschiedenen BV desselben StPfl) keine Entnahme bzw Einlage darstellen (so BFH IV R 33/08, BStBl II 12, 10 Rn. 17; BFH IV R 17/10, BStBl II 14, 316 Rn. 19, allerdings beide bezogen auf den in § 4 IVa verwendeten Entnahmebegriff). Damit handelt es sich um eine atypische Regelung, die eine Sonderstellung im System des vom Grundsatz der Individualbesteuerung geprägten EStRechts einnimmt (BFH III R 17/19, BStBl II 21, 748 Rn. 24).

697 **b) Von § 6 III erfasste Wirtschaftseinheiten. – aa) Betrieb. – (1) Voraussetzungen.** Zwar müssen nicht zwingend *sämtl* betriebl WG auf den Erwerber übergehen, wohl aber **alle wesentl Betriebsgrundlagen.** Die Wesentlichkeit bestimmt sich hier allein nach funktionalen Kriterien (*Beispiele* → § 16 Rn. 85 ff); auf die Höhe der stillen Reserven kommt es nicht an (*BMF* BStBl I 19, 1291 Rn. 6). Wird zB ein Einzelunternehmen unentgeltl übertragen, das betriebswesentl Grundstück aber zurückbehalten (also entnommen), bewirkt dies eine gewinnrealisierende Betriebsaufgabe (glA für § 20 UmwStG BFH I R 7/16, BStBl II 19, 738, Anm *Wacker* DStR 18, 1019). Zu Besonderheiten bei LuF → § 14 Rn. 24. – WG, die nicht zu den wesentl Betriebsgrundlagen gehören, können (unter Aufdeckung der stillen Reserven) veräußert oder entnommen werden, ohne dass dies der Buchwertfortführung für die übrigen WG entgegen steht. Auch ein ruhender (zB verpachteter) Betrieb kann Gegenstand einer Übertragung iSd Abs 3 sein (BFH X R 59/14, BStBl II 19, 730 Rn. 39). – Die Übertragung muss sich in einem **einheitl Vorgang** abspielen (näher → § 16 Rn. 100 f). – Ferner muss der Übergeber seine bisher in diesem Betrieb entfaltete **Tätigkeit im Wesentl beenden** (→ § 16 Rn. 80; ausführl BFH X R 59/14, BStBl II 19, 730 Rn. 42). – Fehlt es an einer dieser Voraussetzungen, kommt es nicht zu einer Buchwertübertragung, sondern zu einer gewinnrealisierenden Betriebsaufgabe (→ Rn. 706).

698 **(2) Erweiterungen des Tatbestands.** Begünstigt ist auch die unentgeltl Aufnahme einer natürl Person in einen bestehenden Betrieb (§ 6 III 1 Hs 2 Alt 1; → Rn. 731). § 6 III ist ferner anwendbar, wenn ein **Betrieb auf mehrere Personen übergeht** (zB mehrere Miterben oder Beschenkte), die dann eine MUerschaft bilden (BFH VIII B 54/01, BFH/NV 02, 24 unter II.2.a mwN; BFH IV R 52/08, BStBl II 11, 261 Rn. 18; BFH X R 42/10, BStBl II 16, 639 Rn. 26). ME genügt es auch, wenn die WG des Betriebs teils ins GesamthandsBV und teils ins SonderBV der neuen MUerschaft übergehen, weil das SonderBV mit zum MUerAnteil gehört (glA nunmehr *LfSt Bayern* DStR 21, 480). Werden allerdings bei einem einheitl Betrieb, der nicht aus Teilbetrieben besteht, die einzelnen WG auf verschiedene Übernehmer, die nicht MUer werden, unentgeltl übertragen, ist § 6 III grds nicht anwendbar; es kommt dann zur Betriebsaufgabe (BFH VI R 63/15, BFHE 260, 138; für LuF enthält § 14 II, III aber Sonderregelungen).

700 **(3) Nießbrauchsvorbehalt am übergebenen Betriebsvermögen. – (a) Gewerbebetrieb.** § 6 III ist bei Übergabe von GewBetr nicht anwendbar, wenn der Übergeber sich den Nießbrauch am *gesamten* BV vorbehält (zum Nießbrauch an einzelnen WG s unten „Ausweichgestaltungen“) und seine gewerbl Tätigkeit nicht be-

endet, sondern fortführt. Hierfür spricht, dass der Betriebsbegriff nicht nur WG-bezogen, sondern auch tätigkeitsbezogen ist (ausführl und RsprNachweise → 44. Aufl 2025, § 6 Rn. 700). – **Rechtsfolgen beim Übergeber.** Es handelt sich um eine **gewinnrealisierende Entnahme** (keine nach §§ 16, 34 begünstigte Betriebsaufgabe, weil auch dies die Beendigung der Tätigkeit voraussetzen würde), so dass der Übergeber WG des PV überträgt (zutr BFH X R 59/14, BStBl II 19, 730 Rn. 44 ff; BFH IV R 1/20, BStBl II 25, 122 Rn. 31 ff; BFH X R 35/19, BStBl II 25, 768 Rn. 36 ff, ausführl Anm *Nöcker* HFR 25, 536; Nachweise zur Gegenauffassung → 44. Aufl 2025, § 6 Rn. 700). Wird die Gewinnauswirkung der Entnahme nicht erfasst, kann sie in einem späteren VZ weder nach den Grundsätzen des formellen Bilanzenzusammenhangs noch nach Treu und Glauben nachgeholt werden (BFH IV R 1/20, BStBl II 25, 122 Rn. 44 ff). – **Folgezeit.** Der Übergeber erzielt bei einem aktiven Betrieb schon kraft seiner Tätigkeit weiterhin gewerbl Einkünfte und kann die AfA abziehen (→ § 7 Rn. 64). Dies gilt mangels Betriebsaufgabe aber auch bei einem verpachteten Betrieb, nun aber nicht mehr mit eigenem, sondern gepachtetem BV. In diesem Fall steht auch das Verpächterwahlrecht zur jederzeitigen Erklärung der Betriebsaufgabe dem Nießbraucher zu (BFH IV R 1/20, BStBl II 25, 122 Rn. 38 f). Der Übernehmer erzielt zunächst keine Einkünfte mit den WG, die bei ihm PV sind. – **Behandlung bei Beendigung des Vorbehaltsnießbrauchs,** zB durch den Tod des Nießbrauchers oder durch Rechtsgeschäft (BFH IV R 1/20, BStBl II 25, 122 Rn. 40; BFH X R 35/19, BStBl II 25, 768 Rn. 65). Der vom Nießbraucher geführte Betrieb (zu dem idR kein nennenswertes BV mehr gehört) geht nach § 6 (3) auf den Übernehmer über (insoweit geht noch dem Nießbraucher zuzurechnendes BV zu Buchwerten über, BFH X R 35/19, BStBl II 25, 768 Rn. 78). Die dem Übernehmer bereits zuvor gehörenden Wirtschaftsgüter werden notwendiges BV dieses Betriebs und mit dem TW eingelegt. – **Anwendungsbereich.** Diese Grundsätze gelten nach der Rspr sowohl für die Übertragung aktiv geführter (BFH XI R 26/91, BFH/NV 93, 161; BFH X R 35/19, BStBl II 25, 768 Rn. 36) als auch verpachteter Betriebe (BFH X R 59/14, BStBl II 19, 730; BFH IV R 1/20, BStBl II 25, 122 Rn. 30) unter Nießbrauchsvorbehalt. Die **FinVerw** wendet die Rspr jetzt an, gewährt bei Übertragung eines *aktiven* Betriebs unter Nießbrauchsvorbehalt vor dem 17.4.25 aber die Möglichkeit, auf Antrag § 6 III anzuwenden (*BMF* BStBl I 25, 1834; zuvor *BMF* BStBl I 19, 1291 Rn. 7).

Ausweichgestaltungen. Eine Vermögensübergabe gegen Versorgungsleistungen sichert die Anwendung des § 6 III und ermöglicht gleichwohl regelmäßige Zahlungen an den Übergeber, erfordert aber grds, dass die Tätigkeit (anders als beim Nießbrauch) auf den Übernehmer übergeht (vgl *Korn* KÖSDI 18, 20597 Tz 9). – Auch ein Vorbehaltsnießbrauch an *einzelnen* betriebl WG (zB Betriebsgrundstück) iRd unentgeltl Übertragung des Gesamtbetriebs schließt die Anwendung des § 6 III nicht aus, da die gewerbl Tätigkeit als solche und deren wirtschaftl Risiko hier auf den Übernehmer übergeht (BFH I R 105/85, BStBl II 89, 653 unter II.5.); allerdings kann es zur gewinnrealisierenden Entnahme in Bezug auf dieses WG kommen (ausführl → § 7 Rn. 64; dort auch zur künftigen AfA). Ob ein reiner Ertragsnießbrauch § 6 III ermöglicht (so *El Mourabit* ZEV 16, 14), ist mE von der konkreten Ausgestaltung abhängig. – Ebenso kann der Betrieb nach § 24 UmwStG in eine PersGes eingebracht und dann der MUerAnteil unter Nießbrauchsvorbehalt verschenkt werden (*Korn* KÖSDI 23, 23090 Tz 19), was unter § 6 III fällt, wobei allerdings die doppelte MUerStellung zu prüfen ist (→ Rn. 702).

(b) Land- und Forstwirtschaft. Hier wendet die Rspr § 6 III auch bei Nießbrauchsvorbehalt am gesamten BV an, weil bei LuF die Bedeutung des Eigentums an den betriebl WG erhebl höher ist als die der ausgeübten Tätigkeit (BFH IV R 325/84, BStBl II 87, 772; BFH IV R 38/13, BStBl II 16, 765 Rn. 28; BFH VI R 5/17, BStBl II 19, 601 Rn. 30 ff; BFH VI R 26/17, BStBl II 19, 660 Rn. 16 ff). Es entsteht ein ruhender Betrieb beim neuen Eigentümer und ein wirtschaftender Betrieb beim Nießbraucher. 701

702 **(c) Übertragung eines Mitunternehmeranteils unter Nießbrauchsvorbehalt.** Dies steht der Anwendung des § 6 III nicht entgegen, da es bei MUerschaften nicht auf die Beendigung der Tätigkeit ankommen kann (glA *BMF* BStBl I 19, 1291 Rn. 7 [gesamter Anteil]; Rn. 18 [Teilanteil]; FG Mster EFG 14, 1951, rkr; *Götz* DStZ 18, 540; *Korn* KÖSDI 18, 20597 Tz 14). Die Problematik liegt hier vielmehr in der Frage, ob sowohl Nießbraucher als auch Ges'ter MUer sind (→ § 15 Rn. 305 ff).

703 **bb) Teilbetrieb.** Einzelheiten zum Begriff → § 16 Rn. 115 ff. Auch hier ist die Übertragung aller funktional wesentl Betriebsgrundlagen des Teilbetriebs erforderl. – **100%-Beteiligung an einer KapGes.** Sie gilt zwar im Falle ihrer *Veräußerung* als Teilbetrieb (§ 16 I Nr 1 S 2); diese Fiktion ist jedoch nicht auf § 6 III übertragbar (BFH X R 22/02, BStBl II 06, 457 unter II.3.e cc).

704 **cc) Mitunternehmeranteil. – (1) Einheit aus dem Anteil am Gesamthandsvermögen und dem Sonderbetriebsvermögen.** Daher müssen grds die (funktional) wesentl Betriebsgrundlagen *beider* Vermögensgruppen übertragen werden (BFH IV R 14/18, BStBl II 21, 367 Rn. 26; ausführl → § 16 Rn. 390; zur Zulässigkeit von Ausgliederungen → Rn. 706; zu Ausnahmen für die Übertragung von *Teilen* eines MUerAnteils → Rn. 735). Dabei müssen nicht sämtl Übertragungen zeitgleich erfolgen; vielmehr genügt für die Anwendung des § 6 III bereits ein zeitl und wirtschaftl Zusammenhang zw den Übertragungsakten. Dies gilt insb, wenn bei einer als Einheit gewollten Übertragung das Eigentum am SonderBV aus Gründen der technischen Vertragsabwicklung früher übergeht als der PersGesAnteil (zutr *Müller/Dorn* NWB 18, 2031; **aA** zur SchenkungSt BFH II R 38/17, BStBl II 21, 98; dazu *Götz* DStR 21, 460) und hat nichts mit den in → Rn. 706 f dargestellten Fällen (Ausgliederung/Veräußerung/Entnahme) zu tun, da das BV dort nicht als Einheit übertragen, sondern aufgeteilt werden soll. Maßgebend für die Beurteilung, ob es sich um wesentl Betriebsgrundlagen handelt, sind die Verhältnisse des Übergebers. Zu der Frage, ob Anteile an der Komplementär-GmbH eine wesentl Betriebsgrundlage darstellen, → § 15 Rn. 714. – **(2) Unentgeltliche Übertragung eines *Teils* eines Mitunternehmeranteils.** Dies ist ebenfalls begünstigt (§ 6 III 1 Hs 2 Alt 2; → Rn. 735). Nur in diesem Fall ist die gleichzeitige Mitübertragung der wesentl Betriebsgrundlagen des SonderBV entbehrl; jedoch gilt für den übertragenen MUerAnteil eine Sperrfrist (§ 6 III 2; → Rn. 742). – **(3) Doppelstöckige Mitunternehmerschaften.** § 6 III ist getrennt auf den Anteil an der OberGes und deren Anteil an der UnterGes (unter Einschluss des jeweiligen SonderBV) anzuwenden. Hinzu kommt ggf der durch § 15 I 1 Nr 2 S 2 hervorgerufene Sonder-MUerAnteil des OberGes'ters wegen Überlassung von WG an die UnterGes (→ § 16 Rn. 384; *Behrens/Quatmann* DStR 02, 481). – **(4) Zebragesellschaften.** Der im BV gehaltene Anteil an einer vermögensverwaltenden PersGes ist kein MUerAnteil (auch → Rn. 763; → § 16 Rn. 387).

706 **c) Zulässigkeit von Ausgliederungen vor oder während der unentgeltlichen Übertragung von Betrieben oder Mitunternehmeranteilen. – aa) Überblick.** Auch wenn die Rspr formal am Erfordernis der Übertragung aller funktional wesentl Betriebsgrundlagen festhält (→ Rn. 697, 707), lässt sie in so großem Umfang Ausgliederungen von WG zu, dass in der Praxis auch ein nahezu beliebig verkleinerter oder veränderter Betrieb/MUerAnteil nach § 6 III übergeben werden kann. Bestimmte Ausgliederungen stehen sogar selbst bei exakter Gleichzeitigkeit mit der unentgeltl Übertragung der Anwendung des § 6 III nicht entgegen (→ Rn. 707: Buchwertüberführungen nach § 6 V; Ausgliederung funktional unwesentl WG). Alle anderen Ausgliederungen sind unschädl, wenn sie bis unmittelbar vor die unentgeltl Übertragung durchgeführt werden (→ Rn. 708). Die einzige Grenze liegt in der Zerschlagung des Betriebs (→ Rn. 709). Zu Alternativgestaltungen zur Ausgliederung → Rn. 710. – Damit werden in Fällen zeitgleicher Übertragungen die Ausgliederung nach § 6 V (unschädl) und die Veräußerung/Entnahme

(schädl) unterschiedl behandelt (krit hierzu *Kotzenberg/Riedel* DStR 21, 505 (509); *Kraft* NWB 21, 2262 (2269)).

707 **bb) Ausgliederungen, die auch bei exakter Gleichzeitigkeit einer Anwendung des § 6 III nicht entgegenstehen. – (1) Kombination der Buchwertprivilegien der § 6 III und § 6 V.** Die gleichzeitige unentgeltl Überführung einer wesentl Betriebsgrundlage in ein anderes BV nach § 6 V 2 oder ihre unentgeltl Übertragung iRv MUerschaften nach § 6 V 3 steht der Anwendung des § 6 III auf das verbleibende BV oder den verbleibenden MUerAnteil nicht entgegen (BFH IV R 41/11, BStBl II 19, 715 Rn. 19, 32 ff; ebenso zur SchenkungSt BFH II R 33/17, BStBl II 21, 217 Rn. 20; Literatur → 39. Aufl 2020, § 6 Rn. 707). Die *FinVerw* folgt dem nunmehr uneingeschränkt (*BMF* BStBl I 21, 696 Rn. 10). Dies ermöglicht es zB, dass der Übertragende zeitgleich eine wesentl Betriebsgrundlage des SonderBV gem § 6 V 3 Nr 2 zum Buchwert in das GesamthandsBV einer anderen PersGes überträgt, deren wirtschaftl Alleinges'ter er ist (zB Einmann-GmbH & Co KG). Dies soll selbst dann gelten, wenn das überführte WG anschließend ins PV entnommen wird (BFH IV B 2/16, BFH/NV 16, 1452). Zur Begründung verweist der IV. Senat auf den Gleichrang beider Privilegierungsvorschriften, die fortbestehende StVerhaftung der stillen Reserven und die der Missbrauchsvermeidung dienenden gesetzl Sperrfristen. – Die gegenteilige Rspr zu der vor 2001 geltenden Rechtslage (zur unentgeltl Betriebsübertragung s BFH IV R 52/08, BStBl II 11, 261 Rn. 17 f; zur Betriebs-/Anteilsveräußerung s BFH VIII R 21/00, BStBl II 03, 194 unter II.1.b) ist damit nicht fortgeführt worden. Zur **Kritik** → 38. Aufl 2019, § 6 Rn. 650 (3). – **(2) Veräußerung/Entnahme/Überführung von Wirtschaftsgütern, die nicht zu den wesentlichen Betriebsgrundlagen gehören.** Diese können (gewinnrealisierend) veräußert oder entnommen oder nach § 6 V zu Buchwerten übertragen werden (im letztgenannten Fall insoweit Auslösung der Sperrfrist), ohne die Anwendung des § 6 III iÜ zu gefährden (*BMF* BStBl I 19, 1291 Rn. 17).

708 **cc) Ausgliederungen, die nur bei Durchführung *vor* der unentgeltlichen Übertragung unschädlich sind. – (1) Veräußerung.** Es steht der Anwendung des § 6 III nicht entgegen, wenn eine wesentl Betriebsgrundlage des **BV** (BFH IV R 19/13, BFH/NV 16, 1702 Rn. 21) oder **SonderBV** (BFH IV R 29/14, BStBl II 19, 723 Rn. 17 ff; *Bode* DB 12, 2375; *Keller/Sundheimer* DB 15, 708) kurz vor der unentgeltl Übertragung des Gesellschaftsanteils veräußert wird. Dabei genügt es bereits, wenn die Ausgliederung nur eine „juristische Sekunde" vor der unentgeltl Übertragung stattfindet (BFH IV R 14/18, BStBl II 21, 367 Rn. 30; so jetzt auch *BMF* BStBl I 21, 696 Rn. 13 S 1). Rspr und *FinVerw* nehmen hier keine Gesamtplanbetrachtung mehr vor, sondern stellen auf den Umfang der betriebl WG im Zeitpunkt des unter § 6 III fallenden Übertragungsvorgangs ab (BFH IV R 41/11, BStBl II 19, 715 Rn. 18; BFH IV R 29/14, BStBl II 19, 723; ebenso für einen Einbringungsfall BFH I R 72/08, BStBl II 10, 471 Rn. 23: entscheidendes Kriterium sei, ob die Auslagerung auf Dauer angelegt sei; *Wacker* Ubg 16, 245). Wenn die wesentl Betriebsgrundlage im Zeitpunkt der unentgeltl Übertragung des PersGesAnteils nicht mehr vorhanden ist, bleibt § 6 III anwendbar. – **(2) Entnahme.** Auch die vorherige Entnahme einer wesentl Betriebsgrundlage lässt die Anwendung des § 6 III auf die anschließende unentgeltl Übertragung des Rest-BV unberührt (BFH IV R 19/13, BFH/NV 16, 1702 Rn. 21: Übertragung von luf GuB zur Abfindung weichender Erben ist Entnahme; die anschließende unentgeltl Übergabe des Rest-BV fällt unter § 6 III; *BMF* BStBl I 19, 1291 Rn. 17; *Wendt* FR 15, 459). – **(3) Zeitgleiche Veräußerung oder Entnahme.** Nur wenn die Veräußerung oder Entnahme einer wesentl Betriebsgrundlage exakt zeitgleich mit der unentgeltl Übertragung des BV oder MUerAnteils vorgenommen wird, handelt es sich um eine gewinnrealisierende Betriebsaufgabe bzw Aufgabe des MUerAnteils (BFH IV R 14/18, BStBl II 21, 367 Rn. 26, 33; Anm *Bodden* BeSt 21, 13; *BMF* BStBl I 21, 696 Rn. 9a). Maßgebend ist jeweils der **Übergang des wirtschaftl Eigentums** (BFH IV R 14/18, BStBl II 21,

367 Rn. 34 ff). Zeitgleichheit ist gegeben, wenn sowohl die Ausgliederung als auch die unentgeltl Übertragung zum selben Zeitpunkt wirksam werden sollen, zB wenn die Zahlung eines Kaufpreises Wirksamkeitsbedingung für beide Übertragungen ist. Daher ist die bloße *Zurückbehaltung* einer wesentl Betriebsgrundlage (im Gegensatz zur vorherigen Entnahme) schädl (*BMF* BStBl I 19, 1291 Rn. 9; BFH IV R 14/18, BStBl II 21, 367 Rn. 33). Gleiches gilt, wenn funktional wesentl Betriebsgrundlagen erst *nach* der unentgeltl Übertragung ausgegliedert werden (BFH IV R 14/18, BStBl II 21, 367 Rn. 34). Die unentgeltl Übertragung darf also erst dann vorgenommen werden, wenn der Betrieb oder MUerAnteil in die Form gebracht wurde, in der er letztl beim Übernehmer ankommen soll (*Hoffmann* BB 21, 178).

709 **dd) Grenzen.** Die Anwendung des § 6 III ist in den Fällen der → Rn. 707, 708 nur dann ausgeschlossen, wenn es zu einer wirtschaftl Zerschlagung iSe Berührung der Lebensfähigkeit des Betriebs kommt (BFH IV R 41/11, BStBl II 19, 715 Rn. 39; *BMF* BStBl I 19, 1291 Rn. 11, 12), zB bei taggleicher Übertragung wesentl Betriebsgrundlagen auf verschiedene Übernehmer (BFH VI S 9/19, BFH/NV 20, 1051 Rn. 25). Wenn zunächst ein Teil-MUerAnteil unentgeltl nach § 6 III übertragen wird, ist die kurzfristig folgende Veräußerung des restl MUerAnteils nicht nach § 16 tarifbegünstigt (BFH IV R 36/13, BStBl II 15, 529).

710 **ee) Weitere zulässige Trennungen von Gesellschaftsanteil und Sonderbetriebsvermögen.** Nachstehend sind Gestaltungen benannt, die bereits vor der neuen Rspr des IV. Senats zur Kombinierbarkeit von § 6 III und § 6 V sowie zur Unschädlichkeit vorheriger Veräußerungen anerkannt waren (s auch *Korn/Strahl* KÖSDI 15, 19555 (19571)). Durch die neue Rspr ist die praktische Bedeutung dieser Gestaltungen zurückgegangen. – **(1) WG keine wesentl Betriebsgrundlage mehr.** Eine getrennte Übertragung des SonderBV ist unschädl, sofern Grund für den Verlust der Eigenschaft als wesentl Betriebsgrundlage nicht die Übertragung als solche ist (glA *Wacker* HFR 10, 939). – **(2) Qualifizierte Nachfolgeklausel.** Übernimmt einer von mehreren Miterben den zivilrechtl GesAnteil in *vollem* Umfang, das SonderBV aber nur in Höhe seines Erbanteils (dh bezogen auf den GesAnteil unterquotal), wendet die *FinVerw* aus Billigkeitsgründen § 6 III in Bezug auf den MUerAnteil an, während hinsichtl des auf Dritte übergehenden Anteils am SonderBV ein Entnahmegewinn realisiert wird (*BMF* BStBl I 06, 253 Tz 72–74; zu Gestaltungsmöglichkeiten s *Nickel/Klein* FR 03, 954). Zwar ist der in *BMF* BStBl I 06, 766 enthaltene Verweis auf diese Billigkeitsregelung im Nachfolgeschreiben *BMF* BStBl I 19, 1291 nicht mehr enthalten; gleichwohl gilt *BMF* BStBl I 06, 253 Tz 73 mE auch insoweit unverändert fort. – **(3) Übertragung des Mitunternehmeranteils unter Nießbrauchsvorbehalt am Sonderbetriebsvermögen.** In der Literatur wird zutr vertreten, dies ermögliche ebenfalls eine Trennung (so *Strahl* FR 04, 929 (937)). Die Übertragung des MUerAnteils einschließl des SonderBV fällt unter § 6 III (→ Rn. 702 zur Übertragung unter Nießbrauchsvorbehalt am gesamten MUer-Anteil); der Nießbrauch gehört zum PV (zur AfA → § 7 Rn. 64 ff). – **(4) Rückbehalt eines Zwerganteils.** Dies ist stets mögl; dem Zwerganteil wird dann das *gesamte* SonderBV zugeordnet (§ 6 III 2; s *Kotzenberg/Riedel* DStR 21, 505 (511)).

713 **d) Übertragungsvorgänge, die unter § 6 III fallen.** In erster Linie sollen Vermögensübergänge durch **Erbfall** (ausführl → § 16 Rn. 40 ff, 590 ff), **Erbauseinandersetzung** (→ § 16 Rn. 608 ff), **vorweggenommene Erbfolge** (→ § 16 Rn. 50 ff) oder andere **Schenkungen** (→ § 16 Rn. 37 ff) erfasst sein.

714 **aa) Besonderheiten bei juristischen Personen.** Auch diese können grds Empfänger einer unentgeltl Übertragung sein, sodass Abs 3 anwendbar ist, wenn es an einem Beteiligungsverhältnis fehlt (BFH X R 22/02, BStBl II 06, 457 unter II.3.e aa; *BMF* BStBl I 19, 1291 Rn. 1). Dies gilt allerdings nicht bei der unentgelt Aufnahme einer juristischen Person in ein Einzelunternehmen und der Übertragung eines Teil-MUerAnteils (§ 6 III 1 Hs 2; → Rn. 733). – **(1) Übertragung auf eine gemein-**

nützige Körperschaft. Abs 3 ist grds anwendbar (von BFH I R 76/99, BStBl II 02, 487 für Erbeinsetzung einer Stiftung vorausgesetzt), und zwar auch bei Vereinbarung gegenläufiger Versorgungsleistungen (*Kahsnitz* DStR 16, 2137 unter 3.). Voraussetzung ist allerdings, dass das übergegangene BV bei der Empfängerkörperschaft einen wirtschaftl Geschäftsbetrieb oder Betrieb gewerbl Art bildet, dh stverhaftet bleibt (BFH IV R 38/97, BStBl II 98, 509 unter 1.b mwN; *BMF* BStBl I 19, 1291 Rn. 4; ausführl *Kraft/Ungemach* NWB 19, 1730; *Alber* WPg 18, 668). Daran fehlt es bei Übertragung eines MUerAnteils an einer gewerbl geprägten PersGes (*BMF* BStBl I 19, 1291 Rn. 5: gewinnrealisierende Betriebsaufgabe; krit *Kahsnitz* DStR 16, 2137 unter 7.); beim Fehlen von Verbindlichkeiten aber ggf Anwendung des Buchwertprivilegs nach § 6 I Nr 4 S 4 (*FM SchlH* DStR 16, 1474; *Werthebach* DStR 20, 6). – **(2) Übertragung auf eine KapGes, an der der Übertragende beteiligt ist.** Dies fällt nicht unter Abs 3, sondern stellt eine verdeckte Einlage iSd § 6 VI 2 dar, die zur Betriebsaufgabe führt (*BMF* BStBl I 19, 1291 Rn. 2; ausführl → Rn. 865). Ist hier statt der Gewinnrealisierung eine Buchwertfortführung gewünscht, bietet sich eine Einlage gegen Gewährung neuer Anteile an (§ 20 UmwStG); dabei genügt die Gewährung eines Zwerganteils (s *Korn* KÖSDI 05, 14633 (14635)). Zur Übertragung auf **kstpfl Familienstiftungen** s *Grosse* FR 21, 105. – **(3) Übertragung von KapGes auf Ges'ter.** Überträgt umgekehrt die KapGes einen (werthaltigen) Betrieb, Teilbetrieb oder MUerAnteil unentgeltl auf ihren Ges'ter, handelt es sich idR um eine **vGA** (BFH VIII R 2/86, BStBl II 92, 832 unter 3.c; BFH I R 7/02, BStBl II 05, 867 unter III.2.c). § 6 III wird dann verdrängt.

bb) Besonderheiten bei Mitunternehmerschaften. Ausführl *Ley* KÖSDI 22, 22726. Auch eine unentgeltl **Anwachsung** des Vermögens der MUerschaft auf deren letzten Ges'ter fällt unter § 6 III (BFH VIII R 76/96, BStBl II 99, 269 unter II.2.b aa; einschr *OFD Bln* DB 02, 1966; *OFD Bln* DStZ 24, 345 und *Brandenberg* DStZ 02, 511 (514): nur bei kapitalmäßiger Beteiligung). Wächst das Vermögen allerdings einer KapGes an, an der die ausscheidenden MUer beteiligt sind, ist mE die verdeckte Einlage vorrangig (glA *FinSen Brem* FR 03, 48; **aA** *Rödder/Schumacher* DStR 01, 1634 (1636)). Gleiches gilt für die unentgeltl Begründung einer **Vereinbarungstreuhand** (*Carlé/Fuhrmann* FR 06, 749 (752)). – Hingegen sind die Regelungen über die **Realteilung** (§ 16 III 2) ggü § 6 III vorrangig, weil sie einen Spezialfall der Betriebsaufgabe betreffen (*BMF* BStBl I 06, 228 unter I.; BFH VIII R 21/77, BStBl II 82, 456 unter I.1.d; zum Vorrang der Betriebsaufgabe s auch BFH VIII R 17/85, BStBl II 91, 512 unter 3.) und die in diesen Fällen bestehenden Umstrukturierungsbedürfnisse abdecken. Dies gilt auch beim **Ausscheiden von Ges'tern gegen Sachwertabfindung in Form einer betriebl Einheit** (Teilbetrieb, MUerAnteil; s BFH III R 49/13, BStBl II 17, 37). – Zur zeitl gestaffelten Unternehmensnachfolge in MUerAnteile s ausführl *Neugebauer* DB 19, 1525. 716

e) Unentgeltlichkeit. – aa) Begriff. Ausführl → § 16 Rn. 40 ff (zur vorweggenommenen Erbfolge), → § 16 Rn. 590 ff (zum Erbfall). Unentgeltlichkeit iSd § 6 III ist nicht stets schon dann gegeben, wenn keine Gegenleistung feststellbar ist. Hinzu kommen muss vielmehr, dass der Übertragende beabsichtigt, den **Empfänger iSd § 516 BGB unentgeltl zu bereichern** (BFH III R 7/22, BStBl II 24, 740 Rn. 23). Daran wird es zw fremden Dritten idR fehlen, zB wenn nur deshalb keine Gegenleistung vereinbart wird, um den Betrieb oder Anteil „loszuwerden" (zum Ganzen BFH IV R 3/01, BStBl II 03, 112 unter 4.a). Auch ein „symbolischer Kaufpreis" von zB 1 € kann Entgelt sein (zu § 17 BFH IX R 61/10, BStBl II 12, 8; zu § 20 BFH VIII R 32/16, BStBl II 19, 221 Rn. 13). Bewirkt ein Vertragsbündel (insb zw Angehörigen) die Rückschenkung des formal vereinbarten Kaufpreises, ist der Vorgang ebenfalls unentgeltl (BFH X R 14/11, BStBl II 14, 158 Rn. 51). 718

bb) Übernahme von Verbindlichkeiten. Dies ist hier nicht als Entgelt anzusehen (**Einheitsbetrachtung;** anders aber bei Übertragung einzelner WG nach 719

§ 6 V 3, → Rn. 786). Hintergrund ist, dass zu den betriebl Einheiten iSd Abs 3 in aller Regel auch Schulden gehören, was bei Zugrundelegung der Trennungstheorie die Anwendbarkeit des Abs 3 ausschlösse (BFH VIII R 58/98, BStBl II 02, 420 unter B.I.3.b bb aaa: „eng begrenzter Ausnahmefall" von der Trennungstheorie). Dies gilt auch dann, wenn das buchmäßige **Eigenkapital negativ** ist (zu Schenkung eines MUerAnteils BFH VIII R 36/66, BStBl II 73, 111: auch beim Fehlen stiller Reserven; zu Erbfall eines MUerAnteils BFH IV R 44/93, BFHE 177, 466 unter I.5.; zu Einzelunternehmen BFH III R 7/22, BStBl II 24, 740 Rn. 22; → § 16 Rn. 423). –

720 **cc) Teilentgelte.** Aufgrund der Einheitsbetrachtung stehen auch Teilentgelte, die den Buchwert der betriebl Einheit nicht erreichen, der Buchwertfortführung nicht entgegen (→ § 16 Rn. 58, 66 mwN). Übersteigt das Teilentgelt hingegen den Buchwert, handelt es sich um eine Veräußerung iSd § 16, beim Erwerber um einen Anschaffungsvorgang. Wird bei einem (an sich unschädl) Teilentgelt unterhalb des Buchwerts in den Fällen des § 6 III 2 die Behaltefrist nicht eingehalten und entfällt daher die Buchwertfortführung rückwirkend, ist die „Trennungstheorie" anzuwenden (*Förster/Brinkmann* BB 03, 657 (664); str; zur Rechtsfolge → Rn. 789).

721 **dd) Versorgungsleistungen.** Deren Vereinbarung iRe **Vermögensübergabe** fällt unter das Sonderrecht des § 10 Ia Nr 2, stellt aber kein Entgelt dar (BFH IV R 22/07, BFH/NV 11, 31 Rn. 14; BFH IV R 29/14, BStBl II 19, 723 Rn. 28). Auch die Zahlung einer **betriebl Versorgungsrente** steht der Unentgeltlichkeit des Vorgangs nicht entgegen, setzt aber eine Versorgungsbedürftigkeit des Übergebers und einen Versorgungswillen des Übernehmers voraus (BFH III R 49/13, BStBl II 17, 37 Rn. 50 mwN).

723 **f) Rechtsfolgen. – aa) Buchwertfortführung.** Beim bisherigen Betriebsinhaber sind die **Buchwerte** anzusetzen (§ 6 III 1 Hs 1), sodass es trotz des Ausscheidens der WG aus „seinem" BV nicht zu einer Gewinnrealisierung kommt. Der Rechtsnachfolger ist an diese Werte gebunden (§ 6 III 3), darf also nicht etwa die höheren TW ansetzen und von diesen AfA vornehmen. Es besteht **kein Wahlrecht** zur Aufdeckung der stillen Reserven (zutr *Wendt* FR 05, 468 (469)). Sollte die Gewinnrealisierung im Einzelfall erwünscht sein, kann sie aber durch Vereinbarung eines Kaufpreises ohne Weiteres erreicht werden. – **Nachträgl BA** sind mögl, zB wenn eine Verbindlichkeit, die im Innenverhältnis auf den Übernehmer übergegangen war, von diesem wegen Insolvenz nicht erfüllt werden kann und der Übergeber aufgrund seiner fortbestehenden persönl Haftung in Anspruch genommen wird, und zwar auch dann, wenn die Verbindlichkeit in der letzten Bilanz unzutr nicht passiviert worden war (BFH III R 7/22, BStBl II 24, 740 Rn. 35 ff; schon wegen des obj Nettoprinzips zutr).

724 **bb) Besteuerung der stillen Reserven nicht sichergestellt.** In diesen Fall ist die Buchwertfortführung ausgeschlossen (Ergänzung des Gesetzeswortlauts mit Wirkung ab 2017; ebenso für die Zeit davor BFH IV R 38/97, BStBl II 98, 509: Betriebsaufgabe; ausführl zum Ganzen *Hänsch* NWB 17, 935). Für die Buchwertfortführung genügt es aber, wenn die Besteuerung mit dem geringeren KSt-Satz sichergestellt ist. Bei der Übergabe von Betrieben, Teilbetrieben oder MUerAnteilen wird die Besteuerung der stillen Reserven beim Übergeber idR sichergestellt sein, weil selbst ein StAusländer mit diesen Einheiten im Inl beschr stpfl wird bzw eine stbefreite Körperschaft einen wirtschaftl Geschäftsbetrieb begründet. Anders ist dies jedoch beim Übergang eines Anteils an einer **vermögensverwaltend tätigen, aber gewerbl geprägten PersGes** auf einen StAusländer (keine inl Betriebsstätte) zu beurteilen, weil das Besteuerungsrecht für derartige Einkünfte nach den übl DBA-Regelungen idR beim ausl Staat liegt (dazu *Liekenbrock* DStR 17, 177; für nur *anteilige* Gewinnrealisierung, wenn das Besteuerungsrecht für einige WG bei Deutschland und für andere WG im Ausl liegt, *Kraft/Jung* DStR 23, 665). Eine Regelung wie § 50i könnte diese Problematik entschärfen. Auch bei Übertragung eines solchen An-

teils auf eine gemeinnützige Körperschaft (kein wirtschaftl Geschäftsbetrieb) ist die Besteuerung der stillen Reserven nicht sichergestellt (→ Rn. 714); hier wäre aber die Übertragung einzelner WG nach § 6 I Nr 4 S 4 zum Buchwert mögl (→ Rn. 581). Zum Ansatz des gemeinen Werts in den Fällen des **§ 50i** → § 50i Rn. 1 ff.

cc) Auswirkungen auf Vorträge, Rücklagen und Fristen. Abs 3 bewirkt über seinen Wortlaut (Fortführung der Buchwerte) hinaus den vollständigen Eintritt des Übernehmers in die betriebsbezogene Rechtsstellung des Vorgängers, jedoch keine allumfassende stl Rechtsnachfolge (BFH III R 17/19, BStBl II 21, 748 Rn. 22; BFH III R 7/22, BStBl II 24, 740 Rn. 22). – Trotz der Buchwertfortführung geht ein nicht verbrauchter **Zinsvortrag** unter (§ 4h V 1; → § 4h Rn. 32). Ein **Investitionsabzugsbetrag** kann hingegen fortgeführt werden (→ § 7g Rn. 29); ebenso eine **Rücklage** nach § 6b (BFH IV R 9/06, BStBl II 10, 664 unter II.1.a) und ein **nachversteuerungspflichtiger Betrag** (§ 34a VII 1; → § 34a Rn. 85); dies gilt allerdings nicht bei einer Übertragung auf Körperschaften (§ 34a VI 1 Nr 3 ab 6.7.2017). Auch der Grundsatz des **formellen Bilanzenzusammenhangs** gilt übergreifend für Übergeber und Übernehmer (BFH III R 7/22, BStBl II 24, 740 Rn. 30). Bei der typisierenden Abgrenzung, ob Abbruchkosten BA oder HK sind (Dreijahresfrist der Rspr, → Rn. 216 f), soll dem Übernehmer die Vorbesitzzeit des Übergebers nicht zuzurechnen sein (BFH III R 17/19, BStBl II 21, 748; mE nicht zwingend). 725

g) Verhältnis zu § 24 UmwStG. Diese Vorschrift setzt eine **Einlage** des eintretenden Ges'ters voraus, und zwar nach dem Gesetzeswortlaut nur in Form von (Teil-) Betrieben oder MUerAnteilen, während Rspr und *FinVerw* iErg auch Geldeinlagen in den Anwendungsbereich des § 24 UmwStG fallen lassen (BFH VIII R 52/04, BStBl II 06, 847 unter II.B.2.a; *BMF* BStBl I 11, 1314 Rn. 01.47). Ist ein solcher Sachverhalt gegeben, wird § 6 III verdrängt (einschließl der Sonderregelung des § 6 III 2 für zurückbehaltenes SonderBV). – **Ohne eine derartige Einlage** des Eintretenden ist die Erlangung der MUerstellung als unentgeltl Übertragung von Teilanteilen iSd § 6 III anzusehen; § 24 UmwStG ist dann nicht anwendbar. Die Voraussetzungen des § 24 UmwStG sind zudem nicht erfüllt, wenn der Einbringende keine neuen GesRechte erhält, zB bei unentgeltl Überführung eines Betriebs in das eigene SonderBV (FG Ddorf EFG 03, 1180, rkr). – **Kombination von § 24 UmwStG und § 6 III.** Dies ist mögl, zB wenn ein Betrieb in eine MUerschaft eingebracht wird (insoweit Anwendung von § 24 UmwStG) und zugleich Angehörige unentgeltl in die MUerschaft aufgenommen werden (§ 6 III). Es handelt sich um zwei Vorgänge, die rechtl getrennt zu würdigen sind (BFH X R 42/10, BStBl II 16, 639 Rn. 27). Die aufnehmende MUerschaft kann dann auch einen Ansatz oberhalb des Buchwerts wählen (*Korn/Strahl* KÖSDI 15, 19555 (19570): zB bei Verlustvorträgen sinnvoll). 727

3. Aufnahme in ein Einzelunternehmen, Übertragung von Teilanteilen, § 6 III 1 Hs 2, S 2. – a) Unentgeltliche Aufnahme einer natürlichen Person in ein Einzelunternehmen, § 6 III 1 Hs 2 Alt 1. S *Groh* DB 01, 2162; *Geissler* FR 01, 1029. Dieser Vorgang, durch den eine zweigliedrige MUerschaft entsteht, ist mit der Übertragung eines *Teils* eines MUerAnteils (→ Rn. 735) vergleichbar. Beide Gestaltungen werden daher gleich behandelt. Auch, wenn der Aufgenommene nicht am Vermögen beteiligt ist, genügt es, wenn er MUer wird. – Der Übertragende kann **SonderBV** bilden und auf diese Weise Teile seiner betriebl WG zurückbehalten (zu den Folgen → Rn. 736). Auch über- und unterquotale Übertragungen solcher WG des (künftigen) SonderBV sind denkbar (→ Rn. 738 f). 731

aa) Unentgeltlichkeit. Zum Begriff → Rn. 718. Muss der Aufgenommene eine Einlage leisten, ist der Vorgang nicht unentgeltl, allerdings gilt § 24 UmwStG (→ Rn. 727). Ohne eine solche Einlage ist die Buchwertfortführung nach § 6 III *zwingend* (kein Wahlrecht wie in § 24 UmwStG). Bei einer Einlage, die den Buchwert nicht erreicht, handelt es sich wegen der Gleichstellung mit der Übertragung *ganzer* 732

Betriebe mE um einen unentgeltl Vorgang, der zwingend unter § 6 III fällt (**aA** *Neumann* EStB 05, 140 (144)).

733 **bb) Beschränkung auf die Aufnahme natürlicher Personen.** Dies dient vor allem der Vermeidung einer unentgeltl Aufnahme von **KSt-Subjekten** (insb KapGes; FG BW BB 25, 2864, Rev IV R 13/25: nicht stbefreite Stiftung), weil der Gesetzgeber das Übergehen stiller Reserven auf diese Gebilde vermeiden will (s auch § 6 V 5, 6). Der dem Gesetzgeber vor Augen stehende Fall der Aufnahme einer KapGes wäre allerdings schon nach den Grundsätzen der verdeckten Einlage gewinnrealisierend; umgekehrt besteht bei der Aufnahme stbefreiter Körperschaften gar kein Bedürfnis für eine Einschränkung (auch → Rn. 714; *Wendt* FR 05, 468 (478)). Die **Aufnahme einer MUerschaft** ist nach dem Gesetzeswortlaut ebenfalls nicht begünstigt (*BMF* BStBl I 19, 1291 Rn. 1 S 2; **aA** *Korn* KÖSDI 05, 14633 (14634)). Denkbar ist aber die Übertragung *mehrerer* Teilanteile an **mehrere natürl Personen** (zB die beiden Kinder des bisherigen Betriebsinhabers), die dann eine MUerschaft bilden (*Wacker* ZSteu 05, 358 (364)). Auch die Übertragung eines *gesamten* Betriebs auf mehrere natürl Personen als MUer fällt unter § 6 III (→ Rn. 698).

735 **b) Unentgeltliche Übertragung von *Teilen* eines Mitunternehmeranteils auf natürliche Personen, § 6 III 1 Hs 2 Alt 2.** Eine Teilanteilsübertragung setzt den Übergang wesentl (nicht unbedingt aller) Vermögens- und Verwaltungsrechte hinsichtl eines Teils des MUerAnteils voraus; *allein* die Übertragung von SonderBV genügt nicht (BFH IV R 14/18, BStBl II 21, 367 Rn. 26). Zur **Unentgeltlichkeit** → Rn. 718, 732; zur Beschränkung auf **natürl Personen** → Rn. 733. – Die Übertragung des *gesamten* MUerAnteils ist bereits nach § 6 III 1 Hs 1 begünstigt (→ Rn. 704); eine Behaltefrist gilt hier nicht. Auch im Fall einer *Teil*anteilsübertragung wird die Behaltefrist nicht ausgelöst, wenn SonderBV **quotal,** also mit demselben Bruchteil wie der Anteil am Gesamthandsvermögen, übertragen wird.

736 **c) Erweiterung auf die Zurückbehaltung von Sonderbetriebsvermögen, § 6 III 2. – aa) Anwendungsbereich.** In Fällen der Übertragung eines *Teils* eines MUerAnteils sowie der Aufnahme in ein Einzelunternehmen (§ 6 III 1 Hs 2) ermöglicht S 2 die Zurückbehaltung von SonderBV, und zwar gerade dann, wenn es sich um **wesentl Betriebsgrundlagen** handelt (die Zurückbehaltung unwesentl WG hindert die Begünstigung nach S 1 ohnehin nicht, → Rn. 697, 704). Auf die Übertragung von Betrieben, Teilbetrieben und *ganzen* MUerAnteilen ist S 2 nach seinem Wortlaut aber nicht anwendbar, weil das zurückbehaltene WG dann nicht mehr „zum BV derselben MUerschaft" gehören kann (zutr *BMF* BStBl I 21, 696 Rn. 9).

737 **(1) Quotale Übertragung von Sonderbetriebsvermögen.** Entspricht der Wertanteil der übertragenen WG des SonderBV am Gesamtwert des SonderBV dem Verhältnis zw dem übertragenen Teilanteil und dem gesamten Anteil, ist nicht S 2 anzuwenden, sondern S 1 (Folge: *keine* Sperrfrist). Die Betrachtung ist nicht gegenständl, sondern wertmäßig vorzunehmen (BFH IV R 41/11, BStBl II 19, 715 Rn. 29; *BMF* BStBl I 19, 1291 Rn. 21, 23; *Schulze zur Wiesche* DStR 12, 2414; *Förster* DB 13, 2047; *Bohn/Pelters* DStR 13, 281). Von Bedeutung ist dies, wenn das SonderBV *mehrere* WG umfasst, von denen einzelne übertragen werden, andere aber nicht.

738 **(2) Unterquotale Übertragung von Sonderbetriebsvermögen.** Neben der *vollständigen* Zurückbehaltung des SonderBV ist (erst recht) dessen Übertragung mit einer Quote, die hinter der Beteiligungsquote des Übertragungsempfängers an der MUerschaft zurück bleibt, von S 2 erfasst. Auch in einem solchen Fall gilt die Behaltefrist aber für das *gesamte* SonderBV (*BMF* BStBl I 19, 1291 Rn. 25; *Wendt* FR 05, 468 (474); jetzt auch *BH/Krumm* § 6 Rn. 1794). Die Gegenauffassung will unterquotal übertragenes SonderBV hingegen zT unter S 1 (ohne Behaltefrist) und nur mit dem restl Teil unter S 2 fallen lassen (*Rogall/Stangl* DStR 05, 1073 (1078) mwN).

(3) Überquotale Übertragung von Sonderbetriebsvermögen. Dies wird vom Wortlaut des S 2 nicht erfasst, sondern ist ein Fall des S 1; auch § 6 V 3 Nr 3 ist nicht anwendbar (Folge: keine Sperrfrist; vgl BFH IV R 41/11, BStBl II 19, 715 Rn. 29; *BMF* BStBl I 19, 1291 Rn. 32). 739

(4) Mitunternehmerische Betriebsaufspaltung. Hierzu kommt es, wenn der Ges'ter ein WG zur Nutzung an die PersGes überlässt und sowohl einen Teil seines MUerAnteils als auch einen *Teil* dieses WG auf einen Dritten überträgt. Der Übertragende und der Dritte bilden mit diesem WG eine BesitzGes, die das WG fortan der BetriebsPersGes zur Nutzung überlässt. Die Übertragung des WG auf den Empfänger (erste Stufe) fällt unter § 6 III 1 (bei unterquotaler Übertragung § 6 III 2). Die anschließende Überführung in das Gesamthandsvermögen der BesitzGes (zweite Stufe) erfolgt nach § 6 V 3 Nr 2; ist die BesitzGes hingegen eine Bruchteilsgemeinschaft, zu deren SonderBV das WG nun gehört, richtet sich die Überführung zweiter Stufe nach § 6 V 2 (zum Ganzen s *BMF* BStBl I 19, 1291 Rn. 37 ff). Für die erste Stufe gilt (nur im Fall unterquotaler Übertragung) die fünfjährige Behaltefrist nach § 6 III 2, für die zweite Stufe (nur bei Überführung ins Gesamthandsvermögen) die dreijährige Sperrfrist des § 6 V 4. 741

bb) Fünfjährige Behaltefrist für den Rechtsnachfolger, § 6 III 2 Hs 2. Die Buchwertfortführung bei einer unentgeltl Übertragung von Teilanteilen (bzw Aufnahme in ein Einzelunternehmen) unter Zurückbehaltung von SonderBV setzt voraus, dass der Übernehmer den MUerAnteil fünf Jahre lang weder veräußert noch aufgibt. Die Frist beginnt mit dem Übergang des wirtschaftl Eigentums (Nutzen und Lasten; *BMF* BStBl I 19, 1291 Rn. 26). Sie bezweckt die typisierende Abgrenzung zw einer echten Unternehmensnachfolge und solchen Fällen, in denen die Buchwertfortführung vorrangig dazu genutzt werden soll, die stillen Reserven durch ein anderes StSubjekt realisieren zu lassen (ähnl die Überlegung von *Wendt* FR 05, 468 (476)). Ferner soll vermieden werden, dass die Haltefrist des § 6 V 4 durch entspr Gestaltungen unterlaufen wird. 742

(1) Weder Veräußerung noch Aufgabe des Mitunternehmeranteils. Als Veräußerung gelten auch offene und verdeckte Einlagen in KapGes sowie Einbringungen und Formwechsel gem §§ 20, 24, 25 UmwStG zum gemeinen Wert, TW oder Zwischenwerten (zutr *BMF* BStBl I 19, 1291 Rn. 29 S 1, 2; zu Buchwerteinbringungen → Rn. 745), auch die als Formwechsel fingierte Option nach § 1a KStG (*BMF* BStBl I 21, 2212 Rn. 45; dazu → § 15 Rn. 160a ff). Bereits die Veräußerung eines *Teils* des erhaltenen MUerAnteils ist schädl (*BMF* BStBl I 19, 1291 Rn. 26 S 2; mE zutr und vom Wortlaut noch umfasst). War der Übernehmer aber schon zuvor an der MUerschaft beteiligt, gilt dieser Alt-Anteil als zuerst veräußert (*BMF* BStBl I 19, 1291 Rn. 27). Hingegen löst die Aufgabe der *gesamten MUerschaft* mE keine Nachversteuerung aus. Erwirbt der Übernehmer des Teilanteils in einem zweiten Akt auch den Rest des ursprüngl MUerAnteils, soll damit die Behaltefrist enden (BFH IV R 41/11, BStBl II 19, 715 Rn. 26, obiter dictum). 743

(2) Veräußerung/unentgeltliche Übertragung wesentlicher Betriebsgrundlagen des übernommenen SonderBV. Dies ist als Aufgabe des MUerAnteils anzusehen und löst daher die Nachversteuerung aus (zutr *BMF* BStBl I 19, 1291 Rn. 26 S 2; **aA** *Kempermann* FR 03, 321 (327); *Wendt* FR 05, 468 (477)). Gleiches gilt für die Einbringung eines solchen WG nach § 6 V 3 in eine andere MUerschaft gegen Gewährung von GesRechten (*BMF* BStBl I 19, 1291 Rn. 29 S 3). Der Übernehmer kann sich von einem solchen WG nur dann in steuerl unschädl Weise trennen, wenn es bei ihm nicht mehr als wesentl Betriebsgrundlage anzusehen ist (→ Rn. 710). Dies kann auch bei seiner Ersetzung durch eine neue wesentl Betriebsgrundlage der Fall sein (zutr *Rogall/Stangl* DStR 05, 1073 (1078): zB Erwerb eines neuen und Verkauf des bisherigen Betriebsgrundstücks zur Anpassung an Marktverhältnisse). 744

745 **(3) Unentgeltliche Weiterübertragung des *gesamten* übernommenen Teilanteils.** Die Behaltefrist geht auf den neuen Anteilsinhaber über; es beginnt aber (im Gegensatz zur nochmaligen Abspaltung eines Teilanteils) keine neue Fünfjahresfrist (*BMF* BStBl I 19, 1291 Rn. 30). Eine solche unschädl unentgeltl Weiterübertragung ist aus Billigkeitsgründen (*OFD Rhld* DStR 08, 775; *Wendt* FR 05, 468 (476)) auch in einer **Buchwerteinbringung nach §§ 20, 24 UmwStG** zu sehen; die Fünfjahresfrist läuft nunmehr für den neu gewährten Anteil weiter (*BMF* BStBl I 19, 1291 Rn. 29 S 4; ausführl *Crezelius* FR 11, 401).

746 **(4) Folgen der Nichteinhaltung der Behaltefrist.** Der Übertragende erzielt einen lfd Gewinn (wegen § 16 I 2 kein begünstigter Veräußerungsgewinn bei Teilanteilsveräußerung) aus den (gesamten!) stillen Reserven des übertragenen BV im Übertragungszeitpunkt, der auch der GewSt unterliegt (BFH IV R 3/05, BStBl II 07, 777 unter II.3.c; *BMF* BStBl I 19, 1291 Rn. 28). Der Bescheid des Übertragungsjahres ist nach § 175 I 1 Nr 2 AO zu ändern (krit wegen der Anknüpfung an das Verhalten eines Dritten *Crezelius* FR 02, 805; *Kanzler* FS Korn [2005] S 287 (302)). Dem Empfänger entstehen AK mit der Folge neuen AfA-Volumens. Es ist dringend zu raten, dass der Übertragende sich gegen diese unerwünschten Folgen eines Verhaltens des Empfängers durch entspr **Regelungen im Übertragungsvertrag** absichert (zB Zustimmungsvorbehalt, Ausgleichszahlung). Werden mehrere Teilanteile an verschiedene Empfänger übertragen, ist das Schicksal jedes Teilanteils individuell zu betrachten.

748 **cc) Keine Geltung einer auf das zurückbehaltene Sonderbetriebsvermögen bezogenen Behaltefrist für den übertragenden Mitunternehmer.** Der Anwendungsbereich der Behaltefrist beschränkt sich auf den übernehmenden MUer. Dem Übertragenden bleibt die Rechtsfolge des § 6 III hingegen auch dann erhalten, wenn er zurückbehaltenes SonderBV *nach* der Übertragung des MUerAnteils veräußert oder entnimmt (BFH IV R 41/11, BStBl II 19, 715 Rn. 25; *BMF* BStBl I 21, 696 Rn. 31). Auch die Überführung seines SonderBV in ein anderes BV nach § 6 V 3 (zB Einmann-GmbH & Co KG) ist unschädl (BFH IV R 12/15, BStBl II 19, 726). – Die Veräußerung des *gesamten* Restanteils des Übertragenden (GesAnteil einschließl SonderBV) ist ebenfalls unschädl, weil das SonderBV dann weiterhin zum BV derselben MUerschaft gehört.

751 **4. Unentgeltliche Übertragung einzelner Wirtschaftsgüter aus betrieblichen Gründen, § 6 IV. – a) Voraussetzungen. – aa) Übertragung *einzelner* Wirtschaftsgüter.** Die Übertragung von Betrieben, Teilbetrieben und MUerAnteilen fällt demggü unter § 6 III. Das WG muss **in das BV eines *anderen* StPfl** (Einzelunternehmen, MUerschaft, Körperschaft) übertragen werden. Auf Übertragungen zw einem MUer und seiner MUerschaft sowie zw verschiedenen MUern derselben MUerschaft ist allerdings nicht Abs 4, sondern der vorrangige Abs 5 auch dann anzuwenden, wenn die unentgeltl Übertragung ausnahmsweise betriebl veranlasst ist (ausführl → Rn. 818 mwN). – Auf die **Herkunft des WG beim Übertragenden** kommt es mE nicht an, weil nicht ersichtl ist, weshalb die (den alleinigen Regelungsgegenstand des Abs 4 bildende) Bewertung beim *Empfänger* hiervon abhängig sein soll und zudem der Wortlaut des § 6 IV insoweit von dem der Vorläufervorschrift des § 7 II EStDV abweicht (glA *HHR/Niehus/Wilke* § 6 Rn. 1417; *BH/Krumm* § 6 Rn. 1810). Es ist für die Anwendung des § 6 IV beim *Empfänger* also unerhebl, ob das WG beim Übertragenden zum PV oder zum BV gehörte, und ob der Übertragung aus Sicht des *Übertragenden* ein betriebl oder privater Anlass zugrunde lag. Bei Altmaterialsammlungen von steuerbegünstigten Körperschaften (wirtschaftl Geschäftsbetrieb) wird der Gewinn daher bereits mit der Zuwendung des Materials realisiert (zutr *Kümpel* FR 99, 888).

753 **bb) Unentgeltlichkeit.** Die Übertragung ist unentgeltl, wenn der Empfänger für das WG keine konkrete Gegenleistung gewährt. Die mit der Hingabe von „Geschenken" im geschäftl Verkehr verbundene Erwartung positiver Folgen für die weitere

Geschäftsbeziehung genügt für die Annahme einer konkreten Gegenleistung nicht; **Werbegeschenke** sind daher der typische Anwendungsfall des Abs 4. – Bei **teilentgeltl Übertragungen** (sofern sie nicht als Einlagen anzusehen sind, →Rn. 754) ist die Trennungstheorie anzuwenden (glA *BH/Krumm* § 6 Rn. 1811; näher →Rn. 789 ff): Für den entgeltl Teil bemessen sich die AK des Erwerbers nach Abs 1 Nr 1, 2; für den unentgeltl Teil gilt Abs 4.

cc) Einlagen. Sie sind von der Anwendung des Abs 4 ausdrückl ausgenommen, gem § 6 I Nr 5 grds mit dem TW anzusetzen, bewirken gem § 4 I aber keine Gewinnrealisierung. Maßgebend ist, ob die Übertragung aus Sicht des *Empfängers* auf einem privaten (Einlage) oder einem **betriebl Anlass** (Abs 4) beruhte. 754

b) Rechtsfolgen. – aa) Empfänger. Das WG ist mit dem **gemeinen Wert** anzusetzen (zum Begriff des gemeinen Werts →Rn. 235 und § 9 BewG). Es kommt durch die Aufnahme des WG in das BV also zu einer **Gewinnrealisierung** (BFH I R 248/74, BStBl II 78, 191 unter 2.b aa). Dies ist systematisch zutr, da der Empfänger den unentgeltl Wertzugang aus betriebl Gründen erhält (bei Einlagen, dh Wertzugängen aus privaten Gründen, wird die Gewinnrealisierung dadurch vermieden, dass iRd BV-Vergleichs des § 4 I der Wert der Einlagen von dem erhöhten BV abgezogen wird). Der gemeine Wert stellt zugleich die AfA-Bemessungsgrundlage und Bewertungsobergrenze für evtl Zuschreibungen dar; § 6 II, IIa sind anwendbar. Aus Billigkeitsgründen wendet die *FinVerw* Abs 4 nicht an, wenn ein StPfl, der von einer Naturkatastrophe betroffen ist, gespendete WG betriebl verwendet (zB *OFD Mchn* DStR 02, 2171). Bei unter § 6 IV fallendem Erwerb von UV durch einen StPfl mit Gewinnermittlung nach § 4 III ist zudem im Jahr des Erwerbs gegenläufig eine BA anzusetzen, weil der Erwerb von UV zu BA führt (zutr BFH III R 54/12, BFH/NV 13, 1916 Rn. 18). – Wird dem Empfänger kein WG, sondern ein nicht aktivierungsfähiger Vorteil zugewendet (zB Reise), sind gleichwohl BE gegeben. Dies beruht aber nicht auf Abs 4, sondern auf sachgerechter Auslegung des Begriffs der BE (BFH VIII R 35/93, BStBl II 96, 273). 755

bb) Übertragender. – (1) WG stammt aus Betriebsvermögen. Es handelt sich je nach Anlass um eine gewinnrealisierende Entnahme oder eine BA (zu beiden Fallgruppen BFH I R 248/74, BStBl II 78, 191 unter 2.b aa). Wird bei § 4 III ein WG des UV aus betriebl Gründen übertragen, war der BA-Abzug schon beim Erwerb des WG gegeben; die Übertragung hat hier keine weitere Gewinnauswirkung. Trotz betriebl Anlass gilt in den Fällen des § 4 V 1 Nr 1 (Geschenke) ein Abzugsverbot (→§ 4 Rn. 536). – **(2) WG stammt aus Privatvermögen.** Beim Übertragenden kommt es nicht zu steuerl Folgen (auch nicht bei §§ 17, 20, 23). Dies ist konsequent, weil der *Empfänger* einen Erwerbsgewinn verwirklicht. 756

XI. Überführungen bei mehreren Betrieben; Übertragungen bei Mitunternehmerschaften, § 6 V

Schrifttum: Bis 2009 →33. Aufl 2014, § 6 Rn. 681; bis 2018 →39. Aufl 2020, § 6 Rn. 761; *Micker* Die Umstrukturierung von PersGes durch Überführung und Übertragung von EinzelWG, Ubg 19, 504; *Thörmer/Eitrich* Die jüngere BFH-Rspr zur teleologischen Reduktion von § 6 V 4–6 EStG, StuB 22, 329. – **Verwaltungsanweisung:** *BMF* BStBl I 11, 1279.

1. Buchwertüberführung einzelner Wirtschaftsgüter zwischen verschiedenen Betriebsvermögen desselben Steuerpflichtigen, § 6 V 1. – a) Überführung einzelner Wirtschaftsgüter. Hierauf beschränkt sich der Wortlaut des S 1. Für die Überführung von Teilbetrieben oder MUerAnteilen zw verschiedenen BV desselben StPfl ergeben sich mE aber dieselben Rechtsfolgen, weil nicht ersichtl ist, weshalb es hier zu einer Gewinnrealisierung kommen sollte (glA *BMF* BStBl I 11, 1279 Tz 6; *BH/Krumm* § 6 Rn. 1822; zur gegenteiligen Rechtslage bei S 3 →Rn. 775). Eine Rücklage nach § 6b ist kein WG und kann daher nicht nach S 1 761 übertragen werden (BFH VI R 50/16, BStBl II 19, 313 Rn. 21). – Die ledigl **vorübergehende Nutzung** eines WG des einen Betriebs in einem anderen Betrieb desselben StPfl fällt (mangels dauerhafter Überführung des WG) nicht unter S 1. Es handelt sich vielmehr um eine Nutzungsentnahme beim abgebenden und eine Aufwandseinlage beim aufnehmenden BV (zur Bewertung → Rn. 517; zu Pkw → Rn. 552; zu PersGes → Rn. 603).

762 **b) Derselbe Steuerpflichtige. – aa) Natürliche Personen.** Unter § 6 V 1 fällt idR eine natürl Person, die **mehrere Betriebe** unterhält. Die Betriebe können **unterschiedl Einkunftsarten** angehören. Eine Buchwertübertragung ist daher auch aus einem GewBetr in LuF mögl; die Verhaftung der stillen Reserven auch für die *GewSt* wird von S 1 nicht verlangt (*BMF* BStBl I 11, 1279 Tz 5; glA zur Rechtslage vor 1998 BFH GrS 1/73, BStBl II 75, 168). Die umgekehrte Überführung (von § 13 oder § 18 in GewBetr) bewirkt allerdings die erstmalige gewstl Verhaftung schon zuvor gebildeter stiller Reserven (→ § 13 Rn. 40 zum Strukturwandel von LuF zum GewBetr). Ein Wahlrecht zur Aufdeckung der stillen Reserven besteht hier wegen der zwingenden Regelung des S 1 gleichwohl nicht (ähnl BFH VIII R 46/99, BFHE 192, 516 unter II.2.a, Anm *HG* DStR 00, 1907). Der Vorgang kann allerdings ggf so gestaltet werden, dass der luf Betrieb *beendet* wird. Dann findet dort eine begünstigte Betriebsaufgabe und anschließend die Eröffnung eines GewBetr statt; hierfür gilt § 6 V 1 nicht (glA für die Rechtslage vor 1999 BFH IV R 31/03, BStBl II 06, 652).

763 **bb) Gesellschaften. Mitunternehmerschaften** haben idR nur einen einzigen Betrieb, so dass sich die Problematik interner Überführungen nicht stellt. Ist *ein* StPfl an *mehreren* MUerschaften beteiligt und will er WG zw deren BV überführen, gilt nicht S 1, sondern S 2 (Übertragung zw SonderBV) bzw S 3 (Übertragung zw GesamthandsBV von SchwesterPersGes, → Rn. 805). – **ZebraGes** (→ § 15 Rn. 200). Zwar ist S 1 nicht anwendbar (keine Überführung zw zwei BV) und auch S 3 mangels MUerschaft nicht einschlägig. Der BFH nimmt bei Übertragung eines WG vom gewerbl Ges'ter auf die ZebraGes jedoch gleichwohl eine zwingende Buchwertfortführung im Umfang der Beteiligungsquote an, weil das WG insoweit das BV des Ges'ters nicht verlasse (zur Rechtslage vor 1999 BFH IV R 44/09, BStBl II 13, 142: selbst wenn ein Entgelt vereinbart wird; hierzu *Bode* NWB 12, 3076; *Sanna* NWB 12, 3156; mE zweifelhaft; **aA** *Niehus* DStZ 04, 143 (148)). – **KapGes.** Sie haben wegen § 8 II KStG nur einen einzigen Betrieb. Ist der StPfl an mehreren KapGes beteiligt, sind Übertragungen von WG zw diesen KapGes gewinnrealisierend (vGA bzw verdeckte Einlage). Gleiches gilt bei Überführungen zw verschiedenen Betrieben gewerbl Art einer Trägerkörperschaft (*Heger* FR 09, 301 (302)).

765 **c) Rechtsfolge. – aa) Buchwertfortführung.** Diese Rechtsfolge ist **zwingend,** wenn die Voraussetzungen des S 1 erfüllt sind. Auch AfA und die Vorbesitzzeiten nach § 6b (→ § 6b Rn. 73) sind fortzuführen. Zwar stellt die Überführung in einen anderen Betrieb tatbestandl eine Entnahme dar (→ Rn. 511 mwN); eine Gewinnrealisierung ist in Anwendung des **finalen Entnahmebegriffs** (→ § 4 Rn. 241) aber nicht geboten. Bei vorheriger Inanspruchnahme der Thesaurierungsbegünstigung des § 34a kann die Buchwertüberführung zur Nachversteuerung führen (§ 34a V; → § 34a Rn. 66). Ob mit dem WG auch Verbindlichkeiten überführt werden, ist hier ohne Bedeutung (zutr *BMF* BStBl I 11, 1279 Tz 3); anders jedoch in den Fällen des S 3 (→ Rn. 786). Auch die Überführung von WG mit stillen Lasten (TW geringer als Buchwert) ist erfasst (ausführl *Pitzal* DStR 16, 2831). Handelt es sich nicht um eine „nahtlose" Überführung in das andere BV, sondern gehört das WG zwischenzeitl zum PV, findet eine gewinnrealisierende Entnahme statt; der Wertansatz bei der späteren Einlage ist dann auf den Entnahmewert begrenzt (§ 6 I Nr 5 S 3; → Rn. 622). – S 1 gilt auch, wenn iRe **Betriebsaufgabe** einzelne WG nicht ins PV, sondern in ein anderes BV überführt werden. Der ermäßigte StSatz für den mit

den restl WG erzielten Aufgabegewinn kann in diesen Fällen nicht beansprucht werden, wenn die überführten WG wesentl Betriebsgrundlagen darstellen (→ § 16 Rn. 205). – Zu **USt** in den Fällen der Buchwertüberführung s *Förster* DStR 12, 381; *Micker* Ubg 19, 504 (505, 510); *Schmitz* NWB 24, 392.

bb) Besteuerung der stillen Reserven nicht sichergestellt. In diesen Fällen ist eine Buchwertfortführung nicht zulässig (zu den in Betracht kommenden Fallgruppen → § 4 Rn. 244 ff). Es bleibt dann bei dem allg Grundsatz, wonach der Abgang aus dem UrsprungsBV als Entnahme anzusehen ist (→ Rn. 511; zur abw Bewertung dieser Entnahme mit dem gemeinen Wert → Rn. 515). Der Ausschluss des dt Besteuerungsrechts ohne gleichzeitige Überführung in einen anderen Betrieb ist zwar nicht von S 1 erfasst, aber durch § 4 I 3, 4 einer Entnahme gleichgestellt. Zum Ansatz des gemeinen Werts in den Fällen des § 50i → § 50i Rn. 1 ff. 766

2. Buchwertüberführung bei Mitunternehmerschaft *ohne* Rechtsträgerwechsel, § 6 V 2. Die Rechtsfolgen des S 1 (Buchwertfortführung, sofern die Besteuerung der stillen Reserven gesichert ist; → Rn. 765 f) gelten auch für solche Überführungen bei MUerschaften, bei denen es nicht zu einem Rechtsträgerwechsel kommt. Es besteht **kein Wahlrecht zur Gewinnrealisierung.** 769

a) Überführungen zwischen einem eigenen Betriebsvermögen des Steuerpflichtigen und seinem Sonderbetriebsvermögen bei einer Mitunternehmerschaft. Hierunter fällt zB die Nutzungsüberlassung eines bisher eigenbetriebl genutzten WG an eine PersGes, an der der StPfl beteiligt ist, einschließl der Nutzungsüberlassung eines WG der OberGes an die UnterGes, auch die Überlassung aus dem Gesamtgut einer Gütergemeinschaft an eine personenidentische Ehegatten-MUerschaft (*OFD Mchn* DB 01, 564). 770

b) Überführungen zwischen den Sonderbetriebsvermögen desselben Steuerpflichtigen bei verschiedenen Mitunternehmerschaften. Dies ist zB der Fall, wenn der StPfl ein WG nicht mehr an die MUerschaft A, sondern an die MUerschaft B vermietet. Auch vor der ausdrückl gesetzl Regelung war hier zwingend der Buchwert anzusetzen (BFH VIII R 7/02, BStBl II 04, 914 unter II.3.b). 771

3. Buchwertübertragungen bei Mitunternehmerschaften *mit* Rechtsträgerwechsel, § 6 V 3. – a) Überblick. Die Regelung enthält eine abschließende Aufzählung. – **Nur Übertragung einzelner WG.** Anders als S 1 (→ Rn. 761) beschränkt sich S 3 auf einzelne WG (so auch *BMF* BStBl I 11, 1279 Tz 12, wo auf Tz 6 Satz 2 ausdrückl *nicht* verwiesen wird). Hierzu gehört auch der Mandantenstamm einer Sozietät (*Wollweber* NJW 16, 1549). Die Einbringung von Betrieben, Teilbetrieben und MUerAnteilen fällt unter § 24 UmwStG (→ Rn. 818 (6)). Die „Ausbringung" dieser strukturierten Einheiten ist Realteilung; die entspr Regelungen in § 16 III 2 sollen § 6 V 3 vorgehen (BFH III R 49/13, BStBl II 17, 37 Rn. 42; BFH IV R 11/15, BStBl II 19, 29 Rn. 35; → § 16 Rn. 530, dort auch zur mE zutr Kritik). – **Übergang stiller Reserven auf einen anderen StPfl.** Diese wirtschaftl Folge der in S 3 angeordneten Buchwertfortführung (Einzelfragen zu den Rechtsfolgen des S 3 → Rn. 813) eröffnet Möglichkeiten steuerneutraler Einbringungen und Ausgliederungen, die weit über diejenigen des (parallel anwendbaren) § 24 UmwStG hinaus gehen (zur Rechtfertigung durch das Bedürfnis nach Umstrukturierung teilw zR krit *v Lishaut* DB 01, 1519 (1525 f)). – **Grundgedanke der Regelung.** Umstrukturierungen sollen keine steuerwürdigen Tatbestände darstellen, weil hierdurch kein Markteinkommen geschaffen wird und das mitunternehmerische Engagement mit demselben WG in anderer Form fortgesetzt wird (*Brandenberg* FR 00, 1182 (1188)). Dem widerstreitet allerdings das Subjektsteuerprinzip, wonach stille Reserven grds von demjenigen versteuert werden müssen, der sie geschaffen hat. Die Regelung der S 3–6 gleicht diese widerstreitenden Grundgedanken dadurch aus, dass die in S 3 genannten Umstrukturierungen zwar grds steuerneutral erfolgen können, es jedoch zur 775

Gewinnrealisierung kommt, wenn WG innerhalb bestimmter Fristen an Dritte veräußert werden oder stille Reserven auf KSt-Subjekte übergehen (grundlegend auch *Danz* FR 18, 160). – **Ausnahmen von der Buchwertfortführung.** Fehlende Sicherung der Besteuerung der stillen Reserven (S 1; → Rn. 766); spätere Veräußerung oder Entnahme des WG innerhalb einer Sperrfrist (S 4; → Rn. 825); Begründung oder Erhöhung des Anteils einer Körperschaft am WG entweder sofort (S 5; → Rn. 835) oder innerhalb von 7 Jahren seit der Übertragung (S 6; → Rn. 840). – **Andere Steuerarten.** Zur **USt** in den Fällen des § 6 V 3 s *Förster* DStR 12, 381; zur **ErbSt** *Müller/Dorn* DStR 16, 1063; *Schmitz* NWB 24, 392.

777 **b) Persönlicher Anwendungsbereich.** Grds fallen **sämtl MUerschaften** unter S 3. Zwar wird im Wortlaut des S 3 noch der Begriff **„Gesamthand“** verwendet, obwohl GbR, oHG und KG ab 2024 kein Gesamthandsvermögen, sondern eigenes Vermögen haben (**MoPeG,** BGBl I 21, 3436). § 39 II Nr 2 AO fingiert seitdem aber die rechtsfähigen PersGes für Zwecke der Ertragsbesteuerung als Gesamthand. Trotz unsauberer Regelungstechnik wird hiermit Rechtssicherheit geschaffen, zumal die tragenden Strukturprinzipien dieser PersGes nicht verändert worden sind (→ § 15 Rn. 166). – **Doppel- und mehrstöckige PersGes.** S 3 gilt sowohl für die OberGes (MUer der UnterGes) als auch für die Ges'ter der OberGes (MUer der OberGes und SonderMUer der UnterGes; → § 15 Rn. 618). – **Ausl MUerschaften.** Sie sind ebenfalls erfasst. Werden WG allerdings in ausl Betriebsstätten überführt, ist die Buchwertfortführung idR durch § 4 I 3 ausgeschlossen (→ Rn. 766). – **MUerschaften ohne eigenes oder Gesamthandsvermögen.** Hier wird S 3 über seinen Wortlaut hinaus angewendet. Bruchteilsvermögen wird dann wie Gesamthandsvermögen behandelt. Dasselbe gilt, wenn es (zB bei **atypisch stillen Ges** und anderen InnenGes) vollends an gemeinsamem Vermögen fehlt (*BMF* BStBl I 11, 1279 Tz 9). Gerade hier ist aber darauf hinzuweisen, dass die gleichzeitige Übernahme von Verbindlichkeiten ein Teilentgelt darstellt, das nach der Verwaltungsauffassung insoweit zur Gewinnrealisierung führt (→ Rn. 786). Bei der GmbH & atypisch Still ist zudem die Körperschaftsklausel des S 5 zu beachten (*Lipp* NWB 14, 1725; **aA** *Lieber/Stifter* FR 03, 831 (833)). – **Übernehmer des WG.** Jeder Inhaber eines BV kommt in Betracht, dh natürl Personen, andere MUerschaften sowie KapGes (zu KapGes BFH I R 44/12, BStBl II 15, 450 Rn. 8); allerdings gelten für KapGes die Sonderregelungen der S 5–7.

778 **c) Übertragung zwischen eigenem Betriebsvermögen und Gesamthandsvermögen einer Mitunternehmerschaft, § 6 V 3 Nr 1.** In den Fällen der Nr 1 kommt es durch die Übertragung (zumindest teilweise) zu einer **Änderung der dingl Mitberechtigung** an dem WG. Bei wirtschaftl Betrachtung werden also Anteile an dem WG von einem MUer auf die MUerschaft (→ Rn. 779) oder von der MUerschaft auf einen oder mehrere MUer übertragen (→ Rn. 780). – Nr 1 ist nur bei Berührung des **BV des StPfl** anwendbar; für WG, die aus dem PV in die MUerschaft eingebracht oder aus dem GesamthandsBV in das PV eines Ges'ters übertragen werden, gilt Nr 1 auch dann nicht, wenn der Vorgang unentgeltl oder gegen Gewährung/Minderung von GesRechten erfolgt. Statt dessen handelt es sich bei unentgeltl Übertragung um Entnahmen/Einlagen, bei Änderung der GesRechte um Tauschvorgänge (ausführl → Rn. 598).

779 **aa) Übertragung vom Mitunternehmer auf die Mitunternehmerschaft.** Dies betrifft insb die Einbringung einzelner WG anlässl von **Neugründungen** (*Winkeljohann/Stegemann* DB 03, 203), ebenso aber jederzeit während des Bestehens der MUerschaft. Die Regelung ermöglicht es zB, dass ein Einzelunternehmer WG, die er veräußern will, zum Buchwert in eine PersGes einbringt und dann (ggf nach Ablauf der Sperrfrist) die Anteile an der PersGes tarifbegünstigt und ohne GewStBelastung veräußert. – Die Buchwertübertragung bei oder nach Gründung einer **mit-**

unternehmerischen BetrAufsp (näher → § 15 Rn. 858) ist hingegen als Übertragung zw SchwesterPersGes anzusehen und fällt ggf unter Nr 4 (→ Rn. 805).

bb) Übertragung von der Mitunternehmerschaft auf einen Mitunternehmer. Hier sind spiegelbildl Fälle der „Ausbringung" von WG erfasst. Sind im Buchansatz eines solchen WG **stille Reserven** enthalten, regelt Nr 1 lediglich, dass der MUer den Buchwert fortzuführen hat und die Summe der KapKonten in der Gesamthandsbilanz um diesen Buchwert zu mindern ist. – **(1) Verteilung dieser Minderung der KapKonten auf die einzelnen Ges'ter.** → 39. Aufl 2020, § 6 Rn. 780. – **(2) Ausscheiden gegen Sachwertabfindung/Realteilung.** Werden auf den ausscheidenden Ges'ter einer (fortbestehenden) PersGes einzelne WG des BV übertragen, die bei diesem wiederum BV/SonderBV werden, soll sich dies nach der neueren Rspr des IV. Senats ausschließl nach den Regelungen über die **Realteilung** beurteilen, nicht aber nach § 6 V 3 Nr 1/2 (BFH IV R 11/15, BStBl II 19, 29 Rn. 35: die Realteilung betreffe ausschließl das Ausscheiden von Ges'tern und sei daher spezieller als § 6 V 3; so jetzt auch *BMF* BStBl I 19, 6 Rn. 2, 8; ausführl → § 16 Rn. 530; zu den Gestaltungsmöglichkeiten, die eine Aufgabe der Trennungstheorie in diesen Fällen bei der Übernahme von Verbindlichkeiten eröffnen würde, s *Strahl* KÖSDI 13, 18528 (18534)). Weil das Ausscheiden eines Ges'ters unter Mitnahme eines WG nun als (unechte) Realteilung behandelt wird, hat sich der Anwendungsbereich des § 6 V 3 deutl reduziert. Nur die Übertragung eines WG gegen *Reduzierung* von Ges'terRechten unter Verbleib in der MUerschaft fällt noch unter § 6 V 3 (zutr *Stenert* DStR 19, 245 (247)). 780

cc) Unentgeltliche Übertragungen. Entscheidend ist, dass demjenigen, der das WG überträgt, hierfür **keine Gegenleistung** (auch nicht in Form von GesRechten; → Rn. 797) gewährt wird. Es kommt für die Anwendung des S 3 nicht darauf an, ob es sich um eine (echte) Schenkung handelt oder aber um einen WG-Transfer, der über ein gesamthänderisch gebundenes Rücklagenkonto abgewickelt wird (zur Abgrenzung zum KapKto → Rn. 797). Die Anwendungsfälle dürften sich weitgehend auf FamilienPersGes, konzerninterne Übertragungen und EinpersonenGes beschränken. Ohne die Regelung des S 3 wären unentgeltl Übertragungen zw EinzelBV und GesamthandsBV als Entnahmen bzw Einlagen zu würdigen (BFH IV R 42/08, BStBl II 10, 820 Rn. 13; *BMF* BStBl I 11, 1279 Tz 8). 782

dd) Behandlung entgeltlicher Geschäfte. – **(1) Rechtsfolgen.** S 3 ist nicht anwendbar (Ausnahme: das Entgelt besteht in der Gewährung/Minderung von GesRechten; → Rn. 797). Vielmehr erzielt der Veräußerer nach den allg Regeln einen Veräußerungserlös; der Erwerber hat das WG mit den AK (§ 6 I Nr 1, 2) anzusetzen (BFH VIII R 46/99, BFHE 192, 516 unter II.2.a; *BMF* BStBl I 01, 367 unter 3.). Dies gilt auch insoweit, als der Veräußerer bei wirtschaftl Betrachtung über seine MUerstellung an dem WG beteiligt bleibt (BFH VIII R 58/98, BStBl II 02, 420 unter B.I.1.). § 6b ist anwendbar (BFH IV R 19/14, BStBl II 18, 575 Rn. 27; EStR 6b.2 VI, VII; *Strahl* FR 05, 797 [mit Zahlenbeispiel für Teilentgeltlichkeit]; zu SchwesterPersGes auch → Rn. 809). ZB kann eine **wertgeminderte Ges'terdarlehensforderung** des SonderBV (zum niedrigen Verkehrswert, dh vollentgeltl) an einen MitGes'ter verkauft werden. Dies führt zur Realisation des eingetretenen Verlusts, da der Erwerber nur die AK aktiviert (keine korrespondierende Bilanzierung zw GesamthandsBV und SonderBV mehr; s *Riedel* FR 17, 949 (954)). Wird das WG jedoch aus dem BV des Veräußerers an eine vermögensverwaltende PersGes verkauft und gehört die Beteiligung ebenfalls zum BV des Veräußerers **(ZebraGes),** ist eine Gewinnrealisierung insoweit ausgeschlossen, als der Veräußerer an der ZebraGes beteiligt ist (→ Rn. 763 mwN). – **Entgelt übersteigt den fremdübl Betrag.** Der Mehrbetrag stellt eine Entnahme/Einlage dar, die nicht zur Gewinnrealisierung führt (BFH VIII R 58/98, BStBl II 02, 420 unter B.I.1.). 784

785 **(2) Begriff des Entgelts.** Erfasst ist sowohl die Begründung von Zahlungsansprüchen als auch die **Einräumung einer Darlehensforderung** durch die MUerschaft (BFH IV R 37/06, BStBl II 11, 617 unter II.2.a; zur Abgrenzung zw Darlehen und KapKto → Rn. 797 (2) mwN).

786 **(3) Übernahme von Verbindlichkeiten.** Dies stellt ebenfalls Entgelt dar (*BMF* BStBl I 11, 1279 Tz 15 mit Beispiel; EStH 6.15 „Übertragung von EinzelWG"; BFH IV R 11/12, BFHE 239, 76 Rn. 9), und zwar selbst dann, wenn die Verbindlichkeit in wirtschaftl Zusammenhang mit dem eingebrachten WG steht (BFH IV R 28/97, BFH/NV 98, 836 unter II.2.a; BFH VIII R 58/98, BStBl II 02, 420 unter B. I.3.b bb aaa, zust Anm *Kempermann* FR 02, 521; *Brandenberg* DStZ 02, 551 (557); ausführl *Niehus/Wilke* FR 05, 1012; krit *Groh* DB 02, 1904 (1906); *Böhme/Forster* BB 03, 1979; *Schulze zur Wiesche* DStZ 02, 740 (745) und DB 04, 1388: S 3 erfasse ebenso die Buchwerteinbringung passiver WG; *Scharfenberg* DB 12, 193; zweifelnd auch *Wendt* FR 02, 53 (63)). Zu einer **teilweisen Gewinnrealisierung** führt dies aber nur dann, wenn man für die Ermittlung der Höhe des Gewinns entweder der strengen Trennungstheorie folgt (str, → Rn. 789) oder die Verbindlichkeit höher als der Buchwert des WG ist. In letzter Zeit hat die Rspr allerdings mehrfach einen Zusammenhang zw dem Übergang des WG und der Übernahme einer Verbindlichkeit verneint (BFH IV R 16/19, BFH/NV 23, 120 Rn. 47 ff; FG Hmb DStRE 24, 833, rkr; mE zweifelhaft).

787 **(4) Gestaltungsmöglichkeiten. Zurückbehaltung der Verbindlichkeit.** Dies sichert die volle Unentgeltlichkeit der Übertragung des WG. Bei einer Übertragung des WG vom SonderBV in das GesamthandsBV einer anderen PersGes geht die Verbindlichkeit nach der Rspr des IV. BFH-Senats in das SonderBV desselben Ges'ters der EmpfängerPersGes über; dort sind die Schuldzinsen voll abziehbar (BFH IV B 53/16, BFH/NV 17, 1032 Rn. 22 ff; so bereits *Strahl* BeSt 16, 1; ausführl *Steger/Raible* NWB 18, 426; **aA** *Brandenberg/Wacker* JbFfSt 06/07, 330 ff; *Jäschke* GmbHR 12, 601 (602)). In anderen Fällen droht allerdings die Nichtabziehbarkeit der Schuldzinsen (so auch *Korn* KÖSDI 22, 22950). – Andere schlagen eine **kreditfinanzierte Entnahme** bei der PersGes vor, mit der der Einbringende seine Verbindlichkeit tilgt (*Bünning* BB 10, 2357 (2359)). – Rechtssicher, aber mit größerem Aufwand verbunden ist die **Übertragung eines Zwerg-MUerAnteils** unter überquotaler Übertragung des gesamten WG des SonderBV einschließl der Verbindlichkeit, was unter § 6 III fällt, wo die Einheitstheorie gilt (zutr *Korn* KÖSDI 22, 22950).

789 **ee) Höhe der Gewinnrealisierung bei Teilentgelten.** Ausführl Darstellung des Streitstands in BFH X R 28/12, BStBl II 14, 629 Rn. 33 ff und BFH X R 28/12, BStBl II 16, 81.

790 **(1) Verwaltung.** Sie vertritt seit jeher die **Trennungstheorie mit Aufteilung des Buchwerts** (auch als „reine" oder „strenge" Trennungstheorie bezeichnet). Danach führen Teilentgelte im Umfang der Entgeltlichkeitsquote (Verhältnis zw Teilentgelt und Verkehrswert des WG) zur Realisierung vorhandener stiller Reserven (*BMF* BStBl I 78, 8 Tz 23, 28, 66; *BMF* BStBl I 01, 367 Tz 4; *BMF* BStBl I 11, 1279 Rn. 15; *BMF* BStBl I 13, 1164; *LfSt Nds* DStR 23, 1781; *LfSt Nds* DStR 23, 2728; zust Literatur → 39. Aufl 2020, § 6 Rn. 790). Die damit teilweise eintretende Gewinnrealisierung kann nicht durch eine Ergänzungsbilanz neutralisiert werden.

Beispiel: A bringt ein Grundstück seines EinzelBV (Buchwert 500 000 €, TW 1 Mio €) gegen Übernahme von Verbindlichkeiten (400 000 €) in die A-KG ein, an der er beteiligt ist; ein Differenzbetrag soll der allg Rücklage gutgeschrieben werden. – Der Vorgang ist wegen der Übernahme der Verbindlichkeiten als teilentgeltl zu beurteilen (→ Rn. 786); die Entgeltlichkeitsquote beträgt 40% (400 000 € Teilentgelt/1 000 000 € TW). Der Veräußerungsgewinn des A beträgt 200 000 € (400 000 € Teilentgelt ./. 40% des Buchwerts von 500 000 €). Zu den AK der A-KG (neuer Buchansatz des WG) gehört zum einen das Teilentgelt von 400 000 €, zum anderen der gem § 6 V 3 fortgeführte Teil des Buchwerts (60% von 500 000 €), insgesamt 700 000 €. Auf der Passivseite ist die Verbindlichkeit mit 400 000 € einzubuchen; die restl 300 000 € erhöhen die allg Rücklage.

(2) Rechtsprechung. – (a) Bisherige Rspr. BFH-Entscheidungen, die diese Berechnungsweise der *FinVerw* stützen, existieren bisher nur für die Ermittlung der AK des *Übernehmers* des WG (obiter dictum in BFH VIII R 148/78, BStBl II 81, 794; ebenso im Ergebnis, aber ohne besondere Problematisierung BFH IV R 96/87, BStBl II 89, 504 unter 4.), zur Ermittlung des Veräußerungsgewinns des *Übertragenden* hingegen nur bei vollentgeltl Geschäften in der Spezialform des Mischentgelts (BFH VIII R 58/98, BStBl II 02, 420; → Rn. 794) sowie beim Buchwertverkauf von WG eines EinzelBV an eine BetriebsKapGes (BFH X R 34/03, BStBl II 05, 378 unter II.7.a). – **(b) Neue Rspr des IV. Senats des BFH.** Er vertritt demggü für die Ermittlung des Veräußerungsgewinns des Übertragenden heute eine **Trennungstheorie mit vorrangiger Zuordnung des Buchwerts zum entgeltl Teil** (auch „modifizierte Trennungstheorie" genannt). Danach wird kein Gewinn realisiert, wenn das Teilentgelt (wie im obigen Beispiel) den *gesamten* Buchwert nicht übersteigt. Die bisherigen Entscheidungen des IV. Senats betreffen allerdings ausschließl **Sonderkonstellationen:** Zum einen eine Übertragung zw SchwesterPersGes nach der *vor* Schaffung des § 6 V (1999) geltenden Rechtslage (nicht tragende Ausführungen in BFH IV R 18/99, BStBl II 01, 229 unter 3.b); zum anderen einen Übertragungsvorgang, der nach der in den VZ 1999/2000 geltenden Rechtslage zu beurteilen war (BFH IV R 1/08, BFHE 237, 503). Seinerzeit waren Buchwertübertragungen ohnehin nicht zugelassen, sondern sämtl stille Reserven aufzudecken, sodass es auf die Berechnungsweise des IV. Senats für das Ergebnis der Entscheidung ebenfalls nicht ankam (glA *Kempermann* FR 12, 1082; *Vees* DStR 13, 681 (683)). Zuletzt hat der IV. Senat seine Rspr für einen Fall der Übertragung vom SonderBV ins GesamthandsBV derselben MUerschaft nach der ab 2001 geltenden Rechtslage fortgeführt, dabei aber auf die Besonderheit abgestellt, dass nach seiner Auffassung hier bereits eine Entnahme zu verneinen sei (BFH IV R 11/12, BFHE 239, 76; BFH IV R 16/19, BFH/NV 23, 120 Rn. 45; für Bejahung des Entnahmetatbestands dem Grunde nach auch in diesen Fällen hingegen *Levedag* GmbHR 13, 673 (676) Fn 34; *Vees* DStR 13, 681 (684); *Mitschke* FR 12, 1155; *BeckOK EStG* § 6 Rn. 2920). – **(c) FinVerw.** Sie wendet die Rspr des IV. Senats des BFH bisher nicht an (**Nichtanwendungserlass** *BMF* BStBl I 13, 1164). – **(d) Noch nicht entschieden** sind Fälle, in denen das WG den betriebl Zusammenhang verlässt und daher eine Entnahme unstreitig zu bejahen ist (zB Übertragung zw EinzelBV und MUerschaft oder zw den BV/SonderBV zweier verschiedener MUerschaften). Zu den Folgen dieser Auffassung für den Erwerber des WG s *Gossert/Liepert/Sahm* DStZ 13, 242 (245); *Stahl* BeSt 13, 3 (4); *Levedag* GmbHR 13, 673 (680). Der X. Senat des BFH hat in einem solchen Fall zunächst das *BMF* zum Beitritt aufgefordert (mit ausführl Begründung BFH X R 28/12, BStBl II 14, 629) und die Rechtsfrage anschließend dem **Großen Senat des BFH** vorgelegt (BFH X R 28/12, BStBl II 16, 81; glA FG RhPf EFG 23, 1131, Rev IV R 17/23; Literatur → 39. Aufl 2020, § 6 Rn. 791). In diesem Verfahren hat die *FinVerw* der Klage abgeholfen, bevor der GrS eine Entscheidung treffen konnte; die entspr Verfahren sind daher beendet (Einstellungsbeschlüsse BFH GrS 1/16, BStBl II 19, 70; BFH X R 28/12, BFH/NV 19, 39). Die Verwaltungsanweisungen, in denen die Anwendung der strengen Trennungstheorie angeordnet wird, gelten vorerst unverändert fort, was in Widerspruch zum prozessualen Verhalten der *FinVerw* vor dem GrS steht. Die Klärung der Rechtsfrage steht daher unverändert aus; die fortdauernde Rechtsunsicherheit ist für die Praxis sehr ungünstig. In einem Verfahren, in dem die Vorinstanz sich für die strenge Trennungstheorie ausgesprochen hatte, hat der IV. Senat des BFH sich mangels ausreichender Tatsachenfeststellungen nicht zur eigentl Frage äußern können (BFH IV R 16/19, BFH/NV 23, 120). 791

(3) Stellungnahme. Der Streit betrifft nicht etwa die Frage, ob in derartigen Fällen die Einheits- oder Trennungstheorie anzuwenden sei, da auch der IV. Senat das Rechtsgeschäft in einen 792 entgeltl und einen unentgeltl Teil aufteilt (so auch *Wendt* DB 13, 834 (838); *Heuermann* DB 13, 1328). Vielmehr ist allein die **Berechnungsweise** des evtl entstehenden Gewinns str. Für die Auffassung der *FinVerw* spricht der Wortlaut des § 6 V 3 („soweit") sowie der Umstand, dass der Buchwert nur insoweit gegengerechnet werden kann, als er durch einen bestimmten Erwerbsvorgang „veranlasst" (§ 4 IV) ist (*Heuermann* DB 13, 1328). Dem IV. Senat ist allerdings zuzugeben, dass seine Berechnungsweise auch steuerl Laien leichter zu vermitteln ist als die komplexe Formel der *FinVerw.* Auch wird man das *Ergebnis* des Rechenvorgangs (insb bei Übernahme von Verbindlichkeiten oder geringfügigen Teilentgelten Vermeidung jegl Gewinnrealisierung) häufig als sachgerecht empfinden, zumal die damit eröffneten Gestaltungsmöglichkeiten nicht über dasjenige hinausgehen, was § 6 V 3 (allerdings für Fälle echter Unentgeltlichkeit) ohnehin vorsieht (zutr *Wendt* DB 13, 834 (839)). Jedoch ist es mE nicht folgerichtig, zwar einerseits eine Aufteilung des Rechtsgeschäfts in einen entgeltl und einen unentgeltl Teil zu bejahen, andererseits aber den Buchwert ausschließl dem entgeltl Teil zuzuordnen. Ein tragfähiges Argument hierfür (mit Ausnahme des hierdurch erreichbaren Ergebnisses, das man als schonend und daher wünschenswert ansehen mag) ist nicht ersichtl (glA *Niehus/Wilke* FR 05, 1012 (1015); *Dornheim* Ubg 12, 618 (622)). Unklar ist auch die Besteuerung des Erwerbers (ausführl *Steger* NWB 23, 2926). Zudem ist nicht erkennbar, mit welcher Begründung zw teilentgeltl Veräußerungen im PV (→ Rn. 793) und im BV differenziert werden könnte (so auch *Dötsch* jurisPR SteuerR 49/2012 Rn. 2), zumal die Grundsätze zur Beurteilung teilentgeltl Geschäfte auch für die Ermittlung der AK des Erwerbers gelten müssen, der AK-Begriff aber im BV und PV derselbe ist (→ Rn. 32 mwN). Daher ist mE weiterhin die Berechnungsweise der *FinVerw* vorzuziehen (glA die vorläufige Würdigung in BFH X R 28/12, BStBl II 14, 629 Rn. 104 ff und in BFH X R 28/12, BStBl II 16, 81; *BH/Krumm* § 6 Rn. 121, 1849; *BeckOK EStG* § 6 Rn. 2898; *Heuermann* DStR 23, 969). – Der BR wollte im JStG 2024 (BGBl I 24 Nr 387) die strenge Trennungstheorie gesetzl festschreiben (BT-Drs 20/13157, 8); dies ist aber nicht in das endgültige Gesetz übernommen worden.

793 **(4) Rechtsprechung zu teilentgeltlichen Veräußerungen im Privatvermögen.** Hier ist die in → Rn. 790 dargestellte Trennungstheorie mit Aufteilung des Buchwerts unbestritten (zum Veräußerungsgewinn nach § 17 mit ausführl Begründung BFH IV R 15/76, BStBl II 81, 11 und jüngst nochmals BFH IX R 15/23, BFH/NV 24, 664; zur AfA-Bemessungsgrundlage des teilentgeltl Erwerbers BFH IX R 50, 51/97, BStBl II 01, 594 unter II.1.a; zur Bemessungsgrundlage nach dem EigZulG BFH X R 95/97, HFR 01, 677 unter II.1.a; zum Veräußerungsgewinn nach § 23 BFH IX R 63/10, BStBl II 11, 873; BFH IX R 17/24, BStBl II 25, 550 Rn. 20). Die neueren Entscheidungen des IV. Senats haben daran nichts geändert, da sie allein Sonderkonstellationen im BV betreffen und die für das PV zuständigen Senate ihre Rspr nicht aufgegeben haben.

794 **(5) Mischentgelt.** Es handelt sich um die Sonderform eines vollentgeltl Vorgangs. Dabei besteht ein Teil des Entgelts in der Gewährung von GesRechten und ist daher ebenso wie eine unentgeltl Übertragung durch § 6 V privilegiert. Hier hat der BFH die von der *FinVerw* vertretene Berechnungsweise auch für das BV bestätigt (zur Rechtslage vor 1999 BFH VIII R 58/98, BStBl II 02, 420 unter B.I.3.b cc; ähnl zuvor bereits BFH IV R 28/97, BFH/NV 98, 836 unter II.2.b; zur Rechtslage ab 1999 obiter dictum in BFH X R 18, 19/18, BStBl II 20, 538 Rn. 50; *Jäschke* GmbHR 12, 601 (603); **aA** evtl *Wendt* DB 13, 834 (839)). Zur Abgrenzung Misch-/Teilentgelt in diesen Fällen s BFH X R 28/12, BStBl II 14, 629 Rn. 83 ff.

797 **ff) Übertragungen gegen Gewährung oder Minderung von Gesellschaftsrechten. – (1) Buchwertfortführung.** Solche Übertragungen werden im Anwendungsbereich des S 3 den unentgeltl Übertragungen gleichgestellt, obwohl es sich dabei um entgeltl (tauschähnl) Vorgänge handelt. ME ist auch eine Übertragung gegen *Minderung* von GesRechten als entgeltl anzusehen (**aA** *Brandenberg* FR 00, 1182 (1186)). Die darin liegende Einschränkung des Realisationsprinzips ist durch den Gedanken der Fortsetzung des unternehmerischen Engagements in anderer Form gerechtfertigt (BFH VIII R 58/98, BStBl II 02, 420 unter B.I.3.b aa). § 6 VI 4 ordnet ausdrückl den Vorrang des Abs 5 ggü den für Tauschvorgänge geltenden Regeln (Abs 6 S 1) an. Zur Abgrenzung zur Realteilung → § 16 Rn. 520 ff. – **(2) Berüh-**

rung des für die Beteiligung maßgebenden Kapitalkontos. Dies ist Voraussetzung für die Buchwertfortführung (*Wendt* FR 02, 53 (59); weitergehend *Schulze zur Wiesche* DStZ 02, 740 (742): auch bei Erhöhung der Gewinnbeteiligungsquote ohne Berührung des KapKto). Zur Abgrenzung des KapKtos zu Darlehenskonten einerseits und gesamthänderisch gebundenen Rücklagenkonten andererseits → § 15a Rn. 41 ff; *Müller/Rennar* GStB 22, 285; *weitere Literatur* → 39. Aufl 2020, § 6 Rn. 797; zur (nicht unter § 6 V fallenden) Einbringung von WG des PV gegen Gewährung von GesRechten ausführl → Rn. 598 mwN. – **(3) Zahlung eines Barentgelts zusätzlich zur Gewährung/Minderung der Gesellschafterrechte (Mischentgelt).** Der Vorgang ist aufzuspalten in eine unter S 3 fallende Ein-/Ausbringung gegen Gewährung/Minderung von GesRechten einerseits und eine entgeltl Veräußerung andererseits (Trennungstheorie; str, → Rn. 794): Bei Übertragung des WG *in* die MUerschaft (Einbringung) tritt neben die anteilige Buchwertfortführung ein Gewinn iHd Differenz zw Barentgelt und dem *anteilig* auf den entgeltl Teil des Geschäfts entfallenden Buchwert (ausführl BFH VIII R 58/98, BStBl II 02, 420; *BMF* BStBl I 98, 583 unter 5.a; krit *Ley* KÖSDI 09, 16678 (16686 ff)). Dies gilt spiegelbildl bei Übertragung des WG *an* den MUer (Ausbringung).

d) Übertragungen zwischen Sonderbetriebsvermögen und Gesamthandsvermögen, § 6 V 3 Nr 2. Auch hierfür gilt die Buchwertfortführung. Nr 2 erfasst (wie Nr 1) sowohl unentgeltl Übertragungen als auch solche gegen Gewährung oder Minderung von GesRechten (zu diesen Begriffen → Rn. 782 ff). Verzichtet der Ges'ter auf eine zu seinem SonderBV gehörende **Forderung gegen die PersGes,** fällt dies ebenfalls unter Nr 2 (FG RhPf EFG 21, 87 unter I.2.a, Rev IV R 28/20; ausführl *Erhardt/Zeller* DStR 12, 1636; *Kahle* FR 24, 1 (8); → § 15 Rn. 550; anders aber wohl BFH IV R 28/20, BStBl II 24, 258); unabhängig von der Werthaltigkeit der Forderung ist dieser Vorgang erfolgsneutral. 799

aa) Übertragungen innerhalb derselben Mitunternehmerschaft (Nr 2 Alt 1). Diese Vorgänge würden, obwohl sie mit einem Rechtsträgerwechsel verbunden sind, auch ohne die gesetzl Regelung keine Entnahmen/Einlagen darstellen, da das WG das steuerl BV der MUerschaft nicht verlässt (BFH IV R 11/12, BFHE 239, 76 Rn. 14; BFH IV R 18/12, BStBl II 16, 346 Rn. 23; BFH IV R 11/15, BStBl II 19, 29 Rn. 28; zu den Auswirkungen bei sonstigen Steuerarten s *Neumayer/Obser* EStB 10, 34). Der BFH hat eine Buchwertfortführung für die Übertragung von WG aus dem SonderBV ins GesamthandsBV auch dann zugelassen, wenn dies der Vermeidung der Zahlung eines Ausgleichsbetrags für das am Folgetag stattfindende Ausscheiden des übertragenden MUers aus der PersGes unter Mitnahme von EinzelWG dient, iErg also ein **Tauschvorgang** gegeben ist (BFH IV R 11/15, BStBl II 19, 29 Rn. 39 ff). Dies entspricht zwar dem Wortlaut der hier miteinander kombinierten Buchwert-Privilegien; das Hinwegsehen über das der Kombination zugrundeliegende wirtschaftl Gewollte und Erreichte ist aber mE nicht zwingend. 800

bb) Übertragungen zwischen dem Sonderbetriebsvermögen bei der einen Mitunternehmerschaft und dem Gesamthandsvermögen bei einer anderen Mitunternehmerschaft (Nr 2 Alt 2). Diese Variante kann zB dazu dienen, SonderBV, das bei einer geplanten Veräußerung oder unentgeltl Übertragung des MUerAnteils zurückbehalten werden soll und daher einer Begünstigung dieses Vorgangs nach § 6 III bzw §§ 16, 34 entgegen stehen würde, rechtzeitig vor der geplanten Übertragung aus dem MUerAnteil auszugliedern, zB auf eine Einmann-GmbH & Co KG (ausführl → Rn. 707). 801

e) Übertragungen zwischen Sonderbetriebsvermögen verschiedener Mitunternehmer derselben Mitunternehmerschaft, § 6 V 3 Nr 3. Sie bewirken ebenfalls einen Rechtsträgerwechsel und damit das Überspringen der stillen Reserven, während die Nutzung des WG (zB Überlassung an die PersGes) idR unverändert bleibt. Nach der vom IV. Senat zugrunde gelegten Systematik handelt es sich nicht 803 um eine Entnahme (→ Rn. 800). Der BFH hatte Buchwertübertragungen in diesen Fällen schon vor 1999 damit gerechtfertigt, dass das WG den betriebl Funktionszusammenhang nicht verlässt und die stillen Reserven im steuerl Gesamtvermögen der MUerschaft verhaftet bleiben (BFH VIII R 21/00, BStBl II 03, 194 unter II.1.e aa). Es genügt, wenn der Empfänger des WG erstmals zeitgleich mit der Übertragung MUer wird, weil auch dann die stillen Reserven im BV verhaftet bleiben (BFH VIII R 21/00, BStBl II 03, 194 unter II.1.e aa; BFH IV R 47/06, BFH/NV 10, 181 unter II.1.a). Nr 3 ist auch dann anzuwenden, wenn durch eine Abspaltung stille Reserven von einem Anteil an einer KapGes, der zum SBV des einen Ges'ters der MUerschaft gehört, auf den zum SBV eines anderen Ges'ters derselben MUerschaft gehörenden Anteil an einer KapGes übergehen (BFH IV R 17/17, BStBl II 23, 607 Rn. 20). – **Unentgeltl Übertragungen.** Hierauf beschränkt sich der Tatbestand der Nr 3 (zum Begriff → Rn. 782 ff). Zu einer Gewährung/Minderung von GesRechten kann es hier nicht kommen, weil das Gesamthandsvermögen nicht berührt wird. – **KapGes.** Ist der übertragende MUer eine KapGes und der empfangende MUer deren Ges'ter oder nahestehende Person, ist die Übertragung idR eine vGA. § 8 III 2 KStG hat insoweit Vorrang ggü § 6 V 3 Nr 3 (BFH I R 7/02, BStBl II 05, 867 unter III.2.c; *Briese* GmbHR 05, 207; *Mayer* GmbHR 05, 1033). Ist der *erwerbende* MUer eine KapGes, kommt es gem § 6 V 5 zum Ansatz des TW (→ Rn. 835).

805 **f) Übertragungen zwischen Schwesterpersonengesellschaften, § 6 V 3 Nr 4. – aa) Gesetzliche Neuregelung.** Aufgrund von BVerfG 2 BvL 8/13, BVerfGE 168, 1 wurde mit dem JStG 2024 (BGBl I 24 Nr 387) eine neue Nr 4 angefügt, die auch die **unentgeltl Übertragung** eines WG zw den Gesamthandsvermögen verschiedener MUerschaften derselben, identisch beteiligten MUer begünstigt. Inhaltl ist dies die kleinste Lösung, die nach der BVerfG-Entscheidung noch mögl war. – **Übertragungen gegen Gewährung von GesRechten** sind nicht begünstigt, waren allerdings auch nicht von der vom BVerfG (2 BvL 8/13, BVerfGE 168, 1 Rn. 198) getroffenen Übergangsregelung erfasst, ebensowenig andere entgeltl Übertragungen. Diese Übertragungen werden auch nicht durch den Begriff *„soweit"* in der Einleitung von S 3 einbezogen, da die enge Formulierung der Nr 4 eindeutig ist (**aA** *Bodden* BeSt 24, 13 (15)). Teile der Literatur fordern eine Gleichbehandlung mit unentgeltl Übertragungen (*Liedgens/Veil* DB 24, 1025 (1027); *Broemel/Westermann* DStR 24, 1521; *Stenert* GmbHR 24, 408 (414); *Strahl* NWB 24, 222 (225)); in der Praxis ist die unentgeltl Übertragung aber ohne Weiteres gestaltbar. – Auch betrifft die Neuregelung ausschließl Übertragungen zw **vollständig personen- und beteiligungsidentischen SchwesterPersGes.** Jegl kleine Abweichung in den Beteiligungsverhältnissen führt dazu, dass S 4 *insgesamt* nicht anwendbar ist (gleichwohl für Buchwertübertragung zur früheren Rechtslage FG Ddorf EFG 15, 551; mE unzutr, aber aus anderen Gründen bestätigt durch BFH IV R 11/15, BStBl II 19, 29; für nur *anteilige* Besteuerung im Umfang der nicht identischen Beteiligung schon zur früheren Rechtslage *Cropp* DStR 14, 1855; zu mögl Ausweichgestaltungen → Rn. 808). Selbst wenn die Kapitalbeteiligungen identisch sind, steht mE bereits eine disquotale Gewinnverteilung der Anwendung der Nr 4 entgegen (offen *Bender/Walter* DB 25, 1032 (1035); dort auch zu weiteren Spezialkonstellationen wie Nießbrauch und Treuhand sowie zur GrESt). Verfassungsrechtl ist dies mE noch zulässig, da der Sachverhalt nicht vollständig mit dem bei absolut beteiligungsidentischen PersGes vergleichbar ist; ganz zweifelsfrei ist dies aber nicht (krit daher *Bünning* BB 24, 1835). Sogar die Beteiligung eines Treuhänders, der selbst nicht MUer ist, an nur *einer* der Ges soll schädl sein (so BT-Drs 20/12780, 121; mE wegen § 39 II Nr 1 S 2 AO unzutr). Aus dem zu Beginn des S 3 verwendeten Begriff „soweit" folgt hier nichts anderes, weil Nr 4 das klare Tatbestandsmerkmal „derselben, identisch beteiligten MUer" enthält, das nicht teilbar ist (**aA** wohl *Bender/Walter* DB 25, 1032 (1037)). Eine nur an einer der Ges bestehende Beteiligung ohne Kapitalanteil (zB unterschiedl Komplementär-GmbH) schließt die Begünstigung hingegen nicht aus (BFH I R 5/24 (I R 99/15), DStR 25,

1737 Rn. 15; BT-Drs 20/12780, 121). Ein wichtiger Anwendungsfall der Übertragung auf eine nicht vollständig personenidentische SchwesterPersGes ist der Wechsel eines MUers von der einen FreiberuflerPersGes in eine andere unter Mitnahme eines Teils des Mandantenstamms (s dazu *HHR/Kulosa* § 16 Rn. 548; *Wollweber* NJW 16, 1549). – **Verhältnis zur Sperrfrist nach S 4.** Eine Veräußerung oder Entnahme des zum Buchwert übertragenen WG innerhalb der Sperrfrist ist mE unschädl, da keine stille Reserven auf andere Personen übergegangen sind (*Liedgens/Veil* DB 24, 1025 (1028); *Stenert* GmbHR 24, 408 (413); *Kraft* Ubg 24, 173 (176); **aA** *Lämmle* DStR 24, 1389 (1393)).

bb) Zeitlicher Anwendungsbereich. Die (idR begünstigende) Regelung gilt grds in allen offenen Fällen (§ 52 XII 15). Der Feststellungsbescheid der übernehmenden MUerschaft (hier idR nachteilige Auswirkung durch Kürzung des AfA-Volumens) kann bei Übertragungen vor dem 12. 1. 24 (Tag der Verkündung der Entscheidung des BVerfG) unabhängig von bereits eingetretener Bestandskraft stets geändert werden (§ 52 XII 16, 17); der Ablauf der Feststellungsfrist ist aufgrund entspr Anwendung des § 174 IV 3 AO gehemmt. Aus Vertrauensschutzgründen *„kann"* (mE trotz dieses Wortlauts kein Ermessen des FA, weil kein Versagungsgrund ersichtl ist) für Übertragungen vor dem 12. 1. 24 auf gemeinsamen Antrag der MUer von der Anwendung der neuen Nr 4 abgesehen werden (§ 52 XII 18); der Zusatz, dass dieser Antrag „zum Zeitpunkt der Übertragung" gestellt werden muss, hat mE keinen Anwendungsbereich (glA *Bergan/Lätsch* DStR 24, 2721 (2723)). – **Vorangegangene Entscheidung des BVerfG.** Das BVerfG (2 BvL 8/13, BVerfGE 168, 1) hatte auf Vorlage des BFH (I R 80/12, BStBl II 13, 1004) entschieden, dass Übertragungen zw SchwesterPersGes zuvor nicht von § 6 V erfasst waren, dieses Ergebnis aber mit Art 3 I GG unvereinbar sei. Es handele sich um eine Ungleichbehandlung zu den durch S 3 zugelassenen, vergleichbaren Übertragungen, die nicht gerechtfertigt sei. Weder werde die Leistungsfähigkeit durch den Transfer an eine beteiligungsidentische PersGes gesteigert noch nehme das Gesetz den zivilrechtl Rechtsträgerwechsel in den anderen Fällen des S 3 zum Anlass für eine Besteuerung; auch Anhaltspunkte für eine typischerweise Nutzung dieser Option für missbräuchl Gestaltungen seien nicht erkennbar. 806

cc) Gestaltungsmöglichkeiten. Ausgliederung eines WG. Nr 4 kann zB dazu genutzt werden, ein bestimmtes WG des GesamthandsBV von dem beabsichtigten Verkauf der PersGesAnteile oder ihres BV an Dritte auszunehmen. Zu diesem Zweck kann es vor dem Verkauf auf eine personenidentische MUerschaft übertragen werden, sodass es nicht mehr zum BV der MUerschaft gehört, deren Anteile veräußert werden sollen. – **Keine Vorbereitung der tarifbegünstigten Veräußerung einzelner WG.** Der Wortlaut würde es zulassen, ein wertvolles WG des GesamthandsBV, das verkauft werden soll, auf eine zunächst beteiligungsidentische ObjektGes zu übertragen und anschließend die Anteile an dieser ObjektGes tarifbegünstigt (§§ 16, 34) und gewstfrei zu veräußern. Die Sperrfrist des S 4 wird hierdurch nicht ausgelöst (→ Rn. 825). Allerdings hat bereits der BFH dieses Modell als missbräuchl angesehen und wendet hier weiterhin die GesamtplanRspr an (BFH IV R 57/11, BStBl II 15, 536, Anm *Wendt* FR 15, 525: lfd Gewinn). Auch das BVerfG (2 BvL 8/13, BVerfGE 168, 1 Rn. 180) hat diese Gestaltung mit deutl Worten als missbräuchl angesehen; dem ist zuzustimmen. 807

dd) Alternativgestaltungen. Für Fallkonstellationen, die nicht von Nr 4 erfasst werden (insb bei nicht vollständig beteiligungsidentischen SchwesterPersGes), bleiben die Alternativgestaltungen von Bedeutung, die schon vor der Entscheidung des BVerfG zur Erlangung eines steuerneutralen Übergangs empfohlen wurden (s insb *Fischer/Petersen* DStR 19, 2169): – **(1) § 6b-Rücklage.** Bei § 6b-fähigen WG, die zudem die Vorbesitzzeit erfüllen, kann das WG von der abgebenden an die aufnehmende MUerschaft veräußert und für den entstehenden Buchgewinn eine § 6b-Rücklage gebildet werden. Diese kann auf die aufnehmende MUerschaft übertragen und von den dortigen AK abgezogen werden, was zur vollständigen Neutralisierung des Veräußerungsgewinns führt (BFH IV R 19/14, BStBl II 18, 575 Rn. 27; *OFD Kobl* DStR 04, 808

314; *OFD Mster* DStR 04, 1041; *OFD Ffm* DStZ 19, 407 Rn. 20; ausführl *Strahl* NWB 18, 1290; *Deh* GStB 22, 161). Die Veräußerung muss allerdings vollentgeltl sein, was eine sorgfältige Ermittlung des Werts des WG voraussetzt (*Fischer/Petersen* DStR 19, 2169 (2171)). Nach Auffassung der *OFD Ffm* (DStR 19, 1357) soll § 6b allerdings nicht anwendbar sein, wenn das Entgelt für die Veräußerung in der Gewährung von GesRechten liegt, weil es sich nicht um Gewährung neuer, sondern nur um eine Verschiebung bestehender GesRechte handle. ME ist dies unzutr, weil die einzelne PersGes Subjekt der Gewinnermittlung ist und aus Sicht der aufnehmenden PersGes neue GesRechte (Entgelt) gewährt werden (ähnl *Dräger/Dorn* DB 19, 2423 (2425)). – **(2) Zweistufige Abwicklung.** Das WG wird zunächst gem § 6 V 3 Nr 2 Alt 1 vom GesamthandsBV der MUerschaft I in das SonderBV eines der dortigen MUer übertragen, im zweiten Schritt dann gem § 6 V 3 Nr 2 Alt 2 vom SonderBV bei der MUerschaft I in das GesamthandsBV bei der MUerschaft II (*Rödder/Schumacher* DStR 01, 1634 (1636); *Schulze zur Wiesche* DStZ 02, 740 (744); *Siegmund/Ungemach* NWB 10, 2206 (2209)). Die *FinVerw* will hier zwar keinen Gesamtplan mehr prüfen (*BMF* BStBl I 19, 1291 Rn. 40), behält sich aber weiterhin eine Prüfung von § 42 AO vor (insoweit fortbestehender Verweis auf *BMF* BStBl I 11, 1219 Rn. 19). – **(3) Nutzung der neuen Realteilungs-Grundsätze.** S *Demuth* KÖSDI 19, 21402 (21406); *Fischer/Petersen* DStR 19, 2169. – **(4) TochterPersGes.** S *Strahl* KÖSDI 20, 21857 (21858). In einem ersten Schritt wird das WG nach § 6 V 3 Nr 1 zu Buchwerten in eine gewerbl geprägte TochterPersGes übertragen, in einem zweiten Schritt wird der Anteil an dieser TochterPersGes dann auf die MUerschaft II übertragen (nach § 24 UmwStG zu Buchwerten). Wenn es sich bei dieser MUerschaft II um eine Einmann-GmbH & Co KG handelt, löst dies keine Sperrfristverletzung nach S 4 aus (→ Rn. 831).

813 **g) Rechtsfolgen von Satz 3. – aa) Grundsätzlich Buchwertfortführung.** Dies folgt aus dem Verweis des S 3 auf S 1, setzt aber voraus, dass die Besteuerung der stillen Reserven gesichert ist (Einzelheiten → Rn. 765 f). Die AfA des Rechtsvorgängers wird ebenfalls fortgeführt; dies entspricht auch dem Gedanken der Fortsetzung des unternehmerischen Engagements. Ebenso wird die Besitzzeit iSd § 6b nicht unterbrochen (*OFD Kiel* DStR 01, 2025; *Hoffmann* GmbHR 02, 125 (130)). Handelt es sich bei dem übertragenen WG um einen Anteil an einer KapGes, der unter § 20 UmwStG fällt, stellt die Buchwertübertragung mE keine Veräußerung iSd § 22 I UmwStG dar, die zum rückwirkenden Ansatz eines Einbringungsgewinns I führen würde. – Die Rechtsfolge des S 1 ist auch in den Fällen des S 3 **grds zwingend;** ein Wahlrecht zur Gewinnrealisierung besteht nicht (*OFD Kobl* DB 01, 839). Durch Gestaltung des Vorgangs als Veräußerung kann aber stets eine Aufdeckung der stillen Reserven erreicht werden, falls dies erwünscht ist (*Groh* DB 03, 1403).

814 **bb) Technische Umsetzung der Buchwertfortführung. – (1) Bilanzansatz des übertragenen Wirtschaftsguts.** Es ist schlicht zum Buchwert ein- und auszubuchen. – **(2) Passivseite.** Bei Vorgängen in einem EinzelBV oder SonderBV ist das KapKto entspr zu erhöhen bzw zu mindern. – **(3) Gesamthandsbilanz.** Die KapKonten sind anzupassen, weil diese auch nach der Buchwertübertragung die zutr Beteiligungsquoten widerspiegeln sollen (ausführl → 39. Aufl 2020, § 6 Rn. 780; mit Zahlenbeispielen *Ley* DStR 01, 1997 (2006 ff) und [etwas modifiziert] *Ley* StbJb 03/04, 135 (157 ff); *Neu/Stamm* DStR 05, 141; für KapKtoAnpassung auch *BMF* BStBl I 06, 228 unter VII., betr Realteilung).

815 **(4) Ergänzungsbilanzen. – (a) Teilwertansatz.** In der Gesamthandsbilanz kann wahlweise auch der TW des WG ausgewiesen werden. Die steuerl zwingende Buchwertfortführung ist dann durch negative Ergänzungsbilanzen sicherzustellen (ausführl → § 15 Rn. 460 ff; *Groh* DB 03, 1403). Dies vermeidet zugleich die in S 4 vorgesehene rückwirkende Nachversteuerung im Falle einer späteren Veräußerung/Entnahme (→ Rn. 830); allerdings ist im Zeitpunkt des Ausscheidens des WG der zugeordnete Passivposten in der negativen Ergänzungsbilanz auszubuchen, was zu einem entspr Gewinn des MUers führt. Die Ergänzungsbilanzen enthalten Wertkorrekturen zu den Ansätzen der einzelnen WG der Gesamthandsbilanz und sind deshalb korrespondierend zu diesen fortzuentwickeln (zu § 24 UmwStG BFH VIII R 17/95, BFH/NV 00, 34; BFH VIII R 52/04, BStBl II 06, 847 unter II.B.3.b).

(b) Zulassung von Ergänzungsbilanzen auch bei Übertragungen *vom* Gesamthandsvermögen in Einzel- oder Sonderbetriebsvermögen. Dies wird teilweise vertreten (*Hoffmann* GmbHR 02, 125 (132); *Paus* FR 03, 59 (61)), wäre mit dem bisherigen Verständnis dieser Hilfsbilanz (Korrekturen zur *Gesamthands*bilanz) aber nicht vereinbar (für Bildung von Ausgleichsposten daher *HHR/Niehus/Wilke* § 6 Rn. 1586; ähnl *Rödder/Schumacher* DStR 01, 1634 (1637); *Ley* StbJb 03/04, 135 (155)). Auch dem Wortlaut des S 4 kann nicht entnommen werden, dass Ergänzungsbilanzen bei *sämtl* in S 3 genannten Übertragungsvorgängen zulässig sein sollen („die stillen Reserven sind durch Erstellung einer Ergänzungsbilanz *dem übertragenden Ges'ter* zugeordnet worden"; bei einer Übertragung aus dem Gesamthands-BV ist Übertragender aber nicht „der Ges'ter"). ME ist eine gezielte Zuordnung der stillen Reserven hier daher nicht mögl (glA *BH/Krumm* § 6 Rn. 1895). Gleiches gilt für unentgeltl Übertragungen zw den SonderBV verschiedener MUer nach § 6 V 3 Nr 3 (für Zulässigkeit von Ergänzungsbilanzen, sofern ein Bruchteil des WG beim Übertragenden bleibt, allerdings *Wendt* FR 02, 53 (63)). – **(c) Gewinnermittlung nach § 4 III.** Eine Ergänzungsbilanz kommt hier nicht in Betracht. Die Rspr hat allerdings für die AfA der Mehrwerte beim Erwerb eines MUerAnteils eine „Ergänzungsrechnung" zugelassen (BFH VIII R 13/07, BStBl II 09, 993). Auf § 6 V 3 ist dies mE nicht übertragbar (**aA** *Wendt* FR 02, 53 (61); *Ley* StbJb 03/04, 135 (156)), weil dafür hier (anders als beim Erwerb eines MUerAnteils) kein zwingendes rechentechnisches Bedürfnis besteht. Bei Überschussrechnern kommt es daher in den Fällen des S 4 stets zum TW-Ansatz (Alternative: rechtzeitiger Wechsel zur Bilanzierung). 816

h) Verhältnis von S 3 zu anderen Vorschriften. – ***(1)* Unentgeltliche Betriebsübertragung (§ 6 III).** Diese Vorschrift ist in ihrem Anwendungsbereich (Übertragung von Betrieben, Teilbetrieben oder MUerAnteilen, nicht hingegen Übertragung einzelner WG wie bei S 3) vorrangig (glA *BMF* BStBl I 11, 1279 Tz 12). Werden einzelne WG des SonderBV iRe MUerAnteils übertragen, gilt ebenfalls Abs 3, nicht Abs 5 (zum Vorrang des § 6 III bei überquotaler Übertragung von SonderBV → Rn. 739; zur Anwendung des Abs 3 bei vorheriger/gleichzeitiger auf Abs 5 gestützter Buchwertüberführung von wesentl Betriebsgrundlagen des SonderBV → Rn. 707). Die Buchwertüberführung wesentl Betriebsgrundlagen kann mit der unentgeltl Übertragung des Restbetriebs kombiniert werden (→ Rn. 707), schließt aber die Begünstigung einer iRe Gesamtplans anschließenden Anteilsveräußerung **(§§ 16, 34)** aus (→ § 16 Rn. 410). – ***(2)* Unentgeltliche betriebsbedingte Übertragung einzelner WG (§ 6 IV).** Abs 5 hat Vorrang. Bei unentgeltl Übertragung zw einem MUer und seiner MUerschaft sowie zw verschiedenen MUern derselben MUerschaft ist daher nicht zw privaten und betriebl Motiven zu unterscheiden, denn Abs 5 ist nicht auf außerbetriebl veranlasste Vorgänge beschränkt (glA *Brandenberg* FR 00, 1182 (1187); *Wendt* FR 02, 53 (63 f); *BH/Krumm* § 6 Rn. 1807; **aA** *van Lishaut* DB 00, 1784 (1785)). – ***(3)* Überführung ohne Rechtsträgerwechsel (§ 6 V 2).** S 3 kann neben § 6 V 2 anwendbar sein, wenn WG sowohl zw EinzelBV und GesamthandsBV als auch zw EinzelBV und SonderBV übertragen werden. – ***(4)* Tausch und verdeckte Einlage (§ 6 VI).** Diese Vorschriften sind ggü S 3 ausdrückl nachrangig (§ 6 VI 4; → Rn. 838). – ***(5)* Anteilsübertragung bei Körperschaften (§ 8b II KStG).** S 3 ist mE vorrangig und daher ausschließl anzuwenden, wenn eine KapGes Anteile an einer anderen KapGes in eine MUerschaft einbringt. Soweit sich allerdings wirtschaftl die Beteiligung einer anderen Körperschaft an dem eingebrachten WG erhöht und daher gem § 6 V 5 grds der TW anzusetzen wäre, kann der entstehende Gewinn nach § 8b II 1, 6 KStG unter dem Gesichtspunkt einer verdeckten Einlage stfrei sein. – ***(6)* Einbringung strukturierter Einheiten in Personengesellschaft (§ 24 UmwStG).** Diese Norm ist ggü S 3 vorrangig (*BMF* BStBl I 11, 1279 Tz 12; *Ley* KÖSDI 10, 16814). Sie betrifft allerdings nur die Einbringung von Betrieben, Teilbetrieben und MUerAnteilen (dh nicht einzelner WG) und setzt voraus, dass der Einbringende MUer wird. Die hM wendet sie aber auch auf Fälle an, in denen ein Dritter der MUerschaft gegen Leistung einer Einlage (bei der es sich auch um ein WG iSd S 3 handeln kann) beitritt, und die AltGes'ter dann ihre MUerAnteile in die „neue" MUerschaft gem § 24 UmwStG einbringen (näher → § 16 Rn. 511). In diesen Fällen kommen dann sowohl beim NeuGes'ter als 818 auch bei den AltGes'tern Ergänzungsbilanzen in Betracht. § 24 UmwStG kennt im Gegensatz zu § 6 V 4–7 weder eine Haltefrist noch eine KöKlausel. Stellt sich nachträgl heraus, dass die Voraussetzungen des § 24 UmwStG nicht erfüllt waren (zB weil kein Teilbetrieb vorlag), kann der Vorgang ggf nach § 6 V 3 zum Buchwert abgewickelt werden (*Graf Kerssenbrock/Rundshagen* BB 04, 2490 (2496)). Zur Konkurrenz zw § 24 UmwStG und § 6 V bei Einbringung einer 100%-Beteiligung an einer KapGes s *Reiser/Schierle* DStR 13, 113. – Insgesamt bilden § 6 V 3, § 16 III 2 (Realteilung) und § 24 UmwStG ein Potpourri von Individualprivilegierungen, die nicht aufeinander abgestimmt sind (zutr *Jacobsen/Thörmer* DStR 17, 632; *Riedel* Ubg 18, 148).

823 **4. Teilwertansatz bei Veräußerung oder Entnahme des Wirtschaftsguts innerhalb einer dreijährigen Sperrfrist, § 6 V 4.** Ausführl *Schmudlach* NWB 15, 3382. – **a) Überblick.** Wird ein zuvor nach § 6 V 3 zum Buchwert übertragenes WG innerhalb einer Sperrfrist (drei Jahre nach Abgabe der StErklärung; → Rn. 826) durch den neuen Rechtsträger veräußert oder entnommen (→ Rn. 824), wird die Buchwertübertragung rückgängig gemacht. Statt dessen ist für die Übertragung rückwirkend der TW anzusetzen (→ Rn. 827).– **Zweck der Regelung.** Die Begünstigung nach S 3 soll ausgeschlossen sein, wenn diese Übertragung nicht der Umstrukturierung unter Erhaltung der Betriebsstruktur, sondern der Vorbereitung und steuerl günstigen Gestaltung einer Veräußerung oder Entnahme diente (*Brandenberg* DStZ 02, 551 (555); *Dreßler/Veil* DB 23, 536). S 4 wirkt insoweit wie eine unwiderlegl Vermutung.

824 **b) Veräußerung oder Entnahme.** Veräußerung ist die entgeltl Übertragung des wirtschaftl Eigentums. Zum Begriff der Entnahme → § 4 Rn. 220. – **Einbringungen und Formwechsel** nach §§ 20, 24, 25 UmwStG. Die *FinVerw* will S 4 auch in diesen Fällen anwenden, wenn zu dem eingebrachten/formgewechselten BV ein nach S 3 übertragenes WG gehört, und zwar unabhängig davon, ob der Buchwert oder ein höherer Wert angesetzt wird (*BMF* BStBl I 11, 1279 Rn. 33); ebenso für **Option nach § 1a KStG** (*BMF* BStBl I 21, 2212 Rn. 45). Systematisch ist dies zutr, da Einbringungen entgeltl Vorgänge sind. Bei Buchwertfortführung nach § 24 UmwStG (und in den entspr Fällen des § 1a KStG) sollte die *FinVerw* angesichts des Zwecks dieser Norm jedoch eine Billigkeitsregelung erwägen (glA *Goebel/Ungemach/Reifarth* DStZ 11, 561; *Schmudlach* NWB 15, 3382 (3386); für teleologische Reduktion *Crezelius* FR 11, 401 (408)).

825 **c) Keine Anwendung von S 4 trotz Veräußerung. – (1) Auch die Weiterübertragung des WG fällt unter S 3.** Ein solcher Buchwert-Übertragungsvorgang stellt keine schädl Veräußerung dar. Vielmehr beginnt für diese Übertragung eine neue Sperrfrist zu laufen; nach Auffassung der *FinVerw* wird die alte Sperrfrist hierdurch abgelöst (*BMF* BStBl I 11, 1279 Tz 23; mE nicht zwingend). – **(2) Veräußerung nicht des WG, sondern der Beteiligung an der MUerschaft.** Hier ist S 4 nicht einschlägig, obwohl der PersGesAnteil die zum BV der PersGes gehörenden WG repräsentiert (BFH IV R 36/18, BStBl II 25, 111 Rn. 50; BFH XI R 43/20, BStBl II 25, 118 Rn. 26; *Wendt* FR 15, 231; krit *Wacker* FR 22, 625 (633), weil dies auch die Veräußerung *sämtl* MUerAnteile begünstigen würde, die aber vom Zweck der Sperrfristregelung umfasst ist). Es bleibt allerdings zu prüfen, ob Anteile an dem WG auf KStSubjekte übergehen (S 6). Der BR wollte die gegenteilige frühere Verwaltungsauffassung im JStG 2022 (BGBl I 22, 2294) gesetzl festschreiben (BT-Drs 20/4229, 4). Der Gesetzgeber ist dieser Anregung aber nicht gefolgt; vielmehr wendet die *FinVerw* die Rspr nach einiger Überlegungszeit nun an.

826 **d) Beginn und Dauer der Sperrfrist.** Die Sperrfrist beträgt drei Jahre. Sie beginnt allerdings erst zu laufen, wenn der Übertragende seine **StErklärung für den VZ der Übertragung** abgibt (bei LuF genügt nach dem Normzweck die StErklärung für den *ersten* VZ, in den das Wj der Übertragung fällt; zutr *Wendt* FR 02, 53

(60)). § 16 III 3 enthält für die Realteilung eine vergleichbare Sperrfrist. Gibt der Übertragende keine StErklärung ab, läuft die Sperrfrist nach dem Gesetzeswortlaut niemals ab. Die *FinVerw* begrenzt die Sperrfrist in diesen Fällen jedoch auf sechs Jahre (*BMF* BStBl I 11, 1279 Tz 22; mE nicht zwingend).

e) Rechtsfolge. – aa) Herkunftsbetriebsvermögen. Es kommt zum **rückwirkenden Ansatz des TW** (nicht etwa Gewinnerhöhung erst im VZ der Sperrfristverletzung, s BFH IV R 11/15, BStBl II 19, 29 Rn. 40). Wurden bei der früheren (Buchwert-)Übertragung nach S 3 GesRechte gewährt, ist sie als Veräußerung anzusehen, eine unentgeltl Übertragung wird als Entnahme behandelt. § 6b wird bei Übertragungen gegen Gewährung von GesRechten rückwirkend anwendbar, nicht aber bei unentgeltl Übertragungen (→ § 6b Rn. 32 mwN; *OFD Ffm* BB 08, 1784). – **Gewinnrealisierung in vollem Umfang.** Teilweise wird vertreten, der TW-Ansatz beschränke sich auf denjenigen Anteil des WG, der bei der früheren Übertragung nach S 3 wirtschaftl auf einen anderen Rechtsträger übergegangen ist (so *Rödder/Schumacher* DStR 01, 1634 (1637); *Wehrheim/Nickel* BB 06, 1361 (1365)). ME wäre dies eine Nachwirkung der früheren Bilanzbündeltheorie, die sich weder aus dem Wortlaut noch dem Zweck des S 4 ableiten lässt (so iErg auch *BMF* BStBl I 11, 1279 Tz 25). Auch aus der in → Rn. 831 dargestellten Rspr lässt sich dies mE nicht ableiten. 827

bb) Empfänger. Hier führt der TW-Ansatz rückwirkend zu höherer AfA für seine Besitzdauer und zugleich zu einem geringeren Buchgewinn aus der schädl Veräußerung/Entnahme. Eine spätere Veräußerung/Entnahme des WG ist damit für den Empfänger der zuvor beim Übertragenden begünstigten Übertragung steuerl vorteilhaft, für den Übertragenden aber nachteilig. Daher sind vertragl Regelungen zu empfehlen, die bei Vornahme derartiger Verfügungen Ausgleichszahlungen vorsehen (ebenso *Wendt* FR 02, 53 (65)). Zur Wertidentität beim Übertragenden und Empfänger s *Freikamp* BB 01, 2618 (2620). 828

cc) Verfahrensrecht. Die Bescheide für den VZ der früheren unter S 3 fallenden Übertragung und die Folgejahre sind nach § 175 I 1 Nr 2 AO zu ändern (sowohl beim Übertragenden als auch beim Empfänger). 829

dd) Ausnahmen vom Teilwertansatz. – (1) Zuordnung der stillen Reserven durch Ergänzungsbilanz. Sind dem übertragenden MUer im Zeitpunkt der ersten Übertragung die bis dahin entstandenen stillen Reserven durch eine Ergänzungsbilanz zugeordnet worden (→ Rn. 815) und wird das übertragene WG später durch den Übernehmer veräußert oder entnommen, richten sich die **Rechtsfolgen** nicht nach S 4, sondern nach den allg Regelungen: Im VZ der früheren Übertragung bleibt es daher beim Buchwertansatz; es kommt nicht zu dem in S 4 vorgesehenen rückwirkenden Ansatz des TW. Stattdessen ist die negative Ergänzungsbilanz im VZ der späteren Veräußerung/Entnahme des WG aufzulösen, was in diesem Zeitpunkt zu einem entspr Gewinn beim einbringenden Ges'ter führt. – Ob diese Regelung zugleich bedeutet, dass eine solche Zuordnung stiller Reserven in allen Fällen des S 3 mögl ist, ist str (→ Rn. 816). Die Ergänzungsbilanz kann mE auch nachträgl erstellt werden (zB im Laufe einer BP), weil § 4 II hier nicht einschlägig ist (glA *Karrenbrock/Laschewski* DStR 19, 1391). 830

(2) Einmann-GmbH & Co KG. Hier führt die Weiterübertragung des zum Buchwert ein- oder ausgebrachten WG innerhalb der Sperrfrist auch dann nicht zur Anwendung des S 4 (dh kein TW-Ansatz), wenn keine Ergänzungsbilanz aufgestellt wurde, sofern die 100%-Beteiligung an der KG seit der unter § 6 V 3 fallenden Buchwert-Übertragung bis zur Weiterübertragung des WG durchgängig bestanden hat (für Einbringung aus EinzelBV ins GesamthandsBV BFH I R 44/12, BStBl II 15, 450; für Übertragung aus SonderBV ins GesamthandsBV BFH IV R 31/12, BStBl II 15, 463; für Übertragung von der PersGes auf den Ges'ter *Wendt* FR 15, 231 831 unter 3.). Es handelt sich um eine teleologische Reduktion des S 4, weil stille Reserven nicht auf eine andere Person übergehen (zur Kritik → 34. Aufl 2015, § 6 Rn. 720).

835 **5. Teilwertansatz bei Übertragung des Wirtschaftsguts auf Körperschaften, § 6 V 5–7.** Ausführl *Schulze* StStud 16, 278; *Dreßler/Veil* DB 23, 536. – **a) Überblick.** Bewirkt der unter S 3 fallende Übertragungsvorgang, dass an dem WG ein Anteil einer Körperschaft, Personenvereinigung oder Vermögensmasse (KSt-Subjekt iSd § 1 KStG) begründet wird oder sich ein bereits vorhandener Anteil erhöht (→ Rn. 836), ist *insoweit* ebenfalls der TW anzusetzen (§ 6 V 5; zu den Rechtsfolgen → Rn. 838). Dies gilt auch, wenn der Anteil einer Körperschaft aus einem anderen Grund innerhalb von sieben Jahren nach der Übertragung begründet wird oder sich erhöht (§ 6 V 6; → Rn. 840). – **Zweck dieser Regelungen.** Es soll verhindert werden, dass stille Reserven unversteuert vom EStRegime in das KStRegime wechseln (BFH IV R 36/18, BStBl II 25, 111 Rn. 21). Denn sonst könnten die stneutral auf Körperschaften (insb KapGes) übertragenen stillen Reserven anschließend von diesen nach § 8b KStG stfrei realisiert und dann nach § 3 Nr 40 teilweise stfrei an die Ges'ter ausgeschüttet werden. Ebenso könnte der Ges'ter der KapGes seinen im Wert gestiegenen Anteil unter Anwendung des Teileinkünfteverfahrens begünstigt veräußern. Rechtstechnisch knüpfen S 5, 6 (im Gegensatz zu S 4) nicht erst an die tatsächl Realisierung der stillen Reserven an, sondern sanktionieren bereits die einer Veräußerung vorgelagerte Statusänderung der stillen Reserven (BFH IV R 36/18, BStBl II 25, 111 Rn. 43)

836 **b) Begründung oder Erhöhung des Anteils einer Körperschaft, § 6 V 5. Anteil.** Dies bedeutet hier die unmittelbare oder mittelbare vermögensmäßige Beteiligung eines KStSubjekts an dem nach S 3 übertragenen WG und damit an den darin gespeicherten stillen Reserven (BFH IV R 36/18, BStBl II 25, 111 Rn. 20). Erfasst sind sowohl unmittelbare Beteiligungen der Körperschaft an der vom Übertragungsvorgang betroffenen MUerschaft (die Körperschaft ist selbst MUerin) als **auch mittelbare Beteiligungen** (die Körperschaft ist über eine weitere MUerschaft an derjenigen MUerschaft beteiligt, die vom Übertragungsvorgang betroffen ist; *v Lishaut* DB 00, 1784 (1787)). Eine mittelbare Beteiligung über eine andere *Körperschaft* reicht hingegen nicht aus (zutr *OFD Ffm* DStR 04, 1086 unter 2.2; *OFD Ddorf* DStR 05, 153 unter I.3.). S 5 erfasst auch eine Übertragung vom GesamthandsBV in das Einzel- oder SonderBV einer als MUer beteiligten Körperschaft (*OFD Ddorf* DStR 05, 153 unter II.). – Es kommt nicht darauf an, ob der Einbringende zugleich an der Körperschaft beteiligt ist, die durch das Übergehen stiller Reserven begünstigt wird. Daher ist S 5 nicht wegen der Existenz der Regelungen über die **verdeckte Einlage** entbehrl (so aber *Reiß* BB 00, 1965 (1970); *ders* BB 01, 1225 (1229)), da diese nur bei einer Beteiligung derselben Person sowohl an dem WG als auch an der begünstigten Körperschaft anwendbar wären.

837 **c) Keine Anwendung des S 5 bei unveränderter (mittelbarer) Zurechnung des Wirtschaftsguts trotz der Übertragung.** S 5 ist nicht anwendbar, soweit das WG demselben KStSubjekt vor und nach der Übertragung vermögensmäßig unverändert zusteht (BFH IV R 36/18, BStBl II 25, 111 Rn. 22). Dies betrifft zB die Übertragung eines WG durch eine KapGes auf eine MUerschaft, an deren Vermögen die KapGes bereits **zu 100 % beteiligt** ist (BFH XI R 43/20, BStBl II 25, 118 Rn. 23; *BMF* BStBl I 11, 1279 Tz 29: Umwandlung von Allein- in Gesamthandseigentum). Gleiches gilt auch in anderen Fällen, soweit die Beteiligungsquoten der Körperschaft am übertragenden und übernehmenden Rechtsträger sich decken (*FM Saarl* DStR 03, 1120; *OFD Ffm* DStR 04, 1086; *OFD Ddorf* DStR 05, 153; bloße Änderung der Beteiligungskette ohne Änderung des vermögensmäßigen Anteils am WG, s auch BFH IV R 36/18, BStBl II 25, 111 Rn. 23). Hierbei bleibt es auch nach der

Anfügung des S 7 (→ Rn. 844), da es dort um das Überspringen stiller Reserven auf eine *andere* Körperschaft geht.

d) Rechtsfolgen. Sowohl im HerkunftsBV als auch bei der Körperschaft ist der TW des WG anzusetzen, sodass es zur Gewinnrealisierung und zum Entstehen von AK kommt (näher → Rn. 827). Im Gegensatz zu S 4 ordnet S 5 aber den **TW-Ansatz nur anteilig** an, soweit der Anteil der Körperschaft begründet wird oder sich erhöht (*Brandenberg* FR 00, 1182 (1187); *ders* DStR 02, 551 (559); *Hoffmann* GmbHR 02, 125 (133)). Soweit also natürl Personen an dem WG beteiligt sind oder schon zuvor eine Beteiligung der Körperschaft bestand, bleibt es daher gem S 3 bei der Buchwertübertragung. – S 5 hat **Vorrang ggü den Regelungen über die verdeckte Einlage** (so ausdrückl § 6 VI 4). Um einen zutr Beteiligungsansatz zu gewährleisten, erhöhen sich in Fällen, in denen der einbringende MUer zugleich an der KapGes beteiligt ist, die durch das Übergehen stiller Reserven begünstigt ist, mE aber gleichwohl die AK der KapGesBeteiligung (dh Rechtsfolge des § 6 VI 2). – Die Zuordnung stiller Reserven durch **Ergänzungsbilanzen** schließt die Rechtsfolge des S 5 nicht aus, da S 5 diese Möglichkeit im Gegensatz zu S 4 nicht erwähnt (zutr *BMF* BStBl I 11, 1279 Tz 28; *Wendt* FR 02, 53 (65); **aA** *Kloster/Kloster* GmbHR 02, 717 (730); *Groh* DB 03, 1403 (1407); zweifelnd auch *v Lishaut* DB 00, 1784 (1787)). 838

e) Nachträgliche Begründung oder Erhöhung des Anteils einer Körperschaft, § 6 V 6. Ausführl *Cordes/Löckener* FR 21, 621. – **aa) Norminhalt.** In den Fällen des S 3 ist der TW rückwirkend auf den Zeitpunkt der Übertragung des WG anzusetzen, *soweit* der Anteil einer Körperschaft an dem WG innerhalb von sieben Jahren nach der Übertragung „aus einem anderen Grund" begründet wird oder sich erhöht. Erfasst sind alle Gründe, die nicht bereits unter S 5 fallen, also erst nach der von S 3 erfassten Übertragung des WG eintreten (BFH IV R 36/18, BStBl II 25, 111 Rn. 27). – **Missbrauchsabsicht** ist nach dem gesetzl Tatbestand nicht erforderl (BFH IV R 36/18, BStBl II 25, 111 Rn. 32, 41), was bei tatsächl vorliegender Missbrauchsabsicht im Einzelfall evtl die Anwendung des § 42 II AO über die gesetzl geregelten Sperrfristverletzungen hinaus eröffnen könnte (*Strahl* NWB 21, 3234). – Die Regelung des S 6 zwingt StPfl und *FinVerw* zur langfristigen Überwachung aller Fälle, in denen in der Vergangenheit S 3 angewendet wurde, und trägt damit erhebl zur **Verkomplizierung** des EStRechts bei. – S 6 ist auch dann anzuwenden, wenn die Anteilserhöhung der Körperschaft auch ohne die vorangegangene Buchwertübertragung nach S 3 eingetreten wäre (BFH IV R 36/18, BStBl II 25, 111 Rn. 28: zB eine PersGes bringt ein WG mit hohen stillen Reserven in eine Tochter-PersGes ein; später wird ein Anteil an der einbringenden PersGes auf eine KapGes übertragen. – Hier wäre die KapGes auch dann an dem WG beteiligt gewesen, wenn es bei der einbringenden PersGes geblieben wäre; gleichwohl ist S 6 anwendbar). 840

bb) Typische Anwendungsfälle des S 6. Erfasst sind zB der spätere Beitritt einer Körperschaft zu der übertragenden oder aufnehmenden MUerschaft oder die spätere Erhöhung der Beteiligungsquote einer Körperschaft daran. Gleiches gilt für **Einbringungen oder Formwechsel in Kapitalgesellschaften** (§§ 20, 25 UmwStG) und die Option nach § 1a KStG (*BMF* BStBl I 21, 2212 Rn. 45; *Ott* DStZ 22, 142 (149)) auf allen Ebenen (zutr *BMF* BStBl I 11, 1279 Rn. 34). Der BFH hat dies bereits entschieden für den Formwechsel der das WG übertragenden MUerschaft (BFH IV R 36/18, BStBl II 25, 111 Rn. 55) und den Formwechsel eines MUers der einbringenden MUerschaft (OberPersGes) in eine Körperschaft (zutr BFH IV R 36/18, BStBl II 25, 111 Rn. 26 ff: jedenfalls dann kein Vorrang des § 22 UmwStG, wenn an der OberPersGes auch natürl Personen beteiligt sind). 841

cc) Keine Anwendung bei vollentgeltlichen Veräußerungen. S 6 ist aufgrund teleologischer Reduktion nicht anwendbar, wenn der Anteil einer Körperschaft an dem zuvor nach S 3 zu Buchwerten übertragenen WG durch einen vollentgeltl Veräußerungsvorgang begründet wird. – **Fallgruppen.** Ein Ges'ter hat ein WG 842 nach S 3 in eine PersGes eingebracht, an der er beteiligt ist; später veräußert er seinen Anteil an der PersGes wirtschaftl an eine KapGes (BFH XI R 43/20, BStBl II 25, 118 Rn. 26; BFH XI R 20/19, BFH/NV 22, 403 Rn. 32). Eine PersGes hat ein WG nach S 3 in eine UnterPersGes eingebracht; später veräußert ein Ges'ter der PersGes seinen Anteil an eine KapGes (angedeutet in BFH IV R 36/18, BStBl II 25, 111 Rn. 52). – Dem soll nicht entgegenstehen, dass durch die teleologische Reduktion zumindest die GewSt bei einem anderen StSchuldner anfällt als bei wortlautgemäßer Anwendung des S 6 (BFH XI R 43/20, BStBl II 25, 118 Rn. 39).

844 **f) Übertragung von einer Körperschaft auf eine andere Körperschaft, § 6 V 7. – aa) Rechtslage ab 19.10.24.** Nach § 6 V 7 liegt eine unmittelbare oder mittelbare Begründung oder Erhöhung des Anteils einer Körperschaft, Personenvereinigung oder Vermögensmasse an dem übertragenen WG iSd S 5, 6 auch dann vor, wenn dieser Anteil an die Stelle eines unmittelbaren oder mittelbaren Anteils einer anderen Körperschaft, Personenvereinigung oder Vermögensmasse tritt. Damit führen nun auch wirtschaftl Übertragungen von Anteilen an dem zuvor nach S 3 übertragenen WG zw verschiedenen KSt-Subjekten zum rückwirkenden TW-Ansatz für die Übertragung nach S 3 (BT-Drs 20/13419, 203). Dies hatte die Rspr zuvor anders gesehen (→ Rn. 845). Zwingend ist dies sicherl nicht, zumal wirtschaftl Anteilsübertragungen zw verschiedenen natürl Personen weiterhin keinen rückwirkenden TW-Ansatz auslösen (*Broemel/Liedgens* DStR 25, 177 (179)). – **Zeitl Anwendungsbereich.** Die Neuregelung ist auf Übertragungen von WG anzuwenden, die *nach dem 18. 10. 24* stattfinden (§ 52 XII 19). Maßgebend für die Stichtagsregelung ist also die nach § 6 V 3 begünstigte Übertragung, nicht etwa die von S 7 erfasste Begründung oder Erhöhung des Anteils einer Körperschaft (so auch *LfSt Nds* DStR 25, 1160).

845 **bb) Rechtslage bis 18.10.24.** § 6 V 6 war im Wege **teleologischer Reduktion** nicht anwendbar, wenn stille Reserven ledigl von der einen auf eine andere Körperschaft übergingen (BFH IV R 36/18, BStBl II 25, 111 Rn. 51 und BFH IV R 30/19, BStBl II 23, 1050 Rn. 83: Verkauf eines Anteils an der zuvor nach S 3 übertragenden MUerschaft von einer GmbH an eine andere GmbH; BFH IV R 36/18, BStBl II 25, 111 Rn. 56, 65: Formwechsel einer OberPersGes in eine KapGes, *soweit* an der OberPersGes bereits im Zeitpunkt der unter S 3 fallenden Übertragung eine KapGes beteiligt war; zust *Broemel/Kölle* DStR 21, 2877; *Prinz* FR 22, 593; zu Gestaltungsmöglichkeiten ausführl *Dreßler/Veil* DB 23, 536; ausdrückl offengelassen allerdings von BFH XI R 43/20, BStBl II 25, 118 Rn. 45). Diese Rspr dürfte auch auf **S 5** übertragbar sein (so bereits *Rödder/Schumacher* DStR 01, 1634 (1637)). – **FinVerw.** Sie hat zunächst die Gegenauffassung vertreten (ausdrückl für die Anwendung von S 5, 6 auf die Verschiebung stiller Reserven zw Körperschaften *BMF* BStBl I 11, 1279 Tz 31; *Wacker* FR 22, 625 (633)), wendet die Rspr jetzt aber für die Zeit vor Inkrafttreten des S 7 an. – Dies hat vor Inkrafttreten des S 7 die **steuerneutrale Übertragung von WG von einer KapGes auf eine andere KapGes** ermöglicht (dazu *Ott* GStB 22, 256): Im ersten Schritt überträgt die KapGes I das WG nach S 3 zum Buchwert auf eine MUerschaft, an deren Vermögen sie zu 100% beteiligt ist. Im zweiten Schritt bringt die KapGes I den MUerAnteil nach § 20 UmwStG zu Buchwerten in die KapGes II ein.

XII. Bewertung bei Tausch und verdeckter Einlage, § 6 VI

851 **1. Tausch, § 6 VI 1. – a) Norminhalt.** Die AK eines WG, das im Tausch gegen die Hingabe eines anderen WG erworben wird, bemessen sich gem § 6 VI 1 nach dem gemeinen Wert des hingegebenen WG. Dies galt auch schon vor der 1999 geschaffenen ausdrückl gesetzl Regelung (BFH IV R 54/16, BStBl II 23, 447 Rn. 47). Der Tausch ist daher **estl gewinnrealisierend** (zu Ausnahmen → Rn. 854); maßgebender Zeitpunkt ist die Lieferung des bisher eigenen WG (BFH VIII R 53/81, BStBl II 83, 303 unter 1.a aa). **Handelsrechtl** besteht hingegen ein Wahlrecht, das eingetauschte WG mit dem Buchwert des hingegebenen anzusetzen (*BeBiKo* § 255 Rn. 40; teilweise krit und diff *Lüdenbach/Freiberg* DB 12, 2701). Zum Begriff des **gemeinen Werts** → Rn. 235 (Einzelveräußerungspreis). – **Tausch mit Zuzahlung.**

Erhält der StPfl neben dem erworbenen WG noch eine Zuzahlung, sind als AK des erworbenen WG der gemeine Wert des hingegebenen WG abzügl der erhaltenen Zuzahlung anzusetzen (BFH VIII R 28/04, BStBl II 07, 699 unter II.2.d). Leistet umgekehrt der StPfl eine Zuzahlung, sind AK des erworbenen WG die Summe aus dem gemeinen Wert des hingegebenen WG und der Zuzahlung (zu den Problemen, die sich bei Wertungleichheit von Leistung und Gegenleistung stellen, s *Lüdenbach/Freiberg* DB 12, 2701 (2704)). – **Beispiel.** Wird eine wertgeminderte und bereits auf 1 € abgeschriebene Forderung gegen eine GmbH in eine typisch stille Beteiligung an dieser GmbH umgewandelt, handelt es sich um einen Tausch; die stille Beteiligung ist mit dem aktuellen gemeinen Wert der Forderung zu bewerten (BFH IV R 54/16, BStBl II 23, 447 Rn. 44 ff).

b) Anwendungsbereich. Begriff des Tauschs. Gegenleistung für die Veräußerung eines WG ist nicht Geld, sondern ein anderes WG. Die Ausübung eines Bezugsrechts ist Tausch (BFH IX R 36/01, BStBl II 06, 12 unter II.1.c), nicht aber die Ausübung eines Optionsrechts, weil die Option nicht auf den Stillhalter übertragen wird, sondern untergeht (BFH XI R 44/17, BStBl II 20, 44 Rn. 27). – **Hingabe eines WG an Erfüllungs Statt.** Die Rspr ist hier widersprüchl. IV. und VIII. BFH-Senat behandeln dies *„wie"* einen Tausch (BFH VIII R 9/18, BStBl II 20, 845 Rn. 24; BFH IV R 54/16, BStBl II 23, 447 Rn. 46), während der I. Senat Abs 6 S 1 nicht anwendet, wenn eine Sache zur Erfüllung einer Verbindlichkeit hingegeben wird (BFH I R 20/17, BStBl II 20, 685 Rn. 39: Wahl der Lieferung von Aktien statt der Rückzahlung des Nennbetrags bei Umtauschanleihen). – **Nur Vorgänge des BV.** Wird eine wesentl Beteiligung des **PV** (§ 17) im Tausch gegen ein anderes WG hingegeben, kommt es zwar ebenfalls zur Gewinnrealisierung. Maßgebend ist jedoch nicht (wie in § 6 VI 1) der gemeine Wert des hingegebenen WG, sondern der des erhaltenen WG (→ § 17 Rn. 124 mwN; BFH IX B 204/08, BFH/NV 09, 1262 unter II.2.b aa, wo dieses Ergebnis allerdings – insoweit mE unzutr – aus § 6 VI „als Gewinnermittlungsvorschrift eigener Art" abgeleitet wird; zutr abw Begründung bei *Heuermann* HFR 09, 125: keine Regelungslücke bei § 17, da § 9 BewG zum selben Ergebnis führt). Gleiches gilt für WG iSd § 23 (BFH IX R 36/09, BStBl II 10, 792 unter II.1.b) und § 20 (zu bestimmten Kapitalmaßnahmen s § 20 IVa). – **Ggü Abs 6 speziellere Regelungen.** In § 6 VI 4 ist ein ausdrückl Vorrang des Abs 5 für Übertragungen bei MUerschaften angeordnet (→ Rn. 838). Vorrangig sind auch die Vorschriften des **UmwStG.** Diese erfassen tatbestandl ebenfalls zahlreiche Tauschvorgänge, ermöglichen aber idR eine Buchwertfortführung (insb § 21 UmwStG für den Tauschvorgang der Einbringung von Anteilen an einer KapGes in eine andere KapGes gegen Gewährung neuer Anteile). 853

c) Ausnahmen von der Gewinnrealisierung. Bei den in **§ 6b** genannten WG (hauptsächl GuB, Gebäude, Anteile an KapGes) können die stillen Reserven auf das eingetauschte WG übertragen werden. Der von einer Körperschaft erzielte Gewinn aus der Hingabe eines **Anteils an einer KapGes** im Wege des Tausches ist gem § 8b II KStG stfrei gestellt. – Im **Umlegungsverfahren** nach §§ 45 ff BauGB oder dem FlurbereinigungsG unterbleibt eine Gewinnrealisierung, soweit das hingegebene Grundstück mit dem erhaltenen wertgleich und wirtschaftl identisch ist (BFH IV R 19/13, BFH/NV 16, 1702 Rn. 26: Umlegung; ebenso bereits zur Rechtslage vor Anfügung des § 6 VI BFH IV R 1/84, BStBl II 86, 711: Flurbereinigung). Dies gilt auch für den freiwilligen Landtausch nach § 103a ff FlurbG im zeitl Anwendungsbereich des § 6 VI (zutr BFH VI R 25/17, BStBl II 21, 425; BFH VI R 9/17, BFH/NV 20, 191; für Umlegung nach § 45 BauGB nochmals BFH VI R 22/20, BStBl II 23, 384 Rn. 42; auch → § 5 Rn. 635 mwN). – Zu **Sachwertdarlehen** (insb **Wertpapierleihe**) → § 5 Rn. 270 „Wertpapierleihe". – Wird der Gewinn aus einem Grundstückstausch nicht erklärt und das eingetauschte Grundstück später entnommen, ist bei Gewinnermittlung nach § 4 III der Entnahmegewinn gleichwohl in der Weise zu ermitteln, dass dem Entnahmewert die Anschaffungskosten des entnomme- 854 nen Grundstücks (dh der gemeine Wert des hingegebenen Grundstücks im Zeitpunkt des Tausches) gegenübergestellt werden (BFH VI R 68/15, BStBl II 19, 128 Rn. 19 ff).

855 **d) Offene Sacheinlage in Kapitalgesellschaft als Spezialfall des Tausches.** Eine Sacheinlage anlässl der Gründung oder formellen Kapitalerhöhung einer KapGes, deren Anteile sich im BV befinden, fällt als Tauschvorgang unter S 1; § 6 I Nr 5 ist nicht anwendbar (BFH I R 6/01, BFH/NV 03, 88; **aA** *Schmidt/Hageböke* DStR 03, 1813; *Boorberg/Boorberg* DB 07, 1777 (1783)). Dies gilt auch insoweit, als derjenige Teil des Wertes der Sacheinlage, der den Nennwert der neuen Anteile übersteigt, bilanziell der Kapitalrücklage zugeführt wird (BFH I R 35/05, BStBl II 08, 253). Stammt das Einlagegut aus dem PV und gehört die Beteiligung zum BV, kann das Einlagegut als kurzfristig in das BV eingelegt gelten (auch → Rn. 864); gleichwohl sind die Begrenzungen des Einlagewerts nach § 6 I Nr 5 S 1 Hs 2 (→ Rn. 611 ff) nicht zu beachten (zutr *Groh* FR 90, 528 (529)). – **Gegenstand einer offenen Einlage** können materielle und immaterielle WG sein, nicht aber Nutzungen. Für Nutzungsrechte mit fester Mindestlaufzeit wird zivilrechtl die Einlagefähigkeit bejaht (BGH II ZR 121/02, DStR 04, 1662; *Thiel* DStJG 14, 161 (179)). Wird eine nicht voll werthaltige Forderung gegen die KapGes in EK umgewandelt, sind die neuen Anteile gem § 6 VI 1 nur iHd gemeinen Werts der Forderung einzubuchen; soweit der Buchwert der Forderung höher war, ist er (vorbehaltl § 8b III 4 KStG) gewinnmindernd auszubuchen (BFH I R 36/15, BFH/NV 18, 58; s auch *Stalbold* EFG 16, 298). – *Verdeckte* Einlagen fallen hingegen unter S 2, der aber gleichermaßen die Gewinnrealisierung anordnet (→ Rn. 861 ff). – Die **Einlage in eine MUerschaft** gegen Gewährung von GesRechten stellt ebenfalls einen Tauschvorgang dar und fällt nicht unter § 6 I Nr 5 (→ Rn. 598).

861 **2. Verdeckte Einlage in Kapitalgesellschaft, § 6 VI 2.** Auch die verdeckte Einlage eines einzelnen WG des BV in eine KapGes ist gewinnrealisierend. Ausführl dazu *Kahle* DStZ 22, 699.

a) Voraussetzungen. – aa) Begriff der verdeckten Einlage. Es handelt sich um die Zuwendung eines einlagefähigen Vermögensvorteils an eine KapGes durch deren Ges'ter (oder eine dem Ges'ter nahestehende Person), für die der Ges'ter keine neuen Anteile erhält und die ihre Ursache im GesVerhältnis hat, dh die ein Nicht-Ges'ter nicht vorgenommen hätte (BFH X R 22/02, BStBl II 06, 457 unter II.2.a). Die Voraussetzungen entsprechen weitgehend spiegelbildl denen der vGA. Es genügt, wenn der Zuwendende erst kurzfristig nach der Vorteilszuwendung aufgrund einer bereits eingeleiteten Planung Ges'ter wird (FG Bln-Bbg DStRE 09, 1380, rkr). – **Unentgeltl Vorgang.** Die Nähe der gesetzl Regelung zu derjenigen des Tausches (offene Einlage) ist nur vordergründig (glA *Tiedtke/Wälzholz* DStR 01, 1501 (1505)). Denn während der Tausch ein betriebl veranlasster und nach den allg Grundsätzen gewinnrealisierender Geschäftsvorfall ist, ist die verdeckte Einlage ihrem Wesen nach **außerbetriebl veranlasst** (durch die Ges'terstellung in der KapGes) und als unentgeltl Vorgang anzusehen. Die mit der verdeckten Einlage verbundene Wertsteigerung der Anteile des Einlegenden ist nur Reflexwirkung, nicht aber Gegenleistung (BFH X R 22/02, BStBl II 06, 457 unter II.2.b; BFH I R 32/08, BStBl II 12, 341 unter II.2.a). – **Abgrenzung zur verdeckten *Sach*einlage.** Dieser gesellschaftsrechtl Begriff bezieht sich auf die Gewährung neuer Anteile gegen verschleierte Sacheinlage, dh auf einen *entgeltl* Vorgang (s ausführl *Fuhrmann/Demuth* KÖSDI 09, 16562).

862 **bb) Gegenstand der verdeckten Einlage. – (1) Wirtschaftsgut. – (a) Grundsatz.** Einlagefähig sind nur WG, die geeignet sind, das Vermögen der aufnehmenden KapGes zu mehren. Allerdings ist unerhebl, ob *tatsächl* eine Wertsteigerung eintritt (BFH I R 20/03, BFH/NV 05, 19 unter B.I.2. mwN: Zuschuss zur Verlustdeckung). Das WG braucht im abgebenden BV zuvor nicht aktiviert gewesen zu sein (BFH

I R 150/82, BStBl II 87, 455 unter B.I.3.: Geschäftswert). Auch ein Mandantenstamm ist einlagefähig; die bloße zeitl befristete Verpachtung an die KapGes ohne Übergang des wirtschaftl Eigentums stellt aber keine verdeckte Einlage dar (FG Mster BB 21, 2543, rkr). – **(b) Eigene Anteile.** Gegenstand der verdeckten Einlage können mE auch Anteile an der aufnehmenden KapGes selbst sein, die dann zu eigenen Anteilen werden. – **Rechtslage bis 2009.** Der BFH hat für Anteile iSd § 17 in solchen Fällen mehrfach eine verdeckte Einlage bejaht (BFH II R 40/14, BStBl II 18, 284 Rn. 17 f; BFH IX R 7/16, BFH/NV 17, 724 Rn. 16). – **Rechtslage ab 2010.** Hier sind eigene Anteile bei der aufnehmenden KapGes nicht mehr aktivierungsfähig (§ 272 Ia HGB). BFH-Rspr zu § 6 VI 2 gibt es noch nicht. Allerdings hat der BFH für den Fall der (vollentgeltl) *Veräußerung* von Anteilen des PV an die näml KapGes die Anwendbarkeit des § 17 bejaht (BFH IX R 7/17, BStBl II 19, 213 Rn. 19 f: maßgebl sei die Sichtweise des Ges'ters; auf die Beurteilung bei der KapGes komme es nicht an). Diese Begründung lässt sich mE auch auf den Fall der verdeckten Einlage übertragen und gilt daher auch für § 6 VI 2. Beim einlegenden Ges'ter entsteht also ein Gewinn; zugleich erhöhen sich die AK seiner Beteiligung, sofern ihm ein Teil der Beteiligung verbleibt. Legt er hingegen seine *gesamte* Beteiligung ein, sind die nachträgl AK sogleich bei ihm selbst veräußerungsgewinnmindernd zu berücksichtigen (so auch *Schmid* DStR 17, 1306; gegen BFH IX R 7/16, BFH/NV 17, 724, wo diese Problematik nicht angesprochen und der volle Veräußerungsgewinn ohne Abzug nachträgl AK als stpfl angesehen wurde). – **(c) Nutzungen und Nutzungsrechte.** Sie sind nicht einlagefähig (BFH GrS 2/86, BStBl II 88, 348 unter C. I.3.b; BFH X R 32/05, BStBl II 09, 634 unter II.4.d: unentgeltl Nutzungsüberlassung des Geschäftswerts; ausführl → § 5 Rn. 206 f). Gleiches gilt für die Übernahme einer Bürgschaft (BFH IX R 78/06, BStBl II 08, 575 unter II.2.c). Ein Forderungsverzicht (auch in Form des Verzichts auf Ansprüche aus einer Pensionszusage) ist aber einlagefähig (ausführl → Rn. 879).

(2) Beschränkung auf Wirtschaftgüter des Betriebsvermögens. § 6 VI 2 er- 864
fasst aufgrund seiner systematischen Stellung nur die verdeckte Einlage von WG des BV, wobei es sich um das BV von natürl Personen, PersGes oder KapGes handeln kann. – **Behandlung der verdeckten Einlage von WG des PV.** Gehören die Anteile an der aufnehmenden KapGes zum BV des Einlegenden, erhöht sich der Buchwert der Anteile (wie in den Fällen des § 6 VI 2) ebenfalls um den TW des WG (dazu auch *HHR/Eckstein* § 6 Rn. 1725). Der entstehende Buchgewinn wird aber durch eine (unmittelbar vorangehende) Einlage des WG ins BV zum TW (§ 6 I Nr 5) neutralisiert. Gleiches gilt für WG, die eine dem Ges'ter **nahestehende Person verdeckt in die KapGes einlegt** (mittelbare verdeckte Einlage). Gehören die Anteile an der aufnehmenden KapGes hingegen zum PV, wird die verdeckte Einlage eines WG des PV vom Gesetz idR einem Veräußerungsvorgang gleichgestellt (§ 17 I 2, § 20 II 2, § 23 I 5 Nr 2), sodass iErg ebenfalls die in § 6 VI 2 genannten Rechtsfolgen eintreten.

(3) Beschränkung auf die Einlage einzelner Wirtschaftsgüter. Seinem 865
Wortlaut nach erfasst § 6 VI 2 iVm S 1 nur die verdeckte Einlage einzelner WG. Darunter fallen hier auch **100%-Beteiligungen an KapGes,** obwohl diese in § 16 I 1 Nr 1 S 2 einem Teilbetrieb gleichgestellt werden. – **Keine Anwendung auf die verdeckte Einlage von (Teil-)Betrieben und MUerAnteilen.** Dies ist nach der überwiegenden Rspr-Auffassung eine gewinnrealisierende (wenn auch begünstigte) **Betriebsaufgabe** bzw Anteilsaufgabe (BFH VIII R 17/85, BStBl II 91, 512; BFH X R 56/06, BFH/NV 09, 1411 unter II.2.b bb ccc; hingegen offen gelassen von BFH IV R 51/98, BStBl II 05, 173 unter 2.b aa; BFH X R 22/02, BStBl II 06, 457 unter II.3.d). Obwohl die verdeckte Einlage einen unentgeltl Vorgang darstellt (→ Rn. 861), ist § 6 III hier nicht anwendbar (→ Rn. 714). Hierfür spricht neben dem Wortlaut des § 6 VI 1, 2 (Beschränkung auf *einzelne* WG) vor allem, dass bei Zulassung einer unentgeltl Übertragung auf KapGes, an denen der Einlegende beteiligt

ist, das System der §§ 20 ff UmwStG, § 8b KStG durchbrochen würde. – Für die Gestaltungspraxis ist der Streit nicht allzu bedeutsam, da eine *offene* Einlage (KapErhöhung gegen Sacheinlage durch Einbringung des Teilbetriebs oder MUerAnteils) nach § 20 UmwStG idR zum Buchwert mögl ist und so die bei verdeckter Einlage eintretende Gewinnrealisierung vermieden werden kann. Auf die *verdeckte* Einlage sind die §§ 20, 21 UmwStG hingegen weder unmittelbar noch analog anwendbar, weil Voraussetzung dafür die Gewährung *neuer* Anteile wäre, an der es hier gerade fehlt (BFH X R 22/02, BStBl II 06, 457 unter II.3.f). – **Betriebsaufspaltung.** Werden WG, die nicht zumindest einen Teilbetrieb bilden, auf die BetriebsKapGes übertragen, stellt dies eine verdeckte Einlage dar, die zur Gewinnrealisierung zwingt (BT-Drs 14/23, 173; BFH X R 34/03, BStBl II 05, 378 unter II.2.d; ausführl → § 15 Rn. 877; dort auch zu den Möglichkeiten zur Vermeidung dieses Ergebnisses).

867 **cc) Anforderungen an das Ziel-Betriebsvermögen. – (1) Kapitalgesellschaft.** Die verdeckte Einlage gelangt stets in das BV einer **KapGes.** Einlagen in das BV von Einzelunternehmern fallen hingegen unter § 6 I Nr 5; für Einlagen in PersGes enthält § 6 V 3 speziellere Regelungen. – **(2) Beteiligung an der aufnehmenden KapGes gehört zum Betriebsvermögen.** Hierfür genügt es, wenn die Beteiligung (erst) durch die verdeckte Einlage des WG die Eigenschaft als BV erwirbt (BFH X R 22/02, BStBl II 06, 457 unter II.3.d). Es ist zudem nicht erforderl, dass sie zum *selben* BV gehört wie das eingelegte WG, weil die Überführung von WG zw mehreren Betrieben desselben StPfl zum Buchwert erfolgt (§ 6 V 1). Gehört die Beteiligung hingegen zum PV, wird das verdeckt eingelegte WG zuvor dem BV entnommen und ist schon deshalb mit dem Teilwert zu bewerten (§ 6 I Nr 4; s auch BFH X R 22/02, BStBl II 06, 457 unter II.3.e).

871 **b) Rechtsfolgen. – aa) Beim Einlegenden. – (1) Nachträgliche Anschaffungskosten.** Gem § 6 VI 2 erhöhen sich die AK der Beteiligung an der aufnehmenden KapGes um den TW des eingelegten WG (BFH X R 37/13, BFH/NV 16, 536 Rn. 46; zur Ermittlung des TW; ein Abzug der Zuwendung als BA beim zuwendenden Ges'ter scheidet hingegen aus (BFH I R 24/20, BStBl II 23, 845 Rn. 13). → Rn. 231 ff; zu Einzelfragen hinsichtl der AK von KapGesAnteilen → Rn. 140 „Beteiligung an KapGes"). Diese Aufstockung des Wertansatzes führt zugleich zur **Gewinnrealisierung** iHd Differenz zw dem Buchwert des eingelegten WG und dessen TW. Bei einer späteren Veräußerung der Beteiligung mindern die nachträgl AK den entstehenden Veräußerungsgewinn (BFH I R 96/88, BStBl II 90, 797 unter II.2.). Eine aufgrund der verdeckten Einlage eintretende Erhöhung des Buchansatzes der Beteiligung über deren TW hinaus kann Anlass für eine **TW-AfA** geben (ausführl → Rn. 281 mwN).

872 **(2) Verdeckte Einlage von Anteilen an Kapitalgesellschaft.** Der entstehende Buchgewinn ist stfrei, wenn Einlegender eine **Körperschaft** ist (§ 8b II 6 KStG). Dies gilt auch, wenn eine PersGes zwischengeschaltet ist (§ 8b VI KStG). – Stammen die eingelegten Anteile aus dem **BV eines Einzelunternehmers oder einer PersGes,** sind 40% des Gewinns stfrei (Teileinkünfteverfahren, § 3 Nr 40 S 1 Buchst a). – Legt eine natürl Person **Anteile iSd § 17 (PV)** verdeckt in eine andere KapGes ein, wird der Ersatz-Realisationstatbestand des § 17 I 2 ausgelöst. Gehört in einem solchen Fall die Beteiligung an der aufnehmenden KapGes zum BV des Einlegenden, erhöht sich der Buchwert dieser Beteiligung um den TW der eingelegten Anteile; zugleich ist im BV eine Einlage zum TW vorzunehmen. Auf diese Einlage ist § 6 I Nr 5 S 1 Buchst b (Begrenzung des Einlagewerts auf die AK) wegen der durch § 17 I 2 bereits eingetretenen Gewinnrealisierung ebenso wenig anwendbar wie auf den TW-Ansatz bei der aufnehmenden KapGes (BFH I R 32/08, BStBl II 12, 341 unter II.2.c; *BMF* BStBl I 98, 1227). Zur **Einlage von WG iSd § 20 II** (Verhältnis zw § 6 VI 2 und § 6 I Nr 5 S 1 Buchst c) → Rn. 621.

(3) Teilentgelt. Leistet die aufnehmende KapGes ein Entgelt, das hinter dem TW des WG zurückbleibt (ansonsten handelt es sich nicht um eine verdeckte Einlage, sondern um einen voll entgeltl Vorgang), sind die AK der Beteiligung nur um die Differenz zw dem TW des WG und dem Teilentgelt aufzustocken. Die Gewinnrealisierung ergibt sich in Anwendung der „Trennungstheorie" (zu deren umstrittener Anwendung bei teilentgeltl Übertragungsvorgängen iSd Abs 5 S 3 →Rn. 789) wie folgt (näher BFH X R 34/03, BStBl II 05, 378 unter II.7.; BFH X R 17/05, BStBl II 08, 579 unter II.4.): Zunächst ist die Entgeltlichkeitsquote zu bestimmen (Verhältnis zw tatsächl Entgelt und TW). Der entgeltl Teil des Geschäfts führt zu einem „normalen" Veräußerungsgewinn (gesamtes tatsächl Entgelt ./. Entgeltlichkeitsquote × Buchwert). Hinzu kommt der Gewinn aus dem unentgeltl Teil (TW × Unentgeltlichkeitsquote ./. Buchwert × Unentgeltlichkeitsquote). IErg entspricht die Gewinnrealisierung der Differenz zw TW und Buchwert des eingelegten WG (Faustformel; ebenso *Groh* DB 03, 1403 (1404)). 873

Beispiel: Ein WG (Buchwert 80, TW 100) wird gegen Zahlung von 80 an eine KapGes (Beteiligungsbuchwert 100) verkauft (Entgeltlichkeitsquote 80%). Der Beteiligungsansatz ist im Umfang des verdeckt eingelegten Betrages (20) aufzustocken. Der Gewinn aus dem entgeltl Teil beläuft sich auf 80 (Entgelt) ./. 80% von 80 (Buchwert) = 16; nur dieser ist § 6b-fähig. Der Gewinn aus der verdeckten Einlage beläuft sich auf 20% × 100 ./. 20% × 80 = 4; der Gesamtgewinn beträgt 20 (wie nach der obigen Faustformel).

(4) Dreijahresfrist, § 6 VI 3. Nach dieser Regelung ist in den Fällen des § 6 I Nr 5 S 1 Buchst a (Einlage eines WG innerhalb von drei Jahren nach seiner Anschaffung/Herstellung) für die Bewertung der verdeckten Einlage nicht der aktuelle TW, sondern der „Einlagewert" maßgebend. Zwar erfasst § 6 I Nr 5 in erster Linie Einlagen aus dem PV in ein BV. Die Vorschrift ist aber auch auf verdeckte Einlagen in eine KapGes anwendbar (→Rn. 605). Seit dem 28.3.24 sind nur noch Einlagen aus dem PV erfasst (Änderung des § 6 I Nr 5 S 1 Buchst a; →Rn. 612; zutr *BH/Krumm* § 6 Rn. 2005). – Bis zum 27.3.24 kam es mE hingegen nicht darauf an, ob das eingelegte WG innerhalb der letzten drei Jahre im BV oder PV angeschafft oder hergestellt worden war (ausführl →43. Aufl 2024, § 6 Rn. 874). 874

bb) Rechtsfolgen bei der aufnehmenden Kapitalgesellschaft. Hier ist das WG **mit dem TW anzusetzen** (§ 6 I Nr 5). In den Fällen des § 6 I Nr 5 S 1 Buchst a (Anschaffung/Herstellung des WG innerhalb von drei Jahren vor der Einlage) ist der Einlagewert allerdings auf die fortgeführten AK/HK begrenzt (→Rn. 874). – Auf der Passivseite ist jedenfalls dann (gewinnneutral) die **Kapitalrücklage** zu erhöhen, wenn der Wille zur Leistung in das Eigenkapital erkennbar wird; andernfalls ist **handelsrechtl** ein ao oder sonstiger betriebl Ertrag auszuweisen (s *Kußmaul/Klein* DStR 01, 189 (191) mwN). Hingegen bleibt der Vorgang unabhängig von der handelsrechtl Beurteilung **steuerl gewinnneutral** (§ 8 III 3 KStG). Beim Einlagekonto (§ 27 KStG) ist ein Zugang vorzunehmen. Ist allerdings die verdeckte Einlage beim einlegenden Ges'ter nicht als solche erkannt worden und daher die Gewinnrealisierung unterblieben, ist das Einkommen der KapGes zu erhöhen (§ 8 III 4 KStG). Diese Regelung sichert die **korrespondierende Besteuerung** zw Einlegendem und KapGes. 877

c) Besonderheiten des Forderungsverzichts. Ausführl *Ott* DStZ 10, 623 (627 ff); *Braun/Geist* BB 13, 351; *Altrichter-Herzberg* GmbHR 15, 1121; *Ott* DStZ 18, 179. – **aa) Werthaltige Forderung.** Verzichtet der Ges'ter auf eine Forderung gegen die KapGes, stellt dies, soweit die Forderung werthaltig ist, eine verdeckte Einlage dar, die zu nachträgl AK auf die Beteiligung führt (BFH X R 2/03, BStBl II 05, 694 unter II.2.a). Zu der Frage, ob hierauf anschließend eine TW-AfA vorgenommen werden kann, →Rn. 281. Die bloße Gewährung eines (wenn auch unsicheren) Darlehens oder die Erklärung eines Rangrücktritts bewirken demggü weder nachträgl AK noch eine verdeckte Einlage, sondern lassen den Charakter des Darlehens als 879

Fremdkapital unberührt (BFH IV R 10/01, BStBl II 04, 416 unter 1.a). – **(1) Behandlung beim Ges'ter.** Ermittelt er seinen Gewinn nach § 4 III oder liegt der Forderung eine Leistungsbeziehung iRd Überschusseinkünfte zu Grunde (zB Pensionszusage), kommt es im Zeitpunkt der Einlage (wie bei einer Novation) zum **Zufluss** (§ 11) iHd werthaltigen Teils der Forderung (BFH GrS 1/94, BStBl II 98, 307 unter C. II.), der sich bei Pensionsanwartschaften aber nicht auf den sog „future service" erstreckt (zutr *BMF* BStBl I 12, 874). – **(2) Behandlung bei der KapGes.** Der aus dem Wegfall der Verbindlichkeit entstehende Buchgewinn wird steuerl durch Abzug einer verdeckten Einlage neutralisiert (§ 8 III 3 KStG), soweit die korrespondierende Forderung noch werthaltig war (BFH GrS 1/94, BStBl II 98, 307 unter C. I.3.; BFH VIII R 57/94, BStBl II 98, 652 unter B. I.1.a).

Beispiel (zu → Rn. 879 und 880): G ist zu 100% an einer GmbH beteiligt und hält die Beteiligung in seinem BV. Aus Warenlieferungen an die GmbH hat er gegen diese eine Forderung iHv 500 000 €. Da die GmbH überschuldet ist, ist nicht damit zu rechnen, dass er mehr als 40% des Nennbetrags der Forderung wird realisieren können (TW der Forderung 200 000 €). G hat die Forderung bisher nicht wertberichtigt. Nun verzichtet er auf die gesamte Forderung. – **Lösung:** Bei G führt nur der Verzicht auf den nicht mehr werthaltigen Teil der Forderung (300 000 €) sofort zu BA. Der übersteigende Betrag ist als nachträgl AK auf die Beteiligung zu aktivieren (zur evtl TW-AfA hierauf → Rn. 281). Bei der GmbH entsteht durch den Verbindlichkeitswegfall ein Buchgewinn von 500 000 €, der nur iHd werthaltigen Teils unter dem Gesichtspunkt der verdeckten Einlage (§ 8 III 3 KStG) neutralisiert wird (200 000 €). Ob auch der verbleibende Buchgewinn von 300 000 € als Sanierungsgewinn stfrei ist, richtet sich nach § 3a.

880 **bb) Verzicht auf den nicht mehr werthaltigen Teil einer Forderung.** Dies kann mangels Wertetransfer keine verdeckte Einlage darstellen. – **(1) Behandlung beim Ges'ter.** Es entstehen keine nachträgl AK auf die Beteiligung, sondern (sofern die Forderung nicht bereits abgeschrieben war) lfd BA (BFH VIII R 57/94, BStBl II 98, 652 unter B.II.1.b; BFH X R 36/02, BStBl II 05, 707 unter II.4.b). Diese sind bei KapGes als Ges'ter allerdings unter den Voraussetzungen des § 8b III 4 KStG ggf nicht abziehbar (→ Rn. 307) und bei anderen Ges'tern unter den Voraussetzungen des § 3c II 2 nur zu 60%. Der zu § 17 entwickelte normspezifische AK-Begriff kann auf das BV nicht übertragen werden, sodass es nicht darauf ankommt, ob die Forderung kapitalersetzenden Charakter hatte oder (ab 1.11.08) insolvenzrechtl nachrangig war (zutr BFH I B 143/00, BStBl II 02, 436 unter II.3.b; BFH VIII R 27/00, BStBl II 02, 733 unter II.3.). – **(2) Behandlung bei der KapGes.** Durch die Ausbuchung der Verbindlichkeit wird Gewinn realisiert, der bei fehlender Werthaltigkeit der korrespondierenden Forderung nicht durch Abzug einer Einlage neutralisiert werden kann (BFH I R 58/93, BStBl II 98, 305 unter II.3.; BFH I B 143/00, BStBl II 02, 436 unter II.2.; BFH I R 35/04, BStBl II 06, 132 unter II.1.). Ggf kann aber unter dem Gesichtspunkt des Sanierungsgewinns (→ § 3a Rn. 8) oder einer aus der früheren Passivierung der Verbindlichkeit verwirklichten vGA (s *BMF* BStBl I 02, 603 Rn. 23) auf die Besteuerung verzichtet werden. Liegt bei der KapGes der Buchwert der Verbindlichkeit ausnahmsweise *unter* dem TW der Verpflichtung, ist eine verdeckte Einlage iHd (höheren) TW vom Einkommen abzuziehen (zutr FG Mster EFG 11, 2194, rkr). – **(3) Vergleichbare Gestaltungen.** Diese Grundsätze gelten auch, wenn der Ges'ter eine Verbindlichkeit der KapGes ggü einem Dritten mit befreiender Wirkung übernimmt (BFH X R 36/02, BStBl II 05, 707 unter II.4.b; anders – mE unzutr – BFH I B 74/01, BFH/NV 02, 678; zu Gestaltungsmöglichkeiten, die sich aus dieser Entscheidung ergeben würden, s *Schmidt/Hageböke* DStR 02, 2150).

881 **cc) Ermittlung des Teilwerts der Forderung.** Maßgebend ist der Betrag, den der Betriebsinhaber für den Erwerb der Forderung hätte aufwenden müssen (BFH GrS 1/94, BStBl II 98, 307 unter C. I.3.). Die Forderung eines Ges'ters gegen eine überschuldete KapGes ist idR wertlos (TW 0 €; BFH I R 35/04, BStBl II 06, 132 unter II.2.b bb, dort auch zu den Ausnahmen; *Helm/Krinninger* DB 05, 1989 (1993)). Im

Konzern muss auch die funktionale Bedeutung des Darlehens berücksichtigt werden (*Urbahns* DStZ 05, 148; allg zur funktionalen Bedeutung → Rn. 283). Zum **Forderungsverzicht gegen Besserungsschein** s *BMF* BStBl I 03, 648 und → § 5 Rn. 550 „Ges'terfinanzierung" (5).

dd) Abgrenzung zu betrieblich veranlassten Forderungsverzichten. Dies ist insb erforderl, wenn Inhaber der Forderung nicht der Ges'ter, sondern eine diesem nahe stehende Person ist (s näher BFH GrS 1/94, BStBl II 98, 307 unter C. III.). Will dieser Gläubiger durch den Verzicht zur Sanierung der KapGes beitragen, um die Geschäftsbeziehung fortzuführen, ist der Vorgang betriebl veranlasst (Aufwand beim Gläubiger, Ertrag bei der KapGes). Will der Gläubiger hingegen dem nahestehenden Ges'ter etwas zuwenden, handelt es sich um eine verdeckte Einlage (s zum nicht abziehbaren Drittaufwand allerdings BFH X R 36/02, BStBl II 05, 707 unter II. 4. c). Maßgebend ist, ob der Gläubiger auch ohne Gesellschafts- bzw Näheverhältnis auf die Forderung verzichtet hätte (BFH VIII R 57/94, BStBl II 98, 652 unter B. I. 1. b bb); Indiz hierfür ist die Beteiligung auch mehrerer Fremdgläubiger am Verzicht (*Helm/Krinninger* DB 05, 1989 (1991)). 882

d) Weitere Einzelfälle verdeckter Einlagen. → § 17 Rn. 183 ff. **Verlustübernahmen** außerhalb einer Organschaft (BFH I R 96/88, BStBl II 90, 797 unter II. 2.: verunglückte Organschaft); **Sanierungszuschüsse** (BFH I R 20/03, BFH/NV 05, 19 unter B. I. 1.). Zur verdeckten Einlage durch Ausscheiden aller K'tisten aus einer GmbH & Co KG mit Anwachsung der MUerAnteile bei der Komplementär-GmbH → § 16 Rn. 503 ff **(Anwachsungsmodell). – Zuwendungen zw SchwesterKapGes** bewirken zum einen eine vGA an den gemeinsamen Ges'ter, zum anderen aber auch eine **mittelbare verdeckte Einlage** des Ges'ters in die begünstigte KapGes (BFH I R 150/82, BStBl II 87, 455 unter B. I. 2.; BFH GrS 2/86, BStBl II 88, 348 unter C. II. 2.). Dies ist auch mögl, wenn die Anteile an beiden KapGes nicht von einer einzigen Person, sondern jeweils getrennt von den Eheleuten gehalten werden (BFH VIII R 62/93, BStBl II 01, 234; zu § 17). 884

XIII. Anwendung des § 6 bei Einnahmen-Überschuss-Rechnung, § 6 VII

Bei **Gewinnermittlung nach § 4 III** gelten gem § 6 VII ab VZ 2013 (zur früheren Rechtslage → 31. Aufl 2012, § 6 Rn. 2) die Vorschriften über anschaffungsnahe HK (Abs 1 Nr 1a, näher → Rn. 381), Entnahmen und Einlagen (Abs 1 Nr 4–7, → Rn. 511, 592; vgl auch BFH X R 20/17, BStBl II 20, 3 Rn. 72) sowie Übertragungen und Überführungen (Abs 3–6) entspr. Außerdem sind gem § 4 III 3 die Regelungen über GWG und Sammelposten (§ 6 II, IIa) anwendbar. Hingegen sind TW-AfA bei § 4 III ausgeschlossen (→ Rn. 360). 890

§ 6a Pensionsrückstellung

(1) **Für eine Pensionsverpflichtung darf eine Rückstellung (Pensionsrückstellung) nur gebildet werden, wenn und soweit**

1. der Pensionsberechtigte einen Rechtsanspruch auf einmalige oder laufende Pensionsleistungen hat,

2. die Pensionszusage keine Pensionsleistungen in Abhängigkeit von künftigen gewinnabhängigen Bezügen vorsieht und keinen Vorbehalt enthält, dass die Pensionsanwartschaft oder die Pensionsleistung gemindert oder entzogen werden kann, oder ein solcher Vorbehalt sich nur auf Tatbestände erstreckt, bei deren Vorliegen nach allgemeinen Rechtsgrundsätzen unter Beachtung billigen Ermessens eine Minderung oder ein Entzug der Pensionsanwartschaft oder der Pensionsleistung zulässig ist, und

3. die Pensionszusage schriftlich erteilt ist; die Pensionszusage muss eindeutige Angaben zu Art, Form, Voraussetzungen und Höhe der in Aussicht gestellten künftigen Leistungen enthalten.

(2) **Eine Pensionsrückstellung darf erstmals gebildet werden**

1. vor Eintritt des Versorgungsfalls für das Wirtschaftsjahr, in dem die Pensionszusage erteilt wird, frühestens jedoch für das Wirtschaftsjahr, bis zu dessen Mitte der Pensionsberechtigte bei
a) erstmals nach dem 31. Dezember 2017 zugesagten Pensionsleistungen das 23. Lebensjahr vollendet,
b) erstmals nach dem 31. Dezember 2008 und vor dem 1. Januar 2018 zugesagten Pensionsleistungen das 27. Lebensjahr vollendet,
c) erstmals nach dem 31. Dezember 2000 und vor dem 1. Januar 2009 zugesagten Pensionsleistungen das 28. Lebensjahr vollendet,
d) erstmals vor dem 1. Januar 2001 zugesagten Pensionsleistungen das 30. Lebensjahr vollendet
oder bei nach dem 31. Dezember 2000 vereinbarten Entgeltumwandlungen im Sinne von § 1 Absatz 2 des Betriebsrentengesetzes für das Wirtschaftsjahr, in dessen Verlauf die Pensionsanwartschaft gemäß den Vorschriften des Betriebsrentengesetzes unverfallbar wird,

2. nach Eintritt des Versorgungsfalls für das Wirtschaftsjahr, in dem der Versorgungsfall eintritt.

(3) **[1]Eine Pensionsrückstellung darf höchstens mit dem Teilwert der Pensionsverpflichtung angesetzt werden. [2]Als Teilwert einer Pensionsverpflichtung gilt**

1. vor Beendigung des Dienstverhältnisses des Pensionsberechtigten der Barwert der künftigen Pensionsleistungen am Schluss des Wirtschaftsjahres abzüglich des sich auf denselben Zeitpunkt ergebenden Barwerts betragsmäßig gleich bleibender Jahresbeträge, bei einer Entgeltumwandlung im Sinne von § 1 Absatz 2 des Betriebsrentengesetzes mindestens jedoch der Barwert der gemäß den Vorschriften des Betriebsrentengesetzes unverfallbaren künftigen Pensionsleistungen am Schluss des Wirtschaftsjahres. [2]Die Jahresbeträge sind so zu bemessen, dass am Beginn des Wirtschaftsjahres, in dem das Dienstverhältnis begonnen hat, ihr Barwert gleich dem Barwert der künftigen Pensionsleistungen ist; die künftigen Pensionsleistungen sind dabei mit dem Betrag anzusetzen, der sich nach den Verhältnissen am Bilanzstichtag ergibt. [3]Es sind die Jahresbeträge zugrunde zu legen, die vom Beginn des Wirtschaftsjahres, in dem das Dienstverhältnis begonnen hat, bis zu dem in der Pensionszusage vorgesehenen Zeitpunkt des Eintritts des Versorgungsfalls rechnungsmäßig aufzubringen sind. [4]Erhöhungen oder Verminderungen der Pensionsleistungen nach dem Schluss des Wirtschaftsjahres, die hinsichtlich des Zeitpunktes ihres Wirksamwerdens oder ihres Umfangs ungewiss sind, sind bei der Berechnung des Barwerts der künftigen Pensionsleistungen und der Jahresbeträge erst zu berücksichtigen, wenn sie eingetreten sind. [5]Wird die Pensionszusage erst nach dem Beginn des Dienstverhältnisses erteilt, so ist die Zwischenzeit für die Berechnung der Jahresbeträge nur insoweit als Wartezeit zu behandeln, als sie in der Pensionszusage als solche bestimmt ist. [6]Hat das Dienstverhältnis schon vor der Vollendung des nach Absatz 2 Nummer 1 maßgebenden Lebensjahres des Pensionsberechtigten bestanden, gilt es als zu Beginn des Wirtschaftsjahres begonnen, bis zu dessen Mitte der Pensionsberechtigte das nach Absatz 2 Nummer 1 maßgebende Lebensjahr vollendet; bei nach dem 31. Dezember 2000 vereinbarten Entgeltumwandlungen im Sinne von § 1 Absatz 2 des Betriebsrentengesetzes gilt für davor liegende Wirtschaftsjahre als Teilwert der Barwert der gemäß den Vorschriften des Betriebsrentengesetzes unverfallbaren künftigen Pensionsleistungen am Schluss des Wirtschaftsjahres;

2. nach Beendigung des Dienstverhältnisses des Pensionsberechtigten unter Aufrechterhaltung seiner Pensionsanwartschaft oder nach Eintritt des Versorgungsfalls der Barwert der künftigen Pensionsleistungen am Schluss des Wirtschaftsjahres; Nummer 1 Satz 4 gilt sinngemäß.

[3]Bei der Berechnung des Teilwerts der Pensionsverpflichtung sind ein Rechnungszinsfuß von 6 Prozent und die anerkannten Regeln der Versicherungsmathematik anzuwenden.

(4) **[1]Eine Pensionsrückstellung darf in einem Wirtschaftsjahr höchstens um den Unterschied zwischen dem Teilwert der Pensionsverpflichtung am Schluss des Wirtschaftsjahres und am Schluss des vorangegangenen Wirtschaftsjahres erhöht werden. [2]Soweit der Unterschiedsbetrag auf der erstmaligen Anwendung neuer oder geänderter biometrischer Rechnungsgrundlagen beruht, kann er nur auf mindestens drei Wirtschaftsjahre gleichmäßig verteilt der Pensionsrückstellung zugeführt werden; Entsprechendes gilt beim Wechsel auf andere biometrische Rechnungsgrundlagen. [3]In dem Wirtschaftsjahr, in dem mit der Bildung einer Pensionsrückstellung frühestens begonnen werden darf (Erstjahr), darf die Rückstellung bis zur Höhe des Teilwerts der Pensionsverpflichtung am Schluss des Wirtschaftsjahres gebildet werden; diese Rückstellung kann auf das Erstjahr und die beiden folgenden Wirtschaftsjahre gleichmäßig verteilt werden. [4]Erhöht sich in einem Wirtschaftsjahr gegenüber dem vorangegangenen Wirtschaftsjahr der Barwert der künftigen Pensionsleistungen um mehr als 25 Prozent, so kann die für dieses Wirtschaftsjahr zulässige Erhöhung der Pensionsrückstellung auf dieses Wirtschaftsjahr und die beiden folgenden Wirtschaftsjahre gleichmäßig verteilt werden. [5]Am Schluss des Wirtschaftsjahres, in dem das Dienstverhältnis des Pensionsberechtigten unter Aufrechterhaltung seiner Pensionsanwartschaft endet oder der Versorgungsfall eintritt, darf die Pensionsrückstellung stets bis zur Höhe des Teilwerts der Pensionsverpflichtung gebildet werden; die für dieses Wirtschaftsjahr zulässige Erhöhung der Pensionsrückstellung kann auf dieses Wirtschaftsjahr und die beiden folgenden Wirtschaftsjahre gleichmäßig verteilt werden. [6]Satz 2 gilt in den Fällen der Sätze 3 bis 5 entsprechend.**

(5) **Die Absätze 3 und 4 gelten entsprechend, wenn der Pensionsberechtigte zu dem Pensionsverpflichteten in einem anderen Rechtsverhältnis als einem Dienstverhältnis steht.**

Einkommensteuer-Richtlinien: EStR 6a/EStH 6a – **Verwaltungsanweisungen:** *BMF* BStBl I 12, 874 (Verzicht); *BMF* BStBl I 13, 35 (Nur-Pensionszusage); *BMF* BStBl I 13, 58 (Probezeit); *BMF* BStBl I 16, 1427 (Maßgebendes Pensionsalter); *BMF* BStBl I 24, 1191 (Gleichzeitige Zahlung von Geschäftsführergehalt und Pension).

Übersicht Rn.

Schrifttum: *Blomeyer/Rolfs/Otto,* BetriebsrentenG – Gesetz zur Verbesserung der betriebl Altersversorgung, 8. Aufl 2022 (zit *Blomeyer*); *Höfer/Veit/Verhuven* (zit *Höfer*), Gesetz zur Verbesserung der betriebl Altersversorgung, 26. Aufl 2025, Band II, Steuerrecht (Loseblatt). – *Geberth/Sedemund,* Steuergerechtigkeit und Reformstau …, DStR 18, 217; *Stöckler,* zu BMF 9.12.16 und 18.9.17, DStR 18, 223; *Veit,* Rspr – und VerwReport zur Bilanzierung betriebl Altersversorgung, BB 18, 683; *Weber-Grellet,* § 6a EStG in der Kritik …, DB 24, 19. – **Materialien:** BT-Drs 7/1281, 37 f.

I. Grundaussage

1. Allgemeines; Rechtsentwicklung. § 6a regelt den Ausweis von Pensionsrückstellungen und normiert (neben den allg Voraussetzungen; → § 5 Rn. 351 ff) *zusätzl* Voraussetzungen (dem Grunde und der Höhe nach; *Weber-Grellet* BB 25, 43 (44)), um den Ausweis nicht ernst gemeinter und überhöhter Rückstellungen zu verhindern. § 6a geht §§ 5 und 6 vor. – **Abs 1** Nr 1–3 verlangt besondere Voraussetzungen, **Abs 2** bestimmt den Zeitpunkt der erstmaligen Bildung (unterschiedl für Fälle vor und nach Eintritt des Versorgungsfalls), **Abs 3** beschränkt die Höhe auf den Barwert der künftigen Pensionsleistungen abzügl des Barwerts der noch zu erbringenden Jahresbeiträge (§ 6a III 2 Nr 1, Nr 2; die Differenz zeigt die aktuelle (rückstellbare) Belastung), **Abs 4** beschränkt die jährl Zuführungen. – Der Ausweis einer Pensionsrückstellung nach § 6a ist nicht davon abhängig, ob auf die Versorgungszusage bzw die daraus folgende Pensionsverpflichtung das BetrAVG anwendbar ist oder nicht (BFH XI R 25/21, BFH/NV 25, 417; *Schätzlein* FR 25, 642). – Keine Rückstellung bei § 4 III-Rechner und bei einer reinen Beitragszusage (§ 1 II Nr 2a Hs 2 BetrAVG – lfd ArbLohn; → § 4b Rn. 3). – **Kritisiert** werden vor allem der Diskontierungsfaktor von 6%, die fehlende Berücksichtigung von Rentenanpassungen, das sog TW-Verfahren, das Nachholverbot und das vGA-Sonderrecht (*Prinz/Keller* DB 16, 1033; *Weber-Grellet* DB 24, 19); § 6a enthalte überholte Bewertungsregeln und könne ganz gestrichen werden (*Anzinger* DStR 16, 1829). 1

Betriebl Altersversorgung wird nach wie vor insb über Rückstellungen finanziert (→ § 4b Rn. 1).; die Rückstellung nach § 6a ist (teilweise) kapitalgedeckt (→ § 4b Rn. 2). Der Trend geht zu einer planmäßigen **Ausfinanzierung** (durch vollständige Rückdeckung) bzw **Auslagerung** der Altersversorgung, zB past service (erdienter Teil des Versorgungsanspruchs) auf Fonds und future service auf Unterstützungskasse (*Lutz/Lutz* StB 16, 213; *Veh* VK 25, 159); → § 4e Rn. 8. – Verbreitet ist die Verlagerung auf einen externen Treuhänder durch ein „Contractual Trust Arrangement" (CTA).

Zum Einfluss von **EU-Recht** auf die Altersversorgung (zB bei Betriebsübergang oder bei Wohnsitzverlegung; Gleichbehandlung) vgl *Scholz* Betriebl Altersversorgung in Europa, 2006; EuGH C-262/88, DB 90, 1824 – *Barber;* EuGH C-110/91, DB 94, 228 – *Moroni;* zur Riesterrente EuGH C-269/07, DStR 09, 1954: Anknüpfung an unbeschr StPfl unzul).

2 **2. Passivierungspflicht. – a) Grundsatz.** Unter den Voraussetzungen des § 6a I Nr 1–3, II muss (für jede einzelne Pensionszusage; BFH I B 50/92, BFH/NV 93, 541) eine Rückstellung gebildet werden. ME besteht auch nach BilMoG Passivierungspflicht (auch → Rn. 3); § 6a I konstituiert (trotz „darf … nur") kein Wahlrecht, sondern macht die Bildung der Rückstellung von einschränkenden Voraussetzungen abhängig (BFH I R 44/07, BStBl II 08, 673; *BH/Stöckler* § 6a Rn. 238; *HHR/Dommermuth* § 6a Rn. 16; *Tipke/Lang* SteuerR Rn. 9.189; *Weber-Grellet* DB 24, 19; so auch *BMF* BStBl I 10, 239 Rn. 9, 10: ohne Deckelung durch HB; dazu *Höfer* DB 11, 140). Für Rückstellungen besteht generell ein Ausweiszwang (FG Ddorf EFG 24, 1405, Rev IX R 30/24; → § 5 Rn. 351 ff), auch bei Gewinnermittlung nach § 4 I (vgl § 141 I 2 AO; → § 4 Rn. 21).

3 **b) Altzusagen; Neuzusagen.** *Handelsrechtl* bestand für bis Ende 1986 begründete Pensionsverpflichtungen und die ab 1987 eintretenden Erhöhungen **(Altzusagen)** ein **Passivierungswahlrecht** (weitere Nachw → 41. Aufl 2022, § 6a Rn. 3). Für ab 1987 begründete Pensionsverpflichtungen **(Neuzusagen)** besteht (handels- und strechtl) **Passivierungspflicht** (§ 249 I 1 HGB, Art 23 I 1 EGHGB; e contrario Art 28 I 1 EGHGB; → Rn. 2).

4 **c) Verteilungswahlrechte, § 6a IV 2–4.** Diese waren früher in StBil und HB in gleicher Weise auszuüben; nach Streichung des § 5 I 2 sind sie **autonom.**

5 **d) Mittelbare Verpflichtungen.** Für mittelbare Verpflichtungen aus Zusagen auf lfd oder künftige Pensionen (insb bei Zwischenschaltung einer Unterstützungskasse) und für ähnl unmittelbare oder mittelbare Verpflichtungen braucht nach Art 28 I 2 EGHGB (mE wegen fehlender Belastung) keine Rückstellung gebildet zu werden, sodass steuerl ein **Passivierungsverbot** gilt (BFH I R 46/04, BStBl II 06, 688; mE fragl; krit auch *Siebenlist* FR 19, 1123). **„Mittelbare Verpflichtungen aus einer Zusage"** sind solche, die sich für den ArbG bei Einschaltung eines sog externen Trägers der Altersversorgung (§§ 4b–4e) ggü dem Versorgungsträger oder dem zusagebegünstigten ArbN (Einstandspflicht, Durchgriffshaftung) ergeben können (*Heger/Weppler* HdJ III/7 Rn. 54 f; *Briese/Horlemann* Staatl Förderung … Kz 200 § 6a Rn. 113).

6 **e) Ähnliche Verpflichtungen.** – (Auch) Für „ähnl unmittelbare oder mittelbare Verpflichtung" besteht mE – entgegen Art 28 I 2 Alt 2 EGHGB – Passivierungspflicht. – Erfasst werden zB *(1)* einmalige Verpflichtungen, *(2)* die Verpflichtung zur Anpassung (§ 16 BetrAVG); *(3)* Verpflichtungen aus Versorgungszusagen im Falle schwerer Erkrankung, *(4)* Verpflichtung zur Zahlung von **Vorruhestandsleistungen** und Übergangs- bzw Überbrückungsgeldern (ähnl *BH/Stöckler* § 6a Rn. 55); *(5)* wertpapiergebundene Pensionszusage (BFH XI R 25/21, BFH/NV 25, 417; *Weber-Grellet* BB 26, 43); Deckungsvermögen und Rückstellung sind getrennt auszuweisen (*BMF* BStBl I 02, 1397). – **Keine** ähnl Verpflichtungen sind (also ggf erst recht Passivierung): *(1)* **Jubiläumszuwendungen** und **Treueprämien** (kein Pensionscharakter; BFH IV R 81/84, BStBl II 87, 845), *(2)* Verpflichtungen für Jahreszusatzleistungen im Jahr des Eintritts des Versorgungsfalls (EStH 6a I); *(3)* Verpflichtungen ggü Trägerunternehmen (BFH I R 65/15, BFH/NV 18, 437).

II. Rückstellungsvoraussetzungen, § 6a I

7 **1. Pensionsanspruch; Pensionsverpflichtung, § 6a I Nr 1. – a) Pensionszusage.** Eine Rückstellung darf nur gebildet werden, wenn der Pensionsberechtigte einen Rechtsanspruch auf einmalige oder lfd Pensionsleistungen hat (§ 6a I Nr 1). Die Pensionszusage entsteht idR durch Vertrag (iEinz → Rn. 8); sie enthält die iRe ArbVerh oder anderen Rechtsverhältnisses (vgl § 6a V) begründete ungewisse und aufschiebend bedingte Verpflichtung des StPfl, einem ArbN bzw anderweitig für das Unternehmen Tätigen oder deren Hinterbliebenen (→ Rn. 16) einmalige oder lfd

Versorgungsleistungen (Rente oder Kapital) zu gewähren (*Schwinger/Stöckler* DStR 13, 2306; *HHR/Dommermuth* § 6a Rn. 28). Verpflichtet ist der, der durch die spätere Pensionsleistung belastet wird. Das Ausscheiden aus dem DienstVerh muss nicht geregelt sein (*BMF* BStBl I 24, 1191 Rn. 10). Der Zeitpunkt der Entstehung und die Bemessungsgrundlage des künftigen Anspruchs müssen festgelegt sein (BFH I R 75/04, BStBl II 05, 702). – Eine Versorgungszusage kann Altersruhegeld, Invalidenrente und Hinterbliebenenversorgung (Witwen- und Waisenrente) umfassen, Waisenrente aber nur zeitl begrenzt. Versorgungsberechtigt können auch (frühere) Ehegatten, Kinder und Lebensgefährten (-partner) sein (*HHR/Dommermuth* § 6a Rn. 27). Der Begriff der Pensionsverpflichtung ist weit auszulegen; dazu gehören zB auch Tantieme- und sonstige Gewinnbeteiligungszusagen, wenn die (Fälligkeits-)Bedingungen denen von Pensionszusagen entsprechen (*BH/Stöckler* § 6a Rn. 38); auch Umwandlung von Tantiemeansprüchen mögl (BFH I R 78/08, BStBl II 13, 41).

Eine zur Rückstellungsbildung berechtigende Pensionsverpflichtung ist nach BFH I R 92/95, BStBl II 99, 387 auch gegeben, wenn der ArbG berechtigt ist, diese bei Eintritt des Versorgungsfalls auf eine **Unterstützungskasse** zu übertragen (**aA** *BMF* BStBl I 99, 594). Die Einstandspflicht des ArbG für Versorgungsleistungen seitens einer anderen Versorgungseinrichtung (§ 1 I 3 BetrAVG) begründet keine Pensionsverpflichtung (BFH VIII R 14/01, BStBl II 03, 347).

Die Bildung der Rückstellung (dem Grunde und der Höhe nach) ist – insb im Hinblick auf die betriebl Veranlassung – auch abhängig von der jeweils begünstigten Person; zu unterscheiden sind daher:

	Fremde ArbN	**Angehörige**	**Ges'terGeschäftsführer**	**Beherrschender Ges'ter-Geschäftsführer**
Voraussetzungen	→ Rn. 7 f		→ Rn. 17	→ Rn. 19
Fremdvergleich		→ Rn. 37 f	→ Rn. 20 f	
Pensionsalter			→ Rn. 18	→ Rn. 19
Altersgrenzen (erstmalige Bildung)	→ Rn. 42 f			
Überversorgung (75%-Grenze)	→ Rn. 56			
Erdienenszeitraum, Erdienbarkeit			→ Rn. 22	→ Rn. 22
Zeitgrenzen			→ Rn. 23	→ Rn. 23
Finanzierbarkeit			→ Rn. 26	
Nachzahlungsverbot			→ Rn. 27	
Erstmalige Bildung	→ Rn. 42			→ Rn. 45
Verzicht			→ Rn. 70	

b) Rechtsgrund. Die **Pensionszusage** entsteht als Einzel- oder Gesamtzusage (Einzelvertrag; Pensionsordnung), in Form einer Betriebsvereinbarung, eines Tarifvertrags oder einer Besoldungsordnung (FG Ddorf EFG 24, 1405, Rev IX R 30/24; *BH/Stöckler* § 6a Rn. 66; EStR 6a II), idR durch Erklärung des ArbG (BFH I R 24/07, BFH/NV 07, 2278; BFH VI R 21/19, BetrAV 22, 71). Zuständig für die Erteilung der Zusage sind die nach Gesellschaftsrecht zuständigen Organe; bei der GmbH ist dies die **Ges'terversammlung** (BGH II ZR 169/90, DB 91, 1065); bei sog **Ein-Mann-GmbH** ist Dokumentation und Befreiung vom Verbot des Selbstkontrahierens erforderl (*Otto* DStR 96, 770 mwN). Das die Leistungspflicht auslösende Ereignis ist der Eintritt des in der Pensionszusage genannten Versorgungsfalles, zB Erreichen eines bestimmten Lebensalters (vgl → Rn. 18; → § 4b Rn. 14), Eintritt der Berufsunfähigkeit oder Arbeitsunfähigkeit. (Angemessene und erforderl) 8

Altersgrenzen sind zul (§ 10 AGG; BAG 3 AZR 147/21, BetrAV 22, 57). – Pensionsverpflichtungen sind im Hinblick auf ihre (dauerhafte) Ungewissheit immer „nur“ Rückstellung, keine Verbindlichkeit. Die Ungewissheit kann sich darauf beziehen, ob und wann der Versorgungsfall eintritt oder darauf, in welcher Höhe Leistungen zu erbringen sein werden, oder auf beides. Fest vereinbarte Erhöhungen lfd Renten **(Rentendynamik)** und/oder Rentenanwartschaften **(Anwartschaftsdynamik)** nach Maßgabe prozentualer Erhöhungen (zu Grenzen → Rn. 57) sind keine ungewissen Erhöhungen iSd § 6a III 2 Nr 1 S 4 (BFH III B 55/12, BFH/NV 14, 575; *HHR/Dommermuth* § 6a Rn. 114).

9 **c) Teilrente.** Der Anspruch auf Teilrente (§ 42 SGB VI), der iÜ unter den allg Voraussetzungen zur Rückstellungsbildung verpflichtet, setzt **(1)** eine ausdrückl darauf gerichtete Zusage und **(2)** Zusage eines Teilzeitarbeitsplatzes seitens des ArbG voraus (*BMF* BStBl I 95, 250 – außer Kraft).

10 **2. Keine Abhängigkeit von künftigen gewinnabhängigen Bezügen, § 6a I Nr 2 Fall 1.** Die Rückstellung darf nicht von gewinnabhängigen Bezügen (Tantiemen) abhängig sein (§ 6a I Nr 2 seit JStG 1997: Verhinderung jährl schwankender Zuführungen; BFH I R 31/09, BStBl II 13, 781; vgl → Rn. 57). Der BFH stellt auf den Zeitpunkt der Zusage ab, das BMF bezieht hingegen am Bilanzstichtag bereits feststehende gewinnabhängige Pensionsleistungen ein, sofern § 6a I Nr 3 (Schriftform) beachtet ist (*BMF* BStBl I 13, 1268; *Lieb* BB 13, 2930).

11 **3. Keine Widerrufsvorbehalte, § 6a I Nr 2 Fall 2. – a) Mögliche Inhalte.** Die Pensionsanwartschaft darf nicht (trotz bestehenden Anspruchs des Berechtigten) auf Grund eines in der Zusage enthaltenen Vorbehalts nach dem freien Belieben des Verpflichteten gemindert oder entzogen werden (*Blomeyer* § 1 BetrAVG Anh Rn. 486 ff mwN; *Schwinger/Stöckler* DStR 13, 2306; *BH/Stöckler* § 6a Rn. 124); auch zivilrechtl unwirksame Vorbehalte sind schädl (BFH IV R 21/19, BStBl II 23, 474; zT kritisch *Weber-Grellet* jurisPR-ArbR 18/23 Anm 6; *Briese* FR 23, 411; *Höfer* BetrAV 23, 383). Ein **schädl Vorbehalt** liegt vor, wenn die Zusage durch Auszahlung des TW gem § 6a III vom ArbG abgefunden werden darf (**Abfindungsklausel;** BFH I R 78/08, BStBl II 13, 41); anders bei Abfindung zum Barwert (BFH XI R 47/17, BStBl II 19, 760; BFH XI R 48/17, BStBl II 19, 763). Schädl ist auch der Vorbehalt der Änderung des Zinssatzes und der Transformationstabelle bei einer (beitragsorientierten) Entgeltumwandlungszusage (BFH IV R 21/19, BStBl II 23, 474). **Unschädl** sind nach EStR 6a IV idR Vorbehalte, die eine Anpassung der zugesagten Pensionen an nicht voraussehbare künftige Entwicklungen oder Ereignisse vorsehen, zB *(1)* die Möglichkeit der Übertragung auf eine Unterstützungskasse nach Eintritt des Versorgungsfalls (BFH I R 92/95, BStBl II 99, 387), *(2)* der Vorbehalt, die Pensionsleistungen nach §§ 315, 242 BGB vom Ausbleiben sich verschlechternder Umstände und von gleichbleibenden Verhältnissen abhängig zu machen, *(3)* die Ungewissheit, die ausschließl im Hinblick auf die in den Versorgungszusagen in Bezug genommene Bemessungsgröße in Form des künftigen Werts der Fondsanteile bzw der RückdeckungsLV besteht (BFH XI R 25/21, BFH/NV 25, 417).

Vorbehalte: EStR 6a III–VI enthalten eine Aufstellung schädl und unschädl Vorbehalte. Die in EStR 6a IV aufgeführten **unschädl Mustervorbehalte** gestatten den Widerruf nur nach billigem Ermessen. Die **schädl Vorbehalte** in EStR 6a III stehen der Bildung einer Pensionsrückstellung dann nicht mehr entgegen, wenn der Versorgungsfall eingetreten und der Anspruch nunmehr unwiderrufl entstanden ist. Enthält die Pensionszusage andere als die in EStR 6a III, IV genannten Vorbehalte, kommt es für die Rückstellungsbildung darauf an, ob der Leistungs- oder Widerrufsvorbehalt vom Verpflichteten nach freiem Belieben oder in den engeren Grenzen des billigen Ermessens ausgeübt werden kann (vgl BFH VI 61/64, BStBl II 68, 90). Die Rückstellungsbildung wird ausgeschlossen durch sog **Inhaberklauseln** (EStR 6a VI), die ein Erlöschen des Pensionsanspruchs bei Betriebsveräußerung oder anderweitigem Unternehmerwechsel vorsehen.

b) Rückdeckungsversicherung. Sie schließt die Bildung der Pensionsrückstellung nicht aus (BFH I R 54/02, BStBl II 04, 654; *OFD Rhl* DB 11, 737). Den (anfangs niedrigen) Anspruch aus der Rückdeckungsversicherung hat der ArbG in voller Höhe zu aktivieren (BFH I R 67/08, BStBl II 10, 32). Die **Prämien** für die Rückdeckungsversicherung sind BA (*BMF* BStBl I 84, 495; *Thierer* BetrAV 09, 115); zu § 4 III BFH VIII R 9/14, BStBl II 18, 387 (vollständige Ausfinanzierung). Es kommt nicht darauf an, ob der Versicherungsanspruch dem ArbG zusteht und ob die Pensionszusage an die Versicherung gebunden ist. 12

4. Schriftform; Eindeutigkeit, § 6a I Nr 3. Abw vom Zivilrecht verlangt § 6a I Nr 3, dass die Pensionszusage schriftl erteilt wird (EStR 6a VII; *Veit* BB 18, 683; krit *Heger* DStR 08, 585); die Annahme kann mündl erfolgen (BFH I R 75/04, BStBl II 05, 702; EStH 6a VII). Die Zusage muss Angaben über **Art, Form, Voraussetzungen und Höhe** der in Aussicht gestellten Leistungen enthalten und am Bilanzstichtag vorliegen (BFH I R 91/15, BFH/NV 18, 16); ausreichende Klarheit kann ggf durch Auslegung ermittelt werden (BFH I B 125/04, BFH/NV 05, 1036). Ist die Änderung einer schriftl Abrede nicht formwirksam, ist sie steuerl gleichwohl beachtl, wenn sie tatsächl ihrem Inhalt gem vollzogen worden ist (BFH VIII R 81/94, BFH/NV 99, 1457); wohl auch bei Nichtbeachtung einer gesetzl vorgeschriebene Form (§ 41 AO). – Sieht die Versorgungszusage eine einschränkungslose Koppelung der Versorgungshöhe an die Vergütungshöhe vor, ist dies auch bei einer bloß vorübergehenden Gehaltsabsenkung zu berücksichtigen (BFH I R 17, 18/10, BFH/NV 11, 452). 15

Dem Erfordernis der *Schriftform* genügen schriftl Einzelverträge, Pensions- und Besoldungsordnungen, Betriebsvereinbarungen und Tarifverträge, Urteile sowie schriftl Bestätigungen nach § 2 VI BetrAVG über das Vorliegen eines unverfallbaren Anspruchs auf betriebl Altersversorgung, Beschlüsse der Ges'terVersammlung, wenn sie dem Begünstigten bekannt sind (BFH I R 37/02, BStBl II 04, 121); ggf ein Online-Portal (*BMF* BetrAV 18, 465). – Auch der Austausch des Pensionsverpflichteten muss schriftl vereinbart sein (NdsFG EFG 07, 1424; offen gelassen in nachfolgendem BFH I R 24/07, BFH/NV 07, 2278). Bei Ausgeschiedenen genügt bzgl der Anpassung von Abfindungsklauseln die betriebsöffentl Erklärung (*BMF* BStBl I 05, 860).

Pensionsverpflichtungen, die ledigl auf **betriebl Übung unter Berücksichtigung des Gleichbehandlungsgrundsatzes** beruhen, erlauben eine Rückstellung erst, wenn eine schriftl Bestätigung vorliegt. Nicht ausreichend ist ein protokollierter Ges'terBeschluss, wenn die Niederschrift dem Begünstigten nicht (schriftl) mitgeteilt wird (BFH I R 129/84, BFH/NV 88, 807 unter B 1b). Wird das Schriftformerfordernis nachträgl erfüllt, kann die Rückstellung in vollem Umfang zum folgenden Bilanzstichtag gebildet werden, als wäre die Pensionszusage erst im Zeitpunkt der schriftl Fixierung erteilt worden (so auch *Höfer* BetrAVG Kap 2 Rn. 181).

Der Inhalt der Zusage muss eindeutig zu bestimmen sein; eine teilweise Anerkennung ist bei unterschiedl Leistungsversprechen, aber auch innerhalb eines bestimmten Leitungsversprechens mögl (BFH I R 29/21, BStBl II 24, 713; *Weber-Grellet* FR 24, 714; *Briese* StuB 24, 529). Pensionszusagen (ebenso Abfindungsklauseln) sind auch nach Einfügung des Eindeutigkeitsgebots anhand der allg geltenden Auslegungsregeln auszulegen, soweit ihr Inhalt nicht klar und eindeutig ist (BFH XI R 47/17, BStBl II 19, 760). – Nennung des Versicherungstarifs reicht nicht (*Haack/Stöckler* BetrAV 19, 329). Inhaltl Unklarheiten gehen zu Lasten des StPfl (BFH I R 37/02, BStBl II 04, 121). Für eine **Abfindung** reicht die Bezugnahme auf anerkannte Regeln der Versicherungsmathematik (BFH XI R 47/17, BStBl II 19, 760), nicht aber eine Bezugnahme *„auf die im Zeitpunkt der Abfindung gültigen Rechnungsgrundlagen"* (BFH XI R 48/17, BStBl II 19, 763; *Weber-Grellet* FR 19, 1106).

5. Pensionsberechtigter; betriebliche Veranlassung; Versorgungsausgleich. Die Pensionsverpflichtung muss iRe ArbVerh oder anderen Rechtsverhältnisses (→ Rn. 75) begründet sein; der Kreis ist nicht auf ArbN beschränkt (BFH I R 78/08, BStBl II 13, 41; *BH/Stöckler* § 6a Rn. 201). Wird die Pensionszusage 16 durch Minderung künftiger Bezüge des ArbN finanziert **(Entgeltumwandlung),** liegt keine Lohnverwendungsabrede, sondern eine Änderung der Vergütungsabrede vor, sodass die Rückstellung auch in diesen Fällen gebildet werden kann; dies ergibt sich auch aus §§ 1a, 1b BetrAVG. – Die Pensionsrückstellung muss durch den Betrieb veranlasst sein (§ 4 IV; → § 5 Rn. 311, 361; *HHR/Dommermuth* § 6a Rn. 27). Die betriebl Veranlassung fehlt, wenn das Unternehmen erkennbar wirtschaftl nicht in der Lage sein wird, die zugesagte Pension zu zahlen; sog Finanzierbarkeit (→ Rn. 26). Zur Feststellung der betriebl Veranlassung bei Zusagen an Angehörige bzw dem Ges'ter einer PersGes oder KapGes nahe stehenden Person → § 4b Rn. 11 f, → § 6a Rn. 34 ff. – Bei **Doppelfinanzierung** (schädl Überschneidung) ist die Bildung einer Rückstellung unzul (EStR 6a XV; *BH/Stöckler* § 6a Rn. 495); der **Handelsvertreter** muss sich die Rückstellung auf seinen Ausgleichsanspruch anrechnen lassen (EStR 6a XVI). – Beim **Versorgungsausgleich** erhält nach *BMF* BStBl I 10, 1303 die ausgleichsberechtigte Person eine unmittelbare Pensionszusage (interne Teilung; FG Mster EFG 25, 1275, Rev IV R 12/25) oder deren Versorgungsträger einen Kapitalbeitrag (externe Teilung). – Hinterbliebene können ebenfalls iSd § 6a begünstigt sein; im Vererbungsfall (an Nicht-Hinterbliebene) ist ggf § 6 maßgebend (*BMF* BStBl I 17, 1293).

6. Gesellschaftergeschäftsführer einer Kapitalgesellschaft als Pensionsberechtigter

Schrifttum: *Briese,* Altersgrenze ..., StuB 17, 271; *Selig-Kraft* ua, Steuerl Fallstricke ..., BB 17, 1885; *Langohr-Plato/Bamberg,* Die Erdienbarkeit ... in der aktuellen BFH-Rspr, BetrAV 18, 617; *Fuhrmann,* Pensionszusagen an Ges'tergeschäftsführer, KÖSDI 22, 22860; *Apitz,* ... Aktuelle Problemfelder, GmbH-StB 24, 83; *Veh,* Pensionszusagen für Ges'tergeschäftsführer, VK 25, 159. – **Verwaltung:** EStR 6a VIII; *BMF* BStBl I 02, 1393; *OFD Nds* DStR 14, 2078; *BMF* BStBl I 16, 1427.

17 **a) Fremdvergleich; verdeckte Gewinnausschüttung.** Für Versorgungszusagen an Ges'tergeschäftsführer von KapGes können Rückstellungen nach § 6a gebildet werden, auch bei beherrschender Stellung. Allerdings hat sich insoweit ein „Sonderrecht“ herausgebildet; wegen der Rspr- und Verw-Vorgaben handelt es sich um ein strechtl „Minenfeld“ (Überversorgung, Gehaltssprünge, Weiterarbeit; *Korn/Strahl* KÖSDI 17, 20526 mwN). Nach dem sog **Trennungsprinzip** (*Tipke/Lang* SteuerR Rn. 11.2) sind Anteilseigner und KapGes selbstständige Rechtssubjekte; eine Altersversorgungszusage wird deshalb unter den Voraussetzungen des § 6a grds auch strechtl als **betriebl veranlasst** angesehen, sofern für Gewährung und Höhe der Versorgungszusage keine gesellschaftl (Mit-)Veranlassung besteht (BFH I R 70/03, BStBl II 04, 937). Den rechtl Maßstab dafür gewinnt die Rspr aus einem (normativen) **Fremdvergleich** (→ Rn. 21, 37 f; BFH I R 43/01, BStBl II 03, 416; *Weber-Grellet* DB 24, 19 (22)). Hält die Pensionsrückstellung einem Fremdvergleich nicht stand, soll insoweit eine **vGA** iSd § 8 III 2 KStG vorliegen (sog zweite vGA-Prüfungsstufe; BFH I R 72/12, BStBl II 16, 1008; *Apitz* GmbH-StB 24, 83); die Rückstellung ist gewinnerhöhend aufzulösen. Ist die Rückstellungsbildung dem Grunde nach gerechtfertigt, aber überhöht, dh höher als mit dem TW angesetzt (§ 6a III 1), ist sie auf den zulässigen Betrag zu reduzieren; der **Kürzungsbetrag** ist vGA (BFH I R 21/03, BStBl II 05, 841). Fehlerhafte Buchungen bewirken keine Vermögensminderung und sind daher keine vGA (BFH III R 43/00, BStBl II 03, 149). – Zur Anrechnung von **Vordienstzeiten** → Rn. 54, zum **Verzicht** → Rn. 70.

Nach der (mE korrekturbedürftigen) Rspr des I. BFH-Senats führt eine vGA (§ 8 III 2 KStG) zu einer Einkommenserhöhung (Gewinnerhöhung) außerhalb der Bilanz (**aA** *Weber-Grellet* BB 14, 2263; *Briese* BB 24, 2199); *Folge:* Keine Anwendung der Regeln zum Bilanzenzusammenhang (BFH I R 21/03, BStBl II 05, 841; BFH I R 78/08, BStBl II 13, 41). Deshalb ergeben sich Änderungsmöglichkeiten für bestandskräftig veranlagte Jahre grds allein aus §§ 172 ff AO. Das soll aber nicht für Bilanzierungsfehler gelten, die zB auf einer unrichtigen Anwendung des § 6a beruhen (BFH I R 70/03, BStBl II 04, 937; BFH I R 21/03, BStBl II 05, 841; krit *Pradl* GStB 14, 156; *Weber-Grellet* FR 04, 216; *ders* BB 14, 2263).

b) Pensionsalter (frühester und spätester Pensionsbeginn). Das Pensionsalter ist das Alter bei Pensionsbeginn (Pensionsbeginnalter; Mindestpensionsalter). Bei Neuzusagen nach dem 9.12.16 ist eine vGA gegeben, wenn die vertragl Altersgrenze weniger als 62 Jahre beträgt (bei beherrschenden Ges'tergeschäftsführern weniger als 67 Jahre), bei Altzusagen betragen die entspr Altersgrenzen 60 und 65 Jahre, bei Behinderung niedriger (*BMF* BStBl I 16, 1427, Rn. 9; *OFD Nds* DStR 17, 2282; *Stöckler* DStR 18, 223; so auch BFH I R 72/12, BStBl II 16, 1008: kein Verstoß gg § 6a, aber vGA); zum spätesten Pensionsbeginn → Rn. 19, 23. – Die (schriftl) Änderung des Pensionsalters ist innerhalb des Wj zul (*BMF* BStBl I 16, 1427). 18

c) Beherrschender Gesellschafter. Vgl → § 20 Rn. 45. Wegen der Gefahr von Scheingestaltungen sind **erhöhte Anforderungen** hinsichtl Ernsthaftigkeit, Erdienbarkeit, Angemessenheit und Finanzierbarkeit geboten (→ Rn. 20–26). Eine beherrschende Stellung liegt vor bei einer Mehrheitsbeteiligung; auch bei geringerer Beteiligung des einzelnen Geschäftsführers, wenn er zusammen mit anderen Ges'tern über eine Stimmenmehrheit verfügt und zw ihnen – für die Beschlussfassung – **gleichgerichtete Interessen** bestehen (vgl BFH I R 113/88, BStBl II 91, 379; BFH I B 48/98, BFH/NV 99, 671; *KSM* § 6a Rn. G 23). Allein wegen **Ehe** bzw Verwandtschaft kann dies nicht angenommen werden (vgl BVerfG 1 BvR 571/81, BStBl II 85, 475; *BMF* BStBl I 86, 537), steht aber der Annahme gleichgerichteter Interessen auch nicht entgegen (BFH I R 103/86, BStBl II 88, 786); zum Pensionsalter → Rn. 18. Das (ArbN schützende) BetrAVG gilt nicht für beherrschende Ges'ter (BFH I R 78/08, BStBl II 13, 41). Ein Statuswechsel (vom nicht beherrschenden zum beherrschenden Ges'ter) verlangt grds keine (erneute) Prüfung der gesellschaftl Veranlassung (*BMF* BStBl I 16, 1427). 19

Die Pension darf bei beherrschenden Ges'ter-Geschäftsführern frühestens im Alter von 67 Jahren (→ Rn. 18; str) und muss spätestens im Alter von **70 Jahren** beginnen (BFH I R 98/93, BStBl II 95, 419; vgl *Mahlow* DB 99, 2590); im Hinblick auf die zunehmende Verlängerung der Lebensarbeitszeit dürfte diese Grenze überholt sein; mE ist der Einzelfall entscheidend (→ Rn. 21). Die *FinVerw* ist möglicherweise großzügig, da ein höheres Eintrittsalter mit einer geringeren Rückstellung verbunden ist. – Wird einem beherrschenden Ges'ter-Geschäftsführer erst im Alter von 60 Jahren eine Pensionszusage erteilt, soll die entsprechende Pensionsrückstellung als vGA zu beurteilen sein (BFH I R 98/93, BStBl II 95, 419; mE fragl); → Rn. 23.

d) Besondere Voraussetzungen iZm verdeckter Gewinnausschüttung. – **aa) Ernsthaftigkeit.** Eine Pensionsverpflichtung ist keine vGA, wenn neben einem wirksamen Anstellungsvertrag die Zusage schriftl erteilt und *ernsthaft* gemeint ist (kein Scheingeschäft) und die versprochene Pension *angemessen, erdienbar* und *finanzierbar* ist (KStR 8.7; *BMF* BStBl I 04, 1045; *HHR/Dommermuth* § 6a Rn. 26). Indiz hierfür ist neben der tatsächl Durchführung des ArbVerh etwa auch der Abschluss einer **Rückdeckungsversicherung.** 20

bb) Angemessenheit (dem Grunde wie der Höhe nach). Die Angemessenheit kann durch **betriebsexternen Fremdvergleich** (Üblichkeit bei anderen Betrieben; BFH I B 91/98, BFH/NV 99, 1645 mwN) oder **betriebsinternen Fremdvergleich** (mit anderen nicht am Unternehmen beteiligten Geschäftsführern) ermittelt werden (→ § 4b Rn. 15 f; FG Nbg EFG 23, 1025, Rev I R 4/23). Maßstab der Angemessenheit ist auch die vom BFH aus dem Zweck der betriebl Altersversorgung abgeleitete **Überversorgungsgrenze** (75%; → § 20 Rn. 58; krit *Selig-Kraft* StuB 19, 386), die bezweckt, Umgehungen des § 6a III 2 Nr 1 S 4 zu verhindern (BFH I R 70/03, BStBl II 04, 937; BFH I R 79/03, BStBl II 04, 940; iEinz → Rn. 57). – Zum Fremdvergleich bei Kapitalisierung s *Briese* BetrAV 24, 354; zur Berechnung *Lapp ua* NWB 24, 30. 21

22 **cc) Erdienbarkeit.** Die „Erdienbarkeit“ (als Element des Fremdvergleichs) bestimmt sich nach den voraussichtl Beiträgen, den zu erwartenden Leistungen und dem Beitragszeitraum (Erdienenszeitraum); die Rspr begnügt sich hingegen mit pauschalen Annahmen. – ***(1)* Mindestdauer.** Erdienbarkeit setzt vom Zeitpunkt der Zusage an eine gewisse (weitere) Mindestdauer des ArbVerh (Betriebszugehörigkeit) voraus (BFH I R 89/15, BStBl II 19,70; → Rn. 23); sie muss grds nur im Zeitpunkt der Zusageerteilung gegeben sein (BFH I R 76/13, BStBl II 15, 665). Erdienbarkeit liegt vor, wenn bei Anwendung der Sorgfalt eines ordentl und gewissenhaften Geschäftsleiters dieser auch einem Nicht-Ges'ter in vergleichbarer Stellung die Zusage gewährt hätte (vgl BFH I R 43/01, BStBl II 03, 416; → Rn. 21, 39). Die Erdienbarkeit kann durch nachträgl Hinausschieben der vertragl Pensionsalters herbeigeführt werden (BFH I R 36/97, BStBl II 98, 689). Wird das Festgehalt wegen vermindertem Tätigkeitsumfang abgesenkt, ist die **Herabsetzung der Versorgungszusage** nur geboten, wenn sich andernfalls eine Überversorgung oder eine zu hohe Gesamtausstattung ergäbe (BFH I R 14/04, BFH/NV 05, 245). Umgekehrt kann eine Gehaltserhöhung (auch bei einem endgehaltabhängigen Pensionsversprechen) mittelbar zu einer Pensionserhöhung führen und eine vGA auslösen (BFH I R 17/14, BStBl II 15, 1022). – ***(2)* Höchstalter.** Nach stRspr kann ein Pensionsanspruch nicht mehr erdient werden, wenn der (beherrschende und auch nicht beherrschende) Ges'tergeschäftsführer im Zeitpunkt der Pensionszusage das 60. Lebensjahr überschritten hat (BFH I R 26/12, BFH/NV 14, 728; *Wellisch/Kutzner* BB 16, 2135); zum Mindestalter → Rn. 43. – ***(3)* Weitere Einzelheiten.** Problematisch ist die Erdienbarkeit insb bei vorzeitigem Dienstende (BFH I R 76/13, BStBl II 15, 665) und bei Erhöhung der Pensionszusage (BFH I R 62/07, BStBl II 13, 39; *Pfirrmann* DB 19, 984). IdR keine Prüfung der Erdienbarkeit bei **Entgeltumwandlung** und bei **Änderung des Durchführungsweges** (BFH I R 89/15, BStBl II 19,70: „Problemlöser“; FG Ddorf EFG 22, 127, Rev I R 50/22; dazu *Linden* FR 24, 556).

23 ***(4)* Konkrete Zeitvorgaben.** – ***(a)* Zusagen an nichtbeherrschende Gesellschaftergeschäftsführer.** Erforderl ist, dass diese mindestens 12 Jahre vor dem vorgesehenen Zeitpunkt der Pensionierung im Betrieb tätig gewesen sind und die Pensionszusage mindestens 3 Jahre vor diesem Zeitpunkt erteilt worden ist (BFH I R 40/99, BStBl II 00, 504; BFH I R 14/04, BFH/NV 05, 245; *OFD Nds* DStR 14, 2078). ME sollten auch hier die allg Fremdvergleichsvoraussetzungen gelten (→ Rn. 37 f). – ***(b)* Zusagen an beherrschende Gesellschaftergeschäftsführer.** Hier stellt die Rspr strengere (kumulativ und geradezu „normähnl“ gehandhabte) Anforderungen (*BH/Stöckler* § 6a Rn. 526; → § 20 Rn. 45 f), deren (gesetzl) Legitimation mE durchaus fragl ist (→ Rn 17). Nach der BFH-Rspr (BFH I R 80/02, BFH/NV 03, 1670; BFH I R 14/04, BFH/NV 05, 245) sind **vier Zeitgrenzen** zu beachten: – ***(aa)* Probezeit.** Vor Erteilung der Zusage muss das ArbVerh grds 2–3 Jahre bestanden haben. Die Länge der sog (personenbezogenen) Probezeit (Erprobung) hängt vom Einzelfall ab (BFH I R 70/04, BStBl II 05, 882; *KSM* § 6a Rn. G 39); bei Bewährung in vergleichbarer Stellung im Unternehmen kann sie verkürzt werden (BFH I R 18/01, BStBl II 02, 670: 1 Jahr) oder wegfallen (zB nach Umwandlung oder BetrAufsp: BFH I R 99/02, BFH/NV 04, 373; *BMF* BStBl I 13, 58: 2–3 Jahre; *OFD Ffm* GmbHR 05, 1641; *Heger* BB 14, 1393; krit *Dommermuth/Veh* DStR 17, 2249). Rechtsfolge einer vor Ablauf der angemessenen Probezeit erteilten Pensionszusage ist regelmäßig deren steuerl Nichtanerkennung (BFH I R 29/21, BStBl II 24, 713; *Weber-Grellet* FR 24, 714). – ***(bb)* Wartezeit.** Daneben besteht eine (unternehmensbezogene) Wartezeit, nach der eine Pensionszusage idR erst 5 Jahre nach Gründung der KapGes erteilt werden kann; kein „Hineinwachsen“ (BFH I R 39/12, BStBl II 14, 174; krit *Janssen* NWB 10, 3455). – ***(cc)* Erdienenszeitraum.** Für beherrschende Ges'tergeschäftsführer muss die Pensionszusage (auch bei mittelbarer Versorgungszusage; → § 4d Rn. 2) grds mindestens **10 Jahre** vor dem (vertragl vorgesehenen) Pensionsbeginnalter (und spätestens mit dem 60. Lebensjahr) erteilt worden sein (BFH I R 89/15, BStBl II 19,70; *Pfirrmann* DB 19, 984); Ausnahme

mögl, wenn sichergestellt ist, dass die Zusage durch die künftige Arbeitsleistung abgedeckt wird (BFH I R 33/15, BB 16, 2788). Nach *BMF* BStBl I 09, 712: **10 Jahre** erstmals für Wj, die nach dem 30.12.09 enden. – Vorzeitiges Ausscheiden führt zur vGA (BFH I R 76/13, BStBl II 17, 66). – Der Erdienenszeitraum gilt auch bei Entgeltumwandlungen (*OFD Nds* DStR 14, 2078; krit *Bergt-Weis/Rutzmoser* DB 16, 2806). – ***(dd)* Altersgrenze.** Die vierte Zeitgrenze verlangt, dass die Jahresbeiträge vom Alter 27 (ab 1.1.18: 23; → Rn. 43) bis (mindestens) zum Alter 65 aufzubringen sind (EStR 6a VIII; → Rn. 58; zum Übergang *BMF* BStBl I 09, 712) und dass die **Pension** spätestens mit **70 Jahren beginnen muss** (BFH I R 98/93, BStBl II 95, 419; aber → Rn. 18). – Auch für beherrschende Ges'tergeschäftsführer ist grds das vertragl vereinbarte Pensionsalter zugrunde zu legen; EStR 6a VIII 1, 5 sind nicht weiter anzuwenden; aber vGA mögl (*BMF* BStBl I 16, 1427; vorgehend BFH I R 2/14, BFH/NV 15, 500; BFH I R 72/12, BStBl II 16, 1008). Bei Schwerbehinderten verringert sich das Pensionsalter um jeweils 5 Jahre (BFH I R 25/04, BFH/NV 05, 2252); entscheidend sind die Umstände des Einzelfalls (vgl BFH I R 43/01, BStBl II 03, 416).

Grundsätze (nach *BMF* BStBl I 16, 1427; *Briese* StuB 17, 271):
- Maßgeblichkeit des vertragl vereinbarten Pensionsalters (abw von EStR 6a VIII)
- Zusagen für nicht **beherrschende Ges'tergeschäftsführer:** Pensionsbeginn **frühestens** im Alter von 60 bei Alt- bzw 62 bei Neuzusagen (ab 9.12.16)
- Zusagen für **beherrschende Ges'tergeschäftsführer:** nach BFH I R 72/12, BStBl II 16, 1008 kein Mindestpensionsalter, aber vGA mögl; so auch *BMF* BStBl I 16, 1427, Rn. 9; → Rn. 19)
- Pensionsbeginn **spätestens** im Alter von 70 Jahren (fragl)

dd) Versorgungslücke. Zweck des betriebl Versorgungsversprechens sei das „Schließen einer ‚Versorgungslücke'" (BFH I R 4/15, BStBl II 17, 678). Offen gelassen hat BFH I R 98/93, BStBl II 95, 419, ob auf die Angemessenheit der Gesamtausstattung abzustellen ist, wenn die Pensionszusage ledigl dazu dient, eine Versorgungslücke im Hinblick auf einen während früherer nichtselbstständiger Tätigkeit erworbenen Pensionsanspruch zu schließen. 24

ee) Sonstige Versorgung. Neben einer der Altersversorgung dienenden Pensionszusage kann „zugleich" angemessene **Invaliditäts-** und/oder **Hinterbliebenenversorgung** (an Ehegatten und Kinder iSd § 32 III, IV, auch an Lebensgefährten, *BMF* BStBl I 02, 706; *BH/Stöckler* § 6a Rn. 207), zugesagt werden. Eine solche Zusage unterliegt nach BFH I R 98/93, BStBl II 95, 419 (421) nicht der 10-Jahres-Frist (→ Rn. 23). Nach BFH I R 23/03, BFH/NV 04, 667 ist die dienstzeitunabhängige Zusage von Invaliditätsversorgung iHv 75% des Bruttogehalts unübl; anzuerkennen sei ledigl eine Zusage, die – bei dienstzeitunabhängiger Zusage – den „ersparten" gesetzl ArbG-Beiträgen entspricht; krit *Schimmle/Wardemann* FR 04, 707. 25

Der Maßstab der ersparten ArbG-Beiträge ist problematisch, weil Geschäftsführer wegen ihrer arbeitgeberähnl Stellung nicht der gesetzl Versicherungspflicht unterliegen, also auch von der gesetzl RV als nicht vergleichbar behandelt werden. Geeigneter Fremdvergleichsmaßstab ist mE allein ein anhand tatsächl Erhebungen gewonnener Durchschnittswert der Versorgungszusagen für Fremdgeschäftsführer (s dazu *Seeger* FS *Wassermeyer,* 2005, 81; ähnl *Briese* GmbHR 04, 1132).

ff) Finanzierbarkeit. Die Zusage einer Pension zugunsten eines Ges'tergeschäftsführers verlangt weiterhin, dass die zugesagten Leistungen auch nach der Ertragslage des Unternehmens bei **Zusageerteilung** voraussichtl erfüllt werden können (BFH I R 7/01, BStBl II 05, 662; *BH/Stöckler* § 6a Rn. 543; *BMF* BStBl I 05, 875: Übernahme der BFH-Rspr; *OFD Ffm* GmbHR 05, 1641). Entscheidend ist dabei, ob der StPfl (die KapGes) – von der Situation der Zusageerteilung aus gesehen – im Falle der Inanspruchnahme aus einem der von der Zusage umfassten Risiken überschuldet wäre (iEinz *BMF* BStBl I 99, 512; zT überholt); zur Überschuldungsprüfung → 43. Aufl 2024, § 6a Rn. 26. – Eine Pensionszusage soll nicht betriebl ver- 26 anlasst sein, wenn im Zeitpunkt der Zusageerteilung die Ertragsaussichten der GmbH noch nicht abgeschätzt werden können (BFH I R 75/04, BStBl II 05, 702).

Wird auch **Invalidität** von der Zusage umfasst, liegt insoweit nach Auffassung des BFH eine rechtl gesonderte Zusage vor, für die grds derselbe Prüfungsmaßstab gilt (BFH I R 65/03, BStBl II 05, 664; → 43. Aufl 2024, § 6a Rn. 26).

27 **gg) Nachzahlung und Weiterbeschäftigung nach Pensionierung („Anschlusstätigkeit").** Steuerl nicht anerkannt wird eine Pensionszusage für einen beherrschenden Ges'tergeschäftsführer, wenn und soweit sie als nachträgl Vergütung bereits erbrachter Arbeitsleistungen gewährt wird (**Nachzahlungsverbot;** BFH I R 98/93, BStBl II 95, 419; *Briese* DB 15, 2408). – Die (schlichte) partielle Fortführung des ArbVerh nach Erreichen der Altersgrenze darf nicht zu einer Gehaltserhöhung führen (BFH I R 60/12, BStBl II 15, 413; *BMF* BStBl I 24, 1191 Rn. 10; *OFD Ffm* DStR 18, 354; zR krit *Otto* DStR 18, 55; *Kohlhepp* DB 21, 636); wohl unschädl, wenn Fortsetzung in anderer Funktion (*Demuth/Fuhrmann* KÖSDI 15, 19213). Auch kann der Abschluss eines (neuen) Arbeitsvertrags eine eigenständige (getrennt zu beurteilende) Neuregelung enthalten (BFH I R 56/17, BFH/NV 21, 547). Nach BFH I R 41/19, BStBl II 24, 654 liegt keine vGA vor, wenn die Gehaltszahlung geringer ist als die Differenz zwischen Versorgung und letzten Aktivbezügen (so auch *BMF* BStBl I 24, 1191; allerdings ist nach *BMF* BStBl I 24, 1191 bei deutl Reduzierung eine „Teilzeittätigkeit" nicht mit dem Aufgabenbild eines Ges'tergeschäftsführers vereinbar (dann vGA); krit ggü der Beschränkung von Hinzuverdiensten *Weber-Grellet* FR 23, 759.

28 **hh) Neuere Rechtsprechung (zur Gesellschaftergeschäftsführer-Pensionszusage).** – ***(1)*** BFH I R 72/12, BStBl II 16, 1008: Ein **Mindestpensionsalter** wird für die Zusage ggü dem beherrschenden Ges'tergeschäftsführer nicht vorausgesetzt, aber vGA mögl (so auch *BMF* BStBl I 16, 1427 Rn. 3, 4, 9). – ***(2)*** BFH I R 60/12, BStBl II 15, 413: **Doppelzahlung** von Gehalt und Pension führt zur vGA; Anrechnung notwendig (FG Bln-Bbg EFG 16, 1916, aufgehoben durch BFH 22.8.17 – I B 104/16, juris; Ausnahme → Rn. 27). – ***(3)*** BFH I R 28/13, BStBl II 14, 726: Vorzeitige **Kapitalabfindung** einer Pensionszusage führt zur vGA (→ Rn. 69). – ***(4)*** BFH I R 26/12, BFH/NV 14, 728: Ein Pensionsanspruch kann nicht mehr **erdient** werden, wenn der Ges'tergeschäftsführer im Zeitpunkt der Pensionszusage das 60. Lebensjahr überschritten hat. – ***(5)*** BFH I R 17/13, BFH/NV 14, 731: Hinterbliebenenversorgung für den neuen Lebenspartner als **nicht erdienbare Neuzusage** (bei weniger als 10 verbleibenden Dienstjahren). – ***(6)*** BFH I R 89/15, BStBl II 19, 70: Keine Prüfung der Erdienbarkeit bei **Entgeltumwandlung** und bei **Änderung des Durchführungsweges. –** ***(7)*** BFH I R 41/19, BStBl II 24, 654: Keine vGA, wenn die Gehaltszahlung geringer ist als die Differenz zwischen Versorgung und letzten Aktivbezügen. – ***(8)*** BFH I R 29/21, BStBl II 24, 713: Vor Ablauf der angemessenen Probezeit erteilte Pensionszusage führt zu deren steuerl Nichtanerkennung.

29 **7. Mitunternehmerschaft; GmbH & Co KG; KGaA.** Für MUer einer PersGes als Pensionsberechtigte können seit Aufgabe der Bilanzbündeltheorie Pensionsrückstellungen gebildet werden (BFH IV R 25/04, BStBl II 08, 171; *Korn* BeSt 3/06, 18; krit *Weber-Grellet* StuB 06, 670; auch *Groh* DB 08, 2391). „Zuführungen" gem der Pensionszusage sollen bei der MUerschaft als Aufwand und bei dem begünstigten MUer korrespondierend als Ertrag erfasst werden (BFH VIII R 40/03, BStBl II 08, 182; *BMF* BStBl I 08, 317; → § 15 Rn. 586; mE zR **aA** *Flume* FS Döllerer 1988, 133: Keine Aktivierung beim begünstigten MUer; **aA** auch *KSM* § 6a Rn. A 33; *Briese* DStR 22, 969; *Weber-Grellet* BB 22, 2345); abw Zuordnung mögl (BFH IV R 82/06, BFH/NV 09, 581). Diese Grundsätze gelten auch für ausgeschiedene Ges'ter (BFH IV R 14/11, BStBl II 14, 624), aber nicht bei Altzusagen (FG Mster EFG 14, 1074) und Formwechsel (FG Mster EFG 15, 471). – Ist die KapGes Komplementärin einer KG hat sie die Verpflichtung aus einer Pensionszusage zu passivieren und den evtl Aufwendungsersatzanspruch gegen die KG zu aktivieren. – Entsprechendes gilt für den persönl haftenden Ges'ter einer KGaA. Die KG hat analog § 6a die Verpflichtung zum Aufwendungsersatz zu passivieren (BFH IV R 62/00,

BFH/NV 02, 976); für die Rückstellungsbildung der KG gelten die Beschränkungen des § 6a entspr.

8. Umwandlung. Vgl *Schulenberg* DStR 16, 2917; *Ott* GStB 25, 103. – **a) Umwandlung einer Kapitalgesellschaft in eine Personengesellschaft.** In Umwandlungsfällen sind Pensionsrückstellungen stets nach § 6a zu bewerten (*BMF* BStBl I 25, 92, Rn. 03.07 – 03.09). Nach dem System der BFH-Rspr können – bei Fortführung einer Pensionsrückstellung Sondervergütungen erst durch weitere Zuführungen zur übernommenen Pensionsrückstellung nach dem steuerl Übertragungsstichtag entstehen (BFH VIII R 17/20, BFH/NV 24, 571; *Levedag* StuB 24, 449; *Weber-Grellet* FR 24, 578). – Im Umwandlungszeitpunkt ergibt sich, wenn der Versorgungsanspruch noch nicht voll erdient ist, ein **Übernahmefolgegewinn** aus der Differenz des bei der PersGes gem § 4 I UmwStG anzusetzenden Wertes für die Pensionsverpflichtung und des nach § 6a III 2 Nr 2 höchstens zulässigen – erdienten – Anwartschaftsbarwertes (ausführl *Neumann* GmbHR 02, 996; *Fuhrmann/Demuth* KÖSDI 06, 15082, auch zur Fortentwicklung der Rückstellung; → § 15 Rn. 586 f). Zu Verzicht und Abfindung des Pensionsanspruchs → Rn. 69 f. – Kein Abzug der Rückdeckungs-Vers nach Umwandlung (*Fuhrmann/Demuth* KÖSDI 06, 15082). 30

b) Umwandlung einer Personengesellschaft in eine Kapitalgesellschaft. In diesem Fall oder bei Begründung einer **BetrAufsp** muss die nach der Rspr vorgenommene Gewinnverteilung (→ § 15 Rn. 586 f) rückgängig gemacht und der Pensionsaufwand nach den Regeln des § 6a gewinnmindernd eingebucht werden (*Schulenberg* DStR 16, 2917); es bestehen keine Bedenken, dem Ges'tergeschäftsführer sofort eine Pensionszusage zu erteilen (BFH I R 99/02, BFH/NV 04, 373; → Rn. 54); grds keine (erneute) **Probezeit** (vgl → Rn. 23). Zu Pensionszusagen im Lichte der Option gem § 1a KStG idFd KöMoG s *Feldgen* StuB 22, 21 (52); *Veit* BB 22, 559 (562); *Höfer* DB 22, 839. 31

c) Unternehmensverkauf. In Betracht kommen bei einem share deal die Fortführung der Verpflichtung, deren Übertragung auf Dritte, eine Abfindung des Pensionsanspruchs oder ein Verzicht (*Fuhrmann/Demuth* KÖSDI 06, 15082; *Förster* DStR 06, 2149); zur betriebl Altersversorgung bei Unternehmenskauf *Kleffmann/Reich* BB 09, 214; zur Bilanzierung von Pensionsrückstellungen bei M&A-Transaktionen, *Abele* BB 23, 1129. 32

d) Übertragung der Verpflichtung auf einen anderen Versorgungsträger. Wird die Verpflichtung aus einer Direktzusage auf eine LV oder eine Pensionskasse übertragen, fällt keine LSt an (vgl *Fuhrmann* StbJb 09/10, 291 (323 f); → § 4c Rn. 9); das gilt gem § 3 Nr 66 auch für die Übertragung auf einen Pensionsfonds, die grds zulässig ist (§ 4d III, § 4e III; → § 4e Rn. 10); auch keine vGA (HessFG EFG 19, 1926). Diese Möglichkeit besteht auch für (beherrschende) **Ges'tergeschäftsführer** von KapGes (*BMF* BStBl I 02, 767 Rn. 157), so dass bei Veräußerung der GmbH-Anteile die Entlastung der GmbH von der Versorgungsverpflichtung bzw erhöhte Sicherung der Altersversorgung des Begünstigten mögl ist (*Höfer* DStR 03, 274; *Friedrich/Weigel* DB 03, 2564). – Bei einer dauerhaften Übertragung der Zusage auf einen Pensionsfonds ist eine Rückstellung nicht zul (→ Rn 16). 33

9. Pensionszusage für Arbeitnehmerehegatten und andere Angehörige

Schrifttum *Benzel,* Pensionszusage an ArbN-Ehegatten, NWB 10, 2147. – **Finanzverwaltung:** EStH 6a IX; *BMF* BStBl I 84, 495 (Pensionszusagen an ArbN-Ehegatten); *BMF* BStBl I 04, 1045 (überdurchschnittl hohe Versorgungszusagen), *BMF* BStBl I 08, 317 (Pensionszusagen an PersGes'ter).

Auch ArbN-Ehegatten und anderen Angehörigen kann eine Pensionszusage erteilt werden.

34 **a) bei Einzelunternehmen.** Ebenso wie zw Angehörigen steuerl anzuerkennende ArbVerh begründet werden können (→ § 12 Rn. 20 ff), können zugunsten des **ArbN-Ehegatten** (auch des Lebenspartners; BFH I R 90/99, BStBl II 01, 204) iRe ArbVerh mit steuerl Wirkung **Pensionszusagen** erteilt werden (BVerfG 1 BvR 285/66 ua BStBl II 70, 652; BFH X B 147/04, BeckRS 2005, 25007669; *HHR/Dommermuth;* § 6a Rn. 25; → § 4b Rn. 12), allerdings nur **für Alters-, Invaliden- und Waisenversorgung,** nicht aber für die Versorgung des ArbG-Witwers, da hier Anspruch und Verpflichtung in einer Person zusammenfallen (EStH 6a IX; vgl BFH XI R 32/93, BB 94, 1317); der ArbN-Ehegatte muss eine Bewährungszeit (idR 2–3 Jahre) und eine Wartezeit zur Unverfallbarkeit (§ 1b BetrAVG; 5 Jahre) erfüllen; auch muss die Erdienbarkeit gewährleistet sein (*Benzel* NWB 10, 2147; → Rn. 23).

35 **b) bei Mitunternehmerschaft.** Rückstellbar sind Versorgungszusagen an ArbN, die Ehegatten oder (sonstige) Angehörige von MUern sind; anerkannt wird auch Witwen-/Witwerversorgung ggü einem ArbN, dessen Ehegatte der Ges'ter einer sog **Ein-Mann-GmbH & Co KG** ist (BFH IV R 80/86, BStBl II 88, 883; *OFD Mster* DStR 86, 757). Zur Rückdeckungsversicherung → Rn. 12.

36 **c) bei Kapitalgesellschaft.** Wurde einem beherrschenden Ges'ter-Geschäftsführer **Witwenrente** zugesagt, ist eine dafür gebildete Pensionsrückstellung strechtl anzuerkennen (BFH I R 80/81, BStBl II 85, 420). Ob die Witwenrente der Ehefrau nur bei Fortbestand der Ehe oder auch nach Scheidung zustehen soll und ob die Rente neben der Ehefrau auch an eine frühere Ehefrau zu zahlen ist, hängt vom durch Auslegung zu ermittelnden Inhalt der Versorgungszusage ab (BFH I R 80/81, BStBl II 85, 420).

37 **d) Nachweis; Fremdvergleich.** Im Hinblick auf das Nahestehen von ArbG und ArbN-Ehegatte werden an Ernsthaftigkeit, Angemessenheit und Durchführung besondere Anforderungen gestellt (*HHR/Dommermuth* § 6a Rn. 25; → § 2 Rn. 23; → 41. Aufl 2022, § 6a Rn. 37). Zu prüfen ist insb, ob die Pensionszusage nach den Umständen des Einzelfalls dem Grunde und der Höhe nach angemessen ist. Für Pensionszusagen, die iRe steuerl anzuerkennenden ArbVerh dem ArbN-Ehegatten gegeben werden, sind Pensionsrückstellungen zu bilden, wenn – ***(1)*** eine ernstl gewollte, klar und eindeutig vereinbarte Verpflichtung vorliegt, – ***(2)*** die Zusage dem Grunde nach angemessen ist und – ***(3)*** der ArbG-Ehegatte auch tatsächl mit der Inanspruchnahme aus der gegebenen Pensionszusage rechnen muss (EStH 6a IX). Bei der Beurteilung der gesellschaftl Veranlassung ist der sog **doppelte Fremdvergleich** heranzuziehen (BFH I R 28/13, BStBl II 14, 726: Perspektive des ordentl und gewissenhaften Geschäftsleiters und des objektiven und gedachten Vertragspartners; FG Ddorf EFG 25, 1032, rkr).

38 **aa) Schriftform; Eindeutigkeit.** Die allg geltenden Voraussetzungen (→ Rn. 15) müssen auch bei Zusagen an nahe Angehörige beachtet werden.

39 **bb) Angemessenheit (→ Rn. 17, 21).** Die Zusage ist dem Grunde und der Höhe nach angemessen, wenn familienfremde ArbN im selben Betrieb bei gleichwertiger oder geringerwertiger Tätigkeit ebenfalls Pensionszusagen in demselben Umfange wie der ArbN-Ehegatte erhalten oder ihnen ernsthaft angeboten worden sind (BFH IV R 118/90, BStBl II 94, 381; BFH VIII R 49/12, NWB 15, 2194 – zu Ehegatten-Pensionszusage) oder – wenn der ArbN-Ehegatte allein beschäftigt wird – bei betriebsinterner Betrachtung eine hohe Wahrscheinlichkeit dafür spricht, dass der ArbG auch fremden ArbN eine solche Versorgung eingeräumt haben würde (BFH VIII R 69/98, BStBl II 02, 353); Entsprechendes gilt für Zusagen an ArbN, die Partner einer **nichtehel Lebensgemeinschaft** sind (s *BMF* BStBl I 02, 706; auch → Rn. 34). WNachw → 44. Aufl 2024, § 6a Rn. 39.

cc) Sicherstellung. Die späteren Pensionszahlungen müssen für den Fall der Einstellung oder Veräußerung des Unternehmens sichergestellt sein (zB durch eine Rückdeckungsversicherung). 40

e) Nachzahlungsverbot. Eine Pensionszusage an ArbN-Ehegatten wird steuerl nicht anerkannt, wenn sie als Ausgleich für frühere unentgeltl Mitarbeit oder einen in der Vergangenheit unangemessen niedrigen ArbLohn vereinbart ist (BFH I R 39/12, BStBl II 14, 174; *Weber-Grellet* FR 14, 119) oder von der Pension abgesehen kein ArbLohn zu zahlen ist (→ Rn. 21, 22, 27, 39). 41

III. Erstmalige Bildung, § 6a II

1. Zeitpunkt der Rückstellungsbildung. – a) Altersgrenze, § 6a II Nr 1. Die Regelung bestimmt, **ab welchem Wj** mit der Bildung einer Pensionsrückstellung frühestens begonnen werden darf („Erstjahr"; § 6a IV 3 Hs 1; *Weber-Grellet* DB 24, 19 (21)). Das ist das Wj, in dem die Pensionszusage wirksam erteilt worden ist; entscheidend ist nicht, ob die Zusage schon für dieses Jahr einen Versorgungsanspruch gewährt. Unterlässt der Verpflichtete die Rückstellungsbildung (ganz oder teilweise), kann er dies in späteren Jahren, solange der Versorgungsfall noch nicht eingetreten ist, grds nicht nachholen (sog **Nachholverbot;** → Rn. 61, 62). 42

b) Mindestalter, § 6a II Nr 1 Hs 1. Die Bildung der Rückstellung ist von einem Mindestalter des Berechtigten abhängig (zu den Gründen *Höfer* BetrAVG Kap 2 Rn. 202 f); das Mindestalter ist mehrfach gesenkt worden (§ 6a II Nr 1 Hs 1 Buchst a–d), für vor 2001 zugesagte Pensionsleistungen: 30 Jahre, ab 2001: 28 Jahre, ab 2009: 27 Jahre, ab 2018: 23 Jahre (vgl BReg BT-Drs 18/6283, 15); zur „Jahresmitteregelung" *HHR/Dommermuth* § 6a Rn. 54). – Für **Altzusagen** (Erteilung bis Ende 2000) → 29. Aufl 2010, § 6a Rn. 43. – Das jeweilige Lebensjahr wird an dem Tag vollendet, der dem entspr Geburtstag vorangeht (§ 187 II 2, § 188 II BGB), sodass zB alle bis zum 1.7.50 Geborenen bis zum 30.6.80 (wenigstens) ihr 30. Lebensjahr vollendet haben. Diese Regelung dient der Erleichterung der TW-Ermittlung bezogen auf die gesetzl Altersgrenze (BT-Drs 7/1281, 40). 43

c) Unverfallbarkeit, § 6a II Nr 1 Hs 2. Die Rückstellung darf nach § 6a II Nr 1 Hs 2 – unabhängig vom Mindestalter – auch gebildet werden, wenn die Pensionsanwartschaft unverfallbar wird (*HHR/Dommermuth* § 6a Rn. 55; *Höfer* BetrAVG Kap 2 Rn. 190: Begünstigung der Entgeltumwandlung; Verzicht auf Lohnteile gegen wertgleiche Altersversorgung). Unverfallbarkeit tritt ein, wenn nach wenigstens dreijähriger Dauer der Versorgungszusage das ArbVerh nach Vollendung des 21. Lebensjahres endet, ohne dass der Versorgungsfall eingetreten ist (§ 1b I 1 BetrAVG); bei **Entgeltumwandlung** tritt die Unverfallbarkeit sofort ein (§ 1b V 1 BetrAVG; EStR 6a XII). Zur Zusage einer sofort unverfallbaren Altersrente und zum Recht auf Kapitalabfindung vgl BFH I R 12/07, BStBl II 15, 409. 44

d) Beherrschender Gesellschaftergeschäftsführer. Dieser kann nach der Probezeit (→ Rn. 23) eine Zusage mit sofortiger ratierl (zeitanteilig bemessener) Unverfallbarkeit erhalten (BFH I R 12/07, BStBl II 15, 409). Die Ratierlichkeit bemisst sich anders als nach § 2 I BetrAVG (Quotierung der bis zur Altersgrenze erreichbaren Versorgungsleistung mit der gesamten tatsächl Dienstzeit) statt nach der tatsächl Dienstzeit nach der Zeit ab Erteilung der Zusage, also (wenigstens) vermindert um die Probezeit (*BMF* BStBl I 02, 1393; BFH I R 99/02, BFH/NV 04, 373); zur Darstellung des betragsmäßigen Unterschieds s *Höfer* DStR 03, 274. 45

e) Eintritt des Versorgungsfalls, § 6a II Nr 2. In diesem Fall (zB bei Invalidität oder Tod) kann die Rückstellung sofort gebildet werden. Dasselbe ergibt sich auch aus § 6a IV 4; § 6a II Nr 2 ist daher entbehrl. Bei vorzeitigem Eintritt des Versorgungsfalles kommt es auf das Mindestalter nicht an. Wird die Rückstellung nicht gebildet, greift für spätere Wj das Nachholverbot (FG Hbg BeckRS 2022, 38733, rkr; → Rn. 61). 46

IV. Bewertung, § 6a III

Schrifttum: *Pradl,* Übertragung von Pensionszusagen …, GStB 14, 64; *Weber-Grellet,* § 6a EStG in der Kritik, DB 24, 19 (21). – **Finanzverwaltung:** *BMF* BStBl I 05, 1054 zu Richttafeln 2005 G; *BMF* BStBl I 10, 1303 (Bewertung von verbleibenden Versorgungsanrechten); *BMF* BStBl I 11, 1247 (Berücksichtigung unternehmensspezifischer und biometrischer Grundlagen). – **Materialien:** BT-Drs 7/1281, 39.

51 **1. Berechnungsmodalitäten, § 6a III 1, 2.** Eine Pensionsrückstellung darf höchstens mit dem TW der Pensionsverpflichtung angesetzt werden (§ 6a III 1). Abs 3 beruht auf dem **Teilwertprinzip** (BT-Drs 7/1281, 39) und begrenzt die Rückstellungshöhe auf den in § 6a III 2 fiktiv definierten **TW** (*KSM* § 6a D 4 f; *Weber-Grellet* DB 24, 19 (21)); der erdiente Pensionsanspruch soll sachgerecht bewertet werden (*HHR/Dommermuth* § 6a Rn. 100). Die Jahresbeträge bemessen sich bei einer ArbG-finanzierten Pensionsverpflichtung **vor Beendigung** des DienstVerh nach dem Barwert künftiger Pensionsleistungen (§ 6a III 2 Nr 1 S 2 Hs 2) abzügl des Barwerts der noch offenen Jahresbeträge § 6a III 2 Nr 1 S 2 Hs 1), also Anwartschaftsbarwert ./. Prämienbarwert (§ 6a III 2 Nr 1 S 1 Hs 1). Vom Umfang her sind die Jahresbeträge zugrunde zu legen, die vom Beginn des Wj, in dem das DienstVerh begonnen hat, bis zu dem in der Pensionszusage vorgesehenen Zeitpunkt des Eintritts des Versorgungsfalls rechnungsmäßig aufzubringen sind (§ 6a III 2 Nr. 1 S 3). Auch bei einer beitragsorientierten (und wertpapiergebundenen) Pensionszusage (ohne garantierte Mindestversorgung) gelten die allg Regeln (BFH XI R 25/21, BFH/NV 25, 417; *Lieb* BB 25, 560; *Weber-Grellet* BB 26, 43; **aA** *BMF* BStBl I 02, 1397); zur Bewertung (mit den AK) *Höfer* BetrAV 25, 580 (583); *ders* DB 25, 2857. Im Fall einer ArbN-finanzierten Pensionsverpflichtung (**bei Entgeltumwandlung** nach § 1 II BetriebsrentenG) ist (wegen Unverfallbarkeit) allein der Barwert der unverfallbaren künftigen Pensionsleistungen (nach Maßgabe der Bilanzstichtags-Werte; *HHR/Dommermuth* § 6a Rn. 103) anzusetzen (§ 6a III 2 Nr 1 S 6 Hs 2; kein Prämienabzug); die Unverfallbarkeit aufgrund vertragl Vereinbarung (etwa bei beherrschendem Ges'tergeschäftsführer) reicht nicht aus (BFH XI R 9/19, BStBl 20 II, 802; *Weber-Grellet* BB 21, 43; EStR 6a XII 4). – Bei Versorgungsausgleich ist das verbleibende Versorgungsanrecht zum TW zu passivieren (*BMF* BStBl I 10, 1303).

Nach **Beendigung** des DienstVerh bemisst sich der TW (nur noch) nach dem Barwert künftiger Pensionsleistungen (§ 6a III 2 Nr 2; *Höfer* BetrAVG Kap 2 Rn. 474 ff; *Heger/Weppler* HdJ III/7 Rn. 146; zum Eintritt der Beendigung FG Hbg BeckRS 2022, 38983, rkr), ggf Barwertauffüllung (*Höfer* BetrAVG Kap 2 Rn. 229); künftige Pensionssteigerungen dürfen nicht berücksichtigt werden (BFH I R 78/08, BStBl II 13, 41).

Bei der Ermittlung des TW (Abzinsung) sind ein **Rechnungszinsfuß** von 6% und die (gesetzl nicht festgelegten) anerkannten Regeln der Versicherungsmathematik anzuwenden (§ 6a III 3; *HHR/Dommermuth* § 6a Rn. 121; Heubeck-Richttafeln 2018 G; zur Umstellung s *BMF* BStBl I 18, 1107; *Schulenburg/Hillebrandt* DB 19, 617). Das BVerfG (2 BvL 22/17, DStR 23, 2051) hat die Vorlage des FG Köln als unzul verworfen; der Rechnungszinsfuß des § 6a III 3 sei auch in Niedrigzinsphasen verfrechtl unbedenkl, da es nicht um die Verzinsung einer Kapitalanlage gehe, sondern nur um den Steuerstundungseffekt hinsichtl einer späteren Pensionszahlung.

53 **2. Berechnung ab Beginn des Dienstverhältnisses, § 6a III 2 Nr 1 S 3, 6.** Bei der Berechnung des TW ist auf den **Beginn des Wj** (bei RumpfWj auf Beginn des Kj; BFH I R 22/07, BStBl II 08, 513) abzustellen, in dem das DienstVerh begonnen hat, jedoch nicht auf den Beginn eines früheren Wj als desjenigen, in dem der Berechtigte das Mindestalter erreicht hat (→ Rn. 43). Der Zeitraum zw dem Beginn des DienstVerh und dem Zeitpunkt der Erteilung der späteren Pensionszusage wird nicht als sog **Wartezeit** behandelt, sofern dies in der Zusage nicht ausdrückl bestimmt ist (§ 6a III 2 Nr 1 S 5; s dazu BT-Drs 7/1281, 39; *BH/Stöckler* § 6a Rn. 372). Dadurch

wird erreicht, dass sich für Zusageempfänger mit gleichem Alter und gleichem Versorgungsumfang **unabhängig vom Zeitpunkt der Zusage** gleich hohe TW für die Pensionsrückstellungen ergeben. Diese Berechnungsweise bewirkt eine außerordentl Rückstellungszuführung für den „past service" (eine **„Einmalrückstellung"** für die bis zum Bilanzstichtag abgeleistete Dienstzeit), wenn die Versorgungszusage erst in Wj nach dem Diensteintritt erteilt wird; damit wird die Rückstellung verursachungs- und periodengerecht der abgeleisteten Dienstzeit des Berechtigten zugeordnet (*Höfer* BetrAVG Kap 2 Rn. 214 f). Durch die Rückbeziehung der Berechnung auf den Beginn des DienstVerh ergibt sich wegen des kürzeren Abzinsungszeitraumes bei der Errechnung des Anwartschaftsbarwertes ein höherer Betrag und für den Barwert der künftigen Jahresbeiträge wegen ihrer Verminderung um die Zahl der seit dem Dienstbeginn verstrichenen Jahre ein geringerer Betrag, sodass ein positiver Betrag entsteht, der zurückgestellt werden kann (TW-Sprung; *KS/Gosch* § 6a Rn. 15). Wegen der Verteilung des Einmalbetrags auf mehrere Jahre → Rn. 65. – Dienstjahre eines Pensionsberechtigten, die vor dem Erreichen der Altersgrenze iSd § 6a II abgeleistet wurden, dürfen nach § 6a III 2 Nr 1 S 6 nicht in die Berechnung des Barwerts der künftigen Pensionsleistungen einbezogen werden.

3. Anrechnung von Vordienstzeiten. Beginn des DienstVerh (→ Rn. 53) ist der Zeitpunkt der tatsächl Aufnahme der Tätigkeit; ein früheres ArbVerh bei demselben ArbG wird grds nicht berücksichtigt (BFH I R 25/98, BFH/NV 01, 154), wohl aber ein zunächst unentgeltl ArbVerh (BFH I R 39/12, BStBl II 14, 174). Bei anderen ArbG abgeleistete Dienstzeiten werden nur hinzugerechnet, wenn dies gesetzl vorgeschrieben ist (vgl § 613a BGB; BFH I R 9/84, BFH/NV 89, 216: keine Anrechnung von Konzernvordienstzeiten; *HHR/Dommermuth* § 6a Rn. 108). Wird eine gewerbl tätige **PersGes in eine KapGes umgewandelt,** darf die KapGes Vordienstzeiten eines ArbN bei der Bildung einer Pensionsrückstellung für eine von ihr gegebene Pensionszusage anrechnen (BFH I R 47/93, BStBl II 95, 250). War der ArbN auch MUer der umgewandelten PersGes, bestimmen sich die Voraussetzungen der Rückstellungsbildung grds nach dem Zeitpunkt der Aufnahme der Tätigkeit bei der KapGes (BFH III R 43/00, BStBl II 03, 149); mE steht BFH I R 124/95, BStBl II 97, 799 in Widerspruch zur Anrechenbarkeit von sog **Probezeit** in Umwandlungsfällen (vgl → Rn. 31). Eine Anrechnung ist allerdings mögl, wenn bei ArbG-Wechsel die der Rückstellung entspr Vermögenswerte übertragen werden; zahlt das alte Unternehmen die Deckungsmittel, ist die Pensionsverpflichtung beim neuen Unternehmen rechnerisch aufzuspalten: Die übernommene (gedeckte) Pensionsverpflichtung ist mit dem Barwert (Anwartschaftsbarwert; past service; § 6a III 2 Nr 2) anzusetzen, für den restl Teil der Verpflichtung (future service; § 6a III 2 Nr 1) ist die Rückstellung regulär mit Beginn des neuen DienstVerh zu bilden (Teilwertsplittingverfahren; § 5 VII 4; zuvor EStR 6a XIII; *BeBiKo* § 249 HGB Rn. 218; zR krit *Kraft/Engelstädter* BetrAV 18, 461). Die übernommene Pensionsrückstellung ergibt sich dann als Summe beider Teile (*Pradl* GStB 14, 64). 54

4. Übernahme von Pensionsverpflichtungen; Schuldbeitritt. Eine im Zeitpunkt der Übernahme bereits verfallene Pensionszusage kann nicht übernommen werden (FG Ddorf EFG 25, 847, rkr). § 4f I 1, 2 sieht vor, dass (etwa im Zuge von Ausgliederungen) Entgelte für Verpflichtungen, die beim ursprüngl Verpflichteten (also dem Übertragenden) Ansatzverboten/-beschränkungen oder Bewertungsvorbehalten unterlegen haben, im Jahr der Übertragung und in den 14 Folgejahren nur insoweit zu je 1/15 als BA geltend gemacht werden können, als das Entgelt den für die Verpflichtung bislang (eingeschränkt) passivierten Betrag übersteigt (→ § 4f Rn. 2). – Beim Erwerber ist die übernommene Verpflichtung gem § 5 VII so zu bilanzieren, wie sie beim ursprüngl Verpflichteten ohne Übernahme zu bilanzieren gewesen wäre (→ § 5 Rn. 503; *Ott* DStZ 17, 435 (441); *ders* StuB 17, 795; iEinz *BMF* BStBl I 17, 1619; *Weber-Grellet* DB 18, 661). – Ein Übernahmegewinn kann im Jahr der Übernahme voll versteuert oder auch (im Wege einer Rücklage) auf 15 Jahre verteilt werden (§ 5 VII 5); das gilt auch im Fall der Übernahme einer Pensionsverpflichtung (BFH XI R 24/21, BStBl II 25, 281; iEinz *Weber-Grellet* 55

FR 25, 374; →§ 5 Rn. 504). – Für den Schuldbeitritt gelten die Regelungen entspr (§ 4f II, § 5 VII 2; *BMF* BStBl I 17, 1619 Rn. 22 f).

56 **5. Überversorgung; Berücksichtigung von Sozialversicherungsrenten.** Eine Pensionsrückstellung darf nicht gebildet werden, soweit sie zu einer Überversorgung führen würde (BFH I R 4/15, BStBl II 17, 678). Der BFH begründet die Überversorgungsgrenze mit der Funktion der Alterszusage, nämlich des Schließens einer Versorgungslücke. Eine Überversorgung ist regelmäßig anzunehmen, wenn die Versorgungsanwartschaft zusammen mit der Rentenanwartschaft aus der gesetzl RV 75% der am Bilanzstichtag bezogenen Aktivbezüge übersteigt (BFH I R 56/11, BStBl II 12, 665; FG Nbg EFG 22, 962, rkr).

Die Höhe anzurechnender Renten ist durch ein Näherungsverfahren („Korrekturfaktoren") zu errechnen (FG Nbg EFG 22, 958, rkr; *BMF* BStBl I 07, 290; *BMF* BStBl I 08, 570; *Schmidt/Carolin* BB 06, 296). **Nach Eintritt des Versorgungsfalles** ist die Anrechnung iHd dem Berechtigten tatsächl gewährten SV-Rente vorzunehmen; ein im Näherungsverfahren ermittelter Abzugsbetrag wird von der FinVerw nicht anerkannt (*BMF* BStBl I 07, 290 Rn. 26).

Bei dauerhaft **abgesenkten Aktivbezügen** kann die Beibehaltung der Versorgungszusage zur Überversorgung führen (BFH I R 56/11, BStBl II 12, 665); die Rückstellung ist daher anzupassen (BFH I R 4/15, BStBl II 17, 678; *Otto* GmbHR 18, 549; → Rn. 21; grds gg die „Überversorgungskorrektur" *Briese* GmbHR 15, 635; *ders* FR 17, 741). Der Grenzbetrag von 75% der aktuellen Aktivbezüge (einschließl variabler Gehaltsbestandteile) ist um alle weiteren Altersversorgungsansprüche (einschließl gesetzl RV) zu verringern (BFH I R 4/15, BStBl II 17, 678). Bei einem Wechsel in ein Teilzeitbeschäftigungsverhältnis ist die 75% – Grenze entspr zu mindern (BFH I R 4/15, BStBl II 17, 678; *BMF* BStBl I 04, 1045 Rn. 8 ff, 19). Die Herabsetzung führt (zunächst nur) zu einer BA-Kürzung (keine vGA; Geltung des formellen Bilanzzusammenhangs; *Weber-Grellet* BB 14, 2263). ME ist die Höhe der Rückstellung allein nach § 6a zu berechnen (*Weber-Grellet* BB 18, 43; ähnl *Briese* DB 23, 349 [gg FG Nbg EFG 22, 958, rkr]); eine weitere Begrenzung ist nicht vorgesehen (so auch FG RhPf EFG 17, 1819). – Sind Versorgungsbezüge in Höhe eines überhöhten festen Betrags zugesagt, so ist die Rückstellung so zu ermitteln, wie wenn Versorgungsbezüge in Höhe eines angemessenen Prozentsatzes der jeweiligen letzten Aktivbezüge zugesagt worden wären (BFH I R 91/15, BFH/NV 18, 16). – Eine Überversorgung ist auch mögl, wenn Kürzung nach arbeitsrechtl Maßstäben ausgeschlossen ist; StRecht geht vor (BFH III B 55/12, BFH/NV 14, 575); zur Korrektur *Briese* GmbHR 15, 635. – Die Überversorgungsgrundsätze sind nach Eintritt der Versorgungsfalls unerhebl (*Otto* GmbHR 18, 549).

In angemessenem Rahmen **fest vereinbarte prozentuale Erhöhungen** führen nicht zur Überversorgung (BFH I R 79/03, BStBl II 04, 940: 3%). Grenzen fester Erhöhungssätze ergeben sich aus der langfristigen Einkommensentwicklung (vgl *Höfer* BB 96, 41; *Cramer* DStR 97, 190). **Mehrfacherhöhungen,** auch wenn sie fest vereinbart sind, dürften nicht anzuerkennen sein (vgl BFH I R 16/94, BStBl II 96, 420). **Pensionserhöhungen,** die eine KapGes mit ihrem beherrschenden Ges'ter **nach Eintritt in den Ruhestand** vereinbart, sind keine vGA, soweit sie eine Anpassung an erhebl Steigerungen der Lebenshaltungskosten darstellen (BFH I R 39/76, BStBl II 79, 687) und auf die Erhöhung ein zivilrechtl (durchsetzbarer) Anspruch besteht (BFH I R 68/84, BStBl II 89, 57).

Die sog **Nur-Pension** führt regelmäßig zur Überversorgung (BFH I R 78/08, BStBl II 13, 41; *BMF* BStBl I 13, 35; EStH 6a I; *Killat* DB 13, 195; *HHR/Dommermuth* § 6a Rn. 116). – Bei BetrAufsp ist eine getrennte Betrachtung vorzunehmen (BFH I R 78/08, BStBl II 13, 41).

57 **6. Zugrunde zu legende Jahresbeträge, § 6a III 2 Nr 1 S 3.** Für die Bewertung der Rückstellung sind die Jahresbeträge zugrunde zu legen, die vom Beginn des Wj, in dem das DienstVerh begonnen hat, bis zu dem in der Pensionszusage vorgesehenen Zeitpunkt des Eintritts des Versorgungsfalls rechnungsmäßig aufzubringen sind

(§ 6a III 2 Nr 1 S 3; EStR 6a XI; zu Besonderheiten bei Weiterarbeit *BMF* BStBl I 24, 1191; *OFD Ffm* DStR 18, 354; *Otto* DStR 18, 55). Wegen des Grundsatzes der Einzelbewertung ist das Endalter des TW-Prämienzeitraums für jede Pensionszusage gesondert festzulegen (BFH XI R 42/18, BStBl II 20, 271; *BMF* BStBl I 22, 631; *Höfer* DB 22, 1928).

EStR 6a XI konkretisiert die allg Regelung; Satz 1 enthält den Grundsatz, die Sätze 2, 3 Wahlrechte (Verlängerung/Verkürzung des Zeitraums; *Hagemann/Hartmann* BetrAV 21, 390). EStR 6a VIII enthält Sonderregelung für beherrschende Ges'tergeschäftsführer (→ Rn. 19).

(1)* Erstes Wahlrecht (späterer Rentenbeginn).** Ist bei einem ArbN damit zu rechnen, dass er über das vertragl vereinbarte Pensionsalter hinaus tätig sein wird, kann der ArbG die Rückstellungen auf den längeren Zeitraum verteilen. Dieses Wahlrecht (EStR 6a XI 2; *Höfer* BetrAVG Kap 2 Rn. 309; *KSM* § 6a Rn. D 21) ist in der Bilanz des Wj auszuüben, in dem mit der Rückstellungsbildung begonnen wird; zu dem Fall des „technischen Rentners“ (Weiterarbeit ohne Pensionszahlung; *Höfer* BetrAVG Kap 2 Rn. 352) → 43. Aufl 2024, § 6a Rn. 58). – ***(2)* Zweites Wahlrecht (früherer Rentenbeginn).** An Stelle des vertragl Pensionsalters kann mit Rücksicht auf § 6 BetrAVG (Anspruch auf frühere Zahlungen) der frühestmögl Zeitpunkt für eine vorzeitige Altersrente angesetzt werden (EStR 6a XI 3; *Höfer* BetrAVG Kap 2 Rn. 313; *KSM* § 6a Rn. D 22; *HHR/Dommermuth* § 6a Rn. 113; *Haack/Stöckler* BetrAV 19, 329) – ***(3) Zur Bewertung bei weiteren Auszahlungsvarianten → 43. Aufl 2024, § 6a Rn. 58.

7. Erhöhungen und Verminderungen der Pensionsleistungen, § 6a III 2 Nr 1 S 4. Künftige Erhöhungen und Verminderungen der Pensionsleistungen dürfen bei der Berechnung des Barwerts erst berücksichtigt werden, sobald sie eingetreten sind (BFH I R 105/91, BStBl II 93, 792; FG Ddorf EFG 24, 1405, Rev IX R 30/24; EStR 6a XVII; *HHR/Dommermuth* § 6a Rn. 114); eine unzul Anpassungsregelung führt zur (partiellen) Unwirksamkeit (SchlHFG EFG 25, 1141, Rev IX R 8/25). 58

8. Stichtagsprinzip; Nachweis des Pensionsanspruchs, § 6a III 2 Nr 1 S 2 Hs 2. Die Bildung der Pensionsrückstellung und ihre Bewertung orientieren sich strikt am Stichtagsprinzip (FG Ddorf EFG 24, 1405, Rev IX R 30/24; *HHR/Dommermuth* § 6a Rn. 110; *KS/Gosch* § 6a Rn. 18). Dabei ist der gesamte am Bilanzstichtag zugesagte Leistungsumfang der bis zum Eintritt des Versorgungsfalls erdienbaren Versorgung auf den Anfang des Wj, in dem das Dienstverhältnis begonnen hat, rückzuprojizieren (§ 6a III 2 Nr 1 S 2 Hs 2; *Höfer* BetrAVG Kap 2 Rn. 363; FG Ddorf EFG 24, 1405, Rev IX R 30/24. Dazu sind Feststellungen über die pensionsberechtigte Person und die Höhe und den Beginn ihres Anspruchs erforderl (zur zugelassenen Vereinfachung EStR 6a XVIII 3). Soweit ArbN, denen unverfallbare Versorgungsansprüche gegen das Unternehmen zustanden, ausgeschieden sind, genügt für den Nachweis eine dem ausgeschiedenen ArbN nach § 2 VI BetrAVG erteilte Bescheinigung bzw deren Abschrift. 60

V. Anwachsung („Erhöhung“), § 6a IV

1. Nachholverbot, § 6a IV 1. – a) Erhöhung der Pensionsrückstellung. Nach **§ 6a IV 1** darf eine Pensionsrückstellung in einem Wj höchstens um den Unterschied zw dem TW der Pensionsverpflichtung am Schluss des Wj und am Schluss des vorangegangenen Wj erhöht werden; Begrenzung auf TW-Differenz; Ausschluss der Einmalprämie (BT-Drs 2/481, 79; *KS/Gosch* § 6a Rn. 21; *KSM* § 6a Rn. E 1); krit *Heger* DStR 08, 585: Missbrauchsvermeidung wegen Passivierungspflicht obsolet; *Lieb* BB 15, 2866: Verstoß gegen obj Fehlerbegriff). – ***(1)* Begrenzung des Erhöhungsbetrags.** Aus der Begrenzung des Zuführungsbetrages auf die TW-Differenz folgt das sog **Nachholverbot** (*Höfer* BetrAVG Kap 2 Rn. 584 f). – ***(2)* Änderung** 61

der Zusage. Das Nachholverbot, das dem formellen Bilanzzusammenhang vorgeht (BFH I R 44/07, BStBl II 08, 673), greift nur bei einer inhaltl unverändert gebliebenen Versorgungsverpflichtung, nicht bei deren Erhöhung (BFH I R 58/05, DStR 06, 1406; *Demuth/Fuhrmann* KÖSDI 11, 17618); die Erhöhung (zB wegen Gehaltssteigerung, Dynamisierung; Rn. 8, 57) ist mögl (unter Beachtung der allg Voraussetzungen; FG Ddorf EFG 24, 1405, Rev IX R 30/24). – ***(3)*** **Spätere Erfassung.** Aufgrund des Nachholverbots dürfen nicht passivierte Beträge erst im Wj der Beendigung des DienstVerh, wenn die Pensionsanwartschaft aufrechterhalten wird, oder des Eintritts des Versorgungsfalls passiviert werden (EStR 6a XX). Bei einem späteren Übergang zu einem niedrigeren Zinsfuß können in Vorjahren in zu geringem Umfang gebildete Rückstellungen nicht nachgeholt werden (vgl BFH I R 88/01, BStBl II 03, 936). – ***(4)*** **Berechnungs- und Buchungsfehler; Rechtsirrtum.** Das Nachholverbot kommt auch zum Zuge, wenn die Rückstellung aufgrund falscher Berechnung zu niedrig gebildet worden ist (BFH I R 5/08, BStBl II 09, 457) und auch bei **Rechtsirrtum** (BFH I R 44/07, BStBl II 08, 673; krit *Höfer* DB 11, 140). Kann der Fehler im Jahr der Rückstellungsbildung bzw Zuführung korrigiert werden, gelten die allg bilanzrechtl Grundsätze (BFH III R 43/00, BStBl II 03, 149) – ***(5)*** **Neuzusage.** Wird eine Pensionsverpflichtung in einem Wj neu begründet, gibt es für sie am Ende des vorangegangenen Wj keinen TW. Daher schreibt **§ 6a IV 3** vor, dass bei Begründung einer Pensionsverpflichtung am Ende des ersten Wj die Rückstellung bis zur Höhe des TW auf den Bilanzstichtag angesetzt werden darf. – ***(6)*** **Rumpf-Wj.** Es gelten die allg Grundsätze (vgl dazu *Höfer* BetrAVG Kap 2 Rn. 571).

62 **b) Ausnahmen vom Nachholverbot.** Die Nachholung ist zul (s dazu BT-Drs 7/1281, 40), wenn die zu geringe Rückstellung durch staatl Stellen veranlasst ist (*Buciek* FR 09, 907); iEinz kein Nachholverbot: – ***(1)*** wenn ein pensionsberechtigter ArbN aus dem Unternehmen ausscheidet und er ein nach dem Arbeitsrecht unverfallbares Pensionsanwartschaftsrecht besitzt oder wenn der Fortbestand der Anwartschaft mit dem ArbG beim Ausscheiden vereinbart wird; – ***(2)*** wenn der Versorgungsfall eintritt (→ Rn. 51); bei technischen Rentnern ist die Nachholung erst zul, wenn sie tatsächl wegen Alterspensionierung ausscheiden (EStR 6a XX 4; *BeBiKo* § 249 HGB Rn. 295). In diesen Fällen darf aE des Wj die Pensionsrückstellung mit dem Barwert der Pensionsverpflichtung angesetzt werden (§ 6a IV 5; § 6a II Nr 2). – ***(3)*** § 6a IV 2 gebietet bei Einführung neuer biometrischer Rechnungsgrundlagen die Verteilung der sich aus der verlängerten Lebenserwartung ergebende Erhöhung der Rückstellungen auf wenigstens drei Jahre; keine Verteilung des Mehrbetrags im Jahr der Erteilung der Zusage (BFH XI R 34/16, BStBl II 20, 2; *BMF* BStBl I 20, 82); auch → Rn. 65; – ***(4)*** nach Rspr-Änderung (BFH IV R 56/92, BStBl II 94, 740); – ***(5)*** bei formwandelnder **Umwandlung** einer Anstalt des öffentl Rechts in GmbH (BFH I R 3/06, BStBl II 10, 186).

63 **c) Anpassung der Zusage an Kaufkraftentwicklung.** Wird in der HB eine entspr Erhöhung der Rückstellung vorgenommen (vgl § 16 BetrAVG – Anpassungsprüfungspflicht), ist diese auch in der StBil zul, wenn es sich um eine sog **Altzusage** (→ Rn. 2) und eine **sog nachholende Anpassung** handelt. Betrifft die Anpassung eine **Neuzusage** (→ Rn. 3), ist eine Erhöhung der Rückstellung handels- wie strechtl zwingend.

64 **d) Keine Anpassung.** Wird von der Möglichkeit, die Pensionsrückstellung auf den Barwert der Pensionsverpflichtung aufzufüllen, im Jahr des Ausscheidens des ArbN bzw des Eintritts des Versorgungsfalles kein Gebrauch gemacht (auch nicht in Gestalt der Verteilung auf drei Wj; → Rn. 65), greift für die folgenden Wj das Nachholverbot wieder ein. Ggf können Einmalbeträge aber auf mehrere Jahre verteilt werden (→ Rn. 65).

65 **2. Verteilung von Einmalbeträgen, § 6a IV 2–6.** Rückstellbare Einmalbeträge ergeben sich – ***(1)*** bei der Erteilung von Pensionszusagen nach Beginn des DienstVerh

und nach Erreichen des Mindestalters (§ 6a IV 3 Hs 1; Erstjahr) oder – *(2)* bei späteren Erhöhungen der Pensionszusage und – *(3)* bei Auffüllung von Pensionsrückstellungen auf den Barwert der Pensionsverpflichtung bei Eintritt des Versorgungsfalles oder – *(4)* bei der Auffüllung der Pensionsrückstellung anlässl des Ausscheidens des ArbN unter Aufrechterhaltung des Pensionsanspruchs (→ Rn. 51, 62) und – *(5)* Erhöhungen auf Grund erstmaliger oder geänderter biometrischer Berechnungsgrundlagen (§ 6a IV 2; auch → Rn. 62).

Die Einmalbeträge können in den Fällen zu (1) und (2) nach § 6a IV 3 Hs 2, S 4 und in den Fällen zu (3) und (4) nach § 6a IV 5 Hs 2 auf drei Jahre ab dem Jahr der Entstehung des Einmalbetrages gleichmäßig verteilt werden (§ 6a IV 6), sodass die Pensionsrückstellung in diesen drei Jahren um je ⅓ des Einmalbetrages erhöht wird. Im Fall (2) – also bei Erhöhung des Pensionsanspruchs – besteht die Verteilungsmöglichkeit nur, wenn die Erhöhung des Barwertes der Pensionsleistungen mehr als 25% beträgt (§ 6a IV 4); diese Einschränkung dient der Vereinfachung. Zu (5): Die Erhöhungsbeträge sind in den Fällen des § 6a IV 2 auf drei Jahre gleichmäßig zu verteilen (*Prinz* FR 99, 420), nicht bei erstmaliger Bildung (FG Bbg EFG 06, 1746); bei Unterlassung greift wieder das **Nachholverbot** (→ Rn. 61).

VI. Auflösung; Abfindung; Verzicht

1. Auflösung. – a) Regelfall. Rückstellungen sind prinzipiell erfolgsneutral (per Rückstellung an Geld) auszubuchen; bei der Pensionsrückstellung ist (wegen der nach § 6a III begrenzten Höhe) differenziert vorzugehen: Einerseits ist die Pensionsrückstellung iHd Unterschiedsbetrages zwischen dem (niedrigeren) Barwert der künftigen Pensionsleistungen am Schluss des Wj und der am Schluss des vorangegangenen Wj passivierten Pensionsrückstellung gewinnerhöhend aufzulösen („per Ertrag an Rückstellung"); andererseits sind die lfd Pensionsleistungen (voll) als BA abzusetzen (EStR 6a XXII; *BH/Stöckler* § 6a Rn. 465 f). Da die Auflösungsbeträge der Pensionsrückstellung idR niedriger als die Summe der geleisteten Pensionszahlungen sind, ergibt sich per Saldo eine lfd Gewinnminderung. Zu einer (ggf anteilig) gewinnerhöhenden Auflösung kann es kommen, wenn *(a)* die Pensionsverpflichtung (zB infolge Verzichts oder Abfindung; dazu *Fuhrmann* StbJb 09/10, 291 (304, 314); *Perwein* GmbHR 10, 523) wegfällt, *(b)* sie herabgesetzt wird oder *(c)* sie sich aus einem sonstigen Grund mindert. Zur Unterscheidung nach der Art des Fehlers vgl BFH I R 74/06, BStBl II 08, 277, mit krit Anm *Weber-Grellet* StuB 08, 105; *Briese* StuB 08, 857. – Bei fehlender Erdienbarkeit (zB wegen vorzeitigen Ausscheidens) ist die Rückstellung nicht aufzulösen, aber vGA (BFH I R 76/13, BStBl II 15, 665). – Bei **sog technischen Rentnern** (Weiterarbeit, ohne Pension zu beziehen; EStR 6a XXII 2; → Rn. 58) ist die Pensionsrückstellung wiederum iHd Unterschiedsbetrags aufzulösen; erst wenn mit den Pensionszahlungen begonnen wird, sind diese als BA abziehbar. 66

b) Weitere Fälle. Die Pensionsrückstellung ist auch aufzulösen, wenn der StPfl eine **DirektVers** zugunsten des ArbN abschließt und durch diese der Anspruch aus der Pensionszusage abgedeckt wird. Dasselbe gilt, wenn der StPfl zunächst eine **Rückdeckungsversicherung** abschließt und dem ArbN nach Abschluss der Versicherung den Anspruch auf die Versicherungsleistung abtritt (vgl EStR 6a XXIII). Eine Verpflichtung zur Auflösung ergibt sich ferner, wenn die Voraussetzungen der Rückstellungsbildung zunächst zu Unrecht bejaht wurden (vgl BFH I R 37/02, BStBl II 04, 121: Auflösung wegen mangelnder Einhaltung der Schriftform). 67

c) Veräußerung eines Unternehmens. Die Rückstellung geht auf den Erwerber über (→ Rn. 55); bei Veräußerung von GmbH-Anteilen ändert sich prinzipiell nichts. Bei Betriebsaufgabe mindert die Rückstellung den Aufgabegewinn, die Verpflichtung bleibt. Dies gilt entspr bei Liquidation einer GmbH (*Ott* StuB 16, 214; s auch § 4 IV BetrAVG). Bei Insolvenz tritt der PSV ein (§ 7 I BetrAVG). Zur Umwandlung → Rn. 30 f. – Übertragung (Ausgliederung; Auslagerung; Ausfinanzierung; 68

Outsourcing) der Verpflichtung auf **RentnerGes** ist mögl (BAG 3 AZR 298/13, BetrAV 14, 6 67; *Hohenstein* BBP 25, 248; → Rn. 69); zur Ausgliederung BFH I R 28/11, BStBl II 17, 1265; auch → Rn. 33.

2. Abfindung (Ablösung), Auslagerung

Schrifttum: *Ott,* Verzicht und Abfindung von Pensionsanwartschaften …, DStR 15, 2262; *Neufang ua,* Pensionszusagen – Maßnahmen zur Entsorgung, BB 17, 1559; *Bahlinger/Katemann,* Die Auslagerung der Pensionszusage …, DB 23, 2587; *Skalecki/Drees,* Die Abfindung von Pensionszusagen …, DStR 23, 2529, *Werner,* Die Aufhebung von Versorgungszusagen …, BB 24, 820..

69 Um sich von den (ggf negativen) Auswirkungen einer gewährten Pensionszusage zu befreien, besteht die Möglichkeit, die Pensionszusage abzufinden. Damit verliert der ArbN zwar seinen Anspruch auf die betriebl Altersversorgung; im Gegenzug wird er jedoch iHd Rechtsverlustes wertgleich entschädigt und bezieht ggf § 19-Einkünfte (BFH VI R 46/13, BFH/NV 17, 16; *BMF* BStBl I 17, 883; *Huth* BetrAV 14, 110, auch zu Besonderheiten beim Ges'ter-Geschäftsführer; *Lutz/Lutz* StB 16, 213; *Ott* StuB 17, 795). Gängige Varianten der **Auslagerung** sind die Rentner-GmbH, der Asset Deal und die Ausgliederung (*Bahlinger/Katemann* DB 23, 2587; *Werner* BB 24, 820). Auf Verlangen des ArbN veranlasste Schuldübernahme durch Dritten führt nicht zum Zufluss, wenn ArbN keinen Auszahlungsanspruch an sich selbst hat (BFH VI R 18/13, BStBl II 17, 730; *BMF* BStBl I 17, 883; *Fuhrmann* BeSt 17, 1; *Selig-Kraft* BB 17, 919; *Ott* DStZ 17, 435); auf Seiten der Ges sind → Rn. 55 und → Rn. 66 zu beachten. – Eine Kapitalabfindung der Pensionszusage an den beherrschenden Ges'tergeschäftsführer einer GmbH kann zu einer vGA führen (BFH I R 28/13, BStBl II 14, 726; zR krit *Janssen* GStB 14, 402; → Rn. 28), nicht bei betriebl Veranlassung iZm Krisenbeseitigung (BFH VIII R 17/23, DStR 25, 2952). Entscheidend ist mE, ob die Rückstellung als solche betriebl veranlasst war, die Auszahlung (Rente oder Abfindung) ist vGA-rechtl irrelevant (allenfalls Zinsvorteil); die betriebl Veranlassung einer Pensionszusage wird nicht durch die vorzeitige Abfindung beseitigt. Die Übertragung einer Pensionsverpflichtung auf einen Pensionsfonds führt nicht zu einer vGA (HessFG DStRE 20, 335).

3. Verzicht

Schrifttum: *Ott,* Verzicht/Abfindung von Pensionsanwartschaften …, DStR 15, 2262; *Lutz/Lutz,* Exit-Strategien …, StB 16, 213; *Selig-Kraft,* Steuerl Fallstricke …, BB 17, 159, 919; *Neufang ua,* Pensionszusagen – Maßnahmen zur Entsorgung, BB 17, 1559; *Mohr/Mund,* Der Verzicht als Entledigungsmöglichkeit von Pensionszusagen …, DB 23, 2136.

Verwaltung: *BMF* BStBl I 12, 874; *OFD Ffm* DB 11, 501; *OFD Nds* DB 11, 1778.

70 **a) Veranlassung.** Der Verzicht soll betriebl veranlasst sein, wenn die Zusage im Zeitpunkt des Verzichts nicht finanzierbar war und wenn auch ein Fremdgeschäftsführer verzichtet hätte (*OFD Ffm* DB 10, 2584, DB 11, 501); zur betriebl oder gesellschaftl Veranlassung des Verzichts s *Demuth/Fuhrmann* KÖSDI 11, 17618; *Mohr/Mund* DB 23, 2136.

71 **b) Wirkungen.** Der **Verzicht des Ges'tergeschäftsführers** verlangt eine Korrektur des bisherigen Ausweises und bewirkt (*FM NRW* DB 10, 587; *OFD Ffm* DB 11, 501; zum Ges'terVerzicht allg *Weber-Grellet* DB 24, 2519 (2523)): – ***(1)* Gesellschaftl veranlasster Verzicht.** Beim schlichten Ges'ter-Pensionsverzicht verfügt der Ges'ter aus gesellschaftl Veranlassung über seinen Pensionsanspruch: *(a)* Bei der Ges: per Rückstellung an Einlage (= **neutrale** Auflösung der Rückstellung; *Huth* BetrAV 14, 110; FG Ddorf EFG 25, 1032, rkr); – *(b)* Beim Ges'ter: verdeckte Einlage und (§ 19-)Einnahme (Verfügung über den Pensionsanspruch; Zufluss; BFH VI R 4/16, BStBl II 18, 208; *Selig-Kraft* BB 17, 159; krit *Briese* BB 14, 1567; *ders* DStR 17, 2135; *Otto* GmbHR 18, 549). – ***(2)* Betriebl veranlasster Verzicht.** – *(a)* Bei der Ges: per Verbindlichkeit an Ertrag **(Aufwandsstornierung);** –

(b) Beim Ges'ter: kein Lohnzufluss, keine AK (*Selig-Kraft* BB 17, 159). – Die Einlage bei der Ges und der Zufluss beim Ges'ter können unterschiedl hoch sein (*Schothöfer* DStR 12, 548).

c) Verzicht auf „past service" und auf „future service". Der Verzicht auf den (erdienten) „past service" kann uU Fremdvergleich standhalten (FG BaWü EFG 25, 312, Rev VIII R 19/24). – Der (bloße) Verzicht auf den „future service" (→ Rn. 1) verbietet weitere Zuführungen zur Rückstellung bei der GmbH; für den Ges'tergeschäftsführer ist der Verzicht iR steuerl folgenlos, sofern der Verzicht nicht bereits erdiente Anteile erfasst (*BMF* BStBl I 12, 874 mit Beispiel; *OFD Nds* DB 11, 1778; *Schulenburg ua* BetrAV 16, 208; *Selig-Kraft* BB 17, 159; *Neufang ua* BB 17, 1559). 72

d) Verzicht mit Gegenleistung. Dieser Fall (zB gegen Abtretung des Rückkaufwertes einer bestehenden Rückdeckungsversicherung; → Rn. 69) führt bei der Ges zur Gewinnerhöhung wegen Rückstellungswegfalls und zur Gewinnminderung durch Wegfall des Versicherungsanspruchs. Zu Gestaltungsmöglichkeiten aus Sicht des Verzichtenden durch Vereinbarung eines Renten- oder Kapitalwahlrechts s *Daragan* DStR 03, 1870 oder durch Übertragung auf einen Pensionsfonds s *Neufang ua* BB 17, 1559. – Zum Verzicht (und Alternativen) wegen Vermeidung einer Überschuldung (infolge Höherbewertung nach BilMoG) *Harle* NWB 10, 1675. 73

e) Verzicht auf verfallbare Anwartschaft iRe Anteilsveräußerung. Dieser führt zu einer Einkommenserhöhung bei der KapGes (keine verdeckte Einlage bzw Bewertung mit 0 €); die entspr Rückstellung ist gewinnerhöhend aufzulösen (BFH I R 62/10, BB 11, 2673; *Trossen* GmbH-StB 11, 357). 74

VII. Pensionsrückstellung bei anderem Rechtsverhältnis, § 6a V

Die Pensionsverpflichtung muss iRe ArbVerh oder eines anderen Rechtsverhältnisses (§ 6a V), vermöge dessen der Zusageempfänger für das Unternehmen tätig wird oder geworden ist (zB Dienst-/Werk-/Geschäftsbesorgungsvertrag, Geschäftsführung ohne Auftrag), begründet worden sein (so auch *Höfer* BetrAVG Kap 2 Rn. 693, 41 f; *BH/Stöckler* § 6a Rn. 449); ähnl § 17 I 2 BetrAVG. § 6a V gilt für alle Pensionsleistungen, auch für eine nicht dem BetrAVG unterliegende Entgeltumwandlungszusage (BFH XI R 9/19, BStBl II 20, 802). 75

§ 6b Übertragung stiller Reserven bei der Veräußerung bestimmter Anlagegüter

(1) [1]**Steuerpflichtige, die**

Grund und Boden,

Aufwuchs auf Grund und Boden mit dem dazugehörigen Grund und Boden, wenn der Aufwuchs zu einem land- und forstwirtschaftlichen Betriebsvermögen gehört,

Gebäude oder Binnenschiffe

veräußern, können im Wirtschaftsjahr der Veräußerung von den Anschaffungs- oder Herstellungskosten der in Satz 2 bezeichneten Wirtschaftsgüter, die im Wirtschaftsjahr der Veräußerung oder im vorangegangenen Wirtschaftsjahr angeschafft oder hergestellt worden sind, einen Betrag bis zur Höhe des bei der Veräußerung entstandenen Gewinns abziehen. [2]Der Abzug ist zulässig bei den Anschaffungs- oder Herstellungskosten von

1. Grund und Boden,
soweit der Gewinn bei der Veräußerung von Grund und Boden entstanden ist,
2. Aufwuchs auf Grund und Boden mit dem dazugehörigen Grund und Boden, wenn der Aufwuchs zu einem land- und forstwirtschaftlichen Betriebsvermögen gehört,

soweit der Gewinn bei der Veräußerung von Grund und Boden oder der Veräußerung von Aufwuchs auf Grund und Boden mit dem dazugehörigen Grund und Boden entstanden ist,

3. **Gebäuden,**
soweit der Gewinn bei der Veräußerung von Grund und Boden, von Aufwuchs auf Grund und Boden mit dem dazugehörigen Grund und Boden oder Gebäuden entstanden ist, oder
4. **Binnenschiffen,**
soweit der Gewinn bei der Veräußerung von Binnenschiffen entstanden ist.

[3]Der Anschaffung oder Herstellung von Gebäuden steht ihre Erweiterung, ihr Ausbau oder ihr Umbau gleich. [4]Der Abzug ist in diesem Fall nur von dem Aufwand für die Erweiterung, den Ausbau oder den Umbau der Gebäude zulässig.

(2) **[1]Gewinn im Sinne des Absatzes 1 Satz 1 ist der Betrag, um den der Veräußerungspreis nach Abzug der Veräußerungskosten den Buchwert übersteigt, mit dem das veräußerte Wirtschaftsgut im Zeitpunkt der Veräußerung anzusetzen gewesen wäre. [2]Buchwert ist der Wert, mit dem ein Wirtschaftsgut nach § 6 anzusetzen ist.**

(2a) **[1]Werden im Wirtschaftsjahr der Veräußerung der in Absatz 1 Satz 1 bezeichneten Wirtschaftsgüter oder in den folgenden vier Wirtschaftsjahren in Absatz 1 Satz 2 bezeichnete Wirtschaftsgüter angeschafft oder hergestellt oder sind sie in dem der Veräußerung vorangegangenen Wirtschaftsjahr angeschafft oder hergestellt worden, die einem Betriebsvermögen des Steuerpflichtigen in einem anderen Mitgliedstaat der Europäischen Union oder des Europäischen Wirtschaftsraums zuzuordnen sind, kann auf Antrag des Steuerpflichtigen die festgesetzte Steuer, die auf den Gewinn im Sinne des Absatzes 2 entfällt, in fünf gleichen Jahresraten entrichtet werden; die Frist von vier Jahren verlängert sich bei neu hergestellten Gebäuden auf sechs Jahre, wenn mit ihrer Herstellung vor dem Schluss des vierten auf die Veräußerung folgenden Wirtschaftsjahres begonnen worden ist. [2]Der Antrag kann nur im Wirtschaftsjahr der Veräußerung der in Absatz 1 Satz 1 bezeichneten Wirtschaftsgüter gestellt werden. [3]§ 36 Absatz 5 Satz 2 bis 5 ist sinngemäß anzuwenden. [4]Unterbleibt der Nachweis einer in Satz 1 genannten Anschaffung oder Herstellung durch den Steuerpflichtigen, sind für die Dauer des durch die Ratenzahlung gewährten Zahlungsaufschubs Zinsen in entsprechender Anwendung des § 234 der Abgabenordnung zu erheben. [5]Unterschreiten die Anschaffungs- oder Herstellungskosten der angeschafften oder hergestellten Wirtschaftsgüter den Gewinn im Sinne des Absatzes 2, gilt Satz 4 mit der Maßgabe, dass die Zinsen nur auf den Unterschiedsbetrag erhoben werden. [6]Bei der Zinsberechnung ist davon auszugehen, dass der Unterschiedsbetrag anteilig auf alle Jahresraten entfällt. [7]Zu den nach Satz 1 angeschafften oder hergestellten Wirtschaftsgütern gehören auch die einem Betriebsvermögen des Steuerpflichtigen im Vereinigten Königreich Großbritannien und Nordirland zuzuordnenden Wirtschaftsgüter, soweit der Antrag nach Satz 1 vor dem Zeitpunkt gestellt worden ist, ab dem das Vereinigte Königreich Großbritannien und Nordirland nicht mehr Mitgliedstaat der Europäischen Union ist und auch nicht wie ein solcher zu behandeln ist.**

(3) **[1]Soweit Steuerpflichtige den Abzug nach Absatz 1 nicht vorgenommen haben, können sie im Wirtschaftsjahr der Veräußerung eine den steuerlichen Gewinn mindernde Rücklage bilden. [2]Bis zur Höhe dieser Rücklage können sie von den Anschaffungs- oder Herstellungskosten der in Absatz 1 Satz 2 bezeichneten Wirtschaftsgüter, die in den folgenden vier Wirtschaftsjahren angeschafft oder hergestellt worden sind, im Wirtschaftsjahr ihrer Anschaffung oder Herstellung einen Betrag unter Berücksichtigung der Einschränkungen des Absatzes 1 Satz 2 bis 4 abziehen. [3]Die Frist von vier Jahren verlängert sich bei neu hergestellten Gebäuden auf sechs Jahre, wenn mit ihrer Herstellung vor dem Schluss des vierten auf die Bil-**

dung der Rücklage folgenden Wirtschaftsjahres begonnen worden ist. [4]Die Rücklage ist in Höhe des abgezogenen Betrags gewinnerhöhend aufzulösen. [5]Ist eine Rücklage am Schluss des vierten auf ihre Bildung folgenden Wirtschaftsjahres noch vorhanden, so ist sie in diesem Zeitpunkt gewinnerhöhend aufzulösen, soweit nicht ein Abzug von den Herstellungskosten von Gebäuden in Betracht kommt, mit deren Herstellung bis zu diesem Zeitpunkt begonnen worden ist; ist die Rücklage am Schluss des sechsten auf ihre Bildung folgenden Wirtschaftsjahres noch vorhanden, so ist sie in diesem Zeitpunkt gewinnerhöhend aufzulösen.

(4) **[1]Voraussetzung für die Anwendung der Absätze 1 und 3 ist, dass**

1. **der Steuerpflichtige den Gewinn nach § 4 Absatz 1 oder § 5 ermittelt,**
2. **die veräußerten Wirtschaftsgüter im Zeitpunkt der Veräußerung mindestens sechs Jahre ununterbrochen zum Anlagevermögen einer inländischen Betriebsstätte gehört haben,**
3. **die angeschafften oder hergestellten Wirtschaftsgüter zum Anlagevermögen einer inländischen Betriebsstätte gehören,**
4. **der bei der Veräußerung entstandene Gewinn bei der Ermittlung des im Inland steuerpflichtigen Gewinns nicht außer Ansatz bleibt und**
5. **der Abzug nach Absatz 1 und die Bildung und Auflösung der Rücklage nach Absatz 3 in der Buchführung verfolgt werden können.**

[2]Der Abzug nach den Absätzen 1 und 3 ist bei Wirtschaftsgütern, die zu einem land- und forstwirtschaftlichen Betrieb gehören oder der selbständigen Arbeit dienen, nicht zulässig, wenn der Gewinn bei der Veräußerung von Wirtschaftsgütern eines Gewerbebetriebs entstanden ist.

(5) **An die Stelle der Anschaffungs- oder Herstellungskosten im Sinne des Absatzes 1 tritt in den Fällen, in denen das Wirtschaftsgut im Wirtschaftsjahr vor der Veräußerung angeschafft oder hergestellt worden ist, der Buchwert am Schluss des Wirtschaftsjahres der Anschaffung oder Herstellung.**

(6) **[1]Ist ein Betrag nach Absatz 1 oder 3 abgezogen worden, so tritt für die Absetzungen für Abnutzung oder Substanzverringerung oder in den Fällen des § 6 Absatz 2 und Absatz 2a im Wirtschaftsjahr des Abzugs der verbleibende Betrag an die Stelle der Anschaffungs- oder Herstellungskosten. [2]In den Fällen des § 7 Absatz 4 Satz 1, Absatz 5 und 5a sind die um den Abzugsbetrag nach Absatz 1 oder 3 geminderten Anschaffungs- oder Herstellungskosten maßgebend.**

(7) **Soweit eine nach Absatz 3 Satz 1 gebildete Rücklage gewinnerhöhend aufgelöst wird, ohne dass ein entsprechender Betrag nach Absatz 3 abgezogen wird, ist der Gewinn des Wirtschaftsjahres, in dem die Rücklage aufgelöst wird, für jedes volle Wirtschaftsjahr, in dem die Rücklage bestanden hat, um 6 Prozent des aufgelösten Rücklagenbetrags zu erhöhen.**

(8) **[1]Werden Wirtschaftsgüter im Sinne des Absatzes 1 zum Zweck der Vorbereitung oder Durchführung von städtebaulichen Sanierungs- oder Entwicklungsmaßnahmen an einen der in Satz 2 bezeichneten Erwerber übertragen, sind die Absätze 1 bis 7 mit der Maßgabe anzuwenden, dass**

1. **die Fristen des Absatzes 3 Satz 2, 3 und 5 sich jeweils um drei Jahre verlängern und**
2. **an die Stelle der in Absatz 4 Nummer 2 bezeichneten Frist von sechs Jahren eine Frist von zwei Jahren tritt.**

[2]Erwerber im Sinne des Satzes 1 sind Gebietskörperschaften, Gemeindeverbände, Verbände im Sinne des § 166 Absatz 4 des Baugesetzbuchs, Planungsverbände nach § 205 des Baugesetzbuchs, Sanierungsträger nach § 157 des Baugesetzbuchs, Entwicklungsträger nach § 167 des Baugesetzbuchs sowie Erwerber, die städtebauliche Sanierungsmaßnahmen als Eigentümer selbst durchführen (§ 147 Absatz 2 und § 148 Absatz 1 Baugesetzbuch).

(9) **Absatz 8 ist nur anzuwenden, wenn die nach Landesrecht zuständige Behörde bescheinigt, dass die Übertragung der Wirtschaftsgüter zum Zweck der Vorbereitung oder Durchführung von städtebaulichen Sanierungs- oder Entwicklungsmaßnahmen an einen der in Absatz 8 Satz 2 bezeichneten Erwerber erfolgt ist.**

(10) **[1]Steuerpflichtige, die keine Körperschaften, Personenvereinigungen oder Vermögensmassen sind, können Gewinne aus der Veräußerung von Anteilen an Kapitalgesellschaften bis zu einem Betrag von *2 000 000 Euro* auf die im Wirtschaftsjahr der Veräußerung oder in den folgenden zwei Wirtschaftsjahren angeschafften Anteile an Kapitalgesellschaften oder angeschafften oder hergestellten abnutzbaren beweglichen Wirtschaftsgüter oder auf die im Wirtschaftsjahr der Veräußerung oder in den folgenden vier Wirtschaftsjahren angeschafften oder hergestellten Gebäude nach Maßgabe der Sätze 2 bis 10 übertragen. [2]Wird der Gewinn im Jahr der Veräußerung auf Gebäude oder abnutzbare bewegliche Wirtschaftsgüter übertragen, so kann ein Betrag bis zur Höhe des bei der Veräußerung entstandenen und nicht nach § 3 Nummer 40 Satz 1 Buchstabe a und b in Verbindung mit § 3c Absatz 2 steuerbefreiten Betrags von den Anschaffungs- oder Herstellungskosten für Gebäude oder abnutzbare bewegliche Wirtschaftsgüter abgezogen werden. [3]Wird der Gewinn im Jahr der Veräußerung auf Anteile an Kapitalgesellschaften übertragen, mindern sich die Anschaffungskosten der Anteile an Kapitalgesellschaften in Höhe des Veräußerungsgewinns einschließlich des nach § 3 Nummer 40 Satz 1 Buchstabe a und b in Verbindung mit § 3c Absatz 2 steuerbefreiten Betrags. [4]Absatz 2, Absatz 4 Satz 1 Nummer 1, 2, 3, 5 und Satz 2 sowie *Absatz 6* sind sinngemäß anzuwenden. [5]Soweit Steuerpflichtige den Abzug nach den Sätzen 1 bis 4 nicht vorgenommen haben, können sie eine Rücklage nach Maßgabe des Satzes 1 einschließlich des nach § 3 Nummer 40 Satz 1 Buchstabe a und b in Verbindung mit § 3c Absatz 2 steuerbefreiten Betrags bilden. [6]Bei der Auflösung der Rücklage gelten die Sätze 2 und 3 sinngemäß. [7]Im Fall des Satzes 2 ist die Rücklage in gleicher Höhe um den nach § 3 Nummer 40 Satz 1 Buchstabe a und b in Verbindung mit § 3c Absatz 2 steuerbefreiten Betrag aufzulösen. [8]Ist eine Rücklage am Schluss des vierten auf ihre Bildung folgenden Wirtschaftsjahres noch vorhanden, so ist sie in diesem Zeitpunkt gewinnerhöhend aufzulösen. [9]Soweit der Abzug nach Satz 6 nicht vorgenommen wurde, ist der Gewinn des Wirtschaftsjahres, in dem die Rücklage aufgelöst wird, für jedes volle Wirtschaftsjahr, in dem die Rücklage bestanden hat, um 6 Prozent des nicht nach § 3 Nummer 40 Satz 1 Buchstabe a und b in Verbindung mit § 3c Absatz 2 steuerbefreiten aufgelösten Rücklagenbetrags zu erhöhen. [10]Für die zum Gesamthandsvermögen von Personengesellschaften oder Gemeinschaften gehörenden Anteile an Kapitalgesellschaften gelten die Sätze 1 bis 9 nur, soweit an den Personengesellschaften und Gemeinschaften keine Körperschaften, Personenvereinigungen oder Vermögensmassen beteiligt sind.**

Einkommensteuer-Richtlinien: EStR 6b.1–6b.3/EStH 6b.1–6b.4 – **Verwaltungsanweisungen:** *BMF* BStBl I 08, 495 (bis VZ 08); *BMF* BStBl I 94, 854 (bis VZ 12); *BMF* BStBl I 79, 223.

Übersicht

I. Allgemeines

1. Bedeutung; Aufbau. Gem § 6b (und § 6c) darf der StPfl **stille Reserven,** die 1
bei der (entgeltl) Veräußerung *bestimmter* Anlagegüter aufgedeckt worden sind, bei der Anschaffung oder Herstellung anderer *bestimmter* Anlagegüter **stfrei übertragen** (Beschränkung des Realisationsprinzips, → § 5 Rn. 78). Die Übertragung kann auf zweierlei Art erfolgen: Zum einen kann der StPfl den Veräußerungsgewinn bei Anschaffung/Herstellung anderer WG im Wj der Veräußerung **von den AK/HK abziehen (§ 6b I).** Die Ermittlung des Veräußerungsgewinns regelt **§ 6b II;** für Reinvestitionen im EU-/EWR-Raum sieht **§ 6b IIa** ein Wahlrecht zur Verteilung der anfallenden

Steuer auf 5 Jahre vor (seit 2015). Zum andern kann der StPfl eine gewinnmindernde **Rücklage** bilden und auf WG übertragen, die er in den folgenden vier bzw sechs Wj anschafft **(§ 6b III).** Beide Möglichkeiten sind an weitere Voraussetzungen geknüpft, ua Gewinnermittlung nach § 4 I/§ 5 **(§ 6b IV).** Sollen stille Reserven auf WG übertragen werden, die in dem der Veräußerung *vorangegangenen* Wj angeschafft worden sind, müssen die AK/HK angepasst werden **(§ 6b V).** Die Übertragung stiller Reserven auf die AK/HK eines neu angeschafften WG mindert die Bemessungsgrundlage für AfA und SonderAfA **(§ 6b VI).** Werden in die Rücklage eingestellte stille Reserven letztl nicht für Reinvestitionen verwendet, fällt mit der Auflösung ein Gewinnzuschlag an **(§ 6b VII).** Für Investitionen iZm städtebaul Sanierungs-/Entwicklungsmaßnahmen gelten verlängerte Fristen **(§ 6b VIII, IX).** Natürl Personen können Gewinne aus der Veräußerung von KapGes-Anteilen iHv 2 Mio. € auf bestimmte andere WG übertragen, ohne die Gewinne nach dem Teileinkünfteverfahren versteuern zu müssen **(§ 6b X).**

Zweck der Regelung ist es, Unternehmen *ökonomisch sinnvolle Anpassungen* von Produktion, Vertrieb und Standort (zB durch Verlagerung) etc an strukturelle Veränderungen zu erleichtern und eine Substanzbesteuerung von AV zu vermeiden (BT-Drs IV/2400, 62; BFH IV R 4/09, BStBl II 14, 443 Rn. 18). Die Begünstigung der Veräußerung von Binnenschiffen gem § 6b I 2 Nr 4 soll die Konkurrenzfähigkeit der dt Binnenschifffahrt fördern (BT-Drs 16/643, 9). Zu § 6b X → Rn. 93. – **Stundungseffekt:** Die Versteuerung der aufgedeckten stillen Reserven wird nur hinausgeschoben, nicht beseitigt. Sie wird bei Übertragung auf *nicht abnutzbare* WG des AV im Zeitpunkt einer späteren Veräußerung oder Entnahme nachgeholt; bei Übertragung auf *abnutzbare* WG des AV erfolgt sie über die nach § 6b VI geminderte AfA-Bemessungsgrundlage. Werden die aufgedeckten stillen Reserven nicht auf ein anderes WG übertragen, kommt es bei Auflösung der Rücklage zur Versteuerung (mit *Gewinnzuschlag*).

2 **2. Persönlicher Anwendungsbereich.** § 6b gilt für alle **natürl Personen,** die im Inl unbeschr oder beschr stpfl sind und ihren Gewinn nach § 4 I oder § 5 ermitteln (→ Rn. 66; für Gewinnermittlung nach § 4 III s § 6c). Die Regelung gilt ferner, mit Ausnahme von § 6b X (→ Rn. 94), auch für **juristische Personen** (§ 8 I KStG). Zu **PersGes** → Rn. 4.

3 **a) Personenbezogene Steuervergünstigung.** Veräußernder und reinvestierender StPfl müssen **identisch** sein. Die Überführung des WG zw verschiedenen BV desselben StPfl ist grds zulässig (→ Rn. 78; aber → Rn. 81), eine Übertragung zw Ehegatten hingegen nicht. Geht ein (Teil-)Betrieb unentgeltl zB durch **Schenkung** oder **Erbgang** auf einen anderen StPfl über, tritt der Rechtsnachfolger auch in die Rechte und Pflichten nach § 6b ein (§ 6 III). Die nach § 6b gebildete Rücklage ist ausschließl beim Rechtsnachfolger zu erfassen (BFH VI R 50/16, BStBl II 19, 313 Rn. 30 mwN; BFH IV R 9/06, BStBl II 10, 664). Die Besitzzeiten des Rechtsvorgängers werden angerechnet (BFH IV R 61/93, BStBl II 95, 367; → Rn. 74). Dagegen schließen **entgeltl Veräußerungsgeschäfte** den Übergang der Rechte nach § 6b, insb auch die Besitzzeitanrechnung, aus (BFH IV R 136/77, BStBl II 81, 84).

Bei **Verpachtung** eines Betriebs kann der Verpächter, der keine Betriebsaufgabe erklärt hat, nach Veräußerung von (mitverpachteten) WG § 6b in Anspruch nehmen (Konsequenz aus BFH GrS 1/63, S BStBl III 64, 124; auch → § 6c Rn. 2 und → § 16 Rn. 186); zur Reinvestition durch den Verpächter s BFH IV R 10/09, BStBl II 12, 93. Bei **BetrAufsp** (→ Rn. 75) und **Organschaft** sind die verbundenen Unternehmen je für sich § 6b-berechtigt. Zu **Einbringung** und **Umwandlung** → Rn. 28 und 77. Zu **Realgemeinde** s BFH IV R 331/84, BStBl II 87, 169 (wie PersGes) und BFH IV R 298/83, BStBl II 88, 885 (Reinvestition).

4 **b) Personengesellschaft; Gemeinschaft.** Für Veräußerungen nach dem 31.12.01 gilt wieder die sog **gesellschafterbezogene Betrachtungsweise:** Nicht die Ges/Gemeinschaft, sondern die daran beteiligten Personen (die auch den Veräußerungsgewinn zu versteuern hätten) können die Vergünstigung des § 6b in Anspruch nehmen (vgl BFH IV R 19/14, BStBl II 18, 575 Rn. 27; BFH VI R 50/16,

BStBl II 19, 313 Rn. 22). Das gilt auch weiterhin, trotz Aufgabe des Gesamthandsprinzips durch das **MoPeG** (BGBl I 21, 3436; klarstellend: § 39 II Nr 2 AO, → § 15 Rn. 166). – *Folgen:* Die einzelnen Voraussetzungen des § 6b sind für jeden Ges'ter gesondert zu prüfen. Veräußerungsgeschäfte zw Ges und Ges'ter können zu begünstigten Gewinnen iSd § 6b führen (→ Rn. 32). Die aufgedeckten stillen Reserven können zw den verschiedenen BV von Ges und Ges'tern übertragen werden (→ Rn. 43 ff).

Zu der vom 1.1.99 bis 31.12.01 geltenden „rechtsträger-" bzw **„gesellschaftsbezogenen" Betrachtungsweise** → 28. Aufl 2009, § 15 Rn. 417 f und BFH IV R 23/04, BStBl II 06, 538. Zu den mögl Folgen des Systemwechsels s BFH IV R 22/07, BFH/NV 11, 31. **Klagebefugnis** von PersGes und Ges'tern s BFH IV R 23/19, BFH/NV 22, 1325; BFH IV R 41/09, BStBl II 13, 313. **Verfahrensrechtl Umsetzung** s BFH IV R 7/19, BStBl II 23, 378.

3. Neuere Rechtsentwicklung. Der Höchstbetrag für die Veräußerung von KapGes-Anteilen in **§ 6b X 1** (→ Rn. 98) ist mit dem **StoFöG** (BGBl I 26 Nr. 33) auf **2 Mio €** erhöht worden (Ziel: Erleichterung von Investitionen in Venture-Capital, sog *Roll-Over,* s BT-Drs 21/2507, 97 und 202); die Regelung gilt für alle Gewinne aus der Veräußerung von KapGes-Anteilen, die in einem nach dem 9.2.26 beginnenden Wj entstanden sind (§ 52 XIV 7). Die Verweisung auf § 6b V in **§ 6b X 4** ist durch eine Verweisung auf § 6b VI ersetzt worden, mE mit Wirkung ab VZ 2026 (→ Rn. 97). 5

Zur Verlängerung der in § 6b III 2, 3 und 5, VIII 1 Nr 1 und X 1 und 8 genannten Fristen für alle nach dem 29.2.20 und vor dem 1.1.23 endenden Wj gem § 52 XIV 4-6 durch das **CoronaStHG IV** (BGBl I 22, 911) → 43. Aufl 2024, § 6b Rn. 5. **Seit 1.1.24** gelten wieder die gesetzl vorgesehenen Fristen. – S iÜ zur Rechtsentwicklung → 41. Aufl 2022, § 6b Rn. 5 und *BeckOK EStG* § 6b Rn. 10 ff.

4. Verfassungsrecht; Europarecht. Der Umstand, dass § 6b nur für bestimmte WG gilt, begründet keinen Verstoß gegen **Art 3 I GG** (BVerfG 1 BvR 74/75, HFR 75, 462). Unbedenkl ist auch die (nur) dreijährige Geltung der gesellschaftsbezogenen Betrachtungsweise von 1999–2001 (BFH IV R 23/04, BStBl II 06, 538; FG Köln EFG 12, 790, rkr; → Rn. 4). Der **Gewinnzuschlag** (§ 6b VII) ist **verfgemäß,** da die Inanspruchnahme des § 6b nur auf Antrag des StPfl erfolgt (Wahlrecht, → Rn. 12 und 56) und dieser die Zinshöhe damit bewusst in Kauf nimmt (BFH VI R 20/23, DStR 2025, 1573; zust *Kanzler* FR 25, 797 (800); **aA** *Jesse* FR 22, 1; *BeckOK EStG* § 6b Rn. 292a mwN; für eine gesetzl Anpassung: *Kanzler* NWB 21, 2500; s iÜ auch *Prinz/Ludwig* FR 19, 493). – § 6b entspricht **EU-Recht,** soweit unterschiedslos, dh ohne Rücksicht auf Ansässigkeit, allen Wirtschaftsteilnehmern die Übertragung stiller Reserven gestattet wird (EuGH C-156/98, BStBl II 02, 47 Tz 22: keine Beihilfe). Die Beschränkung auf Inlandsfälle in **§ 6b IV 1 Nr 3** hingegen war unionsrechtswidrig (EuGH C-591/13, DStR 15, 870; Anm *Kanzler* FR 15, 465, und *Hruschka* IStR 15, 368; BFH VI R 84/14, BStBl II 18, 171: Korrektur nur bei Erhebung, nicht bei Festsetzung); der Gesetzgeber hat zur Abhilfe ein Wahlrecht in **§ 6b IIa** geschaffen (→ Rn. 52). Im Hinblick auf **§ 6b IV 1 Nr 2** besteht die rechtswidrige Ungleichbehandlung fort; die EU-Kommission hat ein **weiteres Vertragsverletzungsverfahren** eingeleitet und Klage vor dem EuGH erhoben (am 23.6.25 – Az C-410/25; zutr *Kanzler* FR 17, 336: offenkundiger Verstoß gegen Niederlassungsfreiheit; *Kahle/Kopp* DStR 21, 1569 (1576 f); **aA** FG Mchn EFG 19, 1315 rkr, mE nicht überzeugend). Weitere Nachweise: → 41. Aufl 2022, § 6b Rn. 6 aE. 6

5. Verhältnis zu anderen Vorschriften. – a) Rücklage für Ersatzbeschaffung (RfE). § 6b EStG und **EStR 6.6** stehen selbstständig nebeneinander. Die RfE ist nicht auf bestimmte WG beschränkt und erfasst auch UV, setzt aber eine (Zwangs-) Realisierung der stillen Reserven infolge höherer Gewalt oder behördl Eingriffs voraus (→ § 6 Rn. 101 ff). Für Strukturanpassungen und dadurch bedingte Verkäufe gilt ausschließl § 6b (Abgrenzung: BFH VIII R 24/91, BFH/NV 93, 461; BFH 7

X R 85/87, BStBl II 91, 222). Sind die Voraussetzungen für beide Rechtsinstitute erfüllt, kann der StPfl wählen, von welcher Möglichkeit er Gebrauch machen will (**aA** *Kanzler* FR 24, 197 (201)). Zur ergänzenden Inanspruchnahme s *Hoffmann* GmbH-StB 09, 87 (mE zutr).

8 **b) Tarifermäßigung, § 34.** Zu **Veräußerungsgewinnen** (§§ 14, 16, 18 III) → § 16 Rn. 91 und → § 34 Rn. 27; zur Auswirkung von § 6b auf § 16 IV (ggf iVm § 14 S 2 und § 18 III 2) → § 16 Rn. 577. – Wird die in einem früheren Wj gebildete Rücklage iRe **Betriebsaufgabe/-veräußerung** aufgelöst, erhöht dies den ermäßigt zu versteuernden Gewinn (→ § 16 Rn. 309; EStR 6b.2 X 5). Zur Fortführung der Rücklage nach Betriebsveräußerung/-aufgabe → Rn. 63 und → § 16 Rn. 91 und 351 sowie EStR 6b.2 X 3.

9 **c) Billigkeitsmaßnahmen.** Da § 6b, § 6c selbst Billigkeitscharakter haben, kommen bei deren Anwendung Billigkeitsmaßnahmen (§ 163 AO) grds nicht in Betracht. Daher kann die Reinvestitionsfrist nicht aus Billigkeitsgründen verlängert werden, wenn der StPfl aus betriebl/persönl Gründen keine rechtzeitige Reinvestition vornehmen konnte (zB Liquiditätsschwierigkeiten bei langfristiger Stundung der Kaufpreisforderung).

Billigkeitsmaßnahmen kommen dagegen in Betracht, wenn der StPfl zB auf Grund eines **rechtswidrigen behördl Eingriffs** gehindert ist, ein neues WG rechtzeitig anzuschaffen oder herzustellen (Folgenbeseitigung) oder wenn es darum geht, die nachteiligen Folgen einer **mittelbaren Grundstücksschenkung** zu beseitigen (BFH IV R 9/06, BStBl II 10, 664; s aber auch NdsFG EFG 16, 3, rkr: keine Ermessensreduzierung auf null).

10 **d) Sonstige Vorschriften.** Verhältnis zu **§ 3a** s *Kahlert/Schmidt* DStR 17, 1897 und → § 3a Rn. 35; zu **§ 4 IVa** s BFH IV R 8/21, BStBl II 24, 110 (Rücklage ist kein „einlagefähiges" WG); zu **§ 6c** → Rn. 66. Abzug und Rücklagenbildung nach § 6b schließen Tarifermäßigung nach **§ 34b** für verbleibenden Gewinn nicht aus. – Ist ein Gewinn aus der Veräußerung eines (Teil-)Betriebs (teilweise) Veräußerungsgewinn iSd § 6b, kann diese Begünstigung nur für den Teil in Anspruch genommen werden, der über die **Freibeträge** der **§§ 13 III, 14 S 2, 16 IV, 18 III** hinausgeht (→ Rn. 79); umgekehrt schließt die Rücklagenbildung die Inanspruchnahme eines Freibetrags aus (BFH IV R 6/07, BFH/NV 09, 1989). Zu **§ 14a V** s BFH IV R 48/05, BFH/NV 07, 1864; zu **§ 15a** s BFH IV R 24/22, BStBl II 25, 188 (Minderung des Kapkto, → § 15a Rn. 41; *Graw* DB 25, 492).

Zur Kürzung des Veräußerungsgewinns nach **§ 9 Nr 1 S 2 GewStG** bei Auflösung einer § 6b-Rücklage s BFH I R 17/99, BStBl II 01, 251. Zur Auswirkung auf den **Streitwert** gem § 52 III 2 GKG s BFH VI S 12/17, BFH/NV 18, 1090.

II. Steuerfreie Übertragung, § 6b I–IX

12 **1. Wahlrecht.** § 6b I 1 und III 1 („können") begründen Bilanzierungswahlrechte (BFH IV R 7/19, BStBl II 23, 378 Rn. 54; BFH VI R 68/15, BStBl II 19, 128 Rn. 24). Die Ausübung setzt voraus, dass der StPfl **in seiner StB** zunächst einen Gewinn erklärt, der sodann über den Abzug von den AK/HK (→ Rn. 39) oder durch Rücklagenbildung (→ Rn. 56) neutralisiert wird. Ein Ausweis (nur) in den Buchführungskonten oder sonstigen Unterlagen genügt nicht (BFH I R 152–153/85, BStBl II 90, 426; SchlHFG EFG 25, 180, rkr). Zur freiwilligen Auflösung → Rn. 62. – **Zeitpunkt:** bis zum Eintritt der formellen Bestandskraft der StFestsetzung, auch noch nach Ergehen eines Urteils in der Tatsacheninstanz bis zum Ablauf der Rechtsmittelfrist; die erforderl Dokumentation kann nachgeholt werden (s BFH VI R 22/20, BStBl II 23, 384 Rn. 55 mwN). Zum Zeitpunkt der Rücklagenbildung auch → Rn. 58. – Sollen Abzug oder Rücklagenbildung **in einem anderen Betrieb** erfolgen, muss das Wahlrecht in der StB desjenigen Betriebs ausgeübt werden, in dem

der Veräußerungsgewinn angefallen ist (BFH XI R 39/18, BStBl II 21, 517 Rn. 18; BFH IV R 7/19, BStBl II 23, 378: kein Grundlagenbescheid); über die Frage, ob und in welchem Umfang eine Reinvestition vorgenommen werden soll, entscheidet in diesem Fall der reinvestierende Betrieb (BFH IV R 7/19, BStBl II 23, 378 Rn. 54 und 61: ohne Bindungswirkung für den veräußernden Betrieb; s auch *Stutzmann* HFR 22, 622 (627); *Strahl* NWB 22, 1024; *Bickert* StuB 22, 391; *Kanzler* FR 22, 604). Zu **PersGes** auch → Rn. 45. – Fehlt es in **Schätzungsfällen** an einer Bilanz, kann das Wahlrecht nicht wirksam ausgeübt werden (BFH I R 152–153/85, BStBl II 90, 426; BFH X B 42/08, BFH/NV 08, 2055; auch → Rn. 64).

Keine Hinweispflicht für FA und FG (BFH IV B 113/06, BFH/NV 07, 2257 aE). Zur mögl **Haftung des StBer** s BGH IX ZR 6/06, NJW 09, 1591; OLG Köln DStR 15, 1991, krit Anm *Bolk* DStR 16, 458; krit zu verbindl Auskunft *Rösel* FR 17, 186. – Ein **Ansatz in der HB** (Sonderposten mit Rücklageanteil) ist nach Streichung der §§ 247 III, 273 HGB und Aufgabe der formellen Maßgeblichkeit mit § 5 I nicht mehr zulässig (zur früheren Rechtslage → 28. Aufl 2009, § 6b Rn. 85). Nach altem Recht gebildete Sonderposten konnten beibehalten oder aufgelöst werden (s *Hennrichs* Ubg 09, 533; *Dettmeier* DB 09, 2124; *Briese/Suermann* BB 10, 121).

2. Abzug im Wirtschaftsjahr der Veräußerung, § 6b I. – a) Überblick. § 6b I setzt voraus, dass der StPfl ein begünstigtes WG mit Gewinn veräußert und ein anderes begünstigtes WG (Reinvestitions-WG) anschafft oder herstellt. Anschaffung oder Herstellung müssen im Wj der Veräußerung oder im vorangegangenen Wj erfolgen bzw erfolgt sein (ansonsten: § 6b III; s auch *Paus* EStB 12, 227). – Die in § 6b I 1 und 2 enthaltenen **Aufzählungen** der begünstigten WG sind **abschließend** (BFH IV R 38/88, BStBl II 89, 1016 mwN: keine analoge Anwendung auf andere WG). Ebenso ist die Übertragung des Veräußerungsgewinns auf die in § 6b I 2 (und § 6b X) genannten WG nicht beliebig, sondern nur iRd dort vorgegebenen Möglichkeiten freigestellt. Weitere **Einschränkungen** ergeben sich aus § 6b IV (Gewinnermittlung nach § 4 I/§ 5, AV eines inl Betriebs etc, → Rn. 65 ff). 14

b) Begünstigte Wirtschaftsgüter. Begünstigt ist die Übertragung stiller Reserven auf: 15

- **Grund und Boden,** soweit der Gewinn aus der Veräußerung von GuB stammt,
- **Aufwuchs** auf GuB (*mit* dem zugehörigen GuB), wenn der Aufwuchs zu einem luf BV gehört und soweit der Gewinn aus der Veräußerung von GuB *oder* von Aufwuchs auf GuB (mit dem zugehörigen GuB) stammt,
- **Gebäude,** soweit der Gewinn aus der Veräußerung von GuB, Aufwuchs im vorgenannten Sinne *oder* Gebäuden stammt,
- **Binnenschiffe,** *nur* soweit der Gewinn aus der Veräußerung von Binnenschiffen stammt.

aa) Grund und Boden. GuB iSd § 6b ist nur der „nackte" GuB (BFH IV R 27/01, BStBl II 03, 878). Der Begriff ist enger als der des Grundstücks nach § 94 BGB; er schließt insb Gebäude nicht mit ein, ebenso wenig (dingl *oder* schuldrechtl) Rechte zur Nutzung von GuB (BFH IV R 38/88, BStBl II 89, 1016), allerdings nur, soweit es sich um selbständige WG handelt (zur Abgrenzung s BFH IV R 41/13, BStBl II 16, 984: Betreiben eines Windparks). Wird ein Grundstück veräußert, das estl aus mehreren WG besteht, muss der Veräußerungsgewinn aufgeteilt werden (BFH IV R 41/13, BStBl II 16, 984; auch → Rn. 20). Grasnarbe, Ackerkrume, Bodenschichten, Luftraum gehören dagegen zum GuB (einheitl WG, vgl → § 13 Rn. 233), ebenso nicht in den Verkehr gebrachte Bodenschätze (BFH IV R 19/79, BStBl II 83, 203) und Auffüllrechte (BFH IV R 27/01, BStBl II 03, 878). **Miteigentum** an GuB genügt (BFH VIII R 61–62/73, BStBl II 75, 352). 16

***Kein* GuB:** Gebäude; in den Verkehr gebrachter Bodenschatz (BFH IV R 17/73, BStBl 77, 825; vgl auch BFH IV R 27/01, BStBl II 03, 878); Windkraftanlage (BFH IV R 41/10, BFH/NV 14, 847); Milchreferenzmenge (BFH IV B 20/93, BFH/NV 94, 172); Wasserbezugsrecht bei Thermalwasser (BFH IV R 38/88, BStBl II 89, 1016); Eigenjagdrecht (vgl *BMF* BStBl I

99, 592); grundstücksgleiche Rechte (zB Erbbaurecht) und Grundstücksnutzungsrechte (zB Pachtrechte und Nießbrauch); Mineralgewinnungsrechte; Be-/Entwässerungsanlagen, stehendes Holz, Obst-/Baumschulanlagen, Korbweidenkulturen, Rebanlagen, Spargelanlagen sowie Feldinventar. – Zur Umwandlung luf Flächen in **Bauland** durch einen Landwirt → Rn. 68.

17 **bb) Aufwuchs eines land- und forstwirtschaftlichen Betriebs. – (1) Begriff.** Aufwuchs bedeutet „lebende", dh auf dem GuB gewachsene und darin verwurzelte Pflanzen, insb Bäume (Wälder), Obst-, Reb-, Hopfenanlagen und die stehende Ernte, soweit es sich um **Dauerkulturen** handelt (→ § 13 Rn. 29); denn die Pflanzen müssen die notwendige sechsjährige Zugehörigkeit zum AV aufweisen (§ 6b IV 1 Nr 2, → Rn. 68). Sie dürfen nicht von vornherein (wie zB bei Baumschulen) zum UV gehören. – Der Aufwuchs muss ***mit* dem GuB** veräußert werden, aber nicht notwendig an ein und denselben Erwerber. Es genügt, dass beide Veräußerungen auf einen einheitl Veräußerungsentschluss zurückgehen und in engem zeitl und sachl Zusammenhang stehen (BFH IV R 150/84, BStBl II 87, 670). Wald darf ggf nur zur Fällung vom Stamm veräußert werden; holzt der StPfl vor der Veräußerung selbst ab, wird das Holz zu UV (BFH IV R 150/84, BStBl II 87, 670). – Anlagen im GuB sind seit VZ 99 nicht mehr begünstigt.

18 **(2) Land- und Forstwirtschaft.** Der Aufwuchs muss zu einem luf Betrieb gehören (zum Begriff s § 13). Die Vergünstigung kann auch von Körperschaften, Personenvereinigungen und Vermögensmassen in Anspruch genommen werden, wenn diese ausschließl LuF betreiben (vgl BFH VI R 183/77, BStBl II 81, 76), nicht dagegen von ehem luf Betrieben, die zB wegen steuerschädl Zukaufs oder Überschreiten der Tierbestandsgrenzen gewerbl Einkünfte beziehen.

19 **cc) Gebäude.** Ein Gebäude ist ein Bauwerk, das Menschen oder Sachen durch räuml Umschließung Schutz gegen Witterungseinflüsse gewährt, den Aufenthalt von Menschen gestattet, fest mit dem GuB verbunden, von einiger Beständigkeit und ausreichend standfest ist (s BFH I R 109/04, BFH/NV 06, 1812 mwN; EStR 7.1 V 2). Auf die Nutzungsart kommt es nicht an (s BFH IV R 85/81, BStBl II 82, 63: Tiefgarage). Zu Anteilen an geschlossenen Immobilienfonds → Rn. 47.

20 **(1) Abgrenzung.** Abzugrenzen sind Gebäude **von GuB** (BFH GrS 7/67, BStBl II 69, 108). Zwar ist es für die Anwendung des § 6b unerhebl, ob ein Gebäude mit oder ohne den zugehörigen GuB veräußert wird. Werden aber Gebäude und GuB gegen ein **einheitl Entgelt** veräußert, muss dieses bei der Ermittlung des (jeweils) übertragbaren Veräußerungsgewinns aufgeteilt werden (→ Rn. 49; → § 6 Rn. 119). – Zu Gebäuden auf **fremdem GuB** s BFH IV R 29/09, BStBl II 13, 387 (vgl auch BFH X R 46/14, BStBl II 16, 976; anders noch BFH IV R 12/96, BStBl II 97, 718) und *BMF* BStBl I 16, 1431 mit Anm *Levedag* GmbHR 17, 107 (auch → § 5 Rn. 270 „Bauten …").

21 **(2) Andere unbewegliche Wirtschaftsgüter.** Unbewegl WG *ohne* einheitl Nutzungs- und Funktionszusammenhang mit dem Gebäude (zB Ladeneinbauten, Schaufensteranlagen) sind eigenständige WG (vgl → § 4 Rn. 192) und können iRd § 6b als Gebäude berücksichtigt werden (glA *HHR/Marchal* § 6b Rn. 40). Dagegen sind **Betriebsvorrichtungen** *bewegl* WG (→ § 4 Rn. 117; EStR 7.1 III, vgl auch BFH IV R 41/10, BFH/NV 14, 847 zu § 6b I aF), die nicht unter § 6b fallen. – Zu **Mieter-/Pächtereinbauten** → § 5 Rn. 270 „Mieter …". Die dort aufgezeigten Grundsätze gelten auch für § 6b (ähnl BFH GrS 4/92, BStBl II 95, 281 zu § 7). Handelt es sich um ein unbewegl WG, das im wirtschaftl Eigentum des Mieters steht, ist § 6b grds anwendbar. – **Außenanlagen** sind keine Gebäude (→ § 7 Rn. 39; s FG Mchn EFG 21, 931, rkr: Parkplatzanlage).

22 **(3) Wohnungseigentum; Teileigentum (§ 1 WEG).** Beides fällt unter den Gebäudebegriff des § 6b (Sondereigentum und Miteigentumsanteil); das damit verbun-

dene gemeinschaftl Eigentum am Grundstück ist GuB iSd § 6b (vgl BFH VIII R 61–62/73, BStBl II 75, 352).

dd) Binnenschiffe. Nach der Legaldefinition in § 3 III SchiffRegO sind Binnenschiffe zur Schifffahrt auf Flüssen und sonstigen Binnengewässern bestimmte Schiffe. Das umfasst neben Schiffen, die zur Beförderung von Gütern und Personen bestimmt sind, auch Schlepper, Tankschiffe und Schubboote, Eisbrecher, Hebeschiffe, Kabelschiffe, Bagger-/Schwimmkräne, schwimmende Getreideheber uÄ. Dass das Schiff in das Binnenschifffahrtsregister eingetragen ist, ist mE nicht erforderl (ähnl R 41a V EStR 1990 betr Ausflaggen von Seeschiffen). – Zum Schiff rechnet auch das typische, insb technische **Zubehör,** nicht dagegen andere Ausrüstungsgegenstände wie zB bei einem Passagierschiff das Geschirr (str, **aA** *BH/Stutzmann* § 6b Rn. 98). Wird ein Schiff abgewrackt, gehört es nicht mehr zum AV (BFH VIII R 187/75, BStBl II 79, 409). 23

c) Veräußerung, § 6b I 1 Hs 1. – aa) Begriff. Veräußerung ist die entgeltl Übertragung eines begünstigten WG auf einen Dritten (wirtschaftl Leistungsaustausch, vgl BFH IV R 61/05, BFH/NV 08, 1460). Das setzt zweierlei voraus: einen **Rechtsträgerwechsel** und eine **Gegenleistung.** Ersteres liegt vor, wenn das zivilrechtl oder zumindest das wirtschaftl Eigentum (§ 39 AO) auf einen anderen übergeht (Besitzübergang, Gefahr, Nutzung und Lasten, vgl → § 6 Rn. 35). Danach bestimmt sich auch (ohne Rücksicht auf das zugrundeliegende Verpflichtungsgeschäft) der maßgebl **Zeitpunkt** der Veräußerung (BFH VIII R 24/91, BFH/NV 93, 461). 26

Ob der StPfl eine **Gegenleistung** erhält, richtet sich nach dem wirtschaftl Gehalt sämtl vertragl Absprachen (BFH IV R 61/05, BFH/NV 08, 1460: Gesamtbetrachtung). Auch die Gewährung von GesRechten (→ Rn. 32) oder die Übernahme von Verbindlichkeiten kann Gegenleistung idS sein (→ Rn. 31). Geht man vom Sinn und Zweck der Regelung (→ Rn. 1) aus, so ist letztl entscheidend, ob durch die Veräußerung ein **Gewinn realisiert** wird.

bb) Betrieblicher Geschäftsvorfall. Die Veräußerung muss ein betriebl Geschäftsvorfall sein. Ob der StPfl freiwillig oder unter Zwang handelt, ist dagegen unerhebl (vgl BFH VIII R 2/94, BStBl II 96, 60: Abwehr einer Enteignung; EStR 6b.1 I 1). Dass der StPfl die **Entnahme der Gegenleistung** beabsichtigt, schließt die Anwendung des § 6b nicht zwingend aus (BFH VIII R 2/94, BStBl II 96, 60). Zwar kann eine Veräußerung zur Erlangung privater Vorteile (zB: Gegenleistung wird ins PV erworben, Erfüllung familienrechtl Ansprüche) zur Entnahme des veräußerten WG führen (so BFH VIII R 41/79, BStBl II 82, 18: § 6b unanwendbar). Häufig wird man jedoch den Vorgang auch so deuten können, dass erst die Gegenleistung bzw der Anspruch auf sie entnommen wird (vgl BFH VIII R 53/81, BStBl II 83, 303), sofern das erworbene WG nicht notwendiges PV ist (BFH IV B 196/04, BFH/NV 06, 977). – Dass ein Veräußerungsvorgang (erst) im Wege der **Bilanzberichtigung** ausgewiesen wird, ist grds unschädl (BFH VIII R 53/81, BStBl II 83, 303). 27

cc) Abgrenzung. – (1) Veräußerung. Unter § 6b fallen: Übereignung aufgrund Kaufvertrag und Tausch (§ 6 VI 1; iEinz → § 6 Rn. 851 ff und EStR 6b.1 I 3); Zwangsversteigerung; unfreiwilliger Entzug durch unerlaubte Handlung und Enteignung, wenn der StPfl eine Entschädigung als Gegenwert enthält (BFH I R 140/71, BStBl II 73, 840); Übertragung einzelner WG bei BetrAufsp (→ § 15 Rn. 877; bzgl Fristberechnung → Rn. 75); Veräußerung eines (Teil-)Betriebs oder MUeranteils, soweit begünstigte WG mitveräußert werden; Einbringung eines (Teil-)Betriebs etc in eine KapGes gem §§ 20 ff UmwStG oder in eine PersGes gem § 24 UmwStG (*Orth* DStR 11, 1541; UmwStErl 2025 BMF 2.1.25, BStBl I 25, 92 Rn. 20.26); abl allerdings für Einbringungsgewinn I und II UmwStErl 2025 *BMF* BStBl I 25, 92 Rn. 22.07 und 22.13); dagegen: *Benz/Rosenberg* DB 12, Beil Nr 1, S 38, unter II.5 und IV.2; zu Besitzzeitanrechnung → Rn. 77). – Eine Veräußerung in Form wirt- 28 schaftl übertragenen Eigentums an einem Gebäude kann in einem entgeltl eingeräumten **Abbruchrecht** gesehen werden (BFH VIII R 24/91, BFH/NV 93, 461). Wird hingegen das Gebäude auf eigene Rechnung und eigenes Risiko noch vom bisherigen Eigentümer abgebrochen, liegen mE nachträgl AK auf das zur Veräußerung vorgesehene unbebaute Grundstück vor (iEinz → § 6 Rn. 213 ff).

29 **(2) Keine Veräußerung.** Nicht erfasst werden: (voll unentgeltl) Schenkung; Erbfall; Zerstörung oder Verlust eines WG; Entnahme (weder Rechtsträgerwechsel noch Leistungsaustausch; vgl BFH I R 182/70, BStBl II 73, 291; BFH IV R 61/05, BFH/NV 08, 1460: „Veräußerung" an Ehefrau ohne wirtschaftl Belastung); Überführung ins PV bei Betriebsaufgabe; Übertragung von WG zw verschiedenen (Sonder-)BV desselben StPfl zu Buchwerten (§ 6 V 1 und 2, → § 6 Rn. 770; anders bei Verletzung der Sperrfrist, s EStR 6b.1 I 5). – Kein Tausch und damit keine Veräußerung liegt idR auch bei **Umlegungs- und Flurbereinigungsverfahren** vor, wenn eingebrachter und zugeteilter Grundbesitz als wertgleich und wirtschaftl identisch zu betrachten sind (Surrogationsprinzip, s BFH IV R 7/08, BFH/NV 10, 2250, mit Ausnahmen, zB Geldabfindung; BFH IV R 1/84, BStBl II 86, 711; auch → § 5 Rn. 635 und → § 6 Rn. 854; zu Besitzzeit → Rn. 73).

30 **(3) Teilentgeltliche Übertragung von Einzelwirtschaftsgut.** Zwar handelt es sich grds um eine Veräußerung iSd § 6b. Sie wird aber bei privater/gesellschaftsrechtl Veranlassung aufgespalten in eine entgeltl Veräußerung und in eine (unentgeltl) Entnahme/Einlage (str, s *BMF* BStBl I 11, 1279 Rn. 15; glA *KS/Liebl* § 6b Rn. 9; **aA** BFH IV R 1/08, DStR 12, 1500, mit Anm *Kempermann* FR 12, 1082; ausführl → § 6 Rn. 789 ff); (nur) für den entgeltl Teil gilt § 6b, für den unentgeltl hingegen § 6 V 3 (vgl *Bordewin* in FS L. Schmidt S 421 (427); *Strahl* FR 05, 797 mwN zu § 15a). Bei betriebl Veranlassung liegt ein (einheitl) Veräußerungsgeschäft vor; § 6b ist anwendbar, wenn iErg ein Gewinn realisiert wird. S auch *BH/Stutzmann* § 6b Rn. 48.

31 **(4) Übertragung eines (Teil-)Betriebs oder Mitunternehmeranteils.** Die Übertragung im Wege der **vorweggenommenen Erbfolge** ist grds ein unentgeltl Geschäft (keine Veräußerung); insb sind wiederkehrende Versorgungsleistungen idR kein Entgelt (→ § 16 Rn. 51 f). Erfolgt die Übertragung **teilentgeltl** (Abstandszahlung, Übernahme priv Schulden des Veräußerers, Gleichstellungsgelder an Dritte), gilt die **Einheitstheorie:** Übersteigt der Veräußerungspreis den gesamten (Netto-)Buchwert (Kapitalkonto) des übertragenen BV, liegt ein (einheitl) Veräußerungsgeschäft vor, sodass § 6b anwendbar ist (vgl BFH VIII R 27/98, BFH/NV 01, 262 mwN; → § 16 Rn. 65 f).

Die Übertragung eines einzelnen WG auf einen künftigen Erben, der nicht MUer des Betriebs ist, fällt als Entnahme nicht unter § 6b (BFH IV R 89/90, BStBl II 93, 225). Ebenfalls Entnahmen sind Sachwertabfindungen an andere Erben, Vermächtnisnehmer und Pflichtteilsberechtigte (BFH IV R 89/90, BStBl II 93, 225 betr HöfeO). Zur Bestellung eines Nießbrauchs oder dingl Wohnrechts → § 6 Rn. 135 aE (keine Gegenleistung).

32 **(5) Drittüblicher Leistungsaustausch zwischen Mitunternehmerschaft und Mitunternehmer.** Der Austausch ist Veräußerung iSd § 6b (BFH IV R 136/77, BStBl II 81, 84; auch → § 6 Rn. 646). – **Überführung einzelner WG** aus einem BV (oder Sonder-BV) **in eine PersGes** gegen Gewährung von GesRechten (ohne Ausgleichszahlung/Schuldübernahme) ist zwar ein tauschähnl Geschäft und damit Veräußerung iSd § 6b (vgl → § 5 Rn. 637); aber es werden gem § 6 V 3 grds keine stillen Reserven aufgedeckt (keine Gewinnrealisierung, also kein § 6b; anders uU, wenn zusätzl ein Barentgelt gezahlt wird, → § 6 Rn. 784 ff; zu Überpari-Emission vgl BFH I R 35/05, BStBl II 08, 253). Nur in den Ausnahmefällen des § 6 V 4 ff (Sperrfrist, Körperschaftsbeteiligung) kommt es zu einer Gewinnrealisierung, sodass § 6b anwendbar ist (auch → § 6 Rn. 826; EStR 6b.1 I 5; *HHR/Marchal* § 6b Anm 32; **aA**

Freikamp BB 01, 2618). Demgegenüber ist die Einbringung ohne Gewährung von GesRechten schon keine Veräußerung (verdeckte Einlage, keine Gegenleistung, vgl BFH X R 22/02, BStBl II 06, 457), auch wenn sie teilweise als Veräußerung behandelt wird (§ 17 I 2 EStG; § 8b II 6 KStG). Die Einbringung aus dem PV fällt ohnehin nicht unter § 6b (→ Rn. 67 ff). – Die **Sachwertabfindung in das PV** gegen Aufgabe von GesRechten ist als Tausch und damit als Veräußerung zu beurteilen (→ § 16 Rn. 498). Für Sachwertabfindungen **in das BV** ist nach § 6 V 3 Buchwertfortführung und Besitzzeitanrechnung anzunehmen (keine Gewinnrealisierung; → § 16 Rn. 500 f).

Zur entgeltl Veräußerung in Fällen, in denen eine **Übertragung mit Buchwertfortführung nach § 6 V 3** nicht zulässig oder str ist (zB Übernahme von Verbindlichkeiten) s *OFD Kobl* DStR 04, 314 (§ 6b anwendbar; so auch *Plewka* NJW 11, 579); *Strunk/Kamphaus* BB 02, 2153 (2156); krit *Brandenberg* DStZ 02, 551 (555). Zu SchwesterPersGes, vgl → § 6 Rn. 806, *Dräger/Dorn* DB 19, 2423 (*FinVerw* abl) und *Weiss* BB 21, 747 (750); zu **Teilentgeltlichkeit** s *Strahl* FR 05, 797.

(6) Vermögensauseinandersetzungen über Betriebsvermögen. Realteilung (→ § 16 Rn. 530) von MUerschaften und **Erbauseinandersetzung** (→ § 16 Rn. 610 ff) *ohne* Wertausgleich sind keine Veräußerung (§ 16 III 2: Buchwertfortführung, keine Gewinnrealisierung). Auseinandersetzungen *mit* Wertausgleich führen dagegen zu einem gewinnrealisierende Rechtsträgerwechsel und sind somit Veräußerungen iSd § 6b. S auch *BMF* BStBl I 19, 6 (→ Rn. 22 ff). 33

d) Reinvestition, § 6b I 1 Hs 2, I 2. Der StPfl muss iRd vorgegebenen Wahlmöglichkeiten (→ Rn. 12) ein begünstigtes **Reinvestitions-WG** (→ Rn. 15 ff) (oder mehrere) anschaffen oder herstellen. Das Reinvestitions-WG muss nicht die gleiche Funktion haben wie das veräußerte WG oder in einem bestimmten Zusammenhang mit diesem stehen. Es muss auch nicht notwendig demselben Betrieb des StPfl dienen (EStR 6b.2 VI Nr 1). Zu den zusätzl Voraussetzungen des § 6b IV 1 Nr 3 → Rn. 78. 35

aa) Zeitpunkt. Die Reinvestition kann im **Wj der Veräußerung** erfolgen (vor oder nach der Veräußerung) oder bereits im **vorangegangenen Wj** erfolgt sein (frühester Reinvestitionszeitpunkt). Letzteres erleichtert die technische Abwicklung und sichert ein Jahr länger die ungekürzte AfA (*Neufang* DB 89, 453; → Rn. 83). Soll die Reinvestition in einem späteren Wj erfolgen, muss der StPfl im Wj der Veräußerung eine Rücklage bilden (→ Rn. 55 ff). 36

bb) Anschaffen. „Anschaffen" ist der entgeltl Erwerb von (zumindest wirtschaftl) Eigentum an einem (existierenden) begünstigten WG. Wie bei der Veräußerung (→ Rn. 26) setzt das einen **Rechtsträgerwechsel** und eine **Gegenleistung** voraus (Beispiele → Rn. 28 ff). Das Erfordernis der Entgeltlichkeit folgt aus dem Begriff der AK (BFH IV R 9/06, BStBl II 10, 664; → § 6 Rn. 31). – Angeschafft ist ein WG, wenn der Erwerber die wirtschaftl Verfügungsmacht erlangt (§ 9a EStDV; auch → § 6 Rn. 35; FG Mster EFG 19, 1532, rkr: „Besitzabsprache" zw Brüdern nicht anerkannt). Wirtschaftl Erwerb auf den 1. Tag des neuen Wj ist Erwerb im neuen Wj (BFH IV R 43/90, BStBl II 92, 398). Es kann sich um ein neues oder gebrauchtes WG handeln (BFH I R 164/74, BStBl II 77, 60). 37

Die Einlage eines im selben Wj privat angeschafften WG kann mE ausnahmsweise als Anschaffung gelten (zurückbezogene Umwidmung innerhalb eines VZ; wie hier: *HHR/Marchal* § 6b Anm 54; *KS/Liebl* § 6b Rn. 12; aA *BH/Stutzmann* § 6b Rn. 187). Ansonsten ist die Einlage aus dem PV keine Anschaffung (BFH IX R 27/82, BStBl II 85, 250). – Ebenfalls *keine* Anschaffung: unentgeltl Erwerb, zB bei mittelbarer Grundstücksschenkung (BFH IV R 9/06, BStBl II 10, 664, Anm *Wendt* BFH/PR 10, 364); verdeckte Einlage in eine KapGes; Überführung von WG des UV in das AV; An-/Vorauszahlung (BFH IV R 43/90, BStBl II 92, 398). – Eine Verschmelzung ist zwar keine Anschaffung (s auch *BMF* BStBl I 25, 92 Rn. 04.14); aber Reinvestitions-WG kann auch ein von der übertragenden Ges im Wj der Verschmelzung oder im vorangegangenen Wj angeschafftes WG sein (zutr *WM* § 4 UmwStG Rn. 176; aA FG Bln-Bbg EFG 25, 940, Rev IX R 9/25).

38 **cc) Herstellen.** Herstellen ist das Schaffen eines noch nicht vorhandenen WG. Hergestellt (fertiggestellt) ist ein WG, wenn es einen Zustand erreicht hat, der seine bestimmungsgemäße Nutzung ermöglicht (BFH X R 85/87, BStBl II 91, 222); eine Teil-Herstellung genügt nicht (§ 9a EStDV). IEinz → § 6 Rn. 34 und 151 ff.

39 **e) Rechtsfolge. – aa) Bilanzielle Behandlung.** Der **Abzug** des übertragungsfähigen Veräußerungsgewinns **von den AK/HK** kann nur für das Wj der Veräußerung vorgenommen werden (bei § 6b III: Wj der Anschaffung/Herstellung, → Rn. 59). Der Abzug erfolgt in der Weise, dass der StPfl das Reinvestitions-WG **in der StBilanz** (→ Rn. 12) zunächst mit den tatsächl AK/HK ansetzt. Von diesen wird sodann wie bei einer Abschreibung der Betrag des übertragungsfähigen Gewinns (oder nur ein Teil davon, → Rn. 56) gewinnmindernd abgezogen (s auch BFH VI R 68/15, BStBl II 19, 128). Für im vorangegangenen Wj angeschaffte oder hergestellte WG → Rn. 83. Zur **Verfolgbarkeit** des Abzugs in der Buchführung → Rn. 80; zur Auswirkung auf die AfA und § 6 II, IIa → Rn. 84.

40 **bb) Anschaffungskosten, Herstellungskosten.** Zum Begriff → § 6 Rn. 31 ff und 151 ff. Die VorSt gehört nicht zu den AK (s BFH IV R 47/08, BFH/NV 11, 426: auch bei Versteuerung nach Durchschnittssätzen). Nur im Wj der Veräußerung noch angefallene **nachträgl AK/HK** erhöhen den Buchwert des im vorangegangenen Wj angeschafften oder hergestellten WG, von dem der Abzug nach § 6b I vorgenommen werden kann. Ist das WG im Jahr der Veräußerung (vor oder nach dieser) angeschafft oder hergestellt worden, sind die gesamten AK/HK dieses Jahres anzusetzen.

41 **f) Erweiterung, Ausbau oder Umbau, § 6b I 3, 4.** Aufwendungen hierfür sind **eigenständige Reinvestitionen.** Der Abzug eines übertragungsfähigen Veräußerungsgewinns erfolgt nach den vorgenannten Regeln. Die jeweilige Maßnahme muss im Wj der Veräußerung oder im vorangegangen Wj durchgeführt worden sein. Begünstigt sind nur Gebäude (Begriff → Rn. 19); auf andere WG ist die Regelung nicht übertragbar. – Zum Begriff „Erweiterung" → § 6 Rn. 171; zu „Ausbau" und „Umbau" → § 6 Rn. 166.

42 **g) Mitunternehmerschaft.** Aufgedeckte stille Reserven können zw den BV von MUern und MUerschaft übertragen werden (ges'terbezogene Betrachtungsweise, → Rn. 4). Über den Umfang der Übertragungsmöglichkeit wird grds im Gewinnfeststellungsverfahren entschieden (vgl BFH IV R 44/89, BFH/NV 91, 599; BFH I R 175/76, BStBl II 80, 43; s aber BFH IV R 7/19, BStBl II 23, 378 Rn. 61 f: keine Bindungswirkung). – Zu Veräußerungsgeschäften zw MUer und MUerschaft → Rn. 32.

43 **aa) Mitunternehmer als Veräußerer.** Veräußert der MUer einer PersGes (Einzelunternehmer, KapGes) ein begünstigtes WG des eigenen BV, kann er den Veräußerungsgewinn auch auf Reinvestitionen sowohl in seinem **SonderBV** als auch im **Gesamthandsvermögen** der PersGes übertragen, letzteres allerdings (nur) entspr seinem Anteil (vgl BFH IV R 83/83, BStBl II 86, 350: Ergänzungsbilanz; s auch *Schoor* StBP 06, 255 (257); EStR 6b.2 VI 1 Nr 2). Gleiches gilt für den Gewinn aus der Veräußerung von SonderBV (s BFH IV R 14/04, BStBl II 06, 418; *Ley* WPg 06, 904; → § 15 Rn. 475). Eine Übertragung auf Reinvestitionen im SonderBV *anderer* Ges'ter ist unzulässig.

Zum Verhältnis **StBilanz/HB** bis zur Aufhebung des § 5 I 2 aF (umgekehrte Maßgeblichkeit) durch das **BilMoG** → 28. Aufl 2009, § 6b Rn. 8; weitere Nachweise → 36. Aufl 2017, § 6b Rn. 44.

bb) Personengesellschaft als Veräußerer. – (1) Reinvestition. Veräußert die PersGes ein begünstigtes WG des Gesamthandsvermögens, kann der Veräußerungsgewinn wie folgt übertragen werden: 44

- auf **Reinvestitionen der Ges,** ggf auch in einer anderen Ges, an der eine Beteiligung besteht (mehrstöckige Ges). Ursprüngl war dazu die *einheitl* Wahlrechtsausübung aller berechtigten Ges'ter erforderl (→ 28. Aufl 2009, § 6b Rn. 4; offengelassen in BFH IV R 81/87, BStBl II 89, 558; allg → § 15 Rn. 410). Mit Aufhebung des § 5 I 2 aF durch das **BilMoG** (BGBl I 09, 1102; → 41. Aufl 2002, § 6b Rn. 39) besteht hierfür mE wegen der ges'terbezogenen Betrachtungsweise (→ Rn. 4) kein Anlass mehr, sodass die Ges'ter (mittels Ergänzungsbilanzen) § 6b auch uneinheitl/individuell in Anspruch nehmen könnten (str, → § 16 Rn. 98; vgl auch BFH IV R 1/11, BStBl II 17, 34 Rn. 18 ff; glA *BH/Stutzmann* § 6b Rn. 222a; **aA** *HHR/Marchal* § 6b Anm 50).
- anteilig entspr der Beteiligungsquote auf **Reinvestitionen im SonderBV** oder einem **anderen BV der Ges'ter,** und zwar einschließl Gesamthandsvermögen oder eigenem SonderBV bei einer anderen PersGes (s auch BFH IV R 19/14, BStBl II 18, 575 Rn. 27; zur dann neutralen Auflösung der Rücklage bei der PersGes s BFH IV R 298/83, BStBl II 88, 885; zur anteiligen Rücklage der PersGes neben Reinvestition eines Teils der Ges'ter s BFH IV R 81/87, BStBl II 89, 558). **Negative Ergänzungsbilanzen** sind hier ebenso zulässig wie in anderen Fällen, in denen nicht alle Ges'ter die § 6b-Voraussetzungen erfüllen (vgl BFH IV R 36/14, BStBl II 17, 905, auch zu den Folgen eines negativen KapKtos; → § 15 Rn. 474; *Strahl* FR 01, 1154 (1156)). Zulässig ist auch die anteilige Übertragung auf die Reinvestition einer **KGaA,** an der der Ges'ter als persönl haftender Ges'ter beteiligt ist (FG Köln EFG 24, 656, Rev IV R 21/23, wegen BFH I R 41/16, DStR 17, 1976).

(2) Rechtsträgerübergreifende Übertragung. Das **Wahlrecht** (→ Rn. 12, 56) *muss* in der Bilanz des veräußernden Betriebs ausgeübt werden (BFH IV R 24/22, BStBl II 25, 188; BFH X R 14/21, BStBl II 24, 48 Rn. 31 mwN, Anm *Kanzler* FR 24, 78). In der Bilanz der übertragenden PersGes werden die stillen Reserven dem KapKto erfolgsneutral hinzugerechnet. In der Bilanz der übernehmenden (reinvestierenden) PersGes werden die AK/HK des Reinvestitions-WG entspr gemindert, wiederum erfolgsneutral zu Lasten des Kapkto (BFH IV R 24/22, BStBl II 25, 188, Rn. 34 mwN; EStR 6b.2 VIII). Das gilt auch bei unterschiedl Bilanzstichtagen (BFH IV R 41/09, BStBl II 13, 313 Rn. 34 f; Anm *Kanzler* FR 13, 513; *Schulze-Osterloh* BB 13, 498; *Rätke* StuB 13, 287) und auch nach Ausscheiden des betr Ges'ters (FG Köln EFG 24, 656, Rev IV R 21/23). Übertragung auf eine (teil-)identische **Schwester-PersGes** ist zulässig (s iEinz BFH IV R 19/14, BStBl II 18, 575 Rn. 27; *Prinz/Ludwig* FR 19, 493; *BMF* BStBl I 11, 1279 Rn. 20; → § 6 Rn. 806; s aber *OFD Ffm* DStR 19, 1357). Zu **Betriebsveräußerung** etc → § 16 Rn. 91 und EStR 6b.2 X. 45

cc) Veräußerung eines Mitunternehmeranteils. Ebenso kann der StPfl bei der Veräußerung eines MUeranteils oder eines Teils hiervon für die (anteilig) aufgedeckten stillen Reserven aus begünstigten WG § 6b in Anspruch nehmen (BFH IV R 83/83, BStBl II 86, 350; s auch *FM SchlH* DStR 14, 2180), ferner für den auf ihn entfallenden Anteil am Gewinn aus der **Veräußerung des ganzen GewBetr** oder eines Teilbetriebs der PersGes (BFH IV R 81/87, BStBl II 89, 558 zu 1). Zur Bildung einer Rücklage bei **Aufgabe des Betriebs** einer PersGes s BFH VIII R 10/99, BStBl II 01, 282 (zur Reinvestitionsabsicht: → Rn. 56), s EStR 6b.2 X 6 und → § 16 Rn. 91, 351 und 443. 46

Bei **Veräußerung des gesamten MUeranteils** ist die Rücklage in der Sonderbilanz des veräußernden Betriebs zu bilden (zuständig: Betriebs-FA); eine Auflösung nach Ablauf der Investitionsfrist ist iRd ESt-Festsetzung des früheren MUers zu berücksichtigen (BFH X R 14/21,

BStBl II 24, 48: nachträgl gewerbl Einkünfte gem § 24 Nr 2; s auch *Neu/Hamacher* GmbHR 16, 1; **aA** *Bolk* DStR 15, 1355).

47 **dd) Sonderfälle.** Bei **ZebraGes** gilt für den betriebl beteiligten StPfl in Bezug auf sein (anteiliges) BV § 6b (vgl → § 15 Rn. 201, 206). Bei der **atypisch stillen Ges** umfasst das BV das dem Gesamthandsvermögen gleichgestellte BV des tätigen Teilhabers (an dem der Stille beteiligt ist) und das SonderBV des atypisch stillen Ges'ters (vgl → § 15 Rn. 348); beide können daher § 6b als personenbezogene StVergünstigung nach den dargelegten Grundsätzen in Anspruch nehmen (vgl BFH VIII R 85/91, BStBl II 94, 243 zu § 7d). Zum Anteilserwerb an einem **geschlossenen Immobilienfonds** → 42. Aufl 2023, § 6b Rn. 47.

48 **3. Ermittlung des entstandenen Gewinns, § 6b II. – a) Veräußerungsgewinn, § 6b II 1.** Ausgangsgröße für die Ermittlung des Veräußerungsgewinns ist der Veräußerungspreis. Von diesem werden der Buchwert des veräußerten WG im Zeitpunkt der Veräußerung und die Veräußerungskosten abgezogen.

Auch wenn § 6b II eine eigenständige Definition des Begriffs „Gewinn" enthält, muss sich die Auslegung am **Sinn und Zweck** der Regelung (→ Rn. 1) orientieren. Gewinn ist daher im Zweifel immer das, was der StPfl ohne § 6b versteuern müsste. So gelten im Anwendungsbereich des § 5 I die GoB; werden diese jedoch bei der steuerl Gewinnermittlung durch § 6 überlagert (vgl etwa → § 13 Rn. 201), muss das mE auch für § 6b gelten.

49 **aa) Veräußerungspreis.** Er wird durch den **Wert der Gegenleistung** bestimmt, also *alles,* was der StPfl (Veräußerer) in Geld oder Geldeswert für das WG erhält. Das umfasst neben dem vertragl Entgelt auch sonstige Leistungen, die der Erwerber an den StPfl oder an einen Dritten für Rechnung des StPfl zu erbringen hat (BFH IV R 32/03, BFH/NV 04, 1092). Beim Tausch bemisst sich der Veräußerungspreis nach dem gemeinen Wert der empfangenen Gegenleistung, im Fall der Sacheinlage nach dem Wert der übertragenen GesAnteile (§ 6 VI 1, iEinz → § 17 Rn. 135 ff). Zur **Aufteilung** eines Gesamtpreises → § 6 Rn. 118 (vgl auch FG BW EFG 96, 533, rkr). – Die **nachträgl Erhöhung** der Gegenleistung ist ein rückwirkendes Ereignis iSd § 175 I 1 Nr 2 AO (BFH X R 148/97, BStBl II 01, 641); sie wird also grds ebenso behandelt wie iZm §§ 16, 17 (→ § 16 Rn. 335 ff), obwohl dies nicht den GoB entspricht (→ § 6 Rn. 57, 65). Für die **nachträgl Minderung** der Gegenleistung muss dies mE auch gelten (vgl → § 17 Rn. 137); eine (nur) drohende Minderung ist hingegen unerhebl (vgl *Strahl* FR 00, 803).

Kein Teil der Gegenleistung ist eine **Entschädigung,** die der StPfl nicht für das hingegebene WG, sondern als Ausgleich für anderweitige Nachteile, zB eine Ertragsminderung, erhält (BFH IV R 32/03, BFH/NV 04, 1092 mwN). Eine **Rückstellung** zB wegen Altlasten ist nicht gegenzurechnen (FG Nbg EFG 00, 209, rkr). Zur Auflösung eines **RAP** s FG Hmb EFG 11, 2052, rkr. – Eine **vGA** soll gem *Freikamp* DB 07, 2220, zur Gegenleistung gehören; mE unzutr (vgl → § 17 Rn. 141 mwN).

50 **bb) Veräußerungskosten.** Hierzu gehören alle Aufwendungen, die durch die Veräußerung veranlasst sind. Ein *unmittelbarer* sachl Zusammenhang (vgl etwa BFH XI R 14/87, BStBl II 91, 628) ist mE nicht (mehr) zwingend erforderl; die Ausführungen des BFH in VIII R 55/97, BStBl II 00, 458 zu § 16 II 1 lassen sich auch auf § 6b übertragen (str, → § 16 Rn. 300 ff; ferner BFH IV R 22/08, BStBl II 10, 736; **aA** *HHR/Marchal* § 6b Anm 82; *BH/Stutzmann* § 6b Rn. 168).

Beispiele: Notar-, Beratungs-, Gutachter-, Inserats- und Reisekosten sowie Maklerprovision, Grundbuchgebühren und Verkehrsteuern (unmittelbarer sachl Zusammenhang). Darüber hinaus können mE aber auch Abfindungen zur Beendigung von Schuldverhältnissen und Aufwendungen für den Abbruch eines Gebäudes Veräußerungskosten iSd § 6b II 1 sein (**aA,** aber mE überholt: BFH XI R 14/87, BStBl II 91, 628 – vgl auch → § 16 Rn. 303 aE).

51 **b) Buchwert, § 6b II 2.** Buchwert ist der Wert, der sich für das WG im **Zeitpunkt seiner Veräußerung** (→ Rn. 26) nach § 6 ergeben würde, wenn auf diesen

Zeitpunkt eine Bilanz aufzustellen wäre (ähnl: § 1 V Nr 4 UmwStG). Bei abnutzbaren Anlagegütern können für den Zeitraum vom letzten Bilanzstichtag bis zum Veräußerungszeitpunkt auch noch AfA nach § 7 sowie etwaige SonderAfA und TW-Berichtigungen vorgenommen werden; **Wertaufholungen** nach § 6 I Nr 1 S 4 oder § 7 I 6 sind zu berücksichtigen (so auch BFH IV R 19/14, BStBl II 18, 575 Rn. 28; *Prinz/Ludwig* FR 19, 493 (495): Kappung durch frühzeitige Verlustrealisation; EStR 6b.1 II; → § 6 Rn. 377).

4. EU/EWR-Reinvestition, § 6b IIa. – a) Hintergrund. Reinvestiert der StPfl in ein WG, das nicht zu einer inl Betriebsstätte gehört, sind gem § 6b IV 1 Nr 3 weder ein Abzug nach § 6b I noch eine Rücklagenbildung nach § 6b III zulässig (→ Rn. 78). Dies verstieß gegen EU/EWR-Recht (→ Rn. 6). Darum hat der Gesetzgeber mit § 6b IIa ein **Wahlrecht** zur Verteilung der anfallenden Steuer auf *fünf* Jahre geschaffen (BFH VI R 84/14, BStBl II 18, 171: nicht zu beanstanden; krit *Prinz* GmbHR 15, R257: mind 10 Jahre; s auch *Kanzler* FR 17, 336; *Watrin/Riegler* FR 16, 345), **rückwirkend** für alle noch offenen Fällen (§ 52 XIV 1; s auch *BMF* BStBl I 18, 309 Rn. 2 u. 8 zur Behandlung von „Altfällen"). 52

Gewinne aus der **Veräußerung von KapGes-Anteilen** gem **§ 6b X** EStG müssen mE wegen des Anwendungsvorrangs des EU-Rechts auch einbezogen werden (*Loschelder* DStR 16, 9; *Kister* IWB 23, 559; *KKM* § 6b Rn. Ca6; str **aA** *Kahle/Kopp* DStR 21, 1569 (1577); *Kanzler* FR 19, 741 mwN: Nichtberücksichtigung verletzt Niederlassungs- und Kapitalverkehrsfreiheit; *HHR/Marchal* § 6b Rn. 3; offen gelassen in BFH VI R 84/14, BStBl II 18, 171 Rn. 29; für eine Einbeziehung von Auflösungsgewinnen gem § 6b III *Buchholz/Gebhardt* IStR 17, 832, mE problematisch).

b) Stundung, § 6b IIa 1–3. Die Regelung knüpft wie § 6b III an die tatbestandl Voraussetzungen des § 6b I an (→ Rn. 14 ff) mit der Maßgabe, dass das angeschaffte/hergestellte WG dem **BV** des StPfl in einem anderen **EU-/EWR-Mitgliedstaat** zuzuordnen ist. Alle unter § 6b I und III EStG fallenden zeitl Varianten werden erfasst, also Anschaffung oder Herstellung des Reinvestitions-WG im Wj der Veräußerung, im vorangegangenen Wj oder in einem der folgenden vier bzw sechs Wj. Der Begriff „zuzuordnen" ist wie im Abkommensrecht iSe tatsächl-funktionalen Zuordnung zu verstehen (s *Loschelder* DStR 16, 9 (10 f)). Die Beschränkung des § 6b IV 2 gilt hier nicht (so zutr *KKBMHG* § 6b Rn. 140). Zur Anwendung bei Betriebsveräußerung und zur Inanspruchnahme von **§ 16 IV** und **§ 34** s *BMF* BStBl I 18, 309 Rn. 4 f (EStR 6b.2 X entspr) und *Kanzler* NWB 18, 1668 (1671). – Der **Antrag** auf Steuerstundung kann gem § 6b IIa 2 **nur im Wj der Veräußerung** gestellt werden (eindeutiger Wortlaut, **aA** wohl BT-Drs 18/6094, 82; ebenso *BMF* BStBl I 18, 309 Rn. 2; *Adrian/Tigges* StuB 15, 858: nicht praktikabel); Ausnahme: bei rückwirkender Anwendung iRd § 52 XIV 1 (die Regelung liefe sonst leer; glA BFH VI R 84/14, BStBl II 18, 171). Auf eine **Reinvestitionsabsicht** des StPfl stellt § 6b IIa nicht ab (vgl auch → Rn. 56); es genügt, wenn eine spätere Reinvestition in das BV einer EU/EWR-Betriebsstätte zum Zeitpunkt der Antragstellung obj mögl ist (zust *Adrian* StuB 17, 739; wohl auch *Schiefer/Scheuch* FR 16, 11 (16 f); ebenso *BMF* BStBl I 18, 309 Rn. 10). Der Antrag kann daher grds auch von StPfl gestellt werden, die tatsächl über (noch) kein BV in einem anderen EU/EWR-Mitgliedstaat verfügen (s iEinz *Loschelder* DStR 16, 9 (12); **aA** *Kanzler* FR 17, 1052; *ders* NWB 15, 3815 (3822); zu Gestaltungsmöglichkeiten s aber wiederum *Kanzler* NWB 18, 1668 (1674)). – Zu weiterem Korrekturbedarf in Bezug auf die **GewSt** s *Marcziniak ua* Ubg 15, 685 (689); *Prinz* GmbHR 15, R257; s aber auch BFH VI R 84/14, BStBl II 18, 171. – **Rechtsfolge:** Die StStundung tritt **kraft Gesetzes** ein (kein Ermessen des FA). Die Berücksichtigung erfolgt iRd Leistungsgebots (§ 254 I 1 AO). Zur Fälligkeit der Raten s § 6b IIa 3 iVm § 36 V 2. Kommt es innerhalb der vorgesehen Frist *nicht* zu einer Reinvestition, fällt **kein Gewinnzuschlag** an, da § 6b VII nicht auf § 6b IIa verweist (so iErg auch *Marcziniak ua* Ubg 15, 685 (687); *Adrian/Tigges* StuB 15, 858; *Watrin/* 53

Riegler FR 16, 345 (349 ff)). Es mussten ursprüngl auch *keine Zinsen* gezahlt werden (§ 6b IIa 3 iVm § 36 V 3); aber jetzt → Rn. 54.

Rechtsschutz: Das Leistungsgebot ist VA und kann mit **Einspruch und Anfechtungsklage** angegriffen werden. Die Beschwer (§ 350 AO/§ 40 II FGO) ergibt sich aus dem Vorbringen, dass § 6b IIa EStG nicht bzw. nicht zutr berücksichtigt worden ist. AdV des Leistungsgebots ist nach § 361 AO und § 69 FGO mögl.

54 **c) Zinsen; Brexit, § 6b IIa 4–7.** Für *nach dem 31. 12. 17* entstandene Gewinne (→ Rn. 5) gilt § 234 AO entsprechend, falls es **nicht oder nur partiell** zu einer **Reinvestition** des Veräußerungsgewinns kommt. Für diesen Fall haben § 6b IIa 4–6 als speziellere Bestimmungen Vorrang vor § 6b IIa 3 iVm § 36 V 3. Es fallen somit **Zinsen** iHv 0,5% für jeden vollen Monat an (§ 238 I AO; bis 2009 verfgemäß, → Rn. 6). Ziel der Regelung ist es, Gestaltungsmöglichkeiten aufgrund der bislang zinslosen Stundungsregelung entgegenzuwirken (s BR-Drs 372/18, S 2; s aber *Kanzler* NWB 19, 546: verfrechtl bedenkl Übermaßbesteuerung mögl). – Für den Fall des **Brexits** ist mit **§ 6b IIa 7** die Stundungsregelungen (samt Zinspflicht) auch auf (angeschaffte/hergestellte) WG erstreckt worden, die einem BV im Austrittsgebiet zuzuordnen sind (s BR-Drs 4/19 S 16). Voraussetzung ist, dass der Antrag (→ Rn. 53) *vor dem Brexit-Austrittsdatum* gestellt worden ist.

55 **5. Gewinnmindernde Rücklage, § 6b III.** Die gewinnmindernde Rücklage neutralisiert als Passivposten den durch die Aufdeckung stiller Reserven entstandenen Veräußerungsgewinn (vgl → § 5 Rn. 496 f). Die Regelung knüpft dem Grunde nach an die tatbestandl Voraussetzungen des § 6b I 1 an (Veräußerung eines begünstigten WG, Entstehung eines Gewinns); sie beschränkt die Rücklage der Höhe nach auf den nicht bereits nach § 6b I abgezogenen Betrag. Die Rücklage ist kein „einlagefähiges" WG (BFH IV R 8/21, BStBl II 24, 110).

56 **a) Rücklagenbildung, § 6b III 1. – aa) Wahlrecht.** Hat der StPfl keinen Abzug nach § 6b I vorgenommen, kann er (Wahlrecht, → Rn. 12) diesen sofort versteuern oder eine Rücklage iHd vollen entstandenen Gewinns bilden. Er kann die Rücklage auch auf einen Teilbetrag beschränken und den Restbetrag sofort versteuern. Schließl kann er einen Teilbetrag im Wj der Veräußerung auf Reinvestitions-WG übertragen und den Restbetrag einer Rücklage zuführen oder (ganz oder teilweise) sofort versteuern. – **Reinvestitionsabsicht** wird nicht verlangt; es genügt, dass die spätere Übertragung der Rücklage auf ein begünstigtes Reinvestitions-WG am Bilanzstichtag obj mögl ist (BFH VIII R 10/99, BStBl II 01, 282 mwN). Das gilt auch für die Rücklagenbildung bei Betriebsaufgabe/-veräußerung (BFH VIII R 10/99, BStBl II 01, 282, mwN; glA EStR 6b. 2 X). Eine Rücklage ohne (konkrete) Reinvestitionsabsicht kann aber nur für die Dauer der in § 6b III 2 bezeichneten Frist, nicht für die Frist des § 6b III 3 gebildet werden (s BFH IV R 83/88, BStBl II 90, 290). – Zum Vorwurf des **Gestaltungsmissbrauchs (§ 42 AO)** s BFH X R 21–22/17, BFH/NV 20, 107 Rn. 46 (Veräußerung an Ehefrau zur Ermöglichung einer Rücklagenbildung unschädl).

57 **bb) Form.** Die Rücklage wird (seit VZ 09) durch Ausweis eines entspr Postens **in der StB** gebildet (ohne Bindung an die GoB; vgl *BMF* BStBl I 10, 239 Rn. 13 f), ggf in einer steuerl Ergänzungs- oder Sonderbilanz (vgl BFH IV R 83/83, BStBl II 86, 350; BFH IV R 41/09, BStBl II 13, 313 mwN). Zur Übertragung in einen anderen Betrieb → Rn. 45. **Buchung:** *Aufwand an Rücklage* (s auch *Theile/Hartmann* DStR 08, 2031 (2032)). Zum Buchnachweis → Rn. 80.

58 **cc) Zeitpunkt; Bindung; Korrektur.** Die Rücklagenbildung erfolgt für das Wj der Veräußerung. Bis zur Einreichung der Bilanz beim FA kann der StPfl den Ansatz beliebig ändern, danach nur noch iRd **§ 4 II 2** (→ § 4 Rn. 351; BFH IV R 41/09, BStBl II 13, 313 Rn. 38; BFH XI R 16/05, BFH/NV 07, 1293, auch zum Übergangsrecht). Zur Abgrenzung zw Berichtigung und Änderung s BFH IV B 68/04,

BFH/NV 06, 732 (Irrtum) und BFH IV R 37/04, BStBl II 06, 165 (erstmalige Aufstellung einer MUer-Bilanz). Eine Bilanzänderung iSd § 4 II 2 liegt grds nicht vor, wenn die Wahlrechtsausübung erst *nach* Einreichung der Bilanz, etwa **aufgrund einer BP,** mögl wird (BFH IV R 7/06, BStBl II 08, 600). Wird erst im Klageverfahren entschieden, dass ein WG zum BV gehört, kann das Wahlrecht in Form eines Hilfsantrags oder nach Ergehen des Urteils bis zum **Ablauf der Rechtsmittelfrist** ausgeübt werden (BFH VIII B 32/03, BFH/NV 05, 1261). Hinsichtl Vorbesitzzeit und Reinvestitionszeitraum ist auf das Jahr der Entstehung des Veräußerungsgewinns abzustellen (BFH VIII R 53/81, BStBl II 83, 303). Zur nachträgl Änderung des Veräußerungspreises → Rn. 49. – **Bilanzberichtigung:** Eine zu Unrecht gebildete Rücklage ist ein fehlerhafter Bilanzposten; sie muss in der ersten noch offenen Bilanz aufgelöst werden (BFH XI R 27/22, DStR 25, 2472: formeller Bilanzenzusammenhang; zust *Weber-Grellet* FR 26, 120 (123); → § 4 Rn. 311). Ausnahme: die Rücklage ist in einen anderen Betrieb übertragen worden (BFH X B 138/16, BFH/NV 17, 579: kein Ausweis in der Bilanz).

Die estl Wahlrechtsausübung bindet auch für die **GewSt** (BFH VIII R 72/87, BStBl II 92, 958; zum Zeitpunkt s *Weber-Grellet* DStR 92, 1417; *Glanegger* FR 90, 469). Bei einer **Betriebsüberlassung** iSd § 6 III ist noch der Rechtsvorgänger, nicht der Übernehmer für die Wahlrechtsausübung zuständig (BFH IV R 34/95, BStBl II 96, 568). In der **Sonderbilanz** ist das Wahlrecht vom MUer persönl auszuüben, auch bei Ausscheiden bis zum Bilanzstichtag (BFH IV R 14/04, BStBl II 06, 418; → Rn. 46). Zur **Rückwärtsberichtigung** nach § 174 AO s BFH IV R 65/91, BStBl II 94, 76.

b) Übertragung und Frist, § 6b III 2, 3. – aa) Abzug von den Anschaffungs-/Herstellungskosten. Schafft der StPfl begünstigte WG in einem der folgenden vier Wj an (→ Rn. 37) oder stellt er solche her (→ Rn. 38), kann er im Wj der Anschaffung/Herstellung die gesamten AK/HK **bis zur Höhe des Rücklagenbetrags** kürzen (EStR 6b. 2 I). Dazu wird wie bei § 6b I (→ Rn. 39) das WG zunächst mit seinen tatsächl AK/HK angesetzt; von diesen wird sodann wie bei einer Abschreibung der jeweilige Betrag (gewinnmindernd) abgezogen. Die Rücklage ist entspr aufzulösen (→ Rn. 61). Zu Sammelpositionen s NdsFG EFG 02, 186 (bestätigt durch BFH IV R 45/01, BFH/NV 02, 1021). Zu den Auswirkungen auf AfA und § 6 II, IIa → Rn. 84. – Die **4-Jahresfrist** gilt grds für alle nach § 6b begünstigten WG (Ausnahmen: → Rn. 60 und 90). Sie bestimmt sich nach Wj (§ 8b S 1 EStDV), nicht nach Kj, und beginnt *mit Ablauf* des Wj, für das die Rücklage gebildet wurde. **RumpfWj** (§ 8b S 2 EStDV) verkürzen den Übertragungszeitraum, verlängerte Wj (§ 8c II 2 EStDV) erweitern ihn (BFH IV R 9/06, BStBl II 10, 664). Bei *unentgeltl* Betriebsübernahme sind die beiden entstehenden RumpfWj als *ein* Wj zu werten (BFH VI R 50/16, BStBl II 19, 313 Rn. 33). Zur **Verlängerung** der Frist durch das **CoronaStHG IV** → 43. Aufl 2024, § 6b Rn. 5. 59

bb) Neu hergestellte Gebäude. Die Frist beträgt gem § 6b III 3 **sechs Jahre,** wenn mit der Herstellung vor Schluss des vierten auf die Rücklagenbildung folgenden Wj begonnen worden ist (Berücksichtigung längerer Planungszeiten, vgl BT-Drs IV/2617). Die Investitionsentscheidung des StPfl muss durch den **Beginn der Herstellung** (s Wortlaut) nach außen hin sichtbar geworden sein (BFH X R 7/17, BStBl II 20, 635 Rn. 24: konkret und objektiv nachvollziehbar „ins Werk gesetzt"). Es genügt nicht, dass der StPfl behauptet, er beabsichtige, die Rücklage auf ein noch zu errichtendes Gebäude zu übertragen (BFH IV R 6/09, BFH/NV 12, 1122). – Zur **Verlängerung** auch dieser Frist durch das **CoronaStHG IV** → 43. Aufl 2024, § 6b Rn. 5. 60

Beispiele: reine **Vorbereitungsarbeiten** in der Entwurfsphase oder Aktivierung (erster) **Herstellungskosten** genügen nicht (BFH X R 7/17, BStBl II 20, 635); **Bauantraganstellung** genügt nur, wenn sich der Antrag auf das später errichtete Gebäude bezieht und dieses tatsächl innerhalb der 6-Jahresfrist hergestellt wird (BFH I B 154/05, BFH/NV 06, 1277 mwN: Lagerhalle geplant, Lkw-Halle gebaut; krit *Herrler* StuB 17, 501: konkrete Planungen ausreichend); Errichtung eines **anderen Gebäudes** oder Realisierung an einem **anderen Standort** genügen nicht (vgl BFH IV R 6/09, BFH/NV 12, 1122: **Bauvoranfrage** für anderes Grundstück; ob iÜ eine Bauvoranfrage genügt, hat der BFH offengelassen). Zu **Abbruch** eines Gebäudes s *BMF* BStBl I 79, 223 (mE immer noch zutr).

Die verlängerte Frist gilt nur für Gebäude, die der **StPfl selbst** (neu) hergestellt hat (BFH IV B 103/14, BFH/NV 16, 198: keine Verlängerung bei Anschaffungsvorgängen, VerfBeschw 2 BvR 98/16 nicht angenommen). Das schließt Herstellung durch **Schwester-PersGes** ein (s FG Bln-Bbg EFG 19, 739, mE zutr wegen der ges'ter-bezogenen Betrachtungsweise, → Rn. 4 und BFH IV R 19/14, BStBl II 18, 575; die Rechtssache hat sich allerdings erledigt). Die Verlängerung gilt nicht bei Herstellung durch **Bauträger** und Erwerb durch StPfl (mE zutr: NdsFG EFG 25, 892, Rev I R 21/24); ebenfalls nicht für *Erweiterung, Ausbau oder Umbau* von Gebäuden. – Der **Höhe** nach darf die Rücklage bei rechtzeitig begonnener Gebäudeherstellung während der verlängerten Reinvestitionsfrist nur insoweit fortgeführt werden, als nach den Verhältnissen des Bilanzstichtags und unter Berücksichtigung der dazu bis zum ordnungsmäßigen Bilanzaufstellungstag gewonnenen Erkenntnisse tatsächl noch mit weiteren HK zu rechnen ist (BFH IV R 83/88, BStBl II 90, 290).

61 **c) Auflösung, § 6b III 4, 5. – aa) Rücklagenübertragung.** In der Höhe, in der der StPfl die **AK/HK gekürzt** hat, *muss* er die Rücklage gem **§ 6b III 4** auflösen (s BFH IV R 41/09, BStBl II 13, 313: im veräußernden Betrieb; anders bei Betriebsveräußerung etc, s EStR 6b.2 X). Die Kürzung der AK/HK wirkt gewinnmindernd (→ Rn. 39 und 59), die gleichzeitige Auflösung der Rücklage gewinnerhöhend. Folgl ergibt sich im Jahr der Übertragung der Rücklage auf das Reinvestitions-WG keine Gewinnauswirkung. – **Buchung:** Bevorzugt wurde die vereinfachende Buchung *Rücklage an WG* (Nettomethode; *Bolk* DStR 17, 976: unzulässig). Näher am Gesetzestext sind die Buchungen *(1) Abschreibung an WG* und *(2) Rücklage an Ertrag* (Bruttomethode).

Eine **Rücklagenübertragung *vor* Anschaffung/Herstellung** eines WG (→ Rn. 38) schließt die Systematik von § 6b III 2 und 4 aus (BFH X R 14/21, BStBl II 24, 48; BFH VI R 50/16, BStBl II 19, 313: kein WG, keine Übertragung nach § 6 V 1, mit Anm *Kanzler* FR 19, 270 (274) zu alternativen Gestaltungen; EStR 6b.2 VIII 3). Die Rücklage kann daher nicht in einem anderen Betrieb „geparkt" werden (s auch *Bolk* DStR 17, 976). – Zur Auflösung nach **Veräußerung eines MUeranteils** → Rn. 58 aE.

62 **bb) Freiwillige Auflösung.** Auch *ohne Abzug von den AK/HK* eines neu angeschafften oder hergestellten WG nach § 6b III 2 kann der StPfl die Rücklage jederzeit ganz oder teilweise auflösen (BFH XI R 39/18, BStBl II 21, 517 Rn. 18 mwN). Das setzt eine entspr **Erklärung** voraus (s BFH X B 38/17, BFH/NV 17, 1607).

63 **cc) Fristablauf.** Spätestens mit Ablauf der Reinvestitionsfrist (→ Rn. 59 f) *muss* der StPfl die Rücklage vollständig auflösen **(§ 6b III 5).** Die Frist läuft mit Ende des vierten bzw sechsten Wj ab (zu **Verschmelzung** *mit* Fristablauf s BFH XI R 39/18, BStBl II 21, 517 Rn. 25 ff mwN: Auflösung der Rücklage in der Schlussbilanz der übertragenden Ges, str; s auch Anm *Kanzler* FR 20, 1053; *Weiss* BB 21, 747 (749)). – Ist im Fall des § 6b III 3 (→ Rn. 60) eine Rücklage am Schluss des sechsten auf ihre Bildung folgenden Wj noch vorhanden, weil es nicht zur Fertigstellung (Herstellung) des Gebäudes innerhalb der 6-Jahresfrist gekommen ist, muss ebenfalls die gesamte Rücklage in diesem Zeitpunkt aufgelöst werden (vgl etwa BFH IV R 6/09, BFH/NV 12, 1122 Rn. 23); TeilHK sind nicht begünstigt (vgl → Rn. 38). In allen Fällen wirkt sich die Auflösung auf den Gewinn aus und es fällt ein Gewinnzuschlag an (§ 6b VII, → Rn. 87 f). – Zur **Verlängerung** der Frist durch das **CoronaStHG IV** → 43. Aufl 2024, § 6b Rn. 5.

Im Jahr der Auflösung kann der StPfl einwenden, dass das FA eine Reinvestition nicht gesehen und die Rücklage überhöht angesetzt hat (BFH IV R 298/83, BStBl II 88, 885). – Kommt es nach **Betriebsveräußerung** und Rücklagenbildung nicht zur Reinvestition, ist die Rücklagenauflösung iRd § 24 Nr 2 zu erfassen (BFH IV R 150/78, BStBl II 82, 348; zu § 34 → Rn. 8). Dies gilt mE auch für die nachträgl eintretende StBefreiung einer reinvestierenden Körperschaft (überholt: BFH I R 253/78, BStBl II 80, 577; evtl **aA** *Bernhard* DB 95, 1681).

dd) Schätzung. Gem EStR 6b.2 IV soll eine nach § 6b III 1 im Wj der Veräußerung gebildete Rücklage auch dann (zwangsweise) aufgelöst werden, wenn der Gewinn eines Folgejahres mangels Bilanz geschätzt werden muss. Dies ist mE unzutr; denn die bestehende Rücklage ist nach den Grundsätzen des Bilanzenzusammenhangs (vgl BFH I R 152–153/85, BStBl II 90, 426, unter II.1.a) auch im Schätzungsjahr zu berücksichtigen. Demgemäß bezieht sich § 6b IV 1 Nr 5 nur auf Bildung und Auflösung der Rücklage, nicht auf die Fortführung (Umkehrschluss; glA *HHR/Marchal* § 6b Rn. 106; *BH/Stutzmann* § 6b Rn. 290). **64**

6. Weitere Voraussetzungen; Übertragungsverbot, § 6b IV. Die Anforderungen des § 6b IV gelten sowohl für die Übertragung stiller Reserven im Wj der Veräußerung gem § 6b I als auch für die Rücklagenbildung und die Übertragung der Rücklage in einem der folgenden Wj gem § 6b III. **65**

a) Gewinnermittlung nach § 4 I/§ 5, § 6b IV 1 Nr 1. Der StPfl muss den Gewinn nach § 4 I oder § 5 ermitteln, um § 6b in Anspruch nehmen zu können; bei Gewinnermittlung nach § 4 III/§ 13a: § 6c. Für Überschusseinkünfte gelten §§ 6b/6c nicht (vgl BFH X B 38/17, BFH/NV 17, 1607: VuV); zu irrtüml gebildeter Rücklage s BFH VI R 82/14, BFH/NV 17, 1313. – Da sich § 6c in Bezug auf die begünstigten WG nicht mehr von § 6b unterscheidet (seit dem StEntlG 1999 ff), führt ein **Wechsel der Gewinnermittlungsart** von § 4 I/§ 5 zu § 4 III/§ 13a weder zur Einschränkung der Übertragungsmöglichkeit noch dazu, dass bereits gebildete Rücklagen gewinnerhöhend aufzulösen sind. Im umgekehrten Fall (von § 4 III/§ 13a zu § 4 I/§ 5) sind Rücklagen in der Übergangsbilanz auszuweisen (→ § 6c Rn. 10; EStR 6b.2 XI). Für den **MUer** genügt, dass die PersGes den Gewinn nach § 4 I oder § 5 ermittelt. Ordnungsgemäße Buchführung wird seit 1975 nicht mehr verlangt. – Bei einem Wechsel zur **Tonnagebesteuerung** sind Rücklagen aufzulösen (§ 5a V 3); eine Übertragung der Rücklage auf einen Betrieb, der den Gewinn nach § 5a ermittelt, ist unzulässig (FG Hmb EFG 07, 1754, rkr). – Auch bei **Schätzung** erfolgt die Gewinnermittlung ggf nach § 4 I/§ 5 (vgl → § 4 Rn. 650), sodass § 6b IV 1 Nr 1 der Übertragung stiller Reserven nicht entgegensteht; aber → Rn. 57 und 62. **66**

b) Veräußertes Wirtschaftsgut, § 6b IV 1 Nr 2. Bei dem veräußerten WG muss es sich ***(aa)*** um **AV** handeln, das ***(bb)*** zu einer **inl Betriebsstätte** des StPfl gehört, wobei die Zugehörigkeit ***(cc)*** im Zeitpunkt der Veräußerung ununterbrochen für einen Zeitraum von **wenigstens 6 Jahren** bestanden haben muss. Zur **EU-rechtl Problematik** → Rn. 6. **67**

aa) Anlagevermögen. Zum **AV** gehören WG, die bestimmt sind, dem Betrieb dauernd zu dienen (§ 247 II HGB; → § 6 Rn. 344). Die Veräußerung von **UV** ist nicht begünstigt. Bei WG, die sechs Jahre zum BV gehört haben, wird idR AV vorliegen (EStR 6b.3 I). Teilweise **private Nutzung** des WG ist unschädl, solange es dadurch nicht zu PV wird. – **Grundstücke,** die in Veräußerungsabsicht parzelliert, und **Gebäude,** die in Eigentumswohnungen aufgeteilt werden, werden allein dadurch nicht zu UV, sondern erst durch Maßnahmen, die auf die Erschließung als Bauland abzielen oder den Beginn eines gewerbl Grundstückshandels markieren (BFH IV R 22/07, BFH/NV 11, 31; BFH IV R 47, 48/00, BStBl II 02, 289; s auch *Kirschbaum* FS Walter Maier [2012], S 140). **68**

Zur Abgrenzung **gewerbl Grundstückshandel** s BFH X B 138/16, BFH/NV 17, 579, bei **luf Hilfsgeschäften** s BFH VI R 8/23, BFH/NV 25, 1449 und BFH IV R 35/06, BStBl II 08, 359 einerseits und BFH IV R 34/05, BStBl II 08, 231 andererseits (Anm *Kanzler* FR 08, 472 und *ders* FR 08, 633; vgl auch → § 15 Rn. 59). Zur **Einbringung** eines luf Betriebes in eine gewerbl geprägte PersGes s BFH IV R 22/07, BFH/NV 11, 31. – Mit **Beendigung der gewerbl Tätig-**

keit verlieren die vormals zum AV gehörenden WG die Eigenschaft als BV; daher kann bei (privater) Veräußerung § 6b nicht in Anspruch genommen werden, auch wenn der Veräußerungsgewinn nach § 22 Nr 2 iVm § 23 stpfl ist (BFH IV R 167/80, BStBl II 81, 527). Zur **Zerstörung** oder Zerlegung eines WG in unbrauchbare Teile s BFH VIII R 187/75, BStBl II 79, 409.

69 **bb) Zugehörigkeit zu einer inländischen Betriebsstätte des Steuerpflichtigen.** Eine inl Betriebsstätte ist eine im Inl *belegene* Betriebsstätte („Inland" → § 1 Rn. 30; „Betriebsstätte" s § 12 AO und → § 49 Rn. 21 ff). Zugehörigkeit bedeutet nicht körperl Anwesenheit, sondern **wirtschaftl Zuordnung.** Die Regelung verlangt Zugehörigkeit zu *einer* inl Betriebsstätte des StPfl; das muss nicht notwendig während der gesamten sechs Jahre dieselbe Betriebsstätte gewesen sein (→ Rn. 3). Bei **Betriebsverpachtung** wird das WG der Betriebsstätte des Verpächters zugerechnet. Zugehörigkeit zu einer **im Ausl belegenen** Betriebsstätte soll auch dann nicht genügen, wenn der Gewinn aus dieser der dt Besteuerung unterliegt. Im Falle einer EU/EWR-Betriebsstätte ist diese Beschränkung unionsrechtswidrig (→ Rn. 6). Für den Fall, dass trotz Zugehörigkeit zu einer inl Betriebsstätte der Veräußerungsgewinn auf Grund eines DBA einem ausl Staat zugewiesen ist, → Rn. 79. – Die **Fiktion einer gewerbl Tätigkeit** gem **§ 49 I Nr 2 Buchst f S 2** führt nicht zur Fiktion einer inl Betriebsstätte (FG Mchn EFG 19, 1315 rkr, unter Berufung auf BFH I R 76/14, BStBl II 17, 704 Rn. 27, aber die Unionsrechtswidrigkeit verneinend, → Rn. 6).

70 **cc) Dauer.** Das Gesetz verlangt eine **ununterbrochene sechsjährige Zugehörigkeit,** um Spekulationen zu erschweren (BT-Drs 4/2400, 64). Ausnahmen sind auch im Billigkeitsweg nicht mögl, auch nicht bei nur geringfügiger Unterschreitung der Frist (aber → Rn. 9 aE); zu LPG der ehem DDR s *BMF* BStBl I 94, 854 (bis VZ 12). Zur Verkürzung bei städtebaul Sanierung/Entwicklung → Rn. 90.

71 **(1) Fristbeginn.** Die Frist beginnt mit Anschaffung (Erlangung wirtschaftl Verfügungsmacht) oder Herstellung des WG (Möglichkeit bestimmungsgemäßer Nutzung, → § 6 Rn. 35). Die **Fristberechnung** erfolgt *taggenau* nach § 108 AO iVm §§ 187 I, 188 II BGB. Frist **endet** mit der WG-Veräußerung (→ Rn. 26).

72 **(2) Unentgeltlicher Erwerb.** Auch bei unentgeltl Erwerb eines WG beginnt eine neue Frist zu laufen; der Erwerber kann sich die Vorbesitzzeit des Übertragenden nicht anrechnen lassen (keine Buchwertfortführung). Bei wirtschaftl **Neuherstellung** von WG wie zB Gebäuden oder selbstständigen Gebäudeteilen beginnt der Fristlauf mit der Fertigstellung (s EStR 6b.3 II). **Nachträgl HK** eines zum BV gehörenden WG berühren den Fristlauf nicht, sofern nicht wirtschaftl gesehen ein neues WG geschaffen wird (vgl → § 6 Rn. 166 ff; s auch EStR 6b.3 III). Wird ein WG in das BV eingelegt, kommt es darauf an, wann die **Einlage** wirksam geworden ist (vgl → § 4 Rn. 260; zu Betriebseröffnung → § 6 Rn. 633).

73 **(3) Veräußerung; Ersetzung etc.** Wird ein WG veräußert und durch ein anderes WG ersetzt, das die Funktion der ausgeschiedenen WG übernimmt, beginnt die Frist neu zu laufen; ebenso bei einem **Tausch** (Gewinnrealisierung, § 6 VI 1). Im Falle einer Ersatzbeschaffung nach **EStR 6.6** genügt es hingegen, wenn das ausgeschiedene und das Ersatz-WG *zusammen* sechs Jahre zum AV gehört haben (EStR 6b.3 IV); Zeiten zw Ausscheiden und Ersatzbeschaffung werden nicht mitgerechnet. Werden durch **betriebl Abspaltung** gewonnene WG (→ § 6 Rn. 37) veräußert, ist mE die Besitzzeit des alten WG mitzurechnen (personenbezogene Betrachtung, → Rn. 3). Bei **Buchwerteinbringung** von EinzelWG nach § 6 V (→ § 6 Rn. 765) werden (Vor-)Besitzzeiten ebenfalls angerechnet. **Enteignung** und Rückübertragung unterbrechen den Fristlauf nicht. Das Gleiche muss ggf für **Umlegungsverfahren** nach §§ 45 ff BauGB oder nach FlurbereinigungsG gelten (Zwangsverfahren, vgl → § 6 Rn. 854; zur Veräußerung des Surrogats s BFH XI R 31/91, BStBl II 93, 151). Zu Vorbesitzzeiten bei Wohnungsbauunternehmen s *BMF* BStBl I 94, 917 (bis VZ 09).

(4) (Teil-)Betrieb. Bei der **entgeltl Übertragung** eines (Teil-)Betriebs beginnt die Sechsjahresfrist neu zu laufen (BFH IV R 136/77, BStBl II 81, 84 und BFH IV R 12/80, BStBl II 81, 90). Bei der **unentgeltl Übertragung** werden dem Erwerber die Vorbesitzzeiten des Rechtsvorgängers angerechnet (BFH IV R 61/93, BStBl II 95, 367 und BFH VIII R 48/90, BStBl II 93, 93; EStR 6b.3 V). Als unentgeltl ist auch die **Übertragung zu Buchwerten** anzusehen (BFH IV R 77/92, BFH/NV 95, 214). Erbauseinandersetzung und vorweggenommene **Erbfolge** können bei bestimmten Ausgleichszahlungen als entgeltl Erwerbe anzusehen sein und die Besitzzeit des Rechtsvorgängers unterbrechen (→ Rn. 31, 33). Die Übertragung gegen **Versorgungsleistungen** steht einer unentgeltl Übertragung gleich (BFH IV R 22/07, BFH/NV 11, 31: keine Fristunterbrechung). 74

(5) Betriebsaufspaltung. Bei der BetrAufsp beginnt die Sechs-Jahresfrist für WG, die auf das **Betriebsunternehmen** übertragen werden, mit der Übertragung neu zu laufen (glA *BH/Stutzmann* § 6b Rn. 146, mwN: keine Einheitsbetrachtung). Buchwertübertragung ist grds nicht mehr mögl (→ § 15 Rn. 877; Ausnahme: mitunternehmerische BetrAufsp, → § 6 Rn. 736). Dagegen ist beim **Besitzunternehmen** die Besitzzeit des vorher einheitl Unternehmens anzurechnen. 75

(6) Mitunternehmerschaft. Nach der ges'terbezogenen Betrachtungsweise (→ Rn. 4) kommt es für die Besitzzeit nicht mehr auf die PersGes an; es muss vielmehr geprüft werden, ob der einzelne Ges'ter die Voraussetzung des § 6b IV 1 Nr 2 erfüllt (vgl SchlHFG BeckRS 2024, 31132, rkr). Wird ein WG des Gesamthandsvermögens veräußert, ist demgemäß die 6-Jahresfrist anteilig insoweit nicht gewahrt, als innerhalb der Frist eine **(voll-)entgeltl Änderung** der Beteiligungsverhältnisse stattgefunden hat. Ebenso ist dies bei **teilentgeltl Änderung,** sofern das Entgelt den Buchwert des veräußerten MUeranteils übersteigt (BFH VIII R 27/98, DStRE 01, 230: Einheitstheorie; str, für Trennungstheorie zB *Röhner* StB 03, 202; *Böhme/Forster* BB 03, 1079; krit *Hartmann/Meyer* INF 03, 870; ausführl → § 6 Rn. 789 ff, auch zur Vorlage an den GrS). Hingegen ist bei **voll unentgeltl Übertragung** (oder gegen ein Teilentgelt bis zur Höhe des Buchwerts) dem Erwerber des MUeranteils die Besitzzeit des Übertragenden (Zugehörigkeit zur PersGes) anzurechnen (BFH VIII R 27/98, DStRE 01, 230 mwN). Begünstigt ist deshalb bei Veräußerung eines WG des Gesamthandsvermögens letztl nur der Teil des Veräußerungsgewinns, der auf Ges'ter entfällt, die der Ges unverändert mindestens seit 6 Jahren angehören oder denen eine entspr Besitzzeit angerechnet wird. – Bei einer **doppelstöckigen PersGes** unterbricht das Ausscheiden eines Ges'ters der OberGes auch die Besitzzeit auf der Ebene der UnterGes (str, FG BW EFG 23, 1545 mwN, Rev I R 12/23; → § 15 Rn. 471). 76

(7) Umwandlung; Verschmelzung. Besitzzeitanrechnungen und Rücklagenfortführung für § 6b EStG sind vorgesehen in: § 4 II UmwStG; § 9 UmwStG; § 12 III UmwStG; §§ 15, 16 UmwStG (vgl BFH I R 77/09, BFH/NV 11, 10); § 23 I, III und IV UmwStG (Einbringende sind bei PersGes deren Ges'ter, s BFH I R 183/94, BStBl II 96, 342); § 24 IV, § 22 I UmwStG (vgl BFH IV R 22/07, BFH/NV 11, 31); § 25 UmwStG; ferner bei Formwechsel von BGB-Ges in Personenhandels- bzw PartnerschaftsGes und zw diesen. 77

Keine Besitzzeitanrechnung: bei Einbringungen mit dem gemeinen Wert (§ 23 IV, § 24 IV UmwStG); beim Anteilstausch gem § 21 UmwStG (§ 21 II 3 UmwStG spricht selbst bei Buchwertansatz von Anschaffung). S auch *Pitzal* DStR 11, 2373; ferner *BMF* BStBl I 25, 92 Rn. 22.07 und Rn. 22.13 und *Benz/Rosenberg* DB 12 Beil 1 zu Heft 2 S 38 (48). Zur **Realteilung** und Sachwertabfindung → Rn. 33. Zu **Verschmelzung mit Fristablauf** → Rn. 63 mwN.

c) Reinvestitionswirtschaftsgut, § 6b IV 1 Nr 3. Das angeschaffte oder hergestellte WG muss ebenfalls zum AV einer **inl Betriebsstätte** des StPfl gehören, wobei **„gehören“** auch hier im Sinne wirtschaftl Zuordnung zu verstehen ist (→ Rn. 69). Es 78 muss sich nicht notwendig um das BV handeln, dem das veräußerte WG entstammt; dh, veräußertes WG und Reinvestitions-WG können **verschiedenen BV** des StPfl angehören (EStR 6b.2 VI und VII, buchmäßige Behandlung: EStR 6b.2 VIII; aber → Rn. 61 aE: keine Rücklagenübertragung *vor* Anschaffung/Herstellung). Eine Mindest-Besitzzeit ist hier anders als nach § 6b IV 1 Nr 2 nicht vorgesehen. Der StPfl darf das Reinvestitions-WG alsbald nach Anschaffung/Herstellung wieder veräußern, auch schon vor dem ersten Bilanzstichtag nach der Reinvestition (vgl auch FG Köln EFG 11, 1492, rkr). Bei Erwerb nach **Betriebsaufgabe** fehlt es an einem BV (BFH III B 54/07, BFH/NV 09, 1620: Abgrenzung zur Betriebsunterbrechung). Zum Erwerb nach **Verpachtung** des Betriebs s BFH IV R 10/09, BStBl II 12, 93 (zeitl und örtl Begrenzung; Anm *Kanzler* FR 12, 130). – **Reinvestitions-WG im Ausland.** Die zumindest zeitweise von der *FinVerw* vertretene Auffassung, das Reinvestitions-WG (zB Grundstück) müsse im Inl belegen sein, ist schon vom Wortlaut des § 6b IV 1 Nr 3 nicht gedeckt und daher abzulehnen (*Knobbe-Keuk* S 266; *Thiel* BB 90, 1235; glA NdsFG EFG 12, 1031, rkr; → 39. Aufl 2020, § 6b Rn. 78).

79 **d) Steuerpflichtiger Veräußerungsgewinn, § 6b IV 1 Nr 4.** Da es Sinn und Zweck des § 6b ist, eine Substanzbesteuerung von AV zu vermeiden, setzt die Regelung voraus, dass überhaupt ein **im Inl stpfl Gewinn** vorliegt. Demgemäß sind Veräußerungsgewinne, die nach § 13 III, § 14 S 2, § 16 IV oder § 18 III 2 stfrei bleiben, nicht übertragungs- oder rücklagefähig. Dasselbe gilt für Veräußerungsgewinne, die zwar in einer inl Betriebstätte erzielt worden sind, für die aber das Besteuerungsrecht auf Grund eines **DBA** einem ausl Staat zugewiesen ist (str, glA *HHR/Marchal* § 6b Rn. 136; **aA** *Schild* DStR 23, 982). Würde sich hingegen bei Nichtanwendung des § 6b eine steuerl Auswirkung im Inl ergeben, zB durch Verlustausgleich oder -abzug, so ist der Gewinn insoweit auch nach § 6b I und III übertragungs- und rücklagefähig.

80 **e) Buchnachweis, § 6b IV 1 Nr 5.** Abzug und Rücklagenbildung nach § 6b sind nur dann zul, wenn folgende Angaben aus der Buchführung ersichtl sind: ***(1)*** Buchwert des veräußerten WG, ***(2)*** Veräußerungskosten, ***(3)*** Wert der Gegenleistung und ***(4)*** AK/HK des Reinvestitions-WG; im Falle der Rücklagenbildung nach § 6b III: die Werte ***(1)*** bis ***(3).*** Ausnahme: Rücklagenauflösung nach Ausscheiden eines MUers (BFH X R 14/21, BStBl II 24, 48 Rn. 44). – Ordnungsmäßigkeit der Buchführung wird nicht (mehr) verlangt. Eine zeitnahe Bilanzerstellung ist ebenfalls nicht erforderl (NdsFG EFG 95, 797, rkr; ähnl BFH IV R 151/81, BStBl II 85, 47). Zur Schätzung → Rn. 57. – Weitere Voraussetzung für die Übertragung stiller Reserven nach § 6b ist gem § 5 I 2 idF des BilMoG (BGBl I 09, 1102) seit VZ 09, dass der StPfl **lfd Verzeichnisse** führt (iEinz → § 5 Rn. 60 f; EStR 6b.2; zur Behandlung von Rücklagen → 39. Aufl 2020, § 6b Rn. 80).

81 **f) Übertragungsverbot; gewerbliche Betriebe, § 6b IV 2.** Veräußerungsgewinne aus GewBetr dürfen grds nicht auf Reinvestitionen eines freiberufl oder luf Betriebs übertragen werden (BT-Drs 4/2400, 64: Sicherung des GewStAufkommens). Die Regelung ist im Hinblick auf den Regelungszweck einschränkend auszulegen: Veräußerungsgewinne, die nicht der GewSt unterliegen, werden von dem Übertragungsverbot nicht erfasst (**teleologische Reduktion;** s *Kanzler* FS Beisse S 57). Das gilt zB für Gewinne aus der Veräußerung eines (Teil-)Betriebs oder eines MUer-Anteils (s auch BFH IV R 28/09, BStBl II 12, 877; Anm *Wendt/Kanzler* FR 13, 229). – Entwickelt sich ein GewBetr infolge eines **Strukturwandels** zu einem LuF-Betrieb (zB Gärtnerei, vgl BFH GrS 1/73, BStBl II 75, 168), kann eine § 6b-Rücklage fortgeführt werden; der Vorgang fällt tatbestandl nicht unter § 6b IV 2.

83 **7. Vorgezogene (Re-)Investition, § 6b V.** Will der StPfl die durch Veräußerung aufgedeckten stillen Reserven auf ein WG übertragen, das er bereits im vorangegangenen Wj angeschafft oder hergestellt hat, ist bei Vornahme des Abzugs nach § 6b I 1 (→ Rn. 39) von den Buchwerten am Schluss des vorangegangenen Wj aus-

zugehen. Der StPfl kann für das Wj der Anschaffung/Herstellung noch die reguläre AfA abziehen und sonstige Abschreibungen vornehmen. Die Korrekturen des § 6b VI wirken sich erst im Folgejahr aus, also im Wj der Veräußerung (→ Rn. 84; vgl auch *Neufang* DB 89, 453: größtmögl Vorteil).

8. Korrektur der Anschaffungskosten/Herstellungskosten, § 6b VI. – 84
a) Geminderte Beträge. Hat der StPfl von den AK/HK des Reinvestitions-WG einen Abzug nach § 6b I oder III vorgenommen, verringern sich dadurch im Wj des Abzugs gem **§ 6b VI 1** auch die AfA/AfS-Bemessungsgrundlage und die Wertgrenzen des § 6 II, IIa. An die Stelle der historischen AK/HK treten jeweils die nach § 6b I (→ Rn. 39) bzw § 6b III (→ Rn. 59) geminderten Beträge. Dies wirkt sich in Form eines geringeren Abschreibungsvolumens auch auf die Folge-Wj aus (auch → Rn. 1 aE: Steueraufschub). Gleichermaßen werden die Bewertungsobergrenzen der betr WG für die Folgezeit zwingend gemindert (zutr BFH I R 84/07, BStBl II 09, 187, Anm *Hoffmann* DStR 08, 1872; → § 6 Rn. 377). – Ist das Reinvestitions-WG bereits im Wj vor der Veräußerung angeschafft oder hergestellt worden, gelten für dieses Wj noch die regulären (historischen) AK/HK (→ Rn. 83).

WG, die im Wj der Veräußerung angeschafft/hergestellt worden sind, können durch die nach § 6b VI vorzunehmende Korrektur zu **GWG iSd § 6 II, IIa** werden. Für WG, die bereits im vorangegangen Wj angeschafft/hergestellt worden sind, gilt dies mE nicht; denn die Korrektur des § 6b VI ist im Wj des Abzugs vorzunehmen, während § 6 II, IIa auf das Wj der Anschaffung/Herstellung abstellt (vgl auch BT-Drs 11/5970, 37 aE).

b) Gebäude. Ist das Reinvestitions-WG ein Gebäude, sind bei der Ermittlung der (neuen) AfA-Bemessungsgrundlage nach § 7 IV 1, V und Va gem **§ 6b VI 2** die tatsächl AK/HK (nur) um den Abzugsbetrag nach § 6b I, III zu kürzen. Das bedeutet, dass im Falle einer vorgezogenen (Re-)Investition (→ Rn. 83) die AfA des vorangegangenen Wj zwar das AfA-Volumen mindert, nicht aber die AfA-Bemessungsgrundlage (Beispiel bei *Schoor* FR 97, 251 (255)). Begründet wird dies damit, dass die in § 7 IV 1, V vorgesehenen AfA-Sätze eine verkürzte Restnutzungsdauer nicht zulassen (BT-Drs 11/5970, 37, mE zweifelhaft). 85

9. Gewinnzuschlag, § 6b VII. – **a) Keine Reinvestition.** Der Gewinnzuschlag fällt an, wenn der StPfl eine gem § 6b III 1 gebildete Rücklage in einem späteren Wj ganz oder teilweise ohne Reinvestition auflöst. Ob die Auflösung freiwillig/vorzeitig erfolgt oder zwangsweise nach Fristablauf gem § 6b III 5 ist unerhebl. In beiden Fällen wird der Gewinn für das Wj der Auflösung erhöht: für jedes volle Wj, in dem die Rücklage bestanden hat, um **6% des aufgelösten Rücklagebetrags** (→ Rn. 6: verfgemäß). Erfolgt die Auflösung der Rücklage dagegen nach § 6b III 4 (nach Reinvestition und Abzug gem § 6b III 2), fällt *kein* Gewinnzuschlag an. Zur nachträgl Korrektur einer Rücklagenbildung s BFH X B 138/16, BFH/NV 17, 579. – Der Gewinnzuschlag wird nicht von **§ 9 Nr 1 S 2 GewStG** erfasst (BFH I R 17/99, BStBl II 01, 251). 87

b) Berechnung. Die vollen Wj des § 6b VII rechnen **von Schlussbilanz zu Schlussbilanz.** Daher kann der Zuschlag durch eine unterjährige (buchhalterische) Auflösung der Rücklage nicht vermieden werden; auch in diesem Fall hat die Rücklage während des gesamten Wj bestanden (BFH IV R 83/88, BStBl II 90, 290; vgl auch BFH VIII R 82/05, BStBl II 08, 481). Das Wj der Veräußerung und Rücklagenbildung kann hingegen niemals ein volles Wj iSd § 6b VII sein (zust FG BW EFG 24, 546, iErg bestätigt durch BFH VI R 20/23, DStR 25, 1573), auch dann nicht, wenn die Rücklage zu Beginn dieses Wj gebildet wurde (FG BW EFG 92, 178, rkr). – **RumpfWj** sind grds volle Wj (vgl § 8b S 2 EStDV); sie sind ausgehend vom Sinn und Zweck des Zuschlags (s unten) gleichwohl nur mit 0,5% je Monat zu berücksichtigen (zutr *Siegel* DB 83, 53; str, glA *Korn* § 6b Rn. 47; **aA** FG Mster 88

EFG 01, 350, rkr: voller Zuschlag iHv 6%; ebenso *BeckOK EStG* § 6b Rn. 295; *HHR/Marchal* § 6b Rn. 151).

Der Gewinnzuschlag soll einer missbräuchl Inanspruchnahme entgegenwirken und den Zinsvorteil einer Rücklagenbildung ohne Reinvestition abschöpfen (pauschalierende Abgeltung der Steuerstundung, vgl BFH VI R 20/23, DStR 25, 1573, Rn. 22 mwN). Die Regelung greift mE auch dann ein, wenn der StPfl die Rücklage nach Fristablauf (vorschriftswidrig) bestehen lässt.

90 **10. Städtebauliche Sanierung; Entwicklung, § 6b VIII, IX. – a) Fristverlängerung, § 6b VIII.** Für Veräußerungsgewinne, die anlässl der Durchführung oder Vorbereitung städtebaul Sanierungs- und Entwicklungsmaßnahmen entstehen, werden die Fristen des **§ 6b III** um **drei Jahre verlängert,** also auf sieben (§ 6b III 2), neun (§ 6b III 3) und sieben/neun Jahre (§ 6b III 5). Zur **zusätzl Verlängerung** der Fristen durch das **CoronaStHG IV** (BGBl I 22, 911) → 43. Aufl 2024, § 6b Rn. 5. – Dagegen wird die Frist des **§ 6b IV 1 Nr 2** (erforderl Vorbesitzzeit) **auf zwei Jahre verkürzt.** Voraussetzung ist in allen Fällen, dass die Veräußerung an einen der in § 6b VIII 2 genannten Erwerber erfolgt. Die Fristverlängerung trägt den Besonderheiten von Maßnahmen Rechnung, deren Durchführung der StPfl nicht beeinflussen kann.

91 **b) Bescheinigung, § 6b IX.** Der StPfl muss sich den Zweck der Veräußerung und den Erwerber von der nach Landesrecht zuständigen Behörde bescheinigen lassen; idR ist das die Gemeinde (*OFD Kiel* DStR 00, 777). Die Bescheinigung bindet das FA als **Grundlagenbescheid** (nur) bezügl der Anwendung der Fristen des § 6b VIII (FG LSA EFG 01, 1358, rkr). Da die Bescheinigung unter § 175 I Nr 1 AO fällt, hindert § 175 II 2 AO nF eine Rückwirkung nicht.

Streitigkeiten zw StPfl und FA über die Anwendung der Fristen des § 6b VIII sind **abgabenrechtl Streitigkeiten,** die ggf im Finanzrechtsweg zu klären sind. Entsteht jedoch ein Streit zw dem StPfl und der nach § 6b IX zuständigen Behörde darüber, ob bzw mit welchem Inhalt eine Bescheinigung zu erteilen ist, handelt es sich um **keine Abgabenangelegenheit,** der StPfl muss ggf den Verwaltungsrechtsweg beschreiten.

III. Veräußerung von Anteilen an Kapitalgesellschaft, § 6b X

93 **1. Überblick; zeitlicher Anwendungsbereich.** Die Regelung setzt voraus, dass der StPfl KapGes-Anteile mit Gewinn veräußert. Die dadurch aufgedeckten stillen Reserven können innerhalb bestimmter Fristen bis zu einem Höchstbetrag von **500 000 €** bzw nach dem StoFöG BGBl I 26 Nr 33 (zeitl Anwendungsbereich → Rn. 5) bis zu einem Höchstbetrag von 2 Mio € auf andere WG übertragen werden: innerhalb von zwei Wj auf *KapGes-Anteile* und *abnutzbare bewegl WG,* innerhalb von vier Wj auf *Gebäude.* Die Aufzählung der begünstigten WG ist (wie in § 6b I) abschließend. Gleichermaßen ist die Übertragung der stillen Reserven auf die in § 6b X 1 genannten WG nicht beliebig, sondern nur im Rahmen der dort vorgegebenen Möglichkeiten freigestellt. Die Regelung soll einen Ausgleich für Einzelunternehmer und PersGes im Hinblick auf die für KapGes geltende StBefreiung des § 8b II KStG schaffen (vgl BT-Drs 14/6882, 33; *Kanzler* FR 02, 117 (121)). – § 6b X gilt grds für Veräußerungen, die **nach dem 31. 12. 01** vorgenommen worden sind. Die Anschaffung kann allerdings schon vor diesem Zeitpunkt erfolgt sein (zutr Kanzler FR 02, 117 (125 f)).

94 **2. Persönlicher Anwendungsbereich.** Die Regelung gilt nur für (unbeschr/beschr stpfl) **natürl Personen.** Gem § 6b X 1 sind Körperschaften, Personenvereinigungen und Vermögensmassen ausdrückl ausgeschlossen; der Ausschluss entspricht dem persönl Anwendungsbereich des § 1 I Hs 1 KStG (Abstimmung mit dem Teileinkünfteverfahren und § 8b II KStG; *Paus* EStB 12, 266). Für StPfl, die ihren Gewinn nach § 4 III oder § 13a ermitteln, gilt § 6b X über § 6c (→ § 6c Rn. 1). – Für **PersGes** gilt auch hier die gesellschafterbezogene Betrachtungsweise (vgl → Rn. 4), wie § 6b X 10 deutl macht. Zur Vervielfachung des Höchstbetrags → Rn. 98; zum

Ausschluss bestimmter PersGes bei KapGes-Beteiligung → Rn. 110 f. – S iÜ *Strahl* KÖSDI 02, 13148; *Cordes* StBP 03, 113.

3. Abzug von den Anschaffungs-/Herstellungskosten im Wirtschaftsjahr der Veräußerung, § 6b X 1. – a) Veräußertes Wirtschaftsgut. Begünstigt ist die Veräußerung von KapGes-Anteilen, soweit diese zum betriebl **AV** (→ Rn. 68) des StPfl gehören (auch SonderBV). Zum Begriff der **Veräußerung** → Rn. 26–33 (auch Anteilstausch, Einbringung etc). Die Liquidation einer KapGes ist keine Veräußerung (BFH I R 182/70, BStBl II 73, 291). – Der Begriff des **KapGes-Anteils** entspricht dem des § 17 I 3 (vgl BFH IV R 209/74, BStBl II 76, 288; iEinz → § 17 Rn. 101 ff und zum „Typenvergleich" bei **ausl KapGes** → § 17 Rn. 24). 95

Nicht erfasst werden festverzinsl Wertpapiere, Anteile an Erwerbs- und Wirtschaftsgenossenschaften, Versicherungsvereinen auf Gegenseitigkeit, Stiftungen und sonstigen juristischen Personen des Privatrechts (§ 1 I Nr 2–6 KStG) sowie typische/atypische stille Beteiligungen. Zu einbringungsgeborenen Anteilen iSd **§ 21 UmwStG** s § 52 XIV 2.

b) Reinvestitionswirtschaftsgüter. Der StPfl muss in KapGes-Anteile (→ Rn. 95), Gebäude (→ Rn. 19 ff) oder abnutzbare bewegl WG reinvestieren. KapGes-Anteile muss der StPfl angeschafft, Gebäude und bewegl WG angeschafft oder hergestellt haben. Erweiterungen, Ausbauten und Umbauten sind nicht begünstigt, da § 6b X 4 nicht auf § 6b I 3 verweist. Ebenfalls nicht begünstigt sind Reinvestitionen in GuB und Binnenschiffe. **Abnutzbare bewegl WG** sind alle bewegl Sachen (§ 90 BGB; → § 7 Rn. 27) und Betriebsvorrichtungen (→ Rn. 21), nicht jedoch immaterielle WG (BFH III R 129/74, BStBl II 79, 634). – Zu den Begriffen „anschaffen/herstellen" → Rn. 37 f. An einer Anschaffung fehlt es, wenn wegen des Surrogationsprinzips Besitzzeiten angerechnet werden (vgl → Rn. 103). 96

c) Zeitpunkt. Begünstigt sind Reinvestitionen im **Wj der Veräußerung** oder (bis einschließl **VZ 2025**) im **vorangegangenen Wj** als vorgezogene (Re-)Investitionen. Letzteres ergab sich bislang aus § 6b X 4 aF, der ausdrückl auch auf § 6b V verwiesen hat (glA FG Mchn EFG 11, 426, rkr, mit Anm *Kühnen; Förster* DStR 01, 1913 (1915); *Korn/Strahl* Stbg 02, 300 (308); *KKM* § 6b Rn. K11; **aA** EStR 6b.2 XIII). Mit Wirkung (erst) **ab VZ 2026** verweist § 6b X 4 auf § 6b VI (→ Rn. 105). Es handelt sich entgegen BR-Drs 21/2507, 202 nicht ledigl um eine redaktionelle Klarstellung, sondern um eine konstitutive Neuregelung. – Darüber hinaus kann der StPfl auch hier eine **Rücklage** bilden; in diesem Fall muss eine Reinvestition in KapGes-Anteile oder abnutzbare bewegl WG in den folgenden zwei Wj oder eine Reinvestition in Gebäude in den folgenden vier Wj erfolgen. Zur **Verlängerung** dieser Fristen durch das **CoronaStHG IV** (BGBl I 22, 911) → 43. Aufl 2024, § 6b Rn. 5. 97

d) Rechtsfolge. Der Veräußerungsgewinn kann bis zu einem **Höchstbetrag von 500 000 €** (alt) bzw **2 Mio €** (neu, → Rn. 5) von den AK/HK (→ Rn. 40) des begünstigten WG abgezogen werden (vgl → Rn. 39). Auch § 6b X 1 ist als **Wahlrecht** des StPfl ausgestaltet, sodass der StPfl zw sofortiger Versteuerung, Gewinnübertragung und Rücklagenbildung frei wählen kann (vgl → Rn. 12, 56). Die Ermittlung des Veräußerungsgewinns richtet sich gem § 6b X 4 nach § 6b II (vgl → Rn. 48 ff). Es handelt sich um einen **Jahreshöchstbetrag,** der *ohne USt* ermittelt wird und für den im Wj aus der Veräußerung von KapGes-Anteilen erzielten Gesamtgewinn *vor* Anwendung des **Teileinkünfteverfahrens** gilt (aber → Rn. 99 f). Über den Höchstbetrag hinausgehende Gewinne werden normal versteuert. Bei abw Wj sind Gewinn und Höchstbetrag dem jeweiligen VZ nach den Regeln des § 4a zuzuordnen (vgl EStH 6b.2 „zeitl Zuordnung"; zu den Folgen eines bestandskräftigen Bescheids s FG Mchn EFG 02, 1510, rkr). – Aus der **ges'terbezogenen Betrachtungsweise** (→ Rn. 3) folgt, dass bei Veräußerungen aus dem Gesamthandsvermögen der Höchstbetrag nach der Anzahl der Ges'ter **vervielfacht** wird (EStR 6b.2 XII; *Brandenberg* DStZ 02, 594; krit *Strunk/Kamphaus* BB 02, 2153). 98

99 **4. Übertragung auf Gebäude und bewegliche Wirtschaftsgüter, § 6b X 2.** Reinvestiert der StPfl in angeschaffte/hergestellte Gebäude oder abnutzbare bewegl WG, kann er nur den stpfl Veräußerungsgewinn übertragen. Der (ohnehin) gem § 3 Nr 40 S 1 Buchst a und b iVm § 3c II steuerbefreite Teil des Gewinns bleibt unberücksichtigt (BFH IV B 47/21, BFH/NV 22, 807 Rn. 9). Von den AK/HK des Reinvestitions-WG können also **maximal 300 000 €** abgezogen werden (60% von 500 000 €; bis VZ 2008: 250 000 €). – Die Beschränkung gilt nur für den Fall der Reinvestition, nicht für die Rücklagenbildung (→ Rn. 106).

100 **5. Übertragung auf Anteile an Kapitalgesellschaft, § 6b X 3.** Reinvestiert der StPfl dagegen in KapGes-Anteile, gehört auch der gem § 3 Nr 40 S 1 Buchst a und b iVm § 3c II stfreie Betrag zu dem von den AK abziehbaren Veräußerungsgewinn. Die stillen Reserven werden also in voller Höhe, einschließl des nach dem Teileinkünfteverfahren stfreien Teils, auf die angeschafften Anteile übertragen. Die neuen Anteile sind das **Surrogat** der alten. Das Teileinkünfteverfahren greift erst im Falle einer späteren Veräußerung der neuen Anteile.

101 **6. Gewinnermittlung, Beschränkungen, § 6b X 4.** Die Regeln zur Ermittlung des Veräußerungsgewinns in § 6b II (→ Rn. 98), die Beschränkungen des § 6b IV 1 Nr 1, 2, 3, 5 und des § 6b IV 2 sowie § 6b V (bis VZ 2025, → Rn. 95) bzw § 6b VI (ab VZ 2026, → Rn. 105) sind **sinngemäß anwendbar.** Auf die inl StPfl des Veräußerungsgewinns (§ 6b IV 1 Nr 4) verweist § 6b X 4 nicht.

102 **a) Gewinnermittlung nach § 4 I/§ 5.** Veräußernder StPfl bzw MUerschaft müssen den Gewinn nach § 4 I oder § 5 ermitteln (§ 6b IV 1 Nr 1, → Rn. 66).

103 **b) Eigenschaften des veräußerten Wirtschaftsguts.** Die veräußerten KapGes-Anteile müssen im Zeitpunkt der Veräußerung für einen Zeitraum von **wenigstens 6 Jahren** ununterbrochen zum AV einer inl Betriebsstätte des StPfl bzw der MUerschaft gehört haben (§ 6b IV 1 Nr 2; → Rn. 67 ff). Bei 6-jähriger Zugehörigkeit ist idR AV anzunehmen. Eigene Anteile einer KapGes zählten bis zum Inkrafttreten des BilMoG (BGBl I 09, 1102) zum UV (§ 266 II B III Nr 2 HGB aF). Zur **EU-rechtl Problematik** → Rn. 6; Zu Abspaltung und Wertpapierleihe → 39. Aufl 2020, § 6b Rn. 103 mwN.

104 **c) Eigenschaften des Reinvestitionswirtschaftsguts.** Die **angeschafften WG** müssen ebenfalls zum AV einer inl Betriebsstätte gehören (§ 6b IV 1 Nr 3; → Rn. 78). Zur Reinvestition in eine EU/EWR-Betriebsstätte → Rn. 52 ff. Zum Buchnachweis (§ 6b IV 1 Nr 5) → Rn. 80. Zum Übertragungsverbot (§ 6b IV 2) → Rn. 81.

105 **d) Korrektur der Anschaffungskosten/Herstellungskosten.** Mit Wirkung **ab VZ 2026** (→ Rn. 5) verweist § 6b X 4 erstmals auch auf § 6b VI (→ Rn. 97: keine redaktionelle Klarstellung). Die Regelungen für die Bemessung der AfA/AfS (→ Rn. 84 f) gelten nunmehr in den Fällen des § 6b X sinngemäß.

106 **7. Bildung einer Rücklage, § 6b X 5.** Der StPfl kann im Wj der Veräußerung eine gewinnmindernde Rücklage iHd Veräußerungsgewinns einschließl des gem § 3 Nr 40 S 1 Buchst a und b iVm § 3c II steuerbefreiten Betrags bilden (→ Rn. 56 f). Eine Reinvestition in KapGesAnteile oder bewegl WG muss innerhalb von zwei Wj erfolgen, eine Reinvestition in Gebäude innerhalb von vier Wj; zur Fristberechnung → Rn. 59. – Rücklagefähig ist der **volle Veräußerungsgewinn** (soweit kein Abzug nach § 6b X 1 vorgenommen worden ist), weil die Rücklage auch für Reinvestitionen in KapGesAnteile zur Verfügung steht und dann der volle Betrag übertragen werden kann (→ Rn. 107).

107 **8. Übertragung und Auflösung, § 6b X 6, 7.** Für Übertragungen der Rücklage gelten gem **§ 6b X 6** die Grundsätze des § 6b X 2 und 3 sinngemäß (→ Rn. 99 f): Bei Reinvestition in Gebäude und/oder abnutzbaren bewegl WG kann nur der nicht

bereits nach § 3 Nr 40 S 1 Buchst a und b steuerbefreite Teil des Veräußerungsgewinns gewinnmindernd auf das Reinvestitions-WG übertragen werden. Gem **§ 6b X 7** ist in diesem Fall die Rücklage auch hinsichtl des zugehörigen nach § 3 Nr 40 S 1 Buchst a und b steuerbefreiten Betrags (und damit insoweit ebenfalls stfrei) aufzulösen, aber ohne Zinszuschlag (→ Rn. 109).

9. Zwangsauflösung, § 6b X 8. Ist die Rücklage am Schluss des vierten auf ihre Bildung folgenden Wj noch vorhanden, muss sie gewinnwirksam aufgelöst werden (zB: Wj der Rücklagenbildung endet am 30.6.20, Auflösung am 30.6.24). Die 4-Jahresfrist gilt (anders als § 6b III 5) einheitl für alle Fälle einer nach § 6b X 5 gebildeten Rücklage; zur **Verlängerung** durch das **CoronaStHG IV** (BGBl I 22, 911) → 43. Aufl 2024, § 6b Rn. 5. – **Rechtsfolge** der Auflösung ist die Versteuerung des Auflösungsgewinns samt Gewinnzuschlag (→ Rn. 109) nach Maßgabe des Teileinkünfteverfahrens (§ 3 Nr 40 S 1 Buchst a und b iVm § 3c II). Dies sieht § 6b X 8 zwar nicht ausdrückl vor; die Versteuerung der nicht übertragenen Rücklage kann aber nicht anders ausfallen als die des Veräußerungsgewinns. Zur Auflösung der Rücklage iZm einer Betriebsaufgabe/-veräußerung → § 34 Rn. 27. 108

10. Gewinnzuschlag, § 6b X 9. Soweit die Rücklage nicht nach § 6b X 6 übertragen (und nach § 6b X 7 aufgelöst) worden ist, fällt am Schluss des Wj der Zwangsauflösung ein Gewinnzuschlag an. Dieser beträgt für jedes volle Wj, in dem die Rücklage bestanden hat, 6% (verfgemäß, str → Rn. 6) des nicht nach gem § 3 Nr 40 S 1 Buchst a und b iVm § 3c II steuerbefreiten (aufgelösten) Rücklagenbetrags. Es wird also nicht wie bei § 6b VII der Rücklagebetrag als solcher dem Gewinnzuschlag unterworfen, sondern nur der stpfl Anteil. IU → Rn. 87 f. 109

11. Anwendungsausschluss, § 6b X 10. Vom Anwendungsbereich des § 6b X ausgeschlossen sind **Körperschaften, Personenvereinigungen** und **Vermögensmassen** (→ Rn. 94; insoweit gilt § 8b VI KStG). Die Möglichkeit der Gewinnübertragung besteht daher im Falle von **PersGes oder Gemeinschaften** nur insoweit, als *keine* Körperschaft, Personenvereinigung oder Vermögensmasse an den sachl begünstigten KapGesAnteilen des Gesamthandsvermögens beteiligt ist. Die übrigen Ges'ter oder Gemeinschafter werden hiervon nicht berührt (Wortlaut: „soweit", nicht „wenn"); die zur Verfügung stehenden Höchstbeträge werden dadurch nicht gemindert (→ Rn. 98 aE). – Betroffen sind hiervon GmbH & Co. KG, Stiftung & Co sowie andere PersGes und mitunternehmerische Erbengemeinschaften. Für die GmbH & atypisch Still ist die Vorschrift einschlägig, weil das Vermögen der GmbH einem Gesamthandsvermögen gleichgesetzt wird (→ § 15 Rn. 348); dabei fällt der atypisch Stille als natürl Person nicht unter die Beschränkung des § 6b X 10. Ähnl verhält es sich mit dem SonderBV des persönl haftenden Ges'ters einer KGaA (§ 15 I Nr 3). Keine Einschränkungen nach § 6b X 10 ergeben sich mE auch für den betriebl Beteiligten einer ZebraGes (vgl → Rn. 47). – Bei Einbringung einer PersGes durch KapGes ggf Zwangsauflösung mit Gewinnzuschlag (s *Kanzler* FR 02, 117 (124)). 110

§ 6c Übertragung stiller Reserven bei der Veräußerung bestimmter Anlagegüter bei der Ermittlung des Gewinns nach § 4 Absatz 3 oder nach Durchschnittssätzen

(1) [1]**§ 6b mit Ausnahme des § 6b Absatz 4 Nummer 1 ist entsprechend anzuwenden, wenn der Gewinn nach § 4 Absatz 3 oder die Einkünfte aus Land- und Forstwirtschaft nach Durchschnittssätzen ermittelt werden.** [2]**Soweit nach § 6b Absatz 3 eine Rücklage gebildet werden kann, ist ihre Bildung als Betriebsausgabe (Abzug) und ihre Auflösung als Betriebseinnahme (Zuschlag) zu behandeln; der Zeitraum zwischen Abzug und Zuschlag gilt als Zeitraum, in dem die Rücklage bestanden hat.**

(2) [1]**Voraussetzung für die Anwendung des Absatzes 1 ist, dass die Wirtschaftsgüter, bei denen ein Abzug von den Anschaffungs- oder Herstellungskosten oder von dem Wert nach § 6b Absatz 5 vorgenommen worden ist, in besondere, laufend zu führende Verzeichnisse aufgenommen werden.** [2]**In den Verzeichnissen sind der Tag der Anschaffung oder Herstellung, die Anschaffungs- oder Herstellungskosten, der Abzug nach § 6b Absatz 1 und 3 in Verbindung mit Absatz 1, die Absetzungen für Abnutzung, die Abschreibungen sowie die Beträge nachzuweisen, die nach § 6b Absatz 3 in Verbindung mit Absatz 1 als Betriebsausgaben (Abzug) oder Betriebseinnahmen (Zuschlag) behandelt worden sind.**

Einkommensteuer-Richtlinien: EStR 6c/EStH 6c.

1 **1. Bedeutung und Aufbau.** Gem § 6c können StPfl, die ihren Gewinn nach § 4 III oder § 13a ermitteln, in **entspr Anwendung von § 6b** stille Reserven aus der Veräußerung bestimmter WG auf neu angeschaffte oder hergestellte WG übertragen (zur Bedeutung → § 6b Rn. 1). Nur der persönl Anwendungsbereich des § 6b wird durch § 6c erweitert, nicht der sachl; auch § 6c gilt nur für die in § 6b I *und* X genannten WG und nur iRd dort vorgegebenen Möglichkeiten (→ Rn. 4). Zur Anwendbarkeit von § 6b X iVm § 6c s auch *Kanzler* FR 02, 117 (123); EStR 6c III. – **§ 6c I 1** enthält eine beschr Rechtsgrundverweisung auf § 6b: StPfl, die dem persönl Anwendungsbereich des § 6c unterfallen und stille Reserven übertragen wollen, müssen grds auch die tatbestandl Voraussetzungen des § 6b erfüllen, mit Ausnahme von § 6b IV 1 Nr 1. **§ 6c I 2** modifiziert die Bestimmungen über die Bildung und Auflösung einer Rücklage in § 6b III, sodass stille Reserven über die gesetzl Fiktion von BA und BE auch ohne Bilanz in spätere Wj übertragen werden können. **§ 6c II** legt dem nicht bilanzierenden StPfl besondere Dokumentationspflichten auf. – Zur neueren Rechtsentwicklung sowie zu verfassungs- und europarechtl Bezügen des § 6b → § 6b Rn. 5 f.

2 **2. Persönlicher Anwendungsbereich.** § 6c gilt für alle **natürl Personen,** die im Inl unbeschr oder beschr stpfl sind und ihren Gewinn entweder als nichtbuchführende Land- und Forstwirte, Gewerbetreibende oder Selbständige nach **§ 4 III** oder aber als Land- und Forstwirte gem **§ 13a** nach Durchschnittssätzen ermitteln. § 6c knüpft an die tatsächl Gewinnermittlung an und ist daher auch anwendbar, wenn ein an sich buchführungspflichtiger StPfl den Gewinn nach § 4 III ermittelt hat und das FA diese Gewinnermittlung übernimmt (BFH IV R 92/91, BStBl II 93, 366). Zu **Schätzungsfällen** → § 6b Rn. 57.

Der **Verpächter** eines Betriebs kann § 6c in Anspruch zu nehmen (vgl BFH IV R 1/98, BStBl II 99, 55 mwN; auch → § 6b Rn. 3). Zur Reinvestition in einen mehr als 200 km entfernt liegenden Standort s BFH IV R 23/00, BStBl II 03, 124. – Ein nach **(Teil-)Betriebsveräußerung** entstandener Gewinn ist ggf nach § 6b begünstigt, da der Veräußerungsgewinn stets nach § 4 I zu ermitteln ist. – Für **Überschusseinkünfte** gelten §§ 6b/6c nicht (vgl BFH X B 38/17, BFH/NV 17, 1607: VuV); zu **irrtüml gebildeter Rücklage** s BFH VI R 82/14, BFH/NV 17, 1313.

3 **3. Verhältnis zu anderen Vorschriften.** Bei Gewinnermittlung nach **§ 13a** gilt § 6c nur für Veräußerungsgewinne, die dem Durchschnittssatzgewinn als **Sondergewinn** gem § 13a VII 1 Nr 1 Buchst a hinzugerechnet werden (bis Wj 2014/2015: § 13a VI 1 Nr 2 aF; s *Kanzler* DStZ 15, 375 (385 f); → § 13a Rn. 38). Die bei Rücklagenauflösung angenommene fiktive BE zählt zu den Gewinnen nach § 13a VII 1 Nr 1 Buchst d (§ 13a VI Nr 4 aF, → § 13a Rn. 42); der Freibetrag ist auch für die Auflösung der Rücklage anzusetzen. – IÜ → § 6b Rn. 7 ff.

4 **4. Abzug von den Anschaffungskosten/Herstellungskosten, § 6c I. – a) Überblick.** § 6c I setzt wie § 6b I voraus, dass der StPfl ein begünstigtes WG mit Gewinn veräußert und ein anderes begünstigtes WG (Reinvestitions-WG) anschafft/herstellt. Ist das Reinvestitions-WG im Wj der Veräußerung oder im vorangegangenen Wj angeschafft/hergestellt worden, richtet sich die Übertragung der stillen Re-

serven nach § 6c I 1 iVm § 6b I und II. Sollen Anschaffung/Herstellung in einem der folgenden Wj erfolgen, wird gem § 6c I 2 die Wirkung einer Rücklage nach § 6b III (zeitweilige Gewinnminderung) durch die **Fiktion von BA und BE** erreicht (→ Rn. 8 f). – Reinvestitionsabsicht wird wie bei § 6b nicht verlangt. Der StPfl kann § 6c auch nur für einen Teil der aufgedeckten stillen Reserven in Anspruch nehmen **(Wahlrecht).** Er muss aber jedenfalls zunächst einmal einen Gewinn erklären, den er sodann durch Abzug einer BA wieder neutralisiert (BFH VI R 68/15, BStBl II 19, 128; auch → § 6b Rn. 56). – Zu Gestaltungsmöglichkeiten bei LuF s *Kanzler* FS Beisse S 58.

Der StPfl kann sein **Wahlrecht** entspr § 171 I 1 Nr 2 AO auch noch **nachträgl** ausüben (positiv wie negativ), solange die StFestsetzung nicht formell bestandskräftig ist (BFH IV R 30/99, BStBl II 02, 49: auch nach Ergehen eines Urteils des FG bis zum Ablauf der Rechtsmittelfrist; BFH III R 72/11, BStBl II 13, 1321: auch noch im 2. Rechtsgang; s auch BFH X R 56/13, BStBl II 16, 967). Er muss hierzu eine geänderte EÜR vorlegen (BFH IV B 46/13, BFH/NV 14, 1369). Das Bilanzänderungsverbot des § 4 II 2 gilt nicht für § 6c (BFH IV R 30/99, BStBl II 02, 49). Bei einer nachträgl **Erhöhung des Kaufpreises** ist der Veräußerungsgewinn nach § 175 I 1 Nr 2 AO rückwirkend auf den Zeitpunkt der Veräußerung zu korrigieren (s BFH IV R 41/13, BStBl II 16, 984: Eintritt einer aufschiebenden Bedingung, wie bei § 6b; auch → § 6b Rn. 49). Zu erhöhten **Mitwirkungspflichten** des StPfl und zur **Amtsermittlungspflicht** des FA s BFH IV R 47/96, BFH/NV 97, 757. Zur Korrektur eines zu Unrecht vorgenommenen Abzugs nach **§ 174 III AO** s BFH IV R 65/91, BStBl II 94, 76.

b) Entsprechende Anwendung von § 6b, § 6c I 1. Welche WG begünstigt sind und in welcher Kombination, ergibt sich aus § 6b I 1 und 2 (→ § 6b Rn. 15 ff: **GuB, Aufwuchs, Gebäude** und **Binnenschiffe**) sowie aus § 6b X 1 (→ § 6b Rn. 95 f: **KapGes-Anteile, Gebäude** und **abnutzbare bewegl WG**). Zum Begriff Veräußerung → § 6b Rn. 26 ff. Die Voraussetzungen des § 6b IV 1 Nr 2–4 müssen ebenfalls erfüllt sein (insb 6-jährige Zugehörigkeit zum AV einer inl Betriebsstätte, → § 6b Rn. 67 ff; zur Veräußerung von GuB eines luf Betriebs → § 6b Rn. 68 aE). Auch iRd § 6c kann ggf ein Antrag auf Steuerstundung nach § 6b IIa (→ § 6b Rn. 53) gestellt werden. 5

aa) Ermittlung des Veräußerungsgewinns. Diese richtet sich nach § 6b II: Von dem Veräußerungspreis des begünstigten WG werden der „Buchwert" und die Veräußerungskosten abgezogen (→ § 6b Rn. 48 ff). Maßgebl ist der **Zeitpunkt der Veräußerung** (→ § 6b Rn. 26). Auf den Zeitpunkt des Zuflusses des Veräußerungserlöses kommt es nicht an. Die Anwendung des § 6b II führt damit zu einer Abweichung vom Zuflussprinzip des § 11; ein früher oder später zufließender Veräußerungserlös ist dementspr *keine* BE (s EStR 6c I 2–4). Für die Veräußerungskosten muss das ebenso gelten. – Als **„Buchwert"** iSd § 6b II 1 sind die noch nicht als BA abgesetzten AK/HK des veräußerten WG anzusetzen bzw (soweit vorhanden) die Werte, die sich aus dem nach § 4 III 5 (bzw § 13a VI 2) zu führenden Anlageverzeichnis ergeben. 6

bb) Übertragung der aufgedeckten stillen Reserven. Die Übertragung erfolgt in der Weise, dass die AK/HK des Reinvestitions-WG in dem Anlagenverzeichnis (§ 6c II 1) um den Veräußerungsgewinn gekürzt werden (Minderung der AfA-Bemessungsgrundlage). Der Kürzungsbetrag ist im Wj der Veräußerung **wie eine BA** zu behandeln. Ist das Reinvestitions-WG bereits in dem Wj angeschafft/hergestellt worden, das der Veräußerung vorangeht, ist der am Schluss des vorangehenden Wj maßgebl „Buchwert" (→ Rn. 6) zu kürzen; dies geschieht ebenfalls im Wj der Veräußerung. – Zur Behandlung der VorSt → § 6b Rn. 40. 7

c) Reinvestition in einem späteren Wirtschaftsjahr, § 6c I 2 Hs 1. – aa) Abzug als Betriebsausgabe („Rücklagenbildung"). Wenn bzw soweit die aufgedeckten stillen Reserven nicht bereits im Wj der Veräußerung auf ein anderes WG übertragen worden sind (→ Rn. 7), kann der StPfl in diesem Wj einen Betrag bis zur Höhe des noch nicht abgezogenen begünstigten Veräußerungsgewinns als **fiktive** 8

BA abziehen. Das Wahlrecht wird mit der Abgabe der Gewinnermittlungsunterlagen für das Wj der Veräußerung beim FA ausgeübt (*Glanegger* FR 90, 469). Zur nachträgl Ausübung → Rn. 4 (aE); Beispiel s EStH 6c.

9 **bb) Zuschlag als Betriebseinnahme („Rücklagenauflösung").** Wird innerhalb der Fristen des § 6b III 2 und 3 ein Reinvestitions-WG angeschafft/hergestellt, kann der StPfl die AK/HK im Anlagenverzeichnis (§ 6c II 1) bis zur Höhe des im Wj der Veräußerung abgezogenen Betrags kürzen. Der Kürzungsbetrag ist im Wj der Anschaffung/Herstellung wie eine BA zu behandeln. Zugleich ist gem § 6c I 2 Hs 1 in gleicher Höhe ein Zuschlag als **fiktive BE** anzusetzen (gewinnneutrale Übertragung, s BFH IV R 298/83, BStBl II 88, 885; EStR 6c. I). Der Zeitraum zw Abzug und Zuschlag gilt als Zeitraum, in dem die Rücklage bestanden hat (§ 6c I 2 Hs 2). – Ist bei Ablauf der Reinvestitionsfrist der Gewinn nicht/nicht in vollem Umfange von den AK/HK eines Reinvestitions-WG abgezogen worden, muss der verbleibende Betrag dem Gewinn als Zuschlag hinzugerechnet werden. Auch vor Ablauf der Übertragungsfrist kann der neutralisierte Gewinn jederzeit ganz oder teilweise durch Ansatz einer fiktiven BE gem § 6c I 2 versteuert werden (BFH IV R 8/86, BStBl II 88, 55). Zum „Verzicht auf Reinvestition" als neue Tatsache iSd § 173 AO s BFH IV R 47/96, BFH/NV 97, 757. – Zwar steht eine **Schätzung** der Inanspruchnahme des § 6c entgegen (EStR 6c. II 1). Ist jedoch während der Reinvestitionsfrist zu schätzen, löst dies mE entgegen EStR 6c. II 2 keinen zwangsweisen Zuschlag iHd ursprüngl Abzugsbetrags aus (→ § 6b Rn. 64).

10 **cc) Wechsel der Gewinnermittlungsart nach § 4 I oder § 5.** In diesem Fall sind die WG in der EB mit den AK/HK abzügl des nach § 6c abgezogenen Betrags anzusetzen (ggf weiter vermindert um AfA und SonderAfA). Hat der StPfl Beträge als fiktive BA abgezogen, aber noch nicht als fiktive BE wieder hinzugerechnet, ist in der jeweiligen Höhe eine Rücklage zu bilden, die für die verbleibende Übertragungszeit fortgeführt werden darf, sofern die Fristen des § 6b III noch nicht abgelaufen sind. Vgl iEinz EStR 6b.2 XI.

11 **d) Gewinnzuschlag, § 6c I 2 Hs 2.** Auch iRd § 6c fällt gem § 6b VII ein Gewinnzuschlag an, wenn der StPfl **ohne Reinvestition** in einem späteren Wj den Zuschlag als fiktive BE ansetzt (vgl → § 6b Rn. 87 f). Unerhebl ist, ob die fiktive BE zwangsweise nach Ablauf der Reinvestitionsfrist oder freiwillig zu einem früheren Zeitpunkt angesetzt wird (BFH VIII R 82/05, BStBl II 08, 481, zu § 7g III). – Der Gewinnzuschlag beträgt für jedes volle Wj 6% der (ohne Reinvestition) angesetzten fiktiven BE (→ § 6b Rn. 86: verfgemäß, str). Maßgebl ist der Zeitraum zw dem Abzug als fiktive BA und dem Zuschlag als fiktive BE; gerechnet wird jeweils vom Ende eines Wj bis zum Ende des nächsten, auch im Falle eines unterjährigen Zuschlags (vgl *OFD Kobl* DStR 03, 880). Der Gewinnzuschlag fällt auch dann an, wenn der StPfl kein Verzeichnis iSd § 6c II geführt hat (BFH IV R 90/88, BStBl II 90, 689).

12 **5. Dokumentation, § 6c II. – a) Besondere Verzeichnisse, § 6c II 1.** Der StPfl muss jedes einzelne WG, bei dem ein Abzug von den AK/HK vorgenommen worden ist, in besondere, lfd zu führende Verzeichnisse aufnehmen (s auch FG Mster EFG 92, 119, rkr). Die Regelung ersetzt § 6b IV 1 Nr 5. – **„Laufend"** bedeutet der Rspr zufolge nicht „zeitnah", sondern verlangt nur Aufzeichnungen in entspr zeitl Reihenfolge; es genügt, wenn das Verzeichnis im Zeitpunkt der Wahlrechtsausübung angelegt wird (so BFH IV R 151/81, BStBl II 85, 47 zu § 7a; vgl auch FG BW EFG 98, 544, rkr).

13 **b) Notwendige Angaben, § 6c II 2.** Die Verzeichnisse müssen enthalten: ***(1)*** Tag der Anschaffung/Herstellung des jeweiligen Reinvestitions-WG, von dem ein Abzug von den AK/HK vorgenommen wird, ***(2)*** AK/HK des Reinvestitions-WG, ***(3)*** Abzug nach § 6b I, III oder X iVm § 6c I, ***(4)*** die fiktiven BA und BE (Abzüge/

Zuschläge) gem § 6b III iVm § 6c I 2 und *(5)* AfA und SonderAfA (einschr FG RhPf EFG 21, 935 rkr, wenn AfA ohnehin nicht in Betracht kommt).

§ 6d *Euroumrechnungsrücklage*

Redaktioneller Hinweis: § 6d hat sich durch Zeitablauf erledigt (vgl § 6d I 4). Letztmalige Kommentierung → 23. Aufl 2004, § 6d Rn. 1 ff. 1

§ 6e Fondsetablierungskosten als Anschaffungskosten

(1) [1]**Zu den Anschaffungskosten von Wirtschaftsgütern, die ein Steuerpflichtiger gemeinschaftlich mit weiteren Anlegern gemäß einem von einem Projektanbieter vorformulierten Vertragswerk anschafft, gehören auch die Fondsetablierungskosten im Sinne der Absätze 2 und 3.** [2]**Haben die Anleger in ihrer gesellschaftsrechtlichen Verbundenheit keine wesentlichen Möglichkeiten zur Einflussnahme auf das Vertragswerk, gelten die Wirtschaftsgüter im Sinne von Satz 1 als angeschafft.**

(2) [1]**Fondsetablierungskosten sind alle auf Grund des vorformulierten Vertragswerks neben den Anschaffungskosten im Sinne von § 255 des Handelsgesetzbuchs vom Anleger an den Projektanbieter oder an Dritte zu zahlenden Aufwendungen, die auf den Erwerb der Wirtschaftsgüter im Sinne des Absatzes 1 Satz 1 gerichtet sind.** [2]**Zu den Anschaffungskosten der Anleger im Sinne des Absatzes 1 Satz 2 gehören darüber hinaus alle an den Projektanbieter oder an Dritte geleisteten Aufwendungen in wirtschaftlichem Zusammenhang mit der Abwicklung des Projekts in der Investitionsphase.** [3]**Zu den Anschaffungskosten zählen auch die Haftungs- und Geschäftsführungsvergütungen für Komplementäre, Geschäftsführungsvergütungen bei schuldrechtlichem Leistungsaustausch und Vergütungen für Treuhandkommanditisten, soweit sie auf die Investitionsphase entfallen.**

(3) **Absatz 1 Satz 1 und Absatz 2 sind sinngemäß in den Fällen anzuwenden, in denen Fondsetablierungskosten vergleichbare Kosten außerhalb einer gemeinschaftlichen Anschaffung zu zahlen sind.**

(4) **Im Fall des § 4 Absatz 3 sind die Absätze 1 bis 3 entsprechend anzuwenden.**

(5) **§ 15b bleibt unberührt.**

Verwaltungsanweisung: *BMF* DStR 26, 169 (Einführungsschreiben).

1. Norminhalt. § 6e ordnet seit 2019 (mit Rückwirkung für alle offenen Fälle, → Rn. 2 aE) sog „Fondsetablierungskosten" (Begriff s Abs 2 und → Rn. 7 ff; insb die „weichen Kosten" bei der Gründung geschlossener Fonds) den AK zu und verhindert so deren sofortigen Abzug als BA/WK. – **Anwendungsbereich.** § 6e gilt unmittelbar nur für die betriebl Einkunftsarten, auch bei Gewinnermittlung nach § 4 III (§ 6e IV). § 9 V 2 ordnet aber die entspr Anwendung bei den Überschusseinkünften an (zB VuV-Fonds; zu Besonderheiten *BMF* DStR 26, 169 Rn. 27 ff). – **Literatur.** *Zapf* FR 19, 804; *Hörster* NWB 19, 2484 (2486 ff); *Rüsch* DStR 20, 1172. 1

2. Rechtsentwicklung. – ***(1)*** **Frühere Rspr.** Aufwendungen sowohl gewerbl FondsGes (idR GmbH & Co KG) als auch VuV-Ges für die typischen „weichen Kosten" der Fondsgründung haben BFH und *FinVerw* bei vorformulierten Beitrittsverträgen zunächst unter Berufung auf **§ 42 AO** in voller Höhe als **AK der von der FondsGes erworbenen WG** behandelt, und zwar unabhängig davon, ob diese Beträge an die Fondsinitiatoren oder an Dritte fließen (BFH IV R 15/09, BStBl II 11, 706 – Windkraftfonds; BFH IV R 8/10, BStBl II 11, 709 – Schiffsfonds); ausführl *BeckOK EStG* § 6e Rn. 2a, 6. – ***(2)*** **Änderung der Rspr.** Ab dem **Inkrafttreten des § 15b** (s § 52 XXV: Beitritt oder Beginn des Außenvertriebs nach dem 10.11.05) sah der IV. Senat § 42 AO hingegen als verdrängt an und ließ den **sofortigen BA-Abzug** zu (BFH IV R 33/15, BStBl II 20, 645). ME war dies zweifelhaft, da die Zusammenfassung der „weichen 2

Kosten“ zu AK nicht erst aus § 42 AO, sondern bereits aus einer sachgerechten Vertragsauslegung folgt und diese durch § 15b nicht verdrängt wird. Die *FinVerw* hat diese Entscheidung des IV. Senats zu keinem Zeitpunkt angewendet. – ***(3)*** **Rückwirkende Anwendung des § 6e auf alle offenen Fälle.** § 6e ist durch das am 17.12.19 verkündete ElektroMobG (BGBl I 19, 2451) eingefügt worden, hat aber Rückwirkung auf alle offenen Fälle (§ 52 XIVa). Damit ist die zwischenzeitl Rspr des IV. Senats nun auch für die Vergangenheit überholt. – ***(4)*** **Verfassungsmäßigkeit der Rückwirkung.** Dies ist zu bejahen, weil der Gesetzgeber hier nach einer Änderung der Rspr ledigl die frühere Rechtslage wiederhergestellt hat (zutr BFH IX R 13/24, DStR 25, 1994, zu Kosten, die im Jahr 2014 entstanden sind). Bei Zugrundelegung der neueren Rspr des BVerfG (2 BvL 7/13, BVerfGE 165, 103 Rn. 127 ff) dürfte die Rückwirkung allerdings nur für die Zeit vor dem 11.7.18 (Veröffentlichung der RsprÄnderung) gerechtfertigt sein, danach bis zur Einbringung des Gesetzentwurfs zur Schaffung von § 6e (BR-Drs 356/19) aber nicht mehr (so wohl auch FG Mster EFG 24, 813 unter B.II.3., Rev IV R 6/24; *Rüsch* DStR 20, 1172 (1174); *BH/Rüsch* § 6e Rn. 17 ff; *BeckOK EStG* § 6e Rn. 6). BFH IX R 13/24, DStR 25, 1994 Rn. 27 ff musste dies zwar noch nicht entscheiden, scheint aber auch diesen Teil des Rückwirkungszeitraums als unproblematisch anzusehen.

3 **3. Voraussetzungen.** Grds ist § 6e anwendbar, wenn der StPfl WG gemeinschaftl mit weiteren Anlegern gem einem von einem Projektanbieter vorformulierten Vertragswerk anschafft (zur Abgrenzung zw Anschaffung und Herstellung → Rn. 5 f). Im Wesentl geht es daher um **FondsPersGes.** Abs 3 bezieht aber auch bestimmte Fälle außerhalb einer gemeinschaftl Anschaffung mit ein (→ Rn. 10). Bei Private-Equity- und Venture-Capital-Fonds ist mE jeweils im Einzelfall zu prüfen, ob die Voraussetzungen vorliegen (aA *Lüken* DStR 24, 2794: nie Anwendung auf derartige Fonds). – **Vorformuliertes Vertragswerk.** Es ist gegeben, wenn der Projektanbieter das Vertragswerk vorgibt und der einzelne Anleger nur die Wahl hat, entweder das gesamte Bündel der Verträge zu übernehmen oder sich nicht zu beteiligen (zutr *BMF* DStR 26, 169 Rn. 5; FG Mster EFG 24, 813 unter B.II.1.c aa, Rev IV R 6/24). Für die Auslegung dieses Merkmals kann neben der zur Rechtslage vor Einfügung des § 6e entwickelten Rspr (→ Rn. 6) mE auch auf die Grundsätze zurückgegriffen werden, die zu dem in § 15b II verwendeten Merkmal „vorgefertigtes Konzept“ entwickelt worden sind (→ § 15b Rn. 25 ff), da beide Normen ähnl Zweckrichtungen verfolgen. Der ähnl Begriff der „vorformulierten Vertragsbedingungen“ findet sich zudem in § 305 I BGB.

4 **4. Rechtsfolge.** Sind die Voraussetzungen des Abs 1 S 1 erfüllt, stellen die Fondsetablierungskosten (Definition in Abs 2; → Rn. 7 ff) AK der WG des Fonds dar. Daneben kann § 15b angewendet werden, sofern auch nach der durch § 6e angeordneten Versagung des sofortigen BA-/WK-Abzugs noch die Voraussetzungen eines Steuerstundungsmodells erfüllt sind (§ 6e V).

5 **5. Abgrenzung zwischen Anschaffung und Herstellung, § 6e I 2. – a) Einfluss der Anleger.** § 6e I 2 modifiziert für Zwecke des § 6e die allg Kriterien zur Abgrenzung zw Anschaffung und Herstellung (→ § 6 Rn. 34; Nachweise zur Herstellereigenschaft bei Filmproduktionen → 34. Aufl 2015, § 6 Rn. 34). Haben die Anleger keine wesentl Einflussnahmemöglichkeiten auf das Vertragswerk, gelten die WG als angeschafft. In den Gesetzesmaterialien wird eine wesentl Einflussnahmemöglichkeit (mE zutr) bejaht, wenn die Anleger in ihrer gesellschaftsrechtl Verbundenheit rechtl und tatsächl in der Lage sind, wesentl Teile des Konzepts zu verändern (BT-Drs 19/13436, 92; zahlreiche Einzelfragen hierzu in *BMF* DStR 26, 169 Rn. 6 ff). Dann sind die Anleger als Hersteller anzusehen, sodass der Umfang der sofort abziehbaren BA/WK größer ist als bei Erwerbern. In der Praxis werden den Anlegern bei derartigen Modellen aber idR keine wesentl Einflussnahmemöglichkeiten eingeräumt. Eine Anschaffung (mit der Folge der Anwendbarkeit des § 6e auch auf die vor der Konzeptänderung angefallenen Aufwendungen) ist auch dann noch gegeben, wenn eine SchiffsfondsKG ursprüngl ein eigenes Schiff erwerben und betreiben wollte, dann aber wegen Fertigstellungsproblemen nahezu alle Anteile an einer anderen PersGes

erwirbt, die ein weitgehend baugleiches Schiff betreibt (zutr FG Mster EFG 24, 813 unter B.II.1.c, Rev IV R 6/24).

b) Kriterien vor Inkrafttreten des § 6e. Rspr und *FinVerw* sahen Anleger, die ihre Beteiligung aufgrund eines vorformulierten Vertragswerks eingehen und sich bei den damit zusammenhängenden Rechtsgeschäften durch die Initiatoren vertreten lassen, nicht als Hersteller, sondern als *Erwerber* der WG der FondsGes an, sofern sie iRd Beitritts kein Preisrisiko tragen. Diese Rspr ist zu **Bauherrenmodellen** entwickelt (BFH IX R 197/84, BStBl II 90, 299; BFH IX R 70/86, BStBl II 90, 1024; BFH IX B 39/91, BStBl II 92, 883; *BMF* BStBl I 03, 546 Rn. 1–4) und dann auf **geschlossene Immobilienfonds** übertragen worden (BFH IX R 82/91, BStBl II 95, 166: KG; BFH IX R 10/96, BStBl II 01, 720: GbR). Nach dem für die Gestaltungspraxis maßgebl sog **„5. Bauherrenerlass"** (*BMF* BStBl I 03, 546 Rn. 33 ff) stellte die *FinVerw* hohe Anforderungen an die Ausgestaltung von FondsGes, deren K'tisten im Einzelfall als Hersteller/Bauherren anzusehen sein sollen. – In der Praxis sind Fondskonzepte, in denen Anleger ein derart hohes Preisrisiko tragen, nur schwer vermarktbar und werden daher kaum angeboten. Vom BFH anerkannt wurden aber Modelle, in denen die Ges'ter zw verschiedenen Modernisierungsvarianten wählen können, selbst wenn sich auf der entscheidenden Ges'terversammlung sämtl Anleger vertreten lassen, sofern diese Vertreter nicht eindeutig im Lager der Initiatoren stehen (zur Rechtslage vor § 6e BFH IX R 13/11, BFH/NV 12, 1422: uneingeschränkte Gestaltungsfreiheit der Anleger sei – wie ein Vergleich mit § 164 HGB zeige – nicht erforderl). An diesen Kriterien ist mE auch unter der Geltung des § 6e festzuhalten, da § 6e auf der vor der RsprÄnderung des IV. BFH-Senats geltenden Rspr und VerwAuffassung beruht. 6

6. Begriff der Fondsetablierungskosten, § 6e II. – a) Allgemeine Definition, § 6e II 1. Neben den AK iSd § 255 HGB sind alle Aufwendungen in die AK einzubeziehen, die auf Grund des vorformulierten Vertragswerks vom Anleger an den Projektanbieter oder an Dritte zu zahlen und auf den Erwerb der WG iSd Abs 1 S 1 gerichtet sind. Entscheidend ist nach dem Gesetzeswortlaut der **finale Zusammenhang mit dem Erwerb** der WG, auch wenn die zivilrechtl Leistungsbeschreibung eine andere ist. Hierunter fallen zB gesondert ausgewiesene oder vereinbarte Kosten für die Erstellung und Prüfung der Konzeption und des Prospekts, die Geschäftsbesorgung in der Investitionsphase und die Mittelverwendungskontrolle. – Die gesetzl Formulierung nimmt die Begrifflichkeit der bisherigen Rspr zu Bauherrenmodellen (BFH IX R 197/84, BStBl II 90, 299), Immobilienfonds (BFH IX R 10/96, BStBl II 01, 720) und gewerbl FondsGes (BFH IV R 40/97, BStBl II 01, 717) sowie des 5. Bauherrenerlasses (*BMF* BStBl I 03, 546) wörtl auf, auf die in den Gesetzesmaterialien zudem jeweils ausdrückl verwiesen wird (BT-Drs 19/13436, 92; Beispiele in *BMF* DStR 26, 169 Rn. 11 ff). Damit sind diese Quellen auch für die Auslegung der Neuregelung maßgebl. – Aus diesem Grund sind (wie bisher) trotz des engeren Wortlauts („vom Anleger zu zahlende Aufwendungen") auch solche Aufwendungen zu aktivieren, die einer FondsPersGes bereits vor dem Beitritt des einzelnen Anlegers entstanden sind (zutr FG Mster EFG 24, 813 unter B.II.2.b, Rev IV R 6/24; FG Hmb EFG 24, 1292 unter I.1.b aa, ohne eigene Aussage hierzu bestätigt durch BFH IX R 13/24, DStR 25, 1994 Rn. 11). 7

b) Projektabwicklung in der Investitionsphase, § 6e II 2. Wenn die Anleger nicht Hersteller sind (Abs 1 S 2; → Rn. 5), gehören zu den AK auch alle Aufwendungen in wirtschaftl Zusammenhang mit der Abwicklung des Projekts in der Investitionsphase (zum Begriff der Investitionsphase *BMF* DStR 26, 169 Rn. 16 ff). Dies gilt (im Gegensatz zu Fondsetablierungskosten iSd § 6e II 1) auch dann, wenn sie nicht unmittelbar auf den Erwerb der WG „gerichtet sind" (glA FG Mster EFG 24, 813 unter B.II.2.a, Rev IV R 6/24). S 2 gilt mE in allen (Anschaffungs-)Fällen des § 6e und nicht nur dann, wenn ein Fonds, der nach allg Grundsätzen als Hersteller zu beurteilen wäre, nach § 6e I 2 als Anschaffungsfonds fingiert wird (**aA** *Rüsch* DStR 24, 1691 (1694)). – Schon die **Rspr vor Schaffung des § 6e** ordnete grds sämtl modellbedingten Aufwendungen unabhängig von ihrer Bezeichnung den AK zu, wenn der Anleger als Erwerber anzusehen war (BFH IX R 10/96, BStBl II 01, 720: selbst bei Mietgarantien sowie Notar- und Gerichtskosten für die Eintragung von Grundpfand- 8 rechten; für einen geschlossenen Immobilienfonds in Form einer gewerbl geprägten GmbH & Co KG auch BFH IV R 40/97, BStBl II 01, 717: Eigenkapitalvermittlungsprovision; BFH IX B 148/10, BFH/NV 11, 1516). Hieran ist auch unter Geltung des § 6e festzuhalten (für Mietgarantie und Erstvermietungsgarantie [„Pre-Opening-Zahlung"] BFH IX R 13/24, DStR 25, 1994 Rn. 11; FG Mster EFG 24, 813 unter B.II.2.c aa, Rev IV R 6/24). Bei strenger Auslegung wird man aber selbst Geldbeschaffungskosten (zB Provisionen für die Vermittlung von Fremdkapital) noch als vom Wortlaut des S 2 umfasst ansehen können („Aufwendungen in wirtschaftl Zusammenhang mit der Abwicklung des Projekts in der Investitionsphase"; dies geht über die reinen Investitionskosten deutl hinaus). Die FinVerw ist hier etwas großzügiger und lässt marktübl Geldbeschaffungskosten zum Abzug zu (*BMF* DStR 26, 169 Rn. 33; anders jedoch Rn. 12: Kosten für Finanzierungsvermittlung nicht sofort abziehbar). Soweit die FinVerw früher auch Kosten für Mietgarantien als BA/WK behandelt hat (*BMF* BStBl I 03, 546 Rn. 11 ff), wird diese Auffassung im aktuellen BMF-Schreiben (*BMF* DStR 26, 169) nicht mehr wiederholt.

9 **c) Beispiele, § 6e II 3.** Im Gesetz sind als AK beispielhaft genannt Vergütungen für Komplementäre, Geschäftsführer und Treuhandkommanditisten, soweit diese auf die Investitionsphase entfallen. S 3 gilt mE nicht nur (wie S 2) in den Fällen des Abs 1 S 2 (die Anleger sind nicht Hersteller), sondern in allen Fällen des § 6e (glA BT-Drs 19/13436, 92). Dies betrifft zB die in S 3 genannten Treuhandvergütungen, die bei Hersteller-Anlegern ohne die ausdrückl Erwähnung mE sofort abziehbar wären, weil sie nur auf die Projektabwicklung, nicht aber auf den Erwerb des WG gerichtet sind.

10 **7. Vergleichbare Kosten außerhalb einer gemeinschaftlichen Anschaffung, § 6e III.** Ebenso wie § 15b (→ § 15b Rn. 9) erstreckt sich auch der Anwendungsbereich des § 6e auf bestimmte Einzelinvestitionen. Da § 6e III die „Vergleichbarkeit" fordert, ist aber stets ein von einem Projektanbieter vorformuliertes Vertragswerk erforderl, also ein Konzept, das nicht der StPfl, sondern ein Dritter entwickelt hat, der hierfür indirekt vergütet wird. Die Materialien nennen als Beispiel den Erwerb einer sanierten Altbau-Eigentumswohnung vom Bauträger, der auch die Finanzierung und Vermietung übernimmt (BT-Drs 19/13436, 93).

§ 7 Absetzung für Abnutzung oder Substanzverringerung

(1) [1]**Bei Wirtschaftsgütern, deren Verwendung oder Nutzung durch den Steuerpflichtigen zur Erzielung von Einkünften sich erfahrungsgemäß auf einen Zeitraum von mehr als einem Jahr erstreckt, ist jeweils für ein Jahr der Teil der Anschaffungs- oder Herstellungskosten abzusetzen, der bei gleichmäßiger Verteilung dieser Kosten auf die Gesamtdauer der Verwendung oder Nutzung auf ein Jahr entfällt (Absetzung für Abnutzung in gleichen Jahresbeträgen).** [2]**Die Absetzung bemisst sich hierbei nach der betriebsgewöhnlichen Nutzungsdauer des Wirtschaftsguts.** [3]**Als betriebsgewöhnliche Nutzungsdauer des Geschäfts- oder Firmenwerts eines Gewerbebetriebs oder eines Betriebs der Land- und Forstwirtschaft gilt ein Zeitraum von 15 Jahren.** [4]**Im Jahr der Anschaffung oder Herstellung des Wirtschaftsguts vermindert sich für dieses Jahr der Absetzungsbetrag nach Satz 1 um jeweils ein Zwölftel für jeden vollen Monat, der dem Monat der Anschaffung oder Herstellung vorangeht.** [5]**Bei Wirtschaftsgütern, die nach einer Verwendung zur Erzielung von Einkünften im Sinne des § 2 Absatz 1 Satz 1 Nummer 4 bis 7 in ein Betriebsvermögen eingelegt worden sind, mindert sich der Einlagewert um die Absetzungen für Abnutzung oder Substanzverringerung, Sonderabschreibungen oder erhöhte Absetzungen, die bis zum Zeitpunkt der Einlage vorgenommen worden sind, höchstens jedoch bis zu den fortgeführten Anschaffungs- oder Herstellungskosten; ist der Einlagewert niedriger als dieser Wert, bemisst sich die weitere Absetzung für Abnutzung vom Einlagewert.** [6]**Bei beweglichen Wirtschaftsgütern des Anlagevermögens, bei denen es wirtschaftlich**

begründet ist, die Absetzung für Abnutzung nach Maßgabe der Leistung des Wirtschaftsguts vorzunehmen, kann der Steuerpflichtige dieses Verfahren statt der Absetzung für Abnutzung in gleichen Jahresbeträgen anwenden, wenn er den auf das einzelne Jahr entfallenden Umfang der Leistung nachweist. [7]Absetzungen für außergewöhnliche technische oder wirtschaftliche Abnutzung sind zulässig; soweit der Grund hierfür in späteren Wirtschaftsjahren entfällt, ist in den Fällen der Gewinnermittlung nach § 4 Absatz 1 oder nach § 5 eine entsprechende Zuschreibung vorzunehmen.

(2) **[1]Bei beweglichen Wirtschaftsgütern des Anlagevermögens, die nach dem 30. Juni 2025 und vor dem 1. Januar 2028 angeschafft oder hergestellt worden sind, kann der Steuerpflichtige statt der Absetzung für Abnutzung in gleichen Jahresbeträgen die Absetzung für Abnutzung in fallenden Jahresbeträgen bemessen. [2]Die Absetzung für Abnutzung in fallenden Jahresbeträgen kann nach einem unveränderlichen Prozentsatz vom jeweiligen Buchwert (Restwert) vorgenommen werden; der dabei anzuwendende Prozentsatz darf höchstens das Dreifache des bei der Absetzung für Abnutzung in gleichen Jahresbeträgen in Betracht kommenden Prozentsatzes betragen und 30 Prozent nicht übersteigen. [3]Absatz 1 Satz 4 und § 7a Absatz 8 gelten entsprechend. [4]Bei Wirtschaftsgütern, bei denen die Absetzung für Abnutzung in fallenden Jahresbeträgen bemessen wird, sind Absetzungen für außergewöhnliche technische oder wirtschaftliche Abnutzung nicht zulässig.**

(2a) **[1]Bei Elektrofahrzeugen nach § 9 Absatz 2 des Kraftfahrzeugsteuergesetzes, die zum Anlagevermögen gehören und nach dem 30. Juni 2025 und vor dem 1. Januar 2028 angeschafft worden sind, können abweichend von Absatz 1 oder 2 als Absetzung für Abnutzung die folgenden Beträge im Prozent der Anschaffungskosten abgezogen werden: im Jahr der Anschaffung 75 Prozent, im ersten darauf folgenden Jahr zehn Prozent, im zweiten und dritten darauf folgenden Jahr jeweils fünf Prozent, im vierten darauf folgenden Jahr drei Prozent und im fünften darauf folgenden Jahr zwei Prozent. [2]Satz 1 kann nur angewendet werden, wenn der Steuerpflichtige keine Sonderabschreibungen für das Wirtschaftsgut in Anspruch genommen hat. [3]Absatz 1 Satz 4 gilt nicht.**

(3) **[1]Der Übergang von der Absetzung für Abnutzung in fallenden Jahresbeträgen zur Absetzung für Abnutzung in gleichen Jahresbeträgen ist zulässig. [2]In diesem Fall bemisst sich die Absetzung für Abnutzung vom Zeitpunkt des Übergangs an nach dem dann noch vorhandenen Restwert und der Restnutzungsdauer des einzelnen Wirtschaftsguts. [3]Der Übergang von der Absetzung für Abnutzung in gleichen Jahresbeträgen zur Absetzung für Abnutzung in fallenden Jahresbeträgen ist nicht zulässig.**

(4) **[1]Bei Gebäuden sind abweichend von Absatz 1 als Absetzung für Abnutzung die folgenden Beträge bis zur vollen Absetzung abzuziehen:**

1. **bei Gebäuden, soweit sie zu einem Betriebsvermögen gehören und nicht Wohnzwecken dienen und für die der Bauantrag nach dem 31. März 1985 gestellt worden ist, jährlich 3 Prozent,**
2. **bei Gebäuden, soweit sie die Voraussetzungen der Nummer 1 nicht erfüllen und die**
   a) nach dem 31. Dezember 2022 fertiggestellt worden sind, jährlich 3 Prozent,
   b) vor dem 1. Januar 2023 und nach dem 31. Dezember 1924 fertiggestellt worden sind, jährlich 2 Prozent,
   c) vor dem 1. Januar 1925 fertiggestellt worden sind, jährlich 2,5 Prozent

der Anschaffungs- oder Herstellungskosten; Absatz 1 Satz 5 gilt entsprechend. [2]Beträgt die tatsächliche Nutzungsdauer eines Gebäudes in den Fällen des Satzes 1 Nummer 1 und 2 Buchstabe a weniger als 33 Jahre, in den Fällen des Satzes 1 Nummer 2 Buchstabe b weniger als 50 Jahre, in den Fällen des Satzes 1 Nummer 2 Buchstabe c weniger als 40 Jahre, so können anstelle der Absetzungen nach Satz 1

die der tatsächlichen Nutzungsdauer entsprechenden Absetzungen für Abnutzung vorgenommen werden. [3]Absatz 1 letzter Satz bleibt unberührt. [4]Bei Gebäuden im Sinne der Nummer 2 rechtfertigt die für Gebäude im Sinne der Nummer 1 geltende Regelung weder die Anwendung des Absatzes 1 letzter Satz noch den Ansatz des niedrigeren Teilwerts (§ 6 Absatz 1 Nummer 1 Satz 2).

(5) **[1]Bei Gebäuden, die in einem Mitgliedstaat der Europäischen Union oder einem anderen Staat belegen sind, auf den das Abkommen über den Europäischen Wirtschaftsraum (EWR-Abkommen) angewendet wird, und die vom Steuerpflichtigen hergestellt oder bis zum Ende des Jahres der Fertigstellung angeschafft worden sind, können abweichend von Absatz 4 als Absetzung für Abnutzung die folgenden Beträge abgezogen werden:**

1. bei Gebäuden im Sinne des Absatzes 4 Satz 1 Nummer 1, die vom Steuerpflichtigen auf Grund eines vor dem 1. Januar 1994 gestellten Bauantrags hergestellt oder auf Grund eines vor diesem Zeitpunkt rechtswirksam abgeschlossenen obligatorischen Vertrags angeschafft worden sind,
   - **im Jahr der Fertigstellung und in den folgenden 3 Jahren — jeweils 10 Prozent,**
   - **in den darauf folgenden 3 Jahren — jeweils 5 Prozent,**
   - **in den darauf folgenden 18 Jahren — jeweils 2,5 Prozent,**

2. bei Gebäuden im Sinne des Absatzes 4 Satz 1 Nummer 2, die vom Steuerpflichtigen auf Grund eines vor dem 1. Januar 1995 gestellten Bauantrags hergestellt oder auf Grund eines vor diesem Zeitpunkt rechtswirksam abgeschlossenen obligatorischen Vertrags angeschafft worden sind,
   - **im Jahr der Fertigstellung und in den folgenden 7 Jahren — jeweils 5 Prozent,**
   - **in den darauf folgenden 6 Jahren — jeweils 2,5 Prozent,**
   - **in den darauf folgenden 36 Jahren — jeweils 1,25 Prozent,**

3. bei Gebäuden im Sinne des Absatzes 4 Satz 1 Nummer 2, soweit sie Wohnzwecken dienen, die vom Steuerpflichtigen

   a) auf Grund eines nach dem 28. Februar 1989 und vor dem 1. Januar 1996 gestellten Bauantrags hergestellt oder nach dem 28. Februar 1989 auf Grund eines nach dem 28. Februar 1989 und vor dem 1. Januar 1996 rechtswirksam abgeschlossenen obligatorischen Vertrags angeschafft worden sind,
      - **im Jahr der Fertigstellung und in den folgenden 3 Jahren — jeweils 7 Prozent,**
      - **in den darauf folgenden 6 Jahren — jeweils 5 Prozent,**
      - **in den darauf folgenden 6 Jahren — jeweils 2 Prozent,**
      - **in den darauf folgenden 24 Jahren — jeweils 1,25 Prozent,**

   b) auf Grund eines nach dem 31. Dezember 1995 und vor dem 1. Januar 2004 gestellten Bauantrags hergestellt oder auf Grund eines nach dem 31. Dezember 1995 und vor dem 1. Januar 2004 rechtswirksam abgeschlossenen obligatorischen Vertrags angeschafft worden sind,
      - **im Jahr der Fertigstellung und in den folgenden 7 Jahren jeweils — 5 Prozent,**
      - **in den darauf folgenden 6 Jahren — jeweils 2,5 Prozent,**
      - **in den darauf folgenden 36 Jahren — jeweils 1,25 Prozent,**

   c) auf Grund eines nach dem 31. Dezember 2003 und vor dem 1. Januar 2006 gestellten Bauantrags hergestellt oder auf Grund eines nach dem 31. Dezember 2003 und vor dem 1. Januar 2006 rechtswirksam abgeschlossenen obligatorischen Vertrags angeschafft worden sind,
      - **im Jahr der Fertigstellung und in den folgenden 9 Jahren — jeweils 4 Prozent,**
      - **in den darauf folgenden 8 Jahren — jeweils 2,5 Prozent,**
      - **in den darauf folgenden 32 Jahren — jeweils 1,25 Prozent,**

der Anschaffungs- oder Herstellungskosten. [2]Im Fall der Anschaffung kann Satz 1 nur angewendet werden, wenn der Hersteller für das veräußerte Gebäude weder Absetzungen für Abnutzung nach Satz 1 vorgenommen noch erhöhte Absetzungen oder Sonderabschreibungen in Anspruch genommen hat. [3]Absatz 1 Satz 4 gilt nicht.

(5a) **[1]Bei Gebäuden, die in einem Mitgliedstaat der Europäischen Union oder einem anderen Staat belegen sind, auf den das Abkommen über den Europäischen Wirtschaftsraum (EWR-Abkommen) angewendet wird, soweit sie Wohnzwecken dienen und vom Steuerpflichtigen hergestellt oder bis zum Ende des Jahres der Fertigstellung angeschafft worden sind, kann statt der Absetzung für Abnutzung in gleichen Jahresbeträgen nach Absatz 4 Nummer 2 Buchstabe a die Absetzung für Abnutzung in fallenden Jahresbeträgen erfolgen, wenn mit der Herstellung nach dem 30. September 2023 und vor dem 1. Oktober 2029 begonnen wurde oder die Anschaffung auf Grund eines nach dem 30. September 2023 und vor dem 1. Oktober 2029 rechtswirksam abgeschlossenen obligatorischen Vertrags erfolgt. [2]Als Beginn der Herstellung gilt das Datum in der nach den jeweiligen landesrechtlichen Vorschriften einzureichenden Baubeginnsanzeige. [3]Sollten landesrechtlich im Einzelfall keine Baubeginnsanzeigen vorgeschrieben sein, hat der Steuerpflichtige zu erklären, dass er den Baubeginn gegenüber der zuständigen Baubehörde freiwillig angezeigt hat. [4]Die Absetzung für Abnutzung in fallenden Jahresbeträgen kann nach einem unveränderlichen Prozentsatz in Höhe von 5 Prozent vom jeweiligen Buchwert (Restwert) vorgenommen werden. [5]Absatz 1 Satz 4 gilt entsprechend. [6]Bei Gebäuden, bei denen die Absetzung für Abnutzung in fallenden Jahresbeträgen bemessen wird, sind Absetzungen für außergewöhnliche technische oder wirtschaftliche Abnutzung nicht zulässig. [7]Der Übergang von der Absetzung für Abnutzung in fallenden Jahresbeträgen zur Absetzung für Abnutzung in gleichen Jahresbeträgen ist zulässig. [8]Die weitere Absetzung für Abnutzung bemisst sich nach dem Übergang zur Absetzung für Abnutzung im Sinne des Absatzes 4 vom Restwert und dem nach Absatz 4 unter Berücksichtigung der Restnutzungsdauer maßgebenden Prozentsatz.**

(5b) **Die Absätze 4 bis 5a sind auf Gebäudeteile, die selbständige unbewegliche Wirtschaftsgüter sind, sowie auf Eigentumswohnungen und auf im Teileigentum stehende Räume entsprechend anzuwenden.**

(6) **Bei Bergbauunternehmen, Steinbrüchen und anderen Betrieben, die einen Verbrauch der Substanz mit sich bringen, ist Absatz 1 entsprechend anzuwenden; dabei sind Absetzungen nach Maßgabe des Substanzverzehrs zulässig (Absetzung für Substanzverringerung).**

Einkommensteuer-Durchführungsverordnung:

§ 9a EStDV *Anschaffung, Herstellung*

Jahr der Anschaffung ist das Jahr der Lieferung, Jahr der Herstellung ist das Jahr der Fertigstellung.

§ 10 EStDV *Absetzung für Abnutzung im Fall des § 4 Abs. 3 des Gesetzes*

(1) **[1]Bei nicht in dem in Artikel 3 des Einigungsvertrages genannten Gebiet belegenen Gebäuden, die bereits am 21. Juni 1948 zum Betriebsvermögen gehört haben, sind im Fall des § 4 Abs. 3 des Gesetzes für die Bemessung der Absetzung für Abnutzung als Anschaffungs- oder Herstellungskosten höchstens die Werte zugrunde zu legen, die sich bei sinngemäßer Anwendung des § 16 Abs. 1 des D-Markbilanzgesetzes in der im Bundesgesetzblatt Teil III, Gliederungsnummer 4140-1, veröffentlichten bereinigten Fassung ergeben würden. [2]In dem Teil des**

Landes Berlin, in dem das Grundgesetz bereits vor dem 3. Oktober 1990 galt, tritt an die Stelle des 21. Juni 1948 der 1. April 1949.

(2) **Für Gebäude, die zum Betriebsvermögen eines Betriebs oder einer Betriebsstätte im Saarland gehören, gilt Absatz 1 mit der Maßgabe, dass an die Stelle des 21. Juni 1948 der 6. Juli 1959 sowie an die Stelle des § 16 Abs. 1 des D-Markbilanzgesetzes der § 8 Abs. 1 und der § 11 des D-Markbilanzgesetzes für das Saarland in der im Bundesgesetzblatt Teil III, Gliederungsnummer 4140-2, veröffentlichten bereinigten Fassung treten.**

§ 10a EStDV *(aufgehoben)*

§§ 11–11b EStDV *(weggefallen)*

§ 11c EStDV *Absetzung für Abnutzung bei Gebäuden*

(1) [1]**Nutzungsdauer eines Gebäudes im Sinne des § 7 Abs. 4 Satz 2 des Gesetzes ist der Zeitraum, in dem ein Gebäude voraussichtlich seiner Zweckbestimmung entsprechend genutzt werden kann.** [2]**Der Zeitraum der Nutzungsdauer beginnt**

1. **bei Gebäuden, die der Steuerpflichtige vor dem 21. Juni 1948 angeschafft oder hergestellt hat, mit dem 21. Juni 1948;**
2. **bei Gebäuden, die der Steuerpflichtige nach dem 20. Juni 1948 hergestellt hat, mit dem Zeitpunkt der Fertigstellung;**
3. **bei Gebäuden, die der Steuerpflichtige nach dem 20. Juni 1948 angeschafft hat, mit dem Zeitpunkt der Anschaffung.**

[3]**Für im Land Berlin belegene Gebäude treten an die Stelle des 20. Juni 1948 jeweils der 31. März 1949 und an die Stelle des 21. Juni 1948 jeweils der 1. April 1949.** [4]**Für im Saarland belegene Gebäude treten an die Stelle des 20. Juni 1948 jeweils der 19. November 1947 und an die Stelle des 21. Juni 1948 jeweils der 20. November 1947; soweit im Saarland belegene Gebäude zu einem Betriebsvermögen gehören, treten an die Stelle des 20. Juni 1948 jeweils der 5. Juli 1959 und an die Stelle des 21. Juni 1948 jeweils der 6. Juli 1959.**

(2) [1]**Hat der Steuerpflichtige nach § 7 Abs. 4 Satz 3 des Gesetzes bei einem Gebäude eine Absetzung für außergewöhnliche technische oder wirtschaftliche Abnutzung vorgenommen, so bemessen sich die Absetzungen für Abnutzung von dem folgenden Wirtschaftsjahr oder Kalenderjahr an nach den Anschaffungs- oder Herstellungskosten des Gebäudes abzüglich des Betrags der Absetzung für außergewöhnliche technische oder wirtschaftliche Abnutzung.** [2]**Entsprechendes gilt, wenn der Steuerpflichtige ein zu einem Betriebsvermögen gehörendes Gebäude nach § 6 Abs. 1 Nr. 1 Satz 2 des Gesetzes mit dem niedrigeren Teilwert angesetzt hat.** [3]**Im Fall der Zuschreibung nach § 7 Abs. 4 Satz 3 des Gesetzes oder der Wertaufholung nach § 6 Abs. 1 Nr. 1 Satz 4 des Gesetzes erhöht sich die Bemessungsgrundlage für die Absetzungen für Abnutzung von dem folgenden Wirtschaftsjahr oder Kalenderjahr an um den Betrag der Zuschreibung oder Wertaufholung.**

§ 11d EStDV *Absetzung für Abnutzung oder Substanzverringerung bei nicht zu einem Betriebsvermögen gehörenden Wirtschaftsgütern, die der Steuerpflichtige unentgeltlich erworben hat*

(1) [1]**Bei den nicht zu einem Betriebsvermögen gehörenden Wirtschaftsgütern, die der Steuerpflichtige unentgeltlich erworben hat, bemessen sich die Absetzungen für Abnutzung nach den Anschaffungs- oder Herstellungskosten des Rechtsvorgängers oder dem Wert, der beim Rechtsvorgänger an deren Stelle getreten ist oder treten würde, wenn dieser noch Eigentümer wäre, zuzüglich der vom Rechtsnachfolger aufgewendeten Herstellungskosten und nach dem Prozentsatz, der für den Rechtsvorgänger maßgebend sein würde, wenn er noch Eigentümer**

des Wirtschaftsguts wäre. [2]Absetzungen für Abnutzung durch den Rechtsnachfolger sind nur zulässig, soweit die vom Rechtsvorgänger und vom Rechtsnachfolger zusammen vorgenommenen Absetzungen für Abnutzung, erhöhten Absetzungen und Abschreibungen bei dem Wirtschaftsgut noch nicht zur vollen Absetzung geführt haben. [3]Die Sätze 1 und 2 gelten für die Absetzung für Substanzverringerung und für erhöhte Absetzungen entsprechend.

(2) **Bei Bodenschätzen, die der Steuerpflichtige auf einem ihm gehörenden Grundstück entdeckt hat, sind Absetzungen für Substanzverringerung nicht zulässig.**

Einkommensteuer-Richtlinien: EStR 7.1–7.5/EStH 7.1–7.5.

Übersicht Rn.

I. Gemeinsame Erläuterungen für alle AfA-Arten

1 **1. Allgemeine Grundsätze. – a) Zweck der AfA.** Nach der **Aufwandsverteilungsthese** bezwecken die AfA-Vorschriften, die Aufwendungen des StPfl für die Anschaffung oder Herstellung eines WG über einen bestimmten Zeitraum zu verteilen (BFH IV R 112/85, BFH/NV 86, 402 unter 2.a; Nachweise zu AfS → Rn. 221). Verausgabte AK/HK sind begriffl bereits BA/WK, sie können ledigl noch nicht sofort in voller Höhe abgezogen werden (*Söhn* StuW 91, 270 (277)). – Ausführl zum Zweck der AfA → 32. Aufl 2013, § 7 Rn. 1 und *KKM* § 7 Rn. A 18 ff; *Bongers* FR 24, 548.

3 **b) Geltungsbereich; Konkurrenz zu anderen Vorschriften. – aa) Anwendung bei den einzelnen Einkunftsarten.** § 7 I, IV–VI gelten bei allen Einkunfts- und Gewinnermittlungsarten (§ 4 I 10, III 3, § 5 VI, § 9 I 3 Nr 7), ferner auch bei § 10 I Nr 7 (BFH VI R 113/92, BStBl II 93, 676), nicht aber bei § 33, falls dort ausnahmsweise die AK eines WG mit mehrjähriger Nutzungsdauer begünstigt sein sollten (BFH VI R 7/09, BStBl II 10, 280). Hingegen sind LeistungsAfA und degressive AfA auf bewegl WG (§ 7 I 6, II) bei den Überschusseinkünften nicht zulässig, da es dort kein AV gibt (→ Rn. 175, 196). – § 7 ist grds **für alle Einkunftsarten einheitl anzuwenden** (BFH GrS 5/71, BStBl II 74, 132; BFH GrS 1/97, BStBl II 99, 778 unter C. I.1.). Eine unterschiedl Auslegung für die Bereiche des BV einerseits und des PV andererseits bedürfte der Rechtfertigung durch unabweisbare Gründe, die sich aus der besonderen Systematik und dem Zweck des Gesetzes ergeben müssten (BFH GrS 1/89, BStBl II 90, 830 unter C. III.1.c dd); solche sind in aller Regel nicht gegeben (BFH IX R 2/12, BStBl II 12, 674 Rn. 13: Bauzeitzinsen können auch im PV als AK behandelt werden).

5 **bb) Verhältnis zur Teilwertabschreibung.** AfA und TW-AfA haben eine unterschiedl Zielrichtung: Die AfA nach § 7 soll ledigl der Verteilung des aktivierten Aufwandes dienen, TW-AfA bezweckt hingegen die zutr *Bewertung* des WG. Zur Bemessungsgrundlage und weiteren Abschreibung nach einer TW-AfA → Rn. 131. Zum Verhältnis des § 7 zu Sonder- und erhöhten AfA → § 7a Rn. 1 ff.

6 **cc) Nutzung des Wirtschaftsguts „zur Erzielung von Einkünften“.** Soweit das WG nicht zur Einkunftserzielung genutzt wird, scheidet die anteilig auf eine private Nutzung entfallende AfA vom BA-/WK-Abzug aus. Wird *ein* Gebäude – das aus mehreren selbständigen WG bestehen kann (→ Rn. 36 ff) – für *verschiedene* Einkunftsarten genutzt, sind AfA und sonstige Kosten den jeweiligen Einkunftsarten (ggf durch Schätzung) zuzuordnen (§ 9 I 2).

8 **c) Nachholung unterlassener AfA.** S *Ritzrow* EStB 11, 331; *ders* EStB 12, 294. – Die Frage der Nachholung unterlassener AfA in späteren Jahren stellt sich dann, wenn der StPfl versehentl oder bewusst AfA nicht vorgenommen hat, die sich nach der *von ihm selbst angenommenen Nutzungsdauer* des WG ergibt, und die StBescheide der vergangenen Jahre nicht mehr geändert werden können. – Hiervon abzugrenzen ist der Fall, in dem eine *fehlerhafte Einschätzung der Nutzungsdauer* zu einer

zu niedrigen AfA führt. Hier ist die unterbliebene AfA (sofern eine TW-AfA ausscheidet und sich aus dem Grundsatz von Treu und Glauben nichts Gegenteiliges ergibt) in den Folgejahren durch Verteilung des überhöhten Restbuchwertes auf die Restnutzungsdauer des WG auszugleichen (ausführl → Rn. 163). – **aa) Pflicht zur Absetzung.** Gem § 7 I 1 und IV „ist" (bzw „sind") die AfA vorzunehmen. Daher besteht eine *Pflicht* zur Vornahme der NormalAfA (BFH VIII R 64/06, BFH/NV 08, 1660 unter II.1.; BFH VIII R 3/08, BStBl II 10, 1035 unter II.1.a; allg Meinung), nicht jedoch zur AfaA nach Abs 1 S 7 (str, → Rn. 192).

bb) Nachholung grundsätzlich zulässig. Unterlassene AfA kann grds nachgeholt werden (BFH VI R 145/66, BStBl III 67, 460 betr AfS). Dies gilt auch dann, wenn in früheren Jahren *bewusst* eine zu niedrige AfA abgezogen und damit der Restbuchwert zu hoch ausgewiesen worden ist (BFH IV R 31/77, BStBl II 81, 255 unter 2.). Die Nachholung der AfA beruht zwar auf dem Grundsatz des Bilanzenzusammenhangs, ist aber auch bei Gewinnermittlung nach § 4 III (BFH IV R 181/66, BStBl II 72, 271; BFH VIII R 3/08, BStBl II 10, 1035 unter II.1.a) und den Überschusseinkünften zulässig (Gleichbehandlungsgrundsatz, → Rn. 3; Nachweise zur Gegenauffassung → 37. Aufl 2018, § 7 Rn. 9). – **Technik der Nachholung.** Die Summe der unterlassenen Absetzungen ist nicht etwa *sofort* als BA oder WK abzusetzen. Vielmehr ist in den Fällen der § 7 I, II, IV 2 der Restbuchwert auf die Restnutzungsdauer, die neu zu schätzen ist, nach der bisherigen Absetzungsmethode (also degressiv oder linear) zu verteilen (BFH IV R 31/77, BStBl II 81, 255 unter 2.; BFH IV R 1/06, BStBl II 10, 28 unter II.5.a). In den gesetzl typisierten Fällen der § 7 IV 1 und V sind hingegen weiterhin die dort vorgeschriebenen AfA-Sätze anzusetzen, sodass sich die AfA-Dauer verlängert (zu § 7 IV 1 BFH IX R 45/84, BStBl II 84, 709 unter 1.; zu nachträgl HK bei § 7 V BFH IX R 103/83, BStBl II 87, 491 unter 2.). Bei § 7 Va ändert sich mE zunächst nichts; die unterlassene AfA wirkt sich erst nach dem Übergang zu § 7 IV aus. 9

cc) Ausnahmsweise keine Nachholung. Eine Nachholung ist ausgeschlossen (Treu und Glauben), wenn der StPfl durch das Unterlassen der AfA willkürl versucht hat, steuerl Vorteile zu erlangen (BFH IV R 31/77, BStBl II 81, 255 unter 3.; BFH VIII R 64/06, BFH/NV 08, 1660 unter II.3: durch die unterlassene AfA ergab sich eine geringere Bemessungsgrundlage für die private Pkw-Nutzung). Gleiches gilt, wenn ein WG des notwendigen BV bisher *gar nicht* bilanziert wurde und nun mit den fortgeführten AK eingebucht wird (BFH X R 153/97, BStBl II 02, 75; BFH X B 100/09, BFH/NV 10, 205 unter 2.b: weil es hier keinen Bilanzansatz gab, gebietet der Grundsatz des Bilanzenzusammenhangs keine Nachholung; zust mit weiterführender Begründung *Weber-Grellet* FR 02, 210; *Gosch* StBP 02, 87: Abschnittsbesteuerung). Dies gilt auch bei § 4 III (BFH VIII R 3/08, BStBl II 10, 1035 Rn. 24). – **Rechtsfolge.** In diesen Fällen ist die unterlassene AfA steuerl endgültig verloren. Sie ist unter Durchbrechung des Bilanzenzusammenhangs erfolgsneutral vom Buchwert abzusetzen; vom geminderten Buchwert ist in der Folgezeit abzuschreiben. Auch eine TW-AfA kann erst von diesem geminderten Buchwert vorgenommen werden, sodass das Nachholungsverbot nicht durch eine TW-AfA umgangen werden kann (*HHR/Anzinger* § 7 Rn. 69; *KKM* § 7 Rn. A 103; in diese Richtung geht auch BFH IV R 31/77, BStBl II 81, 255 unter 2.). 11

d) Korrektur überhöhter AfA. Die Beurteilung ist spiegelbildl zur Nachholung unterlassener AfA (BFH VIII R 14/90, BStBl II 93, 661). 14

aa) Neuverteilung der Rest-AfA. Sofern die früheren fehlerhaften StBescheide nicht mehr korrigiert werden können, ist nicht etwa eine gewinnerhöhende Rückgängigmachung im ersten offenen Jahr zulässig. Vielmehr ist in den Fällen der § 7 I, II, IV 2 der Restbuchwert auf die Restnutzungsdauer zu verteilen. In den Fällen der § 7 IV 1, V sind die dortigen festen AfA-Sätze auf die bisherige Bemessungsgrundlage bis zur vollen Absetzung des Restbuchwerts anzuwenden, so dass es iErg zu einer Ver- 15 kürzung der AfA-Dauer kommt (BFH VIII R 14/90, BStBl II 93, 661; BFH X R 40/06, BStBl II 10, 961 unter II.4.; BFH IX R 12/13, BStBl II 14, 563 Rn. 24; ausführl *Trossen* NWB 14, 1786; teilweise abw noch BFH III R 266/83, BStBl II 88, 335). Dies gilt allerdings nicht für die RestwertAfA nach § 4 III FördG (FG Mster EFG 06, 903, rkr). Bei § 7 Va idF WachstChG wirkt sich eine überhöhte AfA mE erst nach dem Übergang zu § 7 IV aus. – Hat die überhöhte AfA dazu geführt, dass das AfA-Volumen bereits vor Ablauf des AfA-Zeitraums vollständig aufgezehrt worden ist, ist eine weitere AfA in keinem Fall mehr mögl (zutr FG Mster EFG 08, 1949, rkr).

16 **bb) Zu hohe AfA-Bemessungsgrundlage.** Wird nachträgl erkannt, dass die ursprüngl AfA-Bemessungsgrundlage zu hoch war, weil darin sofort abziehbare BA/WK (zB Erhaltungsaufwand, abziehbare VorSt) einbezogen worden waren, soll bei Bilanzierenden eine gewinnmindernde Sofort-AfA auf die zutr Bemessungsgrundlage vorgenommen werden können (BFH IV R 59/91, BStBl II 93, 392). Bei § 4 III soll zwar ab dem Jahr der Fehleraufdeckung ebenfalls die zutr (niedrigere) AfA-Bemessungsgrundlage maßgebend sein; die im Erstjahr angefallenen BA/WK sollen aber steuerl verloren sein (BFH XI R 49/05, BStBl II 06, 712; mE zweifelhaft). Wird nachträgl erkannt, dass die ursprüngl Bemessungsgrundlage **wegen eines überhöhten Einlagewerts zu hoch** war (→ Rn. 117 ff), und will das FA anlässl einer späteren Entnahme den „richtigen" Entnahmegewinn ermitteln, indem es in die Anfangsbilanz des ersten offenen Jahres den zutr Buchwert einstellt, sind bei dessen Ermittlung die tatsächl abgezogenen (höheren) AfA, nicht aber fiktive (niedrigere) AfA vom nachträgl geänderten Einlagewert anzusetzen (BFH XI R 37/06, BFH/NV 08, 365: hier hat der Grundsatz des richtigen Totalgewinns Vorrang vor dem der Abschnittsbesteuerung).

17 **cc) Zu geringe AfA-Bemessungsgrundlage.** Sind umgekehrt Teile der AK/HK irrtüml zum Sofortabzug als BA/WK zugelassen worden, soll bei **BV** im ersten offenen VZ eine erfolgswirksame Nachaktivierung zur Erreichung der zutr AfA-Bemessungsgrundlage vorzunehmen sein (BFH X R 38/10, BStBl II 12, 725 Rn. 21 ff; mE unzutr). Im **PV** ist hingegen das weitere AfA-Volumen um die fehlerhaft abgezogenen WK zu mindern (zutr BFH IX R 14/19, BStBl II 20, 545; *Haberland* FR 19, 1036)

18 **dd) Stellungnahme.** ME ist die in → Rn. 16, 17 angeführte Rspr insgesamt unzutr, soweit sie das BV betrifft. Richtigerweise würden es die Grundsätze des formellen Bilanzenzusammenhangs (ebenso wie bei der überhöhten oder zu niedrigen AfA) ermöglichen und gebieten, von einer gewinnwirksamen Nachaktivierung oder Einmal-AfA abzusehen. Es handelt sich um Fehler, die dem StPfl in einem bestandskräftigen VZ unterlaufen sind und die daher grds nicht korrigiert werden können.

21 **e) AfA und Handelsrecht. – aa) Maßgeblichkeitsgrundsatz.** Auch für die AfA sind die GoB maßgebl (§ 5 I 1; eingeschränkt durch § 5 VI). Alle in § 7 genannten Formen der linearen, degressiven und LeistungsAfA fallen unter den Begriff der „planmäßigen Abschreibung" iSd § 253 III 1 HGB und sind handelsrechtl daher zulässig. Enthält das StRecht hingegen eigene AfA-Regelungen, sind diese für die StB vorrangig (zB § 7 I 3 für den Firmenwert). – **Steuerl AfA-Wahlrechte** dürfen auch **unabhängig von der HB** ausgeübt werden (§ 5 I 1 Hs 2); allerdings müssen diese WG in besondere Verzeichnisse aufgenommen werden (§ 5 I 2, 3). Einige Autoren halten es darüber hinaus für zulässig, in HB und StB von unterschiedl Nutzungsdauern auszugehen (*Meinel* DStR 11, 1724; *Hennrichs* Ubg 11, 788; *Zwirner* DStR 13, 322; mE unzutr, da die Grundsätze zur Bestimmung der Nutzungsdauer in HB und StB dieselben sind).

22 **bb) Grundsatz der Einzelbewertung.** Aus § 252 I Nr 3 HGB (→ § 5 Rn. 69) folgt, dass die AfA für jedes einzelne WG des AV gesondert zu ermitteln ist (Grund-

satz der Einzelabschreibung). Ob es (außerhalb des Anwendungsbereichs des § 6 IIa) zulässig ist, gleichartige WG mit annähernd gleicher Nutzungsdauer für die Bewertung zusammenzufassen und die AfA im Wege der **Poolabschreibung** in einem Gesamtbetrag vorzunehmen, erscheint zweifelhaft. Dies dürfte allenfalls dann in Betracht kommen, wenn die gleichartigen WG mit gleicher Nutzungsdauer auch zur gleichen Zeit angeschafft oder hergestellt worden sind (s auch EStR 5.4 II 3). Hiervon zu unterscheiden ist die steuerl Behandlung von **Festwerten** (§ 240 III HGB). – Umgekehrt folgt aus dem Grundsatz der Einzelbewertung, dass ein einheitl WG für Zwecke der AfA nicht in mehrere unselbständige Teile zerlegt werden darf (→ Rn. 25).

cc) Grundsatz der Bewertungsstetigkeit. § 252 I Nr 6 HGB (→ § 6 Rn. 12 ff) 23
gilt auch für die Wahl der AfA-Methode, die bei gleich bleibendem Sachverhalt beizubehalten ist. Ein Wechsel der AfA-Methode ist aber nicht willkürl und daher zulässig, wenn er der Ausnutzung einer zum Zwecke der steuerl Subvention vorgesehenen StVergünstigung dient. Der Übergang von der AfA nach § 7 II zu § 7 I sowie von § 7 Va (idF WachstChG) zu § 7 IV ist kraft ausdrückl gesetzl Anordnung zulässig (§ 7 III, Va 7). Zum Wechsel der AfA-Methode bei *Gebäuden* → 27. Aufl 2008, § 7 Rn. 176.

2. Abschreibungsfähige Wirtschaftsgüter. Der AfA unterliegen nur WG 25
(→ Rn. 25), die abnutzbar sind (→ Rn. 27), vom StPfl aber mehr als ein Jahr lang verwendet werden (→ Rn. 28) und nicht zum UV gehören (→ Rn. 29). – **a) Das einzelne Wirtschaftsgut als einheitlicher Gegenstand der AfA.** Zum Begriff des WG → § 5 Rn. 93 ff; zur Zuordnung der jeweiligen Arten von WG zu den einzelnen Abs des § 7 → Rn. 33 ff. – Ebenso wie aus dem Grundsatz der Einzelbewertung folgt, dass die AfA für jedes einzelne WG gesondert zu ermitteln ist (→ Rn. 22), dürfen umgekehrt **Teile eines WG** nicht getrennt voneinander abgeschrieben werden (BFH GrS 5/71, BStBl II 74, 132). Daher kommt der Frage, ob Gegenstände (insb Gebäudeteile) ledigl unselbständige Teile eines WG oder eigene selbständige WG sind, erhebl Bedeutung zu (auch → Rn. 36 ff; ausführl → § 5 Rn. 131 ff sowie BFH IV R 46/09, BStBl II 11, 696 Rn. 17 ff). Maßgebend ist der Zeitpunkt der bestimmungsgemäßen Verwendung (Verbindung, Vermischung, Einbau); es kommt hingegen nicht darauf an, ob der Gegenstand bei seiner *Anschaffung* noch als selbständig zu beurteilen war (BFH III R 48/79, BStBl II 82, 176, zur InvZul). – Der **Komponentenansatz** nach IRFS/IDW (s *Hommel/Rößler* BB 09, 2526; *Husemann* WPg 10, 507; *Herzig/Briesemeister/Joisten/Vossel* WPg 10, 561) ist estl nicht von Bedeutung (zutr BFH IV R 46/09, BStBl II 11, 696 Rn. 24).

b) Abnutzbare Wirtschaftsgüter. § 7 erfasst solche WG, deren Nutzbarkeit 27
durch den StPfl *zeitl begrenzt* ist (BFH I R 43/91, BStBl II 92, 529 unter II.1.a; vgl § 7 I 2). Für nicht abnutzbare WG (Beispiele → § 5 Rn. 116) kommt AfA nicht in Betracht; Wertminderungen können aber im BV (ohne § 4 III) durch TW-AfA berücksichtigt werden. Zur **AfaA** auf nicht abnutzbare WG → Rn. 181.

c) Verwendung/Nutzung durch Steuerpflichtigen über mehr als ein Jahr, 28
§ 7 I 2. Beträgt die betriebsgewöhnl Nutzungsdauer des WG nicht mehr als 12 Monate (kurzlebige WG), sind die AK/HK auch dann sofort als BA/WK abzusetzen, wenn die Nutzungsdauer des WG von einem Wj/Kj in das folgende hinein reicht (BFH IV R 127/91, BStBl II 94, 232). Zur Ermittlung der betriebsgewöhnl Nutzungsdauer → Rn. 152 ff. – Hingegen ist nicht erforderl, dass das WG *ununterbrochen* genutzt wird. Daher steht eine vorübergehende Stilllegung (zB wegen Instandsetzungsarbeiten oder für Zeiten der Nichtvermietung) der Vornahme der AfA nicht entgegen.

d) Keine AfA auf Umlaufvermögen. § 253 III HGB lässt planmäßige AfA nur 29
für AV (Begriff → § 6 Rn. 344 ff) zu; wegen des Maßgeblichkeitsgrundsatzes gilt der Ausschluss des UV von der Vornahme von AfA auch für das StRecht. Wertminderungen des UV können aber durch TW-AfA erfasst werden. Auch bei *Vermietung* von

UV kommt eine AfA idR nicht in Betracht (BFH IV R 34/67, BStBl II 69, 375; BFH III R 27/98, BStBl II 02, 537 unter II.A.2.d, 4.c; alle zum gewerbl Grundstückshandel); ausnahmsweise kann aber auch beim **gewerbl Grundstückshandel** AV und damit AfA mögl sein (BFH IV R 2/92, BStBl II 96, 369 unter I.4.; NdsFG EFG 00, 615, rkr). – **Überschusseinkünfte.** Hier eingesetzte WG müssen der einkunftserzielenden Betätigung hingegen nicht auf Dauer dienen, sodass AfA mögl sind (BFH VIII R 116/79, BStBl II 82, 385: Zwischennutzung eines auf Abbruch angeschafften Gebäudes, ebenso eines zu Spekulationszwecken angeschafften WG; BFH VI R 44/86, BStBl II 90, 692: kurzfristige berufl Verwertung des Meisterstücks eines Goldschmieds; krit *Paus* DStZ 91, 149). Zur Nutzungsdauer in diesen Fällen → Rn. 152 ff.

33 **3. Zuordnung der Wirtschaftsgüter zu den einzelnen Absätzen des § 7.** Bedeutsam für die Vornahme der AfA ist die Unterscheidung zw abnutzbaren *bewegl* und *unbewegl WG*. Nur bewegl WG (→ Rn. 34) können nach § 7 I 6 (LeistungsAfA) oder nach § 7 II (degressive AfA) abgeschrieben werden. Die unbewegl WG sind für die Anwendung des § 7 aufzuteilen in unbewegl WG, die *Gebäude oder selbständige Gebäudeteile* sind (→ Rn. 36 ff; AfA nach § 7 IV, V, Va), und *unbewegl WG, die keine Gebäude sind* (→ Rn. 39; lineare AfA nach § 7 I 1). Neben die bewegl/unbewegl WG treten noch die *abnutzbaren immateriellen WG* (→ Rn. 40 ff und → § 5 Rn. 188, 233), die nur nach § 7 I 1 abgeschrieben werden können.

34 **a) Bewegliche Wirtschaftsgüter.** Auch → § 5 Rn. 115, 131 ff. Erfasst sind Sachen iSd § 90 BGB, Tiere (§ 90a BGB), Betriebsvorrichtungen und Scheinbestandteile iSd § 95 II BGB, nicht hingegen immaterielle WG iSd → Rn. 40. Sind transportable Sachen nicht fest mit einem unbewegl WG verbunden, wirft die rechtl Qualifizierung als bewegl WG idR keine Probleme auf (zB Büroeinrichtung, Werkzeug, Maschinen, Kfz). – **Abgrenzung zum Gebäude.** Sind Sachen hingegen mit unbewegl WG *körperl verbunden,* ist die Abgrenzung zw unbewegl und bewegl WG im EStRecht nach den gleichen Grundsätzen wie im Bewertungsrecht vorzunehmen: Entscheidend ist der Nutzungs- und Funktionszusammenhang (BFH GrS 5/71, BStBl II 74, 132 unter C.II.2.b) und der Gebäudebegriff des BGB (§ 94 II BGB). – **Scheinbestandteile.** Sie gehören schon bürgerl-rechtl (§ 95 BGB) und auch estl zu den bewegl Sachen (s EStR 7.1 IV/EStH 7.1 „Scheinbestandteile" mwN). – **Betriebsvorrichtungen.** Aus dem Gebäudebegriff sondert die Rspr für estl Zwecke diejenigen Gebäudebestandteile aus, die nicht in einem einheitl Nutzungs- und Funktionszusammenhang mit dem Gebäude selbst stehen, sondern einem davon getrennten anderen Zweck dienen. Dies gilt insb für Betriebsvorrichtungen (§ 68 II 1 Nr 2 BewG; ausführl *GLE* BStBl I 13, 734; BFH II R 67/04, BStBl II 05, 688; dazu *Eisele* INF 05, 944). Für die Abgrenzung zu Gebäudebestandteilen ist entscheidend, ob die Vorrichtung im Rahmen der allg Nutzung des Gebäudes erforderl ist oder ob sie unmittelbar der Ausübung des Gewerbes dient (BFH III R 36/15, BStBl II 19, 705 Rn. 17). – Ob Betriebsvorrichtungen nur bei Nutzung des WG in einem *Gewerbebetrieb* des StPfl mögl sind (also nicht zB bei VuV), hat BFH III R 179/81, BStBl II 86, 493 unter 2. ausdrückl offen gelassen. Erstreckt man die Differenzierung zw Gebäude und Betriebsvorrichtungen auch auf VuV (zB privater Vermieter, der ein Gebäude mit einem Lastenaufzug vermietet), könnte dieser zwei AfA-Reihen bilden und den Lastenaufzug (was auch den wirtschaftl Realitäten entspricht) schneller als das Gebäude abschreiben. ME ist diese Behandlung zutr, weil eine Differenzierung nach Einkunftsarten stets einer besonderen Rechtfertigung bedarf (→ Rn. 3), die Abgrenzung des Gebäudebegriffs aber nicht von der Einkunftsart abhängig ist. Der Wortlaut des § 68 II 1 Nr 2 BewG ist in dieser Frage nicht eindeutig. – **Zubehör.** Es ist zivilrechtl eine bewegl Sache (§§ 97, 98 BGB), gehört bewertungsrechtl aber zum Grundvermögen (§ 68 I Nr 1 BewG), es sei denn, das Zubehör ist eine Betriebsvorrichtung. Estrechtl handelt es sich mE um eine bewegl Sache, wenn es an der körperl Verbindung zum Gebäude fehlt. – **Mietereinbauten/-umbauten.** Zur Qualifizie-

rung als materielle WG → Rn. 77, 81 ff, → § 5 Rn. 114, 270 „Mietereinbauten/-umbauten".

Beispiele für bewegl WG → § 5 Rn. 115 (insb Betriebsvorrichtungen). *Verwaltungsanweisungen:* EStR 7.1 II–VI/EStH 7.1; *GLE* BStBl I 13, 734; **Windkraftanlagen** (Scheinbestandteil, s BGH V ZR 52/16, NJW 17, 2099 Rn. 10 ff; BFH IV R 1/14, BStBl II 17, 171 Rn. 16; *FM SchlH* DB 04, 1585). **Schiffe** und **Flugzeuge** sind nach EStR 7.1 II 2 stets bewegl WG (dh im BV ist degressive AfA mögl; s *Schulz* DB 06, 526; *Lüdicke* DB 06, 808). Im PV werden in Register eingetragene Schiffe und Flugzeuge allerdings als unbewegl WG behandelt (§ 21 I 1 Nr 1; BFH IX R 71/96, BStBl II 00, 467).

b) Gebäude und selbständige Gebäudeteile. Auch → § 4 Rn. 115 ff. – **aa) Begriff des Gebäudes.** Erforderl ist ein Bauwerk auf eigenem oder fremdem GuB, das Menschen oder Sachen durch räuml Umschließung Schutz gegen Witterungseinflüsse gewährt, den nicht nur vorübergehenden Aufenthalt von Menschen gestattet, fest mit dem Boden verbunden, von einiger Beständigkeit und ausreichender Standfestigkeit ist (BFH III R 26/99, BStBl II 01, 137 mwN: Tankstellenüberdachung als Gebäude; ausführl *GLE* BStBl I 13, 734). Bei **Doppelfunktion** (eine Betriebsvorrichtung dient auch der Verstärkung der baul Umschließung) gebührt der Gebäudefunktion der Vorrang, weil ein Bauwerk, das die Voraussetzungen des Gebäudebegriffs erfüllt, nicht Betriebsvorrichtung sein kann (BFH II R 41/01, BStBl II 03, 693: Hochregallager). Bestehen Zweifel, ob ein bestimmtes Merkmal des Gebäudebegriffs erfüllt ist, ist nach der Verkehrsauffassung zu entscheiden (BFH III R 26/99, BStBl II 01, 137). – Wird ein Gebäude teils eigenbetriebl, teils fremdbetriebl, teils zu eigenen und teils zu fremden Wohnzwecken genutzt, stellt jeder der vier **unterschiedl genutzten Gebäudeteile** ein besonderes WG dar (→ § 4 Rn. 119). Gebäudeteile, die für mehrere selbständige eigene Betriebe genutzt werden, bilden allerdings eine Einheit (BFH III R 80/92, BStBl II 95, 72). Zur Behandlung nachträgl HK → Rn. 132 ff, zur Errichtung in **Bauabschnitten** → Rn. 143. Eine **Eigentumswohnung** ist stets ein selbständiges WG „Gebäude" (§ 7 Vb). – Aufwendungen für **Baumaßnahmen des Nutzungsberechtigten auf fremdem Grund und Boden** werden zwar „bilanztechnisch wie ein materielles WG" mit den HK aktiviert; es handelt sich aber nicht um ein echtes WG (→ Rn. 81 ff). 36

bb) Unselbständige Gebäudeteile. Sie bilden für Zwecke der AfA mit dem Gebäude eine Einheit (zB FG BW EFG 00, 991, rkr: Panoramaaufzug in einer Verkaufshalle). Derartige Teile unterliegen daher auch dann keiner eigenen AfA, wenn ihre individuelle Nutzungsdauer kürzer ist als die des Gesamtgebäudes (BFH GrS 5/71, BStBl II 74, 132; BFH VIII R 71/96, BFH/NV 98, 575: Gips- und Röntgenraum eines Krankenhauses). 37

cc) Selbständige Gebäudeteile. Sie stehen nicht in einheitl Nutzungs- und Funktionszusammenhang mit dem Gebäude und sind entweder als bewegl WG (→ Rn. 34), sonstige unbewegl WG (→ Rn. 39) oder selbst als eigenes Gebäude zu qualifizieren (auch → Rn. 215; ausführl → § 5 Rn. 131 ff; EStR 4.2 III–VI, 7.1 V, VI). 38

Photovoltaikanlagen sind als Betriebsvorrichtungen selbständige bewegl WG (*OFD Rhl* FR 11, 491; → § 7g Rn. 7), auch wenn ein Teil des erzeugten Stroms privat verbraucht wird. Das Dach eines Gebäudes, auf dem eine Photovoltaikanlage errichtet wird, ist allerdings vollständig der Gebäudenutzung zuzuordnen, nicht auch anteilig dieser Anlage (BFH III R 27/12, BStBl II 14, 372 Rn. 16; mE zweifelhaft). – **Blockheizkraftwerke,** die sowohl zur Versorgung des Gebäudes mit Wärme als auch zum Verkauf des erzeugten Stroms (§ 15) verwendet werden, sind Betriebsvorrichtungen, wenn der Stromverkauf im Vordergrund steht (*OFD Rhl* FR 11, 491 unter 2.c); ansonsten jedoch Gebäudebestandteil (NdsFG DStRE 08, 1437, rkr; *FM SchlH* EStB 15, 363; ausführl *Baltromejus* NWB 16, 172). – **Garagen** sind bei Ein- und Zweifamilienhäusern Teil des WG Gebäude (BFH VIII R 179/79, BStBl II 84, 196; BFH X R 16/01, BFH/NV 04, 485 unter II.3.); ebenso eine „Mehrfachparkanlage" in einem gemischt genutzten Gebäude, das in Wohn- und Teileigentumseinheiten aufgeteilt ist (HessFG EFG 06, 1656, rkr). Gleiches gilt für baul mit dem Gebäude verschachtelte Tiefgaragen (BFH IX R 72/00, BStBl II 03, 916 unter

II.2.). *Freistehende* zu einem Mehrfamilienhaus gehörende Garagen sind aber eigenständige unbewegl WG und unterliegen damit einer eigenen AfA (BFH IX R 26/04, BStBl II 06, 169).

39 **c) Andere unbewegliche Wirtschaftsgüter.** Beispiele → § 5 Rn. 115. – **Außenanlagen.** Im Bewertungsrecht versteht man darunter die mit dem Grundstück körperl verbundenen Sachen, die bürgerl-rechtl wesentl Bestandteile des Grundstücks sind (§ 94 BGB) und auch bewertungsrechtl zum Grundstück gehören (*GLE* BStBl I 13, 734 Tz 4), aber weder als Gebäude noch als Gebäudeteile qualifiziert werden (s § 89 BewG: Umzäunung, Wege- und Platzbefestigungen). Im EStRecht werden Außenanlagen als *unselbständige Gebäudeteile* (→ Rn. 37) behandelt, wenn sie mit dem Gebäude in einem einheitl Nutzungs- und Funktionszusammenhang stehen (Beispiele → § 6 Rn. 213). Fehlt ein solcher Zusammenhang, sind die Außenanlagen als *selbständige unbewegl WG* einzustufen (AfA nach § 7 I; zB BFH III R 9/76, BStBl II 78, 163: Regenwasser-Auffanganlage; weitere Beispiele s EStH 7.1 „Unbewegl WG"), es sei denn, es handelt sich um Betriebsvorrichtungen (bewegl WG, zB Bodenbefestigung bei Tankstelle; weitere Beispiele s *GLE* BStBl I 13, 734 Nr 4.2–4.5) oder (bewegl) Scheinbestandteile. – **Mietereinbauten oder sonstige Gebäude auf fremdem GuB.** Es handelt sich ebenfalls um sonstige unbewegl WG (wegen § 7 Va Gebäude-AfA, s EStR 7.1 VI), selbst wenn der Einbauende weder zivilrechtl noch wirtschaftl Eigentümer geworden ist (→ § 5 Rn. 114, 270 „Mietereinbauten").

40 **d) Immaterielle Wirtschaftsgüter.** Zum Begriff und zur rechtl Qualifikation der immateriellen WG sowie zu Beispielen → § 5 Rn. 113, 171 ff. Auch immaterielle WG des BV und des sonstigen Einkunftserzielungsvermögens können (unabhängig davon, ob es sich um dingl oder obligatorische Rechte handelt) der Abnutzung infolge wirtschaftl Wertverzehrs unterliegen, insb wenn sie für ihren Inhaber unter rechtl oder wirtschaftl Gesichtspunkten **nur zeitl begrenzt verwertbar** sind. Hingegen ist ein immaterielles WG nicht abnutzbar, wenn seine Nutzung weder unter wirtschaftl noch unter rechtl Gesichtspunkten zeitl begrenzt ist. Ist ein Recht zeitl begrenzt, kann es gleichwohl als nicht abnutzbar zu werten sein, wenn unter normalen Umständen mit einer **fortwährenden Verlängerung** zu rechnen ist; nach dem Vorsichtsprinzip ist im Zweifel aber eine Abnutzbarkeit anzunehmen (grundlegend zum Ganzen BFH IV R 1/06, BStBl II 10, 28 unter II.3.a; BFH IX R 33/08, BStBl II 10, 958 unter II.1.a). – Erworbene immaterielle WG können tatsächl aus mehreren EinzelWG (zB Geschäftswert, Kundenstamm, Wettbewerbsverbot) bestehen; jedes dieser WG ist gesondert auf seine Abschreibungsfähigkeit hin zu untersuchen (BFH IV R 48/97, BStBl II 98, 775).

41 **aa) Einzelfälle abnutzbare immaterielle Wirtschaftsgüter. Geschäfts- oder Firmenwert** wegen § 7 I 3 (allg → § 5 Rn. 221 ff, zum TW → § 6 Rn. 311, zur AfA → § 7 Rn. 171); kommerzialisierbarer Teil des **Namensrechts** (BFH X R 20/17, BStBl II 20, 3 Rn. 78 ff). – Entgeltl erworbene **Marken** und **Arzneimittelzulassungen** (zutr *BMF* BStBl I 99, 686; **aA** zum EWBV BFH II B 135/95, BStBl II 96, 586); die betriebsgewöhnl Nutzungsdauer beträgt idR 15 Jahre (*BMF* BStBl I 99, 686), bei Marken in schnelllebigen Marktsegmenten 3–5 Jahre (FG Ddorf EFG 00, 1177, rkr). – **Verlagswert** (BFH IV R 48/97, BStBl II 98, 775 unter 1.b). – Rechte aus **Gebietsschutzvereinbarungen** sind abnutzbar, wenn sie durch Vertrag mit einem einzelnen Konkurrenten begründet wurden; nicht hingegen, wenn die *Lieferanten* den Gebietsschutz faktisch auf Dauer garantieren (BFH IV R 48/97, BStBl II 98, 775 unter 2.). Auch die Ablösezahlung eines Handelsvertreters an seinen Vorgänger im selben Bezirk begründet ein abnutzbares immaterielles WG **„Vertreterrecht"** (BFH X R 5/05, BStBl II 07, 959; BFH X R 2/04, BStBl II 08, 109 unter II.4.a); zur Schätzung der Nutzungsdauer eines solchen Rechts s BFH X R 10/86, BStBl II 89, 549 (5 Jahre nicht beanstandet; keine Anwendung von § 7 I 3). Gleiches gilt für den entgeltl Eintritt in bestehende **Beförderungsverträge** mit Schulverbänden (BFH X R 102/92, BFH/NV 94, 543). Entgeltl übertragene **Kunden- und Lieferantenbeziehungen** sind ebenfalls abnutzbar (BFH I R 196/67, BStBl II 71, 175 unter 3.); beim Erwerb eines Betriebs sind sie aber ggf im Geschäftswert enthalten und treten nicht als selbständiges WG in Erscheinung (BFH I R 54/77, BStBl II 82, 189 unter I.2.; ausführl *Bauer* DB 89, 1051 mwN). Ein übernommener fester **Auftragsbestand** (Rechte aus schwebenden Geschäften) ist auch bei

gleichzeitigem Betriebserwerb nicht Teil des Geschäftswerts (BFH I 207/57 U, BStBl III 58, 416; BFH VIII R 361/83, BFH/NV 89, 778); hingegen gehen unverbindl Lieferaussichten im Geschäftswert auf (FG Mster EFG 08, 1449 unter II.2.b, rkr). – Dingl oder schuldrechtl **Nutzungsrechte** (**Nießbrauchsrecht,** dingl Wohnrecht, befristetes Dauerwohnrecht gem §§ 31 ff WEG, Erbbaurecht, obligatorisches Nutzungsrecht) sind abnutzbar und damit abschreibungsfähig (→ Rn. 73). Beim Eintritt in einen bestehenden Mietvertrag durch den Erwerb eines Grundstücks wird allerdings nicht etwa ein neben dem GuB bestehendes, abnutzbares WG „Vermietungsrecht" erworben (BFH IX R 29/98, BFH/NV 03, 21). – Zahlungen des StPfl dafür, dass ein Lieferant speziell für ihn Werkzeuge vorhält (**kundengebundene Formen/Werkzeuge;** BFH IV R 64/88, BStBl II 89, 830). Zu **Software** → § 5 Rn. 270 „Software". – Zahlreiche **Konzessionen und Lieferrechte,** die früher wegen ihrer übl Verlängerung als nicht abnutzbar angesehen wurden, sind mittlerweile wegen der Änderungen im (EU-)Wettbewerbsrecht als abnutzbar zu werten (es handelt sich nicht etwa um unselbständige Teile des Geschäftswerts). Dies gilt für **Personenbeförderungskonzessionen** (*OFD NRW* DStR 14, 268; anders zur früheren Rechtslage noch BFH X R 102/92, BFH/NV 94, 543), **Güterfernverkehrskonzessionen** (*BMF* BStBl I 96, 372), **Milchquoten** (→ 39. Aufl 2020, § 13 Rn. 252 mwN), **Zuckerrübenlieferrechte** (→ 39. Aufl 2020, § 13 Rn. 259 mwN) und **Tabaklieferrechte** (FG RhPf EFG 07, 21, rkr). Zu den flächenabhängigen **Betriebsprämien** nach der Gemeinsamen Agrarpolitik → § 13 Rn. 255. Hingegen sind zeitl unbegrenzt geltende **Brennrechte** auch weiterhin als nicht abnutzbar anzusehen (*BMF* DB 89, 702; zu TW-AfA aufgrund gesetzl Änderungen aber NdsFG EFG 10, 699, rkr), ebenso **Wiederbepflanzungsrechte** im Weinbau (BFH VI R 65/15, BStBl II 18, 353 Rn. 15 ff).

bb) Einzelfälle nicht abnutzbare immaterielle Wirtschaftsgüter. – (1) Internet-Domain-Adressen. Sie sind jedenfalls dann nicht abnutzbar, wenn der Name einen allg bekannten Begriff (zB Fluss, Region) bezeichnet, der unabhängig von dem Namen des Unternehmens ist, das die Rechte an dem Domain-Namen hält (generische Domain; BFH III R 6/05, BStBl II 07, 301 unter II.2.e). Ist der Domain-Name hingegen mit dem Unternehmens- oder Markennamen identisch (qualifizierte Domain), ist er mE wie der Markenname oder Geschäftswert selbst abnutzbar (glA *KKM* § 7 Rn. B 162a; *Wübbelsmann* DStR 05, 1659; vom BFH offen gelassen). 43

(2) (Kassen-)Vertragsarztzulassungen. Sie sind auch unter heutigen Wettbewerbsbedingungen weiterhin als nicht abnutzbare immaterielle WG anzusehen, weil sie faktisch weiterübertragen werden können (BFH VIII R 56/14, BStBl II 17, 694 Rn. 40). – **(a) Erwerb einer ganzen Praxis.** Hier geht die miterworbene Zulassung im Praxiswert auf, wenn das Entgelt sich nach der Gesamtertragskraft der Praxis bemisst (BFH VIII R 13/08, BStBl II 11, 875; BFH VIII R 7/14, BStBl II 17, 689 Rn. 32; s auch FG Köln EFG 12, 1128, rkr; krit *Staschewski* FR 11, 1097). Für den Erwerber ist dies steuerl erhebl günstiger, weil der Praxiswert abschreibbar ist (hierzu auch *Hoffmann* EFG 08, 1109). – **(b) Isolierter Erwerb der Zulassung.** Dies nimmt der BFH nur noch in „Sonderfällen" an; dann ist jedenfalls ein selbständiges WG gegeben (BFH VIII R 13/08, BStBl II 11, 875 Rn. 25; BFH VIII R 56/14, BStBl II 17, 694 Rn. 17; ausführl *Levedag* NWB 17, 2584; *LfSt Nds* DStR 22, 1001). AfA sind nicht mögl (BFH VIII R 56/14, BStBl II 17, 694 Rn. 32 ff; BFH VIII R 24/16, BFH/NV 17, 899 Rn. 42). TW-AfA können im Einzelfall mögl sein, setzen aber Gewinnermittlung nach § 4 I voraus. – **(c) Abgrenzung zw Praxiserwerb und isoliertem Erwerb der Zulassung.** Wenn der Erwerber den Verkehrswert der Praxis (ggf zuzügl eines Zuschlags) bezahlt, spricht dies für die Übertragung der gesamten Praxis (BFH VIII R 7/14, BStBl II 17, 689 Rn. 36 f). Für den isolierten Erwerb der Zulassung spricht hingegen, wenn weder weitere WG noch bestehende Verträge der Praxis übernommen werden (BFH VIII R 56/14, BStBl II 17, 694 Rn. 22). Zur Abgrenzung zw Praxiserwerb und Zulassungskauf in Fällen der Verlegung eines Praxissitzes s FG Ddorf EFG 15, 1428, rkr. Die Feststellungslast für die Annahme eines Erwerbs nur der Zulassung liegt beim FA (BFH VIII R 7/14, BStBl II 17, 689 Rn. 33). 44

4. Persönliche AfA-Berechtigung. – a) Allgemeine Grundsätze. Die AfA-Befugnis ist von zwei Grundvoraussetzungen abhängig: Der StPfl muss den Tatbestand der Einkunftserzielung erfüllen („zur Erzielung von Einkünften", → Rn. 52) und die AK/HK müssen von ihm getragen worden oder ihm zumindest steuerl zuzurechnen sein (→ Rn. 54). 51

aa) Erfüllung des Tatbestands der Einkunftserzielung. § 7 I führt diesen Gedanken des § 2 I fort, indem angeordnet wird, dass bei WG, die „durch den StPfl zur 52

Erzielung von Einkünften“ genutzt werden, AfA auf die AK oder HK des WG vorzunehmen sind. AfA-befugt ist also derjenige, der mit Hilfe des WG den Tatbestand der Einkunftserzielung erfüllt. Das wird idR der rechtl oder wirtschaftl Eigentümer (dazu → Rn. 81, → § 5 Rn. 150 ff) sein. Obwohl § 7 I die AfA mit dem Begriff des WG verknüpft, lässt es die Rspr für die AfA-Befugnis bereits genügen, wenn dem StPfl *Aufwand* entstanden ist, ohne dass dieser Aufwand zu einer Eigentumsposition geführt hat (ausführl → Rn. 82 ff, dort auch zu Ehegatten-Fällen; zB BFH IX R 59/94, BStBl II 98, 431 und BFH IX R 1/21, BStBl II 24, 54 Rn. 28: Vorbehaltsnießbrauch). Die AfA-Befugnis des Einkunftserzielers schließt die AfA-Befugnis anderer Personen bezügl der AK/HK dieses WG aus.

53 **Keine AfA bei unentgeltl Nutzungsüberlassung.** Erfüllt der Eigentümer des WG nicht den Tatbestand der Einkunftserzielung, insb weil er das WG einem Dritten unentgeltl zur Nutzung überlässt, stehen ihm keine AfA zu (zur AfA-Befugnis des das WG unentgeltl Nutzenden/Drittaufwand → Rn. 101 f). Der Eigentümer kann die AfA auch nicht als vorab entstandene WK – im Hinblick darauf, dass er nach dem Ende der unentgeltl Überlassung Einkünfte aus dem WG erzielen will – geltend machen (BFH VIII R 166/80, BStBl II 83, 660; BFH VIII R 71/81, BStBl II 86, 327 unter 4.: auch dann nicht, wenn der Nutzungsberechtigte sich bereits in fortgeschrittenem Alter befindet). – Erfüllt der Eigentümer mit einem **Teil des WG** nicht den Tatbestand der Einkunftserzielung (zB unentgeltl Überlassung *einer* Wohnung in einem Mehrfamilienhaus), steht ihm die AfA bezügl dieses *Teils* nicht zu (BFH VIII R 71/81, BStBl II 86, 327 unter 4.b; ebenso zum Bruchteils- und Quotennießbrauch *BMF* BStBl I 13, 1184 Rn. 25). **Teilentgeltliche Überlassung.** Bei Wohnungen kann der Eigentümer in den Grenzen des § 21 II grds die *gesamten* Aufwendungen abziehen (→ § 21 Rn. 158). Bei andere WG wird nur ein *anteiliger* Abzug gewährt (zB *BMF* BStBl I 13, 1184 Rn. 31 für den Fall des teilweise entgeltl bestellten Nießbrauchs).

54 **bb) Tragung der Anschaffungskosten/Herstellungskosten.** Zur Einkunftserzielung hinzukommen muss, dass der Einkunftserzieler die AK/HK getragen hat oder sie ihm zumindest steuerl zuzurechnen sind (BFH IX R 59/94, BStBl II 98, 431; BFH IX R 26/15, BStBl II 17, 343 Rn. 10; BFH IX R 1/21, BStBl II 24, 54 Rn. 28). Eine Regelung über die steuerl Zurechnung von AK/HK im Fall der unentgeltl Rechtsnachfolge im PV enthält § 11d EStDV (→ Rn. 111). Werden dem Ges'ter einer KapGes die von der KapGes getragenen AK/HK für ein Gebäude als **vGA** zugerechnet, kann er AfA abziehen (FG Köln EFG 98, 546, rkr; Fiktionstheorie).

56 **b) Besonderheiten bei Miteigentum. – aa) Grundsätzlich anteilige AfA. – (1) Gemeinsame Einkunftserzielung.** Jeder Miteigentümer kann die seinem Anteil entspr AfA geltend machen (zB gemeinsame Vermietung). Das Gebäude ist zunächst in seine in verschiedenen Nutzungs- und Funktionszusammenhängen stehenden Teile (→ Rn. 36) und darüber hinaus in so viele WG aufzuteilen, wie Miteigentümer vorhanden sind (BFH GrS 5/97, BStBl II 99, 774 C.1.). Zu den Wahlmöglichkeiten für die Verteilung der JahresAfA bei Neueintritt eines Ges'ters in eine PersGes während des lfd Wj s *OFD Hann* DStR 00, 730; AfA nach § 7 II kann aber nur entspr der allg Gewinnverteilung angesetzt werden (*OFD Mster* DStR 08, 98). – **(2) Getrennte Einkunftserzielung.** ZB A vermietet „seine“ Gebäudehälfte, B nutzt die andere Hälfte in seinem Betrieb, oder beide Miteigentümer-Ehegatten nutzen je ein häusl Arbeitszimmer (BFH GrS 5/97, BStBl II 99, 774). Auch hier steht jedem Miteigentümer die seinem Anteil entspr AfA zu, ohne dass es gegenseitiger Mietverträge bedarf: Zwar gewährt das Miteigentumsrecht nur *anteiliges* Eigentum an allen Teilen des WG; gleichwohl nutzt der Miteigentümer den ihm überlassenen Gebäudeteil *insgesamt* in Ausübung seines eigenen Rechts als Miteigentümer, sofern der Nutzungsanteil nicht größer als sein Miteigentumsanteil ist (BFH GrS 5/97, BStBl II 99, 774 unter C.2.). – Zu Vermutungen für die Kostentragung bei Miteigentümer-Ehegatten sowie zur Nutzung über den eigenen Miteigentumsanteil hinaus → Rn. 88 ff.

57 **bb) AfA-Wahlrechte.** Miteigentümer brauchen AfA-Wahlrechte grds nicht einheitl ausüben. Jedem Miteigentümer steht auch bei einheitl und gesonderte Feststel-

lung der Einkünfte ein eigenes Wahlrecht zu, ob er die AfA bezügl seines Anteils linear (§ 7 I/IV) oder degressiv (§ 7 II/V) vornehmen will (BFH VIII R 114/69, BStBl II 74, 704; SchlHFG EFG 05, 1026, rkr). – **Ausnahmen.** AfA nach der Leistung (§ 7 I 6), AfaA (§ 7 I 7, IV 3) oder Gebäude-AfA nach einer kürzeren Nutzungsdauer (§ 7 IV 2) können nur einheitl vorgenommen werden (glA *KKM* § 7 Rn. A 135 ff; *Frotscher/Geurts* § 7 Rn. 80). Gleiches gilt wegen § 7a VII 2 für erhöhte und SonderAfA (→ § 7a Rn. 14).

c) AfA bei Vorbehaltsnießbrauch. – aa) Überschusseinkünfte. – (1) AfA-Befugnis des Nießbrauchers. Hat sich der frühere Eigentümer bei der unentgeltl Übertragung des Eigentums auf einen Dritten den Nießbrauch an dem WG vorbehalten, steht ihm die AfA weiterhin zu. Denn er hat die AK/HK für das WG getragen; bei wirtschaftl Betrachtungsweise ist der Zusammenhang zw diesen auf die Nutzungsdauer des WG zu verteilenden Kosten einerseits und der Nutzung des WG zur Erzielung stpfl Einnahmen andererseits durch die Übertragung des Eigentums an dem WG nicht unterbrochen (BFH IX R 59/94, BStBl II 98, 431). Es kommt nicht darauf an, ob der Nießbraucher – was idR zu verneinen sein wird – noch wirtschaftl Eigentümer des WG ist (BFH IX R 1/21, BStBl II 24, 54 Rn. 28). – **Bemessungsgrundlage** für die AfA sind die AK/HK, die der Nießbrauchsberechtigte als früherer Eigentümer hatte (*BMF* BStBl I 13, 1184 Rn. 42) oder die ihm nach § 11d EStDV von seinem Rechtsvorgänger zuzurechnen waren (BFH VIII R 53/82, BStBl II 83, 710 unter 3.). Die Bemessungsgrundlage erhöht sich um nachträgl HK, die der Nießbraucher während der Zeit des Nießbrauchs aufwendet. – Dem **Vorbehaltsnießbrauch stehen gleich** die Erbausschlagung gegen Einräumung eines Nießbrauchs (BFH IX R 59/94, BStBl II 98, 431: AfA analog § 11d EStDV) und alle vorbehaltenen *obligatorischen* Nutzungsrechte (BFH IX R 126/89, BStBl II 97, 121; *BMF* BStBl I 13, 1184 Rn. 51–54). Wird das Nießbrauchsobjekt während der Laufzeit gegen ein anderes Objekt ausgetauscht und trägt der Nießbraucher wirtschaftl die AK/HK auch dieses Objekts (weil sich der Nießbrauch am Veräußerungserlös fortsetzt), steht ihm auch dort die AfA-Befugnis zu, jedoch nur für den Gebäudeanteil und nach Maßgabe der typisierten Gebäudenutzungsdauer (zutr BFH IX R 1/21, BStBl II 24, 54 Rn 30 ff, Anm *Graw* HFR 23, 20; *Bodden* KÖSDI 23, 23405). 60

(2) Nießbrauch auch zugunsten des Ehegatten. Behält sich der Übergeber den Nießbrauch für sich und seinen Ehegatten (entweder als Gesamtberechtigte oder aufschiebend bedingt) vor, kann der überlebende Ehegatte mE auch nach dem Tod des Übergebers die AfA in der bisherigen Höhe in Anspruch nehmen (ausführl → 39. Aufl 2020, § 7 Rn. 61). 61

(3) Rechtsfolgen beim neuen Eigentümer. Dieser ist zunächst mangels Einkunftserzielung nicht AfA-befugt, wächst aber nach Erlöschen des Vorbehaltsnießbrauchs in die AfA-Befugnis hinein (näher *BMF* BStBl I 13, 1184 Rn. 45–48; *Neufang/Merz* DStR 12, 939; zur AfA-Bemessungsgrundlage nach entgeltl Ablösung des Nießbrauchs s *LfSt Bayern* BB 11, 1010; krit *Meyer/Ball* DStR 11, 1211). 62

bb) Vorbehaltsnießbrauch im Betriebsvermögen. – (1) AfA-Befugnis des Nießbrauchers. Auch wenn WG des BV aus privaten Gründen auf einen anderen übertragen werden, der Schenker sich aber einen dingl oder obligatorischen Nießbrauch vorbehält, kann er iErg weiterhin AfA vornehmen: Bei Übertragung *einzelner* WG (zur Übertragung eines ganzen Betriebs unter Nießbrauchsvorbehalt → § 6 Rn. 700) kommt es zu einer gewinnrealisierenden **Entnahme des WG als Ganzes** (BFH III R 113/85, BStBl II 89, 763 unter II.1.; BFH X R 140/87, BStBl II 90, 368 unter 2.a; BFH X R 59/14, BStBl II 19, 730 Rn. 68); ein Abzug der Nießbrauchsbelastung bei der Ermittlung des TW ist nicht zulässig (zumal diese Belastung künftig zu BA in Gestalt der AfA führt). Eine Einlage des im PV entstandenen Nutzungsrechts zum TW ist wegen BFH GrS 2/86, BStBl II 88, 348 (teleologische Reduktion des Einlagetatbestands bei Nutzungen) nicht mögl. Gleichwohl kann der Nießbraucher 64 weiterhin AfA auf das Gebäude (nicht hingegen auf den GuB, s BFH IV R 76/88, BFH/NV 91, 457 unter 1.) vornehmen, die als jährl Einlage gewinnmindernd zu berücksichtigen ist (BFH III R 113/85, BStBl II 89, 763 unter II.2.b bb).

Beispiel (zu → Rn. 64 und 65). A überträgt ein Grundstück seines BV unentgeltl auf seinen Sohn, behält sich aber den Nießbrauch vor und führt den Betrieb fort. Die Buchwerte betragen 100 000 € für den GuB und 50 000 € für das Gebäude; die TW jeweils 150 000 €. Die AfA-Bemessungsgrundlage des A für das Gebäude betrug 100 000 € (jährl AfA 3 000 €). – **Lösung.** Aus der Entnahme des Grundstücks realisiert A lfd Gewinn (für den GuB 50 000 €, für das Gebäude 100 000 €). A kann für das Gebäude weiterhin die AfA nach Maßgabe seiner eigenen AK/HK abziehen, dh 3 000 € jährl (aA: AfA nach Maßgabe des Entnahmewerts von 150 000 €, dh 4 500 € jährl; → Rn. 65).

65 **(2) Höhe der Bemessungsgrundlage für die AfA-Einlage.** Diese Frage ist noch nicht geklärt; die Rspr hat sich mit ihr bisher nur in obiter dicta befasst. Dabei werden teilweise die eigenen AK/HK des Nießbrauchers für maßgebl gehalten (BFH IV R 57/82, BStBl II 86, 322 unter 3.; BFH GrS 4/92, BStBl II 95, 281 unter C. III.2.; *Korn* § 7 Rn. 32; *Littmann* § 7 Rn. 157; *Frotscher/Geurts* § 7 Rn. 120; *HHR/Anzinger* § 7 Rn. 119); teilweise wird eine AfA vom Entnahmewert befürwortet (BFH X R 140/87, BStBl II 90, 368 unter 3.c [krit Anm *Schmidt* FR 90, 15]; *Lademann* § 7 Rn. 71; *Leingärtner* Kap 41 Rn. 41; unklar BFH III R 113/85, BStBl II 89, 763, wo unter II.2.b bb auf die selbst getragenen AK/HK des Nießbrauchers, unter II.3. hingegen auf den Entnahmewert abgestellt wird).

Stellungnahme. ME bleiben die ursprüngl AK/HK des Schenkers maßgebl, weil die weitere Verteilung seines eigenen Aufwands im Vordergrund steht. Der Gedanke, dass nach einer Entnahme zum TW vom Entnahmewert abgeschrieben werden muss, ist nur auf den ersten Blick bestechend, beruht aber auf einer unzulässigen Gleichsetzung des WG selbst (das zum TW entnommen wurde) mit dem Recht zur *Nutzung* dieses WG (das niemals entnommen wurde, sondern unverändert beim Betriebsinhaber geblieben ist, sodass sich dessen AK/HK fortsetzen). Die Gegenauffassung müsste konsequenterweise auch eine AfA vom Entnahmewert des *GuB* bejahen; dies wird von der oben zitierten Rspr aber einhellig abgelehnt.

66 **(3) Tod des Vorbehaltsnießbrauchers.** Bei ihm kommt es (abgesehen vom Ende der lfd AfA-Einlage) nicht zu estl Folgen, weil in der Bilanz ohnehin kein Nutzungsrecht aktiviert werden durfte, das mit dem Tod wegfallen könnte (inkonsequent BFH III R 113/85, BStBl II 89, 763, wo unter II.2.b aa zutr die Einlage des Nutzungsrechts abgelehnt wird, unter II.4. aber von der erfolgsneutralen Ausbuchung des Restbuchwerts des Nutzungsrechts die Rede ist).

69 **d) AfA bei Bestellung eines Nießbrauchs gegen Entgelt.** Zur Abgrenzung zw entgeltl und unentgeltl eingeräumten Nutzungsrechten s *BMF* BStBl I 13, 1184 Rn. 10–13. Beim Vorbehaltsnießbrauch ist der Wert des Nießbrauchsrechts kein Entgelt für die Eigentumsübertragung (→ § 6 Rn. 135 mwN). Zum **Zuwendungsnießbrauch** → Rn. 102.

70 **aa) AfA-Befugnis des Eigentümers.** Der Eigentümer eines WG erfüllt durch die entgeltl Bestellung eines zeitl begrenzten dingl oder obligatorischen Rechts (nachstehend ist aus Vereinfachungsgründen nur noch von „Nießbrauch" die Rede) an diesem WG den Tatbestand der Einkunftserzielung (BFH VIII R 54/74, BStBl II 79, 332 unter 1.c). Das Entgelt für die Nießbrauchsbestellung ist im Jahr des Zuflusses Einnahme bei den VuV-Einkünften (bei Vorauszahlung für mehr als 5 Jahre Verteilung auf den Vorauszahlungszeitraum mögl, § 11 I 3), sofern es nicht einer anderen Einkunftsart zuzurechnen ist. Aufgrund der Einnahmeerzielung ist der Eigentümer bezügl des WG AfA-berechtigt (*BMF* BStBl I 13, 1184 Rn. 30).

71 **bb) AfA-Befugnis des Nießbrauchers. – (1) Keine AfA-Befugnis auf das genutzte Wirtschaftsgut.** Der Nießbraucher ist idR nicht wirtschaftl Eigentümer, auch nicht bei einem auf Lebenszeit bestellten Nießbrauchsrecht (BFH III R 50/01, BStBl II 05, 80 unter II.2.a mwN). Abweichendes kann nur gelten, wenn sich die

„Nießbrauchsbestellung" wirtschaftl als *Verkauf* des WG darstellt (zB das WG wird spätestens bei Beendigung des Nießbrauchs verbraucht sein, sodass der Rückgabeanspruch des Eigentümers keine wirtschaftl Bedeutung mehr hat, s *KKM* § 7 Rn. B 36). Ein dafür geleistetes Entgelt wäre bei den Überschusseinkünften ohnehin keine Einnahme aus VuV, sondern ein nicht steuerbarer Veräußerungspreis (Ausnahme § 23). Die AfA-Berechtigung des Eigentümers schließt eine AfA-Berechtigung des Nießbrauchers aus (→ Rn. 52).

(2) AfA auf das Nießbrauchsrecht oder Abzug laufender Zahlungen. – 73
(a) Rechtsprechung. Das für die Bestellung des Nießbrauchs gezahlte Entgelt stellt beim Nießbraucher AK eines immateriellen WG dar (für Nießbrauch BFH IX R 33/94, BFH/NV 97, 643 unter 3.a; für Baukostenzuschuss BFH I R 109/04, BFH/NV 06, 1812). Erfüllt der Nießbraucher seinerseits mit dem immateriellen WG (dem Nießbrauchsrecht) den Tatbestand der Einkunftserzielung, steht ihm bei sämtl Einkunftsarten die AfA auf die AK des immateriellen WG zu (BFH IX R 33/94, BFH/NV 97, 643 unter 3.a; BFH IX B 34/20, BFH/NV 21, 632 Rn. 6). Die AfA bemisst sich auch bei Nießbrauchsrechten an Gebäuden nach § 7 I (maßgebl ist die Laufzeit des erworbenen Nießbrauchsrechts); die in → Rn. 82 dargestellte Rspr ist hier nicht anwendbar, weil es sich dort dem Wesen nach um Gebäude-HK handelt, während hier ein Recht angeschafft wird. Aus diesem Grund kann hier (anders als beim GuB) auch das an einem *unbebauten* Grundstück entgeltl erworbene Nießbrauchsrecht abgeschrieben werden (nicht aber das beim Eigentümer verbleibende Grundstück selbst): Der Nießbraucher hat entgeltl ein immaterielles WG erworben, das sich bei ihm durch Zeitablauf abnutzt (glA *BH/Brandis* § 7 Rn. 180; *HHR/Anzinger* § 7 Rn. 113; *KKM* § 7 Rn. B 45). – **(b) Verwaltung.** Sie ist zunächst der Rspr gefolgt (so noch *BMF* BStBl I 98, 914 Rn. 26), will seit Inkrafttreten des § 11 II 3 aber einen sofortigen WK-Abzug im Zeitpunkt des Abflusses des Entgelts für das Nießbrauchsrecht zulassen. Sofern eine Vorauszahlung für mehr als 5 Jahre geleistet wird, soll die Zahlung gem § 11 II 3 auf die Laufzeit zu verteilen sein (*BMF* BStBl I 13, 1184 Rn. 26; zust *Günther* EStB 13, 427). – **(c) Stellungnahme.** § 11 II 3 gilt nur für *Nutzungsüberlassungen.* Nach der (mE zutr) Auffassung der Rspr wird aber ein *WG* erworben, sodass § 11 II 3 von vornherein nicht anwendbar ist. Sofern der Nießbraucher ein Einmalentgelt für mehr als 5 Jahre im Voraus leistet, führen aber beide Auffassungen (mit unterschiedl Begründung) zum selben steuerl Ergebnis.

(3) AfA auf Wirtschaftsgüter, die der Nießbraucher in Ausübung des Nießbrauchsrechts angeschafft/hergestellt hat. Diese stehen dem Nießbraucher zu. Entweder ist er bereits zivilrechtl oder wirtschaftl Eigentümer oder es gelten die zur steuerl Behandlung von Mietereinbauten/-umbauten entwickelten Grundsätze (→ Rn. 77; → § 5 Rn. 270 „Mietereinbauten …"; *HHR/Anzinger* § 7 Rn. 113). 74

e) Miete; Pacht. An dem vermieteten/verpachteten WG hat der Mieter/Pächter **keine AfA-Befugnis.** Diese steht dem Eigentümer des WG zu, dessen Befugnis die AfA-Befugnis anderer Personen an demselben WG ausschließt (→ Rn. 52). – Zahlt ein Mieter/Pächter ein *Einstandsgeld,* um einen Miet-/Pachtvertrag abschließen oder in einen lfd Miet-/Pachtvertrag eintreten zu können, handelt es sich um AK eines immateriellen WG, die nach § 7 I auf die Laufzeit des Vertrages abzuschreiben sind (*BH/Brandis* § 7 Rn. 151). Hingegen sind *Pachtvorauszahlungen* außerhalb des Betriebsvermögensvergleichs sofort BA/WK (zur Abgrenzung BFH VIII R 61/81, BStBl II 84, 267 unter 3.; bei Vorauszahlungen für mehr als 5 Jahre aber nach § 11 II 3 Verteilung über den Vorauszahlungszeitraum). Der *Vermieter* hat Vorteile aus einem ihm günstigen Mietvertrag grds nicht als Nutzungsrecht zu aktivieren. – Aufwendungen für **Mietereinbauten/-umbauten** sind zu aktivieren, ohne dass es darauf ankommt, ob der Mieter wirtschaftl Eigentümer geworden ist (auch → Rn. 81 ff; ausführl *Engelberth* NWB 11, 3220; *Köhler/Pönicke* StBP 15, 39; *Nürnberg* DStR 17, 1719; *Schwarz/John* StBP 17, 296). Sofern es sich nicht um Scheinbestandteile oder 77

Betriebsvorrichtungen handelt (dann bewegl WG iSd § 7 I, II), ist die AfA nach den Vorschriften für Gebäude vorzunehmen (BFH VIII R 44/94, BStBl II 97, 533, Anm HFR 97, 660; BFH I R 65/96, BStBl II 98, 402 unter II.3.c; BFH XI R 43/01, BFH/NV 04, 1397 unter II.2.). Eine kürzere Dauer des Mietvertrags kann aber über § 7 IV 2 berücksichtigt werden (zutr *Niehues* DB 06, 1234); allerdings ist dabei nicht ausschließl auf die feste Grundmietzeit, sondern auch auf mögl Verlängerungsoptionen abzustellen. Auch eine kürzere technische Nutzungsdauer kann berücksichtigt werden (SächsFG DStRE 12, 529, rkr: 20 Jahre für Elektro- und Heizungsinstallationen sowie Fenster). – Zur **„eisernen Verpachtung"** → § 13 Rn. 114 ff.

78 **f) Leasing.** Die AfA-Befugnis am Leasinggegenstand richtet sich danach, wem dieser Gegenstand zuzurechnen ist (→ § 5 Rn. 725 ff). Ist er weiterhin dem Leasinggeber zuzurechnen, erzielt dieser mit dem Leasinggegenstand stpfl Einnahmen, sodass seine AfA-Befugnis an den AK oder HK eine AfA-Befugnis des Leasingnehmers ausschließt (→ Rn. 52).

81 **g) AfA-Befugnis bei eigenen Aufwendungen auf ein fremdes Wirtschaftsgut. – aa) Aktivierung eines Wirtschaftsguts beim Nutzenden.** Hat der Aufwand des Nutzenden die Qualität eines WG, ist die AfA-Befugnis unproblematisch, zB bei der Herstellung von **Betriebsvorrichtungen** oder **Scheinbestandteilen** (Verbindung zu einem vorübergehenden Zweck; zu beiden Fallgruppen näher → Rn. 34: AfA nach den Vorschriften für bewegl WG), bei echten **Bauten auf fremdem Grund und Boden** (→ § 5 Rn. 270 „Bauten …") und bei **wirtschaftl Eigentum** des Nutzenden (näher → § 5 Rn. 270 „Mietereinbauten"). Letzteres ist insb dann gegeben, wenn die Nutzungsdauer der Bauten kürzer ist als die Laufzeit des Nutzungsrechts, wenn der Nutzende am Ende der Laufzeit das Recht oder die Pflicht zur Entfernung der Bauten hat, wenn ihm bei Beendigung der Nutzung ein Entschädigungsanspruch iHd vollen Verkehrswerts zu jenem Zeitpunkt zusteht (BFH XI R 43/01, BFH/NV 04, 1397 mwN), oder wenn ein WG in Erwartung des zivilrechtl Eigentumserwerbs im Eigenbesitz gehalten wird (BFH VIII R 157/72, BStBl II 73, 595: Kaufanwärtervertrag). In diesen Fällen sind die nachfolgenden Ausführungen nicht von Bedeutung, weil dem Nutzenden steuerl ein echtes materielles WG zuzurechnen ist, das nach allg Regeln zu behandeln ist.

82 **bb) Behandlung sonstiger Aufwendungen auf fremde Wirtschaftsgüter.** Die nachstehenden Ausführungen sind auf Gebäude zugeschnitten, gelten aber entspr für andere WG (glA *BH/Brandis* § 7 Rn. 123). – **(1) Aktivierung.** Das *obj Nettoprinzip* gebietet den Abzug *eigener* Aufwendungen für die Einkunftserzielung auch insoweit, als sie auf ein *fremdes* WG getätigt werden (BFH GrS 4/92, BStBl II 95, 281 unter C.III.). Im Vordergrund steht in diesen Fällen nicht die Nutzung fremden Vermögens (dh keine Drittaufwandsproblematik; dazu → Rn. 101), sondern die estl Beurteilung *eigenen* Aufwands. Grds machen solche Aufwendungen den Nutzer nicht zum wirtschaftl Eigentümer des WG (BFH GrS 4/92, BStBl II 95, 281 unter C. III.1.). Daher müssten sie eigentl *sofort* abgezogen werden können. Um aber keinen Anreiz zu entspr steuersparenden Gestaltungen zu bieten, geht der GrS von einer Pflicht zur *Aktivierung* der HK aus. Daraus folgt die AfA-Befugnis desjenigen, der die Aufwendungen getätigt hat (ausführl Darstellung der Rechtsentwicklung in BFH X R 46/14, BStBl II 16, 976 Rn. 20 ff).

83 **(2) Gebäude-AfA.** Die AfA ist nicht etwa nach Maßgabe der Dauer des Nutzungsrechts gem § 7 I vorzunehmen, sondern nach den grds typisierten Sätzen für die GebäudeAfA (§ 7 IV/V/Va; BFH GrS 4/92, BStBl II 95, 281 unter C. V.; ausführl nochmals BFH IV R 2/07, BStBl II 10, 670). Eine kürzere Nutzungsdauer ist nicht etwa deshalb anzusetzen, weil der StPfl plant, den Betrieb bei Erreichen einer bestimmten Altersgrenze einzustellen (BFH X R 82/90, BFH/NV 94, 169) oder das Nutzungsrecht nur eine kurze Laufzeit hat, sofern an deren Ende der Zeitwert erstattet wird (BFH III B 2/14, BFH/NV 15, 1385).

(3) Anwendbarkeit von Subventionsvorschriften. Subventionen, die **nur für BV vorgesehen** sind (zB SonderAfA), sind nicht anwendbar, weil der Aufwandverteilungsposten nicht Sitz stiller Reserven sein kann (→ Rn. 96) und die vom Gesetzgeber vorgesehene Steuerverhaftung hier daher nicht mögl wäre (BFH X R 46/14, BStBl II 16, 976 Rn. 42). Dies betrifft im geltenden Recht zB die erhöhten Sätze der linearen AfA für Gebäude des BV (§ 7 IV 1 Nr 1). Auch eine Übertragung stiller Reserven auf den Aufwandverteilungsposten ist nicht mögl (BFH IV R 29/09, BStBl II 13, 387 Rn. 29; anders noch BFH IV R 12/96, BStBl II 97, 718). – Demggü können Subventionsvorschriften, die der Gesetzgeber **unterschiedslos sowohl für Gebäude des BV als auch des PV gewährt,** auch für den Aufwandverteilungsposten in Anspruch genommen werden (BFH X R 46/14, BStBl II 16, 976 Rn. 43), derzeit zB §§ 7 Va, 7b, 7h, 7i (zur Zulässigkeit erhöhter Absetzungen ausdrückl BFH GrS 4/92, BStBl II 95, 281). Ob noch an der Gewährung von **InvZul** festgehalten werden kann (so bisher BFH III R 19/05, BStBl II 07, 131), ist mE zweifelhaft. 84

cc) Rechtscharakter des aktivierten Aufwands. Der Aufwand wird „bilanztechnisch wie ein materielles WG" behandelt (BFH GrS 4/92, BStBl II 95, 281 unter C.III.1., 2.d), ist aber selbst kein WG (BFH GrS 1/97, BStBl II 99, 778 unter C.I.2.b). Die neue Rspr bezeichnet ihn daher als „Aufwandverteilungsposten" (BFH X R 46/14, BStBl II 16, 976 Rn. 40). Auf die genaue Bezeichnung sowie die Frage, ob der Posten auch in die HB einzustellen ist (abl wohl BGH II ZR 164/94, NJW 96, 458; *Wassermeyer* DB 99, 2486 unter V.4.), kommt es letztl nicht an, solange die estl *Rechtsfolgen* (dazu → Rn. 82, 96) möglichst widerspruchsfrei aufeinander abgestimmt sind. 87

dd) Typische Fallgruppen. – (1) Miteigentümer. Nutzt er das *gesamte* Gebäude (dh über seinen Anteil hinaus) auf eigene Rechnung und Gefahr und hat er auch die gesamten AK/HK getragen, stehen ihm die AfA zu (BFH GrS 4/92, BStBl II 95, 281). Vereinzelt hat die Rspr hier sogar wirtschaftl Eigentum infolge eines unterstellten Aufwendungsersatzanspruchs nach §§ 951, 812 BGB angenommen (BFH VIII R 30/98, BStBl II 02, 741, Anm *Kanzler* FR 02, 1124; krit *Dötsch* INF 02, 634). ME liegt darin zwar nicht im Ergebnis, wohl aber in der Begründung eine Abweichung vom GrS (zutr hingegen BFH X R 72/98, BStBl II 04, 403, Anm *Kulosa* HFR 03, 1040). – Nutzen Miteigentümer eines Gebäudes, die die AK/HK *gemeinsam* getragen haben, getrennt voneinander jeweils einen Gebäudeteil (zB Arbeitszimmer) für ihre *eigenen* betriebl/berufl Zwecke (dh nicht etwa gemeinsame Einkünfteerzielung als GbR usw), kann der einzelne Miteigentümer die *gesamten* auf diesen Gebäudeteil entfallenden AK/HK im Wege der AfA als BA/WK geltend machen (BFH GrS 5/97, BStBl II 99, 774: iHd eigenen Miteigentumsanteils materielles WG, iÜ „wie ein materielles WG"). – **(2) Nichteigentümer.** Nutzt er einen *Teil* des im Eigentum eines anderen stehenden Gebäudes zur Einkunftserzielung, stehen ihm die AfA zu, soweit seine Beteiligung an den Gesamtkosten des Gebäudes mindestens dem Anteil der von ihm genutzten Räume an der Gesamtfläche entspricht (BFH GrS 1/97, BStBl II 99, 778). – **(3) Mieter.** Dessen Aufwendungen für Ein- und Umbauten sind ebenso zu behandeln (→ Rn. 77). Wird der Mieter (oder ein anderer Nutzungsberechtigter) vom Eigentümer beerbt, soll es nicht stets zur „Verschmelzung" des aktivierten Aufwands mit dem WG „Gebäude" kommen. Vielmehr soll der Erbe über den aktivierten Aufwand durch Übertragung auf einen Dritten (zB Betriebsnachfolger) auch mit estl Wirkung verfügen können (BFH XI R 18/06, BStBl II 09, 957; mE nicht zwingend). 88

ee) Ermittlung der Kostenbeteiligung des Nutzenden bei Aufnahme und Tilgung von Darlehen. Beteiligung an den AK/HK eines *fremden* WG (und damit AfA-Befugnis) erfordert im Fall der Darlehensfinanzierung die Erfüllung *beider* nachfolgend genannter Voraussetzungen: – **(1) Steuerpflichtiger als Darlehensschuldner.** Der das WG nutzende Nichteigentümer muss zivilrechtl selbst Darlehensschuldner sein. Die Eigenschaft als Mitschuldner genügt (BFH GrS 1/97, BStBl II 99, 91

778 unter C.II.2.a). Nach der (hier sehr strengen) Rspr kann auf diese Voraussetzung auch dann nicht verzichtet werden, wenn der StPfl Zins und Tilgung tatsächl trägt und für das Darlehen eigene Sicherheiten bestellt hat (BFH VIII R 10/14, BStBl II 17, 819 Rn. 21; mE im Hinblick auf das obj Nettoprinzip unzutr; krit auch *Wassermeyer* DB 99, 2486 unter V.3.). – **(2) Tragung der laufenden Verpflichtungen aus dem Darlehen.** Bleiben die Tilgungsbeiträge hinter den anteiligen AK/HK des genutzten WG zurück, kann die AfA nur auf der Grundlage des geringeren Tilgungsanteils berechnet werden (BFH GrS 1/97, BStBl II 99, 778 unter C.I.3.).

92 **ff) Besonderheiten bei Eheleuten. – (1) Eheleute als Miteigentümer. – (a) Grundsatz.** Hier vermutet die Rspr, dass jeder Ehegatte AK/HK entspr seinem Miteigentumsanteil getragen hat; jedem steht also nur die anteilige AfA zu. Dies gilt grds auch dann, wenn die tatsächl Finanzierungsanteile davon abweichen; eine höhere Beteiligung eines Ehegatten an den AK/HK gilt als dem anderen Ehegatten zugewendet, berührt aber die Verteilung der AfA nicht (BFH GrS 2/97, BStBl II 99, 782 unter C.I.1.). – **(b) Alleinnutzung durch einen der Miteigentümer-Ehegatten.** Für denjenigen Ehegatten, der eine *ganze Wohnung* zu berufl Zwecken allein nutzt, ist diese Rspr ungünstig, weil er nur 50% der AfA abziehen kann (vgl BFH VI R 41/15, BStBl II 18, 355 Rn. 16 ff). Nutzt einer der Miteigentümer-Ehegatten hingegen nur einen *Raum* allein zur Einkunftserzielung (zB Arbeitszimmer), ist ihm die hierauf entfallende AfA in *voller* Höhe zuzurechnen, soweit dies durch seine tatsächl Beteiligung an den AK/HK gedeckt wird (BFH GrS 5/97, BStBl II 99, 774 unter C.2.; s auch nachfolgend (2) (b)). – **(2) Alleineigentum eines Ehegatten. – (a) Grundsatz.** Die gesamten AK/HK sind auch dann dem Eigentümer-Ehegatten zuzurechnen, wenn der andere Ehegatte sich tatsächl an den Kosten beteiligt (BFH GrS 1/97, BStBl II 99, 778 unter C.I.4.a). – **(b) Nutzung durch den Nichteigentümer-Ehegatten.** Nutzt der Nichteigentümer-Ehegatte einen Teil des ihm nicht gehörenden Gebäudes für seine Einkunftserzielung (zB Arbeitszimmer) und hat er insoweit tatsächl AK/HK getragen (zB als (Mit-)Schuldner und Tilger eines Darlehens), sind seine Aufwendungen vorrangig dem von ihm genutzten Gebäudeteil zuzuordnen, sodass er hierfür AfA abziehen kann (BFH GrS 1/97, BStBl II 99, 778 unter C.I.4.b, C.II.2.). Beendet der Nichteigentümer-Ehegatte die Nutzung des WG, soll der noch nicht verbrauchte Teil seines Aufwands wieder dem Eigentümer-Ehegatten zuzurechnen sein (so ein auf Überschusseinkünfte zugeschnittenes obiter dictum in BFH GrS 1/97, BStBl II 99, 778 unter C.II.2.c; ob dies auf BV übertragen werden kann, ist mE sehr zweifelhaft).

(3) Keine generelle Vermutung der steuerl günstigsten Kostentragung unter Eheleuten. Abgelehnt hat die Rspr hingegen eine weitergehende Vermutung des Inhalts, dass der nutzende Nichteigentümer-Ehegatte *immer* (dh unabhängig von einer tatsächl Kostentragung) als Träger der AK/HK gilt (BFH GrS 1/97, BStBl II 99, 778 unter C.II.1.; BFH GrS 3/97, BStBl II 99, 787 unter C.I.1.; BFH VI R 41/15, BStBl II 18, 355 Rn. 16 ff; zur Kritik → Rn. 101). Auch die Stellung als zivilrechtl (Mit-)Schuldner des Darlehens soll für die Zurechnung von AK/HK stets erforderl sein (→ Rn. 91 mwN). Setzt die betriebl/berufl Nutzung durch den Nichteigentümer-Ehegatten erst später ein, kann der Nachweis seiner Kostentragung schwierig sein. Die Rspr bleibt hier eher strikt (BFH X R 24/12, BStBl II 15, 132 Rn. 16); die *FinVerw* sollte im Interesse des Nettoprinzips zumindest Beweiserleichterungen gewähren (*Wassermeyer* DB 99, 2486 unter V.3.; zu Nachweisfragen auch *Hamacher/Balmes* FR 00, 600 (604); *Gosch* StBP 99, 302 (304); *Gröpl* DStZ 01, 65 (71)).

93 **(4) Sonderfälle zur Arbeitszimmernutzung bei Ehegatten.** → 39. Aufl 2020, § 7 Rn. 93. Nutzt in einem Gebäude, das beiden Ehegatten je zur Hälfte gehört, die nicht erwerbstätige Ehefrau einen Raum für nicht entlohnte Verwaltungstätigkeiten für den Betrieb des Ehemanns, kann dieses Arbeitszimmer dem Ehemann zuzurechnen sein (zutr BFH VIII S 27/24, BFH/NV 26, 120 Rn. 37 ff).

94 **(5) Erweiterung dieser Vereinfachungen auf Miteigentümer, die nicht Eheleute sind?** Dies ist mE zweifelhaft (**aA** *Söffing* BB 00, 381 (392)), weil die BGH-Rspr, auf die BFH GrS 1/97, BStBl II 99, 778 unter C.I.4.b verweist, die Zu-

wendungskonstruktion mit der ehel Lebensgemeinschaft begründet hat. In der Praxis stehen die Ehegattenfälle zahlenmäßig aber weit im Vordergrund. – Die Rspr ist erkennbar von dem (begrüßenswerten) Bemühen getragen, den **Pro-forma-Abschluss von Mietverträgen entbehrl** zu machen. Der Mietvertragsabschluss mit steuerl Wirkung bleibt aber mögl (*Paus* INF 99, 705 (707)).

gg) Rechtsfolgen bei Beendigung der Nutzungsbefugnis. – **(1) Rechtsprechung.** Der Aufwandverteilungsposten kann nicht Sitz stiller Reserven sein. Dies bedeutet, dass mit einer Beendigung der Nutzung **keine Gewinnrealisierung** verbunden ist (BFH X R 46/14, BStBl II 16, 976 Rn. 32 ff mwN; ausführl, auch zu anderen StArten, *Horst* DB 17, 1349; *Kowanda* DStR 17, 961; ferner *Kraft/Kraft* NWB 16, 2031; krit *Weber-Grellet* BB 16, 2220; zum Vergleich der Rechtsfolgen mit denen der Vermietung s *Paus* NWB 17, 1532). – **(2) Verwaltung.** Sie wendet die neuere Rspr an, will aber in Fällen, in denen auf den Aufwandverteilungsposten früher zu Unrecht StVergünstigungen für BV in Anspruch genommen worden waren (→ Rn. 84), die hierdurch gebildeten **stillen Reserven nachversteuern** (*BMF* BStBl I 16, 1431 Rn. 4). ME fehlt hierfür die Rechtsgrundlage (glA *Horst* DB 17, 1349 (1354); *Paus* NWB 17, 1348). – **(3) Gestaltungsmöglichkeiten.** S *Paus* NWB 17, 1532; *Neufang* StB 18, 369. Es kann sich empfehlen, nach vollständiger Vornahme der AfA auf den Aufwandverteilungsposten eine Eigentumsübertragung vorzunehmen, damit erneut vom TW abgeschrieben werden kann (*Kleinmanns* DB 16, 1330; *Korn* BeSt 16, 29). 96

h) AfA-Befugnis bei Nutzung eines fremden Wirtschaftsguts ohne eigene Aufwendungen (Drittaufwand). – **aa) Grundsätzlich keine AfA-Befugnis.** Wer ein fremdes WG zur Einkunftserzielung nutzt, ohne dass ihm eigene AK/HK entstanden oder nach § 11d EStDV zuzurechnen sind, kann keine AfA abziehen (BFH GrS 2/97, BStBl II 99, 782 unter C.IV.; ausführl *Schnorr* StuW 03, 222). AfA-befugt ist nur, wer die AK/HK eines WG im eigenen berufl/betriebl Interesse selbst getragen hat (auch → Rn. 54). Zur Begründung beruft sich der GrS auf die Subjektbezogenheit der Einkünfteermittlung und den Grundsatz der persönl Leistungsfähigkeit; er hat sowohl den von den Befürwortern des Abzugs von Drittaufwand angeführten sog Zuwendungsgedanken als auch die analoge Anwendung des § 11d EStDV abgelehnt. Hintergrund dieser Rspr ist die (in bestimmten Konstellationen durchaus berechtigte) Sorge vor praktischen Schwierigkeiten sowie doppelter Geltendmachung desselben Aufwands. – Soweit der GrS hingegen auch bei **Ehegatten** sowohl den Abzug von Drittaufwand als auch eine Vermutung des Inhalts, dass der nutzende Nichteigentümer-Ehegatte immer tatsächl die Kosten getragen habe, ablehnt (BFH GrS 1/97, BStBl II 99, 778 unter C.II.1.; → Rn. 91), lässt sich dies zwar formal durch § 26b rechtfertigen. Die erwähnten praktischen Schwierigkeiten können hier aber nicht eintreten, sodass die Rspr insoweit den (hier mE berechtigten) Bedürfnissen der Praxis nach Steuervereinfachung nicht entspricht. Eheleute werden dadurch gezwungen, formal Mietverträge abzuschließen, was der GrS an sich vermeiden wollte. Der BFH sieht dieses Problem durchaus, lehnt eine Änderung seiner Rspr aber ab (BFH X R 24/12, BStBl II 15, 132 Rn. 16). – **Allg zum Drittaufwand** (insb zum Abzug *lfd* Aufwendungen) → § 4 Rn. 500 ff, → § 9 Rn. 21 ff; zur mittelbaren Grundstücksschenkung → § 6 Rn. 134. 101

bb) Typische Drittaufwandskonstellationen. Eigene AK/HK fehlen zB beim **Zuwendungsnießbrauch** (BFH VIII R 176/80, BStBl II 83, 6 unter 2.b; BFH IX R 1/21, BStBl II 24, 54 Rn. 28), **Vermächtnisnießbrauch** (zum PV s BFH IX R 156/88, BStBl II 94, 319; FG Hmb DStRE 22, 200, rkr; zum BV BFH IV R 7/94, BStBl II 96, 440) und allen anderen zugewendeten dingl oder schuldrechtl Nutzungsrechten. Hier hat der Eigentümer die AK/HK des WG getragen; mit der Zuwendung des Nießbrauchs und der weiteren steuerrelevanten Nutzung des WG allein durch den Zuwendungsnießbraucher geht das noch nicht verbrauchte 102

AfA-Volumen verloren. Drittaufwand ist auch bei der **kurzfristigen Überlassung von WG** (zB PKW) des Eigentümer-Ehegatten an den Unternehmer-Ehegatten gegeben. Gleiches gilt, soweit ein **Miteigentümer** das gemeinsame WG unentgeltl über den eigenen Miteigentumsanteil hinaus nutzen darf. – In all diesen Fällen empfiehlt sich der **Abschluss von Mietverträgen:** Dann bleibt der Eigentümer AfA-befugt; der Mieter kann zwar keine AfA, wohl aber die Miete als BA/WK absetzen. Statt des Zuwendungsnießbrauchs sollte die Vollrechtsübertragung gewählt werden; dem Sicherheitsbedürfnis des Zuwendenden kann durch entspr Rückübertragungspflichten Rechnung getragen werden.

105 **5. Bemessungsgrundlage.** – **a) Anschaffungskosten oder Herstellungskosten.** Bemessungsgrundlage für die AfA sind kraft ausdrückl Regelung in § 7 I 1, IV, V, Va die AK/HK des WG (nicht etwa ein Zeitwert, BFH VI R 165/98, BFH/NV 01, 897); sie kann insgesamt nur einmal steuerl berücksichtigt werden. Zum **Begriff AK** ausführl → § 6 Rn. 31 ff (mit ABC in → § 6 Rn. 140), zu HK → § 6 Rn. 151 ff (mit ABC in → § 6 Rn. 220), zur Abgrenzung zw HK und **Erhaltungsaufwand** → § 6 Rn. 161 ff. Zur **Aufteilung der AK auf Gebäude sowie Grund und Boden** ausführl → § 6 Rn. 118 ff. Zur Behandlung nachträgl HK → Rn. 132 ff, zur späteren Ermäßigung der AK/HK → Rn. 137, zur Behandlung **unangemessen hoher AK/HK** iSd § 4 V 1 Nr 7 → § 4 Rn. 630 ff. Zur Korrektur von AfA, wenn im Erstjahr eine unzutr Zuordnung zw AK/HK einerseits und sofort abziehbaren BA/WK andererseits vorgenommen wurde, → Rn. 14 ff.

106 **aa) Bedingter, befristeter oder gestundeter Kaufpreis.** – **(1) Aufschiebende Bedingung.** Ist die Leistungsverpflichtung des Übernehmers eines WG vom Eintritt eines ungewissen Ereignisses abhängig, führt erst dies zu AK (§ 4 BewG; → § 6 Rn. 82 (4) mwN). Da bis zum Eintritt des Ereignisses noch keine AK vorliegen, handelt es sich *bis dahin* um ein in vollem Umfang unentgeltl Geschäft; der Rechtsnachfolger setzt damit zunächst die AfA des Rechtsvorgängers fort (dazu → Rn. 111). Erst mit dem Eintritt des Ereignisses liegt ein entgeltl Geschäft vor; die AfA richtet sich dann nach den entspr Grundsätzen (Beispiel für teilentgeltl Geschäft mit verschiedenen AfA-Reihen s *BMF* BStBl I 93, 80 Tz 19–21). – **(2) Aufschiebende Befristung.** Ist der Eintritt der Kaufpreiszahlungspflicht sicher, der Zeitpunkt aber ungewiss (zB Tod), gilt dasselbe (§ 8 BewG; *BMF* BStBl I 93, 80 Tz 21; **aA** *OFD Mchn* FR 96, 258: sofort AK und AfA, aber Abzinsung; offen gelassen von BFH X R 165/90, BStBl II 92, 1020 unter 3.a) – **(3) Zinslose langfristige Stundung.** Bei zinsloser Stundung über mehr als ein Jahr ist die Kaufpreisverbindlichkeit bis VZ 22 abzuzinsen (für bilanzierende StPfl § 6 I Nr 3; ansonsten § 12 III BewG). AK sind dann nicht das vereinbarte Entgelt, sondern der auf den Zeitpunkt des Erwerbs abgezinste Barwert (BFH XI R 5/83, BStBl II 91, 793; BFH X R 4/00, BFH/NV 02, 1140 unter II.2.b aa; → § 6 Rn. 82 (3)); der Zinsanteil stellt zusätzl BA/WK dar (*BMF* BStBl I 93, 80 Tz 11).

107 **bb) Zuschüsse.** Zur Auswirkung von Zuschüssen aus öffentl oder privaten Mitteln auf die AK/HK ausführl → § 6 Rn. 71–79. Ersatzleistungen von Versicherungen oder Schädigern sind hingegen keine Zuschüsse und mindern nicht die HK des neuen WG (zur AfaA bei Entschädigungen → Rn. 193). – Im Fall der **Übertragung von Rücklagen** tritt der verbleibende Buchwert an Stelle der AK/HK (§ 6b VI mit Sonderregelung für Gebäude-AfA, → § 6b Rn. 84; ebenso zur RfE → § 6 Rn. 101 ff; s auch § 7a I 3; für den Investitionsabzugsbetrag § 7g II 3).

109 **b) Anschaffungskosten und AfA bei Erbfall, Erbauseinandersetzung, Schenkung, vorweggenommene Erbfolge und teilentgeltlicher Erwerb.** Zum Umfang der AK wird verwiesen auf den systematischen Überblick bei → § 6 Rn. 130 ff und die umfassende Darstellung (mit zahlreichen Nachweisen auf Rspr und Literatur) bei → § 16 Rn. 35 ff, 590 ff. Zu Nebenkosten des unentgeltl Erwerbs → § 6 Rn. 53.

aa) Unentgeltlicher Erwerb von Betriebsvermögen. Bei unentgeltl Erwerb eines **Betriebs, Teilbetriebs oder MUeranteils** sind die Buchwerte und damit die AfA des Rechtsvorgängers fortzuführen (§ 6 III; → § 6 Rn. 694 ff). Bei unentgeltl Erwerb **einzelner WG** im BV gilt der gemeine Wert als AK und AfA-Bemessungsgrundlage, sofern ein betriebl Anlass besteht (§ 6 IV). Bei privatem Anlass handelt es sich hingegen um eine Einlage (Ansatz grds mit dem Teilwert, § 6 I Nr 5). Bei den Buchwert-Übertragungen und -Überführungen nach § 6 V wird auch die AfA fortgeführt (→ § 6 Rn. 813). 110

bb) Unentgeltlicher Erwerb in das Privatvermögen. Die AfA des Rechtsvorgängers ist fortzuführen (§ 11d I EStDV; die Rechtsgültigkeit bej BFH VIII R 118/70, BStBl II 73, 702). Dies gilt sowohl für Einzel- als auch für Gesamtrechtsnachfolge. Grundgedanke ist, dass der im PV unentgeltl erwerbende StPfl für die AfA dieselben Rechte haben soll wie der Rechtsvorgänger, wenn dieser das WG weiterhin selbst zur Einkunftserzielung nutzen würde. Die Vorschrift ist daher auch anwendbar, wenn der Rechtsvorgänger das WG zuvor aus einem BV entnommen hatte; AfA-Bemessungsgrundlage beim Übernehmer ist dann der Entnahmewert (*BMF* BStBl I 93, 80 Rn. 33). **Nebenkosten** des unentgeltl Erwerbs erhöhen die AfA-Bemessungsgrundlage (ausführl → § 6 Rn. 53). Hingegen ist § 11d EStDV nicht anwendbar, wenn die unentgeltl Zuwendung aus Sicht des Rechtsvorgängers aus betriebl Anlass erfolgte, für ihn eine BA darstellte und das WG als steuerl bereits voll abgeschrieben zum Rechtsnachfolger gelangt (BFH IX R 24/04, BStBl II 06, 754: keine AfA auf bei Verlosung gewonnenes und danach zur Einkunftserzielung eingesetztes WG); sonst würde gegen den Grundsatz verstoßen, dass die Bemessungsgrundlage nur einmal abgeschrieben werden kann (→ Rn. 105). 111

cc) Teilentgeltlicher Erwerb von Privatvermögen. Hier tritt der Rechtsnachfolger bezügl des unentgeltl Teils in die Rechtsstellung des Vorgängers ein; bezügl des entgeltl Teils hat er eigene AK. Der Übernehmer hat für den unentgeltl erworbenen Teil des WG die vom Rechtsvorgänger begonnene AfA *anteilig* fortzuführen (§ 11d EStDV). Für den entgeltl erworbenen Teil bemessen sich die AfA bei Gebäuden nach § 7 IV und bei anderen WG nach der voraussichtl Restnutzungsdauer im Zeitpunkt des Übergangs (Rechenbeispiele s *BMF* BStBl I 93, 80 Rn. 16–18; → § 16 Rn. 626). Diese **Restnutzungsdauer** soll idR mit der verbleibenden Nutzungsdauer des unentgeltl erworbenen Teils nach Maßgabe der vom Rechtsvorgänger begonnenen AfA-Reihe übereinstimmen. Bei *Gebäuden* hat diese Methodik indes zur Folge, dass für den unentgeltl und den entgeltl erworbenen Teil des WG *unterschiedl Abschreibungszeiträume* laufen. Dies kollidiert mit dem Grundsatz, dass es für dasselbe WG nur eine einheitl Nutzungsdauer gibt (→ Rn. 161). ME wäre es auch vertretbar, das Teilentgelt wie nachträgl AK (zur AfA in diesen Fällen → Rn. 132 ff) zu behandeln, was iErg zu einer höheren AfA-Bemessungsgrundlage führen würde. 112

c) Begrenzung des AfA-Volumens. – aa) Erinnerungswert. Die Bemessungsgrundlage kann bis auf 0 € abgeschrieben werden. Es entspricht jedoch der kfm Übung, einen Erinnerungswert von 1 € beizubehalten; dies kann auch auf einem Sammelkonto geschehen. 114

bb) Schrottwert. Er soll zu berücksichtigen sein, wenn der Gegenstand schwer oder aus wertvollem Material ist (BFH GrS 1/67, BStBl II 68, 268: Schiff; abschwächend BFH IV R 74/66, BStBl II 71, 800: nicht bei einem Schrottwert von ledigl 3600 DM). Die AfA sind dann nur auf eine Bemessungsgrundlage iHd AK/HK abzügl des geschätzten Schrottwerts vorzunehmen. In der Praxis wird ein Schrottwert nur bei Küsten- und Seeschiffen angesetzt (s *OFD Hbg* DStR 02, 1220: ab 40 000 €), nicht aber bei Pkw (BFH VIII R 64/06, BFH/NV 08, 1660 unter II.1.) und Gebäuden. Ggü einer schematischen Erheblichkeitsgrenze des Schrottwerts von 10% der AK/HK (so FG BW EFG 18, 723) hat sich nachgehend BFH X B 45/18, 115

BFH/NV 19, 545 eher zurückhaltend gezeigt. – Bei Tieren soll ein **Schlachtwert** zu berücksichtigen sein, wenn dieser im Verhältnis zu den AK/HK erhebl ist (ausführl → § 13 Rn. 46 mwN). – **Kritik.** ME steht dies mit dem Wortlaut des § 7 I 1 (Verteilung „der AK/HK" auf die Nutzungsdauer) nicht in Einklang (gegen eine Berücksichtigung des Schrottwertes auch *Littmann* § 7 Rn. 144; *Scharfenberg/Müller* DB 14, 921; diff *HHR/Anzinger* § 7 Rn. 141, 143: keine Berücksichtigung eines Schrottwerts, wohl aber eines Schlachtwerts). Die neuere Rspr ist ebenfalls zurückhaltender (BFH IV R 26/05, BStBl II 06, 910 unter II.2.b: kein Schlachtwert bei § 7g; BFH IV R 1/10, BStBl II 14, 246 Rn. 22: kein Schlachtwert bei GWG).

116 **cc) Voraussichtlicher Verkaufserlös.** Verbleibt ein WG erfahrungsgemäß nicht für die gesamte betriebsgewöhnl Nutzungsdauer im Betrieb des StPfl, sondern soll es schon vorher veräußert werden, ist die Bemessungsgrundlage nicht etwa um den zu erwartenden Veräußerungserlös zu kürzen. Vielmehr ist die ungekürzte Bemessungsgrundlage auf die Zeit zu verteilen, die das WG ohne die voraussichtl Veräußerung bis zum Ablauf der normalen betriebsgewöhnl Nutzungsdauer (→ Rn. 153) vom StPfl genutzt werden könnte (*Littmann* § 7 Rn. 146; iErg auch BFH IV R 15/04, BFH/NV 06, 1267 unter II.3.c; ausführl und diff *HHR/Anzinger* § 7 Rn. 142).

117 **d) AfA nach Entnahmen, Einlagen und anderen Nutzungsänderungen.** – **aa) Entnahme.** Die Überführung des WG vom BV ins PV wird für Zwecke der AfA als anschaffungsähnl Vorgang angesehen. Die künftigen AfA bemessen sich nach dem Entnahmewert, dh dem TW iSd § 6 I Nr 4 (BFH IX R 18/24, DStR 25, 1927 Rn. 21). Nach einer **Betriebsaufgabe** („Totalentnahme") ist der gemeine Wert (§ 16 III 7) maßgebend (BFH XI R 5/90, BStBl II 92, 969 unter 2.a). Dies gilt auch dann, wenn eine ursprüngl vermögensverwaltende PersGes gewerbl geprägt wird und daher die TW ihrer WG als Einlagewert ansetzt (hier gilt § 7 I 5), nach kurzer Zeit aber wieder entprägt wird (Betriebsaufgabe); sofern kein Gestaltungsmissbrauch vorliegt, kann sie AfA von den gemeinen Werten vornehmen (BFH IX R 13/19, BFH/NV 21, 1169) und gewinnt dadurch neues AfA-Potenzial, obwohl in der kurzen Zeit zw Einlage und Betriebsaufgabe keine stillen Reserven im BV angefallen sind. Die Fortführung einer AfA nach § 7 V ist nicht mögl (EStR 7.4 X 1 Nr 1; s auch → 27. Aufl 2008, § 7 Rn. 176 f). Zur Ermittlung des Entnahmewerts → § 6 Rn. 511 ff.

118 **(1) AfA nach steuerfreiem Entnahmegewinn/Aufgabegewinn.** Ist der Entnahmegewinn aufgrund einer Sondervorschrift stfrei, sind die künftigen AfA nicht vom TW, sondern von den ursprüngl AK/HK vorzunehmen (BFH IX R 59/92, BStBl II 94, 749; BFH IX B 233/07, BFH/NV 08, 952: stfreie Entnahme der selbstgenutzten Wohnung nach § 52 XV aF). Hingegen hindert der *allg Freibetrag* für den Aufgabegewinn (§ 16 IV) die Vornahme der AfA vom gemeinen Wert nicht (BFH IX R 62/96, BStBl II 00, 656 unter 3.).

119 **(2) AfA nach steuerl nicht erfasstem Entnahmegewinn/Aufgabegewinn.** Wurde ein Entnahme- oder Aufgabegewinn steuerl nicht oder unzutr erfasst, sind weiterhin die ursprüngl AK/HK maßgebl, nicht aber ein fiktiver Entnahmewert oder gemeiner Wert (BFH IX R 18/24, DStR 25, 1927 Rn. 22 ff). Dies gilt zum einen, wenn eine Betriebsaufgabe steuerl *gar nicht* erfasst wurde (BFH X R 158/90, BFH/NV 94, 476; BFH IX R 54/91, BFH/NV 95, 1055; BFH IX R 68/93, BFH/NV 95, 1056; BFH VI R 68/15, BStBl II 19, 128; BFH IX R 13/19, BFH/NV 21, 1169 Rn. 17; ebenso zu § 17 BFH IX R 22/09, BStBl II 10, 790 unter II.2.b bb; zur parallelen Problematik der Ermittlung eines Einlagewerts nach vorangegangener nicht erfasster Entnahme → § 6 Rn. 622). Für den Fall, dass eine Betriebsaufgabe als solche zwar erfasst worden ist, der dabei angesetzte gemeine Wert sich später jedoch (ohne Korrekturmöglichkeit) als zu gering herausstellt, richtet sich die AfA nach dem steuerl erfassten Wert (zutr BFH IX R 18/24, DStR 25, 1927 Rn. 22 ff; die gegenteilige Entsch BFH XI R 5/90, BStBl II 92, 969 ist aufgegeben; *BMF* BStBl I 92, 651; EStR 7.3 VI 1). – Die gleichen Fragen stellen sich, wenn ein ArbN ein WG von seinem ArbG verbilligt

erhält, ohne dass der geldwerte Vorteil versteuert wird, und der ArbN das WG anschließend zur Einkunftserzielung nutzt (vgl BFH IV R 45/99, BStBl II 01, 190). – Nach Beendigung der Gewinnermittlung durch **Tonnagebesteuerung** ist zwar der TW anzusetzen (§ 5a VI 1); für die weitere AfA bleiben ab 2019 aber die ursprüngl AK/HK maßgebl (§ 5a VI 2; → § 5a Rn. 57, dort auch zur gegenteiligen Rechtslage bis 2018).

bb) AfA nach einer Einlage in das Betriebsvermögen. Einlagewert und damit AfA-Bemessungsgrundlage für die künftige betriebl Nutzung ist grds der TW im Zeitpunkt der Einlage. Wurde das WG jedoch innerhalb der letzten drei Jahre vor der Einlage angeschafft oder hergestellt, ist der Einlagewert auf die fortgeführten AK/HK begrenzt (§ 6 I Nr 5). Wurde das WG innerhalb der letzten drei Jahre aus einem BV des StPfl entnommen, ist der Einlagewert auf den Wert (abzügl zwischenzeitl AfA) begrenzt, mit dem die Entnahme angesetzt worden ist (§ 6 I Nr 5 S 3). Der Entnahmewert ist in diesem Fall aber auch dann maßgebend, wenn der Entnahmegewinn stfrei geblieben ist (BFH X R 53/04, BStBl II 05, 698; Anm *Kanzler* FR 05, 1179; die Beurteilung ist hier anders als in den in → Rn. 118 erläuterten Fällen). Zur AfA-Korrektur, wenn nachträgl erkannt wird, dass der Einlagewert fehlerhaft war, → Rn. 16. Nach der Einlage ist die betriebsgewöhnl Nutzungsdauer neu zu ermitteln (BFH I B 194/09, BFH/NV 10, 1823). – Bei der **(verdeckten) Einlage** eines WG in eine KapGes ist der TW (§ 6 VI 2) auch dann die AfA-Bemessungsgrundlage, wenn beim Einlegenden eine Besteuerung der stillen Reserven unterblieben ist (BFH I R 104/94, BFHE 179, 265); eine „Besteuerungsverknüpfung" zw Einlegendem und Übernehmendem ist zR verneint worden. Diese Beurteilung gilt auch nach Anfügung des § 8 III 4 KStG fort; § 32a II KStG regelt nur den umgekehrten Fall. 121

cc) Einlage nach Verwendung bei den Überschusseinkünften, § 7 I 5. – **(1) Regelungsinhalt.** Ausführl *BMF* BStBl I 10, 1204; *Apitz* StBP 11, 332. Werden WG, die zuvor der Erzielung von Überschusseinkünften gedient haben, in ein BV eingelegt, mindert sich der „Einlagewert" um die bisher vorgenommenen AfA, SonderAfA und erhöhten AfA (bei GWG mE auch um Beträge nach § 6 II). Tatsächl meint die Vorschrift aber nicht den Einlagewert iSd § 6 I Nr 5, sondern nur die AfA-Bemessungsgrundlage. Der Einlagewert als solcher (nach § 6 I Nr 5 grds der TW) bleibt unberührt, sodass die im PV gebildeten stillen Reserven auch weiterhin nicht besteuert werden (BFH IV R 37/06, BStBl II 11, 617 unter II.1.b; BFH IV R 66/05, BFH/NV 08, 1301 unter II.1.b mwN). Allerdings verbleibt nach vollständiger Abschreibung im BV ein Restwert iHd zuvor im PV in Anspruch genommenen AfA. Die Vorschrift soll eine doppelte AfA verhindern, wenn für das WG nur einmal AK/HK angefallen sind. Sie gilt auch für Gebäude (§ 7 IV 1 Hs 2). – **Sonderfälle bei niedrigem Einlagewert.** Die Minderung der AfA-Bemessungsgrundlage kann grds nicht zu einem geringeren Betrag als den fortgeführten AK/HK führen (zB AK 1000, im PV verbrauchte AfA 200, TW 900: *Einlagewert* ist der TW = 900; *AfA-Bemessungsgrundlage* wäre hier grds 700 [TW ./. AfA], jedoch angehoben auf die fortgeführten AK = 800; nach voller Absetzung bleibt ein Restwert von 100). Ist der Einlagewert allerdings niedriger (dh der TW liegt unter den fortgeführten AK/HK), ist AfA-Bemessungsgrundlage dieser Einlagewert. – Zur Behandlung von Einlagen **bis VZ 10** → 33. Aufl 2014, § 7 Rn. 80. 123

(2) Anwendungsbereich. Die Regelung gilt auch für WG, die der Einlegende zuvor im Wege der **unentgeltl Einzel- oder Gesamtrechtsnachfolge** (AfA nach § 11d EStDV) erworben hat (BFH X R 34/09, BFH/NV 10, 1625 unter II.3.). Sie gilt nicht bei **Übertragung auf PersGes gegen Gewährung neuer Anteile,** selbst wenn der Nominalwert des Anteils im Verhältnis zum Wert des übertragenen WG sehr gering ist (BFH IV R 37/06, BStBl II 11, 617 unter II.2.; BFH IV R 66/05, BFH/NV 08, 1301 unter II.2.; keine Einlage, sondern tauschähnl Vorgang; BFH IV R 2/20, BStBl II 23, 999, → § 6 Rn. 598 f); dadurch kann die Anwendung des 125

§ 7 I 5 bei „Einlagen" ins GesamthandsBV idR vermieden werden (zB Einbringung geerbter Grundstücke mit nur noch geringem restl AfA-Volumen in eine gewerbl geprägte PersGes, um die volle AfA vom TW geltend machen zu können). Soweit innerhalb der Drei-Jahres-Frist des § 6 I Nr 5 S 1 Buchst a als Einlagewert ohnehin die fortgeführten AK/HK gelten, hat § 7 I 5 nicht zu einer Rechtsänderung geführt (s *Stuhrmann* FR 00, 511). – § 7 I 5 kann trotz Schaffung neuen AfA-Volumens vermieden werden, wenn eine vermögensverwaltende GbR die **Option nach § 1a KStG** ausübt (Folge: Formwechsel und Ansatz der WG zum gemeinen Wert nach §§ 25, 20 UmwStG) und einige Zeit später die Rückoption nach § 1a IV KStG ausübt (*Fuhrmann* KÖSDI 25, 24326: kein § 42 AO, sofern ein wirtschaftl Grund vorliegt). Zu weiteren Gestaltungen zur Vermeidung des § 7 I 5 s *Tiedtke/Wälzholz* DStR 01, 1501; *Korn* § 7 Rn. 100.2.

127 **dd) Wechsel zwischen Nutzung außerhalb der Einkunftserzielung und Nutzung bei Überschusseinkünften.** Zur Umwidmung von WG, die zuvor außerhalb der Einkunftserzielung genutzt worden sind, für die Erzielung von Überschusseinkünften und zur „Entwidmung" solcher WG → § 9 Rn. 278. Die AK/HK sind auf die Gesamtnutzungsdauer einschließl der Zeit vor der Umwidmung zu verteilen; als WK (AfA) ist iErg nur der Teil der AK/HK abziehbar, der auf die Zeit nach der Umwidmung entfällt (BFH VI R 44/86, BStBl II 90, 692 unter 2.b aa). Ist für energetische Sanierungsmaßnahmen eine StErmäßigung nach § 35c gewährt worden, schließt dies die Einbeziehung in die AK/HK mangels gegenteiliger gesetzl Regelung (§ 35c III erfasst diesen Fall nicht) mE nicht aus (glA zu § 10f und AfA § 10f Rn. 6; **aA** *Heine* DStZ 22, 685). Zur Nutzungsdauer von Einrichtungsgegenständen in einer Ferienwohnung, die zunächst selbstgenutzt und dann vermietet wurde, s FG BW EFG 97, 1430, rkr. Allein die Überführung eines vermieteten Grundstücks, das bisher zwei *Bruchteilseigentümern* zuzurechnen war, in eine *GbR*, deren Gesellschafter die vormaligen Bruchteilseigentümer sind, führt nicht zur Schaffung neuen AfA-Volumens (BFH IX R 68/01, BStBl II 05, 324).

131 **e) AfA nach Änderung der Bemessungsgrundlage. – aa) Teilwert-AfA und AfaA. – (1) Gebäude.** § 11c II EStDV ordnet an, dass nach AfaA oder TW-AfA als neue Bemessungsgrundlage die AK/HK abzügl des Betrags der AfaA oder TW-AfA gelten. Der AfA-Satz bleibt unverändert (auch in den Fällen des § 7 V). Bei § 7 V sind AfaA zulässig (→ Rn. 181), bei § 7 Va idF WachstChG nicht (§ 7 Va 6). – **(2) Andere WG.** Die AfA sind nach einer TW-AfA oder AfaA vom verbleibenden Buchwert (Restwert) nach Maßgabe der (ggf neu zu schätzenden) Restnutzungsdauer vorzunehmen. Bei degressiver AfA (§ 7 II) sind AfaA unzulässig (§ 7 II 4); TW-AfA ist hingegen mögl.

132 **bb) Umbaumaßnahmen/Erweiterungsmaßnahmen an bestehenden Wirtschaftsgütern.** Hier gilt die folgende vierfache Abstufung:

- Zunächst ist zu prüfen, ob es sich (ganz oder teilweise) um **Erhaltungsaufwand** handelt (zur Abgrenzung ausführl → § 6 Rn. 164 ff). Dieser ist sofort als BA/WK abziehbar.
- Andernfalls kommen **nachträgl HK** in Betracht. In diesem Fall ist die *ursprüngl* Bemessungsgrundlage (dh nicht der Restwert) um die nachträgl HK zu erhöhen; der bisherige AfA-Satz ist weiterhin anzuwenden. Damit tritt eine Verlängerung der AfA-Dauer über die typisierten Zeiträume des § 7 IV 1, V hinaus ein (näher → Rn 133 f).
- Ist durch die HK **ein neues WG entstanden,** beginnt eine neue AfA-Reihe (bei Gebäuden grds nach § 7 IV). Als neue AfA-Bemessungsgrundlage dient hier (anders als bei nachträgl HK) die Summe aus dem *Restwert* der verwendeten Altsubstanz und den neu angefallenen HK. Zu den Fallgruppen, in denen HK zur Entstehung eines neuen WG führen, → § 6 Rn. 166 f.

– Ist ein solches (zunächst nur im strechtl Sinne „neues") WG **auch bautechnisch als Neubau anzusehen** (zu den Kriterien ausführl → 27. Aufl 2008, § 7 Rn. 162 ff; *Paus* DStR 94, 1633), kann im zeitl Anwendungsbereich der § 7 Va, § 7b die neue AfA nach diesen Regelungen bemessen werden. Umgekehrt sind die erhöhten AfA nach § 7h, § 7i ausgeschlossen (→ § 7h Rn. 6, → § 7i Rn. 6).

(1) Nachträgliche Anschaffungs-/Herstellungskosten bei Gebäude-AfA mit typisierten Sätzen. Bei **AfA nach § 7 IV 1** ist die ursprüngl *Bemessungsgrundlage* (dh nicht der Restwert) um die nachträgl AK/HK zu erhöhen; der bisherige AfA-Satz ist weiterhin anzuwenden (BFH IV R 241/69, BStBl II 75, 412 unter 2.b; BFH IX R 103/83, BStBl II 87, 491 unter 1.; BFH IV R 73/02, BStBl II 08, 407 unter II.2.c aa (1); EStH 7.4 „AfA nach nachträgl AK/HK" Beispiel 2). Hierdurch tritt allerdings eine Verlängerung der gesamten Abschreibungsdauer über die typisierten Zeiträume des § 7 IV 1 hinaus ein; ist die tatsächl Nutzungsdauer kürzer, kann der StPfl zur AfA nach § 7 IV 2 übergehen (Verteilung des um die nachträgl HK erhöhten Restwerts auf die tatsächl Restnutzungsdauer; BFH VIII R 105/73, BStBl II 77, 606). – Nichts anderes gilt, wenn nachträgl AK/HK erst anfallen, nachdem das **ursprüngl AfA-Volumen schon vollständig abgeschrieben** worden ist. Dann stehen zwar als neues *AfA-Volumen* nur noch die nachträgl AK/HK zur Verfügung; die *Bemessungsgrundlage* ergibt sich aber als Summe aus der früheren AfA-Bemessungsgrundlage und den nachträgl AK/HK. Dies führt zu dem wirtschaftl sinnvollen Ergebnis, dass in solchen Fällen nachträgl AK/HK über einen kürzeren Zeitraum als die typisierten 50 (40/33) Jahre abgeschrieben werden. – Bei **AfA nach § 7 V** gilt dasselbe (Erhöhung der ursprüngl Bemessungsgrundlage um die nachträgl AK/HK, Beibehaltung des AfA-Satzes; BFH IX R 14/20, BStBl II 23, 374 Rn. 20). Hierdurch verbleibt nach Ablauf der in § 7 V genannten Zeit ein Restwert, auf den dann § 7 IV 1 (2% der ursprüngl Bemessungsgrundlage; BFH IX R 103/83, BStBl II 87, 491 unter 2.) oder § 7 IV 2 (Schätzung der Restnutzungsdauer) anzuwenden ist (EStH 7.4 „AfA nach nachträgl AK/HK" Beispiel 3). 133

(2) Nachträgliche Anschaffungskosten/Herstellungskosten bei nicht nach typisierten Sätzen bemessener AfA. In den Fällen des § 7 I, II, IV 2 sind die nachträgl AK/HK dem letzten *Buchwert* (nicht der ursprüngl Bemessungsgrundlage) hinzuzurechnen. Dieser sich ergebende Restwert wird auf die Restnutzungsdauer, die neu zu schätzen ist, verteilt (EStR 7.4 IX; BFH I R 165/67, BStBl II 71, 142; BFH IV R 73/02, BStBl II 08, 407 unter II.2.c aa (1)). In den Fällen des § 7 IV 2 (verkürzte Nutzungsdauer bei Gebäuden) kann der StPfl aber von einer neuen Schätzung der Restnutzungsdauer absehen und weiter den bisherigen AfA-Satz anwenden (EStR 7.4 IX 2). Dies ist für den StPfl günstig, weil die tatsächl Nutzungsdauer sich durch die nachträgl HK idR erhöhen wird. – Diese Grundsätze (insb Neuschätzung der Restnutzungsdauer) gelten ungeachtet der Gesamtrechtsnachfolge auch dann, wenn nach einer **Umwandlung** die Wertansätze aufgestockt werden (§ 4 III UmwStG; für Aufstockungen aufgrund eines Übernahmeverlusts BFH IV R 73/02, BStBl II 08, 407; für Aufstockungen auch in allen anderen Fällen des § 4 III UmwStG zR *Kempermann* FR 08, 774). 135

cc) Spätere Ermäßigung der Anschaffungskosten/Herstellungskosten. Zu den hiervon erfassten Fallgruppen ausführl → § 6 Rn. 65 f (in Abgrenzung zu Wertänderungen der Kaufpreisverbindlichkeit, → § 6 Rn. 81). Bei der Gebäude-AfA mit typisierten AfA-Sätzen ist die Bemessungsgrundlage um den Ermäßigungsbetrag zu mindern; der typisierte AfA-Satz ist weiter anzuwenden. Bei allen anderen AfA-Methoden ist der Ermäßigungsbetrag vom letzten Buchwert abzusetzen und der Restwert auf die Restnutzungsdauer zu verteilen (*HHR/Anzinger* § 7 Rn. 136 mwN). Ermäßigungen der AK/HK sind damit spiegelbildl zu nachträgl AK/HK (dazu → Rn. 133 f) zu behandeln. – Die AK/HK sind bei Minderung oder Schadensersatz wegen Schlechterfüllung **grds nicht rückwirkend,** sondern erst ab dem VZ, 137 in dem dieses Ereignis eintritt, zu mindern (ebenso *Söffing* BB 95, 2558; *HHR/Anzinger* § 7 Rn. 136). Dies gilt auch dann, wenn die Übertragung des WG beim *Veräußerer* in den Rahmen einer Betriebsveräußerung/-aufgabe fiel und sich *bei ihm* der Veräußerungsgewinn nach den zu → § 16 Rn. 338 dargestellten Grundsätzen mit steuerl Rückwirkung auf den Veräußerungs-/Aufgabezeitpunkt mindert (zutr FG Ddorf EFG 03, 1296, rkr). Denn die Sonderregelungen der §§ 16, 34 betreffen allein den Veräußerer, nicht aber den Erwerber (BFH VIII R 66/03, BStBl II 06, 307 unter II.2.c cc bbb). Die **Rückgängigmachung der Anschaffung** führt zu einem Wegfall der AfA-Befugnis ab dem Jahr des Ereigniseintritts (BFH IX R 50/06, BStBl II 08, 480; BFH IX R 34/13, BFH/NV 14, 1732).

138 **dd) Restwert-AfA.** Zum Übergang von der degressiven zur linearen AfA → Rn. 200, zur Restwert-AfA nach SonderAfA s § 7a IX und → § 7a Rn. 16.

141 **6. Beginn und Ende der AfA. – a) Beginn der AfA. – aa) Anschaffung oder Fertigstellung des Wirtschaftsguts.** Nach § 9a EStDV ist die Anschaffung mit der Lieferung, die Herstellung mit der Fertigstellung bewirkt. **Lieferung** ist die Verschaffung der Verfügungsmacht (näher → § 6 Rn. 35; zur Betriebsbereitschaft von Softwaresystemen s *BMF* BStBl I 05, 1025). Die **Fertigstellung** ist mit der Einsatzbereitschaft für Zwecke der Einnahmeerzielung gegeben. Auf den Zeitpunkt der Inbetriebnahme kommt es nicht an (BFH I R 57/10, BStBl II 12, 407 Rn. 18), ebenso wenig auf den der Zahlung (BFH IX R 50/06, BStBl II 08, 480: auch nicht bei den Überschusseinkünften).

142 **bb) Fertigstellung eines Gebäudes.** Das Gebäude muss nach Abschluss der wesentl Bauarbeiten für den vorgesehenen Zweck nutzbar sein (BFH I B 48/99, BFH/NV 00, 947 unter II.1.b mwN). Entscheidend ist die Bezugsfertigkeit (zu den Kriterien BFH X B 213/96, BFH/NV 98, 698 mwN). Dies gilt auch bei Eigentumswohnungen; die noch fehlende Teilungserklärung hindert die Annahme der Fertigstellung nicht (BFH IX R 53/96, BStBl II 99, 589; zu Unrecht krit *Fischer* FR 99, 764). Nicht erforderl sind Bezahlung des WG (BFH IX R 53/98, BFH/NV 02, 1152 unter II.4.: selbst bei Unfähigkeit zur Kaufpreiszahlung), zivilrechtl Wirksamkeit des Anschaffungsgeschäfts (§ 41 I AO, BFH IX R 60/94, BFH/NV 96, 600) oder tatsächl Inbetriebnahme des WG (BFH IX R 15/03, BStBl II 05, 477: Vermietung des Gebäudes erst ab dem Folgejahr; auch bei auf Vorrat angeschafften oder hergestellten WG, s *BH/Brandis* § 7 Rn. 303). Kommt es nicht zur Anschaffung/Herstellung (zB Rücktritt vom Vertrag), kann auch keine AfA vorgenommen werden. Dann stellt sich allerdings die Frage des *sofortigen* Abzugs der vergebl aufgewendeten Kosten (ausführl → § 6 Rn. 207 ff, → § 9 Rn. 102). Wird ein noch nicht fertiggestelltes Gebäude bereits vermietet, kann der Vermieter AfA vornehmen, weil seine Einkunftserzielung begonnen hat (zutr FG Saarl EFG 12, 1630, rkr: Vermietung eines gewerbl Gebäudes an einen Mieter, der es ausbauen will).

143 **cc) Errichtung in Bauabschnitten. – (1) Einheitliche Nutzung aller Bauabschnitte.** Die AfA beginnt mit Fertigstellung des *ersten* Bauabschnitts (BFH IV R 241/69, BStBl II 75, 412 unter 1.a) nach Maßgabe der bis dahin angefallenen HK. Die Aufwendungen für spätere Bauabschnitte stellen nachträgl HK des bereits vorhandenen WG dar, wenn diese Abschnitte mit dem bereits fertig gestellten Gebäudeteil in einem *einheitl* Nutzungs- und Funktionszusammenhang stehen (zur AfA nach § 7 V in diesen Fällen → 27. Aufl 2008, § 7 Rn. 163 f). – **(2) Unterschiedliche Nutzung der Bauabschnitte.** Wird zB der erste Bauabschnitt eigengewerbl genutzt und der zweite Bauabschnitt zu Wohnzwecken vermietet, sollen die bereits angefallenen HK für die noch nicht fertig gestellten Gebäudeteile zunächst dem bereits fertig gestellten Gebäudeteil zuzurechnen und mit diesem abzuschreiben sein (BFH X R 77/87, BStBl II 91, 132). Damit verkennt der BFH mE die Selbständigkeit der einzelnen WG (krit auch *Schellenberger* DStZ 90, 101; *Paus* BB 94, 1122; zutr FG Köln EFG 94, 974, rkr; auch BFH IX B 69/21, BFH/NV 22, 1292 Rn. 9 äußert sich eher distanziert). Die *FinVerw* gewährt dem StPfl ein Wahlrecht (EStR 7.3 II; ausführl *OFD Ffm* FR 00, 528).

b) AfA im Jahr der Anschaffung oder Herstellung, § 7 I 4. Die AfA ist zeitanteilig nach angefangenen Monaten (pro rata temporis) vorzunehmen (§ 7 I 4). Dies gilt auch für die degressive AfA bei bewegl WG (§ 7 II 3) und Wohnungsneubauten (§ 7 Va 5 idF WachstChG). Für Sammelposten-WG iSd § 6 IIa gilt S 4 nicht. 145

c) Ende der AfA. Die AfA endet spätestens mit dem Verbrauch der Bemessungsgrundlage (AfA-Volumen). Sie kann schon vorher enden, wenn das WG auf Dauer nicht mehr zur Erzielung von stpfl Einnahmen eingesetzt wird (zB Veräußerung, Entnahme, Nutzungsänderung; s auch *BH/Brandis* § 7 Rn. 306). Dann ist die AfA im letzten Jahr der Nutzung nur noch zeitanteilig nach angefangenen Monaten zu ermitteln (EStR 7.4 VIII). Dies gilt auch in den Fällen des § 7 V (→ 27. Aufl 2008, § 7 Rn. 175). 146

II. AfA bei anderen Wirtschaftsgütern als Gebäuden, § 7 I–III

1. Lineare AfA, § 7 I 1–3. – a) Anwendungsbereich; Rechtsfolge. Die lineare AfA ist anzuwenden bei bewegl, immateriellen und solchen unbewegl WG, die keine Gebäude sind (→ Rn. 33 ff), nicht hingegen bei Gebäuden (für diese gelten Abs 4–5b, → Rn. 201 ff). Die Bemessungsgrundlage wird in gleich hohen Beträgen zeitanteilig auf die Wj oder Kj des Abschreibungszeitraums verteilt. 151

b) Betriebsgewöhnliche Nutzungsdauer, § 7 I 2. Der Abschreibungszeitraum (Zeitraum, auf den die Bemessungsgrundlage zu verteilen ist) bemisst sich bei WG des **BV** nach der betriebsgewöhnl Nutzungsdauer (§ 7 I 2), sofern diese länger als ein Jahr ist (→ Rn. 28). Für die typisierte AfA bei **Sammelposten-WG** nach § 6 IIa kommt es auf die betriebsgewöhnl Nutzungsdauer allerdings nicht an. 152

aa) Begriff. Die betriebsgewöhnl Nutzungsdauer ist der Zeitraum, in dem das WG voraussichtl unter Berücksichtigung der Verhältnisse seines konkreten Einsatzes seiner Zweckbestimmung entspr genutzt werden kann (zu Gebäuden § 11c I EStDV). Maßgebend ist daher nicht die tatsächl Dauer der betriebl Nutzung durch den einzelnen StPfl, sondern die obj Nutzbarkeit des WG unter Berücksichtigung der besonderen betriebstypischen Beanspruchung (BFH III R 74/97, BStBl II 01, 311 unter II.1.c; BFH IV R 8/10, BStBl II 11, 709 unter II.2.b). Die betriebsgewöhnl Nutzungsdauer wird nicht dadurch beeinflusst, dass das WG voraussichtl vor seiner technischen oder wirtschaftl Abnutzung veräußert oder beseitigt wird (BFH X R 78/94, BStBl II 98, 59: Mietwagen, die typischerweise nach nur kurzer Nutzungsdauer weiterveräußert werden; ebenso zu Flugzeugen BFH IV R 15/04, BFH/NV 06, 1267 unter II.3.c; FG BW EFG 94, 1040, rkr: drohende Enteignung; zu abrissreifen Gebäuden → Rn. 158; zum Veräußerungserlös/Schrottwert → Rn. 115 f). – **Gebraucht angeschaffte WG.** Hier ist die **Restnutzungsdauer** maßgebend, während der das WG vom StPfl noch verwendet werden kann. Sie ist unter Berücksichtigung des Alters und des Einsatzes des WG zu schätzen (BFH I R 164/74, BStBl II 77, 60 unter 2.a; BFH VI B 306/00, BFH/NV 01, 1255). – **Positive Ergänzungsbilanz.** Beim Erwerb eines PersGes-Anteils gegen Aufgeld ist für die AfA auf den Mehrbetrag in der Ergänzungsbilanz die Restnutzungsdauer der einzelnen WG eigenständig und ohne Bindung an die Gesamthandsbilanz zu schätzen (BFH IV R 1/11, BStBl II 17, 34). – **Überschusseinkünfte.** Maßgebl ist die Nutzungsdauer, für die das WG nach seiner voraussichtl technischen und wirtschaftl Lebensdauer von dem StPfl zur Erzielung der Überschusseinkünfte eingesetzt werden könnte, wobei auch die Zeit mitzählt, in der das WG nicht zum Zwecke der Einkunftserzielung verwendet wird (BFH VI R 82/89, BStBl II 92, 1000 unter 1. mwN). 153

bb) Technische, wirtschaftliche, rechtliche Nutzungsdauer. Hierfür können sich unterschiedl Zeiträume ergeben. Die StPfl können sich auf die für sie günstigere Alternative berufen (BFH IV R 8/10, BStBl II 11, 709 Rn. 36 mwN; BFH IV R 15/04, BFH/NV 06, 1267 unter II.3.c aa: AfA auch dann mögl, wenn der StPfl 155 trotz technischer Abnutzung keine Wertminderung erwartet; BFH IX R 16/07, BFH/NV 08, 1310; BFH IX R 14/23, BStBl II 25, 956 Rn. 20: wirtschaftl Nutzungsdauer kürzer als technische). Sie müssen die kürzere wirtschaftl Nutzungsdauer aber anhand konkreter Umstände glaubhaft machen (*BMF* BStBl I 01, 860 unter 2.; BFH VIII R 73/68, BStBl II 72, 176).

156 **(1) Technische Nutzungsdauer.** Sie umfasst den Zeitraum bis zum körperl Verschleiß des WG.

157 **(2) Wirtschaftliche Nutzungsdauer.** Sie ist auf den Zeitraum begrenzt, in dem das WG rentabel genutzt werden kann (auch → Rn. 186 ff zu AfaA). Die Verkürzung ggü der technischen Nutzungsdauer kann zB beruhen auf einem Wandel im modischen Geschmack (BFH VI R 44/86, BStBl II 90, 692 unter 2. b cc: auch bei einem aus Gold bestehenden Meisterstück, das keiner technischen Abnutzung unterliegt), der Erfindung modernerer Maschinen oder der bevorstehenden Einstellung des Betriebs oder einer bestimmten Produktion, sofern das WG nicht verkauft oder an anderer Stelle im Betrieb eingesetzt werden kann. – **Wertminderung des WG.** Dies allein berührt die wirtschaftl Nutzungsdauer nicht; hier kann die Korrektur nur über eine TW-AfA erfolgen. Bei Gebäuden rechtfertigt ein nicht mehr zeitgemäßer Wohnungsstandard oder die drohende Unwirtschaftlichkeit für sich allein die Annahme einer kürzeren wirtschaftl Nutzungsdauer noch nicht (HessFG EFG 92, 438, rkr; FG BW EFG 00, 732, rkr); ebenso nicht die geplante Aufgabe einer bestimmten Nutzung des Gebäudes (FG BW EFG 94, 95, rkr: „Ärzteschwemme"). – **Verkaufserlös höher als Buchwert.** Trotz vorhandener wirtschaftl Abnutzung wird eine Verkürzung der AfA-Dauer versagt, wenn der StPfl beim vorzeitigen Verkauf regelmäßig einen Erlös erzielen kann, der selbst den bei Zugrundelegung der längeren technischen Nutzungsdauer verbleibenden Buchwert noch übersteigt (BFH X R 78/94, BStBl II 98, 59, betr Mietwagen; ausführl dazu *Hahn* DStZ 99, 845; ebenso BFH I R 47/07, BStBl II 09, 986 unter II.3: bei Musterhäusern der Fertighaushersteller idR kein verkürzter AfA-Zeitraum).

158 **(3) Gebäude, die abgerissen werden sollen.** Hier ist zu unterscheiden (auch → Rn. 184; ausführl → § 6 Rn. 214 ff): Wird das Gebäude in Abbruchabsicht erworben, ist es wirtschaftl verbraucht (dh keine AfA mehr), wenn die Möglichkeit einer wirtschaftl sinnvollen Verwendung sowohl für den Veräußerer als auch für den Erwerber endgültig entfallen ist (BFH X R 97/87, BStBl II 89, 604 unter 2.a). Wird ein zwar in Abbruchabsicht erworbenes, aber noch nutzbares Gebäude durch Zwischenvermietung genutzt, gelten die typisierten AfA-Sätze. Welcher Teil der Gesamt-AK in derartigen Fällen auf die abzureißenden Gebäude bzw den GuB entfällt, ist eine Frage des Einzelfalls (BFH VIII R 116/79, BStBl II 82, 385). Soll ein bereits langjährig vom StPfl genutztes Gebäude abgerissen werden, rechtfertigt dies keine Verkürzung der Nutzungsdauer; erst der tatsächl Abbruch führt zur AfaA (glA *HHR/Anzinger* § 7 Rn. 174).

159 **(4) Kürzere rechtliche Nutzungsdauer.** Auch der Zeitraum, in dem das WG genutzt werden *darf* (zB bei zeitl begrenzten Nutzungsrechten), kann den AfA-Zeitraum begrenzen (BFH X R 78/94, BStBl II 98, 59 unter 3.). Allerdings ist ein Nutzungsrecht an einem *Gebäude* „wie ein materielles WG" zu behandeln und nach den typisierten AfA-Sätzen der § 7 IV, V, Va abzuschreiben (ausführl → Rn. 82 mwN). Bei einer kürzeren Vertragslaufzeit gilt dies jedenfalls dann, wenn dem Nutzer am Ende der Laufzeit der volle Zeitwert erstattet wird (BFH III B 2/14, BFH/NV 15, 1385).

161 **cc) Nutzungsdauer und Einheitlichkeit des Wirtschaftsguts.** Für dasselbe WG gibt es nur eine einheitl Nutzungsdauer (BFH III R 96/85, BStBl II 88, 655 unter 1.c; auch → Rn. 25). Etwas anderes (parallele AfA-Reihen) gilt aber im Fall des *teilentgeltl Erwerbs* (→ Rn. 112). – **Unselbständige Teile eines WG.** Auch wenn diese eine unterschiedl Nutzungsdauer haben, ist die Nutzungsdauer desjenigen Teils

maßgebend, der dem WG das Gepräge gibt (BFH IV R 46/09, BStBl II 11, 696 unter II.2.a); es ist also nicht eine durchschnittl Nutzungsdauer aller Einzelteile zugrunde zu legen. Wohl aber kann die stärkere Beanspruchung eines *Teils* des WG die Nutzungsdauer des *gesamten* WG beeinflussen (offengelassen in BFH GrS 5/71, BStBl II 74, 132 unter C. II.2.c mwN). – Die **selbständigen Gebäudeteile** bei gemischt genutzten Gebäuden iSd EStR 4.2 IV müssen hingegen *keine* einheitl Nutzungsdauer haben. Bei einem Gebäudekomplex, der ursprüngl in einem einheitl Nutzungs- und Funktionszusammenhang gestanden hat, können im Laufe der Zeit einzelne Gebäude, die sich besonders stark abgenutzt haben, aus dem Zusammenhang ausscheiden und estl selbständig werden. Dann ist die verkürzte AfA nach § 7 IV 2 nur auf diese Gebäude anzuwenden, sodass sich zwei unterschiedl AfA-Reihen ergeben (BFH IX R 16/07, BFH/NV 08, 1310). Bei Gebäuden, die mit einer Betriebsvorrichtung (= selbständiges bewegl WG) *untrennbar* verbunden sind, ist die Nutzungsdauer der Betriebsvorrichtung auch für die des Gebäudes bestimmend, wenn die Beseitigung der Betriebsvorrichtung zugleich zur Zerstörung des Gebäudes führt (*OFD Ffm* FR 95, 287).

dd) Schätzung der Nutzungsdauer. Die Nutzungsdauer ist unter Berücksichtigung der besonderen betriebl Verhältnisse zu schätzen (BFH VI R 82/89, BStBl II 92, 1000 unter 3.). Gewisse schätzungsimmanente Ungenauigkeiten müssen in Kauf genommen werden. Da der StPfl die betriebl Verhältnisse am besten kennt, kommt seiner Auffassung besondere Bedeutung zu, es sei denn, seine Schätzung liegt eindeutig außerhalb des angemessenen Rahmens (FG Köln EFG 01, 675, rkr). Ausgangspunkt für die Schätzung ist die *technische* Nutzungsdauer; zur Berücksichtigung einer kürzeren *wirtschaftl* Nutzungsdauer → Rn. 157. 163

Berichtigung von Schätzungsfehlern (s auch *HHR/Anzinger* § 7 Rn. 180; *KKM* § 7 Rn. B 277 ff): Da jede Schätzung mit Fehlern behaftet ist, rechtfertigt eine zwar obj unrichtige, aber subj richtige Schätzung der Nutzungsdauer keine rückwirkende Änderung der AfA. Eine Änderung der AfA für die *Zukunft* ist nur vorzunehmen, wenn die Schätzung erhebl von der zutr Nutzungsdauer abweicht; dann ist der Restbuchwert auf die Restnutzungsdauer zu verteilen (BFH IV R 31/77, BStBl II 81, 255 unter 2.). Eine Bindung an die Behandlung in der Vergangenheit besteht grds nicht (BFH VIII R 193/71, BStBl II 75, 858). Zur Korrektur überhöhter AfA auch → Rn. 14 ff. Einigen sich FA und StPfl über eine von den AfA-Tabellen abw Nutzungsdauer, sind sie daran für die Zukunft nicht mehr gebunden, wenn sich herausstellt, dass die damalige Schätzung zu den tatsächl Gegebenheiten in krassem Widerspruch stand (BFH VI R 133/72, BStBl II 75, 478 unter III.3., 4.; s aber zur tatsächl Verständigung FG BW EFG 92, 706, rkr). – **Änderung der Nutzungsdauer** (durch Änderung der Verhältnisse): Die Nutzungsdauer kann sich zB durch nachträgl HK verlängern; umgekehrt kann sie sich durch mangelhafte Pflege, Wartungsfehler oder sonstige Beschädigungen des WG verkürzen. Vorübergehende Konjunkturschwankungen haben keinen Einfluss auf die Nutzungsdauer; *dauerhafte* Strukturveränderungen in einem Wirtschaftszweig können aber zu einer beschleunigten *wirtschaftl* Abnutzung führen. Zur AfaA → Rn. 181 ff.

ee) AfA-Tabellen als Hilfsmittel der Schätzung. Sie werden vom *BMF* unter Beteiligung der Fachverbände der Wirtschaft herausgegeben. Es gibt AfA-Tabellen für **allg verwendbare Anlagegüter** (für nach dem 31.12.00 angeschaffte/hergestellte WG zuletzt *BMF* BStBl I 00, 1532; Beispiele → Rn. 167; deutl entschärfte Neufassung der „Vorbemerkungen" in *BMF* BStBl I 01, 860) und für **besondere Wirtschaftszweige** (zB *BMF* BStBl I 01, 837: Zahntechniker, Baugewerbe, Maschinenbau, Hafenbetriebe). Der lineare AfA-Satz kann bei WG, die in Doppel- oder Dreifachschichten genutzt werden, um 25% bzw 50% erhöht werden (*BMF* BStBl I 01, 860 unter 4.). 164

(1) Anwendungsbereich. Die AfA-Tabellen sind trotz der Verwendung des Begriffs „Anlagegüter" grds auch bei den **Überschusseinkünften** anwendbar (BFH VI R 133/72, BStBl II 75, 478 unter III.3.; BFH IX R 16/08, BFH/NV 09, 899 unter II.1.d; FG Saarl EFG 07, 1000, rkr). Auf **gebraucht erworbene WG** können sie 165 hingegen nicht uneingeschränkt übertragen werden (so auch LStH 9.5 „Einzelnachweis“, betr Pkw); hier ist die individuelle Restnutzungsdauer maßgebl (→ Rn. 153 mwN).

166 **(2) Bedeutung.** Die AfA-Tabellen haben zunächst die **Vermutung der Richtigkeit** für sich, sind aber für die Gerichte nicht bindend (BFH III R 74/97, BStBl II 01, 311 unter II.1.c). Gleichwohl muss das FG eine *generelle* (dh nicht nur auf Besonderheiten des Einzelfalls gestützte) Abweichung in Auseinandersetzung mit den Erkenntnissen der *FinVerw* besonders begründen (BFH VI R 29/96, BFH/NV 97, 288). Die Tabellen sind unbeachtl, sofern sie erkennbar nicht auf Erfahrungswissen beruhen, also bereits für den *Regelfall* zu einer **offensichtl unzutreffenden Besteuerung** führen (BFH VI R 82/89, BStBl II 92, 1000 unter 8.: 4 Jahre bei Pkw; BFH IV R 8/10, BStBl II 11, 709 Rn. 39 ff: Tankschiff, wobei bereits das tatsächl *Durchschnittsalter* der Welt-Tankschiffflotte 50% über der *Gesamt*nutzungsdauer lt AfA-Tabelle lag). In allen anderen Fällen muss das FA eine zu Lasten des StPfl vorgenommene Abweichung von der AfA-Tabelle substantiiert begründen (zutr NdsFG EFG 14, 1780, rkr). Der StPfl kann sich ggü dem FA auf eine ihm günstige AfA-Tabelle berufen; eine ihm ungünstige Nutzungsdauer aus einer AfA-Tabelle kann er hingegen gerichtl prüfen lassen (zutr *Brill* BeSt 15, 1).

167 **(3) Nutzungsdauer wichtiger Wirtschaftsgüter nach den ab 2001 geltenden AfA-Tabellen. Unbewegl Anlagevermögen.** Tennishallen uä 20; Traglufthallen 10; Baubuden 8. – **Grundstückseinrichtungen:** Fahrbahnen, Parkplätze, Hofbefestigungen mit Packlage 19, in Kies uä 9; Umzäunungen aus Holz 5, sonstige 17; Grünanlagen 15; Golfplätze 20. – Betriebsanlagen: Windkraftanlagen (auch → Rn. 169) 16; Photovoltaikanlagen (s auch *OFD Bln* DB 04, 1290; *OFD Rhl* FR 11, 491) 20; Solarwärmeanlagen 10; Transport-/Baucontainer 10; Laden- und Gaststätteneinbauten, Schaufensteranlagen 8; Lichtreklame 9; Schaukästen/Vitrinen 9; Alarmanlagen 11. – **Fahrzeuge:** Pkw (auch → Rn. 169) 6; Motorräder/Roller 7; Lkw 9; Wohnwagen 8; Bauwagen 12. – **Betriebs-/Geschäftsausstattung:** Fernsprechnebenstellen 10; Mobilfunkgeräte 5; Faxgeräte 6; Adressiermaschinen uä 8; Großrechner 7; Foto-/Filmgeräte uä 7; Kopiergeräte 7; Büromöbel 13; Verkaufstheken 10; normale Teppiche 8; hochwertige Teppiche 15; Kunstwerke (ohne anerkannte Künstler) 15.

ff) Weitere Beispiele zur betriebsgewöhnlichen Nutzungsdauer

169 **Ablösesummen für Fußballspieler** sind AK für ein immaterielles abnutzbares WG und damit auf die Laufzeit des Vertrages unter Beachtung von Optionsmöglichkeiten zu verteilen (BFH I R 24/91, BStBl II 92, 977 unter II.B.9.; dazu *Hüttemann* DStR 94, 490; krit *Jansen* DStR 92, 1785 und 94, 1217).

Biogasanlage. 16 Jahre (ausführl *BMF* BStBl I 22, 633 Rn. 14 ff). In der Rspr werden teilw 10 Jahre zugelassen (FG Mster EFG 18, 1887, rkr).

Blockheizkraftwerk 10 Jahre (*BMF* BStBl I 22, 633 Rn. 17).

Computerhardware. Die *FinVerw* lässt für Wj, die nach dem 31.12.20 enden (dh ab VZ 2021), im BV und PV eine Nutzungsdauer von **einem Jahr** zu (*BMF* BStBl I 22, 187 mit weiteren Erläut in *BMF* DStR 22, 942; ausführl dazu *Bolik/Reifarth-Belli/Mayer* StuB 21, 266; *Feuerstack* DStR 22, 974; *Häsner/Preil/Weinhold* DStR 22, 1345; *Grotherr* Ubg 22, 177). Dies bewirkt den sofortigen Abzug der gesamten AK als BA/WK (→ Rn. 28; *Diffring/Saft* DB 21, 3058 (3061)). Sind derartige WG bereits in früheren VZ angeschafft worden und noch nicht voll abgeschrieben, kann nun der gesamte Restwert in einer Summe abgesetzt werden. Es handelt sich um ein Wahlrecht (*OFD Ffm* DStR 24, 1659). Für die **HB** gilt diese rein steuerl Nichtbeanstandungsregelung nicht (zutr *Horst* DB 22, 632; *Thiele/Jansen* NWB 22, 29). – **Anwendungsbereich.** Erfasst sind ua PC, Notebooks, Tablets, Workstations, Server (diese WG bedürfen für die Anwendung des BMF-Schreibens einer Kennzeichnung nach der EU-ÖkodesignVO) und Peripheriegeräte (zB Drucker, Scanner, Tastatur, Monitor, externe Speicher, Beamer, Netzteil, Dockingstation). Zur (gleichlautenden) Regelung für **Software** s unten. – **AfA bis VZ 2020.** Damals wurde eine

Nutzungsdauer von drei Jahren angenommen (*BMF* BStBl I 00, 1532; BFH VI R 99/10, BStBl II 14, 393 Rn. 18). – **Kritik.** Da Computerhardware in der Realität wesentl länger als ein Jahr genutzt wird und die betriebsgewöhnl Nutzungsdauer auch nicht von der Einhaltung der EU-ÖkodesignVO abhängig ist, bildet die VerwAuffassung hier nicht die Realität ab und wird wegen offensichtl unzutreffender Besteuerung von den Gerichten nicht angewendet werden (→ Rn. 166; glA *Althoff* BB 21, 1066; *Endert* DStR 21, 591 (594); *Schiffers* DStZ 21, 979 (985); *Schumann* EStB 21, 530; *Becker/Reeb* Ubg 21, 609; *Kanzler* FR 22, 318; *Horst* DB 22, 632; *Thiele/Jansen* NWB 22, 29; *Thiele/Jansen* NWB 22, 1230; sehr krit auch *Bolik/Reifarth-Belli* StuB 22, 281). Dies bewirkt unnötige Rechtsunsicherheit. Wenn man die Digitalisierung fördern will, ist eine gesetzl Regelung vorzugswürdig (ebenso der Bundesrechnungshof, Bericht v. 23.4.21 VIII 3-2021–0684).

Deponien. Bei WG, die in Deponien eingesetzt werden, kommt ggf ein verkürzter AfA-Zeitraum in Betracht (*BMF* BStBl I 05, 826 Rn. 16).

Einbauküche 10 Jahre (BFH IX R 14/15, BStBl II 17, 437 Rn. 31).

Einzelhandelsgebäude 33 Jahre, sofern Bauantrag bzw Anschaffung vor dem 1.9.07 (*OFD Hann* DStR 08, 2318).

Filmrechte. Rspr und *FinVerw* knüpfen an die gesetzl Schutzfrist von 50 Jahren (§ 94 III UrhG) an (BFH IV R 32/19, BStBl II 22, 832 Rn. 30; Medienerlass *BMF* BStBl I 01, 175 Tz 17). Bei Zugrundelegung der Rspr zu Patenten (s unten) kommt es mE aber nicht auf die Dauer der *rechtl,* sondern der *tatsächl* Vermarktbarkeit des Films an. Krit auch *Radau* DStR 03, 1278, der die LeistungsAfA nach S 6 anwenden will (Abschreibung nach einem der Vereinnahmung der Erlöse entspr Verbrauch), die aber auf *bewegl* WG beschränkt und hier daher nicht anwendbar ist. Zu weiteren immateriellen WG → Rn. 40.

Geschlossene Fonds s „Windkraftanlagen".

Hausboot 30 Jahre, sofern fest verankert (FG Ddorf EFG 21, 1188, rkr).

Internetauftritt. IdR 3 Jahre (*Eberlein* DStZ 03, 677 (681): Anknüpfung an die als übl anerkannte Nutzungsdauer von Software).

Kunstgegenstände, historische Musikinstrumente (s auch *Müller-Katzenburg/Hofmann* BB 00, 2563). – ***(1)* Abzugsverbote.** Zunächst ist zu prüfen, ob dem Abzug § 12 Nr 1 entgegensteht (zur Ausschmückung des Arbeits- oder Dienstzimmers → § 9 Rn. 270 „Bilder" mwN) oder ob die Aufwendungen unangemessen iSv § 4 V 1 Nr 7 sind (→ § 4 Rn. 630). – ***(2)* Abnutzbarkeit.** Weiter ist zu prüfen, ob es sich um abnutzbare WG handelt. Dies wird verneint bei Kunstwerken anerkannter Meister (BFH III R 58/75, BStBl II 78, 164; FG Bln-Bbg EFG 08, 530, rkr; krit *Ebling* DStR 08, 1522; TW-AfA bleibt allerdings mögl) oder bei WG, die als Sammlungs- oder Ausstellungsstücke gehalten werden (BFH X R 131–133/87, BStBl II 90, 50), hingegen bejaht bei WG, die in ihrer *Gebrauchsfunktion* verwendet werden. Diese unterliegen zwar keiner wirtschaftl, wohl aber einer technischen Abnutzung (BFH VI R 78/82, BStBl II 86, 355: antiker Schreibtisch im Arbeitszimmer; BFH VI R 26/98, BStBl II 01, 194 unter 1., Anm *Hollatz* HFR 01, 435: Meistergeige). – ***(3)* Nutzungsdauer.** Sie ist bei einer mehrere Jahrhunderte alten Meistergeige typisierend auf 100 Jahre, bei einer neueren Meistergeige auf 50 Jahre zu schätzen (BFH VI R 26/98, BStBl II 01, 194 unter 2.).

Patente; Erfindungen. Die betriebsgewöhnl Nutzungsdauer ist hier häufig kürzer als die *rechtl* Schutzfrist. BFH III R 82/67, BStBl II 70, 594 unter 2.b hat 8 Jahre angenommen; wegen des seither beschleunigten technischen Fortschritts kann auch ein kürzerer Zeitraum in Betracht kommen; dies ist aber sehr von der im Einzelfall gegebenen Marktsituation abhängig (*HHR/Anzinger* § 7 Rn. 192 „Patente": 3 bis 5 Jahre). Wird ein Überlassungsvertrag über einen längeren Zeitraum geschlossen, ist dieser maßgebl (BFH II R 5/09, BFH/NV 11, 1147 Rn. 44).

Ladestation. Wandladestationen („Wallbox") und Ladeinfrastruktur für ElektroKfz 6–10 Jahre (*FM Thür* DStR 21, 1308).

Motoryacht. 20 Jahre (NdsFG EFG 23, 1218, rkr: auch bei erhöhter Inanspruchnahme durch Vercharterung an wechselnde Urlauber).

PKW. Die *FinVerw* nimmt 6 Jahre an (BMF BStBl I 00, 1532; für Zwecke der Fahrtenbuchmethode allerdings 8 Jahre, s *BMF* BStBl I 22, 232 Rn. 34), die mE zutr Rspr hingegen für den Regelfall 8 Jahre (BFH VI R 82/89, BStBl II 92, 1000 unter 9.; BFH III R 74/97, BStBl II 01, 311 unter II.1.c; BFH IX B 174/03, BStBl II 06, 368; BFH VIII R 64/06, BFH/NV 08, 1660 unter II.2.; BFH X B 93/15, BFH/NV 16, 776 Rn. 43). Dies ist verfassungsrechtl nicht zu beanstanden (BVerfG 2 BvR 2172/01, DStZ 02, 686). Macht der StPfl eine kürzere Nutzungsdauer geltend, hat er dies in Abhängigkeit vom Kfz-Typ und der jährl Fahrleistung glaubhaft zu machen.

Software. Ab VZ 21 (Wj 20/21) nimmt die *FinVerw* für Betriebs- und Anwendersoftware (einschließl ERP mit ihren häufig sehr hohen AK) nur noch eine Nutzungsdauer von **einem Jahr** an, so dass ein Sofortabzug mögl ist (*BMF* BStBl I 22, 187 Rn. 5; Einzelheiten und Kritik → Rn. 169 „Computerhardware"). Für die Erstellung einer Internetseite gilt dies nicht (*OFD Ffm* DStR 24, 1659). – **Bis VZ 20** galt: Die Nutzungsdauer von Standard-Software, die an das jeweilige IT-Gerät gebunden ist, entspricht idR der Nutzungsdauer der entspr Hardware (zutr NdsFG EFG 03, 601 unter 3.c); sie beträgt also 3 Jahre (*OFD Bln* 31.3.02 ESt-Kartei Bln § 9 Fach 9 Nr 1002 unter IV.). Bei betriebswirtschaftl ERP-Software 5 Jahre (*BMF* BStBl I 05, 1025 Rn. 22).

Tierbestände s *BMF* BStBl I 01, 864 Rn. 26.

Windkraftanlagen – ***(1)* Nutzungsdauer.** Die AfA-Tabelle (16 Jahre) ist auch dann maßgebl, wenn ein geschlossener Fonds eine längere Laufzeit (zB 20 Jahre) prognostiziert (ausführl → 32. Aufl 2013, § 7 Rn. 107 mwN). – ***(2)* Aufteilung der Gesamtkosten eines Windparks.** Sie sind nicht allein den Windkraftanlagen zuzuordnen, sondern auf die WG Übergabestation und Zuwegung zu verteilen (Einzelheiten s BFH IV R 46/09, BStBl II 11, 696; BFH IV R 3/17, BFH/NV 19, 1076). – ***(3)* Beginn der AfA.** Die Rspr stellt auch hier formal auf den zivilrechtl Gefahrübergang bzgl der Substanz der Windkraftanlagen **(Abnahme)** ab, selbst wenn dem ein längerer Probebetrieb vorausgeht, dessen Erlöse bereits dem Betreiber zustehen (BFH I R 57/10, BStBl II 12, 407 Rn. 21; BFH IV R 41/10, BFH/NV 14, 847 Rn. 38; BFH IV R 1/14, BStBl II 17, 171; zur Kritik → 39. Aufl 2020, § 7 Rn. 169).

171 **c) Betriebsgewöhnliche Nutzungsdauer des Geschäfts- oder Firmenwerts, § 7 I 3. – aa) Gewerbebetrieb; Land- und Forstwirtschaft.** Die Nutzungsdauer des Geschäftswerts (allg dazu → § 5 Rn. 221 ff) ist in der StB stets mit 15 Jahren anzusetzen (§ 7 I 3; ausführl *Schoor* DStZ 00, 667). Dies gilt auch für Alt-Firmenwerte, die bereits vor Einfügung des S 3 (1987) aktiviert waren, und für verdeckt eingelegte Firmenwerte (BFH I R 104/94, BFHE 179, 265). Eine kürzere Frist kommt auch bei einem personenbezogenen GewBetr grds nicht in Betracht (BFH IV B 24/97, BFH/NV 98, 1467); nur bei offensichtl unzutr Besteuerung hält der BFH Ausnahmen für denkbar (BFH VIII R 67/92, BStBl II 94, 449). Eine TW-AfA bleibt aber mögl (ausführl → § 6 Rn. 311 ff). IÜ kann man beim Betriebserwerb ggf darauf achten, unfertige/fertige Leistungen und Erzeugnisse einschließl ihrer stillen Reserven zutr zu bewerten, sodass der auf den Geschäftswert entfallende Teil des Gesamtkaufpreises entspr geringer ausfällt (*Kleinmanns* BB 14, 2293).

172 **bb) Freiberuflicher Praxiswert.** Hier ist § 7 I 3 kraft seines Wortlauts nicht anwendbar. Dies gilt auch, wenn der Praxiswert auf eine Gesellschaft übertragen wird, die kraft Rechtsform oder wegen § 15 III *gewerbl* Einkünfte erzielt (BFH IV R 33/95, BFH/NV 97, 751 unter 2.). Für den erworbenen Wert einer Einzelpraxis sind idR

3–5 Jahre anzusetzen, für den Sozietätspraxiswert 6–10 Jahre (ausführl → § 18 Rn. 200 ff). Ist ein von Ärzten betriebenes Labor aber als GewBetr anzusehen, gilt die gesetzl AfA-Dauer von 15 Jahren (FG Mster EFG 15, 15).

2. AfA nach Maßgabe der Leistung, § 7 I 6. Voraussetzungen. Die (in der Praxis seltene) LeistungsAfA findet nur bei den **Gewinneinkunftsarten** Anwendung, nicht hingegen bei den Überschusseinkunftsarten, weil diese kein „Anlagevermögen" kennen (ebenso *BH/Brandis* § 7 Rn. 372; *HHR/Anzinger* § 7 Rn. 218; *Frotscher/Geurts* § 7 Rn. 320; **aA** *Lademann* § 7 Rn. 172). Ferner ist der Anwendungsbereich auf **bewegl WG** beschränkt (dh nicht bei Gebäuden oder immateriellen WG). „Wirtschaftl begründet" ist die LeistungsAfA vor allem bei WG, deren Nutzung in den einzelnen Jahren der Nutzungsdauer erhebl schwankt (EStR 7.4 V). – **Bemessung.** Die AfA bemisst sich nach im Voraus zu schätzenden *Leistungseinheiten* (zB km-Leistung eines Lkw in den einzelnen Jahren der Nutzungsdauer) oder *Zeiteinheiten* (zB voraussichtl Arbeitsstunden einer Maschine in den einzelnen Jahren der Nutzungsdauer; zu Gestaltungsmöglichkeiten bei Anschaffung eines nur saisonweise eingesetzten WG zum Jahresende s FG Mchn EFG 85, 67, rkr). Der Nachweis ist durch Zählwerke oä zu erbringen (EStR 7.4 V). – **Beibehaltung und Wechsel.** War die Wahl der LeistungsAfA wirtschaftl begründet, kann sie auch nach Wegfall der wirtschaftl Gründe beibehalten werden. Ein Wechsel zw LeistungsAfA und linearer AfA ist (sofern nicht willkürl) zulässig (Umkehrschluss aus § 7 III; *HHR/Anzinger* § 7 Rn. 221), zumal die LeistungsAfA nur eine Unterform der linearen AfA ist (BFH IV 102/53 U, BStBl III 55, 165 unter 8.). 175

3. AfA für außergewöhnliche technische oder wirtschaftliche Abnutzung (AfaA), § 7 I 7. Ausführl *Schumann* EStB 18, 351. – **a) Anwendungsbereich.** Abs 1 S 7 gilt für sämtl Einkunftsarten (Einkunftserzielungsabsicht erforderl; BFH IX R 132/88, BFH/NV 93, 646) und für **sämtl WG** (für Gebäude ausdrückl § 7 IV 3; nach EStR 7.4 XI 2 auch bei degressiver Gebäude-AfA nach § 7 V aF). Ausgeschlossen ist die AfaA bei degressiver AfA für bewegl WG (§ 7 II 4) und bei der degressiven AfA für Wohnungs-Neubauten nach § 7 Va idF WachstChG (§ 7 Va 5); man kann aber zur linearen AfA übergehen und danach die AfaA abziehen. Auch der unentgeltl Rechtsnachfolger kann AfaA vornehmen. 181

AfaA auf nicht abnutzbare WG? Dies ist mE zulässig, weil der Wortlaut des S 7 nicht voraussetzt, dass das WG auch *gewöhnl* der Abnutzung unterliegt und das obj Nettoprinzip die Berücksichtigung derartiger durch die Einkunftserzielung bedingter Substanzverluste gebietet (str; ebenso *Grube* DB 06, 63; *Grube* FR 11, 633 (637); *Mirbach/Mirbach* DStZ 21, 838 (841); **aA** *KKM* § 7 Rn. B 364; *Frotscher/Geurts* § 7 Rn. 325; *Schumann* EStB 18, 351 (352)). **AfaA auf den GuB** sind daher mE mögl bei irreparablen Umweltschäden (*Grube* DB 06, 63; zu AfaA auf den GuB beim bodenzerstörenden Abbau eines Bodenschatzes → Rn. 225; offen gelassen von BFH IX R 33/14, BFH/NV 16, 1446 Rn. 23) sowie nach zwischenzeitl Verwendung eines an Landwirte verpachteten Grundstücks für Deponiezwecke, was zu einer dauerhaften Minderung der Bodenqualität geführt hat (FG Köln EFG 14, 1868, rkr, zust Anm *Wüllenkemper* EFG 14, 1871 mwN; der WK-Abzug wurde hier allerdings nicht auf S 7, sondern auf die allg Norm des § 9 I 1 gestützt). Hierfür spricht auch, dass der BFH die Möglichkeit von *SonderAfA* auf UV bejaht, das ebenfalls nicht abnutzbar ist (s BFH IV R 48/07, BStBl II 10, 799 Rn. 42 ff; zu AfaA auf **UV** s auch *Glade* DB 00, 844). Eine AfaA auf GuB wegen schlechter wirtschaftl Vermarktbarkeit kommt allerdings nicht in Betracht (zutr BFH IX R 33/14, BFH/NV 16, 1446 Rn. 22). Ebenso hat der BFH AfaA für vergebl Aufwendungen iZm der geplanten Anschaffung von GuB (BFH IX R 37/09, BFH/NV 11, 36) oder einer Beteiligung iSd § 17 (BFH VIII R 4/02, BStBl II 04, 597) nicht zugelassen.

b) Voraussetzungen. – aa) Außergewöhnliche Abnutzung. Auch die AfaA dient der Verteilung der AK/HK und soll berücksichtigen, dass die bisherige Verteilung als nicht mehr vertretbar erscheint, weil sich ein Teil der ursprüngl AK/HK als verbraucht oder fehlgeschlagen erweist. Die Abnutzung muss „außergewöhnl" sein, dh aufgrund besonderer Umstände über den gewöhnl Wertverzehr hinausgehen (BFH VI R 185/97, BStBl II 04, 491 unter II.1.2.). Wer sich auf eine AfaA beruft, muss die Umstände glaubhaft machen. – **Abgrenzung AfaA/TW-AfA.** Für die TW-AfA genügt eine bloße *Wertänderung;* die AfaA setzt hingegen eine Beeinträchtigung der *Substanz* oder zumindest der *Nutzungsmöglichkeiten* des WG voraus (s auch 182

Glade DB 00, 844; *Grube* DB 06, 63). Ein von außen kommendes Ereignis muss unmittelbar *körperl* auf das WG einwirken (BFH IV R 45/05, BStBl II 09, 449 unter II.3.). Im Gegenzug kann die AfaA aber zu einem unter dem TW liegenden Buchansatz führen.

183 **bb) Außergewöhnliche technische Abnutzung. – (1) Substanzbeeinträchtigung.** Dies ist Voraussetzung für eine AfaA in dieser Fallgruppe. Typischerweise handelt es sich um Fälle der **Zerstörung** (BFH IX R 189/85, BStBl II 94, 11: Brand; zu Katastrophenschäden an Gebäuden umfassend *Grube* DStZ 00, 469; zu Naturkatastrophen *Mirbach/Mirbach* DStZ 21, 838 (840)), **Beschädigung** (zu Kfz-Unfällen → § 19 Rn. 110 „Unfallkosten"; zu Schäden infolge mangelhafter Unterhaltung des WG *HHR/Anzinger* § 7 Rn. 233 mwN) oder des **Verlusts** des WG (BFH VI R 185/97, BStBl II 04, 491: Unterschlagung eines Arbeitsmittels durch den Ehegatten). Erwirbt ein Erbbauberechtigter auch das belastete Grundstück (→ § 6 Rn. 94), rechtfertigt dies keine AfaA auf die AK des Erbbaurechts (FG Köln EFG 92, 659, rkr); Gleiches gilt für den umgekehrten Fall (BFH IX R 24/03, BStBl II 06, 461: Eigentümer des belasteten Grundstücks erwirbt das Erbbaurecht und bricht das Gebäude ab).

184 **(2) Abbruch von Gebäuden.** Wird ein bebautes Grundstück in der Absicht erworben, das Gebäude abzureißen (wichtiges Beweisanzeichen: Abriss innerhalb von drei Jahren nach dem Erwerb), gehört der Restbuchwert des Altgebäudes zu den HK eines Neubaus (wenn das Grundstück wieder bebaut wird) bzw den AK des GuB (wenn das Grundstück nicht wieder bebaut wird). Fehlte hingegen beim Erwerb noch die Abbruchabsicht, ist iHd Restbuchwerts eine AfaA vorzunehmen (Nachweise und weitere Einzelheiten → § 6 Rn. 214 ff). Unter den genannten Voraussetzungen sind AfaA auch dann zulässig, wenn ein Neubau, der an die Stelle des zuvor vermieteten, abgerissenen Gebäudes getreten ist, zu eigenen Wohnzwecken genutzt wird, sofern die Abnutzung durch die vorangegangene Vermietung veranlasst ist (BFH IX R 26/96, BFH/NV 98, 1212; BFH IX R 51/05, BFH/NV 08, 933: neben der AfaA auch WK-Abzug der Abrisskosten; FG Nbg DStRE 18, 1287, rkr), und selbst dann, wenn das abgerissene Gebäude zuvor bis zu drei Jahren leer gestanden hatte (FG RhPf EFG 99, 1275, rkr). Gleiches gilt, wenn das bisher vermietete Gebäude aufgrund wirtschaftl Umstände nicht mehr vermietbar ist und zum Ende des letzten Mietverhältnisses an einen Dritten veräußert wird, der es dann abbricht (zutr BFH IX R 64/07, BStBl II 09, 301). – Diese Grundsätze gelten auch für **Teilabrisse/Rückbau** (Umbau unter Entfernung von Teilen der Substanz; zu den Kriterien für einen Abzug von AfaA s BFH IX R 26/89, BStBl II 94, 902). Wird statt eines geplanten Teilabrisses ein Totalabriss erforderl, kann nur iHd Differenzbetrags eine AfaA vorgenommen werden (BFH IX R 2/93, BStBl II 97, 325).

186 **cc) Außergewöhnliche wirtschaftliche Abnutzung.** Darunter ist die Beeinträchtigung der wirtschaftl *Nutzungsfähigkeit* zu verstehen. – **(1) Einzelfälle wirtschaftliche Abnutzung.** Auch → Rn. 157 f. Das WG oder die mit ihm hergestellten Produkte sind durch neue Erfindungen oder einen Modewechsel überholt (FG Ddorf EFG 92, 660, rkr: Computer; jedoch anders zum Erscheinen aktueller Software-Versionen FG Mster EFG 05, 854, von BFH XI R 13/05, nv bestätigt: nur TW-AfA; ebenso *Eberlein* DStZ 03, 677 (682), betr unrentable Internetauftritte); ein Mietvertrag endet vorzeitig, sodass Mietereinbauten verloren sind.

187 **(2) Einzelfälle keine wirtschaftliche Abnutzung.** Die bloße Minderung der *Rentabilität* des WG aufgrund eines Rückgangs der erzielbaren Mieten (BFH IX R 7/13, BFH/NV 14, 1202: das Gebäude erfüllt die aktuellen Branchenanforderungen nicht), eines Überangebots (SchlHFG EFG 09, 1453, rkr; für ledigl vorübergehende Rentabilitätsminderung auch FG Mchn EFG 98, 178, rkr; hingegen offen gelassen von BFH IX R 146/90, BStBl II 93, 702 unter 2.b cc; großzügiger *Grube* FR 11, 987) oder zu optimistischer Markteinschätzung (zutr FG BW EFG 20, 32,

rkr), weil es hier an der Voraussetzung eines von außen kommenden, körperl auf das WG einwirkenden Ereignisses (→ Rn. 182) fehlt (anders jedoch für Einzelhandelsimmobilien aufgrund der durch die Corona-Pandemie beschleunigten Krise des stationären Einzelhandels *Kessler/Hillers* DStR 23, 2041). Wegen behördl Auflagen kann ein Gebäude nur in einer wirtschaftl nicht optimalen Weise errichtet werden, sodass weniger Mieteinnahmen erzielt werden (BFH VIII R 176/78, BStBl II 80, 743); Geldspielautomaten können vom Automatenaufsteller zwar nicht mehr an den Hersteller zurückgegeben, wohl aber zu ihrem eigentl Zweck genutzt werden (FG Ddorf EFG 82, 406, rkr); Wertminderung nach einem Wasserrohrbruch, wenn das Gebäude durchgängig bewohnbar bleibt (FG Brem EFG 88, 466, rkr). Einer Verkürzung der Restnutzungsdauer, die nicht auf äußeren Einflüssen, sondern ledigl auf einer neuen Schätzung beruht, ist durch Anwendung eines erhöhten Satzes für die Normal-AfA nach § 7 IV 2 (→ Rn. 208), nicht aber durch eine AfaA Rechnung zu tragen.

(3) Beendigung der Erzielung von Überschusseinkünften. Dies allein führt 188
nicht zu einer AfaA (BFH VIII R 27/91, BFH/NV 93, 599 unter 3.c; FG Mchn DStRE 17, 715, rkr: keine AfaA auf Einrichtungsgegenstände eines häusl Arbeitszimmers bei Beendigung der Arbeitszimmernutzung). Etwas anderes gilt jedoch, wenn sich bei Beendigung eines Mietverhältnisses herausstellt, dass ein speziell auf die Wünsche des bisherigen Mieters zugeschnittenes (Gewerbe-)Gebäude nur noch eingeschränkt vermietbar ist (BFH VIII R 34/76, BStBl II 81, 161 unter I.2.b; BFH IX R 64/07, BStBl II 09, 301: hier war das Gebäude völlig unvermietbar). In den letztgenannten Fällen setzt eine AfaA jedoch voraus, dass der obj Zusammenhang der Wertminderung mit der früheren Vermietungstätigkeit nicht durch eine Verknüpfung mit einer Grundstücksveräußerung überlagert wird. An einer solchen sachl Verknüpfung fehlt es trotz zeitl Nähe zur Grundstücksveräußerung jedenfalls dann, wenn der Verkaufserlös allein auf den GuB entfällt und der Verkaufsentschluss erst nach der Erkenntnis der Unvermietbarkeit gefasst wird (BFH IX R 64/07, BStBl II 09, 301, Anm *Heuermann* HFR 09, 233).

(4) Baumängel. Sie rechtfertigen keine AfaA, weil sie ledigl das wertmäßige 189
Gleichgewicht der beiderseitigen Leistungen berühren, nicht aber zu einem Verlust an Substanz oder Nutzungsfähigkeit führen (BFH IX R 164/87, BStBl II 92, 805; ebenso zu einem mit Mängeln behafteten *Kauf*objekt BFH IX R 30/02, BStBl II 04, 592; Anm *Heuermann* HFR 04, 612). Selbst wenn wegen der Mängel einzelne unselbständige Teile des Gebäudes wieder entfernt werden müssen und daher ein Substanzverlust vorliegt, verneint die Rspr AfaA mit der Begründung, vor der Fertigstellung des Gebäudes fehle es noch an einem abnutzbaren WG (BFH IX R 23/92, BStBl II 95, 306 unter III.2.c aa; ebenso BFH IX R 39/86, BFH/NV 87, 763: Subunternehmer entfernt unter seinem Eigentumsvorbehalt stehende Baumaterialien nach Insolvenz des Generalunternehmers; ähnl zur TW-AfA → § 6 Rn. 276 mwN); etwas anderes kann aber im Fall der Beseitigung von Gebäudeteilen gelten, die *selbständige* WG sind. AfaA kommen auch dann nicht in Betracht, wenn die Mängel erst nach der Fertigstellung des Gebäudes entdeckt werden (BFH IX R 146/90, BStBl II 93, 702: Erstellung einer zu kleinen Wohnfläche). Aufwendungen zur Mängelbeseitigung sind nicht sofort abziehbar, sondern führen zu HK, wenn sie in engem Zusammenhang mit der Fertigstellung vorgenommen werden (BFH IX R 17/84, BStBl II 87, 694; BFH IX R 23/95, BFH/NV 99, 785). Bei Zerstörung eines Rohbaus durch *äußere* Einflüsse muss eine AfaA aber mögl sein (*Grube* DStZ 00, 469 (472)). Zur Problematik vergebl/erfolgloser Aufwendungen auch → § 6 Rn. 207 ff. und → § 9 Rn. 102.

c) Höhe der AfaA. Bei außergewöhnl *technischer* Abnutzung ist der Teil des 191
Buchwerts abzusetzen, der den Substanzverlust repräsentiert, bei außergewöhnl *wirtschaftl* Abnutzung ist das Verhältnis der Verminderung der Nutzbarkeit des WG zur normalen Nutzbarkeit maßgebend. – **AfaA neben Reparaturkosten.** Sie kann nur

dann geltend gemacht werden, wenn nach der Reparatur eine *auf technischen Mängeln beruhende* erhebl Wertminderung verbleibt; ein bloßer *merkantiler Minderwert* reicht nicht aus, weil dieser die Nutzbarkeit nicht einschränkt (BFH VI R 7/92, BStBl II 94, 235; **aA** *Krämer* FR 94, 485). Schadensbeseitigungskosten, die nicht zu HK führen (zB Kosten für Abbruch- und Aufräumarbeiten), sind neben den AfaA als BA/WK abziehbar (BFH IX R 333/87, BStBl II 94, 12 unter 2.). – **Totalschaden eines privaten Kfz während berufl Nutzung.** Die AfaA bemisst sich nach der Differenz zw dem „fiktiven Buchwert" des WG (= AK ./. fiktive AfA, die bei durchgängiger Nutzung zur Einkunftserzielung abgezogen worden wäre) und dem tatsächl Wert des WG nach dem Schadensereignis (Zeitwert). Nicht maßgebl ist hingegen die Differenz zw den Zeitwerten vor und nach dem Schadensereignis (BFH IV R 25/94, BStBl II 95, 318; BFH VIII R 33/09, BStBl II 13, 171). Nach Ablauf der gewöhnl Nutzungsdauer (Vollabschreibung) ist eine AfaA daher nicht mehr mögl (BFH VIII R 33/09, BStBl II 13, 171). – Die AfaA ergänzt die normale AfA, sodass in dem betr Jahr zunächst die normale AfA, sodann die AfaA vorzunehmen ist (anschaul HessFG EFG 00, 1377, rkr). Zur Bemessung der Regel-AfA nach Vornahme einer AfaA → Rn. 131.

192 **d) Wahlrecht.** Nach dem Wortlaut des § 7 I 7 besteht ein Wahlrecht, ob AfaA vorgenommen werden (ebenso *BH/Brandis* § 7 Rn. 395; *Littmann* § 7 Rn. 273; *Weiss* BB 17, 2027, jeweils mwN; **aA** *HHR/Anzinger* § 7 Rn. 239). Bei *vollständiger* Nutzlosigkeit des WG zur Einkunftserzielung sind AfaA aber zwingend (allg Meinung).

193 **e) Zeitpunkt der AfaA.** Maßgebl ist der Eintritt des beeinträchtigenden Umstands (BFH VI R 27/97, BStBl II 98, 443: PKW-Unfall). War dieser zunächst verborgen, ist der Zeitpunkt der Entdeckung maßgebend (BFH IX R 17/84, BStBl II 87, 694 unter 3.; hier kein Wahlrecht). Wird dieser Zeitpunkt „verpasst", ist eine **Nachholung** mE aber mögl, sofern die Gründe für die AfaA fortbestehen. – **Erstattungen.** Wenn ein Versicherer oder Schädiger den Schaden später erstattet, bleibt die AfaA unberührt (BFH IX R 189/85, BStBl II 94, 11; BFH IX R 333/87, BStBl II 94, 12); ein Wahlrecht zur Verrechnung mit der späteren Ersatzleistung besteht nicht. Im PV ist eine Versicherungsleistung nur insoweit stpfl Einnahme, als die den Betrag der AfaA ausgleicht; darüber hinaus nicht (BFH IX R 1/14, BStBl II 15, 493; HessFG EFG 20, 107, rkr; s auch *Mirbach/Mirbach* DStZ 21, 838 (843)).

194 **f) Zuschreibung; Wertaufholung.** Bei Gewinnermittlung nach § 4 I oder § 5 (dh nicht bei Überschusseinkünften oder Gewinnermittlung nach § 4 III, wo eine TW-AfA ausgeschlossen ist, dazu → § 6 Rn. 360) ist eine gewinnerhöhende Zuschreibung (und damit eine Erhöhung der weiteren AfA-Bemessungsgrundlage) vorzunehmen, wenn der Grund für die AfaA entfallen ist (§ 7 I 7 Hs 2). Dabei genügt nicht eine bloße *Werterhöhung;* vielmehr muss die technische oder wirtschaftl *Abnutzung* beseitigt sein. Das FA trägt die Feststellungslast (anders bei der TW-Zuschreibung nach § 6 I Nr 1 S 4 wegen des abw Wortlauts). Diese Regelung soll das Wertaufholungsgebot des § 6 I Nr 1 S 4 und Nr 2 S 3 ergänzen.

Beispiel: Kommt es im Jahr 01 durch einen Verkehrsunfall zu einer AfaA am betriebl Kfz (dh Gewinnminderung) und wird der Schaden im Jahr 02 durch eine Reparatur beseitigt, ist eine Zuschreibung vorzunehmen (Gewinnerhöhung); die Reparaturkosten bleiben aber als BA abziehbar (iErg ist der Vorgang für das Jahr 02 also weitgehend gewinnneutral). Für die Folgejahre bewirkt die Zuschreibung eine höhere Bemessungsgrundlage für die NormalAfA. Letztl gilt nichts anderes, wenn alle Vorgänge in *einem* Wj liegen (iErg Gewinnminderung iHd Reparaturkosten).

195 **4. Degressive AfA bei beweglichen Wirtschaftsgütern (§ 7 II-III). – a) Allgemeine Regelung (§ 7 II).** Für bewegl WG, die vom 1.7.25 bis zum 31.12.27 angeschafft oder hergestellt werden, kann (Wahlrecht) wieder eine degressive AfA in Höhe des Dreifachen der linearen AfA (maximal jedoch 30%) beansprucht werden. Dies dient als Anreiz für zügige Investitionsentscheidungen, weil deren Finanzierung erleichtert wird (BT-Drs 20/8628, 121 f), und bildet ab, dass viele WG in den ersten

Jahren ihrer Nutzung einer besonders hohen Wertminderung unterliegen. – **Vorjahre.** Die degressive AfA war bereits bei Anschaffung/Herstellung in den Kj 2020 bis 2022 sowie vom 1.4.24 bis 31.12.24 eröffnet, allerdings mit einem niedrigeren Satz (→ Rn. 197).

aa) Voraussetzungen. Abs 2 gilt nur für **bewegl WG** (→ Rn. 34) des **Anlagevermögens** (Begriff → § 6 Rn. 344 ff; dh nur für die Gewinneinkunftsarten). Immaterielle WG sind daher nicht erfasst (krit *Althoff* BB 20, 2352), wohl aber Nutzungsrechte an bewegl Sachen (zutr *Littmann* § 7 Rn. 287). – **Buchmäßige Voraussetzungen** s Abs 2 S 3 iVm § 7a VIII (besonderes Verzeichnis). Eine parallele Wahlrechtsausübung in der HB ist nicht erforderl (§ 5 I 1 Hs 2; *BMF* BStBl I 10, 239 Rn. 18). Die Inanspruchnahme von **Sonderabschreibungen** schließt die degressive AfA aus (§ 7a IV); eine Ausnahme gilt aber für § 7g V (s auch BT-Drs 20/1111, 21). – Anders als die degressive *Gebäude*-AfA nach Abs. 5, 5a setzt Abs 2 nicht voraus, dass es sich um ein *neues* WG handelt; die Inanspruchnahme ist daher auch beim Erwerb **gebrauchter WG** zulässig. 196

bb) Höhe der degressiven AfA (§ 7 II 2). Anders als bei der linearen AfA wird der AfA-Satz hier nicht auf die (unverändert bleibende) Bemessungsgrundlage angewendet, sondern auf den jeweiligen Restbuchwert. Dadurch sinkt der AfA-*Betrag* von anfängl hohen Werten jährl ab. – Ausgangspunkt der Ermittlung ist der AfA-Satz, der sich bei linearer AfA nach Maßgabe der betriebsgewöhnl Nutzungsdauer ergeben würde. Für WG, die **vom 1.7.25 bis 31.12.27** angeschafft/hergestellt werden (auch bei abw Wj), gilt das Dreifache des linearen AfA-Satzes, maximal 30%. Bei Anschaffung/Herstellung **vom 1.1.20 bis 31.12.22** galt das Zweieinhalbfache des linearen AfA-Satzes, maximal 25%, bei Anschaffung/Herstellung **vom 1.4.24 bis 31.12.24** das Zweifache des linearen AfA-Satzes, maximal 20% (diese früheren Fassungen des § 7 II gelten gem § 52 XV 4 fort). – Wegen der Begrenzung des Höchstsatzes auf 30/25/20% lohnt sich die degressive AfA vor allem für WG mit relativ langer Nutzungsdauer. – Bei Anschaffung/Herstellung im Jahresverlauf ist der AfA-Betrag für das Erstjahr monatsweise zu zwölfteln (Abs 2 S 3 iVm Abs 1 S 4; → Rn. 145). Zur Behandlung nachträgl AK/HK → Rn. 132. Verkürzt sich die Nutzungsdauer, ist der AfA-Satz nach Maßgabe der (verkürzten) Gesamtnutzungsdauer anzusetzen, nicht aber der AfA-Satz, der der Restnutzungsdauer entsprechen würde. Die degressive AfA ist auch in die **Berechnung eines privaten Nutzungsanteils** einzubeziehen (zutr *BH/Brandis* § 7 Rn. 419); etwas anderes gilt nur für erhöhte und SonderAfA (→ § 6 Rn. 568). 197

cc) Ausschluss der AfaA. Abs 2 S 4 schließt bei degressiv abgeschriebenen WG eine AfaA nach Abs 1 S 7 aus (krit *HHR/Anzinger* § 7 Rn. 276 mwN). Der StPfl hat aber die Möglichkeit, nach § 7 III 1 zur linearen AfA überzugehen, um sodann die AfaA geltend machen zu können. Für WG des BV bleibt zudem eine TW-AfA mögl. 198

b) AfA für Elektrofahrzeuge (§ 7 IIa). Das **InvBoosterG** (BGBl I 25 Nr 161) hat in § 7 IIa eine neue degressive AfA für ElektroKfz eingeführt. – **Voraussetzungen.** Es muss sich um ein ElektroKfz iSd § 9 II KraftStG handeln, also mit einem Antrieb ausschließl durch Elektromotoren, die ganz oder überwiegend aus mechanischen oder elektrochemischen Energiespeichern oder aus emissionsfrei betriebenen Energiewandlern gespeist werden (→ § 6 Rn. 548). HybridKfz sind hier ausgeschlossen. Die Definition des § 9 II KraftStG umfasst **sowohl Pkw als auch Lkw** und Busse (so auch BT-Drs 21/323, 22). Für Lkw ersetzt § 7 IIa damit die SonderAfA des § 7c, die wegen Bedenken der EU-Kommission nie in Kraft getreten ist (→ § 7c Rn. 1). – Ferner muss das Kfz zum AV gehören (dies erfasst auch Kfz, die als Dienstwagen an ArbN überlassen werden) und in der Zeit vom 1.7.25 bis 31.12.27 angeschafft werden (auch bei Erwerb eines gebrauchten Kfz). – **Höhe der AfA.** Im Erstjahr beläuft sich die Ganzjahres-AfA unabhängig vom Monat der Anschaffung (§ 7 IIa S 3) auf 75% der AK/HK; für das zweite bis sechste Jahr gilt die folgende Staf- 199 felung: 10/5/5/3/2% der AK/HK. – **Keine Sonderabschreibungen** (§ 7 IIa 2). § 7 IIa ist nur anwendbar, wenn der StPfl keine SonderAfA für das ElektroKfz in Anspruch genommen hat. Dies würde sich zwar auch schon aus § 7a IV ergeben; die Bedeutung des § 7 IIa 2 liegt aber darin, dass er die in § 7g V zugelassene Kumulationsmöglichkeit der dortigen SonderAfA mit degressiver AfA ausschließt.

200 **c) Wechsel zwischen degressiver und linearer AfA (§ 7 III).** Nur der Wechsel von der degressiven AfA nach § 7 II zur linearen AfA ist zulässig (Abs 3 S 1), nicht dagegen ein umgekehrter Wechsel (Abs 3 S 3). Ein Wechsel von der ElektroKfz-AfA nach § 7 IIa zur linearen AfA ist nach dem Wortlaut des § 7 III nicht zugelassen, wäre aber auch nicht sinnvoll. Ein Wechsel zur LeistungsAfA ist vom Wortlaut nicht umfasst; wenn man aber einen Wechsel zw linearer und LeistungsAfA zulässt (→ Rn. 175), wird man iErg auch einen Wechsel von der degressiven zur LeistungsAfA erreichen können (glA *HHR/Anzinger* § 7 Rn. 279; offen *KKM* § 7 Rn. B 352; **aA** *BH/Brandis* § 7 Rn. 446; *KKM* § 7 Rn. D 20). – Der Wechsel zur linearen AfA ist sinnvoll, weil diese zum Ende der Nutzungsdauer hin höher ist als die degressive AfA (Tabelle bei *HHR/Anzinger* § 7 Rn. 279). Der Übergang ist auch im Jahr der Veräußerung oder Aufgabe des Betriebes zulässig, was sich in Jahren, in denen die lineare AfA höher ist als die degressive, günstig auswirkt, weil der lfd Gewinn gemindert und der begünstigte Aufgabegewinn erhöht wird. Nach dem Übergang bemisst sich die AfA nach dem Restbuchwert und der Restnutzungsdauer (Abs 3 S 2; Einzelheiten *HHR/Anzinger* § 7 Rn. 282).

III. Gebäudeabschreibung, § 7 IV–Vb

201 **1. Lineare AfA bei Gebäuden, § 7 IV. – a) Gemeinsame Voraussetzungen.** Zum **Gebäudebegriff** → Rn. 36; als Gebäude gelten auch selbständige Gebäudeteile iSd § 7 Vb (→ Rn. 215). Unbewegl WG, die keine Gebäude sind, fallen nicht unter Abs 4, sondern unter Abs 1 (→ Rn. 39). – Alle übrigen Voraussetzungen des Abs 1 müssen erfüllt sein, sodass insoweit auf die entspr Erläuterungen verwiesen wird (zur persönl AfA-Berechtigung → Rn. 51 ff; zur Bemessungsgrundlage, auch zur Behandlung nachträgl HK, → Rn. 105 ff). Die Regelung über die AfA bei **Einlage nach Verwendung bei den Überschusseinkünften** (Abs 1 S 5; → Rn. 123) ist anwendbar (Abs 4 S 1 letzter Satzteil). Abs 4 S 3 verweist zudem auf die Regelungen über die **AfaA** (Abs 1 S 7; Einzelheiten → Rn. 181 ff; zu den weiteren Absetzungen nach einer AfaA → Rn. 131). Zur linearen Gebäude-AfA nach SonderAfA s § 7a IX und → § 7a Rn. 16.

203 **b) Lineare Gebäude-AfA nach typisierten Sätzen, § 7 IV 1.** Die typisierten AfA-Sätze von 3 bzw 2/2,5% entsprechen einer unterstellten Nutzungsdauer von 33 bzw 50/40 Jahren. Auch wenn die tatsächl Nutzungsdauer in der Praxis idR länger sein wird (so zutr BFH IX R 51/07, BFH/NV 09, 157 unter II.2.b aa), dürfen die AfA-Sätze nicht *unterschritten* werden (BFH XI B 2/19, BFH/NV 20, 561; BFH XI B 117/19, BFH/NV 20, 609; zur Nachholung unterlassener AfA → Rn. 8 ff; zum Begriff und Beginn der Nutzungsdauer s § 11c I EStDV). Eine *Überschreitung* der AfA-Sätze ist zulässig, wenn die tatsächl Nutzungsdauer kürzer als die typisierte Nutzungsdauer ist (Abs 4 S 2; → Rn. 208); dies gilt auch, wenn die Nutzungsdauer erst nachträgl neu geschätzt wird (→ Rn. 163). Im **Jahr der Anschaffung/Herstellung** bzw Veräußerung ist die AfA nur zeitanteilig vorzunehmen (→ Rn. 145 f). – Bei jedem **Eigentumswechsel** (Erwerb gebrauchter Gebäude) ist auf die neuen AK wiederum der AfA-Satz von 3 bzw 2/2,5% anzuwenden (BFH VIII R 73/68, BStBl II 72, 176; HessFG EFG 92, 438, rkr), sofern nicht eine kürzere Nutzungsdauer glaubhaft gemacht wird (dann Anwendung von Abs 4 S 2). Dadurch ergibt sich bei dem einzelnen Gebäude ein über der typisierten Nutzungsdauer liegender Gesamtabsetzungszeitraum.

204 **aa) Wirtschaftsgebäude, § 7 IV 1 Nr 1.** Hier gilt ein erhöhter AfA-Satz von 3%. Voraussetzung ist, dass das Gebäude (bzw der selbständige Gebäudeteil) zu einem **BV** gehört (notwendiges oder gewillkürtes BV). Ferner darf es **nicht Wohnzwe-**

cken dienen (weder fremden noch eigenen; näher → 27. Aufl 2008, § 7 Rn. 171 und EStR 7.2 I–III). Werkswohnungen, die zum BV gehören, fallen daher nicht unter Nr 1; umgekehrt gilt Nr 1 ab dem Zeitpunkt einer Umwandlung von Wohn- in Gewerbeflächen (zur Behandlung von Nutzungsänderungen s auch *HHR/Anzinger* § 7 Rn. 296). Wenn eine Aufteilung erforderl ist, sind die Gesamtbaukosten den einzelnen WG nach dem Verhältnis der Nutzflächen zuzuordnen. – Zum **zeitl Anwendungsbereich** (Bauantrag nach dem 31.3.1985, auch wenn der konkrete StPfl das Gebäude erst später erwirbt) → 33. Aufl 2014, § 7 Rn. 153.

bb) Andere Gebäude als Wirtschaftsgebäude, § 7 IV 1 Nr 2. Für Gebäude, die nach dem 31.12.22 fertiggestellt werden, ist der AfA-Satz mit dem **JStG 2022** (BGBl I 22, 2294) auf 3% erhöht worden (Nr 2 Buchst a), um klimagerechte Neubauten zu fördern (BT-Drs 20/3879, 88). Andere Gebäude sind idR mit 2% abzuschreiben (Nr 2 Buchst b). Sofern das Gebäude vor dem 1.1.1925 fertiggestellt worden ist, beträgt der AfA-Satz 2,5% (Nr 2 Buchst c). IErg gilt Nr 2 damit für **sämtl Gebäude des PV** (unabhängig von der Nutzung; auch zB bei Vermietung an einen fremden *Betrieb*) und für **solche Gebäude des BV, die nicht unter Nr 1 fallen** (zB zu Wohnzwecken genutzte Betriebsgebäude oder solche, für die der Bauantrag vor dem 1.4.1985 gestellt worden ist). Ein Wahlrecht besteht nicht. Wenn *ein* Gebäude Teile (= Nutzflächen) enthält, die in unterschiedl Nutzungs- und Funktionszusammenhängen stehen, sind unterschiedl AfA-Sätze anzuwenden (→ Rn. 36 mwN). – **Abs 4 Satz 4** ordnet an, dass eine TW-AfA oder AfaA nicht allein deshalb vorgenommen werden kann, weil ein Gebäude nur die Voraussetzungen der Nr 2, nicht aber die der Nr 1 erfüllt. Auch eine höhere AfA auf der Grundlage einer kürzeren Nutzungsdauer (Abs 4 S 2) kann nicht schon deshalb gewährt werden, weil das unter Nr 2 fallende Gebäude wie ein Gebäude iSd Nr 1 betriebl genutzt wird; vielmehr sind stets Feststellungen zum konkreten Einzelfall erforderl (BFH IX R 16/08, BFH/NV 09, 899). 205

c) Gebäude-AfA nach tatsächlicher Nutzungsdauer, § 7 IV 2. – aa) Norminhalt. Ist die tatsächl Nutzungsdauer kürzer als in den typisierten Fällen des § 7 IV 1, kann (Wahlrecht) die AfA nach der kürzeren Nutzungsdauer vorgenommen werden. Mit dem immer schnelleren Wandel der Bedürfnisse und technischen Anforderungen ist die Bedeutung des S 2 gestiegen. S 2 ist durch das **WachstChG** (BGBl I 24 Nr 108) rückwirkend zum 1.1.23 (Art 35 III WachstChG) redaktionell an die bereits mit dem JStG 2022 (BGBl I 22, 2294) vorgenommene Änderung des S 1 angepasst worden. – **Begriff und Beginn der Nutzungsdauer.** S § 11c I EStDV; ausführl zur Ermittlung der Nutzungsdauer mit Einzelfällen → Rn. 152 ff; umfassend zur Schätzung der Nutzungsdauer für außersteuerl Zwecke *Blum/Weiss* BB 07, 2093. – **Spätere Verlängerung der Nutzungsdauer.** In derartigen Fällen (zB bei wesentl Herstellungsaufwand), ist derjenige AfA-Satz anzuwenden, der sich bei Verteilung des Restbuchwertes auf die neue Restnutzungsdauer ergibt. Die AfA-Sätze des Abs 4 S 1 (3 bzw 2/2,5%) dürfen aber nicht unterschritten werden (s auch *HHR/Anzinger* § 7 Rn. 307). Ein Wechsel zur AfA nach § 7 IV 1 ist zulässig, sofern dies nicht willkürl geschieht. 208

bb) Nachweisfragen. Der StPfl trägt die Feststellungslast für eine kürzere Nutzungsdauer (BFH IX B 181/12, BFH/NV 13, 1267; *BMF* BStBl I 23, 332 Rn. 7). – **Nachweis durch Gutachten.** Nach Auffassung der Rspr sind nicht nur Bausubstanzgutachten, sondern im Einzelfall auch Sachwertgutachten nach der ImmoWertV zum Nachweis einer kürzeren Nutzungsdauer geeignet (BFH IX R 25/19, BFH/NV 22, 108; dazu ausführl *Geiling/Jacoby* DStR 22, 1080; *Ulbrich* EStB 22, 103; glA FG Mster EFG 22, 580, rkr: Wertgutachten im Rahmen einer Zwangsversteigerung; FG Mster BB 23, 1365, rkr; FG Mster EFG 25, 1153, rkr: Anforderungen der *FinVerw* an die Zertifizierung des Gutachters nicht aus dem Gesetz ableitbar). Auch eine modellhafte Ermittlung der Restnutzungsdauer nach § 4 III und Anl 2 zu 209

§ 12 V ImmoWertV ist zulässig, zumal die hierfür erforderl Einschätzung des individuellen Modernisierungsgrads stets durch einen Sachverständigen vorgenommen werden muss (BFH IX R 14/23, BStBl II 25, 956 Rn. 22 ff; BFH IX R 26/24, DStR 25, 2719 Rn. 46); eine modellhafte Schätzung allein durch den StPfl ohne Gutachter reicht daher nicht aus (zutr *Reddig* HFR 24, 617; *Trossen* DStR 24, 1116). Die *FinVerw* stellte zunächst strengere Anforderungen sowohl an den Gutachter als auch an das Gutachten als die Rspr (ausführl *BMF* BStBl I 23, 332), hat diese Auffassung jetzt aber aufgegeben (*BMF* BStBl I 25, 2038).

Gescheiterte Gesetzesinitiativen. Im Hinblick auf die dargestellte Rspr hatte die BReg zunächst vorgeschlagen, mit dem JStG 2022 den S 2 (Möglichkeit des Nachweises einer kürzeren Nutzungsdauer) ersatzlos zu streichen (BT-Drs 20/3879, 88; krit *Esser* BBK 22, 761); dies ist aber nicht in das endgültig verabschiedete Gesetz übernommen worden. Auch ein Ende 2025 im Referentenentwurf der 7. VO zur Änderung stl VO (BMF-Homepage) enthaltener Vorschlag, die frühere Verwaltungsauffassung zur Nachweisführung in einem neuen § 11c Ia EStDV festzuschreiben, ist nicht in die Endfassung der VO (BGBl I 25 Nr 372) übernommen worden.

210 **cc) Einzelfälle.** Zu häufigen Fallgruppen ausführl *Grotherr* FR 22, 965 (sanierungsbedürftige Immobilien, Leichtbauweise, spezielle gewerbl Nutzung). Nach grundlegender Sanierung und Modernisierung eines Altbaus kommt die erstmalige Geltendmachung einer verkürzten Nutzungsdauer grds nicht mehr in Betracht (mE zutr FG Bln-Bbg EFG 14, 746, best durch BFH IX B 27/14, BFH/NV 14, 1772). Bei einem in gehobener Qualität errichteten Massivbau ist Satz 2 nicht allein deshalb anzuwenden, weil das Gebäude als Lebensmittelmarkt vermietet wird, auch wenn für bewertungsrechtl Zwecke (Anlage 22 zum BewG) eine Nutzungsdauer von 30 Jahren angenommen wird (zutr FG BW EFG 18, 1790, rkr). Zur Abgrenzung zw Leichtbauweise (idR verkürzte Nutzungsdauer) und Massivbauweise s *Urban* NWB 21, 3256. Zu den Anforderungen an die Geltendmachung einer verkürzten Nutzungsdauer bei Anschaffung eines nicht mehr heutigen Standards entsprechenden Gebäudes s NdsFG EFG 07, 1756 unter 2., rkr; zur (nicht verkürzten) Nutzungsdauer von Massivgebäuden, die als Flüchtlingsunterkunft genutzt werden, FG Mchn EFG 25, 1078, rkr.

211 **2. Degressive AfA für bis 2005 errichtete Neubauten, § 7 V.** Die degressive AfA nach § 7 V ist **auslaufendes Recht;** bei Bauantrag/Vertragsschluss ab 1.1.06) wird sie nicht mehr gewährt. Letzte ausführl Kommentierung → 27. Aufl 2008, § 7 Rn. 160 ff; letzte Nachträge → 33. Aufl 2014, § 7 Rn. 160. – Ein Wechsel von § 7 V zur AfA nach § 7 IV 2 (verkürzte Nutzungsdauer) ist aufgrund des von § 7 V verfolgten Typisierungs- und Vereinfachungsgedankens nicht zulässig (BFH IX R 33/16, BStBl II 18, 646; mE nicht zwingend); die *FinVerw* lässt aber AfaA zu (EStR 7.4 XI 2).

212 **3. Degressive AfA für ab 2023 errichtete Neubauten, § 7 Va. Ab 1.10.23** (Beginn der Herstellung oder Abschluss des obligatorischen Anschaffungsvertrags; zum zeitl Anwendungsbereich → Rn. 214) können StPfl für Neubauten, die Wohnzwecken dienen (zum sachl Anwendungsbereich → Rn. 213) wieder eine degressive AfA iHv 5% vom jeweiligen Restbuchwert (zur Höhe der AfA → Rn. 215) in Anspruch nehmen. – **Zweck.** Der Gesetzgeber verspricht sich mit § 7 Va Investitionsanreize für eine Stabilisierung der Bauwirtschaft, die aufgrund des Wohnraummangels und der hohen Baukosten erforderlich sind (BT-Drs 20/8628, 122).

213 **a) Voraussetzungen. – aa) Sachlicher Anwendungsbereich. – (1) Gebäude.** § 7 Va gilt für Gebäude, über § 7 Vb auch für Eigentumswohnungen und andere selbständige Gebäudeteile. Sie können zum BV oder PV gehören (zu Unrecht **aA** unter Hinweis auf überholte Rspr *Schumann* EStB 25, 133 (135): nur BV). – **(2) Wohnzwecke.** Die begünstigten Gebäude(teile) müssen Wohnzwecken dienen (zu diesem Begriff → § 7b Rn. 13). Wird ein Gebäude gemischt genutzt (zB Wohn- und Geschäftshaus), gilt § 7 Va nur für die Wohnungen („soweit"). – **(3) Neubauten.** Das Gebäude muss vom StPfl hergestellt (Bauherreneigenschaft) oder bis zum Ende des Jahres der Fertigstellung angeschafft werden. Im Fall der Anschaffung müssen Fer-

tigstellung und Erlangung der wirtschaftl Verfügungsmacht daher im selben Kj liegen (so ausdrückl BT-Drs 20/8628, 122). – **(4) Belegenheit.** Das Objekt muss in Deutschland oder einem anderen EU-/EWR-Staat liegen. Über den Wortlaut hinaus sind mE auch Gebäude in der Schweiz einzubeziehen (aufgrund des Freizügigkeitsabkommens zw der EU und der Schweiz).

bb) Zeitlicher Anwendungsbereich. – (1) Herstellungsfall. Der Beginn der Herstellung muss im **Zeitraum vom 1. 10. 23 bis 30. 9. 29** liegen. Als Beginn der Herstellung gilt das Datum *in der* nach landesrechtl Vorschriften einzureichenden Baubeginnsanzeige (§ 7 Va 2). Maßgebl ist also nicht etwa das Datum der *Einreichung* der Baubeginnsanzeige, sondern das in in dieser Anzeige *angegebene* Datum, was Gestaltungsmöglichkeiten eröffnet und ggf zu Falschangaben verleiten kann. Wenn Baubeginnsanzeigen landesrechtl nicht vorgeschrieben sind, hat der StPfl zu erklären, dass er den Baubeginn ggü der zuständigen Behörde *freiwillig* angezeigt hat (§ 7 Va 3); auch hier ist mE das *in* der freiwilligen Baubeginnsanzeige angegebene Datum maßgebl. Der Anwendungszeitraum des **§ 7b** endet ebenfalls am 30. 9. 29; dort ist allerdings nicht das Datum lt Baubeginnsanzeige maßgebl, sondern das (viel früher liegende) Datum des Bauantrags, was Vorratsbauanträge zur weiteren Sicherung der degressiven AfA für künftige Bauprojekte ermöglicht. – **(2) Anschaffungsfall.** Hier muss der obligatorische Vertrag (zB notarieller Grundstückskaufvertrag, Bauträgervertrag) im Zeitraum vom 1. 10. 23 bis 30. 9. 29 rechtswirksam abgeschlossen werden. 214

b) Rechtsfolgen. – aa) Höhe der AfA. Sie beläuft sich auf 5% vom jeweiligen Restbuchwert (§ 7 Va 4). Im Gegensatz zu § 7 V aF (degressive AfA in festen, aber in gewissen Zeitabständen sinkenden Jahresbeträgen) handelt es sich daher um eine geometrisch-degressive AfA mit jährl abnehmenden Beträgen (wie § 7 II). – **Erstjahr.** Hier ist kein Ganzjahresbetrag, sondern eine monatsweise zeitanteilige AfA zu gewähren (§ 7 Va 5 iVm § 7 I 4). Dies gilt mE auch im Jahr der Veräußerung des Gebäudes (ebenso zu § 7 V aF BFH VIII R 93/74, BStBl II 77, 835; BFH IX R 107/91, BFH/NV 94, 780). – **AfaA.** Ihre Inanspruchnahme ist ausgeschlossen (§ 7 Va 6). Allerdings ist ein Übergang zur linearen AfA (→ Rn. 216) auch dann zul, wenn dies dazu dient, anschließend AfaA in Anspruch zu nehmen (so ausdrückl BT-Drs 20/8628, 122). – **Verhältnis zu § 7b.** Eine Kumulation beider Subventionsnormen ist mögl (ausdrückl in § 7b I 1 vorgesehen). Nutzt man diese Möglichkeit, können bereits in den ersten vier Jahren 37% der AK/HK abgesetzt werden, was eine erhebl Erleichterung der Finanzierung von Neubauten bewirkt. 215

bb) Übergang zur linearen AfA. Ein solcher Übergang ist zul (§ 7 Va 7) und angesichts der immer geringer werdenden jährl AfA-Beträge zu einem bestimmten Zeitpunkt auch sinnvoll. – **Höhe der AfA nach dem Übergang.** Neue AfA-Bemessungsgrundlage ist der Restwert; als neuer AfA-Satz ist der „nach Abs 4 unter Berücksichtigung der Restnutzungsdauer maßgebende Prozentsatz" zugrunde zu legen (so der Wortlaut des § 7 Va 8). ME ist diese gesetzl Anordnung missglückt. Bei zutr Betrachtung muss die Gesamt-AfA-Dauer 33 Jahre betragen (§ 7 IV 1 Nr 2 Buchst a). Hiervon ist der Zeitraum abzuziehen, für den bereits die degressive AfA nach § 7 Va in Anspruch genommen wurde. Daraus ergibt sich die im Gesetz genannte „Restnutzungsdauer". Über diesen Zeitraum ist der Restbuchwert dann gleichmäßig zu verteilen, so dass der AfA-Satz für die RestwertAfA sich gerade nicht aus den typisierten Werten des Abs 4 ergibt, sondern ein individueller Prozentsatz ist. 216

4. AfA auf selbständige Gebäudeteile/Eigentumswohnungen/Teileigentum, § 7 Vb. Die Regelung ordnet klarstellend (*Söffing* FR 77, 533 (536)) an, dass Gebäudeteile, die in einem **unterschiedl Nutzungs- und Funktionszusammenhang stehen** (→ Rn. 36), für die Anwendung der Gebäude-AfA als jeweils selbständige WG gelten; sie soll der Klarstellung dienen. Zur Abgrenzung der Gebäudeteile, die selbständige unbewegl WG sind, von den *bewegl* WG → Rn. 34 ff mwN. Zur Stufenfolge bei der estrechtl Beurteilung von Umbau- und Erweiterungsmaß- 218 nahmen an bestehenden Gebäuden (Erhaltungsaufwand – nachträgl HK – Entstehung eines neuen WG – Neubau iSd § 7 V/Va) ausführl → Rn. 132: zur Anwendbarkeit von § 7 V auf *nachträgl errichtete* selbständige Gebäudeteile → 27. Aufl 2008, § 7 Rn. 162 ff (nur bei Neubau). – **Eigentumswohnungen** und im **Teileigentum** stehende Räume sind hingegen stets selbständige WG mir eigener AfA. Nutzungs- und Funktionszusammenhänge haben hier keine Auswirkung.

IV. Absetzung für Substanzverringerung, AfS, § 7 VI

221 **1. Allgemeines.** Ein Bodenschatz ist ein abnutzbares unbewegl WG (BFH I R 101/10, BStBl II 13, 165 Rn. 21). Durch die AfS soll nicht ein beim Abbau entstehender Wertverlust ausgeglichen, sondern der Aufwand für den Erwerb eines WG auf den Zeitraum der Nutzung verteilt werden (BFH VIII R 236/81, BStBl II 89, 37 unter 1.; krit *Littmann* § 7 Rn. 31; auch → Rn. 1). Zum **Absetzungsberechtigten,** insb auch bei unentgeltl erworbenen Nutzungsrechten, → Rn. 51 ff. Die Absetzung **beginnt** mit den Beginn des Bodenschatzabbaus. Zur **Nachholung** unterlassener AfS → Rn. 8 ff. Zur **Einkunftsart** bei Ausbeutung/Verpachtung/Verkauf eines Bodenschatzes und zur Behandlung von Entschädigungen → § 21 Rn. 18 ff.

222 **2. Methoden der Absetzung bei Bodenschätzen. Wahlrecht.** Die Absetzungen können entweder nach Abs 1 (Abs 6 Hs 1: lineare AfA) oder nach dem Grad des Substanzverzehrs (Abs 6 Hs 2: AfS ieS) vorgenommen werden. Die letztere Form ähnelt der LeistungsAfA des Abs 1 S 6. Abs 6 gilt bei allen Einkunftsarten. Die Rspr lässt bei Bodenschätzen im PV aber keine lineare AfA nach Abs 1 zu, weil sonst die Möglichkeit bestünde, eine geringere Menge als die sich bei linearer AfA ergebende abzubauen und den verbleibenden Bestand stfrei zu verkaufen (dh nur AfS nach § 7 VI Hs 2 zulässig; BFH VI R 145/66, BStBl III 67, 460; BFH VIII R 12/72, BStBl II 79, 38 unter 2.c; krit *HHR/Anzinger* § 7 Rn. 383). – **Höhe der AfS.** Sie ermittelt sich nach dem Verhältnis der im Wj geförderten Menge zur gesamten geschätzten Abbaumenge (EStR 7.5 S 3) bzw (bei erforderl Neuschätzung) zur neu ermittelten Restmenge (*BH/Brandis* § 7 Rn. 609).

224 **3. Absetzbares Wirtschaftsgut. – a) Bodenschätze.** Hierzu gehören zB Kohle-, Mineral-, Lehm-, Sand-, Kies-, Stein-, Erdöl-, Erdgasvorkommen, nicht hingegen Wasserquellen, die sich lfd ergänzen (BFH VI 331/64, BStBl II 68, 30). Zur bergrechtl Einteilung der Bodenschätze s *BMF* BStBl I 98, 1221. Die Möglichkeit, ein Grundstück als Deponie nutzen zu können, ist kein der AfS unterliegendes WG, sondern ledigl ein wertbildender Faktor des Grundstücks (FG Mster EFG 04, 1044, rkr). – Auch ein **Nutzungsrecht zum Abbau** von Bodenschätzen ohne Eigentum am GuB fällt unter Abs 6 (BFH VIII R 12/72, BStBl II 79, 38). Ist ein Ausbeuteunternehmen nicht zivilrechtl Eigentümer des GuB, sondern nur Inhaber des Bergwerkseigentums als Gewinnungsrecht (immaterielles WG), steht ihm gleichwohl das wirtschaftl Eigentum an dem *materiellen* WG „Bodenschatz" zu (BFH I R 101/10, BStBl II 13, 165). – **Die zum Abbau der Bodenschätze eingesetzten WG** unterliegen der AfA nach Abs 1–5a, nicht nach Abs 6.

225 **b) Grund und Boden.** Es handelt sich um ein vom Bodenschatz zu trennendes WG. Er kann durch den Abbau aber in seinem Wert und in Teilen seiner Substanz beeinträchtigt werden (zB Abtragung der Erdschicht und des Deckgebirges; bei Erdölförderung Verseuchung durch auslaufendes Öl). Zur **Absetzung auf den GuB** (nach hM wohl nur TW-AfA; mE hingegen auch AfaA) → Rn. 181 und ausführl → 39. Aufl 2020, § 7 Rn. 225 mwN.

227 **4. Entstehung des Bodenschatzes als Wirtschaftsgut. – a) Entstehungszeitpunkt.** Ein Bodenschatz ist grds ein unselbständiger Bestandteil des GuB. Als eigenes WG entsteht er nicht bereits mit seiner Entdeckung, sondern erst, wenn er zur nachhaltigen Nutzung in den Verkehr gebracht wird, dh mit **Beginn der Auf-**

schließung, sofern die dafür erforderl behördl Genehmigungen vorliegen, oder bei **Veräußerung** an einen Abbauunternehmer, der für den Bodenschatz einen Mehrpreis bezahlt, sofern mit der Erteilung der Genehmigungen zu rechnen ist (BFH IV R 88/96, BStBl II 98, 657; BFH X R 38/06, BStBl II 11, 622 unter II.2.b; BFH IV R 25/19, BStBl II 23, 695 Rn. 19; *BMF* BStBl I 98, 1221; ausführl *Sydow* DB 98, 2237); weitere Nachweise → § 5 Rn. 140, 270 „Bodenschätze". Dies gilt auch dann, wenn sich später zeigt, dass der Bodenschatz nicht für einen Abbau geeignet ist (BFH IV R 45/05, BStBl II 09, 449: keine Vornahme von AfaA!). Ist der StPfl Abbauunternehmer, besteht eine Vermutung, dass der Bodenschatz sich zum WG verselbständigt hat (BFH IV R 17/73, BStBl II 77, 825 unter 1.b). – **Kaufpreisaufteilung.** Ist der Bodenschatz nach den vorstehenden Grundsätzen als selbständiges WG entstanden, ist der Verkaufserlös aufzuteilen (→ § 6 Rn. 118). Ist in einem solchen Fall der Verkäufer ein LuF, gehört nur der auf den GuB entfallende Teil zu den BE; der auf den Bodenschatz entfallende Teil ist hingegen nicht stbar, da dieses WG im PV entsteht (BFH IV R 88/96, BStBl II 98, 657). Wenn jedoch der Bodenschatz nicht als selbständiges WG anzusehen ist, entfällt der gesamte Kaufpreis auf den GuB und ist stpfl.

b) Bodenschatz noch kein selbständiges Wirtschaftsgut. Der bloße Erwerb eines bodenschatzführenden Grundstücks durch einen StPfl, der nicht Abbauunternehmer ist, genügt nicht, wenn der Bodenschatz weder im Kaufvertrag erwähnt wird noch ein Mehrpreis gezahlt wird (BFH I R 66/76, BStBl II 79, 624; FG Bln-Bbg EFG 08, 1544, rkr). Selbst wenn der Kaufpreis auch unter Einbeziehung des Bodenschatzes ermittelt wird, stellt dieser kein selbständiges WG dar, wenn feststeht, dass der Bodenschatz nicht abgebaut werden wird und das gesamte Grundstück weiterhin als solches genutzt wird; das Entgelt ist dann für eine **entgehende Nutzungsmöglichkeit** gezahlt worden (BFH IV R 1/88, BStBl II 90, 317 unter 2.: Verkauf des bodenschatzführenden Grundstücks für einen Kraftwerksbau; BFH III R 36/93, BFH/NV 94, 473: Verkauf des Grundstücks zur Nutzung als Friedhof unter Vergütung des Bodenschatzes; BFH IV B 53/00, BFH/NV 01, 1256: Verkauf des Grundstücks zur Errichtung eines Umspannwerks; BFH IV B 139/03, BFH/NV 05, 1991: Verkauf zur Errichtung einer Bahnstrecke; BFH IV R 51/05, BFH/NV 06, 2064: Erwerb zum Zweck der Renaturierung eines Flusses). 228

5. Bemessungsgrundlage für die AfS. Maßgebl sind die AK von Bodenschatz oder Nutzungsrecht. – **a) Entgeltlicher Erwerb eines Grundstücks mit einem Bodenschatz.** Hat die Existenz des Bodenschatzes die Gesamt-AK beeinflusst, ist der Kaufpreis auf den GuB und den Bodenschatz aufzuteilen, sofern dieser nach den in → Rn. 227 dargestellten Grundsätzen als selbständiges WG entstanden ist. 231

b) Keine Beeinflussung des Kaufpreises durch den Bodenschatz. War die Existenz des Bodenschatzes zunächst nicht bekannt (oder wurde er für wertlos gehalten), gilt Folgendes (hier nur Überblick; Einzelheiten und zahlreiche Nachweise → § 5 Rn. 140, 270 „Bodenschätze"): Da der Bodenschatz als steuerrechtl WG erst mit seiner Aufschließung entsteht (→ Rn. 227), sind für ihn zuvor keine AK aufgewandt worden. Auch eine nachträgl Aufteilung der (ggf von einem Rechtsvorgänger) für das Grundstück gezahlten AK kommt nicht in Betracht. Grds entstehen neu entdeckte Bodenschätze als WG im PV (selbst dann, wenn das Grundstück als solches zu einem luf BV gehört). In einem solchen Fall sind gemäß § 11d II EStDV im PV keine AfS zulässig. 232

c) Einlage in ein gewerbliches Betriebsvermögen. Wird der StPfl zum Abbauunternehmer iSd § 15 I 1 Nr 1 S 2, ist der Bodenschatz zwar mit dem Teilwert anzusetzen; AfS sind aber gleichwohl nicht zulässig (BFH GrS 1/05, BStBl II 07, 508; BFH IV R 15/14, BStBl II 16, 593 Rn. 20; Literatur → 39. Aufl 2020, § 7 Rn. 233). Das Absetzungsverbot hat erhebl Bedeutung, weil bei Zulassung der AfS vom TW der gesamte Gewinn aus dem Abbau neutralisiert würde. Die Rspr argumentiert, der Abzug von AfS sei nicht durch das obj Nettoprinzip geboten, wenn niemand AK für 233 das WG getragen habe. Auch eine TW-AfA ist nicht zulässig, weil ansonsten die vom Gesetzgeber gewollte Besteuerung der Erträge vereitelt würde (BFH IV R 46/12, BStBl II 16, 607 Rn. 34 ff). Auf andere WG ist diese einschränkende Rspr nicht übertragbar (BFH X R 20/17, BStBl II 20, 3 Rn. 81: Einlage des Rechts am eigenen Namen zur kommerziellen Verwertung; zust *Wendt* FR 20, 593).

Gestaltungsmöglichkeiten. Die Besteuerung des Wertes des Bodenschatzes kann durch den (im PV nach Ablauf der Zehn-Jahres-Frist des § 23 nicht stbaren) **Verkauf des Grundstücks samt Bodenschatz** an einen (ggf nahestehenden) Dritten, der mit dem Kaufpreis den vollen Wert des Bodenschatzes abgilt, iErg gleichwohl vermieden werden. Gleiches gilt für den Verkauf an eine gewerbl PersGes, auch wenn der Verkäufer deren MUer ist (zutr BFH IV R 25/19, BStBl II 23, 695, wo allerdings eine strenge Prüfung der Fremdüblichkeit des Vertrags vorgenommen wird; *Korn* KÖSDI 24, 23785: ggf. auch Einbringung gegen Gewährung von GesRechten). Konsequenterweise muss dies auch für die Einbringung des Bodenschatzes gegen Gewährung von GesRechten gelten, weil es sich dabei um einen entgeltl Vorgang handelt (→ § 6 Rn. 598 mwN).

§ 7a Gemeinsame Vorschriften für erhöhte Absetzungen und Sonderabschreibungen

(1) [1]**Werden in dem Zeitraum, in dem bei einem Wirtschaftsgut erhöhte Absetzungen oder Sonderabschreibungen in Anspruch genommen werden können (Begünstigungszeitraum), nachträgliche Herstellungskosten aufgewendet, so bemessen sich vom Jahr der Entstehung der nachträglichen Herstellungskosten an bis zum Ende des Begünstigungszeitraums die Absetzungen für Abnutzung, erhöhten Absetzungen und Sonderabschreibungen nach den um die nachträglichen Herstellungskosten erhöhten Anschaffungs- oder Herstellungskosten.** [2]**Entsprechendes gilt für nachträgliche Anschaffungskosten.** [3]**Werden im Begünstigungszeitraum die Anschaffungs- oder Herstellungskosten eines Wirtschaftsguts nachträglich gemindert, so bemessen sich vom Jahr der Minderung an bis zum Ende des Begünstigungszeitraums die Absetzungen für Abnutzung, erhöhten Absetzungen und Sonderabschreibungen nach den geminderten Anschaffungs- oder Herstellungskosten.**

(2) [1]**Können bei einem Wirtschaftsgut erhöhte Absetzungen oder Sonderabschreibungen bereits für Anzahlungen auf Anschaffungskosten oder für Teilherstellungskosten in Anspruch genommen werden, so sind die Vorschriften über erhöhte Absetzungen und Sonderabschreibungen mit der Maßgabe anzuwenden, dass an die Stelle der Anschaffungs- oder Herstellungskosten die Anzahlungen auf Anschaffungskosten oder die Teilherstellungskosten und an die Stelle des Jahres der Anschaffung oder Herstellung das Jahr der Anzahlung oder Teilherstellung treten.** [2]**Nach Anschaffung oder Herstellung des Wirtschaftsguts sind erhöhte Absetzungen oder Sonderabschreibungen nur zulässig, soweit sie nicht bereits für Anzahlungen auf Anschaffungskosten oder für Teilherstellungskosten in Anspruch genommen worden sind.** [3]**Anzahlungen auf Anschaffungskosten sind im Zeitpunkt der tatsächlichen Zahlung aufgewendet.** [4]**Werden Anzahlungen auf Anschaffungskosten durch Hingabe eines Wechsels geleistet, so sind sie in dem Zeitpunkt aufgewendet, in dem dem Lieferanten durch Diskontierung oder Einlösung des Wechsels das Geld tatsächlich zufließt.** [5]**Entsprechendes gilt, wenn anstelle von Geld ein Scheck hingegeben wird.**

(3) **Bei Wirtschaftsgütern, bei denen erhöhte Absetzungen in Anspruch genommen werden, müssen in jedem Jahr des Begünstigungszeitraums mindestens Absetzungen in Höhe der Absetzungen für Abnutzung nach § 7 Absatz 1 oder 4 berücksichtigt werden.**

(4) **Bei Wirtschaftsgütern, bei denen Sonderabschreibungen in Anspruch genommen werden, sind die Absetzungen für Abnutzung nach § 7 Absatz 1 oder 4 vorzunehmen.**

(5) **Liegen bei einem Wirtschaftsgut die Voraussetzungen für die Inanspruchnahme von erhöhten Absetzungen oder Sonderabschreibungen auf Grund mehrerer Vorschriften vor, so dürfen erhöhte Absetzungen oder Sonderabschreibungen nur auf Grund einer dieser Vorschriften in Anspruch genommen werden.**

(6) **Erhöhte Absetzungen oder Sonderabschreibungen sind bei der Prüfung, ob die in § 141 Absatz 1 Nummer 4 und 5 der Abgabenordnung bezeichneten Buchführungsgrenzen überschritten sind, nicht zu berücksichtigen.**

(7) **[1]Ist ein Wirtschaftsgut mehreren Beteiligten zuzurechnen und sind die Voraussetzungen für erhöhte Absetzungen oder Sonderabschreibungen nur bei einzelnen Beteiligten erfüllt, so dürfen die erhöhten Absetzungen und Sonderabschreibungen nur anteilig für diese Beteiligten vorgenommen werden. [2]Die erhöhten Absetzungen oder Sonderabschreibungen dürfen von den Beteiligten, bei denen die Voraussetzungen dafür erfüllt sind, nur einheitlich vorgenommen werden.**

(8) **[1]Erhöhte Absetzungen oder Sonderabschreibungen sind bei Wirtschaftsgütern, die zu einem Betriebsvermögen gehören, nur zulässig, wenn sie in ein besonderes, laufend zu führendes Verzeichnis aufgenommen werden, das den Tag der Anschaffung oder Herstellung, die Anschaffungs- oder Herstellungskosten, die betriebsgewöhnliche Nutzungsdauer und die Höhe der jährlichen Absetzungen für Abnutzung, erhöhten Absetzungen und Sonderabschreibungen enthält. [2]Das Verzeichnis braucht nicht geführt zu werden, wenn diese Angaben aus der Buchführung ersichtlich sind.**

(9) **Sind für ein Wirtschaftsgut Sonderabschreibungen vorgenommen worden, so bemessen sich nach Ablauf des maßgebenden Begünstigungszeitraums die Absetzungen für Abnutzung bei Gebäuden und bei Wirtschaftsgütern im Sinne des § 7 Absatz 5b nach dem Restwert und dem nach § 7 Absatz 4 unter Berücksichtigung der Restnutzungsdauer maßgebenden Prozentsatz oder dem nach § 7 Absatz 5a maßgebenden Prozentsatz, bei anderen Wirtschaftsgütern nach dem Restwert und der Restnutzungsdauer.**

Einkommensteuer-Richtlinien: EStR 7a/EStH 7a.

1. Anwendungsbereich. § 7a gewährt selbst keine erhöhten oder SonderAfA (BFH VIII R 71/96, BFH/NV 98, 575 unter 2.), sondern setzt entspr gesetzl Regelungen voraus (innerhalb oder außerhalb des EStG, früher zB EStDV, FördG, BerlinFG, ZRFG, SchutzbauG). Sachl gilt die Vorschrift für die ertragsteuerl Behandlung aller **erhöhten Absetzungen** (= Absetzungen, die *an die Stelle* der normalen AfA treten, Abs 3; im heute geltenden EStG §§ 7h, 7i) und **Sonderabschreibungen** (= Abschreibungen, die *neben* der normalen AfA vorgenommen werden können, Abs 4; derzeit §§ 7b, 7g V). Einige dieser Sondervorschriften schließen jedoch die Anwendung von Teilen des § 7a ausdrückl oder stillschweigend aus. Die degressive AfA nach § 7 V, Va ist keine erhöhte Absetzung, sodass § 7a nicht anzuwenden ist. Gleiches gilt für Bewertungsfreiheiten (§ 6 II), Bewertungsabschläge (zB § 80 EStDV aF), stfreie Rücklagen und Gewinnabzüge (§§ 77, 78 EStDV aF), es sei denn, die Anwendung ist ausdrückl angeordnet. – § 7a gilt bei **sämtl Einkunftsarten,** also auch bei den Überschusseinkünften (§ 9 I 3 Nr 7). – Die nachträgl Geltendmachung von SonderAfA bei Betriebsprüfungen ist (in den Grenzen des § 4 II 2) mögl. 1

2. Nachträgliche Anschaffungskosten/Herstellungskosten, § 7a I. Die Vorschrift ist nur anwendbar auf nachträgl AK/HK, die **innerhalb des Begünstigungszeitraums** anfallen (= der Zeitraum, in dem bei einem WG erhöhte Absetzungen oder SonderAfA in Anspruch genommen werden *können*), auch wenn die SonderAfA bereits vor Anfall der nachträgl AK/HK vollständig ausgeschöpft worden ist (Ausnahme § 4 III FördG) oder letztl gar keine SonderAfA in Anspruch genommen wird (*BH/Brandis* § 7a Rn. 32). Es handelt sich um Kosten, die im Hinblick auf ein bestimmtes bereits fertig gestelltes oder geliefertes WG neu getätigt werden oder die 2

Folge einer Änderung der ursprüngl AK/HK (zB durch Nachkalkulation) sind. *Außerhalb* des Begünstigungszeitraums entstandene nachträgl AK/HK sind nach den allg Grundsätzen zu behandeln (→ § 7 Rn. 132). § 7a I findet keine Anwendung, wenn durch nachträgl Arbeiten ein neues WG entsteht (dazu → § 7 Rn. 132). Hier richtet sich die AfA nach den Vorschriften, von denen dieses neue WG erfasst wird; das Gleiche gilt, wenn nachträgl HK *selbständig* begünstigt sind (zB durch §§ 7h, 7i). – **Entstehungszeitpunkt.** Nachträgl AK entstehen im Zeitpunkt der Entstehung der Zahlungsverpflichtung; *nachträgl HK* entstehen, soweit die Aufwendungen in das hergestellte WG eingegangen sind (dies ist von Bedeutung, wenn die Arbeiten sich über mehrere Jahre erstrecken; vgl *HHR/Anzinger* § 7a Rn. 14). Die nachträgl AK/HK sind so zu behandeln, als seien sie zu Beginn des Entstehungsjahres angefallen (EStR 7a III 1). Dies folgt bereits aus dem Wortlaut des § 7a I 1; ein Wahlrecht zum ledigl zeitanteiligen Ansatz besteht nicht. Neue Bemessungsgrundlage für die NormalAfA, die erhöhten und SonderAfA sind die um die nachträgl AK/HK erhöhten ursprüngl AK/HK des WG. – **Nachträgl Minderung der AK/HK innerhalb des Begünstigungszeitraums.** Hierfür enthält Abs 1 S 3 eine spiegelbildl Regelung (vgl EStH 7a „Anzahlungen auf AK" Beispiel 2). Die Minderung kann zB durch Gewährleistungsansprüche (auch → § 6 Rn. 67), Zuschüsse oder Abzüge nach § 6b eintreten.

3 **3. Begünstigung von Teil-Herstellungskosten oder Anzahlungen auf Anschaffungskosten, § 7a II.** Eine solche Begünstigung muss in *anderen* Vorschriften ausdrückl vorgesehen sein. Dies ist im geltenden Recht nicht mehr der Fall (zuletzt § 4 II FördG; außerdem § 5 S 2 InvZulG 2010, auf den § 7a aber nicht anwendbar ist). Wegen der Einzelheiten daher → 30. Aufl 2011, § 7a Rn. 3 ff.

8 **4. Mindest-AfA bei erhöhten Absetzungen, § 7a III.** In jedem Jahr des Begünstigungszeitraums ist zwingend mindestens die AfA anzusetzen, die sich nach § 7 I oder IV ergeben würde (im Jahr der Herstellung oder Anschaffung ggf zeitanteilig). Für *SonderAfA* gilt Abs 4.

9 **5. Neben Sonder-AfA keine degressive AfA, § 7a IV.** Dies betrifft im geltenden Recht nur die (allerdings bisher nicht in Kraft getretene, → § 7c Rn. 1). Sonder-AfA des § 7c (Elektro-Lkw) und schließt dessen Kumulation mit § 7 II aus. Hingegen ermöglicht § 7g V ausdrückl eine Kumulation der dortigen SonderAfA mit § 7 II. Zu Einzelheiten → 31. Aufl 2012, § 7a Rn. 9.

10 **6. Kumulationsverbot, § 7a V. Anwendungsbereich.** Abs 5 schließt nur eine Kumulation mehrerer erhöhter AfA bzw SonderAfA aus, nicht dagegen andere Vergünstigungen (zB nach dem InvZulG oder EigZulG, s FG MV EFG 02, 419, rkr; zum Verhältnis zw InvZul und §§ 7h, 7i *Kaligin* DStR 07, 1112) in Kombination mit *einer* erhöhten AfA oder SonderAfA. **Praktische Bedeutung** hat dies derzeit für die (durch § 7a V untersagte) Kumulation von § 7c (noch nicht in Kraft getreten, → § 7c Rn. 1) und § 7g V bei Elektro-Lkw; eine Kumulation von § 7b und § 7h/7i (s *BMF* BStBl I 20, 623 Rn. 72) dürfte hingegen schon wegen der unterschiedl Tatbestandsvoraussetzungen praktisch ausgeschlossen sein. Da § 7 V (und § 7 Va idF WachstChG) keine erhöhte AfA ist, ist eine Kumulation mit § 7h/§ 7i mögl (BFH IX R 14/20, BStBl II 23, 374 Rn. 25). – Wegen der Einzelheiten → 39. Aufl 2020, § 7a Rn. 10.

11 **7. Überschreiten der Buchführungsgrenzen (§ 141 I Nr 4, 5 AO), § 7a VI.** Bei Prüfung der Buchführungsgrenzen sind erhöhte und SonderAfA nicht zu berücksichtigen. Damit soll verhindert werden, dass Betriebe allein wegen der Inanspruchnahme von erhöhter AfA oder SonderAfA die Grenzen unterschreiten. Ist der Gewinn unter Berücksichtigung von erhöhter AfA oder SonderAfA ermittelt worden, sind diese für die Ermittlung der Buchführungsgrenzen dem Gewinn wieder hinzuzurechnen; die NormalAfA nach § 7 I oder IV ist allerdings gegenzurechnen. – Eine Erweiterung des Abs 6 über seinen Wortlaut hinaus ist nicht vorzunehmen.

Rücklagen nach § 6b sowie Investitionsabzugsbeträge nach § 7g (zu AnsparAfA nach § 7g aF s FG Bln-Bbg EFG 08, 514, rkr) sind daher bei der Prüfung der Buchführungsgrenzen zu berücksichtigen.

8. Anwendung bei mehreren Beteiligten, § 7a VII. Nach § 7a VII 1 dürfen Beteiligte, die **personenbezogene Voraussetzungen** einer AfA-Vergünstigung *nicht* erfüllen, die Abschreibungen auf das allen Beteiligten zuzurechnende WG nur nach § 7 vornehmen (BFH IX R 102/85, BStBl II 90, 953: bei einzelnen Beteiligten Objektverbrauch nach § 7b aF). Besonders problematisch ist dies nach dem Ausscheiden eines Ges'ters aus einer PersGes, wenn die AfA-Vorschrift nur HK begünstigt (s BFH VIII R 85/91, BStBl II 94, 243: § 7d aF; BFH IX R 50/98, BStBl II 01, 760: § 7h; BFH VIII R 13/04, BStBl II 08, 545: § 82f EStDV) und nicht (wie zB in § 7g oder nach § 1 FördG; dazu BFH IX R 5/07, BFH/NV 07, 2097) ausdrückl auch die PersGes als solche begünstigt ist. Maßgebend für die „anteilige" Vornahme ist grds die vermögensrechtl Beteiligung; sind die AK/HK aber tatsächl in einem abw Verhältnis getragen worden, ist dieses maßgebend (*BH/Brandis* § 7a Rn. 59; *HHR/Anzinger* § 7a Rn. 63). – Die Pflicht zur **einheitl Vornahme der erhöhten AfA/SonderAfA (Abs 7 S 2)** gilt nicht nur in den Fällen des Abs 7 S 1, sondern auch dann, wenn *alle* Beteiligten die Begünstigungsvoraussetzungen erfüllen (zutr *BMF* BStBl I 25, 1419 Rn. 2; **aA** *HHR/Anzinger* § 7a Rn. 64). Die in dieser Vorschrift angeordnete Rechtsfolge war vor ihrem Inkrafttreten aus allg Bilanzierungsgrundsätzen abzuleiten (BFH IV R 137/83, BStBl II 86, 910 unter 3.). Zur fehlenden Antragstellung durch einen Teil der Beteiligten → 39. Aufl 2020, § 7a Rn. 14. – Die Regelung gilt auch bei **Bruchteilsgemeinschaften** (zutr *BH/Brandis* § 7a Rn. 56; *HHR/Anzinger* § 7a Rn. 61; **aA** *Kronthaler* DB 88, 676). 14

9. Aufzeichnungspflichten, § 7a VIII. Abs 8 ordnet bei Inanspruchnahme von erhöhter AfA oder SonderAfA im *BV* Aufzeichnungspflichten an (gilt gem § 7 II 3 auch für degressive AfA). Die gesetzl geforderten Angaben können entweder in einem besonderen Verzeichnis oder in der Buchführung gemacht werden. Die „laufende" Führung des Verzeichnisses bedeutet nicht unbedingt „zeitnah"; vielmehr ist nur die Aufzeichnung entspr der zeitl Reihenfolge zwingend. Daher genügt es, wenn das Verzeichnis erst im Zeitpunkt der Ausübung des Wahlrechts zur Inanspruchnahme der SonderAfA (dh ggf lange nach Ablauf des maßgebenden Wj) angelegt wird (BFH IV R 151/81, BStBl II 85, 47; EStH 7a „Verzeichnis"). Sind die Aufzeichnungspflichten zwar im Jahr der erstmaligen Inanspruchnahme der AfA-Vergünstigungen erfüllt, nicht aber in einem späteren Jahr, führt dies nicht zu einer rückwirkenden Versagung der damals ordnungsgemäß in Anspruch genommenen Vergünstigungen. 15

10. Restwert-AfA, § 7a IX. – a) Anwendungsbereich. Die Vorschrift gilt nur nach Inanspruchnahme von **SonderAfA** (dh nicht bei erhöhter AfA; hier finden sich zur RestwertAfA Regelungen in den jeweiligen Einzelvorschriften). Sie kommt **erst nach Ablauf des Begünstigungszeitraums** zum Tragen (dh nicht unbedingt schon im Jahr der Vornahme der SonderAfA; in den Fällen des § 7g also erst nach 5 Jahren; bei § 7b nach 4 Jahren). Zu **SonderAfA auf Anzahlungen** → 39. Aufl 2020, § 7a Rn. 16. 16

b) Gebäude. Hier (und bei den in § 7 Vb genannten WG) ist nach Ablauf des Begünstigungszeitraums der *Restwert* (dh nicht die ursprüngl Bemessungsgrundlage) maßgebend. Nach der (kaum verständl) Regelung ergibt sich der weitere *AfA-Satz,* wenn die typisierte Nutzungsdauer des § 7 IV (§ 7 V ist ausgeschlossen; s BFH IX R 12/13, BStBl II 14, 563 Rn. 18) um den Begünstigungszeitraum vermindert wird (BFH I R 155/87, BStBl II 92, 622; BFH IX R 12/13, BStBl II 14, 563 Rn. 18). Bei Inanspruchnahme der degressiven Gebäude-AfA nach § 7 Va bleibt es hingegen beim dortigen AfA-Satz. – **Beispiel.** Nach Inanspruchnahme der Sonder- 17

AfA des § 7b (Begünstigungszeitraum 4 Jahre) verbleibt bei einem vor 2023 fertiggestellten Gebäude (RestwertAfA nach § 7 IV 1 Nr 2 Buchst b) eine Restnutzungsdauer von 46 Jahren. Der AfA-Satz beträgt 2,17% (100%: 46 Jahre).

18 **c) Andere Wirtschaftsgüter.** Bei WG, die unter § 7 I fallen, ist der Restwert auf die nach Ablauf des Begünstigungszeitraums verbleibende voraussichtl Restnutzungsdauer zu verteilen; dabei kann aus Vereinfachungsgründen auch die um die Dauer des Begünstigungszeitraums geminderte ursprüngl Nutzungsdauer zugrunde gelegt werden (EStR 7a X). Ist (entgegen § 7a IV) neben einer SonderAfA ausnahmsweise **degressive AfA** zulässig (zB bei § 7g V), enthält § 7a IX für bewegl WG (anders als bei Gebäuden) keine Rechtsgrundlage dafür, den StPfl mit Ablauf des Begünstigungszeitraums zum Übergang zur linearen AfA zu zwingen (so auch EStR 7a X 3). Da die degressive AfA bei bewegl WG gem § 7 II aber bereits eine Restwert-AfA ist, bewirkt § 7a IX hier keine Änderung der AfA-Reihe; zudem bleibt es beim bisherigen AfA-Satz, weil dieser nach § 7 II „unveränderlich" ist. Erst beim Übergang zur linearen AfA nach § 7 III kommt es zur Verteilung des Restwerts auf die Restnutzungsdauer.

§ 7b Sonderabschreibung für Mietwohnungsneubau

(1) [1]Für die Anschaffung oder Herstellung neuer Wohnungen, die in einem Mitgliedstaat der Europäischen Union belegen sind, können nach Maßgabe der nachfolgenden Absätze im Jahr der Anschaffung oder Herstellung und in den folgenden drei Jahren Sonderabschreibungen bis zu jährlich 5 Prozent der Bemessungsgrundlage neben der Absetzung für Abnutzung nach § 7 Absatz 4 oder 5a in Anspruch genommen werden. [2]Im Fall der Anschaffung ist eine Wohnung neu, wenn sie bis zum Ende des Jahres der Fertigstellung angeschafft wird. [3]In diesem Fall können die Sonderabschreibungen nach Satz 1 nur vom Anschaffenden in Anspruch genommen werden. [4]Bei der Anwendung des Satzes 1 sind den Mitgliedstaaten der Europäischen Union Staaten gleichgestellt, die auf Grund vertraglicher Verpflichtung Amtshilfe entsprechend dem EU-Amtshilfegesetz in einem Umfang leisten, der für die Überprüfung der Voraussetzungen dieser Vorschrift erforderlich ist.

(2) [1]Die Sonderabschreibungen können nur in Anspruch genommen werden, wenn

1. **durch Baumaßnahmen auf Grund eines nach dem 31. August 2018 und vor dem 1. Januar 2022 oder nach dem 31. Dezember 2022 und vor dem 1. Oktober 2029 gestellten Bauantrags oder einer in diesem Zeitraum getätigten Bauanzeige neue, bisher nicht vorhandene, Wohnungen hergestellt werden, die die Voraussetzungen des § 181 Absatz 9 des Bewertungsgesetzes erfüllen; hierzu gehören auch die zu einer Wohnung gehörenden Nebenräume,**
2. **Wohnungen, die aufgrund eines nach dem 31. Dezember 2022 und vor dem 1. Oktober 2029 gestellten Bauantrags oder einer in diesem Zeitraum getätigten Bauanzeige hergestellt werden, in einem Gebäude liegen, das die Kriterien eines „Effizienzhaus 40" mit Nachhaltigkeits-Klasse erfüllt und dies durch Qualitätssiegel Nachhaltiges Gebäude nachgewiesen wird,**
3. **die Wohnung im Jahr der Anschaffung oder Herstellung und in den folgenden neun Jahren der entgeltlichen Überlassung zu Wohnzwecken dient; Wohnungen dienen nicht Wohnzwecken, soweit sie zur vorübergehenden Beherbergung von Personen genutzt werden.**

[2]Die Anschaffungs- oder Herstellungskosten dürfen für Wohnungen,

1. **die aufgrund eines nach dem 31. August 2018 und vor dem 1. Januar 2022 gestellten Bauantrags oder einer in diesem Zeitraum getätigten Bauanzeige hergestellt werden, 3000 Euro je Quadratmeter Wohnfläche nicht übersteigen,**

2. die aufgrund eines nach dem 31. Dezember 2022 und vor dem 1. Oktober 2029 gestellten Bauantrags oder einer in diesem Zeitraum getätigten Bauanzeige hergestellt werden, 5200 Euro je Quadratmeter Wohnfläche nicht übersteigen.

(3) **Bemessungsgrundlage für die Sonderabschreibungen nach Absatz 1 sind die Anschaffungs- oder Herstellungskosten der nach Absatz 2 begünstigten Wohnung, jedoch**

1. maximal 2000 Euro je Quadratmeter Wohnfläche für Wohnungen im Sinne des Absatzes 2 Satz 2 Nummer 1 und

2. maximal 4000 Euro je Quadratmeter Wohnfläche für Wohnungen im Sinne des Absatzes 2 Satz 2 Nummer 2.

(4) **[1]Die nach Absatz 1 in Anspruch genommenen Sonderabschreibungen sind rückgängig zu machen, wenn**

1. die begünstigte Wohnung im Jahr der Anschaffung oder Herstellung und in den folgenden neun Jahren nicht der entgeltlichen Überlassung zu Wohnzwecken dient,

2. die begünstigte Wohnung oder ein Gebäude mit begünstigten Wohnungen im Jahr der Anschaffung oder der Herstellung oder in den folgenden neun Jahren veräußert wird und der Veräußerungsgewinn nicht der Einkommen- oder Körperschaftsteuer unterliegt oder

3. die Baukostenobergrenze nach Absatz 2 Satz 2 innerhalb der ersten drei Jahre nach Ablauf des Jahres der Anschaffung oder Herstellung der begünstigten Wohnung durch nachträgliche Anschaffungs- oder Herstellungskosten überschritten wird.

[2]Steuer- oder Feststellungsbescheide, in denen Sonderabschreibungen nach Absatz 1 berücksichtigt wurden, sind insoweit aufzuheben oder zu ändern. [3]Das gilt auch dann, wenn die Steuer- oder Feststellungsbescheide bestandskräftig geworden sind; die Festsetzungsfristen für das Jahr der Anschaffung oder Herstellung und für die folgenden drei Kalenderjahre beginnen insoweit mit Ablauf des Kalenderjahres, in dem das Ereignis im Sinne des Satzes 1 eingetreten ist. [4]§ 233a Absatz 2a der Abgabenordnung ist insoweit nicht anzuwenden.

(5) **[1]Die Sonderabschreibungen nach Absatz 1 werden nur gewährt, soweit die Voraussetzungen der Verordnung (EU) 2023/2831 eingehalten sind und dies durch den Anspruchsberechtigten in geeigneter Weise nachgewiesen wird. [2]Satz 1 ist auf Sonderabschreibungen für neue Wohnungen, die aufgrund eines nach dem 31. Dezember 2022 und vor dem 1. Oktober 2029 gestellten Bauantrags oder einer in diesem Zeitraum getätigten Bauanzeige hergestellt werden, nur bei Anspruchsberechtigten mit Einkünften im Sinne der §§ 13, 15 und 18 anzuwenden.**

Verwaltungsanweisung: *BMF* BStBl I 25, 1419.

Übersicht

1. Überblick. § 7b gewährt für die Anschaffung/Herstellung neuer vermieteter Wohnungen eine SonderAfA von bis zu 4 × 5% der (bis Kj 21 auf 2000 € und ab Kj 23 auf 4000 € je qm Wohnfläche gedeckelten) AK/HK (zu den Rechtsfolgen → Rn. 2). – **Persönl Anwendungsbereich.** § 7b gilt sowohl für EStPfl als auch für KStPfl (zB WohnungsKapGes). Die vermietete Wohnung kann zum BV oder PV ge- 1 hören, da § 7b insoweit keine Einschränkung enthält (auch wenn der Begriff „SonderAfA" im EStG bisher nur für BV verwendet wurde). – **Einzelvoraussetzungen.** Grundvoraussetzung ist nach § 7b I die Anschaffung oder Herstellung (→ Rn. 5 f) einer neuen Wohnung (zum Wohnungsbegriff → Rn. 4), die in einem EU-Staat belegen sein muss (→ Rn. 7). Nach § 7b II muss der Bauantrag bzw die Bauanzeige für die Anwendung des § 7b in der ursprüngl Fassung zw dem 1.9.18 und dem 31.12.21 eingereicht werden; bei § 7b in der erweiterten Fassung sind Bauanträge/Bauanzeigen zw dem 1.1.23 und dem 30.9.29 begünstigt (→ Rn. 9). Gefördert werden nur Gebäude, die als „Effizienzhaus 40" eingestuft sind (→ Rn. 10). Die Wohnung muss zehn Jahre lang entgeltl zu Wohnzwecken überlassen werden (→ Rn. 12) und die AK/HK (ohne GuB) dürfen 3000 € (Bauantrag bis Kj 21) bzw 5200 € (Bauantrag ab Kj 23) je qm Wohnfläche nicht übersteigen (→ Rn. 16). Im BV kann die SonderAfA nur gewährt werden, wenn sie gemeinsam mit anderen sog De-minimis-Beihilfen für das jeweilige Unternehmen eine Gesamt-Subventionswirkung von 300 000 € in drei Jahren nicht übersteigt (Abs 5; → Rn. 22 ff). Wird die Wohnung nicht zehn Jahre lang vermietet oder innerhalb des Zehn-Jahres-Zeitraums stfrei veräußert oder wird die Kostenobergrenze von 3000/5200 € innerhalb von drei Jahren durch nachträgl AK/HK überschritten, wird die SonderAfA rückwirkend rückgängig gemacht (Abs 4; → Rn. 17 ff). – **Literatur.** *Herold* GStB 19, 280; *Steck* StB 20, 89; *Dornheim* StWa 20, 83; *Schmidt* NWB 24, 1314; *Morawitz* DStR 25, 2161; *Feldgen* DStZ 25, 632; *Steck* Stbg 25, 173; *Kahle* StuB 25, 361.

2 **2. Höhe der Sonder-AfA, § 7b I 1, III.** Zusätzl zur linearen Gebäude-AfA nach § 7 IV wird im Jahr der Anschaffung und den drei Folgejahren eine SonderAfA von jeweils bis zu 5% gewährt (in den ersten vier Jahren also insgesamt bis zu 20% zzgl der linearen AfA von 12% oder der degressiven AfA nach § 7 Va von ca 18%). Die SonderAfA gilt nur für das Gebäude, nicht für andere WG (zB Außenanlagen, soweit es sich um selbständige WG handelt, → § 6 Rn. 213, → § 7 Rn. 39). Der StPfl kann geringere Beträge geltend machen („bis zu"); eine Nachholungsmöglichkeit in späteren Jahren besteht jedoch nicht. – **Bemessungsgrundlage** der SonderAfA sind grds die AK/HK der Wohnung, gem § 7b III jedoch begrenzt auf 4000 € je qm Wohnfläche (Bauantrag ab Kj 2023) bzw 2000 je qm Wohnfläche (Bauantrag bis Kj 2021). Übersteigt der qm-Preis 5200 € (in der bis 2021 geltenden Fassung: 3000 €), ist die Anwendung des § 7b sogar *insgesamt* ausgeschlossen (§ 7b II 2; → Rn. 16). Auch diese Höchstbeträge beziehen sich nur auf die AK/HK des eigenständigen steuerl WG „Wohnung"; die AK des GuB und anderer WG (Außenanlagen, Mobiliar) sind nicht einzubeziehen (BT-Drs 19/4949, 13; *BMF* BStBl I 25, 1419 Rn. 43 ff). Zur Aufteilung von AK auf GuB und Gebäude → § 6 Rn. 118 ff. – Es handelt sich um eine **GanzjahresAfA,** die auch im Erstjahr (oder in einem RumpfWj) in voller Höhe gewährt wird (zu § 7 V aF BFH VIII R 144/69, BStBl II 74, 704 unter 2.; ausführl → 27. Aufl 2008, § 7 Rn. 175). Im Jahr der Veräußerung oder unentgeltl Übertragung ist aber eine monatsweise Berechnung vorzunehmen (so zum insoweit gleichlautenden § 7 V aF BFH VIII R 93/74, BStBl II 77, 835; BFH IX R 107/91, BFH/NV 94, 780). – Die **RestwertAfA** nach Ablauf des vierjährigen Begünstigungszeitraums richtet sich nach § 7a IX. Danach ist bei Gebäuden, die vor 2023 fertiggestellt wurden, der verbleibende Restwert auf eine Restnutzungsdauer von 46 Jahren zu verteilen (→ § 7a Rn. 17). Es ergibt sich ein linearer AfA-Satz von 2,17% vom Restwert; dies entspricht bei 28% bereits in Anspruch genommenen AfA/SonderAfA 1,565% der ursprüngl AK/HK (zu weiteren Berechnungen *Scheffler* DStR 18, 2229). Bei Gebäuden, die ab 2023 fertiggestellt werden (Normal-AfA 3% nach § 7 IV 1 Nr 2 Buchst a) ist der Restwert auf 29 Jahre zu verteilen (AfA-Satz 3,45%); alternativ kann auch eine degressive AfA nach § 7 Va fortgeführt werden.

4 **3. Anschaffung oder Herstellung einer neuen Wohnung, § 7b I. – a) Begriff der Wohnung, § 7b II Nr 1.** Hierfür verweist § 7b II Nr 1 auf § 181 IX

BewG. Eine Wohnung ist danach eine Mehrheit von Räumen, die die Führung eines selbständigen Haushalts ermöglichen, von anderen Wohnungen baul getrennt und in sich abgeschlossen sind sowie über einen selbständigen Zugang und die notwendigen Nebenräume (Küche, Bad/Dusche, Toilette) verfügen. Die Wohnfläche muss mindestens 20 qm (bis 2022: 23 qm) betragen. – Unter § 7b fallen damit sowohl Wohnungen in Mietshäusern als auch Eigentumswohnungen, Doppelhaushälften und Reihenhäuser. – Die in Großstädten zunehmend errichteten **Ein-Zimmer-Apartments** (Zimmer mit Kochnische und separater Nasszelle) erfüllen den Wortlaut dieses Wohnungsbegriffs zwar nicht, da es sich nicht um eine „*Mehrheit* von Räumen" handelt (die Nasszelle zählt als bloßer „Nebenraum" nicht zu den „Räumen"). Nach der (uE zutr) Rspr und Verwaltungsauffassung handelt es sich bewertungsrechtl gleichwohl um eine Wohnung (BFH II R 20/14, BStBl II 15, 610; *BMF* BStBl I 25, 1419 Rn. 21). – **Nebenräume** gehören zur begünstigten Wohnung; zur Zuordnung von **Garagen** → § 7 Rn. 38.

b) Herstellung einer neuen, bisher nicht vorhandenen Wohnung. Da Lenkungszweck die Schaffung neuer Wohnungen ist, gehört die Herstellung einer „neuen, bisher nicht vorhandenen" Wohnung durch Baumaßnahmen (§ 7b II 1 Nr 1) zu den wesentl Tatbestandsmerkmalen der Norm. Die bloß rechtl Umwandlung eines vorhandenen Gebäudes in Eigentumswohnungen genügt daher nicht (BFH IX R 62/88, BStBl II 93, 188). Es reicht aber aus, wenn bisherige Büroräume in Wohnungen umgebaut werden (*BMF* BStBl I 25, 1419 Rn. 28). Trotz Errichtung eines Neubaus soll § 7b aber nicht anwendbar sein, wenn ledigl ein abgerissener Altbau ersetzt und kein neuer Wohnraum geschaffen wird (BFH IX R 24/24, DStR 25, 2475; mE nicht zwingend, angesichts des Normzwecks aber vertretbar). – Im Gegensatz zu § 7 V aF ist nicht erforderl, dass ein neues WG geschaffen wird. Daher ist auch ein **Anbau** an ein bestehendes Wohngebäude begünstigt, sofern dadurch eine neue abgeschlossene Wohnung geschaffen wird. Gleiches gilt für die **Aufstockung** eines bestehenden Gebäudes oder den **Dachgeschossausbau** (so auch BT-Drs 19/4949, 13; *Mohaupt* NWB 19, 2153 (2155)). Die *FinVerw* begünstigt auch die Teilung einer vorhandenen Wohnung zur Schaffung mehrerer abgeschlossener Wohnungen (*BMF* BStBl I 25, 1419 Rn. 29; krit *Trossen* DStR 25, 2477) 5

c) Anschaffung einer neuen Wohnung, § 7b I 2. Dies ist nur begünstigt, wenn die Anschaffung bis zum Ende des Jahres der Fertigstellung erfolgt (Abs 1 S 2). Die SonderAfA können dann nur vom Anschaffenden in Anspruch genommen werden (Abs 1 S 3), nicht aber vom Hersteller (zB Bauträger). Einzelfragen → 27. Aufl 2008, § 7 Rn. 165 (zu § 7 V aF). 6

d) Belegenheit in einem EU-Staat. Die Wohnung muss in einem EU-Staat belegen sein (Abs 1 S 1). Wohnungen in EWR-Staaten oder der Schweiz sind damit nicht unmittelbar begünstigt. Abs 1 S 4 erweitert die Begünstigung aber auf Wohnungen in solchen Nicht-EU-Staaten, die in einem für § 7b erforderl Umfang Amtshilfe entspr dem EU-AmtshilfeG leisten (Aufzählung in *BMF* BStBl I 19, 480 Anlage 1). Einkünfte aus der Vermietung von Wohnungen, die im Ausl liegen, sind aber idR aufgrund des jeweiligen DBA in Deutschland stfrei, sodass die Ausdehnung der Begünstigung auf ausl Objekte kaum praktische Bedeutung hat (ggf aber für den Progressionsvorbehalt). 7

4. Weitere Voraussetzungen, § 7b II. – a) Zeitlicher Anwendungsbereich, § 7b II 1 Nr 1. § 7b hat zwei Anwendungszeiträume, die zum einen nicht nahtlos aneinandergrenzen und zum anderen durch unterschiedl Voraussetzungen gekennzeichnet sind. – **Alte Fassung.** Hier wird die SonderAfA gewährt, wenn der **Bauantrag** (ersatzweise die Bauanzeige) **zw dem 1.9.18 und dem 31.12.21** eingereicht wird (zu diesen baurechtl Begriffen s *BMF* BStBl I 25, 1419 Rn. 9 ff; → 27. Aufl 2008, § 7 Rn. 172). Ist zwar kein Bauantrag erforderlich, wohl aber die Einreichung von „Bauunterlagen", ist dieser Zeitpunkt maßgebl (zutr FG RhPf EFG 23, 916, rkr). Auf den Zeitpunkt des Baubeginns, der Fertigstellung oder der An- 9 schaffung kommt es hingegen grds nicht an. Nur wenn für das konkrete Bauvorhaben weder Bauantrag noch Bauanzeige erforderl sind (was in der Praxis kaum vorkommen dürfte), ist der Beginn der Bauausführung maßgebl (*BMF* BStBl I 25, 1419 Rn. 9). Die Geltendmachung ist erstmals für VZ 18 mögl (§ 52 XVa 1 Hs 1). Nur für § 7b aF gibt es zudem eine ausdrückl Regelung über die **letztmalige Anwendung:** So kann die SonderAfA nach § 7b aF (einen Bauantrag bis zum 31.12.21 vorausgesetzt) letztmals für den VZ 26 geltend gemacht werden (§ 52 XVa 1 Hs 2). Diese Regelung ermöglichte am Ende der Laufzeit in gewissem Umfang „Vorrats-Bauanträge". Die SonderAfA kann zB bei Bauantrag im VZ 21 und Fertigstellung im VZ 23 noch in vollem Umfang ausgenutzt werden. **Ab VZ 27** wird hingegen auch dann keine SonderAfA nach § 7b aF mehr gewährt, wenn der vierjährige AfA-Zeitraum noch nicht abgelaufen sein sollte (§ 52 XVa 2). – **Neue Fassung.** Hier müssen **Bauantrag/ Bauanzeige zw 1.1.23 und 30.9.29** eingereicht werden. Eine Regelung über die letztmalige Anwendung dieser Fassung existiert nicht (§ 52 XVa 1 Hs 2 gilt ausdrückl nur für § 7b aF), so dass es bei einem bis 30.9.29 gestellten Vorrats-Bauantrag keine zeitl Begrenzung für die Geltendmachung der SonderAfA gibt. – **Wohnungserwerber.** Diese werden idR nicht wissen, wann der Hersteller (zB ein Bauträger) den Bauantrag gestellt hat. Will der Erwerber die SonderAfA fest einplanen, muss er sich diesen Zeitpunkt daher vom Hersteller verbindl bestätigen lassen. Für viele Objekte, die bei Inkrafttreten des § 7b aF bereits im Vertrieb waren, ist der Bauantrag lange vor dem 1.9.18 gestellt worden, sodass sie nicht begünstigt sind (Gleiches gilt bei § 7b nF, sofern der Bauantrag im Jahr 2022 gestellt wurde). Andererseits sind auch Wohnungen begünstigt, für die die Investitionsentscheidung lange vor Verabschiedung der jeweiligen Fassung des § 7b gefallen ist, der Bauantrag aber erst während des jeweiligen zeitl Anwendungsbereichs gestellt wird; in diesen Fällen konnte die Subvention aber noch keine Lenkungswirkung entfalten.

10 **b) Effizienzhaus 40, § 7b II 1 Nr 2.** § 7b nF (Bauantrag/Bauanzeige 1.1.23 bis 30.9.29 setzt zudem voraus, dass das Gebäude die Kriterien eines „Effizienzhaus 40" mit Nachhaltigkeits-Klasse erfüllt und dies durch das „Qualitätssiegel Nachhaltiges Gebäude" nachgewiesen wird. Dabei handelt es sich um den heute übl Standard im energieeffizienten Neubau, der zB auch für zinsgünstige KfW-Kredite mit Tilgungszuschuss erforderl ist, so dass die Nachweisanforderungen nur einmal erfüllt werden müssen. Einige (nicht alle) KfW-Programme schließen die zusätzl Inanspruchnahme des § 7b allerdings aus; dies muss vor Antragstellung geprüft werden. – Für § 7b aF (Bauantrag bis Kj 21) gab es hingegen keine Anforderungen an die Energieeffizienz.

12 **c) Zehn Jahre entgeltliche Überlassung zu Wohnzwecken, § 7b II 1 Nr 3.** Die Wohnung muss im Jahr ihrer Anschaffung/Herstellung und in den 9 Folgejahren der entgeltl Überlassung (→ Rn. 14) zu Wohnzwecken (→ Rn. 13) dienen.

13 **aa) Wohnzwecke.** Die Wohnung muss dazu bestimmt und geeignet sein, Menschen auf Dauer Aufenthalt und Unterkunft zu ermöglichen (BFH IX R 9/03, BStBl II 04, 225 unter II.1.a). Dies ist auch bei Garagen zu Ein- und Zweifamilienhäusern (nicht aber bei freistehenden Garagen zu Mehrfamilienhäusern, → § 7 Rn. 38 mwN), Nebenräumen, dem häusl Arbeitszimmer eines Mieters und beim betreuten Wohnen der Fall (Einzelheiten und Nachweise → 27. Aufl 2008, § 7 Rn. 171; vgl auch die Beispiele in BT-Drs 19/4949, 14).

14 **bb) Entgeltliche Überlassung.** IdR wird es sich um eine Vermietung nach § 535 BGB handeln. Die Selbstnutzung der Wohnung ist nicht begünstigt. – **Teilentgeltl Überlassung.** Liegt das Entgelt unter der Marktmiete, ist dies noch als entgeltl anzusehen. Bei Wohnungen des PV sind die WK (und damit auch die SonderAfA nach § 7b) bei Unterschreiten der 50%-Grenze des § 21 II allerdings nur anteilig abziehbar (→ § 21 Rn. 158; *BMF* BStBl I 25, 1419 Rn. 32). Nach der Gegenauffassung (BT-Drs 19/4949, 14; *Mohaupt* NWB 19, 2153 (2162)) soll es sich dann um eine unentgeltl Überlassung handeln, die nicht unter § 7b fällt; für diese Abweichung von

§ 21 II enthält der Gesetzeswortlaut aber keinen Anhaltspunkt. Im BV kommt es bei teilentgeltl Überlassung aus *privaten* Gründen zu einer teilweisen Nutzungsentnahme (BFH IV R 49/97, BStBl II 99, 652); die 50%-Grenze gilt im BV nicht. – **Unentgeltl Überlassung.** § 7b ist nicht anwendbar (hier fehlt es ohnehin an der erforderl Einkunftserzielungsabsicht). Eine Überlassung an Angehörige, die einem Fremdvergleich nicht standhält (zu den hierfür geltenden Kriterien → § 21 Rn. 81 ff), ist nicht als entgeltl anzusehen.

cc) Vorübergehende Beherbergung von Personen. Dies ist nach dem ausdrückl Gesetzeswortlaut nicht begünstigt (zB Ferienwohnungen, Vermietung über AirBnB und ähnl Portale). Ggf ist zw verschiedenen Teilen der Wohnung zu differenzieren („soweit"). Die *FinVerw* greift Befristungen von weniger als einem Jahr auf, lässt aber auch in solchen Fällen einen Einzelnachweis der Dauervermietungsabsicht zu (*BMF* BStBl I 25, 1419 Rn. 35). 15

d) Kostenobergrenze, § 7b II 2. Die Begünstigung setzt voraus, dass die AK/HK 5200 € je qm Wohnfläche nicht übersteigen; für § 7b aF (Bauantrag 1.9.18 bis 31.12.21) galt eine Höchstgrenze von 3000 €/qm. Dies soll die Förderung auf das untere und mittlere Marktsegment konzentrieren. – Maßgebl sind allein die AK/HK des *Gebäudes;* die **AK des GuB bleiben außer Betracht.** – Es handelt sich um einen Höchstbetrag, bei dessen Überschreitung *gar keine* SonderAfA gewährt wird. – Unabhängig von dieser Höchstgrenze für die *Anwendbarkeit* des § 7b wird zusätzl auch die Bemessungsgrundlage für die SonderAfA begrenzt, und zwar auf 4000 €/qm bzw 2000 €/qm bei § 7b aF (§ 7b III; → Rn. 2). – **Begriff der Wohnfläche.** § 7b enthält keine Definition. Die *FinVerw* wendet aber zR die Regelungen der WohnflächenVO (BGBl I 03, 2346) an (*BMF* BStBl I 25, 1419 Rn. 50). Diese gilt zwar unmittelbar nur für geförderten Wohnraum; sie hat sich aber durch zahlreiche Bezugnahmen zum Standard in der gesamten Wohnungswirtschaft entwickelt. Abw von der WohnflächenVO bezieht die *FinVerw* auch **Nebenräume und Garagen** in die Ermittlung der Wohnfläche ein (*BMF* BStBl I 25, 1419 Rn. 50 S 2), bei gemeinschaftl genutzten Nebenräumen anteilig. Für die StPfl ist dies sehr günstig, da die Baukosten dann auf eine größere Fläche verteilt werden und die Überschreitung der Kostenobergrenze so idR vermieden wird. – **Gestaltungsmöglichkeit.** Bei größeren Wohnungsunternehmen kann in Grenzfällen ggf die Ausübung der HK-Wahlrechte des § 6 I Nr 1b dazu beitragen, noch unter der Kostenobergrenze zu bleiben (*KKBMHG* § 7b Rn. 48). 16

Kritik: Die Eignung jedenfalls der für Bauanträge bis 2021 geltenden Kostenobergrenze von 3000 €/qm zur Erreichung des verfolgten Ziels (Schaffung neuen Wohnraums in angespannten Wohnungsmärkten) ist mE zwiespältig zu beurteilen. Einerseits kann eine solche Höchstgrenze die (vom Gesetzgeber nicht gewollte) Förderung von Luxuswohnungen sowie die Abschöpfung der Subvention durch ihre Einbeziehung in die Preiskalkulation der Bauträger (wie es zB bei § 7i geschieht) wirksam vermeiden. Andererseits werden in vielen überhitzten Wohnungsmärkten heute bereits im mittleren Marktsegment weit mehr als 3000 €/qm gezahlt, sodass § 7b aF ausgerechnet in den Regionen, die dieser Subvention am dringendsten bedurft hätten, nur sehr eingeschränkt anwendbar war. – Die Anhebung des Höchstbetrags auf 5200 €/qm ab 2023 wird den Anwendungsbereich der Norm in Hochpreisregionen deutl erweitern. – Umgekehrt enthält die Regelung **keine Vorkehrungen gegen Mitnahmeeffekte** bei Neubauten in solchen Regionen, in denen der Wohnungsmarkt nicht angespannt ist, die Subvention also gar nicht erforderl wäre. Hier war § 7b idF des Entwurfs aus dem Jahr 2016 (BT-Drs 18/7736), der die Förderung auf Gebiete mit besonders hohem Mietpreisniveau begrenzte, deutl zielgenauer ausgestaltet.

5. Rückwirkende Rückgängigmachung, § 7b IV. – a) Keine entgeltliche Überlassung zu Wohnzwecken innerhalb der Zehn-Jahres-Frist, § 7b IV 1 Nr 1. Wenn die Wohnung im Jahr der Anschaffung/Herstellung „und" (sprachl richtig wäre „oder" wie in Nr 2) in den folgenden neun Jahren nicht der entgeltl Überlassung zu Wohnzwecken dient, ist die SonderAfA rückwirkend zu versagen. Der StPfl hat dies gem § 153 II AO beim FA anzuzeigen (*BMF* BStBl I 25, 1419 Rn. 70; ent- 17 gegen *Feldgen* DStZ 20, 706 existiert damit eine Rechtsgrundlage für die Anzeigepflicht). Ein wohnungsmarktbedingter übl vorübergehender Leerstand schadet nicht (glA BT-Drs 19/4949, 14); die Kriterien sind hier mE allerdings strenger als diejenigen, die für das Fortbestehen der Einkunftserzielungsabsicht gelten (→ § 21 Rn. 128 ff; großzügiger *Mohaupt* NWB 19, 2153 (2162): auf die Dauer des Leerstands komme es nicht an).

18 **b) Steuerfreie Veräußerung innerhalb der Zehn-Jahres-Frist, § 7b IV 1 Nr 2.** Die SonderAfA wird auch dann rückgängig gemacht, wenn die Wohnung innerhalb des Zehn-Jahres-Zeitraums veräußert wird und der Veräußerungsgewinn nicht der ESt/KSt unterliegt. – **Unentgeltliche Übertragungen.** Erbfall und Schenkung lassen die SonderAfA unberührt, da Veräußerungen nur entgeltl Übertragungen sind (BFH IX R 69/10, BFH/NV 12, 1099 Rn. 26; *BMF* BStBl I 25, 1419 Rn. 76). Allerdings geht die Pflicht zur Einhaltung der in Abs 4 genannten Voraussetzungen dann mE auf den Erwerber über, da § 7b objektbezogen ist („die Wohnung"), wobei die SonderAfA auch dann, wenn erst der *Erwerber* die Voraussetzungen des Abs 4 nicht erfüllt, gleichwohl beim Übergeber rückwirkend zu versagen wäre (so wohl auch BT-Drs 19/4949, 14). Bei unentgeltl Übertragung empfiehlt sich daher die Aufnahme einer vertragl Schadensersatzregelung für schädl Verfügungen des Übernehmers (*Becker/Müller/Rieß* DStR 20, 1097 (1099)). – **Gewinn unterliegt nicht der ESt/KSt.** Dies dürfte nur selten vorkommen, sodass der Regelfall der Veräußerung nicht zur Rückgängigmachung der SonderAfA führt: Wohnungen im BV werden stets stpfl veräußert; vermietete Wohnungen im PV innerhalb der ersten zehn Jahre nach Erwerb (§ 23 I 1 Nr 1), was weitestgehend (nicht aber vollständig) mit der Bindungsfrist des § 7b deckungsgleich ist. Wenn der StPfl allerdings auf einem ihm schon längere Zeit gehörenden Grundstück ein neues Gebäude errichtet und innerhalb von zehn Jahren nach der Herstellung veräußert, ist § 23 nicht anwendbar; hier würde daher die SonderAfA rückgängig gemacht. Die Freistellung des Veräußerungsgewinns nach einem DBA sieht die *FinVerw* nicht als Anwendungsfall der Nr 2 (*BMF* BStBl I 25, 1419 Rn. 75; mE recht großzügig). – **Steuerpflichtige Veräußerung.** Sie löst keine rückwirkende Nachversteuerung aus, führt aber durch die Ermittlung des Veräußerungsgewinns letztl zu einer Rückgängigmachung der SonderAfA. Gleichwohl sieht die *FinVerw* vor, dass der Veräußerer auch in einem solchen Fall bis zum Ablauf der Zehn-Jahres-Frist weiterhin die Nutzung zu Wohnzwecken nachweisen muss (*BMF* BStBl I 25, 1419 Rn. 71; ebenso BT-Drs 19/4949, 14; *KKBMHG* § 7b Rn. 78). ME ist dies nicht erforderl, da die Subvention des § 7b im Rahmen der Ermittlung des Veräußerungsgewinns bereits rückgängig gemacht wurde. – **Veräußerung nach Ablauf der Zehn-Jahres-Frist.** Diese ist im PV stfrei; zugleich ist die Bindungsfrist des § 7b abgelaufen. Der StPfl behält daher den (erhebl) Vorteil der SonderAfA in diesen Fällen endgültig (ggf Veräußerung an Angehörige oder an eine eigene GmbH & Co KG zur Schaffung neuen AfA-Potenzials).

19 **c) Überschreitung der Kostenobergrenze durch nachträgl Anschaffungskosten oder Herstellungskosten, § 7b IV 1 Nr 3.** Wenn die für die AK/HK der Wohnung geltende Grenze von 3000 €/qm (§ 7b aF) bzw. 5200 €/qm (§ 7b nF) durch nachträgl AK/HK innerhalb der ersten drei Jahre nach Ablauf des Jahres der Anschaffung/Herstellung überschritten wird, wird die SonderAfA ebenfalls rückgängig gemacht. Wird die Kostenobergrenze durch die reinen AK/HK nur knapp unterschritten, kommt es daher in besonderer Weise auf die Abgrenzung zw Erhaltungsaufwand und HK an (→ § 6 Rn. 188). Die Frist ist nicht abgestimmt mit derjenigen des § 6 I Nr 1a (anschaffungsnahe HK), weil dort eine taggenau zu berechnende Drei-Jahres-Frist gilt, während hier volle Kj maßgebl sind.

20 **d) Verfahren der Rückgängigmachung, § 7b IV 2–4.** Abs 4 S 2 enthält eine spezielle Korrekturvorschrift für bestandskräftige Bescheide, Abs. 4 S 3 eine Anlaufhemmung für die Festsetzungsfrist. Der Zinslauf für die Nachzahlungszinsen (§ 233a

AO) beginnt 15 Monate nach Ablauf des VZ, für den die SonderAfA rückgängig gemacht wird; die in § 233a IIa AO enthaltene (mildere) Sonderregelung für rückwirkende Ereignisse ist wegen § 7b IV 4 nicht anzuwenden. Es kommt daher zur vollen rückwirkenden Verzinsung, was wegen der Verfehlung des Subventionszwecks sachgerecht erscheint.

6. Einhaltung der Grenze für De-minimis-Beihilfen, § 7b V. Ausführl *BMF* BStBl I 25, 1419 Rn. 83 ff (zur Fassung vor dem StÄndG 2025). – **a) EU-Beihilferecht.** Die Regelung unterwirft die in der SonderAfA liegende Beihilfe der De-minimis-VO der EU. Diese VO nimmt Beihilfen, die aufgrund ihrer geringen Höhe den Binnenmarkt nicht beeinträchtigen können, vom Anwendungsbereich der EU-Beihilfekontrolle aus. Daher war für § 7b keine besondere beihilferechtl Genehmigung der EU-Kommission erforderl. ME wäre Abs 5 aber nicht nötig gewesen, da § 7b nicht das Merkmal der „Selektivität“ erfüllt, das für die Annahme einer Beihilfe erforderl wäre (glA *BRat* BT-Drs 19/5417, 2). Das nun gewählte Verfahren ermöglichte allerdings ein schnelleres Inkrafttreten ohne Notifizierung (zutr *Mohaupt* NWB 19, 2153 (2164)). – Die ursprüngl sehr komplizierte Fassung des Abs 5 ist durch das **StÄndG 2025** (BGBl I 25 Nr 363) mit (Rück-)wirkung für den gesamten **VZ 2025** (§ 52 I) vereinfacht worden (Verweis auf die aktuelle De-minimis-VO). Materielle Änderungen sind damit allerdings nicht verbunden. 22

b) Anforderungen der De-minimis-VO. – ***(1)*** **Unternehmen.** Nach Art 3 II De-minimis-VO (VO 2023/2821) sind Beihilfen bis zu einer Höchstgrenze von 300 000 € (bis 2023: 200 000 €) in drei Jahren je Unternehmen zulässig; die *FinVerw* lässt unter Berufung auf eine VO für Dienstleistungen, die im allg wirtschaftl Interesse liegen, in bestimmten Fällen bis 750 000 € zu (*BMF* BStBl I 25, 1419 Rn. 84). Konzerne gelten dabei als ein einziges Unternehmen (Art 2 II De-minimis-VO). – **Private Vermieter.** Sie sind als „Unternehmen“ iSd De-minimis-VO anzusehen, weil es (ebenso wie im UStG) allein auf die wirtschaftl Tätigkeit ankommt (Erwägungsgrund 4 zur De-minimis-VO). Abw davon ist § 7b V nF (§ 52 XVa 3: Bauantrag ab Kj 2023) auf „Anspruchsberechtigte mit Einkünften iSd §§ 13, 15, 18“ begrenzt worden. Dieser Gesetzeswortlaut würde es ermöglichen, private Vermieter (§ 21) auch dann noch in die Prüfung nach Abs 5 einzubeziehen, wenn sie daneben Gewinneinkünfte erzielen; nach den Gesetzesbegründung sollen VuV-Einkünfte aber in jedem Fall ausgeschlossen sein (BT-Drs 20/4729, 137). Mit dem Wortlaut der EU-VO steht dies nicht in Einklang. – ***(2)*** **Höhe des Steuervorteils.** Maßgebend für die 300 000 €-Grenze ist der StVorteil aus der SonderAfA (incl GewSt und SolZ; zutr *BMF* BStBl I 25, 1419 Rn. 97). Dabei sind die erst in künftigen VZ zu beanspruchenden StVorteile abzuzinsen (Art 3 VI De-minimis-VO). Zur Höhe des Diskontierungssatzes vgl die in *BMF* BStBl I 25, 1419 Rn. 98 angegebene Internetseite der EU. Der Diskontierungssatz ändert sich monatl (nach den Vorbemerkungen des EU-Dokuments sind die dort angegebenen Basissätze für Diskontierungszwecke um 100 Basispunkte zu erhöhen). Der StVorteil liegt allerdings nur in dem *Saldo* aus dem Vorteil der SonderAfA und dem abgezinsten Nachteil aus der späteren Reduzierung der linearen AfA (*BMF* BStBl I 25, 1419 Rn. 96; BT-Drs 19/6140, 12). Diese Berechnungsweise soll auf einer Abstimmung mit der EU-Kommission beruhen (*Mohaupt* NWB 19, 2153 (2165)). – ***(3)*** **Förmliche Erklärungen.** Solange das (zum 1.1.26 einzurichtende) Zentralregister über De-minimis-Beihilfen noch nicht existiert, muss das FA dem Unternehmen schriftl die voraussichtl Höhe des aus der SonderAfA resultierenden Gesamtsteuervorteils mitteilen (Art 7 IV 1 De-minimis-VO); das Unternehmen muss dem FA vor der Entscheidung über die Gewährung der SonderAfA alle weiteren im Drei-Jahres-Zeitraum erhaltenen De-minimis-Beihilfen angeben (§ 7b V 3; Art 7 IV 4 De-miminis-VO). 23

c) Rechtsfolge, § 7b V. Die SonderAfA kann nicht in Anspruch genommen werden, wenn der daraus resultierende StVorteil zusammen mit anderen De-minimis-Beihilfen den Höchstbetrag von 300 000 € überschreitet. Größere Wohnungsunternehmen sind damit von der Förderung ausgeschlossen (glA BT-Drs 19/5417, 2). Gleiches gilt für größere Mietwohnanlagen, obwohl gerade dort besonders viel (und idR aufgrund rationeller Bauweise und besserer Ausnutzung des GuB auch eher preisgünstiger) neuer Wohnraum geschaffen werden kann. Eigentumswohnanlagen sind hingegen unabhängig von ihrer Größe nicht von Abs 5 betroffen, weil „Unternehmer“ dort der einzelne Wohnungsvermieter ist. 24

§ 7c Sonderabschreibung für Elektronutzfahrzeuge und elektrisch betriebene Lastenfahrräder

[Gesetzestext nicht abgedruckt → Rn. 1].

1 **Benutzerhinweis.** § 7c sollte für ElektroLkw, die in den Kj 20–30 angeschafft werden, eine SonderAfA von 50% der AK ermöglichen. Die Norm ist zwar schon Ende 2019 verkündet worden, kann aber erst nach Abschluss des von der EU-Kommission durchzuführenden Beihilfeverfahrens in Kraft treten (Art 39 VII „JStG 2019"). Mitte 2022 hat die **EU-Kommission** mitgeteilt, dass sie die Regelung ohne zusätzl Aufzeichnungs-, Nachweis- und Erklärungspflichten **nicht für genehmigungsfähig hält** (Wirtschaftswoche 16.6.22). Die Gespräche zwischen BReg und EU-Kommission haben bisher zu keinem Ergebnis geführt (s BT-Drs 20/1579, 8). Zwischenzeitl ist in § 7 IIa eine Regelung geschaffen worden, die für alle ElektroKfz (auch Lkw) im Erstjahr eine AfA von sogar 75% ermöglicht (→ § 7 Rn. 199). Im Hinblick darauf ist **§ 7c überflüssig geworden;** es ist **nicht mehr damit zu rechnen, dass diese Regelung noch in Kraft treten wird.**

Redaktioneller Hinweis: Im Hinblick auf die vorangegangenen Ausführungen wird hier auf den erneuten Abdruck des Gesetzestextes verzichtet und hinsichtl einer ausführl Kommentierung auf → 44. Aufl 2025, § 7c Rn. 1 ff verwiesen.

§ 7d–§ 7f *(aufgehoben)*

§ 7g Investitionsabzugsbeträge und Sonderabschreibungen zur Förderung kleiner und mittlerer Betriebe

(1) [1]**Steuerpflichtige können für die künftige Anschaffung oder Herstellung von abnutzbaren beweglichen Wirtschaftsgütern des Anlagevermögens, die mindestens bis zum Ende des dem Wirtschaftsjahr der Anschaffung oder Herstellung folgenden Wirtschaftsjahres vermietet oder in einer inländischen Betriebsstätte des Betriebes ausschließlich oder fast ausschließlich betrieblich genutzt werden, bis zu 50 Prozent der voraussichtlichen Anschaffungs- oder Herstellungskosten gewinnmindernd abziehen (Investitionsabzugsbeträge).** [2]**Investitionsabzugsbeträge können nur in Anspruch genommen werden, wenn**

1. **der Gewinn**
   a) **nach § 4 oder § 5 ermittelt wird;**
   b) **im Wirtschaftsjahr, in dem die Abzüge vorgenommen werden sollen, ohne Berücksichtigung der Investitionsabzugsbeträge nach Satz 1 und der Hinzurechnungen nach Absatz 2 200 000 Euro nicht überschreitet und**
2. **der Steuerpflichtige die Summen der Abzugsbeträge und der nach den Absätzen 2 bis 4 hinzuzurechnenden oder rückgängig zu machenden Beträge nach amtlich vorgeschriebenen Datensätzen durch Datenfernübertragung übermittelt.** [2]**Auf Antrag kann die Finanzbehörde zur Vermeidung unbilliger Härten auf eine elektronische Übermittlung verzichten; § 150 Absatz 8 der Abgabenordnung gilt entsprechend.** [3]**In den Fällen des Satzes 2 müssen sich die Summen der Abzugsbeträge und der nach den Absätzen 2 bis 4 hinzuzurechnenden oder rückgängig zu machenden Beträge aus den beim Finanzamt einzureichenden Unterlagen ergeben.**

[3]**Abzugsbeträge können auch dann in Anspruch genommen werden, wenn dadurch ein Verlust entsteht oder sich erhöht.** [4]**Die Summe der Beträge, die im Wirtschaftsjahr des Abzugs und in den drei vorangegangenen Wirtschaftsjahren nach Satz 1 insgesamt abgezogen und nicht nach Absatz 2 hinzugerechnet oder nach den Absätzen 3 oder 4 rückgängig gemacht wurden, darf je Betrieb 200 000 Euro nicht übersteigen.**

(2) [1]**Im Wirtschaftsjahr der Anschaffung oder Herstellung eines begünstigten Wirtschaftsguts im Sinne von Absatz 1 Satz 1 können bis zu 50 Prozent der An-**

schaffungs- oder Herstellungskosten gewinnerhöhend hinzugerechnet werden; die Hinzurechnung darf die Summe der nach Absatz 1 abgezogenen und noch nicht nach den Absätzen 2 bis 4 hinzugerechneten oder rückgängig gemachten Abzugsbeträge nicht übersteigen. [2]Bei nach Eintritt der Unanfechtbarkeit der erstmaligen Steuerfestsetzung oder der erstmaligen gesonderten Feststellung nach Absatz 1 in Anspruch genommenen Investitionsabzugsbeträgen setzt die Hinzurechnung nach Satz 1 voraus, dass das begünstigte Wirtschaftsgut zum Zeitpunkt der Inanspruchnahme der Investitionsabzugsbeträge noch nicht angeschafft oder hergestellt worden ist. [3]Die Anschaffungs- oder Herstellungskosten des Wirtschaftsguts können in dem in Satz 1 genannten Wirtschaftsjahr um bis zu 50 Prozent, höchstens jedoch um die Hinzurechnung nach Satz 1, gewinnmindernd herabgesetzt werden; die Bemessungsgrundlage für die Absetzungen für Abnutzung, erhöhten Absetzungen und Sonderabschreibungen sowie die Anschaffungs- oder Herstellungskosten im Sinne von § 6 Absatz 2 und 2a verringern sich entsprechend.

(3) **[1]Soweit in Anspruch genommene Investitionsabzugsbeträge nicht bis zum Ende des dritten auf das Wirtschaftsjahr des jeweiligen Abzugs folgenden Wirtschaftsjahres nach Absatz 2 Satz 1 hinzugerechnet wurden, sind die Abzüge nach Absatz 1 rückgängig zu machen; die vorzeitige Rückgängigmachung von Investitionsabzugsbeträgen vor Ablauf der Investitionsfrist ist zulässig. [2]Wurde der Gewinn des maßgebenden Wirtschaftsjahres bereits einer Steuerfestsetzung oder einer gesonderten Feststellung zugrunde gelegt, ist der entsprechende Steuer- oder Feststellungsbescheid insoweit zu ändern. [3]Das gilt auch dann, wenn der Steuer- oder Feststellungsbescheid bestandskräftig geworden ist; die Festsetzungsfrist endet insoweit nicht, bevor die Festsetzungsfrist für den Veranlagungszeitraum abgelaufen ist, in dem das dritte auf das Wirtschaftsjahr des Abzugs folgende Wirtschaftsjahr endet. [4]§ 233a Absatz 2a der Abgabenordnung ist nicht anzuwenden.**

(4) **[1]Wird in den Fällen des Absatzes 2 ein begünstigtes Wirtschaftsgut nicht bis zum Ende des dem Wirtschaftsjahr der Anschaffung oder Herstellung folgenden Wirtschaftsjahres vermietet oder in einer inländischen Betriebsstätte des Betriebes ausschließlich oder fast ausschließlich betrieblich genutzt, sind die Herabsetzung der Anschaffungs- oder Herstellungskosten, die Verringerung der Bemessungsgrundlage und die Hinzurechnung nach Absatz 2 rückgängig zu machen. [2]Wurden die Gewinne der maßgebenden Wirtschaftsjahre bereits Steuerfestsetzungen oder gesonderten Feststellungen zugrunde gelegt, sind die entsprechenden Steuer- oder Feststellungsbescheide insoweit zu ändern. [3]Das gilt auch dann, wenn die Steuer- oder Feststellungsbescheide bestandskräftig geworden sind; die Festsetzungsfristen enden insoweit nicht, bevor die Festsetzungsfrist für den Veranlagungszeitraum abgelaufen ist, in dem die Voraussetzungen des Absatzes 1 Satz 1 erstmals nicht mehr vorliegen. [4]§ 233a Absatz 2a der Abgabenordnung ist nicht anzuwenden.**

(5) **Bei abnutzbaren beweglichen Wirtschaftsgütern des Anlagevermögens können unter den Voraussetzungen des Absatzes 6 im Jahr der Anschaffung oder Herstellung und in den vier folgenden Jahren neben den Absetzungen für Abnutzung nach § 7 Absatz 1 oder Absatz 2 Sonderabschreibungen bis zu insgesamt 40 Prozent der Anschaffungs- oder Herstellungskosten in Anspruch genommen werden.**

(6) **Die Sonderabschreibungen nach Absatz 5 können nur in Anspruch genommen werden, wenn**

1. **der Betrieb im Wirtschaftsjahr, das der Anschaffung oder Herstellung vorangeht, die Gewinngrenze des Absatzes 1 Satz 2 Nummer 1 nicht überschreitet, und**

2. das Wirtschaftsgut im Jahr der Anschaffung oder Herstellung und im darauf folgenden Wirtschaftsjahr vermietet oder in einer inländischen Betriebsstätte des Betriebs des Steuerpflichtigen ausschließlich oder fast ausschließlich betrieblich genutzt wird; Absatz 4 gilt entsprechend.

(7) [1]**Bei Personengesellschaften und Gemeinschaften sind die Absätze 1 bis 6 mit der Maßgabe anzuwenden, dass an die Stelle des Steuerpflichtigen die Gesellschaft oder die Gemeinschaft tritt.** [2]**Vom Gewinn der Gesamthand oder Gemeinschaft abgezogene Investitionsabzugsbeträge können ausschließlich bei Investitionen der Personengesellschaft oder Gemeinschaft nach Absatz 2 Satz 1 gewinnerhöhend hinzugerechnet werden.** [3]**Entsprechendes gilt für vom Sonderbetriebsgewinn eines Mitunternehmers abgezogene Investitionsabzugsbeträge bei Investitionen dieses Mitunternehmers oder seines Rechtsnachfolgers in seinem Sonderbetriebsvermögen.**

Einkommensteuer-Richtlinien: EStH 7g. – **Verwaltungsanweisungen:** *BMF* BStBl I 13, 1493 (Anwendungsschreiben zu § 7g in der für VZ 07–15 geltenden Fassung); *BMF* BStBl I 17, 423 mit Änderung *BMF* BStBl I 19, 870 (zu der für VZ 16–19 geltenden Fassung); *BMF* BStBl I 22, 945 (zu der ab VZ 20 geltenden Fassung).

Übersicht

I. Investitionsabzugsbetrag, § 7g I–IV

1 **1. Überblick. – a) Voraussetzungen und Rechtsfolgen.** § 7g I gewährt Betrieben (→ Rn. 25 ff) bis zu einer bestimmten Gewinnhöhe (→ Rn. 31) einen außerbilanziellen Investitionsabzugsbetrag von bis zu 50% des geplanten Investitionsvolumens (→ Rn. 47 ff). Der Abzug kann für die künftige Anschaffung oder Herstellung von abnutzbaren bewegl WG des AV geltend gemacht werden (→ Rn. 6 ff), die fast ausschließl betriebl genutzt werden (→ Rn. 10 ff). – Eine tatsächl Investition bzw Investitionsabsicht ist nicht erforderl; allerdings sind Investitionsabzugsbeträge rückwirkend rückgängig zu machen, wenn die Investition auch nach drei Wj unterblieben ist, wobei bis VZ 23 pandemiebedingt längere Fristen gelten (Abs 3; → Rn. 57 ff). Zwar kann die StStundung seit VZ 16 nahezu voraussetzungslos in Anspruch genommen werden; wegen der (rückwirkend ab VZ 19 allerdings deutl abgesenkten) Verzinsung dürfte dies aber ohne tatsächl Investitionsabsicht idR unattraktiv sein. – Unter denselben Voraussetzungen gewährt § 7g V eine **SonderAfA** von 40% (bis VZ 23: 20%) der AK/HK (→ Rn. 71 ff). – **Anwendungsbereich.** § 7g gilt bei allen Gewinneinkunftsarten unabhängig von der Gewinnermittlungsart; allerdings nicht bei § 13a

(→ Rn. 27). Für die SonderAfA gelten ergänzend die allg Vorschriften des § 7a. – **Zweck.** § 7g dient der Verbesserung der Liquidität, Eigenkapitalausstattung, Investitions- und Innovationskraft kleinerer und mittlerer Betriebe (BT-Drs 11/257, 8; BT-Drs 12/4487, 33; BT-Drs 16/4841, 51; BT-Drs 18/4902, 42). Die Wirkung liegt im zeitl Vorziehen eines großen Teils der späteren AfA (Erhöhung der Liquidität durch StStundung). Demselben Zweck dient auch die SonderAfA (§ 7g V).

b) Rechtsentwicklung und zeitliche Anwendung. Mit dem **JStG 2020** (BGBl I 20, 3096) wurden auch vermietete WG in den Anwendungsbereich einbezogen (→ Rn. 24); der Höchstsatz des Investitionsabzugsbetrags wurde von 40% auf 50% angehoben. Die bisher nach Einkunfts- und Gewinnermittlungsart differenzierenden Größenmerkmale wurden durch eine einheitl Gewinngrenze abgelöst (→ Rn. 31). Diese Änderungen gelten erstmals für **nach dem 31. 12. 19 endende Wj,** also grds ab dem VZ 20 bzw für das Wj 19/20 (§ 52 XVI 1 Hs 1; *LfSt Nds* DStR 22, 2374). Die neue Gewinngrenze (sowohl für den Investitionsabzugsbetrag als auch für die SonderAfA) gilt auch bei abw Wj aber in jedem Fall für nach dem 17.7.20 endende Wj (§ 52 XVI 1 Hs 2). – Die **belastenden** Änderungen durch das JStG 2020 gelten erstmals für nach dem 31. 12. 20 endende Wj (§ 52 XVI 2), also ab dem VZ 21 bzw. für das Wj 20/21. Dies betrifft die Einschränkungen für nachträgl geltend gemachte Investitionsabzugsbeträge (§ 7g II 2; → Rn. 54) sowie bei PersGes (§ 7g VII 2, 3; → Rn. 83). – Mit dem **WachstChG** (BGBl I 24 Nr. 108) wurde für **ab 1. 1. 24** angeschaffte/hergestellte WG (§ 52 XVI 6) der Höchstsatz der SonderAfA von bisher 20% auf 40% angehoben. – **Einzelfragen zu früheren Fassungen des § 7g** → 37. Aufl 2018, § 7g Rn. 51 ff. 2

c) Unionsrecht. Mit dem Beihilfeverbot des Art 107 AEUV ist § 7g noch vereinbar (zur früheren Ansparabschreibung BFH I R 57/98, BStBl II 01, 127 unter B.I.3.c; *Pinkos* DB 93, 1688 (1693); zur Genehmigung durch die EU-Kommission s *BMF* DStR 98, 976). Zur fehlenden Vereinbarkeit der Beschränkung auf *inl* Betriebsstätten (§ 7g I 1) mit Unionsrecht → Rn. 18. 3

d) Gestaltungsmöglichkeiten. – Investition beabsichtigt. Hier kann der StPfl wählen, ob er lieber das Einkommen eines früheren Jahres (dann Vornahme des Investitionsabzugs) oder das Einkommen des Investitionsjahres und der Folgejahre (dann keine Vornahme eines Investitionsabzugs, sondern Erlangung höherer AfA) in höchstmögl Maße mindern will. – **Keine Investition beabsichtigt.** Hier wird ein vorgenommener Abzug zwar rückwirkend rückgängig gemacht. Wegen der **ab VZ 19** abgesenkten Verzinsung (statt 6% nur noch 1,8% pro Jahr) kann es angesichts des deutl gestiegenen Marktzinsniveaus aber gleichwohl sinnvoll sein, § 7g in Anspruch zu nehmen, wenn eine unproblematische und zinsgünstige Finanzierung benötigt wird. – **Nachträgl Geltendmachung eines Abzugsbetrags.** Dies ist seit VZ 21 (Wj 20/21) erhebl eingeschränkt worden (§ 7g II 2; → Rn. 54). 4

2. Begünstigte Wirtschaftsgüter, § 7g I 1. – a) Abnutzbare bewegliche Wirtschaftsgüter des Anlagevermögens. Zum Begriff des bewegl WG → § 5 Rn. 115, 131 ff, → § 7 Rn. 34; zum Begriff des AV → § 6 Rn. 344 ff, zur Abnutzbarkeit → § 7 Rn. 27. Erfasst sind auch GWG iSd § 6 II und SammelpostenWG iSd § 6 IIa (*BMF* BStBl I 22, 945 Rn. 7). – **Gebraucht erworbene WG** sind ebenfalls begünstigt. 6

b) Nicht begünstigte Wirtschaftsgüter. – *(1)* Immaterielle Wirtschaftsgüter. ZB Datensammlungen auf CD (BFH III B 7/14, BFH/NV 14, 1590). „Trivialsoftware" soll aber als bewegl WG anzusehen und daher begünstigt sein (*BMF* BStBl I 22, 945 Rn. 6, krit BFH X R 26/09, BStBl II 11, 865 Rn. 21). – ***(2)* Unbewegliche Wirtschaftsgüter.** ZB mobile Leichtbauhalle, die mit 1,20 m tiefen Erdankern verankert wird (FG Bln-Bbg EFG 08, 204, rkr); Mietereinbauten (FG Bln-Bbg EFG 10, 36, rkr). Die Abgrenzung kann bei **Photovoltaikanlagen** von Bedeutung sein: Eine auf dem geschlossenen Dach angebrachte Anlage ist bewegl und daher begünstigt (*OFD Rhl* FR 11, 491: Betriebsvorrichtung; auch → § 7 Rn. 38; mE zutr; evtl zweifelnd aber BFH X R 13/17, BFH/NV 19, 1224 Rn. 13). 7

Die *FinVerw* begünstigt auch dachintegrierte Photovoltaikanlagen „wie eine Betriebsvorrichtung" (EStR 4.2 III 4; mE eher großzügig; **aA** auch FG RhPf EFG 07, 1068, rkr). – ***(3)* Anteile an KapGes.** Sie sind weder bewegl noch abnutzbar (zutr *Urbach* BeSt 24, 16). – ***(4)* Überschusseinkünfte.** Die fehlende Begünstigung folgt aus § 7g I 2 Nr 1, wo ein „Betrieb" vorausgesetzt wird. – ***(5)* Umlaufvermögen.** Es genügt aber, wenn das WG noch im Wj der Anschaffung/Herstellung vom UV ins AV überführt wird (so zum BerlinhilfeG BFH VI R 262/68, BStBl II 71, 198; mE zweifelhaft).

10 **c) Fast ausschließlich betriebliche Nutzung in einer inländischen Betriebsstätte. – aa) Grundsatz.** Das „Behaltendürfen" der Begünstigung setzt voraus, dass das WG mind bis zum Ende des dem Wj der Anschaffung/Herstellung folgenden Wj (→ Rn. 11) in einer inl Betriebsstätte (→ Rn. 18) des Betriebs ausschließl oder fast ausschließl betriebl genutzt wird (→ Rn. 19) oder vermietet wird (→ Rn. 24). Fehlt es hieran, wird die Begünstigung nach Abs 4 rückgängig gemacht, soweit sie auf dieses WG bezogen war. Investitionsabzugsbeträge, die ab 2016 neu gebildet wurden, können in einem solchen Fall aber nachträgl auf ein anderes WG bezogen werden (→ Rn. 67). – **RumpfWj** zählen auch hier als volle Wj (zutr BFH X R 30/19, BStBl II 22, 439: Betriebsaufgabe während des Jahres nach der Anschaffung des WG; ebenso → Rn. 60 zur Investitionsfrist von drei Wj).

11 **bb) Dauerhafte räumliche Beziehung zum Betrieb während der Verbleibensfrist.** Dies ist die von der Rspr verwendete Formel für den erforderl Zusammenhang zw WG und Betrieb (BFH IV R 16/18, BStBl II 21, 382 Rn. 21). Daran fehlt es bei WG, die weniger als ein Wj im Betrieb verbleiben sollen (NdsFG EFG 12, 2191, rkr: Legehennen). Die Rspr zur InvZul kann übertragen werden (§ 7g aF BFH X R 4/99, BStBl II 02, 136 unter II.3.). Eine solche räuml Beziehung setzt über eine ledigl funktionelle Bindung an den Betrieb hinaus die *tatsächl Einflussmöglichkeit* des Betriebsinhabers auf das WG voraus.

12 **(1) Außerhalb des Betriebsgeländes eingesetzte Wirtschaftsgüter.** Sie sind unter den in → Rn. 11 genannten Voraussetzungen (tatsächl Einflussmöglichkeit) ebenfalls begünstigt (zB Baugeräte, Fahrzeuge zur Personen- oder Güterbeförderung, an ArbN überlassene Fahrzeuge). Bis Wj 2018/19 war ledigl eine Vermietung/Verpachtung/Verleihung zur *eigenverantwortl* Nutzung durch einen Dritten ausgeschlossen (BFH IV R 16/18, BStBl II 21, 382 Rn. 22). Die Automaten eines Automatenaufstellers verbleiben in dessen Betrieb, wenn der Aufsteller trotz des Verbringens in eine Gaststätte die tatsächl Gewalt über die Automaten behält. Gleiches gilt, wenn der StPfl den Investitionsabzug für Werkzeuge (zB Spritzgussformen) in Anspruch nimmt, die sich im Betrieb eines Subunternehmers befinden, der StPfl aber jederzeitigen Zugriff darauf hat (zutr BFH IV R 16/18, BStBl II 21, 382: auch wenn sich der Subunternehmer-Betrieb im Ausl befindet). Wird der Mandantenstamm eines Freiberuflers veräußert und werden die (zuvor nach § 7g begünstigten) bewegl WG unentgeltl an den Erwerber überlassen, ist die Nutzungsvoraussetzung weiterhin erfüllt, wenn der Veräußerer diese WG iRd Resttätigkeit ebenfalls noch nutzt (BFH XI S 32/06, BFH/NV 07, 2101 unter II.3.a, zum FördG).

14 **(2) Betriebsübertragung, Einbringung.** Wegen der Betriebsbezogenheit der Vergünstigung ist die **unentgeltl Betriebs-, Teilbetriebs- oder Anteilsübertragung (§ 6 III)** unschädl, wenn der Übernehmer den Betrieb fortführt und das WG dort bis zum Ende der Verbleibensfrist genutzt wird (*BMF* BStBl I 22, 945 Rn. 39). – Dies soll nach Auffassung der *FinVerw* auch für die **Buchwerteinbringung in eine PersGes** (§ 24 UmwStG) gelten (*BMF* BStBl I 22, 945 Rn. 18, 30), obwohl der BFH dies ausgeschlossen hatte (zur Ansparabschreibung BFH X R 31/11, BFH/NV 16, 1032; mE ist dies auf den Investitionsabzugsbetrag übertragbar; glA *HHR/Reddig* § 7g Rn. 6). Bei Einbringungen (auch zum Buchwert) in eine **KapGes** ist eine Fortführung des Investitionsabzugsbetrags hingegen nach übereinstimmender Auffassung

von Rspr und *FinVerw* nicht mögl. Zur früheren AnsparAfA, die eine Prognose des Investitionsverhaltens erforderte, hatte der BFH noch entschieden, dass diese nur dann nicht vorgenommen werden darf, wenn im Zeitpunkt ihrer Geltendmachung beim FA bereits feststeht, dass der Betrieb in eine KapGes eingebracht werde (BFH GrS 2/12, BStBl II 15, 1007); eine zulässigerweise vor der Einbringungsentscheidung geltend gemachte AnsparAfA aber mit dem Betrieb auf die KapGes übergeht (BFH I R 70/09, BFH/NV 10, 2072). Diese Differenzierung kann beim Investitionsabzugsbetrag nicht vorgenommen werden, da hier keine Prognose vorzunehmen ist. Er kann daher zwar gebildet werden, ist im Zeitpunkt der Einbringung aber wegen Nichtinvestition im Ursprungsbetrieb rückwirkend gewinnerhöhend aufzulösen (*BMF* BStBl I 22, 945 Rn. 31; FG LSA DStRK 23, 259, rkr; FG Köln EFG 24, 822, Rev X R 7/24; **aA** *Weiss* DStR 24, 1585). – **(3) Mehrere Betriebsstätten oder Betriebe.** Hat der Betrieb mehrere Betriebsstätten, ist ein Wechsel von der einen zur anderen unschädl. Eine Überführung in einen anderen *Betrieb* des StPfl ist wegen der Betriebsbezogenheit hingegen schädl (zutr BFH VIII R 28/08, BStBl II 14, 299 unter II.1.d).

cc) Ausscheiden des Wirtschaftsguts vor Ablauf der Mindestnutzungsdauer. – (1) Rückgängigmachung des Investitionsabzugsbetrags. Ein vorzeitiges Ausscheiden des WG innerhalb der in → Rn. 10 genannten Frist ist schädl (§ 7g IV) insb bei Veräußerung des WG (BFH III R 111/75, BStBl II 78, 204: auch für Veräußerung bei Insolvenz, zur InvZul; BFH III R 12/79, BStBl II 80, 758: auch bei Veräußerung infolge einer brandschadensbedingten Betriebsumstellung, zur InvZul), Überführung in eine *ausl* Betriebsstätte (→ Rn. 18, ggf europarechtl bedenkl) oder in das PV (BFH IV R 37/67, BStBl III 67, 750, zum BerlinFG), ferner bei Stilllegung der Betriebsstätte (BFH III R 32/98, BStBl II 99, 615; BFH III R 44/96, BStBl II 01, 37, beide zur InvZul); auch bei Veräußerung/Aufgabe des gesamten Betriebs (*BMF* BStBl I 22, 945 Rn. 37). – **(2) Unschädliches vorzeitiges Ausscheiden.** Der Investitionsabzug bleibt hingegen bestehen, wenn ein vorzeitiges Ausscheiden auf Umständen beruht, die in dem WG *selbst,* nicht aber im Betrieb als solchem liegen (*BMF* BStBl I 22, 945 Rn. 40; BFH III R 32/98, BStBl II 99, 615, zur InvZul). Dies wurde bejaht bei Ausscheiden infolge Totalschadens (BFH III R 74/76, BStBl II 77, 793, zum BerlinFG: Verkehrsunfall; ebenso bei Brand oder Diebstahl) oder eines Umtausches wegen Mängeln (BFH VI R 29/67, BStBl II 68, 430). Auch das vorzeitige Ausscheiden wegen wirtschaftl Verbrauchs des WG ist unschädl (BFH III R 139/74, BStBl II 77, 59, zum BerlinFG), sofern der erzielte Erlös 10% der AK/HK nicht übersteigt (BFH III R 49/97, BStBl II 00, 434, zur InvZul). Auch die Überführung ins UV ist mE unschädl, weil Abs 4 nur die betriebl Nutzung, nicht aber die Nutzung im AV voraussetzt (**aA** allerdings *BMF* BStBl I 22, 945 Rn. 37). 16

dd) Beschränkung auf inländische Betriebsstätten. Diese Beschränkung gilt nach dem Gesetzeswortlaut nur für in einer eigenen Betriebsstätte genutzte WG, nicht aber für vermietete WG. **Europarechtliche Bedenken.** StPfl werden im Bereich der Einkunftserzielung in Abhängigkeit vom Ort der Investition ungleich behandelt (ebenso *Gosch* DStR 07, 1895 (1896) und BFH/PR 12, 39; *BH/Brandis* § 7g Rn. 24; *HHR/Reddig* § 7g Rn. 8; *Littmann* § 7g Rn. 26; *Weßling/Romswinkel* Stbg 07, 177 (181); *Broemel/Endert* Ubg 11, 720; *Frotscher/Geurts* § 7g Rn. 6a; **aA** FG Mster EFG 06, 255 [nachgehend offen gelassen von BFH I R 104/05, BStBl II 07, 957, allerdings betr Nicht-EU-Staat]; SchlHFG EFG 09, 98, rkr). Zu vergleichbaren Fördernormen des österr bzw luxemburgischen Rechts hat der EuGH mittlerweile entschieden, dass eine Regelung, die die Gewährung einer Investitionsprämie davon abhängig macht, dass die WG in einer inl Betriebsstätte eingesetzt werden, jedenfalls dann gegen die Dienstleistungsfreiheit verstößt, wenn die Einkünfte, die aus einem Einsatz der WG im Ausl erzielt werden, im Inl besteuert werden können (EuGH C-330/07, Slg 08, I-9099 – Jobra; EuGH C-287/10, HFR 11, 359 – Tankreederei I). Umgekehrt hat der EuGH zu § 6b entschieden, dass Deutschland es nicht hinneh- 18 men muss, wenn stille Reserven sich durch Übertragung ins Ausl stfrei verflüchtigen (EuGH C-591/13, DStR 15, 870). Im Ergebnis ist die Einschränkung auf inl Betriebsstätten also in den Fällen europarechtswidrig, in denen Deutschland das Besteuerungsrecht für eine ausl Betriebsstätte hat. Dieses Besteuerungsrecht ist zwar in der Praxis durch die DBA dem Betriebsstättenstaat zugewiesen; iRd **Progressionsvorbehalts** wird § 7g aber zur Vermeidung eines Europarechtsverstoßes zu gewähren sein. Hinzu kommen Fälle, in denen das WG von einer inl in eine ausl Betriebsstätte übergeht. Bei Anwendung der zu § 6b ergangenen EuGH-Rspr wird hier zumindest eine StStundung zu gewähren sein (hierzu ausführl auch *Vogel/Cortez* FR 15, 437 (443 ff)).

19 **ee) Fast ausschließlich betriebliche Nutzung.** Erforderl ist eine betriebl Nutzung von **mind 90%;** schädl ist daher eine außerbetriebl Nutzung von mehr als 10% (*BMF* BStBl I 22, 945 Rn. 41; BT-Drs 16/4841, 52; BFH X R 46/11, BStBl II 17, 291 Rn. 16; BFH X R 28/14, BStBl II 17, 302 Rn. 29; BFH III R 62/19, BStBl II 22, 435 Rn. 16).

20 **(1) Außerbetriebliche Nutzung.** Dies ist zum einen die Privatnutzung des WG durch den Unternehmer (insb bei Pkw). Daran kann es im Einzelfall selbst bei einer Segelyacht fehlen (FG Bln-Bbg EFG 17, 192, rkr).

21 **(2) Einsatz des Wirtschaftsguts in einem anderen Betrieb des Steuerpflichtigen.** Dies ist ebenfalls außerbetriebl Nutzung, wobei man wegen der Zulassung der Vermietung ab VZ 20 großzügiger sein könnte (vom Wortlaut aber weiterhin nicht umfasst). Ausnahmen werden bei der Aufteilung eines Betriebs über mehrere Einkunftsarten zugelassen (BFH X R 46/11, BStBl II 17, 291, Anm *Abele* BB 14, 1714: Maschine, die sowohl im selbstbewirtschafteten luf Betrieb als auch im gewerbl Lohnunternehmen des StPfl genutzt wird; ebenso für teils freiberufl und teils gewerbl tätige Augen- und Zahnärzte *BMF* BStBl I 22, 945 Rn. 46; teilweise krit *Rätke* StuB 14, 511). Allerdings sind dann die Gewinne der beiden Betriebe zur Prüfung der Höchstgrenze zu addieren (zutr *BMF* BStBl I 22, 945 Rn. 47). Der „sichere Weg" liegt in diesen Fällen aber in der Überführung des investierenden Betriebs in eine KG und der Vermietung des WG an den anderen Betrieb.

22 **(3) Kraftfahrzeuge. Nachweis der fast ausschließlich betrieblichen Nutzung.** Hierfür stehen dem StPfl **alle Beweismittel** offen; er ist nicht auf die Führung eines Fahrtenbuchs beschränkt (BFH III R 62/19, BStBl II 22, 435 Rn. 25: allerdings erhöhte Mitwirkungspflicht des StPfl wegen der Berührung seiner privaten Sphäre; BFH VIII R 24/19, BStBl II 22, 450 Rn. 18 ff: ggf. Zeugen). Dies erkennt jetzt auch die *FinVerw* an (*BMF* BStBl I 22, 945 Rn. 43; anders noch *BMF* BStBl I 17, 423 Rn. 44). Bei Anwendung der 1%-Regelung ist aber eine zweifelsfreie Dokumentation der fast ausschließl betriebl Nutzung erforderl (zutr *BMF* BStBl I 22, 945 Rn. 43; BFH XI B 106/05, BFH/NV 06, 1264). Trotz der Lockerung der Rspr und Verwaltungsauffassung werden andere Nachweise als ein ordnungsgem Fahrtenbuch in der Praxis kaum einmal Erfolg haben (glA *Rukaber* NWB 22, 2271; *Thoß* StuB 22, 569). Ob ein „leicht defizitäres" Fahrtenbuch ausreichen kann (so *HHR/Reddig* § 7g Rn. 25), ist mE zweifelhaft, da zwar ein Fahrtenbuch mit geringen Mängeln, die sich durch Heranziehung anderer Beweismittel einigermaßen zweifelsfrei beheben lassen, für Zwecke des § 6 I Nr 4 anzuerkennen ist (also zum ordnungsgem Fahrtenbuch wird, → § 6 Rn. 566), ein Fahrtenbuch, das defizitär (und damit unglaubwürdig) ist, aber auch für § 7g nicht ausreichen kann. – IRd **Prognose der künftigen Nutzung** eines erst noch zu erwerbenden Kfz spricht die Anwendung der 1%-Regelung auf das *gegenwärtig* genutzte Kfz aber nicht zwingend gegen die Annahme, das künftige Kfz werde fast ausschließl betriebl genutzt, was durch ein Fahrtenbuch nachgewiesen werde (zutr BFH VIII B 190/09, BStBl II 13, 946; *BMF* BStBl I 13, 1493 Rn. 42). – **Privatnutzung betrieblicher Pkw durch *Arbeitnehmer* des Steuerpflichtigen.** Dies gehört aus Sicht des Betriebs als Lohnbestandteil zur betriebl Nutzung (auch bei

Ges'tergeschäftsführer einer KapGes), sodass für entspr Investitionen ein Abzug vorgenommen werden kann (*Bruschke* DStZ 08, 204 (207); *Happe* BBK 08, 621; *Hottmann* DStR 09, 1236 (1237)). Auch das Merkmal der „Nutzung in einer inl Betriebsstätte" soll in diesen Fällen jedenfalls dann erfüllt sein, wenn der ArbN den Pkw „in aller Regel" für die Fahrten zw Wohnung und Arbeitsstätte einsetzt (so zu einer vergleichbaren Regelung des InvZulG BFH III R 144/85, BStBl II 86, 919; daran anknüpfend *BMF* BStBl I 08, 590 Rn. 66, 78; jedoch einschr für Ges'tergeschäftsführer ohne klare Vereinbarung über den Umfang der Privatnutzung BFH III R 2/87, BStBl II 90, 752).

(4) Photovoltaikanlagen, Blockheizkraftwerke. Die *FinVerw* sieht es als unschädl an, wenn der StPfl mehr als 10% der erzeugten Energie bzw Wärme selbst verbraucht (*BMF* BStBl I 22, 945 Rn. 44: es handle sich nicht um eine private Verwendung der Anlage, sondern um eine Sachentnahme der erzeugten Energie bzw Wärme (→ § 6 Rn. 517 *(2)*); mE sehr zweifelhaft; **aA** auch HessFG EFG 25, 184, rkr: *HHR/Reddig* § 7g Rn. 25; *Moorkamp* StuB 12, 396). 23

ff) Vermietung von Wirtschaftsgütern. – (1) Rechtslage ab Wirtschaftsjahr 2019/2020. Dies ist nun ebenfalls begünstigt (zur zeitl Anwendung → Rn. 2); für die Verpachtung muss dasselbe gelten. Nach dem Gesetzeswortlaut ist es nicht erforderl, dass der *Mieter* das WG fast ausschließl betriebl nutzt; dies eröffnet Gestaltungsmöglichkeiten. Auch gilt für vermietete WG nicht die für selbstgenutzte WG angeordnete Beschränkung auf *inl* Betriebsstätten (glA *BH/Brandis* § 7g Rn. 24), was ungereimt erscheint. Die unentgeltl Überlassung ist begriffl keine Vermietung und daher auch weiterhin nicht begünstigt (so auch BT-Drs 19/22850, 79; *HHR/Reddig* § 7g Rn. 26). 24

(2) Rechtslage bis Wj 2018/2019. Die längerfristige Vermietung war schädl (BFH III R 6/12, BFH/NV 13, 1268, zur InvZul), ebenso der Einsatz eines WG in einer verpachteten Betriebsstätte (BFH I R 84/05, BStBl II 07, 94, zum FördG). Der Gesetzgeber wollte Vermietungsbetriebe von der Begünstigung ausschließen (BT-Drs 10/336, 26). – **Ausnahmen.** – **(a) Kurzfristige Vermietung von bis zu drei Monaten.** Die Verbleibensvoraussetzung war noch erfüllt (*BMF* BStBl I 17, 423 Rn. 38; BFH III R 66/85, BStBl II 86, 916: Autovermietung, zur InvZul; BFH III R 38/91, BFH/NV 98, 744: Computeranlage, zum BerlinFG; FG Mster EFG 91, 183: nicht bei mehrfacher Vermietung von Gerüsten an einen einzigen Auftraggeber). – **(b) Betriebsverpachtung im Ganzen.** Dies stand der Erfüllung der qualifizierten Nutzungsvoraussetzung nicht entgegen, sofern das WG schon vor Beginn der Betriebsverpachtung zum BV gehörte (EStR [2005] 7g VII 4); anders jedoch, wenn es erst nach Verpachtungsbeginn angeschafft wurde, weil es dann an einem **werbenden Betrieb** fehlt (BFH X R 4/99, BStBl II 02, 136). – **(c) Betriebsaufspaltung.** Die Überlassung an die BetriebsGes war unschädl, sofern Besitz- und BetriebsGes BV-mäßig verflochten waren (BFH IV R 82/05, BStBl II 08, 471 unter II.2.; s auch BFH X R 46/11, BStBl II 17, 291 Rn. 20 ff; zum ZRFG auch BFH IV R 27/06, BStBl II 09, 881). – **(d) SonderBV.** An die PersGes vermietete WG werden im Betrieb der PersGes genutzt, sodass die Nutzungsvoraussetzung erfüllt war.

3. Betriebsbezogene Voraussetzungen, § 7g I 2 Nr 1. Der Investitionsabzug kann von unbeschr und beschr StPfl bei ihren Gewinneinkünften geltend gemacht werden, sofern der Betrieb (→ Rn. 26) eine bestimmte Gewinngrenze nicht überschreitet (dazu → Rn. 31). Zu Besonderheiten bei **PersGes** s § 7g VII (→ Rn. 81 ff). 25

a) Mindestanforderungen an den Betrieb. Werbende Tätigkeit. Sie ist ungeschriebene Voraussetzung. In einem unterbrochenen Betrieb kann kein Investitionsabzug vorgenommen werden (für Betriebsverpachtung im Ganzen *BMF* BStBl I 22, 945 Rn. 1; BFH X R 4/99, BStBl II 02, 136; BFH X S 10/11 (PKH), BFH/NV 12, 50 Rn. 13; ausführl FG Köln EFG 09, 102, rkr; für Betriebsunterbrechung ieS BFH VIII B 70/07, BFH/NV 08, 380 unter 2.b). Gleiches gilt für einen Liebhabereibetrieb (BFH X R 2/16, BFH/NV 18, 421). – **Inanspruchnahme vor Betriebseröffnung.** Obwohl § 7g den Begriff „Betrieb" verwendet und grds eine werbende Tätigkeit voraussetzt, kann die Förderung nach einhelliger Auffassung grds 26 bereits in VZ vor der Betriebseröffnung in Anspruch genommen werden (BFH IV R 30/00, BStBl II 04, 182 unter 1.; BFH X R 42/11, BStBl II 13, 719 Rn. 19 ff; so ausdrückl auch BT-Drs 18/4902, 42). Allerdings ist die Absicht zur Betriebseröffnung (nicht aber eine Investitionsabsicht) glaubhaft zu machen (zutr *BMF* BStBl I 22, 945 Rn. 3).

27 **b) Gewinnermittlungsart.** Der Gewinn muss nach § 4 (I/III) oder § 5 ermittelt werden (§ 7g I 2 Nr 1 Buchst a). Damit ist neben § 5a auch die Gewinnermittlung nach § 13a ausgeschlossen (so auch § 13a III 2).

28 **c) Betriebsbezogenheit des Abzugsbetrags.** Der Investitionsabzug ist betriebs-, nicht personenbezogen (BFH X R 46/11, BStBl II 17, 291 Rn. 19; BFH VIII R 56/13, BStBl II 16, 936 Rn. 21). Daher kann ein **StPfl mit mehreren Betrieben** den Abzug in jedem Betrieb geltend machen, der die betriebsbezogenen Voraussetzungen erfüllt, selbst wenn der addierte Gewinn aller Betriebe die Grenzen überschreitet (*BMF* BStBl I 22, 945 Rn. 15). Ein StBerater mit Praxen in mehreren Orten unterhält allerdings nur einen Betrieb (zutr HessFG EFG 13, 672, aus verfahrensrechtl Gründen aufgehoben durch BFH VIII R 16/13, nv). Gleiches gilt für eine PartG, die an mehreren Orten RA-Kanzleien unterhält (BFH VIII R 56/13, BStBl II 16, 936) sowie für einen StPfl, der einerseits einen Altmaterialhandel und andererseits einen Schrotthandel betreibt, auch wenn einer der Betriebe selbst gegründet und der andere geerbt wurde (zutr FG Ddorf EFG 24, 660, Rev X R 8/23). – **Betriebsaufspaltung.** Sowohl Besitz- als auch Betriebsunternehmen können Investitionsabzüge vornehmen; es kommt auf den Gewinn des *jeweiligen* Betriebs an (*BMF* BStBl I 22, 945 Rn. 1, 15; BFH I R 98/88, BStBl II 92, 246); Gleiches gilt bei **Organschaft.**

29 **d) Unentgeltliche Betriebsübergabe.** Der Erwerber tritt in die Rechtsposition des Rechtsvorgängers ein (§ 6 III) und führt daher auch die Pflichten aus dem gebildeten Investitionsabzug fort (BFH IV R 18/19, BStBl II 23, 326 Rn. 28). Wächst der Betrieb einer PersGes dem letzten Ges'ter beim Ausscheiden aller übrigen Ges'ter an, tritt dieser wegen des Gesamtrechtsnachfolgecharakters der Anwachsung selbst dann in die Pflichten nach § 7g ein, wenn es sich um einen entgeltl Anteilsverkauf handelt (BFH VIII R 23/14, BFH/NV 16, 1684).

31 **e) Gewinngrenze.** Der Abzug setzt voraus, dass der Gewinn des Betriebs im Wj, in dem der Abzug vorgenommen werden soll, 200 000 € nicht überschreitet (§ 7g I 2 Nr 1 Buchst b; Einzelfragen zum zeitl Anwendungsbereich der Neuregelung → Rn. 2). Für die SonderAfA nach Abs 5 sind hingegen die Verhältnisse des *Vorjahrs* maßgebl; daher ist das dortige Größenmerkmal bei neugegründeten Betrieben immer erfüllt (→ Rn. 72). Die Gewinngrenze ist auch für die Anwendung des § 4f von Bedeutung (s § 4f I 3). – **aa) Begriff des Gewinns.** Anzusetzen ist mE der steuerl Gewinn iSd § 2 II 1 Nr 1, in den außerbilanzielle Effekte wie nichtabziehbare BA sowie estfreie Einnahmen bereits einbezogen worden sind (zutr *BMF* BStBl I 22, 945 Rn. 13; NdsFG EFG 24, 1298, Rev X R 16/23; *Liesenhoff/Pottebaum/Znojek* DStR 25, 1305). Die Gegenauffassung will (wie bei § 4 IVa) auf den StB-Gewinn bzw den unkorrigierten Gewinn nach § 4 III abstellen (FG BW EFG 23, 1373, Rev III R 38/23; *HHR/Reddig* § 7g Rn. 46; *Reddig* DStR 21, 2621; *Ulbrich* EStB 24, 216; *Briese* DStR 25, 2345). Dann wäre aber die ausdrückl gesetzl Anordnung, dass Investitionsabzugsbeträge bei der Gewinngrenze unberücksichtigt bleiben, überflüssig. – **Einfluss des Investitionsabzugsbetrags auf den maßgebl Gewinn.** Beim Vergleich mit der Gewinngrenze wird ein Investitionsabzugsbetrag kraft ausdrückl gesetzl Anordnung nicht berücksichtigt; er kann also nicht dazu genutzt werden, die gewinnabhängige Voraussetzung für seine Vornahme überhaupt erst zu erfüllen. Korrespondierend muss mE im Wj der Investition auch der **Hinzurechnungsbetrag** nach Abs 2 S 1 unberücksichtigt bleiben, wenn in diesem Wj erneut ein Investitionsabzug in Anspruch genommen werden soll; der Wortlaut lässt dies zu (glA *Wendt* FR 15, 1031). – **Spätere Gewinnänderungen.** Wird (zB durch eine BP) der Gewinn für

das Abzugsjahr später über den Grenzbetrag hinaus erhöht, entfällt nachträgl auch der Investitionsabzug, was die Auswirkungen der BP erhebl verstärken kann (zB NdsFG DStRE 21, 262, rkr). – Besonders bei PersGes wird der Höchstbetrag (maßgebend ist der Gesamtgewinn der MUerschaft, nicht der Gewinnanteil des einzelnen StPfl) häufig überschritten sein, sodass sie aus dem Anwendungsbereich des § 7g herausfallen. Die frühere 100 000 €-Gewinngrenze für § 4 III-Betriebe wurde als **verfgem** angesehen (zutr SchlHFG StuB 17, 399, rkr); dies gilt mE auch für die nun allg geltende Grenze von 200 000 €.

bb) Einzelfragen zur Gewinngrenze. – (1) Großunternehmen. Sie sind zwar selbst nicht begünstigt, können die Größenbeschränkung aber durch Gründung von Investitions-GmbH & Co KG umgehen, die jeweils für sich genommen die Gewinngrenze nicht überschreiten. Seit VZ 19/20 ist auch die Vermietung an andere KonzernGes begünstigt. Ein Gestaltungsmissbrauch kann darin mE nicht gesehen werden; anders jedoch, wenn die Investitions-KG (entspr der Empfehlung von *Weßling* BB 94, 1823) unmittelbar nach der Investition aufgelöst wird und ihr Vermögen der MutterGes anwächst (für § 42 AO auch *BH/Brandis* § 7g Rn. 58). – **(2) Unentgeltl Betriebsübertragungen während des lfd Wj.** Hier sollen die Gewinne des Übertragenden und des Übernehmers zu addieren sein (*BMF* BStBl I 22, 945 Rn. 14; mE zweifelhaft; krit auch *HHR/Reddig* § 7g Rn. 46). Diese Addition soll auch bei Buchwerteinbringung von MUeranteilen in eine neue PersGes vorzunehmen sein (NdsFG EFG 15, 1793, rkr). Jedenfalls dies ist mE unzutr, weil es hierfür an einer Rechtsgrundlage fehlt und BFH GrS 2/12, BStBl II 15, 1007 betont hat, dass auch die Buchwerteinbringung eine Veräußerung darstellt, also (gerade im Hinblick auf § 7g) einen „Schnitt" bewirkt. – **(3) Entgeltl Betriebserwerb kurz vor Jahresende.** Hier kann ggf auch ein Erwerber, dessen Gewinn in einem vollen Wj die Grenze übersteigen würde, die Begünstigung in Anspruch nehmen, weil die Gewinngrenze ein Ganzjahresbetrag ist und nicht zeitanteilig gekürzt wird (*Paus* EStB 12, 339 (342)). 32

f) Größenmerkmale bis Wirtschaftsjahr 2018/2019. → 43. Aufl 2024, § 7g Rn. 33 ff. 33

g) Keine Investitionsabsicht erforderlich. Das in den VZ 2007 bis 2015 zu erfüllende Merkmal der Investitionsabsicht ist ab 2016 entfallen (Einzelfragen zu diesem Merkmal nach der Rechtslage bis 2015 → 37. Aufl 2018, § 7g Rn. 55 ff; zum Wegfall dieses Merkmals ab VZ 2016 → 39. Aufl 2020, § 7g Rn. 40 ff). Die *FinVerw* verlangt über die bloße Benennung des Betrags in der EStErklärung keine weiteren Angaben mehr (*BMF* BStBl I 22, 945 Rn. 17). 40

4. Geltendmachung durch Datenfernübertragung, § 7g I 2 Nr 2. Ab VZ 2016 muss der StPfl sowohl die Summen der Abzugsbeträge als auch die hinzuzurechnenden oder rückgängig zu machenden Beträge nach amtl vorgeschriebenem Datensatz durch Datenfernübertragung übermitteln (ausführl zu den erforderl Angaben *BMF* BStBl I 22, 945 Rn. 20). Dieses elektronische Verfahren soll Fehler vermeiden, die der *FinVerw* bisher bei der Überwachung der (außerbilanziellen und daher „flüchtigen") Investitionsabzugsbeträge in nennenswerter Zahl unterlaufen sind (BT-Drs 18/4902, 42). Im Hinblick auf diesen Zweck ist das neue Formerfordernis daher gerechtfertigt. – **Befreiungsmöglichkeit.** Zur Vermeidung unbilliger Härten kann das FA auf die elektronische Übermittlung verzichten (§ 7g I 2 Nr 2 S 2 EStG iVm § 150 VIII AO). In diesem Fall müssen sich die Summen der Abzugsbeträge sowie der Beträge nach Abs 2–4 aus den beim FA einzureichenden (Papier-)Unterlagen ergeben (§ 7g I 2 Nr 2 S 3). – **Einzelheiten** zur elektronischen Übermittlung und den Befreiungsmöglichkeiten → § 25 Rn. 19. 45

5. Höhe des Abzugsbetrags, § 7g I 1, 3, 4. – a) Außerbilanzielle Wirkung. Der Investitionsabzug wird außerbilanziell vorgenommen (BFH IV R 9/14, BStBl II 17, 295 Rn. 14; *BMF* BStBl I 22, 945 Rn. 52; BT-Drs 16/4841, 51). Die Neutralisierung von Gewinnen nach BP-Mehrergebnissen wird dadurch erleichtert, weil die für Bilanzänderungen geltenden Einschränkungen (§ 4 II 2) mangels Bilanzwirksamkeit des Abzugs nicht anwendbar sind (BFH IV R 9/14, BStBl II 17, 295 Rn. 14). – **Handelsbilanz.** Das bilanzielle Eigenkapital wird bis zur tatsächl Vornahme der Investition nicht gemindert, sodass handelsrechtl keine Ausschüttungssperre besteht. Der Bi- 47 lanzierungsaufwand steigt, weil für die HB die tatsächl AK maßgebl bleiben, daher eine eigene HB aufzustellen und ggf ein Posten für passive latente Steuern zu bilden ist (*Hirschberger* DStR 07, 2272). – **KapKto nach § 15a.** → Rn. 84. – **Besteuerung offener Rücklagen nach § 7 UmwStG.** Auch wenn für diesen Betrag allein das bilanzielle Eigenkapital maßgebl ist, soll er aus teleologischen Gründen durch den Investitionsabzugsbetrag beeinflusst werden (BFH IV R 1/17, BStBl II 19, 501 Rn. 25 ff; mE zweifelhaft).

48 **b) Relativer Höchstbetrag.** Der Abzug darf bis zu 50% (bis Wj 18/19: 40%) der voraussichtl AK/HK der WG betragen, die angeschafft/hergestellt werden sollen. Der frühere Sinn dieser Verknüpfung der Höhe des Abzugsbetrags mit den AK/HK eines bestimmten WG ist entfallen, seitdem die Absicht der Investition in ein konkretes WG nicht mehr Voraussetzung des § 7g ist; der relative Höchstbetrag ist daher für die *FinVerw* nicht mehr überprüfbar (glA *HHR/Reddig* § 7g Rn. 29). – **Aufstockung.** Der StPfl kann einen geringeren Betrag wählen und diesen ggf in einem Folgejahr des Drei-Jahres-Zeitraums aufstocken. – Der allein an die AK/HK anknüpfende Höchstsatz kann auch dann in Anspruch genommen werden, wenn die künftigen *AfA* wegen der Berücksichtigung eines **Schrott-/Schlachtwerts** (→ § 7 Rn. 115) nicht von den vollen AK/HK vorgenommen werden dürfen (BFH IV R 26/05, BStBl II 06, 910; für VZ bis 2015 auch *BMF* BStBl I 13, 1493 Rn. 5). Dies ist zutr, da § 7g in erster Linie die Finanzierung erleichtern, nicht aber eine bestimmte AfA vorwegnehmen soll. – Hingegen kann ein Investitionsabzug, der im Vorgriff auf **unangemessen hohe AK/HK iSd § 4 V 1 Nr 7** vorgenommen wird, gekürzt werden, weil es keiner Erleichterungen für die Finanzierung unangemessener AK/HK bedarf (BFH X R 33/16, BStBl II 18, 185).

49 **c) Absoluter Höchstbetrag.** Nach § 7g I 4 darf die Summe aller nach § 7g I im lfd und den drei vorangegangenen Wj vorgenommenen Abzugsbeträge je Betrieb des StPfl 200 000 € nicht übersteigen. Das höchstmögl begünstigte Investitionsvolumen beträgt damit 400 000 €, was zeigt, dass § 7g I auf Klein- und Mittelbetriebe zugeschnitten ist. Hat ein StPfl **mehrere Betriebe,** steht ihm der Höchstbetrag für jeden Betrieb gesondert zu (BFH I R 45/10, BStBl II 12, 118 Rn. 27). Bei **PersGes** darf die Summe aller Abzugsbeträge aus dem Gesamthands- und SonderBV den Höchstbetrag nicht übersteigen (§ 7g VII). – **Einfluss späterer Ereignisse auf den Höchstbetrag.** Wird ein Abzugsbetrag wegen tatsächl Investition in einem späteren Jahr wieder hinzugerechnet (§ 7g II), steht er ab diesem Zeitpunkt für neue Abzüge zur Verfügung (**aA** *HHR/Reddig* § 7g Rn. 58 Beispiel 3: sogar rückwirkend in den Vorjahren). Wird bei tatsächl Investition, aber fehlender fast ausschließl betriebl Nutzung die nach § 7g II vorgenommene Hinzurechnung rückwirkend rückgängig gemacht (§ 7g IV), kann sich der Abzugsbetrag rückwirkend ggf über den Höchstbetrag hinaus erhöhen und ist im übersteigenden Umfang zwangsaufzulösen. Wird der Abzug wegen des investitionslosen Ablaufs der Investitionsfrist rückwirkend rückgängig gemacht (§ 7g III 1 Alt 1), kann zwar nicht für das ursprüngl Abzugsjahr, wohl aber ggf für ein Folgejahr ein neuer Investitionsabzug vorgenommen werden. Wird der Abzug vorzeitig freiwillig rückwirkend rückgängig gemacht (§ 7g III 1 Alt 2), kann er ggf erneut (oder für ein Folgejahr) geltend gemacht werden. – Demggü ist bei der **SonderAfA nach § 7g V** kein absoluter Höchstbetrag vorgesehen (→ Rn. 75). Sind die Voraussetzungen für die Inanspruchnahme der SonderAfA erfüllt, kann diese daher bis zur Höhe von 40% (bis 2023: 20%) der AK/HK vorgenommen werden, unabhängig davon, wie hoch die AK/HK sind.

50 **d) Verlust.** Das Gesetz lässt ausdrückl zu, dass durch den Abzug ein Verlust entsteht oder sich erhöht (§ 7g I 3). Dies würde seit der Aufhebung der Verlustklausel des § 7a VI aF (s § 52 XXII iVm XXXIII EStG 2013) auch ohne die (nunmehr entbehrl) Regelung in § 7g I 3 gelten. Der Abzug erhöht in diesen Fällen das Verlustausgleichs- oder -rücktragspotenzial.

6. Auflösung des Abzugsbetrags im Jahr der begünstigten Investition, § 7g II. – a) Hinzurechnung des früheren Abzugs, § 7g II 1. Im Wj der Vornahme einer begünstigten Investition (Beginn der AfA-Befugnis, dh Anschaffung/Herstellung, → § 7 Rn. 141) *kann* der StPfl **(Wahlrecht)** einen Betrag iHv 50% der tatsächl AK/HK (höchstens jedoch die Summe der noch vorhandenen Investitionsabzugsbeträge) dem Gewinn hinzuzurechnen (§ 7g II 1). Da der Investitionsabzugsbetrag seit VZ 16 nicht mehr auf ein konkretes WG bezogen ist, kann er aber auch fortgeführt und für eine spätere Investition verwendet werden. – Ebenso wie der vorangegangene Investitionsabzug ist auch die **Hinzurechnung außerhalb der Bilanz** vorzunehmen (BFH IV R 28/23, BStBl II 25, 389 Rn. 46). Zur Hinzurechnung bei **PersGes** → Rn. 83. – War der Abzug noch vor Betriebseröffnung vorgenommen worden und hat er daher den **Gewerbeertrag** (der grds einen werbenden Betrieb voraussetzt) nicht gemindert, verzichtet die *FinVerw* aus Billigkeitsgründen auf eine Erfassung des Gewinns aus der Hinzurechnung bei der GewSt (*GLE* BStBl I 11, 152). – Zur **Rechtslage für bis VZ 15 gebildete Investitionsabzugsbeträge** → 39. Aufl 2020, Rn. 54. 53

b) Nachträgliche Geltendmachung, § 7g II 2. Seit VZ 21 (Wj 20/21; → Rn. 2) gelten Einschränkungen für Investitionsabzugsbeträge, die erst nach Eintritt der Unanfechtbarkeit (Ablauf der Einspruchsfrist bzw Beendigung eines Einspruchs-/Klageverfahrens) der erstmaligen StFestsetzung/Feststellung in Anspruch genommen (dh beim FA geltend gemacht) werden (gilt mE sowohl für die erstmalige Geltendmachung als auch für die Erhöhung eines Investitionsabzugsbetrags). Zwar bleibt ihre Geltendmachung weiterhin unbeschr mögl. Die Hinzurechnung nach § 7g II 1 (und damit der Abzug von den AK/HK gem § 7g II 3) ist aber nur zulässig, wenn das WG zum Zeitpunkt der Inanspruchnahme des Investitionsabzugsbetrags noch nicht angeschafft oder hergestellt worden ist. Der zwangsweise „stehengebliebene" Investitionsabzugsbetrag ist dann nach Ablauf der Investitionsfrist zwingend und verzinsl aufzulösen (§ 7g III). – Damit will der Gesetzgeber die *nachträgl* Geltendmachung für bereits getätigte Investitionen verhindern, weil der Zweck der Regelung (Investitionsförderung) dann nicht mehr gegeben ist (BT-Drs 19/22850, 80). Eine nachträgl Geltendmachung bleibt hingegen zulässig, wenn das WG in diesem Zeitpunkt noch nicht angeschafft/hergestellt worden ist; in der typischen BP-Situation dürfte die dreijährige Investitionsfrist dann aber bereits abgelaufen sein. Wenn der Investitionsabzug hingegen bis zur Unanfechtbarkeit der erstmaligen Festsetzung geltend gemacht wird, steht der Umstand, dass die Investition in diesem Zeitpunkt bereits getätigt worden ist, dem Abzug nicht entgegen. – Zur **Rechtslage bis Wj 19/20** → 39. Aufl 2020, § 7g Rn. 43. 54

c) 50%-Abzug von den Anschaffungs-/Herstellungskosten, § 7g II 3. Im Wj der begünstigten Investition *kann* der StPfl (Wahlrecht) die AK/HK des WG um bis zu 50% (bis Wj 18/19: 40%) mindern, höchstens jedoch um den Hinzurechnungsbetrag nach § 7g II 1 (die Vornahme eines Mini-Investitionsabzugs von 1 € ermöglicht später also keinen 50%-Abzug von den tatsächl AK/HK). Weil hier die AK/HK berührt werden, ist die **Minderung innerhalb der Bilanz** vorzunehmen. Daher gelten auch die Einschränkungen des § 4 II 2 für Bilanzänderungen (BFH XI R 12/18, BStBl II 2020, 779; zust *Reddig* FR 18, 925 (930); *Rauch* HFR 21, 446). – **Wirtschaftl Bedeutung.** IErg wird damit eine zusätzl SonderAfA gewährt, die jedoch zur Voraussetzung hat, dass zuvor ein Investitionsabzug vorgenommen wurde. Die Möglichkeit des 50%-Abzugs entfällt daher bei Investitionen, die „spontan" oder im Jahr der Betriebseröffnung vorgenommen werden (BFH X R 19/13, BFH/NV 15, 328). Mit den Zielen des § 7g (Investitionsförderung) steht dies nicht in Einklang. – Per Saldo ermöglicht die Kombination aus Abs 2 und der SonderAfA nach Abs 5 auch bei langlebigen WG mit zB 10-jähriger Nutzungsdauer **Gesamt-AfA-Beträge im Investitionsjahr von bis zu 75%** (50% nach Abs 2, auf die verbleibenden 50% noch 40% SonderAfA nach Abs 5 sowie 10% lineare AfA pro rata 55 temporis), bei Nutzung der degressiven AfA (bis Kj 2024) sogar bis zu 80%. – **Auswirkungen auf die AfA-Bemessungsgrundlage.** Sie wird durch den Abzug vermindert. Dies gilt auch für die Bemessungsgrundlage für die SonderAfA nach Abs 5 sowie die AK/HK bei GWG und Sammelposten-WG iSd § 6 II, IIa (zutr *BMF* BStBl I 22, 945 Rn. 28). Bei WG mit einer kürzeren Nutzungsdauer als 5 Jahren kann es sich empfehlen, die Abzugsmöglichkeit nach S 2 nur insoweit in Anspruch zu nehmen, dass die Bemessungsgrundlage oberhalb der Sammelposten-Grenze des § 6 IIa bleibt, weil dann eine geringere Gesamt-AfA-Dauer erreicht wird (auch → § 6 Rn. 673).

57 **7. Rückgängigmachung des Abzugs bei unterbliebener Hinzurechnung innerhalb der Investitionsfrist, § 7g III. – a) Anwendungsbereich.** Soweit der frühere Abzugsbetrag nicht innerhalb der (grds dreijährigen) Investitionsfrist nach Abs 2 hinzugerechnet wird, ist der ursprüngl Abzug rückgängig zu machen. Diese Regelung macht die Bildung von Abzugsbeträgen bei fehlender Investitionsabsicht uninteressant. Zugleich steht damit fest, dass auch eine Auflösung im Rahmen einer Betriebsveräußerung/-aufgabe stets rückwirkend zu lfd Gewinn führt (BFH X R 16/15, BFH/NV 16, 1444).

58 **b) Anzeige durch den Steuerpflichtigen.** Der StPfl muss das zur Rückgängigmachung führende Ereignis (idR den Ablauf des Investitionszeitraums) spätestens mit Abgabe der StErklärung für das Wj, in dem das Ereignis eingetreten ist, anzeigen (*BMF* BStBl I 22, 945 Rn. 54). Dies folgt aus § 153 II AO.

60 **c) Gründe für die Rückgängigmachung. – aa) Unterbliebene Investition innerhalb der Frist.** Ist es bis zum Ende des dritten auf das Wj des Abzugs folgenden Wj nicht zur Investition gekommen, ist der Abzug zwingend in vollem Umfang gewinnerhöhend rückgängig zu machen. Hat das FA den ursprüngl begehrten Abzug nicht gewährt und der StPfl hiergegen Klage erhoben, steht nach Ablauf der Investitionsfrist fest, dass die Klage unbegründet ist (BFH X R 13/17, BFH/NV 19, 1224 Rn. 19). – **Coronabedingte Fristverlängerungen.** Investitionsabzugsbeträge sollen nicht in den Krisenjahren 2020–22 zwangsweise rückgängig gemacht werden. Daher gilt für Abzugsbeträge, die in Wj geltend gemacht wurden, die im Kj 2017 endeten, eine **Sechsjahresfrist.** Diese müssen nicht im Krisenjahr 2020, sondern erst 2023 rückgängig gemacht werden (§ 52 XVI 3). Für Abzugsbeträge, die in Wj geltend gemacht wurden, die im Kj 2018 endeten, gilt eine Fünfjahresfrist (§ 52 XVI 4); auch diese sind also erst 2023 rückgängig zu machen; entspr gilt für Abzugsbeträge, die in Wj geltend gemacht wurden, die im Kj 2019 endeten, eine Vierjahresfrist (§ 52 XVI 5). Im VZ 23 kann es daher zu einer Kumulation von Zwangsauflösungen für Investitionsabzugsbeträge aus insgesamt 4 Jahren kommen, sofern nicht tatsächl investiert wird. – **RumpfWj** zählen dabei grds wie volle Wj (BFH X R 30/19, BStBl II 22, 439). Dies gilt jedoch nicht, wenn anlässl einer unentgeltl Betriebsübertragung sowohl der Übergeber als auch der Erwerber RumpfWj einlegen müssen, deren Summe 12 Monate nicht übersteigt (BFH IV R 9/06, BStBl II 10, 664 unter II.2.; *OFD Mster* DStR 11, 2001). – **Steuerbefreiung für Photovoltaikanlagen.** Die Inanspruchnahme des § 3 Nr 72 führt mE ebenfalls zur Rückgängigmachung, da wegen des Unterbleibens einer Gewinnermittlung keine Hinzurechnung des Investitionsabzugsbetrags mehr mögl ist (zutr *BMF* BStBl I 23, 1494 Rn. 19). Der BFH gewährt allerdings AdV, da trotz der StBefreiung auch eine gewinnerhöhende Hinzurechnung im Jahr der Investition in Betracht kommen könnte und die Frage, in welchem VZ die Gewinnerhöhung eintrete, daher ungeklärt sei (BFH III B 24/24, BStBl II 25, 30; teils krit *Reddig* FR 25, 33).

61 **bb) Überhöhter Abzug.** Sind die tatsächl AK/HK niedriger als diejenigen, die dem Abzugsbetrag zugrunde gelegt worden waren, verbleibt nach der auf Abs 2 S 1 gestützten Hinzurechnung (begrenzt auf 50% der *tatsächl* AK/HK) ein Restbetrag. Dieser kann zwar bei Investitionsabzugsbeträgen, die ab VZ 16 gebildet worden sind,

für andere Investitionen genutzt werden. Ist dies aber nicht mögl, ist der frühere Investitionsabzug mit Ablauf der Drei-Jahres-Frist rückgängig zu machen.

cc) Vorzeitige freiwillige Rückgängigmachung des Abzugs. Dies wird durch § 7g III 1 Hs 2 ausdrückl zugelassen. Ein solcher Antrag kann zur Vermeidung unnötig hoher Nachzahlungszinsen sinnvoll sein (ähnl *Korn* KÖSDI 07, 15758 (15765); *Schoor* StuB 07, 453 (457)). Die Rückgängigmachung kann entweder iRd lfd StErklärung für ein Folgejahr oder durch einen Änderungsantrag für einen früheren VZ vorgenommen werden. ME ermöglicht § 7g III 2 auch in diesen Fällen eine Durchbrechung der Bestandskraft (so wohl auch, allerdings nicht ganz eindeutig, *BMF* BStBl I 22, 945 Rn. 55). 62

dd) Anwendung des § 7g III zur Korrektur von Fehlern. Die unterbliebene Investition führt auch dann zur Rückgängigmachung, wenn schon die Voraussetzungen für die frühere Vornahme des Investitionsabzugsbetrags nicht vorgelegen hatten (BFH X B 161/17, BFH/NV 18, 527; BFH X R 11/19, BStBl II 20, 276 Rn. 16). – Wortlaut und Normzweck des § 7g III 1 lassen es zudem zu, dass der Investitionsabzugsbetrag auch dann rückwirkend rückgängig gemacht wird, wenn der StPfl zwar tatsächl investiert hat, die zwingende Hinzurechnung des Investitionsabzugsbetrags nach Abs 2 aber unterblieben ist und die Veranlagung für das Jahr der Investition nicht mehr geändert werden kann (BFH X R 11/19, BStBl II 20, 276; zust *Kulosa* HFR 20, 511; *Wendt* FR 20, 573). Aufgrund der Pflicht zur elektronischen Übermittlung und der damit einhergehenden besseren Überwachung im FA dürften derartige Fehler ab 2016 aber nur noch selten vorkommen (zutr *Dürr* DStRK 19, 210). – Wenn das FA die in § 7g III 1 vorgesehene Korrektur des Abzugsjahres in einem ersten Änderungsbescheid noch nicht in voller Höhe umsetzt, kann die Korrektur mit einem weiteren Änderungsbescheid vorgenommen werden (FG Köln EFG 21, 1120, rkr); allerdings dürfen dabei eigenständige Fehler des ersten Änderungsbescheids nicht berichtigt werden (BFH VIII R 45/18, BStBl II 21, 530). 64

d) Verfahren der Rückabwicklung. – aa) Spezielle Korrekturvorschrift. § 7g III 2 enthält für die Fälle der Rückgängigmachung des Abzugs eine Korrekturvorschrift für die Veranlagung des Abzugsjahrs. Eines Rückgriffs auf § 173 AO bedarf es daher nicht (*Graw* EFG 15, 1453). Abs 3 S 3 ergänzt dies noch um eine **Ablaufhemmung für die Festsetzungsfrist** des Abzugsjahres, die an die Festsetzungsfrist für das dritte auf das Abzugsjahr folgende Jahr anknüpft. 65

bb) Verzinsung. Die sich durch die Rückgängigmachung des Abzugs ergebende StNachzahlung ist nach §§ 233a, 238 Ia AO mit 1,8% (Zinszahlungszeiträume bis 2018: 6%) jährl zu verzinsen. – **Beginn des Zinslaufs.** In § 7g III 4 ist ausdrückl bestimmt, dass § 233a IIa AO *nicht* anzuwenden ist. Der Zinslauf beginnt daher 15 Monate nach Ablauf des Kj, dessen StFestsetzung geändert wurde (unzutr **aA** *Lühn* NWB 13, 2608: nur für den Fall der Nichtinvestition, nicht aber für die anderen von Abs 3 erfassten Fallgruppen). 66

8. Rückgängigmachung des Abzugs bei Nichterfüllung der Nutzungsvoraussetzungen, § 7g IV. – a) Materiell-rechtliche Rechtsfolgen. Das „Behaltendürfen" der Vergünstigungen setzt voraus, dass das WG bis zum Ende des der Anschaffung/Herstellung folgenden Wj vermietet oder in einer inl Betriebsstätte des Betriebs ausschließl oder fast ausschließl betriebl genutzt wird (zu diesen Merkmalen → Rn. 10 ff). Fehlt es an dieser qualifizierten Nutzungsvoraussetzung, sind für **Investitionsabzugsbeträge,** die **ab VZ 16** gebildet werden, die in § 7g II angeordneten Rechtsfolgen (Hinzurechnung des Abzugsbetrags im Investitionsjahr, Wahlrecht für den 50/40%-Abzug im Investitionsjahr) rückwirkend rückgängig zu machen. Entspr kann sich die Normal-AfA für das WG rückwirkend erhöhen. Der Investitionsabzugsbetrag als solcher ist nicht zwingend rückgängig zu machen, sondern kann von den AK/HK anderer geeigneter WG abgezogen werden, sofern solche vorhanden sind und dies verfahrensrechtl noch mögl ist (zutr *Hörster* NWB 15, 1052 (1055)). – Für Investitionsabzugsbeträge, die **bis VZ 15 gebildet** worden sind, ist bei Nichterfüllung der Verbleibensvoraussetzungen sogleich zwingend auch der In- 67 vestitionsabzugsbetrag rückgängig zu machen. – Die *FinVerw* sieht bei WG iSd § 6 II, IIa aus Vereinfachungsgründen von der Prüfung der Verbleibens- und Nutzungsvoraussetzungen ab (*BMF* BStBl I 22, 945 Rn. 34). Bei allen anderen WG legt sie dem StPfl eine entspr Anzeigepflicht auf (*BMF* BStBl I 22, 945 Rn. 54).

68 **b) Verfahren der Rückabwicklung. Korrekturvorschrift.** § 7g IV 2 enthält seit VZ 2016 nur noch eine Korrekturvorschrift für das Jahr, in dem die Rechtsfolgen des Abs 2 eingetreten sind. Der Investitionsabzugsbetrag selbst ist nicht zwingend rückgängig zu machen, da er noch für andere WG verwendet werden kann (→ Rn. 67). Erst wenn feststeht, dass er bis zum Ablauf der Investitionsfrist nicht verwendet wird, ist er (nach Abs 3) rückgängig zu machen. – **Feststellungsfrist für die VZ der Rückabwicklung.** Sie ist an die Feststellungsfrist für den VZ, in dem die qualifizierte Nutzungsvoraussetzung erstmals nicht mehr vorlag, gekoppelt (§ 7g IV 3). – **Verzinsung.** Die sich durch die Rückgängigmachung des Abzugs ergebende StNachzahlung ist nach §§ 233a, 238 Ia AO mit 1,8% (bis 2018: 6%) jährl zu verzinsen. In Abs 4 S 4 ist ausdrückl geregelt, dass nicht der hinausgeschobene Zinslauf für rückwirkende Ereignisse (§ 233a IIa AO) anzuwenden ist, sondern der allg Zinslauf (Beginn 15 Monate nach Ablauf des jeweiligen VZ).

II. Sonderabschreibung, § 7g V, VI

71 **1. Voraussetzungen der Sonder-AfA. – a) Begünstigte Wirtschaftsgüter.** Erfasst sind abnutzbare bewegl WG des AV (§ 7g V); Einzelheiten → Rn. 6. Ebenso wie beim Investitionsabzug sind auch gebrauchte WG begünstigt. SammelpostenWG iSd § 6 IIa sind hingegen nicht einbezogen (→ § 6 Rn. 673; glA *HHR/Reddig* § 7g Rn. 90). – Die vorherige Inanspruchnahme eines Investitionsabzugsbetrags ist *nicht* Voraussetzung für die SonderAfA; umgekehrt kann auf ein WG, für das ein Investitionsabzug in Anspruch genommen wurde, bei tatsächl Investition aber eine Sonder-AfA vorgenommen werden.

72 **b) Gewinnabhängige Voraussetzungen.** Nach § 7g VI Nr 1 kann die Sonder-AfA nur in Anspruch genommen werden, wenn der Betrieb im Wj, das der Anschaffung/Herstellung *vorangeht,* die Gewinngrenze des § 7g I 2 Nr 1 (Einzelheiten → Rn. 31) nicht überschreitet. Anders als beim Investitionsabzugsbetrag (→ Rn. 31) kommt es also nicht auf den Gewinn im *lfd* Wj an. Ein **neugegründeter Betrieb** ist *immer* begünstigt, da es an einem Gewinn des vorangehenden Wj fehlt (BFH I R 57/98, BStBl II 01, 127 unter B. I.).

73 **c) Nutzungsvoraussetzungen.** Das WG muss im Jahr der Anschaffung/Herstellung *und* im darauf folgenden Wj vermietet oder in einer inl Betriebsstätte des Betriebs des StPfl (fast) ausschließl betriebl genutzt werden (Abs 6 Nr 2; näher zu diesen Voraussetzungen → Rn. 10 ff). Daher kann die SonderAfA in einem späteren Jahr auch dann in Anspruch genommen werden, wenn das WG nicht mehr fast ausschließl betriebl genutzt wird (zB der Pkw wird die erforderl zwei Wj lang fast ausschließl betriebl genutzt; im dritten Jahr gehört er zwar noch zum BV, wird aber größtenteils privat genutzt). Denn § 7g VI Nr 2 knüpft nicht an das Wj der Inanspruchnahme der SonderAfA, sondern an das Jahr der Anschaffung/Herstellung und das folgende Wj an. – Bei **Nichterfüllung der Nutzungsvoraussetzungen** ist die SonderAfA rückwirkend zu versagen; hierfür gilt Abs 4 sinngemäß (Korrekturvorschrift, Ablaufhemmung, Verzinsung; → Rn. 67).

75 **2. Vornahme der Sonder-AfA, § 7g V. Begünstigungszeitraum.** Er beträgt fünf Jahre. Das Erstjahr ist das Jahr der Anschaffung/Herstellung (zum Begriff der Anschaffung/Herstellung s § 9a EStDV, → § 7 Rn. 141 und die dortigen Verweise). – **Höhe der SonderAfA.** Im Begünstigungszeitraum können *insgesamt* 40% (bei Anschaffung/Herstellung vor 1.1.24 20%, vgl § 52 XVI 6) der AK/HK (die zuvor um den Abzugsbetrag nach § 7g II 2 zu mindern sind; → Rn. 55) abgesetzt werden. Die

Verteilung dieses Höchstbetrags über die fünf Jahre steht dem StPfl frei; er kann ihn bereits im Anschaffungs-/Herstellungsjahr in voller Höhe in Anspruch nehmen, und zwar unabhängig von der Lage des Anschaffungs-/Herstellungszeitpunkts in diesem Jahr. Eine *absolute* Beschränkung der Höhe des SonderAfA existiert (anders als für den Investitionsabzugsbetrag, s § 7g I 4) nicht. Neben der SonderAfA ist die NormalAfA nach § 7 I oder – insoweit abw von § 7a IV – nach § 7 II abzusetzen; eine Kumulation mit der vom 1.7.25 bis 31.12.27 geltenden degressiven AfA für ElektroKfz ist hingegen nicht mögl (§ 7 IIa 2). – **RestwertAfA.** Vgl § 7a IX (→ § 7a Rn. 16, 18). Maßgebend ist der Buchwert am Ende des fünfjährigen Begünstigungszeitraums, auch wenn die SonderAfA bereits in einem früheren Jahr vollständig in Anspruch genommen wurde.

III. Anwendung auf Personengesellschaften und Gemeinschaften, § 7g VII

1. Grundsatz. Für PersGes/Gemeinschaften sind die Regelungen über den Investitionsabzugsbetrag und die SonderAfA mit der Maßgabe anzuwenden, dass an die Stelle des StPfl die PersGes/Gemeinschaft tritt (§ 7g VII). 81

2. Einzelfragen zur Anwendung des Investitionsabzugsbetrags auf Personengesellschaften. – a) Gewinngrenze. Hier kommt es gem § 7g VII auf den steuerl Gesamtgewinn der MUerschaft an, also Gesamthandsgewinn sowie Gewinn aus SonderBV und Ergänzungsbilanzen (BFH IV R 41/11, BStBl II 19, 715 Rn. 49; *BMF* BStBl I 22, 945 Rn. 4) an. Dies gilt auch dann, wenn der Investitionsabzug im SonderBV vorgenommen werden soll (*BMF* BStBl I 22, 945 Rn. 15). 82

b) Betriebsbezogenheit. Eine PersGes kann nur einen einzigen Betrieb unterhalten (BFH VIII R 56/13, BStBl II 16, 936 Rn. 22 ff). Der Abzug wird von der PersGes in ihrer Gewinnfeststellungserklärung geltend gemacht; für Investitionen im SonderBV in VZ vor Gründung der PersGes aber in der EStErklärung (zutr FG Mchn EFG 20, 989 unter 1.g, rkr). Bei einer im Gesamthandsvermögen geplanten Investition erfolgt der Abzug beim Gesamthandsgewinn, bei Investitionen im SonderBV ist das Ergebnis aus der Sonderbilanz des Ges'ters zu mindern. – **Bindung an die Vermögenssphären, § 7g VII 2, 3.** Ab VZ 21 (Wj 20/21, → Rn. 2) darf ein zu Lasten des Gesamthandsgewinns vorgenommener Investitionsabzug nur für dortige Investitionen verwendet werden; ebenso darf ein im SonderBV vorgenommener Investitionsabzug nur für Investitionen dieses MUers (oder seines Rechtsnachfolgers im SonderBV) verwendet werden. Dies schließt Gewinnverlagerungen mittels Bildung und Auflösung von Investitionsabzugsbeträgen nunmehr aus. – Auch wenn der StPfl den Abzug in einem EinzelBV vornimmt, er später aber kein WG für das EinzelBV, sondern einen Anteil an einer PersGes erwirbt, die ihrerseits die Investition vornimmt, ist der Abzug rückwirkend zu versagen (zutr *Hottmann* DStR 09, 1236 (1237); **aA** *Weßling* DStR 12, 687). Dies folgt zwar nicht aus § 7g VII 2, 3, wohl aber daraus, dass die PersGes ein anderer „Betrieb" als das EinzelBV des StPfl ist. – **MoPeG.** Ab 2024 haben GbR, oHG und KG kein Gesamthandsvermögen mehr. Da § 39 II Nr 2 AO aber für Zwecke der Ertragsbesteuerung ein Gesamthandsvermögen fingiert und sich die tragenden Strukturprinzipien dieser PersGes nicht verändert werden, kann § 7g VII trotz Verwendung des Begriffs „Gesamthandsvermögen" auch ab 2024 weiter angewendet werden (→ § 15 Rn. 166). 83

Rechtslage bis Wj 19/20. Seinerzeit durfte ein Investitionsabzugsbetrag, der für eine Investition im GesamthandsBV gebildet worden war, auch für eine Investition im SonderBV verwendet werden (BFH VI R 44/16, BStBl II 19, 466 Rn. 19 ff; *BMF* BStBl I 19, 870 Rn. 5) und umgekehrt (FG Mster EFG 17, 1594 unter D.I.2, rkr). Die Hinzurechnung gem § 7g II war dann in dem Vermögensbereich vorzunehmen, in dem tatsächl investiert wurde (BFH VI R 44/16 BStBl II 19, 466 Rn. 27). *Verkäufe* von WG zw GesamthandsBV und SonderBV derselben PersGes waren allerdings schon damals keine begünstigten Investitionen (zutr *BMF* BStBl I 19, 870 Rn. 5).

84 **c) Auswirkungen des außerbilanziellen Abzugs auf das Kapitalkonto iSd § 15a.** Auch wenn der Abzug im Gesamthandsbereich erfolgt, ist ein dadurch entstehender Verlust nach § 15a in jedem Fall ausgleichsfähig, da der außerbilanzielle Abzug das KapKto nicht berührt (zutr BFH IV R 28/23, BStBl II 25, 389 Rn. 47; *BMF* BStBl I 22, 945 Rn. 57). Umgekehrt erhöht aber die spätere außerbilanzielle Hinzurechnung bei tatsächl Investition nicht das Verlustausgleichsvolumen (BFH IV R 28/23, BStBl II 25, 389 Rn. 48 ff; glA → § 15a Rn. 42).

85 **d) Anteilserwerb und -veräußerung. Beabsichtigter Anteilserwerb.** Für diejenigen WG, die bereits zum BV einer PersGes gehören, kann ein StPfl im Hinblick auf den beabsichtigten Anteilserwerb keinen Investitionsabzugsbetrag geltend machen (zutr BFH IV R 11/21, BFH NV 24, 283 Rn. 35 ff; *BMF* BStBl I 22, 945 Rn. 5). Denn der PersGesAnteil ist kein WG und die WG der PersGes werden nicht in einem Betrieb des Ges'ters genutzt. – **Anteilsveräußerung.** Dem Ausscheidenden bleibt der Vorteil aus einem im Gesamthandsbereich vorgenommenen Investitionsabzug endgültig erhalten, sofern die PersGes die Investition später tatsächl vornimmt; der Erwerber hat die Mehrsteuer aus dem Hinzurechnungsbetrag nach § 7g II 1 zu tragen. Der Veräußerungsgewinn des Ausscheidenden (Anteilskaufpreis ./. steuerl KapKto) erhöht sich wegen der außerbilanziellen Vornahme des Abzugs nicht. Daher sollten die Auswirkungen des § 7g bei der Bemessung des Anteilskaufpreises bedacht werden. Wurde der Investitionsabzug im SonderBV des Ausscheidenden vorgenommen, ist er rückwirkend aufzulösen. – Wenn die Investition hingegen *nicht* vorgenommen wird, hat auch ein zwischenzeitl ausgeschiedener Ges'ter den steuerl Nachteil aus der rückwirkenden Rückgängigmachung des Abzugs nach Maßgabe der seinerzeit geltenden Gewinnverteilungsregelungen mitzutragen (mE zutr BFH IV R 18/19, BStBl II 23, 326 Rn. 30 ff: eine Vereinbarung über die abw Zurechnung, die erst nach Ablauf des VZ geschlossen wird, für den der Abzugsbetrag geltend gemacht wurde, ist nicht anzuerkennen; selbst für eine während des VZ geschlossene Vereinbarung wäre dies zweifelhaft).

86 **3. Einzelfragen zur Anwendung der Sonder-AfA auf Personengesellschaften.** Zur Verteilung der SonderAfA zw den MUern einer PersGes bei Ges'ter-Wechsel s *Lechner/Bührer* NWB 16, 1712.

§ 7h Erhöhte Absetzungen bei Gebäuden in Sanierungsgebieten und städtebaulichen Entwicklungsbereichen

(1) [1]**Bei einem im Inland belegenen Gebäude in einem förmlich festgelegten Sanierungsgebiet oder städtebaulichen Entwicklungsbereich kann der Steuerpflichtige abweichend von § 7 Absatz 4 bis 5a im Jahr der Herstellung und in den folgenden sieben Jahren jeweils bis zu 9 Prozent und in den folgenden vier Jahren jeweils bis zu 7 Prozent der Herstellungskosten für Modernisierungs- und Instandsetzungsmaßnahmen im Sinne des § 177 des Baugesetzbuchs absetzen.** [2]**Satz 1 ist entsprechend anzuwenden auf Herstellungskosten für Maßnahmen, die der Erhaltung, Erneuerung und funktionsgerechten Verwendung eines Gebäudes im Sinne des Satzes 1 dienen, das wegen seiner geschichtlichen, künstlerischen oder städtebaulichen Bedeutung erhalten bleiben soll, und zu deren Durchführung sich der Eigentümer neben bestimmten Modernisierungsmaßnahmen gegenüber der Gemeinde verpflichtet hat.** [3]**Der Steuerpflichtige kann die erhöhten Absetzungen im Jahr des Abschlusses der Maßnahme und in den folgenden elf Jahren auch für Anschaffungskosten in Anspruch nehmen, die auf Maßnahmen im Sinne der Sätze 1 und 2 entfallen, soweit diese nach dem rechtswirksamen Abschluss eines obligatorischen Erwerbsvertrags oder eines gleichstehenden Rechtsakts durchgeführt worden sind.** [4]**Die erhöhten Absetzungen können nur in Anspruch genommen werden, soweit die Herstellungs- oder Anschaffungskosten durch Zuschüsse aus Sanierungs- oder Entwicklungsförderungsmitteln nicht ge-**

deckt sind. [5]Nach Ablauf des Begünstigungszeitraums ist ein Restwert den Herstellungs- oder Anschaffungskosten des Gebäudes oder dem an deren Stelle tretenden Wert hinzuzurechnen; die weiteren Absetzungen für Abnutzung sind einheitlich für das gesamte Gebäude nach dem sich hiernach ergebenden Betrag und dem für das Gebäude maßgebenden Prozentsatz zu bemessen.

(1a) **[1]Absatz 1 ist nicht anzuwenden, sofern Maßnahmen zur Herstellung eines neuen Gebäudes führen. [2]Die Prüfung, ob Maßnahmen zur Herstellung eines neuen Gebäudes führen, obliegt der Finanzbehörde.**

(2) **[1]Der Steuerpflichtige kann die erhöhten Absetzungen nur in Anspruch nehmen, wenn er durch eine nicht offensichtlich rechtswidrige Bescheinigung der zuständigen Gemeindebehörde die Voraussetzungen des Absatzes 1 für das Gebäude und die Maßnahmen nachweist; die Bescheinigung hat die Höhe der Aufwendungen für die Maßnahmen nach Absatz 1 Satz 1 und 2 zu enthalten. [2]Sind ihm Zuschüsse aus Sanierungs- oder Entwicklungsförderungsmitteln gewährt worden, so hat die Bescheinigung auch deren Höhe zu enthalten; werden ihm solche Zuschüsse nach Ausstellung der Bescheinigung gewährt, so ist diese entsprechend zu ändern.**

(3) **Die Absätze 1 bis 2 sind auf Gebäudeteile, die selbständige unbewegliche Wirtschaftsgüter sind, sowie auf Eigentumswohnungen und auf im Teileigentum stehende Räume entsprechend anzuwenden.**

Einkommensteuer-Richtlinien: EStR 7h/EStH 7h.

1. Anwendungsbereich. Als AfA-Vorschrift setzt § 7h den Einsatz des Gebäudes zur **Einkunftserzielung** voraus; für selbst bewohnte oder unentgeltl überlassene Gebäude gilt § 10f (mit ansonsten identischen Voraussetzungen). Die für sämtl erhöhten AfA geltenden allg Vorschriften des § 7a sind zu beachten; insb gilt **bei mehreren Beteiligten** (zB PersGes) § 7a VII (→ § 7a Rn. 14; zu Fonds- und Erwerbermodellen → Rn. 10). 1

2. Begünstigte Wirtschaftsgüter. § 7h erfasst im **Inland** (zur Vereinbarkeit mit Europarecht s *Cloer/Vogel* DB 10, 1901) belegene **Gebäude** (des BV oder PV). Selbständige Gebäudeteile, Eigentumswohnungen usw sind den Gebäuden gleichgestellt (Abs 3; dazu → § 7 Rn. 215). Begünstigtes Objekt ist in einem solchen Fall die einzelne **Eigentumswohnung;** eine Bescheinigung, die ledigl für das Gesamtgebäude ausgestellt ist, ist als Nachweis ungeeignet (BFH IX R 15/13, BStBl II 15, 581; → Rn. 16). In diesen Fällen sollte bei der Sanierungsbehörde rechtzeitig eine präzisere Bescheinigung beantragt werden; nur ein solcher Antrag hemmt nach § 171 X 2 AO die Festsetzungsfrist für die ESt (*Nöcker* HFR 15, 218). – Die begünstigten Objekte müssen in einem förml festgelegten **Sanierungsgebiet** (dazu §§ 136–164b BauGB; förml Festlegung durch Satzung nach § 142 BauGB) oder städtebaul **Entwicklungsbereich** (§§ 165–171 BauGB; förml Festlegung durch Satzung nach § 165 VI BauGB) liegen. Eine Anpassung des § 7h an später eingeführte vergleichbare städtebaul Maßnahmen (zB Stadtumbau nach §§ 171a–171d BauGB, Maßnahmen der sozialen Stadt nach § 171e BauGB) ist unterblieben (s *LfSt Bayern* DB 06, 128). Die Sanierungs- und Entwicklungssatzung muss während der Durchführung der Baumaßnahmen noch in Kraft sein (BFH X R 4/12, BFH/NV 14, 1512: keine Begünstigung von Maßnahmen, die erst nach Aufhebung der Sanierungssatzung durchgeführt werden). 2

3. Begünstigte Bemessungsgrundlage. – a) Herstellungskosten für Modernisierungs- und Instandsetzungsmaßnahmen. § 7h I 1 nimmt insoweit Bezug auf § 177 BauGB. Dabei handelt es sich ausschließl um Maßnahmen zur Beseitigung von Missständen und Mängeln, zu deren Durchführung die Gemeinde den Eigentümer *zwingen* kann. Die Vereinbarung durch öffentl-rechtl Vertrag ist zulässig 4

(EStR 7h VI), wobei die Einhaltung der Formvorschriften erforderl ist (BFH IX B 109/02, BFH/NV 03, 469). Maßnahmen, die weder durch VA angeordnet noch durch förml Vertrag vereinbart werden, sind nicht begünstigt (*FM Bay* FR 94, 206: auch dann nicht, wenn das Modernisierungsgebot nachträgl angeordnet wird). Begünstigt sind ferner HK für Maßnahmen, die der **Erhaltung, Erneuerung und funktionsgerechten Verwendung** eines Gebäudes dienen sollen (§ 7h I 2), sofern sich der Eigentümer zur Durchführung dieser Maßnahmen gegenüber der Gemeinde verpflichtet hat (ein Gebot nach § 177 BauGB kann hier nicht ergehen). **TeilHK** (→ 30. Aufl 2011, § 7a Rn. 4) berechtigen noch nicht zur Inanspruchnahme der erhöhten AfA (→ § 7i Rn. 4). – **Erhaltungsaufwand** kann unter den Voraussetzungen des § 7h auf bis zu 5 Jahre verteilt werden (§ 11a), wenn dies für den StPfl günstiger als der sofortige Abzug ist.

6 **b) Herstellungskosten eines Neubaus. – aa) Keine Begünstigung.** Abs 1a, der dies nunmehr ausdrückl regelt, gilt zwar erstmals für Baumaßnahmen, mit denen nach dem 31.12.18 begonnen wurde (§ 52 XVIa 1–3: Bauantrag/Einreichung der Bauunterlagen; zur Auslegung dieser Begriffe ausführl → 27. Aufl 2008, § 7 Rn. 172). Materiell-rechtl hat die Rspr Neubauten aber auch schon zuvor als nicht begünstigt angesehen (BFH X R 183/96, BStBl II 03, 238 unter II.2.a; BFH X R 7/07, BStBl II 09, 596 unter II.2.). Maßgebend für das Verständnis der Begriffe „Modernisierung" und „Instandsetzung" ist hier allerdings das Baurecht, das in Teilbereichen vom strechtl Verständnis abweichen kann (BFH IX R 13/04, BStBl II 07, 373; *FM Nds* DB 99, 308; hierzu ausführl → § 7i Rn. 6). Dabei bleibt es mE auch nach Inkrafttreten des Abs 1a, da der Gesetzgeber zwar angeordnet hat, dass die Finanzbehörde die Neubaueigenschaft *prüfen* darf, aber nicht erkennen lässt, dass hierbei die Wertungen des Baurechts nicht mehr gelten sollen.

7 **bb) Schaffung einer neuen Eigentumswohnung.** Besonders problematisch sind Fälle, in denen das Gebäude als solches zwar schon vorhanden war, aber an der Stelle eines bisher ungenutzten Dachbodens (unter Schaffung zusätzl umbauten Raums) eine neue hochwertige Eigentumswohnung entsteht. Die Rspr zu der bis VZ 18 geltenden Rechtslage begünstigte in diesen Fällen die anteiligen Aufwendungen auf das Gemeinschaftseigentum, dh letztl auf die Altbausubstanz (BFH X R 6/16, BStBl II 18, 272 Rn. 34 ff). – Mit Inkrafttreten des Abs 1a hat sich die Rechtslage mE geändert, da dort neue „Gebäude" von der Begünstigung ausgeschlossen werden und gem Abs 3 insoweit auf die neue Eigentumswohnung abzustellen ist.

8 **cc) Unzutreffende Bescheinigung in Neubaufällen.** Für Baumaßnahmen, mit denen nach dem 31.12.18 begonnen wurde, prüft das FA selbst, ob sie zur Herstellung eines neuen Gebäudes führen (§ 7h Ia 2). Eine unzutr Bescheinigung der Gemeinde hat in diesem Punkt also keine Bindungswirkung mehr.

Rechtslage bis VZ 18. Damals war das FA auch dann an eine Bescheinigung der Gemeinde, in der die Voraussetzungen des § 7h I 1, 2 bejaht wurden, gebunden, wenn die Maßnahme im steuerrechtl Sinne als „Neubau" zu beurteilen wäre (BFH IX B 81/16, BStBl II 17, 196 Rn. 16; BFH XI R 38/01, BStBl II 05, 171 unter II.1.b). Dies galt auch dann, wenn die Bescheinigung den Vorbehalt enthielt, dass „weitere stl Voraussetzungen" vom FA geprüft werden (BFH IX R 17/15, BStBl II 17, 523 Rn. 21). Dem hat sich zwischenzeitl auch der X. Senat angeschlossen (BFH X R 15/13, BStBl II 15, 367 Rn. 18; BFH X R 6/16, BStBl II 18, 272 Rn. 46; dazu *Beck* NWB 15, 1318). Ebenso erkannte der BGH die Bindungswirkung selbst dann an, wenn derartige Bescheinigungen den Rahmen des Vertretbaren verließen (BGH 2 StR 24/16, BGHSt 62, 288 Rn. 66 ff).

10 **c) Begünstigung von Anschaffungskosten.** AK werden **grds nicht von § 7h erfasst.** Sie sind nur insoweit begünstigt, als sie auf HK iSd § 7h I 1, 2 entfallen *und* die Maßnahmen *nach* Abschluss des obligatorischen Erwerbsvertrags (dazu → 27. Aufl 2008, § 7 Rn. 173) oder gleichstehenden Rechtsakts durchgeführt worden sind (§ 7h I 3: „erst kaufen, dann sanieren"). Der **„gleichstehende Rechtsakt"** muss in seiner

Bindung und Eindeutigkeit einem obligatorischen Erwerbsvertrag (zB notariell beurkundeter Kaufvertrag) vergleichbar sein, was zB bei Erbfall, Vermächtnis, Zwangsversteigerung der Fall ist, nicht aber bei einem bloßen Kauf*angebot* (BFH IX R 32/12, BStBl II 13, 482). Zu Gestaltungen, in denen sich die finanzierenden Banken zunächst Prüfungsrechte vorbehalten und das Vertragsangebot des Anlegers erst nach Abschluss der Prüfung annehmen, s *Kaligin* DStR 08, 1763 (1766 f.) – Dem Wesen nach handelt es sich um anschaffungsnahen Aufwand (zum Zusammenwirken der Regelungen über erhöhte AfA einerseits und anschaffungsnahe Aufwendungen andererseits s *Götz* DStR 12, 1217 mit zahlreichen Beispielen). Der Kaufpreis, der auf das im Zeitpunkt der Anschaffung bereits vorhandene Gebäude entfällt, ist nicht begünstigt (zutr FG BW EFG 10, 1409, rkr). Erfasst sind damit Sanierungen im Rahmen von **Erwerbermodellen** (dazu *Fleischmann/Meyer-Scharenberg* DStR 99, 748); hier ist eine gesonderte und einheitl Feststellung nach der VO zu § 180 II AO durchzuführen (FG Mchn EFG 06, 1748 unter II.2.a, rkr; *OFD Kiel* DB 03, 2147). Weil „StPfl" iSd § 7h nicht die PersGes ist, sondern der Ges'ter (BFH IX R 50/98, BStBl II 01, 760), erhalten die einzelnen Anleger bei Fondsmodellen die erhöhten AfA nur auf solche Kostenpositionen, die zeitl nach ihrem Beitritt anfallen (*BMF* BStBl I 03, 546 Rn. 10; FG BW EFG 15, 267, rkr). Die Sanierung darf daher erst nach dem Beitritt des letzten Anlegers beginnen. – **Bauträger.** Die vom Erwerber an den Bauträger zu zahlenden Beträge sind auf GuB, die nicht begünstigte Altbausubstanz, die begünstigten Aufwendungen und sonstige Maßnahmen aufzuteilen; dies gilt auch für sog *Funktionsträgergebühren* (BFH IX R 8/19, BFH/NV 22, 116). Wenn aufgrund einer solchen Aufteilung in einer Bescheinigung oder einem BP-Bericht den Erwerbern die Höhe des Rohgewinns des Bauträgers bekannt wird, liegt darin eine zulässige Durchbrechung des Steuergeheimnisses (BFH VII R 19/20, BStBl II 24, 619 Rn. 29 ff). – Die zeitl Grenze des § 7h I 3 steht der weiteren Begünstigung mE nicht entgegen, wenn eine **vermögensverwaltende GbR** sich nach der Sanierung in der Weise **auseinandersetzt,** dass jeder Ges'ter ohne Ausgleichszahlung eine der sanierten Wohnungen erhält (Personenbezogenheit des § 7h). Soweit ein entgeltl Erwerb vorliegt, ist ein weiterer Abzug der erhöhten AfA hingegen ausgeschlossen.

d) Zuschüsse. Die begünstigten HK/AK mindern sich um Zuschüsse aus Sanie- 12
rungs- oder Entwicklungsförderungsmitteln (§ 7h I 4). Bei nachträgl Gewährung gilt § 7a I 3. *Andere* Zuschüsse sind (anders bei § 7i I 7) zwar nicht erwähnt, aber nach allg Grundsätzen ebenfalls abzuziehen (→ § 7 Rn. 107 mwN).

4. Bescheinigung der Gemeinde, § 7h II. – a) Grundlagenbescheid. Die 13
Bescheinigung ist zugleich materielle Voraussetzung für die erhöhten AfA und Grundlagenbescheid für das FA (BFH IX R 91/94, BStBl II 97, 398; BFH IX R 17/15, BStBl II 17, 523 Rn. 18). Übersicht über die länderspezifischen Bescheinigungsrichtlinien s *BMF* BStBl I 20, 169; für Vorjahre *BMF* BStBl I 00, 1513; *BMF* BStBl I 04, 1049. Wegen des Bescheinigungsverfahrens sind die in → Rn. 2, 4 erläuterten Voraussetzungen im Besteuerungsverfahren nur von geringem Interesse.

b) Reichweite der Bindungswirkung. Sie erstreckt sich auf die Frage, ob sich 14
das Gebäude in einem Sanierungsgebiet befindet, auf die Merkmale „Gebäude" und „Maßnahmen", daher auch auf die baurechtl Verhältnisse („Modernisierung" oder „Instandsetzung", BFH IX R 20/99, BStBl II 03, 910 unter 1.a) und die Gewährung sowie die Höhe von Zuschüssen (§ 7h II 2). – Für Bescheinigungen, die nach dem 31.12.18 erteilt werden (§ 52 XVIa 5), erstreckt sich die Bindungswirkung auch auf die **Höhe der Aufwendungen** (§ 7h II 1 Hs 2); damit ist insoweit der Gleichklang zu § 7i hergestellt. Zuvor ausgestellte Bescheinigungen hatten hinsichtlich der Höhe der Aufwendungen hingegen keine Bindungswirkung für das FA (BFH X R 15/13, BStBl II 15, 367 Rn. 21); umgekehrt ließ das Fehlen solcher Angaben die Bindungswirkung des übrigen Inhalts der Bescheinigung nicht entfallen (BFH XI R 38/01, BStBl II 05, 171 unter II.1.c). – Zur Prüfungskompetenz von Gemeinde einerseits

und FA andererseits s ausführl EStR 7h IV, V; *Krauß* DStR 19, 1185; → § 7i Rn. 14 ff (dort auch zur Kritik).

15 **c) Fehlende Bindungswirkung.** Ob ein (nicht begünstigter) **Neubau** vorliegt, prüft ab VZ 19 allein das FA (§ 7h Ia 2; → Rn. 8). – **Offensichtl rechtswidrige Bescheinigung.** Ab VZ 21 (§ 52 XVIa S 4) entfällt die Bindungswirkung. Hinsichtl der „Offensichtlichkeit" nehmen die Gesetzesmaterialien auf BVerwG 6 C 32/06, NVwZ 07, 709 Bezug, wonach an dem Verstoß gegen formelles oder materielles Recht vernünftigerweise kein Zweifel bestehen darf und sich deshalb die Rechtswidrigkeit aufdrängt, ohne dass aber die Voraussetzungen der Nichtigkeit („besonders schwerwiegender Fehler") gegeben sein müssen (*Beispiele* s BTDrs 19/22850, 81 f). Bis VZ 20 war das FA nach der Rspr hingegen auch an rechtswidrige (aber nicht nichtige) Bescheinigungen gebunden (BFH IX R 27/17, BStBl II 18, 597; auch kein Rechtsmissbrauch). – **Bescheinigung ohne eindeutige Aussage zu den Voraussetzungen des § 7h I.** Sie hat keine Bindungswirkung (BFH X R 183/96, BStBl II 03, 238 unter II.2.b). Dies gilt insb, wenn der Bescheinigung nicht zu entnehmen ist, ob der StPfl zur Durchführung der Maßnahmen *verpflichtet* war (zutr FG Köln EFG 16, 803, rkr). In solchen Fällen darf das FA aber nicht etwa selbst prüfen; vielmehr fehlt es an der nach Abs 2 erforderl Bescheinigung (BFH X R 6/16, BStBl II 18, 272 Rn. 29). Die Bindungswirkung erstreckt sich zudem nicht auf die Frage, ob die bescheinigten Aufwendungen steuerl HK oder (idR nicht begünstigte) AK darstellen (BFH IX R 20/99, BStBl II 03, 910 unter 2.). – **Nach Ablauf der regulären Festsetzungsfrist ausgestellte Bescheinigung.** Sie löst als „ressortfremder Grundlagenbescheid" die Ablaufhemmung des § 171 X AO nicht aus (so ab 2015 ausdrückl § 171 X 2 AO; ebenso für die Zeit davor BFH V R 27/11, BStBl II 13, 529, VerfBeschw BVerfG 1 BvR 1787/13 nicht zur Entscheidung angenommen).

16 **d) Objektbezogenheit.** Die Bescheinigung ist im Fall der Begünstigung einer Eigentumswohnung konkret auf diese Wohnung (und nicht nur auf das Gesamtgebäude) auszustellen (→ Rn. 2). Dies gilt aufgrund des klaren Wortlauts des Abs 3 auch dann, wenn ein Gebäude stl in mehrere WG aufzuteilen ist (zB teils selbstgenutztes, teils vermietetes Gebäude); eine ledigl für das Gesamtgebäude ausgestellte Bescheinigung reicht hier nicht aus (BFH IX R 17/15, BStBl II 17, 523 Rn. 25; zu Unrecht **aA** *Beck* DStR 17, 1469).

18 **5. Rechtsfolgen. – a) Höhe der Absetzung.** Die AfA beträgt 8 × 9% und 4 × 7%. – Die Inanspruchnahme geringerer Beträge ist mögl; es besteht aber **keine Nachholungsmöglichkeit** während des Begünstigungszeitraums. Die nicht geltend gemachten Beträge erhöhen dann den Restwert (→ Rn. 19). Es handelt sich grds um eine **GanzjahresAfA;** auch im Jahr der Veräußerung soll die volle JahresAfA geltend gemacht werden können (so zur Vorläuferregelung des § 7i BFH IX R 40/95, BStBl II 96, 645), mE unzutr; die ausdrückl Abweichung von der anderslautenden Rspr zur insoweit wortgleichen Regelung des § 7 V (BFH VIII R 93/74, BStBl II 77, 835; BFH IX R 107/91, BFH/NV 94, 780) ist vom BFH nicht begründet worden. – Nach vollständiger Inanspruchnahme der AfA (außerhalb der Zehn-Jahres-Frist des § 23) kann sich ein Verkauf des Objekts an Angehörige empfehlen, die dann erneut die Normal-AfA vornehmen können (s *Neufang* StB 18, 218 (222)).

19 **b) Restwertabsetzung, § 7h I 5.** Da die AfA-Sätze des § 7h grds zur vollständigen Absetzung während des Begünstigungszeitraums führen, verbleibt nur dann ein Restwert, wenn der Höchstsatz in einem Jahr nicht ausgeschöpft wurde oder nachträgl HK angefallen sind. In diesen Fällen erhöht der Restwert die Bemessungsgrundlage für die normale GebäudeAfA und ist iErg wie nachträgl HK zu behandeln (→ § 7 Rn. 133; BFH IX R 14/20, BStBl II 23, 374 Rn. 24). Nachträgl AK/HK, die erst nach Ablauf des Begünstigungszeitraums anfallen, sind diesem Restwert bzw der Bemessungsgrundlage für diejenige AfA, die sich nicht nach § 7h/§ 7i richtet, zuzuschla-

gen (zutr BFH IX R 14/20, BStBl II 23, 374 Rn. 31; zu § 7i). Besteht das Gebäude aus mehreren WG, ist der Restwert anteilig den einzelnen WG zuzuordnen. § 7a IX ist nicht anwendbar, weil § 7h keine SonderAfA, sondern erhöhte AfA gewährt.

§ 7i Erhöhte Absetzungen bei Baudenkmalen

(1) [1]**Bei einem im Inland belegenen Gebäude, das nach den jeweiligen landesrechtlichen Vorschriften ein Baudenkmal ist, kann der Steuerpflichtige abweichend von § 7 Absatz 4 bis 5a im Jahr der Herstellung und in den folgenden sieben Jahren jeweils bis zu 9 Prozent und in den folgenden vier Jahren jeweils bis zu 7 Prozent der Herstellungskosten für Baumaßnahmen, die nach Art und Umfang zur Erhaltung des Gebäudes als Baudenkmal oder zu seiner sinnvollen Nutzung erforderlich sind, absetzen.** [2]**Eine sinnvolle Nutzung ist nur anzunehmen, wenn das Gebäude in der Weise genutzt wird, dass die Erhaltung der schützenswerten Substanz des Gebäudes auf die Dauer gewährleistet ist.** [3]**Bei einem im Inland belegenen Gebäudeteil, das nach den jeweiligen landesrechtlichen Vorschriften ein Baudenkmal ist, sind die Sätze 1 und 2 entsprechend anzuwenden.** [4]**Bei einem im Inland belegenen Gebäude oder Gebäudeteil, das für sich allein nicht die Voraussetzungen für ein Baudenkmal erfüllt, aber Teil einer Gebäudegruppe oder Gesamtanlage ist, die nach den jeweiligen landesrechtlichen Vorschriften als Einheit geschützt ist, kann der Steuerpflichtige die erhöhten Absetzungen von den Herstellungskosten für Baumaßnahmen vornehmen, die nach Art und Umfang zur Erhaltung des schützenswerten äußeren Erscheinungsbildes der Gebäudegruppe oder Gesamtanlage erforderlich sind.** [5]**Der Steuerpflichtige kann die erhöhten Absetzungen im Jahr des Abschlusses der Baumaßnahme und in den folgenden elf Jahren auch für Anschaffungskosten in Anspruch nehmen, die auf Baumaßnahmen im Sinne der Sätze 1 bis 4 entfallen, soweit diese nach dem rechtswirksamen Abschluss eines obligatorischen Erwerbsvertrags oder eines gleichstehenden Rechtsakts durchgeführt worden sind.** [6]**Die Baumaßnahmen müssen in Abstimmung mit der in Absatz 2 bezeichneten Stelle durchgeführt worden sein.** [7]**Die erhöhten Absetzungen können nur in Anspruch genommen werden, soweit die Herstellungs- oder Anschaffungskosten nicht durch Zuschüsse aus öffentlichen Kassen gedeckt sind.** [8]**§ 7h Absatz 1 Satz 5 ist entsprechend anzuwenden.**

(2) [1]**Der Steuerpflichtige kann die erhöhten Absetzungen nur in Anspruch nehmen, wenn er durch eine nicht offensichtlich rechtswidrige Bescheinigung der nach Landesrecht zuständigen oder von der Landesregierung bestimmten Stelle die Voraussetzungen des Absatzes 1 für das Gebäude oder Gebäudeteil und für die Erforderlichkeit der Aufwendungen nachweist.** [2]**Hat eine der für Denkmalschutz oder Denkmalpflege zuständigen Behörden ihm Zuschüsse gewährt, so hat die Bescheinigung auch deren Höhe zu enthalten; werden ihm solche Zuschüsse nach Ausstellung der Bescheinigung gewährt, so ist diese entsprechend zu ändern.**

(3) **§ 7h Absatz 3 ist entsprechend anzuwenden.**

Einkommensteuer-Richtlinien: EStR 7i/EStH 7i.

1. Anwendungsbereich. Als AfA-Vorschrift setzt § 7i den Einsatz des Gebäudes zur **Einkunftserzielung** voraus. Für selbst bewohnte oder unentgeltl überlassene Gebäude gilt § 10f (mit ansonsten identischen Voraussetzungen), für weder zur Einkunftserzielung (zB bei Liebhaberei) noch zu eigenen Wohnzwecken genutzte Gebäude gilt § 10g. Die für sämtl erhöhten AfA geltenden allg Vorschriften des § 7a sind zu beachten; insb gilt **bei mehreren Beteiligten** (zB PersGes) § 7a VII (→ § 7a Rn. 14). Zu Fonds- und Erwerbermodellen → § 7h Rn. 10. – **Literatur** → 38. Aufl 2019, § 7i Rn. 1. 1

2 **2. Begünstigte Wirtschaftsgüter.** – ***(1)* Gebäude.** § 7i erfasst Gebäude des BV oder PV. **Eigentumswohnungen** sind ebenso wie selbständige unbewegl Gebäudeteile den Gebäuden gleichgestellt (§ 7i III iVm § 7h III; dazu → § 7 Rn. 215). In diesen Fällen muss sich die Bescheinigung aber (ebenso wie bei § 7h, dazu → § 7h Rn. 2) auf die einzelne Eigentumswohnung beziehen; eine für das Gesamtgebäude ausgestellte Bescheinigung genügt nicht (BFH X R 29/12, BFH/NV 15, 194). – ***(2)* Baudenkmal.** Hierfür sind die jeweiligen landesrechtl Vorschriften maßgebl (§ 7i I 1). Es genügt, wenn die Denkmaleigenschaft auf einen (unselbständigen) Gebäude*teil* beschränkt ist (§ 7i I 3; zB BFH IV R 30/02, BStBl II 04, 945 unter 4.: Wandmalerei) oder ledigl ein **Ensembleschutz** besteht (§ 7i I 4; ausführl BFH VIII R 6/01, BStBl II 04, 783 unter II.2.a). – ***(3)* Belegenheit im Inland.** Der EuGH hat die Vereinbarkeit dieses Erfordernisses mit Europarecht zu einer Parallelvorschrift des niederländischen Rechts grds bejaht (EuGH C-87/13, HFR 15, 205; BFH X R 4/21, BStBl II 23, 870 Rn. 30 ff). Allerdings hat er ausgeführt, dass etwas anderes gelten könnte, wenn das im Ausl belegene Denkmal zum inl (dt) kulturgeschichtl Erbe gehöre (EuGH C-87/13, HFR 15, 205 Rn. 33; mangels Entscheidungserheblichkeit offen gelassen von BFH X R 17/19, BFH/NV 21, 1494 Rn. 33; BFH X R 4/21, BStBl II 23, 870 Rn. 30; ausführl BFH X R 19/22, BB 06, 175). Ob es diplomatisch klug wäre, wenn dt Behörden oder Gerichte diese Voraussetzung für in Königsberg (Russland), Polen, Tschechien, Eupen-Malmedy (Belgien) oder Elsass-Lothringen (Frankreich) belegene Gebäude bejahen würden, darf bezweifelt werden. Jedenfalls müssten auch in einem solchen Fall alle sonstigen Voraussetzungen des § 7i erfüllt sein, insb die Abstimmung mit der ausl Denkmalbehörde (BFH X R 4/21, BStBl II 23, 870 Rn. 44).

4 **3. Bemessungsgrundlage. – a) Bestimmte Herstellungskosten.** Begünstigt sind die HK, die **zur Erhaltung des Gebäudes als Baudenkmal** *oder* **zu seiner sinnvollen Nutzung erforderl sind** (§ 7i I 1, 2). Entscheidend ist, ob durch die Maßnahmen der unter denkmalpflegerischen Gesichtspunkten erstrebenswerte Zustand des Objekts herbeigeführt wird; hierfür gelten strenge Maßstäbe; allein der Wunsch nach einer besseren wirtschaftl Nutzung des Gebäudes rechtfertigt die Förderung nach § 7i hingegen nicht (zutr BVerwG 4 B 22/17, HFR 17, 975: grds keine Begünstigung des Einbaus eines Aufzugs; BVerwG 4 B 26/20, HFR 21, 217: Modernisierung der Heizung und Warmwasserversorgung genügt nicht). Die Begünstigung erstreckt sich nicht auf baul selbständige Anlagen, die nicht Teil des Denkmals sind (BVerwG 4 B 45.01, HFR 02, 342). Die Umgestaltung des Innenhofs oder einer Außenanlage sowie die Neuerrichtung einer vom Denkmal getrennten (Tief-)Garage ist daher grds nicht begünstigt (BFH IX R 47/92, BStBl II 97, 176; BVerwG 4 B 45.01, HFR 02, 342). Etwas anderes gilt aber, wenn zw solchen Baulichkeiten und dem Denkmal ein einheitl Nutzungs- und Funktionszusammenhang besteht (BFH IX R 72/00, BStBl II 03, 916, Anm *Fischer* FR 03, 557: mit dem Denkmal baul verbundene Tiefgarage). Ob ein derartiger Zusammenhang besteht, entscheidet das FA nach steuerl Grundsätzen; die Bescheinigung der Denkmalbehörde hat insoweit keine Bindungswirkung (BFH IX R 47/92, BStBl II 97, 176; BFH IX R 72/00, BStBl II 03, 916 unter II.1.d). – Stehen nur **Teile eines Gebäudes unter Denkmalschutz** (zB Decken, Fenster), sind nur die auf diese Teile entfallenden HK begünstigt (Einzelheiten s *Heinen* INF 93, 149 (150)). Bei **Ensembleschutz** beschränkt sich die Begünstigung auf Maßnahmen zur Erhaltung des *äußeren Erscheinungsbildes* (Abs 1 S 4); Baumaßnahmen im *Innern* des Gebäudes sind daher hier nicht erfasst (BVerwG 4 B 45.01, HFR 02, 342). – Für **Teil-HK** können die erhöhten AfA noch nicht in Anspruch genommen werden (BFH IX R 130/90, BStBl II 96, 215 unter 3.a). Abgrenzbare Einzelbaumaßnahmen sind aber bereits mit ihrem Abschluss (nicht erst ab Beendigung der Gesamtsanierung) begünstigt (BFH IX R 40/97, BStBl II 03, 582 unter II.1.b; insoweit anders bei § 10f, → § 10f Rn. 7). – **AK** sind nur unter denselben engen Voraussetzungen wie bei § 7h erfasst (§ 7i I 5, → § 7h Rn. 10).

b) Neubaumaßnahmen. – aa) Keine Begünstigung. Zwar enthält § 7i (im Gegensatz zu § 7h Ia) keine ausdrückl Regelung zu Neubauten. Gleichwohl sind Neubauten nicht begünstigt (auch → § 7h Rn. 6), weil die Subvention gerade die *Erhaltung* des *bestehenden* Denkmals fördern soll (BFH IX R 72/00, BStBl II 03, 916 unter II.1.a; BFH X R 8/08, BStBl II 09, 960 unter II.4.b). Auch der Wiederaufbau oder die völlige Neuerrichtung eines (zuvor bereits vorhanden gewesenen) Gebäudes ist als Neubau anzusehen. Gleiches gilt für die Schaffung neuen Wohnraums durch Aufstockung eines denkmalgeschützten Gebäudes (*Beck* DStR 09, 1412 (1413)). – Anders als bei der Frage, ob zw mehreren Bauteilen ein Nutzungs- und Funktionszusammenhang besteht (→ Rn. 4), setzt sich hier aber die **Sichtweise des Denkmalschutzes** ggü der steuerrechtl Sicht durch. „HK, die zur Erhaltung des Gebäudes als Baudenkmal erforderl sind" können daher auch dann noch vorliegen, wenn nach allg steuerrechtl Grundsätzen (→ 27. Aufl 2008, § 7 Rn. 162 ff, zB bei Erneuerung tragender Teile) von einem Neubau auszugehen wäre. Gleiches gilt, wenn eine bloße Nutzungsänderung (zB Fabrik zu Wohnhaus) steuerl als Neubau gewertet wird (*OFD NRW* DStR 15, 2850). Denn die weite Ausdehnung des allg steuerrechtl Begriffs des „Neubaus" hat den Zweck, den StPfl durch Eröffnung des Anwendungsbereichs des § 7 V zu *begünstigen;* iRd § 7i hätte eine solche Ausdehnung aber gerade den gegenteiligen Effekt (Versagung der Begünstigung, obwohl die gewünschte Erhaltung eines Denkmals eintritt), sodass der Begriff des „Neubaus" hier tatbestandsspezifisch einschränkend auszulegen ist (BFH X R 8/08, BStBl II 09, 960 unter II.4.b). 6

bb) Schaffung einer Eigentumswohnung in einem bisher ungenutzten Dachboden. Begünstigung contra legem. Für diese (in der Praxis sehr wichtige) Fallgruppe ist die Förderung nach dem Gesetzeswortlaut eigentl ausgeschlossen, weil wegen § 7i III die einzelne Eigentumswohnung maßgebl ist und es sich insoweit um einen nicht begünstigten Neubau handelt (ausführl → § 7h Rn. 7). Davon abw stellt die *FinVerw* aber auf das Gebäude als Ganzes ab und gewährt die Begünstigung (*OFD NRW* DStR 15, 2850; *OFD Ffm* DStR 16, 2652). 7

cc) Unzutreffende Bescheinigung. Bescheinigt die Denkmalbehörde (obj unzutr) die Voraussetzungen des § 7i für einen Neubau, ist dies für das FA gleichwohl bindend (BFH IX R 13/99, BFH/NV 03, 744; ausführl BFH VIII R 6/01, BStBl II 04, 783 unter II.2.a; *Beck* DStR 04, 1951; zu § 7h nunmehr auch BFH X R 15/13, BStBl II 15, 367; die früher gegenteilige Rspr des X. Senats ist aufgegeben). Auch wenn in den Bescheinigungen (entspr den überarbeiteten Bescheinigungsrichtlinien) auf die Prüfungskompetenz des FA hingewiesen wird, ändert dies an der gesetzl Bindungswirkung auch einer falschen Bescheinigung nichts (BFH IX R 17/15, BStBl II 17, 523 Rn. 21). Dabei bleibt es auch nach der (mit Wirkung für ab 2019 begonnene Baumaßnahmen vorgenommenen) Einfügung des § 7h Ia, da der Gesetzgeber eine entspr Ergänzung des § 7i unterlassen hat (mE unverständl, zumal der Bundesrechnungshof gleichlautende Änderungen bei § 7h *und* § 7i empfohlen hatte, s BT-Drs 18/10200, 91). 8

c) Abstimmung mit der Denkmalbehörde, § 7i I 6. Umfang der Abstimmung. Alle Baumaßnahmen müssen mit der Denkmalbehörde abgestimmt werden (BFH X B 51/04, BFH/NV 05, 53; BayVGH I B 12/78, NVwZ-RR 12, 981). Dies bedeutet eine einverständl, bei Bedarf ins Detail gehende Festlegung der durchzuführenden Baumaßnahmen (BVerwG 4 B 40/17, HFR 18, 664 Rn. 10), die vor Beginn der Baumaßnahmen durchgeführt werden muss (BFH X R 4/21, BStBl II 23, 870 Rn. 40) und über die bloße Genehmigung der Maßnahme hinausgeht (NdsOVG 1 LB 77/20, NVwZ-RR 22, 358 unter 3.). Wird ein wesentl Detail abweichend von der Abstimmung ausgeführt, ist die Begünstigung zu versagen (NdsOVG 1 LB 77/20, NVwZ-RR 22, 358 unter 3.: sichtbares Mauerwerk statt des historischen Verputzes) Das Abstimmungserfordernis kann erhebl Verzögerungen bei der Bauausführung be- 10 deuten (*Heinen* INF 93, 149 (150); *Kaligin* DStR 08, 1763 (1766)). – **Nachweis der erfolgten Abstimmung.** IdR wird die Denkmalbehörde einen entspr Vermerk in die Bescheinigung aufnehmen. Fehlt ein solcher Vermerk, lässt der BFH auch einen anderweitigen Nachweis zu (BFH X R 8/08, BStBl II 09, 960 unter II.5.). Eine (in der Praxis offenbar vorkommende) *generelle* Erklärung der Denkmalbehörde, sämtl *künftige* Maßnahmen erfüllten die Voraussetzungen des Abs 1, genügt den Anforderungen nicht (zutr VGH Mchn NVwZ 09, 1053, rkr). – **Ausnahmen vom Abstimmungserfordernis.** Bei Wiederaufbaumaßnahmen nach der Flutkatastrophe im Juli 2021 verzichtet die *FinVerw* bis 31.12.22 auf die vorherige Abstimmung mit der Denkmalbehörde (*BMF* BStBl I 21, 1806).

11 **d) Zuschüsse, § 7i I 7.** Die begünstigten HK/AK mindern sich um alle Zuschüsse aus öffentl Kassen (§ 7i I 7); darüber hinaus sind nach allg Grundsätzen (fehlende wirtschaftl Belastung) auch Zuschüsse aus *privaten* Mitteln gegenzurechnen (BFH X R 13/06, BStBl II 07, 879: private Denkmalstiftung).

13 **4. Bescheinigung der Denkmalbehörde. – a) Grundlagenbescheid.** Die Bescheinigung ist bindend für das FA (BFH X R 8/08, BStBl II 09, 960 unter II.3.a; BFH X R 17/18, BFH/NV 19, 801 Rn. 17; auch → § 7h Rn. 13). Wird die Bescheinigung erst nach Bestandskraft des ESt-Bescheids erteilt, ist dieser auch dann gem § 175 I 1 Nr 1 AO zu ändern, wenn das FA weitere Voraussetzungen der StVergünstigung noch eigenständig prüfen muss (zutr BFH X R 17/18, BFH/NV 19, 801 Rn. 15 ff).

Ansatz im ESt-Bescheid vor Erteilung der Bescheinigung. Bei langer Bearbeitungsdauer kann die Denkmalschutzbehörde eine **vorläufige Bescheinigung** erteilen, die das FA einer vorläufigen Veranlagung zugrunde legen wird (*OFD Ffm* EStB 09, 63). Liegt eine sog „qualifizierte Eingangsbestätigung" der Denkmalbehörde vor, muss das FA eine erkennbare und überprüfbare Ermessensentscheidung treffen, ob bzw in welcher Höhe es im ESt-Bescheid einen Abzugsbetrag durch Schätzung (§ 155 II, § 162 V AO) noch vor Ergehen des Grundlagenbescheids ansetzt. Das FA kann eine Schätzung des Abzugsbetrags aber in ermessensgerechter Weise ablehnen, wenn die Aufstellung der angefallenen Kosten nicht erkennen lässt, auf welche Baumaßnahmen sie sich beziehen, sodass unklar bleibt, ob es sich um begünstigte Aufwendungen handelt (ausführl hierzu BFH X R 7/12, BStBl II 15, 12; *OFD NRW* DB 15, 463).

14 **b) Umfang der Bindungswirkung. – *(1)* Inhalt der gesetzlichen Regelung.** Nach § 7i II 1 umfasst die Bindungswirkung die **Voraussetzungen des Abs 1 für das begünstigte Objekt,** dh die Eigenschaft als Baudenkmal, aber auch die vorherige Abstimmung mit der Denkmalbehörde iSd § 7i I 6 (ausführl zum Umfang der Bindungswirkung mit Beispielen *Beck* DStR 09, 1412). Darüber hinaus ist die **Erforderlichkeit der Aufwendungen** zu bescheinigen; dies umfasst auch die *Höhe* der Aufwendungen (BFH IX R 23/97, BFH/NV 01, 1397; BFH IX R 79/97, BStBl II 03, 578 unter II.1.c; zu Fällen, in denen der Leistungsempfänger die USt schuldet, s *Beck* DStR 11, 1702). Ferner sind **Zuschüsse von Denkmalbehörden** zu bescheinigen (§ 7i II 2); andere Zuschüsse sind nach dem klaren Gesetzeswortlaut hingegen auch dann nicht erfasst, wenn sie von staatl Stellen kommen (BFH X B 1/21, BFH/NV 22, 933). Die denkmalschutzrechtl Beurteilung ist auch dann bindend, soweit sich die Bescheinigung auf Tatbestandsmerkmale erstreckt, die zugleich denkmalschutzrechtl *und* steuerrechtl Bedeutung haben (BFH IX R 62/98, BStBl II 03, 912; BFH IX R 13/99, BFH/NV 03, 744). Übersicht über die länderspezifischen Bescheinigungsrichtlinien s *BMF* BStBl I 20, 169; für Vorjahre *BMF* BStBl I 00, 1513; *BMF* BStBl I 04, 1049; zuständige Denkmalbehörden s *BMF* BStBl I 15, 506. – ***(2)* Auslegung einer unklaren Bescheinigung.** Die Rspr, wonach hier im Zweifel das den StPfl weniger belastende Auslegungsergebnis vorzuziehen sei (BFH IX R 62/98, BStBl II 03, 912 unter II.1.b bb), ist mE so nicht zutr; vielmehr kommt es auch hier auf den obj Empfängerhorizont an (ähnl BFH X R 19/02, BStBl II 04, 711 unter II.3.c). Hat der StPfl (als Empfänger der Bescheinigung) die fehlerhaften

Angaben selbst ins Bescheinigungsverfahren eingebracht, bedarf er keines Schutzes durch großzügige Auslegung. – ***(3)* Möglichkeiten des FA bei fehlerhafter Bescheinigung.** Offensichtl fehlerhafte Bescheinigungen haben keine Bindungswirkung (→Rn. 15). Ansonsten verweist die Rspr auf den (in der Praxis schon wegen der Jahresfrist des § 48 IV VwVfG aussichtslosen, s VGH BaWü DStRE 07, 1430, rkr) Weg der **Remonstration** und der unverbindl Anregung, ein Rücknahmeverfahren einzuleiten (BFH IX R 62/98, BStBl II 03, 912 unter II.1.b cc), ersatzweise auf ein **verwaltungsgerichtl Klageverfahren gegen die Bescheinigungsbehörde** (BFH IX R 20/99, BStBl II 03, 910 unter 1.a). Eine noch lfd Remonstration soll aber keinen Grund für eine Aussetzung eines Klageverfahrens gegen die StFestsetzung sein (BFH IX B 81/16, BStBl II 17, 196 Rn. 14; mE zweifelhaft). Führt der *StPfl* ein Klageverfahren gegen die Bescheinigungsbehörde, ist das FA nicht notwendig beizuladen (BVerwG 10 B 31.05, HFR 06, 404).

c) Keine Bindungswirkung. Offensichtl rechtswidrige Bescheinigungen binden das FA ab VZ 2021 (s § 52 XVIa 7) nicht mehr (näher → § 7h Rn. 15). Zudem entscheidet das FA in eigener Kompetenz, ob es sich um HK handelt (BFH IX R 23/97, BFH/NV 01, 1397 unter II.2.a), wer die Aufwendungen getragen hat, wem sie als Berechtigtem zuzurechnen sind (BFH IX R 64/97, BStBl II 01, 796 unter II.2.) und ob Baumaßnahmen nach rechtswirksamem Abschluss des Erwerbsvertrags durchgeführt worden sind (§ 7i I 5, s FG Mchn EFG 06, 1748, rkr); mE auch über die Aufteilung der Gesamtaufwendungen auf GuB und Gebäude (**aA** FG Hmb EFG 08, 1800, rkr); zur Prüfungskompetenz der beteiligten Behörden ausführl auch EStR 7i II, III. Da für Denkmalbehörden auch der Wert der eigenen Arbeitsleistung des StPfl zu den „Aufwendungen" gehört (s *Kaligin* DStR 08, 1763 (1765)), kann dies steuerl ebenfalls nicht binden. Hat das FA die erhöhte AfA ohne bindende Bescheinigung gewährt, ist es für *künftige* Veranlagungen nicht hieran gebunden (BFH IX R 79/97, BStBl II 03, 578 unter II.2.). Lehnt die Denkmalbehörde die Erteilung der bisher fehlenden Bescheinigung auf einen nachträgl Antrag hin förml ab, handelt es sich um einen negativen Grundlagenbescheid, der zur Änderung bestandskräftiger EStBescheide berechtigt und verpflichtet (**aA** FG RhPf EFG 06, 675, rkr; zutr hingegen *Pfützenreuter* EFG 06, 676). 15

d) Kritik am Bescheinigungsverfahren. Der Grundgedanke, die Kompetenz von Fachbehörden für die Beurteilung steuerrechtl Vorfragen zu nutzen, mag zutr sein. Abzulehnen ist aber die Trennung zw bescheinigender und finanzierender Behörde: Die Denkmalbehörden und deren allein auf den Denkmalschutz ausgerichteten Fachkräfte haben großes Interesse an der Sanierung der Gebäude, verfügen aber idR nicht über finanzielle Mittel zur Gewährung von Zuschüssen. Hier lockt die Möglichkeit, durch Erteilung großzügiger Bescheinigungen das gemeinsame Ziel von Denkmalbehörde und StPfl zu erreichen, die Finanzierung aber zu Lasten der (für die kommunale Denkmalbehörde fremden) Haushalte des Bundes und der Länder zu organisieren (vgl den Sachverhalt zu FG BW EFG 11, 457, rkr, wo ein Bürgermeister nahezu vorsätzl eine grob fehlerhafte Bescheinigung ausgestellt hatte; jeder, der mit §§ 7h, 7i zu tun hat, kennt derartige Fälle; vgl auch *Hübner* HFR 18, 535). ME gehören daher die Verantwortlichkeiten für die *Prüfung* der Maßnahmen einerseits und deren *Finanzierung* andererseits in *eine* Hand. Zumindest eine Haftungsregelung für die grob fahrlässige Ausstellung falscher Bescheinigungen (wie im Entwurf des § 7e I 3 vorgesehen, s BT-Drs 17/6358) wäre dringend erforderl. 16

5. Höhe der Absetzungen. Die AfA-Sätze belaufen sich auf 8 × 9% und 4 × 7%. Für die **RestwertAfA** verweist § 7i I 8 auf § 7h I 5 (→ § 7h Rn. 19). 17

§ 7k *(aufgehoben)*

4. Überschuss der Einnahmen über die Werbungskosten

§ 8 Einnahmen

(1) [1]**Einnahmen sind alle Güter, die in Geld oder Geldeswert bestehen und dem Steuerpflichtigen im Rahmen einer der Einkunftsarten des § 2 Absatz 1 Satz 1 Nummer 4 bis 7 zufließen. [2]Zu den Einnahmen in Geld gehören auch zweckgebundene Geldleistungen, nachträgliche Kostenerstattungen, Geldsurrogate und andere Vorteile, die auf einen Geldbetrag lauten. [3]Satz 2 gilt nicht bei Gutscheinen und Geldkarten, die ausschließlich zum Bezug von Waren oder Dienstleistungen berechtigen und die Kriterien des § 2 Absatz 1 Nummer 10 des Zahlungsdiensteaufsichtsgesetzes erfüllen.**

(2) [1]**Einnahmen, die nicht in Geld bestehen (Wohnung, Kost, Waren, Dienstleistungen und sonstige Sachbezüge), sind mit den um übliche Preisnachlässe geminderten üblichen Endpreisen am Abgabeort anzusetzen. [2]Für die private Nutzung eines betrieblichen Kraftfahrzeugs zu privaten Fahrten gilt § 6 Absatz 1 Nummer 4 Satz 2 entsprechend. [3]Kann das Kraftfahrzeug auch für Fahrten zwischen Wohnung und erster Tätigkeitsstätte sowie Fahrten nach § 9 Absatz 1 Satz 3 Nummer 4a Satz 3 genutzt werden, erhöht sich der Wert in Satz 2 für jeden Kalendermonat um 0,03 Prozent des Listenpreises im Sinne des § 6 Absatz 1 Nummer 4 Satz 2 für jeden Kilometer der Entfernung zwischen Wohnung und erster Tätigkeitsstätte sowie der Fahrten nach § 9 Absatz 1 Satz 3 Nummer 4a Satz 3. [4]Der Wert nach den Sätzen 2 und 3 kann mit dem auf die private Nutzung und die Nutzung zu Fahrten zwischen Wohnung und erster Tätigkeitsstätte sowie Fahrten nach § 9 Absatz 1 Satz 3 Nummer 4a Satz 3 entfallenden Teil der gesamten Kraftfahrzeugaufwendungen angesetzt werden, wenn die durch das Kraftfahrzeug insgesamt entstehenden Aufwendungen durch Belege und das Verhältnis der privaten Fahrten und der Fahrten zwischen Wohnung und erster Tätigkeitsstätte sowie Fahrten nach § 9 Absatz 1 Satz 3 Nummer 4a Satz 3 zu den übrigen Fahrten durch ein ordnungsgemäßes Fahrtenbuch nachgewiesen werden; § 6 Absatz 1 Nummer 4 Satz 3 zweiter Halbsatz gilt entsprechend. [5]Die Nutzung des Kraftfahrzeugs zu einer Familienheimfahrt im Rahmen einer doppelten Haushaltsführung ist mit 0,002 Prozent des Listenpreises im Sinne des § 6 Absatz 1 Nummer 4 Satz 2 für jeden Kilometer der Entfernung zwischen dem Ort des eigenen Hausstands und dem Beschäftigungsort anzusetzen; dies gilt nicht, wenn für diese Fahrt ein Abzug von Werbungskosten nach § 9 Absatz 1 Satz 3 Nummer 5 Satz 5 und 6 in Betracht käme; Satz 4 ist sinngemäß anzuwenden. [6]Bei Arbeitnehmern, für deren Sachbezüge durch Rechtsverordnung nach § 17 Absatz 1 Satz 1 Nummer 4 des Vierten Buches Sozialgesetzbuch Werte bestimmt worden sind, sind diese Werte maßgebend. [7]Die Werte nach Satz 6 sind auch bei Steuerpflichtigen anzusetzen, die nicht der gesetzlichen Rentenversicherungspflicht unterliegen. [8]Wird dem Arbeitnehmer während einer beruflichen Tätigkeit außerhalb seiner Wohnung und ersten Tätigkeitsstätte oder im Rahmen einer beruflich veranlassten doppelten Haushaltsführung vom Arbeitgeber oder auf dessen Veranlassung von einem Dritten eine Mahlzeit zur Verfügung gestellt, ist diese Mahlzeit mit dem Wert nach Satz 6 (maßgebender amtlicher Sachbezugswert nach der Sozialversicherungsentgeltverordnung) anzusetzen, wenn der Preis für die Mahlzeit 60 Euro nicht übersteigt. [9]Der Ansatz einer nach Satz 8 bewerteten Mahlzeit unterbleibt, wenn beim Arbeitnehmer für ihm entstehende Mehraufwendungen für Verpflegung ein Werbungskostenabzug nach § 9 Absatz 4a Satz 1 bis 7 in Betracht käme. [10]Die oberste Finanzbehörde eines Landes kann mit Zustimmung des Bundesministeriums der Finanzen für weitere Sachbezüge der Arbeitnehmer Durchschnittswerte festsetzen. [11]Sachbezüge, die nach Satz 1 zu bewerten sind,**

bleiben außer Ansatz, wenn die sich nach Anrechnung der vom Steuerpflichtigen gezahlten Entgelte ergebenden Vorteile insgesamt 50 Euro im Kalendermonat nicht übersteigen; die nach Absatz 1 Satz 3 nicht zu den Einnahmen in Geld gehörenden Gutscheine und Geldkarten bleiben nur dann außer Ansatz, wenn sie zusätzlich zum ohnehin geschuldeten Arbeitslohn gewährt werden. [12]Der Ansatz eines Sachbezugs für eine dem Arbeitnehmer vom Arbeitgeber, auf dessen Veranlassung von einem verbundenen Unternehmen (§ 15 des Aktiengesetzes) oder bei einer juristischen Person des öffentlichen Rechts als Arbeitgeber auf dessen Veranlassung von einem entsprechend verbundenen Unternehmen zu eigenen Wohnzwecken überlassene Wohnung unterbleibt, soweit das vom Arbeitnehmer gezahlte Entgelt mindestens zwei Drittel des ortsüblichen Mietwerts und dieser nicht mehr als 25 Euro je Quadratmeter ohne umlagefähige Kosten im Sinne der Verordnung über die Aufstellung von Betriebskosten beträgt.

(3) **[1]Erhält ein Arbeitnehmer auf Grund seines Dienstverhältnisses Waren oder Dienstleistungen, die vom Arbeitgeber nicht überwiegend für den Bedarf seiner Arbeitnehmer hergestellt, vertrieben oder erbracht werden und deren Bezug nicht nach § 40 pauschal versteuert wird, so gelten als deren Werte abweichend von Absatz 2 die um 4 Prozent geminderten Endpreise, zu denen der Arbeitgeber oder der dem Abgabeort nächstansässige Abnehmer die Waren oder Dienstleistungen fremden Letztverbrauchern im allgemeinen Geschäftsverkehr anbietet. [2]Die sich nach Abzug der vom Arbeitnehmer gezahlten Entgelte ergebenden Vorteile sind steuerfrei, soweit sie aus dem Dienstverhältnis insgesamt 1080 Euro im Kalenderjahr nicht übersteigen.**

(4) **[1]Im Sinne dieses Gesetzes werden Leistungen des Arbeitgebers oder auf seine Veranlassung eines Dritten (Sachbezüge oder Zuschüsse) für eine Beschäftigung nur dann zusätzlich zum ohnehin geschuldeten Arbeitslohn erbracht, wenn**

1. **die Leistung nicht auf den Anspruch auf Arbeitslohn angerechnet,**
2. **der Anspruch auf Arbeitslohn nicht zugunsten der Leistung herabgesetzt,**
3. **die verwendungs- oder zweckgebundene Leistung nicht anstelle einer bereits vereinbarten künftigen Erhöhung des Arbeitslohns gewährt und**
4. **bei Wegfall der Leistung der Arbeitslohn nicht erhöht**

wird. [2]Unter den Voraussetzungen des Satzes 1 ist von einer zusätzlich zum ohnehin geschuldeten Arbeitslohn erbrachten Leistung auch dann auszugehen, wenn der Arbeitnehmer arbeitsvertraglich oder auf Grund einer anderen arbeits- oder dienstrechtlichen Rechtsgrundlage (wie Einzelvertrag, Betriebsvereinbarung, Tarifvertrag, Gesetz) einen Anspruch auf diese hat.

Lohnsteuer-Richtlinien: LStR 8.1, 8.2/LStH 8.1, 8.2.

Übersicht Rn.

I. Regelungsinhalt und Bedeutung

1 § 8 I definiert den Einnahmebegriff für den Bereich der **Überschusseinkünfte** iSv § 2 I Nr 4–7, II Nr 2. Zum Begriff der BE iSv **§ 4 III** → § 4 Rn. 420; BFH VIII R 4/14, BStBl II 17, 310; BFH I R 10/18, BFH/NV 22, 24. § 8 I bestimmt, was Gegenstand einer Einnahme sein kann (→ Rn. 2 ff). Außerdem wird die sach-, personen- und zeitbezogene Zurechnung von Einnahmen angesprochen, ohne dass § 8 I diesbezügl nähere Regelungen trifft. Die *sachl Zurechnung* von Einnahmen zu einer der Überschusseinkunftsarten bestimmt sich vielmehr nach §§ 19–23 (→ Rn. 6 ff), die *persönl Zurechnung* nach §§ 1, 2 I 1, 19 ff (→ Rn. 10 ff) und die *zeitl Zurechnung* nach § 11 I (→ Rn. 13). Die **eigentl Bedeutung von § 8** liegt in der **Bewertung von Sachzuwendungen** in § 8 II (→ Rn. 15 ff) und bestimmten **Sachbezügen von ArbN** in § 8 III (→ Rn. 70 ff). § 8 II 11 enthält darüber hinaus eine **Steuerbefreiung** (→ Rn. 68).

II. Einnahmebegriff, § 8 I

2 **1. Güter in Geld oder Geldeswert. – a) Geld, § 8 I 1.** Dies sind die im Inl gültigen Zahlungsmittel (Bargeld, Buchgeld) sowie Zahlungsmittel in einer gängigen, frei konvertiblen und im Inl handelbaren ausl Währung (BFH VI R 21/09, BStBl II 11, 383). Geld ist mit dem Nennwert anzusetzen (BFH VI R 6/05, BStBl II 08, 530). Geldforderungen sind mit dem gemeinen Wert im Zuflusszeitpunkt zu bewerten; dies gilt auch für Schecks (BFH IX R 97/97, BStBl II 01, 482). Umrechnungsmaßstab bei ausl Währung ist der auf den Umrechnungszeitpunkt bezogene Euro-Referenzkurs der EZB, wobei die Umrechnung anhand der monatl Durchschnittsreferenzkurse erfolgt, es sei denn, es wird erhebl Abweichung zum Tagesreferenzkurs geltend gemacht (BFH VI R 4/08, BStBl II 10, 698). Einnahmen in Geld liegen auch vor, wenn der Zuwendende zur **Abkürzung des Zahlungswegs** an einen Gläubiger des Zuwendungsempfängers leistet (BFH VI R 161/01, BStBl II 03, 331; BFH VI R 26/04, BStBl II 08, 204; BFH VI R 51/03, BStBl II 05, 137, Zuschüsse zu Sportaktivitäten der ArbN).

3 **b) Güter in Geldeswert, § 8 I 1.** Dies sind alle nicht in Geld bestehenden wirtschaftl Vorteile (BFH VI R 27/09, BStBl II 11, 386; BFH X R 43/08, BFH/NV 10, 1436, auch → Rn. 17). Hierzu gehören auch sog Krypto-Währungen (zB Bitcoins, *Dürr* NWB 19, 2556, str) sowie **geringwertige Vorteile** (BFH VI R 26/74, BStBl II 77, 99; BFH VI R 161/01, BStBl II 03, 331). Geldwerte Güter sind auch Dienstleistungen, Nutzungsvorteile und sonstige Vorteile aller Art (zB Preisnachlässe, s BFH VI R 124/99, BStBl II 05, 766), denen ein wirtschaftl Wert zukommt (Beispiele bei *Littmann* § 8 Rn. 34). Auch **Forderungen und Ansprüche** können geldwerte Güter sein (zB Rechtsanspruch des ArbN gegen einen Dritten, s BFH VI R 9/05, BStBl II 09, 385; → § 19 Rn. 60). Daran hat sich durch § 8 I 2 ab VZ 20 nichts geändert. Ideelle Vorteile sind jedoch keine geldwerten Güter iSv § 8 I (BFH X R 36/03, BFH/NV 05, 682). Gleiches gilt für durch eigene Leistungen ersparte Aufwendungen (zB eigenhändige Reparatur, Selbstbehandlung durch Arzt, *KS/Seer* § 8 Rn. 7) und bloße Wertsteigerungen im bereits vorhandenen Vermögen des StPfl. Auch die

Möglichkeit zur Erlangung eines geldwerten Vorteils ist selbst noch kein geldwerter Vorteil (*Littmann* § 8 Rn. 123). Ebenso ist der Verzicht auf eine Einnahme kein Gut in Geldeswert, sofern er nicht selbst Gegenstand eines wirtschaftl Leistungsaustausches ist (BFH VI R 115/92, BStBl II 94, 424, Lohnverwendungsabrede; BFH VI R 6/13, BFH/NV 16, 1509, verdeckte Einlage).

c) Sonstige Geldleistungen, § 8 I 2. Ab VZ 20 hat der Gesetzgeber zT deklaratorisch bestimmte Einnahmen als Geldleistungen bestimmt (iEinz s auch *BMF* BStBl I 22, 242 Rn. 5 ff, 18 ff). Die Neuregelung beruht teilweise auf einem Missverständnis der BFH-Rspr, wie man der Gesetzesbegründung entnehmen kann (s BT-Drs 19/14909, 44). Daher sind auch Bedeutung und Reichweite der Neuregelung unklar. An der grds Abgrenzung von Bar- und Sachlohn (→ Rn. 17) hat sich durch § 8 I 2 nichts geändert (**aA** bei zweckgebundenen Geldleistungen und Kostenerstattungen *BMF* BStBl I 22, 242 Rn. 20, 22; *Luft* DStR 22, 868: Erfüllungsleistung des ArbG). Sagt der ArbG eine zweckgebundene Geldleistung zu, die nicht auf die Gewährung von Sachlohn gerichtet ist, liegt schon nach § 8 I 1 eine Einnahme in Geld vor (BFH VI R 16/17, BStBl II 19, 373). Was „nachträgliche Kostenerstattungen" sein sollen, ist gesetzl nicht näher bestimmt. Soweit eine Kostenerstattung selbst überhaupt zu stbaren Einkünften führt (zum Auslagen- und WK-Ersatz → § 19 Rn. 65 ff), handelt es sich ebenfalls bereits nach § 8 I 1 idR um eine Geldleistung. Kann der ArbN eine Sache oder Dienstleistung als ArbLohn beanspruchen, ist der zu bewertende Vorteil die (Verbilligung der) Sache bzw Dienstleistung, nicht aber die (zweckgebundene) Geldleistung, die Kostenerstattung, der Gutschein oder die (Geld-)Karte, die der ArbN zur Erfüllung des ArbLohnanspruchs erhält. Ein solcher Fall wird von § 8 I 2 also von vornherein nicht erfasst (**aA** bei zweckgebundenen Geldleistungen und Kostenerstattungen *BMF* BStBl I 22, 242 Rn. 20, 22; zweifelnd auch *Seifert* DStZ 22, 243 (246)). Klassische Sachbezüge, die ledigl nach einem Geldbetrag bemessen sind (zB Benzin für 30 €), fallen mE ebenfalls nicht unter § 8 I 2. Die in § 8 I 2 angesprochenen Geldsurrogate und anderen Vorteile, die auf einen Geldbetrag lauten, sollen – wie man einem Umkehrschluss aus § 8 I 3 entnehmen kann – insb Gutscheine und Geldkarten sein (*Luft* DStR 22, 868). Erfüllen diese die Voraussetzungen des § 8 I 3, gilt § 8 I 2 aber ebenfalls nicht. Unter § 8 I 2 fallen insb bestimmte „Open-Loop-Karten", die als Geldsurrogate iR unabhängiger Systeme des unbaren Zahlungsverkehrs eingesetzt werden können. Es handelt sich um Geldkarten, die über eine Barzahlungsfunktion oder über eine eigene IBAN verfügen, die für Überweisungen oder den Erwerb von Devisen verwendet oder als Zahlungsinstrument hinterlegt werden können. 4

d) Gutscheine und Geldkarten, § 8 I 3. Sagt der ArbG einen (kostenlosen oder verbilligten) Gutschein oder eine solche Geldkarte als ArbLohn zu, liegt ein Sachbezug vor, wenn der Gutschein/die Geldkarte ausschließlich zum Bezug von Waren und Dienstleistungen berechtigen und sie die Kriterien des § 2 I Nr 10 ZAG erfüllen (*BMF* BStBl I 22, 242 Rn. 9 ff; s auch *Buse* DB 19, 2839; *Seifert* DStZ 22, 243). Dies gilt für Zahlungsinstrumente, die für den Erwerb von Waren oder Dienstleistungen in den Geschäftsräumen des Emittenten oder innerhalb eines begrenzten Netzes von Dienstleistern iRe Geschäftsvereinbarung mit einem professionellen Emittenten eingesetzt werden können (§ 2 I Nr. 10 Buchst a ZAG), für den Erwerb eines sehr begrenzten Waren- oder Dienstleistungsspektrums eingesetzt werden können (§ 2 I Nr. 10 Buchst b ZAG) oder beschränkt sind auf den Einsatz im Inl und auf Ersuchen eines Unternehmens oder einer öffentl Stelle für bestimmte soziale oder steuerl Zwecke nach Maßgabe öffentl-rechtl Bestimmungen für den Erwerb der darin bestimmten Waren oder Dienstleistungen von Anbietern, die eine gewerbl Vereinbarung mit dem Emittenten geschlossen haben, bereitgestellt werden (§ 2 I Nr. 10 Buchst c ZAG). Hierzu gehören insb sog „Closed-Loop-Karten" (zB aufladbare Geschenkkarten im Einzelhandel, die zum Warenbezug vom Aussteller berechtigen, Tankgutscheine einer bestimmten Tankstellenkette) und „Controlled-Loop-Karten" (zB 5

Centercards, City-Cards, die zum Warenbezug bei einem begrenzten Kreis von Akzeptanzstellen berechtigen).

Gutscheinportale führen nach Auffassung der *FinVerw* jedenfalls dann zu Sachlohn, soweit die ausgegebenen Gutscheine nur in solche eingetauscht werden können, die zu Sachbezügen führen (*BMF* BStBl I 22, 242 Rn. 24; dazu auch *Irkes* DStR 24, 928). Zur Anwendung der **50 €-Freigrenze** (bis VZ 21: 44 €) auf Sachbezüge nach § 8 I 3 → Rn. 68. – Die *FinVerw* beanstandet es nicht, wenn Gutscheine und Geldkarten, die ausschl zum Bezug von Waren und Dienstleistungen berechtigen, die Kriterien des § 2 I Nr 10 ZAG aber nicht erfüllen, noch bis 31.12.21 als Sachbezug anerkannt werden (*BMF* BStBl I 22, 242 Rn. 30). – Zu **weiteren Beispielen** s *BMF* BStBl I 22, 242 Rn. 11 ff.

6 **2. Sachliche Einnahmenzurechnung. – a) Steuerbarer Einkünftebereich.** Einnahmen iSv § 8 I sind nur solche iRe Einkunftsart des § 2 I 1 Nr 4–7. Maßgebl ist, ob die Einnahme unter §§ 19–23 subsumiert werden kann. Das ist idR der Fall, wenn sie durch eine unter die Vorschriften der §§ 2 I, 19 ff einzuordnende Leistung des StPfl veranlasst ist.

7 **b) Keine Korrespondenz von Einnahmen oder Aufwendungen.** Es gibt keinen allg Grundsatz, wonach die Besteuerung beim Empfänger nach Art, Höhe oder Zeitpunkt mit der Abzugsmöglichkeit beim Zahlenden übereinstimmen müsste (auch → § 11 Rn. 9). Die (unvollständige) Korrespondenzregelung zu den **wiederkehrenden Bezügen** in § 22 Nr 1 S 2/§ 12 Nr 2 lässt keine allg Rückschlüsse zu.

8 **c) Abgrenzungen. – *(1)* Vorteile aus der Veräußerung von Privatvermögen.** Diese und sonstige im privaten Vermögensbereich erzielten Vorteile werden nur in den gesetzl besonders bestimmten Fällen von der ESt erfasst (§§ 17, 20–23). Die Abgrenzung vom grds stbaren Nutzungsentgelt ist indes nicht immer eindeutig. – ***(2)* Schadensersatzleistungen.** Sie können im privaten Vermögensbereich liegen und damit bei den Überschusseinkünften nicht stbar sein. *Beispiele:* Ersatz eines Vermögensschadens am Gebäude (kein Nutzungsentgelt, → § 21 Rn. 117 „Schadensersatzzahlungen"); Schmerzensgeldzahlungen sind auch bei Zahlung durch den ArbG kein ArbLohn (→ § 19 Rn. 100 „Schmerzensgeld"). Sie können aber auch in den Einkünftebereich fallen. *Beispiel:* Schadensersatzleistungen des ArbG an ArbN, wenn sie ihre Grundlage im ArbVerh haben (→ § 19 Rn. 100 „Schadensersatz"). – ***(3)* Echte durchlaufende Posten; Auslagenersatz.** Sie gehören nicht zu den Einnahmen (s § 4 III 2 und → § 19 Rn. 65; *HHR/Kister* § 8 Rn. 37). – ***(4)* Darlehenszuflüsse/-abflüsse; Kapital(rück)zahlungen.** Sie liegen grds auf der nicht stbaren Vermögensebene (wie bei § 4 III, → § 4 Rn. 384), auch → § 11 Rn. 50 „Darlehen" (b), → § 11 Rn. 50 „Verzicht" (b) sowie → § 22 Rn. 14 zu Ratenzahlungen im Vermögensbereich.

9 **d) Rückzahlung von Einnahmen und Werbungskosten.** Die Rückzahlung von Einnahmen kann zu negativen Einnahmen oder zu WK führen. Der BFH hat die Streitfrage in der neueren Rspr offen gelassen (zB BFH VI R 33/03, BStBl II 06, 911; BFH VI R 17/08, BStBl II 10, 299). Zurückgezahlte Einnahmen sind mE als negative Einnahmen zu behandeln (ebenso BFH VIII R 36/98, BStBl II 99, 769; FG Nbg BeckRS 2007, 26024105, rkr; FG Mchn EFG 97, 59, rkr; **aA** *HHR/Kister* § 8 Rn. 33; *BH/Ettlich* § 8 Rn. 53). Angesichts der immer zahlreicheren WK-Abzugsverbote gewährleistet nur der Ansatz als negative Einnahmen eine der wirtschaftl Leistungsfähigkeit gerecht werdende Besteuerung. Eine Rückzahlung von Einnahmen idS liegt aber nur vor, wenn der StPfl Leistungen zurückzahlt, die bei ihm vorher als Einkünfte zu qualifizieren waren (actus contrarius, zur Rückzahlung von ArbLohn s BFH VI R 1/08, BStBl II 10, 1074). Ist dies nicht der Fall, kann es sich bei den Zahlungen um WK oder nicht stbare Leistungen handeln. Zurückgeflossene WK sind keine negativen WK, sondern Einnahmen iSv § 8 (→ § 9 Rn. 112).

3. Persönliche Zurechnung. – a) Allgemeines. Einnahmen sind demjenigen 10
zuzurechnen, der den Tatbestand verwirklicht, an den das Gesetz die Entstehung der Steuer knüpft (→ § 2 Rn. 19). Die persönl Zurechnung richtet sich mithin wie die sachl Zurechnung nach den einzelnen Einkunftsarten (→ § 19 Rn. 20 ff zur ArbN-Eigenschaft; → § 20 Rn. 16 ff zu Einkünften aus KapVerm; → § 21 Rn. 5 ff zu VuV).

b) Drittzuwendungen zu Lebzeiten. – *(1)* Grundsatz der Tatbestandsver- 11
wirklichung. Der StPfl, der den Tatbestand einer Einkunftsart persönl erfüllt, kann sich der Besteuerung durch Übertragung des Einkünfteanspruchs nicht entziehen. Die Einnahmen sind dem *StPfl* bei Zufluss an den Dritten zuzurechnen (→ § 11 Rn. 50 „Abtretung", „Rechtsnachfolger"). *Beispiel:* Lohnzahlung an Angehörige des ArbN. – ***(2)* Übertragung der Einkunftsquelle.** Diese setzt den Übergang der auf Einkünfteerzielung gerichteten Tätigkeit voraus. *Beispiele:* Einkünfte aus VuV erzielt, wer im Außenverhältnis Träger der Rechte und Pflichten eines Vermieters ist (→ § 21 Rn. 5); der Eigentümerwechsel hinsichtl des Mietobjekts ist für die Einkünftezurechnung folgl ohne Bedeutung, sofern nicht auch das Mietverhältnis auf den neuen Eigentümer als Vermieter übergeht (zB gem § 566 I BGB). Die Arbeit des ArbN kann nicht in der Weise als für einen Dritten geleistet angesehen werden, dass diesem das Ergebnis strechtl zugerechnet wird (→ § 19 Rn. 7). Zur Rechtsnachfolge iSv § 24 Nr 2, → § 24 Rn. 66. – ***(3)* Kein allgemeines Surrogationsprinzip.** Aus den Regelungen in §§ 20 II, 21 I Nr 4 lässt sich ein solches Prinzip nicht ableiten (str, s auch BFH VI R 10/03, BStBl II 05, 770, zur Übertragung eines Wandeldarlehens; BFH VI R 4/11, BStBl II 12, 596, zur Vorfinanzierung von Insolvenzgeld). – ***(4)* Gesetzliche Forderungsübergang auf Dritte.** Er stellt die Zurechnung an den StPfl nicht in Frage. *Beispiel:* Lohnnachzahlung an Arbeitsamt, § 115 I SGB X (BFH XI R 52/88, BStBl II 93, 507; BFH VI R 66/03, BStBl II 08, 375; vgl auch → § 11 Rn. 50 „Forderungen").

c) Drittzuwendungen im Todesfall. – *(1)* Gesamtrechtsnachfolge. Ist die 12
Einnahme noch dem Erblasser vor dessen Tod zugeflossen, ist sie diesem zuzurechnen (*Littmann* § 8 Rn. 180). Demggü hat der Erbe als StPfl noch nicht bezogene Einkünfte des Erblassers zu versteuern (→ § 1 Rn. 15). Die vom Erblasser verwirklichte Einkunftsart ändert sich hierdurch nicht. *Beispiel:* Fließt der Witwe eines ArbN ArbLohn nach dem Tod des ArbN zu, bezieht sie Einkünfte aus § 19, auch wenn sie selbst nie ArbN war. – ***(2)* Einzelrechtsnachfolge.** Der StPfl kann für den Fall seines Todes nicht nur einzelne Miterben (§ 19 I Nr 2 EStG, §§ 1 I 2, 2 II Nr 2 S 1 LStDV), sondern jede andere Person an Stelle des Erben zum Rechtsnachfolger iSv § 24 Nr 2 bestimmen (BFH VIII R 160/81, BStBl II 82, 540; ausführl *Heinicke* DStJG 10, 113). Diesem sind die vom Erblasser erwirtschafteten, aber noch nicht bezogenen Einnahmen bei Zufluss zuzurechnen (str).

4. Zufluss von außen. Einnahmen setzen voraus, dass Güter in Geld oder Gel- 13
deswert dem StPfl von dritter Seite „zufließen". Einnahmen erfordern mithin eine Zunahme der wirtschaftl Leistungsfähigkeit des StPfl (*KS/Seer* § 8 Rn. 5). Die Person des Zuwendenden muss dabei nicht der unmittelbare Vertragspartner des Empfängers sein. So können zB auch **Vorteilszuwendungen durch Dritte,** die durch das DienstVerh veranlasst sind, ArbLohn darstellen (→ § 19 Rn. 70). Das in § 8 I enthaltene Tatbestandsmerkmal des Zufließens betrifft den Erfolgstatbestand der Einnahme, nicht die zeitl Zurechnung von Einnahmen. Diese bestimmt sich nach § 11 I (→ § 11 Rn. 15 ff).

III. Bewertung von Sachzuwendungen, § 8 II

1. Regelungsinhalt; Anwendungsbereich. § 8 II regelt die Bewertung von 15
Sachzuwendungen. Die Vorschrift setzt das Vorliegen einer Einnahme dem Grunde nach voraus. Sie gilt unmittelbar nur für die Überschusseinkünfte (*BH/Ettlich* § 8

Rn. 74). IRd Gewinneinkünfte sind die Bewertungsmaßstäbe des § 8 II bei Sachzuwendungen indes entspr anzuwenden (BFH VIII R 35/93, BStBl II 96, 273; HessFG DStRE 12, 1369). § 8 II 1 enthält den allg Bewertungsmaßstab. Die speziellen Regelungen in § 8 II 2–11 gehen in ihrem Anwendungsbereich der allg Regelung in § 8 II 1 vor. Bei nach § 8 III zu bewertenden Sachbezügen von ArbN besteht allerdings ein Wahlrecht des StPfl, die Bewertung auch nach § 8 II 1 vorzunehmen, sofern dies für ihn günstiger ist (→ Rn. 70). Bei Vorliegen der jeweiligen Voraussetzungen kann bei jedem Sachbezug zw der Pauschalversteuerung nach § 40, der Bewertung nach § 8 II und der Anwendung der Rabattregelung in § 8 III gewählt werden (s LStR 8.2 I 1 Nr 4).

16 **2. Allgemeine Bewertungsregelung, § 8 II 1.** Sachbezüge sind mit den um übl Preisnachlässe geminderten übl Endpreisen am Abgabeort zu bewerten. Es gilt der **Einzelbewertungsgrundsatz** (*Littmann* § 8 Rn. 323). Jeder Sachbezug ist einzeln zu bewerten, die Gegenleistung des StPfl bleibt außer Betracht.

17 **a) Abgrenzung Barzuwendungen/Sachzuwendungen.** § 8 II 1 gilt nicht nur für die dort beispielhaft aufgezählten Sachzuwendungen, sondern für *alle Einnahmen, die nicht in Geld bestehen.* Ob ein Bar- oder ein Sachbezug gegeben ist, bestimmt sich danach, was der StPfl beanspruchen kann (BFH VI R 27/09, BStBl II 11, 386; BFH VI R 41/10, BStBl II 11, 389). Unerheblich ist, auf welche Art und Weise der Anspruch erfüllt und der zugesagte Vorteil verschafft wird (**aA** bei zweckgebundenen Geldleistungen und Kostenerstattungen *BMF* BStBl I 22, 242 Rn. 20, 22). Kann der StPfl Geld (Buch-, Bargeld oder eine nach § 8 I 2 gleichgestellte Leistung) verlangen, liegt ein Barbezug vor, auf den § 8 II nicht anwendbar ist (zur Bewertung von Barbezügen → Rn. 2). Kann der StPfl **eine Sache beanspruchen,** liegt ein **Sachbezug** vor. Dies gilt auch dann, wenn dem StPfl ein Geldbetrag mit der Maßgabe überlassen wird, diesen in bestimmter Weise **zum Kauf einer Sache** zu verwenden, oder wenn dem StPfl nachträgl der Betrag erstattet wird, den er vorher zum Erwerb des zugesagten Sachbezugs aufgewendet hat (BFH VI R 40/10, BFH/NV 11, 590, auch → Rn. 4). Unerhebl ist, ob der StPfl die Sache unmittelbar von seinem Vertragspartner bezieht oder ob er sie zB mittels Warengutschein von einem Dritten auf Kosten seines Vertragspartners erhält (Abkürzung des Überlassungsweges; s auch FG Hmb EFG 24, 1382: Beiträge zu Pensionsfonds, Rev VI R 13/24).

18 **Beispiele zum Sachbezug: Gutscheine** (zB Tankgutschein, BFH VI R 26/08, BFH/NV 11, 589; Buchgutschein BFH VI R 21/09, BStBl II 11, 383, Restaurantscheck, FG LSA DStRE 20, 1226, rkr; s auch BFH IX R 55/10, BFH/NV 13, 354, zu Hotelgutschein; *Schneider* NWB 11, 508; *Koller/Renn* DStR 11, 555; *Campen* BB 11, 806; *Albert* FR 11, 388, auch → Rn. 4, 5 und *Koss* DB 19, 2593 zur bilanziellen und ustrechtl Behandlung von Gutscheinen). – **Versicherungsübernahme** (BFH VI R 24/10, BStBl II 11, 767; BFH VI R 13/16, BStBl II 19, 371; nicht aber ein Zuschuss zu einer Versicherung des ArbN, BFH VI R 16/17, BStBl II 19, 373); Versicherungsschutz bei Zusatzversorgungskasse (FG Bln-Bbg EFG 00, 855, rkr); vergünstigter Versicherungstarif (BFH VI R 123/00, BStBl II 02, 230). – **Nutzungsüberlassungsvorteile; Mietnachlässe** (auch → Rn. 69 zu Mietnachlässen; LStR 8.1 III 4 zu Monatskarte und *LfSt Bayern* DStR 15, 2287 „Job-Ticket"; BFH VI R 81/93, BStBl II 95, 338); auch in Form von **vGA** (BFH VIII R 4/21, IStR 25, 21). – **Geschenklose** (*FM Saarl* DStR 04, 865); **Mitarbeitergenussrechte** (BFH VI R 36/08, BFH/NV 10, 1432). – **Vermögensbeteiligungen** iSv § 19a aF (BFH VI R 35/10, BFH/NV 11, 1683); – **Zinsermäßigungen;** provisionsfreie **Wertpapiergeschäfte** (FG Mchn EFG 02, 406, rkr); **Verzicht auf Bauspar-Abschlussgebühr** (*BMF* BStBl I 94, 233); **verbilligten Fondsanteile** im Bankkonzern (s *FM Hess* DStR 08, 2367 und *Passow-Utech* DStR 08, 2353).

19 **b) Barlohnumwandlung.** Die Umwandlung von Bar- in Sachlohn ist zulässig, um zB die Vorteile aus § 8 II 11, III in Anspruch zu nehmen. Der BFH erkennt sie

aber nur an, wenn *vor Entstehen* (nicht etwa vor Fälligkeit) des Barlohnanspruchs im Wege der Vertragsänderung der neue Sachlohnanspruch begründet wird. Ein Wahlrecht, anstelle des Barlohns Sachlohn zu wählen, soll nicht ausreichen (BFH VI R 6/05, BStBl II 08, 530; BFH VI B 113/07, BFH/NV 08, 1482; Wahlrechte zw Urlaubs-/Weihnachtsgeld und Warengutscheinen oder Deputaten; NdsFG EFG 15, 1257, rkr). Diese Rspr überzeugt nicht: Wird vor Fälligkeit des Barlohnanspruchs auch die Wahl zum Sachlohn eingeräumt, handelt es sich mangels Zuflusses *nicht um eine Lohnverwendung*. In der Vereinbarung über die Lohnumwandlung selbst liegt keine zum Zufluss führende Verfügung über den Anspruch. Denn durch diese Vereinbarung wird ledigl die geschuldete Leistung konkretisiert, ohne dass der Leistungserfolg hierdurch bereits herbeigeführt wird. Die Vereinbarung ist nicht mit einer Abkürzung des Zahlungswegs vergleichbar (auch → § 19 Rn. 73; BFH IX R 55/10, BFH/NV 13, 354). Es kann ArbG und ArbN vor Fälligkeit des Lohnanspruchs nicht verwehrt sein, sich einvernehml für die Zuwendung von Sachlohn zu entscheiden (vgl auch BFH IX R 1/09, BStBl II 10, 746). Bietet der ArbG dem ArbN alternativ Geld oder eine Sachzuwendung an, handelt es sich bei der Wahl des ArbN für die Sachleistung um Sachlohn (**aA** BFH VI R 27/09, BStBl II 11, 386).

c) Üblicher Endpreis. Endpreis ist der Preis, der im allg Geschäftsverkehr von Letztverbrauchern für identische bzw gleichartige Dienstleistungen oder Waren tatsächlich gezahlt wird (BFH VI R 84/04, BStBl II 05, 795; *Littmann* § 8 Rn. 339). Dies schließt USt und sonstige Preisbestandteile ein. Der Versand der Ware ist eine zusätzl Leistung; dieser Vorteil ist aber in die Berechnung der 50 €-Grenze (bis VZ 21: 44 €) des § 8 II 11 einzubeziehen (BFH VI R 32/16, BStBl II 18, 764; *Seifert* StuB 18, 739). Abzustellen ist auf die konkreten Dienstleistungen oder Waren des Dienstleisters oder Herstellers, die Gegenstand der fragl Sachzuwendung sind (BFH VI R 123/00, BStBl II 02, 230; BFH X R 43/08, BFH/NV 10, 1436; FG Brem DStRE 12, 144, rkr; abl *Meyer-Scharenberg* DStR 05, 1211). Ein geldwerter Vorteil kann mithin auch vorliegen, wenn der Endpreis für funktionsgleiche und qualitativ gleichwertige Waren oder Dienstleistungen anderer Hersteller oder Dienstleister geringer ist als der der konkreten Ware oder Dienstleistung, die verbilligt überlassen wird (BFH VI R 45/02, BFH/NV 07, 1871). Denn zu bewerten ist die vom StPfl tatsächl bezogene Sachzuwendung; dies ist kein Verstoß gegen das Bewertungskonzept des § 8 II 1. Erst wenn sich für die tatsächl zugewandte Ware oder Dienstleistung kein Marktpreis feststellen lässt, sind für die Bewertung gleichartige Waren bzw Dienstleistungen heranzuziehen. LStR 8.1 II 2 sieht bei erschwerter Wertermittlung durch ein umfangreiches Warenangebot, dass fremden Letztverbrauchern nicht angeboten wird, eine Bewertung aufgrund repräsentativer Erhebungen über die relative Preisdifferenz für die gängigsten Einzelstücke jeder Warengruppe vor. 20

Marktpreis. Der Markt bestimmt die *Üblichkeit* des Endpreises (dazu → Rn. 22). Der Marktpreis ist nach *obj Gesichtspunkten* zu ermitteln (vgl BFH VI R 132/78, BStBl II 81, 577; BFH III R 175/85, BStBl II 88, 995 unter II 3b; *HHR/Kister* § 8 Rn. 60). Lässt sich der übl Preis nicht feststellen, ist er zu schätzen (§ 162 AO). Eine solche Schätzung wird in Ermangelung zeitnaher Sachverständigengutachten und aussagekräftiger Preiserhebungen idR erforderl sein (s BFH VI R 84/04, BStBl II 05, 795). Als Schätzungsgrundlagen können insb Preislisten (zB Schwacke-Liste), Mietspiegel (*OFD Ffm* DStR 17, 2282), Börsenkurse, Bundesbank/EZB-Statistik und Preisbindungen dienen. Fehlen entspr Schätzungsgrundlagen, insb weil die zu bewertenden Leistungen am Markt nicht angeboten werden, können ausnahmsweise auch die **eigenen Kosten** (einschließl Fremdkosten) zur Bewertung des Sachbezugs herangezogen werden (s BFH VI R 14/18, BStBl II 21, 232; BMF BStBl I 21, 311; bei Betriebsveranstaltungen, s BFH VI R 79/10, BFH/NV 13, 637; bei Reisen, die nur für ArbN veranstaltet werden, s BFH VI R 32/03, BStBl II 06, 30). 21

Maßgebliche Handelsstufe ist idR der Einzelhandel (BFH VI R 84/04, 22
BStBl II 05, 795; *BH/Ettlich* § 8 Rn. 84), einschließl *Internethandel* (BFH VI R 32/16,

DStR 18, 1752; *Seifert* DStZ 15, 246). Erfolgt ein Verkauf an Letztverbraucher auch im Großhandel oder Fabrikverkauf, ist diese Handelsstufe ebenfalls zu berücksichtigen. Bei gebrauchten Gegenständen, insb Kfz, besteht ferner ein Markt unter Privatleuten. Nach BFH-Auffassung soll sich der Endpreis danach bestimmen, ob die zu bewertende Ware in der Mehrzahl der Fälle von gewerbl oder privaten Anbietern angekauft wird (BFH VI R 84/04, BStBl II 05, 795). Diese Rspr überzeugt nicht. Der StPfl wird idR gar nicht wissen, auf welcher Handelsstufe bzw welchem Markt eine Ware oder Dienstleistung am häufigsten gehandelt wird; Marktforschung ist vom StPfl nicht zu verlangen. Übl ist daher jeder Markt, auf dem die Ware oder Dienstleistung Letztverbrauchern gewöhnl und nicht nur ausnahmsweise angeboten wird (s auch FG Hmb V 273/01, BeckRS 2004, 26017307, rkr).

23 **d) Minderung um übliche Preisnachlässe.** Der Marktpreis ist um übl Preisnachlässe zu mindern. Der so geminderte Marktpreis ist der **niedrigste Preis,** den der StPfl und fremde Letztverbraucher im allg Geschäftsverkehr hätten aufwenden müssen (BFH VI R 32/16, BStBl II 18, 764; BFH VI R 28/05, BStBl II 06, 781; BFH IX R 10/05, BStBl II 06, 71; *BMF* BStBl 13, 729; *KS/Seer* § 8 Rn. 34). Denn üblicherweise wird das günstigste Angebot angenommen. Dies entspricht auch Sinn und Zweck des § 8 II 1. Die Vorschrift wäre nicht handhabbar, wenn vom StPfl verlangt würde, zur Bewertung einer Sachzuwendung zu ermitteln, zu welchem Preis die größte Anzahl der Umsätze am Markt getätigt wird oder welcher Preis für die zu bewertende Ware oder Dienstleistung am häufigsten verlangt wird. **Wertmindernde Umstände** sind grds zu berücksichtigen (zB Abschläge bei Frei- und Standby-Flügen, bei betriebl Verköstigung oder bei Dienstwohnungen, dazu *OFD Ffm* DStR 17, 2282).

25 **e) Abgabeort.** Dies ist der Ort, an dem dem StPfl der zu bewertende Sachbezug verschafft wird (BT-Drs 11/2157, 141). Nach dem Gesetzeszweck, der darin besteht, eine einheitl Bewertung der Sachbezüge sicherzustellen, ist auf den Ort abzustellen, an dem der Sachbezug dem StPfl angeboten wird (ebenso früher LStH 14 R 8.1 II 6; FG Köln EFG 07, 249, rkr; **aA** *BH/Ettlich* § 8 Rn. 87; *HHR/Kister* § 8 Rn. 65, Übergang der Verfügungsmacht). Dies kann zB der Sitz des ArbG sein, an dem der ArbG über die Vorteilsgewährung entscheidet. Dadurch ist gewährleistet, dass der ArbG die Sachzuwendungen an seine ArbN nach dem gleichen Maßstab bewerten kann, unabhängig davon, an welchem Ort die ArbN die Sachbezüge tatsächl erhalten. **Ort** iSv § 8 II 1 ist wie in § 4 V Nr 3 (→ § 4 Rn. 561) idR die politische Gemeinde mit den räuml und verkehrstechnisch dazugehörigen Vorortgemeinden (→ Rn. 65 „Mietwert").

26 **f) Bewertungszeitpunkt.** Maßgebend für die Bewertung nach § 8 II 1 ist der Endpreis im Zuflusszeitpunkt der Einnahme (BFH VI R 67/14, BStBl II 17, 69; BFH VI R 124/99, BStBl II 05, 766; BFH VI R 25/05, BStBl II 09, 382; *Wendt* EFG 14, 1889; *BMF* BStBl I 23, 2179 Rn. 274; **aA** BFH VI R 73/12, BFH/NV 14, 1291; *Geserich* DStR 18, 2304 Tag der schuldrechtl Veräußerung; s auch *Portner* BB 14, 2523). Der Zeitpunkt bestimmt sich nach § 11.

27 **g) Einzelfälle zur Bewertung nach § 8 II 1.** Gemischt veranlasste **Incentive-Reise** (BFH VI R 32/03, BStBl II 06, 30); – **Betriebsveranstaltung** (BFH VI R 79/10, BFH/NV 13, 637); – **Verbilligter Versicherungsschutz** (BFH VI R 45/02, BFH/NV 07, 1871); – **Verbilligte Leasingkonditionen** (FG Köln EFG 07, 249, rkr); – **Arbeitgeberdarlehen** (*BMF* BStBl I 15, 484; *LfSt Bay* DStR 15, 2020); – **Gebrauchtwagen** (BFH VI R 84/04, BStBl II 05, 795, Schätzung unter Beachtung der sog *Schwacke-Liste;* FG Hmb BeckRS 2004, 26017307, rkr); – **Jahreswagen** (BFH VI R 27/11, BStBl II 13, 402); – **Gemälde** (FG Köln EFG 00, 1247, rkr); – **Jobticket** (BFH VI R 56/11, BStBl II 13, 382); – **Optionsrecht** (BFH VI R 25/05, BStBl II 09, 382, Börsenkurs); – **Wohnung** (BFH IX R 10/05, BStBl II 06, 71, Mietspiegel); – **Fitnessstudiomitgliedschaft** (FG

Brem DStRE 12, 144, rkr; BFH VI R 14/18, BStBl II 21, 232; NdsFG DStRE 25, 1473, rkr); – **Freiflüge** (BFH VI 54/64 U, BStBl III 66, 101; *GLE* BStBl I 21, 774 für 2022–2024; *GLE* BStBl I 25, 422 für 2025 und *GLE* BStBl I 25, 1839 für 2026–2027) – **Kreuzfahrt** (SchlHFG DStRE 14, 262, rkr).

3. Einnahmen aus Kraftfahrzeuggestellung, § 8 II 2–5. Die Vorschriften regeln die Bewertung der Einnahmen aus der (teil-)unentgeltl Überlassung betriebl Kfz iRd Überschusseinkünfte. Die (teil-)unentgeltl Kfz-Gestellung stellt dem Grunde nach ArbLohn dar (BFH VI R 56/10, BStBl II 12, 362; umfassend *Urban* Besteuerung von Firmen- und Dienstwagen, Köln 2009; LStR 8.1 IX, X, LStH 8.1 IX, X), der nach § 8 II 2 (1%-Regelung) oder § 8 II 4 (Fahrtenbuchmethode) zu bewerten ist (zu Reformüberlegungen *Steinhoff* FR 24, 474). Eine andere Möglichkeit der Vorteilsberechnung besteht nicht. § 8 II 3 soll einen Ausgleich für den WK-Abzug bei Fahrten zw Wohnung und Arbeitsstätte/erster Tätigkeitsstätte schaffen. § 8 II 5 enthält eine Spezialregelung für Familienheimfahrten bei doppelter Haushaltsführung. 30

a) Bewertung der Privatfahrten, § 8 II 2. Das Gesetz verweist zur Bewertung des Vorteils aus der privaten Nutzung eines betriebl Kfz bei den Überschusseinkünften auf § 6 I Nr 4 S 2. § 8 II 2 ist eine reine Bewertungsvorschrift, deren Regelungsgehalt sich in der Anordnung der entspr Anwendung von § 6 I Nr 4 S 2 auf die Überschusseinkünfte erschöpft (BFH VI R 31/10, BStBl II 13, 700, mit Anm *ge* DStR 13, 1424). Die hiernach anzuwendenden, fahrzeugabhängigen Prozentsätze sind pauschale Monatswerte, die auch anzusetzen sind, wenn das Kfz nicht den ganzen Kalendermonat zur Privatnutzung überlassen wird (FG BW EFG 15, 896, rkr). Die Vorschrift ist **verfgemäß** (BFH III R 59/98, BStBl II 00, 273; BFH IV R 59/06, BFH/NV 09, 1617; BFH VI R 51/11, BStBl II 13, 385; BFH VIII B 9/22 BFH/NV 23, 548). Die Bewertung nach § 8 II 2 ist **zwingend,** sofern der StPfl für das betroffene Fahrzeug kein Fahrtenbuch mit Belegen iSv § 8 II 4 (BFH VI R 95/04, BStBl II 07, 269) führt. 31

aa) Betriebliches Kraftfahrzeug. Kfz ist jedes Fahrzeug, das nach der Lebenserfahrung auch für Privatfahrten eingesetzt wird (→ § 6 Rn. 528). Für Lkw, Zugmaschinen und reine Werkstattwagen, bei denen eine Privatnutzung ausgeschlossen werden kann, gilt § 8 II 2 nicht (BFH X R 32/11, BFH/NV 16, 1203; s aber BFH X B 119/12, BFH/NV 13, 923). Der Vorteil aus der vom ArbG erlaubten Privatnutzung solcher Fahrzeuge ist nach § 8 II 1 zu bewerten (BFH VI R 34/07, BStBl II 09, 381). Es muss sich bei wirtschaftl Betrachtung um ein *betriebl* Kfz handeln (zivilrechtl/wirtschaftl Eigentum des ArbG; vom ArbG geleastes Kfz). Ein betriebl Kfz liegt auch dann vor, wenn es vom ArbN ausschließl für Privatfahrten verwendet wird (NdsFG EFG 25, 1067, Rev VI R 30/24). Auch Behördenfahrzeuge öffentl-rechtl Körperschaften sind betriebl Kfz iSv § 8 II 2 (FG BW DStRE 12, 1501, rkr). Selbst wenn der ArbN zivilrechtl Eigentümer oder Leasingnehmer des Kfz ist, kann es sich wirtschaftl um ein betriebl Kfz handeln (BFH VI R 122/98, BStBl II 01, 844, Kfz-Überlassung nach den Grundsätzen „beamteneigener" Kfz; *Pust* HFR 02, 10; BFH VI R 62/96, BStBl II 02, 370, ArbG als wirtschaftl Leasingnehmer; *Pust* HFR 02, 510). Kein betriebl Kfz liegt hingegen vor, wenn das Kfz wirtschaftl dem ArbN zuzurechnen ist, wenn er also wirtschaftl Eigentümer oder wirtschaftl Leasingnehmer ist (BFH VI R 75/13, BStBl II 15, 670; s auch *Wünnemann* NWB 16, 548). Die Vollkostenerstattung durch den ArbG für ein Kfz des ArbN macht dieses Kfz noch nicht zu einem betriebl (BFH VI R 54/00, BStBl II 02, 164). Die Einräumung verbilligter Leasingkonditionen auf Veranlassung des ArbG reicht dazu ebenfalls nicht aus; die Bewertung des Vorteils erfolgt dann nach § 8 II 1 (FG Köln EFG 07, 249, rkr). Barlohnminderung gegen Kfz-Gestellung führt nicht iHd Minderung zum WK-Abzug (*OFD Mster* DB 10, 2025, zutr). 32

bb) Private Nutzungsmöglichkeit. § 8 II 2 setzt eine Kfz-Überlassung zur Privatnutzung voraus. Ob die Privatnutzung tatsächl erfolgt, ist nach der BFH-Rspr iRd 33

Einkünfte aus § 19 ohne Bedeutung (BFH VI R 31/10, BStBl II 13, 700, mit Anm *ge* DStR 13, 1424; BFH VI R 42/12, BStBl II 13, 918; *Eismann* DStR 13, 2740). Zur Kritik an dieser Rspr → 38. Aufl. 2019, Rn. 33. Bei den Gewinneinkünften ist die private Nutzung demggü Voraussetzung für die Anwendung der 1%-Regelung (BFH III R 34/22, DStRE 25, 584; BFH VIII R 42/09, BStBl II 13, 365; BFH VIII R 12/21, BStBl II 25, 150; *Moritz* NWB 13, 918; → § 6 Rn. 535). Hierfür spricht aber ein Anscheinsbeweis (st Rspr: s BFH III R 34/22, DStRE 25, 584; BFH VIII R 12/21, BStBl II 25, 150). – Privatnutzung ist jede Nutzung außer der betriebl Nutzung für den ArbG (weitergehend NdsFG EFG 12, 1919, mE unzutr, aber bestätigt durch BFH VI R 23/12, BStBl II 13, 920). *Betriebsfunktionale Einsätze* sind keine Privatnutzung, zB wenn ein Werksdienstwagen zur Heimfahrt als notwendige Nebenfolge sofortiger Einsatzbereitschaft überlassen wird (BFH VI R 195/98, BStBl II 00, 690, vorübergehende Rufbereitschaft; *Pust* HFR 00, 880; NdsFG EFG 07, 1938, rkr, Rettungsdienst; BFH VI R 43/18, BStBl II 21, 605, Feuerwehreinsatzfahrzeug) oder bei Außendienstmonteuren zur Erhöhung der Nettoarbeitszeit (FG Bln-Bbg DStRE 08, 346, rkr). Keine Privatnutzung ist auch die Nutzung für Fahrten zw Wohnung und erster Tätigkeitsstätte, da diese Fahrten der Erwerbssphäre zuzuordnen sind, wie der WK-Abzug für solche Fahrten zeigt (BFH VI R 56/10, BStBl II 12, 362; **aA** *Bilsdorfer* DStR 12, 1477). Eine Privatnutzung liegt aber vor bei (mittägl) Zwischenheimfahrten zw Wohnung und erster Tätigkeitsstätte (FG BW EFG 12, 604, rkr). Wird das Kfz auch iRe anderen Einkunftsart des ArbN (zB VuV oder weiteres ArbVerh) eingesetzt, führt dies nicht neben dem nach § 8 II 2 anzusetzenden Wert zu zusätzl Lohn (LStR 8.1 IX Nr 1 S 8). Die zu Gewinneinkünften ergangene anders lautende Rspr (BFH X R 35/05, BStBl II 07, 445; BFH IV R 59/06, BFH/NV 09, 1617, Entnahmetatbestand) findet zutr keine Anwendung.

34 **cc) Privatnutzungsverbot.** Bereits die Überlassung eines Kfz zur Privatnutzung führt nach der Rspr des BFH zu einem grds nach § 8 II 2 zu bewertenden geldwerten Vorteil, ohne dass es auf die tatsächl Privatnutzung ankommt (→ Rn. 33). Es ist nur zu prüfen, ob der ArbG dem ArbN die private Nutzung eines betriebl Kfz **ausdrückl** (zB im Arbeitsvertrag) **oder konkludent** (zB stete Duldung einer vertragswidrigen Privatnutzung) **gestattet** hat. Dafür gibt es keine Vermutung und keinen Anscheinsbeweis (BFH VI R 46/08, BStBl II 10, 848; BFH VI R 46/11, BStBl II 13, 1044; BFH VI R 71/12, BFH/NV 14, 153; FG Ddorf EFG 25, 1443, rkr; **aA** FG Bln-Bbg EFG 14, 525, rkr). Allein aus der fehlenden Überwachung eines Nutzungsverbots kann noch nicht auf dessen Steuerunerheblichkeit geschlossen werden (BFH VI R 56/10, BStBl II 12, 362); dies gilt auch für einen angestellten (beherrschenden Ges'ter)Geschäftsführer und andere familienangehörige ArbN eines Familienunternehmens (BFH VI R 23/12, BStBl II 13, 920; BFH VI R 25/13, BFH/NV 14, 678). Beim beherrschenden Geschäftsführer kann trotz Nutzungsverbot bei nachhaltiger privater Nutzung des betriebl Kfz eine vGA vorliegen (BFH VI R 43/09, BStBl II 12, 266; FG Ddorf EFG 25, 1443, rkr; FG Mster DStRE 24, 526, Rev I R 33/23). FA und FG haben die Frage, ob eine private Nutzungsüberlassung vorliegt, unter Berücksichtigung aller Umstände des Einzelfalls zu prüfen (BFH VI R 46/11, BStBl II 13, 1044; BFH VI R 39/13, BFH/NV 14, 778; *Strohner* DB 13, 1986; *Geserich* HFR 14, 409). Kann eine Nutzungserlaubnis nicht festgestellt werden, kommt eine Besteuerung nach § 8 II 2 nicht in Betracht. Die Nutzungserlaubnis kann auch für einzelne Monate fehlen oder entfallen, zB wenn der ArbG dem ArbN die Kfz-Nutzung infolge krankheitsbedingter Fahruntüchtigkeit (zeitweise) untersagt (FG Ddorf EFG 17, 458, rkr).

35 **dd) Listenpreis.** Inl Listenpreis im Zeitpunkt der Erstzulassung ist die an diesem Stichtag maßgebl Preisempfehlung des Herstellers, die für den Endverkauf des tatsächl genutzten Fahrzeugs auf dem inl Neuwagenmarkt für Privatkunden gilt (BFH III R 13/16, BStBl II 19, 229). IEinz → § 6 Rn. 539. Überführungs- und Zulassungskosten bleiben außer Betracht (*Habert/Neyer* DStR 95, 795). Die Aufpreise für werk-

seitig eingebaute Sonderausstattung sind ebenfalls mit den Werten anzusetzen, die sich aus der Preisliste des Herstellers ergeben (BFH VI R 37/04, BStBl II 2005, 563). Zu Sonderausstattungen → § 6 Rn. 541. Zu den steuerl Begünstigungen für **Elektro-Kfz** → § 6 Rn. 547 ff; *BMF* BStBl I 21, 2205.

ee) Abgeltungswirkung. Durch § 8 II 2 sind die durch die Kfz-Nutzung anfallenden Kosten abgegolten (dazu *Urban* FR 05, 1134), die unmittelbar dem Halten und dem Betrieb des Kfz zu dienen bestimmt sind und zwangsläufig/gewöhnl bei der Nutzung anfallen (BFH VI R 37/03, BStBl II, 06, 72, zB Treib-/Schmierstoffe, Haftpflichtversicherung, Kfz-Steuern, AfA). Dazu gehört auch der geldwerte Vorteil aus der verbilligten oder unentgeltl Zurverfügungstellung des Ladestroms für Elektro- oder Hybridfahrzeuge (*BMF* DStR 25, 2672 Rn. 13). – *Mautgebühren, Fähr-, Vignettenkosten* oder *Schutzbriefkosten,* die der ArbG zahlt, stellen demggü einen zusätzl geldwerten Vorteil dar (BFH III R 33/24, DStR 25, 1197; BFH VIII R 32/20, DStR 24, 2571, *Thomas* INF 05, 887; **aA** *Urban* FR 05, 1140 (1141 f)). – **Unfallkosten** werden bei Verzicht des ArbG auf einen ihm zustehenden Ersatzanspruch durch § 8 II 2 ebenfalls nicht abgegolten (BFH VI R 73/05, BStBl II 07, 766; LStR 8.1 IX Nr 2 S 11; *Bergkemper* FR 07, 892; dagegen *Urban* FR 07, 873). Nach LStR 8.1 IX Nr 2 S 12 ff müssen Unfallkosten bei Erstattung durch Dritte (Kaskoversicherung) bis zu 1000 € (zuzügl USt) nicht neben dem Nutzungswert angesetzt werden, sondern können als Reparaturkosten in die Gesamtkosten einbezogen werden (zum Hintergrund dieser Regelung mit Beispielen *Niermann/Plenker* DB 10, 2128; *Hartmann* DStR 10, 2550). Besteht kein Ersatzanspruch des ArbG gegen den ArbN oder ereignet sich der Unfall auf einer berufl veranlassten Fahrt, liegt von vornherein kein geldwerter Vorteil vor (LStR 8.1 IX Nr 2 S 16), sodass auch Beträge über 1000 € dann nicht als Reparaturkosten anzusetzen sind. – Wird das Kfz in einer vom ArbN angemieteten **Garage** untergestellt, ist die vom ArbG erstattete Garagenmiete kein ArbLohn, sondern stfreier Auslagenersatz (BFH VI R 145/99, BStBl II 02, 829; *Pust* HFR 02, 983; zweifelnd *MIT* DStR 02, 1944) und zwar auch dann, wenn der ArbG nur eine Zuzahlung leistet (BFH VI R 1/00, BFH/NV 03, 16; *OFD Ffm* DStR 03, 1207). Kein ArbLohn, sondern Einnahme aus VuV ist auch ein vom ArbG an den ArbN gezahltes Nutzungsentgelt für die Anmietung einer ArbN-eigenen Garage zur Unterstellung des betriebl Kfz (BFH VI R 145/99, BStBl II 02, 829). 36

ff) Arbeitnehmerzuschüsse. Die Bewertung nach § 8 II 2 und die Fahrtenbuchmethode sind ledigl unterschiedl Wege zur Bewertung des Nutzungsvorteils (BFH VI R 49/14, BStBl II 17, 1011; BFH VI R 37/03, BStBl II 06, 72). Daher sind vom ArbN an den ArbG oder im abgekürzten Zahlungsweg an Dritte gezahlte **Nutzungsvergütungen** abzusetzen (LStR 8.1 IX Nr 4). Sie mindern die Lohnzuwendung des ArbG, weil es insoweit an einer Bereicherung des ArbN fehlt (BFH VI R 95/04, BStBl II 07, 269; *BMF* BStBl I 22, 232 Rn. 52 ff; *Thomas* DB 06 Beil 6 zu Heft 39 S 58 (63)). Das Nutzungsentgelt ist bereits beim LSt-Abzug von dem nach § 8 II 2 ermittelten Betrag abzuziehen (*BMF* BStBl I 22, 232 Rn. 62 ff). Ist dies unterblieben, kann das Nutzungsentgelt bei der Veranlagung abgezogen werden. Dies gilt auch, wenn sich Zuzahlungen beim LSt-Abzug wegen eines Zuzahlungsüberhangs in einzelnen Monaten nicht auswirken können (BFH VI R 35/20, BStBl II 22, 802). Ebenso sind **Zuzahlungen des ArbN zu den AK** des Kfz bei der Berechnung des Nutzungsvorteils nach § 8 II 2 vorteilsmindernd zu berücksichtigen (BFH VI R 59/06, BStBl II 09, 200); bei Zahlung in einer Summe ist eine gleichmäßige Verteilung auf die Nutzungsdauer vorzunehmen (BFH VI R 19/18, BStBl II 21, 761; *Kreft* DB 18, 2019). Eine Zuzahlung des ArbN liegt aber nicht vor, wenn der ArbN iRe Barlohnumwandlung auf einen Teil seines Barlohns verzichtet und ihm der ArbG stattdessen ein Kfz auch zur Privatnutzung (als Sachlohn) zur Verfügung stellt (NdsFG DStRE 17, 205, rkr; *BMF* BStBl I 22, 232 Rn. 55). Eine individuelle Zurechnung zu den einzelnen Nutzungsarten (Betriebsfahrten, Fahrten Wohnung-/erste Tätigkeitsstätte, Privatfahrten) ist wegen der vorteilsmindernden Berücksichtigung idR nicht er- 37 forderl. Ein geldwerter „Nachteil“ oder ein WK-Überschuss kann auch bei Nutzungsentgelten und Zuzahlungen des ArbN aus der Kfz-Überlassung indes nicht entstehen; der Vorteil ist maximal auf 0 € zu mindern (BFH VI R 49/14, BStBl II 17, 1011). Übersteigen die Zuzahlungen den Vorteil, liegen insoweit auch keine WK vor. Denn der ArbN wendet die Zuzahlungen idR nicht für die berufl, sondern für die private Kfz-Nutzung auf (BFH VI R 49/14, BStBl II 17, 1011; *Geserich* NWB 17, 706). LStR 8.1 IX Nr 4a S 2 bietet eine ggü der Rspr (AfA auf das Nutzungsrecht) günstigere Berechnung: Nutzungswert ./. Zuzahlung bis auf 0 €; Rest aus höherer Zuzahlung wird im Folgejahr vom Nutzungswert abgezogen (vertretbare vereinfachende Handhabung; Beispiele bei *Niermann/Plenker* DB 10, 2130; *Becker* NWB 13, 62; *BMF* BStBl I 22, 232 Rn. 65). – **Einzelne vom ArbN selbst getragene Kfz-Kosten** (Tanken, Wagenwäsche) sind ebenfalls vorteilsmindernd abzusetzen (BFH VI R 2/15, BStBl II 17, 1014; BFH VI B 77/17, BFH/NV 18, 521; *BMF* BStBl I 22, 232 Rn. 53, 54; s auch *Geserich* NWB 17, 706; *Niermann* DB 17, 510; zu Gestaltungsmöglichkeiten: *Hilbert* NWB 13, 1457). Eine Lohnzuwendung an den ArbN kann nur vorliegen, soweit der ArbN *aus dem Vermögensbereich des ArbG bereichert ist.* IHd Eigenleistung des ArbN fehlt es an dessen Bereicherung. Dem ArbN wird iHd von ihm selbst getragenen Kosten kein Vorteil zugewandt. Dies gilt neben den Zuzahlungen zu den AK oder Leasingraten für sämtl vom ArbN getragene Kfz-Kosten, die unmittelbar mit der Kfz-Nutzung zusammenhängen. Hierzu gehört aber nicht die Überlassung eines Stellplatzes, da es sich dabei um einen ggü der Kfz-Überlassung selbständigen Vorteil handelt (BFH VI R 7/23, DStR 26, 84). Der Vorteil des ArbN aus der Überlassung des Kfz mindert sich folgl, soweit der ArbN iRd privaten Nutzung einzelne (nutzungsabhängige) Kfz-Kosten übernimmt (BFH VI R 2/15, BStBl II 17, 1014). Er muss insoweit ggü dem ArbG zur Tragung dieser Aufwendungen für das überlassene Kfz vertragl verpflichtet sein (BFH VIII R 29/20, BStBl II 23, 1005). Dabei mindern jedoch nur solche vom ArbN vertragl übernommenen und getragenen Aufwendungen den Vorteil aus der Überlassung des Kfz, die bei einer (hypothetischen) Kostentragung durch den ArbG Bestandteil dieses Vorteils und somit von der Abgeltungswirkung der 1%-Regelung erfasst wären. Hierzu gehören allerdings *nicht* Maut-, Fähr- und Parkkosten (BFH III R 33/24, DStR 25, 1197) sowie AfA für einen Fahrradträger (BFH VI R 37/03, BStBl II 06, 72). Übernimmt der ArbG diese Kosten, wendet er dem ArbN einen eigenständigen Vorteil zu, der nicht von der 1%-Regelung erfasst wird (BFH VIII R 32/20, BStBl II 25, 168). Diese Grundsätze sind auch bei der **Fahrtenbuchmethode** zu beachten. Bei dieser sind die *„gesamten Kfz-Aufwendungen“* anzusetzen (§ 8 II 4). Ausgangspunkt der Fahrtenbuchmethode ist die Annahme, dass der Vorteil des ArbN aus der Privatnutzung des Fahrzeugs mit den darauf entfallenden anteiligen Kosten des ArbG übereinstimmt (BFH VI R 37/03, BStBl II 06, 72; BFH VI R 49/14, BStBl II 17, 1011). Obwohl eigene Aufwendungen des ArbN eigentl nicht zu ArbLohn führen können, da es insoweit an einer Bereicherung des ArbN fehlt, ordnet § 8 II 4 zur *Bewertung* des geldwerten Vorteils aus der Kfz-Überlassung ausdrückl den Ansatz sämtl Kfz-Aufwendungen an, ohne danach zu fragen, wer diese getragen hat. Ein vom ArbN an den ArbG gezahltes Nutzungsentgelt (Eigenanteil) mindert folgl nicht die *„gesamten Kfz-Aufwendungen“* (BFH VI R 24/14, BFH/NV 17, 448; **aA** *Niermann* DB 17, 510). Das Nutzungsentgelt mindert aber den geldwerten Vorteil aus der Kfz-Überlassung (maximal auf 0 €), da es der ArbN aufwendet, um das Kfz privat nutzen zu können (BFH VI R 49/14, BStBl II 17, 1011). Die *FinVerw* lässt diese Berechnungsmethode zutr nunmehr ebenfalls zu (*BMF* BStBl I 22, 232 Rn. 58). Damit ist auch dem Umstand Rechnung getragen, dass eigene Aufwendungen des ArbN keinen ArbLohn darstellen, was ein offensichtl gegen den Lohnbegriff des § 19 verstoßendes Ergebnis wäre.

38 **gg) Kostendeckelung.** Sie ist mögl bei Nachweis, dass die tatsächl Kfz-Gesamtkosten die Gesamtwerte nach § 8 II 2, 3, 5 unterschreiten (LStH 8.1 (9–10) „Begrenzung des pauschalen Nutzungswerts“; *BMF* BStBl I 22, 232 Rn. 8; *FB Hbg* DStR 19,

1407 und BFH VIII R 26/20, DStR 22, 1708 sowie BFH VIII R 1/21, DStR 24, 1283 zur Verteilung von Leasingsonderzahlungen auf die Leasingdauer; zur Berechnung s auch FG Bln-Bbg DStRE 11, 926, BFH VIII R 28/10, BStBl II 13, 120). Der BFH hat iErg keine Bedenken dagegen geäußert, die von der *FinVerw* ohne gesetzl Grundlage gewährte Kostendeckelung auch im Hinblick auf BFH GrS 1/15, BStBl II 17, 393 weiter aufrecht zu erhalten (BFH VIII R 26/20, BStBl II 22, 829; dazu auch *Schneider/Schneider* DB 22, 2049).

hh) Pool-Kraftfahrzeuge; Überlassung mehrerer Kraftfahrzeuge. Steht ein betriebl Kfz **mehreren ArbN** zur privaten Nutzung zur Verfügung, ist der sich nach § 8 II 2 ergebende Monatsbetrag unabhängig vom Umfang der tatsächl Nutzung durch die einzelnen ArbN nach Kopfteilen auf die ArbN zu verteilen (Kfz-bezogene Berechnung: BFH VI R 132/00, BStBl II 03, 311; *Romani/Bechtold* BB 12, 543 (548)). Dies gilt auch, wenn die ArbN das Kfz im Laufe des Monats *nacheinander* nutzen (*Pust* HFR 02, 787). Wird ein betriebl Kfz vom Betriebsinhaber *und* von dem als ArbN bei ihm tätigen Ehegatten auch für Privatfahrten/Fahrten zw Wohnung und erster Tätigkeitsstätte genutzt, ist ebenfalls eine Aufteilung nach Kopfteilen entspr BFH VI R 132/00, BStBl II 03, 311 vorzunehmen (ebenso *BMF* BStBl I 12, 1099; **aA** *Seifert* INF 03, 655, Nr 6). Befinden sich in einem **Kfz-Pool** unterschiedl Kfz, sind der sich für jedes Kfz nach § 8 II 2 ergebende Monatsbetrag zu berechnen, die Monatsbeträge sämtl Kfz zu addieren und sodann der „Gesamtvorteil" durch die Anzahl der zugriffsberechtigten ArbN zu dividieren (BFH VI R 132/00, BStBl II 03, 311; *Balmes* BB 11, 2263). Stehen **dem ArbN** auf Grund des DienstVerh im Laufe eines Monats nebeneinander (nicht nacheinander) **mehrere Kfz** privat zur Verfügung, ist wegen der Kfz-bezogenen Berechnung für jedes Kfz der sich nach § 8 II 2 ergebende Monatsbetrag anzusetzen und zu addieren (BFH VI R 17/12, BFH/NV 13, 1965; BFH VI B 101/18, BFH/NV 19, 1072; BFH VIII R 24/08, BStBl II 10, 903, zu Gewinneinkünften; auch → § 6 Rn. 544 zur USt). Die *FinVerw* lässt es demggü zu, den Listenpreis des überwiegend genutzten Kfz zugrunde zu legen (LStH 8.1 (IX–X) „Überlassung mehrerer Kfz"). 39

b) Zuschlag für Fahrten Wohnung/erste Tätigkeitsstätte, § 8 II 3. Die Vorschrift ist verfgemäß (BFH VI R 55/09, BStBl II 11, 358). Nach § 8 II 3 erhöht sich der Betrag nach § 8 II 2 bei unentgeltl Kfz-Gestellung für Fahrten zw Wohnung und erster Tätigkeitsstätte für jeden Kalendermonat um einen weiteren Pauschbetrag iHv **0,03 % des Listenpreises** iSv § 6 I Nr 4 pro Entfernungs-km, wenn das Kfz auch für diese Fahrten genutzt werden kann. Die Minderung des Listenpreises zur Förderung der Elektromobilität (→ § 6 Rn. 547 ff) gilt hier ebenfalls (*BMF* BStBl I 21, 2205). § 8 II 3 dient nicht der Erfassung eines zusätzl Nutzungsvorteils; die Vorschrift soll ledigl einen **Ausgleich für abziehbare, tatsächl aber nicht entstandene WK** schaffen (BFH VI R 57/09, BStBl II 11, 359; **aA** FG Ddorf DStRE 14, 1286, rkr). Der Zuschlag ist aber nicht durch die Höhe der WK für die Fahrten zw Wohnung und erster Tätigkeitsstätte begrenzt (FG Köln EFG 15, 1532, rkr). § 8 II 3 kommt auch zur Anwendung, wenn das Kfz nur für Fahrten nach § 8 II 3, nicht aber für sonstige Privatfahrten genutzt werden kann (BFH VI R 54/09, BStBl II 11, 354). Der Pauschalierung liegt eine geschätzte Nutzung des Kfz an 180 Arbeitstagen jährl oder (durchschnittl) 15 Tagen monatl zugrunde (*Niermann* DB 18, 914). Zur Fahrergestellung → § 19 Rn. 100 „Kfz-gestellung". 45

aa) Fahrten zur ersten Tätigkeitsstätte. Zum Begriff der ersten Tätigkeitsstätte → § 9 Rn. 302. § 8 II 3 erfasst auch Fahrten gem § 9 I 3 Nr 4a S 3. Hierbei handelt es sich um Fahrten zu einem Ort (zB Sammelpunkt) oder weiträumigen Tätigkeitsgebiet, das ein ArbN ohne erste Tätigkeitsstätte typischerweise arbeitstägl aufzusuchen hat. § 8 II 3 greift auch ein, wenn dem ArbN das Kfz mit der Auflage überlassen wird, andere ArbN mit zur ersten Tätigkeitsstätte zu transportieren (BFH VI R 56/07, BStBl II 10, 1067). Fahrten von der Wohnung zum Kunden und danach 46 vom Kunden zur ersten Tätigkeitsstätte sowie dienstl Fahrten von der Wohnung zur ersten Tätigkeitsstätte und zurück sind indes keine Fahrten iSv § 8 II 3. Mittagsheimfahrten sind stets mit dem Pauschbetrag nach § 8 II 2 abgegolten. Steht ein Kfz mehreren ArbN zur Verfügung, gilt BFH VI R 132/00, BStBl II 03, 311 (→ Rn. 39) entspr (LStH 8.1 (IX–X) „Nutzung durch mehrere ArbN"; Rechenbeispiel bei *Hartmann* INF 03, 16 (19)). Zur Nutzung mehrerer Kfz s *BMF* BStBl I 22, 232 Rn. 15 und 25.

47 **bb) Listenpreis und maßgebliche Entfernung.** Zum Listenpreis → Rn. 35. Der Zuschlag bemisst sich grds nach der kürzesten Straßenverbindung zw Wohnung und erster Tätigkeitsstätte (FG Köln EFG 03, 1229, rkr; auch → § 9 Rn. 182); dies gilt selbst dann, wenn diese mautpflichtig ist (BFH VI R 20/13, BFH/NV 14, 395). Benutzt der StPfl eine andere, offensichtl verkehrsgünstigere Verbindung (s dazu BFH VI R 19/11, BStBl II 12, 520; BFH VI R 46/10, BStBl II 12, 470; FG RhPf EFG 13, 1100, rkr), ist diese anzusetzen. Die für den WK-Abzug für Fahrten zw Wohnung und erster Tätigkeitsstätte maßgebl Grundsätze gelten insoweit entspr (BFH VI B 15/08, BFH/NV 08, 1674).

48 **cc) Tatsächliche Kraftfahrzeugnutzung.** Anders als bei § 8 II 2 reicht für den Zuschlag nach § 8 II 3 die bloße Nutzungsmöglichkeit nicht aus (**aA** LStR 8.1 IX Nr 1 S 2; krit dazu *Niermann* DB 22, 2177). § 8 II 3 kommt nur insoweit zur Anwendung, als der ArbN den Dienstwagen tatsächlich für Fahrten zw Wohnung und erster Tätigkeitsstätte nutzt (*Seifert* DStZ 24, 232). Hierfür spricht ein **Anscheinsbeweis,** wenn das Kfz tatsächl für solche Fahrten überlassen worden ist (BFH VI R 85/04, BStBl II 08, 887). Der Anscheinsbeweis kann ohne Beschränkung auf bestimmte Argumente entkräftet werden (BFH VI R 52/07, BStBl II 09, 280; *Paetsch* HFR 08, 924). Pauschale Behauptungen reichen hierzu indes nicht aus (BFH VI B 13/20, BFH/NV 21, 434; FG Mster DStRE 21, 1355, rkr). Ist der Anscheinsbeweis erschüttert, hat das FA die tatsächl Nutzung des Kfz umfassend aufzuklären (BFH VI R 52/07, BStBl II 09, 280). Der Zuschlag gem § 8 II 3 rechtfertigt sich allein daraus, dass für Fahrten zw Wohnung und erster Tätigkeitsstätte ein WK-Abzug nach § 9 I 3 Nr 4/§ 9 II erfolgt, ohne dass dem ArbN eigene Aufwendungen dafür entstanden sind. Diesen Abzug ohne eigene Aufwendungen soll § 8 II 3 durch den Ansatz eines Nutzungswertes korrigieren (BFH VI R 57/09, BStBl II 11, 359; *BMF* BStBl I 22, 232 Rn. 13, mit Beispielen; *Schneider* NWB 11, 112; **aA** *Thomas* DStR 11, 1341; *Paus* FR 11, 655; *HHR/Kister* § 8 Rn. 93). Wird das Kfz für Fahrten zw Wohnung und erster Tätigkeitsstätte nur an **weniger als an 15 Tagen je Monat** (BFH VI R 85/04, BStBl II 08, 887) oder nur auf **Teilstrecken** (BFH VI R 68/05, BStBl II 08, 890, park and ride) eingesetzt, ist für den Zuschlag auf die tatsächl Nutzung abzustellen (**aA** FG Ddorf DStRE 14, 1286, rkr; LStR 8.1 IX Nr 1 S 2, 4; *FM SchlH* DStR 21, 2241). Die Angabe der genauen Tage (Datumsangabe) ist insoweit nicht erforderl (FG Nbg DStRE 20, 905, rkr). Der Nutzungswert ist mit dem %-Satz des § 8 II 5 (0,002% des Listenpreises × Wegstrecke × Anzahl der Fahrten) zu bewerten (**aA** für Gewinneinkünfte BFH VIII R 14/15, BStBl II 18, 755). Dies gilt auch im LStAbzugsverfahren (*Ehehalt* BFH/PR 08, 376; s iEinz *BMF* BStBl I 22, 232 Rn. 9 ff). Bei Fahrten auf Teilstrecken (zB park and ride) ergibt sich der Nutzungswert aus 0,002% des Listenpreises × tatsächl gefahrener Teilstrecke × Anzahl der Fahrten.

50 **c) Fahrtenbuchmethode („Escape-Klausel"), § 8 II 4.** Der StPfl kann die pauschalierte Bewertung nach § 8 II 2, 3 vermeiden, wenn er für die gesamte Nutzungsdauer des Kfz im jeweiligen VZ ein ordnungsgemäßes Fahrtenbuch führt und die gesamten Kfz-Aufwendungen belegmäßig nachweist. Ein unterjähriger Wechsel zur Fahrtenbuchmethode ist unzulässig (BFH VI R 35/12, BStBl II 14, 643; *Schneider* NWB 14, 2078). Die Fahrtenbuchmethode ist idR günstig bei hohen Listenpreisen, geringer Privatnutzung des Kfz oder wenigen Fahrten zur ersten Tätigkeitsstätte

(s *Urban* FR 96, 741; *Wolf/Lahme* DB 03, 578; *Bilsdorfer* DStR 12, 1477). Aus dem beim LStAbzug gewählten Verfahren ergibt sich **keine Bindung** für die EStVeranlagung (s LStR 8.1 IX Nr 3 S 4, 5). Hat der ArbN von der Möglichkeit, ein Fahrtenbuch zu führen, keinen Gebrauch gemacht, kommt die 1%-Regelung nur dann nicht zur Anwendung, wenn das Kfz nicht zur Privatnutzung überlassen wurde (BFH VI R 31/10, BStBl II 13, 700, mit Anm *ge* DStR 13, 1424).

aa) Ordnungsmäßiges Fahrtenbuch. Die Anforderungen an die Ordnungsmäßigkeit des Fahrtenbuchs sind dieselben wie bei § 6 I Nr 4 S 3 (dazu → § 6 Rn. 559 ff, und BFH VI R 50/15, BFH/NV 17, 1155); sie gelten entsprechend auch für ein elektronisches Fahrtenbuch (BFH VI B 37/23, BFH/NV 24, 389; iErg auch FG Ddorf EFG 24, 181, rkr). Der ArbN hat selbst für die Führung eines ordnungsgemäßen Fahrtenbuchs zu sorgen; den ArbG treffen insoweit grds keine Hinweispflichten (BAG 5 AZR 538/17, DStR 19, 700). Berufsgeheimnisträger (zB Steuerbarter, Rechtsanwälte) können in dem erforderl Umfang in dem Fahrtenbuch auch einzelne Schwärzungen vornehmen, ohne dass das Fahrtenbuch deswegen seine Ordnungsmäßigkeit verliert (FG Hbg DStR 25, 1119, Rev VIII R 25/24). 51

bb) Kraftfahrzeugaufwendungen. Die Gesamtkosten sind die Summe der Nettoaufwendungen zuzügl Sonderausstattung, nicht als VorSt abziehbare (dazu *Littmann* § 8 Rn. 435) USt und AfA, die unmittelbar dem Halten und Betrieb des Kfz zu dienen bestimmt sind und die typischerweise bei der Kfz-Nutzung anfallen (BFH VI R 9/22, DStR 25, 93 Rn. 14; → Rn. 36, 37 und → § 6 Rn. 568; *BMF* BStBl I 22, 232 Rn. 32). Bei der AfA legt die *FinVerw* eine ggü der Rspr günstigere Nutzungsdauer von höchstens sechs Jahren zugrunde; nach der Rspr sind idR acht Jahre anzusetzen (BFH IX B 174/03, BStBl II 06, 368; s auch *Plenker* DB 06, 1915, IV. 2.). Eine **Leasingsonderzahlung** ist den einzelnen VZ während der Laufzeit des Leasingvertrags zuzuordnen (BFH VI R 9/22, DStR 25, 93: Rspr-Änderung; s aber auch bereits BFH VI R 27/14, BFH/NV 16, 111). Bei **Elektro-Kfz** gelten zur steuerl Förderung der Elektromobilität verschiedene Abschläge von den AK (iEinz → § 6 Rn. 570; *BMF* BStBl I 21, 2205 Rn. 15 ff). Die Gesamtaufwendungen geteilt durch die Gesamt-Km ergeben die Kosten pro gefahrenen Km (**aA** *Wöltge* DStR 13, 1318, der nur die variablen Kosten nach dem Verhältnis der Fahrtstrecken aufteilen will, die Fixkosten aber nach Zeitanteilen). 52

cc) Belegnachweis. Die Aufwendungen muss der StPfl durch Belege nachweisen. Ist er hierzu, aus welchen Gründen auch immer nicht in der Lage, sind die 1%- und die 0,03%-Regelung anzuwenden (BFH VI R 44/20 BStBl II 23, 442; *BH/Ettlich* § 8 Rn. 120). Eine Teilschätzung der Kfz-Aufwendungen scheidet aus. Der stpfl ArbN wird für den Belegnachweis idR auf Auskünfte des ArbG angewiesen sein. Der ArbG ist arbeitsrechtl zur Auskunftserteilung verpflichtet (BAG 9 AZR 188/04, HFR 06, 87). § 8 II 4 verlangt keine getrennte Aufzeichnung der Kfz-Kosten (BFH VI R 38/06, BStBl II 08, 768). 53

dd) Ausübung des Wahlrechts. Da § 8 II 4 ein ordnungsmäßiges Fahrtenbuch voraussetzt, das nur vorliegt, wenn es während der gesamten Nutzungsdauer des Kfz im VZ geführt wird, kann der StPfl nicht monatl zw der 1%-Regelung und der Fahrtenbuchmethode wechseln (BFH VI R 35/12, BStBl II 14, 643). Er muss sich für ein Kj oder bis zu einem Wechsel des Kfz festlegen (*HHR/Kister* § 8 Rn. 107; *Schneider* NWB 14, 2078; LStR 8.1 IX Nr 3 S 1). Bei Nutzung mehrerer Kfz muss der geldwerte Vorteil nicht für sämtl Kfz nach gleichen Regeln ermittelt werden (freie Methodenwahl bei fahrzeugbezogener Betrachtung, BFH III R 2/00, BStBl II 01, 332; Anm *Kanzler* FR 00, 1348). 54

d) Familienheimfahrten, § 8 II 5. Für jede Fahrt, für die der WK-Abzug nach § 9 I Nr 5 S 3 und 4 ausgeschlossen ist (zB mehr als eine Familienheimfahrt je Woche), muss ein Pauschbetrag von 0,002% des Listenpreises pro Entfernungs-Km 55 zugerechnet werden (sonst stfreier WK-Ersatz, s § 3 Nr 13, 16), sofern nicht die Fahrtenbuchmethode gewählt wird (§ 8 II 5 Hs 3). Für Familienheimfahrten, für die ein WK-Abzug in Betracht kommt, gilt § 8 II 5 demggü nicht (BFH VI R 33/11, BStBl II 13, 629). Das bedeutet, dass bei Fahrzeugüberlassung an ArbN für wöchentl Familienheimfahrten zwar der WK-Abzug ausgeschlossen ist (§ 9 I Nr 5 S 8), aber auch kein geldwerter für diese Fahrten anzusetzen ist. Dies ist verfgemäß (BFH VIII R 24/09, BFH/NV 13, 1703).

60 **4. Amtliche Sachbezugswerte; Bewertung nach festgesetzten Durchschnittswerten, § 8 II 6–10.** Abw von § 8 II 1 sind bestimmte, häufig anzutreffende Sachbezüge (→ Rn. 17) aus Vereinfachungsgründen mit festgesetzten pauschalen Beträgen zu bewerten.

61 **a) SozialversicherungsentgeltVO, § 8 II 6.** Die auf § 17 III SGB IV beruhende **SvEV** enthält Sonderregelungen zur Bewertung von Verpflegung (§ 2 I, II SvEV), Unterkunft (§ 2 III SvEV) und Wohnung (§ 2 IV SvEV). Zur Aufteilung der Monatswerte auf kürzere Zeiträume s § 2 VI SvEV. Die SvEV gilt für rentenversicherungspflichtige ArbN (andere StPfl → Rn. 62). Bei anderen Einkunftsarten gibt sie Anhaltspunkte für eine Schätzung. Die in der SvEV festgesetzten Sachbezugswerte sind für alle Fälle, für die sie bestimmt sind, zwingend, sofern nicht zulässigerweise § 8 III angewandt wird (LStR 8.1 IV 2, 3; BFH VI B 108/02, BFH/NV 04, 1087; BFH VI R 74/04, BStBl II 07, 948). Die amtl Werte für Verpflegung werden **jährl angepasst und veröffentlicht** (für 2026: *BMF* DStR 26, 46; für 2025: *BMF* BStBl I 24, 1603; für 2024: *BMF* BStBl I 23, 2075; für Vorjahre → 43. Aufl 2024, § 6 Rn. 61). **Verpflegung** ist nur dann nach § 8 II 6 zu bewerten, wenn sie auf *gewisse Dauer* gewährt wird (BFH VI R 11/10, BStBl II 11, 829; zu arbeitstägl Kantinenmahlzeiten und Essensmarken s LStR/LStH 8.1 VII; *Liess* NWB 13, 543, mit zahlreichen Beispielen, zu Restaurantschecks FG LSA DStRE 20, 1226, rkr, zu Zuschüssen s *BMF* BStBl I 19, 66; *OFD Ffm* DStR 16, 1870). Außerdem müssen die Voraussetzungen einer Mahlzeit iSv § 2 I SvEV erfüllt sein, was zB bei Darreichung unbelegter Brötchen nicht der Fall ist (BFH VI R 36/17, BStBl II 20, 788). Einmalige Bewirtungen (zB bei Betriebsveranstaltungen, BFH VI R 24/84, BStBl II 87, 355, oder Auswärtstätigkeit, zB Fortbildungsveranstaltung, s BFH VI R 80/06, BStBl II 09, 547) sind nach § 8 II 1 zu bewerten (FG Mchn EFG 13, 1407 zur Verpflegung von Profisportlern). Ab VZ 14 ist für die Bewirtung bei Auswärtstätigkeit § 8 II 8, 9 zu beachten (→ Rn. 63). Durch den herabgesetzten USt-Satz für Hotelübernachtungen ergeben sich auch bei Auswärtstätigkeit zahlreiche Abgrenzungsprobleme (Frühstück, Sonderleistungen, Minibar). Diese hat die *FinVerw* für die ArbG-Bewirtung durch vereinfachte Anforderungen beseitigt (*BMF* BStBl I 10, 259 unter II.; *Niermann/Plenker* DB 10, 2132; *Hartmann* DStR 10, 2551). Zur Bewertung der freien Beköstigung in der Seeschifffahrt ab VZ 14 s *GLE* BStBl I 15, 512. **Unterkünfte,** die keine Wohnungen darstellen, sind nach § 2 III SvEV zu bewerten (zu Wohngemeinschaften s BFH VI B 73/21, BFH/NV 22, 809). Abw vom pauschalen Sachbezugswert ist der ortsübl Mietpreis anzusetzen, wenn der amtl Sachbezugswerts unbillig wäre (§ 2 III 3 SvEV). **Wohnungen** (zum Wohnungsbegriff s LStR 8.1 VI 2–4) sind mit dem ortsübl Mietpreis unter Berücksichtigung der sich aus der Lage der Wohnung ergebenden Beeinträchtigungen anzusetzen. Ist diese Bewertung außergewöhnl schwierig, kommen Pauschbeträge zur Anwendung (§ 2 IV 2 SvEV). Mietpreisbeschränkungen sind zu beachten. Bei Anwendung eines Mietspiegels ist der niedrigste Mietpreis der Preisspanne für vergleichbare Wohnungen zuzügl der nach der BetrKV umlagefähigen Kosten anzusetzen (LStR 8.1 VI 6).

62 **b) Nicht rentenversicherungspflichtige Arbeitnehmer, § 8 II 7.** Für sie (zB Beamte, Richter, Soldaten, Geschäftsführer und Vorstände) übernimmt § 8 II 7 die Werte aus § 8 II 6 in das EStG. Zur Bewertung der Unterkunft bei Bundeswehr und Polizei s *FM NRW* DStR 24, 438.

c) Bewertung der Mahlzeitengestellung, § 8 II 8, 9. Mahlzeiten (Frühstück, Mittag- und Abendessen, → Rn. 61 und *Hermes* NWB 19, 3132) bis zu einem Preis von 60 €, die der ArbG oder ein Dritter auf Kosten des ArbG den ArbN anlässl einer Auswärtstätigkeit zur Verfügung stellt, sind nach § 8 II 8 mit dem Sachbezugswert anzusetzen (*BMF* BStBl I 20, 1228 Rn. 61; *Seifert* NWB 16, 128 mit zahlreichen Beispielen; Sachbezugswerte → Rn. 61). Dies gilt auch für an diese ArbN ausgegebene Essensmarken (*BMF* BStBl I 15, 119; zur elektronischen Berechtigung ohne Ausgabe von Papier-Essensmarken *OFD Ffm* DStR 16, 1870) und unter bestimmten Voraussetzungen auch für arbeitstägl Zuschüsse zu Mahlzeiten (iEinz LStR 8.1 VII Nr 4; *BMF* BStBl I 19, 66). Beim LStAbzug ist § 41b I 2 Nr 8 zu beachten. Die Besteuerung kann gem § 8 II 9 ganz unterbleiben, wenn der ArbN für die Auswärtstätigkeit eine Verpflegungspauschale in Anspruch nehmen könnte. Hierdurch soll bei gleichzeitigem Wegfall des WK-Abzugs (s § 9 IVa) die Besteuerung vereinfacht werden. Ob dies erreicht wurde, darf indes bezweifelt werden (s *Hermes* NWB 15, 1532 zur Kürzung der Verpflegungspauschalen bei Geschäftsessen). Bei Mahlzeiten, deren Preis die Grenze von 60 € übersteigt, ist weiterhin eine Bewertung nach § 8 II 1 vorzunehmen; die Besteuerung erfolgt nach den allg Regeln (*BMF* BStBl I 20, 1228 Rn. 62). 63

d) Sonstige Durchschnittswerte, § 8 II 10. Die Oberste Finanzbehörde eines Landes kann mit Zustimmung des *BMF* für Sachbezüge Durchschnittswerte als Verwaltungsanweisung festsetzen. Diese Erfahrungswerte binden die Gerichte nicht unmittelbar, werden jedoch – soweit nicht offensichtl unzutr – iRd Schätzung aus Gründen gleichmäßiger Besteuerung idR zu beachten sein (s auch *Bergkemper* FR 06, 1040; FG Hmb EFG 95, 155, rkr). Die LStR sind keine Regelungen iSv § 8 II 10 (BFH VI R 28/05, BStBl II 06, 781). 64

e) Einzelfälle. – ***(1)* Mietwert.** Aufwendungen, die ein ArbG (oder mit diesem verbundene Unternehmen, BFH VI R 178/82, BFH/NV 86, 494) für das dem ArbN gehörende Wohnhaus (Eigentumswohnung) tätigt, und die unentgeltl oder verbilligte Überlassung eines Wohnhauses sind mit dem Wert anzusetzen, den der ArbN bei Erwerb oder Anmietung von Dritten hätte aufwenden müssen (BFH VI R 135/84, BStBl II 88, 525, ortsübl Miete; s § 2 IV 1 SvEV). Die ortsübl Miete ist vom FG als Tatsacheninstanz im Schätzungswege nach obj Gesichtspunkten zu ermitteln (BFH VI B 7/08, BFH/NV 08, 1838). Eine Bindung an die von öffentl Stellen für Besoldungszwecke ermittelten örtl Mietwerte (BFH VI R 36/77, BStBl II 79, 629) besteht nicht. Mietpreisbindungen sind zu beachten (s § 2 IV 3 SvEV; s auch LStR 8.1 VI 9). Wertmindernde Merkmale sind durch Abschlag von der ortsübl Miete zu berücksichtigen (BFH VI R 79/72, BStBl II 75, 81; BFH VI R 46/03, BStBl II 05, 529). Entspricht die Miete dem örtl Mietspiegel, hat der ArbN keinen geldwerten Vorteil (BFH IX R 10/05, BStBl II 06, 71). Überlässt ein ArbG seinem ArbN eine Wohnung und werden Nebenkosten (zT) nicht erhoben, liegt ein Sachbezug nur vor, soweit die tatsächl erhobene Miete zusammen mit den tatsächl abgerechneten Nebenkosten die ortsübl Miete (Kaltmiete plus umlagefähige Nebenkosten) unterschreitet (BFH VI R 65/09, BFH/NV 11, 1938). Bei einer vom ArbG angemieteten und dem ArbN verbilligt überlassenen Wohnung ist der Differenzbetrag idR stpfl ArbLohn, denn die vom ArbG gezahlte Miete entspricht idR (widerlegbare Vermutung) der ortsübl Miete (BFH VI R 188/79, BFH/NV 85, 54 – großzügiger LStR 8.1 VI 1, 5, Ansatz der ortsübl Vergleichsmiete). Kann eine ortsübl Miete nicht ermittelt werden, weil eine realistische Marktmiete für teure Objekte nicht erzielbar ist, tendiert die Rspr zum Ansatz einer höheren Kostenmiete (zB bei aufwändigen Einfamilienhäusern für leitende Angestellte). Der Kostenaufwand kann ein Anhaltspunkt dafür sein, dass der aus der Marktmiete abgeleitete Nutzungswert nicht übl ist und dass ein besonderer Markt bereit wäre, für ein solches Objekt eine so hohe Miete zu zahlen (str). **Stfreie Mietvorteile** → § 3 Rn. 194. – ***(2)* Zinsvorteile bei Arbeitgeberdarlehen.** S *BMF* BStBl I 15, 484. – ***(3)* Sonstige.** Überlassung von ***Radio-/Fernsehgeräten*** s *FM SchlH* DStR 01, 2116. – ***Flugverbilligung*** 65 s *GLE* BStBl I 21, 774 für 2022–2024; *GLE* BStBl I 25, 422 für 2025; *GLE* BStBl I 25, 1839 für 2026–2027; vorher → 44. Aufl 2025, § 8 Rn. 65 – ***Fahrvergünstigungen*** an ArbN der Bahn s *FM Hess* DStR 02, 454. – ***Überlassung von (Elektro-)Fahrrädern*** s *LfSt Bay* DStR 22, 95; *GLE* DStR 20, 121; *BMF* BStBl I 17, 1546; *Seifert* NWB 17, 2500. Gem § 3 Nr 37 sind zusätzl zum ohnehin geschuldeten ArbLohn vom ArbG gewährte Vorteile für die Überlassung eines betriebl Fahrrads und typisches Zubehör (*OFD Ffm* DStR 23, 2860), das kein Kfz ist, stfrei (→ § 3 Rn. 126). Dies gilt bis einschließl VZ 30 (§ 52 IV 7).

68 **5. Freigrenze für Sachbezüge, § 8 II 11.** Sachbezüge iSv § 8 II 1 (→ Rn. 3, 17) sind bis insgesamt 50 € (bis VZ 21: 44 €) monatl stfrei. Geldzuwendungen, Sachbezüge nach § 8 II 2–10, III, § 19a und Zukunftssicherungsleistungen des ArbG iSv § 40b (BFH VI R 68/01, BStBl II 03, 492) fallen nicht unter die Freigrenze (LStR 8.1 III 3). § 8 II 11 gilt aber für sonstige Zukunftssicherungsleistungen, wenn diese nach allg Grundsätzen gem § 8 II 1 zu bewertenden Sachlohn darstellen, der ArbN von seinem ArbG also (nur) Versicherungsschutz verlangen kann (BFH VI R 13/16, BStBl II 19, 371, **aA** *BMF* BStBl I 22, 242; krit auch *Briese* BB 18, 1307). Zahlt der ArbG an seinen ArbN hingegen nur einen Zuschuss zu dessen (Zusatz-)Krankenversicherung, liegt Barlohn vor, der nicht nach § 8 II 11 begünstigt ist (BFH VI R 16/17, BStBl II 19, 373). Die Freigrenze greift auch bei Zukunftssicherungsleistungen nicht ein, die nach § 19 I 1 Nr 3 anhand der Beiträge des ArbG und damit nicht nach § 8 II 1 zu bewerten sind (*BMF* BStBl I 22, 242 Rn. 29). Bei Gutscheinen und Geldkarten iSv § 8 I 3 gilt die Freigrenze ab VZ 20 nur, wenn sie zusätzl zum ohnehin geschuldeten ArbLohn (→ Rn. 80 ff, → § 40 Rn. 17) gewährt werden. Bei § 8 II 11 handelt es sich um eine Freigrenze. Wird diese auch nur um einen Euro überschritten, entfällt die StFreiheit insgesamt. Durch Zuzahlung des ArbN kann die Einhaltung der Freigrenze gesteuert werden. Entgeltumwandlung von Bar- in Sachlohn ist mit Wirkung für die Zukunft zulässig (*Niermann* DB 03, 2244 (2246); *OFD NRW* DB 15, 2179; → Rn. 19). Übertragung der Freigrenze in den Folgemonat ist nicht mögl; ebenso nicht Hochrechnung auf einen Jahresbetrag (LStR 8.1 III 2). Für die Berechnung, ob die monatl Freigrenze eingehalten ist, ist der Zuflusszeitpunkt des Sachbezugs maßgebl (s auch BFH VI R 56/11, BStBl II 13, 382, Jahresnetzkarte; FG BW EFG 23, 247, rkr, Gruppen-KV; LStR 8.1 III 4, monatl Überlassung einer Zeitfahrkarte; SächsFG EFG 18, 1259, rkr, Tankgutscheine; BFH VI R 14/18, BStBl II 21, 232, Fitnessstudio; NdsFG DStRE 25, 1473, rkr; *Hilbert/Paul* NWB 13, 1739). § 19a II schränkt den Anwendungsbereich von § 8 II 11 nicht ein (BFH VI R 35/10, BFH/NV 11, 1683; BFH VI R 16/12, BFH/NV 15, 672). – Stfrei bleibende Bezüge sind nicht in die Freigrenze einzubeziehen (BFH VI R 80/06, BStBl II 09, 547). – Die nach § 8 II 11 stfreien Zuwendungen scheiden bei der Pauschalierung nach §§ 37b, 40 aus, wie umgekehrt die nach §§ 37b, 40 pauschalierten Zuwendungen bei der 50 €-Freigrenze (bis VZ 22: 44 €) nicht angesetzt werden (LStR 8.1 III 1; *Seifert* DStZ 08, 186).

69 **6. Verbilligte Wohnungsüberlassung, § 8 II 12.** Vermietet der ArbG oder ein verbundenes Unternehmen Wohnungen nicht überwiegend an fremde Dritte (andernfalls Bewertung auch als Personalrabatt nach § 8 III, → Rn. 70: Wahlrecht), sind die Mietvorteile nach § 8 II 1 mit den um übl Preisnachlässe geminderten übl Endpreisen am Abgabeort (ortsübl Miete) zu bewerten (→ Rn. 65). § 8 II 12 begünstigt ab VZ 20 die Überlassung einer Wohnung zu eigenen Wohnzwecken des ArbN. Wohnung ist die geschlossene Einheit von Räumen, in denen ein Haushalt geführt werden kann (LStR 8.1 VI 2). Die Wohnung muss nicht im Eigentum des ArbG oder des verbundenen Unternehmens stehen; sie kann auch nur angemietet sein. Für die Bewertung einer Unterkunft, die keine Wohnung ist, ist wie bisher der amtl Sachbezugswert nach SvEV maßgebl. Der Bewertungsabschlag beträgt ein Drittel vom ortsübl Mietwert. Er wirkt wie ein Freibetrag. Die nach Anwendung des Bewertungsabschlags ermittelte Vergleichsmiete ist Bemessungsgrundlage für die Bewertung der Mietvorteile (LStR 8.1 VIa 2). Das vom ArbN tatsächl gezahlte Entgelt für

die Wohnung ist auf die Vergleichsmiete anzurechnen (BFH VI R 65/09, BStBl II 11, 946). Die Mietobergrenze von 25 €/qm bezieht sich auf den ortsübl Mietwert ohne umlagefähige Kosten. Durch sie soll die steuerbegünstigte Vermietung von Luxuswohnungen vermieden werden. Beträgt die ortsübl Kaltmiete mehr als 25 €/qm, ist der Bewertungsabschlag nicht anzuwenden.

IV. Personalrabatte, § 8 III

1. Anwendungsbereich. Er ist auf ArbN beschränkt (zum ArbN-Begriff → § 19 Rn. 20 ff). Dies ist **verfgemäß** (BFH X R 43/08, BFH/NV 10, 1436; *HHR/Kister* § 8 Rn. 5). Auch der Umstand, dass nur bestimmte ArbN, deren ArbG die in § 8 III genannten Sachbezüge anbieten, von der Vorschrift profitieren können, begründet keine Verfassungswidrigkeit, da es an der Vergleichbarkeit der Sachverhalte fehlt und die Bewertung nach § 8 III auch unter dem Gesichtspunkt der Verwaltungsvereinfachung gerechtfertigt ist (BFH VI R 164/01, BStBl II 03, 373; *Littmann* § 8 Rn. 561). – § 8 III begründet als bloße **Bewertungsvorschrift** keine StPfl (BFH VI R 27/11, BStBl II 13, 402; BFH VI R 126/87, BStBl II 91, 720; *Birk* FR 90, 237). § 8 III setzt voraus, dass es sich bei der Zuwendung des ArbG um **stpfl ArbLohn** handelt. Dies entscheidet sich nach § 19 (→ § 19 Rn. 40 ff) und § 3. Auch ein Sachbezug aus einem früheren ArbVerh kann nach § 8 III begünstigt sein, wenn das frühere ArbVerh eine ausreichende Bedingung für die Vorteilsgewährung darstellt (BFH VI R 100/95, BStBl II 97, 330). – **Verhältnis zu § 8 II.** § 8 II ist Grundnorm, § 8 III Spezialnorm mit tendenziell begünstigendem Charakter (BFH VI R 27/11, BStBl II 13, 402). Ist die Bewertung eines Sachbezugs nach § 8 III für den ArbN ungünstiger als die Bewertung nach § 8 II, hat der ArbN ein **Wahlrecht,** die Bewertung nach § 8 II vorzunehmen (BFH VI R 41/02, BStBl II 07, 309; BFH VI R 27/11, BStBl II 13, 402; *BMF* BStBl I 13, 729), dann indes ohne Bewertungsabschlag und Rabattfreibetrag. Die Bewertung nach § 8 II kann günstiger sein, wenn hohe Rabatte zwar nicht beim ArbG, wohl aber am allg Markt ausgehandelt werden können. Der ArbG ist beim LStAbzug indes nicht zur Bewertung nach § 8 II verpflichtet. Nimmt der ArbG die Bewertung des Sachbezugs beim LStAbzug nach § 8 III vor, muss der ArbN den niedrigeren Endpreis iSv § 8 II im Veranlagungsverfahren nachweisen (*BMF* BStBl I 13, 729). 70

2. Waren und Dienstleistungen des Arbeitgebers. § 8 III regelt die Bewertung von Sachlohn (→ Rn. 17 ff), nicht von Barlohn (BFH VI R 44/05, BStBl II 08, 52). Die in § 8 III verwendete Begriffe der Waren und Dienstleistungen sind deshalb wirtschaftl zu verstehen und mit dem allg Sachlohnbegriff gleich zu setzen (BFH VI R 81/93, BStBl II 95, 338; *BH/Ettlich* § 8 Rn. 188). Waren sind insb bewegl und unbewegl (wohl auch immaterielle) WG. Hierzu gehören auch Rohstoffe, Zutaten und Halbfertigprodukte (LStR 8.2 I 1 Nr 3; zu Energielieferungen s BFH VI R 32/92, BStBl II 93, 356; *OFD Ffm* DStR 02, 1302 und *OFD Ffm* DB 03, 2625). Dienstleistungen sind alle anderen Leistungen, die Sachlohn darstellen (Beispiele → Rn. 18). 71

a) Lieferpalette/Leistungspalette des Arbeitgebers. Die Waren und Dienstleistungen müssen zur Liefer- und Leistungspalette des ArbG gehören (BFH VI R 81/93, BStBl II 95, 338; BFH VI R 46/03, BStBl II 05, 529). Auch Gutscheine sind begünstigt, wenn sie nur in begünstigte Waren und Dienstleistungen eingetauscht werden können (LSG Bayern DStR 24, 313, rkr). Der ArbG muss mit den Waren und Dienstleistungen **im eigenen Namen** selbst **Marktteilnehmer** sein (BFH VI R 39/16, BStBl II 19, 268; BFH VI R 63/97, BStBl II 02, 881; BFH VI R 51/08, BStBl II 10, 700, kostenlose Verpflegung aus Bordküche auch für Besatzungsmitglieder; BFH VI R 164/01, BStBl II 03, 373, Darlehensgewährung durch LZB; s auch *BMF* BStBl I 15, 484 und *LfSt Bay* DStR 15, 2020 zur steuerl Behandlung von ArbG-Darlehen). Nicht erforderl ist, dass die Waren und Dienstleistungen 72 zum übl Geschäftsgegenstand des ArbG gehören (BFH VI R 65/09, BStBl II 11, 946; BFH VI R 46/03, BStBl II 05, 529, jeweils Wohnungsüberlassung) und ggü Letztverbrauchern angeboten werden (BFH VI R 39/16, BStBl II 19, 268). Daher kann auch der verbilligte Verkauf von nicht mehr benötigten Altwagen an ArbN durch einen nicht zur Kfz-Branche gehörenden ArbG begünstigt sein (*Thomas* INF 05, 448; *Fissenewert* HFR 05, 981). **Hersteller** einer Ware ist der ArbG, wenn er sie selbst produziert, sie auf eigene Kosten nach seinen Vorgaben und Plänen von einem Dritten produzieren lässt oder vergleichbar gewichtige Beiträge zur Herstellung erbringt (BFH VI R 22/07, BStBl II 10, 204; FG Mchn EFG 16, 1405, rkr, zum Strombezug des ArbN eines Netzbetreibers). Der Herstellungsprozess muss dem ArbG so zugerechnet werden können, dass er bei wertender Betrachtung als Hersteller erscheint (BFH VI R 88/99, BStBl II 03, 154). Der ArbG **vertreibt** eine Ware oder Dienstleistung, wenn er sie als eigene am Markt anbietet. Dies umfasst insb den Verkauf und die Verteilung der Waren und Dienstleistungen, die Kundenpflege und die Gewinnung von Neukunden (BFH VI R 39/16, BStBl II 19, 268). Es genügt, wenn der Vertrieb nach den Vorgaben eines Auftraggebers entgeltlich auf dessen Rechnung erfolgt, sofern er eine eigene Leistung des ArbG darstellt. Die bloße Vermittlung einer fremden Ware oder Dienstleistung reicht demggü nicht aus (BFH VI R 17/94, BStBl II 97, 363). Das **Erbringen** der Dienstleistung erfordert, dass der ArbG mit der fragl Leistung selbst am Markt teilnimmt (BFH VI R 164/01, BStBl II 03, 373). Das Unterhalten eines Festgeldkontos führt folgl noch nicht dazu, dass der ArbG mit Darlehensgewährungen am Markt auftritt (BFH VI R 54/01, BFH/NV 03, 305). Es ist stets sorgfältig zu prüfen, welche eigene Leistung der ArbG ggü dem ArbN erbringt (zB BFH VI R 17/94, BStBl II 97, 363, Gestellung einer Reise oder nur Reisevermittlung; dazu auch FG Mchn DStRE 03, 80, rkr; BFH VI R 123/00, BStBl II 02, 230, Versicherungsschutz oder dessen Vermittlung).

73 **b) Konzernleistungen.** § 8 III betrifft nur Leistungen, die zur Produktpalette des ArbG gehören (zum ArbG-Begriff → § 19 Rn. 32). Der ArbG selbst muss die Waren/Dienstleistungen herstellen, vertreiben oder erbringen. Dabei kann er sich aber autorisierter Personen bedienen, wenn diese für seine Rechnung tätig sind (BFH VI R 39/16, BStBl II 19, 268; BFH VI R 95/92, BStBl II 93, 687). ArbN von Konzerngesellschaften sollen durch § 8 III demggü ebenso wenig wie der außerbetriebl Belegschaftshandel begünstigt sein (BT-Drs 11/2157, 142; BFH VI R 134/99, BStBl II 03, 371). Dies gilt auch im Fall der Unternehmensspaltung (BFH VI R 100/95, BStBl II 97, 330; BFH VI R 101/95, BFH/NV 97, 471, Anm *MIT* DStR 97, 574, abl *Gast-de Haan* DStR 97, 1114; zweifelnd *Birk* FR 90, 239). Für Vorteile von Dritten greift die StBegünstigung nach stRspr selbst dann nicht, wenn die Dritten wie konzernzugehörige Unternehmen dem ArbG nahe stehen (BFH VI R 22/07, BStBl II 10, 204; BFH VI R 100/95, BStBl II 97, 330; NdsFG EFG 17, 1751, rkr). Dies entspricht auch dem historischen Willen des Gesetzgebers, der die bereits im Gesetzgebungsverfahren geforderte Konzernklausel (s BT-Drs 11/2536, 16) nicht verwirklicht hat. Der BFH hat diese Rspr wiederholt bestätigt (BFH VI R 39/16, BStBl II 19, 268; s auch *Krüger* DB 18, 2333). Zumindest bei verbundenen Unternehmen kann die Gewährung des Freibetrags innerhalb des Konzerns jedoch erwogen werden (s auch *Schneider* HFR 10, 117; *Haase/Geils* DB 17, 1289). Da Preisnachlässe von Konzernen ebenso ArbLohn sind wie Preisnachlässe des ArbG selbst, spricht viel dafür, sie bei der Bewertung nach § 8 III gleich zu behandeln. Dadurch könnte zudem verhindert werden, dass ArbN eine Vergünstigung infolge Umstrukturierung innerhalb eines Konzerns verlieren (*Lucas/Janssen-Heid/Hilbert* NWB 14, 3108; weitergehend zu arbeitsrechtl Gemeinschaftsbetrieben *Birk/Specker* DB 09, 2742; *Birk* FS Raupach S 423 (429 ff); dagegen *Schneider* HFR 10, 117). Es ist allerdings nicht damit zu rechnen, dass der BFH seine ablehnende Rspr in absehbarer Zeit ändern könnte. Für der DB AG zugewiesene (Ruhestands-)Beamte gilt § 8 III nach § 12 VIII DBGrG auch für nicht

vom ArbG gewährte Fahrvergünstigungen (BFH VI R 41/13, BStBl II 15, 39; BFH VI R 23/17, BStBl II 20, 162).

c) Vertrieb nicht überwiegend für den Arbeitnehmerbedarf. Die Waren und Dienstleistungen müssen *mindestens* in gleichem Umfang an den Markt wie an die ArbN abgegeben werden (BFH VI R 158/98, BStBl II 03, 95, Bezug aus einer Krankenhausapotheke mit Bestellrecht der ArbN; BFH VI R 46/03, BStBl II 05, 529, verbilligte Überlassung einer Hausmeisterwohnung). Für den ArbN-Bedarf hergestellte Waren/Dienstleistungen außerhalb der übl Liefer- und Leistungspalette des ArbG sind folgl nicht nach § 8 III zu bewerten. *Beispiele: Stand-by-Flüge,* die nur Mitarbeiter der Fluggesellschaft erhalten (HessFG EFG 97, 229, rkr; FG Ddorf DStRE 00, 897, rkr; *Metzner/Schönfeld* DStR 06, 2012, mE zweifelhaft; **aA** *Weber* DStR 06, 1024; Bahntickets, die nur für Ruhestandsbeamte der Bahn erhältl sind, sind hingegen nach § 8 III begünstigt. Insoweit ist auf die Beförderungsleistung und nicht auf das Ticket abzustellen (BFH VI R 23/17, BStBl II 20, 162). 74

d) Keine Pauschalierung nach § 40. Bei Pauschalversteuerung nach § 40 ist § 8 III nicht anwendbar. 75

3. Wertermittlung. – a) Angebotener Endpreis, § 8 III. Nach der zutr neueren BFH-Rspr, der sich die *FinVerw* angeschlossen hat, ist dies der am Ende von Verkaufsverhandlungen als letztes Angebot stehende Preis (BFH VI R 30/09, BStBl II 13, 400; *BMF* BStBl I 13, 729; *BMF* BStBl I 21, 311). Der angebotene Endpreis umfasst daher auch Rabatte. Entscheidend ist der Preis, den der ArbG nach Abzug von Rabatten und sonstigen Vergünstigungen von Fremden im allg Geschäftsverkehr verlangt (BFH VI R 27/11, BStBl II 13, 402; *Schneider* HFR 09, 1069; *ders* FR 11, 1060 (1065); *Breinersdorfer* DStR 09, 2289). Sonderrabatte, die der ArbG nur bestimmten Gruppen von Abnehmern einräumt (zB Behörden, gewerbl Vermietern, Taxiunternehmern), sind nicht anzusetzen, wenn die besonderen Voraussetzungen dieser Rabatte beim ArbN nicht vorliegen (BFH VI R 27/11, BStBl II 13, 402). Der von der *FinVerw* bisher ab 1. 1. 09 gewährte Bewertungsabschlag von 80% des Preisnachlasses (*BMF* BStBl I 10, 20) ist nicht mehr anzuwenden (*BMF* BStBl I 13, 729). Üblicherweise berechnete *Überführungskosten* gehören nicht zum Endpreis; die Überführung stellt vielmehr eine zusätzl Leistung dar, die gesondert zu bewerten ist (s BFH VI R 32/16, BStBl II 18, 764; BFH VI R 31/17, BStBl II 20, 591). Bietet der ArbG nicht an fremde Letztverbraucher an, ist der im allg Geschäftsverkehr übl Endpreis des räuml „nächstansässigen" Abnehmers dieser Waren/Dienstleistungen maßgebl, der die Waren/Dienstleistungen fremden Letztverbrauchern im allg Geschäftsverkehr anbietet. Abgabeort idS ist grds der Sitz des ArbG, an dem zentral über die Rabattgewährung entschieden wird (BFH VI R 41/02, BStBl II 07, 309; *BH/Ettlich* § 8 Rn. 206; auch → Rn. 25). – Vom Endpreis ist ein **Preisabschlag von 4%** vorzunehmen. Hierdurch sollen nach der Gesetzesbegründung (BT-Drs 11/2157 S 142) Bewertungsungenauigkeiten ausgeglichen werden. 76

b) Rabattfreibetrag, § 8 III 2. Pro Kj ist *für jedes einzelne* DienstVerh jedes ArbN (LStR 8.2 I Nr 1) ein Betrag bis 1080 € stfrei. Nur der *übersteigende* geldwerte Vorteil ist zu versteuern. 77

c) Aufzeichnungen. Der ArbG hat auf dem Lohnkonto jeden Sachbezug lfd einzeln zu erfassen und nach § 8 III gesondert kenntl zu machen (§ 4 II Nr 3 LStDV, s bei § 41). Vereinfachungen und Ausnahmen s § 4 III LStDV. 78

V. Zusätzlichkeitserfordernis, § 8 IV

1. Anwendungsbereich. Verschiedene Begünstigungen in Form von StBefreiungen (zB § 3 Nr 11a, 15, 33, 34, 37, 46), bei der Bewertung (§ 8 II 11 Hs. 2), bei der Pauschalbesteuerung (zB § 37b II, § 40 II 1 Nr 5, 6, 7, § 40 II 2 Nr 1b) und der 80

Förderung der betriebl Altersversorgung (§ 100 III Nr 2) setzen ua voraus, dass die Leistung zusätzl zum ohnehin geschuldeten ArbLohn erfolgt. Mit § 8 IV, der ab VZ 20 gilt (ohne Rückwirkung, s BSG B 12 BA 10/23 R, DStR 25, 2920; zum LSt-Abzug FG RhPf EFG 24, 2077, Rev VI R 28/24), wird für das gesamte EStG geregelt, wann diese Voraussetzung vorliegt (FG RhPf EFG 24, 2077: verfgemäß, Rev VI R 28/24). Die Vorschrift ist eine Reaktion des Gesetzgebers auf BFH VI R 32/18, BStBl II 20, 106 (→ § 40 Rn. 17), nachdem die *FinVerw* dieses Urteil mit einem Nichtanwendungserlass belegt hatte (*BMF* BStBl I 20, 222, der allerdings wieder aufgehoben wurde, so dass das BFH VI R 32/18 für VZ bis 2019 nunmehr auch von der *FinVerw* allgemein angewendet wird, *BMF* BStBl I 22, 61).

81 **2. Begünstigte Sachbezüge; Zuschüsse.** Die Voraussetzungen in § 8 IV 1 Nr 1–4 müssen kumulativ vorliegen (so auch *BMF* BStBl I 20, 222 im Vorgriff auf die entspr Gesetzesänderung). – **a) Allgemeine Begünstigungsvoraussetzungen, § 8 IV 1.** Nach **Nr 1** darf die Leistung nicht auf den ArbLohnanspruch angerechnet werden. Dies entspricht der BFH-Rspr und galt damit schon vor dem VZ 20 (NdsFG DStRE 25, 577, Rev VI R 25/24). – **Nr 2** untersagt die Herabsetzung des ArbLohnanspruchs zugunsten der zusätzl Leistung. Der BFH hat für die Frage der Zusätzlichkeit demggü zutr auf den Zuflusszeitpunkt abgestellt (→ § 40 Rn. 17; **aA** zum beitragspflichtigen Arbeitsentgelt nunmehr auch BSG B 12 R 21/18 R, BSGE 131, 260, s dazu *de Groot* DStR 22, 367; krit *Thomas* DStR 25, 2820 auch unter verfrechtl Gesichtspunkten). Die gesetzl Regelung ist verfehlt (s auch *Thomas* DStR 21, 1974). Sie zwingt einerseits zu einer Lohnerhöhung, um die Begünstigung sicher zu erhalten und konterkariert damit in vielen Fällen den Förderzweck der StBefreiungs- und Pauschalierungsvorschriften (*Vogelpoth* BB 21, 727). Sie ist andererseits streitanfällig und schwer handhabbar. In Zukunft wird der Streit um die Frage gehen, ob der ArbLohnanspruch zugunsten der Leistung oder aus anderen Gründen herabgesetzt wurde (vgl FG RhPf EFG 24, 2077, Rev VI R 28/24). Dies kann insb bei schon länger zurückliegenden ArbLohnkürzungen problematisch sein. Ein nicht mehr bestehender ArbLohnanspruch kann iÜ schon rein denklogisch nicht (angebl steuerschädl) in begünstigten Lohn umgewandelt werden (zutr daher auch LSG BaWü L 8 BA 373/22, DStR 23, 1953,teilw **aA** BSG B 12 BA 10/23 R, DStR 25, 2920). Bei einer teilweisen Gehaltsumwandlung fehlt die Zusätzlichkeit allenfalls bezügl des umgewandelten Teils der Leistung (*Briese* DB 23, 1816). – Die Bedeutung der **Nr 3** erschließt sich nicht. Sie wird in der RegBegr zum JStG 2020 (BT-Drs 19/22850, S 82) auch nicht erläutert. Arbeitsrechtl kann der ArbG anstelle einer vereinbarten Barlohnerhöhung ohnehin keinen Sachlohn oder einen verwendungsgebundenen Zuschuss leisten. Die bloße Anrechnung der Leistung auf eine vereinbarte Barlohnerhöhung erfüllt schon nach Nr 1 und nach der BFH-Rspr nicht das Zusätzlichkeitserfordernis. Möglicherweise soll Nr 3 verhindern, dass nach einer Lohnerhöhung unter Barlohnverzicht bei Wegfall der Begünstigungsvoraussetzungen Barlohn verlangt werden kann. – **Nr 4** betrifft (ebenfalls) die Beendigung der begünstigten Lohnform. Der betreffende Lohn soll hiernach nachträgl die Begünstigung verlieren, wenn es nach Wegfall der Begünstigungsvoraussetzungen zu einer Lohnerhöhung kommt (krit auch *Briese* DStR 21, 83; *Vogelpoth* BB 21, 727; *Thomas* DStR 21, 1974). Bis zur Verjährungsgrenze müsste dann eine Nachversteuerung erfolgen. Die Regelung ist daher, soll sie überhaupt praktikabel sein, eng auszulegen. Entfallender und erhöhter Lohn müssen der Höhe nach übereinstimmen. Außerdem muss die Lohnerhöhung in engem zeitl und sachl Zusammenhang mit dem Wegfall der begünstigten Leistung erfolgen. Die Anknüpfung an der LSt-Anmeldungszeitraum (§ 41a II 1) kann sich insoweit anbieten. Der Austausch begünstigter Lohnformen ist ebenfalls unschädlich (*Thomas* DStR 21, 1974).

82 **b) Vertragliche Leistungspflicht, § 8 IV 2.** Die Vorschrift stellt klar, dass eine Leistung des ArbG auch dann zusätzl zum ohnehin geschuldeten ArbLohn erbracht werden kann, wenn sie auf einer arbeitsvertragl oder einer anderen arbeits- oder dienstrechtl Regelung beruht. Damit können nicht nur einzelvertragl, sondern auch

durch Betriebsvereinbarung, Tarifvertrag oder BesoldungsG als zusätzl Leistungen festgelegt werden. Diese Regelung entspricht der BFH-Rspr (s BFH VI R 32/18, BStBl II 20, 106, → §40 Rn. 17).

§9 Werbungskosten

(1) [1]**Werbungskosten sind Aufwendungen zur Erwerbung, Sicherung und Erhaltung der Einnahmen.** [2]**Sie sind bei der Einkunftsart abzuziehen, bei der sie erwachsen sind.** [3]**Werbungskosten sind auch**

1. **Schuldzinsen und auf besonderen Verpflichtungsgründen beruhende Renten und dauernde Lasten, soweit sie mit einer Einkunftsart in wirtschaftlichem Zusammenhang stehen.** [2]**Bei Leibrenten kann nur der Anteil abgezogen werden, der sich nach §22 Nummer 1 Satz 3 Buchstabe a Doppelbuchstabe bb ergibt;**
2. **Steuern vom Grundbesitz, sonstige öffentliche Abgaben und Versicherungsbeiträge, soweit solche Ausgaben sich auf Gebäude oder auf Gegenstände beziehen, die dem Steuerpflichtigen zur Einnahmeerzielung dienen;**
3. **Beiträge zu Berufsständen und sonstigen Berufsverbänden, deren Zweck nicht auf einen wirtschaftlichen Geschäftsbetrieb gerichtet ist;**
4. **Aufwendungen des Arbeitnehmers für die Wege zwischen Wohnung und erster Tätigkeitsstätte im Sinne des Absatzes 4.** [2]**Zur Abgeltung dieser Aufwendungen ist für jeden Arbeitstag, an dem der Arbeitnehmer die erste Tätigkeitsstätte aufsucht, eine Entfernungspauschale für jeden vollen Kilometer der Entfernung zwischen Wohnung und erster Tätigkeitsstätte von 0,38 Euro anzusetzen, höchstens jedoch 4500 Euro im Kalenderjahr; ein höherer Betrag als 4500 Euro ist anzusetzen, soweit der Arbeitnehmer einen eigenen oder ihm zur Nutzung überlassenen Kraftwagen benutzt.** [3]**Die Entfernungspauschale gilt nicht für Flugstrecken und Strecken mit steuerfreier Sammelbeförderung nach §3 Nummer 32.** [4]**Für die Bestimmung der Entfernung ist die kürzeste Straßenverbindung zwischen Wohnung und erster Tätigkeitsstätte maßgebend; eine andere als die kürzeste Straßenverbindung kann zugrunde gelegt werden, wenn diese offensichtlich verkehrsgünstiger ist und vom Arbeitnehmer regelmäßig für die Wege zwischen Wohnung und erster Tätigkeitsstätte benutzt wird.** [5]**Nach §8 Absatz 2 Satz 11 oder Absatz 3 steuerfreie Sachbezüge für Fahrten zwischen Wohnung und erster Tätigkeitsstätte mindern den nach Satz 2 abziehbaren Betrag; ist der Arbeitgeber selbst der Verkehrsträger, ist der Preis anzusetzen, den ein dritter Arbeitgeber an den Verkehrsträger zu entrichten hätte.** [6]**Hat ein Arbeitnehmer mehrere Wohnungen, so sind die Wege von einer Wohnung, die nicht der ersten Tätigkeitsstätte am nächsten liegt, nur zu berücksichtigen, wenn sie den Mittelpunkt der Lebensinteressen des Arbeitnehmers bildet und nicht nur gelegentlich aufgesucht wird.** [7]**Nach §3 Nummer 37 steuerfreie Sachbezüge mindern den nach Satz 2 abziehbaren Betrag nicht; §3c Absatz 1 ist nicht anzuwenden.**

4a. **Aufwendungen des Arbeitnehmers für beruflich veranlasste Fahrten, die nicht Fahrten zwischen Wohnung und erster Tätigkeitsstätte im Sinne des Absatzes 4 sowie keine Familienheimfahrten sind.** [2]**Anstelle der tatsächlichen Aufwendungen, die dem Arbeitnehmer durch die persönliche Benutzung eines Beförderungsmittels entstehen, können die Fahrtkosten mit den pauschalen Kilometersätzen angesetzt werden, die für das jeweils benutzte Beförderungsmittel (Fahrzeug) als höchste Wegstreckenentschädigung nach dem Bundesreisekostengesetz festgesetzt sind.** [3]**Hat ein Arbeitnehmer keine erste Tätigkeitsstätte (§9 Absatz 4) und hat er nach den dienst- oder arbeitsrechtlichen Festlegungen sowie den diese ausfüllenden Absprachen und Weisungen zur Aufnahme seiner beruflichen Tätigkeit dauerhaft denselben Ort oder**

dasselbe weiträumige Tätigkeitsgebiet typischerweise arbeitstäglich aufzusuchen, gilt Absatz 1 Satz 3 Nummer 4 und Absatz 2 für die Fahrten von der Wohnung zu diesem Ort oder dem zur Wohnung nächstgelegenen Zugang zum Tätigkeitsgebiet entsprechend. [4]Für die Fahrten innerhalb des weiträumigen Tätigkeitsgebietes gelten die Sätze 1 und 2 entsprechend.

5. **notwendige Mehraufwendungen, die einem Arbeitnehmer wegen einer beruflich veranlassten doppelten Haushaltsführung entstehen. [2]Eine doppelte Haushaltsführung liegt nur vor, wenn der Arbeitnehmer außerhalb des Ortes seiner ersten Tätigkeitsstätte einen eigenen Hausstand unterhält und auch am Ort der ersten Tätigkeitsstätte wohnt. [3]Das Vorliegen eines eigenen Hausstandes setzt das Innehaben einer Wohnung sowie eine finanzielle Beteiligung an den Kosten der Lebensführung voraus. [4]Als Unterkunftskosten für eine doppelte Haushaltsführung können die tatsächlichen Aufwendungen für die Nutzung der Unterkunft angesetzt werden, höchstens 1000 Euro im Monat bei einer Unterkunft im Inland und höchstens 2000 Euro im Monat bei einer Unterkunft im Ausland; die Grenze von 2 000 Euro bei einer Unterkunft im Ausland gilt nicht, wenn eine Dienst- oder Werkswohnung verpflichtend und zweckgebunden genutzt werden muss oder deren Kosten für Zwecke des Mietzuschusses nach § 54 des Bundesbesoldungsgesetzes als notwendig anerkannt worden sind. [5]Aufwendungen für die Wege vom Ort der ersten Tätigkeitsstätte zum Ort des eigenen Hausstandes und zurück (Familienheimfahrt) können jeweils nur für eine Familienheimfahrt wöchentlich abgezogen werden. [6]Zur Abgeltung der Aufwendungen für eine Familienheimfahrt ist eine Entfernungspauschale von 0,38 Euro für jeden vollen Kilometer der Entfernung zwischen dem Ort des eigenen Hausstandes und dem Ort der ersten Tätigkeitsstätte anzusetzen. [7]Nummer 4 Satz 3 bis 5 ist entsprechend anzuwenden. [8]Aufwendungen für Familienheimfahrten mit einem dem Steuerpflichtigen im Rahmen einer Einkunftsart überlassenen Kraftfahrzeug werden nicht berücksichtigt.**

5a. **notwendige Mehraufwendungen eines Arbeitnehmers für beruflich veranlasste Übernachtungen an einer Tätigkeitsstätte, die nicht erste Tätigkeitsstätte ist. [2]Übernachtungskosten sind die tatsächlichen Aufwendungen für die persönliche Inanspruchnahme einer Unterkunft zur Übernachtung. [3]Soweit höhere Übernachtungskosten anfallen, weil der Arbeitnehmer eine Unterkunft gemeinsam mit Personen nutzt, die in keinem Dienstverhältnis zum selben Arbeitgeber stehen, sind nur diejenigen Aufwendungen anzusetzen, die bei alleiniger Nutzung durch den Arbeitnehmer angefallen wären. [4]Nach Ablauf von 48 Monaten einer längerfristigen beruflichen Tätigkeit an derselben Tätigkeitsstätte, die nicht erste Tätigkeitsstätte ist, können Unterkunftskosten nur noch bis zur Höhe des Betrags nach Nummer 5 angesetzt werden. [5]Eine Unterbrechung dieser beruflichen Tätigkeit an derselben Tätigkeitsstätte führt zu einem Neubeginn, wenn die Unterbrechung mindestens sechs Monate dauert.**

5b. **notwendige Mehraufwendungen, die einem Arbeitnehmer während seiner auswärtigen beruflichen Tätigkeit auf einem Kraftfahrzeug des Arbeitgebers oder eines vom Arbeitgeber beauftragten Dritten im Zusammenhang mit einer Übernachtung in dem Kraftfahrzeug für Kalendertage entstehen, an denen der Arbeitnehmer eine Verpflegungspauschale nach Absatz 4a Satz 3 Nummer 1 und 2 sowie Satz 5 zur Nummer 1 und 2 beanspruchen könnte. [2]Anstelle der tatsächlichen Aufwendungen, die dem Arbeitnehmer im Zusammenhang mit einer Übernachtung in dem Kraftfahrzeug entstehen, kann im Kalenderjahr einheitlich eine Pauschale von 9 Euro für jeden Kalendertag berücksichtigt werden, an dem der Arbeitnehmer eine Verpflegungspauschale nach Absatz 4a Satz 3 Nummer 1 und 2 sowie Satz 5 zur Nummer 1 und 2 beanspruchen könnte,**

6. **Aufwendungen für Arbeitsmittel, zum Beispiel für Werkzeuge und typische Berufskleidung. ²Nummer 7 bleibt unberührt;**
7. **Absetzungen für Abnutzung und für Substanzverringerung, Sonderabschreibungen nach § 7b und erhöhte Absetzungen. ²§ 6 Absatz 2 Satz 1 bis 3 ist in Fällen der Anschaffung oder Herstellung von Wirtschaftsgütern entsprechend anzuwenden.**

(2) **¹Durch die Entfernungspauschalen sind sämtliche Aufwendungen abgegolten, die durch die Wege zwischen Wohnung und erster Tätigkeitsstätte im Sinne des Absatzes 4 und durch die Familienheimfahrten veranlasst sind. ²Aufwendungen für die Benutzung öffentlicher Verkehrsmittel können angesetzt werden, soweit sie den im Kalenderjahr insgesamt als Entfernungspauschale abziehbaren Betrag übersteigen. ³Menschen mit Behinderungen,**

1. **deren Grad der Behinderung mindestens 70 beträgt,**
2. **deren Grad der Behinderung weniger als 70, aber mindestens 50 beträgt und die in ihrer Bewegungsfähigkeit im Straßenverkehr erheblich beeinträchtigt sind,**

können anstelle der Entfernungspauschalen die tatsächlichen Aufwendungen für die Wege zwischen Wohnung und erster Tätigkeitsstätte und für Familienheimfahrten ansetzen. ⁴Die Voraussetzungen der Nummern 1 und 2 sind durch amtliche Unterlagen nachzuweisen.

(3) **Absatz 1 Satz 3 Nummer 4 bis 5a sowie die Absätze 2 und 4a gelten bei den Einkunftsarten im Sinne des § 2 Absatz 1 Satz 1 Nummer 5 bis 7 entsprechend.**

(4) **¹Erste Tätigkeitsstätte ist die ortsfeste betriebliche Einrichtung des Arbeitgebers, eines verbundenen Unternehmens (§ 15 des Aktiengesetzes) oder eines vom Arbeitgeber bestimmten Dritten, der der Arbeitnehmer dauerhaft zugeordnet ist. ²Die Zuordnung im Sinne des Satzes 1 wird durch die dienst- oder arbeitsrechtlichen Festlegungen sowie die diese ausfüllenden Absprachen und Weisungen bestimmt. ³Von einer dauerhaften Zuordnung ist insbesondere auszugehen, wenn der Arbeitnehmer unbefristet, für die Dauer des Dienstverhältnisses oder über einen Zeitraum von 48 Monaten hinaus an einer solchen Tätigkeitsstätte tätig werden soll. ⁴Fehlt eine solche dienst- oder arbeitsrechtliche Festlegung auf eine Tätigkeitsstätte oder ist sie nicht eindeutig, ist erste Tätigkeitsstätte die betriebliche Einrichtung, an der der Arbeitnehmer dauerhaft**

1. **typischerweise arbeitstäglich tätig werden soll oder**
2. **je Arbeitswoche zwei volle Arbeitstage oder mindestens ein Drittel seiner vereinbarten regelmäßigen Arbeitszeit tätig werden soll.**

⁵Je Dienstverhältnis hat der Arbeitnehmer höchstens eine erste Tätigkeitsstätte. ⁶Liegen die Voraussetzungen der Sätze 1 bis 4 für mehrere Tätigkeitsstätten vor, ist diejenige Tätigkeitsstätte erste Tätigkeitsstätte, die der Arbeitgeber bestimmt. ⁷Fehlt es an dieser Bestimmung oder ist sie nicht eindeutig, ist die der Wohnung örtlich am nächsten liegende Tätigkeitsstätte die erste Tätigkeitsstätte. ⁸Als erste Tätigkeitsstätte gilt auch eine Bildungseinrichtung, die außerhalb eines Dienstverhältnisses zum Zwecke eines Vollzeitstudiums oder einer vollzeitigen Bildungsmaßnahme aufgesucht wird; die Regelungen für Arbeitnehmer nach Absatz 1 Satz 3 Nummer 4 und 5 sowie Absatz 4a sind entsprechend anzuwenden.

(4a) **¹Mehraufwendungen des Arbeitnehmers für die Verpflegung sind nur nach Maßgabe der folgenden Sätze als Werbungskosten abziehbar. ²Wird der Arbeitnehmer außerhalb seiner Wohnung und ersten Tätigkeitsstätte beruflich tätig (auswärtige berufliche Tätigkeit), ist zur Abgeltung der ihm tatsächlich entstandenen, beruflich veranlassten Mehraufwendungen eine Verpflegungspauschale anzusetzen. ³Diese beträgt**

1. **28 Euro für jeden Kalendertag, an dem der Arbeitnehmer 24 Stunden von seiner Wohnung und ersten Tätigkeitsstätte abwesend ist,**

2. jeweils 14 Euro für den An- und Abreisetag, wenn der Arbeitnehmer an diesem, einem anschließenden oder vorhergehenden Tag außerhalb seiner Wohnung übernachtet,

3. 14 Euro für den Kalendertag, an dem der Arbeitnehmer ohne Übernachtung außerhalb seiner Wohnung mehr als 8 Stunden von seiner Wohnung und der ersten Tätigkeitsstätte abwesend ist; beginnt die auswärtige berufliche Tätigkeit an einem Kalendertag und endet am nachfolgenden Kalendertag ohne Übernachtung, werden 14 Euro für den Kalendertag gewährt, an dem der Arbeitnehmer den überwiegenden Teil der insgesamt mehr als 8 Stunden von seiner Wohnung und der ersten Tätigkeitsstätte abwesend ist.

[4]Hat der Arbeitnehmer keine erste Tätigkeitsstätte, gelten die Sätze 2 und 3 entsprechend; Wohnung im Sinne der Sätze 2 und 3 ist der Hausstand, der den Mittelpunkt der Lebensinteressen des Arbeitnehmers bildet sowie eine Unterkunft am Ort der ersten Tätigkeitsstätte im Rahmen der doppelten Haushaltsführung. [5]Bei einer Tätigkeit im Ausland treten an die Stelle der Pauschbeträge nach Satz 3 länderweise unterschiedliche Pauschbeträge, die für die Fälle der Nummer 1 mit 120 sowie der Nummern 2 und 3 mit 80 Prozent der Auslandstagegelder nach dem Bundesreisekostengesetz vom Bundesministerium der Finanzen im Einvernehmen mit den obersten Finanzbehörden der Länder aufgerundet auf volle Euro festgesetzt werden; dabei bestimmt sich der Pauschbetrag nach dem Ort, den der Arbeitnehmer vor 24 Uhr Ortszeit zuletzt erreicht, oder, wenn dieser Ort im Inland liegt, nach dem letzten Tätigkeitsort im Ausland. [6]Der Abzug der Verpflegungspauschalen ist auf die ersten drei Monate einer längerfristigen beruflichen Tätigkeit an derselben Tätigkeitsstätte beschränkt. [7]Eine Unterbrechung der beruflichen Tätigkeit an derselben Tätigkeitsstätte führt zu einem Neubeginn, wenn sie mindestens vier Wochen dauert. [8]Wird dem Arbeitnehmer anlässlich oder während einer Tätigkeit außerhalb seiner ersten Tätigkeitsstätte vom Arbeitgeber oder auf dessen Veranlassung von einem Dritten eine Mahlzeit zur Verfügung gestellt, sind die nach den Sätzen 3 und 5 ermittelten Verpflegungspauschalen zu kürzen:

1. für Frühstück um 20 Prozent,

2. für Mittag- und Abendessen um jeweils 40 Prozent,

der nach Satz 3 Nummer 1 gegebenenfalls in Verbindung mit Satz 5 maßgebenden Verpflegungspauschale für einen vollen Kalendertag; die Kürzung darf die ermittelte Verpflegungspauschale nicht übersteigen. [9]Satz 8 gilt auch, wenn Reisekostenvergütungen wegen der zur Verfügung gestellten Mahlzeiten einbehalten oder gekürzt werden oder die Mahlzeiten nach § 40 Absatz 2 Satz 1 Nummer 1a pauschal besteuert werden. [10]Hat der Arbeitnehmer für die Mahlzeit ein Entgelt gezahlt, mindert dieser Betrag den Kürzungsbetrag nach Satz 8. [11]Erhält der Arbeitnehmer steuerfreie Erstattungen für Verpflegung, ist ein Werbungskostenabzug insoweit ausgeschlossen. [12]Die Verpflegungspauschalen nach den Sätzen 3 und 5, die Dreimonatsfrist nach den Sätzen 6 und 7 sowie die Kürzungsregelungen nach den Sätzen 8 bis 10 gelten entsprechend auch für den Abzug von Mehraufwendungen für Verpflegung, die bei einer beruflich veranlassten doppelten Haushaltsführung entstehen, soweit der Arbeitnehmer vom eigenen Hausstand im Sinne des § 9 Absatz 1 Satz 3 Nummer 5 abwesend ist; dabei ist für jeden Kalendertag innerhalb der Dreimonatsfrist, an dem gleichzeitig eine Tätigkeit im Sinne des Satzes 2 oder des Satzes 4 ausgeübt wird, nur der jeweils höchste in Betracht kommende Pauschbetrag abziehbar. [13]Die Dauer einer Tätigkeit im Sinne des Satzes 2 an dem Tätigkeitsort, an dem die doppelte Haushaltsführung begründet wurde, ist auf die Dreimonatsfrist anzurechnen, wenn sie ihr unmittelbar vorausgegangen ist.

(5) **[1]§ 4 Absatz 5 Satz 1 Nummer 1 bis 4, 6b bis 8a, 10, 12 und Absatz 6 gilt sinngemäß. [2]Die §§ 4k, 6 Absatz 1 Nummer 1a und § 6e gelten entsprechend.**

(6) [1]Aufwendungen des Steuerpflichtigen für seine Berufsausbildung oder für sein Studium sind nur dann Werbungskosten, wenn der Steuerpflichtige zuvor bereits eine Erstausbildung (Berufsausbildung oder Studium) abgeschlossen hat oder wenn die Berufsausbildung oder das Studium im Rahmen eines Dienstverhältnisses stattfindet. [2]Eine Berufsausbildung als Erstausbildung nach Satz 1 liegt vor, wenn eine geordnete Ausbildung mit einer Mindestdauer von 12 Monaten bei vollzeitiger Ausbildung und mit einer Abschlussprüfung durchgeführt wird. [3]Eine geordnete Ausbildung liegt vor, wenn sie auf der Grundlage von Rechts- oder Verwaltungsvorschriften oder internen Vorschriften eines Bildungsträgers durchgeführt wird. [4]Ist eine Abschlussprüfung nach dem Ausbildungsplan nicht vorgesehen, gilt die Ausbildung mit der tatsächlichen planmäßigen Beendigung als abgeschlossen. [5]Eine Berufsausbildung als Erstausbildung hat auch abgeschlossen, wer die Abschlussprüfung einer durch Rechts- oder Verwaltungsvorschriften geregelten Berufsausbildung mit einer Mindestdauer von 12 Monaten bestanden hat, ohne dass er zuvor die entsprechende Berufsausbildung durchlaufen hat.

Lohnsteuer-Richtlinien: LStR 9.1–9.13/LStH 9.1–9.14.

Übersicht

I. Allgemeines

1 **1. Bedeutung; Aufbau.** § 9 dient der **Abgrenzung** der estl relevanten Erwerbssphäre von der estl irrelevanten Privatsphäre des StPfl. Die Regelung knüpft systematisch an § 2 II 1 Nr 2 an und definiert mit dem Begriff der WK diejenigen Aufwendungen, die bei den sog Überschusseinkünften (§ 2 I 1 Nr 4–7) zur Ermittlung der Einkünfte von den Einnahmen (§ 8) abgezogen werden (zu Einkünften aus KapVerm aber → Rn. 5). Dieser Abzug ist Ausdruck des **Leistungsfähigkeitsprinzips** und dient der Verwirklichung des **obj Nettoprinzips,** nach dem nur die Netto-Einkünfte (Einnahmen abzügl WK oder BA) zu besteuern sind: Was der StPfl iZm der Erwerbstätigkeit ausgibt, ist nicht disponibel und unterliegt daher grds nicht dem StZugriff des Staates (→ Rn. 4 und → § 2 Rn. 10). – Die Regelung ist insgesamt recht unübersichtl: **§ 9 I** enthält neben der allg Definition des WK-Begriffs (S 1) und einer sachl Zuordnungsregelung (S 2) eine Reihe gesondert geregelter WK-Tatbestände (S 3 Nr 1–7). **§ 9 II** ergänzt die Bestimmungen zur Entfernungspauschale in § 9 I 3 Nr 4. **§ 9 III** stellt Nicht-ArbN iRd übrigen Überschusseinkünfte hinsichtl einiger Sonderregelungen in § 9 I 3 den ArbN gleich. **§ 9 IV** definiert das Tatbestandsmerkmal „erste Tätigkeitsstätte" iSd § 9 I 3 Nr 4–5a. **§ 9 IVa** behandelt die Berücksichtigung von Verpflegungsmehraufwendungen. **§ 9 V** sieht die entspr Anwendung einiger Bestimmungen zur Gewinnermittlung vor (Abzugsverbote etc). **§ 9 VI** schließl enthält ein Abzugsverbot für Berufsausbildungskosten (entspr § 4 IX).

2. Persönlicher Anwendungsbereich

2 § 9 gilt grds für alle StPfl mit Überschusseinkünften. Für **beschr StPfl** verlangt § 50 I 1 zusätzl einen wirtschaftl Zusammenhang mit *inl Einkünften;* ob die Aufwendungen im Inl oder Ausl anfallen, ist unerhebl (→ § 50 Rn. 7). Unterliegen beschr stpfl Einkünfte gem § 50 II 1 dem **StAbzug,** bleiben WK insgesamt unberücksichtigt (Abgeltungswirkung, → § 50 Rn. 27). – Zum **Wechsel** zw unbeschr und beschr StPfl während eines Kj (§ 2 VII 3) → § 2 Rn. 69; zu vorab entstandenen WK bei Wegzug → Rn. 98.

4 **3. Verfassungsrecht; Gemeinschaftsrecht.** Das **obj Nettoprinzip** (→ Rn. 1) ist eine Grundentscheidung des EStRechts und steht nicht zur Disposition des Gesetzgebers (*Isensee:* „identitätskonstituierendes Merkmal", 57. DJT, Bd II Sitzungsberichte, S 46, 214; s auch BFH VI R 8/12, DStR 14, 2216, unter B. III.2; *Tipke* Steuerrechtsordnung S 763). Es darf nicht gänzl abgeschafft, wohl aber bei Beachtung hinreichender Folgerichtigkeit eingeschränkt werden; jedoch erfordert jede Einschränkung einen besonderen, **sachl rechtfertigenden Grund** (BVerfG 2 BvR 1735/00, BStBl II 03, 534, C. I.1.b; dazu *Birk* DStR 09, 881; *Drüen* FS Spindler, S 29 ff). Die rein fiskalisch motivierte Durchbrechung ist unzulässig (BVerfG 2 BvL 1/07 ua DStR 08, 2460, C. I.2.b.cc; *Tipke/Lang* SteuerR Rn. 8.55). Soweit dem Gesetzgeber insb im Grenzbereich zw privater und berufl Veranlassung wegen der dort bestehenden Abgrenzungsschwierigkeiten und Missbrauchsgefahren eine besondere **Typisierungsbefugnis** zusteht (BVerfG 2 BvL 1/07 ua DStR 08, 2460, C. II.4.a; BFH III R 18/13, BStBl II 14, 383; BFH VI R 10/08, BStBl II 11, 32), muss hiervon **realitätsgerecht** Gebrauch gemacht werden; dh der Gesetzgeber muss tatsächl auch den typischen Fall zum Maßstab nehmen. Ungeachtet dessen kommt es verfrechtl nicht nur auf die Unterscheidung zw berufl oder privatem Veranlassungsgrund für die Aufwendungen an, sondern auch auf die Unterscheidung zw freier und beliebiger Einkommensverwendung und **zwangsläufigem, pflichtbestimmtem Aufwand** (BVerfG 2 BvR 1735/00, BStBl II 03, 534, C. I. 1.c, bb aE; erneut BVerfG 2 BvL 1/07 ua DStR 08, 2460, C. I.3.c, zur Pendlerpauschale, und BVerfG 2 BvL 13/09, DStR 10, 1563, zum häusl Arbeitszimmer). Das bedeutet, dass es dem Gesetzgeber, wenn sich der StPfl Aufwendungen zur Erzielung stpfl Einnahmen nicht entziehen kann, untersagt ist, diese Aufwendungen zur Gänze vom WK-Abzug auszuschließen; allenfalls der Höhe nach besteht hier ein begrenzter Spielraum für Einschränkungen (zB zur Missbrauchsabwehr). – Zu Fragen des **Gemeinschaftsrechts** → § 50 Rn. 3 und → § 50a Rn. 3.

5 **4. Verhältnis zu anderen Vorschriften.** Gem **§ 10 I 1** geht der WK-Abzug dem SA-Abzug vor; Aufwendungen, die gleichzeitig und ununterscheidbar der Einkünfteerzielung und den SA zugeordnet werden können, sind daher grds als WK zu berücksichtigen (BFH VI R 54/95, BFH/NV 96, 740). Allerdings kann der Gesetzgeber Aufwendungen, die den Begriff von WK oder BA erfüllen, trotz § 10 I 1 konstitutiv dem SA-Bereich zuordnen (so BFH X R 28/07, BStBl II 10, 348 zu RV-Beiträgen, iEinz → § 22 Rn. 124, mwN). Auch **§ 10b II** ist lex specialis (§ 9 V iVm § 4 VI; auch → Rn. 331). – Für die Einkünfte aus KapVerm wird § 9 gem § 2 II 2 ab VZ 09 durch **§ 20 IX** verdrängt (→ § 20 Rn. 264). – Gem **§ 33 II 2** geht der WK-Abzug einer Berücksichtigung als agB vor (→ § 33 Rn. 4); das gilt auch für **§§ 33a, 33b** (→ § 33a Rn. 4). – Es gibt grds auch kein Korrespondenzprinzip zw WK-Abzug und SozR (BFH VI B 8/18, BFH/NV 22, 101).

II. Werbungskostenbegriff, § 9 I 1

10 **1. Überblick.** Die in § 9 I 1 verwendete Legaldefinition **„Erwerbung, Sicherung und Erhaltung"** der Einnahmen umschreibt den Bereich der Einkünfteerzielung. Die einzelnen Begriffe lassen sich indes nicht scharf voneinander abgrenzen; trotz des „und" genügt es, wenn *eine* der genannten Alternativen vorliegt (s auch *HHR/Kreft* § 9 Rn. 121 mwN). § 9 I 1 setzt hiernach voraus, dass Aufwendungen durch eine auf Einkunftserzielung gerichtete Tätigkeit veranlasst sind. – Nicht ausdrückl geregelt sind die persönl und die zeitl Zurechnung von Aufwendungen; beides bestimmt sich nach allg Grundsätzen. Eine sachl Zuordnung der WK zu der jeweiligen Einkunftsart nimmt § 9 I 2 vor.

2. Einheitlicher Werbungskostenbegriff. Er ist für alle Überschusseinkunftsarten gleich auszulegen. Allerdings gilt für Einkünfte aus KapVerm seit VZ 09 der **WK-Ausschluss** des § 20 IX (→ § 20 Rn. 264 ff). 11

3. Aufwendungen. – a) Definition. Aufwendungen sind **Ausgaben,** die in Geld oder Geldeswert bestehen und aus dem Vermögen des StPfl abfließen (BFH GrS 1/89, BStBl II 90, 830; grundlegend *Söhn* StuW 91, 271 f; *HHR/Kreft* § 9 Rn. 65). Die Einbeziehung des Abflusses von **geldwerten Gütern** wird spiegelbildl aus der Definition des Einnahmenbegriffs in § 8 I gefolgert (BFH VI R 75/06, BStBl II 10, 48). Nur ausnahmsweise, bei entspr gesetzl Regelung, können WK auch *ohne* Aufwendungen anfallen (zB → Rn. 181: Entfernungspauschale, und → Rn. 249: doppelte Haushaltsführung, BFH VI R 29/12, BStBl II 13, 735). – Zu unfreiwilligen Aufwendungen → Rn. 79 ff. Zu **AK/HK** als Aufwendungen → Rn. 246. 12

Beispiele – Abfluss von geldwerten Gütern: wirtschaftl Verlust einer Darlehensforderung (BFH VI R 75/06, BStBl II 10, 48) oder einer Kaution (BFH VI R 51/85, BStBl II 89, 382) durch ArbN; WK aufgrund eines zinslosen Darlehens (BFH IX R 47/89, BFH/NV 95, 294); Verlust der wirtschaftl Verfügungsmacht über ein Gebäude (BFH VIII R 102/78, BStBl II 82, 553).

b) Zeitpunkt. Aus § 11 II 1 folgt, dass die Aufwendungen für das Kj abzusetzen sind, in dem sie geleistet wurden, also abgeflossen sind (iEinz → § 11 Rn. 35 ff). Dass im selben Kj (bereits oder noch) Einnahmen zufließen, ist nicht zwingend erforderl; zu vorab entstandenen und nachträgl WK → Rn. 94 ff sowie zu vergebl WK → Rn. 102. Zu Rückforderungs- und Ersatzansprüchen → Rn. 32; zu den Folgen einer späteren Erstattung → Rn. 112. 13

c) Kostentragungsprinzip. Da die ESt an die persönl Leistungsfähigkeit anknüpft und StSubjekt der einzelne StPfl ist, kann WK grds nur derjenige abziehen, der die Aufwendungen selbst wirtschaftl getragen hat (Kostentragungsprinzip als Ausdruck des Leistungsfähigkeitsprinzips; BFH IX R 29/11, BFH/NV 12, 1952; BFH VI B 8/18, BFH/NV 22, 101; BFH X R 36/05, DStR 08, 2204: auch bei Ehegatten, aber → Rn. 18 ff). 14

aa) Belastung. Voraussetzung des WK-Abzugs ist grds, dass der StPfl mit Aufwendungen wirtschaftl belastet ist (BFH VI R 25/10, BStBl II 13, 699), wenn auch nicht notwendig endgültig (→ Rn. 112). Daher sind nicht realisierte Wertverluste (→ Rn. 75) oder **ersparte Aufwendungen** ebenso wenig WK wie entgangene Einnahmen oder fiktive Ausgaben (BFH VI R 24/09, BStBl II 11, 288). – Führen allerdings ersparte Aufwendungen zu stpfl Einnahmen, liegen iHd Ersparnis **fiktive WK** vor, wenn eine Zahlung durch den StPfl an sich zu WK geführt hätte (BFH VI R 5/18, BStBl II 21, 725; BFH VI R 9/10, BFH/NV 11, 976, zu Gemeinschaftsunterkunft/Gemeinschaftsverpflegung; auch → § 19 Rn. 100 „Dienstwohnung"). Dasselbe gilt für Vorteile (zB zinsloses ArbG-Darlehen), die sich iRe anderen Einkunftsart auswirken (Darlehen dient der Anschaffung eines Mietshauses, s BFH IX R 70/94, BFH/NV 97, 20 mwN), und ebenso für Schadensersatz, den der ArbG für den ArbN übernimmt (einerseits Lohn, andererseits fiktiver WK-Abzug; s auch BFH VI R 37/06, BStBl II 10, 111: ArbG übernimmt Geldauflage für ArbN). 15

bb) Herkunft der Mittel. Unerhebl ist, woher die Mittel stammen, mit denen der StPfl seine Ausgaben bestreitet (hM; BFH IX R 45/07, BStBl II 08, 572 mwN; BFH IX R 27/08, BFH/NV 09, 901; s auch *Schnorr* StuW 03, 222 (229)). Hat der StPfl das Geld **geschenkt** erhalten oder **geerbt,** steht dies seinem WK-Abzug nicht entgegen; denn es handelt sich gleichwohl um einen Vermögensabfluss beim StPfl und damit um eigenen Aufwand. 16

17 **cc) Zuwendung von Arbeitskraft.** Wendet der Dritte unentgeltl die eigene Arbeitskraft zu, führt dies nicht zu abzugsfähigem Aufwand (dies folgt aus BFH GrS 2/86, BStBl II 88, 348; s *L. S.* DStR 88, 216).

18 **d) Abkürzung des Zahlungswegs.** Um eigenen Aufwand des StPfl handelt es sich auch dann, wenn ein Dritter die Aufwendungen übernommen hat, also unmittelbar an den Gläubiger des StPfl *für diesen* zahlt. Es macht wirtschaftl keinen Unterschied, ob der Dritte dem StPfl Geld zuwendet, damit dieser seine Schuld tilgt (→ Rn. 16), oder aber ob er selbst die Schuld des StPfl tilgt, solange er dies nur **„für Rechnung des StPfl"** tut (§ 267 I BGB; s BFH GrS 2/97, BStBl II 99, 782, unter C. IV. 1.c. aa, mwN).

Beispiele – WK anerkannt: Eltern zahlen für Pilotenlizenz des Sohnes (FG Köln EFG 10, 1999, bestätigt durch BFH IX R 5/11, BStBl II 14, 1018); Ehegatte zahlt für Ausbildung der Ehefrau (BFH VI R 41/05, BFH/NV 08, 1136); Kosten des LL.M-Auslandsstudiums werden mit Kreditkarte des Vaters bezahlt (BFH VI R 4/02, BFH/NV 04, 32).

19 **e) Abkürzung des Vertragswegs. – aa) Zuwendungswille.** Ein WK-Abzug kommt ausnahmsweise auch bei der Abkürzung des Vertragswegs in Betracht, also wenn der Dritte zwar im eigenen Namen, aber *für den StPfl* einen Vertrag abschließt und zahlt (BFH IX R 45/07, BStBl II 08, 572; s auch *Heuermann* HFR 08, 43; mE zweifelhaft). Die Direktzahlung des Dritten wird, wenn sie *mit Zuwendungswillen* erfolgt, ihrem wirtschaftl Gehalt nach dem Zahlungsumweg über den StPfl gleichgestellt (BFH IX R 25/03, BStBl II 06, 623 mwN; offen gelassen in BFH GrS 2/97, BStBl II 99, 782, C. IV. 1.c.bb und BFH III R 79/09, BStBl II 11, 450). Allerdings ist die Reichweite dieser Rspr **noch nicht abschließend geklärt** (→ Rn. 20; → § 4 Rn. 504). So setzt eine Zurechnung von Aufwendungen nach den Grundsätzen der Abkürzung des Vertragswegs insb voraus, dass die aufgrund des Vertrags vom Dritten zu erbringenden Leistungen eindeutig der Erwerbssphäre des Stpfl zuzuordnen sind (BFH VI R 16/23, BFH/NV 25, 1577). – Die Zuwendung an den StPfl kann auch in einer vGA bestehen (BFH IX R 42/09, BStBl II 11, 271; *Heuermann* StBP 11, 30; anders FG Köln EFG 10, 705, rkr). – Mangels Zuwendungswillen kann ein **gescheitertes Treuhandverhältnis** nicht in einen abgekürzten Vertragsweg umgedeutet werden (BFH IX R 25/10, BFH/NV 11, 1677).

Beispiele – WK anerkannt: Beauftragung und Bezahlung von Handwerkern durch Eltern des StPfl (BFH IX R 45/07, BStBl II 08, 572; BFH IX R 25/03, BStBl II 06, 623); Zahlung von Ausbildungskosten durch Eltern (vgl BFH VIII R 49/10, BStBl II 13, 309, aE). – Dagegen nach BFH VI R 103/95, BStBl II 96, 375 kein WK-Abzug bei Abschluss des Mietvertrags durch Vater des StPfl.

20 **bb) Dauerschuldverhältnisse.** Nimmt der Dritte für den StPfl ein **Darlehen** auf und zahlt die Schuldzinsen, kann dies beim StPfl ebenfalls zu WK führen (häufig bei Ehegatten). Allerdings muss sich der StPfl im Innenverhältnis verpflichten, den Dritten von Zins- und Tilgungszahlungen freizustellen (BFH X R 36/05, DStR 08, 2204). Bei Dauerschuldverhältnissen und Kreditverbindlichkeiten gibt es iÜ keinen abgekürzten Vertragsweg (BFH VI R 16/23, BFH/NV 25, 1577; BFH IX R 25/03, BStBl II 06, 623 mwN; BFH IV R 75/98, BStBl II 00, 314: nur Bargeschäfte des tägl Lebens, NdsFG DStRE 17, 1096, rkr; s iEinz *HHR/Kreft* § 9 Rn. 43 mwN; *Levedag* NWB 08, 4405).

21 **f) Drittaufwand.** Die Abziehbarkeit von Drittaufwand hat der GrS des BFH abgelehnt (BFH GrS 2/97, BStBl II 99, 782, ausführl unter C. IV-V). Es handelt sich dabei um Fallgestaltungen, in denen der Dritte auf eine aus *eigenem* Interesse eingegangene *eigene* Schuld zahlt. Selbst wenn der Aufwand des Dritten günstig für die Einkunftserzielung des StPfl ist, hat der StPfl keinen WK-Abzug. Dies gilt sowohl für **laufende Kosten** als auch für **Dritt-AfA** (→ § 7 Rn. 101 f). Die von der Rspr vorgenommenen Abgrenzungen sind nicht immer eindeutig (→ Rn. 22 ff).

aa) Einkünfte aus Vermietung und Verpachtung. Ist ein verheirateter StPfl **Alleineigentümer** einer vermieteten Immobilie, gilt bei Finanzierung über gemeinsame Darlehen oder Einzeldarlehen Folgendes: 22

(1) Gemeinsamer Aufwand. Zahlen die Ehegatten **„aus einem Topf"** oder haben sie ein **gesamtschuldnerisches Darlehen** aufgenommen, sind die Zinsen in vollem Umfang als WK des Einkunftserzieler-Ehegatten aus VuV abziehbar; denn es handelt sich stets (auch) um dessen *eigenen Aufwand* (BFH IX R 45/95, BStBl II 00, 310; auch bei nachträgl Schuldzinsen s BFH IX R 40/14, BStBl II 16, 78). Unerhebl ist, ob eine gesamtschuldnerische Mithaftung von vornherein bestand oder nachträgl übernommen wurde (BFH IX R 29/11, BFH/NV 12, 1952; s auch BFH IX R 14/00, BFH/NV 03, 468: Schuldbeitritt; HessFG DStRE 03, 1387, rkr) oder ob sich die Zahlung des Nichteigentümer-Ehegatten auf das gemeinsame Darlehen als Mietzahlung erweist (BFH IX R 78/07, BStBl II 09, 299, Nichteigentümer-Ehegatte ist zugleich Mieter des Objekts des Eigentümer-Ehegatten; *Heuermann* BFH/PR 09, 47). 23

(2) Fremder Aufwand. Ist der andere Ehegatte hingegen **Alleinschuldner** des Darlehens und zahlt er auch die Zinsen, kann der Einkünfte erzielende Ehegatte die Zinsen nicht als WK absetzen (BFH IX R 45/95, BStBl II 00, 310). Das gilt auch, wenn der Einkunftserzieler-Ehegatte eine *selbstschuldnerische Bürgschaft* übernommen und auf dem vermieteten Objekt Grundpfandrechte als Sicherheit für das Darlehen hat eintragen lassen (BFH IX R 21/96, BStBl II 00, 312). 24

(3) Verwendung eigener Mittel. Scheidet nach den vorstehenden Fallgestaltungen eigentl ein WK-Abzug aus, sind Aufwendungen dennoch zu berücksichtigen, wenn der Einkunftserzieler-Ehegatte die vom anderen Ehegatten geschuldeten Zinsen aus *eigenen* Mitteln zahlt (BFH IX R 45/95, BStBl II 00, 312; BFH IX R 21/96, BStBl II 00, 312). Dies muss mE auch in einem späteren Jahr noch mögl sein, wenn der andere Ehegatte von dem Alleineigentümer-Ehegatten die Erstattung der Kosten verlangt (vgl auch *Heuermann* StBP 08, 122 aE; s aber BFH X B 73/06, BFH/NV 07, 1653: nur bei Ersatzanspruch, nicht bei Zuwendung). Nicht zu folgen ist BFH VIII R 50/97, BStBl II 00, 393, wonach bei einem **nicht anzuerkennenden partiarischen Darlehen** zw nahen Angehörigen der vom StPfl tatsächl getragene Aufwand iHd Refinanzierungskosten des das Darlehen hingebenden Angehörigen als Drittaufwand nicht zum Abzug zugelassen wird (überzeugend dagegen *Paus* FR 00, 1029, und *Kempermann* FR 00, 767). 25

(4) Eheleute. Der GrS hat sie nicht als Erwerbsgemeinschaft anerkannt. Es kommt also auch hier darauf an, wer die Kosten getragen hat (kein **ehebedingter Drittaufwand;** BFH VI R 16/23, BFH/NV 25, 1577). Im SA-Bereich (§ 26b, → § 10 Rn. 13 aE) werden Eheleute demggü als Einheit betrachtet. Wird das Arbeitszimmer vom Nichteigentümer-Ehegatten für Ausbildungszwecke (§ 10 I Nr 7) genutzt, kommt es unabhängig von der Kostentragung zum SA-Abzug; im WK-Bereich hingegen kommt es auf die Kostentragung an. 26

(5) Weitere Besonderheiten. Zum Sonderfall, dass bei gemeinschaftl Darlehen der gesamte Zahlungsverkehr für die Immobilie über ein **Konto des Nichteigentümer-Ehegatten** abgewickelt wird, s BFH IX R 22/97, BStBl II 01, 785 (s auch *Fischer* FR 01, 141). – Sind die Ehegatten **Miteigentümer,** werden jedem die auf seinen Miteigentumsanteil entfallenden BA/WK zugerechnet, wenn sich die einkunftsbezogenen Nutzungen innerhalb der Miteigentumsanteile halten; insoweit gilt das Gleiche wie für den Abzug der AfA (dazu → § 7 Rn. 91). Soweit die Nutzung über den eigenen Miteigentumsanteil hinausgeht, gelten die vorstehenden Grundsätze. 27

bb) Arbeitszimmer. Nutzt der StPfl in dem Haus oder der Wohnung, das/die im Alleineigentum seines Ehegatten steht, unentgeltl ein Arbeitszimmer und macht 28 er den Abzug der anteilig auf dieses Zimmer entfallenden Kosten geltend, unterscheidet der GrS wie folgt:

29 **(1) Kosten des Grundstücks.** Die lfd grundstücksbezogenen Kosten (GrundSt, Schuldzinsen, Versicherungsbeiträge usw) sind, wenn sie vom *gemeinsamen Konto* der Eheleute bestritten werden, ausschließl dem Alleineigentümer-Ehegatten zuzurechnen, der (vorrangig) eigene Schulden tilgt. Auch soweit sie anteilig auf das Arbeitszimmer entfallen, hat der StPfl (Nichteigentümer) keinen WK-Abzug, da es sich um Drittaufwand handelt. – Etwas anderes kann gelten, wenn die Ehegatten anderweitige *besondere Vereinbarungen* über die Kostentragung getroffen haben (BFH GrS 2/97, BStBl II 99, 782, C. V). Ebenso kommt ein WK-Abzug in Betracht, wenn der StPfl (Nichteigentümer) vom *eigenen* Konto die grundstücksbezogenen Kosten zumindest in der Höhe selbst zahlt, in der sie anteilig auf das Arbeitszimmer entfallen (BFH X R 66/00, BFH/NV 04, 19: auch ohne ausdrückl Vereinbarung; BFH VI R 77/95, BFH/NV 00, 1202).

30 **(2) Kosten des Arbeitszimmers.** Bei ausschließl arbeitszimmerbezogenen Kosten (anteilige Betriebskosten sowie Aufwendungen, die allein das Arbeitszimmer betreffen, zB für Reparatur) können auch bei Zahlung vom *gemeinsamen* Konto die anteiligen Aufwendungen vom StPfl (Nichteigentümer) als BA/WK abgezogen werden. Besteht zw den Ehegatten eine Absprache dahingehend, dass der StPfl (Nichteigentümer) die Kosten des Arbeitszimmers übernehmen soll, kommt ebenfalls für ihn ein WK-Abzug in Betracht.

31 **(3) Kritik; Gestaltung.** Die Unterscheidung zw grundstücks- und arbeitszimmerbezogenen Kosten ist wirtschaftl nicht zwingend. Ungeachtet dessen vermeiden Ehegatten **Nachweisprobleme,** wenn sie einen Mietvertrag über das Arbeitszimmer abschließen und den Vertrag auch durchführen (Zahlung der Miete; auch → § 7 Rn. 101). – IÜ können **Mietzahlungen** für die gemeinsam angemietete Wohnung zu WK des die Einkünfte erzielenden Ehegatten führen, auch wenn die Zahlungen vom Konto des anderen Ehegatten erfolgen (BFH VI R 52/02, BFH/NV 06, 1650). – Zu **gemeinsamer Nutzung** eines Arbeitszimmers durch beide Ehegatten s BFH VI R 53/12, BStBl II 17, 938: jeder Nutzer kann die von ihm selbst getragenen Aufwendungen für das häusl Arbeitszimmer abziehen, wenn ihm dort ein Arbeitsplatz zur Verfügung steht.

32 **g) Rückforderungsansprüche; Ersatzansprüche.** Aufwendungen liegen auch dann vor, wenn mit der Zahlung ein Rückforderungsanspruch entsteht (*HHR/Kreft* § 9 Rn. 77; *von Bornhaupt* DStJG 3, 157 und *KKM* § 9 B 59 ff; auch → § 11 Rn. 38) oder dem Stpfl ein Ersatzanspruch zusteht (BFH VI R 16/02, BFH/NV 03, 164; *Offerhaus* BB 79, 618), selbst wenn die zu erwartenden Erstattungen stfrei sind oder der StPfl einen Gegenwert erhält (*Söhn* StuW 91, 273 ff). Etwas anderes kann uU gelten bei eindeutig versehentl als WK geleisteten Zahlungen, die im gleichen oder folgenden VZ zurückerstattet werden (*HHR/Kreft* § 9 Rn. 78; s aber *Grube* FR 89, 31 f). – Zu den Auswirkungen einer späteren Erstattung → Rn. 112; zum Verzicht auf Ersatzleistungen → Rn. 116.

36 **4. Einkünfte.** WK kann nur derjenige geltend machen, der den Tatbestand einer Überschuss-Einkunftsart verwirklicht (keine WK bei Liebhaberei, s BFH VI R 50/06, BStBl II 09, 243; und → § 2 Rn. 23 f). Ob Einnahmen tatsächl fließen (vergebl Aufwendungen, → Rn. 102), ist grds unerhebl. Bei stfreien Einnahmen schließt § 3c den WK-Abzug aus (bei teilweise stfreien Einnahmen: Aufteilung, → § 3c Rn. 7).

40 **5. Veranlassungszusammenhang. – a) Definition.** WK sind nach stRspr alle Aufwendungen, die durch den Beruf bzw durch die auf Einkunftserzielung gerichtete Tätigkeit veranlasst sind. Eine solche Veranlassung liegt vor, wenn **obj** ein Zusammenhang mit der auf die Einkunftserzielung gerichteten Tätigkeit besteht und **subj** die Aufwendungen zur Förderung dieser Tätigkeit gemacht werden (vgl BFH

VI R 7/22, DStR 25, 201 Rn. 10 mwN; BFH IX R 29/23, DStR 24, 2529 Rn. 14 mwN). Die Formulierung des § 9 I 1 „zur Erwerbung … der Einnahmen" legt zwar nahe, dass zw Aufwendungen und Einnahmen ein *finaler* Zusammenhang bestehen muss (*Kruse* FR 81, 473; *Stapperfend* FS Kruse S 533 (535)). Die Rspr hat jedoch den WK-Begriff zutr an **§ 4 IV** angeglichen (BFH VI R 193/77, BStBl II 81, 368; BFH VI R 25/78, BStBl II 80, 75; BFH GrS 8/77, BStBl II 79, 213; BFH GrS 2–3/77, BStBl II 78, 105; BFH VIII R 194/78, BStBl II 81, 510). Eine unterschiedl Handhabung des Nettoprinzips würde den Gleichheitssatz verletzen. **Einschränkungen des WK-Begriffs** ggü dem BA-Begriff ergeben sich jedoch aus der unterschiedl Ermittlung der Einkünfte bei den Gewinn- und Überschusseinkunftsarten (→ § 2 Rn. 9), insb in Bezug auf Wertminderungen und Wertverluste (iEinz → Rn. 75 ff).

b) Objektiver Zusammenhang. Ein obj Zusammenhang muss nach der Rspr stets vorliegen, während die subj Förderung der Einkünfteerzielung ausnahmsweise fehlen kann (BFH VI R 52/03, BStBl II 07, 317). Daher können etwa auch unfreiwillige Aufwendungen WK sein (vgl BFH VI R 57/13, BStBl II 14, 850: Verlust einer Darlehensforderung gegen ArbG; BFH VI R 23/10, BStBl II 12, 829: arbeitsgerichtl Vergleich; BFH VIII R 3/09, BStBl II 12, 254 Rn. 16 ff: erzwungene Kapitalüberlassung; iEinz → Rn. 79 ff; ebenso *Ruppe* DStJG 3, 127; *von Bornhaupt* DStJG 3, 176 ff; *Söhn* DStJG 3, 28; *ders* StuW 83, 193). Die Vertreter des **subj Veranlassungsprinzips** stellen dagegen vorrangig darauf ab, ob die Aufwendungen nach der Vorstellung des StPfl der Erwerbstätigkeit dienen sollen, während die Bedeutung des obj Zusammenhangs hiernach vor allem im verfahrensrechtl Bereich (Nachweis) liegt; vgl *Tipke* StuW 79, 193; *Wassermeyer* StuW 81, 250 ff, und StuW 82, 352; *Prinz* FR 86, 397, und StuW 96, 267; s auch *Tipke/Lang* SteuerR Rn. 8.212. IdR gleichen sich allerdings die Ergebnisse. 42

aa) Mittelbarer Zusammenhang. Das Veranlassungsprinzip fordert keine „direkte" oder unmittelbare Veranlassung (BFH IX R 45/13, BStBl II 15, 635; BFH IX R 2/05, BStBl II 07, 941). Es genügt, wenn die Aufwendungen den Beruf des StPfl *im weitesten Sinne* fördern (BFH VI R 120/01, BStBl II 03, 403: Umschulung; s auch BFH VI R 5/10, BStBl II 12, 553). Ob sich der streitige Aufwand konkret auf die Höhe der Einkünfte auswirkt, ist ohne Belang (BFH VI R 25/09, BStBl II 10, 851 mwN). 43

bb) Wirtschaftlicher Zusammenhang. Ein Kausalzusammenhang iSe *conditio sine qua non* reicht für den WK-Abzug allerdings nicht aus (BFH VI R 24/08, BStBl II 10, 198). Gleiches gilt für einen nur rechtl Zusammenhang (ganz hM; BFH IX R 44/95, BStBl II 99, 676; BFH X R 81/91, BFH/NV 94, 620). Erforderl ist ein steuerrechtl anzuerkennender wirtschaftl Zusammenhang (BFH VI R 23/10, BStBl II 12, 829). Kommen mehrere Einkunftsarten in Betracht, entscheidet nach stRspr der engere und **wirtschaftl vorrangige** Veranlassungszusammenhang (BFH VI R 97/10, BStBl II 12, 343); iEinz → Rn. 120. 44

(1) „Auslösendes Moment". Ob ein solcher Zusammenhang besteht, muss im Wege einer **wertenden Betrachtung** aller Umstände des konkreten Einzelfalls festgestellt werden. Maßgebl ist das die betr Aufwendungen „auslösende Moment"; dieses muss der estl relevanten Erwerbssphäre des StPfl zuzuordnen sein (BFH GrS 1/06, BStBl II 10, 672, C. III. 1. a; s auch BFH IX R 42/13, BStBl II 15, 633). So ist etwa für die Berücksichtigung von Schuldzinsen allein die *tatsächl Verwendung* der Darlehensmittel entscheidend (BFH GrS 2–/88, BStBl II 90, 817, C. II. 2. b. bb); dies gilt auch für **nachträgl Schuldzinsen** (BFH IX R 67/10, BStBl II 13, 275). 45

(2) Dispositionsbefugnis des Steuerpflichtigen. Es kommt nicht darauf an, ob die Aufwendungen **notwendig, übl oder zweckmäßig** sind (BFH VI R 37/15, BStBl II 17, 526; s auch BFH IX R 43/11, BStBl II 14, 878, unter II.1.b.; Ausnahmen: § 9 I 3 Nr 5 und § 9 V). Der Veranlassungszusammenhang wird nicht dadurch beseitigt, dass das Handeln des Stpfl unwirtschaftl ist (BFH IV R 35/76, BStBl II 77, 238; *Offerhaus* BB 79, 621; s aber auch Tipke/Lang SteuerR Rn. 8.231: uU Indiz für 46 private Mitveranlassung). Der Stpfl kann frei entscheiden, welche Aufwendungen er zur Erzielung von Einnahmen machen will.

48 **cc) Konkurrenz; Überlagerungsgedanke.** In der Rspr findet sich immer wieder die Formulierung, dass ein Veranlassungszusammenhang durch einen anderen „überlagert" wird (zB BFH IX R 22/13, BFH/NV 14, 1195). Damit ist gemeint, dass das Konkurrenzverhältnis eines estl erhebl Veranlassungszusammenhangs zu einem unerhebl Zusammenhang dadurch aufgelöst wird, dass einer der beiden Veranlassungszusammenhänge, näml der gewichtigere, den anderen verdrängt (ausführl *Heuermann* StBP 09, 209 mit Beispielen; auch →Rn. 55). Hier muss in jedem Einzelfall das Gewicht der konkurrierenden Veranlassungszusammenhänge geprüft werden.

Beispiele: Vorfälligkeitsentschädigung *keine* WK bei VuV (BFH IX R 42/13, BStBl II 15, 633; str, →Rn. 137); Zahlung in Erhaltungsrücklage keine WK bei VuV (BFH IX R 19/24, BStBl II 25, 291); „Aufgabeaufwendungen" als vergebl WK (BFH IX R 12/12, BFH/NV 14, 834); AfaA als WK bei VuV trotz Veräußerung (BFH IX R 64/07, BStBl II 09, 301); Abbruchkosten trotz Eigennutzungsabsicht als WK (BFH IX R 51/05, BFH/NV 08, 933); Schadensersatz nach gescheiterter Investition als WK (BFH IX R 45/05, BStBl II 06, 803); Erhaltungsaufwand wegen Verkauf als Veräußerungskosten (BFH IX R 34/03, BStBl II 05, 343); StB-Kosten keine Veräußerungskosten (BFH IX R 12/24, DStR 25, 2769).

52 **6. Abgrenzung zur Privatsphäre.** Aufwendungen, die ausschließl die private Lebensführung des Stpfl betreffen, sind keine WK (BFH X R 7/20, BStBl II 24, 288). § 12 Nr 1 hat insoweit nur klarstellende Bedeutung (→ § 12 Rn. 1). Einem StPfl kann der WK-Abzug für berufl veranlasste Aufwendungen aber nicht mit der Begründung versagt werden, die Aufwendungen stellten für *andere* StPfl Privataufwendungen dar (BFH VI R 53/09, BStBl II 11, 723: Bücher als Arbeitsmittel; BFH VI R 5/07, BStBl II 10, 687: Reisekosten; BFH VI R 61/02, BStBl II 06, 782: Snowboardkurs). Die Beurteilung, ob Aufwendungen berufl oder privat veranlasst sind, obliegt in erster Linie der tatrichterl Würdigung des FG (BFH IX R 29/23, DStR 24, 2529: Insolvenzverfahren →Rn. 84). Zu Nachweispflichten und Sachverhaltsaufklärung → § 12 Rn. 12 ff. – **Unverzichtbare Aufwendungen der Lebensführung** werden durch die Vorschriften zur Berücksichtigung des steuerl Existenzminimums (§ 32a, § 32 VI) pauschal abgegolten oder sind als SA (insb § 10) oder agB (§§ 33 ff) abziehbar. Sie sind dem Anwendungsbereich des § 9 (und § 4 IV) entzogen, um eine doppelte Berücksichtigung zu vermeiden (BFH GrS 1/06, BStBl II 10, 672, C. III. 4. a, mwN; s auch BFH IX R 24/13, DStR 14, 1331: Kosten des privaten Wohnens; BFH VI B 40/13, BFH/NV 14, 335: bürgerl Kleidung). Ob ein **berufl Mehraufwand** trotzdem estl zur berücksichtigen ist, muss in erster Linie der Gesetzgeber entscheiden (zB für typische Berufskleidung, § 9 I 3 Nr 6, oder Verpflegung, § 9 IVa; *Pezzer* DStR 10, 93; *Söhn* FS Spindler, S 795; ausführl auch *Steck* DStZ 11, 191 und DStZ 11, 320 unter Rückgriff auf den Existenzminimumbericht der BReg; ebenso *Schwenke* FR 11, 1051). – Wird eine an sich private Veranlassung **durch berufl Gründe überlagert,** kann ein WK-Abzug gegeben sein (BFH VI R 50/10, BStBl II 13, 282 mwN: Telefonkosten während Auswärtstätigkeit).

54 **7. Gemischt veranlasste Aufwendungen. – a) Grundsatz: Aufteilungsgebot.** Aufwendungen, die nicht unwesentl sowohl berufl als auch privat veranlasst sind, müssen aufgeteilt werden, soweit dies mögl ist (s auch LStR 9.1 II 3). Das von der Rspr jahrzehntelang aus § 12 Nr 1 hergeleitete Aufteilungs- und Abzugsverbot ist mit BFH GrS 1/06, BStBl II 10, 672 zutr aufgegeben worden (→ § 12 Rn. 10; *Pezzer* DStR 10, 93; *Wacker* BB 18, 2519 (2525)). Die steuerl Anerkennung des berufl veranlassten Teils der Aufwendungen als WK ist ein **Erfordernis des obj Nettoprinzips;** die Höhe ist ggf zu schätzen.

55 **b) Geringfügige Veranlassungsbeiträge.** Allerdings sind, wie auch früher schon, geringfügige Veranlassungsbeiträge **unbeachtl** (BFH GrS 1/06, BStBl II 2010, 672, C. III.2.b): Bei einer geringfügigen *privaten* Mitveranlassung sind die we-

sentl berufl veranlassten Aufwendungen in voller Höhe als WK abzuziehen. Bei einer nur geringfügigen *berufl* Mitveranlassung bleibt es insgesamt beim Abzugsverbot für private Lebensführungskosten (s auch BFH VI R 35/11, BFH/NV 14, 500: Priesterjubiläum). – Ist eine prozentuale Aufteilung mögl, bietet sich die **10%-Grenze** an (*BMF* BStBl I 10, 614 Rn. 11; krit *Söhn* FS Spindler, S 795 (799)). Andernfalls muss iRe wertenden Gesamtwürdigung festgestellt werden, ob es sich um einen unwesentl privaten Veranlassungsbeitrag handelt. Dass sich dieser nicht beziffern lässt, hindert die Berücksichtigung von wesentl berufl veranlassten Aufwendungen nicht.

c) Untrennbare Veranlassungsbeiträge. Greifen nicht unwesentl private und berufl Veranlassungsbeiträge so ineinander, dass eine Trennung nach obj Kriterien nicht mögl ist, auch nicht im Wege einer Schätzung, scheidet ein Abzug insgesamt aus (BFH GrS 1/06, BStBl II 10, 672, C. III.4.c; *Söhn* FS Offerhaus, S 477 (485); krit *Steck* DStZ 11, 191 (202)). 56

Beispiele – WK nicht anerkannt: Reise eines **Religionslehrers** durch das „Heilige Land“ (BFH VI R 36/02, BFH/NV 07, 681); USA-Rundreise einer **Englischlehrerin** (FG Mster EFG 10, 2094, rkr); Auslandsreise eines nebenberufl **Lehrbuchautors** (BFH VIII R 51/10, BStBl II 13, 808); Konzertbesuche von **Musiklehrern** und Theaterbesuche von **Deutschlehrern,** soweit nicht ein konkreter Bezug zum Unterricht besteht (s auch BFH VI R 53/09, BStBl II 11, 723 zu Büchern); Besuche von Kunstausstellungen/Vernissagen einer **Kunstlehrerin** (FG BW EFG 16, 627, rkr); Beitritt zu einem **Golfclub** (BFH VI R 31/10, BStBl II 13, 700; *Ortmann-Babel* BB 10, 296).

d) Aufteilung nach Veranlassungsbeiträgen. Sind die Veranlassungsbeiträge für sich genommen jeweils nicht geringfügig und lassen sich berufl und private Veranlassungsbeiträge nach obj Kriterien voneinander abgrenzen, ist der berufl veranlasste Teil der Aufwendungen als WK zu berücksichtigen. 57

aa) Aufteilungsmaßstab. Einen für alle Aufwendungen einheitl Aufteilungsmaßstab gibt es nicht. Es wird so aufgeteilt, wie es im jeweiligen Fall sachgerecht erscheint. Bei Arbeitsmitteln (→ Rn. 63) und Reisekosten (→ Rn. 66) kann eine Aufteilung im Verhältnis der jeweiligen berufl und privaten **Zeitanteile** angebracht sein. Bei Feiern bietet sich eine Aufteilung **nach Köpfen** an (*BMF* BStBl I 10, 614 Rn. 15; *Krüger* DStR 15, 2820; auch → Rn. 65). – Bereitet die genaue Ermittlung des berufl veranlassten Anteils der Aufwendungen Schwierigkeiten, ist dieser zu **schätzen** (BFH GrS 1/06, BStBl II 10, 672, C. III.3.e). 58

bb) Abgrenzbare Kostenbestandteile. Lassen sich einzelne, abgrenzbare Kostenbestandteile eindeutig der berufl oder der privaten Sphäre zuordnen, sind sie entspr zu behandeln (zB Tagungsbeitrag als WK bei einer gemischt veranlassten Auslandsreise, s BFH GrS 1/06, BStBl II 10, 672, C. III. 3. f; zu privat veranlassten Schadensersatzleistungen bei einer an sich betriebl/berufl Fahrt s BFH IV R 26/04, BStBl II 06, 182). Verursacht eine während einer Urlaubsfahrt wahrgenommene dienstl Unternehmung zusätzl Kosten (zB Übernachtung, Umwegfahrt etc), sind diese als WK abziehbar (*Pezzer* DStR 10, 93 (94)). Lassen sich einzelne Kosten weder eindeutig zuordnen noch aufteilen, scheidet ein Abzug *nur insoweit* aus. 59

cc) Unterschiedliche Gewichtung der Veranlassungsbeiträge. Es kann uU gerechtfertigt sein, die jeweiligen berufl und privaten Veranlassungsbeiträge unterschiedl zu gewichten oder von einer Aufteilung ganz abzusehen (BFH GrS 1/06, BStBl II 10, 672, C. III. 4. e). Ein Beispiel ist die **Wahrnehmung eines berufl Termins auf Weisung des ArbG** (unmittelbarer dienstl Anlass, s auch BFH VI R 37/15, BStBl II 17, 526). In einem solchen Fall können die Kosten der Hin- und Rückreise auch dann in vollem Umfang berufl veranlasst sein, wenn der ArbN den *berufl Pflichttermin* mit einem vorangehenden oder nachfolgenden *Privataufenthalt* verbindet; es kommt dann nicht notwendig darauf an, ob der private Teil der Reise kürzer oder länger ist als der berufl (s auch *Geserich* NWB 11, 2452 (2453)). Dies be- 60 deutet aber nicht, dass der ArbN beliebig überziehen kann. Urlaubstage müssen in einem angemessenen Verhältnis zu den Dienstreisetagen stehen; die Verfolgung privater Reiseinteressen darf nicht den Schwerpunkt der Reise bilden (BFH VI R 37/15, BStBl II 17, 526).

62 **dd) Nachweise; Beweislast.** Der StPfl muss die berufl Veranlassung der Aufwendungen darlegen und nachweisen (BFH GrS 1/06, BStBl II 10, 101, C. III.4.d; BFH VIII B 18/10, BFH/NV 11, 1346; auch → Rn. 122). Wegen der im Grenzbereich zur privaten Lebensführung bestehenden Missbrauchsgefahr ist der Sachverhalt **umfassend aufzuklären;** FA und FG dürfen sich idR nicht allein auf die Darstellung des StPfl stützen. Bleiben gewichtige Zweifel, ob den als WK geltend gemachten Aufwendungen eine berufl Veranlassung zu Grunde liegt, scheidet ein Abzug aus, insb bei widersprüchl Angaben des StPfl (s BFH VI R 12/10, BStBl II 11, 796; → § 12 Rn. 11 ff). Ist dagegen weder die berufl Veranlassung noch die Abgrenzbarkeit zweifelhaft, bereitet aber die Quantifizierung Schwierigkeiten, muss geschätzt werden (→ Rn. 58).

63 **e) Typische Aufteilungsfälle. – aa) Arbeitsmittel.** Werden Arbeitsmittel wie Schreibtisch, Aktenschrank, Schreibtischlampe, PC, Laptop uÄ auch privat genutzt, sind die Aufwendungen idR im Verhältnis der zeitl Nutzungsanteile aufzuteilen (BFH VI R 135/01, BStBl II 04, 958; BFH III R 70/08, BFH/NV 10, 2253); bei nur unwesentl privater Mitbenutzung liegen in voller Höhe WK vor (BFH VI R 109/87, BStBl II 93, 106). IÜ auch → § 9 Rn. 265.

65 **bb) Feiern.** Ob Aufwendungen für eine Feier berufl oder privat veranlasst sind, bestimmt sich in erster Linie nach dem **Anlass** der Feier (BFH VI R 25/03, BStBl II 2007, 459 mwN); allerdings ist dieser ledigl ein Indiz und nicht das allein entscheidende Kriterium (BFH VI R 46/14, BStBl II 15, 1013; BFH VI R 7/16, BStBl II 17, 409: Geburtstagsfeier). Zusätzl sind auch die **konkreten Umstände** der jeweiligen Veranstaltung zu berücksichtigen: zB wer als Gastgeber auftritt, wer die Gästeliste bestimmt, wer an der Feier teilnimmt, der Ort, der finanzielle Rahmen etc (s auch BFH VI R 35/11, BFH/NV 14, 500 mwN: tatrichterl Würdigung). Ein umsatz- oder **erfolgsabhängiges Gehalt** kann ebenfalls ein gewichtiges Indiz sein (BFH VI R 33/07, BStBl II 09, 11), ist aber schon deshalb keine zwingende Voraussetzung für die Annahme eines berufl Anlasses, weil eine konkrete Auswirkung auf die Höhe der Einnahmen keine Voraussetzung für den WK-Abzug ist (→ Rn. 43 und BFH VI R 78/04, BStBl II 07, 721). Werden vor allem Kollegen, Geschäftsfreunde, Mitarbeiter des StPfl oder des ArbG, Vertreter des öffentl Lebens, Presse und Verbandsvertreter etc eingeladen, spricht dies für einen berufl Anlass; nehmen vor allem Angehörige, Freunde und Bekannte des StPfl teil, handelt es sich im Zweifel um eine private Veranstaltung. Bei einem (nicht unwesentl, → Rn. 55) **gemischten Teilnehmerkreis** ist aufzuteilen, zB nach Köpfen. Die Teilnahme des Ehegatten an einer ansonsten berufl Feier ist mE unbeachtl (unwesentl private Mitveranlassung, → Rn. 55, auch → § 19 Rn. 110 „Bewirtung").

66 **cc) Reisekosten.** Im Fall einer Reise, die sowohl berufl als auch privaten Belangen dient (zB einer berufl veranlassten Reise wird ein Urlaub hinzugefügt), sind die auf die berufl genutzte Zeit entfallenden Kosten für Übernachtung, Verpflegungsmehraufwand etc als WK abziehbar; die auf die Urlaubstage entfallenden Kosten sind nicht abziehbare Lebensführungskosten. Die **Kosten der Hin- und Rückreise** dienen obj sowohl dem berufl als auch dem privaten Reiseteil; sie sind daher regelmäßig im Verhältnis der berufl und privat veranlassten **Zeitanteile der Reise** aufzuteilen (BFH GrS 1/06, BStBl II 10, 672, C. III.2./4.; *BMF* BStBl I 10, 614 Rn. 15). Anreise- und Abreisetage sind bei der Bemessung der Zeitanteile grds neutral zu behandeln (BFH VI R 5/07, BStBl II 10, 687). Zu einer anderweitigen Gewichtung der jeweiligen Veranlassungsbeiträge → Rn. 60. Zu **Auslandsgruppenreisen** → § 19 Rn. 110 „Studienreisen"; ausführl auch *Geserich* NWB 11, 2452 (2454). – Wird der ArbN bei einer **Auswärtstätigkeit** von seiner Familie begleitet, sind die Übernachtungskosten aufzuteilen (BFH VI R 55/16, BFH/NV 18, 1145; BFH VI R 11/13, BStBl II 14, 804), mE durch Ermittlung des privat veranlassten Mehraufwands; so auch § 9 I 3 Nr 5a S 3 (→ Rn. 237).

dd) Sprachkurse. – (1) Berufliche Veranlassung. Aufwendungen für das Erlernen einer Fremdsprache oder das Vertiefen bestehender Kenntnisse sind WK, wenn ein obj Zusammenhang mit der Berufstätigkeit und eine subj Förderungsabsicht bestehen (→ Rn. 42); beides muss anhand sämtl Umstände des Einzelfalls durch das FA bzw das FG iRe Gesamtwürdigung festgestellt werden (BFH VI R 12/10, BStBl II 11, 796). Zu bewerten ist einerseits, ob die gegenwärtige berufl Tätigkeit oder eine konkret angestrebte anderweitige Tätigkeit die betr Fremdsprachenkenntnisse erfordern, und andererseits, ob der gewählte Sprachkurs die erforderl Kenntnisse vermittelt (BFH VI R 46/01, BStBl II 02, 579). Dies können auch **Grundkenntnisse** sein, wenn diese ausreichen oder die Vorstufe zum Erlernen qualifizierterer Kenntnisse sind (BFH VI R 12/10, BStBl II 11, 796 mwN). Das Erlernen der jeweiligen *Fachsprache* ist nicht zwingende Voraussetzung für den WK-Abzug. Es genügt allerdings nicht, dass Fremdsprachenkenntnisse nur allg förderl sind. Je konkreter ein Zusammenhang erkennbar ist, umso geringer sind die Darlegungsanforderungen an den StPfl (BFH VI R 46/01, BStBl II 02, 579; *Pust* HFR 02, 789). Geht es um eine berufl Tätigkeit im Ausl, kann **§ 3c I** eine Berücksichtigung der Aufwendungen ausschließen (s einerseits BFH VI R 141/89, BStBl II 92, 666 mwN; andererseits BFH VI R 46/01, BStBl II 02, 579: nächste Stufe des berufl Fortkommens maßgebl). – Zu **Deutschkursen** → § 12 Rn. 32 „Sprachkurs". 67

(2) Auswärtige Sprachkurse. Diese Grundsätze gelten im Prinzip auch für Sprachkurse, die nicht am Wohnort des StPfl oder in dessen Nähe besucht werden. Bei entspr berufl Veranlassung sind daher jedenfalls die Kursgebühren als WK zu berücksichtigen. Im Hinblick auf EuGH C-55/98, DStRE 02, 114 – Vestergaard hat der BFH entschieden, bei einem Sprachkurs in einem anderen Mitgliedstaat der EU dürfe nicht unterstellt werden, dass dieser wegen der jeder Auslandsreise innewohnenden touristischen Elemente eher Berührungspunkte zur privaten Lebensführung des StPfl aufweise als ein Inlandssprachkurs (BFH VI R 168/00, BStBl II 03, 765; BMF BStBl I 03, 447 zu EWR und Schweiz). Ungeachtet dessen kann und muss aber auch hier iRd Gesamtwürdigung berücksichtigt werden, wenn der Sprachkurs zB an einem beliebten Urlaubsort stattfindet. 68

(3) Maßgebliche Gesichtspunkte; Nachweis. IRd vorzunehmenden Gesamtwürdigung sind der **Veranstaltungsort** (typisches Feriengebiet), die **Jahreszeit** (typische Ferienzeit), die Anzahl und Gestaltung **unterrichtsfreier Tage** (Samstage und Sonntage sind grds nicht einzubeziehen, s aber BFH VI R 12/10, BStBl II 11, 796, mit Anm *Kanzler* FR 11, 680) und die **Gestaltung des Jahresurlaubs** auch in früheren Jahre zu beachten (BFH VI R 168/00, BStBl II 03, 765, mit ausführl Anm *Pust* HFR 02, 1080; BFH VI B 101/02, DStRE 04, 933; BFH VI R 122/01, BFH/NV 05, 1544, Spanischkurs für Flugbegleiterin; FG Hmb EFG 07, 755, rkr, Sprachkurs in Spanien mit Wochenendfreizeit, zutr anerkannt; NdsFG DStRE 06, 135, rkr, Sprachkurs in der Karibik zu Recht nicht anerkannt). Zu berücksichtigen sind ferner die **Gesamtkosten** im Verhältnis zu den Kosten eines gleichwertigen näher gelegenen Kurses (zB Englischkurs in London anstatt in Südafrika). Von Bedeutung kann auch sein, ob es sich um eine Pflichtveranstaltung iRe **Fortbildungsmaßnahme** handelt (BFH VI R 93/00, BFH/NV 02, 1444; s ferner ThürFG EFG 02, 1217, rkr) oder der Kurs der **Examensvorbereitung** dient (BFH VI R 65/04, BFH/NV 06, 1075). Abendveranstaltungen oder begleitende Exkursionen müssen nicht steuerschädl sein. – Der StPfl hat seine **Teilnahme** am Sprachkurs sowie den **Unterrichtsinhalt** nachzuweisen (BFH VI R 61/04, BFH/NV 07, 1132). 69

ee) Weitere Aufteilungsfälle. Die Aufteilung gemischter Aufwendungen ist ferner zB in folgenden Fällen zulässig: 71

Kfz-Kosten (BFH GrS 2/70, BStBl II 71, 17, unter II.7 der Entscheidungsgründe); **Telefongrundgebühren** (BFH VI R 202/79, BStBl II 81, 131); Kosten für **Waschmaschine** (BFH VI R 53/92, BStBl II 93, 838; BFH VI R 77/91, BStBl II 93, 837; zur Schätzung der Waschkosten s auch FG Köln EFG 13, 771); Prämien für **Reisegepäckversicherung** (BFH VI R 42/92, BStBl II 93, 519, unter 5); **Kontoführungsgebühren** (BFH VI R 63/80, BStBl II 84, 560);

Zinsen bei **gemischtem Kontokorrent** (BFH GrS 2–3/88, BStBl II 90, 817); **Leerstandzeiten einer Ferienwohnung** (BFH IX R 97/00, BStBl II 02, 726); **Computerkosten** (BFH VI R 135/01, BStBl II 04, 958).

75 **8. Aufwendungen auf das Vermögen. – a) Systematik der Einkünfteermittlung.** Setzt der StPfl Vermögensgegenstände zur Erzielung von Einnahmen ein (zB Hausgrundstück wird vermietet), müssen alle damit wirtschaftl zusammenhängenden Aufwendungen estl als WK berücksichtigt werden, also zB auch die Kosten des Erwerbs oder der Herstellung. Diese sind (ebenso wie bei den Gewinneinkünften) als AK/HK über die AfA gem § 9 I 3 Nr 7 estl abziehbar. Lediglich bloße positive und negative *Wert*veränderungen (zB TW-AfA) bleiben iRd Überschussrechnung nach §§ 8 ff (anders als bei den Gewinneinkünften) grds außer Betracht (BFH VIII R 46/09, BStBl II 11, 920 mwN). Das EStG erfasst aber auch im Bereich der Überschusseinkünfte durch zahlreiche Vorschriften (realisierte, also zu Aufwand oder Ertrag gewordene) Vermögensveränderungen, zB in § 9 I 3 Nr 6 und 7, §§ 17, 20 und 23. S auch BFH GrS 1/89, BStBl II 90, 830 (836); BFH VI B 7/13, BFH/NV 13, 1922 mwN; *Kruse* FR 81, 478; *HHR/Kreft* § 9 Rn. 187 ff; *Krüger* FR 95, 633 (634 f.)

Der Auffassung, dass in diesem Bereich das **Veranlassungsprinzip** durch den Grundsatz der **Nichtberücksichtigung der Vermögenssphäre** überlagert werde (ausführl dazu *Jakob/Wittmann* FR 88, 547 ff), kann nicht gefolgt werden. Die Nichtberücksichtigung bloßer Wertveränderungen iRd Überschusseinkünfte ist vielmehr Folge der konsequenten Anwendung des Veranlassungsprinzips (s *Krüger* FR 95, 633). Eine allg Regel, dass Aufwendungen, die die Vermögenssphäre betreffen, bei den Überschusseinkünften *a priori* unbeachtl sind, gibt es nicht, wie die Vorschriften in § 9 I 3 Nr 6 und 7, §§ 17, 20 und 23 sowie die zahlreichen Fälle, in denen die Rspr Vermögensverluste als WK gem § 9 I 1 anerkannt hat (s zB die Nachweise → § 19 Rn. 110 „Bürgschaft", „Darlehen"; → Rn. 77 ff), verdeutlichen (s auch *HHR/Kreft* § 9 Rn. 186 mwN; *Knobbe-Keuk* DStZ 84, 335 (340)); → Rn. 78 ff. – Grundlegend: *Krüger* Führen WK zu Überschusserzielungsvermögen?, 1995; *Durchlaub* Zur StPfl der Gewinne aus der Veräußerung von PV, 1993; *Uhländer* Vermögensverluste im PV, 1996, S 71–92; ferner *Rauch* Nachträgl WK, 1996, S 76 ff.

76 **b) Anschaffung; Herstellung. – aa) Nichtabnutzbares Vermögen.** AK/HK für nichtabnutzbares Vermögen (zB Grundstücke) sind keine WK, da für nichtabnutzbare WG AfA nicht in Betracht kommt (BFH IX R 24/16, BStBl II 18, 168). Denn die wirtschaftl Leistungsfähigkeit des StPfl wird durch die Anschaffung im Ergebnis nicht gemindert (Vermögensumschichtung). Etwas anderes gilt für Aufwendungen, die keine (auch keine nachträgl) AK sind und zu keiner wesentl Veränderung des Vermögensgegenstands führen (s BFH IX R 2/05, BStBl II 07, 941: Aufwendungen für Schadstoff-Gutachten als WK bei VuV). Ebenfalls zu berücksichtigen sind wegen der Sonderregelung des § 9 I 3 Nr 1 Zinsen auf Anschaffungskredite (→ Rn. 140 ff) und ggf Substanzverluste (→ Rn. 78).

Beispiele – WK nicht anerkannt: Notar- und Gerichtskosten bei **gescheiterter Veräußerung** eines vermieteten Grundstücks (BFH IX R 8/12, BStBl II 12, 781: auch nicht iRd § 23); Erwerb einer **„gebrauchten" LV** (BFH VIII R 46/09, BStBl II 11, 920); vergebl Aufwendungen für Anschaffung von unbebautem **Grund und Boden** (BFH IX R 37/09, BFH/NV 11, 36); **Gutachten zur Ertragslage** vor dem Kauf (BFH VIII R 62/05, BStBl II 10, 159; Anm *Kanzler* FR 07, 1184; abl *Adolf* BB 07, 1537); Abwehr von **Rückübertragungsansprüchen** (BFH IX R 50/08, BFH/NV 10, 622) und von **Zwangsvollstreckung** nach dem AnfG (BFH IX R 56/06, BStBl II 07, 956).

77 **bb) Abnutzbares Vermögen.** AK/HK für ein abnutzbares WG, das zur Einkünfteerzielung eingesetzt wird, werden iRd § 9 I 3 Nr 6 (Arbeitsmittel, → Rn. 265 ff) und Nr 7 (AfA, → Rn. 275 ff) sowie im Falle von Erhaltungsaufwendungen (zB Reparaturkosten) und uU Substanzverlusten (→ Rn. 78) als WK berücksichtigt. Der StPfl erbringt zum Zwecke der Einnahmeerzielung ein Vermögensopfer, das in einem wirtschaftl Zusammenhang mit der Einnahmeerzielung steht. Zur Be-

rücksichtigung von nachträgl WK bei Aufgabe der Vermietungsabsicht s BFH IX R 51/05, BFH/NV 08, 933 (Abbruchkosten als WK) und → Rn. 99.

c) Substanzverluste; Vermögensopfer. Darüber hinaus müssen aber auch andere Verluste in der privaten Vermögenssphäre als WK anerkannt werden, wenn die Gründe für einen völligen oder teilweisen Verlust oder sonstige Einbußen in der Erwerbssphäre liegen (BFH VI B 132/15, BFH/NV 16, 926). Das ist vor allem der Fall, wenn ein WG des StPfl einem **spezifischen Risiko der Einkünfteerzielung** ausgesetzt ist und aus diesem Grund die wirtschaftl Leistungsfähigkeit des StPfl gemindert wird (s auch BFH VI R 24/08, BStBl II 10, 198, II.1.c, mwN). 78

aa) Unfreiwillige Aufwendungen. Zur Risikosphäre der Erwerbstätigkeit gehören unfreiwillige Aufwendungen in Form von **Beschädigung, Verlust** oder **Zerstörung** privater WG, wenn solche Ereignisse bei der berufl Verwendung eintreten oder auf andere Weise durch die Einkünfteerzielung veranlasst sind (BFH VI R 75/06, BStBl II 10, 48). Reine **Wertschwankungen** sind dagegen unbeachtl (BFH VIII R 58/07, BStBl II 11, 491: Fremdwährungsdarlehen). 79

(1) Kraftfahrzeug, Arbeitsmittel etc. Als WK grds zu berücksichtigen sind zB die Kosten eines **Verkehrsunfalls,** der sich auf einer berufl veranlassten Fahrt ereignet (BFH VIII R 33/09, BStBl II 13, 171 mwN; iEinz → § 19 Rn. 110 „Unfallkosten" und → § 7 Rn. 181 ff; einschr BFH VI R 29/13, BStBl II 14, 849, → Rn. 196: Abgeltungswirkung der Entfernungspauschale). Auch **Diebstahl/Unterschlagung** von Arbeitsmitteln durch Dritte können WK sein (BFH VI R 185/97, BStBl II 04, 491). Gleiches gilt für notwendiges persönl Gepäck auf einer berufl veranlassten Reise (BFH VI R 26/95, BStBl II 95, 744 mwN: gilt nur für StPfl, nicht für Ehegatten; LStH 9.8 „Diebstahl"), wenn sich eine typische Reisegefahr realisiert hat (BFH VI R 21/92, BStBl II 94, 256). Ebenso kann zB die mutwillige **Zerstörung** des PKW eines Polizeibeamten zu WK führen (BFH VI R 25/80, BStBl II 82, 442; s auch *Glanegger* DStZ 84, 583; FG Saarl EFG 00, 1249, rkr), sofern die berufl Veranlassung feststellbar ist (BFH VI R 25/93, BStBl II 94, 355; *Anm* HFR 94, 318). Der Höhe nach kann nur der **Restwert** als WK angesetzt werden (BFH VI R 26/95, BStBl II 95, 744; s auch BFH VIII R 33/09, BStBl II 13, 171: keine AfaA für rechnerisch abgeschriebenes Kfz). 80

Weitere Beispiele – WK anerkannt: Diebstahl des privaten PKW auf einer Dienstreise (BFH VI R 171/88, BStBl II 93, 44); Beschädigung von Kleidung bei Berufskraftfahrer (ThürFG EFG 00, 211). – **WK nicht anerkannt:** Diebstahl auf privater Umwegfahrt (vgl BFH XI R 60/04, BStBl II 07, 762).

(2) Geld. WK fallen auch dann an, wenn dem StPfl auf einer Dienstreise Geld **gestohlen** wird, das er für die Dienstreise selbst oder aber für die mit dieser Reise verfolgten Zwecke mitführt (einschr BFH VI R 227/83, BStBl II 86, 771: nicht bei Verlust „gelegentl" einer Dienstreise). Auch hier konkretisiert sich eine „typische Reisegefahr" (*HHR/Kreft* § 9 Rn. 195; **aA** *KKM* § 9 B 700 „Diebstahl von Geld"). – Die **Veruntreuung** von bereits überwiesenen Mieteinnahmen durch den Miteigentümer führt hingegen nicht zu WK bei dem anderen Miteigentümer (BFH IX R 122/92, BStBl II 95, 534; *Anm* HFR 95, 504; **aA** *Groh* FR 95, 544; *Flies* DStR 96, 90 ff; FG Brem EFG 98, 1052 bei Veruntreuung durch einen Verwalter; s auch *Paus* INF 98, 36). 81

bb) Vermögensopfer. WK entstehen auch dann, wenn der StPfl ein Wertopfer oder das Risiko eines Wertopfers aus Gründen der Einkünfteerzielung bewusst in Kauf nimmt und sich dieses Risiko der Erwerbshandlung später realisiert. 82

(1) Darlehen; Bürgschaft. Das ist der Fall beim wirtschaftl Verlust eines Darlehens, das ein ArbN seinem insolvenzbedrohten ArbG gewährt hat, um seinen Arbeitsplatz zu retten (BFH VI R 75/06, BStBl II 10, 48 mwN). Dasselbe gilt, wenn 83 ein ArbN später aus berufl Gründen auf Rückzahlungsansprüche verzichtet (BFH VI R 34/08, BStBl II 12, 24: trotz *Gewährung* des Darlehens aus im Gesellschaftsverhältnis liegenden Gründen), und ebenso im Falle der Tilgung einer aus berufl Gründen übernommenen Bürgschaftsverpflichtung oder anderer Sicherheiten (vgl BFH VI R 97/10, BStBl II 12, 343; BFH VI R 77/14, BStBl II 16, 60; zur Abgrenzung s auch BFH VI R 55/14, BFH/NV 15, 1556). – Dagegen hat die Rspr bei den **Einkünften aus KapVerm** Darlehensverluste bis VZ 2008 (also unabhängig von § 20 IX) nicht als WK anerkannt (s zB BFH VIII R 100/87, BStBl II 92, 234).

IÜ auch → § 19 Rn. 110 „Bürgschaft", „Darlehen", „Kaution" und „Stammkapital". Zur Frage nach der **Zuordnung** zur richtigen Einkunftsart → Rn. 120 und *Gast* Steuerl Berücksichtigung von Darlehensverlusten …, 2012, S 92 f. Ferner *Knobbe-Keuk* DStZ 84, 335; *Grube* FS F. Klein, 1994, S 913 ff; *Wolff-Diepenbrock* DB 94, 1539; grundlegend *Flies* Vermögensverluste, 1995, S 121 ff; abl *Uhländer* Vermögensverluste im PV, 1996, S 115 f; s ferner *Rauch* Nachträgl WK, 1996, S 82 ff, 80 ff.

84 **(2) Abwehraufwendungen.** In gleicher Weise können Aufwendungen, die dem Erhalt einer Einkunftsquelle oder dem Erhalt von Einnahmen dienen, als WK zu berücksichtigen sein (BFH IX R 72/90, BStBl II 93, 486: Zahlungen zur Verhinderung der Eintragung eines Nießbrauchs als WK bei VuV, einschließl Prozesskosten als Folgekosten; BFH VI R 104/66, BStBl III 67, 655: Prozesskosten, um die Rückzahlung bereits vereinnahmter Mieten zu verhindern, und Umschuldungskosten zur Verringerung der Zinsbelastung; BFH VI R 16/21, BStBl II 24, 442: Prozesskosten eines Wehrdisziplinarverfahrens). Keine WK liegen allerdings vor, wenn es dem StPfl vorrangig darum geht, Beeinträchtigungen seines Vermögens zu verhindern oder zu beseitigen (BFH IX R 50/08, BFH/NV 10, 622 mwN: Abwehr von Rückübertragungsansprüchen nach dem Vermögensgesetz; s auch BFH IX R 7/14, BFH/NV 15, 327).

Weitere Beispiele – WK nicht anerkannt: Aufwendungen zur Vermeidung einer drohenden **Zwangsversteigerung** eines Grundstücks (BFH IX R 89/94, BStBl II 97, 772, zur Ablösung von aus privaten Gründen gewährten Grundschulden: weder nachträgl AK noch sofort abziehbare WK); ebenso bei **Gesamtrechtsnachfolge** (BFH IX R 11/08, BFH/NV 09, 1100). – Bei **Insolvenz** muss unterschieden werden: Ausschließl durch das Insolvenzverfahren verursachte Aufwendungen sind der *privaten* Vermögenssphäre zuzuordnen (keine WK); dagegen sind Aufwendungen, die auch bei einer Veräußerung des WG außerhalb des Insolvenzverfahrens angefallen und als WK abziehbar gewesen wären, WK (BFH IX R 29/23, DStR 24, 2529: Veräußerung von Grundstücken). – Zu **Abfindungen** an Mieter etc → § 6 Rn. 140 „Abfindungen".

85 **(3) Veräußerungsverluste.** Keine WK liegen nach stRspr vor, wenn der StPfl eine Kapitalbeteiligung an seinem ArbG wegen Beendigung des ArbVerh unter Wert veräußern muss und dadurch einen Verlust erleidet (BFH VI R 24/08, BStBl II 10, 198: erzwungene Veräußerung zum Konsortialkurs durch das Gesellschaftsverhältnis bedingt; Anm *Schneider* BFH/PR 10, 48). Das gilt auch dann, wenn ein ArbN (hier: Wirtschaftsprüfer) Aktien und Fondsanteile auf Weisung seines ArbG veräußert, um gesetzl Unabhängigkeitsregeln zu wahren (BFH VI B 17/08, BFH/NV 09, 13).

88 **9. Aufwendungen auf geschenktes Wirtschaftsgut.** Erhält der StPfl ein WG geschenkt und setzt er es für die Einkünfteerzielung ein (zB Arbeitsmittel, Hausgrundstück etc), kann er iRd § 9 I 3 Nr 6 und 7 dem Grunde nach WK geltend machen (vgl BFH VI R 85/87, BStBl II 90, 883). Der Ausgangsbetrag für die AfA (§ 9 I 3 Nr 7) ist entspr § 11d I EStDV zu berechnen. Nach dem in dieser Vorschrift enthaltenen Rechtsgedanken kann der StPfl zB dann keine WK nach § 9 I 3 Nr 6 und 7 geltend machen, wenn der Dritte Aufwendungen für das Arbeitsmittel bereits bei sich steuermindernd geltend gemacht hatte; dasselbe gilt, wenn ein privat genutztes WG bei dem Dritten abgeschrieben gewesen wäre, falls dieser es zur Einkünfteerzielung eingesetzt hätte (glA *Littmann* § 9 Rn. 60; s auch *Drenseck* FR 81, 150).

10. Aufwendungen auf fremdes Wirtschaftsgut. Tätigt der StPfl im Interesse seiner Einkünfteerzielung laufende Aufwendungen auf ein fremdes WG (zB Instandhaltungskosten) oder auf eine fremde Verpflichtung (zB Gebäudeversicherung, öffentl Abgaben), sind diese Kosten als WK abziehbar (BFH GrS 4/92, BStBl II 95, 281, C. III.; auch → § 7 Rn. 81 ff zur AfA-Befugnis). Es geht hier nicht um Drittaufwand (→ Rn. 21 ff), sondern um **eigenen Aufwand** des StPfl. Dies gilt auch dann, wenn ein Mietvertrag, der der Nutzungsüberlassung an den StPfl zugrunde liegt, nicht anzuerkennen ist (BFH X R 99/92, BFH/NV 96, 891; s auch *Gosch* DStZ 97, 8). Ein **Miteigentümer,** der ein WG zum Zweck der Einkunftserzielung alleine nutzt, kann AfA aber dennoch nur entspr seinem Miteigentumsanteil geltend machen, wenn er die AK/HK auch nur in diesem Umfang getragen hat; gleiches gilt für Schuldzinsen, wenn das Darlehen zur Finanzierung der AK/HK gemeinsam aufgenommen wurde und die Zinsen von einem gemeinsamen Konto gezahlt wurden (BFH VI R 41/15, BStBl II 18, 355). 90

11. Schuldhaft veranlasste Aufwendungen. Verstößt ein StPfl grob fahrlässig oder vorsätzl gegen Rechtsvorschriften, handelt er allein deshalb nicht privat. Daher werden auch die Kosten eines durch den StPfl schuldhaft herbeigeführten Kfz-Unfalls während einer berufl veranlassten Fahrt nicht zu privaten Aufwendungen (BFH GrS 2–3/77, BStBl II 78, 105; aber → Rn. 196). Denn Verschulden, Strafbarkeit oder moralisches Verhalten des StPfl berühren wegen der **Wertungsfreiheit der Besteuerung** (s auch § 40 AO) die Einordnung von Aufwendungen nicht (BFH VI R 35/96, BStBl II 04, 641: Zahlung aufgrund Haftung wegen Beihilfe zur StHinterziehung als WK; BFH VIII R 43/14, BFH/NV 17, 569; BFH IX R 5/12, BStBl II 13, 806 jeweils zu Kosten der **Strafverteidigung**). Es kommt nur darauf an, ob das Fehlverhalten iRd berufl Aufgabenerfüllung liegt (BFH VI R 75/10, BFH/NV 11, 2040: Beihilfe zur Untreue, Anwaltskosten) und nicht auf privaten Umständen beruht, die den berufl Zusammenhang aufheben (BFH VI R 27/15, BStBl II 18, 441: Aufstellung einer falschen Bilanz, um Dividenden zu beziehen; BFH VI R 94/95, BStBl II 96, 375: Kfz-Unfall auf kurzem Umweg zum Kindergarten; BFH VI R 73/05, BStBl II 07, 766: alkoholbedingte Fahruntüchtigkeit; ferner *Offerhaus* BB 79, 671 mit zahlreichen Beispielen; zu Alkoholgenuss s *von Bornhaupt* BB 84, 1146; *Anm* HFR 84, 326; *Müller* DStZ 99, 334, auch zur Rspr des BAG). – IEinz → § 19 Rn. 110 „Haftung", „Prozesskosten", „Schadensersatz" und „Unfallkosten"; ferner → § 4 Rn. 520 „Schadensersatzleistungen", „Strafen" und „Verlust". 92

Weitere Beispiele: Nachträgl WK bei **Haftung** des angestellten Ges'ter-Geschäftsführers für StSchulden der Ges (FG LSA EFG 13, 1651, rkr); zu **Strafverteidigerkosten** s BFH VI R 42/04, BStBl II 08, 223, FG Hmb DStRE 12, 271, FG RhPf EFG 16, 528, rkr; FG Mster EFG 11, 2059, rkr; FG Ddorf EFG 24, 1208, rkr.

12. Vorab entstandene/nachträgliche Werbungskosten. – a) Zeitlich gestreckte Veranlassung. Berufl veranlasste Aufwendungen sind grds in dem VZ als WK zu berücksichtigen, in dem sie geleistet wurden (→ Rn. 13). Das muss nicht notwendig der VZ sein, in dem die zugehörigen Einnahmen erzielt worden sind bzw erzielt werden sollen. Der Veranlassungszusammenhang (→ Rn. 40 ff) zw Aufwendungen und Einnahmen kann auch über mehrere VZ hinweg bestehen (BFH GrS 1/89, BStBl II 90, 830 mwN). Entscheidend ist, dass durch die Teilnahme am Marktgeschehen im weitesten Sinne stpfl Einnahmen erworben werden sollen bzw worden sind (*Kruse* FR 81, 476; ähnl zu BA *Ruppe* DStJG 1, 39). 94

b) Vorab entstandene Werbungskosten. – aa) Entschluss des Steuerpflichtigen. WK können schon zu einem Zeitpunkt anfallen, zu dem noch keine Einnahmen erzielt wurden. Voraussetzung ist auch hier, dass ein hinreichend bestimmter Veranlassungszusammenhang zw den Aufwendungen und der Einkunftsart besteht, bei der der Abzug begehrt wird (stRspr, vgl BFH IX R 14/12, BStBl II 13, 279 mwN). Das ist der Fall, wenn der StPfl im Zeitpunkt des Entstehens der Aufwendun- 95 gen einen **endgültigen Entschluss zur Einkünfteerzielung** gefasst (BFH VI R 1/18, BFH/NV 20, 354; BFH IX R 9/15, BStBl II 16, 335) und diesen zwischenzeitl nicht wieder aufgegeben hat (BFH IX R 21/12, BFH/NV 13, 1778). Dass tatsächl Einnahmen erzielt worden sind, ist nicht zwingend erforderl (vergebl Aufwendungen, → Rn. 102; BFH IX R 24/16, BStBl II 18, 168). Diese Grundsätze gelten für alle Überschusseinkunftsarten (s unten, Beispiele; BFH VI R 8/12, DStR 14, 2216, B. III.3.b.bb, mwN), aber gem § 20 IX nicht für Einkünfte aus KapVerm.

Beispiele für Werbungskosten: Kosten der **Stellensuche** eines ArbN (zB Bewerbungsfoto und -unterlagen, Anreise zum Vorstellungsgespräch, Übernachtungskosten etc), Kosten der **Weiterbildung im Erziehungsurlaub** (BFH VI R 137/99, BStBl II 04, 888) und **Unterkunftskosten** iRe Studiums als Zweitausbildung (BFH VI R 78/10, BStBl II 13, 284) als vorab entstandene WK bei den Einkünften aus nichtselbständiger Arbeit. – Aufwendungen nach **gescheitertem Anschaffungsgeschäft** (BFH IX R 24/16, DStR 17, 1426), für ein **unbebautes Grundstück** (BFH IX R 9/15, BStBl II 16, 335) oder eine **leerstehende Wohnung** als vorab entstandene WK bei VuV (BFH IX R 14/12, BStBl II 13, 279); dazu iEinz → § 21 Rn. 128 ff und → Rn. 148 „Bausparvertrag". – Zu Aufwendungen zum **Erwerb von Rentenrechten** s BFH X B 51/11, BFH/NV 12, 1442 mwN (keine WK); dagegen sind Ausgleichszahlungen zur Pensionsanwartschaftsübertragung bei ArbG-Wechsel WK (BFH VI R 22/15, BStBl II 17, 999); zu Schuldzinsen bei **privaten Veräußerungsgeschäften** → § 23 Rn. 76. – **Keine vorab entstandenen WK sind iÜ:** Aufwendungen nach Aufgabe der Einkünfteerzielungsabsicht durch Entschluss, ein nicht vermietbares Grundstück stfrei zu veräußern (BFH IX R 30/07, BFH/NV 08, 1300); Finanzierungskosten für Erwerb einer Anwartschaft auf Nacherbschaft (BFH IX B 56/06, BFH/NV 07, 666); Aufwendungen für verfallene Termingeschäfte (BFH IX B 154/10, BStBl II 12, 454).

96 **bb) Nachweis; Konkretisierung.** Der StPfl muss nachweisen, dass er im Zeitpunkt der Aufwendungen bereits den Entschluss gefasst hatte, stpfl Einnahmen zu erzielen. Der Entschluss ist nur dann steuerl relevant, wenn er sich anhand **äußerer obj Umstände** belegen lässt. – Ein unmittelbarer oder ein bestimmter, ggf enger **zeitl Zusammenhang** wird nicht verlangt (BFH IX R 13/05, BFH/NV 07, 406 mwN: kein gesetzl Tatbestandsmerkmal, nur indizielle Bedeutung). Allerdings sind, wenn Aufwendungen auch der privaten Lebensführung dienen können, entspr höhere Anforderungen an die Darlegung eines konkreten Bezugs zu stellen (s einerseits BFH VI R 75/95, BStBl II 96, 529: Aufwendungen eines Gesellen für Meisterlehrgang; und andererseits BFH VI R 67/91, BStBl II 94, 248: Erwerb von Grundkenntnissen in einer gängigen Fremdsprache). – Es genügt nicht, wenn der StPfl Aufwendungen „ins Blaue hinein" tätigt (vgl BFH VI R 24/95, BStBl II 96, 452 mwN), ebenso wenig, dass sich Aufwendungen später iRe Einkunftsart als nützl erweisen (BFH VIII R 12/68, BStBl II 72, 930; FG Bln-Bbg EFG 96, 693, rkr, Besichtigungsreisen). Anderseits ist mE nicht erforderl, dass sich die Kosten bereits im Zeitpunkt ihrer Entstehung einer **bestimmten Einkunftsart** zuordnen lassen (zB: StPfl bewirbt sich auf die Anzeige eines Anwalts, der je nach Eignung des Bewerbers einen Angestellten oder Sozius sucht, s *Kruse* FR 81, 477 mit Beispielen; s auch BFH VI R 8/12, DStR 14, 2216, B. III.3.b.bb). Es genügt, wenn feststeht, dass Einkünfte erzielt werden sollen (BFH VI R 71/03, BStBl II 05, 349: tatrichterl Würdigung; glA *HHR/Kreft* § 9 Rn. 162; *BH/Thürmer* § 9 Rn. 162). Das **spätere Verhalten** des StPfl kann als Indiz für eine frühere Absicht herangezogen werden (BFH IX R 46/06, BFH/NV 08, 1479 mwN; BFH IX R 9/15, BStBl II 16, 335.). – Zum **nachträgl Bekanntwerden** vorab entstandener WK s BFH IX R 219/84, BStBl II 89, 131, und BFH IX R 11/91, BStBl II 95, 192.

97 **cc) Private Nutzung; Aufteilung.** Wird ein WG, das auch im privaten Bereich verwendet wird, für einen in der Zukunft liegenden berufl Einsatz angeschafft, muss ein konkreter Bezug zw Kaufentscheidung und dem künftigen berufl Einsatz glaubhaft gemacht werden (BFH VI R 132/87, BFH/NV 88, 708). Soll ein bestimmtes WG nur teilweise zur Einkunftserzielung eingesetzt werden, sind die für das WG vor-

abentstandenen Aufwendungen nur anteilig als vorabentstandene WK abzugsfähig (s *Drenseck* FR 87, 120; *Günther* FR 87, 499).

dd) Auslandsbezug. Vorbereitende Aufwendungen zur Erzielung stfreier ausl Einkünfte können zwar nicht das Einkommen (§ 3c), wohl aber das StSatzeinkommen (Progressionsvorbehalt) mindern (BFH I R 59/05, BStBl II 07, 756; *Pust* HFR 01, 433). Zu vorab entstandenen WK eines nicht im Inl stpfl ArbN bei geplanter Inlandstätigkeit s FG Mchn DStRE 08, 601, rkr (zutr anerkannt). 98

c) Nachträgliche Werbungskosten. Auch Ausgaben, die erst nach Aufgabe der Erwerbstätigkeit anfallen, sind WK, wenn sie noch durch die **frühere Einkünfteerzielung veranlasst** sind (zB Tilgung einer Bürgschaftsverpflichtung durch ArbN, BFH VI R 97/10, BStBl II 12, 343; Abbruchkosten als „letzter Akt der Vermietung", BFH IX B 126/07, BFH/NV 08, 1332; grundlegend *Rauch* Nachträgl WK, 1996; s auch *Schell* FR 04, 506, *von Bornhaupt* DStJG 3, 177). Voraussetzung ist, dass bereits zum Zeitpunkt, in dem der Grund für die Aufwendungen gelegt wurde, der erforderl Zusammenhang mit der Erwerbstätigkeit bestand (BFH VI R 97/10, BStBl II 12, 343 mwN). Ein unmittelbarer oder enger zeitl Zusammenhang ist auch hier nicht erforderl. – Ein entspr Zusammenhang fehlt, wenn **Ruhestandsbeamte,** entpflichtete Professoren etc freiwillig und ohne gesonderte Bezahlung ihre Tätigkeit oder Teile davon weiterhin ausüben (BFH VI R 24/93, BStBl II 94, 238: keine auf Einnahmenerzielung gerichtete Tätigkeit). Sind allerdings noch Verpflichtungen aus der aktiven Zeit zu erfüllen (zB Betreuung früher angenommener Doktoranden), können nachträgl WK anfallen (s *Vogel* StuW 94, 176; gegen BFH *Rauch* Nachträgl WK, 1996, S 50 ff, 60 ff). – Zu **nachträgl Schuldzinsen** → Rn. 151 ff; iÜ auch → § 21 Rn. 144. 99

Weitere Beispiele – WK anerkannt: Haftungsinanspruchnahme des ehem **Ges'ter-Geschäftsführers** (FG LSA EFG 13, 1651); **Vertragsstrafe** aus Ausbildungsdienstverhältnis (BFH VI R 5/03, BStBl II 07, 4); **Strafverteidigungskosten** eines ehem Syndikusanwalts (FG Ddorf EFG 24, 1208, rkr); zur Tilgung einer **Bürgschaftsverpflichtung** durch ArbN s BFH VI R 77/14, BStBl II 16, 60, ferner → Rn. 120. – **WK nicht anerkannt: gescheiterte Sanierung** (BFH XI R 19/15, BFH/NV 17, 19); **Vorfälligkeitsentschädigung** zur Ablösung einer Darlehensschuld bei VuV (BFH IX R 42/13, BStBl II 15, 633, str, → Rn. 137) und bei Verkauf einer Wohnung iRd Beendigung einer doppelten Haushaltsführung (BFH VI R 15/17, BStBl II 19, 446); **Priester/Pastor** im Ruhestand bei Aufwendungen für nicht gesondert vergütete seelsorgerische Tätigkeit (SächsFG BeckRS 2012, 95928; FG RhPf DStRE 07, 1147).

13. Vergebliche Aufwendungen. WK können auch dann vorliegen, wenn es letztl zum Zufluss von Einnahmen nicht gekommen ist oder dem getätigten Aufwand kein Gegenwert gegenübersteht (BFH IX R 24/16, DStR 17, 1426). Auch hier wird der erforderl Veranlassungszusammenhang (→ Rn. 40 ff) zw den Aufwendungen und der (angestrebten) Einkunftsart durch den **endgültigen Entschluss** des StPfl **zur Einkünfteerzielung** hergestellt (BFH GrS 1/89, BStBl II 90, 830, C. III.2.a; BFH VI R 1/18, BFH/NV 20, 354; BFH IX R 45/05, BStBl II 06, 803 mwN: StPfl leistet nach Vertragsaufhebung Schadensersatz, um sich von einer gescheiterten Investition zu lösen; s aber BFH IX R 8/12, BStBl II 12, 781: gilt nicht für private Veräußerungsgeschäfte wegen Typisierung der Einkünfteerzielungsabsicht durch Spekulationsfristen). Dieser Zusammenhang wirkt fort, solange er nicht durch einen neuen, estl relevanten oder irrelevanten Veranlassungszusammenhang überlagert wird (BFH IX R 45/05, BStBl II 06, 803; s auch *Heuermann* INF 06, 809). IÜ → § 21 Rn. 128 ff. 102

Beispiele – WK anerkannt: Kaufpreiszahlung und **Maklerprovision** bei gescheitertem Immobilienerwerb in Vermietungsabsicht (BFH IX R 24/16, BStBl II 18, 168); Zahlung zur **Entlassung aus der Haftung** ggü Darlehensgläubiger nach gescheiterter Immobilieninvestition (BFH IX R 12/12, BFH/NV 14, 834: Aufwendung zur Kostenbegrenzung), ebenso **Vergleichszahlungen** (BFH IX R 3/04, BStBl II 06, 258); Kosten eines nicht ausgeübten **Optionsrechts** (BFH VI R 36/05, BStBl II 07, 647); **Bereitstellungszinsen** und **Nichtbezugsentschädigung** nach Scheitern eines Bauvorhabens (BFH IX B 92/01, BStBl II 02, 144);

Fahrtkosten bei **Konkurs des ArbG** und Zahlung von Konkursausfallgeld (BFH VI R 93/98, BStBl II 01, 199). – **WK nicht anerkannt: gescheiterte Sanierung** ohne feststellbare Vermietungsabsicht (BFH IX R 19/15, BFH/NV 17, 19); Aufwendungen für **verfallene Termingeschäfte** (BFH IX B 154/10, BStBl II 12, 454); vergebl Aufwendungen für Anschaffung von unbebautem **Grund und Boden** (BFH IX R 37/09, BFH/NV 11, 36); ebenso für ein in **Abbruchabsicht** erworbenes Gebäude: FG Köln EFG 14, 527, rkr.

104 **14. Unterbrechung der Einnahmeerzielung.** Aufwendungen, die durch die Einkünfteerzielung veranlasst sind, verlieren ihren Charakter als WK nicht dadurch, dass vorübergehend keine Einnahmen erzielt werden, zB bei Arbeitslosigkeit (*Apitz* DStZ 97, 145) oder Wohnungsleerstand (BFH IX R 14/12, BStBl II 13, 279; iEinz → § 21 Rn. 134 ff). Entscheidend ist, dass der StPfl seine Einkünfteerzielungsabsicht nicht endgültig aufgegeben hat. Nimmt er die Erwerbstätigkeit später wieder auf, sind die zwischenzeitl angefallenen Aufwendungen als **vorab entstandene WK** (→ Rn. 95 ff) zu berücksichtigen. Gibt er seine Einkünfteerzielungsabsicht zu einem späteren Zeitpunkt auf, handelt es sich bei den bis dahin angefallenen Aufwendungen um **vergebl Aufwendungen** (→ Rn. 102), die ebenfalls zu berücksichtigen sind.

Beispiele – WK anerkannt: häusl Arbeitszimmer während des **Erziehungsurlaubs** (BFH VI R 103/01, BFH/NV 05, 48; s auch *Schmidt* NWB 13, 1294); bei vorübergehender **Ertragslosigkeit** von Wertpapieren oder Beteiligungen (BFH VIII R 98/90, BFH/NV 93, 468, unter II.1.d.; s jetzt aber § 20 IX). – **WK nicht anerkannt:** langjähriger, strukturell bedingter **Wohnungsleerstand** (BFH IX R 48/12, BStBl II 13, 693); häusl Arbeitszimmer einer vorzeitig in den **Ruhestand** versetzten Beamtin, die bei Wiederaufnahme der berufl Tätigkeit wegen § 4 V 1 Nr 6b keine Aufwendungen würde geltend machen können (BFH VI R 63/03, BStBl II 06, 329).

106 **15. Beendigung der Erwerbstätigkeit; Liebhaberei.** Stellt der StPfl die Erwerbstätigkeit endgültig ein, endet grds auch der WK-Abzug. Dies berechtigt bei noch nicht vollständig abgeschriebenen Arbeitsmitteln aber nicht zur Geltendmachung von AfaA (FG Mchn DStRE 17, 715, rkr). Dasselbe gilt im Falle des Übergangs zur Liebhaberei (→ § 2 Rn. 23; *Weber-Grellet* FR 02, 1228; aber auch → § 19 Rn. 110 „Liebhaberei“: Einkünfte-übergreifende Betrachtung, und → § 21 Rn. 24: starke Typisierung). Wirkt der wirtschaftl Zusammenhang mit der Erwerbstätigkeit noch fort, fallen nachträgl WK an (→ Rn. 99; zu nachträgl Schuldzinsen → Rn. 151). Unabhängig davon muss unterschieden werden zw Aufwendungen, die tatsächl auf die Beendigung der Erwerbstätigkeit gerichtet bzw noch durch diese bedingt waren und daher WK sind (BFH IX R 2/05, BStBl II 07, 941: Kosten eines Schadstoff-Gutachtens als WK bei VuV), und Aufwendungen, die der nichtsteuerbaren Vermögenssphäre (→ Rn. 75) zuzurechnen sind (BFH IX R 34/03, BStBl II 05, 343: Kosten der Instandsetzung noch während der Vermietungszeit als Veräußerungskosten; *Fischer* FR 05, 641; krit *Paus* DStZ 05, 454, mit Gestaltungsüberlegungen). Die Abgrenzung kann im Einzelfall schwierig sein (s BFH IX R 51/05, BFH/NV 08, 933: WK bei Abbruch eines technisch verbrauchten Gebäudes); auch → Rn. 137.

Zu **Löschung einer Grundschuld** → 43. Aufl. 2024, § 9 Rn. 107 mwN; zu **Umzugskosten** eines ArbN → § 19 Rn. 110 „Umzugskosten“, unter a), aE; zu **Abrisskosten** und **AfaA** bei fehlender Vermietbarkeit → § 7 Rn. 188; zu **Veräußerungs-, Räumungs-, Abriss- und Renovierungskosten** etc → § 21 Rn. 141 ff und zu **Prozesskosten** → § 21 Rn. 148.

108 **16. Rückabwicklung; Ersatz. – a) Rückzahlung von Einnahmen.** Zahlt der StPfl Einnahmen, die ihm zugeflossen sind, später wieder zurück, sind die zurückgezahlten Beträge **im VZ der Rückzahlung** als **negative Einnahme** zu berücksichtigen (BFH VI R 33/03, BStBl II 06, 911 lässt offen, ob die Rückzahlung von ArbLohn WK oder negative Einnahme ist). Die Rückzahlung ist kein rückwirkendes Ereignis iSd § 175 I 1 Nr 2 AO; eine Korrektur der bereits erfassten Einnahmen *im VZ des Zuflusses* findet nicht statt (BFH VI R 2/05, BStBl II 07, 315: zu viel gezahlter ArbLohn), auch nicht im Wege von Billigkeitsmaßnahmen.

Die Rspr ging früher von **negativen Einnahmen** aus (zB BFH VI 22/61 S, BStBl III 64, 184), lässt die Zuordnung jetzt aber zumeist offen (BFH VI R 17/08, BStBl II 10, 299; anders BFH IX R 26/14, BStBl II 15, 1019 zu § 22 Nr 3 S 3: bei Rückerstattung an den zuvor Zahlenden sollen negative Einnahmen vorliegen, bei Rückzahlung an einen Dritten WK; es handelt sich mE aber nur um ein *obiter dictum*). Obwohl zurückgezahlte Einnahmen den WK-Begriff erfüllen (*Schneider* HFR 06, 1118; ferner *Wüllenkemper* Rückfluss von Aufwendungen im ESt-Recht, Diss 1987, S 23–32; *Jakob* LB § 3 Rn. 23; *HHR/Kreft* § 9 Rn. 80), ist angesichts der vielfältigen WK-Abzugsverbote die Behandlung als negative Einnahme vorzugswürdig; das hat auch zur Folge, dass der **Pauschbetrag des § 9a** nicht verbraucht wird (BFH VI 22/61 S, BStBl III 64, 184; *KKM* § 9 B 237; auch → § 8 Rn. 9).

aa) Veranlassungszusammenhang; Abfluss. Voraussetzung für die steuermindernde Berücksichtigung ist wiederum, dass ein Veranlassungszusammenhang mit der Einkünfteerzielung besteht; die Rückzahlung darf **nicht aus privaten Motiven** erfolgen. Ob der StPfl aufgrund einer rechtl oder tatsächl Verpflichtung oder aber freiwillig zahlt, ist dagegen unerhebl (zutr *HHR/Kreft* § 9 Rn. 81). Diese Grundsätze gelten mE allg auch dann, wenn ein StPfl als Bereicherungsschuldner Erträge herausgeben muss, die bei ihm zu stpfl Einnahmen geführt haben (s *Schön* ZHR 155 [1991], 247 (260); vgl auch BFH IX R 50/03, BStBl II 05, 456: Rückzahlung von Mieteinnahmen bei Restitution nach dem VermG; *Heuermann* DB 05, 847). – Die Rspr verlangt zudem, dass die zugeflossenen Einnahmen **beim StPfl wieder abfließen** und sich dabei der Rückfluss als ***„actus contrarius"*** zu dem vorangegangenen Zufluss darstellt (BFH VI R 20/07, BStBl II 10, 845: Fortsetzung des durch die Zahlung von ArbLohn begründeten Veranlassungszusammenhangs in der Rückzahlung; s auch BFH VI R 1/08, BStBl II 10, 1074; BFH VI R 5/08, BStBl II 10, 133; BFH VI R 37/08, BStBl II 10, 135). 109

Weitere Beispiele – negative Einnahmen/WK anerkannt: überbezahlte **Krankenbezüge** (BFH VI R 19/03, BStBl II 06, 832; Anm *Bergkemper* FR 06, 782); **versehentl Überweisung** des ArbG (BFH VI R 17/03, BStBl II 06, 830); fehlgeschlagenes **Mitarbeiterbeteiligungsprogramm** (BFH VI R 17/08, BStBl II 10, 299: WK nur iHd ursprüngl gewährten geldwerten Vorteils); Rückzahlung von **Bestechungsgeldern** (BFH IX R 87/95, BStBl II 00, 396). Zahlt der Erbe **Einnahmen des Erblassers** zurück, wirken sich die negativen Einnahmen beim Erben aus (BFH VI R 157/72, BStBl II 76, 322). Zur Rückzahlung von **Kapitaleinnahmen** → § 20 Rn. 23. – **Negative Einnahmen/WK nicht anerkannt:** Gewinnausschüttung einer **Versorgungskasse** an ArbG als Träger (BFH VI R 20/07, BStBl II 10, 845); **Zwangsversteigerung** einer durch Verrechnung mit Gehaltsforderungen erworbenen Eigentumswohnung (BFH VI R 1/08, BStBl II 10, 1074); Rückzahlung einer **vGA** oder **offenen Gewinnausschüttung** (BFH VIII R 7/99, BStBl II 01, 173: Erfassung als Einlage; zur Verzinsung der vGA: BFH VIII R 59/97, BStBl II 01, 226); Verlust durch Veräußerung einer **Kapitalbeteiligung am ArbG** des StPfl (BFH VI R 24/08, BStBl II 10, 198; auch → Rn. 85). – **Offen gelassen:** Verlust des Bezugsrechts aus einer **Direktversicherung** (BFH VI R 58/05, BStBl II 07, 774 mwN).

bb) Steuerliche Behandlung der Einnahmen. Weiter ist erforderl, dass die früher empfangenen Einnahmen **nicht stfrei** waren (§ 3c; FG Bln-Bbg EFG 96, 702, rkr; s auch *OFD Erfurt* DStR 97, 580; ausführl *Wüllenkemper* Rückfluss von Aufwendungen im ESt-Recht, 1987, S 73 ff) und auch nicht pauschal (zB § 40b), sondern individuell lohnversteuert worden sind. Ob die stpfl Einnahmen dagegen zu einer Steuer geführt haben, ist unbeachtl (BFH VI 244/63 U, BStBl III 65, 11); ebenso, ob eine zurückgezahlte Abfindung ermäßigt besteuert worden ist (BFH VI R 33/03, BStBl II 06, 911; krit *Paus* DStZ 07, 185). – Sind Einnahmen **zu Unrecht als stfrei** behandelt worden und hätte sich bei richtiger Behandlung eine Steuer ergeben, kann die Rückzahlung der Einnahmen nicht als Aufwand berücksichtigt werden (*HHR/Kreft* § 9 Rn. 81; *OFD Erfurt* DStR 97, 580). Hat das FA stfreie Einnahmen rechtsfehlerhaft der Besteuerung unterworfen, muss es nach Treu und Glauben auch bei der Frage der negativen Einnahmen bei dieser Auffassung bleiben (glA *HHR/Kreft* § 9 Rn. 81). 110

111 **cc) Zeitliche Zuordnung; Höhe.** Die Aufwendungen sind im VZ der Rückzahlung bei den Einkünften zu berücksichtigen, zu denen die Einnahmen gehörten. Ist die auf Einkünfteerzielung gerichtete Tätigkeit zwischenzeitl aufgegeben worden, fallen nachträgl negative Einnahmen/WK an (vgl → Rn. 99). Gibt der Stpfl einen Gegenstand zurück, dessen Sachwert als stpfl Einnahme behandelt worden ist, bemisst sich die Höhe des Aufwands nach dem ursprüngl gewährten geldwerten Vorteil (BFH VI R 17/08, BStBl II 10, 299; *Geserich* HFR 10, 125; *BH/Thürmer* § 9 Rn. 182; **aA** *HHR/Kreft* § 9 Rn. 81: Aufwand iHd aktuellen Werts). Zwischenzeitl eingetretene Veränderungen sind zivilrechtl auszugleichen.

112 **b) Rückfluss von Werbungskosten; Ersatzleistungen Dritter. – aa) Steuerpflichtige Einnahmen.** Umgekehrt führen der Rückfluss von WK und ebenso der Ersatz von dritter Seite aus in der Erwerbssphäre liegenden Gründen **im Zeitpunkt des Zuflusses** beim StPfl zu stpfl Einnahmen bei der Einkunftsart, bei der die Aufwendungen vorher als WK abgezogen worden sind (BFH VI R 9/21 BStBl II 24, 718, Darlehensteilerlass bei berufl Aufstiegsförderung; BFH VI R 34/20, BStBl II 23, 142, Stipendium für Studium iRe Zweitausbildung, krit. *Cichorek* DStR 24, 535; BFH VI B 184/99, BFH/NV 00, 1470 mwN: Versicherungsleistung nach Autounfall auf berufl veranlasster Fahrt; BFH VIII R 44/12, BStBl II 15, 649; *HHR/Kreft* § 9 Rn. 85; *Maciejewski* StuW 23, 145, 155; **aA** *Flies* DB 97, 802: negative WK mit der Folge, dass im Jahr des Rückflusses ledigl die tatsächl WK aus derselben Einkunftsart gemindert werden). – Die **Berücksichtigung der WK** *im VZ des Abflusses* (→ Rn. 13) bleibt davon unberührt. Erfolgt der Rückfluss bereits in dem VZ, in dem die Aufwendungen angefallen sind, wirken sich die WK im Erg allerdings nicht stmindernd aus (zB BFH VI R 40/69, BStBl II 70, 764). – Handelt es sich um **stfreie Ersatzleistungen,** müssen die WK gem § 3c entspr gekürzt werden (BFH VI R 34/20, BStBl II 23, 142; BFH VI R 28/03, BFH/NV 04, 928: jeweils Stipendium;). – Zur nachträgl **Minderung von AK/HK** → § 6 Rn. 65 ff und 71 ff; zur Erstattung von **AfaA** → § 7 Rn. 193; iÜ auch → § 19 Rn. 100 „Reisekostenerstattung" und „Unfallversicherung" sowie → Rn. 110 „Unfallkosten".

Weitere Beispiele – Einnahmen bejaht: Erstattung von **Finanzierungskosten** iRd Kaufpreiszahlung (BFH IX R 13/93, BStBl II 95, 118; diff Anm *Drenseck* FR 95, 109); **Schadensersatzleistungen** als Einnahmen aus VuV (BFH IX R 67/88, BStBl II 93, 748); Erstattung von **Grundsteuer** (BFH VI 346/61 U, BStBl III 65, 67). – **Einnahmen verneint:** Übernahme von Verbindlichkeiten iRe Kaufvertrages macht ein gezahltes **Disagio** nicht zu Einnahmen aus VuV (BFH IX R 44/01, BFH/NV 05, 188). – Zu **Nutzungsausfallentschädigung** s FG Hmb EFG 92, 735, rkr.

113 **bb) Veranlassungszusammenhang.** Voraussetzung ist auch hier, dass ein Veranlassungszusammenhang mit der Einkünfteerzielung besteht; die Rückzahlung darf **nicht aus privaten Motiven** erfolgen. Unerhebl ist, ob dem StPfl von Anfang an ein Rückforderungs- oder Ersatzanspruch zugestanden hat (→ Rn. 32). Es kommt auch nicht darauf an, ob die Erwerbstätigkeit zum Zeitpunkt des Rückflusses noch ausgeübt wird (BFH IX R 41/93, BStBl II 95, 704: Rückerstattung eines Disagios nach Wegfall der Nutzungswertbesteuerung) oder ob sich die Aufwendungen früher steuerl ausgewirkt haben (*HHR/Kreft* § 9 Rn. 87; *KKM* § 9 B 65 ff). Dagegen kann ein Rückfluss von **nicht abziehbaren Aufwendungen** aus Gründen der StSystematik nicht zu Einnahmen führen (so zutr *KKM* § 9 B 66; *HHR/Kreft* § 9 Rn. 87, auch zur str Rückzahlung von Schmiergeldern). – **Versicherungs- oder Schadensersatzleistungen** zählen nur insoweit zu den stpfl Einnahmen, als sie ausgefallene Einnahmen oder WK ersetzen sollen (BFH IX R 333/87, BStBl II 94, 12, mit *Anm* HFR 93, 377; FG Mchn EFG 98, 1083, rkr; FG Mchn EFG 98, 1312, rkr; auch → § 21 Rn. 117 „Schadensersatz").

116 **17. Verzicht auf Ersatzleistungen.** Verzichtet der StPfl auf die Geltendmachung eines Anspruchs auf Ersatz von Aufwendungen, die ihm iZm der Ein-

künfteerzielung entstanden sind, steht dies dem Abzug der WK nicht entgegen (BFH VI R 172/66, BStBl III 67, 570: Anspruch auf Fahrtkostenersatz gegen ArbG; BFH VI R 151/67, BStBl II 68, 375). Gleiches gilt, wenn kostenfreie Leistungen nicht wahrgenommen werden und die Selbsttragung der Kosten nicht Ausdruck der Lebensführung ist (FG Saarl EFG 94, 238, rkr: Übernachtungskosten eines Busfahrers trotz angebotener Freiübernachtung). – Nach BFH VI R 70/69, BStBl II 70, 765 soll ein WK-Abzug ausscheiden, wenn der StPfl aus **„rein persönl Gründen"** von der Geltendmachung eines Schadensersatzanspruchs absieht. Da gilt aber mE allenfalls, wenn der Verzicht eine freiwillige Zuwendung iSd § 12 Nr 2 darstellt (so zutr *BH/Thürmer* § 9 Rn. 188; gegen BFH *Littmann* § 9 Rn. 36; s auch *HHR/Kreft* § 9 Rn. 92).

III. Abzug von Werbungskosten, § 9 I 2

1. Zuordnung zur zugehörigen Einkunftsart

WK sind gem § 9 I 2 bei der Einkunftsart abzuziehen, bei der sie „erwachsen" sind. Die gesetzl Regelung knüpft damit (sprachl verunglückt) systematisch an § 2 II Nr 2 an (→ Rn. 1). Entscheidend ist auch hier der **Veranlassungszusammenhang** zw Aufwendungen und Einnahmen. – Stehen Aufwendungen mit **mehreren Einkunftsarten** in wirtschaftl Zusammenhang, sind sie, soweit mögl, auf die einzelnen Einkunftsarten **aufzuteilen,** ggf im Wege der Schätzung (BFH VIII R 76/05, BStBl II 08, 937: nach obj Gesichtspunkten, nicht nach dem Verhältnis der Einnahmen). Ist eine Schätzung nicht mögl, entscheidet nach stRspr der engere und **wirtschaftl vorrangige** Veranlassungszusammenhang (BFH VI R 58/13, BStBl II 16, 305). Die Aufwendungen sind der Einkunftsart zuzuordnen, die im Vordergrund steht und die Beziehungen zu den anderen Einkünften verdrängt (BFH VI R 57/13, BStBl II 14, 850 mwN). – Die gleichen Grundsätze gelten zw einer gegenwärtig ausgeübten und einer **angestrebten Erwerbstätigkeit** (BFH VI R 77/14, BStBl II 16, 60: hinreichende Konkretisierung erforderl) und ebenso, wenn Aufwendungen zwar nur innerhalb einer Einkunftsart angefallen sind, dort aber mit verschiedenen einkünfteerzielenden Tätigkeiten in Zusammenhang stehen (zB mit mehreren ArbVerh oder mit mehreren vermieteten Häusern). – Zu den Anforderungen an die vom FG vorzunehmende **Tatsachenwürdigung** s BFH VI R 77/14, BStBl II 16, 60; zum Nebeneinander von berufl und privater Veranlassung → Rn. 54 ff. 120

2. Kein Verzicht auf Werbungskosten. Der StPfl kann auf den Ansatz von WK verzichten, wenn Aufwendungen nur auf Antrag zu berücksichtigen sind (BFH I R 120/91, BStBl II 93, 738 – zB um ein Überschreiten von Veranlagungsgrenzen zu vermeiden). Ansonsten „sind" WK bei der betreffenden Einkunftsart abzuziehen (Wortlaut des § 9 I 2; s auch *HHR/Kreft* § 9 Rn. 57). 121

3. Beweislast beim Werbungskostenabzug. Begehrt ein Stpfl den Abzug von WK, trägt er die obj Beweislast **(Feststellungslast)** für die Tatsachen, die den Abzug der WK dem Grunde und der Höhe nach begründen (stRspr, zB BFH VIII R 27/08, BFH/NV 10, 2038, unter II.2.a). Zu den gesteigerten Anforderungen der Rspr im **Grenzbereich zur privaten Lebensführung** → Rn. 62. 122

Zur Zulässigkeit und zu den Rechtswirkungen einer **tatsächl Verständigung** zw FA und StPfl s BFH I R 13/86, BStBl II 91, 673 mwN; BFH XI R 78/95, BStBl II 96, 625; BFH XI R 27/98, BFH/NV 00, 537; *OFD Mbg* FR 97, 878; umfassend *Seer* Verständigung im StVerfahren, 1996; *ders* BB 98, 85; *Loschelder* StuW 18, 329.

IV. Gesondert geregelte Werbungskostentatbestände, § 9 I 3, III

1. Bedeutung der gesonderten Regelungen. Die Regelungen sind teilweise deklaratorischer Art (zB § 9 I 3 Nr 2 und 6), teilweise schränken sie den WK-Abzug ein (zB § 9 I 3 Nr 7), teilweise betreffen sie Aufwendungen, bei denen der WK-Charakter zweifelhaft sein könnte (zB § 9 I 3 Nr 4 und 5). – Die Aufzählung ist **nicht abschließend** (s Wortlaut: „auch"). Aufwendungen, die nach der allg Definition zu den WK gehören und nicht unter die Sonderregelungen fallen, sind nach § 9 I 1 zu berücksichtigen (BFH VI R 17/07, BStBl II 08, 234, B. VI.1.d. bb.(1)). 130

131 **2. Schuldzinsen; Renten; dauernde Lasten, § 9 I 3 Nr 1. – a) Überblick.** Sämtl in Nr 1 genannten Aufwendungen sind nur insoweit abzugsfähig, als sie durch eine auf die Erzielung stpfl Einnahmen gerichtete Tätigkeit veranlasst sind (BFH IX R 2/24, BStBl II 25, 453). Die Regelung deckt sich mit dem allg WK-Begriff (BFH IX R 110/90, BStBl II 95, 47: beispielhafte Anwendungsfälle der allg WK-Definition). Renten und dauernde Lasten müssen darüber hinaus auf besonderen Verpflichtungsgründen beruhen. Für Leibrenten wird der WK-Abzug gem Nr 1 Satz 2 auf den Ertragsanteil beschränkt.

132 **b) Schuldzinsen. – aa) Begriff.** Er wird von der Rspr weit ausgelegt (BFH IX R 44/03, BFH/NV 06, 279 mwN) und umfasst **alle Aufwendungen zur Erlangung und Sicherung eines Kredits** (BFH IX R 56/82, BStBl II 86, 143; BFH X R 15/21, BStBl II 23, 116 mwN). Schuldzinsen sind danach alle einmaligen oder laufenden Leistungen in Geld oder Geldeswert, die der StPfl als Vergütung für die Überlassung (dh Nutzung) von Kapital an den Gläubiger zu entrichten hat und die nicht zur Tilgung des Kapitals erbracht werden (BFH IX R 110/90, BStBl II 95, 47).

133 **(1) Wirtschaftlicher Gehalt.** Entscheidend ist nicht die Bezeichnung der Leistung, sondern ihr wirtschaftl Gehalt (BFH IX R 32/01, BStBl II 04, 1002: Abgrenzung zu AK). Bei einer einheitl Leistung von Zins und Tilgung muss der nicht abziehbare Tilgungsanteil ausgesondert werden (BFH IX R 110/90, BStBl II 95, 47); denn Tilgungsleistungen sind keine Schuldzinsen. – Dadurch, dass Zinsen nicht an den Gläubiger gezahlt werden, sondern stehen bleiben, verlieren sie nicht ihren Zinscharakter; werden sie später gezahlt, sind sie im VZ der Nachzahlung als WK abzugsfähig (→ § 11 Rn. 50 „Schuldzinsen"). – Zu Steuer-, Stundungs- und AdV-Zinsen sowie anderen steuerl Nebenleistungen (§ 3 III AO) → § 12 Rn. 38.

Beispiele – WK anerkannt: Avalprovision (BFH X R 15/21, BStBl II 23, 116); **Nennwertabschlag** infolge Factorings einer Forderung (FG BW EFG 09, 1289, rkr); **Verwaltungskostenbeiträge** der Wohnungsbauförderungsanstalt (FG Mster EFG 03, 523, rkr, und EFG 03, 610, rkr); **Verzugszinsen** (BFH VIII R 119/75, BStBl II 77, 601). – **WK *nicht* anerkannt: Währungsverluste** (BFH VIII R 58/07, BStBl II 11, 491; s auch BFH IX R 44/03, BFH/NV 06, 279; BFH IX B 42/16, BFH/NV 17, 287: durch Kursverluste bedingte Sondertilgungen; ebenso *Heuermann* DStZ 94, 229; abl *Maly* FR 94, 457). – Zu **Zinsswapkosten** s BFH VIII R 32/13, BStBl II 16, 769 mit Anm *Levedag* HFR 16, 890. – Weitere Beispiele → 43. Aufl. 2024, § 9 Rn. 133.

134 **(2) Nebenkosten; sonstige Kreditkosten.** Zu Schuldzinsen gehören auch die Nebenkosten der Darlehensaufnahme und sonstige Kreditkosten einschließl Geldbeschaffungs-/Umschuldungskosten (vgl BFH IX R 72/99, BStBl II 03, 399).

Beispiele – WK anerkannt: Maklerprovisionen, Hypothekenbestellungskosten und **Notariatskosten** (BFH IX R 72/99, BStBl II 03, 399); Abschlussgebühren eines **Bausparvertrags** (BFH IX R 12/00, BStBl II 03, 398); **Nichtbezugsentschädigung** (BFH IX B 92/01, BStBl II 02, 144); **Reisekosten** zur Kreditbesorgung (BFH VI 258/65, BStBl III 66, 451); **Rechtsverfolgungskosten** zur Lösung von einem Darlehen (BFH IX R 47/08, BFH/NV 10, 396); Aufwendungen für sog **Projektcontrolling** (BFH IX R 8/21, DStR 22, 979, Abgrenzung zu HK).

135 **(3) Bereitstellungszinsen; Damnum/Disagio.** Beides gehört zu den Kosten der Darlehensaufnahme und ist im Zeitpunkt der Zahlung (BFH IX R 190/85, BStBl II 90, 460; BFH VIII R 173/83, BStBl II 84, 428) oder Verrechnung (BFH VIII R 78/71, BStBl II 75, 880) als WK zu berücksichtigen (s auch BFH VIII R 59/78, BStBl II 80, 353; BFH VI R 104/66, BStBl III 67, 655). Zur Frage der Marktüblichkeit s BFH IX R 38/14, BStBl II 16, 646; → § 11 Rn. 50 „Damnum".

Weitere Beispiele: Teilabrechnung eines Damnums (BFH IX R 143/84, BFH/NV 89, 345); Leistung aus einem **Zwischenkredit** (BFH IX R 96/84, BFH/NV 89, 496); Abgrenzung zu einer **Zinsabrede** (ThürFG EFG 00, 1318, rkr). Zur **Rückerstattung** eines Disagios → Rn. 112.

(4) Tilgungsstreckungsdarlehen. Wird iHd Damnums/Disagios ein zusätzl Darlehen gewährt, können die hierfür gezahlten Zinsen und auch die zur Tilgung des Zusatzdarlehens geleisteten Beträge gleich einem Damnum abgesetzt werden (BFH VIII R 105/70, BStBl II 75, 330). Ein sofortiger WK-Abzug iHd Zusatzdarlehens kommt nicht in Betracht, wenn Darlehen und Tilgungsstreckungsdarlehen eine **rechtl und wirtschaftl Einheit** bilden (s BFH IX R 11/92, BFH/NV 95, 669); dies wird idR bejaht, wenn es sich um denselben Gläubiger handelt (vgl BFH IX R 20/90, BFH/NV 95, 293; FG Bln EFG 02, 1377, rkr; FG Köln EFG 01, 676, rkr), und verneint, wenn das zusätzl Darlehen von einem anderen Gläubiger stammt (s BFH IX R 96/84, BFH/NV 89, 496: Mutter- und Tochtergesellschaft als rechtl selbständige Darlehensgeber). Zur Frage, ob ein Damnum im Wege der Verrechnung oder durch Tilgungsstreckung zu zahlen ist, s BFH IX R 177/85, BFH/NV 89, 298. 136

(5) Vorfälligkeitsentschädigung. Zwar fällt diese begriffl unter § 9 I 3 Nr 1 (BFH IX R 42/13, BStBl II 15, 633 mwN: Nutzungsentgelt für das auf die verkürzte Laufzeit in Anspruch genommene Fremdkapital). Allerdings lehnt die Rspr den WK-Abzug idR ab, wenn die Zahlung iZm der **Veräußerung eines WG** erfolgt (zB Immobilie); denn der wirtschaftl Zusammenhang mit der Veräußerung soll einen ggf bestehenden wirtschaftl Zusammenhang mit der bisherigen Einkünfteerzielung überlagern (BFH IX R 42/13, BStBl II 15, 633, unter II.2. mwN; s auch BFH VIII R 34/04, BStBl II 06, 265; BFH IX R 20/02, BStBl II 04, 57; ebenso: *BMF* BStBl I 15, 581; **aA** *Sauren* DStR 02, 1254 (1256): Vorfälligkeitsentschädigung als WK, da sie der **Rückgängigmachung** eines durch die bisherige Einkünfteerzielung verursachten Zustandes dient; s auch *Meyer/Ball* DStR 12, 2260 (2265) und allg → Rn. 106, Beendigung der Erwerbstätigkeit). 137

Dagegen hat die Rspr **WK anerkannt,** wenn die Vorfälligkeitsentschädigung nicht wegen der Veräußerung eines WG, sondern wegen einer **Umfinanzierung** anfällt (vgl BFH VIII R 34/04, BStBl II 06, 265, unter II.2.a; s auch *Schell* FR 04, 506 (513 ff)). – Soweit der IX. BFH-Senat zunächst den WK-Abzug im Falle einer Veräußerung zugelassen hat, wenn mit dem Veräußerungserlös ein **neues VuV-Objekt** für die Einkünfteerzielung erworben wird (BFH IX R 34/01, BFH/NV 04, 1091; BFH IX R 5/94, BStBl II 96, 595; s auch *Grube* INF 97, 294; *Kempermann* FR 06, 417), hat er leider diese **Rspr wieder aufgegeben** unter Hinweis auf BFH VIII R 34/04, BStBl II 06, 265 (s BFH IX R 42/13, BStBl II 15, 633, unter II.2.b); die *FinVerw* erkennt hier gleichwohl WK an bei Veräußerungen vor dem 27.7.15 (*BMF* BStBl I 15, 581 Tz 2). – Zur rechnerischen Reduzierung einer Vorfälligkeitsentschädigung durch ein **anteiliges Disagio** s BFH IX R 36/98, BStBl II 03, 126. Zur Berücksichtigung als **Veräußerungskosten** bei einer stpfl Veräußerung s BFH IX R 42/13, BStBl II 15, 633.

bb) Wirtschaftlicher Zusammenhang. Ob Schuldzinsen mit einer Einkunftsart in wirtschaftl Zusammenhang stehen, richtet sich *allein* nach der **tatsächl Verwendung der Darlehensmittel** als dem maßgebl „auslösenden Moment" (BFH GrS 1–2/95, BStBl II 98, 193; auch → Rn. 45). Die Aufwendungen müssen – objektbezogen – einem bestimmten Wirtschaftsgut zugeordnet werden können; die entspr Feststellungen obliegen dem FG als Tatsacheninstanz (BFH IX R 22/10, BFH/NV 12, 14). – Das Bestehen eines nur rechtl Zusammenhangs (→ Rn. 44) genügt ebenso wenig wie eine bloße gedankl Zuordnung durch den StPfl (BFH IX R 36/00, BStBl II 03, 706 mwN; auch → Rn. 148). Hypothetische, zwar realisierbare, aber tatsächlich nicht verwirklichte Sachverhalte und Gestaltungen sind unbeachtl (s BFH VIII R 37/12, BFH/NV 14, 1883 mwN: „geplante" Wertpapiergeschäfte). – Sind Einkünfte **einheitl und gesondert festzustellen,** müssen die Schuldzinsen in wirtschaftl Zusammenhang zu der Einkunftsquelle stehen, die Gegenstand dieser Feststellung ist (BFH IX R 22/10, BFH/NV 12, 14). 140

(1) Finanzierungsfreiheit. Der StPfl ist in der Gestaltung seiner finanziellen Verhältnisse frei (BFH IX R 62/07, BStBl II 09, 459; auch → Rn. 46). Er kann insb frei entscheiden, ob er zur Einkünfteerzielung **Eigen- oder Fremdkapital** einsetzt (BFH IX R 19/96, BStBl II 99, 678 mwN). Er darf sämtl iRe Einkunftsart eingehen- 141 den Barmittel (zB Mieten) auf einem besonderen Konto ansammeln und für private Zwecke verwenden und anfallende WK (zB Instandhaltungsaufwendungen) nach dem sog **Zweikontenmodell** über ein getrenntes Schuldkonto finanzieren; die Kreditkosten sind in diesem Fall WK (vgl BFH GrS 2–3/88, BStBl II 90, 817, C. II.3.e). Das gilt auch bei einer PersGes oder Grundstücksgemeinschaft (BFH XI R 64/95, BStBl II 98, 511). – Verwendet der StPfl umgekehrt Eigenmittel für die Bezahlung von WK und müssen daher **Privataufwendungen mit Kredit** bezahlt werden, sind die Zinsen privat veranlasst (BFH IX B 130/14, BFH/NV 15, 977). Die richtige **Gestaltung** ist entscheidend (→ Rn. 144). – Der Kontentrennungsbeschluss BFH GrS 2–3/88, BStBl II 90, 817 gilt bei den Überschusseinkünften ohne jede Einschränkung fort; **§ 4 IVa** gilt **nur für Gewinneinkünfte** (s auch *BMF* BStBl I 18, 1207 Rn. 1), da § 9 V nicht auf § 4 IVa verweist; zur Finanzierungsfreiheit s auch *Prinz* FR 09, 593.

Beispiele – WK anerkannt: Finanzierung von **LV-Beiträgen** iZm dem Erwerb von Mietgrundstücken (BFH IX R 62/07, BStBl II 09, 459, gilt aber nicht für Prämien für **Risiko-LV;** s auch BFH IX R 35/14, BStBl II 16, 210, krit Anm *Kanzler,* FR 16, 375). – **WK nicht anerkannt:** ein zum Erwerb einer Fonds-Beteiligung in Anspruch genommener Überziehungskredit wird **durch Eigenmittel zurückgeführt** und anschließend wird ein Darlehen aufgenommen (BFH IX R 22/10, BFH/NV 12, 14; s auch BFH XI R 74/00, BFH/NV 02, 188); StPfl nimmt Darlehen auf, um Belastungen eines im Wege der **Gesamtrechtsnachfolge** erworbenen Vermietungsobjekts abzulösen und eine bestehende Zwangsverwaltung zu beseitigen (BFH IX R 11/08, BFH/NV 09, 1100); StPfl setzt zur **Sicherung einer privaten Schuld** eine Einkunftsquelle (Sparbrief, Hausgrundstück) ein und verwertet bei Fälligkeit der privaten Schuld nicht die Sicherheit, sondern nimmt zu deren Erhaltung einen Kredit auf (BFH VIII R 30/02, BFH/NV 03, 1560). – Zu Zinsen aus einem Darlehen, das der StPfl in einen **Cash-Pool** eingebracht hat, s BFH IX R 10/06, BStBl II 07, 645; Anm *Heuermann* HFR 07, 852.

142 **(2) Gemischtes Konto.** Sind die Konten nicht getrennt und werden zB von einem Mietkonto WK *und* Privatausgaben bestritten, sind die **anteiligen Schuldzinsen** entspr dem Verhältnis der privaten Aufwendungen und der durch die Einkünfteerzielung veranlassten Aufwendungen **als WK zu berücksichtigen** (vgl BFH GrS 1–2/95, BStBl II 98, 193: Zinszahlenstaffelmethode, rechnerische Aufteilung in zwei Unterkonten). Mit eingehenden Einnahmen kann zunächst der private Schuldteil getilgt werden (BFH GrS 1–2/95, BStBl II 98, 193; ferner BFH XI R 19/01, BFH/NV 04, 1277).

143 **(3) Gemischt genutzte Wirtschaftsgüter.** Nutzt der StPfl ein WG, zB ein Gebäude, nicht nur zur Einkünfteerzielung, sondern auch privat, sind Darlehensmittel, die der Finanzierung des gesamten WG dienen, **nur anteilig als WK abziehbar** (BFH IX R 44/95, BStBl II 99, 676). Der StPfl kann allerdings ein Darlehen mit estl Wirkung gezielt dem der Einkünfteerzielung dienenden Gebäudeteil dadurch zuordnen, dass er das Darlehen tatsächl zur Finanzierung gerade dieses Gebäudeteils verwendet (BFH IX R 35/08, BStBl II 09, 663; s auch *Heuermann* DB 09, 1558; *ders* HFR 09, 766; *Schallmoser* DStR 09, 1685). Eine **nachträgl Zuordnung** ist **nicht mögl** (BFH IX B 56/09, BFH/NV 09, 1813).

Beispiele: Doppelhaushälfte, geschätzte Aufteilung der Zinsen nach dem **Verhältnis der Baukosten** (BFH IX R 44/95, BStBl II 99, 676); Mehrfamilienhaus, Aufteilung anhand der **vertragl vorgesehen Kaufpreiszuordnung** (BFH IX R 35/08, BStBl II 09, 663); Eigentumswohnungen, bei einheitl Abrechnung und Finanzierung Aufteilung nach dem Verhältnis der jeweiligen **Wohn-/Nutzflächen** (BFH VI R 29/96, BFH/NV 97, 288; s auch BFH VI R 19/96, BFH/NV 97, 179: obj Beweislast trägt der StPfl; BFH IX R 22/01, BStBl II 04, 348: Zuordnung von Aufwendungen durch StPfl; BFH IX R 59/95, BFH/NV 99, 764: Erbbaurecht); ggf Aufteilung im **Ertragswertverfahren** (BFH IX R 46/04, BFH/NV 06, 261). – Diese Rspr gilt auch in **Anschaffungsfällen** (BFH IX R 65/00, BStBl II 03, 389), auch bei sukzessivem Erwerb im Wege der **Zwangsversteigerung** (BFH IX B 184/06, BFH/NV 07, 1647), und für **Reparaturen** (BFH IX R 43/06, BFH/NV 08, 208); ebenso für ein **häusl Arbeitszimmer** (als selbständiger Gebäudeteil zu behandeln).

(4) Gestaltung. Wegen der mitunter erhebl praktischen Schwierigkeiten, die im Zweifel zu Lasten des StPfl gehen (→ Rn. 150), ist die Abwicklung über **getrennte Konten** ratsam. Bei gemischt genutztem Gebäude sollten vorhandene Eigenmittel vorrangig zur Finanzierung des selbst bewohnten Gebäudeteils und Fremdmittel zur Finanzierung des vermieteten Gebäudeteils verwendet werden. Wird der selbst bewohnte Gebäudeteil auch durch ein eigenständiges und nur dafür verwendetes Darlehen finanziert, sollte später vorrangig dieses Darlehen getilgt werden (auch durch Mieteinnahmen, → Rn. 141) und erst danach das zur Finanzierung des vermieteten Gebäudeteils verwendete Darlehen. – S iÜ auch *Strahl* NWB 14, 3701 (3728); *Neufang/Neufang* BB 11, 1761; *Risthaus* DB 00, 293 mit Rechenbeispiel. **144**

Zum nur anteiligen Schuldzinsenabzug bei Zuführung verschiedener Darlehensmittel auf ein **einheitl Baukonto** s BFH IX R 38/00, BFH/NV 03, 1049 (dazu auch *Pezzer* FR 00, 654 f). Ebenfalls (teil-)schädl ist die Verwendung eines **gemischten Zwischenfinanzierungskontos** (BFH IX R 65/98, BFH/NV 02, 1154; BFH IX R 2/04, BFH/NV 05, 694), eines **einheitl Zwischenkredits** (BFH IX B 167/02, BFH/NV 03, 478) oder eines **Girokontos** (BFH IX R 20/04, BFH/NV 06, 264).

(5) Fremdvergleich. Bei vertragl Beziehungen zw **nahen Angehörigen** müssen die jeweiligen Aufwendungen auf Grund eines ernsthaft vereinbarten und durchgeführten Schuldverhältnisses geleistet werden (zB BFH IX R 46/08, BStBl II 11, 24 mwN). Darlehensverträge mit Dritten sind hingegen, auch wenn das zu besichernde Grundgeschäft zw Angehörigen geschlossen wurde, in einen Fremdvergleich nicht mit einzubeziehen (BFH IX R 46/01, BStBl II 03, 243: Kaufvertrag zw Ehegatten, Darlehensvertrag mit Bank). **145**

(6) Steuerfreie Einnahmen. Zinsen für Fremdmittel zur Finanzierung stfreier Einnahmen sind gem **§ 3c** nicht als WK abziehbar. Das gilt zB für Zinsen aus der Refinanzierung einer Kapital-LV auch dann, wenn die LV ihrerseits dazu dient, einen durch die Einkünfteerzielung veranlassten Kredit zu tilgen (BFH VIII R 3/11, BStBl II 14, 560: Immobilienkredit einer vom StPfl beherrschten GmbH; s auch BFH I R 15/94, BStBl II 97, 57; weitere Beispiele: → § 3c Rn. 4 ff). **146**

cc) Änderung des wirtschaftlichen Zusammenhangs. – (1) Umwidmung. Wird ein kreditfinanziertes WG (zB Grundstück), das bislang zur Einkünfteerzielung eingesetzt wurde, veräußert und wird der **Veräußerungserlös** wiederum für die Einkünfteerzielung eingesetzt (zB Anschaffung eines anderen Grundstücks, das vermietet wird), sind die für das fortbestehende Darlehen gezahlten Zinsen nach der sog **Surrogations-Rspr** bei den nunmehr erzielten Einkünften als WK zu berücksichtigen (ausführl BFH VIII R 68/94, BStBl II 97, 454; BFH VIII R 53/95, BStBl II 97, 682). Wird der Veräußerungserlös **teilweise privat** verwendet, sind die Schuldzinsen aufzuteilen (s BFH VIII R 28/04, BStBl II 07, 699, unter II.2.c: gesplittete Umwidmung). – Entspr gilt für die **geänderte Verwendung** eines kreditfinanzierten WG (BFH GrS 2–3/88, BStBl II 90, 817, unter C. II.3.b.); daher sind zB nach Entnahme eines Grundstücks aus dem BV und anschließender Vermietung die Zinsen, die mit Anschaffungskrediten des Grundstücks zusammenhängen, als WK bei den Einkünften aus VuV abziehbar. – Ändert sich der Darlehenszweck noch **vor Verwendung der Darlehensmittel,** ist auf den neuen Zweck abzustellen (vgl BFH X R 140/95, BStBl II 99, 93, mwN). **147**

Weitere Beispiele – WK anerkannt: fremdfinanziertes **Betriebsgrundstück** wird nach Betriebsaufgabe vermögensverwaltend vermietet (BFH X R 96/95, BStBl II 99, 353; s auch BFH X R 63/95, BFH/NV 00, 40); nach Betriebseinstellung werden bislang betriebl genutzte Büroräume als **häusl Arbeitszimmer** iRe nichtselbständigen Tätigkeit genutzt (BFH X R 15/04, BStBl II 07, 642; s auch BFH X R 60/99, BFH/NV 03, 900); bei fremdfinanzierter Sofortrente, wenn die **Rentenbeträge zur Anschaffung einer anderen Einkunftsquelle** (zB Zweitrente) oder zur Begleichung von WK eingesetzt werden (BFH IX R 23/03, BStBl II 06, 248); selbstbewohntes kreditfinanziertes Objekt wird veräußert und der Verkaufserlös (teilweise) zur Anschaffung einer **zur Vermietung bestimmten Immobilie** verwendet (BFH IX R 36/00, BStBl II

03, 706: nur teilweiser Abzug der Zinsen); selbstbewohntes Einfamilienhaus wird gegen **Leibrente** veräußert (BFH X R 37/86, BStBl II 91, 398); Übernahme eines Darlehens mit der Folge eines **Schuldnerwechsels** im Zuge der Einbringung einer privaten Verbindlichkeit in eine vermögensverwaltende PersGes (BFH IX R 15/11, BStBl II 12, 205: kein Rechtsmissbrauch).

148 **(2) Keine willkürliche Umwidmung.** Die Umwidmung eines Darlehens setzt voraus, dass die auf der erstmaligen Verwendung des Darlehens beruhende Zuordnung zu einer bestimmten Einkunftsart oder zur privaten Vermögenssphäre eindeutig beendet und der bisherige wirtschaftl Zusammenhang **durch obj Umstände gelöst** ist (BFH VIII B 124/00, BFH/NV 01, 907 mwN). Eine willkürl Umwidmung durch den StPfl, zB durch bilanziellen Ausweis eines privat veranlassten Darlehens, ist nicht mögl (BFH X R 49/08, BFH/NV 10, 2225; s auch BFH GrS 1–2/95, BStBl II 98, 193, unter B. II.1.: keine Umschuldung durch gedankl Verrechnung). Gleiches gilt bei einer bloß gedankl Umwidmung des Darlehens (BFH XI R 22/88, BFH/NV 92, 25; BFH VIII R 57/96, BFH/NV 99, 594). Die Rechtsfigur einer Abkürzung des Zahlungswegs (→ Rn. 18) findet hier keine Anwendung (BFH VIII R 57/96, BFH/NV 99, 594; BFH VIII R 48/95, BFH/NV 98, 20).

149 **(3) Umschuldung.** Wird der frühere Kredit durch ein neues Darlehen ersetzt, ändert dies am WK-Abzug nichts (BFH IX R 45/13, BStBl II 15, 635, unter II.4.c; BFH IX R 27/97, BStBl II 01, 573; BFH X R 104/98, BFH/NV 02, 163). Zu dieser Rspr steht BFH XI R 98/96, BStBl II 98, 144 in Widerspruch (s *Drenseck* DStR 98, 1328; *Paus* FR 98, 520; *Wendt* FR 98, 194).

150 **dd) Nachweis.** Es muss eindeutig feststehen, dass Darlehensmittel tatsächl zur Einkunftserzielung eingesetzt worden sind (BFH IX B 238/02, BFH/NV 05, 1051). Im Falle der **Umwidmung** muss der StPfl den geänderten Verwendungszweck eindeutig und nachvollziehbar belegen (BFH VIII R 28/04, BStBl II 07, 699). Unsicherheiten gehen zu Lasten des Stpfl (s BFH IX R 27/97, BStBl II 01, 573: Eingang einer Darlehensvaluta auf einem gemischten Kontokorrentkonto). Ggf müssen entspr Aufzeichnungen geführt werden (BFH XI B 8/03, BFH/NV 03, 1323: gemischtes Bankkonto; BFH IV R 87/95, BFH/NV 97, 339). – Eine **Zustimmung** des Darlehensgebers ist im Falle der Umwidmung nicht zwingend erforderl; sie stellt aber, wenn Zweifel an der Umwidmung bestehen, ein gewichtiges Indiz dar (BFH VIII R 28/04, BStBl II 07, 699; BFH VIII R 68/94, BStBl II 97, 454).

151 **ee) Nachträgliche Schuldzinsen.** Schuldzinsen, die erst nach Aufgabe der Erwerbstätigkeit anfallen, können (ebenso wie andere Aufwendungen, → Rn. 99), zu nachträgl WK führen. Auch hier wirkt ein mit der früheren Einkünfteerzielung begründeter **Veranlassungszusammenhang** grds fort (BFH VIII R 37/23, BStBl II 24, 745). Das gilt auch dann, wenn ein mit Darlehensmitteln angeschafftes WG, das der Einkünfteerzielung gedient hat, veräußert worden ist (BFH VIII R 20/08, BStBl II 10, 787; BFH IX R 67/10, BStBl II 13, 275); denn der ursprüngl Veranlassungszusammenhang setzt sich am **Veräußerungserlös** fort, unabhängig davon, ob die Veräußerung stpfl ist oder nicht (BFH IX R 45/13, BStBl II 15, 635; BFH IX R 4/17, BStBl II 18, 268; s auch *BMF* BStBl I 15, 581).

152 **(1) Verwendung des Veräußerungserlöses.** Entscheidend ist, was mit dem Veräußerungserlös geschieht: *(a)* Wird damit ein **anderes WG angeschafft,** das der Einkünfteerzielung dient, sind die für das fortbestehende Darlehen gezahlten Zinsen nach der sog Surrogations-Rspr bei den nunmehr erzielten Einkünften als WK zu berücksichtigen (Umwidmung des Kredits, → Rn. 147). Die bloße, aber nicht realisierte Reinvestitionsabsicht reicht für den Schuldzinsenabzug indessen nicht aus (BFH IX R 4/17, BStBl II 18, 268). – *(b)* Wird mit dem Erlös das **Darlehen getilgt,** fallen keine weiteren Zinsen an (zur str Behandlung einer Vorfälligkeitsentschädigung → Rn. 137). Zinsen, die bis zur Beseitigung eines Auszahlungshindernisses anfallen, sind WK (zutr *BMF* BStBl I 15, 581 Tz 1.1). Kann das Darlehen **nur teilweise ge-**

tilgt werden, weil der Veräußerungserlös nicht ausreicht, sind die auf das Rest-Darlehen entfallenden Zinsen nachträgl WK. Das gilt auch für Schuldzinsen, die auf ein Refinanzierungs- oder Umschuldungsdarlehen gezahlt werden (BFH IX R 45/13, BStBl II 15, 635). Unwirtschaftl Verhalten wird vom StPfl nicht verlangt (BFH IX R 40/14, BStBl II 16, 78). Voraussetzung ist allerdings, dass die **Einkünfteerzielungsabsicht** des StPfl nicht bereits vor Veräußerung aus anderen Gründen weggefallen ist (BFH IX R 37/12, BStBl II 15, 631). – *(c)* Verwendet der StPfl den Veräußerungserlös ganz oder teilweise **für andere (private) Zwecke,** wird der Zusammenhang mit der Einkünfteerzielung ganz oder teilweise gelöst; die Zinsen sind insoweit keine WK mehr (**Vorrang der Schuldentilgung,** s BFH IX R 67/10, BStBl II 13, 275, II.4.; *Heuermann* BFH/PR 12, 366; einschr *Paus* DStZ 14, 580; **aA** *Dötsch* jurisPR-SteuerR 26/2014, Anm 3). – Zur Behandlung mehrerer Darlehen und zu Darlehen für Erhaltungsaufwendungen s *BMF* BStBl I 15, 581 Tz 1.1. und 4. – Im Fall einer vermögensverwaltenden PersGes richtet sich die Höhe des Schuldzinsenabzugs nach der **Bruchteilsbetrachtung** (BFH IX R 45/13, BStBl II 15, 635, unter II.5. mwN; s auch BFH IX R 42/14, BStBl II 16, 332: Nachhaftung). Zu **§ 3c** s BFH VIII R 13/11, BStBl II 14, 251.

(2) Untergang des Wirtschaftsguts. Nachträgl Schuldzinsen können darüber 153
hinaus auch dann als WK zu berücksichtigen sein, wenn das zur Einkünfteerzielung eingesetzte WG zB durch Brand untergeht (so zutr *Paus* FR 84, 136 f; auch → Rn. 78 ff).

ff) Erzwungene Kapitalüberlassung. Überlässt der StPfl unfreiwillig einem 154
Dritten Kapital gegen Zinsen (zB Verzugszinsen nach ungerechtfertigter Inanspruchnahme aus Bürgschaft auf erste Anforderung), genügt es für die Begründung des erforderl wirtschaftl Zusammenhangs zw einer Darlehensaufnahme (zur Bedienung der Bürgschaft) und späteren Zinseinnahmen (Verzugszinsen), wenn das Darlehen zu dem Zweck aufgenommen worden ist, um die letztl nicht gerechtfertigte Forderung zu erfüllen (BFH VIII R 3/09, BStBl II 12, 254 mwN: keine besondere subj Bestimmung der Schuldzinsen für Zwecke der Erzielung von Verzugszinsen erforderl).

gg) Lösung des Veranlassungszusammenhangs. Verschenkt der StPfl ein kre- 155
ditfinanziertes WG ganz oder teilweise, das der Einkünfteerzielung dient, unter Zurückbehaltung der Verbindlichkeiten, wird der Zusammenhang zw Zinsen und Einkünften im Umfang der Schenkung gelöst (BFH IX B 127/07, BFH/NV 08, 941; BFH IX R 2/24, BStBl. II 25, 453). Das gilt auch dann, wenn der Beschenkte im Erbwege später Schuldner der Verbindlichkeit wird (BFH IX R 182/84, BFH/NV 90, 560).

c) Renten. Zum Begriff (Leibrenten, Zeitrenten) → § 22 Rn. 20 ff. Die Rente 160
muss mit einer Überschusseinkunftsart im Zusammenhang stehen. Der Barwert der Rente (zur Ermittlung s *BMF* BStBl I 10, 227 Tz 69; → § 6 Rn. 443) ist AK, auf die (zB beim Kauf eines Miethauses) die AfA vorzunehmen ist; der **Ertragsanteil** der Rente ist als WK abzugsfähig und beim Veräußerer als Einnahme iSd § 22 Nr 1 S 3 Buchst a zu erfassen (verfgemäß, s BFH VIII R 38/94, BStBl II 98, 339). BFH X R 32–33/01, BStBl II 11, 675 Rn. 38, wonach sich der Zinsanteil aus dem Unterschiedsbetrag zw Rentenzahlungen einerseits und dem jährl Rückgang des Werts der Leibrentenverpflichtung ergibt, gilt nur bei den Gewinneinkünften. Zur unterschiedl Besteuerung bei Leibrente und abgekürzter Zeitrente s BFH IX R 56/07, BStBl II 10, 24 (*Heuermann* BFH/PR 09, 46). Auch die Ablösung eines Nutzungsrechts gegen Leibrente kann zu AK führen (BFH X R 81/91, BFH/NV 94, 620). Eine spätere Erhöhung der Veräußerungsrente bleibt ohne Einfluss auf die AK (NdsFG EFG 94, 653, rkr, mwN).

Zur Vermögensübertragung gegen wiederkehrende Leistungen auf bestimmte Zeit (abgekürzte Leibrente/abgekürzte dauernde Last, Mindestzeitrenten oder verlängerte Leibrenten/dauernde Lasten) s *BMF* BStBl I 10, 227 Tz 77 ff. – Im Fall der **Vermögensübergabe gegen**

Versorgungsleistungen im Generationenverbund kommt kein WK-Abzug, sondern ein *SA-Abzug idR als dauernde Last* in Betracht (→ § 10 Rn. 111 ff; → § 22 Rn. 105); anders ist die Rechtslage, wenn die beiderseitigen Leistungen wie unter Fremden ausgehandelt worden sind.

161 **d) Dauernde Lasten.** Zum Begriff → § 22 Rn. 47. Im Unterschied zur Rente werden die Leistungen bei der dauernden Last nicht gleichbleibend erbracht. Zum WK-Abzug kann es nur kommen, wenn die dauernde Last mit einer Überschusseinkunftsart im Zusammenhang steht. Zu **Vermögensübergabe gegen Versorgungsleistungen** → Rn. 160 aE. Handelt es sich um ein **entgeltl Geschäft** (beiderseitige Leistungen sind wie unter fremden Dritten ausgehandelt), ist nur der in den als dauernde Last zu qualifizierenden Versorgungsleistungen enthaltene *Zinsanteil* als WK abziehbar (BFH X R 136/88, BStBl II 92, 609, unter 5; ebenso BFH IX R 110/90, BStBl II 95, 47; ähnl FG Mster EFG 94, 829, rkr, zur Ablösung von Wohnrecht und Leibrente gegen dauernde Last); dieser Zinsanteil soll beim Veräußerer als Einnahme iSd § 20 I Nr 7 erfasst werden (*obiter dictum* in BFH IX R 110/90 unter 5f, cc der Gründe; *Martin* BB 92, 1619). In Höhe des Barwerts der dauernden Last (§ 14 BewG iVm Anlage 9) sollen AK vorliegen, auf die die AfA vorzunehmen sind (BFH IX R 110/90, BStBl II 95, 47; BFH IX R 46/88, BStBl II 95, 169; Berechnungsbeispiele s *Matteikat* DStR 95, 1091).

170 **3. Öffentliche Abgaben; Versicherungen, § 9 I 3 Nr 2.** Die genannten Aufwendungen sind bereits nach § 9 I 1 WK (deklaratorische Bedeutung). Gebäude und Gegenstände, auf die sich die öffentl Abgaben und Versicherungen beziehen, müssen dem StPfl zur Einnahmeerzielung dienen. Dies ist nicht der Fall zB bei leer stehenden Häusern und unvermieteten Grundstücken, sofern sich nicht aus dem Gesichtspunkt vorabentstandener Aufwendungen (→ Rn. 95 ff) etwas anderes ergibt, was bei Grundstücken aber nicht der Fall ist, wenn sie ledigl der Vermögensanlage dienen. Nach BFH VI 230/58 U, BStBl III 60, 67 sollen bei **Zwischennutzung** derartiger Objekte WK iHd dabei erzielten Einnahmen abzugsfähig sein; etwaige Überschüsse sollen versteuert werden (s auch BFH VIII R 132/80, BStBl II 82, 463).

171 **a) Steuern von Grundbesitz.** Darunter fallen neben Grundsteuern und Ortskirchensteuern (offen gelassen: BFH IV 378/62, HFR 64, 376) auch ausl Steuern (s Bedenken in BFH I 308/61 U, BStBl III 64, 5). Nach der Abzugsfähigkeit der zugrunde liegenden Steuer richtet sich auch die Abzugsfähigkeit steuerl Nebenleistungen.

172 **b) Sonstige öffentliche Abgaben.** Das sind zB Straßenreinigungs-, Müllabfuhr- und Kanalisationsgebühren. *Keine* öffentl Abgaben sind: Ablösezahlung für Stellplatzverpflichtung (BFH IX R 51/00, BStBl II 03, 710; BFH IX R 45/80, BStBl II 84, 702, HK); Kanalbaubeiträge (BFH VI R 302/66, BStBl II 68, 178, Grund und Boden); Anliegerbeiträge (BFH VIII R 65/72, BStBl II 74, 337, Grund und Boden; s demgegenüber aber BFH VIII R 80/77, BStBl II 80, 687, Wegebaukosten als sofort abzugsfähige BA; ferner BFH I R 130/78, BStBl II 83, 38, Sonderbeiträge zur städtischen Kläranlage als BA, weil originäres immaterielles WG; BFH III R 30/79, BStBl II 84, 616 – auch → § 6 Rn. 59 ff, → § 35a Rn. 15, 25).

173 **c) Versicherungsbeiträge.** Dazu gehören Feuer-, Wasser-, Sturm-, Haftpflicht-, Ölhaftpflicht-, Mietausfall- und Bauwesenversicherung (BFH VIII B 81/74, BStBl II 80, 294), ferner Versicherung gegen Diebstahl oder Beschädigung von Arbeitsmitteln. Tritt der Versicherungsfall ein, sind außergewöhnl Absetzungen und Kosten der Schadensbeseitigung WK (→ Rn. 79 f); die Versicherungsleistungen sind Einnahmen (→ Rn. 112). Nicht unter Nr 2 fallen die Hausrat- und Privathaftpflichtversicherung (§ 12 Nr 1). Zur berufl Unfallversicherung → § 19 Rn. 110 „Versicherungsbeiträge".

174 **4. Beiträge zu Berufsständen/Berufsverbänden, § 9 I 3 Nr 3.** WK sind auch Mitgliedsbeiträge, Aufnahmegelder und Umlagen an Gewerkschaften, Beamtenbund, Anwaltskammern, Haus- und Grundbesitzerverein usw. Nicht zu den Beiträ-

gen iSd § 9 I 3 Nr 3 zählen Aufwendungen für ehrenamtl Tätigkeit in den genannten Verbänden oder Aufwendungen für die Teilnahme an Tagungen und Sitzungen. Diese Aufwendungen sind aber nach dem allg WK-Begriff (§ 9 I 1) als WK abzugsfähig (BFH VI R 193/77, BStBl II 81, 368; *Söffing* FR 81, 284). – Nicht als WK abzugsfähig sind Beiträge an Berufsverbände, soweit sie mittelbar **privaten Zwecken** dienen (Sterbegeldumlage; FG RhPf EFG 82, 70, rkr). – Verfolgt der Verband wesentl **allg politische Zwecke,** können die Beiträge nicht der Erwerbssphäre zugeordnet werden (Umgehung des § 4 VI). Entscheidend ist, ob Mittel des Verbandes in erhebl Maß zur Unterstützung politischer Parteien verwendet werden (BFH VI R 51/92, BStBl II 94, 33; FG RhPf EFG 95, 799, rkr). Gleiches gilt, wenn der ArbN einem auch der allgemeinpolitischen Willensbildung tätigen Verband angehört, der berufs- oder betriebsspezifische Belange von Gruppen verfolgt, denen der ArbN selbst nicht angehört (BFH VI R 11/90, BStBl II 93, 53; Anm HFR 93, 70; BFH VI R 50/93, BFH/NV 95, 22; abl *von Bornhaupt* BB 93, 50).

5. Entfernungspauschale, § 9 I 3 Nr 4

Verwaltung: *BMF* BStBl I 20, 1228 (Reisekosten); *BMF* BStBl I 21, 2315 (Entfernungspauschale).

a) Allgemeines. Berufl veranlasste Fahrtkosten sind Erwerbsaufwendungen. 180
Gem § 9 I 1 wären sie grds iHd tatsächl Aufwands als WK zu berücksichtigen (BFH VI R 7/15, BFH/NV 16, 397). Das gilt auch für Fahrten eines ArbN zw Wohnung und erster Tätigkeitsstätte; denn die Überwindung dieser Distanz ist regelmäßig eine **notwendige Bedingung jeder berufl Betätigung** (s auch BVerfG 2 BvL 1/07 ua, DStR 08, 2460). Allerdings hat der Gesetzgeber mit § 9 I 3 Nr 4 den WK-Abzug beschränkt. Seit VZ 2001 gilt eine **verkehrsmittelunabhängige Entfernungspauschale** iHv 0,30 € pro Entfernungskilometer (0,35 € für 2021, 0,38 € von 2022–2025 ab dem 21. Entfernungskilometer), die **ab VZ 2026** durch das StÄndG 2025 (BGBl I 25 Nr 363) auf **0,38 €** ab dem 1. Entfernungskilometer erhöht und verstetigt wurde; dh die Pauschale ist unabhängig davon anzusetzen, ob der ArbN die Wege zu Fuß, mit dem Fahrrad, dem eigenen Kfz oder mit öffentl Verkehrsmitteln zurücklegt. Dies ist verfgemäß (BFH VI R 4/15, BStBl II 17, 228: keine gleichheitswidrige Privilegierung von Nutzern öffentl Verkehrsmittel). – Der Versuch des Gesetzgebers, den Abzug ab VZ 07 weiter einzugrenzen und Kosten erst ab einer Entfernung von 21 km „wie WK" zum Abzug zuzulassen, war verfwidrig (s BVerfG 2 BvL 1/07 ua, DStR 08, 2460). Mit Gesetz zur Fortführung der Gesetzeslage 2006 bei der Entfernungspauschale (BStBl I 09, 536) ist der frühere Rechtszustand rückwirkend zum 1.1.07 wiederhergestellt worden. – Zur Rechtslage **bis VZ 2013** vor Einführung des Begriffs der ersten Tätigkeitsstätte → 39. Aufl. 2020, § 9 Rn. 306 und → 35. Aufl 2016, § 9 Rn. 186 ff u 254.

b) Aufwandsunabhängige Wegepauschale, § 9 I 3 Nr 4 S 1. – aa) Aufwendungen. Die Regelung setzt ihrem Wortlaut nach „Aufwendungen" für Wege zw 181
Wohnung und erster Tätigkeitsstätte (→ Rn. 302 ff) voraus. Dass dem ArbN solche Aufwendungen entstehen, wird durch die Formulierung „Zur Abgeltung dieser Aufwendungen" aus Vereinfachungsgründen **gesetzl (typisierend) unterstellt.** Es kommt nicht darauf an, ob der ArbN tatsächl etwas gezahlt hat. Die Pauschale ist auch dann zu gewähren, wenn der ArbN kostenfrei von Kollegen mitgenommen oder von Verwandten etc abgeholt wird (vgl BFH VI R 29/12, BStBl II 13, 735: durch umwelt- und verkehrspolitische Ziele gerechtfertigt). Hierdurch werden insb **Fahrgemeinschaften** gefördert (Einzelheiten: → Rn. 188).

bb) Wege. Die Pauschalierung gilt für die zurückzulegenden Wege. Auf die Wahl 182
des Verkehrsmittels kommt es nicht an. Auch wenn der ArbN zu Fuß zur Arbeit geht, „per Anhalter" fährt oder ein ihm überlassenes Kfz nutzt, ist die Entfernungspau-

schale anzusetzen (vgl auch BFH IV R 6/00, BStBl II 01, 575: Motorboot). Zur Bestimmung der **kürzesten Straßenverbindung** → Rn. 192.

183 **cc) Wohnung.** Der Begriff ist weit auszulegen und erfasst **jede irgendwie geartete Unterkunft,** von der aus der ArbN sich zur ersten Tätigkeitsstätte begibt (BFH VI R 64/81, BStBl II 83, 306). Die Wohnung muss nicht voll eingerichtet sein. Es genügen auch ein möbliertes Zimmer, eine Unterkunft auf einem Schiff, eine Holzbaracke, ein Holzhaus in einem Schrebergarten oder ein für eine gewisse Dauer abgestellter Campingwagen, auch die Wohnung des Freundes oder der Freundin (BFH VI R 92/85, BStBl II 89, 144) oder ein Schlafplatz in einer Massenunterkunft, wenn die Unterkunft von dem ArbN dauerhaft zur Übernachtung genutzt wird (BFH VI R 64/81, BStBl II 83, 306; s auch LStR 9.10 I 2). – Zu **mehreren Wohnungen** → Rn. 199.

184 **c) Pauschalierung, § 9 I 3 Nr 4 S 2.** Die Entfernungspauschale betrug bis einschließl VZ 2020 einheitl 0,30 € für jeden vollen km der kürzesten Straßenverbindung (→ Rn. 192) zw Wohnung und erster Tätigkeitsstätte. Angefangene km zählen nicht (also Abrundung). **2021** betrug die Entfernungspauschale 0,35 € und **von 2022–2025** 0,38 € ab dem 21. Entfernungskilometer (§ 9 I 3 Nr 4 S 8 idF StEntlG 2022, BGBl I 22, 749) sowie **ab VZ 2026** ebenfalls 0,38 €, nunmehr aber bereits ab dem 1. Entfernungskilometer (StÄndG 2025, BGBl I 25 Nr 363).

185 **aa) Arbeitstag. – (1) Aufsuchen der ersten Tätigkeitsstätte.** Die Entfernungspauschale gilt für jeden Arbeitstag, an dem der ArbN seine erste Tätigkeitsstätte aufsucht. Das Gesetz geht von einem arbeitstägl Hin- und Rückweg aus. Ein ArbN, der an einem Arbeitstag nur einen Weg zurücklegt, kann für den an diesem Arbeitstag zurückgelegten Weg folgl nur die Hälfte der Entfernungspauschale geltend machen (BFH VI R 42/17, BStBl II 20, 473).

186 **(2) Zusätzliche Heimfahrten.** Die Entfernungspauschale ist **für jeden Arbeitstag nur einmal** anzusetzen. Zusätzl Wege an einem Arbeitstag, zB bei Arbeitszeitunterbrechung oder zusätzl Arbeitseinsätzen außerhalb der regulären Arbeitszeit, werden nicht berücksichtigt (BFH VI B 101/03, BStBl II 03, 893; s auch BFH VI B 43/12, DStR 12, 2318). – Diese Einschränkung gilt aber nur bezogen auf *eine* erste Tätigkeitsstätte; hat der ArbN **mehrere DienstVerh** und demzufolge auch *mehrere* erste Tätigkeitsstätten (s auch § 9 IV 5: „je DienstVerh", → Rn. 304) und kehrt er von der einen ersten Tätigkeitsstätte zunächst zur Wohnung zurück, gilt für den Weg zur nächsten ersten Tätigkeitsstätte die Entfernungspauschale ohne Einschränkungen (s auch *Geserich* NWB 11, 3531 (3537); *BMF* BStBl I 21, 2315 Rn. 24).

187 **bb) Höchstbetrag (Jahresgrenze 4500 €).** Aufwendungen für Wege zw Wohnung und erster Tätigkeitsstätte können grds nur iHv höchstens 4500 € jährl als WK abgezogen werden. Eine **Ausnahme** gilt gem Nr 4 S 2 Hs 2 bei Benutzung eines eigenen oder dem ArbN zur Nutzung überlassenen Kfz (nicht Motorrad). Seine tatsächl Kfz-Kosten muss der ArbN auch hier nicht nachweisen, denn es gilt stets die Pauschale (*BMF* BStBl I 21, 2315 Rn. 11). Die Kostendeckelung gilt ferner nicht bei Nutzung öffentl Verkehrsmittel (§ 9 II 2, → Rn. 293). – Zu **„Park-and-ride"** → Rn. 192.

188 **cc) Fahrgemeinschaften. – (1) Bemessung der Pauschale.** Durch die Entfernungspauschale sollen Fahrgemeinschaften begünstigt werden (→ Rn. 181). Jedes Mitglied der Fahrgemeinschaft erhält für den arbeitstägl Weg zur ersten Tätigkeitsstätte die Entfernungspauschale nach der kürzesten Straßenverbindung zw *seiner* Wohnung und der ersten Tätigkeitsstätte. **Umwege** zum gemeinsamen Treffpunkt oder zu anderen Mitgliedern der Fahrgemeinschaft werden nicht in die Entfernungsermittlung einbezogen (*BMF* BStBl I 21, 2315 Rn. 16). – Eine **Kostenbeteiligung** der Mitfahrer führt zu Einkünften gem § 22 Nr 3; von diesen kann der Fahrer WK für die Umwegstrecke abziehen (ausführl BFH X R 58/91, BStBl II 94, 516; *Schmidt-Liebig* FR 95, 100; krit *Paus* FR 94, 741).

(2) Kostendeckelung. Bei **einseitiger Fahrgemeinschaft** erhält jeder Mitfahrer die Entfernungspauschale begrenzt auf den Höchstbetrag von 4500 €. Der Fahrer hingegen kann bei Nutzung des eigenen oder eines überlassenen Kfz die Entfernungspauschale ohne Kostenbegrenzung als WK absetzen (Nr 4 S 2 Hs 2). – Bei **wechselseitiger Fahrgemeinschaft** ist zunächst die Entfernungspauschale für die Tage zu ermitteln, an denen der ArbN mitgefahren ist; insoweit gilt die Kostendeckelung. Anschließend ist die Entfernungspauschale für die Tage zu berechnen, an denen der ArbN das eigene oder überlassene Kfz eingesetzt hat; mit diesem zweiten Betrag kann der Höchstbetrag überschritten werden (s *BMF* BStBl I 21, 2315, Rn. 18 mit Beispiel). 189

d) Flugstrecken; Sammelbeförderung, § 9 I 3 Nr 4 S 3. Flugstrecken und stfreie Sammelbeförderung (→ § 3 Rn. 110) sind von der Pauschalierung ausgenommen. Flüge werden also mit den tatsächl Kosten berücksichtigt; diese sind näml idR niedriger, als es die Entfernungspauschale wäre. Die Regelung dient somit der Verhinderung erhebl Mitnahmeeffekte (BFH VI R 42/07, BStBl II 09, 724; *Geserich* HFR 09, 770). Dagegen können Wege zum und vom Flugplatz über die Entfernungspauschale berücksichtigt werden, sofern diese Strecken innerhalb der kürzesten Straßenverbindung bleiben (*BMF* BStBl I 21, 2315 Rn. 21) – Unklar ist die Rechtslage, wenn der ArbN ein **eigenes Flugzeug** benutzt. Da hier die tatsächl Kosten regelmäßig erhebl höher sind als eine anzusetzende Entfernungspauschale, würde die Anwendung von § 9 I 3 Nr 4 S 3 zu einer deutl Begünstigung des Flugverkehrs führen. Dies widerspräche den Zielen der Regelung und könnte eine teleologische Reduktion des § 9 I 3 Nr 4 S 3 rechtfertigen (zutr *Kempermann* HFR 01, 958; str, **aA** *HHR/Bergkemper* § 9 Rn. 458). Letztl wird diese Frage aber wegen der Kostendeckelung (→ Rn. 187) kaum an Bedeutung gewinnen (wohl aber uU bei Familienheimfahrten iRe doppelten Haushaltsführung). – Zur Verwendung eines eigenen Flugzeugs für beruflich veranlasste Auswärtstermine s BFH VI R 37/15, BStBl II 17, 526. 190

e) Maßgebliche Entfernung, § 9 I 3 Nr 4 S 4. – aa) Kürzeste Straßenverbindung (Hs 1). Bei der Ermittlung der anzusetzenden Entfernungs-km (→ Rn. 184) ist grds auf die kürzeste Straßenverbindung abzustellen, unabhängig vom benutzten Verkehrsmittel. Ob etwa die tatsächl benutzte S-Bahn-Strecke weiter ist, ist unerhebl (FG BW EFG 09, 926, rkr). Zu berücksichtigen sind **alle öffentl Straßen** (§ 2 StVG), die dem allg Kfz-Verkehr dienen (BFH VI R 20/13, BStBl II 14, 259: auch Bundesstraßen). Auf eine Mautpflicht oÄ kommt es nicht an. – Legt der StPfl die Wege im **„Park-and-ride-System"** zurück, sind nicht die Entfernungen zw Wohnung und Abfahrtsbahnhof, zw Abfahrts- und Ankunftsbahnhof sowie zw Ankunftsbahnhof und erster Tätigkeitsstätte zusammenzurechnen. Maßgebend ist auch in diesem Fall die kürzeste Straßenverbindung zw Wohnung und erster Tätigkeitsstätte. Zur **Berechnung** s *BMF* BStBl I 21, 2315 Rn. 22 mit Beispielen; *Harder-Buschner* NWB 10, 3020. – Zu berufl **Umwegfahrten** → Rn. 292. 192

bb) Offensichtlich verkehrsgünstigere Straßenverbindung (Hs 2). Bei der Berechnung der Pauschale kann eine andere, längere Straßenverbindung berücksichtigt werden, wenn diese offensichtl verkehrsgünstiger ist und vom ArbN regelmäßig benutzt wird. **Verkehrsgünstiger** ist eine Strecke für den ArbN, wenn er auf diesem Weg seine erste Tätigkeitsstätte trotz gelegentl Verkehrsstörungen idR schneller und pünktlicher erreicht (BFH VI R 19/11, BStBl II 12, 520, mwN); abzustellen ist auf die übl Verkehrslage (zutr NdsFG EFG 24, 1748, rkr). **Offensichtl** ist das, wenn jeder verständige Verkehrsteilnehmer sich unter den gegebenen Umständen für diese Strecke entschieden hätte. Eine bestimmte „Mindest-Zeitersparnis" wird nicht (mehr) verlangt; auch andere Kriterien wie **Verkehrsaufkommen, Streckenführung** oder **Ampelschaltung** können herangezogen werden (BFH VI R 19/11, BStBl II 12, 520), auch die Unzuverlässigkeit einer **Fährverbindung** (BFH VI R 53/11, BStBl II 12, 802; Anm *Ge* DStR 12, 278: obj Kosten-Nutzen-Analyse; s auch *BMF* 193

BStBl I 21, 2315 Rn. 13). – Zu vergleichen sind die kürzeste und die vom ArbN regelmäßig genutzte längere Straßenverbindung; weitere mögl, aber vom ArbN tatsächl nicht genutzte Fahrtstrecken bleiben unberücksichtigt (BFH VI R 46/10, BStBl II 12, 470).

194 **f) Sachzuwendungen ua, § 9 I 3 Nr 4 S 5. – aa) Sachzuwendungen.** Nach § 8 II 11 stfreie Sachbezüge (Freigrenze, → § 8 Rn. 68) und ArbG-Leistungen gem § 8 III (Rabattfreibetrag, → § 8 Rn. 70) **für Fahrten Wohnung/erste Tätigkeitsstätte** mindern die Entfernungspauschale (s FG Bln-Bbg EFG 13, 1576, rkr: vollumfängl, mit Anm *Pfützenreuter*). Der Wert der Sachbezüge muss von dem nach S 2 ermittelten Betrag abgezogen werden, ggf auch vom Höchstbetrag (4500 €).

195 **(1) Benzingutschein; Tankkarte.** Zu berücksichtigen sind wegen der ausdrückl Bezugnahme auf **§ 8 II 11** insb auch stfrei (bis 44 €; **ab VZ 22:** bis 50 €) überlassene Benzingutscheine/Tankkarten des ArbG (vgl BFH VI R 26/08, BFH/NV 11, 589; glA *HHR/Bergkemper* § 9 Rn. 460; **aA** *Seifert* DStZ 15, 246 (252)), soweit diese als Sachbezug anzusehen sind (→ § 8 Rn. 4 f).

196 **(2) Freifahrtberechtigung.** Bei **§ 8 III** muss die ArbG-Leistung zur Liefer- und Leistungspalette des ArbG gehören. Dies betrifft vor allem Freifahrtberechtigungen für Mitarbeiter von **Verkehrsunternehmen** (vgl FG Bln-Bbg EFG 13, 1576, rkr) und Kfz-Überlassung an ArbN durch **Mietwagenunternehmen** (*BMF* BStBl I 21, 2315 Rn. 25). Der Wert mindert die Entfernungspauschale. Das gilt allerdings nicht, wenn der ArbN von einer Freifahrtberechtigung keinen Gebrauch macht (FG Bbg EFG 07, 1314, rkr).

197 **(3) Pauschalierung nach § 40 II 2.** Wird von der Pauschalierung nach § 40 II 2 Gebrauch gemacht, ist die Entfernungspauschale gem § 40 II 3 ebenfalls um den pauschal versteuerten Ersatz der Aufwendungen zu mindern (s *BMF* BStBl I 21, 2315 Rn. 26; auch → § 40 Rn. 18).

198 **bb) Abgrenzung: Kraftfahrzeugüberlassung und Job-Ticket.** Stellt der ArbG dem ArbN ein **Kfz für Fahrten zw Wohnung und erster Tätigkeitsstätte** zur Verfügung, ergeben sich keine Besonderheiten: Der geldwerte Vorteil (ArbLohn) errechnet sich nach § 8 II 3 (→ § 8 Rn. 45 ff); der ArbN kann die ungekürzte Entfernungspauschale abziehen (verkehrsmittelunabhängige Pauschale, → Rn. 182). Die Kfz-Überlassung fällt nicht unter § 9 I 3 Nr 4 S 5. Zu Kfz-Kosten, die der ArbN selbst trägt, → § 8 Rn. 37; zur Überlassung eines Kfz mit der Auflage, andere ArbN zur ersten Tätigkeitsstätte mitzunehmen, → § 8 Rn. 46 und → § 19 Rn. 100 „Sammelbeförderung". – **Job-Tickets** und ähnl Sachbezüge des ArbG sind stpfl Lohn; daher kann der ArbN die Entfernungspauschale ungemindert als WK abziehen. Ab VZ 19 gilt für das Job-Ticket aber StFreiheit nach § 3 Nr 15 (→ § 3 Rn. 63; *BMF* BStBl I 19, 875). Stfreie Zuschüsse mindern nunmehr die Entfernungspauschale (§ 3 Nr 15 S 3).

199 **g) Mehrere Wohnungen, § 9 I 3 Nr 4 S 6. – aa) Maßgebliche Strecke.** Hat ein ArbN mehrere Wohnungen, die er selbst nutzt, kann er die Entfernungspauschale für die kürzeste Straßenverbindung zw der **weiter entfernten Wohnung** und der ersten Tätigkeitsstätte nur geltend machen, wenn diese Wohnung den „Mittelpunkt der Lebensinteressen" bildet und er sie nicht nur gelegentl aufsucht. Sind diese Voraussetzungen erfüllt, ist eine Unterbrechung der Fahrt an der näher gelegenen Wohnung unschädl (BFH VI R 42/89, BStBl II 92, 306). Dagegen ist für diejenigen Tage, an denen der ArbN von der näher gelegenen Wohnung aus zur Arbeit fährt, die kürzeste Straßenverbindung von dieser Wohnung aus anzusetzen. – Befindet sich der Lebensmittelpunkt in der **näher gelegenen Wohnung,** ist die Entfernungspauschale für den Weg zw dieser (Haupt-)Wohnung und der ersten Tätigkeitsstätte auch für die Tage anzusetzen, an denen der ArbN von der entfernter liegenden Wohnung aus gefahren ist (BFH VI R 168/84, BStBl II 86, 95).

bb) Lebensmittelpunkt. Der Lebensmittelpunkt eines StPfl befindet sich dort, wo die engeren persönl Beziehungen bestehen Es gibt immer nur *einen* Lebensmittelpunkt (BFH VI B 152/10, BFH/NV 11, 1347). Dieser kann allerdings wechseln, auch innerhalb eines VZ (BFH VI R 127/76, BStBl II 79, 335: Sommerwohnung/Winterwohnung; s auch BFH VI B 118/04, BStBl II 07, 538). Die Bestimmung des Lebensmittelpunkts muss unter Würdigung aller Umstände des Einzelfalls erfolgen (BFH VI B 118/04, BStBl II 07, 538: Pflichten des FG). Auf die Motive für die Wohnsitznahme an dem entfernteren Ort kommt es nicht an (BFH VI R 190/85, BFH/NV 89, 576); eine Angemessenheitsprüfung findet nicht statt (BFH VI R 126/86, BFH/NV 90, 498). Eine Wohnung, die nur als Wochenend- oder Ferienwohnung genutzt wird, kann allerdings regelmäßig nicht der Lebensmittelpunkt sein (BFH VI R 168/84, BStBl II 86, 95). 200

(1) Verheiratete Arbeitnehmer; Lebenspartner etc. Bei verheirateten ArbN ist grds davon auszugehen, dass sich ihr Lebensmittelpunkt am Aufenthalts- und Wohnort der Familie befindet (BFH VI R 64/81, BStBl II 83, 306; auch → Rn. 230 ff). Für ArbN, die in einer Lebenspartnerschaft (s § 2 VIII) oder in anderer Form in einer dauerhaften Beziehung leben, gilt das mE ebenso. 201

(2) Ledige Arbeitnehmer. Bei einem erwachsenen ledigen ArbN kann allg angenommen werden, dass sich der Lebensmittelpunkt in der Wohnung befindet, von der aus er sich überwiegend zur ersten Tätigkeitsstätte begibt, es sei denn, er hält sich *nahezu immer, wenn mögl,* also an den Wochenenden, in den Ferien (soweit er nicht wegfährt) oder bei Erkrankungen an einem anderen Wohnort auf und kann darlegen, dass zu diesem Ort eine stärkere Bindung besteht (Eltern, Verlobte, Freundes- und Bekanntenkreis, Vereinszugehörigkeit etc; ausführl BFH VI R 7/83, BStBl II 86, 221; auch → Rn. 234 ff). Unerhebl ist, ob der ledige ArbN dort einen eigenen Haushalt führt, Eigentümer der Wohnung ist, sie gemietet hat oder unentgeltl ein Zimmer im Haus der Eltern nutzt. 202

cc) Nicht nur gelegentliches Aufsuchen. Die beiden Tatbestandmerkmale „Lebensmittelpunkt" und „nicht nur gelegentl aufgesucht" werden in der Praxis nicht immer sauber getrennt. Das ist auch häufig nicht mögl; denn gerade bei ledigen ArbN ist das nachhaltige Aufsuchen einer Wohnung ein starkes Indiz dafür, dass diese als Lebensmittelpunkt des ArbN anzusehen ist (→ Rn. 202). – Der *FinVerw* zufolge genügen bei **verheirateten ArbN** bereits sechs Heimfahrten im VZ (LStR 9.10 I 5: „ohne nähere Prüfung"). Bei ausl Familienwohnsitz können aber auch weniger als sechs Heimfahrten ausreichend sein (s BFH VI R 152/99, BStBl II 04, 233: Familienwohnung in der Türkei). Das wird auch für Lebenspartner gelten (s § 2 VIII). – Bei **ledigen ArbN** werden durchschnittl zwei Fahrten pro Monat erwartet (LStR 9.10 I 8); zwingend ist aber auch dies nicht (Würdigung des Einzelfalls, → Rn. 200). 203

h) (Elektro-)Fahrräder, § 9 I 3 Nr 4 S 7. Nach § 3 Nr. 37 idF „JStG 2018" stfreie Vorteile aus der Überlassung von (Elektro-)Fahrrädern werden nicht auf die Entfernungspauschale angerechnet. Das Abzugsverbot nach § 3c I ist ebenfalls nicht anzuwenden (*BMF* BStBl I 21, 2315 Rn. 25). 204

6. Sonstige Fahrtkosten, § 9 I 3 Nr 4a. – a) Allgemeines. Berufl veranlasste Fahrtkosten sind Erwerbsaufwendungen und grds iHd tatsächl Aufwands als WK zu berücksichtigen (→ Rn. 180). Die Regelung bestätigt diesen Grundsatz scheinbar, schränkt ihn aber tatsächl mit Wirkung **ab VZ 14** in S 3 und 4 für Fahrten zu sog Sammelpunkten und weiträumigen Tätigkeitsgebieten entgegen der bisherigen BFH-Rspr wesentl ein. Darin liegt die eigentl Bedeutung der Bestimmung; die betroffenen StPfl werden **deutl schlechter gestellt** (zutr die Kritik von *Bergkemper* FR 13, 1017: Widerspruch zu § 9 IV 1; s auch *BH/Thürmer* § 9 Rn. 315: Verstoß gegen das obj Nettoprinzip). – Zur **Rechtslage bis VZ 13** → 35. Aufl 2016, § 9 Rn. 186 ff. 210

211 **b) Auswärtige Tätigkeit, § 9 I 3 Nr 4a S 1 und 2. – aa) Abgrenzung.** Die Grundregel in S 1 und 2 gilt für alle berufl veranlassten Fahrten, die als auswärtige Tätigkeit weder unter § 9 I 3 Nr 4 (Fahrten zw Wohnung und erster Tätigkeitsstätte) und Nr 5 (Familienheimfahrten bei doppelter Haushaltsführung) fallen. Das betrifft Außendienstmitarbeiter, die an **ständig wechselnden Einsatzstellen** tätig werden, ohne typischerweise arbeitstägl denselben Ort oder dasselbe weiträumige Tätigkeitsgebiet anzufahren (dann: § 9 I 3 Nr 4a S 3), und ArbN, die über eine erste Tätigkeitsstätte verfügen, mit ihren **sonstigen berufl veranlassten Fahrten** wie zB Dienstreisen (also alles jenseits von § 9 I 3 Nr 4 und 5).

Beispiele: ArbN auf **Bauausführungen** und **Montagen** (§ 12 S 2 AO; s BFH VI R 22/14, BStBl II 16, 179); **Bus-/LKW-Fahrer, Kundendienstmonteure, Vertreter, mobile Pflegekräfte** und **Seeleute,** wenn sie *nicht* typischerweise arbeitstägl einen vom ArbG festgelegten Ort aufsuchen müssen (s *BMF* BStBl I 20, 1228 Rn. 37); **Dienstreisen;** Heimreise und Rückreise eines ArbN bei **Unterbrechung des Urlaubs** aus *dienstl* Gründen (vgl. BFH VI R 29/86, BStBl II 90, 423).

212 **bb) Tatsächliche Aufwendungen (S 1).** Der ArbN kann die tatsächl Aufwendungen als WK absetzen, also bei Bus, Bahn, Taxi und Flugzeug etc die **Beförderungskosten** (einschließl Reservierungskosten und Zuschläge). Das Verkehrsmittel kann er frei wählen. – Benutzt er ein (eigenes oder überlassenes) Kfz, ist der **persönl km-Satz** wie bisher (s LStR 9.5 I 3) anhand der Gesamtkosten des genutzten Fahrzeugs für einen Zeitraum von 12 Monaten zu ermitteln. Dieser kann so lange angesetzt werden, bis sich die Verhältnisse wesentl ändern (s auch BT-Drs 17/10774 S 12 f).

213 **cc) Pauschale km-Sätze; Wahlrecht (S 2).** Wahlweise kann der ArbN pauschale km-Sätze für das jeweilige Fahrzeug **nach BRKG** ansetzen, für Pkw 0,30 € für jeden gefahrenen km und für andere motorbetriebene Fahrzeuge 0,20 € (s *BMF* BStBl I 20, 1228 Rn. 37). Aufgrund der ausdrückl gesetzl Regelung gibt es keine „offensichtl unzutr Besteuerung" mehr (s *BMF* BStBl I 20, 1228 Rn. 37: daher keine Anwendung von BFH VI R 114/88, BStBl II 92, 105 mehr). Für Reisen mit Bahn oder Flugzeug sind aber keine pauschalen km-Sätze zu berücksichtigen, da das BRKG hierfür keine pauschale Wegstreckenentschädigung festsetzt (BFH VI R 50/18, BStBl II 21, 440). – Das Wahlrecht kann mE **für jede einzelne Fahrt** erneut ausgeübt werden. Dass sich der StPfl für einen ganzen VZ festlegen muss, ist dem Gesetz nicht zu entnehmen (glA *Seifert* DStZ 12, 720 (723); *BH/Thürmer* § 9 Rn. 311; **aA** *HHR/Bergkemper* § 9 Rn. 479; zur Rechtslage bis VZ 2013 auch → § 19 Rn. 110 „Kraftfahrzeugkosten").

214 **c) Sammelpunkte; weiträumige Tätigkeitsgebiete, § 9 I 3 Nr 4a S 3, 4. – aa) Entfernungspauschale.** ArbN, die keine „erste Tätigkeitsstätte" iSd § 9 IV haben, können bei „typischerweise arbeitstägl" Fahrten zu einem vom ArbG dauerhaft festgelegten Ort (zB „Sammelpunkte") oder einem dauerhaft festgelegten weiträumigen Tätigkeitsgebiet nur noch die Entfernungspauschale geltend machen. Dies gilt auch dann, wenn die Fahrten an einer dem Sammelpunkt näher gelegenen Wohnung unterbrochen werden (BFH VI B 64/19, BFH/NV 21, 306). Es kommt also nicht mehr darauf an, ob eine ortsfeste Einrichtung des ArbG angefahren wird. – Die Berücksichtigung von Verpflegungsmehraufwand oder Übernachtungskosten wird von der Neuregelung nicht berührt (so ausdrückl auch *BMF* BStBl I 20, 1228 Rn. 40, 45).

215 **bb) Sammelpunkte.** „Dauerhaft festgelegt" sein können zB ein Ort zur Fahrzeugübernahme für Berufskraftfahrer (Busdepot, Lkw-Wechselplatz oÄ; s auch FG Nbg EFG 16, 1240, rkr), der Betriebssitz des ArbG, ein Flug- oder Fährhafen oder ein Schiffsanleger (vgl *BMF* BStBl I 20, 1228 Rn. 38). Kein dauerhaft festgelegter Sammelpunkt liegt hingegen vor, wenn die Fahrzeugübernahme ledigl irgendwo in einem größeren Gewerbegebiet erfolgen soll (FG MV DStRE 23, 908, rkr). Für die

Dauerhaftigkeit gilt die Legaldefinition in § 9 IV 3 entsprechend (BFH VI R 14/19, BFH/NV 22, 15). Der Sammelpunkt muss **typischerweise arbeitstägl** aufgesucht werden; ansonsten liegt eine Auswärtstätigkeit (→ Rn. 211) vor. Dies erfordert aber nicht, dass der ArbN den Ort zwingend jeden Arbeitstag aufsucht; dies muss nach den Weisungen des ArbG nur ganz überwiegend arbeitstägl geschehen; fahrtäglich reicht insoweit nicht aus (BFH VI R 6/19, BStBl II 21, 727). Ein Aufsuchen alle zwei oder drei Arbeitstage reicht indes nicht aus (NdsFG DStRE 18, 967, rkr). – Privat vereinbarte Sammelpunkte werden hier nicht erfasst, da sie nicht vom ArbG vorgegeben sind (zu Fahrgemeinschaften → Rn. 188 f).

cc) Weiträumige Tätigkeitsgebiete. Ein „weiträumiges Tätigkeitsgebiet" setzt eine **vom ArbG festgelegte Fläche** voraus, innerhalb derer der ArbN die vertragl vereinbarte Arbeitsleistung erbringen soll (BFH VI R 4/21, BStBl II 23, 829; *BMF* BStBl I 20, 1228 Rn. 42). Dies ist typischerweise bei Hafen- und Forstarbeitern oder Briefzustellern der Fall (FG Brem EFG 25, 1157, rkr), nicht hingegen bei ArbN, die wie Bezirksleiter, Vertriebsmitarbeiter, Schornsteinfeger und Pflegekräfte verschiedene Niederlassungen bzw Häuser anfahren (BFH VI R 4/21, BStBl II 23, 829; FG Bln-Bbg DStRE 19, 1054, rkr; *BMF* BStBl I 20, 1228 Rn. 42). Die Fläche eines ganzen Bundeslandes oder einer ganzen Küstenregion kann aber wegen ihrer Größe nicht als weiträumiges Tätigkeitsgebiet angesehen werden (FG MV DStRE 23, 908, rkr). Abzugrenzen ist das weiträumige Tätigkeitsgebiet auch von einer großräumigen, aber in sich geschlossenen und überschaubaren ersten Tätigkeitsstätte (zB Werksgelände, Zeche, Messegelände oder Bürokomplex, BFH VI R 36/16, BStBl II 19, 543; s auch *Thomas* DStR 14, 497 (502)). – Werden **unterschiedl Zugänge** zum Tätigkeitsgebiet angefahren, „gilt" die Entfernungspauschale „für *die* Fahrten" zu dem der ArbN-Wohnung nächstgelegenen Zugang. Ob dies im Umkehrschluss bedeutet, dass der ArbN für Fahrten zu anderen Zugängen Aufwendungen nach S 1 oder 2 geltend machen kann, ist str (so *HHR/Bergkemper* § 9 Rn. 487; *BH/Thürmer* § 9 Rn. 316; **aA** BT-Drs 17/10774, S 13: Entfernungspauschale auch dann, wenn der ArbN *stets* einen weiter entfernen Zugang nutzt; *BMF* BStBl I 20, 1228 Rn. 44: nur Berücksichtigung der *Mehr*-Km mit den tatsächl Kosten). – Fahrten **innerhalb eines weiträumigen Tätigkeitsgebiets** werden gem § 9 I 3 Nr 4a S 4 mit den tatsächl Kosten nach S 1 und 2 berücksichtigt. 216

7. Doppelte Haushaltsführung, § 9 I 3 Nr 5. – a) Allgemeines. Die Berücksichtigung von Aufwendungen für eine berufl veranlasste doppelten Haushaltsführung als WK ist eine **Grundentscheidung des dt ESt-Rechts** (BVerfG 2 BvR 400/98 ua, BStBl II 03, 534; s auch BVerfG 2 BvL 1/07 ua, DStR 08, 2460, C. II.4.a: notwendige Voraussetzung der Erwerbstätigkeit). Dem Gesetzgeber wäre es untersagt, den WK-Abzug ausnahmslos abzuschaffen (so BVerfG 2 BvR 400/98 ua, BStBl II 03, 534, zu Kettenabordnung und „Doppelverdiener"); das gilt besonders in Zeiten wirtschaftl Krisen und drohender Arbeitslosigkeit. Im Fall von Ehe und Familie ist die **Beibehaltung des Familienwohnsitzes** auch bei berufl Veränderungen eines Ehegatten durch Art 6 GG geschützt (vgl BVerfG 1 BvR 1232/00, NJW 05, 3556). – § 9 I 3 Nr 5 hat jedenfalls insoweit konstitutive Bedeutung (lex specialis), als der **WK-Abzug eingeschränkt** wird (BFH VI R 31/16, BStBl II 18, 404; *Drenseck* DB 87, 2485; *HHR/Bergkemper* § 9 Rn. 490; *BH/Thürmer* § 9 Rn. 326). Es handelt sich nicht um gemischte Aufwendungen iSv § 12 Nr 1 (glA *Bergkemper* FR 08, 43; s aber BVerfG 2 BvL 1/07 ua, DStR 08, 2460, C. II.4.a; BFH VI R 50/11, BStBl II 13, 286: private Mitveranlassung); § 9 I 3 Nr 5 ist ggü § 12 Nr 1 S 2 vorrangig (ausführl *Söhn* FS Offerhaus, S 477, mwN; *Offerhaus* BB 79, 668). Liegen die Voraussetzungen einer doppelten Haushaltsführung indessen nicht vor, sind die Kosten einer Zweitwohnung idR auch nicht nach § 9 I 1 abziehbar, da sie auch dem der Privatsphäre zuzurechnenden Wohnen dienen und eine Aufteilung mangels Aufteilungsmaßstab nicht in Betracht kommt (BFH VI R 31/16, BStBl II 18, 404). Vorab entstandene WK (→ Rn. 95 ff) können in einem solchen Fall nur vorliegen, wenn der 220

StPfl endgültig den Entschluss gefasst hat, die Wohnung künftig iRe steuerl anzuerkennenden doppelten Haushaltsführung zu nutzen (BFH VI R 1/18, BFH/NV 20, 354; weitergehend FG Mster DStRE 19, 1113, rkr, mE unzutr).

Zur **Rechtsentwicklung** *HHR/Bergkemper* § 9 Rn. 475; **Rechtslage bis VZ 13** → 35. Aufl 2016, § 9 Rn. 205 ff.

221 **b) Berufliche Veranlassung, § 9 I 3 Nr 5 S 1.** Eine doppelte Haushaltsführung liegt vor, wenn der ArbN neben seinem Haupthaushalt einen weiteren Haushalt führt und wenn dieser Umstand berufl veranlasst ist. Der zweite Haushalt muss **konkreten berufl Zwecken** dienen (BFH VI R 25/11, BStBl II 12, 831). Das ist der Fall, wenn ihn der StPfl nutzt, um von dort aus seine erste Tätigkeitsstätte aufzusuchen (stRspr, vgl BFH VI R 7/13, BStBl II 15, 336), zB nach Wechsel des Beschäftigungsorts oder Versetzung, nach Aufnahme einer neuen Tätigkeit oder bei Bereitschaftsdiensten mit kurzen Reaktionszeiten. Eine berufl Veranlassung ist dagegen ausgeschlossen, wenn die Wohnung am Ort der ersten Tätigkeitsstätte den Haupthaushalt des ArbN bildet (BFH VI R 16/14, BStBl II 15, 511: Aufwendungen der Lebensführung). – Dient die neben dem Haupthaushalt geführte zusätzl Wohnung berufl Zwecken, kommt es auf die (häufig privaten) **Gründe für die Beibehaltung** der doppelten Haushaltsführung nicht an (zB Umzugsunwilligkeit des Partners, schulpflichtige Kinder etc; vgl auch BVerfG 1 BvR 1232/00, NJW 05, 3556). Durch bloßen Zeitablauf verliert die doppelte Haushaltsführung nicht ihre berufl Veranlassung. – Kosten einer doppelten Haushaltsführung können auch während der Zeit der **Arbeitslosigkeit** berufl veranlasst sein (als vorab entstandene/nachträgl WK; auch → Rn. 94 ff).

222 **c) Haupthaushalt; Zweitwohnung, § 9 I 3 Nr 5 S 2, 3.** Die gesetzl Regelung unterscheidet in § 9 I 3 Nr 5 S 2 zw dem „eigenen Hausstand", den der ArbN außerhalb des Orts seiner ersten Tätigkeitsstätte unterhält, und einem „Wohnen" am Ort der ersten Tätigkeitsstätte, also zw Haupthaushalt und Zweitwohnung (vgl BFH VI R 16/14, BStBl II 15, 511). – Zum Begriff „erste Tätigkeitsstätte" → Rn. 302.

223 **aa) Eigener Hausstand. – (1) Haupthaushalt.** Der „eigene Hausstand" außerhalb des Orts der ersten Tätigkeitsstätte muss der Haupthaushalt des ArbN sein; sonst fehlt es an der berufl Veranlassung (→ Rn. 221). Das Vorhalten einer Wohnung zu Besuchszwecken oder für Ferienaufenthalte genügt nicht (BFH VI R 46/12, BStBl II 13, 627; BFH VI R 16/14, BStBl II 15, 511). Haupthaushalt ist der Haushalt, an dem der ArbN seinen **dauerhaften Lebensmittelpunkt** hat, wo er sich außerhalb von Arbeits- und ggf Urlaubszeiten regelmäßig aufhält, den er fortwährend nutzt und von wo aus er sein Privatleben führt (BFH VI R 46/12, BStBl II 13, 627 Rn. 12). Dass die Wohnverhältnisse vergleichsweise einfach oder beengt sind, schließt nicht aus, dass es sich um den Haupthaushalt handelt; die Voraussetzungen des bewertungsrechtl Wohnungsbegriffs müssen nicht erfüllt sein (BFH VI R 82/02, BStBl II 05, 98; *Fissenewert* HFR 05, 119).

224 **(2) Dauerhafter Lebensmittelpunkt.** Wo sich der dauerhafte Lebensmittelpunkt eines ArbN befindet, ist anhand einer **Gesamtwürdigung** aller Umstände des Einzelfalls festzustellen (stRspr, s BFH VI R 16/14, BStBl II 15, 511 Rn. 13 mwN). Indizien können sein die Häufigkeit und Dauer der Aufenthalte am Beschäftigungsort bzw die Anzahl der Heimfahrten, ferner Ausstattung und Größe beider Wohnungen sowie deren Entfernung voneinander. Erhebl Gewicht hat ferner der Umstand, zu welchem Wohnort die engeren persönl Beziehungen bestehen (zB Art und Intensität der sozialen Kontakte mit Angehörigen und Freunden, Vereinszugehörigkeiten und andere Aktivitäten; s BFH VI R 71/14, BFH/NV 15, 1240: vorübergehende Entsendung in ein Entwicklungsland begründet dort idR keinen Lebensmittelpunkt). Es gibt auch hier immer nur *einen* Lebensmittelpunkt. – Bei ArbN, die mit ihrem Ehegatten, Lebenspartner oder Partner in einer dauerhaften Beziehung leben, mit oder ohne Kinder, befindet sich der Lebensmittelpunkt idR

am **Familienwohnsitz** (→ Rn. 230 ff). Mehr Schwierigkeiten bereitet die Bestimmung des Lebensmittelpunkts in der Praxis bei **alleinstehenden ArbN** (→ Rn. 234 ff).

bb) „Innehaben" und finanzielle Beteiligung, § 9 I 3 Nr 5 S 3. Mit Wirkung **ab VZ 2014** kommen als gesetzl Voraussetzungen hinzu, dass der ArbN eine Wohnung „innehaben" und sich finanziell an den Kosten der Lebensführung beteiligen muss (ledigl Ergänzung, keine abschließende Definition; zutr *HHR/Bergkemper* § 9 Rn. 497). Die Regelung betrifft **vor allem alleinstehende ArbN** und richtet sich gegen die bisherige BFH-Rspr, derzufolge eine finanzielle Beteiligung an den Kosten der Haushaltsführung keine zwingende Voraussetzung für die Annahme eines eigenen Hausstands war (→ 35. Aufl 2016, § 9 Rn. 216). – Bei **Ehegatten und Lebenspartnern,** die nicht dauernd getrennt leben, kann beides regelmäßig unterstellt werden (s auch *BMF* BStBl I 20, 1228 Rn. 101 aE: ohne Nachweis). 225

(1) „Innehaben". Der ArbN muss die Wohnung oder das Haus, in dem sich der Haushalt befindet, **aus eigenem Recht** nutzen (zB Eigentum, Miete, sonstige Nutzungsgestattung). Das ergab sich bisher schon aus dem Tatbestandsmerkmal „*eigener* Hausstand" in S 2 und schloss auch eine unentgeltl Nutzung mit ein (→ 35. Aufl 2016, § 9 Rn. 214). Insofern ergeben sich keine Änderungen (zutr NdsFG DStRE 20, 538, rkr). Es wird weder eine entgeltl Nutzung noch notwendig ein *alleiniges* Recht des ArbN vorausgesetzt; ein gemeinsames bzw abgeleitetes Recht genügt (s auch *BMF* BStBl I 20, 1228 Rn. 101: als Ehegatte, LPart oder Mitbewohner). Ein Vorbehaltsnießbrauch zugunsten der Eltern ist unschädl (BFH VI R 170/99, BStBl II 04, 16; *v Twickel* HFR 04, 108). – IÜ → Rn. 230 und 237 f. 226

(2) Finanzielle Beteiligung. Der ArbN muss sich an den **Kosten der Lebensführung** finanziell beteiligen. Die Frage nach einer finanziellen Beteiligung stellt sich bei einem Ein-Personen-Haushalt von vornherein nicht (BFH VI R 12/23, DStR 25, 1744). Gemeint sind die Kosten des Haushalts und der Lebensführung, die einen Bezug zum Haushalt aufweisen, zB Miete, Hauskosten, Nebenkosten, Instandhaltungs-/Instandsetzungskosten, AK von Haushaltsgeräten und Lebensmitteln (BFH VI R 39/19, BStBl II 23, 747; FG Ddorf EFG 20, 1233, rkr). Im Streitfall muss er zweierlei nachweisen: die Höhe der Kosten der Lebensführung des Haupthaushalts und seine zumindest nicht unwesentl Beteiligung an diesen Kosten, was sich nach den Umständen des Einzelfalls richtet. Eine feste 10%-Grenze gibt es dabei nicht. Eine Beteiligung von weniger als 10% wird aber idR erkennbar unzureichend sein (ebenso NdsFG DStRE 23, 845, rkr). Es muss sich nicht zwingend um regelmäßige Barleistungen handeln (s aber *BMF* BStBl I 20, 1228 Rn. 101: bei monatl Barleistungen genügt Beteiligung von mehr als 10%). Auch die Übernahme sonstiger Aufwendungen kann zu einer entspr finanziellen Beteiligung des ArbN führen (BFH VI R 39/19, BStBl II 23, 747; BFH VI R 93/77, BStBl II 79, 146: Ansparung zum Zweck der Möbel- und Hausratbeschaffung; FG RhPf EFG 82, 126, rkr: Erwerb oder Erstellung eines Hauses). 227

cc) Wohnen am Ort der ersten Tätigkeitsstätte. – (1) Wohnen. Der Begriff „wohnen" ist (wie bei § 9 I 3 Nr 4, → Rn. 183) weit auszulegen und erfasst jede irgendwie geartete **Unterkunft,** von der aus der ArbN sich zur ersten Tätigkeitsstätte begibt. Die Wohnung muss dem ArbN ständig (längerfristig) zur Verfügung stehen; dies ist bei *gelegentl* Hotelübernachtungen nicht der Fall (BFH VI R 40/03, BStBl II 04, 1074 mwN, Anm *Bergkemper* FR 05, 103, was aber entgegen BFH XI R 59/97, BFH/NV 98, 1216 nicht ausschließt, dass die Hotelkosten abziehbar sind, s BFH VI R 40/03, BStBl II 04, 1074). Der ArbN muss nicht an der Mehrzahl der Wochentage in dieser Wohnung anwesend sein (BFH VI R 85/85, BStBl II 88, 990); ein mitgeführtes Wohnmobil reicht nicht aus (HessFG EFG 88, 517, rkr). – Unerhebl ist, wie sich der ArbN dort einrichtet, ob er den zweiten Haushalt allein oder als **Wohngemeinschaft** führt (BFH VI R 25/11, BStBl II 12, 831: keine „Motivforschung"). 228

Auch eine **Gemeinschaftsunterkunft** reicht aus, sofern sie zum Wohnen genutzt wird (BFH VI R 5/18, DStR 20, 2236). Mehrkosten, die aufgrund zusätzl privater Motive entstehen, müssen über die Beschränkung auf „notwendige" Mehraufwendungen (→Rn. 245 ff) ausgeschieden werden. Erst dann, wenn sich der Lebensmittelpunkt an den Beschäftigungsort verlagert und die Wohnung dort zum Haupthaushalt wird, endet die berufl Veranlassung des Wohnens am Beschäftigungsort (auch →Rn. 231 mit Beispielen). – Unterkunftnahme am Ort einer **Auswärtstätigkeit** begründet keine doppelte Haushaltsführung (BFH VI R 22/14, BStBl II 16, 179; auch →Rn. 260).

229 **(2) Ort der ersten Tätigkeitsstätte.** Der Ort des eigenen Hausstands und der Ort der ersten Tätigkeitsstätte (→Rn. 254; bis VZ 2013: Beschäftigungsort) müssen auseinanderfallen (BFH VI R 31/16, BStBl II 18, 404), können aber gleichwohl in derselben politischen Gemeinde liegen. In derartigen Fällen ist aber die berufl Veranlassung besonders zu prüfen. Eine doppelte Haushaltsführung ist deshalb nicht gegeben, wenn der StPfl in einer Wohnung am Ort der ersten Tätigkeitsstätte aus berufl Gründen einen Zweithaushalt führt und auch der vorhandene „eigene Hausstand" dort belegen ist (BFH VI R 2/16, BFH/NV 18, 712). – Zum Ort der ersten Tätigkeitsstätte zählt das gesamte **Einzugsgebiet** dieses Ortes (BFH VI R 31/16, BStBl II 18, 404; BFH VI R 59/13, BFH/NV 15, 10; zu weitgehend und nicht zu verallgemeinern aber BFH VI R 59/11, BStBl II 12, 833: „Einzugsgebiet" von 141 km, einstündige Anfahrt mit ICE, dazu auch *Geserich* DStR 12, 1737 (1741)). Vorausgesetzt wird nur, dass der ArbN in zumutbarer Weise tägl von der Zweitwohnung aus seine Arbeitsstätte aufsuchen kann. Trifft dies auch auf den eigenen Hausstand des ArbN zu, was bei Fahrzeiten von etwa einer Stunde idR angenommen werden kann, liegt allerdings mangels Auseinanderfallens des Orts des Haupthaushalts und der ersten Tätigkeitsstätte keine doppelte Haushaltsführung vor (FG Mster EFG 24, 947, rkr; FG Bln-Bbg EFG 22, 1751, rkr, zutr auch zur Zumutbarkeit; krit *Dürr* DStZ 17, 323 und *dies* NWB 18, 844, mE unzutr). Nach *BMF* BStBl I 20, 1228 Rn. 102 kann aus Vereinfachungsgründen davon ausgegangen werden, dass die Hauptwohnung außerhalb des Orts der ersten Tätigkeitsstätte liegt, wenn die Entfernung der kürzesten Straßenverbindung mehr als 50 km beträgt.

230 **dd) Ehegatten; Lebenspartner; Partner. – (1) Familienwohnsitz.** Bei verheirateten ArbN und Lebenspartnern (§ 2 VIII) kann, abgesehen vom Fall des dauernden Getrenntlebens, idR davon ausgegangen werden, dass sich der Lebensmittelpunkt des ArbN dort befindet, wo er gemeinsam mit dem Ehegatten/Partner und ggf mit seinen (minderjährigen) Kindern einen Haushalt unterhält (BFH VI R 16/14, BStBl II 15, 511 Rn. 17; BFH VIII R 29/16, DStR 20, 430; s aber auch FG Mster EFG 18, 1793, rkr, atypischer Einzelfall). Für ArbN, die in anderer Form in einer **dauerhaften Beziehung** leben, wird dies im Zweifel auch gelten (vgl FG Mster EFG 12, 504, rkr). – Ledigl in Zweifelsfällen wird ein ArbN mit festem Ehe-/Lebenspartner und/oder Kindern seine **persönl Beteiligung am Familienhaushalt** darlegen müssen; dieser kommt eine Indizfunktion für den Lebensmittelpunkt zu. Der ArbN muss in Bezug auf den Haushalt einen über den reinen Besitz hinausgehenden, das dortige Leben umfassenden Einfluss ausüben; er darf sich nicht darauf beschränken, die materiellen Grundlagen eines durch den Ehegatten/Partner allein betriebenen Haushalts zu liefern oder zu verbessern (BFH VI R 285/70, BStBl II 72, 148). Erforderl ist, dass die Familie in der Wohnung gemeinsam wohnt und sich hier der *gemeinsame* Lebensmittelpunkt befindet (zB BFH VI R 77/73, BStBl II 75, 459).

231 **(2) Verlagerung des Lebensmittelpunkts.** Die Wohnung am Ort der ersten Tätigkeitsstätte darf nicht zum (neuen) Lebensmittelpunkt des ArbN geworden sein (BFH VI R 25/11, BStBl II 12, 831). Das wird sie aber im Zweifel, wenn es sich um eine **familiengerechte Wohnung** handelt und der ArbN dorthin zusammen mit

seinem Partner bzw seiner Familie zieht, auch wenn die bisherige Familienwohnung beibehalten und zeitweise noch genutzt wird (Regelvermutung, s BFH VI R 16/14, BStBl II 15, 511, mwN). Dagegen sind **gelegentl Besuche des Partners** unschädl. Selbst wenn beiderseits berufstätige Ehegatten am Beschäftigungsort unter der Woche zusammenleben, muss dies nach der Rspr noch nicht zwangsläufig zur Verlagerung des Lebensmittelpunkts führen; es obliegt allerdings dem StPfl, die Regelvermutung zu entkräften (vgl BFH VI B 61/15, BFH/NV 16, 747). Die Grenzen sind hier mitunter sehr schwer zu bestimmen; in Zweifelsfällen muss der StPfl, der den WK-Abzug begehrt, darlegen und glaubhaft machen, dass die doppelte Haushaltsführung (nach wie vor) berufl veranlasst ist.

Beispiele – Verlagerung des Lebensmittelpunkts bejaht: Zuzug des Ehepartners, auch bei Beibehaltung der früheren Familienwohnung (BFH VI B 58/11, BFH/NV 12, 233; s auch BFH VI R 77/73, BStBl II 75, 459: gemeinsames Kind bleibt in der Obhut einer Angehörigen); dauerndes Zusammenleben mit *anderer* Frau und gemeinsamem Kind (BFH VI R 32/85, BStBl II 88, 582); beiderseits berufstätige Eheleute leben mit Kind am Beschäftigungsort (FG Hmb EFG 08, 113, rkr; s auch FG Bln-Bbg EFG 11, 435, rkr: Darlegungspflicht des StPfl). – **Verneint:** vorübergehende (dreijährige) Entsendung der Ehefrau in ein Entwicklungsland (BFH VI R 71/14, BFH/NV 15, 1240); gemeinsamer Haushalt mit befreundeter Arbeitskollegin (BFH VI R 25/11, BStBl II 12, 831).

(3) Getrennte Haushalte. Ein gemeinsamer Familienhaushalt liegt *nicht* vor, wenn zwei Ehegatten (oder Partner) mit jeweils eigenem Hausstand heiraten und jeder Ehegatte nach der Eheschließung in seiner Wohnung weiterlebt (BFH VI 59/64 U, BStBl III 65, 29; BFH VI 195/65, BStBl III 66, 503) oder die Ehegatten aus anderen Gründen jeweils einen eigenen Haushalt unterhalten und den anderen *nur besuchen* (FG Saarl EFG 11, 2063, rkr). 232

(4) Ausländischer Familienwohnsitz. Befindet sich der Familienwohnsitz des ArbN im Ausl, reicht es im Hinblick auf die hohen Reisekosten und langen Fahrtzeiten idR aus, wenn der ArbN die Familie **einmal im Jahr** besucht und in der Zwischenzeit briefl oder telefonisch Kontakt hält (BFH VI R 114/76, BStBl II 78, 26: Türkei; kein starres Festhalten an jährl Heimfahrt, FG Ddorf EFG 85, 446, rkr; HessFG EFG 87, 172, rkr, Urlaub über den Jahreswechsel; krit *Stolz* FR 78, 545 (550)). Bei ArbN mit eigenem Hausstand in noch weiter entfernten Ländern kann auch eine Heimfahrt **alle zwei Jahre** genügen (s LStR 9.11 III 6: zB Australien, Indien, Japan etc) oder statt einer Heimfahrt ein gemeinsamer Urlaub auf halber Strecke (FG Ddorf EFG 88, 412, rkr). – Dass sich der ArbN an den Kosten des Familienhaushalts hinreichend **finanziell beteiligt,** ist auch hier gem § 9 I 3 Nr 5 S 3 grds nachzuweisen (NdsFG EFG 23, 109, rkr). Unschädl ist, wenn die finanziellen Mittel aus KiGeld-Zahlungen stammen (BFH VI R 16/83, BStBl II, 86, 306). Die Beträge müssen nicht zu Jahresanfang erbracht werden; auch Zahlungen in Vor- und Nachjahren sind zu berücksichtigen (BFH VI R 3/81, BStBl II 84, 521; BFH VI R 124/82, BFH/NV 87, 25). 233

ee) Alleinstehende Arbeitnehmer. Nach stRspr kann auch ein alleinstehender ArbN aus berufl Gründen einen doppelten Haushalt führen (seit BFH VI R 62/90, BStBl II 95, 180; s auch BFH VI R 87/10, BStBl II 12, 800). Da es aber an einem gemeinsamen Familienwohnsitz mit Partner und/oder Kindern fehlt, ist es für Alleinstehende idR sehr viel schwieriger darzulegen und glaubhaft zu machen, dass sie ihren Lebensmittelpunkt nicht am Ort der ersten Tätigkeitsstätte haben. Wesentl Gesichtspunkte, die als Indizien bei der Gesamtwürdigung zu berücksichtigen sind (BFH VI B 156/09, BFH/NV 10, 1443), sind neben persönl Beziehungen (→ Rn. 224) die Anzahl der Heimfahrten (→ Rn. 235) und die Ausstattung der jeweiligen Wohnung (→ Rn. 236). Zum „Innehaben" des Haupthaushalts → Rn. 237. 234

(1) Heimfahrten. Bei einem alleinstehenden ArbN, der am Ort seiner ersten Tätigkeitsstätte wohnt, spricht mit zunehmender Dauer der berufl Tätigkeit immer 235 mehr dafür, dass sich sein **Lebensmittelpunkt** an diesen Ort verlagert und dass, soweit er noch über eine weitere Wohnung verfügt, diese ledigl für Besuchszwecke vorgehalten wird (BFH VI R 26/09, BStBl II 12, 618). Macht der ArbN geltend, dass sich sein Haupthaushalt außerhalb der ersten Tätigkeitsstätte befindet, ist nach stRspr maßgebl, ob er sich dort im Wesentlichen nur unterbrochen durch die arbeitsbedingte Abwesenheit und ggf Urlaubsfahrten aufhält (stRspr, s BFH VI R 10/12, BStBl II 13, 208; und BFH VI R 87/10, BStBl II 12, 800 mwN). Je lückenloser und umfassender der ArbN die Fahrten zu dem von ihm behaupteten Lebensmittelpunkt an **Wochenenden und Feiertagen** und ggf auch im Krankheitsfall nachweisen kann (zB durch Vorlage von Fahrkarten, Tankbelegen, Schichtzettel etc, ggf auch Kontoauszüge und Kreditkartenbelege zum Nachweis des Aufenthaltsorts an Wochenenden), desto eher werden FA und FG seinem Vortrag folgen. Die zu erwartende Häufigkeit der Heimfahrten hängt auch von der Entfernung zw Arbeitsort und Wohnort ab. Die *FinVerw* verlangt durchschnittl zwei Fahrten im Monat (LStR 9.10 I 8; s aber auch FG Hmb EFG 15, 1353, rkr, Sonderfall wegen geringer Entfernung zum Beschäftigungsort).

236 **(2) Beschaffenheit der Wohnungen.** Ein weiteres Indiz kann die Beschaffenheit der jeweiligen Unterkunft sein (Lage, Größe, Einrichtung, Ausstattung etc, vgl BFH VI R 87/10, BStBl II 12, 800). Eine *abgeschlossene* Wohnung wird nicht verlangt (BFH VI R 46/12, BStBl II 13, 627, mwN, zu einfachen, vergleichsweise beengten Wohnverhältnissen und gemeinsam genutzten Räumlichkeiten). Dementspr lässt auch die *FinVerw* den Status eines „Mitbewohners" genügen (*BMF* BStBl I 20, 1228 Rn. 101).

Sollte die Wohnung am Beschäftigungsort derjenigen am Heimatort in Größe und Ausstattung etc entsprechen oder diese gar übertreffen, *kann* dies dafür sprechen, dass der Mittelpunkt der Lebensführung an den Beschäftigungsort verlegt worden ist und dort der Haupthausstand geführt wird (idS FG Mster EFG 96, 1155, rkr; FG BW EFG 97, 867, rkr; FG Mchn EFG 97, 1305, rkr; FG BW EFG 98, 186, rkr). Zwingend ist das jedoch nicht (BFH VI R 10/06, BStBl II 07, 820: Einzelfallabwägung; s auch FG Mchn DStRE 16, 646, rkr). Zur erforderl **Beweisaufnahme** und Sachaufklärungspflicht s BFH VI B 124/08, BFH/NV 10, 638 und BFH VI B 117/09, BFH/NV 10, 879.

237 **(3) Eingliederung in einen fremden Haushalt.** Ein ArbN unterhält keinen eigenen Hausstand, wenn er in einen fremden Haushalt eingegliedert ist, ohne die Haushaltsführung wesentl bestimmen oder doch zumindest mitbestimmen zu können (BFH VI R 87/10, BStBl II 12, 800 mwN). Regelmäßig ist das bei **jüngeren alleinstehenden ArbN** der Fall, die nach Beendigung der Ausbildung weiterhin, wenn auch gegen Kostenbeteiligung, im elterl Haushalt ihr Zimmer bewohnen (BFH VI R 44–45/06, BFH/NV 07, 1878; s auch FG Ddorf EFG 09, 176, rkr). Die elterl Wohnung kann in einem dieser häufigen Fälle, auch wenn der ArbN am Beschäftigungsort eine Unterkunft bezogen hat, zwar wie bisher der Lebensmittelpunkt sein; idR ist sie aber nicht ein vom ArbN unterhaltener eigener Hausstand (FG Saarl EFG 97, 1305, rkr, Zimmer im Haus der Mutter; FG Mster EFG 21, 29, rkr). Allein das Fehlen einer eigenen Küche in den überlassenen Räumen steht der Annahme eines eigenen Hausstandes aber nicht entgegen (BFH VI R 13/08, BFH/NV 09, 1986; BFH VIII R 13/09, BFH/NV 10, 411). – Diese Rspr gilt auch im Hinblick auf die mit Wirkung **ab VZ 2014** geschaffene gesetzl Voraussetzung des **„Innehabens einer Wohnung"** (§ 9 I 3 Nr 5 S 3, → Rn. 226) weiter fort (FG Mster EFG 21, 29, rkr). Nur wer die Haushaltsführung wesentl bestimmen oder doch zumindest mitbestimmen kann, hat eine Wohnung in diesem Sinne inne (s auch BT-Drs 17/10774, S 13 f, und *BMF* BStBl I 20, 1228 Rn. 101).

238 **(4) Mehrgenerationenhaushalt.** Dagegen ist bei **älteren ArbN,** die wirtschaftl selbständig und berufstätig sind und mit ihren Eltern oder einem Elternteil in einem gemeinsamen Haushalt leben, regelmäßig davon auszugehen, dass sie die Führung des

Haushalts maßgebl mitbestimmen. Der Haushalt ist ihnen also idR als *eigener* zuzurechnen, sodass Eltern und Kind eine vollwertige Wohngemeinschaft bilden (BFH VI R 46/12, BStBl II 13, 627: Regelvermutung; BFH VI R 10/12, BStBl II 13, 208: Wandel eines „kleinfamilientypischen" Haushalts der Eltern, jeweils tatrichtl Einzelfallwürdigung; s auch BFH VI R 76/13, BFH/NV 14, 1884; BFH VI R 10/13, BFH/NV 14, 507). Auch diese Regelvermutung gilt für die mit Wirkung **ab VZ 14** geänderte Rechtslage im Hinblick auf das Innehaben einer Wohnung fort, wenn die in § 9 I 3 Nr 5 S 3 geforderte finanzielle Beteiligung (→ Rn. 227) gegeben ist (BFH VI R 39/19, BStBl II 23, 747).

ff) Wegverlegung; Umzug. Doppelte Haushaltsführung kann auch vorliegen, wenn der ArbN seinen Haupthaushalt aus privaten Gründen **vom Ort der ersten Tätigkeitsstätte wegverlegt** und daraufhin einen Zweithaushalt begründet, von dem aus er seine erste Tätigkeitsstätte aufsucht (BFH VI R 7/13, BStBl II 15, 336, mwN). Unerhebl ist, ob der zweite Haushalt nach der Wegverlegung des Lebensmittelpunkts in einer neuen Wohnung oder in der bisherigen Wohnung begründet wird; ebenso unerhebl ist, ob der StPfl verheiratet oder ledig ist (BFH VI R 58/06, BStBl II 09, 1012: verheirateter ArbN; BFH VI R 23/07, BStBl II 09, 1016 und BFH VI R 47/09, BFH/NV 10, 1269: ledige ArbN; s auch *Schneider* HFR 09, 660; frühere Rspr → 28. Auflage 2009, § 9 Rn. 150). – Eine doppelte Haushaltsführung entfällt nicht schon dadurch, dass die gemeinsame, außerhalb des Orts der ersten Tätigkeitsstätte liegende Familienwohnung am gleichen Ort gewechselt wird (zB wegen Trennung der Ehegatten, s BFH VI R 11/02, BStBl II 06, 714). 239

gg) Beendigung. Die doppelte Haushaltsführung endet, wenn sich entweder der Lebensmittelpunkt des StPfl an den Ort der ersten Tätigkeitsstätte verlagert (auch → Rn. 231) oder der berufl Zweck der Zweitwohnung wegfällt. Kosten der **Auflösung** des berufl veranlassten zweiten Haushalts sind ebenfalls WK (BFH VI R 146/89, BStBl II 92, 667; FG Mchn EFG 92, 187, rkr). Dies gilt aber nicht für eine Vorfälligkeitsentschädigung, die der StPfl iZm der Veräußerung einer Wohnung bei Beendigung der doppelten Haushaltsführung zu zahlen hat (BFH VI R 15/17, BStBl II 19, 446). 240

d) Notwendige Mehraufwendungen, § 9 I 3 Nr 5 S 4–9. Zu berücksichtigen sind gem § 9 I 3 Nr 5 S 1 alle durch die doppelte Haushaltsführung veranlassten *notwendigen* Mehraufwendungen. Eine stfreie Aufwandsentschädigung mindert aber den WK-Abzug nach § 3c I (FG BaWü EFG 23, 974, rkr). Ausdrückl geregelt ist die Berücksichtigung von Unterkunftskosten und Familienheimfahrten (S 4–8). Daneben können aber auch weitere Aufwendungen als WK geltend gemacht werden (→ Rn. 251). – Aufwendungen für die **Hauptwohnung** gehören zu den *nicht* abziehbaren Kosten der Lebensführung (BFH VI R 2/11, BStBl II 12, 104; auch → Rn. 52). – Zu **Verpflegungsmehraufwendungen** (§ 9 IVa 12) → Rn. 314. Zum Verhältnis zu **§ 9 I 3 Nr 4** → Rn. 256. 245

aa) Unterkunftskosten, § 9 I 3 Nr 5 S 4. – (1) Höchstbetrag. Tatsächl angefallene Aufwendungen für die Nutzung einer Unterkunft am Ort der ersten Tätigkeitsstätte können **ab VZ 14** bei einer **Zweitwohnung im Inl** bis zu einem Höchstbetrag von **monatl 1000 €** und ab dem **VZ 2026** bei einer **Zweitwohnung im Ausl** bis zu einem Höchstbetrag von **monatl 2000 €** geltend gemacht werden. Zu den Kosten, die von dem jeweiligen Abzugshöchstbetrag erfasst werden, gehören die Aufwendungen für die Bruttokaltmiete, bei einer Eigentumswohnung die AfA und Schuldzinsen, sowie die (warmen und kalten) Betriebskosten einschließl Stromkosten, lfd Reinigungs- und Pflegekosten, nicht aber Aufwendungen für Einrichtungsgegenstände, Haushaltsartikel (BFH VI R 18/17, BStBl II 19, 449) und Stellplatzkosten (BFH VI R 4/23, DStR 26, 85, → Rn. 254). Der Höchstbetrag soll auch die **Zweitwohnungsteuer** umfassen (BFH VI R 30/21, BStBl II 24, 404; *BMF* BStBl I 20, 1228 Rn. 108; mE unzutr, da ZweitwohnungSt nicht „für" die Nutzung der Un- 246 terkunft sondern als St gerade ohne Gegenleistung aufgewandt wird); gleiches gilt für den Rundfunkbeitrag. – Bei den jeweiligen Höchstbeträgen handelt es sich um **realitätsgerechte Typisierungen** (zur statistischen Grundlage s BT-Drs 17/10774, 13 und BT-Drs 21/3104, 37; zweifelnd aber *Häsner/Böhme* DB 21, 1163), die allerdings regelmäßig überprüft werden müssen (so zutr *Geserich* NWB 16, 2258). Notwendigkeit und Angemessenheit der Aufwendungen werden bis zu dieser Höhe unterstellt (s auch *BMF* BStBl I 20, 1228 Rn. 106). Innerhalb des VZ können nicht ausgeschöpfte Monatsbeträge auf andere Monate übertragen werden (*BMF* BStBl I 20, 1228 Rn. 110; s auch *HHR/Bergkemper* § 9 Rn. 498). – Der Betrag ist ein **persönl Höchstbetrag;** er gilt für jeden ArbN der einen doppelten Haushalt führt, auch wenn sich mehrere ArbN eine Unterkunft am Ort der ersten Tätigkeitsstätte teilen. Auf die Anzahl der Bewohner (ggf Angehörige) kommt es nicht an. Bei mehreren doppelten Haushaltsführungen eines ArbN gilt für jede ein eigener Höchstbetrag. **Erstattungen** sind anzurechnen. – Bei einer Wohnung am Beschäftigungsort mit einem anzuerkennenden häusl Arbeitszimmer sind vorab die auf das **Arbeitszimmer** entfallenden Kosten auszugrenzen. Der Höchstbetrag gilt nur für die verbleibenden Aufwendungen (BFH VI R 23/05, BStBl II 09, 722). – Die Beschränkung auf den ortsübl Durchschnittsmietzins einer 60 qm großen Wohnung ist mit Wirkung ab VZ 14 für eine Zweitwohnung *im Inl* entfallen. Bei einer **Zweitwohnung im Ausl** war bis einschl VZ 2025 nach der BFH-Rspr im Einzelfall zu prüfen, welche Unterkunftskosten notwendig waren (BFH VI R 20/21, DStR 23, 2481). Diese Einzelfallprüfung wurde als nicht umsetzbar angesehen (BT-Drs 21/3104, 36) und durch den Höchstbetrag vom 2000 € monatl ersetzt. Dieser Betrag orientiert sich anhand des Rankings der 20 Städte mit den höchsten monatlichen Mietpreisen für eine 2-Zimmer-Wohnung weltweit aus dem Jahr 2019 (BT-Drs 21/3104, 36). Der Aufwand für die verpflichtende und zweckgebundene Nutzung von Dienst- und Werkswohnungen als Zweitwohnungen unterliegt aber nicht der Höchstbetragsregelung für Auslandsfälle. Entsprechendes gilt, wenn die Kosten für eine Dienstwohnung im Ausland für Zwecke des Mietzuschusses nach § 54 BBesG als notwendig anerkannt worden sind. Sie sind dann in tatsächl Höhe abziehbar (BFH VI R 21/23, DStR 25, 2298) und um den stfreien Mietzuschuss nach § 3c I zu kürzen. Die FinVerw orientierte sich bis einschl VZ 2025 aber weiterhin an der ortsübl Miete für eine 60 qm-Wohnung (*BMF* BStBl I 20, 1228 Rn. 112, zu Erstattung durch ArbG s LStR 9.11 X 7 Nr 3).

247 **(2) Aufwendungen.** Zu berücksichtigen sind nur die tatsächl angefallenen Aufwendungen für die **Nutzung der Unterkunft** (keine Pauschale; s aber LStR 9.11 7 Nr 3: stfreie Erstattung durch ArbG in Inl und Ausl). Die Anmietung einer am Beschäftigungsort gelegenen und dem Ehegatten gehörenden Eigentumswohnung zu fremdübl Bedingungen wird zu Recht anerkannt (BFH IX R 55/01, BStBl II 03, 627). Wurde der Mietvertrag über die Zweitwohnung aber nur von einem Ehegatten abgeschlossen, der die Miete auch von seinem Konto gezahlt hat, kommt ein WK-Abzug bei dem die Zweitwohnung nutzenden Ehegatten jedoch nicht in Betracht (BFH VI R 16/23, BFH/NV 25, 1577). – Zu den Kosten der **Einrichtung** → Rn. 254.

248 **bb) Familienheimfahrten, § 9 I 3 Nr 5 S 5–9. – (1) Begrenzung; Entfernungspauschale (S 5, und 6).** Der Abzug von WK für Fahrten von der berufl genutzten Zweitwohnung zum Haupthaushalt und zurück (sog Familienheimfahrten) ist in zweierlei Hinsicht begrenzt: Es kann nur **eine Fahrt pro Woche** geltend gemacht werden (S 5) und Aufwendungen können nur iHd Entfernungspauschale angesetzt werden, also nach dem StÄndG 2025 (BGBl I 25 Nr 363) ab dem **VZ 2026** mit **0,38 €** (S 6). Gem S 9, der durch das StÄndG 2025 aufgehoben wurde, war die Entfernungspauschale durch das StEntlG 2022 (BGBl I 22, 749) auch für Familienheimfahrten befristet **für 2021** ab dem 21. Entfernungskilometer auf 0,35 € und **von 2022 bis 2025** auf 0,38 € erhöht. Hierdurch sollen die Mehrkosten, die sich durch die

iRd Klimaschutzprogramms eingeführte CO_2-Bepreisung ergeben, typisierend ausgeglichen werden. Berücksichtigt werden nur die tatsächl durchgeführten Fahrten; das gilt allerdings auch dann, wenn der ArbN abgeholt oder mitgenommen wird. Zur ersten und letzten Fahrt → Rn. 253. – **Sachzuwendungen** (Nr 4 S 5, → Rn. 194) und stfreie **ArbG-Leistungen** (§ 3 Nr 13, 16) sind auf die Entfernungspauschale anzurechnen (s *BMF* BStBl I 20, 1228 Rn. 113 und LStR 9.11 X).

(2) Kürzeste Straßenverbindung; kein Höchstbetrag (S 7). Maßgebl ist auch hier die kürzeste Straßenverbindung (gem S 7 iVm Nr 4 S 4); zur Ermittlung → Rn. 192 f. Der Höchstbetrag von 4500 € (→ Rn. 189) gilt *nicht* für Familienheimfahrten; S 7 verweist nicht auf Nr 4 S 2 (s auch *BMF* BStBl I 21, 2315 Rn. 28). Davon profitieren auch Mitfahrer einer **Fahrgemeinschaft** (*Niermann* DB 07, 17, II.7.): sämtl Mitfahrer erhalten die Entfernungspauschale ohne jegl Kürzung, auch wenn sie keine Kosten tragen (BFH VI R 29/12, BStBl II 13, 735: systemwidrige gesetzl Begünstigung; auch → Rn. 12). – Für Flugstrecken (im Linienverkehr, str, → Rn. 195) und bei teilentgeltl Sammelbeförderung sind die tatsächl Kosten anzusetzen. 249

(3) Kraftfahrzeuggestellung (S 8). Bei unentgeltl Kfz-Gestellung durch den ArbG scheidet ein WK-Abzug für wöchentl Familienheimfahrten aus; dafür wird *kein* geldwerter Vorteil aus der Kfz-Gestellung als Lohn angesetzt (vgl BFH VI R 33/11, BStBl II 13, 629). Das gilt auch, wenn der ArbN für die Kfz-Gestellung monatl Zuzahlungen zu erbringen hat (BFH VI R 35/20, BStBl II 22, 802) oder der ArbG für die Familienheimfahrten einen Sammeltransporter zur Verfügung gestellt hat (SächsFG EFG 03, 1529, rkr). Ein Lohnzufluss wird nur angesetzt, wenn der ArbN mehr als eine Familienheimfahrt je Woche durchführt (§ 8 II 5; → § 8 Rn. 55). 250

(4) „Umgekehrte Familienheimfahrten". Der BFH hat die berufl Veranlassung von Aufwendungen für **Besuchsfahrten des Ehegatten** im Fall einer längerfristigen Auswärtstätigkeit grds verneint (s BFH VI R 22/14, BStBl II 16, 179, mwN; krit *Loschelder* StuW 18, 136). Bei einer doppelten Haushaltsführung gilt iErg nichts anderes (BFH VI R 42/15, BStBl II 18, 13; **aA** *Häsner/Böhme* DB 21, 1163). § 9 I 3 Nr 5 S 5 erfasst nicht die Besuchsreisen des Ehepartners vom Familienwohnsitz an den Beschäftigungsort des ArbN, sondern den umgekehrten Fall, dass der ArbN die Fahrt vom Familienwohnsitz an den Beschäftigungsort selbst vornimmt (BFH VI R 15/10, BStBl II 11, 456; ThürFG EFG 17, 1152; s aber *Kammeter* HFR 11, 541; *HHR/Bergkemper* § 9 Rn. 499, Abzug nach § 9 I 1). Die *Fin Verw* lässt dessen ungeachtet Aufwendungen für „umgekehrte Fahrten" der mit dem ArbN in der Hauptwohnung zusammen lebenden Person zum WK-Abzug zu, wenn der ArbN aus berufl Gründen an einer Familienheimfahrt gehindert ist (LStR 9.11 VI Nr 2 S 3; s auch *Niermann* DB 22, 2177). 251

cc) Sonstige Kosten. Aufwendungen für ein **Telefongespräch,** das anstelle einer Familienheimfahrt geführt wird, können WK sein (BFH VI R 90/84, BStBl II 88, 988; BFH VI R 48/96, BFH/NV 97, 472: ca 15-minütiges Gespräch zum günstigsten Tarif; zur Glaubhaftmachung s BFH VI R 44/89, BFH/NV 94, 19). – Zum **Verhältnis zu § 9 I 1** s BFH VI R 2/11, BStBl II 12, 104. 252

(1) Weitere Fahrtkosten. Die **erste Fahrt** zum und die **letzte Fahrt** vom Ort der ersten Tätigkeitsstätte sind keine Familienheimfahrten; daher sind die tatsächl Fahrtkosten zuzügl Nebenkosten als WK abziehbar (s LStR 9.11 VI,: entweder 0,30 € je *gefahrenem* km für Pkw oder pauschale km-Sätze gem LStH 9.5 „Pauschale Kilometersätze"). – Wege zw **Zweitwohnung und erster Tätigkeitsstätte** fallen nicht unter § 9 I 3 Nr 5, sondern unter Nr 4; es gilt die allg Regelung zur Entfernungspauschale (gem → Rn. 184 ff; s auch *Plenker* DB 13, 24). 253

(2) Einrichtung; Stellplatz; Garage. Auch Aufwendungen für die Anschaffung der notwendigen (Zweit-)Wohnungseinrichtung (Möbel, Lampen, Geschirr, Elek- 254 trogeräte, Gardinen etc) sind als WK zu berücksichtigen, ebenso Kosten für notwendigen **Stellplatz** oder **Garage** (BFH VI R 50/11, BStBl II 13, 286: ohne Prüfung der berufl Erforderlichkeit des Kfz; FG Saarl EFG 20, 1408, rkr; FG MV EFG 23, 114, rkr; BFH VI R 4/23, DStR 26, 84; **aA** *BMF* BStBl I 20, 1228 Rn. 108, *Ausnahme:* Maklerkosten als Umzugskosten). Kosten für Einrichtungsgegenstände und Hausrat gehören aber nicht zu den Aufwendungen für die „Nutzung der Unterkunft", die nach § 9 I 3 Nr 5 S 4 für Zweitwohnungen im Inl ab VZ 2014 nur mit höchstens 1000 € und für Zweitwohnung im Ausl ab VZ 2026 mit 2000 € monatl angesetzt werden können (BFH VI R 18/17, BStBl II 19, 449; *BH/Thürmer* § 9 Rn. 402). Sie sind als sonstige notwendige Mehraufwendungen zusätzl abziehbar. Bei Einrichtungskosten bis zu 5000 € geht die *FinVerw* zur Vereinfachung davon aus, dass es sich um notwendige Mehraufwendungen handelt (*BMF* BStBl I 20, 1228 Rn. 108). Hat der StPfl eine (teil-)möblierte Wohnung angemietet, ist die Miete, wenn der Mietvertrag keine Aufteilung enthält, im Schätzwege auf die Überlassung der Wohnung (Abzugshöchstbetrag 1000 € bzw. 2000 €) und auf die Möbel aufzuteilen (BFH VI R 18/17, BStBl II 19, 449). – Bei Ansatz der AfA kann ein **Restwert** bei Beendigung der doppelten Haushaltsführung nicht als WK geltend gemacht werden (FG Ddorf EFG 01, 424, rkr, Vermögenssphäre).

255 **(3) Umzugskosten; Makler.** Kosten für den Umzug bei Begründung und Beendigung der doppelten Haushaltsführung sind notwendige WK, ebenso Maklerkosten. Angesetzt werden können aber nur die tatsächl angefallenen Kosten, nicht die Pauschale nach § 10 BUKG (FG Köln EFG 02, 967, rkr; LStR 9.11 IX 2); ebenso bei Wechsel der Wohnung am Beschäftigungsort (LStR 9.11 IX 5). – Umzugsbedingt geleistete **doppelte Mietzahlungen** sind WK (BFH VI R 2/11, BStBl II 12, 104: gem § 9 I 1; keine Anwendung von § 9 I 3 Nr 5).

256 **e) Abgrenzung zu § 9 I 3 Nr 4.** Dem Gesetz ist nicht zu entnehmen, dass zw Nr 4 und Nr 5 ein Vorrangverhältnis besteht. Sind die Voraussetzungen *beider* Vorschriften erfüllt, kann der ArbN für jeden VZ und für jede selbstständige doppelte Haushaltsführung zw der Besteuerung nach Nr 4 oder Nr 5 wählen (BFH VI R 85/85, BStBl II 88, 990; Anm *Kretzschmar* DStZ 89, 103; s auch LStR 9.11. V 2 und 3). Ist die Wahl zugunsten einer der Vorschriften ausgeübt, findet die andere Vorschrift keine Anwendung. – Interessant ist das, wenn die Kosten des Zweithaushalts gering sind und der ArbN mehr als einmal pro Woche nach Hause fährt (*Offerhaus* INF 79, 169 (172)). Wählt der ArbN in diesem Fall die **Besteuerung nach Nr 4,** gilt nicht die Beschränkung auf eine Fahrt pro Woche nach Nr 5 S 4. Das bedeutet aber auch, dass der ArbN zum einen die Kosten des Zweithaushalts nicht absetzen kann; zum andern sind die Fahrtkosten um den Wert einer vom ArbG gestellten Unterkunft zu kürzen (LStR 9.11 V 4).

260 **8. Übernachtungskosten, § 9 I 3 Nr 5a. – a) Auswärtstätigkeit, § 9 I 3 Nr 5a S 1–3.** Für eine berufl veranlasste Übernachtung außerhalb der ersten Tätigkeitsstätte (§ 9 IV, → Rn. 302) werden **notwendige Mehraufwendungen** iHd *tatsächl* Kosten als WK berücksichtigt (S 1 und 2); bis VZ 2013 ergab sich das aus § 9 I 1 (vgl → 35. Aufl 2016, § 9 Rn. 235; s auch BFH VI R 7/02, BStBl II 05, 782). Erfasst werden nur Aufwendungen, die für eine *zusätzl* Unterkunft anfallen (FG Hmb DStRE 20, 534, rkr); die Kosten der Hauptwohnung/-unterkunft werden durch den Grundfreibetrag gedeckt und sind keinesfalls „Mehr"-Aufwendungen. Pauschalen sind nicht vorgesehen. Zu Verpflegungsmehraufwand s § 9 IVa (→ Rn. 310); zu Aufteilung bei einheitl Zahlungsbeleg s *BMF* BStBl I 20, 1228 Rn. 118; zu stfreien Erstattungen durch den ArbG → § 3 Rn. 54 ff und 66 ff. – Wird eine Unterkunft zusammen mit weiteren, **ArbG-fremden Personen** genutzt, dürfen nur die Kosten angesetzt werden, die bei einer Allein-Übernachtung angefallen wären (S 3); es erfolgt also keine Aufteilung der tatsächl Aufwendungen nach Köpfen (nach der Rechtslage bis VZ 2012: Aufteilung durch Schätzung § 162 AO, BFH VI R 11/13,

BStBl II 14, 804, unter II.2.b.). Bei Wohnungskosten bis zu 1000 € monatl geht die *FinVerw* von einer alleinigen berufl Veranlassung aus (*BMF* BStBl I 20, 1228 Rn. 122: Vereinfachung). – Liegt eine berufl Veranlassung vor, unterstellt die Verwaltung die Notwendigkeit der tatsächl Aufwendungen; es wird **keine Angemessenheitsprüfung** in Bezug auf die Kostenhöhe vorgenommen (vgl *BMF* BStBl I 20, 1228 Rn. 119).

b) Längerfristige Auswärtstätigkeit, § 9 I 3 Nr 5a S 4, 5. Änderungen ergeben sich gem S 4 und 5 bei längerfristiger Auswärtstätigkeit: Wird über einen Zeitraum von **mehr als 48 Monaten** dieselbe auswärtige Tätigkeitsstätte (nicht notwendig arbeitstägl, aber nach BMF BStBl I 20, 1228 Rn. 125 wenigstens an drei Tagen die Woche, anders BT-Drs 17/10774, S 14: einmal wöchentl soll genügen, mE zutr; s auch *Bergkemper* FR 13, 1017 (1020)) aufgesucht, können die Aufwendungen nach Ablauf dieser Frist nur noch bis zum **Höchstbetrag von 1000 €** monatl bei Übernachtungen im Inl oder **2000 €** monatl bei Übernachtungen im Ausl gem § 9 I 3 Nr 5 S 4 angesetzt werden (s *Niermann* DB 13, 1015 (1023): *ex post*-Betrachtung). Auf die übrigen Regelungen des § 9 I 3 Nr 5 wird *nicht* Bezug genommen; es wird also insb weder ein „Innehaben" einer Wohnung noch eine Beteiligung an den Lebensführungskosten iSd § 9 I 3 Nr 5 S 3 vorausgesetzt (s auch *BMF* BStBl I 20, 1228 Rn. 119: Zimmer im Haushalt der Eltern genügt). Eine **Unterbrechung** von mindestens sechs Monaten setzt eine neue 48-Monats-Frist in Gang (§ 9 I 3 Nr 5a S 5). Maßgebl ist auch hier die *tatsächl* Dauer der Unterbrechung; auf den Grund kommt es nicht an (*BMF* BStBl I 20, 1228 Rn. 125: zB Urlaub, Krankheit oder Tätigkeit an einer anderen Arbeitsstätte). 261

9. Übernachtungskosten bei Fahrtätigkeit, § 9 I 3 Nr 5b. Ab VZ 24 wird für ArbN, die ihre berufl Tätigkeit auf einem Kfz ausüben (zB Berufskraftfahrer), eine gesetzl Pauschale von **9 €** (VZ 20 bis VZ 23: 8 €) pro Kalendertag für Übernachtungen in dem Kfz gewährt. Der Nachweis höherer notwendiger Aufwendungen ist mögl (s *BMF* BStBl I 12, 1249). In Betracht kommen zB Gebühren für die Benutzung sanitärer Einrichtungen, Parkgebühren und Reinigungskosten der Schlafkabine. Nach **S 2** muss die Entscheidung, die tatsächl Mehraufwendungen oder die Übernachtungspauschale geltend zu machen, einheitl im Kj erfolgen. Der Pauschbetrag nach Nr 5b kann zusätzl zu den gesetzl Verpflegungspauschalen geltend gemacht werden. Der ArbG kann nach § 3 Nr 13 oder § 3 Nr 16 Erstattungen (einheitl im Kj) bis zur Höhe der tatsächl Mehraufwendungen oder bis zur Höhe des Pauschbetrags leisten. 263

10. Aufwendungen für Arbeitsmittel, § 9 I 3 Nr 6. – a) Allgemeines. Arbeitsmittel sind Gegenstände, die unmittelbar der Erledigung der dienstl Aufgaben dienen (BFH VI R 53/09, BStBl II 11, 723: Bücher eines Lehrers). Grds kann jedes WG ein Arbeitsmittel sein (*Geserich* NWB 11, 1247). Entscheidend ist immer die **tatsächl** bzw bei Fehlmaßnahmen die **beabsichtigte Verwendung;** diese muss feststehen (BFH VI R 53/09, BStBl II 11, 723; → § 12 Rn. 13). Sind die Gegenstände schon ihrer Art nach dazu bestimmt, einer Berufstätigkeit zu dienen, ist ihre Zuordnung zu den Arbeitsmitteln unproblematisch. Dies wird bei den beispielhaft erwähnten **Werkzeugen** (zB Maschinen und Handwerksgeräte), die der StPfl zu seiner Tätigkeit benötigt, regelmäßig der Fall sein; Nr 6 hat insoweit ledigl klarstellende Bedeutung. Bei Gegenständen, die auch iRd **allg Lebensführung** benutzbar sind, ist die berufl Zuordnung oft schwierig. Nur dann, wenn der Gegenstand nach seiner tatsächl Zweckbestimmung im Einzelfall *ausschließl oder zumindest ganz überwiegend* der Ausübung der berufl Tätigkeit dient, kann er als Arbeitsmittel anerkannt werden (BFH VI R 45/09, BStBl II 11, 45: Diensthund eines Polizei-Hundeführers); bei gemischter Nutzung kann Aufteilung in Betracht kommen (BFH VI R 135/01, BStBl II 04, 958). Zur Arbeitsmitteleigenschaft von Gegenständen in einem **häusl Arbeitszimmer** s BFH VI R 91/10, BStBl II 12, 127: Vorrang von § 9 I 3 Nr 6. 265

266 **b) Bekleidung. – aa) Typische Berufskleidung.** Soweit (ebenfalls beispielhaft) Aufwendungen für Berufskleidung zum Abzug zugelassen sind, hat Nr 6 zum Teil rechtsbegründenden Charakter (BFH VI R 143/77, BStBl II 80, 73, Trachtenanzug). Denn auch die Berufskleidung wird oftmals in erster Linie getragen, um bekleidet zu sein; es wird damit ein allg menschliches Bedürfnis befriedigt; eine nach obj Maßstäben zutr **Abgrenzung zw Berufs- und Privatsphäre** wird daher regelmäßig nicht mögl sein (auch → Rn. 52). Grds muss es sich um typische, wegen der Eigenart des Berufs *nötige* Kleidung handeln (BFH VI R 77/91, BStBl II 93, 837: Polizeiuniform). Allein der Umstand, dass eine bestimmte (bürgerl) Kleidung auf Grund dienstl Weisung getragen werden muss oder mit einem Dienstabzeichen versehen ist, macht die Kleidung noch nicht zur typischen Berufskleidung (BFH VIII R 33/18, BStBl II 22, 614, zu schwarzem Anzug eines Trauerredners, mE zweifelhaft, → Rn. 267 aE). Gegen typische Berufskleidung spricht, wenn die Kleidung auch mit aufgenähtem Dienstabzeichen allg im privaten Bereich verwendbar ist und auch verwendet wird (BFH VI R 73/94, BStBl II 96, 202, Lodenmantel; LStR 3.31 I 3). – Bei der **typischen Berufskleidung** geht der Charakter als Berufskleidung nicht dadurch verloren, dass die Kleidung auch privat genutzt wird (BFH VI R 143/77, BStBl II 80, 73; BFH VI R 171/77, BStBl II 79, 519, Oberkellner). Entgegen BFH VIII R 33/18, BStBl II 22, 614 ist dieses Rspr mE nicht durch BFH GrS 1/06, BStBl II 10, 672 überholt. – Kosten für die **Reinigung** typischer Berufskleidung in der eigenen Waschmaschine sind als Folgekosten abziehbar (BFH VI R 77/91, BStBl II 93, 837; BFH VI R 53/92, BStBl II 93, 838; BFH VI R 64/92, BFH/NV 94, 97; s auch FG RhPf NWB 10, 4155; gegen BFH: NdsFG EFG 10, 706, rkr, Anm *Wagner*). Zur Schätzung s FG BW EFG 06, 811, rkr, und FG Köln EFG 13, 771, rkr.

Beispiele: Bergarbeiterkleidung, typische Schutzkleidung wie **Helme** und **Bürokittel;** Dienstkleidung des Personals einer **Luftverkehrsgesellschaft** (HessFG EFG 93, 648, rkr); Sportkleidung mit **„Offiziersbalken"** (FG Brem EFG 92, 735, rkr); **Gesellschaftsuniform** (NdsFG EFG 91, 471, rkr); mit **Posthorn** versehene Kleidung (NdsFG EFG 91, 118, rkr); **Arztkittel** (BFH IV R 65/90, BStBl II 91, 348, ausführl zur Kleidung des Arztes).

267 **bb) Bürgerliche Kleidung.** Im Gegensatz zur typischen Berufskleidung sind Aufwendungen für sog bürgerl Kleidung, wie man sie auch außerhalb der Berufssphäre zu tragen pflegt, grds nicht abzugsfähig (BFH VI R 94/89, BFH/NV 93, 12, Tropenkleidung; *Urbahns* DStR 23, 1303). Diese „normale" Kleidung betrifft auch dann stets die Privatsphäre und wird nicht zur typischen Berufskleidung, wenn sie ausschließl während der Arbeitszeit getragen wird (BFH VI R 25/78, BStBl II 80, 75, bürgerl Kleidung eines Dekorateurs), auch wenn sie dabei einer besonders hohen Abnutzung unterliegt (BFH VI R 61/83, BFH/NV 87, 33). Ausnahmsweise kann aber auch bürgerl Kleidung zur **typischen Berufskleidung** zählen, wenn eine Verwendung dieser Kleidungsstücke zum Zwecke der privaten Lebensführung auf Grund der berufsspezifischen Eigenschaften so gut wie ausgeschlossen ist.

Weitere Beispiele – WK verneint: „Business-Kleidung" eines **Rechtsanwalts** oder **Betriebswirts** etc (BFH VI B 40/13, BFH/NV 14, 335; BFH VIII R 32/20, BStBl II 25, 168; ebenso FG Hmb EFG 14, 1377, rkr); Sportsachen eines **Sportlehrers** (BFH VI B 28/07, BFH/NV 07, 1869) oder **Verkäufers** und **Fitnesstrainers** (FG Bln-Bbg BeckRS 2024, 26709, rkr); weiße Kleidung des **Masseurs** (BFH I B 5/94, BFH/NV 95, 207); Kleidung einer **Instrumentalsolistin** (BFH IV R 13/90, BStBl II 91, 751); **Schuhe des Briefträgers** (FG Saarl EFG 94, 237, rkr); Dienstkleidung eines **Revierförsters** (HessFG EFG 87, 552, rkr); schwarzer Rock und weiße Bluse einer **Hotel-Empfangssekretärin** (FG Saarl EFG 89, 110, rkr); schwarzer Anzug eines **Croupiers** (FG BW EFG 06, 809, rkr) und eines **Trauerredners** (BFH VIII R 33/18, BStBl II 22, 614); bürgerl Kleidung einer sog. **Influencerin** (NdsFG EFG 24, 759, rkr). – **WK anerkannt:** schwarzer Anzug eines **Kellners** (BFH VI R 171/77, BStBl II 79, 519; BFH VI R 20/85, BFH/NV 88, 703), eines **Geistlichen** (BFH VI R 159/86, BFH/NV 90, 288) oder **Leichenbestatters** (BFH I R 33/69, BStBl II 71, 50). – Die Unterscheidungen, die hier getroffen werden, sind nicht immer unmittelbar einsichtig.

cc) Besonders hoher Verschleiß. Die Rspr, wonach ein besonders hoher Verschleiß an bürgerl Kleidung ausnahmsweise zum WK-Abzug führen kann, ist durch BFH VI R 171/78, BStBl II 81, 781 wesentl eingeschränkt worden; der Verschleiß muss von dem normalen Kleidungsverschleiß nach obj Maßstäben zutr und in leicht nachprüfbarer Weise abgrenzbar und nicht von untergeordneter Bedeutung sein (anders aber bei **Beschädigung,** s ThürFG EFG 00, 211, rkr). 268

c) Abschreibung; Verlust. Aufwendungen für Arbeitsmittel (AK oder HK), deren Verwendung oder Nutzung sich auf **mehr als ein Jahr** erstreckt, sind auf die voraussichtl Nutzungsdauer zu verteilen (stRspr). Zur Behandlung geringwertiger Arbeitsmittel (auch umgewidmeter und geschenkter) → Rn. 276. – **Verlust, Beschädigung oder Zerstörung** eines Arbeitsmittels kann sich auch dann als WK auswirken, wenn das schadensbegründende Ereignis ein neutrales ist (zB Diebstahl, Blitzschlag; BFH VI R 185/97, BStBl II 04, 491, Unterschlagung durch früheres Familienmitglied; **aA** *Thomas* DStR 04, 1273; auch → Rn. 79). Führt der Verlust zum WK-Abzug, dann muss der Ersatz durch eine Versicherung zur Einnahme aus nichtselbständiger Arbeit führen (vgl entspr BFH IV R 31/02, BStBl II 06, 7; auch → Rn. 112). 269

d) ABC der Arbeitsmittel. Vgl auch → § 12 Rn. 32. 270

Aktentasche kann Arbeitsmittel sein (FG Hmb EFG 11, 2057, rkr, mwN: „Pilotentrolley"; s auch FG Bln EFG 79, 225, rkr: Betriebsprüfer).

Aktenschrank s „Schreibtisch".

Bilder im häusl Arbeitszimmer sind *keine* Arbeitsmittel (FG RhPf EFG 92, 65, rkr). Gleiches gilt allg für eigene Gegenstände zur Ausschmückung eines Dienstzimmers im öffentl wie im privaten Bereich (BFH VI R 119/88, BStBl II 91, 837; BFH VI R 92/92, BStBl II 93, 506).

Blindenhund. Zutr anerkannt FG Mchn EFG 85, 390, rkr; s auch „Diensthund".

Brille für Arbeitsplatz. Abgelehnt: BFH VI R 31/92, BStBl II 93, 193; dazu auch ausführl BFH VI R 50/03, BFH/NV 05, 2185.

Bücher. Literatur eines Lehrers/Publizisten s BFH VI R 53/09, BStBl II 11, 723; BFH IV R 70/91, BStBl II 92, 1015: Abzustellen ist auf die Funktion *jedes einzelnen Buches* (Zeitschrift), wobei der beabsichtigte tatsächl Verwendungszweck entscheidend ist. – **Fachbücher** sind stets Arbeitsmittel; ihr Inhalt beschränkt sich auf das berufl Fachgebiet des StPfl (FG Bln EFG 72, 179, rkr; FG Nbg EFG 80, 233, rkr; BFH VI R 180/79, BStBl II 82, 67).

Bücherregal und Bücherschrank s „Schreibtisch".

Computer. Nach BFH VI R 135/01, BStBl II 04, 958 ist ein Computer ein Arbeitsmittel, wenn er nahezu ausschließl der Erledigung dienstl Aufgaben dient und die private Mitbenutzung 10% nicht übersteigt. Beträgt der private Nutzungsanteil mehr als 10%, können die Kosten aufgeteilt werden. Im Zweifel ist von einer hälftigen Aufteilung auszugehen, es sei denn, ein anderer Aufteilungsmaßstab wird nachgewiesen.

Diensthund eines Polizei-Hundeführers ist (zutr) Arbeitsmittel (ausführl BFH VI R 45/09, BStBl II 11, 45); ebenso der Jagdhund eines Forstbeamten (BFH VI 9/59 U, BStBl III 60, 163) und uU auch der Wachhund eines Hausmeisters (FG Hmb EFG 89, 228, rkr). S aber auch BFH IV R 103/75, BStBl II 79, 512: Hund einer Landärztin, BA-Abzug abgelehnt; ebenso beim *privaten* Wachhund eines Hausmeisters (BFH VI R 101/86, BFH/NV 91, 234). Ein sog. Schulhund einer Lehrerin ist zwar kein Arbeitsmittel, aber WK-Abzug nach § 9 I 1: 50% bei arbeitstägl Einsatz zuzügl der Ausbildungskosten in voller Höhe (BFH VI R 15/19, BStBl II 21, 453).

Dienstzimmer s „Bilder".

Fachzeitschriften sind Arbeitsmittel (s auch „Bücher"); aber keine WK ohne Beleg (FG BW EFG 14, 1958, rkr; ebenso FG Mster BB 14, 2457, rkr). S auch „Zeitschriften".

Fahrrad ist ebenso wie ein Kfz regelmäßig kein Arbeitsmittel; Kosten bei Dienstreisen können in tatsächl Höhe abgezogen werden.

Kraftfahrzeug, das für Fahrten zw Wohnung und Arbeitsstätte benutzt wird, ist kein Arbeitsmittel (BFH VI 201/62 S, BStBl III 64, 251; ebenso FG Bln EFG 88, 557, rkr, bei 95% berufl Nutzung), wohl aber bei einem gehbehinderten StPfl, der ohne Kfz seinen Beruf nicht ausüben könnte (BFH VI 66/65, BStBl III 66, 291).

Musikanlage. Tonbandgerät für einen hauptberufl tätigen Musiker als Arbeitsmittel anerkannt (BFH VI R 6/68, BStBl II 71, 459); zu Stereoanlage eines Musiklehrers s FG Ddorf EFG 82, 563, rkr (abgelehnt); zu Musik-CD s FG Mchn EFG 99, 891, rkr (abgelehnt).

Musikinstrumente. Maßgebl ist auch hier die tatsächl Verwendung im Einzelfall: Cembalo eines hauptamtl Kirchenmusikers anerkannt (FG Mster EFG 76, 178, rkr); abgelehnt: Flügel einer an einer Schule angestellten Musiklehrerin (BFH VI R 111/76, BStBl II 78, 459, da die Lebensführung in nicht nur untergeordnetem Maße berührt war; anerkannt bei vollzeitl tätiger Musiklehrerin am Gymnasium, FG Mchn EFG 09, 1447, rkr, und bei Dozentin am Konservatorium, BFH VI R 18/86, BStBl II 89, 356; abgelehnt bei Grundschullehrerin mit Fach Musik, FG BW EFG 98, 643, rkr: Reparaturkosten). Anerkannt bei einem Pfarrer, der einen Gemeindechor leitet, s FG Hmb EFG 84, 399, rkr. Zu den erforderl Feststellungen bei der Frage, ob Musikinstrumente als Arbeitsmittel anerkannt werden können, s BFH VI R 193/83, BFH/NV 87, 88.

Papierkorb. Bejaht BFH VI R 182/75, BStBl II 77, 464; s auch „Schreibtisch".

Reisekoffer als Arbeitsmittel s HessFG EFG 89, 173, rkr, anerkannt.

Reitpferd eines Reitlehrers s BFH VI B 40/07, BFH/NV 08, 955. Entscheidend sind die Umstände des Einzelfalles.

Schreibtisch im anerkannten häusl Arbeitszimmer ist stets Arbeitsmittel, auch wenn es sich um ein altes Möbelstück mit Wertsteigerungserwartungen handelt (BFH VI R 78/82, BStBl II 86, 355; anders evtl bei echten Antiquitäten, s Anm HFR 86, 291). Dies gilt auch für einen Schreibtisch in einem nicht als häusl Arbeitszimmer anerkannten Raum, wenn eindeutig feststeht, dass der Schreibtisch überwiegend zu berufl Zwecken genutzt wird (BFH VI R 109/87, BStBl II 93, 106) und nicht der Repräsentation dient. Gleiches gilt für Schreibtischlampe und Schreibtischgarnitur, sowie für Akten- und Bücherschränke, Regale und Sitzgelegenheiten (BFH VI R 22/96, BFH/NV 97, 341, zur Abgrenzung Arbeitsmittel, Einrichtungsgegenstand und Ausschmückung des Arbeitszimmers; s auch BFH III R 92/10, BFH/NV 12, 412).

Sportkleidung; Sportgeräte. Abzug der Aufwendungen (auch für Reinigung) ist mögl, wenn die private Nutzung der Kleidung und der Sportgeräte von ganz untergeordneter Bedeutung ist (BFH VI R 137/83, BStBl II 87, 262). Zur tatrichterl Beweiswürdigung s BFH VI B 28/07, BFH/NV 07, 1869. Ggf kommt Aufteilung in Betracht.

Surfbrett; Surflehrgang. WK abgelehnt, wenn der private Nutzungsanteil bei rund 15% liegt (s BFH VI R 137/83, BStBl II 87, 262); wohl überholt, → Rn. 57 ff.

Tageszeitung. Kein Arbeitsmittel, Kosten sind grds nicht abziehbar (BFH VI B 168/04, BFH/NV 05, 1300, mwN; HessFG DStRE 09, 1099 rkr; FG Ddorf DStRE 01, 903, rkr). Das „Handelsblatt" ist dann anzuerkennen, wenn wegen besonderer Umstände der Bezug nahezu ausschließl berufl veranlasst ist (BFH VI R 64/95, BFH/NV 96, 402), ansonsten nicht (FG Bln-Bbg EFG 02, 1085, rkr; HessFG EFG 02, 1289, rkr).

Teleskop für Astronomie-Lehrer s FG Bln EFG 04, 1362, rkr: anerkannt.

Zeitschriften allgemeinbildenden Inhalts sind keine Arbeitsmittel. Abgelehnt: „Capital" und „Wirtschaftswoche" (FG Saarl EFG 92, 518, aus verfahrensrechtl Gründen zurückverwiesen; HessFG EFG 92, 517, rkr, weitere Wirtschaftszeitungen); „GEO" (FG Mster EFG 86, 491, rkr). „Der Spiegel", „Die Zeit" abgelehnt bei Kulturkritiker BFH IV R 128/88, BStBl II 90, 19.

11. AfA und Substanzverringerung, § 9 I 3 Nr 7. – a) Allgemeines. Es gelten die Ausführungen zu den einzelnen Vorschriften über die AfA, die AfS, Sonderabschreibungen nach § 7b und die erhöhten Absetzungen entspr. Die degressive AfA des § 7 II gilt nicht, da diese AV voraussetzt, das es bei den Überschusseinkünften nicht gibt. Auch § 6 IIa ist mangels eines Verweises auf die Vorschrift nicht entspr anwendbar (ebenso *KS/Oertel* § 9 Rn. 136; **aA** *Kanzler* FR 22, 233). AfA dient dem Zweck, die AK/HK auf die Nutzungsdauer des WG zu verteilen (BFH VI R 30/21, BStBl II 24, 404, Rn. 14; BFH IX R 14/19, BStBl II 20, 545; FG Nbg DStRE 18, 1287, rkr). Die Abschreibungen sind grds mit der Anschaffung bzw Fertigstellung (→ § 7 Rn. 141) und nicht erst vom Jahr der Verausgabung an vorzunehmen. Im Jahr der Anschaffung oder Herstellung des WG vermindert sich der AfA-Betrag nach § 7 I 1 um jeweils ein Zwölftel für jeden vollen Monat, der dem Monat der Anschaffung oder Herstellung vorangeht (§ 7 I 4). Zur Anwendung der **AfA-Tabellen** auf WG der Überschusseinkünfte → § 7 Rn. 165. Teilwertabschreibungen sind bei den Überschusseinkunftsarten nicht zulässig; wohl aber kann auch eine außergewöhnl technische oder wirtschaftl Abnutzung (**AfaA,** § 7 I 7) als WK geltend gemacht werden (s auch BFH IX R 33/14, BFH/NV 16, 1446, mwN; BFH VIII R 33/09, BStBl II 13, 171 Rn. 22; FG Nbg DStRE 18, 1287, rkr). Reine Wertveränderungen können dagegen nicht als WK berücksichtigt werden. Da Nr 7 keine Beschränkung auf körperl Gegenstände enthält, unterliegen auch **zeitl begrenzte Rechte** einem durch AfA zu berücksichtigenden Wertverzehr (BFH VIII R 12/72, BStBl II 79, 38; zur Bewertung unentgeltl erlangter Nutzungsrechte vgl BFH IV R 117/79, BStBl II 81, 68). 275

b) Geringwertige Wirtschaftsgüter. Nach § 9 I 3 Nr 7 können aus Vereinfachungsgründen Aufwendungen für abnutzbare bewegl WG (auch Arbeitsmittel) im Jahr der *Anschaffung/Herstellung* in voller Höhe als WK abgesetzt werden, wenn die AK/HK ohne USt für das einzelne Wirtschaftsgut 800 € (410 € bis VZ 17) nicht übersteigen (BFH VI R 99/10, BStBl II 14, 393). Für den Vollabzug kommt es nicht auf den Zahlungszeitpunkt an. Der Sofortabzug gilt auch, wenn WG des privaten Gebrauchs *umgewidmet* und zur Einkunftserzielung genutzt werden; LStH 9.12 „Absetzung für Abnutzung" lässt den Sofortabzug zu, wenn im Zeitpunkt der Umwidmung die AK/HK abzügl bisheriger fiktiver AfA den Betrag von 800 € (410 € bis VZ 2017) nicht übersteigen. Diese Problematik gilt auch, wenn der StPfl ein **WG geschenkt** erhält und zur Einkunftserzielung einsetzt (auch → Rn. 88). 276

c) Einkünfteerzielungsvermögen. ME zu bejahen, aber dennoch ungeklärt ist, ob bei den Überschusseinkünften analog den Gewinneinkünften auch die Existenz von Einkünfteerzielungsvermögen (offen gelassen: BFH IX R 42/05, BStBl II 08, 26; wie hier *Littmann* § 7 Rn. 106; *Lang* DStJG 9, 45 (53 ff); Tipke/Lang SteuerR Rn. 8.253; *Jakob* LB § 3 Rn. 11; *Crezelius* LB § 9 Rn. 20; grundlegend auch *Alt* StuW 94, 138; *Krüger* FR 95, 633 und *Flies* Vermögensverluste, S 34 ff; s auch *HHR/Bergkemper* § 9 Rn. 523 f; abl *Uhländer* Vermögensverluste im PV, S 101 ff; *Rauch* Nachträgl WK, S 82 f) und von einlage-/entnahmeähnlichen Tatbeständen anzuerkennen ist (allerdings ohne die den Überschusseinkünften fremden Gewinn-/Verlustrealisierungen; s *Krüger* FR 95, 633 (639 f)). Hiervon hängt ua ab, ob bei Zerstörung eines berufl genutzten Gegenstandes durch neutrale Ereignisse (zB Blitzeinschlag) ein WK-Abzug entspr dem berufl Nutzungsanteil anzuerkennen ist (FG Köln 277

EFG 81, 128, rkr und FG Hmb EFG 83, 344, rkr, Diebstahl von Geld; auch → Rn. 57).

278 **d) Umwidmung.** Die Umwidmung (mE ein einlageähnl Tatbestand) von **WG des zunächst privaten Gebrauchs** für Zwecke der Einkunftserzielung (zB ausschließl Verwendung eines bisherigen Wohnzimmerschranks im häusl Arbeitszimmer als Aktenschrank) oder die Umwidmung eines aus privaten Gründen **geschenkt erhaltenen WG** zur Einkunftserzielung ist seit BFH IX R 109/84, BStBl II 89, 922 geklärt: Der StPfl kann AfA auf die AK/HK vornehmen, die er oder sein Rechtsvorgänger (Schenker) aufgewendet haben (Bemessungsgrundlage); das AfA-Volumen ist aber um die AfA zu kürzen, die der StPfl bis zur Umwidmung hätte in Anspruch nehmen können, wenn er das WG von vornherein für Zwecke der Einkunftserzielung verwendet hätte (fiktive AfA). Hierdurch wird entspr dem Grundgedanken des § 11d EStDV (s dazu auch *Alt* StuW 94, 150 f) erreicht, dass nur der Teil der AK/HK sich als WK auswirkt, der zeitanteilig auf die Zeit der Nutzung zur Einkunftserzielung entfällt. Dementsprechend ist im Umwidmungsjahr eine zeitanteilige AfA anzusetzen. Ist im Zeitpunkt der Umwidmung das AfA-Volumen durch fiktive AfA oder im Rahmen einer anderen Einkunftsart angesetzte AfA verbraucht, kommt eine weitere AfA nicht mehr in Betracht (ebenso BFH VI R 22/86, BStBl II 90, 684). Den vorstehenden Grundsätzen hat sich auch BFH VI R 85/87, BStBl II 90, 883 für den Fall geschenkt erhaltener WG angeschlossen; zu Anschaffungsnebenkosten durch Erbauseinandersetzung s BFH IX R 43/11, BStBl II 14, 878. Für den umgekehrten Fall der Entwidmung von WG gelten entspr Grundsätze (BFH VI R 44/86, BStBl II 90, 692, Verwendung eines Meisterstücks nach der Prüfung für den privaten Gebrauch).

279 Wird **Einkünfteerzielungsvermögen entwidmet,** endet die AfA-Befugnis; die Jahres-AfA ist zeitanteilig aufzuteilen; es handelt sich nicht um einen Fall von AfaA (BFH VIII R 27/91, BFH/NV 93, 599; FG Mchn DStRE 17, 715, rkr). – Zur **Umwidmung geringwertiger WG** → Rn. 276.

280 **e) Unentgeltliche Nutzung.** Auf unentgeltl genutzte WG kann, sofern kein eigener Aufwand vorliegt, keine AfA geltend gemacht werden (→ § 7 Rn. 101).

V. Ergänzende Regelungen, § 9 II–V

290 **1. Abgeltungswirkung der Entfernungspauschale, § 9 II. – a) Anwendungsbereich; Wirkung, § 9 II 1.** Durch die Entfernungspauschale sind „sämtl Aufwendungen" abgegolten, die durch die Wege zw Wohnung und erster Tätigkeitsstätte (§ 9 I 3 Nr 4), zu sog Sammelpunkten und weiträumigen Tätigkeitsgebieten (§ 9 I 3 Nr 4a S 3 und 4) und durch Familienheimfahrten (§ 9 I 3 Nr 5 S 5) veranlasst sind. Neben der Pauschale können keine weiteren Aufwendungen für diese Fahrten geltend gemacht werden; ein Rückgriff auf § 9 I 1 ist insoweit ausgeschlossen.

291 **aa) Umfang.** Das gilt ohne jede Einschränkung **für alle Aufwendungen für Fahrten zwischen Wohnung und erster Tätigkeitsstätte,** unabhängig von ihrer Ursache und Höhe (BFH VI R 29/13, BStBl II 14, 849). Es wird nicht mehr wie früher zw normalen, voraussehbaren Kosten und außergewöhnl Aufwendungen unterschieden (vgl etwa noch BFH VI R 54/09, BStBl II 11, 354, II.2.b.aa, mwN). Abgegolten sind danach nicht nur Kraftstoff, Kfz-Steuern, Haftpflichtversicherung, übl Reparaturen, Parkgebühren und AfA, sondern auch Aufwendungen, die durch **Unfälle und außergewöhnl Reparaturen** entstehen (BFH VI R 8/18, BStBl II 20, 291; zust *HHR/Bergkemper* § 9 Rn. 539; **aA** *BMF* BStBl I 21, 2315 Rn. 30). Die Abgeltungswirkung erstreckt sich jedoch nur auf die fahrzeug- und wegstreckenbezogenen Aufwendungen. Unfallbedingte Krankheitskosten können daneben nach allg Grundsätzen als WK abgezogen werden (BFH VI R 8/18, BStBl II 20, 291). – Ungeachtet dessen wird man mE bei außergewöhnl Ereignissen wie **Diebstahl, mutwilliger Beschädigung** oder **Zerstörung** immer auch prüfen müssen, ob die damit

zusammenhängenden Kosten tatsächl *„durch"* die Wege zw Wohnung und erster Tätigkeitsstätte bzw *„durch"* Familienheimfahrten veranlasst sind oder ob hier nicht der von § 9 II vorausgesetzte Veranlassungszusammenhang durch einen anderen berufl Zusammenhang überlagert wird (vgl → Rn. 48) mit der Folge, dass die Aufwendungen nach § 9 I 1 als WK zu berücksichtigen sind (auch → Rn. 80; zust *BH/Thürmer* § 9 Rn. 520).

Beispiele – zusätzl Berücksichtigung abgelehnt: Falschbetankung (BFH VI R 29/13, BStBl II 14, 849); **Leasingsonderzahlungen** (BFH VI R 20/08, BStBl II 10, 805); **Mautgebühren** (SchlHFG DStRE 10, 147); **Pkw-Diebstahl** (FG Hmb EFG 06, 1822).

bb) Umwegfahrten. Nicht abgegolten sind mE nach wie vor die Kosten für Umwegfahrten, die aus **sonstigen berufl Gründen** auf dem Weg zu oder von der ersten Tätigkeitsstätte oder auf Familienheimfahrten durchgeführt werden. Für diese Umwege sind die tatsächl oder pauschalierten Kosten nach **§ 9 I 3 Nr 4a** abziehbar (vgl auch BFH VIII R 12/13, BeckRS 2015, 95887); das gilt auch für die Kosten eines Unfalls auf der Umwegstrecke. Soweit der BFH meint, dass auch Umwegfahrten mit der Pauschale abgegolten sind (BFH VI R 29/13, BStBl II 14, 849, dort aber nicht entscheidungserheblich), kann sich dies mE nur auf Fahrten zur Tankstelle, Abholfahrten bei Fahrgemeinschaften uÄ beziehen; denn nur insoweit handelt es sich um Aufwendungen, die *„durch"* die Wege zwischen Wohnung und erster Tätigkeitsstätte und *„durch"* Familienheimfahrten veranlasst sind. – Keine Umwegfahrt liegt vor, wenn der ArbN von der Wohnung aus zu **Kundenbesuchen** aufbricht und später auch noch den Betriebssitz anfährt (insgesamt keine Fahrt zw Wohnung und erster Tätigkeitsstätte, sondern Auswärtstätigkeit; glA *Niermann/Plenker* DB 07, 1889). 292

b) Ausnahme: öffentliche Verkehrsmittel, § 9 II 2. Benutzt der ArbN öffentl Verkehrsmittel und sind die dabei tatsächl angefallenen Aufwendungen höher als die Entfernungspauschale, können die höheren Kosten angesetzt werden (Wahlrecht, s BFH VI R 25/08, BFH/NV 09, 1619; BFH VI R 4/15, BStBl II 17, 228: verfgemäß). Maßgebl sind die jeweiligen **Jahresbeträge** (entgegen BFH VI R 40/04, BStBl II 05, 712; s auch *BMF* BStBl I 21, 2315 Rn. 2 mit Beispiel; zu verfrechtl Bedenken und Problemen bei nur zeitweiliger Nutzung öffentl Verkehrsmittel s *Nacke* DB 11, 132; zur Rechtslage bis VZ 10 → 33. Aufl 2014, § 9 Rn. 127). Entscheidet sich der ArbN für den Ansatz der Aufwendungen für öffentl Verkehrsmittel, gilt nicht der Höchstbetrag von 4500 €; denn dieser bezieht sich nur auf die Entfernungspauschale (→ Rn. 187). Öffentl Verkehrsmittel sind neben Bus, Bahn, Fähre auch Flugzeug, nicht aber Taxis im Gelegenheitsverkehr (BFH VI R 26/20, BStBl II 23, 43; NdsFG EFG 19, 344, rkr). – Zur Berechnung bei Benutzung verschiedener Verkehrsmittel s *BMF* BStBl I 21, 2315, Rn. 20 ff mit Beispielen; *Harder-Buschner* NWB 10, 3020. 293

c) Wegekosten bei Behinderung, § 9 II 3 und 4. Behinderte Menschen mit den im Gesetz genannten Behinderungsgraden und Einschränkungen können für Wege zw Wohnung und erster Tätigkeitsstätte, sog Sammelpunkten und weiträumigen Tätigkeitsgebieten und für Familienheimfahrten iRe doppelten Haushaltsführung die **tatsächl Aufwendungen** ansetzen. Werden die Wege an einem Tag mit verschiedenen Verkehrsmitteln zurückgelegt (Kfz und öffentl Verkehrsmittel), kann das Wahlrecht (Entfernungspauschale oder tatsächl Kosten) **nur einheitl** ausgeübt werden (BFH VI R 77/06, BStBl II 09, 729; *Geserich* HFR 09, 768; *BMF* BStBl I 21, 2315, Rn. 29 mit Beispielen). 294

aa) Höhe der tatsächl Aufwendungen. Bei der Ermittlung der tatsächl Wegkosten anhand von individuellen Km-Sätzen sind die **gesamten Fahrzeugkosten** zu berücksichtigen, einschließl AfA (BFH VI R 89/10, BStBl II 12, 835: Minderung der AK durch sozialrechtl Zuschüsse). – Durch § 9 II 3 wird weder der Begriff der Fahrten zw Wohnung und erster Tätigkeitsstätte noch der der Familienheimfahrten 295 iSd § 9 I 3 Nr 5 erweitert. Daher kann der StPfl nur die tatsächl Kosten für **arbeitstägl eine Hin- und Rückfahrt** bzw für **wöchentl eine Familienheimfahrt** als WK abziehen. Aufwendungen für **Leerfahrten,** die dadurch entstehen, dass der StPfl zur ersten Tätigkeitsstätte gebracht und von dort wieder abgeholt wird, sind aber zusätzl als WK abzugsfähig, wenn diese Art der Beförderung notwendig, dh eine Folge der Behinderung ist (BFH VI R 8/75, BStBl II 78, 260). – Bei Benutzung eines Kfz können die Fahrtkosten wahlweise auch ohne Einzelnachweis mit den **pauschalen km-Sätzen** iHv 0,38 € *je gefahrenem km* (ab VZ 2026) angesetzt werden.

296 **bb) Nachweis.** Behinderung und erhebl Beeinträchtigung der Bewegungsfähigkeit im Straßenverkehr sind durch **amtl Unterlagen** nachzuweisen (§ 65 I 1 EStDV: Ausweis nach dem SGB IX oder Bescheid nach § 152 SGB IX; LStR 9.10 III 3; auch → § 33 Rn. 90 „Fahrtkosten Behinderter“ und → § 33b Rn. 43). Zu Fahrtkosten bei Sehbehinderung s FG RhPf DStRE 05, 929, rkr. Zur **Änderung und nachträgl Festsetzung** des Grades der Behinderung s BFH VI B 95/13, BStBl II 14, 525 (Herabsetzung, Zeitpunkt der Berücksichtigung) und → § 33b Rn. 13.

300 **2. Andere Überschusseinkünfte, § 9 III.** Die Regelung ist zur **Gleichstellung von Nicht-ArbN** mit ArbN eingeführt worden (BT-Drs V/1187 S 3). Der Nicht-ArbN muss eine Art *erste Tätigkeitsstätte* (entspr § 9 IV) aufsuchen. Dies ist nicht das nur gelegentl aufgesuchte vermietete Haus des woanders wohnenden Eigentümers; in einem solchen Fall sind also idR gem § 9 I 3 Nr 4a die Fahrtkosten in tatsächl Höhe (S 1) oder pauschaliert (S 2) abzugsfähig (EStR 21.2 IV 4). Die Entfernungspauschale kommt dagegen zu Anwendung, wenn zB ein Vermieter das Vermietungsobjekt fortdauernd und immer wieder aufsucht (BFH IX R 18/15, BStBl II 16, 532). – Gem BFH IX R 73/91, BStBl II 95, 713 gilt § 9 III von vornherein nicht bei Fahrten, deren Kosten zu den **GebäudeHK** zählen, sodass also die Fahrtkosten in tatsächl Höhe in die HK eingehen.

302 **3. Erste Tätigkeitsstätte, § 9 IV.** – (*Schrifttum: Geserich* NWB 19, 2925; *Krüger* DB 19, 2143). – **a) Ortsfeste betriebliche Einrichtung, § 9 IV 1.** Mit Wirkung **ab VZ 14** knüpfen § 9 I 3 Nr 4 und 5 und ebenso die Neuregelungen in Nr 4a und Nr 5a an das neue Tatbestandsmerkmal „erste Tätigkeitsstätte“ an (Hintergrund und Kritik s *Thomas* DStR 14, 497). Entgegen der früheren BFH-Rspr (→ 35. Aufl 2016, § 9 Rn. 186) zum Begriff „regelmäßige Arbeitsstätte“ muss es sich dabei nicht zwingend um eine betriebl Einrichtung des ArbG handeln. Es kann sich auch um die betriebl Einrichtung eines **verbundenen Unternehmens** iSv § 15 AktG oder eines vom ArbG bestimmten **Dritten** handeln; arbeitstägl Fahrtkosten zu diesen Stätten können *nur noch iHd Entfernungspauschale* als WK geltend gemacht werden. Erfasst werden damit auch Fälle, in denen ArbN langfristig in betriebl Einrichtungen von Kunden eingesetzt werden sowie das sog „Outsourcing“. – Der ArbN *selbst* ist nicht „Dritter“ iSd Regelung, sodass ein **häusl Arbeitszimmer** keine erste Tätigkeitsstätte sein kann (glA FG Nbg EFG 24, 771, rkr; *Niermann* DB 13, 2357; *BMF* BStBl I 20, 1228 Rn. 4; **aA** *Thomas* DStR 14, 497). – Nach wie vor muss es sich um eine **„ortsfeste“ Einrichtung** handeln. Dies sind räuml zusammengefasste Sachmittel, die der Tätigkeit des ArbG, des verbundenen Unternehmens oder des vom ArbG bestimmten Dritten dienen und mit dem Erdboden verbunden oder dazu bestimmt sind, überwiegend ortsgebunden genutzt zu werden (BFH VI R 27/17, BStBl II 19, 536). Eine (großräumige) erste Tätigkeitsstätte liegt dabei auch vor, wenn eine Vielzahl von Sachmitteln, die für sich betrachtet selbständige betriebl Einrichtungen darstellen können, räuml abgrenzbar in einem organisatorischen, technischen oder wirtschaftl Zusammenhang mit der betriebl Tätigkeit des ArbG stehen. Als erste Tätigkeitsstätte kommt daher auch ein großflächiges und infrastrukturell erschlossenes Gebiet in Betracht (BFH VI R 40/16, BStBl II 19, 546; BFH VI R 36/18, BFH/NV 21, 309 firmeneigenes Schienennetz einer Werkbahn; FG Köln EFG 25, 930, Rev VI R 4/25 Flughafen). Auch bei einer großräumigen ersten Tätigkeitsstätte muss es sich aber

um eine solche des ArbG etc handeln (s FG Brem EFG 25, 1157, rkr, bejaht für Autoterminal im Hafengebiet; NdsFG DStRE 23, 1092, rkr, abgelehnt für ein Hafengebiet, das nur teilweise vom ArbG genutzt wird).

Beispiele – ortsfeste Einrichtung: Werkstätte, Werkshalle, Bürogebäude oder -etage, dauerhaft und fest installierte **Baucontainer** (s *BMF* BStBl I 20, 1228 Rn. 3; krit *Seifert* NWB 14, 3448). – **Keine ortsfeste Einrichtung: Fahrzeug** (BFH VI R 34/13, BFH/NV 14, 691); **Flugzeug** (BFH VI R 68/12, BFH/NV 14, 1029); **Schiff** (BFH VI R 30/05, BStBl II 06, 378; BFH VI R 12/04, BStBl II 06, 267); **LKW** (FG Bln-Bbg, EFG 25, 1728, rkr; **Tätigkeitsgebiete** ohne ortsfeste betriebl Einrichtung (*BMF* BStBl I 20, 1228 Rn. 3; aber → Rn. 216).

b) Dauerhafte Zuordnung, § 9 IV 2–4. Der ArbN muss der Tätigkeitsstätte „dauerhaft" zugeordnet sein. In erster Linie kommt es dabei auf die dienst- und arbeitsrechtl Festlegungen sowie die diese ausfüllenden Absprachen und Weisungen des ArbG an (§ 9 IV 2). Nur hilfsweise sind die in § 9 IV 4 genannten quantitativen Kriterien anzuwenden. Die arbeitsrechtl Weisungen können schriftl oder mündl erfolgen. Die Zuordnung kann also insb im **Arbeitsvertrag** oder durch **Ausübung des Direktionsrechts** des ArbG erfolgen (BFH VI R 27/17, BStBl II 19, 536; BFH VI R 10/19, BStBl II 21, 306 zur beamtenrechtl Versetzung; HessFG EFG 21, 2044, rkr, zur beamtenrechtl Abordnung „bis auf weiteres", zutr; **aA** für acht- bzw neunjährige „Kettenabordnung" FG Mster EFG 24, 1968, rkr). Die Zuordnung muss aber nicht ausdrückl vorgenommen werden; der ArbG muss sich der steuerrechtl Folgen auch nicht bewusst sein. Neben der arbeitsrechtl Zuordnung bedarf es daher keiner gesonderten Zuweisung zu einer ersten Tätigkeitsstätte für estl Zwecke (BFH VI R 27/17, BStBl II 19, 536; BFH VI R 22/23, DStRE 25, 1418). Auch eine vor dem 31.12.13 erfolgte arbeitsrechtl Zuordnung ist daher zu beachten (BFH VI R 40/16, BStBl II 19, 546). Entscheidend ist stets, ob der ArbN aus der maßgebl **ex-ante-Sicht** nach den arbeitsrechtl Festlegungen an einer bestimmten ortsfesten betriebl Einrichtung tätig werden soll. Eine besondere Dokumentationspflicht der Zuordnungsentscheidung besteht nicht (BFH VI R 27/17, BStBl II 19, 536; *BMF* BStBl I 20, 1228 Rn. 11; *Krüger* DB 19, 2143 (2145)). Allerdings ergibt sich eine stillschweigende Zuordnung des ArbN nicht allein daraus, dass er eine bestimmte Einrichtung gelegentl berufl aufsuchen muss, er iÜ aber hauptsächl auswärts tätig werden soll (BFH VI R 27/21, BStBl II 24, 38). – 303

Die **qualitative Bedeutung** der Tätigkeitsstätte bzw der dort verrichteten Tätigkeiten ist **kein maßgebl Kriterium** mehr (BFH VI R 27/17, BStBl II 19, 536; *BMF* BStBl I 14, 1412 Rn. 8, mit Beispielen). Der ArbN muss am Ort der ersten Tätigkeitsstätte nur in geringem Umfang Tätigkeiten erbringen, die er arbeitsvertragl oder dienstrechtl schuldet und die zu dem von ihm ausgeübten Berufsbild gehören (BFH VI R 11/19, BStBl II 21, 308). Arbeitsbereitschafts- und Bereitschaftsruhezeiten können insoweit ausreichen (BFH VI R 48/20, BStBl II 23, 582). Dies gilt aber nur, wenn der ArbN der betreffenden Einrichtung auch dienstrechtl zugeordnet ist (BFH VI R 27/21, BStBl II 24, 38). Ein Flughafen kann hiernach bei entspr Zuordnung die erste Tätigkeitsstätte von Piloten und Flugbegleitern (BFH VI R 17/17, BFH/NV 19, 904; FG Köln EFG 25, 930, Rev VI R 4/25; FG Bln-Bbg, ArbR Aktuell 25, 456, Rev VI R 17/25) sowie Sicherheitskräften (BFH VI R 12/17, BStBl II 19, 551) sein; ebenso ein Bahnhofsgelände für Lokomotivführer (FG LSA EFG 20, 912, rkr), das Zustellzentrum für Postzusteller (BFH VI R 12/19, BFH/NV 21, 307), die Dienststelle eines Polizeibeamten im Streifendienst (BFH VI R 27/17, BStBl II 19, 536) oder eines Ordnungsamtsmitarbeiters (BFH VI R 9/19, BFH/NV 22, 11) und das Amtsgericht für einen Gerichtsvollzieher (BFH VI R 35/18, BStBl II 21, 525). Die bloße Abgabe von Krankmeldungen, Urlaubsanträgen usw reicht aber nicht aus. Gleiches gilt für ganz geringfügige sonstige Tätigkeiten, die nicht unmittelbar zum Berufsbild gehören (BFH VI R 25/19, BFH/NV 22, 18, nachfolgend FG Bln-Bbg EFG 23, 106, rkr, zum Betriebshof eines Müllwerkers); s aber FG Bln-Bbg, EFG 25, 1728, rkr, zum Betriebssitz des ArbG eines LKW-Fahrers, mE zweifelhaft. 304

305 Die Zuordnung muss dauerhaft sein. Dies ist gegeben bei **unbefristeter Zuordnung,** bei einer **Zuordnung für die Dauer des ArbVerh** oder für einen Zeitraum von **mehr als 48 Monaten** (§ 9 IV 3). Eine Zuordnung ist unbefristet, wenn ihre Dauer aus der maßgebl ex-ante-Sicht nicht kalendermäßig bestimmt ist und sich auch nicht aus Art, Zweck oder Beschaffenheit des ArbVerh ergibt (BFH VI R 27/17, BStBl II 19, 536; BFH VI R 22/23, DStRE 25, 1148). Der bloße Vorbehalt der jederzeitigen Umsetzung oder Versetzung hindert eine unbefristete Zuordnung nicht (BFH VI R 10/19, BStBl II 21, 306; BFH VI R 6/21, BFH/NV 23, 532). Eine Zuordnung „bis auf weiteres" kann folgl unbefristet sein (BFH VI R 6/17, BStBl II 19, 539; HessFG EFG 21, 2044, rkr; *BMF* BStBl I 20, 1228 Rn. 14). Auch ein **LeihArbVerh** als solches steht einer dauerhaften Zuordnung nicht entgegen (BFH VI R 6/17, BStBl II 19, 539; NdsFG EFG 22, 45, rkr). Besteht der Einsatz eines unbefristet beschäftigen LeihArbN beim Entleiher aber nur in wiederholten befristeten Einsätzen, liegt keine unbefristete Zuordnung durch den Verleiher iRd insoweit maßgebl LeihArbVerh vor (BFH VI R 32/20, BStBl II 23, 35). Ab 1.4.17 darf der Verleiher denselben LeihArbN grds nicht länger als 18 aufeinander folgende Monate an denselben Entleiher überlassen (zu Ausnahmen aufgrund TV s BAG 4 AZR 83/21, BAGE 179, 78), so dass es an einer zeitl unbegrenzten Überlassung idR fehlt, selbst wenn das LeihArbV keine zeitl Befristung enthält (BFH VI R 22/23, DStRE 25, 1418; FG Ddorf DStRE 25, 588, rkr). Bei einem ArbN, der auf einer Baustelle des Auftraggebers seines ArbG eingesetzt ist, kann sich das Fehlen einer dauerhaften Zuordnung aus der Beschaffenheit des ArbVerh ergeben (s FG Mster DStRE 19, 1255, rkr). Ist das LeihArbV seinerseits befristet, kommt eine unbefristete Zuordnung iRd ArbVerh allerdings nicht in Betracht, selbst wenn der Einsatz beim Verleiher wiederholt verlängert wird (NdsFG EFG 25, 1348; Rev VI R 2/25; *Kreft* DB 25, 1862). Die Zuordnung erfolgt für die Dauer des ArbVerh, wenn sie aus der maßgebl Sicht ex ante für die gesamte Dauer des (in diesem Fall auch befristeten) ArbVerh Bestand haben soll (BFH VI R 6/17, BStBl II 19, 539). Abzustellen ist insoweit auf das jeweilige einzelne ArbVerh (BFH VI R 36/16, BStBl II 19, 543). Ändern sich die arbeitsvertragl oder tatsächl Umstände, die der bisherigen Zuordnungsentscheidung zugrunde liegen (zB durch Entfristung des ArbV oder gesetzl Neuregelung), kann idR unterstellt werden, dass der ArbG eine neue Zuordnungsentscheidung trifft (BFH VI R 22/23, DStRE 25, 1418). Wird bei einer (vorübergehenden) Entsendung des ArbN in das Ausland mit der ausl (Tochter-)Gesellschaft ein (befristeter) ArbVertrag geschlossen, kann sich eine dauerhafte Zuordnung auch aus diesem Vertrag ergeben (BFH VI R 21/18, BStBl II 21, 506). War der ArbN iRe befristeten ArbVerh indes bereits einer ersten Tätigkeitsstätte zugeordnet, erfolgt die zweite Zuordnung nicht mehr für die Dauer des ArbVerh mit der Folge, das am Ort der zweiten Zuordnung keine erste Tätigkeitsstätte mehr begründet werden kann, sofern die Zuordnung nicht ausnahmsweise aus der Sicht ex ante über einen Zeitraum von mehr als 48 Monaten erfolgt. Gerade bei befristeten ArbVerh kann deshalb maßgebl sein, ob die Anordnung des ArbG zur Teilnahme an einer mehrmonatigen (Grund-)Ausbildung bereits die erstmalige Zuordnung zu der betreffenden Tätigkeitsstätte beinhaltet, sodass am späteren Einsatzort keine erste Tätigkeitsstätte mehr begründet werden kann (s BFH VI R 6/21, BFH/NV 23, 532, zu Zeitsoldaten). Ob eine Zuordnung dauerhaft ist, ist im wesentl **Tatfrage** (BFH VI B 46/23, BFH/NV 24, 391).

306 Fehlt es an einer dauerhaften Zuordnung oder ist sie nicht eindeutig, wird nach § 9 IV 4 hilfsweise darauf abgestellt, wo der ArbN überwiegend tätig werden soll (quantitative Zuordnung; s auch *BMF* BStBl I 20, 1228 Rn. 27 ff, mit Beispielen). Eine fehlende oder nicht eindeutige Zuordnung bedeutet folgl nicht notwendig, dass keine erste Tätigkeitsstätte vorliegt. Erste Tätigkeitsstätte ist dann die betriebl Einrichtung, an der der ArbN dauerhaft typischerweise arbeitstägl oder je Arbeitswoche zwei volle Arbeitstage oder mindestens ein Drittel seiner vereinbarten regelmäßigen Arbeitszeit tätig werden soll (s NdsFG EFG 22, 1902, rkr). Dabei muss der ArbN an der betriebl Einrichtung seine eigentl berufl Tätigkeit ausüben (zum

Notarassessor, der nach *Berger* FR 26, 68 auch gem §9 IV 4 keine erste Tätigkeitsstätte haben soll, mE unzutr). Das ist zB bei einer Fahrtätigkeit nicht der Fall (NdsFG DStRE 18, 967, rkr). – Zu kurzfristigen Arbeitsverhältnissen s BFH VI R 36/16, BStBl II 19, 543; *Thomas* DStR 14, 497 (499). – Zu **grenzüberschreitender ArbN-Entsendung** s *BMF* BStBl I 20, 1228 Rn. 23 und *Niermann* DB 14, 2793 (2794).

c) Mehrere Tätigkeitsstätten, § 9 IV 5–7. Ein ArbN kann je DienstVerh höchstens **eine erste Tätigkeitsstätte** haben (S 5). Steht der ArbN gleichzeitig in mehreren (auch befristeten) DienstVerh, kann er bezogen auf jedes DienstVerh über eine erste Tätigkeitsstätte verfügen (FG Nbg EFG 23, 1000, rkr: Doppelstatus als Beamtin und Soldatin). Bei mehreren Arbeitsstätten ist wiederum vorrangig auf die Entscheidung des ArbG abzustellen (S 6) und subsidiär auf die der Wohnung des ArbN räuml am nächsten liegende Arbeitsstätte zurückzugreifen (S 7). – Fährt der ArbN die Arbeitsstätten **tägl nacheinander** an, gilt Folgendes: Halbe Entfernungspauschale (§ 9 I 3 Nr 4) für den Weg von der Wohnung zur Arbeitsstätte 1, tatsächl Fahrkosten (§ 9 I 3 Nr 4a) für den Weg von der Arbeitsstätte 1 zur Arbeitsstätte 2 und halbe Entfernungspauschale (§ 9 I 3 Nr 4) für den Weg von der Arbeitsstätte 2 zur Wohnung zurück usw (vgl auch BFH VI R 53/01, BStBl II 02, 878; *Pust* HFR 03, 53; **aA** *BMF* BStBl I 21, 2315 Rn. 24 mit Beispiel 11: Fahrt zur Tätigkeitsstätte B als Umwegfahrt zur Tätigkeitsstätte C, kein Abzug der tatsächl Kosten für die Fahrt zw den beiden Tätigkeitsstätten). 307

d) Bildungseinrichtungen, § 9 IV 8. Auch eine Bildungseinrichtung (Universität, Fachhochschule etc) kann „erste Tätigkeitsstätte" sein (verfgemäß, SächsFG EFG 18, 363, rkr). Es muss sich um Einrichtungen handeln, die **außerhalb eines Dienstverhältnisses** iRe Vollzeitstudiums bzw einer vollzeitigen Bildungsmaßnahme aufgesucht werden. Eine solche liegt vor, wenn das Studium nach der einschlägigen Studienordnung darauf ausgelegt ist, dass sich die Studierenden diesem zeitl vollumfängl widmen müssen (BFH VI R 7/22, DStR 25, 201 Rn. 16: wie ein vollbeschäftigter ArbN, abl für Teilzeitstudium); auf die Dauer der Bildungsmaßnahme kommt es nicht an (BFH VI R 24/18, BStBl II 20, 770). Steht der StPfl in einem DienstVerh, kann die Bildungseinrichtung dennoch außerhalb dieses DienstVerh aufgesucht werden, insb wenn der Besuch nicht auf einer Weisung des ArbG beruht und der ArbG sich auch sonst nicht an der Bildungsmaßnahme beteiligt (NdsFG EFG 23, 1617, rkr). Eine (auswärtige) Bildungseinrichtung, die vorübergehend iRe Vollzeitstudiums besucht wird, um zB ein Praktikum, Praxis- oder Auslandssemester zu absolvieren, ist keine erste Tätigkeitsstätte, wenn der StPfl weiterhin der bisherigen Bildungseinrichtung zugeordnet, also zB bei seiner Heimatuniversität eingeschrieben bleibt (BFH VI R 3/18, BStBl II 21, 302). – Mit dem **KroatAnpG** (BGBl I 14, 1266) ist § 9 IV 8 um einen 2. Hs ergänzt worden, demzufolge die Regelungen über Entfernungspauschale, doppelte Haushaltsführung und Verpflegungsmehraufwand entspr anzuwenden sind (ebenfalls ab VZ 14). Den Gesetzesmaterialien zufolge handelt es sich um eine Klarstellung (s BT-Drs 18/1529, 51). Tatsächl beziehen sich § 9 I 3 Nr 4 und 5 sowie IVa ausdrückl nur auf ArbN, sodass rechtssystematische und verfrechtl Bedenken gegen eine Ausdehnung des Regelungsbereichs vorgebracht werden (s *HHR/Bergkemper* § 9 Rn. 562; *Bergkemper* FR 13, 1017 (1018)), die aber iErg nicht begründet sind (BFH VI R 24/18, BStBl II 20, 770 Rn. 20 f). Zum Ganzen s auch *Maciejewski* FR 21, 154. Bedeutung der gesonderten Re 308

e) Rechtslage bis VZ 2013. →35. Aufl. 2016, § 9 Rn. 186, →40. Aufl 2021, § 9 Rn. 306. 309

4. Mehraufwendungen für Verpflegung, § 9 IVa. – a) Auswärtstätigkeit, § 9 IVa 1, 2 und 4. Der Abzug von Verpflegungsmehraufwendungen ist für ArbN **mit Wirkung ab VZ 2014** neu geregelt worden (zur Rechtslage bis VZ 2013 →35. Aufl 2016, § 9 Rn. 226). Die Regelung ist dem Grunde und der Höhe nach 310 abschließend (§ 9 IVa 1: „nur nach Maßgabe der folgenden Sätze …"): Nur in den genannten Fällen kann Verpflegungsmehraufwand geltend gemacht werden und nur mit den vorgegebenen Pauschbeträgen; tatsächl angefallene höhere Kosten bleiben unberücksichtigt. Sachl gilt § 9 IVa für **alle Formen der Auswärtstätigkeit** (§ 9 IVa 2 und 4), s BFH VI R 41/12, BStBl II 13, 704, mwN; *Niermann* DB 13, 1015 (1020). – Der StPfl hat einen **Rechtsanspruch** auf die Berücksichtigung der gesetzl Pauschalen (§ 9 IVa 2: „ist … anzusetzen"; vgl auch BFH VI R 44/03, BStBl II 06, 567). Dabei unterstellt die gesetzl Regelung in § 9 IVa 2 mit der Formulierung „zur Abgeltung der ihm tatsächl entstandenen … Mehraufwendungen" (wie bisher und nicht anders als § 9 I 3 Nr 4, → Rn. 181) **typisierend,** dass bei einer länger andauernden auswärtigen berufl Tätigkeit Verpflegungsmehraufwand entstanden ist; ob und in welcher Höhe tatsächl ein Mehraufwand entstanden ist und ob der ArbN die konkrete Verpflegungssituation vor Ort kennt, ist unerhebl (bislang stRspr, vgl BFH VI R 95/13, BStBl II 15, 231, und BFH VI R 7/13, BStBl II 15, 336, beide mwN; glA: *BMF* BStBl I 20, 1228 Rn. 73: keine Prüfungspflicht; **aA** *HHR/Bergkemper* § 9 Rn. 565; *Paintner* DStR 13, 217). Ledigl bei Mahlzeitengestellungen kommt es zu einer Kürzung der Beträge, → Rn. 313. – Zum Begriff **„Mittelpunkt der Lebensinteressen"** in § 9 IVa 4 → Rn. 200 ff, 224 und 230 ff.

311 **b) Zweistufige Pauschalierung, § 9 IVa 3 und 5.** Bei Abwesenheit des ArbN vom Haupthausstand (oder der Zweitunterkunft iRd doppelten Haushaltsführung) von 24 Std werden **28 €** angesetzt (Nr 1), bei Abwesenheit von mehr als 8 Std **14 €** (Nr 3 Hs 1). Letzteres gilt auch bei einer entspr Abwesenheit über Nacht (S 3 Nr 3 Hs 2: Verteilung der Abwesenheitsdauer auf zwei Kalendertage; *Beispiele* bei *Niermann* DB 13, 1015; *Harder-Buschner/Schramm* NWB 14, 175; s auch *BMF* BStBl I 20, 1228 Rn. 49). Fallen An- und Abreise bei zwei Dienstreisen auf einen Tag, gewährt die *FinVerw* nur 14 € (*BMF* BStBl I 20, 1228 Rn. 49; mE zweifelhaft, da die Pauschale „jeweils" anzusetzen ist, s auch *Hermes* NWB 17, 1278). Zur Zusammenrechnung von Abwesenheitszeiten s *BMF* BStBl I 20, 1228 Rn. 47. – **Haupthausstand** kann bei einem Auszubildenden auch die elterl Wohnung sein (s *BMF* BStBl I 20, 1228 Rn. 50, Beispiel 35). An- und Abreisetag werden bei mehrtägiger Auswärtstätigkeit ebenfalls mit 14 € berücksichtigt (S 3 Nr 2: ohne Prüfung von Abwesenheitszeiten; auswärtige Übernachtung an diesem, einem folgenden oder vorangegangen Tag genügt). – Bei **Auslandsreisen** gelten modifizierte Beträge, die sich am BRKG orientieren (s § 9 IVa 5: 80/120% der Auslandstagegelder). Zum maßgebl Ort s § 9 IVa 5 Hs 2; zur Höhe s Anlage zu *BMF* BStBl I 22, 1654 ab 1.1.23; *BMF* BStBl I 23, 2076 ab 1.1.24; *BMF* BStBl I 24, 1549 ab 1.1.25; *BMF* BStBl I 25, 2078 ab 1.1.26; s *auch* LStR 9.6 III).

312 **c) Dreimonatsgrenze, § 9 IVa 6 und 7.** Die Dreimonatsgrenze gilt nur für längerfristige Tätigkeiten **„an derselben Tätigkeitsstätte"** (BFH VI R 10/08, BStBl II 11, 32: verfgemäß). Sie gilt daher nicht, wenn es an einer ortsfesten betriebl Einrichtung fehlt (zB Tätigkeit auf Fahrzeug, Flugzeug, Schiff oder in weiträumigem Gebiet) oder eine Tätigkeitsstätte an nicht mehr als 2 Tagen wöchentl aufgesucht wird (s auch *BMF* BStBl I 20, 1228 Rn. 55). Für jede längerfristige Tätigkeit wird eine *eigene* Dreimonatsfrist in Gang gesetzt (Beispiele: *BMF* BStBl I 20, 1228 Rn. 55), auch bei unmittelbarer räuml Nähe der einzelnen Tätigkeitsstätten (s *BMF* BStBl I 20, 1228 Rn. 53; s auch *Niermann* DB 14, 2793 (2795)). – Eine **Unterbrechung** der Auswärtstätigkeit von mind vier Wochen setzt eine neue Dreimonatsfrist in Gang (§ 9 IVa 7; *BMF* BStBl I 20, 1228 Rn. 54). Auf den Grund der Unterbrechung kommt es nicht an (s *Niermann* DB 13, 1015 (1020): zB Krankheit, Urlaub, Tätigkeit an anderer Tätigkeitsstätte). Maßgebl sind immer die tatsächl Verhältnisse, nicht die geplanten (s BMF BStBl I 20, 1228 Rn. 55: *ex post*-Betrachtung).

313 **d) Gestellung von Mahlzeiten, § 9 IVa 8–11.** Werden dem ArbN Mahlzeiten vom ArbG oder auf dessen Veranlassung von einem Dritten zur Verfügung gestellt

oder erhält er eine Aufwandserstattung, werden die **Pauschalen gekürzt;** das gilt auch dann, wenn Reisekostenvergütungen wegen dieser Mahlzeiten einbehalten oder gekürzt oder vom ArbG pauschal besteuert werden (s § 9 IVa 8–11; ausführl Beispiele: *BMF* BStBl I 20, 1228 Rn. 75 ff; s auch *Niermann* DB 14, 2793 (2795 f); *ders* DB 13, 1015 (1020 f); *Harder-Buschner/Schramm* NWB 14, 175 (182); *Seifert* DStZ 16, 75; *Hermes* NWB 17, 1278). Die Kürzung ist auch vorzunehmen, wenn der ArbN die zur Verfügung gestellten Mahlzeiten tatsächl nicht eingenommen hat (BFH VI R 16/18, BStBl II 20, 783). Auf das Vorliegen einer ersten Tätigkeitsstätte kommt es für die Kürzung ebenfalls nicht an (BFH VI R 27/19, BStBl II 21, 642). Getränke sind allerdings keine Mahlzeit (so zutr *Seifert* NWB 14, 3448). Eine Mahlzeitengestellung durch den ArbG ist mE auch nicht anzunehmen, wenn der ArbN oder ein Dritter die erforderl Lebensmittel selbst anschafft und der ArbG diese nur zubereiten lässt (**aA** NdsFG EFG 20, 438, rkr). Eine Mahlzeitengestellung durch den ArbG liegt bei Leiharbeitnehmern auch dann nicht vor, wenn der Leiharbeitnehmer durch den Entleiher ohne entspr Vereinbarung oder Abrechnung mit dem ArbG verpflegt wird (NdsFG DStRE 23, 856, rkr). Zum Besteuerungsverzicht nach § 8 II 9 → § 8 Rn. 63; zur Pauschalbesteuerung s § 40 II 1 Nr 1a (auch bei kürzerer Abwesenheit oder nach Ablauf der Dreimonatsfrist) und Nr 4 sowie *BMF* BStBl I 14, 1412 Rn. 58 ff und *BMF* BStBl I 20, 1228 Rn. 94 ff.

e) Doppelte Haushaltsführung, § 9 IVa 12 und 13. Bei Begründung einer doppelten Haushaltsführung gelten die Regelungen zu den Verpflegungspauschalen und zur Mahlzeitengestellung für eine Übergangszeit von drei Monaten entspr. Eine unmittelbar vorangegangene Auswärtstätigkeit ist auf die Dreimonatsfrist anzurechnen. Bei Unterbrechung der doppelten Haushaltsführung (zB durch Mutterschafts-/Erziehungsurlaub) und Neubegründung beginnt die Dreimonatsfrist neu zu laufen (HessFG EFG 05, 1597, rkr); dies gilt bei typisierender Betrachtung auch bei Rückkehr an den bisherigen Beschäftigungsort in die gleiche Wohnung nach längerer Abordnung (BFH VI R 15/09, BStBl II 11, 47, erneute Begründung; Anm *Bergkemper* FR 11, 34; *Paus* FR 11, 519). – Die ursprüngl fehlende Verweisung auf die Regelung zur Gestellung von Mahlzeiten (s 39. Aufl) wurde durch das Kroat-AnpG nachgeholt. 314

5. Nichtabziehbare Werbungskosten, § 9 V. – a) Bedeutung. Nichtabziehbare WK sind Aufwendungen, die zwar durch die Einkunftserzielung veranlasst sind, die aber kraft Gesetzes für nicht abziehbar erklärt werden; solche Aufwendungen sind auch nicht als SA oder agB abziehbar (*Tipke/Lang* SteuerR Rn. 8.286). Zwar kann der StPfl grds frei entscheiden, welche Aufwendungen er für angemessen hält, solange diese Aufwendungen seine Lebensführung nicht berühren (BFH VI R 66/78, BStBl II 81, 735). Doch hat der Gesetzgeber mit § 9 V durch den Verweis auf verschiedene Abzugsbeschränkungen für eine **Angleichung von BA und WK** gesorgt. 320

b) Beschränkte Verweisung. Zu beachten ist, dass § 9 V **nicht** auf **§ 4 V 1 Nr 5, 6, 6a und 9** verweist. Für den WK-Bereich sind Fahrten zw Wohnung und erster Tätigkeitsstätte und doppelte Haushaltsführung weiterhin in § 9 I 3 Nr 4 und 5 geregelt; hinzugekommen sind die Regelungen zu sonstigen berufl veranlassten Fahrten in Nr 4a und zu Verpflegungsmehraufwand in IVa. Ebenfalls nicht verwiesen wird auf **§ 4 VII.** Damit gilt bei den Überschusseinkunftsarten nicht die Verpflichtung zur getrennten Aufzeichnung der Aufwendungen des § 4 V. Nutzt allerdings ein ArbN auch ein häusl Arbeitszimmer zB als Freiberufler (Schriftsteller), gilt iRd Einkünfte aus selbstständiger Arbeit die Pflicht zur getrennten Aufzeichnung für die auf die freiberufl Nutzung des Arbeitszimmers entfallenden Kosten (s *BMF* BStBl I 17, 1320 Rn. 25 und BMF BStBl I 23, 1551 Rn. 25: ggf anteilige Schätzung). 321

aa) Geschenke, § 4 V 1 Nr 1. Empfänger der Geschenke müssen Kunden des ArbG oder des ArbN sein (AK/HK bei VorStAbzugsberechtigung *ohne* USt sonst einschließl USt: Freigrenze 50 € bzw 35 € bis 31.12.23; → § 4 Rn. 538); nicht betroffen sind Geschenke des ArbN an seine Mitarbeiter, soweit die Aufwendungen dafür 322 überhaupt abziehbar sind (bej ThürFG EFG 14, 1290, rkr, zust Anm *Wagner,* auch → § 19 Rn. 110 „Geschenke"). Geschenke sind nur solche Zuwendungen, die auch bürgerl-rechtl Geschenke darstellen, die also keine Gegenleistung für Leistungen des ArbN sind (FG Köln EFG 25, 920, rkr).

323 **bb) Bewirtungskosten, § 4 V 1 Nr 2.** Der ArbN muss selbst die bewirtende Person sein (BFH VI R 48/07, BStBl II 08, 870; → § 4 Rn. 541). Es werden alle Personen erfasst, nicht aber Arbeitskollegen des ArbN (BFH VI R 24/15, BStBl II 16, 744); denn bei diesen fehlt der „geschäftl" Anlass (BFH VI R 33/07, BStBl II 09, 11; BFH VI R 12/07, BFH/NV 08, 1997; *Bergkemper* FR 09, 237). Das Abzugsverbot gilt iÜ nicht, wenn und soweit die Bewirtung Gegenstand eines Leistungsaustauschs ist (FG Köln EFG 25, 920, rkr); bei gemischter Gruppe ist aufzuteilen. Nachweispflicht trifft auch ArbN (BFH IV R 81/96, BStBl II 98, 263, Journalist; BFH VI R 77/04, BFH/NV 07, 1643 zur tatrichterl Überzeugungsbildung; zur Teilnahme von ArbN und anderen Personen an Schulungsveranstaltung s BFH I R 75/06, BStBl II 08, 116). – Auf § 4 VII wird nicht verwiesen; es genügt einfache Belegablage.

324 **cc) Gästehäuser, Jagd usw, § 4 V 1 Nr 3 und 4.** Diese Regelungen haben für ArbN keine große Bedeutung.

325 **dd) Häusliches Arbeitszimmer, § 4 V 1 Nr 6b.** Die zentrale Vorschrift zur Abziehbarkeit der Kosten eines häusl Arbeitszimmers. IEinz → § 4 Rn. 590 ff.

326 **ee) Homeoffice Pauschale, § 4 V 1 Nr 6c.** Die Vorschrift ist mit Wirkung **ab VZ 23** neu eingefügt worden. Die Pauschale beträgt **6 € pro Tag,** höchstens **1260 € im Kj** (→ § 4 Rn. 615). Sie soll als vereinfachende Regelung allen StPfl zugutekommen, die einer betriebl oder berufl Tätigkeit in der häusl Wohnung nachgehen unabhängig davon, ob ein häusl Arbeitszimmer vorliegt. IEinz → § 4 Rn. 612 ff.

327 **ff) Unangemessene Aufwendungen, § 4 V 1 Nr 7.** IEinz → § 4 Rn. 630 ff und BFH VI R 37/15, BStBl II 17, 526. Soweit WK der Höhe nach unangemessen sind, scheidet ein WK-Abzug aus (zB Privatflugzeug, BFH VI R 37/15, BStBl II 17, 526; zur Einrichtung eines Arbeitszimmers s auch *Leu* DStZ 92, 564). Ob ein unangemessener berufl Aufwand vorliegt, beurteilt sich danach, ob ein ordentl und gewissenhafter StPfl, ungeachtet seiner Freiheit, den Umfang seiner Erwerbsaufwendungen selbst bestimmen zu dürfen, angesichts der erwarteten Vorteile und Kosten die Aufwendungen ebenfalls auf sich genommen haben würde (BFH VI R 37/15, BStBl II 17, 526). Zur Frage, inwieweit unangemessener Aufwand bei dienstl Nutzung eines privaten Kfz vorliegt, obwohl dem ArbN auch ein betriebl Kfz zur Privatnutzung überlassen wurde s NdsFG EFG 25, 1067, Rev VI R 30/24.

328 **gg) Geldbußen; Hinterziehungszinsen, § 4 V 1 Nr 7.** Diese Regelung bringt im ArbN-Bereich keine Besonderheiten, iEinz → § 4 Rn. 635 ff.

329 **hh) Bestechungsgelder, § 4 V 1 Nr 10.** Diese sind unter den dort genannten Voraussetzungen auch bei Zahlung durch einen ArbN oder den Bauherren bei VuV nicht als WK abziehbar. Einzelheiten → § 4 Rn. 642 ff.

330 **ii) Sanktionszuschläge, § 4 V 1 Nr 12.** Zuschläge nach § 162 IV AO wegen nicht rechtzeitiger Dokumentation ausl Geschäftsbeziehungen sind nicht abziehbar (→ § 4 Rn. 647).

331 **jj) Parteispenden, § 4 VI.** § 4 VI bestimmt § 10b II zur *lex specialis;* also kein WK-Abzug bei Aufwendungen zur Förderung staatspolitischer Zwecke (auch → Rn. 174).

332 **kk) Aufwendungen für Rechteüberlassungen, § 4j.** Die Abzugsbeschränkung der Aufwendungen für Rechteüberlassungen bei niedriger Besteuerung des Gläubi-

gers gilt ab VZ 2018 auch für den WK-Abzug. Sie ist letztmalig für VZ 2024 anzuwenden.

ll) Aufwendungen bei Besteuerungsinkongruenzen, § 4k. Der zum 1.7.21 durch das ATADUmsG (BGBl I 21, 2035) eingefügte § 4k regelt Maßnahmen zur Abwehr sog *hybrider Gestaltungen*. Die Abzugsbeschränkungen, die für WK entsprechend gelten, sind nur anzuwenden, wenn sich die in § 4k I–V geregelten Transaktionen bzw Inkongruenzen ergeben zw nahe stehenden Personen iSd § 1 II AStG, Unternehmen und ihren Betriebsstätten oder Personen, die iRe sog strukturierten Gestaltung (§ 4k VI 3) handeln. 333

mm) Anschaffungsnahe Herstellungskosten, § 6 I Nr 1a. Die Vorschrift sieht in bestimmten Fällen die Aktivierung von Aufwendungen im zeitl Zusammenhang mit der Anschaffung von Gebäuden vor (iEinz → § 6 Rn. 381 ff). 334

nn) Fondsetablierungskosten, § 6e. Begriff → § 6e Rn. 7. Die Kosten werden den AK zugeordnet und können daher nicht sofort in voller Höhe als WK abgezogen werden (zB bei vermögensverwaltender FondsGes, s BFH IX R 13/24, DStR 25, 1992). Die Regelung ist auf alle offenen Fälle anzuwenden (§ 52 XVIb 3, verfgemäß, → § 6e Rn. 2 und BFH IX R 13/24, DStR 25, 1992). 335

VI. Berufsausbildungskosten, § 9 VI

1. Allgemeines. Bildungsaufwendungen sind, wenn sie berufl veranlasst sind, nach § 9 I 1 WK (stRspr, zB BFH VI R 137/01, BStBl II 03, 407: berufsbegleitendes Erststudium; BFH VI R 12/10, BStBl II 11, 796: Sprachkurs; s auch BVerfG 2 BvL 1/07 ua, DStR 08, 2460, C. II.1). Diesen Grundsatz schränkt das **Abzugsverbot** in § 9 VI (wie § 4 IX) für die Kosten einer erstmaligen Berufsausbildung und eines Erststudiums als Erstausbildung ein, soweit diese nicht iRe DienstVerh stattfinden (zB BFH VI R 14/12, BStBl II 13, 449). – Nicht unter das Abzugsverbot fallen insb Aufwendungen für ein Studium oder eine weitere Ausbildung nach abgeschlossener Berufsausbildung und für ein Zweitstudium nach abgeschlossenem Erststudium (keine „Erstausbildung"; s auch BFH VI R 78/10, BStBl II 13, 284; *Bauer* NWB 25, 25). Auch solche Aufwendungen sind aber nur WK, wenn die berufl Veranlassung vorliegt. Diese kann bei einem Studium nach Eintritt in den Ruhestand fehlen (SchlHFG EFG 17, 1422, rkr). Das Abzugsverbot gilt rückwirkend **ab VZ 04** (§ 52 XII 11; s auch BT-Drs 17/7524, 20: nachträgl Klarstellung der gesetzgeberischen Absicht zu § 12 Nr 5: mE verfgemäß; dagegen: *Neugebauer* FR 15, 307; offen gelassen von BVerfG 2 BvL 22–27/14, DStR 20, 93). **Berufsbildungsmaßnahmen bis 31.12.03** sind nach wie vor von dem Abzugsverbot nicht betroffen. Entspr Aufwendungen sind nach allg Grundsätzen als WK/BA zu berücksichtigen (zu den anzusetzenden Aufwendungen → 32. Aufl 2013, § 19 Rn. 110 „Ausbildungskosten"; ferner *Paus* EStB 11, 373). 340

2. Verfassungsmäßigkeit. Der VI. BFH-Senat hielt das Abzugsverbot der Aufwendungen einer erstmaligen Berufsausbildung für verfwidrig und hat in mehreren Verfahren das BVerfG angerufen (BFH VI R 2/12, DStRE 15, 5; s auch → 39. Aufl 2020, § 9 Rn. 341). Dieser Auffassung hat sich das BVerfG jedoch nicht angeschlossen (BVerfG 2 BvL 22–27/14, DStR 20, 93, zust *Ismer* DStR 20, 681; iErg ebenso bereits BFH VIII R 22/12, BStBl II 14, 165). Nach seiner Ansicht war der Gesetzgeber befugt, Aufwendungen des StPfl für seine Erstausbildung außerhalb eines DienstVerh vom WK-Abzug auszunehmen und nur als SA gem § 10 I Nr 7 in begrenzter Höhe (→ § 10 Rn. 81 ff) zum Abzug zuzulassen. Zwar überzeugen die Ausführungen des BVerfG in weiten Teilen nicht. IErg wird man dem Gesetzgeber aber nicht absprechen können, einen Lebensbereich, der zumindest eine gewisse Nähe zur privaten Lebensführung erkennen lässt, typisierend den SA zuzuweisen (krit aber *Hey* FR 20, 578). Eine Änderung bestandskräftiger StBescheide nach § 165 II AO zulasten der 341

StPfl kommt wegen der Verfmäßigkeit des § 9 VI aber nicht in Betracht (BFH VI R 14/23, DStR 25, 1813).

343 **3. Abzugsbeschränkung, § 9 VI 1.** Aufwendungen für eine Berufsausbildung oder ein Studium ohne vorangegangene Erstausbildung (Berufsausbildung oder Studium) sind vom WK-Abzug ausgeschlossen (BFH VI R 17/20, BStBl II 20, 719, zu Gestaltungsmöglichkeiten s *Maciejewski* FR 20, 545). Dies gilt erst recht für die Kosten einer schulischen Ausbildung, auch im Ausl (HessFG EFG 20, 87, rkr). Aufwendungen für eine **weitere Ausbildung,** auch in Form eines Studiums im Anschluss an eine erstmalige Berufsausbildung, sind wie bisher als WK zu berücksichtigen, wenn ein Veranlassungszusammenhang mit einer späteren Einkünfteerzielung besteht. **Mehrstufige Ausbildungswege** sind daher auch im Falle eines engen und sachl Zusammenhangs der einzelnen Ausbildungsschritte keine einheitl Erstausbildung (*Bauer* NWB 25, 25). Dh mit Abschluss der Lehre liegt eine Erstausbildung vor; weitere Ausbildungsabschnitte (Studium, Fachoberschule etc) fallen nicht unter das Abzugsverbot. – **Berufsausbildung** iSd § 9 VI 1 ist jede ernstl betriebene Vorbereitung auf einen künftigen Beruf (BFH VI R 52/10, BStBl II 12, 825 mwN; zur Auslegung der Begrifflichkeiten iRd § 32 IV 2 → § 32 Rn. 61 ff). Der Vorbereitung dienen alle Maßnahmen zum Erwerb von Kenntnissen, Fähigkeiten und Erfahrungen, die als Grundlage für die Ausübung des angestrebten Berufs geeignet sind. Gegenbegriff ist die Allgemeinbildung, die keine notwendige Voraussetzung für eine geplante Berufsausübung darstellt. – **Studium** ist jedes Universitäts- oder Fachhochschulstudium auf einer staatl oder privaten Bildungseinrichtung. Ein Studium verlässt das Stadium des Erststudiums, wenn ein examiniertes und anerkanntes Ausbildungsstadium erreicht ist, das es erlaubt, unter Hinweis auf diese im Berufsleben anerkannte Qualifikation erwerbstätig zu werden (zB Bachelor-Abschluss, s *Paschke/Hillers* DStR 23, 1989); maßgebl ist die jeweils einschlägige Prüfungsordnung (FG Nbg EFG 24, 1913: Approbationsordnung für Apotheker, NZB VI B 45/24). Jede weitere Höherqualifizierung ist kein Erststudium (zB Aufbau-/Weiterbildungsstudiengänge: BFH VI R 6/07, BFH/NV 09, 1796, und BFH VI R 31/07, BFH/NV 09, 1797; Promotion *BMF* BStBl I 10, 721 Rn. 16). Auch ein im Anschluss an ein Fachhochschulstudium durchgeführtes Universitätsstudium ist kein Erststudium mehr. Daher sind die Grundsätze von BFH VI R 50/02, BStBl II 04, 889 durch das Abzugsverbot nicht tangiert (ebenso *BMF* BStBl I 10, 721 Rn. 12).

344 **a) Ausbildung innerhalb eines Dienstverhältnisses.** Die Abzugsbeschränkung gilt nicht für eine Erstausbildung iRe DienstVerh. Eine solche liegt vor, wenn die Verpflichtung, sich ausbilden zu lassen, zum Gegenstand eines entgeltl DienstVerh gemacht wird (BFH VI R 72/13, BeckRS 2014, 96242). Die vom StPfl zur Erfüllung seiner Pflichten aufgewendeten Kosten dienen hier der Erzielung *gegenwärtiger* stpfl Einnahmen; also handelt es sich um WK. Damit erlangt die frühere Rspr zum Ausbildungs-ArbVerh teilweise wieder Bedeutung (BFH VI R 50/79, BStBl II 81, 216, Hochschulstudium eines Offiziers der Bundeswehr; BFH VI R 127/80, BStBl II 85, 87, Studium der Zahnmedizin eines Bundeswehrangehörigen; BFH VI R 144/83, BStBl II 85, 89, mittlere Reife auf der Bundeswehrfachschule). An dem früheren Erfordernis, dass das Studium *wesentl Gegenstand des DienstVerh* sein musste, ist nach dem Gesetzeswortlaut mE nicht festzuhalten. Die Ausbildung muss nach § 9 VI 1 lediglich iRe DienstVerh erfolgen. Daher sind Aufwendungen des ArbN für das Studium zB an einer Bankakademie iRe DienstVerh geleistet und fallen damit nicht unter das Abzugsverbot. – **Stipendien** sollen nicht als Ausbildungs-DienstVerh zu qualifizieren sein (*BMF* BStBl I 10, 721 Rn. 28; BFH VI R 34/20, BStBl II 23, 142). – Zu zahlreichen Ausbildungsverhältnissen und der damit verbundenen Rechtskomplizierung s *Steck* DStZ 09, 384.

345 **b) Fortbildungskosten.** Sie sind ebenfalls nicht von § 9 VI erfasst und nach allg Grundsätzen WK. Fortbildungskosten betreffen Ausgaben, die ein StPfl tätigt, um in

dem ausgeübten Beruf auf dem Laufenden zu bleiben und den jeweiligen Anforderungen gerecht zu werden, sowie Ausgaben, die ein StPfl macht, um sich in dem von ihm ausgeübten Beruf fortzubilden, damit er ohne Wechsel der Berufs- oder Erwerbsart, also ohne Übergang zu einem anderen Beruf, besser vorwärtskommen kann (BFH VI R 120/01, BStBl II 03, 403, mwN.).

c) **Erstausbildung, § 9 VI 2–5.** Der Begriff der Erstausbildung ist ab VZ 2015 erstmals gesetzl definiert und an eine **Mindestdauer** von **zwölf Monaten bei vollzeitiger Ausbildung** geknüpft. § 9 VI 2 ff richten sich gegen die für den StPfl günstige Auslegung des Begriffs der **erstmaligen Berufsausbildung** durch die BFH-Rspr. Hiernach waren weder ein geordneter Ausbildungsgang noch eine bestimmte Ausbildungsdauer oder ein formaler Abschluss erforderl (BFH VI R 52/10, BStBl II 12, 825, BFH VI R 6/12, BStBl II 15, 180: Flugbegleiterin; entgegen *BMF* BStBl I 10, 721 Rn. 4 ff). Eine Ausbildung zum Rettungshelfer in 320 Stunden reicht nach § 9 VI aF aus (BFH VI R 41/20, BFH/NV 23, 544). Den Gesetzesmaterialien zufolge sollen mit § 9 VI 2–5 Gestaltungen ausgeschlossen werden, bei denen vor Beginn des Studiums eine „Ausbildung" zum Taxifahrer oder Skilehrer oÄ gemacht wurde (s BR-Drs 18/3017, 43). „Vollzeitig" soll **mindestens 20 Stunden wöchentl** bedeuten (so BT-Drs 18/3441, 58; vgl auch § 32 IV 3). – Es muss sich um eine **geordnete Ausbildung** handeln; dh es müssen Ausbildungsziele definiert sein und es muss ein Lehrplan vorliegen, wobei nach § 9 VI 3 auch interne Vorschriften eines Bildungsträgers anerkannt werden. Ein (auch längeres) Praktikum oder eine gewerbl/berufl Tätigkeit reichen insoweit nicht aus (BFH VI R 22/21, DStR 23, 882). – Schließl muss die Ausbildung grds mit einer **Abschlussprüfung** beendet werden; doch genügt nach § 9 IV 4 auch eine tatsächl planmäßige Beendigung der Ausbildung, wenn nach dem betr Ausbildungsplan keine Abschlussprüfung vorgesehen ist. Umgekehrt wird auch eine gleichwertige Abschlussprüfung ohne vorangegangene Ausbildung nach § 9 VI 5 als Erstausbildung anerkannt (zB nach § 45 II BBiG und § 37 II HwO). – Wird die Erstausbildung **unterbrochen** oder abgebrochen, liegt keine abgeschlossene Erstausbildung vor. Beginnt der StPfl mit einer neuen Ausbildung, ist diese (immer noch) eine Erstausbildung. 346

§ 9a Pauschbeträge für Werbungskosten

[1]Für Werbungskosten sind bei der Ermittlung der Einkünfte die folgenden Pauschbeträge abzuziehen, wenn nicht höhere Werbungskosten nachgewiesen werden:

1. a) von den Einnahmen aus nichtselbständiger Arbeit vorbehaltlich Buchstabe b:
ein Arbeitnehmer-Pauschbetrag von 1230 Euro;
b) von den Einnahmen aus nichtselbständiger Arbeit, soweit es sich um Versorgungsbezüge im Sinne des § 19 Absatz 2 handelt:
ein Pauschbetrag von 102 Euro;

2. *(weggefallen)*

3. von den Einnahmen im Sinne des § 22 Nummer 1, 1a und 5: ein Pauschbetrag von insgesamt 102 Euro.

[2]Der Pauschbetrag nach Satz 1 Nummer 1 Buchstabe b darf nur bis zur Höhe der um den Versorgungsfreibetrag einschließlich des Zuschlags zum Versorgungsfreibetrag (§ 19 Absatz 2) geminderten Einnahmen, die Pauschbeträge nach Satz 1 Nummer 1 Buchstabe a und Nummer 3 dürfen nur bis zur Höhe der Einnahmen abgezogen werden. [3]Beitragszahlungen an Gewerkschaften als Werbungskosten im Sinne des § 9 Absatz 1 Satz 3 Nummer 3 werden neben den Pauschbeträgen im Sinne des Satzes 1 berücksichtigt.

Einkommensteuer-/Lohnsteuer-Richtlinien: EStR 9a/EStH 9a; LStH 9a.

1 **1. Bedeutung.** Die Vorschrift dient der Arbeitsvereinfachung. Sie unterstellt, dass geringe WK in der bezeichneten Höhe anfallen; sie gilt daher auch, wenn feststeht, dass WK gar nicht oder nur in geringerer Höhe angefallen sind. Höhere WK dürfen nicht neben, sondern nur anstelle der Pauschbeträge abgezogen werden. Der StPfl hat einen Rechtsanspruch auf den Ansatz der Pauschbeträge; es darf sich aber daraus kein Verlust ergeben (→ Rn. 7). Nur der Ansatz der nachgewiesenen, tatsächl angefallenen WK kann zu einem Verlust führen (ThürFG EFG 95, 1012, rkr). – Der StPfl kann auf den Ansatz der Pauschbeträge nicht verzichten (*HHR/Fissenewert* § 9a Rn. 15; auch → § 9 Rn. 121).

2 **2. Persönlicher Anwendungsbereich.** Die Pauschbeträge können bei jeder der genannten Einkunftsarten nur einmal abgezogen werden (zB bei Einnahmen aus verschiedenen ArbVerh). Da sie dem einzelnen StPfl zustehen, sind sie auch bei der Zusammenveranlagung jedem **Ehegatten** zu gewähren, der entspr Einnahmen hat. Seit VZ 2009 gelten sie auch für **beschr StPfl** (→ § 50 Rn. 14). Bei Wegzug des StPfl keine Kürzung (EStR 9a).

3 **3. Pauschbetrag bei Einnahmen aus nichtselbstständiger Arbeit, § 9a S 1 Nr 1 Buchst a.** Er beläuft sich **ab VZ 23** auf 1230 € (von VZ 04 bis VZ 10: 920 €, von VZ 11 bis VZ 21: 1000 €, VZ 22: 1200 €) und wird auch iRd LSt berücksichtigt (§ 39a I 1 Nr 1; zu mehreren ArbVerh → § 39a Rn. 7). Stand der ArbN nicht das ganze Jahr über in einem ArbVerh, kann der Anspruch auf den vollen Pauschbetrag bei der Veranlagung geltend gemacht werden. Nach § 40a I 1 ist die pauschale LSt bei **Teilzeitbeschäftigten** vom ungekürzten Arbeitslohn zu erheben; also kein Ansatz des Pauschbetrages (glA *HHR/Fissenewert* § 9a Rn. 17). Betreffen Aufwendungen gleichzeitig Einnahmen aus nichtselbstständiger Arbeit und Gewinneinnahmen, sind dennoch in jedem Fall der volle Pauschbetrag (ggf höhere WK) einerseits und daneben bei der anderen Einkunftsart die auf sie entfallenden, ggf im Schätzwege nach der wahrscheinl Veranlassung aufzuteilenden Aufwendungen abziehbar (BFH VIII R 76/05, BStBl II 08, 937; s auch *HHR/Fissenewert* § 9a Rn. 14: keine Doppelberücksichtigung). Zur Berücksichtigung des Pauschbetrages beim Ausbildungsfreibetrag s BFH III R 79/97, BStBl II 01, 702. Zur Berücksichtigung beim Progressionsvorbehalt s BFH III R 61/12, BStBl II 15, 182 (VerfBeschw BVerfG 2 BvR 3057/14 unzul). – Der ArbN-Pauschbetrag ist bei Zusammentreffen von normal besteuerten und begünstigt besteuerten (§ 34) Lohneinkünften vorrangig bei den normal besteuerten Einkünften abzuziehen (BFH XI R 63/97, BStBl II 99, 588; *Anm* HFR 99, 712).

4 **4. Arbeitnehmerpauschbetrag für Versorgungsbezüge, § 9a Satz 1 Nr 1 Buchst b.** Er ist ab VZ 05 in der Höhe an den Pauschbetrag des Satzes 1 Nr 3 angepasst. In der Übergangszeit bis zur nachgelagerten Besteuerung der Renten in voller Höhe (2058) wird ein abschmelzender Zuschlag zum Versorgungsfreibetrag (§ 19 II) gewährt. S *BMF* BStBl I 08, 390 Rn. 68–87, und *BMF* BStBl I 13, 1087 Rn. 169.

5 **5. Pauschbetrag bei wiederkehrenden Bezügen, § 9a Satz 1 Nr. 3.** Dieser wird nur bei Einnahmen iSv § 22 Nr 1, Nr 1a und Nr 5 einmal gewährt. Bei der **Zusammenveranlagung** steht der Pauschbetrag jedem Ehegatten mit entspr Bezügen zu. Das gilt auch dann, wenn ein Ehegatte ein ihm gehörendes Grundstück gegen Leibrente veräußert und der Erwerber zur Rentenzahlung an beide Ehegatten verpflichtet ist (BFH X R 48/92, BStBl II 94, 107).

6 **6. Abzugsbegrenzung, § 9a S 2.** Der Pauschbetrag bei Versorgungsbezügen darf nur bis zur Höhe der um den Versorgungsfreibetrag geminderten Einnahmen abgezogen werden. Der ArbN-Pauschbetrag und der Pauschbetrag bei den Einkünften aus § 22 darf nur bis zur Höhe der Einnahmen abgezogen werden. Hierdurch wird verhindert, dass StPfl mit geringen positiven Einnahmen bessergestellt werden als StPfl ohne Einnahmen.

7. Gewerkschaftsbeiträge, § 9a S 3. Nach der **ab VZ 2026** geltenden Bestimmung in § 9a S 3 werden Beitragszahlungen an Gewerkschaften als WK iSv § 9 I 3 Nr 3 neben den Pauschbeträgen nach § 9a S 1 berücksichtigt. Dadurch wird sichergestellt, dass sich diese Beiträge bei jedem Gewerkschaftsmitglied steuerl konkret auswirken, wohingegen sie ansonsten von den Pauschbeträgen erfasst würden. 7

8. Negative Einnahmen. Durch die Rückzahlung der in einem früheren VZ empfangenen und versteuerten Beträge wird der Pauschbetrag nicht berührt, da die zurückgezahlten Beträge keine WK sein sollen (auch → § 9 Rn. 108). 8

9. Pauschbeträge/Pauschsätze aufgrund der Finanzverwaltung. Die *FinVerw* gewährt in Verwaltungsanweisungen (zB LStR 9.9 II 2: Umzugskosten; *BMF* BStBl I 24, 84) und in Erlassen der obersten FinBeh Pauschbeträge (= auf einen festen Betrag lautend) und Pauschsätze (= nach einem %-Satz der Einnahmen bemessen, oft der Höhe nach begrenzt) iRd Einkünfte aus nichtselbstständiger Arbeit. Norminterpretierende Verwaltungsvorschriften und Typisierungsvorschriften binden, anders als Ermessensrichtlinien, die FG grds nicht (s Ausnahme BFH VIII R 33/02, BStBl II 04, 927). Zur Gesetzmäßigkeit von VerwVorschriften und Grenzen der Typisierung *Leisner* StuW 07, 241; BFH GrS 1/15, BStBl II 17, 393. 9

4a. Umsatzsteuerrechtlicher Vorsteuerabzug

§ 9b [Umsatzsteuerrechtlicher Vorsteuerabzug]

(1) **Der Vorsteuerbetrag nach § 15 des Umsatzsteuergesetzes gehört, soweit er bei der Umsatzsteuer abgezogen werden kann, nicht zu den Anschaffungs- oder Herstellungskosten des Wirtschaftsguts, auf dessen Anschaffung oder Herstellung er entfällt.**

(2) [1]**Wird der Vorsteuerabzug nach § 15a des Umsatzsteuergesetzes berichtigt, so sind die Mehrbeträge als Betriebseinnahmen oder Einnahmen zu behandeln, wenn sie im Rahmen einer der Einkunftsarten des § 2 Absatz 1 Satz 1 bezogen werden; die Minderbeträge sind als Betriebsausgaben oder Werbungskosten zu behandeln, wenn sie durch den Betrieb veranlasst sind oder der Erwerbung, Sicherung und Erhaltung von Einnahmen dienen.** [2]**Die Anschaffungs- oder Herstellungskosten bleiben in den Fällen des Satzes 1 unberührt.**

Einkommensteuer-Richtlinien: EStR 9b/EStH 9b.

Schrifttum *Birkenfeld/Wäger,* Das große USt-Handbuch, Loseblatt (10/25), § 16.

1. Allgemeines. § 9b regelt (nur) die Tragweite des VorStAbzugs für die AK/HK eines WG; **abziehbare** VorSt („der VorStBetrag nach § 15 UStG") gehört nicht zu den AK/HK, sondern ist (wirtschaftl) wie ein „durchlaufender Posten" zu behandeln (BFH IX R 55/90, BStBl II 93, 17). Die USt wird idR als Teil des Rechnungsbetrags gesondert in Rechnung gestellt (§ 14 UStG; Ausnahme: Kleinunternehmer, § 19 I UStG). Die offen ausgewiesene USt kann der Rechnungsempfänger, sofern er selbst Unternehmer iSv § 2 UStG ist, unter weiteren Voraussetzungen (→ Rn. 4–9) ggü dem FA als Vorsteuer geltend machen. – Die **gezahlte** VorSt ist (unabhängig davon, ob sie nach USt-Recht abgezogen werden kann oder nicht) bei der **Überschussrechnung (§ 4 III)** und den **Überschusseinkünften** im Zeitpunkt der Zahlung BA oder WK (BFH IX B 74/95, BFH/NV 96, 41; EStH 9b), sofern sie nicht (zB bei fehlender Abzugsberechtigung) den AK/HK eines WG (→ § 5 Rn. 93; *KKM* § 9b Rn. B 152; *Birkenfeld/Wäger* § 16 Rn. 33) zuzurechnen ist. Wird die VorSt nach USt-Recht vom FA **erstattet** (VorStAbzug), ist sie im Zeitpunkt der Verrechnung ggü dem FA oder der Auszahlung durch das FA als BE oder Einnahme zB aus VuV zu 1 erfassen (BFH IX B 74/95, BFH/NV 96, 41). – Bei der **Gewinnermittlung durch Bilanzierung** ist die (geschuldete oder bereits gezahlte) *nicht abziehbare* VorSt (zB beim bilanzierenden Kleinunternehmer iSd § 19 I UStG) Teil der AK/HK (→ Rn. 2), sofern nicht ausnahmsweise ein sofortiger BA-Abzug vorzunehmen ist (§ 9b II; BFH IV R 121/90, BStBl II 92, 1038). Die *abziehbare* VorSt wirkt hingegen erfolgsneutral, da sie als Vergütungsanspruch gegen das FA zu aktivieren ist (zum Zeitpunkt BFH XI R 1/93, BStBl II 93, 786; *Birkenfeld/Wäger* § 16 Rn. 32).

Beispiel: *Kauft* ein Unternehmer ein WG für 119 (100 + 19 USt), hat er zu buchen: „per WG an Geld 100" und „per USt-Erstattungsanspruch an Geld 19". Erhält er vom FA das Geld, so lautet die Gegenbuchung „per Geld an USt-Erstattungsanspruch 19". Damit ist der Fall abgewickelt. – Bei *Verkauf* für 238 (200 + 38 USt) ist zu buchen: „per Geld 200 an WG 100 und an Ertrag 100" und „per Geld 38 an FA-Verbindlichkeit 38".

2 **2. Abziehbare Vorsteuer keine Anschaffungskosten/Herstellungskosten, § 9b I.** Die **abziehbare VorSt** gehört estrechtl (bei allen Einkunftsarten) **nicht** zu den **AK/HK** des WG (auch keine Aufstockung bei Einbringung, BFH IV R 7/93, BStBl II 95, 708). Umgekehrt ist die **nicht abziehbare VorSt** Teil der AK/HK (Umkehrschluss aus § 9b I; BFH IX B 268/89, BFH/NV 91, 297); die Gründe für die Nichtabziehbarkeit (*Birkenfeld/Wäger* § 16 Rn. 42) sind irrelevant. Die Zurechnung gilt sowohl für WG des AV als auch des UV sowie für die als Teil der HK zu behandelnden Gemeinkosten (BFH V R 6/08, DStR 10, 223; EStR 9b I 2–3).

3 **a) Abziehbare Vorsteuerbeträge.** Ob ein VorStBetrag abgezogen werden *kann* und daher nicht zu den AK/HK gehört, richtet sich allein nach UStRecht (BFH IX R 97, 98/90, BStBl II 94, 738; FG Köln EFG 16, 624; *KKM* § 9b Rn. A 14). Entscheidend für § 9b I ist die VorStAbzugsberechtigung, nicht die Geltendmachung der VorSt ggü dem FA (BFH VIII R 60/14, BFH/NV 16, 1455; FG Mchn EFG 18, 1700, zu Schneeballsystem); umgekehrt ist die VorSt Teil der AK/HK, wenn der StPfl sie zu Unrecht erhält (zB BFH IX R 97, 98/90, BStBl II 94, 738). Ein nachträgl Eintritt der Abzugsberechtigung wirkt auf den Zahlungszeitpunkt zurück (BFH IX B 74/95, BFH/NV 96, 41).

4 **aa) Voraussetzungen.** Abziehbar ist die VorSt (§ 15 UStG; UStAE 15.1 f), – *(1)* wenn der Rechnungsempfänger **Unternehmer** ist (§ 2 UStG; *Bunjes* § 2 UStG Rn. 7 f; zum Kleinunternehmer vgl § 19 I UStG; → Rn. 6), – *(2)* wenn er eine Lieferung oder sonstige Leistung **von einem anderen Unternehmer für sein Unternehmen** erhalten hat (EuGH C-204/13, DStR 14, 592; *BMF* BStBl I 96, 702; *Bunjes* § 15 UStG Rn. 33 f); – *(3)* die USt muss in einer Rechnung iSd § 14 UStG **gesondert ausgewiesen** sein. – Abziehbar ist ustrechtl grds bereits die in Rechnung gestellte VorSt, auch wenn diese noch nicht bezahlt ist (vgl BFH X R 135/87, BStBl II 90, 742). Zum Zuordnungswahlrecht bei gemischter Nutzung BFH XI R 64/06, BFH/NV 09, 798. – Zum Abzug der entrichteten **EinfuhrUSt,** der Steuer für den innergemeinschaftl Erwerb, der Steuer als Leistungsempfänger und als Auslagerer s § 15 I 1 Nr 2–5 UStG; *KKM* § 9b Rn. B 76 f.

5 **bb) Ausschluss des Vorsteuerabzugs.** Vom Abzug ausgeschlossen ist zB *(1)* die USt auf privat mitveranlasste Leistungen (§ 15 Ia UStG; § 12 Nr 1; EStR 9b III) oder *(2)* die USt für die Leistungen, die der StPfl (Rechnungsempfänger) zur Ausführung stfreier Umsätze verwendet (§ 15 II Nr 1 UStG; zu den übrigen Fällen und den Ausnahmen s § 15 II Nr 2, III UStG). Ist der VorStAbzug missbräuchl, scheidet WK-Abzug aus (Bindung an ustrechtl Entscheidung; BFH VIII R 60/14, BFH/NV 16, 1455). Anderes gilt, wenn zB ein Vermieter (§ 4 Nr 12 UStG) zulässigerweise nach § 9 UStG optiert hat; dann wird die VorSt ustrechtl abziehbar, estrechtl scheidet sie aus den AK/HK aus und wird bei VuV-Einkünften zu WK (BFH IV R 211/83, BStBl II 87, 374).

cc) Notwendige Vorsteuerabzugsberechtigung. Nicht zum VorStAbzug berechtigt ist der **Kleinunternehmer,** der nicht von § 19 III UStG Gebrauch gemacht hat (§ 19 I UStG). – Ohne Bedeutung ist für § 9b, ob die **VorSt pauschaliert** oder nach **Durchschnittsätzen** berechnet wird (§ 23 UStG iVm §§ 69, 70 UStDV nebst Anlage; § 23a UStG für Körperschaften iSv § 5 I Nr 9 KStG; § 24 UStG für LuF); VorSt gehört bei Durchschnittssatzermittlern nicht zu den AK/HK (BFH IV R 47/08, BFH/NV 11, 426). – Erweist sich eine **Option** nach § 9 UStG zB für die UStPflicht von VuV-Einnahmen als (von Anfang an) **unwirksam** (zB das an einen Unternehmer vermietete Gebäude wird von diesem privat genutzt), bleibt es dabei, dass die nichtabziehbaren VorSt Teil der AK/HK sind (BFH IV R 211/83, BStBl II 87, 374); wird die VorSt gleichwohl vom FA irrtüml erstattet und später vom StPfl wieder zurückgezahlt, führt dies weder zu WK/BA noch zu VuV-Einnahmen bzw BE (vgl BFH IX R 12/89, BStBl II 91, 759). 6

b) Teilweise Abziehbarkeit, § 15 IV UStG. Bei gemischten Umsätzen (VorStAusschluss und -berechtigung) ist der Teil der VorStBeträge nicht abziehbar, der den Umsätzen wirtschaftl zuzurechnen ist, die zum Ausschluss des VorStAbzugs führen (§ 15 IV 1, 4 UStG; BFH IV R 6/16, BStBl II 19, 160; *Birkenfeld/Wäger* § 16 Rn. 42). Aufzuteilen ist *nur* nach der wirtschaftl Zuordnung der VorSt zu den jeweiligen Umsatzgruppen, ggf Schätzung (§ 15 IV 2 UStG). – Die nach dem UStRecht vorzunehmende Aufteilung ist auch für § 9b maßgebend. Werden die VorSt pauschaliert oder nach Durchschnittsätzen berechnet (→ Rn. 6), ist die tatsächl in Rechnung gestellte VorSt aufzuteilen. – Diese Grundsätze galten auch für den 50%igen VorStAbzug nach § 15 Ib UStG aF; iEinz → 33. Aufl 2014, § 9b Rn. 7). 7

3. Berichtigung des Vorsteuerabzugs bei Änderung der Verhältnisse, § 9b II. – a) Nichtkorrektur der Anschaffungs-/Herstellungskosten. Bei Berichtigung nach § 15a UStG bleiben die AK/HK ünberührt (§ 9b II 2; *Birkenfeld/Wäger* § 16 Rn. 45). § 9b II dient der **Vereinfachung** (BFH IV R 121/90, BStBl II 92, 1038) durch sofortige (erfolgswirksame) Korrektur des VorStAbzugs ohne Veränderung der ursprüngl AK/HK (BT-Drs V/2185) bei Berichtigung des VorStAbzugs nach **§ 15a UStG,** zB wenn eine Maschine in späteren Jahren nicht mehr zur Ausführung stpfl, sondern nur noch zur Ausführung stfreier Umsätze benutzt wird, oder umgekehrt. Im Jahr der Verwendungsänderung ist die VorSt zuungunsten oder zugunsten des StPfl entspr zu berichtigen (iEinz UStAE 15a.5; BFH V R 36/95, BStBl II 97, 589; *Bunjes* § 15a UStG Rn. 26 f). Diese ustl Berichtigung hat Auswirkungen auf die Höhe der AK/HK des WG. Zur Vermeidung des mit der Änderung der Bilanzansätze und der AfA verbundenen Aufwands bleiben aber nach Abs 2 die AK/HK unberührt. Bei zusätzl VorStAnspruch ist der Mehrbetrag als BE oder Einnahme zB aus VuV zu erfassen oder ggf zu aktivieren; Kürzungen des VorStAbzugs sind als BA oder WK zu behandeln (*HHR/Peuthert* § 9b Rn. 70) oder zu passivieren (*KKM* § 9b Rn. C 63). Dadurch wird die zu hohe bzw zu niedrige AfA (wegen der unveränderten AK/HK), wenn auch zeitversetzt, iErg korrigiert (*KKM* § 9b Rn. C 3); ein WK-Pauschbetrag (§ 9a) bleibt unberührt (BFH IX R 32/00, BFH/NV 04, 766). 8

b) Einschränkung. Die Neufassung des § 9b II idF AIFM-StAnpG (BGBl I 13, 4318) ist eine Folgeänderung zu § 15a VIa UStG (BT-Drs 18/68 [neu], 74). Die Nicht-Korrektur der AK/HK (§ 9b II 1 Hs 2) ist nur noch bei estrechtl Relevanz der Korrekturbeträge zul; sie sind zB nicht als BA oder WK abziehbar, wenn die VorSt-Berichtigungsbeträge auf für eigene Wohnzwecke genutzte Grundstücksteile entfallen (*BH/Heuermann* § 9b Rn. 79). 9

c) Von Anfang an unzutreffende Behandlung der Vorsteuer. Bei von Anfang an unzutr Behandlung der VorSt sind die ursprüngl AK/HK zu ändern (*KKM* § 9b Rn. C 76). – In Abs 2 auch nicht geregelt ist der Fall der **Änderung der Bemessungsgrundlage** (§ 17 UStG). Hier (zB bei Minderung des Kaufpreises) werden 10 die AK/HK des WG nicht durch eine Veränderung ledigl des VorStAbzugs, sondern durch Veränderung des Entgelts berührt. Die AK/HK sind nach estrechtl Grundsätzen zu berichtigen; § 9b II ist nicht anwendbar (*KKM* § 9b Rn. C 79; *HHR/Peuthert* § 9b Rn. 68).

11 **4. Weitere Auswirkungen der Umsatzsteuer auf Einkommensteuer.** – ***(1)*** Nach **§ 12 Nr 3** darf die USt für Umsätze, die Entnahmen sind (§ 3 I b UStG), nicht steuermindernd berücksichtigt werden (Gleichstellung des Selbstversorgers mit dem Endverbraucher; dazu zB BFH X R 135/87, BStBl II 90, 742). – ***(2)*** Gem **§ 6 II 1** ist bei der Berechnung der **800 €-Grenze** die VorSt stets außer Betracht zu lassen, unabhängig davon, ob sie abziehbar ist oder nicht (*Birkenfeld/Wäger* § 16 Rn. 51). Die AK/HK von **GWG** sind daher bei einem Nettopreis von bis zu 800 € sofort abziehbar. Bei Nettopreisen (§ 6 IIa 1) zw 250 € und 1000 € kann ein Sammelposten gebildet werden (§ 6 IIa 1–3); in diesem Fall ist ein Sofortabzug nur bei GWG bis 250 € netto mögl; iEinz → § 6 Rn. 663, 671). – ***(3)*** Für die Bemessung der Freigrenze für **Geschenke** nach **§ 4 V 1 Nr 1 (50 €)** sind demggü die AK/HK einschließl nicht abziehbarer VorStBeträge maßgebend (EStR 9b II 3; *HHR/Peuthert* § 9b Rn. 49). – ***(4)*** Bei **Anzahlungen auf AK** ist (bei Option zur USt) die VorSt herauszurechnen (). – ***(5)*** Da ein Erwerber des Betriebs hinsichtl der Abziehbarkeit der VorSt in der gleichen Lage ist wie der StPfl, ist bei der Bemessung des **Teilwerts** eines WG die nicht abziehbare und daher aktivierte VorSt zu berücksichtigen (*KKM* § 9b Rn. A 34). Dies gilt auch dann, wenn die AK/HK infolge der Aktivierung der nicht abziehbaren VorSt über dem Marktpreis des WG liegen. Ist infolge Berichtigung des VorStAbzugs nach § 15a UStG (§ 9b II) der Mehrbetrag als BE erfasst worden, kann dies uU durch eine TW-AfA (auf die ungekürzten nur um die AfA verminderten AK bzw HK) ausgeglichen werden (*BH/Heuermann* § 9b Rn. 79; mE nur, wenn der TW nicht aus anderen Gründen gestiegen ist).

5. Sonderausgaben

§ 10 [Sonderausgaben]

(1) **Sonderausgaben sind die folgenden Aufwendungen, wenn sie weder Betriebsausgaben noch Werbungskosten sind oder wie Betriebsausgaben oder Werbungskosten behandelt werden:**

1. bis 1b. ***(aufgehoben)***

2. a) Beiträge zu den gesetzlichen Rentenversicherungen oder zur landwirtschaftlichen Alterskasse sowie zu berufsständischen Versorgungseinrichtungen, die den gesetzlichen Rentenversicherungen vergleichbare Leistungen erbringen;

b) Beiträge des Steuerpflichtigen

aa) zum Aufbau einer eigenen kapitalgedeckten Altersversorgung, wenn der Vertrag nur die Zahlung einer monatlichen, auf das Leben des Steuerpflichtigen bezogenen lebenslangen Leibrente nicht vor Vollendung des 62. Lebensjahres oder zusätzlich die ergänzende Absicherung des Eintritts der Berufsunfähigkeit (Berufsunfähigkeitsrente), der verminderten Erwerbsfähigkeit (Erwerbsminderungsrente) oder von Hinterbliebenen (Hinterbliebenenrente) vorsieht. [2]Hinterbliebene in diesem Sinne sind der Ehegatte des Steuerpflichtigen und die Kinder, für die er Anspruch auf Kindergeld oder auf einen Freibetrag nach § 32 Absatz 6 hat. [3]Der Anspruch auf Waisenrente darf längstens für den Zeitraum bestehen, in dem der Rentenberechtigte die Voraussetzungen für die Berücksichtigung als Kind im Sinne des § 32 erfüllt;

bb) für seine Absicherung gegen den Eintritt der Berufsunfähigkeit oder der verminderten Erwerbsfähigkeit (Versicherungsfall), wenn der Vertrag nur die Zahlung einer monatlichen, auf das Leben des Steuerpflichtigen bezogenen lebenslangen Leibrente für einen Versicherungsfall vorsieht, der bis zur Vollendung des 67. Lebensjahres eingetreten ist. [2]Der Vertrag kann die Beendigung der Rentenzahlung wegen eines medizinisch begründeten Wegfalls der Berufsunfähigkeit oder der verminderten Erwerbsfähigkeit vorsehen. [3]Die Höhe der zugesagten Rente kann vom Alter des Steuerpflichtigen bei Eintritt des Versicherungsfalls abhängig gemacht werden, wenn der Steuerpflichtige das 55. Lebensjahr vollendet hat.

[2]Die Ansprüche nach Buchstabe b dürfen nicht vererblich, nicht übertragbar, nicht beleihbar, nicht veräußerbar und nicht kapitalisierbar sein. [3]Anbieter und Steuerpflichtiger können vereinbaren, dass bis zu zwölf Monatsleistungen in einer Auszahlung zusammengefasst werden oder eine Kleinbetragsrente im Sinne von § 93 Absatz 3 Satz 2 oder 4 abgefunden wird. [4]Bei der Berechnung der Kleinbetragsrente sind alle bei einem Anbieter bestehenden Verträge des Steuerpflichtigen jeweils nach Buchstabe b Doppelbuchstabe aa oder Doppelbuchstabe bb zusammenzurechnen. [5]Neben den genannten Auszahlungsformen darf kein weiterer Anspruch auf Auszahlungen bestehen. [6]Zu den Beiträgen nach den Buchstaben a und b ist der nach § 3 Nummer 62 steuerfreie Arbeitgeberanteil zur gesetzlichen Rentenversicherung und ein diesem gleichgestellter steuerfreier Zuschuss des Arbeitgebers hinzuzurechnen. [7]Beiträge nach § 168 Absatz 1 Nummer 1b oder 1c oder nach § 172 Absatz 3 oder 3a des Sechsten Buches Sozialgesetzbuch werden abweichend von Satz 6 nur auf Antrag des Steuerpflichtigen hinzugerechnet;

3. Beiträge zu

a) Krankenversicherungen, soweit diese zur Erlangung eines durch das Zwölfte Buch Sozialgesetzbuch bestimmten sozialhilfegleichen Versorgungsniveaus erforderlich sind und sofern auf die Leistungen ein Anspruch besteht. [2]Für Beiträge zur gesetzlichen Krankenversicherung sind dies die nach dem Dritten Titel des Ersten Abschnitts des Achten Kapitels des Fünften Buches Sozialgesetzbuch oder die nach dem Sechsten Abschnitt des Zweiten Gesetzes über die Krankenversicherung der Landwirte festgesetzten Beiträge. [3]Für Beiträge zu einer privaten Krankenversicherung sind dies die Beitragsanteile, die auf Vertragsleistungen entfallen, die, mit Ausnahme der auf das Krankengeld entfallenden Beitragsanteile, in Art, Umfang und Höhe den Leistungen nach dem Dritten Kapitel des Fünften Buches Sozialgesetzbuch vergleichbar sind; § 158 Absatz 2 des Versicherungsaufsichtsgesetzes gilt entsprechend. [4]Wenn sich aus den Krankenversicherungsbeiträgen nach Satz 2 ein Anspruch auf Krankengeld oder ein Anspruch auf eine Leistung, die anstelle von Krankengeld gewährt wird, ergeben kann, ist der jeweilige Beitrag um 4 Prozent zu vermindern;

b) gesetzlichen Pflegeversicherungen (soziale Pflegeversicherung und private Pflege-Pflichtversicherung).

[2]Als eigene Beiträge des Steuerpflichtigen können auch eigene Beiträge im Sinne der Buchstaben a oder b eines Kindes behandelt werden, wenn der Steuerpflichtige die Beiträge des Kindes, für das ein Anspruch auf einen Freibetrag nach § 32 Absatz 6 oder auf Kindergeld besteht, durch Leistungen in Form von Bar- oder Sachunterhalt wirtschaftlich getragen hat, unabhängig von Einkünften oder Bezügen des Kindes; Voraussetzung für die Berücksichtigung beim Steuerpflichtigen ist die Angabe der erteilten Identifikationsnummer (§ 139b der Abgabenordnung) des Kindes in der Einkommensteuererklärung des Steuerpflichtigen. [3]Satz 2 gilt entsprechend, wenn der Steuerpflichtige die Beiträge für ein unterhaltsberechtigtes Kind trägt, welches nicht selbst Versiche-

rungsnehmer ist, sondern der andere Elternteil. [4]Hat der Steuerpflichtige in den Fällen des Absatzes 1a Nummer 1 eigene Beiträge im Sinne des Buchstaben a oder des Buchstaben b zum Erwerb einer Krankenversicherung oder gesetzlichen Pflegeversicherung für einen geschiedenen oder dauernd getrennt lebenden unbeschränkt einkommensteuerpflichtigen Ehegatten geleistet, dann werden diese abweichend von Satz 1 als eigene Beiträge des geschiedenen oder dauernd getrennt lebenden unbeschränkt einkommensteuerpflichtigen Ehegatten behandelt. [5]Beiträge, die für nach Ablauf des Veranlagungszeitraums beginnende Beitragsjahre geleistet werden und in der Summe das Dreifache der auf den Veranlagungszeitraum entfallenden Beiträge überschreiten, sind in dem Veranlagungszeitraum anzusetzen, für den sie geleistet wurden;

3a. Beiträge zu Kranken- und Pflegeversicherungen, soweit diese nicht nach Nummer 3 zu berücksichtigen sind; Beiträge zu Versicherungen gegen Arbeitslosigkeit, zu Erwerbs- und Berufsunfähigkeitsversicherungen, die nicht unter Nummer 2 Satz 1 Buchstabe b fallen, zu Unfall- und Haftpflichtversicherungen sowie zu Risikoversicherungen, die nur für den Todesfall eine Leistung vorsehen; Beiträge zu Versicherungen im Sinne des § 10 Absatz 1 Nummer 2 Buchstabe b Doppelbuchstabe bb bis dd in der am 31. Dezember 2004 geltenden Fassung, wenn die Laufzeit dieser Versicherungen vor dem 1. Januar 2005 begonnen hat und ein Versicherungsbeitrag bis zum 31. Dezember 2004 entrichtet wurde; § 10 Absatz 1 Nummer 2 Satz 2 bis 6 und Absatz 2 Satz 2 in der am 31. Dezember 2004 geltenden Fassung ist in diesen Fällen weiter anzuwenden;

4. gezahlte Kirchensteuer; dies gilt nicht, soweit die Kirchensteuer als Zuschlag zur Kapitalertragsteuer oder als Zuschlag auf die nach dem gesonderten Tarif des § 32d Absatz 1 ermittelte Einkommensteuer gezahlt wurde;

5. 80 Prozent der Aufwendungen, höchstens 4800 Euro je Kind, für Dienstleistungen zur Betreuung eines zum Haushalt des Steuerpflichtigen gehörenden Kindes im Sinne des § 32 Absatz 1, welches das 14. Lebensjahr noch nicht vollendet hat oder wegen einer vor Vollendung des 25. Lebensjahres eingetretenen körperlichen, geistigen oder seelischen Behinderung außerstande ist, sich selbst zu unterhalten. [2]Dies gilt nicht für Aufwendungen für Unterricht, die Vermittlung besonderer Fähigkeiten sowie für sportliche und andere Freizeitbetätigungen. [3]Ist das zu betreuende Kind nicht nach § 1 Absatz 1 oder Absatz 2 unbeschränkt einkommensteuerpflichtig, ist der in Satz 1 genannte Betrag zu kürzen, soweit es nach den Verhältnissen im Wohnsitzstaat des Kindes notwendig und angemessen ist. [4]Voraussetzung für den Abzug der Aufwendungen nach Satz 1 ist, dass der Steuerpflichtige für die Aufwendungen eine Rechnung erhalten hat und die Zahlung auf das Konto des Erbringers der Leistung erfolgt ist;

6. *(weggefallen)*

7. Aufwendungen für die eigene Berufsausbildung bis zu 6000 Euro im Kalenderjahr. [2]Bei Ehegatten, die die Voraussetzungen des § 26 Absatz 1 Satz 1 erfüllen, gilt Satz 1 für jeden Ehegatten. [3]Zu den Aufwendungen im Sinne des Satzes 1 gehören auch Aufwendungen für eine auswärtige Unterbringung. [4]§ 4 Absatz 5 Satz 1 Nummer 6b und 6c sowie § 9 Absatz 1 Satz 3 Nummer 4 und 5, Absatz 2, 4 Satz 8 und Absatz 4a sind bei der Ermittlung der Aufwendungen anzuwenden.

8. *(weggefallen)*

9. 30 Prozent des Entgelts, höchstens 5000 Euro, das der Steuerpflichtige für ein Kind, für das er Anspruch auf einen Freibetrag nach § 32 Absatz 6 oder auf Kindergeld hat, für dessen Besuch einer Schule in freier Trägerschaft oder einer überwiegend privat finanzierten Schule entrichtet, mit Ausnahme des Entgelts für Beherbergung, Betreuung und Verpflegung. [2]Voraussetzung ist, dass die Schule in einem Mitgliedstaat der Europäischen Union oder in einem

Staat belegen ist, auf den das Abkommen über den Europäischen Wirtschaftsraum Anwendung findet, und die Schule zu einem von dem zuständigen inländischen Ministerium eines Landes, von der Kultusministerkonferenz der Länder oder von einer inländischen Zeugnisanerkennungsstelle anerkannten oder einem inländischen Abschluss an einer öffentlichen Schule als gleichwertig anerkannten allgemein bildenden oder berufsbildenden Schul-, Jahrgangs- oder Berufsabschluss führt. [3]Der Besuch einer anderen Einrichtung, die auf einen Schul-, Jahrgangs- oder Berufsabschluss im Sinne des Satzes 2 ordnungsgemäß vorbereitet, steht einem Schulbesuch im Sinne des Satzes 1 gleich. [4]Der Besuch einer Deutschen Schule im Ausland steht dem Besuch einer solchen Schule gleich, unabhängig von ihrer Belegenheit. [5]Der Höchstbetrag nach Satz 1 wird für jedes Kind, bei dem die Voraussetzungen vorliegen, je Elternpaar nur einmal gewährt.

(1a) **Sonderausgaben sind auch die folgenden Aufwendungen:**

1. **Unterhaltsleistungen an den geschiedenen oder dauernd getrennt lebenden unbeschränkt einkommensteuerpflichtigen Ehegatten, wenn der Geber dies mit Zustimmung des Empfängers beantragt, bis zu 13 805 Euro im Kalenderjahr. [2]Der Höchstbetrag nach Satz 1 erhöht sich um den Betrag der im jeweiligen Veranlagungszeitraum nach Absatz 1 Nummer 3 für die Absicherung des geschiedenen oder dauernd getrennt lebenden unbeschränkt einkommensteuerpflichtigen Ehegatten aufgewandten Beiträge. [3]Der Antrag kann jeweils nur für ein Kalenderjahr gestellt und nicht zurückgenommen werden. [4]Die Zustimmung ist mit Ausnahme der nach § 894 der Zivilprozessordnung als erteilt geltenden bis auf Widerruf wirksam. [5]Der Widerruf ist vor Beginn des Kalenderjahres, für das die Zustimmung erstmals nicht gelten soll, gegenüber dem Finanzamt zu erklären. [6]Die Sätze 1 bis 5 gelten für Fälle der Nichtigkeit oder der Aufhebung der Ehe entsprechend. [7]Voraussetzung für den Abzug der Aufwendungen ist die Angabe der erteilten Identifikationsnummer (§ 139b der Abgabenordnung) der unterhaltenen Person in der Steuererklärung des Unterhaltsleistenden, wenn die unterhaltene Person der unbeschränkten oder beschränkten Steuerpflicht unterliegt. [8]Die unterhaltene Person ist für diese Zwecke verpflichtet, dem Unterhaltsleistenden ihre erteilte Identifikationsnummer (§ 139b der Abgabenordnung) mitzuteilen. [9]Kommt die unterhaltene Person dieser Verpflichtung nicht nach, ist der Unterhaltsleistende berechtigt, bei der für ihn zuständigen Finanzbehörde die Identifikationsnummer der unterhaltenen Person zu erfragen;**
2. **auf besonderen Verpflichtungsgründen beruhende, lebenslange und wiederkehrende Versorgungsleistungen, die nicht mit Einkünften in wirtschaftlichem Zusammenhang stehen, die bei der Veranlagung außer Betracht bleiben, wenn der Empfänger unbeschränkt einkommensteuerpflichtig ist. [2]Dies gilt nur für**
   a) **Versorgungsleistungen im Zusammenhang mit der Übertragung eines Mitunternehmeranteils an einer Personengesellschaft, die eine Tätigkeit im Sinne der §§ 13, 15 Absatz 1 Satz 1 Nummer 1 oder des § 18 Absatz 1 ausübt,**
   b) **Versorgungsleistungen im Zusammenhang mit der Übertragung eines Betriebs oder Teilbetriebs, sowie**
   c) **Versorgungsleistungen im Zusammenhang mit der Übertragung eines mindestens 50 Prozent betragenden Anteils an einer Gesellschaft mit beschränkter Haftung, wenn der Übergeber als Geschäftsführer tätig war und der Übernehmer diese Tätigkeit nach der Übertragung übernimmt.**

   [3]Satz 2 gilt auch für den Teil der Versorgungsleistungen, der auf den Wohnteil eines Betriebs der Land- und Forstwirtschaft entfällt. [4]Voraussetzung für den Abzug der Aufwendungen ist die Angabe der erteilten Identifikationsnummer (§ 139b der Abgabenordnung) des Empfängers in der Steuererklärung des Leistenden; Nummer 1 Satz 8 und 9 gilt entsprechend;

3. **Ausgleichsleistungen zur Vermeidung eines Versorgungsausgleichs nach § 6 Absatz 1 Satz 2 Nummer 2 und § 23 des Versorgungsausgleichsgesetzes sowie § 1408 Absatz 2 und § 1587 des Bürgerlichen Gesetzbuchs, soweit der Verpflichtete dies mit Zustimmung des Berechtigten beantragt und der Berechtigte unbeschränkt einkommensteuerpflichtig ist. [2]Nummer 1 Satz 3 bis 5 gilt entsprechend. [3]Voraussetzung für den Abzug der Aufwendungen ist die Angabe der erteilten Identifikationsnummer (§ 139b der Abgabenordnung) des Berechtigten in der Steuererklärung des Verpflichteten; Nummer 1 Satz 8 und 9 gilt entsprechend;**
4. **Ausgleichszahlungen im Rahmen des Versorgungsausgleichs nach den §§ 20 bis 22 und 26 des Versorgungsausgleichsgesetzes und nach den §§ 1587f, 1587g und 1587i des Bürgerlichen Gesetzbuchs in der bis zum 31. August 2009 geltenden Fassung sowie nach § 3a des Gesetzes zur Regelung von Härten im Versorgungsausgleich, soweit die ihnen zu Grunde liegenden Einnahmen bei der ausgleichspflichtigen Person der Besteuerung unterliegen, wenn die ausgleichsberechtigte Person unbeschränkt einkommensteuerpflichtig ist. [2]Nummer 3 Satz 3 gilt entsprechend.**

(2) **[1]Voraussetzung für den Abzug der in Absatz 1 Nummer 2, 3 und 3a bezeichneten Beträge (Vorsorgeaufwendungen) ist, dass sie**

1. **nicht in unmittelbarem wirtschaftlichen Zusammenhang mit steuerfreien Einnahmen stehen; ungeachtet dessen sind Vorsorgeaufwendungen im Sinne des Absatzes 1 Nummer 2, 3 und 3a zu berücksichtigen, soweit**
   a) **sie in unmittelbarem wirtschaftlichen Zusammenhang mit in einem Mitgliedstaat der Europäischen Union oder einem Vertragsstaat des Abkommens über den Europäischen Wirtschaftsraum oder in der Schweizerischen Eidgenossenschaft erzielten Einnahmen stehen,**
   b) **diese Einnahmen nach einem Abkommen zur Vermeidung der Doppelbesteuerung im Inland steuerfrei sind und**
   c) **der andere Staat keinerlei steuerliche Berücksichtigung von Vorsorgeaufwendungen im Rahmen der Besteuerung dieser Einnahmen zulässt;**

   steuerfreie Zuschüsse zu einer Kranken- oder Pflegeversicherung stehen insgesamt in unmittelbarem wirtschaftlichen Zusammenhang mit den Vorsorgeaufwendungen im Sinne des Absatzes 1 Nummer 3,
2. **geleistet werden an**
   a) **Versicherungsunternehmen,**
      aa) **die ihren Sitz oder ihre Geschäftsleitung in einem Mitgliedstaat der Europäischen Union oder einem Vertragsstaat des Abkommens über den Europäischen Wirtschaftsraum haben und das Versicherungsgeschäft im Inland betreiben dürfen, oder**
      bb) **denen die Erlaubnis zum Geschäftsbetrieb im Inland erteilt ist.**

      [2]Darüber hinaus werden Beiträge nur berücksichtigt, wenn es sich um Beträge im Sinne des Absatzes 1 Nummer 3 Satz 1 Buchstabe a an eine Einrichtung handelt, die eine anderweitige Absicherung im Krankheitsfall im Sinne des § 5 Absatz 1 Nummer 13 des Fünften Buches Sozialgesetzbuch oder eine der Beihilfe oder freien Heilfürsorge vergleichbare Absicherung im Sinne des § 193 Absatz 3 Satz 2 Nummer 2 des Versicherungsvertragsgesetzes gewährt. [3]Dies gilt entsprechend, wenn ein Steuerpflichtiger, der weder seinen Wohnsitz noch seinen gewöhnlichen Aufenthalt im Inland hat, mit den Beiträgen einen Versicherungsschutz im Sinne des Absatzes 1 Nummer 3 Satz 1 erwirbt,
   b) **berufsständische Versorgungseinrichtungen,**
   c) **einen Sozialversicherungsträger oder**
   d) **einen Anbieter im Sinne des § 80.**

[2]Vorsorgeaufwendungen nach Absatz 1 Nummer 2 Buchstabe b werden nur berücksichtigt, wenn die Beiträge zugunsten eines Vertrags geleistet wurden, der nach § 5a des Altersvorsorgeverträge-Zertifizierungsgesetzes zertifiziert ist, wobei die Zertifizierung Grundlagenbescheid im Sinne des § 171 Absatz 10 der Abgabenordnung ist.

(2a) **[1]Bei Vorsorgeaufwendungen nach Absatz 1 Nummer 2 Buchstabe b hat der Anbieter als mitteilungspflichtige Stelle nach Maßgabe des § 93c der Abgabenordnung und unter Angabe der Vertrags- oder der Versicherungsdaten die Höhe der im jeweiligen Beitragsjahr geleisteten Beiträge und die Zertifizierungsnummer an die zentrale Stelle (§ 81) zu übermitteln. [2]§ 22a Absatz 2 gilt entsprechend. [3]§ 72a Absatz 4 und § 93c Absatz 4 der Abgabenordnung finden keine Anwendung.**

(2b) **[1]Bei Vorsorgeaufwendungen nach Absatz 1 Nummer 3 hat das Versicherungsunternehmen, der Träger der gesetzlichen Kranken- und Pflegeversicherung, die Künstlersozialkasse oder eine Einrichtung im Sinne des Absatzes 2 Satz 1 Nummer 2 Buchstabe a Satz 2 als mitteilungspflichtige Stelle nach Maßgabe des § 93c der Abgabenordnung und unter Angabe der Vertrags- oder der Versicherungsdaten die Höhe der im jeweiligen Beitragsjahr geleisteten und erstatteten Beiträge sowie die in § 93c Absatz 1 Nummer 2 Buchstabe c der Abgabenordnung genannten Daten mit der Maßgabe, dass insoweit als Steuerpflichtiger die versicherte Person gilt, an die zentrale Stelle (§ 81) zu übermitteln; sind Versicherungsnehmer und versicherte Person nicht identisch, sind zusätzlich die Identifikationsnummer und der Tag der Geburt des Versicherungsnehmers anzugeben. [2]Auf der Grundlage des § 65a des Fünften Buches Sozialgesetzbuch nach den Satzungen der gesetzlichen Krankenkassen erbrachte Bonusleistungen gelten bis zu einer Höhe von 150 Euro pro versicherter Person und Beitragsjahr nicht als Beitragserstattung; diese Summe übersteigende Bonusleistungen gelten stets als Beitragserstattung. [3]Der Steuerpflichtige kann nachweisen, dass Bonusleistungen in Höhe des übersteigenden Betrags nicht als Beitragserstattung zu qualifizieren sind. [4]Satz 1 gilt nicht, soweit diese Daten mit der elektronischen Lohnsteuerbescheinigung (§ 41b Absatz 1 Satz 2) oder der Rentenbezugsmitteilung (§ 22a Absatz 1 Satz 1 Nummer 4) zu übermitteln sind. [5]§ 22a Absatz 2 gilt entsprechend. [6]Zuständige Finanzbehörde im Sinne des § 72a Absatz 4 und des § 93c Absatz 4 der Abgabenordnung ist das Bundeszentralamt für Steuern. [7]Wird in den Fällen des § 72a Absatz 4 der Abgabenordnung eine unzutreffende Höhe der Beiträge übermittelt, ist die entgangene Steuer mit 30 Prozent des zu hoch ausgewiesenen Betrags anzusetzen.**

(2c) **[1]Bei Vorsorgeaufwendungen nach Absatz 1 Nummer 2 Buchstabe a hat der Träger der gesetzlichen Rentenversicherung, die landwirtschaftliche Alterskasse oder die berufsständische Versorgungseinrichtung als mitteilungspflichtige Stelle nach Maßgabe des § 93c der Abgabenordnung unter Angabe der Versicherungsdaten die Höhe der im jeweiligen Beitragsjahr geleisteten und erstatteten Beiträge an die zentrale Stelle (§ 81) zu übermitteln. [2]Satz 1 gilt nicht, soweit diese Daten mit der elektronischen Lohnsteuerbescheinigung (§ 41b Absatz 1 Satz 2) zu übermitteln sind. [3]§ 22a Absatz 2 gilt entsprechend. [4]§ 72a Absatz 4 und § 93c Absatz 4 der Abgabenordnung finden keine Anwendung.**

(3) **[1]Vorsorgeaufwendungen nach Absatz 1 Nummer 2 sind bis zu dem Höchstbeitrag zur knappschaftlichen Rentenversicherung, aufgerundet auf einen vollen Betrag in Euro, zu berücksichtigen. [2]Bei zusammenveranlagten Ehegatten verdoppelt sich der Höchstbetrag. [3]Der Höchstbetrag nach Satz 1 oder 2 ist bei Steuerpflichtigen, die**

1. **Arbeitnehmer sind und die während des ganzen oder eines Teils des Kalenderjahres**
   a) **in der gesetzlichen Rentenversicherung versicherungsfrei oder auf Antrag des Arbeitgebers von der Versicherungspflicht befreit waren und denen für**

den Fall ihres Ausscheidens aus der Beschäftigung auf Grund des Beschäftigungsverhältnisses eine lebenslängliche Versorgung oder an deren Stelle eine Abfindung zusteht oder die in der gesetzlichen Rentenversicherung nachzuversichern sind oder

b) nicht der gesetzlichen Rentenversicherungspflicht unterliegen, eine Berufstätigkeit ausgeübt und im Zusammenhang damit auf Grund vertraglicher Vereinbarungen Anwartschaftsrechte auf eine Altersversorgung erworben haben, oder

2. Einkünfte im Sinne des § 22 Nummer 4 erzielen und die ganz oder teilweise ohne eigene Beitragsleistung einen Anspruch auf Altersversorgung erwerben,

um den Betrag zu kürzen, der, bezogen auf die Einnahmen aus der Tätigkeit, die die Zugehörigkeit zum genannten Personenkreis begründen, dem Gesamtbeitrag (Arbeitgeber- und Arbeitnehmeranteil) zur allgemeinen Rentenversicherung entspricht. [4]Im Kalenderjahr 2013 sind 76 Prozent der nach den Sätzen 1 bis 3 ermittelten Vorsorgeaufwendungen anzusetzen. [5]Der sich danach ergebende Betrag, vermindert um den nach § 3 Nummer 62 steuerfreien Arbeitgeberanteil zur gesetzlichen Rentenversicherung und einen diesem gleichgestellten steuerfreien Zuschuss des Arbeitgebers, ist als Sonderausgabe abziehbar. [6]Der Prozentsatz in Satz 4 erhöht sich in den folgenden Kalenderjahren bis zum Kalenderjahr 2022 um je 2 Prozentpunkte je Kalenderjahr; ab dem Kalenderjahr 2023 beträgt er 100 Prozent. [7]Beiträge nach § 168 Absatz 1 Nummer 1b oder 1c oder nach § 172 Absatz 3 oder 3a des Sechsten Buches Sozialgesetzbuch vermindern den abziehbaren Betrag nach Satz 5 nur, wenn der Steuerpflichtige die Hinzurechnung dieser Beiträge zu den Vorsorgeaufwendungen nach Absatz 1 Nummer 2 Satz 7 beantragt hat.

(4) **[1]Vorsorgeaufwendungen im Sinne des Absatzes 1 Nummer 3 und 3a können je Kalenderjahr insgesamt bis 2800 Euro abgezogen werden. [2]Der Höchstbetrag beträgt 1900 Euro bei Steuerpflichtigen, die ganz oder teilweise ohne eigene Aufwendungen einen Anspruch auf vollständige oder teilweise Erstattung oder Übernahme von Krankheitskosten haben oder für deren Krankenversicherung Leistungen im Sinne des § 3 Nummer 9, 14, 57 oder 62 erbracht werden. [3]Bei zusammen veranlagten Ehegatten bestimmt sich der gemeinsame Höchstbetrag aus der Summe der jedem Ehegatten unter den Voraussetzungen von Satz 1 und 2 zustehenden Höchstbeträge. [4]Übersteigen die Vorsorgeaufwendungen im Sinne des Absatzes 1 Nummer 3 die nach den Sätzen 1 bis 3 zu berücksichtigenden Vorsorgeaufwendungen, sind diese abzuziehen und ein Abzug von Vorsorgeaufwendungen im Sinne des Absatzes 1 Nummer 3a scheidet aus.**

(4a) **[1]Ist in den Kalenderjahren 2013 bis 2019 der Abzug der Vorsorgeaufwendungen nach Absatz 1 Nummer 2 Buchstabe a, Absatz 1 Nummer 3 und Nummer 3a in der für das Kalenderjahr 2004 geltenden Fassung des § 10 Absatz 3 mit folgenden Höchstbeträgen für den Vorwegabzug**

Kalenderjahr	**Vorwegabzug für den Steuerpflichtigen**	**Vorwegabzug im Fall der Zusammenveranlagung von Ehegatten**
2013	**2100**	**4200**
2014	**1800**	**3600**
2015	**1500**	**3000**
2016	**1200**	**2400**
2017	**900**	**1800**
2018	**600**	**1200**
2019	**300**	**600**

zuzüglich des Erhöhungsbetrags nach Satz 3 günstiger, ist der sich danach ergebende Betrag anstelle des Abzugs nach Absatz 3 und 4 anzusetzen. [2]Mindestens ist bei Anwendung des Satzes 1 der Betrag anzusetzen, der sich ergeben würde, wenn zusätzlich noch die Vorsorgeaufwendungen nach Absatz 1 Nummer 2 Buchstabe b in die Günstigerprüfung einbezogen werden würden; der Erhöhungsbetrag nach Satz 3 ist nicht hinzuzurechnen. [3]Erhöhungsbetrag sind die Beiträge nach Absatz 1 Nummer 2 Buchstabe b, soweit sie nicht den um die Beiträge nach Absatz 1 Nummer 2 Buchstabe a und den nach § 3 Nummer 62 steuerfreien Arbeitgeberanteil zur gesetzlichen Rentenversicherung und einen diesem gleichgestellten steuerfreien Zuschuss verminderten Höchstbetrag nach Absatz 3 Satz 1 bis 3 überschreiten; Absatz 3 Satz 4 und 6 gilt entsprechend.

(4b) **[1]Erhält der Steuerpflichtige für die von ihm für einen anderen Veranlagungszeitraum geleisteten Aufwendungen im Sinne des Satzes 2 einen steuerfreien Zuschuss, ist dieser den erstatteten Aufwendungen gleichzustellen. [2]Übersteigen bei den Sonderausgaben nach Absatz 1 Nummer 2 bis 3a die im Veranlagungszeitraum erstatteten Aufwendungen die geleisteten Aufwendungen (Erstattungsüberhang), ist der Erstattungsüberhang mit anderen im Rahmen der jeweiligen Nummer anzusetzenden Aufwendungen zu verrechnen. [3]Ein verbleibender Betrag des sich bei den Aufwendungen nach Absatz 1 Nummer 3 und 4 ergebenden Erstattungsüberhangs ist dem Gesamtbetrag der Einkünfte hinzuzurechnen. [4]Nach Maßgabe des § 93c der Abgabenordnung haben Behörden im Sinne des § 6 Absatz 1 der Abgabenordnung und andere öffentliche Stellen, die einem Steuerpflichtigen für die von ihm geleisteten Beiträge im Sinne des Absatzes 1 Nummer 2, 3 und 3a steuerfreie Zuschüsse gewähren oder Vorsorgeaufwendungen im Sinne dieser Vorschrift erstatten, als mitteilungspflichtige Stellen, neben den nach § 93c Absatz 1 der Abgabenordnung erforderlichen Angaben, die zur Gewährung und Prüfung des Sonderausgabenabzugs nach § 10 erforderlichen Daten an die zentrale Stelle zu übermitteln. [5]§ 22a Absatz 2 gilt entsprechend. [6]§ 72a Absatz 4 und § 93c Absatz 4 der Abgabenordnung finden keine Anwendung.**

(5) **Durch Rechtsverordnung[1] wird bezogen auf den Versicherungstarif bestimmt, wie der nicht abziehbare Teil der Beiträge zum Erwerb eines Krankenversicherungsschutzes im Sinne des Absatzes 1 Nummer 3 Buchstabe a Satz 3 durch einheitliche prozentuale Abschläge auf die zugunsten des jeweiligen Tarifs gezahlte Prämie zu ermitteln ist, soweit der nicht abziehbare Beitragsteil nicht bereits als gesonderter Tarif oder Tarifbaustein ausgewiesen wird.**

(6) **Absatz 1 Nummer 2 Buchstabe b Doppelbuchstabe aa ist für Vertragsabschlüsse vor dem 1. Januar 2012 mit der Maßgabe anzuwenden, dass der Vertrag die Zahlung der Leibrente nicht vor der Vollendung des 60. Lebensjahres vorsehen darf.**

Einkommensteuer-Durchführungsverordnung:

§ 29 EStDV *Anzeigepflichten bei Versicherungsverträgen*

[1]Bei Versicherungen, deren Laufzeit vor dem 1. Januar 2005 begonnen hat, hat der Sicherungsnehmer nach amtlich vorgeschriebenem Muster dem für die Veranlagung des Versicherungsnehmers nach dem Einkommen zuständigen Finanzamt, bei einem Versicherungsnehmer, der im Inland weder einen Wohnsitz noch seinen gewöhnlichen Aufenthalt hat, dem für die Veranlagung des Sicherungsnehmers zuständigen Finanzamt (§§ 19, 20 der Abgabenordnung) unverzüglich die Fälle anzuzeigen, in denen Ansprüche aus Versicherungsverträgen zur Tilgung

[1] KVBEVO v 11. 8. 09 BGBl I 09, 2730, → Rn. 151.

oder Sicherung von Darlehen eingesetzt werden. [2]Satz 1 gilt entsprechend für das Versicherungsunternehmen, wenn der Sicherungsnehmer Wohnsitz, Sitz oder Geschäftsleitung im Ausland hat. [3]Werden Ansprüche aus Versicherungsverträgen von Personen, die im Inland einen Wohnsitz oder ihren gewöhnlichen Aufenthalt haben (§ 1 Abs. 1 des Gesetzes), zur Tilgung oder Sicherung von Darlehen eingesetzt, sind die Sätze 1 und 2 nur anzuwenden, wenn die Darlehen den Betrag von 25 565 Euro übersteigen. [4]Der Steuerpflichtige hat dem für seine Veranlagung zuständigen Finanzamt (§ 19 der Abgabenordnung) die Abtretung und die Beleihung unverzüglich anzuzeigen.

(2) bis (6) ***(aufgehoben)***

§ 30 EStDV *Nachversteuerung bei Versicherungsverträgen*

[1]Eine Nachversteuerung ist durchzuführen, wenn die Voraussetzungen für den Sonderausgabenabzug von Vorsorgeaufwendungen nach § 10 Absatz 2 Satz 2 des Gesetzes in der am 31. Dezember 2004 geltenden Fassung nicht erfüllt sind. [2]Zu diesem Zweck ist die Steuer zu berechnen, die festzusetzen gewesen wäre, wenn der Steuerpflichtige die Beiträge nicht geleistet hätte. [3]Der Unterschied zwischen dieser und der festgesetzten Steuer ist als Nachsteuer zu erheben.

Einkommensteuer-/Lohnsteuer-Richtlinien: EStR 10.1.–10.11; EStH 10.1–10.11; LStH 10.

Übersicht

I. Allgemeine Grundsätze

1. Begriff Sonderausgaben. SA sind private Aufwendungen, die nicht in wirtschaftl Zusammenhang mit einer der sieben Einkunftsarten stehen und daher weder BA noch WK darstellen und auch nicht als solche behandelt werden. Sie sind nur dann abziehbar, wenn das Gesetz dies ausdrückl vorsieht. Verfrechtl ist der SA-Abzug geboten, soweit (nur) hierdurch die StFreiheit des Existenzminimums gewährleistet werden kann (BVerfG 2 BvL 1/06, BVerfGE 120, 125). Dies gilt insb für Vorsorgeaufwendungen wegen Krankheit und Pflegebedürftigkeit. §§ 10 ff enthalten eine **abschließende Aufzählung** der SA. Der Eingangssatz des § 12 stellt nur das **Verhältnis von § 10 zu § 12** klar (→ § 12 Rn. 5). § 10 hat als Ausnahmevorschrift Vorrang vor § 12. § 12 Nr 1 schränkt den Abzug eines SA-Anteils bei gemischten Aufwendungen nicht ein. 1

2. Einteilung der Sonderausgaben, §§ 10 ff. Das EStG enthält keine abstrakte Definition der SA. Maßgebl ist der jeweilige gesetzl Einzeltatbestand. Es existieren der Höhe nach unbegrenzt oder begrenzt abziehbare SA. – ***(1)* Unbegrenzter Abzug.** § 10 I Nr 3 (Basisbeiträge zur KV und PflV); § 10 I Nr 4 (KiSt); § 10 Ia Nr 2–4 (Versorgungsausgleichsleistungen). – ***(2)* Begrenzter Abzug.** § 10 I Nr 2 (Altersvorsorgeaufwendungen: Bruchteil der Aufwendungen mit jährl steigender Höchstgrenze, § 10 III); § 10 I Nr 3a (sonstige Vorsorgeaufwendungen: Höchstbetrag § 10 IV, abhängig von SA iSv § 10 I Nr 3); § 10 I Nr 5 (Aufwand für Kinderbetreuung: Bruchteil der Aufwendungen mit Höchstgrenze); § 10 I Nr 7 (Aufwand für Berufsausbildung: Höchstgrenze); § 10 I Nr 9 (Schulgeld: Bruchteil der Kosten mit Höchstgrenze); § 10 Ia Nr 1 (Unterhaltsleistungen: Höchstgrenze). – ***(3)* Sonstige Sonderausgaben.** § 10a (zusätzl Altersvorsorge); § 10b (Spenden); §§ 10f, 10g (Aufwendungen für Baudenkmale/Kulturgüter („wie SA")). – ***(4)* Pauschbeträge.** § 10c ist für die ESt-Veranlagung wegen des niedrigen Betrages praktisch bedeutungslos geworden. 2

3. Aufwendungen; Erstattungen. – a) Begriff. Aufwendungen setzen eine tatsächl, die wirtschaftl Leistungsfähigkeit des StPfl mindernde Ausgabe voraus (BFH X R 41/17, BStBl II 18, 648). Diese besteht grds in einer Geldzahlung. Sachleistungen sind aber nicht ausgeschlossen; sie sind insb bei Unterhaltsleistungen denkbar (*HHR/Kulosa* § 10 Rn. 33). 3

b) Wirtschaftliche Belastung. Der StPfl muss durch die Zahlung der SA endgültig wirtschaftl belastet sein (BFH X R 41/17, BStBl II 18, 648). Daran fehlt es zB bei nicht geschuldeten Doppelzahlungen, Beitragsminderungen wegen Selbstbeteiligung (→ Rn. 51 zu KV), willkürl Zahlung von KiSt nach Kirchenaustritt (BFH X R 73/94, BStBl II 96, 646) oder *willkürl* Vorauszahlung von KV-Beiträgen für Folgejahre, Spendenvereinbarung von TV-Quizgewinn (FG Köln EFG 07, 758, rkr), Einzahlung von Bausparbeiträgen auf Depositenkonto (BFH VI R 178/75, BStBl II 77, 758); zu sonstigen **Gegenleistungen** s BFH X R 43/89, BStBl II 91, 175 mwN; zu Zuschüssen s BFH X R 13/06, BStBl II 07, 879. Eine wirtschaftl Belastung erfordert idR, dass der StPfl zivil- oder öffentl-rechtl Schuldner der SA ist (BFH X R 2/84, BStBl II 89, 683; BFH X R 5/21, BStBl II 22, 398). – **Kein Abzug von Drittaufwand.** *Grds* kommt hiernach der Abzug von Drittaufwand bei SA weder nach den Regeln über den abgekürzten Zahlungsweg noch über den abgekürzten Vertragsweg in Betracht. Beim abgekürzten Zahlungsweg hat der Zahlende keinen SA-Abzug, da er die Beträge nicht schuldet; der Schuldner ist durch die Zahlung des 4

Dritten wirtschaftl nicht belastet. Die Grundsätze des abgekürzten Vertragswegs sind idR schon deshalb nicht anwendbar, weil SA häufig Dauerschuldverhältnisse betreffen, für die eine Zahlung im abgekürzten Vertragsweg nicht anzuerkennen ist (BFH VI R 16/23, BFH/NV 25, 1577). IEinz → Rn. 12 ff.

5 **c) Nebenkosten; Fremdfinanzierung.** Nebenkosten sind wegen der abschließenden Aufzählung der SA in § 10 grds nicht ihrerseits als SA abziehbar (zB Prozesskosten zu Unterhaltsleistungen BFH XI R 86/95, BStBl II 99, 522; Finanzierungskosten zu Versorgungsleistungen BFH X R 120/98, BStBl II 02, 413; Krankheitskostenzuzahlungen und Praxisgebühr zur KV). Dem ist zuzustimmen, soweit § 10 die Art der Leistung eindeutig festlegt und begrenzt. – ***(1)* Ausnahmen.** Eine solche Begrenzung ist zB bei § 10 I Nr 7 „Aufwendungen … für Berufsausbildung“ nicht gegeben; hier gilt das Veranlassungsprinzip. Die Rspr lässt deshalb zutr wie bei BA/WK alle durch die Berufsausbildung veranlassten Kosten zum Abzug zu (→ Rn. 85, 87). – ***(2)* Fremdfinanzierungskosten.** Sie sind nach denselben Grundsätzen zu behandeln wie andere Nebenkosten. Schuldzinsen für ein Darlehen zur Finanzierung von RV-Beträgen hat der BFH aber schon vor dem Systemwechsel zur nachgelagerten Besteuerung als WK anerkannt (BFH VIII R 32/80, BStBl II 82, 41). Dies muss ab VZ 05 für Finanzierungskosten und sonstige Nebenkosten zu Altersvorsorgeaufwendungen weiterhin gelten, da diese trotz ihrer gesetzl Zuweisung zu des SA materiell WK darstellen (ebenso *HHR/Kulosa* § 10 Rn. 32).

6 **d) Erstattung von Sonderausgaben im Zahlungsjahr.** Werden dem StPfl im Jahr der Zahlung SA von Dritten erstattet, mindert die Erstattung den als SA abziehbaren Betrag, da es an einer wirtschaftl Belastung des StPfl fehlt. Dies gilt sogar dann, wenn im Zeitpunkt der Zahlung ein nicht zu versteuernder Ersatzanspruch besteht (s BFH X R 13/06, BStBl II 07, 879; zur Belastung des Bürgen bei Rückgriffsanspruch s BFH VI R 131/74, BFHE 118, 331; zur Belastung mit nicht geschuldeter KiSt s BFH X R 73/94, BStBl II 96, 646, verfmäßig, BVerfG 2 BvR 674/96, StEd 96, 714). Auch stfreie Zuschüsse zu Vorsorgeaufwendungen mindern den SA-Abzug. Eine **Verrechnung** findet aber nur mit Abflüssen **gleichartiger SA** statt (BFH X R 41/17, BStBl II 18, 648). Ob SA gleichartig sind, richtet sich nach deren Sinn und Zweck sowie deren wirtschaftl Bedeutung und Auswirkungen für den StPfl (BFH X R 32/07, BStBl II 10, 38). Zu Bonusleistungen der KV → Rn. 145.

7 **e) Erstattung gleichartiger Sonderausgaben nach dem Zahlungsjahr.** SA-Rückzahlungen an den StPfl in späteren VZ auf Grund nachträgl eintretender, den ursprüngl Abzug nicht unmittelbar berührender Umstände sind nach stRspr primär *aus Praktikabilitätsgründen* grds nicht als nachträgl Minderung der Ausgabe im Zahlungsjahr, sondern als Minderung ***gleichartiger*** Aufwendungen ***im Erstattungsjahr*** zu berücksichtigen (BFH X B 32/09, BFH/NV 10, 1250; also KiSt/KiSt; KV/KV; UV/UV), selbst wenn die spätere Erstattung im *Zeitpunkt der Veranlagung* des Zahlungsjahres (nicht im Zeitpunkt der Zahlung) bereits feststeht und die rückwirkende Verrechnung günstiger wäre; *Beispiele* → 33. Aufl 2014, § 10 Rn. 7. So ist trotz Änderung des § 10 I Nr 3 ab 2010 die KV-Erstattung für 2009 als gleichartig auf den KV-Beitrag 2010 anzurechnen (so zutr BFH X R 6/14, BStBl II 16, 933). Bei der Verrechnung im Erstattungsjahr verbleibende Erstattungsüberhänge können aber *auch* iRe Berichtigung der *Zahlungsjahrveranlagung* korrigiert werden (zB nach §§ 173, 175, 175b AO, zu KiSt BFH X R 46/07, BStBl II 09, 229 → 33. Aufl 2014, § 10 Rn. 8 mwN). Das gilt grds auch ab 2012, allerdings mit Einschränkungen durch die vorrangigen Sonderregelungen in § 10 IVb 2, 3 (→ Rn. 167 ff). Die Erstattung von RV-Beiträgen führt aber nicht zu negativen SA, sondern zu stfreien Einkünften nach § 22 Nr 1 Satz 3 Buchst a aa iVm § 3 Nr 3 Buchst b (BFH X R 35/18, BStBl II 21, 750; *Münch* DStZ 21, 244; **aA** *OFD NRW* DStR 19, 2589).

11 **4. Zeitpunkt des Sonderausgabenabzugs.** Maßgebl ist grds der Zeitpunkt der Zahlung (§ 11 II), und zwar sowohl für – echte – Voraus- und Nachzahlungen als

auch für lfd Zahlungen (BFH I R 55/90, BStBl II 92, 550; BFH XI R 24/01, BStBl II 02, 351; zu KiSt s FG Hmb EFG 24, 140, rkr). **Ausnahmen:** Regelmäßig wiederkehrende Zahlungen (§ 11 II 2, *BMF* BStBl I 17, 820 Rn. 153 ff); Sonderregelung zu KV/PflV in § 10 I Nr 3 S 5 (→ Rn. 51); abnutzbare WG als Ausbildungskosten nur iHd AfA (BFH VI R 113/92, BStBl II 93, 676; auch → Rn. 4 zu *willkürl* Vorauszahlungen ohne wirtschaftl Belastung. Nicht ausgenutzte SA sind nicht vor- oder rücktragsfähig (keine negativen Einkünfte iSv § 10d, → § 10d Rn. 17).

5. Persönliche Abzugsberechtigung. – a) Grundsatz. Abzugsberechtigt ist der durch eine Ausgabe wirtschaftl belastete StPfl. Das ist idR derjenige, der Zahlungen aufgrund eigener Verpflichtung selbst oder durch Bevollmächtigte oder Geschäftsführer ohne Auftrag erbringt. 12

b) Zahlungen *zugunsten* dritter Personen. Der StPfl muss die Zahlung idR als deren öffentl-rechtl oder privatrechtl Schuldner leisten (str; zum Abzug beim Begünstigten → Rn. 14). *Beispiele:* Versicherungsaufwendungen kann nur der Versicherungsnehmer absetzen (zur KV BFH VI R 147/71, BStBl II 74, 545; Ausnahmen in § 10 I Nr 3 S 2–4 für die Übernahme von KV-Beiträgen eines Kindes, des anderen Elternteils oder des geschiedenen/getrennten Ehegatten; zur LV s BFH VI R 137/72, BStBl II 74, 633, zur RV s BFH VI R 233/71, BStBl II 74, 546, zur SV für behindertes Kind FG RhPf EFG 82, 30, rkr, zum Versorgungsausgleich → Rn. 126 ff, zur Kfz-Haftpflichtversicherung BFH X R 28/86, BStBl II 89, 862). Bei **Geldschenkung** ist der Abzug nur beim Beschenkten mögl, → Rn. 14 „Schenkung …". – Das schließt aber nicht aus, dass ein StPfl als Versicherungsnehmer *aufgrund eigener vertragl Verpflichtung* eigene SA auf einen **Vertrag zugunsten Dritter** einzahlt (§§ 328 ff BGB, BFH VI R 6/72, BStBl II 74, 265). Darunter fallen Beiträge, die der StPfl für unterhaltsberechtigte Personen leistet, Ehegatten, auch getrennt veranlagte (§ 1361 BGB) oder geschiedene (§ 1578 II BGB), eingetragene Lebenspartner (§ 1 I LPartG, § 2 VIII), Kinder oa Verwandte in gerader Linie (§ 1601 BGB). – Bei zusammenveranlagten **Ehegatten/Lebenspartnern** iSv § 26 I ist ohnehin unerhebl, welcher von ihnen die SA geleistet hat (§ 26b). Bei Einzelveranlagung von Eheleuten nach § 26a II kann nur der Zahlende die SA abziehen. 13

c) Zahlungen *durch* dritte Personen. Diese kann *der Begünstigte* nur dann als eigene SA absetzen, wenn ihm die Zahlung als eigene Belastung zugerechnet wird (Zahlung aus bei ihm stpfl oder ihm unentgeltl zugewandten Mitteln, zu Kinderbetreuungskosten → Rn. 65). Zur **Korrespondenz** zw Einnahmen nach § 22 und dem SA-Abzug s § 10 Ia iVm § 22 Nr 1a, → Rn. 101 und → § 22 Rn. 103 ff sowie § 1a I Nr 1. 14

Beispiele:
- **Bevollmächtigte** → Rn. 12.
- **Zukunftssicherung des ArbN.** Leistungen, die der **ArbG** hierfür zahlt, kann der ArbN als SA absetzen, wenn er sie – auch pauschal, § 40b – als ArbLohn versteuert (§ 10 II 1 Nr 1); der ArbG darf jedoch die Steuer nicht übernehmen (s zur Rückerstattung BFH VI R 35/89, BStBl II 92, 663).
- **SV-Beiträge** oder ähnl SA-Leistungen, die eine **PersGes** für Ges'ter übernimmt, dem sie als Gewinn zugerechnet werden (§ 15 I Nr 2), kann dieser als SA absetzen (BFH XI R 37/88, BStBl II 92, 812).
- **Verdeckte Gewinnausschüttungen** in Form der Zahlung von SA eines Ges'ters durch die KapGes sind beim Ges'ter Einnahmen und SA.
- **Hausgewerbetreibende.** Vom Auftraggeber übernommene ArbG-Anteile zur SV können diese als eigene SA absetzen.
- **Schenkung des Geldbetrages:** Nach § 12 Nr 2 besteht kein SA-Abzug beim Schenker, aber idR beim Beschenkten.
- **Haftpflichtversicherung.** Treten Eltern wegen des günstigeren Schadensfreiheitsrabatts als Versicherungsnehmer für den **Pkw der Kinder** auf, sollten die Eltern den Versicherungsbeitrag selbst zahlen, um die Abziehbarkeit (bei sich) sicherzustellen. Nach BFH X R 80/91, BStBl II 95, 637 entfällt bei Zahlung durch das Kind der Abzug beim Kind (und wohl auch

beim Elternteil, der nicht durch SA wirtschaftl belastet ist, → Rn. 4, 13. Übernehmen Eltern Prämienzahlungen für Pkw der Kinder, die selbst Versicherungsnehmer sind, können die Kinder die Prämien nur geltend machen, wenn ihnen die Eltern das Geld für die Zahlung zuleiten, nicht aber, wenn die Eltern die Überweisung zugunsten der Kinder unmittelbar vornehmen, um den Zahlungsweg abzukürzen (BFH X R 2/84, BStBl II 89, 683). Da auch die Eltern nicht eigene Beiträge als Versicherungsnehmer leisten, entfällt so die Abzugsmöglichkeit endgültig (krit *Wolff-Diepenbrock* DStR 99, 1642; zum Abzug bei Rückgriffsanspruch s BFH X R 36/05, BFHE 222, 373).

– **Schulgeld.** Aus § 10 I Nr 9 ergibt sich, dass diese SA anders als die anderen in § 10 I genannten Aufwendungen nicht dem StPfl selbst zugutekommen, sondern seinem Kind. Die Übernahme des Schulgelds wie auch von Studiengebühren ist typischer Unterhaltsaufwand. Der StPfl kann daher die Aufwendungen abziehen, auch wenn das Kind selbst Vertragspartner ist (BFH X R 24/09, BStBl II 12, 321).

15 **d) Erbe.** Er tritt nach hM in die Rechte und Pflichten des Erblassers ein und führt dessen Verträge und Ausgaben fort, soweit sie nicht personenbezogen sind, wie zB bei § 10 Ia Nr 1 (§ 1922 BGB, s BFH I R 76/99, BStBl II 02, 487, str). Zahlungen auf offene KiSt des Erblassers durch den Erben sind bei diesem im Jahr der Zahlung als SA abziehbar (BFH X R 43/13, BStBl II 17, 256).

18 **6. Persönliche Steuerpflicht.** Grds sind nur **unbeschr StPfl** berechtigt, SA abzusetzen (§ 50 I 4; zu KV-Beiträgen s FG Ddorf EFG 09, 1911, rkr). Für beschr stpfl **ArbN** besteht nach § 50 I 5 ein SA-Abzug für Altersvorsorgeaufwendungen (§ 10 I Nr 2 Buchst a) und für KV-/PflV-Beiträge (§ 10 I Nr 3), soweit sie auf die Beschäftigungszeit im Inl entfallen (→ § 50 Rn. 21). § 50 I 4 ist **EU-rechtl** problematisch. Soweit SA persönl Abzüge betreffen, ist der Ausschluss grds zulässig, da idR der Wohnsitzstaat die persönl Verhältnisse des StPfl zu berücksichtigen hat (EuGH C-279/93, DStR 95, 326 – Schumacker). Bei Aufwand iZm inl Einkünften, zB nach **§ 10 I Nr 2,** besteht dagegen grds ein Anspruch auf Gleichbehandlung mit inl StPfl (*HHR/Kulosa* § 10 Rn. 14). Zu Beiträgen zum dt RA-Versorgungswerk s EuGH C-480/17, DStR 18, 2622 – Montag: Abzugsfähigkeit der Pflichtbeiträge wegen unmittelbaren Zusammenhangs mit dem Beruf, aber kein Abzug der freiwilligen Beiträge; glA zu **§ 10 I Nr 6 aF** EuGH C-346/04, BStBl II 07, 350 – Conijn; zu § 10 I Nr 1a vor 2008 – jetzt **§ 10 Ia Nr 2** – s EuGH C-450/09, DStR 11, 664 und – damals auch ohne korrespondierende inl Besteuerung – EuGH C-559/13, BStBl II 15, 1071, geändert durch Streichung von § 10 Ia Nr 2 in § 50 I 4; s auch *BMF* BStBl I 15, 1088 und → § 50 Rn. 16 mwN).

21 **7. Ausländische Sonderausgaben. – a) Sachliche Abzugsmöglichkeit.** Sie richtet sich nach dt Recht, soweit keine vorrangigen DBA-Regelungen bestehen. Danach können aus dem Ausl geleistete Ausgaben als SA abgesetzt werden, wenn die persönl Voraussetzungen gegeben sind (→ Rn. 12 ff, 18). Ggf kommt nur ein anteiliger Abzug in Betracht (zur **Aufteilung ausl SV-Globalbeiträge** s *BMF* BStBl I 21, 2275 (VZ 2022); *BMF* BStBl I 22, 1632 (VZ 2023); *BMF* BStBl I 23, 2047 (VZ 2024); *BMF* BStBl I 24, 1430 (VZ 2025); *BMF* BStBl I 25, 1941 (VZ 2026).

22 **b) Empfänger im Ausland.** An sie können SA geleistet werden, wenn das Gesetz keine Einschränkungen vorsieht (Korrespondenzprinzip).

Beispiele:
– **§ 10 I Nr 2, 3:** Vorsorgeaufwendungen sind grds unabhängig davon abziehbar, ob es sich um inl oder ausl Anbieter handelt (BFH X R 57/06, BStBl II 09, 1000; EStH 10.5; zu Aufteilung ausl SV-Beiträge → Rn. 21), soweit die Voraussetzungen des § 10 II erfüllt sind (→ Rn. 136 ff).
– **§ 10 I Nr 4:** Nach EStH 10.7, *BMF* BStBl I 10, 1311 sind KiStZahlungen an ausl Religionsgemeinschaften in EU-/EWR-Staaten als SA iSv § 10 I Nr 4 abziehbar.
– **§ 10 I Nr 9:** Schulgeldzahlungen an gleichartige Schulen in anderen EU-/EWR-Staaten können abgezogen werden, → Rn. 120.
– **§ 10 Ia Nr 1:** Der Empfänger muss grds unbeschr stpfl sein oder es müssen die Voraussetzungen des § 1a I Nr 1 vorliegen; sonst uU Abzug nach DBA (zB USA; Schweiz; s auch EStH 10.2 mwN) bzw nach EU-Recht.

– **§ 10 Ia Nr 2–4:** Der Empfänger muss grds unbeschr estpfl sein; s aber zu EU-Angehörigen Ausnahmeregelung **§ 1a I Nr 1 Buchst a und Buchst b,** → § 1a Rn. 14 ff,

8. Verfahrensfragen. Der SA-Abzug ist nur ausnahmsweise antragsabhängig (zB Realsplitting in § 10 Ia Nr 1, → Rn. 106) und beruht vielfach auf elektronischen Datenmitteilungen (§ 10 IIa–IIc, IVb EStG, § 93c AO). Den StPfl trifft die obj **Beweislast (Feststellungslast)** für die Zahlung über § 10c hinausgehender SA (BFH IX B 35/87, BFH/NV 90, 98). 24

II. Sonderausgaben iSv § 10 I

Verwaltung: *BMF* BStBl I 17, 820 mit Änderungen *BMF* BStBl I 17, 1455, *BMF* BStBl I 19, 254, *BMF* BStBl I 21, 1831; *BMF* BStBl I 22, 155; *BMF* BStBl I 24, 209.

1. Altersvorsorgeaufwendungen, § 10 I Nr 2. Die Vorschrift regelt den Abzug von Altersvorsorgebeiträgen. Sie wird durch § 10 II, IIa, IIc, III und IVa ergänzt. § 10 I Nr 2 ordnet die Altersvorsorgeaufwendungen den SA zu. Der BFH sieht darin einen WK-Ausschluss und hält die SA-Zuweisung auch nach Einführung der nachgelagerten Rentenbesteuerung für verfmäßig (→ Rn. 152). Während alle Vorsorgeaufwendungen bis 2004 einheitl behandelt wurden (§ 10 I Nr 2 aF), erfahren seit 2005 Altersvorsorgeaufwendungen in § 10 I Nr 2 eine Sonderbehandlung. Im Anschluss an BVerfG 2 BvL 17/99, BStBl II 02, 618 musste der Gesetzgeber die unterschiedl verfwidrige Besteuerung von Renten und Pensionen angleichen. Er hat sich ab 2005 für die sog **nachgelagerte Besteuerung** entschieden. Schrittweise wird bis 2058 die volle Besteuerung aller Altersvorsorgeerträge und im Gegenzug iRd Höchstbeträge des § 10 III ab 2023 der volle SA-Abzug der dafür aufgewandten Altersvorsorgebeiträge eingeführt. Letztl sollen alle StPfl in gleichem Umfang aus steuerl unbelastetem Einkommen für das Alter Vorsorge treffen können. So soll eine verfwidrige Doppelbesteuerung vermieden werden. Die Neuregelung zur Altersrentenbesteuerung gilt ab 2005 nicht nur für ab 2005 geschlossene Verträge, sondern auch für alle Bestandsrenten (allerdings mit Günstigerprüfung § 10 IVa, → Rn. 164). Nur für vor 2005 geschlossene, ab 2005 nicht mehr begünstigte **Lebensversicherungs-Verträge** gelten die alten Vorschriften weiter (§ 10 I Nr 3a, → Rn. 56). 31

a) Begünstigte Ausgaben. § 10 I Nr 2 enthält eine *abschließende Aufzählung* der begünstigten Aufwendungen. Trotz der gesetzl Zuweisung zu den SA handelt es sich materiell um WK bei den Einkünften aus § 22 Nr 1 (BFH X R 34/07, BStBl II 10, 414; BFH X R 41/14, BStBl II 17, 773 Rn. 33). Die gesetzgeberische Zuordnungsentscheidung ist aber auch verfrechtl zu akzeptieren (BVerfG 2 BvR 290/10, BStBl II 16, 801). Sofern die Versicherungsart in § 10 I Nr 2 aufgeführt ist, ist die jeweilige Versicherung auch unter einer anderen Bezeichnung begünstigt. 32

b) Beiträge. SA sind alle Leistungen auf eine Versicherung iSv § 10 I Nr 2 zur Erlangung des Versicherungsschutzes. Dazu gehören freiwillige und Pflichtbeiträge einschließl Voraus- und Sonderzahlungen. Nur mittelbar damit zusammenhängende Nebenkosten sind jedoch keine SA (→ Rn. 5). Nicht als Beiträge des ArbN abzugsfähig sind auch die vom ArbG zu tragenden Beitragsanteile, die für den ArbN nach § 3 Nr 62 stfrei sind. 33

c) Gesetzliche Rentenversicherung, § 10 I Nr 2 S 1 Buchst a. Sie gliedert sich in die allgemeine RV und die knappschaftl RV (§ 125 I SGB VI). Beiträge von versicherungspfl Künstlern und Publizisten an die *Künstlersozialkasse* nach dem KSVG sind wie Beiträge zur gesetzl RV als SA zu berücksichtigen (*BMF* BStBl I 17, 820 Rn. 3). Gleiches gilt für die landwirtschaftl Alterskasse und berufsständische Versorgungseinrichtungen (§ 6 I 1 Nr 1 SGB VI; s Aufstellung *BMF* BStBl I 20, 617), die den gesetzl RV vergleichbare Leistungen erbringen. Eine Gleichstellung der Beiträge zu den berufsständischen Versorgungseinrichtungen liegt nur vor, wenn diese die 34

Funktion der Basisversorgung übernehmen (BFH X R 18/10, BStBl II 14, 25). Beiträge zu kapitalbildenden LV sind hingegen nicht den als SA abziehbaren Beiträgen zu einer berufsständischen Versorgungseinrichtung gleichzustellen, selbst wenn die Versorgungseinrichtung die Möglichkeit eines Dispenses von der Beitragspflicht wegen des Abschlusses einer LV vorsieht (BFH X B 82/21, BFH/NV 22, 584). Zahlungen, mit denen nach der Scheidung infolge des Versorgungsausgleichs geminderte Rentenanwartschaften wieder aufgefüllt werden, können unabhängig von ihrer Einordnung im Beitragsrecht grds (nur) als SA abgezogen werden (BFH X R 4/19, BStBl II 22, 256). Beiträge an ausl gesetzl RV sind ebenfalls erfasst (*BMF* BStBl I 17, 820 Rn. 4). Zur schweizerischen Altersvorsorge s *BMF* BStBl I 16, 759. Voraussetzung für den Abzug der an eine ausl Versorgungseinrichtung geleisteten Beiträge ist, dass die ausl Versorgung mit der deutschen Basisversorgung, insb der gesetzl RV vergleichbar ist (BFH X B 142/09, BFH/NV 10, 1275). Dies ist bzgl der obligatorischen Beiträge zu einer schweizerischen Versorgungskasse der Fall (BFH I R 81/11, BStBl II 16, 681; *Schustek* DStR 25, 1905 (1910)), nicht aber bzgl der überobligatorischen Beiträge zu einer schweizerischen öffentl-rechtl Versorgungseinrichtung (BFH VI R 46/20, BStBl II 24, 297; **aA** *Schustek* DStR 25, 1905 (1910)). Die ausl Versorgungseinrichtung muss nach ihrer Art und Struktur sowie den von ihr zu erbringenden Leistungen bei rechtsvergleichender Betrachtung der gesetzl RV entsprechen (BFH VIII R 38/10, BStBl II 16, 657).

35 **d) Basisrentenverträge, § 10 I Nr 2 S 1 Buchst b Doppelbuchst aa.** Die Vorschrift erstreckt den SA-Abzug auf Beiträge des StPfl zu einer *eigenen* kapitalgedeckten Altersversorgung (s *BMF* BStBl I 17, 820 Rn. 10 ff; *Schrehardt* DStR 13, 2541). Es sollen nur Beiträge zu solchen Vorsorgeprodukten gefördert werden, die zu Ansprüchen vergleichbar mit der gesetzl RV führen und nicht die sonstige Leistungsfähigkeit erhöhen (ohne Aufteilungsmöglichkeit: „wenn … nur"). Öffentlichrechtl Versorgungssysteme fallen nicht darunter. Auch Beiträge an *ausl* Versicherungsanstalten sind als SA abziehbar. **Besonderheiten:** – ***(1)*** **Alter.** Anspruch auf lebenslange Leibrente darf frühestens ab Vollendung des 62. Lebensjahres (bei Vertragsabschluss vor 2012 Vollendung des 60. Lebensjahres, § 10 VI) bestehen. – ***(2) Ergänzende*** **Absicherung.** Entfallen unter 50% der Beitragsanteile auf eine Berufsunfähigkeits-, Erwerbsminderungsrente oder eine Hinterbliebenenrente (FG Mster EFG 18, 552, rkr; NdsFG DStRE 24, 457, rkr; *BMF* BStBl I 17, 820 Rn. 38), letztere begrenzt auf Ehegatten/Lebenspartner und Kinder mit Anspruch auf Familienleistungsausgleich (§ 31) bzw – befristet – auf Waisenkinder iSv § 32, besteht ebenfalls SA-Abzug. – ***(3)*** Weitere Voraussetzungen → Rn. 136 ff.

36 **e) Isolierte Absicherung der Berufsunfähigkeit oder Erwerbsminderung, § 10 I Nr 2 S 1 Buchst b Doppelbuchst bb.** Während bis 2013 das Risiko der eigenen Berufsunfähigkeit/Erwerbsminderung nur „zusätzlich" zur Altersversicherung abgesichert werden konnte (§ 10 I Nr 2 S 1 Buchst b aa), sieht das AltvVerbG (BGBl I 13, 1667) ab 2014 den Abschluss einer solchen *selbständigen* RV vor. Tritt die Berufsunfähigkeit vor Vollendung des 67. Lebensjahres ein, muss der Vertrag die monatl Zahlung einer lebenslangen Leibrente sicherstellen **(S 1).** Bei vorherigem Ableben muss der Anspruch ersatzlos wegfallen. Dies ist Ausfluss der Beschränkung auf die Alterssicherung und sollte sich in der Prämienhöhe niederschlagen. Der Vertrag kann eine Beendigung der Rentenzahlung für den Fall vorsehen, dass der Wegfall der Berufsunfähigkeit/Erwerbsminderung medizinisch festgestellt wird **(S 2).** Die Versicherungsleistung kann vom Lebensalter des Versicherten bei Vertragsabschluss abhängig gemacht werden, wenn der StPfl das 55. Lebensjahr vollendet hat **(S 3).** Die Voraussetzungen für eine Berufsunfähigkeit/Erwerbsminderung ergeben sich aus § 2 AltZertG in Anlehnung an das SGB VI (s *BMF* BStBl I 17, 820 Rn. 46: Ausfall voll oder teilweise für mindestens 1 Jahr). Anders als Buchst b aa verlangt Buchst b bb keine Kapitaldeckung.

f) Besondere Abzugsvoraussetzungen, § 10 I Nr 2 S 2–7. Mit diesen Regelungen hat der Gesetzgeber ergänzende Voraussetzungen für den SA-Abzug nach § 10 I Nr 2 S 1 Buchst b normiert. 37

aa) Übertragungsverbot; Beleihungsverbot; Kapitalisierungsverbot, § 10 I Nr 2 S 2. Alle Ansprüche nach § 10 I Nr 2 S 1 Buchst b aa und Buchst b bb dürfen nicht vererbl, übertragbar, beleihbar, veräußerbar oder kapitalisierbar sein. Hierdurch soll erreicht werden, dass die Ansprüche dem StPfl selbst zugutekommen. Unschädl ist die Übertragung auf einen anderen für den StPfl nach § 5a AltZertG zertifizierten Basisrentenvertrag und die Übertragung von Versorgungsansprüchen bei Scheidung nach VersAusglG (*BMF* BStBl I 17, 820 Rn. 31). Durch das Verbot der Vererblichkeit werden Renten mit einer Mindestgarantiezeit ausgeschlossen. Das Verbot der Beleihbarkeit erfordert vertragl Vereinbarungen, die zB eine Abtretung oder Verpfändung der Ansprüche ausschließen. Das Kapitalisierungsverbot steht der Auszahlung in einem Einmalbetrag entgegen. Auch hierdurch soll der lfd Versorgungszweck der Rentenansprüche gesichert werden. 38

bb) Auszahlungsmodalitäten, § 10 I Nr 2 S 3–5. Renten gem § 10 I Nr 2 S 1 Buchst b aa und Buchst b bb sind grds monatl zu zahlen. Als Ausnahme vom Kapitalisierungsverbot können die Vertragsparteien jährl Auszahlung vereinbaren **(S 3);** außerdem können Kleinbetragsrenten iSv § 93 III 2 oder 4 in einem Betrag abgefunden werden **(S 4).** Daneben darf nach **S 5** grds kein anderer Auszahlungsanspruch bestehen. 39

cc) Hinzurechnung steuerfreier Arbeitgeberanteile, § 10 I Nr 2 S 6. Zu den Beiträgen des StPfl nach § 10 I Nr 2 S 1 Buchst b aa und Buchst b bb ist der gem § 3 Nr 62 stfreie ArbG-Anteil zur RV hinzuzurechnen; gleiches gilt für die diesen ArbG-Anteilen gleichgestellten ArbG-Zuschüsse. Trotz der Hinzurechnung ermöglichen die ArbG-Beiträge dem StPfl aber keinen höheren SA-Abzug, wie sich aus § 10 III 5 ergibt. Die Hinzurechnung führt nur dazu, dass die ArbG-Beiträge in die Berechnung des Höchstbetrags für Altersvorsorgeaufwendungen gem § 10 III 1 einbezogen werden. (→Rn. 153). 40

dd) Zurechnung von Arbeitgeberbeiträgen bei geringfügig Beschäftigten, § 10 I Nr 2 S 7. Die Zurechnung von ArbG-Beiträgen erfolgt für geringfügig Beschäftigte nur auf Antrag (mit entspr Folgeänderung gem § 10 III 7 bei der Höchstbetragskürzung nach § 10 III 5, →Rn. 158; *BMF* BStBl I 17, 820 Rn. 79). Dies beruht darauf, dass die pauschalen ArbG-RV-Beiträge bei geringfügig Beschäftigten kaum höhere Rentenansprüche ergeben, bei einer Hinzurechnung aber nach § 10 III 4, 6 trotzdem zu einer Minderung der abziehbaren SA führen können. Die Stellung des Antrags nach S 7 sollte unterbleiben, wenn ausschließl der ArbG RV-Beiträge leistet. Zahlt der ArbN jedoch auch eigene Beiträge (§ 5 II SGB VI), kann der Antrag sinnvoll sein, damit der Eigenbeitrag als Vorsorgeaufwand berücksichtigt werden kann (s *Risthaus* DStR 08, 797 (800)). 41

2. Krankenversicherungsbeiträge/Pflegeversicherungsbeiträge, § 10 I Nr 3. Im Anschluss an BVerfG 2 BvL 1/06, BVerfGE 120, 125 sind seit 2010 eigene (→Rn. 49) Beiträge zu KV und PflV (§ 10 I Nr 3) iRd sozialhilfegleichen Versorgungsniveaus **(Basisversicherungen)** über die Grenzen des § 10 IV 1–3 hinaus ***voll*** **abziehbar (§ 10 IV 4).** Ihr Umfang ist in § 10 I Nr 3 gesondert geregelt. Die übrigen Vorsorgeaufwendungen iSv § 10 I Nr 3a (einschließl der nach § 10 I Nr 3 nicht abziehbaren KV- und PflV-Beiträge) sind abziehbar, *soweit* die KV- und PflV-Beiträge nach § 10 I Nr 3 die Höchstgrenzen des § 10 IV 1–3 nicht erreichen (BFH X B 104/23, BFH/NV 24, 1149). Ansonsten findet eine Berücksichtigung allenfalls über eine Günstigerprüfung nach § 10 IVa (→Rn. 47, 164) statt. **Praxisgebühren** (erhoben bis 2012) und **Kostenzuzahlungen/Selbstbehalt** sind keine SA (BFH X R 43/14, BStBl II 17, 55 mwN; zur Erstattung der Praxisgebühr – keine Beitrags- 46 erstattung – *OFD Rhl* DStR 13, 1785). Gleiches gilt für den Verzicht auf zustehende Beitragserstattungen (BFH X R 3/16, BStBl II 18, 384; FG Ddorf EFG 14, 1789, rkr; **aA** *Neumann* DStR 13, 388), für Prämien aus Selbstbehalttarif gem § 53 I SGB V (BFH X R 41/17, BStBl II 18, 648) und für freiwillig getragene Krankheitskosten zum Erhalt einer Beitragrückerstattung (FG Bln-Bbg EFG 17, 1265, rkr). Zu **Bonusleistungen** → Rn. 145.

47 **a) Basis-Krankenversicherungsbeiträge, § 10 I Nr 3 S 1 Buchst a.** Begünstigt ist der Abzug von – auch bei vereinbartem Selbstbehalt tatsächl gezahlten und nicht erstatteten – Beiträgen zu einer gesetzl oder privaten KV, einschließl Heilkosten-, Beihilfekostenversicherung, auch von KV-Zusatzprämien hierfür nach § 242 SGB V (abl zu aufsichtsfreier Unterstützungseinrichtung BFH X B 142/13, BFH/NV 14, 899). – **Satz 1** begrenzt den vollen Beitragsabzug für die notwendige Basisversorgung nach § 10 I Nr 3, IV auf das in §§ 47–52 SGB XII bestimmte existenznotwendige Sozialhilfeniveau, auf das – auch bei Privatversicherungen – ein Leistungsanspruch besteht (s zu KV §§ 11–68 SGB V) und das der KV-Träger im Einzelfall ermitteln und gem § 10 IIa 4 der FinVerw melden muss. Nicht abziehbar nach Nr 3 sind damit Beiträge zu nicht sozialhilfefähigen Wahltarifen für Zusatz- oder Komfortleistungen (zB Chefarztbehandlung, Ein-Bett-Zimmer), außerdem Beiträge für Leistungen, auf die der StPfl keinen Anspruch hat, und doppelte gesetzl und private KV (s unten zu S 3). § 10 I Nr 3 S 1 Buchst a steht dem SA-Abzug weiterer, nach dieser Vorschrift nicht (voll) abziehbarer KV/PflV-Kosten insb nach § 10 I Nr 3a aber nicht entgegen (→ Rn. 56, *BMF* BStBl I 17, 820 Rn. 121 ff). – **Satz 2** verweist für Beiträge zur **gesetzl KV** auf die Festlegung der gesetzl Beitragssätze in §§ 241 ff SGB V sowie in §§ 37 ff KVLG. Mit Ausnahme des Krankengeldanteils (S 4) sind diese gesetzl Beiträge voll abziehbar, auch erhöhte Beiträge mangels Anspruchs auf Lohnfortzahlung bei Arbeitsunfähigkeit (§ 242 SGB V). – **Satz 3** überträgt diese Grenzen entspr für die **private KV** auf Beitragsanteile für nach §§ 11 ff SGB V versicherte Grundleistungen. Der Leistungskatalog des sog Basistarifs wird nach Art, Umfang und Höhe durch den Verband der privaten KV unter Fachaufsicht des *BMF* festgelegt (§ 12 VAG). Ohne gesonderten Ausweis der Kosten des Basistarifs kann der nicht abziehbare Beitragsteil durch prozentuale **Prämienabschläge** ermittelt werden (s dazu **§ 10 V,** und → Rn. 173 – KVBEVO). Neben einer gesetzl KV gezahlte Beiträge zu einer privaten KV sind wegen der identischen Leistungsbegrenzung grds nicht abziehbar (vgl *BMF* BStBl I 17, 820 Rn. 83; BFH X R 5/17, BStBl II 18, 230, auch zur Günstigerprüfung; BFH X B 104/23, BFH/NV 24, 1149; FG Köln EFG 17, 1650, rkr). Dies gilt auch, wenn der StPfl trotz bestehender Versicherungspflicht von seinem ArbG nicht zur gesetzl KV angemeldet worden ist und er deshalb die private KV nicht gekündigt hat (BFH X B 56/19, BFH/NV 20, 20). – **Satz 4. Krankengeldansprüche** (uä Ansprüche) gehören nicht zur Basisversorgung. Besteht tatsächl ein solcher Anspruch gegen die gesetzl KV (zB nicht bei Rentnern), wird der für den Basistarif gezahlte Beitrag (einschließl des Zusatzbeitrags für ArbN) pauschal um 4% vermindert.

48 **b) Pflegepflichtversicherung, § 10 I Nr 3 S 1 Buchst b.** Die gesetzl Pflegepflichtversorgung durch Abschluss einer gesetzl (sozialen oder privaten) PflV steht der Basiskrankenversorgung gleich. Die soziale PflV für gesetzl Krankenversicherte ist im SGB XI geregelt (Beiträge in §§ 54 ff); privat Krankenversicherte müssen eine entspr private PflV abschließen (§ 1 II SGB XI); ebenso Beamte (§ 23 SGB XI). SA sind auch Beiträge an eine ausl gesetzl Pflegeversicherung, wobei aber § 10 II 1 Nr 1 zu beachten ist (BFH X R 28/20, BStBl II 25, 226; *BMF* BStBl I 25, 964; → Rn. 136 f). Die Leistungen der PflV streben keine Vollversorgung an. Sie sind vielmehr als soziale Grundsicherung gedacht, sodass der SA-Abzug für freiwillige private PflV nur mögl ist, wenn der Höchstbetrag nach § 10 IV 1-3 (→ Rn. 161) noch nicht ausgeschöpft ist (BFH X R 10/20, BFH/NV 25, 1657).

c) Persönliche Abzugsberechtigung, § 10 I Nr 3 S 2 und 3. Ein StPfl kann grds nur *eigene* KV-/PflV-Beiträge für sich und unterhaltsberechtigte Personen (Familienversicherung, s § 10 SGB V) abziehen, aber keine Drittaufwendungen (→ Rn. 13). § 10 I Nr 3 S 2 erweitert den Abzug auf die Übernahme von Beiträgen iSv § 10 I Nr 3 S 1 Buchst a und b (nicht aber nach Nr 3a), die unterhaltsberechtigte **Kinder** iSv §§ 32, 63 aus *ihren eigenen* KV/PflV-Verträgen zu tragen hätten (Sonderfall des Drittaufwandsabzugs). Demgemäß entfällt der Abzug beim Kind, zB bei studentischer KV oder gesetzl KV eines behinderten Kindes). Voraussetzung für die Berücksichtigung ist ab VZ 23 die Angabe der IdNr (§ 139b AO) des Kindes in der EStErklärung des StPfl. Unterhaltszahlungen reichen als Nachweis der Aufwandstragung aus (*BMF* BStBl I 17, 820, Rn. 81). Die Erstattung eigener Beiträge des Kindes war nach BFH X R 25/15, BStBl II 19, 191 nur in Form von Barunterhalt mögl. Nach § 10 I Nr 3 S 2 idF „JStG 2019" (BGBl I 19, 2451) ist nunmehr aber unerhebl, ob die Eltern die Beiträge in Form von Bar- oder Sachunterhalt wirtschaftl tragen. Ob das Kind über eigene Einkünfte verfügt, ist ebenfalls bedeutungslos. § 10 I Nr 3 S 3 idF „JStG 2019" stellt darüber hinaus den SA-Abzug in Fällen sicher, in denen ein Elternteil, das nicht Versnehmer ist, aufgrund seiner Unterhaltsverpflichtung neben dem sonstigen Unterhalt zusätzl auch die Basis-KV/PflV-Beiträge für ein Kind, das nicht VersNehmer ist, leistet. Bei Auseinanderfallen der zivilrechtl Verpflichtung zur Beitragszahlung (als VersNehmer) und der wirtschaftl Belastung mit den Beiträgen wird der SA-Abzug nach S 3 demjenigen gewährt, der wirtschaftl belastet ist. 49

d) Realsplitting. § 10 I Nr 3 S 4. Es handelt sich um eine Sonderregelung für *eigene Beiträge des StPfl* zum Erwerb einer KV oder PflV für geschiedene oder dauernd getrennt lebende Ehegatten/Lebenspartner (§ 2 VIII, § 15 LPartG). Sie gilt nur für Fälle des Realsplitting (§ 10 Ia Nr 1). In diesen Fällen überträgt § 10 I Nr 3 S 4 den SA-Abzug vom zahlenden StPfl auf den begünstigten Ehegatten/Lebenspartner, der die Unterhaltsleistung des StPfl nach § 22 Nr 1a versteuert. Der SA-Abzug des StPfl entfällt bei gleichzeitiger Erhöhung des Höchstbetrages nach § 10 Ia Nr 1 S 2. Die Übernahme von Beiträgen für *eigene* KV des geschiedenen Ehegatten/Lebenspartners fällt ohne derartige Erhöhung unter § 10 Ia Nr 1. Liegt kein Fall des § 10 Ia Nr 1 vor, kann der StPfl seine eigenen Beiträge für den Ehegatten/Lebenspartner als SA nach § 10 I Nr 3 abziehen, dem Ehegatten/Lebenspartner steht in diesem Fall aber kein SA-Abzug zu (str, ebenso *HHR/Kulosa* § 10 Rn. 97). Beiträge des geschiedenen Ehegatten für die KV eines Kindes kann der zahlende StPfl unter den Voraussetzungen des § 10 I Nr 3 S 3 als SA absetzen (→ Rn. 49). Beiträge, die nicht nach § 10 I Nr 3 oder § 10 Ia Nr 1 begünstigt sind, können nach § 33a I als Unterhaltsaufwendungen abziehbar sein. § 33a I 2 erhöht – subsidiär – die Höchstbeträge für den Unterhaltsaufwand (→ § 33a Rn. 19). 50

e) Vorauszahlungsbeschränkung, § 10 I Nr 3 S 5. Die Vorschrift enthält ab VZ 2011 eine Ausnahme vom Abflussprinzip des § 11 II und begrenzt den Abzug vertragl geschuldeter Beitragsleistungen für nach Ablauf des VZ beginnende Beitragsjahre auf das Dreifache (bis VZ 19 auf das Zweieinhalbfache) der auf den VZ entfallenden Beiträge (iEinz *BMF* BStBl I 17, 820 Rn. 134 ff; *Grün* NWB 13, 2914; *Wolter* DB 13, 2646). Insgesamt können pro VZ also 4 Jahresbeiträge steuerwirksam geleistet werden (zu Gestaltungsüberlegungen s *Posegga* DStR 22, 1073). Übersteigende Beträge sind nur abziehbar in VZ, *für die* sie geleistet werden. Eine Ausnahme galt bis VZ 2019 für Beiträge, die der unbefristeten Beitragsminderung nach Vollendung des 62. Lebensjahres dienten. Diese wurden ungeachtet ihrer Höhe stets im VZ des Abflusses berücksichtigt (krit zur Streichung dieser Ausnahme *Dinkelbach* DB 20, 87). 51

3. Sonstige Vorsorgeleistungen, § 10 I Nr 3a. Die Vorschrift wurde durch das BürgEntlG-KV (BGBl I 09, 1959) mit Wirkung ab VZ 2010 eingefügt. Ihre Wirkung ist gering, da die Höchstbeträge des § 10 IV idR schon durch die vorrangig nach § 10 I Nr 3 abzuziehenden Beiträge zur KV/PflV ausgeschöpft werden (s. BFH 56

X R 10/20, BFH/NV 25, 1657 zu Beiträgen einer freiwilligen Pflegezusatzversicherung). Nach § 10 I Nr 3a sind folgende Beiträge als SA abziehbar: KV/PflV, die nicht unter § 10 I Nr 3 fallen (zB weil auf sie kein Rechtsanspruch besteht, s BFH X R 15/22, BFH/NV 23, 1397), Arbeitslosen-, Erwerbs- und Berufsunfähigkeitsversicherungen, die nicht unter § 10 I Nr 2 S 1 Buchst b) fallen, Unfall- und Haftpflichtversicherungen sowie (ab 2005 nur noch) Risiko-LV. Andere LV sind begünstigt, wenn der Vertrag vor dem 1.1.05 zustande kam (nach *BMF* BStBl I 09, 1172 Rn. 89, 91 Zugang der Annahmeerklärung des Versicherers beim Versicherten bzw Datum des Versicherungsscheins und bei sog Vorratsverträgen Versicherungsbeginn bis 31.3.05) und mindestens *ein* Beitrag bis zum 31.12.04 entrichtet wurde. Insoweit gelten die Abzugsmöglichkeiten des § 10 I Nr 2 aF vor 2005 fort (S 1 Buchst b bb–dd und S 2–6 sowie § 10 II 2 aF zu Policendarlehen).

57 **a) Abgrenzung Werbungskosten/Betriebsausgaben.** Die Versicherungsbeiträge sind nur insoweit als SA abziehbar, wie es sich nicht um WK/BA handelt (→ Rn. 1). Für die Abgrenzung ist grds maßgebl, ob das jeweils versicherte Risiko in den betriebl/berufl oder privaten Bereich fällt (BFH VI B 64/04, BFH/NV 05, 1796). Beiträge zu den Personenversicherungen (KV, PflV, Risiko-LV, Arbeitslosen-, Erwerbs- und Berufsunfähigkeitsversicherung), die in § 10 I Nr 3a genannt sind, sind daher idR als SA abziehbar, da die Risikoursache meistens zu einem nicht unwesentl Teil auch im privaten Bereich angesiedelt ist. Unfallversicherungen, die nur oder ganz überwiegend betriebl Risiken abdecken, sind dagegen als BA abziehbar (BFH IV R 132/66, BStBl II 72, 277). Leistungen zu einer allg Unfallversicherung sind demggü grds keine BA (BFH VIII R 34/09, BFH/NV 12, 722). Bei ArbN ist eine Aufteilung der Beiträge zu einer Unfallversicherung in WK und SA zulässig, soweit auch das Risiko berufl Unfälle versichert ist. Regelmäßig kann davon ausgegangen werden, dass die Beiträge jeweils hälftig auf das Risiko privater und beruflicher Unfälle entfallen (BFH VI R 9/05, BStBl II 09, 385; *BMF* BStBl I 09, 1275). Beiträge zu Berufshaftpflichtversicherungen sind BA/WK. Beiträge zu Kfz-Haftpflichtversicherungen sind bei betriebl und privat genutzten Fahrzeugen nach Nutzungsanteilen in BA und SA aufzuteilen. Wird ein Kfz teils für berufl und teils für private Zwecke benutzt, kann der StPfl den Teil seiner Aufwendungen für die Kfz-Haftpflichtversicherung, der dem Anteil der privaten Nutzung entspricht, als SA abziehen. Werden Aufwendungen für Wege Wohnung/erste Tätigkeitsstätte oder Familienheimfahrten mit der Entfernungspauschale abgezogen, lässt die *FinVerw* den SA-Abzug der Kfz-Haftpflichtbeiträge zur Vereinfachung in voller Höhe zu (EStR 10.5).

58 **b) Abschließende Aufzählung.** Die Aufzählung der in § 10 I Nr 3a genannten Versicherungen ist abschließend. Dort nicht genannte Versicherungen sind folgl nicht begünstigt (zB Rechtsschutzversicherungen, Kasko-, Hausrat- und sonstige Sachversicherungen).

60 **4. Kirchensteuer, § 10 I Nr 4. – a) Allgemeines.** Es handelt sich um Geldleistungen, die eine gem Art 140 GG iVm 137 VI WRV als Körperschaft döR anerkannte inl Religionsgemeinschaft von ihren Mitgliedern auf Grund gesetzl Bestimmungen erhebt (BFH I R 250/73, BStBl II 75, 708, unter 5; BFH VI R 35/21, BStBl II 24, 710). Keine KiSt sind daher zB Zahlungen auf freiwilliger Basis und an nicht erhebungsberechtigte Religionsgemeinschaften (ggf aber Spendenabzug nach § 10b). Der SA-Abzug ist aber zulässig für vom ArbN an den durch Haftungsbescheid in Anspruch genommenen ArbG erstattete KiSt (BFH X R 16/21, BStBl II 24, 58). KiSt erheben im Wesentlichen die römisch-katholische, die altkatholische, die evangelisch-lutherischen und die evangelisch-reformierten Kirchen sowie die jüdischen Kultusgemeinden. Zahlungen an Religionsgemeinschaften, die in mindestens einem Bundesland als Körperschaft döR anerkannt sind, aber von ihrem Erhebungsrecht keinen Gebrauch machen und sich durch freiwillige Beiträge und Spenden finanzie-

ren, sind nach EStR 10.7 im Billigkeitswege wie KirchenSt abziehbar. Auf diesen Abzug hat der StPfl aufgrund Selbstbindung der *FinVerw* bis zur Höhe der KirchenSt, die in dem betr Bundesland von den als Körperschaften döR anerkannten Religionsgemeinschaften erhoben wird, einen Anspruch (BFH XI R 52/00, BStBl II 02, 201). Das besondere Kirchgeld, das von verschiedenen Religionsgemeinschaften erhoben wird, wenn der kirchenangehörige StPfl keine Einkünfte, der andere, nicht kirchenangehörige Ehegatte aber ein relativ hohes Einkommen erzielt, ist ebenfalls als SA abziehbar. Beiträge des nicht kirchenangehörigen Ehegatten an eine freikirchl Gemeinde, der er angehört, sind auf das Kirchgeld anzurechnen (BFH I R 38/06, BStBl II 08, 202), Auch KiStZahlungen an Religionsgemeinschaften, die in einem anderen Mitgliedstaat der EU oder im EWR ansässig sind, und die bei Inlandsansässigkeit als Körperschaft döR anzuerkennen wären, lässt die *FinVerw* zum SA-Abzug zu (*BMF* BStBl I 10, 1311). Dies erscheint europarechtl geboten.

b) Abzugshöhe. Die Höhe der KiSt richtet sich nach den KiSt-Gesetzen der Länder und den im BStBl I veröffentl KiSt-Beschlüssen bzw LandesVO. Sie beträgt idR 8 oder 9% der ESt/LSt. Zu Veränderungen der Bemessungsgrundlage s § 51a II, IIb–IIe. Grds ist die gezahlte KiSt in voller Höhe abziehbar (ggf abzügl Erstattung, → Rn. 6–7). Eine Ausnahme regelt § 10 I Nr 4 Hs 2: KapEinkünfte unterliegen grds der AbgeltungSt iHv 25%, bei deren Erhebung bereits die KiSt gekürzt wird (s zur Veranlagung § 32d I, V, § 51a IId; zum KapEStAbzug § 43a S 2, § 51a IIb, IIc, IIe, § 52 XLIX). Zur Vermeidung einer Doppelentlastung entfällt insoweit der SA-Abzug; zur Kürzung des SA-Abzugs bei nachträgl Abgeltungsbesteuerung s BFH X R 23/19, BFH/NV 21, 1428. § 10 I Nr 4 Hs 2 ordnet an, dass grds auch KiSt auf *veranlagte* ESt mit Kürzung nach § 32d I iVm § 51a I, II nicht als SA abziehbar ist (Problematik s *Arps-Aubert* DStR 11, 1548; *Rüd* DStR 13, 1220). Dagegen besteht SA-Abzug bei „Normalveranlagung“ ohne § 32d I, zB bei gewerbl KapEinkünften, nach Günstigerprüfung oder bei Veranlagung ohne KiStAntrag und ohne Kürzung nach § 32d I (sonst Doppelbelastung durch Wegfall des SA-Abzugs trotz voller Besteuerung; zutr FG Ddorf EFG 17, 212, rkr). Zur Rückerstattung und Vorauszahlung der KiSt s § 10 IVb S 3, → Rn. 6–7, 11, zu *ausl* Religionsgemeinschaften → Rn. 22, *BMF* BStBl I 10, 1311, zu willkürl Zahlungen → Rn. 4. 61

5. Kinderbetreuungskosten, § 10 I Nr 5. Vgl *BMF* BStBl I 12, 307; *OFD Nds* DStR 12, 2081. – **a) Rechtsentwicklung.** ***(1)*** **Bis 2005** waren Kinderbetreuungskosten allenfalls als agB nach § 33c aF abziehbar. – ***(2)*** **Ab 2006 bis 2011** waren Kinderbetreuungskosten unter besonderen Voraussetzungen (Erwerbstätigkeit der Eltern) „wie“ BA/WK abziehbar, **bis 2008** gem § 4f, § 9 V aF, **2009–2011** zusammengefasst in § 9c I. Lag die Voraussetzung der Erwerbstätigkeit der Eltern nicht vor, waren die Kosten nach § 10 I Nr 5 oder Nr 8 aF bzw nach § 9c II als SA abziehbar (iEinz → 31. Aufl 2012, § 9c Rn. 22 und *BMF* BStBl I 07, 184). – ***(3)*** **Ab 2012** richtet sich der Abzug auch bei erwerbsbedingter Betreuung ausschließl nach § 10 I Nr 5 (Übergang → 36. Aufl 2017, § 10 Rn. 85 f). Mit dieser Gesetzesänderung hat der Gesetzgeber die an die StPfl gestellten Nachweisanforderungen für den Abzug von Kinderbetreuungskosten und den Prüfungsaufwand bei der *FinVerw* erheblich reduziert. Durch den Wegfall aller persönl Anspruchsvoraussetzungen bei den Eltern sind 80% der Kinderbetreuungskosten von Geburt an bis zur Vollendung des 14. Lebensjahres, bei Behinderung darüber hinaus bis zur Vollendung des 25. Lebensjahres ohne Prüfung weiterer Voraussetzungen bis zu einem Höchstbetrag von 4800 € als SA abziehbar. An der Einordnung, welche Aufwendungen zu den Kinderbetreuungskosten gehören, hat sich durch die Neuregelung nichts geändert. 62

b) Verhältnis zu anderen Vorschriften. Der Abzug nach § 10 I Nr 5 erfolgt zusätzl zum Entlastungsbetrag des **§ 24b** und zu den Freibeträgen nach **§ 32 VI;** das gleiche gilt (bei behinderten Kindern – sonst greift die Altersgrenze) für den Ausbildungsfreibetrag des **§ 33a II** und (bei Übertragung) für den Behindertenpauschbetrag des **§ 33b V.** Dagegen ist ein Abzug als agB gem **§ 33 II 2** ausgeschlossen (→ § 33 Rn. 65); auch **§ 35a** wird grds verdrängt, soweit die Abzugsvoraussetzungen nach 63

§ 10 I Nr 5 vorliegen (→ § 35a Rn. 25, *BMF* BStBl I 12, 307 Rn. 30, zur Aufteilung → Rn. 75). Zur Eintragung eines Freibetrags beim LSt-Abzug s § 39a I Nr 2.

64 **c) Verfassungsmäßigkeit.** Höchstbetrag/Altersgrenze des § 10 I Nr 5 sind als typisierende Beschränkungen verfgemäß (BFH III R 18/13, BStBl II 14, 383 mwN;); ebenso das Kriterium der Haushaltszugehörigkeit (BFH III R 9/22, BStBl II 23, 861).

65 **d) Persönliche Anwendung.** Nur unbeschr StPfl (§ 1 I–III, § 1a I Nr 2) können Aufwendungen nach § 10 I Nr 5 geltend machen (→ Rn. 18). Unbeschr StPfl *des Kindes* ist nicht erforderl (aber uU Kürzung, → Rn. 76). Persönl abzugsberechtigt sind idR zusammen lebende Eltern bzw sonst der Elternteil, zu dessen Haushalt das Kind gehört. Die *FinVerw* lässt den SA-Abzug bei Zahlung durch Dritte für den Abzugsberechtigten zu, wenn der StPfl Schuldner des Betreuungsaufwands ist und eine Rechnung erhalten hat (Drittaufwand, abgekürzter Zahlungsweg, *BMF* BStBl I 12, 307 Rn. 24, auch → Rn. 4 und → Rn. 14). Bei nicht verheirateten, zusammen lebenden Eltern ist nur der abzugsberechtigt, der den Vertrag abschließt und die Betreuungsaufwendungen trägt (BFH III R 79/09, BStBl II 11, 450). – **Elternaufteilung:** Liegen die Abzugsvoraussetzungen bei beiden Elternteilen vor, kann jeder *seine* Aufwendungen grds bis zu 2400 € absetzen (bei Zusammenveranlagung aber keine Aufteilung, § 26b). Die Eltern können jedoch einvernehml eine andere Aufteilung beantragen (zu Einzelveranlagung ab 2013 s § 26a II 2, 3; *BMF* BStBl I 12, 307 Rn. 27; zu nicht verheirateten, dauernd getrennt lebenden oder geschiedenen Eltern s *BMF* BStBl I 12, 307 Rn. 28).

66 **e) Abzugsvoraussetzungen beim Kind.** Für den SA-Abzug von Kinderbetreuungskosten müssen in der Person des Kindes verschiedene Voraussetzungen erfüllt sein. – **aa) Kinder iSd § 32 I.** Erfasst sind leibl (ehel, nicht ehel) Kinder, Enkelkinder und auch Pflege- und Adoptivkinder → § 32 Rn. 8. Es kommt nicht darauf an, ob ein Anspruch auf KiGeld oder Kinderfreibeträge besteht. Im Ausl (Heim, Internat etc) lebende Kinder von Inlandseltern oder unbeschr stpfl Auslandseltern werden bei Haushaltszugehörigkeit (→ Rn. 68) ebenfalls berücksichtigt; uU Kürzung nach § 10 I Nr 5 S 3, → Rn. 76.

67 **bb) Altersgrenze.** Kinder werden ab Geburt bis zum 14. Geburtstag berücksichtigt. Vollendet das Kind im VZ das 14. Lebensjahr, sind alle Aufwendungen zu berücksichtigen, die bis zu diesem Tag angefallen sind, und zwar bis zum Höchstbetrag (der nicht zeitanteilig gekürzt wird, → Rn. 76). Über das 14. Lebensjahr hinaus werden Kinder berücksichtigt, wenn sie wegen einer körperl, geistigen oder seelischen **Behinderung,** die vor Vollendung des 25. Lebensjahrs *eingetreten* ist (s BFH III R 61/08, BStBl II 12, 141, → § 32 Rn. 3), außerstande sind, sich selbst zu unterhalten – bei Behinderungseintritt vor dem 1.1.07 Verlängerung auf 27. Lebensjahr, § 52 XVIII 3. Das ist (wie bei § 32) anzunehmen, wenn die eigenen Einkünfte des Kindes geringer sind als der sog Lebensbedarf (Grundbedarf und behinderungsbedingter Mehrbedarf, → § 32 Rn. 48 ff). Zu Begriff und Nachweis der Behinderung → § 32 Rn. 56. Der Grad der Behinderung nach § 33b ist nicht maßgebl. In Ausnahmefällen wird eine Behinderung unter 50% reichen (s § 69 SGB IX: ab 20%). Entscheidend ist hier die Kausalität („wegen").

68 **cc) Haushaltszugehörigkeit.** Sie liegt vor, wenn das Kind dauerhaft in der Wohnung des StPfl lebt oder sich mit dessen Einwilligung vorübergehend außerhalb der Wohnung aufhält (zB wegen Krankheit oder zu Ausbildungszwecken). Zu den unterschiedl Definitionen s BFH VIII R 91/98, BFH/NV 04, 324. Der Haushaltsbegriff ist mE weit zu fassen (*BMF* BStBl I 12, 307 Rn. 12, 13, → § 32 Rn. 15). Die Zugehörigkeit erfordert Verantwortung für das materielle und immaterielle Kindeswohl; sie wird nicht dadurch aufgehoben, dass sich das Kind in einem Heim oder Internat aufhält, ggf auch im Ausl (BFH X R 24/99, BStBl II 02, 244, zu § 34f). Inl

Wohnsitz oder gewöhnl Aufenthalt im Inland werden nicht vorausgesetzt. Übl Ferienbesuche bis zu 6 Wochen begründen jedoch allein keine Haushaltszugehörigkeit (vgl BFH III R 40/03, BStBl I 05, 326; auch → § 63 Rn. 6 f). Bei nicht zusammenlebenden Eltern sind Meldung des Kindes und Erhalt von KiGeld als Indiz zu werten; letztl kommt es auf die *tatsächl Verhältnisse* an. Haushaltszugehörigkeit ist auch gegeben, wenn der Alleinstehende *mit* dem Kind im Haushalt einer anderen Person lebt (zB Großeltern, Wohngemeinschaft). Ausnahmsweise ist Zugehörigkeit zu zwei Haushalten mögl (vgl BFH X R 11/97, BStBl II 99, 594 zu § 34f).

f) Aufwendungen für Betreuungsdienstleistungen. – aa) Aufwendungen. 71
SA sind vereinbarte und gezahlte Ausgaben in Geld oder Geldeswert; für Sachleistungen gilt § 8 II entspr (zB Wohnen/Kost bei Au-pair; *BMF* BStBl I 12, 307 Rn. 5). Verringertes Einkommen wegen Reduzierung der Arbeitszeit ist keine Aufwendung; ebenso wenig stfrei gezahlte Zuschüsse des ArbG gem § 3 Nr 33, 34a (§ 3c; *FB Hbg* DStR 17, 1267). Der SA-Abzug ist vielmehr mangels wirtschaftl Belastung des StPfl (→ Rn. 4) um die stfreien (ArbG-)Zuschüsse zu kürzen (BFH III R 30/20, BStBl II 21, 772; BFH III R 54/20, BFH/NV 22, 225). Auch der Einsatz der eigenen Arbeitskraft des StPfl ist keine Aufwendung für Betreuungsleistungen. Gleiches gilt für eigene Leistungen des StPfl (zB eigene Fahrtkosten der Eltern, NdsFG EFG 06, 1844, rkr); sie sind über § 32 VI abgegolten. Betreut ein **Angehöriger** des StPfl das Kind gegen ein Entgelt, muss die zw den Beteiligten getroffene Abrede dem entsprechen, was zw fremden Dritten übl ist, und tatsächl durchgeführt werden; bei unentgeltl Geschäftsbesorgung muss Aufwendungsersatz übl sein. Leistungen eines Angehörigen, Lebenspartners etc, die in einer **Familie** typischerweise unentgeltl erbracht werden, bleiben unberücksichtigt (Abgrenzung s BFH III R 184/90, BStBl II 92, 814; FG BW EFG 12, 1439, rkr). Ebenfalls nicht erfasst werden Leistungen einer Person, zu der das Kind in einem Kindschaftsverhältnis steht (BFH III R 27/91, BStBl II 98, 187, zu § 53a aF). Zur (Teil-)Abtretung eines Anspruchs auf Landeserziehungsgeld an Kindergartenträger s ThürFG EFG 10, 1407, rkr; zu Anrechnung von Betreuungsgeld nach §§ 4a ff BEEG s *FM SchlH* DStR 15, 2181.

bb) Dienstleistung. Darunter fällt jede Tätigkeit eines Dritten (nicht des StPfl 72
selbst, → Rn. 71), die aufgrund zivil- oder öffentl-rechtl Verpflichtungen, nicht jedoch auf familienrechtl Grundlage erbracht wird (BFH III R 94/96, BFH/NV 99, 163). Ein ArbVerh muss nicht vorliegen; ernst gemeinte unentgeltl Geschäftsbesorgung (§ 662 BGB) mit der Möglichkeit eines Aufwendungsersatzes genügt. Die Dienstleistungen können im Haushalt oder außerhalb erbracht werden. Die steuerl Behandlung beim Leistenden ist unerhebl. Sachaufwendungen (zB für Spielzeug) sind keine Aufwendungen für Dienstleistungen und daher nicht abziehbar, selbst wenn sie iZm Betreuungsleistungen anfallen (*BeckOK EStG* § 10 Rn. 252).

cc) Betreuung. Gegenstand der Dienstleistung müssen Aufgaben der Personen- 73
sorge (§ 1631 BGB) wie Pflege, Beaufsichtigung, Unterbringung und Erziehung des Kindes sein. Der Begriff ist weit auszulegen (BFH III R 33/24, BStBl II 25, 516). Er umfasst nicht nur die behütende und beaufsichtigende Betreuung, sondern auch die nicht schulische Unterbringung in pädagogisch ausgestalteten Kindergärten uä Einrichtungen (zur Abgrenzung von nicht abziehbaren Unterrichtsaufwendungen BFH III R 29/11, BStBl II 12, 862; BFH III R 33/24, BStBl II 25, 516). Nicht als SA abzugsfähig sind Aufwendungen für sportl und andere Freizeitbetätigungen, wenn sie organisatorisch, zeitl und räuml getrennt von einer Kindertagesstätte, einem Schulhort oder einer ähnl Einrichtung stattfinden und dabei die Aktivität im Vordergrund steht. Aufwendungen für Verpflegung des Kindes werden grds nicht erfasst (keine Betreuung, sondern Unterhalt, s BFH III R 1/86, BStBl II 87, 490, zu § 33a; Ausnahme: geringfügige Tagesstätten-Verpflegungskosten im Schätzwege, s *BMF* BStBl I 12, 307 Rn. 6).

Beispiele für Betreuungsleistungen: Babysitter, Au-pair, Tages-/Wochenmutter, Erzieher, Kinderpfleger/-schwester, Kindergarten/-tagesstätte, Kinderheim, Internat (ThürFG EFG 16, 1940, rkr), Haushaltshilfe, soweit sie das Kind betreut; ggf auch Ferienbetreuung, Fahrtkostenersatz für unentgeltl Geschäftsbesorgung s FG BW EFG 12, 1439, rkr.

74 **dd) Ausgeschlossene Aufwendungen, § 10 I Nr 5 S 2.** Aufwendungen für Unterricht und Freizeitbetätigung etc (zB Jugend- und Sportvereine) sind bereits durch die Freibeträge des § 32 VI abgegolten und fallen ebenso wie Aufwendungen für Nachhilfeunterricht, spezielle Hausaufgabenbetreuung und Klassenfahrten dem Grunde nach nicht unter § 10 I Nr 5 (BFH III R 33/24, BStBl II 25, 516). Unschädl ist es dagegen, wenn eine Betreuungsperson *auch* bei den regulären Schulaufgaben hilft („übl Arbeiten", vgl BFH VI R 116/78, BStBl II 79, 142), solange die Betreuung Hauptgegenstand der Dienstleistung ist. Nicht abziehbar sind ferner Schulgeld, Aufwendungen für Fremdsprachenunterricht (Abgrenzung zu Kindergartenunterricht s BFH III R 29/11, BStBl II 12, 862), Musikunterricht, Computerkurse, Tennis- und Reitunterricht.

75 **ee) Gemischte Aufwendungen.** Sie sind grds, ggf im Schätzungswege, aufzuteilen, es sei denn, der Betreuungsleistung kommt nur untergeordnete Bedeutung zu (s *BMF* BStBl I 12, 307 Rn. 6). Verrichtet zB ein **Au-pair** auch häusl Arbeiten und wird der Umfang der Kinderbetreuung nicht anhand vertragl Vereinbarungen (uÄ) nachgewiesen, können 50% der Gesamtaufwendungen als SA angesetzt werden (*BMF* BStBl I 12, 307 Rn. 7). Nach Auffassung der *FinVerw* gilt für die **schulische Nachmittagsbetreuung** aber eine Ausnahme vom Aufteilungsgrundsatz (mE zweifelhaft). Umfasst diese *auch* ausgeschlossene Aktivitäten, soll eine Aufteilung der Aufwendungen nur zulässig sein, wenn die entspr Beträge in der Rechnung (etc) aufgeschlüsselt sind (keine Aufteilung im Schätzungswege, s *BMF* BStBl I 12, 307 Rn. 6, 9).

76 **g) Abzugshöhe, § 10 I Nr 5 S 1, 3. – *(1)* Höchstgrenze. Satz 1** enthält eine relative Beschränkung auf 80% (bis VZ 24: zwei Drittel) der Aufwendungen und eine absolute Höchstgrenze von **4800 € je Kind** (bis VZ 24: 4000 €). Die Höchstgrenze wird also bei Betreuungskosten iHv 6000 € erreicht (6000 € x 80/100 = 4800 €), insoweit keine Änderung ab VZ 25). Es handelt sich um einen Jahreshöchstbetrag, der nicht zu kürzen ist, wenn die Abzugsvoraussetzungen nur in einem Teil des Jahres vorliegen (Betreuung nur 6 Monate; Altersgrenze im Juli erreicht, s *BMF* BStBl I 12, 307 Rn. 17). Gleichwohl hat eine taggenaue Prüfung der Abzugsvoraussetzungen zu erfolgen, dh nur bis zum Geburtstag angefallene Kosten sind iRd Höchstbetrags abziehbar, → Rn. 67). Die Aufwendungen sind um stfreie Zuschüsse zu kürzen (→ Rn. 71). – ***(2)* Verfahren.** Der Abzug erfolgt vom Gesamtbetrag der Einkünfte (§ 2 IV) im Jahr der Zahlung (§ 11 II, *BMF* BStBl I 12, 307 Rn. 10), unabhängig vom Jahr der Leistung. – ***(3)* Kürzung bei Auslandskindern, Satz 3.** Die Kürzung des Höchstbetrags von 4800 € richtet sich nach der Ländergruppeneinteilung (ab VZ 2024 *BMF* BStBl I 23, 2236; ab VZ 2025 *BMF* BStBl I 25, 2039).

77 **h) Nachweise, § 10 I Nr 5 S 4.** Der SA-Abzug ist an Nachweise geknüpft. – ***(1)* Rechnung.** Er setzt das Vorliegen einer Rechnung voraus (*BMF* BStBl I 12, 307 Rn. 20). Diese ist aber nur auf Verlangen des FA (§ 88 I AO) einzureichen. Es muss sich nicht um eine Rechnung iSd UStG handeln; Vertrag (zB Au-pair-Vertrag), Gebührenbescheid (zB für den Kindergarten) oder Quittung über Nebenleistungen genügen (*BMF* BStBl I 12, 307 Rn. 20 ff). Gesamtrechnungen sind sachl und persönl aufzuschlüsseln und aufzuteilen, ggf im Schätzungswege (→ Rn. 75). – ***(2)* Zahlung.** Nur **unbar** entgoltene Betreuungsleistungen (per Einzelüberweisung, Dauerauftrag, Einzugsermächtigung) können angesetzt werden, nicht Bar- oder Barscheckzahlungen, auch nicht bei sonstigem Zahlungsnachweis, Buchungsnachweis oder späterer Ersetzung durch Überweisung (*BMF* BStBl I 12, 307 Rn. 23; BFH III B 126/11, BFH/NV 12, 1126; FG Köln EFG 14, 1085, rkr). Diese Beschränkung bezieht sich

nur auf Geld-, nicht auf Sachleistungen – für diese gilt § 8 II (*BMF* BStBl I 12, 307 Rn. 5, mE noch vertretbare, für den StPfl günstige Auslegung von § 10 I Nr 5 S 4). Bei Zahlung per Online-Überweisung, Verrechnungsscheck uÄ kann der Nachweis durch Vorlage eines Kontoauszugs erbracht werden (s *BMF* BStBl I 12, 307 Rn. 22). Auch bei Minijobs ist keine Barzahlung mögl (*FB Hbg* DStR 16, 478; BFH III R 63/13, BStBl II 15, 583).

6. Aufwendungen für eigene Berufsausbildung, § 10 I Nr 7. Die Vorschrift 81 gewährt den SA-Abzug von Aufwendungen für die eigene Berufsausbildung, allerdings beschränkt auf den Höchstbetrag von 6000 €. Sie ist eine Reaktion des Gesetzgebers auf die BFH-Rspr (grundlegend BFH VI R 120/01, BStBl II 03, 403), durch die die vormals zur Abgrenzung der WK/BA von den SA relevante Differenzierung zw Aus- und Fortbildungskosten neu justiert wurde. Der BFH sah Aufwendungen zum Erwerb von konkret berufsbezogenen Kenntnissen nunmehr zutr grds als WK/BA an, wodurch der Anwendungsbereich des § 10 I Nr 7 aF, der bis VZ 03 galt, wesentl eingeschränkt wurde. Allerdings ist auch die Anwendung der (ab VZ 04) geltenden Fassung stark durch das Konkurrenzverhältnis zu den BA/WK geprägt. Praktische Bedeutung erlangt § 10 I Nr 7 wegen des systematischen Zusammenhangs mit § 9 VI und § 4 IX im Wesentlichen bei den Aufwendungen für eine erstmalige Berufsausbildung und ein Erststudium als Erstausbildung, soweit sie nicht iRe DienstVerh stattfinden. Die Zuweisung dieser Aufwendungen zu den SA ist für den StPfl nicht nur wegen des Abzugshöchstbetrags nachteilig, sondern auch deshalb, weil es für SA keinen Verlustvortrag gibt, sodass der Abzug ohne eigene Einkünfte – anders als beim WK-Abzug – oft verloren geht (→ § 10d Rn. 17).

a) Berufsausbildung, § 10 I Nr 7 S 1. Berufsbildungsaufwendungen sind, wenn 82 sie berufl/betriebl veranlasst sind, nach § 9 I 1 WK (stRspr, zB BFH VI R 137/01, BStBl II 03, 407; BFH VI R 12/10, BStBl II 11, 796; s auch BVerfG 2 BvL 1/07 ua, BVerfGE 122, 210 unter C.II.1) oder nach § 4 IV BA. Da ein solcher Veranlassungszusammenhang von Ausnahmefällen abgesehen (zB Seniorenstudium, s BFH VI R 2/12, DStRE 15, 5 Rn. 71) fast immer vorliegt, und SA nach § 10 I ggü WK/BA nachrangig sind, fallen unter § 10 I Nr 7 letztl nur die Berufsbildungsaufwendungen, die nach § 9 VI und § 4 IX vom WK/BA-Abzug ausgeschlossen sind (→ § 9 Rn. 340 ff und → § 4 Rn. 659). Berufsausbildung ist das Erlernen einer später gegen Entgelt auszuübenden Tätigkeit. Darunter sind alle Maßnahmen zu verstehen, durch die „erst das für den Beruf typische Können und schließlich eine selbstständige, gesicherte Lebensstellung erworben werden sollen" (BT-Drs V/3430 S. 8). Die Ausbildung muss der Vorbereitung auf einen Beruf dienen. Hierzu müssen obj Umstände die *Absicht* erkennen lassen, auf Grund der Ausbildung später eine Erwerbstätigkeit auszuüben (Tatfrage, s BFH VI B 92/07, BFH/NV 09, 148). Der Begriff der Erstausbildung ist in § 9 VI 2–5 definiert (→ § 9 Rn. 346). Wegen des Vorrangs der WK vor SA darf die berufl Erstausbildung auch nicht iRe DienstVerh stattfinden, da in einem solchen Fall die Bildungsaufwendungen stets (nur) als WK angesetzt werden können, was steuerl allerdings vorteilhaft ist.

b) Kosten der Allgemeinbildung. Allgemein- und private Weiterbildung, die 83 sich ein StPfl aus persönl Gründen aneignet, ohne dass eine geplante Berufsausübung zugrunde liegt, ist keine Ausbildung iSv § 10 I Nr 7 (→ Rn. 82), jedenfalls dann nicht, wenn nach Art der Ausbildung eine private, außerberufl Veranlassung naheliegt. Beispiele → Rn. 90 „Führerscheinkosten", „Liebhaberei", „Sprachkurse".

c) Aufteilung bei gemischter Veranlassung. § 12 Nr 1 steht dem Abzug eines 84 abgrenzbaren SA-Anteils nicht entgegen (→ Rn. 1), egal ob der andere Teil berufl oder außerhalb des SA-Bereichs privat veranlasst ist (*Steck* DStZ 08, 365). Fragl kann bei privater Mitveranlassung nur sein, ob durch Schätzung trennbare Aufwendungen vorliegen.

85 **d) Abziehbare Aufwendungen.** Der SA-Abzug ist ab 1.1.12 begrenzt auf 6000 € (vorher 4000 €) im Kj (ohne Verlustvortragsmöglichkeit, → Rn. 81). Abziehbar sind grds alle iZm mit der Berufsausbildung stehenden Aufwendungen (→ Rn. 5). Der StPfl muss durch tatsächl Ausgaben wirtschaftl belastet sein (→ Rn. 4, 12). Die private Schenkung der Geldmittel ist unschädl. Eine wirtschaftl Belastung liegt auch bei Fremdfinanzierung vor (Abzug im Zeitpunkt der Zahlung der fremdfinanzierten SA unabhängig vom Zeitpunkt der Darlehenstilgung, s BFH VI R 41/05, BFH/NV 08, 1136; Abzug der Zinsen, → Rn. 5). Zum SA-Abzug nachlaufender Studienkosten nach Stundung s EStR 10.9 II: Abzug im Jahr der Zahlung der gestundeten Beiträge auch nach Abschluss der Ausbildung. An einer Belastung fehlt es aber bei stfreier Erstattung der fragl Ausgaben durch Dritte (→ Rn. 6, zB §§ 81 ff SGB III oder VO zu § 14a BAföG). Sonstige Ausbildungszuschüsse, die nicht die eigentl Berufsbildungsaufwendungen ersetzen, stellen die eigene Belastung demggü auch dann nicht in Frage, wenn sie stfrei gezahlt werden (zB Erstattung der Lebenshaltungskosten, s auch BFH VI R 26/76, BStBl II 79, 212 zu gekürzten Förderungsbeträgen nach § 13 I, II BAföG; BFH VI R 71/02, BStBl II 04, 890 zu Unterhaltsgeld nach § 44 AFG – §§ 65, 66, 84, 153 ff SGB III). Betrifft die Förderung beide Aufwendungsbereiche, wäre nach dem Gesetz aufzuteilen (→ Rn. 84). S aber EStR 10.9 I: Aus Vereinfachungsgründen wird auf die Aufteilung und die Kürzung der SA verzichtet, wenn *auch* Kosten der Lebenshaltung ersetzt werden. Diese Vereinfachungsregelung gilt für die meisten Stipendien und Ausbildungsförderungen (zu WK-Kürzung bei Stipendien s FG Köln EFG 16, 1605, rkr, nur iErg zutr).

86 **e) Ehegatten, § 10 I Nr 7 S 2.** Bei Ehegatten/Lebenspartnern sind die Aufwendungen für den einzelnen StPfl gesondert zu prüfen und im Umfang des personenbezogenen Höchstbetrags von 6000 € abziehbar. Auch wenn die Voraussetzungen des § 26 I 1 erfüllt sind, erfolgt hier keine automatische Verdoppelung des Höchstbetrags. Die Person des Zahlenden ist aber unerhebl, → Rn. 13.

87 **f) Einzelne Berufsausbildungskosten; Abzugsbeschränkungen, § 10 I Nr 7 S 3 und S 4.** Vgl auch *Klein* DStR 14, 776; *Geserich* NWB 14, 681; *Broemel* DStR 12, 2461. – ***(1)* Fachaufwendungen.** Abziehbar sind Kosten für Schul-, Studien-, Kurs-, Lehrgangs-, Tagungs- und sonstige Veranstaltungsgebühren, für Lernmaterial, PC mit Zubehör (uU AfA), Fachbücher, Druckkosten privater Dissertation, Vorbereitungs-, Zulassungs- und Abschlussprüfungskosten für ein Studium einschließl hierdurch veranlasster Nebenkosten (→ Rn. 5) wie Finanzierungskosten, Prozess- und Anwaltskosten, FG Bln EFG 79, 177, rkr). – ***(2)* Unterbringungskosten, § 10 I Nr 7 S 3, 4.** Sie sind unabhängig davon abziehbar, ob die Voraussetzungen einer doppelten Haushaltsführung erfüllt sind oder ob die Unterbringung länger dauert (BFH VI R 40/89, BStBl II 92, 1033, *BMF* BStBl I 10, 721 Rn. 29). Es genügt daher auch eine nur kurzfristige auswärtige Unterbringung, zB iRe eines mehrtägigen Lehrgangsbesuchs (*BeckOK EStG* § 10 Rn. 282). Sofern es sich aber um eine doppelte Haushaltsführung handelt, sind § 9 I 3 Nr 5, IV 8 nach § 10 I Nr 7 S 4 auch für den SA-Abzug anzuwenden. Verlagert der Auszubildende/Student seinen Lebensmittelpunkt an den Ausbildungs-/Studienort, liegt unabhängig davon grds keine auswärtige Unterbringung iSd § 10 I Nr 7 S 3 (mehr) vor (BFH VI R 78/10, BStBl II 13, 284). – ***(3)* Fahrtkosten, § 10 I Nr 7 S 4.** Bei Fahrten von der Wohnung zur ersten Tätigkeitsstätte (Bildungseinrichtung, § 9 IV 8) und bei doppelter Haushaltsführung kommt unabhängig von der Aufwandstragung die Entfernungspauschale nach § 9 I 3 Nr 4 und 5, II zur Anwendung. Ansonsten sind die Fahrtkosten nach den für eine Auswärtstätigkeit geltenden Grundsätzen bei eigener Aufwandstragung in tatsächl Höhe oder pauschal für eigenen Pkw iHv 0,30 €/km bzw für andere motorbetriebene Fahrzeuge (zB Motorrad, Mofa) iHv 0,20 €/km (§ 9 I 3 Nr 4a; BMF BStBl I 20, 1228 Rn. 37) abziehbar. Bis 2013 war die Universität nach BFH VI R 44/10, BStBl II 13, 234 keine regelmäßige Arbeitsstätte, daher Vollabzug der Fahrtkosten bis 2013. – ***(4)* Verpflegungsmehraufwendungen, § 10 I Nr 7 S 4.**

Für den SA-Abzug kommen insoweit § 9 IV 8, § 9 IVa zur Anwendung. – ***(5)* Häusliches Arbeitszimmer, § 10 I Nr 7 S 4.** Die entspr § 4 V Nr 6b gekürzten Kosten können SA sein (so schon BFH VI R 2/87, BStBl II 90, 901 zu Arbeits- und Studienraum); iEinz → § 4 Rn. 590 ff; Probleme s Steck DStZ 08, 365. Gleiches gilt **ab VZ 23** für die **Homeoffice-Pauschale** nach § 4 V Nr 6c (→ § 4 Rn. 612 ff; BMF BStBl I 23, 1551 Rn. 41). – ***(6)* Anschaffungskosten sonstiger Arbeitsmittel.** Sie sind bei geringwertigen WG, ansonsten iHd der AfA durch die Ausbildung veranlasste SA (zB Arbeitszimmereinrichtung). Dies gilt mE auch bei Schenkung (→ § 9 Rn. 88) und bei Einsatz eigener, ursprüngl privat angeschaffter WG (→ § 9 Rn. 278). Die Nutzung muss eindeutig der Ausbildung zuzuordnen sein, ggf anteilig im Wege der Schätzung, soweit sie von der privaten Lebensführung abgrenzbar ist (sonst kein Abzug).

g) ABC der Ausbildungs- und Weiterbildungskosten

Allgemeinbildung s „Liebhaberei" und → Rn. 83. 90

Aufbaustudium ist idR Fortbildung mit BA/WK-Abzug (s „Studium").

Ausbildungsarbeitsverhältnis führt zum WK-Abzug (s „Staatsprüfung", „Studium", § 9 VI).

Beamtenanwärter. Ausbildungsbedingte Aufwendungen iZm dem DienstVerh sind WK und keine SA (§ 9 VI; s „Staatsprüfung", „Studium").

Berufsschule s „Schule" (grds WK, keine SA).

Erstausbildung; Erststudium. Nach §§ 9 VI, 4 IX handelt es sich nicht um eine zum Abzug von WK/BA führende Bildungsmaßnahme. Daher kommt nur der SA-Abzug bis 6000 € (§ 10 Nr 7) in Betracht. Die VerfMäßigkeit wurde von BVerfG 2 BvL 22–27/14, DStR 20, 93 bejaht.

Flugschein. Die Kosten können bei Zweitausbildung (§ 9 VI) vorab entstandene WK sein, soweit nur ein „hinreichend konkret erkennbarer" Zusammenhang mit künftigen stbaren Einnahmen aus der angestrebten weiteren Tätigkeit besteht (Abgrenzung nach Art der Fluglizenz, BFH IX R 5/11, BStBl II 14, 143). Bei Erstausbildung SA (BFH VI R 22/21 DStR 23, 882), ohne Berufsziel kein Abzug (s FG Mster EFG 17, 1574, rkr, „Führerscheinkosten", „Liebhaberei").

Führerscheinkosten sind grds Kosten der privaten Lebensführung (keine SA), ausnahmsweise WK/BA, wenn der Erwerb des Führerscheins unmittelbare Voraussetzung für die weiterführende Berufsausübung ist (Bus-, LKW- oder Taxifahrer, s FG Mster EFG 98, 941, rkr und „Flugschein").

Habilitation. Aufwendungen für die Qualifikation als Hochschullehrer sind keine SA, sondern WK (→ § 19 Rn. 110). S auch „Promotion".

Handwerkskurse von Privatpersonen, die keine Fortbildung darstellen (zB Töpferkurse), werden idR unter „Liebhaberei" fallen.

Hauswirtschaftliche Ausbildung/Weiterbildung. Die Kosten sind nur noch bei echter Berufsausbildung iSv § 10 I Nr 7 S 1 SA, bei Fortbildung uU WK.

Liebhaberei. Die Aufwendung von Bildungskosten ohne erkennbare, obj nachvollziehbare Absicht, später eine Erwerbstätigkeit in dieser Richtung auszuüben, führt idR nicht zu SA (→ Rn. 82). *Beispiele:* Fotokurs eines Apothekers (BFH VI R 139/76, BStBl II 79, 180); Musikausbildung eines Richters (FG Bln EFG 76, 602, rkr, zust BFH VI R 139/76, BStBl II 79, 180); Jagdprüfung eines Angestellten (FG Bln EFG 79, 438, rkr); Ärztin als Jagdaufseherin (FG Brem EFG 75, 10, zust BFH VI R 139/76, BStBl II 79, 180). Das Gleiche gilt zB für Mal-, Töpfer-, Schreibmaschinengrundkurse (FG RhPf EFG 94, 787, rkr) uÄ sowie für Kurse zur privaten „Persönlichkeitsbildung".

Meisterkurse sind Fortbildung (BA/WK).

Persönlichkeitsbildung. Berufl veranlasste Kursgebühren können uU BA/WK sein, wenn die Veranstaltung primär auf die spezifischen Bedürfnisse des vom StPfl ausgeübten Berufs ausgerichtet ist (s BFH VI R 44/04, BStBl II 09, 106, BFH VI R 35/05, BStBl II 09, 108), nicht SA.

Promotion. Kosten zur Erlangung der Doktorwürde sind keine SA, sondern WK (BFH VI R 96/01, BStBl II 04, 891).

Referendare s „Staatsprüfung".

Schule. Die Kosten für den Besuch **allgemeinbildender Schulen** jeder Art sind nicht als WK/BA oder SA (allenfalls bei den Eltern nach § 10 I Nr 9) abziehbar, da der Schulbesuch die notwendige Grundlage für das Leben und die Ausübung der verschiedensten Berufe schafft. Das gilt auch für **Fachoberschulkosten** außerhalb der berufl Tätigkeit (s BFH VI R 5/04, BStBl II 06, 717). **Berufsschulkosten** sind WK iRd Lehrdienstverhältnisses.

Sport. Das Erlernen einer Sportart ist nur dann Berufsausbildung, wenn konkrete Pläne der Ausübung gegen Entgelt bzw Weitervermittlung der Fähigkeiten als Lehrer, Übungsleiter oÄ bestehen. Bei Berufssportlern können WK/BA vorliegen.

Sprachkurse führen bei berufl Veranlassung zu WK/BA (→ § 12 Rn. 20, → § 4 Rn. 520 mwN). IÜ handelt es sich häufig um nichtabziehbare Aufwendungen der Allgemeinbildung, wenn Berufsbezogenheit fehlt (s FG Köln EFG 12, 2196, rkr, „Liebhaberei" sowie → Rn. 82). Bei berufl Erstausbildung ggf SA-Abzug.

Staatsprüfung. Vorbereitung eines **Studenten** auf die erste Staatsprüfung ist grds Ausbildung iSv § 10 I Nr 7 (s „Studium"). Gleiches gilt bei einstufiger Ausbildung (BFH IX R 96/82, BStBl II 86, 184 mwN) und Bachelor. Vorbereitung eines **Referendars** auf die zweite Staatsprüfung und Masterstudium sind Fortbildung (WK, § 9 VI, s schon BFH VI R 112/70, BStBl II 72, 251).

Steuerberaterprüfung. Die Vorbereitung auf das Steuerberaterexamen ist Fortbildung, also idR WK/BA-Abzug, keine SA. Das gilt ebenso für ähnl Prüfungen (WP, Buchprüfer).

Studium. Kosten für die erstmalige Berufsausbildung und ein Erststudium (Bachelor) außerhalb eines DienstVerh sind nach §§ 4 IX, 9 VI nur als SA abziehbar, ab 2012 bis zu 6000 € (Folge: Kein Verlustvortrag, → § 10d Rn. 17). **Masterstudium** ist als Aufbaustudium Fortbildung. Bei **Seniorenstudium** im Ruhestand besteht grds kein SA-Abzug (SchlHFG EFG 17, 1422, rkr; BFH VI R 2/12, DStRE 15, 5 Rn. 71). Deutsch-Vorstudienkurs ist keine Ausbildung (FG Nbg EFG 15, 2052, rkr). Die VerfMäßigkeit der Neuregelung wurde von BVerfG 2 BvL 22–27/14, DStR 20, 93 bejaht.

Umschulung. Kosten hierfür sind als Fortbildungskosten (WK) anerkannt (BFH VI R 120/01, BStBl II 03, 403, → § 9 Rn. 345).

Volkshochschulkurse werden häufig weder der Fort- noch der Ausbildung dienen, sondern der Erweiterung des Allgemeinwissens (s „Liebhaberei").

Zweitausbildung; Zweitstudium s „Studium", „Umschulung", → § 9 Rn. 346.

91 **7. Schulgeld, § 10 I Nr 9.** Die Vorschrift lässt Aufwendungen für den Besuch von Privatschulen zum SA-Abzug zu (iEinz *LfSt Bayern* BeckVerw 638787). Sie dient der verfrechtl zulässigen Förderung von Privatschulen (BVerfG 2 BvR 88/03, DStRE 04, 951). Eine verfrechtl Verpflichtung des Gesetzgebers, den SA-Abzug von Schulgeldzahlungen zuzulassen, besteht allerdings nicht (BFH X B 252/07, BFH/NV 09, 23 mwN). Zur Rechtsentwicklung → 38. Aufl 2019, § 10 Rn. 120; zur rückwirkenden Anwendung der Neuregelung durch das JStG 2009 ab VZ 2008 s § 52 Abs XXIVa aF mit Sonderregelung für EU-Auslandsschulen; *BMF* BStBl I 09, 487; *Schaffhausen/Plenker* DStR 09, 1123.

a) Begünstigtes Kind, § 10 I Nr 9 S 1. Das Schulgeld muss für ein Kind geleistet werden, für das der StPfl Anspruch auf einen Kinderfreibetrag (§ 32 VI) oder auf Kindergeld (§ 62) hat. 92

b) Begünstigte Schulen, § 10 I Nr 9 S 1, 2. Dies sind Schulen in freier Trägerschaft und überwiegend privat finanzierte Schulen. Die Voraussetzungen der freien Trägerschaft und der überwiegenden Privatfinanzierung stehen selbständig nebeneinander. Begünstigte Privatschulen sind alle Schulen, die privatrechtl und in privater Initiative errichtet und betrieben werden. Zu den Schulen in freier Trägerschaft gehören auch kirchl Schulen. Schulen werden überwiegend privat finanziert, wenn der Finanzierungsanteil mehr als 50% beträgt. Die jeweiligen Schulen müssen im Inl oder im **EU/EWR-Ausland** belegen sein. Dies trifft auf Schulen in der Schweiz nicht zu (BFH X R 3/11, BStBl II 12, 585; mE zweifelhaft wegen des Freizügigkeitsabkommens; aber jedenfalls dann kein Abzug des Schulgelds einer Schweizer Schule, wenn das Kind noch nicht das Alter für eine Schulpflicht in Deutschland erreicht hat, s FG Mster EFG 25, 243, rkr). In Drittstaaten sind nur *deutsche* Schulen begünstigt, s unten zu S 4. **Hochschulen** einschließl Fachhochschulen und gleichstehende EU/EWR-Auslandseinrichtungen sind keine Schulen iSv § 10 I Nr 9 (glA *BMF* BStBl I 09, 487 Rn. 4; BFH X R 30/08, BFH/NV 09, 1623; BFH X R 32/15, BFH/NV 18, 414). Seit VZ 08 ist für die steuerl Berücksichtigung des Schulgelds für Privatschulen außerdem nicht mehr die landesrechtl Anerkennung einer bestimmten Privatschule, sondern der durch die Schule vermittelte Abschluss für den SA-Abzug des Schuldgelds entscheidend. Maßgebl ist die (bindende) inl Anerkennung durch das zuständige Landesministerium, die Kultusministerkonferenz oder eine inl Zeugnisanerkennungsstelle (s dazu BFH X R 17/13, BFH/NV 15, 320), dass die Schule zu einem allg bildenden oder berufsbildenden Schul-, Jahrgangs- oder Berufsabschluss gleichwertig einem Abschluss einer öffentl Schule führt. 93

c) Gleichgestellte Bildungseinrichtungen, § 10 I Nr 9 S 3. Begünstigt sind auch berufsbildende Ergänzungsschulen im Inl und im EU/EWR-Ausl (zB private Wirtschaftsgymnasien, Berufsfachschulen, Handels- und Sprachschulen) sowie bestimmte Ersatzschuleinrichtungen, die nicht selbst zu einem Schulabschluss führen, aber ordnungsgemäß darauf vorbereiten, (zB Wochenend- und Abendkurse; **nicht** begünstigt sind Nachhilfeinstitute, Musikschulen, Sportvereine, Feriensprachenkurse). Der SA-Abzug nach § 10 I Nr 9 S 3 setzt nicht voraus, dass die zuständige Schulbehörde in einem Grundlagenbescheid bescheinigt, die Voraussetzungen dieser Vorschrift würden von der Privatschule erfüllt (BFH X R 26/15, BStBl II 18, 58). Zu den Einrichtungen, die auf einen Schul-, Jahrgangs- oder Berufsabschluss ordnungsmäßig vorbereiten, können indes nur solche gehören, die nach einem staatl vorgegebenen, genehmigten oder beaufsichtigten Lehrplan ausbilden (BT-Drs 16/11108 S 12; *LfSt Bayern* BeckVerw 638787, Nr. 2.3). 94

d) Schulen in Drittstaaten, § 10 I Nr 9 S 4. Nach dieser Vorschrift kommt der SA-Abzug bei Schulen in Drittstaaten nur im Falle des Besuchs einer *deutschen* Schule in Betracht (s auch BFH XI R 32/03, BStBl II 05, 518). Eine *internationale* Schule in einem Drittstaat, die keinen deutschsprachigen Unterricht anbietet und an der keine in Deutschland anerkannten deutschen Abschlüsse erworben werden können, erfüllt diese Voraussetzung nicht (FG Köln EFG 22, 1827, rkr). 95

e) Nachweis. Mangels gesetzl Sonderregelung gelten die allg Beweislastgrundsätze, bei Auslandsschulen iVm § 90 AO. Der StPfl hat eine Bescheinigung (in dt Sprache) und einen von der zuständigen inl Stelle bestätigten Nachweis vorzulegen, dass die Voraussetzungen der Schulbegünstigung vorliegen (EStR 10.10 II, zu § 10 I Nr 9 S 3 s aber einschränkend BFH X R 26/15, BStBl II 18, 58: Ausstellung der Bescheinigung obliegt der FinVerw). Die Bescheinigung ist bindende Abzugsvoraussetzung (zur Nachholung s BFH X R 17/13, BFH/NV 15, 320). 96

97 **f) Höhe § 10 I Nr 9 S 1, 5.** Abziehbar ist **nur das Schulgeld.** Dies ist der Beitrag zu den Kosten des normalen Schulbesuchs, die an einer staatl Schule von der öffentl Hand getragen würden (BFH XI R 79/03, BStBl II 06, 377). Aus dem geschuldeten Schulgeld ist nach § 10 I Nr 9 S 1 insb das Entgelt für Beherbergung, Betreuung und Verpflegung herauszurechnen. Gleiches gilt für Aufwendungen für Zusatzangebote, die auch an öffentl Schulen gesondert zu vergüten wären (BFH XI R 32/03, BStBl II 05, 518, zB Aufwendungen für Schulbücher, kostenpflichtige Kurse, Klavierunterricht). Diese Aufwendungen können (nur) nach § 10 I Nr 5, § 33a II begünstigt sein. 30% des Restbetrages sind als SA abziehbar. Dies gilt auch für Zahlungen über Fördervereine (*OFD Kobl* DStR 04, 180; FG Mster EFG 24, 199, Rev X R 27/23), die diese an den Schulträger zur Deckung der Betriebskosten weiterleiten. **Ab VZ 08** sind höchstens 5000 € (bis 30% von 16 667 €) abziehbar. Der Höchstbetrag ist kindbezogen und wird den Eltern (dem Elternteil, das die Kosten getragen hat) nur einmal gewährt (§ 10 I Nr 9 S 5). Dieser Elternteil ist auch dann abzugsberechtigt, wenn es das Schulgeld zahlt, ohne dazu ggü der Schule aus dem Schulvertrag rechtl verpflichtet zu sein (BFH X R 24/09, BStBl II 12, 321). Wie bei Kinderbetreuungskosten ist eine Zwölftelung des Höchstbetrages nicht vorgesehen. Das gezahlte Schulgeld ist jedoch nur für die Monate abziehbar, in denen die Abzugsvoraussetzungen vorliegen (zB bei Schulwechsel auf eine nicht begünstigte Schule im VZ anteilig). Freiwillige Mehrzahlungen über die vertragl Schulgeldkosten hinaus können uU als Spenden abziehbar sein.

III. Sonderausgaben iSv § 10 Ia

101 **1. Vorbemerkung zu § 10 Ia, sog Korrespondenzbesteuerung.** § 10 Ia wurde durch das ZK-AnpG ab VZ 2015 neu geschaffen. Er fasst alle SA zusammen, für die das Korrespondenzprinzip gilt. Der SA-Abzug beim Zahlenden ist dabei von der Versteuerung der Bezüge beim Empfänger gem § 22 abhängig. Die entspr Tatbestände wurden teilweise ohne inhaltl Änderungen aus § 10 I Nr 1, 1a, 1b in § 10 Ia Nr 1, 2 und 4 übernommen. § 10 Ia Nr 3 enthält auch inhaltl eine Neuregelung. Unter § 10 Ia fallen echte Unterhaltsleistungen (Nr 1), Versorgungsleistungen iRe Vermögensübertragung (Nr 2) sowie Ausgleichsleistungen iZm dem Versorgungsausgleich (Nr 3, 4). In den Fällen des § 10 Ia schließt es der von § 10 I abw Wortlaut aus, dass es sich bei diesen Aufwendungen um WK/BA handeln könnte. Der Abzug kommt nur als SA in Betracht.

102 **2. Realsplitting, § 10 Ia Nr 1.** Die Vorschrift erlaubt es getrennt lebenden und geschiedenen Eheleuten/Lebenspartnern, anstelle des durch die Trennung weggefallenen Splittingvorteils wegen der zw ihnen bestehenden Unterhaltsverpflichtungen eine steuerl günstigere Verteilung ihrer jeweiligen Einkommen zu erreichen. Der SA-Abzug beim Unterhaltsverpflichteten korrespondiert mit der Besteuerung der Unterhaltszahlungen beim Unterhaltsempfänger gem § 22 Nr 1a.

103 **a) Unterhaltsleistungen.** Unter den weit auszulegenden Begriff fallen lfd, gelegentl, auch einmalige Leistungen. Es muss sich um für Zwecke des Unterhalts bestimmte Aufwendungen handeln, unabhängig von der tatsächl Verwendung durch Empfänger (s BFH X B 203/88, BFH/NV 89, 779). Der Unterhaltsbegriff entspricht § 33a (str). Er umfasst danach insb die typischen Aufwendungen zum Bestreiten der Lebensführung (iEinz → § 33a Rn. 9). Andere damit zusammenhängende Nebenkosten sind allerdings nicht als SA abziehbar. Zu berücksichtigen sind sowohl gesetzl geschuldete Pflichtleistungen als auch darüber hinausgehende freiwillige Leistungen. Dies gilt gleichermaßen für Geld- und Sachleistungen. Letztere sind idR mit dem Verkehrswert zu bewerten. So ist zB die Wohnungsüberlassung als Unterhaltsgewährung mögl (BFH X R 33/20, BStBl II 23, 237, Bewertung mit der ortsübl Miete gem § 15 II BewG). Nach BFH XI R 127/96, BStBl II 02, 130 sind nicht nur übernommene nutzungsabhängige Kosten, sondern auch davon unabhängige Kosten wie

Schuldzinsen iRv § 10 Ia Nr 1 als SA abziehbar, aber nicht bei Vermögensübertragungen (BFH XI B 55/02, BFH/NV 03, 167). Zur Abgrenzung Auseinandersetzungs-/Unterhaltskosten s BFH XI R 42/04, BFH/NV 07, 1283. Zahlungen zum Ausgleich von Nachteilen des Ehegatten/Lebenspartner (zB StErstattungen) sind jedenfalls dann als Unterhaltsleistungen zu berücksichtigen, wenn sie von Anfang an vereinbart und im Antrag und in der Zustimmung aufgenommen wurden (BFH XI B 68/07, BFH/NV 08, 372). Vorleistungen des Sozialamts sind (noch) kein als SA abziehbarer Unterhalt (FG Saarl EFG 97, 657, rkr); ebenso wenig Prozesskosten zur Erlangung nachehel Unterhalts, für die auch kein WK-Abzug mögl ist (BFH X R 7/20, BStBl II 24, 288).

b) Begünstigte Empfänger. Das sind geschiedene (§ 1564 BGB) oder dauernd getrennt lebende (§ 1567 BGB) Ehegatten (S 1) und solche, deren Ehe für nichtig erklärt oder aufgehoben wurde (S 5). Begünstigte können gem § 2 VIII EStG, § 15 LPartG auch **eingetragene gleichgeschlechtl Lebenspartner** sein, nicht aber sonstige Lebensgefährten (BFH X B 15/21, BFH/NV 22, 1174; HessFG EFG 15, 112, rkr), auch nicht Kinder (BFH XI B 35–36/99, BFH/NV 00, 841). Allerdings kommt hier ein SA-Abzug bei *eigener* Vertragsverpflichtung des StPfl zu Gunsten dieser Personen in Betracht (→ Rn. 13, 49, 51), sonst nur Abzug über § 33a I. Die Unterhaltsleistungen müssen zu Lebzeiten der begünstigten Empfänger geleistet werden (BFH X R 26/12, BFH/NV 15, 14: Beerdigungskosten keine Leistung an den verstorbenen Ehegatten). 104

c) Höchstbetrag, § 10 Ia Nr 1 S 1, 2. Die Unterhaltsleistungen sind in Höhe von bis zu 13 805 € im Kj für jeden unterhaltenen Ehegatten/Lebenspartner und unabhängig von weiteren Unterhaltszahlungen Dritter als SA abziehbar. Sie sind nach § 22 Nr 1a vom Empfänger als Einnahmen zu versteuern. Dafür müssen grds beide Ehegatten/Lebenspartner **unbeschr stpfl** sein und beide für diesen VZ die entspr Besteuerung wählen. Der SA-Abzug ist darüber hinaus bei Nachweis der Besteuerung auch für Zahlungen ***an* beschr StPfl im EU-Bereich** (§ 1a I Nr 1) sowie außerhalb dieses Bereichs bei **DBA-Zuweisung** des Besteuerungsrechts mögl (EStH 10.2; → Rn. 18). Die SA-Abzugsbeschränkung *ohne* Besteuerung beim Empfänger ist nicht EU-widrig (zu Österreich s EuGH C-403/03, DStR 05, 1265; BFH XI R 5/02, BFH/NV 06, 1069). Zahlungen *durch* beschr StPfl sind nicht abziehbar (§ 50 I 4; → Rn. 18) und daher auch beim unbeschr stpfl Empfänger nicht stbar (§ 22 Nr 1a; BFH X R 18/03, BStBl II 04, 1047). – Der Höchstbetrag von 13 805 € ist verfmäßig (BFH X B 4/11, BFH/NV 12, 214). Er erhöht sich ggf um den Betrag der im jeweiligen VZ nach § 10 I Nr 3 für die Absicherung des geschiedenen/dauernd getrennt lebenden unbeschr stpfl Ehegatten/Lebenspartner aufgewandten KV-/PflV-Beiträge (s **§ 10 Ia Nr 1 S 2**). 105

d) Antrag, § 10 Ia Nr 1 S 3. Er kann jeweils nur für ein Kj gestellt und nicht zurückgenommen werden. – ***(1)* Frist.** Der Antrag ist unbefristet zulässig. Er ist selbst nach Bestandskraft der eigenen und der StFestsetzung des Empfängers noch mögl (Änderung gem § 175 I 1 Nr 2 AO, s BFH XI R 32/05, BStBl II 07, 5). Dies gilt aber nicht, wenn die Zustimmungserklärung des Unterhaltsempfängers dem Geber bereits vor Eintritt der Bestandskraft vorlag; in einem solchen Fall liegt kein rückwirkendes Ereignis iSv § 175 I 1 Nr 2 AO vor (BFH X R 33/12, BStBl II 15, 138). – ***(2)* Form.** Eine besondere Form ist nicht vorgeschrieben. Zu Nachweiszwecken empfiehlt sich aber idR ein schriftl oder zur Niederschrift beim FA erklärter Antrag (Anlage U). Der Antrag kann der Höhe nach beschränkt werden (BFH XI R 33/03, BStBl II 05, 825). Auch eine nachträgl Erweiterung des Antrags ist mögl (BFH XI R 32/05, BStBl II 07, 5), nicht hingegen eine nachträgl Ermäßigung (BFH XI R 121/96, BStBl II 00, 218). Als rechtsgestaltende Erklärung ist der Antrag bedingungsfeindl. – ***(3)* Wirkung.** Der Antrag ist verfahrens- und materiellrechtl Abzugsvoraussetzung (BFH X R 7/20, BStBl II 24, 288). Er bindet dem Grunde (SA, Ein- 106 nahmen) und (von der zulässigen Antragserweiterung abgesehen) auch der Höhe nach für 1 Jahr, muss also jährl neu gestellt werden.

107 **e) Zustimmung, § 10 Ia Nr 1 S 4, 5.** Der Abzug hängt von der Zustimmung des Empfängers ab (S 1). Diese muss tatsächl vorliegen (BFH X B 53/11, BFH/NV 13, 972). – ***(1)* Frist.** Die Zustimmung kann wie der Antrag über die Bestandskraft beider Bescheide hinaus unbefristet nachgeholt werden (→ Rn. 106 – Änderung erfolgt nach § 175 I 1 Nr 2 AO mit nachträgl SA-Abzug; ebenso umgekehrt SA-Streichung bei nachträgl Unwirksamkeit der Zustimmung). – ***(2)* Form.** Gesetzl Formerfordernisse bestehen nicht. Zum Nachweis sollte aber idR eine schriftl oder zur Niederschrift beim FA, auch blanko (BFH XI R 36/05, BFH/NV 08, 792) erklärte Zustimmung erfolgen (s auch Anlage U zur ESt-Erklärung). – ***(3)* Verweigerung.** Die Zustimmung ist Abzugsvoraussetzung, selbst bei rechtsmissbräuchl Verweigerung (BFH X R 137/88, BStBl II 90, 1022). Der Empfänger ist jedoch uU zivilrechtl zur Zustimmung verpflichtet, soweit er keinen finanziellen Nachteil hat (§ 242 BGB, vgl BGH XII R 173/06, DStR 10, 266, *Hagemeier/Joost* NWB 15, 984). Das Zivilurteil bzw der Prozessvergleich ersetzen die Zustimmung (BFH IX R 53/84, BStBl II 89, 192) nach § 894 ZPO, allerdings ohne Dauerwirkung nur für den VZ, der Gegenstand des Zivilverfahrens war (§ 10 Ia Nr 1 S 4; **aA** EStR 10.2 II 1: Dauerwirkung bis zum Widerruf). – ***(4)* Wirkung.** Die Zustimmung ist bedingungsfeindl und kann der Höhe nach beschränkt, aber im VZ nicht später ermäßigt oder zurückgenommen werden (wie → Rn. 106). Anders als der Antrag bindet sie dem Grunde nach auf Dauer, grds auch für Erhöhungen nach S 2. Sie ist jedoch (nur) vor Beginn des Kj, für das sie nicht mehr gelten soll, widerrufl (S 5; BFH XI B 124/06, BFH/NV 07, 903). ESt-Bescheide, die dadurch einen unzutr SA-Abzug ausweisen, sind nach § 173 AO zu ändern (BFH XI R 48/06, BFH/NV 08, 367; *OFD Kbl* DStR 07, 1820). Änderungen der Höhe nach sind jährl auch ohne Widerruf mögl (BFH XI R 33/03, BStBl II 05, 825). Adressat ist nicht der StPfl, sondern das Veranlagungs-FA des StPfl oder Unterhaltenen (BFH XI R 8/03, BStBl II 03, 803; EStH 10.2).

108 **f) Weitere Voraussetzungen und Nachweise, § 10 Ia Nr 1 S 7–9.** Die Angabe der Identifikations-Nr der unterhaltenen Person in der StErklärung des Unterhaltsleistenden ist materielle Abzugsvoraussetzung **(S 7),** dh ohne Angabe kein Abzug. Für beschr stpfl EU/EWR-Bürger ohne Identifikations-Nr gilt die Nachweispflicht gem § 1a I Nr 1 S 2 Buchst b (Bescheinigung der ausl StBehörde). – **S 8** enthält die Verpflichtung des Empfängers, dem Zahlenden seine Identifikations-Nr mitzuteilen. – **S 9** regelt andernfalls die Ersatzbeschaffung der Identifikations-Nr durch das FA des Zahlenden, das allein Zugriff auf die Daten des BZSt hat (§ 139b IV Nr 5 AO). – Die für den SA-Abzug erforderl Nachweise hat iÜ der StPfl zu erbringen (s § 1a I Nr 1 Buchst b; BFH IX B 35/87, BFH/NV 90, 98).

109 **g) Rechtsfolgen der Antragstellung mit Zustimmung.** Es ändert sich der Rechtscharakter der Zahlungen: *Tatsächl erbrachte* Unterhaltsleistungen werden begriffl SA. Nach hM entfällt dadurch ein Abzug als agB auch insoweit, als der Antrag auf einen unter 13 805 € liegenden Betrag beschränkt wird oder die Zuwendungen diesen Betrag übersteigen (BFH III R 23/98, BStBl II 01, 338; EStH 10.2: auch bei Zahlung für verschiedene Jahre). Das soll nach BFH X R 49/07, BFH/NV 10, 1790 auch ohne steuerl Auswirkung beim Geber zur vollen StPfl beim Empfänger nach § 22 Nr 1a führen (str, s auch *Stiller* DStZ 11, 154; BFH X R 15/19, BStBl II 23, 312 zur Änderung beim Empfänger gem § 175 I 1 Nr 2 AO). Ein überhöhter Abzug ist nach § 173 I Nr 1 AO zu ändern, um die Korrespondenz mit § 22 herzustellen (→ § 22 Rn. 103).

3. Versorgungsleistungen bei Vermögensübergaben, § 10 Ia Nr 2

Verwaltungsanweisungen: Die *„Rentenerlasse II und III"* (*BMF* BStBl I 02, 893; *BMF* BStBl I 04, 922) gelten für **Altverträge** bis 2007 auch ab 2008 fort.; für **Neuverträge** ab 2008 s *BMF* BStBl I 10, 227 – *„Rentenerlass IV"*.

a) Allgemeines. Die Vorschrift ermöglicht den SA-Abzug bestimmter Versorgungsleistungen, die mit der Übertragung von Betrieben, Teilbetrieben, MU-Anteilen oder bestimmten GmbH-Beteiligungen zusammenhängen. – ***(1)* Rechtsentwicklung.** Nach § 10 I Nr 1a aF bis 2007 waren SA „auf besonderen Verpflichtungsgründen beruhende Renten und dauernde Lasten, die nicht mit Einkünften in wirtschaftl Zusammenhang stehen, die bei der Veranlagung außer Betracht bleiben". Die BFH-Rspr hatte diese Vorschrift auf Versorgungsleistungen iZm existenzsichernden Vermögensübertragungen angewendet. Sie hatte die ursprüngl auf Altenteilsleistungen uä Betriebsübergaben abzielende Vorschrift ohne Zwang immer weiter ausgedehnt und auf existenzsichernde Versorgungsleistungen aus Erträgen iZm nahezu allen Vermögensübertragungen bis hin zu Grundstücks-, Wertpapier- und sogar Geldübertragungen erstreckt (zu Vermächtniszahlungen als SA gem § 10 I Nr 1a aF s auch BFH X R 30/20, BStBl II 22, 161). Sie hatte selbst Nutzungsvorteile (eigengenutztes Grundstück) ua ersparte Aufwendungen als ausreichende Erträge angesehen (BFH GrS 1/00, BStBl II 04, 95). Dies ging dem Gesetzgeber zu weit. Er hat durch das JStG 2008 (BGBl I 07, 3150) die „Renten und dauernden Lasten" in § 10 I Nr 1a aF durch „lebenslange, wiederkehrende Versorgungsleistungen" abgelöst. Gleichzeitig begrenzte er den SA-Abzug auf Leistungen iZm bestimmten Vermögensübertragungen. Hierdurch entfällt der SA-Abzug vor allem bei Grundstücks-, Wertpapier- und Geldübergaben sowie Nutzungsvorteilen gegen Versorgungsleistungen (→ Rn. 120 „Gegenleistung"; Paus NWB 14, 992). Durch das ZollkodexAnpG (BGBl I 14, 2417) hat der Gesetzgeber die Regelung des § 10 I Nr 1a aF ab VZ 2015 schließl nach § 10 Ia Nr 2 überführt. – ***(2)* Zeitliche Anwendung, § 52 XVIII 1, 2.** Die Neuregelung gilt für alle Versorgungsleistungen iZm ab 2008 vereinbarten Vermögensübertragungen iSv § 10 I Nr 1a aF/§ 10 Ia Nr 2, wohl über den Wortlaut hinaus auch für testamentarische Übertragungen im Todesfall (→ Rn. 120 „Erbschaft"; FG Mster EFG 18, 296, offen gelassen von BFH X R 3/18, BFH/NV 21, 304), nicht aber für gesetzl Gesamtrechtsnachfolge (→ Rn. 142). Dann ist auf den Zeitpunkt des Eintritts des Erbfalls abzustellen, BMF BStBl I 10, 227 Rn. 2, 83. Für die Vermögensübertragung genügt die verbindl Verpflichtung (→ Rn. 114), die tatsächl Übertragung kann mE nachfolgen. Für Altverträge bis Ende 2007 gilt altes Recht mit einer Einschränkung fort: Die Neuregelung gilt auch für Altverträge, bei denen das übertragene Vermögen nur deshalb ausreichenden Ertrag bringt, weil Aufwendungen erspart werden. Diese Einschränkung gilt nicht für die Übertragung eines eigengenutzten Grundstücks; hier gilt altes Recht weiter (§ 52 XVIII 2; *BMF* BStBl I 10, 227 Rn. 82). 111

b) Versorgungsleistungen, § 10 Ia Nr 2 S 1. – ***(1)* Begriff.** Versorgungsleistungen sind ganz oder teilweise existenzsichernde Zahlungen iZm unentgeltl Vermögensübertragungen. Es müssen wiederkehrende Leistungen iZm einer Vermögensübergabe vereinbart werden, meist zur Regelung der (vorweggenommenen) Erbfolge. Der Verzicht auf Pflichtteilsansprüche ist keine derartige Vermögensübergabe (BFH X R 3/18, BFH/NV 21, 304). Wie bei der luf Hofübergabe gegen Altenteilsleistungen muss ertragbringendes Vermögen gegen eine Versorgungsverpflichtung übergeben werden. Aus den nun vom Übernehmer erzielten Erträgen sind wiederkehrende Leistungen als Beitrag zur Existenzsicherung des Übergebers zu erbringen, der sich diese Erträge quasi vorbehält. Solche Übertragungen werden unabhängig von der Gegenleistung als unentgeltl gewertet (BFH IX R 11/19, BStBl II 22, 228; *Dorn* DB 22, 294); sie führen zum Abzug der Versorgungsleistungen als SA und zur Besteuerung der Erträge nach § 22 Nr 1a. Wegen der Unentgeltlichkeit die- 112 ser Vermögensübertragungen führt auch die spätere Ablösung eines dingl gesicherten Rückübertragungsanspruchs weder zu nachträgl AK noch zu Veräußerungskosten (BFH VI R 43/16, BFH/NV 19, 1335). Entspr Leistungen des Übernehmers an den Übergeber teilen das rechtl Schicksal der vereinbarten Versorgungsleistungen. Ab 2008 sind nur Gegenleistungen für die Übertragung in § 10 Ia aufgeführter Vermögenswerte unentgeltl Versorgungsleistungen idS. Entscheidend ist dabei die unentgeltl Versorgung des Übergebers (und uU dessen Angehöriger) außerhalb des Unterhaltsbereichs. Problematisch ist das Verhältnis ESt/ErbSt (s *Röder* DB 08, 146; *Thiele/Beckmann* FR 16, 656; die Doppelbelastung ist verfgemäß, →Rn. 120 „ErbSt"). Die Versorgungsleistungen sind von Veräußerungsentgelten abzugrenzen, die dadurch gekennzeichnet sind, dass die wiederkehrenden Leistungen nach den Vorstellungen der Vertragsparteien so bemessen sind, dass ihr Kapitalwert im Wege kfm Ausgewogenheit dem Verkehrswert des übertragenen Vermögensgegenstands entspricht (iEinz →Rn. 117). Bei Vermögensübertragungen im Generationennachfolgeverbund spricht eine widerlegbare Vermutung gegen ein kfm ausgewogenes Veräußerungsgeschäft (BFH X R 55/99, BStBl II 04, 706; BFH X R 14/06, BStBl II 08, 123; BFH X B 24/13, BFH/NV 14, 845). Bei Vermögensübergaben an andere Personen besteht eine widerlegbare Vermutung für eine kfm Ausgewogenheit von Leistung und Gegenleistung (BFH IX R 11/94, BStBl II 98, 718; BFH X R 2/06, BStBl II 08, 99; BFH X B 196/10, BFH/NV 11, 1856). Versorgungsleistungen müssen auch von Unterhaltsleistungen abgegrenzt werden (→Rn. 117). Hier kommt es maßgebl darauf an, ob das übertragene Vermögen ausreichend ertragsfähig ist, um die Zahlungen an den Übergeber aus den Nettoerträgen zu finanzieren (BFH GrS 1/00, BStBl II 04, 95). In einem solchen Fall liegen keine Unterhalts- sondern Versorgungsleistungen vor. Bei der Übergabe betriebl Einheiten spricht hierfür eine (in Ausnahmefällen widerlegliche) Vermutung (BFH X R 13/09, BStBl II 11, 641). – ***(2)* Lebenslange und wiederkehrende Leistungen.** Die Vorschrift erfasst ab VZ 08 abw von § 10 I Nr 1a aF nur lebenslange Leistungen, also ab Vermögensübergabe bis zum Tod (NdsFG EFG 13, 1486, rkr; FG Köln EFG 14, 1381, rkr). Wiederkehrende Leistungen müssen weder zeitl regelmäßig noch der Höhe nach gleichmäßig, aber auf einem einheitl Rechtsgrund beruhend lfd erbracht werden (s FG BW EFG 16, 1089, rkr; →Rn. 114, 116). Einmalige Zusatzleistungen (zB Beerdigungskosten) können aber dennoch abziehbar sein, weil nicht auf die einzelne Leistung, sondern auf das Bündel sämtl Versorgungsleistungen abzustellen ist (BFH X R 5/04, BStBl II 07, 160 zu Altverträgen, aber →Rn. 120 „Beerdigungskosten", „Grabpflegekosten"). Str ist, ob nach dem nicht ganz eindeutigen Wortlaut („und") auch sonstige wiederkehrenden, aber nicht lebenslangen Leistungen erfasst werden. Dies wird von der FinVerw mE zutr verneint (*BMF* BStBl I 10, 227 Rn. 56; **aA** *Wälzholz* DStR 08, 273). Die Unterscheidung zw Renten/Leibrenten und dauernden Lasten ist bei § 10 Ia Nr 2 – anders als bei § 9 I Nr 1 und § 22 – nicht mehr erforderl (*OFD Ffm* DStR 25, 2432). – ***(3)* Zahlungen zur Ablösung wiederkehrender Bezüge.** Sie sind nicht als SA abziehbar (BFH X R 66/98, BStBl II 04, 830, BFH X R 2/06, BStBl II 08, 99; zu Nießbrauchsablösung →Rn. 114).

113 **c) Allgemeine Abzugsvoraussetzungen. – *(1)* Auf besonderem Verpflichtungsgrund beruhende Zahlungsverpflichtung.** Voraussetzung für den Abzug als SA ist das Vorliegen einer privaten Zahlungsverpflichtung, die sich aus dem Gesetz, einem VA, einem zivilrechtl wirksamen und estl anzuerkennenden Vertrag oder einer letztwilligen Anordnung ergeben kann (s BFH X R 4/20, BFHE 274, 402 zur Vermögensübergabe iRd § 23 HO-RhPf), nicht aber bei gesetzl Erbfolge. Es darf sich nicht um ein Nutzungsentgelt handeln (→Rn. 114, 116). Barzahlung oder Verrechnung sind unschädl, können aber uU die Durchführung von Angehörigenverträgen in Frage stellen. – ***(2)* Kein wirtschaftlicher Zusammenhang mit außer Betracht bleibenden Einkünften, § 10 Ia Nr 2 S 1.** Die Ausgaben dürfen nicht iZm stfreien Einkünften stehen, die bei der Veranlagung außer Betracht bleiben. Die klar-

stellende Einschränkung des § 10 Ia Nr 2 S 1 erfasst nur „Einkünfte" iSv § 2 I, keine nicht stbaren Vorgänge (zB BFH VI 26/62 S, BStBl III 65, 164). Die Teil-StFreiheit nach §§ 3 Nr 40, 40a, der Freibetrag nach § 13 III sowie die AbgeltungSt nach § 32d stehen dem SA-Abzug jedoch nicht entgegen (BMF BStBl I 10, 227 Tz 49, BFH VI R 34/75, BStBl II 76, 539 unter 1a). – ***(3)* Unbeschränkte Steuerpflicht des Empfängers.** Der Empfänger muss unbeschränkt stpfl sein. Ist er dies nicht, hat er aber seinen Wohnsitz in einem EU-/EWR-Mitgliedstaat und lässt sich die Besteuerung der Versorgungsleistungen durch die für ihn zuständige ausl StBehörde nachweisen, besteht die Möglichkeit zur Geltendmachung des SA-Abzugs gem § 1a I Nr 1.

d) Begünstigte Vermögensübertragung, § 10 Ia Nr 2 S 2, 3. – aa) Vertragliche Vereinbarung. Abzugsvoraussetzung ist der idR auf einem Vertrag beruhende Übergang des wirtschaftl Eigentums. Die bloße **Nutzungsüberlassung** genügt ebenso wenig wie die Eigentumsübertragung unter Nutzungsvorbehalt (BFH IV R 52/08, BStBl II 11, 261 mwN; zu „Wirtschaftsüberlassungsverträgen" → Rn. 120, BFH X R 16/13, BStBl II 14, 889, Anm *Kanzler* FR 14, 1090; BFH VI R 59/15, BStBl II 18, 461). Nach § 52 XVIII 1, 2 ist auf die – bindende – vertragl Vereinbarung und die sachl Verhältnisse bei der Übertragung abzustellen. **Mindestvertragsinhalt** sind Art und Umfang des übertragenen Vermögens sowie Höhe, Fälligkeit und Zahlungsart der Versorgungsleistungen (BFH X R 165/90, BStBl II 92, 1020; *BMF* BStBl I 10, 227 Rn. 59; FG Mster EFG 09, 461, rkr). Die zivilrechtl **Form** ist trotz § 41 I AO einzuhalten (zB Schriftform nach § 761 BGB für Leibrenten, so BFH VI 12/62 U, BStBl III 63, 563, str; s auch *Wälzholz* DStR 08, 273; zum Schriftformerfordernis bei *Änderungen* BFH X R 13/09, BStBl II 11, 641, anzuwenden ab 29.7.11, s *OFD Ffm* DStR 11, 2099; *Schuster* NWB 11, 1533; abl *Kesseler* DStR 11, 799). – **Gleitende Vermögensübergaben** sind weiterhin mögl: Behält sich der Übergeber den **Nießbrauch** an dem übergebenen Vermögen vor, wird der ursprüngl sachl Zusammenhang mit der Vermögensübertragung nicht unterbrochen, sodass auch gegen spätere **Nießbrauchsablösung** im Übergabevertrag oder bei Ablösung vereinbarte Versorgungsleistungen *ab diesem Zeitpunkt* nach § 10 Ia abziehbar sein können (BFH X R 34/11, BStBl II 14, 665; *BMF* BStBl I 10, 227 Rn. 25, zu Altverträgen *BMF* BStBl I 10, 227 Rn. 85; *Risthaus* DB 10, 803). Entscheidend ist der *sachl,* nicht der zeitl Zusammenhang. Sonstige Ablösezahlungen sind nicht abziehbar (BFH X R 2/05, BFH/NV 06, 1824). Das gilt für Versorgungsleistungen iZm Nießbrauchsablösung begünstigter Vermögensübertragungen ab 2008, aber auch bei Ablösung sonstiger, jetzt nicht mehr begünstigter Vermögensübertragungen vor 2008 (§ 52 XVIII 2), selbst ohne *vorherige* Ablöseverpflichtung (BFH IX R 32/14, BStBl II 16, 331; *BMF* BStBl I 16, 476; s auch → 35. Aufl 2016, § 10 Rn. 115 mwN). 114

bb) Begrenzung der begünstigten Wirtschaftseinheiten. § 10 Ia Nr 2 S 2, 3 führt die nach früherer Rspr übertragbaren Vermögenswerte auf den betriebl Kernbereich zurück, um einerseits die missbräuchl Verlagerung von Unterhaltszahlungen zu verhindern, andererseits aber die Übertragung und Fortführung von Betrieben nach dem Rückzug des Übergebers zu fördern. Nach der abschließenden gesetzl Aufzählung sind nur Versorgungsleistungen iZm folgenden Vermögensübertragungen als SA abziehbar: – ***(1)* Mitunternehmeranteile an Personengesellschaften, § 10 Ia Nr 2 S 2 Buchst a.** Die Ges muss eine landwirtschaftl, gewerbl oder freiberufl Tätigkeit ausüben, *BMF* BStBl I 10, 227 Rn. 8 ff; BFH IX R 11/19, BStBl II 22, 228. Die Gewinnermittlungsart spielt keine Rolle (zB auch § 5a, § 13a). Der Bezug auf § 15 I 1 Nr 1 schließt *gewerbl geprägte* PersGes ohne gewerbl Tätigkeit iSv § 15 III Nr 2 aus (s BFH X B 118/14, BFH/NV 15, 676; Gestaltungsüberlegungen s *Geck* DStR 11, 962) – nicht aber PersGes, die wegen Abfärbung gewerbl tätig sind, sonstige MUerschaften iSv § 15 I 1 Nr 2 (zB atypisch stille Ges), sowie vergleichbare MUergemeinschaften (Erben-, Güter-) oder gewerbl BesitzGes iRe **Betriebsaufspaltung.** Die Begründung einer BetrAufsp ermöglicht so begünstigte Übertragun- 115 gen einer vermögensverwaltenden PersGes mit den GmbH-Anteilen im BV, s *BMF* BStBl I 10, 227 Rn. 9). Nach *BMF* BStBl I 10, 227 Rn. 8 begünstigt § 10 Ia Nr 2 selbst ohne vollständigen Rückzug des Übergebers über den Wortlaut hinaus wie § 6 III auch die Übertragung von **MUer-Anteilsteilen** (glA *Oertzen/Stein* DStR 09, 1117; *Wälzholz* DStR 08, 273, *ders* FR 08, 641) oder die zusätzl **Ges'terAufnahme** in Einzelunternehmen (s aber BFH X R 48/98, BFH/NV 00, 1468). Offen ist, ob die Mitübertragung von **SonderBV** Voraussetzung für eine begünstigte Anteilsübertragung ist (§ 10 Ia Nr 2 auch bei Übernahme ins PV?). Nach *BMF* BStBl I 10, 227 Rn. 8 muss wie bei § 6 III 1 jedenfalls funktional wesentl SonderBV im selben Verhältnis übergehen, str, → 32. Aufl 2013, § 10 Rn. 115 mwN, zu § 6 III → § 6 Rn. 697). Die begünstigte Übertragung von EinzelWG des BV/SonderBV (§ 6 V) ist jedenfalls nicht mögl. – ***(2)*** **Betriebe/Teilbetriebe, § 10 Ia Nr 2 S 2 Buchst b.** Die Vorschrift betrifft die Übertragung von **Einzelunternehmen** (*BMF* BStBl I 10, 227 Rn. 12 ff). Es muss sich um selbständige Betriebe oder bereits existierende Teilbetriebe iSv § 6 III, § 16 I 1 Nr 1 handeln, die vollständig übergeben werden müssen (mit Filialen, Zweigniederlassungen etc). Auch bei Betriebsverpachtung (*BMF* BStBl I 10, 227 Rn. 11, 12), und bei ruhenden Betrieben greift die Norm ein (glA *Wißborn* FR 10, 322 (324); *Kratzsch* NWB 10, 1964 (1968)). Jeder Betrieb ist gesondert übertragbar, aber nur einheitl entgeltl oder unentgeltl; der Übergeber kann in anderen Betrieben/Teilbetrieben tätig bleiben. Die Übertragung einzelner WG und fiktiver Teilbetriebe iSv § 16 I 1 Nr 1 S 2/§ 17 reicht jedoch nicht aus (s aber Buchst c, *BMF* BStBl I 10, 227 Rn. 14). – ***(3)*** **GmbH-Anteile, § 10 Ia Nr 2 S 2 Buchst c.** Die Vorschrift gilt für die GmbH, für „UnternehmerGes" (Mini-GmbH iSv §§ 2 Ia, 5a GmbHG) und für der GmbH vergleichbare EU/EWR-AuslGes (*BMF* BStBl I 10, 227 Rn. 15, Rechtsformliste *BMF* BStBl I 99, 1076). **Sonstige KapGesAnteile** (zB AG-Aktien) können nicht gleichgestellt werden; hier wird ledigl eine Kapitaleinkunftsquelle übertragen. Zur Problematik s *Wälzholz* DStR 08, 273, *Oertzen/Stein* DStR 09, 1117; *Reddig* DStZ 10, 445. § 10 Ia Nr 2 Buchst c ist indessen nicht auf GesAnteile im BV beschränkt. Die Vorschrift gilt auch für Anteile an vermögensverwaltenden GmbH ohne gewerbl Tätigkeit iSv § 15 I 1 Nr 1 sowie für Beteiligungen iSv **§ 17.** Der Anwendungsbereich ist aber begrenzt auf personengeprägte Ges mit Übertragung mindestens eines hälftigen Anteils an der Ges. Außerdem muss der Übergeber als Geschäftsführer tätig gewesen sein und der Übernehmer muss diese Tätigkeit nach der Übertragung übernehmen, da nur dann von der Aufgabe einer betriebl Tätigkeit gesprochen werden kann (BFH X R 35/16, BStBl II 17, 985). Das Gesetz enthält keine Definition der „Geschäftsführung", gemeint ist wohl die Organstellung *und* die tatsächl Führung der Geschäfte. Wie lange der Übernehmer anschließend Geschäftsführer sein muss, um den SA-Abzug zu erhalten, sagt die Vorschrift nicht. *BMF* BStBl I 10, 227 Rn. 18 begrenzt den Abzug auf die Dauer der Geschäftsführungsübernahme (str). Der Übergeber muss bereits mit mindestens 50% an der GmbH beteiligt sein; der 50%-Anteil bezieht sich auf das Stammkapital, nicht auf das Stimmrecht. Die Bestellung eines weiteren Geschäftsführers neben dem Übergeber ist unschädl. Jede Anteilsübertragung soll nach Ansicht der *FinVerw* alle gesetzl Voraussetzungen für den SA-Abzug erfüllen müssen, eine Heilung durch nachträgl „Aufstockung" auf 50% ist hiernach nicht mögl (*BMF* BStBl I 10, 227 Rn. 16 ff unter fragl Einschränkung stufenweiser Übertragungen und der Übertragung auf mehrere Kinder; zur Problematik s *Seitz* DStR 10, 629). Die Übergabe an bisherige Geschäftsführer reicht aber aus, wenn der Übertragende seine Geschäftsführung aufgibt (*BMF* BStBl I 10, 227 Rn. 18 ff). Sonstige Tätigkeiten des Übertragenden für die GmbH sind ebenso unschädl wie eine fortbestehende Mitbeteiligung als Ges'ter. – ***(4)*** **Wohnteil einer Land- und Forstwirtschaft, § 10 Ia Nr 2 S 3.** Vgl *BMF* BStBl I 10, 227 Rn. 48; *Risthaus* DB 10, 744. *Satz 3* erfasst keine isolierte Immobilienübertragung („Teil der"), begünstigt aber iZm einer LuF-Übergabe *auch* den Teil der Versorgungsleistungen, der auf den Wohnteil entfällt (auch gewillkürtes BV, s *FM SchlH* DStR 12, 240). **Ab VZ 2021** ist Voraussetzung für den Abzug der Aufwendungen nach § 10 Ia

Nr 2 auch die Angabe der IdentifikationsNr (§ 139b AO) des Empfängers in der Steuererklärung des Leistenden. § 10 Ia Nr 1 S 8 und 9 gilt entspr (→ Rn. 108). – ***(5)* Mitübertragung nicht begünstigten Vermögens.** Sie kann bei entspr Abfassung des Übergabevertrages für den begünstigten Teil unschädl sein; dann sind die Leistungen primär dem begünstigten Vermögen zuzurechnen. Nach *BMF* BStBl I 10, 227 Rn. 30 entfällt allerdings die Ertragsbeweiserleichterung gem *BMF* BStBl I 10, 227 Rn. 29. Bei geringfügigen Erträgen des begünstigten Vermögens und ohne Vereinbarung sind die wiederkehrenden Leistungen aufzuteilen (*BMF* BStBl I 10, 227 Tz 47).

e) Ertragsprognose. Die Erbringung von „Versorgungsleistungen" iZm der Übertragung von Vermögen erfordert begriffl eine Abhängigkeit von daraus erzielbaren Einnahmen iSv § 2 I, aus denen die Versorgung des Übergebers ganz oder zT gesichert wird (BFH GrS 4–6/89, BStBl II 90, 847; BFH GrS 1/00, BStBl II 04, 95). Ohne wesentl ertragsbringende Vermögensübertragung iSv § 10 Ia Nr 2 kommt ein SA-Abzug nicht in Betracht. Es liegen dann zB Unterhaltszahlungen vor, deren Abzug § 12 Nr 2 ausschließt. Andererseits führt aber auch nicht jeder Zusammenhang lfd Zahlungen mit einer Vermögensübertragung von WG iSv § 10a I Nr 2 zwingend zu Versorgungsbezügen (→ Rn. 120 „Erbschaft"). – **aa) Grundsatz.** Die wiederkehrenden Leistungen müssen nach den Verhältnissen im Übertragungszeitpunkt durch den durchschnittl Jahresertrag im Übertragungsjahr und in den zwei Folgejahren bzw zwei vorangegangenen Jahren gedeckt sein und sollen nicht höher sein als der langfristig erzielbare Vermögensertrag (*BMF* BStBl I 10, 227 Rn. 26, 27, 34, 35). Dem Verhältnis des *Vermögenswerts* zum Wert der wiederkehrenden Leistungen misst die *FinVerw* iZm unentgeltl Übertragungen keine Bedeutung zu (zu teilentgeltl Übertragungen s aber *BMF* BStBl I 10, 227 Rn. 30, 47, 66 – die *FinVerw* scheint dabei weiterhin ohne Aufteilungsmöglichkeit das „Alles-oder-Nichts-Prinzip" anzuwenden, s *BMF* BStBl I 10, 227 Rn. 66). Auch Versorgungserträge für die Übergabe von Unternehmen ohne ausreichenden Unternehmenswert können daher abziehbar sein (so entgegen BFH GrS 2/00, BStBl II 04, 100 *BMF* BStBl I 10, 227 Rn. 31). – **bb) Ersatz der Ertragsprognose durch Beweiserleichterung.** Bei Fortführung des Unternehmens ohne dessen Verpachtung besteht bei unentgeltl Betriebsübergaben gegen nicht wesentl überhöhte wiederkehrende lebenslange Leistungen eine widerlegbare Vermutung dafür, dass die Erträge ausreichen, um die wiederkehrenden Leistungen in der vereinbarten Höhe zu erbringen (*BMF* BStBl I 10, 227 Rn. 29, 30; BFH GrS 1/00, BStBl II 04, 95 unter II.6d bb für Betriebsübergaben; BFH X R 44/01, BStBl II 05, 133 für die Übertragung einer GmbH-Beteiligung). Nach Verlustphasen besteht keine derartige Vermutung für eine ausreichende Ertragskraft (BFH X R 47/14, BFH/NV 16, 184). Die Vermutung soll nach *BMF* BStBl I 10, 227 Rn. 30 bei gleichzeitiger Übertragung nicht begünstigter WG ebenfalls nicht gelten. Das ist jedenfalls dann fragl, wenn die wiederkehrenden Leistungen vertragl dem begünstigten Vermögen zugerechnet werden (*BMF* BStBl I 10, 227 Rn. 47). – **cc) Ertragsermittlung ohne Beweiserleichterung.** Sie ist in Ausnahmefällen, insb bei verpachteten Betrieben geboten (s iEinz *BMF* BStBl I 10, 227 Rn. 32 ff; zu Problemen und Gestaltungsmöglichkeiten s *Kowanda* DStR 22, 1737). Grundlage ist die Gewinnermittlung, bei LuF nach §§ 4 oder 13a. Unternehmerlohn oder eigenes Geschäftsführergehalt sind nicht abziehbar. AfA und ao Aufwendungen sind den Erträgen hinzuzurechnen. Ersparte Aufwendungen erhöhen bei Neuverträgen nicht mehr den Vermögensertrag. Bei Altverträgen gilt dies auch, aber mit Ausnahme von ersparten Nettomieten, die weiterhin zu berücksichtigen sind (§ 52 XVIII 2; *BMF* BStBl I 10, 227 Rn. 82). 116

f) Folgen nachträglicher Veränderungen. – ***(1)* Grundsatz.** Alle Abzugsvoraussetzungen müssen im Übergabevertrag vereinbart sein und bei Zahlung vorliegen. Abweichungen von der vertragsgemäßen Durchführung sind idR schädl, wenn sie iRe Gesamtbeurteilung darauf hindeuten, dass es am erforderl Rechtsbindungs- 117 willen fehlt (BFH X R 16/09, BFH/NV 11, 428; BFH X R 3/20, BFHE 274, 402); zu Ausnahmen bei Zahlungsverzögerungen, die den Vertrag nicht in Frage stellens BFH X R 10/09, BFH/NV 11, 581, BFH X R 31/09, BFH/NV 11, 583. – *(2)* **Vertragsänderungen.** Sie sind grds nur für die Zukunft und nur bei veränderten Verhältnissen zu berücksichtigen, zB bei langfristig verändertem Versorgungsbedürfnis des Berechtigten oder veränderter wirtschaftl Leistungsfähigkeit des Verpflichteten (s *BMF* BStBl I 10, 227 Rn. 59 ff; *OFD Ffm* DStR 25, 2432; BFH X R 61/01, BStBl II 08, 16). Form → Rn. 114. – *(3)* **Sonstige Veränderungen.** Sie können den Abzug nachträgl begründen oder ausschließen. *Beispiele:* Der Empfänger wechselt seinen Wohnsitz (→ Rn. 113, *BMF* BStBl I 10, 227 Rn. 54); gleitende Vermögensübertragung ab Nießbrauchsablösung oder ab Übernahme bei LuF-Wirtschaftsüberlassung (s *BMF* BStBl I 10, 227 Rn. 22, 85); Betriebsaufgabe des Übernehmers (*BMF* BStBl I 10, 227 Rn. 37); Beendigung der Geschäftsführung durch Übernehmer bei Buchst c (aber → Rn. 115 (3)). Auch Zahlungsunterbrechungen können auf Dauer schädl sein (*BMF* BStBl I 10, 227 Rn. 63; BFH X R 13/09, BStBl II 11, 641, Anm *Kanzler* FR 11, 380; FG Mster EFG 24, 949, Rev X R 6/24). Bei Umschichtung des übertragenen Vermögens ist grds Vorsicht geboten (s iEnz *BMF* BStBl I 10, 227 Rn. 37 ff). Das Behalten und die Fortführung des Unternehmens durch den Übernehmer ist zwar nicht stets Abzugsvoraussetzung. Erforderl ist aber, dass in ertragbringende WG umgeschichtet wird (s BFH X R 55/09, BStBl II 11, 633) und die Versorgungsleistungen weiterlaufen, durch den Erstversorger bei Erwerb eines entspr Ersatz-WG iSv S 2, sei es durch Übernahme der Verpflichtung durch Letzterwerber. Einmalige Ablösungszahlungen sind grds nicht abziehbar (BFH X R 35/10, BFH/NV 11, 782). Unklar bzw missverständl ist, ob und weshalb *BMF* BStBl I 10, 227 Rn. 36 anfängl vertragl vereinbarte Umschichtungen auch innerhalb begünstigten Vermögens generell ausnimmt. Umschichtungen iRv S 2 sollten unabhängig von einer solchen „Verpflichtung" wie nach *BMF* BStBl I 10, 227 Rn. 41 unschädl sein (BFH X R 38/06, BStBl II 11, 622; *HHR/Kulosa* § 10 Rn. 279, *BeckOK EStG* § 10 Rn. 378, str, → 32. Aufl 2013, § 10 Rn. 117 mwN). Zum Ersatz von Naturallasten durch Barleistungen nach Verpachtung der übergebenen LuF s NdsFG EFG 13, 284, rkr. Die Umschichtung früher begünstigten Vermögens in nach 2007 nicht mehr begünstigtes Vermögen soll bei Altverträgen auch ab 2008 mögl sein (s *BMF* BStBl I 10, 227 Rn. 87, 88, nicht zwingend, offen BFH X R 38/06, BStBl II 11, 622 mit Anm *Schuster* HFR 10, 1039).

118 **g) Abgrenzung der Versorgungsleistungen.** Versorgungsleistungen sind von **folgenden Fallkonstellationen abzugrenzen:** – *(1)* **Entgeltliche Übertragungen.** Kaufverträge oder kaufähnl Verträge führen nicht zum SA-Abzug, → Rn. 120 „Gegenleistung"; BMF BStBl I 10, 227 Rn. 5, 6, 65 ff; auch → Rn. 112, 115 (5) zur „unentgeltl" Übertragung nicht nach § 10 Ia Nr 2 begünstigter WG. – *(2)* **Unentgeltliche betriebl Versorgungsrenten.** Sie sind bei betriebl Veranlassung ausnahmsweise Entgelt für die frühere betriebl Arbeitsleistung des Ausscheidenden und damit BA und nicht SA. – *(3)* **Reine Unterhaltsleistungen, § 12 Nr 2.** Sie sind nicht als SA abziehbar.

119 **h) Höhe der absetzbaren Sonderausgaben.** – *(1)* **Versorgungsleistungen iSv 10 Ia Nr 2.** Sie sind als Geld- und Sachleistungen unabhängig von der Abänderbarkeit stets voll abziehbar (und nach § 22 Nr 1a voll zu versteuern, auch als Leibrenten), s *BMF* BStBl I 10, 227 Rn. 52. Die Höhe hängt nicht mehr von der Anpassungsmöglichkeit nach § 323a ZPO (vor 1.9.09 § 323 ZPO) ab (zur Abänderbarkeit bei Heimunterbringung und Pflegebedürftigkeit nach altem Recht s BFH X R 31/20, BStBl II 22, 106; zur Übernahme des Pflegerisikos s BFH X R 3/20, BFHE 274, 402; BFH X R 3/21, BFHE 282, 448); gleichwohl sind Wertanpassungsvereinbarungen im Übertragungsvertrag zu beachten (*BMF* BStBl I 10, 227 Rn. 59 ff, auch zu Änderungsvoraussetzungen; *Wälzholz* DStR 10, 850 (852), *Neufang* StB 10, 234 (238); zu Grenzen s auch BFH X R 61/01, BStBl II 08, 16). Nichtbeanstan-

dungsgrenzen der FinVerw bei unbaren Altenteilsleistungen s *LfSt Bayern* ZEV 24, 340 für 2015–2024;. – *(2)* **Vor 2008 vereinbarte Versorgungsleistungen.** Diese sind weiterhin nach altem Recht abziehbar und zu versteuern (§ 52 XVIII 2, → Rn. 111), echte Leibrenten nur mit dem Ertragsanteil gem § 22 Nr 1 S 3a/bb, die übrigen Renten und dauernden Lasten voll. Die Aufteilung einer einheitl Verpflichtung in eine Leibrente und eine dauernde Last war und ist uU mögl (→ § 22 Rn. 30; *BMF* BStBl I 04, 922 Rn. 27). – *(3)* **Bewertung von Naturallasten.** Sie richtet sich idR nach § 8 II (*BMF* BStBl I 10, 227 Rn. 44). Die Schätzung von **Altenteils-Naturallasten** kann nach SachBezV bzw SvEV erfolgen, sofern deren Anwendung nicht zu einer offensichtl unzutr Besteuerung führt (BFH X B 112/17, BFH/NV 18, 1086); Nichtbeanstandungsgrenzen der FinVerw s *LfSt Bay* DStR 23, 1138). Zum SA-Abzug bei **Wohnungsüberlassung** s *BMF* BStBl I 10, 227 Rn. 46; BFH X B 135/12, BFH/NV 14, 156. Zum Abzug von Instandhaltungsaufwendungen der Altenteilerwohnung s BFH X R 8/14, BStBl II 17, 512; zu Heizungserneuerung s BFH X B 76/11, BFH/NV 12, 1594; Küchenerneuerung FG Mchen EFG 18, 1629, rkr; NdsFG EFG 17, 1168, rkr, zu Gebäudeschäden s auch FG Nbg EFG 15, 1600, rkr. **Seit 2008** ist auch der Wohnteil eines übergebenen LuF-Betriebs bei den Versorgungsleistungen zu berücksichtigen → Rn. 115 *(4)*.

i) ABC der Versorgungsleistungen.

Vorbemerkung: Bei § 10 Ia Nr 2 spielt die Unterscheidung zw Renten und dauernden Lasten für Verträge **ab 2008** keine Rolle mehr, nach wie vor aber für **vor 2008** geschlossene Versorgungsverträge (§ 52 XVIII 2, → Rn. 111, 112; zur Abgrenzung s BFH X R 8/14, BStBl II 17, 51; BFH X R 16/14, BStBl II 17, 517). Insoweit wird auf → 33. Aufl 2014, § 10 Rn. 57 ff verwiesen. **120**

Abänderungsmöglichkeit von Verträgen ab 2008 → Rn. 117.

Abfindungen zur **Ablösung** einer wiederkehrenden SA-Leistungspflicht sind grds nicht als SA abziehbar (→ Rn. 112; Besteuerung → § 22 Rn. 60). Wiederkehrende **Nießbrauchs-Ablösungszahlungen** können unter § 10 Ia Nr 2, § 22 Nr 1a fallen (→ Rn. 114 mwN).

Altenteilslasten als SA/Einkünfte → Rn. 119, → § 13 Rn. 181, sowie Stichwort „Wohnrecht".

Arbeitsleistung. Eigene Arbeit führt nicht zum Abzug von SA, wohl aber Lohnaufwand für fremde Arbeit (s *BMF* BStBl I 10, 227 Rn. 45).

Beerdigungskosten. Ob die Beerdigung noch zur „lebenslangen Versorgung" iSv § 10 Ia Nr 2 gehört, ist fragl (abl NdsFG EFG 13, 1486, rkr, mE zutr). Es handelt sich auch nicht um Unterhaltskosten iSv § 10 Ia Nr 1 (BFH X R 26/12, BFH/NV 15, 14).

Bewertung von „Naturallasten" s dort und → Rn. 119.

Empfänger. Ab 2008 sind nur noch „lebenslange" Versorgungsleistungen abziehbar (§ 10 Ia Nr 2) und vom Empfänger zu versteuern (§ 22 Nr 1a) – damit ohne Zufluss beim Empfänger kein SA-Abzug mehr.

Erbschaft. Zahlungen des Erben aus einer empfangenen Erbschaft können – **(1)** als Gleichstellungsgelder in den Einkünftebereich fallen (BA/WK bzw AK für ein übertragenes WG), – **(2)** als Unterhaltszahlungen nach § 12 Nr 2 oder mangels wirtschaftl Belastung (→ Rn. 4) nicht abziehbar sein oder aber – **(3)** als angemessene **Versorgungsleistungen** zB durch Vermächtnisanordnung iZm testamentarischer oder erbvertragl Übertragung von luf, gewerbl oder freiberufl Betrieben nach § 10 Ia Nr 2 abziehbar sein, wenn sie bei Vermögensübergabe im Wege vorweggenommener Erbfolge abziehbar wären (*BMF* BStBl I 10, 227 Rn. 2 mwN). Das gilt auch nach Schenkungsversprechen von Todes wegen (§ 2301 I 1 BGB; BFH X R 2/06, BStBl II 08, 99). **Voraussetzungen:** – **(a)** Der **Erbe** muss wirtschaftl belastet sein (→ Rn. 4) und Versorgungsleistungen aus den Erträgen des geerbten Vermögens erbringen können. – **(b)** Der **Begünstigte** muss zum gesetzl erbberechtigten Generationennachfolge-Verbund gehören. Ein vor dem Erbfall erklärter Erb- und/oder Pflichtteilsverzicht ist ein zivil- und steuerrechtl unentgeltl Vertrag, der nicht der ESt unterliegt, sodass auch ein SA-Abzug von Erbverzichtsleistungen ausscheidet (BFH VIII R 57/10, BStBl II 14, 56, Anm *Brandt* StBP 13, 121).

Form. Die Beachtung von Formvorschriften ist nach der BFH-Rspr Voraussetzung für den SA-Abzug (str, → Rn. 114, → § 22 Rn. 20).

Freiwillige Zuwendungen sind grds keine SA (→ § 12 Nr 2 Rn. 34).

Gegenleistung. Vgl → § 22 Rn. 105. Wiederkehrende Leistungen iZm einer Vermögensübertragung können kaufpreisähnl Leistungen, Versorgungsleistungen oder Unterhaltsleistungen sein. – **(1) Kaufpreisraten.** Sie sind bei Neu- wie Altverträgen grds AK ohne SA-Abzug, ebenso bei **kauf- und darlehensähnl Vorgängen,** bei denen wiederkehrende Leistungen *entgeltl* im Austausch mit einer gleichwertigen Gegenleistung übernommen werden (s BFH GrS 1/90, BStBl II 92, 78, C I 4d; BFH X R 32–33/01, BStBl II 11, 675; *BMF* BStBl I 10, 227 Rn. 69 ff, auch zu Rechtsfolgen). – **(2) Veräußerungsrente in anderen Austauschfällen.** Es besteht grds kein SA-Abzug, nicht nur bei Gleichwertigkeit der Gegenleistung iSv (1), sondern auch darüber hinaus bei feststehender Bemessung (Zeitrente = Raten, soweit nicht eine Versorgungsleistung iSv (3) vorliegt (*BMF* BStBl I 10, 227 Rn. 56)). – **(3) Versorgungsvertrag als Sonderfall** (§ 10 I Nr 1a idF vor 2008, *BMF* BStBl I 04, 922 für Altverträge; § 10 I Nr 1a idF ab 2008 bis 2014, ab 2015 § 10 Ia Nr 2, *BMF* BStBl I 10, 227 für Neuverträge). Liegen die jeweiligen Voraussetzungen eines Versorgungsvertrags vor (wiederkehrende Leistungen iZm einer Vermögensübergabe), besteht bei Verträgen bis 2007 grds voller Abzug von dauernden Lasten als SA nach § 10 I Nr 1a aF, bei Leibrenten SA-Abzug mit dem Ertragsanteil (S 2 aF). Bei Neuverträgen ab 2008 besteht stets voller Abzug unter Einschränkung der Vermögensgegenstände (§ 10 Ia Nr 2, → Rn. 111 ff, § 52 XVIII 1) mit korrespondierender Besteuerung gem § 22 Nr 1a. – **(4) Unterhaltsrente** s Stichwort unten. – **(5) Bei Nutzungsvorbehalt des Übergebers** liegt grds keine Vermögensübertragung zur Versorgung vor (s *BMF* BStBl I 04, 922 Rn. 12, 18; *BMF* BStBl I 10, 227 Rn. 21, 24). Ebenso bei Vermögensübertragung gegen dauernde Lasten auf Kinder und gleichzeitiger Nießbrauchsübertragung auf Enkel (s FG Mchn EFG 03, 991, rkr).

Grabpflegekosten aus Altverträgen sind iZm anderen Versorgungsleistungen SA (BFH X R 17/09, BStBl II 10, 544). *Ausnahmen:* Eigene „Arbeitsleistung"; Grabkosten für andere Personen (ThürFG EFG 10, 1332, rkr). Neuverträge ab 2008 s „Beerdigung", „Empfänger".

Kapitalablösungen s „Abfindung".

Kaufpreisraten sind keine SA (s „Gegenleistung").

Mindestdauer. Bis 2007 musste für Renten und dauernde Lasten eine Mindestlaufzeit von 10 Jahren gegeben sein. § 10 I Nr 1a idF ab 2008/§ 10 Ia Nr 2 verlangt für Neuverträge lebenslange Zahlung (→ Rn. 112).

Mitunternehmerschaften. Werden Versorgungsleistungen in Fällen geltend gemacht, in denen die Übergabe an eine MUerschaft erfolgt ist, sind die SA in die einheitl und gesonderte Gewinnermittlung der MUerschaft einzubeziehen und nicht in der EStErklärung der einzelnen MUer geltend zu machen (*LfSt Bayern* DStR 22, 619).

Naturallasten gehören zu den Versorgungsleistungen. Zur Bewertung → Rn. 119; s auch „Altenteilslasten", „Wohnrecht".

Nutzungsüberlassung ist bei Altverträgen als dauernde Last abziehbar. Bei Neuverträgen ab 2008 besteht kein SA-Abzug mehr. Zu **Nießbrauchsablösung** → Rn. 114.

Pflegekosten gehören bei rechtl und wirtschaftl Aufwandsbelastung zu den Versorgungsleistungen (BFH XI R 9/84, BStBl II 91, 794; *BMF* BStBl I 10, 227 Rn. 61). *Ausnahme:* Eigene „Arbeitsleistung" (→ § 22 Rn. 12).

Steuerschulden. Die Übernahme von Steuern des Vermögensübergebers kann bei Versorgungsverträgen zum Abzug nach § 10 Ia Nr 2 führen (BFH III R 190/82, BStBl II 86, 714), nicht jedoch die Zahlung der den übernehmenden Eigentümer treffenden Steuern (zB GrSt) und Abgaben (zB BFH X R 196/87, BStBl II 92, 1012).

Unterhaltsrenten sind grds nicht als SA abziehbar (§ 12 Nr 2) und nicht stbar (§ 22 Nr 1 S 2). *Ausnahmen:* Realsplitting (→ Rn. 102 ff), Versorgungsausgleich (→ Rn. 126 ff).

Veräußerungsrente s „Gegenleistung", *BMF* BStBl I 10, 227 Rn. 65.

Wirtschaftsüberlassungsverträge (LuF-Betriebsübergabe zur Nutzung, nicht zu Eigentum). Der Nutzungsberechtigte kann bei **Altverträgen** – neben seinen eigenen BA – grds nicht nur echte Altenteilsleistungen, sondern auch Zins- und Tilgungsleistungen als SA – idR als dauernde Last – absetzen (*BMF* BStBl I 04, 922 Rn. 10; der Überlassende versteuert sie entspr nach § 22 Nr 1). Das ist bei **Neuverträgen** ab 2008 gem § 10 Ia Nr 2 S 2 nicht mehr mögl (keine „Vermögensübertragung"; *BMF* BStBl I 10, 227 Rn. 22; BFH X R 16/13, BStBl II 14, 889). Ab VZ 2008 können die Leistungen iZm Wirtschaftsüberlassungsverträgen als BA abziehbar sein (BFH VI R 59/15, BStBl II 18, 461). Vgl → § 13 Rn. 141 ff mwN.

Wohnrecht. Zu SA-Abzug bei Altverträgen → 29. Aufl 2010, § 10 Rn. 65. **Ab 2008** Beschränkung auf den Wohnteil übergebener LuF-Betriebe (§ 10 Ia Nr 2 S 2, 3, → Rn. 143). Wird ein Wohnrecht als Altenteilsleistung iRe eines Hofübergabevertrags vereinbart, sind die entspr Aufwendungen daher auch ab 2008 weiterhin als SA abziehbar.

Zeitrenten. Entgeltl Zeitrenten führen nicht zu SA (s „Gegenleistung"), unentgeltl Zeitrenten allenfalls aus Altverträgen vor 2008 (nicht „lebenslang" nach § 10 Ia Nr 2, → Rn. 112).

4. Versorgungs*ausgleichs*leistungen, § 10 Ia Nr 3, 4. – a) Allgemeines. 126
→ § 22 Rn. 115; *BMF* BStBl I 23, 611, s auch *BMF* BStBl I 13, 1087 Rn. 270 ff; *Schrifttum* → 32. Aufl 2013, § 10 Rn. 66; *Wälzholz* DStR 10, 465; *Pelke* NWB 14, 1967. Der Versorgungsausgleich wurde ab 1.9.09 durch das VAStrRefG grundlegend reformiert. Hiernach werden in der Ehezeit erworbene Anrechte grds innerhalb des jeweiligen Versorgungssystems oder ausnahmsweise extern geteilt (§§ 10–13 und §§ 14–19 VersAusglG). Das VersAusglG gestattet außerdem weitgehende Vereinbarungen der Eheleute über den Versorgungsausgleich (§ 6 VersAusglG). Für Lebenspartner gilt dies nach § 20 LPartG entspr. § 10 Ia Nr 3, 4 wurden ab VZ 2015 neu in das EStG eingefügt. Sie fassen die Regelungen des SA-Abzugs zum Versorgungsausgleich zusammen. Zur **Rechtslage bis VZ 2014** → 38. Aufl 2019, Rn. 151.

b) Ausgleichsleistungen *zur Vermeidung* eines Versorgungsausgleichs, § 10 127
Ia Nr 3. – aa) Voraussetzungen. Die Vorschrift gestattet **ab VZ 2015** den SA-Abzug für alle Ausgleichszahlungen zur Vermeidung des Versorgungsausgleichs gem § 6 I Nr 2, § 23 VersAusglG sowie §§ 1408 II und 1587 BGB. Voraussetzung ist die Zustimmung des Empfängers zum Antrag des Verpflichteten gem § 10 Ia Nr 1 S 3–5 (→ Rn. 106–107) mit entspr Besteuerung nach § 22 Nr 1a. Begünstigt sind auch Abfindungen, die iRd familiengerichtl Versorgungsausgleichs (§ 1587 BGB) auf Verlangen des anderen Ehegatten an dessen Versorgungsträger geleistet werden, damit dort ein bestehendes Anrecht auf Altersversorgung ausgebaut oder ein neues Anrecht begründet werden kann (§ 23 I VersAusglG). Die Ausgleichszahlungen sind unabhängig davon als SA abziehbar, ob sie eine beamtenrechtl, eine öffentl-rechtl, eine private oder eine betriebl Altersversorgung betreffen. § 10 Ia Nr 3 soll die steuerl Gleich-

behandlung der verschiedenen Ausgleichsleistungen gewährleisten (BMF BStBl I 23, 611 Rn. 10; BT-Drs 18/3441, 56). **Ab VZ 2017** setzt der SA-Abzug außerdem voraus, dass der Empfänger unbeschr estpfl ist, um die Besteuerung nach § 22 Nr 1a bei ihm zu sichern; für EU/EWR-Empfänger gilt § 1a I Nr. 1 (→ Rn. 130). **Ab VZ 2020** ist zur Sicherung des Korrespondenzprinzips außerdem die Angabe der Identifikations-Nr des Ausgleichsberechtigten materiell-rechtl Voraussetzung für den SA-Abzug beim Verpflichteten. § 10 Ia Nr 1 S 8, 9 gilt entspr (→ Rn. 108).

128 **bb) Abgrenzung zu Wiederauffüllungszahlungen eigner Versorgungsanwartschaften.** Nach dem mE eindeutigen Wortlaut betrifft § 10 Ia Nr 3 nicht die Zahlungen eines Beamten zur Wiederauffüllung *eigener* Anwartschaften *nach* Durchführung des Versorgungsausgleichs. Diese sind weiterhin als WK abziehbar (ebenso *HHR/Kulosa* § 10 Rn. 284; *BMF* BStBl I 23, 611 Rn. 15; s auch BFH VI R 22/15, BStBl II 17, 999 zum WK-Abzug von Zahlungen zur Erlangung höherer ruhegehaltsfähiger Dienstzeiten und BFH X R 39/14, BFH/NV 17, 888 zur Zahlung von Versorgungszuschlägen eines beurlaubten Beamten: keine Erlangung eines Rentenrechts).

129 **cc) Rechtsfolgen.** Diese sind der Abzug des vollen Abfindungsbetrages beim Zahlenden und dessen Besteuerung beim Empfänger nach § 22 Nr 1a im Jahr der Zahlung (§ 11). Ohne die Besteuerung scheidet der SA-Abzug aus.

130 **c) Ausgleichszahlungen beim Versorgungsausgleich, § 10 Ia Nr 4.** Die Vorschrift übernimmt § 10 I Nr 1b aF ohne sachl Änderung. Sie gewährleistet den SA-Abzug für bestimmte Ausgleichszahlungen iRd des (schuldrechtl) Versorgungsausgleichs. Die Ausgleichszahlungen sind als SA abziehbar, *soweit* die zu Grunde liegenden, dem *Ausgleichsverpflichteten* zustehenden Versorgungsbezüge *bei diesem* der Besteuerung unterliegen (also zB die zu teilende, von ihm nach § 22 voll oder mit dem Ertragsanteil zu versteuernde Rente).

131 **aa) Schuldrechtlicher Versorgungsausgleich.** Die in Bezug genommenen zivilrechtl Vorschriften betreffen den schuldrechtl Versorgungsausgleich. Bei seit dem 1.9.09 eingereichten Scheidungen werden Versorgungsansprüche und Versorgungsanwartschaften grds beim öffentl-rechtl Versorgungsausgleich berücksichtigt. Einen schuldrechtl Versorgungsausgleich sieht § 6 VersAusglG vor, nach dem eine Vereinbarung über den Versorgungsausgleich in notarieller Form (§ 7 VersAusglG) getroffen werden kann. Bezieht der ausgleichspflichtige Ehegatte eine lfd Versorgung aus einem noch nicht ausgeglichenen Anrecht, kann der ausgleichsberechtigte Ehegatte von ihm den Ausgleichswert als schuldrechtl Ausgleichsrente verlangen (§ 20 VersAusglG). IHd Ausgleichsrente kann er zudem die Abtretung des Anspruchs gegen den Versorgungsträger beanspruchen (§ 21 VersAusglG). § 22 VersAusglG gewährt einen Anspruch auf Zahlung des Ausgleichswerts aus Kapitalzahlungen des Versorgungsträgers. § 26 VersAusglG regelt in bestimmten Fällen Ansprüche gegen Witwer/Witwen der ausgleichspflichtigen Person. Ein SA-Abzug ist außerdem mögl, wenn die Ehegatten einen Versorgungsausgleich zwar vertragl ausgeschlossen haben, sie als Scheidungsfolge aber Zahlungen vereinbaren, die der Sache nach einen schuldrechtl Versorgungsausgleich bewirken sollen (BFH X R 36/09, BStBl II 14, 109).

132 **bb) Besteuerung beim Ausgleichspflichtigen.** Der SA-Abzug ist nur insoweit zulässig, als die auszugleichenden Einnahmen beim *Ausgleichspflichtigen der Besteuerung unterliegen.* Beim Empfänger der Ausgleichszahlungen ist der entspr Betrag nach § 22 Nr 1a *korrespondierend* zu besteuern, und zwar ohne Rücksicht auf die steuerl Auswirkung des SA-Abzugs. Bei stfreien Versorgungsbezügen besteht somit kein SA-Abzug (BMF BStBl I 23, 611 Rn. 30; ggf hat eine Aufteilung („soweit") zu erfolgen (s BFH X R 7/14, BFH/NV 15, 824; FG Köln EFG 20, 440, rkr). Der **Zeitpunkt** des SA-Abzugs und der Besteuerung richten sich nach der Besteuerung beim Verpflichteten nach Versorgungseintritt.

cc) Unbeschränkte Steuerpflicht des Ausgleichsberechtigten. Der SA-Abzug erfordert, dass der Ausgleichsberechtigte unbeschr estpfl ist. Bei Empfängern in EU/EWR-Staaten ist der SA-Abzug auch gestattet, wenn die Besteuerung beim Empfänger durch Bescheinigung der ausl Finanzbehörde nachgewiesen wird (§ 1a I Nr 1). **Ab VZ 2020** gilt § 10 Ia Nr 3 S 3 entspr (→ Rn. 127). 133

IV. Abzugsbeschränkungen; Verfahren, § 10 II, IIa, IIb, IIc

1. Allgemeine Abzugsvoraussetzungen, § 10 II 1. § 10 II 1 enthält Abzugsbeschränkungen dem Grunde nach für *alle* Vorsorgeaufwendungen iSv § 10 I Nr 2, 3, 3a. – **a) Zusammenhang mit stfreien Einnahmen, § 10 II 1 Nr 1.** S *BMF* BStBl I 17, 820 Rn. 199 ff. Es darf kein unmittelbarer wirtschftl Zusammenhang mit stfreien Einnahmen bestehen. Zweck dieser Vorschrift ist es, einen doppelten steuerl Vorteil auszuschließen (SA-Abzug ohne Einnahmenbesteuerung, ähnl § 3c zu BA/WK; § 10 Ia zu Versorgungsleistungen). Ein solcher Zusammenhang von Vorsorgeaufwendungen mit stfreien Einnahmen besteht, wenn die Einnahmen und die Aufwendungen durch dasselbe Ereignis veranlasst sind, dh wenn der StPfl stfreie Einnahmen erzielt und dieser Tatbestand gleichzeitig Pflichtbeiträge auslöst. Der unmittelbare wirtschaftl Zusammenhang ist dadurch gegeben, dass die stfreien Einnahmen verpflichtend der Finanzierung der Vorsorgeaufwendungen (zB von Zukunftssicherungsleistungen des ArbG iSv § 3 Nr 62) dienen, BFH X R 62/09, BStBl II 12, 721. Es muss sich eine klar abgrenzbare, unlösbare **Beziehung der Vorsorgeaufwendungen mit stfreien Einnahmen** feststellen lassen. Dazu genügt eine wirtschaftl Bindung dem Grunde und der Höhe nach, etwa durch Berechnung nach stfreien Einnahmen. So werden ausl Pflichtbeiträge durch im Inl stfreie ausl Einnahmen ausgelöst, unabhängig von einer späteren Rentenbesteuerung im Inl. Dies gilt selbst dann, wenn die Beiträge (im Ausl) nicht abziehbar sind (BFH X R 25/21, BFHE 279, 169; BFH I R 19/19, BFH/NV 21, 1357; zu schweizer Pensionskassen *BMF* BStBl I 16, 759 mit Anm *Miessl* IStR 16, 779, BFH VIII R 40/11, BStBl II 16, 675; s auch BFH X R 10/15, BStBl II 17, 1251, *BMF* BStBl I 17, 820 Rn. 4; zu Grenzgängern Österreich *Wurmsdobler* IStR 09, 758; zu USA *Portner* BB 15, 1952). – ***Weitere Beispiele:*** SV-Beiträge für nach § 3 Nr 39 aF stfreie geringfügige Beschäftigung (s *OFD Ffm* DStR 01, 1434); RV-Beiträge aus stfreiem Verletztengeld nach §§ 45 ff SGB VII (FG RhPf EFG 15, 1196, rkr); Altersvorsorgeaufwendungen bei Beschäftigten des Europäischen Patentamts (FG Mchn DStRE 15, 1483,rkr) oder bei stfreiem ArbLohn von einer zwischenstaatl Einrichtung (BFH X R 17/22, BFH/NV 23, 1440); ausl KV-/RV-Beiträge bei im Inl stfreier AuslBeschäftigung (BFH I R 73/09, BFH/NV 11, 773; NdsFG EFG 17, 124; BFH X R 23/17, BStBl II 20, 763; BFH I R 55/20, BFH/NV 23, 801); inl SV-Beiträge eines im EU-Ausl tätigen ArbN (BFH I R 19/19, BFH/NV 21, 1357) oder im Inl stfreie Renten (FG Ddorf EFG 15, 1355, rkr); StBefreiung nach Montage- oder Auslandstätigkeitserlass (BFH VI R 97/77, BStBl II 81, 16), nach § 3 Nr 14 stfreie RV-Zuschüsse zur KV (FG Bln EFG 92, 661, rkr); wohl auch Eigenanteile der Rentner zur KV iHd anteiligen StFreiheit der Rente nach § 22 I 3 Buchst a aa S 4; § 10 I Nr 5 und § 3 Nr 33, 34a. Pauschal versteuerte Einnahmen sind nicht stfrei iSv § 10 II (str, glA *HHR/Kulosa* § 10 Rn. 304). Bei nachträgl Wegfall der StPfl der Einkünfte (zB Übertragung von „Versorgungsansprüchen" nach § 3 Nr 55e ins stfreie Ausl) entfällt mE nicht nur der SA-Abzug für die Übertragungswerte, sondern es muss auch die rückwirkende Streichung bereits erfolgter SA-Abzüge vorgenommen werden. Ausl SA → Rn. 21 ff, stfreier SA-Ersatz → Rn. 6. – Ein **mittelbarer Zusammenhang** reicht nicht, sodass aus stfreien Einnahmen finanzierte freiwillige Vorsorgeaufwendungen zB für KV nicht unter das Abzugsverbot des § 10 II 1 Nr 1 fallen (BFH VI R 97/77, BStBl II 81, 16, FG Köln EFG 14, 1572, rkr). – Mit der in allen offenen Fällen anzuwendenden Einfügung von § 10 II 1 Nr 1 Buchst a–c durch das „JStG 2018" (BGBl I 18, 2338) und die Änderung des Buchst a durch das JStG 2020 (BGBl I 20, 3096) hat der 136

Gesetzgeber die Rspr des EuGH (C-20/16, BStBl II 17, 1271 – Bechtel) umgesetzt. Die Regelung gilt für alle Vorsorgeaufwendungen. Der SA-Abzug wird hierdurch auf Vorsorgeaufwendungen iZm Einnahmen aus der EU, dem EWR und der Schweiz ausgeweitet (BFH X R 23/17, BStBl II 20, 763; *BMF* BStBl I 20, 1216). Auf die Einkunftsart kommt es nicht mehr an (erneute Änderung des § 10 II 1 Nr 1 durch das **JStG 2024,** BGBl I 24 Nr 387 mit Rückwirkung auf alle offenen Fälle, s § 52 XVIII 4 idF JStG 2024); zuvor enthielt das Gesetz eine Beschränkung auf Einkünfte aus § 19. Allerdings hatte der BFH diese Einschränkung schon zuvor in unionsrechtskonformer Auslegung nicht angewendet, zB wenn der StPfl eine vom Bestehen eines (ehemaligen) ArbVerh abhängige gesetzl Altersrente bezieht (BFH X R 11/20, BFHE 275, 52) sowie im Hinblick auf die Niederlassungsfreiheit bei Gewerbetreibenden und Freiberuflern (BFH X R 28/21, BFHE 280, 494). § 10 II 1 Nr 1 Buchst c ist ebenfalls grds unionsrechtskonform, wobei die Abzugsfähigkeit der SV-Beiträge in den jeweiligen Versicherungssparten gesondert zu betrachten ist (BFH X R 11/20, BFHE 275, 52; BFH X R 28/20, BFHE 275, 63; dazu auch *BMF* BStBl I 25, 964). Eine doppelte Berücksichtigung der näml SV-Beiträge im Inl und im Tätigkeitsstaat ist unionsrechtl darüber hinaus nicht geboten (BFH X R 16/20, BFH/NV 22, 410; BFH I R 55/20, BFH/NV 23, 801; zweifelnd bei ausl Minimalentlastung *Reddig* DStR 23, 1875).

137 **b) Sonderregelung für Kranken- und Pflegeversicherung. § 10 II 1 Nr 1 Hs 2** stellt (ab VZ 2010) stfreie Zuschüsse zu einer (privaten) KV/PflV *insgesamt* in einen unmittelbaren wirtschaftl Zusammenhang mit den Vorsorgeaufwendungen iSv § 10 I Nr 3. Grund ist die Gleichbehandlung mit der gesetzl KV/PflV (ohne stfreie ArbG-Zuschüsse). Daher besteht kein anteiliger Abzug von Beiträgen zur Absicherung nicht unter § 10 I Nr 3 fallender Mehrleistungen und stfreier Zuschüsse (zB § 3 Nr 14, 57, 62; s BFH IX R 43/13, BStBl II 15, 257; FG Mster EFG 18, 2016). Als ArbLohn stpfl Zuschüsse stehen jedoch dem Abzug nach § 10 I Nr 3a nicht entgegen.

138 **c) Bestimmte Zahlungsempfänger, § 10 II 1 Nr 2.** Begünstigt sind nur Vorsorgeaufwendungen an bestimmte Zahlungsempfänger. Dazu zählen inländische sowie EU/EWR-Versicherungsunternehmen mit Inlandszulassung **(Buchst a S 1).** Seit 2013 gehören dazu auch sonstige Einrichtungen, die entspr Ansprüche auf Absicherung im Krankheits- oder Pflegefall gewähren, auch außerhalb des EU-Bereichs **(Buchst a S 2)** und auch für StPfl ohne Wohnsitz oder gewöhnl Aufenthaltsort im Inl **(Buchst a S 3).** Die Vorschrift begünstigt aber keine Beiträge an eine (aufsichtsfreie) Unterstützungskasse, die keinen Rechtsanspruch auf ihre Leistungen gewährt (BFH X R 12/19, BFHE 270, 409; BFH X R 15/22, BFH/NV 23, 1397, zu einem Solidarverein). Seit 2005 sind auch alle berufsständischen Versorgungseinrichtungen iSv § 10 I Nr 2 **(S 1 Buchst b),** alle (auch ausl) SV-Träger (**S 1 Buchst c;** Verzeichnis *FM SchlH* IStR 13, 512) und seit 2006 alle anderen Anbieter von Altersvorsorgeverträgen gem § 80 **(S 1 Buchst d)** begünstigt.

2. Besondere Abzugsvoraussetzungen und Verfahrensvorschriften, § 10 II 2, IIa, IIb, IIc

Schrifttum: *Risthaus* DStZ 09, 669; *Myßen/Wolter* NWB 09, 2313 und *dies* NWB 11, 280; *Harder-Buschner/Jungblut* NWB 09, 2636; *Grün* DStR 09, 1457; *Wißborn* NWB 10, 2531.

141 **a) Rechtsentwicklung.** § 10 II 2 aF betraf die Einschränkung des SA-Abzugs für den Finanzierungseinsatz von **LV mit Kapitalwahlrecht** iSv § 10 I Nr 2 Buchst b bb–dd aF vor 2005. Da die Vorschrift seit 2005 aufgehoben ist und nur noch für vor 2005 abgeschlossene Versicherungsverträge fortgilt, wird auf → 28. Aufl 2009, § 10 Rn. 186–199 und *BMF* BStBl I 00, 1118 verwiesen. Zur Umschuldung s BFH VIII R 30/09, BStBl II 14, 153; zu Zinscap-Gebühren s BFH VIII R 49/09, BStBl II 14, 156, zur Gewährung zinsloser Darlehen unter Verwendung von Darlehensvaluta, die mit einer LV besichert ist s BFH VIII R 3/15, BStBl II 19, 235, zu lfd Beitragsleistungen iSv § 10 I Nr 2 Buchst b dd aF s BFH X R 21/16, BStBl II 19, 157, zur Umschuldung bei Forwarddarlehen s BFH VIII R 6/18, BStBl II 21, 764. Seit **2010** gilt ein bundeseinheitl Zer-

tifizierungsverfahren mit dem Ziel, dass der Anbieter der zentralen Stelle (§ 81) die für den SA-Abzug erforderl Daten per Datensatz übermitteln kann, was dem StPfl die Abgabe einer elektronischen StErklärung erleichtert. Diese zunächst nur für **Altersvorsorgeverträge** geltende Regelung wurde ausgedehnt auf Beiträge zu **KV** und **PflV** iSv § 10 I Nr 3 (Abs 2b). Abs 2 enthält Vorschriften über die Abzugsvoraussetzungen; Abs 2a und Abs 2b regeln das Verfahren. **Ab 2017** wurde § 10 IIa an die Datenübermittlung durch Dritte in § 93c AO angepasst. **Ab 2019** wurden § 10 II und § 10 IIa an die DSGVO angepasst. § 10 IIb wurde neu eingefügt (2. DSAnpUG-EU, BGBl I 19, 1626).

b) Sachliche Abzugsvoraussetzungen für Beiträge zur kapitalgedeckten Altersversorgung, § 10 II 2. Die Vorschrift gilt ausschließl für Beiträge zu einer kapitalgedeckten Altersversorgung und für die Absicherung gegen Berufsunfähigkeit oder Erwerbsminderung iSv § 10 I Nr 2 Buchst b. Die Beiträge müssen zugunsten eines Vertrags geleistet werden, der nach § 5a AltZertG zertifiziert ist Die Zertifizierung von Verträgen zur Altersvorsorge iSv § 10 I Nr 2 Buchst b nach dem AltZertG durch das **BZSt** als Zertifizierungsstelle nach § 3 AltZertG ist (anfechtbarer) **Grundlagenbescheid** iSv § 171 X AO für die Veranlagung und materielle Voraussetzung für den SA-Abzug der Beiträge. Im BStBl I werden lfd ergänzte **Aufstellungen zertifizierter Verträge gem § 10 AltZertG** veröffentlicht. Das in § 10 II 2 Nr 2 aF vorgesehene Einwilligungserfordernis wurde durch Art 74 Nr 1a) aa) 2. DSAnpUG-EU (BGBl I 19, 1626) ab VZ 2019 aufgehoben, da die Verarbeitung personenbezogener Daten durch die *FinVerw* nach der DSGVO ohne gesonderte Einwilligung zulässig ist, wenn sie für die Wahrnehmung einer im öffentl Interesse liegenden Aufgabe erforderlich ist. Entsprechende Ermächtigungsgrundlagen wurden in § 10 IIa und § 10 IIb in das EStG eingefügt. Die Datenverwendung ist verfgemäß (BFH II R 49/10, BStBl II 12, 168). 142

c) Datenübermittlung bei Beiträgen zur kapitalgedeckten Altersversorgung, § 10 IIa. Die Vorschrift regelt die Datenübermittlung der Beiträge nach § 10 I Nr 2 Buchst b. Sie enthält die datenschutzrechtliche Ermächtigungsgrundlage, die die mitteilungspflichtigen Stellen verpflichtet, die in § 10 IIa 1 genannten Daten auch ohne Einwilligung des Betroffenen zu übermitteln. § 10 IIa 2 verweist auf § 22a II. Der Leistungsempfänger hat hiernach seine Identifikations-Nr sowie seinen Geburtstag mitzuteilen; die Vorschrift bestimmt ferner wie zu verfahren ist, wenn der Leistungsempfänger der Mitteilungspflicht nicht nachkommt. 143

d) Datenübermittlung und Bonusleistungen bei Beiträgen zur Basis-Krankenversicherung und Pflegeversicherung, § 10 IIb. – aa) Datenübermittlung. Die geleisteten und erstatteten Beiträge nach § 10 I Nr 3 für die Basis-KV-/PflV sowie weitere Daten sind elektronisch zu übermitteln. Für Beiträge nach § 10 I Nr 3a gilt dies nicht. Mitteilungspflichtig sind Versicherungsunternehmen (private KV/PflV), Träger der gesetzl KV/PflV, die Künstlersozialkasse oä Einrichtungen iSv § 10 II 1 Nr 2 Buchst a S 2 als mitteilungspflichtigen Stellen iSv § 93c I AO. Der Umfang der Datenübermittlung ergibt sich aus § 10 IIb 1. Eine Datenübermittlung ist nach § 10 IIb 4 nicht vorzunehmen, soweit die Daten der *FinVerw* mit der elektronischen LSt-Bescheinigung oder Rentenbezugsmitteilung bereits vorliegen. § 22a II gilt nach § 10 IIb 5 entspr (→ Rn. 143). Das BZSt ist gem § 10 IIb 6 (wie nach § 10 IIa 8 Nr 1 aF) zuständige Stelle für den Prüfdienst. Der **Übermittler haftet** nach **§ 10 IIb 7 EStG iVm § 72a IV AO** für entgangene Steuern durch vorsätzl oder grob fahrlässige Falschmeldung (wohl wie in § 10b IV 4 nur subsidiär für den Fall, dass die Steuer vom StPfl nicht nacherhoben werden kann und damit „entgeht“). Der Haftungsbetrag beläuft sich auf pauschal **30 %** des zu hoch ausgewiesenen Betrages, wohl wie bei § 10b IV 3 unabhängig von der tatsächl steuerl Auswirkung. 144

bb) Bonusleistungen. – (1) Rechtslage ab VZ 2025. Nach § 10 IIb 2, 3 (eingefügt durch das JStG 2024, BGBl I 24 Nr 387) gelten Bonusleistungen nach **§ 65a SGB V** (Anreiz zur Inanspruchnahme von Leistungen zur Erfassung gesundheitlicher 145

Risiken und zur Früherkennung von Krankheiten sowie von Schutzimpfungen) **bis 150 € pro Jahr** und versicherter Person nicht als Beitragserstattung. Übersteigende Beträge gelten hingegen als Beitragserstattung (Folge: Kürzung des SA-Abzugs für KV-Beiträge); der StPfl kann allerdings das Gegenteil nachweisen. Die Regelung soll den (in Relation zur geringen stl Auswirkung erhebl) Verwaltungsaufwand vermeiden, der mit einer einzelfallbezogenen Würdigung der Bonusleistungen verbunden wäre (BT-Drs 20/12780, 135). Für Prämienzahlungen bei Nichtinanspruchnahme von Leistungen in Wahltarifen (§ 53 II SGB V) gilt die Regelung hingegen nicht; insoweit liegt stets eine Beitragserstattung vor (BFH X R 41/17, BStBl II 18, 648). Auch auf Bonuszahlungen der privaten KV ist § 10 IIb 2 nicht anwendbar. Der richtige Standort für diese materiellrechtl Regelung wäre Abs 1 Nr 3 oder Abs 4b gewesen, nicht aber die rein verfahrensrechtliche Vorschrift des Abs 2b. Gleichwohl gilt die Vereinfachungsregelung nicht nur für Zwecke der Datenübermittlung, sondern hat auch materiellrechtl Wirkungen für Abs 1 Nr 3; so ist auch die Gesetzesbegründung zu verstehen (BT-Drs 20/12780, 135). – **(2) Rechtslage bis VZ 2024.** – **Rspr.** Die Erstattung von konkretem Aufwand des StPfl für gesundheitsfördernde Maßnahmen war als Versicherungsleistung, nicht aber als Beitragserstattung anzusehen (BFH X R 17/15, BStBl II 16, 989). Dies galt auch, wenn tatsächlicher gesundheitsbezogener Aufwand des StPfl durch einen *realitätsgerechten* Pauschalbonus abgegolten wurde (BFH X R 16/18, BStBl II 22, 109 Rn. 25 f). Bonusleistungen ohne konkrete Aufwendungen des StPfl (zB für Nichtraucher oder Normalgewichtige) waren hingegen als Beitragserstattungen anzusehen (BFH X R 16/18, BStBl II 22, 109 Rn. 27 f). – **FinVerw.** Sie hat schon vor 2025 eine Vereinfachungsregelung angewendet, die der heutigen Gesetzeslage entsprach (Freibetrag von 150 € pro Jahr und versicherter Person; *BMF* BStBl I 24, 209; zu verfahrensrechtl Fragen *BMF* BStBl I 22, 1437).

146 **e) Datenübermittlung bei Beiträgen zur Basis-Altersversorgung, § 10 IIc.** Für **ab 2028** (§ 52 XVIII 5) geleistete Altersvorsorgeaufwendungen nach § 10 I Nr 2 Buchst a (Basis-Altersversorgung) müssen auch die Rentenversicherungsträger die Beitragsdaten elektronisch übermitteln, soweit diese Daten nicht schon (was bei ArbN der Regelfall ist) mit der elektronischen LStBescheinigung zu übermitteln sind (§ 10 IIc idF **JStG 2024,** BGBl I 24 Nr 387). Zum Abruf der Identifikationsnummer durch die Rentenversicherungsträger s § 52 XXXb 3–5.

147 **f) Sonstige Vorschriften.** – ***(1)* Information.** Der StPfl ist über die Meldung zu informieren **(§ 93c I Nr 3 AO).** – ***(2)* Korrekturen/Bescheidänderung.** Fehlerhafte Meldungen sind 7 Jahre lang richtig zu stellen **(§ 93c II AO).** Die Bescheidänderungsvoraussetzungen ergeben sich ab 2017 aus **§ 175b AO;** bis 2016 aus § 10 IIa 8 aF – beide ohne zeitl Begrenzung bis zum Ablauf der Festsetzungsfrist (BFH X R 34/14, BStBl II 17, 375).

V. Höchstbeträge für Vorsorgeaufwendungen, § 10 III–V

151 **1. Grundzüge. – a) Überblick.** Nach § 10 III und § 10 IV gelten unterschiedl **Höchstbetragsbegrenzungen** für nach § 10 I Nr 2, 3, 3a abziehbare Vorsorgeaufwendungen. § 10 IVa regelt die von Amts wegen durchzuführende **Günstigerprüfung** iRd Übergangs zur nachgelagerten Besteuerung. § 10 IVb betrifft die Behandlung von **Zuschüssen/Erstattungen** iZm Vorsorgeaufwendungen. § 10 V enthält eine **Verordnungsermächtigung,** auf der die KVBEVO über die Ermittlung nichtabziehbaren Beitragsanteile zur privaten KV beruht.

152 **b) Verfassungsmäßigkeit.** – ***(1)* Rechtslage bis 2004.** Die Verfassungsmäßigkeit von § 10 III aF ist geklärt (→ 32. Aufl 2013, § 10 Rn. 181 mwN). Für die Vergangenheit sind nach der BVerfG-Rspr im alten Recht angelegte Ungleichbehandlungen hinzunehmen (BVerfG 2 BvL 17/99, BVerfGE 105, 73). – ***(2)* Rechtslage ab**

2005, § 10 I Nr 2, III. Durch das **AltEinkG** (BGBl I 04, 1427) wurde der Abzug von Vorsorgeaufwendungen iSv § 10 I Nr 2 im Zuge der Neuregelung der Rentenbesteuerung grundlegend geändert (→Rn. 31 ff, 153 ff). Der SA-Abzug und die Rentenbesteuerung ab 2005 sind verfgemäß (BFH X R 34/07, BStBl II 10, 414; BVerfG 2 BvR 290/10, BStBl II 16, 801, *Weber-Grellet* FR 16, 85). – ***(3)*** **Grenze: Keine Doppelbesteuerung.** Der begrenzte SA-Abzug darf nicht dazu führen, dass auf nicht abziehbaren SA beruhende spätere Rentenzuflüsse (nochmals) zu versteuern sind. Eine derartige verfwidrige Doppelbesteuerung ist aber nicht schon beim SA-Abzug, sondern erst später beim Rentenzufluss zu prüfen (s BVerfG 2 BvR 290/10, BStBl II 16, 801; BFH X R 28/07, BStBl II 10, 348). Die doppelte Besteuerung kann dann allerdings bereits mit Beginn des Rentenbezugs gerügt werden; es muss nicht gewartet werden, bis die Rentenzahlungen die stfreien Vorsorgeaufwendungen überstiegen haben (BFH X R 44/14, BFHE 254, 545). Zur rechnerischen Ermittlung der Doppelbesteuerung s BFH X R 33/19, BFHE 273, 266; tendenziell großzügiger wohl BVerfG 2 BvR 1140/21, FR 24, 126 und BVerfG 2 BvR 1143/21, BeckRS 2023, 35761; zum Nachweis durch den StPfl s BFH X R 44/14, BFHE 254, 545, Anm *Weber-Grellet* FR 17, 399. Eine Doppelbesteuerung liegt nicht vor, wenn die Summe der voraussichtl stfreien Rentenzuflüsse mindestens so hoch ist wie die Summe der aus versteuertem Einkommen aufgebrachten Altersvorsorgeaufwendungen. Die Vergleichs- und Prognoserechnung erfolgt nach dem **Nominalwertprinzip.** Als stfreie Rentenzuflüsse sind dabei nur die Freibeträge gem § 22 Nr. 1 S 3 Buchst a aa S 4 für die Rente des StPfl und für eine etwaige Hinterbliebenenrente des statistisch länger lebenden Ehegatten anzusetzen. Weitere Beträge, die iRd Einkommensermittlung abziehbar oder stfrei sind, werden nicht einbezogen (zB Grundfreibetrag, SA-Abzug für die Beiträge zur KV und PflV, Beitragsanteile des RV-Trägers zur KV, WK-Pauschbetrag, SA-Pauschbetrag). Für die Ermittlung der bis 2004 geleisteten Altersvorsorgeaufwendungen sind die Beiträge zu den verschiedenen Sparten der gesetzl SV (sowie der Vorsorgeaufwendungen nicht gesetzl Versicherter) gleichrangig zu berücksichtigen. Alle anderen nach damaliger Rechtslage nach abziehbaren Vorsorgeaufwendungen werden iRd Prüfung, in welchem Umfang Altersvorsorgeaufwendungen als aus versteuertem Einkommen geleistet gelten, nur nachrangig berücksichtigt. In Fällen der Zusammenveranlagung werden die gemeinsamen SA-Höchstbeträge im Verhältnis der vorrangig zu berücksichtigenden Vorsorgeaufwendungen aufgeteilt. – ***(4)*** **Rechtslage ab 2010, § 10 I Nr 3, Nr 3a, IV.** § 10 IV setzt den vom BVerfG geforderten Vollabzug von BasisKV-/PflV-Kosten um (→Rn. 46 ff). Die neue Rechtslage ist verfgemäß (BFH X R 5/13, BStBl II 15, 1043).

2. Höchstabzugsgrenze für Altersvorsorgebeiträge, § 10 III. Vgl *BMF* BStBl I 17, 820 Rn. 59 ff. § 10 III betrifft nur den Abzug von Altersvorsorgeaufwendungen iSv § 10 I *Nr 2.* – **a) Jahreshöchstbetrag, § 10 III 1.** Der Höchstbetrag für abziehbare RV- und gleichgestellte Beiträge iSv § 10 I Nr 2 Buchst a und b knüpft seit 2015 an den aufgerundeten, jährl angepassten Höchstbeitrag zur knappschaftl RV an (statt vor 2015 fest 20 000 €). Er beläuft sich **2017** auf 23 362 € (Beitragsbemessungsgrenze RV Knappschaft (West) 94 200 € × Beitragssatz RV 24,8%), **2018** auf 23 712 € (96 000 € × 24,7%), **2019** auf 24 305 € (98 400 € × 24,7%), **2020** auf 25 046 € (101 400 € × 24,7%), **2021** auf 25 787 € (104 400 € × 24,7%), **2022** auf 25 639 € (103 800 € × 24,7%), **2023** auf 26 528 € (107 400 € × 24,7%), **2024** auf 27 566 € (111 600 € × 24,7%), **2025** auf 29 344 € (118800 € × 24,7%) und **2026** auf 30826 € (124 800 € x 24,7%). Bei ArbN sind stfreie *ArbG*-Zuschüsse grds zunächst in diese Höchstbetragsbegrenzung einzubeziehen (§ 10 I Nr 2 S 6, 7 mit späterer Kürzung nach § 10 III 5, 7; also Deckelung bei Höchstbetrag einschl ArbG-Anteil). 153

b) Ehegatten, § 10 III 2, § 2 VIII. Bei **Zusammenveranlagung** von Ehegatten/Lebenspartnern verdoppelt sich der Höchstbetrag. Es gibt aber keine Ausdehnung auf sonstige Personen, die nach Splittingtarif besteuert werden (§ 32a VI, BFH 154

IX R 1/81, BStBl II 86, 353). Bei **Einzelveranlagung** erfolgt eine gesonderte Prüfung für jeden Ehegatten/Lebenspartner.

155 **c) Kürzung des Höchstbetrags, § 10 III 3. – aa) Hintergrund.** Bei bestimmten Personen, die iZm ihrer Berufstätigkeit ohne eigene Aufwendungen und ohne Anspruch auf stfreie ArbG-Beiträge ganz oder teilweise Anspruch auf Altersversorgung erhalten, ist ein fiktiver Gesamtrentenversicherungsbeitrag (ArbG und ArbN) in Abzug zu bringen. Hierdurch soll eine Gleichbehandlung zw Pflichtversicherten ua StPfl, die eine Altersversorgung ganz oder zT ohne eigene Aufwendungen erlangen, gewährleistet werden.

156 **bb) Persönlicher Anwendungsbereich.** Die Kürzung erfolgt bei drei Personengruppen; – ***(1)*** **§ 10 III 3 Nr 1 Buchst a. RV-befreite ArbN,** die auf Grund ihrer Tätigkeit *gesetzl* Anwartschaftsrechte auf Altersversorgung erwerben, sind von der Kürzung betroffen. Dabei handelt es sich vor allem um Beamte, Richter, Soldaten und Geistliche. – ***(2)*** **§ 10 III 3 Nr 1 Buchst b. Sonstige nicht RV-pflichtige ArbN** mit *vertragl* Anwartschaften aus der Berufstätigkeit unterliegen ebenfalls der Kürzung. Das sind zB AG-Vorstände und GmbH-Ges'tergeschäftsführer mit Vertragsanwartschaften auf Altersversorgung. Sämtl Formen der betriebl Altersvorsorge lösen die Kürzung aus; unerhebl ist, ob und wenn ja in welchem Umfang der StPfl eigene Beiträge leistet (*BMF* BStBl I 17, 820 Rn. 67). Bei dem Versorgungsanspruch muss es sich um eine verbindl Zusage handeln, nicht nur um eine nach Art und Höhe erst zu fixierende Anwartschaft (BFH XI R 57/99, BStBl 01, 28). Die Aufhebung der Pensionszusage führt uU zur Rückgängigmachung der Kürzung, dies aber nur, wenn der StPfl nicht ein – verfallbares oder unverfallbares – Anwartschaftsrecht erworben hatte (BFH XI R 67/03, BStBl II 05, 94 zu Widerruf; BFH XI B 134/03, BFH/NV 05, 1755 zu Verzicht). Die Kürzungsvoraussetzungen müssen **nicht** mehr während des **ganzen Kj** vorliegen. Die Kürzung erfolgt auch im Übergangsjahr Arbeit/Rente bzw Pension. Unerhebl für das Eingreifen der Kürzung ist ferner, ob – früher gegebene – Kürzungsvoraussetzungen noch im Jahr einer **ArbLohnNachzahlung** vorliegen (so zu Beamten BFH X R 19/05, BFH/NV 06, 2049; zu sozialversicherungsfreier Abfindung im späteren Jahr der Arbeitslosigkeit BFH X R 38/05, BStBl II 07, 823; FG BW DStRE 13, 336, rkr). – ***(3)*** **§ 10 III 3 Nr 2.** Bei **Mandatsträgern** iSv § 22 Nr 4, die ganz oder teilweise ohne eigene Beitragsleistung einen Anspruch auf Altersversorgung erwerben (Bundes-, Landes- und Europaabgeordnete), erfolgt ebenfalls eine Kürzung. – ***(4)*** **Keine Kürzung** ist hingegen bei allen StPfl vorzunehmen, die ihre Pflichtbeiträge voll selbst tragen oder versteuern, auch bei beantragter Pflichtversicherung (BFH XI R 64/98, BStBl II 01, 64), bei nicht erfüllter Zukunftssicherungsverpflichtung des ArbG (s oben), bei ArbN mit nur nichtsozialversicherungspflichtigen Einkünften (s aber unten), bei Selbständigen sowie bei Nur-Rentnern (keine ArbN) und ArbN-Rentnern und Pensionären. Keine Kürzung erfolgt außerdem bei Absicherung nur der Berufs-/Erwerbsunfähigkeit. – ***(5)*** **§ 10c III Nr 2 aF bis 2007, Sonderfall Ges'ter-Geschäftsführer einer KapGes.** Nach der BFH-Rspr erfolgte bei diesen Personen keine Kürzung, weil sie (wirtschaftl betrachtet) eine von der KapGes zugesagte Altersversorgung durch Verzicht auf entspr gesellschaftl Ansprüche und damit letztl durch eigene Beitragsleistungen erwerben (BFH X R 41/10, BFH/NV 14, 31; *BMF* BStBl I 07, 493). Die (zweifelhafte) Grundlage für diese Rspr entfällt ab 2008 (→ 32. Aufl 2013, § 10 Rn. 186; verfgemäße Kürzung, s BFH X R 35/12, BStBl II 15, 213). Die Rspr wirkt sich aber noch iRd Günstigerprüfung aus (§ 10 IVa, → Rn. 164 f).

157 **cc) Höhe der Kürzung, § 10 III 3.** Die Kürzung erfolgt iHd (fiktiven) Gesamtbeitrags (ArbG- und ArbN-Anteil) zur allg RV, aus Vereinfachungsgründen zu Gunsten der StPfl bis zur Beitragsbemessungsgrenze (Ost), *BMF* BStBl I 17, 820 Rn. 63, wobei Beitragsbemessungsgrenze (Ost) ab 2025 entfällt. Das sind **2026** 18,6% aus 101 400 € = 18 860 €; **2025** 18,6% aus 96 600 € = 17 967 €, **2024** 18,6% aus 89 400 €

= 16 628 €, **2023** 18,6% aus 85 200 € = 15 847 €, **2022** 18,6% aus 81 000 € = 15 066 €, **2021** 18,6% aus 80 400 € = 14 954 €, **2020** 18,6% aus 77 400 € = 14 396 €, **2019** 18,6% aus 73 800 € = 13 726 €, (Vorjahre → 39. Aufl 2020, § 10 Rn. 153). Der Berechnung ist nur der Einnahmenbetrag aus der zur Kürzung führenden Tätigkeit zu Grunde zu legen.

d) Anpassungsregelung, § 10 III 4–7. Im Einklang mit der schrittweisen Rentenvollbesteuerung waren nach **S 4** im Jahr 2013 76% der nach S 1–3 ermittelten Vorsorgeaufwendungen bis zum Höchstbetrag anzusetzen. Dieser Prozentsatz erhöhte sich nach **S 6** in den folgenden Jahren um je 2%-Punkte; ab dem Kj 2023 wird er auf 100% festgesetzt. Der so berechnete Gesamtbetrag ist gem § 10 I Nr 2 **S 5** um den ohne eigenen Aufwand zugerechneten stfreien ArbG-Anteil zur gesetzl RV nach § 3 Nr 62 und gleichgestellte ArbG-Zuschüsse zu kürzen (verfgemäß, BFH X R 45/07, BFH/NV 10, 421; zu überobligatorischen ArbG-Beiträgen BFH X R 51/14, BFH/NV 17, 1015). Bei geringfügig Beschäftigten erfolgen Zurechnung und Kürzung jedoch nur auf Antrag (**S 7;** vgl § 10 I Nr 2 S 7, → Rn. 64). Zu Berechnungsbeispielen s *BMF* BStBl I 17, 820 Rn. 73 ff. 158

3. Höchstbetragsgrenze sonstiger Vorsorgeaufwendungen, § 10 IV. – **a) Grundsatz. § 10 IV 1–3** betr alle abziehbaren Beiträge zu KV, PflV ua Versicherungen iSv § 10 I Nr 3 und Nr 3a. Beiträge zur Basis-KV/PflV iSv § 10 I Nr 3 sind jedoch ab VZ 2010 nach § 10 IV 4 voll abziehbar, (→ Rn. 162). – ***(1)* Höchstbetrag, § 10 IV 1.** StPfl, die ihre Versicherungsbeiträge vollständig selbst aufbringen, können die Beiträge iSv § 10 I Nr 3, 3a unabhängig von § 10 III bis zu 2800 € jährl abziehen. Die Beiträge sind iRd Höchstbeträge grds *voll* abzusetzen, nur bei LV-Altverträgen iSv § 10 I Nr 3b iVm § 10 I Nr 2 Buchst b cc, dd aF nur zu 88%. – ***(2)* Ermäßigung, § 10 IV 2.** Der Höchstbetrag ermäßigt sich auf 1900 €, wenn der StPfl ohne eigene Aufwendungen Anspruch auf vollständige oder teilweise Erstattung oder Übernahme von Krankheitskosten hat (zB Beamtenbeihilfe § 3 Nr 11, Rentenzuzahlung § 3 Nr 14; auch bei beihilfeberechtigten Ehegatten, s BFH X R 43/09, BStBl II 13, 608) oder für dessen KV Leistungen iSv § 3 Nr 62, § 3 Nr 14 oder § 3 Nr 57 (s „Künstlersozialversicherung") oder Erstattungen nach § 3 Nr 9 iZm Kinderpflege erbracht werden. Eine Teilbegünstigung ist für den jeweiligen VZ insgesamt schädl. – ***(3)* Ehegatten/Lebenspartner, § 10 IV 3.** Bei Zusammenveranlagung sind die Höchstbeträge nach S 1, 2 getrennt zu ermitteln und zusammen zu rechnen. Die Kürzung erfolgt nur bei dem Ehegatten/Lebenspartner, der selbst oder über den Ehegatten/Lebenspartner Zuschüsse erhalten hat oder über diesen mitversichert ist. 161

b) Sonderregelung für Basis-Krankenbeiträge und Pflegeversicherungsbeiträge, § 10 IV 4. Vgl *BMF* BStBl I 17, 820 Rn. 125 ff. Die Höchstbeträge nach § 10 IV 1–3 gelten ab VZ 2010 nicht für Basis-KV- und PflV-Beiträge iSv § 10 I Nr 3, die seitdem voll abziehbar sind (→ Rn. 46). Übersteigen die nach § 10 IV 4 voll abziehbaren Beiträge die Höchstbeträge gem § 10 IV 1–3, können die in § 10 I Nr 3a genannten sonstigen Vorsorgeaufwendungen nicht mehr abgezogen werden. Dies wird in der Praxis ganz überwiegend der Fall sein (s. BFH X R 10/20, BFH/NV 25, 1657, zu Beiträgen einer freiwilligen Pflegezusatzversicherung). Spielraum für einen zusätzl Abzug besteht nur, soweit die voll abziehbaren KV- und PflV-Beiträge die Höchstbeträge nicht erreichen. Die Begrenzung ist **verfgemäß** (BFH X R 10/20, BFH/NV 25, 1657, BFH X R 5/13, BStBl II 15, 1043, VerfBeschw 2 BvR 2445/15 nicht zur Entscheidung angenommen, BFH VIII R 52/13, BStBl II 17, 949; BFH X R 26/16, BFH/NV 18, 424). Zu Berechnungsbeispielen s *BMF* BStBl I 17, 820 Rn. 132 f 162

4. Günstigerprüfung der Höchstbeträge, § 10 IVa. Vgl *BMF* BStBl I 17, 820 Rn. 207 ff. – **a) Ausgangsregelung, § 10 IVa 1.** Vor allem für StPfl mit kleinen Einkommen (Bruttolöhne bis ca 12 000/24 000 €) oder Selbständige mit geringen Altersvorsorgeaufwendungen, aber hohen LV-Beiträgen kann sich durch die Neu- 164 regelung des SA-Abzugs der Vorsorgeaufwendungen ein – ungewollter – Nachteil ergeben, da sie bis 2004 alle Beiträge voll absetzen konnten. Daher sieht § 10 IVa für die Jahre bis 2019 zwingend eine von Amts wegen vorzunehmende – jährl – Günstigerprüfung der Höchstbeträge nach § 10 III aF bis 2004 ggü § 10 III, IVa nF vor. **Geltungsbereich:** 2005 Vorsorgeaufwendungen iSv § 10 I Nr 2, ab 2006 nur Nr 2 Buchst a (dafür Erhöhungsbetrag → Rn. 165) und Nr 3 aF bzw **ab 2010** Nr 2 Buchst a, Nr 3 und 3a. **Dem Grunde nach** sind die zu vergleichenden Vorsorgeaufwendungen auch für die Anwendung des bisherigen Rechts nach Abs 1 Nr 2, 3, 3a **nF** zu bestimmen. **Der Höhe nach** werden die gem Tabelle in § 10 IVa schrittweise abzuschmelzenden Höchstbeträge nach § 10 III idF 2004 den sich nach neuem Recht ergebenden Höchstbeträgen (§ 10 III, IV nF) gegenübergestellt; das gilt auch für § 10c aF (FG Mster EFG 14, 833, rkr). Vgl *Beispiele* bei *BMF* BStBl I 17, 820, Rn. 210; *Myßen/Wolter* NWB 09, 2313 (2330).

165 **b) Erhöhungsbetrag, § 10 IVa 2, 3.** Zusätzl Beiträge für eine private Basisrente (zB Rürup-Vertrag, § 10 I Nr 2 Buchst b) können bei bestimmten Personengruppen (zB ledigen Selbständigen ohne Pflichtversicherung in einer berufsständischen Versorgungseinrichtung) ab VZ 2006 uU die als SA abziehbaren Beträge erhöhen. Als Anreiz für diese zusätzl Altersabsicherung sollen diese Beiträge auch iRd Günstigerprüfung (rückwirkend) immer mit mindestens dem sich nach § 10 III 4 und III 6 ergebenden Prozentsatz als Vorsorgeaufwendungen berücksichtigt werden. Dies erfolgt entweder durch Ansatz der entspr Beträge iRd sich nach altem Recht ergebenden Abzugsvolumens oder durch den sog **Erhöhungsbetrag.** Dieser kommt insb zur Anwendung, wenn das Abzugsvolumen nach altem Recht für Vorsorgeaufwendungen nach § 10 I Nr 2 Buchst a und Nr 3 höher ist als das Abzugsvolumen nach neuem Recht für Vorsorgeaufwendungen nach § 10 I Nr 2 Buchst a und Buchst b und Nr 3. Bemessungsgrundlage für den Erhöhungsbetrag nach S 3 sind die Beiträge nach § 10 I Nr 2 Buchst b nur, soweit sie iRd Höchstbetrages nach § 10 III angesetzt worden wären. § 10 IVa wurde nicht an § 10 III 3 Nr 1/§ 10c III Nr 2 idF JStG 2008 (BGBl I 07, 3150) angepasst (s *Risthaus* DStZ 07, 802). Vgl auch BFH X R 35/12, BStBl II 15, 213.

167 **5. Zuschüsse/Erstattungen von Sonderausgaben, § 10 IVb.** Die Vorschrift regelt ab VZ 2012 die Behandlung von stfreien Zuschüssen und Erstattungsüberhängen. Sie greift auch ein, wenn der Überhang auf der Erstattung von vor dem 1.1.12 geleisteten Beiträgen beruht, soweit die Erstattung selbst erst nach diesem Datum erfolgt (BFH X R 27/21, BFH/NV 23, 1105). Die Grundsätze in → Rn. 7 werden durch die gesetzl Sonderregelungen teilweise für einzelne SA eingeschränkt, falls die Erstattungsbeträge auch nach Verrechnung gem → Rn. 7 die *gleichartigen* SA-Beträge im Erstattungsjahr übersteigen. Soweit die lückenhaften Regelungen in § 10 IVb nicht eingreifen, gelten weiterhin die allg Grundsätze.

168 **a) Steuerfreie Zuschüsse, § 10 IVb 1.** Erhält der StPfl für in einem anderen VZ geleistete Vorsorgeaufwendungen iSv § 10 IVb 2 einen stfreien Zuschuss, ist dieser den erstatteten Aufwendungen gleichzustellen (s NdsFG EFG 26, 95, Rev X R 11/25). Für ihn gelten dann § 10 IVb 2–6.

169 **b) Verrechnung von Erstattungsüberhängen, § 10 IVb 2.** Nach der Verrechnung von Erstattungen im engeren SA-Bereich (→ Rn. 7) verbleibende Erstattungsüberhänge und nach § 10 IVb 1 gleichgestellte Zuschussüberhänge betr SA iSv § 10 I Nr 2, 3 und 3a sind zunächst primär mit anderen im Erstattungsjahr anfallenden SA der jeweiligen Nummer zu verrechnen. *Beispiele:* KV-Erstattungen nach Nr 3 Buchst a mit PflV-Beiträgen iSv Nr 3 Buchst b (nicht aber mit KV-Beiträgen iSv Nr 3a, um deren Abzug nach § 10 IV nicht zu kürzen); gesetzl RV-Erstattungen Nr 2 Buchst a mit „*Rürup*"-Beiträgen Nr 2 Buchst b sowie zB Unfallversicherungszahlungen mit Haftpflichtversicherungserstattungen, da beide unter Nr 3a fallen. Nach § 3 Nr 3 Buchst c stfreie Beitragserstattungen berufsständischer Versorgungswerke sind

demggü nicht nach § 10 IVb 2 mit KV-Beiträgen zu verrechnen, da die Verrechnung auf die jeweilige Nr beschränkt ist (BFH X R 3/17, BStBl II 21, 746). Für nach der Verrechnung noch verbleibende Erstattungsüberhänge gelten bei Basis-KV/-PflV/KiSt die Sonderregelungen in § 10 IVb 3.

c) Hinzurechnung zum Gesamtbetrag der Einkünfte, § 10 IVb 3. Um die Aufrollung früherer Veranlagungen zu vermeiden, ist die Behandlung der beiden wichtigsten Erstattungsfälle für SA nach § 10 I Nr 3 und 4 gesetzl geregelt. Die Vorschrift findet keine Anwendung auf SA nach § 10 I Nr 2, 3a oa SA. Ein Erstattungsüberhang kann auch vorliegen, wenn im Erstattungsjahr keine SA gem § 10 I Nr 3 und 4 gezahlt wurden (BFH X R 1/20, BFHE 277, 354). Der Rechtsgrund der Erstattung ist für § 10 IVb 3 unerhebl (BFH X R 27/21, BFH/NV 23, 1105). Obwohl es sich nicht um Einkünfte iSv § 2 I handelt, werden Erstattungsüberhänge quasi als negative SA gem § 2 IV dem Gesamtbetrag der Einkünfte hinzugerechnet (FG Mster EFG 18, 2016, rkr). Sie erhöhen damit das Einkommen aber nicht den Gesamtbetrag iSv § 2 III als Grundlage für den Spendenabzug nach § 10b I 9 und den Verlustabzug nach § 10d I 1, II 1, IV 2 (BFH IX R 34/17, BStBl II 19, 658; zur Reihenfolge der Zurechnung EStR 2 (1); *HHR/Kulosa* § 10 Rn. 413, str). Die Hinzurechnung findet auch statt, wenn sich der KiStAbzug im Jahr der Zahlung als SA wegen vorhandener Verlustabzüge nicht ausgewirkt hatte (BFH X R 1/20, BFHE 277, 354, BFH IX R 34/17, BStBl II 19, 658, *OFD Ffm* DStR 17, 1599). In diesen Fällen ersetzt die Zurechnung im Erstattungsjahr endgültig eine rückwirkende Berichtigung des Zahlungsjahres. Dies ist verfgemäß (FG Mster EFG 20, 1742, rkr). Eine Hinzurechnung erfolgt aber nicht bei Erstattung von als Zuschlag zur KapESt gezahlter KiSt, da diese nach § 10 I Nr 4 Hs 2 nicht als SA abziehbar ist (NdsFG EFG 19, 1090, rkr; **aA** *HHR/Kulosa* § 10 Rn. 413). 170

d) Meldepflicht bei steuerfreien Zuschüssen und Erstattungen durch öffentliche Stellen, § 10 IVb 4–6. S *BMF* BStBl I 17, 820 Rn. 57, 181 ff; *BMF* BStBl I 17, 1455 Rn. 57a. Auch Behörden ua öffentl Stellen, die einem StPfl Vorsorgeaufwendungen iSv § 10 I Nr 2, Nr 3, Nr 3a erstatten oder stfreie Zuschüsse dazu leisten („übermittelnde Stellen", zB nach §§ 12 ff SGB I), müssen ab 2016 (§ 52 XVIII 4) der zentralen Stelle (§ 81) die entspr Daten per Datenfernübertragung übermitteln, um die gebotene Kürzung des SA-Abzugs sicherzustellen **(S 4).** Dies entspricht der Meldepflicht privater Versicherer gem § 10 IIa (→ Rn. 144). **Ab 2017** ist die Vorschrift an die zentralen Mitteilungspflichtbestimmungen nach § 93c AO angepasst worden. § 22a II – Mitteilung der IdentifikationsNr – gilt entspr **(S 5).** Fehlerhafte EStBescheide sind auch nach Bestandskraft zu ändern (**§ 175b AO** bzw bis 2016 § 10 IVb **S 5 aF**). Bei dem Datenübermittlungsverfahren nach § 10 IVb hat der Gesetzgeber auf Regelungen zur Haftung sowie zum Prüfdienst durch die FinVerw verzichtet (**S 6** mit Ausschluss von §§ 72a IV, 93c IV AO). 171

6. Verordnungsermächtigung für Krankenversicherungs-Beitragsabschläge, § 10 V. Die Vorschrift ist die Rechtsgrundlage für die „Krankenversicherungsbeitragsanteil-Ermittlungsverordnung – KVBEVO". Private KV-Beiträge sind SA nur iRd Basisabsicherung in der gesetzl KV (→ Rn. 47). Bei gesonderter Tarifabsicherung sind nur die begünstigten Beiträge absetzbar. Bei einheitl Tarifen ist aufzuteilen: nach tatsächl Anteilen oder – vereinfachend – typisierend mit 4% (vgl § 10 I Nr 3 Buchst a S 4). Wie der nicht abziehbare Teil tarifbezogen zu ermitteln ist, regelt die KVBEVO (BFH X R 26/16, BFH/NV 18, 424). Die Aufteilung beruht auf einem Proportionalverfahren, bei dem für bestimmte Leistungen Punkte vergeben und prozentual ins Verhältnis gesetzt werden zu Punkten, die auf Komfortleistungen entfallen. Vgl iEinz KVBEVO (BGBl I 09, 2730); *Myßen/Wolter* NWB 09, 2313 (2322); *Risthaus* DStZ 09, 669 (673). 173

VI. Übergangsregelungen, § 10 VI

175 § 10 VI übernimmt die vor 2014 in § 52 XXIV 1 aF getroffenen Übergangsregelungen für Altverträge. Die Vorschrift betrifft die **Altersbegrenzung** für den Aufbau einer kapitalgedeckten Altersversorgung für bis Ende 2011 abgeschlossene Verträge (Rentenzahlung ab 60 Jahren und nicht erst ab 62 Jahren gem § 10 I Nr 2 Buchst b aa ab VZ 2012, → Rn. 35).

§ 10a Zusätzliche Altersvorsorge

(1) **[1]In der inländischen gesetzlichen Rentenversicherung Pflichtversicherte können Altersvorsorgebeiträge (§ 82) zuzüglich der dafür nach Abschnitt XI zustehenden Zulage jährlich bis zu 2100 Euro als Sonderausgaben abziehen; das Gleiche gilt für**

1. **Empfänger von inländischer Besoldung nach dem Bundesbesoldungsgesetz oder einem Landesbesoldungsgesetz,**
2. **Empfänger von Amtsbezügen aus einem inländischen Amtsverhältnis, deren Versorgungsrecht die entsprechende Anwendung des § 69e Absatz 3 und 4 des Beamtenversorgungsgesetzes vorsieht,**
3. **die nach § 5 Absatz 1 Satz 1 Nummer 2 und 3 des Sechsten Buches Sozialgesetzbuch versicherungsfrei Beschäftigten, die nach § 6 Absatz 1 Satz 1 Nummer 2 oder nach § 230 Absatz 2 Satz 2 des Sechsten Buches Sozialgesetzbuch von der Versicherungspflicht befreiten Beschäftigten, deren Versorgungsrecht die entsprechende Anwendung des § 69e Absatz 3 und 4 des Beamtenversorgungsgesetzes vorsieht,**
4. **Beamte, Richter, Berufssoldaten und Soldaten auf Zeit, die ohne Besoldung beurlaubt sind, für die Zeit einer Beschäftigung, wenn während der Beurlaubung die Gewährleistung einer Versorgungsanwartschaft unter den Voraussetzungen des § 5 Absatz 1 Satz 1 des Sechsten Buches Sozialgesetzbuch auf diese Beschäftigung erstreckt wird, und**
5. **Steuerpflichtige im Sinne der Nummern 1 bis 4, die beurlaubt sind und deshalb keine Besoldung, Amtsbezüge oder Entgelt erhalten, sofern sie eine Anrechnung von Kindererziehungszeiten nach § 56 des Sechsten Buches Sozialgesetzbuch in Anspruch nehmen könnten, wenn die Versicherungsfreiheit in der inländischen gesetzlichen Rentenversicherung nicht bestehen würde,**

wenn sie spätestens bis zum Ablauf des Beitragsjahres (§ 88) gegenüber der zuständigen Stelle (§ 81a) schriftlich oder elektronisch eingewilligt haben, dass diese der zentralen Stelle (§ 81) jährlich unter Angabe der Identifikationsnummer mitteilt, dass der Steuerpflichtige zum begünstigten Personenkreis gehört, dass die zuständige Stelle der zentralen Stelle die für die Ermittlung des Mindesteigenbeitrags (§ 86) und die Gewährung der Kinderzulage (§ 85) erforderlichen Daten übermittelt und die zentrale Stelle diese Daten für das Zulageverfahren verarbeiten darf. [2]Bei der Erteilung der Einwilligung ist der Steuerpflichtige darauf hinzuweisen, dass er die Einwilligung vor Beginn des Kalenderjahres, für das sie erstmals nicht mehr gelten soll, gegenüber der zuständigen Stelle widerrufen kann. [3]Versicherungspflichtige nach dem Gesetz über die Alterssicherung der Landwirte stehen Pflichtversicherten gleich; dies gilt auch für Personen, die

1. **eine Anrechnungszeit nach § 58 Absatz 1 Nummer 3 oder Nummer 6 des Sechsten Buches Sozialgesetzbuch in der gesetzlichen Rentenversicherung erhalten und**
2. **unmittelbar vor einer Anrechnungszeit nach § 58 Absatz 1 Nummer 3 oder Nummer 6 des Sechsten Buches Sozialgesetzbuch einer der im ersten Halbsatz, in Satz 1 oder in Satz 4 genannten begünstigten Personengruppen angehörten.**

[4]Die Sätze 1 und 2 gelten entsprechend für Steuerpflichtige, die nicht zum begünstigten Personenkreis nach Satz 1 oder 3 gehören und eine Rente wegen voller Erwerbsminderung oder Erwerbsunfähigkeit oder eine Versorgung wegen Dienstunfähigkeit aus einem der in Satz 1 oder 3 genannten Alterssicherungssysteme beziehen, wenn unmittelbar vor dem Bezug der entsprechenden Leistungen der Leistungsbezieher einer der in Satz 1 oder 3 genannten begünstigten Personengruppen angehörte; dies gilt nicht, wenn der Steuerpflichtige das 67. Lebensjahr vollendet hat. [5]Bei der Ermittlung der dem Steuerpflichtigen zustehenden Zulage nach Satz 1 bleibt die Erhöhung der Grundzulage nach § 84 Satz 2 außer Betracht.

(1a) **[1]Steuerpflichtige, die eine Kinderzulage für ein Kind beantragen oder auf den Ehegatten übertragen haben, das im Beitragsjahr sein viertes Lebensjahr noch nicht vollendet hat und für das gegenüber dem Steuerpflichtigen oder seinem Ehegatten Kindergeld festgesetzt worden ist, stehen einem in der inländischen gesetzlichen Rentenversicherung Pflichtversicherten gleich, wenn eine Anrechnung von Kindererziehungszeiten nach § 56 des Sechsten Buches Sozialgesetzbuch nur auf Grund eines fehlenden oder noch nicht beschiedenen Antrags auf Berücksichtigung von Kindererziehungszeiten bislang nicht erfolgt ist. [2]Voraussetzung ist, dass der Steuerpflichtige spätestens am Tag nach der Vollendung des vierten Lebensjahres des Kindes die Kindererziehungszeiten beim zuständigen Träger der gesetzlichen Rentenversicherung beantragt. [3]Werden die Kindererziehungszeiten vom Träger der gesetzlichen Rentenversicherung nicht anerkannt, entfällt rückwirkend die Förderberechtigung nach Satz 1. [4]Wurde das Kind am 1. Januar geboren, gilt Satz 1 mit der Maßgabe, dass das fünfte Lebensjahr noch nicht vollendet sein darf.**

(1b) **[1]Sofern eine Zulagenummer (§ 90 Absatz 1 Satz 2) durch die zentrale Stelle oder eine Versicherungsnummer nach § 147 des Sechsten Buches Sozialgesetzbuch noch nicht vergeben ist, haben die in Absatz 1 Satz 1 Nummer 1 bis 5 genannten Steuerpflichtigen über die zuständige Stelle eine Zulagenummer bei der zentralen Stelle zu beantragen. [2]Für Empfänger einer Versorgung im Sinne des Absatzes 1 Satz 4 gilt Satz 1 entsprechend.**

(2) **[1]Ist der Sonderausgabenabzug nach Absatz 1 für den Steuerpflichtigen günstiger als der Anspruch auf die Zulage nach Abschnitt XI, erhöht sich die unter Berücksichtigung des Sonderausgabenabzugs ermittelte tarifliche Einkommensteuer um den Anspruch auf Zulage. [2]In den anderen Fällen scheidet der Sonderausgabenabzug aus. [3]Die Günstigerprüfung wird von Amts wegen vorgenommen.**

(2a) ***(aufgehoben)***

(3) **[1]Der Abzugsbetrag nach Absatz 1 steht im Fall der Veranlagung von Ehegatten nach § 26 Absatz 1 jedem Ehegatten unter den Voraussetzungen des Absatzes 1 gesondert zu. [2]Gehört nur ein Ehegatte zu dem nach Absatz 1 begünstigten Personenkreis und ist der andere Ehegatte nach § 79 Satz 2 zulageberechtigt, sind bei dem nach Absatz 1 abzugsberechtigten Ehegatten die von beiden Ehegatten geleisteten Altersvorsorgebeiträge und die dafür zustehenden Zulagen bei der Anwendung der Absätze 1 und 2 zu berücksichtigen. [3]Der Höchstbetrag nach Absatz 1 Satz 1 erhöht sich in den Fällen des Satzes 2 um 60 Euro. [4]Dabei sind die von dem Ehegatten, der zu dem nach Absatz 1 begünstigten Personenkreis gehört, geleisteten Altersvorsorgebeiträge vorrangig zu berücksichtigen, jedoch mindestens 60 Euro der von dem anderen Ehegatten geleisteten Altersvorsorgebeiträge. [5]Gehören beide Ehegatten zu dem nach Absatz 1 begünstigten Personenkreis und liegt ein Fall der Veranlagung nach § 26 Absatz 1 vor, ist bei der Günstigerprüfung nach Absatz 2 der Anspruch auf Zulage beider Ehegatten anzusetzen.**

(4) **[1]Im Fall des Absatzes 2 Satz 1 stellt das Finanzamt die über den Zulageanspruch nach Abschnitt XI hinausgehende Steuerermäßigung gesondert fest**

und teilt diese der zentralen Stelle (§ 81) mit; § 10d Absatz 4 Satz 3 bis 5 gilt entsprechend. [2]Sind Altersvorsorgebeiträge zugunsten von mehreren Verträgen geleistet worden, erfolgt die Zurechnung im Verhältnis der nach Absatz 1 berücksichtigten Altersvorsorgebeiträge. [3]Ehegatten ist der nach Satz 1 festzustellende Betrag auch im Fall der Zusammenveranlagung jeweils getrennt zuzurechnen; die Zurechnung erfolgt im Verhältnis der nach Absatz 1 berücksichtigten Altersvorsorgebeiträge. [4]Werden Altersvorsorgebeiträge nach Absatz 3 Satz 2 berücksichtigt, die der nach § 79 Satz 2 zulageberechtigte Ehegatte zugunsten eines auf seinen Namen lautenden Vertrages geleistet hat, ist die hierauf entfallende Steuerermäßigung dem Vertrag zuzurechnen, zu dessen Gunsten die Altersvorsorgebeiträge geleistet wurden. [5]Die Übermittlung an die zentrale Stelle erfolgt unter Angabe der Vertragsnummer und der Identifikationsnummer (§ 139b der Abgabenordnung) sowie der Zulage- oder Versicherungsnummer nach § 147 des Sechsten Buches Sozialgesetzbuch.

(5) **[1]Nach Maßgabe des § 93c der Abgabenordnung hat der Anbieter als mitteilungspflichtige Stelle auch unter Angabe der Vertragsdaten die Höhe der im jeweiligen Beitragsjahr zu berücksichtigenden Altersvorsorgebeiträge sowie die Zulage- oder die Versicherungsnummer nach § 147 des Sechsten Buches Sozialgesetzbuch an die zentrale Stelle zu übermitteln. [2]§ 22a Absatz 2 gilt entsprechend. [3]§ 72a Absatz 4 der Abgabenordnung findet keine Anwendung. [4]Die übrigen Voraussetzungen für den Sonderausgabenabzug nach den Absätzen 1 bis 3 werden im Wege der Datenerhebung und des automatisierten Datenabgleichs nach § 91 überprüft. [5]Erfolgt eine Datenübermittlung nach Satz 1 und wurde noch keine Zulagenummer (§ 90 Absatz 1 Satz 2) durch die zentrale Stelle oder keine Versicherungsnummer nach § 147 des Sechsten Buches Sozialgesetzbuch vergeben, gilt § 90 Absatz 1 Satz 2 und 3 entsprechend.**

(6) **[1]Für die Anwendung der Absätze 1 bis 5 stehen den in der inländischen gesetzlichen Rentenversicherung Pflichtversicherten nach Absatz 1 Satz 1 die Pflichtmitglieder in einem ausländischen gesetzlichen Alterssicherungssystem gleich, wenn diese Pflichtmitgliedschaft**

1. mit einer Pflichtmitgliedschaft in einem inländischen Alterssicherungssystem nach Absatz 1 Satz 1 oder 3 vergleichbar ist und
2. vor dem 1. Januar 2010 begründet wurde.

[2]Für die Anwendung der Absätze 1 bis 5 stehen den Steuerpflichtigen nach Absatz 1 Satz 4 die Personen gleich,

1. die aus einem ausländischen gesetzlichen Alterssicherungssystem eine Leistung erhalten, die den in Absatz 1 Satz 4 genannten Leistungen vergleichbar ist,
2. die unmittelbar vor dem Bezug der entsprechenden Leistung nach Satz 1 oder Absatz 1 Satz 1 oder 3 begünstigt waren und
3. die noch nicht das 67. Lebensjahr vollendet haben.

[3]Als Altersvorsorgebeiträge (§ 82) sind bei den in Satz 1 oder 2 genannten Personen nur diejenigen Beiträge zu berücksichtigen, die vom Abzugsberechtigten zugunsten seines vor dem 1. Januar 2010 abgeschlossenen Vertrags geleistet wurden. [4]Endet die unbeschränkte Steuerpflicht eines Zulageberechtigten im Sinne des Satzes 1 oder 2 durch Aufgabe des inländischen Wohnsitzes oder gewöhnlichen Aufenthalts und wird die Person nicht nach § 1 Absatz 3 als unbeschränkt einkommensteuerpflichtig behandelt, so gelten die §§ 93 und 94 entsprechend; § 99 Absatz 1 in der am 31. Dezember 2008 geltenden Fassung ist anzuwenden.

(7) **Soweit nichts anderes bestimmt ist, sind die Regelungen des § 10a und des Abschnitts XI in der für das jeweilige Beitragsjahr geltenden Fassung anzuwenden.**

Einkommensteuer-Richtlinien: EStH 10a. – **Verwaltungsanweisungen:** *BMF* BStBl I 21, 1050, *BMF* BStBl I 22, 333 (Steuerl Förderung der betriebl Altersversorgung); *BMF* 5.10.23 BStBl I 23, 1726 (Steuerl Förderung der privaten Altersvorsorge; ersetzt *BMF* BStBl I 18, 93, *BMF* BStBl I 20, 213, *BMF* BStBl I 22, 186); inhaltsgleich: *OFD Ffm* 6.11.24 BeckVerw 629100.

Übersicht Rn.

I. Grundaussage

Schrifttum (Auswahl): *Rürup/Myßen,* Die steuerl geförderte private Altersvorsorge, in: *Ruland/Rürup* (Hrsg), Alterssicherung und Besteuerung 2008, § 8. – *Möhlenbrock,* Altersvorsorge im Ertragsteuerrecht, FS RFH/BFH 2018, 1295; *Meissner,* Das BMF-Schreiben zur Förderung der betrieblichen Altersversorgung, DStR 18, 99; *dies,* Update des BMF-Schreibens zur steuerlichen Förderung der bAV, DStR 21, 2774; *Apitz,* Steuerl Förderung der privaten Altersvorsorge …, EStB 24, 182 (zu *BMF* BStBl I 23, 1726).

1. Überblick. § 10a erlaubt (alternativ zu §§ 79 ff) einen begrenzten SA-Abzug (von bis zu 2100 €) für (inl) **Altersvorsorgebeiträge** (nebst fiktiver Zulage; → Rn. 19) zum Aufbau einer sog **RiesterRente** (im Jahr 2025 bestanden noch ca 14,97 Mio RiesterVerträge; weitere statistische Angaben *BMF* 15.11.22, BetrAV 22, 676). Die Förderung geschieht durch die progressionsunabhängige Altersvorsorgezulage (§§ 79 ff) oder durch den ggf günstigeren SA-Abzug nach § 10a (→ Rn. 25). Die Zulage wird auf den Altersvorsorgevertrag überwiesen, die StErmäßigung mittels SA-Abzugs mindert die ESt und ist damit frei verfügbar (→ Rn. 27). 1

§ 10a gewährt bestimmten Personen (insb Pflichtversicherten und Besoldungsempfängern) einen zusätzl Abzugsbetrag für eine zusätzl Altersversorgung (§ 10a I, VI; § 82). Die (insgesamt) günstigere Variante (SA-Abzug oder Zulage) wird von Amts wegen ermittelt (§ 10a II, IV). Jedem Ehegatten steht ggf der Abzugsbetrag gesondert zu (§ 10a III). Notwendig ist die ZulageNr (§ 10a Ib) und die Einwilligung in die Datenübertragung (§ 10a I 2, V). § 10a ist in der für das jeweilige Beitragsjahr geltenden Fassung anzuwenden (§ 10a VII). – Der SA-Abzug nach § 10a ist ausgeschlossen, soweit die Vorsorgeaufwendungen iRd § 10 geltend gemacht werden (§ 82 IV Nr 3).

Der mit dem AVmG (BGBl I 01, 1310) eingeführte § 10a bezweckt, den mit Eigenbeiträgen finanzierten freiwilligen Aufbau einer ergänzenden **kapitalgedeckten Vorsorge** (betriebl Altersvorsorge, dazu § 3 Nr 63, und private Altersvorsorge – „2. und 3. Säule") **steuerl** zu **flankieren** (zum Drei-Schichten-Modell s *Rürup/Myßen* vor → Rn. 1, 20 f; weitere Einzelheiten → 41. Aufl 2022, § 10a Rn. 1). – Reichen die Zulagen nicht aus, um die Eigenbeträge stfrei zu stellen, entsteht ein zusätzl Anspruch auf einen SA-Abzug (in der StErklärung mittels Anlage AV); zur Rechentechnik → Rn. 27, 36.

2 **2. Funktion und Systematik.** Der SA-Abzug stellt sicher, dass die Altersvorsorgebeiträge (→ Rn. 15) auch bei höheren Progressionsstufen nicht aus versteuertem Einkommen finanziert werden (BFH X R 11/21, BStBl II 25, 655); er soll deshalb auch die **nachgelagerte Besteuerung** nach der Sonderregelung des **§ 22 Nr 5** rechtfertigen (BFH X R 32/20, BStBl II 22, 617; *HHR/Hamacher* § 10a Rn. 5; → § 22 Rn. 170). – Trotz der systematisch-komplementären Verklammerung von Zulage und SA-Abzug stellt § 10a nicht auf die – nur ausnahmsweise (§ 90 IV) – festgesetzte Zulage, sondern auf den Zulagen*anspruch* ab (zur eigenständigen Ermittlungspflicht des FA → Rn. 19).

3 **3. Verfahren.** § 10a kann nur bei der **ESt-Veranlagung,** nicht hingegen im Vorauszahlungsverfahren geltend gemacht werden (§ 37 III 6; zum Entstehen des Zulagenanspruchs s § 88). Die Bemessungsgrundlage für **KiSt** (§ 51a II) und **SolZ** (§ 3 II SolZG) mindert sich abw vom KiGeld nur um den *tatsächl* SA-Abzug (*KKM* § 10a Rn. D 22). – Die zusätzl StErmäßigung auf Grund des SA-Abzugs ist **gesondert festzustellen** (§ 10a IV; → Rn. 30); bei „schädl Verwendung" (§ 93), zB Wegfall der unbeschr StPfl, ist das besondere Zurückzahlungs-/Festsetzungsverfahren des § 94 zu beachten (keine Änderung des ESt-Bescheids; *BMF* BStBl I 23, 1726 Rn. 216). – Zur Anspruchsberechtigung von **Ehegatten** → Rn. 35.

II. Tatbestandsvoraussetzungen

8 **1. Begünstigter Personenkreis, § 10a I, Ia, Ib, VI.** S dazu iEinz *BMF* BStBl I 23, 1726 Rn. 1–30, nebst Anlage 1 und 2. – **a) Begünstigte.** Begünstigt sind grds nur diejenigen **unbeschr** ESt-StPflichtigen (§ 50 I 4; vgl auch § 79; zu § 1 III s *BMF* BStBl I 23, 1726 Rn. 19, 21), die entweder ***(1)*** von der Absenkung des Leistungsniveaus der inl gesetzl RV betroffen, dh – zumindest für einen Teil des *jeweiligen* VZ – in der inl **gesetzl RV pflichtversichert** sind (BT-Drs 14/5150, 35; *BMF* BStBl I 23, 1726 Rn. 2–18 und Anlage 1) oder ***(2)*** der wirkungsgleichen Absenkung des Niveaus der **öffentl Altersversorgung** unterfallen (Abs 1 S 1 Hs 2, S 2; *Risthaus* DB 05, Beil Nr 2, 32). Diese Begrenzungen sind **verfgemäß** (BFH X R 11/13, BStBl II 16, 18). – Ausreichend ist, wenn die Voraussetzungen zu einem Zeitpunkt innerhalb des VZ vorliegen (keine Mindestfrist). – Fließen Altersvorsorgeleistungen oder werden Beiträge nach Beginn der Auszahlungsphase geleistet, kommt § 10a nicht mehr in Betracht (*BMF* BStBl I 23, 1726 Rn. 41).

9 **Übersicht** (nach *BMF* BStBl I 23, 1726). – ***(1)*** **Unmittelbar begünstigte Personen:** – ***(a)*** Pflichtversicherte (→ Rn. 10; *BMF* BStBl I 23, 1726 Rn. 2), einschließl Alterssicherung der Landwirte (I 3; *BMF* BStBl I 23, 1726 Rn. 3 und Anlage 1 B); – ***(b)*** Empfänger von Besoldung und gleichgestellte Personen (→ Rn. 11, 12; *BMF* BStBl I 23, 1726 Rn. 4); – ***(c)*** Pflichtversicherten gleichgestellte Personen (*BMF* BStBl I 23, 1726 Rn. 10); insb Arbeitslose (§ 10a I 3 Hs 2; Klarstellung durch AltvVerbG; BT-Drs 17/10818, 16), die als Arbeitssuchende gemeldet sind und wegen hohen Vermögens/Einkommens keine Leistung nach dem SGB II erhalten (vgl §§ 11, 12 SGB II), werden Pflichtversicherten gleichgestellt *BMF* BStBl I 23, 1726 Rn. 10; nicht erfasst werden Angestellte mit Sonderurlaub nach § 28 TVöD (BFH X R 37/17, BFH/NV 19, 199); gleichgestellt sind auch Personen mit Anspruch auf Anrechnung von Kindererziehungszeiten (§ 10a Ia idF JStG 2022, BGBl I 22, 2294;

RegE BT-Drs 20/3879, 93); – ***(d)*** nicht mehr Pflichtversicherte in einer ausl gesetzl RV (*BMF* BStBl I 23, 1726 Rn. 19 f); – ***(e)*** nicht mehr Beschäftigte internationaler Organisationen (*BMF* BStBl I 23, 1726 Rn. 23), wohl aber EU-Bedienstete (*BMF* BStBl I 23, 1726 Rn. 24); – ***(f)*** entsendete Personen (*BMF* BStBl I 23, 1726 Rn. 12, 13); ***(g)*** Bezieher einer Rente wegen Erwerbsunfähigkeit usw (*BMF* BStBl I 23, 1726 Rn. 14); – ***(2)*** **nicht (unmittelbar) begünstigte Personen** (→ Rn. 11; iEinz *BMF* BStBl I 23, 1726 Rn. 25 und Anlage 1 C), zB freiwillig RV-Versicherte, von der RV befreite oder versicherungsfreie Personen; – ***(3)*** **mittelbar berechtigte Personen:** der Ehegatte eines unmittelbar Berechtigten mit eigenem Vertrag (*BMF* BStBl I 23, 1726 Rn. 27 f; → Rn. 38).

b) Pflichtversicherte, § 10a I 1 Hs 1. Diese sind nach der inl gesetzl RV bzw nach dem Gesetz über die Alterssicherung der Landwirte (ALG) versichert. Hierzu gehören ua (zu Einzelheiten *BMF* BStBl I 23, 1726 Rn. 2 ff und Anlage 1 A; *KKM* § 10a Rn. B 20 f): – ***(1)*** **Nichtselbstständig** Beschäftigte gegen Arbeitsentgelt (einschließl Kurzarbeiter- und Winterausfallgeld) und Berufsauszubildende (§ 1 S 1 Nr 1 SGB VI; § 1 S 5 SGB VI), geringfügig Beschäftigte bei Verzicht auf Versicherungsfreiheit (§ 8 I Nr 1 SGB IV iVm § 5 II 1 Nr 1, S 2 SGB VI). – ***(2)*** **Bestimmte Selbstständige** nach Maßgabe von § 2 SGB VI, zB Lehrer, Erzieher, Hebammen, Seelotsen, Künstler, Handwerker (beachte aber Befreiung nach § 6 I 1 Nr 4 SGB VI), ArbN-ähnl Selbstständige. – ***(3)*** **Sonstige Versicherte** gem § 3 SGB VI, zB Kindererziehende ohne Arbeitseinkommen in der dreijährigen Anrechnungszeit, nicht erwerbsmäßig tätige Pflegepersonen, gesetzl Wehr- und Zivildienst von mehr als drei Tagen, bestimmte Bezieher von Entgeltersatzleistungen wie Kranken-, Verletzten-, Vorruhestands-, Arbeitslosengeld oder Arbeitslosenhilfe (vgl auch → Rn. 12). – ***(4)*** **Versicherungspflichtige nach Übergangsrecht** (§§ 229 ff SGB VI; s *BMF* BStBl I 23, 1726 Anlage 1 A Nr 33 ff). – ***(5)*** **Pflichtversicherte auf Antrag** (§ 4 SGB VI; zB Entwicklungshelfer, bestimmte Selbstständige). – ***(6)*** **Pflichtversicherte gem ALG** (vgl § 10a I 3 Hs 1; *BMF* BStBl I 23, 1726 Anlage 1 B; Risthaus DB 05, Beil Nr 2, 32: auch bei gesetzl RV-Pflicht nur einfache Anspruchsberechtigung). – ***(7)*** **Nachversicherte** (Beamte, Richter, Berufssoldaten; vgl → Rn. 13) mit anschließender versicherungspfl Tätigkeit; zur Rückwirkung für den Zeitraum der Nachversicherung BFH X R 3/15, BFH/NV 17, 270). – Frühere Mitgliedschaft in Pflichtversicherung reicht nicht (BFH X R 11/13, BStBl II 16, 18). 10

c) Nichtpflichtversicherte. Nicht nach § 10a I begünstigt sind hingegen ua Nichtpflichtversicherte; das sind – ***(1)*** **versicherungsfreie Personen:** geringfügig Beschäftigte (§ 8 I SGB IV) ohne Verzicht auf Versicherungsfreiheit (→ Rn. 10), geringfügig selbstständig tätige Studenten mit geringfügigem Praktikaentgelt und Altersvollrentner/Pensionäre (§ 5 II, IV SGB VI; iEinz *BMF* BStBl I 23, 1726 Anlage 1 C); zu beamtenähnl ArbN und Beamten etc → Rn. 12, 13; – ***(2)*** **von der Versicherungspflicht Befreite** (§ 6 SGB VI); zB StB, RA als Mitglied einer berufsständischen (Pflicht-)Versorgungseinrichtung (BFH X R 11/13, BStBl II 16, 18; BFH X R 42/14, BFH/NV 16, 1157; *Myßen* DB 15, 2967); Ehefrau eines Landwirts (FG Bln-Bbg DStRE 15, 265); – ***(3)*** **freiwillig Versicherte** (§ 7 SGB VI; zu den Motiven *KKM* § 10a Rn. B 284/6: auch Umgehungsschutz); iEinz *BMF* BStBl I 23, 1726 Anlage 1 C; – ***(4)*** Personen in ausl Alterssicherungssystem (*BMF* BStBl I 23, 1726 Rn. 19 f). 11

d) Gleichgestellte, § 10a I 1 Hs 2, § 10a Ia idF JStG 2022. – aa) Betroffene Personengruppen. Als Folge der Absenkung des Niveaus der öffentl Versorgungssysteme (dazu → Rn. 1) werden die hiervon Betroffenen nach **§ 10a I 1 Hs 2** begünstigt (*BMF* BStBl I 23, 1726 Rn. 4 iVm Anlage 2; *HHR/Hamacher* § 10a Rn. 12). – ***(1)*** **Nr 1: Besoldungsempfänger:** Beamte, Richter, Soldaten, vgl §§ 14, 69e BeamtVG, auch Landes- und Kommunalbeamte, §§ 26, 97 SoldatenVG, zum gesetzl Wehrdienst → Rn. 9; zum Ausschluss der Versorgungsempfänger *KKM* § 10a Rn. 12

B 154 f. – *(2)* **Nr 2:** Empfänger von **Amtsbezügen** (zB Regierungsmitglieder des Bundes, parlamentarische Staatssekretäre, Bundesbeauftragte, vgl ua §§ 15 III, 21a V BMinG, §§ 6, 7 ParlStG); nicht Abgeordnete (*OFD Mster* DB 07, 2744). – *(3)* **Nr 3: Beamtenähnl ArbN** (§ 5 I 1 Nr 2, 3; § 6 I 1 Nr 2 SGB VI: zB Dienstordnungsangestellte bei Krankenkassen/Berufsgenossenschaften, Geistliche, Kirchenbeamte; Lehrer/Erzieher an nicht öffentl Schulen/Anstalten; vgl *KKM* § 10a Rn. B 193 f; § 230 II 2 SGB VI: Angehörige geistl Gemeinschaften; BT-Drs 15/3004, 18) sind dann nach **§ 10a I 1 Hs 2 Nr 3** begünstigt, wenn ihr Versorgungsrecht die entspr Anwendung von § 69e III, IV BeamtVG (Abflachung der Versorgungserhöhungen) vorsieht (BT-Drs 14/7681, 75; *BMF* BStBl I 23, 1726 Rn. 4); auch Bedienstete der EU (*BMF* BStBl I 23, 1726 Rn. 24). – *(4)* **Nr 4** (idF ÄndG, BGBl I 03, 58; → Rn. 1; *KKM* § 10a Rn. B 223 f): ohne Besoldung **beurlaubte Beamte** (Richter, Berufs-/Zeitsoldaten) mit auf Grund einer weiteren (privaten) Beschäftigung **ruhegehaltsfähigen Dienstzeiten** (zB als Angestellte der Dt Post/Telekom; *BMF* BStBl I 23, 1726 Rn. 4). – *(5)* **Nr 5:** Beurlaubte Personen iSv Nr 1–4 bleiben förderberechtigt (idF AltEinkG, BGBl I 04, 1427; Klarstellung, BT-Drs 15/2150, 35; *BMF* BStBl I 23, 1726 Rn. 4). – *(6)* Begünstigt werden auch altersversicherte Landwirte (§ 10a I 3 idF JStG 2010, BGBl I 10, 1768) und bestimmte Rentenempfänger bei Erwerbsminderung/-unfähigkeit (§ 10a I 4; FG Mster EFG 22, 1192, rkr). – *(7)* **Mitglieder ausl Systeme** (§ 10a VI): Personen, die Pflichtmitglieder in einem **ausl gesetzl Alterssicherungssystem** sind bzw. Leistungen aus einem ausl Alterssicherungssystem beziehen (BFH X R 11/15, BFH/NV 17, 300; *BMF* BStBl I 23, 1726 Rn. 20; BT-Drs 18/1529, 52). – *(8)* **Personen mit Anspruch auf Anrechnung von Kindererziehungszeiten.** Nach § 10a Ia idF JStG 2022, BGBl I 22, 2294 werden **(ab 1.1.23)** StPfl, die Kindererziehungszeiten nach § 56 SGB VI in der inl gesetzl RV nur auf Grund eines fehlenden oder eines noch nicht beschiedenen Antrags bislang nicht angerechnet bekommen haben, unter bestimmten Voraussetzungen einem Pflichtversicherten zunächst gleichgestellt (iEinz RegE BT-Drs 20/3879, 93).

13 **bb) Besondere Anforderungen.** Gleichgestellte müssen – *(1)* über die zuständige Stelle (§ 81a) eine **Zulagenummer** beantragen (§ 10a Ib; *KKM* § 10a Rn. C 45 f) und – *(2)* fristgerecht, dh bis zum Ablauf des Beitragsjahres (§ 88; BT-Drs 18/12612, 34) die **Einwilligung** in das Verfahren gem § 10a I 1 Hs 2 erklären; ohne Einwilligung („verfahrensrechtl Erklärung") besteht keine Förderberechtigung (BFH X R 14/14, BStBl II 15, 931 mit Anm *Kulosa* HFR 15, 123). Ggf kommt eine mittelbare Zulageberechtigung über Ehegatten in Betracht (BFH X R 20/14, BStBl II 15, 709); Einwilligung erforderl (BFH X B 24/18, BFH/NV 18, 1148).

Beispiel: Beitragszahlung 2010; bestandskräftige Veranlagung 2011; Einwilligung 2012. – In diesem Fall ist nach BFH X R 18/14, BStBl II 15, 371 wohl keine Änderung mögl, kein rückwirkendes Ereignis nach § 175 I 1 Nr 2 AO.

Die Einwilligung muss ggf vor Beginn des jeweiligen Kj, für das sie nicht mehr gelten soll, **widerrufen** werden (§ 10a I 2).

14 **2. Begünstigte Aufwendungen, § 10a I 1.** Der SA-Abzug wird für Altersvorsorgebeiträge gem § 82 zuzügl der hierfür zustehenden Zulagen bis zu den gestaffelten jährl Höchstgrenzen des § 10a I 1 gewährt (*Risthaus* DB 05, Beil Nr 2, 35). Der Begriff der Altersvorsorgebeiträge in § 10a I 1 und in § 82 I ist identisch (BFH X R 41/13, BStBl II 16, 525).

15 **a) Altersvorsorgebeiträge nach § 82.** In Betracht kommen – *(1)* private Altersvorsorgebeiträge (§ 82 I; *BMF* BStBl I 23, 1726 Rn. 31); – *(2)* Beiträge iRd betriebl Altersversorgung, *(3)* Beiträge, die über den Mindesteigenbeitrag (§ 86) hinausgehen (*BMF* BStBl I 23, 1726 Rn. 42; zur Abgrenzung geförderter und nicht geförderter Beiträge *BMF* BStBl I 23, 1726 Rn. 133 f). – *(Spar-)Leistungen* iSv § 10a I 1 sind die Altersvorsorgebeiträge, die der StPfl zugunsten eines auf seinem Namen lautenden

Vertrags nach § 82 I leistet (Eigenbeiträge) sowie die Zahlungen aus (grds) individuell versteuertem ArbLohn gem § 82 II (→ Rn. 17; zur zeitl Zuordnung s *BMF* BStBl I 23, 1726 Rn. 92; § 11 II); der vorherige Erhalt der erforderl Geldmittel als Schenkung ist mE unschädl (glA *FM SchlH* DStR 03, 2020). Leistungen zur Bildung der *Versorgungsrücklage* (für Beamte etc, vgl § 14a BBesG) sind nicht gefördert (BT-Drs 14/7064, 52); gutgeschriebene Zinsen sind keine Altersvorsorgebeiträge (BFH X R 41/13, BStBl II 16, 525).

aa) Kapitalgedeckte private Altersversorgung, § 82 I. → Rn. 1. Altersvorsorgebeiträge sind Beiträge, die der Zulagenberechtigte (§ 79; zu Ehegatten → Rn. 35) – bis zum Beginn der sog Auszahlungsphase (*Pedack/Myßen* INF 02, 609) – zu Gunsten eines **zertifizierten Altersvorsorgevertrags** (zB RV, Bankguthaben mit Zinsansammlung, Investmentfonds) leistet (vgl *BMF* BStBl I 23, 1726 Rn. 31 f). Der Zertifizierungsbescheid ist Grundlagenbescheid iSv § 171 X AO (§ 82 I 2). 16

bb) Betriebliche Altersversorgung, § 82 II, III. Zum Begriff s § 1 BetrAVG; *BMF* BStBl I 21, 1050 Rn. 1 ff. Altersvorsorgebeiträge, auch Zahlungen in eine **DirektVers,** einen **Pensionsfonds** (vgl § 112 VAG) oder eine **Pensionskasse** (Einzelheiten, zB Arbeitszeitkonten, Nichtberücksichtigung von Umlagen *BMF* BStBl I 21, 1050 Rn. 66 ff) liegen vor, wenn – ***(1)*** die Einrichtung eine **lebenslange** Altersvorsorge gewährleistet (§ 1 I Nr 4 und 5 AltZertG: Rente oder Auszahlungsplan mit Teilkapitalverrentung; einschließl Anteile für verminderte Erwerbsfähigkeit und Hinterbliebenenversorgung, § 82 III; vgl *BMF* BStBl I 21, 1050 Rn. 68), – ***(2)*** die Beitragszahlungen aus **individuell versteuertem** ArbLohn (zu Ausnahmen, zB Eigenleistungen nach Beendigung des Arbeitsvertrags gem § 1b V BetrAVG, s *BMF* BStBl I 21, 1050 Rn. 72; *Pedack/Myßen* INF 02, 609) geleistet (dh grds: Verzicht auf Steuerfreiheit nach § 3 Nr 63 S 2 iVm §§ 1a III, 17 I 3 BetrAVG; Einzelheiten auch zum Personenkreis *BMF* BStBl I 21, 1050 Rn. 23 f; *BMF* BStBl I 22, 333) *und* – ***(3)*** die Beiträge zum Aufbau einer betriebl Altersversorgung im **Kapitaldeckungsverfahren** erhoben werden (*BMF* BStBl I 21, 1050 Rn. 74); daher keine Förderung von § 40b-Zuwendungen (*BMF* BStBl I 21, 1050 Rn. 83). 17

cc) Keine Doppelbegünstigung, § 82 IV. – (idF StÄndG 2001, BGBl I 01, 3794; BT-Drs 14/7341, 33; *Myßen* NWB F 3, 11654). Ebenso wie bei der Zulage ist auch der SA-Abzug für die Aufwendungen ausgeschlossen, für die entweder die ArbN-Sparzulage, Wohnungsbau-Prämie oder der SA-Abzug nach § 10 gewährt wird (→ Rn. 1). Gleiches gilt bei Rückzahlung des Eigenheimbetrags nach § 92a II. 18

b) Einbeziehung des Zulagenanspruchs. Begünstigt ist auch die dem StPfl für die Eigenbeiträge „zustehende Zulage" (§ 10a I 1); der Zulagenanspruch gilt als eigener Aufwand. Maßgebl ist demnach der mit dem Ende des *jeweiligen Kj* (= Beitragsjahr) entstehende Zulagen*anspruch* (§ 88), nicht dessen Auszahlung an den Anbieter oder die Gutschrift auf dem Vertragskonto (s dazu – einschl Begrenzung auf zwei Verträge – §§ 87 ff; *BMF* BStBl I 23, 1726 Rn. 92 f, 121, 126). Für den SA-Abzug ist es unerhebl, ob der Antrag auf Zulage überhaupt gestellt wird (glA *BMF* BStBl I 23, 1726 Rn. 126; vgl zu mehreren Verträgen → Rn. 31). 19

3. Höchstbeträge; überschießende Eigenbeiträge. Die *tatsächl* Sparleistungen (Eigenbeiträge und Zulagenanspruch) sind nur bis zu den zwar nach Kj gestaffelten, jedoch nicht dynamisierten Beträgen als SA abziehbar (§ 10a I 1 Hs 1; ab VZ 2008 2100 €). Es handelt sich nicht um Freibeträge, sondern um jährl Höchstbeträge (*KKM* § 10a Rn. B 289). Der – nach Abzug der Zulage – überschießende Teil der tatsächl Eigenbeiträge ist begriffl nicht mehr Altersvorsorgebeitrag gem § 82 I 1 (*BMF* BStBl I 23, 1726 Rn. 43, 138) und somit auch nicht iSv § 10a I 1 (uU aber SA-Abzug nach § 10 I Nr 2b, III; vgl zu dieser Aufwandsspaltung auch § 82 IV; weitere Folge: 20

insoweit keine Nachversteuerung nach § 22 Nr 5; BT-Drs 14/4595, 66, 67). – Keine Einbeziehung des Berufseinsteiger-Bonus (§ 84 S 2) in Günstigerprüfung (§ 10a I 5).

22 **4. Wahlrecht, § 10a I.** Trotz der Günstigerprüfung von Amts wegen (→ Rn. 25) besteht für den SA-Abzug nach § 10a I 1 („können") ein ggü der Zulage eigenständiges Wahlrecht (glA BFH X R 32/20, BStBl II 22, 617; *BMF* BStBl I 23, 1726 Rn. 102), sodass die Versteuerung nach § 22 Nr 5 vermieden werden kann (vgl zu mehreren Verträgen auch § 10a IV 2, → Rn. 31; zu Ehegatten → Rn. 35). Das Wahlrecht kann formlos ausgeübt werden, grds nur bis zum Eintritt der Bestandskraft (BFH X R 32/20, BStBl II 22, 617; *Reddig* HFR 22, 713).

23 **5. Verfahren, § 10a I 1 Hs 2, V. – a) Einwilligung in Datenübermittlung. Gem § 10a I 1 Hs 2 (nach Nr 5)** muss der StPfl spätestens bis zum Ablauf des Beitragsjahres (§ 88) ggü der zuständigen Stelle (§ 81a) **schriftl** oder **elektronisch** eingewilligt haben, dass diese der zentralen Stelle (§ 81) jährl unter Angabe der IdNr mitteilt, dass der StPfl zum begünstigten Personenkreis gehört, dass die zuständige Stelle der zentralen Stelle die für die Ermittlung des Mindesteigenbeitrags (§ 86) und die Gewährung der Kinderzulage (§ 85) erforderl Daten übermittelt und die zentrale Stelle diese Daten für das Zulageverfahren verarbeiten darf (BT-Drs 16/10188, 24). Die Einwilligung ist eine **materielle Voraussetzung** für den SA-Abzug nach § 10a (keine Wahlrechtsausübung iSv Rn. 22; BFH X R 32/20, BStBl II 22, 617; HessFG EFG 25, 82 mit Anm *Vogel,* Rev X R 28/24; s auch *BMF* BStBl I 23 1726, Rn. 94). **§ 10a I 1 Hs 2 (nach Nr 5)** regelt die Einwilligung zur Übermittlung der Daten (BT-Drs 17/10818, 16), **§ 10a V** die Übermittlung selbst (→ Rn. 24). – Damit die *FinVerw* den Datensatz zuordnen kann, benötigt sie die IdNr nach § 139b AO (*BMF* BStBl I 23, 1726 Rn. 93). Die Erhebung der IdNr verläuft wie die Erhebung der IdNr im Rentenbezugsmitteilungsverfahren (§ 10a V 2).

24 **b) Datenerhebung und Datenübermittlung, § 10a V.** Die Altersvorsorgebeiträge (= Eigenbeiträge, → Rn. 14 f) sind durch amtl vorgeschriebenen Datensatz durch Datenfernübertragung zu übermitteln (§ 10a V 1, § 93c AO); der Anbieter hat die nach § 10a V erforderlichen Daten an die ZfA zu übermitteln (§ 10 I AltvDV; *BMF* BStBl I 23, 1726 Rn. 95; zur Rechtslage für VZ vor 2019 s *BMF* BStBl I 23, 1726 Rn. 99). § 10a V 2 regelt (unter Verweis auf § 22a II) das Verfahren zur Mitteilung der IdNr. § 10a V 3 schließt die Haftung nach § 72a IV AO aus. Nach § 10a V 4 wird der SA-Abzug im Hinblick auf § 10a I–III nach § 91 überprüft (*BMF* BStBl I 23, 1726; BFH X R 2/19, BStBl II 22, 157). § 10a V 5 regelt die Erteilung einer ggf erforderl ZulagenNr (§ 90 I 2, 3).

III. Rechtsfolgen

25 **1. Günstigerprüfung, § 10a II.** Das FA hat von Amts wegen die Zulage (einschließl Kinderzulage, vgl §§ 84, 85) mit der StEntlastung auf Grund des SA-Abzug nach § 10a (zu den Höchstgrenzen → Rn. 20) zu vergleichen (Günstigerprüfung; BFH X R 11/21, BStBl II 25, 655; *BMF* BStBl I 23, 1726 Rn. 102 f). Die Ausübung des **Wahlrechts** durch den StPfl (→ Rn. 22) ist Bedingung für den Eintritt in die Günstigerprüfung (BFH X R 32/20, BStBl II 22, 617). Umgekehrt sind bei der Günstigerprüfung nach § 31 S 1, 4 die Beträge nach § 10a immer als SA abzuziehen (mE jedoch nicht, wenn weder Zulage noch SA nach § 10a beantragt werden; unklar *Risthaus* DB 01, 1275; BT-Drs 14/5150, 38). – Zuschlagsteuern bleiben außen vor (*KKM* § 10a Rn. D 30).

27 **2. Zulage oder Sonderausgabenabzug.** Überschreitet die StEntlastung (§ 10a I 1 Alt 1 und 2; zB 100 €) die Zulage (zB 175 €) nicht, verbleibt es bei dieser (§ 10a II 2). Andernfalls ist der SA-Abzug vorzunehmen; gleichzeitig ist zur Vermeidung doppelter Begünstigung die tarifl ESt um den Zulagen*anspruch* (→ Rn. 19) zu erhöhen (§ 10a II 1, § 2 VI 2; ähnl wie § 31 S 4; zu Besonderheiten der Berechnung und zur

Reihenfolge der Rechenschritte (erst § 2 VI 1, dann § 2 VI 2; BFH X R 11/21, BStBl II 25, 655 (wie FA); *Nöcker* jurisPR-StR 35/25 Anm 4; krit (wie FG) *Jarzembowski* DStR 25, 2292 – Zulage als Teil des zu versteuernden Einkommens). Verhindert der SA-Abzug den vollen Abzug nach § 35a, ist ggfs vom SA-Abzug abzusehen (BFH X R 11/21, BStBl II 25, 655). Die Zulage bewirkt eine Bindung iSv § 90 II, die StErmäßigung durch SA-Abzug ist „frei verfügbar". Zu KiSt/SolZ und ESt-Vorauszahlung vgl → Rn. 3. – Zu Ehegatten → Rn. 35, 36.

3. Gesonderte Feststellung, § 10a IV. Diese ist zum Zwecke später ggf erforderl Rückforderung bei schädl Verwendung (*KKM* § 10a Rn. F 34) erforderl (zum Verfahren s §§ 93, 94). Abw von der ursprüngl Konzeption (BT-Drs 14/4595, 66; BT-Drs 14/5150, 37) wird nur die über die Zulage hinausgehende StErmäßigung (mE nur betr ESt, nicht KiSt/SolZ; → Rn. 25) gesondert festgestellt und der zentralen Stelle (§ 81: BfA) mitgeteilt (**IV 1, 5;** BFH I R 79/13, BStBl II 16, 326; *BMF* BStBl I 23, 1726 Rn. 114 f). Nach dem Wortlaut des § 10a IV 1 Hs 1 ist die zusätzl StErmäßigung für jedes Kj (VZ) eigenständig, dh ohne Fortschreibung in einem Gesamtbetrag festzustellen. Demgemäß entfaltet der Feststellungsbescheid des Vorjahrs keine Bindungswirkung. Der Verweis (§ 10a IV 1 Hs 2) auf § 10d IV 3–5 regelt ledigl die Zuständigkeit des FA (S 3) sowie die Änderung/Aufhebung des Feststellungsbescheids in Abhängigkeit von der Änderung der für den *SA-Abzug* maßgebl Besteuerungsgrundlagen (S 4 f). Dies kann zB die Änderung der Einkunftsverhältnisse (bei Günstigerprüfung) oder Änderungen bei der Zulage auf Grund des Datenabgleichs nach § 91 betreffen; mE jedoch nicht die Rückzahlung (§ 94) von Zulage und festgestellter StErmäßigung aufgrund „schädl Verwendung" iSv § 93. – Die Rückforderung zieht keine Änderung von ESt- oder § 10a IV – Bescheiden nach sich (*BMF* BStBl I 23, 1726 Rn. 225). 30

4. Mehrere Verträge, § 10a IV 2, 5. Die Beschränkungen des § 87 kennt § 10a nicht; der StPfl kann den SA-Abzug (bis zur jährl Höchstgrenze) auf beliebig viele Altersvorsorgeverträge verteilen (Wahlrecht) mit der Folge, dass die zusätzl EStErmäßigung auf Grund des § 10a im Verhältnis der „berücksichtigten Altersvorsorgebeiträge" den einzelnen Verträgen zugerechnet und als solche (dh bezogen auf den Einzelvertrag) festgestellt wird (*BMF* BStBl I 23, 1726 Rn. 121 ff mit Beispielen). Hiernach bestimmt sich ua auch das Ob und der Umfang einer „schädl Verwendung" (§ 93) sowie der nachgelagerten Besteuerung nach § 22 Nr 5 (BT-Drs 14/5150, 37; *Pedack/Myßen* INF 02, 609). 31

IV. Besonderheiten bei Ehegatten, § 10a III

1. Grundsatz. Bei Ehegatten ist nach § 10a III 1 die persönl Anspruchsberechtigung (§ 10a I) unabhängig von der Veranlagungsart *individuell* zu prüfen (BT-Drs 14/5150, 35; *BMF* BStBl I 23, 1726 Rn. 100 f). 35

2. Sonderausgabenabzugsberechtigung beider Ehegatten, § 10a III 5. Bei zusammenveranlagten Ehegatten, die beide nach Abs 1 begünstigt sind (→ Rn. 8 ff), sind bei der Günstigerprüfung und bei der Hinzurechnung beider Ansprüche auf Zulage anzusetzen (§ 10a III 3; BT-Drs 16/2712, 43; *BMF* BStBl I 23, 1726 Rn. 112; *Myßen/Bering* NWB F 3, 14303). Zu mehreren Verträgen → Rn. 31. 36

Beispiel (*BMF* BStBl I 23, 1726 Rn. 119 nachgebildet): Ehegatten, die beide unmittelbar begünstigt sind, haben im Jahr **2025** ein zu versteuerndes Einkommen iHv 150 000 (ohne SA-Abzug nach § 10a). Darin sind Einkünfte aus unterschiedl Einkunftsarten enthalten. Sie haben mit den Beiträgen iHv **2300** (Ehemann)/**900** (Ehefrau) zugunsten ihrer Verträge mehr als die erforderl Mindesteigenbeiträge gezahlt und daher für das Beitragsjahr **2025** jeweils einen Zulageanspruch von **175 €** (Grundzulage, § 84 1).

	Ehemann	Ehefrau	
Eigenbeitrag	2 300	900	
davon gefördert			
höchstens (2100 – 175)	1 925	1 925	
gefördert somit	1 925	900	
abziehbare SA (1925 + 175 =)	2 100	1 075	(900 + 175)
zu versteuerndes Einkommen (bisher)		150 000	
abzügl SA Ehemann		2 100	
abzügl SA Ehefrau		1 075	
		3 175	
zu versteuerndes Einkommen (neu)		146 825	
ESt auf 150 000		41196	
ESt auf **146 825**		39864	
Differenz		1 332	
abzügl Zulageansprüche insgesamt (2 × 175)		350	
zusätzl StErmäßigung insgesamt		**982**	

Der SA-Abzug nach § 10a ergibt für die Ehegatten eine zusätzl StErmäßigung iHv **982;** zur Zurechnung der auf den einzelnen Ehegatten entfallenden Ermäßigung vgl *BMF* BStBl I 23, 1726 Rn. 119.

37 **3. Sonderausgabenabzugsberechtigung nur eines Ehegatten, § 10a III 2, 3. – a) Unmittelbare Berechtigung.** Werden Altersvorsorgeverträge nur vom zum SA-Abzug berechtigten Ehegatten abgeschlossen, sind seine Altersvorsorgebeiträge und Zulagenansprüche ungeachtet der Art der Veranlagung der Günstigerprüfung (→ Rn. 25) sowie dem einfachen SA-Höchstbetrag (→ Rn. 20) zugrunde zu legen und die gesondert festzustellende StErmäßigung (→ Rn. 27, 30) ihm zuzurechnen (*BMF* BStBl I 23, 1726 Rn. 109 f).

38 **b) Mittelbare Berechtigung.** Hat hingegen der andere Ehegatte – obgleich dieser **nicht** zum Personenkreis nach **§ 10a I** gehört (zB Selbstständiger, → Rn. 9) – einen Altersvorsorgevertrag abgeschlossen, begründet **§ 79 S 2** bei Vorliegen des § 26 I eine mittelbare Zulageberechtigung dieses Ehegatten (BFH X R 49/14, BFH/NV 16, 1152), *nicht* aber ein eigenständiges Recht zum SA-Abzug. In diesem Fall sind gem § 10a III 2 beide Beiträge (nebst Zulagen) bei der Günstigerprüfung (einheitl) zu berücksichtigen und ggf als SA (getrennt) abziehbar (*BMF* BStBl I 23, 1726 Rn. 100 f mit Beispielen); die StErmäßigung ist dem begünstigten Vertrag zuzurechnen (IV 4; BT-Drs 15/2150, 36). Bei eigener unmittelbarer Berechtigung besteht keine mittelbare Berechtigung (BFH X R 33/18, BFH/NV 20, 678).

39 **c) Mindestbeitrag von 60 €. Mittelbar Zulageberechtigte** müssen (ab 1.1.12; vgl BT-Drs 17/7524) einen Eigenbeitrag von mindestens 60 € im Jahr auf ihren Vertrag einzahlen, um die volle Zulage zu erhalten (§ 10a III 3 idF BeitrRLUmsG, BGBl I 11, 2592; *BMF* BStBl I 23, 1726 Rn. 90). Die Zulagenhöhe des mittelbar Zulagenberechtigten bleibt davon abhängig, wie hoch der Eigenbeitrag des **unmittelbar** Zulagenberechtigten ist, dh die volle Zulage erhält der mittelbar Zulageberechtigte nur, wenn der unmittelbar Zulageberechtigte seinen **Mindesteigenbeitrag** (§ 86; FG Bln-Bbg DStRE 16, 1159) leistet. Der höchstmögl SA-Abzug nach § 10a steigt durch den Mindestbeitrag des mittelbar Zulageberechtigten iHv 60 € auf 2160 € (FG Mster EFG 22, 1192, rkr). Falls (im ersten Beitragsjahr) weniger als 60 € gezahlt werden, geht die Zulage vollständig verloren.

Beispiel: Alleinverdiener (55 T€ Bruttoeinkommen) und Frau, 1 Kind (6 Jahre alt).

Mindesteigenbeitrag Mann ↓	**Mann (unmittelbar zulageberechtigt) ↓**	**Frau (mittelbar zulageberechtigt) ↓**
55 000 € × 4% = max 2100 €	Mindesteigenbeitrag 1450 €	Mindestbeitrag 60 €
./. Grundzulage (m) = 175 €	+ Grundzulage 175 €	+ Grundzulage 175 €
./. Grundzulage (w) = 175 €		+ Kinderzulage 300 €
./. Kinderzulage = 300 €		
Mindesteigenbeitrag = 1450 €	Vertragsgutschrift 1625 €	Vertragsgutschrift 535 €

Als SA sind Beiträge und Zulagen iHv 2160 € (1625 + 535) abzusetzen.

§ 10b Steuerbegünstigte Zwecke

(1) [1]**Zuwendungen (Spenden und Mitgliedsbeiträge) zur Förderung steuerbegünstigter Zwecke im Sinne der §§ 52 bis 54 der Abgabenordnung können insgesamt bis zu**

1. **20 Prozent des Gesamtbetrags der Einkünfte oder**
2. **4 Promille der Summe der gesamten Umsätze und der im Kalenderjahr aufgewendeten Löhne und Gehälter**

als Sonderausgaben abgezogen werden. [2]**Voraussetzung für den Abzug ist, dass diese Zuwendungen**

1. **an eine juristische Person des öffentlichen Rechts oder an eine öffentliche Dienststelle, die in einem Mitgliedstaat der Europäischen Union oder in einem Staat belegen ist, auf den das Abkommen über den Europäischen Wirtschaftsraum (EWR-Abkommen) Anwendung findet, oder**
2. **an eine nach § 5 Absatz 1 Nummer 9 des Körperschaftsteuergesetzes steuerbefreite Körperschaft, Personenvereinigung oder Vermögensmasse oder**
3. **an eine Körperschaft, Personenvereinigung oder Vermögensmasse, die in einem Mitgliedstaat der Europäischen Union oder in einem Staat belegen ist, auf den das Abkommen über den Europäischen Wirtschaftsraum (EWR-Abkommen) Anwendung findet, und die nach § 5 Absatz 1 Nummer 9 des Körperschaftsteuergesetzes in Verbindung mit § 5 Absatz 2 Nummer 2 zweiter Halbsatz des Körperschaftsteuergesetzes steuerbefreit wäre, wenn sie inländische Einkünfte erzielen würde,**

geleistet werden. [3]**Für nicht im Inland ansässige Zuwendungsempfänger nach Satz 2 ist weitere Voraussetzung, dass durch diese Staaten Amtshilfe und Unterstützung bei der Beitreibung geleistet werden.** [4]**Amtshilfe ist der Auskunftsaustausch im Sinne oder entsprechend der Amtshilferichtlinie gemäß § 2 Absatz 2 des EU-Amtshilfegesetzes.** [5]**Beitreibung ist die gegenseitige Unterstützung bei der Beitreibung von Forderungen im Sinne oder entsprechend der Beitreibungsrichtlinie einschließlich der in diesem Zusammenhang anzuwendenden Durchführungsbestimmungen in den für den jeweiligen Veranlagungszeitraum geltenden Fassungen oder eines entsprechenden Nachfolgerechtsaktes.** [6]**Werden die steuerbegünstigten Zwecke des Zuwendungsempfängers im Sinne von Satz 2 Nummer 1 nur im Ausland verwirklicht, ist für den Sonderausgabenabzug Voraussetzung, dass natürliche Personen, die ihren Wohnsitz oder ihren gewöhnlichen Aufenthalt im Geltungsbereich dieses Gesetzes haben, gefördert werden oder dass die Tätigkeit dieses Zuwendungsempfängers neben der Verwirklichung der steuerbegünstigten Zwecke auch zum Ansehen der Bundesrepublik Deutschland beitragen kann.** [7]**Abziehbar sind auch Mitgliedsbeiträge an Körperschaften, die Kunst und Kultur gemäß § 52 Absatz 2 Satz 1 Nummer 5 der Abgabenordnung fördern, soweit es sich nicht um Mitgliedsbeiträge nach Satz 8 Nummer 2**

handelt, auch wenn den Mitgliedern Vergünstigungen gewährt werden. [8]Nicht abziehbar sind Mitgliedsbeiträge an Körperschaften,

1. **die den Sport (§ 52 Absatz 2 Satz 1 Nummer 21 der Abgabenordnung),**
2. **die kulturelle Betätigungen, die in erster Linie der Freizeitgestaltung dienen,**
3. **die Heimatpflege und Heimatkunde (§ 52 Absatz 2 Satz 1 Nummer 22 der Abgabenordnung),**
4. **die Zwecke im Sinne des § 52 Absatz 2 Satz 1 Nummer 23 der Abgabenordnung**

fördern oder

5. **deren Zweck nach § 52 Absatz 2 Satz 2 der Abgabenordnung für gemeinnützig erklärt worden ist, weil deren Zweck die Allgemeinheit auf materiellem, geistigem oder sittlichem Gebiet entsprechend einem Zweck nach den Nummern 1 bis 4 fördert.**

[9]Abziehbare Zuwendungen, die die Höchstbeträge nach Satz 1 überschreiten oder die den um die Beträge nach § 10 Absatz 3 und 4, § 10c und § 10d verminderten Gesamtbetrag der Einkünfte übersteigen, sind im Rahmen der Höchstbeträge in den folgenden Veranlagungszeiträumen als Sonderausgaben abzuziehen. [10]§ 10d Absatz 4 gilt entsprechend.

(1a) **[1]Spenden zur Förderung steuerbegünstigter Zwecke im Sinne der §§ 52 bis 54 der Abgabenordnung in das zu erhaltende Vermögen (Vermögensstock) einer Stiftung, welche die Voraussetzungen des Absatzes 1 Satz 2 bis 6 erfüllt, können auf Antrag des Steuerpflichtigen im Veranlagungszeitraum der Zuwendung und in den folgenden neun Veranlagungszeiträumen bis zu einem Gesamtbetrag von 1 Million Euro, bei Ehegatten, die nach den §§ 26, 26b zusammen veranlagt werden, bis zu einem Gesamtbetrag von 2 Millionen Euro, zusätzlich zu den Höchstbeträgen nach Absatz 1 Satz 1 abgezogen werden. [2]Nicht abzugsfähig nach Satz 1 sind Spenden in das verbrauchbare Vermögen einer Stiftung [3]Der besondere Abzugsbetrag nach Satz 1 bezieht sich auf den gesamten Zehnjahreszeitraum und kann der Höhe nach innerhalb dieses Zeitraums nur einmal in Anspruch genommen werden. [4]§ 10d Absatz 4 gilt entsprechend.**

(2) **[1]Zuwendungen an politische Parteien im Sinne des § 2 des Parteiengesetzes sind, sofern die jeweilige Partei nicht gemäß § 18 Absatz 7 des Parteiengesetzes von der staatlichen Teilfinanzierung ausgeschlossen ist, bis zur Höhe von insgesamt 3300 Euro und im Fall der Zusammenveranlagung von Ehegatten bis zur Höhe von insgesamt 6600 Euro im Kalenderjahr abzugsfähig. [2]Sie können nur insoweit als Sonderausgaben abgezogen werden, als für sie nicht eine Steuerermäßigung nach § 34g gewährt worden ist.**

(3) **[1]Als Zuwendung im Sinne dieser Vorschrift gilt auch die Zuwendung von Wirtschaftsgütern mit Ausnahme von Nutzungen und Leistungen. [2]Ist das Wirtschaftsgut unmittelbar vor seiner Zuwendung einem Betriebsvermögen entnommen worden, so bemisst sich die Zuwendungshöhe nach dem Wert, der bei der Entnahme angesetzt wurde und nach der Umsatzsteuer, die auf die Entnahme entfällt. [3]Ansonsten bestimmt sich die Höhe der Zuwendung nach dem gemeinen Wert des zugewendeten Wirtschaftsguts, wenn dessen Veräußerung im Zeitpunkt der Zuwendung keinen Besteuerungstatbestand erfüllen würde. [4]In allen übrigen Fällen dürfen bei der Ermittlung der Zuwendungshöhe die fortgeführten Anschaffungs- oder Herstellungskosten nur überschritten werden, soweit eine Gewinnrealisierung stattgefunden hat. [5]Aufwendungen zugunsten einer Körperschaft, die zum Empfang steuerlich abziehbarer Zuwendungen berechtigt ist, können nur abgezogen werden, wenn ein Anspruch auf die Erstattung der Aufwendungen durch Vertrag oder Satzung eingeräumt und auf die Erstattung verzichtet worden ist. [6]Der Anspruch darf nicht unter der Bedingung des Verzichts eingeräumt worden sein.**

(4) [1]**Der Steuerpflichtige darf auf die Richtigkeit der Bestätigung über Spenden und Mitgliedsbeiträge vertrauen, es sei denn, dass er die Bestätigung durch unlautere Mittel oder falsche Angaben erwirkt hat oder dass ihm die Unrichtigkeit der Bestätigung bekannt oder infolge grober Fahrlässigkeit nicht bekannt war.** [2]**Wer vorsätzlich oder grob fahrlässig eine unrichtige Bestätigung ausstellt oder veranlasst, dass Zuwendungen nicht zu den in der Bestätigung angegebenen steuerbegünstigten Zwecken verwendet werden, haftet für die entgangene Steuer.** [3]**Diese ist mit 30 Prozent des zugewendeten Betrags anzusetzen.** [4]**In den Fällen des Satzes 2 zweite Alternative (Veranlasserhaftung) ist vorrangig der Zuwendungsempfänger in Anspruch zu nehmen; die in diesen Fällen für den Zuwendungsempfänger handelnden natürlichen Personen sind nur in Anspruch zu nehmen, wenn die entgangene Steuer nicht nach § 47 der Abgabenordnung erloschen ist und Vollstreckungsmaßnahmen gegen den Zuwendungsempfänger nicht erfolgreich sind.** [5]**Die Festsetzungsfrist für Haftungsansprüche nach Satz 2 läuft nicht ab, solange die Festsetzungsfrist für von dem Empfänger der Zuwendung geschuldete Körperschaftsteuer für den Veranlagungszeitraum nicht abgelaufen ist, in dem die unrichtige Bestätigung ausgestellt worden ist oder veranlasst wurde, dass die Zuwendung nicht zu den in der Bestätigung angegebenen steuerbegünstigten Zwecken verwendet worden ist; § 191 Absatz 5 der Abgabenordnung ist nicht anzuwenden.**

Einkommensteuer-Durchführungsverordnung:

§§ 48, 49 EStDV *(aufgehoben)*

§ 50 EStDV *Zuwendungsbestätigung*

(1) [1]**Zuwendungen im Sinne der §§ 10b und 34g des Gesetzes dürfen vorbehaltlich des Absatzes 2 nur abgezogen werden, wenn der Zuwendende eine Zuwendungsbestätigung, die der Zuwendungsempfänger unter Berücksichtigung des § 63 Absatz 5 der Abgabenordnung nach amtlich vorgeschriebenem Vordruck ausgestellt hat, oder die in den Absätzen 4 bis 6 bezeichneten Unterlagen erhalten hat.** [2]**Zuwendungen an einen nicht im Inland ansässigen Zuwendungsempfänger nach § 10b Absatz 1 Satz 2 Nummer 1 und 3 des Gesetzes dürfen nur abgezogen werden, wenn dieser eine Zuwendungsbestätigung nach amtlich vorgeschriebenem Vordruck ausgestellt hat.** [3]**Der nicht im Inland ansässige Zuwendungsempfänger darf eine Zuwendungsbestätigung nur ausstellen, wenn er im Zuwendungsempfängerregister nach § 60b der Abgabenordnung aufgenommen ist.**

(2) [1]**Der Zuwendende kann den Zuwendungsempfänger bevollmächtigen, die Zuwendungsbestätigung der für seine Besteuerung nach dem Einkommen zuständigen Finanzbehörde nach amtlich vorgeschriebenem Datensatz durch Datenfernübertragung nach Maßgabe des § 93c der Abgabenordnung zu übermitteln.** [2]**Der Zuwendende hat dem Zuwendungsempfänger zu diesem Zweck seine Identifikationsnummer (§ 139b der Abgabenordnung) mitzuteilen.** [3]**Die Vollmacht kann nur mit Wirkung für die Zukunft widerrufen werden.** [4]**Der Zuwendungsempfänger hat dem Zuwendenden die nach Satz 1 übermittelten Daten elektronisch oder auf dessen Wunsch als Ausdruck zur Verfügung zu stellen; in beiden Fällen ist darauf hinzuweisen, dass die Daten der Finanzbehörde übermittelt worden sind.** [5]**§ 72a Absatz 4 der Abgabenordnung findet keine Anwendung.**

(3) [1]**In den Fällen des Absatzes 2 ist für die Anwendung des § 93c Absatz 4 Satz 1 der Abgabenordnung das Finanzamt zuständig, in dessen Bezirk sich die Geschäftsleitung (§ 10 der Abgabenordnung) des Zuwendungsempfängers im In-**

land befindet; für Zuwendungsempfänger nach Absatz 1 Satz 2 ist das Bundeszentralamt für Steuern zuständig. [2]Die nach Absatz 2 übermittelten Daten können durch dieses Finanzamt zum Zweck der Anwendung des § 93c Absatz 4 Satz 1 der Abgabenordnung bei den für die Besteuerung der Zuwendenden nach dem Einkommen zuständigen Finanzbehörden abgerufen und verwendet werden.

(4) **[1]Statt einer Zuwendungsbestätigung genügt der Bareinzahlungsbeleg oder die Buchungsbestätigung eines Kreditinstituts, wenn**

1. **die Zuwendung zur Hilfe in Katastrophenfällen:**
   a) **innerhalb eines Zeitraums, den die obersten Finanzbehörden der Länder im Benehmen mit dem Bundesministerium der Finanzen bestimmen, auf ein für den Katastrophenfall eingerichtetes Sonderkonto einer inländischen juristischen Person des öffentlichen Rechts, einer inländischen öffentlichen Dienststelle oder eines inländischen amtlich anerkannten Verbandes der freien Wohlfahrtspflege einschließlich seiner Mitgliedsorganisationen eingezahlt worden ist oder**
   b) **bis zur Einrichtung des Sonderkontos auf ein anderes Konto der genannten Zuwendungsempfänger eingezahlt wird; wird die Zuwendung über ein als Treuhandkonto geführtes Konto eines Dritten auf eines der genannten Sonderkonten eingezahlt, genügt der Bareinzahlungsbeleg oder die Buchungsbestätigung des Kreditinstituts des Zuwendenden zusammen mit einer Kopie des Barzahlungsbelegs oder der Buchungsbestätigung des Kreditinstituts des Dritten, oder**
2. **die Zuwendung 300 Euro nicht übersteigt und**
   a) **der Empfänger eine inländische juristische Person des öffentlichen Rechts oder eine inländische öffentliche Dienststelle ist oder**
   b) **der Empfänger eine Körperschaft, Personenvereinigung oder Vermögensmasse im Sinne des § 5 Absatz 1 Nummer 9 des Körperschaftsteuergesetzes ist, wenn der steuerbegünstigte Zweck, für den die Zuwendung verwendet wird, und die Angaben über die Freistellung des Empfängers von der Körperschaftsteuer auf einem von ihm hergestellten Beleg aufgedruckt sind und darauf angegeben ist, ob es sich bei der Zuwendung um eine Spende oder einen Mitgliedsbeitrag handelt, oder**
   c) **der Empfänger eine politische Partei im Sinne des § 2 des Parteiengesetzes ist, die nicht gemäß § 18 Absatz 7 des Parteiengesetzes von der staatlichen Teilfinanzierung ausgeschlossen ist, und bei Spenden der Verwendungszweck auf dem vom Empfänger hergestellten Beleg aufgedruckt ist.**

[2]Aus der Buchungsbestätigung müssen der Name und die Kontonummer oder ein sonstiges Identifizierungsmerkmal des Auftraggebers und des Empfängers, der Betrag, der Buchungstag sowie die tatsächliche Durchführung der Zahlung ersichtlich sein. [3]In den Fällen des Satzes 1 Nummer 2 Buchstabe b hat der Zuwendende zusätzlich den vom Zuwendungsempfänger hergestellten Beleg aufzubewahren.

(5) **Bei Zuwendungen zur Hilfe in Katastrophenfällen innerhalb eines Zeitraums, den die obersten Finanzbehörden der Länder im Benehmen mit dem Bundesministerium der Finanzen bestimmen, die über ein Konto eines Dritten an eine inländische juristische Person des öffentlichen Rechts, an eine inländische öffentliche Dienststelle oder an eine nach § 5 Absatz 1 Nummer 9 des Körperschaftsteuergesetzes steuerbefreite Körperschaft, Personenvereinigung oder Vermögensmasse geleistet werden, genügt das Erhalten einer auf den jeweiligen Zuwendenden ausgestellten Zuwendungsbestätigung des Zuwendungsempfängers, wenn das Konto des Dritten als Treuhandkonto geführt wurde, die Zuwendung von dort an den Zuwendungsempfänger weitergeleitet wurde und diesem eine Liste mit den einzelnen Zuwendenden und ihrem jeweiligen Anteil an der Zuwendungssumme übergeben wurde.**

(6) **Bei Zahlungen von Mitgliedsbeiträgen an politische Parteien im Sinne des § 2 des Parteiengesetzes genügen statt Zuwendungsbestätigungen Bareinzahlungsbelege, Buchungsbestätigungen oder Beitragsquittungen.**

(7) [1]**Eine in § 5 Absatz 1 Nummer 9 des Körperschaftsteuergesetzes bezeichnete Körperschaft, Personenvereinigung oder Vermögensmasse hat die Vereinnahmung der Zuwendung und ihre zweckentsprechende Verwendung ordnungsgemäß aufzuzeichnen und ein Doppel der Zuwendungsbestätigung aufzubewahren.** [2]**Diese Aufbewahrungspflicht entfällt in den Fällen des Absatzes 2.** [3]**Bei Sachzuwendungen und beim Verzicht auf die Erstattung von Aufwand müssen sich aus den Aufzeichnungen auch die Grundlagen für den vom Empfänger bestätigten Wert der Zuwendung ergeben.**

(8) [1]**Die in den Absätzen 1, 4, 5 und 6 bezeichneten Unterlagen sind vom Zuwendenden auf Verlangen der Finanzbehörde vorzulegen.** [2]**Soweit der Zuwendende sie nicht bereits auf Verlangen der Finanzbehörde vorgelegt hat, sind sie vom Zuwendenden bis zum Ablauf eines Jahres nach Bekanntgabe der Steuerfestsetzung aufzubewahren.**

Einkommensteuer-Richtlinien: EStR 10b.1–10b.3/EStH 10b.1–10b.3.

Übersicht

I. Hintergrund des Spendenabzugs; Gesetzesentwicklung

Hintergrund: Während private Aufwendungen grds nicht steuerl abziehbar sind, trifft § 10b im Anschluss an die Gemeinnützigkeitsvorschriften in §§ 51 ff AO Ausnahmeregelungen für aus sozialpolitischen Gründen erwünschte und deshalb als SA abziehbare Förderzuwendungen. 1

II. Abziehbare Zuwendungen

1. Spenden; Zuwendungen, § 10b I 1, III. – a) Allgemeines. – *(1)* Begriffe. 2
Spenden sind freiwillige unentgeltl Ausgaben zur Förderung mildtätiger, kirchl, religiöser, wissenschaftl oder als besonders förderungswürdig anerkannter gemeinnütziger Zwecke. Teilweise ist der Abzug sonstiger Zuwendungen begünstigt (**Zuwendung** als Oberbegriff für Spenden und **Mitgliedsbeiträge,** § 10b I 1, §§ 52 ff AO,

→ Rn. 5). Den Zuwendungen muss eine **Ausgabe** des StPfl iSv § 11 II zugrunde liegen (s zur endgültigen wirtschaftl Belastung BFH X R 191/87, BStBl II 91, 690, zur Rückzahlung von Spenden → Rn. 52, zu wirtschaftl Belastung im Erbfall → Rn. 8 und → Rn. 32; zu „gespendeten" TV-Show-Gewinnen abl *BMF* BStBl I 06, 342; FG Hmb EFG 08, 842, rkr – kein Abzug ohne Vereinnahmung). Es kann sich um Geld- oder Sachzuwendungen von WG handeln (§ 10b III 1). Die **Herkunft der Mittel** spielt für den Abzug grds keine Rolle (vgl BFH X R 6/17, BStBl II 19, 318 Rn. 45; – Besonderheit bei ArbLohnSpenden s *BMF* BStBl I 20, 498 Abschnitt V). – ***(2)* Bewertung von Sachspenden, § 10b III 2–4.** Grundsatz für **PV:** Gemeiner Wert = Einzelveräußerungspreis (→ § 9 II BewG) mit Beschränkung in § 10b III 3, 4 auf WG, deren Veräußerung nicht der Besteuerung unterliegt, sonst nur bei vorheriger Gewinnrealisierung; iÜ zur Sicherung etwaiger stiller Reserven höchstens AK/HK. Während betriebl Spenden zu BA führen können (→ Rn. 5, → § 4 Rn. 520), erfolgt bei Privatspenden nach **Entnahme von BV** der Wertansatz nach § 6 I Nr 4 S 1 grds mit dem TW (mit USt, s § 10b III 2), bei bestimmten Empfängern (zB Stiftungsspenden) wahlweise in Anlehnung an § 6 I Nr 4 S 4 mit dem Buchwert. Spenden durch **Forderungserlass** sind mit dem aktuellen Wert anzusetzen (→ § 12 BewG). – ***(3)* Wertnachweis.** In Zweifelsfällen verlangt die *FinVerw* einen Nachweis der spendenbescheinigten Werte durch den Spender, vgl 50 VII 3 EStDV, EStH 10b.I, *OFD Ffm* DStR 04, 180 zu Altkleidern, Büchern uä WG. – ***(4)* Nutzungen und Leistungen, § 10b III 1, § 6 I Nr 4 S 5.** Ausdrückl Abzugsausnahme von Zuwendungen, die nicht mit einer Wertabgabe aus dem geldwerten Vermögen des Zuwendenden verbunden sind (zB Arbeitskraft; Pkw-AfA, → Rn. 3 „Fahrtkosten").

b) Beispiele für Zuwendungsausgaben.

3 – **Private Kleiderspenden** sind Sachspenden, die gem § 10b III 3 mit dem gemeinen Wert abzusetzen sind (→ § 9 II BewG, BFH X R 17/85, BStBl II 89, 879). Nachweis → Rn. 2 *(3)*.

– Spenden aus **Betriebsvermögen** (zB Skispende des Sportgeschäfts für Sportverein) sind nach § 10b III 2 höchstens mit dem **Entnahmewert** anzusetzen (→ Rn. 2).

– **Katastrophenspenden** s § 50 IV 1 Nr 1 EStDV, § 50 V EStDV; zu **Coronaspenden** s *BMF* BStBl I 20, 498 mit Verlängerung bis Ende 2023 *BMF* BStBl I 22, 1677; zu **Erdbebenspenden** *BMF* BStBl I 23, 335; zu **Flutkatastrophe** *BMF* BStBl I 21, 1024; *FM NRW* FR 21, 855; zu **Ukrainespenden** *BMF* BStBl I 24, 1545; *BMF* BStBl I 25, 2048 – Verlängerung bis Ende 2025/2026, *BMF* BStBl I 23, 404 (Bausachspenden); s auch § 53 Nr 3 AO idF ab 2025, *BMF* AEAO zu § 53 AO, *Hüttemann* DB 22, 2240, *Kreutz* npoR 24, 233; → 39. Aufl 2020, § 10b Rn. 3 mwN.

– **Aufwandsspenden; Rückspenden, § 10b III 5, 6, § 9 II 4, 5 KStG** (s *BMF* BStBl I 14, 1584 Tz 3 idF *BMF* BStBl I 16, 994; → 38. Aufl 2019, § 10b Rn. 3). Zuwendungen können durch freiwilligen Verzicht auf Geldansprüche erfolgen. **Abzugsvoraussetzungen, § 10b III 5,6:** – ***(1)* Aufwendungen,** die nicht in Nutzungen (AfA; s unten „Fahrtkosten") und Leistungen (unentgeltl Arbeit, s aber unten „Arbeitsleistung", → Rn. 8) bestehen und auf deren Erstattung zugunsten einer aufwandszahlungsfähigen, zum Empfang berechtigten Körperschaft verzichtet wird (insb „Fahrtkosten" – s unten; Verpflegung/Unterkunft uU pauschal nach SvEV). – ***(2)* Vertragl oder satzungsmäßiger Ersatzanspruch** ohne Verzichtsbedingungen. *BMF* BStBl I 16, 994 Tz 3verlangt grds *vorherige* schriftl Anspruchsfixierung, uU durch rechtsgültigen Vorstandsbeschluss aufgrund Satzungsermächtigung); Leistungsfähigkeit des Empfängers ist grds anzunehmen. Das gilt ab 2015 auch für Vorstandsvergütungen (§ 27 III 2 BGB; *Fischer* NWB 15, 439). – ***(3)* Wirksamer Anspruchsverzicht** des Spenders (zeitnah bis 3 Monate, uU vorheriger, auch stillschweigender Verzicht, str, s unten „Arbeitsleistung"). Auch bei Sportverein wird **Rückspende** von Auslagenersatz anerkannt (→ Rn. 8 und *BMF* BStBl I 16, 994).

– **Fahrtkosten** für gemeinnützigen Verein s oben „Aufwandsspenden". Als Nutzungszuwendung kein Abzug von **Pkw-AfA** ua Fixkosten, nur sachl Aufwendungen wie Benzinkosten. Jedoch kann eine (ohne AfA und Fixkosten) geschätzte Kilometerpauschale nach Dienstreisegrundsätzen vereinbart und gem § 10b III 5, 6 als Geldspende abgesetzt werden (vgl BFH X R 154/88, BStBl II 90, 570; *OFD Mchn* DStR 99, 1441). UU voller Abzug bei Verzicht auf in Rechnung gestellte Gesamtkostenpauschale (s BFH I R 67/95, BStBl II 97, 474).

– **Blutspende.** Fragl ist, ob es sich um geldwerte Sachleistung oder um Nutzung/Leistung iSv § 10b III 1 handelt (vgl *Drasdo* DStR 87, 330, Spende abl *OFD Ffm* FR 95, 287, zutr). Ähnl unentgeltl Zuwendung eines Körperteiles (Haut, Auge, Niere); glA FG Saarl EFG 09, 743, rkr. Entgeltspende ist jedoch abziehbar.

- **Arbeitsleistung; ehrenamtl Vereinstätigkeit.** Keine Spende bei unentgeltl Leistung. Es genügt nicht, dass der „Spender" seine Zeit und Arbeitskraft zur Verfügung stellt (§ 10b III 1). Er kann jedoch entgeltl tätig werden und den Vergütungsanspruch spenden (**Verzicht auf Geldanspruch,** → Rn. 3); die **StFreiheit** des Entgelts (zB **§ 3 Nr 12, 26, 26a, b**) steht dann mE dem Spendenabzug nicht entgegen (→ Rn. 2).
- **Nutzungsüberlassung** eines WG ohne Wertabgabe ist keine Spende (§ 10b III 1, zu Arbeitszimmer BFH X R 119/90, BFH/NV 94, 154, zu Pkw-AfA s oben „Fahrtkosten").
- **Selbst hergestellte WG.** Die HK können Gegenstand einer Spende sein. Einschränkungen bei Bildspenden eines Malers s FG Bln-Bbg EFG 22, 1188, rkr.
- **Preisnachlass. Verbilligte Überlassung von Waren** rechtfertigt mE keinen Spendenabzug iHd Wertnachlasses (wohl aber bei Verkauf zu Normalpreis und späterem Verzicht); nur bei Unterschreiten der Selbstkosten geldwerte Zuwendung.
- **Arbeitslohnverzichtsspenden** können (bei Freiwilligkeit, → Rn. 8) nach § 10b abziehbar sein, bei Spenden *über ArbG* jedoch nicht, wenn der ArbLohn stfrei bleibt (s *BMF* BStBl I 20,498 Abschnitt V).
- **Verpflichtungsübernahmen** iZm Betriebsübertragungen s *Kahsnitz* DStR 16, 2137.

2. Unentgeltlichkeit; Fremdnützigkeit; Mitgliedsbeiträge. – a) Gegenleistung. – *(1)* Grundsatz. Das Gesetz verlangt, dass mit den Ausgaben bestimmte Zwecke verfolgt werden. Daraus schließt die Rspr zutr, dass es zwar nicht auf die Beweggründe der Zahlung ankommt, dass es jedoch an einer Ausgabe zur Förderung begünstigter Zwecke fehlt, wenn der „Spende" eine vertragl oä Gegenleistung des Empfängers gegenübersteht (kein Abzug eigennütziger Aufwendungen, FG Bln-Bbg DStRE 14, 840, rkr; zu „Crowdfunding" *BMF* BStBl I 18, 246; zu Spenden an TochterGes und **Abgrenzung BA/Spenden/verdeckte Einlagen** BFH I R 52/20, BStBl II 23, 501, mwN). Dies ist nicht im bürgerl-rechtl Sinne zu verstehen (BFH XI R 6/03, BStBl II 07, 8 – abl zu „Beitrittsspende" an Golfclub). Die Gegenleistung muss nicht wirtschaftl Art sein; auch mittelbarer Zusammenhang kann schädl sein (vgl BFH X R 4/11, BFH/NV 15, 853). Jedoch genügt nicht jede Vorteilserlangung. So stellt zB die geforderte öffentl Benennung des Spenders eine unentgeltl Zuwendungsabsicht iSv § 10b idR nicht in Frage (vgl BFH X R 5/16, BStBl II 18, 651). Das Verlangen einer *bestimmten* begünstigten Zweckverwendung (iSv § 10b) ist als solche noch nicht spendenschädl (Beurteilung nach überwiegender Spendenmotivation, s BFH X R 37/19, BStBl II 21, 810, Anm *Geserich* FR 22, 26, enger *Adam* DStR 23, 2809; → § 4 Rn. 520 „Spenden", „Sponsoring" – *BMF* BStBl I 98, 212). – ***(2)* Mitgliedsbeiträge, § 10b I 1, 7, 8.** Zuwendungen umfassen außer Spenden auch *bestimmte* Mitgliedsbeiträge, Umlagen und Aufnahmegebühren **(§ 10b I 1).** Der Erwerb einer Mitgliedschaft in einem Verein kann, muss aber keine schädl Gegenleistung sein. Mitgliedsbeiträge sind nur abziehbar, soweit kein eigener Vorteil „erkauft" wird (wie bei Sportvereinsbeitrag; zu übl „freiwilligen" Eintrittsspenden/Investitionsumlagen in Golfclub BFH XI R 6/03, BStBl II 07, 8; FG Bln-Bbg EFG 21, 249, rkr – als Beitrittsgegenleistung nicht „fremdnützig"; zu sonstigen Vorteilen bei Stiftungsspenden BFH X R 4/22, BStBl II 23, 1037). Der **Empfänger** muss förderungswürdig iSv § 10b II (politische Parteien) oder iSv §§ 52–54 AO sein (→ Rn. 17) und darf nicht unter **§ 10b I 8** fallen – danach sind **ausgeschlossen** Mitgliedsbeiträge (nicht sonstige Spenden) an Empfänger, die bei typisierender Betrachtung überwiegend Leistungen ggü Mitgliedern erbringen, vor allem auf dem Gebiet der Freizeitgestaltung (Förderung des Sports, der kulturellen Freizeitgestaltung – zB Laienchor –, der Heimatpflege, Tier- und Pflanzenzucht, Brauchtumspflege uä gemeinnützige Zwecke iSv § 52 II Nr 22, 23 AO). Bei gemischten kulturellen Leistungen iSv § 10b I 7 und § 10b I 8 Nr 2 keine Aufteilung und kein anteiliger Abzug (EStR 10b I 1; BFH X R 7/21, BStBl II 23, 178, abl *Urban* FR 23, 179). **§ 10b I 8 Nr 5** soll eine Regelungslücke schließen: BFH V R70/14, BStBl II 14, 1106 hatte Turnierbridge gem § 52 II 2 AO als gemeinnützig anerkannt. Derartige mit solchen gem § 52 II 1 AO/§ 10b I 8 Nr 1–4 vergleichbare Katalogzwecke (zB Schach) fallen

5

ab 2020 trotz Gemeinnützigkeit unter den Mitgliedsbeitragsausschluss nach § 10b I 8. Abziehbar sind dagegen Mitgliedsbeiträge an **kulturelle Fördervereine,** auch bei materiellen Vorteilen **(§ 10b I 7).** Grund: § 52 II Nr 5 AO begünstigt die Förderung von Kunst und Kultur, ausnahmsweise auch bei **persönl Vorteilen** iRd Mittelverwendungsgebots nach § 55 AO, wie verbilligten Eintrittskarten, Jahresgaben, Veranstaltungen für Mitglieder (so BT-Drs 16/11108, 17; s auch BFH X R 5/16, BStBl II 18, 651).

b) Beispiele für schädliche Gegenleistungen.

6 – **Kaufverträge.** Ein gemeinnütziger Blindenverein verkauft Bürsten uÄ; auch → Rn. 5.
– Erwerb von **Wohlfahrtslosen** (BFH VI R 159/68, BStBl II 71, 799) – Leistung und Gegenleistung brauchen sich nicht zu entsprechen – oder **Wohlfahrtsbriefmarken** (BFH VI R 12/67, BStBl II 69, 701). Die frühere Aufteilungsmöglichkeit bei Eintrittskarten zu Wohltätigkeitsveranstaltungen und UNICEF-Grußkarten ist grds entfallen (EStH 10b.1 „Gegenleistung").
– **Schulgeldzahlung** an gemeinnütziges Internat, auch als Vereinsbeitrag (Verein „Freie Waldorf-Schule", „Rudolf-Steiner-Schulvereine" uÄ; keine Aufteilung einheitl Leistungen). Nur *zusätzl* freiwillige Leistungen, Elternspenden ohne Schulgeldpflicht oder über Schulgeld hinaus sowie zweckgebundene Einzelspenden sind als Spenden abziehbar, sonst uU 30% des Schulgelds ieS nach § 10 I Nr 9 als SA. Entscheidend ist, ob die Zahlung normale Schulbetriebskosten abdeckt (vgl BFH XI B 51/05, BFH/NV 06, 2070).
– **Einstellung von Straf- oder Bußgeldverfahren** gegen Zahlung an gemeinnützige Körperschaft (BFH X R 40/86, BStBl II 91, 234), wie **Bußgeldzahlung** (→ Rn. 8).
– **Verwaltungshandeln** als schädl Gegenleistung s FG Ddorf DStRE 00, 630, rkr.
– **Krankenpflege** s BFH VI R 43/76, BStBl II 79, 646 (Gegenleistung).

8 **3. Freiwilligkeit.** Spenden sind freiwillige Leistungen. **Nicht begünstigt** sind zB: Pflicht-Feuerwehrabgabe (FG BW EFG 71, 129, bestätigt in BFH VI R 23/71, BStBl II 74, 300), Satzungsspenden einer Stiftung (BFH I R 102/10, BStBl II 14, 484), Stiftungsspenden als **vGA** (BFH I R 16/18, BStBl II 22, 119); Pflichtspenden der Sparkassen an Gewährträger (BFH I R 126/90, BStBl II 92, 849), auferlegte **Erben-Vermächtniszahlungen** an gemeinnützige Einrichtung (BFH X R 107/91, BStBl II 93, 874; auch kein Abzug beim Erblasser, BFH X R 75/94, BStBl II 97, 239; s auch zu testamentarischen Stiftungsspenden sowie zum Verfall von Großspendenrestbeträgen im Erbfall BFH X R 44//05, BFH/NV 09, 375), Zwangsspenden oder Geldzahlungen nach § 153a StPO. Eine ausgabenbezogene, **freiwillig eingegangene Rechtspflicht** steht der Spende nicht entgegen (s BFH I R 63/91, BStBl II 92, 748). *Beispiele:* Leistung auf Grund einer jährl Spendenzusage (zB an DRK), eines Ordensgelübdes (BFH IV 388/51 U, BStBl III 52, 49) oder einer Beitrittsverpflichtung (Mitgliedsbeiträge → Rn. 5); Spende bei Schenkung unter **Auflage** (unterschiedl nach Art der Auflage, s BFH X R 6/17, BStBl II 19, 318); nicht als SA abziehbare Pflichtbeiträge an Religionsgemeinschaften (s EStR 10.7 II); Pflichtparteispenden (s § 10b II). – Übl **Eintrittsspenden/Investitionsumlagen** (zB Golfclub) wertet die *FinVerw* idR zutr nicht als freiwillig (s *BMF* BStBl I 98, 1424 – Vermutung bei Zahlung durch 75% der Neumitglieder). Noch strenger BFH XI R 6/03, BStBl II 07, 8 (nicht „fremdnützig" als Beitrittsgegenleistung, → Rn. 5). Freiwilligkeit bei – freiwillig – **vorher zugesagter Rückzahlung** von Übungsleiterzuschüssen an Sportverein als Spende (→ Rn. 3, str); **aA** zur von ArbG (= stbegünstigte Körperschaft) „vorgeschlagenen" **Rückzahlung von Weihnachtsgeld** als Spende des **ArbN** *OFD Bln* DStR 03, 1299 (wohl Druck des ArbG im Einzelfall entscheidend). Widerrufl **Abbuchungsauftrag** stellt den Spendenabzug nicht in Frage, wohl aber zeitl Begrenzung der Freiwilligkeit („Spendenbescheinigung bei Zahlung bis …").

III. Abzugsvoraussetzungen

1. Person des Zahlenden. Spender können unbeschr oder beschr stpfl sein. Unmittelbare Zahlung/Weiterleitung → Rn. 20. Spenden über **Treuhänder:** Die Zurechnung beim Treugeber sollte mögl sein, wenn das Treuhandverhältnis und der Zahlungsfluss im Spendenabzugsverfahren nachgewiesen sind (vgl § 50 IV 1 Nr 1b, V EStDV; s auch BFH X R 6/17, BStBl II 19, 318). Anders als uU bei SA iSv § 10 (→ § 10 Rn. 14) sind im Namen eines anderen geleistete **„Drittspenden"** bei diesem abziehbar. Spenden anstatt Geschenken/Grabschmuck sind als Direktspenden beim Zahlenden abziehbar, bei Zahlung über den Betroffenen bei diesem. Zusammenveranlagte **Ehegatten/Lebenspartner** als Spendereinheit s BFH X R 191/87, BStBl II 91, 690 – Höchstbetragsverdoppelung → Rn. 26. 10

2. Begünstigte Zwecke, § 10b I 2–8, §§ 51 I, 52–54 AO. – a) Gesetzlich begünstigte Zweckbereiche. Bestimmte Bereiche sind nach § 10b I 1 durch Zweckbestimmung allg als gemeinnützig anerkannt; darüber hinaus können weitere Zwecke als gemeinnützig erklärt werden (§ 52 II 2 AO; FM LSA DB 18, 675). **Mustersatzung** s *BMF* BStBl I 25, 566. Solche (auch im Ausl, → Rn. 15) begünstigten Zwecke sind vor allem: – **(1) Gemeinnützige Förderung der Allgemeinheit,** § 52 I, II 1 Nr 1–26 AO mit Einzelfällen. Die fragl Erweiterung auf Freizeitzwecke, zB Heimatpflege, Sport, Karneval, § 52 II 1 Nr 21–23 AO, ist (nur) für den Spendenabzug von Mitgliedsbeiträgen ausgenommen (§ 10b I 8, → Rn. 5). Ab 2026 Aufnahme des E-Sports (§ 52 II 1 Nr. 21). – **Wissenschaftl Zwecke** (§ 52 II 1 Nr 1 AO): Forschung und Lehre auf dem Gebiet der Geistes- und Naturwissenschaften, der theoretischen und angewandten Wissenschaften; auch Fachhochschulen ohne eigene Forschungsberechtigung. – **Religiöse Zwecke** (§ 52 II 1 Nr 2 AO) sind im Gesetz nicht definiert; es wird jede Beziehung zu Gott oder einer nichtchristl Gottheit erfasst. Ausdehnung durch BFH XI R 66/98, BStBl II 00, 533 auf weltanschaul Fragen nach Deutung von Welt, Lebenssinn, Lebenswert und Normen des sittl Handelns. – **Staatspolitische Zwecke:** Begünstigt sind nach § 10b II Mitgliedsbeiträge (auch Sonderbeiträge) und Spenden an politische Parteien (dazu → Rn. 18, → Rn. 36). Zuwendungen an sonstige politische Organisationen sind nur bei deren Gemeinnützigkeit abziehbar (→ Rn. 13, § 52 II Nr 24 AO). Kein Abzug bei **Verstoß** des Empfängers **gegen die Rechtsordnung** (BFH I R 215/81, BStBl II 85, 106; § 51 III AO, → Rn. 14). Zu (weiten) **Grenzen der Zulässigkeit politischer Betätigungen durch gemeinnützige Organisationen** (Umwelt-/Naturschutz, BUND) s BFH X R 13/15, BStBl II 17, 1110; enger zu **„Attac"** BFH V R 60/17, BStBl II 19, 301 = 2. Instanz BFH V R 14/20, BStBl II 21, 739; zu Coronaschutzziel BFH V B 25/21, BStBl II 21, 931; s auch Heuermann DStR 19, 439, Hornung/Vielwerth DStR 19, 1497; ausführl Hüttemann DB 19, 744; ders DB 21, 72; OFD Ka DStR 20, 661; **Änderungsempfehlung** s BR-Drs 746/1/20 und Koalitionsvertrag 2021–2025 v. 24.11.21 S. 165; Kirchhain DStR 21, 129; Abhilfe sollte – insoweit nicht verabschiedet – § 58 Nr 11 AO idF EntwSteFeG schaffen (nur für „gelegentl politische Stellungnahmen außerhalb des eigentl Satzungszwecks"; s auch AEAO § 52 Rn. 21; fragl Grenzen, s Hüttemann DB 24, 1982; Kirchhain/Unger DStR 24, 2785; *Harding/Meyer* DStR 25, 1440; *Becker/von Hugo* DStR 25, 2760). – **(2) Mildtätige Zwecke.** S § 53 AO, § 53 Nr 3 AO idF ab 2025 als Sonderregelung zu Nr 2, vgl *FM SchlH* DStR 25, 1161, auch zu Änderungen von § 52 Nr 27 und § 62 I Nr 1 AO idF JStG 2024; zu Katastrophenhilfe → Rn. 3. – **(3) Kirchliche Zwecke** s § 54 AO. – **(4) Ausländische Gemeinnützigkeit** ist auch innerhalb der EU nach inl Recht zu überprüfen (BFH V R 15/20, BStBl II 23, 302; FG Mster EFG 24, 352, rkr). 12

b) Sonstige Zuwendungen, § 52 I 1, II 2, 3 AO. Bei Empfängern, die nicht unter § 52 II 1 AO fallen (und nur bei diesen), müssen gemeinnützige Zwecke iSv § 52 I AO als **besonders förderungswürdig** anerkannt werden. 13

14 **c) Ausschluss extremistischer Körperschaften, § 51 III AO.** Körperschaften iSv §§ 51 I AO dürfen nach Satzung und tatsächl Geschäftsführung ***(1)*** keine Bestrebungen iSv § 4 BVerfSchG fördern (widerlegbare Vermutung bei Aufnahme im Verfassungsschutzbericht als extremistische Organisation, vgl BFH V R 36/16, BStBl II 18, 422; BFH V R 15/22, BStBl II 25, 71; zu Grenzen BFH V R 36/21, BStBl II 25, 28) und ***(2)*** nicht dem Gedanken der Völkerverständigung zuwiderhandeln (zB ausländerextremistische Spendensammelvereine). Voraussetzungen s BFH I R 11/11, BStBl II 13, 146. Politische Parteien s § 10b II 1 EStG, § 50 IV 1 Nr 2 Buchst c EStDV, → Rn. 37.

15 **d) Auslandsspenden.** S *LfSt Bay* DStR 25, 2085. – ***(1)* Drittstaatenempfänger.** Zunächst schließt § 10b I 2 den Abzug von Direktspenden an Empfänger mit Sitz in Drittstaaten aus. Das gilt trotz Freizügigkeitsabkommen auch für die Schweiz (s FG Mchn DStRE 23, 522, Rev X R 20/22; → 39. Aufl 2020). Die *Verwendung abziehbarer* Spenden *in* Drittstaaten ist dadurch nicht ausgeschlossen. Der Abzug an Empfänger in **EU/EWR-Staaten** ist abhängig von einem doppelten Inlandsbezug: – ***(2)* Sachlicher Inlandsbezug, § 51 II AO.** Aufgrund EuGH C-386/04, DStR 06, 675 – *Stauffer* schließt § 51 II AO die Verwirklichung nach §§ 52 ff AO begünstigter Tätigkeiten im Ausl (auch in Drittstaaten) grds in die inl StVergünstigung ein (zB Entwicklungshilfespenden), jedoch mit *zusätzl* Einschränkung, dass „natürl inl Personen gefördert werden" oder die Tätigkeit „auch zum Ansehen der BRD im Ausl beitragen kann". Zur Gleichbehandlung hinsichtl der inl Voraussetzungen bei inl Empfängern BFH I R 16/12, BStBl II 14, 440 – s aber § 50 I/§ 84 IId EStDV. – ***(3)* Persönlicher Inlandsbezug des Spendenempfängers, § 10b I 2–6.** Der frühere generelle Ausschluss unmittelbarer EU-ausl Spendenempfänger verstieß gegen EG-Recht (EuGH C-318/07, DStR 09, 207 – *Persche*). § 10b I 2 Nr 3 S 3–6 setzen die Anforderungen des EuGH um unter – vager – Festlegung der Voraussetzungen für den Abzug von Spenden an im Inl weder unbeschr noch beschr stpfl Körperschaften mit Sitz in anderen EU-/EWR-Staaten. Die Empfänger müssen bei Erzielung inl Einkünfte gem § 5 I Nr 9 iVm § 5 II Nr 2 KStG von der KSt befreit sein (§ 10b I 2) und – unabhängig von Gemeinnützigkeit im Ansässigkeitsstaat – nach Satzung, Stiftungsgeschäft oder sonstiger Verfassung und nach tatsächl Geschäftsführung ausschließl und unmittelbar gemeinnützigen, mildtätigen oder kirchl Zwecken nach Maßgabe der §§ 51–68 AO dienen (vgl zu EU-ausl Kirche FG Köln EFG 19, 1445, rkr). **Einschränkungen: – *(a)* § 10b I 6, Inlandsbezug.** Bei Verwirklichung der begünstigten Zwecke im Ausl wird der Spendenabzug entspr § 51 II AO wie bei inl Empfängern von einem Inlandsbezug abhängig gemacht (Förderung von natürl inl Personen oder Beitrag zum Ansehen der BRD). Letzteres Tatbestandsmerkmal ist derart unbestimmt, dass es zur Wahrung der Europarechtmäßigkeit und Gleichbehandlung mit Auslandsspenden inl Spendenorganisationen großzügig auszulegen ist; idR werden Spenden für gemeinnützige Zwecke im Ausl auch das Ansehen Deutschlands fördern bzw dessen Ansehen im Ausl nicht entgegenstehen (so zutr FG Köln EFG 16, 653, insoweit bestätigt durch BFH X R 5/16, BStBl II 18, 651; s auch *FM SchlH* DStR 16, 1869, AEAO § 51 Nr 7). – ***(b)* § 10b I 3–5. Amtshilfe und Beitreibungsunterstützung** des Ansässigkeitsstaats sind weitere Voraussetzungen für den Spendenabzug, denn wenn es dem StPfl nicht gelingt, die Abzugsvoraussetzungen nachzuweisen, muss das FA von Amts wegen ermitteln, auch im Hinblick auf mögl Haftungsinanspruchnahme des Empfängers nach § 10b IV 4. – ***(4)* Verfahrensrechtliche Vorschriften zur Nachweiserbringung, § 50 I EStDV/§ 60b AO.** S *BMF* BStBl I 11, 559; *LfSt Bay* IStR 12, 817; *Weitemeyer/Bornemann* FR 16, 437. Die Regelung ist EU-rechtmäßig und verfmäßig. Zu Bedenken s *Förster* DStR 13, 1516. § 50 I 2 EStDV aF verzichtete bei EU/EWR-Auslandsspenden iSv § 10b I 2 **bis 2024** auf Zuwendungsbestätigungen auf im Inl amtl vorgeschriebenem *Vordruck;* die vom StPfl vorzulegende ausl Zuwendungsbestätigung musste jedoch nicht nur den Spendenerhalt, sondern die Gemeinnützigkeit sowie die ausschließl satzungs-

gemäße Verwendung für gemeinnützige Zwecke bescheinigen (BFH X R 7/13, BStBl II 15, 588; BFH V R 15/20, BStBl II 23, 302; Nachweis durch Spender, s FG Mster EFG 24, 352, rkr). **Ab 2025** müssen Auslandsempfänger dafür in ein vom BZSt geführtes Zuwendungsempfängerregister eingetragen sein (§ 60b AO, § 50 I 1–3. III 1 HS 2 EStDV idF WachstChG; *FM SchlH* DStR 25, 1476).

e) Sachliche Abzugsbeschränkung, § 10b I 8. *Mitgliedsbeiträge* (nicht Spenden) an *bestimmte* gemeinnützige Körperschaften sind wegen des eigenen persönl Interesses dem Grunde nach nicht abziehbar. → Rn. 5. 16

3. Empfängerkreis, § 10b I 2. – a) Allgemeines. Sachl begünstigte Leistungen sind nur an Empfänger iSv § 10b I 2 abziehbar, vgl BFH I R 65/86, BStBl II 91, 258, nicht Direktzuwendungen an Drittstaatenempfänger (§ 10b I 2. → Rn. 15), an bedürftige natürl Personen (s aber → Rn 20, → Rn. 43; zur Aufnahme von Kriegsflüchtlingen *BMF* BStBl I 15, 745, *BMF* BStBl I 16, 1425; zu weiteren Sonderregelungen → Rn. 3 Katastrophenspenden). Das bedeutet jedoch keinen *generellen* Ausschluss einer Personenbegünstigung (so aber EStR 10b.1 I 2) – Spenden an gemeinnützigen Verein zur Unterstützung bestimmter Einzelpersonen sind abziehbar (→ Rn. 20, § 55 I Nr 3 AO). Unter den begünstigten Empfängerkreis fallen juristische Personen döR, öffentl Dienststellen, private Körperschaften, Personenvereinigungen oder Vermögensmassen iSv § 5 I Nr 9 KStG einschließl Parteien, auch Stiftungen. – **Einzelne Empfänger: Juristische Personen des öffentl Rechts** sind selbstständige, rechtsfähige Verwaltungsträger, die in den Staatsorganismus eingegliedert sind und bestimmte öffentl Aufgaben mit hoheitl Befugnis erfüllen. Dazu gehören Gebiets- und Personenkörperschaften (Bund, Länder, Gemeinden, Gemeindeverbände, ReligionsGes, Hochschulen) sowie Anstalten und Stiftungen döR (die keine Mitglieder haben). **Öffentl Dienststellen** sind andere innerstaatl Einrichtungen, die staatl oder staatswichtige Aufgaben erfüllen, idR unselbständige, nachgeordnete Dienststellen von juristischen Personen döR (zB Forschungsanstalten, Museen, Bibliotheken). **Private Körperschaften,** Personenvereinigungen und Vermögensmassen iSv § 10b I 2 EStG können nur die in § 1 I KStG aufgeführten sein (Abzugsvoraussetzungen → Rn. 42). Dazu gehören auch nichtrechtsfähige Vereine und Stiftungen des privaten Rechts (§§ 80 ff BGB. **Stiftungen** müssen nach Satzung, Stiftungsgeschäft oder sonstiger Verfassung und nach tatsächl Geschäftsführung ausschließl und unmittelbar gemeinnützigen Zwecken iSv §§ 51–68 AO dienen (§ 10b I 2 EStG, § 5 I Nr 9 KStG, → Rn. 12 ff, → Rn. 42, 43, auch zum Verfahren). Sie können auch für **„Katastrophenspenden"** sammeln (→ Rn. 3). 17

b) Politische Parteien. Das sind nur solche iSv § 2 ParteiG und deren Gebietsverbände und Teilorganisationen. **Kommunalparteien** (freie Wählergemeinschaften) sind zwar steuerl durch § 5 I Nr 7 KStG politischen Parteien gleichgestellt, aber nicht als Spendenempfangsberechtigte iSv § 10b (nur iSv § 34g S 1 Nr 2); die Ungleichbehandlung ist verfgem (BFH X R 55/14, BStBl II 17, 1122). Sonstige staatspolitische Empfänger → Rn. 12. Abziehbar sind iRv § 10b II (und § 34g) Mitgliedsbeiträge (§ 50 VI EStDV) und darüber hinausgehende Geldspenden an politische Parteien einschließl Mandatsträgerbeiträgen (§ 27 ParteiG; bis 300 € vereinfachter Nachweis, § 50 IV 1 Nr 2c EStDV; Mitgliedsbeiträge s § 50 VI EStDV). Zuwendungen über 10 000 € hinaus müssen zwar im Rechenschaftsbericht der Partei verzeichnet sein; diese Aufzeichnung *als Spendenabzugsvoraussetzung* ist jedoch entfallen. Fehlende Einhaltung der Melde- und Abführungspflicht nach § 25 ParteiG stellt den Abzug nach § 10b/§ 34g nicht in Frage. **Höhe** → Rn. 36. 18

c) Unmittelbare Zahlung. Grds muss die Spende unmittelbar für begünstigte Empfänger bestimmt sein; es gibt jedoch **Ausnahmen** (vgl §§ 53, 57–58a AO mit AEAO-Änderungen; *Hüttemann* DB 21, 72, *ders* DB 21, 2580; *Seer/Unger* FR 21, 564; → Rn. 17, → Rn. 43). – Die Spende kann eine **Hilfsperson** entgegennehmen (§ 57 I 2 AO, EStR 10b.1 III 2; *Beispiele:* Schulspende über Kassier des Elternbeirats, 20

Gemeinde als „Durchlaufstelle“ für Sportverein, → Rn. 22; Beförderung von hilfsbedürftigen Personen als Spende an das DRK oÄ, s Rspr → Rn. 3 „Fahrtkosten“; kirchl Spende durch Übernahme der Kosten für Kirchenrestaurateur, FG Nbg EFG 61, 204. rkr). – **Spendensammelvereine/Mittelweitergaben** nur an begünstigte Mitglieder (s §§ 57 III, 58, 58a AO, NdsFG DStRE 10, 592, rkr; aber → Rn. 17). **Spenden*verwendung* in Drittstaaten** → Rn. 15. **Parteispenden** über Dritte entfallen nach § 25 I ParteiG (verschleierte Geschäfte).

22 **d) Durchlaufspenden.** Die Begünstigung bestimmter Spenden war bis 1999 davon abhängig, dass die Leistung nicht an den gemeinnützigen Letztempfänger (Sportverein) selbst erfolgte, sondern über eine juristische Person (zB Gemeinde). Ab VZ 2000 ist dieses Durchlaufspendenverfahren *als Voraussetzung des Abzuges* abgeschafft. Die mögl **Weiterleitung** über öffentl Stellen ist dadurch nicht eingeschränkt (s EStR 10b.1 II; zu Haftungsrisiko → Rn. 56).

IV. Höchstgrenzen des Zuwendungsabzugs

25 **1. Höhe der abziehbaren Zuwendungen, § 10b I. – a) Sachliche Begrenzung.** Zuwendungen (Spenden und Mitgliedsbeiträge) zur Förderung aller steuerbegünstigten Zwecke iSv §§ 52–54 AO sind *insgesamt* bis zu 20% des Gesamtbetrages der Einkünfte iSv § 2 III *oder* – wenn dies günstiger ist wohl von Amts wegen – 4 vT der gesamten (stbaren und nicht stbaren) Umsätze iSv § 1 I UStG (dazu BFH I R 151/93, BStBl II 97, 327) zuzügl der gezahlten Löhne und Gehälter abziehbar (ohne Billigkeitserhöhung wegen Alters, BFH X B 12/11, BFH/NV 12, 215). Auch bei abw Wj ist auf die Umsätze *im Kj* abzustellen (str, s FG Saarl EFG 18, 1901, rkr). **Parteispenden** → Rn. 36 ff. **Abgeltende Kapitalerträge nach § 32d I** sind gemäß § 2 Vb nicht in diese Einkünfteberechnung einzubeziehen (Streichung von § 2 Vb S 2 aF). Die Einbeziehung in die Normalversteuerung gem § 32d II–VI schließt § 2 Vb nicht aus.

26 **b) Persönliche Abzugsvoraussetzungen.** Bei **Ehegatten/Lebenspartnern** (§ 26b) gilt: Keine *gesetzl* Betragsverdoppelung wie in § 10b Ia 2 (→ Rn. 32); aber bei gemeinsamen Spenden faktische Verdoppelung durch Ansatz der Einkünfte/Umsätze von beiden ohne Rücksicht auf den Zahlenden (vgl BFH XI R 76/03, BStBl II 06, 121). Bei **PersGes** ist auf den gem § 180 I Nr 2 Buchst a AO festgestellten anteiligen Gesamtbetrag der Einkünfte des Spender-Ges'ters oder den anteiligen Gesamtumsatz abzustellen (EStR 10b.3 I), ggf im ESt-Veranlagungsverfahren zuzügl sonstiger Ges'terUmsätze. **Erben** → Rn. 32.

28 **2. Abzugszeitpunkt/Spendenvortrag, § 10b I 9, 10, § 10d IV.** Grds sind Spenden im Zahlungsjahr abzuziehen (**§ 11 II,** BFH X R 46/09, BStBl II 11, 685 mwN). Die Höchstbeträge übersteigende Zuwendungen gehen nicht verloren. Sie sind iRd Höchstbeträge (zusammen mit späteren Zuwendungen) zeitl unbegrenzt in folgenden VZ als SA abziehbar. Hierfür sind die am Jahresende verbleibenden Beträge entspr § 10d IV gesondert **festzustellen** (→ Rn. 33). Rücktrag ist nicht mögl. **Abzugsreihenfolge** für den Vortrag: Der Gesamtbetrag der Einkünfte ist vorweg um Vorsorgeaufwendungen nach § 10 III, IV (damit auch § 10 IVa), § 10c und um Verlustabzüge nach § 10d sowie um im VZ abziehbare Spenden zu kürzen. Grund: Förderung der Spendenbereitschaft durch Erweiterung der Vortragsmöglichkeit auch bei negativem Gesamtbetrag der Einkünfte wegen Kürzung nach § 2 IV um SA und Verlustabzüge (nicht um agB und nicht bei ESt 0, weil das zu versteuernde Einkommen unter dem Grundfreibetrag liegt). Keine Hinzurechnung von SA-Erstattungen nach § 10 IVb 3 (→ § 10 Rn. 170; § 10d Rn. 18).

30 **3. Stiftungsspenden, § 10b I, Ia.** S *BMF* BStBl I 09, 16; *BMF* BStBl I 14, 1278. Neuregelung des Stiftungsrechts **ab 1. 7. 23** s §§ 80 ff BGB idF des Gesetzes zur Vereinheitlichung des Stiftungsrechts … (BGBl I 21, 2947), *Alvermann/Cremers* DStR 23, 1667, *Lorenz/Mehren* DStR 21, 1774; Stiftungsdauer s *Blumers* DB 21, 2243). –

a) Rechtsentwicklung. *Seit 2007 entfallen* die früheren Sonderregelungen für den Stiftungsspendenabzug in § 10b I 3 aF und für Neugründungsspenden in § 10b Ia aF sowie die Großspendenverteilung nach § 10b I 4 aF. **Normale Stiftungsspenden** sind seitdem iRv § 10b I als SA im Zahlungsjahr abzuziehen, darüber hinaus ohne Verteilungsmöglichkeit unbefristet vortragbar in das jeweils nächstmögl Abzugsjahr (wie § 10d IV 2). **Vermögensstockspenden** können *darüber hinaus* bis zu einem Betrag von 1 Mio € abgezogen oder auf das Zahlungsjahr bzw die folgenden 9 Jahre verteilt werden (§ 10b Ia, → Rn. 31). Kein Abzug *eigennütziger* Stiftungszuwendungen (s FG Bln-Bbg DStRE 14, 840, rkr; → Rn. 5).

b) Vermögensstockspenden, § 10b Ia 1, 2. Vgl *BMF* BStBl I 09, 16; *BMF* 31
BStBl I 14, 1278. Grundvoraussetzung ist das Bestehen oder die Gründung einer – eigenen oder fremden, selbständigen oder unselbständigen (str), inl oder ausl – Stiftung, die unter § 10b I 2–6 fällt (ohne Einschränkung durch § 10b I 8, → 38. Aufl 2019, § 10b Rn. 31). Vor Gründung kein Abzug (zu Vorstiftung BFH X R 36/11, BStBl II 15, 545). Begünstigt sind nicht nur eigeninitiative Gründungs- und Zustiftungen, sondern auch **Zuspenden** an **Fremdstiftungen,** seit 2007 ohne zeitl Bindung an die Gründung. **„Vermögensstock"** ist das Grundstockvermögen der Stiftung, dem der Spender Vermögen zur Erfüllung des Stiftungszwecks zuwenden muss, einschließl Zuspenden (*BMF* BStBl I 14, 1278). **§ 10b Ia 2** idF ab 2013 spricht klarstellend von „zu erhaltendem Vermögen" und schließt ausdrückl Verbrauchsstiftungen aus.

c) Höhe/persönliche Begünstigung, § 10b Ia 1, 3. Vgl *BMF* BStBl I 09, 16. – 32
***(1)* Höhe, § 10b Ia 1.** Stiftungsspenden in den Vermögensstock können über die nach Abs 1 abziehbaren und abgezogenen Beträge hinaus und losgelöst von den Voraussetzungen des Abs 1 bis zu einem auf 10 Jahre bezogenen Höchstbetrag (Geld oder Sachwert) von 1 Mio € auf Antrag *wahlweise* im Jahr der Zuwendung oder beliebig gleichmäßig oder unterschiedl verteilt auf dieses und die nachfolgenden neun Jahre abgezogen werden. Ein Verlust*rücktrag* ist nicht mögl (wie § 10b I 9). – ***(2)* Antrag.** Es gelten die Grundsätze → § 10d Rn. 27, 28. Ohne Antrag § 10b Ia gilt § 10b I, ebenso bei Spenden über 1 Mio € hinaus und bei nach Ablauf des 10-Jahreszeitraums verbleibenden Spendenresten (insoweit nach § 10b I ohne zeitl Begrenzung, s *BMF* BStBl I 09, 16 Tz 3, 4a). IÜ wird der sonstige Spendenabzug nach § 10b I durch einen Antrag nach § 10b Ia nicht berührt. – ***(3)* Verteilung; Frist; Wiederholung, § 10b Ia 1, 3.** Die *jährl* Abzugshöhe kann der StPfl für jeden VZ unterschiedl bestimmen, um die Abzugsvorteile voll auszunutzen. Maßgebend für den Beginn der 10-Jahresfrist ist der VZ der Zuwendung, selbst wenn diese vor 2007 lag und unter § 10b Ia aF fiel (*BMF* BStBl I 09, 16 mit Beispiel). Für jede spätere Stiftungsspende soll nach *BMF* BStBl I 09, 16 ein neuer 10-Jahreszeitraum beginnen (nicht zwingend, s FG Ddorf EFG 16, 578, rkr, Anm *Wendt* mwN; *HHR/Kulosa* § 10b Rn. 102); der Höchstbetrag von 1 Mio € darf jedoch unabhängig von der – mögl – Einbeziehung der Folgespenden und von der Ausnutzung der 10 Jahresfrist nach der Erstspende nicht überschritten werden (auch nicht bei Vollabzug im Zahlungsjahr). Verbleibende Folgespenden sind in den danach verbleibenden VZ innerhalb *deren* 10-Jahresfrist gem § 10b Ia abziehbar, anschließend ggf gem § 10b I (*BMF* BStBl I 09, 16 Tz 4a). Die Laufzeit nicht ausgenutzter Teile von Alt-Großspenden vor 2007 läuft unabhängig von der Gesetzesänderung weiter (Wortlaut § 10b I 4 aF; *BMF* BStBl I 09, 16 Tz 4b, nicht zwingend). Der Höchstbetrag § 10b Ia 1 kann nach Ablauf von zehn Jahren erneut in Anspruch genommen werden (S 3 „innerhalb dieses Zeitraums"), allerdings nur aufgrund neuer Stiftungsspenden. – ***(4)* Personenbezogene Prüfung.** Stiftungsspenden sind bei der Veranlagung natürl Personen abziehbar. Spenden der **PersGes'ter** für jeden Ges'ter bis zu dieser Höhe, mE unter anteiliger Berücksichtigung von durch die Ges geleisteten Spenden und mit unterschiedl Wahlrecht. **GewSt/KSt** → 39. Aufl 2020, § 10b Rn. 32. Zusammen veranlagte **Ehegatten/Lebenspartner:** Seit 2013 gesetzl Verdoppelung ohne Rücksicht auf die Zahlungsperson (insoweit

abw von § 10b I 1, BFH XI R76/03, BStBl II 06, 121, → Rn. 26; *BMF* BStBl I 14, 1278 – anders vor 2013, s FG Köln EFG 21, 2053, rkr). **Erben:** Fragl ist, ob Zuwendungen an eine **Stiftung von Todes wegen** bei der Veranlagung des Verstorbenen im Todesjahr auf Grund der zivilrechtl Rückwirkung nach § 84 BGB abziehbar sind – sicher nicht bei Verpflichtung des Erben zur Stiftungserrichtung (BFH X R 75/94, BStBl II 97, 239; abl zu testamentarischer Stiftungserrichtung BFH X R 46/09, BStBl II 11, 685; auch → Rn. 8; abl zu Restabzug einer Großspende beim Erben BFH X R 44/05, BFH/NV 09, 375; zu Spende nach Schenkung unter Auflage BFH X R 6/17, BStBl II 19, 318). S auch *Strickmann* NWB 21, 311.

33 **d) Feststellung verbleibender Abzugsbeträge, § 10b Ia 4.** § 10d IV gilt entspr (vgl BFH X R 11/17, BStBl II 21, 899). Das bedeutet: Nach S 1 nicht ausgenutzte Stiftungsspenden sind während der restl Laufzeit gesondert als verbleibend festzustellen, dh bis zu 9 Jahre jeweils zum 31.12. Ein nach Ablauf von zehn Jahren nicht ausgenutzter Spendenbetrag kann zwar nicht nach Abs 1a fortgeschrieben werden; er geht jedoch nach hM trotz der 10-jährigen Befristung entgegen der Vortragsfrist für Großspenden nicht steuerl verloren (→ Rn. 32), sondern wird im unbefristeten allg Spendenvortrag nach § 10b I 9, 10 fortgeführt. Ggf waren 3 für den Abzug bindende Feststellungen nebeneinander durchzuführen (§ 10b I 10 für normale Spenden, § 10b I 5 aF für verbleibende Großspenden nach altem Recht (*BMF* BStBl I 09, 16 Tz 1, str), § 10b Ia 4 für Vermögensstock-Stiftungsspenden, wohl unter Einbeziehung alter Neugründungsspenden.

34 **e) Erweiterung des Empfängerkreises, § 10b Ia 1.** Im Anschluss an die Erweiterung des allg Spendenabzugs an ausl Empfänger nach § 10b I 2 Nr 3 wird der Stiftungsspendenabzug nach § 10b Ia unter denselben Voraussetzungen auf **im EU-/EWR-Ausl ansässige Stiftungen döR** (§ 10b I 2 Nr 2) und des privaten Rechts ausgedehnt (§ 10b I 2 Nr 3, S 3–6, → Rn. 15).

36 **4. Höhe politischer Zuwendungen, § 10b II. – a) Grundsatz der Spendenbegünstigung; begrenzte Abzugshöhe, § 10b II 1.** Mitgliedsbeiträge und Spenden an **politische Parteien** sind neben Zuwendungen nach § 10b I als Spenden abziehbar. Nach Bedenken des BVerfG gegen die Höhe erfolgte eine Senkung der Jahreshöchstbeträge nach § 10b II auf zunächst 1650/3300 € unter gleichzeitiger Ausdehnung und Anhebung der vorrangigen Tarifabzugsbeträge nach § 34g. **Ab 2026** Verdoppelung auf 3300/6600 € (StÄndG 2025, BGBl I 25 Nr 363). Bei zusammen veranlagten Ehegatten/Lebenspartner stets gesetzl Verdoppelung ohne Prüfung des Zahlenden. **KSt:** → 39. Aufl 2020, § 10b Rn. 36 mwN.

37 **b) Abzugsbeschränkung ab 2017, § 10b II 1.** Im letzten NPD-Verfahren hatte BVerfG 2 BvB 1/13 (NJW 17, 611) zwar den beantragten NPD-Parteiausschluss abgelehnt, aber die Möglichkeit eröffnet, die staatl Finanzierung der Partei einzuschränken. Hiervon hat der Gesetzgeber durch Einfügung einer entspr Vorschrift in § 18 II 2 ParteiG und Übernahme in § 10b II 2 (sowie § 34g I 1 EStG und § 50 IV 1 Nr 2 Buchst c EStDV) Gebrauch gemacht (Gesetz zum Ausschluss verfassungsfeindl Parteien von der Parteienfinanzierung, BGBl I 17, 2730). Danach sind Spenden an solche Parteien nach erforderl Bestätigung durch das BVerfG nicht mehr abziehbar. S auch → Rn. 14.

38 **c) Verhältnis zu § 34g, § 10b II 2.** Als Ausgleich der gekürzten Höchstbeträge nach § 10b II 1 gewährt § 34g für Zuwendungen an politische Parteien (und unabhängige Wählervereinigungen ohne SA-Abzugsberechtigung) vorrangig eine besondere, den SA-Abzug kürzende tarifl ESt-Ermäßigung bis zu 825 €/1650 € bei Zuwendung von 1650 €/3300 € – Verdoppelung der Beträge ab 2026 (StÄndG 2025, BGBl I 25 Nr 363). Übersteigende Zuwendungen sind nicht durch „Gewährung“ nach § 34g verbraucht und können bis zu den Höchstbeträgen nach § 10b II zusätzl als SA abgesetzt werden.

V. Verfahren; Nachweise; Haftung

1. Zuwendungsbestätigung, § 50 I, IV-VI EStDV. – a) Bedeutung der Bestätigung, § 50 I EStDV. Es handelt sich um eine Spendenbescheinigung über Empfänger, Empfang und Verwendung einer Zuwendung, ggf über den Wert von Sachspenden (§ 50 VII 3 EStDV). Die Verwendungs- (und Wert)bestätigung ist zwar eine unverzichtbare materiell-rechtl Voraussetzung für den SA-Abzug mit sachl Bedeutung insoweit, als das FA ohne sie den Spendenabzug ablehnen kann und idR ablehnen wird (zB bei Straßen-/Haussammlungen, Kirchenkollekte). Gleichwohl ist die konstitutive Wirkung nicht allein für den Abzug entscheidend (→ Rn. 50). 40

b) Inhalt der Bestätigung. – aa) Zuwendungsnachweis. Grds bestätigt der Empfänger den Eingang einer bestimmten, als Spende oder Mitgliedsbeitrag abziehbaren Zuwendung durch eine genau bezeichnete Person auf einem amtl vorgeschriebenen Vordruck (§ 50 I EStDV, § 50 IV 2 EStDV; Vordrucke → Rn. 47; Treuhänderkonten s § 50 IV Nr 1b, V EStDV). Bei Geldspenden genügt uU Sammelbestätigung; bei Sachspenden Bestätigung der einzelnen Sachwerte (→ Rn. 2, 3; BFH X R 154/88, BStBl II 90, 570; *BMF* BStBl I 13, 1333), bei Aufwandsspenden der Einzelaufwendungen sowie jeweils der Grundlagen für deren Wertermittlung (s § 50 VII 3 EStDV; → Rn. 3 „Fahrtkosten"). 41

bb) Empfangsberechtigungsnachweis. Begünstigter Personenkreis s § 10b I 2 EStG/§ 50 I EStDV, → Rn. 17. Bei **Zuwendungen an Körperschaften iSv § 5 I Nr 9 KStG** muss deren Empfangsberechtigung feststehen (§ 50 I EStDV iVm § 63 V AO), sei es durch KSt-Freistellungsbescheid/Freistellung in der Anlage zum KSt-Bescheid, sei es durch bindende Feststellung der Satzungsmäßigkeit nach § 60a I AO (s *BMF* BStBl I 14, 791). Die Freistellung darf nicht länger als 5 Jahre, die Satzungsbescheinigung nicht länger als 3 Jahre zurückliegen (§ 63 V AO). Die Bindung erstreckt sich auf die tatsächl Freistellung von der KSt wegen Gemeinnützigkeit, dh darauf, dass nach Satzung und tatsächl Geschäftsführung ausschließl und unmittelbar gemeinnützige Zwecke verfolgt werden und kein wirtschaftl Geschäftsbetrieb vorliegt (§ 5 I Nr 9 KStG, §§ 51–68 AO, → Rn. 50). 42

cc) Verwendungsbestätigung. Bei gemeinnützigen Spenden muss der Empfänger der Zuwendungen auf amtl Vordruck bestätigen, dass er diese nur für *seine satzungsmäßigen Zwecke* verwendet (§ 50 I EStDV mit Ausnahmen – ausl EU/EWR-Empfänger → Rn. 15). Bei **Sachspenden** reicht nach zutr hM die **mittelbare Verwendung** des zu bestätigenden Verkaufserlöses (**aA** FG Ddorf EFG 97, 473, rkr – „Münzspende nicht abziehbar", fragl, jedenfalls soweit keine Veräußerung in einem wirtschaftl Geschäftsbetrieb). Diese Bestätigung ersetzt nicht die tatsächl Verwendung (→ Rn. 50). Steuerl unschädl **Weiterleitung** an andere – gleichartig begünstigte – Körperschaften ist iRv § 58 AO mögl (vgl auch BFH X R 13/15, BStBl II 17, 1110, → Rn. 20). Zusammenwirken mit anderen – selbst begünstigten – Körperschaften s § 57 III AO, zu EU-Problematik BFH V R 22/23, DStR 25, 1681 – EuGH-Vorlage Rs. C-477/25 – mit Anm *Wäger,* Anm *Fischer* FR 25, 910. Spenden zur Begünstigung einzelner Personen → Rn. 17, zu Katastrophenspenden → Rn. 3. *Erforderl* **Nebenkostenfinanzierung** ist unschädl (nach BFH I R 60/01, BFH/NV 03, 1025 ohne absolute oder prozentuale Obergrenze, in vierjähriger Gründungsphase uU bis 50% für **Mitgliederwerbung, Verwaltung uä;** *BMF* BStBl I 00, 814 sieht die BFH-Rspr als Sonderfälle und prüft im Einzelfall; die **10%-Grenze** für Mitgliederwerbung ist gefallen). 43

c) Verzicht auf Zuwendungsbestätigung, § 50 IV–VI EStDV. In folgenden Fällen genügen Zahlungsbeleg oder Buchungsbestätigung der Bank mit Angaben zu Spender und Empfänger (§ 50 IV 2 EStDV): – ***(1)*** **Katastrophenfälle** ohne Rücksicht auf die Höhe (§ 50 IV 1 Nr 1 gem Voraussetzungen § 50 V EStDV; → Rn. 3, 45 auch zu Coronaspenden ua); – *(2)* **Geringfügigkeit.** In anderen Einzelfällen bei Zuwendungen ab 2020 **bis 300 €,** vorher 200 € (§ 50 IV 1 Nr 2 EStDV). **Sammelbestätigungen** für Geldspenden sind mögl (→ Rn. 41); auch **Online-Banking** (*OFD Ffm* DB 06, 530). Kontoauszug genügt, nicht aber Überweisungsdurchschlag (*OFD Ka* DStR 03, 371). – *(3)* **Politische Zuwendungen (§ 50 VI EStDV).** Bei *Mitgliedsbeiträgen* an politische Parteien genügen Zahlungsbelege unbegrenzt (§ 50 VI EStDV), bei sonstigen Geldspenden einschließl Mandatsträgerbeiträgen bis 300 € (§ 50 IV 1 Nr 2c EStDV).

47 **2. Nachweisverfahren, § 50 I, II; Ausnahmen § 50 VII-VIII EStDV/§ 93c AO. – a) Nachweis durch Spender/Aufbewahrung statt FA-Vorlage.** Während Spender früher Zuwendungsbestätigungen und vereinfachte Nachweise iSv § 50 IV EStDV ihrer StErklärung beilegen mussten, ist das **seit 2017** nur noch bei Aufforderung durch das FA erforderl. Die Unterlagen iSv § 50 I, IV–VI EStDV sind jedoch *aufzubewahren* bis 1 Jahr nach Zugang des StBescheids (§ 50 VIII EStDV). Das gilt auch für **amtl Vordrucke** bei *inl* Empfänger (**§ 50 I EStDV,** s Muster *BMF* BStBl I 13, 1333 iVm *BMF* BStBl I 14, 791 – bei *ausl* Empfänger seit 2025 abhängig von der Aufnahme in das Zuwendungsempfängerregister des BZSt, s § 50 I 2, 3, III 1 HS 2 EStDV, § 60b AO → Rn. 15). Die Vorlage kann der StPfl ggf im Einspruchsverfahren oder bis zur Entscheidung des FG nachholen. Zuwendungen an Körperschaften iSv § 5 I Nr 9 KStG haben diese aufzuzeichnen und aufzubewahren (§ 50 VII EStDV).

48 **b) Datenfernübertragung durch Dritte; Meldeverfahren, § 50 II, III EStDV iVm § 93c AO.** S *BMF* DStR 17, 330. Zuwendungsbestätigungen können auch elektronisch durch Dritte an das FA übermittelt werden (ab 2017 gem § 93c AO, s § 50 II EStDV). Danach kann (nicht muss) der Spender den Zuwendungsempfänger unter Mitteilung seiner Identifikations-Nr bevollmächtigen, die Zuwendungsbestätigung per Datenfernübertragung unmittelbar an sein Veranlagungs-FA zu übermitteln. Die Vollmacht ist (nur) für die Zukunft widerrufbar. Der Zuwendungsempfänger hat dem Spender die Übermittlung zu bestätigen und die übermittelten Daten zur Verfügung zu stellen. *Bei diesem Verfahren* **entfällt die Aufbewahrungspflicht** ***des Spenders.*** Der Zuwendungsempfänger übermittelt die Daten idR bis Ende Februar des Folgejahres an das Veranlagungs-FA des Zuwenders und teilt sie diesem elektronisch oder auf Antrag als Ausdruck mit. Der Empfänger zeichnet die übermittelten Daten auf und bewahrt diese Aufzeichnungen und die der Mitteilung zugrunde liegenden Unterlagen 7 Jahre lang auf (§ 50 VII EStDV, § 93c I Nr 4 AO). Etwaige Korrekturen sind nachzumelden (§ 93c I, III AO; ggf Bescheidänderung nach § 175b AO).

50 **3. Rechtsfolgen der Zuwendungsbestätigung, § 10b IV 1 EStG; § 50 I 1 EStDV. – a) Verhältnis Bestätigung/Verwendung.** Grds kann sich der Spender auf die Richtigkeit der Bestätigung verlassen (→ Rn. 52). Gleichwohl müssen die sachl und persönl Spendenabzugsvoraussetzungen (→ Rn. 12, 18) tatsächl gegeben sein. Rechtsbegründende Wirkung hat weniger die Zuwendungsbestätigung als die tatsächl Verwendung ausschließl für begünstigte Zwecke eines begünstigten Empfängers. BFH X R 17/85, BStBl II 89, 879 spricht von Beweiserleichterung ohne Bindungswirkung (= EStH 10b.1 „Zuwendungsbestätigung"). Entscheidend sind letztl die tatsächl Empfangsberechtigung (§ 5 I Nr 9 KStG; BFH X R 32/10, BFH/NV 12, 179, krit *Hüttemann* FR 12, 241) und die tatsächl Verwendung (s ThürFG EFG 98, 1640, rkr; → Rn. 43). § 50 EStDV ersetzt also nur bedingt den endgültigen Verwendungsnachweis. Zur Bindung an eine im Zeitpunkt der Erstellung rechtmäßige Zuwendungsbestätigung s BFH X R 46/16, BFH/NV 18, 717 (auch zur Änderungsmöglichkeit auf Grund nachträgl Umstände und zur Unschädlichkeit eines nicht korrekten Ausstellungsdatums).

b) Formelle Änderungsvoraussetzungen. Diese können sich aus §§ 164, 165, 173 I Nr 1 AO (fehlerhafte Zuwendungsbestätigung, → Rn. 52), uU § 173 I Nr 2 AO (nachträgl Vorlage – nicht nachträgl Erteilung der Bestätigung, s BFH X R 34/13, BFH/NV 17, 23, auch zu § 175 AO), oder aus § 173a AO bzw § 175b AO ergeben. 51

c) Bindung/Vertrauensschutz nach Treu und Glauben, § 10b IV 1 Hs 1. Der Spender darf sich grds auf die Richtigkeit der Spendenbestätigung berufen. Der **Schutz umfasst** grds (→ Rn. 53) den Fortbestand der persönl Voraussetzungen (zB bei Widerruf der Empfängerbefreiung), die Verwendung der Spende (zB Veruntreuung durch Empfänger, Ausgaben für nichtbegünstigte Zwecke), die rechtl Qualifizierung als Spende (BFH XI R 30/01, BFH/NV 02, 1029), aber nicht die Spendenrückzahlung (vgl BFH VI R 72/73, BStBl II 76, 338). Vgl auch § 58a AO. 52

d) Ausnahmen, § 10b IV 1 Hs 2. Vgl *OFD Ffm* DStR 14, 1445. **Kein Vertrauensschutz** besteht in folgenden Fällen: – **aa) Erwirkung der Bestätigung durch unlautere Mittel oder falsche Angaben des Spenders.** Die unlautere Handlung des StPfl muss **ursächl** für die Erteilung sein. Handlungen bzw Unterlassungen dritter Personen (zB Vertreter) können dem StPfl zuzurechnen sein, uU ohne Kenntnis (vgl BFH X R 143/88, BStBl II 91, 325). **Unlautere Mittel** sind wie in § 130 II Nr 2 AO insb arglistige Täuschung, Drohung oder Bestechung. **„Falsche Angaben"** müssen in wesentl Teilen (ursächl) obj unrichtig oder unvollständig sein. 53

bb) Kenntnis der Unrichtigkeit. Schädl ist positive Kenntnis sowie grob fahrlässige Unkenntnis des Spenders. Wie in § 130 II Nr 4 AO erfolgt die Prüfung nach individuellen Maßstäben. **Grob fahrlässig** handelt, wer die nach seinen persönl Kenntnissen und Fähigkeiten gebotene und zuzumutende Sorgfalt in ungewöhnl Maße und in nicht entschuldbarer Weise verletzt (vgl – auch zu Vertreterverschulden – → Rn. 56, BFH VIII R 174/85, BStBl II 89, 789 mwN zu § 173 I Nr 2 AO sowie Rspr zu § 110 I AO zu Fällen einfacher Fahrlässigkeit). Bei „Golfspende" (→ Rn. 8) uU grobe Fahrlässigkeit (BFH XI R 6/03, BStBl II 07, 8, str). Maßgebl **Zeitpunkt** nach *FinVerw* (zutr *OFD Ffm* DStR 04, 772): Einreichung der StErklärung (wegen § 150 II AO nicht Ausstellen der Bescheinigung; bei Anwendung von § 153 I 1 Nr 1, II AO würde § 10b IV 1 leerlaufen). 54

4. Haftung, § 10b IV 2–5. – a) Personen, die für entgehende Steuer haften können, § 10b IV 2. – *(1)* Zuwendungsempfänger. Dies kann ein für die Verwendung zuständiger **gesetzl Vertreter** sein (zB Vereinsvorstand, vgl BFH VII R 46/02, BStBl II 03, 556 zu Verhältnis Hauptvorstand/Abteilungsleiter; § 34 AO, § 26 BGB; ggf mehrere Vertreter als Gesamtschuldner; Zurechnung eines StB-Verschuldens s FG Bln-Bbg EFG 14, 989, rkr), uU ein **nicht Berechtigter** (zB bei Veruntreuung) oder **Anweisender** als Veranlasser (→ Rn. 58). Weites **Auswahlermessen,** s BFH XI B 130/98, BFH/NV 99, 1089; s aber Rn. 62. – ***(2)* Aussteller der Spendenbestätigung.** IdR ist dies – auch für Durchlaufspenden – die empfangende Körperschaft, deren Vertreter durch grob fahrlässiges Ausstellen unrichtiger Bestätigungen den Haftungstatbestand des Hs 1 erfüllen (→ Rn. 54, 57; Haftung der Anstellungskörperschaft, Art 34 GG, vgl BFH XI R 123/96, BStBl II 03, 128). Die Haftung entfällt, wenn der Haftungsschuldner fehlenden Vertrauensschutz des StPfl nachweist (→ Rn. 53). – ***(3)* Keine Dritthaftung, § 50 II 5 EStDV.** Die Haftungsregelungen ab 2017 für datenübermittelnde Dritte (§ 72a IV iVm § 93c AO) gelten für Spendenempfänger nicht (Vorrangigkeit des § 10b IV). 56

b) Einzeltatbestände, § 10b IV 2. – aa) Ausstellerhaftung, § 10b IV 2 Hs 1. Die Vorschrift entspricht anderen Haftungsfällen durch Ausstellung unrichtiger Bestätigungen mit steuerl Auswirkung bei Dritten (zB § 45a VII, dort allerdings ohne Verschulden). Die erforderl obj Unrichtigkeit (→ Rn. 54) kann sich auf die Zahlung 57 als solche und auf die persönl Freistellung des Empfängers beziehen (*Beispiel:* Empfänger bestätigt Freistellung zu Unrecht entgegen zwischenzeitl Satzungs- oder Geschäftsführungsänderung, vgl auch → Rn. 42, 43). Haftung aber nur bei Vorsatz oder grober Fahrlässigkeit (→ Rn. 59) in den Grenzen der Vertrauensschutzregelung § 10b IV 1 (dazu BFH XI R 65/98, BStBl II 00, 65).

58 **bb) Veranlasserhaftung, § 10b IV 2 Hs 2.** Typische **Fälle** der Veranlassung zweckfremder Verwendung der Spendenmittel (vgl → Rn. 43) sind: – Verwendung zu anderen als den begünstigten (auch anderen gemeinnützigen) Zwecken; – nachträgl Änderung der Satzung (§§ 59, 60 AO) oder der tatsächl Geschäftsführung (§ 64 AO); – Beginn eines wirtschaftl Geschäftsbetriebes; – Unterschlagung für Privatzwecke. **„Veranlasst"** wird zweckfremde Verwendung idR durch die entscheidungsbefugten und anordnenden Vorstände (→ Rn. 56). Verschulden → Rn. 59. Wirtschaftl erforderl Verwaltungs- und Mitgliederwerbeausgaben sind idR unschädl (→ Rn. 43). Subsidiäre Haftung s § 10b IV 4, → Rn. 62. Die **Rückwirkende Aberkennung der Gemeinnützigkeit** (dazu BFH I R 59/09, BStBl II 12, 226) fällt nicht unter § 10b IV 2 Hs 2 (BFH XI R 58/01, BStBl II 04, 352), uU § 10b IV 2 Hs 1.

59 **c) Verschulden.** Während § 10b IV 2 Hs 1 stets vorsätzl oder grob fahrlässiges Handeln voraussetzt, enthielt Hs 2 aF einen Fall der Gefährdungshaftung ohne Verschulden. Das ist **ab 2013** geändert (versteckte Streichung des Wortes „wer" in Hs 2). Die Inanspruchnahme kann ermessensfehlerhaft sein, → Rn. 56, 62.

60 **d) Tatsächlicher Steuerausfall.** Der ist zwar nicht ausdrückl Tatbestandsmerkmal und wird daher grds vom FA nicht geprüft (Fiktion § 10b IV 3 mit Ausnahme § 10b IV 4). Vertrauenstatbestand in § 10b IV 1 und Haftung nach § 10b IV 2 hängen jedoch zusammen; Steuer- und Haftungsschuld schließen einander aus, sodass sich Haftungsschuldner durch Darlegung der Bösgläubigkeit des StSchuldners (Folge aus → Rn. 61) oder der fehlenden steuerl Auswirkung im Einzelfall exkulpieren können (zB durch Einwand „keine StFestsetzung gegen den Spender" oder „kein Spendenabzug geltend gemacht", s *OFD Ffm* DStR 14, 1445).

61 **e) Haftungsbetrag, § 10b IV 3.** § 10b IV enthält einen Haftungstatbestand für entgangene Steuer, die Satz 3 grds unwiderlegbar mit **30 %** des Spendenbetrages fingiert (Ermessensreduzierung auf Null, vgl HessFG EFG 98, 757, rkr; → Rn. 60).

62 **f) Veranlasserhaftungsbeschränkung, § 10b IV 4.** Da sich durch die gesamtschuldnerische Haftung immer weniger für die „Veranlassung" nach § 10b IV 2 Hs 2 verantwortl Personen (zB ehrenamtl Vereinsvorstände) zur Verfügung stellen, ist primär der Spendenempfänger (zB der Verein) als Haftungsschuldner in Anspruch zu nehmen; die veranlassenden Personen haften nur noch subsidiär (Ermessensentscheidung der Auswahl eines Gesamtschuldners; vgl auch §§ 31a, b BGB – Haftungsbegrenzung für Personen ohne bzw mit geringen Tätigkeitsvergütungen – ab 2026 angehoben von 840 € auf 3300 € durch StÄndG 2025, BGBl I 25 Nr 363). Die Haftung nach § 10b IV gilt im Anschluss an § 10b I 2 Nr 3 auch für **ausl EU-/EWR-Empfänger.**

63 **g) Verjährung, § 10b IV 5.** Die **Ablaufhemmung der Festsetzungsfrist** (§ 191 III AO) soll verhindern, dass die Dauer eines (schließl uU erfolglosen) Primärhaftungsverfahrens gegen Zuwendungsempfänger (§ 10b IV 4) zur Haftungsverjährung bei der veranlassenden Person und damit zum Haftungsausfall nach § 10b IV 2 führen kann. § 191 V AO ist auf Doppelhaftung nicht anwendbar.

§ 10c Sonderausgaben-Pauschbetrag

[1]Für Sonderausgaben nach § 10 Absatz 1 Nummer 4, 5, 7 und 9 sowie Absatz 1a und nach § 10b wird ein Pauschbetrag von 36 Euro abgezogen (Sonderausgaben-Pauschbetrag), wenn der Steuerpflichtige nicht höhere Aufwendungen nachweist. [2]Im Fall der Zusammenveranlagung von Ehegatten verdoppelt sich der Sonderausgaben-Pauschbetrag.

1. Wesen des Pauschbetrags. Der StPfl hat zwei Möglichkeiten. Er kann höhere Mehraufwendungen nachweisen. Ohne Nachweis wird der Pauschbetrag von Amts wegen gewährt, grds auch dann ohne Kürzung, wenn die Voraussetzungen nur für einen **Teil des Jahres** vorliegen. Beschr StPfl s § 50 I 4–6. 1

2. Aufhebung der Vorsorgepauschale nach § 10c II–V aF. Im Veranlagungsverfahren können seit 2010 nur noch nachgewiesen gezahlte Vorsorgebeiträge abgesetzt werden. Pauschalierte Vorsorgeaufwendungen werden im **LStAbzugsverfahren** berücksichtigt (s § 39b II 5 Nr 3; *BMF* BStBl I 25, 1628). 2

3. Sonderausgaben-Pauschbetrag, § 10c S 1. § 10c S 1 entspricht § 10c I aF. Der SA-Pauschbetrag umfasst mit Ausnahme der Vorsorgebeträge iSv § 10 I Nr 2, 3, 3a alle anderen Aufwendungen iSv § 10 und § 10b. Beschr StPfl → Rn. 1. 3

4. Höhe, § 10c S 1, 2. Der Pauschbetrag § 10c S 1 ist mit 36 € so niedrig gehalten, dass er sich praktisch nie auswirkt, weil sich stets höhere SA ergeben, wenn einer der Abzugstatbestände vorliegt (→ Rn. 1). Verdoppelung für zusammenveranlagte Ehegatten/Lebenspartner s § 10c S 2, nach Streichung von § 10c IV 3 aF nicht für Verwitwete nach § 32a VI. 4

§ 10d Verlustabzug

(1) **[1]Negative Einkünfte, die bei der Ermittlung des Gesamtbetrags der Einkünfte nicht ausgeglichen werden, sind bis zu einem Betrag von 1 000 000 Euro *[VZ 2020–2023: 10 000 000 Euro]*, bei Ehegatten, die nach den §§ 26, 26b zusammenveranlagt werden, bis zu einem Betrag von 2 000 000 Euro *[VZ 2020–2023: 20 000 000 Euro]* vom Gesamtbetrag der Einkünfte des unmittelbar vorangegangenen Veranlagungszeitraums vorrangig vor Sonderausgaben, außergewöhnlichen Belastungen und sonstigen Abzugsbeträgen abzuziehen (Verlustrücktrag). [2] Soweit ein Ausgleich der negativen Einkünfte nach Satz 1 nicht möglich ist, sind diese vom Gesamtbetrag der Einkünfte des zweiten dem Veranlagungszeitraum vorangegangenen Veranlagungszeitraums vorrangig vor Sonderausgaben, außergewöhnlichen Belastungen und sonstigen Abzugsbeträgen abzuziehen. [3]Dabei wird der Gesamtbetrag der Einkünfte des unmittelbar vorangegangenen Veranlagungszeitraums und des zweiten dem Veranlagungszeitraum vorangegangenen Veranlagungszeitraums um die Begünstigungsbeträge nach § 34a Absatz 3 Satz 1 gemindert. [4]Ist für den unmittelbar vorangegangenen Veranlagungszeitraum oder den zweiten dem Veranlagungszeitraum vorangegangenen Veranlagungszeitraum bereits ein Steuerbescheid erlassen worden, so ist er insoweit zu ändern, als der Verlustrücktrag zu gewähren oder zu berichtigen ist. [5]Das gilt auch dann, wenn der Steuerbescheid unanfechtbar geworden ist; die Festsetzungsfrist endet insoweit nicht, bevor die Festsetzungsfrist für den Veranlagungszeitraum abgelaufen ist, in dem die negativen Einkünfte nicht ausgeglichen werden. [6]Auf Antrag des Steuerpflichtigen ist von der Anwendung des Verlustrücktrags nach den Sätzen 1 und 2 insgesamt abzusehen.**

(2) **[1]Nicht ausgeglichene negative Einkünfte, die nicht nach Absatz 1 abgezogen worden sind, sind in den folgenden Veranlagungszeiträumen bis zu**

einem Gesamtbetrag der Einkünfte von 1 Million Euro unbeschränkt, darüber hinaus bis zu 70 Prozent *[ab VZ 2028 wie bis VZ 2023: 60%]* **des 1 Million Euro übersteigenden Gesamtbetrags der Einkünfte vorrangig vor Sonderausgaben, außergewöhnlichen Belastungen und sonstigen Abzugsbeträgen abzuziehen (Verlustvortrag). ²Bei Ehegatten, die nach den §§ 26, 26b zusammenveranlagt werden, tritt an die Stelle des Betrags von 1 Million Euro ein Betrag von 2 Millionen Euro. ³Der Abzug ist nur insoweit zulässig, als die Verluste nicht nach Absatz 1 abgezogen worden sind und in den vorangegangenen Veranlagungszeiträumen nicht nach Satz 1 und 2 abgezogen werden konnten.**

(3) *(weggefallen)*

(4) **¹Der am Schluss eines Veranlagungszeitraums verbleibende Verlustvortrag ist gesondert festzustellen. ²Verbleibender Verlustvortrag sind die bei der Ermittlung des Gesamtbetrags der Einkünfte nicht ausgeglichenen negativen Einkünfte, vermindert um die nach Absatz 1 abgezogenen und die nach Absatz 2 abziehbaren Beträge und vermehrt um den auf den Schluss des vorangegangenen Veranlagungszeitraums festgestellten verbleibenden Verlustvortrag. ³Zuständig für die Feststellung ist das für die Besteuerung zuständige Finanzamt. ⁴Bei der Feststellung des verbleibenden Verlustvortrags sind die Besteuerungsgrundlagen so zu berücksichtigen, wie sie den Steuerfestsetzungen des Veranlagungszeitraums, auf dessen Schluss der verbleibende Verlustvortrag festgestellt wird, und des Veranlagungszeitraums, in dem ein Verlustrücktrag vorgenommen werden kann, zu Grunde gelegt worden sind; § 171 Absatz 10, § 175 Absatz 1 Satz 1 Nummer 1 und § 351 Absatz 2 der Abgabenordnung sowie § 42 der Finanzgerichtsordnung gelten entsprechend. ⁵Die Besteuerungsgrundlagen dürfen bei der Feststellung nur insoweit abweichend von Satz 4 berücksichtigt werden, wie die Aufhebung, Änderung oder Berichtigung der Steuerbescheide ausschließlich mangels Auswirkung auf die Höhe der festzusetzenden Steuer unterbleibt. ⁶Die Feststellungsfrist endet nicht, bevor die Festsetzungsfrist für den Veranlagungszeitraum abgelaufen ist, auf dessen Schluss der verbleibende Verlustvortrag gesondert festzustellen ist; § 181 Absatz 5 der Abgabenordnung ist nur anzuwenden, wenn die zuständige Finanzbehörde die Feststellung des Verlustvortrags pflichtwidrig unterlassen hat.**

Einkommensteuer-Durchführungsverordnung:

§ 62d EStDV *Anwendung des § 10d des Gesetzes bei der Veranlagung von Ehegatten*

s vor § 26a

Einkommensteuer-Richtlinien: EStR 10d; EStH 10d.

Übersicht

I. Allgemeines

1. Bedeutung des Verlustabzugs. Vgl *Hey* DStR 20, 2041; *Meyering/Hegemann* DStR 23, 1398. Verluste iSv § 2 I sind primär im VZ des Entstehens mit positiven Einkünften zu verrechnen (§ 2 III), soweit dies nicht gesetzl ausgeschlossen ist (→ Rn. 11). Bei fehlender Ausgleichsmöglichkeit im VZ ermöglicht **§ 10d** aus Gründen der StGerechtigkeit eine – mehrfach geänderte – begrenzte **Erweiterung dieser Abschnittsbesteuerung** durch Verlustrückträge/-vorträge. Einerseits soll bei schwankenden Einkünften nicht auf das zufällige Jahresergebnis abgestellt werden mit der Folge, dass zB gewerbl Anlaufverluste endgültig ohne steuerl Auswirkung bleiben. Andererseits soll dies nicht uneingeschränkt gelten. 1

2. Rechtsentwicklung. – a) Altverluste bis 2003, § 10d aF. → 30. Aufl 2011, § 10d Rn. 2 (Beschränkung 1999 bis 2003 auf einen *horizontalen Verlustabzug* nur innerhalb derselben Einkunftsart, → Rn. 5). 2

b) Verlustabzug seit 2004, § 10d. Der **Verlustrücktrag** ist wie der Verlustausgleich im VZ anders als bis 2003 **einkünfteübergreifend** mögl, aber in doppelter Hinsicht **zeitl und betragsmäßig eingeschränkt** (→ Rn. 21 zu jährl Änderungen), ***zeitl*** *grds* auf 1 Jahr und ***betragsmäßig*** auf 1 Mio bzw bei Zusammenveranlagten 2 Mio €, nur *vorübergehend* für Verluste 2020 bis 2023 coronabedingt erhöht auf 10 bzw 20 Mio € (→ Rn. 21.1). Gleichzeitig wurde im CoronaStHG IV die Rücktragsmöglichkeit ab 2022 *dauerhaft* auf 2 Jahre verlängert, allerdings ohne Möglichkeit der Zuweisung oder Verteilung auf *eines dieser* 2 Jahre (§ 10d I 2,6: vorrangig ist der unmittelbar vorangegangene VZ). Der **Verlustvortrag** *in spätere VZ* ist zeitl nicht und betragsmäßig auch für vor 2004 entstandene Verluste nicht mehr nach Einkunftsarten, aber der Höhe nach auf Grundlage fester **Sockelbeträge** begrenzt **(neue Mindestbesteuerung):** Jährl Verlustvortrag bis zu 70%, für Verluste aus VZ vor 2024 und ab 2028 bis zu 60% des 1 Mio € bzw 2 Mio übersteigenden Gesamtbetrags der Einkünfte (§ 10d II, ohne Betragserhöhung entspr § 10d I). Vor der Gesamtprüfung nach § 10d I, II sind **sonstige Verlustabzugsbeschränkungen** in **„besonderen Verrechnungskreisen"** auszuscheiden (vgl → Rn. 11). 4

c) Feststellung von Altverlusten ab 2004. Unabhängig vom Verlustentstehungsjahr gilt § 10d IV auch für zum 31.12.98 und 31.12.03 nach altem Recht festgestellte verbleibende Verlustvorträge, auch diese ab 2004 ohne die bisherige Trennung nach Einkunftsarten. 5

3. Verfassungsfragen. – ***(1)*** **Verfassungsmäßigkeit VZ 1999–2003.** → 32. Aufl 2013, § 10d Rn. 10. – ***(2)*** **Verfassungsmäßigkeit ab VZ 2004.** Grds hat die Rspr 10 keine verfmäßigen Bedenken (→ 38. Aufl 2019, § 10d Rn. 10 mwN). Auf den Verlustabzug besteht weder ein Grundrechtsanspruch noch ein Vertrauensschutzanspruch auf Fortbestand (vgl *Hey* DStR 20, 2041 mwN). Verfrechtl Zweifel an der Mindestbesteuerungsregelung „im Kernbereich" bei *definitiv feststehendem Ausschluss* späterer Verlustverrechnung nach § 10d EStG/§ 8c KStG aus tatsächl oder rechtl Gründen, zB bei Erbfall oder Beendigung einer KapGes im Folgejahr hat das BVerfG 2 BvL 19/14 (DStR 25, 2000) nach Vorlage durch BFH I R 59/12, BStBl II 14, 1016 – unter Hinweis auf mögl Billigkeitsmaßnahmen in außergewöhnl Einzelfällen – verneint (dazu Anm *Lüdicke* DB 25, 2254; *Demleitner/Fischer* DB 25, 2259; *Franke* NWB 25, 2518; s auch zu Erbfallverlust bereits BFH I R 59/12, BStBl II 14, 1016 Rn. 14). Teilweise **AdV** s *BMF* BStBl I 11, 974, *OFD Ffm* DB 16, 1048. Vorläufige Veranlagung abgelehnt durch BFH I R 32/13, BStBl II 15, 575.

11 **4. Sachlicher Geltungsbereich.** – ***(1)* Anwendungsbereich. § 10d** erfasst alle abziehbaren, nicht im Verlustjahr ausgeglichenen Verluste aus sämtl Einkunftsarten (Ermittlung → Rn. 18). § 10d gilt für die **ESt** und gem § 8 I KStG für die **KSt** (→ Rn. 13). § 10a GewStG lässt für die **GewSt** nur den Verlust*vor*trag zu und schreibt seit 2004 eine Mindestbesteuerung ähnl § 10d vor. – ***(2)* Sonderregelungen zur Verlustabzugsbeschränkung für besondere Verrechnungskreise.** Sie gehen § 10d vor und schließen den Verlustabzug nach § 10d aus, soweit diese Vorschriften im Verlustentstehungsjahr galten, zB § 2a, § 2b aF, § 15 IV/§ 15a, § 15b/§ 20 I Nr 4, § 20 VI, § 21 I 2, § 22 Nr 3 S 3–5, § 23 III 8 ff, § 34a VIII. – ***(3)* Weitere Einzelregelungen.** Nach **§ 10b I 9, 10** sind verbleibende **Spenden** über die Höchstbeträge hinaus ebenso wie nach **§ 2a I S 3–5** verbleibende **Auslandsverluste** *nur vortragbar* und ggf entspr § 10d IV festzustellen → Rn. 19 zu Sonderfällen.

12 **5. Persönlicher Geltungsbereich; Zurechnungsfragen. – a) Allgemeines/ Personengesellschaftsverluste.** § 10d gilt für unbeschr und beschr EStPfl und KStPfl. Ohne persönl StPfl → Rn. 39, zu Wechsel der StPfl → Rn. 23. Der Verlustabzug ist **personenbezogen** und steht dem StPfl zu, der den Verlust erlitten hat (grds zivilrechtl Personenidentität). **Ehegatten/Lebenspartner** → Rn. 15; **Erben** → Rn. 14. **Wahlrechtsanträge** → Rn. 28. Bei **PersGes** werden Ges-Verlust und Ges'ter-Verlustanteile einheitl und gesondert festgestellt; inwieweit der Verlust nach § 10d abziehbar ist, entscheidet sich bei der EStVeranlagung der Ges'ter iRd jedem zustehenden Höchstbeträge, auch bei Beteiligung an mehreren Ges'ten nur einmal.

13 **b) Personenidentität bei Kapitalgesellschaften.** – ***(1)* Grundsatz.** Für KapGes gilt § 10d (§ 8 I KStG). – ***(2)* Einschränkungen bei Rechtsträgerwechsel/ Umwandlung/Organschaftsverlusten.** Bei „schädl Beteiligungserwerb" Verlustabzugsbeschränkung durch §§ **8c, 8d KStG;** → 37. Aufl 2018, § 10d Rn. 13; zu Verlustnutzung im Konzern *Demleitner/Fischer* DB 25, 2259; zu Verlustrücktrag nach Verschmelzung BFH X R 32/21, DStR 24, 2885, BFH I R 1/23, DStR 25, 2597.

14 **c) Sonstige Übertragungen; Erbfälle.** – ***(1)* Rechtsgeschäfte unter Lebenden** (zB entgeltl oder unentgeltl Betriebsübertragung, vorweggenommene Erbfolge und sonstige Rechtsträgerwechsel). Der Verlustabzug kann grds nicht übertragen werden (BFH I R 74–75/90, BStBl II 91, 899). – ***(2)* Erbfälle.** BFH GrS 2/04, BStBl II 08, 608 hat die Vererblichkeit des Verlustabzugs endgültig beschränkt für Todesfälle ab 13.3.08/18.8.08 (→ Rn.10, → 31. Aufl 2012, § 10d Rn. 14). Der Erbe kann nur Verluste abziehen, die er selbst wirtschaftl trägt, durch die er in seiner Einkommens- oder Vermögenssphäre belastet ist – unabhängig davon, ob er rechtl in Anspruch genommen werden kann (zB nachgezahlte KiSt auf Einkünfte des Erblassers, BFH IX R 43/13, BStBl II 17, 256). Daher sind nur einkunfts*quellen*bezogene Verluste beim Erben des Einkunftsobjekts weiterhin abziehbar (§ 15 IV 1, 2, § 15a, § 15b EStG, § 7d, § 82b EStDV, → § 21 Rn. 126), nicht dagegen nur einkunfts*art*-bezogene Erblasserverluste (§ 20 VI, § 22 Nr 3 S 4, § 23 III 7–8, EStR 10d IX 10;

§ 2a I – → § 2a Rn. 45 –; Nachversteuerung von Erblasserverlusten nach § 2a III 3 → § 2a Rn. 63). Es genügt nicht, dass Erben aufgrund des Erblasserverlusts geringeres Vermögen zufällt (vgl BFH IX B 185/12, BFH/NV 13, 1233 mwN; zu grds Ablehnung von Billigkeitsmaßnahmen BFH IX R 24/17, BFH/NV 18, 929). Bedeutung für **andere Verlustabzugsmöglichkeiten/-beschränkungen** (→ Rn. 11, EStR 10d IX 9 ff).

Stellungnahme: Die Begründung der Änderung der 46-jährigen Rspr wirkt eher konstruiert als zwingend. Der Verlustübertragungsausschluss wird dem immer stärker in den Vordergrund tretenden obj Nettoprinzip kaum gerecht, vor allem bei im Hinblick auf zukünftige positive Einkünfte gezielt in Kauf genommenen Anlaufausgaben („echte Verluste", → Rn. 10).

d) Ehegatten/Lebenspartner, § 2 VIII. Der Verlustabzug ist auch bei Ehegatten/Lebenspartnern **personenbezogen** (→ Rn. 12; so bei Heirat in 2024 kein Abzug von Verlusten des anderen Ehegatten/Lebenspartners aus 2023). Bei **Einzelveranlagung** getrennte Ermittlung und Zurechnung der Verluste (§ 26a I EStG, § 62d I EStDV), bei **Zusammenveranlagung** getrennte Ermittlung und Zusammenrechnung der Einkünfte und gemeinschaftl Verlustausgleich vor Verlustabzug (§ 26b EStG, § 62d II EStDV); zusammenveranlagte Ehegatten/Lebenspartner erhalten die doppelten Sockelbeträge für den Verlustabzug (§ 10d I 1, II 2; zu Aufteilung nach persönl Verlustanteilen s EStR 10d VI 5 – **aA** zutr FG Köln EFG 12, 1741, rkr). Im Einzelfall kann sich im Hinblick auf den Verlustrücktrag die getrennte bzw Einzelveranlagung empfehlen. Eine Verlustaufteilung nach **§ 62d EStDV/§ 26a III** erfolgt nur bei **Wechsel der Veranlagungsart** (→ § 26a Rn. 8–10; → 41. Aufl 2022, § 10d Rn. 15). 15

e) Insolvenzverfahren. Durch Eröffnung gehen Verluste nicht verloren (vgl auch FG Ddorf EFG 18, 2058, Rev I R 36/18, ausgesetzt wegen BVerfG 2 BvL 19/14, → Rn.10, neues Az nach Wiederaufnahme BFH I R 20/25). Auch wenn die Schuldenbegleichung noch offen ist, können diese nach hM gem § 10d abgezogen werden (vgl BFH VIII R 23/67, BStBl II 72, 946; *Dreiss/Eitel-Dreiss* DB 80, 1861; s zum Verfahren BFH I R 33/01, BStBl II 03, 630; bei mehrjährigem Besteuerungszeitraum nach § 11 I KStG steht der Sockelbetrag nach § 10d II nur einmal zu, BFH I R 35/12, BStBl II 13, 508). **Grenze:** Wenn der Schuldner gem §§ 286 ff InsO endgültig von seinen Verbindlichkeiten befreit wird, entfällt die wirtschaftl Belastung (→ § 10 Rn. 4) und damit der Verlustabzug (so wohl auch BFH IV R 288/66, BStBl II 69, 726). Verrechnung in **Sanierungsfällen** ab 2017 s **§ 3a** III 2 Nr 7, 10, 12, § 3a IIIa. 16

II. Verlustberechnung; negative Einkünfte

1. Gesetzesaufbau; Rechtsfolgen. Während vor 1999 entstandene Verluste „wie Sonderausgaben" vom Gesamtbetrag der Einkünfte (§ 2 III) abzuziehen waren, erfolgt die Berechnung der abziehbaren Verluste ab 1999 nach § 10d I 1 und II 1 iRd *Ermittlung des Gesamtbetrages der Einkünfte,* also *vorrangig vor* SA, agB und sonstigen Abzugsbeträgen (die daher selbst nicht mehr vortragbar sind und – zB Erststudienkosten – bei fehlender Ausgleichsmöglichkeit mangels eigener Einkünfte in diesem Jahr uU endgültig verloren gehen, verfgemäß, BFH IX B 191/09, BFH/NV 10, 1270, VerfBeschw 2 BvR 1175/10 nicht zur Entscheidung angenommen, BFH IX B 14/21, BFH/NV 21, 1488, (→ Rn. 10). Ausnahme: vortragbare **Spenden** (§ 10b I 9, 10). Das sollte bei **Ausübung des Wahlrechts** der Höhe nach beachtet werden. Nachteile ergeben sich zB durch Transfer der Kinderbetreuungskosten ab 2012 von WK/BA in SA (s § 10 I Nr 5). Der Gesamtbetrag der Einkünfte des Vorjahres bzw ab VZ 2022 der Vorjahre ist für den Verlustrücktrag gem § 10d I 3 um Begünstigungsbeträge nach **§ 34a** zu kürzen, um Doppelentlastungen zu vermeiden (→ Rn. 19). IÜ hat sich nichts geändert an dem Grundprinzip, dass rückgetragene 17

Verluste soweit abzuziehen sind, bis sich ein **Einkommen von 0** ergibt (Wortlaut des § 10d I 1, II 1 „vom Gesamtbetrag der Einkünfte abzuziehen", § 2 IV, selbst bei zu versteuerndem Einkommen **unter Grundfreibetrag,** → Rn. 18; iÜ *grds* keine Beschwer durch EStBescheid mit ESt 0, allenfalls Antrag auf Verlustfeststellung; Ausnahmen → Rn. 42). **Zinsen:** Die Änderung von StBescheiden aufgrund eines rückwirkenden Verlustereignisses nach § 175 AO hat Auswirkung auf den Anlauf von StErstattungs- und StNachzahlungszinsen **(§ 233a IIa AO)** und gilt auch für Folgeänderungen eines Verlustrücktragsjahres (s BFH XI R 50/00, BStBl II 02, 453; FG Köln EFG 15, 1159, rkr).

18 **2. Ermittlung des abziehbaren Verlusts.** – ***(1)* Summe der Einzeleinkünfte, § 2 I, II.** Nach allg Grundsätzen scheiden sämtl bei Ermittlung der Einkünfte *nicht zu berücksichtigenden* Einnahmen oder Gewinne von vornherein aus und verkürzen den Verlust nicht. **Dies sind** stfreie Einnahmen einschließl stfreie Veräußerungsgewinne iSd §§ 14 S 2, 14a, 16 IV, 17 III, 18 III und begrenzt abziehbare Verluste (→ Rn. 11), **nicht** aber nur *teilweise* stfreie Einnahmen (anteilig nach § 3 Nr 40 festgestellte Verlustvorträge mindern spätere Gewinne unabhängig von deren voller Besteuerung nur anteilig) oder gem **§ 34** tarifbegünstigte Einkünfte (vgl BFH XI R 27/03, BStBl II 04, 547). **§ 34a** und **§ 2a I** → Rn. 17,19, § 10d I 3. Hinzurechnungsbeträge nach **§ 2a III 3** mindern den Verlust, nicht aber ein KiSt-Erstattungsüberhang gem § 10 I Nr 4, § 10 IVb 3 trotz Zurechnung zum Gesamtbetrag der Einkünfte (BFH IX R 34/17, BStBl II 19, 658). Stpfl **Kapitaleinkünfte** mit AbgeltungSt nach § 32d sind nicht anzusetzen **(§ 2 Vb).** Besonderheiten bei **KiSt** s § 51a II–IIe, BFH I R 76/08, BStBl II 10, 1061. Stpfl Veräußerungsverluste sind bei Ermittlung der Einkünfte zu erfassen und erhöhen den Verlustabzug; ebenso WK-Pauschbeträge (§ 9a) und Freibeträge, die schon iRd Einkünfteermittlung zu berücksichtigen sind (§ 19 II, § 20 IX). – ***(2)* Gesamtbetrag der Einkünfte, § 2 III.** Der Freibetrag für LuF (§ 13 III) mindert mE wie der Altersentlastungsbetrag (§ 24a) und der Entlastungsbetrag für Alleinerziehende (§ 24b) die Summe der Einkünfte und damit den Gesamtbetrag der Einkünfte und den nach § 10d I 1, II 1 abziehbaren Verlust (vgl BFH III R 83/04, BFH/NV 06, 999, FG ThürFG EFG 23, 295 und FG Köln EFG 19, 533 – beide ohne sachl Entscheidung aufgehoben durch BFH IX R 7/22, BStBl II 24, 406 und BFH IX R 3/19, BStBl II 21, 859 –, s *HHR/Hallerbach* § 10d Rn. 59; sehr str, **aA** EStR 10d I; *BeckOK* EStG § 10d Rn. 175, *BH/Vogel* § 10d Rn. 113 – „keine negativen Einkünfte", fragl ohne gesetzl Regelung). Das gilt selbst in VZ mit Einkommen unter Grundfreibetrag § 32a (BFH IX B 138/15, BFH/NV 16, 1017 mwN). Die Bedeutung eines Verlustrücktrages auf das Einkommen *des Entstehungsjahres* ist durch BFH IX R 6/21, BStBl II 23, 1002 und BFH X R 27/21, DStR 23, 1586 geklärt (auch → § 10 Rn. 167): Nach § 10d I zurückgetragene negative Einkünfte sind zeitl nicht (nochmals) dem Einkommen des Entstehungsjahres zuzuordnen, um eine Doppelberücksichtigung auszuschließen, zB um einen KiSt-Hinzurechnungsbetrag nach § 10 IVb 3 auszugleichen. – ***(3)* Zu versteuerndes Einkommen, § 2 IV, V.** Freibeträge, die vom Gesamtbetrag der Einkünfte oder vom Einkommen abzuziehen sind, berühren den Verlust nicht. Aus diesem Grunde können auch **SA** (und damit auch aus Vorjahren stammende Verlustvorträge und wohl Abzugsbeträge „wie SA" zB nach §§ 10e–10i) die Berechnung des Verlustes nicht beeinflussen (→ Rn. 17). **Spenden** s § 10b I 9, 10, → Rn. 19. – ***(4)* Steuertarif.** Kein Verlustabzug bei der Einkünfteermittlung nach § 32 IV 2 für den **Kinderfreibetrag** (BFH VI R 169/00, BStBl II 02, 250) und für **außergewöhnl Belastungen** nach § 33a I 4 (BFH III B 90/06, BFH/NV 08, 1318).

19 **3. Sonderfälle des Verlustabzugs.** – ***(1)* Nicht entnommene Gewinne, § 34a.** Sie sind gem **§ 10d I 3/§ 34a VIII** (ausdrückl, wenn auch missverständl) aus der für den Verlustausgleich/Verlustabzug/Verlustrücktrag maßgebl Einkünfteberechnung ausgenommen (anders als zB tarifbegünstigte Veräußerungsgewinne,

→Rn. 18), soweit sie tatsächl antragsgemäß ermäßigt besteuert wurden, wohl auch im Hinblick auf eine mögl Nachversteuerung (str, →§ 34a Rn. 36 ff, auch zu Antragsrücknahme). – ***(2)* Verluste aus Kapitalvermögen.** Sie dürfen ab 2009 nicht mit Einkünften aus anderen Einkunftsarten ausgeglichen oder nach § 10d abgezogen werden **(§ 20 VI 1);** sie mindern jedoch ohne entspr Ausgleich KapEinkünfte in den Folgejahren (**§ 20 VI 2, 3** – in diesem „Verrechnungstopf" nur Verlust*vor*trag, ohne Sockelbetrag nach § 10d II 1, 2). Weitere Beschränkung für **Aktien** s § 20 VI →§ 20 Rn. 240 ff, uU verfwidrig, s Vorlage an BVerfG 2 BvL 3/21 durch BFH VIII R 11/18, BStBl II 21, 562; *Döring/Garz* FR 21, 834; *Kanzler* FR 21, 847. Verrechnung iRd AbgeltungSt **§ 32d** s BFH VIII R 5/15, BStBl II 18, 66. – ***(3)* Private Veräußerungsverluste (§ 23).** Seit 1999 gilt § 23 nur für private WG iSv § 23 I nF; Verluste sind nur noch von gleichartigen Gewinnen abziehbar (§ 23 III 7, 8; VerfMäßigkeit →§ 23 Rn. 92). Die Veräußerung von *nach dem 31. 12. 2008 erworbenem privaten **KapVerm*** fällt nicht mehr unter § 23, sondern unter § 20 II, VI (s oben (2)). – ***(4)* Auslandsverluste (§ 2a I 3–5)** und **verbleibende Spenden (§ 10b I 9, 10)** sind nur vortragbar. ***(5)* Corona-Verluste 2020/2021** →Rn. 29.

III. Verlustrücktrag, § 10d I

1. Rechtsentwicklung. Seit 1999 besteht ein **Wahlrecht** zwischen Verlustrücktrag und Verlustvortrag, aber nicht zwischen den ab 2022 mögl zwei Rücktragsjahren (§ 10d I 2,6, →Rn. 21, 26). Ohne Vortragsantrag wird Verlustrücktrag **von Amts wegen** vorgenommen. **ArbN,** die nicht aus anderen Gründen veranlagt werden, müssen die Veranlagung zur Vornahme des Verlustrücktrages beantragen (§ 46 II Nr 8) oder auf den Rücktrag verzichten, um den Vortrag nicht zu verlieren (EStR 10d IV). **Zeitl Begrenzung** →Rn. 21. 20

2. Höchstbetrag, § 10d I 1, 2. – a) Rücktragsfähiger Betrag: Die Regelung zu Verlustrückträgen in § 10d I hat sich seit 2020 mehrfach geändert zu Höchstbeträgen, zu Rücktragsjahren und zu Wahlrecht Rücktrag/Vortrag (s auch *Dorn/Becker* DB 22, 1538). ***(1)* *Zeitl Begrenzung*** zunächst auf 1 Jahr, ab 2022 dauerhaft auf 2 Jahre (CoronaStHG IV). – ***(2)* *Betragsmäßige Deckelung*** zunächst auf 1 Mio bzw bei Zusammenveranlagten 2 Mio €, für Verluste 2020 bis 2023 coronabedingt vorübergehend erhöht auf 10 bzw 20 Mio €. – ***(3)* *Wahlrecht.*** Nach Aufstockung der Rücktragsjahre entfällt die Verteilungsmöglichkeit auf *eines dieser* Rücktragsjahre (→§ 10d I 6, *Meyering/Hegemann* DStR 23, 1398 mwN). Es bleibt nur das Wahlrecht Verlustrücktrag in den jeweils unmittelbar vorangegangenen VZ (§ 10d I 2) oder Gesamtvortrag in den/die folgenden VZ. 21

Im Einzelnen gelten folgende Regelungen:

- **VZ 2013 bis 2019:** Anhebung des Verlustrücktrags von 511 000/1 023 000 € auf 1 Mio/2 Mio € in den unmittelbar vorangegangenen VZ mit Aufteilungswahl Rücktrag/Vortrag (§ 10d I 1, 2, 5 aF, § 52 XXV 7 idF UntStReiseKG, BGBl I 2013, 285); verbleibender Vortrag mit Sockelbetrag 60% über 1 bzw 2 Mio €;
- **VZ 2020 und 2021:** Bis zu 10 Mio bzw bei Zusammenveranlagung 20 Mio € Verlustrücktrag in den *unmittelbar vorangegangenen* VZ mit anteiliger *Aufteilungswahl* Teilrücktrag/Restvortrag (§ 10d I 1, 2, 5, § 52 XVIIIb 1 idF CoronaStHG III, BGBl I 21, 330); vorläufige pauschale Verlustrücktragsmöglichkeit s § 111; verbleibender Vortrag wie 2019;
- **VZ 2022 und 2023:** Bis zu 10 Mio bzw bei Zusammenveranlagung 20 Mio € Verlustrücktrag in zwei vorangegangene VZ *ohne Teilrücktragswahl* (§ 10d I 1, 2, 6, § 52 XVIIIb S 2 idF Art 3 CoronaStHG IV, BGBl I 22, 911); verbleibender Vortrag wie 2019;
- **VZ 2024 bis 2027:** Bis zu 1 Mio bzw bei Zusammenveranlagung 2 Mio € Verlustrücktrag in zwei vorangegangene VZ ohne Teilrücktragswahl (§ 10d I 1, 2, 6, § 52 XVIIIb 3 idF Art 4 CoronaStHG IV, BGBl I 22, 911 oÄ durch WachstChG

BGBl I 24 Nr 108, aber unter vorübergehender Anhebung der Mindestbesteuerungsgrenze nach § 10d II 1 von 60% auf 70% der 1 bzw 2 Mio übersteigenden Verluste → Rn. 32.1);

– **ab 2028:** Rücktrag wie 2024–2027; lediglich wieder Herabsetzung der Verlustvortragsgrenze nach § 10d II von 70% auf 60% (§ 52 Abs XVIII 5 idF WachstChG Art 6).

Verlustberechnung → Rn. 18; Kürzung um Begünstigungsbeträge nach **§ 34a III 1** s § 10d I 3, oben und → Rn. 19.

22 **b) Personenbezogenheit.** Der Höchstbetrag bezieht sich auf den einzelnen StPfl, der den Verlust erlitten hat (→ Rn. 12 ff – PersG'ter, Eheleute, Erben).

23 **c) Abzugszeitraum, § 10d I 1.** „Unmittelbar vorangegangener VZ" bzw „zweiter vorangegangener VZ" sind *Kj* vor dem Verlustentstehungsjahr (§ 25 I). Ob dies auch gilt für nach § 50 II begrenzt abziehbare Verluste bei **Wechsel zw unbeschr und beschr StPfl,** ist str (→ 39. Aufl 2020, § 50 Rn. 9; → 37. Aufl 2018, § 10d Rn. 23 mwN).

24 **3. Verfahrensfragen zum Verlustrücktrag, § 10d I 4,5. – a) Änderungsvorschrift, § 10d I 4. – *(1)* Punktänderung.** Ist für den/die dem Verlustentstehungsjahr vorangehenden VZ ein EStBescheid bereits ergangen, ist der Abzug rücktragbarer Verluste des Folge-VZ gem § 10d I 4, 5 auch bei Bestandskraft im Wege einer punktuellen Folgeänderung dieses Bescheides vorzunehmen. – ***(2)* Korrekturumfang.** In diesem Änderungsrahmen können nach § 177 AO alle **Rechtsfehler** berichtigt werden. § 10d I 4 enthält eine eigenständige verfahrensrechtl Änderungsvorschrift, die nicht nur eingreift, wenn sich zB auf Grund neuer Tatsachen für das Verlustentstehungsjahr herausstellt, dass der Verlust in anderer Höhe angefallen ist, sondern auch die Korrektur von (Rechts-)Fehlern beim Verlustabzug im Verlustentstehungsjahr oder in Vor- und Rücktragsjahren trägt, auch nach BP, uU auch nach Feststellung § 10d IV (→ Rn. 42 ff). Vgl iEinz → Rn. 28, BFH VIII R 4/97, BFH/NV 99, 599 sowie → 38. Aufl 2019, § 10d Rn. 24 mwN. Folgen einer versehentl *doppelten Verlustberücksichtigung* s BFH XI R 31/06, BFH/NV 08, 378.

25 **b) Zeitliche Grenzen, § 10d I 5. Hs 1** stellt klar, dass auch bestandskräftige Bescheide änderbar sind. **Hs 2** betrifft nur die **Festsetzungsverjährung** (punktuelle Ablaufhemmung, BFH XI R 31/06, BFH/NV 08, 378) und gilt auch für Verlustvorträge (BFH VIII R 36/88, BStBl II 90, 618). Entscheidend ist allein, dass die Festsetzungsfrist *für den VZ der Verlustentstehung* nach §§ 169 ff AO nicht abgelaufen ist (BFH X R 44/13, BStBl II 16, 278 und → Rn. 46 ff zu Wahländerung bis Bestandskraft des Feststellungsbescheides). Danach ist auch kein Rücktrag durch das FA mögl (→ Rn. 28 zum Rücktrag in bestandskräftigen EStBescheid). Das Rücktragsjahr darf nicht verjährt sein (BFH IX R 59/08, BStBl II 10, 1009).

26 **4. Wahlrechtsausübung, § 10d I 6. – a) Allgemeines.** Für im VZ der Verlustentstehung *tatsächl* (str, **aA** *BeckOK EStG* § 10d Rn. 166 ff: ggf Prüfung im Rücktragsverfahren) nicht ausgeglichene Verluste besteht ein Wahlrecht: Vorrangig Rücktrag in das vorangegangene, (→ Rn. 4, 20, 21) Vorjahr oder auf Antrag Vortrag in das *nächste* Folgejahr (→ Rn. 30).

27 **b) Antrag, § 10 I 6.** Erforderl ist ein Antrag, der bis 2021 beliebig *betragsmäßig beschränkt* werden konnte (§ 10d I 5 aF Rücktrag „ganz oder teilweise"; zu Bezifferung s FG Bln-Bbg EFG 16, 873, rkr, Anm *Tiedchen*). Nach § 10d I 6 ab 2022 – unabhängig von der vollständigen Auswirkung – nur **Wahl zwischen Gesamtrücktrag oder Vortrag.** Optimale Anträge setzen dabei ein Rechenexempel und gute Kenntnis der Besteuerungsgrundlagen aller in Frage kommenden Jahre voraus. Zu beachten sind zB der Abzug in hohen Gewinnjahren (Tarifprogression), die persönl Abzugsberechtigung (s Ehegatten → Rn. 15, Erbfall → Rn. 14) sowie die Ausnutzung der

Freibeträge und Tarifermäßigungen (jedenfalls Beschränkung bis zum Grundfreibetrag zuzügl SA, agB und sonstigen Abzugsbeträgen, → Rn. 17). **Ohne Antrag** Regelabzug (voller Rücktrag zunächst zwingend ins Vorjahr und verbleibender Restrücktrag zwingend ins Vorvorjahr nach § 10d I 1, 2; Vortrag bzw Feststellung nur dann noch verbleibender Restverluste nach § 10d II 1, IV). Bei **Ehegatten/Lebenspartnern** gilt primär der Antrag desjenigen, der den Verlust erzielt hat, bei **PersGes** Antrag jedes Ges'ters (BFH IX R 72/06, BStBl II 09, 639), bei **Miterben** einheitl Antrag aller Erben, soweit das Wahlrecht des Erblassers noch abänderbar oder offen ist. Notwendiger **Inhalt:** Betrag und Abzugsjahr, s oben. Der Antrag ist formlos (idR StErklärung, auch elektronisch zB durch Elster), nicht gesetzl befristet (s aber → Rn. 28 und → Rn. 42 ff) und bis zur bestandskräftigen Veranlagung **widerrufl.**

28 **c) Zeitliche Grenzen.** Vgl zur Wahlrechtsausübung AEAO Nr 8 vor §§ 172 ff. AO. Grds muss im Rücktragsverfahren festgestellt werden, daß negative Einkünfte „nicht ausgeglichen wurden" (§ 10d I 1, → Rn. 38), etwa durch Bestandskraft der Abzugsveranlagung mit Verlustverbrauch, Bestandskraft eines Feststellungsbescheides nach § 10d IV (BFH IX R 72/06, BStBl II 09, 639) oder Ablauf der Festsetzungs- bzw Feststellungsfrist (s auch → Rn. 25, 42, 48 ff). Ohne Veranlagung des Verlustentstehungsjahres idR kein Verlustrücktrag (vgl BFH IX R 53/05 BStBl II 12, 453; s aber zu Ausnahmen im AdV-Verfahren FG Ddorf DStRE 24, 1164, rkr). Unterlassener Verlustabzug im VZ kann nicht durch Rücktrag ausgeglichen werden (str, s *BeckOK* EStG § 10d Rn. 171; s auch nach Verschmelzung BFH X R 32/21 DStR 24, 2885). Bei Berichtigung bestandskräftiger Veranlagung mit Auswirkung auf den Verlustabzug (zB nach BP oder nach Vorläufigkeit) ist neuer Antrag mögl mit entspr Änderung des Feststellungsbescheides nach § 10d IV 4 (→ Rn. 43) und sonstiger Folgebescheide (zB nach § 10d I 4), nach wohl hM auch bei Korrektur anderer betroffener Veranlagungen mit Verschiebung der Berechnungsgrundlagen ohne unmittelbare Auswirkung auf den Abzugs- oder den Feststellungsbescheid (zB bei Gewinnänderung des Vorjahres, durch die der Rücktrag günstiger würde als der vorgenommene Vortrag). Das ist nicht zwingend und nicht gesichert (s auch § 10d IV 5) und gilt allenfalls im **Korrekturrahmen von § 351 I AO** (glA EStR 10d III 2; s auch BFH X R 44/13, BStBl II 16, 278). Bis zur endgültigen Klärung dieser Rechtsfrage und bis zur Kenntnis der Einkünfte der Folgejahre sollte die Abzugsveranlagung mögl lange offen gehalten werden (zB §§ 164, 165 AO, uU Einspruch). Bei **Änderung der Verlusthöhe im Entstehungsjahr** zwingende Änderung eines Rücktragsbescheides nach § 10d I 4, 5 bzw des Feststellungsbescheides nach § 10d IV 4, 5 mit neuer Antragsausübung und Folgeänderung der Abzugsveranlagung (→ Rn. 41). Die Bestandskraft oder die Festsetzungsverjährung im Verlustverrechnungsjahr steht dem Rücktrag auch bei nachträgl Änderung des Entstehungsjahres im Rechtsbehelfsverfahren nicht entgegen (BFH IX R 59/08, BStBl II 10, 1009). Vgl auch zu **Coronaverlusten** 2020/2021 → Rn. 29 und § 111 III. Abgrenzung zu sonstigen Wahlrechten s BFH X R 56/13, BStBl II 16, 697.

29 **5. Sonderregelungen für Corona-Verluste 2020/2021 (§§ 110, 111).** Grundsätzl kann ein Verlustrücktrag aus dem Verlustjahr erst nach der Veranlagung/Verlustfeststellung dieses Jahres berücksichtigt werden. Wegen der Coronaprobleme konnten jedoch die für Gewinneinkünfte und VuV-Einkünfte festgesetzten ***Vorauszahlungen* des VZ 2019** auf Antrag rückwirkend vorläufig **pauschal** mit 30% der diesen zu Grunde gelegten Einkünfte neu berechnet, herabgesetzt und erstattet werden (→ **§ 110**). Dasselbe galt für die Änderung der *StFestsetzung* 2019 vor der Veranlagung 2020 (→ **§ 111 I**) und die StFestsetzung 2020 vor 2021 (→ **§ 111 IX**). Weitere Änderungen von §§ 110, 111 ab 2022 sind *nicht* erfolgt, so dass diese Vorschriften weitgehend ihre Bedeutung verloren haben (→ 44. Aufl 2025, § 110 Rn. 1 ff und § 111 Rn. 1 ff).

IV. Verlustvortrag, § 10d II

30 **1. Rechtsentwicklung.** Verluste *vor 1999* und Verluste von *1999–2003* → 32. Aufl 2013, § 10d Rn. 2, Rn. 30. Ab 2004 gilt § 10d nF auch für verbleibende Altverlustvorträge aus Vorjahren (→ Rn. 5).

31 **2. Mindestbesteuerung, § 10d II 1.** Verluste sind – soweit nicht tatsächl ausgeglichen (→ Rn. 26) oder zurückgetragen – einkunftsartübergreifend ohne zeitl Begrenzung vortragbar, allerdings nur in begrenzter Höhe. Neu ab 2004 ist, dass diese betragsmäßige *Beschränkung auch innerhalb derselben Einkunftsart* gilt (verschärfend für verbliebene Altverluste).

32 **3. Vortragshöhe, § 10d II 1, 2.** Die voll vortragbaren **Sockelbeträge** belaufen sich entgegen § 10d I unverändert auf 1 Mio € bzw bei Zusammenveranlagung 2 Mio €. **Übersteigende Verluste** sind seit 2013 und ab 2028 einkunftsartübergreifend beschränkt auf 60% des diese Sockelbeträge übersteigenden Gesamtbetrages der Verlustjahreseinkünfte vortragbar. Nur für **VZ 2024–2027** *vorübergehende* Anhebung der Sockelbeträge durch WachstChG Art 2 und 6 von 60% auf 70%.

33 **4. Verlustermittlung, § 10d II 1.** Seit 1999 erfolgt der Abzug vorrangig vor dem Abzug sonstiger SA vom Gesamtbetrag der Einkünfte, bis sich ein *Einkommen* von 0 € ergibt (→ Rn. 17). Einzelheiten → Rn. 18.

34 **5. Abzugsvoraussetzungen, § 10d II 3.** Der Verlust darf nicht nur nicht im Entstehungszeitraum ausgeglichen oder nach § 10d I zurückgetragen worden sein. Es darf auch kein Ausgleich im VZ oder (ohne Antrag nach § 10d I 6 zwingender) Abzug in einem Folge-Rücktragsjahr oder in einem Folge-Vortragsjahr versäumt worden sein **(zwingende Abzugsreihenfolge).**

V. Verlustfeststellung, § 10d IV

36 **1. Verlustfeststellungsverfahren, § 10d IV 1–3. – a) Rechtsentwicklung, § 10d IV 1, 2.** Um frühere Schwierigkeiten der späteren Verlustermittlung auszuschalten (→ Rn. 38, → 39. Aufl 2020, § 10d Rn. 36), wurde 1990 die bindende jährl **Feststellung verbleibender Verlustvorträge** eingeführt. Ausgangspunkt ist der bei der Ermittlung des Gesamtbetrages der Einkünfte nicht ausgeglichene Verlust des Entstehungsjahres, vermindert um nach § 10d I 1 tatsächl abgezogene einschl der Abzugspflicht unterliegende Verlustrücktragsbeträge und nach § 10d II abziehbare bzw der Abzugspflicht unterliegende Verlustvortragsbeträge (§ 10d II 3), vermehrt um nicht verbrauchten Verlustvortrag aus Vorjahren. Die gesonderte Feststellung nach den Regeln der §§ 179 ff AO erfolgt – soweit Verluste bekannt sind – von Amts wegen, bei mehreren Beteiligten auch einheitl (PersGes; nicht Eheleute). Festgestellt wird nur der Verlust zum Schluss des Jahres der **Verlustentstehung** (kein Wahlrecht, keine Nachholung im Folgejahr; keine Feststellung für Rücktragsjahre, → Rn. 38; Folgejahre → Rn. 37).

37 **b) Verlustfortschreibung, § 10d IV 2.** In den nachfolgenden Jahren wird ein verbleibender Verlust in gleicher Weise fortgeschrieben und in dieser Höhe zum Schluss des jeweiligen VZ festgestellt, ggf um neue Verluste erhöht. Der Vorjahresfeststellungsbescheid wird dadurch gegenstandslos. Nach Verlustverbrauch oder bei Ablehnung erfolgt **negative Feststellung** mit Bindungswirkung (verbleibender Verlust 0), EStR 10d VII; → Rn. 41.

38 **c) Verlustrückträge.** Verlustrückträge sind nicht als Bezugsgröße des verbleibenden Verlustvortrages festzustellen (s Wortlaut § 10d IV 1, 2). Über die Höhe eines Rücktrags ist wie bisher ohne Feststellung bei der EStVeranlagung für das *Abzugsjahr* zu entscheiden (BFH IX R 24/19, BFH/NV 20, 873 mwN zu ESt-0-Bescheid; → Rn. 28; Ausnahmen Coronarückträge → Rn. 29, § 110, § 111). Auch die Ein-

schränkungen des § 10d IV 4, 5 sind nicht anwendbar (→ Rn. 47). Im *Rücktragsjahr* verbleibende Verluste aus späteren Jahren sind daher zum Ende des Rücktragsjahres nicht (erstmalig) festzustellen, gehen aber in spätere Verlustvortragsfeststellungen ein (§ 10d IV 2).

d) Persönliche und sachliche Grenzen. Nach dem Wortlaut von § 10d IV muss für eine Verlustfeststellung die *persönl* StPfl als Voraussetzung für eine EStVeranlagung gegeben sein (vgl FG EFG 07, 1677, rkr, unter zutr Hinweis darauf, dass entstandene Verluste ggf ohne Feststellung später zu berücksichtigen sind; s auch *OFD Mbg* DB 12, 2493; EStR 10d VIII zu vorübergehender **Unterbrechung** der persönl StPfl). Eine fehlende *sachl* StPfl (keine Veranlagung oder EStFestsetzung von 0 €) steht einer Verlustvortragsfeststellung grds nicht entgegen, sodass zB vorab entstandene BA/WK in VZ ohne Einnahmen festzustellen sind (zB BFH IX R 81/07, BFH/NV 09, 386 zu Rechtslage vor § 10d IV 6). § 10d IV 4 schränkt Verlustfeststellungsanträge ab 14.11.2010 ein, wenn die ESt des FeststellungsVZ und des RücktragsVZ nicht mehr änderbar sind (→ Rn. 43). 39

e) Zuständigkeit, § 10d IV 3. Feststellungs-FA ist das für die ESt-Besteuerung zuständige FA. 40

2. Rechtsfolgen. Der Feststellungsbescheid ist ein selbständiger VA. Bei Feststellungsfehlern, die nicht auf sonstigen Bescheidänderungen beruhen, ist der **Feststellungsbescheid anzufechten** (großzügige Antragsauslegung, s BFH VIII R 47/98, BFH/NV 01, 589). Er ist bindender **Grundlagenbescheid** für den nächsten ESt-Bescheid und den nächsten Verlustfeststellungsbescheid (kein Vortrag ohne Feststellung; Bindung auch bei Fehlerhaftigkeit, vgl BFH VIII R 2/02, BStBl II 04, 551; bei Bestandskraft keine nachträgl Änderung über § 10d, allenfalls über AO; keine nachträgl Umwandlung in Rücktrag, EStR 10d VII; AdV s *BMF* BStBl I 19, 2). Er ist aber auch eine Art **Folgebescheid** der ihm zugrunde liegenden Veranlagung: Bei Änderung des EStBescheides 02 mit Verlustauswirkung erfolgt eine Folgeänderung des Feststellungsbescheides nach § 10d zum 31.12.02; dann ggf Änderung des ESt-Bescheides 03 (§§ 182 I, 175 I 1 Nr 1 AO) bzw – bei rechtzeitiger Nachholung des Vor-/Rücktragswahlrechts – des EStBescheides 01 und/oder eines Verlustfeststellungsbescheides 31.12.01. Rechtswirkung **negativer Feststellungsbescheide** (und deren Aufhebungsbescheide) s BFH I R 23/08, BFH/NV 09, 1961, → Rn. 37. 41

3. Verhältnis Feststellungsverfahren/Einkommensteuerveranlagungsverfahren, § 10d IV 4, 5. – a) Abhängigkeit der Feststellung von Veranlagungen, § 10d IV 4. EStBescheide sind zwar keine echten Grundlagenbescheide für die Verlustfeststellung; gleichwohl begründen sie eine inhaltl Bindung für die Feststellungsbescheide (s BFH IX R 31/15, BStBl II 18, 699). Jede Änderung der Gewinne oder Überschüsse im EStVerfahren beeinflusst die Höhe einer Verlustfeststellung. Daher war in § 10d IV 4 eine spezielle **Erlass- und Änderungsmöglichkeit** ähnl § 175 I Nr 1 AO geschaffen worden. **Grundlage für die Feststellung ist eine Festsetzung der ESt.** Voraussetzung für den nachträgl Erlass oder eine Änderung des Feststellungsbescheides ist idR der Erlass oder die Aufhebung/Änderung eines ESt-Bescheides mit dessen Bezugsgrößen. 42

b) Bindungswirkung mit Verlustverbrauch durch bestandskräftige Steuerfestsetzungen, § 10d IV. Die frühere BFH-Rspr schwankte, in welchem Umfang eine bestandskräftige ESt-Veranlagung nach § 10d IV 4 aF zum Verlustverbrauch führte (→ 37. Aufl 2018, § 10d Rn. 47). Nach RsprÄnderung BFH IX R 70/06, BStBl II 09, 897 waren erstmalig geltend gemachte Verluste auch insoweit – von Amts wegen – gesondert festzustellen, als ein ESt-Bescheid zwar bestandskräftig war, darin aber keine nicht ausgeglichenen negativen Einkünfte berücksichtigt waren. Dabei nicht verbrauchte Verluste konnten daher bis zum Ablauf der Feststellungsfrist (→ Rn. 48) nicht nur – ohne Feststellung – noch zurückgetragen, sondern 43 auch noch als Verlustvortrag festgestellt werden, zB Verluste aufgrund nachträgl Rspr-Änderung, Fortbildungsverluste. – **§ 10d IV 4 Hs 1** idF JStG 2010 (BGBl I 10, 1768) hebelte diese Rspr betr nachträgl Erlass/Änderung von Feststellungsbescheiden aus und stellt die ursprüngl BFH-Rspr (XI R 25/99, BStBl II 02, 817) wieder her, Nachträgl erklärte Verluste, die nicht in die Besteuerungsgrundlagen der Veranlagung eingeflossen sind, können danach nicht mehr eigenständig ermittelt und festgestellt werden (vgl BFH IX R 31/15, BStBl II 18, 699; zur VerfMäßigkeit BFH IX R 15/17, BFH/NV 18, 433; zum problematischen Wortlaut von § 10d IV 4, 5 → 39. Aufl 2020, § 10d Rn. 43). § 10d IV 4 soll eine nachträgl Verlustfeststellung oder die Änderung eines solchen Bescheides aufgrund neuer Tatsachen oder Beweismittel auf „rechtserhebl Fälle" beschränken, in denen „das FA bei rechtzeitiger Kenntnis schon bei der ursprüngl Veranlagung mit an Sicherheit grenzender Wahrscheinlichkeit zur entspr Verlustfeststellung gelangt wäre" (BR-Drs 318/10, 76). Die Verlustfeststellung wird enger mit der EStVeranlagung verknüpft; sie entfällt, wenn die ESt dieses VZ und des Rücktrags-VZ bestandskräftig und nicht mehr änderbar ist. Damit entfällt zB die nachträgl Geltendmachung von Verlusten aufgrund späterer RsprÄnderung. Vgl zu KapEink BFH VIII R 40/15, BStBl II 17, 1049 mwN, zu Spekulationsverlusten § 23 III 8 BFH IX R 29/19, BStBl II 23, 562. Es genügt daher nicht, alle mögl Verluste zum Ende des Veranlagungsjahres zur Feststellung anzumelden und den Verlustfeststellungsbescheid ggf anzufechten. Es muss ggf auch der **ESt-Bescheid des Verlustjahres angefochten** werden, selbst als **Nullbescheid** (vgl → Rn. 44, 45). Der Rechtsbehelfsbelehrung kommt daher besondere Bedeutung zu (vgl § 126 III AO). Folgerichtig gelten nach **§ 10d IV 4 Hs 2** auch insoweit § 171 X AO (Ablaufhemmung der Festsetzungsfrist des Folgebescheides), § 175 I 1 Nr 1 AO (Anpassung von Folgebescheiden an Grundlagenbescheid) und § 351 II AO/§ 42 FGO entspr (Anfechtungsbeschränkung des Feststellungsbescheides), damit auch der betragsmäßige Änderungsrahmen nach § 351 I AO (BFH IX R 31/15, BStBl II 18, 699).

44 **c) Ausnahmen von der Bindungswirkung S 4, § 10d IV 5.** S 5 enthält eine Ausnahme von dieser „inhaltl Bindungswirkung" des EStBescheides. Während grds der (nachträgl) Erlass/die Korrektur des Feststellungsbescheides von einer Änderung des EStBescheides abhängt, gilt eine Ausnahme für den Fall, dass zwar die verfahrensrechtl Änderungsvoraussetzungen vorliegen, eine Änderung jedoch mangels steuerl Auswirkung unterbleibt (zB bei EStNullBescheid, → Rn. 45, oder bei Saldierung von Rechtsfehlern, BFH IX R 28/17, BFH/NV 19, 110). Liegen die verfahrensrechtl Änderungsvoraussetzungen für die ESt nicht vor (zB – nach Bestandskraft, s oben zu § 351 II AO – bei grob schuldhaft verspätetem Vorbringen neuer Tatsachen, § 173 AO, oder Ablauf der EStFestsetzungsfrist), ist § 10d IV 5 nicht anwendbar (BFH IX R 15/17, BFH/NV 18, 433).

45 **d) Verlustverbrauch durch Nullbescheid.** Ohne Feststellungsbindung sind wegen unterlassener Verlustberücksichtigung fehlerhafte *ESt*-Bescheide anzufechten. Das gilt unabhängig von § 10 IV 5 auch für EStNullBescheide (BFH XI R 50/17, BStBl II 18, 752, auch zur mögl Auslegung eines Feststellungsantrags als Einspruch gegen den ESt-Bescheid; FG Köln EFG 19, 541, rkr). Dabei ergeben sich **Probleme** (ohne StBelastung idR keine **Beschwer,** § 350 AO, daher Anfechtung *grds* unzulässig, zB BFH I R 174/86, BStBl II 90, 91). **Ausnahme:** Beschwer liegt vor, falls sich durch einen unzutr Verlustansatz bindend eine nachteilige Wirkung bei der *ESt in anderen VZ* (zB Verlustverbrauch durch überhöhten Gewinnansatz), bei der Verlustfeststellung oder *bei anderen Vergünstigungen* ergibt (zB zu Erstattung von AbgeltungSt BFH VIII R 17/09, BFH/NV 13, 1581; zu Verlustrücktrag BFH I R 51/13, BFH/NV 15, 305; zu rechtl Bindung für andere Bescheide → 38. Aufl 2019, § 10d Rn. 45 mwN). Während die Bestandskraft von ESt/KSt-0-Bescheiden nach früherer BFH-Rspr bis 2010 keine Rolle spielte, ist deren Bedeutung gewachsen durch **§ 10d IV 4, 5:** Nachträgl Verlustfeststellungen sind abhängig von EStFestsetzungen im Feststellungsjahr und im Vorjahr, mit Folge der Übernahme deren Ergebnisse ohne

eigenständige Prüfung in die Feststellung (inhaltl Bindungswirkung ähnl wie bei einem Grundlagenbescheid, vgl BFH IX R 31/15, BStBl II 18, 699). Für die Feststellung verbleibender Verlustvorträge (nicht Rückträge, → Rn. 47) müssen nach stRspr auch – selbst nicht änderbare – **EStNullBescheide angefochten** werden (s BFH IX R 7/21, BStBl II 23, 104 mwN; → Rn. 38, 43). Das gilt auch, wenn der Verlustfeststellungsbescheid bereits bestandskräftig ist und damit eine (negative) Bindungswirkung durch den 0-Bescheid gem § 10d IV 4 entfällt (so BFH XI R 18/22, BFH/NV 24, 1358). **AdV** eines EStNullBescheids zur Feststellung höherer Verlustvorträge ist nicht mögl (*BMF* BStBl I 19, 2 – **aA** FG Mster EFG 21, 2000 mit Anm *Jüdes; BeckOK* EStG § 10d Rn. 499a).

e) Verlustverbrauch *ohne* Veranlagung. Bislang keine nachträgl Feststellungsbeschränkung durch § 10d IV 4, 5 (zeitl Begrenzung durch § 10d IV 6 → Rn. 49). Die *FinVerw* war **aA** und ging davon aus, dass auch ohne Einkünfte stets eine ESt-0-Veranlagung vorangehen müsse, dass eine Verlustfeststellung nach Ablauf der ESt-Festsetzungsfrist ausscheide und dass sogar isolierte erstmalige Anträge auf Verlustfeststellung als Anträge auf EStVeranlagung (mit ESt 0) zu behandeln seien (→ 34. Aufl 2015, § 10d Rn. 49). Das ist trotz der bezweckten inhaltl Bindungswirkung einer ESt-Festsetzung nicht aus § 10d IV 4, 5 herzuleiten (BFH IX R 22/14, BStBl II 15, 829 mwN). Eine vom BR angeregte Gesetzesänderung (BR-Drs 121/15, 12) ist nicht umgesetzt worden. 46

f) Verlustrücktrag. Nicht verbrauchte, erstmals nachträgl ermittelte Verluste sind grds ohne Verlustfeststellung wie früher unabhängig von der EStVeranlagung dieses Jahres ohne Antragsfrist bis zur Festsetzungsverjährung in das Vorjahr rücktragbar (§ 10d I, III 2, → Rn. 38). § 10d IV 4, 5 betr nur die Feststellung von Verlust*vorträgen*. *Beispiel:* EStVeranlagung 01 bestandskräftig ohne Verluste; Verlust 02 ist rücktragbar. – **Bestandskräftige Verlustfeststellungsbescheide** sind (ohne Änderungsmöglichkeit nach § 10d IV 4 oder nach allg AO-Vorschriften) bindend hinsichtl Verlustausgleich und verbleibendem Verlust und stehen auch einem nachträgl Verlustrücktragsantrag ins Vorjahr entgegen. 47

4. Begrenzung der Feststellungsfrist, § 10d IV 6. – a) Ausgangslage. Wie in § 10d I 5 ist grds der Ablauf der Feststellungsfrist für das *Feststellungsjahr* maßgebl (§§ 169 ff, 181 I AO). Einschränkungen können sich außer durch Bindung an Fristen für die ESt-Festsetzungen (§ 10d IV 4, 5, → Rn. 43) aus § 10d IV 6 ergeben. Die erstmalige Feststellung war nach früherer Rspr so lange mögl, wie der Verlust auf eine offene EStVeranlagung übertragbar war (§ 181 V AO), sodass wegen der unbegrenzten Vortragsmöglichkeit ohne ESt-Veranlagung praktisch keine Feststellungsverjährung eintrat. Diese Rechtslage ändert § 10d IV 6 seit 2007 in zweifacher Hinsicht. 48

b) Verknüpfung von Feststellungs-/Festsetzungsfrist, § 10d IV 6 Hs 1. § 10d IV 6 Hs 1 knüpft die Feststellungsfrist an den Ablauf der Festsetzungsfrist für die *ESt dieses (Verlustfeststellungs-)VZ.* Anders als bei Antragsveranlagungen (für die keine Anlaufhemmung gilt, → § 46 Rn. 36) liegt der Verlustfeststellung eine Pflichterklärung zu Grunde mit der Folge einer längstens 3-jährigen Anlaufhemmung (§ 181 I 2 AO iVm § 170 II Nr 1 AO); die Verpflichtung kann sich auch aus § 56 EStDV ergeben (so zutr NdsFG EFG 15, 701, rkr). Damit sind Verlustfeststellungsanträge *ohne ESt-Veranlagungen* (zB bei Studenten ohne Einkünfte) anders als „freiwillige" ESt-Veranlagungsanträge **7 Jahre** nachholbar (→ 39. Aufl 2020, § 10d Rn. 49 mwN; zu Ausbildungskosten BVerfG 2 BvL 22–27/14, DStR 20, 93). 49

c) Einschränkung der Anwendung von § 180 V AO, § 10d IV 6 Hs 2. § 181 V AO mit der Möglichkeit der Verlustfeststellung nach Ablauf der Feststellungsfrist ist nur noch anwendbar, wenn das FA ihm zB aus einer StErklärung bekannte Verluste **pflichtwidrig** nicht (ggf von Amts wegen) festgestellt hat – nur dann können Feststellungen unbefristet nachgeholt werden. IÜ gilt: Eine nachträgl Verlustfest- 50 stellung ohne EStVeranlagung ist grds bis zum Ablauf der 4-jährigen Feststellungsfrist mögl (§§ 181 I 1 AO iVm 169 I 1, II Nr 2 AO), auch für vor dem 9.12.06 entstandene Verluste (BFH IX R 17/14, BFH/NV 15, 1089). Der Antrag ist jedoch so rechtzeitig einzureichen, dass das FA bis zum Fristablauf darüber entscheiden kann (BFH IX R 36/10, BStBl II 11, 807).

§ 10e Steuerbegünstigung der zu eigenen Wohnzwecken genutzten Wohnung im eigenen Haus

Benutzerhinweis: § 10e hat keine aktuelle Bedeutung mehr, weil die Vorschrift letztmals bei Anschaffung/Herstellungsbeginn vor dem 1.1.96 anzuwenden war (§ 52 XIX 6). Letzte umfassende Kommentierung →21. Aufl 2002, § 10e Rn. 1 ff.; letzte Nachträge →27. Aufl 2008, § 10e Rn. 1 ff.

§ 10f Steuerbegünstigung für zu eigenen Wohnzwecken genutzte Baudenkmale und Gebäude in Sanierungsgebieten und städtebaulichen Entwicklungsbereichen

(1) **[1]Der Steuerpflichtige kann Aufwendungen an einem eigenen Gebäude im Kalenderjahr des Abschlusses der Baumaßnahme und in den neun folgenden Kalenderjahren jeweils bis zu 9 Prozent wie Sonderausgaben abziehen, wenn die Voraussetzungen des § 7h oder des § 7i vorliegen. [2]Dies gilt nur, soweit er das Gebäude in dem jeweiligen Kalenderjahr zu eigenen Wohnzwecken nutzt und die Aufwendungen nicht in die Bemessungsgrundlage nach § 10e oder dem Eigenheimzulagengesetz einbezogen hat. [3]Für Zeiträume, für die der Steuerpflichtige erhöhte Absetzungen von Aufwendungen nach § 7h oder § 7i abgezogen hat, kann er für diese Aufwendungen keine Abzugsbeträge nach Satz 1 in Anspruch nehmen. [4]Eine Nutzung zu eigenen Wohnzwecken liegt auch vor, wenn Teile einer zu eigenen Wohnzwecken genutzten Wohnung unentgeltlich zu Wohnzwecken überlassen werden.**

(2) **[1]Der Steuerpflichtige kann Erhaltungsaufwand, der an einem eigenen Gebäude entsteht und nicht zu den Betriebsausgaben oder Werbungskosten gehört, im Kalenderjahr des Abschlusses der Maßnahme und in den neun folgenden Kalenderjahren jeweils bis zu 9 Prozent wie Sonderausgaben abziehen, wenn die Voraussetzungen des § 11a Absatz 1 in Verbindung mit § 7h Absatz 2 oder des § 11b Satz 1 oder 2 in Verbindung mit § 7i Absatz 1 Satz 2 und Absatz 2 vorliegen. [2]Dies gilt nur, soweit der Steuerpflichtige das Gebäude in dem jeweiligen Kalenderjahr zu eigenen Wohnzwecken nutzt und diese Aufwendungen nicht nach § 10e Absatz 6 oder § 10i abgezogen hat. [3]Soweit der Steuerpflichtige das Gebäude während des Verteilungszeitraums zur Einkunftserzielung nutzt, ist der noch nicht berücksichtigte Teil des Erhaltungsaufwands im Jahr des Übergangs zur Einkunftserzielung wie Sonderausgaben abzuziehen. [4]Absatz 1 Satz 4 ist entsprechend anzuwenden.**

(3) **[1]Die Abzugsbeträge nach den Absätzen 1 und 2 kann der Steuerpflichtige nur bei einem Gebäude in Anspruch nehmen. [2]Ehegatten, bei denen die Voraussetzungen des § 26 Absatz 1 vorliegen, können die Abzugsbeträge nach den Absätzen 1 und 2 bei insgesamt zwei Gebäuden abziehen. [3]Gebäuden im Sinne der Absätze 1 und 2 stehen Gebäude gleich, für die Abzugsbeträge nach § 52 Absatz 21 Satz 6 in Verbindung mit § 51 Absatz 1 Nummer 2 Buchstabe x oder Buchstabe y des Einkommensteuergesetzes 1987 in der Fassung der Bekanntmachung vom 27. Februar 1987 (BGBl. I S. 657) in Anspruch genommen worden sind; Entsprechendes gilt für Abzugsbeträge nach § 52 Absatz 21 Satz 7.**

(4) **[1]Sind mehrere Steuerpflichtige Eigentümer eines Gebäudes, so ist Absatz 3 mit der Maßgabe anzuwenden, dass der Anteil des Steuerpflichtigen an einem sol-**

chen Gebäude dem Gebäude gleichsteht. [2]Erwirbt ein Miteigentümer, der für seinen Anteil bereits Abzugsbeträge nach Absatz 1 oder Absatz 2 abgezogen hat, einen Anteil an demselben Gebäude hinzu, kann er für danach von ihm durchgeführte Maßnahmen im Sinne der Absätze 1 oder 2 auch die Abzugsbeträge nach den Absätzen 1 und 2 in Anspruch nehmen, die auf den hinzuerworbenen Anteil entfallen. [3]§ 10e Absatz 5 Satz 2 und 3 sowie Absatz 7 ist sinngemäß anzuwenden.

(5) **Die Absätze 1 bis 4 sind auf Gebäudeteile, die selbständige unbewegliche Wirtschaftsgüter sind, und auf Eigentumswohnungen entsprechend anzuwenden.**

Einkommensteuer-Richtlinien: EStR 10f, EStH 10f.

1. Anwendungsbereich; Abgrenzung. § 10f gilt für **selbstgenutzte Gebäude,** knüpft iÜ aber an die Voraussetzungen des § 7h (Modernisierungs- und Instandsetzungsmaßnahmen in **Sanierungsgebieten**) bzw § 7i (Maßnahmen zur Erhaltung oder sinnvollen Nutzung eines **Baudenkmals**) an. Die in Bezug genommenen Vorschriften der §§ 7h, 7i gelten unmittelbar nur für Gebäude, die der Einkunftserzielung dienen. – Aufwendungen für selbstgenutzte Baudenkmale, die sich aufgrund der Übergangsregelung des § 13 II Nr 2, IV noch im **luf BV** befinden, mindern die Einkünfte aus LuF (→ 36. Aufl 2017, § 13 Rn. 81 ff). Für Baudenkmale, die weder selbstgenutzt werden noch der Einkunftserzielung dienen (zB Liebhaberei), gilt § 10g. – Zur **Kritik** an § 10f → 39. Aufl 2020, § 10f Rn. 2. Die estl Förderung der von § 10f erfassten privat veranlassten Aufwendungen steht im gesetzgeberischen Ermessen und ist verfrechtl nicht geboten (BFH X R 22/20, BStBl II 23, 866 Rn. 43). 1

2. Begünstigung bestimmter Anschaffungskosten/Herstellungskosten, § 10f I, V. – a) Aufwendungen an einem eigenen Gebäude. Weil § 10f ausdrückl **(wirtschaftl) Eigentum** des StPfl fordert, ist der Kreis der Begünstigten kleiner als bei §§ 7h, 7i. Bei den dortigen AfA-Vorschriften genügt aufgrund des obj Nettoprinzips bereits die Tragung der AK/HK und die Nutzung zur Einkunftserzielung (→ § 7 Rn. 51 ff); Eigentum ist nicht erforderl. Demggü gilt bei der Subventionsvorschrift des § 10f das obj Nettoprinzip nicht. Daher ist insb der **Vorbehaltsnießbraucher** nach Verlust seines Eigentums nicht mehr zum Abzug berechtigt (so zutr zur wortgleichen Vorschrift des § 10e BFH X R 38/98, BStBl II 00, 653). Auch ein langfristiger Mietvertrag mit Vorkaufsrecht genügt nicht (FG Hmb EFG 10, 149, rkr). – Gebäudeteile, die selbständige unbewegl WG sind, sind jeweils gesondert zu betrachten (Abs 5; auch → § 7 Rn. 218 mwN). 3

b) Nutzung zu eigenen Wohnzwecken. Der StPfl muss das Gebäude in jedem Kj, in dem er die Begünstigung in Anspruch nimmt, zu eigenen Wohnzwecken nutzen (§ 10f I 2); es muss aber nicht Lebensmittelpunkt sein (näher zum Begriff der Wohnzwecke → 27. Aufl 2008, § 7 Rn. 171). Ein freistehendes Nebengebäude auf dem Wohngrundstück ist auch dann begünstigt, wenn es zu Hobbyzwecken genutzt wird (NdsFG EFG 06, 1051, rkr). – **Vorrang des WK-Abzugs.** Das eigene häusl Arbeitszimmer dient nicht Wohnzwecken. Auch wenn das Gebäude iRe doppelten Haushaltsführung genutzt wird, verdrängt der WK-Tatbestand den SA-Tatbestand des § 10f; ein zusätzl Abzug über die Kosten der doppelten Haushaltsführung hinaus ist daher nicht mögl. Dies gilt mE auch dann, wenn der StPfl auf den WK-Abzug „verzichtet" (**aA** FG Köln EFG 14, 1086, rkr). – **Unentgeltliche Überlassung.** § 10f ist auch dann erfüllt, wenn *Teile* einer selbstgenutzten Wohnung unentgeltl zu Wohnzwecken überlassen werden (Abs 1 S 4), zB bei Überlassung einzelner Räume an Angehörige. Eine Überlassung der *gesamten* Wohnung an einen Dritten ist hingegen (anders als nach § 4 EigZulG) keine Nutzung zu *eigenen* Wohnzwecken (zutr BFH X R 13/10, BFH/NV 11, 974; dort allerdings nicht entscheidungserhebl Verweis auf die Rspr zu § 10e, wonach die unentgeltl Überlassung der gesamten Wohnung an ein unterhaltsberechtigtes Kind iSd § 32 begünstigt war, was mE jedenfalls 4 für § 10f aufgrund des anderen Normzwecks zweifelhaft ist). – **Teilweise Vermietung und teilweise Selbstnutzung.** Die Bemessungsgrundlage für die erhöhten AfA nach §§ 7h, 7i einerseits und den SA-Abzug nach § 10f andererseits ist nach dem Verhältnis der Nutzflächen aufzuteilen (*Stuhrmann* DStZ 90, 107 (111)). – **Wechsel zwischen Selbstnutzung und anderen Nutzungszwecken.** Der SA-Abzug ist mE zeitanteilig zu gewähren (glA *BH/Vogel* § 10f Rn. 77; **aA** NdsFG EFG 13, 1321, rkr: Ganzjahresbetrag; *Littmann* § 10f Rn. 17: Wahlrecht zw §§ 7h/7i und § 10f). Hierfür spricht sowohl der Wortlaut des Abs 1 S 2 („soweit") als auch die ausdrückl Konkurrenzregelung zum WK-Abzug nach §§ 7h, 7i für denselben Zeitraum (§ 10f I 3).

5 **c) Vorliegen der Voraussetzungen des § 7h oder § 7i. § 7h** erfasst **HK für Modernisierungs- und Instandsetzungsmaßnahmen** (nicht für Neubauten) an einem im *Inland* belegenen Gebäude in einem förml festgelegten **Sanierungsgebiet** oder städtebaul Entwicklungsbereich. AK sind nur begünstigt, soweit die Maßnahmen nach Abschluss des Erwerbsvertrags durchgeführt werden (§ 7h I 3). Die Voraussetzungen müssen durch eine **Bescheinigung** der Gemeinde nachgewiesen werden (Grundlagenbescheid). Zuschüsse aus öffentl und privaten Mitteln mindern die Bemessungsgrundlage. Wegen der Einzelheiten ausführl → § 7h Rn. 2–16. – **§ 7i** gilt für HK (und bestimmte AK) an einem **Baudenkmal,** die zur Erhaltung des Gebäudes oder zu seiner sinnvollen Nutzung erforderl sind. Auch hier ist eine Bescheinigung der Denkmalbehörde notwendig. Wegen der Einzelheiten → § 7i Rn. 2–16.

6 **d) Vermeidung von Doppelförderungen.** Zur Abgrenzung zu **§ 10e/ EigZulG** s § 10f I 2 und → 39. Aufl 2020, § 10f Rn. 6. – Außerdem scheidet ein Abzug nach § 10f I aus, wenn der StPfl für denselben Zeitraum und dieselben Aufwendungen **erhöhte AfA nach §§ 7h, 7i** abzieht (§ 10f I 3). – Der Gesetzeswortlaut schließt es mE aber nicht aus, das Gebäude zunächst 10 Jahre selbst zu nutzen und dabei 10 × 9% der HK nach § 10f abzuziehen, und anschließend das Gebäude zu vermieten und dafür die **Gebäude-AfA gem § 7 IV** nach Maßgabe der ursprüngl HK in Anspruch zu nehmen. Da § 10f keine AfA-Vorschrift ist, ist das AfA-Volumen nicht um die nach § 10f abgezogenen SA zu kürzen; allerdings gilt die auf die verstrichene Zeit entfallende AfA als verbraucht (→ § 7 Rn. 127). Bei Einlage in ein BV ist § 6 I Nr 5 S 2 nicht anwendbar (zutr *Klein* DStR 16, 1399 (1403)).

7 **e) Höhe des Abzugs.** Im Jahr des Abschlusses der Baumaßnahme (Ganzjahresbetrag unabhängig vom Monat der Fertigstellung) und in den neun folgenden Kj kann der StPfl jeweils bis zu 9% wie SA abziehen (insgesamt also 90% der HK). Ein Höchstbetrag ist nicht vorgesehen. Ein Verlustvor- oder -rücktrag ist nicht mögl; auch eine „RestwertAfA" nicht ausgeschöpfter Beträge (so § 7h I 5 und § 7i I 8) kommt nicht in Betracht. – **Abschluss der Baumaßnahme** (dh Beginn des SA-Abzugs) ist bei einer sog „Gesamtmaßnahme" (Gesamtsanierung, die aus mehreren Einzelmaßnahmen besteht) erst der Abschluss der Gesamtmaßnahme (zutr FG Bln EFG 06, 1892, rkr). Die anderslautende Rspr zu § 7i (BFH IX R 40/97, BStBl II 03, 582 unter II.1.b aa) ist auf den dort abw Wortlaut gestützt (§ 7i: „HK für Baumaßnahmen"/§ 10f: „Aufwendungen *an* einem Gebäude") und nicht auf § 10f übertragbar. – **Gesamtrechtsnachfolge.** Ein weiterer Abzug beim Rechtsnachfolger ist nicht mögl (zutr FG LSA EFG 25, 853, Rev X R 23/24 unter Berufung auf BFH GrS 2/04, BStBl II 08, 608). Da § 10f keine AfA-Vorschrift ist, ist § 11d EStDV nicht anwendbar. Eine Regelungslücke besteht nicht, da § 10f IV 3 iVm § 10e V 3 eine ausdrückl Regelung für den Erbfall enthält, die aber nur Eheleute begünstigt (zutr *Bergan* DStRK 25, 214).

9 **3. Begünstigung von Erhaltungsaufwand, § 10f II. – a) Begünstigtes Objekt.** Auch hier muss es sich um ein **eigenes Gebäude** handeln (→ Rn. 3), das im jeweiligen Kj **zu eigenen Wohnzwecken genutzt** wird (→ Rn. 4).

b) Vorliegen der Voraussetzungen der § 11a, § 11b. Diese Tatbestände erfassen Erhaltungsaufwendungen für Maßnahmen, die, wenn es sich um HK handeln würde, nach §§ 7h, 7i begünstigt wären (Gebäude in Sanierungsgebieten oder Entwicklungsbereichen, Baudenkmale). Auch hier sind **Bescheinigungen** der Gemeinde bzw Denkmalbehörde erforderl. Bei einem Baudenkmal setzt der Abzug von Erhaltungsaufwand zudem voraus, dass die Maßnahme in (vorheriger) Abstimmung mit der Denkmalbehörde vorgenommen wird (§ 11b S 1, 2; näher → § 7i Rn. 10). Wegen der Einzelheiten → Rn. 5 sowie die Erläut zu §§ 7h, 7i. – Zum Begriff des **Erhaltungsaufwands** (Abgrenzung zu HK) → § 6 Rn. 151 ff, insb → § 6 Rn. 188. Hohe Heizkosten für ein denkmalgeschütztes Schloss sind kein Erhaltungsaufwand im steuerl Sinne, auch wenn sie zur Erhaltung des Gebäudes notwendig sind (FG Mster EFG 10, 703, rkr). 10

c) Vermeidung von Doppelförderungen. Handelt es sich bei den Erhaltungsaufwendungen um BA/WK, ist der Abzug nach den dortigen Vorschriften vorrangig (§ 10f II 1). § 10f II 2 (Vorrang von § 10e VI und § 10i) hat keine aktuelle Bedeutung mehr. 11

d) Höhe des Abzugs. Obwohl es sich um Erhaltungsaufwand handelt, ist kein voller Abzug im Jahr des Abflusses mögl. Vielmehr sind die Aufwendungen (unabhängig vom Zahlungszeitpunkt) im Jahr des Abschlusses der Maßnahme und den neun Folgejahren jeweils bis zu 9% wie SA abziehbar (Gesamtabzug maximal 90% der Aufwendungen). Da die Rechtsfolge dieselbe ist wie bei den HK iSd Abs 1, kommt es für Zwecke des § 10f auf die Abgrenzung zw HK und Erhaltungsaufwand nicht an (BFH X R 17/18, BFH/NV 19, 801 Rn. 27). – **Übergang zur Einkunftserzielung.** Der noch nicht berücksichtigte Teil des Erhaltungsaufwands ist im Jahr des Übergangs in einer Summe wie SA (nicht als BA/WK) abzuziehen (§ 10f II 3). Auch in diesen Fällen darf der Gesamtabzug aber höchstens 90% der Aufwendungen betragen, weil ein höherer Betrag nicht „berücksichtigt" werden kann. Eine Nachholung nicht ausgenutzter Beträge wird auch durch einen Übergang zur Einkunftserzielung nicht ermöglicht (glA *HHR/Meyer* § 10f Rn. 30 mwN). Im umgekehrten Fall (Übergang zur Selbstnutzung nach vorheriger Nutzung zur Einkunftserzielung) kann der nach §§ 11a, 11b verteilungsfähige Erhaltungsaufwand in *einer* Summe als BA/WK abgesetzt werden (§ 11a II). – **Veräußerung.** Noch nicht berücksichtigter Erhaltungsaufwand geht verloren; der Gesetzgeber geht davon aus, dass dies durch einen entspr höheren stfreien Veräußerungserlös ausgeglichen wird (*Hahn* DB 90, 65 (67)). Ggf bietet sich hier eine zwischenzeitl Vermietung an den späteren Erwerber an (so *Biergans* FR 90, 133 (137)), wobei allerdings die Einkunftserzielungsabsicht bei zeitl begrenzter Vermietung häufig fehlen wird (→ § 21 Rn. 31 mwN). Demggü kann in den Fällen des § 11a der Aufwand in einer Summe abgezogen werden (§ 11a II). – **Gesamtrechtsnachfolge.** Der Abzug kann nicht fortgeführt werden (→ Rn. 7). 12

4. Objektbeschränkung, § 10f III, IV. Die Abzugsbeträge nach Abs 1, 2 kann der StPfl nur bei *einem* Gebäude in Anspruch nehmen (Abs 3 S 1). Objektverbrauch tritt auch dann ein, wenn der StPfl Abzugsbeträge nach den Vorläufervorschriften des § 10f EStG (§§ 82g, 82i EStDV 1987) in Anspruch genommen hatte (§ 10f III 3). Diese Beschränkung ist (wie beim insoweit wortgleichen § 10e) auf die Lebensdauer des StPfl bezogen; es ist also nicht mögl, in einem späteren VZ Beträge für ein anderes Gebäude abzuziehen (zutr BFH X R 22/20, BStBl II 23, 866 Rn. 12 ff). Auch die Übertragung nicht ausgenutzter Beträge auf ein Folgeobjekt ist nicht mögl, weil § 10f hierzu (insoweit im Gegensatz zu § 10e) keine Regelung enthält. **Ehegatten** (§ 26 I) stehen die Abzüge für insgesamt zwei Gebäude zu (§ 10f III 2), und zwar unabhängig davon, welcher Ehegatte Eigentümer der Gebäude ist. – **Mehrere selbstgenutzte Wohnungen im selben Gebäude.** Die Objektbeschränkung greift hier nicht, da das Gebäude, nicht aber die einzelne Wohnung maßgebend ist (*BH/Vogel* § 10f Rn. 95; *Koller* DStR 90, 128 (130); *Biergans* FR 90, 133 (137); *Stuhrmann* DStZ 90, 107 (111)). Die Abzüge nach Abs 1 und Abs 2 können zwar nebeneinander 14 gewährt werden, müssen nach dem Gesetzeswortlaut aber auf dasselbe Gebäude bezogen sein (glA *HHR/Meyer* § 10f Rn. 35). – **Miteigentum.** Hier schließt grds bereits die Begünstigung der auf den Miteigentumsanteil entfallenden anteiligen HK oder Erhaltungsaufwendungen eine Inanspruchnahme des SA-Abzugs für ein weiteres Objekt aus (§ 10f IV 1). Dies gilt jedoch nicht, wenn Miteigentümer des Gebäudes ausschließl der StPfl und sein Ehegatte sind (§ 10f IV 3 iVm § 10e V 2; hierzu ausführl → 21. Aufl 2002, § 10e Rn. 65–69). Nach Hinzuerwerb eines Miteigentumsanteils am selben Gebäude (im Gegensatz zu § 10e nicht nur bei Erwerb vom Ehegatten, sondern auch von Dritten) kann der StPfl Aufwand für künftige Maßnahmen in Bezug auf beide Miteigentumsanteile abziehen (Abs. 4 S 2). In Miteigentumsfällen kann eine gesonderte und einheitl Feststellung der Abzugsbeträge vorgenommen werden (§ 10f IV 3 iVm § 10e VII).

§ 10g Steuerbegünstigung für schutzwürdige Kulturgüter, die weder zur Einkunftserzielung noch zu eigenen Wohnzwecken genutzt werden

(1) [1]**Der Steuerpflichtige kann Aufwendungen für Herstellungs- und Erhaltungsmaßnahmen an eigenen schutzwürdigen Kulturgütern im Inland, soweit sie öffentliche oder private Zuwendungen oder etwaige aus diesen Kulturgütern erzielte Einnahmen übersteigen, im Kalenderjahr des Abschlusses der Maßnahme und in den neun folgenden Kalenderjahren jeweils bis zu 9 Prozent wie Sonderausgaben abziehen. [2]Kulturgüter im Sinne des Satzes 1 sind**

1. **Gebäude oder Gebäudeteile, die nach den jeweiligen landesrechtlichen Vorschriften ein Baudenkmal sind,**
2. **Gebäude oder Gebäudeteile, die für sich allein nicht die Voraussetzungen für ein Baudenkmal erfüllen, aber Teil einer nach den jeweiligen landesrechtlichen Vorschriften als Einheit geschützten Gebäudegruppe oder Gesamtanlage sind,**
3. **gärtnerische, bauliche und sonstige Anlagen, die keine Gebäude oder Gebäudeteile und nach den jeweiligen landesrechtlichen Vorschriften unter Schutz gestellt sind,**
4. **Mobiliar, Kunstgegenstände, Kunstsammlungen, wissenschaftliche Sammlungen, Bibliotheken oder Archive, die sich seit mindestens 20 Jahren im Besitz der Familie des Steuerpflichtigen befinden oder als nationales Kulturgut in ein Verzeichnis national wertvollen Kulturgutes nach § 7 Absatz 1 des Kulturgutschutzgesetzes vom 31. Juli 2016 (BGBl. I S. 1914) eingetragen ist und deren Erhaltung wegen ihrer Bedeutung für Kunst, Geschichte oder Wissenschaft im öffentlichen Interesse liegt,**

wenn sie in einem den Verhältnissen entsprechenden Umfang der wissenschaftlichen Forschung oder der Öffentlichkeit zugänglich gemacht werden, es sei denn, dem Zugang stehen zwingende Gründe des Denkmal- oder Archivschutzes entgegen. [3]Die Maßnahmen müssen nach Maßgabe der geltenden Bestimmungen der Denkmal- und Archivpflege erforderlich und in Abstimmung mit der in Absatz 3 genannten Stelle durchgeführt worden sein; bei Aufwendungen für Herstellungs- und Erhaltungsmaßnahmen an Kulturgütern im Sinne des Satzes 2 Nummer 1 und 2 ist § 7i Absatz 1 Satz 1 bis 4 sinngemäß anzuwenden.

(2) [1]**Die Abzugsbeträge nach Absatz 1 Satz 1 kann der Steuerpflichtige nur in Anspruch nehmen, soweit er die schutzwürdigen Kulturgüter im jeweiligen Kalenderjahr weder zur Erzielung von Einkünften im Sinne des § 2 noch Gebäude oder Gebäudeteile zu eigenen Wohnzwecken nutzt und die Aufwendungen nicht nach § 10e Absatz 6, § 10h Satz 3 oder § 10i abgezogen hat. [2]Für Zeiträume, für die der Steuerpflichtige von Aufwendungen Absetzungen für Abnutzung, erhöhte Absetzungen, Sonderabschreibungen oder Beträge nach § 10e Absatz 1 bis 5, den §§ 10f, 10h, 15b des Berlinförderungsgesetzes abgezogen hat, kann er für diese Aufwendungen keine Abzugsbeträge nach Absatz 1 Satz 1 in Anspruch nehmen;**

Entsprechendes gilt, wenn der Steuerpflichtige für Aufwendungen die Eigenheimzulage nach dem Eigenheimzulagengesetz in Anspruch genommen hat. [3]Soweit die Kulturgüter während des Zeitraums nach Absatz 1 Satz 1 zur Einkunftserzielung genutzt werden, ist der noch nicht berücksichtigte Teil der Aufwendungen, die auf Erhaltungsarbeiten entfallen, im Jahr des Übergangs zur Einkunftserzielung wie Sonderausgaben abzuziehen.

(3) **[1]Der Steuerpflichtige kann den Abzug vornehmen, wenn er durch eine Bescheinigung der nach Landesrecht zuständigen oder von der Landesregierung bestimmten Stelle die Voraussetzungen des Absatzes 1 für das Kulturgut und für die Erforderlichkeit der Aufwendungen nachweist. [2]Hat eine der für Denkmal- oder Archivpflege zuständigen Behörden ihm Zuschüsse gewährt, so hat die Bescheinigung auch deren Höhe zu enthalten; werden ihm solche Zuschüsse nach Ausstellung der Bescheinigung gewährt, so ist diese entsprechend zu ändern.**

(4) **[1]Die Absätze 1 bis 3 sind auf Gebäudeteile, die selbständige unbewegliche Wirtschaftsgüter sind, sowie auf Eigentumswohnungen und im Teileigentum stehende Räume entsprechend anzuwenden. [2]§ 10e Absatz 7 gilt sinngemäß.**

Einkommensteuer-Richtlinien: EStR 10g, EStH 10g.

1. Anwendungsbereich. § 10g gilt für Kulturgüter, die weder zur Einkunftserzielung (dann Abzug als BA/WK, ggf im Wege der AfA) noch zu eigenen Wohnzwecken (bei Baudenkmalen dann Abzug nach § 10f) eingesetzt werden. **Typische Anwendungsfälle** sind die Nutzung für eine Tätigkeit, die estl als Liebhaberei zu beurteilen ist, der Leerstand, die unentgelt Überlassung an Dritte oder (nur bei Gartenanlagen oder Sammlungen, nicht bei Gebäuden) die Selbstnutzung. 1

2. Voraussetzungen, § 10g I. – a) Aufwendungen für Herstellungs-/Erhaltungsmaßnahmen. Da beide Aufwendungsgruppen begünstigt sind, kommt es hier auf die Abgrenzung zw HK (einschließl anschaffungsnaher HK iSd § 6 I Nr 1a) und Erhaltungsaufwand nicht an. AK fallen allerdings nicht unter § 10g. Weil nur Maßnahmen *an* dem Kulturgut begünstigt sind, sind *andere* lfd Aufwendungen als Erhaltungsaufwand (zB Versicherungen, Heizung, Beleuchtung, Reinigung, Bewachung) nicht von § 10g erfasst (*FM MV* DStR 93, 1330; *Wewers* DB 92, 753 (754); *HHR/Clausen* § 10g Rn. 14; auch → § 10f Rn. 10). 2

b) Vornahme an eigenen schutzwürdigen Kulturgütern im Inland. Zur erforderl Nutzung dieser Kulturgüter → Rn. 1 (weder Einkunftserzielung noch eigene Wohnzwecke). Der StPfl muss wirtschaftl Eigentümer sein; allein die Tragung der HK ohne Erlangung des wirtschaftl Eigentums genügt nicht (→ § 10f Rn. 3). Zu den europarechtl Bedenken gegen die Beschränkung auf *inl* Kulturgüter → § 7h Rn. 2. – **Katalog der schutzwürdigen Kulturgüter (§ 10g I 2 Hs 1).** Erfasst sind **Baudenkmäler** (Nr 1; hier sind gem § 10g I 3 Hs 2 zusätzl die Voraussetzungen des § 7i I 1–4 zu beachten, dazu → § 7i Rn. 4), **geschützte Gebäudegruppen** (Nr 2), **geschützte Gartenanlagen** oä (auch Bodendenkmäler; Nr 3) sowie bestimmte **Sammlungen,** die sich entweder seit mindestens 20 Jahren im Besitz der Familie des StPfl befinden (mE nur Angehörige iSd § 15 AO; weiter *KSM* § 10g Rn. B 15; *Littmann* § 10g Rn. 14: auch entfernte Verwandte oder Familienstiftung) oder als national wertvolles Kulturgut in ein entspr Verzeichnis eingetragen sind und deren Erhaltung im öffentl Interesse liegt (Nr 4). – Gebäudeteile, die selbständige unbewegl WG sind, sind jeweils gesondert zu betrachten (§ 10g IV 1). 3

c) Öffentliche Bindung. Dabei handelt es sich um die „Gegenleistung" des StPfl für die Subvention. Die Kulturgüter müssen (in einem den Verhältnissen entspr Umfang) entweder der wissenschaftl Forschung oder der Öffentlichkeit zugängl gemacht werden (§ 10g I 2 Hs 2). Dies gilt nicht, wenn dem Zugang zwingende Gründe des Denkmal- oder Archivschutzes entgegen stehen (was allenfalls beim öffentl Zugang, 4 kaum aber beim Forschungszugang der Fall sein kann). – **Eintrittsgelder.** Dies schadet nicht, da der Zugang nicht unentgeltl gewährt werden muss (s auch § 10g I 1: „etwaige aus diesen Kulturgütern erzielte Einnahmen"). Erzielte Einnahmen sind aber auf die Aufwendungen anzurechnen (§ 10g I 1; → Rn. 8). Beim Überschreiten der Schwelle zur Gewinnerzielungsabsicht sind die Aufwendungen BA/WK und fallen nicht mehr unter § 10g.

5 **d) Erforderlichkeit der Maßnahmen, § 10g I 3.** Dies richtet sich nach den Bestimmungen der Denkmal- und Archivpflege; zudem müssen sie in Abstimmung mit der zuständigen Behörde durchgeführt werden. Für die Erforderlichkeit von Maßnahmen an Gebäuden enthält § 10g I 3 Hs 2 einen Verweis auf § 7i I 1–4.

6 **e) Vermeidung von Doppelförderungen.** Öffentl und private **Zuwendungen** mindern den begünstigten Betrag. Dies würde auch ohne ausdrückl gesetzl Regelung aus den allg Grundsätzen folgen (→ § 7i Rn. 11). Bei nachträgl Gewährung von Zuschüssen sind vorrangig die künftigen Abzugsbeträge zu mindern; reicht dies nicht aus, ist nach den zu § 10 entwickelten Grundsätzen (→ § 10 Rn. 7) rückwirkend der Abzug in früheren VZ zu versagen (**aA** *HHR/Clausen* § 10g Rn. 31: keine Auswirkung auf frühere VZ). – Ferner darf der StPfl die Aufwendungen nicht nach § 10e VI, § 10h S 3 oder § 10i abgezogen haben (Aufwendungen vor Bezug; Abs 2 S 1 Hs 2). – Auch für Zeiträume, für die der StPfl von den unter § 10g fallenden Aufwendungen AfA, erhöhte AfA, SonderAfA oder Abzugsbeträge nach §§ 10e, 10f, 10h oder dem EigZulG vorgenommen hat, ist kein Abzug nach § 10g mögl (§ 10g II 2).

7 **f) Bescheinigung, § 10g III.** Über die Erfüllung der Voraussetzungen des Abs 1 für das Kulturgut, die Erforderlichkeit der Aufwendungen und die Höhe etwaiger Zuschüsse stellt die zuständige Behörde (s dazu *BMF* BStBl I 15, 506) eine Bescheinigung aus, die als **Grundlagenbescheid** wirkt (→ § 7i Rn. 13–16; dort auch zur Kritik am Bescheinigungsverfahren).

8 **3. Höhe des Abzugs.** Im Kj des Abschlusses der Maßnahme sowie in den neun Folgejahren sind jeweils bis zu 9% der begünstigten Aufwendungen wie SA abziehbar (Einzelheiten hierzu → § 10f Rn. 7, insb zur fehlenden Nachholungsmöglichkeit und zum Wegfall des Abzugs bei Gesamtrechtsnachfolge). Ein Höchstbetrag ist nicht vorgesehen. Für jede selbständige Maßnahme gilt ein eigener Abzugszeitraum. Im Gegensatz zu § 10f kennt § 10g **keine Objektbeschränkung.** – Die begünstigten Aufwendungen mindern sich vorab um erzielte Einnahmen und erhaltene Zuwendungen (§ 10g I 1). Soweit allerdings die Einnahmen zur Deckung solcher Aufwendungen bestimmt sind, die nicht nach § 10g begünstigt sind (→ Rn. 2: zB Heizung, Beleuchtung, Reinigung, Bewachung), sind sie diesen Aufwendungen zuzurechnen und mindern nicht die begünstigten HK/Erhaltungsaufwendungen. – **Übergang zur Einkunftserzielung.** Der noch nicht als *Erhaltungsaufwand* berücksichtigte Teil der Aufwendungen ist im Jahr des Übergangs in einer Summe wie SA abzuziehen (Einzelheiten → § 10f Rn. 12). Soweit es sich um *HK* handelte, können hierfür nunmehr AfA (ggf erhöhte AfA nach § 7i) vorgenommen werden. – **Miteigentum.** Die Abzugsbeträge können gesondert und einheitl festgestellt werden (§ 10g IV 1 iVm § 10e VII).

6. Vereinnahmung und Verausgabung

§ 11 [Vereinnahmung und Verausgabung]

(1) **[1]Einnahmen sind innerhalb des Kalenderjahres bezogen, in dem sie dem Steuerpflichtigen zugeflossen sind. [2]Regelmäßig wiederkehrende Einnahmen, die dem Steuerpflichtigen kurze Zeit vor Beginn oder kurze Zeit nach Beendigung des Kalenderjahres, zu dem sie wirtschaftlich gehören, zugeflossen sind, gel-**

ten als in diesem Kalenderjahr bezogen. [3]Der Steuerpflichtige kann Einnahmen, die auf einer Nutzungsüberlassung im Sinne des Absatzes 2 Satz 3 beruhen, insgesamt auf den Zeitraum gleichmäßig verteilen, für den die Vorauszahlung geleistet wird. [4]Für Einnahmen aus nichtselbständiger Arbeit gilt § 38a Absatz 1 Satz 2 und 3 und § 40 Absatz 3 Satz 2. [5]Die Vorschriften über die Gewinnermittlung (§ 4 Absatz 1, § 5) bleiben unberührt.

(2) **[1]Ausgaben sind für das Kalenderjahr abzusetzen, in dem sie geleistet worden sind. [2]Für regelmäßig wiederkehrende Ausgaben gilt Absatz 1 Satz 2 entsprechend. [3]Werden Ausgaben für eine Nutzungsüberlassung von mehr als fünf Jahren im Voraus geleistet, sind sie insgesamt auf den Zeitraum gleichmäßig zu verteilen, für den die Vorauszahlung geleistet wird. [4]Satz 3 ist auf ein Damnum oder Disagio nicht anzuwenden, soweit dieses marktüblich ist. [5]§ 42 der Abgabenordnung bleibt unberührt. [6]Die Vorschriften über die Gewinnermittlung (§ 4 Absatz 1, § 5) bleiben unberührt.**

Einkommensteuer-/Lohnsteuer-Richtlinien: EStR 11, EStH 11, LStH 11.

Übersicht

I. Regelungsinhalt

1 § 11 betrifft nur die *zeitl* Zuordnung von Einnahmen und Aufwendungen (BFH I R 59/05, BStBl II 07, 756; BFH IX R 70/07, BStBl II 11, 346). Die Vorschrift regelt nicht, ob und in welcher Höhe stpfl Einnahmen bzw abziehbare Aufwendungen vorliegen (s BFH X R 65/93, BStBl II 96, 566) und im Rahmen welcher Einkunftsart sie zu berücksichtigen sind (sachl Zurechung). Auch die persönl Zurechnung ist nicht Regelungsinhalt von § 11.

II. Anwendungsbereich und Ausnahmen

2 **1. Persönlicher Anwendungsbereich.** § 11 gilt bei unbeschr und beschr StPfl sowie beim Wechsel von unbeschr zu beschr StPfl und umgekehrt (BFH I R 78/95, BStBl II 96, 571).

3 **2. Sachlicher Anwendungsbereich.** § 11 ist auf stpfl inl und ausl Einkünfte anwendbar. Auch iRv § 32b findet § 11 grds Anwendung (BFH I R 59/05, BStBl II 07, 756). *Ausnahmen* können sich nur ergeben aus einer abw gesetzl Regelung, der Definition des Besteuerungsgegenstandes (zB bei Gewinn- und Verlustanteilen einschl Sondervergütungen iSv § 15 I 1 Nr 2; bei Einkünften aus privaten Veräußerungsgeschäften → § 23 Rn. 92; BFH X R 6/91, BStBl II 91, 916; BFH IX B 207/07, BFH/NV 08, 2022), aus der Art einmaliger Leistungen iSd § 22 Nr 3 (→ § 22 Rn. 143; BFH IX R 87/95, BStBl II 00, 396) oder bei Aufwendungen für die den Stillhalterprämien zugehörigen Glattstellungsgeschäfte gem § 20 I Nr 11 (BFH VIII R 27/21, BStBl II 24, 872).

4 **3. Überblick über § 11 I.** Die Vorschrift regelt den **Zufluss von Einnahmen** (§ 8) bei den **Überschusseinkünften.** IRd Gewinneinkünfte gilt § 11 I nur für BE bei der **Gewinnermittlung nach § 4 III** (BFH IV R 1/99, BStBl II 00, 121; → § 4 Rn. 370, 420), nicht aber für den BV-Vergleich nach §§ 4 I, 5 (§ 11 I 5). Bei der Ermittlung der Veräußerungs-, Aufgabe- und Auflösungsgewinne nach **§§ 16, 17** ist § 11 I ebenfalls nicht anwendbar (BFH X R 11/22, DStR 24, 1976 Rn. 62; zum Wahlrecht zw Sofort- und Zuflussbesteuerung gegen wiederkehrende Bezüge iRd Betriebsaufgabe s BFH X R 6/20, BStBl II 23, 112). *Vorab entstandene* und *nachträgl Einnahmen* fallen ebenfalls unter § 11. **Gesetzl Sonderregelungen** enthalten **§ 11 I 2** für regelmäßig wiederkehrende Einnahmen (→ Rn. 25), **§ 11 I 3** für die Verteilung von Vorauszahlungen bei langfristigen Nutzungsüberlassungen (→ Rn. 30), **§ 11 I 4** für ArbLohn und für die auf den ArbN abgewälzte pauschale LSt (→ Rn. 32) sowie **§ 11 I 5** für den BV-Vergleich. Die Zuflusszeitpunktfiktionen in **§ 44 II, III** betreffen nur die Entrichtung der KapESt (→ § 44 Rn. 5 ff). Vergütungen iSv **§ 50a I** fließen in den durch **§ 73c EStDV** bestimmten Zeitpunkten zu.

5 **4. Überblick über § 11 II.** Die Norm gilt für den **Abzug von Aufwendungen** als WK (§ 9) bei den **Überschusseinkunftsarten** und als BA (§ 4 IV) bei der **Gewinnermittlung nach § 4 III** (s § 11 II 6; → § 4 Rn. 370, 470 ff). Dies schließt vorab entstandene und nachträgl BA/WK sowie AfaA nach § 7 I 7, § 9 I 3 Nr 7 ein. AfaA ist im VZ des Schadenseintritts abzuziehen (BFH VI R 27/97, BStBl II 98, 443; BFH VI R 185/97, BStBl II 04, 491). Auch auf den Abzugszeitpunkt von **SA** (§§ 10–10b) findet grds § 11 II Anwendung (→ § 10 Rn. 13, BFH XI R 24/01, BStBl II 02, 351), nicht aber auf die Erstattung von SA (BFH XI R 68/03, BFH/NV 05, 1304: BFH X R 27/21, DStR 23, 1586), da diese nicht zu steuerbaren Einnahmen führen (BFH X R 32/07, BStBl II 10, 38). Bei **agB** (§§ 33, 33a) richtet sich der Abzugszeitpunkt ebenfalls grds nach § 11 II (→ § 33 Rn. 20, BFH VI R 36/15, BStBl II 17, 979). Für die Inanspruchnahme der **Steuerermäßigungen** nach **§ 34g** und **§ 35a** gilt § 11 II (*BMF* BStBl I 10, 140 Rn. 40 zu § 35a).

5. Vorrangige gesetzliche Ausnahmevorschriften zu § 11 II 1. Dies sind **§ 11 II 2** (regelmäßig wiederkehrende Ausgaben, → Rn. 40), **§ 11 II 3** (Verteilung von Ausgaben bei langfristigen Nutzungsüberlassungen, → Rn. 42), **§ 11 II 6** (keine Anwendung des Abflussprinzips auf den BV-Vergleich), **§ 4 III 4** (späterer Abzug für nicht abnutzbare WG des AV und bestimmte WG des UV, → § 4 Rn. 406), **§§ 4 VIII, 10f II, 11a, 11b EStG, § 82b EStDV** (Verteilung von Gebäudeerhaltungsaufwand, → § 4 Rn. 658, → § 10f Rn. 9, → § 21 Rn. 124, 126), **§ 6 II/§ 9 I 3 Nr 7 S 2** (für GWG: Abzug der AK/HK im Jahr der Anschaffung, Herstellung, Einlage oder Betriebseröffnung, → § 6 Rn. 652, → § 9 Rn. 276), **§ 6 IIa** (Sammelposten-AfA für bewegl WG, → § 6 Rn. 671), **§ 7** (iVm § 4 III 3 für die AfA bei abnutzbaren WG des AV, → § 4 Rn. 408; iVm § 9 I 3 Nr 7 für die AfA bei den Überschusseinkünften, → § 9 Rn. 275), **§ 7g** (Investitionsabzugsbeträge und SonderAfA), **§ 7h, § 7i, § 10b Ia** (Stiftungsspendenverteilung, → § 10b Rn. 32), **§ 10d, § 10g** (Verteilung von HK/Erhaltungsaufwand für schutzwürdige Kulturgüter; für Zuschüsse und Einnahmen gilt aber auch hier § 11), **§§ 16, 17.** 6

6. Ausnahmen aus Billigkeit im Einzelfall. Die *FinVerw* lässt aus Billigkeitsgründen die **Verteilung von Gewinn oder Aufwand** ausnahmsweise zu, zB EStR 16 XI (Wahlrecht bei Betriebsveräußerung oder Betriebsaufgabe gegen wiederkehrende Bezüge, s BFH X R 12/17, BStBl II 20, 262; BFH X R 6/20, BStBl II 23, 112). Billigkeitsmaßnahmen nach **§ 163 AO** kommen grds nicht in Betracht, wenn es durch § 11 in einem VZ zu Ergebnissen kommt, die zu steuerl Be- oder Entlastungen führen (BFH VI R 2/05, BStBl II 07, 315). Denn eine zeitabschnittsbezogene Steuerermittlung bewirkt typischerweise Unterschiede der Steuerbelastung zw verschiedenen VZ. 7

7. Vorteile und Nachteile des Zuflussprinzips/Abflussprinzips. § 11 gilt zugunsten und zuungunsten des StPfl (BFH IV R 20/04, BStBl II 05, 758). Versehentl unterlassene Aufwendungen sind aber nicht endgültig verloren, da sie einen später anfallenden Gewinn aus der Veräußerung oder der Entnahme des WG mindern (s BFH IV R 20/04, BStBl II 05, 758; zu unterlassener AfA → § 7 Rn. 8 ff). 8

8. Kein Korrespondenzprinzip. Zw Einnahmen/Ausgaben gibt es kein allg Korrespondenzprinzip. Eine von Zu-/Abfluss losgelöste Gesamtbetrachtung ist nicht mögl. Das Prinzip der Abschnittsbesteuerung erfordert eine Jahresbetrachtung (BFH VI R 63/09, BFH/NV 11, 743; BFH IX R 46/09, BFH/NV 11, 797). 9

9. Gestaltung des Zuflusses/Abflusses durch Steuerpflichtigen. § 42 AO spielt im Bereich von § 11 grds keine Rolle. Gläubiger und Schuldner können iRd zivilrechtl Möglichkeiten den Erfüllungszeitpunkt und damit auch die steuerrechtl Zuordnung des Zu- und Abflusses zu einem VZ so gestalten, wie es ihnen am günstigsten erscheint. Eine einmal getroffene Vereinbarung können sie jedenfalls vor der ursprüngl vereinbarten Fälligkeit einvernehml auch wieder ändern. § 42 AO kommt in derartigen Fällen grds nicht in Betracht (BFH IX R 1/09, BStBl II 10, 746; s auch BFH IX R 14/09, BFH/NV 10, 1089). Der Gesetzgeber hat durch die Bestimmung des Besteuerungszeitpunkts nach dem Zu- und Abfluss selbst Gestaltungsmöglichkeiten eröffnet. Von krassen Ausnahmefällen abgesehen lässt sich deshalb nicht feststellen, dass das Gesetz eine Gestaltung, die aufgrund der zeitabschnittsbezogenen Steuerermittlung zu Unterschieden bei der Steuerbelastung führt, missbilligt (s auch BFH IX R 87/95, BStBl II 00, 396). 10

III. Zufluss von Einnahmen, § 11 I 1–5

1. Wirtschaftliche Verfügungsmacht. Nur zugeflossene Einnahmen unterliegen der ESt. Maßgebl für die Besteuerung von Einnahmen ist die Rechtslage im Zuflusszeitpunkt (BFH IX R 4/14, BStBl II 15, 526; BFH VI R 32/18, BStBl II 20, 106). Einnahmen sind zugeflossen (bezogen), wenn der StPfl wirtschaftl über sie ver- 15 fügen kann (BFH VIII R 40/08, BFH/NV 11, 592; BFH VI R 6/13, BFH/NV 16, 1509, stRspr, s *Offerhaus* StuW 06, 317 (320); *Thomas* DStR 15, 263). Das ist dann der Fall, wenn die Einnahme in das Vermögen des StPfl übergegangen ist **(Eintritt des Leistungserfolges).** Erforderl ist der wirtschaftl Übergang des geschuldeten Gutes oder das Erlangen der wirtschaftl Dispositionsbefugnis darüber (BFH IX R 1/09, BStBl II 10, 746). Für welchen Zeitraum Einnahmen geleistet werden, ist bei § 11 I 1 bedeutungslos. Maßgebl ist allein der Zeitpunkt des Übergangs der wirtschaftl Verfügungsmacht. Da sich dieser nach den tatsächl Verhältnissen richtet, kann der Zufluss grds nicht fingiert werden (BFH VI R 24/12, BStBl II 14, 495). Die Rspr, nach der bereits die Möglichkeit ausreichen soll, den Leistungserfolg herbeizuführen (zB BFH IX R 170/85, BStBl II 90, 310; BFH VIII R 15/83, BStBl II 86, 342), hat sich zu weit vom Gesetz gelöst (zutr BFH VI R 44/17, BStBl II 21, 392). Vor Eintritt des Leistungserfolges kann ein Zufluss nur angenommen werden, wenn die Verwirklichung des Leistungserfolges in so greifbare Nähe gerückt und so gesichert ist, dass dies wirtschaftl dem Eintritt des Leistungserfolges gleichzustellen ist (s amtl Begr zu § 11 EStG 1934 RStBl 35, 40).

16 Der **Übergangszeitpunkt der wirtschaftl Verfügungsmacht** richtet sich nach der Art des zugewandten Vorteils und den Umständen des jeweiligen Einzelfalls. Geldbeträge fließen idR durch **Barzahlung, Kontogutschrift** (BFH V R 12/22, BFHE 282, 49, zu § 13 UStG) oder **Entgegennahme** eines **gedeckten Schecks** zu (BFH IX R 97/97, BStBl II 01, 482; BFH VIII R 40/08, BFH/NV 11, 592). Der **Anspruch auf die Leistung** begründet dagegen grds noch keinen gegenwärtigen Zufluss (BFH VI R 124/99, BStBl II 05, 766; BFH VI R 17/16, BStBl II 19, 496; BFH VI R 20/22, DStR 24, 1537). Gleiches gilt für die Stundung und erst Recht für die bloße Nichtgeltendmachung eines Anspruchs (BFH VIII R 40/13, BFH/NV 16, 633; BFH VIII R 18/19, BFH/NV 23, 116; BFH VIII R 30/23, DStR 25, 2827). Der Zufluss kann aber in der **Zuwendung eines Anspruchs gegen einen Dritten** liegen, wenn gerade diese Leistung geschuldet ist (s BFH VI R 30/04, BFH/NV 08, 550; BFH VI R 25/05, BStBl II 09, 382). Mit der Zuwendung des Anspruchs ist dann der Leistungserfolg eingetreten. Eine **Gutschrift in den Büchern des Verpflichteten** kann den Zufluss bewirken, wenn die Gutschrift nicht nur das buchmäßige Festhalten einer Schuldverpflichtung darstellt (BFH VIII R 18/19, BFH/NV 23, 116), sondern zum Ausdruck bringt, dass der Betrag dem Berechtigten von nun an zur Auszahlung zur Verfügung steht (→ Rn. 50 „Gutschrift"; BFH VI R 17/16, BStBl II 19, 496). Eine wirtschaftl Verfügung des StPfl, die den Zufluss herbeiführt, kann auch in der Vereinbarung mit dem Schuldner liegen, dass der Betrag nunmehr aus einem anderen Rechtsgrund geschuldet wird **(Schuldumwandlung, Novation).** Die Novationsvereinbarung verkürzt den Zahlungsweg, indem auf Aus- und Rückzahlung verzichtet wird (BFH VIII R 36/04, BStBl II 09, 190). Die Novation muss sich aber als Folge der Ausübung der wirtschaftl Verfügungsmacht des Gläubigers darstellen. Ein nicht geltend gemachter (bestehender) Anspruch kann deshalb noch nicht zu einem Zufluss führen (BFH VIII R 66/13, BStBl II 17, 626). Gleiches gilt bei einem (noch) nicht fälligen Anspruch (BFH VIII R 30/23, DStR 25, 2827), sofern keine vertragl vereinbarte Vorausverfügung vorliegt (BFH VI R 17/16, BStBl II 19, 496). Auch die **Aufrechnung** ist Ausdruck wirtschaftl Verfügungsmacht und führt im Zeitpunkt der Aufrechnungserklärung zum Zufluss (BFH VI B 139/06, BFH/NV 07, 1315; FG Ddorf DStRE 16, 1282, rkr). Gleiches gilt im Fall einer **verdeckten Einlage** (BFH VI R 20/22, DStR 24, 1537). Die Entgegennahme eines auf eine Geldzahlung gerichteten **Gutscheins,** der kein gesetzl Zahlungsmittel ist, ist ledigl die Begründung einer Forderung; ein Zufluss findet erst bei tatsächl Zahlung statt (BFH X R 3/22, BStBl II 24, 329 Rn. 70).

17 **2. Zahlung an Dritte.** Dem StPfl fließt eine Einnahme auch dann zu, wenn der Geld- oder Sachwert an einen Dritten für Rechnung des StPfl geleistet wird (BFH III R 32/92, BStBl II 94, 179; BFH IX B 152/04, BFH/NV 06, 93). Es kann ausrei-

chen, dass der StPfl ggü dem Schuldner die Zahlung an einen Dritten duldet (FG Mchn EFG 06, 1887, rkr). Bei **gesetzl Forderungsübergang** fließt ebenso wie bei **Abtretung** oder **Pfändung** der Betrag der übergegangenen Forderung dem StPfl in dem Zeitpunkt zu, in dem die Zahlung beim Zessionar eingeht (BFH VI R 66/03, BStBl II 08, 375). Der Zufluss an einen von mehreren **Gesamtgläubigern** wirkt idR für alle (BFH VIII R 15/83, BStBl II 86, 342; s auch FG Ddorf EFG 94, 104, rkr). Bei **Gesamtrechtsnachfolge** sind Einnahmen, die nach dem Tod des Erblassers an den Erben gezahlt werden, dem Erben im Zahlungszeitpunkt auch dann zugeflossen, wenn sie wirtschaftl für einen Zeitraum vor dem Tod des Erblassers geleistet werden (FG BW EFG 04, 406, rkr; ebenso bei unentgeltl Erwerb durch gerichtl Vergleich in Nachlasssachen, NdsFG DStRE 02, 871, rkr).

3. Späterer Verlust der Verfügungsbefugnis. Er macht den Zufluss nicht 18
rückgängig (BFH X B 204/07, BFH/NV 08, 1679). Der Zufluss wird auch nicht dadurch in Frage gestellt, dass das zugeflossene Gut später wertlos wird (BFH VIII R 40/97, BFH/NV 98, 958; BFH VI B 160/10, BFH/NV 11, 1869). Zufluss setzt ein Behaltendürfen nicht voraus. Er liegt daher auch dann vor, wenn der Empfänger den Betrag später wieder zurückzahlen muss (BFH VIII R 74/99, BFH/NV 02, 1430; BFH VI R 17/03, BStBl II 06, 830; FG Bln-Bbg EFG 19, 355, rkr). Die Rückzahlung ist erst im Zeitpunkt des tatsächl Abflusses einkünftemindernd zu berücksichtigen (BFH VI R 2/05, BStBl II 07, 315; s auch BFH VI R 12/06, BFH/NV 09, 1105 zum Verstoß gegen Treu und Glauben bei doppelter Berücksichtigung einer Gehaltsrückzahlung). Beträge, die **BA/WK ersetzen,** sind im Jahre des Zuflusses stpfl Einnahmen bei der Einkunftsart, bei der die Aufwendungen vorher abgezogen wurden (→Rn. 38).

4. Umfang der Verfügungsmacht. Verfügungs- und Nutzungsbeschränkungen 19
stehen dem Zufluss nicht entgegen (BFH VI R 94/13, BFH/NV 14, 1649; BFH VI R 67/05, BStBl II 09, 282; BFH VI R 47/08, BFH/NV 10, 1094; s aber BFH VI R 37/09, BStBl II 11, 923, restricted shares; dazu auch *Heurung ua* DStR 11, 2436; *Käshammer/Ramirez* DStR 14, 1419). Deshalb hindern weder die Zahlung auf ein gepfändetes Konto noch auf ein Sperrkonto den Zufluss (BFH IV R 87/85, BStBl II 88, 342; BFH VIII R 156/75, BStBl II 80, 643; BFH VI R 47/02, BFH/NV 07, 1876). Beruht eine Verfügungsbeschränkung auf einer freien Vereinbarung, kann bereits in der Vereinbarung eine Verfügung zu sehen sein (BFH III R 32/92, BStBl II 94, 179). Soll der Übergang der Verfügungsmacht dagegen nur durch Gutschrift in den Büchern des Schuldners erfolgen, kommt es bei Vorliegen von Verfügungsbeschränkungen darauf an, ob der StPfl das ihm zumindest wirtschaftl gehörende Kapital dem Schuldner überlässt. Hierfür können Interessenlage, Fälligkeit und Verzinsung Indizien sein (BFH X R 55/91, BStBl II 93, 499; BFH XI R 30/97, BStBl II 98, 252; BFH IX R 74/98, BFH/NV 02, 643).

5. Regelmäßig wiederkehrende Einnahmen, § 11 I 2. – a) Gesetzliche Sonderregelung. Für regelmäßig wiederkehrende Einnahmen enthält § 11 I 2 eine 25
Sonderregelung. Sie soll in engen Grenzen sicherstellen, dass Einnahmen in dem Zeitabschnitt erfasst werden, zu dem sie wirtschaftl gehören (BFH IV R 63/94, BStBl II 96, 266; BFH X B 30/02, BFH/NV 03, 169; FG Mster EFG 10, 2080, rkr). § 11 I 2 gilt nicht aber für sonstige Bezüge iSv § 38a I 3; für diese gilt § 11 I 4 (BFH VI R 58/15, BStBl II 18, 72).

aa) Wiederkehr; Regelmäßigkeit. Einnahmen sind wiederkehrend, wenn auf 26
Grund eines bestimmten Rechtsverhältnisses die Wiederholung in gewissen Zeitabständen von Anfang an feststeht (BFH VIII R 15/83, BStBl II 86, 342; BFH IV R 309/84, BStBl II 87, 16; zB Mietzinsen, Pachtzahlungen – zu LuF § 4 III mit abw Wj s BFH IV R 1/99, BStBl II 00, 121 –, Renten, Zinsen, Quartalszahlungen der kassenärztl Vereinigung s BFH IV R 63/94, BStBl II 96, 266, nicht aber Gewinnausschüttungen aus Beteiligung an einer KapGes). Die Regelmäßigkeit der Einnah-

men ist zu bejahen, wenn diese nicht nur einmal oder rein zufällig mehrmals angefallen sind (BFH XI R 48/05, BStBl II 08, 282 zu USt-Vorauszahlungen). *Zweimal* ist bereits wiederkehrend (str). Unter diesen Voraussetzungen ist schon die erste Einnahme regelmäßig wiederkehrend, auch wenn spätere Einnahmen ausbleiben (*BH/Martini* § 11 Rn. 37). Unerhebl ist, ob die Einnahmen ihrer Höhe nach schwanken (BFH IV R 63/94, BStBl II 96, 266).

27 **bb) Kurze Zeit.** Dies ist nach stRspr idR ein Zeitraum bis zu 10 Tagen vor Beginn oder nach Ende des Jahres (BFH IV R 309/84, BStBl II 87, 16; BFH X B 30/02, BFH/NV 03, 169), also der Zeitraum vom 22.12. bis zum 10.1. Dieser Zeitraum verändert sich nicht, wenn sein Anfang oder Ende auf einen Sonnabend, Sonntag oder Feiertag fällt (BFH VIII R 34/12, BStBl II 15, 285; **aA** *Dürr* DStZ 16, 645). Die Zahlungen müssen **zum Jahreswechsel** bzw kurz vorher oder nachher fällig sein, egal ob (viertel-)jährl, monatl oder wöchentl (BFH X R 2/21, BStBl II 22, 448; BFH VIII R 1/20 BFH/NV 23, 375; BFH VIII R 25/20, BStBl II 23, 154; BFH VI R 58/15, BStBl II 18, 72; *LfSt Bay* DB 21, 2051). *Beispiel:* Am 10.1.11 zum 31.12.10 geleistete Miete fällt unter § 11 II 1, nicht aber am 10.1.11 zum 30.11.10 gezahlte Miete (vgl BFH VI R 161/72, BStBl II 74, 547). Nicht erforderl ist, dass die Zahlung noch in dem Kj fällig wird, für das sie geleistet wurde. Es kommt neben der wirtschaftl Zugehörigkeit zu dem jeweiligen Wj insoweit nur darauf an, dass die Einnahme kurze Zeit vor Beginn oder kurze Zeit nach Beendigung des Kj zugeflossen ist (BFH IV R 63/94, BStBl II 96, 266). Die **wirtschaftl Zugehörigkeit** richtet sich danach, für welchen Zeitraum die Einnahme erzielt wird (*Littmann* § 11 Rn. 62). Auf die Fälligkeit kommt es insoweit nicht an. *Beispiel:* Fälligkeit des Mietzinses für Jahr 20 zw 1. und 10.1.21; Zahlung am 8.1.21; Zurechnung als Einnahme für Jahr 20.

28 **b) Rechtsfolgen.** Die zeitl Zurechnung erfolgt nach der wirtschaftl Zugehörigkeit zu dem Zeitraum, *für den* die Leistung erbracht wird (BFH IV R 309/84, BStBl II 87, 16; BFH IV R 1/99, BStBl II 00, 121).

30 **6. Einnahmenverteilung für Nutzungsüberlassungen, § 11 I 3.** Die Regelung gestattet die Verteilung von Einnahmen, die für eine Nutzungsüberlassung für mehr als 5 Jahre im Voraus bezogen werden (auch → Rn. 50 „Vorauszahlungen"). Einnahmen für Nutzungsüberlassungen sind Leistungen, die für eine Nutzung von bewegl oder unbewegl Sachen oder Rechten erbracht werden (BFH VI R 54/16, BStBl II 19, 311), zB aus Erbbaurechten, Miet- und Pachtverhältnissen, Nießbrauch oder aus Gestattungen für naturschutzrechtl Kompensationsmaßnahmen (BFH VI R 34/17, BStBl II 21, 5). Wird eine Entschädigung demggü in erster Linie für die Wertminderung und nicht für die Nutzung einer Sache gezahlt, scheidet die Verteilung der Einnahme aus (BFH IX R 3/18, BFH/NV 18, 1266; BFH VI R 54/16, BStBl II 19, 311; NdsFG DStRE 24, 902, rkr). Der Zahlungsempfänger hat ein **Wahlrecht,** das Entgelt im Zuflusszeitpunkt sofort zu versteuern oder auf den Vorauszahlungszeitraum gleichmäßig zu verteilen. Das Wahlrecht kann bis zur Bestandskraft der Veranlagung des Zuflussjahres ausgeübt oder geändert werden (*BH/Martini* § 11 Rn. 49). An die Wahl ist der StPfl für den restl Vorauszahlungszeitraum gebunden (*Frotscher/Geurts* § 11 Rn. 51). Der Zeitraum von mehr als 5 Jahren bezieht sich auf den Vorauszahlungszeitraum und auf die Dauer des Nutzungsrechts (BFH VI R 34/17, BStBl II 21, 5). Einen bestimmten Zeitraum setzt § 11 I 3 nicht voraus; er muss aber (auch iRe Schätzung) bestimmbar sein und mehr als 5 Jahre betragen (BFH VI R 34/17, BStBl I 21, 5; BFH IX R 18/22, BStBl II 24, 402 Rn. 18 ff: fehlt bei Nutzungsüberlassung einer Ausgleichsfläche auf unbestimmte Zeit sowie bei Zahlung für das Recht zur Verlegung einer Gasleitung im GuB des StPfl (BFH IX R 18/22, BStBl II 24, 402; NdsFG DStRE 24, 902, rkr).

32 **7. Einnahmen aus nichtselbständiger Arbeit, § 11 I 4.** Die Vorschrift verweist für solche Einnahmen auf § 38a I 2, 3, § 40 III 2. Nach § 38a I 2 gilt lfd ArbLohn in dem Kj als bezogen, in dem der Lohnzahlungszeitraum oder in den Fällen des § 39b

V 1 der Lohnabrechnungszeitraum endet (→ § 38a Rn. 2, 3). ArbLohn, der nicht als lfd ArbLohn gezahlt wird (sonstige Bezüge), wird im Jahr des Zuflusses bezogen (§ 38a I 3, → § 38a Rn. 2, BFH VI R 25/05, BStBl II 09, 382). Der Verweis auf § 40 III 2 stellt klar, dass die auf den ArbN abgewälzte pauschale LSt beim ArbN als Zufluss erfasst wird (→ § 40 Rn. 26).

8. Kein Zuflussprinzip beim Betriebsvermögensvergleich, § 11 I 5. Das Zuflussprinzip gilt für den **BV-Vergleich** nach §§ 4 I, 5 nicht. 33

IV. Abfluss von Aufwendungen, § 11 II 1–6

1. Abflusszeitpunkt. Ausgaben sind für das Kj abzusetzen, in dem sie geleistet, dh abgeflossen, sind. Für den Abfluss kommt es darauf an, wann der StPfl seine Leistungshandlung vornimmt und die wirtschaftl Verfügungsmacht über den Gegenstand der Leistung verliert (BFH IV R 47/95, BStBl II 97, 509; BFH IX R 28/02, BFH/NV 05, 49; BFH X R 46/09, BFH/NV 11, 1059). Die Leistungshandlung ist abgeschlossen, wenn der StPfl alles Erforderliche getan hat, um den Leistungserfolg herbeizuführen (BFH VIII R 8/98, BFH/NV 00, 825). Wann der Leistungserfolg eintritt, ist für den Abfluss unerhebl. Auf den Verlust der rechtl Verfügungsmacht kommt es ebenfalls nicht an. 35

Barzahlungen. Sie fließen mit Hingabe der Zahlungsmittel ab. Bei einer **Überweisung** ist der Abfluss erfolgt, wenn der Überweisungsauftrag der Bank zugegangen ist und der StPfl alles getan hat, um eine unverzügl bankübl Ausführung zu gewährleisten (BFH IX R 51/80, BStBl II 86, 453), spätestens aber im Zeitpunkt der Kontobelastung (BFH IV R 47/95, BStBl II 97, 509). Bei **Scheckzahlung** tritt Abfluss mit Hingabe des (gedeckten) Schecks ein (BFH IX R 2/80, BStBl II 86, 284). Bei Zahlung mittels **Kreditkarte** erfolgt der Abfluss mit Unterschrift auf dem Belastungsbeleg (FG RhPf EFG 13, 1029, rkr). Zu **Girocard/EC-Karte** → Rn. 50 „Girocard/EC-Karte“. Bei einer Aufrechnung fließt die Ausgabe im Zeitpunkt der durch die **Aufrechnung** bewirkten Leistung ab (BFH VI B 139/06, BFH/NV 07, 1315). Auch die **Novation** kann den Abfluss bewirken (BFH IV B 139/06, BFH/NV 08, 57). Das buchmäßige Festhalten einer Forderung beim Gläubiger führt aber anders als die einer Lastschrift ähnl Buchung auf einem bei einer Geschäftsbank geführten Kontokorrentkonto noch nicht zum Abfluss beim Schuldner (FG BW EFG 15, 116, rkr). 36

2. Einschaltung Dritter. Die Zahlung an einen anderen als den Gläubiger führt den Abfluss unter den allg Voraussetzungen herbei (zB Zahlung auf ein Treuhandkonto, NdsFG EFG 84, 393, rkr). Soweit Aufwendungen iRd abgekürzten Zahlungs- oder Vertragswegs abziehbar sind, erfolgt der Abfluss beim StPfl in dem Zeitpunkt, in dem der Dritte die Aufwendungen zugunsten des Stpfl tätigt, ohne sie vom StPfl zurückzufordern (BFH IX R 25/03, BStBl II 06, 623). 37

3. Rückzahlung und Erstattung von Aufwendungen. Sie lassen den vorherigen Abfluss grds unberührt. Beträge, die BA/WK ersetzen, sind im Jahr des Zuflusses stpfl Einnahmen bei derjenigen Einkunftsart, bei der die BA/WK zuvor abgezogen worden waren (BFH IX R 36/98, BStBl II 03, 126; BFH IX R 41/93, BStBl II 95, 704; BFH IX R 13/93, BStBl II 95, 118). Das gilt auch für Schadensersatzleistungen, mit denen BA/WK ersetzt werden (BFH IX R 67/88, BStBl II 93, 748). Da die Erstattung von SA nicht zu steuerbaren Einnahmen führt, sind erstattete SA im Erstattungsjahr mit gleichartigen SA zu verrechnen; ein Erstattungsüberhang ist in das Zahlungsjahr zurückzutragen (BFH X R 24/08, BFH/NV 09, 568). Bei agB ist wegen des dort geltenden Belastungsprinzips eine erst in einem späteren VZ zugeflossene Erstattung bereits im Jahr des Abflusses der agB in vollem Umfang auf die Aufwendungen anzurechnen (BFH III R 8/95, BStBl II 99, 766; → § 33 Rn. 17). Stpl Ersatzleis- 38 tungen führen aber nicht zur Kürzung der als agB abzugsfähigen Aufwendungen (BFH VI R 33/20, BStBl II 23, 1031).

40 **4. Regelmäßig wiederkehrende Ausgaben, § 11 II 2.** Für sie gilt § 11 I 2 entspr (→ Rn. 25 ff). Regelmäßig wiederkehrende Ausgaben sind zB USt-Vorauszahlungen (BFH XI R 48/05, BStBl II 08, 282; zum Abflusszeitpunkt einer USt-Vorauszahlung s *Handor/Bergan* DStR 16, 2568; BFH X R 44/16, BStBl II 18, 781; FG Köln EFG 24, 294, rkr; bei erteilter Einzugsermächtigung s BFH VIII B 58/15, BFH/NV 16, 1008), Sollzinsen eines Kontokorrentkontos (BFH IV R 47/95, BStBl II 97, 509), Lohn-, Mietzinszahlungen; zu Unterhaltszahlungen s BFH III R 63/89, BFH/NV 92, 101; BFH VI R 140/80, BStBl II 81, 713.

42 **5. Vorausgezahlte Ausgaben für Nutzungsüberlassungen, § 11 II 3.** Die Regelung sieht für mehr als 5 Jahre vorausgezahlte Ausgaben für eine Nutzungsüberlassung (→ Rn. 30) zwingend eine **gleichmäßige Verteilung der Vorauszahlung** auf den Vorauszahlungszeitraum vor. Die 5 Jahre beziehen sich auf den Vorauszahlungszeitraum und das Nutzungsrecht (→ Rn. 30). Anders als § 11 I 3 enthält § 11 II 3 kein Wahlrecht. § 11 II 3 gilt für Vorauszahlungen für eine Grundstücksnutzung, die nach dem 31.12.03 geleistet wurden. – **Teilweise verfassungswidrige Rückwirkung im Jahr 2004.** Wenn eine Vorauszahlung bis zur Einbringung der Neuregelung in den BT (27.10.04) verbindl vereinbart und in 2004 auch gezahlt wurde, ist die für das gesamte Jahr 2004 angeordnete Rückwirkung der Regelung verfwidrig (BVerfG 2 BvL 1/11, BVerfGE 157, 177). IÜ ist die Einbeziehung im Voraus geleisteter Erbbauzinsen in die Neuregelung verfassungsrechtl zulässig.

44 **6. Keine Ausgabenverteilung bei marktüblichem Damnum, § 11 II 4.** Die Vorschrift schließt Damnum und Disagio (zum Begriff s BFH X R 69/96, BStBl II 00, 259), soweit es marktübl ist, von der Verteilung nach § 11 II 3 aus. Es bleibt daher beim sofortigen Abzug des marktübl (Teils des) Damnums im Zeitpunkt des Abflusses (auch → Rn. 50 „Damnum"). Marktübl ist ein Damnum, soweit es nicht mehr als 5% des Darlehensnennbetrags beträgt (*BMF* BStBl I 03, 546, Rn. 15). Auch ein höheres Disagio kann marktübl sein; der Abschluss einer Zins- und Disagiovereinbarung mit einer Geschäftsbank soll nach Ansicht des BFH die Marktüblichkeit indizieren (BFH IX R 38/14, BStBl II 16, 646, mE zweifelhaft, krit auch *Beck* DStR 16, 2628).

46 **7. Verhältnis zu § 42 AO, § 11 II 5.** Die Regelung, nach der § 42 AO unberührt bleibt, betrifft nur Vorauszahlungen für Nutzungsüberlassungen, soweit nicht § 11 II 3 eingreift (BT-Drs 15/4050, 56; zu § 42 AO iÜ → Rn. 10).

48 **8. Kein Abflussprinzip beim Betriebsvermögensvergleich, § 11 II 6.** Das Abflussprinzip gilt beim BV-Vergleich nach §§ 4 I, 5 nicht.

V. ABC des Zuflusses und Abflusses

50 **Abtretung** (§§ 398 ff BGB). Abtretung und **gesetzl Forderungsübergang** haben grds keinen Einfluss auf den Zu- oder Abfluss (BFH VI R 66/03, BStBl II 08, 375; BFH XI R 52/88, BStBl II 93, 507). Einnahmen aus der abgetretenen Forderung sind beim alten Gläubiger (Zedenten) mit Zufluss beim neuen Gläubiger (Zessionar); Einnahmen aus einer Gegenforderung gegen den Zedenten sind beim Zessionar im selben Zeitpunkt zu erfassen. Auch nach Abtretung der Forderung führt Geldeingang beim ursprüngl Gläubiger zum Zufluss bei diesem (NdsFG EFG 10, 1021, rkr). Erfolgt die **Abtretung** ausnahmsweise **an Erfüllungs statt,** ist bereits mit der Abtretung der Zufluss erfolgt (BFH VI 137/65, BStBl III 66, 394), und zwar iHd wirtschaftl Werts der Forderung im Abtretungszeitpunkt (BFH IV R 97/78, BStBl II 81, 305, unter 1.c). Die Verfügung über eine **wertlose Forderung** kann nicht als Zufluss gewertet werden, gleichgültig, ob sie erfüllungshalber oder an Erfüllungs Statt erfolgt (BFH VIII R 211/82, BFH/NV 88, 224).

Arzthonorar. Beim Einzug durch **privatärztl Verrechnungsstelle** erfolgt Zufluss im Zeitpunkt des Eingangs bei dieser Stelle; **Vorschüsse** sind im Zahlungszeitpunkt zugeflossen (NdsFG DStRE 09, 1289, rkr). Bei **Direkteinzug** durch den Arzt erfolgt die Besteuerung im Zeitpunkt des Zuflusses bei diesem. Honorar für kassenärztl Tätigkeit fließt mit Eingang des durch die **kassenärztl Vereinigung** überwiesenen Betrags zu (BFH IV 4/61 U, BStBl III 64, 329). § 11 I 2 ist bei Zahlungen der kassenärztl Vereinigung grds anwendbar (BFH IV R 309/84, BStBl II 87, 16; BFH IV R 72/94, BFH/NV 96, 209).

Aufrechnung (§§ 387 ff BGB). Zufluss erfolgt im Zeitpunkt der durch die Aufrechnungserklärung bewirkten Leistung. Entsprechendes gilt für den Abfluss (BFH VI B 139/06, BFH/NV 07, 1315; FG Ddorf DStRE 16, 1282, rkr).

Ausschüttungen einer Kapitalgesellschaft und **unbestrittene Forderungen** fließen dem **beherrschenden Ges'ter** oder diesem gleichgestellten Ges'tern (s BFH VI R 4/10, BStBl II 14, 493; FG RhPf EFG 23, 1450, Rev VIII R 16/23 unzul) bereits mit der Beschlussfassung über die Ausschüttung bzw der Fälligkeit der sonstigen Forderung zu, da er es grds in der Hand hat, sich geschuldete Beträge auszahlen zu lassen (BFH VIII R 13/06, BFH/NV 07, 2249; BFH VIII B 46/11, BFH/NV 12, 597; →auch „Tantiemen"). Die Fälligkeit beurteilt sich grds nach Zivilrecht und darf nicht ihrerseits fingiert werden (BFH VI R 44/17, BStBl II 21, 392). Bei ausl KapGes ist trotz Fälligkeit der Forderung auch zu prüfen, ob es landesspezifische gesetzl oder tatsächl Besonderheiten gibt, die der Verfügungsmacht des beherrschenden Ges'ters vor der Auszahlung entgegenstehen (BFH VIII R 32/19, BStBl II 23, 101). Der Zufluss bei Fälligkeit gilt nur für Beträge, die die KapGes dem beherrschenden Ges'ter schuldet und die sich bei Ermittlung des Einkommens der KapGes ausgewirkt haben (BFH VI R 66/09, BStBl II 14, 491; BFH VI R 20/22, DStR 24, 1537 Rn. 12, teilw **aA** *BMF* BStBl I 14, 860). Die KapGes darf außerdem nicht zahlungsunfähig sein (BFH VI B 220/00, BFH/NV 04, 1419), wobei iEinz ungeklärt ist, unter welchen Voraussetzungen Zahlungsunfähigkeit vorliegt (s FG Mster EFG 20, 82, rkr). Diese Grundsätze gelten auch bei ausl KapGes (FG Mster EFG 20, 525, rkr); bei Tantiemezahlungen (BFH VI R 3/19, BFH/NV 22, 9) und bei gespaltener Gewinnverwendung, bei der der zur Ausschüttung bestimmte Gewinn teils sofort ausgeschüttet und teils in eine personenbezogene Rücklage eingestellt wird (BFH VIII R 25/19, BStBl II 24, 688: kein Zufluss bei Einstellung in die Rücklage) sowie für Vorabgewinnausschüttungen, die zum Zeitpunkt der Beschlussfassung über die Gewinnverwendung zufließen, selbst wenn eine spätere Fälligkeit des Auszahlungsanspruchs vorgesehen ist (BFH VIII R 2/12, BFH/NV 15, 567). Verzichtet ein Ges'ter ggü der KapGes auf bestehende oder künftige Ansprüche, fließen ihm keine Einnahmen zu, soweit er dadurch eine tatsächl Vermögenseinbuße erleidet (BFH VI R 4/10, BStBl II 14, 493; BFH VI R 24/12, BStBl II 14, 495; *BMF* BStBl I 14, 860). Die Annahme des Zuflusses bei Fälligkeit ist str und nur ausnahmsweise gerechtfertigt (→Rn. 15). Eine Ausdehnung zB auf nicht beherrschende Ges'ter (BFH VI R 4/10, BStBl II 14, 493; BFH VI R 24/12, BStBl II 14, 495), Minderheits-Ges'ter (BFH VIII R 24/03, BFH/NV 05, 1266), auf Nur-Geschäftsführer (FG BW EFG 98, 1011, rkr), „Angehörige" (zu Eheleuten FG Köln EFG 95, 419, rkr) und Lebensarbeitszeitkonten (→§ 19 Rn. 100 „Arbeitszeitkonten") scheidet aus. Im umgekehrten Fall, dass die KapGes einen Anspruch gegen den beherrschende Ges'ter hat, gibt es auch keine Abflussfiktion (BFH VI R 13/14, BFH/NV 16, 1368).

Baukostenzuschüsse fließen erst mit der Entscheidung der auszahlenden Stelle zu, dass die Fördermittel nicht zurückzuzahlen sind (BFH IX R 46/09, BFH/NV 11, 797). S auch EStR 6.5/EStH 6.5, EStR 21.5/EStH 21.5; *Betzwieser* DStR 04, 617.

Belegschaftsaktien. Der stpfl Vorteil (→§ 19 Rn. 100 „Aktien", BFH VI R 19/96, BFH/NV 97, 179) fließt dem ArbN sofort und nicht erst nach Ablauf einer Veräußerungssperrfrist zu (BFH VI R 39/80, BStBl II 85, 136; BFH VI R 67/05, BStBl II 09, 282). Eine Verfügungsbeschränkung mindert auch nicht die Höhe der Vorteilszuwendung (BFH VI R 73/86, BStBl II 89, 927; BFH VI R 73/04, BFH/NV 07, 896; FG Mster EFG 95, 320, rkr; s aber BFH VI R 37/09, BStBl II 11, 923, restricted shares; zu vinkulierten GmbH-Anteilen s *Heurung/Hilbert/Engel* GmbHR 13, 184 und zutr *ge* DStR 14, 1716).

Bonusaktien fließen im Zeitpunkt der Depoteinbuchung zu (BFH VIII R 70/02, BStBl II 05, 468).

Bruchteilsgemeinschaft. Der Zufluss bei der Gemeinschaft ist den Teilhabern anteilig zuzurechnen; zur Erbengemeinschaft s FG Hmb EFG 10, 425, rkr. Zum Abfluss s FG BW EFG 82, 464, rkr.

Damnum hat Zinscharakter (BFH I R 46/05, BStBl II 09, 955). **Zufluss beim Darlehensgeber** grds im Jahr der Zahlung oder Einbehaltung (BFH VIII R 1/91, BStBl II 94, 93; bei Schuldverschreibung erst mit Rückgabe, s BFH VIII R 156/84, BStBl II 88, 252). **Abfluss beim Darlehnsnehmer** im Jahr der Verausgabung (Einbehalt) bzw Einzahlung vor Darlehnsauszahlung (BFH IX R 85/85, BStBl II 87, 492; BFH IX R 96/84, BFH/NV 89, 496 – missverständl).

Darlehn. – ***(1)*** **Arbeitnehmerdarlehn an Arbeitgeber.** Wird ArbLohn nicht ausbezahlt, sondern nur gutgeschrieben (s „Gutschrift"), ist die Frage des Zuflusses nach den Gesamtumständen des Einzelfalles zu entscheiden (BFH VI R 124/77, BStBl II 82, 469; BFH VI R 47/08, BFH/NV 10, 1094), wie Interessenlage, Verzinsung, Liquidität des ArbG, Dauer der Überlassung, Art des ArbLohns. – ***(a)*** **Grundsatz.** ArbN kann über zugeflossenen Lohn durch **darlehnsweise Überlassung** verfügen (BFH VIII R 97/79, BStBl II 83, 295). Das kann auch im Wege der Umbuchung als Schuldumwandlung geschehen. Die Gutschrift liegt häufig im überwiegenden **Interesse des ArbN,** sich eine Kapitalanlage zu verschaffen oder seinen Arbeitsplatz zu sichern (s aber „Verzicht"; zu Darlehnsforderungsverzicht BFH VI R 35/94, BFH/NV 95, 208). Das Einverständnis braucht nicht aus freien Stücken erteilt zu sein. Es muss aber ein Verfügungs-, nicht nur ein Absicherungsinteresse des ArbN vorliegen (vgl auch BFH X R 55/91, BStBl II 93, 499). *Beispiele:* für 15 Jahre überlassene Gratifikation (BFH VIII R 210/83, BStBl II 90, 532), für 5 Jahre überlassene Jubiläumszuwendungen (FG Hmb EFG 81, 85, rkr); für 3 Jahre überlassene ArbN-Tantieme oder als Sicherheit überlassene Vertreterprovision (BFH X R 55/91, BStBl II 93, 499). – ***(b)*** **Kein Zufluss,** wenn sofortige Leistung beabsichtigt war und im Interesse des ArbN lag, jedoch an der **Liquiditätslage des ArbG** scheiterte, oder wenn der ArbG dem ArbN nur **zukünftige Leistungen** ohne Wahlrecht der sofortigen Auszahlung verspricht. *Beispiele:* Gewinngutschriften für den Versorgungsfall (BFH I R 139/71, BStBl II 74, 454); langfristige gewinnabhängige Erfolgsprämien (BFH I R 72/76, BStBl II 80, 741, unter 2.c), auch bei endgültiger Zusage und Verzinsung (BFH VI R 124/77, BStBl II 82, 469). – ***(c)*** **Bei „Stundung"** grds kein Zu- oder Abfluss des ArbLohnes. – ***(2)*** **Arbeitgeberdarlehn an Arbeitnehmer.** Bei Zahlungen über den lfd ArbLohn hinaus ist nach den Vereinbarungen über Höhe, Rückzahlung und Verzinsung zu prüfen, ob im Zeitpunkt der Zahlung Lohn zufließt oder eine nicht steuerbare Vermögensleistung „Darlehn" vorliegt. – ***(3)*** **Zeitpunkt des Abzugs bei Fremdfinanzierung.** Bei BA, WK, SA und agB kommt es auf den Zeitpunkt der Zahlung der finanzierten Aufwendungen an (zB BFH VI R 41/05, BFH/NV 08, 1136 zu WK; BFH VI R 252/71, BStBl II 74, 513 zu SA; BFH III R 248/83, BStBl II 88, 814; BFH III R 60/88, BStBl II 90, 958; FG Mchn EFG 08, 455, rkr, zu agB). – ***(4)*** **Bei anderen Einnahmen** als ArbLohn hängt es vom Einzelfall ab (Vertragsgestaltung, Interessenlage etc), ob die Zahlung zunächst nur ein nicht steuerbares Darlehn oder eine den Zufluss herbeiführende (Vorschuss-) Leistung darstellt (s BFH III R 30–31/85, BStBl II 90, 287; FG Ddorf EFG 11, 313, rkr; HessFG DStRE 09, 1102, rkr, Umwandlung Miete in Darlehn).

Depotzahlungen sind ohne Abfluss nicht als WK/BA/SA abziehbar. Auf Depotkonto gutgeschriebene Zinsen sind zugeflossen (BFH X R 55/91, BStBl II 93, 499;

zur Abgrenzung bei Stornoreservekonto s BFH XI R 30/97, BStBl II 98, 252). Zum Zufluss von Erträgen aus englischer LV iRe *Wealthmaster-Vertrags* s BFH VIII R 40/08, BFH/NV 11, 592.

Erbbaurecht als **ArbLohn** im Zeitpunkt der Bestellung s BFH VI R 15/80, BStBl II 83, 642 mit Bestätigung und Abgrenzung zum Wohnrecht in BFH VI R 33/97, BStBl II 04, 1076; → § 19 Rn. 100 „Erbbaurecht". **Erschließungskostenzahlungen** des Erbbauberechtigten sind erst nach Wertzuwachsrealisierung bei Vertragsende Einkünfte aus VuV (BFH IX R 86/89, BStBl II 91, 712).

Erlass s unter „Verzicht".

Erstattung von Einnahmen und Ausgaben → Rn. 18, 38.

Forderungen. Entscheidend ist idR der Zeitpunkt der Einziehung, nicht der Fälligkeit bzw Einzugsmöglichkeit (zur Prolongation s BFH VIII R 30/23, DStR 25, 2827). Ausnahmen s „Ausschüttungen einer KapGes" (zum Zufluss bei „Verzicht" s BFH VI R 4/10, BFH/NV 11, 904). Verfügungsmöglichkeit muss hinsichtl der Zahlung, nicht der Forderung bestehen (zu gesetzl Forderungsübergang BFH XI R 52/88, BStBl II 93, 507; BFH VI R 66/03, BStBl II 08, 375).

Geldwerte Vorteile (s § 8 II 1). Maßgebl ist der tatsächl Zufluss, bei Überlassung von WG zur Nutzung die tatsächl (Möglichkeit der) Nutzung (BFH VI R 33/97, BStBl II 04, 1076; BFH I R 32/92, BStBl II 93, 399; BFH I R 44/92, BFH/NV 94, 318; FG Mster EFG 13, 1659, rkr, zur Ferienwohnungsnutzung als Kapitaleinkünfte) – **Hapimag/Timesharing;** zu Zinsvorteil BFH IX R 47/89, BFH/NV 95, 294. Die Bereicherung bei verbilligter Abgabe von Sachwerten erfolgt nicht durch den Sachwert selbst, sondern durch den Zufluss des bewertbaren geldwerten Vorteils (zB des Preisnachlasses, s BFH VI R 124/99, BStBl II 05, 766; BFH VI R 1/21, BStBl II 24, 387).

Gewinnanteile aus Beteiligung an **KapGes** oder Genossenschaft sind keine regelmäßig wiederkehrenden Einnahmen (→ Rn. 25). Auf Gewinnanteile aus Beteiligung an **PersGes** findet § 11 keine Anwendung; s aber „stille Gesellschaft".

Girocard/EC-Karte. Eine Zahlung, die durch Unterschrift autorisiert wird, ist hinsichtl Zu- und Abfluss wie eine Lastschrift zu behandeln (→ Rn. 50 „Lastschrift"), die Zahlung unter PIN-Eingabe wie mit einer Kreditkarte (→ Rn. 50 „Kreditkarte").

Gutschrift. – ***(1)*** Die **Gutschrift in den Büchern des Verpflichteten** ist häufig nur ein buchmäßiges Festhalten einer Schuldverpflichtung. Sie kann aber mit dem Wechsel der wirtschaftl Verfügungsbefugnis verbunden sein (**Zufluss** § 11 I), wenn der Verpflichtete durch die Buchung (idR auf Verrechnungskonto) zum Ausdruck bringt, dass dem Berechtigten der Betrag von nun an zur Auszahlung zur Verfügung steht (→ Rn. 16; abgelehnt für Bonuszinsen auf einem Bonuskonto bei einem Bausparvertrag: BFH VIII R 18/20 BFH/NV 23, 627). Der Verpflichtete muss außerdem leistungsbereit und leistungsfähig sein (BFH VIII R 57/95, BStBl II 97, 755; BFH IX R 74/98, BFH/NV 02, 643; zu Versicherungsprovisionen BFH X R 55/91, BStBl II 93, 499 mit Abgrenzung in BFH XI R 30/97, BStBl II 98, 252; zum umgekehrten Fall der Lastschrift beim KapGes'ter BFH VIII R 284/83, BStBl II 86, 481, unter 2b; BFH I B 165/07, BFH/NV 08, 2049). Zufluss ist daher nicht anzunehmen, solange der Schuldner (auch nur vorübergehend) **zahlungsunfähig** ist (BFH VIII R 97/70, BStBl II 73, 815; BFH VIII R 36/04, BStBl II 09, 190; s auch „Schneeballsysteme"). Die Gutschrift muss der Verpflichtete dem Berechtigten **mitteilen,** soweit sie nicht ausdrückl vorher vereinbart war (BFH III R 32/92, BStBl II 94, 179). Die Mitteilung hat hier materielle Wirkung. *Beispiele:* Steuergutschrift bei der Finanzkasse (FG Saarl EFG 89, 454, rkr), Gutschrift von ArbLohn (s „Darlehn" a, BFH VI R 35/94, BFH/NV 95, 208), Gutschrift bei partiarischem Darlehn (BFH VIII R 70/95, BFH/NV 00, 18). Freiwillige **Verfügungsbeschränkungen** des Empfängers stehen dem Zufluss nicht entgegen (→ Rn. 19). – ***(2)*** **Gutschrift auf Empfängerkonto** führt stets zum Zufluss (BFH V R 12/22, DStR 23, 2438; BFH

VI R 63/80, BStBl II 84, 560; HessFG EFG 02, 245, rkr). Die Benachrichtigung hat hier keine materielle Bedeutung (s BFH IV 210/65, BStBl II 71, 97). Gutschrift auf Beteiligungskonto des ArbN s BFH VI R 47/08, BFH/NV 10, 1094, Anm *ge* DStR 10, 792. Gutschrift auf Genussrechtskonto s BFH VI R 57/13, BStBl II 14, 850. Die Bank des Gläubigers muss im Zeitpunkt der Gutschrift zahlungsfähig sein (FG Köln EFG 81, 505, rkr). – ***(3)* Gutschrift bei Dritten** als Zufluss → Rn. 17 und *OFD Ffm* DStR 96, 1567 (für Amateursportler angelegte Werbehonorare).

Hinterlegung führt als Erfüllungssurrogat (§ 372 BGB) – anders als Sicherheitshinterlegung – idR auch bei Rücknahmerecht (§ 376 BGB) zum Zu- und Abfluss, spätestens mit Klärung der Anspruchsberechtigung (§ 372 S 2 BGB; s auch FG Mchn EFG 04, 1295, rkr, Zufluss beim zunächst unbekannten Gläubiger erst bei Auszahlung). Zur Bedeutung der Hinterlegungvereinbarung s BFH IV R 125/83, BStBl II 86, 404.

Insolvenzgeld, das von einer Bank vorfinanziert wird, fließt den ArbN bereits in dem Zeitpunkt zu, in dem er das Entgelt von der Bank erhält (BFH VI R 4/11, BStBl II 12, 596).

Kaution. Zahlung der Kaution ist idR kein Abfluss (BFH X R 55/91, BStBl II 93, 499).

Kreditkarte. Zufluss beim Empfänger erfolgt erst mit Zahlung durch den Kartenausgeber, beim Karteninhaber grds wie beim „Scheck" Abfluss schon mit Unterschriftsleistung (→ Rn. 36; glA FG RhPf DStRE 14, 652, rkr; *HHR/Kister* § 11 Rn. 120 „Kreditkarte", *Wüllenkemper* EFG 13, 1031, str).

Lastschrift. Bei Erteilung eines Lastschriftmandats tritt der Zufluss beim Gläubiger nicht bereits mit Mandatserteilung durch den Schuldner, sondern erst bei Gutschrift auf dem Konto des Gläubigers ein (s BGH IX ZR 70/21, DStR 23, 103); § 224 II Nr 3 AO gilt nur für Ansprüche aus dem StSchuldverhältnis bei Zahlungen an FinVerw (BFH VI R 58/15, BStBl II 18, 72). Die Erteilung eines Lastschriftmandats führt bei § 11 II 1 auch den Abfluss noch nicht herbei; er erfolgt erst mit Belastung des Kontos (BGH XI ZR 236/07, NJW 10, 3510; offen gelassen in BFH VI R 58/15, BStBl II 18, 72); zum Abfluss bei § 11 II 2 s FG Mster EFG 10, 2080, rkr.

Notaranderkonto. Zu- und Abfluss hängen bei Zahlung auf ein Notaranderkonto davon ab, wem die Verfügungsmacht wirtschaftl zusteht. Von Bedeutung ist insb die dem Verwahrungsverhältnis zugrunde liegende Hinterlegungsvereinbarung (BFH IV R 125/83, BStBl II 86, 404; FG Hmb EFG 09, 1642, rkr, Zu- und Abflusszeitpunkt können auseinanderfallen).

Novation s „Schuldumwandlung"; BFH VIII R 30/23, DStR 25, 2827: kein Zufluss von Darlehenszinsen an beherrschenden Ges'ter bei Prolongation vor Fälligkeit.

Option. Die Einräumung eines **nicht handelbaren oder handelbaren** Optionsrechts führt idR noch nicht zum Zufluss iSv § 11. Maßgebend ist der Zeitpunkt der Aktienüberlassung (Einbuchung in das Depot, BFH VI B 87/13, BFH/NV 14, 334). Der Zufluss kann auch durch anderweitige Verwertung des Optionsrechts erfolgen. Zuflusszeitpunkt ist dann der Übertragungszeitpunkt des Rechts (BFH VI R 90/10, BFH/NV 13, 440). Zur Rechtslage, wenn ArbG die überlassenen Optionen am Markt erworben hatte s *Schneider* BFH/PR 09, 127; *Bergkemper* FR 09, 628; *Schmidt* DStR 09, 1989. Auch → § 19 Rn. 100 „Ankaufsrecht". Sperr-, Halte- und Verfallsklauseln hindern Zufluss des geldwerten Vorteils nicht (BFH VI R 67/05, BStBl II 09, 282; *Bergkemper* FR 09, 487). Verfügungsbeschränkungen können dem Zufluss aber entgegenstehen, wenn sie die Annahme rechtfertigen, dass der Begünstigte über die Aktien noch keine Verfügungsmacht erlangt hat (BFH VI R 37/09, BStBl II 11, 923, restricted shares, s dazu auch *Käshammer/Ramirez* DStR 14, 1419). Können Aktien, deren Wert nach Ausübung der Option unter den Ausgabepreis gesunken ist, an den ArbG zum Ausgabepreis zurückgegeben werden, fließt ein darin liegender geldwerter Vorteil im Zeitpunkt der Rückübertragung der Aktien zu (BFH VIII R 19/11, BStBl II 13, 689). (Echte) **Wandelschuldverschreibungen** sind wie Optionen zu behandeln (Endbesteuerung, s BFH VI R 124/99, BStBl II 05, 766; zu **§ 34** s BFH VI R 136/01, BStBl II 07, 456; BFH VI R 62/05, BStBl II 08, 294; zu sog Virtual Stock Options s *Schiemzik* NWB 11, 798). Auch **Wandeldarlehn** führen zum Zufluss erst bei Ausübung bzw Veräußerung des Wandlungsrechts (BFH VI R 10/03, BStBl II 05, 770; BFH VI R 18/03, BFH/NV 06, 13; BFH VI R 12/08, BStBl II 10, 1069). Zur Grundstückserwerbsoption s BFH VI R 200/81, BFH/NV 86, 306. Zeitpunkt eines **Verlustabzugs** s BFH VI R 35/05, BStBl II 09, 108; BFH VI B 137/06, BFH/NV 08, 66. S auch *Portner* DStR 10, 577, zu neuen Vergütungsregelungen für Manager; zusammenfassend *Marquart* FR 13, 980; *Geserich* DStR-Beih 14, 53.

Pfändung; Verpfändung bewirken weder Zu- noch Abfluss (BFH IV R 190/71, BStBl II 75, 776). Sie stehen ihm auch nicht entgegen (BFH IV R 87/85, BStBl II 88, 342). Besteuerung beim Pfändungsschuldner im Zeitpunkt des Forderungseinzugs durch Pfändungsgläubiger bzw des Zahlungseingangs (BFH IX R 163/83, BStBl II 89, 702; s auch „Forderungen").

Renten sind im Zuflusszeitpunkt nach den dann geltenden Vorschriften zu versteuern (BFH X R 1/10, BStBl II 11, 915; BFH X R 17/10, BFH/NV 11, 1501).

Rückzahlung fließt erst im Jahr des Rückflusses ab (BFH VI R 12/06, BFH/NV 09, 1105, mwN und zum Verstoß gegen Treu und Glauben bei doppelter Berücksichtigung einer Gehaltsrückzahlung). Auch → Rn. 18, 38.

Scheck → Rn. 16, 36. Maßgebl Zeitpunkt der Leistung ist idR die Hingabe (Abfluss)/Entgegennahme (Zufluss) eines (gedeckten) Bar- oder Verrechnungsschecks (BGH II ZR 283/85, NJW 87, 317), sofern die sofortige Einlösung nicht durch zivilrechtl Vereinbarung eingeschränkt ist. Es liegt auch dann Zufluss vor, wenn auf die Zahlung kein Anspruch besteht (BFH IX R 97/97, BStBl II 01, 482). Sonderregelung bei Steuerzahlung s **§ 224 II Nr 1 AO** (ab 2007: 3 Tage nach Eingang).

Schneeballsysteme. Gutschriften aus betrügerischen Anlagesystemen (Scheinrenditen) führen nach stRspr des BFH zum Zufluss von KapEinnahmen und damit zur Besteuerung auch dann, wenn vereinbart wird, dass der gutgeschriebene Betrag das Anlagekapital erhöhen soll. Diese BFH-Rspr ist von Kritik begleitet (FG Saarl EFG 12, 1642; *Schmidt-Liebig* FR 09, 409; *Marx* FR 09, 515; *Wolff-Diepenbrock* FS Spindler, 897; *Otte* DStR 14, 245), die aber durch BFH VIII R 4/07, BStBl II 14, 147; BFH VIII R 25/12, BStBl II 14, 461; BFH VIII R 38/13, BStBl II 14, 698 und BFH I R 33/16, BFH/NV 20, 201 erneut zurückgewiesen wurde (dazu *Pezzer* BFH/PR 10, 372; *Moritz* NWB 10, 2858; *Levedag* NWB 15, 914; *Werth* DB 21, 1833; weiterhin gegen BFH aber: *Loritz/Sessig* DStR 19, 1333). Es kann nach der BFH-Rspr nur dann am Zufluss fehlen, wenn der Betreiber des Schneeballsystems bei entspr Verlangen des Anlegers nicht zur Auszahlung der gutgeschriebenen Beträge leistungsbereit und -fähig gewesen wäre (die Feststellungslast trägt insoweit das FA). So kann es sich verhalten, wenn der Betreiber eine vom StPfl verlangte Auszahlung ablehnt und stattdessen über anderweitige Zahlungsmodalitäten verhandelt; ein Rat zur Wiederanlage genügt aber noch nicht. Der BFH sieht sich estl wegen § 20 I Nr 7 S 2 auch daran gehindert, die Scheinrenditen entspr den zutr Ausführungen in BFH II R 62/08, BFH/NV 11, 7 zur VermögenSt als bloße Kapitalrückzahlungen zu behandeln, was mE auch bei der ESt mögl gewesen wäre. Die *FinVerw* gewährt einen gewissen Rechtsschutz, indem sie anerkennt, dass den nicht ausgezahlten Scheinrenditen im Jahr der Insolvenz gleichhohe Verluste gegenüberstehen (*OFD Rhl* DStR 11, 176). Fordert der Insolvenzverwalter ausgezahlte und damit zu Recht versteuerte Scheingewinne zurück (BGH in BGHZ 179, 137; *Schmittmann* StuB 14, 381), führt die Rückzahlung zu negativen Einnahmen. Allerdings sind Scheinrenditen gem § 2 Vb bei der ESt-Festsetzung wegen der Abgeltungswirkung nach § 43 V 1 nicht zu berücksichtigen, soweit sie der KapESt unterlegen haben (BFH VIII R 17/17, BStBl II 21, 468). Dies kann zu einer gewissen Entlastung der betrogenen Anleger führen (*Werth* DB 21, 1833).

Schuldumwandlung (Novation) ist Zahlungsersatz bei freiem Entschluss des Gläubigers in seinem Interesse, s BFH GrS 1–2/95, BStBl II 98, 193 unter B.II; BFH VIII R 221/80, BStBl II 84, 480; BFH VIII R 13/91, BStBl II 93, 602; BFH XI R 52/88, BStBl II 93, 507; BFH IV B 139/06, BFH/NV 08, 57, auch zur Grenze der Zahlungsunfähigkeit BFH VIII 36/04, BStBl II 09, 190. Das Unterlassen der Durchsetzung einer Forderung führt aber nicht zum Zufluss durch Novation (BFH VIII R 30/23, DStR 25, 2827; FG BW EFG 11, 1156, rkr), unabhängig davon, ob die Prolongation fremdüblich ist. Zum **Abfluss bei Novation** BFH IV R 56/99, BFH/NV 00, 1191; zu Bauspar-Zinsboni NdsFG EFG 03, 1772, rkr. Zu sonstigen Anlagen s BFH VIII R 63/03, BFH/NV 08, 194. Zu **Verrechnungsvereinbarungen** s BFH IX B 227/02, BFH/NV 03, 1327; BFH VIII R 40/08, BFH/NV 11, 592, zur Novation als Verkürzung des Leistungsweges, zur Vorausverfügung und zur modifizierten Stundungsvereinbarung.

Schuldübernahme s NdsFG EFG 92, 73, rkr (Zufluss bei Genehmigung).

Schuldzinsen sind im Jahr der Zahlung abgeflossen (also grds nicht bei Zuschlag zum Darlehn ohne Zahlung, vgl BFH IV R 56/99, BFH/NV 00, 1191). Sie sind im Zuflussjahr zu versteuern. Hierfür kann es uU genügen, wenn sie vereinbarungsgemäß im Interesse des Gläubigers dem Kapital zugeschlagen werden (Abgrenzung zur „Stundung", die grds noch nicht zum Zufluss führt s BFH VIII R 221/80, BStBl II 84, 480 unter 2c, 3; BFH VIII B 55/05, BFH/NV 06, 1467; str).

Sparzinsen fließen mit Bankgutschrift unabhängig vom Zeitpunkt der Eintragung im Sparbuch zu (BFH VIII R 47/70, BStBl II 75, 696). Für die Bankgutschrift gilt § 11 I 2 (→ Rn. 25).

Spenden in den Vermögensstock einer Stiftung können auf mehrere Jahre verteilt werden (§ 10b Ia).

Sperrkonto. Einvernehml Überweisung auf Sperrkonto steht § 11 I nicht entgegen (→ Rn. 19; BFH IX R 163/83, BStBl II 89, 702; BFH VIII R 10/08, BStBl II 12, 315; str.

Stille Gesellschaft. Zum Zuflusszeitpunkt → § 44 Rn. 7. Zum Zeitpunkt des Abzuges von Verlusten → § 20 Rn. 94 f.

Stundung schiebt grds Zu- und Abfluss hinaus (BFH VIII R 221/80, BStBl II 84, 480 unter 2.c); s auch „Darlehn".

Tantiemen fließen nach allg Grundsätzen zu, dh bei einem beherrschenden Ges'ter mit Fälligkeit (s „Ausschüttungen einer KapGes"). Diese tritt grds mit Feststellung des Jahresabschlusses ein, der den Tantiemeanspruch ausweist. Ein Zufluss kann aber auch durch den Verzicht des Ges'ters auf den Tantiemeanspruch gegeben sein, soweit es sich dabei um eine verdeckte Einlage handelt. Hierfür ist maßgebl, inwieweit der Tantiemeanspruch nach Bilanzrecht in eine Bilanz hätte eingestellt werden müssen, die zum Zeitpunkt des Verzichts erstellt worden wäre. Die tatsächl vorgenommene Bilanzierung ist hier ohne Bedeutung (BFH VI R 20/22, DStR 24, 1537).

Treuhandkonto. Zahlungseingänge fließen idR dem Treugeber zu (§ 39 II Nr 1 S 2 AO; BFH IV R 125/83, BStBl II 86, 404; BFH VIII R 80/99, BFH/NV 06, 57).

Überweisungen fließen spätestens mit Gutschrift/Lastschrift bei dem einnehmenden/ausgebenden StPfl zu/ab. Weist das Konto die nötige Deckung auf (ausreichendes Guthaben oder Kreditrahmen), genügt für den Abfluss die Erteilung des Überweisungsauftrags (→ Rn. 36; BFH IV R 47/95, BStBl II 97, 509; BFH IX R 28/02, BFH/NV 05, 49; s auch BGH VIII ZR 157/97, DStR 99, 170), auch bei **Online-Banking.** Dagegen erfolgt vor Gutschrift mangels Verfügungsmöglichkeit noch kein Zufluss beim Empfänger (HessFG EFG 02, 245, rkr; zu Ges'ter-Einlageleistung BFH VIII R 8/87, BStBl II 92, 232).

Umbuchung kann sowohl zum Zufluss (BFH IV R 28/98, BFH/NV 00, 1455 – KiSt, BFH VIII R 181/78, BStBl II 82, 753 – USt) als auch zum Abfluss (vgl BFH VI 204/59 U, BStBl III 60, 140; FG Saarl EFG 89, 454, rkr) im Zeitpunkt der Umbuchung führen. Zur Umbuchung als Aufrechnung s BFH VII R 72/04, BStBl II 06, 350; BFH VII R 70/04, BFH/NV 06, 7; zu Grenzen nach Insolvenz FG Bln-Bbg EFG 06, 1480, rkr; s auch BFH VII R 18/05, BStBl II 07, 914. Umbuchung von ArbLohn s „Darlehn" a; s auch „Aufrechnung", „Gutschrift", „Schuldumwandlung (Novation)", „Verrechnung".

Umsatzsteuer; Vorsteuer. Bei estl Auswirkung Ausgabe/Einnahme bei Zahlung, kein „durchlaufender Posten" (→ § 4 Rn. 404). Das gilt auch bei nachträgl Eintritt der VSt-Abzugsvoraussetzungen (BFH IX R 97, 98/90, BStBl II 94, 738). USt-Vorauszahlungen und -erstattungen sind grds regelmäßig wiederkehrende Ausgaben/Einnahmen gem § 11 II 2, I 2 (BFH XI R 48/05, BStBl II 08, 282; *BMF* BStBl I 08, 958; zu den Auswirkungen der verschiedenen Zahlungswege s *LfSt Bay* DStR 13, 653), auch bei Dauerfristverlängerung nur die zum 10.1. fälligen Zahlungen (BFH VIII R 34/12, BStBl II 15, 285). Die Verschiebung der Fälligkeit nach § 108 III AO ist iRd § 11 II 2 nicht zu beachten (BFH X R 44/16, BStBl II 18, 781; SächsFG DStRE 21, 321, rkr).

Unterschlagung von BE im betriebl Bereich: Abfluss mit Vollendung der Unterschlagungshandlung (BFH IV R 79/73, BStBl II 76, 560).

Veräußerungsgeschäfte. Gewinne (und Verluste) aus privaten Veräußerungsgeschäften sind grds bei Zufluss steuerl zu erfassen (auch zu Ausnahmen → § 23 Rn. 91 ff; HessFG EFG 11, 52, rkr).

Verdeckte Gewinnausschüttung an nahestehende Personen fließen dem Ges'ter bei Zufluss an diese zu (BFH VIII R 19/07, BFH/NV 11, 449; „Ausschüttungen einer Kapitalgesellschaft", „Gewinnanteile", „Verzicht").

Verlust. Als **BA/WK** abziehbare Wertverluste sind grds im Zeitpunkt des Verlusteintritts abgeflossen. Bei Beschädigung und Wiederherstellung sind Reparaturkosten im Zahlungszeitpunkt abzusetzen. Bei Verlusten, die zu agB führen, ist der Aufwandszeitpunkt für die Wiederbeschaffung maßgebend (BFH III R 8/95, BStBl II 99, 766; BFH III B 135/03, BFH/NV 04, 339).

Verrechnung s „Schuldumwandlung", „Umbuchung". Von der Verrechnung ist die (einseitige) Anspruchskürzung abzugrenzen, die als Einbehalt der Leistung keinen Zufluss bewirkt (s BFH VI R 48/10, BFH/NV 11, 1321).

Verzicht. – ***(1)* Grundsatz: Kein Zufluss.** Im Falle des Verzichts auf eine Leistung fehlt es idR am Zu- und Abfluss (zum freiwilligen Gehaltsverzicht BFH VI R 87/92, BStBl II 93, 884; BFH VI R 115/92, BStBl II 94, 424; zu Ges'ter-Geschäftsführer BFH VI R 4/10, BStBl II 14, 493; BFH VI R 24/12, BStBl II 14, 495; BFH VI R 6/13, BStBl II 16, 903; zu Verzicht auf Darlehnsforderung BFH VI R 35/94, BFH/NV 95, 208; unzutr zu „Verzicht" trotz Zahlung und Rückzahlung BFH I R 5/88, BStBl II 91, 308; s auch FG Saarl EFG 92, 601, rkr). Der Tendenz der Rspr, beim Verzicht auf die Einlösung einer fälligen Forderung Zufluss anzunehmen (fragl, → Rn. 15), ist BFH VI R 4/10, BFH/NV 11, 904 zu Recht entgegengetreten (s aber *Paus* DStZ 11, 458). Kein Zufluss von „gespendeten" TV-Gewinnen. Ohne Verwendungsbestimmung liegt kein Zufluss vor (zu ArbG-Spende an beliebige Dritte s BFH XI R 18/98, BStBl II 99, 98; s zu ArbLohnverzicht für Hochwasser-/Flutopferspenden *BMF* BStBl I 14, 889; *Koss* DB 05, 414). – ***(2)* Ausnahmen: Zufluss.** Verzicht führt zum Zufluss, wenn er zur Erlangung einer Gegenleistung erfolgt (BFH VI R 4/05, BStBl II 08, 826), auch in Form offener oder verdeckter Werterhöhung einer KapGesBeteiligung (BFH VI R 6/13, BFH/NV 16, 1509), auch durch NichtGes'ter bei Verzicht zugunsten nahe stehender Ges'ter (BFH

GrS 1/94, BStBl II 98, 307; zum Verzicht eines beherrschenden Ges'tergeschäftsführers BFH VIII R 58/92, BStBl II 95, 362). Verzicht zugunsten Dritter mit konkreter **Verwendungsbestimmung** stellt Zufluss ebenfalls nicht in Frage (FG Bln-Bbg EFG 01, 970, rkr – auch zu gesetzl Forderungsübergang; BFH VI B 155/98, BFH/NV 99, 457). – **Entnahmen:** Gewinnerhöhung durch Verzicht auf betriebl Forderung aus *privaten* Gründen bei § 4 III; zum Verzicht auf Privatforderung bei § 23 aus privaten Gründen FG Hmb EFG 85, 125, rkr. – **Verdeckte Einlagen:** Verzicht des Ges'ters auf Forderung aufgrund des Gesellschaftsverhältnisses führt zum Zufluss des werthaltigen Teils der Forderung (BFH GrS 1/94, BStBl II 98, 307; BFH VI R 4/16, BStBl II 18, 208; zur Kritik an dieser Rspr *Bleschick* NWB 13, 3372, nwN; s auch *ge* DStR 13, 1724). – **ArbLohn:** Mit dem Verzicht des ArbG auf eine Forderung gegen ArbN (zB Darlehnsrückzahlung, Zinsverzicht, Schadensersatz) kann diesem Lohn zufließen (BFH VI R 73/05, BStBl II 07, 766, BFH VI R 1/17, BStBl II 21, 103; Rspr-Änderung BFH VI R 54/03, BStBl II 08, 58 zum Zeitpunkt bei Verzicht auf SV-Nachforderung nach Schwarzlohnzahlungen; FG RhPf EFG 96, 1103, rkr und *OFD Hann* DStR 98, 1633 zum Tantiemeverzicht gegen Pensionszusage); gleichzeitig können beim ArbG BA abfließen. – **vGA:** In dem Verzicht einer KapGes auf Forderung gegen beherrschenden Ges'ter kann Zufluss einer vGA liegen.

Vorauszahlungen sind grds bei Eingang zugeflossen (BFH III R 30–31/85, BStBl II 90, 287; zu Lohnvorschuss s „Darlehn" b), und mit Zahlung abgeflossen (mögl Vorteile: Pauschbeträge, Progression, § 33 III; zu SA BFH IX R 2/80, BStBl II 86, 284; BFH III R 23/98, BStBl II 01, 338; s auch „Damnum"). Zu Vorauszahlungen für Nutzungsüberlassungen von mehr als 5 Jahren als Einnahmen (§ 11 I 3) und Ausgaben (§ 11 II 3) → Rn. 30, 42. **Grenze: Rechtsmissbrauch** bei fehlendem wirtschaftl Grund (BFH IX R 197/84, BStBl II 90, 299 unter V 2d, fragl, → Rn. 10); **aA** BFH XI R 24/01, BStBl II 02, 351; BFH XI R 51/01, BFH/NV 03, 597. Verlorene Vorauszahlungen auf HK sind keine HK (BFH GrS 1/89, BStBl II 90, 830) sondern WK im Jahr des Ausfalls (BFH IX R 164/87, BStBl II 92, 805; FG BW EFG 96, 17, rkr); Leasingsonderzahlungen sind keine AK des Nutzungsrechts, sondern WK, deren Sofortabzug idR nicht rechtsmissbräuchlich ist (BFH VI R 100/93, BStBl II 94, 643). Eine Kapitalabfindung aus einer betriebl Altersversorgung ist keine Vorauszahlung (FG Ddorf DStRE 24, 838, NZB X B 86/23 unbegründet).

Vorsteuer s „Umsatzsteuer; Vorsteuer".

Wechsel Maßgebend ist der Zeitpunkt der Diskontierung oder der Einlösung (BFH I R 166/69, BStBl II 71, 624, unter 3., vgl auch BFH IV R 97/78, BStBl II 81, 305 unter 1.b). Ausnahmen s FG Köln EFG 83, 141 (rkr).

Zahlungsanweisung s „Scheck" und „Überweisungen".

Zahlungsunfähigkeit s „Darlehn", „Gutschrift" a, b, „Schneeballsysteme".

Zeitwertkonten. Buchung auf **Arbeitszeitkonten** führt grds noch nicht zum Zufluss von ArbLohn (→ § 19 Rn. 100 „Arbeitszeitkonten").

Zukunftssicherungsleistungen des ArbG für ArbN. – ***(1)*** **Allgemeines.** Entscheidend ist, ob Einnahmen als (gegenwärtig oder später verfügbarer) ArbLohn oder als (später verfügbare, nachgelagert zu versteuernde) wiederkehrende Bezüge zu qualifizieren sind. Der Zeitpunkt des BA-Abzugs beim ArbG ist hierfür ohne Bedeutung. – ***(2)*** **Gegenwärtig zufließender Arbeitslohn** in Form von Beitragszahlungen des ArbG an Dritte ist anzunehmen, wenn sich der Vorgang wirtschaftl betrachtet so darstellt, als ob der ArbG dem ArbN Mittel zur Verfügung gestellt und der ArbN sie zum Erwerb seiner Zukunftssicherung verwendet hätte (BFH X R 36/86, BStBl II 90, 1062). ArbG-SV-Beiträge sind kein gegenwärtig zufließender ArbLohn (BFH VI R 178/97, BStBl II 03, 34; BFH VI R 52/08, BStBl II 10, 703 – s aber zu § 15 I 1 Nr 2 BFH IV R 14/06, BStBl II 07, 942 und § 19 I 1 Nr 3 idF JStG 2007 gegen BFH, → § 19 Rn. 86–88). Der ArbN muss selbst einen Rechtsanspruch gegen die dritte Person erwerben und der Zukunftssicherung ausdrückl oder stillschweigend zustimmen (BFH VI R 19/92, BStBl II 94, 246; BFH VI R 75/97, BFH/NV 99, 1590). BFH VI R 66/97, BStBl II 00, 408 bejaht einen solchen Anspruch bei GruppenKV und verneint ihn bei GruppenUV wegen Ausübung der materiellen ArbN-Ansprüche durch ArbG (s auch BFH VI R 9/05, BStBl II 09, 385; BFH VI R 60/96, BStBl II 00, 406; zu Rückzahlung BFH VI R 115/01, BFH/NV 05, 1804; BFH VI R 20/07, BStBl II 10, 845; zu Renten-Beitrag der Kirche BFH VI R 38/04, BStBl II 07, 181). Die späteren Zahlungen auf Grund des Rechtsanspruchs können an Bedingungen geknüpft sein; dem ArbG darf jedoch kein Heimfallsrecht zustehen (BFH VI R 173/71, BStBl II 75, 275; BFH VI R 8/07, BStBl II 10, 194; s aber FG BW EFG 04, 1827, rkr). Im Fall des gegenwärtigen Zufließens als *stpfl* ArbLohn gelten im gleichen Zeitpunkt die Beitragsleistungen des ArbG als SA des ArbN abgeflossen. *Beispiele:* Einzahlungen des ArbG über die stfreien Beträge des § 3 Nr 63, 66 hinaus in eine *Pensionskasse* (§ 4c), einen *Pensionsfonds* (§ 4e) oder eine *DirektVers* (§ 4b – Rechtsanspruch des ArbN, dazu BFH VI R 66/97, BStBl II 00, 408; zum Rechtsanspruch nach Gehaltsumwandlung BAG 3 AZR 670/92 BAGE 73, 209; s auch BFH VI B 155/98, BFH/NV 99, 457; BFH VI R 57/08, BFH/NV 11, 890; abl zu gesetzl Gehaltskürzung gegen Versorgungsrückstellung ohne Rechtsanspruch des ArbN BFH VI R 165/01, BStBl II 05, 890); zu Rundfunkermittlern BFH X R 9/04, BFH/NV 06, 1645), auch bei Einmalprämie (vgl BFH VI R 173/71, BStBl II 75, 275 zu GruppenLV, *BMF* BStBl I 93, 248); zu Aushilfskräften HessFG EFG 94, 394, rkr. – ***(3)* Späterer Zufluss von Einnahmen.** – ***(a)* Versorgungszusage** (§ 19). ArbG verspricht dem ArbN Versorgung aus eigenen Mitteln (**Beispiele:** Beamtenpension, Pensionszusage, auch bei Einkauf in Rentenversicherung, FG Mster EFG 92, 461, rkr; zu Bahn-Versicherungszuschüssen BFH VI R 178/99, BFH/NV 01, 1258). – ***(b)* Rückdeckungsversicherung:** ArbG spart Leistungen als Versicherungsnehmer an, vgl FG Hmb EFG 03, 1000, rkr. Abgrenzung zu DirektVers s BFH VI R 66/97, BStBl II 00, 408; BFH IV R 41/00, BStBl II 02, 724 (§ 2 II Nr 3 S 4 LStDV). Achtung: Bei Abtretung der Versicherungsansprüche durch ArbG an ArbN fließt diesem das bis dahin angesparte Deckungskapital einschließl Zinsen zu (insoweit später nicht nochmals nach § 22 Nr 1 zu versteuern). – ***(c)* Leistungen aus Unterstützungskassen** (§ 4d) fließen erst bei Zahlung durch die Kasse als ArbLohn zu (FG Köln EFG 98, 875, rkr: ArbN-Anspruch nur gegen ArbG, nicht gegen Kasse). – ***(d)* Andere Versicherungsleistungen ohne Rechtsanspruch** des ArbN können bei Auszahlung als ArbLohn zufließen (BFH VI R 216/72, BStBl II 76, 694 zu Tagegeldern aus Unfallversicherung). – ***(e)* Wiederkehrende Zahlungen aus Pensionskasse, Pensionsfonds, Direktversicherung** sind bei Zufluss gem § 22 zu versteuern.

Zuflussfiktion. Der Zufluss darf grds nicht fingiert werden (BFH VI R 4/10, BFH/NV 11, 904). Zur Ausnahme bei beherrschenden KapGes'tern s „Ausschüttungen einer Kapitalgesellschaft".

§ 11a Sonderbehandlung von Erhaltungsaufwand bei Gebäuden in Sanierungsgebieten und städtebaulichen Entwicklungsbereichen

(1) [1]**Der Steuerpflichtige kann durch Zuschüsse aus Sanierungs- oder Entwicklungsförderungsmitteln nicht gedeckten Erhaltungsaufwand für Maßnahmen im Sinne des § 177 des Baugesetzbuchs an einem im Inland belegenen Gebäude in einem förmlich festgelegten Sanierungsgebiet oder städtebaulichen Entwicklungsbereich auf zwei bis fünf Jahre gleichmäßig verteilen.** [2]**Satz 1 ist entsprechend anzuwenden auf durch Zuschüsse aus Sanierungs- oder Entwicklungsförderungsmitteln nicht gedeckten Erhaltungsaufwand für Maßnahmen, die der Erhaltung, Erneuerung und funktionsgerechten Verwendung eines Gebäudes im Sinne des Satzes 1 dienen, das wegen seiner geschichtlichen, künstlerischen oder städtebaulichen Bedeutung erhalten bleiben soll, und zu deren Durchführung**

sich der Eigentümer neben bestimmten Modernisierungsmaßnahmen gegenüber der Gemeinde verpflichtet hat.

(2) [1]**Wird das Gebäude während des Verteilungszeitraums veräußert, ist der noch nicht berücksichtigte Teil des Erhaltungsaufwands im Jahr der Veräußerung als Betriebsausgaben oder Werbungskosten abzusetzen.** [2]**Das Gleiche gilt, wenn ein nicht zu einem Betriebsvermögen gehörendes Gebäude in ein Betriebsvermögen eingebracht oder wenn ein Gebäude aus dem Betriebsvermögen entnommen oder wenn ein Gebäude nicht mehr zur Einkunftserzielung genutzt wird.**

(3) **Steht das Gebäude im Eigentum mehrerer Personen, ist der in Absatz 1 bezeichnete Erhaltungsaufwand von allen Eigentümern auf den gleichen Zeitraum zu verteilen.**

(4) **§ 7h Absatz 1a bis 3 ist entsprechend anzuwenden.**

Einkommensteuer-Richtlinien: EStR 11a, EStH 11a.

§ 11b Sonderbehandlung von Erhaltungsaufwand bei Baudenkmalen

[1]**Der Steuerpflichtige kann durch Zuschüsse aus öffentlichen Kassen nicht gedeckten Erhaltungsaufwand für ein im Inland belegenes Gebäude oder Gebäudeteil, das nach den jeweiligen landesrechtlichen Vorschriften ein Baudenkmal ist, auf zwei bis fünf Jahre gleichmäßig verteilen, soweit die Aufwendungen nach Art und Umfang zur Erhaltung des Gebäudes oder Gebäudeteils als Baudenkmal oder zu seiner sinnvollen Nutzung erforderlich und die Maßnahmen in Abstimmung mit der in § 7i Absatz 2 bezeichneten Stelle vorgenommen worden sind.** [2]**Durch Zuschüsse aus öffentlichen Kassen nicht gedeckten Erhaltungsaufwand für ein im Inland belegenes Gebäude oder Gebäudeteil, das für sich allein nicht die Voraussetzungen für ein Baudenkmal erfüllt, aber Teil einer Gebäudegruppe oder Gesamtanlage ist, die nach den jeweiligen landesrechtlichen Vorschriften als Einheit geschützt ist, kann der Steuerpflichtige auf zwei bis fünf Jahre gleichmäßig verteilen, soweit die Aufwendungen nach Art und Umfang zur Erhaltung des schützenswerten äußeren Erscheinungsbildes der Gebäudegruppe oder Gesamtanlage erforderlich und die Maßnahmen in Abstimmung mit der in § 7i Absatz 2 bezeichneten Stelle vorgenommen worden sind.** [3]**§ 7h Absatz 3 und § 7i Absatz 1 Satz 2 und Absatz 2 sowie § 11a Absatz 2 und 3 sind entsprechend anzuwenden.**

Einkommensteuer-Richtlinien: EStR 11b, EStH 11b.

Anmerkungen zu §§ 11a, 11b

1 **(1) Gleichmäßige Verteilung.** Zur Rechtsentwicklung s *HHR/Kister* § 11a Rn. 1 und *HHR/Kister* § 11b Rn. 1. – Führen Baumaßnahmen an Objekten der §§ 7h und 7i nicht zu HK oder AK, sondern zu Erhaltungsaufwand, ist nach Wahl des StPfl eine gleichmäßige Verteilung dieses Erhaltungsaufwandes auf zwei bis fünf Jahre möglich. Die Vorschriften gelten unmittelbar bei WG des PV und gem § 4 VIII entspr bei WG des BV(→ § 4 Rn. 659). Verteilt werden kann nur der Erhaltungsaufwand (dazu *Götz* DStR 11, 1016), der durch die im Gesetz genannten Zuschüsse nicht gedeckt ist. IÜ müssen die Voraussetzungen der §§ 7h, 7i vorliegen (s die Erläut dort).

2 **(2) Sofortabzug.** § 11a II, der auch für § 11b gilt (s § 11b S 3), regelt den Sofortabzug des restl Erhaltungsaufwandes, wenn das Objekt veräußert (s die andere Rechtslage bei → § 10f Rn. 12), aus dem BV entnommen, in das BV eingelegt oder nicht mehr zur Einkunftserzielung genutzt wird. Miteigentümer müssen den Erhaltungsaufwand auf den gleichen Zeitraum verteilen (§ 11a III, § 11b S 3).

7. Nicht abzugsfähige Ausgaben

§ 12 [Nicht abzugsfähige Ausgaben]

Soweit in § 10 Absatz 1 Nummer 2 bis 5, 7 und 9 sowie Absatz 1a Nummer 1, den §§ 10a, 10b und den §§ 33 bis 33b nichts anderes bestimmt ist, dürfen weder bei den einzelnen Einkunftsarten noch vom Gesamtbetrag der Einkünfte abgezogen werden

1. die für den Haushalt des Steuerpflichtigen und für den Unterhalt seiner Familienangehörigen aufgewendeten Beträge. [2]Dazu gehören auch die Aufwendungen für die Lebensführung, die die wirtschaftliche oder gesellschaftliche Stellung des Steuerpflichtigen mit sich bringt, auch wenn sie zur Förderung des Berufs oder der Tätigkeit des Steuerpflichtigen erfolgen;

2. freiwillige Zuwendungen, Zuwendungen auf Grund einer freiwillig begründeten Rechtspflicht und Zuwendungen an eine gegenüber dem Steuerpflichtigen oder seinem Ehegatten gesetzlich unterhaltsberechtigte Person oder deren Ehegatten, auch wenn diese Zuwendungen auf einer besonderen Vereinbarung beruhen;

3. die Steuern vom Einkommen und sonstige Personensteuern sowie die Umsatzsteuer für Umsätze, die Entnahmen sind, und die Vorsteuerbeträge auf Aufwendungen, für die das Abzugsverbot der Nummer 1 oder des § 4 Absatz 5 Satz 1 Nummer 1 bis 5, 7 oder Absatz 7 gilt; das gilt auch für die auf diese Steuern entfallenden Nebenleistungen;

4. in einem Strafverfahren festgesetzte Geldstrafen, sonstige Rechtsfolgen vermögensrechtlicher Art, bei denen der Strafcharakter überwiegt, und Leistungen zur Erfüllung von Auflagen oder Weisungen, soweit die Auflagen oder Weisungen nicht lediglich der Wiedergutmachung des durch die Tat verursachten Schadens dienen sowie damit zusammenhängende Aufwendungen.

5. *(aufgehoben)*

Einkommensteuer-Richtlinien: EStR 12.1–12.6, EStH 12.1–4, 12.6.

Übersicht

I. Allgemeines

1 **1. Bedeutung; Aufbau.** § 12 spricht mehrere Abzugsverbote aus. Die Regelung dient spiegelbildl zu § 4 IV und § 9 der Trennung der estl relevanten **Erwerbssphäre** von der estl irrelevanten **Privatsphäre.** Die Erwerbssphäre wird durch die einzelnen Einkunftsarten bestimmt; die Privatsphäre betrifft die Einkommensverwendung. Diese Trennung ist von zentraler Bedeutung für das ESt-Recht. Auf ihrer Grundlage erfolgt die Unterscheidung zw den als BA/WK abziehbaren Erwerbsaufwendungen (**obj Nettoprinzip,** → § 2 Rn. 10, → § 9 Rn. 1 und 4) und den Privataufwendungen des StPfl. Privataufwendungen können sich jenseits der Berücksichtigung des steuerl Existenzminimums (§§ 32a, 32 VI) nach dem Einleitungssatz des § 12 nur dann steuermindernd auswirken, wenn ihr Abzug ausdrückl zugelassen ist (**subj Nettoprinzip,** → § 2 Rn. 11), entweder als SA (§§ 10, 10a, 10b) oder als agB (§§ 33, 33a, 33b). – § 12 weist folgende Aufwendungen der estl irrelevanten Privatsphäre zu: Kosten der Lebensführung des StPfl und seiner Familie einschließl Repräsentationsaufwendungen **(Nr 1),** sonstige Zuwendungen an unterhaltsberechtigte Personen **(Nr 2),** Personensteuern **(Nr 3)** und Geldstrafen und andere Sanktionen mit Strafcharakter **(Nr 4).** – Zu Berufsausbildungskosten (§ 12 Nr 5 aF) → § 9 Rn. 340 ff.

2 **2. Persönlicher Anwendungsbereich.** § 12 gilt für alle unbeschr und beschr stpfl **natürl Personen** (auch wenn sich diese zu einer PersGes zusammengeschlossen haben, → § 15 Rn. 425 mwN). Für **Körperschaften** gilt § 10 KStG, aber ohne eine § 12 Nr 1 entspr Regelung, da Körperschaften der Rspr zufolge grds über keine Privatsphäre verfügen (s BFH I R 32/06, BStBl II 07, 961: ggf vGA; str, → § 4 Rn. 55 mwN). Gemischt veranlasste Aufwendungen führen ggf nur anteilig zu einer vGA (BFH I R 40/21, BFH/NV 25, 515, Rn. 13). Zur außersteuerl Sphäre eines **eingetragenen Vereins** s BFH I R 48/13, BStBl II 15, 713.

3 **3. Neuere Rechtsentwicklung.** → 39. Aufl 2020, § 12 Rn. 3.

4 **4. Verfassungsrecht.** Das (rückwirkende) Abzugsverbot für die Kosten einer erstmaligen Berufsausbildung (§ 12 Nr 5 aF) war verfgemäß (BVerfG 2 BvL 22/14 ua, DStR 20, 93 zu § 9 VI; ebenso BFH VIII R 4/20, BStBl II 21, 11 zu § 4 IX); → § 9 Rn. 341.

5 **5. Verhältnis zu anderen Vorschriften.** Nach dem Einleitungssatz des § 12 gehen § 10 I Nr 2–5, 7, 9 und Ia Nr 1, § 10a und § 10b sowie §§ 33–33b als speziellere Regelungen vor; fallen Aufwendungen unter eine dieser Bestimmungen, gelten die Abzugsverbote des § 12 nicht. Nicht genannt wird § 10f, der aber bei Berücksichtigung des § 12 leerliefe, sodass letzterer nicht anzuwenden ist. – Zur **Vorsteuer** s § 15 Ia UStG (BFH XI R 3/22, BStBl II 23, 936) und → Rn. 40.

II. Lebensführungskosten, § 12 Nr 1

8 **1. Haushalt und Unterhalt, § 12 Nr 1 S 1.** Das Abzugsverbot des § 12 Nr 1 S 1 gilt für alle Beträge, die der StPfl für seinen Haushalt und für den Unterhalt seiner Familienangehörigen aufwendet. An sich ergibt sich diese Rechtsfolge bereits aus der jeweiligen Definition des BA-/WK-Begriffs (§§ 4 IV, 9 I 1; auch → § 9 Rn. 52). § 12 Nr 1 S 1 ist daher ledigl eine „Interpretationshilfe zur näheren Bestimmung des obj Nettoprinzips" (so zutr *Tipke/Lang* SteuerR Rn. 8.241). – Die Nennung von Haus-

halt und Unterhalt ist beispielhaft. Betroffen sind grds *alle* Aufwendungen (zum Begriff → § 4 Rn. 471 ff, → § 9 Rn. 12 ff), die die **private Lebensführung,** also die gesamte Gestaltung des privaten Lebens des StPfl betreffen, soweit sie nicht ausdrückl iRd steuerl Existenzminimums (§§ 32a, 32 VI) oder als SA und agB berücksichtigt werden (→ Rn. 1 und → § 9 Rn. 52).

Beispiele – Abzug ausgeschlossen: Aufwendungen für **Nahrung, Wohnung** und zur **Förderung der Gesundheit, bürgerl Kleidung, Brille, Armbanduhr** (vgl BFH VIII R 33/18, BStBl II 22, 614 Rn. 12; BFH GrS 1/06, BStBl II 10, 672, unter C. III.4.a.; s auch LStR 9.1 II); RA überlässt Tochter **Kanzleiräume** zu Wohnzwecken (vgl BFH VIII R 23/23, BFH/NV 25, 1283, Rn. 54: Nutzungsentnahme); **Unterhaltsleistungen** an Eltern, die keine wiederkehrenden Versorgungsleistungen iSd § 10 I Nr 1a aF sind (BFH X R 35/10, BFH/NV 11, 782); Aufwendungen des Ehepartners für **Besuchsfahrt** zur auswärtigen Tätigkeitsstätte des StPfl (BFH VI R 22/14, BStBl II 16, 179, **aA** LStR 9.11 VI Nr 2 S 3, → § 9 Rn. 251). IÜ → Rn. 25 „ABC".

2. Repräsentationskosten, § 12 Nr 1 S 2. Unter das Abzugsverbot fallen auch Aufwendungen, die die wirtschaftl oder gesellschaftl Stellung des StPfl mit sich bringt, sog private Repräsentationskosten (s BFH GrS 1/06, BStBl II 10, 672). Sie mögen zwar dem Beruf oder der einkünfterelevanten Tätigkeit des StPfl dienl sein; doch greifen hier berufl und private Veranlassungsstränge so ineinander, dass eine Trennung unmögl wäre oder nur willkürl erfolgen könnte (*Pezzer* DStR 10, 93 (95)). Es handelt sich ihrer Natur nach um private Aufwendungen, die nicht dadurch zu abziehbaren BA/WK werden, dass sie (auch) der Förderung des Berufs dienen (BFH VI R 36/13, BFH/NV 16, 194: abstrakter Kausalzusammenhang iSe *conditio sine qua non* genügt nicht; → § 9 Rn. 44 ff). 9

Beispiele – Repräsentationskosten: Aufwendungen eines Vorstandsmitglieds für Kunst im Dienst- und Vorzimmer (BFH VI R 92/92, BStBl II 93, 506); Gobelinbild im häusl Arbeitszimmer (BFH VIII R 42/87, BStBl II 91, 340). – **Keine Repräsentationskosten:** Orientteppich für 3900 DM im häusl Arbeitszimmer (BFH VI R 22/96, BFH/NV 97, 341: Gebrauchsgegenstand).

3. Kein allgemeines Aufteilungsverbot/Abzugsverbot. § 12 Nr 1 S 2 enthält kein allg Aufteilungs- und Abzugsverbot für Aufwendungen, die sowohl betriebl/berufl als auch durch die Lebensführung des StPfl veranlasst sind, sog **gemischt veranlasste Aufwendungen.** Die gegenteilige Rspr hat der Große Senat des BFH zutr aufgegeben (BFH GrS 1/06, BStBl II 10, 672; s auch *Schneider* FS BFH, S 1243; *Söhn* FS Spindler, S 795 (796 f); *Spindler* FS Lang, S 589). Ein Abzugsverbot besteht nur dann, wenn private und berufl Gründe so zusammenwirken, dass eine Trennung nicht mögl ist, weil sie schlichtweg willkürl wäre. – IEinz → § 4 Rn. 48 ff, 489 und → § 9 Rn. 54 ff; *BMF* BStBl I 10, 614. Zur früheren Rspr → 28. Aufl 2009, § 12 Rn. 11–16. 10

4. Abgrenzung Erwerbssphäre/Privatsphäre. – a) Veranlassungsprinzip. Ob Aufwendungen der Erwerbssphäre oder der Privatsphäre des StPfl zuzuordnen sind, bestimmt sich nach dem jeweiligen Veranlassungszusammenhang (Begriff → § 4 Rn. 30 ff, 480 ff; → § 9 Rn. 40 ff; *Weber* StuW 09, 184). Es handelt sich idR um Einzelfallentscheidungen, die auf einer tatrichterl Gesamtwürdigung beruhen (instruktiv: BFH VI R 43/04, BFH/NV 08, 357: Aufnahme ausl Gastlehrerin; BFH VI R 62/04, BFH/NV 08, 358: Tanzlehrerausbildung). 11

aa) Nachweispflicht. Da StPfl mitunter versuchen, Privataufwendungen als berufl veranlasst darzustellen, um so den estl Abzug dieser Aufwendungen zu erreichen, dürfen sich FinVerw und FG bei der Sachverhaltsaufklärung idR nicht allein auf die Darstellung des StPfl stützen; vielmehr hat der StPfl die berufl Veranlassung iEinz darzulegen und nachzuweisen (BFH GrS 1/06, BStBl II 10, 672 mwN). 12

bb) Tatsächliche Verwendung. Entscheidend für die Feststellung, welcher Sphäre Aufwendungen zuzuordnen sind, ist bei **Nutzung von WG** deren tatsächl 13

Verwendung (BFH VI B 80/11, BFH/NV 12, 782: Pferdehaltung; s auch BFH GrS 2/70, BStBl II 71, 17, unter II.2). Das gilt insb für WG, die auch iRd allg Lebensführung genutzt werden können (BFH VI R 15/19, BStBl II 21, 453: Schulhund/Therapiehund; BFH VI R 24/16, BStBl II 19, 376: Sky-Bundesliga-Abo eines Fußballtrainers; auch → § 4 Rn. 520 „Alltagsgegenstände"). Dagegen kann eine berufl/betriebl Verwendung idR dann ohne Weiteres angenommen werden, wenn es sich um WG handelt, die bereits *ihrer Art nach* der berufl Tätigkeit des StPfl zu dienen bestimmt sind (BFH VI R 182/75, BStBl II 77, 464, Schreibtisch; ebenso: Werkzeug des Handwerkers, Instrumente eines Berufsmusikers). – Die tatsächl Verwendung ist auch entscheidend, wenn es um Aufwendungen geht, die **Gegenleistung für eine Dienstleistung** sind (zB Hausgehilfin, die im betriebl *und* privaten Bereich eingesetzt ist, BFH IV R 66/77, BStBl II 80, 117). IÜ kommt es auf den **konkreten Verwendungszweck** der Aufwendungen an (zB Sprachkurs, Kongressreise). – Verwendung und Verwendungszweck sind anhand **objektiver Merkmale** festzustellen. Einer berufl Veranlassung steht iÜ nicht entgegen, dass die im berufl Interesse gewonnenen Erkenntnisse auch im privaten Bereich genutzt werden können (BFH VI R 5/07, BStBl II 10, 687 unter II.2.a.: Reise einer Englischlehrerin nach Irland).

14 **cc) Vermutete Verwendung.** In Zweifelsfällen darf auf die **allgemeine Lebenserfahrung** zurückgegriffen werden (krit *TK* § 96 FGO Rn. 50). Eine darauf gegründete, allg nachvollziehbare Vermutung einer privaten Nutzung kann der StPfl nicht durch bloße Gegenbehauptung widerlegen (BFH VI R 1/90, BStBl II 92, 195: Unterhaltungselektronik). Geht es um WG, die ihrer Art nach typischerweise privaten Zwecken dienen, kann die Widerlegung schwierig sein (§ 4 → Rn. 520 „Alltagsgegenstände"). **Zeugenvernehmung** darf nicht abgelehnt werden (BFH VI R 32/96, BFH/NV 97, 349). – Lässt sich eine zumindest anteilige und nicht unwesentl Nutzung für die Einkünfteerzielung tatsächl feststellen, sind die Kosten nach BFH-Rspr **aufzuteilen** (→ § 9 Rn. 54 ff).

Beispiele – nach allg Lebenserfahrung Privataufwendungen: Pay-TV-Abonnement eines Profi-Fußballers (FG RhPf DStRE 15, 1100, rkr; s aber BFH VI R 24/16, BStBl II 19, 376: konkrete Feststellungen erforderl); **Privatpilotenlizenz** (BFH IX R 49/09, BStBl II 10, 1038; BFH VI B 17/01, BFH/NV 04, 338); **Stereoanlage** und **Videorekorder/Videokamera** (BFH VI R 54/90, BFH/NV 94, 18; NdsFG EFG 93, 575, rkr). – **Kein Rückgriff auf die allg Lebenserfahrung: psychologisches Seminar** (BFH VI R 40/94, BFH/NV 02, 182). – Weitere Beispiele → 39. Aufl 2020, § 12 Rn. 14.

15 **b) Umqualifizierung an sich privater Aufwendungen.** Aufwendungen, die an sich privat veranlasst sind und zu den Lebensführungskosten zählen, können im Einzelfall zu abziehbaren **Erwerbsaufwendungen** werden, wenn die private Veranlassung durch einen einkünftebezogenen Veranlassungszusammenhang überlagert wird (→ § 9 Rn. 48; zB BFH VI R 50/10, BStBl II 13, 282 mwN: Telefonkosten während Auswärtstätigkeit).

Weitere Beispiele: Aufwendungen für **Doppelfeier** (Geburtstag und Bestellung zum StBer, s BFH VI R 46/14, BStBl II 15, 1013; → § 9 Rn. 65); Rückfahrt zur Fortsetzung eines **aus betriebl Gründen unterbrochenen Urlaubs** (BFH VI R 29/86, BStBl II 90, 423); **Beendigung einer doppelten Haushaltsführung** (BFH VI R 146/89, BStBl II 92, 667, mwN). – Zur Überlagerung an sich privater Handlungen (private Postings) durch öffentl-rechtl **Dienstpflichten eines Soldaten** s BFH VI R 16/21, BStBl II 24, 442: WK anerkannt, mE zutr. – **Nicht mehr anerkannt:** sog **umgekehrte Familienheimfahrten** (BFH VI R 22/14, BStBl II 16, 179; BFH VI R 42/15, BStBl II 18, 13 Rn. 14; **aA** *Loschelder* StuW 18, 136; LStR 9.11 VI Nr 2 S 3).

16 **c) Liebhaberei.** Tätigkeiten, die bei obj Betrachtung nicht geeignet sind, einen Totalgewinn bzw -überschuss zu erzielen, sind auch dann nicht der estl Erwerbssphäre zuzurechnen, wenn sie ansonsten den Tatbestand einer Einkunftsart erfüllen (→ § 2 Rn. 23 mwN; zur zweistufigen Prüfung der Gewinnerzielungsabsicht → § 15 Rn. 24 ff). Damit zusammenhängende Aufwendungen sind weder BA noch WK.

Das gilt vor allem für Tätigkeiten, mit denen typischerweise **persönl Neigungen** befriedigt werden (BFH IV B 81/01, BStBl II 03, 804: nicht notwendig in Form von Erholung und Freizeitgestaltung; *Tipke/Lang* SteuerR Rn. 8.133, mwN: insb Ausgleichbeschäftigungen wie Sport, Musizieren, Pferdezucht, Weinanbau etc). Davon ist grds auch dann noch auszugehen, wenn die Einnahmen die mit der Tätigkeit zusammenhängenden Aufwendungen nur unwesentl übersteigen (BFH VI R 59/91, BStBl II 93, 303: Amateurfußballspieler). Die Rspr ist zwangsläufig **einzelfallbezogen.**

BA, die einem **Abzugsverbot** gem § 4 V 1 Nr 7 unterliegen, werden bei der Prüfung der Gewinnerzielungsabsicht nicht berücksichtigt (BFH VIII B 50/24, BFH/NV 25, 1020, Rn. 16 mwN). Zur Rechtsentwicklung und zu **Übergangsproblemen** s *Kanzler* FR 23, 241. Zu den **Feststellungen,** die FA und FG zu treffen haben, s BFH X R 40/11, BFH/NV 14, 1359 (nebenberufl Kraftsportler). – IÜ: → § 13 Rn. 91 ff (LuF), → § 15 Rn. 24 ff (Gewerbebetrieb), → § 18 Rn. 75 f (künstlerische Tätigkeit) und → § 18 Rn. 99 (RA), → § 20 Rn. 12 (KapVerm) und → § 21 Rn. 25 ff (VuV).

5. Angehörigenverträge und Fremdvergleich. – a) Bedeutung; Hintergrund. Zwar steht es auch Angehörigen frei, ihre Rechtsverhältnisse untereinander steuerl möglichst günstig zu gestalten (BFH IX R 17/07, BStBl II 08, 502 unter II.1.a). Werden aber Aufwendungen als BA/WK geltend gemacht, muss wegen des häufig **fehlenden Interessengegensatzes** besonders geprüft werden, ob die zugrunde liegenden Vereinbarungen der Erwerbstätigkeit (§ 4 IV, § 9 I) zuzurechnen sind oder ob es sich um private Zuwendungen und Unterhaltsleistungen iSv § 12 Nr 1 und Nr 2 handelt (BFH VI R 28/18, BStBl II 21, 450; s auch BFH IX R 45/06, BStBl II 11, 20 Rn. 10: effektive Missbrauchsbekämpfung). Das ist grds **verfrechtl zulässig** (BVerfG 2 BvR 802/90, BStBl II 96, 34, B.I.1.; BFH VIII R 17/19, DStR 22, 407 Rn. 17 mwN) und verletzt insb nicht Art 6 GG (BFH IX R 28/15, BFH/NV 16, 1006). 20

Auch bei Angehörigenverträgen ist zunächst zu prüfen, ob ein **Scheingeschäft** (§ 41 AO) oder **Gestaltungsmissbrauch** (§ 42 AO) vorliegt (BFH VIII R 23/23, BFH/NV 25, 1283, Rn. 29 mwN; s auch *Heuermann* DB 07, 1267). Eine etwas andere Funktion hat der Fremdvergleich iZm dauernden Lasten iSv **§ 10 Ia Nr 2** (§ 10 I Nr 1a aF, s BFH X R 14/01, BStBl II 04, 826). – **Schrifttum:** *Kulosa* DB 14, 972; *Levedag* GmbHR 15, 57; *Pezzer* DStZ 02, 850. – **Finanzverwaltung:** *BMF* BStBl I 11, 37, und *BMF* BStBl I 14, 809 (Darlehensverträge).

b) Fremdvergleich. – aa) Allgemeine Grundsätze. Aus diesem Grund legt die stRspr Verträge zw nahen Angehörigen (Begriff → Rn. 23) der Besteuerung grds nur dann zugrunde, wenn sie einem sog Fremdvergleich standhalten (vgl BFH X R 44–45/17, BStBl II 19, 203 Rn. 18 mwN; *Kulosa* DB 14, 972). Das ist der Fall, wenn die vertragl Hauptpflichten klar und deutl vereinbart sind (→ Rn. 24), der Vertrag zivilrechtl wirksam abgeschlossen wurde (→ Rn. 25) und nach Inhalt und Durchführung dem entspricht, was auch zw Fremden übl ist (→ Rn. 26 ff). Dem zuletzt genannten Gesichtspunkt kommt dabei besonderes Gewicht zu (vgl BFH X R 19/17, BStBl II 19, 795 Rn. 27). Die Intensität der jeweils erforderl Prüfung kann vom **Anlass des Vertragsschlusses** abhängig sein (BFH X R 31/12, BStBl II 13, 1015). 21

So soll etwa für Darlehen zur Finanzierung der AK/HK von WG des BV ein **„eher großzügiger Fremdvergleich"** gelten (BFH X R 19/17, BStBl II 19, 795 Rn. 27, krit Anm *Kanzler* FR 19, 1131 (1138); s auch die Nachweise unter BFH X R 26/11, BStBl II 14, 374 Rn. 40); ebenso, wenn der StPfl, der einen Angehörigen beschäftigt, ansonsten einen fremden Dritten hätte einstellen müssen (BFH X R 31/12, BStBl II 13, 1015: „weniger strikt", unschädl Mehrarbeit). – Ein **„strikter Fremdvergleich"** ist dagegen vorzunehmen, wenn zB bei einem Darlehen die Darlehensmittel dem Darlehensgeber zuvor vom Darlehensnehmer geschenkt worden sind (BFH X R 26/11, BStBl II 14, 374 Rn. 37).

bb) Gesamtwürdigung. Bei den genannten Kriterien handelt es sich *nicht* um starre Tatbestandsmerkmale; sie haben **nur indizielle Bedeutung** (BVerfG 22

2 BvR 802/90, BStBl II 96, 34 unter B.I.2.). Entscheidend ist immer die Gesamtwürdigung der konkreten Umstände des Einzelfalls (vgl BFH VI R 59/15, BStBl II 18, 461 mwN). Nicht jede Abweichung vom Üblichen schließt die steuerl Anerkennung des Vertrags aus; Defizite in einem Bereich können durch Erfüllung des Fremdvergleichs in anderen Bereichen kompensiert werden (s BFH X R 44–45/17, BStBl II 19, 203 Rn. 18). Wird dagegen eines der Kriterien zu einem (Quasi-)Tatbestandsmerkmal verselbständigt, liegt **Willkür** vor (BVerfG 2 BvR 172/24, DStR 25, 1569: Schriftform iRd Fremdvergleichs). – Diese Grundsätze gelten seit dem erstgenannten Beschluss des BVerfG. Auf die *strengere Rspr vor 1995* kann daher nur eingeschränkt zurückgegriffen werden. – Die Gesamtwürdigung ist **Aufgabe des FG;** der BFH prüft nur, ob das FG von zutr Kriterien ausgegangen ist (vgl BFH X R 44–45/17, BStBl II 19, 203 Rn. 22: unzutr Erfahrungssätze) und alle maßgebl Beweisanzeichen zutr einbezogen hat (BFH IX R 8/16, BStBl II 17, 273; BFH IX R 8/07, BFH/NV 08, 350 unter II.1.a).

In die Gesamtwürdigung können auch **Tatsachen außerhalb des konkreten VZ** einbezogen werden, soweit sie für diesen von Bedeutung sind (BFH IX B 116/00, BFH/NV 01, 778 unter 4. mwN; BFH IX R 8/07, BFH/NV 08, 350 unter II.1.b). Weist der Angehörigenvertrag nach Inhalt oder Durchführung **denselben Mangel** wie ein *mit einem Fremden* geschlossener Vertrag auf, verliert der Mangel an Gewicht (BFH IX R 68/99, BStBl II 02, 699 unter II.2.b; BFH IX R 8/07, BFH/NV 08, 350 unter II.1.b).

23 **c) Nahe Angehörige; nahestehende Personen.** Die besondere Prüfung ist vor allem bei Verträgen mit **Ehegatten** (BFH X R 44–45/17, BStBl II 19, 203) oder **eingetragenen LPart** (§ 2 VIII), einem **Elternteil** (BFH X R 26/11, BStBl II 14, 374), **Kindern** (BFH VIII R 50/97, BStBl II 00, 393), **Geschwistern** (BFH IX R 69/94, BStBl II 97, 196) und **Verschwägerten** (BFH X R 19/17, BStBl II 19, 795) des StPfl vorzunehmen. Gelegentl verwendet der BFH auch den Begriff der **„nahestehenden Person"** (BFH VIII R 23/11, BeckRS 2015, 95302: langjährige Freundschaft; ebenso FG MV EFG 24, 1905: nicht-ehel Lebensgemeinschaft, Rev X R 5/24). Dies stellt eine deutl Erweiterung dar, die aber mE sachl und verfrechtl geboten ist, da eine nachteilige Sonder-Rspr nicht auf die durch Art 6 GG geschützten Personen beschränkt sein darf (*Tipke/Lang* SteuerR Rn. 8.163 mwN; *Kulosa* DB 14, 972). – Die Grundsätze des Fremdvergleichs gelten darüber hinaus auch für Verträge zw dem StPfl und einer **PersGes** (BFH VIII R 29/97, BStBl II 00, 386, unter 1.) oder **KapGes** (BFH IX B 186/01, BFH/NV 02, 1155 mwN), die von einer der genannten Personen beherrscht wird oder zu deren Ges'tern ausschließl solche Personen gehören, ohne dass einem Einzelnen eine beherrschende Stellung zukommt (BFH IX R 26/12, BFH/NV 14, 529); ferner bei Provisionszahlung einer PerGes an KapGes mit **(teil-)identischem Ges'ter-Kreis** (BFH IV R 16/12, BFH/NV 15, 1572) und im **Konzern** (BFH IV R 27/22, BStBl II 25, 697, Rn. 28). – Letztl ist immer entscheidend, ob ein besonderes Näheverhältnis vorliegt, das, aus welchen Gründen auch immer, einen **Gleichklang wirtschaftl Interessen** indiziert (vgl BFH IX R 42/15, BFH/NV 17, 1422 Rn. 14).

24 **d) Klare und eindeutige Vereinbarung.** Die vertragl **Hauptpflichten** müssen klar und eindeutig bestimmt sein (BFH X R 31/12, BStBl II 13, 1015 Rn. 24), vor allem Art und Umfang der geschuldeten Leistung sowie Höhe und Fälligkeit der Gegenleistung (iEinz → Rn. 27 ff). Maßgebl sind die Vereinbarungen, die **zu Beginn des Rechtsverhältnisses** bzw bei späteren Änderungen jeweils für die Zukunft getroffen worden sind (BFH X R 14/01, BStBl II 04, 826). Nachfolgende Änderungen wirken nicht auf frühere VZ zurück (BFH X R 19/17, BStBl II 19, 795 Rn. 34). Allerdings ist es zulässig, von einer **„dauernden Übung"** auf das Vorliegen einer im Voraus getroffenen Vereinbarung zu schließen (BFH VIII R 13/05, BStBl II 08, 568 Rn. 29). Das ist aber nicht zwingend; letztl obliegt die Wertung dem FG (BFH XI R 1/98, DStRE 99, 162). – Da die **obj Beweislast** für die betriebl/berufl Veranlassung der Aufwendungen den StPfl trifft (→ § 4 Rn. 416, → § 9 Rn. 122), ist es,

unabhängig von zivilrechtl Formvorschriften (→ Rn. 25), auf jeden Fall ratsam, den Inhalt der Vereinbarung **schriftl** festzuhalten, und zwar von Anfang an. – Fehlende Absprachen in Bezug auf vertragl **Nebenpflichten** stehen der Anerkennung einer Vereinbarung nicht unbedingt entgegen, gehen aber in die Gesamtwürdigung mit ein (BFH IX R 30/96, BStBl II 98, 349; auch → § 21 Rn. 86).

e) Zivilrechtliche Wirksamkeit. Die Einhaltung zivilrechtl Formvorschriften ist nicht zwingend Voraussetzung für die steuerl Anerkennung, hat aber vor allem bei klarer Zivilrechtslage eine **starke indizielle Bedeutung** (BFH IX R 45/06, BStBl II 11, 20 Rn. 11; BFH VIII R 29/97, BStBl II 00, 386 Rn. 15: Abweichung von § 41 I 1 AO; s auch *BMF* BStBl I 11, 37 Rn. 2). Ist allerdings den Beteiligten der Verstoß gegen Formerfordernisse nicht vorzuwerfen und bemühen sie sich zeitnah nach Bekanntwerden des Mangels um Heilung, kommt dem ursprüngl Formmangel uU nur geringe Bedeutung zu (BFH IX R 4/04, BStBl II 07, 294). 25

Beispiele: Übertragung von Grundeigentum und Schenkungsversprechen müssen grds **notariell beurkundet** werden (§ 311b, § 518 BGB). – Verträge mit minderjährigen Kindern bedürfen häufig einer **familiengerichtl Genehmigung** (§§ 1643 I, 1821, 1822 BGB) bzw der Bestellung eines **Ergänzungspflegers** (§§ 181, 1629 II, 1795, 1909 BGB); das Fehlen kann, muss aber nicht steuerl zur Versagung des BA/WK-Abzugs führen (s BFH IX R 46/08, BStBl II 11, 24; BFH IV R 24/08, BFH/NV 09, 1427; *BMF* BStBl I 11, 37; EStR 4.8 III). – Zu **Mietverträgen** → § 21 Rn. 84; zu **Gesellschaftsverträgen** → § 15 Rn. 747 (BFH IV R 52/11, DStR 14, 2111).

f) Fremdüblichkeit. Wesentl Bedeutung iRd Gesamtwürdigung (→ Rn. 22) kommt der Frage zu, ob eine Vereinbarung nach **Inhalt und Durchführung** dem entspricht, was zw Fremden übl ist (BFH X R 19/17, BStBl II 19, 795). Das gilt insb für die vertragl **Hauptpflichten.** Unübl Inhalte begründen ein starkes Indiz gegen die steuerl Anerkennung (vgl *Kulosa* DB 14, 972 (974)). Geprüft werden muss vor allem, ob die vertragl Chancen und Risiken in fremdübl Weise verteilt sind (BFH X R 19/17, BStBl II 19, 795). Ebenso muss das Vereinbarte entspr den Vereinbarungen tatsächl durchgeführt werden (BFH X R 31/12, BStBl II 13, 1015). Abweichungen in Bezug auf vertragl **Nebenpflichten** haben dagegen ein geringeres Gewicht. 26

aa) Arbeitsverträge. Hauptpflichten sind die Erbringung der Arbeitsleistung und die Lohnzahlung. Unbezahlte Mehrarbeit bei Arbeitsvertrag mit Eltern kann unschädl sein (BFH X R 31/12, BStBl II 13, 1015); ebenso fehlende Vereinbarung konkreter Arbeitszeiten (BFH IV R 44/99, BFH/NV 00, 699) und Lohnzahlung auf Oder-Konto, wenn nachweisl ArbLohn abgehoben wird (BFH IV R 68/02, BFH/NV 05, 553). – Zur Möglichkeit eines betriebsinternen (vorrangig) oder -externen (nachrangig) Fremdvergleichs für **DirektVers** → § 4b Rn. 15; zu **Pensionszusagen** s BFH VIII R 49/12, BeckRS 2015, 95104 (nicht erbrachter betriebsinterner Fremdvergleich) und → § 6a Rn. 39. 27

S iÜ zu **ArbVerh** BFH X R 1/19, BStBl II 21, 283: **Wertguthabenvereinbarungen** nach SGB IV; BFH IV R 15/98, BFH/NV 99, 919: **notwendiger Inhalt;** BFH X R 145/94, BFH/NV 97, 347: Durchführung, insb **Zufluss von ArbLohn;** → § 19 Rn. 35 „Angehörige", auch zu **Überkreuz-/Unterarbeitsverhältnissen;** zu Tätigkeitsvergütung und Pensionszusage an **Unternehmer-Ehegatten** → § 15 Rn. 592.

bb) Darlehensverträge. Hauptpflichten sind die Darlehensgewährung und (soweit vereinbart) Zinszahlungen. Problematisch sind vor allem Gestaltungen, bei denen der Darlehensnehmer dem Darlehensgeber die **Darlehensmittel geschenkt** hat unter der Bedingung der Darlehensgewährung (BFH IV R 60/98, BStBl II 99, 524); allerdings kann auch in solchen Fällen die Fremdüblichkeit zu bejahen sein (s BFH X R 26/11, BStBl II 14, 374: Darlehen zum Erwerb von AV; mit Rspr-Übersicht → Rn. 36 ff; *I. Osterloh* DStR 14, 393). Die Fremdüblichkeit ist zudem fragl bei Darlehen mit **überlanger Laufzeit** (BFH X R 19/17, BStBl II 19, 795: unbesichertes Darlehen für 35 Jahre, davon fast 20 Jahre tilgungsfrei) oder bei wechselseitiger Übernahme (BFH IX R 17/07, BStBl II 08, 502). S iÜ *Kulosa* DB 14, 972 (977 ff); 28

Levedag GmbHR 15, 57; *BMF* BStBl I 11, 37 und *BMF* BStBl I 14, 809. – Zur **Abzinsung** unverzinsl Angehörigen-Darlehen s BFH VI R 62/15, BStBl II 18, 15, VerfBeschw nicht angenommen, und → § 6 Rn. 458.

29 **cc) Kaufverträge.** Hauptpflichten sind die Übergabe des Kaufgegenstands und die Verschaffung des Eigentums daran einerseits und die Zahlung des vereinbarten Kaufpreises andererseits. Die dargestellten Regeln gelten auch hier (vgl BFH IX R 40/05, BFH/NV 06, 2236). – Beispiele → 39. Aufl 2020, § 12 Rn. 29.

30 **dd) Miete und Pacht.** Hauptpflichten sind die Gebrauchs- bzw Nutzungsüberlassung und die Miet-/Pachtzahlung (BFH VIII R 23/23, BFH/NV 25, 1283). Zu **Mietverträgen** mit Angehörigen iEinz → § 21 Rn. 86 ff; zu **Pachtverträgen** → § 13 Rn. 113. Fremdüblichkeit verneint bei Kombination aus widerrufl **Schenkung und Miete** (BFH IX R 8/16, BStBl II 17, 273). – Zu **Wirtschaftsüberlassungsverträgen** → § 13 Rn. 141.

31 **ee) Weitere Fälle des Fremdvergleichs.** Zu **PerGes** → § 15 Rn. 425 ff (ArbVerh, Darlehen, stille Ges, Miet-/Pachtverhältnisse); zu **FamilienPersGes** → § 15 Rn. 742 und BFH VIII R 17/19, DStR 22, 407 (InnenGes mit minderjährigen Kindern); zu **Betriebsaufspaltung** unter Beteiligung von Ehegatten und Kindern → § 15 Rn. 845 ff; zu unentgeltl **Übertragung eines MUeranteils** → § 16 Rn. 431; zu Unterbeteiligung zw Ehegatten iZm **§ 17** s BFH IX R 19/09, BStBl II 10, 823 und → § 17 Rn. 76; zu **Konzern** s BFH IV R 27/22, BStBl II 25, 697 (nachträgl Entgelterhöhung). – Zur **Übertragung von Einkunftsquellen** an Angehörige → § 20 Rn. 23; zu **vGA** → § 20 Rn. 43 und 56 ff.

32 **6. ABC der nicht abzugsfähigen Aufwendungen, § 12 Nr 1.** Auch → § 4 Rn. 520 (ABC der BA) und → § 19 Rn. 110 (ABC der WK); ferner → § 9 Rn. 265 (Arbeitsmittel, Bekleidung); EStH 12.1.

Abwehrkosten (Rufschädigung) → § 4 Rn. 520 „Abwehrkosten“ und FG Ddorf EFG 80, 400, rkr (Aufwendungen eines Angestellten zur Wiederherstellung des guten Rufs als Einkäufer, anerkannt; dagegen aber BFH VI R 61/13, BFH/NV 16, 1268).

Alarmanlage s „Persönliche Sicherheit“.

Angehörige → Rn. 20 ff und Kfz-Gestellung.

Arbeitsmittel → § 9 Rn. 63 (gemischte Nutzung) und 265.

Arbeitszimmer → § 4 Rn. 121 ff und 590 ff.

Ausbildungskosten → § 9 Rn. 340 ff, → § 10 Rn. 102 ff. Aufwendungen des StPfl für die Aus- oder Fortbildung der Kinder sind idR nicht als BA/WK abzugsfähig (s BFH VIII R 49/10, BStBl II 13, 309: Facharzt-Ausbildung des Sohnes zwecks Praxisfortführung; ähnl auch FG Mster DStRK 23, 243, rkr; FG Mster EFG 16, 551, rkr: Unternehmensberatung).

Auslandsreisen → § 4 Rn. 520 „Informationsreisen“, → § 9 Rn. 67 ff „Sprachkurse“ und → § 19 Rn. 110 „Studienreisen“; ferner hier „Fachkongress“.

Beerdigungskosten sind stets privat veranlasst (auch → § 33 Rn. 35 „Beerdigungskosten“).

Bewirtungskosten → § 4 Rn. 540 ff; → § 19 Rn. 110 „Bewirtung“.

Brille. Aufwendungen sind privat (BFH VIII R 33/18, BStBl II 22, 614 Rn. 12), auch bei Bildschirm-Arbeitsbrille; Ausnahme: Sehbeschwerden sind auf berufl Tätigkeit am Bildschirm zurückzuführen (BFH VI R 50/03, BFH/NV 05, 2185).

Dienstwagen s „Kfz-Gestellung“.

Ehescheidung. Folgekosten der Scheidung sind auch dann privat veranlasst, wenn der StPfl aus berufl Gründen einer „großzügigen“ Regelung zustimmt (BFH

IV R 87/74, BStBl II 77, 462). Auch keine Berücksichtigung als agB (→ § 33 Rn. 90 „Ehescheidung").

Einbürgerungskosten sind keine BA oder WK (BFH VI R 130/80, BStBl II 84, 588; Anm HFR 84, 466). S auch „Sprachkurs".

Ehrenamt → § 19 Rn. 110 „Ehrenamt" und „Arbeitnehmervertreter"; BFH VI R 17/21, BStBl II 24, 274 (WK iZm Gewerkschaftstätigkeit einer Ruhestandsbeamtin). Zu Honorarkonsul s FG Hmb EFG 94, 99, rkr: nicht abziehbar; NdsFG EFG 76, 74, rkr.

Essen s „Verpflegungskosten".

Fachkongress im Ausland → § 4 Rn. 520 „Informationsreisen", → § 9 Rn. 66 und → § 19 Rn. 110 „Studienreisen". Kongress auf einem Schiff s BFH IV R 57/87, BStBl II 89, 19 (abl); Kreuzfahrt s BFH IV B 135/97, BFH/NV 99, 611 (abl). Ausschließl berufl Veranlassung ist gegeben, wenn der StPfl auf dem Kongress einen Vortrag hält und die Teilnahme zu seinen Vertragspflichten gehört (FG Hmb EFG 01, 1423, rkr).

Feiern s „Gesellschaftliche Veranstaltungen" und → § 9 Rn. 65.

Fitnessstudio → „Gesundheit".

Flugzeug; Fluglizenz. Zur privaten Nutzung eines betriebl Flugzeugs s BFH I R 47/10, BFH/NV 11, 1019 (vGA); zur berufl Nutzung eines Privatflugzeugs s BFH VI R 37/15, BStBl II 17, 526 (berufl Veranlassung bej, aber Begrenzung auf angemessenen Betrag). Aufwendungen für den **privaten Pilotenschein** sind idR nicht als BA/WK abzugsfähig (stRspr, BFH VI R 85/02, BStBl II 05, 202 und BFH VI B 17/01, BFH/NV 04, 338, mwN). – Weitere Beispiele → 39. Aufl 2020, § 12 Rn. 32 „Flugzeug; Fluglizenz".

Garten s FG Mster DStRE 23, 715 und EStR 21.1 III 6.

Geburtstag → § 9 Rn. 65 („Feiern").

Gesellschaftliche Veranstaltungen sind idR privat veranlasst; maßgebl sind aber auch hier die konkreten Umstände (→ § 4 Rn. 520 „Sponsoring" und → § 9 Rn. 65). WK bejaht für „Katerfrühstück" mit Geschäftsfreunden (FG Bln-Bbg EFG 22, 575, rkr) und Teilnahme eines Soldaten am Regimentsball (FG Mchn EFG 84, 451, rkr; s aber FG RhPf EFG 88, 115, rkr). Zum „Herrenabend" einer Kanzlei s BFH VIII R 26/14, BStBl II 17, 161 (uU § 4 V 1 Nr 4), und BFH VIII B 129/18, BFH/NV 19, 812 (Aufteilung im Schätzungswege).

Gesundheit. Aufwendungen zur Förderung der Gesundheit sind privat veranlasst (BFH GrS 1/06, BStBl II 10, 672, C. III.4.a., mwN), zB Mitgliedsbeiträge für Fitnessstudio (BFH VI R 1/23, BStBl II 25, 348: frei gewähltes Konsumverhalten); s auch „Krankheit".

Gruppenreisen s „Fachkongress" und „Studienreisen", → § 4 Rn. 520 „Informationsreisen" und → § 19 Rn. 110 „Studienreisen" sowie → § 9 Rn. 67 (Sprachkurs).

Haushaltshilfe. Bei Tätigkeit sowohl im Betrieb als auch im Haushalt des StPfl stundenweise Aufteilung (FG Mchn EFG 98, 937, rkr). Entspr gilt bei Reinigung eines häusl Arbeitszimmers (auch → § 19 Rn. 110 „Arbeitszimmer"). Zu doppelter Haushaltsführung → § 9 Rn. 246. S ferner § 35a.

Hörgerät. Die AK sind Privataufwendungen (BFH VI B 275/00, BFH/NV 03, 1052); Kosten für Batterien können anteilig BA/WK sein (BFH IV 345/53 U, BStBl III 54, 174). Zum Abzug als agB s BFH VI R 14/11, BFH/NV 12, 39 und → § 33 Rn. 44.

Insolvenz/Insolvenzverwalter. Aufwendungen und Zahlungen sind privat veranlasst (→ § 4 Rn. 520 „Insolvenz"; → § 33 Rn. 90 „Insolvenz"); anderer Ansatz, gleiches Ergebnis: FG RhPf DStRE 24, 897 (gemischte Veranlassung, aber kein sachgerechter Aufteilungsmaßstab, also kein Abzug).

Jagd. Aufwendungen für Jagd und **Jägerprüfung** sind idR Kosten der Lebensführung (BFH VI B 92/11, BFH/NV 12, 783); Ausnahme: Jagd gehört zur Berufsausübung (BFH VI 9/59 U, BStBl III 60, 163, Forstbediensteter; anders aber bei Forstwart einer Landwirtschaftskammer, s NdsFG EFG 73, 204, rkr).

Karneval. S FG Ddorf EFG 67, 391, rkr (BA anerkannt; aber auch → § 9 Rn. 56). Einladung von Kunden zu Karnevalsveranstaltung s BFH VIII R 7/92, BStBl II 94, 843 (abl; vertiefend Anm HFR 94, 706).

Kfz-Gestellung. Kosten, die bei Privatnutzung des Dienstwagens anfallen (zB Urlaubsreise), sind keine BA/WK (BFH VIII R 32/20, BStBl II 25, 168, Rn. 27: Maut-, Fähr- und Parkkosten; BFH III R 33/24, BStBl II 25, 516, Rn. 20). Kfz-Überlassung iRe eines Familien-Arbeitsverhältnisses wird nur anerkannt, wenn die Überlassung als solche im konkreten Arbeitsverhältnis fremdübl ist (zB bei Außendienst) und zu fremdübl Konditionen erfolgt (vgl BFH X R 44–45/17, BStBl II 19, 203; BFH X B 181/13, BFH/NV 14, 523; auch → Rn. 20 ff).

Kinderbetreuung. Aufwendungen sind nicht deshalb BA/WK, weil sich der StPfl wegen der berufl Tätigkeit nicht um Haushalt und Kinder kümmern kann (zuletzt BFH VI R 60/06, BStBl II 10, 267); dies ist nicht zweifelsfrei (*Jachmann* FR 10, 125). – Gleiches gilt für Aufwendungen für ein Kindertagesheim (FG BW EFG 93, 235, rkr); Betreuungskosten für ein Enkelkind (BFH III R 73/09, BStBl II 12, 463). – Zum Abzug als SA gem **§ 10 I Nr 5** → § 10 Rn. 62 ff.

Zahlungen an **fremdsprachl Schulen** im Inland sind auch dann nicht als WK abziehbar, wenn ausl Eltern vorübergehend im Inland berufstätig sind (BFH VI R 38/97, BStBl II 01, 132; *Fröschl* HFR 01, 431).

Kleidung. Aufwendungen für bürgerl Kleidung sind weder BA noch WK (BFH GrS 1/06, BStBl II 10, 672, C. III.4.a., mwN; s auch BFH VI B 40/13, BFH/NV 14, 335, mwN). Zu typischer Berufskleidung und zu Grenzfällen → § 4 Rn. 520 „Kleidung" und → § 9 Rn. 266 f.

Beispiele – ***keine Berücksichtigung:*** **schwarzer Anzug** eines Trauerredners (BFH VIII R 33/18, BStBl II 22, 614, Anm *Kanzler* FR 22, 846; glA BFH XI R 3/22, BStBl II 23, 936: kein VorSt-Abzug); Kleidung/Accessoires einer **Influencerin/Bloggerin** NdsFG EFG 24, 759, rkr (s auch *FM SchlH* DStR 24, 1816); **Sportbekleidung** eines Fitnesstrainers/Verkäufers in einem Sportbekleidungsgeschäft (FG Bln-Bbg BeckRS 2024, 26709, rkr).

Kosmetik. Aufwendungen sind privat, auch Mehraufwendungen von Künstlern uÄ (BFH IV R 91–92/87, BStBl II 90, 49: Schauspielerin, Fernsehansagerin).

Krankheit. BA/WK nur bei typischer Berufskrankheit oder bei offenkundigem Zusammenhang mit Erwerbstätigkeit (vgl BFH VI R 36/13, BFH/NV 16, 194 mwN); auch → § 4 Rn. 520 „Krankheitskosten", → § 19 Rn. 110 „Berufskrankheit" und zu agB → § 33 Rn. 40 ff.

Nahestehende Personen → Rn. 23.

Persönliche Sicherheit s „Sicherheitsmaßnahmen".

Persönlichkeitsentfaltung. Als BA/WK abziehbar sind Aufwendungen für Kurse/Seminare, die primär auf die spezifischen Bedürfnisse des ausgeübten Berufs ausgerichtet sind (zB Verbesserung der Kommunikation, Supervision; ausführl und zutr BFH VI R 35/05, BStBl II 09, 108; BFH VI R 44/04, BStBl II 09, 106; s auch *Ehehalt* BFH/PR 09, 12); ansonsten Lebensführungskosten (BFH VI B 145/05, BFH/NV 06, 1474).

Beispiele – ***BA/WK bejaht:*** „neuro-linguistisches Programmieren" (NLP-Kurse – BFH VI R 44/04, BStBl II 09, 106). – ***BA/WK verneint:*** Shaolin-Kurs einer Zahnärztin (FG Köln EFG 14, 519, rkr); „Geld-/Empowerment-Training", Coaching-Ausbildung (FG Mster DStRE 10, 1483, rkr, mE in Bezug auf die Coaching-Ausbildung nicht verallgemeinerbar).

Pferdehaltung/Pferdezucht s „Tiere“, → § 13 Rn. 34 und → 39. Aufl 2020, § 15 Rn. 34.

Pilotenschein s „Flugzeug“.

Prozesskosten → § 4 Rn. 520 „Prozesskosten“, → § 9 Rn. 99 (nachträgl WK), → § 19 Rn. 110 „Prozesskosten“ und → § 21 Rn. 148 „Prozesskosten“. Erbrechtl Streitigkeiten betreffen stets die Privatsphäre (BFH X R 16/98, BFH/NV 01, 1262). IdR auch keine Berücksichtigung als **agB,** → § 33 Rn. 62 f.

Renovierungskosten s „Wohnungskosten“.

Rufschädigung s „Abwehrkosten (Rufschädigung)“.

Schadensersatz → § 4 Rn. 520 „Schadensersatz“; → § 19 Rn. 110 „Schadensersatz“; *Loritz* DStR 12, 2205 (2208).

Schwimmhalle. Aufwendungen bei betriebl und privater Nutzung sind nach BFH IV R 8/78, BStBl II 81, 201 nicht abzugsfähig (s auch BFH X B 229/08, nv); nunmehr (→ Rn. 10) ggf Aufteilung (s *Fischer* NWB 10, 412 (420); krit: *Söhn* FS Spindler, 795 (806)).

Sicherheitsmaßnahmen. Aufwendungen sind idR Kosten der Lebensführung (*FM Nds* FR 92, 529; HessFG EFG 88, 230, rkr; *BMF* BStBl I 97, 696 Tz 4; FG BW EFG 93, 72, rkr). Kosten für Alarmanlage sind HK des Gebäudes (BFH IX R 85/88, BStBl II 93, 544; FG Saarl EFG 00, 1249, rkr).

Sittenwidrigkeit s „Strafbare Handlungen“.

Sport. Angeordneter Dienstsport kann zum WK-Abzug führen (FG Bln-Bbg DStRE 08, 676, rkr; FG RhPf EFG 09, 16, rkr); ebenso bei Lehrerfortbildung „Snowboardfahren“ (BFH VI R 61/02, BStBl II 06, 782: konkreter Zusammenhang mit Berufstätigkeit, Einzelfall; s auch *Bergkemper* FR 06, 938; *Rößler* INF 07, 145), *Skikurs* eines Lehrers (BFH VI R 175/85, BStBl II 89, 91: Anerkennung unter engen Voraussetzungen, Erwerb einer Skilehrerlizenz; krit *Paus* DStZ 89, 230; BFH VI R 93/87, BFH/NV 91, 815; BFH VI R 61/91, BFH/NV 93, 416, mwN; FG Ddorf DStRE 02, 922, rkr; *OFD Mster* DB 90, 1538, Prüfungskatalog) und bei vom ArbG erwarteter Wettkampfteilnahme (FG RhPf DStRE 09, 336, rkr). S auch → § 9 Rn. 270 „Sportkleidung und Sportgeräte“.

Keine BA/WK: Besuch eines **Fitnessstudios** (BFH VI R 1/23, BStBl II 25, 348; FG LSA EFG 07, 29, rkr); **Tennissport** eines Polizeibeamten (FG Mster EFG 94, 238, rkr); Mitgliedschaft in **Golfclub** (FG Mchn EFG 97, 1105, rkr); **Surfkurs** (FG Köln EFG 93, 71, rkr; FG RhPf EFG 95, 513, rkr).

Sportmedizin. Ausbildungskurs zum „Sportmediziner“ am Gardasee kann zu WK führen (BFH VI R 66/04, BStBl II 10, 685; auch der sportpraktische Teil wäre im Zweifel anzuerkennen gewesen, hätte der Kläger ebenfalls Revision eingelegt; s auch *Kanzler* StbJb 2010/2011, 43 (56)).

Sprachkurs. Zu **Fremdsprachen** → § 9 Rn. 67 ff. Aufwendungen eines in Deutschland lebenden Ausländers für das Erlernen der **dt Sprache** sind der Rspr zufolge auch dann nicht als BA/WK abziehbar, wenn die Sprachkenntnisse für die Berufsausübung oder ein berufsergänzendes Studium förderl sind (private Lebensführung, s BFH VI R 14/04, BStBl II 07, 814; BFH VI R 72/06, BFH/NV 07, 2096; FG Hmb EFG 17, 1789, rkr; FG Nbg EFG 15, 2052; **aA** mit guten Gründen *Beiser* DB 07, 1720).

Strafbare Handlungen können ebenso wie sittenwidrige Handlungen stpfl Einnahmen (→ § 15 Rn. 45) und Erwerbsaufwendungen begründen (§ 40 AO; BFH VI R 27/15, BStBl II 18, 441; auch → § 4 Rn. 492 und → § 9 Rn. 92). Zu Geldstrafen → Rn. 42 f.

Studienreisen → § 4 Rn. 520 „Informationsreisen“, → § 9 Rn. 67 ff „Sprachkurse“ und → § 19 Rn. 110 „Studienreisen“.

Tageszeitung → § 9 Rn. 270 „Tageszeitung".

Tanzkurs einer Musiklehrerin kann zu WK führen (s BFH VI R 62/04, BFH/NV 08, 358).

Telefonkosten → Rn. 15 und → § 19 Rn. 110 „Telekommunikationsaufwendung".

Testamentsvollstrecker. Kosten sind ggf im Schätzwege aufzuteilen, soweit sie zum Vermögens- (kein Abzug; FG Köln EFG 98, 752, rkr) oder zum Verwaltungsbereich gehören (Einkünfteerzielungsvermögen; zusammenfassend *Noll/Schuck* DStR 93, 1437).

THW. Fahrtkosten für Diensteinsätze sind keine WK (FG BW EFG 94, 699, rkr).

Tiere. Da Tiere häufig iRd allg Lebensführung gehalten werden, kommt es auch hier auf den (nachweisbaren) tatsächl Verwendungszweck im Einzelfall an (→ Rn. 13; BFH VI B 80/11, BFH/NV 12, 782: Pferdehaltung, WK verneint). Aufwendungen für den vom Dienstherrn zugewiesener **Diensthund** eines Polizisten sind WK (BFH VI R 45/09, BStBl II 11, 45: Arbeitsmittel).

Weitere Beispiele – ***WK bejaht:*** privat angeschaffter **„Schulhund"** einer Lehrerin (BFH VI R 52/18, BFH/NV 21, 626: 50% WK bei arbeitstägl Einsatz; BFH VI R 15/19, BStBl II 21, 453; **aA** FG RhPf EFG 18, 726, rkr); **Jagdhund** eines Försters (BFH VI 9/59 U, BStBl III 60, 163). – ***WK verneint:*** **„Wachhund"** eines Schul-Hausmeisters (BFH VI R 101/86, BFH/NV 91, 234) oder einer Landärztin (BFH IV R 103/75, BStBl II 79, 512).

Umzugskosten s BFH VI R 3/23, BStBl II 25, 650; FG Mster EFG 25, 1220, rkr; *Grotherr* FR 23, 869.

Unterkunft → „Wohnungskosten".

Versicherungsbeiträge → § 4 Rn. 178 ff; → § 9 Rn. 173; → § 19 Rn. 110 „Versicherungsbeiträge".

Verpflegungskosten. Kosten der Ernährung sind grds *unverzichtbare* Aufwendungen der **Lebensführung** (allg → § 9 Rn. 52). Eine Berücksichtigung als BA oder WK ist auch dann nicht mögl (auch nicht teilweise), wenn der StPfl wegen der Eigenart seines Berufs allg einen erhöhten Bedarf an Nahrungsmitteln hat (zB als Sportler oder Schwerarbeiter; HessFG EFG 89, 172, rkr; s auch BFH X R 40/11, BFH/NV 14, 1359); idR wird es ohnehin an einem objektivierbaren Aufteilungsmaßstab fehlen (so zutr *Söhn* FS Spindler, S 795 (805)). Zu berufsbedingten Verpflegungsmehraufwendungen → § 4 Rn. 570; → § 9 Rn. 310 ff.

Wehrdienst → 43. Aufl 2024, § 12 Rn. 32 „Wehrdienst".

Wohnungskosten. Aufwendungen für die eigene Wohnung sind grds unverzichtbare Aufwendungen der Lebensführung (→ § 9 Rn. 52; s auch BFH VI R 2/11, BStBl II 12, 104 Rn. 13). Sie sind nur dort zu berücksichtigen, wo der Gesetzgeber den Abzug eines betriebl/berufl Mehraufwands zulässt (BFH IX R 24/13, BFH/NV 14, 1197). IEinz → § 4 Rn. 520 „Geschäftsreise" und „Umzugskosten", → § 4 Rn. 590 ff (Arbeitszimmer und Homeoffice), → § 9 Rn. 246 und 260 (doppelte Haushaltsführung, Übernachtungskosten) und → § 19 Rn. 110 „Umzugskosten". Zur Berücksichtigung zwangsläufiger Aufwendungen s *Bergkemper* FR 05, 103; **aA** *Söhn* FS Spindler, S 795 (804).

Beispiele – ***kein Abzug:*** Mehraufwand für **Familienmitnahme** bei berufl Entsendung ins Ausl (BFH VI R 55/16, BFH/NV 18, 1145: Aufteilung nach Köpfen unter Berücksichtigung eines „Sockelbetrags" für Ein-Personenhaushalt; FG Nds BeckRS 2025, 33951, rkr: modifizierte Aufteilung); Anmietung einer Wohnung wegen **Vermietung der eigenen Wohnung** (BFH IX R 24/13, BFH/NV 14, 1197; keine „negative Eigenmiete"); **Verzögerung eines berufsbedingten Umzugs** (BFH VI B 13/03, BFH/NV 03, 1182); Renovierung der neuen Wohnung (Privaträume) nach berufl veranlasstem Umzug (BFH X B 153/11, BFH/NV 12, 1956: keine Aufteilung mögl); vollständig eingerichtete **Zweitwohnung eines Gewerbetreibenden,** die dieser über weite Zeiträume des Jahres mit seiner Ehefrau bewohnt (BFH IV R 100/72,

BStBl II 76, 776, zutr, da sich der Lebensmittelpunkt zeitweise in der Zweitwohnung befindet). – Zu **wechselseitiger Vermietung** s BFH IX R 18/12, BFH/NV 13, 1094: rechtsmissbräuchl.

Zeitung, Zeitschriften → § 9 Rn. 270 „Zeitschriften".

Zinsen → Rn. 38 und → § 4 Rn. 152 ff, → § 9 Rn. 141 ff, → § 21 Rn. 148 „Erbauseinandersetzung".

III. Zuwendungen, § 12 Nr 2

1. Bedeutungsverlust. Das Abzugsverbot für Zuwendungen in § 12 Nr 2 ist historisch bedingt; es diente bis VZ 2007 der Suspendierung von § 10 I Nr 1a aF bei freiwillig begründeten Rentenverpflichtungen und dauernden Lasten sowie bei Verpflichtungen ggü unterhaltsberechtigten Personen (vgl BFH X R 11/01, BStBl II 04, 820; BFH IX R 29/09, BFH/NV 10, 2257; s auch → 26. Aufl 2007, § 12 Rn. 26). Mit der abschließenden Regelung der unentgeltl **Vermögensübergabe gegen Versorgungsleistungen** durch das JStG 2008 (damals § 10 I Nr 1a, jetzt: § 10 Ia Nr 2) bleibt für das Abzugsverbot kein eigener, konstitutiver Anwendungsbereich mehr (iEinz → § 10 Rn. 111 ff, auch zur Weitergeltung des alten Rechts für Altverträge bis Ende 2007; *BMF* BStBl I 10, 227). § 12 Nr 2 hat aber durchaus noch **klarstellende Bedeutung** (→ Rn. 35). 34

Zwar wird **§ 10 Ia Nr 2** im Einleitungssatz des § 12 nicht bei den Regelungen genannt, die dem Abzugsverbot vorgehen (→ Rn. 5). Nach stRspr handelt es sich aber bei der Vermögensübergabe gegen Versorgungsleitungen um vorbehaltene Vermögenserträge (vgl BFH VI R 43/16, BFH/NV 19, 1335 Rn. 14; → § 10 Rn. 112 mwN), die keine Zuwendung (→ Rn. 22) und damit keine Unterhaltsleistungen iSd § 12 Nr 2 sind; Abgrenzung → 38. Aufl 2019, § 10 Rn. 145 *(3)*. Zur Abgrenzung nach § 10 I Nr 1a aF s BFH X R 13/18, BFH/NV 21, 304 (Versorgungsleistungen nach Verzicht auf Pflichtteilsanspruch).

2. Zuwendungen. Der Begriff „Zuwendung" ist im Gesetz nicht geregelt, wird aber allg verstanden als eine **unentgeltl Leistung,** also eine Leistung, der keine Gegenleistung gegenübersteht (BFH X R 6/19, BStBl II 21, 557 Rn. 29 f, auch zur „Wechselwirkung" mit § 22 Nr 1 S 2 Hs 1). Herkömmlicherweise wird bei § 12 Nr 2 zw einmaligen und regelmäßig wiederkehrenden Leistungen unterschieden, wobei sich die Abzugsfähigkeit **einmaliger Leistungen** nach hA ohnehin nicht nach § 12 Nr 2 richtet, sondern nach den allg Regelungen (**aA** *BeckOK EStG* § 12 Rn. 159). Letzteres trifft aber inzwischen, nach dem Bedeutungsverlust des Abzugsverbots (→ Rn. 34), auch auf **wiederkehrende Leistungen** zu. Damit bestätigt § 12 Nr 2 ledigl, was sich ohnehin schon aus den estl Vorschriften ergibt: Zuwendungen sind nur dann abzugsfähig, wenn es sich um BA, WK, agB oder um sonst vom Gesetz ausdrückl zum Abzug zugelassene Aufwendungen handelt. Das gilt für alle drei Tatbestandsalternativen des § 12 Nr 2. – Die Regelung ist gleichwohl nicht überflüssig. Sie benennt Konstellationen, in denen Aufwendungen **typischerweise privat veranlasst** sind. Sie dient damit, wie § 12 Nr 1, als Interpretationshilfe bei der Unterscheidung zw estl zu berücksichtigen und estl nicht zu berücksichtigenden Leistungen. Daher greift auch die Rspr vor allem in Abgrenzungs- und Aufteilungsfällen immer wieder auf § 12 Nr 2 zurück. 35

Beispiele: Schuldrechtl Versprechen des Ehemannes, **künftige Veräußerungserlöse** aus dem Verkauf von Aktien teilweise der Ehefrau zuzuwenden (BFH IX R 40/15, BFH/NV 17, 572: keine Minderung des Veräußerungspreises); Leistungen des Nutzungsberechtigten eines **Wirtschaftsüberlassungsvertrags,** die das marktübl Entgelt übersteigen (vgl BFH VI R 59/15, BStBl II 18, 461 Rn. 33: „insoweit … gem § 12 Nr 2 EStG nicht als BA abziehbare Unterhaltsleistungen"; ebenso: BFH X R 16/13, BStBl II 14, 889; iÜ zu Wirtschaftsüberlassungsverträgen → § 13 Rn. 141 ff); Reparaturaufwendungen als BA eines **Vorbehaltsnießbrauchers** (BFH IV R 20/07, BFH/NV 10, 20).

36 **3. Keine Zurechnung von Einkünften und Aufwendungen.** Für die Frage, wem Einkünfte oder Aufwendungen zuzurechnen sind, gibt § 12 Nr 2 nichts her. **Einkünfte** sind demjenigen zuzurechnen, der den Tatbestand der Einkunftserzielung erfüllt (→ § 2 Rn. 18 ff; → § 13 Rn. 111 ff; → § 15 Rn. 135 ff; → § 19 Rn. 7 f; → § 20 Rn. 230 ff; → § 21 Rn. 71 ff). Welche **Aufwendungen** der Einkunftserzieler von den stpfl Einnahmen steuermindernd abziehen kann, richtet sich vor allem nach § 4 IV (BA, → § 4 Rn. 500 ff) und § 9 I (WK, → § 9 Rn. 16 ff). Aufwendungen, die außerhalb der Einkünfteermittlung von der Summe der Einkünfte (§ 2 III), vom Gesamtbetrag der Einkünfte (§ 2 IV) oder vom Einkommen (§ 2 V) abgezogen werden dürfen, müssen vom Gesetz ausdrückl zum Abzug zugelassen werden. Fehlt eine positive Abzugsregelung, sind die Aufwendungen von vornherein nicht abzugsfähig. Zu dieser Erkenntnis bedarf es keiner besonderen Regelung, auch wenn § 12 Nr 2 von der Rspr gelegentl idS angewendet wird (s zB BFH VIII R 134/81, BStBl II 84, 705, und BFH IV R 60/98, BStBl II 99, 524: Zinsen auf Grund eines Schenkungsversprechens; glA *BH/Thürmer* § 12 Rn. 141 f; *BeckOK EStG* § 12 Rn. 147; *KSM* § 12 A 8).

Auch die Problematik der Anerkennung von sog **Familienarbeitsverhältnissen** (BFH X R 31/12, BStBl II 13, 1015) von FamilienPersGes, von unentgeltl am Grundbesitz oder KapVerm eingeräumten **Nutzungsrechten** (Nießbrauch, Wohnrecht, sonstige dingl oder obligatorische Nutzungsrechte) und von Familiendarlehensverträgen (BFH X R 26/11, BStBl II 14, 374) ist unabhängig von § 12 Nr 2 zu entscheiden. Auch → Rn. 20 ff und zur estl Behandlung von FamilienPersGes → § 15 Rn. 740 ff.

IV. Steuern, § 12 Nr 3

38 **1. Bedeutung; Anwendungsbereich.** Steuern können nur als Aufwand berücksichtigt werden, wenn sie BA oder WK sind (→ § 4 Rn. 520 „Steuern" und → § 9 Rn. 170) oder wenn ihre Berücksichtigung sonst ausdrückl zugelassen wird (KiSt: § 10 I Nr 4, → § 10 Rn. 60). Somit hat auch § 12 Nr 3 weitgehend klarstellende Bedeutung (BFH VIII R 53/14, BStBl II 18, 687 Rn. 24); denn die **Personensteuern** (ESt, LSt, *Annexsteuern* wie Ergänzungsabgaben, Stabilitätszuschläge, Investitionshilfeabgabe) erfüllen nicht die tatbestandl Voraussetzungen von BA, WK oder agB (BFH III R 33/14, BStBl II 16, 44: Teil der Privatsphäre; BFH VI R 19/20, BStBl II 22, 633). Eine **Erstattung von ESt** kann trotzdem zu Einkünften iSv § 24 führen (BFH IX R 5/23, BStBl II 25, 446, Rn. 33). – **Zinsen** für ein zur Begleichung der ESt aufgenommenes Darlehen sind keine BA/WK (BFH IV R 122/90, BStBl II 92, 342; NdsFG EFG 07, 1147, rkr); dasselbe gilt für **Nachzahlungszinsen** gem § 233a AO (BFH IV R 6/08, BFH/NV 11, 430; BFH VIII R 33/07, BStBl II 11, 503). Dass hingegen **Erstattungszinsen** zu Einnahmen aus KapVerm führen, verstößt nicht gegen Art 3 GG (BFH VIII R 8/21, BStBl II 23, 1043: keine Korrespondenz; zu Rückzahlung → § 20 Rn. 120; iÜ → § 4 Rn. 460 „Zinsen"; *Kessler ua* DStR 21, 2929 (2932 f)). Ob Zinsen überhaupt von § 12 Nr 3 erfasst werden (so wohl BFH IX B 21/18, BStBl II 18, 415; glA *Schüppen* DStR 26, 121), ist daher letztl unerhebl (offen gelassen in BFH VIII R 53/14, BStBl II 18, 687 Rn. 26 mwN). – Eine **Haftung** für *fremde* Steuern fällt nicht unter § 12 Nr 3 (s BFH VI R 19/20, BStBl II 22, 633: auch nicht bei Haftung des angestellten Geschäftsführers für LSt, die auf den eigenen ArbLohn entfällt).

Rechtsverfolgungskosten betr ESt sind insoweit als BA/WK abziehbar, als sie mit dem Einkünftebereich zusammenhängen (BFH VIII R 27/08, BFH/NV 10, 2038); auch → § 4 Rn. 520 „Prozesskosten". Für Beratungskosten bei Erstellung **strafbefreiender Erklärungen** hat der BFH dies verneint (s BFH VIII R 29/10, BStBl II 13, 344). Zum Abzug einer KSt-Haftungsschuld als WK des Ges'tergeschäftsführers s FG Mster EFG 00, 481, rkr (verneint, soweit Haftung die KSt der eigenen Kapitaleinkünfte betr). Zur „internen Steuer" des **Europäischen Patentamts** s FG Mchn EFG 15, 131 rkr.

2. Erbschaftsteuer; Schenkungsteuer. Sie ist Personensteuer iSd § 12 Nr 3 und fällt unter das Abzugsverbot (BFH X R 63/08, BStBl II 11, 680 mwN; s aber ab 2009 § 35b; krit *Keß* FR 11, 575). Eine sich daraus ergebende Doppelbelastung einschließl der damit verbundenen Härten hat der Gesetzgeber in Kauf genommen (BFH II R 23/09, BStBl II 10, 641 – VerfBeschw nicht angenommen, s BVerfG 1 BvR 1432/10, HFR 15, 695). 39

Ebenfalls nicht als BA/WK abziehbar: Zinsen für ein **Darlehen** zur Begleichung der Steuer (vgl BFH IV R 122/90, BStBl II 92, 342; NdsFG EFG 03, 297, rkr); SchenkungSt nach Wegfall des **Verschonungsabschlags** (FG Mchn BeckRS 2019, 9660); Vorkosten nach **§ 10e VI** (BFH X R 42/97, BFH/NV 01, 307); bei einem teilentgeltl Erwerb kann angefallene SchenkungSt nicht als **AfA** steuermindernd berücksichtigt werden (FG Mster EFG 94, 1037, rkr).

3. Umsatzsteuer. USt, die auf unentgeltl Wertabgaben iSv § 3 Ib Nr 1, IXa UStG entfällt (früher: Eigenverbrauch), darf estl nicht abgezogen werden; denn es handelt sich um „USt für Umsätze, die Entnahmen sind" iSv § 12 Nr 3. Dieser Entnahmebegriff ist estl zu verstehen (NdsFG EFG 23, 747, rkr); er umfasst also Gegenstands- und Nutzungsentnahmen (*Lohse/Zeiler* StB 00, 203). Zur Behandlung der USt bei der **privaten Kfz-Nutzung** iZm der 1%-Regelung → § 6 Rn. 544. – Ferner dürfen **VorSt** auf privat veranlasste Aufwendungen (§ 12 Nr 1; s BFH V R 29/20, BStBl II 23, 986 Rn. 56; BFH XI R 3/22, BStBl II 23, 936 Rn. 14) und auf die genannten unter das Abzugsverbot des § 4 V fallenden Aufwendungen nicht abgezogen werden (vgl EStR 4.10 V 8; s auch § 15 Ia Nr 1 UStG; BFH XI R 32/22, BFH/NV 26, 136). Dieser Aufwand wird als privater Endverbrauch somit weder bei der USt noch bei der ESt entlastet. 40

Durch StÄndG 2003 (BGBl I 03, 2645) wurde der **Vorsteuerabzug aus Reise- und Fahrtkosten der ArbN** wieder zugelassen, soweit der Unternehmer Leistungsempfänger ist. – Der in **Verpflegungsmehraufwendungen** enthaltene UStBetrag ist als VorSt abziehbar, soweit der Verpflegungsmehraufwand in den Grenzen des § 4 V 1 Nr 5 liegt; die darin enthaltene USt kann als BA/WK abgezogen werden (*Birkenfeld/Wäger* USt-Handbuch, § 16 Rn. 56); die Verpflegungspauschbeträge sind also ungekürzt als BA/WK abziehbar.

4. Steuerliche Nebenleistungen. Was steuerl Nebenleistungen sind, ergibt sich aus § 3 IV AO. Sie teilen gem § 12 Nr 3 Hs 2 das Schicksal der Steuer, zu der sie gehören. Daher können ua Säumniszuschläge (§ 240 AO), Verspätungszuschläge (§ 152 AO), Zwangsgelder (§ 329 AO) und Kosten (§§ 337 ff AO) zur ESt und den sonstigen zu § 12 Nr 3 genannten Steuern nicht als WK oder BA abgezogen werden; dasselbe gilt für **Zinsen** (§ 3 IV Nr 4 iVm §§ 233 ff; EStH 12.4; auch → Rn. 38), für Zuschläge nach § 162 IV und IVa (*BMF* BStBl I 20, 1325 Rn. 89) und für Gebühren einer **verbindl Auskunft** (vgl BFH I R 24/19, BStBl II 24, 550 zu § 10 Nr 2 Hs 2 KStG). Zum **Strafzuschlag nach § 398a AO** s *Roth* DStR 11, 1410. 41

V. Geldstrafen; Auflagen; Weisungen, § 12 Nr 4

1. Bedeutung. Geldstrafen wegen einer **Straftat** sind grds der persönl Sphäre des StPfl zuzurechnen und daher (anders als Geldbußen etc, s § 4 V 1 Nr 8) bereits ihrem Anlass nach nicht als BA/WK abziehbar (ausführl BFH IV R 260/84, BStBl II 86, 518; BFH VIII R 93/85, BStBl II 86, 845, zu Auflagen gem § 153a I 2 Nr 2 StPO). Auch Nr 4 hat somit weitgehend nur klarstellende Bedeutung. – Zur gesamten Problematik s *Lang* StuW 85, 11; vgl auch → § 4 Rn. 604 ff und → § 19 Rn. 100 „Geldbuße; Geldstrafe; Geldauflage". 42

2. Geldstrafen, Auflagen, Weisungen. Anders als in § 4 V 1 Nr 8 ist nicht bestimmt, dass die Geldstrafe (sonstige Nebenfolge) von einem inl Gericht verhängt worden sein muss; daher sind auch die von einem ausl Gericht verhängten Geldstrafen nicht abziehbar. Das Abzugsverbot gilt aber insoweit nicht, als die ausl Geldstrafe wesentl Grundsätze der dt Rechtsordnung verletzt (BFH VIII R 89/86, BStBl II 92, 43

85) oder aber mit der ausl Geldstrafe nach dt Recht ein persönl Unwerturteil nicht verbunden ist (str, s *HHR/Fissenewert* § 12 Rn. 150; **aA** *BH/Thürmer* § 12 Rn. 220). – Zu den **sonstigen Rechtsfolgen vermögensrechtl Art** mit *Strafcharakter* s EStH 12.3 (*Seer/Krumm* StuW 06, 346). – **Geldauflagen** gem § 153a I 2 Nr 2 StPO und gem § 56b II 1 Nr 2 und 3 StGB unterliegen ebenfalls dem Abzugsverbot (BFH X R 6/23, DStR 25, 958, Rn. 16; BFH VI R 47/06, BStBl II 09, 151; EStH 12.3).

Kein Abzugsverbot: Dagegen hat die Auflage in einem StStrafverfahren, die hinterzogene Betriebssteuer zu zahlen, *Wiedergutmachungscharakter* (die Betriebssteuer bleibt als BA abzugsfähig, s *Bordewin* FR 84, 411). Dasselbe gilt für Geldauflagen, die der **Gewinnabschöpfung** dienen (FG Mster EFG 24, 774 rkr, zu § 153a I 2 Nr 1 StPO), und für Geldauflagen nach § 56b II 1 Nr 1 StGB, ebenso für Verfallsanordnungen bzw Einziehungsanordnungen gem §§ 73 bis 73e StGB (BFH X R 6/23, DStR 25, 958, Rn. 19 ff; BGH 1 StR 473/23, NStZ 25, 425, Rn. 14)). – Zur **Übernahme durch ArbG** → § 19 Rn. 100 „Geldbuße"; **Zahlung durch die Ges** s BFH VIII R 21/11, BFH/NV 15, 191.

44 **3. Zusammenhängende Aufwendungen.** Mit dem **„JStG 2019"** (BGBl I 19, 2451) ist das Abzugsverbot auf solche Aufwendungen erweitert worden, die mit der festgesetzten Geldstrafe etc zusammenhängen (BT-Drs 19/13436 S 91, 96: Anpassung an § 4 V 1 Nr 8 und Nr 10). Dies gilt für alle Aufwendungen, die nach dem 31. 12. 18 entstanden sind und mit nach dem 31. 12. 18 festgesetzten Sanktionen zusammenhängen (doppelter Vorbehalt, s § 52 XX). Den Gesetzesmaterialien zufolge fallen jedenfalls **Zinsen** zur Finanzierung der verhängten Sanktion unter das Abzugsverbot. Fragl mag erscheinen, ob das künftig auch für die **Kosten des Strafverfahrens** (Gerichts- und Anwaltskosten für Beratung/Verteidigung) gilt, die bislang nach hA nicht unter § 12 Nr 4 fielen (s BFH VI R 75/10, BFH/NV 11, 2040 mwN). ME ist das nicht der Fall. Nach der gesetzl Formulierung („festgesetzte Geldstrafen … sowie *damit* zusammenhängende Aufwendungen") knüpft das Abzugsverbot an die Geldstrafe als verhängte Sanktion an, also an das Ergebnis des Strafverfahrens, nicht an das Verfahren selbst (str, glA *Gehm* EStB 22, 315; *BeckOK EStG* § 12 Rn. 228; **aA** *BH/Thürmer* § 12 Rn. 214).

8. Die einzelnen Einkunftsarten

a) Land- und Forstwirtschaft (§ 2 Absatz 1 Satz 1 Nummer 1)

§ 13 Einkünfte aus Land- und Forstwirtschaft

(1) Einkünfte aus Land- und Forstwirtschaft sind

1. Einkünfte aus dem Betrieb von Landwirtschaft, Forstwirtschaft, Weinbau, Gartenbau und aus allen Betrieben, die Pflanzen und Pflanzenteile mit Hilfe der Naturkräfte gewinnen. [2]Zu diesen Einkünften gehören auch die Einkünfte aus der Tierzucht und Tierhaltung, wenn im Wirtschaftsjahr

für die ersten 20 Hektar	**nicht mehr als 10 Vieheinheiten,**
für die nächsten 10 Hektar	**nicht mehr als 7 Vieheinheiten,**
für die nächsten 20 Hektar	**nicht mehr als 6 Vieheinheiten,**
für die nächsten 50 Hektar	**nicht mehr als 3 Vieheinheiten**
und für die weitere Fläche	**nicht mehr als 1,5 Vieheinheiten**

je Hektar der vom Inhaber des Betriebs regelmäßig landwirtschaftlich genutzten Fläche erzeugt oder gehalten werden. [3]Die Tierbestände sind nach dem Futterbedarf in Vieheinheiten umzurechnen. [4]§ 241 Absatz 2 bis 5 des Bewertungsgesetzes ist anzuwenden. [5]Die Einkünfte aus Tierzucht und Tierhaltung einer Gesellschaft, bei der die Gesellschafter als Unternehmer (Mitunterneh-

mer) anzusehen sind, gehören zu den Einkünften im Sinne des Satzes 1, wenn die Voraussetzungen des § 13b erfüllt sind und andere Einkünfte der Gesellschafter aus dieser Gesellschaft zu den Einkünften aus Land- und Forstwirtschaft gehören;
2. **Einkünfte aus sonstiger land- und forstwirtschaftlicher Nutzung (§ 242 des Bewertungsgesetzes);**
3. **Einkünfte aus Jagd, wenn diese mit dem Betrieb einer Landwirtschaft oder einer Forstwirtschaft im Zusammenhang steht;**
4. **Einkünfte von Hauberg-, Wald-, Forst- und Laubgenossenschaften und ähnlichen Realgemeinden im Sinne des § 3 Absatz 2 des Körperschaftsteuergesetzes.**

(2) **Zu den Einkünften im Sinne des Absatzes 1 gehören auch**
1. **Einkünfte aus einem land- und forstwirtschaftlichen Nebenbetrieb. [2]Als Nebenbetrieb gilt ein Betrieb, der dem land- und forstwirtschaftlichen Hauptbetrieb zu dienen bestimmt ist;**
2. **der Nutzungswert der Wohnung des Steuerpflichtigen, wenn die Wohnung die bei Betrieben gleicher Art übliche Größe nicht überschreitet und das Gebäude oder der Gebäudeteil nach den jeweiligen landesrechtlichen Vorschriften ein Baudenkmal ist;**
3. **die Produktionsaufgaberente nach dem Gesetz zur Förderung der Einstellung der landwirtschaftlichen Erwerbstätigkeit.**

(3) **[1]Die Einkünfte aus Land- und Forstwirtschaft werden bei der Ermittlung des Gesamtbetrags der Einkünfte nur berücksichtigt, soweit sie den Betrag von 900 Euro übersteigen. [2]Satz 1 ist nur anzuwenden, wenn die Summe der Einkünfte 30 700 Euro nicht übersteigt. [3]Im Fall der Zusammenveranlagung von Ehegatten verdoppeln sich die Beträge der Sätze 1 und 2.**

(4) **[1]Absatz 2 Nummer 2 findet nur Anwendung, sofern im Veranlagungszeitraum 1986 bei einem Steuerpflichtigen für die von ihm zu eigenen Wohnzwecken oder zu Wohnzwecken des Altenteilers genutzte Wohnung die Voraussetzungen für die Anwendung des § 13 Absatz 2 Nummer 2 des Einkommensteuergesetzes in der Fassung der Bekanntmachung vom 16. April 1997 (BGBl. I S. 821) vorlagen. [2]Der Steuerpflichtige kann für einen Veranlagungszeitraum nach dem Veranlagungszeitraum 1998 unwiderruflich beantragen, dass Absatz 2 Nummer 2 ab diesem Veranlagungszeitraum nicht mehr angewendet wird. [3]§ 52 Absatz 21 Satz 4 und 6 des Einkommensteuergesetzes in der Fassung der Bekanntmachung vom 16. April 1997 (BGBl. I S. 821) ist entsprechend anzuwenden. [4]Im Fall des Satzes 2 gelten die Wohnung des Steuerpflichtigen und die Altenteilerwohnung sowie der dazugehörende Grund und Boden zu dem Zeitpunkt als entnommen, bis zu dem Absatz 2 Nummer 2 letztmals angewendet wird. [5]Der Entnahmegewinn bleibt außer Ansatz. [6]Werden**
1. **die Wohnung und der dazugehörende Grund und Boden entnommen oder veräußert, bevor sie nach Satz 4 als entnommen gelten, oder**
2. **eine vor dem 1. Januar 1987 einem Dritten entgeltlich zur Nutzung überlassene Wohnung und der dazugehörende Grund und Boden für eigene Wohnzwecke oder für Wohnzwecke eines Altenteilers entnommen,**

bleibt der Entnahme- oder Veräußerungsgewinn ebenfalls außer Ansatz; Nummer 2 ist nur anzuwenden, soweit nicht Wohnungen vorhanden sind, die Wohnzwecken des Eigentümers des Betriebs oder Wohnzwecken eines Altenteilers dienen und die unter Satz 4 oder unter Nummer 1 fallen.

(5) **Wird Grund und Boden dadurch entnommen, dass auf diesem Grund und Boden die Wohnung des Steuerpflichtigen oder eine Altenteilerwohnung errichtet wird, bleibt der Entnahmegewinn außer Ansatz; der Steuerpflichtige kann die Regelung nur für eine zu eigenen Wohnzwecken genutzte Wohnung und für eine Altenteilerwohnung in Anspruch nehmen.**

(6) [1]**Werden einzelne Wirtschaftsgüter eines land- und forstwirtschaftlichen Betriebs auf einen der gemeinschaftlichen Tierhaltung dienenden Betrieb im Sinne des § 13b einer Genossenschaft oder eines Vereins gegen Gewährung von Mitgliedsrechten übertragen, so ist die auf den dabei entstehenden Gewinn entfallende Einkommensteuer auf Antrag in jährlichen Teilbeträgen zu entrichten.** [2]**Der einzelne Teilbetrag muss mindestens ein Fünftel dieser Steuer betragen.**

(7) **§ 15 Absatz 1 Satz 1 Nummer 2, Absatz 1a, Absatz 2 Satz 2 und 3, §§ 15a und 15b sind entsprechend anzuwenden.**

Einkommensteuer-Durchführungsverordnung:

§ 51 EStDV *Pauschale Ermittlung der Gewinne aus Holznutzungen*

(1) **Steuerpflichtige, die für ihren Betrieb nicht zur Buchführung verpflichtet sind, den Gewinn nicht nach § 4 Absatz 1 des Einkommensteuergesetzes ermitteln und deren forstwirtschaftlich genutzte Fläche 50 Hektar nicht übersteigt, können auf Antrag für ein Wirtschaftsjahr bei der Ermittlung der Gewinne aus Holznutzungen pauschale Betriebsausgaben abziehen.**

(2) **Die pauschalen Betriebsausgaben betragen 55 Prozent der Einnahmen aus der Verwertung des eingeschlagenen Holzes.**

(3) **Soweit Holz auf dem Stamm verkauft wird, betragen die pauschalen Betriebsausgaben 20 Prozent der Einnahmen aus der Verwertung des stehenden Holzes.**

(4) **Mit den pauschalen Betriebsausgaben nach den Absätzen 2 und 3 sind sämtliche Betriebsausgaben mit Ausnahme der Wiederaufforstungskosten und der Minderung des Buchwerts für ein Wirtschaftsgut Baumbestand abgegolten.**

(5) **Diese Regelung gilt nicht für die Ermittlung des Gewinns aus Waldverkäufen sowie für die übrigen Einnahmen und die damit in unmittelbarem Zusammenhang stehenden Betriebsausgaben.**

Einkommensteuer-Richtlinien: EStR 13.1–13.6/EStH 13.1–13.5 – **Verwaltungsanweisungen:** *BMWF* BStBl I 72, 102 (Einführung der Bodengewinnbesteuerung); *BMF* BStBl I 81, 878 (Buchführung in luf Betrieben); *BMF* BStBl I 02, 262 (eiserne Verpachtung); *BMF* BStBl I 08, 682 mit Änderungen in BMF BStBl I 08, 939 und *BMF* BStBl I 17, 33 (Zahlungsansprüche nach der GAP-Reform); *GLE* BStBl I 11, 1213 (Abgrenzung zum GewBetr); *BMF* BStBl I 12, 595 (Forstwirtschaft); *BMF* BStBl I 14, 1503 (Milchlieferrechte); *BMF* BStBl I 17, 1431 (Abgrenzung zum GewBetr bei Weinbau); *BMF* BStBl I 18, 689 (forstwirtschaftl Flächen als BV); *BMF* BStBl I 21, 1044 (FSchAusglG); *BMF* BStBl I 22, 633 (Biogasanlagen); *BMF* BStBl I 22, 1673 (Baumschulen); *BMF* BStBl I 25, 2042 (Bewertung von Tierbeständen).

Übersicht Rn.

I. Begriff des LuF-Betriebs; Umfang der Einkünfte, § 13 I, II

1. Überblick. – a) Bedeutung. § 13 (ergänzt durch §§ 13b, 14, 24) regelt abschließend den Umfang der Einkünfte aus LuF und grenzt diese zu anderen Einkunftsarten ab. Von wesentl Bedeutung ist die Abgrenzung zu den Einkünften aus GewBetr, vor allem wegen der Besonderheiten der Gewinnermittlung (§ 13 III, VI, § 13a gelten nur für LuF) und der fehlenden GewStPfl (diese Differenzierung ist verfgem, s BVerfG 1 BvL 2/04, BVerfGE 120, 1 unter C.I.2.b bb). – **Persönl Anwendungsbereich.** § 13 gilt für natürl Personen und PersGes, über § 8 I KStG auch für Körperschaften (soweit diese nicht gem § 8 II KStG ausschließl gewerbl Einkünfte haben). 1

b) Norminhalt. § 13 I, II definieren den Umfang der Einkünfte aus LuF (→ Rn. 6–84). **Abs 3** enthält einen Freibetrag für Einkünfte aus kleinen und mittelgroßen luf Betrieben (→ Rn. 101), **Abs 4, 5** stellen bestimmte Entnahmegewinne iZm der Selbstnutzung von Gebäuden stfrei (→ Rn. 102–106), **Abs 6** enthält eine Stundungsregelung für die ESt aus bestimmten Übertragungsvorgängen bei gemeinschaftl Tierhaltung (→ Rn. 108) und **Abs 7** ordnet an, dass wesentl Teile der für gewerbl Einkünfte geltenden Normen auch iRd § 13 anzuwenden sind (→ Rn. 109). **§ 13a** ermöglicht kleineren Betrieben eine vorteilhafte Gewinnermittlung nach 2

Durchschnittssätzen, **§ 13b** regelt die gemeinschaftl Tierhaltung über PersGes/Körperschaften (bis Wj 2024/25 § 51a BewG), **§ 14** bezieht Veräußerungs- und Aufgabegewinne in die Einkünfte ein. – **Sonderregelungen für luf Einkünfte außerhalb der §§ 13–14.** Vgl **§ 4a** (Wj, zeitl Zuordnung des Gewinns; → Rn. 208), **§ 32c** (Tarifglättung; anwendbar bis VZ 28), **§ 34b** (StErmäßigung bei außerordentl Einkünften aus Forstwirtschaft), **§ 40 III** (günstiger LStPauschsatz für luf Aushilfskräfte), **§ 55** (Ausgangswert für den am 30.6.70 vorhandenen GuB; kein Verlustansatz aus den pauschalen GuB-Werten), **§ 149 II 2 AO** (verlängerte StErklärungsfrist) und **§ 233a II 2 AO** (verlängerte Karenzfrist für die Vollverzinsung).

3 **c) Ausland. Betrieb eines Steuerausländers im Inland.** Dies führt bei Personen, die im Inl weder einen Wohnsitz noch ihren gewöhnl Aufenthalt haben, zur beschr StPfl (§ 49 I Nr 1). – **Betrieb eines Steuerinländers im Ausland.** Für LuF gilt DBA-rechtl nicht der Betriebsstättenartikel, sondern der Artikel über unbewegl Vermögen, was Einfluss auf die anzuwendende Methode (Freistellung oder StAnrechnung) haben kann (BFH I R 26/11, BStBl II 12, 457: nach dem DBA Spanien ledigl Anrechnung der ausl ESt). Sofern ein DBA die Freistellungsmethode anwendet (zB DBA Niederlande), unterliegen Einkünfte aus anderen EU-/EWR-Staaten gem § 32b I 2 Nr 1 nicht dem Progressionsvorbehalt, da die ausl LuF den Betriebsstättenbegriff des dt EStRechts erfüllt (BFH I R 68/12, BStBl II 14, 875: auch ein einzelnes luf Grundstück im grenznahen Ausl, sog „Traktatländerei"; ausführl *Riegler/Riegler* IStR 15, 185). Negative Einkünfte aus einer in einem Nicht-EU/EWR-Staat belegenen LuF sind grds nicht ausgleichsfähig (§ 2a I 1 Nr 1). Zur Besteuerung dt-niederländischer Betriebe s *Hutmacher* INF 07, 460.

6 **2. Landwirtschaft im engeren Sinne, § 13 I Nr 1 S 1 Alt 1. – a) Begriff.** Der in § 13 I Nr 1 verwendete Begriff der Landwirtschaft umfasst neben der klassischen Feldwirtschaft auch die Pflanzenproduktion mit Hilfe von Substraten oder Wasser (EStR 15.5 I 2; zB Keimlingsproduktion, Pilzzucht), Erzeugung von Humus oder Kompost aus pflanzl Abfällen des Betriebs, Erzeugung nachwachsender Rohstoffe für die Verwendung in einer Biogasanlage zum Eigenverbrauch (zu erneuerbaren Energien ausführl → Rn. 69). Der Obst- und Gemüsebau ist hingegen „Gartenbau" (→ Rn. 27). – **Landwirtschaft im weiteren Sinne.** Den in § 13 I Nr 1 umschriebenen Einkünften (neben der Landwirtschaft im engeren Sinne auch die dort genannten weiteren Betätigungen) ist die **planmäßige Nutzung der natürl Kräfte des Bodens** zur Erzeugung und Verwertung lebender Pflanzen und Tieren gemeinsam (BFH IV R 191/74, BStBl II 79, 246 unter 2.a; BFH VI R 38/20, BFH/NV 23, 1057 Rn. 18; EStR 15.5 I 1; ab 2025 ist diese Definition in § 232 I 1 BewG festgeschrieben). Die Verwertung kann durch Verbrauch im Betrieb selbst (zB Verfütterung selbst erzeugten Tierfutters) oder durch Verkauf geschehen (unbearbeitet oder nach einer ersten Bearbeitungsstufe). Die in § 13 I, II enthaltenen Begriffsbestimmungen dienen vor allem der Abgrenzung zu § 15. – **Reiner Pachtbetrieb.** Er fällt ebenfalls unter § 13, da es auf das Eigentum an den genutzten Flächen nicht ankommt.

7 **b) Kleinbetriebe. Mindesterfordernisse.** Ein luf Betrieb setzt weder einen vollen landwirtschaftl Besatz (Betriebsgebäude, Inventar) voraus (BFH IV R 41/91, BStBl II 93, 430) noch eine eigene Hofstelle (BFH IV R 52/02, BFH/NV 05, 674 unter I.1.: Verkauf von auf Kanalwiesen stehendem „Gras auf dem Halm" zur Aberntung durch andere Landwirte). Auch die Bewirtschaftung von **Stückländereien** (Begriff: § 160 VII BewG; bis 2024 § 34 VII BewG) fällt daher unter § 13, sofern die allg steuerl Voraussetzungen für die Erzielung von Gewinneinkünften (insb Beteiligung am allg wirtschaftl Verkehr, Gewinnerzielungsabsicht; → Rn. 109) gegeben sind. Allein die Verfütterung der auf Eigentumsflächen wachsenden Gräser an Freizeitpferde des PV begründet aber auch dann keinen luf Betrieb, wenn dafür EU-Prämien bezogen werden (BFH VI B 2/23, BFH/NV 24, 13). – **Typisierungen.**

FinVerw und Rspr gehen vom Bestehen eines Betriebs aus, wenn die **selbstbewirtschaftete Fläche größer als 3000 qm** ist, weil der erzielbare Gewinn dann den eines Gartenbesitzers übersteigt (BFH IV R 117/91, BFH/NV 94, 533 unter 3.; BFH IV R 48/08, BStBl II 11, 792; vgl auch die Nachweise in BFH IV R 41/91, BStBl II 93, 430 unter 2.a). Wird der Flächeneigentümer aber nicht luf tätig, führt allein die bewertungsrechtl Behandlung als Stückländerei nicht zur Annahme eines Betriebs im estl Sinne (BFH IV R 16/10, BFH/NV 14, 324 Rn. 25: unentgeltl Überlassung an Dritte). Umgekehrt liegt bei einer Fläche bis 3000 qm (abgesehen von Intensivnutzungen) idR kein luf Betrieb vor (BFH VI R 73/15, BStBl II 22, 306 Rn. 37). – Zu **kleinen Forstflächen** → Rn. 13; zur **allmähl Verkleinerung des Betriebs** s § 14 II und → § 14 Rn. 36.

c) Mehrere Betriebe eines Steuerpflichtigen. Ein StPfl kann Inhaber mehrerer luf Betriebe sein. Dies kann im Vergleich zu einem einzigen (Groß-)Betrieb vorteilhaft sein (Unterschreitung der Buchführungsgrenze des § 141 AO, der Durchschnittssatzgrenze nach § 13a, der Gewinngrenze nach § 7g; bessere Ausnutzung der degressiven Vieheinheitengrenze nach § 13 I Nr 1 S 2). – **Voraussetzungen für die Annahme mehrerer getrennter Betriebe.** Es muss sich jeweils um die organisatorische Zusammenfassung personeller, sachl und anderer Arbeitsmittel zu einer selbständigen Einheit handeln, sofern nicht ledigl Teilbetriebe vorliegen. Bei der Bewirtschaftung nach einem einheitl Konzept scheidet dies idR aus (BFH IV R 136/85, BStBl II 89, 7). Hinsichtl der räuml Entfernung geht die Rspr von einer Höchstgrenze von 100 km aus, bei deren Überschreiten idR kein einheitl Betrieb mehr angenommen werden kann (BFH VI R 86/14, BStBl II 17, 981 Rn. 19 f). – **Teilung eines bisher einheitl Betriebs.** Die steuerl Anerkennung setzt neben der Aufteilung der WG insb eine organisatorische Trennung voraus (Zuordnung der Arbeitskräfte, getrennte Buchführung, getrennter Einkauf, Verrechnung der Maschinenverwendung, keine einheitl Fütterungsanlagen, Regelungen zur Gülleentsorgung, keine gemeinschaftl Tierhaltung). Bleiben beide Betriebe in der Hand desselben StPfl, führt die Betriebsteilung nicht zur Aufdeckung der stillen Reserven (§ 6 V 1). Bei der (unentgeltl) Übertragung eines Betriebsteils auf einen *Dritten* gilt dies nur, wenn die organisatorische Verselbständigung bereits zuvor die Stufe des Teilbetriebs erreicht hatte (§ 6 III). 9

3. Forstwirtschaft, § 13 I Nr 1 S 1 Alt 2. S auch *Koss* DStZ 15, 326. – **a) Begriff.** Erfasst ist die planmäßige Nutzung der natürl Kräfte des Waldbodens zur Gewinnung von Nutzhölzern und ihre Verwertung im Wege der Holzernte (BFH IV R 30/87, BStBl II 89, 718). Der Begriff des „Waldes" iSd BundeswaldG, das ua die besondere Sozialbindung von Wäldern (Art 14 GG) konkretisiert, ist wegen der unterschiedl Zweckrichtung nicht mit dem steuerl Begriff des Forstbetriebs deckungsgleich. – **Nachhaltsbetriebe** ermöglichen aufgrund der Struktur der vorhandenen Baumbestände (Art, Altersklasse) eine planmäßige jährl Nutzung. – **Aussetzende Betriebe** enthalten im Gegensatz dazu nur Bestände aus einer einzigen Altersklasse (zB Bauernwald). Sie setzen weder eine nachhaltige Bestandspflege voraus noch ermöglichen sie die Vornahme lfd Holzeinschläge (BFH IV R 27/98, BStBl II 00, 524 unter 1.c). 11

b) Allgemeine Merkmale jeder betrieblichen Betätigung. Diese Voraussetzungen (Selbständigkeit, Nachhaltigkeit, Gewinnerzielungsabsicht, Beteiligung am allg wirtschaftl Verkehr; → Rn. 109) müssen auch bei Forstbetrieben erfüllt sein. Zu Besonderheiten der **Gewinnerzielungsabsicht** bei Forstbetrieben → Rn. 91 ff; zur **Teilbetriebseigenschaft** → § 14 Rn. 8; zu Besonderheiten bei der **Betriebsaufgabe** → § 14 Rn. 12. 12

c) Kleine Privatwälder ohne Zusammenhang mit einem vorhandenen land- und forstwirtschaftlichen Betrieb. Hier ist die Gewinnerzielungsabsicht (ebenso wie die Nachhaltigkeit und die Beteiligung am allg wirtschaftl Verkehr) man- 13 gels lfd Bewirtschaftung und regelmäßiger Einnahmen nicht ohne Weiteres feststellbar. Wegen der Besonderheiten der Forstwirtschaft genügt es, wenn diese Voraussetzungen **innerhalb der Gesamtumtriebszeit des Baumbestands** erfüllt sind; sie müssen also nicht in jedem einzelnen Jahr vorliegen (BFH IV R 30/87, BStBl II 89, 718; BFH IV R 45/13, BFH/NV 17, 459 Rn. 27). Vor allem eine planmäßige Aufforstung – auch durch frühere Generationen – lässt auf einen Forst*betrieb* schließen. Dasselbe gilt ab einer gewissen Größe aber auch für Wald, der durch Samenanflug oder Stockausschlag entstanden ist. Denn auch der Eigentümer, der keine lfd Einnahmen durch Holzverkäufe erzielt, nimmt am jährl Wertzuwachs des Holzes teil (BFH IV R 30/87, BStBl II 89, 718: 2,5 ha mit 120-jährigen, planmäßig aufgeforsteten Eichen und 0,3 ha mit durch Samenanflug entstandenen Buchen; BFH IV R 27/98, BStBl II 00, 524: 2 ha planmäßig aufgeforstete und 8 ha durch Samenanflug entstandene Kiefern; BFH IV R 28/98, BFH/NV 00, 1455: 0,7 ha aufgeforstet, 1,3 ha durch Samenanflug entstanden; anders jedoch BFH IV R 149/83, BStBl II 85, 549 unter B.II.: nicht bei einer zuvor zum PV gehörenden Fläche von 0,7 ha, auf der Fichten gepflanzt werden, um Unkrautflug zu vermeiden; FG Nbg EFG 25, 1589, rkr: nicht bei 2,5 ha Sumpfwald in einem Naturschutzgebiet, der durch Samenanflug entstanden ist, wenn das durch Wasserflächen geprägte Grundstück zu Erholungszwecken erworben wurde). Dies gilt mE auch dann, wenn der Wald während der gesamten Besitzdauer der StPfl nicht bewirtschaftet wird (BFH IV R 52/72, BStBl II 76, 482: 10 ha; BFH VI R 86/14, BStBl II 17, 981 Rn. 17: 7,4 ha; **aA** *Forchhammer* DStR 15, 977). Auch kommt es nicht darauf an, wie hoch der Gewinn bei Umrechnung auf die Jahre der Besitzdauer wäre (BFH VI R 86/14, BStBl II 17, 981 Rn. 23). – Die ***FinVerw*** behandelt Waldflächen, die sich in nicht zu großer räuml Entfernung zu einem vorhandenen landwirtschaftl Betrieb des StPfl befinden, unabhängig von ihrer Größe stets als BV. „Isolierte" Waldflächen sollen dann einen eigenständigen Forstbetrieb darstellen, wenn darauf ein selbständiges WG „Baumbestand" iSd → Rn. 14 vorhanden ist, was eine Mindestgröße von 1 ha voraussetzt (ausführl *BMF* BStBl I 18, 689 unter II.).

14 **d) Besonderheiten der Gewinnermittlung bei Forstbetrieben. – aa) Aktivierung. – (1) „Bestand" als maßgebliches Wirtschaftsgut.** Es ist weder auf den einzelnen Baum noch die gesamte betriebl Waldfläche abzustellen, sondern auf jeden (nach Holzart, Altersklasse, räuml Lage) abgrenzbaren Teil des stehenden Holzes (Bestand bzw Bestockung). Dabei kann an die kleinste im Betriebswerk ausgewiesene Einheit angeknüpft werden, sofern diese idR eine Größe von mindestens 1 ha aufweist (BFH IV R 67/05, BStBl II 08, 960 unter II.1.c; BFH IV R 35/11, BStBl II 15, 763 Rn. 18; ausführl *zu Ortenburg/zu Ortenburg* DStZ 05, 782; *Wittwer* FR 08, 617; krit *zu Ortenburg/zu Ortenburg* NWB 09, 3344; *dies* NWB 15, 1993). Dieses WG gehört zum nichtabnutzbaren AV (BFH IV R 50/07, BStBl II 08, 968). – **(2) Anschaffung oder erstmalige Aufforstung eines Waldes.** Diese Aufwendungen sind bei Gewinnermittlung nach § 4 I grds als AK des WG „Bestand" zu aktivieren. Kosten der **Urbarmachung des Bodens** gehören hingegen zu den AK des GuB, während Kosten der Bodenverbesserung (→ Rn. 234) sofort abzugsfähig sind. Schutzzäune stellen ein eigenständiges bewegl abnutzbares WG (ggf § 6 II) dar (zum Ganzen BFH IV 268/59 S, BStBl III 63, 357 unter III.2.). – **(3) Jährlicher Wertzuwachs.** Er darf nicht aktiviert werden. Dies folgt aus § 6 I Nr 2 (Verbot des Ansatzes eines höheren TW), da trotz des Holzzuwachses weiterhin dasselbe WG („Bestockung") bewertet wird (BFH IV R 50/07, BStBl II 08, 968 unter II.3.c; BT-Drs 17/10000, 79). – **(4) Besondere Aufzeichnungspflichten für Forstbetriebe.** S *BMF* BStBl I 81, 878 Tz 3.4.

15 **bb) Einschlag; Buchwertminderungen. – (1) Endnutzung.** Bei einem Kahlschlag von Teilflächen ist auch der Buchwert des jeweiligen WG „Bestand" (→ Rn. 14) anteilig zu mindern (BFH IV R 68/93, BStBl II 95, 779; *BMF* BStBl I 12, 595 unter B.I.1.: zusammenfassende Betrachtung aller Einschläge innerhalb von

5 Wj). Der Holzeinschlag zur Anlegung befestigter Wirtschaftswege oder Lagerplätze (nicht jedoch bei unbefestigten Rückewegen) führt ebenfalls zur Buchwertabspaltung (BFH IV R 35/11, BStBl II 15, 763 Rn. 27 ff; s dazu auch *zu Ortenburg/zu Ortenburg* NWB 15, 1993). Bei einer Endnutzung im Wege naturnaher Waldbewirtschaftung (allmähl Holzernte durch Schirm-, Saum- oder Femelschlag unter gleichzeitiger Verjüngung) gilt dies hingegen nur, wenn es zu einer Minderung der Substanz und des Wertes des jeweiligen Bestands kommt. Die Buchwertminderung entspricht dann der Differenz zw dem Buchwert des bisherigen Bestands und dem TW des verbleibenden Bestands (BFH IV R 35/11, BStBl II 15, 763 Rn. 24: Überschreiten einer Wesentlichkeitsschwelle nicht erforderl; evtl einschr *BMF* BStBl I 12, 595 unter B.II.2.: „weitgehende Minderung der Substanz" erforderl). – **(2) Regelmäßige Durchforstungsmaßnahmen.** Sie rechtfertigen keine Buchwertminderung, weil nicht der einzelne Baum, sondern der abgrenzbare Bestand des stehenden Holzes das maßgebende WG ist, dieser aber durch die Durchforstung keine Wertminderung erleidet (BFH IV R 67/05, BStBl II 08, 960 unter II.1.c; BFH IV R 50/07, BStBl II 08, 968; ausführl *v Twickel* FR 08, 612). Dies gilt auch für die Nachholung zuvor mehrjährig unterbliebener Durchforstungen (BFH IV R 35/11, BStBl II 15, 763 Rn. 26). Die Möglichkeit einer TW-AfA (§ 6 I Nr 2 S 2) steht buchführenden Forstwirten zwar offen, setzt aber eine voraussichtl dauernde Wertminderung voraus. Für eine jährl pauschale Waldwertminderung gibt es keine Rechtsgrundlage (ausführl → 35. Aufl 2016, § 13 Rn. 15). – **(3) Zeitpunkt der Gewinnrealisierung.** Holz geht mit seiner Trennung vom GuB ins UV über. Zu einer Gewinnrealisierung kann dies aber noch nicht führen, da das UV nach § 6 I Nr 2 ledigl mit den (anteiligen) historischen AK/HK (Ansatz der Buchwertminderung zzgl der Kosten der Ernte) zu bewerten ist (BFH IV R 35/11, BStBl II 15, 763 Rn. 22). Nach den allg Grundsätzen bewirkt erst die *Veräußerung* des Holzes die Gewinnrealisierung. In den Fällen des § 4a FSchAusglG kann von der Aktivierung des eingeschlagenen, aber noch unverkauften Kalamitätsholzes abgesehen werden (→ Rn. 21), sodass sich ein Buchverlust im Umfang der Buchwertminderung ergibt. Für **ao Holznutzungen** sieht § 34b ermäßigte StSätze vor (→ § 34b Rn. 1 ff). – **(4) Wiederaufforstungskosten.** Sie sind zu aktivieren, wenn die Endnutzung des alten Bestands zu einer Buchwertminderung geführt hat (*BMF* BStBl I 12, 595 unter B.I.4., II.3.: alle Aufwendungen der ersten 5 Wj seit Beginn der Wiederaufforstung; *v Twickel* FR 08, 612 (614)). Ohne eine solche Buchwertminderung sind Wiederaufforstungskosten hingegen lfd Aufwand (*BMF* BStBl I 12, 595 unter B.II.3.; s auch BFH IV 268/59 S, BStBl III 63, 357 unter III.2.). Wiederaufforstungskosten nach einer Kalamitätsnutzung, die als Kahlschlag anzusehen ist, können hingegen sofort abgezogen werden, wenn der StPfl auf die Buchwertminderung verzichtet (*BMF* BStBl I 12, 595 unter E.). Nachaufforstungskosten zur Wiederherstellung zerstörter Jungpflanzen (BFH IV 257/60 S, BStBl III 63, 361) sowie Aufwendungen für Bestandsverjüngung und -pflege (*BMF* BStBl I 12, 595 unter B.I.5.) sind stets lfd BA. – **(5) Gewinnermittlung nach § 4 III.** Die AK, Erst- und Wiederaufforstungskosten für das nichtabnutzbare WG „Bestand" können nicht sofort als BA abgezogen werden (§ 4 III 4). Allerdings führt eine einschlagsbedingte Buchwertminderung wegen der fehlenden Möglichkeit zur Aktivierung des unverkauften Holzes im UV sofort zu BA (*BMF* BStBl I 12, 595 unter C.).

cc) Verkauf eines Waldgrundstücks. Für die Aufteilung des Kaufpreises auf die WG stehendes Holz (insoweit ggf Begünstigung nach § 34b) sowie GuB kann grds einer Vereinbarung im Kaufvertrag gefolgt werden (BFH IV R 332/84, BFH/NV 87, 763 mwN). Fehlt eine solche oder ist sie offensichtl durch die Erlangung von StVorteilen beeinflusst, ist der Kaufpreis nach dem Verhältnis der Verkehrswerte der beiden WG aufzuteilen (BFH IV R 84/70, BStBl II 72, 451; BFH IV B 160/01, BFH/NV 02, 1563; FG BW EFG 97, 1364, rkr; → § 6 Rn. 118 ff). Dabei schlagen sich die standortbedingten Chancen und Risiken im Preis des GuB und 16 der Wert des konkret vorhandenen Baumbestands im Kaufpreis für das stehende Holz nieder (*v Twickel* FR 08, 612). Der pauschale Bodenwert nach § 55 ist jedenfalls nicht maßgebl (HessFG EFG 89, 99, rkr). – Sowohl der Gewinn aus GuB als auch aus stehendem Holz ist nach § 6b I 1 übertragungsfähig.

18 **dd) Betriebsausgaben-Pauschsatz, § 51 EStDV. – (1) Persönlicher Anwendungsbereich.** StPfl, die weder zur Buchführung verpflichtet sind noch den Gewinn tatsächl nach § 4 I ermitteln, können bei der Ermittlung der Gewinne aus Holznutzungen pauschale BA abziehen, wenn die forstwirtschaftl genutzte Fläche 50 ha nicht übersteigt. Begünstigt sind nicht nur Forstbetriebe, sondern alle StPfl mit Holznutzungen (auch zB GewBetr). – **(2) Höhe der pauschalen Betriebsausgaben.** Abziehbar sind grds 55% der Einnahmen aus der Holzverwertung (§ 51 II EStDV); hierzu gehört auch der TW des entnommenen Holzes (BT-Drs 17/5125, 48). Wird das Holz auf dem Stamm verkauft, ermäßigt sich der Pauschsatz auf 20% (§ 51 III EStDV). In den Fällen des § 4 FSchAusglG gelten erhöhte Pauschsätze (→ Rn. 20). Wird der Wald als solcher (dh mit dem GuB) verkauft, gelten die Pauschsätze nicht (§ 51 V EStDV). In diesem Fall sind die BA nach den allg Regeln zu ermitteln. – **(3) Bemessungsgrundlage für die Berechnung der pauschalen Betriebsausgaben.** Maßgebl sind allein die „Einnahmen aus der Verwertung des eingeschlagenen Holzes"; Zuschüsse sind daher nicht erfasst. – **(4) Abgeltungswirkung.** Die Pauschsätze erfassen sämtl BA des lfd Wj mit Ausnahme der Wiederaufforstungskosten und der Minderung des Buchwerts des WG Baumbestand (§ 51 IV EStDV). Der Abzug von BA in anderen Wj ist unbeschr mögl. Dies ergibt sich zwar nicht aus Abs 4, wohl aber daraus, dass der Antrag nach § 51 I EStDV jeweils für ein Wj gestellt werden kann.

19 **ee) Beispiele für weitere Betriebsausgaben.** Kosten für die Erstellung eines **Betriebswerks** oder -gutachtens, sofern sie nicht im Zusammenhang mit dem Kauf eines Forst(teil)betriebs stehen (*FM Nds* DB 86, 834). Eine **Rückstellung** für die Kosten einer künftigen **Wiederaufforstung** kann gebildet werden, wenn diese (wie im Regelfall nach § 11 BWaldG) gesetzl verpflichtend ist und es sich nicht um HK des neuen Holzbestands handelt (*zu Ortenburg/zu Ortenburg* DStZ 05, 782 (799)).

20 **ff) Forstschädenausgleichsgesetz.** § 1 FSchAusglG ermöglicht es, durch VO Einschlagsbeschränkungen für den Fall einer Marktstörung durch Kalamitätsnutzungen anzuordnen (dazu ausführl *BMF* BStBl I 21, 1044), zB für Fichten durch VO v 14.4.21 (BGBl I 21, 808; dazu *Wiegand* NWB 21, 1826). Im Gegenzug gewähren §§ 3–7 FSchAusglG diverse steuerl Erleichterungen. – **(1) Gewinnmindernde Rücklage, § 3 FSchAusglG.** Bilanzierende Betriebe können vorsorgl eine Rücklage iHv bis zu 100% der jahresdurchschnittl nutzungssatzmäßigen Einnahmen bilden (jährl Zuführung bis 25%). Voraussetzung ist, dass die Mittel in einem betriebl Ausgleichsfonds (Bankkonto, festverzinsl Staats- oder Bankpapiere) angespart werden, der nur für bestimmte Zwecke in Anspruch genommen werden darf (§ 3 III FSchAusglG, zB Ergänzung der durch eine Einschlagsbeschränkung geminderten Erlöse, Forstschutzmaßnahmen, Wiederaufforstung von Schadensflächen). – **(2) Erhöhte Betriebsausgaben-Pauschsätze, § 4 FSchAusglG.** Die Pauschsätze für BA nicht buchführender StPfl (§ 51 EStDV; → Rn. 18) erhöhen sich im Wj einer Einschlagsbeschränkung auf 90%, beim Verkauf von Holz auf dem Stamm auf 65% der Einnahmen aus den Holznutzungen (s *Voß* StBP 98, 74; zR sehr krit im Hinblick auf die Überschreitung der Grenzen zulässiger Typisierung *Reimer* FR 11, 929 (935)). Auch hier sind nicht nur Forstwirte, sondern alle StPfl erfasst. Da die Regelung nicht auf § 51 EStDV Bezug nimmt, gilt die dortige Höchstgrenze von 50 ha nicht (zutr *BMF* BStBl I 21, 1044 Rn. 31). Der erhöhte Pauschsatz gilt einheitl für alle Einnahmen im Wj der Einschlagsbeschränkung; es kommt nicht darauf an, ob die konkrete Einnahme mit der Einschlagsbeschränkung in Zusammenhang steht oder auf Kalamitätsnutzungen beruht (BFH IV R 193/80, BStBl II 83, 757). Im Gegenzug kann die Begünstigung trotz eines Zusammenhangs der Kalamitätsnutzung mit der Einschlagsbeschränkung nicht gewährt werden, wenn die Einnahmen erst nach Ablauf des letzten Wj der Einschlagsbeschränkung anfallen (BFH IV R 27/07, BStBl II 10, 546: keine analoge Anwendung des § 5 II FSchAusglG); enger, aber nach den Gesetzeswortlaut unzutr

BMF BStBl I 21, 1044 Rn. 33: maßgebl sei nicht das *Wj*, sondern der *Zeitraum* der Einschlagsbeschränkung.

(3) Nichtaktivierung eingeschlagenen, aber unverkauften Kalamitätsholzes, § 4a FSchAusglG. Das entspr Wahlrecht gilt für buchführende Betriebe (die anderen Gewinnermittlungsarten kennen ohnehin keine Aktivierung). – **(4) Einheitlicher ermäßigter Steuersatz.** Im Wj der Einschlagsbeschränkung gilt für alle Kalamitätsnutzungen einheitl der ermäßigte StSatz von ¼ des durchschnittl StSatzes (§ 5 I FSchAusglG iVm § 34b III Nr 2), der ansonsten nur anzuwenden ist, soweit außerordentl Holznutzungen den Nutzungssatz übersteigen. Die Ermittlung eines Nutzungssatzes durch ein Betriebswerk/-gutachten ist in diesem Fall nicht erforderl. Kalamitätsnutzungen, die erst in Folgejahren anfallen, aber mit Kalamitätsnutzungen aus dem Wj der Einschlagsbeschränkung in ursächl Zusammenhang stehen, können auf das Wj der Einschlagsbeschränkung zurückbezogen und damit ebenfalls in den ermäßigten StSatz einbezogen werden (§ 5 II FSchAusglG). Die *FinVerw* begrenzt den hierfür erforderl ursächl Zusammenhang idR auf 24 Monate nach Ende der Einschlagsbeschränkung (*BMF* BStBl I 21, 1044 Rn. 42). Auf Kalamitätsnutzungen aus *früheren* Wj (ohne Einschlagsbeschränkung), die sich gewinnmäßig erst im Wj der Einschlagsbeschränkung auswirken, ist die Vorschrift nicht anzuwenden (mE zutr *BMF* BStBl I 21, 1044 Rn. 39). Zur Begünstigung sog Kalamitätsfolgehiebe → § 34b Rn. 8. – **(5) Bewertungsabschlag auf den Mehrbestand an Holzvorräten, § 7 FSchAusglG.** Holzerzeuger, -händler und -verarbeiter dürfen während bzw ein Jahr nach einer Einschlagsbeschränkung einen Abschlag von 50% auf den Mehrbestand vornehmen, der im Vergleich zum Durchschnittsbestand der letzten drei Jahre vorhanden ist. 21

4. Weinbau. – a) Begriff. Weinbau ist die Gewinnung von Weintrauben durch Bodenbewirtschaftung einschließl der Verarbeitung der Trauben zu Wein als erster luf Verarbeitungsstufe (BFH V R 78/93, BStBl II 98, 359; BFH IV R 91/99, BStBl II 02, 221 unter 1.). Es handelt sich um eine Spezialform des Obstbaus. Die reine Erzeugung von Tafeltrauben ist allerdings nicht Wein-, sondern Obstbau (s zutr *Wiegand* NWB 18, 28). 24

b) Abgrenzung zum Gewerbebetrieb. Der Verarbeitungsprozess *allein* (ohne Eigenerzeugung von Weintrauben) ist keine landwirtschaftl Betätigung, weil § 13 **Urproduktion** voraussetzt. Ebenso ist § 15 anzuwenden, wenn in erhebl Umfang auch **zugekaufte Trauben** verarbeitet werden (zum Ganzen BFH VIII R 419/83, BStBl II 89, 284 unter 2.; BFH V R 78/93, BStBl II 98, 359); anders jedoch, wenn die hinzugelieferten Trauben Naturalentgelt für die Verpachtung von Weinberg-Teilflächen sind (BFH III R 270/83, BFH/NV 88, 85). Im Einzelfall kann dann sogar der Traubenanbau nur noch als (gewerbl) Nebenbetrieb eines Weinhandels anzusehen sein (RFH RStBl 39, 231: Größenverhältnis 1: 20). Die *FinVerw* nimmt LuF an, wenn das Enderzeugnis zu mehr als 50% aus eigenen Erzeugnissen stammt; dies gilt auch für die Herstellung von Winzer-Sekt aus Grundweinen (zum Ganzen *BMF* BStBl I 17, 1431; dazu *Wiegand* NWB 18, 28). Die Bewirtschaftung eines Weingutes für Rechnung eines Dritten ist gewerbl (BFH IV R 91/99, BStBl II 02, 221). Zur Abgrenzung vom GewBetr beim Verkauf selbsterzeugter Getränke in einem **Ausschankbetrieb** (sog Besen-/Straußwirtschaften), insb beim ergänzenden Verkauf von Speisen oder zugekauften Getränken, s EStR 15.5 VIII und → Rn. 75; zu Betriebspacht-/Bewirtschaftungsverträgen im Weinbau s *Schild* INF 97, 549. 25

c) Besonderheiten der Gewinnermittlung. Maßgebendes WG ist nicht der einzelne Rebstock, sondern die jeweilige Weinberganlage (Reben, Stützen, Umzäunungen, Terrassen) als solche (BFH IV R 43/78, BStBl II 79, 281: vom GuB zu trennendes, abnutzbares WG). – **Wiederbepflanzungsrechte** (§ 6 I WeinG) sind zwar eigenständige immaterielle WG, aber jedenfalls bis 30.6.11 nicht abnutzbar (BFH VI R 65/15, BStBl II 18, 353); ggf ist aber ab VZ 2016 aufgrund von Änderungen im EU-Recht eine TW-AfA mögl (*Geserich* HFR 18, 358). – Zu den von der *FinVerw* der Weinbau-Bundesländer festgelegten **BA-Pauschalen** s *Wiegand* NWB 18, 28 (35 ff). – Bis zu einer Flächengrenze von 0,66 ha kann der Gewinn aus Weinbau als **Sondernutzung iRd § 13a** behandelt werden (s Anlage 1a Nr 2 zu § 13a). 26

27 **5. Gartenbau. – a) Begriff.** Diese Nutzung ist auf die Erzeugung hochwertiger Pflanzen durch Bodenbewirtschaftung gerichtet. Nach § 234 I Nr 1 Buchst d BewG (bis 2024 § 40 II BewG) gehören hierzu (im Unterschied zur landwirtschaftl Nutzung ieS; → Rn. 6) der Obst- und Gemüsebau, der Blumen- und Zierpflanzenbau (auch die Rollrasenproduktion, FG Bbg EFG 98, 16, rkr) sowie Baumschulen. Dies gilt auch, soweit bestimmte Gemüsesorten iRd landwirtschaftl Fruchtfolge angebaut werden (BFH II R 54/06, BStBl II 09, 896: Gemüsemais). Die *FinVerw* ordnet allerdings gleichwohl einige Sorten der landwirtschaftl Nutzung ieS zu (A 6.07 BewRL: Weiß-, Rot- und Wirsingkohl, Pflückerbsen und -bohnen; **aA** NdsFG EFG 89, 558, rkr; von BFH II R 54/06, BStBl II 09, 896 offen gelassen). Diese Unterscheidung ist nicht nur für das BewR, sondern wegen der Zuschläge für Sondernutzungen (§ 13a VI) auch estl von Bedeutung.

28 **b) Abgrenzung zum Gewerbebetrieb.** Dies ist bei Gartenbaubetrieben von besonderer Bedeutung, weil hier zur Vervollständigung des Angebots häufig Waren zugekauft und Dienstleistungen erbracht werden. Einzelheiten → Rn. 61 ff.

29 **c) Besonderheiten der Gewinnermittlung. – *(1)* Aktivierung.** Die Kosten der Erstanlage von mehrjährigen Kulturen (Pflanzungen, die nach einer mehrjährigen Kulturzeit einen einmaligen Ertrag liefern; zB Baumschulen; s auch BFH IV R 25/97, BFH/NV 98, 1470 unter 1.b) und Dauerkulturen (Pflanzungen, die während mehrerer Jahre lfd Erträge durch Blüten, Früchte usw erbringen; zB Obst, Spargel, Hopfen, Korbweiden; s BFH IV R 43/78, BStBl II 79, 281 unter 1.) sind zu aktivieren. Das Aktivierungswahlrecht nach EStR 14 III beschränkt sich auf einjährige Kulturen (→ Rn. 239) und gilt insoweit nicht. Pflege- und Gemeinkosten von geringer Bedeutung brauchen nicht aktiviert werden (zum Ganzen *BMF* BStBl I 81, 878 Tz 3.2). – ***(2)* Mehrjährige Baumschulkulturen.** Hier können anstelle der Bewertung mit den individuellen HK die Richtsätze (Festwerte) der *FinVerw* angesetzt werden (Wj 2013/14–2022/23 s *BMF* BStBl I 14, 1094; ab Wj 2023/24 *BMF* BStBl I 22, 1673). Diese sind auch von der Rspr gebilligt worden (zu einer Vorläuferregelung BFH IV R 25/97, BFH/NV 98, 1470 unter 2.b mwN). Zur Bewertung von Obstbaumbeständen ausführl Rübke INF 91, 337. – ***(3)* Zugekaufte Handelswaren.** Sie sind grds UV; Dekorationspflanzen gehören zum abnutzbaren AV. – ***(4)* Einzelnes Wirtschaftsgut.** Die Pflanzen bilden ein eigenes WG neben dem GuB (BFH IV R 43/78, BStBl II 79, 281 unter 1.). Maßgebend ist idR ein Gesamtbestand an Pflanzen gleichen Alters, gleicher Art, Lage und Güte (ebenso → Rn. 14 zum Baumbestand bei Forstbetrieben). Der Austausch einzelner Pflanzen führt daher zu lfd BA, weil das WG „Bestand" unverändert bleibt. Topfpflanzen, deren Standort sich ständig ändert und die auch einzeln genutzt werden können, sind aber jeweils selbständige WG (zutr FG Ddorf INF 90, 333, rkr). – ***(5)* AfA.** Mehrjährige Kulturen gehören zum UV, sodass AfA nicht zulässig sind. Dauerkulturen sind hingegen AV und unterliegen der AfA (ggf SonderAfA), sofern keine Festwerte angesetzt werden. Der für den Beginn der AfA maßgebl Zeitpunkt der „Fertigstellung" des WG ist bei Obstbauanlagen und anderen Dauerkulturen grds das Jahr des ersten Vollertrags (*BMF* BStBl I 90, 420).

31 **6. Tierzucht und Tierhaltung, § 13 I Nr 1 S 2–5. – a) Grundsystematik der Abgrenzung zum Gewerbebetrieb.** Diese Betätigungen fallen unter § 13, wenn zwei Hauptvoraussetzungen erfüllt sind: ***(1)*** Die Tiere müssen für die LuF **typisch** sein (→ Rn. 32–34). Ist dies nicht der Fall, handelt es sich um einen GewBetr, auf den die allg Regeln des § 15 anzuwenden sind. Gleiches gilt, wenn *Hauptzweck* des Betriebs die entgeltl Zurschaustellung von Tieren ist (zB Wildpark, Zoo). – ***(2)*** Zum anderen muss der Betrieb eine **ausreichende Ernährungsgrundlage** für die Tiere bieten, was typisierend nach dem Verhältnis zw Flächen- und Tierbestand beurteilt wird (→ Rn. 36–41). Fehlt es daran, handelt es sich um gewerbl Tierzucht, die neben der GewStPflicht auch mit einer Verlustausgleichsbeschränkung belegt ist

(§ 15 IV 1, 2; → § 15 Rn. 895). Die Regelung gilt unabhängig davon, ob die Tiere als Arbeits-, Melk- oder Schlachtvieh gezüchtet oder gehalten werden.

b) Differenzierung nach Tierarten. – aa) Für Land- und Forstwirtschaft nach der Verkehrsauffassung typische Tiere. Hierunter fallen insb die in Anlage 34 zu § 241 BewG (bis 2024: Anlage 1 zu § 51 BewG) genannten Arten. Diese Anlage umfasst nicht nur die klassischen luf Tierarten (Pferde, Rindvieh, Schafe, Ziegen, Schweine, Geflügel), sondern auch zB Alpakas, Damtiere, Kaninchen, Lamas, Strauße. 32

bb) Für die Land- und Forstwirtschaft untypische Tiere. In den nachstehenden Fallgruppen werden keine luf, sondern gewerbl Einkünfte erzielt: – **(1) Tierarten, deren Ernährungsgrundlage nicht pflanzlich ist.** Dann fehlt es an der erforderl Veredelung pflanzl Produkte (BFH IV R 47/01, BStBl II 03, 507: Nerze). Pelztiere gehören nur zur LuF, wenn die tatsächl erforderl Futtermittel überwiegend von den landwirtschaftl Flächen des Betriebsinhabers gewonnen werden (§ 241 IV BewG; bis 2024 § 51 V BewG). – **(2) Tiere, die zum Verkauf für Zwecke außerhalb der LuF vorgesehen sind.** ZB die Züchtung von Haustieren, Gebrauchstieren (Polizei- oder Blindenhunde) oder Versuchstieren (BFH VIII R 22/79, BStBl II 81, 210). – **(3) Kleintiere, die nicht der menschl Ernährung dienen.** ZB Zwergkaninchen, Meerschweinchen, Hamster, Mäuse, Ratten (BFH IV R 4/04, BStBl II 05, 347); Brieftauben (BFH VII R 45/92, BStBl II 93, 200). 33

cc) Besonderheiten bei Pferdezucht/Pferdehaltung. – (1) Pensionspferdehaltung. LuF. Hierzu gehört die Versorgung fremder Pferde mit Futter und Unterstellplätzen ohne weitere Leistungen, die Zucht eigener Pferde mit gelegentl Verkäufen und die Vermietung eigener Pferde (BFH VIII R 91/83, BStBl II 89, 416 unter II.3.; NdsFG EFG 08, 1203 unter 1., rkr). Dies gilt auch dann noch, wenn der StPfl neben der Versorgung der Pensionspferde eine einfache Reithalle zur Verfügung stellt, sofern alle ggf vorhandenen aufwändigeren Reitanlagen durch Dritte betrieben werden und der Reitunterricht durch Dritte erteilt wird (BFH III R 182/84, BStBl II 89, 111). Zur Beurteilung der Pensionspferdehaltung iRd § 13a → § 13a Rn. 45. – **Gewerbe.** Der StPfl bietet in einem **„Reiterhof"** den Eigentümern der Pensionspferde einheitl die Nutzung der vorhandenen Reitanlagen an und erteilt ihnen Reitunterricht (BFH V R 22/78, BStBl II 88, 83 unter 1.b). – **(2) Teilnahme an Pferderennen.** Ist dies Hauptzweck der Pferdehaltung, ist sie insgesamt gewerbl (BFH IV R 82/89, BStBl II 91, 333 unter 4.). Nimmt der StPfl hingegen nicht *selbst* an den Rennen teil, sondern betätigt er sich in der **Ausbildung** der von ihm gehaltenen Pferde für Turniere und veräußert sie dann an die Reitsportler, soll es sich selbst dann noch um LuF handeln, wenn die Pferde zugekauft werden, sofern die Haltedauer im Betrieb länger als ein Jahr ist (BFH I R 71/03, BStBl II 04, 742 unter II.9.; BFH IV R 34/06, BStBl II 09, 453; BFH VI R 26/19, BFH/NV 22, 417 Rn. 22 ff: selbst bei Überlassung an einen Pensionsbetrieb zur dortigen Ausbildung; EStH 13.2; *Lüschen/Willenborg* INF 99, 577); anders jedoch bei Ausbildung hochwertigster Reitpferde für den Leistungssport (zutr FG Mster EFG 15, 907, rkr; wohl auch BFH VI R 26/19, BFH/NV 22, 417 Rn. 28). – **(3) Deckhengsthaltung.** Sie ist noch LuF, sofern keine betriebseigene Besamungsstation unterhalten wird; dies gilt auch dann, wenn die Tiere zugleich zu Sportzwecken eingesetzt werden (zum BewG BFH II R 9/13, BStBl II 15, 888). Allein die einmalige Geburt eines Fohlens macht eine Hobby-Pferdehaltung aber nicht zum luf Betrieb (BFH VI R 8/17, BFH/NV 19, 1332). – **(4) Umsatzsteuer.** Die Pensionspferdehaltung in Bezug auf Freizeitpferde ist hier aufgrund der Vorgaben des EU-Rechts (trotz des nahezu identischen Wortlauts) nicht nach § 24 UStG begünstigt (BFH V R 41/02, BStBl II 04, 757; BFH V R 65/09, BStBl II 11, 465; BFH XI R 33/13, BStBl II 15, 720; *BMF* BStBl I 04, 851). 34

36 **c) Verhältnis Tierbestand/Nutzfläche.** Einkünfte aus Tierzucht/Tierhaltung fallen in vollem Umfang unter § 13, wenn der in **Vieheinheiten** (VE) umgerechnete Tierbestand (→ Rn. 39) die von der Größe der landwirtschaftl Nutzfläche (→ Rn. 37) abhängigen, degressiv ausgestalteten (dh Kleinbetriebe begünstigenden) Grenzen des § 13 I Nr 1 S 2 nicht nachhaltig (→ Rn. 40) übersteigt; andernfalls ist eine Aufteilung zw § 13 und § 15 IV vorzunehmen (→ Rn. 41). Nicht erforderl ist, dass die Tiere auch tatsächl mit Erzeugnissen des Betriebs gefüttert werden (BFH I R 71/03, BStBl II 04, 742 unter II.9.d); eine Ausnahme gilt nur für Pelztiere (§ 241 IV BewG; bis 2024 § 51 V BewG). Bei der Umrechnung ist der letzte angefangene ha nicht auf einen vollen ha aufzurunden (BFH V R 110–112/84, BStBl II 89, 1036 unter II.3.a bb).

37 **aa) Vom Betriebsinhaber regelmäßig landwirtschaftlich genutzte Fläche.** Diese bildet die Grundlage für die Beurteilung. – **(1) Maßgebliche Fläche.** Es kommt auf die **Verhältnisse zu Beginn des Wj** an. Dies folgt aus der Anbindung an das vom Stichtagsprinzip geprägte BewR und dient der Vermeidung einer doppelten Berücksichtigung der Fläche sowohl beim Veräußerer als auch beim Erwerber; der Wortlaut „regelmäßig" genutzte Fläche lässt diese Auslegung noch zu. Im Jahresverlauf wegfallende Flächen sind daher noch beim StPfl zu berücksichtigen; im Jahresverlauf hinzutretende Flächen bleiben hingegen zunächst außer Betracht (glA *BH/Nacke* § 13 Rn. 94; **aA** *HHR/Paul* § 13 Rn. 77). Bei beschr StPfl sind nur die im Inl belegenen Flächen einzubeziehen (BFH I R 95/96, BStBl II 98, 260). – **(2) Nutzung durch den Betriebsinhaber.** Dies ist sowohl bei Eigentums- als auch bei angepachteten Flächen der Fall. Auch Stilllegungsflächen aufgrund öffentl Förderprogramme (EStR 13.2 III 1; § 1 Gesetz v 10.7.95, BGBl I 95, 910) sind einzubeziehen. Umgekehrt sind Eigentumsflächen, die nicht selbst genutzt, sondern **verpachtet** werden, auszuscheiden; dies gilt jedoch nicht für Kurzpachtverträge (zB Anbau einer Zwischenfrucht durch einen Dritten), weil dann die „regelmäßige" Nutzung beim StPfl verbleibt (glA *Wendt* FR 96, 265 (275)). – **(3) Nur Flächen mit landwirtschaftlicher Nutzung ieS.** Daran fehlt es bei Flächen, die durch Forstwirtschaft, Weinbau oder Gartenbau genutzt werden (insoweit zutr EStR 13.2 III 2). Für Obstbauflächen mit regelmäßiger landwirtschaftl Unternutzung sieht EStR 13.2 III 3 einen Ansatz zur Hälfte vor; eine solche Unternutzung ist heute aber selten. Die *FinVerw* will auch **Hof- und Gebäudeflächen** nicht einbeziehen (EStR 13.2 III 2); dies steht indes in Widerspruch zu § 163 XIII BewG (bis 2004 § 40 III 1 BewG; glA *BH/Nacke* § 13 Rn. 95). – **(4) Landwirtschaftliche Flächen in großer Entfernung von der Tierhaltung.** Nur wenn wegen der großen Entfernung zwei getrennte Betriebe vorliegen, sind die Flächen des entfernten Betriebs nicht in die Berechnung einzubeziehen (BFH IV R 48/96, BFH/NV 97, 749: bei einer Entfernung von 82 km handelt es sich um zwei Betriebe, selbst wenn der Ertrag der landwirtschaftl Fläche im Wesentl als Futter im eigenen Mastbetrieb und der Tiermist zur Düngung der eigenen Ackerflächen verwendet wird; bei Heranziehung der in → Rn. 9 dargestellten Grundsätze ist dies mE unzutr).

39 **bb) Umrechnung der Tierbestände in Vieheinheiten.** Hierfür ist der Futterbedarf maßgebend (§ 13 I Nr 1 S 3). – **(1) Umrechnungsschlüssel.** Er ist in Anlage 34 (bis 2024 ohne inhaltl Änderung Anlage 1) zum BewG gesetzl geregelt (BFH II R 35/90, BStBl II 94, 152 unter II.2.: die dortigen Typisierungen verstoßen nicht gegen den Gleichheitssatz; VerfBeschw BVerfG 1 BvR 607/94 nicht zur Entscheidung angenommen) und gilt gem § 13 I Nr 1 S 4 EStG iVm § 241 V BewG (bis 2024 § 51 IV 1 BewG) auch für das EStRecht. Die *FinVerw* hat in EStR 13.2 I 5 stärker differenzierende Schlüssel aufgestellt. Die Rspr wendet diese allerdings wegen Verstoßes gegen die Gesetzesbindung der Verwaltung weder zu Lasten (BFH II R 45/07, BStBl II 11, 808 Rn. 29 f) noch zugunsten der StPfl (BFH VI R 49/16, BStBl II 20, 86 Rn. 31 ff) an. – **(2) Anwendung.** Bei Tieren, die typischerweise für eine kürzere Zeit als ein Jahr im Betrieb gehalten werden, beziehen sich die Umrech-

nungsfaktoren auf das einzelne erzeugte Tier. Dies gilt insb für **Masttiere,** jedoch nicht für die in EStR 13.2 I 4 genannten Tiere (Mastrinder mit einer Mastdauer von weniger als einem Jahr; Kälber und Jungvieh; Schafe und Damtiere unter einem Jahr). Diese sind – ebenso wie alle Tiere, die länger als ein Jahr gehalten werden – mit ihrem **Jahresdurchschnittsbestand** zu erfassen, was für den StPfl günstiger ist (Beispiel: wenn eine Kuh in den ersten 4 Monaten des Wj und eine andere Kuh in den letzten 4 Monaten des Wj gehalten wird, sind nicht etwa 2 × 1,0 VE anzusetzen, sondern 2 × 1,0 VE × 4/12; vgl BFH V R 110–112/84, BStBl II 89, 1036 unter II.3.a cc). – **(3) Pensionstierhaltung; Lohntierhaltung.** In die VE-Grenze sind auch solche Tiere einzubeziehen, die zwar im Betrieb aufgezogen werden, aber im Eigentum Dritter stehen (BFH IV R 191/74, BStBl II 79, 246 unter 2.a bb; BFH IV R 40/86, BStBl II 88, 774 unter I.1.: Zurechnung der VE von Pensionstieren zum Pensionsbetrieb). Aber auch umgekehrt fordert die Rspr bei Tieren, die bei einem Dritten in Pension sind, dass sie auf den Flächen des Eigentümers ernährt werden könnten, sofern dieser – wie im Regelfall – das wirtschaftl Risiko der Tierhaltung trägt (BFH VI R 26/19, BFH/NV 22, 417 Rn. 19 ff; mE inkonsequent; zurückhaltender BFH XI R 33/20, BStBl II 23, 578 Rn. 33 ff: jedenfalls in dem Sonderfall, dass der Eigentümer das Futter für die Pferde bereitstellt). – **(4) Erzeugung von Tieren ohne jeglichen Futterbedarf.** Dies ist stets gewerbl (BFH IV R 88/88, BStBl II 90, 152; BFH IV B 64/07, BFH/NV 08, 1474 unter II.1.: Ankauf von Bruteiern, maschinelle Ausbrütung, sofortiger Verkauf der Eintagsküken).

cc) Nachhaltige Überschreitung. Die Überschreitung der VE-Grenzen (durch Vermehrung der Tierbestände oder Verringerung der Flächen) führt nur dann zu gewerbl Einkünften, wenn sie nachhaltig ist (§ 13 I Nr 1 S 4 EStG iVm § 241 II 1 BewG [bis 2024 § 51 II 1 BewG]; auch → Rn. 64). – **(1) Allmählicher Strukturwandel.** Hier ist Nachhaltigkeit erst bei einem Überschreiten der VE-Grenze in drei aufeinander folgenden Jahren gegeben; der GewBetr beginnt mit dem vierten Jahr (BFH IV R 10/05, BStBl II 07, 516 unter II.1.c; BFH IV R 18/06, BStBl II 09, 654 unter II.A.2.a; EStR 13.2 II 7 iVm 15.5 II 4). Bei Übertragung des Betriebs beginnt die Drei-Jahres-Frist nicht erneut (EStR 15.5 II 5). Der Strukturwandel stellt keine Betriebsaufgabe dar, sodass vorhandene stille Reserven auch gewstl verstrickt werden (→ § 6 Rn. 762; → § 14 Rn. 12). – **(2) Eindeutige und erhebliche Umstrukturierungsmaßnahmen.** In diesem Fall vollzieht sich der Übergang zum GewBetr bereits mit dem erstmaligen Überschreiten der Grenze (BFH I R 113/74, BStBl II 76, 423 unter 2.b cc: langfristige Investition mit hohem Kostenaufwand, die erhebl über den Rahmen des bisherigen Betriebs hinaus geht). Typisierend ist von einem sofortigen Übergang zum GewBetr auszugehen, wenn die VE-Grenze um mehr als 10% überschritten und dadurch ein zusätzl Flächenbedarf von mehr als 10% ausgelöst wird (BFH IV R 18/06, BStBl II 09, 654 unter II.A.2.b). Der GewBetr beginnt mit den ersten auf die Kapazitätserweiterung gerichteten Vorbereitungshandlungen; bereits vorhandene (luf) Tierbestände sind jedoch erst mit der Aufstallung der zusätzl Bestände in den GewBetr zu überführen (BFH IV R 18/06, BStBl II 09, 654 unter II.A.2.c, d). Der Zuordnung zu § 15 steht nicht entgegen, dass der StPfl für die Zukunft eine Flächenvergrößerung oder Betriebsteilung plant, sofern diese Pläne noch zu unkonkret sind (zutr FG LSA EFG 13, 1118, rkr). – **(3) Neugründung eines Betriebs.** Wird die Tierbestandsgrenze von Anfang an erhebl überschritten, ist sofort ein GewBetr gegeben. Bei nur geringfügiger Überschreitung soll aber der Dreijahreszeitraum gelten (NdsFG EFG 03, 454, rkr; mE zweifelhaft). 40

dd) Aufteilung der Tierbestände bei Überschreitung der Vieheinheiten-Grenze. Wird die VE-Grenze überschritten, ist die Tierhaltung nicht etwa im Ganzen GewBetr. Vielmehr gelten die folgenden Aufteilungsgrundsätze (§ 13 I Nr 1 S 4 EStG iVm § 241 II, III BewG [bis 2024 § 51 II, III BewG]): Zur landwirtschaftl Nutzung gehören diejenigen Zweige des Tierbestands, deren VE zusammen die Grenze nicht übersteigen (§ 241 II 1 BewG). Daher ist in einem **ersten Schritt** der gesamte 41

Tierbestand nach Tierarten aufzuteilen; innerhalb einer Tierart ist weiter nach den Bestandszweigen Zug-, Zucht-, Mast- und übriges Nutzvieh zu differenzieren (§ 241 III BewG). Innerhalb des einzelnen Tierbestandszweigs ist keine weitere Aufteilung zulässig (§ 241 II 4 BewG). In einem **zweiten Schritt** sind die nach Tierarten und -zweigen gebildeten Einzelgruppen so lange zu addieren, wie die für den Betrieb insgesamt geltende VE-Grenze noch nicht überschritten ist. Dabei gilt die folgende **Reihenfolge:** Zunächst sind die mehr flächenabhängigen Zweige (lt Anlage 35 BewG [bis 2024: Anlage 2 zum BewG]) zur luf Nutzung zu rechnen, erst danach die weniger flächenabhängigen Zweige (§ 241 II 2 BewG). Innerhalb der mehr bzw weniger flächenabhängigen Gruppen ist die Addition beginnend mit der Tierart (Zweig) mit der geringsten Anzahl an VE, und sodann aufsteigend vorzunehmen (§ 241 II 3 BewG), was die dem StPfl günstigste Methode ist.

42 **d) Gemeinschaftliche Tierhaltung (§ 13b).** Eine MUerschaft, die Tierzucht oder -haltung betreibt, hat gem § 13 I Nr 1 S 5 luf Einkünfte, wenn die detaillierten Voraussetzungen des 13b (bis Wj 2024/25: § 51a BewG) erfüllt sind (→ § 13b Rn. 1 ff) und die MUerschaft auch iÜ luf Einkünfte erzielt. – Verfügt die MUerschaft zwar über hinreichend große Flächen, ist sie aber wegen anderweitiger originär gewerbl Einkünfte nach § 15 III Nr 1 als im Ganzen gewerbl anzusehen, gilt das **Verlustausgleichsverbot** des § 15 IV nicht (BFH IV R 195/83, BStBl II 85, 133). – **Ratenzahlung der ESt bei Übertragung von WG auf einen Gemeinschaftsbetrieb (§ 13 VI).** → Rn. 108.

45 **e) Bewertung von Tierbeständen.** Ausführl *BMF* BStBl I 25, 2042 (ab Wj 26/27); *BMF* BStBl I 01, 864 (bis Wj 25/26). Die nachfolgende Darstellung gilt bei Gewinnermittlung nach § 4 I *und* § 4 III. – **aa) Allgemeine Grundsätze.** Tiere, die von vornherein zur Veräußerung bestimmt sind (Mast-/Schlachttiere; BFH IV R 19/99, BStBl II 01, 549 unter 2.b), sind dem UV zuzurechnen, die übrigen Tiere dem AV (zB Zucht-/Milchvieh, Legehennen; BFH IV R 97/91, BStBl II 93, 284 unter 2.). Selbständig nutzbares WG ist grds das einzelne Tier (BFH IV R 19/99, BStBl II 01, 549 unter 1.a).

46 **bb) Einzelbewertung. – (1) Maßgeblichkeit der individuellen Anschaffungs- und Herstellungskosten.** Ausführl *BMF* BStBl I 25, 2042 Rn. 1–6. Für Tiere, die am Bilanzstichtag noch nicht geboren waren, ist kein Bilanzposten zu bilden; nach der Geburt ist allerdings ein Teil der auf die Mutter getätigten Aufwendungen den HK des Jungtieres zuzurechnen (so zutr *BMF* BStBl I 25, 2042 Rn. 7; offen gelassen von BFH III R 143/93, BStBl II 97, 575 unter II.1.g; allg zur Abspaltung von AK → § 6 Rn. 37). – **(2) Schätzung der Herstellungskosten.** Dies ist ggf zulässig. Dabei dürfen auch die Verhältnisse vergleichbarer Musterbetriebe herangezogen werden (BFH IV R 97/91, BStBl II 93, 284 unter 3.; BFH IV B 47/96, BFH/NV 97, 835), sofern dort HK im strechtl Sinne ermittelt werden (BFH IV B 80/03, BFH/NV 05, 1532). – **Richtwerte der FinVerw.** Diese dienen der Erleichterung der Bewertung (*BMF* BStBl I 25, 2042, Spalte 2 der Anlage; keine Anwendung auf besonders wertvolle Tiere). Sie werden auch von der Rspr beachtet (BFH IV R 5/99, BStBl II 01, 548 unter 2.). Der aus der Erhöhung der Richtwerte im Vergleich zu *BMF* BStBl I 01, 864 entstehende Gewinn kann in eine Rücklage eingestellt und über 10 Jahre aufgelöst werden (*BMF* BStBl I 25, 2042 Rn. 31). – **(3) Beginn der AfA.** Maßgebl ist die „Fertigstellung" des jeweiligen WG, Dies ist hier grds die erste Nutzung nach Ende der Aufzuchtphase (BFH IV R 97/91, BStBl II 93, 284 unter 2.; *BMF* BStBl I 25, 2042 Rn. 8), dh bei Vatertieren der Beginn der ersten Deckperiode und bei Muttertieren die erste Besamung. Eine Sau ist „fertiggestellt", wenn sie nicht mehr Jungsau ist (BFH IV R 1/10, BStBl II 14, 246 Rn. 14).

(4) Höhe der AfA. Zur betriebsgewöhnl Nutzungsdauer gängiger Tierarten s *BMF* BStBl I 25, 2042 Rn. 27. Die AfA kann nur auf die Differenz zw AK/HK und dem

Schlachtwert vorgenommen werden (BFH IV R 101/90, BStBl II 93, 276 unter 3.; BFH IV R 97/91, BStBl II 93, 284 unter 4.; BFH IV R 67/97, BStBl II 99, 14 unter 2.f; anders zu § 7g demggü BFH IV R 26/05, BStBl II 06, 910 unter II.2.b; zu Richtwerten für die Schlachtwerte s *BMF* BStBl I 25, 2042, Spalte 3 der Anlage; auch → § 7 Rn. 115). – **(5) GWG; Sammelposten.** § 6 II, IIa sind anwendbar (Wahlrecht). Ein Schlachtwert ist in diesen Fällen wegen Geringfügigkeit nicht zu berücksichtigen (BFH IV R 1/10, BStBl II 14, 246 Rn. 22).

cc) Gruppenbewertung, § 240 IV HGB. Auch sie ist zulässig (BFH 48 IV R 97/91, BStBl II 93, 284 unter 2.). Nach Auffassung der Rspr besteht hierfür angesichts der auch bei der Einzelbewertung von der *FinVerw* zugelassenen Vereinfachungsmöglichkeiten (Richtwerte) allerdings kaum noch ein Bedürfnis (BFH IV R 19/99, BStBl II 01, 549 unter 1.c). – **(1) Gewogener Durchschnittswert.** Dieser ist für die Gruppenbewertung maßgebl (allg zur Durchschnittsbewertung → 37. Aufl 2018, § 6 Rn. 624 ff). Hierfür können wiederum anerkannte statistische Grundlagen herangezogen werden, insb die **Richtwerte der *FinVerw*** (Spalte 4 der Anlage zu *BMF* BStBl I 25, 2042; Vorläuferregelung gebilligt durch BFH IV R 67/97, BStBl II 99, 14 unter 2.d). Sie sind auch bei solchen KapGes anwendbar, die der Sache nach ausschließl LuF betreiben (*FM MV* FR 93, 590). – **(2) Wahlmöglichkeiten.** Die Gruppenbewertung setzt voraus, dass *alle* gleichartigen WG zusammengefasst werden. Daher kann zw den Bewertungsmethoden nur jeweils für eine nach Art und Alter (Aufzuchtstadium) selbständige Tiergruppe *insgesamt,* nicht aber für einzelne Tiere gewählt werden (BFH IV R 5/99, BStBl II 01, 548 unter 2.).

dd) Wechsel der Bewertungsmethode. Dies wird durch den Grundsatz der 49 Bewertungsstetigkeit (§ 252 I Nr 6 HGB; ausführl → § 6 Rn. 12 ff) eingeschränkt. Jedenfalls ein willkürl Wechsel der Viehbewertungsmethode ist ausgeschlossen. Der vorhandene Tierbestand ist daher grds auch zum nächsten Bilanzstichtag nach der bisher angewandten Methode zu bewerten. Hingegen kann der StPfl für die *Neuzugänge* des lfd Wj – insoweit aber nur einheitl – von der Gruppen- zur Einzelbewertung übergehen (BFH IV R 19/99, BStBl II 01, 549 unter 1.c). Ein Übergang von der Einzel- zur (ungenaueren) Gruppenbewertung ist nur bei einer wesentl Änderung der betriebl Verhältnisse zulässig (*BMF* BStBl I 25, 2042 Rn. 20).

7. Einkünfte aus sonstiger land- und forstwirtschaftlicher Nutzung, § 13 I 50 Nr 2. Die Regelung verweist ab 2025 auf § 242 BewG. Richtigerweise müsste sich der neue Verweis ledigl auf § 242 II BewG nF beziehen, weil nur dort die „sonstige" luf Nutzung geregelt ist (§ 242 I BewG nF betrifft die „übrige" luf Nutzung, dh Hopfen, Spargel und andere Sonderkulturen). Die Aufzählung in § 242 II BewG (und bis VZ 2024 ebenso in § 62 BewG aF) ist nicht abschließend („insb"). – **a) Binnenfischerei, Teichwirtschaft, Fischzucht, § 242 II Nr 1–3 BewG. Binnenfischerei.** Nur dies führt zu Einkünften aus LuF; Küsten- und Hochseefischerei sind hingegen gewerbl Tätigkeiten. – **Teichwirtschaft.** Hierzu gehört auch die Aquakultur (ausführl *Brunckhorst* EStB 22, 97). Die Zucht von *Zierfischen* in Teichen fällt hingegen nicht hierunter (BFH V R 55/77, BStBl II 87, 467 unter II.1., zur gleichlautenden Regelung des § 24 II Nr 1 UStG und in Abgrenzung zur gegenteiligen älteren Rspr zu § 13, die noch auf der Grundlage eines weiter gefassten Gesetzeswortlauts ergangen war und daher überholt ist); auch nicht die Haltung von Fischen in überdachten Stahlbehältern (NdsFG EFG 95, 232). – **Fischzucht.** Erfasst ist die Erzeugung von Fischen unter Ausnutzung der Naturkräfte; sie ist nach dem Gesetzeswortlaut nur LuF, wenn sie für die Binnenfischerei und Teichwirtschaft vorgenommen wird. Erfasst ist die Erzeugung von Speise-, Futter- und Besatzfischen/Setzlingen (soweit diese der Erzeugung von Speisefischen dienen) sowie von Köderfischen für Angler, sofern sie Speisefische angeln wollen (zum Ganzen BFH V R 55/77, BStBl II 87, 467 unter II.2.–5.). – **Abgrenzung zum GewBetr.** Weil § 13 I Nr 2 iVm § 242 II BewG für die Fischerei und Fischzucht (anders als § 13 I Nr 1 S 2 für die Tierhaltung und

-zucht) keine Verknüpfung zw der Größe des Fischbestands und den vorhandenen Flächen vorsieht, zählen auch **Großanlagen** zur LuF (zutr FG Brem EFG 86, 601, rkr). Eine ausreichende Futtergrundlage im Betrieb selbst ist nicht erforderl, der Zukauf von Futter oder Jungfischen ist unschädl. Zur Gewerblichkeit durch Zukauf → Rn. 68, zur Abgrenzung zw luf Nebenbetrieb (zB Räuchern und Filetieren selbsterzeugter Fische) und eigenständigem GewBetr → Rn. 61 ff.

51 **b) Imkerei; Wanderschäferei, § 242 II Nr 4, 5 BewG.** Sie gehört zur LuF (näher *HHR/Paul* § 13 Rn. 87).

52 **c) Saatzucht, § 242 II Nr 6 BewG.** Auch die Züchtung *neuer* Pflanzensorten ist erfasst, sofern die Inanspruchnahme des GuB hierfür nicht ledigl von untergeordneter Bedeutung ist (BFH IV 221/53 U, BStBl III 54, 197); ebenso wenn der StPfl *selbsterzeugtes* (nicht jedoch fremdes) Saatgut durch *andere* Landwirte vermehren lässt (RFH RStBl 34, 148 mwN; FG BW EFG 98, 1003, rkr).

53 **d) Pilzanbau, Nützlinge, Weihnachtsbaumkulturen, Kurzumtriebsplantagen, § 242 II Nr 7–10 BewG.** Diese Nutzungen sind ab 2025 erstmals ausdrücklich in den von § 13 I Nr 2 ausgehenden Verweis einbezogen. In der Sache selbst handelte es sich aber auch schon bis 2024 um LuF (vgl § 175 BewG; zur Produktion von Schlupfwespen und Raubmilben zur Schädlingsbekämpfung s BT-Drs 12/1108, 58; *OFD Ffm* DB 96, 1059; zu Weihnachtsbaumkulturen *BH/Nacke* § 13 Rn. 124).

55 **8. Einkünfte aus Jagd, § 13 I Nr 3. – a) Zusammenhang mit land- und forstwirtschaftlichem Betrieb.** Eine Jagd fällt nur unter § 13, wenn sie mit dem Betrieb einer LuF im Zusammenhang steht. Dies ist der Fall, wenn sie den luf Flächen des Betriebs dient, der StPfl also entweder in einem Eigenjagdbezirk (§ 7 BJagdG) oder als Mitglied einer Jagdgenossenschaft in einem sog Jagdbogen (§ 11 II BJagdG) **auf überwiegend eigenen Flächen** der Jagd nachgeht, wobei wirtschaftl Eigentum genügt (BFH IV R 19/00, BStBl II 02, 692 unter II.1.b). Es genügt auch, wenn mit gepachteten Flächen zugleich ein Eigenjagdbezirk angepachtet wird (BFH VI R 11/17, BStBl II 19, 607 Rn. 15 ff); jedoch nicht, wenn die Jagd überwiegend auf betriebsfremden Flächen erfolgt (BFH IV R 35/77, BStBl II 79, 100). Betreibt der StPfl eine Jagd ohne Zusammenhang mit einem luf Betrieb, fällt dies unter § 15, wird idR aber als Liebhaberei anzusehen sein. – **Eigenjagdrecht.** Es ist im Verhältnis zum GuB ein selbständiges, nicht abnutzbares immaterielles WG (*BMF* BStBl I 99, 593 mit Übergangsregelung für Altfälle; vgl bis VZ 2024 auch § 140 I 2 BewG; zur Bewertung *Schindler* StBP 86, 61). Die vom BFH für Milchlieferrechte entwickelte Abspaltungsthese (→ 39. Aufl 2020, § 13 Rn. 252) gilt nicht für das Eigenjagdrecht, weil es schon vor der Einführung der Bodenwertbesteuerung als selbständiges WG in Erscheinung getreten ist. – **Jagdpacht.** Einnahmen, die ein nicht jagender LuF von dem Jagdpächter erhält, fallen nicht unter Nr 3 (so aber FG EFG 10, 637 unter 4.b, rkr), sondern unter Nr 1.

56 **b) Zupachtung eines Jagdbezirks.** Dies berechtigt nur dann zum Abzug der Pachtzahlungen als BA bei § 13, wenn die Anpachtung aus zwingenden öffentl-rechtl Gründen erfolgt, der ordnungsgem Bewirtschaftung des luf Betriebs dient oder die zugepachteten Jagdflächen überwiegend eigenbetriebl genutzt werden (BFH IV R 19/00, BStBl II 02, 692 unter II.2.c). Ein BA-Abzug ist zudem mögl für Flächen, die der Abrundung eines Eigenjagdbezirks dienen (s BFH VI R 11/17, BStBl II 19, 607 Rn. 18 ff).

57 **c) Einkunftserzielungsabsicht.** Steht die Jagd nach den Grundsätzen der → Rn. 55, 56 im Zusammenhang mit dem luf Betrieb, stellt sie auch dann keine Liebhaberei dar, wenn mit ihr bei isolierter Betrachtung Verluste erzielt werden (BFH IV R 35/77, BStBl II 79, 100 unter a). Die Abzugsbeschränkung nach § 4 V 1 Nr 4 (dazu → § 4 Rn. 567) gilt nicht, wenn die Jagd Gegenstand einer mit Gewinnerzielungsabsicht ausgeübten Betätigung ist (§ 4 V 2).

9. Realgemeinden, § 13 I Nr 4. Einkünfte aus Hauberg-, Wald-, Forst- und Laubgenossenschaften und ähnl Realgemeinden gehören ebenfalls zur LuF (§ 13 I Nr 4). Obwohl es sich um Körperschaften handelt, sind die Einkünfte (von bestimmten Ausnahmen abgesehen) unmittelbar bei den Beteiligten zu versteuern (§ 3 II 2 KStG) und daher gesondert und einheitl festzustellen (§ 180 I 1 Nr 2 Buchst a AO). Die Genossen sind mit allen Konsequenzen wie MUer zu behandeln; und zwar auch dann, wenn sie im Übrigen keine Einkünfte aus LuF beziehen (BFH IV R 331/84, BStBl II 87, 169). Sollte ausnahmsweise KSt-Pflicht bestehen, fallen Ausschüttungen unter § 20 I Nr 9, sind aber nach § 20 VIII ggf den Einkünften aus LuF zuzurechnen. – Realgemeinden, die nicht (mehr) unmittelbar oder als Verpächter luf tätig sind, sondern nur noch das vorhandene Vermögen verwalten, fallen nicht unter § 13 I Nr 4, weil sie keine für die dort genannten Körperschaften typische Tätigkeit mehr ausüben (FG Brem EFG 04, 1551, rkr: nur noch Verpachtung eines Yachthafens und einer Gaststätte). 58

10. Abgrenzung zum Gewerbebetrieb, insbesondere Nebenbetriebe, § 13 II Nr 1. Die Abgrenzung ist von erhebl Bedeutung, weil die Besteuerung bei GewBetr weit schärfer ist als bei LuF. Die Praxis lehnt sich eng an die entspr Verwaltungsanweisungen an (EStR 15.5; *GLE* BStBl I 11, 1213; dazu ausführl *Wiegand* NWB 12, 460), die von der Rspr gebilligt worden sind. Zum **gewerbl Grundstückshandel** → Rn. 215 mwN. 61

a) Grundsystematik der Typisierung. Die *FinVerw* bildet zwei Gruppen (EStR 15.5 XI): Zum einen **Tätigkeiten iZm dem Absatz eigener Erzeugnisse** (zB Hofladen mit Zukauf, Vermarktung von Produkten der zweiten Verarbeitungsstufe, gaststättenmäßiges Anbieten selbsterzeugter Speisen und Getränke; → Rn. 68 ff), zum anderen **Dienstleistungen** (einschließl der Überlassung von WG) an Dritte (→ Rn. 73 ff). Für jede Gruppe gesondert werden „gewerbenahe" Tätigkeiten dann noch als LuF behandelt, wenn die Einnahmen 51 500 € im Wj sowie ⅓ des Gesamtumsatzes nicht überschreiten. Zusätzl müssen *sämtl* gewerbenahen Tätigkeiten (dh beide Gruppen zusammengenommen) auf 50% des Gesamtumsatzes begrenzt sein. Diese Typisierung ist als eher großzügig zu bewerten (krit im Hinblick auf die Wettbewerbsgleichheit zu GewBetr *HHR/Paul* § 13 Rn. 20), mE aber noch vertretbar, da bei Einnahmen von 51 500 € nach Abzug der BA aufgrund des gewstl Freibetrags idR noch keine GewSt anfallen wird. 62

b) Getrennte oder einheitliche Betrachtung. Grds sind gewerbl und luf Tätigkeiten getrennt voneinander zu beurteilen (anders bei MUerschaft wegen § 15 III Nr 1). Besteht jedoch zw den Betätigungen eine planmäßig gewollte wirtschaftl Beziehung, kann ein einheitl Betrieb vorliegen. Ein solcher ist *insgesamt* nach § 13 oder aber § 15 zu beurteilen; maßgebend ist, welche Teil-Tätigkeit den Gesamtbetrieb prägt (zum Ganzen EStR 15.5 I 4–7; BFH IV B 109/94, BFH/NV 95, 772 mwN). Droht der gewerbl Teil die LuF zu „infizieren", sollte er daher rechtl verselbständigt werden. – **Verwendung nahezu aller Erzeugnisse des luf Betriebs im wesentl größeren GewBetr.** Der BFH hat zunächst einen einheitl GewBetr angenommen (BFH IV 299/61 U, BStBl III 66, 193: Tierhaltungsbetrieb, dessen Erzeugnisse weitgehend in einer eigenen Metzgerei und Gastwirtschaft abgesetzt werden und der wiederum die Metzgereiabfälle als Tierfutter verwendet; BFH IV 285/62 U, BStBl III 65, 90: Obstbaubetrieb, dessen Erzeugnisse zu 100% im eigenen Großhandel abgesetzt werden, dort aber nur 1% des Verkaufs ausmachen). Mittlerweile stellt der BFH (ohne die dargestellte Rspr ausdrückl aufgegeben zu haben) vor allem darauf ab, ob der *Hauptbetrieb* (hier: der GewBetr) durch eine Auflösung der Lieferbeziehungen betroffen wäre. Ist dies zu verneinen, handelt es sich um getrennte Betriebe (BFH IV R 156, 157/67, BStBl II 72, 8: über 50% der erzeugten Tiere werden in der eigenen Schlachterei verwertet, machen dort aber nur 2,5% der Tiereingänge aus; BFH III R 193/81, BFH/NV 86, 278: alle erzeugten Tiere werden in der eigenen Metz- 63 gerei verwertet, machen dort aber nur 3% der Eingänge aus). Für die StPfl ist dies günstiger, da § 13 erhalten bleibt. – Eine **Baumschule** (§ 13) ist von der Erbringung landschaftspflegerischer Dienstleistungen (§ 15) grds trennbar (BFH V R 129/84, BStBl II 89, 432). Zu Besonderheiten bei Handelsgeschäften → Rn. 68.

64 **c) Änderungen in der Betriebsstruktur.** Ein **Strukturwandel** führt entweder sofort oder aber erst nach Ablauf eines gewissen Beobachtungszeitraums zur Einordnung in eine andere Einkunftsart. Ein *sofortiger* Übergang von der LuF zum GewBetr liegt vor, wenn klar erkennbare Umstrukturierungen mit dauerhafter Wirkung vorgenommen werden (zB Investitionen, Vertragsschlüsse). Werden die in → Rn. 68 ff genannten Umsatzgrenzen hingegen nur *allmähl* überschritten, ist ein Übergang zum GewBetr erst nach Ablauf von drei Jahren anzunehmen (zum Ganzen EStR 15.5 II; *GLE* BStBl I 11, 1213 Tz II.2.; BFH IV R 10/05, BStBl II 07, 516 unter II.1.c; zum Parallelproblem des Strukturwandels bei gewerbl Tierhaltung → Rn. 40). Die Überführung von WG zw luf und gewerbl BV (anlässl oder außerhalb eines Strukturwandels) führt nicht zur Aufdeckung stiller Reserven (§ 6 V 1).

65 **d) Allgemeine Voraussetzungen des Nebenbetriebs ieS.** Erforderl ist zum einen das Bestehen eines luf Hauptbetriebs (so ausdrückl § 13 II Nr 1) und zum anderen die Be- oder Verarbeitung von luf Rohstoffen. – **aa) Vorhandensein eines Hauptbetriebs.** Dies bedingt zugleich eine gewisse Selbständigkeit des Nebenbetriebs. Inhaber beider Betriebe muss derselbe StPfl sein (BFH IV R 88/88, BStBl II 90, 152: eine selbständige Kükenbrüterei oder Schlachterei ohne eigene Tiererzeugung ist gewerbl; das Brüten/Schlachten *eigener* Tiere ist hingegen LuF). Ein *gemeinschaftl* Nebenbetrieb (MUerschaft) ist zulässig, wenn darin nur Erzeugnisse aus den luf Betrieben der MUer verwendet werden (EStR 15.5 III 8).

66 **bb) Bearbeitung/Verarbeitung von land- und forstwirtschaftlichen Rohstoffen. – (1) Erste Verarbeitungsstufe.** Diese gehört ebenso wie der Verkauf der daraus erzeugten Produkte nach der Konzeption der *FinVerw* noch zur LuF, wenn überwiegend (mehr als 50%) selbsterzeugte Rohstoffe (zB selbst gezogene Pflanzen oder Tiere) eingesetzt werden (EStR 15.5 III 4; zB Herstellung von Brot, Butter, Obstsäften, Wein; BFH II R 38/96, BFH/NV 98, 1338: Kükenbrüterei, in der die im Betrieb erzeugten Eier verwendet werden; BFH VI R 76/04, BStBl II 09, 40 unter II.2.a: Schälen von selbst erzeugtem Spargel; NdsFG EFG 14, 912, rkr: Kornbrennerei; zahlreiche Einzelfälle bei *BH/Nacke* § 13 Rn. 174 und *Engel* INF 91, 412). – **(2) Zweite Verarbeitungsstufe.** Diese ist an sich gewerbl. Ihre Produkte (zB Wurst) fallen nach der *FinVerw* aber dann unter § 13, wenn sie iRd Direktvermarktung abgesetzt werden und der Nettoumsatz hieraus (gemeinsam mit anderen „gewerbenahen" Verkäufen) 51 500 € im Wj sowie ⅓ des Gesamtumsatzes nicht übersteigt (EStR 15.5 III 7, XI).

(3) Abweichende Rechtsprechung. Sie differenziert nicht zw erster und zweiter Verarbeitungsstufe, sondern danach, ob die Verarbeitung in einer für GewBetr übl Produktionsweise erfolgt und daher mit diesen in Konkurrenz tritt. Bagatellbetriebe sollen gleichwohl unter § 13 fallen; insoweit stellt der BFH typisierend auf die Kleinunternehmergrenze des § 19 UStG (seit VZ 2025: 25 000 €) als absoluten Höchstbetrag und einen Umsatzanteil von 10% als relativen Höchstbetrag ab (BFH IV R 78/95, BStBl II 97, 427: Herstellung von Wurst und Schinken aus selbsterzeugten Schweinen zum Verkauf auf einem Bauernmarkt). – Diese abw Konzeption hat sich wegen ihrer Nichtanwendung durch die *FinVerw* (*BMF* BStBl I 97, 629) in der Praxis nicht durchgesetzt. Sie ist im Vergleich zur VerwAuffassung zudem nicht mit einem Gewinn an Rechtssicherheit verbunden (zR krit auch *BH/Nacke* § 13 Rn. 173; zust hingegen *HHR/Paul* § 13 Rn. 107; *Zugmaier* INF 97, 579).

68 **e) In der Praxis häufige Nebenbetriebe. – aa) Handelsgeschäft mit Zukauf.** Ein Hofladen *ohne* Zukauf ist eine reine luf Tätigkeit. Im Fall des Zukaufs *fremder* Produkte (eigentl eine klassische gewerbl Handelstätigkeit) typisieren *FinVerw* und Rspr stark und sehen das Handelsgeschäft (zB Hofladen, Marktstand) nur dann

als GewBetr an, wenn der **Nettoumsatz** aus zugekauften Produkten **ein Drittel des Gesamtumsatzes** *oder* **51 500 € im Wj** nachhaltig übersteigt. Der Vergleichsmaßstab „Gesamtumsatz" bezieht sich dabei nach der Verwaltungsauffassung auf den Umsatz des Gesamtbetriebs (so ausdrückl *BMF* BStBl I 10, 46; wohl auch *GLE* BStBl I 11, 1213 Tz II.6., 11.; EStR 15.5 VI iVm XI), nach der Rspr hingegen ledigl auf den Umsatz der betrachteten Verkaufsstelle (so BFH IV R 21/06, BStBl II 10, 113; diese Auffassung wäre erhebl enger). Auf die Art der zugekauften Produkte (betriebstypisch, abrundend oder untypisch) oder den Standort des Handelsgeschäfts (innerhalb oder außerhalb des Betriebsgeländes) kommt es nicht an. – Eine etwaige Gewerblichkeit des (trennbaren) Handelsgeschäfts berührt die Zuordnung der originär luf Tätigkeiten zu den Einkünften aus § 13 nicht, und zwar grds unabhängig davon, in welchem Umfang die selbsterzeugten luf Produkte über das Handelsgeschäft vermarktet werden.

bb) Erzeugung erneuerbarer Energien durch einen Land-/Forstwirt. Dies ist nur dann Nebenbetrieb, wenn selbsterzeugte Produkte verwendet werden. – **(1) Biogasanlagen. Zuordnung zu § 13.** Eine Biogasanlage gehört nur dann zur LuF, wenn sie auf der **Rohstoffseite** überwiegend mit selbsterzeugtem Material beschickt wird *und* auf der **Absatzseite** entweder das Biogas (erste Verarbeitungsstufe) als solches verkauft oder selbst verbraucht wird oder bei Erzeugung von Wärme oder elektrischem Strom diese Produkte überwiegend im eigenen Betrieb verwendet werden, wobei ein Verkauf von Teilen der erzeugten Wärme oder des Stroms (anders als der Verkauf von Biogas) *insoweit* stets zu gewerbl Einkünften führt (ausführl, auch zu gewerbl Biogasanlagen, *BMF* BStBl I 22, 633). – **Zuordnung zu § 15.** Da die vorstehend genannten Voraussetzungen in der Praxis nur selten erfüllt sein werden, sind Biogasanlagen idR eigene GewBetr neben dem luf Betrieb. Setzt der StPfl allerdings die *gesamte* Ernte seines Betriebs in einer Biogasanlage ein und verkauft er die erzeugte Energie an Dritte, handelt es sich um einen einheitl GewBetr (BFH II R 55/11, BStBl II 13, 518). – **(2) Windkraft; Photovoltaik; Wasserkraft.** Dies ist mangels Verwendung selbsterzeugter Rohstoffe stets gewerbl (EStR 15.5 XII; *GLE* BStBl I 11, 1213 Tz II.12). 69

cc) Abbaubetriebe; Bodenschätze. Es handelt sich nur dann um Nebenbetriebe, wenn die gewonnene Substanz überwiegend im eigenen luf Betrieb verwendet wird (EStR 15.5 III 9; Nachweise zur Rspr → Rn. 245). Da dies in der Praxis selten ist, liegt idR ein GewBetr vor. Zum Zeitpunkt des Entstehens eines Bodenschatzes als selbständiges WG → § 5 Rn. 140, 270 „Bodenschätze"; zur Höhe der AK bei nachträgl entdeckten oder in ein gewerbl BV eingelegten Bodenschätzen sowie zur Zulässigkeit von AfS und zur Behandlung des RestWG „Ackerkrume" → § 7 Rn. 221 ff; zur Abgrenzung zw Verkauf und Verpachtung bei entgeltl Ausbeutung des Bodenschatzes durch *Dritte* sowie zur Behandlung von Entschädigungen für entgehende luf Einnahmen → § 21 Rn. 18. 70

f) Dienstleistungen. Zu Dienstleistungen bei **Pferdehaltung** → Rn. 34. – **aa) Entgeltliche Übernahme organischer Abfälle.** Die Einnahmen fallen unter § 13, wenn die Abfälle auf selbstbewirtschaftete Flächen ausgebracht (zB Klärschlamm) oder an eigene Tierbestände verfüttert werden (zB Küchen-/Grünabfälle, Schlempe; EStR 15.5 IV; *GLE* BStBl I 11, 1213 Tz II.4.; anders zur USt allerdings BFH V R 34/11, BStBl II 13, 460). Ein luf Nebenbetrieb liegt vor, wenn die Abfälle zunächst be- oder verarbeitet (zB kompostiert) und die dabei gewonnenen Erzeugnisse nahezu ausschließl im eigenen luf Betrieb verwendet werden (EStR 15.5 III 4 Nr 2). Unterhält der LuF aufgrund von Klärschlamm*transporten* und der Ausbringung auf Flächen *Dritter* ohnehin bereits einen GewBetr, gehören hierzu auch die Entgelte für Transport/Ausbringung auf *eigene* Flächen (BFH IV R 24/05, BStBl II 08, 356). 73

bb) Dienstleistungen beim Absatz eigener land- und forstwirtschaftliche Produkte. Diese Tätigkeiten (zB Grabpflege oder Gartengestaltung mit gleichzeiti- 74 ger Lieferung selbsterzeugter Pflanzen) sind unabhängig von ihrem Umfang LuF, wenn bei der einzelnen Tätigkeit der Dienstleistungsanteil maximal 50% des Umsatzes beträgt. Tätigkeiten, bei denen der Dienstleistungsanteil höher ist, gehören noch zur LuF, wenn diese Umsätze ⅓ des Gesamtumsatzes und 51 500 € im Wj nicht übersteigen (*GLE* BStBl I 11, 1213 Tz II.7., 11.; ähnl bereits BFH I R 24/66, BStBl III 66, 678: Landschaftsgärtner; BFH VIII R 15/73, BStBl II 76, 492: Friedhofsgärtnerei). Danach fallen Friedhofs- und Landschaftsgärtnereien mit überwiegendem Dienstleistungsanteil unter § 15.

75 **cc) Ausschank selbsterzeugter Getränke.** Ohne Hinzutreten weiterer Leistungen handelt es sich um bloße Produktvermarktung, die zur LuF gehört. Der **Zukauf** von Getränken oder das Anbieten zubereiteter Speisen ist unschädl, wenn der entspr Umsatz ⅓ des Gesamtumsatzes des Betriebs und 51 500 € netto im Wj nicht übersteigt. Ansonsten liegt GewBetr vor, *soweit* Speisen und zugekaufte Getränke verkauft werden (*GLE* BStBl I 11, 1213 Tz II.8., 11.).

76 **dd) Verwendung betrieblicher Wirtschaftsgüter außerhalb des Betriebs; Lohnarbeiten.** Dies ist grds gewerbl (zB Vermietung von Landmaschinen, Erbringung von Maschinenarbeiten für Dritte, Einsatz des Traktors im Winterdienst für Dritte, Landschaftspflege). Wird das WG aber zu mindestens 10% im eigenen luf Betrieb genutzt (s hierzu BFH IV R 45/02, BStBl II 04, 512 unter 2.a), gehören auch die Dienstleistungen für Dritte zu § 13, wenn sie nicht mehr als ⅓ des Gesamtumsatzes und höchstens 51 500 € im Wj betragen (*GLE* BStBl I 11, 1213 Tz II.9., 11.). Unterhalb dieser Grenze gibt noch die LuF dem Gesamtbetrieb das Gepräge (BFH IV R 45/02, BStBl II 04, 512 unter 2.b; BFH IV R 10/05, BStBl II 07, 516 unter II.1.b; BFH IV R 32/06, BFH/NV 08, 569). Zur Beurteilung von **Maschinengemeinschaften und Maschinenringen** s *Wendt* FR 96, 265 (280).

77 **ee) Vermietung von Zimmern und Ferienwohnungen.** Hier gelten dieselben Kriterien wie bei der Abgrenzung zw GewBetr und privater Vermögensverwaltung (näher → § 15 Rn. 83). Die *FinVerw* nimmt jedenfalls dann noch LuF an, wenn weniger als 4 Zimmer und weniger als 6 Betten bereitgehalten werden und keine Hauptmahlzeit angeboten wird (EStR 15.5 XIII). Die Vermietung von Kurzzeitparkplätzen und Sportanlagen (BFH X R 21/00, BStBl II 03, 520), der Betrieb von Campingplätzen und Liften sowie die Durchführung von Schlossbesichtigungen ist idR gewerbl.

81 **11. Nutzungswert der Wohnung in einem Baudenkmal in Altfällen, § 13 II Nr 2, IV.** Der Nutzungswert der vom StPfl oder einem Altenteiler selbst genutzten Wohnung und die damit in Zusammenhang stehenden Aufwendungen fließen nur dann in die Einkünfte aus LuF ein, wenn es sich um ein Baudenkmal handelt, die Wohnung die bei gleichartigen Betrieben übl Größe nicht überschreitet und für die jeweilige Wohnung die Voraussetzungen für die Nutzungswertbesteuerung bereits im VZ 1986 vorgelegen haben. Gewinne aus der Entnahme/Veräußerung derartiger Objekte sind stfrei (Abs 4, → Rn. 102). Umfassend zur Nutzungswertbesteuerung samt Übergangsregelung s *BMF* BStBl I 86, 528 sowie → 24. Aufl 2005, § 13 Rn. 175–190; zusammenfassender Überblick mit aktueller Rspr → 36. Aufl 2017, § 13 Rn. 81–91.

84 **12. Produktionsaufgaberente nach FELEG, § 13 II Nr 3.** → 25. Aufl 2006, § 13 Rn. 168.

91 **13. Besonderheiten der Einkunftserzielungsabsicht bei Land- und Forstwirtschaft. – a) Systematik.** Ausführl zur Einkunftserzielungsabsicht → § 2 Rn. 23 f; für die Gewinneinkunftsarten → § 15 Rn. 24 ff. Danach ist der Liebhabereitatbestand zweigliedrig: Auf der ersten (obj) Stufe ist eine negative Totalgewinnprognose erforderl (Einzelheiten → Rn. 94–97 sowie ausführl → § 15 Rn. 25 ff). Die Einkunftserzielungsabsicht kann aber nur dann verneint werden, wenn auf der zweiten (subj) Stufe persönl Motive für die Hinnahme der Verluste maßgebend sind (Einzelheiten → Rn. 98 sowie ausführl → § 15 Rn. 29 ff). Diese allg Grundsätze gelten auch

für LuF; nachfolgend sind nur die hier zu beachtenden **Besonderheiten** dargestellt. – **Rechtsfolge der Annahme eines Liebhabereibetriebs.** Es handelt sich nicht um eine Betriebsaufgabe, sondern um einen erfolgsneutralen Strukturwandel (keine Aufdeckung, sondern Festschreibung der stillen Reserven; BFH IV R 138/78, BStBl II 82, 381 unter 2.; BFH IV B 82/04, BFH/NV 06, 1291 unter 1.c). Ein weiterer Abzug von Schuldzinsen aus einem Schuldenüberhang ist mögl (BFH X R 61/14, BStBl II 16, 939 Rn. 53). Wie bei der Betriebsverpachtung im Ganzen (→ Rn. 123 ff) besteht aber ein Wahlrecht, die Betriebsaufgabe zu erklären.

b) Mehrere Betätigungen eines Steuerpflichtigen. Sie sind für die Liebhabereiprüfung grds getrennt zu beurteilen (näher → § 15 Rn. 26). Dies gilt bei LuF zB für (jeweils für sich lebensfähige) **land- bzw forstwirtschaftl Teilbetriebe** (BFH IV R 1/89, BStBl II 91, 452 unter 3.; BFH IV R 20/05, BFH/NV 08, 532 unter II.2.d; BFH VI R 3/22, BStBl II 24, 823 Rn. 44). – **Pferdezucht** einerseits und Ackerbau andererseits können getrennt zu beurteilen sein (BFH IV R 178/83, BStBl II 86, 293 unter 3.), nicht hingegen ein nur noch aus Weideflächen bestehender Betrieb und die darauf betriebene Pferdezucht (BFH IV R 45/81, BFH/NV 86, 213 unter 1.). Pferdezucht und Pensionspferdehaltung sind einheitl zu betrachten, wenn die Zucht den Pensionsbetrieb in besonderem Maße fördert und stärkt (zutr FG Köln EFG 12, 1621, rkr). – Werden mit einem Betriebsteil Versuche zur Züchtung neuer Arten oder Sorten vorgenommen und damit zunächst Verluste erzielt, dienen diese Versuche aber der Steigerung der Gewinne des Gesamtbetriebs, handelt es sich um einen einheitl, mit Gewinnerzielungsabsicht geführten Betrieb (BFH IV R 45/89, BStBl II 91, 625). 92

c) Totalgewinnprognose. Ausführl → § 15 Rn. 25 ff. Der Betrieb muss bei obj Betrachtung nach seiner Art, der Gestaltung der Betriebsführung und den gegebenen Ertragsaussichten einen Totalgewinn erwarten lassen (BFH IV R 33/99, BStBl II 00, 227 unter 1.; BFH IV B 168/01, BFH/NV 03, 896 unter 1.a). Die gebildeten stillen Reserven (die bei LuF von erhebl Bedeutung sein können) sind einzubeziehen (BFH VI R 3/22, BStBl II 24, 823 Rn. 40, 57 ff). – **Gewinnermittlung nach § 13a.** Hier treten Verluste grds nicht in Erscheinung (Ausnahme: Sondergewinne nach § 13a VII; → § 13a Rn. 23). Eine negative Totalgewinnprognose ist daher (bis zu einem etwaigen Übergang zu § 4 I/III) auch dann ausgeschlossen, wenn im Fall der Bilanzierung Verluste auszuweisen wären (BFH IV R 137/84, BStBl II 86, 808 unter 2.; BFH IV B 41/06, BFH/NV 07, 2049; BFH IV R 60/07, BFH/NV 10, 1446 Rn. 28). Gleiches gilt, wenn es an jegl Gewinnermittlung fehlt (BFH IV R 27/98, BStBl II 00, 524 unter 1.e). Davon unberührt bleibt aber, dass eine steuerl Erfassung eine betriebl Tätigkeit voraussetzt. 94

aa) Länge des Prognosezeitraums. Sie ist von der Art des Betriebs abhängig und darf nicht verwechselt werden mit der Dauer der Phase, in der Anlaufverluste hinzunehmen sind. – **(1) Bedeutung der Generationenfolge.** Die Periode für die Feststellung, ob ein Totalgewinn mögl ist, kann mehrere Generationen umfassen (ausführl *Stöber* FR 17, 801). Gleichwohl ist die Prüfung der Gewinnerzielungsabsicht stets auf den einzelnen StPfl bezogen (BFH IV R 46/99, BStBl II 00, 674 unter 3.: trotz generationenübergreifender Totalperiode kann die Gewinnerzielungsabsicht beim Rechtsvorgänger fehlen und beim Übernehmer aufgrund von Umstrukturierungen wieder einsetzen; BFH VI R 5/17, BStBl II 19, 601 Rn. 25). Die generationenübergreifende Betrachtung gilt auch dann, wenn der Betrieb zunächst unter Nießbrauchsvorbehalt an die nächste Generation übertragen wird, sodass zeitweise zwei Betriebe bestehen, die aber auf eine erneute Zusammenführung angelegt sind (für forstwirtschaftl Betriebe BFH IV R 38/13, BStBl II 16, 765 Rn. 24 ff; für landwirtschaftl Betriebe s BFH VI R 5/17, BStBl II 19, 601 Rn. 29 ff). Wenn es sich nicht um klassische LuF handelt, ist die Totalperiode aber auf die Dauer der Tätigkeit des StPfl begrenzt (BFH IV R 178/83, BStBl II 86, 293 unter 3.: Pferdezucht durch 95 einen Nicht-LuF). – **(2) Forstwirtschaftliche Betriebe.** Die gesamte Umtriebszeit (ggf mehr als 100 Jahre) ist zu berücksichtigen (BFH IV R 149/83, BStBl II 85, 549 unter B.I.; BFH VI R 86/14, BStBl II 17, 981 Rn. 12; *BMF* BStBl I 18, 689 unter IV.). – **(3) Angepachtete Betriebe.** Nach bisheriger, strenger Rspr muss der Totalgewinn innerhalb der vereinbarten Pachtzeit erzielbar sein (BFH IV R 25/82, BStBl II 85, 399). Dies soll auch dann gelten, wenn der Pachtvertrag eine spätere Hofübergabe vorbereiten soll (BFH IV R 15/05, BStBl II 08, 465 unter II.2.c; mE anders, wenn die beabsichtigte Hofübergabe bereits rechtl gesichert ist). Für die Verpachtung von Forstbetrieben ist diese Rspr allerdings zR aufgegeben worden (BFH IV R 38/13, BStBl II 16, 765 Rn. 30). Die Ausführungen in BFH VI R 5/17, BStBl II 19, 601 Rn. 32 lassen die Annahme zu, dass die Rspr auch bei der Verpachtung landwirtschaftl Betriebe gelockert werden könnte. – **(4) Nebenerwerbsbetriebe.** Hier wird man nicht ohne Weiteres von einer generationenübergreifenden Betriebsführung ausgehen können. Umgekehrt endet der Prognosezeitraum gerade bei sehr kleinen Betrieben, die nur einen geringen Tätigkeitsumfang erfordern, aber nicht notwendig mit der Pensionierung des StPfl (zum Ganzen BFH IV R 12/05, BFH/NV 08, 759 unter II.2.b). – **(5) Verkauf oder Einbringung des Betriebs.** Hiermit endet der Prognosezeitraum (BFH VI R 3/22, BStBl II 24, 823 Rn. 28 ff: auch bei Buchwert-Einbringung in eine Einmann-GmbH & Co KG; auch bei Forst(teil)betrieb).

96 **bb) Vorhersehbare Verlustursachen. – (1) Hoher Personalbestand und erhebliche Fremdfinanzierung.** Bei Forstbetrieben wird es in diesen Fällen (wegen der geringen lfd Einnahmen) häufig an der obj Möglichkeit zur Erzielung eines Totalgewinns fehlen (BFH IV R 6/03, BFH/NV 05, 1511 unter II.2.: ein Betrieb mit nur 90 ha ist für Fremdpersonal und Fremdfinanzierung zu klein; BFH IV R 1/89, BStBl II 91, 452 unter 2.b: selbst bei einem Betrieb mit 157 ha kann die Führung durch Fremdpersonal Dauerverluste mit sich bringen, die nicht mehr aufholbar sind). Gleiches gilt für ein fremdfinanziertes Weingut, das durch Angestellte bewirtschaftet wird und dessen Rebflächen nur zu ⅔ bestockt sind (BFH IV B 74/96, BFH/NV 97, 668). – **(2) Ungeeignete Betriebsführung.** ZB Anbau von Sorten, die für hiesige klimatische Bedingungen ungeeignet sind (BFH IV R 62/88, BFH/NV 89, 775: Kiwi-Zucht); Erwerb eines heruntergewirtschafteten Gutes in einem parasitenverseuchten Überschwemmungsgebiet durch einen Nicht-Landwirt, wenn kein Landwirt das Gut kaufen wollte (BFH IV R 27/97, BStBl II 99, 638 unter B. III.); Rinderfarm in Paraguay, die dt Anlegern iRe Verlustzuweisungsmodells vermittelt wird (BFH IV R 86/95, BFH/NV 98, 950). – **(3) Pferdezucht.** Hier sind strenge Anforderungen an die obj Eignung zur Gewinnerzielung zu stellen (BFH IV R 33/99, BStBl II 00, 227; BFH IV B 168/01, BFH/NV 03, 896; ausführl *Ritzrow* EStB 09, 205).

97 **cc) Entstehen von Anlaufverlusten. – (1) Grundsätzlich noch keine Liebhaberei.** Anlaufverluste allein sprechen nicht gegen eine positive Totalgewinnprognose, wenn vorhersehbare Verlustursachen der in → Rn. 96 genannten Art nicht vorliegen, der Betrieb also nicht schon *von vornherein* ungeeignet zur Erzielung eines Totalgewinns ist (zu einem solchen Fall von vornherein fehlender Eignung BFH IV B 97/03, BFH/NV 05, 2176). Stellt der StPfl einen solchen Betrieb während der Anlaufverlustphase ein, bleiben die bis dahin erzielten Verluste steuerl relevant (auch → Rn. 99). – **(2) Dauer der Anlaufphase.** Während bei GewBetr üblicherweise von gut 5 Jahren ausgegangen wird (BFH X R 33/04, BStBl II 07, 874 unter II.2.b cc), kann bei LuF durchaus auch ein längerer Zeitraum anzunehmen sein (BFH IV R 74/79, BStBl II 83, 2 unter 3.: bei hohem Investitionsbedarf 10 Jahre; FG Saarl EFG 98, 92, rkr: Tiere mit spät einsetzender Zuchtreife; *von Schönberg* FR 92, 246: Wiedereinrichter in den neuen Bundesländern). Allerdings beruht die frühere Rspr, wonach grds von einer Anlaufphase von 8 Jahren auszugehen sei (so BFH

IV R 182/78, BStBl II 80, 718 unter 1.), noch auf dem obj Liebhabereibegriff und ist daher überholt.

d) Persönliche Motive für die Hinnahme der Verluste. Ausführl → § 15 Rn. 29 ff. – **aa) Klassische persönliche Motive.** ZB private Erholungsinteressen und die persönl Begeisterung für den eigenen Betrieb (BFH IV R 6/03, BFH/NV 05, 1511 unter II.3.: Forstbetrieb); es geht dem StPfl vor allem um die Schaffung eines gehobenen Wohnsitzes auf dem Lande (BFH IV R 175/84, BStBl II 87, 89 unter 2.b); er möchte die Weinbautradition der Familie fortführen (BFH IV R 46/99, BStBl II 00, 674 unter 4.; BFH IV B 81/01, BStBl II 03, 804 unter 1.b bb). Gleiches gilt, wenn der Betreiber eines Gestüts zugleich ein persönl Freund des Reitsports und der Pferdezucht ist (BFH IV R 25/82, BStBl II 85, 399; FG Ddorf EFG 14, 991, rkr) oder die Pferdezucht bereits vor Gründung des „Betriebs" als Hobby ausgeübt hat (BFH IV R 33/99, BStBl II 00, 227 unter 4.; s auch BFH IV B 96/08, BFH/NV 10, 207), oder wenn ein erfolgreicher Industrieller, der ursprüngl Landwirt werden wollte, sich mit dem Erwerb eines Gutes seinen Jugendtraum erfüllen will (BFH IV R 27/97, BStBl II 99, 638 unter B.III.4.). Liebhaberei ist auch dann anzunehmen, wenn ein kleiner, aus einem Hobby heraus entstandener Pflanzenzuchtbetrieb innerhalb von 20 Jahren Verluste von 470 000 € erwirtschaftet (FG Köln EFG 14, 2120, rkr). 98

bb) Indizien gegen das Vorliegen persönlicher Motive. Eine obj negativer Totalgewinnprognose schadet nicht, wenn der StPfl auf die Verluste zeitnah durch nachvollziehbare Bemühungen zur Umstrukturierung, zum Verkauf oder zur Aufgabe des Betriebs reagiert (BFH X R 33/03, BStBl II 04, 1063 unter II.3b; BFH IV R 15/05, BStBl II 08, 465 unter II.4.a). Dies kann selbst bei Pferdehaltung der Fall sein (BFH IV R 139/81, BStBl II 85, 205; BFH IV R 109/87, BFH/NV 89, 692 unter 1.b). Gleiches gilt, wenn die negative Prognose auf Ereignissen beruht, die bei Betriebsgründung nicht vorhersehbar waren (BFH IV B 130/01, BFH/NV 03, 1303: schwere Erkrankung des Betriebsinhabers). 99

II. Ergänzende Regelungen, § 13 III–VII

1. Freibetrag, § 13 III. Einkünfte aus LuF (ggf nach Abzug des Freibetrags nach §§ 14 I, 16 IV; auch nachträgl Einkünfte) werden bei der Ermittlung des Gesamtbetrags der Einkünfte nur berücksichtigt, soweit sie den Freibetrag von 900 € übersteigen. – **Eheleute.** Bei Zusammenveranlagung verdoppelt sich der Freibetrag auf 1 800 €, und zwar auch dann, wenn nur *ein* Ehegatte luf Einkünfte bezieht. Erzielt einer der Ehegatten positive und der andere negative luf Einkünfte, sind diese vor Anwendung des Freibetrags zunächst zu saldieren (BFH IV R 32/86, BStBl II 88, 827). – **Einkünftegrenze.** Der Freibetrag wird nur gewährt, wenn die Summe der Einkünfte 30 700 € (bei zusammenveranlagten Ehegatten: 61 400 €) nicht übersteigt. – **Anwendungsbereich.** Abs 3 gilt für alle Gewinnermittlungsarten, auch für § 13a. Die Begünstigung der LuF durch den Freibetrag ist verfgemäß (*HHR/Paul* § 13 Rn. 3) und nicht auf andere Einkunftsarten übertragbar (HessFG EFG 96, 812, rkr). – **Systematik.** Der Freibetrag ist nicht bereits bei der Ermittlung der Einkünfte, sondern erst von der **Summe der Einkünfte** abzuziehen. § 46 II Nr 1 sieht vor, dass er für Zwecke der dortigen Veranlagungsgrenze in einer Hilfsrechnung abzuziehen ist. Er kann nicht bereits bei der Gewinnfeststellung einer MUerschaft, sondern erst bei der EStVeranlagung der MUer berücksichtigt werden (BFH IV R 90/88, BStBl II 90, 689 unter I.5.). 101

2. Steuerfreie Entnahme selbstgenutzter Wohnungen in Altfällen, § 13 IV. Der Nutzungswert der selbstgenutzten Wohnung des StPfl wird (unter Gewährung des vollen BA-Abzugs) nur noch besteuert, wenn die Wohnung schon im VZ 1986 selbstgenutzt wurde und sich in einem **Baudenkmal** befindet (Abs 2 Nr 2 iVm Abs 4 S 1). Abs 4 S 2 gewährt dem StPfl ein 102

Wahlrecht, diese Nutzungswertbesteuerung jederzeit zu beenden. In diesem Fall bleibt der **Entnahmegewinn** (auch für den dazugehörigen GuB) stfrei (Abs 4 S 4, 5). Auch der Gewinn aus der Veräußerung einer solchen Wohnung bleibt stfrei (Abs 4 S 6 Nr 1); ebenso der Entnahmegewinn, der entsteht, wenn eine vor 1987 vermietete Wohnung später selbstgenutzt und dadurch entnommen wird (Abs 4 S 6 Nr 2). Hierbei muss es sich nach der Gesetzessystematik und der Entstehungsgeschichte ebenfalls um ein Baudenkmal handeln (BFH VI R 22/17, BStBl II 20, 639). Wegen der Einzelheiten → 36. Aufl 2017, § 13 Rn. 81 ff und *BMF* BStBl I 86, 528.

103 **3. Steuerfreie Entnahme bei Wohnbebauung, § 13 V. – a) Überblick.** Wird GuB durch Errichtung der Wohnung des StPfl (Betriebsinhabers) oder eines Altenteilers entnommen, bleibt der Entnahmegewinn außer Ansatz. Wenn die Entnahme allerdings zugleich eine Sperrfristverletzung nach § 6 V 4 darstellt, ist § 13 V nicht anwendbar, weil es sich dann nicht um einen „Entnahmegewinn", sondern um einen Gewinn aus dem rückwirkenden Ansatz des TW iRe früheren Übertragung handelt (zutr FG BW EFG 20, 1831 unter 2.c, rkr). – Die Regelung begünstigt nur **Neubauten,** nicht hingegen die erstmalige Selbstnutzung einer bereits vorhandenen Wohnung (dies kann bei Baudenkmalen unter Abs 4 S 6 Nr 2 fallen, → Rn. 102). Der Umfang des zur Wohnung gehörenden GuB ist wie in den Fällen des Abs 4 S 4 (→ 36. Aufl 2017, § 13 Rn. 89 mwN) zu ermitteln (so auch *BMF* BStBl I 97, 630 Tz 6). Altenteiler ist, wer den Betrieb in vorweggenommener Erbfolge übertragen hat und dafür Nutzungen, Natural- oder Geldleistungen erhält (BFH IV R 33/04, BFH/NV 06, 188 unter 1.b). – **Dauerrecht.** Die Anwendung des § 13 V ist zeitl nicht begrenzt. Sie setzt (anders als § 13 IV) auch nicht voraus, dass der GuB schon 1986 zum BV gehört hatte. Daher ist auch eine Anwendung im Beitrittsgebiet mögl. – **Anwendung bei §§ 15, 18.** Gem § 15 I 3 und § 18 IV 1 gilt § 13 V auch zugunsten von Gewerbetreibenden und selbständig Tätigen. Hier ist allerdings Voraussetzung, dass der GuB bereits 1986 zum BV gehört hat. – Zu **Besonderheiten bei Mitunternehmerschaften** → 39. Aufl 2020, § 13 Rn. 104; zur **Errichtung einer Wohnung durch einen Nutzungsberechtigten des Betriebs** → 39. Aufl 2020, § 13 Rn. 105.

106 **b) Objektbeschränkung.** Der StPfl kann die StBefreiung nur für jeweils eine selbstgenutzte und eine Altenteilerwohnung in Anspruch nehmen (die StFreiheit nach § 13 IV zählt hier allerdings nicht mit). Da die Regelung auf den jeweiligen Betriebsinhaber bezogen ist, kann der Erbe bzw Hofübernehmer sie erneut in Anspruch nehmen. Ob sie bei **MUerschaften** von jedem MUer gesondert, insgesamt nur ein Mal oder aber gar nicht in Anspruch genommen werden kann, hat die Rspr bisher nicht entschieden (vgl die Nachweise in BFH VIII R 23/95, BStBl II 99, 53 unter II.1.). ME ist die Objektbeschränkung dann auf den einzelnen MUer („StPfl") bezogen (glA *HHR/Paul* § 13 Rn. 135), sodass die Begünstigungswirkung nicht durch Gründung neuer MUerschaften vervielfacht werden kann.

108 **4. Ratenzahlung der Einkommensteuer bei Übertragung von Wirtschaftsgütern auf Gemeinschaftsbetrieb, § 13 VI.** Werden einzelne WG eines luf Betriebs gegen Gewährung von Mitgliedsrechten auf einen der **gemeinschaftl Tierhaltung** dienenden Betrieb einer Genossenschaft oder eines Vereins übertragen, führt dies zur Gewinnrealisierung (nicht hingegen bei Übertragung auf MUerschaften wegen § 6 V). Allerdings kann die auf den Veräußerungsgewinn entfallende ESt auf Antrag in höchstens fünf jährl Raten entrichtet werden. Wirtschaftl entspricht dies einer zinslosen Teilstundung.

109 **5. Verweisung auf § 15, § 13 VII.** Wesentl Teile der für gewerbl Einkünfte geltenden Normen sind auch iRd § 13 anzuwenden. Dies folgt zum einen aus der gesetzl Verweisung in § 13 VII, die sich ausdrückl auf die Vorschriften über die MUerschaft (§ 15 I 1 Nr 2; zu Besonderheiten der LuF → Rn. 161 ff), die Besteuerung des Gewinns aus Anteilen an Europäischen Ges nach Sitzverlegung (§ 15 Ia), die Besonderheiten der Gewinnerzielungsabsicht (§ 15 II 2, 3) sowie Verluste bei beschr Haftung (§ 15a) und iZm StSparmodellen (§ 15b) erstreckt. – Diese Verweisung ist aber **nicht abschließend.** Insb gelten (obwohl von der Verweisung in § 13 VII nicht ausdrückl

erfasst) die in § 15 II 1 genannten **allg Merkmale betriebl Einkünfte** wie Selbständigkeit, Nachhaltigkeit, Gewinnerzielungsabsicht und Beteiligung am allg wirtschaftl Verkehr auch für die Einkünfte aus LuF (BFH IV R 86/99, BStBl II 02, 80 unter 1.b; BFH VI R 38/20, BFH/NV 23, 1057 Rn. 18). Einzelheiten zu diesen Merkmalen → § 15 Rn. 8 ff; zu Besonderheiten der Gewinnerzielungsabsicht bei LuF → Rn. 91 ff. Auch die allg Gewinnermittlungsvorschriften (§§ 4–7i) sind anwendbar.

III. Besonderheiten der Zurechnung bei Einkünften aus Land- und Forstwirtschaft

1. Allgemeines zur Zurechnung. Umfassend zur Zurechnung betriebl Einkünfte → § 15 Rn. 135–148; zu den nachstehend dargestellten Besonderheiten der LuF grundlegend BFH IV R 119/74, BStBl II 75, 770 unter 1.; BFH IV R 31/74, BStBl II 76, 335 unter II.1. – Auch die Einkünfte aus LuF sind demjenigen zuzurechnen, **auf dessen Rechnung und Gefahr der Betrieb geführt wird.** Dies ist derjenige, dem die Nutzungen des luf Vermögens, insb des GuB, zustehen, idR also der Eigentümer der Grundstücke und sonstigen Betriebsmittel. Dies gilt selbst dann, wenn der Eigentümer den Betrieb nicht selbst führt, sondern durch einen Dritten (zB Verwalter) bewirtschaften lässt. Muss der Eigentümer die Nutzungen des luf Vermögens aufgrund steuerrechtl anzuerkennender Rechtsbeziehungen – zB Pacht (→ Rn. 112–120), Betriebsverpachtung im Ganzen (→ Rn. 123–136), Wirtschaftsüberlassungsvertrag (→ Rn. 141–144), Nießbrauch (→ Rn. 151–156), sonstige Überlassungsverträge – einem Dritten überlassen, sind diesem die lfd Einkünfte zuzurechnen. Beim Eigentümer verbleiben die Einkünfte aus dem Nutzungsentgelt sowie aus Veräußerungen seiner betriebl WG. – Ferner können luf Einkünfte durch MUerschaften (→ Rn. 161–176) erzielt werden. 111

2. Pacht. – a) Einkunftserzielung durch den Nutzungsberechtigten. Ist der StPfl zwar nicht Eigentümer der Flächen oder Betriebsmittel, stehen ihm deren Nutzungen aber aufgrund eines steuerl anzuerkennenden Pachtvertrags zu, erzielt er in seiner Person Einkünfte aus LuF. Verpachtet er einzelne Flächen an Dritte weiter, sollen die Pachteinnahmen nicht unter § 13, sondern unter § 21 fallen (BFH VI R 38/20, BFH/NV 23, 1057 Rn. 22). 112

b) Pachtverträge zwischen Angehörigen. Sie sind in der LuF häufig. Nach den allg hierfür geltenden Grundsätzen sind sie zu berücksichtigen, wenn sie nach Inhalt und tatsächl Durchführung einem Fremdvergleich standhalten (allg zu Angehörigenverträgen → § 12 Rn. 20 ff; speziell zu Miet- und Pachtverträgen zw Angehörigen → § 21 Rn. 81 ff). – **Angemessenheit des Pachtzinses.** Überhöhte Pachtzahlungen an Angehörige sind keine BA. Bei einem unübl niedrigen Pachtzins liegt ein teilentgeltl Geschäft vor. Der **Pächter** kann den *Gesamtbetrag* seiner Zahlungen als BA abziehen (zutr NdsFG EFG 04, 1681, unter 2., rkr), sofern es sich nicht ledigl um Versorgungs-/Altenteilsleistungen handelt, die bei Vertragsschluss bis VZ 2007 zu einer Beurteilung als (unentgeltl) Wirtschaftsüberlassungsvertrag führten (BFH IV R 31/74, BStBl II 76, 335 unter I.; → Rn. 141 ff). Beim **Verpächter** findet eine Nutzungsentnahme statt; diese ist nach den allgemeinen Regeln mit den anteiligen Selbstkosten (nach Maßgabe der Unentgeltlichkeitsquote) zu bewerten (→ Rn. 229; → § 6 Rn. 517). – **Übernahme von Reparaturkosten durch den Pächter.** Übernimmt der Pächter bei Pachtverträgen zw Angehörigen Reparaturkosten, die nach dem Vertrag dem Verpächter obliegen, ist zu differenzieren: Trägt der Pächter die Kosten im eigenen betriebl Interesse (insb in der rechtl abgesicherten Erwartung des späteren Eigentumsübergangs), handelt es sich um BA (BFH IV R 1/02, BStBl II 04, 780; ebenso zu Aufwendungen eines Pächters zur Bodenverbesserung NdsFG EFG 94, 512, rkr). Andernfalls liegt eine steuerl unbeachtl Zuwendung an den Angehörigen vor (BFH IV R 89/93, BFH/NV 95, 379; BFH IV B 22/94, BFH/NV 95, 591). 113

114 **3. Verpachtung mit eisernem Inventar.** – **a) Zivilrecht.** Nach § 582a BGB wird bei der Verpachtung von landwirtschaftl Betrieben häufig vereinbart, dass der Pächter das Inventar zum Schätzwert übernimmt und bei Pachtende zum Schätzwert zurückzugeben hat; bei Wertdifferenzen ist ein Geldausgleich zu zahlen. Damit geht die Gefahr des zufälligen Untergangs (anders als im Normalfall des Miet- oder Pachtvertrags) auf den Pächter über. Der Pächter kann innerhalb der Grenzen einer ordnungsmäßigen Wirtschaft über die zum Inventar gehörenden WG verfügen; er muss das Inventar erhalten und lfd ersetzen. Auch wenn der Pächter WG anschafft, wird der Verpächter deren Eigentümer (§ 582a II 2 BGB). – **Begriff des Inventars.** Zivilrechtl kommen nur **bewegl Sachen** in Betracht (s § 97, § 98 Nr 2 BGB; insb Geräte, Vieh, Vorräte). Grundstücksbestandteile fallen auch dann nicht darunter, wenn sie steuerl (abw vom Zivilrecht) als bewegl WG angesehen werden (BFH IV R 31/97, BStBl II 00, 286 unter 4.); Gleiches gilt für immaterielle WG (zB Lieferrechte). – Diese Grundsätze gelten auch beim Nießbrauch mit eisernem Inventar (§ 1048 II BGB).

115 **b) Gewinnermittlung durch Bilanzierung.** Umfassend *BMF* BStBl I 02, 262 (hierzu *Ostmeyer* INF 02, 357 → § 5 Rn. 702). Die von der Rspr entwickelte traditionelle Handhabung ist wenig praktikabel (zur Vereinfachungsregelung der *FinVerw* → Rn. 120). Allerdings hat BFH IV R 31/97, BStBl II 00, 286 unter 2. offengelassen, ob daran festgehalten werden soll.

116 **aa) Anlagevermögen.** – **(1) Aktivierung beim Verpächter.** WG des AV bleiben auch wirtschaftl im Eigentum des Verpächters, der das Inventar daher weiterhin zu aktivieren hat und AfA vornehmen kann (BFH I 51/61 S, BStBl III 66, 61); zum wirtschaftl Eigentum bei Einbauten des Pächters → § 7 Rn. 81 ff. Dies vermeidet die Gewinnrealisierung, die bei einer Übertragung des (wirtschaftl) Eigentums an den Pächter eintreten würde, und ist einer der Hauptgründe für die Wahl der eisernen Verpachtung.

(2) Bilanzierung der Verpflichtung zur Substanzerhaltung (a) Pächter. Er hat hierfür eine Rückstellung zu bilden, deren Höhe sich an der AfA (allerdings unter Berücksichtigung der ggf veränderten aktuellen Wiederbeschaffungskosten) orientiert (BFH I 51/61 S, BStBl III 66, 61; BFH VIII R 88/87, BStBl II 93, 89). – **(b) Verpächter.** Ob dieser korrespondierend einen **Substanzerhaltungsanspruch** zu aktivieren hat, ist in der jüngeren Rspr str geworden: Die bisherige Rspr hat eine Aktivierung nach Maßgabe der Wiederbeschaffungskosten (dh am TW orientiert) bejaht (BFH IV 75/64, BStBl III 66, 589; BFH VIII R 28/95, BStBl II 98, 505); die Grundsätze hierfür entsprechen denen für die Bildung der Pachterneuerungsrückstellung beim Pächter. Damit tritt beim Verpächter eine Gewinnauswirkung ledigl iHd Differenz zw der AfA und der jährl Hinzuaktivierung ein. Demggü hat BFH später eine Aktivierung abgelehnt (BFH IV R 29/12, BStBl II 17, 668), sich aber nicht mit der bisher gegenteiligen Rspr auseinandergesetzt (zR krit *Weber-Grellet* FR 15, 557; *Tiedchen* StuW 15, 281). ME ist an der bisherigen Rspr festzuhalten; der Erneuerungsanspruch ist ein WG.

(3) Erhaltungsaufwendungen und Ersatzbeschaffungen (a) Pächter. Es handelt sich um BA. Zugleich ist die Pachterneuerungsrückstellung teilweise aufzulösen. Übersteigen die Ersatzbeschaffungen die zivilrechtl Rückgabeverpflichtung des Pächters, hat dieser den nach § 582a III 3 BGB entstehenden Wertausgleichsanspruch und der Verpächter die entspr Verpflichtung zu bilanzieren; diese Bilanzposten sind in den Folgejahren entspr aufzulösen. – **(b) Verpächter.** Er hat die in sein Eigentum übergehenden Ersatzbeschaffungen zu aktivieren und zugleich seine Forderung auf Substanzerhaltung zu mindern (diff FG Ddorf EFG 97, 630, rkr: Ersatzbeschaffungen, die sich innerhalb der Pachtzeit verbrauchen, hat allein der Pächter zu aktivieren; mE zutr).

bb) Umlaufvermögen. Mit überlassenes UV (zB Feldinventar, stehende Ernte) geht ins wirtschaftl Eigentum des Pächters über und wird als Sachdarlehen behandelt (BFH IV R 160/74, BStBl II 79, 138). Der Pächter hat die WG des UV zu aktivieren und in gleicher Höhe eine Rückgabeverpflichtung zu passivieren. Der Verpächter aktiviert eine Rückgabeforderung in Höhe des Werts des überlassenen WG. Hat der Verpächter jedoch nach EStR 14 III von der Aktivierung seines Vorratsvermögens abgesehen (hierzu → Rn. 239), braucht er auch keine Rückgabeforderung zu aktivieren (BFH IV R 212/82, BStBl II 85, 391; BFH IV R 130/84, BStBl II 86, 399; EStR 14 III 6). 117

c) Gewinnermittlung nach § 4 III. Hier sind weder Forderungen noch Verbindlichkeiten anzusetzen. Ersatzbeschaffungen sind beim Pächter BA, beim Verpächter (der gewinnmindernd AfA vornehmen kann) BE. 118

d) Unentgeltliche Betriebsübertragung auf den Pächter. Sowohl der Substanzerhaltungsanspruch des Verpächters als auch die Pachterneuerungsverpflichtung des Pächters fallen aus privaten Gründen weg. Bei bilanzierenden StPfl ergeben sich daher keine Gewinnauswirkungen. Bei § 4 III bewirkt der aus privaten Gründen eintretende Wegfall der Forderung beim Verpächter eine Gewinnrealisierung (Entnahme; BFH IV R 73/97, BStBl II 00, 309 unter 2.; Anm *Kanzler* FR 00, 54; *Ostmeyer* INF 00, 7); der Wegfall der Verbindlichkeit beim Pächter kann als BA (Einlage) behandelt werden (*BMF* BStBl I 02, 262 unter III.). 119

e) Vereinfachungsregelung. Aus Billigkeits- und Vereinfachungsgründen lässt die *FinVerw* zR wahlweise die **Buchwertmethode** zu (*BMF* BStBl I 02, 262 unter IV.; krit *HHR/Paul* § 13 Rn. 48 aE: keine Rechtsgrundlage). Danach übernimmt der Pächter bei Beginn der eisernen Verpachtung die Buchwerte des Verpächters (ein Investitionsabzugsbetrag nach § 7g bleibt mE hingegen beim Verpächter) und setzt in gleicher Höhe eine unveränderl Rückgabeverpflichtung an. In der Folgezeit nimmt er die AfA vor und aktiviert auch Neuanschaffungen. Der Verpächter „friert" die Buchwerte des überlassenen Inventars ein; AfA darf er nicht mehr vornehmen. Bei einer späteren unentgeltl Übertragung des Betriebs auf den Pächter ergibt sich dann keine Gewinnauswirkung. – **Voraussetzung** ist, dass die eiserne Verpachtung im Vorgriff auf eine spätere Hofübertragung vorgenommen wird, zumindest eine der Vertragsparteien *nicht* bilanziert (diese Voraussetzung lässt sich jedenfalls beim Verpächter idR gestalten), und beide Parteien die Anwendung der Vereinfachungsregelung gemeinsam beantragen. – Zur **Übergangsregelung für vor dem 1. 4. 02 abgeschlossene Altverträge** → 34. Aufl 2015, § 13 Rn. 78. 120

4. Betriebsverpachtung im Ganzen. Ausführl → § 16 Rn. 166 ff; *HHR/Kulosa* § 16 Rn. 650 ff; nachstehend sind nur die *Besonderheiten* der LuF dargestellt. – **a) Überblick. Wahlrecht.** Dies steht einem StPfl zu, der den bisher selbst geführten Betrieb (oder einen Teilbetrieb) verpachtet (grundlegend BFH GrS 1/63 S, BStBl III 64, 124; seit 5. 11. 11 modifiziert durch § 16 IIIb): Er kann entweder eine *ausdrückl* Erklärung ggü dem FA abgeben, dass mit der Verpachtung die Betriebsaufgabe eingetreten sein soll (→ Rn. 136 und → § 16 Rn. 191). Dann werden die verpachteten WG in das PV überführt, der Aufgabegewinn ist (unter Gewährung der Begünstigungen nach §§ 14, 34) zu versteuern. Ohne eine solche Aufgabeerklärung wird der Betrieb als fortbestehend behandelt, sodass die stillen Reserven weiterhin steuerverhaftet bleiben, ihre Realisierung aber aufgeschoben wird. Der StPfl kann auch in diesem Fall später jederzeit eine Betriebsaufgabe durch Abgabe einer eindeutigen Aufgabeerklärung herbeiführen. Ebenso gilt eine Betriebsaufgabe als bewirkt, wenn dem FA Tatsachen für eine Zwangsaufgabe bekannt werden. – **Interessenlage.** Während der StPfl bei Begründung der Betriebsverpachtung idR dazu neigen wird, die Gewinnrealisierung zu vermeiden, wird er später eher nach Gründen dafür suchen, die für ein Entfallen der Voraussetzungen für die Fortführung des BV bereits in früherer (verjährter) Zeit sprechen könnten (*Wendt* FR 06, 828). Hierfür trägt er die obj Beweislast 123

(BFH IV B 31/97, BFH/NV 98, 1345; BFH IV B 3/05, BFH/NV 06, 1652 unter 1. a; BFH IV B 25/09, BFH/NV 10, 1116; BFH VI R 73/15, BStBl II 22, 306 Rn. 29). Durch § 16 IIIb ist für diese Fälle mehr Rechtsklarheit geschaffen worden. – **Voraussetzungen.** Die Betriebsverpachtung im Ganzen erfordert die Verpachtung aller (funktional) wesentl Betriebsgrundlagen (→ Rn. 125 ff und → § 16 Rn. 169 ff). Ferner muss dem Verpächter obj die Möglichkeit verbleiben, den Betrieb wieder selbst fortzuführen. Daran fehlt es bei wesentl Umgestaltungen des BV, die daher auch ohne Aufgabeerklärung (theoretisch) zu einer Zwangsbetriebsaufgabe führen (→ Rn. 134 und → § 16 Rn. 188). Diese Grundsätze gelten einheitl sowohl für Haupt- als auch für Nebenerwerbsbetriebe (BFH IV B 162/95, BFH/NV 97, 558).

124 **b) Verpachtung aller wesentlichen Betriebsgrundlagen. – aa) Einheitliche oder parzellenweise Verpachtung.** Zwar setzt eine Betriebsverpachtung im Ganzen grds eine einheitl Verpachtung an **einen einzigen Pächter** voraus. Bei LuF kann aber auch eine **parzellenweise Verpachtung** an verschiedene Pächter genügen (BFH IV R 66/86, BStBl II 88, 260 unter 1.; BFH IV R 57/00, BStBl II 03, 16 unter 1.a; BFH IV R 45/13, BFH/NV 17, 459 Rn. 29; BFH VI R 22/20, BStBl II 23, 384 Rn. 24), und zwar selbst dann, wenn die Pachtverträge stark unterschiedl Laufzeiten haben (BFH IV R 58/91, BStBl II 92, 521 unter 3.). – **Billigkeitsregelung der *FinVerw*.** Die *FinVerw* geht bisher aus Billigkeitsgründen wegen der früher gegenteiligen VerwAuffassung (s *GLE* BStBl II 66, 34) von einer (Zwangs-)Betriebsaufgabe in der Vergangenheit aus, wenn die parzellenweise Verpachtung bereits vor der Veröffentlichung des erstgenannten BFH-Urteils (15.4.88) erfolgte (*OFD Mster* DB 91, 523; vgl auch die Nachweise in BFH IV R 57/04, BFH/NV 07, 1640 unter II.1.c; umfassend *Bolin* INF 01, 39; *Meyne-Schmidt* StBP 04, 235; **aA** FG Nbg EFG 24, 1211 unter 3.c, NZB VI B 74/21 unbegr: es solle schon immer eine ausdrückl Aufgabeerklärung erforderl gewesen sein). Der BFH, der generalisierende Billigkeitsregelungen (im Anschluss an die mE irrige Entscheidung BFH GrS 1/15, BStBl II 17, 393) immer kritischer sieht, hat einen Anspruch des StPfl auf Anwendung der ihm günstigen Billigkeitsregelung zunächst verneint (BFH VI R 35/17, BFH/NV 20, 849; mE unzutr; FG Mster EFG 21, 547, rkr; zust *Riehm* FR 21, 474); dies in späteren Entscheidungen jedoch wieder offengelassen (BFH VI R 30/18, BStBl II 22, 312 Rn. 23; BFH VI R 22/20, BStBl II 23, 384 Rn. 25).

125 **bb) Wesentliche Betriebsgrundlagen. – (1) Begriff.** Bei der Betriebsverpachtung wird ausschließl eine **funktionale Betrachtung** vorgenommen (Bedeutung des WG für den Betrieb); auf das Vorhandensein stiller Reserven kommt es hier (anders als bei der Betriebsaufgabe) nicht an (→ § 16 Rn. 172 mwN). Werden WG, die *nicht* zu den wesentl Betriebsgrundlagen gehören, anlässl der Verpachtung zurückbehalten, veräußert oder unentgeltl übertragen, kann der StPfl das Verpächterwahlrecht gleichwohl in Anspruch nehmen. Dass die neuere Rspr zur Betriebsverpachtung mit der Annahme wesentl Betriebsgrundlagen sehr zurückhaltend ist, beruht vor allem darauf, dass ansonsten im Fall der späteren Umgestaltung/Veräußerung dieser WG auch der Anwendungsbereich der Zwangsbetriebsaufgabe (→ Rn. 134) auszuweiten wäre, was die Rspr tendenziell zu vermeiden versucht.

126 **(2) Eigentumsbetriebe. – (a) Selbst bewirtschaftete Nutzflächen.** Diese stellen die hauptsächl wesentl Betriebsgrundlage dar (BFH IV R 65/98, BStBl II 99, 398 unter 3.; BFH IV R 57/04, BFH/NV 07, 1640 unter II.1.a). Bei einer Gärtnerei gehören neben dem GuB auch die Gewächshäuser zu den wesentl Betriebsgrundlagen (FG BW EFG 95, 526, rkr). – **(b) Hofstelle.** Die Rspr ist hier nicht ganz konsequent: Einerseits wird die Hofstelle (Wirtschaftsgebäude und sonstige Anlagen) durchaus den wesentl Betriebsgrundlagen zugeordnet; gleichwohl soll ihre Zurückbehaltung unschädl sein, weil es zahlreiche luf Betriebe ganz ohne Hofstelle gebe und daher auch das weitere Schicksal der Hofstelle keine Bedeutung für die Fortführung des BV haben könne (BFH IV B 107/99, BFH/NV 00, 1339; BFH

IV B 204/02, BFH/NV 04, 1647; BFH IV R 57/04, BFH/NV 07, 1640 unter II.3.; diff *LfSt Bay* DStR 25, 345 unter Tz 2.2.2: Wirtschaftsgebäude bei Viehhaltungsbetrieben wesentl Betriebsgrundlage, sonst nicht). Auch der spätere Verkauf der Hofstelle führt nicht zur Zwangsbetriebsaufgabe des Verpachtungsbetriebs (BFH VI R 17/19, BFH/NV 21, 930). Mit derselben Begründung könnten allerdings auch die Eigentumsflächen aus dem Begriff der wesentl Betriebsgrundlage herausgenommen werden, da es zahlreiche luf Betriebe gibt, die auf gepachteten Flächen wirtschaften. Diese Rspr kann daher mE jedenfalls dann nicht überzeugen, wenn die Hofstelle für den konkreten Betrieb tatsächl die Bedeutung einer funktional wesentl Betriebsgrundlage hat. – **(c) Lebendes und totes Inventar.** Es gehört bei Eigentumsbetrieben wegen seiner im Vergleich zu den Nutzflächen untergeordneten Bedeutung und der Möglichkeit kurzfristiger Wiederbeschaffung idR nicht zu den wesentl Betriebsgrundlagen (BFH IV R 7/89, BStBl II 91, 833 unter 1.; BFH IV R 58/91, BStBl II 92, 521 unter 2.c; BFH IV R 52/94, BFH/NV 96, 110 unter 1.a). Dessen unterbliebene Mitverpachtung führt daher nicht zur Zwangsaufgabe (bei unentgeltl Übertragung allerdings Entnahme und lfd Gewinn). – **(d) Immaterielle WG.** Sie können im Einzelfall zu den wesentl Betriebsgrundlagen gehören (zB wichtige Lieferrechte).

(3) Pachtbetriebe. Hier ist (mangels eigener Flächen) das eigene lebende und **127** tote Inventar eine wesentl Betriebsgrundlage (BFH IV R 25/88, BStBl II 90, 373 unter I.1.d; BFH IV R 7/89, BStBl II 91, 833 unter 1.; BFH IV R 65/98, BStBl II 99, 398 unter 3.b).

cc) Einheitliche Beurteilung für den gesamten Betrieb. Die verpachteten **128** Grundstücke gehören einheitl zu dem Verpachtungsbetrieb; der Verpächter hat nicht die Möglichkeit, *einzelne* wesentl Betriebsgrundlagen seinem PV zuzuordnen (BFH IV R 97/96, BFH/NV 98, 311 unter 1.). – **Hinzuerwerb von GuB.** Erwirbt ein Verpächter, der noch keine Aufgabeerklärung abgegeben hat, später weitere Flächen hinzu und verpachtet sie an denselben Pächter, werden sie zwingend BV (BFH IV R 1/98, BStBl II 99, 55). Ist die hinzuerworbene Fläche hingegen langfristig an einen *Dritten* verpachtet, gehört sie nicht zum notwendigen BV, kann aber dem gewillkürten BV zugeordnet werden, sofern sie in einer gewissen räuml Nähe (bis 100 km) zu dem vorhandenen Betrieb liegt (BFH IV R 10/09, BStBl II 12, 93; BFH VI R 53/16, BStBl II 21, 427 Rn. 24; krit zu der Entfernungsgrenze *Kanzler* FR 12, 130). – Wenn umgekehrt Flächen des PV bereits vorhanden waren und anschließend ein verpachteter Betrieb unentgeltl erworben wird (§ 6 III), sollen die vorhandenen Flächen hingegen ohne ausdrückl Einlage auch dann nicht BV des Verpachtungsbetriebs werden, wenn alle Flächen an denselben Pächter verpachtet sind (BFH VI R 22/20, BStBl II 23, 384 Rn. 37; mE zweifelhaft).

dd) Verpachtung von Restflächen nach unentgeltlicher Betriebsübertragung. **129** Das Verpächterwahlrecht besteht auch dann, wenn bei einer unentgeltl Betriebsübertragung eine Restfläche zurückbehalten und verpachtet wird (BFH IV R 28/00, BFH/NV 05, 1062 unter II.2.d). Dies gilt ab VZ 2020 unabhängig von der Größe der Restfläche (§ 14 II; → § 14 Rn. 36). – Bewirtschaftet ein Verpächter eine von der Verpachtung ausgenommene Restfläche hingegen *selbst,* besteht kein Wahlrecht zur Erklärung der Betriebsaufgabe; vielmehr findet dann auch die Verpachtung zwingend im Rahmen des fortgeführten luf Betriebs statt (BFH IV B 31/97, BFH/NV 98, 1345 mwN).

ee) Verpachtung unmittelbar nach Betriebserwerb. Verpachtet der StPfl **130** (Nichtlandwirt) einen gerade entgeltl erworbenen Betrieb, ohne ihn jemals selbst geführt zu haben, steht ihm **kein Wahlrecht** zu. Die Flächen gehören zum **PV,** so dass er Einkünfte aus VuV erzielt (BFH IV R 95/87, BStBl II 89, 863; ebenso BFH VI R 82/14, BFH/NV 17, 1313 für Erwerb und sofortige Verpachtung durch Eheleute, auch wenn einer der Ehegatten an anderer Stelle noch einen kleinen luf Betrieb führt; ebenso NdsFG EFG 13, 774, rkr, für ein verpachtetes Grundstück, das neben einem Forstbetrieb erworben wird; FG Mster BB 23, 1200, rkr, für Flächen, die neben einem luf Betrieb erworben, aber sogleich verpachtet werden). – Hat der StPfl beim Erwerb hingegen die (obj erkennbare) Absicht, alsbald die Eigenbewirtschaftung aufzunehmen, erfolgt der Erwerb zwingend zum BV (BFH IV R 14/89, BStBl II 92, 134; BFH IV R 110/91, BStBl II 93, 752; BFH IV R 23/00, BStBl II 03, 124: ein *gesamter* Betrieb wird BV, auch wenn der StPfl von Anfang an nur einen kleinen Teil der Flächen selbst bewirtschaftet und den überwiegenden Teil sofort verpachtet).

132 **c) Objektive Möglichkeit der Fortführung durch den Verpächter. – aa) Keine wesentliche Umgestaltung.** Gedankl Hintergrund der Einräumung des Rechts zum Aufschub der Versteuerung der stillen Reserven ist die Möglichkeit, dass der Verpächter (oder sein Rechtsnachfolger; → Rn. 135) den „unterbrochenen" Betrieb wieder aufnehmen könnte. Daran fehlt es, wenn der Betrieb so wesentl umgestaltet wird, dass eine Wiederaufnahme obj unmögl ist; wenn dem FA derartige Tatsachen bekannt werden, tritt auch ohne Aufgabeerklärung eine **Zwangsbetriebsaufgabe** ein (§ 16 IIIb 1 Nr 2). In der Praxis ist die Rspr mit der Annahme einer Zwangsbetriebsaufgabe aber äußerst zurückhaltend; sie soll nur noch angenommen werden, wenn *keine* wesentl Betriebsgrundlagen mehr vorhanden sind (BFH IV B 99/98, BFH/NV 99, 1073 unter 1.b). Hierfür reicht es nicht aus, wenn die Nutzflächen parzellenweise verpachtet werden, die Hofgebäude zurückbehalten oder an verschiedene Nutzer vermietet werden und das lebende Inventar verkauft wird (BFH IV R 66/86, BStBl II 88, 260 unter 5.a; BFH IV R 86/96, BFH/NV 98, 834; BFH IV B 25/02, BFH/NV 03, 1554). Durch die Anfügung von § 14 II, III bewirkt auch die Verkleinerung des Betriebs durch Veräußerung/Entnahme von Teilflächen sowie die Realteilung des Verpachtungsbetriebs keine Zwangsaufgabe mehr (→ § 14 Rn. 36 f). Gleiches gilt für den Wegfall der Gewinnerzielungsabsicht (BFH IV R 36/94, BFH/NV 96, 398; → Rn. 91: Strukturwandel), eine starke Reduzierung der Beteiligung am allg wirtschaftl Verkehr (BFH IV R 86/99, BStBl II 02, 80), die Beantragung einer Altersrente und Löschung des Höfevermerks (BFH IV R 86/96, BFH/NV 98, 834 unter 1.b) oder eine lange Laufzeit des Pachtvertrags.

133 **bb) Zerstörung der Wirtschaftsgebäude.** Weder dies noch die Veräußerung der zunächst mitverpachteten Hofstelle führt zur Zwangsaufgabe, weil die Hofstelle nicht zwingend für die Annahme eines luf Betriebs ist (BFH IV R 61/01, BStBl II 03, 755 unter 3.; BFH IV B 82/04, BFH/NV 06, 1291 unter 1.b; dazu *Hiller* INF 03, 815; → Rn. 126, dort auch zur Kritik). Für den Umbau von Stallgebäuden durch den Verpächter für gewerbl Zwecke eines Mieters gilt dies jedenfalls dann, wenn die Viehhaltung schon mit Beginn der Verpachtung aufgegeben worden war und die Stallgebäude daher nicht zu den wesentl Betriebsgrundlagen gehören (BFH IV R 35/03, BFH/NV 05, 1046 unter 2.b). Auch eine Änderung der Bewirtschaftungsweise durch den Pächter beeinflusst die steuerl Qualifizierung des Verpächterbetriebs nicht; dies gilt selbst dann, wenn der Pächter (zB durch vermehrten Zukauf) die Grenze zur Gewerblichkeit überschreitet (zum Branchenwechsel auch → § 16 Rn. 173). – Im Hinblick auf diese Rspr sieht die *FinVerw* für die Annahme einer Zwangsbetriebsaufgabe im Rahmen einer luf Betriebsverpachtung im Ganzen auch bei umfangreichen Flächenveräußerungen und Veränderungen an den Wirtschaftsgebäuden regelmäßig keinen Raum mehr (*BMF* BStBl I 00, 1556).

134 **cc) Zwangsbetriebsaufgabe.** Dies hat die Rspr nur in sehr wenigen Ausnahmefällen bejaht, zB wenn der StPfl ein 6 ha großes Grundstück, auf dem durch Samenanflug (niemals bewirtschafteter) Buschwald entstanden war, wenige Jahre nach dem Erwerb an 12 verschiedene Pächter auf bis zu 50 Jahre zur Errichtung von Wochenendhäusern verpachtet (BFH IV R 91/85, BStBl II 88, 257: wenn hier überhaupt jemals ein Forstbetrieb bestanden hat, ist er jedenfalls aufgegeben worden). Zu einer

Zwangsaufgabe hat der BFH auch in dem Sonderfall tendiert, in dem die Flächen eines nicht mehr aktiv bewirtschafteten Kleinstbetriebs (2,4 ha) verpachtet und zugleich unter Nießbrauchsvorbehalt auf einen Dritten übertragen worden waren (BFH IV R 53/99, BFH/NV 00, 1078).

dd) Rechtsnachfolge. Tod des Inhabers des Verpachtungsbetriebs. Es handelt sich nicht um eine Betriebsaufgabe. Vielmehr geht der Betrieb (und die Möglichkeit, durch jederzeitige Aufgabeerklärung die Betriebsaufgabe herbeizuführen) nach § 6 III auf die Erben über (BFH IV R 28/00, BFH/NV 05, 1062 unter II.2.f). – **Erbauseinandersetzung.** Werden die verpachteten Flächen auf die Miterben aufgeteilt, vermeidet § 14 III ab 17.12.20 die nach früherer Rechtslage ggf eintretende Zwangsbetriebsaufgabe (→ § 14 Rn. 38). Wenn hingegen einem Miterben alle verpachteten luf Flächen und den anderen Miterben nur sonstige WG (kein luf BV) zugeteilt werden, geht der Verpachtungsbetrieb im Ganzen auf den übernehmenden Miterben über (BFH VI R 30/18, BStBl II 22, 312 Rn. 33). – **Unentgeltl Übertragung auf den Pächter.** Dieser führt den Betrieb ohne Aufdeckung der stillen Reserven (nunmehr als Eigentumsbetrieb) fort (§ 6 III). Zur Abgrenzung entgeltl/unentgeltl Erwerb → § 16 Rn. 35 ff. 135

d) Aufgabeerklärung. Sie muss *ausdrückl* ggü dem FA abgegeben werden (§ 16 IIIb). Nach § 138 I 4 AO besteht ohnehin eine gesetzl Pflicht, Betriebsaufgaben dem FA mitzuteilen. 136

5. Wirtschaftsüberlassungsverträge. Sie stellen eine Besonderheit der LuF ggü anderen Einkunftsarten dar. Strukturell liegen sie zw der Betriebsverpachtung im Ganzen (allerdings besteht das Pachtentgelt idR in Altenteilsleistungen) und der Vermögensübergabe gegen Versorgungsleistungen (insoweit fehlt es aber noch an der dingl Eigentumsübertragung). Der wirtschaftl Hintergrund liegt häufig darin, dass Eltern ihren Betrieb zwar noch nicht eigentumsmäßig übergeben, den Übernehmer aber nicht mit dem vollen marktübl Pachtzins belasten wollen (*Kanzler* FR 18, 189). 141

a) Voraussetzungen. Grundlegend BFH IV R 99/72, BStBl II 75, 772 unter 3.; BFH IV R 31/74, BStBl II 76, 335 unter II.; ausführl ferner *HHR/Paul* § 13 Rn. 49; *Wätzig* INF 82, 437; *Kanzler* FR 92, 239. – ***(1)* Alleiniges Nutzungsrecht des Berechtigten.** Dies muss ihm bis zum Eintritt des Erbfalls, zumindest aber für einen nicht nur vorübergehenden Zeitraum (BFH IV R 99/72, BStBl II 75, 772 unter 4.a: 9 Jahre) nach außen hin erkennbar eingeräumt werden. Entscheidend ist die *persönl* Bewirtschaftung durch den Übernehmer (originäres Fruchtziehungsrecht); eine Nutzung im Wege der Verpachtung an Dritte genügt nicht (BFH IV B 32/93, BFH/NV 94, 539). – ***(2)* Eigentum am lebenden und toten Inventar.** Dies wird (entgeltl oder unentgeltl) auf den Berechtigten übertragen; zumindest aber muss er die volle Verfügungsmacht über das Inventar nach Maßgabe der für die eiserne Verpachtung geltenden Grundsätze (→ Rn. 114 ff) erlangen. Die letztgenannte Variante vermeidet die bei entgeltl oder unentgeltl Übertragung eintretende Realisierung der stillen Reserven des Inventars (vgl BFH IV R 31/74, BStBl II 76, 335 unter II.2.b). – ***(3)* Alleinige Entscheidungsbefugnis des Nutzungsberechtigten.** Sie bezieht sich auf sämtl zur Betriebsführung erforderl Maßnahmen. – ***(4)* Eingeschränkte Gegenleistung.** Der Nutzungsberechtigte verpflichtet sich ledigl zu **„Altenteilsleistungen"** (wesentl Teile des Pachtzinses bestehen aus altenteilsähnl Leistungen wie Kost und Logis, Hege und Pflege) oder zu einem **unübl niedrigen Entgelt** (vgl BFH IV R 1/98, BStBl II 99, 55 unter 3.b). – ***(5)* Person des Berechtigten.** Typischerweise ist der Nutzungsberechtigte zugleich der künftige **Hoferbe;** zwingend ist dies jedoch nicht (BFH IV R 84/87, BFH/NV 90, 623: ein minderjähriges Kind als Hofeigentümer überlässt den Hof seinen Eltern zur Bewirtschaftung; BFH IV R 53/92, BStBl II 93, 395 unter 3.: Überlassung des Hofs an den anderen Ehegatten gegen Versorgungsleistungen zugunsten der Schwiegereltern). 142

143 **b) Rechtsfolgen. – aa) Zurechnung der Einkünfte. – (1) Nutzungsberechtigter.** Er erzielt aus der aktiven Bewirtschaftung des Betriebs Einkünfte aus LuF. Er kann seine lfd Aufwendungen sowie die AfA für die ihm zuzurechnenden WG (nicht jedoch die AfA für WG des Eigentümers) abziehen. – **(2) Eigentümer.** Er hat wegen der Ähnlichkeit zw Wirtschaftsüberlassung und Betriebsverpachtung im Ganzen ein Wahlrecht, die Betriebsaufgabe zu erklären. Gibt er keine eindeutige Aufgabeerklärung ab, besteht sein BV fort (BFH IV R 179/72, BStBl II 76, 415 unter 2.c; BFH IV R 31/74, BStBl II 76, 335 unter III.; ausführl → Rn. 123 ff). Zu den Einnahmen aus diesem BV gehören Erlöse aus der Veräußerung von WG des (ihm weiter zuzurechnenden) unbewegl AV, Einkünfte aus betriebl Beteiligungen sowie aus einer etwaigen Betriebsveräußerung. Als BA sind abzusetzen die AfA für die abnutzbaren unbewegl WG (BFH IV R 104/90, BStBl II 93, 327), Versicherungsprämien, öffentl Abgaben (zB GrundSt), Schuldzinsen, soweit sie nicht vom Nutzungsberechtigten getragen werden. – **(3) Buchführungspflicht.** Sofern sie besteht, geht sie mit der Übernahme der Bewirtschaftung des Betriebs auf den Nutzungsberechtigten über (§ 141 III AO); die Buchführungspflicht des Hofeigentümers erlischt. Aus der Gewinnermittlung nach § 13a scheidet der Hofeigentümer erst auf Grund einer Mitteilung des FA gem § 13a I 4 aus.

144 **bb) Behandlung der laufenden Zahlungen. Vertragsschluss ab dem 1.1.08** (§ 52 XVIII). Die Voraussetzungen des § 10 Ia Nr 2 sind nicht erfüllt, weil kein Betrieb übertragen wird (zutr BFH X R 16/13, BStBl II 14, 889; BFH VI R 59/15, BStBl II 18, 461 Rn. 23; *BMF* BStBl I 10, 227 Rn. 22). Die Zahlungen sind daher grds als **BA beim Nutzungsberechtigten** und **BE beim Eigentümer** zu behandeln (BFH VI R 59/15, BStBl II 18, 461 Rn. 27 ff). – **Fremdvergleich.** Der BA-Abzug setzt voraus, dass das Vertragsverhältnis einem Fremdvergleich standhält (*Kanzler* NWB 14, 2926). Allein ein unübl geringes Entgelt oder der Umstand, dass das Entgelt in (abänderbaren) Altenteilsleistungen besteht, die naturgemäß nur zw Angehörigen vereinbart werden, führt jedoch nicht zur Verneinung der Fremdüblichkeit (BFH X R 16/13, BStBl II 14, 889 Rn. 19; BFH VI R 59/15, BStBl II 18, 461 Rn. 33, 43; *Kanzler* FR 14, 1090; *Kanzler* FR 18, 189). Kann angesichts der geringen Höhe des Entgelts (auch unter Berücksichtigung ggf zuwachsender stiller Reserven) auf Dauer kein Überschuss mehr erzielt werden, wandelt sich der Eigentümerbetrieb in einen Liebhabereibetrieb. Bei einem zu hohen Entgelt handelt es sich um unbeachtl Unterhaltsleistungen (BFH VI R 59/15, BStBl II 18, 461 Rn. 33). – **Vertragsschluss bis 31.12.07.** → 39. Aufl 2020, § 13 Rn. 144 (Vermögensübergabe gegen Versorgungsleistungen).

151 **6. Nießbrauch.** Es handelt sich um ein dingl Recht, kraft dessen der Nießbraucher berechtigt ist, die Nutzungen der belasteten Sache zu ziehen (§§ 1030 ff BGB). – **Unternehmensnießbrauch.** Nur dieser (zu den zivilrechtl Voraussetzungen s *Grüneberg* § 1085 BGB Rn. 3 ff) begründet die Unternehmereigenschaft des Nießbrauchers und damit die Zurechnung der lfd Einkünfte an ihn. – **Ertragsnießbrauch.** Ist der Nießbrauch hingegen auf den Ertrag beschränkt, werden die Einkünfte weiterhin vom Eigentümer erzielt (→ § 15 Rn. 143 mwN).

152 **a) Entgeltliche Nießbrauchsbestellung.** Sie führt wirtschaftl weitgehend dieselben Wirkungen wie eine Verpachtung des Betriebs herbei. Auch die steuerl Behandlung ist grds dieselbe. – **Nießbrauchsbesteller.** Das Entgelt führt zu Einkünften aus der Nutzungsüberlassung, die bis zu einer Aufgabeerklärung (→ Rn. 136) unter § 13, danach unter § 21 fallen. Er bleibt zivilrechtl und wirtschaftl Eigentümer der WG; ihm steht weiterhin die AfA zu (→ § 7 Rn. 70). – **Nießbraucher.** Er bewirtschaftet den Hof kraft des Nießbrauchsrechts selbst und hat daher ebenfalls Einkünfte aus LuF. Das lfd Nießbrauchsentgelt ist BA; *vorausgezahltes* Entgelt ist zu aktivieren und auf den Vorauszahlungszeitraum abzuschreiben (→ § 5 Rn. 176 mwN). – **Entgeltl Nießbrauchsbestellung zugunsten naher Angehöriger.** Es gelten die

bei Angehörigenverträgen übl steuerl Kriterien (ausführl → § 12 Rn. 20). Bleibt das Entgelt für die Bestellung des Nießbrauchs deutl hinter dem Angemessenen zurück, handelt es sich um BA, sofern das Vertragsverhältnis noch anzuerkennen ist, ansonsten um unbeachtl Unterhalt (→ Rn. 144).

b) Unentgeltliche Nießbrauchsbestellung. Dies ist zur zeitl gestreckten Vorwegnahme einer Erbregelung gut geeignet. So kann der Hofeigentümer zB das Eigentum an dem Betrieb dem künftigen Hoferben übertragen und sich den Nießbrauch vorbehalten (Vorbehaltsnießbrauch, → Rn. 154) oder er kann Eigentümer bleiben, aber dem künftigen Hoferben unentgeltl einen Nießbrauch bestellen (Zuwendungsnießbrauch, → Rn. 156). 153

aa) Vorbehaltsnießbrauch. Behält sich der luf Unternehmer bei der Übertragung des Eigentums auf den künftigen Hoferben den Nießbrauch vor und setzt er auf dieser rechtl Grundlage die Bewirtschaftung (einstweilen) fort, entstehen dadurch zwei luf Betriebe (BFH IV R 66/86, BStBl II 88, 260 unter 2.). – **(1) Behandlung beim Nießbraucher.** Er erzielt aus seiner aktiven Bewirtschaftung (nunmehr allerdings auf fremden Flächen) weiterhin die lfd Einkünfte. Zu einer Gewinnrealisierung kommt es durch die Nießbrauchsbestellung (anders als bei der Übertragung *einzelner* WG unter Vorbehaltsnießbrauch, → § 7 Rn. 64 f) wegen § 6 III nicht (→ § 6 Rn. 701 mwN). Die AfA stehen – trotz idR fehlenden wirtschaftl Eigentums – weiterhin dem früheren Eigentümer (Nießbraucher) zu, der die lfd Einkünfte erzielt, und zwar auf der Basis der von ihm selbst getragenen tatsächl AK/HK (ausführl → § 7 Rn. 65 mwN). Wird der Nießbrauch gegen Einmalzahlung abgelöst, gehört diese auch bei einem verpachteten Betrieb zu den Einkünften aus LuF (zutr BFH VI R 26/17, BStBl II 19, 660). – **(2) Behandlung beim neuen Eigentümer.** Weil der übernommene Betrieb unentgeltl rücküberlassen wird, werden keine lfd Einkünfte erzielt. Allerdings sind dem neuen Eigentümer eventuelle Einkünfte aus der Substanz der überlassenen WG (zB Veräußerung oder Entnahme von Grundstücken, Gewinn aus einer Betriebsveräußerung oder -aufgabe) zuzurechnen. Dieser kann entspr den Grundsätzen über die Betriebsverpachtung im Ganzen (→ Rn. 123 ff) wählen, ob er die Betriebsaufgabe erklärt (BFH IV R 325/84, BStBl II 87, 772 unter 2.). Solange er keine Aufgabeerklärung abgibt, handelt es sich um Einkünfte aus LuF. – **(3) „Rheinische Hofübergabe".** Hier übernimmt der neue Eigentümer vom Vorbehaltsnießbraucher auch die aktive Bewirtschaftung, zB durch einen „nachgeschalteten" Pacht- oder Wirtschaftsüberlassungsvertrag. Für die AfA-Befugnis kommt es dann darauf an, ob das Überlassungsverhältnis entgeltl ist: Bei entgeltl Pachtvertrag erzielt der Nießbraucher weiterhin lfd Einkünfte und kann die AfA abziehen (BFH IV R 28/00, BFH/NV 05, 1062 unter II.1. hat allerdings angedeutet, dass hier das Verpächterwahlrecht ausgeschlossen sein könnte, sodass der Übergeber nach einer zwingenden Betriebsaufgabe Einkünfte aus VuV erzielt). Bei (unentgeltl) Wirtschaftsüberlassung geht die AfA-Befugnis hingegen auf den neuen Eigentümer über. 154

bb) Zuwendungsnießbrauch. Wendet der Hofeigentümer dem künftigen Hoferben unentgeltl ein Nießbrauchsrecht zu, um ihm die Bewirtschaftung zu überlassen (Zuwendungsnießbrauch), oder wird ein Nießbrauchsrecht durch Vermächtnis zugewandt (Vermächtnisnießbrauch), erzielt der Nießbraucher die lfd Einkünfte aus LuF. Ihm stehen jedoch weder AfA nach den AK/HK des Eigentümers zu (→ § 7 Rn. 102 mwN) noch kann er (mangels eigener Aufwendungen) ein Nießbrauchsrecht aktivieren und abschreiben. Wegen dieser steuerl Nachteile ist der Zuwendungsnießbrauch nicht empfehlenswert und in der Praxis selten. Einkünfte aus der Veräußerung des luf *Vermögens* erzielt weiterhin der Eigentümer, der zudem ein Wahlrecht zur Erklärung der Betriebsaufgabe hat (BFH IV R 7/94, BStBl II 96, 440 unter 2.a). – **Vermächtnisnießbrauch.** Erbt der StPfl einen luf Betrieb, an dem er kraft Vermächtnisses einem Dritten unentgeltl einen Nießbrauch einräumen muss, führt weder der Erbfall noch die Nießbrauchsbestellung zur Zwangsbetriebsaufgabe; 156

allerdings kann ab Bestellung des Nießbrauchs die Betriebsausgabe erklärt werden (BFH IV R 19/94, BFH/NV 96, 600). Vertragsgemäße Versorgungs-(Altenteils-)leistungen, die der Nießbraucher an den Eigentümer erbringt, sind nach den hierfür geltenden Grundsätzen (→ Rn. 181 ff) zu beurteilen.

158 **7. Nutzungsberechtigung nach § 14 HöfeO. Rechtsgrundlagen** – In den Ländern Nds, NRW, SchlHol und Hbg (frühere britische Besatzungszone) gilt die HöfeO; ähnl § 23 HöfeO RhPf. – **Zivilrechtl Inhalt.** Der überlebende Ehegatte eines verstorbenen Hofeigentümers ist berechtigt, den Hof bis zur Vollendung des 25. Lebensjahrs des Hoferben zu verwalten und zu nutzen (§ 14 HöfeO). Diese Rechtsstellung ähnelt der eines **Vermächtnisnießbrauchers** (→ Rn. 156). – **Steuerl Behandlung.** Die lfd Erträge sind dem Nutzungsberechtigten zuzurechnen. Dieser ist aber weder wirtschaftl Eigentümer noch in einer MUerschaft mit dem Hoferben verbunden (BFH IV R 20/84, BStBl II 87, 561; BFH IV R 29/05, BFH/NV 08, 1131). Dem Erben (Hofeigentümer) stehen die Einkünfte aus der Vermögenssubstanz zu, zB wenn er WG veräußert. **AfA** kann weder der Nutzungsberechtigte (mangels eigener AK) noch der Eigentümer (mangels Betriebsführung) abziehen. Wenn dieses Ergebnis unerwünscht ist, sollte § 14 HöfeO (erb)vertragl abbedungen werden (zutr *KS/Kube* § 13 Rn. 41).

161 **8. Besonderheiten bei Mitunternehmerschaften der Land- und Forstwirtschaft.** Allg zur MUerschaft → § 15 Rn. 160 ff; zu FamilienPersGes → § 15 Rn. 740 ff. – **a) Anwendung der allg Vorschriften.** Über § 13 VII (→ Rn. 109) gelten zahlreiche Sonderregelungen der §§ 15–15b auch für luf PersGes. Auch die allg Regeln über die steuerl Anerkennung von Gesellschaftsverträgen zw nahen Angehörigen sind anwendbar (BFH IV R 44/02, BStBl II 04, 500 unter 1.a). – **Abfärberegelung des § 15 III Nr 1.** Sie ist gerade bei (auch) luf tätigen PersGes von Bedeutung. Gewerbl Nebentätigkeiten, die bei einem Einzelunternehmen einen gesonderten GewBetr begründen und die LuF im Übrigen unberührt lassen würden, führen hier zur Umqualifizierung der *Gesamteinkünfte* (ausführl → § 15 Rn. 185 ff). – **Gewerbliche Prägung nach § 15 III Nr 2.** Sie erfasst (rein) luf tätige PersGes, bei denen eine KapGes persönl haftend und geschäftsführend ist (näher → § 15 Rn. 211 ff). Zum Halten einer Beteiligung an einer luf PersGes in einem gewerbl BV → § 15 Rn. 200 ff. – **Verfahren.** Die verbindl Entscheidung über das Bestehen einer MUerschaft kann (auch zw Ehegatten) nur im Gewinnfeststellungsverfahren getroffen werden (§ 180 I 1 Nr 2 Buchst a AO; Ausnahme: Fälle von geringerer Bedeutung nach § 180 III 1 Nr 2 AO). Feststellungszeitraum ist auch bei abw Wj immer das Kj (BFH IV R 87/82, BStBl II 85, 148). – **Sonderbetriebsvermögen.** Es ist insb bei Ehegatten-MUerschaften von erhebl Bedeutung, weil die Flächen trotz gemeinsamer Bewirtschaftung häufig zumindest teilweise im Alleineigentum eines Ehegatten stehen. Wird eine bisher im gemeinschaftl Eigentum stehende Teilfläche in das Alleineigentum eines Ehegatten übertragen, aber weiterhin faktisch durch den gemeinsamen Betrieb bewirtschaftet (wofür nach der Rspr eine Vermutung spricht), entsteht kein eigener Betrieb des Eigentümer-Ehegatten; vielmehr stellt die Fläche ledigl SonderBV in der fortbestehenden MUerschaft dar (BFH IV R 62/94, BStBl II 95, 592).

163 **b) Zivilrechtliches Gesellschaftsverhältnis.** Ausführl → § 15 Rn. 320 ff. – **Gütergemeinschaft.** Hier ist auch ohne zusätzl Vereinbarungen grds MUerschaft gegeben (BFH IV R 37/04, BStBl II 06, 165 unter II.2.; BFH VI R 73/15, BStBl II 22, 306 Rn. 24; BFH VI R 50/16, BStBl II 19, 313 Rn. 18). Dies gilt auch dann, wenn tatsächl nur ein Ehegatte den Betrieb führt (BFH VI R 39/18, BStBl II 21, 532 Rn. 28). Eine fortgesetzte Gütergemeinschaft ist trotz der Einkünftezurechnung an den überlebenden Ehegatten (§ 28) als MUerschaft anzusehen (*Kanzler* FR 93, 761 (769)). Auch bei Trennung oder Scheidung der Eheleute endet die MUerschaft nicht schon mit diesem Ereignis, sondern erst mit der tatsächl Auflösung und Abwicklung

der Gütergemeinschaft (BFH IV B 66/10, BFH/NV 12, 411). Der Güterstand der Zugewinngemeinschaft reicht hingegen für die Annahme einer MUerschaft allein noch nicht aus (aber → Rn. 164 ff; allg zum Einfluss der ehel Güterstände auf die MUerschaft → § 15 Rn. 375 ff). – **Bruchteilsgemeinschaft.** Sie kann ebenfalls zu einer MUerschaft führen. – **Ausdrückl als solche vereinbarte InnenGes.** Sie ist auch dann MUerschaft, wenn der allein tätige und nach außen allein auftretende Betriebsinhaber nur über angepachtete Flächen verfügt und ledigl einen geringen festen Vorabgewinn erhält, der andere Ges'ter aber sämtl weitere Betriebsmittel einbringt und zu 100% am Gewinn und den stillen Reserven beteiligt ist (BFH IV R 2/05, BStBl II 07, 927 unter II.B.3.: die starke MUerinitiative kompensiert das geringe MUerrisiko). **Stille Gesellschaft.** Sie ist bei LuF schon zivilrechtl ausgeschlossen, da es an dem dafür erforderl Grundhandelsgewerbe fehlt. Statt dessen ist eine InnenGbR anzunehmen (BFH IV R 2/05, BStBl II 07, 927 unter II.B.2.).

c) Stillschweigende (faktische/verdeckte) Mitunternehmerschaften. Allg 164
hierzu → § 15 Rn. 280 ff; zu Besonderheiten der LuF s *Ritzrow* StBP 07, 17 mwN; *v Twickel* DStR 09, 411. Sie sind bei LuF häufiger als bei anderen Einkunftsarten. Zwar ist für die Annahme einer MUerschaft *immer* ein Ges- oder Gemeinschaftsverhältnis erforderl. IdR wird es sich um einen ausdrückl Vertrag (schriftl oder mündl) handeln, worunter auch die Gütergemeinschaft fällt (Ehevertrag). Auch beim Fehlen einer solchen ausdrückl Vereinbarung kann jedoch ein stillschweigendes (faktisches, verdecktes) GesVerhältnis vorliegen, wenn die Parteien unter Übernahme von Unternehmerrisiko und -initiative gemeinschaftl einen luf Betrieb führen. Aus diesem tatsächl Verhalten wird dann auf die stillschweigende Vereinbarung einer InnenGes geschlossen (*v Twickel* DStR 09, 411). Für die Feststellung einer verdeckten MUerschaft gelten die allg Regeln für die Anerkennung von Verträgen zw nahen Angehörigen – anders als bei *ausdrückl* GesVerträgen – naturgemäß nicht (BFH XI R 14/95, BStBl II 96, 133). – IErg kann die Annahme einer verdeckten MUerschaft bei LuF wegen der besonderen Bedeutung sowohl der betriebl WG (insb des GuB, → Rn. 212 ff) als auch der tatsächl Mitarbeit unter **großzügigeren Voraussetzungen als bei § 15** erfolgen (so bereits BFH I 140/61 U, BStBl III 62, 214), wo entscheidend auch auf das Auftreten nach außen abgestellt wird. Bei Betrieben, die zwar landwirtschaftsnah, jedoch steuerl als GewBetr einzustufen sind (zB gewerbl Gärtnereien, gewerbl Tierzucht), gelten nicht die für LuF, sondern die für GewBetr entwickelten Grundsätze (NdsFG INF 87, 329, rkr).

d) Stillschweigende Ehegatten-Mitunternehmerschaft. Dies setzt grds die 166
Verteilung des luf GuB auf *beide* Ehegatten (→ Rn. 167) und darüber hinaus MUerinitiative (beiderseitige Mitarbeit im Betrieb, → Rn. 171) sowie MUerrisiko (→ Rn. 172) voraus; zu den Rechtsfolgen → Rn. 173; zur Anwendung dieser Grundsätze über die Ehegatten-Fälle hinaus → Rn. 175. Die Rspr des VI. Senats betont allerdings verstärkt die Abgrenzung zu Fällen, in denen die Eheleute jeweils eigenständige Betriebe unterhalten (BFH VI R 45/16, BStBl II 19, 60 Rn. 30 ff), wobei die Kriterien für die zu treffende Unterscheidung zw einer gemeinsamen Bewirtschaftung der den Ehegatten getrennt gehörenden Flächen einerseits (MUerschaft) und der auf familienrechtl Grundlage stattfindenden (ggf wechselseitigen) bloßen Mithilfe im Einzelbetrieb des anderen Ehegatten andererseits noch unklar sind.

aa) Verteilung des Grund und Bodens auf beide Ehegatten. Dies ist nach der 167
Rspr das entscheidende Kriterium. Die Flächen müssen also entweder den Eheleuten *gemeinsam* (BFH I 14/60 U, BStBl III 60, 326; BFH IV R 206/80, BStBl II 83, 636) oder ein erhebl Teil jedem Ehegatten zu Allein- oder Miteigentum gehören (BFH I 140/61 U, BStBl III 62, 214; BFH IV R 248/84, BStBl II 87, 17; insoweit **aA** *Wendt* FR 96, 265 (270)). Zur stillschweigenden Überlassung solcher Flächen an den anderen Ehegatten, die der Überlassende seinerseits angepachtet hat, → Rn. 168. Auch Forst-

flächen sind grds in die Betrachtung einzubeziehen (BFH VI R 45/16, BStBl II 19, 60 Rn. 29; mit beachtl Gründen krit *Stephany* DStRK 18, 308), wobei hier aber sorgfältig zu prüfen ist, ob der dem einen Ehegatten gehörende Forst als eigener Betrieb anzusehen ist und dadurch aus der Betrachtung ausscheidet (BFH VI R 45/16, BStBl II 19, 60 Rn. 30 ff; s hierzu auch BFH IV R 62/94, BStBl II 95, 592). – Hintergrund dieser Rspr ist, dass die einheitl Nutzung des auf beide Ehegatten verteilten GuB stets Einvernehmen der Ehegatten voraussetzt, sodass die Annahme eines konkludent begründeten Gesellschaftsverhältnisses nahe liegt. – **Förml Pachtvertrag.** Beruht die Überlassung des dem anderen Ehegatten gehörenden Teils der Flächen hingegen nicht ledigl auf einer stillschweigenden Übereinkunft, sondern auf einem förml Pachtvertrag, erzielt nur der bewirtschaftende Ehegatte (Pächter) Einkünfte aus LuF; der Annahme einer MUerschaft bedarf es hier nicht (BFH IV R 35/09, BFH/NV 11, 2057 unter II.6.). Der Abschluss derartiger ausdrückl Verträge kann sich empfehlen, wenn die Flächen des einen Ehegatten im PV gehalten werden sollen.

168 **(1) Nur geringfügiger Flächenanteil eines Ehegatten.** Dies reicht zur Begründung einer verdeckten MUerschaft nicht aus. Als geringfügig sieht der BFH Flächen im Umfang von weniger als 10% der insgesamt genutzten Eigentumsflächen an (BFH IV R 16/07, BStBl II 09, 989 unter II.2.b ee; BFH IV R 45/13, BFH/NV 17, 459 Rn. 25; BFH VI R 45/16, BStBl II 19, 60 Rn. 21). Liegt der Flächenanteil eines Ehegatten unter dieser Geringfügigkeitsgrenze, unterhält jeder Ehegatte auf seinen Eigentumsflächen selbst dann einen *eigenen* Betrieb, wenn die Bewirtschaftung einheitl durch *einen* der Ehegatten erfolgt, weil dann der Grundsatz gilt, dass Einkünfte aus luf genutztem GuB dem Eigentümer zuzurechnen sind (BFH IV R 96/87, BStBl II 89, 504). – **(2) Ausschließlich *ein* Ehegatte ist Eigentümer des GuB.** In diesen Fällen lehnt die Rspr eine stillschweigende MUerschaft grds ab und rechnet die Einkünfte auch dann in vollem Umfang dem Eigentümer-Ehegatten zu, wenn der andere Ehegatte seine gesamte Arbeitskraft in den Betrieb einbringt, ohne dass dies auf besonderen Rechtsbeziehungen beruht (BFH IV R 119/74, BStBl II 75, 770; BFH IV R 186/79, BStBl II 83, 73; BFH IV R 16/07, BStBl II 09, 989 unter II.2.b ff). Bei Überlassung von Flächen, die der Nichteigentümer-Ehegatte von Dritten im eigenen Namen **angepachtet** hat, lässt der BFH aber eine stillschweigende MUerschaft zu, weil auch der Pächter gem § 956 BGB originär Eigentümer der Früchte wird (zutr BFH IV R 16/07, BStBl II 09, 989 unter II.2.b cc). – **(3) Ausnahmsweise keine verdeckte Mitunterschaft trotz Verteilung des Grund und Bodens auf beide Ehegatten.** Dies gilt für solche Betriebe, bei denen die Erzeugnisse weder wesentl Bestandteile noch Früchte des zu ihrer Hervorbringung genutzten Grundstücks darstellen, weil der GuB dann nicht von prägender Bedeutung ist (BFH IV R 341/84, BStBl II 87, 23: Baumschule, Blumengärtnerei; mE ebenso für Pilzzuchtbetriebe).

170 **(4) Kritik.** Die ausschließl Fixierung auf den eigenen GuB erscheint gleichwohl als zu eng. Denn mit zunehmender Technisierung und Bürokratisierung der Landwirtschaft haben zB **Lieferrechte, Geräte und Know-how** an Bedeutung gewonnen; dementspr ist der GuB als Produktionsmittel nicht mehr allein entscheidend (ebenso *BH/Nacke* § 13 Rn. 45). Bringt einer der Ehegatten derartige „Beiträge" (vgl § 705 BGB) und der andere die Eigentumsflächen ein, reicht dies mE für eine MUerschaft aus, wenn der Betrieb *tatsächl* gemeinsam geführt wird (beiderseitige Mitarbeit, gemeinsame Entscheidungsfindung). Zutr weist die Rspr allerdings darauf hin, dass für die Ausdehnung der Grundsätze über die stillschweigende Ehegatten-MUerschaft **kein besonderes Bedürfnis** besteht, weil den Ehegatten, die eine MUerschaft wünschen, jederzeit der Abschluss eines ausdrückl Gesellschaftsvertrages mögl ist (BFH IV R 44/02, BStBl II 04, 500 unter 1.c). IÜ kann die Annahme einer MUerschaft durchaus auch negative Rechtsfolgen mit sich bringen (zB Abfärbung gewerbl Anteile, → Rn. 161, 173). Eine verfwidrige Benachteiligung von Eheleuten liegt hierin nicht, da die Grundsätze auch zw Dritten angewendet werden können (BFH VI R 45/16, BStBl II 19, 60 Rn. 22 f; auch → Rn. 175).

bb) Mitunternehmerinitiative. Sie ist gegeben, wenn beide Ehegatten **im Betrieb mitarbeiten,** wobei der Beitrag des einen durchaus auch „weit geringer" sein kann als der des anderen (BFH IV R 248/84, BStBl II 87, 17: Mitarbeit im Umfang von 20% einer Vollzeitkraft; BFH IV B 104/94, BFH/NV 96, 27 unter 1.; BFH IV R 44/02, BStBl II 04, 500 unter 2.: der Ehemann bewirtschaftet, die Ehefrau erledigt Schriftverkehr und Bankgeschäfte). Sind diese Voraussetzungen erfüllt, kommt es für die Bejahung einer MUerschaft nicht darauf an, ob die Ehegatten auch nach außen hin gemeinsam auftreten (woran es bei einer reinen InnenGes typischerweise fehlt); daher sind auch gemeinsame Bankkonten nicht zwingend. 171

cc) Mitunternehmerrisiko. Daran fehlt es (dh keine MUerschaft), wenn zw den Ehegatten ein **steuerl beachtl Nutzungsüberlassungsverhältnis** (zB Pacht, Nießbrauch, unentgeltl Überlassung aufgrund besonderer Vereinbarung) über die Flächen besteht. Denn aufgrund der festen (oder ganz fehlenden) Vergütung hat der Eigentümer-Ehegatte keinen Anspruch auf Beteiligung am Gewinn des luf Betriebs (BFH IV R 44/02, BStBl II 04, 500 unter 1.b, 3.b). Die überlassenen Flächen können dann zum PV des Eigentümer-Ehegatten gehören, sofern dieser niemals selbst einen luf Betrieb geführt hat (BFH IV R 264/84, BStBl II 87, 20). Bei einer unentgeltl Überlassung „zur Bewirtschaftung" kann die Abgrenzung zw schuldrechtl Überlassung einerseits und Ges'terbeitrag andererseits schwierig sein; im Zweifel nimmt die Rspr Ges'terbeitrag an (BFH IV R 264/84, BStBl II 87, 20 unter 2.; BFH IV R 44/02, BStBl II 04, 500 unter 3.b). – ME gilt dieser **Vorrang ausdrückl schuldrechtl Abreden** vor der Annahme einer stillschweigenden MUerschaft auch dann, wenn die Ehegatten (die je für sich Eigentümer von Teilflächen sind) einen den steuerl Anforderungen genügenden **Arbeitsvertrag** geschlossen haben, wonach der eine Ehegatte in dem luf Betrieb des anderen tätig wird. 172

dd) Rechtsfolgen. Der Gewinn ist nach der Rspr grds beiden Ehegatten **zu je 50% zuzurechnen** (BFH I 14/60 U, BStBl III 60, 326; BFH IV R 264/84, BStBl II 87, 20 unter 1.), wobei man daran zweifeln kann, ob dies auch in solchen Fällen, in denen die Eheleute erhebl abw Beiträge erbringen, sachgerecht ist. Sondervergütungen sind nicht als BA abziehbar (§ 15 I 1 Nr 2). – Wie bei jeder MUerschaft droht auch der stillschweigenden Ehegatten-MUerschaft Gefahr durch die **Abfärberegelung** des § 15 III Nr 1 (→ Rn. 161), sodass bei einer *teilweise* gewerbl Tätigkeit die *gesamten* Einkünfte unter § 15 fallen. Unschädl wäre es aber, wenn die gewerbl Tätigkeit nur durch *einen* der Ehegatten ausgeübt wird, weil dieser dann einen gewerbl Einzelbetrieb neben der luf MUerschaft innehätte (vgl den Fall BFH IV R 45/02, BStBl II 04, 512; *Stephany* DStRK 18, 308). Die Annahme einer MUerschaft kann jedoch auch positive Auswirkungen haben. So kommt es bei **Übertragung einzelner WG** auf den anderen MUer nicht zu einer gewinnrealisierenden Entnahme, sondern zur Buchwertfortführung (§ 6 V 3). – Die **Beendigung** einer stillschweigend begründeten MUerschaft ist nur durch eindeutige vertragl Vereinbarungen oder eindeutige Handlungen mögl (vgl BFH IV R 81/93, BFH/NV 95, 202 unter 2.b). Nach dem **Tod eines Ehegatten** treten, wenn abw vertragl Vereinbarungen nicht getroffen werden, dessen Erben in die MUerstellung ein (FG BW EFG 96, 649, rkr). 173

e) Weitere Anwendungsfälle stillschweigender Mitunternehmerschaften. 175
Diese Grundsätze gelten nicht nur für Eheleute, sondern immer dann, wenn mehrere Personen Flächen für einen gemeinsamen Bewirtschaftungszweck zur Verfügung stellen (BFH VI R 45/16, BStBl II 19, 60 Rn. 22). – Im Verhältnis zw **Eltern und Kindern** ist eine Mitarbeit des Kindes im Betrieb (besondere Ausprägung der MUerinitiative, → Rn. 171) abw von den Ehegattenfällen jedenfalls dann nicht erforderl, wenn ein Bruchteil der luf Flächen des Betriebs von den Eltern auf das Kind übertragen wird, die Flächen weiterhin luf genutzt werden und der betriebl Gewinn tatsächl nach dem Flächenanteil verteilt wird (BFH IV R 47/06, BFH/NV 10, 181 unter II.2., obiter dictum). Hat das Kind hingegen keinen Anteil am betriebl GuB, kommt

eine stillschweigende MUerschaft nicht in Betracht (ebenso iErg BFH VI R 50/05, BStBl II 08, 868 unter II.1.c). – Im Verhältnis zw **Hofeigentümer und Nießbrauchsberechtigtem** (oder einem Nutzungsberechtigten nach § 14 HöfeO) gelten die Grundsätze ebenfalls.

176 **f) Ernteteilungsverträge; Bewirtschaftungsverträge.** Sie werden zw Landeigentümern und erfahrenen Landwirten abgeschlossen, die die erforderl Bestellungs- und Erntearbeiten gegen Entgelt durchführen. Hierdurch wird eine **MUerschaft** begründet, wenn die Flächen gemeinschaftl und auf beiderseitiges Risiko bewirtschaftet werden. Wesentl Indiz dafür ist eine erfolgsabhängige Beteiligung am Ertrag (zB quotale Beteiligung an der Ernte oder am erzielten Gewinn), auch wenn die vertragl Regelung als Entgeltvereinbarung bezeichnet wird (*Wendt* FR 96, 265 (279)). Andernfalls wird durch die Vereinbarung ein partiarisches Rechtsverhältnis begründet: Der passive Flächeneigentümer unterhält einen luf Einzelbetrieb; der überbetriebl Maschineneinsatz des aktiv tätigen LuF fällt nach den zu → Rn. 76 dargestellten Grundsätzen entweder unter § 13 oder § 15. Zu Bewirtschaftungsverträgen im Weinbau s *Schild* INF 97, 549. – Verpachtet der Eigentümer die Flächen, erbringt er aber aufgrund eines Bewirtschaftungsvertrags gleichwohl die landwirtschaftl Dienstleistungen für den Pächter, ist er gewerbl tätig (BFH IV R 91/99, BStBl II 02, 221).

181 **9. Hofübergabe gegen Versorgungsleistungen (Altenteil).** Ausführl → § 10 Rn. 111 ff; *BMF* BStBl I 10, 227. – **a) Systematik.** Wie bei jeder anderen Vermögensübergabe sind auch bei einer Übergabe luf Betriebe gegen wiederkehrende Leistungen steuerl die folgenden Konstellationen zu unterscheiden: – ***(1)* Veräußerungsentgelt.** Sind die wiederkehrenden Leistungen als echte *Gegenleistung* anzusehen, handelt es sich um eine (unter § 14 fallende) gewinnrealisierende Betriebsveräußerung; der Kapitalwert der wiederkehrenden Leistungen stellt das Veräußerungsentgelt dar. – ***(2)* Unterhaltszahlungen.** Sind die wiederkehrenden Leistungen als Unterhalt anzusehen, ist die Betriebsübergabe unentgeltl (Buchwertfortführung nach § 6 III). Der Übernehmer kann die Unterhaltszahlungen weder als BA noch nach § 10 Ia Nr 2 abziehen, sondern allenfalls unter den besonderen Voraussetzungen und in den engen Grenzen des § 33a. – ***(3)* Vermögensübergabe gegen Versorgungsleistungen.** Dies ist die häufigste Gestaltung bei der Übergabe luf Betriebe an Angehörige. Auch hier wird die Vermögensübergabe als unentgeltl angesehen, sodass es nicht zur Gewinnrealisierung kommt (§ 6 III; ausführl zur Abgrenzung zw entgeltl und unentgeltl Übertragungen → § 16 Rn. 35 ff). Der Übernehmer kann die wiederkehrenden Leistungen aber in vollem Umfang nach § 10 Ia Nr 2 abziehen (dieser Tatbestand geht den Regelungen über Unterhaltsleistungen vor); der Übergeber hat sie als sonstige Einkünfte zu versteuern (§ 22 Nr 1a). Die nachfolgenden Erläuterungen beziehen sich ausschließl auf diese Sonderform der (unentgeltl) Vermögensübergabe.

182 **b) Abzug von Versorgungsleistungen für ab 2008 geschlossene Verträge.** Nachstehend werden Vermögensübertragungen erläutert, die nach dem 31.12.07 vereinbart worden sind (§ 52 XVIII 1). Versorgungsleistungen, die auf zuvor abgeschlossenen Verträgen beruhen, werden auch in Zukunft (zeitl unbegrenzt) nach den bis VZ 2007 geltenden Grundsätzen behandelt (dazu → 38. Aufl 2019, § 13 Rn. 187 und *BMF* BStBl I 04, 922).

183 **aa) Übertragung eines Betriebs, Teilbetriebs oder Mitunternehmeranteils. – (1) Übertragung von Betrieben/Teilbetrieben.** Hier ist erforderl, aber auch ausreichend, dass **alle wesentl Betriebsgrundlagen** auf den Erwerber übergehen (ausführl → § 16 Rn. 100; zum Begriff der wesentl Betriebsgrundlage bei LuF → Rn. 125 ff). Daran fehlt es bei typisierender Betrachtung, wenn der Übergeber mehr als 10% der Eigentums-Nutzflächen zurückbehält und weiterhin selbst bewirtschaftet (BFH IV B 101/04, BFH/NV 06, 53 mwN); anders nur dann, wenn schon *vor* der Übergabe die Voraussetzungen eines luf Teilbetriebs (→ § 14 Rn. 6)

vorlagen. Zur Behandlung zurückbehaltener Restflächen, die unter der 10%-Grenze bleiben, → Rn. 129. Die Art der Gewinnermittlung (auch § 13a, Schätzung) spielt keine Rolle. Auch Nebenerwerbsbetriebe sind erfasst (BFH X R 7/04, BFH/NV 05, 201), ferner verpachtete (sofern noch nicht aufgegebene) und erhebl verkleinerte Betriebe. – **(2) Übertragung von Mitunternehmeranteilen.** Wird ein *ganzer* MUeranteil übertragen, muss auch das SonderBV übergehen, weil sonst schon die Voraussetzungen des § 6 III nicht erfüllt sind. Zur Übertragung von *Teilanteilen* s § 6 III 2 und → § 6 Rn. 736. – **(3) Wohnteil.** Begünstigt sind gem § 10 Ia Nr 2 S 3 ausdrückl auch Versorgungsleistungen, die auf den Wohnteil entfallen (der nun nicht mehr BV, sondern privates Grundvermögen darstellt und an sich nicht begünstigt wäre). Dies gilt aber nur für eine einheitl Übergabe von Betrieb und Wohnteil; die *isolierte* Übergabe des Wohnteils ist nicht erfasst (zu Gestaltungsmöglichkeiten *Neufang* Stbg 07, 592). – **(4) Gleitende Vermögensübergabe.** Hier behält sich der Übergeber zunächst den Nießbrauch am übergebenen Betrieb vor (erzielt also weiterhin die lfd Einkünfte); erst in einem zweiten Schritt verzichtet er auf den Nießbrauch, und zwar gegen Einräumung von Versorgungsleistungen. Dies fällt mE auch weiterhin unter den Tatbestand (zum früheren Recht BFH X R 147/88, BStBl II 93, 98). Denn sowohl der im ersten Schritt übertragene Eigentumsbetrieb als auch der Nießbrauchsbetrieb ist jeweils als luf Betrieb anzusehen (→ Rn. 154). – **(5) Rumpfwirtschaftsjahr.** Wird der Betrieb nicht zum Ende des Wj übergeben, ist für den Übergeber wie für den Erwerber je ein RumpfWj zu bilden (BFH IV R 95/75, BStBl II 80, 8).

bb) Begriff der Versorgungsleistungen. Sie müssen aus den Nettoerträgen des übergebenen Vermögens erbracht werden können, wofür allerdings eine Vermutung spricht (→ § 10 Rn. 116). Zum Umfang und zur Bewertung der abziehbaren (und korrespondierend vom Empfänger zu versteuernden) Leistungen (bei Altenteilsverträgen iSd Art 96 EGBGB typischerweise Wohnung mit Heiz-, Strom- und Nebenkosten, Verpflegung, Geldbedarf; ggf Pflege, soweit dafür Aufwendungen anfallen) → § 10 Rn. 119; zur Bewertung unbarer Altenteilsleistungen in der LuF s auch *LfSt Bayern* DB 09, 583. 184

cc) Empfänger der Versorgungsleistungen. Dieser Personenkreis ist nach dem Wortlaut der seit 2008 geltenden Regelung nicht mehr eingeschränkt. ME sind daher nun auch Leistungen an Geschwister oder Lebensgefährten des Übergebers abziehbar (**aA** *BMF* BStBl I 10, 227 Rn. 50). Der Empfänger hat die Leistungen nach § 22 Nr 1a zu versteuern. 185

dd) Nachträgliche Umschichtung des übergebenen Vermögens. Hier kann der Abzug mE nur dann fortgeführt werden, wenn auch das neue Vermögen Gegenstand einer begünstigten Vermögensübergabe sein könnte (dh Betrieb, Teilbetrieb, MUeranteil; nicht bei Umschichtungen in nichtbetriebl Grund-, Wertpapier- oder Geldvermögen). 186

IV. Besonderheiten der Gewinnermittlung bei Land- und Forstwirtschaft

1. Gewinnermittlungsarten. Für die Prüfung, welche Gewinnermittlungsart im Einzelfall anzuwenden ist, gilt die folgende Systematik: Besteht eine Buchführungspflicht nach § 140 oder § 141 AO (→ Rn. 193 ff), ist zwingend der **Betriebsvermögensvergleich** (§ 4 I) vorzunehmen. Fehlt es an einer gesetzl Buchführungspflicht *und* liegen die sonstigen Voraussetzungen des § 13a I vor, ist der Gewinn nach **Durchschnittssätzen** zu ermitteln (Einzelheiten → § 13a Rn. 1 ff). Sind die sonstigen Voraussetzungen des § 13a I nicht gegeben *oder* stellt der StPfl den Antrag nach § 13a II, hat er die Wahl, den Gewinn entweder durch freiwilligen BV-Vergleich oder durch **Einnahmen-Überschuss-Rechnung** (§ 4 III) ermitteln (BFH VII R 90/91, BFH/NV 93, 346 unter 3.). Der Antrag nach § 13a II bindet den StPfl für vier Jahre. 191

Bei freiwilligem Übergang von der Überschussrechnung zur Bilanzierung gilt eine Mindestfrist von drei Jahren (BFH IV R 18/00, BStBl II 01, 102 unter 2.c bb). Kommt der StPfl einer bestehenden Buchführungspflicht nicht nach, wird der Gewinn durch **Schätzung** ermittelt (→ Rn. 206).

193 **a) Betriebsvermögensvergleich.** Umfassend und nach wie vor aktuell *BMF* BStBl I 81, 878. Eine Buchführungspflicht kann sich aus §§ 140, 141 AO ergeben (näher → 37. Aufl 2018, § 13 Rn. 194 ff).

201 **aa) Anforderungen an die Buchführung. – (1) Anwendung von HGB-Vorschriften.** In den Fällen des § 141 AO sind grds die §§ 238, 240, 241, 242 I, 243–256 HGB sinngemäß anzuwenden (§ 141 I 2 AO). Es gilt jedoch nicht die Maßgeblichkeit des Handelsrechts (§ 5 I erfasst nur GewBetr); vielmehr werden die HGB-Vorschriften durch § 6 überlagert (zB keine *zwingende* TeilwertAfA, sondern Wahlrecht; → § 6 Rn. 361 ff). Zu Besonderheiten der Forstwirtschaft → Rn. 14 ff, zum Gartenbau → Rn. 29. – **(2) Formale Anforderungen.** Nach § 142 AO ist ein **Anbauverzeichnis** über die Fruchtarten zu führen (ausführl *BMF* BStBl I 81, 878 Tz 3.3), das der Mengenkontrolle der Geldrechnung dient. Nach § 144 V AO ist für Lieferungen an GewBetr ein **Warenausgangsbuch** zu führen (s *BMF* BStBl I 81, 878 unter Nr 4). – **(3) Erleichterungen nach § 148 AO.** S auch *BMF* BStBl I 81, 878 Tz 3 Hierzu gehört auch der Verzicht auf die Aktivierung des Feldinventars und der stehenden Ernte (→ Rn. 239). Zudem kann das FA auf der Grundlage des § 148 AO auf die Mitteilung der Buchführungspflicht nach § 141 AO verzichten, wenn das Überschreiten voraussichtl nur einmalig ist, zB bei schwankenden Ernteerträgen oder einem einmaligen Veräußerungsgewinn (AEAO zu § 141 AO Nr 4; BFH IV R 31/87, BStBl II 88, 20).

202 **bb) Übergang zum Betriebsvermögensvergleich. – (1) Übergangsbilanz.** Sie ist zu erstellen, wenn der Gewinn zuvor nach § 13a oder § 4 III ermittelt wurde. Ferner sind Zu- und Abrechnungen vorzunehmen, durch die sich idR ein Übergangsgewinn ergibt (ausführl → § 4 Rn. 680 ff). Darin sind die WG mit den Werten anzusetzen, mit denen sie zu Buche stünden, wenn der Gewinn von Anfang an durch BV-Vergleich ermittelt worden wäre (BFH IV R 56/01, BStBl II 03, 801 unter 1.; sehr ausführl zur LuF *OFD Mster* FR 92, 454). Die abnutzbaren WG des AV sind mit den **AK/HK abzügl der auf ihre bisherige Nutzung entfallenden AfA** auszuweisen, wobei die Nutzungsdauer den amtl AfA-Tabellen zu entnehmen ist (BFH IV R 225/83, BStBl II 86, 392; BFH IV R 17/92, BStBl II 93, 344). Während der Zeit der Gewinnermittlung nach § 13a empfangene Investitionszuschüsse mindern die AK/HK der entspr WG (BFH IV R 56/01, BStBl II 03, 801). – **(2) Ausübung von Bewertungswahlrechten.** Dies findet erstmals in der Übergangsbilanz statt (BFH IV R 96/86, BStBl II 88, 672). Es darf nicht unterstellt werden, dass der StPfl bei seiner bisherigen Gewinnermittlung Wahlrechte ausgeübt hat, die zu einem niedrigeren Bilanzansatz führen würden, selbst wenn die Inanspruchnahme derartiger Wahlrechte übl ist (BFH IV R 96/86, BStBl II 88, 672: selbsterzeugte Futtervorräte; BFH IV R 82/87, BStBl II 88, 770: Aktivierung von GWG; BFH IV R 97/91, BStBl II 93, 284: Ansatz der tatsächl HK statt der Richtwerte für Vieh). Seit Wj 2015/16 ist für die Gewinnermittlung nach § 13a ohnehin ausdrückl angeordnet, dass bestimmte Wahlrechte (§ 6 II, IIa, § 7g, § 7 I 6, 7 II, SonderAfA) ausgeschlossen sind (§ 13a III 2, → § 13a Rn. 22). Dies beeinflusst dann auch die Übergangsbilanz.

205 **b) Gewinnermittlung nach § 4 III.** Einzelheiten → § 4 Rn. 370 ff; zur zeitl Erfassung von BE und BA → § 11 Rn. 1 ff.

206 **c) Schätzung.** Kommt der LuF einer bestehenden Buchführungspflicht nicht nach, ist der Gewinn durch Schätzung zu ermitteln (§ 162 AO). Hierbei gelten die Grundsätze des BV-Vergleichs. – **Schätzungsmethoden.** Übl ist die Schätzung nach **Richtsätzen für Hektarerträge,** die bei buchführenden Vergleichsbetrieben

ermittelt werden (zust zu den Richtsätzen der *FinVerw* BFH IV R 33/82, BStBl II 85, 352; BFH IV R 67/99, BStBl II 01, 484; die Berücksichtigung betriebsindividueller Besonderheiten ist damit grds ausgeschlossen). Anerkannt ist auch die Schätzung nach **Standarddeckungsbeiträgen;** dies setzt aber ein Mindestmaß an Aufzeichnungen des StPfl voraus (BFH IV R 67/99, BStBl II 01, 484 unter II.2.). – **Schätzung bei § 4 III.** Besteht keine Buchführungspflicht und hat der StPfl ansatzweise eine Gewinnermittlung nach § 4 III erstellt, die aber wegen ihrer Mängel der Besteuerung nicht zugrunde gelegt werden kann, ist der Gewinn nach den Grundsätzen der Überschussrechnung zu schätzen (BFH VIII R 225/80, BStBl II 84, 504 unter I.1.d; BFH IV R 68/98, BStBl II 99, 481 unter II.1.). Die (eigentl für § 4 I ermittelten) Richtsätze können aber auch hier zugrunde gelegt werden, da beide Gewinnermittlungsarten zum selben Totalgewinn führen müssen (BFH IV R 68/98, BStBl II 99, 481 unter II.4.).

2. Gewinnermittlungszeitraum. Ausführl → § 4a Rn. 3. RegelWj bei LuF ist 208
der Zeitraum vom 1.7. bis 30.6. (§ 4a I 2 Nr 1). Für bestimmte spezialisierte Betriebe bestehen Wahlrechte, andere Wj zu bestimmen (§ 8c I EStDV). Der Gewinn des Wj ist auf die Kj (VZ), in denen das Wj liegt, entspr dem zeitl Anteil aufzuteilen (§ 4a II Nr 1). Veräußerungsgewinne iSd § 14 (auch Veräußerungsverluste) sind allerdings immer ausschließl dem Kj zuzuordnen, in dem sie entstanden sind (§ 4a II Nr 1 S 2).

3. Grund und Boden in der Gewinnermittlung. – a) Zugehörigkeit zum 212
Betriebsvermögen. Der im luf Betrieb genutzte GuB gehörte schon immer zum BV (BFH IV R 27/98, BStBl II 00, 524 unter 1.b). Seine Wertänderungen werden aber erst seit 1970 steuerl erfasst (zur Ermittlung der fiktiven AK zum 1.7.70 → 39. Aufl 2020, § 55 Rn. 1 ff).

aa) Grund und Boden, der tatsächlich land- und forstwirtschaftlich ge- 213
nutzt wird. Es handelt sich stets um **notwendiges BV.** Dies gilt auch dann, wenn die Nutzung nur extensiv ist (BFH IV B 72/00, BFH/NV 01, 1238 unter 1.: Wildwiese), wegen der relativ geringen Größe der Flächen eine ertragbringende Bewirtschaftung nicht mögl ist (BFH IV R 41/91, BStBl II 93, 430 unter 2.; BFH IV R 57/96, BFH/NV 97, 649 unter 2.a), die Fläche als Bauland ausgewiesen wird (BFH IV R 159/79, BStBl II 83, 448 unter II.1.; BFH IV R 188/83, BFH/NV 87, 84 unter 2.a), es sich um eine Stilllegungsfläche (Fiktion der Bewirtschaftung durch § 1 Gesetz v 10.7.95, BGBl I 95, 910) oder um ein Grundstück handelt, das bei einer Betriebsübertragung zurückbehalten wurde und weiterhin bewirtschaftet wird (BFH IV R 117/91, BFH/NV 94, 533 unter 3.; BFH IV B 50/98, BFH/NV 99, 1075), oder die Fläche zum Preis für Bauland und möglicherweise in Spekulationsabsicht erworben wurde (FG Mchn EFG 07, 1579, rkr). – Zur BV-Eigenschaft der Flächen eines im Ganzen **verpachteten Betriebs** → Rn. 128 mwN (vor Abgabe einer Betriebsaufgabeerklärung ist eine auf einzelne mitverpachtete Grundstücke beschränkte Entnahme nicht mögl; auch hinzuerworbene Flächen werden BV). Flächen, die in der obj erkennbaren **Absicht späterer Selbstbewirtschaftung** erworben werden, sind ebenfalls notwendiges BV (BFH IV R 110/91, BStBl II 93, 752).

bb) Flurbereinigung und Umlegung. Die BV-Eigenschaft eines in ein solches 214
Verfahren eingebrachten Grundstücks setzt sich ohne Gewinnrealisierung (weder Tausch noch Entnahme) an den erlangten Ersatzgrundstücken unverändert fort (→ § 6 Rn. 854 mwN). Soweit jedoch Mehrflächen gegen Ausgleichszahlung zugeteilt werden, gilt dies nur, wenn die Mehrflächen aufgrund ihrer luf Nutzung zum notwendigen BV gehören oder in das BV eingelegt werden (BFH IV R 70/06, BStBl II 10, 270 unter II.2.d).

cc) Abgrenzung zum gewerblichen Grundstückshandel bei Veräußerung 215
von Grund und Boden. Ausführl → § 15 Rn. 57 ff mwN. – **(1) Land- und Forstwirtschaft.** Werden Flächen veräußert, die zuvor langjährig tatsächl luf genutzt wor-

den sind, handelt es sich grds um ein luf Hilfsgeschäft (dh kein GewBetr). Dies gilt auch dann, wenn eine Vielzahl von Parzellen gebildet und an verschiedene Erwerber veräußert werden. Der GuB bleibt bis zu seiner Veräußerung im AV; dies ermöglicht die Übertragung hierdurch aufgedeckter stiller Reserven nach §§ 6b, 6c auf anderen GuB (BFH IV R 73/00, BStBl II 01, 673; Anm *Kanzler* FR 01, 1016; BFH IV R 22/07, BFH/NV 11, 31). – **(2) Gewerbebetrieb.** Ergreift der StPfl hingegen besondere Verwertungsmaßnahmen, die den GuB zu einem Objekt anderer Marktgängigkeit machen sollen (in der Praxis vor allem die über die Wahrnehmung übl Mitwirkungsrechte hinausgehende Einflussnahme auf die Bauleitplanung und die Mitwirkung bei der Erschließung), begründet er einen gewerbl Grundstückshandel (BFH IV R 34/05, BStBl II 08, 231 mwN). Allein die Vorfinanzierung der von der Kommune durchgeführten Erschließung genügt hierfür aber nicht (BFH VI R 9/23, BStBl II 25, 895; dort auch zur Zurechnung der Tätigkeit dritter Erschließungsunternehmer). Die Flächen werden dann zum Buchwert aus dem luf Betrieb in das UV des GewBetr überführt. Die Anwendung der §§ 6b, 6c auf die späteren Veräußerungserlöse ist nicht mögl; es fällt GewSt an.

217 **b) Entnahmen von Grund und Boden.** Allg zu Entnahmen → § 4 Rn. 220. Tritt bei Flächen, die einmal zum notwendigen BV gehört haben (→ Rn. 213), eine (auf Dauer angelegte) **Nutzungsänderung** ein, ist zu differenzieren: Gehört die Fläche nun zum notwendigen PV, hat zwingend eine Entnahme stattgefunden (→ Rn. 218); wurde die Entnahme des GuB durch Errichtung einer selbstgenutzten Wohnung verwirklicht, kann der Entnahmegewinn aber gem § 13 V stfrei sein (→ Rn. 103). Gehört der GuB nach der Nutzungsänderung hingegen weder zum notwendigen PV noch zum notwendigen BV, bleibt er BV (keine Zwangsentnahme); der StPfl kann eine Entnahme aber durch eine eindeutige Erklärung herbeiführen (→ Rn. 225 f).

218 **aa) Die Fläche gehört nach der Nutzungsänderung zum notwendigen Privatvermögen.** Dann hat (auch ohne ausdrückl Erklärung) eine Entnahme stattgefunden (BFH IV R 47/06, BFH/NV 10, 181 unter II.1.b). Der Entnahmegewinn ist im Wj der Nutzungsänderung zu versteuern; eine unterbliebene Versteuerung darf das FA nicht in einem späteren Wj nachholen. – **(1) Hauptanwendungsfälle.** Errichtung der selbstgenutzten Wohnung auf einer Teilfläche, sofern die Selbstnutzung auf Dauer angelegt ist (BFH IV R 10/03, BStBl II 04, 947 unter 2.a); unentgeltl Bestellung eines Erbbaurechts aus privaten Gründen (*OFD Ddorf* DB 95, 900); unentgeltl auf Dauer angelegte Überlassung von *Gebäuden* an betriebsfremde Angehörige (BFH IV R 44/05, BFH/NV 08, 1156 unter II.3.a); nicht aber die unentgeltl Überlassung eines Teils des *GuB* an nahe Angehörige zur Errichtung einer Garage ohne gesicherte Rechtsposition (BFH IV R 39/93, BFH/NV 95, 873) oder die unentgeltl Überlassung eines Gartens (BFH IV R 70/06, BStBl II 10, 270 unter II.3.b). – **(2) Entnahmezeitpunkt.** Maßgebl ist der Zeitpunkt, zu dem feststeht, dass das Gebäude auf Dauer außerbetriebl genutzt werden soll. Dies kann frühestens der Baubeginn sein (vgl BFH IV R 44/05, BFH/NV 08, 1156 unter II.3.b bb, cc; BFH IV R 47/06, BFH/NV 10, 181 unter II.1.c); uU jedoch erst die Fertigstellung, wenn bei Baubeginn noch nicht sicher feststeht, dass eine entgeltl Vermietung ausgeschlossen ist (zutr FG Mchn EFG 02, 1081, rkr). – **(3) Steuerfreiheit des Entnahmegewinns bei Wohnbebauung.** Gem § 13 V bleibt der Entnahmegewinn stfrei, wenn GuB dadurch entnommen wird, dass darauf eine vom StPfl (Betriebsinhaber) oder Altenteiler selbstgenutzte Wohnung (neu) errichtet wird. Einzelheiten → Rn. 103 ff.

225 **bb) Die Fläche ist nach der Nutzungsänderung weder notwendiges Betriebs- noch notwendiges Privatvermögen.** In diesen Fällen findet keine Zwangsentnahme statt; der StPfl hat aber ein Wahlrecht, den GuB durch eindeutige Entnahmeerklärung seinem PV zuzuordnen. – **(1) Eindeutige Erklärung der**

Entnahme. Allein die Nichterwähnung des GuB in der Anlage L genügt hierfür nicht, wenn nicht zugleich ein Entnahmegewinn erklärt wird (BFH IV B 142/96, BFH/NV 98, 705); Gleiches gilt für die Nichterwähnung in der beim Übergang von § 13a zur Bilanzierung aufzustellenden Eröffnungsbilanz (BFH IV R 70/06, BStBl II 10, 270 unter II.1.b bb). Auch die Erklärung von Einkünften aus VuV aus dem Grundstück ohne gleichzeitige Erklärung eines Entnahmegewinns genügt nicht (BFH IV R 32/01, BFH/NV 02, 1135 unter 3.a; BFH IV B 57/03, BFH/NV 05, 1265). Als ausreichende Entnahmehandlung sind im Fall der Errichtung von Mietwohnungen auf betriebl GuB jedoch die Ausbuchung der HK oder die Zuordnung von Verkaufserlösen zum PV angesehen worden (BFH IV R 44/06, BStBl II 09, 811 unter II.3.). Ermittelt der StPfl seinen Gewinn nicht durch Bilanzierung, ist die Entnahme erst mit dem Eingang der entspr Erklärung beim FA bewirkt (BFH IV R 49/88, BFH/NV 91, 363 unter 2.; BFH IV R 35/09, BFH/NV 11, 2057 unter II.3.). Sie kann also nicht rückwirkend erklärt werden, was insb bei zwischenzeitl Wertsteigerungen durch Bauleitplanung von Bedeutung ist. – **Entnahmewert.** → § 6 Rn. 272 f. Wird ein erschlossenes Baugrundstück in das PV überführt, orientiert sich der Entnahmewert an dem ortsübl Preis für baureifes Land (zutr HessFG EFG 96, 183, rkr). Zu Einheimischen-Modellen s *OFD Mchn* FR 96, 683; zur Bewertung des GuB der Hofstellen s *Bolin/Müller* INF 02, 449.

(2) Fehlende Entnahmeerklärung. Die Fläche verbleibt im (gewillkürten bzw geduldeten) BV (ausführl *Jachmann* DStR 95, 40 mwN). Ein Entnahmegewinn fällt nicht an; die Aufwendungen auf den GuB sind weiterhin als BA abziehbar. Im Gegenzug bleiben die stillen Reserven aber steuerverstrickt. Diese Grundsätze gelten auch, wenn die Nutzungsänderung bereits vor Einführung der Bodengewinnbesteuerung zum 1.7.70 eingetreten ist (BFH IV R 44/06, BStBl II 09, 811 unter II.2.), sowie bei **Gewinnermittlung nach § 13a** (BFH IV B 173/03, BFH/NV 05, 334 unter 1.; BFH IV B 91/05, BFH/NV 06, 2245 unter 1.a). – Diese Rspr wird mit der besonderen Bedeutung des GuB bei luf Betrieben begründet (BFH IV R 47/06, BFH/NV 10, 181 unter II.1.c). Sie ist erkennbar von dem Gedanken getragen, **Zwangsentnahmen zu vermeiden.** Dies ist in doppelter Hinsicht sinnvoll: Zum einen fehlt es dem StPfl im Zeitpunkt der Nutzungsänderung idR an Liquidität, um die Steuer auf einen Entnahmegewinn zu bezahlen. Zum anderen werden Nutzungsänderungen dem FA häufig nicht bekannt. Der StPfl wird einen solchen Tatbestand nicht immer von selbst mitteilen, sondern sich mitunter erst dann auf eine angebl Zwangsentnahme berufen, wenn er (wesentl später, insb nach Verjährung des VZ der Nutzungsänderung) die mittlerweile zu Bauland gewordene Fläche verkaufen möchte. 226

cc) Beispiele für fortbestehendes Betriebsvermögen trotz Nutzungsänderung. – (1) Entgeltliche Bestellung von Erbbaurechten. Eine Entnahme wird hierdurch grds nicht verwirklicht (BFH IV R 171/85, BStBl II 88, 490 unter 1.: auch wenn sich der StPfl verpflichtet, das belastete Grundstück innerhalb von 6 Jahren an seine erbbauberechtigte Tochter zu übertragen). Dies gilt auch dann, wenn eine Vielzahl von Grundstücken betroffen ist, solange der Charakter als luf Betrieb nicht durch die Vermögensverwaltung verdrängt wird. Jedenfalls bei erbbaubelasteten Flächen **bis zu 10% der gesamten Eigentumsflächen** des Betriebs ist dies noch nicht der Fall (BFH IV R 115/91, BStBl II 93, 342 unter 3.; BFH IV R 52/02, BFH/NV 05, 674 unter II.2.). Sofern diese Grenze überschritten wird, liegt jedoch eine Entnahme vor (BFH VI R 30/18, BStBl II 22, 312 Rn. 36 ff; FG Mster EFG 22, 19; *Kanzler* FR 93, 761 (766)). Allerdings soll der Umstand, dass in Vorjahren Erbbaurechte an mehr als 10% der Betriebsfläche bestellt und diese daher zwangsweise entnommen worden sind, die Bildung gewillkürten BV bei Bestellung von Erbbaurechten an *weiteren* Betriebsflächen (nunmehr weniger als 10% der Restfläche) nicht hindern (BFH IV R 46/08, BStBl II 11, 692 Rn. 24; mE zutr, weil die zuvor bestellten Erbbaurechte aus dem BV ausgeschieden sind; anders jedoch, wenn diese 228 im BV verblieben wären). Eine Entnahme kann zwar durch Einbringung in eine gewerbl geprägte PersGes vermieden werden; die vorläufige EStErsparnis ist aber gegen die zusätzl gewerbesteuerl Verstrickung der stillen Reserven (die nur im Idealfall durch § 35 neutralisiert wird) abzuwägen.

229 **(2) Errichtung von Mietwohnungen auf zuvor land- und forstwirtschaftlich genutztem Grund und Boden.** Die in → Rn. 228 dargestellten Grundsätze gelten entspr. Es handelt sich grds nicht um eine Entnahme (EStR 4.2 IX 4; BFH IV R 41/91, BStBl II 93, 430 unter 1.a: auch bei gleichzeitigem Abriss eines Betriebsgebäudes; BFH IV R 32/01, BFH/NV 02, 1135 unter 2.; BFH IV R 33/04, BFH/NV 06, 188 unter 1.b; BFH IV R 30/05, BStBl II 08, 707 unter II.5.: auch bei Vermietung des GuB zur Errichtung von Gebäuden durch einen Dritten; BFH IV R 49/97, BStBl II 99, 652 unter 1.a: auch bei Vermietung eines zuvor eigenbetriebl genutzten Gebäudes an Dritte), sofern die hierfür *insgesamt* benötigte Fläche **10% der Gesamtflächen des Betriebs** nicht übersteigt (BFH IV R 57/00, BStBl II 03, 16; BFH IV R 51/03, BFH/NV 05, 547; zust *Hiller* INF 03, 575). Auf das Verhältnis der Mieteinnahmen zu den originär luf Einnahmen kommt es nicht an (BFH VI R 30/18, BStBl II 22, 312 Rn. 42). Diese Rspr hat auch zur Folge, dass der StPfl Gewinne aus dem Verkauf von luf GuB gem § 6b auf die HK der Gebäude übertragen kann. Zur Errichtung von Mietwohnungen auf *zugekauftem* GuB → Rn. 244. – **Verbilligte Vermietung von Wohnungen des luf BV an Angehörige.** Dies führt nicht zu einer Entnahme des GuB und der Gebäude, sondern ledigl zu lfd Nutzungsentnahmen (BFH IV R 49/97, BStBl II 99, 652 unter 3.: keine Anwendung von § 21 II). Diese sind nicht etwa mit der Differenz zur Marktmiete, sondern mit dem verursachten Aufwand (den „tatsächl Selbstkosten") zu bewerten (BFH IV R 46/00, BFHE 201, 454: Neutralisationsprinzip). Die vorstehenden Grundsätze gelten auch für die verbilligte Bestellung von Erbbaurechten (BFH IV R 46/08, BStBl II 11, 692 Rn. 28 ff: das Grundstück bleibt BV, sofern sich das Entgelt auf mindestens 10% des marktübl Betrags beläuft).

230 **(3) Weitere Beispiele für fortbestehendes Betriebsvermögen.** Eine Teilfläche des iÜ fortbestehenden Betriebs wird nur noch als Futtergrundlage für Hobbypferde genutzt (BFH IV R 270/84, BStBl II 86, 516); **Verpachtung von Teilflächen** (BFH IV R 41/91, BStBl II 93, 430 unter 1.a; BFH IV R 74/99, BStBl II 02, 356; BFH IV B 79/06, BFH/NV 07, 2084: auch bei langfristiger Verpachtung an Golfclub; die für Erbbaurechte und Mietwohngrundstücke geltende 10%-Grenze ist hier nicht anwendbar, weil eine spätere luf Nutzung mögl bleibt); Obstanbau, der nur noch für den **Eigenbedarf** betrieben wird (BFH IV R 53/94, BFH/NV 95, 592); **Überführung von GuB aus einem GewBetr in einen luf Betrieb** (BFH VIII R 387/83, BStBl II 89, 187). – Dies gilt auch für früher luf genutzten, gegenwärtig aber **brach liegenden GuB** (für LuF BFH IV R 159/79, BStBl II 83, 448; BFH IV R 1/84, BStBl II 86, 711 unter 2.; BFH IV B 122/11, BFH/NV 12, 1577 Rn. 7; FG Mster EFG 14, 1668, rkr; FG Mchn EFG 18, 1658, rkr: auch wenn die Fläche vom StPfl niemals luf genutzt, beim Erwerb aber dem BV seines aktiv bewirtschafteten Betriebs zugeordnet worden war; ebenso für GewBetr BFH XI R 27/90, BStBl II 93, 391). Darüber hinaus hat BFH IV R 69/95, BStBl II 97, 245 unter 3. (nicht entscheidungserhebl und mE zweifelhaft) angedeutet, dass es hier sogar an der Möglichkeit zur Abgabe einer *ausdrückl* Entnahmeerklärung fehlen soll (zutr hält aber BFH IV R 74/99, BStBl II 02, 356 bei Brachlage nach vorheriger Verpachtung nur noch gewillkürtes BV für gegeben und eine Entnahmeerklärung für mögl).

233 **c) Vom Grund und Boden zu unterscheidende Wirtschaftgüter.** Das einheitl WG „GuB" (Bewertungseinheit) besteht aus dem Mutterboden (Ackerkrume; auch die Grasnarbe bei Weideland, s BFH IV R 229/81, BStBl II 84, 424; zur TW-AfA bei Verlust der Ackerkrume durch Substanzausbeute → § 7 Rn. 225) und dem darunter befindl Erdreich (BFH IV R 96/78, BStBl II 82, 643: Entgelte für eine in

1–2 m Tiefe verlegte Rohrleitung gehören zu den luf BE; BFH VI R 49/18, BStBl II 22, 316 Rn. 15 ff: auch bei 3–4 m Tiefe; NdsFG EFG 24, 557, rkr: Gasleitung; ausführl *OFD Ffm* DStR 19, 2084). Nutzungsmöglichkeiten des GuB, die ledigl wertbildende Faktoren sind, bleiben unselbständiger Bestandteil des GuB (BFH IV R 27/01, BStBl II 03, 878: Recht, Klärschlamm auf dem Grundstück zu lagern). – Vom GuB zu unterscheidende **selbständige WG des luf BV** sind der Aufwuchs (→ Rn. 238), Eigenjagdrechte (→ Rn. 55), Milchlieferrechte (BFH IV R 23/96, BStBl II 03, 56 unter 1.; *BMF* BStBl I 14, 1503 Rn. 7; ausführl → 39. Aufl 2020, § 13 Rn. 252 ff), Zuckerrübenlieferrechte, sofern sie einen eigenen Marktwert haben (BFH IV R 33/98, BStBl II 03, 58 unter 2.a; BFH IV R 53/02, BFH/NV 04, 258; BFH IV R 25/02, BFH/NV 04, 617; → 39. Aufl 2020, § 13 Rn. 259), Zahlungsansprüche nach dem GAP-RefG (→ Rn. 254 f) sowie besondere Anlagen im Boden (BFH II R 61/88, BStBl II 91, 531: Rohrdrainagen, zur GrESt). – Vom GuB zu unterscheidende **selbständige WG, die nicht zum luf BV gehören** (und deren Überlassung daher zu Einkünften aus VuV führt), sind zB tief im Erdreich liegende Kavernen zur Speicherung von Öl oder Gas (BFH IV R 19/79, BStBl II 83, 203) und entdeckte Bodenschätze (→ Rn. 70 mwN).

d) Aufwendungen auf den Grund und Boden. Sie stellen lfd BA dar, sofern sie der Steigerung der Ertragsfähigkeit der Ackerkrume durch **Bodenverbesserung** dienen (zB Düngung), auch wenn durch die Maßnahmen eine bisherige luf Nutzung durch eine **höherwertige luf Nutzung** ersetzt werden kann (BFH IV 324/60 U, BStBl III 63, 207: Planierung einer früheren Schafweide; BFH IV R 66/72, BStBl II 76, 8: Entfernen der Baumwurzeln beim Übergang von Forstwirtschaft zum Ackerbau; NdsFG EFG 95, 878, rkr: Tiefumbruch einer bereits zuvor luf genutzten Moorfläche; s auch die Beispiele in *OFD Ffm* DStR 19, 1308 unter 4.). Betreffen die Aufwendungen hingegen die **Urbarmachung** bisher landwirtschaftl nicht nutzbarer Flächen, handelt es sich um HK des GuB. Zur Behandlung von **Erschließungskosten** ausführl → § 6 Rn. 59 ff. 234

e) Teilwertabschreibung auf Grund und Boden, § 6 I Nr 2 S 2. Ausführl zum TW → § 6 Rn. 231 ff; nachstehend sind nur die Besonderheiten der LuF dargestellt. – TW-AfA sind bei einer voraussichtl dauernden Wertminderung (zB wegen Inanspruchnahme für Naturschutzzwecke, nach einer Substanzausbeute, bei Aufforstung einer Ackerfläche) zulässig, wenn der Gewinn nach § 4 I ermittelt wird (bei § 4 III keine TW-AfA, → § 6 Rn. 360). Das (handelsrechtl) strenge Niederstwertprinzip (§ 253 III 3 HGB) gilt trotz der Verweisung in § 141 I 2 AO nicht, weil § 6 I Nr 2 S 2 als lex specialis ein Abwertungs*wahlrecht* vorsieht. – **Einzelfragen** (s auch → § 6 Rn. 272). Ein bei der Anschaffung aus betriebl Gründen gezahlter Überpreis rechtfertigt nur insoweit eine TW-AfA, als auch der Vergleichspreis gesunken ist (BFH IV R 87/99, BStBl II 02, 294; krit *Paus* DStZ 02, 567). Der Abschluss eines Pachtvertrags führt jedenfalls dann nicht zum Absinken des TW eines zuvor selbstbewirtschafteten Grundstücks, wenn der Pachtzins marktübl ist (BFH IV R 53/90, BStBl II 92, 462). Auch ein erkennbar langfristiges Absinken des Marktpreises eines Grundstücks kann den Ansatz des niedrigeren TW rechtfertigen (*Hiller* INF 02, 103). – Die obj **Beweislast** trägt der StPfl. Der bloße Hinweis auf einen zu beobachtenden allg Preisverfall für landwirtschaftl Grundstücke wird zumeist nicht ausreichen. Der niedrigere TW muss vielmehr durch aussagekräftige Unterlagen (zB Gutachten, Bodenrichtwertkarte für vergleichbare Grundstücke, Vergleichskäufe) für die jeweilige Fläche nachgewiesen oder zumindest glaubhaft gemacht werden. – Nach vorangegangener TW-AfA und zwischenzeitl Wertsteigerung (zB Planung als Bau- oder Industrieland) ist eine **TW-Zuschreibung** vorzunehmen (§ 6 I Nr 2 S 3; Einzelheiten → § 6 Rn. 376 ff). 235

4. Bewertung des Aufwuchses (Feldinventar). – a) Grundsatz. Abw vom ZivilR ist der Aufwuchs steuerl ein eigenes WG des UV (BFH IV R 67/05, BStBl II 238

08, 960 unter II.1.b; BFH VI R 48/16, BFH/NV 19, 908 Rn. 16) und daher grds getrennt vom GuB mit den HK zu bewerten. Maßgebend sind die für die Bestellung entstandenen Aufwendungen (BFH IV R 23/07, BStBl II 11, 654 unter II.2.a). Diese können sowohl nach betriebsspezifischen Daten als auch nach den vom Landwirtschaftsministerium veröffentlichten StandardHK ermittelt werden (vgl EStR 14 II 8; ThürFG EFG 12, 1429, rkr). Die StandardHK wurden zum 30.6.22 erhöht; die *FinVerw* lässt eine Verteilung des sich daraus ergebenden Gewinns auf bis zu fünf Jahre zu (*BMF* BStBl I 22, 1489).

239 **b) Verzicht auf Aktivierung. Erfasste Wirtschaftsgüter.** Bei Grundstücken mit jährl Fruchtfolge brauchen das **Feldinventar** (dh die auf den Feldern vorhandenen Pflanzenbestände einschließl Saat und Dünger; s BFH IV R 23/07, BStBl II 11, 654 unter II.2.a) und die **stehende Ernte** aus Vereinfachungsgründen (Vermeidung der oft schwierigen Bewertung dieser WG) nicht bewertet zu werden (EStR 14 III; ausführl hierzu *Wiegand* NWB 13, 2330; sehr krit allerdings die neue BFH-Rspr, s BFH VI R 48/16, BFH/NV 19, 908 Rn. 28 ff). Eine ähnl Regelung enthielt bis 2013 § 141 I 4 AO für das stehende Holz bei Forstbetrieben. Wird der Aufwuchs vom GuB getrennt (Ernte, geschlagenes Holz), ist er (als Vorratsvermögen) gesondert zu bewerten; eine Ausnahme gilt für **selbsterzeugte Futtervorräte** (*BMF* BStBl I 81, 878 Tz 3.1.3). Der Aktivierungsverzicht bewirkt, dass eine Einlage von Feldinventar aus dem PV gewinnmindernd zu berücksichtigen ist (zutr FG MV EFG 98, 1630, rkr). Zur Wirkung bei eiserner Verpachtung → Rn. 116. – Für **mehrjährige und Dauerkulturen** gilt der Aktivierungsverzicht nicht (zur Aktivierung dieser Kulturen bei Gartenbaubetrieben → Rn. 29). – **Rechtsgrundlage für den Aktivierungsverzicht.** Die Rspr zieht nicht etwa § 148 AO, sondern § 163 I 2 AO heran (BFH IV R 38/99, BStBl II 00, 422; BFH IV R 23/07, BStBl II 11, 654 Rn. 19; BFH IV R 51/14, BStBl II 18, 78 Rn. 20 ff). ME ist der Grundsatz der Gesetzmäßigkeit der Verwaltung ungeachtet der durch BFH GrS 1/15, BStBl II 17, 393 vorgenommenen Einschränkungen der Befugnis der *FinVerw* zu gesetzesabweichenden Billigkeitsmaßnahmen nicht verletzt (offen gelassen von BFH VI R 48/16, BFH/NV 19, 908 Rn. 18; BFH VI R 49/17, BFH/NV 20, 762 Rn. 20; **aA** *Kanzler* FR 18, 284). Eine rechtswidrige Billigkeitsentscheidung des FA für einen bestimmten VZ bindet nicht auch für nachfolgende VZ (BFH VI R 49/17, BFH/NV 20, 762 Rn. 33). – **Anwendung bei § 15.** Das Wahlrecht gilt auch für luf tätige Körperschaften (zu einem solchen Fall BFH I R 32/11, BStBl II 15, 175) und gewerbl geprägte PersGes (FG MV EFG 02, 1368, rkr), nach der (ggü dem Wahlrecht sehr krit eingestellten) neueren BFH-Rspr aber nicht für PersGes, die kraft Abfärbung gewerbl Einkünfte erzielen (BFH VI R 48/16, BFH/NV 19, 908 Rn. 23; mE unzutr).

240 **c) Wechsel in der Wahlrechtsausübung. Übergang zur Aktivierung.** Der LuF kann jederzeit zur Aktivierung dieser WG (für den Gesamtbestand, nicht ledigl für Einzelparzellen) übergehen (BFH IV R 38/99, BStBl II 00, 422). Dann ist er daran aber nach dem Grundsatz der Bewertungsstetigkeit (→ § 6 Rn. 12) auch für die Zukunft gebunden (EStR 14 III 2; BFH IV R 23/07, BStBl II 11, 654 Rn. 24 ff; anders für Betriebsumstellungen *Kanzler* FR 10, 711). Unzutr daher FG Bbg EFG 05, 1005 (erfolglose NZB I B 212/03, nv), das einen späteren erneuten Verzicht auf die Aktivierung aus dem Grundsatz der Selbstbindung der Verwaltung hergeleitet hat, obwohl die *FinVerw* einen erneuten Verzicht gerade *nicht* zulässt. – **Übergang zur Nichtaktivierung.** Wechselt der StPfl von der Gewinnermittlung nach § 13a zu § 4 III und später zu § 4 I, kann er das Wahlrecht beim letztgenannten Wechsel ausüben (BFH IV R 31/10, BFH/NV 14, 514 Rn. 16 ff). Ein entgeltl Betriebserwerber kann das Wahlrecht neu ausüben, nicht aber bei unentgeltl Betriebsübertragung (EStR 14 III 3). Bei einer Umwandlung von Körperschaften kommt es für die Zulässigkeit einer erneuten Wahlrechtsausübung darauf an, ob die neue Ges mit der früheren rechtl identisch ist (näher FG MV EFG 02, 1368, rkr). – Hingegen hat ein StPfl, der diese WG bisher stets bilanziert hat, nach Auffassung von *FinVerw* und Rspr keine

Möglichkeit, das Wahlrecht zur Nichtaktivierung auszuüben (EStR 14 III 2; BFH IV R 31/10, BFH/NV 14, 514 Rn. 15; BFH VI R 49/17, BFH/NV 20, 762 Rn. 21: Verzicht auf Aktivierung setze voraus, dass diese WG im Betrieb noch nie aktiviert wurden). Dies soll auch nach Umstrukturierung (hier: Veräußerung eines Teilbetriebs) gelten (FG LSA EFG 16, 2044, rkr). ME ist dies unzutr, da der Stetigkeitsgrundsatz nur ein willkürl „Hin und Her" verbietet, nicht aber eine *erstmalige* Wahlrechtsausübung verhindern will. Für die hM spricht allerdings, dass es sich hier nicht um ein echtes Bilanzierungswahlrecht, sondern um eine Billigkeitsregelung handelt.

5. Gewillkürtes Betriebsvermögen. Ausführl → § 4 Rn. 42 ff; nachfolgend sind nur die Besonderheiten der LuF dargestellt. – **a) Zulässigkeit der Bildung von gewillkürtem Betriebsvermögen.** Dies ist auch bei § 4 III zulässig. – **Gewinnermittlung nach § 13a.** Die *FinVerw* lässt seit Wj 2015/16 die Bildung gewillkürten BV für den Bereich der Sondergewinne, bei denen die Gewinnermittlung ohnehin nach § 4 III erfolgt (→ § 13a Rn. 37), ausdrückl zu (zutr *BMF* BStBl I 15, 877 Rn. 44). Außerdem zwingt bei § 13a weder der Übergang zu dieser Gewinnermittlungsart noch eine Nutzungsänderung, die bei § 4 I keine Entnahme wäre (→ Rn. 225 ff), zur Entnahme (§ 4 I 6, 7; sog **geduldetes BV**). 243

b) Einlagen in das gewillkürte Betriebsvermögen. Sie sind bei LuF nur eingeschränkt zulässig. Ausgeschlossen sind WG, die der LuF wesensfremd sind und denen eine eindeutige sachl Beziehung zum Betrieb fehlt (BFH IV R 80/92, BFH/NV 95, 288 unter 1.d mwN; BFH IV R 44/06, BStBl II 09, 811 unter II.1.a dd). Dies gilt insb für auf *zugekauftem* GuB sofort errichtete Mietshäuser (BFH IV R 80/92, BFH/NV 95, 288 unter 1.e). Eine Behandlung als gewillkürtes BV ist aber zulässig, wenn aufgrund der erhebl Größe des Betriebs auch eine Nutzung als Landarbeiterwohnung in Betracht kommt (BFH IV R 12/98, BFH/NV 00, 317). 244

c) Einzelfälle gewillkürtes Betriebsvermögen. Grund und Boden. Zum Übergang in das gewillkürte BV nach einer Nutzungsänderung, die die Eigenschaft als notwendiges BV entfallen lässt, ausführl → Rn. 225 (mit zahlreichen Beispielen). Wenn die nach einem Grundstückstausch (außerhalb des Umlegungsverfahrens) erhaltenen Flächen niemals luf genutzt werden, sondern an ihnen sogleich Erbbaurechte zu gewerbl Zwecken bestellt werden, können sie nicht gewillkürtes BV sein, so dass auf sie keine stillen Reserven nach §§ 6b, 6c übertragen werden können (zutr FG Mster EFG 22, 1541, rkr). Wenn hinzuerworbene Flächen sogleich verpachtet werden, setzt ihre Zuordnung zum BV einen eindeutigen Widmungsakt voraus (FG Mster BB 23, 1200, rkr). – **Bodenschätze** (→ Rn. 70 mwN), die nicht für Zwecke der LuF gewonnen und verwertet werden, gehören weder zum notwendigen noch zum gewillkürten BV (BFH VIII B 57/80, BStBl II 82, 526; BFH IV R 73/81, BStBl II 83, 106; BFH IV R 45/05, BStBl II 09, 449 unter II.2.; BFH IV R 2/09, BFH/NV 12, 1309 Rn. 19; *BMF* BStBl I 93, 678 Tz 3). – **Anteile** an Zucht-, Forst- oder Weidegenossenschaften gehören bereits zum notwendigen BV, wenn die Mitgliedschaftsrechte betriebl genutzt werden (BFH IV R 147/79, BStBl II 82, 250). Dies gilt für Aktien einer Zuckerfabrik, mit denen Lieferrechte verbunden sind, auch dann, wenn die Lieferungen in der Praxis bereits langjährig aufgrund gesonderter schuldrechtl Vereinbarungen erfolgen (BFH IV R 19/02, BStBl II 04, 280). Anteile an einer Genossenschaft, die das den luf Betrieb versorgende Elektrizitätswerk betreibt und grds Dividenden ausschüttet, können (ebenso wie ertragbringende Wertpapiere) auch dann dem gewillkürten BV zugeordnet werden, wenn dem Betrieb keine Sonderkonditionen gewährt werden (BFH IV R 14/07, BStBl II 10, 227). 245

6. Entschädigungen; Zuschüsse; Milchmarktordnung; Zuckermarktordnung; GAP-Prämien. – a) Entschädigungen für Wirtschaftserschwernisse. Sofort zu versteuernde Einnahme. Dies gilt zB für Zahlungen, die nach dem Bau einer Verkehrs- oder Versorgungstrasse durch das Betriebsgelände künftige Umwege abgelten soll (für § 4 III und § 13a BFH IV R 69/90, BStBl II 92, 598; für § 4 I BFH IV R 131/89, BStBl II 92, 715 unter 3.: weder passiver RAP noch Rückstellung für künftige Lasten). Eine Verteilung auf mehrere Jahre kann nur im Billigkeits- 251 wege vorgenommen werden. – **Entgelt für Nutzungsüberlassung.** In diesen Fällen kann die Versteuerung auf mehrere Jahre verteilt werden. Buchführende LuF können einen passiven RAP auch dann bilden, wenn keine feste zeitl Begrenzung, wohl aber ein Mindestzeitraum vorgesehen ist (BFH IV R 130/91, BStBl II 95, 202: Hochspannungsleitung; *BMF* BStBl I 95, 183). Nichtbuchführende LuF können das Entgelt über den Vertragszeitraum verteilen (§ 11 I 3), wenn dieser wenigstens schätzweise bestimmbar ist (BFH VI R 34/17, BStBl II 21, 5: Zurverfügungstellung von naturschutzrechtl Ausgleichsflächen; dazu *BMF* BStBl I 21, 2025; auch → § 21 Rn. 16).

252 **b) Milchlieferrechte.** Ausführl → 39. Aufl 2020, § 13 Rn. 252 ff und *BMF* BStBl I 14, 1503 (zum 2. 4. 84 Abspaltung vom GuB unter Beachtung des § 55; zum 31. 3. 15 Wiedervereinigung mit dem GuB). Zu **Zuckerrübenlieferrechten** → 39. Aufl 2020, § 13 Rn. 259.

254 **c) Flächenabhängige Prämienzahlung. – aa) Subventionsrechtliche Grundlagen.** Zu den Rechtsgrundlagen (GAP-ReformG, BGBl I 04, 1763; Verfmäßigkeit bej durch BVerfG 1 BvF 4/05, BVerfGE 122, 1) und zahlreichen steuerl Einzelfragen s *BMF* BStBl I 08, 682; *Wiegand* NWB F 17, 2325. Die Prämien sind nicht mehr vom Umfang der Produktion, sondern von der vorhandenen Fläche und der Einhaltung bestimmter Anforderungen an die Betriebsführung (sog Cross Compliance: Tierschutz, Tiergesundheit, Umweltschutz, Lebensmittel-/Futtermittelsicherheit) abhängig. Sie setzen sich im Wesentl aus drei Komponenten zusammen: der einheitl Betriebsprämie (die wiederum aus einem betriebsindividuellen Betrag und einem flächenbezogenen Betrag besteht), den Zahlungsansprüchen für Stilllegung und den besonderen Zahlungsansprüchen (zB bei sehr geringer beihilfefähiger Fläche des Betriebs). Die Zahlungsansprüche können selbständig (dh ohne Bezug auf den GuB, von dem sie abgeleitet sind) verkauft und verpachtet werden. Zum 31. 12. 14 haben die ursprüngl Zahlungsansprüche ihre Gültigkeit verloren; zugleich sind neue Ansprüche für die Zeit bis 2022 begründet worden. **Zum 1. 1. 23** ist das bisherige System der Zahlungsansprüche stark umgestellt worden; die aktuelle Förderperiode läuft bis 2026 (GAP-Direktzahlungen-Gesetz).

255 **bb) Steuerliche Behandlung. – (1) Maßgebliche Wirtschaftsgüter.** Die Zahlungsansprüche sind **selbständige immaterielle WG** (BFH IV R 6/12, BStBl II 17, 45). Anders als bei den Milchquoten findet **keine Abspaltung vom Buchwert des GuB** statt, weil die Prämien im Wesentl die schon zuvor gezahlten produktionsabhängigen Prämien zusammenfassen und daher keine Wertminderung des GuB eintritt (zutr *BMF* BStBl I 08, 682 Rn. 21; *Kanzler* FR 11, 285). – **(2) Übertragbarkeit.** Die künftigen Zahlungsansprüche können übertragen werden, und zwar auch ohne die Flächen, die für ihre Ermittlung maßgebl waren (in diesem Fall unterliegt das Veräußerungsentgelt der USt, s BFH XI R 19/10, BStBl II 11, 772). Bei entgeltl Erwerb sind sie zu aktivieren. – **(3) AfA/Teilwert-AfA.** Entgeltl erworbene Prämienansprüche (rechtl genauer: „Betriebsprämien-Anwartschaftsrechte", s zutr *Weber-Grellet* FR 16, 675) sind abnutzbar; die Nutzungsdauer kann auf 10 Jahre geschätzt werden (zutr BFH IV R 6/12, BStBl II 17, 45 Rn. 20 ff). Die *FinVerw* hatte die Vornahme von AfA zunächst abgelehnt (*BMF* BStBl I 08, 682 Rn. 19), lässt jetzt aber wahlweise sogar eine gleichmäßige Verteilung der AK für Zahlungsansprüche der ersten Förderperiode (2005–2014) auf die Zeit bis zum 31. 12. 14 (Stichtag für die Neuordnung des Prämiensystems) zu (*BMF* BStBl I 17, 33). Daraus ergibt sich ein noch kürzerer AfA-Zeitraum als nach der Rspr. ME muss diese Beurteilung auch für die Zahlungsansprüche der zweiten Förderperiode (2015–2022) gelten. – **(4) Behandlung der Prämien bei Gewinnermittlung nach Durchschnittssätzen.** → § 13a Rn. 30.

§13a Ermittlung des Gewinns aus Land- und Forstwirtschaft nach Durchschnittssätzen

(1) [1]Der Gewinn eines Betriebs der Land- und Forstwirtschaft ist nach den Absätzen 3 bis 7 zu ermitteln, wenn

1. der Steuerpflichtige nicht auf Grund gesetzlicher Vorschriften verpflichtet ist, für den Betrieb Bücher zu führen und regelmäßig Abschlüsse zu machen und
2. in diesem Betrieb am 15. Mai innerhalb des Wirtschaftsjahres Flächen der landwirtschaftlichen Nutzung (§ 160 Absatz 2 Satz 1 Nummer 1 Buchstabe a des Bewertungsgesetzes) selbst bewirtschaftet werden und diese Flächen 20 Hektar ohne Sondernutzungen nicht überschreiten und
3. die Tierbestände insgesamt 50 Vieheinheiten (§ 13 Absatz 1 Nummer 1) nicht übersteigen und
4. die selbst bewirtschafteten Flächen der forstwirtschaftlichen Nutzung (§ 160 Absatz 2 Satz 1 Nummer 1 Buchstabe b des Bewertungsgesetzes) 50 Hektar nicht überschreiten und
5. die selbst bewirtschafteten Flächen der Sondernutzungen (Absatz 6) die in Anlage 1a Nummer 2 Spalte 2 genannten Grenzen nicht überschreiten.

[2]Satz 1 ist auch anzuwenden, wenn nur Sondernutzungen bewirtschaftet werden und die in Anlage 1a Nummer 2 Spalte 2 genannten Grenzen nicht überschritten werden. [3]Die Sätze 1 und 2 gelten nicht, wenn der Betrieb im laufenden Wirtschaftsjahr im Ganzen zur Bewirtschaftung als Eigentümer, Miteigentümer, Nutzungsberechtigter oder durch Umwandlung übergegangen ist und der Gewinn bisher nach § 4 Absatz 1 oder 3 ermittelt wurde. [4]Der Gewinn ist letztmalig für das Wirtschaftsjahr nach Durchschnittssätzen zu ermitteln, das nach Bekanntgabe der Mitteilung endet, durch die die Finanzbehörde auf den Beginn der Buchführungspflicht (§ 141 Absatz 2 der Abgabenordnung) oder auf den Wegfall einer anderen Voraussetzung des Satzes 1 hingewiesen hat. [5]Der Gewinn ist erneut nach Durchschnittssätzen zu ermitteln, wenn die Voraussetzungen des Satzes 1 wieder vorliegen und ein Antrag nach Absatz 2 nicht gestellt wird.

(2) [1]Auf Antrag des Steuerpflichtigen ist für einen Betrieb im Sinne des Absatzes 1 der Gewinn für vier aufeinander folgende Wirtschaftsjahre nicht nach den Absätzen 3 bis 7 zu ermitteln. [2]Wird der Gewinn eines dieser Wirtschaftsjahre durch den Steuerpflichtigen nicht nach § 4 Absatz 1 oder 3 ermittelt, ist der Gewinn für den gesamten Zeitraum von vier Wirtschaftsjahren nach den Absätzen 3 bis 7 zu ermitteln. [3]Der Antrag ist bis zur Abgabe der Steuererklärung, jedoch spätestens zwölf Monate nach Ablauf des ersten Wirtschaftsjahres, auf das er sich bezieht, schriftlich zu stellen. [4]Er kann innerhalb dieser Frist zurückgenommen werden.

(3) [1]Durchschnittssatzgewinn ist die Summe aus

1. dem Gewinn der landwirtschaftlichen Nutzung,
2. dem Gewinn der forstwirtschaftlichen Nutzung,
3. dem Gewinn der Sondernutzungen,
4. den Sondergewinnen,
5. den Einnahmen aus Vermietung und Verpachtung von Wirtschaftsgütern des land- und forstwirtschaftlichen Betriebsvermögens,
6. den Einnahmen aus Kapitalvermögen, soweit sie zu den Einkünften aus Land- und Forstwirtschaft gehören (§ 20 Absatz 8).

[2]Die Vorschriften von § 4 Absatz 4a, § 6 Absatz 2 und 2a sowie zum Investitionsabzugsbetrag und zu Sonderabschreibungen finden keine Anwendung. [3]Bei abnutzbaren Wirtschaftsgütern des Anlagevermögens gilt die Absetzung für Abnutzung in gleichen Jahresbeträgen nach § 7 Absatz 1 Satz 1 bis 5 als in Anspruch genommen. [4]Die Gewinnermittlung ist nach amtlich vorgeschriebenem Daten-

satz durch Datenfernübertragung spätestens mit der Steuererklärung zu übermitteln. [5]Auf Antrag kann die Finanzbehörde zur Vermeidung unbilliger Härten auf eine elektronische Übermittlung verzichten; in diesem Fall ist der Steuererklärung eine Gewinnermittlung nach amtlich vorgeschriebenem Vordruck beizufügen. [6]§ 150 Absatz 8 der Abgabenordnung gilt entsprechend.

(4) **[1]Der Gewinn aus der landwirtschaftlichen Nutzung ist die nach den Grundsätzen des § 4 Absatz 1 ermittelte Summe aus dem Grundbetrag für die selbst bewirtschafteten Flächen und den Zuschlägen für Tierzucht und Tierhaltung. [2]Als Grundbetrag je Hektar der landwirtschaftlichen Nutzung (§ 160 Absatz 2 Satz 1 Nummer 1 Buchstabe a des Bewertungsgesetzes) ist der sich aus Anlage 1a ergebende Betrag vervielfältigt mit der selbst bewirtschafteten Fläche anzusetzen. [3]Als Zuschlag für Tierzucht und Tierhaltung ist im Wirtschaftsjahr je Vieheinheit der sich aus Anlage 1a jeweils ergebende Betrag vervielfältigt mit den Vieheinheiten anzusetzen.**

(5) **Der Gewinn aus der forstwirtschaftlichen Nutzung (§ 160 Absatz 2 Satz 1 Nummer 1 Buchstabe b des Bewertungsgesetzes) ist nach § 51 der Einkommensteuer-Durchführungsverordnung zu ermitteln.**

(6) **[1]Als Sondernutzungen gelten die in § 160 Absatz 2 Satz 1 Nummer 1 Buchstabe c bis e des Bewertungsgesetzes in Verbindung mit Anlage 1a Nummer 2 genannten Nutzungen. [2]Bei Sondernutzungen, die die in Anlage 1a Nummer 2 Spalte 3 genannten Grenzen überschreiten, ist ein Gewinn von 1000 Euro je Sondernutzung anzusetzen. [3]Für die in Anlage 1a Nummer 2 nicht genannten Sondernutzungen ist der Gewinn nach § 4 Absatz 3 zu ermitteln.**

(7) **[1]Nach § 4 Absatz 3 zu ermittelnde Sondergewinne sind**

1. **Gewinne**
   a) **aus der Veräußerung oder Entnahme von Grund und Boden und dem dazugehörigen Aufwuchs, den Gebäuden, den immateriellen Wirtschaftsgütern und den Beteiligungen; § 55 ist anzuwenden;**
   b) **aus der Veräußerung oder Entnahme der übrigen Wirtschaftsgüter des Anlagevermögens und von Tieren, wenn der Veräußerungspreis oder der an dessen Stelle tretende Wert für das jeweilige Wirtschaftsgut mehr als 15 000 Euro betragen hat;**
   c) **aus Entschädigungen, die gewährt worden sind für den Verlust, den Untergang oder die Wertminderung der in den Buchstaben a und b genannten Wirtschaftsgüter;**
   d) **aus der Auflösung von Rücklagen;**
2. **Betriebseinnahmen oder Betriebsausgaben nach § 9b Absatz 2;**
3. **Einnahmen aus dem Grunde nach gewerblichen Tätigkeiten, die dem Bereich der Land- und Forstwirtschaft zugerechnet werden, abzüglich der pauschalen Betriebsausgaben nach Anlage 1a Nummer 3;**
4. **Rückvergütungen nach § 22 des Körperschaftsteuergesetzes aus Hilfs- und Nebengeschäften.**

[2]Die Anschaffungs- oder Herstellungskosten bei Wirtschaftsgütern des abnutzbaren Anlagevermögens mindern sich für die Dauer der Durchschnittssatzgewinnermittlung mit dem Ansatz der Gewinne nach den Absätzen 4 bis 6 um die Absetzung für Abnutzung in gleichen Jahresbeträgen. [3]Die Wirtschaftsgüter im Sinne des Satzes 1 Nummer 1 Buchstabe a sind unter Angabe des Tages der Anschaffung oder Herstellung und der Anschaffungs- oder Herstellungskosten oder des an deren Stelle getretenen Werts in besondere, laufend zu führende Verzeichnisse aufzunehmen. [4]Absatz 3 Satz 4 bis 6 gilt entsprechend.

(8) **Das Bundesministerium der Finanzen wird ermächtigt, durch Rechtsverordnung mit Zustimmung des Bundesrates die Anlage 1a dadurch zu ändern, dass es die darin aufgeführten Werte turnusmäßig an die Ergebnisse der Erhebun-**

gen nach § 2 des Landwirtschaftsgesetzes und im Übrigen an Erhebungen der Finanzverwaltung anpassen kann.

Anlage 1a zu § 13a:

Ermittlung des Gewinns aus Land- und Forstwirtschaft nach Durchschnittssätzen

Für ein Wirtschaftsjahr betragen

1. der Grundbetrag und die Zuschläge für Tierzucht und Tierhaltung der landwirtschaftlichen Nutzung (§ 13a Absatz 4):

Gewinn pro Hektar selbst bewirtschafteter Fläche	**350 EUR**
bei Tierbeständen für die ersten 25 Vieheinheiten	**0 EUR/Vieheinheit**
bei Tierbeständen für alle weiteren Vieheinheiten	**300 EUR/Vieheinheit**

Angefangene Hektar und Vieheinheiten sind anteilig zu berücksichtigen.

2. die Grenzen und Gewinne der Sondernutzungen (§ 13a Absatz 6):

Nutzung	**Grenze**	**Grenze**
1	**2**	**3**
Weinbauliche Nutzung	**0,66 ha**	**0,16 ha**
Nutzungsteil Obstbau	**1,37 ha**	**0,34 ha**
Nutzungsteil Gemüsebau		
Freilandgemüse	**0,67 ha**	**0,17 ha**
Unterglas Gemüse	**0,06 ha**	**0,015 ha**
Nutzungsteil Blumen/Zierpflanzenbau		
Freiland Zierpflanzen	**0,23 ha**	**0,05 ha**
Unterglas Zierpflanzen	**0,04 ha**	**0,01 ha**
Nutzungsteil Baumschulen	**0,15 ha**	**0,04 ha**
Sondernutzung Spargel	**0,42 ha**	**0,1 ha**
Sondernutzung Hopfen	**0,78 ha**	**0,19 ha**
Binnenfischerei	**2000 kg Jahresfang**	**500 kg Jahresfang**
Teichwirtschaft	**1,6 ha**	**0,4 ha**
Fischzucht	**0,2 ha**	**0,05 ha**
Imkerei	**70 Völker**	**30 Völker**
Wanderschäfereien	**120 Mutterschafe**	**30 Mutterschafe**
Weihnachtsbaumkulturen	**0,4 ha**	**0,1 ha**

3. in den Fällen des § 13a Absatz 7 Satz 1 Nummer 3 die Betriebsausgaben 60 Prozent der Betriebseinnahmen.

Einkommensteuer-Richtlinien: EStR 13a.1, 13a.2, EStH 13a.1, 13a.2. **Verwaltungsanweisungen:** *BMF* BStBl I 15, 877 (Anwendungsschreiben zu der ab Wj 2015/2016 geltenden Fassung).

Übersicht

I. Rechtsentwicklung und Bedeutung

1 **1. Rechtsentwicklung.** § 13a wurde zuletzt durch das ZK-AnpG (BGBl I 14, 2417) mit Wirkung für Wj, die nach dem 30.12.15 enden (§ 52 XXIIa 2) umfassend geändert (dazu ausführl *BMF* BStBl I 15, 877; *Kanzler* DStZ 15, 375; *Wiegand* NWB 15, 250; *Wiegand* NWB 16, 103).

2 **2. Bedeutung.** Etwa 25% der StPfl mit luf Einkünften ermitteln ihren Gewinn nach § 13a, darunter auch zahlreiche Vollerwerbsbetriebe (s BT-Drs 17/8428, 4). Bei Anwendung der Durchschnittssätze wird idR nur ein *Teil* des tatsächl Gewinns steuerl erfasst (BFH IV R 28/02, BStBl II 03, 345 unter 3.c mwN; BFH VI R 40/09, BStBl II 11, 164 Rn. 20: „Verschonungsregelung"). – **Niedrige Gewinnerfassungsquote.** Diese lag für die bis Wj 2014/15 geltende Rechtslage nach Berechnungen des Bundesrechnungshofs nur bei ca. 50%, wobei erhebl Schwankungen nach unten und oben auftraten (BT-Drs 17/8428, 9 ff). Für die seit Wj 2015/16 geltende Fassung liegt die Quote bei durchschnittl 70%, allerdings mit erhebl Unterschieden zw den Betriebsformen (ausführl *Ruß/Kinne/Hüsing* DStR 19, 1704). – **Verfassungswidrigkeit der Regelung.** Eine Rechtfertigung dieser gravierenden Ungleichbehandlung fällt schwer. Insb kann der Vereinfachungszweck des § 13a die faktische StFreistellung von durchschnittl ⅓ des Gewinns nicht rechtfertigen, weil eine Gewinnermittlung nach § 4 III für jeden Unternehmer praktikabel sein dürfte. Zudem fällt die Begünstigungswirkung nach eher zufälligen Kriterien sehr unterschiedl aus (zum Willkürcharakter derartiger Zufälligkeiten s BVerfG 1 BvL 10/02, BStBl II 07, 192 unter C.I.2.b, C.II.1.d). Daher spricht mE vieles für die Verfassungswidrigkeit des § 13a (glA *KS/Kube* § 13a Rn. 1; näher *HHR/Intemann* § 13a Rn. 6 mwN; sehr krit auch Bericht des Bundesrechnungshofs, BT-Drs 17/8428). Auch die Grundtendenz des bis 2016 zuständigen IV. Senats des BFH war „§ 13a-kritisch", was sich in den Entscheidungen zu zahlreichen Auslegungsfragen widerspiegelt (vgl auch *Wittwer* DStRE 09, 1054). Die gesetzl Änderungen der Jahre 1999 und 2014 haben die Problematik in Teilbereichen etwas abgemildert, nicht aber behoben. Gleichwohl sieht

der mittlerweile zuständige VI. Senat des BFH die verfassungsrechtl Zweifel seit Wj 2015/16 als beseitigt an (BFH VI R 31/20, BStBl II 23, 852 Rn. 21 f: Rechtfertigung der teilweisen Nichtbesteuerung durch Vereinfachungsgründe; mE nicht überzeugend).

II. Voraussetzungen für die Gewinnermittlung nach Durchschnittssätzen, § 13a I, II

1. Überblick. § 13a ist grds **zwingend** anzuwenden, wenn das Wahlrecht nach Abs 2 nicht ausgeübt wird. **Voraussetzung** ist, dass der StPfl für den Betrieb nicht buchführungspflichtig ist (§ 13a I 1 Nr 1, → Rn. 4) und der Betrieb bestimmte Größenmerkmale nicht überschreitet (§ 13a I 1 Nr 2–5, → Rn. 5–10). Aus Gründen der Rechtssicherheit ist § 13a aber auch bei einem obj Wegfall seiner Voraussetzungen so lange anzuwenden, bis das FA auf den Wegfall hinweist (§ 13a I 4, → Rn. 13). Umgekehrt hat der StPfl auch bei Vorliegen der Voraussetzungen des § 13a ein Wahlrecht, den Gewinn nach § 4 I/III zu ermitteln (§ 13a II, → Rn. 18). Wegen der **Betriebsbezogenheit der Regelung** ist die Betriebsteilung (→ § 13 Rn. 9) ein beliebtes Gestaltungsmittel (treffend *HHR/Intemann* § 13a Rn. 17). – **Flächen im Ausland.** § 13a ist neutral formuliert und daher auch auf ausl Flächen anwendbar (*BMF* BStBl I 15, 877 Rn. 1). 3

2. Keine gesetzliche Buchführungspflicht, § 13a I 1 Nr 1. Eine gesetzl Buchführungspflicht (→ § 13 Rn. 193 f) für den jeweiligen Betrieb schließt die Anwendung des § 13a aus. Eine freiwillige Buchführung führt aber nur bei Stellung des Antrags nach Abs 2 zum Ausschluss des § 13a (*BMF* BStBl I 15, 877 Rn. 2). 4

3. Größenmerkmale, § 13a I 1 Nr 2–5, S 2. – a) Maximalfläche der landwirtschaftlichen Nutzung, § 13a I 1 Nr 2. – aa) Selbstbewirtschaftung. Grundvoraussetzung für die Anwendung des § 13a ist, dass der StPfl Flächen der landwirtschaftl Nutzung ieS (§ 160 II 1 Nr 1 Buchst a BewG) selbst bewirtschaftet. Es genügt allerdings, wenn ausschließl Sondernutzungen bewirtschaftet werden und deren Fläche innerhalb der in Anlage 1a Nr 2 Spalte 2 genannten Grenzen (dazu → Rn. 10) bleibt (§ 13a I 2). Ein reiner Forstbetrieb kann § 13a nicht anwenden, da die Forstwirtschaft keine Sondernutzung mehr darstellt (zutr *Wiegand* NWB 15, 250 (252)). 5

bb) Höchstgrenze 20 ha. Die selbst bewirtschaftete Fläche der landwirtschaftl Nutzung darf ohne Sondernutzungen maximal 20 ha betragen. Zur Ermittlung dieser Fläche → § 13 Rn. 37 mwN. Hof- und Gebäudeflächen (jedoch ohne den zur Wohnung gehörenden GuB) sind einzubeziehen (*BMF* BStBl I 15, 877 Rn. 4, 14). Eigentum des StPfl ist nicht erforderl; maßgebend ist allein die Selbstbewirtschaftung. Durch die Beschränkung auf die landwirtschaftl Nutzung sind alle anderen Nutzungen für das Größenmerkmal unbeachtl (zB Forstwirtschaft, Weinbau, Gartenbau), ebenso die Sondernutzungen iSd § 175 I Nr 1 BewG (zB Hopfen, Spargel, Tabak). Einzubeziehen sind aber die auf Grund eines Flächenstilllegungsprogramms (§ 1 Gesetz v 10.7.95, BGBl I 95, 910) nicht bewirtschafteten Flächen (EStR 13.2 III 1). Dies ist mE (ebenso wie die Einbeziehung in die Ermittlung des Grundbetrags) zutr, da auch die Einnahmen aus der Stilllegungsprämie mit dem Grundbetrag abgegolten und nicht gesondert erfasst werden. 6

cc) Stichtag 15.5. Maßgebl für die Flächenermittlung ist jeweils der 15.5. eines Wj. Dies ist zugleich das für den Betriebsprämienantrag maßgebl Datum, was der Vereinfachung dient (BT-Drs 18/3017, 46). 7

b) Tierbestände, § 13a I 1 Nr 3. Sie dürfen insgesamt 50 VE nicht übersteigen. Zur Ermittlung der VE ausführl → § 13 Rn. 39. Maßgebend ist der Stand zu Beginn des Wj. Allerdings führt nur ein *nachhaltiges* Überschreiten der VE-Grenze zum Wegfall der Voraussetzungen des § 13a, nicht aber ein einmaliges Überschreiten aufgrund 8 besonderer Umstände (EStR 13a.1 I; *Kanzler* DStZ 15, 375 (379)). Ab einem Bestand von 25 VE wird für den Tierbestand ein Zuschlag zum Grundbetrag vorgenommen (→Rn. 27).

9 **c) Forstwirtschaftliche Nutzung, § 13a I 1 Nr 4.** Die selbst bewirtschaftete forstwirtschaftl Fläche darf nicht größer als 50 ha sein. Zum Stichtag enthält das Gesetz keine ausdrückl Regelung. Die *FinVerw* legt ebenfalls den 15.5. zugrunde (*BMF* BStBl I 15, 877 Rn. 8); nach allg Grundsätzen wäre aber wohl eher auf den Beginn des Wj abzustellen (glA *HHR/Inteman* § 13a Rn. 21).

10 **d) Weitere Sondernutzungen, § 13a I 1 Nr 5.** Deren Flächen dürfen die in Anlage 1a Nr 2 Spalte 2 differenziert festgelegten Höchstgrenzen nicht überschreiten. Da die Maximalgrößen relativ klein sind, werden nur Betriebe mit geringen Sondernutzungen von § 13a erfasst. Welche Sondernutzungen unter Nr 5 fallen, ist in § 13a VI 1 definiert (iEinz →Rn. 33). Sondernutzungen innerhalb der Höchstgrenze erhöhen den § 13a-Gewinn nur dann, wenn ihre Fläche die in Anlage 1a Nr 2 *Spalte 3* genannte Grenze (die sich idR auf ¼ der Höchstgrenze nach Spalte 2 beläuft) übersteigt (dann pauschaler Gewinnzuschlag von 1000 € je Sondernutzung; →Rn. 33).

12 **4. Kein § 13a nach Übergang eines Nicht-13a-Betriebs, § 13a I 3.** Trotz Erfüllung aller Voraussetzungen des § 13a ist dessen Anwendung durch den Übernehmer im Übergangs-RumpfWj ausgeschlossen, wenn ein Betrieb, dessen Gewinn bisher nach § 4 I, III ermittelt wurde, während des lfd Wj im Ganzen zur Bewirtschaftung als Eigentümer, Miteigentümer, Nutzungsberechtigter oder durch Umwandlung übergeht. Ab dem folgenden Wj gelten dann aber die allg Voraussetzungen des § 13a. Die Vorschrift gilt ab Wj 2015/16 und soll vermeiden, dass im Übergangsjahr ein Wechsel der Gewinnermittlungsart vorgenommen werden muss (*Wiegand* NWB 15, 250 (253); *BH/Nacke* § 13a Rn. 36).

13 **5. Wegfall der Voraussetzungen des § 13a. – a) Notwendige Mitteilung des FA, § 13a I 4. – aa) Grundsatz.** Auch bei obj Wegfall der in § 13a I 1 Nr 1–5 genannten Voraussetzungen (entweder Eintritt in die Buchführungspflicht oder Überschreiten eines der Größenmerkmale, ggf auch aufgrund einer Gesetzesänderung, s BFH VI R 70/15, BStBl II 18, 174 Rn. 13) bleibt es so lange bei der Gewinnermittlung nach § 13a, bis das FA den StPfl hierauf hinweist. Bei dem Hinweis handelt es sich um einen rechtsgestaltenden VA (BFH IV R 14/05, BStBl II 07, 816 unter II.1.b). § 13a ist letztmalig für den Gewinn desjenigen Wj anzuwenden, das nach Bekanntgabe der Mitteilung des FA endet. Die Rechtslage entspricht insoweit derjenigen bei § 141 II AO (→37. Aufl 2018, § 13 Rn. 197). Das FA soll die Mitteilung wenigstens einen Monat vor Beginn des Wj bekannt geben, für das § 13a nicht mehr anzuwenden ist (EStR 13a.1 II; *BMF* BStBl I 15, 877 Rn. 23); ein Unterschreiten dieser Frist macht die Mitteilung aber nicht rechtswidrig (BFH IV R 14/05, BStBl II 07, 816 unter II.1.c: ggf Bewilligung vorübergehender Buchführungserleichterungen nach § 148 AO). Der BRat hatte im Gesetzgebungsverfahren zum ZK-AnpG (mE zutr, aber letztl erfolglos) vorgeschlagen, auf das Mitteilungserfordernis zu verzichten, weil dies die erstmalige Anwendung der Regel-Gewinnermittlung stets um mindestens 1–2 Jahre hinauszögert (BT-Drs 18/3158, 21).

14 **bb) Ausnahmen vom Mitteilungserfordernis.** Hat der StPfl das FA durch wissentl falsche Angaben (zB Angabe, die selbstbewirtschaftete Fläche liege unter 20 ha, obwohl sie darüber liegt) daran gehindert, die Mitteilung zu erlassen, entfällt die Befugnis zur Anwendung des § 13a nach Ablauf des Wj, in dem das FA bei zutr Angaben des StPfl die Mitteilung erlassen hätte (BFH IV R 13/00, BStBl II 02, 147). Die Rechtslage ist insoweit anders als bei der Mitteilung über die Buchführungspflicht nach § 141 II AO (→37. Aufl 2018, § 13 Rn. 197). Gleiches gilt, wenn der StPfl aus *anderen* (nicht mit § 13a zusammenhängenden) Gründen zur Abgabe einer StErklärung verpflichtet wäre, dies aber rechtswidrig unterlässt (zutr BFH IV R 61/11, BStBl II 15, 478; NdsFG EFG 14, 1490, rkr). Wenn die Voraussetzungen des § 13a niemals vorgelegen haben, sondern diese Vorschrift rechtsirrig angewendet wurde, bedarf es keines Hinweises auf die Pflicht zur

Gewinnermittlung nach den allg Vorschriften, sodass diese Pflicht sofort wirksam ist (BFH VI R 70/15, BStBl II 18, 174 Rn. 17).

cc) Neugründung eines Betriebs. Liegen die Voraussetzungen des § 13a von Anfang an nicht vor, bedarf es für dessen Nichtanwendung keiner Mitteilung des FA (EStH 13a.1 „Neugründung"; BFH IV R 151/84, BStBl II 86, 741: Anpachtung des Betriebs, selbst wenn der Verpächter seinen Gewinn zuvor nach § 13a ermittelte; BFH IV R 34/92, BStBl II 94, 891: Einbringung eines § 13a-Betriebs in PersGes; BFH IV B 35/96, BFH/NV 97, 856: Übernahme des Betriebs einer MUerschaft nach Ausscheiden des vorletzten Ges'ters). Zum Betriebsübergang auch → Rn. 12. 15

b) Gewinnermittlung nach Wirksamwerden der Mitteilung. Der Gewinn ist nach § 4 I zu ermitteln, wenn der StPfl in die Buchführungspflicht eingetreten ist. Beruht der Wegfall der Voraussetzungen des § 13a hingegen auf einem Überschreiten der Größenmerkmale des § 13a I 1 Nr 2–4, hat der StPfl die Wahl zw § 4 I und § 4 III. Zur Übergangsbilanz s EStR 13.5 II und → § 13 Rn. 202; beim Wechsel von § 13a zu § 4 III ist keine Übergangsbilanz aufzustellen (BFH IV R 31/10, BFH/NV 14, 514 Rn. 19). Reicht der StPfl keine Gewinnermittlung ein, ist der Gewinn zu schätzen (BFH VII R 90/91, BFH/NV 93, 346; BFH VI R 70/15, BStBl II 18, 174 Rn. 12). 16

c) Erneute Erfüllung der Voraussetzungen des § 13a nach Bekanntgabe der Mitteilung, § 13a I 5. In einem solchen Fall ist grds auch ohne erneute Mitteilung des FA der Gewinn wieder nach § 13a zu ermitteln. Dies gilt auch, wenn die Änderung bereits zw der Bekanntgabe der Mitteilung und dem Beginn des Wj eintritt, ab dem § 13a erstmals nicht mehr anwendbar sein sollte, so dass § 13a dann ohne Unterbrechung anzuwenden ist. Beruht die Wiedererfüllung der Voraussetzungen des § 13a allerdings auf einem Unterschreiten der Buchführungspflichtgrenzen des § 141 AO, ist zunächst eine „Feststellung" des FA erforderl (§ 141 II 2 AO; → 37. Aufl 2018, § 13 Rn. 198; zum Ganzen EStR 13a.1 III); diese Vorschrift wird mE auch durch § 13a I 5 nicht verdrängt. 17

6. Wahlrecht des Steuerpflichtigen, § 13a II. LuF, die unter § 13a fallen, können auf Antrag zur Gewinnermittlung nach § 4 I/§ 4 III übergehen. – **a) Bindungsfrist.** Der Antrag ist für vier Wj bindend; eine Rückkehr zu § 13a ist während dieses Zeitraums ausgeschlossen. Die Frist, die durch einen Antrag nach § 13a II in der bis Wj 2014/15 geltenden Fassung ausgelöst worden ist, läuft auch nach der Neuregelung durch das ZK-AnpG weiter (so ausdrückl § 52 XXIIa 3). Ein Wechsel zw § 4 I und § 4 III innerhalb der Bindefrist bleibt mögl (BFH IV R 39/13, BStBl II 17, 154 Rn. 17). Daher kann das FA den StPfl während der Bindefrist nach § 141 AO auffordern, zur Buchführung überzugehen (EStR 13a.1 IV Nr 1). – Wird der Gewinn nur für *eines* der vier Wj nicht nach § 4 I/III ermittelt (zB bei Schätzung wegen fehlender Gewinnermittlung), ist für alle vier Wj (ggf rückwirkend) § 13a anzuwenden (§ 13a II 2). – **Nach Ablauf der vier Wj** ist der Gewinn wieder nach § 13a zu ermitteln, wenn der StPfl keinen neuen Antrag stellt und ihm keine Mitteilung nach § 141 II AO oder § 13a I 2 bekanntgegeben wird. Beim Übergang von § 4 III zu § 13a ist ein **Übergangsgewinn** zu ermitteln, auch wenn die frühere ausdrückl gesetzl Regelung seit 1999 entfallen ist (zutr EStR 4.6 I; BFH VI R 31/20, BStBl II 23, 852 Rn. 15: vergleichbar mit einem Übergang von § 4 III zu § 4 I; → § 4 Rn. 683). 18

b) Schriftform. Der Antrag ist schriftl zu stellen (§ 13a II 3). Hierfür genügt aber die Abgabe einer unterschriebenen StErklärung unter Beifügung entspr Gewinnermittlungsunterlagen; ein *ausdrückl* Antrag nach § 13a II ist nicht erforderl (BFH IV R 12/86, BStBl II 88, 530; BFH IV R 62/88, BFH/NV 89, 775 unter 2.b). Dies gilt selbst dann, wenn der StErklärung keine Anlage L beigefügt wird (BFH IV R 123–124/91, BStBl II 93, 125); nicht jedoch, wenn sowohl die Anlage L fehlt als auch der StPfl die Gewinnermittlung nicht für das Wj, sondern für das Kj vor- 19 genommen hat und ihm das Wahlrecht gar nicht bewusst war (BFH IV R 61/86, BStBl II 88, 532). – Auf die **elektronische EStErklärung** ist diese Rspr mE nicht übertragbar, da die StGesetze klar zw schriftl und elektronischer StErklärung unterscheiden. Hier ist daher neben der elektronischen StErklärung ein gesonderter schriftl Antrag erforderl.

20 **c) Antragsfrist.** Sie läuft grds bis zur Abgabe der StErklärung für das erste Wj, auf das der Antrag sich bezieht, endet jedoch (auch ohne Abgabe einer StErklärung) spätestens 12 Monate nach Ablauf des Wj (§ 13a II 3). Hierbei handelt es sich um eine Ausschlussfrist, bei deren schuldloser Versäumung allerdings Wiedereinsetzung gewährt werden kann (BFH IV R 72/87, BStBl II 89, 234 unter 1.c; BFH IV R 61/86, BStBl II 88, 532). Ein Antrag, der für das Wj, auf das er sich bezieht, verspätet ist, kann für das nächstfolgende Jahr wirksam sein (BFH IV R 55/93, BFH/NV 94, 863 unter 2.). Innerhalb der genannten Frist kann ein bereits gestellter Antrag noch zurückgenommen werden (§ 13a II 4).

III. Ermittlung des Durchschnittssatzgewinns, § 13a III–VIII

21 **1. Grundsätze der pauschalen Gewinnermittlung, § 13a III. – a) Gewinnermittlungsschema, § 13a III 1.** Nach § 13a III 1 Nr 1–6 ist Durchschnittssatzgewinn die Summe aus – *(Nr 1)* dem Gewinn der landwirtschaftl Nutzung (Einzelregelungen in § 13a IV: pauschaler Grundbetrag und ggf Zuschlag für Tierhaltung; → Rn. 27), – *(Nr 2)* der forstwirtschaftl Nutzung (Einzelregelungen in § 13a V: Pauschalierung der BA nach § 51 EStDV; → Rn. 32), – *(Nr 3)* den Sondernutzungen (Einzelregelungen in § 13a VI: für größere Sondernutzungen pauschale Zuschläge von je 1000 €; → Rn. 33), – *(Nr 4)* den Sondergewinnen (Einzelregelungen in § 13a VII; → Rn. 37 ff), – *(Nr 5)* den Einnahmen aus VuV von WG des luf BV (→ Rn. 51) und – *(Nr 6)* den Einnahmen aus KapVerm, soweit sie zur LuF gehören (→ Rn. 55). Schließl ist noch der Freibetrag nach § 13 III abzuziehen (→ § 13 Rn. 101). – **Zuflussprinzip.** Die erforderl Zuschläge zum Grundbetrag sind, soweit es sich nicht ihrerseits um Pauschalbeträge unabhängig von den tatsächl Einnahmen handelt, nach dem Zuflussprinzip (§ 11) vorzunehmen (zu vorausgezahlten Nutzungsentgelten → § 11 Rn. 30). Nur hinsichtl des Grundbetrags und der Zuschläge für Tierhaltung gelten die Grundsätze des § 4 I (s auch BFH VI R 31/20, BStBl II 23, 852 Rn. 12). Dies ist seit Wj 2015/16 ausdrückl in § 13a IV 1 geregelt, wurde von der Rspr aber bereits zuvor so gesehen (BFH IV R 82/87, BStBl II 88, 770; BFH IV R 31/10, BFH/NV 14, 514 Rn. 18).

22 **b) Nichtanwendung von Vorschriften, § 13a III 2, 3.** Bei Gewinnermittlung nach § 13a sind ab Wj 2015/16 die Vorschriften der § 4 IVa (Beschränkung des Schuldzinsenabzugs bei Überentnahmen; dies galt nach EStR 13a.2 VI 1 und *BMF* BStBl I 05, 1019 Rn. 35 auch schon zuvor), § 6 II, IIa (Sofortabzug bei GWG, Sammelposten) sowie zum Investitionsabzugsbetrag und zu SonderAfA (insoweit anders die bis Wj 2014/15 geltende Rechtslage, → 38. Aufl 2019, § 7g Rn. 27; zu Übergangsproblemen s *BMF* BStBl I 15, 877 Rn. 85 mit Billigkeitsregelung) nicht anzuwenden. Von den AfA-Regelungen sind nur § 7 I 1–5 anwendbar (lineare Normal-AfA; weder Leistungs-AfA noch AfaA oder degressive AfA); ergänzend lässt § 13a VII 2 noch die lineare Gebäude-AfA (§ 7 IV) zu. – Diese Regelungen haben eine **doppelte Bedeutung:** Zum einen sind sie für die **Ermittlung von Sondergewinnen** (Abs 7) unmittelbar maßgebend (bei den Pauschalgewinnen nach Abs 4–6 sind die allg Gewinnermittlungsvorschriften ohnehin nicht anwendbar). Zum anderen bestimmen sie die Buchwerte, die iRv **Übergangsrechnungen beim Wechsel zu § 4 I/III** anzusetzen sind (→ § 13 Rn. 202).

23 **c) Grundsätzlich kein Abzug von Betriebsausgaben.** Ausnahmen gelten nur für die forstwirtschaftl Nutzung (Abs 6: pauschale BA nach § 51 EStDV) und die Er-

mittlung der Sondergewinne (Abs 7). Auch der (bis Wj 2014/15 noch mögl) Abzug von Pacht- und Schuldzinsen ist nicht mehr zugelassen (krit hierzu die Stellungnahme des BR, BT-Drs 18/3158, 21). Die damit teilweise eintretende Bruttobesteuerung ist mE angesichts der vielfachen anderweitigen Begünstigungen des § 13a noch **verfgemäß** (**aA** *Kanzler* DStZ 15, 375 (382); *HHR/Intemann* § 13a Rn. 43), zumal der StPfl jederzeit die Möglichkeit hat, zu einer anderen Gewinnermittlungsart zu wechseln (§ 13a II). – **Verluste** können sich bei § 13a nicht ergeben, soweit die Gewinnermittlung auf Pauschalbeträgen (Abs 4–6) oder dem Bruttoansatz von Einnahmen (Abs 3 S 1 Nr 5, 6) beruht. Dies ist verfgem (BFH IV R 52/93, BStBl II 96, 415 unter 2.; VerfBeschw BVerfG 2 BvR 1277/96 nicht zur Entscheidung angenommen). Daher ist auch die Annahme einer **Liebhaberei** grds ausgeschlossen (näher → § 13 Rn. 94). Nur bei den Sondergewinnen nach § 13a VII ist auch ein Verlustausweis mögl. – Zur Rechtslage bis Wj 2014/15 → 38. Aufl 2019, § 13a Rn. 24.

d) Elektronische Übermittlung, § 13a III 4–6. Die Gewinnermittlung ist ab Wj 2015/16 spätestens mit der ESt-Erklärung elektronisch an das FA zu übermitteln (§ 13a III 4). Zur Vermeidung unbilliger Härten sind Ausnahmen mögl (§ 13a III 5, 6 EStG iVm § 150 VIII AO; → § 25 Rn. 19). 25

2. Gewinn aus der landwirtschaftlichen Nutzung, § 13a III 1 Nr 1, IV, VIII, Anlage 1a. – a) Grundbeträge. Sie sind in Anlage 1a Nr 1 zum EStG festgelegt (350 € je ha selbstbewirtschafteter Fläche der landwirtschaftl Nutzung; seit Wj 2015/16 unverändert). Angefangene ha sind anteilig zu berücksichtigen. Eine Staffelung der Gewinne je ha in Abhängigkeit vom bewertungsrechtl Hektarwert ist seit dem Wj 2015/16 nicht mehr vorgesehen; die durch § 13a ohnehin schon bewirkte Pauschalierung wird dadurch in bedenkl Weise noch gröber (krit auch *HHR/Intemann* § 13a Rn. 51). – **Stichtag für den Bestand an Flächen und VE.** ME kann hier der 15.5. herangezogen werden (analoge Anwendung von § 13a I 1 Nr 2). 26

b) Zuschlag für Tierhaltung und Tierzucht. Dieser ist ebenfalls in Anlage 1a Nr. 1 festgelegt. Für die ersten 25 VE wird kein Zuschlag vorgenommen. Ab der 26. VE gilt ein Zuschlag von 300 € je VE; angefangene VE sind anteilig zu berücksichtigen. Ab 50 VE ist die Anwendung des § 13a ausgeschlossen (§ 13a I 1 Nr 3), kann aber noch bis zur Bekanntgabe der Mitteilung des FA fortgesetzt werden (§ 13a I 4). 27

c) Rumpf- oder verlängertes Wirtschaftsjahr. Grundbetrag, Tierhaltungszuschlag und die pauschalen Zuschläge für Sondernutzungen werden im RumpfWj nur zeitanteilig berücksichtigt (zutr BFH VI R 30/20, BStBl II 23, 80; jetzt auch *BMF* BStBl I 23, 175). Folgerichtig sind die Werte in einem verlängerten Wj zu erhöhen; insoweit gewährt die FinVerw für Wj, die vor dem 4.1.23 begonnen haben, aber Vertrauensschutz wegen der früher gegenteiligen Verwaltungsauffassung und setzt den normalen Jahresbetrag an (*BMF* BStBl I 23, 175). 28

d) Änderung der Werte durch VO, § 13a VIII. Das BMF kann die Werte der Anlage 1a durch VO an die Ergebnisse von Erhebungen nach § 2 LandwG oder Erhebungen der *FinVerw* anpassen. Diese Ermächtigung ist mE **verfrechtl kritisch** zu sehen, da die Pauschalbeträge unmittelbar die Höhe des § 13a-Gewinns (und damit der ESt) festlegen, die grundlegenden Entscheidungen über die Höhe der Steuer aber durch das Parlament getroffen werden müssen und nicht an die Exekutive delegiert werden dürfen (glA *BH/Nacke* § 13a Rn. 6). 29

e) Abgeltungswirkung. Mit den Grundbeträgen sind sämtl luf Einkünfte abgegolten, die in § 13a III–VII nicht ausdrückl gesondert erwähnt sind (BFH IV R 57/10, BFH/NV 14, 316 Rn. 34). Dies gilt insb für Veräußerungserlöse (Ausnahme: § 13a VII 1 Nr 1 Buchst a, b; → Rn. 38 f), Stilllegungsprämien, Entschädigungen (Ausnahme: § 13a VII 1 Nr 1 Buchst c), Produktionsaufgaberenten und den Nutzungswert der Wohnung, sofern diese als Baudenkmal (§ 13 IV) noch zum luf BV gehört (EStR 13a.2 VI 3). – **Zahlungen nach dem GAP-ReformG** (BGBl I 30

04, 1763; dazu → § 13 Rn. 254) sind ebenfalls mit dem Grundbetrag abgegolten. Die Veräußerung der Zahlungsansprüche fällt allerdings unter § 13a VII 1 Nr 1 Buchst a, da es sich um ein immaterielles WG handelt (→ § 13 Rn. 255 mwN). Die Verpachtung von Zahlungsansprüchen führt zu Pachteinnahmen iSd § 13a III 1 Nr 5; Aufwendungen für die Anpachtung können nicht abgezogen werden.

32 **3. Gewinn aus der forstwirtschaftlichen Nutzung, § 13a III 1 Nr 2, V.** Zu Umfang und Ermittlung der Einkünfte aus Forstwirtschaft → § 13 Rn. 11 ff. Entscheidet der StPfl sich für die Anwendung des § 13a, ist der Gewinn **zwingend** nach der (grds als Wahlrecht ausgestalteten) Vorschrift des § 51 EStDV zu ermitteln. Die Größenmerkmale für die Anwendung des § 13a und des § 51 EStDV (höchstens 50 ha forstwirtschaftl Fläche) sind identisch. – **Einnahmen.** Anzusetzen sind die tatsächl Einnahmen sowie evtl Beträge für entnommenes Holz (TW). Die Tarifermäßigungen für ao Holznutzungen und Kalamitätsnutzungen (§ 34b EStG/§ 5 FSchAusglG) sind mE auch in Fällen des § 13a anzuwenden, weil der Gewinn aus forstwirtschaftl Nutzung ohnehin nach Maßgabe der tatsächl Einnahmen ermittelt wird. Einnahmen aus einer naturschutzrechtl Ausgleichszahlung, die für die Umwandlung einer zuvor landwirtschaftl Fläche in eine Forstfläche gezahlt wird und die Wertminderung des GuB ersetzen soll, sind allerdings mit dem Grundbetrag abgegolten; soweit in der Ausgleichszahlung auch ein Zuschuss für die Kosten der Aufforstung enthalten ist, mindert dieser die HK des WG „Baumbestand" (BFH IV R 57/10, BFH/NV 14, 316). Einnahmen aus Jagdpacht fallen nicht unter Nr 2, sondern unter Nr 5 (→ Rn. 51; zutr *BMF* BStBl I 15, 877 Rn. 37). – **Ausgaben.** BA sind mit grds 55% der Einnahmen aus der Verwertung des eingeschlagenen Holzes zu pauschalieren. Nur Wiederaufforstungskosten und die Minderung des Buchwerts eines WG Baumbestand können zusätzl zum Pauschbetrag als BA abgezogen werden (näher zu § 51 EStDV → § 13 Rn. 18). ME gelten im Wj einer Einschlagsbeschränkung die höheren BA-Pauschalen nach § 4 FSchAusglG (dazu → § 13 Rn. 20).

33 **4. Sondernutzungen, § 13a III 1 Nr 3, VI. – a) Begriff.** Als Sondernutzungen gelten ab Wj 2015/16 (zur früheren Rechtslage → 38. Aufl 2019, § 13a Rn. 35) die in § 160 II 1 Nr 1 Buchst c–e BewG genannten Nutzungen (§ 13a VI 1). Erfasst sind daher die weinbaul Nutzung, die gärtnerische Nutzung (dh Obst, Gemüse, Blumen, Zierpflanzen, Baumschulen) und die übrigen luf Nutzungen iSd § 175 BewG (zu den Begriffen → § 13 Rn. 24, 27, 50). Zu den „übrigen Nutzungen" gehören wiederum die Sonderkulturen (Hopfen, Spargel, Tabak ua), die abw von § 160 II 2 BewG für Zwecke des § 13a *immer* zu den Sondernutzungen zählen (dh nicht nur dann, wenn keine landwirtschaftl Nutzung ieS vorhanden ist; s BT-Drs 18/3017, 46) sowie insb (keine abschließende Aufzählung) Binnenfischerei, Teichwirtschaft und die hierauf bezogene Fischzucht; Imkerei, Wanderschäferei, Saatzucht, Pilzanbau, Nützlingsproduktion und Weihnachtsbaumkulturen. **Nebenbetriebe** sind ab Wj 2015/16 nicht mehr als Sondernutzung erfasst, sondern fallen unter § 13a VII 1 Nr 3 (→ Rn. 44).

34 **b) Höhe des Gewinns. – aa) Sondernutzungen innerhalb der Höchstgrenzen der Anlage 1a.** Wenn die jeweilige Sondernutzung in der Anlage 1a Nr 2 zum EStG genannt ist und ihr Umfang den in Anlage 1a Nr 2 Spalte 3 genannten Wert nicht übersteigt, ist der Gewinn mit dem Grundbetrag abgegolten. Wird der genannte Wert überschritten, ist „je Sondernutzung" ein pauschaler Gewinn von 1000 € anzusetzen (§ 13a VI 2), was als zu starr und zu gering erscheint (glA *HHR/Intemann* § 13a Rn. 60). Für die **gärtnerische Nutzung** ist dieser Gesetzeswortlaut nicht mit dem der Anlage 1a abgestimmt, weil dort innerhalb dieser Nutzung nach zahlreichen Nutzungsteilen differenziert wird. Der Wortlaut der Anlage 1a spricht dafür, den Pauschalgewinn für jeden dort genannten Nutzungsteil gesondert anzusetzen, was mE angesichts der sonst eintretenden Nichterfassung erhebl Teile des Gewinns auch dem Gesetzeszweck entspricht.

bb) Sondernutzungen über den Höchstgrenzen der Anlage 1a. Es entfällt dann zwar materiell-rechtl die Berechtigung zur Gewinnermittlung nach Durchschnittssätzen (§ 13a I 1 Nr 5). Bis zum Wirksamwerden des Hinweises nach § 13a I 4 bleibt es aber beim Ansatz des Pauschalgewinns von 1000 € (zu § 13a aF auch EStR 13a.2 II 4). Dies kann zu einer uU jahrelangen Verzerrung der Gewinnermittlung führen (krit bereits *Kanzler* DStZ 99, 682 (690)). Der BR hatte zR, aber erfolglos vorgeschlagen, in diesen Fällen die tatsächl Einnahmen und eine BA-Pauschale anzusetzen (BT-Drs 18/3158, 23). 35

cc) Nicht in Anlage 1a Nr 2 genannte Sondernutzungen. Hier ist der tatsächl, nach § 4 III zu ermittelnde Gewinn anzusetzen (§ 13a VI 3). Hiervon betroffen sind ausweisl des Katalogs des § 175 BewG aber nur Tabakanbau, Saatzucht, Pilzanbau und Nützlingsproduktion. 36

5. Sondergewinne, § 13a III 1 Nr 4, VII. Diese sind nicht typisierbar und daher nicht pauschaliert, sondern grds in ihrer tatsächl Höhe anzusetzen und nach § 4 III zu ermitteln (Einleitungssatz des § 13a VII 1). Insoweit kann sich dann auch ein Verlust ergeben (der ansonsten im Anwendungsbereich des § 13a ausgeschlossen ist, → Rn. 23). Auch gewillkürtes BV darf mE gebildet werden (→ § 13 Rn. 243). Allerdings ist nur die lineare AfA anwendbar (§ 13a VII 2; s auch § 13a III 3 und → Rn. 22). Die Vorschriften der §§ 4 IVa, 6 II, IIa, 7g sind nicht anzuwenden (§ 13a III 2). – **Anlageverzeichnis.** Nach dem Wortlaut des § 13a VII 3 sind (nur) die in § 13a VII 1 Buchst a genannten WG in besondere, lfd zu führende Verzeichnisse aufzunehmen. ME ergibt sich jedoch aus dem Verweis (auch) auf § 4 III 5 eine Verzeichnispflicht für sämtl WG des AV, die zur Erzielung von Sondergewinnen iSd Abs 7 dienen. – Die Gewinnermittlung für die Sondergewinne ist **elektronisch an das FA zu übermitteln** (§ 13a VII 4 iVm § 13a III 4–6; zu Einzelheiten und Ausnahmen → Rn. 25). Auch dies hätte sich ohne ausdrückl Regelung bereits aus § 60 IV EStDV ergeben. 37

a) Veräußerung oder Entnahme bestimmter Wirtschaftsgüter, § 13a VII 1 Nr 1 Buchst a. Ab Wj 2015/16 sind Gewinne aus der Veräußerung oder Entnahme von **GuB,** dazugehörigem **Aufwuchs, Gebäuden, immateriellen WG** (auch zB GAP-Zahlungsansprüche, Kontingente, Lieferrechte) und **Beteiligungen** (zB Aktien, Genossenschaftsanteile) stets neben dem Grundbetrag als Sondergewinn hinzuzurechnen (unabhängig von der Höhe des Erlöses). Zur Zugehörigkeit von GuB zum luf BV → § 13 Rn. 212 ff, zur Entnahme von GuB → § 13 Rn. 217 ff, zur Zulässigkeit der Bildung von gewillkürtem BV → § 13 Rn. 243. Zur Ermittlung des Buchwerts des GuB s § 55; insb die Verlustklausel des § 55 VI ist zu beachten. Es kommt hier nicht darauf an, ob das WG zum AV oder UV gehört; eine Freigrenze (wie in Buchst b) gibt es nicht. Im Fall der Veräußerung (nicht aber bei Entnahme) kann der Gewinn unter den Voraussetzungen des § 6c steuerneutral übertragen werden. Der Begriff des „Gewinns" umfasst hier (ebenso bei Buchst b) mE auch einen **Verlust,** der sich daher neben dem Grundbetrag auswirkt. Zur Ermittlung der Gewinnhöhe ist von den AK/HK nur die lineare AfA abzuziehen (§ 13a VII 2). 38

b) Veräußerung oder Entnahme sonstiger Wirtschaftsgüter, § 13a VII 1 Nr 1 Buchst b. Unter den Tatbestand fallen ab dem Wj 2015/16 zum einen alle nicht bereits in Buchst a genannten WG, sofern sie zum AV gehören (zB Betriebsvorrichtungen, Maschinen), ferner Tiere (hier sowohl des AV als auch des UV). Voraussetzung ist allerdings, dass der Veräußerungs*preis* (dh nicht der Gewinn, sondern der Erlös aus der Veräußerung) oder der an dessen Stelle tretende Wert (zB Entnahmewert nach § 6 I Nr 4) *für das jeweilige WG* **mehr als 15 000 €** beträgt. Diese **Betragsgrenze** dürfte allenfalls bei wertvollen Maschinen überschritten werden, sonst aber kaum. 39

40 **c) Entschädigungen, § 13a VII 1 Nr 1 Buchst c.** Sie sind seit dem Wj 2015/16 neben dem Grundbetrag anzusetzen, wenn sie für den Verlust, den Untergang oder die Wertminderung der in Buchst a, b genannten WG gewährt werden. Der StPfl hat ggf die Möglichkeit, eine RfE (→ § 6 Rn. 101) zu bilden (so auch BT-Drs 18/3017, 47); die spätere Auflösung dieser Rücklage fällt dann unter Buchst d. Entschädigungen für WG iSd Buchst b sind mE nur erfasst, wenn der Entschädigungsbetrag für das einzelne WG mehr als 15 000 € beträgt (so auch *BMF* BStBl I 15, 877 Rn. 53).

42 **d) Gewinne aus der Auflösung von Rücklagen, § 13a VII 1 Nr 1 Buchst d.** Der Tatbestand umfasst zum einen Rücklagen nach § 6c (Gewinne aus der Veräußerung von GuB, Aufwuchs und Gebäuden), zum anderen Rücklagen für Ersatzbeschaffung (ausführl hierzu → § 6 Rn. 101 ff). Daraus folgt zugleich, dass die Bildung einer RfE auch bei Gewinnermittlung nach § 13a zulässig ist (dazu EStR 6.6 VI). – Eine § 6c-Rücklage kann innerhalb der Frist für ihre Beibehaltung auch *teilweise* aufgelöst werden.

43 **e) Berichtigung des Vorsteuerabzugs, § 13a VII 1 Nr 2.** Ab Wj 2015/16 sind BE oder BA nach § 9b II (Beträge aufgrund der Berichtigung des VorSt-Abzugs nach § 15a UStG (→ § 9b Rn. 8 f) gesondert zu erfassen. Zuvor war dies mit dem Grundbetrag abgegolten.

44 **f) Dem Grunde nach gewerbliche Tätigkeiten, § 13a VII 1 Nr 3. – aa) Keine Abgeltung.** Tätigkeiten, die dem Grunde nach gewerbl sind, aber der LuF zugerechnet werden (hierzu ausführl → § 13 Rn. 61 ff mwN sowie in Bezug auf § 13a *BMF* BStBl I 15, 877 Rn. 57 ff), sind nicht mit dem Grundbetrag abgegolten. Anders als nach der bis zum Wj 2014/15 geltenden Rechtslage sind nicht nur „Dienstleistungen" erfasst, sondern alle „Tätigkeiten", dh auch die Ergebnisse aus Handelstätigkeiten und Nebenbetrieben. Es kommt nicht mehr darauf an, ob die Tätigkeiten für andere LuF oder ggü Dritten erbracht werden. – Anzusetzen sind die tatsächl Einnahmen aus diesen Tätigkeiten (einschließl USt). Als BA sind (zwingend) pauschal 60% der Einnahmen abzuziehen (Nr 3 der Anlage 1a zum EStG).

45 **bb) Abgrenzung zu Mieteinnahmen/Pachteinnahmen.** Diese fallen unter § 13a III 1 Nr 5 (→ Rn. 51) und sind daher in *voller* Höhe (ohne Abzug pauschaler BA) zu erfassen. Bei der Beherbergung von Feriengästen ist danach zu differenzieren, ob der Vermietungscharakter überwiegt (dann Abs 3) oder der Dienstleistungscharakter, zB bei Beköstigung (dann Abs 7). Die **Pensionspferdehaltung** ist einheitl als „Tätigkeit" anzusehen, wenn die Tiere neben der Überlassung des Stallplatzes vom StPfl auch mit Futter und Medikamenten versorgt werden. Wird hingegen im Wesentlichen nur der Stallplatz überlassen, werden Mieteinnahmen iSd Abs 3 erzielt. Wird ausschließl Futter überlassen (zB bei Weidenutzung ohne Stallplatz), sind die Einnahmen mit dem Grundbetrag abgegolten (zum Ganzen BFH IV R 49/05, BStBl II 08, 425). Werden WG vermietet und im Zusammenhang damit Dienstleistungen erbracht, die von untergeordneter Bedeutung sind, ist einheitl § 13a III 1 Nr 5 anzuwenden (EStR 13a.2 IV 4).

48 **g) Rückvergütungen nach § 22 KStG (§ 13a VII 1 Nr 4).** Dieser (mit Wirkung ab Wj 2015/16 neu geschaffene) Tatbestand erfasst genossenschaftl Rückvergütungen (unabhängig davon, ob sie angemessen oder als vGA anzusehen sind). Er soll der Schließung einer Besteuerungslücke dienen (BT-Drs 18/3017, 47).

51 **6. Einnahmen aus Vermietung und Verpachtung von Wirtschaftsgütern des land-/forstwirtschaftlichen Betriebsvermögens, § 13a III 1 Nr 5. – a) Gesonderter Ansatz.** Miet- und Pachteinnahmen sind stets gesondert anzusetzen (näher EStR 13a.2 IV). Auf die Bezeichnung der vertragl Vereinbarungen kommt es nicht an (BFH IV R 49/05, BStBl II 08, 425 unter II.1.b). **Beispiele:** Verpachtung von Flächen (zB auch für Windkraftanlagen), entgeltl Nießbrauch- oder Erbbau-

rechtsbestellung, Vermietung von Gebäuden oder Maschinen, Jagdpacht, Überlassung von immateriellen WG (zB Lieferrechte); Überlassung von Flächen für naturschutzrechtl Ausgleichsmaßnahmen (*BMF* BStBl I 21, 2025 Tz II.4; allerdings ist für diese Flächen kein Grundbetrag mehr anzusetzen). Wenn ein Pächter angepachtete Flächen unterverpachtet, fallen die Einnahmen nicht unter Nr 5, weil es sich nicht um sein BV handelt (zutr BFH VI R 38/20, BFH/NV 23, 1057). – Zu den Mieteinnahmen gehören auch vereinnahmte **Umlagen** für Nebenkosten (BFH IV R 47/07, BStBl II 09, 900, Anm *Wittwer* DStRE 09, 1054; ebenso die Handhabung bei VuV, s BFH IX R 6/97, BFH/NV 01, 305 unter II.3.a). Dies führt wegen der fehlenden Möglichkeit zum Abzug der den Umlagen ggü stehenden Aufwendungen zu einer Bruttobesteuerung. – Nicht zu den unter Nr 5 fallenden Einnahmen gehören Stilllegungsprämien (EStR 13a.2 IV 5) sowie Zahlungsansprüche nach dem GAP-RefG (→ § 13 Rn. 254); diese sind daher mit dem Grundbetrag abgegolten. Gleiches gilt für das Entgelt für die Eintragung einer **Dienstbarkeit,** mit der einem Dritten die dauerhafte Verlegung einer (die luf Nutzung nicht beeinträchtigende) Rohrleitung in 3–4 m Tiefe gestattet wird (BFH VI R 49/18, BStBl II 22, 316 Rn. 30 ff: mangels zeitl Begrenzung keine Nutzungsüberlassung, sondern Ausgleich für die in der Eintragung liegende Eigentumsbeschränkung).

b) Kein Abzug von Aufwendungen. Ein BA-Abzug ist bei Nr 5 nicht vor- 52
gesehen (BFH IV R 28/02, BStBl II 03, 345: verfgem, weil der StPfl die Möglichkeit hat, eine andere Gewinnermittlungsart zu wählen). Bei hohen nicht abziehbaren Aufwendungen bietet sich ein Antrag nach § 13a II an.

c) Abgrenzung zu Dienstleistungsentgelten. Diese fallen unter § 13a VII 1 53
Nr 3 (näher → Rn. 45). Die zutr Zuordnung ist von erhebl Bedeutung, weil Dienstleistungsgewinne nur mit 40% der Einnahmen angesetzt werden (Vermietung von WG: 100% der Einnahmen).

7. Einnahmen aus Kapitalvermögen, § 13a III 1 Nr 6. Ab Wj 2015/16 sind 55
sämtl Einnahmen aus KapVerm anzusetzen, die zu den Einkünften aus LuF gehören. Zu den Kapitalerträgen zählen sowohl Zinsen als auch Gewinnanteile (zB genossenschaftl Dividenden; zu Beteiligungen des luf BV → § 13 Rn. 245). Es gilt das Zuflussprinzip. Aufwendungen dürfen nicht abgezogen werden (EStR 13a.2 V); § 3 Nr 40 ist aber anwendbar (*BMF* BStBl I 15, 877 Rn. 79; so jetzt auch *HHR/Intemann* § 13a Rn. 42).

§ 13b Gemeinschaftliche Tierhaltung

(1) [1]**Zu den Einkünften aus Land- und Forstwirtschaft gehören auch die Einkünfte aus landwirtschaftlicher Tierzucht und Tierhaltung von Genossenschaften (§ 1 Absatz 1 Nummer 2 des Körperschaftsteuergesetzes), von Gesellschaften, bei denen die Gesellschafter als Mitunternehmer (§ 15 Absatz 1 Satz 1 Nummer 2) anzusehen sind, oder von Vereinen (§ 1 Absatz 1 Nummer 5 des Körperschaftsteuergesetzes), wenn**

1. alle Gesellschafter oder Mitglieder

a) Inhaber eines Betriebs der Land- und Forstwirtschaft mit selbst bewirtschafteten regelmäßig landwirtschaftlich genutzten Flächen sind,

b) nach dem Gesamtbild der Verhältnisse hauptberuflich Land- und Forstwirte sind,

c) Landwirte im Sinne des § 1 Absatz 2 des Gesetzes über die Alterssicherung der Landwirte sind und dies durch eine Bescheinigung der jeweiligen Sozialversicherungsträger nachgewiesen wird und

d) die sich nach § 13 Absatz 1 Nummer 1 Satz 2 für sie ergebende Möglichkeit zur landwirtschaftlichen Tiererzeugung oder Tierhaltung in Vieheinheiten

ganz oder teilweise auf die Genossenschaft, die Gesellschaft oder den Verein übertragen haben;
2. **die Anzahl der von der Genossenschaft, der Gesellschaft oder dem Verein im Wirtschaftsjahr erzeugten oder gehaltenen Vieheinheiten keine der nachfolgenden Grenzen nachhaltig überschreitet:**
   a) **die Summe der sich nach Nummer 1 Buchstabe d ergebenden Vieheinheiten und**
   b) **die Summe der Vieheinheiten, die sich nach § 13 Absatz 1 Nummer 1 Satz 2 auf der Grundlage der Summe der von den Gesellschaftern oder Mitgliedern regelmäßig landwirtschaftlich genutzten Flächen ergibt;**
3. **die Betriebe der Gesellschafter oder Mitglieder nicht mehr als 40 Kilometer von der Produktionsstätte der Genossenschaft, der Gesellschaft oder des Vereins entfernt liegen.**

[2]Die Voraussetzungen des Satzes 1 Nummer 1 Buchstabe c gelten als erfüllt, wenn hauptberufliche Landwirte (Nummer 1 Buchstabe b) nicht die Voraussetzungen des § 1 Absatz 2 des Gesetzes über die Alterssicherung der Landwirte erfüllen, weil sie im Inland in der gesetzlichen Rentenversicherung versicherungspflichtig sind oder auf sie das Recht der sozialen Sicherheit eines anderen Mitgliedstaats der Europäischen Union anzuwenden ist und dies durch eine Bescheinigung des zuständigen Sozialversicherungsträgers nachgewiesen wird; entsprechendes gilt für die Schweiz oder einen Staat, auf den das Abkommen über den Europäischen Wirtschaftsraum anzuwenden ist. [3]Die Voraussetzungen des Satzes 1 Nummer 1 Buchstabe d und des Satzes 1 Nummer 2 sind durch besondere, laufend und zeitnah zu führende Verzeichnisse nachzuweisen.

(2) **Der Anwendung des Absatzes 1 steht es nicht entgegen, wenn die dort bezeichneten Genossenschaften, Gesellschaften oder Vereine die Tiererzeugung oder Tierhaltung ohne regelmäßig landwirtschaftlich genutzte Flächen betreiben.**

(3) **Von den in Absatz 1 bezeichneten Genossenschaften, Gesellschaften oder Vereinen regelmäßig landwirtschaftlich genutzte Flächen sind bei der Ermittlung der nach Absatz 1 Satz 1 Nummer 2 maßgebenden Grenzen wie Flächen von Gesellschaftern oder Mitgliedern zu behandeln, die ihre Möglichkeit zur landwirtschaftlichen Tiererzeugung oder Tierhaltung im Sinne des Absatzes 1 Satz 1 Nummer 1 Buchstabe d auf die Genossenschaft, die Gesellschaft oder den Verein übertragen haben.**

(4) **Bei dem einzelnen Gesellschafter oder Mitglied der in Absatz 1 bezeichneten Genossenschaften, Gesellschaften oder Vereine ist § 13 Absatz 1 Nummer 1 Satz 2 mit der Maßgabe anzuwenden, dass die in seinem Betrieb erzeugten oder gehaltenen Vieheinheiten mit den Vieheinheiten zusammenzurechnen sind, die im Rahmen der nach Absatz 1 Satz 1 Nummer 1 Buchstabe d übertragenen Möglichkeiten erzeugt oder gehalten werden.**

(5) **Die Vorschriften des § 241 Absatz 2 bis 5 des Bewertungsgesetzes sind entsprechend anzuwenden.**

1 **1. Zeitlicher Anwendungsbereich.** § 13b ist **zum Wj 2025/2026 in Kraft getreten**(§ 52 XXIIb 1), im Regelfall also zum 1.7.25. Die Einfügung dieser Norm wurde erforderl, weil § 51a BewG, auf den § 13 I Nr 1 S 5 in Fällen gemeinschaftl Tierhaltung bisher verwies, durch Art 2 Nr 6 GrStRefG (BGBl I 19, 1794) **zum 31.12.24** (Art 18 III GrStRefG) **aufgehoben** worden ist. Kraft ausdrückl Anordnung gilt § 51a BewG für estl Zwecke aber noch bis zum Ablauf des Wj 2024/25 fort (§ 52 XXIIb 2).

2 **2. Norminhalt.** § 13b ordnet an, dass auch eine **rechtl verselbständigte Tierhaltungs-Kooperation** (Genossenschaft, Verein, MUerschaft; → Rn. 4) unter bestimmten Voraussetzungen (→ Rn. 6 ff) Einkünfte aus § 13 statt aus § 15 erzielt, selbst

wenn die von ihr selbst genutzten Flächen hierfür nicht ausreichen. § 3 Nr 12 GewStG und § 24 II 1 Nr 2 UStG erstrecken diese Begünstigung auch auf die GewSt und USt. – **Zweck.** Die bäuerl Veredelungswirtschaft soll gefördert werden, indem bestimmte Zusammenschlüsse von Landwirten zur gemeinschaftl Tierhaltung als LuF behandelt werden (BFH VI R 49/16, BStBl II 20, 86 Rn. 28; BFH II R 43/16, BStBl II 20, 739 Rn. 21). § 13b ermöglicht insb, die bei den Mitgliedern nicht ausgeschöpfte Möglichkeit zur luf Tierhaltung auf die Körperschaft/MUerschaft zu übertragen, auch wenn die erforderl Flächen weiterhin bei den einzelnen Mitgliedern verbleiben. IdR schließen sich viehstarke und viehschwache LuF zusammen; die degressive Staffelung der Vieheinheiten kann nicht nur bei jedem Mitglied, sondern auch bei der Kooperation nochmals genutzt werden (*Baldauf* HFR 20, 770).

3. Erfasste Zusammenschlüsse (§ 13b I 1, II). Die Regelung begünstigt zum einen **Genossenschaften** (§ 1 I Nr 2 KStG). Insoweit stellt § 13b eine Ausnahme von § 8 II KStG dar, wonach Genossenschaften stets Einkünfte aus GewBetr erzielen. Ferner sind **Vereine** (wegen des Verweises auf § 1 I Nr 5 KStG allerdings nur nichtrechtsfähige Vereine) erfasst, die schon nach den allg Regeln auch Einkünfte aus LuF erzielen können. Diese beiden Körperschaften sind *selbst* kstpfl und Zurechnungssubjekt der luf Einkünfte. Darüber hinaus begünstigt § 13b auch **MUerschaften.** Hier sind die Gewinnanteile unmittelbar beim Ges'ter zu versteuern; insoweit gilt § 13 I Nr 1 S 5 (→ § 13 Rn. 42). – Wenn diese Zusammenschlüsse die Tiererzeugung/-haltung ohne (eigene) regelmäßig landwirtschaftl genutzte Flächen betreiben, ist dies für die Anwendung des § 13b und das Erzielen von Einkünften aus LuF unschädl, sofern die Mitglieder entspr VE auf den Zusammenschluss übertragen haben (Abs 2). 4

4. Anforderungen an die Gesellschafter/Mitglieder (§ 13b I 1 Nr 1). – **a) Beschränkung auf natürliche Personen.** Dies folgt aus dem Gesamtzusammenhang von § 13b I 1 Nr 1 Buchst. b und c. Eine Beteiligung von juristischen Personen (zB **KapGes**) schließt die Begünstigung daher aus (BFH IV R 13/07, BFH/NV 10, 652), sodass eine GmbH & Co KG nicht nach § 13b begünstigt ist. – Zulässig ist jedoch die Beteiligung einer luf **MUerschaft,** deren sämtl Ges'ter die persönl Voraussetzungen des § 13b I 1 Nr 1 erfüllen (BFH II R 43/16, BStBl II 20, 739 Rn. 22; BFH VI R 6/22, BStBl II 24, 734 Rn. 23). Wenn die Ges'ter der Tierhaltungs-MUerschaft zugleich Ges'ter einer luf MUerschaft sind, die die VE auf die Tierhaltungs-MUerschaft übertragen hat, obwohl sie selbst nicht deren Ges'ter ist, ist § 13b ebenfalls anwendbar, weil die VE der luf MUerschaft den MUern zuzurechnen sind (BFH II R 43/16, BStBl II 20, 739 Rn. 23). Allerdings müssen *alle* MUer der Tierhaltungs-MUerschaft beitreten (BFH VI R 39/18, BStBl II 21, 532: keine Anwendung, wenn bei einer Gütergemeinschaft, bei der nur der Ehemann tatsächl als Landwirt aktiv ist, nicht auch die Ehefrau der Tierhaltungs-MUerschaft beitritt). 6

b) Inhaber eines Betriebs der Land- und Forstwirtschaft (§ 13b I 1 Nr 1 Buchst a). Diese Voraussetzung muss jedes Mitglied erfüllen. Der Betrieb muss selbst bewirtschaftete regelmäßig landwirtschaftl genutzte Flächen (ieS; → § 13 Rn. 37) aufweisen. Ein reiner Verpachtungsbetrieb genügt daher nicht; wohl aber ein Pachtbetrieb (BFH VI R 6/22, BStBl II 24, 734 Rn. 28). Ausreichend ist zudem die Beteiligung an einer **MUerschaft** mit selbst bewirtschafteten regelmäßig landwirtschaftl genutzten Flächen (für eine nicht selbst an der Tierhaltungs-MUerschaft beteiligte MUerschaft BFH II R 43/16, BStBl II 20, 739 Rn. 24; für eine selbst an der Tierhaltungs-MUerschaft beteiligte MUerschaft zutr BFH VI R 6/22, BStBl II 24, 734 Rn. 29). 7

c) Hauptberuflichkeit (§ 13b I 1 Nr 1 Buchst. b). Alle Mitglieder müssen nach dem **Gesamtbild** der Verhältnisse hauptberufl LuF sein. ME ist hierfür der Einsatz von mehr als 50% der Arbeitskraft erforderl. Für die Abgrenzung ist das Verhältnis der aufgewendeten Arbeitsstunden maßgebl, nicht das Verhältnis der Einkünfte (zutr 8

FG Mster EFG 22, 471 unter II.3.c; in der anschl Revision BFH VI R 6/22 war dies nicht mehr str: schädl Tätigkeit als Betreiber einer gewerbl Biogasanlage).

9 **d) Sozialversicherungspflicht (§ 13b I 1 Nr 1 Buchst c).** Grds müssen alle Mitglieder **Landwirte iSd § 1 II ALG** sein (Unternehmer eines auf Bodenbewirtschaftung beruhenden Betriebs, der eine bestimmte Mindestgröße erreicht) und dies durch eine Bescheinigung der jeweiligen Sozialversicherungsträger nachweisen (nach § 51a BewG aF war bis Wj 2024/25 nur eine Bescheinigung der landwirtschaftl Alterskasse als Nachweis zugelassen). Ab Wj 2025/26 genügt auch die Versicherungspflicht in der dt gesetzl Rentenversicherung oder in einem sozialen Sicherungssystem eines anderen EU-/EWR-Staats oder der Schweiz (Abs 1 S 2). Auch in diesen Fällen ist der Nachweis durch eine Bescheinigung des zuständigen Sozialversicherungsträgers zu führen.

10 **e) Übertragung von Vieheinheiten auf den Zusammenschluss (§ 13b I 1 Nr 1 Buchst d).** Jedes Mitglied muss die sich nach § 13 I Nr 1 S 2 für ihn ergebende Möglichkeit zur landwirtschaftl Tiererzeugung oder -haltung in VE ganz oder teilweise auf den Zusammenschluss übertragen haben. Die Übertragung muss sich aus dem GesVertrag, einem Ges'terBeschluss oder einer sonstigen Vereinbarung ergeben (BFH VI R 49/16, BStBl II 20, 86 Rn. 28), die allerdings *formlos* sein kann (zutr *BH/Nacke* § 13b Rn. 47). – **Nachweis.** Dieser ist durch besondere, lfd und zeitnah zu führende Verzeichnisse zu erbringen (Abs 1 S 3). Demggü war bis Wj 2024/25 eine „zeitnahe" Führung des Verzeichnisses nicht erforderl (BFH VI R 49/16, BStBl II 20, 86 Rn. 22 ff: insoweit anderer Wortlaut des § 51a BewG aF).

13 **5. Voraussetzungen in Bezug auf die Vieheinheiten (§ 13b I 1 Nr 2).** Die Anzahl der vom Zusammenschluss erzeugten oder gehaltenen VE darf keine der beiden folgenden Grenzen nachhaltig überschreiten: – **Summe der übertragenen VE (Nr 2 Buchst a).** Zunächst ist die Summe der sich nach Nr 1 Buchst d ergebenden VE (dh die von den Mitgliedern auf den Zusammenschluss übertragenen VE) als Grenze einzuhalten (*Beispiele:* Anlage zu *GLE* BStBl I 16, 638). – **Summe der Flächen der Mitglieder (Nr 2 Buchst b).** Darüber hinaus darf die Summe der VE, die sich nach § 13 I Nr 1 S 2 auf der Grundlage der Summe der von den Mitgliedern regelmäßig landwirtschaftl genutzten Flächen ergibt, nicht nachhaltig überschritten werden. Diese zusätzl Grenze soll verhindern, dass die Kooperation besser gestellt wird als ein gleich großer Einzelbetrieb (*Teller* HFR 19, 1060). Dabei sind Flächen, die von dem Zusammenschluss selbst regelmäßig landwirtschaftl genutzt werden, für Zwecke dieser Berechnung wie Flächen der Mitglieder zu behandeln (Abs 3); die Flächen der Mitglieder und des Zusammenschlusses sind also insoweit zusammenzurechnen. Die Flächen der Mitglieder sind für die Vergleichsrechnung nach Nr 2 Buchst b auch dann in vollem Umfang anzusetzen, wenn die Mitglieder selbst ebenfalls Tierhaltung betreiben. Gleiches gilt, wenn ein Mitglied an mehreren Tierhaltungs-Kooperationen beteiligt ist, da die Voraussetzungen nach Buchst a und b unterschiedl Zwecke verfolgen und daher nicht miteinander vermengt werden dürfen (zutr NdsFG EFG 23, 518, rkr; *Teller* HFR 19, 1060; *BeckOK/Ruffer* § 13b Rn. 52.2; *BH/Nacke* § 13b Rn. 54). – **Nachhaltiges Überschreiten.** Ein einmaliges und geringfügiges Überschreiten der Grenzen ist *unschädl* (NdsFG EFG 23, 518, rkr). Weitere Einzelfragen zur Nachhaltigkeit einer Überschreitung → § 13 Rn. 40. – **Nachweis.** Auch die Voraussetzungen der Nr 2 sind durch besondere, lfd und zeitnah zu führende Verzeichnisse nachzuweisen (Abs 1 S 3; → Rn. 10).

15 **6. Anforderungen an den räumlichen Zusammenhang der Betriebe der Mitglieder (§ 13b I 1 Nr 2).** Die Betriebe der Mitglieder dürfen nicht mehr als 40 km von der Produktionsstätte des Zusammenschlusses entfernt liegen.

16 **7. Anwendung des § 13 I Nr 1 S 2 beim einzelnen Mitglied (§ 13b IV).** Während § 13b I-III die steuerl Behandlung der Genossenschaft, des Vereins bzw der

MUerschaft betrifft, regelt Abs 4 die Anwendung beim Mitglied/MUer. Hier ist § 13 I Nr 1 S 2 (Abgrenzung zw landwirtschaftl und gewerbl Tierzucht; → § 13 Rn. 36 ff) mit der Maßgabe anzuwenden, dass die in seinem Betrieb erzeugten oder gehaltenen VE mit den VE zusammenzurechnen sind, die iRd nach Abs 1 S 1 Nr 1 Buchst d übertragenen Möglichkeiten erzeugt oder gehalten werden. Die tatsächlich beim Mitglied gehaltenen VE sind also mit den von ihm übertragenen VE zusammenzurechnen, was folgerichtig ist.

8. Ermittlung der Vieheinheiten-Grenzen (§ 13b V iVm § 241 II–V BewG). Zur **Aufteilung der Tierbestände** bei Überschreitung der VE-Grenze s § 241 II, III BewG und → § 13 Rn. 41. Zum VE-Umrechnungsschlüssel s § 241 V, Anlage 34 BewG und → § 13 Rn. 39. – **Pelztiere.** Hier gilt die Sonderregelung, dass deren Zucht/Haltung nur dann zur LuF gehört, wenn der tatsächl Futterbedarf überwiegend von den vom Betriebsinhaber landwirtschaftl genutzten Flächen gewonnen wird (§ 241 IV BewG; für estl Zwecke anzuwenden ab Wj 2025/26). Demggü war die für Pelztiere geltende Vorläuferregelung des § 51 V BewG aF nicht von der bis Wj 2024/25 geltenden Verweisungskette (§ 13 I Nr 1 S 5 EStG iVm § 51a V BewG aF) erfasst. 17

§ 14 Veräußerung des Betriebs

(1) [1]**Zu den Einkünften aus Land- und Forstwirtschaft gehören auch Gewinne, die bei der Veräußerung eines land- oder forstwirtschaftlichen Betriebs oder Teilbetriebs oder eines Anteils an einem land- und forstwirtschaftlichen Betriebsvermögen erzielt werden.** [2]**§ 16 gilt entsprechend mit der Maßgabe, dass der Freibetrag nach § 16 Absatz 4 nicht zu gewähren ist, wenn der Freibetrag nach § 14a Absatz 1 gewährt wird.**

(2) [1]**Wird ein land- und forstwirtschaftlicher Betrieb durch die Entnahme, Überführung oder Übertragung von Flächen verkleinert und verbleibt mindestens eine Fläche, die der Erzeugung von Pflanzen oder Tieren im Sinne des § 13 Absatz 1 zu dienen bestimmt ist, liegt unabhängig von der Größe dieser Fläche keine Betriebsaufgabe vor.** [2]**§ 16 Absatz 3b bleibt unberührt.**

(3) [1]**Werden im Rahmen der Aufgabe des Betriebs einer land- und forstwirtschaftlichen Mitunternehmerschaft Grundstücke an den einzelnen Mitunternehmer übertragen oder scheidet ein Mitunternehmer unter Mitnahme einzelner Grundstücke aus einer Mitunternehmerschaft aus, gelten diese unabhängig von ihrer Größe auch bei fortgeführter oder erstmaliger Verpachtung bis zu einer Veräußerung oder Entnahme bei diesem weiterhin als Betriebsvermögen.** [2]**Dies gilt entsprechend für Grundstücke des bisherigen Sonderbetriebsvermögens des einzelnen Mitunternehmers.** [3]**Die Sätze 1 und 2 sind nur anzuwenden, wenn mindestens eine übertragene oder aus dem Sonderbetriebsvermögen überführte Fläche der Erzeugung von Pflanzen oder Tieren im Sinne des § 13 Absatz 1 zu dienen bestimmt ist.** [4]**Für den übernehmenden Mitunternehmer gilt § 16 Absatz 3b entsprechend.**

Einkommensteuer-Richtlinien: EStR 14, EStH 14. – **Verwaltungsanweisungen:** *BMF* BStBl I 22, 678 (Anwendungsschreiben zu § 14 III).

Übersicht

I. Anwendung des § 16 und Besonderheiten der Land- und Forstwirtschaft, § 14 I

1 **1. Verweis auf § 16.** § 14 I entspricht sowohl hinsichtl der erfassten Veräußerungs- und Aufgabegewinne als auch hinsichtl der Rechtsfolgen dem für gewerbl Veräußerungs-/Aufgabegewinne geltenden § 16, sodass auf die dortigen Erläuterungen verwiesen wird. Nachfolgend werden nur die **Besonderheiten der LuF** dargestellt. Veräußerungs- und Aufgabegewinne sind auch bei Gewinnermittlung nach § 13a gesondert zu versteuern.

2 **2. Besonderheiten der Land- und Forstwirtschaft bei der Betriebsveräußerung. – a) Begriff der Veräußerung.** Es muss sich um die *entgeltl* (ggf teilentgeltl) Übertragung zumindest des wirtschaftl Eigentums an den wesentl Betriebsgrundlagen in einem einheitl Übertragungsakt handeln (allg hierzu → § 16 Rn. 25–71, insb Abgrenzung zu unentgeltl Übertragung, Erbfall, Einlage). Die unentgeltl Übertragung fällt unter § 6 III; zur vorweggenommenen Erbfolge (als Sonderfall der unentgeltl Übertragung) → Rn. 23.

3 **b) Betrieb.** Ausführl zur Übertragung eines ganzen Betriebs → § 16 Rn. 75–110 (dort insb zur Übertragung der wesentl Betriebsgrundlagen, der Beendigung der bisherigen Tätigkeit und zur Zurückbehaltung von WG). Zu den **Mindestanforderungen** an die Annahme eines landwirtschaftl Betriebs → § 13 Rn. 7, zum forstwirtschaftl Betrieb → § 13 Rn. 13. – **Zurechnung.** Wurde das Eigentum an den betriebl WG bereits an den Hofnachfolger unter Nießbrauchsvorbehalt zugunsten des bisherigen Inhabers übertragen, ist ein späterer Veräußerungsgewinn dem neuen Eigentümer (Nießbrauchsverpflichteten) zuzurechnen (BFH IV R 325/84, BStBl II 87, 772 unter 2.; BFH IV R 53/99, BFH/NV 00, 1078 unter 1.c).

4 **aa) Wesentliche Betriebsgrundlagen.** Zu diesem Begriff bei den verschiedenen Arten luf Betriebe → § 13 Rn. 125 f. IRd §§ 14, 16 liegt eine wesentl Betriebsgrundlage allerdings nicht nur bei funktioneller Wesentlichkeit vor, sondern schon dann, wenn erhebl stille Reserven in dem WG gebunden sind (→ § 16 Rn. 86 mwN). In einem solchen Fall kann ausnahmsweise auch Inventar als wesentl Betriebsgrundlage anzusehen sein (BFH IV 351/64 U, BStBl III 65, 576).

5 **bb) Zurückbehaltung von Teilflächen.** Geringfügige Teilflächen (bis zu 10%; *LfSt Bay* DStR 25, 345 unter Tz 2.2.1) stellen keine wesentl Betriebsgrundlage dar, sodass ihre Zurückbehaltung der Begünstigung der Betriebsübertragung nicht entgegen steht (zur unentgeltl Betriebsübertragung BFH IV R 117/91, BFH/NV 94, 533: die zurückbehaltene Fläche kann weiterhin BV bleiben, wenn sie bewirtschaftet wird; BFH IV R 28/00, BFH/NV 05, 1062 unter II.2.c). Werden hingegen mehr als (idR) 10% des GuB zurückbehalten, sind nicht sämtl wesentl Betriebsgrundlagen veräußert worden (BFH IV R 101/77, BStBl II 82, 20 unter a: 40%; BFH IV R 137/84, BStBl II 86, 808: 20%; BFH IV R 8/89, BStBl II 90, 428: 18%, auch wenn die Fläche absolut gesehen eher klein ist). Ausnahmen sind aber mögl (BFH IV R 88/81,

BStBl II 85, 508 unter b: hier wurde das Zurückbehalten von 12% noch als unschädl beurteilt, weil die Hälfte davon Hutungen waren). – **Rückpacht.** Die Annahme einer steuerbegünstigten Betriebsveräußerung wird nicht dadurch ausgeschlossen, dass der Veräußerer den Betrieb sogleich zurückpachtet und weiterhin aktiv bewirtschaftet (BFH IV R 88/81, BStBl II 85, 508 unter c; EStH 14 „Rückverpachtung"; *HHR/Paul* § 14 Rn. 26; krit im Hinblick auf die Abweichung zu GewBetr *Kanzler* FR 96, 678; *Wendt* FR 09, 429).

c) Teilbetrieb. Es muss sich um einen mit einer gewissen Selbständigkeit ausgestatteten, organisch geschlossenen Teil des Gesamtbetriebs handeln, der für sich allein lebensfähig ist (Einzelheiten und Nachweise ausführl → § 16 Rn. 115–142). 6

aa) Landwirtschaftlicher Teilbetrieb. Bei der erforderl Beurteilung nach dem Gesamtbild der Verhältnisse sind vor allem die Trennung der Hofstellen und des Anlagevermögens wichtige, aber nicht zwingende Indizien (BFH IV R 62/99, BFH/NV 01, 1248 unter 1.b, 2.b; BFH VI R 63/15, BFHE 260, 138 Rn. 17). Die Erfüllung sämtl Kriterien für eine Betriebsteilung (→ § 13 Rn. 9) ist nicht erforderl. – **(1) Eigentumsbetrieb.** Das lebende und tote Inventar *allein* ist kein Teilbetrieb, sodass dessen isolierte Veräußerung nicht begünstigt ist (BFH IV R 179/72, BStBl II 76, 415 unter 1.). Gleiches gilt für die Veräußerung des Milchlieferrechts ohne gleichzeitige Veräußerung des Tierbestands (BFH IV B 91/06, BFH/NV 07, 1853). Eine isoliert übertragene landwirtschaftl Fläche ist nicht allein deshalb Teilbetrieb, weil sie größer als 3000 m^2 ist (zutr BFH VI R 63/15, BFHE 260, 138 Rn. 19; BFH VI R 66/15, BStBl II 22, 301 Rn. 26 ff; **aA** FG Mster EFG 16, 614 unter I.3., rkr: verpachtete Fläche von 1,7 ha; ausführl *Wackerbeck* DStR 17, 1691). – **(2) Pachtbetrieb.** Ein räuml getrennt liegender Pachtbetrieb (der naturgemäß nur aus Inventar bestehen kann) kann im Verhältnis zu einem Eigentumsbetrieb auch dann Teilbetrieb sein, wenn der Gewinn einheitl ermittelt wird (BFH IV R 25/88, BStBl II 90, 373 unter I.1.a). – **(3) Nebenbetriebe.** Sie können als Teilbetriebe anzusehen sein. Gleiches gilt für organisatorisch selbständig geführte, aber noch zur LuF gehörige **Handelsbetriebe** (→ § 13 Rn. 61 ff). 7

bb) Besonderheiten des forstwirtschaftlichen Teilbetriebs. Hier gilt ein von GewBetr und Landwirtschaft abw Teilbetriebsbegriff, weil die lfd Bewirtschaftung von geringerer Bedeutung ist (BFH IV R 180/77, BStBl II 82, 158 unter 3.; BFH IV R 96/93, BFH/NV 96, 316 unter 2.). Im Verhältnis zur landwirtschaftl Nutzung ist eine vom selben StPfl betriebene Forstwirtschaft stets Teilbetrieb (BFH IV R 96/93, BFH/NV 96, 316 unter 2.; *BMF* BStBl I 18, 689 unter III.). Aber auch *innerhalb* eines Forstbetriebs können Teilbetriebe bestehen. – **(1) Nachhaltsbetrieb.** Zum Begriff → § 13 Rn. 11. Er ist im Verhältnis zu weiteren forstwirtschaftl Flächen als Teilbetrieb anzusehen, wenn er entweder getrennt verwaltet wird (eigener Betriebsplan, Führung in gesonderter Rechnung) oder wenn der verkaufte Teil beim *Erwerber* als selbständiger Nachhaltsbetrieb mit idR jährl Holzernten weitergeführt werden kann (BFH IV R 180/77, BStBl II 82, 158 unter 3.a: bei 131 ha bejaht). Wird eine *Teilfläche* aus einem Nachhaltsbetrieb veräußert, muss diese beim Erwerber allerdings nicht ebenfalls einen Nachhaltsbetrieb bilden; vielmehr kommt es nur darauf an, ob die Teilfläche beim Erwerber eine selbständige Erwerbsgrundlage als möglichst lebensfähiges Forstrevier mit idR jährl Holzernten bildet (BFH IV R 12/89, BStBl II 91, 566 unter I.2.: für 88 ha bejaht). – **(2) Aussetzender Betrieb.** Hier genügt bereits die räuml zusammenhängende Lage einer Forstfläche für die Annahme eines Teilbetriebs (BFH IV 67/58 U, BStBl III 61, 124: 5,5 ha; BFH IV R 180/77, BStBl II 82, 158 unter 3.b; offen gelassen für 6,7 ha von BFH IV R 27/98, BStBl II 00, 524 unter 1.a, und für 2 ha von BFH IV R 28/98, BFH/NV 00, 1455 unter 2.a). Für diese Absenkung der bei aussetzenden Betrieben geltenden Anforderungen spricht, dass hier schon an das Vorhandensein eines Forstbetriebs überhaupt nur sehr 8 geringe Anforderungen gestellt werden (→ § 13 Rn. 13). Eine Untergrenze gilt gleichwohl auch hier (FG Mchn EFG 15, 376, rkr: kein Teilbetrieb bei 0,5 ha).

9 **d) Mitunternehmeranteil.** Zur Veräußerung → § 16 Rn. 380 ff (insb zur Behandlung des SonderBV); zur luf MUerschaft → § 13 Rn. 161 ff. Die Veräußerung eines *Teils* eines MUeranteils ist nicht begünstigt (§ 16 I 2).

11 **3. Besonderheiten bei Betriebsaufgabe.** Allg zur Betriebsaufgabe → § 16 Rn. 150 ff; zu den Besonderheiten der LuF s *Hiller* INF 94, 106. Danach muss die bisher in dem Betrieb entfaltete luf Tätigkeit endgültig eingestellt werden (→ Rn. 12); alle wesentl Betriebsgrundlagen müssen in einem einheitl Vorgang (dazu → Rn. 15) in das PV überführt oder an verschiedene Erwerber veräußert werden (→ Rn. 14). Zur **Realteilung** einer MUerschaft anstelle einer Betriebsaufgabe → § 16 Rn. 520 ff; diese Grundsätze gelten auch im Bereich der LuF (BFH IV B 113/06, BFH/NV 07, 2257 unter II.2.c bb; *Stephany* INF 02, 718).

12 **a) Einstellung der Tätigkeit.** → § 16 Rn. 80 (insb Abgrenzung zur bloßen Betriebsunterbrechung). Allein der Verkauf des Gesamtbestands an Großvieh bedeutet keine Betriebsaufgabe, wenn die Flächen weiterhin bewirtschaftet werden (BFH IV R 41/91, BStBl II 93, 430). Auch die Flucht eines Landwirts, der sich in wirtschaftl Schwierigkeiten befindet, stellt noch keine Betriebsaufgabe dar, wenn der Betrieb zunächst weiterbewirtschaftet und erst später abgewickelt wird (BFH IV R 5/06, BStBl II 08, 113). Ein **Forstbetrieb** (auch ein aussetzender) kann nicht aufgegeben werden, weil dem Eigentümer stetig Holz zuwächst (BFH IV R 27/98, BStBl II 00, 524 unter 1.d). – Der Übergang zur **Liebhaberei** stellt keine zwingende Betriebsaufgabe dar (→ § 13 Rn. 91; → § 15 Rn. 42). Gleiches gilt, wenn nach einer Betriebsverkleinerung eine ertragbringende luf Betätigung nicht mehr mögl ist. Auch der Strukturwandel (von LuF zum GewBetr) ist keine Betriebsaufgabe (*BMF* DStR 99, 1615), sodass die vorhandenen stillen Reserven auch gewstl verstrickt werden. – Die **Betriebsunterbrechung** ist noch keine (endgültige) Einstellung; allein die Beendigung der Eigenbewirtschaftung bewirkt daher keine Zwangsbetriebsaufgabe (BFH VI B 105/16, BFH/NV 17, 1172 Rn. 7 mwN). Eine Form der Betriebsunterbrechung ist die **Betriebsverpachtung im Ganzen** (ausführl → § 13 Rn. 123 ff; dort auch zum Wahlrecht der Erklärung der Betriebsaufgabe und zur – ausnahmsweisen – Zwangsbetriebsaufgabe). Selbst eine parzellenweise Verpachtung (die nahe an der Betriebszerschlagung liegt) führt bei LuF nicht zur zwingenden Betriebsaufgabe (→ § 13 Rn. 124). Gleiches gilt für die Einräumung eines Nießbrauchs am Betrieb (→ § 13 Rn. 151 ff) und die Begründung eines Wirtschaftsüberlassungsvertrags (→ § 13 Rn. 141 ff).

14 **b) Überführung der wesentlichen Betriebsgrundlagen in das Privatvermögen oder Veräußerung.** → § 16 Rn. 150. Werden einzelne wesentl Betriebsgrundlagen zum Buchwert in einen anderen (Teil-)Betrieb des StPfl überführt, ist die Veräußerung oder Aufgabe des RestBV nicht begünstigt (BFH IV R 25/88, BStBl II 90, 373 unter I.1.d: Überführung von Teilen des eigenen Inventars eines im Übrigen angepachteten Teilbetriebs; NdsFG EFG 14, 912, rkr: Aufgabe einer Nebenbetriebs-Kornbrennerei unter Weiterverwendung des zugehörigen GuB im fortbestehenden luf Hauptbetrieb). Allerdings wird eine begünstigte Aufgabe des luf Betriebs nicht dadurch ausgeschlossen, dass Teile des bisherigen BV anschließend an eine GmbH vermietet werden und dadurch eine gewerbl Betriebsaufspaltung begründet wird (BFH IV R 31/03, BStBl II 06, 652 unter II.1.c). Zur Abgrenzung zw unentgeltl Betriebsübertragung (§ 6 III) und gewinnrealisierender Betriebszerschlagung → Rn. 24 mwN. – Der StPfl, der sich darauf beruft, den Betrieb bereits in der entfernten Vergangenheit aufgegeben zu haben, trägt hierfür die **Beweislast** (→ § 13 Rn. 123); ab 5.11.11 ist in Fällen der Betriebsunterbrechung/-verpachtung zudem grds eine ausdrückl Aufgabeerklärung erforderl (§ 16 IIIb; → § 16 Rn. 190 ff).

c) Einheitlicher Vorgang. Ausführl → § 16 Rn. 208 ff. Die Zerschlagung des Betriebs muss **innerhalb kurzer Zeit** geschehen. Die Beschränkung auf ein einziges Wj ist aber nicht erforderl; idR wird eine Zeitspanne bis zu 18 Monaten der Annahme einer begünstigten Betriebsaufgabe nicht entgegen stehen (BFH VI 118, 119/65, BStBl III 67, 70: 14 Monate für den Verkauf der Einzelflächen eines Weinbaubetriebs; BFH IV R 11/06, BFH/NV 09, 937 unter III.4.: 15 Monate für den Verkauf der landwirtschaftl Flächen und des Viehbestands). In einem solchen Fall ist der Aufgabegewinn zwar einheitl zu ermitteln; die Gewinne aus den einzelnen Verkaufs- bzw Entnahme-Teilakten sind aber jeweils zum Zeitpunkt ihrer Realisierung (dh ggf in verschiedenen VZ) zu versteuern (BFH IV R 17/02, BStBl II 05, 637 unter 1.c; zu den Begünstigungen nach §§ 16 IV, 34 in diesen Fällen s *BMF* BStBl I 06, 7). – **Allmähliche Abwicklung.** Sie ist mangels zusammengeballter Realisierung stiller Reserven nicht begünstigt (BFH IV R 217/81, BStBl II 84, 364: Veräußerung des luf GuB über 4 Jahre hinweg). Wird zunächst ein forstwirtschaftl Teilbetrieb unentgeltl übertragen (§ 6 III) und in zeitl Zusammenhang damit der landwirtschaftl Teilbetrieb (nunmehr als *ganzer* Betrieb) aufgegeben, handelt es sich nicht etwa um eine einheitl Betriebsaufgabe; vielmehr bezieht sich die gewinnrealisierende Betriebsaufgabe allein auf den landwirtschaftl (Teil-)Betrieb (BFH IV R 60/99, BStBl II 01, 101). 15

4. Besonderheiten der Land-/Forstwirtschaft bei Erbfall, Erbauseinandersetzung und vorweggenommener Erbfolge. – a) Erbfall. Ausführl zum Erbfall bei Einzelunternehmern → § 16 Rn. 590 ff (dort insb zur Behandlung der Erfüllung von Vermächtnis-/Pflichtteilsansprüchen); zum Tod von MUern → § 16 Rn. 660 ff (dort insb zu den verschiedenen Fortsetzungs-/Nachfolgeklauseln); zu den Besonderheiten der LuF ausführl *Hiller* INF 93, 361 (391). – **Erbengemeinschaft.** Soweit landesgesetzl Regelungen (zB HöfeO; → Rn. 21) den nach § 1922 BGB grds eintretenden Rechtsübergang auf die Erbengemeinschaft nicht ausschließen, werden die Miterben geborene MUer. Zahlt der Hofübernehmer Abfindungen an weichende Erben, handelt es sich um Entgelt (s *Felix* FR 91, 613). 20

b) Erbfolge nach HöfeO. § 4 HöfeO vermeidet die Aufteilung des Hofes unter mehrere Miterben und weist ihn einem einzigen Erben zu **(Sonderrechtsnachfolge).** Dies gilt auch für vergleichbare landesrechtl Vorschriften (zB Württembergisches Anerbenrecht; ausführl zu den länderweise unterschiedl höferechtl Regelungen *BMF* BStBl I 06, 253 Rn. 75 ff; *Felix* FR 91, 613, 656). Auch steuerl entsteht dann keine MUerschaft der Miterben hinsichtl des Hofes; vielmehr wird der Hoferbe Einzelunternehmer (BFH IV R 20/84, BStBl II 87, 561 unter 1.a aa; *Kempermann* FR 91, 585). Allerdings gehört der *Wert* des Hofes zum Nachlass (§ 4 S 2 HöfeO), sodass den Miterben Abfindungsansprüche zustehen (§ 12 HöfeO), die wegen der Orientierung am EW aber idR weit unter dem tatsächl Wert liegen. Diese Ansprüche sind erbrechtl Art (auf Gesetz beruhende Vermächtnisse) und begründen daher keine AK (*Felix* FR 91, 613 (617)); die Rechtslage entspricht derjenigen bei qualifizierter Nachfolge in einen PersGesAnteil (hierzu ausführl → § 16 Rn. 672). – **Hoffreies Vermögen.** Es unterliegt (vergleichbar dem SonderBV bei einem PersGesAnteil) nicht der Sonderrechtsnachfolge. Daher werden die auf die anderen Miterben übergehenden Anteile am hoffreien Vermögen am Todestag entnommen. Die **Zurechnung dieses Entnahmegewinns** ist str: Nach Verwaltungsauffassung ist er dem Erblasser zuzurechnen (*BMF* BStBl I 06, 253 Rn. 78); die Gegenauffassung rechnet ihn dem jeweiligen Miterben zu (*Kempermann* FR 91, 585; *BH/Nacke* § 14 Rn. 28; *HHR/Paul* § 14 Rn. 19; obiter dictum in FG Ddorf EFG 06, 1499 unter 4., aus anderen Gründen bestätigt durch BFH IV R 44/06, BStBl II 09, 811). Letzteres ist mE zutr, weil der Erblasser keinen Entnahmetatbestand verwirklicht hat. Erst in der Person des jeweiligen Erben entscheidet sich, ob die übergegangenen WG BV bleiben oder nicht. 21

22 **c) Erbauseinandersetzung.** Die steuerl Behandlung entspricht derjenigen bei einer MUerschaft (ausführl → § 16 Rn. 608 ff; dort insb zur Behandlung von Abfindungszahlungen als AK des Übernehmers, zum Entstehen von Veräußerungsgewinnen bei den weichenden Miterben und zur Behandlung von Mischnachlässen, die auch PV beinhalten; *BMF* BStBl I 06, 253; s auch *Neufang* StB 19, 128). Solange die Flächen einer Nutzung iSd § 13 I dienen, bleiben sie unabhängig von ihrer Größe auch nach der Erbauseinandersetzung BV der einzelnen Miterben (§ 14 III ab 17.12.20; → Rn. 38; dort auch zur früheren Rechtslage).

23 **d) Vorweggenommene Erbfolge. – aa) Unentgeltlicher Vorgang.** Werden im Zuge einer vorweggenommenen Erbfolge Versorgungsleistungen zugesagt, Nutzungsrechte eingeräumt oder Betriebsschulden übernommen, stellt dies kein Entgelt dar, sodass in diesen Fällen die Buchwerte fortzuführen sind (§ 6 III; *BMF* BStBl I 93, 80; ausführl → § 16 Rn. 50 ff; dort insb zur Frage, wann „Gegenleistungen" anzunehmen sind, die zur Entgeltlichkeit führen). Dies gilt auch für die nach § 55 ermittelten Werte für den GuB. Zu AK (bzw Veräußerungsentgelt) führen hingegen die Leistung von Abstandszahlungen oder Gleichstellungsgeldern und die Übernahme betriebsfremder Schulden (zu teilentgeltl Übergaben ausführl *Hiller* INF 93, 217 (245)).

24 **bb) Abgrenzung zu gewinnrealisierenden Vorgängen. – (1) Keine Aufteilung der wesentlichen Betriebsgrundlagen.** Da steuerl idR die Unentgeltlichkeit gewünscht wird, ist darauf zu achten, dass sämtl wesentl Betriebsgrundlagen entweder einheitl auf den Nachfolger übertragen werden oder aber einheitl beim Übergeber bleiben und dem Nachfolger nur die Nutzung überlassen wird (zB durch Nießbrauch, Verpachtung, Wirtschaftsüberlassung). Anders als bei GewBetr ist § 6 III auch dann anzuwenden, wenn der Übergeber sich bei der Betriebsübertragung den Nießbrauch vorbehält, seine Tätigkeit also fortsetzt (→ § 6 Rn. 701 mwN). – **Rückbehalt von Flächen.** Wird ein Teil der wesentl Betriebsgrundlagen zurückbehalten und ein anderer Teil übereignet, führt dies zur Gewinnrealisierung, und zwar entweder als Betriebsaufgabe (BFH IV R 101/77, BStBl II 82, 20; BFH IV R 8/89, BStBl II 90, 428) oder aber (bei Fortbestand des Betriebs des Übergebers) als Entnahme (zB BFH IV R 43/73, BStBl II 77, 719). – **Bagatellgrenze.** Der BFH hat einen Rückbehalt von 2,5% der Flächen als unschädl für die Anwendung des § 6 III angesehen und insoweit fortbestehendes BV beim Übergeber bejaht (BFH IV R 28/00, BFH/NV 05, 1062). In diesem Urteil ist zudem (nicht entscheidungserhebl) „im Allgemeinen als Anhaltspunkt" von einer 10%-Grenze die Rede (so auch *LfSt Bay* DStR 25, 345 unter Tz 2.2.1). In Einzelfällen kann die Grenze aber auch höher liegen (zutr FG Ddorf EFG 25, 398, rkr: Übertragung eines Ackerbaubetriebs, wenn 18,5% der Flächen zurückbehalten werden, es sich dabei aber um nasse Weiden handelt, die für den Ackerbau nicht geeignet und seit langem verpachtet sind, so dass es sich nicht um eine wesentl Betriebsgrundlage handelt).

25 **(2) Entnahme.** Wird der Betrieb vor einer unentgeltl Übertragung verkleinert, indem einzelne Grundstücke an weichende Erben übertragen werden und der verbleibende Betrieb unentgeltl an den Nachfolger übertragen wird, gilt für die Betriebsübertragung § 6 III; die Übertragung der Einzelflächen ist eine gewinnrealisierende Entnahme (zutr FG Mchn EFG 14, 1953, rkr, krit Anm *Hennigfeld* EFG 14, 1954). – **Betriebszerschlagung.** Demggü stellt die Übertragung sämtl Eigentumsflächen an die Kinder des StPfl, die fortan getrennt voneinander wirtschaften, auch ohne Aufgabeerklärung eine (Zwangs-)**Betriebsaufgabe** dar, wenn das einzig zurückbehaltene (Wohn-)Grundstück zu klein ist, um darauf LuF zu betreiben (BFH IV R 7/07, BStBl II 10, 431). Eine Aufteilung der Flächen eines Einzelunternehmens auf mehrere Übernehmer im Wege vorweggenommener Erbfolge wird (anders als eine Aufteilung im Wege der Realteilung einer MUerschaft oder Erbengemeinschaft) nicht von § 14 III erfasst. Insoweit bleibt es daher auch ab 1712. 20 dabei, dass die Aufteilung (Zerschlagung) eines nicht mehr aktiv bewirtschafteten (zB verpachteten)

Betriebs zur Zwangsbetriebsaufgabe führt (so zur früheren Rechtslage BFH VI R 63/15, BFHE 260, 138; BFH VI S 9/19, BFH/NV 20, 1051). Will man dieses Ergebnis vermeiden, muss der Betrieb auf eine MUerschaft übertragen werden, an der die Übernehmer beteiligt sind (zutr *Kanzler* FR 18, 570). Der BFH hat selbst dann eine Betriebszerschlagung eines Verpachtungsbetriebs (und keine Übertragung nach § 6 III) angenommen, wenn der Hauptübernehmer ca 14 000 qm erhielt (also wesentl mehr als die für die Annahme eines Betriebs erforderl Mindestgröße von 3000 qm) und das andere Kind ledigl ca 4000 qm (BFH IV R 19/13, BFH/NV 16, 1702 Rn. 20).

II. Veräußerungs- und Aufgabegewinn

1. Ermittlung des Veräußerungsgewinns/Aufgabegewinns. Ausführl → § 16 Rn. 230 ff (dort insb zur Veräußerung gegen wiederkehrende Bezüge, zur Abgrenzung vom lfd Gewinn und zu nachträgl Änderungen des Veräußerungspreises). **Veräußerungsgewinn** ist der Betrag, um den der Veräußerungspreis (→ Rn. 27) nach Abzug der Veräußerungskosten den nach § 4 I ermittelten Wert des BV (→ Rn. 28) übersteigt (§ 16 II). **Aufgabegewinn** ist der Betrag, um den die Summe der Einzelveräußerungserlöse und des gemeinen Wertes der nicht veräußerten WG (§ 16 III 6, 7) nach Abzug der Aufgabekosten den nach § 4 I ermittelten Wert des BV übersteigt (ausführl → § 16 Rn. 290 ff; dort auch zur Aufgabebilanz). 26

a) Einzelfragen zum Veräußerungspreis. – Aufteilung. Zur Aufteilung eines Gesamtkaufpreises auf GuB einerseits und Aufwuchs (zB stehendes Holz) andererseits → § 13 Rn. 16 mwN. Eine solche Aufteilung kann erforderl sein, um die für GuB geltende Verlustausschlussklausel des § 55 VI zutr anzuwenden (*Schindler* StBP 87, 248; **aA** *Obermeier* DStR 93, 77 (86)). Eine Aufteilung ist ferner erforderl, wenn sich der Gesamtkaufpreis nicht nur auf BV, sondern auch auf WG des PV bezieht (zB Verkauf des Betriebs einschließl eines Gebäudes, das nur *teilweise* dem BV zugeordnet wurde). – **Abgrenzung zum lfd Gewinn.** Ist der Verkäufer berechtigt, die Ernte auch nach dem Zeitpunkt der Übergabe noch einzubringen, erzielt er hieraus nachträgl luf Einkünfte iSd § 24; es handelt sich nicht um einen Teil des nach §§ 14 I, 16 IV, 34 begünstigten Veräußerungsgewinns. – **Nachträgl Änderungen des Veräußerungspreises.** Sie können auf den Zeitpunkt der Gewinnrealisierung zurückwirken (ausführl → § 16 Rn. 335 ff). Dies gilt insb, wenn bei der Veräußerung von GuB im Rahmen einer Betriebsaufgabe eine Kaufpreisnachzahlung für den Fall vereinbart wird, dass die Flächen zu Bauland werden (BFH IV R 53/04, BStBl II 06, 906 unter B.II.2.). 27

b) Nach § 4 I ermittelter (Buch-)Wert des Betriebsvermögens. Das Gesetz geht davon aus, dass sich zugleich mit der Betriebsveräußerung/-aufgabe ein **Übergang zur Gewinnermittlung nach § 4 I** vollzieht. Die wegen dieses Übergangs erforderl Zu- und Abrechnungen sind Teil des lfd Gewinns und können nicht auf drei Jahre verteilt werden (→ § 4 Rn. 693). – Zur Ermittlung des Buchwerts des **Grund und Bodens,** der am 30.6.70 bereits zum BV gehört hat, s § 55. Zur Ermittlung des Buchwerts (AK) für **stehendes Holz** → § 13 Rn. 14 und EStR 14 V; war das stehende Holz bereits am 21.6.48 vorhanden, ist insoweit der anteilige EW zu diesem Tag anzusetzen (BFH I 35/57 S, BStBl III 60, 306; BFH IV 344/64, BStBl II 70, 747). Ist von der Möglichkeit Gebrauch gemacht worden, **Feldinventar und stehende Ernte** nicht zu aktivieren (→ § 13 Rn. 239), gehört der dadurch bei der Betriebsveräußerung entstehende Buchgewinn zum begünstigten Veräußerungsgewinn; der Erwerber kann den entspr Teil seiner Kaufpreiszahlung sofort als BA abziehen (so ausdrückl noch R 14 II 5, 6 EStR 2008; in den EStR 2012 fehlt eine Äußerung hierzu). Zur Ermittlung des Buchwerts **sonstiger WG,** insb bei Gewinnermittlung nach § 13a, → § 13 Rn. 202 mwN (danach ist davon auszugehen, dass der StPfl von Bewertungs- und AfA-Wahlrechten, die zu niedrigen Wertansätzen führen, keinen 28

Gebrauch gemacht hat, sodass sich ein höherer Buchwert und damit ein geringerer Veräußerungsgewinn ergibt). – Soweit die Buchwerte nicht der Buchführung oder dem nach § 4 III 5, § 13a VI 2 zu führenden Verzeichnis und anderen Aufzeichnungen des StPfl entnommen werden können, sind sie auf den Zeitpunkt der Betriebsveräußerung bzw -aufgabe zu schätzen.

31 **2. Steuerbegünstigungen.** Der **Freibetrag nach § 13 III** wird auch für Veräußerungsgewinne gewährt. Der **Freibetrag nach § 16 IV** (45 000 €) gilt auch für LuF; er wird aber nur einmal im Leben und zudem nur gewährt, wenn der StPfl das 55. Lebensjahr überschritten hat oder dauernd berufsunfähig ist (näher → § 16 Rn. 575). Der **ermäßigte Steuersatz** des § 34 I (Fünftelungs-Regelung) ist bei Veräußerungs- und Aufgabegewinnen in jedem Fall zu gewähren; der auf 56% des durchschnittl StSatzes ermäßigte StSatz des § 34 III hingegen ebenfalls nur einmal im Leben und nur nach Vollendung des 55. Lebensjahrs oder bei dauernder Berufsunfähigkeit.

33 **3. Zeitliche Erfassung.** Gewinne aus der Veräußerung/Aufgabe eines luf Betriebes sind nicht (wie lfd Gewinn) auf die Kj zu verteilen, in denen das Wj liegt, sondern einheitl in dem Kj zu erfassen, in dem sie entstanden sind (§ 4a II Nr 1 S 2). Erstreckt sich eine **Betriebsaufgabe über mehrere Kj,** sind die jeweiligen Teil-Gewinne im Zeitpunkt der Realisation zu versteuern (→ Rn. 15 mwN).

III. Betriebsverkleinerung; Realteilung

36 **1. Betriebsverkleinerung, § 14 II. – Norminhalt** (ausführl *Kanzler* DStZ 22, 711). Die Regelung soll in bestimmten Fällen eine Zwangsbetriebsaufgabe vermeiden. Wenn ein luf Betrieb durch Entnahme, Überführung oder Übertragung von Flächen verkleinert wird, aber mindestens eine Fläche verbleibt, die der Erzeugung von Pflanzen oder Tieren iSd § 13 I zu dienen bestimmt ist (dh nicht zB ausschließl ein Wohngrundstück), liegt unabhängig von der Größe dieser Fläche keine Zwangsbetriebsaufgabe vor. Für selbst bewirtschaftete Betriebe galt dies auch schon vor der Anfügung des Abs 2 (BFH VI R 66/15, BStBl II 22, 301 Rn. 22 mwN); für Verpachtungsbetriebe hatte die neuere Rspr hingegen bei einem Absinken der Restfläche unter die 3000 qm-Grenze (→ § 13 Rn. 7) eine Zwangsaufgabe angenommen (BFH VI R 73/15, BStBl II 22, 306 Rn. 37), die nunmehr vermieden wird. – **Betriebsaufgabe aus anderen Gründen weiterhin möglich.** § 16 IIIb bleibt allerdings unberührt (§ 14 II 2). Dies bedeutet zum einen, dass der Inhaber eines verpachteten Betriebs jederzeit die Betriebsaufgabe erklären kann (§ 16 IIIb 1 Nr 1). Darüber hinaus können *andere* Tatsachen (bei denen es sich nicht um die von § 14 II erfasste reine Flächenverkleinerung handelt) mit ihrem Bekanntwerden beim FA weiterhin eine Zwangsbetriebsaufgabe bewirken (§ 16 IIIb 1 Nr 2). – **Zeitl Anwendung.** § 14 II ist durch das JStG 2020 (BGBl I 20, 3096) angefügt worden, gilt aber (unecht rückwirkend) bereits für den gesamten VZ 2020 (§ 52 I idF vor der Änderung durch Art 2 JStG 2020; **aA** *Kanzler* DStZ 22, 711 (714): Anwendung in allen offenen Fällen).

38 **2. Realteilung von Mitunternehmerschaften, § 14 III.** Ausführl *BMF* BStBl I 22, 678; *Kanzler* DStZ 22, 711. – **Norminhalt.** Die Regelung knüpft an Abs 2 an und ordnet in bestimmten Fällen die fortbestehende BV-Eigenschaft von luf GuB auch nach der Realteilung einer MUerschaft (insb Erbengemeinschaft) an. Sie erfasst zum einen die Aufgabe des Betriebs der MUerschaft mit Übertragung von GuB an einzelne MUer (S 1 Alt 1), zum anderen das Ausscheiden eines MUers unter Mitnahme von GuB (S 1 Alt 2), darüber hinaus GuB des SonderBV des MUers (S 2). Wie Abs 2 setzt aber auch Abs 3 voraus, dass mindestens *eine* dem MUer zugewiesene bzw verbleibende Fläche der Erzeugung von Pflanzen oder Tieren iSd § 13 I zu dienen bestimmt ist (§ 14 III 3). Ist dies in Bezug auf *eine* Fläche der Fall, bleibt der *gesamte* GuB des MUers BV. Auf dessen Größe kommt es dann nicht an, was ausdrückl

auch für den Fall der bloßen Verpachtung der Fläche gilt. Gewinnerzielungsabsicht bleibt allerdings erforderl (BT-Drs 19/25160, 189). – **Betriebsaufgabe aus anderen Gründen weiterhin möglich.** Wie bei Abs 2 (→ Rn. 36) gilt § 16 IIIb für den übernehmenden MUer entspr (§ 14 III 4). – **Keine Anwendung bei restloser Aufteilung eines Einzelbetriebs.** Weder vom Wortlaut des Abs 2 noch des Abs 3 wird der Fall erfasst, dass die Flächen eines luf Einzelbetriebs im Wege vorweggenommener Erbfolge vollständig auf mehrere Übernehmer aufgeteilt werden. Hier kann es daher weiterhin zu einer Zwangsbetriebsaufgabe kommen (→ Rn. 23 f).

Zeitliche Anwendung. Abs 3 ist erstmals auf Übertragungen/Überführungen nach dem 16.12.20 anzuwenden (§ 52 XXIIc 1). Der jeweilige MUer kann beim BetriebsFA aber unwiderrufl beantragen, die Neuregelung auch auf zuvor durchgeführte Übertragungen/Überführungen anzuwenden (§ 52 XXIIc 2, 3). Ein solcher Antrag kann ungewollte Gewinnrealisierungen in noch nicht verjährter Zeit vermeiden. – **Rechtslage vor Anfügung des Abs 3.** Verpachtete Flächen, die iRd Auflösung einer luf MUerschaft (Erbengemeinschaft) an einen nicht anderweitig luf tätigen MUer übertragen wurden, gingen zwingend in dessen PV über (BFH VI R 66/15, BStBl II 22, 301 Rn. 34 ff; BFH VI R 73/15, BStBl II 22, 306 Rn. 44 ff; NdsFG EFG 25, 86, Rev VI R 27/24; *Strahl* KÖSDI 22, 22789). Anders war dies jedoch, wenn einer der MUer sämtl wesentl Betriebsgrundlagen oder einen Teilbetrieb erhielt, selbst wenn diese Flächen verpachtet waren (*BMF* BStBl I 22, 678 Rn. 6–9).

§ 14a *Vergünstigungen bei der Veräußerung bestimmter land- und forstwirtschaftlicher Betriebe*

Hinweis: Die Freibetragsregelungen nach § 14a I–III gelten nur für Betriebsveräußerungen und -aufgaben **vor dem 1.1.01;** der Freibetrag nach § 14a IV gilt nur für Veräußerungen und Entnahmen von GuB vor dem 1.1.06, der Freibetrag nach § 14a V für Veräußerungen von GuB vor dem 1.1.01. Daher wird hier auf den Abdruck des Gesetzestextes verzichtet und auf die **Erläuterungen** in → 27. Aufl 2008, § 14a Rn. 1 ff verwiesen. 1

b) Gewerbebetrieb (§ 2 Absatz 1 Satz 1 Nummer 2)

§ 15 Einkünfte aus Gewerbebetrieb

(1) [1]**Einkünfte aus Gewerbebetrieb sind**

1. **Einkünfte aus gewerblichen Unternehmen. [2]Dazu gehören auch Einkünfte aus gewerblicher Bodenbewirtschaftung, z. B. aus Bergbauunternehmen und aus Betrieben zur Gewinnung von Torf, Steinen und Erden, soweit sie nicht land- oder forstwirtschaftliche Nebenbetriebe sind;**
2. **die Gewinnanteile der Gesellschafter einer Offenen Handelsgesellschaft, einer Kommanditgesellschaft und einer anderen Gesellschaft, bei der der Gesellschafter als Unternehmer (Mitunternehmer) des Betriebs anzusehen ist, und die Vergütungen, die der Gesellschafter von der Gesellschaft für seine Tätigkeit im Dienst der Gesellschaft oder für die Hingabe von Darlehen oder für die Überlassung von Wirtschaftsgütern bezogen hat. [2]Der mittelbar über eine oder mehrere Personengesellschaften beteiligte Gesellschafter steht dem unmittelbar beteiligten Gesellschafter gleich; er ist als Mitunternehmer des Betriebs der Gesellschaft anzusehen, an der er mittelbar beteiligt ist, wenn er und die Personengesellschaften, die seine Beteiligung vermitteln, jeweils als Mitunternehmer der Betriebe der Personengesellschaften anzusehen sind, an denen sie unmittelbar beteiligt sind;**
3. **die Gewinnanteile der persönlich haftenden Gesellschafter einer Kommanditgesellschaft auf Aktien, soweit sie nicht auf Anteile am Grundkapital entfallen, und die Vergütungen, die der persönlich haftende Gesellschafter von der Ge-**

sellschaft für seine Tätigkeit im Dienst der Gesellschaft oder für die Hingabe von Darlehen oder für die Überlassung von Wirtschaftsgütern bezogen hat. [2]Satz 1 Nummer 2 und 3 gilt auch für Vergütungen, die als nachträgliche Einkünfte (§ 24 Nummer 2) bezogen werden. [3]§ 13 Absatz 5 gilt entsprechend, sofern das Grundstück im Veranlagungszeitraum 1986 zu einem gewerblichen Betriebsvermögen gehört hat.

(1a) **[1]In den Fällen des § 4 Absatz 1 Satz 5 ist der Gewinn aus einer späteren Veräußerung der Anteile ungeachtet der Bestimmungen eines Abkommens zur Vermeidung der Doppelbesteuerung in der gleichen Art und Weise zu besteuern, wie die Veräußerung dieser Anteile an der Europäischen Gesellschaft oder Europäischen Genossenschaft zu besteuern gewesen wäre, wenn keine Sitzverlegung stattgefunden hätte. [2]Dies gilt auch, wenn später die Anteile verdeckt in eine Kapitalgesellschaft eingelegt werden, die Europäische Gesellschaft oder Europäische Genossenschaft aufgelöst wird oder wenn ihr Kapital herabgesetzt und zurückgezahlt wird oder wenn Beträge aus dem steuerlichen Einlagenkonto im Sinne des § 27 des Körperschaftsteuergesetzes ausgeschüttet oder zurückgezahlt werden.**

(2) **[1]Eine selbständige nachhaltige Betätigung, die mit der Absicht, Gewinn zu erzielen, unternommen wird und sich als Beteiligung am allgemeinen wirtschaftlichen Verkehr darstellt, ist Gewerbebetrieb, wenn die Betätigung weder als Ausübung von Land- und Forstwirtschaft noch als Ausübung eines freien Berufs noch als eine andere selbständige Arbeit anzusehen ist. [2]Eine durch die Betätigung verursachte Minderung der Steuern vom Einkommen ist kein Gewinn im Sinne des Satzes 1. [3]Ein Gewerbebetrieb liegt, wenn seine Voraussetzungen im Übrigen gegeben sind, auch dann vor, wenn die Gewinnerzielungsabsicht nur ein Nebenzweck ist.**

(3) **Als Gewerbebetrieb gilt in vollem Umfang die mit Einkünfteerzielungsabsicht unternommene Tätigkeit**

1. **einer offenen Handelsgesellschaft, einer Kommanditgesellschaft oder einer anderen Personengesellschaft, wenn die Gesellschaft auch eine Tätigkeit im Sinne des Absatzes 1 Satz 1 Nummer 1 ausübt oder gewerbliche Einkünfte im Sinne des Absatzes 1 Satz 1 Nummer 2 bezieht. [2]Dies gilt unabhängig davon, ob aus der Tätigkeit im Sinne des Absatzes 1 Satz 1 Nummer 1 ein Gewinn oder Verlust erzielt wird oder ob die gewerblichen Einkünfte im Sinne des Absatzes 1 Satz 1 Nummer 2 positiv oder negativ sind;**
2. **einer Personengesellschaft, die keine Tätigkeit im Sinne des Absatzes 1 Satz 1 Nummer 1 ausübt und bei der ausschließlich eine oder mehrere Kapitalgesellschaften persönlich haftende Gesellschafter sind und nur diese oder Personen, die nicht Gesellschafter sind, zur Geschäftsführung befugt sind (gewerblich geprägte Personengesellschaft). [2]Ist eine gewerblich geprägte Personengesellschaft als persönlich haftender Gesellschafter an einer anderen Personengesellschaft beteiligt, so steht für die Beurteilung, ob die Tätigkeit dieser Personengesellschaft als Gewerbebetrieb gilt, die gewerblich geprägte Personengesellschaft einer Kapitalgesellschaft gleich.**

(4) **[1]Verluste aus gewerblicher Tierzucht oder gewerblicher Tierhaltung dürfen weder mit anderen Einkünften aus Gewerbebetrieb noch mit Einkünften aus anderen Einkunftsarten ausgeglichen werden; sie dürfen auch nicht nach § 10d abgezogen werden. [2]Die Verluste mindern jedoch nach Maßgabe des § 10d die Gewinne, die der Steuerpflichtige in dem unmittelbar vorangegangenen und in den folgenden Wirtschaftsjahren aus gewerblicher Tierzucht oder gewerblicher Tierhaltung erzielt hat oder erzielt; § 10d Absatz 4 gilt entsprechend. [3]Die Sätze 1 und 2 gelten entsprechend für Verluste aus Termingeschäften, durch die der Steuerpflichtige einen Differenzausgleich oder einen durch den Wert einer veränderlichen Bezugsgröße bestimmten Geldbetrag oder Vorteil erlangt. [4]Satz 3 gilt nicht**

für die Geschäfte, die zum gewöhnlichen Geschäftsbetrieb bei Kreditinstituten, Finanzdienstleistungsinstituten und Finanzunternehmen im Sinne des Gesetzes über das Kreditwesen oder bei Wertpapierinstituten im Sinne des Wertpapierinstitutsgesetzes gehören oder die der Absicherung von Geschäften des gewöhnlichen Geschäftsbetriebs dienen. [5]Satz 4 gilt nicht, wenn es sich um Geschäfte handelt, die der Absicherung von Aktiengeschäften dienen, bei denen der Veräußerungsgewinn nach § 3 Nummer 40 Satz 1 Buchstabe a und b in Verbindung mit § 3c Absatz 2 teilweise steuerfrei ist, oder die nach § 8b Absatz 2 des Körperschaftsteuergesetzes bei der Ermittlung des Einkommens außer Ansatz bleiben. [6]Verluste aus stillen Gesellschaften, Unterbeteiligungen oder sonstigen Innengesellschaften an Kapitalgesellschaften, bei denen der Gesellschafter oder Beteiligte als Mitunternehmer anzusehen ist, dürfen weder mit Einkünften aus Gewerbebetrieb noch aus anderen Einkunftsarten ausgeglichen werden; sie dürfen auch nicht nach § 10d abgezogen werden. [7]Die Verluste mindern jedoch nach Maßgabe des § 10d die Gewinne, die der Gesellschafter oder Beteiligte in dem unmittelbar vorangegangenen Wirtschaftsjahr oder in den folgenden Wirtschaftsjahren aus derselben stillen Gesellschaft, Unterbeteiligung oder sonstigen Innengesellschaft bezieht; § 10d Absatz 4 gilt entsprechend. [8]Die Sätze 6 und 7 gelten nicht, soweit der Verlust auf eine natürliche Person als unmittelbar oder mittelbar beteiligter Mitunternehmer entfällt.

Einkommensteuer-Richtlinien: EStR 15.1–15.10, EStH 15.1–15.10.

Übersicht Rn.

A. Allgemeines

I. Norminhalt

1 Ausgehend von der Begriffsbestimmung des GewBetr (§ 15 II) werden die lfd Einkünfte einer natürl Person in § 15 I 1 Nr 1 (gewerbl Unternehmen = Einzelunternehmen) sowie die Gewinnanteile/Vergütungen des MUers einer gewerbl MUerschaft in § 15 I 1 Nr 2, I 2, III und diejenigen des Komplementärs einer KGaA in § 15 I 1 Nr 3 iVm I 2 geregelt. Sondervorschriften enthalten § 15 I 3: Entnahmeprivileg entspr § 13 V; § 15 Ia: Veräußerung von EuropaGesAnteilen; § 15 III: gewerbl Fiktionen der MUerschaften; § 15 IV: Ausgleichs- und Abzugsverbot für Verluste aus gewerbl Tierzucht und Tierhaltung, aus gewerbl Termingeschäften und aus mitunternehmerischen InnenGes zw kstpfl Personen.

II. Rechtssystematische Bedeutung

2 § 15 konkretisiert den Tatbestand der lfd Einkünfte aus GewBetr (§ 2 I 1 Nr 2: Gewinneinkunft) und grenzt diese ggü den anderen Einkunftsarten sowie uU nicht estbaren Vermögensmehrungen/-minderungen ab. Die Abgrenzung ist auch für die Art der Einkünfteermittlung (§§ 2 II, 4 ff) und die GewSt von Bedeutung (§ 2 I GewStG; BFH GrS 3/92, BStBl II 93, 616). § 15 wird durch § 16 für Veräußerungs-/Aufgabegewinne und durch § 24 Nr 2 für nachträgl Einkünfte ergänzt.

III. Anwendungsbereich

3 § 15 gilt unmittelbar nur für estpfl natürl Personen, mittelbar über §§ 1, 8 KStG auch für kstpfl Personen. § 15 erfasst inl und ausl GewBetr unbeschr stpfl Personen sowie über § 49 I Nr 2 inl GewBetr beschr stpfl Personen (iEinz → § 49 Rn. 20 ff); zu Nr 2 f nF auch → Rn. 862.

B. Gewerbliche Einzelunternehmen; § 15 I 1 Nr 1 iVm § 15 II

I. Allgemeines

5 Das Erzielen von Einkünften aus gewerbl Unternehmen iSv § 15 I 1 Nr 1 erfordert, dass die in § 15 II definierten Merkmale des GewBetr, ggf iVm § 15 I 1 Nr 1 S 2 (dazu → Rn. 134) von einer natürl Person als Einzelunternehmer aufgrund ihres/ihrer Unternehmerrisikos/-initiative (dazu → Rn. 135 ff) erfüllt werden. Die Prüfung verschränkt somit sachl und persönl Umstände (BFH GrS 3/92, BStBl II 93, 616).

II. Gewerbebetrieb

8 **1. Begriff des EStG.** Seine Merkmale sind – ***(1)*** eine selbständige nachhaltige Betätigung, die mit der Absicht, Gewinn zu erzielen (§ 15 II 2–3), unternommen wird und sich als Beteiligung am allg wirtschaftl Verkehr darstellt, die – ***(2)*** weder als Ausübung von LuF (§ 13) noch als Ausübung selbständiger Arbeit (§ 18) anzusehen ist und – ***(3)*** den Rahmen privater Vermögensverwaltung überschreitet (st Rspr; BFH GrS 1/98, BStBl II 02, 291). ME handelt es sich um einen offenen **Typusbegriff** (→ Rn. 11, 20, 46) und nicht um einen abschließend definierten Klassenbegriff (vgl *KKM* § 15 B 3 ff); jedenfalls sind Grenzfälle durch einen Ähnlichkeits-/Typusvergleich, dh durch Abgleich des „Gesamtbildes der Einzelfallverhältnisse" mit den Vollformen des GewBetr („Urbildern" = Produktion, Dienstleistung, gewerbl Handel) zu beurteilen (BFH GrS 1/98, BStBl II 02, 291; BFH X R 18/18, BStBl II 20, 538 mwN).

9 **2. Begriffe anderer Gesetze.** Der Begriff des GewBetr iSv § 15 I 1 Nr 1 iVm II stimmt zwar grds mit demjenigen des § 2 I 1 **GewStG** überein (arg § 2 I 2 GewStG). Unterschiede bestehen aber iZm § 9 Abs. 1 Nr 1 Satz 2 GewStG (→ Rn. 18, 79) sowie in *zeitl* Hinsicht insofern, als der GewBetr iSv § 15 II früher beginnt und aufgrund § 24 Nr 2 später endet (BFH GrS 4/82, BStBl II 84, 751; → Rn. 129–134). Der estrechtl Begriff ist auch nicht mit gleich lautenden Begriffen in **§§ 1, 2 HGB** und **§ 1822 Nr 4 BGB** oder demjenigen des Erwerbsgeschäfts iSv § 1822 Nr 3 BGB (vgl. auch § 1852 BGB nF) identisch (zB BFH VIII R 1/71, BStBl II 72, 360; *Hopt* § 1 HGB Rn. 11 f: HGB tendenziell weiter). Demgemäß fällt ein ins HR eingetragenes luf Unternehmen estrechtl unter § 13; auch die sog Scheinkaufmannseigenschaft (§ 5 HGB) begründet keinen estrechtl GewBetr. Von der gewerbl Tätigkeit iSv **§ 2 I 1 UStG** und vom wirtschaftl Geschäftsbetrieb iSv **§ 14 AO** unterscheidet sich der GewBetr ua insofern, als jene keine Gewinnabsicht erfordern (§ 2 I 3 UStG; § 14 S 2 AO). Zum **Unternehmen** als (unterschiedl) handels-, gesellschafts-, bilanz- und konzernrechtl Begriff (zB § 271 HGB) s *Hopt* Einl vor § 1 HGB Rn. 48 ff.

11 **3. Selbständigkeit. – a) Grundsätze.** Die selbständige Betätigung iSv § 15 II kennzeichnet, dass eine natürl Person auf *eigene* Rechnung und Gefahr tätig ist und damit das Unternehmer**risiko** (Erfolgs-/Verlustrisiko) der eigenen Betätigung trägt und Unternehmer**initiative** entfalten kann. Beide Merkmale bestimmen zum einen die Einkunftszurechnung (dazu → Rn. 135 ff), zum anderen die Abgrenzung ggü der nichtselbständigen Arbeit des ArbN im estrechtl Sinne (vgl § 1 I, II LStDV). Maßgebl sind nicht tatbestandl festumrissene Kriterien, sondern die das **Gesamtbild der Verhältnisse** prägenden/**abzuwägenden** Einzelfallmerkmale (sog offener Typusbegriff; BFH X R 14/10, BStBl II 12, 511; LStH 19.0: umfangreicher Kriterienkatalog). Ebenso grds iRv § 2 UStG; *Ausnahmen:* MUer/Komplementär (BFH XI R 14/09, BStBl II 11, 433); Aufsichtsrat → § 18 Rn. 150; UStR 2.2 IIIa). Zur spiegelbildl Prüfung der **ArbN-Merkmale** (§ 19 EStG; § 1 I LStDV: „Dienstverhältnis") s iEinz auch zur Übereinstimmung mit dem Arbeits- und Sozialrecht → § 19 Rn. 20 ff. Demgemäß kann zB eine Beteiligung des **Geschäftsführers einer KapGes** von mehr

50% dessen Selbständigkeit indizieren (BFH I R 48/16, BFH/NV 17, 1316; *Wacker* FR 21, 505; ausführl → § 19 Rn. 35 „Gesellschafter …"; weitergehend zu § 7 SGB IV BSG B 12 KR 37/19 R, DStR 22, 1624: MinderheitsGes'ter mit umfassender Sperrminorität). Ein und **dieselbe Tätigkeit** kann iSd des EStG/GewStG zwar nur selbständig (zB § 15 I 1 Nr 1) oder nichtselbständig (§ 19) sein. Eine natürl Person kann aber *neben* einer selbständigen auch eine **unselbständige Tätigkeit** ausüben (BFH X R 163–164/87, BStBl II 91, 802: Eigengeschäfte eines Bank-ArbN) oder **mehrere Gewerbebetriebe** betreiben (→ Rn. 125).

b) Abwägungskriterien. – aa) Pro Arbeitnehmer. Überblick; iEinz → § 19 Rn. 22 ff. Hierzu gehörten: Weisungsgebundenheit hinsichtl Ort, Zeit und Inhalt der Tätigkeit („Eingliederung"; BFH VI R 11/07, BStBl I 08, 933: Telefoninterviewer); feste Arbeitszeit; einfache Tätigkeit (BFH VI R 126/88, BStBl II 93, 155); kein Kapitaleinsatz; überwiegend feste, erfolgsunabhängige Bezüge, Fortzahlung bei Krankheit und Urlaub (BFH I R 17/78, BStBl II 80, 303); ganze Arbeitskraft geschuldet, nicht ein Arbeitserfolg (BFH I R 159/76, BStBl II 79, 182). 12

bb) Pro Selbständigkeit. Hierzu gehören: tätigkeitsbezogene Vergütung (BFH I R 98/15, DStR 18, 449); Beauftragte kann über Zeit, Ort und Umfang seiner Tätigkeit im Wesentlichen selbst bestimmen oder die geschuldete Tätigkeit delegieren, insb selbst wieder ArbN beschäftigen (BFH XI R 71/93, BStBl II 95, 559); kein Anspruch auf bezahlten Urlaub oder Lohn bei Krankheit (BFH I R 98/15, DStR 18, 449); Auftraggeber-Betrieb wird nur kurzfristig „berührt" (BFH IV R 1/77, BStBl II 81, 706: Synchronsprecher). 13

cc) Neutral. Dazu rechnen: LStAbzug (BFH IV 162/63, BStBl III 67, 598: nur indizielle Bedeutung); Bezeichnung (zB „freie Mitarbeit", BFH VI R 126/88, BStBl II 93, 155); Art der Tätigkeit (BFH VI R 150–152/82, BStBl II 85, 661). Demnach kann zB das Taxifahren selbständig oder unselbständig (angestellter Fahrer) ausgeführt werden. Ein Vertreter kann ArbN (§ 84 II HGB) oder selbständiger Gewerbetreibender sein; Letzteres nach § 84 I 2 HGB, wer im Wesentlichen frei seine Tätigkeit gestalten und seine Arbeitszeit bestimmen kann (vgl BFH IV R 98/71, BStBl II 75, 115). 14

c) Beispiele. Zu **einzelnen Tätigkeiten** (zB Ges'terGeschäftsführer einer KapGes; Vertreter, Heimarbeiter, Hausgewerbetreibende, Schwarzarbeit, ArbN-ähnl Selbständige iSv § 2 S 1 Nr 9 SGB VI, Schwarzarbeiter, Sportler, Schiedsrichter, Künstler, Musiker, Lehrtätigkeiten, Prostituierten, Franchisenehmer, Reiseleiter) → Rn. 11, 150, EStR 15.1, EStH 15.1 sowie ausführl → § 19 Rn. 35. S dort auch zu **Nebentätigkeiten.** 15

4. Nachhaltigkeit. – a) Grundsätze. Das Merkmal zielt darauf, nur **gelegentliche Tätigkeiten** aus dem GewBetr iSv § 15 II **auszuschließen.** Eine Tätigkeit ist nachhaltig, wenn sie „auf **Wiederholung** angelegt", dh der allg Wille besteht, gleichartige oder ähnl Geschäfte bei sich bietender Gelegenheit – ggf auch in größeren Zeitabständen (BFH IV R 50/15, BStBl II 18, 89) – durchzuführen (BFH I R 60/80, BStBl II 86, 88; EStH 15.2). Bei subj **Unentschlossenheit,** wiederholt zu handeln, fehlt es idR an der Nachhaltigkeit (BFH IV R 28/92, BFH/NV 93, 728), anders, wenn ein Entschluss zur Wiederholung zB mangels Gelegenheit nicht umgesetzt werden kann (BFH X R 36/06, BStBl II 10, 171). Nicht erforderl ist, dass **jede einzelne Handlung** in Wiederholungs- oder Gewinnabsicht (BFH I R 60/80 aaO) unternommen wird (zu Grundstückshandel → Rn. 18, 62; zur Abgrenzung ggü privater Vermögensverwaltung wie zB ebay-Verkäufe → Rn. 46). Auch eine nur auf wenige Wochen angelegte Tätigkeit kann nachhaltig sein (BFH I R 173/83, BStBl II 91, 66). Eine nur **gelegentl Tätigkeit** ist hingegen der Verkauf einzelner Hausratsgegenstände, zB auf einem Flohmarkt (vgl § 22 Nr 3 S 1 „gelegentl Vermittlungen"; BFH X R 108/91, BStBl II 94, 96: GelegenheitsGes) oder die sog (praktisch unbe- 17 deutende) Zufallserfindung (BFH XI R 26/02, BStBl II 04, 218; BFH IV B 170/01, BFH/NV 03, 1406; FG Hmb EFG 06, 661). Der BFH prüft die Nachhaltigkeit bei **händlertypischer** Tätigkeit grds nur bezügl der Aktivitäten auf dem **Absatzmarkt** (BFH IV R 50/17, BStBl II 18, 89: Ein-Objekt-Flugzeugfonds; mE unzutr), bei andersartigen Tätigkeiten (jedenfalls zT) auch bezügl der **Beschaffungsseite** (BFH IV R 34/15, BFH/NV 18, 24; BFH IV R 10/21, DStR 24, 97: Forderungs*käufer;* dazu aber → Rn. 92). In Einzelfällen bejaht die Rspr zudem die Nachhaltigkeit bei einer Vielzahl unterschiedl Tätigkeiten zur Erfüllung eines **einzigen Vertrags** (Absatzgeschäft; BFH I R 60/80, BStBl II 86, 88: Hallenfest eines Vereins; BFH V R 1/87, BFH/NV 92, 418: Testamentsvollstreckung); zum Grundstückshandel → Rn. 18.

18 **b) Gewerblicher Grundstückshandel.** Nachhaltig ist der **Verkauf** von Miteigentumsanteilen an *einem* Grundstück im grundbuchrechtl Sinne an **verschiedene** Erwerber (BFH IV B 47/06, BFH/NV 07, 234: auch bei einheitl Veräußerungsentschluss) oder mehrerer Grundstücke an mehrere konzernangehörige TochterKapGes (BFH X R 25/13, BStBl II 15, 897). Die Veräußerung selbst von mehr als drei Objekten an **einen** Erwerber in **einem** Verkaufsgeschäft soll idR nur nachhaltig sein, wenn weitere Grundstücksgeschäfte geplant sind (BFH IV R 62/07, BFH/NV 10, 2261; zum gewerbl Handel *ohne* Nachhaltigkeit iRv § 9 Nr 1 Satz 2 GewStG s BFH III R 12/22, BStBl II 25, 749; → Rn. 79). **Nicht** nachhaltig ist *grds* eine wiederholte Tätigkeit nur auf der **Beschaffungsseite** (→ Rn. 17; BFH III R 47/88, BStBl II 92, 143: Ankauf mehrerer Grundstücke) oder der Verkauf einer Pflegestation, selbst bei Berücksichtigung von Erwerber-Bauwünschen (FG Mster EFG 05, 526). **Ausnahme:** Nach BFH GrS 1/98, BStBl II 02, 291 ist die Nachhaltigkeit bei **unbedingter Veräußerungsabsicht** zum Zeitpunkt der Bauverpflichtung (→ Rn. 62) auch bei nur einem einzigen Absatzgeschäft (Verkauf/Werkvertrag) zu bejahen, wenn deren Erfüllung („Beschaffungsseite") mehrere unterschiedl Einzeltätigkeiten erfordern, die in ihrer Gesamtheit die Würdigung der Nachhaltigkeit tragen (BFH VIII R 40/01, BStBl II 03, 294; *Fischer* FR 05, 991: „typologische" Abgrenzung). Allerdings soll dies auf **„besondere Sachverhalte"** beschränkt sein. Erforderl sind Einzelmaßnahmen, die dem Bau mehrerer (gedachter) Gebäude entsprechen (BFH X R 41/08, BFH/NV 11, 245); die Höhe der Baukosten soll hierbei nur Beweisanzeichen sein.

Weitere **Einzelfälle: Bej** BFH VIII R 40/01, BStBl II 03, 294: Einkaufszentrum, 7 Mio DM/Verkauf; BFH IV R 65/04, BStBl II 06, 259: Einkaufspassage, 12 Mio/HK; BFH IV R 10/06, BStBl II 09, 533: Handwerkermarkt, 10 Mio DM/HK; IV R 77/06, BStBl II 09, 791: zwei oder drei Gewerbehallen. – **Vern** BFH X R 27/03, BFH/NV 07, 412: „kleiner" Supermarkt, 2 Mio DM/HK; BFH X R 35/07, BFH/NV 09, 1249: Mehrfamilienhaus, 2,35 Mio DM/HK; BFH IV R 77/06, BStBl II 09, 791: eine Gewerbehalle; FG Hbg EFG 23, 698, rkr: bloße Supermarktsanierung; **offen** BFH IV R 8, 9/07, BFH/NV 09, 923: Mehrfamilienhaus, 1,7 Mio/HK; BFH IV R 12/07, BFH/NV 09, 926: Gewerbe-/Wohngebäude, 4,7 Mio DM/HK; BFH IV R 17/04, BStBl II 05, 606: Behördenbau, 16 Mio DM/HK.

Nicht ausreichend sind Maßnahmen, die in **Vermietungsabsicht** vorgenommen werden (BFH IV R 27/03, BStBl II 05, 164); die Leistungen eines **Generalunternehmers** sind dem Auftraggeber aber zuzurechnen (BFH IV R 10/06, BStBl II 09, 533). **Stellungnahme:** Da Nachhaltigkeit bei Veräußerung von zwei Objekten zu bejahen ist, sollte die Rspr das Merkmal in Ein-Objekt-Fällen im Interesse der Rechtssicherheit durch die Baukostenhöhe typisierend bestimmen. Der Vorschlag einer administrativen Nichtaufgriffsgrenze (BFH IV R 17/04, BStBl II 05, 606; *Kempermann* DStR 06, 265 (268): Baukosten unter 2,5 Mio €) wäre dann entbehrl.

19 **c) Nachweis.** Die Wiederholungsabsicht ist aus **obj Merkmalen** zu schließen (BFH III R 47/88, BStBl II 92, 143), zB aus der tatsächl Wiederholung, aber auch aus sonstigen Umständen (zB BFH IV R 30/14, BStBl II 17, 1061). Ist die Nachhal-

tigkeit nicht feststellbar, trifft die **Feststellungslast** denjenigen (FA; StPfl), der aus dem Vorliegen eines GewBetr begünstigende Folgen ableitet (BFH I R 60/80, BStBl II 86, 88).

5. Teilnahme am allgemeinen wirtschaftlichen Verkehr. – a) Grundsätze. Das Merkmal dient der Trennung des Markteinkommens iSv § 15 II aufgrund Güter-/Leistungsaustausch von sonstigen Vermögensmehrungen (BFH I R 98/15, DStR 18, 449; *Schön* FS Vogel, 2000, 661); es ist typusbezogen auszulegen (BFH I R 16/99, BStBl II 00, 404; → Rn. 8; **aA** *HHR/Stapperfend* § 15 Rn. 1050 mwN). Erforderl ist, dass der StPfl als **Anbieter** von Gütern oder Leistungen, auch immaterieller Art (BFH X R 43/12, BStBl II 16, 48; s auch § 1 IIIc 2 AStG nF), über den internen (privaten) Bereich hinaus am (allg) Markt gegen Entgelt und für Dritte erkennbar auftritt (BFH III R 61/97, BStBl II 99, 390) oder dies beabsichtigt (BFH X R 10/16, BStBl II 18, 630). Die Verkaufs-/Leistungsabsicht muss nicht durch Werbung bekannt werden (BFH I R 98/15, DStR 18, 449); Kenntnis eines kleinen Kreises genügt (BFH X B 109/97, BFH/NV 98, 1083). Der StPfl muss die Leistungen **nicht in eigener Person** erbringen; er kann sich eines Maklers oder Vertreters bedienen, deren Tätigkeit er sich zurechnen lassen muss (BFH X R 10/16, BStBl II 18, 630). Selbst Marktteilnahme in verschleierter Form (verdeckte Stellvertretung, zB durch Einschaltung einer Bank) genügt (BFH X R 10/16, BStBl II 18, 630; → Rn. 138). Unschädl ist, dass bei Erwerb der spätere Käufer bereits bekannt ist (BFH IV B 44/02, BFH/NV 02, 1559). Unerhebl ist ferner, ob der StPfl nur ein **erfolgsabhängiges Entgelt** erhält (BFH X R 43/12, BStBl II 16, 48; BFH X R 8/21, BStBl II 23, 811: jew Poker; *OFD NRW* DB 17, 339; zur USt s aber BFH XI R 37/14, BStBl II 19, 336) oder es ihm nicht vom Leistungsempfänger, sondern von einem Dritten gewährt wird (BFH I R 110/76, BStBl II 78, 137: Einfirmenvertreter). Insb bei typisch kfm Tätigkeit können Geschäfte mit nur einem **einzigen Kunden**/Abnehmer (BFH IV R 94/99, BStBl II 02, 565: Pilot einer FlugGes; NdsFG EFG 22, 1433, rkr: AbrechnungsGbR; unklar AEAStG *BMF* BStBl I 23, Sondernr 1, 2 Rn. 360 ff) oder einem eng begrenzten Kreis von Personen ausreichen (zB BFH IV R 10/00, BStBl II 02, 338: Angehörige; BFH X R 38/11, BFH/NV 13, 1125: Heilpflanzenimport für einen Abnehmer; BFH X R 15/11, BFH/NV 13, 1548: Nachbarschaftspflege). Demgemäß ist auch nicht erforderl, dass der Händler seine Waren einer oder mehreren Personen anbietet (BFH IV B 64/99, BFH/NV 00, 1329: Verkauf an Mieter und Angehörige; ebenso BFH I R 98/15, DStR 18, 449: *Martini* FS D. Maier, 2020, 467: Schiedsrichterleistung ggü Verbänden). Eine Geschäftsbeziehung/ein Verkauf reicht selbst dann aus, wenn Vertragsbeziehungen zu **anderen Personen ausgeschlossen** sind, vorausgesetzt, dem Bild der unternehmerischen Marktteilnahme wird nach Art und Umfang der Tätigkeit genügt (BFH I R 16/99, BStBl II 00, 404: Dienstleistungen für Militär; BFH X R 37/00, BStBl II 03, 464: Vermietung/Veräußerung von Wohnmobilien an eine GmbH; BFH I R 98/15, DStR 18, 449: Profischiedsrichter). Gleiches gilt für geschäftsleitende **HoldingGes** (BFH I R 23/21, DStR 25, 899; *Wacker* FR 25, 869 (875); FG Ddorf EFG 18, 1287, rkr: konzerninterne Beratung; → Rn. 90) und bei **gewerbl Grundstückshandel** (BFH IV R 10/06, BStBl II 09, 533: Errichtung/Veräußerung *eines* Fachmarkts für/an eine bestimmte teilweise personenidentische GbR; glA FG Hmb EFG 09, 1934). Zur Zwischenschaltung eines Dritten s *BMF* BStBl I 04, 434 Rn. 4. 20

b) Einzelfälle fehlender Marktteilnahme. – ***(1)*** Ausübung hoheitl Gewalt, zB Tätigkeit des Präsidenten einer öffentl-rechtl Berufskammer (BFH III R 241/84, BStBl II 88, 615); anders aber, wenn eine Privatperson auf privatrechtl Grundlage öffentl Aufgaben erledigt (BFH X R 83/96, BStBl II 99, 534: Rundfunkermittler; BFH XI R 53/95, BStBl II 97, 295: Bezirksschornsteinfeger; zur USt BFH V R 28/99, BStBl II 00, 597). – ***(2)*** Vergabe von Ges'terDarlehen an KapGes (BFH X R 9/17, DStR 19, 2626); bloße Verwaltung des aufgebrachten Stammkapitals (BFH I R 98/87, BStBl II 90, 1073); Bürgschaftsübernahme durch Ges'ter (BFH 21

X B 58/06, BFH/NV 06, 1837; anders bei wiederholter Übernahme uU BFH III R 22/06, BFH/NV 09, 1087). – ***(3)*** Nachhaltiger Abschluss von Lottospielverträgen (BFH I R 133/68, BStBl II 70, 865; anders aber bei Berufsspieler [Anbieter], BFH X B 276/96, BFH/NV 98, 854). – ***(4)*** Einsammeln und Verwerten leerer Flaschen (BFH I R 203/71, BStBl II 73, 727: § 22 Nr 3); („privater" = nicht berufl) An- und Verkauf von Wertpapieren oder Briefmarken ohne offene Marktteilnahme (BFH XI R 80/97, BStBl II 99, 448; → Rn. 89, 91); Abschluss von Termingeschäften durch einen Bankdirektor (BFH IV R 220/85, BStBl II 89, 39; anders aber BFH III R 9/89, BFH/NV 94, 80; → Rn. 91). – ***(5)*** Wiederholte Pkw-Vermietung durch Unternehmer an Angestellten (BFH VI R 387/69, BStBl II 71, 173).

6. Gewinnerzielungsabsicht; Liebhaberei

Verwaltung: EStH 15.3; *OFD Kbl* DStR 05, 379 (Ferienhausvermietung).

Schrifttum (Auswahl): *Stöber,* Die subjektübergreifende Einkünfteerzielungsabsicht, FR 17, 801; *Stark,* Totalgewinn, Restgewinn, Periodengewinn, StuW 24, 244.

24 **a) Grundsätze.** Das Merkmal „Absicht, Gewinn zu erzielen" in § 15 II 1–3 konkretisiert die grds alle Einkünfte (§ 2 II; aber → § 23 Rn. 3) kennzeichnende Einkunftserzielungsabsicht (*anders* § 8 I 2 KStG: Betrieb gewerbl Art; § 14 S 2: wirtschaftl Geschäftsbetrieb; Unternehmer gem § 2 I UStG; dazu BFH XI R 13/21, BStBl II 24, 801). Es will die Besteuerung nach der Leistungsfähigkeit, dh entspr dem **Fiskalzweck** des EStG sicherstellen, dass in die Einkünfte gem § 15 nur die **durch** die gewerbl/betriebl **Erwerbs**tätigkeit veranlassten Aufwendungen/Gewinne eingehen, und hiervon die nichtsteuerbare/„private" Sphäre der **Einkunftsverwendung** (**„Liebhaberei";** BT-Drs 10/336; BVerfG 2 BvR 1818/91, DStR 98, 1743; § 12 Nr 1 S 2: „Lebensführung") abgrenzen (BFH GrS 4/82, BStBl II 84, 751; → Rn. 179 ff; *Birk* BB 09, 860). – Das Merkmal ist nach stRspr wortlautgemäß **zweigliedrig** zu prüfen (BFH X R 27/16, BFH/NV 18, 3; grds zutr; krit → § 2 Rn. 23; *Kanzler* FR 23, 241): – ***(1)*** **obj** Ertragsprognose/Gewinneignung des Betriebs (dazu → Rn. 25 ff); – ***(2)*** bei neg Prognose Ermittlung der **subj** Gewinnerzielungs*absicht* des StPfl und/oder etwaiger privater Gründe (dazu → Rn. 29 ff). Letzteres hat ua die sachgerechte Folge, dass selbst langjährige Verluste vorbehaltl ihrer Zuordnung zur Einkunftsverwendung (s oben) im Einklang mit dem Risikocharakter betriebl Einkünfte die ESt mindern. – Zur entspr Anwendung von § 15 II 2, 3 gem § 13 VII **(LuF),** § 18 IV 2 **(Selbständige Arbeit)** s jeweils dort. – Zu **MUerschaften/MUern** PersGes (einschließl VerlustzuweisungsGes) → Rn. 182 f; 265 und → Rn. 225 (gewerbl Prägung). Zum Verkauf/Einbringung an/in KapGes → Rn. 76. Zu **§ 49 II** → § 49 Rn. 133. Zur „Liebhaberei" einer **KapGes** s BFH I R 92/00, BFHE 199, 217: **vGA.**

25 **b) Objektive Ertragsprognose; Totalgewinn. – aa) Allgemeines.** Erforderl ist das Streben nach einer **BV-Mehrung** in Form eines **Totalgewinns,** dh eines positiven über den Eigenkapitaleinsatz hinausgehenden Gesamtergebnisses des Betriebs in der Zeit von der Gründung bis zur Veräußerung/Aufgabe (BFH GrS 4/82, BStBl II 84, 751 Rn. 181). Abzustellen ist hierbei auf **estrechtl** Maßstäben auch zB bezügl der konkreten Gewinnermittlungsart (BFH IV R 60/07, BFH/NV 10, 1446) auf der Grundlage **tatsächl** Erträge und Aufwendungen; **nicht** also: **kalkulatorische** Kosten (zB Unternehmerlohn, AfA nach Wiederbeschaffungskosten; *Groh* DB 84, 2424) oder Pauschbeträge (BFH X B 218/06, BFH/NV 07, 2273). Eine durch die Betätigung verursachte **Minderung** der **Steuern** vom **Einkommen** ist kein Gewinn (**§ 15 II 2;** BT-Drs 10/336, 26; BFH GrS 4/82, BStBl II 84, 751; → Rn. 178 ff; BFH IV R 4/95, BFH/NV 98, 947). Daher unterhalten VerlustzuweisungsGes, die ihren Ges'tern nur Verlustanteile zum Ausgleich positiver Einkünfte vermitteln will, keinen GewBetr iSv § 15 II (→ Rn. 182). – Einzubeziehen sind aber stbare **Veräußerungs-/Aufgabegewinne,** auch soweit sie zB nach § 16 IV **stfrei**

sind (BFH I R 69/95, BFH/NV 97, 408); somit auch voraussichtl stille Reserven (BFH III R 45/22, BStBl II 25, 961; BFH IV R 8/03, BFH/NV 05, 854; weiter BFH IV R 38/13, BStBl II 16, 765 auch „fiktiver" Aufgabegewinn/-verlust; BFH VI R 3/22, BStBl II 24, 823 auch ohne Betriebskonzept; mE fragl). Ebenso direkte **Subventionen,** selbst bei StFreiheit (zB InvZul; *FinSen Bln* FR 99, 827; BFH III R 23/15, DStR 18, 782 zu § 3 Nr 26: gleichwohl Prüfung des Gewinnabsicht; zutr) sowie negative Wechselkursentwicklungen (BFH IV B 31/96, BFH/NV 97, 478). Ein **Mindestbetrag** des Totalgewinns, insb eine Mindestverzinsung des Eigenkapitals ist **grds nicht** notwendig, jedoch nach BFH IV R 149/83, BStBl II 85, 549 ein „wirtschaftl ins Gewicht fallender Gewinn". Bloße **Selbstkostendeckung** ist jedenfalls nicht ausreichend (BFH I R 36/98, BStBl II 99, 366; FG BW BeckRS 2022, 26144; BFH VIII B 70/22, BFH/NV 24, 34: Herausgeberschaft pro bono). Eine **Barwertberechnung** ist mE nicht geboten, aber bei neg Gesamtergebnis uU Indiz gegen Gewinnabsicht. Nur durch **Geldentwertung** bedingte BV-Mehrung reicht nicht aus (BFH IV R 88/86, BFH/NV 89, 771). **§ 6 II** (als Vereinfachungsnorm) ist zu berücksichtigen (BFH IV B 8/05, BFH/NV 07, 231), nicht aber **SonderAfA** (BFH IX R 24/07, BStBl II 10, 127 zu VuV; **aA** *BMF* BStBl I 98, 1444). Zu nichtabziehbaren Aufwendungen s zB § 160 AO s BFH X R 99/92, BFH/NV 96, 891. Bei einheitl Tätigkeit, die (zufällig) teils selbständig, **teils nichtselbständig** ausgeübt wird, ist eine **Gesamtbetrachtung** notwendig (BFH XI R 46/01, BStBl II 03, 602). Die erforderl **Prognose** (Schätzung), dh die in die Zukunft gerichtete langfristige (Gesamt-)Beurteilung hat die konkrete **Betriebsstruktur/-führung** zu berücksichtigen (*Drüen* AG 06, 707). Die Verhältnisse bereits abgelaufener Zeiträume können hierfür wichtige Anhaltspunkte bieten (BFH XI R 10/97, BStBl II 98, 663). **Außergewöhnl Verluste** sind nur bei Vorhersehbarkeit einzubeziehen (BFH IV R 20/05, BFH/NV 08, 532). Bei risikobehafteter Tätigkeit müssen vernünftige Anhaltspunkte für eine reale Gewinnchance bestehen; eine nur **theoretische Gewinnchance** reicht *nicht* aus (BFH X B 214/09, BFH/NV 10, 1811).

bb) Segmentierung. Verschiedene Aktivitäten des StPfl sind je nach den Umständen des Einzelfalls einheitl (sog Beurteilungseinheit) oder getrennt (Segmentierung; BFH XI R 58/04, BFH/NV 07, 434) zu prüfen, auch bei LuF (BFH IV R 20/05, BFH/NV 08, 532). Selbständige Tätigkeitsbereiche, die nicht ledigl bloße Hilfs-/Nebentätigkeiten zu einer gewerbl Haupttätigkeit (mit Gewinnabsicht) sind, müssen gesondert beurteilt werden; abzugrenzen ist nach dem **„Förderungs-/Sachzusammenhang"** (BFH VIII R 28/94, BStBl II 97, 202: BesitzGes iVm Hubschraubervermietung; *Kanzler* FR 23, 241 (244)). Für **Segmentierung** zB BFH X R 27/16, BFH/NV 18, 36: Handel/Yachtbetrieb; BFH IV R 31/94, BStBl II 95, 718 Tanzschule iVm Getränkeverkauf; FG BW EFG 08, 1118: Handel eines gewerbl Maschinenführers; BFH X R 106/95, BFH/NV 99, 1181: getrennte Vermietungsbereiche. – Für **Beurteilungseinheit** zB BFH IV R 45/89, BStBl II 91, 625 bei Fleischfabrik iVm Rinderzucht; BFH VIII R 73/06, BStBl II 09, 647: Management-HoldingGes). 26

cc) Totalperiode. Maßgebl ist idR die jeweilige **Gesamtdauer** der Betätigung des StPfl (BFH X B 106/12, BFH/NV 13, 1090). Sie kann auch **unter 30 Jahren** liegen (zB bei vereinbarter Betriebsübertragung; BFH X R 48/99, BStBl II 03, 282; *OFD Kbl* DStR 05, 379); zur gewerbl Vermietung s BFH X B 146/05, BFH/NV 07, 1125: grds 30 Jahre. Bei unbestimmter Unternehmensdauer ist auf die „absehbare Zeit" abzustellen (BFH IV R 37/85, BFH/NV 89, 574). Bei bisher gepachteten WG ist auch der Zeitraum nach deren Erwerb einzubeziehen (BFH X R 20/10, BFH/NV 14, 524: bloße Umstrukturierung). Zum Prognosezeitraum nach Eintritt in Verlustzone s BFH IV R 43/02, BStBl II 04, 455: verbleibende Jahre maßgebl. Die Verhältnisse des („unentgeltl") **Rechtsnachfolgers** sind *grds nicht* einzubeziehen. Die von der Rspr anerkannten „atypischen Ausnahmetatbestände" – luf Generationenbetrieb (dazu BFH VI R 5/17, BStBl II 19, 601 betr Pferdepension/Vorbehalts- 27 nießbrauch; Immobilienvermietung, Hinterbliebenenrenten; *uU* auch unentgeltl Betriebsübergabe (**§ 6 III;** BFH IV B 63/13, BFH/NV 14, 512; → Rn. 265) – sind nicht verallgemeinerungsfähig (s iEinz BFH I R 2/16, BStBl II 18, 567; BFH VI R 5/17, BStBl II 19, 601; **aA** *Stöber* FR 17, 801).

29 **c) Absicht der Gewinnerzielung. – aa) Allgemeines.** Liebhaberei wird nach dieser **subj** Merkmalskomponente (→ Rn. 24) nicht bereits bei einem negativen Gesamtergebnis oder einer obj negativen Ergebnisprognose (→ Rn. 25 ff), sondern nur dann begründet, wenn die Tätigkeit auf *estrechtl* **unbeachtl Motiven** beruht, zB weil die verlustbringende Tätigkeit aus Gründen **allg Lebensführung** oder **persönl Neigungen** ausgeübt wird (BFH IV R 34/11, BStBl II 15, 380). Zur Lebensführung gehört zwar neben der Freizeitgestaltung uä (EStH 15.3) auch die generelle **Indifferenz** ggü der Gewinnerzielung (*Wüllenkemper* EFG 10, 1413). **Nicht** hingegen, dass die Gewinnerzielung nur als **Nebenzweck** verfolgt wird (§ 15 II 3; BFH X R 43/12, DStR 15, 2651). Da sich die (subj) Handlungsmotive des StPfl als sog innere Tatsache zumeist nur anhand äußerer **obj** und vom **FG** zu ermittelnder **Umstände feststellen** lassen, hat die Rspr **Fallgruppen** (→ Rn. 30 ff) entwickelt („case law") und diese **zT** mit **tatsächl Vermutungen** für oder gegen die Gewinnerzielungs*absicht* **(Anscheinsbeweis)** verknüpft (BFH GrS 4/82, BStBl II 84, 751 Rn. 185; BFH X R 27/16, BFH/NV 18, 36). Beides zielt offenkundig darauf, die Varietät zweifelh Einzelfälle im Interesse der Rechtssicherheit und -gleichheit zu strukturieren.

30 **bb) Fallgruppen; Vermutungen.** Zunächst → Rn. 29. Hiernach gilt: – ***(1)*** **Tatsächliche Gewinne.** Werden diese über mehrere Jahre hinweg erzielt, indiziert dies idR die Gewinnabsicht auch bei Verlusten aus einzelnen Geschäften (BFH X R 26/18, HFR 21, 272: ebay). Ebenso mE obj bei **positiver Ergebnisprognose.**

Beispiele: Wasserverband (BFH I R 79–80/86, BStBl II 90, 452); Trabrennstall (BFH IV R 53/98, BFH/NV 00, 1090); nebenberufl Fußballtrainer (BFH IV R 131/92, BFH/NV 94, 93); Reitstall (NdsFG EFG 10, 1016).

31 ***(2)*** **Langjährige Verluste; negative Totalprognose. –** ***(a)*** **Schädliche Motive.** Beruhen die tatsächl/prognostizierten Verluste auf *estl unbeachtl Motiven* (**Lebensführung;** Hobby), fehlt die Gewinnerzielungsabsicht idR von Anfang an (BFH X B 98/11, BFH/NV 13, 924). Gleiches gilt bei ausschließl Absicht zur **Steuerersparnis** (§ 15 II 2; BFH X R 33/04, BStBl II 07, 874 Rn. 37), insb bei Beteiligung an VerlustzuweisungsGes (BFH VIII R 59/92, BStBl II 96, 219: Anscheinsbeweis gegen Gewinnabsicht; StPfl kann entkräften; → Rn. 35), zur **Beschäftigung von Angehörigen** (BFH X B 188/15, BFH/NV 16, 1036; BFH IV R 43/02, BStBl II 04, 455; iRe nebenberufl Versicherungsagentur BFH X R 106/97, BFH/NV 01, 160) oder zur **Praxisfortführung** durch diese (BFH IV R 81/99, BStBl II 02, 276). Allein die StMinderung aufgrund eines Verlusts genügt aber ebenso wenig wie Unvermögen oder Krankheit (BFH III B 45/12, BFH/NV 14, 342; BFH X R 33/03, BStBl II 04, 1063).

Weitere Beispiele: Vercharterung von Motorboot/Segelyacht (BFH III R 273/83, BStBl II 1988; BFH I R 22/88, BFH/NV 1990, 768); gelegentl Sportwagenvermietung (FG Bln-Bbg EFG 13, 1396); zeitweise eigengenutzte Ferienwohnanlage (BFH IV R 6/91, BFH/NV 94, 240); Weinberg (BFH IV B 74/96, BFH/NV 97, 668; Weinhandel (BFH X R 62/06, BFH/NV 09, 1793); Patchworkstoffhandel (BFH X B 84/12, BFH/NV 13, 771; Modellbau (FG Nbg EFG 13, 1587); nebenberufl Reiki-Berater (FG BW EFG 11, 231); Tachyon-Produkte-Vertrieb (BFH X B 67/05, BFH/NV 06, 742); Golfklubbeteiligung (FG Saarl EFG 97, 664), Farmprojekt/Paraguay (BFH IV R 86/95, BFH/NV 98, 950); „Amway-Fälle" (FG LSA EFG 14, 1955).

32 ***(b)*** **Totalgewinn ausgeschlossen.** Gleichfalls keine Gewinnerzielung, auch nicht in der sog Anfangsphase (→ Rn. 33), wenn/sobald **„eindeutig feststeht",** dass der Betrieb aufgrund der Art der Betriebsführung keinen (nachhaltigen) Totalgewinn er-

wirtschaften kann (BFH X B 106/12, BFH/NV 13, 1090 mN). Dies dürfte sich nicht selten tatbestandl mit Fallgruppe ***(a)*** überschneiden.

Beispiele: uU Reitschule/Pferdeverleih (BFH IV R 139/81, BStBl II 1985, 205); uU Hubschraubervermietung (BFH VIII R 28/94, BStBl II 97, 202); Kutschbetrieb einer Tierärztin (FG Nbg EFG 19, 95), Vercharterung Segelyacht (BFH X B 118/99, BFH/NV 00, 1333; FG MV EFG 07, 10), Erwerb ausl „Premiumlizenzen" (FG BW EFG 16, 276); Musikproduktion (FG BW EFG 02, 17); Motorsportverein (BFH I R 33/02, BFH/NV 04, 445).

(c) **Neugründung; Anlaufverluste.** Ergibt sich die fehlende Totalgewinnchance 33
nicht aufgrund „eindeutiger Feststellungen" (→Rn. 32), sondern „nur" aufgrund einer **obj Prognose,** und beruht die Tätigkeit auch *nicht* auf estl unbeachtl Motiven (→Rn. 31), geht die Rspr bei *neugegründeten GewBetr* grds von einem **Anscheinsbeweis** zugunsten der typischerweise gegebenen Gewinnabsicht aus (BFH VIII R 4/83, BStBl II 86, 289: Großhandel; ähnl BFH VIII R 55/93, BFH/NV 95, 866: Tennishalle mit Restaurant; BFH XI R 10/97, BStBl II 98, 663: Rechtsanwalt; →Rn. 225: gewerbl geprägte PersGes). Ebenso bei neu hinzukommender Tätigkeit (BFH X R 106/95, BFH/NV 99, 1181); nicht aber bei VerlustzuweisungsGes (→Rn. 30). **Folge** hiervon ist, dass – abw von den Fallgruppen *(1)* und *(2)* (→Rn. 30, 31) – **Verluste** in der betriebsspezifisch festzulegenden **Anlaufzeit** (nur ausnahmsweise kürzer als **5 Jahre**) idR **anzuerkennen** sind (BFH X R 33/04, BStBl II 07, 874; BFH IV R 34/11, BStBl II 15, 380: geprägte VorratsGes; →Rn. 225). Keine neue Anlaufphase jedoch bei Einbringung (BFH VIII R 13/01, BFH/NV 03, 1298), anders bei qualitativer Veränderung der Arbeitsweise (NdsFG DStRE 04, 249). Wird eine mit Gewinnabsicht begonnene Tätigkeit mangels Gewinnen **eingestellt,** wird dies noch Teil der ursprüngl Gewinnabsicht (BFH VIII R 68/93, BStBl II 95, 722). Einen **Anscheinsbeweis** *für* die Gewinnabsicht kann das FA aber insb durch die Darlegung der ernstl Möglichkeit privater Tätigkeitsmotive des StPfl, nicht jedoch durch den Hinweis auf dauernde Verluste **entkräften** (sog Erschütterungsbeweis). Gelingt dies, ist nach den Gesamtumständen des Einzelfalls zu entscheiden, ob Gewinnabsicht fehlt (BFH VIII R 4/83, BStBl II 86, 289); bei verbleibender Ungewissheit gelten die allg Grundsätze zur **Beweislast** (→Rn. 35).

(d) **Verluste nach Anlaufphase.** Wird die verlustbringende Tätigkeit eingestellt, 34
nehmen die hierdurch bedingten weiteren Verluste am Anscheinsbeweis gem Fallgruppe (c) (→Rn. 33) teil. Wird der Betrieb als Reaktion auf die Anlaufverluste betriebswirtschaftl sinnvoll **umstrukturiert,** kann hieraus (mE außerhalb des Anscheinsbeweis) auf die fortdauernde Gewinnerzielungsabsicht geschlossen werden (BFH X R 62/01, BStBl II 05, 336: Möbelhandel). Bleibt eine solche **Reaktion** indes **aus,** spricht zwar das fehlende Bemühen, die Verlustursachen zu ermitteln und ihnen mit geeigneten Maßnahmen zu begegnen, nach der Rspr dafür, dass die weiteren Verluste auf **persönl Neigungen/Motiven** beruhen (BFH X B 186/10, BFH/NV 11, 1137: stille Reserven iHd aufgelaufenen Verluste sind unerhebl; zutr); auch ist hierbei unerhebl, ob die verlustbehaftete Tätigkeit auf idealistischen Motiven (zB Klimaschutz) beruht (BFH X B 46/22, BFH/NV 23, 118; zu Photovoltaikanlagen s § 3 Nr 72 → § 3 Rn. 237). Allerdings soll es auch dann, wenn auch „ohne hohe Anforderungen", der tatsächl Feststellung bedürfen, dass solche Motive „möglicherweise gegeben sind" (BFH X R 27/16, BFH/NV 18, 36 mwN; BFH IV R 60/01, BStBl II 03, 85: Architektenbüro aus Altersgründen; FG Köln EFG 13, 212: soziale Stellung als RA; BFH XI R 46/01, BStBl II 03, 602: Künstler). Dies wird zR kritisiert (*Alber* FS W. Müller, 01, 263; *Birk* BB 09, 860: „unkalkulierbar"). Die Rspr lässt nicht nur die allg Grundsätze zur Beweislast (→Rn. 35) außer Acht; *mE* begründen fehlende Anpassungsmaßnahmen zudem einen Anscheinsbeweis gegen die fortdauernde Gewinnabsicht.

Beispiele/Wegfall des Verlustansatzes: Verlag (FG BW EFG 98, 1059), Galerie (BFH X B 75/99, BFH/NV 00, 1458; anders FG Ddorf EFG 96, 751); Porzellanmanufaktur (FG Mster EFG 01, 564); Modellbau (BFH X B 60/00, BFH/NV 01, 1381; auch →Rn. 31); Reithalle (FG

Mster EFG 22, 746, rkr); Pferderennstall/Pferdegestüt (FG Ddorf EFG 98, 565; BFH IV R 17/06, HFR 09, 771: uU § 165 AO, → Rn. 36; zu § 118 II FGO s BFH IV B 137/10, BFH/NV 12, 732). – **Gegenbeispiele.** Dh, weiterer Verlustansatz wegen Anpassung oder mangels feststellbarer „persönl Gründe“: Gästehaus (BFH VIII R 59/82, BStBl II 85, 455); Photovoltaikanlage (ThürFG EFG 21, 32, rkr; BFH X B 46/22, BFH/NV 23, 118: Beitrag zu Klimaschutz unerhebl; s. auch BR-Drs 457/22, 98 und → Rn. 150); Kosmetikstudio (FG Ddorf EFG 95, 166); Reitschule/Pferdeverleih (BFH IV R 139/81, BStBl II 85, 205); befristete Fortführung eines ererbten Trabergestüts (BFH IV R 109/87, BFH/NV 89, 692); ererbter Handwerksbetrieb (HessFG EFG 99, 1279); Zucht/Handel mit Wellensittichen (BFH X R 10/88, BFH/NV 92, 108); Luftfahrt-Charterunternehmen (FG Mchn EFG 97, 1176).

35 **cc) Anscheinsbeweis; Feststellungslast.** Die Ermittlung der Gewinnerzielungsabsicht liegt im Wesentlichen auf tatsächl Gebiet (BFH IV R 36/11, BStBl II 15, 380) und ist Sache des FG (BFH IX R 31/98, BFH/NV 01, 1017). Es hat aber die von Rspr entwickelten tatsächl Vermutungen (Anscheinsbeweise) sowie deren Widerlegbarkeit (sog Erschütterungsbeweis) zu beachten (iEinz → Rn. 31 ff). Eine hiernach verbleibende Ungewissheit trifft denjenigen (obj Beweislast), der aus der Gewinnabsicht oder deren Fehlen begünstigende Folgen ableiten; dh den StPfl, der (andere) positive Einkünfte mit dem fragl Verlusten ausgleichen (BFH VIII B 51/11, BFH/NV 12, 1780), und das FA, das Gewinne besteuern will.

36 **dd) Verfahren.** Bei Unsicherheit in der Beurteilung der Gewinnabsicht ist vorläufig (§ 165 AO) zu veranlagen (BFH X R 109/87, BStBl II 90, 278; BFH X B 23/24, BB 25, 421; krit *Meinert* GS A. Musil, 2024, 227); Verluste sind ggf nicht zu berücksichtigen (BFH IV R 17/06, HFR 09, 771). Zu Rückschlüssen aus späterer Entwicklung („Aufhellung“) s BFH VIII R 59/92, BStBl II 96, 219 (223); zum Ende der Unsicherheit s BFH VI R 3/22, BStBl II 24, 823. Zur Ablaufhemmung s BFH IV R 1/07, BStBl II 09, 335.

37 **ee) Änderung der Verhältnisse.** Die Gewinnabsicht kann von Anfang an fehlen oder erst später wegfallen oder erst fehlen und dann einsetzen (BFH GrS 4/82, BStBl II 84, 751). *Beispiel:* kein Verlustabzug nach Anlaufzeit (→ Rn. 34). Umgekehrt kann bei VerlustzuweisungsGes Gewinnabsicht angenommen werden, sobald sich die Erzielung eines Totalgewinns konkretisiert (BFH VIII R 25/86, BStBl II 91, 564); ebenso bei geänderter Betriebsführung (BFH IV B 155/11, BFH/NV 12, 950).

42 **d) Rechtsfolgen; Übergang zur Liebhaberei.** Zur von Anfang an fehlenden Gewinnabsicht → Rn. 31 f. Zur Abwicklung als Reaktion auf anhaltende Verluste → Rn. 33. Handelt der StPfl erst nach Tätigkeitsbeginn mit Gewinnabsicht, ist dies Eröffnung eines GewBetr (§ 6 I EStDV). Zu Billigkeitsmaßnahmen bei „widerstreitende“ StFestsetzungen (Versagung des BA-Abzugs trotz Lohnansatz beim Ehegatten) s BFH X R 62/01, BStBl II 05, 336. Gibt ein StPfl seine bisherige Gewinnabsicht auf, ist dies idR keine Betriebsaufgabe, sondern erfolgsneutraler **Strukturwandel** vom GewBetr zur **Liebhaberei** (zB → Rn. 34; BFH X R 6/15, BStBl II 17, 1130; EStH 15.7 I: betr gewerbl Grundstückshandel; Rechtsfolge: „eingefrorenes“ BV; s einschl Schuldzinsen → § 16 Rn. 156, 356). Nach § 8 VO zu § 180 AO sind die stillen Reserven festzustellen (BFH X R 61/14, BStBl II 16, 939 auch zu UV). Ebenso nach FG MV EFG 21, 1528, rkr, wenn Gewinnabsicht in StBescheid irrtümlich bejaht wurde; mE unzutr.

45 **7. Verbotene/unsittliche Betätigung.** Ein GewBetr kann auch vorliegen, wenn die Tätigkeit gegen ein gesetzl Gebot/Verbot oder die guten Sitten verstößt (§ 40 AO; BVerfG 2 BvL 18/93, DStRE 97, 273) und/oder strafbar ist. Demgemäß sind Einkünfte aus GewBetr zB gegeben bei lfd *Schmuggeltätigkeit* (BFH I 196/56 U, BStBl III 57, 160), *Bordell* (BFH IV 79/60 U, BStBl III 61, 518; zur USt BFH XI B 73/24, BFH/NV 25, 1290), *Zuhälter* (BFH V B 116/90, BFH/NV 92, 277), berufl *Glücksspiel* (FG Mster EFG 96, 267), *Rauschgifthandel* (BFH IV R 31/99, BFH/NV 00, 1161), nicht aber bei Vermögenserwerb durch *Unterschlagung* (BGH

3 StR 10/90, HFR 90, 521). *Prostitution* ist gewerbl (zutr nunmehr BFH GrS 1/12, BStBl II 13, 441; *Hubert* StuB 18, 426), ebenso Telefonsex (BFH X R 142/95, BStBl II 00, 610); zur Gewinnschätzung s FG Hmb EFG 17, 489; zum „Düsseldorfer Verfahren" s BFH VII R 50/14, BStBl II 16, 730. Zur Zimmervermietung → Rn. 85; zur Umsatzzurechnung s BFH V R 9/17, BFH/NV 19, 127.

III. Abgrenzung gegenüber privater Vermögensverwaltung

Verwaltung: EStR 15.7; *BMF* BStBl I 04, 434 (Gewerbl Grundstückshandel); *OFD Ffm* DStR 06, 1458 (Gebrauchtpolicen-Handel); *OFD Nds* DB 11, 2119 (Städtebaul Vertrag).

Schrifttum (Auswahl): *Söffing,* Gewerbl Grundstückshandel … 6. Aufl, 2021; *Carlé,* Rspr-Tendenzen …, DStZ 09, 278; *Hartrott,* Gewerbl Grundstückshandel …, BB 10, 2271.

1. Ungeschriebenes Tatbestandsmerkmal. Im Gegensatz zur privaten Vermögensverwaltung (s aber §§ 17, 20 II, 23) unterliegen beim GewBetr auch realisierte Wertveränderungen des BV nach § 15 (Einzel-WG) und § 16 (Betriebsveräußerung/Aufgabe) grds der ESt. Gewerbl ist mehr als Verwaltung und Umschichtung privaten Vermögens. Es muss den Rahmen privater Vermögensverwaltung überschreiten (= ungeschriebenes Tatbestandsmerkmal; BFH GrS 4/82, BStBl II 84, 751 Rn. 145; vgl § 14 AO); auch bei Nutzung von Internetplattformen (BFH X R 18/19, BStBl II 21, 213: ebay-Verkauf; uU weiter zur UStG BFH XI R 43/13, BStBl II 15, 919; BFH V R 19/20, DStR 22, 2306; auch → Rn. 86, 89). Maßgebl ist **„das Gesamtbild der Verhältnisse"** (BFH GrS 1/98, BStBl II 02, 291; BFH X R 10/16, BStBl II 18, 630). In Zweifelsfällen kommt es auf die gerichtsbekannte und somit nicht beweisbedürftige Auffassung an, ob die Tätigkeit dem **Bild** entspricht, das nach der Verkehrsanschauung einen **GewBetr** ausmacht (BFH X R 39/03, BStBl II 05, 817; zB Händler, Bauunternehmer, Bauträger; marktmäßiger Warenumschlag), dh strukturell-gewerbl Aspekte aufweist (BFH X R 43/12, BStBl II 16, 48; *OFD NRW* DB 17, 339: Turnierpoker; BFH X R 10/60 aaO; *Ebner* HFR 18, 796: Heizwerkbetrieb nach „Verwaltungsmodell"; FG Mchn EFG 18, 1700, rkr; anders bei „Verpachtungsmodell") und einer Vermögensverwaltung („Halter") fremd ist (BFH X R 255/93, BStBl II 96, 303). Zu unbestimmt ist mE die Abgrenzung nach Risikostrukturen (so *Schön* DB 98, 1169). Das Gesamtbild wird von einer Vielzahl einzelner Faktoren getragen (BFH XI R 80/97, BStBl II 99, 448; zB → Rn. 47 ff gewerbl Grundstückhandel; *Schnoor* NJW 04, 3214: Wertschöpfung). Die **Interessenlage** ist ambivalent, je nachdem, ob es um Gewinnbesteuerung oder Verlustabzug geht. 46

2. Gewerblicher Grundstückshandel. – a) Grundsätze; Drei-Objekt-Grenze. Die Rspr beschreibt zum einen das mit dem jeweiligen Einzelfall abzugleichende **Bild des GewBetr** (→ Rn. 46) für diese Fallgruppe dahin, dass es dem gewerbl Grundstückshändler nicht primär auf die Nutzung des Grundbesitzes durch „Fruchtziehung aus zu erhaltender Substanz" (= Vermögensverwaltung durch Eigennutzung; Vermietung) ankomme, sondern die **„Ausnutzung substantieller Vermögenswerte** durch Umschichtung in den Vordergrund (trete)" (BFH GrS 1/98, BStBl II 02, 291 Rn. 29, 31; EStR 15.7 I; Folge ua: § 15, § 35 EStG iVm GewSt). Zum anderen ist seit BFH VIII R 317/82, BStBl II 88, 244 in der zeitl eng zusammenhängenden Veräußerung (BFH XI R 23/90, BStBl II 92, 135: Verwertungszeitraum) von **mehr als drei in zumindest bedingter Veräußerungsabsicht** angeschafften/errichteten **Objekten** ein starkes Beweisanzeichen (obj **Indiz**) für den *gewerbl* Betätigungs*willen* (= *Absicht* der Veräußerung/Substanzverwertung = *innere* Tatsache) des StPfl zu sehen. Dies dient im Grundsatz zutr der erforderl Rechtssicherheit und zugleich der einheitl Abgrenzung (Besteuerungsgleichheit) ggü privaten Grundstücksgewinne, die nach der gesetzgeberischen Grundentscheidung nur innerhalb der 10-Jahresgrenze des § 23 I 1 Nr 1 EStG besteuert werden (BFH GrS 1/98, BStBl II 02, 291 Rn. 35; ähnl BFH I R 118/97, BStBl II 00, 28: normfüllende Typi- 47 sierung). BFH GrS 1/98, BStBl II 02, 291 stellt iRd Indizwirkung zwar grds das bloße „Durchhandeln" mit der Veräußerung nach Bebauung gleich (glA *BMF* BStBl I 04, 434 Rn. 5 f; mE unzutr). Indizwirkung heißt aber jedenfalls, dass einerseits unter „ganz besonderen Umständen" eine *unbedingte* Veräußerungsabsicht und damit Gewerblichkeit auch innerhalb der Drei-Objekt-Grenze zu bejahen (zu **Ein-Objekt-Großprojekten** → Rn. 62; zur **Baulanderschließung** → Rn. 58) und andererseits trotz Überschreitens die „im Grunde stets bestehende (bedingte) Veräußerungsabsicht" aufgrund „eindeutiger Anhaltspunkte" zu vernachlässigen sein kann (BFH GrS 1/98, BStBl II 02, 291 Rn. 38). Zudem entbindet die Grenze nicht von den allg Merkmalen des § 15 II (**Nachhaltigkeit, Gewinnabsicht;** dazu → Rn. 18, 50). Zu **Beginn/Ende** des GewBetr → Rn. 131, 78.

48 **b) Objektbegriff.** Hierzu zählt – unabhängig davon, ob gleichartige oder verschiedenartige Objekte veräußert werden (BFH X R 18/18, BStBl II 20, 538) und ob diese im In- oder Ausland liegen (*OFD Nbg* DStR 93, 1481) – grds jedes **selbständig veräußerbare** Immobilienobjekt (= zivilrechtl Grundbuchgrundstück; BFH IV R 34/08, BStBl II 11, 787); **Ausnahmen** bestehen nach Gesamtbild und unter dem Aspekt der wirtschaftl Einheit (§ 2 BewG; grundbuchrechtl Behandlung nicht entscheidend; BFH IV R 44/08, BStBl II 11, 645 Rn. 25; BFH X R 56–57/14, BFH/NV 17, 481; s unten zu *(1), (3)*). IEinz gilt: – ***(1)*** Selbständige Objekte sind **Wohneinheiten,** dh Einfamilienhäuser, auch Reihenhäuser und Doppelhaushälften, Eigentumswohnungen, Zweifamilienhäuser (zB BFH XI R 83/00, BStBl II 04, 699); **nicht** aber – ggf auch mehrere (FG Mchn EFG 11, 142) – **Garagen** (BFH X R 183/96, BStBl II 03, 238; **aA** *Kempermann* StbJb 02/03, 419 (431)). – ***(a)*** **Mehrere Eigentumswohnungen** sind auch dann mehrere Objekte, wenn sie gleichzeitig veräußert werden (BFH XI R 38, 39/91, BFH/NV 94, 20) oder durch **Aufteilung** entstanden sind (BFH XI R 47, 48/03, BStBl II 05, 41: unabhängig von Modernisierungsmaßnahmen; BFH X B 71/14, BFH/NV 15, 834: auch vor sachenrechtl Teilung). Nur ein Objekt aber bei *einer* zwei Wohnungseigentumsrechte umfassenden einheitl genutzten Wohnung (BFH X B 183/03, BFH/NV 05, 1274: wirtschaftl Einheit). – ***(b)*** **Zwei Doppelhaushälften** auf ungeteiltem Grundstück bilden *ein* Objekt (BFH IX R 56/99, BStBl II 04, 227). – *(c) Dauerhaft* **selbstgenutzte/-bewohnte Einheiten** (BFH X B 37/05, BFH/NV 05, 1802) sind keine Objekte, auch keine Zählobjekte; ebenso bei hälftiger Selbstnutzung sowie bei *vorübergehender* Selbstnutzung iVm *Veräußerung* aufgrund offensichtl *Sachzwänge* (BFH X R 36/04, BFH/NV 05, 1535: berufl veranlasster Umzug; *BMF* BStBl I 04, 434 Rn. 10). Dasselbe gilt für Veräußerungen nach dem **VerkehrsflächenbereinigungsG** (*OFD Mchn* FR 04, 794). – ***(d)*** Ein **Mehrfamilienhaus** oder **Gewerbebau** kann nur *ein* Objekt sein (BFH X R 48/07, BFH/NV 10, 212; *Kempermann* StbJb 02/03, 419 (430): Umstände des Einzelfalls; *BMF* BStBl I 03, 171); nicht aber bei vorheriger Aufteilung in Eigentumswohnungen (BFH III R 37/02, BStBl II 04, 950). – ***(e)*** **Mehrere Mehrfamilienhäuser** bilden trotz geschlossener Bebauung („Straßenzug") stets mehrere Objekte (BFH X R 40/03, BStBl II 05, 35; FG Ddorf EFG 17, 127, rkr; **aA** BFH IV R 34/08, BStBl II 11, 787 bei einem Grundbuchgrundstück; krit *Hartrott* BB 11, 2213). – ***(2)*** **Unbebaute Grundstücke/Grundstückparzellen** (BFH IV R 39, 40/05, BFH/NV 07, 221; dazu → Rn. 57); – ***(3)*** **Miteigentumsanteile** an einem der vorgenannten Objekte (zB BFH III R 1/05, BStBl II 07, 375; Ausnahme BFH IV R 44/08, BStBl II 11, 645; X R 56–57/14, BFH/NV 17, 481: Aufteilung in Kaufvertrag); – ***(4)*** Zu Anteilen an **Grundstücks-PersGes** (zB BFH III R 1/05, BStBl II 07, 375; → Rn. 70 f). ***(5)*** Die Beteiligung an einem **Immobilienfonds** soll idR ein Akt privater Grundstücksverwaltung sein (*Schmidt-Liebig* BB 98, 563).

50 **c) Gewerblichkeit gemäß Drei-Objekt-Grenze. – aa) Gebäudeveräußerung nach Anschaffung/Errichtung. – (1) Veräußerung. – (a) Allgemeines.** Zur Indizwirkung zunächst → Rn. 47. In das Indiz der 3-Objekt-Grenze sind alle

Verkäufe zu fremdübl Konditionen einzurechnen. **Unerhebl** ist: Die **BV-Zugehörigkeit** einzelner Objekte (BFH X R 51/03, BFH/NV 05, 1532; **aA** bei Beendigung einer BetrAufsp BFH III R 64/05, BFH/NV 07, 1659 fragl); das **Scheitern** des Veräußerungsversuchs/Verkaufs (BFH IV R 57/01, BStBl II 03, 291; BFH X B 183/05, BFH/NV 07, 232). Zur Veräußerung bei Unternehmensrückgabe vgl *OFD Ffm* BB 98, 2043. Veräußerung kann neben dem Verkauf an beherrschte GmbH (BFH X R 48/07, BFH/NV 10, 212; BFH X R 22/13, BStBl II 16, 95: ebenso gegen Schuldübernahme oder Darlehensgewährung) auch die **Einbringung** in **KapGes** oder **PersGes** gegen Gewährung von GesRechten sein (BFH X R 18/18, BStBl II 20, 538; *BMF* BStBl I 04, 434 Rn. 7; → § 16 Rn. 29; **aA** für Formwechsel *Dorn ua* DStR 16, 1455). **Nicht als Veräußerung** gelten hingegen: – *(1)* grds **Schenkungen** (unentgeltl Übertragungen), insb an Angehörige (zB BFH X R 183/96, BStBl II 03, 238; zu Ausnahmen s BFH X R 7/15, BFH/NV 18, 325: zB → § 42 Rn. 65; zT weiter *BMF* BStBl I 04, 434 Rn. 9, 11). Zum Beschenkten/Erben → Rn. 52; – *(2)* Teilentgeltl Übertragungen **unterhalb der Selbstkosten** (BFH VIII R 19/01, BFH/NV 02, 1571; *BMF* BStBl I 04, 434 Rn. 11; zur Entnahme s BFH X R 39/03, BStBl II 05, 817); – *(3)* Veräußerung **ohne Gewinnerzielungsabsicht** zum Selbstkostenpreis oder darunter (BFH VIII R 14/99, BStBl II 02, 811); anders bei Unterpreis-Veräußerung, aber über Selbstkosten (BFH X R 48/06, BFH/NV 08, 1463); bei Veräußerung an fremde Dritte besteht grds „Vermutung" der Gewinnerzielungsabsicht (FG Köln EFG 05, 451); – *(4)* IdR die (verdeckte) **Einlage** (ohne Gewährung von GesRechten); – *(5)* Übertragungen iRd **Realteilung** vermögensverwaltender PersGes/Bruchteilsgemeinschaften (BFH IV R 74/95, BStBl II 96, 599; *BMF* BStBl I 04, 434 Rn. 13; → § 15 Rn. 72; *Tiedtke ua* DB 02, 652 (654): Teilauseinandersetzung); – *(6)* Eigentumsverlust aufgrund **Umlegungsverfahren** (FG Mster EFG 04, 1116) oder **Zwangsversteigerung** (auch → Rn. 52).

(b) Grundstücksrechte. Nicht nur die Übertragung von Erbbaurechten (vgl BFH X B 72/08, BeckRS 2009, 25014913), sondern auch deren Bestellung (zu unbefristeten Dauerwohnrechten s BFH IV R 2/85, BFH/NV 89, 580) kann einer Veräußerung unbebauter Grundstücke gleichwertig sein, zB wenn der StPfl teils Erbbaurechte mit künftigem Ankaufsrecht bestellt, teils Bauparzellen veräußert (BFH IV R 115/91, BStBl II 93, 342 Rn. 12); die (bloße) Bestellung genügt nicht (BFH X R 4/04, BStBl II 07, 885; *Tiedtke ua* DB 02, 652). 51

(2) Anschaffung; Herstellung. In die Drei-Objekte-Grenze gehen grds nur vom StPfl entgeltl erworbene (angeschaffte; BFH IX R 140/92, BStBl II 95, 839: Erwerb im Bauherrenmodell; BFH XI R 47/03, BStBl II 05, 41: anteiliger Zwangsversteigerungserwerb; zum Veräußerer → Rn. 50) oder errichtete Objekte ein. **Nicht** hingegen: – ***(1)* Erbschaftserwerbe** (BFH III R 1/05, BStBl II 07, 375; Ausnahme *BMF* BStBl I 04, 434 Rn. 9: Erbschaft des GewBetr; erhebl Modernisierung durch Erben; → Rn. 54). – ***(2)*** Nach der Rspr vorbehaltl § 42 AO (BFH X R 39/03, BStBl II 05, 817; → Rn. 65) auch nicht **unentgeltl zu Lebzeiten** erworbene Objekte (BFH III R 1/05); insoweit **aA** *BMF* BStBl I 04, 434 Rn. 9 bei Veräußerung durch Rechtsnachfolge in zeitl Zusammenhang mit Anschaffung/Errichtung durch Schenker; zur Modernisierung durch Beschenkten → Rn. 54. – ***(3)* Entnahmen** (BFH X R 26/17, BFH/NV 18, 1255: Umkehrschluss zu § 23 I 2; zu anschließenden Verkäufen/Modernisierungen → Rn. 53 f). 52

(3) Zeitliche Zusammenhänge; weitere Indizien. – *(1)* Die Indizwirkung der Drei-Objekt-Grenze setzt einen engen zeitl Zusammenhang voraus – ***(a)*** zw Anschaffung oder Errichtung (BFH IV R 23/88, BStBl II 90, 637: sofern sie dem Grundstückserwerbs nachfolgt) und Veräußerung des **einzelnen Objekts** (dazu iEinz → Rn. 48) *und* – ***(b)*** zw den Veräußerungen der hiernach einzubeziehenden Objekte (**objektübergreifender Verwertungszusammenhang** bezügl mehr als drei Objekte) voraus. Beide Zeiträume betragen grds **5 Jahre.** Maßgebl für die Ob- 53 jektanschaffung/-veräußerung sind grds die *schuldrechtl Geschäfte;* zwischenzeitl inaktive Phasen sind unerhebl; ein Gesamtplan ist nicht erforderl (BFH III R 1/05, BStBl II 07, 375: → Rn. 73). Bei selbst errichteten Objekten beginnt die Frist mit der Objekt-Fertigstellung (*BMF* BStBl I 04, 434 Rn. 19 f, 22). Im Falle einer Entnahme (→ Rn. 52) ist die betriebl Zeit zu berücksichtigen (*BMF* BStBl I 04, 434 Rn. 27; BFH X R 26/17, BFH/NV 18, 1255: LuF). Zur Nachhaltigkeit → Rn. 18, 62; zur Gewinnerzielungsabsicht → Rn. 50. – ***(2)*** Die 5-Jahres-Zeiträume entfalten iRd Drei-Objekt-Grenze zwar eine **gewichtige Indizwirkung,** sie statuieren jedoch **keine starre** zeitl **Begrenzungen** (→ Rn. 47). – ***(a)*** Wird die **Drei-Objekt-Grenze innerhalb** des 5-jährigen Verwertungszeitraums **überschritten,** entfällt das Indiz für die bedingte Veräußerungsabsicht nur bei **„eindeutigen"** gegenläufigen **„Anhaltspunkten"** (BFH GrS 1/98, BStBl II 02, 291; *BMF* BStBl I 04, 434 Rn. 21 f). Der Hinweis auf den *konkreten Anlass* des Verkaufs genügt hierfür idR nicht, zB Ehescheidung, Alterssicherung, Beschaffung von Ersatzwohnraum (BFH IV B 203/03, BStBl II 04, 355), Finanzierungsprobleme, Krankheit, Scheidung, Wegzug, Gefälligkeit ggü Mandanten, drohende Zwangsversteigerung (BFH III R 19/11, BStBl II 13, 433), Druck der Banken (BFH III R 101/06, BStBl II 10, 541); anders bei *„objektiven Umstände",* die eine spätere Veräußerung erschweren (*BMF* BStBl I 04, 434 Rn. 30; BFH X R 22/13, BStBl II 16, 95: langfristige Wohnraumvermietung mwN; krit *Anzinger* FR 10, 526). – ***(b)*** Wird die Drei-Objekt-Grenze **erst nach** dem 5-jährigen Verwertungszeitraum (Ausnahme: 10-jähriger Vorbesitz; s unten) **überschritten,** kann der Wegfall Indizwirkung durch **„besonderer Umstände"** kompensiert werden, zB (s *BMF* BStBl I 04, 434 Rn. 5, 20; BFH X R 22/13, BStBl II 16, 95, mwN): geringfügiges zeitl Überschreiten; größere Zahl von Objekten; Branchennähe im Hauptberuf/Insiderwisse; ständige Grundstücksgeschäfte; hohe Fremdfinanzierung, keine langfristige Vermietung; **Gegenbeispiel** BFH III R 14/23, BStBl II 25, 566: Veräußerungen ab dem 6. Jahr aufgrund unerwartetem Todesfall). *Allgemein gilt:* mit zunehmendem zeitl Abstand muss das Gewicht der Sonderfaktoren zunehmen. **Nicht** zu berücksichtigen ist hierbei jedoch die Veräußerung **langjährig** vermieteter (*BMF* BStBl I 04, 434 Rn. 2: mindestens **10 Jahre,** glA BFH X B 149/10, BFH/NV 11, 1348; NdsFG EFG 98, 653: auch nach 9 Jahren) oder selbstbewohnter Objekte (*BMF* BStBl I 04, 434 Rn. 10); sie ist – vorbehaltl zusätzl Aktivitäten (Modernisierung etc; BFH III R 1/05, BStBl II 07, 375; → Rn. 54) – auch bei mehreren Veräußerungen noch Vermögensverwaltung (BFH X R 241/93, BFH/NV 97, 396). Zur **unentgeltl Rechtsnachfolge**/Erbfall → Rn. 50, 52, 54; *BMF* BStBl I 04, 434 Rn. 9, 11.

54 **bb) Gebäudemodernisierung; Sanierung.** Auch dann, wenn die Veräußerungen *bezogen* auf den Zeitpunkt der Anschaffung/Errichtung die Drei-Objekt-Grenze nicht überschreiten (iEinz → Rn. 53), kann gewerbl Grundstückshandel insb zu bejahen sein, wenn das Gebäude ggf iZm mit dessen Aufteilung in Eigentumswohnungen **umfangreich modernisiert** wird und mehr als drei Objekte **anderer Marktgängigkeit** veräußert werden (BFH IV B 32/06, BFH/NV 07, 2095; *BMF* BStBl I 04, 434 Rn. 24; *einschr* bei **Altbesitz** (mehr als 10 Jahre) BFH X R 18/18, BStBl II 20, 538: „neues" Gebäude ggf einschließl Altsubstanz erforderl; zu sonstigen Umständen s BFH XI R 35/02, BFH/NV 05, 1267: Dachausbau und Veräußerung). Ebenso bei Einräumung unbefristeter Dauerwohnrechte (BFH IV R 2/85, BFH/NV 89, 580; → Rn. 51). Maßgebl ist dann der 5-Jahreszeitraum zw Modernisierung und Veräußerung (BFH IV B 32/06, BFH/NV 07, 2095). Im Falle der **Sanierung** beginnt der Zeitraum mit deren Abschluss (BFH IV R 57/01, BStBl II 03, 291; FG Mster EFG 11, 454). Gleiches gilt für den **unentgeltl Erwerber/Erben** bei erhebl Wertsteigerungsmaßnahmen nach Erwerb (BFH X R 8/15, BFH/NV 18, 340; auch → Rn. 50, 52).

57 **cc) Veräußerung unbebauter Grundstücke. – (1) Grundsatz.** Wird die Drei-Objekt-Grenze (einschließl unentgeltl Erwerb → Rn. 50 ff) *nicht* überschritten,

gehören auch die **Parzellierung** und Veräußerung noch zur Vermögensverwaltung (BFH XI R 47, 48/03, BStBl II 05, 41). Bei Überschreiten der Grenze liegt hingegen auch ohne besondere Verwertungsmaßnahmen (zB Erschließung) grds gewerbl Grundstückshandel vor (zB BFH IV R 112/92, BStBl II 96, 367; *BMF* BStBl I 04, 434 Rn. 26; zu Ausnahmen bei Rückübereignung nach VermG s *BMF* DStR 94, 860). Zur Nachhaltigkeit/Gewinnerzielungsabsicht → Rn. 18, 62.

(2) Ausnahmen. Bei erhebl Aktivitäten zur **Erschließung** (Baureifmachung; ggf einschließl Parzellierung) kann bereits die Anschaffung/Veräußerung von **nur drei** Grundstücken (BFH IV B 59/05, BFH/NV 06, 2063: Baulanderschließungsunternehmer) gewerbl sein; mE auch bei Veräußerung des *gesamten* Gelände einheitl an nur *einen* Erwerber (glA FG Ddorf EFG 24, 858; nicht eindeutig *BMF* BStBl I 04, 434 Rn. 3). Ebenso, wenn der Veräußerer den Erwerbern die Verpflichtung auferlegt, Gebäude nach seinen Plänen zu errichten (BFH VIII R 74/87, BStBl II 91, 844). 58

Einzelfälle aus der Rspr. – Gewerblich: Entwurf des Bebauungsplans auf eigene Kosten (BFH I R 61/68, BStBl II 70, 61); Erschließungsverpflichtung ggü Gemeinde (BFH I R 210/71, BStBl II 73, 642); Verpflichtung der Parzellenkäufer zur Tragung gesetzl nicht geschuldeter Erschließungskosten, zur unentgeltl Abtretung von Straßengrund, zur Auftragserteilung an Architekten = Ersteller des Bebauungsplans (BFH I R 214/71, BStBl II 74, 6); Anlegen von Straßen und Be-/Entwässerungsanlagen und Abtreten von Straßen (BFH I R 55/79, BeckRS 1983, 5171). Allg hat sich der Eigentümer die Tätigkeiten der von ihm beauftragten Personen (BFH VIII R 71/72, BStBl II 73, 239) sowie von Erschließungs-/GrundstücksumlegungsGes zurechnen zu lassen (BFH IV R 133/85, BStBl II 86, 666; *Jäschke* DStR 06, 1349). – **Gegenbeispiele:** Bauvoranfrage betr Bebaubarkeit oder Veräußerung nur weniger kleiner Parzellen (BFH IV R 286/66, BStBl II 71, 456; *Kempermann* DStR 96, 1156 (1159)); ledigl Abschluss eines „städtebaul Vertrags" (*FM Bay* DStR 00, 554; *OFD Nds* DB 11, 2119); Abtretung von Straßenland an die Gemeinde (BFH X B 26/99, BFH/NV 00, 557).

(3) Veräußerung durch Landwirt. Nach den Grundsätzen zu → Rn. 58 ist auch zu beurteilen, ob die **Veräußerung** bisher luf genutzter Grundstücke als **Bauland** durch einen Landwirt noch luf **Hilfsgeschäft** (→ § 13 Rn. 215) oder ein **GewBetr** ist (bej BFH IV R 22/07, BFH/NV 11, 31; BFH X R 21–22/17, BFH/NV 20, 177: Objekt „anderer Marktgängigkeit" aufgrund *Mitwirkung* bei Bebauungsplan/Erschließung; **aA** BFH VI R 9/23, BStBl II 25, 895: trotz voller Übernahme der Erschließungskosten; fragl; bej BFH IV R 34/05, BStBl II 08, 231: Grundstückstausch/iVm Bauvoranfrage; BFH IV B 147/10, BFH/NV 12, 432: Wertsteigerung wegen Bauvoranfrage; *BMF* BStBl I 04, 434 Rn. 27; EStH 15.5; iEinz *Kanzler* DStZ 13, 822). In letzterem Fall werden die Grundstücke bei Eröffnung des gewerbl Handels UV (BFH IV R 22/07, BFH/NV 11, 31); sie sind mangels Entnahme grds mit dem bisherigen Buchwert anzusetzen (BFH IV R 133/85, BStBl II 86, 666; zur GewSt aber → Rn. 130). 59

d) Gewerblichkeit trotz Nichtüberschreitens der Drei-Objekt-Grenze. 62
Auch ohne Überschreiten der Drei-Objekt-Grenze (→ Rn. 53) und damit außerhalb deren Indizwirkung für eine zumindest **bedingte** gewerbl Veräußerungsabsicht kann (mE grds zutr) nach BFH GrS 1/98, BStBl II 02, 291 (Rspr-Verschärfung) **„unter ganz besonderen Umständen"** gewerbl Grundstückshandel zu bejahen sein (allg → Rn. 47; glA *BMF* BStBl I 04, 434 Rn. 28, 36: Übergangsregelung für Veräußerungen vor 1.6.02; dazu BFH X R 11/14, BStBl II 17, 22). Ihr Kennzeichnen ist die ***un*****bedingte Veräußerungsabsicht** bereits im Zeitpunkt der Bauverpflichtung oder des Grundstückankaufs (*Kempermann* DStR 09, 1725; krit *Hartrott* FR 08, 1095). GewBetr ist hiernach zu **bejahen** bei: – ***(1)* Baureifmachung** unbebauter Grundstücke (→ Rn. 58 f); – ***(2)* Bebauung** auf **Rechnung/**nach **Wünschen** des **Erwerbers** (BFH GrS 1/98, BStBl II 02, 291; BFH VIII R 70/98, BFH/NV 03, 742: maßgebl Erwerbereinfluss auf Bauplanung/Finanzierung), nicht bei geringfügigen Anpassungen (FG Mster EFG 05, 526); – ***(3)* Nähe zum Baubereich** (BFH X R 53/01, BFH/NV 03, 1291; → Rn. 46; zB Bauunternehmer auch Neben-

gewerbe, Baubetreuer oder Bauträger, keine fremdübl Abrechnung (vgl BFH GrS 1/98, BStBl II 02, 291; *BMF* BStBl I 04, 434 Rn. 28). UU können Erwerb/Errichtung auch Teil eines Maklerbetriebs (BFH X R 49/04, BStBl II 08, 711) oder dem Bauingenieurs zuzuordnen sein (BFH X R 35/07, BFH/NV 09, 1249; → Rn. 125). – *(4)* **Grundstücksveräußerung vor Bebauung** (BFH GrS 1/98, BStBl II 02, 291; BFH VIII B 270/03, BFH/NV 05, 890: Branchennähe unerhebl; BFH IV R 10/06, BStBl II 09, 533: Ges'terbeschluss; zur Nachhaltigkeit s zu *(5)*; → Rn. 18). Ein unbedingtes Ankaufsrecht reicht (BFH X B 48/04, BFH/NV 05, 698), nicht aber ein Vorkaufsrecht (BFH IV R 38/06, BStBl II 09, 278). Die unbedingte Veräußerungsabsicht muss **bereits** im Zeitpunkt der **Bauverpflichtung** (Bauvertrag etc) vorliegen (BFH IV R 77/06, BStBl II 09, 791; BFH X R 41/06, BFH/NV 10, 38; *Kempermann* DStR 09, 1725; nicht eindeutig *BMF* BStBl I 04, 434 Rn. 28). Bei Verkauf nach Abschluss der Bauverträge sollen selbst bei engem zeitl Zusammenhang (überholt BFH X R 39/03, BStBl II 05, 817; s nachfolgende Rspr) nur weitere Umstände auf eine von Anfang bestehende unbedingte Veräußerungsabsicht schließen lassen; BFH X R 41/06, BFH/NV 10, 38: kurzfristige Finanzierung, Werkvertragsrecht etc; FG Nbg EFG 18, 639, rkr: zeitnaher Verkauf an Besitz-KG iVm kurzfristiger Finanzierung; *Kanzler* FR 11, 810: Grundstücksvereinigung; BFH X R 25/06, BStBl II 09, 965: Zeitungsanzeige/sonstige Dokumentation der Veräußerungsabsicht (glA *Hartrott* FR 10, 72; **aA** *Sommer* DStR 10, 1405); BFH X R 48/06, BFH/NV 08, 1463: Maklerauftrag während Bauphase; BFH X R 41/06, BFH/NV 10, 38: Branchennähe schwaches Indiz, mE fragl; BFH X R 25/06 aaO: Eigenqualifikation/Gewerbeanmeldung unerhebl; ebenso langfristige Finanzierung (BFH IV R 10/08, BFH/NV 11, 1666) oder Vermietungsgarantie/Gewährungsleistung (BFH IV R 34/08, BStBl II 11, 787). Grds glA nunmehr BFH X R 36/06, BStBl II 10, 171; BFH X R 14/05, BFH/NV 09, 1244: Einbringung in beherrschte GmbH *iVm* Branchennähe; BFH X R 48/07, BFH/NV 10, 212: Verkauf an GmbH *iVm* Refinanzierungsbedarf. ME ist der BFH an die Beweiswürdigung des FG grds gebunden (BFH X B 192/06, BFH/NV 08, 68; zT **aA** *Kempermann* DStR 09, 1725 (1729)). – *(5)* **„Ein-Objekt-Fälle"**. Nach BFH IV R 17/04, BStBl II 05, 606; BFH IV R 65/04, BStBl II 06, 259 (FA-Bau; Einkaufspassage) genügt bei Erwerb/Bebauung in unbedingter Veräußerungsabsicht (s oben) sogar nur *ein* Objekt. Ebenso bei Schaffung eines Objekts anderer Marktgängigkeit (BFH IV R 35/06, BStBl II 08, 359; → Rn. 58, 62), nicht aber bei Sanierungsmaßnahmen vor dem Verkaufsentschluss (BFH IV R 54/02, BStBl II 04, 868). Erforderl ist zudem die **Nachhaltigkeit** (iEinz → Rn. 18).

64 **e) Ehegatten.** Grundstücksgeschäfte, die Eheleute getrennt tätigen, sind auch getrennt zu beurteilen (BFH I R 28/75, BStBl II 77, 552; *BMF* BStBl I 04, 434 Rn. 12). Anders aber zB bei Erwerb/Veräußerung als Ges'ter/Miteigentümer.

65 **f) Missbrauch.** § 42 AO kann zu bejahen sein bei einheitl Veräußerung an **einen Erwerber** (zB PersGes; BFH X R 21–22/17, BFH/NV 20, 117 mwN), unentgeltl/teilentgeltl Übertragung an **Angehörige** (BFH X R 39/03, BStBl II 05, 817; → Rn. 50, 52); nicht aber bei signifikanter Wertschöpfung durch Erwerber (BFH X R 21–22/17, BFH/NV 20, 117). Zur Zwischenschaltung einer **KapGes** → Rn. 76, 142. Allg *Kempermann* StbJb 02/03, 419 (432); *Vogelgesang* BB 04, 183 (193).

67 **g) Gewinnermittlung nach § 4 III.** Besteht für den gewerbl Grundstückshandel keine Buchführungspflicht (§§ 141, 140 AO iVm 1 II HGB; FG Bln-Bbg EFG 12, 1427; → § 5 Rn. 12 ff; zur Bilanzberichtigung s BFH X R 23/05, BStBl II 09, 407), kann die Gewinnermittlung nach § 4 III grds auch noch nach Ablauf des Wj **gewählt** werden (Rspr-Änderung; s iEinz BFH IV R 57/07, BStBl II 09, 659; BFH X R 46/08, BFH/NV 10, 186; *OFD Nds* v 17.2.10, juris; insoweit überholt *BMF* BStBl I 04, 434 Rn. 33).

h) Verfahrensrecht. Die Beurteilung ist (generell) nicht auf Sachverhalte des jeweiligen VZ beschränkt (BFH X R 12/02, BStBl II 04, 722). Die Veräußerung eines vierten Objekts ist nach BFH VIII R 17/97, BStBl II 00, 306 kein rückwirkendes Ereignis iSd § 175 I 1 Nr 2 AO (zR **aA** FG Mster EFG 02, 12; krit *Söffing* DStR 00, 916); der Gewinn des vierten Objekts ist indes anzusetzen (BFH III R 1/05, BStBl II 07, 375). Eine Änderung kann aber nach § 173 I Nr 1 AO mögl sein (BFH IV R 58/01, BFH/NV 03, 588; *BMF* BStBl I 04, 434 Rn. 33). Zur vorläufigen Veranlagung (§ 165 AO) s *Meinert* GS A. Musil, 2024, 227 →Rn. 36. 68

i) Personenmehrheit. – aa) Gemeinschaftliche Ebene. – (1) Grundsätze. Veräußert eine PersGes (zB OHG, GbR) – zu **OptionsGes** (§ 1a KStG →Rn. 76) – oder wirtschaftl vergleichbare Gemeinschaft (zB Erben-/Gütergemeinschaft) bebaute Grundstücke, ist das Vorliegen eines GewBetr auf der Ebene der PersGes/Gemeinschaft nach *deren* Veräußerungen/gemeinschaftl Tätigkeiten (dazu allg →Rn. 163) zu bestimmen (BFH IV R 66–67/91, BStBl II 94, 463; *BMF* BStBl I 04, 434 Rn. 14), einschließl der Veräußerungen innerhalb der MUerschaft (BFH VIII R 15/00, BFH/NV 05, 1033). Nicht zu berücksichtigen sind hingegen bei Prüfung der Drei-Objekt-Grenze auf der gemeinschaftl Ebene die Objekte der Ges'ter, die diese selbst und/oder über weitere PersGes an- oder verkaufen (BFH VIII R 7/02, BStBl II 04, 914); ebenso nicht die Branchennähe der Ges'ter/Gemeinschafter (BFH VIII R 19/01, BFH/NV 02, 1571). Die Beurteilung der Ges-Ebene ist vorrangig; sie wird – auch gewstrechtl – nicht durch die Veräußerungen der Ges'ter „infiziert". Selbst beteiligungsidentische vermögensverwaltende GbR können mE nicht zu einem GewBetr zusammengefasst werden (FG Bbg EFG 10, 323; **aA** BFH IV R 39, 40/5, BFH/NV 07, 221; offen nunmehr BFH IV R 85/06, BStBl II 09, 795). Entspr gilt für den gewerbl Grundstückshandel aufgrund unbedingter Veräußerungsabsicht (zB sog Ein-Objekt-Fällen; einschließl Nachhaltigkeit →Rn. 62; BFH IV R 72/07, BStBl II 09, 529: auch bei Branchennähe). 70

(2) Bruchteilsgemeinschaften (§§ 741, 1008 BGB). Für sie gelten die Grundsätze zu →Rn. 70 sinngemäß (BFH GrS 1/93, BStBl II 95, 617 zu IV.2b; BFH IV B 32/06, BFH/NV 07, 2095). Mehrere beteiligungsgleiche Bruchteilsgemeinschaften können aber uU ein einheitl gewerbl Unternehmen bilden (BFH VIII R 100/90, BFH/NV 93, 538). 71

(3) Realteilung. Werden die von der PersGes/Bruchteilsgemeinschaft erworbenen/errichteten Grundstücke/Gebäude den Ges'tern iRe Realteilung zugewiesen, ist dies keine Veräußerung iSd Drei-Objekt-Grenze (→Rn. 50; BFH IV R 74/95, BStBl II 96, 599). 72

bb) Ebene der Gesellschafter/Gemeinschafter. – (1) Zurechnung. Aktivitäten (Erwerb, Bebauung, Veräußerung) der PersGes oder wirtschaftl vergleichbarer Gemeinschaften (zB Erben-/Bruchteilsgemeinschaft; zu Ehegatten →Rn. 64) sind dem Ges'ter/Gemeinschafter wie eigene Aktivitäten zuzurechnen **(keine Abschirmwirkung),** unabhängig davon, ob die jeweilige BeteiligungsGes (Gemeinschaft) für sich betrachtet nur vermögensverwaltend oder gewerbl tätig. Dies gilt unabhängig davon, ob ein Sachzusammenhang mit weiteren Eigenaktivitäten des Ges'ters gegeben ist (BFH GrS 1/93, BStBl II 95, 617; BFH X B 109/02, BFH/NV 03, 1082: Gesamtschau beider Betätigungsfelder; FG Hmb EFG 09, 557: doppelstöckige PersGes; *Möhlenbrock,* FS Wacker, 2025, 165; auch →Rn. 53) oder der Ges'ter/Gemeinschafter nur Beteiligungen an mehreren PersGes/Gemeinschaften hält (BFH X R 22/13, BStBl II 16, 95; zutr; *Wacker* FS Goette, 561 (569)); außer Betracht bleiben aber Grundstücksaktivitäten gewerbl PersGes, die iZm mit anderen unternehmerischen Zwecken stehen wie zB einem Fertigungsbetrieb (BFH GrS 1/93, BStBl II 95, 617 zu C.IV.4.). 73

(a) Beteiligung an nur vermögensverwaltender Zebra-GbR. Beispiel: A ist zu 30% an der X-GbR beteiligt. Die GbR erwirbt, bebaut und verkauft innerhalb des 5-Jahreszeitraums nur 2 Objekte; auch A verkauft nur 2 Objekte. – *Lösung:* Obgleich die GbR nur vermögensverwaltend tätig ist, betreibt A einen gewerbl Grundstückshandel, da ihm die Verkäufe der GbR zuzurechnen sind und er damit die Drei-Objekt-Grenze überschreitet (BFH X R 4/02, BFH/NV 03, 457; *BMF* BStBl I 04, 434 Rn. 18). Zur Einkünfteermittlung/-feststellung → Rn. 202 f. – **(b) Beteiligung an gewerbl Grundstückshandel-GbR. Beispiel:** A ist zu 30% an der X-GbR beteiligt. Diese veräußert innerhalb des 5-Jahreszeitraums 5 Objekte, ist also bereits gewerbl tätig. A selbst verkauft im gleichen Zeitraum nur 2 Objekte. – *Lösung:* A ist gewerbl Grundstückshändler, weil bei ihm auch die Verkäufe der GbR zu berücksichtigen sind. Es bestehen mE zwei selbständige GewBetr, der GbR und des A. Ebenso wäre die Rechtslage, wenn A selbst 5 Objekte veräußert hätte, also bereits für sich betrachtet gewerbl tätig gewesen wäre. – **(c) Beteiligung an mehreren GbR. Beispiel:** A ist zu je 30% an der X-GbR und an der Y-GbR beteiligt. Jede GbR verkauft innerhalb des 5-Jahreszeitraums nur 3 Objekte, also kein GewBetr. A selbst verkauft kein Objekt. – *Lösung:* A ist gewerbl Grundstückshändler, weil bei ihm die Verkäufe der GbR zu berücksichtigen sind und diese zusammen die Drei-Objekt-Grenze überschreiten (BFH X R 22/13, BStBl II 16, 95; *Hartrott* FR 13, 126). Die Beteiligungen sind gewerbl BV des A (Zebra-Ges; *BMF* BStBl I 04, 434 Rn. 18). – **Variante 1:** Die X-GbR verkauft 5 Objekte, ist also bereits gewerbl tätig; die Y-GbR verkauft nur 3 Objekte. – *Lösung:* Es besteht ein selbständiger GewBetr der X-GbR und ein selbständiger GewBetr des A, zu dessen BV (nur) die Beteiligung an der nichtgewerbl Y-GbR gehört (str). – **Variante 2:** Die X-GbR und die Y-GbR verkaufen je 5 Objekte; A verkauft kein Objekt. – *Lösung:* Je ein selbständiger GewBetr der X-GbR und der Y-GbR; kein GewBetr des A (str). – **Variante 3:** Wie Variante 2, aber auch A verkauft 1 Objekt. – *Lösung:* Je ein selbständiger GewBetr der X-GbR, der Y-GbR und des A (str).

74 **(2) Anteilsveräußerungen.** – ***(a)*** **Laufende** (gewstpfl) **Gewinne** entstehen bei Veräußerungen eines Anteils an einer den **gewerbl Grundstückshandel** betreibenden PersGes (BFH IV B 71/08, BFH/NV 09, 930); ggf Aufteilung des Veräußerungserlöses auf UV/AV (BFH IV R 69/04, BStBl II 10, 973). Auch → § 16 Rn. 327. – ***(b)*** Veräußerungen der **Anteile an vermögensverwaltenden (Zebra-) Ges** stehen Grundstücksveräußerungen des Ges'ters (= eigener GewBetr) gleich (BFH IV R 2/92, BStBl II 96, 369 zu I.3e; *BMF* BStBl I 04, 434 Rn. 18); ebenso bei **entgeltl Ausscheiden** aus der BeteiligungsGes oder bei Beitritt weiterer Ges'ter zum Zwecke der Eigenkapitalbeschaffung eines Fonds (*Wacker* HFR 09, 476). Der Ges-Anteil beinhaltet so viele **Objekte,** wie sich im **Gesamthandseigentum** befinden (BFH III R 1/01, BStBl II 03, 250; *BMF* BStBl I 04, 434 Rn. 18). Gewerbl handelt zB auch, wer Anteile an 4 Grundvermögen verwaltenden PersGes erwirbt und diese Anteile innerhalb von 5 Jahren wieder veräußert (BFH III R 61/97, BStBl II 99, 390). Veräußert die PersGes/Gemeinschaft außerhalb des 5-Jahreszeitraums (Anschaffung: 01; Veräußerung: 07), wird die Frist jedoch nach Maßgabe des späteren Ges'terbeitritts (03) gewahrt, ist Letzteres maßgebl, dh kein Überschreiten des 5-Jahreszeitraums (**aA** zum umgekehrten Fall *Götz* FR 05, 137). Zur Einkünfteermittlung/Einkünftefeststellung (Zebra-Ges) → Rn. 202 ff. Bei vermögensverwaltender PersGes wird die **GewSt** auf den betriebl beteiligten Ges'ter verlagert (BFH III R 62/97, BFH/NV 99, 1067). – ***(c)*** Gleiches gilt grds, wenn mehr als 3 Anteile an originär vermögensverwaltenden, jedoch **gewerbl geprägten** (Objekt-)**PersGes** veräußert werden (BFH IV R 81/06, BStBl II 10, 974). Die Veräußerungsgewinne (lfd Gewinne) sind Teil des eigenen GewBetr des Ges'ters (Grundstückshandel) und unterliegen bei ihm der GewSt (**aA** *Figgener ua* DStR 12, 2579); *Ausnahme:* Veräußerung durch OberPersGes (§ 7 S 2 GewStG; *Behrens ua* BB 08, 2334). – ***(d)*** Nach BFH X R 34/10, BStBl II 12, 647; EStH 15.7 I kann das Wohnsitz-FA iRd ESt-Veranlagung auch dann einen lfd Gewinn annehmen (Umqualifikation), wenn das Betriebs-FA den Anteilsveräußerungsgewinn (bestandskräftig) fehlerhaft als tarifbegünstigt feststellt. Die Ansicht verstößt mE gegen die Bindungswirkung des § 182 AO.

75 **(3) Mindestbeteiligung.** In der Rspr bisher nicht geklärt ist, ob die Grundsätze zu → Rn. 74 nur bei einer Mindestbeteiligung **10%** gelten (so – mE unzutr – *BMF*

BStBl I 04, 434 Rn. 14, 17, 18; diff *Penné ua* WPg 95, 753: Anteil bereits BV; *Weber-Grellet* DStR 95, 1341: nur *ein,* nicht aber mehrere Anteile unter 10% zu vernachlässigen). Nach *BMF* BStBl I 04, 434 Rn. 14 muss bei einer Beteiligung von weniger als 10% der **Verkehrswert** des GesAnteils bzw des Anteils am veräußerten Grundstück mehr als 250 000 € betragen. Andere Umstände (zB Generalvollmacht) sind zu berücksichtigen (BFH X R 4/04, BStBl II 07, 885).

j) Beteiligung an Kapitalgesellschaft. Der Verkauf von Grundbesitz an die KapGes kann gewerbl Grundstückshandel des Ges'ters begründen (BFH IV R 62/07, BFH NV 10, 2261). Auch die Einbringung ist Veräußerung iSd 3-Objekt-Grenze (→Rn. 50) und kann Indiz für unbedingte Veräußerungsabsicht sein (BFH X R 48/07, BFH/NV 10, 212; →Rn. 62). Wird bei Verkauf an KapGes auf ein marktübl Entgelt (Erwerbschance) verzichtet, steht dies der Gewinnerzielungsabsicht des Ges'ters nicht entgegen (BFH X R 47/06, BFH/NV 10, 400). Bei überhöhtem Kaufpreis ist vGA anzusetzen. Hat die GmbH sich ggü dem Ges'ter zB zu bestimmten Baumaßnahmen verpflichtet, ist die Tätigkeit dem Ges'ter als eigene unmittelbarer Tatbestandserfüllung zuzurechnen (BFH III R 25/02, BStBl II 04, 787 (790); **aA** uU BFH IV R 25/08, BStBl II 10, 622). Darüber hinaus kommt ein Zurechnungs-**„Durchgriff"** – auch innerhalb eines Konzerns (BFH III R 12/22, BStBl II 25, 749) – **nur** gem § 42 AO (Gestaltungsmissbrauch) in Betracht, zB bei nur formalem Grundstückszwischenerwerb und/oder unangemessener Kaufpreisgestaltung (glA *OFD Ddorf* DStR 97, 1208; BFH X R 27/03, BFH/NV 07, 412; ausführl BFH III R 25/02, BStBl II 04, 787; BFH X R 3/19, DStR 22, 2552); auch →Rn. 138, 142 einschl der weitergehenden Ansätze zur sog mittelbaren Tatbestandsverwirklichung/Sphärenvermengung). Die GmbH entfaltet hiernach **Abschirmwirkung,** wenn sie **nicht funktionslos** ist (BFH IV R 25/08, BStBl II 04, 787: Bebauung = eigene signifikante Wertschöpfung); andernfalls (§ 42 AO) ist die GmbH „hinwegzudenken" (*Oelmaier* HFR 10, 818). Gleiches dürfte für **OptionsGes gem § 1a KStG** (→Rn. 160a) gelten. 76

k) Umfang des gewerblichen Grundstückshandels. Systematisch ist zu trennen zw der Begründung des gewerbl Grundstückshandels (→Rn. 131) und dessen BV (Umfang, Entwicklung). Grds gelten die allg Regeln (BFH X R 22/13, BStBl II 16, 95: sachl/zeitl Zusammenhang; einheitl Betätigungswille; →Rn. 126) auch bei GewBetr aufgrund unbedingter Veräußerungsabsicht (BFH X R 48/07, BFH/NV 10, 212; →Rn. 62). Alle zur Veräußerung bestimmten Objekte, insb die vom StPfl errichteten und im unmittelbaren Anschluss hieran veräußerten Wohnungen sind **notwendiges BV;** auch Grundstücke vermögensverwaltender PersGes (BFH X R 24/11, BStBl II 12, 865), nicht aber solche, die für sich gesehen nicht Gegenstand eines gewerbl Grundstückshandels sein können (BFH III R 64/05, BFH/NV 07, 1659: BetrAufsp). **Gewillkürtes** BV erfordert eindeutige Widmung (BFH X R 26/17, BFH/NV 18, 1255). Die Objekte gehören zum **UV** (keine AfA; zB BFH X B 61/00, BFH/NV 02, 329; *BMF* BStBl I 04, 434 Rn. 32; **aA** zu § 4 FördG (aF) BFH IV R 48/07, BStBl II 10, 799; mE unzutr; BFH X B 138/16, BFH/NV 17, 579: AdV). Ist ein gewerbl Grundstückshandel begründet, sind von vornherein zur Veräußerung bestimmte Objekte (ggf auch außerhalb des 5-Jahreszeitraums; BFH X R 74/99, BStBl II 03, 245) selbst dann notwendiges BV, wenn sie vermietet werden (BFH XI R 7/02, BStBl II 04, 738); s aber BFH IV R 2/92, BStBl II 96, 369 zu I.4.: uU AV und erst bei Verkauf UV; BFH X R 28/00, BStBl II 03, 133: Überführung aus ruhendem GewBetr in gewerbl Grundstückshandel zu Buchwerten (→Rn. 59, 130). 77

Stellungnahme: ME führt die Notwendigkeit einer „Veräußerungsbestimmung iRe einheitl Betätigungswillens" (BFH XI R 7/02, BStBl II 04, 738) im Vergleich zu der sonst verlangten eindeutigen Aussonderung privater Geschäfte (BFH III R 20/01, BStBl II 03, 297; zur Abgrenzung BFH X B 140/04, BFH/NV 05, 1794) zur Umkehr der Argumentationslast.

Kein BV, sondern von vornherein **PV** sind Objekte, die der StPfl nachweisl zwecks Vermögensanlage bzw nicht in sachl und zeitl Zusammenhang mit den gewerbl Verkäufen errichtet oder erworben hat (BFH III R 20/01, BStBl II 03, 297), zB ererbte (Ausnahmen → Rn. 52, 54; BFH X R 47/06, BFH/NV 10, 400; BFH X R 8/15, BFH/NV 18, 340) oder *langfristig* vermietete Grundstücke (BFH X R 22/13, BStBl II 16, 95: 5-Jahres-Grenze als Indiz; **aA** aber ab 2000 *Förster* HFR 16, 129: arg § 575 BGB; zutr). Eine eindeutige Zuordnung ist geboten (*BMF* BStBl I 04, 434 Rn. 32).

Ob Objekte, die der StPfl vorübergehend **selbst bewohnt,** zur Veräußerung bestimmt sind, richtet sich nach den Einzelfällen (BFH X R 74/99, BStBl II 03, 245). Notwendiges PV sind Objekte, die auf Dauer für eigene Wohnzwecke genutzt werden sollen (BFH X R 28/00, BStBl II 03, 133). Objekte, die zunächst BV waren, werden mit der auf Dauer angelegten Nutzung für eigenes Wohnen entnommen (BFH IV R 66–67/91, BStBl II 94, 463); ebenso bei Schenkung an Angehörige (BFH X B 83/99, BFH/NV 00, 946). S auch *BMF* BStBl I 04, 434 Rn. 32.

78 **l) Veräußerungsgewinne.** Sie sind mit Rücksicht auf den Zweck des Unternehmens idR nicht begünstigte **lfd Gewinne,** auch wenn zugleich der Betrieb aufgegeben (→ § 16 Rn. 327) oder an einen gewerbl Abnehmer im Ganzen veräußert wird (BFH XI B 19/01, BFH/NV 02, 783); ebenso wenn iRe Betriebsaufgabe die zunächst bestehende Bebauungsabsicht aufgegeben wird (BFH VIII R 65/02, BStBl II 06, 160). Die zeitweilige (auch längerfristige) Beschränkung auf Grundstücksverwaltung (Vermietung) ist nur Unterbrechung, nicht Aufgabe des Betriebs (BFH XI R 7/02, BStBl II 04, 738); eine **Betriebsbeendigung** muss eindeutig erklärt werden (BFH IV R 36/09, BFH/NV 11, 2092; → Rn. 133). Eine **Erbbaurechtsbestellung** führt nicht zur Betriebsaufgabe (BFH XI R 28/97, BStBl II 98, 665; aber → Rn. 51).

79 **m) Gewerbesteuer.** Zur GewSt-Pflicht des **gewerbl Grundstückshandels** → Rn. 47 (iVm § 35), → Rn. 59 (luf Hilfsgeschäfte); → Rn. 70 (Trennung der Ges-Ebenen), → Rn. 74 (Anteilsveräußerungen). Dies schließt zugleich die erweitere Kürzung gem § 9 Nr 2 GewStG aus. Weitergehend jedoch BFH III R 12/22, BStBl II 25, 749: bei KapGes auch ohne Nachhaltigkeit „gewerbl Charakter" schädl; Gleiches muss mE bei gewerbl Prägung der PersGes (§ 15 III Nr 2; → Rn. 232) gelten. Vgl auch → Rn. 18, 76.

80 **3. Vermietung. – a) Grundstücke.** Die Vermietung (Verpachtung) von Grundstücken (evtl einschließl Inventar) kann Teil einer gewerbl Tätigkeit sein (zB BFH X R 18/12, BStBl II 17, 450). Fehlt es hieran, liegt idR Vermögensverwaltung vor (arg § 21 EStG; § 14 S 3 AO).

81 **aa) Vermögensverwaltung.** Die Dauervermietung von leeren Räumen (einschließl Garagen) und die Errichtung von Häusern zum Zwecke der Vermietung ist Vermögensverwaltung, auch wenn erhebl Fremdmittel eingesetzt werden und wegen Umfangs/Größe des Objekts für die Verwaltung „ein in kfm Weise eingerichteter Geschäftsbetrieb" (§ 1 II HGB) erforderl ist (BFH IV R 21/96, BFH/NV 97, 762: Geschäfts- und Freizeitzentrum); ebenso mE bei Umsatzmieten. Entspr gilt für die Dauer-/Untervermietung von gewerbl genutzten Räumen (zB Verkaufsstände, Läden; BFH IV 141/60 U, BStBl III 64, 367; BFH X R 29/15, BFH/NV 17, 1597).

82 **bb) Gewerbebetrieb.** Er ist zu bejahen bei **häufigem Mieterwechsel** iVm der einem **Beherbergungsbetrieb** vergleichbaren Organisation (BFH XI B 158/01, BFH/NV 03, 152; → Rn. 83) oder wenn iRe **Gesamtkonzepts** ein **Totalüberschuss** *nur* unter Einschluss des **Veräußerungserlöses** erzielbar (BFH IV R 50/15, BStBl II 18, 89: Erbbaurechtsentschädigung nach 20 Jahren (zutr; → Rn. 86, 89; **aA** *Spohn ua* DStR 18, 605: „Rechtsunsicherheit"; *Wagner ua* DB 18, 408: „Sonder-Rspr"; zur Nachhaltigkeit → Rn. 17) oder bei wesentl **Sonderleistungen** (zB BFH X B 42/10, BFH/NV 11, 37: Ferienwohnungen; BFH IV R 91/05, BFH/NV 08,

1289: zusätzl Vermittlungsleistungen; → Rn. 84). Zu Immobilien-Leasing s *InstFSt-Brief* 184 (mE stets gewerbl). Keine Sonderleistungen sollen hingegen nach BFH IV R 34/13, BStBl II 17, 175 bei übl Infrastrukturmaßnahmen und bei das Gesamtobjekt betr werbe-/verkaufsfördernde Maßnahmen iZm einem **Einkaufzentrum** vorliegen (glA *Eisolt ua* DStR 17, 483; auch → Rn. 186). Dies ist unzutr und mit den Wertungen der bisherigen Rspr kaum vereinbar (einschr bei „Outsourcing" *Wendt* BFH/PR 17, 42; zutr).

Weitere Rspr-Beispiele *für* GewBetr: Stundenweise Vermietung von *Tennisplätzen* (BFH VIII R 262/80, BStBl II 89, 291), *Messeständen* (EStR 15.7 II), unternehmerischer Betrieb eines *Parkplatzes* (BFH X R 21/00, BStBl II 03, 520) oder *Campingplatzes* (BFH I R 7/79, BStBl II 83, 80), zahlreiche *Liegeplätze für Sportboote* (FG Bln EFG 99, 1185), Betrieb eines Asylbewerber-/Flüchtlingsheims (BFH IV B 29/02, BFH/NV 04, 330); *betreutes Wohnen* (diff FG BW EFG 16, 820). Zu Besonderheiten bei **PersGes,** insb **Immobilien-KG,** → § 15 Rn. 200 ff, 211 ff, 323.

cc) Möblierte Zimmer. Die Vermietung (Untervermietung) von möblierten Zimmern ist grds nicht gewerbl. GewBetr, der die Nutzungsüberlassung als Teil einer einheitl gewerbl Gesamtleistung umfasst, ist aber der Betrieb eines Hotels, eines Gasthofs, einer Fremdenpension oder eines Wohnheims (BFH I R 182/79, BStBl II 84, 722). Die (Unter)Vermietung einzelner möblierter Zimmer an Dauermieter bleibt auch bei übl **Nebenleistungen** (Frühstück, Reinigung der Räume usw) Vermögensverwaltung (BFH IX R 109/84, BStBl II 89, 922). GlA FG Köln EFG 21, 633 betr „Boardinghouse" iVm Fremddienstleister (mE unzutr; → Rn. 84). Die Nebenleistungen sind ggf, soweit mit Gewinnabsicht erbracht, getrennt von der Vermietung als gewerbl zu erfassen (BFH VIII R 27/72, BStBl II 77, 244). Ebenso ist die Vermietung von **Ferienzimmern** in Privathäusern noch Vermögensverwaltung; anders bei pensionsartiger Organisation (BFH IV R 150/82, BStBl II 85, 211). 83

dd) Ferienwohnungen. Die Vermietung (einer oder mehrerer) Ferienwohnungen in Gewinnabsicht ist GewBetr, wenn – ***(1)*** die Wohnung in einer Ferienwohnanlage hotelmäßig angeboten wird, dh Einrichtung für kurzfristiges Wohnen, Zugehörigkeit zu einer einheitl Wohnanlage, Werbung/Verwaltung durch Feriendienstorganisation übertragen (BFH IV B 52/08, BFH/NV 09, 1114; iEinz *Köster* FR 24, 1076); *Ausnahme:* Letztere handelt aufgrund von Zusatzleistungen (Reinigung etc) eigennützig (BFH IV R 10/18, BStBl II 23, 739; unzutr; auch → Rn. 83) oder – ***(2)*** bei Vermietung mehrerer Wohnungen außerhalb einer Ferienwohnanlage wegen Nebenleistungen eine fremdenpensionsartige Organisation erforderl ist (BFH IX B 23/03, BFH/NV 03, 1425); die Zahl der vermieteten Wohnungen allein ist unerhebl (BFH II R 44/15, BStBl II 18, 358). Einschaltung eines Geschäftsbesorgers genügt nicht (BFH II R 44/15, BStBl II 18, 358). – ***(3)*** Zur Vereinfachung bei **luf** Betrieben s *GLE* DStR 12, 1275. 84

ee) Zimmervermietung an Prostituierte („Dirnen"). Sie ist gewerbl, wenn eine prostitutionsfördernde Organisation bereitgestellt wird (HessFG EFG 95, 711 Rn. 45; zur USt s BFH V R 9/17, BFH/NV 19, 127; BFH XI R 4/19, BFH/NV 21, 1374). 85

b) Bewegliche Sachen. Deren Vermietung (zB Boote, Strandkörbe) ist idR nur bei erhebl **Sonderleistungen**/Organisation gewerbl (EStR 15.7 III; FG Ddorf EFG 21, 1188 rkr: Hausboot) oder ggf § 21 I, § 22 Nr 3. Typisch gewerbl ist zB Autovermietung/-leasing (BFH VIII R 263/81, BStBl II 86, 359; zur USt bei Ehegatten s BFH V R 29/20, DStR 23, 33); FG Hmb EFG 12, 1771: Telefon-/TV-Leasing), nicht hingegen die Yachtvercharterung (BFH III R 65/97, BStBl II 99, 619) oder Vermietung eines Wohnmobils (BFH XI R 44/95, BStBl II 98, 774), es sei denn, sie ist mit dem Fahrzeugverkauf **planmäßig verklammert** (BFH X B 173/08, BFH/NV 09, 1260). Gleiches gilt für **Flugzeugvermietung/-leasing** (BFH IV R 49/04, BStBl II 09, 289; *BMF* BStBl I 09, 515: gewerbl bei *einheitl Geschäftskonzepts* bezügl *Vermietung/Verkauf;* zur **Nachhaltigkeit** aber → Rn. 17; zur Auswirkung 86 auf Fonds *Hensell ua* DStR 08, 87; einschr *Lüdicke ua* BB 08, 2552; abl *Klass ua* FR 09, 653).

87 **c) Betriebsaufspaltung.** Dazu → Rn. 800 ff; zur Betriebsverpachtung → § 16 Rn. 166 ff; zur zeitl Überlassung von Rechten → § 21 Rn. 103.

88 **4. Gemischte Tätigkeit.** Eine Tätigkeit, die Vermietung *und* Erwerb und Veräußerung von Grundbesitz uä umfasst, ist einheitl gewerbl, wenn die Tätigkeiten iSe einheitl Gesamtkonzepts miteinander verflochten sind (→ Rn. 82, 86).

89 **5. Ausübung von Rechten; Veräußerung beweglicher Sachen.** Maßgebl ist auch hier die strukturelle Ähnlichkeit der jeweiligen Tätigkeit mit dem **Bild,** das nach der Verkehrsanschauung die Vermögensverwaltung überschreitet und einen GewBetr ausmacht (→ Rn. 46), weil zB Teppiche „händlertypisch" gekauft und verkauft werden (BFH I R 173/85, BFH/NV 91, 685) oder nach dem Geschäftskonzept ein Totalgewinn den Verkauf erfordert (BFH IV R 30/14, BStBl II 17, 1061: Schiffscontainer; BFH IV R 6/14, BStBl II 17, 1053: Mobilienleasing; bei FondsGes Indizwirkung des Prospekts; → Rn. 82, 86; zur Nachhaltigkeit → Rn. 17). Zu berücksichtigen ist auch die **Art der Gegenstände** und ihrer **Verwaltung.** Die wiederholte Anschaffung und Veräußerung ist zB bei Wertpapieren eher übl als bei Schmuck oder Antiquitäten (BFH IV R 25/78, BStBl II 82, 461: Gemälde; BFH IV R 50/14, BStBl II 17, 456: Gold; BFH X R 1/97, BStBl II 01, 706 für Optionsscheine; BFH X R 55/97, BStBl II 01, 809 für GmbH-Anteile). Zu *ebay-Verkauf* s BFH X R 18/19, BStBl II 21, 213; → Rn. 46; zur USt uU weitergehend BFH V R 2/11, BStBl II 12, 634 betr Sammlungen; BFH V R 19/20, DStR 22, 2306; zum DAC 7-UmsG BGBl I 22, 2730 s zB *Nöcker* NWB 22, 2683). Ein Austausch kann der weiteren Vermietung dienen (BFH IV R 17/05, BStBl II 07, 768).

90 **a) Ausübung von Rechten.** Gewerbl ist zB die wiederholte **Gründung von GmbH** und deren Verkauf (BFH X R 55/97, BStBl II 01, 809; zust *Wiese* GmbHR 02, 293: „Beteiligungshändler"; BFH IX R 3/17, BFH/NV 18, 20: Handel mit VorratsGes; krit *Blumers ua* DB 02, 60; *Hey* BB 02, 870: Widerspruch zu § 17). Das Streben nach Einfluss auf eine KapGes reicht nicht aus (BFH VIII R 150/76, BStBl II 80, 389), wohl aber die Ausübung einer **Konzernleitung durch HoldingGes** (iEinz auch zu § 14 I 1 Nr 2 S 2 KStG BFH I R 23/21, DStR 25, 899 *Wacker* FR 25, 869 (875); auch → Rn. 20; zur USt/VorSt s *Reichert* DStR 22, 2405). Zur **Geschäftsführung** iVm **Mehrheitsbeteiligung** → Rn. 11, 15; → § 19 Rn. 35; *Wacker* FR 21, 505; zur **BetrAufsp** → Rn. 800; zu Anteilen an vermögensverwalten PersGes s *BMF* BStBl I 21, 363 Rn. 40 betr § 8d KStG). **Private Equity-Fonds** betreiben private Vermögensverwaltung, wenn sie nur Beteiligungsrechte wahrnehmen, aber keine eigene unternehmerische Tätigkeit ausüben (s BR-Drs 740/13, 59; BT-Drs 8/8045, 84 zum InvStG aF/nF). Die FinVerw hat hierfür einen Kriterienkatalog entwickelt (*BMF* BStBl I 04, 40; *OFD Mbg* DStR 06, 1505; *OFD Rhl* DB 07, 135; *Rodin ua* DB 04, 103), über den der BFH (noch) nicht abschließend entschieden hat; er bejaht aber Gewerblichkeit jedenfalls dann, wenn der Fonds primär auf fremdfinanzierte Vermögensumschichtung gerichtet ist (BFH I R 46/10, BStBl II 14, 764; zutr; abl *Süß ua* DStR 11, 2276). Zum „carried interest" → § 18 Rn. 280 ff; zum Verwalter/Initiator → § 18 Rn. 141, 288.

91 **b) Wertpapierhandel; Edelmetalle; Kryptowährung; Markenrechte.** Die Anschaffung und Veräußerung von **Wertpapieren** (auch in größerem Umfang) für eigene Rechnung und die Ausübung von (Stimm-)Rechten („Privatanleger") ist idR private Vermögensverwaltung und erst gewerbl, wenn besondere Umstände vorliegen („professionelle Konturierung"), zB persönl Arbeitseinsatz, entspr Beruf, Beschäftigung von Hilfskräften, erhebl Fremdfinanzierung, Büroräume, Buchführung, Offerieren an Dritte, überwiegend Handeln auf fremde Rechnung, Fremdverwaltung (BFH III R 31/07, BFH/NV 10, 844; EStH 15.7 IX; *Hartrott* FR 08, 1095), zB

Optionsgeschäfte eines angestellten Börsenmaklers (BFH X R 24/06, BFH/NV 08, 774). Nicht maßgebl ist Umschlaghäufigkeit oder Wert des Vermögens (BFH X R 14/07, BFH/NV 08, 2012); ebenso nicht die gewerbl Eigenqualifikation des StPfl (BFH X B 158/07, BFH/NV 08, 2024). Bei Differenz-/Termin-/Optionsgeschäften soll es an der Teilnahme am allg wirtschaftl Verkehr fehlen (BFH XI R 1/96, BStBl II 97, 399 Rn. 21; offen BFH X R 1/97, BStBl II 01, 706). *Anders* aber bei Handel mit **Gold/Edelmetallen** (BFH IV R 50/14, BStBl II 17, 456; BFH I R 5/21, BB 25, 1008; BFH I R 62/15, BFH/NV 18, 620: kurzfristiger/häufiger fremdfinanzierter Umschlag indiziert GewBetr; FG Ddorf EFG 23, 1312, rkr; zutr; abl FG LSA EFG 23, 1202, rkr; fragl; zur Bilanzierung → Rn. 173). Zu Kauf/Mining von **Kryptowährungen** und zur Verwertung von Markenrechten → Rn. 150. Zum **Bodenschatzverkauf** s BFH X R 10/07, BFH/NV 10, 184: nicht gewerbl.

6. Kreditgewährung; Lebensversicherung. GewBetr, wenn Darlehen an verschiedene Personen *bankgeschäftsähnl* gewährt werden (zB BFH VIII R 236/77, BStBl II 80, 571; FG Hmb EFG 12, 1771: Inkasso); nicht aber bei „bloßer" Vergabe von Ges'terdarlehen an KapGes (BFH X R 9/17, DStR 19, 2626 Rn. 21). Gewerbl ferner, wenn **notleidende Darlehen** („Non-Performing-Loans") erworben und verwertet werden (offen BFH IV R 34/15, BFH/NV 18, 24; **aA** nunmehr BFH IV R 10/21, DStR 24, 97: ohne Weiterveräußerung nicht händlertypisch trotz Fremdfinanzierung; unzutr; auch → Rn. 17; zur USt s *BMF* BStBl I 15, 1012). Nicht hingegen bei Erwerb **gebrauchter LV** (insb US-LV-Zweitmarktfonds), wenn diese nicht weiterveräußert, sondern vom Fonds (nur) *eingezogen* werden (so BFH IV R 32/10, BStBl II 13, 538; *OFD Ffm* DB 13, 2119; zu § 20 I Nr 6 → § 20 Rn. 102 ff). 92

IV. Abgrenzung gegenüber selbständiger Arbeit iSv § 18

1. Negatives Tatbestandsmerkmal. Eine selbständige nachhaltige und von Gewinnabsicht getragene Teilnahme am allg wirtschaftl Verkehr ist kein GewBetr (§ 15 II 1), wenn (und soweit, → Rn. 97 ff) eine selbständige Tätigkeit iSv § 18 ausgeübt wird (§ 18 Nr 1 freier Katalogberuf (zB Arzt, Rechtsanwalt), ein einem Katalogberuf „ähnl Beruf", eine wissenschaftl, künstlerische, unterrichtende/erzieherische Tätigkeit; § 18 Nr 3 sonstige selbständige Arbeit; § 18 Nr 4: Gewinnvorzug). Nicht gewerbl sind auch Einkünfte aus ehemaliger freiberufl Tätigkeit, soweit nur vom Freiberufler geschaffene Werte realisiert werden. Zu **Einzelheiten** dieser Tätigkeiten → § 18 Rn. 60 ff; → § 16 Rn. 607: Erbfall. 95

2. Gemischte Tätigkeit. – a) Grundsätze. Ist eine *natürl Person* (zu PersGes – zB Gemeinschaftspraxen – s § 15 III Nr 1; → Rn. 185 ff; zu KapGes s § 8 II KStG) teils gewerbl, teils freiberufl tätig und bestehen zw den Betätigungen keine sachl und wirtschaftl Berührungen (zB ein Arzt betreibt eine Gaststätte, → § 18 Rn. 50), so ist offensichtl, dass verschiedene Einkunftstatbestände erfüllt sind (BFH IV R 48/01, BStBl II 04, 363). Besteht zw einer – jeweils für sich betrachtet, teils gewerbl, teils freiberufl Betätigung – derselben natürl Person ein **sachl und wirtschaftl Zusammenhang** (sog gemischte Tätigkeit) – zB ein Fabrikant fertigt/veräußert Maschinen auf Grund eigener Erfindungen; ein Architekt errichtet/veräußert Häuser nach eigenen Plänen; BFH VIII R 17/15, BFH/NV 18, 522: StBeratung neben Mandantenverpachtung/BetrAufsp; iÜ → Rn. 100; → § 18 Rn. 50) –, ist die Gesamtbetätigung estrechtl im Interesse sachgerechter Ergebnisse idR **getrennt zu beurteilen.** Die aus jeder Tätigkeit herrührenden Einkünfte sind gesondert und ggf im Schätzungswege zu ermitteln (zB BFH IV B 35/98, BFH/NV 99, 1328). Eine **einheitl Beurteilung** ist nur geboten, wenn die einzelnen Tätigkeiten einander gegenseitig bedingen und derart miteinander verflochten sind, dass sie nach der Verkehrsauffassung als Einheit anzusehen sind (zB BFH IV R 48/01, BStBl II 04, 363: Praxis und Privatklinik; BFH X R 19/19, DStR 22, 1853: sportl Tätigkeit und Werbeverträge); dafür 97 spricht zB, dass der StPfl dem Auftraggeber einen einheitl Erfolg schuldet (BFH I R 54/93, BStBl II 94, 864). Maßgebl ist, welche Tätigkeit der Gesamttätigkeit das **Gepräge** gibt (BFH XI R 57/05, BFH/NV 07, 1854).

99 **b) Rechtsfolgen bei einheitlichem Gewerbebetrieb.** Es weder zulässig, aus den Verkaufserlösen einen Teil für freiberufl Leistungen herauszurechnen und gesondert zu versteuern, noch bei der Ermittlung der gewerbl Gewinne fiktive Honorare als BA abzuziehen und als freiberufl BE anzusetzen (BFH IV R 87/85, BStBl II 88, 342: Architekt). Durch Ausgliederung der gewerbl Tätigkeit (Verlag, Fabrikation usw) auf GmbH/PersGes und Abschluss entgeltl Verträge lässt sich jedoch eine Trennung erreichen, sofern keine BetrAufsp (→ Rn. 800 ff) oder vGA vorliegt.

100 **c) Beispiele (aus der Rspr zu gemischten Tätigkeiten einer natürl Person).** – ***(1)* Trennbar:** BFH IV R 42/89, BStBl II 90, 534 (Treuhandtätigkeit eines RA für Bauherren); BFH IV R 102/90, BStBl II 92, 413 (Produktwerbung eines Schauspielers); BFH IV R 15/90, BStBl II 91, 889 (handwerkl und künstl Tätigkeit eines Holzschnitzers); BFH IV R 99/93, BStBl II 94, 650 (typische freiberufl Leistungen eines StBeraters iRd Treuhandschaft für Bauherrengemeinschaft); BFH VIII B 116/10, BFH/NV 11, 1135: StBeratung und Verpachtung von Mandantenstamm/BetrAufsp; BFH IV R 11/97, BStBl II 98, 603 (Augenarzt und Kontaktlinsenverkauf); BFH IV B 35/98, BFH/NV 99, 1328 (Freiberufler und Software-Entwickler); BFH IV R 48/01, BStBl II 04, 363 (Praxis und Klinik). – ***(2)* Einheitl gewerbl:** BFH IV R 15/73, BStBl II 79, 236 (Selbstverlag); BFH VIII R 149/76, BStBl II 81, 746 (Technikerschule und Rehabilitationszentrum); NdsFG EFG 92, 681 (Veräußerung schlüsselfertiger Häuser durch Architekt); BFH IV R 223/85, BFH/NV 88, 737 (Lizenzvergabe für eigene Erfindungen durch Gewerbetreibenden); BFH IV R 60/95, BStBl II 97, 567 (Ingenieurbüro und Hardware-Verkauf). – ***(3)* Einheitl gewerbl *oder* freiberufl:** BFH XI R 85/93, BStBl II 95, 732 (Praxis für Laboratoriumsmedizin). – ***(4)* Einheitl freiberufl:** BFH IV R 80/88, BStBl II 90, 17 (Geldgeschäfte als Hilfsgeschäfte).

V. Abgrenzung gegenüber Land- und Forstwirtschaft iSv § 13

105 **1. Negatives Tatbestandsmerkmal.** Eine selbständige nachhaltige und von Gewinnabsicht getragene Teilnahme am allg wirtschaftl Verkehr ist kein GewBetr, wenn LuF iSv § 13 vorliegt (§ 15 II 1). LuF ist die planmäßige Nutzung der Naturkräfte des Bodens und die Verwertung der dadurch gewonnenen Erzeugnisse (zB BFH IV R 45/02, BStBl II 04, 512).

LuF sind insb Betriebe, die – **(1)** Pflanzen mit Hilfe der Naturkräfte gewinnen (wie zB Land-/Forstwirtschaft, Wein-, Garten-, Obst-, Gemüsebau, Baumschulen, § 13 I Nr 1 S 1), – **(2)** Tiere züchten oder/und Tiere halten, sofern der Tierbestand den in § 13 I Nr 1 S 2 angegebenen Umfang nicht übersteigt, – **(3)** Binnenfischerei, Fischzucht, Wanderschäferei oder Imkerei betreiben (§ 13 I Nr 2). – **(4)** Zur LuF gehört auch ein GewBetr, der einem luf Hauptbetrieb dient (luf Nebenbetriebe, § 13 II Nr 1; § 15 I 1 Nr 1), uU auch Dienstleitungen. Schafft ein Landwirt WG an, die er im eigenen Betrieb nicht benötigt, und erbringt er damit Dienstleistungen für Dritte, wird er von Anfang an gewerbl tätig, auch wenn er die WG gelegentl in der eigenen Landwirtschaft einsetzt (BFH IV R 10/05, BStBl II 07, 516).

Zu **Einzelheiten** der Abgrenzung von gewerbl und luf Betrieben (zB Tierzucht und Tierhaltung, Absatz-, Be- und Verarbeitungsbetriebe, Abbau von Bodenschätzen, Vermietung und Dienstleistungen, Pensionsreitpferde, Gärtnereien) s **§ 13.**

107 **2. Gemischte Tätigkeiten bei Land- und Forstwirtschaft.** Insb zur Abgrenzung ggü GewBetr sowie zu luf Nebenbetrieben → § 13 Rn. 61 ff; zur Abfärbung bei PersGes → Rn. 185 ff; zu KapGes s § 8 II KStG. Zu Grundstücksveräußerung als luf Hilfsgeschäft oder GewBetr → Rn. 59.

108 **3. Strukturwandel.** Der Wandel vom luf Betrieb zu einem Gewerbe ist eine Betriebsaufgabe (→ Rn. 132; → § 16 Rn. 154; EStR 15.5 II).

VI. Sachliche und zeitliche Abgrenzung des Gewerbebetriebs; Einkunftszurechnung

1. Mehrere Gewerbebetriebe. Eine **natürl Person** (zu PersGes s § 15 III Nr 1; → Rn. 185, 194) kann mehrere GewBetr betreiben (vgl BFH X R 130/87, BStBl II 89, 901); ebenso Ehegatten (FG Köln EFG 02, 39). Ob bei mehreren gewerbl Tätigkeiten jeweils selbständige Betriebe, mehrere Teilbetriebe (BFH X R 15/18, BStBl II 21, 157; → § 16 Rn. 118: „gewisse Selbständigkeit" iRd Gesamtbetriebs) oder nur unselbständige Betriebsteile eines einheitl GewBetr vorliegen, ist estrechtl – anders als iRv § 16 I Nr 1 oder gewstrechtl (s GewStR 2.4) für die **lfd Gewinnermittlung** idR zu vernachlässigen, weil Gewinne und Verluste einer natürl Person auch bei mehreren selbständigen GewBetr miteinander verrechnet/ausgeglichen werden und ein WG-Transfer gem § 6 V 1 nicht zur Aufdeckung stiller Reserven führt. **Kennzeichen** selbständiger Betriebe ist – im Gegensatz zu Teilbetrieben (s oben) – ihre „vollkommene Eigenständigkeit" (BFH X R 15/18, BStBl II 21, 157). Ein **einheitl Betrieb** ist demnach bei **gleichartigen Betätigungen** idR indiziert, es sei denn, sie weisen *keine* Merkmale des Zusammenhangs wirtschaftl, organisatorischen oder finanziellen Art auf (räuml Trennung, eigene/s Buchführung/Personal/AV, selbständige Organisation/Verwaltung); zB Einzelhandelsfilialen (BFH X R 130/87, BStBl II 89, 901); Tankstellen (FG Ddorf EFG 20, 1258 rkr; **aA** BFH VIII R 294/84, BFH/NV 90, 261); mehrere Photovoltaikanlagen als ein BgA (*BMF* BStBl I 25, 1799; s auch StBefreiung gem § 3 Nr 72 idF JStG 2022/JStG 2024); Recycling/Schrotthandel (FG Ddorf EFG 24, 660, Rev X R 8/23). Umgekehrt sind bei **ungleichartigen Tätigkeiten** die Anforderungen an die Zusammenhangsmerkmale (Betriebseinheit) entspr dem Grad der Verschiedenheit *kontinuierlich* zu erhöhen; iRd Einzelfallbeurteilung ist insb ein ggf *ergänzende Charakter* der Tätigkeiten zu würdigen; Imbiss/Eisdiele: BFH X R 15/18, BStBl II 21, 157; Photovoltaikanlage/anderer Betrieb/Teilbetrieb: BFH X B 130/15, BFH/NV 16, 915; *BMF* BStBl I 23, 1494; *LfSt Nds* DB 23, 2600; → § 16 Rn. 115, 121, 122; Fleischerei/Heilpflanzenhandel: BFH X R 38/11, BFH/NV 13, 1125:). 125

2. Umfang des Gewerbebetriebs. – a) Grundsätze. Liegt ein GewBetr vor, schließt dies nicht aus, dass der Unternehmer (natürl Person; zu PersGes s § 15 III Nr 1; → Rn. 185; zu KapGes s § 8 II KStG; → Rn. 24) daneben privat tätig ist (zB Wertpapiergeschäfte). Branchen-/berufstypische Geschäfte sind indes idR dem GewBetr zuzurechnen (BFH X R 51/03, BFH/NV 05, 1532). Zu **Einzelfällen** ausführl → § 4 Rn. 35 ff, 40 ff; zu Grundstücksgeschäften „Branchenkundiger" auch → Rn. 53, 62, 70. 126

b) Gemischte Tätigkeit. Dazu → Rn. 97, 107. 128

3. Beginn des Gewerbebetriebs. – a) Allgemeines. Der estrechtl Beginn eines GewBetr (zu PersGes → Rn. 195) ist maßgebl dafür, welche Aufwendungen und Erträge bereits zu positiven oder negativen Einkünften aus GewBetr führen und welcher Zeitpunkt für den TW-Ansatz der dem Betrieb dienenden WG (bei Anschaffung vor mehr als drei Jahren) nach § 6 I Nr 6, 5 bestimmend ist. Ungeachtet der unterschiedl Phasen einer Betriebseröffnung (s BFH IV R 30/00, BStBl II 04, 182), beginnt bei **endgültiger** Entscheidung zur Betriebseröffnung (BFH IV R 28/05, BStBl II 07, 704 mN) **estrechtl** der GewBetr (einer natürl Person) bereits mit den ersten **vorbereitenden Maßnahmen,** die mit der Betriebseröffnung in unmittelbarem Zusammenhang stehen (BFH X R 10/16, BStBl II 18, 630; ähnl *BMF* BStBl I 22, 945 Rn. 2 zu § 7g). Die hierdurch veranlassten Aufwendungen (Beratungskosten usw) sind BA und führen ggf zu gewerbl Verlusten (BFH III R 96/98, BStBl II 92, 819: Besichtigungskosten). Unerhebl ist, ob die Betriebsgründung zB wegen betrügerischer Schädigung scheitert (BFH X R 10/16, BStBl II 18, 630; → Rn. 131, 195) oder zur Betriebsverpachtung übergeht (FG LSA EFG 24, 361, 129

Rev X R 26/23). **Keine** Betriebseröffnung ist jedoch die **geänderte** rechtl **Würdigung** einer tatsächl bereits früher begonnenen gewerbl Tätigkeit (FG Mchn EFG 87, 450).

130 **b) Gewerbesteuer.** Nach dem gewstrechtl Sachsteuercharakter (krit zB *Junkers* DB 23, 1694) liegt ein GewBetr (→Rn. 8 f) iSd GewStG erst mit Beginn der **werbenden** Tätigkeit („aktiver" Betrieb = Teilnahme am allg wirtschaftl Verkehr) vor (GewStR 2.5; BFH X R 17/21, BStBl II 23, 396: auch bei Betriebsübergang iSv § 2 V GewStG; BFH IV R 8/97, BStBl II 98, 478: auch bei BetrAufsp; BFH IV R 23/97, BStBl II 98, 745: Leasingunternehmen). Zu gewerbl geprägten PersGes und dem einzelfallbezogenen Verhältnis zur originär gewerbl Tätigkeit →Rn. 232; BFH IV R 49/15, BStBl II 22, 674; BFH IV R 13/20, DStR 22, 2202. Vorweg entstandene BA sind danach nicht zu berücksichtigen (krit *Roser* Ubg 15, 582); zu AfA s aber BFH IV R 52/09, BStBl II 11, 929. Offen ist, ob der Beginn der werbenden Tätigkeit auch für den TW-Ansatz nach § 6 I Nr 6 EStG (§ 7 GewStG) bestimmend sein soll (mE folgerichtig) und somit est-/gewstrechtl evtl unterschiedl Teilwerte maßgebl sind (*Glanegger* FR 90, 469).

131 **c) Gewerblicher Grundstückshandel.** →Rn. 47 ff. Er beginnt (s *BMF* BStBl I 04, 434 Rn. 31) mit Tätigkeiten des StPfl, die obj erkennbar auf die Vorbereitung der gewerbl Grundstücksgeschäfte gerichtet sind (BFH III R 27/98, BStBl II 02, 537). Das ist zB der Fall – ***(1)*** bei einem Grundstückshändler mit Abschluss des ersten Immobilienkaufvertrags (BFH IV R 13/20, DStR 22, 220: „frühestens"; fragl), – ***(2)*** sofern nur ein zeitl Zusammenhang zw Bebauung und Veräußerung besteht, spätestens mit dem Bauantrag (*BMF* BStBl I 04, 434 Rn. 31), – ***(3)*** mit der Werbung von Käufern für künftige Eigentumswohnungen, auch wenn noch kein Antrag auf Baugenehmigung gestellt ist, – ***(4)*** mit der Erstellung eines Bauplans (BFH VIII R 65/89, BStBl II 91, 789) oder eines Verwertungskonzepts, – ***(5)*** mit dem Antrag auf Vorbescheid/Baugenehmigung jedenfalls iVm Maklerauftrag (**aA** BFH IX R 10/11, BFH/NV 13, 715 für nicht realisierbare Vorhaben), – ***(6)*** mit dem Abschluss eines Baubetreuungsvertrags (BFH I R 29/79, BStBl II 83, 451), – ***(7)*** bei Veräußerung unbebauter Grundstücke mit dem Auftrag an einen Architekten, einen Bebauungsplan zu entwerfen, mit dem ersten von mehreren Verkäufen (BFH X R 139/90, BFH/NV 93, 474), – ***(8)*** bei Veräußerung ursprüngl zur Vermietung bestimmter Wohnungen spätestens mit der Aufgabe der Vermietungsabsicht, sofern hier überhaupt GewBetr vorliegt (vern BFH VIII R 46/84, BStBl II 88, 65; bej BFH X R 107–108/89, BStBl II 90, 1060). – ***(9)*** Mit typischen Vorbereitungshandlungen wie zB dem Auftrag an einen Architekten, einen Vorentwurf zu erstellen, beginnt der GewBetr auch dann, wenn der StPfl noch nicht Eigentümer des zu bebauenden Grundstücks ist, sofern mit der Realisierung des Vorhabens ernstl zu rechnen ist; nicht erforderl ist, dass das Vorhaben tatsächl durchgeführt wird (BFH VIII R 34/91, BFH/NV 92, 797); auch →Rn. 129, 195. – ***(10)*** Zum Beginn des GewBetr bei Erwerb von Althausbesitz zwecks Sanierung, Vermietung und evtl Weiterveräußerung s BFH VIII R 149/78, BStBl II 81, 522; FG Mster EFG 11, 454. – ***(11)*** Zum Verfahren →Rn. 68, 36.

132 **d) Strukturwandel.** Zum Beginn des GewBetr beim Strukturwandel von LuF zu GewBetr s EStR 15.5 II sowie von freiberufl Tätigkeit zu GewBetr s BFH III R 15/87, BFH/NV 90, 58 (evtl TW-Ansatz nur für GewSt; BFH I R 49/94, BFH/NV 96, 130).

133 **4. Ende des Gewerbebetriebs. – a) Grundsätze.** Der estrechtl Begriff des GewBetr umfasst – anders als der gewstrechtl (vgl →Rn. 9; →§ 16 Rn. 17; GewStR 2.6) – auch die auf **Abwicklung** des Unternehmens gerichtete Tätigkeit, zB nach **Insolvenzeröffnung** (BFH IV R 36/02, BStBl II 03, 871 Rn. 36 f; zum Insolvenzschuldner →Rn. 141, 148). Der GewBetr endet daher nicht schon mit der Einstellung der werbenden Tätigkeit (zB Schließung eines Ladenlokals), sondern erst mit

der **letzten Abwicklungshandlung,** es sei denn, dass bereits die Betriebseinstellung als Betriebsaufgabe iSv § 16 zu werten ist oder dass der Betrieb im Ganzen veräußert wurde. Eine nur vorübergehende Betriebseinstellung hingegen beendet den GewBetr nicht (**Betriebsunterbrechung,** → § 16 Rn. 160). Zu Veräußerungsgewinnen beim **gewerbl Grundstückshandel** → Rn. 78; → § 16 Rn. 327. Zu **BetrAufsp** und **Betriebsverpachtung** (Wegfall der tatbestandl Voraussetzungen) → Rn. 865; → § 16 Rn. 187 ff.

b) Nachträgliche Einkünfte. Gem § 24 Nr 2 können auch nach Ende eines GewBetr noch positive oder negative gewerbl Einkünfte anfallen. Zu Vorgängen nach Betriebsveräußerung/Betriebsaufgabe (zB Zahlung von Schuldzinsen) → § 16 Rn. 335 ff, 348 ff. 134

5. Einkunftszurechnung. Einkünfte sind derjenigen natürl Person zuzurechnen, die sie erzielt (§ 2 I), dh die den Tatbestand der einzelnen Einkunftsart verwirklicht. IRv § 15 I 1 Nr 1 (Einkünfte aus gewerbl Unternehmen = GewBetr) ist dies der Unternehmer als Träger des Unternehmens (BFH III R 25/02, BStBl II 04, 787). Zu Provisionseinkünften einer Einmann-GmbH s NdsFG EFG 16, 479. 135

a) Unternehmerbegriff (einkommensteuerrechtlich). Diesen erfüllt, wer Unternehmerinitiative entfalten kann und Unternehmerrisiko trägt (BFH GrS 3/92, BStBl II 93, 616 Rn. 61), dh diejenige Person, nach deren **Willen** und auf deren **Rechnung** und **Gefahr** das Unternehmen in der Weise geführt wird, dass sich der **Erfolg** oder **Misserfolg** in **ihrem Vermögen unmittelbar** (nicht nur, wie zB beim Aktionär mittelbar) **niederschlägt** (BFH X R 21–22/17, BFH/NV 20, 177). Unternehmer ist hiernach – wenn auch nicht immer (zB → Rn. 137, 143, 146) – der rechtl und wirtschaftl Eigentümer (§ 39 AO) der dem Betrieb dienenden WG (BFH XI R 35/97, BStBl II 98, 542). 136

b) Einzelfragen. – aa) Offene Stellvertretung. Unternehmer ist der **Vertretene,** wenn das Unternehmen auf seine Rechnung betrieben wird (BFH X R 10/16, BStBl II 18, 630); dies gilt auch, wenn Eltern als gesetzl Vertreter ein Unternehmen im Namen ihrer minderjährigen Kinder führen (zB BFH VIII R 193/83, BStBl II 89, 414). Hingegen ist der **Vertreter** Unternehmer, wenn er in fremdem Namen, aber für eigene Rechnung handelt (BFH VIII R 349/83, BStBl II 92, 330); dies kann auch zutreffen, wenn Eltern als gesetzl Vertreter die Gewinne der Kinder zu deren Unterhalt verwenden und sich hierdurch entlasten (BFH VIII R 193/83, BStBl II 89, 414). 137

bb) Diskrepanz von Außen- und Innenverhältnis. In einem solchen Fall (zB nachweisl **Treuhand**) ist grds das **Innenverhältnis** maßgebl, dh nur der **Treugeber** ist Unternehmer (BFH X R 10/16, BStBl II 18, 630 Rn. 52), vorausgesetzt, dass der Treuhänder hinreichend weisungsunterworfen ist und ausschließl für Rechnung/auf Gefahr des Treugebers handelt (BFH IV R 10/18, BStBl II 23, 739; auch → Rn. 84; → Rn. 295 ff zu PersGes). An den **Nachweis** der Treuhand, der dem (StPfl oder FA) obliegt, der daraus Rechte ableiten will (vgl § 159 AO), sind hohe Anforderungen zu stellen (BFH X B 99/89, BFH/NV 91, 163; FG Mchn EFG 10, 236). Entscheidend ist aber nicht die Vereinbarung (verdeckte Stellvertretung; Treuhand; Innen-/Außenverhältnis; Strohmann), sondern wer den Erzielungstatbestand nach dem **Gesamtbild** *tatsächl verwirklicht* hat (BFH X B 106/09, BFH/NV 10, 601; FG Ddorf EFG 22, 569, rkr; *Fischer* FR 05, 256); zur USt BFH V B 152/03, BFH/NV 04, 833. Einkünfte einer **KapGes** sind dem vertretungsberechtigten Ges'ter nach BFH X R 3/19, DStR 2022, 2552 mit Rücksicht auf das **Trennungsprinzip** gem § 1 KStG nur im Falle eines **Scheingeschäfts** (§ 41 AO) oder **Gestaltungsmissbrauchs** (§ 42 AO; zB „wirtschaftl sinnlose Zwischenschaltung", „funktionslose KapGes": → Rn. 142) zuzurechnen; unerhebl mithin die Strafbarkeit und Dispositionsbefugnis des Ges'ters 138 (weitergehend hingegen bei sog verschleierter Marktteilnahme des treuwidrigen ArbN einer Bank noch BFH X R 163–164/87, BStBl II 91, 802).

139 **cc) Betriebsübertragung an Angehörige.** Zur unentgeltl (teilentgeltl) Übertragung eines Einzelunternehmens zw Angehörigen → § 16 Rn. 10 ff, 37 ff; zur Übertragung auf minderjährige Kinder unter Vorbehalt lebenslängl elterl Verwaltungs- und Verfügungsbefugnis s BFH VIII R 193/83, BStBl II 89, 414 (mE unzutr, s *Schmidt* FR 89, 142; offen in BFH IV R 125/92, BStBl II 96, 5). Beachte: insb bei unentgeltl Übertragungen **behält** der **bisherige Betriebsinhaber** (zB Ehemann) anstelle des neuen (formalen) Unternehmensträgers (zB Ehefrau, Kinder) weiterhin die (alleinige) Unternehmerstellung, wenn – ***(1)*** er **wirtschaftl Eigentümer bleibt** (**bej** für KG-Anteil bei widerrufl Schenkung BFH VIII R 196/84, BStBl II 89, 877; wegen Scheidungsklausel iVm besonderen Umständen BFH VIII R 81/85, BStBl II 94, 645; **vern** bei Betriebsübertragung auf minderjährige Kinder BFH VIII R 193/83, BStBl II 89, 414; bei schenkweiser atypischer Unterbeteiligung minderjähriger Kinder mit Rückfallklausel BFH IV R 114/91, BStBl II 94, 635; bei unwiderrufl Vollmacht zur Ausübung von Ges'terrechten in vermögensverwaltender GbR BFH IV R 125/92, BStBl II 96, 5) oder – ***(2)*** eine **verdeckte Treuhand** vorliegt (BFH IV R 189/84, BFH/NV 88, 734); evtl kann die Vereinbarung auch als verdecktes GesVerhältnis zu werten sein, kraft dessen der Betriebsveräußerer MUer wird (→ Rn. 280 ff). – ***(3)*** Zur **Betriebsverpachtung** zB an eine neugegründete Familien-GmbH & Co KG ohne gesellschaftsrechtl Beteiligung des bisherigen Inhabers → Rn. 744; zum sog **Wiesbadener Modell** → Rn. 846.

140 **dd) Erbe; Vermächtnis.** Zur Unternehmerstellung → § 16 Rn. 590 ff; Entsprechendes gilt für den Vorerben (§§ 2100 ff BGB). Zur (str) Zurechnung der Einkünfte aus vermächtnisweise zugewendetem GewBetr → § 16 Rn. 42.

141 **ee) Fremdverwaltung.** Führt der **Insolvenzverwalter** den GewBetr des Gemeinschuldners fort (→ Rn. 133), bleibt (nur) dieser Unternehmer (→ Rn. 148). Gleiches gilt für den **Testamentsvollstrecker** (zu Dauervollstreckung/Vollmachtlösung s *Grüneberg* § 2205 BGB Rn. 7 ff; BFH IV R 76/05, BStBl II 08, 858: treuhandähnl) als Vertreter des Erben (= Unternehmer); ebenso bei sog Treuhandlösung (BFH IV R 36/73, BStBl II 78, 499: OHG-Anteil; BFH VIII R 18/93, BStBl II 95, 714: Treuhänder-K'tist; → Rn. 301). Zur BetrAufsp → Rn. 841. Zum Verfahren (StBescheid) s BFH X B 328/94, BStBl II 96, 322.

142 **ff) Missbrauch, § 42 AO.** Dies kann nach der Rspr zu bejahen sein bei Schenkung an Verwandte und Freunde (BFH X B 146/04, BFH/NV 05, 1559: „Beherrschung des Geschehens"), bei sonstiger Einschaltung eines („funktionslosen") Familienangehörigen (BFH X R 39/03, BStBl II 05, 817; BFH X R 21–22/17, BFH/NV 20, 177). Nicht ausreichend ist eine sog mittelbare Tatbestandsverwirklichung/Tatherrschaft zB bei Zwischenschaltung einer GmbH (BFH III R 25/02, BStBl II 04, 787; BFH X R 3/19, DStR 22, 2552: nur bei Scheinschäften oder Gestaltungsmissbrauch (§§ 41, 42 AO; **aA** *Fischer* FR 05, 949) oder der Konzernzugehörigkeit (BFH III R 12/22, BStBl II 25, 749; → Rn. 138 und 76); ebenso nicht ein Überlassungsvertrag zugunsten einer (fremden) GmbH (FG Mster EFG 03, 934); → Rn. 65, 76; *Vogelgesang* FS Korn 2005, 187 (217) zur Vermeidung der Gewerblichkeit.

143 **gg) Nutzungsberechtigter.** Unternehmer kann auch der **Pächter** eines GewBetr (vgl § 22 II HGB) oder derjenige sein, dem der Betrieb von einem Angehörigen **unentgeltl** zur Eigennutzung überlassen ist (sog Wirtschaftsüberlassung; s BFH VI R 59/15, BStBl II 18, 241; → § 13 Rn. 141; → § 16 Rn. 175). Zur unentgeltl betriebl Nutzung einzelner WG eines Angehörigen, insb zur Nutzungseinlage und zum sog Drittaufwand, → § 4 Rn. 500 f. Beim **Nießbrauch** ist zw Unternehmensnießbrauch und (evtl nur quotalem) Ertragsnießbrauch zu unterscheiden

(*Hübner ua* DStR 17, 2353). – ***(1)*** **Unternehmensnießbrauch.** Nur derjenige, der auf Grund des Nießbrauch im eigenen Namen Unternehmerinitiative entfaltet und Unternehmerrisiko trägt, ist Unternehmer (vgl zB BFH IV R 7/94, BStBl II 96, 440). Der Unternehmensnießbrauch ist eine „verdinglichte" Form der Unternehmenspacht und grds wie diese (→ § 5 Rn. 701; → § 16 Rn. 175) zu beurteilen; zu § 6 III aber → § 6 Rn. 700. Der Nießbraucher wird idR Eigentümer des UV (§ 1067 BGB), der Besteller bleibt Eigentümer des AV. Zum Nießbrauch an MUerAnteilen → Rn. 305 ff. – ***(2)*** **Ertragsnießbrauch.** Wem nur der (positive) Ertrag eines von einem anderen betriebenen Unternehmens (ganz oder teilweise) gebührt, ist nicht Unternehmer und damit nicht Zurechnungssubjekt *gewerbl* Einkünfte (BFH VIII R 349/83, BStBl II 92, 330). Zum MUerAnteil → Rn. 308, 314.

hh) Betriebsüberlassungsverträge/Betriebsführungsverträge. → § 16 Rn. 167. 146

c) Keine Relevanz. Der Zurechnung gewerbl Einkünfte steht **nicht entgegen,** dass – ***(1)*** der Unternehmer persönl nicht die erforderl **behördl Genehmigung** für die Ausübung der Tätigkeit besitzt, zB nach § 2 GastG, – ***(2)*** das Unternehmen nicht auf den Namen des Unternehmers, sondern zB der Ehefrau nach § 14 GewO **angemeldet** (BFH IV 112/59, DB 62, 789) oder in das **Handelsregister** eingetragen ist (BFH VIII R 349/83, BStBl II 92, 330), – ***(3)*** über das Vermögen des Unternehmers das **Insolvenzverfahren** eröffnet ist (→ Rn. 133, 141), – ***(4)*** ein **entgeltl Betriebsübertragungsvertrag** (Kaufvertrag, Übereignung) oder ein Unternehmenspachtvertrag zw Fremden, auf Grund dessen ein Unternehmen betrieben wird, **zivilrechtl unwirksam** ist (BFH IV R 80/67, BStBl II 68, 93; zur Rückabwicklung → § 16 Rn. 145), – ***(5)*** der Unternehmer im **Güterstand der Zugewinngemeinschaft** lebt und demgemäß der andere Ehegatte mittelbar über den Zugewinnausgleichsanspruch am Unternehmen teil hat (anders bei Gütergemeinschaft → Rn. 376); – ***(6)*** der Unternehmer in **nichtehel Lebensgemeinschaft/Lebenspartnerschaft** lebt (auch → Rn. 381 f). 148

6. ABC der Gewerbebetriebe

(s EStH 15.6; zur Abgrenzung ggü § 18 → Rn. 95 ff, → § 18 Rn. 155) 150

AbrechnungsGbR für Windkraftbetreiber gewerbl (NdsFG EFG 22, 1433, rkr).

Aktionsleiter einer Bausparkasse s BFH I R 114/85, BStBl II 89, 965.

Apotheker s BFH IV B 48/97, BFH/NV 98, 706; *OFD Rostock* BB 95, 1886.

Apotheken-Inventurbüro bzw *Rezeptabrechner* s BFH IV 283/63 U, BStBl III 65, 556; BFH IV R 153/73, BStBl II 74, 515.

Artist, sofern nicht ArbN (BFH IV 77/53 S, BStBl III 55, 100).

Artistenvermittler s BFH I 157/63 U, BStBl III 66, 36.

Astrologe s FG Ddorf EFG 67, 522; ebenso astrologische Telefonberatung (FG Ddorf DStRE 05, 824).

Bastler (NdsFG EFG 97, 802, für Schiffsmodelle; **aA** FG Bbg EFG 97, 675 bei Verkauf von 6 Fahrzeugen in 6 Jahren und gelegentl Zubehörverkauf).

Baubetreuer s BFH X R 255/93, BStBl II 96, 303: ebenso Bauträger/Generalunternehmer; vgl auch § 34c GewO.

Berufs(karten)spiel ist gewerbl, wenn es nicht als reines Glücks-, sondern als berufl Geschicklichkeitsspiel ausgeübt wird (BFH XI R 48/91, BFH/NV 94, 622: Croupier; BFH X R 43/12, BStBl II 16, 48; BFH X R 34/16, BFH/NV 19, 686: Turnierpoker; BFH III R 67/18, BFH/NV 21, 1070: Cash Games; BFH X R 8/21, BStBl II 23, 811 sowie BFH X R 26/21, BB 25, 2079: Online-Poker/„Texas Hold'em"/„Pot Limit Omaha" jew einschl GewSt/inl Betriebsstätte; dazu *Dziad-*

kowski BB 23, 2012; *Kanzler* FR 23, 1035; Einzelheiten s *OFD NRW* DB 17, 339; *Meisheit* FR 22, 789). Zur USt einschr BFH XI R 37/14, BStBl II 19, 336.

Berufssportler, sofern nicht ArbN (zB BFH I R 159/76, BStBl II 79, 182). Zu Werbeleistungen s BFH VIII R 104/85, BStBl II 86, 424; *BMF* DStR 95, 1508; zur Sportförderung als BE s BFH X R 19/19, DStR 22, 1853. Zum **Sportamateur** s zB BFH VI R 59/91, BStBl II 93, 303; *OFD Ffm* DStR 96, 1567 (Werbeeinsätze). Zu **Art 17 OECD-MA** s BFH I R 98/15, DStR 18, 449.

Bezirksschornsteinfegermeister s BFH XI R 53/95, BStBl II 97, 295.

Bezirksstellenleiter für Lotto/Toto s BFH IV R 77/67, BStBl II 68, 718.

Biogasanlagen → § 13 Rn. 69; *BMF* BStBl I 22, 633.

Bitcoin s „Kryptowährung“.

Blockheizwerk bei sog „Verwaltungsmodell“ gewerbl, selbst bei Betrug; → Rn. 46, 129.

Bordell s BFH IV 79/60 U, BStBl III 61, 518; → Rn. 45.

Briefmarkensammeln, wenn übl Sammleraktivitäten überschritten (BFH X R 23/82, BStBl II 87, 744 zur USt: Verhalten wie Händler).

Buchführungshilfe, sofern selbständig (BFH IV R 10/00, BStBl II 02, 338).

Buchmacher s BFH IV R 49/78, BStBl II 82, 650.

Bürgschaftsübernahme in einer Vielzahl von Fällen, wenn nicht SonderBE (BFH III R 22/06, BFH/NV 09, 1087: offen; → Rn. 524).

Campingplatz s BFH IV R 215/80, BStBl II 83, 426 mwN; → Rn. 82.

Datenschutzbeauftragter → § 18 Rn. 155, 107, 111, 125, 50.

Daytrader (Wertpapierhändler) s BFH XI R 80/97, BStBl II 99, 448; zur Abgrenzung FG Bln-Bbg EFG 08, 128; zu § 15 IV 3 → Rn. 902.

Detektiv s RFH RStBl 42, 989.

Dispacheur s BFH IV R 109/90, BStBl II 93, 235; BVerfG 2 BvR 460/93, FR 01, 367.

Ebay-Verkauf auch von Sammlungen → Rn. 17, 30, 46, 89.

Ehevermittler s BFH I 242/65, BStBl II 69, 145.

Erbensucher s BFH I 349/61 U, BStBl III 65, 263.

Exportberater vgl *Grube* StuW 81, 34 (43).

Factoring, wenn es (wie beim unechten Factoring) über die reine Forderungseinziehung hinausgeht (diff *Meyer-Scharenberg* DStR 06, 1437).

Fahrzeugsammler nur bei händlertypischem Verhalten (BFH V R 21/08, BFH/NV 10, 473 zur USt).

Filmhersteller, sofern nicht insgesamt künstlerisch; s BFH VIII R 32/75, BStBl II 81, 170; HessFG EFG 84, 296, rkr (Pornofilme).

Filmschauspieler s Werbung.

Finanz- und Kreditberater s BFH I R 300/83, BStBl II 88, 666.

Fitness-Studio, sofern nicht Sportunterricht, sondern Einweisung in Gerätebenutzung prägend (BFH IV R 35/95, BStBl II 96, 573 mwN).

Flugzeugvermietung; Flugzeugleasing → Rn. 86.

Fotomodell, sofern selbständig, s FG Hmb EFG 92, 332.

Fremdenführer, sofern selbständig, s BFH I R 85/83, BStBl II 86, 851 (s aber FG RhPf EFG 91, 321 zu Museumsführer).

Friedhofsgärtner s BFH VIII R 15/73, BStBl II 76, 492.

Handelsvertreter (§ 84 I HGB) BFH XI R 91/94, BFH/NV 96, 135.

Hausgewerbetreibende iSv § 2 II HAG (vgl § 11 III GewStG; BFH III R 223/83, BStBl II 87, 719), nicht hingegen Heimarbeiter (BFH IV 186/65, BStBl II 72, 385 mwN; EStR 15.1 II).

Hausverwalter (vgl § 18 I Nr 3) bei ständiger Beschäftigung von Mitarbeitern (Vervielfältigungstheorie; zB BFH IV R 5/98, BFH/NV 99, 1456).

Havariesachverständiger s BFH I 347/60 U, BStBl III 65, 593.

Heilmittelverkauf durch Heilpraktiker (BFH IV 9/58, BeckRS 1961, 21008571), durch Arzt (BFH V R 95/76, BStBl II 77, 879), durch Tierarzt (BFH IV R 113/76, BStBl II 79, 574).

Heizwerk s „Blockheizwerk".

Hellseher s BFH VIII R 137/75, BStBl II 76, 464.

Influencer idR gewerbl (iEinz/Abgrenzungen *FM SchlHol* DStR 24, 1816; zu ausl Wohnsitz *Kunz ua* FR 24, 289; zu strafrechtl Ermittlungen *Hoffmann ua* NWB 25, 2335).

Inkassobüro s BFH I B 240/93, BFH/NV 95, 501; FG Hmb EFG 12, 1771.

Insolvenzverwaltung, auch zB durch StBerater, sofern Rahmen sonstiger selbständiger Tätigkeit (§ 18 I Nr 3) überschritten (BFH IV R 126/91, BStBl II 94, 936: Vervielfältigungstheorie; FG RhPf EFG 07, 1523).

Internat s „Schule".

Internetdomains s „Markenrechte".

Internethandel s „Ebay-Verkauf".

Kinderheim, sofern erzieherische Tätigkeit nicht das Gepräge gibt (BFH I R 107/73, BStBl II 75, 610; BFH III R 198/81, BFH/NV 86, 358).

Klavierstimmer, wenn selbständig, BFH IV R 145/88, BStBl II 90, 643.

Klinik, wenn der Unternehmer kein Arzt ist oder aus der Beherbergung und Verpflegung der Patienten ein besonderer Gewinn erstrebt wird, s BFH I R 34/66, BStBl III 67, 90; BFH IV R 48/01, BStBl II 04, 363.

Kryokonservierung s „Lagerung von Eizellen".

Kryptowährung ist nach BFH IX R 3/22, BStBl II 23, 571 zu § 23 I 1 Nr 2 (betr Currency Token = virtuelle Währung) **WG** (zutr; glA *BMF* BStBl I 25, 658 Rn. 31; zur HB s *Link* BB 23, 1643), auch bestehe kein normatives Vollzugsdefizit (glA FG Nbg DStR 25, 1622, rkr; zum internationalen Informationsaustausch s gem DAC 8-Rl/KStTG, BGBl I 25 Nr. 352 s *Arendt* DB 25, 2669). Sog **Miner** und **Validatoren** erzielen aufgrund des hohen Rechnereinsatzes zur Schaffung der devisenähnl Rechnungseinheit (zum „Kryptowert" s § 1 XI 4 und 5 KWG; weiter Art 3 I Nr 5 VO (EU) 2023/1114 „MiCA") idR gewerbl Einkünfte (*BMF* BStBl I 25, 658 Rn. 7 ff, 39, 48; iEinz *Richter ua* FR 25, 625; *Rasch* ISR 25, 273; *Sanning* DB 25, 824). Gleiches gilt für die Betreiber von sog **„Masternodes"** („Knoten"; *BMF* BStBl I 25, 658 Rn. 14 f, 50; *von Oertzen ua* DStR 24, 969) sowie uU beim **Handel** (*BMF* BStBl I 25, 658 Rn. 52; zu Non-Fungible Token s allg *Hornung ua* DStR 23, 2142; durch Künstler ausführl *Frick* FR 23, 343: grds gewerbl). Zur verdeckten **MUerschaft**/Mining-Pool s *BMF* BStBl I 25, 658 Rn. 40: Einzelfallprüfung. Zu **DBA**/AStG s *Görlich ua* EStB 25, 259. Zur USt s *BMF* BStBl I 18, 316; *BMF* BStBl I 21, 713 unter III.

Künstleragent s BFH VIII R 162/70, BStBl II 72, 624; BFH IV B 2/90, BFH/NV 92, 372.

Künstlermanager s BFH IV B 2/90, BFH/NV 92, 372.

Kursmakler s BFH IV B 102/03, DStRE 05, 1382.

Lagerung von Eizellen („reine" Kryokonservierung) gewerbl (FG Mster EFG 22, 1296, rkr).

Landschaftsgärtner, sofern nicht LuF.

Leasing iVm Sonderleistungen s FG Hmb 12, 1771.

Lebensversicherungskauf → Rn. 92.

Lotto-/Toto-Annahmestelle s FG Köln EFG 93, 594.

Makler s BFH IV R 173/74, BStBl II 76, 643.

Markenrechte/Internetdomain, deren Verwertung ist jedenfalls soweit selbst geschaffen, gewerbl (FG Mster EFG 22, 106, rkr).

Mannequin, sofern nicht ArbN, s BFH IV 244/65, BStBl II 69, 71.

Mitgliederwerber für Bücherclubs uä (*Felix* DStR 93, 1550).

Münzsammler, wenn dieser sich wie ein Händler verhält (BFH X R 48/82, BStBl II 87, 752 zur USt).

Musiker; Musikkapellen, sofern selbständig (s *BMF* BStBl I 90, 638; DStR 96, 1407) und nicht künstlerisch, s BFH IV R 64/79, BStBl II 83, 7; krit *Kempermann* FR 92, 250 (253).

Öffentlichkeitsarbeit s „Public-Relation-Berater".

Outplacement-Berater (*OFD Ffm* StEK EStG § 15 Nr 362).

Personalvermittlung; Personalberatung s BFH IV R 12/02, BFH/NV 04, 168.

Pharmaberater s FG Ddorf EFG 96, 989.

Photovoltaik/Stromerzeugung/Stromeinspeisung idR gewerbl (BFH XI R 21/10, BStBl II 12, 434). Zur Einkunftserzielung/Gewinnermittlung → Rn. 34; *BMF* BStBl I 23, 1494; *LfSt Nds* DB 23, 2600; *FM SchlH* DStR 24, 2538; zu § 180 I 1 Nr 2a AO s BFH IV R 6/17, BStBl II 21, 17; zur StBefreiung gem **§ 3 Nr 72** idF JStG 2022/JStG 2024 → § 3 Rn. 237; *BMF* BStBl I 23, 1494. *Einzelfragen:* → § 7 Rn. 38; mehrere Betriebe → Rn. 125; Teilbetrieb → § 16 Rn. 115, 121, 122; Abfärbung → § 15 Rn. 186, 188, 196; mitunternehmerische BetrAufsp → Rn. 855; Betriebsaufgabe/Liebhaberei → § 16 Rn. 570, 156. Zur Gemeinnützigkeit/Unschädlichkeit s § 58 Nr 11 AO nF; zur Anzeige gem § 138 AO und § 12 III UStG s *BMF* BStBl I 23, 351; *BMF* DB 23, 2917; *OFD BW* DB 25, 2268.

Pilot s BFH IV R 94/99, BStBl II 02, 565.

Poker s „Berufskartenspiel".

Projektierer, sofern nicht Ingenieur, s BFH I R 66/78, BStBl II 81, 121.

Projektmanager s NdsFG EFG 01, 1146, rkr; zum Produktmanager und klinischen Monitor s FG Mchn EFG 05, 382.

Prostitution → Rn. 45, 85.

Public-Relation-Berater s BFH IV R 16/98, BFH/NV 99, 602.

Rauschgifthändler s BFH IV R 31/99, BFH/NV 00, 1161.

Reiterhof, sofern nicht LuF oder Liebhaberei, s zB BFH VIII R 91/83, BStBl II 89, 416.

Rentenhändler, soweit nicht ArbN (BFH X R 39/88, BStBl II 91, 631).

Rezeptabrechner s „Apotheken-Inventurbüro".

Risikolebensversicherungen, Erwerb gebrauchter Risiko-LV → Rn. 92.

Rundfunkermittler, wenn selbständig, s BFH X R 83/96, BStBl II 99, 534; BVerfG FR 01, 367.

Sachverständiger für Blitzschutz (FG SachAnh EFG 07, 1448, rkr).

Sanatorium s „Klinik".

Schadensregulierer (selbständig) s BFH I 21/61 U, BStBl III 61, 505.

Schätzer für Kunstwerke s BFH VIII 23/65, BStBl II 71, 749.

Schauspieler s „Werbung".

Schiedsrichter. Sportschiedsrichter idR gewerbl (BFH I R 98/15, DStR 18, 449; *Martini* HFR 18, 305; *ders.*, FS D. Maier, 2020, 467); zu „Werbung" s dort.

Schiffssachverständiger als Schadensgutachter s BFH XI R 82/94, BStBl II 96, 518.

Schlossbesichtigung s BFH VIII R 95/77, BStBl II 80, 633.

Schule, wenn der Unternehmer keine eigenverantwortl Unterrichtstätigkeit ausübt (BFH IV R 191/74, BStBl II 79, 246 mwN) oder mit der Schule ein Internat verbunden ist und aus der Beherbergung (Beköstigung) der Schüler ein Gewinn erstrebt wird (BFH VI 301/62 U, BStBl III 64, 630). Zum Verkauf von Getränken uä in einer Tanzschule → Rn. 26.

Schwimmbadbetrieb durch GrundstücksGes (BFH I R 56/07, BFH/NV 08, 1359).

Sicherheitsbeauftragter s BFH IV B 106/03, BFH/NV 05, 1544.

Spielerberater; Spielervermittler s BFH IV R 59/97, BStBl II 99, 167: Verhandlungs- und Vermittlungstätigkeit im Vordergrund. GlA FG Nds DStRE 23,1288; BFH VIII B 22/22, BFH/NV 23, 1186.

Stromableser (FG Bbg EFG 04, 34).

Stundenbuchhalter übt keine verwaltende Tätigkeit aus (BFH IV R 10/00, BStBl II 02, 338).

Telefonsex s BFH X R 142/95, BStBl II 00, 610.

Trabrennstall s BFH IV R 82/89, BStBl II 91, 333.

Treuhand bei Bauherrenmodellen s StBerater; Treuhandtätigkeit im Bereich von Immobilienfonds (BFH XI R 9/06, BStBl II 07, 266).

Übersetzungsbüroinhaber, jedenfalls bei fehlender eigener Kenntnis aller einschlägigen Fremdsprachen (vgl BFH IV B 121/95, BFH/NV 97, 25).

Versicherungsberater ist Kaufmann (BFH IV R 19/97, BStBl II 98, 139); zum **Versicherungsvertreter** s EStR 15.1 I; → Rn. 14.

Werbedamen, wenn selbständig (BFH VI R 150–152/82, BStBl II 85, 661).

Werbung zB eines Sportlers für Industrie (BFH X R 14/10, BStBl II 12, 511: Fußball-Nationalspieler; *BMF* DStR 95, 1508) oder eines Schiedsrichters (*OFD Ffm* BeckVerw 260180) ist gewerbl; ebenso die Mitwirkung eines Schauspielers an Werbesendungen, soweit nicht eigenschöpferisch (BFH IV R 1/97, BFH/NV 99, 465); Mitwirken eines Friseurs (BFH XI R 71/97, BFH/NV 99, 460).

Wohnheim, zB für Asylsuchende, Umschüler, Arbeiter (BFH III R 217/82, BFH/NV 87, 441; HessFG EFG 94, 485).

Zolldeklarant s BFH IV R 117/87, BStBl II 90, 153; ebenso **Zollberater** ohne Zulassung (BFH IV R 33/95, DStRE 98, 476).

C. Spätere Veräußerung von Anteilen an Europäischer Gesellschaft/ Genossenschaft, § 15 Ia

I. Grundaussage, § 15 Ia 1

In den Fällen des § 4 I 5 (keine Entnahme bei Sitzverlegung einer Europäischen Ges/Genossenschaft; Einschränkung des dt Besteuerungsrechts im Hinblick auf Art 14 I FusionsRL 2009/133/EG (= Art 10d I FusionsRL 90/434/EWG); → § 4 Rn. 250; BT-Drs 16/3369, 12) ist der Gewinn aus einer **späteren Veräußerung** der Anteile in der gleichen Art und Weise zu besteuern, wie wenn keine Sitzverlegung 155 stattgefunden hätte (zB *Benecke ua* IStR 07, 22); für alle anderen Rechtsformen gilt § 4 I 3, 4. Entgegenstehende Bestimmungen eines DBA (Art 13 V OECD-MA) sind unbeachtl („Treaty Override"; vgl Art 14 II FusionsRL 2009/133/EG (= Art 10d II FusionsRL 90/434/EWG): Besteuerungsrecht der Mitgliedstaaten bei späterer Veräußerung). § 15 Ia soll zur Vermeidung drohender Doppelbesteuerungen unionskonform auf die stillen Reserven bei Sitzverlegung zu beschränken sein (*HHR/Stapperfend* § 15 Rn. 985; mE fragl). Zur entspr Geltung vgl §§ 13 VII, 18 IV EStG; § 12 I KStG. Für Anteile im PV gilt insoweit § 17 V. S auch § 20 IVa.

II. Veräußerungsersatztatbestände, § 15 Ia 2

156 Der Veräußerung gleichgestellt sind *(1)* verdeckte Einlage, *(2)* Auflösung, *(3)* Kapitalherabsetzung, *(4)* Kapitalrückzahlung und *(5)* Ausschüttung/Rückzahlung von Beträgen aus dem steuerl Einlagenkonto iSv § 27 KStG (BT-Drs 16/3369, 12; s auch § 17 I 2, IV).

D. Gewerbliche Mitunternehmerschaften, § 15 I 1 Nr 2 und S 2 iVm § 15 II, III

Schrifttum (Aufsätze vor 2020 zuletzt → 40. Aufl 2021, § 15 vor Rn. 160). – **Allgemein** (Auswahl): *Pinkernell,* Einkünftezurechnung bei PersGes, Diss Köln, 2000; *Wacker,* Aktuelles zum Einfluss des Gesellschafts- und ZivilR, FS Goette, 561 *M. Fischer,* GesamthandGes, FS Crezelius, 2018, 117; *Blischke,* Die MUerschaft …, Diss., 2020; *Abel,* Steuerl Gewinnverteilung bei PersGes, Diss, 2022; *Hüttemann/Schön,* Unternehmenssteuerrecht, 2024 [zit. *HS/Autor*]. *Palm,* Verfassungsrechtl Rahmenbedingungen …, DStJG 46 (2024), 49; *ders.,* Der Begriff der juristischen Person …, FS Wacker, 2025,; *Riedel,* Besteuerung …, DStJG 46 (2024), 147; *Osterloh-Konrad,* Die … Gleichstellungsthese …, FS Wacker, 2025, 47; *Meyer,* Steuerl Besonderheiten …, DStR 25, 1380. – **Verwaltung:** EStR 15.8 II, V, VI – **Zu § 1a KStG/Optionsmodell** → Rn. 160a.

I. Grundlagen

160 **1. Keine Steuerpflicht der Mitunternehmerschaft – Option gem § 1a KStG. – a) Grundsatz.** Die PersGes (OHG, KG, GbR, Partnerschaft, stille Ges) sind nach dem sog **Transparenzprinzip** als solche **weder estpfl** (§ 1: nur natürl Personen) **noch kstpfl** (vgl § 1 KStG). Deshalb rechnet § 15 I 1 Nr 2 das von gewerbl PersGes oder Gemeinschaften (Oberbegriff: „MUerschaft"; s § 6 V 2–3; § 16 III 2; § 35 II, III) „erzielte Einkommen" anteilig unmittelbar (iSv § 3 I KStG) den einzelnen MUern „als originäre eigene Einkünfte" zu (→ Rn. 163) und unterwirft es bei diesen (= originäre *Einkunfteerzieler*) – bzw bei mehrstöckigen PersGes den MUer der obersten Ges (BFH GrS 7/89, BStBl II 91, 691 unter C. III.3.b bb) – nach deren persönl Merkmalen der ESt oder KSt. Zu abw Ansichten s zB *Blischke* Diss, 2020. **Verfahrensrecht:** die Einkünfte der einzelnen MUer sind grds gesondert, einheitl und für die ESt-/KSt-Veranlagung bindend festzustellen (§§ 179 ff AO). Eines Feststellungsverfahrens bedarf es auch, wenn das Vorliegen einer MUerschaft und/oder MUerstellung zweifelh ist (zB BFH VIII R 10/22, DStR 25, 456; *Wacker* FR 25, 869). Zu SonderBE/-BA → Rn. 651; s iÜ die Kommentierungen zur AO.

160a **b) Ausnahme: Option gem § 1a KStG. – aa) Gesetzesentwicklung.** Vgl *BMF* BStBl I 21, 2212; *Wacker/Krüger ua* DStR-Beih 21, 3; *Bodden* KÖSDI 22, 22937. Das Optionsmodell gem **§ 1a KStG** idF **KöMoG** (BGBl I 21, 2050) begründet ein **Sonderrecht** idS, dass bestimmte PersGes („optierende PersGes"; hier **OptionsGes**) sich für die Geltung des Trennungsprinzips gem KStG entscheiden können. Rechtsänderungen durch das **WachstChG** (BGBl I 24 Nr 108): OptionsR der **eGbR, rückwirkende Option** bei Neugründung/Formwechsel in PersGes, Rückhalt des **Komplementär-Anteils**/SonderBV, **Gewinnentnahme** (iEinz *Müller* NWB 23, 2474).

bb) Fiktive Umwandlung. § 1a KStG eröffnet iVm § 34 Ia KStG für Wj, die **nach 2021** beginnen, gewerbl und auch vermögensverwaltenden **PersonenhandelsGes** (einschl GmbH & Co KG; EWIV; ausl Ges entspr Typenvergleich; → Rn. 173; *BMF* BStBl I 21, 2212 Rn. 2 ff), **Partnerschaften** und ab 2024 auch **eGbR** (AußenGes; → Rn. 160a) – **OptionsGes** –, nicht jedoch InnenGes, Erben-/Gütergemeinschaften oder Einzelunternehmen, trotz ihres zivilrechtl Fortbestands erstmals das Recht zur Besteuerung **„wie eine KapGes“.** Der **Übergang** vom Transparenzprinzip (→ Rn. 160) zum **KSt-Trennungsprinzip** gilt nur für das ErtragStR (KSt, ESt, GewSt; vgl §§ 17 I 3, 20 I Nr 1 EStG nF; § 2 VIII GewStG nF; zu StBefreiungen zB §§ 51 ff AO s *Orth* DStR 22, 864), nicht für die Besitz-/VerkehrsSt (beachte aber § 5 GrEStG; zu §§ 13a ff ErbStG iVm § 97 I 1 Nr 5 BewG s *BMF* BStBl I 22, 1494); er wirkt auch innerhalb eines Konzern **einheitl** nur für die **jew OptionsGes** (*Bodden* KÖSDI 21, 22526). *Beispiel:* an U-KG sind O-KG und U zu je 50% beteiligt; nur O-KG optiert, U nimmt § 34a in Anspruch. Erforderl ist ein **Antrag** mit einmonatiger Frist (grds keine Rückwirkung; zu den geplanten Ausnahmen ab 2024 → Rn. 160a), der grds die Zustimmung aller Ges'ter der OptionsGes bedarf (§ 1a I 1 Hs 2 KStG). Dem Übergang zur KSt-Besteuerung liegt ein fiktiver Formwechsel zugrunde, der nach § 1a II 2 KStG – obgleich keine neuen Anteile an der OptionsGes gewährt werden – den **Buchwertprivilegien** der §§ 1, 25 iVm §§ 20 f UmwStG unterstehen kann; maßgebl hierfür sind – gleich einem tatsächl Formwechsel und trotz der einheitl Wirkung der Option (s oben) – die jeweiligen **individuellen Verhältnisse** des Ges'ters (Einbringung von MUerAnteilen). *Soweit* es zB aufgrund des Rückbehalts von SonderBV (→ § 16 Rn. 30, 411) an einer „privilegierten MUerAnteilseinbringung“ fehlt (zum **Komplementär-Anteil** s aber → Rn. 160a), werden entweder die betroffenen MUerAnteile aufgegeben oder die stillen Reserven nach § 6 VI (analog) aufgedeckt (lfd Gewinn; → § 16 Rn. 100, 397). Der Übergang kann den Untergang von **Verlustabzügen** (zB § 15a EStG; § 10a GewStG), die Verletzung von **Sperrfristen** (§§ 6 III 2, V 6, 16 III 3, V EStG; § 22 I 6 Nr 2 UmwStG ggf iVm 22 II 2, 24 V, 18 III 2, 18 III 2 UmwStG) sowie die **Nachsteuer** nach § 34a VI 1 Nr 2, VI 2 auslösen. Zudem sind die Anteile an der OptionsGes gem § 22 I, II UmwStG **sperrfristbehaftet.** 160a.1

cc) Gesellschafter. Aufgrund der Option werden alle Ges'ter – dh auch die zivilrechtl Vollhafter der OptionsGes – *ertragstrechtl* **nicht persönl haftenden** Ges'tern einer **KapGes** gleichgestellt. Folge: sie erzielen *nicht* mehr mitunternehmerschaftl/gemeinschaftl Einkünfte, sondern eigenständige **Beteiligungseinkünfte** (Trennungsprinzip) aus KapVerm (§ 20 einschl vGA iVm AbgeltungSt; Teileinkünfteverfahren; zur Gewinnentnahme → Rn. 160a) sowie – soweit fremdüblich – Einkünfte aus Dienstleistungen (z. B. als Geschäftsführer der OptionsGes) und aus Nutzungsüberlassungen (z. B. für Grundstücken) gemäß §§ 19, 21. Nicht ausgeschlossen wird hierdurch indes, dass die Beteiligung an der OptionsGes zum **BV/SonderBV** des **Ges'ters** gehört; Folge: Umqualifikation der Erträge/Entgelte gem § 1a III 4 KStG. Dies betrifft neben der Konstellation der **BetrAufsp** (→ Rn. 803a) auch zB den Sachverhalt, dass der Anteil an der OptionsGes von einer Ober-KapGes, Ober-OptionsGes (§ 1 I Nr 1 iVm § 8 II KStG; → Rn. 160a) oder einer zB gewerbl geprägten Ober-PersGes (§ 15 III Nr 2) gehalten wird. 160b

dd) Rückkehrwege. § 1a IV KStG sieht hierfür neben dem Wegfall der Optionsvoraussetzungen, dem Ausscheiden des vorletzten Ges'ters aus der OptionsGes und der tatsächl Umwandlung (OptionsGes in KapGes) die wiederum unter Beachtung der Monatsfrist jederzeit ausübbare **Rückoption** vor. Zu **Sperrfristverstößen** (§ 22 I, II UmwStG) bezügl der Anteile an OptionsGes s *Wacker/Krüger ua* DStR-Beih 21, 3; *BMF* BStBl I 21, 2212 Rn. 46, 98. 160c

ee) Systematik/Zweck. Das **„Optionsmodell“** ist weder ein Beitrag zur StVereinfachung noch begründet es ein einheitl UntStR (zB *Kahle* FR 22, 377). Viel- 160d mehr ergänzt es die bestehende Dreiteilung (Transparenzprinzip, Trennungsprinzip, Thesaurierungsbegünstigung gem § 34a) iSe wahlweisen Regimewechsels unter Verzicht auf die zivilrechtl Umwandlung zur intransparenten KSt-Besteuerung der OptionsGes. Es kombiniert damit iSe **Sonderrechts** die zivilrechtl Vorteile der PersGes (zB Mitbestimmung; Rechnungspublizität) mit denjenigen des KSt-Tarifs für nicht ausgeschüttete Gewinne (dazu → § 34a Rn. 6 ff). Demgemäß zielt es auf die Begünstigung ertragsstarker PersGes mit gesicherter Gewinnerwartung ohne allerdings normativ die tatsächl Thesaurierung des tarifprivilegierten Gewinns sicherzustellen (s zu Darlehen zB *Wacker/Krüger ua* DStR-Beih 21, 3 (43)).

160e **ff) Weitere Einzelfragen/Verweise.** Zu weiteren Einzelheiten (zB KSt der OptionsGes einschl ausl PersGes; Verfmäßigkeit; Besitz-/VerkehrSt; GesR) s *BMF* BStBl I 21, 2212; *Wacker/Krüger ua* DStR-Beih 21, 3. Zum **Ges'ter** → § 17 Rn. 20, 44, 45, 49, 74, → § 20 Rn. 3, 28 ff, 35, 41, 65. Zum gewerbl **Grundstückshandel** → Rn. 76, zur **BetrAufsp** → Rn. 803a, 835, 855. Zu **mehrstöckigen PersGes** → Rn. 160a; → § 16 Rn. 384. Zur **ErbSt/SchenkSt** s *GLE* DStR 22, 2690.

161 **2. Zweck des § 15 I 1 Nr 2 – Gesellschaftsrecht/MoPeG.** § 15 I 1 Nr 2 zielt darauf, „die Einkünfte beim gemeinschaftl Bezug von Einkünften aus GewBetr zu bestimmen" (BFH GrS 4/82, BStBl II 84, 751 unter C. V.3.b bb) und dabei die Besteuerung des **MUers** derjenigen des **Einzelunternehmers** „insoweit gleichzustellen, dh anzunähern, als die Vorschriften des GesRechts nicht entgegenstehen" (zB BFH IV R 51/98, BStBl II 05, 173 Rn. 26; BFH VIII R 21/00, BStBl II 03, 194 Rn. 22; BVerfG 2 BvL 8/13, DStR 24, 155 Rn. 173). Diese (mE zutr) **„Gleichstellungsthese"** bzw *„Parallelwertung"* entspricht der hL (zB *Pinkernell* aaO S 182 ff; krit *Osterloh-Konrad* FS Wacker, 2025, 47). **Konsequenzen** sind zB – ***(1)*** die Hinzurechnung von Sondervergütungen (weil auch der Einzelunternehmer seinen Gewinn nicht um fiktives Gehalt, Mietentgelte und Darlehenszinsen mindern kann, zB BFH IV R 5/18, BStBl II 20, 448) und die Erfassung von betriebl genutzten WG der MUer als SBV (weil auch beim Einzelunternehmer betriebl genutzte WG BV sind; → Rn. 163); – ***(2)*** die grds Gleichbehandlung von Ges'terBeiträgen gegen Gewinnanteil und schuldrechtl Ges'terleistungen gegen Entgelt (vgl *Groh* DB 91, 879 (882)).

162 **a) Rechtsentwicklung. Früher** war hL, dass **PersGes** „für die ESt … überhaupt **nicht da**" sind und die Rechtslage so zu beurteilen ist, „wie wenn der einzelne Ges'ter den Betrieb der Ges in dem seinem Anteil entspr Umfang als eigenen Betrieb führen würde" (*Becker* Die Grundlagen der ESt, 94, 102–103); danach war die Bilanz der PersGes nur die Summe von Einzelbilanzen aller Ges'ter, sog **„Bilanzbündeltheorie".** Diese Sicht hat die Rspr aufgegeben (BFH GrS 4/82, BStBl II 84, 751).

163 **b) „Duales System".** An deren Stelle ist für die gewerbl PersGes in schrittweiser, teils *retrograder* Entwicklung der Rspr (vgl insb BFH GrS 7/87, BStBl II 91, 691; BFH GrS 3/92, BStBl II 93, 616; BFH GrS 1/93, BStBl II 95, 617; dazu iEinz *HS/Osterloh-Konrad* [s vor Rn. 160], Kap 4; *Wacker* FS Goette, 561; *Wacker* FR 24, 877) ein „duales System" getreten, das durch ein (freilich) geordnetes) Nebeneinander von „Einheit und Vielheit" gekennzeichnet ist (*M. Fischer* FS Crezelius, 117 (128)) und teilw als Widerstreit von Trennungs- und Transparenzprinzip umschrieben wird (zB *Kempermann* GmbHR 02, 200). Nach mE zutr gegenwärtiger Sicht des BFH bleibt auch bei den Beteiligungseinkünften nach § 15 I 1 Nr 2 die Grundentscheidung der §§ 1 und 2 unberührt, dass ESt-Subjekte allein die einzelnen Ges'ter sind (BFH GrS 1/93, BStBl II 95, 617 Rn. 55; *Wacker* FR 24, 877; ebenso zum StPfl iSv § 1 AStG BFH I B 96/97, BStBl II 98, 321; anders § 1 I 2 aF/nF, V 7 AStG). Demgemäß ist der Gewinn/Verlustanteil das Ergebnis eigener Tatbestandsverwirklichung und damit **originäre** Einkunft des **MUers** (BFH GrS 1/93, BStBl II 95, 617 Rn. 160, 441; § 15 I 1 Nr 2, Hs 1 ist insoweit lediglich deklaratorisch; unklar BFH IV R 48/11, BFH/NV 15, 1075; BFH II R 5/10, BFH/NV 12, 1942). Dh: nicht die PersGes als eigenständige Rechtspersönlichkeit, sondern die **MUer in** ihrer gesellschafts-/ge-

meinschaftrechtl **Verbundenheit erzielen** die gewerbl (betriebl) **Einkünfte** (BFH GrS 2/02, BStBl II 05, 679 Rn. 29; BFH IV R 72/02, BStBl II 08, 420; *Wacker* aaO; missverständl BFH IV R 11/21, DStR 24, 219 Rn. 43; unzutr BFH IV R 27/21, DStR 24, 1291 zu § 15a; → § 15a Rn. 4) und sind als „Unternehmer (Mitunternehmer) des Betriebs der PersGes gewerbl tätig" (zB BFH GrS 1/93, BStBl II 95, 617 Rn. 65; **aA** zB *Abel,* Diss, 2022, 115 ff: Ges'ter-Beteiligungseinkünfte; *Riedel* DStJG 46 (2024), 147: Einkünftezurechnung; glA *Meyer* DStR 25, 1380; krit auch *Hüttemann* DStJG 34, 291). Aus dieser Doppelperspektive (Verbund der MUer = Einheit; originärer Einkünfte der einzelnen MUers = Vielheit) folgt, dass – ***(1)*** in die Gewinnermittlung der MUerschaft nicht nur SonderBE (§ 15 I 1 Nr 2 Hs 2) und SonderBA, sondern gem **§ 4 I** auch WG im Eigentum der Ges'ter (SBV) einzubeziehen sind (BFH GrS 3/92, BStBl II 93, 616), – ***(2)*** die **Gewinnerzielungsabsicht** zweistufig zu prüfen ist (MUer-Verbund *und* MUer; → Rn. 180–183), und – ***(3)*** bei der Bestimmung des Gewinnanteils nur dann auf die im Verbund verwirklichten Merkmale (Einheit) abzustellen ist, wenn dies mit dem **Zweck** der *jeweiligen* **Norm** im Einklang steht (ähnl BFH IV R 5/11, BStBl II 14, 972: „sachl zutr Besteuerung"). Hiernach gilt zB:

aa) Teilrechtsfähigkeit des Mitunternehmerverbunds. Die gewerbl/betriebl PersGes (Außen- wie InnenGes!) oder Gemeinschaft (→ Rn. 171) – dh der *MUer-Verbund* (→ Rn. 163) – ist insoweit „Steuerrechtssubjekt", als – ***(1)*** bei der Feststellung der **Einkunftsart** und grds (Ausnahmen → Rn. 165) der **Ermittlung der Einkünfte** auf die Verbundmerkmale abzustellen ist (zB BFH GrS 1/93, BStBl II 95, 617 unter C IV 2b/aa: Subjekt der Einkünftequalifikation und Gewinnermittlung; BFH IV B 46/10, BFH/NV 11, 244: AV/UV; *Wacker* FS Goette, 561; → Rn. 200: vermögensverwaltende PersGes); – ***(2)*** die PersGes als solche (dh der MUer-Verbund) – wiederum unabhängig von zivilrechtl Vorgaben – MUer einer anderen PersGes sein kann (BFH GrS 7/89, BStBl II 91, 691(699); zum mittelbaren MUer gem § 15 I 1 Nr 2 S 2 → Rn. 253); – ***(3)*** Veräußerungsgeschäfte zw Ges und Ges'ter zu fremdübl Bedingungen anzuerkennen sind (BFH IV R 37/06, DStR 08, 761; → § 6 Rn. 784); – ***(4)*** Forderungen eines Ges'ters gegen die Ges nicht aufzuspalten sind in eine Forderung gegen sich selbst und die übrigen Ges'ter (→ Rn. 540); – ***(5)*** bei Überlassung von WG zur Nutzung zw Schwester-PersGes das BV der überlassenden PersGes grds Vorrang vor SBV bei der nutzenden PersGes hat (→ Rn. 532, 600 ff); – ***(6)*** MUerschaft nur einen Betrieb unterhält BFH VIII R 56/13, BStBl II 16, 936; BFH VI R 44/16, BStBl II 19, 466; *BMF* BStBl I 23, 1494 zu § 3 Nr 72; *BMF* BStBl I 18, 1207 zu § 4 IVa; *BMF* BStBl I 20, 623 zu 7b;); – ***(7)*** PersGes uU Einbringende iSd §§ 20, 24 UmwStG sein kann (so *BMF* BStBl I 25, 92 Rn. 20.02, 20.03 iVm 24.03; *Kamphaus ua* Ubg 12, 293; aber → Rn. 165 aE); – ***(8)*** Pers*handels*Ges in die Konzernklausel (§ 8c I 5 KStG) einbezogen sind; – ***(9)*** PersGes *spezialgesetzl* an die Stelle des Ges'ter/MUer, zB gem § 5a IV (BFH IV R 20/20, BStBl II 23, 857), § 7g VII (*BMF* BStBl I 22, 945 Rn. 1, 4, 15 iVm Rn. 58; BFH IV R 11/21, DStR 24, 219), § 1 I 2, V 7 AStG (Einkunftsberichtigung), § 7 III, IV AStG (Hinzurechnungsbesteuerung/Nahestehen); – ***(10)*** ebenso zur „Ges-bezogenen" Sanierung gem *§ 3a II,* selbst bei Sanierungsertrag im SBV BFH IV R 23/23, DStR 25, 2652. 164

bb) Maßgeblichkeit der individuellen Mitunternehmermerkmale. *Beispiele:* – ***(1)*** Sonder-BV und zweistufige Prüfung der Gewinnerzielungsabsicht (→ Rn. 161, 163); Ergänzungsbilanzen (→ Rn. 460 ff; **aA** bezügl Bilanzänderung EStR 4.4 II 6); – ***(2)*** GuV-Verteilung (→ Rn. 452 ff); – ***(3)*** Zurechnung ausl Betriebsstätten (→ Rn. 421); – ***(4)*** Ges'ter-/personenbezogene Prüfung von StVergünstigungen (zB erhöhte/degressive AfA, SonderAfA; § 6b; → Rn. 411 ff), soweit gesetzl nichts anderes bestimmt ist (zB in § 1 I 2 InvZulG; § 1 II, § 3 III 3 FZulG; iEinz *BMF* BStBl I 23, 364 Rn. 10 ff; zur Einlage des FZul-Anspruchs → Rn. 521); – ***(5)*** Überentnahme iSv § 4 IVa (→ Rn. 430); – ***(6)*** Ges'ter einer PersGes als gewerbl Grundstückshändler (→ Rn. 73 ff); – ***(7)*** Buchwerttransfer von WG zw eigenem 165

BV/SBV und GesamthandsBV (§ 6 V); – ***(8)*** Teileinkünfteverfahren für KapGes-Anteilen im GesamthandsBV einschließl § 7 S 4 GewStG → Rn. 438 f); ebenso iRv § 19 IV KStG nF; – ***(9)*** Einbringungsgewinns I (§ 22 UmwStG, *BMF* BStBl I 25, 92 Rn. 22.02; aber → Rn. 164 aE). – ***(10)*** Gemeinnützigkeit (iEinz *Hüttemann* FS Wacker, 2025, 319).

166 **c) Gesellschaftsrecht – MoPeG-Reform.** Die Geltung des Transparenzprinzips knüpft gem § 15 I 1 Nr 2 EStG ggf iVm § 2 I GewStG an die **zivilrechtl Reform** an (OHG, KG, GbR etc, vergleichbare Gemeinschaften; → Rn. 160, 171), Entsprechendes gilt nach § 1 KStG für das KSt-rechtl Trennungsprinzip mit der Folge, dass § 15 I 1 Nr 2 die Auffangnorm des § 3 KStG verdrängt (BFH GrS 4/82, BStBl II 84, 751 Rn. 95, 112 ff; ausführl *Martini* FS Wacker, 2025, 141 f: MUerschaft = KStG-Negativbedingung). Diese gesetzgeberische Grundentscheidung (systematische Zweiteilung/duales Besteuerungskonzept) ist durch **BGH** (II ZR 331/00, BGHZ 146, 341 *„ARGE Weißes Ross"*) unberührt geblieben, da hierdurch der rechtliche Grundtypus der PersGes nicht in Frage gestellt, sondern lediglich das Gesamthandsprinzip (§ 718f BGB) iSd Rechtsfähigkeit der Außen-GbR fortentwickelt wurde; eine Abkehr vom ertragsteuerrechtl Grundgedanken der *gemeinschaftl* Einkunftserzielung der MUer war hiermit erkennbar nicht verbunden (iEinz → Rn. 163 ff). Nichts anderes ergibt sich ab 2024 aus der **MoPeG-Reform** (BGBl I 21, 3436) zur **„rechtsfähigen PersGes"** = registerfähige Außen-GbR = zivilrechtl Leitbild iVm der partiellen Aufgabe des „überholten" (so BR-Drs 59/61, 1) Gesamthandsprinzips (§§ 705, 713 BGB nF: AußenGes iVm §§ 105 II, III, 161 III HGB nF, § 1 IV PartGG nF). Abgesehen davon, dass *Güter-/Erbengemeinschaften* (§§ 1419, 2032 BGB; → Rn. 171) weiterhin Gesamthandsvermögen bilden, hat der Gesetzgeber sich zum einen auch bezügl der *rechtsfähigen PersGes* mehrfach zur Fortgeltung des Transparenzprinzips bekannt (vgl BR-Drs 5/21, 114, ebenso BT-Drs 19/31105, 6 f iRd § 1a KSt-Option → Rn. 160a) und demgemäß Wortlaut und Systematik des § 15 EStG (iVm §§ 1, 3 KStG und § 2 I GewStG) nicht angetastet. Zum anderen hat die MoPeG-Reform an einer Vielzahl bisheriger zivilrechtl Strukturmerkmale des PersGes-Rechts festgehalten (zB §§ 711, 712 f, 717, 720 f BGB nF: kein Erwerb eigener Anteile, Anwachsungserwerb, Mehrheit von Ges'tern, Informationsrechte, Selbstorganschaft, GesHaftung) mit der Folge, dass auch **Art. 3 GG** keine intransparente Ertragsbesteuerung rechtsfähiger PersGes gebietet (iEinz *Wacker* FR 23, 725; *Röder,* DStR 1085; **aA** *Palm* DStJG 46 (2024), 49; *ders.* FS Wacker, 2025, 63). **Steuergesetzl Folgeanpassungen** durch das **KrZwFördG** BGBl I 23 Nr 411 betreffen neben **verfahrensrechtl** Bestimmungen (zB §§ 34, 14a, 14b, 79, 152, 181, 183, 183a, 267, 352 AO nF, § 48 FGO nF; zu AEAO-Änd s *BMF* DStR 24, 34; zu **§ 15 DSGVO** iVm §§ 2a V Nr 2, 14a II Nr 2 AO s BFH IX R 25/24, DStR 25, 2253), **§ 2a ErbStG nF** (dazu krit *Hübner* FS Wacker, 2025, 31) und – für 2024 – **§ 24 GrEStG nF** (iVm Art 29 und 30 iVm Art 36 KrZwFördG BGBl I 23 Nr 411) insb **§ 39 II Nr 2 AO,** nach dem die bisherige Bruchteilsbetrachtung auf rechtsfähige PersGes erstreckt (Satz 1) und diese allg (Satz 2) für ertragsteuerrechtl Zwecke der Gesamthand gleichgestellt werden (dazu *Wacker* FR 23, 725; mE nur deklaratorisch; → 42. Aufl, § 15 Rn. 166 mwN).

Verweise: → Rn. 223 (Einheits-KG), → Rn. 222 f, 306, 341, 751, 823, 833, 904 (Geschäftsführung/Kontrollrechte/Widerspruchsrechte), → Rn. 169, 324 f (rechtsfähige/nichtrechtsfähige GbR), → Rn. 253 (mehrstöckige PersGes), → Rn. 305 (Nießbrauch/Abspaltung), → Rn. 443 (GuV-Anteil); → § **15a** Rn. 11 und passim (K'tistenhaftung), → § 15a Rn. 13 f und passim (GuV-Anteil); → **§ 16** Rn. 136, 443, 460, 674 (§ 39 II Nr 2 AO aF/nF), → § 16 Rn. 395, 443 (Geschäftsübernahme); → § 16 Rn. 401 (Statuswechsel), → § 16 Rn. 524 (GbR-Realteilung); → § 16 Rn. 660, 672 (Tod der Ges'ter), → § 16 Rn. 665 (Sondererbfolge); → **§ 18** Rn. 41 und passim (Öffnung für freie Berufe).

167 **d) Tatbestand des § 15 I 1 Nr 2 (und S 2) iVm § 15 II, III.** Er erfasst *dem Grunde nach* – ***(1)*** eine PersGes oder wirtschl gleichwertige Gemeinschaft, deren

Mitglieder in ihrer Verbundenheit als MUer *einen GewBetr betreiben* (zB BFH VIII R 40/01, BStBl II 03, 294 zu 1.) oder – ***(2)*** eine *„gewerbl geprägte PersGes"* iSv § 15 III Nr 2, deren Ges'ter MUer sind. Estpfl als gewerbl Einkünfte ist beim einzelnen MUer *der Höhe nach* der **Anteil am „Gesamtgewinn der MUerschaft** (§ 2 II Nr 1)" (zB BFH GrS 3/92, BStBl II 93, 616 zu C. III.6.a bb; BFH VIII R 78/97, BStBl II 99, 163 zu II.4.a), bei beschr stpfl MUern aber nur, soweit er auf inl Betriebsstätten entfällt (BFH I R 92/01, DStRE 03, 808). Dieser umfasst den Anteil am StB-Gewinn der Ges (Gemeinschaft), die Ergebnisse einer Ergänzungsbilanz und der Sonderbilanz für den einzelnen MUer, in der sich Sondervergütungen iSv § 15 I 1 Nr 2, Aufwand und Ertrag des SBV und sonstige SonderBE und SonderBA niederschlagen (→ Rn. 400 ff). Estpfl als gewerbl Einkünfte sind außerdem nachträgl bezogene Sondervergütungen ehemaliger MUer oder deren Rechtsnachfolger (§ 15 I 2), Einkünfte aus betriebl Beteiligung an einer nicht gewerbl PersGes (→ Rn. 201 ff) und Einkünfte aus der Veräußerung eines MUerAnteils (§ 16 I 1 Nr 2 iVm I 2).

3. Personengesellschaft als Mitunternehmerschaft. § 15 I 1 Nr 2 erfasst (nur) OHG, KG und andere Ges (einschließl wirtschaftl vergleichbarer Gemeinschaftsverhältnisse), „bei der der Ges'ter als Unternehmer (MUer) anzusehen ist". Hierzu gehört *grds* auch die Personen-InvestitionsGes/KG (s einschließl Ausnahmen §§ 18, 15a InvStG 2004; *BMF* BStBl I 15, 185; ab 2018: §§ 1 III Nr 2 InvStG 2018; *BMF* BStBl I 19, 527 zu 1.3). **„Andere Gesellschaften"** iSv § 15 I 1 Nr 2 sind zB – ***(1)*** **GbR** (§§ 705 ff BGB; zur **MoPeG**-Reform ab 2024 s § 705 II BGB nF; → Rn. 166). Als (kleingewerbl tätige) AußenGes mit Gesamthandsvermögen oder als InnenGes, bei der nach außen nur einer der Ges'ter als (Mit-)Unternehmer auftritt, aber schuldrechtl im Innenverhältnis für Rechnung mehrerer Personen handelt (→ Rn. 324; BFH VIII R 31/01, BStBl II 02, 464; auch → Rn. 365 ff: Unterbeteiligung); – ***(2)*** **Partenreederei** iSv § 489 aF HGB (→ Rn. 374); – ***(3)*** **Stille Gesellschaft** iSv 230 HGB, wenn der stille Ges'ter als MUer anzusehen ist (atypische stille Ges; → Rn. 340 ff); – ***(4)*** **PersGes ausl Rechts,** die wirtschaftl einer dt OHG (KG) gleichwertig sind (Typenvergleich!; → Rn. 173); – ***(5)*** „wirtschaftl vergleichbare **Gemeinschaftsverhältnisse**" (→ Rn. 171). **Keine „andere Ges"** sind KapGes, auch wenn diese wie zB eine Familien-GmbH wirtschaftl einer PersGes nahe stehen (BFH GrS 4/82, BStBl II 84, 751 (758)), ebenso nicht die UnternehmerGes gem § 5a GmbHG idF MoMiG, BGBl I 08, 2026 (BT-Drs 16/6140: „GmbH-Variante"); wohl aber bei Errichtung einer GmbH die **VorgründungsGes** (BFH IV B 1/08, BeckRS 2008, 25013992; KStH 1.1; BGH II ZR 120/02, DStR 04, 1094: uU OHG) und – sofern *nicht* als GmbH ins HReg eingetragen – die **VorGes** (BFH IV R 88/06, BStBl II 10, 991; zutr, zum Streitstand s *Martini* DStR 11, 337). 169

Auch eine (gewerbl) **OHG** oder **KG** ist **MUerschaft** iSv § 15 I 1 Nr 2 aber **nur, soweit** die zivilrechtl **Ges'ter estrechtl „MUer"** – Einzelheiten → Rn. 257 ff – sind; der Relativsatz „bei der der Ges'ter als Unternehmer (MUer) anzusehen ist" bezieht sich auch auf die OHG oder KG (BFH GrS 3/92, BStBl II 93, 616 zu C. III. b. a mwN; **aA** zB *Hallerbach* aaO S 147). – Keine MUerschaft, sondern ein Einzelunternehmen besteht aber, wenn der einzige K'tist Treuhänder des persönl haftenden Ges'ters ist (BFH IV R 130/90, BStBl II 93, 574; aber → Rn. 298). Dies gilt auch für **GewSt/„Treuhandmodell"** (BFH IV R 26/07, BStBl II 10, 751; BFH IV R 34/16, BFH/NV 19, 1078; *Wacker* HFR 10, 744; *Wegener ua* DStR 22, 2469 (2532); *OFD Nds* DB 14, 687); ebenso zu FZul s *BMF* BStBl I 23, 364 Rn. 17a. Zur **GrESt** s aber BFH II R 16/20, DStR 22, 1379: zivilrechtl Betrachtung; § 39 II AO nicht anwendbar. Zu „atypischen" Gestaltungen s *Kraft ua* FR 16, 153. 170

4. Sonstige Mitunternehmerschaften. Gesellschaftsähnl Gemeinschaftsverhältnisse. § 15 I 1 Nr 2 erfasst – neben zivilrechtl Ges – auch: **Rechtsgemeinschaften,** die **wirtschaftl gewerbl PersGes gleichwertig** sind (BFH GrS 4/82, BStBl II 84, 751 (768); BFH VIII R 32/90, BStBl II 98, 480 zu 2). Hierher gehören – ***(1)*** die ehel **Gütergemeinschaft,** soweit ein GewBetr (KG-Anteil) zum Gesamtgut gehört 171

(→ Rn. 376; BFH IV B 66/10, BFH/NV 12, 411); – *(2)* die **Erbengemeinschaft,** insb soweit Miterben den zum Nachlass gehörigen GewBetr fortführen (vgl § 27 HGB; → Rn. 383); – *(3)* die gemeinsame Verpachtung eines Einzelunternehmens durch Nießbraucher und Eigentümer (BFH I R 123/76, BStBl II 80, 432; mE konkludenter GesVertrag; zu § 6 III aber → § 6 Rn. 700); – *(4)* beim **Nießbrauch an einem PersGesAnteil** (→ Rn. 305 ff) das Rechtsverhältnis zw Nießbraucher, Besteller und übrigen Ges'tern (→ Rn. 305 ff), – *(5)* **Miteigentümer zu Bruchteilen** (§§ 1008, 741 BGB; → Rn. 601) zB bei BetrAufsp (→ Rn. 861) oder gewerbl Grundstückshandel (zB BFH GrS 1/93, BStBl II 95, 617), einschließl Wohnungseigentümergemeinschaft (**WEG;** BFH IV R 6/16, BStBl II 19, 160: Blockheizwerkbetrieb); – *(6)* die **fehlerhafte Ges** (BFH IV R 100/06, BFH/NV 10, 2056; mE schon zivilrechtl Ges, s BFH/NV 98, 1339; FG Köln EFG 07, 1085; → Rn. 280; → § 18 Rn. 43). – Diese „Gemeinschaften" sind grds wie PersGes zu beurteilen (vgl BFH GrS 1/93, BStBl II 95, 617). – **Sonstige Rechtsverhältnisse,** die zB als Dienst-, Darlehens- oder Pachtverhältnisse bezeichnet sind, können zivilrechtl ein GesVerhältnis (InnenGes) und damit eine MUerschaft sein **(verdeckte MUerschaft).** Ansonsten können sie – obwohl § 20 I Nr 4 ausdrückl von partiarischen Darlehensgebern als MUer spricht – keine MUerschaft begründen (→ Rn. 257 ff; 280 ff; **aA** wohl *P. Fischer* FR 98, 813); erst recht gilt dies für rein tatsächl Beziehungen (**keine faktische MUerschaft;** zB BFH VIII R 12/94, BStBl II 97, 272). Zum **Treuhänder** → Rn. 296 ff.

173 **5. Internationale Mitunternehmerschaften.** Grenzüberschreitend tätige MUerschaften unterstehen – vorbehaltl der Option nach § 1a KStG (dazu → Rn. 160a ff; *Wacker/Krüger ua* DStR-Beih 21, 3; *Wernberger ua* DStR 22, 1896; *Wangler ua* IStR 23, 2; *Marquardt ua* ISR 23, 345, 369; *BMF* BStBl I 21, 2212) – § 15 I 1 Nr 2, wenn es sich handelt um – *(1)* **inl PersGes** mit ausl Betriebsstätten (einschließl Beteiligungen an inl PersGes) und/oder ausl Ges'tern (zB BFH I R 71/01, BStBl II 03, 191), oder – *(2)* **ausl PersGes** mit inl Betriebsstätten (zu § 49 Nr 2 f → § 49 Rn. 54 ff) und/oder inl Ges'tern. – *(3)* **Einzelheiten** (Hinweise/Auswahl): – *(a)* Ausl Ges sind nach dem Vergleich der wesentl Merkmale ihres (ausl) GesR (uU einschl der konkreten Satzung; *Benecke ua* IStR 25, 1; dies IStR 25, 46) mit denjenigen des deutschen GesR entweder als PersGes oder als KapGes zu qualifizieren (**Typenvergleich;** s einschließl Abkommensberechtigung zB BFH I R 34/08, BStBl II 09, 263 – LLC/Florida; BFH I B 76/20, DStR 21, 2389 – Einpersonen-LLC/Colorado; I R 12/18, BStBl II 21, 875 – X Inc/Delaware; *BMF* BStBl I 14, 1258; *OFD Ffm* IStR 16, 860; zT **aA** *Rödder* IStR 21, 795). Zum Einfluss der **MoPeG-Reform** (BGBl I 21, 3436; → Rn. 166) s *Linn ua* IStR 21, 825. Die PersGes-Qualifikation gem Typenvergleich liegt auch der Option nach **§ 1a KStG** zugrunde (iEinz *Wacker/Krüger ua* DStR-Beih 21, 3; *Möhlenbrock ua* FR 22, 53; *BMF* BStBl I 21, 2212 Rn. 3). – *(b)* Der Typenvergleich gilt nach BT-Drs 19/30470 zu § 8 I 4 KStG, §§ 95 I 2, 96 I 1 Nr 5 BewG, §§ 13b I Nr 2 ErbStG, §§ 5 I 3, 6 III 5 GrEStG jeweils idF StAbwG (BGBl I 21, 2056) ferner für **DrittstaatenGes** mit inl Verwaltungssitz (*Beiser* IStR 22, 426; **aA** *Martini* IStR 21, 37; *ders* IStR 22, 457: ScheinauslandsGes idR dt GbR/OHG; offen BFH I B 76/20, DStR 21, 2389) sowie **nach** dem **Brexit** trotz Wegfalls der Gründungstheorie (BFH I B 31/21, DStR 22, 250; OLG Mchn 29 U 2411/21, GmbHR 21, 1152; *BMF* BStBl I 21, 46; zur USt s *BMF* DStR 22, 1913) für die **Ltd & Co KG** (*BH/Rengers* § 1 KStG Rn. 146 Großbritannien). Zur werbenden Tätigkeit einer **gelöschten** Ltd s *BMF* BStBl I 14, 111; *BMF* DStR 21, 113. – *(c)* Eine **DBA-rechtl Qualifikationsverkettung** lehnt der BFH ab (iEinz BFH I R 95/10, BStBl II 14, 760: nationale Einkünftezurechnung; *Stöber* IStR 20, 601; zutr; zum geänderten DBA-Nl *Stevens ua* IStR 25, 303). Zu **Qualifikationskonflikten** s zB § 50d IX ff, § 49 I Nr 11 nF. – *(d)* **Gewerbl geprägte** ausl PersGes (→ Rn. 215, 229) unterfallen zwar § 49 I Nr 2a (BFH I R 58/15, DStR 18, 657; *Wacker* FR 18, 562), sind aber **DBA-rechtl** *nicht* „unternehmerisch tätig" (BFH

I R 81/09, BStBl II 14, 754); ebenso nach BFH *nicht* das Besitzunternehmen iRe **BetrAufsp** (dazu → Rn. 862). Gleiches gilt für *inl* PersGes (BFH II R 51/09, BStBl II 14, 751 zu VSt) und mutmaßl auch iRv § 15 III Nr 1 (→ Rn. 186, 192). Ebenso *BMF* BStBl I 14, 1258; zur Übergangsregelung für WG-Transfer vor 29. 6. 13 s aber § 50i; BFH I R 13/22, DStR 25, 2885. – ***(e)*** Zu **atypischer stiller Beteiligung** bzw Unterbeteiligung → Rn. 353; – ***(f)*** Zur **Betriebsstätten-Zurechnung** sowie zu MUer-Betriebsstätte s – einschließl DBA/AOA – BFH I R 92/12, BStBl II 22, 123; BFH I R 58/15, DStR 18, 657; BFH I R 1/19, IStR 22, 862: *Ditz ua* DB 15, 2897 (HoldingPersGes); *Wacker* DStR 19, 836. Zur **Homeoffice**-Betriebsstätte s *Rasch ua* IStR-Beih 21, 1 ff. Zu **Zuordnungskonflikten** s § 50d IX Nr 3 nF. – ***(g)*** Zur **bilanziellen Gewinnermittlung** s EStR 4.1 IV (inl PersGes); zu ausl PersGes („Goldfinger-Modell"; → Rn. 91) s BFH IV R 3/20, BStBl II 23, 703; BFH I R 48/19, DStR 23, 1250; BFH I R 5/21, BB 25, 1008. – ***(h)*** Zum Umfang der **beschr StPfl** s zB BFH I R 92/12, BStBl II 22, 123; I R 95/84, BStBl II 88, 663; – ***(i)*** Zur **Betriebsstättenzuordnung** von **Drittstaateneinkünften**/Dividenden/Zinsen s zB BFH I R 47/12, BStBl II 14, 770; *BMF* BStBl I 14, 1258; von **Sondervergütungen** iSv § 15 I 1 Nr 2 s einschließl § 50d X nF Rn. 565; von **SonderBA** s *Oppel* FR 25, 349 (→ Rn. 640); von KapGes-Anteilen im **SBV II** s zB BFH I B 191/09, BStBl II 11, 156; BFH I R 92/12, BStBl II 22, 123; FG Mster DStR 22, 2413, Rev I R 41/22; *Weggenmann* FS Wacker, 2025, 263: HoldingsKapGes (→ Rn. 518, 617); zum Komplementär-Anteil s BFH I R 49/14, DStR 16, 1310; *Buciek* HFR 08, 685; → Rn. 512, 517; BFH I R 92/12, BStBl II 22, 123; *Wacker/Krüger ua* DStR-Beih 21, 3: Einlagenrefinanzierung/-doppelstöckige PersGes; – ***(j)*** Zum sog **Organschaftsmodell/Mittelstandsmodell** s *Prinz* DB 23, 8; krit *Valta* DStR 24, 1229. – ***(k)*** Zu **Ausschüttungen** von inl Komplementär-GmbH an ausl Ges'ter s BFH I R 85/91, BStBl II 92, 937; – ***(l)*** Zu **§ 4h, § 4i, 4k** s jew dort; – ***(m)*** Zu **§ 16 IIIa** → § 16 Rn. 197 – ***(n)*** Zu ausl **DBA-Verlusten** s EuGH C-538/20, DStR 22, 1993; – ***(o)*** Zu **DBA-rechtl Missbrauch/Treaty-Shopping** s BFH I R 12–13/21, DStRE 25, 785, – ***(p)*** Zur Umschaltklausel gem **§ 20 II AStG** BFH IX R 32/23, DStR 25, 1262; **aA** AEAStG *BMF* BStBl I 23, Sondernr 1, 2 Rn. 1002; – ***(q)*** Zum **StAbwG** (BGBl I 21, 2056) s *Benz ua* DB 21, 1630 einschl BA-Abzugsverbote bei PersGes. – ***(r)*** Zu PersGes iRd **globalen Mindestbesteuerung** gem MinStG idF Art 1 MinBestRLUmsG BGBl I 23 Nr 397; iEinz *Haase ua* ifst-Schrift 549 (2023), 85 ff; *Zöller ua* IStR 24, 705. – ***(t)*** Zum **CbC-Reporting**/PersGes *BMF* BStBl I 25, 970. – ***(u)*** Zum **Feststellungsverfahren** *BMF* BStBl I 14, 1258; BFH VIII R 3/21, DStR 24, 1643; zu doppelstöckiger PersGes zB BFH IV R 43/16, BFH/NV 20, 511; → Rn. 253, 622; zu § 2a aF BFH I R 15/22, BFH/NV 25, 1161.

6. Gleichwertigkeit verschiedener Mitunternehmerschaften. Aus der gleichwertigen Aufzählung in § 15 I 1 Nr 2 und dem Gesetzeszweck (→ Rn. 161) ist abzuleiten, dass das Gesetz alle gewerbl MUerschaften materiell *grds* gleichbehandelt wissen will (BFH GrS 7/89, BStBl II 91, 691 zu C. IV); *Wacker* FS Goette, 561 (568)) und nicht differenziert – ***(1)*** zw GbR, OHG und KG, – ***(2)*** bei AußenGes nach der Nähe zur juristischen Person (zu Publikums-KG → Rn. 705), – ***(3)*** zw Außen- und InnenGes, insb Ges mit und ohne Gesamthandsvermögen (zB atypische stille Ges; BFH I R 133/93, BStBl II 95, 171 zu II.2.d), – ***(4)*** zw gewerbl tätiger *Ges* oder *Gemeinschaft* (BFH GrS 1/93, BStBl II 95, 617 zu C. IV.2.b). Hieraus folgt zB, dass – ***(a)*** die **Umwandlung einer** gewerbl tätigen **MUerschaft** in eine *solche* anderer Rechtsform zB GbR in OHG und umgekehrt oder einer Erbengemeinschaft, *soweit* zum Nachlass ein GewBetr gehört, in eine KG estrechtl nur „formwechselnd", dh keine Betriebsveräußerung oder -aufgabe und als solche (anders bei Eintritt weiterer Ges'ter) auch keine Einbringung iSv § 24 UmwStG ist (s einschl des sog estlichen Formwechsels → § 16 Rn. 401, 402, 511 f); – ***(b)*** der Inhaber des Handelsgeschäfts AK haben kann, wenn er beim Ausscheiden eines atypisch stillen Ges'ters diesem 174 eine Abfindung zahlt (→ § 16 Rn. 399, 495). – *Unterschiede* ergeben sich aber zB nach Maßgabe der Haftung der Ges'ter für GesSchulden bei Verlusten (vgl § 15a), nach § 15 IV 6–8 beim Verlustausgleich (→ Rn. 895) und nach § 15 III 1 bei der einheitl Beurteilung der Betätigung zB einer KG einerseits und zB einer Erbengemeinschaft andererseits (→ Rn. 187).

175 **7. Organschaft.** Betreibt eine **PersGes** ein gewerbl Unternehmen iSv § 15 I 1 Nr 2, kann sie iRe kstl Organschaft **Organträger** sein (§ 14 I 1 Nr 2 KStG; KStR 14.3). *BMF* BStBl I 05, 1038 Rn. 15 ff bejaht dies zwar für BesitzGes (BetrAufsp; → Rn. 871) oder teilweise gewerbl Tätigkeit (soweit nicht ganz geringfügig), *nicht* jedoch bei gewerbl Prägung, Beteiligung an gewerbl PersGes (mE trotz geändertem Wortlaut von § 15 III Nr 1 unzutr, → Rn. 189) oder gewerbl Tätigkeit der Ges'ter im SBV (zur Kritik *Dötsch* DB 05, 2541). Zur Verschmelzung auf OT-PersGes s BFH I R 21/20, BB 24, 31; Zur Einheits-GmbH & Co KG (KG hält Anteile an Komplementärin = OG → Rn. 223, 700) s BFH IV R 29/22, BStBl II 25, 360. Abweichend von *BMF* BStBl I 15, 649; *OFD Ffm* DStR 23, 776 hindert eine **atypisch stille Beteiligung** an der *OrganGes* die Organschaft nicht (BFH I R 33/22, DStR 25, 818); offen hingegen, wenn die atypisch stille Beteiligung den am *gesamten* Betrieb des *Organträgers einschl* des zugerechneten Organeinkommens erfasst (BFH I R 17/21, DStR 25, 775; zum Streitstand s *Wacker* FR 25, 869 (874)). Zum Übergang zur sog **Einlagelösung** (§ 14 IV KStG nF) s *BMF* BStBl I 22, 1412. Zur **GewSt** s BFH I R 17/21, DStR 25, 775 (Organschaft iVm atypisch stiller Ges) sowie *BMF* DB 07, 771 (§ 7 S 4 GewStG).

176 **8. Reformvorschläge.** Zur Expertenkommission (12.7.24) s *van Lishaut* FR 24, 825; *Hallerbach* FR 25, 214; *Kahle* DB 25, 1643.

II. Gemeinsamer Gewerbebetrieb als Regelvoraussetzung einer Mitunternehmerschaft

180 **1. Gemeinsamer Gewerbebetrieb; Gewinnabsicht. – a) Mitunternehmerschaft.** § 15 I 1 Nr 2 setzt grds (Ausnahme § 15 III Nr 2) voraus, dass die PersGes (MUerschaft) dh die „Ges'ter in ihrer Verbundheit als PersGes" (zB BFH VIII R 40/01, BStBl II 03, 294) – bzw bei InnenGes ein Ges'ter für Rechnung aller Ges'ter – ein gewerbl Unternehmen iSv § 15 I 1 Nr 1 iVm II betreibt. Maßgebend ist die Tätigkeit der PersGes (BFH IV R 30/19, BStBl II 23, 1050: GesVertrag nur Indiz; zutr), sofern diese AußenGes ist; bei ihr müssen *alle* einen GewBetr kennzeichnenden Merkmale gegeben sein (BFH GrS 4/82, BStBl II 84, 751 zu C.III.3.b; BFH I R 35/14, BStBl II 18, 33; **aA** (unklar) BFH IV R 30/19, BStBl II 23, 1050; → Rn. 182); entspr muss bei einer InnenGes der nach außen als Unternehmer auftretenden Ges'ter alle Merkmale eines GewBetr erfüllen. Eine PersGes, die keinen GewBetr iSv § 15 II betreibt (oder dies nicht mehr tut) und auch keine gewerbl geprägte PersGes iSv § 15 III Nr 2 ist, fällt nicht unter § 15 I 1 Nr 2; ihre Ges'ter haben grds (Ausnahme: betriebl beteiligter Ges'ter) keine gewerbl, sondern zB Einkünfte aus VuV oder überhaupt keine Einkünfte (Einzelheiten → Rn. 8 ff; zum nur teilweise deckungsgleichen handelsrechtl Begriff des GewBetr s zB *MüKo HGB* § 1 Rn. 19 ff). – § 15 I 1 Nr 2 ist aber entspr anzuwenden auf eine PersGes, die (nur) LuF betreibt (§ 13 VII) oder wie zB eine Anwaltssozietät oder Partnerschaft (→ Rn. 334) selbstständige Arbeit ausübt (§ 18 IV). – Zur gewerbl Abfärbung → Rn. 185 ff.

181 **b) Handelsregistereintragung.** Ist eine PersGes als OHG oder KG in das HReg eingetragen, folgt daraus noch nicht, dass die Ges einen GewBetr iSv § 15 I 1 Nr 1, II hat; denn nach §§ 105 II; 161 II; 2 HGB kann auch eine PersGes, die „nur eigenes Vermögen verwaltet", als OHG oder KG ins HR eingetragen werden; sie ist dann „echte" OHG oder KG iSd HGB, solange die Eintragung besteht. Estrechtl erfasst § 15 I 1 Nr 2 aber nur solche OHG oder KG, die gewerbl tätig (oder geprägt iSv

§ 15 III Nr 2) sind (*Kahle* FR 19, 337), nicht hingegen zB luf oder freiberufl KG (vgl BFH IV R 26/99, BStBl II 00, 498).

c) Gewinnabsicht. Einen GewBetr iSv § 15 II – anders handelsrechtl, →Rn. 320 – betreibt eine PersGes nur, *soweit* (und solange) *sie* in der Absicht tätig ist, einen (Total-)Gewinn iSe durch BV-Vergleich erfassbaren Vermögensmehrung (zB BFH VIII R 28/94, BStBl II 97, 202 zu II.3.a: BV der Ges einschließl SBV der Ges'ter; BFH/NV 97, 408 und *FinSen Bln* FR 99, 827: einschließl steuerbefreiter Gewinne, zB InvZul; BFH IX R 49/07, BFH/NV 09, 757 zu VuV) zu *erzielen* (iEinz →Rn. 24 ff). Unzutr mE BFH IV R 30/19, BStBl II 23, 1050: „werbende Tätigkeit für eine juristische Sekunde". **Selbstständige Tätigkeitsbereiche** ohne diese Absicht sind außerbetriebl und nicht in die Gewinnermittlung der PersGes einzubeziehen (BFH VIII R 28/94, BStBl II 97, 202 zu II.2.b.dd: abzugrenzen nach Förderungs- und Sachzusammenhang zu betriebl bzw außerbetriebl Tätigkeit; krit *Berz* DStR 97, 358). – Die Absicht, den Ges'tern EStVorteile (durch Verlustzuweisungen) zu vermitteln, reicht nicht aus (§ 15 II 2; zB BFH IV R 90/96, BFH/NV 99, 754). – Bei **VerlustzuweisungsGes** (zu deren Typus s BFH VIII R 59/92, BStBl II 96, 219 zu A. II.3.; BFH IV R 6/05, BFH/NV 07, 1492; Anm *HG* DStR 96, 580; krit FG Hmb EFG 02, 391) ist (widerlegl) zu vermuten, dass sie zumindest anfängl keine Gewinnabsicht haben (zB BFH VIII R 59/92, BStBl II 96, 219). Zur Ergebnisprognose s *Drüen* FR 99, 1097. Zum Verfahren s *BMF* BStBl I 92, 404; *BMF* BStBl I 94, 420. 182

d) Prüfung. Die Gewinnabsicht ist **zweistufig** zu prüfen (zB BFH VIII R 38/01, BFH/NV 04, 1372), dh auch wenn Gewinnabsicht auf der *Ebene der Ges* gegeben ist (→Rn. 182), kann diese und die erforderl obj Möglichkeit der Gewinnteilhabe auf der *Ebene einzelner Ges'ter* zB wegen nur befristeter Beteiligung fehlen (BFH IX R 68/96, BStBl II 99, 718 zu I); diese Ges'ter sind keine MUer (BFH XI R 45/88, BStBl II 93, 538 (541) Sp 2; →Rn. 265). – Zu Gesamtbetrachtung von GesAnteil und Ges'ter-Darlehen s BFH VIII R 8/22, DStR 25, 256 Rn. 40. Zu VerlustzuweisungsGes mit Einkünfteerzielungsabsicht s § 15b. – Zu sog HilfsGes/InnenGes ohne eigene Gewinnabsicht →Rn. 327. – Zu privater „Abwasser-GbR" s FG Mster EFG 04, 727. – Zu atypisch stiller Ges →Rn. 345 aE. 183

2. Einheitliche Beurteilung einer nur teilweise gewerblich tätigen Personengesellschaft, § 15 III Nr 1; „Abfärbetheorie"; „Infektionstheorie"

Verwaltung: EStR 15.8 V; *BMF* BStBl I 96, 621; *BMF* BStBl I 97, 566; *BMF* BStBl I 05, 698; *BMF* BStBl I 20, 1032; *OFD Ffm* DB 07, 1282; *OFD Ffm* DB 07, 1333.

Schrifttum: *Niehus,* Überlegungen zur Verfassungswidrigkeit …, Ubg 18, 713; *Korn ua,* (Keine) Zukunft der gewerbl Infektion …, DStR 19, 1665; *Strecker,* Gewerbl Infektion …, KÖSDI 20, 21560; *Stenert ua,* Aktuelles zur Abfärbung …, DStR 20, 2505; *Dorn ua,* Geklärte und ungeklärte Anwendungsfragen …, DStR 23, 2545; *Graw,* Geklärtes und Ungeklärtes …, DStR 24, 1218.

a) Einheitlicher Gewerbebetrieb. Ist eine PersGes teils freiberufl (zB BFH IV R 43/88, BStBl II 89, 797) oder luf (zB BFH IV R 45/89, BStBl II 91, 625) oder vermögensverwaltend **und** teils gewerbl tätig – wofür BesitzGes bei BetrAufsp (BFH IV R 37/10, BFH/NV 13, 910) oder gewerbl Tätigkeit nur eines Ges'ters *für Rechnung der Ges* (BFH IV R 17/90, BStBl II 93, 324) genügt –, gilt die Tätigkeit der PersGes, soweit diese von Einkünfteerzielungsabsicht getragen ist, nach § 15 III Nr 1 „in vollem Umfang" als GewBetr (*Groh* DB 05, 2430). – Zu Vorteilen s zB *Höck* FR 01, 683. – § 15 III Nr 1 ist *verfgemäß* (BVerfG 1 BvL 2/04, DB 08, 1243 Rn. 109; BFH VIII R 6/12, BStBl II 15, 1002; zu Nr 1 Hs 2 →Rn. 186) und verstößt nicht gegen das Beihilfeverbot des Art 107 AEUV (*Balbinot* Beihilfeverbot und Rechtsformneutralität, Diss, 2018, 233 ff). Die Abfärbe-Grundsätze gelten nicht für § 3 Nr 7 KraftStG (BFH IV R 11/23, DStRE 25, 421). 185

186 **b) Tatbestand.** § 15 III Nr 1 setzt voraus: – ***(1)*** *eine* OHG, KG oder „andere PersGes" zB GbR (BFH IV R 11/97, BStBl II 98, 603; FG Köln EFG 07, 1085: auch fehlerhafte; zutr), Partnerschaft (→ Rn. 334), Partenreederei gem § 489 HGB aF (EStR 15.8 V 2; → Rn. 374); – ***(2)*** eine *nicht gewerbl* von Einkünfteerzielungsabsicht getragene estpfl Tätigkeit dieser PersGes zB LuF (*GLE* DStR 12, 1275), selbstständige Arbeit, KapVerm, VuV (BFH IV R 37/10, BFH/NV 13, 910) **und** – ***(3)*** eine *gewerbl* und von Gewinnerzielungsabsicht getragene (dazu BFH IV R 31/94, BStBl II 95, 718; BFH IV R 42/19, BStBl II 23, 118; *Wacker* FR 23, 725; unklar *BMF* BStBl I 22, 160; zu Verlustjahren → Rn. 188; zu *DBA-Recht* einschließl § 50i → Rn. 173; zu § 14 I 1 Nr 5 KStG aF s BFH I R 20/22, DStR 25, 2893) Tätigkeit iSv § 15 I 1 Nr 1 iVm II), die – ***(4)*** nicht unter die *Ausnahme* des § 3 Nr 72 S 3 nF (Photovoltaikanlagen) fällt, → § 3 Rn. 239 und *BMF* BStBl I 23, 1494; zu § 3 Nr 32 GewStG s BT-Drs 20/4729, 145). – **Vorrangig** ist aber ***(5)*** zu klären, ob eine zB aus freiberufl und gewerbl Elementen gemischte Tätigkeit wegen untrennbarer Verflechtung *einheitl* als freiberufl oder gewerbl zu werten ist, je nachdem, welche Elemente sie prägen (→ Rn. 97). Ist dies zu bejahen, entfällt § 15 III Nr 1 (BFH XI R 8/00, BStBl II 02, 478; *OFD Ffm* DB 07, 1282; → § 18 Rn. 50 f); ebenso bei gewerbl Elementen einer vermögensverwaltenden Vermietung (BFH IV R 34/13, BStBl II 17, 175; → Rn. 82).

187 **aa) Personengesellschaft.** § 15 III Nr 1 erfasst nur PersGes (→ Rn. 186), nicht eine teils gewerbl tätige Erbengemeinschaft (BFH IV R 214/84, BStBl II 87, 120) oder ehel Gütergemeinschaft (EStR 15.8 V 3); diese sind zwar, soweit gewerbl tätig, MUerschaften, aber keine PersGes; entspr gilt für andere „wirtschaftl vergleichbare Gemeinschaftsverhältnisse (→ Rn. 171) zB reine (nicht durch GbR überlagerte) Bruchteilsgemeinschaften (*Strecker* KÖSDI 20, 21560 (21561)). Eine PersGes, die eine gewerbl Tätigkeit „ausübt" iSv § 15 III Nr 1, ist aber eine **atypische stille Ges** (ungeachtet dessen, dass sie InnenGes ist), sofern der Geschäftsinhaber für Rechnung der stillen Ges gewerbl tätig ist (BFH IV R 73/06, BStBl II 10, 40). Zu prüfen ist allerdings jeweils, ob sich die stille Beteiligung zivilrechtl auch auf die nichtgewerbl Betätigung des tätigen Teilhabers erstreckt (BFH I R 133/93, BStBl II, 95, 171 zu II.2.e); ist dies zu verneinen, bleibt es bei der getrennten Beurteilung. Entsprechendes gilt für atypische stille UnterbeteiligungsGes (EStR 15.8 V 2).

188 **bb) Geringfügigkeit; Verluste. Geringfügige gewerbliche Tätigkeit.** Auch diese führt grds zur Umqualifizierung der nicht gewerbl Einkünfte (zB BFH IV R 11/97, BStBl II 98, 603; zu Auswegen → Rn. 193). Ebenso wird eine von der GewSt befreite Tätigkeit allerdings ohne GewSt-Belastung (BFH IV R 30/16, BStBl II 20, 649 mwN). **Ausnahme:** Nach BFH-Rspr **Bagatellgrenze** für „äußerst" geringfügige und trennbare (→ Rn. 186 aE) gewerbl Tätigkeit (arg: Verhältnismäßigkeitsgrundsatz; zur Kritik → 34. Aufl 2015, § 15 Rn. 188); dies wirkt nicht nur zu Gunsten, sondern auch zu Lasten der PersGes/Ges'ter. Danach **keine Seitwärtsabfärbung,** wenn (relative *und* absolute Grenze) die originär gewerbl Nettoumsatz*erlöse (1)* nicht höher als **3 %** des Gesamtnettoumsatzes ***und*** *(2)* nicht höher als **24 500 €** sind. *Beachte:* trotz Anlehnung an gewinnbezogenen Freibetrag gem § 11 I 3 Nr 1 GewStG ist der *Umsatz*erlös maßgebl (BFH IV R 42/19, BStBl II 23, 118; BFH VIII R 6/12, BStBl II 15, 1002: angestellter RA; VIII R 62/13, BStBl II 16, 381; VIII R 63/13, BStBl II 16, 383: „angestellte" (→ Rn. 321) Ärztin; VIII R 16/11, BStBl II 15, 996: Warenverkauf; VIII R 41/11, BStBl II 15, 999: gewerbl Vermittlung; ebenso nunmehr *FinVerw* (EStH 15.8 V „Bagatellgrenze"; **aA** jedoch FG Nbg EFG 24, 1671, Rev IV R 5/24). Die Voraussetzungen sind für jeden VZ gesondert zu prüfen (iEinz BFH IV R 42/19, BStBl II 23, 118; Rn. 48 ff); dies ist mit Rücksicht auf die erstmalige Abfärbung grds zutr; bei Unterschreiten der Bagatellgrenze iVm „Entfärbung" (Wegfall von Gewinneinkünften/Betriebsaufgabe) aber fragl (krit auch *Dorn ua* DStR 23, 2545; *Korn* BeSt 15, 14; *Stenert ua* DStR 20, 2505). Die Bagatellgrenze gilt auch ggü §§ 20, 21 (BFH IV R 42/19, BStBl II 23, 118 Rn. 45 ff; *Stenert*

ua DStR 20, 2505) sowie für „gelegentl" Tätigkeiten (*Korn* BeSt 15, 14). Besteht jedoch für die „gewerbl" Tätigkeit keine Gewinnerzielungsabsicht, entfällt mE die Abfärbung generell (auch → Rn. 193; insoweit zutr BFH IV R 5/15, BStBl II 20, 118). – **Gegenausnahmen: Keine Bagatellgrenze** bei MUerstellung von iSv **§ 18 Berufsfremden** (BFH VIII R 6/12, BStBl II 15, 1002; → § 18 Rn. 43 *(aa)*) sowie nach BFH IV R 30/16, BStBl II 20, 649; BFH IV B 13/24 BFH/NV 25, 1023 mwN ferner nicht für gewerbl **Beteiligungseinkünfte** (§ 15 III Nr 1 Hs 2 = **Aufwärtsabfärbung**) einer Ober-PersGes (krit zB *Häsner* DB 24, 141; → 38. Aufl 2019, § 15 Rn. 188); allerdings unterliegen die originär nicht gewerbl Einkünfte der OberGes ***nicht*** der ***GewSt*** (verfkonforme Reduktion von § 2 I 2 GewStG; glA BFH VIII R 1/22, FR 25, 607; sowie *nunmehr* auch *GLE* BStBl I 25, 1838). – **Gewerbliche Verluste.** Sie sollten nach **BFH** IV R 5/15, BStBl II 20, 118 (betr Besitzunternehmen iVm Gewinnthesaurierung) auch bei Überschreiten der Umsatz-Bagatellgrenzen jedenfalls vermögensverwaltende Einkünfte *nicht* gewerbl umqualifizieren. Da diese RsprÄnderung neben praktischen Bedenken mit Wortlaut und Gesetzeszweck nicht vereinbar und mE verfrechtl auch nicht geboten war (**aA** *Wendt* FR 22, 473), hat das **„JStG 2019"** (BGBl I 19, 2451) die Abfärbung neg Einkünfte (§ 15 III Nr 1 Hs 1 und Hs 2) iRd allg Grenzen (s oben) in § 15 III Nr 2 Satz 2 iVm § 52 XXIII nF ausdrückl und mit Rückwirkung angeordnet (zutr). Der **BFH** ist dem nunmehr gefolgt, hat die urteilsüberschreitende Rückwirkung als verfrechtl zulässig angesehen (Rückkehr zur früheren Rechtslage) und zutr klargestellt, dass dies auch im Verhältnis zu den Einkünften nach §§ 20, 21 und unverändert unter Beachtung der umsatzbezogenen Bagatellgrenzen (s oben) gilt (BFH IV R 42/19, BStBl II 23, 118 betr Photovoltaikanlage; VerfBeschw BVerfG 2 BvR 2113/22; BFH IV R 18/22, BStBl II 24, 765 betr § 15a-Beteiligungsverluste → Rn 189; zu abw Ansichten → 41. Aufl 2022, § 15 Rn. 188; auch → Rn. 196). Zur *Ausnahme* ab 2022/2025 gem **§ 3 Nr 72 S 3** → § 3 Rn. 239; *BMF* BStBl I 23, 1494; → Rn. 150 „Photovoltaik"; *Wacker* FR 23, 725).

cc) Doppelstöckige Personengesellschaft. Nach **früherer Rspr** erfasste 189
§ 15 III Nr 1 aF *durchgängig* auch die doppelstöckige PersGes (→ Rn. 253, 612) dh die *mitunternehmerische* Beteiligung einer OberGes (Außen- oder InnenGes, → Rn. 613) an einer gewerbl UnterGes (BFH VIII R 68/98, BStBl II 01, 359; *BMF* BStBl I 96, 621). Hieran hielt der BFH zwar (noch) für freiberufl und luf OberGes fest (auch bei Kleinstbeteiligungen, → Rn. 188) **nicht** aber für **vermögensverwaltende** OberGes (BFH IX R 53/01, BStBl II 05, 383; IV ER – S – 3/03, BStBl II 05, 376: Trennung nach Einkunftsarten).

Die **Rspr-Änderung** war mE verfehlt (Dissens zu BFH GrS 3/92, BStBl II 93, 616 (621); → Rn. 165; *Wacker* StbJb 05/06, 67 (92); glA *Fischer* FR 05, 143; krit *Groh* DB 05, 2430). Zur Kritik → 34. Aufl 2015, § 15 Rn. 189; offen BFH I R 92/12, BStBl II 22, 123. Zur GewSt s FG Köln EFG 05, 1714.

Die **FinVerw** hatte deshalb zeitnah mit einem **Nichtanwendungserlass** reagiert und eine **Gesetzesergänzung** angekündigt (*BMF* BStBl I 05, 698; krit *Müller ua* BB 05, 2271; zur Organschaft aber → Rn. 175), die aber erst mit dem JStG 07 aus den vorgenannten Gründen (BT-Drs 16/2712, 44) umgesetzt wurde **(§ 15 III Nr 1 nF):** Abfärbung auch dann, wenn die OberPersGes (einschließl GbR; **aA** *Schmidt ua* GmbHR 07, 628) neben luf, selbstständigen oder vermögensverwaltenden Einkünften (s oben) „auch … gewerbl Einkünfte iSd Abs 1 S 1 Nr 2 bezieht" (zur Geringfügigkeitsgrenze, → Rn. 188). Gleiches gilt, wenn die OberPersGes gewerbl und sonstige *Beteiligungs*einkünfte erzielt (zum Beginn der Abfärbung → Rn. 196); nicht jedoch, wenn die OberGes nur an einer UnterPersGes beteiligt ist (BFH I R 92/12, BStBl II 22, 123; *Dorn ua* DStR 23, 2545; **aA** *BMF* BStBl I 24, 1634; ebenso zu § 14 I 1 Nr 5 KStG aF *BMF* BStBl I 22, 160; → Rn. 186); dies lässt indes unberührt, dass die OberPersGes nach der Rspr des BFH als MUerin gewerbl Einkünfte erzielt (vgl

→ Rn. 163, 253). Die gesetzl Neuregelung gilt zur Sicherung einer ununterbrochenen Rechtspraxis **rückwirkend** (§ 52 XXIII aF; BT-Drs 16/3368; *OFD Ffm* DB 07, 1333). Dies ist mangels schutzwürdigen Vertrauens (bzgl Rspr-Änderung, s oben) verfgemäß (glA BFH IV R 39/10, BStBl II 19, 77; BFH IV R 24/20, DStR 2023, 2490; **aA** zB *HHR/Stapperfend* § 15 Rn. 1402). Zur rückwirkenden Abfärbung von **(§ 15a-)Beteiligungsverlusten** aufgrund § 15 III Nr 1 Satz 2 iVm § 52 XXIII nF/**JStG 2019** (→ Rn. 188) s BFH IV R 18/22, BStBl II 24, 765 (zutr; *Wacker* FR 24, 877).

190 **dd) Freiberuflich tätige Personengesellschaft.** Zu Einzelfällen der Abfärbung → § 18 Rn. 44. § 15 III Nr 1 greift allg nicht allein deshalb, weil nur einer der Ges'ter (auf *eigene* Rechnung, → Rn. 185) gewerbl **SonderBE** hat (BFH XI R 31/05, BStBl II 07, 378 zu II/5; evtl *BMF* BStBl I 96, 621). Keine gewerbl Tätigkeit iSv § 15 III 1 liegt vor, wenn zB freiberufl Leistungen einer GbR für eine gewerbl PersGes, an der ein Ges'ter der GbR beteiligt ist, wegen des Vorrangs von Sondervergütungen (→ Rn. 568) anteilig im Gesamtgewinn der gewerbl PersGes erfasst werden. § 15 III Nr 1 ist nicht anwendbar auf PersGes, die zB **teils freiberufl, teils luf oder vermögensverwaltend** tätig sind; solche PersGes werden nicht einheitl beurteilt (so implizit zR BFH XI R 31/05, BStBl II 07, 378).

192 **c) Rechtsfolge.** § 15 III Nr 1 ordnet die **Umqualifizierung** der nicht gewerbl Tätigkeit an, soweit diese den Tatbestand einer der 6 anderen Einkunftsarten (einschließl *Einkünfteerzielungsabsicht!*) erfüllt. Die Betätigungen bilden insgesamt *einen* GewBetr ab dem Zeitpunkt der Aufnahme der gewerbl Tätigkeit (BFH XI R 8/00, BStBl II 02, 478). Die der umqualifizierten Betätigung dienenden WG sind grds gewerbl BV. *Ausnahmen:* PV (→ Rn. 484) und kein DBA-Unternehmensgewinn (→ Rn. 173, 186; *BMF* I 14, 1258). Soweit die PersGes ohne Einkünfteerzielungsabsicht trennbar („wirtschaftl eigenständig") tätig ist, zB ein Gestüt, greift § 15 III Nr 1 nicht ein; diese Betätigung bleibt bei Ermittlung ihrer gewerbl Einkünfte außer Betracht (BFH VIII R 73/06, BStBl II 09, 647 aE); die ihr dienenden WG sind kein BV. Für die Prüfung, ob die PersGes eine (wirtschaftl eigenständige) Tätigkeit in Einkünfteerzielungsabsicht ausübt, ist die „Färbung" zB von VuV-Einkünften in solche aus GewBetr vorrangig; maßgebl ist daher, ob ein Total*gewinn* (einschließl Veräußerung) erstrebt wird (BFH VIII R 28/94, BStBl II 97, 202).

193 **d) Ausweichgestaltungen.** S zB *Strecker* KÖSDI 20, 21560 (21568). Der **einheitl Beurteilung** lässt sich ausweichen dadurch, dass die gewerbl Tätigkeit ein Ges'ter auf eigene Rechnung übernimmt (evtl unter Reduzierung seines Gewinnanteils) oder durch Errichtung zivilrechtl selbstständiger (beteiligungsidentischer) PersGes mit unterschiedl Zweck (→ Rn. 194; BVerfG 1 BvL 2/04, DB 08, 1243 Rn. 132; iEinz BFH VIII R 6/12, BStBl II 15, 1002; BFH IV R 42/19, BStBl II 23, 118;). Zur Anerkennung dieses sog **Ausgliederungsmodells** zB bei ärztl Gemeinschaftspraxen ist erforderl, dass sich die Tätigkeit der gewerbl GbR „eindeutig von der Tätigkeit der (ärztl) Gemeinschaftspraxis abgrenzen lässt" (*BMF* BStBl I 97, 566) bzw „die zweite Ges nach außen erkennbar geworden ist" (BFH IV R 42/19, BStBl II 23, 118; BFH XI R 21/99, BFH/NV 02, 1554; *Wacker* FR 23, 725: grds FG-Feststellung maßgebl). Der Anteil an der „zweiten" Ges ist auch kein SBV bei der ersten und umgekehrt (→ Rn. 507). Überlässt die Praxis der gewerbl GbR WG zur Nutzung gegen Aufwandsersatz (keine Gewinnabsicht), bleiben diese WG BV der Praxis und die Einnahmen solche aus selbstständiger Arbeit (*BMF* BStBl I 97, 566).

194 **3. Einheit des Betriebs; mehrere zivilrechtliche Gesellschaften.** Eine gewerbl oder freiberufl MUerschaft hat auch bei verschiedenartiger Tätigkeit zur selben Zeit nur einen Betrieb (BFH IV R 49/15, BStBl II 22, 674), aber uU mehrere Teilbetriebe (BFH VIII R 56/13, BStBl II 16, 936; BFH IV R 2/14, BStBl II 17, 1138; BFH VI R 66/15, DStR 18, 2135 zu LuF). Bestehen hingegen zivilrechtl mehrere PersGes, sind est- und gewstrechtl grds auch bei Ges'teridentität mehrere MUerschaf-

ten mit selbstständigen GewBetr gegeben (BFH VIII R 23/89, BStBl II 92, 375: Leistungsaustausch zw zwei PersGes; BFH IV R 11/97, BStBl II 98, 603: keine „Abfärbung"). Folgen ua: mehrere Feststellungsbescheide. Bei ESt sind die gewerbl und nicht gewerbl Betätigung getrennt zu beurteilen (zB SchlHFG EFG 23, 1304. rkr betr Grundstücksvermittlung/-vermietung; → Rn. 70, 193; § 15a; § 35); bei GewSt mehrfacher Freibetrag, kein Verlustausgleich; zu §§ 13a, 13b ErbStG s BFH II R 25/20, DStR 22, 2150).

4. Beginn und Ende einer Mitunternehmerschaft. – a) Beginn. Tatbestandselement (für gewerbl Einkünfte iSv § 15 I 1 Nr 2) ist der *gemeinsame* Beginn eines GewBetr; die gemeinsame Betätigung muss alle Merkmale eines GewBetr erfüllen (BFH GrS 4/82, BStBl II 84, 751 zu C. III.3.b); setzt die Gewinnabsicht erst später ein, beginnt erst jetzt der GewBetr. Nicht erforderl ist, dass – *(1)* ein GesVertrag zivilrechtl wirksam ist, soweit die Beteiligten das wirtschaftl Ergebnis des Vertrags eintreten und bestehen lassen (§ 41 AO; zu FamilienPersGes → Rn. 748), und – *(2)* die PersGes bereits eine *werbende* Tätigkeit aufgenommen hat (BFH XI R 45/88, BStBl II 93, 538 zu B. I.3), die Vorbereitung hierfür genügt, zB Anmietung eines Geschäftslokals (anders gewstrechtl, s zB BFH IV R 23/97, BStBl II 98, 745; GewStR 2.5 I). Zum Beginn des GewBetr einer BesitzPersGes bei BetrAufsp → Rn. 869; zu GmbH & Co KG s BFH III R 2/03, BStBl II 05, 405, zu gewerbl geprägter PersGes → Rn. 231. Eine MUerschaft kann auch vorliegen, wenn die Aufnahme der ernstl geplanten werbenden Tätigkeit unterbleibt (BFH IV R 176/74, BStBl II 78, 54; BFH IV R 41/93, BB 95, 861; → Rn. 129, 131). Die **Rückbeziehung des Ges-Vertrags** ändert nichts am Beginn erst mit Vertragsabschluss. Zu **Vorweg-BA** bei geplanter, aber nicht realisierter PersGes/-Beteiligung s BFH IV R 117/94, BFH/NV 96, 461; BFH III R 38/03, BFH/NV 05, 202. 195

b) Doppelstöckige Personengesellschaft. Die Abfärbung aufgrund der Beteiligung an gewerbl UnterPersGes gem § 15 III Nr 1 nF (→ Rn. 189) tritt erst mit „Beziehen" der Einkünfte ein; dies erfordert neben den Beginn des GewBetr der (ggf abgefärbten/gewerbl geprägten) UnterPersGes (→ Rn. 195, 225) die MUerstellung der OberGes *und* die Zuweisung des Gewinn-/Verlustanteils gem § 4a II Nr 2 (BFH IV R 5/11, BStBl II 14, 972; nicht eindeutig BFH IV R 10/21, DStR 24, 97). 196

c) Ende. Die MUerschaft endet mit Beendigung des GewBetr, auch Preisgabe der Gewinnabsicht (BFH GrS 4/82, BStBl II 84, 751 (766)), oder für einzelne MUer mit Veräußerung seines MUerAnteils (§ 16 I Nr 2). Wird der ganze GewBetr veräußert oder aufgegeben (§ 16 I Nr 1), endet die gewerbl MUerschaft im Zeitpunkt der Veräußerung oder Aufgabe, auch wenn zivilrechtl das GesVerhältnis noch nicht voll beendet ist, zB weil der Veräußerungserlös noch nicht verteilt ist; es liegt anteiliges PV der Ges'ter vor (str, → § 16 Rn. 337). Stellt die MUerschaft ihre werbende Tätigkeit ohne Betriebsveräußerung/-aufgabe ein, endet sie *gewstrechtl* mit Betriebseinstellung (BFH VIII R 47/86, BFH/NV 90, 799), *estrechtl* mit dem Ende der Abwicklung (= Vollbeendigung der Ges), sofern die Abwicklung ernsthaft betrieben wird; andernfalls ist die Betriebseinstellung eine Betriebsaufgabe. Die Eröffnung des **Insolvenzverfahrens** über das Vermögen einer PersGes beendet weder die MUerschaft noch die EStPflicht der MUer, und zwar nicht nur bei Fortführung des GewBetr durch den Insolvenzverwalter, sondern auch bei bloßer Abwicklung. Die Absicht, wieder eine gemeinsame werbende Tätigkeit aufzunehmen, schließt eine Betriebsaufgabe nur bei bloßer **Betriebsunterbrechung** aus (dazu → § 16 Rn. 160 ff). Auch nach dem Ende einer MUerschaft können die ehemaligen MUer oder deren Rechtsnachfolger gem § 24 Nr 2 (evtl iVm § 15 I 2) noch nachträgl Einkünfte aus GewBetr haben (→ § 16 Rn. 348 ff). 197

III. Nicht gewerbliche/gewerblich geprägte Personengesellschaft

1. Nicht gewerbliche Personengesellschaft bei betrieblicher Beteiligung eines Gesellschafters (Zebragesellschaft); Freiberufler-Personengesellschaft

Verwaltung: *BMF* BStBl I 94, 282; *BMF* BB 96, 424 (Einkunftsermittlung); *BMF* BStBl I 96, 1521; *BMF* BStBl I 99, 592 (Nichtanwendungserlass zu BStBl II 97, 39 bzw BStBl II 99, 401); *BMF* BStBl I 07, 542 (§ 15b); *OFD Bln* DB 04, 1235 („sale und lease back").

Schrifttum: *Wachter,* Gewerbl Prägung …, DB 17, 2827; *v. Proff,* Die Einheits-KG …, DStR 17, 2590; *Engel,* Zebra …, FS Crezelius, 2018, 297; *Graw,* Perspektiven …, DStJG 46 (2024), 179; *Haase ua,* Vermögensverwaltende PersGes, 5. Aufl, 2022; *Dorn/Stein/ua,* … vermögensverwaltende(r) PersGes, DStR 25, 1969; *dies* DStR 25, 2041.

200 **a) Vermögensverwaltende Gesellschaft.** Ist eine PersGes (OHG, KG, GbR) zum einen keine OptionsGes gem § 1a KStG (dazu → Rn. 160a ff) und zum anderen auch **nicht gewerbl** (auch nicht teilweise, → Rn. 185 ff), dh ohne gewerbl Prägung (§ 15 III Nr 2) *nur* vermögensverwaltend tätig, fällt sie *nicht* unter § 15 I 1 Nr 2, III Nr 1 (BFH GrS 2/02, BStBl II 05, 679). Vielmehr erzielen die *Ges'ter* in ihrer *Verbundenheit* zB **Einkünfte** aus **KapVerm** oder **VuV,** die nach den dafür maßgebl Grundsätzen (§§ 8, 9, 11) zu ermitteln, gesondert und einheitl festzustellen und den Ges'tern anteilig zuzurechnen sind. Gleichwohl gilt für das Ges*Vermögen* die Bruchteilsbetrachtung (§ 39 II Nr 2 aF/nF) zB mit der Folge, der anteiligen Nichtanerkennung von Ges'ter-Darlehen (BFH I R 19/21, BStBl II 25, 501; iEinz *Wacker* FR 25, 869) und ggf ges'terbezogener Ergänzungsrechnungen (BFH IX R 22/19, BStBl II 23, 186; *Ratschow* BFH/PR 22, 337; zur Anteilsvereinigung BFH IX R 1/22, DStR 24, 92). Zu **§§ 17, 23** s dort; *Wacker* DStR 05, 2014; *OFD Ffm* DStR 15, 2554; zur Erbengemeinschaft s **§ 23 I 4 nF;** dazu iEinz→ Rn. 631). Zu **§ 15b** s *BMF* BStBl I 07, 542 Rn. 13; zur AbgeltungsSt ab 2009 s **§ 20 II 3.** Zu **§ 180 I Nr 2a AO** s BFH IX B 85/24, BFH/NV 25, 505; *OFD Ffm* DStR 15, 2554. Zu **§ 4k EStG** s dort; zu **§ 8b III 4 KStG** s BFH I R 21/22, BStBl II 25, 531; *Wacker* FR 25, 869. Zur **BP-Anordnung** s BFH IX R 16/19, DStR 21, 1232. Zu **WagnisKapGes** → Rn. 280 ff, 290. Zur Bilanzierung nach HGB s *Früchtl ua* DStZ 10, 595. –

201 **b) Betriebliche Beteiligung.** Ist jedoch an einer nichtgewerbl PersGes eine **KapGes** beteiligt, müssen deren Einkünfte aus dieser PersGes nach § 8 II KStG anteilig (kstrechtl und gewstrechtl) als **gewerbl** erfasst werden. Die WG der sog **Zebra-(Pers)Ges** (*Engel,* FS Crezelius, 297) sind deshalb in der StBil (ggf anteilig) auszuweisen (§ 39 II Nr 2 AO aF/nF; → Rn. 166; BFH I R 29/13, BFH/NV 15, 27; glA zu § 9 Nr 1 S 2 GewStG BFH GrS 2/16, BStBl II 19, 262 Rn. 82; einschr bei fehlender Vermögensbeteiligung BFH III R 53/20, BStBl II 23, 933, zutr). § 15 III Nr 2 ist nicht einschlägig, da die Ges'ter aufgrund von Umständen *außerhalb* der ZebraGes gewerbl Einkünfte erzielen (BFH GrS 2/02, BStBl II 05, 679; → Rn. 200). Gleiches gilt bei **betriebl** Beteiligung (notwendiges oder gewillkürtes BV/SBV) **anderer Gewerbetreibender** (zB natürl Person, gewerbl tätige oder geprägte PersGes BFH IV R 44/09, BStBl II 13, 142).

202 **c) Einkünftefeststellung.** Die Frage, wo (Ges oder Ges'ter) und wann die Anteile betriebl beteiligter Ges'ter (→ Rn. 201) in gewerbl Einkünfte umzuqualifizieren und umzurechnen sind, war früher umstritten (→ 34. Aufl 2015, § 15 Rn. 202).

204 **aa) Finanzverwaltung.** Nach *BMF* BStBl I 94, 282, *BMF* BStBl I 96, 1521 und *BMF* BStBl I 99, 592 sind auf der *Ebene der PersGes* die Einkünfte für alle Ges'ter *grds* als Überschusseinkünfte ohne Ansatz von Veräußerungsgewinnen (*mE* auch nicht solche gem §§ 17, 23) festzustellen (→ Rn. 200). Erst auf der *Ges'ter-Ebene* sind die Einkünfte (isoliert) als betriebl zu ermitteln und verfahrensrechtl eigenständig in den ESt- oder KSt-Folgebescheiden zu erfassen. Dabei hat jeder betriebl beteiligte Ges'ter alle WG der nicht gewerbl PersGes *anteilig* in „seiner eigenen Buchführung zu erfas-

sen und den Gewinnanteil, der sich für ihn aus den einzelnen Geschäftsvorfällen der PersGes ergibt, nach den Grundsätzen der Gewinnermittlung zu berechnen und anzusetzen" (*BMF* BStBl I 94, 282 Rn. 5). **Ausnahmen:** – ***(1)*** Die PersGes ermittelt freiwillig den Gewinnanteil des Ges'ters nach §§ 4 I, 5 (*BMF* BStBl I 94, 282 Rn. 2–3, 6; beachte auch Buchführung gem § 238 HGB iVm §§ 6, 105 II, 161 II HGB). – ***(2)*** Der StPfl ist zu weniger als 10% an der PersGes beteiligt; in diesem Fall ist auf Antrag mit Zustimmung des FA „aus Vereinfachungsgründen" der anteilige Gewinn oder Verlust iHd auf der Ebene der Ges nach den Grundsätzen der Überschussrechnung ermittelten und festgestellten Überschussanteils zu schätzen und auf einem „Beteiligungskonto" erfolgswirksam zu buchen; bei späterer Veräußerung/Entnahme des PersGes-Anteils (dazu → Rn. 206) ist der Unterschied zw Veräußerungserlös/Entnahmewert und Buchwert des Beteiligungskontos als lfd gewerbl Gewinn des Ges'ters zu erfassen (*BMF* BStBl I 94, 282 Rn. 7–11 mit Beispiel).

bb) Bundesfinanzhof. BFH **GrS 2/02** (BStBl II 05, 679) hat sich dem – allerdings ohne Aussage zu Ausnahme *(2)* – zR **angeschlossen** (glA bereits zuvor BFH IX R 80/98, BStBl II 03, 167); Folge: die Ges'ter sind *jeweils einzeln* („isoliert") bezügl der Höhe ihrer gewerbl Beteiligungseinkünfte erklärungspflichtig (BFH III R 18/03, BFH/NV 06, 235: keine Bindung an Feststellungsbescheid; **aA** BFH IX R 72/07, BStBl II 09, 231; insgesamt abl *Lüdicke* DB 05, 1813: Verstoß gegen effektive Rechtsschutzgewährung, weil kein ausreichendes Informationsrecht gegen ZebraGes; mE unzutr, vgl Vorlagebeschluss BFH IX R 80/98, BStBl II 03, 167 zu B III 4/d; *Wacker* JbFStR 06/07, 365 (375)). Der GrS hat damit – trotz ihrer Vorzüge – die sog Ping-Pong-Lösung (dazu → 34. Aufl 2015, § 15 Rn. 203) mangels gesetzl Grundlage zutr abgelehnt. 205

d) Ermittlung der anteiligen Gewinneinkünfte. Über die Grundsätze zu → Rn. 204, 205 („isolierte Gewinnermittlung") hinaus gilt zB, dass bei **betriebl Beteiligung** – ***(1)*** sämtl Steuervergünstigungen, die BV voraussetzen, zustehen (zB § 6b; erhöhte AfA, einschr gem § 7a VII *Groh* DB 84, 2374; *BMF* BStBl I 94, 282 Rn. 5; mE unzutr; abl zu InvZul BFH III R 41/89, BFH/NV 96, 360; zum FördG (aF) s abw BFH IX R 5/07, BFH/NV 07, 2097: *Ges* maßgebl; abl zu Buchwertfortführung gem § 3 II UmwStG *BMF* BStBl I 25, 92 Rn. 3.16; **aA** *Huber ua* DB 11, 1823); – ***(2)*** bei BV-Vergleich des Ges'ters anteilig TW-AfA mögl sind (*Pyszka* DStR 10, 1372) und – ***(3)*** *sämtl* Veräußerungsgewinne (-verluste) zu erfassen sind (BFH IV R 37/99, BStBl II 01, 162 zu II.1); Ausnahme: Bruchteilsbetrachtung gem § 39 II Nr 2 AO aF/nF (→ Rn. 166) im Verhältnis Ges'ter/ZebraGes (*Wacker* DStR 05, 2012); demnach im Umfang der Beteiligungsquote des Ges'ters auch keine Gewinnrealisierung, wenn er WG an die ZebraGes veräußert (BFH IV R 44/09, BStBl II 13, 142; *Wacker* DStR 05, 2012; → § 6 Rn. 763); – ***(4)*** die der ZebraGes zur Nutzung überlassenen WG in die Gewinnermittlung einzubeziehen sind (diff *G. Söffing* DB 98, 896 (898)); – ***(5)*** von der ZebraGes erhaltene Tätigkeits- oder Nutzungsvergütungen Teil der gewerbl Einnahmen des Ges'ters und zugleich – sofern nicht bei der Ges zu aktivieren (auch → Rn. 577) – (anteilig) BA sind (zB *Groh* DB 84, 2374 (2376); zum umgekehrten Fall s *KS/Krumm* § 15 Rn. 398); zum Ergebnis vorab s aber FG Bln-Bbg EFG 13, 928; – ***(6)*** der GesAnteil kein MUerAnteil iSv § 16 I 1 Nr 2 ist (BFH IV R 103/94, BStBl II 97, 39 zu 5.; *OFD Bln* DB 04, 1235; → § 16 Rn. 387) und deshalb bei unentgeltl Übertragung (Entnahme; dazu → Rn. 204) des Zebra-Anteils § 6 III nicht anwendbar ist (*Groh* DB 84, 2374 (2375)); – ***(7)*** **§ 15a-Verluste** auf Ebene des Ges'ters festzustellen sind (*Braun ua* DStR 20, 2697; *Bubeck ua* NWB 23, 1302b (1308)); **aA** *BMF* BStBl I 20, 919 Rn. 20) – ***(8)*** **§ 15b** für die individuellen *gewerbl* Beteiligungseinkünfte zu prüfen ist (**aA** *BMF* BStBl I 07, 542 Rn. 20). – ***(9)*** zu **§ 43b II 1** (KapESt) s BFH I R 77/17, DStR 21, 2193. – ***(10)*** Zur **GewSt** s zB BFH GrS 2/16, BStBl II 19, 262 § 9 Nr 1 S 2 f GewStG aF/nF. – ***(11)*** Zu **§ 35** zB *Kollruss* StBP 02, 102. – ***(12)*** Zu **§ 8b III 3–4 KStG** s BFH I R 21/22, BStBl II 25, 531. Zu **§ 8d II 2 Nr 4 KStG** s *BMF* BStBl I 206

21, 363 Rn. 40. – ***(13)*** Zur **ErbSt** s BFH II R 4/12, BStBl II 13, 742; abl *Hübner* DStR 13, 2257.

2. Gewerblich geprägte Personengesellschaft, § 15 III Nr 2

Verwaltung: EStR 15.8 VI; GewStR 2.1 II; 2.5 I; *BMF* BStBl I 00, 1198; *BMF* BStBl I 01, 614 (Haftungsbeschränkung bei GbR); *OFD NRW* IStR 17, 996 (ausl Grundstücksgesellschaft).

211 **a) Prägetheorie (frühere Rechtslage).** Hiernach war die – zB nur vermögensverwaltende – Betätigung einer OHG (KG) stets GewBetr, wenn an der Ges nur KapGes oder neben natürl Personen eine KapGes beteiligt war, die der PersGes das „Gepräge" gibt, dh einzige persönl haftende Ges'terin war. Diese Rspr hat der **BFH** 1984 **aufgegeben** (BFH GrS 4/82, BStBl II 84, 751).

212 **b) Gesetzliche Regelung der „gewerblich geprägten Personengesellschaft", § 15 III Nr 2; Inhalt und Zielsetzung.** Nach § 15 III Nr 2 (idF StBerG 1986, BGBl I 85, 2436) „gilt" die mit Einkünfteerzielungsabsicht unternommene Betätigung einer nicht gewerbl tätigen PersGes, an der eine oder mehrere KapGes unmittelbar oder mittelbar (§ 15 II Nr 2 S 2) beteiligt sind, unter bestimmten Voraussetzungen (s zu c) als GewBetr (kraft Rechtsform). § 15 III Nr 2 bezweckt primär eine „gesetzl Verankerung der früheren Gepräge-Rspr" (BTDrs 10/4513, 64). Dies ist **verfgemäß** (BFH IV R 5/02, BStBl II 04, 464; → § 18 Rn. 4) und mit dem Beihilfeverbot des **Art 107 AEUV** vereinbar (*Balbinot* Beihilfeverbot und Rechtsformneutralität, Diss, 2018, 237 ff). Die Präge-Grundsätze gelten nicht für *§ 3 Nr 7 KraftStG* (BFH IV R 11/23, DStRE 25, 421).

213 **c) Tatbestand.** Die gewerbl Prägung einer PersGes erfordert nach § 15 III Nr 2 **positiv** ***(1)*** eine „PersGes", ***(2)*** bei der „ausschließl eine oder mehrere KapGes" (oder diesen gem § 15 III Nr 2 S 2 insoweit gleichgestellten gewerbl geprägte PersGes iSv § 15 III Nr 2 S 1) „persönl haftende Ges'ter sind", ***(3)*** „nur diese oder Personen, die nicht Ges'ter sind, zur Geschäftsführung befugt sind" und ***(4)*** eine „mit Einkünfteerzielungsabsicht unternommene Tätigkeit" (zu BFH IV R 30/19, BStBl II 23, 1050 → Rn. 182, 225). **Negativ** ist erforderl, dass die PersGes „keine Tätigkeit iSd Abs 1 S 1 Nr 1 ausübt" (BFH IV R 1/13, BStBl II 17, 489), dh **nicht** bereits **originär gewerbl** iSv § 15 II *tätig* ist zB als BesitzGes einer BetrAufsp), da sie dann, auch wenn sie nur teilweise gewerbl tätig ist, ihre gesamte Betätigung als GewBetr gilt (§ 15 III Nr 1). Leitbild der gesetzl Prägung ist mithin nicht gewerbl tätige GmbH & Co KG, bei der eine GmbH einzige persönl haftende und geschäftsführende Ges'terin ist; die OHG, deren Ges'ter nur KapGes sind. Die Prägung ist auch bei **Betriebsunterbrechung** zu bej (BFH IV R 5/21, BStBl II 24, 845: betr GewSt; aufgegeben BFH IV R 37/14, BStBl II 18, 227; → § 16 Rn. 160 ff) – Da vertragl gestaltbar ist, ob eine PersGes allen Tatbestandsmerkmalen genügt (zB durch Regelung der Geschäftsführungsbefugnis, → Rn. 221 ff, besteht – abgesehen vom Rückwirkungsbereich – ein (faktisches) **Wahlrecht** zw gewerbl geprägter und nicht gewerbl PersGes. § 15 III Nr 2 eröffnet mithin estrechtl **Gestaltungsmöglichkeiten** zB zur Vermeidung einer Betriebsaufgabe, zur „Ausgliederung" von SBV/BV (krit *Niehus* StuW 08, 359 (372)) oder zur Erlangung *erbschaftsteuerl Vorteile* (§§ 13a, 19a, 28a ErbStG). Zur **KSt-Option** gem **§ 1a KStG** → Rn. 160a ff.

215 **aa) Personengesellschaft (mit persönl haftenden Ges'tern).** Der Begriff der PersGes umfasst Außen- wie InnenGes. Die Ges muss aber (mindestens einen, evtl mehrere) persönl haftende Ges'ter haben. Auch ausl Ges können PersGes iSv § 15 III Nr 2 sein (BFH I R 92/12, BStBl II 22, 123; BFH VIII R 11/16, DStR 19, 1136; *OFD NRW* IStR 17, 996); zur DBA-Qualifikation aber → Rn. 173.

216 **bb) Kapitalgesellschaft.** Ausschließl KapGes dürfen persönl haftende Ges'ter und zur Geschäftsführung befugt sein. § 15 III Nr 2 ist nicht erfüllt, wenn (auch) andere Personen zB eine oder mehrere natürl Personen persönl haftende Ges'ter und/oder geschäftsführungsbefugt sind. Der Begriff der KapGes entspricht dem des § 1 I

Nr 1 KStG (zB AG, GmbH, KGaA; zu § 5a GmbHG nF → Rn. 169, 700). Auch die mit Abschluss eines GmbH-Vertrags entstehende VorGes (→ Rn. 169) ist, sofern die GmbH später ins HR eingetragen wird, bereits KapGes (BFH III R 2/03, BStBl II 05, 405; diff BFH II R 41/07, BStBl II 09, 600 zu § 13a ErbStG; mE fragl); zur HREintragung der KG → Rn. 227. Ausl Ges können KapGes iSv § 15 III Nr 2 selbst dann sein, wenn sie weder gewerbl tätig noch unbeschr kstpflichtig sind (§§ 1 I Nr 1, 8 II KStG; BFH XI R 15/05; BStBl II 07, 924; *OFD NRW* IStR 17, 996; zu DBA und Limited & Co KG „im Brexit" → Rn. 173). **Keine** KapGes sind Genossenschaften, VVaG (§ 1 I Nr 2, 3 KStG) und sonstige juristische Personen iSv § 1 I Nr 4 KStG (zB rechtsfähige Stiftung); die Stiftung & Co KG fällt daher nicht unter § 15 III Nr 2 (ausführl BFH II R 9/20, BStBl II 22, 541; *Wehrheim ua* StuW 05, 234). Eine **GmbH & Co KG** ist keine KapGes, aber bei doppelstöckigen PersGes als OberGes insofern einer KapGes gleichgestellt (§ 15 III Nr 2 S 2), als dem Erfordernis „ausschließl KapGes persönl haftende Ges'ter und geschäftsführungsbefugt" bei der UnterGes auch genügt ist, wenn bei dieser (neben oder statt KapGes) eine oder mehrere gewerbl geprägte PersGes iSv § 15 III Nr 2 persönl haftende Ges'ter und geschäftsführungsbefugt sind **(doppelstöckige gewerbl geprägte PersGes),** wobei die OberGes ihrerseits bereits eine doppelstöckige gewerbl geprägte PersGes sein kann (mehrstöckige gewerbl geprägte PersGes). Diese Gleichstellung ist zwar entgegen dem Gesetzeswortlaut auch geboten, wenn die als persönl haftende Ges'terin beteiligte GmbH & Co KG (OberGes) selbst gewerbl tätig ist (BFH IV R 37/99, BStBl II 01, 162). ME müssen jedoch die Prägevoraussetzungen dem Grunde nach auch bei der OberGes erfüllt sein (glA HessFG EFG 21, 2057, rkr). Dh: – ***(1)*** ein K'tist darf weder Geschäftsführer der UnterGes noch der OberGes sein (*Euhus* DStR 11, 1350); – ***(2)*** persönl haftender Ges'ter der OberGes muss eine KapGes sein (FG Saarl EFG 11, 2067). Allerdings ist für die jeweils zu beurteilende PersGes die Stellung der KapGes als zivilrechtl Ges'terin ausreichend (s EStR 15. 8 VI 5), nicht notwendig deshalb auch die estrechtl MUer-Stellung (*Groh* DB 87, 1006).

cc) Persönlich haftende Gesellschafter. Ausschließl KapGes (oder gleichgestellte gewerbl geprägte PersGes) dürfen persönl haftende Ges'ter sein. Der Begriff ist dem **HGB** (zB § 161 I HGB) entnommen; dieses versteht darunter einen Ges'ter, der neben der PersGes für deren Verbindlichkeiten aufgrund der §§ 124, 128, 130 HGB unbeschr, dh weder gegenständl noch summenmäßig beschr haftet. Ges'ter, die diese Voraussetzungen nicht erfüllen, zB K'tist, oder Personen, die nur im Innenverhältnis haften zB Treugeber (BGH XI ZR 148/08, DStR 09, 1920), sind keine persönl haftenden Ges'ter. Danach sind persönl haftende Ges'ter unstr die Ges'ter einer OHG und die Komplementäre einer KG, und zwar auch dann, wenn sie für bestimmte Verbindlichkeiten der OHG oder KG zB aufgrund Vereinbarung mit einem Gläubiger nicht unbeschr haften, oder ihnen als Minderjährige eine Haftungsbeschränkung mögl ist (zu GbR-Ges'ter → Rn. 227). Umgekehrt sind die K'tisten keine persönl haftenden Ges'ter, auch wenn sie für Verbindlichkeiten der KG zB aufgrund Bürgschaft oder des § 176 HGB aF/ab 2004 idF MoPeG BGBl I 21, 3436 unbeschr haften (*Groh* DB 87, 1006 (1007)) oder der KG Kredite gewähren (BFH IV B 96/03, BFH/NV 05, 1564). – Das Tatbestandselement „persönl haftender Ges'ter" erfasst auch den allein nach außen auftretenden Ges'ter einer InnenGes, weil dessen Schulden im Innenverhältnis allen Ges'tern anteilig wie „GesSchulden" zugerechnet werden (→ Rn. 228). 218

dd) Geschäftsführungsbefugnis. Ausschließl KapGes – oder natürl Personen, die nicht Ges'ter der PersGes sind – dürfen zur (Einzel-/Gesamt-)Geschäftsführung befugt sein. § 15 III Nr 2 ist nicht erfüllt, wenn neben einer KapGes auch nur eine natürl Person, die Ges'ter (zB K'tist) der PersGes ist, geschäftsführungsbefugt ist, gleichgültig ob allein oder nur gemeinschaftl mit einer KapGes (BFH VIII R 63/93, BStBl II 96, 93; BFH IV R 87/93, BStBl II 96, 523; *Drüen* FS Lang, 57 (80 f)). 221

222 **(1) Geschäftsführung.** Der Begriff ist gesellschaftsrechtl zu verstehen (vgl §§ 114–117, 164 HGB; §§ 709–713 BGB); maßgebl ist die gesetzl oder gesellschaftsvertragl (organschaftl) Befugnis im Innenverhältnis der Ges'ter zueinander zu einer auf Verwirklichung des GesZwecks gerichteten Tätigkeit, nicht die Vertretungsmacht zB iSv §§ 125 ff HGB (BFH I R 52/10, BFH/NV 11, 1354; EStR 15.8 VI 1). Bei einer KG kann der einzige persönl haftende Ges'ter zwar gesvertragl nicht von der Vertretung, wohl aber von der Geschäftsführung ausgeschlossen werden; umgekehrt kann ein K'tist zwar nicht zur (gesetzl) Vertretung, wohl aber zur Geschäftsführung berufen werden. § 15 III Nr 2 ist daher *nicht* erfüllt, wenn bei einer GmbH & Co KG ein K'tist (natürl Person) aufgrund des GesVertrags allein oder auch nur neben der Komplementär-GmbH einzeln oder gemeinschaftl mit dieser geschäftsführungsbefugt ist (sog verfremdete GmbH & Co KG; BFH IV R 87/93, BStBl II 96, 523; zur Einheits-KG aber → Rn. 223). Eine *Befugnis* zur Geschäftsführung reicht aus. Ergibt sich diese aber nicht aus Gesetz oder GesVertrag, sondern zB nur aus einem Dienstvertrag eines K'tisten (natürl Person) mit der KG, ist dies keine Geschäftsführungsbefugnis iSv § 15 III Nr 2 (BFH IV R 87/93, BStBl II 96, 523; **aA** *Lüdicke* FS FfSt 1999 S 323). Der Kreis der persönl haftenden und der zur Geschäftsführung befugten KapGes muss nicht identisch sein; § 15 III Nr 2 ist auch erfüllt, wenn zB drei KapGes persönl haften, aber nur zwei davon einzel- oder gesamtgeschäftsführungsbefugt sind; erst eine zusätzl Geschäftsführungsbefugnis eines Ges'ters (natürl Person) schließt § 15 III Nr 2 aus. Umgekehrt ist § 15 III Nr 2 erfüllt, wenn alle persönl haftenden Ges'ter (KapGes) einzel- oder gesamtgeschäftsführungsbefugt sind (BFH VIII R 63/93, BStBl II 96, 93 zu II.1.b cc). Ist neben der alleinigen Komplementär-KapGes eine weitere KapGes zur Geschäftsführung befugt, die nur K'tistin ist, ist mE entgegen dem missverständl Gesetzestext § 15 III Nr 2 zu bejahen (**aA** EStR 15.8 VI 1–2; *Pyszka* DStR 10, 1372).

223 **(2) Personengesellschaft.** Maßgebl ist die Geschäftsführung bei der PersGes, deren Qualifikation in Frage steht. Demgemäß erfasst § 15 III Nr 2 eine GmbH & Co KG, bei der nur die einzige Komplementär-GmbH zur Geschäftsführung berufen ist, auch dann, wenn Geschäftsführer der GmbH eine natürl Person ist, die an der KG als K'tist beteiligt ist (BFH IV R 87/93, BStBl II 96, 523 (526)); denn zur Geschäftsführung bei der KG ist in diesem Falle nur die GmbH befugt, nicht deren Geschäftsführer; dieser führt nur mittelbar die Geschäfte der KG. Soll § 15 III Nr 2 vermieden werden, muss ein K'tist (natürl Person) neben oder an Stelle der GmbH zur Geschäftsführung bei der KG berufen werden (→ Rn. 222). Diese Grundsätze gelten auch für die **Einmann-GmbH & Co KG,** nicht jedoch für die sog **Einheits-GmbH & Co KG,** bei der die Anteile an der Komplementär-GmbH zum Gesamthandsvermögen der KG gehören (→ Rn. 700). Folge dieser strukturellen Vereinheitlichung wäre, dass die GmbH-Geschäftsführer zugleich die GesRechte der KG iRd GmbH-GesVersammlung wahrzunehmen hätten (zum Stimmverbot gem § 47 IV GmbHG → *BeckOK-HGB* § 170 Rn. 39). Demgemäß sehen die GesVerträge nicht selten vor, dass die Geschäftsführung insoweit den K'tisten *organschaftl* übertragen werden; ebenso nunmehr **§ 170 II HGB idF MoPeG** (ab 2024) (dazu *Wertenbruch* GmbHR 21, 1). Dies ist nach BFH IV R 42/14, BStBl II 17, 1126 abw von den allg Grundsätzen (→ Rn. 222) für die gewerbl Prägung der KG unschädl, da die K'tisten *hierdurch* keinen bestimmenden Einfluss auf die eigentl Unternehmenstätigkeit der *KG* erlangen (*Wachter* DB 17, 2827: teleologische Reduktion des Geschäftsführungsbegriffs). Die Rspr wirkt zwar vereinfachend, gleichwohl ist sie mE nicht zweifelsfrei, weil den K'tisten auch eine nur rechtsgeschäftl Vollmacht erteilt werden könnte (zur sog Beiratslösung s EStR 15.8 VI 5).

224 **(3) Natürliche Personen.** § 15 III Nr 2 bleibt anwendbar, wenn außer KapGes natürl Personen, die nicht Ges'ter sind, geschäftsführungsbefugt sind. Gesrechtl können solche Personen nur neben Ges'tern zur Geschäftsführung berufen werden; es ist

nicht mögl, alle Ges'ter von dieser auszuschließen (str); das entspr Tatbestandselement des § 15 III Nr 2 ist leerlaufend.

ee) Tätigkeit in Einkünfteerzielungsabsicht. § 15 III Nr 2 setzt voraus, dass die PersGes mit „Einkünfteerzielungsabsicht“, dh in der Absicht tätig wird, einen *betriebl* Totalgewinn (einschließl etwaiger Veräußerungs-/Aufgabegewinne) zu erzielen (BFH IV R 80/05, BStBl II 09, 266; EStR 15.8 VI 4; zu § 15 III Nr 1 →Rn. 192). Unzutr mE BFH IV R 30/19, BStBl II 23, 1050: Vermögensverwaltung für eine „juristische Sekunde“ (→Rn. 213, 182). Allerdings ist nach BFH IV R 34/11, BStBl II 15, 380 die Gewinnerzielungsabsicht selbst bei einer nur geprägten VorratsGes im Hinblick auf die angestrebte (später jedoch nicht aufgenommene) Tätigkeit zu vermuten, wenn diese nicht verlustgeneigt wäre und (zunächst) keine Anhaltspunkte für deren Aufgabe bestehen (mE bedenkl; s zu Vorlaufverlusten auch BFH IV R 80/05, BStBl II 09, 266 sowie →34. Aufl 2015, § 15 Rn. 225). 225

ff) Einzelfälle. – (1) GmbH & Co GbR. Nach neuerer *zivilgerichtl Rspr* haften die Ges'ter einer GbR für die rechtsgeschäftl (und gesetzl) Schulden der GbR grds auch persönl und unbeschr mit ihrem Vermögen; eine Beschränkung der Haftung auf das GesVermögen ist entgegen früher hL *nicht durch eine Beschränkung der Vertretungsmacht* des geschäftsführenden Ges'ters, sondern nur im Wege einer individualvertragl getroffenen Vereinbarung mögl (BGH II ZR 371/98, DStR 99, 1704; II ZR 331/00, DStR 01, 310; II ZR 385/99, DStR 03, 747); Ausnahme aus Gründen des Vertrauensschutzes: bereits existierende Immobilienfonds-GbR (BGH II ZR 2/00, DB 02, 1042). – Estrechtl folgt daraus, dass eine GmbH & Co GbR grds (Ausnahme s oben) **keine gewerbl geprägte PersGes** iSv § 15 III Nr 2 sein kann, wenn auch natürl Personen Ges'ter sind, da diese unbeschr für rechtsgeschäftl Schulden haften. Folgen: Soweit *früher* eine GmbH & Co GbR als gewerbl geprägte PersGes anerkannt war, erweist sich dies idR rückwirkend als unrichtig; die GbR hatte von Anfang an PV (Wandel der Beurteilung, keine Betriebsaufgabe!). Soweit in der Vergangenheit aus einem BV einzelne WG zu Buchwerten in die (vermeintl gewerbl geprägte) GbR eingebracht wurden, war dies in Wahrheit eine Entnahme (*BMF* BStBl I 00, 1198); bestandskräftige Steuerbescheide sind nicht nach **§ 174 III AO** änderbar (BFH IV R 33/07, BStBl II 10, 586; überholt damit *BMF* BStBl I 01, 614). – Der **HReg-Eintrag** einer vermögensverwaltenden GbR als GmbH & Co **KG** (vgl §§ 105 II, 161 II 2 HGB) bewirkt das Entstehen einer echten gewerbl geprägten Ges (BFH I R 52/10, BFH/NV 11, 1354;) und damit eine Betriebseröffnung durch die KG (beachte zu Ges'ter-KapGes/VorGes aber →Rn. 216). – Aus **Vertrauensschutzgründen** konnte aber eine GbR, die bisher als gewerbl geprägt beurteilt wurde, auf Antrag weiter als solche behandelt werden (BV!), wenn sie bis zum 31.12.01 in eine GmbH & Co KG umgewandelt wurde (*BMF* BStBl I 01, 614; *OFD Kbl* DB 01, 69: rechtzeitige Anmeldung genügt); gleichwohl besteht jedenfalls bei Widerspruch zur vorgelegten Eröffnungsbilanz (TW-Ansatz) kein Zwang zur Buchwertfortführung (BFH IV R 11/10, BFH/NV 13, 1569). – Die vorstehenden Grundsätze gelten mE auch, wenn **individual-** bzw formularvertragl **Haftungsbeschränkungen** vereinbart werden; für eine GbR kann insoweit nichts anderes gelten als für eine OHG oder KG (BFH IV R 35/13, DStR 16, 2704; →Rn. 218). GlA nunmehr *BMF* BStBl I 14, 555 mit „zweiter“ Übergangsregelung (Antrag zur Gewerblichkeit bis 31.12.14 iVm Umwandlung in geprägte KG; dazu *kk* KÖSDI 14, 18794). 227

(2) GmbH & Still; GmbH & Co KG & Still. Auch eine atypische stille Ges, bei der „Inhaber des Handelsgeschäfts“ eine nicht gewerbl tätige KapGes oder gewerbl geprägte PersGes ist, kann als solche gewerbl geprägte PersGes iSv § 15 III Nr 2 sein – ungeachtet dessen, dass eine stille Ges als InnenGes keine „GesSchulden“ (→Rn. 222) hat (BFH IV R 18/98, BStBl II 99, 286). Zur *atypisch Unterbeteiligung* am Anteil eines Ges'ters an einer gewerbl geprägten PersGes aber →Rn. 367. 228

229 **(3) Personengesellschaft nur aus Kapitalgesellschaft.** Sind nur KapGes Ges'ter einer Außen-PersGes, ist diese gewerbl geprägt (BFH IV R 51/00, BStBl II 02, 873; auch → Rn. 222 aE). Zu ausl PersGes (einschließl DBA) → Rn. 215, 173.

230 **gg) Keine gewerblich geprägten Personengesellschaften.** *Beispiele:* eine OHG/GbR aus KapGes *und* natürl Person; eine KG, deren persönl haftender Ges'ter KapGes *und* natürl Personen sind; eine KG, bei der eine KapGes als einzige persönl haftende Ges'terin von der Geschäftsführung ausgeschlossen, und stattdessen ein K'tist (natürl Person) zur Geschäftsführung berufen ist; eine Stiftung & Co KG. Zur Partenreederei gem § 489 HGB aF (→ Rn. 374) → 34. Aufl 2015, § 15 Rn. 230.

231 **d) Rechtsfolge.** Nach § 15 III Nr 2 **„gilt" (Fiktion)** die Tätigkeit der PersGes grds **einheitl** (‚in vollem Umfang') estrechtl **als GewBetr** mit der Folge, dass die Ges'ter als MUer gem § 15 I 1 Nr 2 Einkünfte aus GewBetr beziehen. DBA-rechtl liegt jedoch Vermögensverwaltung vor (zu § 50i s dort; BFH I R 13/22, DStR 25, 2885); ebenso fehlt es an einem wirtschaftl Geschäftsbetrieb gem § 14 AO (BFH II R 44/15, BStBl II 18, 358) sowie an einem Betrieb gewerbl Art iSv § 4 I KStG (BFH I R 83/15, BStBl II 18, 495). Die verschiedenen Betätigungen (einschließl ihrer Vorbereitung, → Rn. 195), zB Grundstücksvermietung (VuV), Gewährung verzinsl Darlehen (KapVerm) bilden einen einheitl GewBetr. Das GesVermögen ist notwendig gewerbl BV (vgl BFH I R 61/90, BStBl II 92, 628), soweit es estrechtl relevanten Betätigung dient (→ Rn. 225, 484, 496). WG eines Ges'ters, die der estrechtl relevanten Betätigung des Ges'ters (oder der Beteiligung der Ges'ter an der Ges) dienen, sind gewerbl **(Sonder-)BV.** Ob der Gewinn (Verlust) nach § 4 III oder § 5 iVm § 4 I zu ermitteln ist, bestimmt sich nach allg Grundsätzen (dazu → Rn. 401). Für den Umfang und die **Ermittlung der Einkünfte** gelten uneingeschränkt die für gewerbl tätige PersGes maßgebl Grundsätze (BFH IV R 10/14, BStBl II 17, 466 zu AV/UV). Eine **Aufgabe** des (fiktiven) GewBetr (§ 16 III) durch Überführung des GesVermögens ins PV ist nicht mögl, solange und soweit die tatbestandl Voraussetzungen des § 15 III Nr 2 erfüllt sind. **Anders** aber, wenn die PersGes „keine Tätigkeit" mehr ausübt (BFH IV R 28/22, BStBl II 25, 910: Betriebsaufgabe vor zivilrechtl Vollbeendigung); zur Betriebsverpachtung → § 16 Rn. 176, 182.

232 Die **GewStPflicht** (§ 2 I 2 GewStG) besteht bei Prägung gem § 15 III Nr 2 auch im Falle der Betriebsverpachtung (→ § 16 Rn. 166 ff). Sie erfordert die HR-Eintragung (BFH I R 52/10, BFH/NV 11, 1354; OFD Mster DB 08, 323; zur ausschließl Beteiligung von KapGes s BFH IV R 54/10, BStBl II 12, 927 auch zu § 7 S 2 GewStG) *und* – ebenso wie bei Einzelunternehmern und nicht gewerbl geprägten PersGes – die Aufnahme der „werbenden", d. h. der zwar vermögensverwaltenden, aber gewerbl geprägten Tätigkeit (BFH IV R 33/19, BStBl II 23, 927: Grundstücksvermietung; GewStR 2.5 I 4; → Rn. 130). Die gewerbl geprägte Vermögensverwaltung kann je nach Einzelfall eigenständig sein (BFH IV R 23/22 BFH/NV 25, 686; dazu → Rn. 213, 182) oder die originär gewerbl Tätigkeit vorbereiten (BFH IV R 13/20, DStR 22, 2202). Sie endet mit der endgültigen Einstellung der werbenden Tätigkeit (GewStR 2.6 I). Der gewstl Verlustabzug erfordert Unternehmensidentität (BFH IV R 8/17, BStBl II 20, 401). Zu § 9 Nr 1 Satz 2 BFH IV R 19/22, DStR 25, 211 (Prägung/Betriebsverpachtung/SBV); BFH III R 12/22, BStBl II 25, 749 (kein nachhaltiger GewBetrieb; → Rn. 79).

233 **e) Änderungen im Tatbestand.** Verändert sich der Sachverhalt so, dass eines der Tatbestandselemente des § 15 III Nr 2 wegfällt (zB Eintritt einer natürl Person als persönl haftender Ges'ter; Änderungen in der Geschäftsführungsbefugnis), entfällt damit die Fiktion eines GewBetr; dies ist idR Betriebsaufgabe iSv § 16 III (s einschl AfA nach Entprägung BFH IX R 18/24, DStR 25, 1927; EStR 16 II 6; § 16 Rn. 196). Keine Betriebsaufgabe liegt aber vor, wenn die PersGes gleichzeitig eine (echte) gewerbl Tätigkeit aufnimmt (§ 15 III Nr 1 iVm II) oder die Voraussetzungen einer Betriebsverpachtung/-aufspaltung vorliegen (EStR 16 II 7). Umgekehrt ist die erstmalige Erfüllung des Tatbestands des § 15 III Nr 2 Betriebseröffnung iSv zB § 6 I Nr 6. Zum gewstl Verlustabzug s BFH IV R 2/14, BStBl II 17, 1138.

f) Rückwirkende Anwendung. § 15 III Nr 2 ist grds rückwirkend auch auf in VZ vor 1986 verwirklichte Sachverhalte (Altfälle) anzuwenden. Einzelheiten → 34. Aufl 2015, § 15 Rn. 234 f. 234

IV. Subjektive Zurechnung von Einkünften aus Mitunternehmerschaft; insbesondere Mitunternehmerbegriff

Schrifttum (Auswahl): *Petersen,* Unternehmensteuerrecht und bewegl System (BetrAufsp, MUerschaft, vGA), 1999 S 100 ff; *Pinkernell,* Einkünftezurechnung bei PersGes, 2000; *Görgen,* MUerstellung …, DStZ 20, 607.

1. Funktion des Mitunternehmerbegriffs. Sie besteht darin, dass grds nur demjenigen positive oder negative Einkünfte aus GewBetr im Umfang des § 15 I 1 Nr 2 anteilig unmittelbar als eigene Einkünfte zugerechnet werden können (und *müssen*), der MUer des Betriebs der PersGes (oder Einzelunternehmer) ist (auch → Rn. 744 zu „erwünschter" und „unerwünschter" MUerschaft). 250

2. Personenkreis. – a) Allgemeines. Natürl Personen (minder- oder volljährig) und **juristische Personen,** insb **KapGes** (einschl **OptionsGes** gem § 1a KStG; → Rn. 160a; zur SE s *Reich ua* DStR 25, 1589), aber auch juristische Personen döR (zum Betrieb gewerbl Art s zB BFH VIII R 43/15, DStRE 19, 1323; BFH I R 16/19, BStBl II 23, 1096 betr Holding-PersGes; dazu *BMF* BStBl I 17, 880; *BMF* BStBl I 25, 1174; *Schiffers* DStZ 17, 562 (600); *Strahl* Ubg 19, 272), gleichgültig, ob unbeschr oder beschr estpfl bzw kstpfl (§ 49 I Nr 2a) oder von der KSt befreit (zB *BMF* DStR 05, 2080; BFH I R 31/10, BFH/NV 12, 786: nichtrechtsfähige Stiftung; zu § 15 AStG → Rn. 257). Sie alle können MUer sein, soweit sie an einer PersGes (bzw Gemeinschaft, → Rn. 171; BFH IV R 50/16, BStBl II 20, 57: Fiskalerbe) unmittelbar als Ges'ter beteiligt sind. Daneben können sie auch Einzelunternehmer oder MUer weiterer GewBetr sein. 251

b) Doppelstöckige/mehrstöckige Personengesellschaft. – ***(1)*** **Zivilrechtl** ist anerkannt, dass nicht nur OHG und KG, sondern auch eine **(Außen-)GbR** Ges'ter einer anderen PersGes sein können. Ebenso zur Rechtslage vor BGH „ARGE Weißes Ross" (→ Rn. 166) BFH IV R 24/20, DStR 23, 2490 (iErg zutr). Zu K'tistin s auch § 162 I 2 HGB nF; zu Komplementärstellung OLG Celle DStR 12, 918). – ***(2)*** Für das **ESt-Recht** hat BFH GrS 7/89 (BStBl II 91, 691) entschieden, dass bei Beteiligung einer OHG, KG oder „mitunternehmerisch tätigen GbR" (OberGes) an einer gewerbl PersGes (UnterGes) nur die OberGes, *nicht auch* deren Ges'ter (OberGes'ter; kein Durchgriff!) MUer der UnterGes sind. Dies ist jedoch teilweise **überholt,** da nach **§ 15 I 1 Nr 2 S 2** (ab StÄndG 1992, BGBl I 92, 297) ein mittelbar über eine oder mehrere PersGes **beteiligte Ges'ter** dem unmittelbar beteiligten Ges'ter gleichsteht und daher (neben der unmittelbar beteiligten PersGes) als **MUer** des Betriebs der **(Unter-)PersGes** anzusehen ist (→ Rn. 610 ff). Die Vorschrift soll nach überwiegender Rspr des BFH *nur* bezwecken, die mittelbar beteiligten Ges'ter *hinsichtl* der **Tätigkeits- und Nutzungsvergütungen** und des **SBV I** estrechtl wie ein unmittelbar beteiligter Ges'ter („Sonder-MUer") zu behandeln (BFH IV R 26/20, BStBl II 24, 367; BFH IV R 40/22, BStBl II 25, 603; BFH IV R 9/23, BStBl II 25, 610; glA *Meyer* DStR 25,1380 mwN). Unberührt hiervon bleibt, dass der auf die OberGes entfallende Anteil am **Gewinn**/Verlust der **UnterPersGes** – einschließl der Sondervergütung für Leistungen der OberGes an die UnterGes (BFH I R 60/92, BStBl II 93, 714 zu II.A. 3.) und eines Gewinns (Verlusts) aus der Veräußerung der Beteiligung an der UnterGes – der **OberGes** (als „MUerin" = MUer in ihrer Verbundenheit) zuzurechnen ist, auf diese Weise in den Gewinn der OberGes eingeht und deren Ges'tern erst als Teil ihres Anteils am Gewinn der OberGes zuzurechnen ist (BFH IV R 23/93, BStBl II 95, 467 zu IV.3); bei abw Wj zeitversetzt (BFH I 12/62 U, BStBl III 65, 296), sofern die Wahl des Wj nicht rechtsmissbräuchl 253 ist (bej BFH VIII R 89/02, BFH/NV 04, 936; vern bei Vermeidung eines RumpfWj BFH IV R 21/05, BStBl II 10, 230). – ***(3)* Kritik/mE** ist der Transparenzgedanke (→ Rn. 163 ff einschl MoPeG, BGBl I 21, 3436 ab 2024; s auch § 17 III 3 REITG) ertragsteuerrechtl auch bei mehrstöckigen Strukturen zu beachten, dh MUer (Einkunftserzielungssubjekt) der jeweiligen UnterPersGes ist nicht die Ober-PersGes als solche, sondern sind die Ober-Ges'ter in ihrer Verbundenheit; demgemäß ergänzt § 15 I 1 Nr 2 S 2 die originäre MUerstellung bzgl der mittelbaren muerschaftl Beteiligung des OberPersGes'ters an der UnterPersGes nicht nur um das SBV I, sondern auch um das **positive/negative SBV II** (→ Rn. 612 ff; offen BFH I R 92/12, BStBl II 22, 123; Anm *Wacker* IStR 17, 278). – ***(4)*** Die Rspr ist in **Veräußerungsfällen** schwankend (zum Erwerber → Rn. 471; zum Veräußerer → § 15a Rn. 169; → § 16 Rn. 366, 384, 576; zu DBA s BFH I R 75/07, BStBl II 10, 1028; *BMF* BStBl I 14, 1258; → Rn. 173). – ***(5)* Unstr** ist hingegen die Eigenständigkeit der Gewinnermittlungskreise (Unter-/Ober-PersGes; → Rn. 618 ff; → § 15a Rn. 33, 169; → § 34a Rn. 22) sowie die Durchführung gestufter Feststellungsverfahren (§ 180 I Nr 2a AO: ausführl – einschließl GewSt – *Wacker* FS Goette, 561 (578); *Bodden* FR 02, 559 (564)). – ***(6)* Varia:** Zur GrESt s BFH II R 44/18, DStR 22, 1375. Zur iÜ nur vermögensverwaltenden OberPersGes → Rn. 189, 613. Zur KSt-Pflicht von Ober- und/oder UnterPersGes kraft Option gem § 1a KStG → Rn. 160a ff.

257 **3. Unternehmer; Mitunternehmer/Gesellschafter; Gemeinschafter.** Die Begriffe „Unternehmer" (→ Rn. 136 ff) und „Mitunternehmer" sind gleichrangig; auch der MUer ist ein Unternehmer, und zwar des Betriebs der Ges (BFH GrS 3/92, BStBl II 93, 616; *Bodden* FR 02, 559 (562)). – MUer kann nur sein, **(1)** wer *zivilrechtl Ges'ter einer PersGes* ist, gleichgültig, ob Außen- oder InnenGes (BFH I R 35/14, BStBl II 18, 33), oder **(2)** – in Ausnahmefällen – wer aufgrund eines anderen Rechtsverhältnisses eine einem Ges'ter „wirtschaftl vergleichbare Stellung innehat" (→ Rn. 171) oder **(3)** wer wirtschaftl Eigentümer (§ 39 II Nr 1 AO) des GesAnteils ist (→ Rn. 300). – Die **Ges'tereigenschaft** ist grds unerlässl für die Qualifikation als MUer (zB GrS BFH GrS 7/89, BStBl II 91, 691 zu C. III.3.a; BFH VIII R 32/90, BStBl II 98, 480 zu 2.a; auch → Rn. 262, 344; **aA** *P. Fischer* FR 98, 813; *Pinkernell* aaO S 210 ff; diff *HHR/Haep* § 15 Rn. 336). Nicht ausreichend deshalb die Einkunftszurechnung bei ausl Familienstiftung nach § 15 AStG (*Oellerich* HFR 13, 670; zum AStG aF s BFH I R 39/11, FR 13, 1102; auch → § 35 Rn. 3); auch führt ein aufschiebend bedingter Ges-Beitritt erst zeitversetzt mit Bedingungseintritt zur MU-erstellung (BFH VIII B 30/01, BFH/NV 02, 191). Zum **zivilrechtl Begriff der Ges** (§ 705 BGB) als Voraussetzung einer MUerschaft und der erforderl **Beteiligung am Gewinn** → Rn. 280, 284. – Soweit allerdings jemand den Kriterien des MUerbegriffs (→ Rn. 261 ff) genügt, ist zu vermuten, dass er zivilrechtl Ges'ter ist (BFH VIII R 68/98, BStBl II 01, 359 zu II.5.a mwN).

259 **a) Gesellschafterstellung nicht ausreichend.** Der zivilrechtl Ges'ter einer gewerbl tätigen (oder geprägten) PersonenhandelsGes (OHG, KG, GmbH & Co KG, Publikums-KG) ist nur dann MUer, wenn seine gesellschaftsrechtl Stellung den allg Kriterien des MUerbegriffs (→ Rn. 261 ff) genügt (zB BFH GrS 3/92, BStBl II 93, 616; BFH IV R 34/16, BFH/NV 19, 1078). Mit der Zwecksetzung des § 15 I 1 Nr 2 wäre es nicht vereinbar, zB einen K'tisten als MUer zu behandeln, obwohl er nach dem GesVertrag im Innenverhältnis einem typischen stillen Ges'ter oder Darlehensgeber gleichgestellt ist, der gem § 20 I Einkünfte aus KapVerm hat; ein solcher K'tist bezieht keine Einkünfte aus GewBetr, sondern Einkünfte aus KapVerm (zB BFH VIII R 66–70/97, BStBl II 00, 183 zu II.1). – **Praktische Folgerungen** ergeben sich hieraus zB für die Fragen, ob MUer sind – *(1) ArbN-K'tisten* (→ Rn. 272, 562, 580), – *(2)* schenkweise in eine Familien-KG aufgenommene *Kinder* (→ Rn. 740 ff), – *(3)* Ges'ter einer *Publikums-KG* (vern bei Beteiligung ohne Gewinnchance BFH GrS 4/82, BStBl II 84, 751 zu C. V.3.), – *(4)* K'tisten mit sog *Nullbeteiligung* (vern *Kempermann* FR 00, 257), – *(5) kurzfristig* beteiligte Ges'ter (je nach

Einzelfall zB vern FG Hmb EFG 16, 499, rkr; bej BFH VIII R 12/16, DStR 19, 2404; BFH IV R 42/13, DStR 17, 2653; BFH IV R 11/15, DStR 17, 1376: Rechtsnachfolge gem UmwStG ausreichend; BFH IV R 30/19, BStBl II 23, 1050: Vermögensverwaltung für eine juristische Sekunde; mE unzutr; auch → Rn 182, 213), – *(6)* krit mE auch die sog *Kettenumwandlung* (MUer für eine „logische Sekunde"); dazu zB *Bohn* DStR 18, 1265; *Wendt* FR 18, 318 f; **aA** aber BFH IV R 30/19, BStBl II 23, 1050: Erlöschen der MUerschaft innerhalb einer juristischen Sekunde (auch → Rn 182, 213, 225).

b) Typusbegriff. Das Gesetz verwendet mit dem Ausdruck MUer als Tatbestandsmerkmal des § 15 I 1 Nr 2 einen Typusbegriff (zB BFH III R 105/88, BStBl II 91, 616), für den kennzeichnend ist, dass er nur durch eine unbestimmte Zahl austauschbarer Merkmale beschrieben werden kann und stets das Gesamtbild entscheidend ist (BFH GrS 4/82, BStBl II 84, 751 zu C. V.3.c; krit *Petersen* aaO S 110 ff; *Mössner* FS Kruse, 2001 S 161; *Görgen* DStZ 20, 607: Kategorisierung). 261

c) Mitunternehmermerkmale. MUer ist (nur), wer aufgrund eines zivilrechtl GesVerhältnisses (krit *G. Söffing/Jordan* BB 04, 353 für Nießbraucher) oder wirtschaftl damit vergleichbaren Gemeinschaftsverhältnisses zusammen mit anderen Personen MUerinitiative entfalten kann und MUerrisiko trägt (zB BFH GrS 3/92, BStBl II 93, 616 zu C. III.6.a). Nach BFH IV R 30/19, BStBl II 23, 1050 (MUer für eine juristische Sekunde) keine konkrete (einzelfallbezogen) Prüfung erforderl, sondern „abstrakte Möglichkeit" der Rechteausübung ausreichend (mE unzutr; → Rn 259, 265). – Beide Merkmale müssen vorliegen; sie können aber im Einzelfall mehr oder weniger ausgeprägt sein (zB BFH VIII R 66–70/97, BStBl II 00, 183 zu II.1.a mwN) und sind daher bedingt kompensierbar: MUer kann sein, wer geringes Risiko trägt, aber ausgeprägte Unternehmerinitiative entfaltet (zB BFH VIII R 32/90, BStBl II 98, 480 zu 2.c mwN; BFH IV R 18/98, BStBl II 99, 286 zu I.1), und umgekehrt (→ Rn. 344). Beide Merkmale müssen auf dem GesVertrag beruhen (BFH VIII R 50/92, BStBl II 94, 282 zu II.2.a; str, → Rn. 257, 344). 262

aa) Mitunternehmerinitiative. Sie bedeutet Teilhabe an unternehmerischen Entscheidungen (zB BFH IV R 34/16, BFH/NV 19, 1078); ausreichend kann indes sein: – *(1)* die Ausübung von Rechten, die den Stimm-, Kontroll- und Widerspruchsrechten eines K'tisten (§§ 164, 166 HGB; ab 2024 idF **MoPeG,** BGBl I 21, 3436) wenigstens angenähert sind oder den Kontrollrechten nach § 716 I BGB (ab 2024: § 717 BGB idF MoPeG) entsprechen (zB BFH VIII R 18/95, BStBl II 99, 384 zu II.1.a; → Rn. 272; teilweise **aA** *Bodden* FR 02, 559 (563)), – *(2)* die gemeinsame Ausübung dieser Rechte durch Treuhänder (BFH I R 31/10, BFH/NV 12, 786) oder – *(3)* Recht und Pflicht eines phGes'ters zur Vertretung (BFH/NV 99, 1196; → Rn. 264, 321, 354, 709; **aA** *Karl* BB 10, 1311). 263

bb) Mitunternehmerrisiko. Erfordert gesellschaftsrechtl (oder dieser wirtschaftl vergleichbare) Teilhabe am Erfolg oder Misserfolg eines GewBetr (zB BFH VIII R 32/90, BStBl II 98, 480 zu 2.c mwN), idR durch *Beteiligung am Gewinn und Verlust sowie an den stillen Reserven* einschließl eines Geschäftswerts (zB BFH VIII R 66–70/97, BStBl II 00, 183 zu II.1.a), wenigstens bei Auflösung der Ges (BFH VIII R 166/84, BStBl II 89, 758 zu 2.e); eine bloße Umsatzbeteiligung genügt hierfür idR nicht (BFH VIII R 68/98, BStBl II 01, 359 zu II.5.b). Hinsichtl Verlustbeteiligung reicht das Risiko aus einer unbeschr Außenhaftung aus, selbst wenn im Innenverhältnis ein Freistellungsanspruch besteht (BFH IV R 26/07, BStBl II 10, 751; *Wacker* NWB F 3, 14199; → Rn. 321, 709); umgekehrt ist persönl Haftung nicht erforderl (BFH VIII R 349/83, BStBl II 92, 330 zu 2.). Zur Verlustteilhabe stiller Ges'ter → Rn. 343 (allg), → Rn. 350, 449 (Darlehensumwandlung); zum Stehenlassen von Gewinnen → Rn. 356. Zum „Scheinsozius" → § 18 Rn. 42. 264

265 **cc) Gewinnabsicht.** Erforderl und ausreichend ist eine (individuelle; s *Wacker* FS Goette, 561 (569)) Gewinnabsicht hinsichtl des Gesamtgewinns (zB BFH IV R 42/13, DStR 17, 2653). Ein K'tist oder ein InnenGes'ter, der zB aufgrund des GesVertrags nur eine feste Vergütung erhält oder wegen rechtl oder tatsächl **Befristung** seiner Beteiligung keine konkrete Aussicht auf einen seine Einlage übersteigenden Anteil an einer Mehrung des BV der Ges hat, ist mangels MUerrisiko (fehlende Gewinnchance) kein MUer (FG Mchn EFG 09, 184; offen BFH IV B 63/13, BFH/NV 14, 512 bei Schenkung des GesAnteils; → Rn. 27; unklar BFH IV R 30/19, BStBl II 23, 1050; dazu auch → Rn 259, 182, 213). Ebenso keine MUerstellung bei nur mittelbarer Teilhabe am Gewinn über eine GmbH (vgl BFH VIII R 66–70/97, BStBl II 00, 183 zu II.2.) oder wenn ein Ges'ter sich durch eigene Maßnahmen bewusst um alle Gesamtgewinnchancen bringt (→ Rn. 183; *Groh* DB 84, 2424).

266 **d) HGB-Regelstatut.** Ein zivilrechtl Ges'ter einer PersGes ist MUer nur, *wenn* seine rechtl und wirtschaftl Position nach dem GesVertrag, den gesetzl Bestimmungen und den tatsächl Gegebenheiten im Einzelfall nicht wesentl hinter dem zurückbleibt, was nach den dispositiven Vorschriften des HGB (Regelstatut) das Bild eines persönl haftenden Ges'ters einer OHG oder KG oder eines K'tisten einer KG bestimmt (BFH GrS 4/82, BStBl II 84, 751 zu C. V.3.c cc; BFH VIII R 16/97, BStBl II 01, 186 zu 2. a; zust zB *Pinkernell* aaO S 215 ff; ähnl *Bodden* FR 02, 559 (562)); arg: Parallelwertung von Einzelunternehmer und MUer. Diese Formel gilt grds in gleicher Weise für PersGes unter Fremden wie für Familien-PersGes (BFH VIII R 166/84, BStBl II 89, 758 zu 1.c; BFH IV B 143/05, BFH/NV 07, 1848). Ihre **Bedeutung** ist aber **gering,** soweit sie nicht bereits durch die Kriterien des MUerBegriffs (→ Rn. 261 ff) abgedeckt ist, weil zB schenkweise als K'tisten aufgenommene Kinder, sofern sie den Mehrheits-Ges'ter vertragl kraft ihres Stimmrechts mindestens an einer Änderung des GesVertrags hindern können (BFH VIII R 16/97, BStBl II 01, 186; BFH II R 44/08, BFH/NV 10, 690) *und* bei Hinauskündigung oder Auflösung der PersGes an den stillen Reserven und am Geschäftswert teilhaben, selbst bei sonstiger Entrechtung MUer sind (→ Rn. 750 ff).

267 **e) Abweichungen vom HGB-Regelstatut.** – ***(1)* Haftung.** Wer nach außen unbeschr für Verbindlichkeiten der Ges haftet (und am Gewinn beteiligt ist), ist grds MUer, selbst wenn er im Innenverhältnis einen (unbegrenzten) Freistellungsanspruch gegen andere Ges'ter hat (dazu → Rn. 264, 321, 709).

269 ***(2)* Gewinnbeteiligung.** Grds ist jemand, der nicht am Gewinn teil hat, sondern eine feste Vergütung erhält, *und* am Verlust nicht oder nur bis zu seiner Einlage beteiligt ist, kein MUer (BFH IV R 34/16, BFH/NV 19, 1078). Anders ist dies evtl bei Anteil an stillen Reserven und Geschäftswert bei Ausscheiden oder Liquidation (BFH VIII R 18/93, BStBl II 95, 714 für befristete Belastung eines KG-Anteils mit Gewinnvermächtnis; offen in IV R 1/92, BStBl II 94, 700 zu 3.c; vern *Anm* HFR 94, 138); nicht jedoch, wenn ein Anteilsveräußerungsgewinn in Wahrheit eigenbetriebl Leistungen des Ges'ters zuzuordnen ist (BFH IV R 89/05, BFH/NV 08, 1984).

270 ***(3)* Stille Reserven.** Wer am Gewinn und Verlust und bei seinem Ausscheiden und/oder bei einer Liquidation auch an den stillen Reserven und am Geschäftswert *teilhat,* ist grds MUer, auch dann, wenn er keinen Einfluss auf die Geschäftsführung und nur geringe sonstige Mitwirkungs-/Kontrollrechte hat (vgl BFH VIII R 364/83, BStBl II 86, 311 zu III.3.a für atypische stille Ges; BFH IV R 103/83, BStBl II 87, 54 zu I.2.b für atypische Unterbeteiligung). Zu Nießbrauch s aber Rn. → 306.

271 ***(4)* Verlustbeteiligung.** Wer nicht am Verlust teilnimmt und abgesehen vom Anteil am lfd Gewinn keinen Anteil an den stillen Reserven und am Geschäftswert hat, ist idR nicht MUer (vgl BFH VIII R 349/83, BStBl II 92, 330 zu 3.), es sei denn, er kann typische Unternehmerentscheidungen treffen und ist vom Erfolg oder Miss-

erfolg dieser Entscheidungen selbst wirtschaftl betroffen, zB im Hinblick auf eine hohe Gewinnbeteiligung (zB BFH VIII R 6/93, BFH/NV 04, 1080; → Rn. 344).

(5) **Stimmrecht.** MUerinitiative ist zwar bei beteiligungsproportionalem Stimmgewicht zu bejahen (uU differenzierend BFH XI R 24/17, BFH/NV 19, 597 zu LuF). Kein MUer ist aber, wer vertragl vom Stimmrecht ausgeschlossen ist (BFH II R 34/13, BStBl II 15, 821; → Rn. 309, 752). Gleiches soll gelten, wenn der formal Stimmberechtigte den Mehrheitsges'ter selbst bei Änderung des GesVertrags nicht an einer Beschlussfassung hindern kann (vgl BFH VIII R 328/83, BStBl II 89, 762; *Escher* FR 08, 985 (989); mE fragl). 272

(6) **Sonderklauseln.** Zur Ausschlussklausel → Rn. 270, 752; BFH IV R 79/94, BStBl II 96, 269 zu I.2.b mwN. Zu Scheidungsklausel → Rn. 300 mwN. Zu bedingter Rückfallklausel → Rn. 300, 771 mwN. 273

f) Sachenrechtliche (Mit-)Berechtigung am Betriebsvermögen. Grds unerhebl für die Qualifikation als MUer ist die sachenrechtl (Mit-)Berechtigung am BV. Der dingl Mitberechtigte zB ein K'tist kann estrechtl stiller Ges'ter iSv § 20 I Nr 4 sein (→ Rn. 259 mwN); umgekehrt braucht ein MUer nicht dingl mitberechtigt zu sein (zB atypischer stiller Ges'ter). 274

g) Fehlende Mitunternehmerstellung. Sind einzelne Ges'ter nicht MUer, ist das Ges-(Gesamthands-)Vermögen gleichwohl **insgesamt BV,** und nicht etwa entspr dem Beteiligungsverhältnis der MUer und der anderen Ges'ter in BV und PV aufzuteilen (vgl BFH VIII R 66–70/97, BStBl II 00, 183). Gewinnanteile der nicht mitunternehmerischen Ges'ter sind je nach betriebl oder privater Veranlassung BA oder nichtabzugsfähige Gewinnverwendung der anderen Ges'ter (*Dautzenberg* BB 94, 903). 275

4. Wirtschaftlich vergleichbare Gemeinschaftsverhältnisse. Sie haben zur Folge, dass jemand ohne zivilrechtl Ges'ter (AußenGes/InnenGes) zu sein die Stellung eines MUer erlangt; zB Erben- und Gütergemeinschaft und bestimmte Bruchteilsgemeinschaften iSv §§ 741 ff BGB (dazu → Rn. 171, 861). Partiarische Rechtsverhältnisse fallen nicht darunter, es sei denn, diese sind zivilrechtl „gesellschaftsähnl Rechtsverhältnisse" (vgl BFH VIII R 68/98, BStBl II 01, 359 zu II.5.c). 276

5. Verdeckte (faktische) Mitunternehmerschaft; fehlerhafte Gesellschaft

Schrifttum (Auswahl): *Priester,* Die faktische MUerschaft – Ein gesellschaftsrechtl Problem, FS L. Schmidt, 1993 S 331; *Haas/Drüen,* Die Bruchteilsgemeinschaft als MUerschaft, FS Priester, 2007, 133.

a) Gesellschaftsvertrag. Ist eine Person, die in Rechtsbeziehungen zu einer gewerbl PersGes (AußenGes) steht, zivilrechtl nicht Ges'ter dieser *AußenGes* (zB KG), kann sie gleichwohl MUer des GewBetr sein, wenn die Rechtsbeziehungen zivilrechtl als **InnenGesVerhältnis** zur PersGes oder deren Ges'tern zu werten sind (*Zimmermann* GmbHR 06, 231: Managerbeteiligung; zum „Mining-Pool" → Rn. 150 „Kryptowährung"; zur **fehlerhaften** Ges s BFH/NV 98, 1339) und den übrigen Kriterien des MUerbegriffs genügen (zB BFH VIII R 32/90, BStBl II 98, 480. Gleiches gilt für entspr Rechtsbeziehungen mit KapGes/GmbH (zB BFH IV R 1/92, BStBl II 94, 700; *Priester* FS L. Schmidt, 331 (349)). Ein Rechtsverhältnis, das zB als Dienst-, Darlehens- oder Pachtvertrag *bezeichnet* ist, kann ein GesVerhältnis iSv §§ 705 ff BGB sein, weil auch zivilrechtl nicht die „vertragl Eigenqualifikation der Parteien", sondern das „wirkl Gewollte" maßgebl ist (zB BFH IV R 65/94, BStBl II 96, 66), und damit eine **verdeckte MUerschaft** in Form einer InnenGes begründen; diese InnenGes unterliegt keinem Fremdvergleich (BFH VI R 45/16, DStR 18, 2012; offen BFH IV R 36/22, BFH/NV 25, 1562 betr Nießbrauch an KG-Anteil; dazu Rn. 306). – Zur evtl Wertung eines „typengemischten Vertrags" (Automatenaufstellungsvertrag) als GesVertrag bzw gesellschaftsähnl Rechtsverhältnis und als MUerschaft s BFH VIII R 68/98, BStBl II 01, 359. – Zum gemeinsamen GesZweck, 280 und zu konkludent abgeschlossenen GesVerträgen, zB *K. Schmidt,* GesRecht, 4. Aufl 2002, § 4 I und § 59 I 2, 3; *Priester* aaO S 339; BFH VIII R 32/90, BStBl II 98, 480 zu 2.a. Zur Ehegatten-InnenGes s BGH XII ZR 161/01, BB 03, 2033. Im **Schrifttum** ist die Ansicht im Vordringen, ein GesVerhältnis sei keineswegs unerlässl Voraussetzung für die subj Zurechnung gewerbl Einkünfte als (Mit-)Unternehmer, gleichwohl sei aber die BFH-Rspr iErg idR zutr (*Haas/Drüen* FS Priester, 133; *KS/Krumm* § 15 Rn. 175).

284 **b) BFH-Rechtsprechung.** Sie geht davon aus, dass begriffl Erfordernis einer (gewerbl) *InnenGes,* gleichgültig ob stille Ges (vgl § 231 HGB) oder GbR, – anders als bei AußenGes – eine „(allseitige) **Beteiligung am Gewinn**" *aufgrund eines GesVerhältnisses* ist und diese fehlt, wenn in Austauschverträgen (zB Pacht-, Dienstvertrag) nur eine Umsatzbeteiligung oder eine gewinnabhängige Vergütung in *übl leistungsgerechter* Höhe vereinbart ist (zB BFH VIII R 2/03, BFH/NV 03, 1564). Danach nimmt die Rspr idR Rechtsbeziehungen auch bei „Bündelung von Risiken aus … Austauschverträgen" und deren zw Fremden nicht übl Gestaltung wie zB unverzinsl Darlehen, Bürgschaften (BFH VIII R 50/92, BStBl II 94, 282) hin, es sei denn, dass sich die Gegenleistung iRe Austauschvertrags „nicht durch die erhaltenen Sachleistungen erklären lässt" (BFH IV R 65/94, BStBl II 96, 66). Als **Indizien** dafür, dass der wirkl Wille der Vertragsparteien nicht auf schuldrechtl Leistungsaustausch, sondern auf Erreichung eines **gemeinsamen Zwecks** (Ges) gerichtet (und daher verdeckte MUerschaft zu bejahen) ist, wertet der BFH: unübl und unangemessene Entgelte, Unwirksamkeit oder Nichtdurchführung der Austauschverträge, tatsächl Verhalten wie Ges'ter zB Entnahmen, Geschichte und Eigenart des Unternehmens (vgl BFH VIII R 32/90, BStBl II 98, 480; BFH IV R 94/96, BFH/NV 99, 295; im Erg glA *P. Fischer* FR 98, 813). Nicht ausreichend ist die mittelbare Teilhabe des Lebenspartners am Betriebserfolg (FG Mchn EFG 14, 1296, rkr).

285 **aa) BFH gegen verdeckte Mitunternehmerschaft.** – ***(1)*** BFH VIII R 303/81, BStBl II 85, 363 für Ehemann, der GewBetr an eine GmbH & Co KG verpachtete, an der nur seine Ehefrau beteiligt war, deren Geschäfte er aber als Geschäftsführer der Komplementär-GmbH führte (ähnl BFH VIII R 259/84, BStBl II 87, 766 zu II.), – ***(2)*** BFH VIII R 335/82, BStBl II 86, 599 für zwei Ehemänner, die ihren GewBetr auf eine GmbH & Co KG übertrugen, an der nur die Ehefrauen als K'tisten beteiligt waren, deren Geschäfte sie aber als Ges'ter-Geschäftsführer der Komplementär-GmbH führten, – ***(3)*** BFH III R 94/87, BStBl II 90, 500 für das sog Wiesbadener Modell (Ehemann verpachtet seinen GewBetr an GmbH, deren AlleinGes'terin die Ehefrau, deren Geschäftsführer aber der Ehemann ist), – ***(4)*** BFH IV R 17/84, BStBl II 88, 62 für Ehemann, der seinen Betrieb ohne Grundstück auf GmbH der Ehefrau überträgt, Grundstück umsatzabhängig an GmbH verpachtet und deren Geschäfte gegen Festgehalt und Provision führt, – ***(5)*** BFH VIII R 193/83, BStBl II 89, 414 für schenkweise Betriebsübertragung auf Kinder unter Vorbehalt lebenslängl Verwaltungs- und Verfügungsbefugnis, – ***(6)*** BFH VIII R 362/83, BStBl II 89, 705 für Ehemänner, die Geschäftsführer mit Festgehalt einer Ehefrauen-GmbH & Co KG waren, dieser Grundstücke gegen Festmiete überließen, ungesicherte Darlehen gewährten und für Schulden der KG bürgten, – ***(7)*** BFH XI R 61, 62/89, BFH/NV 93, 14 für Geschäftsführer der Komplementär-GmbH einer Familien-GmbH & Co KG mit teilweise gewinnabhängigen Bezügen, der dieser Grundstücke vermietet, Darlehen gewährt und für GesSchulden bürgt, – ***(8)*** BFH VIII R 81/85, BStBl II 94, 645 für umsatzabhängige Betriebsverpachtung der Ehemänner an GmbH & Co, bei der die Ehemänner Ges'ter der GmbH und die Ehefrauen K'tisten sind (aber wirtschaftl Eigentum!, → Rn. 300), – ***(9)*** BFH VIII R 50/92, BStBl II 94, 282 für Verkauf des Unternehmens des Ehemanns an von der Ehefrau beherrschter, aber vom Ehemann geführter GmbH & Co KG trotz unübl Austauschverträge (vgl auch BFH IV B 62/97, BFH/NV 99, 167, BFH IV R 94/96, BFH/NV 99, 295; BFH VIII R 2/03, BFH/NV 03, 1564), – ***(10)*** BFH II R 26/07, BStBl II 09, 602 (betr § 13a ErbStG) für Darlehensgeber nach Übertragung der KG-Anteile auf Tochter, wenn Darlehen und Geschäftsführervergütung (von Komplementär-GmbH) fremdüblich.

286 **bb) BFH für verdeckte Mitunternehmerschaft.** – ***(1)*** BFH IV B 51/85, BStBl II 86, 10 (Neugründung eines Dienstleistungsbetriebs durch die Ehefrau mit „Anstellung" des Ehemanns gegen hohe Provision), – ***(2)*** BFH IV R 53/82, BStBl II 86, 798 (Betriebsverpachtung an Fami-

lien-GmbH & Co KG zu unübl Konditionen), – *(3)* BFH IV R 272/84, BStBl II 86, 802 (Betriebsübertragung auf Familien-KG mit tatsächl Fortbestand der Alleinherrschaft des bisherigen Betriebsinhabers, insb Entnahme der Gewinne), – *(4)* BFH IV R 65/94, BStBl II 96, 66 (Betriebsübertragung durch Ehemann auf GmbH & Co KG, bei der Ehefrau einzige K'tistin und Ehemann weisungsfreier Ges'ter-Geschäftsführer der GmbH ist und unangemessen hohe gewinnabhängige Bezüge hat), – *(5)* BFH VIII R 32/90, BStBl II 98, 480 (GmbH & Co KG; Ehefrau einzige K'tistin, Ehemann Ges'ter-Geschäftsführer der Komplementär-GmbH mit überhöhten gewinnabhängigen Bezügen und tatsächl Verhalten wie Ges'ter der KG = Entnahmen und Einlagen), – *(6)* BFH VI R 45/16, BStBl II 19, 60 (gemeinsame Bewirtschaftung von luf Ehegattengrundstücken).

cc) Finanzverwaltung. Sie **bejaht MUerschaft** zB bei Medienfonds für Personen, die zwar nicht an der FondsGes (GbR, KG) beteiligt sind, aber Anteil an den Einspielergebnissen und unternehmerischen Einfluss haben (*BMF* BStBl I 01, 175 Rn. 27). 287

c) Stellungnahme. Im Schrifttum hat *Priester* (FS L. Schmidt, 331 (348)) überzeugend nachgewiesen, dass *zivilrechtl* ein verdecktes InnenGesVerhältnis gegeben ist, wenn die Beteiligten das Unternehmen entgegen der Bezeichnung ihrer Abreden tatsächl auf gemeinsame Rechnung und Gefahr betreiben, und dass dies (jedenfalls dann) indiziert wird, wenn *(1)* Inhalt und/oder tatsächl Durchführung der sog Austauschverträge nicht dem entsprechen, was zw Fremden übl ist (zB hohe Kredite ohne Sicherheiten) und *(2)* eine offene oder verdeckte Beteiligung am Gewinn hinzukommt. – Dem ist mE beizupflichten – mit dem ergänzenden Hinweis, dass – *(1)* eine Gewinnbeteiligung, die sich in einem Austauschvertrag findet, zumindest bei zusätzl verdeckter Gewinnverwendung zugunsten eines Angehörigen ausreicht (vgl *Anm* FR 94, 193), – *(2)* die in → Rn. 285 zu *(7)* und *(9)* erwähnten Urteile dieser Beurteilung nicht gerecht werden. 288

d) Steuerliche Vorteile. S hierzu BFH IV R 53/82, BStBl II 86, 798 zu 1.d: Minderung des Gewinns (Gewerbeertrags) um Entgelte für Geschäftsführung (einschließl Pensionszusage), Pacht, Darlehen usw; betriebl genutzte Grundstücke PV. – Andererseits aber keine Anwendung des § 35 EStG und §§ 13a, 19a ErbStG. 289

e) Kapitalgesellschaft. Im Verhältnis zw einer KapGes und ihren Ges'tern können aber die StPfl eine MUerschaft zu ihren Gunsten (Verlustanteile!) nur geltend machen, wenn nachweisbar im Voraus ein GesVerhältnis vereinbart war (→ Rn. 354). Umgekehrt kann das FA zum Nachteil der StPfl allein daraus, dass ein Ges'ter der KapGes über seine Einlage hinaus zusätzl Leistungen zugunsten der KapGes erbringt, nicht ableiten, dieser sei im Verhältnis zur KapGes MUer, denn diese Beiträge erbringt er idR als Ges'ter der KapGes (NdsFG FR 88, 367). 290

f) LuF. Zu luf MUerschaften von **Ehegatten** → Rn. 375 ff; → § 13 Rn. 161 ff. 291

6. Treuhand; wirtschaftliches Eigentum; Testamentsvollstreckung

Schrifttum: *Fuhrmann,* Treuhandgestaltungen, KÖSDI 06, 15293.

a) Treuhand. Bei offenen oder verdeckten Treuhandverhältnissen, deren Gegenstand die **Mitgliedschaft in einer PersGes** ist, zB OHG- oder KG-Anteil, ist *zivilrechtl* allein der Treuhänder Ges'ter der PersGes (zB BFH VIII R 18/93, BStBl II 95, 714; zum Transparenzregister s *Tebben* ZGR 20, 430). 295

aa) Mitunternehmer. – (1) Grundsätze. EStrechtl Zurechnungssubjekt (MUer) für die Einkünfte aus der MUerschaft ist jedoch der **Treugeber** – und zwar bei fremdnütziger (zum Begriff zB IDW-FN 23, 559) Treuhand über *KG-Anteil* an gewerbl KG *nur* der Treugeber (BFH IV R 40/03, BFH/NV 05, 1994; BFH X R 3/19, DStR 22, 2552); Ausnahme → Rn. 297, 298; zur GrESt s BFH II R 16/20, DStR 22, 1379 (zivilrechtl Betrachtung; § 39 II AO nicht anwendbar); denn der Treuhänder übt als Ges'ter die Ges'terrechte zwar im eigenen Namen, aber im Innenverhältnis gem §§ 675, 665 BGB nach Weisung des Treugebers und ausschließl auf dessen Rechnung aus (zB BFH VIII R 18/93, BStBl II 95, 714 zu 1.b.bb: auch bei Belastung des KG-Anteils mit Gewinnvermächtnis; BFH IV R 3/01, BStBl II 03, 112 zu 4.a). Erforderl ist dazu aber, dass – *(a)* der Treuhänder als Ges'ter 296 eine Rechtsstellung innehat, die ihn als MUer erscheinen ließe, wenn er auf eigene Rechnung handeln würde; fehlt es hieran, ist auch der Treugeber nicht MUer (BFH IV R 47/76, BStBl II 77, 737 zu B. I.2.b), – ***(b)*** das Treuhandverhältnis **steuerl anzuerkennen ist** (Abschlussnachweis gem § 159 AO; BFH I B 213/02, BFH/NV 03, 1536: tatsächl Vertragsdurchführung; BFH I R 69/97, BStBl II 99, 514: Treugeber muss Treuhandverhältnis beherrschen; BFH XI R 45/88, BStBl II 93, 538: Anspruch auf *jederzeitige* Herausgabe des Treuguts nicht erforderl; ebenso BFH I R 19/18, DB 22, 2639 zu § 8b KStG bei doppelnütziger Treuhand; strenger BFH VIII R 56/93, BStBl II 98, 152 zu § 17) und – ***(c)*** dem Treugeber aufgrund des Treuhandverhältnisses sowie sonstiger Abreden (zB Vollmacht) die MUerstellung vermittelt wird (BFH IV R 63/07, BFH/NV 11, 214). – Zahlt die gewerbl PersGes an den Treugeber zB **Tätigkeitsvergütungen,** greift insoweit § 15 I Nr 2 S 1 Hs 2 ein; der PersGes zur Nutzung überlassene WG des Treugebers sind dessen **SBV.** Das Treuhandverhältnis wird idR durch Übertragung des GesAnteils vom Ges'ter auf einen Dritten **(Übertragungstreuhand),** kann aber auch durch eine Vereinbarung des Ges'ters mit dem Dritten begründet werden, dass der Ges'ter seinen GesAnteil fortan nur für Rechnung des Dritten als Treugeber hält (sog **Vereinbarungstreuhand;** BFH IV R 130/90, BStBl II 93, 574 zu KG-Anteil; BFH VIII R 56/93, BStBl II 98, 152 zu § 17).

297 **(2) Abgrenzung.** Von einer **Unterbeteiligung** unterscheidet sich die (fremdnützige) Treuhand dadurch, dass der Treugeber im Innenverhältnis *sämtl* Rechte und Pflichten aus dem Hauptgesverhältnis innehat, der Unterbeteiligte hingegen nur an diesen Rechten teilhat; der Hauptbeteiligte ist Ges'ter für eigene *und* fremde Rechnung, der Treuhänder *nur* für fremde Rechnung (BFH VIII R 51/84, BStBl II 92, 512 zu III. mwN: keine Parallelwertung). Anders uU BFH VIII B 75/14, BFH/NV 16, 551: Nebeneinander der MUerStellung von Treuhänder/-geber bei Sozietät (dazu → Rn. 298).

298 **bb) Außenhaftung.** Bei unbeschr Außenhaftung des Treuhänders für GesVerbindlichkeiten (zB Treuhänder ist persönl haftender Ges'ter) ist dieser wegen des Haftungsrisikos und der nichtentziehbaren Vertretungsmacht idR neben dem Treugeber MUer (FG Köln EFG 19, 1840, rkr; einschr BFH III R 21/02, BStBl II 05, 168 bei geringem Kapitaleinsatz und Haftungsrisiko) und deshalb zB das Entgelt für die Treuhandschaft SonderBE. S auch einschließl **GewSt** („Treuhandmodell") → Rn. 170.

299 **cc) Verfahren.** Es ergehen **zwei** nach § 175 I 1 Nr 1 AO gestufte **Feststellungsbescheide.** – ***(1)*** Gewinnfeststellung für die Ges *(Grundlagenbescheid)* und – ***(2)*** für das Treuhandverhältnis (analog § 179 II 3 AO; *Folgebescheid*). Bei Einverständnis der Beteiligten können beide Feststellungen formularmäßig miteinander verbunden werden (BFH VIII B 32/20, BFH/NV 21, 333). Bezügl *(1)* ist grds nur der Treuhänder, bezügl der Folgefeststellung *(2)* auch der Treugeber klagebefugt (BFH IV R 35/10, BFH/NV 13, 1945; BFH VIII B 75/14, BFH/NV 16, 551 zu § 16). Zur Beteiligung der Ziel-KG s BFH VIII B 28/21, BFH/NV 21, 1363.

300 **b) Wirtschaftlicher Eigentümer.** Ist jemand zivilrechtl weder Ges'ter noch Treugeber, aber wirtschaftl Eigentümer eines GesAnteils (§ 39 II Nr 1 S 1 AO), ist er idR (KG-Anteil!) *anstelle* des zivilrechtl Ges'ters MUer (BFH IV R 15/15, BStBl II 18, 539). *Beispiele:* BFH IV R 42/13, DStR 17, 2653: Kauf iVm rückwirkender Genehmigung; zutr; BFH VIII R 196/84, BStBl II 89, 877: wirtschaftl Eigentum des Ehemanns am KG-Anteil der Ehefrau; BFH IV B 168/04, BFH/NV 06, 1828: frei widerrufl Schenkung; unentgeltl Rückübertragung nach 10 Jahren; entschädigungslose Hinauskündigungsklausel. *Kein* wirtschaftl Eigentum des Schenkers aber bei nur *bedingter* **Rückfallklausel** (BFH IV R 114/91, BStBl II 94, 635; BFH II R 34/18, BStBl II 20, 465; *Götz* FR 15, 972), aufgrund unwiderrufl Vollmacht zur Ausübung der Ges'terRechte ohne Veräußerungsbefugnis (BFH IV R 125/92, BStBl II 96, 5) oder wegen Pflicht zur unentgeltl Rückübertragung geschenkter WG bei Eheschei-

dung (sog *Scheidungsklausel;* BFH XI R 35/97, BStBl II 98, 542; SchlHFG EFG 05, 80; anders aber bei Hinzutreten weiterer Umstände BFH VIII R 81/85, BStBl II 94, 645; *Escher* FR 08, 985 (988)).

c) Testamentsvollstreckung. *Zivilrechtl* ist eine Testamentsvollstreckung über den Komplementäranteil unzulässig (BGH II ZR 120/75, BGHZ 68, 225), für KG-Anteil hingegen grds zulässig und jedenfalls bei Dauervollstreckung auf Antrag ins HReg einzutragen (BGH II ZB 15/11, DB 12, 682). – *Estrechtl* ist idR nur der Erbe oder Vermächtnisnehmer, nicht der Testamentsvollstrecker MUer, auch wenn dieser den GesAnteil als Treuhänder hält (BFH VIII R 18/93, BStBl II 95, 714: KG-Anteil; **aA** evtl BFH VIII R 252/80, BStBl II 87, 33 für Komplementäranteil bei Treuhandlösung). **301**

7. Nießbrauch und Mitunternehmerschaft

Schrifttum (Auswahl): *Götz/Hülsmann,* Der Nießbrauch im Zivil- und Steuerrecht, 2014 –. *Wachter,* Stimmrechtsvollmachten …, DStR 16, 2065; *ders.,* Neues …, DB 20, 634; *Hübner ua,* Buchwertfortführung …, DStR 17, 2353; *Hermes,* … MUerverdopplung, Ubg 18, 566; *Stein,* Der Nießbrauch …, DB 21, 28; *ders.,* Der Nießbrauch am Mitunternehmeranteil …, DStR 21, 1679; *Bossmann,* Die Existenz …, DStR 21, 2217; *Pauli,* Nießbrauch …, FS D. Maier 2020, 237; *Korn,* Nießbrauch …, KÖSDI 23, 23090; *Fischer,* Nießbrauch …, DStR 25, 1392.

a) Zivilrecht. Str ist, in welcher Form und mit welchem Inhalt ein **Nießbrauch** als dingl Recht (vgl § 1068 BGB) **am Anteil an einer PersGes** begründet werden kann (vgl BFH VIII R 35/92, BStBl II 95, 241; *Wälzholz* DStR 10, 1786). Nach *früher hL* ist dies *nur* durch Übertragung des GesAnteils auf den Nießbraucher mit schuldrechtl Treuhandbindung im Innenverhältnis mögl **(Treuhandlösung):** Der Nießbraucher wird Ges'ter auf Zeit und als solcher in das HR eingetragen; er allein übt im Verhältnis zur Ges alle Rechte aus dem GesVerhältnis aus; er haftet im Außenverhältnis für Schulden der Ges; der Nießbrauchsbesteller scheidet auf Zeit aus der Ges aus, er hat nur schuldrechtl Ansprüche gegen den Nießbraucher (*Wälzholz* aaO). Nach *hL* kann ein PersGes-Anteil aber auch (Wahlrecht!) mit einem **dingl Recht** *belastet* werden („echte Nießbrauchslösung"; zB OLG Bamberg GmbHR 23, 747; *K. Schmidt* GesRecht, 4. Aufl § 61 II 1), der Nießbraucher wird hierdurch jedoch nicht Ges'ter (*Wertenbruch* NZG 20, 641: keine Außenhaftung, keine HR-Eintragung; str). IÜ ist str, ob die dem Ges'ter grds zustehenden **Vermögens- und Mitwirkungsrechte** im Weg der Vergemeinschaftung, Abspaltung oder Bevollmächtigung dem Nießbraucher eingeräumt werden können (ausführl *Wedemann* ZGR 16, 798; → 35. Aufl 2016, § 15 Rn. 305 mwN; offen BR-Drs 59/21, 260 iRd **MoPeG**-Reform (BGBl I 21, 3436) ab 2024 zu §§ 711a, 740 II BGB nF; §§ 105 III, 161 II, 109 IV HGB nF). Der **Rechtsgrund** (causa) des Nießbrauchs kann unentgeltl (Vorbehalts-, Zuwendungs-, Vermächtnisnießbrauch; ErbStR 13b.30 VI), teil- oder vollentgeltl sein. Zur **HB** s *Hermes* DStR 18, 1878. **305**

b) Einkommensteuerrecht. – *(1)* **MUerstellung.** Ungeachtet der gewählten Form (dingl Recht, Treuhandlösung; → Rn. 305) ist der **Nießbraucher** (auch der Vorbehaltsnießbraucher) *nur* dann **MUer,** wenn er nach den getroffenen Abreden oder mangels solcher gesetzl (vgl BFH VIII R 35/92, BStBl II 95, 241) eine rechtl/tatsächl (§ 41 AO) Stellung erlangt, die nach *allg Grundsätzen* dem **Typusbegriff** des MUers entspricht (hL; *Schießl* HFR 16, 451). Da der Nießbraucher gesetzl (zu abweichenden Vereinbarungen ausführl BFH IV R 12/21, DStRE 25, 966) aufgrund seines (bloßen) Fruchtziehungsrechts gem §§ 1030, 1069 I BGB **nur** an den entnahmefähigen **Gewinnen** (→ Rn. 307) beteiligt ist (dh: keine Teilhabe an den stillen Reserven/keine Pflicht zum Verlustausgleich), soll nach BFH IV R 36/22, BFH/NV 25, 1562 bereits hierdurch das MUerRisiko und damit auch die MUerStellung *ausgeschlossen* sein. ME unzutr, vielmehr kann nach allg Grundsätzen (→ Rn. 270, 344) auch der Ertragsnießbraucher MUer sein, *wenn* ihm **entweder** *(a)* **Verwaltungsrechte,** zB Stimmrechte hinsichtl lfd Geschäfte der PersGes zu- **306**

stehen, die er allein oder mit dem Ges'ter ausübt (*Korn* KÖSDI 23, 23090 [25] (20601); *Hübner ua* DStR 17, 2353; *Hermes* Ubg 18, 566), und diese ihm eine signifikante, dh über die gesetzl Rechte (zu WiderspruchsR s § 164 HGB; ab 2024 iVm § 116 II 1 HGB idF **MoPeG**) hinaus eine gesteigerte **MUerInitiative** gewähren (*Wacker* FR 22, 625; vgl auch BFH IV R 52/08, BStBl II 11, 261) ***oder (b)*** der Nießbraucher als (weiterer) Ges'ter zB für Schulden der Ges **mithaftet.** Zu den Folgen auch → Rn. 308. Zu Ausweichgestaltungen s *Wachter* DStR 16, 2065; zur InnenGes s *Hermes* Ubg 18, 566; *Stein* DStR 21, 1679. **– *(2)* Konkurrenz zum Ges'ter.** Nach **BFH** IV R 43/13, BFH/NV 16, 742 Rn. 42; BFH IV R 36/22 BFH/NV 25, 1562 Rn. 54 (uU Rspr-Änderung/obiter dictum) ist nunmehr **offen,** ob Nießbraucher und Ges'ter **zugleich** MUer derselben MUerschaft sein können; auch → § 15 Rn. 300, 309); **mE** ist dies zu bej (glA *BMF* BStBl I 19, 1291 Rn. 7; *BMF* BStBl I 22, 1494 Rn. 21 ff; *Korn* KÖSDI 23, 23090 [23, 25]; *Wind* DStR 24, 1464; *Fischer* DStR 25, 1391; zu **verbindl Auskünften** s aber *IDW LIFE* 21, 235). Demgemäß wird **empfohlen,** die MUerStellung des Vorbehaltsnießbrauchers durch den Rückbehalt eines geringfügigen TeilMUerAnteils abzusichern.

307 **c) Gewinnanteile des Nießbrauchers.** Hierzu gehört gem iSv § 15 I 1 Nr 2 der ihm *zivilrechtl* iVz Besteller gebührende Gewinnanteil, dh nach hL nur der nach GesVertrag oder (insoweit auch estrechtl rückwirkenden) Gewinnverwendungsbeschluss der Ges **entnahmefähige Teil** des Anteils am festgestellten (evtl bereits durch Gewinnrücklagen geminderten) HB-Gewinnanteil (dazu zB *von Oertzen ua* Ubg 12, 285) – ausgenommen evtl der Gewinn aus der Realisierung stiller Reserven des AV (→ Rn. 306). Der **restl Teil des StB-Gewinnanteils** ist vorbehaltl abweichender Abreden (→ Rn. 310) dem **Besteller** als weiterem MUer zuzurechnen (str. → Rn. 306, 309); Gleiches gilt für steuerl Mehrgewinne aufgrund nicht abziehbarer BA (zB § 4 Vb; *von Oertzen ua* Ubg 12, 285; str). Ist dieser **nicht MUer** (→ Rn. 309, 313), muss notwendig auch der nicht entnahmefähige StB-Gewinnanteil dem Nießbraucher zugerechnet werden; der steuerl Ausgleich ist erst bei Beendigung des Nießbrauchs durch Ansatz entspr Aufwands/Ertrags durchzuführen (*Weber* DStZ 91, 530). – Gewerbl Einkünfte des Nießbrauchers als MUer sind auch seine **Sondervergütungen** iSv § 15 I 1 Nr 2 sowie Aufwand und Ertrag seines SBV. Ein Entgelt für die Bestellung ist SonderBA, für einen Verzicht SonderBE. Zu **§ 16** (einschließl Gestaltungen) s *Schwetlik* GmbHR 06, 1096. Zum SBV des Nießbrauchers soll nach BFH II R 67/09, BFH/NV 11, 2066; *GLE* BStBl I 12, 1101 (jeweils zu **ErbSt**) auch dessen **Nießbrauchsrecht** gehören (mE nicht zutr); zum Wertansatz s BFH VI R 26/17, BStBl II 19, 660; zu Folgen im Fall einer Option gem § 1a KStG (→ § 15 Rn. 160a) s *BMF* I 22, 1494 Rn. 21 f.

308 **d) Ertragsnießbrauch; keine Mitunternehmerstellung.** Wird der Nießbrauch zivilrechtl in der Weise auf den *Gewinnanteil* beschränkt, dass der Nießbraucher keine (zB reiner Ertragsnießbrauch) oder keine für die MUerstellung hinreichenden (Mit-)Verwaltungsrechte erlangt, ist der Nießbraucher nicht MUer; er bezieht daher keine Gewinnanteile iSv § 15 I 1 Nr 2 (BFH VIII R 18/93, BStBl II 95, 714 zu 1.c). MUer ist dann nur der Ges'ter; nur ihm ist der Gewinnanteil zuzurechnen, auch soweit er diesen dem Nießbraucher überlassen muss (BFH VIII R 18/93, BStBl II 95, 714; BFH IV R 36/22, BFH/NV 25, 1562: Gewinnverwendung). Dessen Bezüge sind bei unentgeltl Einräumung (Schenkung, Vermächtnis; zur causa → Rn. 305) entweder nicht estpfl oder wiederkehrende Bezüge (Versorgungsleistungen) iSv § 22 Nr 1 aF/Nr 1b nF oder bei betriebl Veranlassung BE (dazu zB *Paus* BB 90, 1675 (1681)). Behält sich der bisherige Ges'ter nur die Erträge vor (iVm Verlust der MUerstellung), gelten mE für den **Vorbehaltsnießbraucher** die Grundsätze zur **Betriebsverpachtung** (→ § 16 Rn. 166 ff, 176, 179) sinngemäß (*BH/Bode* § 15 Rn. 366; *Hübner ua* DStR 17, 2353 (2357)); vgl auch → Rn. 313. Korrespondierend sind die Zahlungen des Ges'ters/Bestellers bei diesem SonderBA, Sonderausgaben oder nicht abzugsfähig (vgl FG Köln EFG 03, 587).

e) Gesellschafter. – aa) Initiativrechte. Neben die MUerStellung des Nießbrauchers kann **mE** – sowohl bei zivilrechtl Treuhandlösung entspr den estrechtl Zurechnungskriterien bei Treuhand (→ Rn. 296, 313) als auch bei zivilrechtl Nießbrauchslösung als Ges'ter (ausführl BFH VIII R 35/92, BStBl II 95, 241 betr Nießbrauchslösung; BFH VIII R 18/93, BStBl II 95, 714; *Baßler* Ubg 11, 863) – die MUerStellung des Ges'ters/Bestellers treten. Zum aktuellen **Streitstand** aber → Rn. 306. Nach bisheriger Rspr war dies aber anders, wenn der (Vorbehalts-)Nießbraucher ***alle* Ges'terRechte** (→ Rn. 266, 751) wahrnehmen *soll* (BFH II R 34/13, BStBl II 15, 821 mwN: arg § 41 AO; zur Kritik → 39. Aufl 2020, Rn. 309); hiervon ist BFH II R 34/16, BStBl II 20, 465 (lebenslange Stimmrechtsvollmacht/Verfügungsverbot iVm Widerrufsrecht; auch → Rn. 300) mit Rücksicht auf den Inhalt und die zivilrechtl Grenzen der Bevollmächtigung zR abgerückt (*Wachter* DB 20, 634; auch → Rn. 865). S auch BFH IV R 12/21, DStRE 25, 966 bei Stimm-/Verwaltungsbeschränkungen der Ges'ter. 309

bb) Gewinnanteil. Dies ist – vorbehaltl anderer Abreden (dazu BFH IV R 12/21, DStRE 25, 966; → Rn. 306, 309) – iSv § 15 I 1 Nr 2 der ihm zivilrechtl (idR erst nach Beendigung des Nießbrauchs) gebührende (→ Rn. 306 f) Anteil an den bei Bilanzfeststellung gebildeten Gewinnrücklagen, am nichtentnahmefähigen Teil des Bilanzgewinnanteils (*Wälzholz* DStR 10, 1930 (1932)) einschließl Mehrgewinnanteile in der StB ggü der HB und evtl am entnahmefähigen Gewinnanteil aus der Realisierung stiller Reserven des AV (dazu BFH VIII R 35/92, BStBl II 95, 241 zu III 3c). Bei Auflösung der während des Nießbrauchs gebildeten Gewinnrücklagen (bzw Differenzen zw HB und StB) zugunsten des entnahmefähigen Bilanzgewinns ist beim Besteller Sonderbetriebsaufwand und beim Nießbraucher Sonderbetriebsertrag anzusetzen (*von Oertzen ua* Ubg 12, 285 (290)). 310

cc) Verlustanteile. Sie sind nach hL idR dem Besteller zuzurechnen (BFH VIII R 35/92, BStBl II 95, 241 zu III.3.c), es sei denn, dass nach einer Vereinbarung zw Besteller und Nießbraucher dieser den Verlust im Innenverhältnis zu tragen hat (s dazu aber BFH IV R 12/21, DStRE 25, 966). Der hier vertretenen weitergehenden Ansicht, dass dem Nießbraucher deshalb die seine Einlage übersteigenden Verlustanteile zuzurechnen sind, weil er künftige (entnahmefähige) Gewinnanteile verliert (→ 35. Aufl 2016, § 15 Rn. 311), ist BFH IV R 43/13, BFH/NV 16, 742; BFH IV R 12/21, DStRE 25, 966) nicht gefolgt (mE unzutr). S auch → Rn. 306). 311

dd) Sonderbetriebsvermögen. Gewerbl Einkünfte des Bestellers/Ges'ters als MUer sind auch **Sondervergütungen** iSv § 15 I 1 Nr 2 S 1 Hs 2, Ertrag und Aufwand von SBV und ein Entgelt für die **Nießbrauchsbegründung** (zB *Korn* DStR 99, 1461 (1476): BE, evtl passiver RAP). WG, die der Besteller (Ges'ter) der PersGes zur Nutzung überlassen hat, bleiben sein SBV, idR auch, wenn dem Nießbraucher am PersGes-Anteil gleichzeitig ein Nießbrauch an diesen WG bestellt wird (BFH VIII R 35/92, BStBl II 95, 241 zu III 3c bb). Zum NießbrauchsR als SonderBV → Rn. 307. 312

f) Vorweggenommene Erbfolge. Wird ein GesAnteil in Vorwegerbfolge unter Nießbrauchsvorbehalt übertragen und dabei nicht die echte Nießbrauchslösung (dazu aber → Rn. 306; zum Bruchteils-/Quotennießbrauch s BFH II B 107/08, BFH/NV 09, 32), sondern die Treuhandlösung (dh Übertragung des GesAnteils auf den Übernehmer iVm Rückübertragung auf den Übergeber als Treuhand-Ges'ter) gewählt, gilt mE: **Nießbraucher** *und* **Besteller** werden **MUer,** wenn das Treuhandverhältnis estrechtl „echt" ist (→ Rn. 296) und der Übernehmer damit neben Kontrollrechten auch schuldrechtl Anteil an der Vermögenssubstanz des GesAnteils hat. In beiden Fällen (Nießbrauchs-/Treuhandlösung) ist mE der Buchwert des übertragenen *Teil*-MUerAnteils fortzuführen (arg § 6 III 1, 2; BFH X R 59/14, BStBl II 19, 730 steht dem nicht entgegen; *BMF* BStBl I 19, 1291 Rn. 7, 18; *Götz* DStZ 18, 540). Wird unentgeltl ein Zuwendungs-/Vermächtnisnießbrauch bestellt *und* **verliert** der 313

Besteller im Hinblick auf den Inhalt vertragl Abreden seine bisherige **MUerstellung** für die Dauer des Nießbrauchs, sind die Grundsätze über die Betriebsverpachtung sinngemäß anzuwenden (BFH IV R 325/84, BStBl II 87, 772 zu 2; zu § 16 IIIb nF s *Wendt* FR 11, 1023 (1027); *BMF* BStBl I 16, 1326); zum Vorbehaltsnießbrauch auch → Rn. 308. Zur **Nießbrauchsablösung** → § 16 Rn. 61.

314 **g) Nießbrauch am sog Gewinnstammrecht.** Ein solches Nießbrauchsrecht vermittelt – unabhängig davon, ob zivilrechtl zulässig (vern *Wälzholz* DStR 10, 1786) – keine MUerstellung. Der Nießbraucher bezieht keine Gewinnanteile iSv § 15 I 1 Nr 2; das Rechtsverhältnis ist estrechtl als Vorausabtretung künftiger Gewinnansprüche zu werten (BFH IV R 83/75, BStBl II 76, 592; *Gschwendtner* NJW 95, 1875), unabhängig davon, ob der Nießbrauch unentgeltl zugewendet oder bei Anteilsübertragung vorbehalten ist. Beim Besteller (Ges'ter) liegt verdeckte Einkommensverwendung vor (BFH VIII R 18/93, BStBl II 95, 714 zu 1.d) oder bei entgeltl Bestellung Sonderbetriebsaufwand (krit *Paus* BB 90, 1675).

315 **h) Nießbrauchsverpachtung.** Sie soll dem Nießbrauch am PersGesAnteil gleichzustellen sein (*Jordan ua* INF 05, 547); vgl auch § 16 IIIb 1 nF; → Rn. 313.

316 **8. Einheitliche Mitunternehmerstellung – Aufspaltung.** Die **ertragsteuerrechtl MUerstellung** ist bezogen *eine* Person und *eine* MUerschaft auch dann **einheitlich,** wenn sie bspw in Durchbrechung des Grundsatzes der Einheit der zivilrechtl Mitgliedschaft auf mehreren GesAnteilen beruht (zB BGH DStR 24, 1256: K'tist erbt weiteren mit Dauertestamentsvollstreckung belasteten KG-Anteil) oder der K'tist verfügt über weitere schuldrechtl Rechte ggü der KG zB Forderung des SBV oder typisch stille Beteiligung am KG-Vermögen (BFH IV R 73/06, BStBl II 10, 40; → Rn. 259). Zur Gewinnermittlung bei Veräußerung von MUerTeilanteilen → § 16 Rn. 418). – Hiervon zu trennen ist die Frage, ob ein GesAnteil die Grundlage für die **Aufspaltung der einheitlichen MUerstellung** auf mehrere Personen sein kann (zB im Falle einer Nießbrauchsbelastung → Rn. 306).

V. Einzelne Arten der Mitunternehmerschaft

320 **1. Personenhandelsgesellschaften. OHG** (§§ 105 ff HGB) **und KG** (§§ 161 ff HGB), auch GmbH & Co KG und Publikums-KG sind **typische Formen** der MUerschaft, vorausgesetzt, – ***(1)*** dass die Betätigung der Ges'ter in ihrer Verbundenheit als PersGes allen Tatbestandsmerkmalen eines GewBetr (§ 15 II) genügt oder gem § 15 III Nr 2 als GewBetr gilt, *und* – ***(2)*** soweit die Ges'ter auch MUer sind (zB BFH GrS 3/92, BStBl II 93, 616 zu C. III.6.a). Eine OHG (KG), die ohne Gewinnabsicht iSv § 15 II tätig ist, ist zwar handelsrechtl echte OHG (KG), da zum handelsrechtl Begriff des GewBetr keine Gewinnabsicht gehört (zB *MüKo HGB* § 1 Rn. 23); sie fällt aber nicht unter § 15 I 1 Nr 2 (BFH GrS 4/82, BStBl II 84, 751 zu C. IV.3). – Eine ausl mit einer OHG (KG) vergleichbare PersGes ist andere Ges iSv § 15 I 1 Nr 2 (→ Rn. 169, 173). – Nicht unter § 15 I 1 Nr 2 fällt eine als OHG oder KG in das HReg eingetragene Ges, die zB *nur* LuF (§ 3 HGB) betreibt oder „*nur* eigenes Vermögen verwaltet" (§§ 105 II, 161 II 2 HGB).

321 **a) Unbeschränkte Haftung.** Die Ges'ter einer (gewerbl) OHG und die persönl haftenden Ges'ter einer (gewerbl) KG sind idR schon wegen ihrer unbeschr Haftung für Schulden der Ges **MUer** (BFH IV R 8/17, BStBl II 20, 401; → Rn. 298). Sind der oder die anderen Ges'ter im Innenverhältnis verpflichtet, einen persönl haftenden Ges'ter von der Außenhaftung freizustellen, ist dieser gleichwohl MUer, wenn er am Gewinn beteiligt ist; unerhebl ist dann, ob der Freistellungsanspruch begrenzt oder unbegrenzt ist und ob der persönl haftende Ges'ter weisungsunterworfen ist (BFH VIII R 74/03, BStBl II 06, 595; → Rn. 263 f; zur KSt s BFH XI R 14/09, DB 10, 2088). Ebenso ist dies mE, wenn der persönl haftende Ges'ter vertretungsbefugt ist. Krit zum „angestellten Komplementär" *HG* DStR 96, 1359; *Bodden* FR 02, 559

(565). Entspr gilt mE für **GbR**-Ges'ter (**aA** BFH VIII R 63/13, BStBl II 16, 383; unzutr, → § 18 Rn. 42; *Schreiber* FS Crezelius, 2018, 207). Zu Einkünften einer natürl Person, die persönl haftender Ges'ter bei mehreren KG mit Einkünften aus VuV ist („Berufskomplementär"), s BFH I R 301/83, BStBl II 87, 816; *Tulloch ua* DStR 99, 1093 (1096).

b) Kommanditist. Er ist (bei gewerbl KG) idR MUer, wenn das GesVerhältnis dem Regelstatut des HGB für die KG mindestens *nahekommt* (→ Rn. 266 ff, 745, 750 ff). Eine Außenhaftung nach § 172 IV HGB begründet idR keinen Fortbestand der MUerEigenschaft eines *ausgeschiedenen K'tisten*. 322

c) Vermögensverwaltende KG. Sie ist zwar handelsrechtl „echte" KG (→ Rn. 181), hat aber nur Einkünfte zB aus VuV und/oder KapVerm, sofern sie nicht gewerbl geprägt iSv § 15 III Nr 2 ist. Zur Bedeutung der Abgrenzung von Ergebnisanteil und Sondervergütung s *Tulloch/Wellisch* DStR 99, 1093. Zu geschlossenen (Immobilien-/Film-)**Fonds** usw → Rn. 707; zu *Private Equity Fonds-KG* → § 18 Rn. 280. 323

2. Gesellschaft bürgerlichen Rechts; EWIV; Partnerschaftsgesellschaft

Verwaltung: *BMF* BStBl I 98, 251 (Gewinnrealisierung bei Mitgliedern sog kleiner Arge); GewStR 2a, 5.2; *OFD Nds* DB 15, 2667 (PartGes).

a) Gesellschaft bürgerlichen Rechts (GbR). Eine GbR, die als **AußenGes** mit Gesamthandsvermögen ein **gewerbl Unternehmen** betreibt, fällt als **andere Ges** unter § 15 I 1 Nr 2 (zB FG BW DStRE 98, 88: Rauschgifthandel); gleiches gilt für eine **InnenGes** ohne Gesamthandsvermögen, also eine GbR, bei der ein Ges'ter nach außen im eigenen Namen als Einzelunternehmer, im Innenverhältnis aber für Rechnung mehrerer Personen (Ges'ter) handelt (vgl zB BFH I R 92/01, DB 03, 1147). Zu blockchainbasierten Organisationsformen („DAO") s *Möhlenbrock ua* FR 22, 53. Zur MUerstellung → Rn. 321; zu Ehegatten → Rn. 375. Zur Rechtslage ab 2024 (rechtsfähige/nichtrechtsfähige GbR) s §§ 705 II, 706 ff, 740 ff BGB idF **MoPeG** (BGBl I 21, 3436). 324

aa) Typische Formen. – *(1)* einer Außen-GbR sind der Zusammenschluss von Kleingewerbetreibenden (dh Gewerbetreibenden, deren Unternehmen nach Art oder Umfang einen in kaufmännischer Weise eingerichteten Geschäftsbetrieb *nicht* erfordert, vgl § 1 II HGB), sofern die Ges nicht (freiwillig) als OHG oder KG ins HR eingetragen ist (§§ 105 II, 161 II, 2 HGB; zur **MoPeG**-Reform ab 2024 (BGBl I 21, 3436) s § 107 HGB nF); die „VorgründungsGes" und uU die „VorGes" bei Errichtung einer GmbH (→ Rn. 169); – *(2)* einer Innen-GbR die (mitunternehmerische) stille Beteiligung an einem Gewerbe, das kein Handelsgewerbe iSv § 230 iVm §§ 1, 2 HGB ist (zB BFH VIII R 31/01, BStBl II 02, 464; zur MUerschaft aufgrund eines verdeckten InnenGesVerhältnisses → Rn. 280 ff). 325

bb) Vermögensverwaltung. Zahlreiche GbR sind keine MUerschaften, weil sie keinen GewBetr betreiben, zB *Bauherren-, Wohn-, Fahr-* oder *Tippgemeinschaften,* Zusammenschlüsse von Freiberuflern oder Landwirten zur gemeinsamen Berufsausübung (→ § 18 Rn. 39 ff), Ges zur gemeinsamen privaten Vermögensverwaltung (zB *Strahl* KÖSDI 01, 12802; zu Investment-Clubs s *OFD Kiel* DB 02, 244; *OFD Hann* BB 02, 2589). 326

cc) Hilfsgesellschaft. Da sie nur ihren Ges'tern für deren Betriebe durch die gemeinsame Übernahme von Aufwendungen wirtschaftl Vorteile vermitteln wollen, zB *Büro-, Labor-, Apparate- oder Werbegemeinschaften,* sind idR mangels Gewinnabsicht (iSe Mehrung *des BV der Ges*) keine MUerschaft (zB BFH IV R 133/85, BStBl II 86, 666; *BMF* BStBl I 09, 398; *OFD Nds* DB 11, 1723 zu ärztl Apparate- bzw Laborgemeinschaft); s auch FG Ddorf DStRE 21, 1508 rkr zu Verlagsgemeinschaft. Die 327

BA und BE sind aber gesondert festzustellen (VO zu § 180 II AO; *BMF* BStBl I 01, 256). Auch → Rn. 183 aE; → § 18 Rn. 40.

328 **dd) Gelegenheitsgesellschaft.** Sie bzw **Meta-Verbindungen** (Vereinigungen zu Einzelgeschäften) sind MUerschaft, wenn die gemeinsame Betätigung, die uU nach außen nur durch einen oder mehrere Ges'ter in eigenem Namen in Erscheinung tritt, GewBetr iSv § 15 II ist und die Ges'ter dem Typus der MUers genügen (*bej* BFH VIII R 81/96, BFH/NV 99, 355; FG BW EFG 04, 360, rkr für Verwirklichung und Vermarktung *eines* Bauvorhabens, einschr BFH VIII R 6/93, BFH/NV 04, 1080; BFH IV R 60/86, BFH/NV 90, 19 für InnenGes zur Herstellung eines Films; BFH VI R 149/67, BStBl II 71, 620 für ein *Konsortium* zum An- und Verkauf von Wertpapieren; BFH I R 92/01, DB 03, 1147 für Bilderein- und -verkäufe; *vern* BFH X R 108/91, BStBl II 94, 96 für *einmaliges* Gelegenheitsgeschäft).

329 **ee) Arbeitsgemeinschaften gewerblicher Unternehmer.** Sie sind idR zivilrechtl GbR und *estrechtl* MUerschaft (BFH I R 165/90, BStBl II 93, 577). Ist aber ihr Zweck nur die Erfüllung eines *einzigen* Werk- oder Werklieferungsvertrags (sog kleine Arge), gelten sie *gewst- und bewertungsrechtl* „insoweit anteilig als Betriebsstätten" der Ges'ter (§ 2a GewStG; § 180 IV AO; *FM Bay* DB 95, 351; *BMF* BStBl I 98, 251; BFH VIII R 81/96, BFH/NV 99, 355: Abgrenzung von GelegenheitsGes). Auf die materiell-rechtl Ermittlung der Einkünfte einer Arge haben diese Sondervorschriften keinen Einfluss (estrechtl MUerschaft!; BFH VIII R 61/96, BFH/NV 99, 463). Entspr sind zB Leistungen der Partner ggü der kleinen Arge bei den Partnern „wie Fremdgeschäfte ggü einer außenstehenden Gesamthandsgemeinschaft nach den allg ertragsteuerl Grundsätzen zu behandeln" (sofortige Gewinnrealisierung; *BMF* BStBl I 98, 251; krit *Paus* FR 98, 994).

330 **ff) Joint-Ventures.** Sie sind vertragl Vereinbarungen über gemeinschaftl wirtschaftl Aktivitäten von zwei oder mehreren Partnern (Sonderform der Arbeitsgemeinschaft). Sie können die Rechtsform einer GbR (Außen- oder InnenGes) haben und MUerschaft sein (vern zB FG BW EFG 93, 225, rkr), wenn die Partner gemeinsam oder einer für Rechnung aller gewerbl iSv § 15 II tätig ist (Einzelheiten zB *IdW* WPg 93, 441; *BeckHdB PersGes* § 22 Rn. 40 ff).

331 **gg) Gewinngemeinschaft.** Nach BFH I R 35/14, BStBl II 18, 33 (dazu *Walter* Der Konzern 17, 331; krit *Gosch* IStR 18, 747) kann auch die GuV-Beteiligung (Unternehmensvertrag nach § 292 I Nr 1 AktG mit dem Ziel der Quer-Organschaft) eine MUerschaft (BGB-InnenGes) begründen, bei wechselseitiger Beteiligung uU zwei MUerschaften (zutr); zur Fremdüblichkeit/Abgrenzung ggü vGA im KapGes-Konzerns s FG BW EFG 23, 1574 rkr. Hierüber sowie über weitere Fragen – zB Verdrängung durch organschaftl Sonderregeln (§§ 14 ff KStG); vGA – ist aber im Feststellungsverfahren (§ 180 I 1 Nr 2a AO) zu entscheiden.

333 **b) Europäische wirtschaftliche Interessenvereinigung (EWIV).** Sie ist eine europarechtl (übernationale) Gesellschaftsform s Art 308 EWG-Vertrag (jetzt Art 288 II, 352 AEUV) iVm VO (EWG) Nr 2137/85 und EWIV-AG (BGBl I 88, 514). Hat eine EWIV ihren Sitz in der BRD, sind auf sie die Vorschriften des HGB über die OHG subsidiär anzuwenden. Eine EWIV hat nicht den (Haupt-)Zweck, selbst Gewinn zu erzielen; sie ist daher idR keine MUerschaft, sondern nur HilfsGes (FG Bln-Bbg EFG 19, 672, rkr; → Rn. 327); zur Forderungsabtretung an EWIV mit Inkassofunktion s FG Bln-Bbg EFG 23, 21, rkr. Soweit eine Gewinnabsicht Nebenzweck (vgl § 15 II 3) einer EWIV ist und die übrigen Voraussetzungen eines GewBetr erfüllt sind, ist sie estrechtl wie eine OHG zu behandeln (zB *BeckHdB PersGes* § 21 Rn. 254). Zur **KSt-Pflicht** kraft **Option** gem **§ 1a KStG** → Rn. 160a ff.

334 **c) Partnerschaft.** Sie ist eine besondere GesForm zur gemeinsam Ausübung freier Berufe (§ 1 II PartGG). Sie ist zivilrechtl eine PersGes und wie eine OHG namens-, grundbuch- und parteifähig. Für ihre Verbindlichkeiten haften neben ihrem

Vermögen die Partner grds als Gesamtschuldner; Haftungsbeschränkungen ergeben sich jedoch aus § 8 II, IV aF PartGG (*OFD Nds* DStR 16, 245). Estrechtl ist die Partnerschaft eine **andere PersGes** iSv § 15 I 1 Nr 2 iVm § 18 IV. Es gelten für sie grds die für eine Freiberufler-GbR maßgebl Grundsätze (→ § 18 Rn. 41–43); zu FG Mster EFG 09, 106 → Rn. 533, 606; zu § 15a → § 15a Rn. 131. Zur **KSt-Pflicht** kraft **Option** gem **§ 1a KStG** → Rn. 160a ff.

3. Atypische stille Gesellschaft; GmbH & Still (atypisch)

Verwaltung: GewStR 2.4 V; *OFD Erfurt* FR 03, 1299 (Steuerl Behandlung der typisch und atypisch stillen Ges); *OFD Mbg* DStR 12, 1088 (§ 10a GewStG); *BMF* DStR 00, 245 (DBA).

Schrifttum (Auswahl): *Blaurock,* Handbuch der stillen Ges, 8. Auflage, 2016; *Bolk,* FS Reiss, 2008, 449; *Brandenberg,* FS Crezelius, 2018, 275, *Levedag* GmbHR 19, 699; *Bodden* KÖSDI 19, 21282; *Roser* FR 22, 237; *Hillers ua* Ubg 23, 492.

a) Zivilrecht. Stiller Ges'ter ist, wer sich „an dem Handelsgewerbe, das ein anderer betreibt" mit einer *Vermögenseinlage* beteiligt (§ 230 HGB; BFH VIII R 45/98, BStBl II 02, 339). Zivilrechtl spricht die hL von einer *atypisch* stillen Ges, wenn der GesVertrag von den gesetzl Regeln der §§ 230 ff HGB durch die Gewährung von Verwaltungsrechten an den Stillen und/oder dessen vermögensrechtl Gleichstellung mit dem tätigen Teilhaber, insb Beteiligung an stillen Reserven und am Geschäftswert abweicht (*Blaurock* aaO, Rn. 4.26 ff). Zu *fehlerhafter* Ges → Rn. 171, 280, 355; BFH IV R 100/06, BFH/NV 10, 2056; zu § 39 I Nr. 5 InsO s BGH IX ZR 191/11, DB 12, 2212; zum EK-Ausweis s *Schulze-Osterloh* FS Hommelhoff, 1075. 340

b) Einkommensteuerrecht. Ein stiller Ges'ter kann Einkünfte aus KapVerm beziehen (typischer stiller Ges'ter iSv § 20 I Nr 4) oder MUer iSv § 15 I 1 Nr 2 (andere Ges; → Rn. 169) sein, wie sich zwingend aus § 15a V Nr 1 und § 20 I Nr 4 ergibt **(atypisch stiller Ges'ter).** Er ist **MUer,** wenn seine durch den GesVertrag begründete Rechtsstellung von §§ 230 ff HGB derart abweicht, dass sie nach dem Gesamtbild dem Typ des MUers entspricht (BFH IV R 10/17, BFH/NV 18, 1268); auf die vertragl Bezeichnung als MUer kommt es nicht an (BFH IV R 54/16, BStBl II 23, 447). Im Hinblick auf die Zielsetzung des § 15 I 1 Nr 2, wirtschaftl gleichwertige Außen- und InnenGes estrechtl idR gleichzubehandeln (zB BFH I R 133/93, BStBl II 95, 171), ist ein stiller Ges'ter MUer jedenfalls dann, wenn vereinbart ist, dass er im Innenverhältnis so zu behandeln ist, „als ob er Kommanditist wäre" (BGH II ZR 183/75, NJW 78, 424) – abgesehen von der bei einer InnenGes nicht mögl, für die Wertung einer PersGes als MUerschaft aber unerhebl sachenrechtl Bildung eines Gesamthandsvermögens und einer *Außen*haftung für Betriebsschulden. Zivilrechtl bewirkt diese Vereinbarung, dass der stille Ges'ter diejenigen Rechte und Pflichten hat, die nach dem Regelstatut des HGB einem K'tisten zustehen und obliegen, dh zB über § 233 HGB (ab 2024 idF **MoPeG** iVm § 166 HGB) hinaus Mitwirkungs- und Kontrollrechte (§§ 164, 166 HGB; ab 2024 idF MoPeG) und bei Auflösung der Ges ein nach dem Verkehrswert des BV (stille Reserven, Geschäftswert!) bemessenes Auseinandersetzungsguthaben (vgl BFH IV R 1/92; BStBl II 94, 700). 341

aa) Mitunternehmerstellung. Fehlt eine klare Gesamtvereinbarung, liegt aber eine Ges als primäre Voraussetzung einer MUerschaft (→ Rn. 257, 280) vor – nicht etwa nur ein partiarisches Darlehen oÄ (zur Abgrenzung zB BFH IV R 54/16, BStBl II 23, 447) –, sind die für und gegen eine MUerschaft sprechenden Einzelregelungen –, die uU bereits für und gegen eine Ges sprechen – gegeneinander abzuwägen; maßgebl ist das **Gesamtbild** der Verhältnisse (BFH IV R 54/16, BStBl II 23, 447; s auch *OFD Erfurt* FR 03, 1299 zu 2). 342

(1) Beteiligung an stillen Reserven. Eine MUerschaft ist auch ohne Beteiligung an der Unternehmensführung **idR zu bejahen,** wenn der stille Ges'ter am lfd Gewinn und Verlust (BFH VIII R 5/04, BFH/NV 07, 906: konkludente Abrede) 343 teilnimmt und bei Auflösung der Ges (nicht notwendig auch bei vorzeitigem Ausscheiden BFH IV R 132/91, BFH/NV 93, 647) auch einen Anteil an den Wertsteigerungen des BV einschließl Geschäftswert erhalten soll (s zB BFH IV R 1/92, BStBl II 94, 700); dabei muss der Geschäftswert nach den verkehrsübl Methoden berechnet werden (BFH IV R 100/06, BFH/NV 10, 2056: Ertragswertmethode); die Vereinbarung einer hiervon abw Pauschalabfindung genügt idR nicht (BFH IV B 124/08, BFH/NV 09, 1981: Multiplikatorverfahren; vgl auch §§ 199 ff BewG). Eine lfd Gewinnauszahlung ist nicht erforderl (BFH IV B 165/90, BFH/NV 92, 388; zu FamilienGes → Rn. 772); eine Einlagesicherung ist unschädl (BFH IV R 43/12, BStBl II 16, 517). Stehen dem stillen Ges'ter neben seiner Teilhabe an den stillen Reserven *sowie* am Geschäftswert die Initiativrechte des § 233 HGB zu, ist er auch dann MUer, wenn er an den Verlusten nur iHd Einlage beteiligt ist (BFH IV R 10/17, BFH/NV 18, 1268). Einer Beteiligung am Geschäftswert steht gleich, wenn dieser dem stillen Ges'ter ohnehin allein zusteht, weil er dem tätigen Teilhaber nur zur Nutzung überlassen ist (BFH VIII R 364/83, BStBl II 86, 311 zu III.2); Entsprechendes gilt für die stillen Reserven, wenn SBV des stillen Ges'ters vorhanden ist (BFH VIII R 300/82, BStBl II 86, 891 zu 3.b). Zur Beteiligung an einzelnen **Geschäftsbereichen** → Rn. 360. Die vereinbarte Teilhabe an stillen Reserven/Geschäftswert kann jedoch keine MUerschaft begründen, wenn sie **keine wirtschaftl Bedeutung** hat, zB weil sich wahrscheinl keine entspr Werte bilden können (diff BFH IV R 6/01, BFH/NV 03, 36; *OFD Erfurt* FR 03, 1299); unschädl ist aber, dass bei Gründung der stillen Ges (noch) keine stillen Reserven vorhanden sind (BFH VIII R 47/85, BStBl II 89, 720).

344 **(2) Keine Beteiligung an stillen Reserven.** Fehlt es hieran, ist der stille Ges'ter grds nicht MUer (BFH IV R 54/16, BStBl II 23, 447; BFH IV R 19/20, HFR 23, 972). Anders aber (evtl sogar ohne Verlustanteil), wenn ihm bei hoher Beteiligung am Bilanzgewinn typische **Unternehmer*entscheidungen*** auch der lfd Geschäftsführung übertragen sind (präzisierend BFH VIII R 6/93, BFH/NV 04, 1080; BFH IV B 128/08, BFH/NV 10, 1425; BFH VIII R 46/18, BStBl II 21, 614; *Wacker* FR 22, 625; **aA** aber **BFH** IV R 53/10, BFH/NV 13, 1920; ebenso zu Nießbrauch BFH IV R 36/22, BFH/NV 25, 1562; → Rn. 306) Bei stiller Beteiligung an einer *GmbH & Co KG* kann dieser Voraussetzung auch genügt sein (BFH IV B 88/00, BFH/NV 01, 1550), wenn der stille Ges'ter zB nur mittelbar, dh als Anteilseigner und Geschäftsführer der GmbH die Geschäfte der KG führt (BFH VIII R 10/87, BB 91, 1022; BFH VIII R 122/86, BB 91, 684; zu GmbH & Still → Rn. 356) oder ggü der GmbH weisungsbefugt ist und zudem entspr seiner hohen Einlage am Gewinn und Verlust beteiligt ist (BFH IV R 18/98, BStBl II 99, 286 zu I.1).

345 **(3) Keine Gewinnbeteiligung.** Ist der Stille vertragl oder tatsächl (zB wegen Befristung) **nicht am Gewinn beteiligt,** liegt zivilrechtl idR kein GesVerhältnis iSv § 230 HGB vor und damit weder eine stille Ges iSv § 20 I Nr 4 noch MUerschaft; offen ist allerdings, ob die fehlende Beteiligung am lfd Gewinn (Bilanzgewinn) durch den Anteil an den stillen Reserven einschließl Geschäftswert bei Beendigung der Ges ersetzt werden kann (vgl BFH IV R 1/92, BStBl II 94, 700 zu 3.c; vern Anm HFR 94, 138). Nicht ausreichend sind – ***(a)*** feste Verzinsung iVm einer Option auf künftige Gewinnbeteiligung (BFH IV R 1/92, BStBl II 94, 700), – ***(b)*** Beteiligung am Umsatz oder feste Vergütung (BFH VIII R 81/85, BStBl II 94, 645 zu 1.c), es sei denn, diese laufen nach Art oder Handhabung auf eine Gewinnbeteiligung hinaus (BFH IV R 17/84, BStBl II 88, 62 zu 3.c mwN), – ***(c)*** feste „Garantiegewinne" (FG Hmb EFG 05, 437). Bei Vertragsverhältnissen zw **Familienangehörigen** kann auch bei formal fester Vergütung Gewinnbeteiligung vorliegen, zB wenn Bezüge *unabhängig* von der erbrachten Leistung (BFH VIII R 57/91, BFH/NV 93, 518) jeweils der Ertragslage angepasst werden oder die Bezüge ständig nahezu den ganzen Gewinn absaugen. – Keine MUerschaft besteht, wenn der Handelsgeschäftsinhaber nicht in **Gewinnabsicht** tätig ist (BFH VIII B 112/97, BFH/NV 99, 169 zu GmbH & atypisch

Still; FG Hmb EFG 02, 391) oder diese Absicht dem stillen Ges'ter fehlt (BFH VIII B 59/00, BFH/NV 01, 895).

bb) Weitere Einzelfragen. – (1) Rechtssubjektivität. Die atypische stille Ges (MUerschaft) ist ebenso wie eine PersGes mit Gesamthandsvermögen (AußenGes) „Subjekt der **Gewinnermittlung** und Einkünftequalifikation" (BFH VIII R 31/01, BStBl II 02, 464; iEinz *Groh* FS Kruse, 2001, 417; *Brandenberg* FS Crezelius, 275; BFH IV R 38/15, BStBl II 18, 587: „fiktive KG"). Hieraus folgert die hL zR, dass es neben der HB des tätigen Teilhabers zwar keine HB (**aA** *Berninghaus* FS Röhricht, 2005, 747), wohl aber eine **StB** der atypischen stillen Ges geben muss, mit der Gewinn und Verlust der Ges und die Anteile der Ges'ter ermittelt werden (*Suchanek ua* FR 04, 1149 (1151); *Groh* FS Kruse, 2001, 417: fiktive GesamthandsGes; BFH I R 24/13, BStBl II 15, 141: aus HB/StB des Geschäftsinhabers abgeleitete Gesamtbilanz; anders *OFD Erfurt* FR 03, 1299 zu Tz 3.2.1: additiver Gesamtgewinn). Zur **Buchführungspflicht** → Rn. 401. Zur **Organschaft** → Rn. 175. 347

(2) Betriebsvermögen der Mitunternehmerschaft. Es umfasst das BV des Inhabers des Handelsgeschäfts, vergleichbar dem GesVermögen einer KG, und das *SBV* I und II des stillen Ges'ters (BFH III R 23/89, BStBl II 94, 709 zu 2.a; *Ruban* DStZ 95, 637 (642); zum SBV des Geschäftsinhabers s *Brandenberg* FS Crezelius, 275 (284)). – Zu *personenbezogenen* StVergünstigungen zB § 7d und Ges'terwechsel s BFH VIII R 85/91, BStBl II 94, 243. – Zur estrechtl *Gleichbehandlung* von K'tisten und atypischen stillen Ges'tern – *(a)* bezügl *Gewinnverteilung*/Einlagen des Stillen s BFH IV R 5/12, BStBl II 15, 935 (Geschäftswert); – *(b)* bei *Sondervergütungen* iSv § 15 I 1 Nr 2 S 1 Hs 2 → Rn. 358, 544; – *(c)* bei der *Gewinn- und Verlustzurechnung* s BFH VIII R 41/87, BStBl II 90, 965 (auch in zeitl Hinsicht s *OFD Erfurt* FR 03, 1299 zu Tz 3.2.1; zur Ungleichbehandlung beim Verlustausgleich s § 15 IV 6–8). – Zum *negativen KapKto* des (atypischen) stillen Ges'ters → § 15a Rn. 133. Nach BFH IV B 123/09, BFH/NV 10, 2266 erhöht ein *Agio* nicht den Gewinnanteil (zutr). Zur Zurechnung *stfreier Erträge* und *nichtabziehbarer BA* s *OFD Rostock* DStR 00, 591 zu IVb. – Zur *Übertragung,* auch Veräußerung *von WG* zw den MUern → § 6 Rn. 803. – Zur Anwendbarkeit des *§ 15 III Nr 1* → Rn. 187. 348

(3) Umgestaltung. Bei *Begründung* einer atypischen stillen Ges ist **§ 24 UmwStG** auch auf den Inhaber des Handelsgeschäfts anwendbar (Aufstockung!; gem § 24 III 3 UmwStG aber keine Tarifvergünstigung; *Hillers ua* Ubg 23, 492), obwohl keine Änderung der Rechtszuständigkeit eintritt (BFH IV R 38/15, BStBl II 18, 587; IV R 8/14, BStBl II 17, 538; → § 16 Rn. 515; *Brandenberg* FS Crezelius, 275 (285)). Zur *Beendigung* einer atypischen stillen Ges s FG EFG 01, 566; zur *„formwechselnden" Umwandlung* zB in KG und umgekehrt → Rn. 174. Die „Umwandlung" einer wertlosen *Darlehensforderung* in eine atypische stille Beteiligung steht der MUerstellung des Stillen entgegen (BFH IV R 40/09, BFH/NV 12, 1440; zutr; aber → Rn. 356); bei wertgeminderter Forderung ist die steuerl Gewinn-/Verlustzurechnung zu korrigieren (BFH VIII R 10/00, BStBl II 01, 747 zu III.2.b.; glA BFH IV R 54/16, BStBl II 23, 447 betr typisch stille Einlage). 350

(4) Gewerbesteuer. S einschließl Verfahrensfragen zB BFH IV R 73/06, BStBl II 10, 40 (mehrere stillen Ges); BFH IV R 34/10, BStBl II 17, 233; IV R 8/14, BStBl II 17, 538 (PersGes als Geschäftsinhaber: *zwei* GewBetr); *OFD Rostock* DStR 00, 591; *OFD Erfurt* FR 03, 1299; *Kupfer ua* Ubg 14, 361. 351

(5) Einheitliche Gewinnfeststellung. S hierzu BFH IV 19/20 HFR 23, 972; BFH VIII R 46/18, BStBl II 21, 614: bereits bei Zweifeln über MUerschaft; dazu *Wacker* FR 22, 625; BFH I R 38/17, BFH/NV 21, 1; BFH IV R 9/18, BFH/NV 20, 338: doppelstöckige PersGes zur **Prüfungsanordnung** s BFH VIII B 39/02, BFH/NV 03, 1028. 352

353 **c) Grenzüberschreitende atypische stille Gesellschaft.** S *BMF* BStBl I 14, 1258; BFH I R 74/93, BStBl II 95, 683 (an US-KapGes); BFH I B 47/05, BStBl II 09, 766 (SBV); BFH I R 110/98, BStBl II 99, 812 (DBA-Schweiz); BFH I R 24/13, BStBl II 15, 141 (DBA-Österreich); BFH IV R 20/17, BFH/NV 21, 1191 (DBA Luxemburg); BFH I R 33/21, BStBl II 25, 633 (§ 8 Nr 3 GewStG aF); *Haase* IStR 08, 312; AEAStG *BMF* BStBl I 23, Sondernr 1, 2 Rn. 1013 (jew AStG); BFH I R 38/17, BFH/NV 21, 1 (§ 180 AO).

354 **d) Inhaber des Handelsgeschäfts.** „Tätiger Inhaber" iSv § 230 HGB kann eine natürl Person, eine OHG oder KG, zB GmbH & Co KG (BFH VIII R 85/91, BStBl II 94, 243) oder eine KapGes sein (→ Rn. 355 ff). Der nicht an GuV beteiligte Inhaber ist allein aufgrund seiner Außenhaftung und (entgeltl) Geschäftsführung **MUer** (BFH IV R 2/05, BStBl II 07, 927; FG Hmb EFG 05, 950; auch → Rn. 264, 267, 321, 709). – **aa) Personengesellschaft.** Mehrere atypisch stille Ges'ter am Betrieb der PersGes bilden zwar nur eine MUerschaft (BFH IV B 42/02, BFH/NV 02, 1447). Zugleich entsteht aber auch dann eine **doppelstöckige** Struktur (PersGes = OberGes; atypisch stille Ges = UnterGes), wenn (nur) der K'tist die atypisch stille Beteiligung hält (BFH IV R 8/14, BStBl II 17, 538; BFH IV R 20/14, BFH/NV 17, 475; → § 16 Rn. 515); *Bodden* KÖSDI 19, 21282 (21284). Anders hingegen bei typisch stiller Beteiligung des K'tisten (BFH IV R 73/06, BStBl II 10, 40: Verstärkung der MUerstellung als K'tist; → Rn. 443). Im Fall einer ledigl gewerbl geprägten PersGes (§ 15 III Nr 2) gelten die gleichen Grundsätze wie für die stille Ges mit einer nicht gewerbl tätigen KapGes (→ Rn. 359). Zur Segmentierung → Rn. 360.

355 **bb) Kapitalgesellschaft.** Ist „Inhaber des Handelsgeschäft" eine KapGes, zB GmbH (zu AG s BFH VIII B 62/97, BFH/NV 98, 1339), können sich an deren Unternehmen nicht nur Dritte, sondern auch die Ges'ter der KapGes als atypische stille Ges'ter beteiligen (sog **GmbH & atypisch Still;** zB BFH IV R 41/14, BStBl II 17, 1133; *OFD Ffm* DStR 01, 1159 zu Tz 2.8; zu Ltd & Still s *Kessler ua* DStR 05, 2101 (2106)). Das GesVerhältnis muss jedoch nachweisbar im Voraus klar und rechtswirksam vereinbart sein und tatsächl durchgeführt werden (vgl BFH VIII R 47/85, BStBl II 89, 720; BFH IV R 41/14, BStBl II 17, 1133); es reicht nicht aus, dass der Ges'ter einer GmbH für deren Unternehmen über seine Stammeinlage hinaus weitere Leistungen erbringt, weil dies ein zusätzl Beitrag als GmbH-Ges'ter sein kann (BFH IV R 47/72, BStBl II 77, 155). Anders aber evtl, wenn zB der Ehegatte des GmbH-Ges'ters leistet; dies kann verdeckte MUerschaft aufgrund verschleierter InnenGes (→ Rn. 280 ff) *oder* mittelbare verdeckte GmbH-Einlage sein. Zu Angehörigen des beherrschenden Ges'ter → Rn. 770.

356 **(1) Mitunternehmermerkmale.** Für die Wertung eines stillen GesVerhältnisses als MUerschaft gelten die allg Grundsätze (→ Rn. 341 ff; zB BFH IV R 18/98, BStBl II 99, 286). Sofern der stille Ges'ter keinen Anteil an den stillen Reserven und am Geschäftswert kann dies durch die **Ges'ter- und Geschäftsführerstellung** bei der **KapGes** ausgeglichen werden (stdg Rspr; BFH VIII R 46/18, BStBl II 21, 614; *Wacker* FR 22, 625). Erforderl ist zudem, dass er nachweisbar (→ Rn. 355) ein Mindestrisiko trägt, dh nach BFH IV R 41/14, BStBl II 17, 1133 (s auch *OFD Ffm* FR 00, 1367 Rn. 1.3) *eigenes* Vermögens (Einlagen) einsetzt; der „Verzicht auf spätere Gewinnbeteiligung" ist nicht ausreichend (abl *Lamprecht* Ubg 17, 613). ME kann jedenfalls eine Einlage auch aus zugewendetem Vermögen erbracht werden (glA *Levedag* GmbHR 19, 699), nicht jedoch durch Umwandlung wertloser Darlehen (dazu → Rn. 350). Eine **kapitalersetzende** stille **Beteiligung** begründet als solche noch keine MUerschaft (vgl BFH VIII R 25/96, BStBl II 97, 724).

357 **(2) Verdeckte Gewinnausschüttung.** Wird dem Ges'ter einer KapGes als stiller Ges'ter eine zu **hohe Gewinnbeteiligung** eingeräumt, liegt hierin zwar eine vGA, jedoch ist *vorrangig* die Gewinnverteilung zu korrigieren, soweit sie durch Umstände außerhalb des GesVerhältnisses (zB verwandtschaftl/wirtschaftl Art) beeinflusst wurde

(s BFH IV R 5/12, BStBl II 15, 935). Ein zu **niedriger** Gewinnanteil kann verdeckte Einlage sein (zur GmbH & Co KG →Rn. 724, 725). Welcher Gewinnanteil angemessen ist, bestimmt sich sinngemäß nach den Grundsätzen, die für eine typische stille Beteiligung des Ges'ters einer KapGes maßgebend sind (Vergleich der beiderseitigen Wertbeiträge; FG Bbg EFG 02, 1118; *OFD Erfurt* FR 03, 1299 zu Tz 3.2.2.4; zur Zuordnung eines Geschäftswerts s BFH IV R 5/12 aaO; zu Vorabgewinnen der GmbH s FG Mster EFG 14, 29, rkr). Ist im stillen GesVertrag mit der GmbH vereinbart, dass sich der Gewinnanteil des Stillen nach der StB bestimmt, besteht die Gefahr einer vGA, sofern sich nicht klar ermitteln lässt, ob dies der StB-Gewinn vor oder nach Abzug der KSt ist (BFH I R 78/91, BStBl II 92, 975: Tantiemen). Die Vereinbarung des StB-Gewinns vor Abzug der KSt (mit dem zugleich an der GmbH beteiligten Ges'ter) ist als solche (bei angemessener Gewinnaufteilung) keine vGA. Ist der StB-Gewinn nach Abzug der KSt maßgebl, ist zu berücksichtigen, dass deren Höhe wiederum vom Gewinnanteil des (atypischen oder typischen) stillen Ges'ter abhängt. – Allg zu **Gewinnzurechnung** bei vGA s *OFD Ffm* DStR 01, 1159 zu Tz 2.8; *OFD Erfurt* FR 03, 1299 zu Tz 3.2.2; zu **Ltd & Still** s *Kessler ua* DStR 05, 2101 (2107).

(3) Einkünfte des Stillen. Zur **Gewinnverteilung** gem GesRecht s einschließl Ausnahmen →Rn. 449, 443; FG Mster EFG 19, 1521, rkr; zum *Verlustausgleichsverbot* gem § 15 IV 6–8 →Rn. 905 ff. Gewinnunabhängige Entgelte des atypisch stillen Ges'ter für Dienstleistungen zB als Geschäftsführer der KapGes sind ebenso wie bei der GmbH & Co KG (→Rn. 717) **SonderBE** iSv § 15 I 1 Nr 2 S 1 (BFH IV R 44/14, BFH/NV 18, 407; →Rn. 707; zur SV-Pflicht →Rn. 584); Gleiches gilt für Nutzungsüberlassungsentgelte (BFH IV R 79/06, BFH/NV 09, 730). Zu Wertminderungen →Rn. 544. Die Anteile des atypischen stillen Ges'ters an der KapGes sind wie bei der GmbH & Co KG (→Rn. 714) **SBV II,** sofern nicht die GmbH noch anderweitig erhebl tätig ist (BFH IV R 18/98, BStBl II 99, 286; einschr bei Kleinbeteiligung – weniger als 10% – BFH IV R 5/12, BStBl II 15, 935; →Rn. 714; zum Vorrang ggü BetrAufsp →Rn. 874). StFreiheit nach **§ 8b KStG** besteht nur, soweit die Bezüge aus der Beteiligung an einer KapGes auf die GmbH als MUerin (→Rn. 347, 703) entfallen (§ 8b VI 1 KStG; zu § 7 S 4 GewStG →Rn. 439). **SonderBA** des stillen Ges'ters, der auch Ges'ter der GmbH ist, können den Abzugsbeschränkungen des **§ 3c** unterliegen (auch →Rn. 819, 869, 870). 358

(4) Gewerbebetrieb kraft Rechtsform. Ist eine KapGes *tatsächl nicht gewerbl tätig,* hat sie kraft Rechtsform Einkünfte aus GewBetr (§ 8 II KStG); str ist, ob danach auch der atypische stille Ges'ter, *wenn § 15 III Nr 2 nicht erfüllt ist* (dazu →Rn. 228), Einkünfte aus GewBetr hat (bej *OFD Erfurt* FR 03, 1299 zu Tz 3.2.1; **aA** – zR – zB BFH VIII B 112/97, BFH/NV 99, 169; *Suchanek ua* FR 04, 1149 (1153); *Bodden* KÖSDI 19, 21282 (21292); →Rn. 367). Aber zu BetrAufsp →Rn. 855. 359

e) Umfang der atypischen stillen Gesellschaft. Zivilrechtl kann die Beteiligung des stillen Ges'ters auf bestimmte *Geschäftsbereiche* des „Handelsgewerbes, das ein anderer betreibt" (§ 230 HGB), beschränkt werden (BFH I R 109/94, BStBl II 98, 685; GewStR 2.4 V; sog Tracking-Stock-Struktur). Unter der Voraussetzung, dass die Geschäftsbereiche *„hinreichend sachl abgrenzbar"* sind, ist dies auch estrechtl maßgebl (MUer-Stellung, Gewinnermittlung/-zurechnung, BV der jeweiligen stillen Ges usw; →Rn. 341 ff; s iEinz BFH IV R 73/06, BStBl II 10, 40: abl für Medienaufträge; *Pyszka* DStR 03, 857; *Bodden* KÖSDI 19, 21282 (21288)) mit der Folge, dass auch iSd GewStG *mehrere MUerschaften* nebeneinander bestehen (BFH IV R 73/06, BStBl II 10, 40). Zu mehreren stillen Ges'tern am nämlichen Betrieb →Rn. 354. 360

4. Innengesellschaft (GbR). Diese Grundsätze (→Rn. 340 ff) gelten entspr für eine InnenGes (GbR), die unter § 15 I 1 Nr 2 (nicht aber unter § 230 HGB) fällt, weil der tätige Teilhaber einen GewBetr, aber kein Handelsgewerbe iSv §§ 1–6 HGB be- 361 treibt (vgl BFH VIII R 6/93, BFH/NV 04, 1080) oder der Stille keine Vermögenseinlage erbracht hat (BFH IV R 73/06, BStBl II 10, 40).

5. Atypische stille Unterbeteiligung

Schrifttum (Auswahl): *Groh,* Die Bilanz der UnterbeteiligungsGes, FS Priester, 2007, 107; *Carlé,* Unterbeteiligungen …, KÖSDI 08, 16166; *Krauß ua,* Unternehmensnachfolge …, DB 15, 2114.

365 **a) Mitunternehmerstellung.** Räumt der MUer einer **gewerbl PersGes** einem Dritten an seinem GesAnteil entgeltl oder unentgeltl (zB BFH IV R 114/91, BStBl II 94, 635; BFH II R 34/22, BStBl II 25, 742 zu §§ 13a, 29 ErbStG) eine Unterbeteiligung ein (zum Unterschied zur Treuhand → Rn. 297), wird der **Unterbeteiligte estrechtl MUer** (atypische stille bzw mitunternehmerische Unterbeteiligung) – und zwar nicht nur im Verhältnis zum Hauptbeteiligten, sondern gem § 15 I 1 Nr 2 S 2 auch (mittelbar) im Verhältnis zur HauptGes (BFH IV R 70/04, BStBl II 07, 868) mit der Folge, dass gleich einer doppelstöckigen AußenGes die zivilrechtl **UnterbeteiligungsGes** als **steuerrechtl OberPersGes** und die HauptGes als steuerrechtl UnterPersGes qualifiziert (BFH IV R 26/22, BStBl II 25, 246 Rn 40), **vorausgesetzt,** dass nach der vertragl Gestaltung der GewBetr der HauptGes mittelbar anteilig auch für Rechnung des Unterbeteiligten betrieben wird und dieser *sowie* der Hauptbeteiligte (→ Rn. 366) dem Typus des MUers genügt (BFH IV R 79/94, BStBl II 96, 269; BFH IV R 26/22, BStBl II 25, 246 zu § 7 S 2 Nr 2 GewStG). – **Zivilrechtl** ist die UnterbeteiligungsGes eine **InnenGes** (GbR) mit schuldrechtl Beziehungen nur zw dem HauptGes'ter und dem Unterbeteiligten; ihr Zweck besteht darin, den Unterbeteiligten an einem Teil der Rechte und Pflichten des Hauptbeteiligten aus dem HauptGesVerhältnis, insb am Gewinn und Verlust hieraus im Innenverhältnis zu beteiligen. Sie ist keine stille Ges iSv § 230 HGB, weil der Hauptbeteiligte als solcher kein Handelsgewerbe betreibt; sie steht der stillen Ges aber nahe (BFH IV R 79/94, BStBl II 96, 269 zu I.2a; *Groh* FS Priester, 107 (112)).

366 **b) Zwei Personengesellschaften.** Neben die **HauptGes** (zB OHG, KG) tritt die **UnterbeteiligungsGes;** es liegen deshalb zwei MUerschaften vor (BFH VIII R 51/84, BStBl II 92, 512 zu III; BFH IV R 26/22, BStBl II 25, 246 Rn. 40; → Rn. 365). Für die Unterbeteiligung am PersGes-Anteil, den eine KapGes hält, gelten die für die GmbH & Still maßgebl Grundsätze sinngemäß (FG Hmb EFG 94, 150). Auch bei vermächtnisweiser Zuwendung einer Unterbeteiligung entsteht diese erst mit Abschluss des GesVertrags zw Haupt- und Unterbeteiligtem (vgl BFH IV R 152/79, BStBl II 82, 646). – Der Unterbeteiligte kann nur dann MUer sein, wenn der Hauptbeteiligte seinerseits MUer ist, zB als Ges'ter einer OHG (KG) oder als atypischer stiller Ges'ter.

367 Eine „atypische" Unterbeteiligung an einem **GmbH-Anteil** begründet zwar keine MUerschaft, hat jedoch bei Teilhabe an *allen* Anteilsrechten die wirtschaftl Mitinhaberschaft (§ 39 II AO) und damit die originäre Einkunftserzielung gem §§ 17, 20 I Nr 1 zur Folge (ausführl BFH VIII R 11/02, BStBl II 06, 253; *Wacker* HFR 06, 42; *Carlé* KÖSDI 08, 16166 (16174)). – Die Unterbeteiligung am **Anteil an** einer nur **gewerbl geprägten PersGes** iSv § 15 III Nr 2 führt mE ebenso wenig zu einer MUerschaft wie die atypische stille Beteiligung an einer nicht gewerbl tätigen GmbH (*Groh* DB 87, 1006 (1009); str, → Rn. 359). Zur Unterbeteiligung am Anteil an **PersGes mit Einkünften auf VuV** s BFH IX R 155/89, BStBl II 92, 459; krit *Pickhardt-Poremba ua* DStZ 00, 281.

369 **c) Mitunternehmermerkmale.** Der Unterbeteiligte trägt **MUerRisiko,** wenn er über den Hauptbeteiligten (also mittelbar) sowohl am Gewinn *und* Verlust der HauptGes als auch entspr seinem Anteil am GesAnteil des Hauptbeteiligten an einem Geschäftswert und an den stillen Reserven im BV der HauptGes beteiligt ist; demgemäß muss er bei Auflösung der UnterGes *durch Kündigung des HauptGes'ters* jedenfalls dann eine entspr Abfindung beanspruchen können, wenn die Kündigung nicht durch wichtigen Grund in seiner Person veranlasst ist (BFH IV R 79/94, BStBl II 96,

269). Für die **MUerinitiative** genügen Kontrollrechte (§ 233 HGB; § 716 BGB) ggü dem Hauptbeteiligten (zB BFH IV R 75/96, BStBl II 98, 137; BFH II R 10/06, BStBl II 08, 631; *Bodden* FR 02, 559 (565)). Bei Unterbeteiligung an OHG-Anteil ist die Verlustbeteiligung im InnenVerh zivilrechtl idR auf die Einlage beschränkt (vgl BFH I R 127/78, BStBl II 82, 546).

d) Verfahren. Obwohl nach § 15 I 1 Nr 2 S 2 der Unterbeteiligte trotz nur mittelbarer Beteiligung neben dem Hauptbeteiligten ebenfalls (mittelbarer) **MUer der HauptGes** ist (s zu a), bestehen zwei MUerschaften, deren **Einkünfte gesondert festzustellen** sind (§ 179 II 3 AO). Daher sind zB SonderBA des Hauptbeteiligten nur bei der Gewinnfeststellung der HauptGes zu berücksichtigen und BA des Unterbeteiligten grds nur bei der Feststellung für die UnterbeteiligungsGes (vgl BFH IV R 135/92, BStBl II 95, 531). 370

e) Weitere Einzelheiten. – (1) Zur **Ermittlung der lfd Einkünfte** des Haupt- und des Unterbeteiligten zB *Märkle* DStZ 85, 511. Zur Rechnungslegung für die UnterbeteiligungsGes und zur Ermittlung eines Gewinnes oder Verlustes aus der Veräußerung der Unterbeteiligung BFH IV R 10/72, BStBl II 75, 853; *Groh* FS Priester, 107. Zur Führung eines negativen KapKtos BFH I R 127/78, BStBl II 82, 546. Zu **Sondervergütungen,** die die HauptGes dem Unterbeteiligten für unmittelbare Leistungen gewährt, → Rn. 619, 622. Zum **Verlustausgleichsverbot** bei „Unterbeteiligung an KapGes" s § 15 IV 6–8; zu § 15a → § 15a Rn. 137, 32. Zur entgeltl/unentgeltl Begründung **einer Unterbeteiligung** → § 16 Rn. 416, 420; *Wacker* ZSteu 05, 358 (359); *Maetz* DStR 15, 1844. Zur **„Umwandlung"** – ***(a)*** einer Unterbeteiligung in eine Hauptbeteiligung und umgekehrt s *Bürkle* DStR 98, 558 – ***(b)*** der HauptGes s *Schindhelm ua* DStR 03, 1444. 371

(2) Ist der **Unterbeteiligte nicht MUer,** ist sein Gewinnanteil, sofern eine estrechtl anzuerkennende (typische) Unterbeteiligung besteht, – ***(a)*** für den Hauptbeteiligten abzugsfähige SonderBA (zB BFH I R 191/84, BStBl II 89, 343; BFH IV R 20/16, BStBl II 19, 224: Einlage des Unterbeteiligten) oder Sonderausgabe (§ 10 I Nr 1a; zB vorbehaltene Unterbeteiligung bei schenkweiser Übertragung des GesAnteils); – ***(b)*** für den Unterbeteiligten Einnahme aus KapVerm (§ 20 I Nr 4; BFH I R 111/88, BStBl II 91, 313: Verlustanteil WK) oder wiederkehrender Bezug (§ 22 Nr 1 S 1). Ist die Unterbeteiligung estrechtl nicht anzuerkennen, ist der Gewinnanteil nichtabzugsfähige Einkommensverwendung und nicht estpfl Vermögensmehrung (BFH IV R 79/94, BStBl II 96, 269). 372

6. Partenreederei. Die Rechtsform wurde durch das SeehandelsReformG (BGBl I 13, 831) als überholt **abgeschafft.** Für bis 24.4.13 entstandene Partenreedereien gelten allerdings die §§ 489 HGB aF fort (Art 71 EGHBG). Zu den zivilrechtl Grundlagen → 32. Aufl 2013, § 15 Rn. 374; zur estrechtl Qualifikation als eine andere Ges iSv § 15 I 1 Nr 2 sowie zum Mitreeder/Korrespondetreeder als MUer → 34. Aufl 2015, § 15 Rn. 374. Zu § 15 III Nr 2 → Rn. 230; zu Verlusten → § 15a Rn. 140. 374

7. Eheliche Güterstände; eheähnliche Lebensgemeinschaft; eingetragene Lebenspartnerschaft. – a) Ehegatten. – aa) Gütertrennung; Zugewinngemeinschaft. Leben Ehegatten in Gütertrennung (§ 1414 BGB) oder im gesetzl Güterstand der Zugewinngemeinschaft (§ 1363 BGB, ebenso bei Wahl-Zugewinngemeinschaft gem § 1519 BGB), können sie estrechtl grds nur dann *zu ihren Gunsten* geltend machen, dass der eine Ehegatte MUer eines GewBetr des anderen Ehegatten sei, wenn ein zivilrechtl PersGesVerhältnis ernsthaft und klar vereinbart und tatsächl durchgeführt ist (vgl → Rn. 740 ff). Dies gilt auch, wenn zivilrechtl evtl eine **InnenGes** vorliegt (BGH XII ZR 161/01, DStR 03, 1805). Das FA kann aber nachweisen, dass konkludent ein GesVertrag abgeschlossen ist (BFH VIII R 21/04, BFH/NV 06, 1839; BFH XI B 25/23, DStR 23, 2850 zur USt), insb ein als Dienst-, Miet- oä bezeichneter Vertrag zivilrechtl ein GesVertrag ist, der MUerschaft begründen kann (vgl 375

→Rn. 280 ff). Der mögl Anspruch auf **Zugewinnausgleich** (§§ 1372 ff BGB) begründet keine MUerschaft, obwohl durch diesen der eine Ehegatte letztl an Substanz und Ertrag eines GewBetr des anderen Ehegatten teil hat. Die Zugewinnausgleichsschuld ist Privatschuld (BFH IX R 25/89, BStBl II 93, 751). Auf eine Vermögensteilung bei Beendigung der Zugewinngemeinschaft unter Lebenden sind die Grundsätze zu erfolgsneutraler Realteilung nicht anzuwenden (→§ 16 Rn. 534).

376 **bb) Gütergemeinschaft.** Leben Ehegatten in Gütergemeinschaft (§§ 1415 ff BGB) und betreibt einer von ihnen einen **GewBetr,** der zum **Gesamtgut** gehört, ist der andere Ehegatte wegen der Teilhabe an den Erträgen, der dingl Mitberechtigung am Gesamtgut und der daraus resultierenden Teilhabe an den stillen Reserven des BV und der Haftung des Gesamtguts (einschließl des estrechtl PV im Gesamtgut) für betriebl Schulden idR MUer (mit PersGes „wirtschaftl vergleichbares Gemeinschaftsverhältnis", →Rn. 171), auch wenn er nach außen nicht in Erscheinung tritt (zB BFH IV R 37/04, BStBl II 06, 165). Dies gilt selbst dann, wenn dem Ehegatten, der nach außen als Inhaber des GewBetr auftritt, die alleinige Verwaltung des Gesamtguts übertragen ist (vgl § 1421 BGB); denn die MUerinitiative des anderen Ehegatten ist hier nicht schwächer als zB die eines atypischen Unterbeteiligten (FG Saarl EFG 04, 1449). Der andere Ehegatte ist aber nicht MUer, wenn im GewBetr die persönl Arbeitsleistung in Vordergrund tritt und kein nennenswertes Kapital eingesetzt wird (BFH VIII R 18/95, BStBl II 99, 384: Handelsvertreter).

377 **cc) Einzelfragen.** – ***(1)*** Sind die Ehegatten **Mitunternehmer,** umfasst das BV dieser MUerschaft nur die dem GewBetr gewidmeten WG des Gesamtguts und evtl SBV eines Ehegatten (BFH IV R 62/94, BStBl II 95, 592). Das übrige Gesamtgut ist PV; § 15 III Nr 1 ist nicht anwendbar (BFH IV R 214/84, BStBl II 87, 120 zur Erbengemeinschaft). Zur (idR hälftigen) Gewinnzurechnung s BFH VIII R 18/95, BStBl II 99, 384 zu II.3; zur Trennung/Scheidung s BFH IV B 66/10, BFH/NV 12, 411. Zur Realteilung des Gesamtguts s FG Mchn FR 93, 812. – Diese Grundsätze gelten entspr, soweit ein KG-Anteil eines Ehegatten Gesamtgut ist (BFH VIII R 18/95, BStBl II 99, 384). – ***(2)*** Ein zum **Vorbehaltsgut** oder **Sondergut** eines Ehegatten gehörender GewBetr oder Anteil an einer PersGes ist nur diesem Ehegatten zuzurechnen; dass die Erträgnisse unmittelbar in das Gesamtgut fallen, begründet keine MUerschaft (BFH IV R 50/72, BStBl II 77, 201 mwN). – ***(3)*** Zu Ehegatten, die in der **ehem DDR** im Güterstand der **„Eigentums- und Vermögensgemeinschaft"** lebten, →21. Aufl 2002, § 15 Rn. 379. – ***(4)*** Bei **fortgesetzter Gütergemeinschaft** (§§ 1483 ff BGB) sind die in das Gesamtgut fallenden (lfd) Einkünfte allein dem überlebenden Ehegatten zuzurechnen (§ 28); insoweit gelten die Kinder nicht als MUer (BFH I R 142/72, BStBl II 75, 437 zu II.1.). Wird aber die Gütergemeinschaft aufgelöst, ist ein evtl Betriebsaufgabegewinn dem Ehegatten *und* den Kindern nach Maßgabe ihrer Beteiligung am Gesamtgut zuzurechnen (BFH IV R 41/91, BStBl II 93, 430). – ***(5)*** Zu **LuF-MUerschaften** →Rn. 286; →§ 13 Rn. 161 ff; BFH VI R 45/16, DStR 18, 2012.

381 **b) Eheähnliche Lebensgemeinschaft.** Lebt ein Unternehmer in eheähnl Lebensgemeinschaft, ist der Partner, wenn keine Ges vereinbart ist (zB BGH II ZR 193/95, DStR 96, 1740), nicht schon deshalb MUer, weil er am Aufbau und Betrieb des GewBetr mitwirkt und ihm zivilrechtl evtl bei Auflösung der Lebensgemeinschaft analog zu §§ 730 ff BGB ein – dem Zugewinnausgleich estrechtl gleichwertiger – Abfindungsanspruch zusteht (dazu zB BGH II ZR 46/90, DStR 91, 655; OLG Stuttgart DStR 92, 474); ebenso wenig reicht die Gefahr der Strafverfolgung (BFH VII R 32/07, BFH/NV 09, 355). Damit ist freil unvereinbar, dass die Rechtsgrundsätze zu Verträgen zw Ehegatten (zB →§ 4 Rn. 520 „Angehörige") auf eheähnl Lebensgemeinschaften *nicht* sinngemäß anzuwenden sein sollen (zB BFH GrS 1/88, BStBl II 90, 160 zu C. III.5b; anders zB BGH IX ZR 55/96, BB 97, 543; offen in BFH VIII R 22, 23/90, BFH/NV 92, 25).

c) Eingetragene Lebenspartnerschaft. Seit dem LPartÜG gilt auch für Partner einer eingetragenen (gleichgeschlechtlichen) LPart das eheliche Güterrecht mit der Folge, dass sie mangels einer anderen Vereinbarung (Gütertrennung/Gütergemeinschaft) in Zugewinngemeinschaft leben (§§ 6, 7 LPartG). Demgemäß gelten für LPart auch estrechtl die zu → Rn. 375 ff dargelegten Grundsätze. Folgl sind auf Verträge zw LPart (zB Arbeits- oder Mietverträge) auch die für Verträge zw Ehegatten gültigen Grundsätze anzuwenden (→ § 4 Rn. 510, → § 12 Rn. 20 ff). Zur **Umwandlung** in eine **Ehe** s § 17a LPartG. 382

d) Erbengemeinschaft. Wird ein gewerbl Einzelunternehmer von mehreren Personen beerbt, werden alle **Miterben** mit dem Erbfall „geborene" MUer (BFH GrS 2/89, BStBl II 90, 837). Die Erbengemeinschaft ist zwar nicht rechtsfähig (BGH V ZB 142/15, DB 16, 2403), aber selbst dann MUerschaft (→ Rn. 171), wenn die Miterben den GewBetr nur vorübergehend fortführen (iEinz → § 16 Rn. 601 ff). Zum Übergang von **Anteilen an** einer **gewerbl PersGes** auf den/die Miterben → § 16 Rn. 660 ff. 383

VI. Umfang und Ermittlung der gewerblichen Einkünfte eines Mitunternehmers

Verwaltung: EStR 4.1 III, IV; 6b.2 VI, VII, IX; *BMF* BStBl I 78, 8 (MU-Erlass); *BMF* BStBl I 18, 1207 (Schuldzinsenabzug nach § 4 IVa); *BMF* BStBl I 07, 701 Rn. 17–32 (§ 35 bei MUerschaften); *OFD Ffm* DB 03, 2466 (Rücklagen nach § 6b X); *OFD Kbl* DStR 04, 314 (§ 6b: Identität des veräußerten und des angeschafften/hergestellten WG); *BMF* BStBl I 08, 495 (§ 6b; KapGes als MUerin); *BMF* BStBl I 11, 37 (Angehörigen-Darlehen); *OFD Ffm* DStR 15, 1802 (disquotale Gewinnverteilung).

Schrifttum (Auswahl): *Hallerbach,* Die PersGes im ESt-Recht, 1999. *Pinkernell,* Einkünftezurechnung bei PersGes, Diss Köln, 2000; *Bodden,* Einkünftequalifikation bei MUern, Diss Köln, 2001; *Schwandtner,* Disquotale Gewinnausschüttungen …, Diss, 2006; *Abel,* Steuerl Gewinnverteilung bei PersGes, Diss, 2022; *Schüppen,* Gewinnverwendungsentscheidungen …, FS Wacker, 2025, 83.

1. Gewerbliche Einkünfte eines Mitunternehmers. Sie umfassen seinen **Anteil am „Gesamtgewinn der MUerschaft"** (zB BFH GrS 3/92, BStBl II 93, 616 zu C. III.6.a; BFH I R 52/13, BStBl II 16, 172; *BMF* BStBl I 99, 669 Rn. 26). Zum ehemaligen MUer oder Rechtsnachfolger s § 15 I 2. 400

a) Zweistufige Gewinnermittlung. Der „Gesamtgewinn" ist in *zwei Stufen* zu ermitteln (zB BFH VIII R 78/97, BStBl II 99, 163 zu II.4.a). In der **1. Stufe** umfasst er den in § 15 I 1 Nr 2 S 1 an erster Stelle genannten Anteil am Gewinn oder Verlust der Ges, der sich errechnet *(a)* aus einer aus der HB (dazu IDW RS FAB 7, IDW LIFE 25, 58) nach den estrechtl Bilanzierungs- und Bewertungsvorschriften (einschließl der Normen über Entnahmen und offene oder verdeckte Einlagen; zB BFH IV R 12/08, BFH/NV 11, 768) abgeleiteten **StB der Ges** zuzügl *(b)* des Ergebnisses einer etwaigen **Ergänzungsbilanz** für den einzelnen MUer, in der Wertkorrekturen zu den Ansätzen der StB der Ges erfasst sind zB aus individuellen AK (zB BFH VIII R 1/14, BFH/NV 17, 1418 Rn. 63). Der Gewinn (Verlust) ist gem § 5 **bilanziell** zu ermitteln, wenn die PersGes nach HGB (§ 238) oder AO (§§ 140, 141) **buchführungs-/abschlusspflichtig** ist; ebenso bei **ausl** Buchführungspflicht (BFH I R 81/16, BStBl II 19, 390) oder nach **§ 4 I, III** bei freiwilligem Abschluss (BFH I R 24/13, BStBl II 15, 141; BFH IV R 20/17, BFH/NV 21, 1191: jew zu atypisch stiller Ges); zu § 4 III-Ergänzungsrechnung → Rn. 462. 401

In der **2. Stufe** umfasst er das Ergebnis etwaiger **Sonderbilanzen** *(a)* Aufwand und Ertrag der aktiven und passiven WG des dem einzelnen MUer gehörigen SBV, *(b)* die in § 15 I 1 Nr 2 S 1 an zweiter Stelle genannten Sondervergütungen einschließl nachträgl Sondervergütungen iSv § 15 I S 2, *(c)* die sonstigen SonderBE und SonderBA und *(d)* etwaige Gewinne oder Verluste aus der Veräußerung des MUerAnteils iSv § 16 I Nr 2. Zu § 4 III → Rn. 475, 641. – Ihren bilanziellen Ausdruck findet dies in der **„Gesamtbilanz der MUerschaft"** (zB BFH VIII R 15/96, BStBl II 08, 174 zu II.3.b mwN; s aber *Groh* StuW 95, 383 (389): Gesamtbilanz überflüssig, additive Gewinnermittlung genügt); in dieser sind die StB der Ges, die Ergänzungs- und Sonderbilanzen der MUer bzw ehemaligen MUer (vgl § 15 I 2) zusammengefasst. – So wie danach die gewerbl Einkünfte eines MUers (Gesamtgewinnanteil) eine komplexe Größe sind, sind es auch: *(aa)* der *Anteil am aktiven und passiven BV der MUerschaft* (= Anteil am BV der PersGes und das SBV); *(bb)* der *Anteil am Eigenkapital der MUerschaft* (= estrechtl „Gesamt"-KapKto des einzelnen MUers; BFH IV R 77/93, BStBl II 98, 180 zu 1.b: Anteil am EK der PersGes nebst Ergänzungsbilanzen und das EK aus der Sonderbilanz). – Grds **aA** *Hallerbach* aaO S 139 ff, 165: Ges'ter hat eigenständigen „Beteiligungsbetrieb".

402 **b) Gewerbesteuer.** Ergänzungs- und Sonderbilanzen, Sondervergütungen und SonderBE bzw SonderBA sind auch bei der Ermittlung des Gewerbeertrags zu berücksichtigen (zB BFH GrS 3/92, BStBl II 93, 616 zu C. III.6.b; BFH VIII R 46/94, BStBl II 99, 720 zu 1.; GewStH 7.1 III. Zur zivilrechtl Zurechnung von gewstl Mehr- oder Minderergebnissen hieraus s zB *Ottersbach* DStR 02, 2023.

403 **2. Additive Gesamtbilanz.** Die StB der Ges nebst Ergänzungsbilanzen einerseits und Sonderbilanzen der MUer andererseits sind – so Rspr und hL – durch Addition der – einheitl nach § 5 ermittelten (BFH XI R 38/89, BStBl II 92, 797) – Ergebnisse zusammenzufassen (**„Additive Gewinnermittlung";** zB *Groh* StuW 95, 383; BFH GrS 7/89, BStBl II 91, 691 zu C. II.1; BFH VIII R 78/97, BStBl II 99, 163 zu II.4.a); die Summe lässt sich als „additive Gesamtbilanz" bezeichnen, die nach EStR 4.4 II 6; *FM SchlH* DStR 12, 1660 (mit Beispiel) *insgesamt* Gegenstand einer Bilanzänderung (§ 4 II 2) sein kann (→ Rn. 165).

404 **a) Sonderbetriebsvermögen I.** Der **BFH** (und die hL) vertritt mE zutr die Ansicht, dass (jedenfalls) *„für den Bereich der Sondervergütungen"*, genauer für die durch § 15 I 1 Nr 2 S 1 Hs 2 erfassten Rechtsbeziehungen in der StB der Ges und den Sonderbilanzen der MUer korrespondierend zu bilanzieren ist und insoweit zB das Imparitätsprinzip nicht greift („additive Gewinnermittlung mit **korrespondierender Bilanzierung**"; zB BFH IV R 8/20 (IV R 7/17) DStR 23, 1187; *Groh* aaO; *Pinkernell* aaO S 300 ff; *Hüttemann* DStJG 34, 391). Der BFH leitet dieses Prinzip aus dem *Zweck* des § 15 I 1 Nr 2 S 1 Hs 2 ab, erstens die Stellung des MUers einem Einzelunternehmer anzunähern, weil dieser keine Verträge mit sich schließen kann (zB BFH VIII R 41/98, BStBl II 00, 339 zu II.2.b), und zweitens das Besteuerungsergebnis unabhängig davon zu machen, ob Ges'terleistungen durch Vorabgewinn oder Sondervergütung honoriert werden (zB BFH VIII R 13/99, BStBl II 00, 612 zu 2.). Hieraus folgt zB: – ***(1)*** Unabhängig von allg Bilanzierungs- und Bewertungsnormen sind Sondervergütungen *zeit- und betragsgleich* als Aufwand in der StB und als Ertrag in der Sonderbilanz auszuweisen und demgemäß Rückstellungen für Sondervergütungsschulden in der StB der Ges durch gleichhohe Aktivposten in der oder den Sonderbilanzen auszugleichen (BFH VIII R 15/96, BStBl II 08, 174 zu II.3.b; auch → Rn. 586). – ***(2)*** Darlehensforderungen eines MUers gegen die Ges sind idR in der Gesamtbilanz Eigenkapital und können daher in der Sonderbilanz grds nicht gewinnmindernd wertberichtigt werden (zB BFH IV R 77/93, BStBl II 98, 180 zu 1.b); zu Ausnahmen (Betriebsaufgabe, Ausscheiden des MUers, Forderungsabtretung) aber → Rn. 544.

405 **b) Schrifttum.** Dort wird abw von der Rspr zB vertreten: – ***(1)*** Maßgebl sind die allg Bilanzierungs- und Bewertungsnormen einschließl Imparitätsprinzip; daher sind auf Forderungen eines MUers gegen die Ges in seiner Sonderbilanz TW-AfA zulässig; desgleichen können in der StB der Ges zB Rückstellungen für Pensionszusagen an Ges'ter gebildet werden, ohne dass in der Sonderbilanz des begünstigten oder aller Ges'ter ein gleich hoher Posten zu aktivieren ist (**„reine additive Gewinnermittlung";** zB *G. Söffing* BB 99, 96; dazu aber → Rn. 586). – ***(2)*** Zu bilan-

zieren ist teils nach GoB (Ansprüche aus Darlehen oder nach § 110 HGB), teils korrespondierend (Sondervergütungen; *Sieker* Eigen- und Fremdkapital der PersGes, 1991 S 81 ff). – *(3)* Das Imparitätsprinzip greift ein, soweit der Ges'ter in der StB der Ges ein positives KapKto hat oder zw Ges und MUer Streit herrscht (*Dreher* DStZ 96, 139).

c) EuGH. Zur str Frage, ob der BFH verpflichtet ist, Fragen des Bilanz(steuer) rechts der PersGes dem EuGH vorzulegen, → § 5 Rn. 3. 406

3. Steuerbilanz der Personengesellschaft. – a) Anteil des Mitunternehmers. Der in § 15 I 1 Nr 2 S 1 an erster Stelle genannte Gewinn- oder Verlustanteil der Ges'ter (MUer) ist aus dem durch BV-Vergleich ermittelten Gewinn oder Verlust der Ges – und nicht etwa aus einem BV-Vergleich für den einzelnen Ges'ter – abzuleiten (BFH GrS 3/92, BStBl II 93, 616 zu C. III.6.a cc). Grundlage ist die StB der Ges, auch bei gewerbl InnenGes wie zB atypischer stiller Ges (→ Rn. 347). PersGes, und zwar Außen- wie InnenGes sind demnach (als gewerbl MUerschaften) zwar bezügl Einkünftequalifikation und Gewinnermittlung partiell **steuerrechtsfähig;** unberührt hiervon bleibt jedoch dass nur die einzelnen **Ges'ter** Subjekte der ESt/KSt sind mit der Folge, dass sie – wenn auch im mitunternehmerschaftl Verbund – aus ihrer Beteiligung **originär** betriebl Einkünfte erzielen (→ Rn. 163 mN). 407

aa) Zurechnungsgegenstand. Den Ges'tern (MUern) ist *grds nur* das durch BV-Vergleich ermittelte *Ergebnis* der gewerbl Betätigung **(Gewinn/Verlust)** der PersGes unmittelbar zuzurechnen, *nicht* der einzelne *Geschäftsvorfall* oder das einzelne WG des GesVermögens (BFH GrS 3/92, BStBl II 93, 616). Anders ist dies ua aber gem § 3 Nr 40 EStG und § 8b KStG für Einkünfte aus Anteilen an KapGes (→ Rn. 438 f). Bei beschr stpfl Ges'tern ist der Gewinn nur insoweit stpfl, als er auf inl Betriebsstätten entfällt (§ 49 I Nr 2a). 408

bb) Mehrstöckige Personengesellschaft. Ist eine PersGes an einer anderen PersGes beteiligt, gehen „die von der OberGes aus ihrer Beteiligung an der UnterGes erzielten Einkünfte in den Gewinn der OberGes" ein und werden deren Ges'tern „als Gewinnanteil" zugerechnet (BFH GrS 7/89, BStBl II 91, 691 zu C. III.3b bb; zur MUerstellung der OberGes → Rn. 253, 612). Dies gilt für den Anteil am StB-Gewinn, das SBV und die Sondervergütungen *der OberGes,* nicht hingegen für Sondervergütungen und SBV der *Ges'ter der OberGes* aus *unmittelbaren* Beziehungen zur UnterGes; diese sind Teil des Gesamtgewinns bzw -BV der UnterGes (Einzelheiten → Rn. 610 ff). 409

b) Einzelheiten. In der **StB der Ges** ist **grds einheitl zu bilanzieren** (AfA, Rückstellungen usw); Ansatz- und Bewertungswahlrechte (zB lineare/degressive AfA usw) können nur einheitl für die Ges als solche und nicht unterschiedl für jeden Ges'ter in Anspruch genommen werden (zB BFH IV R 137/83, BStBl II 86, 910; § 7a VII 2). 410

aa) Personenbezogenheit. Das EStG und Sondergesetze sehen für bestimmte Investitionen Steuervergünstigungen in Form **erhöhter AfA, SonderAfA, stfreier Rücklagen** oder **InvZul** vor (zB §§ 7d, 7g aF/7g nF, 7k EStG; § 1 InvZulG); diese sind uU von Zugehörigkeits- oder Verwendungsvoraussetzungen **(Bindungsvoraussetzungen)** abhängig (zB § 7d II Nr 1, VI; § 7g II Nr 2 aF; zu § 7g VII nF → § 7g Rn. 83; *BMF* BStBl I 22, 945; § 7k II Nr 4 EStG; § 2 S 1 Nr 2 InvZulG). Bei diesen Vorschriften stellt sich, sofern sie „personenbezogen" sind (zB § 7d II Nr 1: „… die WG in einem … Betrieb *des StPfl* … dienen"), für PersGes die Frage, ob **begünstigte Person** die *PersGes* als solche oder die einzelnen *Ges'ter (MUer)* sind (→ Rn. 165). Dies ist bedeutsam dafür, wie sich zB ein (entgeltl) **Ges'terwechsel,** eine Realteilung usw hinsichtl WG des Gesamthandsvermögens auswirken, (zB rückbezügl Wegfall der Vergünstigung? Vergünstigung für einen neuen Ges'ter?). Da nur natürl Personen und Körperschaften est- und kstpfl sind, ist davon auszugehen, dass StPfl iSd Vorschriften **die Ges'ter (MUer)** sind (vgl BFH GrS 3/92, BStBl II 93, 411

616 zu § 10a GewStG; *BMF* BStBl I 25, 1419 zu § 7b; BFH VIII R 85/91, BStBl II 94, 243 zu § 7d; BFH IX R 50/98, BStBl II 01, 760u *OFD Bln* FR 02, 48 zu §§ 7h, 7i; BFH VIII R 13/04, BFH/NV 07, 333 zu § 82f EStDV; zum Teileinkünfteverfahren → Rn. 438, 439). Anders ist dies nur, wenn sich im Einzelfall aus Wortlaut und/oder Zweck der jeweiligen Norm das Gegenteil ergibt (BFH VIII R 85/91, BStBl II 94, 243 zu § 7d); Letzteres trifft zB zu für das InvZulG (§ 1 I 2 iVm § 5 II 2; dazu *BMF* BStBl I 06, 119 Rn. 5) und das FördG aF (§ 1 I 2; dazu BFH IX R 21/98, BStBl II 02, 309; *FB Bln* DB 05, 2719). – Auch bei personenbezogenen Vergünstigungen ist aber einheitl zu bilanzieren, soweit der Ges'terbestand unverändert ist (§ 7a VII 2; BFH IV R 137/83, BStBl II 86, 910).

413 **bb) AfA.** Soweit in Vorschriften über AfA, zB degressive AfA (§ 7 V), erhöhte AfA (§ 7h) oder SonderAfA die HK der WG des GesVermögens einer PersGes Bemessungsgrundlage sind, ist idR davon auszugehen, dass **Hersteller** („Zurechnungssubjekt von HK" bzw Bauherr) iSd Vorschriften nicht die PersGes als solche, sondern die einzelnen Ges'ter sind (BFH IX R 50/98, BStBl II 01, 760). Ges'ter, die erst nach Fertigstellung in die Ges eintreten, können daher die erhöhte AfA usw nicht beanspruchen (*OFD Bln* FR 02, 48 zu §§ 7h, 7i), es sei denn, auch AK sind begünstigt und die etwaigen Voraussetzungen hierfür sind erfüllt (BFH IX R 50/98, BStBl II 01, 760). Entsprechendes gilt, soweit Aufwendungen **für immaterielle WG** (nur) als HK sofort abzugsfähig sind (vgl § 5 II; zur Abgrenzung von Herstellungs- und Erwerberfonds s *BMF* BStBl I 03, 546 Rn. 41 ff, 49; *BMF* BStBl I 03, 406 Rn. 11. – Zu PersGes (auch doppelstöckigen) als **„Existenzgründer"** iSv § 7g VII 2 Nr 2 aF → 34. Aufl 2015, § 7g Rn. 51.

416 **cc) Rücklage nach § 6b.** Durch das UntStFG (BGBl I 01, 3858) wurde zum 1.1.02 die Rückkehr zur bis zum 31.12.98 maßgebl Rechtslage vollzogen. Dh, § 6b begründet eine **personen-/*gesellschafter***bezogene StVergünstigung (zB BFH IV R 19/14, BStBl II 18, 575 betr Veräußerung an SchwesterPersGes); zur fehlenden Bindungswirkung bei rechtsträgerübergreifender Übertragung s BFH IV R 7/19, DStR 22, 703; *Stutzmann* HFR 22, 627; zu § 174 IV AO BFH X R 14/21, BStBl II 24, 48). Begünstigt sind somit diejenigen Personen, die einen Veräußerungsgewinn zu versteuern hätten (vgl EStR 6b.2 VI–VII). Zu weiteren *Einzelheiten* (zB Übertragung aus/in Gesamthandsvermögen/SBV; KapGes als MUerin/HB-Korrekturposten; Vorbesitzzeiten bei Änderung der Beteiligungsverhältnisse; § 6b bei Veräußerung von MUerAnteilen) → § 6b Rn. 31 f, 43 ff, 94, 110; → § 15 Rn. 474; → § 16 Rn. 577.

421 **dd) Betriebsstätte; Eigenkapitalbeschaffung.** Obwohl die WG des GesVermögens den Ges'tern idR (→ Rn. 408) nicht unmittelbar anteilig zuzurechnen sind, gilt eine *Betriebsstätte* der PersGes zugleich als Betriebsstätte jedes MUers (BFH I R 10/01, BStBl II 02, 848 zu 2.b); bei beschr stpfl Ges'tern ist daher der auf ausl Betriebsstätten entfallende Gewinn der Ges nicht estpfl (BFH I R 95/84, BStBl II 88, 663). Zu § 34a → § 34a Rn. 25. Aufwendungen für die *Beschaffung von Eigenkapital,* zB Provisionen für den Beitritt von K'tisten, sind idR sofort abzugsfähig (zB BFH IV R 352/84, BStBl II 88, 128; *BMF* BStBl I 88, 98); anders aber bei geschlossenen Immobilienfonds, auch in der Rechtsform der gewerbl geprägten KG (dazu → Rn. 323). Werden Provisionen an Ges'ter gezahlt, sind sie bei diesen SonderBE. Sog **Konzeptionskosten** zB einer Verlustzuweisungs-KG sind als AK eines immateriellen WG zu aktivieren (BFH XI R 45/88, BStBl II 93, 538 zu B. II).

425 **ee) Betriebliche Veranlassung; Entnahme; Aufwandsersatz.** Bei der Ermittlung des StB-Gewinns dürfen nur Aufwendungen als **BA** abgezogen werden, die durch den (eigenen) Betrieb der PersGes veranlasst sind (§ 4 IV; BFH IV R 38/16, BFH/NV 19, 551). Soweit dies zu verneinen ist (BFH VIII S 37/18, BFH/NV 20, 196; Veranlassung durch GesVerhältnis; BVerfG DStR 25, 1569: Fehlen schriftl Abrede nicht ausreichend), liegt Gewinnverwendung bzw Entnahme durch die Ges'ter

vor (zB BFH VIII R 57/94, DStR 97, 1965 zu Forderungsverzicht). Dies gilt auch im Verhältnis zu **SchwesterKapGes** (BFH IV R 16/12, BFH/NV 15, 1572; → Rn. 600 ff). Aufwendungen einer PersGes sind hiernach (insgesamt) **keine BA,** sondern Entnahmen, wenn sie durch die unentgeltl Anteilsübertragung (BFH IV R 44/12, BFH/NV 15, 1085) oder auch durch die Lebensführung eines Ges'ters oder einer *einem* (nicht notwendig *allen*) Ges'ter nahe stehenden Person veranlasst sind (FG Mster EFG 18, 1786, rkr); das Abzugsverbot für Aufwendungen nach **§ 12** *BMF* BStBl I 10, 614) gilt auch für PersGes (BFH VIII R 148/85, BStBl II 92, 647; → § 12 Rn. 23); **aA** FG Mchn EFG 16, 274, rkr, betr Kostenübernahme für Komplementär iVm Aktivierung eines Aufwendungsersatzanspruchs. Keine BA sind Kosten der **Gewinnfeststellungserklärung** (zur *freiwilligen* Abschlussprüfung s BFH IV R 26/11, BStBl II 14, 886: keine Rückstellung; zR abl *Hennrichs* StuW 15, 65); ebenso nicht die Erklärungen zur ESt der Ges'ter oder der Wertfeststellungen gem § 151 BewG betr die ErbSt (*FM SchlH* DStR 15, 1313).

(1) Arbeitsverhältnis. Aufwendungen aus ArbVerh zw einer PersGes und dem Ehegatten oder anderen Angehörigen eines beherrschenden Ges'ters sind (nur) nach den für Ehegatten-ArbVerh maßgebl Grundsätze abzugsfähig (zB BFH VIII R 38/93, BStBl II 96, 153: *Fremdvergleich/„Nur Pensionszusage"*; BFH VIII R 69/98, BStBl II 02, 353); zu Barlohnumwandlung s BFH VIII R 68/06, BStBl II 08, 973; zu Rückstellungen für Pensionszusagen an den ArbN-Ehegatten → Rn. 592. 426

(2) Darlehen. Zinsen für Darlehen, die eine PersGes von Angehörigen eines (beherrschenden) Ges'ters aufnimmt, sind grds nur dann BA, wenn die Vereinbarung zivilrechtl wirksam ist und nach Inhalt und diesem entspr tatsächl Durchführung dem gleicht, *was unter Fremden übl ist* (vgl *BMF* BStBl I 11, 37; 14, 809; BFH IV B 76/14, BFH/NV 15, 976). Zum Fremdvergleich gehört jedenfalls bei langfristigen Darlehen (mE allg) idR auch die *Bestellung von Sicherheiten* (BFH VIII R 50/97, BStBl II 00, 393 zu II.3. mwN; zu *Ausnahmen* s BFH IV R 21/01, BFH/NV 03, 1542; BFH VI R 62/15, DStR 17, 2475; *BMF* BStBl I 11, 37; 14, 809). Ebenso ist dies *(Fremdvergleich!),* wenn Ges'ter ihre Forderungen gegen die PersGes (bisher Eigenkapital in der Gesamtbilanz) an Angehörige schenkweise abtreten (BFH IV R 17/89, BStBl II 91, 18; *BMF* BStBl I 11, 37). – Auch Zinsen für ein *fremdübl* „Darlehen" sind aber *keine BA,* wenn ein Einzelunternehmer die Geldmittel vorher nahen Angehörigen unter der Auflage geschenkt hat, sie dem Schenker als Darlehen zurückzugewähren (BFH X R 121/88, BStBl II 92, 468; *BMF* BStBl I 11, 37); ebenso wenn die Geldmittel nicht dem Schenker, sondern einer von diesem beherrschten PersGes als Darlehen zurückgewährt werden, sofern zw Schenkung und Darlehen „eine auf einem **Gesamtplan** beruhende sachl Verknüpfung besteht" (BFH VIII R 46/00, BStBl II 02, 685; *BMF* BStBl I 11, 37; *Wacker* StbJb 02/03, 106). – Darlehenszinsen sind aber uU BA, wenn das geschenkte und dann als Darlehen gewährte Geld von Angehörigen stammt, die nicht Ges'ter der PersGes sind (BFH IV R 58/99, BStBl II 01, 393 zu 3.) oder wenn die Beschenkten (Darlehensgeber) wirtschaftl unabhängige volljährige Angehörige sind (BFH IV R 58/99, BStBl II 01, 393; *BMF* BStBl I 11, 37). 427

(3) Stille Gesellschaft. Diese Grundsätze sind sinngemäß maßgebl für eine typische stille Beteiligung eines Angehörigen eines (beherrschenden) Ges'ters an einer Familien-PersGes „jedenfalls ... wenn eine Verlustbeteiligung ausgeschlossen ist" (BFH X R 99/88, BStBl II 93, 289; *BMF* BStBl I 11, 37 Rn. 15: für Vereinbarungen nach dem 31. 12. 92 ohne Verlustbeteiligung; ähnl *Weber-Grellet* DStR 93, 1010). Für stille Ges *mit Verlustbeteiligung* ist str, ob für die Anerkennung eine dingl Sicherung erforderl ist (vern BFH III R 91/87, BStBl II 90, 10). ME ist die Differenzierung zw stillen Ges ohne und mit Verlustbeteiligung kaum überzeugend. 428

(4) Mietverhältnisse; Pachtverhältnisse. Derartige Verträge zw einer PersGes und den beherrschenden Ges'tern (oder deren Angehörigen) sind nur anzuerkennen, 429 wenn sie nach Inhalt und tatsächl Durchführung im Wesentlichen dem *Fremdvergleich* entsprechen (BFH IV R 43/13, BFH/NV 16, 742; einschr BFH IX R 45/06, BStBl II 11, 20; *BMF* BStBl I 11, 37: nicht anzulastende Formmängel uU unschädl).

430 **ff) Überentnahmen/§ 4 IVa.** Zinsen für Schulden einer PersGes bzw ihrer Ges'ter sind nur insoweit BA bzw SonderBA, als die Schuld Betriebsschuld ist (→ Rn. 485 ff, 521 ff; BFH IV R 19/19, BFH/NV 22, 1045). Der BA-Abzug dieser Zinsen wird aber durch **§ 4 IVa** nach Maßgabe des „Überentnahmenmodells" (zu Einzelheiten → § 4 Rn. 535 und bis → 34. Aufl 2015, § 15 Rn. 430) und (mE nachrangig) durch § 4h (Zinsschranke) der Höhe nach begrenzt. Zur betriebsbezogenen Überentnahme bei doppelstöckigen PersGes s zutr BFH IV R 8/21, BStBl II 24, 110; FG Mster EFG 24, 1768 Rev IV R 10/24.

431 **gg) Versicherungen.** Prämien für Risiko- oder Kapitalversicherung auf das Leben eines Ges'ters sind (einschließl *Rückdeckungsversicherung,* s BFH IV R 41/00, BStBl II 02, 724; BFH VIII R 4/10, BStBl II 13, 615; auch → Rn. 493, 588) – nach bisheriger Rspr (s unten) unabhängig von der vorgesehenen Verwendung der Versicherungssumme (zB *Teilhaberversicherung;* dazu zB BFH/NV 94, 539; *OFD Ffm* FR 95, 553) – keine BA (und der Versicherungsvertrag kein BV, → Rn. 493), sondern Entnahmen; die Versicherungsleistung sind keine BE, sondern Einlagen, auch wenn die Versicherung der Sicherung eines von der PersGes aufgenommenen Darlehens (zB **Policendarlehen**) dient (zB BFH VIII B 5/06, BFH/NV 07, 689). Versicherungs- und Darlehensverhältnis sind danach getrennt zu beurteilen; ist die Kreditaufnahme ausschließl betriebl veranlasst, sind die Schuld Betriebsschuld und die Zinsen BA (*OFD Nbg* DStR 93, 1258). – BA sind Prämien für Versicherung auf das Leben eines **NichtGes'ters** mit Anspruchsberechtigung der Ges (BFH IV R 14/95, BStBl II 97, 343) oder auf das Leben von Angehörigen (Kindern) des Ges'ters bei betriebl Kredittilgungszweck (BFH IV R 45/08, BStBl II 11, 552; → Rn. 493; bedenkl) – Zum steuerunschädl Einsatz von **LV-Ansprüchen** (vgl § 10 II 2) s *BMF* BStBl I 00, 1118. Zu weiteren betriebl Risiken → Rn. 493.

432 **hh) Spenden der Personengesellschaft.** Sie sind anteilig Entnahmen der Ges'ter und bei diesen nach § 10b abzugsfähig (BFH X R 149/88, BStBl II 91, 70). Zur Ermittlung des Höchstbetrags für sog Großspenden (§ 10b) der PersGes und/oder ihrer Ges'ter s BFH XI R 95/97, BStBl II 03, 9; *OFD Hann* BB 98, 1671 (1672)). Zum umsatzbezogenen Höchstbetrag s EStR 10b.3 I 3.

433 **ii) Geldstrafen; Geldbußen (§ 12 Nr 4; § 4 V Nr 8).** Sie sind idR Entnahmen der Ges'ter (vgl BFH VIII R 89/86, BStBl II 92, 85).

434 **jj) Wirtschaftsguttransfer.** Zur Auswirkung **entgeltl Veräußerung** oder **unentgeltl** bzw teilentgeltl **Übertragung** einzelner WG aus oder in das GesVermögen oder ihres Übergangs aus dem BV ins PV der Ges auf den StB-Gewinn und dessen *subj Zurechnung* → Rn. 446, 484, 496; → § 6 Rn. 761 ff. Zur **steuerrechtl Anerkennung** von Anschaffungsgeschäften (Ges'ter an PersGes) s BFH IV R 25/19, DStR 22, 2434: strenger Maßstab (vgl iEinz → § 7 Rn. 233; *Wacker* FR 23, 725).

435 **kk) Entnahmen.** Die (*berechtigte,* dh vom Einverständnis aller Ges'ter getragene) Entnahme **lfd Nutzungen,** zB unentgeltl *vorübergehende* Privatnutzung von WG des BV der PersGes durch Ges'ter oder die Entnahme von **Dienstleistungen** ist bei der Ermittlung des StB-Gewinns nach den für Einzelunternehmer maßgebl Grundsätzen (vgl → § 4 Rn. 300 ff) gewinnerhöhend zu berücksichtigen, vorausgesetzt, dass mit der außerbetriebl Nutzung Aufwand zB anteilige AfA verbunden ist (BFH IV R 43/13, BFH/NV 16, 742). Einzelheiten zur spezialgesetzl geregelten Höhe der Aufwandsentnahme für **private Nutzung von Kfz** im BV der PersGes (§ 6 I Nr 4) s *BMF* BStBl I 09, 1326; *BMF* BStBl I 14, 835; → Rn. 496, 647; *OFD Nds* DB 12, 2550 (UStG), – Aufwandsentnahme liegt auch vor bei unentgeltl Begründung eines (dingl oder schuldrechtl) Rechts zur *vorübergehenden* Nutzung (vgl BFH

VIII R 35/92, BStBl II 95, 241). – Die *unberechtigte* Nutzung ist keine Entnahme, begründet aber Ersatzansprüche der Ges gegen den nutzenden Ges'ter iHd Nutzungswerts (*Hellwig* FS Döllerer, 202 (213)). – Zur (berechtigten) *unentgeltl* und *dauerhaften* **Belastung** eines WG des GesVermögens mit einem **Nutzungsrecht** zugunsten eines Ges'ters für *private* Zwecke oder eines Familienangehörigen → Rn. 496 (Entnahme des belasteten WG); *Ruban* FS Klein, 1994, 781 (796); *OFD Ddorf* DB 95, 900. – Zur verbilligten Vermietung einer zum BV gehörigen Wohnung s BFH IV R 46/00, DStRE 03, 773. Zum Ansatz der den Ges'tern von Dritten zugewendeten **Nutzungsvorteile** (zB Schiffsreise) **als BE** der Ges und Entnahme der Ges'ter s BFH VIII R 35/93, BStBl II 96, 273.

ll) Einlagen. Zu **disquotalen** Einlagen → § 16 Rn. 420. Eine (gewinnmindernde) Einlage der lfd **Nutzungen** eines WG, das einem Ges'ter (oder einem Dritten) gehört, ist nicht mögl (BFH GrS 2/86, BStBl II 88, 348). Gehört das WG einem Ges'ter, ist es idR SBV des Ges'ters; seine Aufwendungen zB AfA sind SonderBA. Wird das WG nicht SBV, weil es die PersGes nur kurzfristig nutzt (→ Rn. 514), sind die Aufwendungen, soweit sie zeitanteilig auf die betriebl Nutzung durch die PersGes entfallen, mE (wie bei Einzelunternehmern) als SonderBA des Ges'ters (Aufwandseinlage) abzugsfähig. Nutzt die PersGes ein WG eines Dritten zB Ehegatten eines Ges'ters unentgeltl, kann die PersGes die Aufwendungen, zB AfA des Dritten **(Drittaufwand),** idR nicht als BA abziehen (Einzelheiten BFH GrS 1/97, BStBl II 99, 774; BFH GrS 2/97, BStBl II 99, 778; BFH GrS 3/97, BStBl II 99, 782; GrS 5/97, BStBl II 99, 787). Zur Sacheinlage eines **Nutzungsrechts** → Rn. 515. **436**

mm) Leistungen Personengesellschaft/Gesellschafter. Hierzu → Rn. 625 ff, eines Ges'ters an die PersGes → Rn. 560, zw Schwester-PersGes → Rn. 600 ff. **437**

nn) Anteile an Kapitalgesellschaft (BV; zu SBV → Rn. 517 f, 528). Gehören zum Gesamthandsvermögen (BV) einer PersGes (oder zum BV des tätigen Teilhabers einer atypisch stillen Ges) Anteile an KapGes, ist *grds* ab 1.1.02 im Hinblick auf die „Transparenz" der PersGes bei der subj Einkünftezurechnung (→ Rn. 162, 165) zu unterscheiden. – ***(1)*** **Natürl Personen als Ges'ter (MUer).** Gem **§ 3 Nr 40 S 1 (Teileinkünfteverfahren)** sind bis VZ 2008 die Hälfte sowie ab **VZ 2009** (iZm der abgesenkten Belastung der KapGes: KStSatz: 15% zuzügl GewSt/SolZ) **40%** der (offenen oder verdeckten) Gewinnausschüttungen, der BV-Mehrungen/Einnahmen aus der Veräußerung/Entnahme von KapGes-Anteilen und des auf solche Anteile entfallenden Veräußerungspreises iSv § 16 II **stfrei** – ausgenommen – *(aa)* einbringungsgeborene Anteile iSv § 21 UmwStG aF (ggf iVm §§ 20 III 4, 21 II 6 UmwStG; vgl ab 2025: § 17 VI Nr 2 nF) während eines Behaltezeitraums von 7 Jahren ab Einbringung (§ 3 Nr 40 S 3–4 aF iVm § 52 IVd aF), – *(bb)* bestimmte KapGesAnteile in Händen von Finanzunternehmen iSd KWG/Wertpapierinstituten iSd WPIG (s § 3 Nr 40 S 3; → Rn. 439) und – *(cc)* Veräußerungsgewinne gem § 19 II, III, § 19a REITG. Begünstigt sind danach zB auch Erlöse aus der Veräußerung des MUerAnteils, soweit der Erlös auf KapGes-Anteile entfällt (zu § 24 V UmwStG nF → Rn. 439). Andererseits dürfen gem **§ 3c II** BV-Minderungen, BA und Veräußerungskosten, die mit den in § 3 Nr 40 genannten BV-Mehrungen oder Einnahmen in Zusammenhang stehen, **nur** zu **60%** abgezogen werden; s iEinz dort (Absicht der Einkunftserzielung; TW-AfA, Darlehensverlust, lfd Aufwendungen iZm Mietverträgen etc) sowie hier → Rn. 869, 819. **Ausnahmen:** ***(1)*** **BA** der MUerschaft/**PersGes** (zB Zinsen) sind **zugleich SonderBE** der MUer/Ges'ter (BFH IV R 5/18, BStBl II 20, 448: Ges'terdarlehen = EK in Gesamtbilanz der MUerschaft; → Rn. 540); ***(2)*** **SonderBA** (Zinsen) des MUer werden durch BE der PersGes ausgeglichen (BFH IV R 26/20, BStBl II 24, 367: maßgebl *jew* MUerschaft, ggf *jew* OrganGes; *insoweit* krit *Meyer* DStR 25, 1380 (1390)). – Die stfreien und die nichtabzugsfähigen Teilbeträge sind, da im StB-Ergebnis enthalten, **außerbilanziell** zu kürzen und hinzuzurechnen (BFH X R 14/21, BStBl II 24, 48). – Zur **GewSt** → Rn. 439 aE. **438**

439 *(2)* **Kapitalgesellschaft als Gesellschafter (Mitunternehmer); Körperschaftsteuerfreistellungsverfahren.** Gem **§ 8b I, II KStG** sind bei der Ermittlung des Einkommens einer KapGes Gewinnausschüttungen einer (anderen) KapGes sowie Erlöse aus der Veräußerung von KapGes-Anteilen außer Ansatz zu lassen – ausgenommen – ***(a)*** bestimmte KapGesanteile in Händen von Finanzunternehmen iSd KWG/Wertpapierinstituten iSd WPIG (s § 8b VII KStG), – ***(b)*** einbringungsgeborene Anteile iSv § 21 UmwStG aF während eines Behaltezeitraums von 7 Jahren (§ 8b IV KStG aF) und – *(c)* rückwirkender Ansatz des Einbringungsgewinns II gem §§ 24 V aF/nF, 22 II UmwStG nF innerhalb einer 7-jährigen Sperrfrist. Andererseits bleiben gem § 8b III 3 KStG TW-AfA und Veräußerung-/Auflösungsverluste bezügl der Anteile unberücksichtigt; ebenso nach Maßgabe von § 8b III 4–7 KStG Gewinnminderungen iZm Darlehen und Sicherheiten (auch → Rn. 819, 869). Des Weiteren dürfen 5% des nicht der Besteuerung unterliegenden Gewinns nicht als BA abgezogen werden (§ 8b III 1 KStG), sodass iErg nur 95% des Gewinns stfrei sind; § 3c ist nicht anzuwenden. – KStpflichtig sind jedoch aus Gründen des EU-Rechts gem § 8b IV KStG nF Ausschüttungen auf **Streubesitz-Anteile** (weniger als 10%; vgl § 8b IV 4 f), die ab dem 1.3.13 zufließen, mit der Folge, dass insoweit bei gebietsansässigen Anteilseignern auch der BA-Abzug eröffnet ist – Gem **§ 8b VI KStG** gelten diese Vorschriften auch, soweit einer KapGes Bezüge, Gewinne und Gewinnminderungen zB aus Teilwert-AfA iRd Gewinnanteils aus einer **MUerschaft** zugerechnet werden, sowie für Gewinne (Verluste), soweit diese **bei der Veräußerung (Aufgabe) eines MUerAnteils** auf entspr KapGes-Anteile entfallen (Transparenz der PersGes!; s BFH I R 95/05; BStBl II 07, 279; BFH I R 58/10, DB 11, 505; *BMF* BStBl I 03, 292 Rn. 54–58). Zu etwaigen **Ausnahmen** bei Kongruenz von BA der MUerschaft/SonderBE der MUer → Rn. 438. – ***(3)*** Maßgebl für **anteilige Anwendung** des Teileinkünfteverfahrens und der KStFreiheit bei PersGes mit natürl Personen und KapGes als MUer ist grds der allg **Gewinnverteilungsschlüssel** der PersGes (*Ausnahme:* § 24 V UmwStG nF; s oben).

(4) **Verdeckte Gewinnausschüttung.** VGA an MUer (oder Nahestehende) erhöhen den GesGewinn (BFH IV R 7/13, BStBl II 16, 219: überhöhtes Gehalt).

(5) **Weitere Einzelfragen.** *(a)* Bezugsrechte (BFH I R 101/06, BStBl II 08, 719: kein § 8b II KStG); – *(b)* Ausschüttungen aus dem Einlagekonto (BFH IV R 19/18, DStR 22, 2041); – *(c)* Veräußerungskosten s *BMF* BStBl I 08, 506; – *(d)* mehrstufige PersGes s zB *Hoffmann* DB 00, 1931 (1934); – *(e)* KapESt → Rn. 505; – *(f)* PersGes als Organträger → Rn. 175; zu § 14 IV KStG aF/nF s *BMF* BStBl I 22, 1412; → § 16 Rn. 135; – *(g)* § 8b KStG und §§ 3 Nr 40, 3c gelten auch für die GewSt (BFH I R 95/05, BStBl II 07, 279; *BMF* DStR 07, 626: Übergangsregelung; ab EZ 04 s § 7 S 4); – *(h)* Zur Feststellung gem § 180 I Nr 2a AO s BFH IV R 29/22, BStBl II 25, 360 einschl Organträger-PersGes (→ Rn. 175): „netto" *oder* „brutto".

440 **4. Sondervergütungen – Gewinnvorab.** Entgelte für Dienstleistung usw eines Ges'ters sind Sondervergütungen iSv § 15 I 1 Nr 2 S 1 Hs 2 (und kein Gewinnvorab), *wenn* sie auf einem besonderen Schuldverhältnis beruhen oder zwar im GesVertrag vereinbart sind, aber nach Abrede der Ges'ter Aufwand der Ges sein sollen und auch dann gezahlt werden sollen, wenn die Ges keinen Gewinn erzielt (BFH IV R 62/00, BStBl II 05, 88; BFH VIII R 11/16, DStR 19, 1136; *Röhrig ua* DStR 06, 489 (493); **aA** *Groh* DStZ 01, 358: nur bei bes Austauschvertrag). Solche Sondervergütungen mindern den StB-Gewinn (BFH VIII R 4/98, BStBl II 99, 284: soweit sie nicht AK sind), nicht jedoch den Gesamtgewinn der MUerschaft (→ Rn. 400), weil der Betrag, der in der StB als Aufwand angesetzt ist, *zeit- und betragsgleich* in der Sonderbilanz des Ges'ters als Ertrag angesetzt werden muss (korrespondierende Bilanzierung, → Rn. 404 ff, 576). **Gewinnvorab** liegt vor, wenn einem Ges'ter aufgrund des GesVertrags Vergütungen zB für Dienstleistung *vorweg aus dem Gewinn* gewährt und diese *nicht als Aufwand* behandelt werden (BFH VIII R 30/99, BStBl II 01, 621; FG Mster EFG 04, 1750, rkr; **aA** *Groh* DStZ 01, 358: auch Zahlungen im Verlustfall können

Gewinnvorab sein; ähnl FG Ddorf DStRE 01, 226, rkr). Dieser mindert den StB-Gewinn nicht; er ist handels- und estrechtl Teil der in § 15 I 1 Nr 2 an erster Stelle genannten Gewinnanteile (BFH VIII R 30/99, BStBl II 01, 621). – Zur Bedeutung der Abgrenzung zw Gewinnvoraus und Sondervergütungen für – ***(1)* § 15a** → § 15a Rn. 41, 62 – ***(2)* § 5a IVa** s *BMF* BStBl I 23, 1486 Rn. 29 ff; BFH VIII R 74/02, BStBl II 08, 180 (§ 32c aF); *Glasenapp* DStR 09, 1462 – ***(3)*** Vermögensverwaltende PersGes s FG Ddorf EFG 18, 1548, rkr; → § 18 Rn. 141, 280, 288 (WagnisKapGes); – ***(4)* § 35** → § 35 Rn. 25; – ***(5)*** § 1, 2 UStG s UStR 1.6.

5. Zurechnung des Steuerbilanzgewinns/Steuerbilanzverlusts. Der StB-Gewinn/Verlust der Ges ist den MUern **unmittelbar** *anteilig* als originäre eigene Einkünfte **zuzurechnen** (BFH GrS 3/92, BStBl II 93, 616). Dies ist nach bisheriger Rspr nicht bereits mit der fortlaufenden Einkunftserzielung (§ 2 I 1; dazu BFH X R 31/16, DStRE 20, 170), also mit den einzelnen Geschäftsvorfällen (hierfür *Kußmaul ua* NWB 20, 646 mN), sondern bei unveränderten Beteiligungsverhältnissen idR erst mit dem **Ende** des jeweiligen **Wj** anzunehmen (zB BFH IV R 271/83, BStBl II 84, 602 zu 2.b; **aA** *Bauschatz* FR 05, 1230: Jahresabschluss*feststellung*). Zu mehrstöckigen PersGes mit abw Wj → Rn. 253. **Ausnahmen:** Ein-/Austritt von Ges'tern, Änderung der Gewinnverteilungsabrede während des Wj (→ Rn. 453; → § 16 Rn. 428); **Insolvenz des MUers**/Ges'ters (BFH X R 31/16, BFH/NV 20, 152: ESt/KSt als Masseverbindlichkeit). – Unerhebl für Höhe und Zeitpunkt der Zurechnung ist, ob der Gewinnanteil **entnahmefähig** ist, insb ob und wann die Ges eine Gewinnausschüttung beschließt und diese dem einzelnen MUer iSv § 11 zufließt (zB BFH I R 95/84, BStBl II 88, 663 zu 2 f). Dies gilt auch – ***(1)*** bei **Insolvenz der PersGes** und Fortführung ihres Betriebs durch den Insolvenzverwalter (BFH X R 60/04, BStBl II 08, 787; FG Ddorf EFG 18, 1190, rkr: ESt-Schuld des K'tisten vorbehaltl MUerinsolvenz (s oben) keine Masseverbindlichkeit; BGH II ZR 62/15, DStR 16, 1273: kein Steuerentnahmerecht der Ges'ter/Rückerstattung der KapESt; → Rn. 505; krit *Kruth* DStR 16, 1871; s auch *Fischer* DB 15, Beil 4; FN-IdW 11, Beihefter 8 Tz 60), – ***(2)*** für **alle MUerschaften,** auch für die atypisch stille Ges und – ***(3)*** auch bei Geltendmachung von Gegenansprüchen (BFH VIII R 12/09, BStBl II 12, 207: Schadenersatz; EStH 15.8 III; zust *Meyer* BB 12, 429). 441

6. Anteilige Zurechnung des Steuerbilanzgewinns/Steuerbilanzverlusts; Entnahmen. – a) Steuerbilanz-Gewinn/-Verlust. Er ist den Ges'tern nach dem **vertragl** (oder gesetzl; zur **MoPeG-Reform** (BGBl I 21, 3436) ab 2024 s § 709 BGB nF ggf iVm §§ 105 III, 161 II HGB nF) Gewinnverteilungsschlüssel zuzurechnen; zu *mündl* Abreden s BFH IV R 55/06, BStBl II 09, 950. **Ausnahmen:** Widerstreit zu Vorschriften/Wertungen des EStG/KStG, zB die Abrede ist privat (§ 12 Nr 2; Einkommensverwendung; → Rn. 776 ff) oder durch das GesVerhältnis veranlasst (FG Mster EFG 19, 1521, rkr: Verluste des stillen Ges'ters), missbräuchl (§ 42 AO), als vGA (BFH VIII R 10/00, BStBl II 01, 747 zu III.2.b/bb) oder als Veräußerungsentgelt (s BFH VIII R 47/12, BStBl II 16, 600: Gewinnvorabmodell; → § 16 Rn. 512) zu werten ist; ebenso bei Gewinnschätzung (BFH IV B 165/90, BFH/NV 92, 388). Entsprechendes gilt bei **Sonderzuweisungen** (zB GuV einzelner Geschäftsfelder/Kostenfaktoren; unklar *Kempelmann ua* DStR 19, 630) sowie allg bei Änd für künftige Gewinne (BFH IV R 18/19, DStR 22, 2545) und bei sog **disquotaler** Gewinnverteilung (*OFD Ffm* DStR 15, 1802; *Fuhrmann* KÖSDI 17, 20563 (20566); auch → Rn. 357, 722 ff, 776 ff; → § 18 Rn. 280: Private Equity Fonds; zT **aA** *Schwandtner* Diss, 2006, 342 ff, 215 ff, 280 ff: grds nur GesRecht maßgebl; uU aber SonderBE/SonderBA bei Weiterleitung oder Abtretung des Gewinnauszahlungsanspruchs an Mit-Ges'ter; *Abel,* Diss, 2022, 195 ff: uU § 42 AO). Teil des vertragl Schlüssels sind **auch unterschiedl GuV-Verteilungsabreden** (BFH IV R 14/16, DStR 18, 2259 zu GewSt aufgrund von SonderBE; BFH IV B 30/85, BStBl II 86, 68 zu 2/f; zu VuV s BFH IX R 18/07, BFH/NV 09, 1247) sowie GuV-Anteile des K'tisten aus daneben bestehenden typischen Innen-Gesverträgen (BFH IV R 73/06, 443

BStBl II 10, 40; → Rn. 354). Soweit eine fehlerhafte Zurechnung für frühere Jahre nicht mehr berichtigt werden kann, muss diese bei Wahrung des **Bilanzenzusammenhangs** nachgeholt werden (BFH VIII R 28/90, BStBl II 92, 881). Gewinne und Verluste aus **Ergänzungs-/Sonderbilanzen** sind allein dem betr Ges'ter zuzurechnen. Zu Veräußerungsgewinnen nach **§ 7 S 2 GewStG** s BVerfG 1 BvR 1236/11, BStBl II 18, 303 Rn. 111. Für MUerschaften, die **keine** zivilrechtl **Ges** sind (→ Rn. 171), ist die gesetzl oder vertragl Regelung maßgebl (zB Erbquote).

444 **aa) Divergenzen.** Die gesellschaftsvertragl Gewinnverteilungsabrede bezieht sich, sofern nichts anderes vereinbart ist, auf den HB-Gewinn (BFH VIII R 41/87, BStBl II 90, 965); sie ist aber mangels besonderer Bestimmungen im EStG (→ Rn. 443) entspr anzuwenden, soweit der **StB-Gewinn/-verlust höher** ist als der **HB-Gewinn/-verlust** (BFH GrS 7/89, BStBl II 91, 691 zu C. II.3). Dies gilt grds auch für erst durch eine **Betriebsprüfung** festgestellte bilanzielle dh ansatz- oder bewertungsbedingte Mehrgewinne (BFH IV R 56/04, BStBl II 06, 838: zu § 15a → § 15a Rn. 34, 41). Bilanzielle Mehrgewinne, die erst nach **Ausscheiden** eines Ges'ters bekannt werden, sind den Ges'tern jedenfalls dann nach dem bisherigen Gewinnverteilungsschlüssel zuzurechnen, wenn die Ges eine Einheitsbilanz (HB = StB) erstellt (BFH IV R 56/04, BStBl II 06, 838; *Bordewin* NWB F 3, 10049: bisherige Gewinnabrede auch bei unterschiedl Bilanzen maßgebl); zu gesvertragl Abreden s FN-IdW Beihefter 11, 8 Tz 69. – Mehrgewinne wegen **nicht abzugsfähiger BA** oder **verdeckter Privatentnahmen** sind je nach ihrer Art entweder allen Ges'tern anteilig (ThürFG EFG 16, 706, rkr) oder nur dem betroffenen Ges'ter zuzurechnen (BFH VIII R 6/19, BStBl II 23, 323 auch zu § 4 III; *Levedag* NWB 23, 1427). S auch → Rn. 446, 649. – Zu niedrigerem StB-Verlust infolge Auflösung von aktiven **Bilanzierungshilfen** in der HB und zu Korrekturen der Zurechnung dieses StB-Verlustes für später eingetretene Ges'ter s BFH VIII R 41/87, BStBl II 90, 965. Zur Zurechnung eines **Übergangsgewinns** (§ 4 III) bei Beendigung der PersGes s BFH IV R 18/97, BStBl II 98, 290.

445 **bb) Abreden.** Werden Gewinne **einvernehml anders** verteilt als vertragl vorgesehen, kann darin eine konkludente Änderung dieser Abrede enthalten sein, die aber estrechtl idR nur insoweit beachtl ist, als sie künftige Gewinne betrifft und betriebl veranlasst ist (→ Rn. 453).

446 **b) Entnahmen.** Auch Buchgewinne (bzw -verluste) aus der (*berechtigten*, dh vom GesVertrag oder der Zustimmung aller Ges'ter getragenen) Entnahme von WG des GesVermögens (einschl Nutzungsentnahmen; → Rn. 496) sind als Teil des StB-Gewinns der Ges idR *allen* Ges'tern anteilig zuzurechnen (BFH IV R 39/94, BStBl II 96, 276: Schenkung stiller Reserven), soweit nicht eine *vor* der Entnahme (uU konkludent) getroffene und *betriebl veranlasste* Abrede der Ges'ter eine andere Zurechnung, zB an den begünstigten Ges'ter, vorsieht (*Hellwig* FS Döllerer, 1988 S 205 (211); ähnl *Stopper* Betriebsaufgabe als Gewinnausweistatbestand, S 60: Parallele zu § 16 III 9; diff *KS/Krumm* § 15 Rn. 294). Gleiches gilt für *(berechtigte)* **Geldentnahmen** (FN-IdW 12, 189 (197); BFH VIII R 128/84, BStBl II 93, 594 zu II.4.a). – Zur Zurechnung **veruntreuter** und noch nicht ins GesVermögen geflossener BE → Rn. 648 (SonderBE); → Rn. 645 (Rückstellung für Erstattungspflicht). **Unberechtigter Entnahmen** aus dem *bereits vermehrten* GesVermögen sind hingegen nach BFH IV R 16/00, BStBl II 01, 238 keine SonderBE, sondern bei bilanzierenden Ges zunächst als *BA* und bei Rückerstattung (ggf Aktivierung) als *BE* zu erfassen (dazu *Kempermann* FR 01, 408; mE fragl); anders aber bei Gewinnermittlung nach § 4 III (BFH VIII R 6/19, BStBl II 23, 323: Zurechnung nur bei begünstigtem MUer bis zur Erfüllung eines etwaigen Ersatzanspruchs der Ges; iEinz *Levedag* NWB 23, 1427). Zur Klagebefugnis s BFH IV R 17/15, BFH/NV 18, 182.

449 **7. Anteilige Zurechnung des Steuerbilanzgewinns/Steuerbilanzverlusts einer KG.** Auch bei einer **KG** oder zB **atypisch stiller Ges** ist estrechtl für die subj

Zurechnung des Verlustes grds der handelsrechtl Verteilungsschlüssel maßgebl, auch insoweit als ein Verlustanteil bei einem K'tisten oder stillen Ges'ter in der StB der KG zu einem **negativen KapKto** führt – unabhängig davon, ob der Verlustanteil gem § 15 IV 6–8 bzw § 15a nur verrechenbar ist oder sofort ausgleichs- und abzugsfähig. Einzelheiten s § 15a. – Zu Ausnahmen → Rn. 443 Verlustzurechnung nach Umwandlung einer (wertlosen) Darlehensforderung → Rn. 350.

8. Änderung der Gewinnverteilungsabrede; Eintritt/Austritt von Gesellschaftern; Rückbeziehung; „Vorabanteile". – a) Rückwirkende Änderung der Gewinnverteilung. Wird die **Abrede nach** Ablauf eines **Wj** zivilrechtl **rückbezügl** für dieses Wj **geändert,** kann dies estrechtl keine von der ursprüngl Abrede abw Gewinn- oder Verlustzurechnung bewirken (zB BFH VIII R 293/82, BStBl II 87, 558 zu 2.; BFH VIII R 10/00, BStBl II 01, 747 zu II.2.b/bb; BFH VIII R 18/19, DStR 22, 2545 zu § 7g/Nichtinvestition; **aA** *Bauschatz* FR 05, 1230). **Abzugrenzen** sind aber zu Beginn des Wj getroffene *mündl* Abreden (s BFH IV R 55/06, BStBl II 09, 950 einschließl Änderung nach § 173 I Nr 1, 2 AO) sowie grds auch die beitragsbezogene/fremdübl *Konkretisierung* entspr dem ursprüngl/"offenen" GesV (weitergehend *Schüppen* FS Wacker, 2025, 83). – Ges'tern, die erst nach Ablauf des Wj beitreten, kann trotz zivilrechtl **Rückbeziehung/**Rückdatierung des **Eintritts,** kein Gewinn- oder Verlustanteil für das abgelaufene Wj zugerechnet werden; umgekehrt ist Ges'tern, die mit oder nach Ablauf des Wj ausscheiden, trotz Rückbeziehung des **Austritts** noch der im abgelaufenen Wj entstandene Gewinn oder Verlust anteilig zuzurechnen (BFH IV R 194/69, BStBl II 73, 389). Werden rückbezügl nicht anzuerkennende Vereinbarungen tatsächl vollzogen, ist dies evtl, sofern betriebl veranlasst, ein Anschaffungs- und Veräußerungsvorgang (vgl zB BFH IV R 209/80, BStBl II 84, 53 zu 2. aE). – **Allg Grundsätze:** EStrechtl beachtl ist die Rückbezüglichkeit ernsthafter *gerichtl/außergerichtl Vergleiche* über streitige Rechtsverhältnisse (BFH IV R 15/96, BStBl II 97, 535) sowie die estrechtl Rückbeziehung für „ kurze Zeit zur technischen Vereinfachung" (BFH VIII R 119/81, BStBl II 85, 55). 452

b) Änderung des Gesellschafterkreises. Die Grundsätze unter a) gelten entspr bei Änderung einer Gewinnverteilungsabrede und bei **Eintritt oder Austritt** von Ges'tern **während des Wj** mit Rückbeziehung auf den Beginn des Wj, weil der Einkünftetatbestand fortgesetzt durch die jeweiligen Ges'ter gemeinsam verwirklicht wird und für einen MUerwechsel nichts anderes gelten kann als für einen Einzelunternehmerwechsel. Das Ergebnis des Wj ist *grds* zeitanteilig auf Grund einer Zwischenbilanz (zB BFH VIII R 50/86, BFH/NV 91, 676), evtl durch Schätzung, auf die Zeit vor und nach der Änderung aufzuteilen und getrennt zuzurechnen (zB BFH IV R 125/92, BStBl II 96, 5 zu 2.a; → § 16 Rn. 450; **aA** zB *Abel,* Gewinnverteilung, Diss, 2022, 389 ff); ebenso mE bei Umwandlung des MUers (krit *Behrendt ua* BB 18, 2603). Dem entspricht, dass das Organeinkommen nur auf die Ges'ter entfällt, die im Zeitpunkt des Entstehens des Gewinnabführungsanspruchs (Zurechnungszeitpunkt) an der OT-PersGes beteiligt sind (BFH IV R 50/09, BStBl II 13, 494; zutr). Nach FinVerw gilt dies aber nicht für **SonderAfA** und die degressive AfA, wenn ein Ges'ter erst während des Wj in eine bestehende PersGes eintritt: In diesem Fall haben die Ges'ter ein *Wahlrecht* zw anteiliger Zurechnung des Gesamtgewinns/-verlustes entspr der zeitl Zugehörigkeit der Ges'ter *oder* Beteiligung der erst später zB am letzten Tag des Wj beigetretenen Ges'ter an den SonderAfA und der degressiven AfA für das ganze Wj (*OFD Ffm* BB 94, 900; *OFD Hann* DStR 00, 730; einschr *OFD Mster* DStR 08, 98; glA zu § 4 FördG aF BFH IX R 20/03, BStBl II 05, 33; zu § 7g s *Lechner ua* NWB 16, 1712); anders aber bei Beitritt zur OberGes einer doppelstöckigen PersGes (*OFD Bln* FR 02, 48). Zu vermögensverwaltenden PersGes s *OFD Ffm* DB 12, 145; BFH IX R 35/17, BStBl II 19, 167. – Ein durch den Eintritt eines weiteren Ges'ters verursachter Provisionsaufwand ist bereits Aufwand der Zeit nach Eintritt dieses Ges'ters (BFH IV R 352/84, BStBl II 88, 128 zu 2.). Demggü ist ein **Sanierungsgewinn** (Gewinn aus Schulderlass) nach zT geänderter Rspr *dem* Alt- 453

Ges'ter *oder dem* NeuGes'ter zuzurechnen, *der* die Schuld vereinbarungsgemäß „wirtschaftl zu tragen" hat (BFH IV R 38/10, BStBl II 15, 389; glA *OFD Ffm* DStR 15, 1802; zR krit *Kleinheisterkamp* JbFfSt 2016/17, 500 (507): Sonder-Rspr). Zur **Stfreiheit** nach §§ 3a, 3c nF s dort; → § 15a Rn. 4, 21, 63. Ein **tatsächl Vollzug** einer rückbezügl Eintrittsvereinbarung durch Zurechnung entspr KapKten ist mE als entgeltl Veräußerung von Teilen der MUerAnteile der AltGes'ter an die Neu-Ges'ter zu werten, auch wenn deren Einlage ins GesVermögen fließt (**aA** BFH VIII R 293/82, BStBl II 87, 558).

455 **c) Vorabverlustanteile.** Eine Änderung der Gewinn- und Verlustverteilungsabrede während des Wj, dass *künftige* Verluste in begrenztem Umfang (zB Erreichung gleich hoher negativer KapKto aller Ges'ter) *nur* K'tisten zugerechnet werden, die ihre Einlagen erhöhen oder neu beitreten (Vorabverlustanteile), ist idR auch estrechtl maßgebl (BFH IV R 209/80, BStBl II 84, 53). Eine Abrede, dass alle während des Wj eintretenden Ges'ter bei der Verlustzurechnung für dieses Wj gleichgestellt sind, ist als Zuweisung von Vorabverlustanteilen für neueintretende Ges'ter zu verstehen; sie ist estrechtl aber nur insoweit zu berücksichtigen, als der ab Eintritt der neuen Ges'ter entstandene Verlust die Vorabverlustanteile der neuen Ges'ter in ihrer Summe abdeckt (BFH VIII R 293/82, BStBl II 87, 558).

Beispiel: Verlust des Wj 120, monatl Verlust somit (geschätzt) 10. Ges'ter ab 1.1. A und B; Eintritt neuer Ges'ter C und D am 1.12. Eine Abrede, alle Ges'ter seien in der Verlustzurechnung gleichzustellen, kann nicht dazu führen, dass der Verlust von 120 A, B, C und D mit je 30 zuzurechnen ist. Vielmehr ist der Verlust vom 1.1.–30.11. von 110 auf A und B zu je 55 zu verteilen; der Verlust vom 1.12.–31.12. von 10 ist (nur) C und D zuzurechnen mit je 5. Ohne Gleichstellungsabrede wäre dieser Verlust A, B, C und D zu je 2,5 zuzurechnen.

9. Ergänzungsbilanzen

Verwaltung: *BMF* BStBl I 17, 34 (AfA; § 24 UmwStG); *BMF* BStBl I 25, 92 (UmwStErlass) Rn. 24.09, 24.13, 24.14; *BMF* BStBl I 10, 755 (§ 6 II, IIa nF); *FSen Bln* DB 05, 2719 (FördG aF).

Schrifttum (Auswahl): *Regniet,* Ergänzungsbilanzen bei der PersGes, 1990; *Ising,* Ergänzungsbilanzen anlässl entgeltl Ges'terwechsels, 2001. – *Bolk,* Auflösung von Ergänzungsbilanzen, DStZ 15, 472; *ders,* Auflösung von Ergänzungsbilanzen nach § 24 UmwStG, DStR 18, 424; *Kahle,* Steuerl Gewinnermittlung …, BB 18, 747; *Kitzig,* Die Fortentwicklung …, StuW 23, 245.

460 **a) Allgemeines.** Positive oder negative Ergänzungsbilanzen korrigieren die Wertansätze für die betriebl WG des GesVermögens in der StB der PersGes mit Rücksicht auf die **Mehr- oder Minderaufwendungen** der **Ges'ter** (MUer). Sie dienen der Gleichbehandlung von MUer und Einzelunternehmer (BFH IV R 1/11, BStBl II 17, 34) und sind von den Sonderbilanzen (→ Rn. 401, 474) zu unterscheiden. Ergänzungsbilanzen sind uU zu erstellen: – ***(1)*** nach einem Ges'terwechsel (→ Rn. 461 ff), – ***(2)*** bei Einbringung eines Betriebs (Teilbetriebs, MUerAnteils) in PersGes nach § 24 UmwStG aF/nF (→ Rn. 472), – ***(3)*** bei Übertragung einzelner WG zw MUerschaft und MUer nach § 6 V 3–5 (→ Rn. 473) und – ***(4)*** bei Inanspruchnahme personenbezogener StVergünstigungen zB § 6b für einzelne Ges'ter (→ Rn. 474). Zur Umwandlung KapGes in PersGes s *BMF* BStBl I 25, 92 Rn. 04.24. – **Dogmatisch** ist **str,** ob Ergänzungsbilanzen nur **rechnerische Korrekturposten** ausweisen (BFH VIII R 12/16, DStR 19, 2404; BFH IV R 1/11, BStBl II 17, 34: Gleichbehandlung mit Einzelunternehmer; *Reiß* FS Crezelius 2018, 371 (382)) oder die **Beteiligung** an der Ges oder Anteile des Ges'ters an **WG des GesVermögens** („Bruchteilsbilanz"; *HHR/Tiede* § 15 Rn. 500 mN; vgl auch BFH IX R 22/19, BStBl II 23, 186 Rn. 25 ff zu vermögensverwaltender PersGes). – Unstr ist, dass – ***(a)*** ihr Ergebnis zusammen mit dem Anteil am StB-Gewinn der Ges die in § 15 I 1 Nr 2 S 1 an erster Stelle genannten Gewinnanteile bildet (zB BFH IV R 57/94, BStBl II 96, 68); – ***(b)*** zum KapKto iSv § 15a auch das in einer Ergänzungsbilanz ausgewiesene Kapital gehört (→ § 15a Rn. 41); – ***(c)*** „Buchwert" eines

WG der sich aus StB der PersGes zuzügl Ergänzungsbilanz ergebende Wert ist (BVerfG 1 BvR 1236/11, BStBl II 18, 303 Rn. 110; → § 15 Rn. 464); – ***(d)*** Zur Bilanzänderung → Rn. 403 – ***(e)*** Zur Klagebefugnis/Feststellungsbescheiden s BFH IV R 7/19, DStR 22, 703.

b) Gesellschafterwechsel. Der **entgeltl** (teilentgeltl) **Erwerb eines Mitunternehmeranteils** oder eines Bruchteils hiervon ist aus der Sicht des Erwerbers kein Erwerb eines WG „PersGesAnteil", vergleichbar einer Beteiligung an einer KapGes, sondern entgeltl Anschaffung von Anteilen an den einzelnen zum GesVermögen gehörenden WG (iEinz → § 16 Rn. 443; auch → § 15 Rn. 690; **aA** *Kitzig* StuW 23, 245). 461

aa) Zusätzliche Anschaffungskosten. Der Erwerber hat seine **Aufwendungen,** soweit sie sein **KapKto** in der **StB der Ges übersteigen** und auf WG des BV entfallen (unabhängig von der HB der Ges) in einer **positiven Ergänzungsbilanz** als (oder wie) zusätzl AK für seine Anteile an den stillen Reserven in den WG des GesVermögens und an einem Geschäftswert mit allen bilanzstrechtl Folgen für die künftige Gewinnermittlung (höhere AfA, geringerer Veräußerungsgewinn usw) im Verhältnis der Teilwerte aufgeteilt zu aktivieren und in gleicher Höhe ein Mehreigenkapital zu passivieren (BFH IV R 30/93, BStBl II 95, 831 zu 1.). Bei Fremden (Interessengegensatz) wird man grds einer vertragl Aufteilung auch dann folgen können, wenn Gegenstand des Erwerbs nicht die WG der Gesamthand, sondern der GesAnteil ist (glA – iErg – FG RhPf EFG 12, 63). Entsprechendes gilt bei Gewinnermittlung nach **§ 4 III** (BFH VIII R 13/07, BStBl II 09, 993: Ergänzungsrechnung). Die zu aktivierenden (Mehr-)Aufwendungen können bestehen – ***(1)*** in der Zahlung von Bar- oder Buchgeld, – ***(2)*** der Übernahme privater Schulden usw (vgl → § 16 Rn. 272) oder eines negativen KapKtos des ausscheidenden Ges'ters, gleichgültig, ob dieses auf ausgleichsfähigen oder nur verrechenbaren Verlusten oder auf Entnahmen beruht (BFH VIII R 63/91, BStBl II 93, 706 zu II.1.a), – ***(3)*** in einer Bewertungs-/Ansatzkorrektur gem § 5 VII 3 nF (*Benz ua* DStR 13, 2653 (2659); *BMF* BStBl I 17, 1619), – ***(4)*** in einer handelsrechtl Gewinn*ermittlungs*abrede (BFH VIII R 148/85, BStBl II 92, 647 zu 3.). Die (Mehr-)Aufwendungen dürfen (müssen) in der Ergänzungsbilanz allerdings nur aktiviert werden, wenn sie – würde sich der Erwerb nicht zw MUern vollziehen – auch in der HB und StB der Ges aktiviert werden müssten (BFH IV R 40/92, BStBl II 94, 224). Letzteres trifft indes auch für Anteile an immateriellen WG des GesVermögens zu, die in der StB des Ges nicht angesetzt sind (zB originärer Geschäftswert; § 5 II; BFH IV R 70/92, BStBl II 94, 745 (747)). – Steht aber fest, dass dem Mehraufwand keine nach GoB iVm § 5 aktivierbaren Werte gegenüberstehen, ist der Mehraufwand sofort abzugsfähig, und zwar als SonderBA (BFH IV R 40/92, BStBl II 94, 224). Dies gilt allerdings nicht, wenn bei Erwerb eines **KG-Anteils mit** (durch Verlustanteile entstandenem) **negativem KapKto** dieses dem Entgelt hinzugerechnet wird, weil dies nur zum Ziel hat, beim Erwerber solche Gewinnanteile außer Ansatz zu lassen, die sich auf die frühere Zurechnung von Verlusten beim Veräußerer gründen. In diesem Falle ist der erforderl Ausgleich nach Ansicht des IV. Senats des BFH dadurch herzustellen (kein Erwerbsverlust!), dass der Erwerber in der Ergänzungsbilanz einen entspr Ausgleichsposten aktiviert und diesen mit künftigen *stpfl* Gewinnanteilen verrechnet (BFH IV R 70/92, BStBl II 94, 745 zu 5.c), nach Ansicht des VIII. Senats genügt insoweit ein außerbilanzieller „Merkposten" (BFH VIII R 37/93, BStBl II 95, 246). Diese Grundsätze gelten auch für entgeltl (teilentgeltl) Ausscheiden aus zweigliedriger KG (BFH VIII R 76/96, BStBl II 99, 269). 462

bb) Minderbeträge; negative Anschaffungskosten. Wendet der Erwerber **weniger** auf als den in der StB der Ges als KapKto ausgewiesenen anteiligen **Buchwert,** entsteht kein „Erwerbsgewinn" (BFH IV R 3/01, BStBl II 03, 112 zu 4.c); der Minderbetrag ist in einer **negativen Ergänzungsbilanz** von den Buchwerten der 463 aktivierten WG, soweit diese abstockungsfähig sind (nicht also für reine Geldposten, BFH IV R 77/93, BStBl II 98, 180 zu 2.c; zu str Einzelheiten s *Kahle* FR 13, 873), durch **passive Wertberichtigungen** abzusetzen, die in der Folgezeit entspr Abgang/Verbrauch der WG gewinnerhöhend aufzulösen sind (BFH IV R 30/93, BStBl II 95, 831; FG Bln-Bbg EFG 08, 534, rkr: Eigenprovision; → Rn. 649); in gleicher Höhe ist auf der Aktivseite ein negatives Mindereigenkapital auszuweisen. Hieran hat mE auch BFH IV R 1/11, BStBl II 17, 34 nichts geändert (→ Rn. 464 f; **aA** *Bolk* DStZ 15, 472; unklar *BMF* BStBl I 17, 34). Die Abstockung der Buchwerte kann **nicht** durch Passivierung des Minderbetrags als **negativer Geschäftswert** vermieden werden (str, → § 16 Rn. 421, 471). Ist die Differenz zw übernommenem positiven KapKto (= Nettobuchwert) und niedrigerem Entgelt größer als der Betrag, um den sich die Buchwerte der abstockungsfähigen WG – ggf bis auf 1 € (**aA** *Kempf ua* DB 98, 545: Teilwert) – abstocken lassen, entsteht auch insoweit kein Erwerbsgewinn (**aA** *Groh* FS F. Klein, 1994, 815); vielmehr ist in der Ergänzungsbilanz des Erwerbers erfolgsneutral ein **Ausgleichsposten** zu passivieren, der gewinnerhöhend gegen spätere Verlustanteile oder bei Beendigung der Beteiligung aufzulösen ist (BFH IV R 77/93, BStBl II 98, 180 zu 2.d; gleicht iErg negativem Geschäftswert). Entsprechendes gilt für einen **negativen Kaufpreis** (Ausgleichszahlung an Erwerber = negative AK; *Rapp* FR 18, 170; → § 16 Rn. 471).

464 **cc) Fortschreibung der (positiven) Ergänzungsbilanzen.** Einzelheiten (s zB *Kahle* FR 13, 873; *ders* BB 18, 747) sind str. Nach der Rspr sind die Fragen weniger nach Maßgabe des dogmatischen Verständnisses der Ergänzungsbilanz (→ Rn. 460), sondern vor allem nach dem Prinzip einer „sachgerechten Besteuerung des einzelnen MUer-Ges'ters" zu beantworten (BFH IV R 1/11, BStBl II 17, 34: Gleichbehandlung mit Einzelunternehmer). Der Aufwand/Ertrag aus der Auflösung (BVerfG 1 BvR 1236/11, BStBl II 18, 303 Rn. 110: WG-Veräußerung) oder Fortschreibung der Ergänzungsbilanz ist nicht Sonder-BA/BE, sondern Teil des in § 15 I Nr 2 S 1 an erster Stelle genannten Gewinnanteils (BFH VIII R 52/04, BStBl II 06, 847); sie beeinflussen daher das KapKto des MUers iSv § 15a (→ § 15a Rn. 41).

465 **(1) AfA.** Sie sind in der StB der Ges wie bisher fortzuführen; in der Ergänzungsbilanz sind hingegen nach BFH IV R 1/11, BStBl II 17, 34 bezügl der **Mehr-AK** des Ges'ters die Restnutzungsdauer und die AfA-Methode eigenständig zu bestimmen (Folge ua: auch Aufwendungen für abgeschriebene WG sind zu aktivieren; glA zB Niehus StuW 02, 116 (123)); dies ist allerdings mit dem Rspr-Grundansatz (Ausweis nur rechnerischer Korrekturposten; → Rn. 460) kaum vereinbar. Nach der **FinVerw** sind dagegen die AfA auch bezügl der Buchwertanteile (GesBilanz) des Ges'ters neu zu ermitteln (*BMF* BStBl I 17, 34 mit Beispiel; zutr); in diesem Sinne wird zT auch das BFH IV R 1/11, BStBl II 17, 34 interpretiert (Bolk DStZ 15, 472 (474); glA zu § 21 BFH IX R 22/19, BStBl II 23, 186; BFH IX R 38/17, DStR 20, 1033; BFH IX R 1/22, DStR 24, 92: betr Anteilsvereinigung; ausführl *Ratschow* BFH/PR 22, 337). Zu **SonderAfA** → Rn. 411; zur Auflösung negativen Ergänzungsbilanzen **(Minder-AK/negative AK)** → Rn. 463.

466 **(2) Immaterielle Wirtschaftsgüter.** Aufwendungen für solche WG des Ges-Vermögens, die in der StB nicht angesetzt sind (zB originärer Geschäftswert; s auch § 1 IIIc 2 AStG nF), sind in der Ergänzungsbilanz nach tatsächl/fiktiver Nutzungsdauer (vgl § 7 I 3) abzuschreiben (*Uelner* DStJG 14, 139 (158)).

467 **(3) Teilwertabschreibung.** Sie sind mE zulässig, soweit der Anteil am Teilwert des WG voraussichtlich dauernd niedriger ist als die Summe aus dem *anteiligen* Buchwert in der StB *und* dem Buchwert in der Ergänzungsbilanz (zB *Niehus* StuW 02, 116 (124); **aA** *Marx* StuW 94, 191 (200): kein Raum für eigenständige Teilwert-AfA; offen in BFH IV R 30/93, BStBl II 95, 831 zu 2.).

(4) Geringwertige Wirtschaftsgüter; § 6 II. Vergütet der neue Ges'ter stille Reserven in WG, die bei Anschaffung (Herstellung) durch die Ges GWG waren und in der StB abgeschrieben sind, *kann* der Ges'ter § 6 II (voller BA-Abzug) in Anspruch nehmen, wenn sein Aufwand nicht höher als der seinem GesAnteil entspr Anteil von 410 € ist (zB *Niehus* StuW 02, 116 (125); aA *Regniet* aaO S 162: Aufwand auf Restnutzungsdauer zu verteilen). Folgt man BFH IV R 1/11, BStBl II 17, 34, ist es unerhebl, ob die WG bei Erwerb durch die Ges geringwertig waren. Zu Sammelposten nach § 6 IIa → § 6 Rn. 671. 468

c) Doppelstöckige Personengesellschaft. Ist an einer PersGes (UnterGes) eine andere PersGes (OberGes) beteiligt (doppel- oder mehrstöckige PersGes), sind MUer gem § 15 I 1 Nr 2 S 2 die OberGes'ter und nach der Rspr daneben auch die OberGes selbst. Gleichwohl entfaltet die Rspr ***für*** den ***Erwerber*** den Transparenzgedanken (zutr; → Rn. 253, 612). Danach ist im Falle des entgeltl Erwerbs eines **Anteils** *an* der **OberGes,** soweit die **AK** hierfür das KapKto über-(unter-)schreiten, für den neuen Ges'ter der OberGes bei dieser eine **Ergänzungsbilanz** zu bilden, in der die Mehr-(Minder-)werte der **WG** im GesVermögen der **OberGes** einschließl solcher WG, die der UnterGes zur Nutzung überlassen sind (SBV der OberGes bei der UnterGes), anteilig erfasst sind, aber *ohne* den GesAnteil an der UnterGes, weil dieser in der StB zwar auszuweisen, aber nicht selbstständig zu bewerten ist (→ Rn. 622). Stattdessen ist bei der **UnterGes** eine **weitere Ergänzungsbilanz** zu bilden – **str** allerdings, ob für den neuen **Ges'ter** der OberGes als MUer der UnterGes (BFH IV R 67/00, BStBl II 10, 157: zu § 15 IV; BFH IV R 40/22, BStBl II 25, 603 Rn. 38; *Wacker* JbFStR 06/07, 316 (325)) *oder* für die **OberGes** als Ges'terin der UnterGes (*Ley* KÖSDI 11, 17277; *Kahle* DStZ 14, 273 (281)) –, in der die Mehr-(Minder-)werte der durch den GesAnteil der OberGes repräsentierten WG im GesVermögen der UnterGes ausgewiesen sind, soweit auf sie die AK für den erworbenen Anteil an der OberGes mittelbar entfallen. Gleiches gilt für WG des SBV (zB Darlehensforderung der OberGes gegen UnterGes (*Prinz* FR 18, 493); ebenso für § 6b FG BW EFG 23, 1545, Rev I R 12/23: anteilige Besitzunterbrechung bei UnterGes; s auch → Rn. 544). Insgesamt diff *L. Mayer* DB 03, 2034 (2038); *ders* KÖSDI 05, 14609: Ergänzungsbilanz – *(1)* auf der Ebene der OberGes für stille Reserven in deren BV – *(2)* der OberGes auf der Ebene der UnterGes für stille Reserven in deren BV und – *(3)* zur Sonderbilanz bei der UnterGes für SBV der OberGes bei der UnterGes (ähnl *Stegemann* INF 03, 266). Zur abweichenden Behandlung des **Veräußerers** → § 16 Rn. 366, 384, 576. 471

d) Einbringung. Bei Einbringung eines Betriebs (Teilbetriebs, MUerAnteils) **in eine PersGes** gegen Gewährung von GesRechten *darf* die PersGes das eingebrachte BV „in ihrer Bilanz einschließl ihrer Ergänzungsbilanzen" für ihre Ges'ter mit dem **Buchwert** ansetzen (§ 24 UmwStG), so dass kein Veräußerungsgewinn entsteht. Bilanziell kann dies durch die sog **Bruttomethode** dargestellt werden, nach der die Wertansätze in der StB der Ges aufgestockt (*Folge:* beteiligungskongruenter Ausweis der KapKten in der StB der Ges) und diese für die Alt-Ges'ter in negativen Ergänzungsbilanzen abgestockt werden (*Folge:* insgesamt Buchwertführung; BFH IV R 82/92, BStBl II 95, 599 zu 3.; *BMF* BStBl I 25, 92 Rn. 24.14 mit Beispiel). Als Korrekturposten zu den Wertansätzen der WG des GesVermögens sind die Abstockungen in den **negativen Ergänzungsbilanzen** in der Folgezeit **korrespondierend** entspr Verbrauch, Abnutzung oder Veräußerung dieser WG gewinnwirksam mit entspr Auswirkung auf die KapKto aufzulösen (BFH VIII R 33/13, BStBl II 16, 596); BFH IV R 1/11, BStBl II 17, 34 (→ Rn. 464) hat hieran nichts geändert (*BMF* BStBl I 17, 34; *Bolk* DStZ 15, 472 (476); *ders* DStR 18, 424). Die Buchwertfortführung kann aber nach der sog **Nettomethode** dadurch erreicht werden, dass für den NeuGes'ter, der eine **Bareinlage** leistet, die höher ist als sein aus der Summe der Buchwerte und der Einlage errechnetes und in der StB angesetztes KapKto, eine **positive Ergänzungsbilanz** erstellt und der hierdurch bei den anderen Ges'tern 472 entstehende Einbringungsgewinn durch eine entspr **negative Ergänzungsbilanz** dieser Ges'ter neutralisiert wird (BFH VIII R 52/04, BStBl II 06, 847; BMF BStBl I 17, 34 mit Beispiel); bei Austritt des NeuGes'ter sind die negativen Ergänzungsbilanzen der anderen Ges'ter nicht aufzulösen (BFH IV R 27/19, DStR 23, 1125: mitunternehmerbezogene Betrachtung; Gleichbehandlung mit Bruttomethode; zutr; iEinz *Dreßler ua* DStR 23, 2599). Zu **Zuzahlungen ins PV** s BFH IV R 82/92, BStBl II 95, 599; *BMF* BStBl I 25, 92 Rn. 24.09: keine Neutralisierung durch negative Ergänzungsbilanz. Auch das Bewertungswahlrecht nach § 20 UmwStG bei Einbringung eines MUerAnteils **in KapGes** wird in den Ergänzungsbilanzen bei der betroffenen PersGes ausgeübt (BFH I R 102/01, BStBl II 04, 804; *BMF* BStBl I 25, 92 Rn. 20.22). Zur „Vergemeinschaftung" der Ergänzungsbilanzen bei **Option gem § 1a KStG** (→ § 15 Rn. 160a) s *Ott* DStR 22, 2121; *Wacker/Krüger ua* DStR-Beih 21, 3.

473 **e) Einzelne Wirtschaftsgüter.** Die zu d) (→ Rn. 472) dargestellten Grundsätze gelten sinngemäß, wenn einzelne WG aus einem BV (SBV) in eine PersGes gegen **Gewährung von GesRechten oder unentgeltl** eingebracht und dabei gem § 6 V 3 die Buchwerte fortgeführt werden *(müssen)*, soweit kein KStSubjekt (KapGes) als MUer kapitalmäßig beteiligt ist. Einzelheiten → § 6 Rn. 775.

474 **f) Personenbezogene Steuervergünstigungen.** Nimmt eine PersGes Steuervergünstigungen (zB § 7h, § 7k, § 7d) anteilig für diejenigen Ges'ter in Anspruch, die den persönl Voraussetzungen hierfür genügen (→ Rn. 411), geschieht dies durch eine negative Ergänzungsbilanz für diese Ges'ter. – Entsprechendes gilt zB, wenn eine PersGes **§ 6b** anwendet, aber wegen eines vorangegangenen Ges'terwechsels (bei doppelstöckiger PersGes auch bei der OberGes; glA FG BW EFG 23, 1545, Rev I R 12/23; → Rn. 471) nur ein Teil der Ges'ter der Sechsjahresfrist des § 6b IV Nr 2 genügt (vgl BFH VIII B 179/86, BStBl II 87, 782; → Rn. 416), oder ein Einzelunternehmer einen Veräußerungsgewinn anteilig auf AK seiner PersGes überträgt (*Strahl* FR 01, 1154 (1156)) oder bei Veräußerung von KapGesAnteilen im Gesamthandsvermögen einer PersGes (§ 6b X aF/nF), wenn deren Ges'ter nur teilweise natürl Personen sind.

475 **10. Sonderbilanzen.** Aktive und passive WG des SBV, Sondervergütungen iSv § 15 I Nr 2 S 1 Hs 2 und SonderBE und SonderBA – nicht hingegen Aufwand und Ertrag aus der Fortschreibung einer Ergänzungsbilanz – sind in Sonderbilanzen der einzelnen MUer zu erfassen (vgl § 202 I BewG). Diese sind mit der StB der Ges einschließl Ergänzungsbilanzen zur Ermittlung des Gesamtgewinns der MUerschaft additiv zur „Gesamtbilanz" zusammenzufassen (→ Rn. 403 ff, 440). Für Sonderbilanzen gilt ebenso wie für die StB der Ges § 5 (zB BFH VIII R 85/94, BStBl II 01, 185 zu II.2.a) aber (mangels entspr HB) ohne Maßgeblichkeit eines konkreten HB-Ansatzes (BFH VIII R 72/87, BStBl II 92, 958 zu 3.a; zu § 4 III s BFH VIII B 28/10, BFH/NV 10, 2272); zur Bilanzänderung → Rn. 403; zum Bilzusammenhang s BFH IV R 19/16, BStBl II 19, 614. Wahlrechte sind zwar von den MUern auszuüben; da aber die PersGes auch für das SBV buchführungspflichtig ist (BFH VIII R 142/85, BStBl II 91, 401; **aA** *Wichmann* DStR 12, 2513). wird grds vermutet, dass die Sonderbilanzen mit den MUern abgestimmt sind (BFH IV R 14/04, BStBl II 06, 418; EStH 4.4: Ausnahme für ausgeschiedene MUer oder wenn FA ernstl Meinungsunterschiede bekannt sind; zust *Ley* WPg 06, 904); zu gesvertragl Klauseln s FN-IdW 11, Beil 8 Tz 10.

11. Betriebsvermögen der Mitunternehmerschaft *(Überblick)*

Verwaltung: EStR 4.2 II, XI–XII; *OFD Mchn* DStR 01, 1032 (KapGes-Anteile als SBV); *OFD Ffm* DStR 19, 1357 (Finanzierung von SBV).

Schrifttum: *Pyszka,* Die fremdfinanzierte Entnahme …, GmbHR 17, 1082.

Das BV der MUerschaft umfasst: – *(1)* bei **MUerschaften mit Gesamthandsvermögen** (OHG, KG, GbR, Erben-/Gütergemeinschaft) sowohl WG des Gesamthandsvermögens (BV der Ges bzw Gemeinschaft) als auch WG im Eigentum der MUer (SBV des MUers; →Rn. 507), zB BFH VIII R 27/00, BStBl II 02, 733 zu II.2.; vgl auch § 97 I Nr 5 S 2 BewG – *(2)* bei **MUerschaften ohne Gesamthandsvermögen** zB atypische stille Ges die zum Betrieb des tätigen Teilhabers (§ 235 HGB) gehörigen WG, vergleichbar dem KG-Gesamthandsvermögen, und das SBV des atypischen stillen Ges'ters (→Rn. 348). 480

12. Wirtschaftsgüter im Gesellschaftsvermögen/Privatvermögen. – a) Allgemeines. WG, die *zivilrechtl und wirtschaftl* (→Rn. 483) oder *nur wirtschaftl* (§ 39 II Nr 1 AO; zB BFH I R 51/95, BFH/NV 96, 101) zum Gesellschaftsvermögen (Gesamthandsvermögen) einer OHG oder KG mit GewBetr gehören, sind **grds** (Ausnahme →Rn. 484 ff) **notwendiges BV** – auch bei *zeitweiser* privater Nutzung –, da diese WG in die HB aufzunehmen sind (§§ 238, 242, 246 HGB) und nach § 5 I estrechtl das *BV* anzusetzen ist, das nach den handelsrechtl GoB auszuweisen ist (zB BFH IV R 7/03, BStBl II 05, 354). Dies gilt in gleicher Weise für **aktive WG** (zB Grundstücke usw) wie für **passive WG** (Schulden). – Für WG des GesVermögens, die nicht unmittelbar dem Betrieb dienen (zB fremdvermietetes Gebäude; Geldvermögen), hat die Ges anders als der Einzelunternehmer kein Wahlrecht, sie als BV oder als PV zu behandeln (**kein gewillkürtes BV;** BFH I R 51/95, BFH/NV 95, 101; **aA** *Klinkmann* BB 98, 1233 (1234); BFH VIII R 63/96, BStBl II 99, 466 zu II.1. für Devisentermingeschäfte; auch →Rn. 492); sie sind, sofern sie nicht notwendiges PV sind, notwendiges BV, auch wenn sie **fälschl nicht in der Bilanz ausgewiesen** sind (zB BFH VIII R 65/89, BStBl II 91, 789 zu 1.b; zur Behandlung solcher WG bei Veräußerung s BFH IV R 160/84, BFH/NV 89, 96: bilanzberichtigende Einbuchung; krit *Groh* DB 98, 1931 (1935)). 481

aa) GbR; Erbengemeinschaft. Diese Grundsätze sind sinngemäß anzuwenden auf eine gewerbl tätige oder geprägte GbR mit Gesamthandsvermögen (zB BFH IV R 36/79, BStBl II 83, 459), nicht aber auf Erbengemeinschaft (vgl BFH IV R 214/84, BStBl II 87, 120: fremdvermietetes Grundstück als gewillkürtes BV). 482

bb) Wirtschaftliches Eigentum. Kein BV sind WG des GesVermögens, die die Ges nachweisbar nur als **Treuhänderin** hält. – WG, die in eine PersGes nur „dem Werte nach" **(quoad sortem)** eingebracht sind, bleiben zivilrechtl Eigentum des Ges'ters (BGH II ZR 242/08, DStR 09, 2015); ob die PersGes wirtschaftl Eigentümerin wird und die WG daher in ihrer HB (StB) anzusetzen sind, bestimmt sich nach der Vertragsgestaltung im Einzelfall (eingehend *Daragan* FS FfSt, 1999 S 293; *Carlé* KÖSDI 23, 23340 [17 ff]; offen in BFH VIII R 5/92, BStBl II 94, 856 zu II.2.b); wenn nicht, sind sie idR notwendiges SBV (→Rn. 514). 483

b) Privatvermögen. Der Grundsatz, dass WG des GesVermögens notwendiges BV sind, erleidet Ausnahmen, die ihre Rechtsgrundlage in den estrechtl Begriffen des BV und der BA haben: **Aktive** sowohl wie **passive** WG des GesVermögens sind **nicht BV** (sondern PV der Ges), wenn ihre Zugehörigkeit zum GesVermögen nicht (mehr) betriebl veranlasst ist (BFH VIII R 57/94, BStBl II 98, 652 zu B. I.2), zB ein von der PersGes abgeschlossener Vertrag den Privatbereich der Ges'ter betrifft (zB BFH IV R 64/93, BStBl II 96, 642: Darlehen an Ges'ter, →Rn. 629 ff), oder wenn WG *auf Dauer* nur (noch) *unentgeltl* für private Zwecke eines, mehrerer oder aller Ges'ter genutzt werden (BFH VIII R 353/82, BStBl II 88, 418: Übergang vom BV ins *PV der Ges* durch Entnahme; *Ruban* FS Klein, S 781 (796)). Auch die Gewährung eines Darlehens an eine *den Ges'tern der PersGes nahe stehende KapGes* (und ein Forderungsverzicht) können außerbetriebl veranlasst sein (vgl BFH IV R 7/03, BStBl II 05, 354; FG Köln EFG 07, 900, rkr); der Verzicht ist dann, soweit die Anteile an der KapGes SBV sind, so zu werten als hätten die Ges'ter die Forderung *zum Buchwert* ins SBV überführt und erst dann verzichtet (vgl BFH VIII R 57/94, BStBl II 98, 652). – Diese 484

Grundsätze gelten auch für *gewerbl geprägte PersGes.* – Soweit aber eine KapGes MUerin ist, hat diese eine betriebl Beteiligung an einer *partiell (PV!)* nichtbetriebl PersGes (→ Rn. 200 ff). – Zur DBA-Betriebsstättenzuordnung → Rn. 173.

485 **13. Einzelfragen. – a) Verbindlichkeiten einer Personengesellschaft.** Sie sind estrechtl nicht schon deshalb Betriebsschulden (und die Zinsen damit BA), weil zivilrechtl die PersGes selbst Schuldnerin und die Schuld daher in der HB der Ges auszuweisen ist (zB BFH VIII R 422/83, BStBl II 91, 765 zu 2. mwN; BFH VIII R 37/91, BFH/NV 94, 859); sie sind es nur, soweit die Schuld betriebl veranlasst ist. Gleiches gilt für **Freistellungsverpflichtungen** der PersGes (BFH IV R 38/16, BFH/NV 19, 551).

486 **aa) Betriebliche Veranlassung.** Nimmt die PersGes einen **Kredit** auf, ist für die Wertung der Schuld als **Betriebs- oder Privatschuld** entscheidend, wie die Kreditmittel tatsächl verwendet werden (BFH GrS 2–3/88, BStBl II 90, 817 zu C. II.2.a). Eine Betriebsschuld liegt vor, wenn mit den Mitteln betriebl veranlasster Aufwand (zB Löhne; AK bzw HK), auch nach § 4 V nichtabziehbare BA (*Bordewin* StbJb 92/93, 171 (182)) finanziert werden, und zwar grds auch dann, wenn der Mittelbedarf durch *vorausgegangene* **Entnahmen** der Ges'ter entstanden ist; privat ist die Schuld hingegen, wenn die Mittel für Privatausgaben der Ges'ter, also für *nachfolgende* Entnahmen oder für gemischte Aufwendungen (→ Rn. 425) verwendet werden (BFH IV R 46/86, BStBl II 91, 514). Schuldsalden auf sog gemischten Kontokorrentkonten sind entspr ihrer Veranlassung rechnerisch in betriebl und private Unterkonten aufzuteilen (BFH GrS 2–3/88, BStBl II 90, 817). Zu gleichartiger Trennung in betriebl und private Schulden führt das **Zwei- und Mehrkontenmodell,** das der BFH im **„Kontentrennungsbeschluss"** anerkannt hat (BFH IV R 110/94, BStBl II 98, 513). Dieses zu Einzelunternehmen entwickelte Modell und die Rspr zu gemischten Konten gelten ebenso für PersGes (vgl BFH XI R 64/95, BStBl II 98, 511). Hiernach betriebl veranlasste Zinsen (BFH X R 46/04, BStBl II 06, 125) sind allerdings nur nach Maßgabe von **§ 4 IVa** (→ Rn. 430) und **§ 4h** (s dort) als BA abziehbar.

488 **bb) Entnahmen.** Werden Entnahmen (Privatausgaben der Ges'ter) durch **Kredite** der **PersGes** finanziert, gehören die Kredite zum *PV* der Ges und sind anteilig (§ 39 II Nr 2 AO aF/nF; → Rn. 166) den Ges'tern zuzurechnen; die von der PersGes getragenen Zinsen sind als Entnahme zu erfassen. *Beispiele:* Kredite für Rückzahlung von Ges'ter-Einlagen (*Bader* FR 98, 449 (457)), ESt der Ges'ter. Werden die Kreditmittel zur Tilgung von fremdübl *Ges'terdarlehen* verwendet (zur Abgrenzung ggü KapKto → Rn. 540), ist die neue Schuld Betriebsschuld (vgl BFH VIII R 93/84, DStR 91, 771; BFH IV R 29/06, BStBl II 08, 103); ebenso bei Refinanzierung von Sondervergütungen (vgl *Ley* KÖSDI 94, 9982; *Bader* FR 98, 449). Gleiches, wenn mit dem Kredit der PersGes SBV/SonderBA eines Ges'ters (*Pyszka* GmbHR 17, 1082: einschließl KSt einer MUer-KapGes) finanziert werden (→ Rn. 521); allerdings ist die betriebl Zuordnung der Schuld auf die Beteiligungsquote des betroffenen Ges'ters begrenzt (iÜ privater Drittaufwand; *OFD NRW* DStR 19, 1357; weitergehend *Pyszka* GmbHR 17, 1082).

489 **cc) Keine Betriebsschuld der Personengesellschaft.** – ***(1)*** Bürgschaft zugunsten eines Ges'ters (BFH VIII R 148/85, BStBl II 92, 647); – ***(2)*** privat veranlasster Schuldübernahme zugunsten eines (früheren) Ges'ters (BFH IV R 38/16, BFH/NV 19, 551), einer zT gesellschafteridentischen KG (BFH VI R 307/66, BStBl III 67, 734) oder KapGes (BFH VIII R 57/94, BStBl II 98, 652 zu B. I.2); – ***(3)*** Grundschuldbestellung aufgrund konzernrechtl Verflechtung (BFH IV R 22/15, BFH/NV 18, 335: Veranlassung durch GesVerhältnis, zutr); – ***(4)*** Übernahme der Zugewinnausgleichsschuld eines Ges'ters als Darlehen (BFH VIII R 37/91, BFH/NV 94, 859); Vereinbarungsdarlehen für auszukehrende, jedoch privat verwendete BE (BFH IV R 25/07, BStBl II 08, 715).

b) Aktive Wirtschaftsgüter. – **aa) Grundsatz.** Sie (und zugehörige Schulden) sind **kein BV** der PersGes, wenn sie einer gesonderten Betätigung ohne Gewinnabsicht (zB Gestüt) der PersGes dienen (arg § 15 III Nr 1; BFH VIII R 28/94, BStBl II 97, 202: verlustgezeichnete WG), oder **ein betriebl Anlass** *(Gesamtwürdigung!)* für die Zugehörigkeit zum GesVermögen fehlt (zB BFH IV R 64/93, BStBl II 96, 642; BFH IV B 25/08, BFH/NV 09, 754: Kredit an Ges'ter/Nahestehende). 491

bb) Einzelfälle. – *(1)* **Erwerb wertloser Darlehensforderung** eines Gesellschafters (BFH IV R 193/71, BStBl II 75, 804). Zu Darlehen der Ges an **Ges'ter** oder **Schwester-PersGes** → Rn. 491, 629 ff, 551 f; **An- und Verkauf von Wertpapieren** (BFH I R 57/76, BStBl II 79, 257; ähnl FG Mster EFG 98, 625) **Goldtermingeschäfte** (BFH IV R 94/78, BStBl II 81, 658: branchenuntypische Warentermingeschäfte (BFH IV R 67/95, BFH/NV 97, 114; **aA** für Devisentermingeschäfte/DAX-Optionen BFH VIII R 63/93, BStBl II 96, 93; BFH IV R 87/05, BFH/NV 09, 1650). Zu **Verlusten aus gewerbl Termingeschäften** s § 15 IV. 492

(2) **Versicherungsverträge.** Die Zugehörigkeit zum BV beurteilt sich grds nach der Art des versicherten Risikos. **PV** ist danach eine **Risiko- oder Kapitalversicherung auf das Leben** *eines Ges'ters* (einschließl Rückdeckungsversicherung, → Rn. 431, 588) oder eine Krankentagegeldversicherung (zB BFH IV R 30/91, BStBl II 92, 653; BFH IX R 103/90, BFH/NV 94, 539 zu Teilhaberversicherung; BFH IV R 35/92, BFH/NV 94, 306 zu Krankentagegeldversicherung; *OFD Ddorf* DStR 03, 1299). **BV** ist aber idR – *(aa)* eine **Insassenunfallversicherung** für einen zum BV gehörigen PKW (BFH IV R 78/74, BStBl II 78, 212), – *(bb)* eine Versicherung auf das Leben oder den Tod eines *fremden Dritten* (BFH IV R 14/95, BStBl II 97, 343; *FM LSA* DStR 97, 1536; diff *Klinkmann* BB 98, 1233) – *(cc)* der Angehörigen (Kinder) der Ges'ter, wenn die Versicherung der Tilgung betriebl Kredite dient (BFH IV R 45/08, BStBl II 11, 552; *Bode* DB 11, 1083; mE bedenkl), – *(dd)* uU auch konzernintern Rückversicherung betriebl Risiken (BFH IV R 5/13, BFH/NV 17, 451). 493

(3) **Privatvermögen.** WG des GesVermögens, die danach nicht BV sind, sind idR anteilig „notwendiges PV der Ges'ter" (BFH IV R 56/87, BStBl II 89, 657 zu 2.); uU sind sie (zugleich?) SBV bei einer anderen (Schwester-)PersGes (vgl BFH IV R 207/83, BStBl II 85, 6). – Zur erfolgsneutralen WG-Ausbuchung eines fälschl als BV bilanzierten WG s *Groh* DB 98, 1931 (1936). 495

(4) **Lebensführung; Wohnung.** Nicht zum BV der PersGes gehören auch WG des GesVermögens, die mit Zustimmung aller Ges'ter *unentgeltl* und *auf Dauer* der privaten Lebensführung eines, mehrerer oder aller Ges'ter (oder diesen nahe stehenden Personen) dienen, zB ein Einfamilienhaus, das vom Ges'ter für eigene Wohnzwecke genutzt wird (zB BFH IV R 43/13, BFH/NV 16, 742; FG Mchn DStRE 24, 530, rkr: betr BewG; zu eigenbetriebl genutzten Grundstücksteilen von geringem Wert s § 8 EStDV aF/nF). – Die *berechtigte* (dh von allen Ges'tern gebilligte) Änderung der Nutzung eines bisher betriebl genutzten WG ist (stpfl) bei *Dauerhaftigkeit* Entnahme des WG, ansonsten nur Nutzungsentnahme (BFH VIII R 11/11, BStBl II 13, 117: Kfz; → Rn. 435); umgekehrt ist die betriebl Verwendung eines bislang privat genutzten WG Einlage. Die *unberechtigte* Nutzungsänderung lässt die Zuordnung zum BV oder PV der Ges unberührt (BFH VIII R 353/82, BStBl II 88, 418 zu 3.b). – Bei einer Nutzungsüberlassung iHv zumindest des 10% des ortsübl Entgelts bleibt das WG BV (BFH IV R 46/08, BStBl II 11, 692; *OFD Mster* DB 11, 2061). 496

Seit **1.1.87** (Wegfall der Besteuerung des Nutzungswerts der Wohnung im eigenen Haus) können Wohnungen, die ein StPfl für eigene Wohnzwecke nutzt (zB Einfamilienhaus; Wohnung in einem Mietshaus) – anders als vorher – nicht mehr BV sein; dies gilt auch für Wohnungen, die zum *GesVermögen* einer PersGes gehörten und von Ges'tern *unentgeltl* für eigene Wohnzwecke genutzt werden (→ Rn. 496). Stfrei ist der Gewinn aus der **Entnahme von Grund und Boden,** der bereits im VZ 86 GesVermögen und BV (oder SBV) war, durch Errichtung einer Wohnung für eigene (auf Dauer angelegte) Wohnzwecke eines Ges'ters (§ 15 I 3 iVm § 13 V; s aber BFH VIII R 23/95, DStR 98, 1953: entgeltl Veräußerung an Ges'ter *nicht* steuerfrei) oder eines „Altenteilers" dh ehem Ges'ter (vgl BFH IV R 82/99, BStBl II 01, 232). Die Steuerbefreiung kann *zeitl unbefristet,* aber nur einmal (Objektbegrenzung!) – dafür mE für jeden Ges'ter bzw Altenteiler (*Korn* KÖSDI 89, 7638 mwN) – beansprucht werden.

500 ***(5)* Nutzungsrecht.** Zur *unentgeltl* Belastung eines WG des GesVermögens (ausgenommen Grund bzw Wohnung für eigene Wohnzwecke!) mit Nutzungsrecht zugunsten eines Ges'ters oder Dritten, → Rn. 435, 627. Zur *entgeltl* Belastung → Rn. 496.

501 ***(6)* Nicht-Mitunternehmer.** Sind an einer KG Ges'ter beteiligt, die nicht MUer sind, ist das GesVermögen gleichwohl insgesamt BV (→ Rn. 274).

503 ***(7)* Teileinkünfteverfahren.** Im zeitl Geltungsbereich des Halb-/Teileinkünfteverfahrens dh grds ab VZ 2002/2009 sind Ausschüttungen auf KapGes-Anteile im Gesamthandsvermögen der PersGes zwar BE, aber je nach Rechtsform ihrer Ges'ter (natürl Person, KapGes) anteilig zu 50%/40% oder iErg zu 95% stfrei (→ Rn. 438, 439).

504 ***(8)* Körperschaftsteueranrechnung.** Zum Anspruch der Anteilseigner auf KStAnrechnung nach dem früheren Anrechnungsverfahren bis → 34. Aufl 2015, § 15 Rn. 504.

505 ***(9)* Kapitalertragsgüter.** Der Anspruch auf Anrechnung von KapESt (einschließl Zinsabschlag und SolZ), die auf Einnahmen aus Anteilen im GesVermögen einbehalten wurde, steht den Ges'tern anteilig gem Gewinnverteilungsabrede als PV (Entnahme) zu; die KapESt ist jedoch bei fehlendem Steuerentnahmerecht oder bei Insolvenz der Ges dieser zu erstatten (BGH II ZR 62/15, DStR 16, 1273). Zu **Bauabzugssteuern** nach §§ 48 ff s *BMF* BStBl I 01, 804 Rn. 62).

506 **14. Sondervermögen *(Überblick)*.** Vgl § 6 V. **WG,** die zivilrechtl und wirtschaftl oder nur wirtschaftl (§ 39 II Nr 1 AO; zB BFH VIII R 30/98, FR 02, 1119) im **Eigentum** eines **Mitunternehmers** stehen, sind notwendiges oder gewillkürtes (→ Rn. 527) SBV, wenn sie dazu geeignet und bestimmt sind, dem Betrieb der PersGes zu dienen **(SBV I)** oder der Beteiligung des Ges'ters an der PersGes zumindest förderl sind (**SBV II;** zB BFH VIII R 27/00, BStBl II 02, 733 zu II.2.b). Dies folgt **unmittelbar** aus dem Begriff des BV iSv **§ 4 I und § 5** (s *Wacker* FR 22, 625), ledigl ergänzend aus § 6 V und § 15 I 1 Nr 2 S 1 Hs 2, insb dem Zweck dieser Vorschrift, einen MUer einem Einzelunternehmer insoweit gleichzustellen als das GesRecht nicht entgegensteht (zB BFH IV R 51/98, BStBl II 05, 173; BFH XI R 35/99, BStBl II 01, 26; s auch *Schneider,* SBV, S 137 ff; Hüttemann DStJG 34, 291 (303)); **aA BFH** IV R 53/16, BStBl II 20, 534 Rn. 42: **richterl Rechtsfortbildung** iVm § 2 II Nr 1, §§ 4 ff, § 15 I 1 Nr 2; glA BFH IV R 15/19, BStBl II 22, 651). Auch **Verbindlichkeiten** eines MUers können SBV sein (→ Rn. 521 ff). Zur **doppelstöckigen PersGes** → Rn. 612. Zu **Reformansätzen** s *DWS-Institut* DStR-Beih 23, 19.

507 **a) Umfang.** SBV ist zwar für aktive und passive WG des **notwendigen PV** zu verneinen (zu Pkw s BFH IV B 73/05, BFH/NV 07, 1106; SchlHFG EFG 06, 335, rkr). Es kann jedoch bei Anteilen an (vermögensverwaltenden; → Rn. 200 ff) **ZebraGes** zu bejahen sein (zB BFH IV R 29/04, BStBl II 06, 173; → Rn. 532; abl für AbschreibungsGes etc BFH IV R 36/83, BStBl II 85, 654; NdsFG EFG 03, 627). ME können ferner Anteile an **gewerbl PersGes** nicht nur zum betriebl Vermögen einer OberPersGes (→ Rn. 610) oder eines Einzelunternehmens, sondern nach allg Grundsätzen (→ Rn. 518, 527) auch zum notwendigen/gewillkürten SBV II gehören (glA *OFD Kobl* DStR 07, 992; BFH I R 58/07, BFH/NV 09, 1953; offen BFH IV B 74/95, juris; **aA** → 27. Aufl 2008, § 15 Rn. 507 mwN; *Grosse ua* DStR 21, 2033; *Prinz* DB 10, 972 (976); uU *BMF* BStBl I 98, 583). Unberührt hiervon bleibt der Bilanzausweises des SBV-MUerAnteils gem Spiegelbildmethode sowie seine verfahrensrechtl Selbstständigkeit (→ Rn. 690), die Rspr zur mitunternehmerischen BetrAufsp (→ Rn. 858: Ablehnung von SBV I) sowie die normspezifisch zu prüfende

materiell-rechtl Selbstständigkeit der MUerAnteile; zB → Rn. 430 (§ 4 IVa), → Rn. 896 (§ 15 IV), → § 15a Rn. 33; → § 16 Rn. 384, 97; → § 34a Rn. 22; §§ 5 S 3, 9 Nr 2 GewStG, §§ 20, 24 UmwStG (*Schumacher* DStR 10, 1606).

b) Buchführungspflicht. Für SBV der Ges'ter ist die **PersGes** gem § 141 AO buchführungspflichtig (BFH XI R 38/89, BStBl II 92, 797; EStR 4.1 III; krit zB *Brandenberg ua* JbFfSt 93/94, 300; *Dißars* StuB 16, 452: nur Ges'ter). – Für die Gewinnermittlung gilt § 5 (iEinz → Rn. 475). 508

c) Abgrenzung. Die Unterscheidung zw SBV I und II hat *evtl* rechtl Bedeutung – ***(1)*** für die Bilanzierungskonkurrenz (→ Rn. 533, 53) bei Beteiligung an zwei Pers Ges (BFH VIII R 137/84, BStBl II 88, 679; BFH IV R 34/09, BStBl II 13, 471: Vorrang von SBV I; auch → Rn. 874) – ***(2)*** für die Bildung gewillkürten BV (*Authenrieth* DStZ 87, 43) – ***(3)*** für die korrespondierende Bilanzierung in der Gesamtbilanz (→ Rn. 403 ff) – ***(4)*** für die Wertung als wesentl Betriebsgrundlage (BFH I R 183/94, BStBl II 96, 342 zu II.1.d: SBV II keine wesentl Betriebsgrundlage iSv § 20 UmwStG; anders zu § 16 BFH IV R 84/96, BStBl II 98, 104). Unerhebl ist sie für die Ermittlung des Gewerbeertrags, da hier SBV I *und* II zu berücksichtigen ist (BFH IV R 54/04, BStBl II 08, 742). 509

d) Mitunternehmeranteil. Der **Begriff** des **Mitunternehmeranteils** (§ 16 I Nr 2) **umfasst** auch etwaiges **SBV** (zB BFH IV R 51/98, DStR 00, 1768 zu 2.b bb; BFH XI R 35/99, BStBl II 01, 26 zu II.2.b; **aA** *Storg* DStR 02, 1384). 510

e) Eigentum. WG, die Personen (zB Ehegatte) gehören, die **nicht Mitunternehmer** sind, können nicht SBV sein (BFH GrS 3/92, BStBl II 93, 616 zu C. III.6. a/bb; BFH VIII R 51/98, BStBl II 00, 316 zu II.1; aber → Rn. 610 ff zu mittelbarer Beteiligung über PersGes). Besteht an solchen WG ein Nutzungsrecht eines MUers, kann dieses SBV sein (→ Rn. 515 aE). Zu WG im Miteigentum eines Ges'ters und eines Dritten → Rn. 532. 511

f) Ausland. Diese Grundsätze gelten auch bei grenzüberschreitenden Beteiligungen an PersGes (zB BFH I R 47/12, BStBl II 14, 770; → Rn. 173). 512

15. Notwendiges Sonderbetriebsvermögen. – a) Aktives Sonderbetriebsvermögen I. – aa) Grundsatz. Hierzu gehören alle WG, die obj erkennbar zum unmittelbaren Einsatz im Betrieb der PersGes selbst bestimmt sind (zB BFH III R 35/98, BStBl II 01, 316 zu 2.b; BFH VIII R 27/00, BStBl II 02, 733 zu II.2.a; *Ley* KÖSDI 03, 13908). 513

bb) Einzelfragen. – (1) Nutzungsüberlassung. Dies trifft insb zu für WG, die der PersGes von einem Ges'ter unmittelbar zur Nutzung überlassen sind und von dieser für eigengewerbl Tätigkeit, zB Produktion, Lager usw genutzt werden, unabhängig davon, ob die WG dafür „nötig" sind (BFH IV R 94/90, BStBl II 91, 800); hierher gehören zB Grundstücke, Gebäude, Erbbaurecht einschließl Gebäude (BFH VIII R 122/86, BB 91, 1023 zu 2.), Maschinen, Patente usw, das gesamte BV eines ausschließl für die PersGes tätigen Betriebs eines Ges'ters (NdsFG EFG 95, 833), verpachtete Gaststätten des Ges'ters einer Getränke-OHG (FG Ddorf EFG 98, 1674). Vgl auch § 13b IV Nr 1a ErbStG. – Es reicht auch aus, dass die PersGes die ihr überlassenen WG zB durch Untervermietung nutzt, selbst wenn sie den Mietzins insgesamt an den Ges'ter weiterleitet (BFH IV R 94/90, BStBl II 91, 800). – Gleichgültig ist, ob das WG *entgeltl oder unentgeltl* zur Nutzung überlassen wird (BFH VIII R 35/92, BStBl II 95, 241 zu III.1; zur USt s aber BFH V R 20/13, BStBl II 14, 1029), ob dies *im GesVertrag oder* in *besonderem Vertrag* vereinbart ist und ob die Nutzungsüberlassung *schuldrechtl* (Miete, Pacht, Leihe) *oder dingl Art* ist, zB Nießbrauch, Erbbaurecht (BFH IV R 79/06, BFH/NV 09, 730). – Auch vorübergehende Nutzung von längerer Dauer (mE mehr als 1 Jahr) kann zu notwendigem SBV führen 514

(BFH IV R 72/79, BStBl II 83, 215 zu 3.). – Zu WG, die ein Ges'ter an Dritten und dieser der PersGes zur Nutzung überlässt, → Rn. 517, 518 (SBV II!).

515 **(2) Nutzungsrecht.** Wird ein schuldrechtl oder dingl Nutzungsrecht eines Ges'ters aus dessen PV in das GesVermögen einer PersGes gegen Gewährung oder Erweiterung von GesRechten eingebracht (offene **Sacheinlage:** Gutschrift auf KapKto), ist sowohl das genutzte WG als SBV des Ges'ters in einer Sonderbilanz als auch das (entgeltl, näml tauschähnl erworbene) Nutzungsrecht als BV der PersGes (Gesamthandsvermögen) in deren StB auszuweisen. Der Gesamtgewinn (aus StB und Sonderbilanz) ist so zu ermitteln, als ob der Ges'ter von der Ges eine Mietvorauszahlung iHd Barwerts des Nutzungsrechts erhalten und diese bar in das GesVermögen eingebracht hätte, dh in der StB der Ges ist zugunsten des KapKtos des Ges'ters das Nutzungsrecht zu aktivieren und auf die Nutzungsdauer gewinnmindernd abzuschreiben, in der Sonderbilanz des Ges'ters ist das WG auszuweisen und gleichzeitig zu Lasten des KapKtos des Ges'ters ein passiver RAP iHd Barwerts des Nutzungsrechts zu bilden und korrespondierend mit der AfA des Nutzungsrechts aufzulösen (*Littmann* § 15 Rn. 78 mwN). Wird ein Nutzungsrecht an WG eines Ges'ters aus dessen PV ohne Gewährung von GesRechten unentgeltl eingebracht (**verdeckte Einlage,** → Rn. 401), wird das genutzte WG SBV; eine Aktivierung des Nutzungsrechts in der StB der PersGes ist unzulässig (BFH GrS 2/86, BStBl II 88, 348). Hat der MUer ein fremdes WG, das er zB aufgrund Nießbrauchs nutzen darf, der Ges zur Nutzung überlassen, ist das Nutzungsrecht notwendiges SBV (BFH VIII R 316/84, BStBl II 86, 713).

516 **(3) Andere Wirtschaftsgüter.** Nicht der PersGes zur Nutzung überlassene WG sind idR nicht SBV I, aber evtl SBV II (*HG* DStR 98, 677), zB ein an ArbN der Ges vermietetes Wohnheim (HessFG EFG 95, 527) oder eine mit Bierbezugsrecht zugunsten der PersGes verpachtete Gaststätte (FG Ddorf EFG 92, 579).

517 **b) Notwendiges Sonderbetriebsvermögen II.** Ist zu bejahen, wenn WG *unmittelbar* der Begründung oder Stärkung *der Beteiligung* an der PersGes dienen (zB BFH IV R 3/00, BStBl II 01, 520 zu 1.a; BFH VIII R 27/00, BStBl II 02, 733 zu II.2.b; krit *Tiedtke ua* DStZ 04, 482). Dazu gehören zB die **Anteile der K'tisten** einer GmbH & Co KG – ***(1)*** an der **Komplementär-GmbH** nebst Darlehensforderungen gegen die GmbH, es sei denn, die GmbH hat daneben ein eigenes Unternehmen von nicht ganz untergeordneter Bedeutung (s – einschließl Minderheitsbeteiligung; mittelbarer Beteiligung – → Rn. 714), oder – ***(2)*** an einer **K'tisten-GmbH** ohne eigene Geschäftstätigkeit (BFH VIII R 12/99, BStBl II 01, 825; einschr *Walter* GmbHR 06, 1187). Entsprechendes gilt für Anteile eines K'tisten an einer KapGes, die Ges'terin der Komplementär-GmbH ist (BFH IV R 51/08, BFH/NV 12, 723). Dies gilt auch, wenn neben der GmbH noch ein weiterer persönl haftender Ges'ter vorhanden ist, oder bei einer doppelstöckigen GmbH & Co KG für die Beteiligung eines K'tisten *der UnterGes* an der Komplementär-GmbH der OberGes, sofern er diese (mittelbar) beherrscht (BFH VIII R 14/87, BStBl II 91, 510). Diese Grundsätze sind auf die **GmbH & atypisch Still** entspr anzuwenden (str, → Rn. 358). Zu **OrganGes** s BFH IV R 46/02, BStBl II 04, 216; BFH IV R 12/03, BStBl II 06, 361; *BMF* BStBl I 05, 1038 Rn. 8; *Haase ua* DB 11, 1128; *Letzgus* Ubg 10, 699.

518 **c) Weitere Einzelfälle.** – ***(1)*** **Anteile an einer KapGes,** bei **enger** wirtschaftl **Verflechtung** mit PersGes (zB BFH IV R 86/06, BFH/NV 10, 1096; *OFD Mchn* DStR 01, 1032 zu 3). Hiervon kann nach der Rspr weder aufgrund bloßer Geschäftsbeziehungen, wie sie idR auch mit anderen Unternehmen bestehen (BFH XI R 31/05, BStBl II 07, 378 zu II 6), noch deshalb ausgegangen werden, weil die MUerschaft der KapGes dient (BFH IV B 20/05, BFH/NV 06, 2257). Erforderl ist idR vielmehr, dass die Beteiligung einen beherrschenden Einfluss auf die KapGes vermittelt *und* in den Dienst des PersGesUnternehmens gestellt wird (zB bei Vermietung von AV, Aufteilung in Produktion und Vertrieb aufgrund eines wirtschaftl Ge-

samtkonzepts) *und* die KapGes neben ihrer Beziehung zur PersGes keinen (eigenen) Geschäftsbetrieb von erhebl Gewicht unterhält (s iEinz BFH IV R 13/08, BFH/NV 12, 1112; BFH IV R 53/16, BStBl II 20, 534). Gleiches gilt für Beteiligung des MUers an einer TochterKapGes der MUerschaft (BFH IV R 12/23, DStR 26, 26). Zur *Abgrenzung* ggü notwendigem BV bei *Einzelunternehmen* s zB BFH X R 28/16, BStBl II 19, 474; *Kulosa* HFR 19, 744; BFH X R 38/17, BStBl II 19, 518; *Weiss* StuB 20, 701; *Kahsnitz* KÖSDI 20, 22033. Zur **doppelstöckigen PersGes** *Weggenmann* FS Wacker, 2025, 263; → Rn. 617. Zur **BetrAufs**p → Rn. 873; – ***(2)*** Zu **PersGes-Anteilen** → Rn. 507; **Put-Option** (FG Bln-Bbg EFG 16, 1862; s dazu BFH IV R 48/16, BFH/NV 20, 695). – ***(3)*** **Gebäudeteile,** in denen ein Ges'ter (ausschließend oder überwiegend) eine von § 15 I 1 Nr 2 S 1 Hs 2 erfasste Tätigkeit ausübt (BFH VIII R 44/95, BStBl II 97, 530 zu 2.b; zu *häusl Arbeitszimmer* iSv § 4 V 1 Nr 6b s BFH VIII R 8/11, HFR 15, 914; → Rn. 593 aE). – ***(4)*** Ein **Grundstück,** das ein Ges'ter an einen Dritten und dieser an die PersGes vermietet (BFH IV B 120/07, BFH/NV 08, 1320 mwN: auch bei unterschiedl Laufzeiten oder bei Vermietung vor Eintritt in die Ges; FG Bln-Bbg EFG 08, 1952, rkr); ein Grundstück, an dem ein Ges'ter einem Dritten ein Erbbaurecht bestellt, damit dieser darauf ein Gebäude errichtet und an die PersGes vermietet (BFH IV R 11/92, BStBl II 94, 796); ein Grundstück, das ein Ges'ter der PersGes entgeltl zur Vermarktung überträgt (BFH VIII R 65/89, BStBl II 91, 789).

519 ***(5)*** **Forderungen Gesellschafter gegen Personengesellschaft,** insb Geldforderungen zB aus Darlehen sind idR **notwendiges SBV I** (→ Rn. 540 ff), nicht hingegen marktübl Forderungen (→ Rn. 534). – Auch Forderungen eines Ges'ter gegen Dritte können SBV sein (vgl BFH IV R 37/92, BStBl II 94, 564 unter 2.c). – Zu SBV I und II bei **BetrAufsp** → Rn. 874.

520 **d) Kein notwendiges Sonderbetriebsvermögen.** Hierzu gehören zB: ein der PersGes vermietetes Grundstück, das ein Ges'ter von einem anderen Ges'ter unentgeltl unter Nießbrauchsvorbehalt erworben hat (BFH VIII R 316/84, BStBl II 86, 713: gewillkürtes BV des Eigentümers!; s auch *ms* KÖSDI 99, 12139); Wertpapiere, die für Schulden der Ges verpfändet sind (FG Mster DStZ 16, 514, rkr); eine typische stille Beteiligung des HauptGes'ters einer Bau-KG an Unternehmen des Innenausbaus (FG RhPf EFG 84, 170); ein von Ges'tern einer Bau-KG zu privater Vermietung erworbenes Erbbaurecht (FG BW EFG 90, 424); ein von einem Ges'ter auf sein und das Leben eines MitGes'ters abgeschlossener Lebensversicherungsvertrag (BFH VIII R 4/10, BStBl II 13, 615: notwendiges PV); Anteile an KapGes, zu der die PersGes nur allg übl Geschäftsbeziehungen hat (→ Rn. 518); Anteile an Holding-GmbH (FG RhPf EFG 99, 271); Anteile an KapGes, an der eine PersGes neben ihren Ges'tern nur (wenn auch mehrheitl) *beteiligt* ist (BFH IV B 20/05, BFH/NV 06, 2257); ein fremdvermietetes Gebäude, das ein Ges'ter aufgrund eines von der Ges unentgeltl einräumten Nutzungsrechts errichtet hat (BFH IV R 137/88, BFH/NV 90, 422); marktübl Forderungen gegen Dritte (BFH IV R 2/90, BStBl II 91, 786) oder Tochter-GmbH der PersGes (BFH VIII R 8/91, BStBl II 93, 864) oder Geschäftsführer der GmbH bei atypisch stiller Ges (FG Köln EFG 10, 945); ein Grundstück, das ein Ges'ter an Geschäftspartner der PersGes vermietet (FG Mster EFG 03, 529) oder in die PersGes einzubringen beabsichtigt (FG Mster DStRE 05, 1193).

521 **e) Schulden.** Verbindlichkeiten eines MUers ggü Dritten, aber auch ggü der PersGes sind **notwendiges passives SBV,** wenn sie durch den Betrieb der PersGes oder die Beteiligung an der PersGes veranlasst sind. *Beispiele:* Finanzierung des MUer-Anteils (BFH I R 92/12, BStBl II 22, 123; BFH IV R 30/18, DStR 21, 470: atyp stille Beteiligung iVm § 19 IV GewStDV; zu mehrstöckigen PersGes → Rn. 617) oder des notwendigen/gewillkürten SBV I oder II; Finanzierung von WG des betriebl Gesamthandsvermögen, auch nach unentgeltl Übertragung des finanzierten Aktivums aus SBV bei *anderer* MUerschaft (BFH IV B 53/16, BFH/NV 17, 1032; s auch BFH IV R 131/91, BStBl II 93, 509 zu Einbringung); Bürgerschaften iZm

KapGes-Anteil des SBV II (BFH VIII R 27/00, BStBl II 02, 733 zu III.2), Abtretung des FZulG-Anspruchs an PersGes (*BMF* BStBl I 21, 2287 Rn. 286). Zu Schulden der PersGes als (anteiliges) negatives SBV des Ges'ters → Rn. 488.

522 **aa) Darlehen; Unterbeteiligung.** Neben betriebl veranlassten typisch stillen Unterbeteiligungen gehören auch Darlehens-/Rentenschulden zum negativen BV, soweit der MUer die Mittel unmittelbar für betriebl Zwecke der PersGes (BFH I R 92/12, BStBl II 22, 123: Einlagen), zur Finanzierung seiner Beteiligung (vgl BFH IV R 68/05, BStBl II 08, 483: auch zu § 5 IIa glA FG Mchn EFG 13, 877, rkr: auch nach Entnahme der finanzierten WG der PersGes) oder für den Erwerb von SBV (zB BFH VIII R 42/98, BStBl II 00, 390 zu 2.a; BFH VIII B 287/02, BFH/NV 04, 951: Erwerb der Anteile an Komplementär-GmbH) verwendet. **Nicht** aber Darlehen für Ergebnisabführungen der MUer (BFH IV B 55/10, BFH/NV 12, 206).

523 **bb) Erbfallschulden.** Ist ein MUer, der seinen GesAnteil im Erbwege erworben hat, mit **Geldvermächtnis-, Pflichtteils- oder Erbersatzschulden** belastet, begründen diese keine AK für den GesAnteil; sie sind nach BFH *insgesamt* notwendig Privatschulden (→ § 16 Rn. 592).

524 **cc) Bürgschaften.** Eindeutig durch die *Beteiligung* des MUers *veranlasste* Bürgschaften sind zwar passives SBV (und die Ersatzforderung aktives SBV), wenn sie für betriebl Schulden der PersGes (offen: BFH III R 22/06, BFH/NV 09, 1087) oder deren Tochter-KapGes eingegangen werden (BFH VIII R 31/04, BStBl II 06, 874; dazu *Kraft ua* DStZ 19, 310). Während des Bestehens der Ges ist aber keine gewinnmindernde Bildung einer Rückstellung in der Sonderbilanz mögl, weil die Leistungen grds wie Einlagen in das GesVermögen (StB) zu werten sind; Schuld, Zahlung und das Wertloswerden der Ersatzforderung gegen die Ges wirken sich erst bei Beendigung der Ges oder vorheriger Betriebsaufgabe aus (*OFD NRW* FR 14, 823; → Rn. 547; BFH IV B 137/06, BFH/NV 07, 1489: Bürgschaft für Unter-PersGes; **aA** bezügl Tochter-KapGes *Mückl* DStR 08, 2137). Gleiches kann für entspr Leistungen des Ehegatten (zB Bürgschaft, dingl Sicherheit) eines Ges'ters gelten (mittelbare verdeckte Einlage des Ges'ter-Ehegatten).

527 **16. Gewillkürtes Sonderbetriebsvermögen.** Gleich einem Einzelunternehmer kann auch ein MUer iRv SBV (aktives) gewillkürtes BV haben (zB BFH VIII R 35/92, BStBl II 95, 241; zutr; **offen nunmehr** aber **BFH** IV R 17/17, DStR 20, 2192 Rn. 18; BFH IV R 15/19, BStBl II 22, 651 Rn. 28). Schulden können nicht als passives SBV gewillkürt werden (BFH GrS 2–3/88, BStBl II 90, 817 Rn. 73); sie sind aber SBV, soweit sie in wirtschaftl Zusammenhang mit gewillkürtem aktiven SBV stehen, zB der Finanzierung ihrer AK dienen (BFH GrS 2–3/88, BStBl II 90, 817).

528 **a) Voraussetzungen.** WG, die weder notwendiges BV noch notwendiges PV sind, sind gewillkürtes SBV, *wenn* sie (zB BFH VIII R 4/94, BStBl II 98, 461 zu II.1.c mwN): – ***(1)* Objektiv** geeignet sind, (mittelbar) den Betrieb der PersGes oder die Beteiligung des MUers an der PersGes zu fördern; dies wird zB *bejaht* für sog Vorratsgelände BFH IV R 39/78, BStBl II 81, 731; für fremdvermietetes Grundstück BFH VIII R 4/94, BStBl II 98, 461 zu II.1.c; für Grundstück, das an anderen Ges'ter zu marktübl Bedingungen vermietet ist BFH IV R 27/89, BStBl II 91, 216; für der PersGes zur Nutzung überlassenes Grundstück, das zusammen mit dem GesAnteil nießbrauchsbelastet ist, BFH VIII R 35/92, BStBl II 95, 241; zB **verneint** für verlustgekennzeichnete KapGes-Beteiligung (BFH IV R 12/23, DStR 26, 26); für Gestüt FG Hmb EFG 92, 657; für Beteiligungen an AbschreibungsGes BFH IV R 36/83, BStBl II 85, 654; für Schiffsbeteiligung FG Mchn EFG 05, 584.

530 ***(2)* Subjektiv** dazu *bestimmt* sind, dem Betrieb der PersGes oder der Beteiligung des MUers zu dienen *und* diese Widmung rechtzeitig und eindeutig zum Ausdruck

gebracht wird (BFH VIII R 86/87, BStBl II 93, 21). Bei **elektronischer Buchführung** muss die Dokumentation „unumkehrbarer" sein (FG Köln EFG 18, 1195 zu WP-Depot; zutr). Offen, ob dies *nur* durch Ausweis in der Buchführung der *PersGes* (BFH XI R 38/89, BStBl II 92, 797: Ges'terbeschluss) geschehen kann oder auch in anderer Weise (BFH VIII R 31/04, BStBl II 06, 874) zB durch Ausweis in Sonderbilanz des Ges'ters (BFH IV B 105/07, BFH/NV 08, 1470) oder Mitteilung an FA (FG Köln EFG 18, 1195; *Westerfelhaus* DB 91, 1340). Auch → Rn. 475 aE. – Nicht mehr „rechtzeitig" ist der Ausweis zum Zeitpunkt, zu dem das WG nur noch Verluste bringen kann (BFH IV R 51/08, BFH/NV 12, 723).

b) Entwidmung. Anteile an der **Komplementär-GmbH** sollen FG RhPf EFG 24, 1772, Rev IV R 20/23 mit deren Ausscheiden aus KG notwendiges PV werden („Zwangsentnahme"; mE unzutr; s auch → Rn. 527). – **Grundstücke:** Die obj Eignung ist nicht nur bei tatsächl Einsatz eines WG als Sicherungsobjekt für GesSchulden (BFH IV R 27/89, BStBl II 91, 216), sondern auch bei bloßer Eignung hierfür gegeben (BFH VIII R 86/87, BStBl II 93, 21). Die obj Eignung fehlt indes, wenn das WG dauernd und ausschließl privat genutzt wird (notwendiges PV, FG Hmb DStRE 19, 857: Pkw); nicht jedoch aufgrund des bloßen Willens (tatsächl oder nur behauptet), zB ein unbebautes später nur für private Wohnzwecke zu nutzen. Sind **Teile** eines **Grundstücks** der PersGes zur betriebl Nutzung überlassen und nutzt der Eigentümer (Ges'ter) den übrigen Teil für eigene Wohnzwecke, kann dieser Teil nicht gewillkürtes SBV sein. 531

17. Miteigentum. – **a) Allgemeines.** Die Grundsätze zu → Rn. 507 ff gelten sinngemäß – ***(1)*** für **WG, die im Miteigentum mehrerer Personen** stehen, von denen nur einer oder einige MUer der PersGes sind, die das WG nutzt – in diesem Falle ist das WG, *soweit* es den MUern gehört, unter den allg Voraussetzungen **SBV** (zB BFH VIII R 51/98, BStBl II 00, 316 zu II.1.) und – ***(2)*** für **WG, die im Gesamthandsvermögen einer** nur **vermögensverwaltenden PersGes** ohne BV (zu luf und freiberufl → Rn. 534) stehen, deren Ges'ter sämtl oder zum Teil auch MUer der nutzenden gewerbl PersGes sind **(Schwester-PersGes)** – in diesem Falle ist das WG anteilig (§ 39 II Nr 2 AO aF/nF; → Rn. 166) SBV der Ges'ter, die auch MUer der gewerbl PersGes sind (BFH IV B 121/07, BFH/NV 08, 2002). 532

b) Sonderfälle. *Anders* ist dies (kein SBV, vorrangig EigenBV) bei WG, die Gesamthandsvermögen und BV einer ganz oder teilweise beteiligungsidentischen gewerbl tätigen oder gewerbl geprägten PersGes sind und der **Schwester-PersGes** zur **Nutzung** überlassen sind (→ Rn. 532, 600 ff; beachte aber → Rn. 507). Gewerbl tätig (iSd Vorrangs des Eigenbetriebs) ist auch eine PersGes, die (nur) als **BesitzGes** bei **mitunternehmerischer BetrAufsp** fungiert (BFH VIII R 61/97, BStBl II 99, 483) – jedenfalls bei entgeltl Nutzungsüberlassung (str, → Rn. 858). – Ungeklärt ist (vgl BFH IV R 29/04, BStBl II 06, 173), ob eine **freiberufl oder luf** tätige **PersGes** insofern einer gewerbl PersGes gleichsteht, als bei Vermietung eines WG an eine ganz oder teilweise beteiligungsidentische gewerbl Schwester-PersGes das WG nicht (anteilig) SBV bei der nutzenden gewerbl PersGes wird, sondern BV der überlassenden *freiberufl oder luf* PersGes bleibt. Mutmaßl wird der BFH dies bejahen (glA *Korn* KÖSDI 07, 15711 (15717); **aA** FG Mster EFG 09, 106); fragl aber, ob er die Mietzinsen wie bisher (zB BFH I R 56/77, BStBl II 79, 763) im Hinblick auf die GewSt (*Brandenberg* DB 98, 2488 (2491)) bei der nutzenden PersGes als Sondervergütung erfasst (*Groh* DStZ 96, 673 (676); zR krit *Kempermann* FR 06, 279; auch → § 16 Rn. 184). Zum umgekehrten Fall (Vermietung an freiberufl Ges) → Rn. 858 aE. 533

18. (Bilanzierungs-)Konkurrenz Sonderbetrieb/Eigenbetrieb eines Gesellschafters/Mitunternehmers. – **a) Grundsatz.** Aktive und passive WG eines MUers, die dieser *unmittelbar* einer gewerbl PersGes zur Nutzung überlässt, an der er unmittelbar (oder mittelbar, § 15 I 1 Nr 2 S 2) beteiligt ist, sind unter den Voraussetzungen eines wirtschaftl Beitrags zum GesZweck (→ Rn. 562) auch dann SBV I oder 534

II bzw passives SBV, wenn sie bereits BV eines **eigenen freiberufl oder luf Betriebs des Ges'ters** wären; die SBV-Eigenschaft ist ebenso wie die Qualifikation von Entgelten als Sondervergütungen in § 15 I 1 Nr 2 S 1 Hs 2 (→ Rn. 568) vorrangig (vgl einschließl SBV II BFH IV R 12/03, BStBl II 06, 361). Gleiches gilt – auch bei grenzüberschreitenden Beteiligungen (zB BFH I R 114/97, BStBl II 00, 399 zu IV.1.e mwN) –, wenn die zur Nutzung überlassenen WG BV eines **eigenen** (sachl selbstständigen) **GewBetr des Ges'ters** (MUers) wären (grundlegend BFH I R 199/75, BStBl II 79, 750 zu II.2). An dieser **„Ablehnung der Subsidiaritätsthese"** (dh der These, dass § 15 I 1 Nr 2 Hs 2 nur eine Qualifikationsnorm ist, also nur Leistungsentgelte bzw WG in gewerbl umqualifiziert, die ohne § 15 I 1 Nr 2 Hs 2 keine *gewerbl Einkünfte* bzw *gewerbl BV* wären), **halten BFH, FinVerw, hL** *für die unmittelbare Nutzungsüberlassung* – trotz der iErg andersartigen Rspr zur Nutzungsüberlassung zw Schwester-PersGes, also mittelbarer Nutzungsüberlassung (dazu → Rn. 600 ff) – **weiterhin fest** (zB BFH I R 114/97, BStBl II 00, 399 zu IV.1.c; BFH IV R 59/04, BStBl II 05, 830; *BMF* BStBl I 98, 583 Nr 6 iVm *BMF* BStBl I 79, 683; **aA** – dh für Subsidiaritätsthese – zB *G. Söffing* DB 07, 1994; *Kerssenbrock* BB 00, 763 bei Umwandlung einer KapGes in PersGes; zu Reformüberlegungen s *Ley* FS Brandis, 2025, 261). – Unerhebl für den Vorrang des Sonderbetriebs (= Ablehnung der Subsidiaritätsthese) ist, welche Rechtsform der **Ges'ter** (MUer) hat, der *seiner* PersGes *unmittelbar* WG zur Nutzung überlässt oder an diese leistet (Einzelunternehmer, PersGes, KapGes) und wie groß seine Beteiligung an der PersGes ist (BFH IX R 86/86, BFH/NV 92, 377; zB Besitzunternehmer bei BetrAufsp). – **Materiell-rechtl Folgerungen** aus SBV-Zuordnung ergeben sich (s *Ley* KÖSDI 03, 13916) zB für die Qualifikation von Forderungen gegen die Ges als Eigenkapital in der Gesamtbilanz (→ Rn. 543 f), für beschr StPfl (BFH I R 5/82, BStBl II 83, 771), für § 16 I Nr 2 (MUerAnteil umfasst SBV) und für die GewSt.

535 **b) Ausnahmen. – aa) Laufender Geschäftsverkehr.** Anders ist die Rechtslage bei – *nicht* durch das GesVerhältnis bedingten (→ Rn. 562) – Leistungen iRd lfd Geschäftsverkehrs eines – nicht nur für die PersGes tätigen (vgl NdsFG EFG 95, 833, rkr) – gewerbl Eigenbetriebs eines Ges'ters zu fremdübl Konditionen (BFH IV R 65/85, BStBl II 87, 564 zu 4. aE; BFH X R 24/10, BStBl II 12, 498: keine Anwendung des § 15 I 1 Nr 2 S 1 Hs 2, dh **Vorrang des eigenen gewerbl BV** und gewerbl BE ggü SBV und Sondervergütungen; auch → Rn. 549).

536 **bb) Schwester-Personengesellschaft.** Bei einer **Nutzungsüberlassung** zw gewerbl Schwester-PersGes haben **das eigene gewerbl BV** bzw die eigenen gewerbl BE grds **Vorrang** ggü SBV und Sondervergütungen; das WG ist daher nicht SBV der nutzenden PersGes, sondern BV der Eigentümer-PersGes (zB BFH VIII R 42/94, BStBl II 98, 328; BFH VIII R 61/97, BStBl II 99, 483; *BMF* BStBl I 98, 583; *Förster ua* DStR 20, 2273: Keine BilKonkurrenz). Dies gilt selbst dann, wenn eine gewerbl geprägte PersGes nur für die Schwester-PersGes zB durch Vermietung an diese tätig wird (BFH VIII R 63/93, BStBl II 96, 93), und *grds* unabhängig davon, zu welchen Konditionen das WG zur Nutzung überlassen wird (fremdübl oder nicht); allerdings mit der Einschränkung, dass SBV und Sondervergütungen bei der nutzenden PersGes Vorrang haben, wenn die leistende PersGes vom beherrschenden Ges'ter nur „zwischengeschaltet", insb zur Leistung angewiesen ist (*HG* DStR 99, 1438 mit Hinweis auf BFH VIII R 46/94, BStBl II 99, 720; Einzelheiten → Rn. 600 ff). Im Ergebnis praktiziert der BFH damit für die Überlassung von Sachwerten zur Nutzung *zw gewerbl Schwester-PersGes* die Subsidiaritätsthese (→ Rn. 534); beachte aber → Rn. 507. Zu mittelbarer Nutzungsüberlassung in Erfüllung *eigener Leistungspflicht eines Ges'ters* s *Groh* DStZ 96, 673 (676): Entgeltl Sondervergütung bei nutzender Ges, WG eigenes BV der überlassenden Ges. – Zur Nutzungsüberlassung einer freiberufl oder luf PersGes an gewerbl Schwester-PersGes → Rn. 533 aE. Zur Gewährung von Darlehen → Rn. 540 ff, insb → Rn. 551.

c) Sonderbetriebsvermögen I und II. Stärkt ein WG, das SBV I eines Ges'ters 537
der PersGes A ist, gleichzeitig dessen Beteiligung an einer anderen PersGes B (SBV II bei B), hat SBV I Vorrang (BFH VIII R 137/84, BStBl II 88, 679).

19. Gewinnrealisierung. Bei **Tausch** bleibt der SBV-Status zunächst erhalten 538
(BFH IV R 17/17, DStR 20, 2192). – Wird die tatsächl Nutzung so geändert, dass die Voraussetzungen für notwendiges und gewillkürtes SBV (BFH IV R 86/06, BFH/NV 10, 1096) entfallen, ist dies **Entnahme** (idR lfd Gewinn). Diese (auch → Rn. 531) liegt auch vor, wenn – ***(1)*** gewillkürtes SBV nicht mehr bilanziert wird oder – ***(2)*** der Eigentümer eines zum SBV gehörigen WG seine MUerschaft verliert, zB durch Ausscheiden aus der Ges (BFH I R 124/91, BStBl II 93, 889) oder Umwandlung der PersGes in eine KapGes (BFH IV R 52/87, BStBl II 88, 829), es sei denn, das WG wird gleichzeitig BV eines eigenen (gewerbl, freiberufl, luf) Betriebs des Eigentümers (BFH I R 183/94, BStBl II 96, 342 zu II.2.b; BFH IV R 17/17, DStR 20, 2192: betr Abspaltung iZm BetrAufsp), oder – ***(3)*** das WG unentgeltl einer Person übereignet wird, die *nicht* MUer ist (BFH IV R 89/90, BStBl II 93, 225), auch bei Vorbehalt eines schuldrechtl/dingl Nutzungsrechts (BFH X R 140/87, BStBl II 90, 368). – Wird ein WG des SBV auf einen *anderen* MUer schenkweise unter **Nießbrauchsvorbehalt** übertragen und scheidet der *Nießbraucher* anschließend aus der Ges aus, ist weder das WG noch der Nießbrauch entnommen (arg § 6 V); der MUer-Eigentümer entnimmt aber die lfd Nutzung (Aufwandsentnahme!) zugunsten des Nießbrauchers, wenn dieser aufgrund des Nießbrauchs das WG auf eigene Rechnung an die PersGes oder einen Dritten vermietet (vgl BFH VIII R 35/92, BStBl II 95, 241; *Wälzholz* DStR 10, 1930). Die AfA verbleibt beim Nießbraucher (BFH IV R 57/82, BStBl II 86, 322); ebenso bei schuldrechtl Nutzungsvorbehalt (BFH IX R 126/89, BStBl II 97, 121). – Gehört ein WG zum BV eines **eigenen** (gewerbl, freiberufl, luf) **Betriebs des Ges'ters,** war und ist weder Nutzungsüberlassung an die PersGes, die zu vorrangigem SBV I führt (→ Rn. 534), noch deren Beendigung **(Wegfall der Bilanzierungskonkurrenz),** Einlage und Entnahme (notwendig Buchwertfortführung, BFH XI R 9/01, BStBl II 02, 737; *Ley* KÖSDI 03, 13914); Entsprechendes gilt für den Wechsel zw SBV verschiedener PersGes (§ 6 V 2).

20. Forderungen *gegen* die Personengesellschaft; Forderungsverzicht. 540
Verwaltung: *BMF* DStR 02, 805 (Refinanzierungszinsen bei Darlehen einer an PersGes beteiligten Bank); *BMF* BStBl I 05, 699 (Abzinsung).

Schrifttum (Auswahl): *Ley,* Ges'terkonten … KÖSDI 14, 18844; *dies,* …, KÖSDI 14, 18891; *Herbst ua,* Neues zur korrespondieren Bilanzierung, DStR 17, 2081.

a) Grundsätze. Hat ein **Ges'ter** (MUer; zu Ausnahmen → Rn. 189, 613) *gegen die PersGes* eine **Forderung,** zB aus **Darlehen,** rückständiger Sondervergütung usw (zu Forderungen der *PersGes gegen einen Ges'ter* → Rn. 625 ff) oder einer typisch **stillen Beteiligung** des K'tisten am Vermögen der KG (BFH IV R 20/20, BStBl II 23, 857), ist diese estrechtl – ebenso wie zivilrechtl – *nicht* aufzuspalten in eine Forderung gegen sich selbst und die übrigen Ges'ter (BFH I R 9/79, BStBl II 83, 570; **aA** *Siegel* DStZ 19, 628). Solche Forderungen sind, soweit sie von § 15 I 1 Nr 2 S 1 Hs 2 erfasst werden (Kapitalüberlassung; → Rn. 562, 594), **SBV I des Ges'ters** und in der Sonderbilanz zu aktivieren (BFH VIII R 28/98, BStBl II 00, 347 zu II.1). In der **StB der Ges** steht ihnen eine Schuld **(Fremdkapital!)** ggü (BFH IV R 77/93, BStBl II 98, 180 zu 1.b), auch wenn der Kredit als gesellschaftsrechtl Beitrag gewährt ist (BFH VIII R 78/97, BStBl II 99, 163 zu II.4.b, cc) oder das Darlehen eigenkapitalersetzend ist (BFH VIII R 28/98, BStBl II 00, 347; dazu → § 15a Rn. 47; zum Finanzplankredit aber → § 15a Rn. 49). In der **Gesamtbilanz** (→ Rn. 401) sind sie **Eigenkapital** (Erhöhung des Gesamt-KapKtos des Gläubiger-MUers; zB BFH I R 60/92, BStBl II 93, 714: auch bei grenzüberschreitender Beteiligung an PersGes). Die Hingabe von Kapital ist danach Einlage (BFH I R 114/97, BStBl II 00, 399 zu IV.1.b), die Rückzahlung Entnahme (BFH VIII R 128/84, BStBl II 93, 594 zu II.1.a). Dies gilt grds –

Ausnahme: kein wirtschaftl Zusammenhang mit dem GesVerhältnis (→Rn. 562, 549) – unabhängig davon, ob – ***(1)*** die Forderung beim Ges'ter an sich zu einem eigenen BV gehören würde, – ***(2)*** das Kapital zu fremdübl oder nichtfremdübl Konditionen zB niedrig verzinsl, unverzinsl, ungesichert überlassen wird (BFH IV R 37/06, BStBl II 11, 617) und – ***(3)*** welcher Art die Ges'terforderung ist (BFH IV R 36/02, BStBl II 03, 871: Ausgleichsanspruch). Forderung des MUers und Schuld der Ges unterliegen nicht nur dem Grundsatz der **korrespondierenden Bilanzierung** s einschl Kritik →Rn. 404 f; zu Ausnahmen →Rn. 544). Der Eigenkapitalcharakter des Ges'terdarlehens in der Gesamtbilanz schließt auch das Abzinsungsgebot gem **§ 6 I Nr 3** aus (BFH IV R 37/06, BStBl II 11, 617; unklar *BMF* BStBl I 05, 699 Rn. 23). Fragl, ob Gleiches für das Passivierungsverbot des § 5 IIa gilt (bej *Herbst ua* DStR 13, 176 (178); EK-Ausweis in GesBilanz abl BFH I R 100/10, BStBl II 12, 332).

541 **b) Rechtscharakter.** Danach ist estrechtl *grds* unerhebl (Gesamtbilanz!), ob die von der PersGes **für den Ges'ter geführten Konten** (zB KapKto I, II, III, Privatkonto usw) gesrechtl Einlage- oder Forderungs- und Schuldcharakter haben. Zur Abgrenzung →§ 15a Rn. 46; *Faustregel:* KapKto, wenn darauf Verluste und/oder Entnahmen und Einlagen verbucht werden). Von **estrechtl Relevanz** ist diese Frage aber dafür, – ***(1)*** in welcher Höhe ein Verlustanteil eines K'tisten ausgleichs- und abzugsfähig ist, denn der Begriff des KapKtos iSv § 15a umfasst nur das Kapital in der StB der Ges (→§ 15a Rn. 41), – ***(2)*** ob ein Kredit, den die PersGes zur Finanzierung der Zahlung an einen Ges'ter aufnimmt, Betriebsschuld ist (und die Zinsen hierfür BA sind) oder nicht, denn nach BFH VIII R 93/84, BStBl II 91, 516 ist zwar die Rückzahlung eines Ges'ter-Darlehens (Fremdkapital in der StB der Ges) betriebl veranlasst, nicht aber die Rückzahlung von Eigenkapital (= Entnahme; vgl →Rn. 486; krit *Bordewin* StbJb 92/93, 171 (186)), – ***(3)*** soweit verzinsl Ges'terkonten einen Debetsaldo (= evtl Forderung gegen den Ges'ter) ausweisen (dazu →Rn. 632).

543 **c) Einkommensteuerrechtliche Folgen.** Die Wertung der Ges'ter-Forderung als SBV I bedeutet zB, dass ***(1)*** Ges'ter mit eigenem GewBetr sie nicht in ihrer eigenen StB ausweisen können (→Rn. 534), ***(2)*** Zinsen bei der Ges BA und beim Ges'ter SonderBE sind (→Rn. 594).

544 **d) Grundsatz der korrespondieren Bilanzierung. – aa) Allgemeines.** Der Grundsatz (iEinz →Rn. 404 f) bedingt, dass der Ges'ter seine Forderung gegen die PersGes auch bei deren Insolvenz oder bei Wechselkursänderung für Fremdwährung während des *Bestehens der Ges nicht* gewinnmindernd wertberichtigen kann (BFH IV R 106/94, BStBl II 96, 226 zu III.4), sodass sich **Wertminderungen** für den Ges'ter (zusätzl zum Verlustanteil nach dem allg Gewinn- und Verlustverteilungsschlüssel) **erst mit Vollbeendigung der PersGes** (BFH IV R 1/15, BStBl II 17, 943 mwN) oder **vorheriger Betriebsaufgabe/-veräußerung** iSv § 16 gewinnmindernd auswirken (zutr BFH IV R 28/22, BStBl II 25, 910) und damit Einlagen ins GesVermögen gleichstehen (BFH VIII R 128/84, BStBl II 93, 594). Gleiches gilt für Ausgleichsansprüche des atypisch stillen Ges'ters (BFH IV R 8/20 (IV R 7/17), DStR 23, 1187) und für die typisch stille Beteiligung des K'tisten am KG-Vermögen (BFH IV R 20/20, BStBl II 23, 857). Zu § 6 I Nr 3 aber →Rn. 540 aE. – **bb) Ausscheiden des Mitunternehmers/Forderungszession.** – ***(1)*** Scheidet der MUer *insgesamt* aus der Ges aus und liegt kein Fall der unentgeltl Übertragung gem § 6 III vor (zutr *Herbst ua* DStR 17, 2081 (2082)), endet der Grundsatz der korrespondierenden Bilanzierung; ebenso wenn die Forderung iZm einer MUerAnteilsabtretung mit Verlust veräußert wird; der Erwerber hat seine AK in seinem SBV I zu aktivieren, die Passivierung bei der Ges bleibt unberührt (BFH IV R 1/15, BStBl II 17, 943). ***(2)*** Wird die MUer-Forderung *isoliert* **an Nicht-MUer** abgetreten, wird sie zu Fremdkapital (BFH IV R 77/93, BStBl II 98, 180 zu 1.b); der Ges'ter erzielt uU einen Verlust im SBV (BFH VIII R 5/03, BFH/NV 05, 1523). Bei Abtretung an Na-

bestehende erfordert dies jedenfalls die tatsächl Durchführung der Abrede (einschr zum Fremdvergleich BFH VIII R 5/03, BFH/NV 05, 1523: Zinsverzicht unschädl; BFH IV R 29/86, BStBl II 89, 500: kein Fremdvergleich, wenn Zessionar nicht beherrschender Ges'ter ist). – ***(3)*** Gleiches gilt grds bei isolierter Forderungszession an anderen MUern (vgl BFH IV R 1/15, BStBl II 17, 943: Vorrang des AK-Prinzips; *Wendt* FR 17, 959; zutr; s instruktiv *Herbst ua* DStR 17, 2081). Wird die MUer-Forderung aber fremd*un*übl unter dem Nennwert abgetreten, ist der Differenzbetrag neben den AK zu aktivieren (§ 6 V 3 Nr 3 ggf analog; krit *Herbst ua* DStR 13, 176 (180)). – ***(4)*** Erwirbt ein MUer die Forderung gegen die Ges **von Nicht-MUern** zu einem *fremdübl* Preis, wird sie zu Eigenkapital und ist im SBV auch mit den AK anzusetzen, wenn diese den Nennwert unterschreiten (BFH IV R 28/20, BStBl II 24, 258; *Herbst ua* DStR 13, 176 (179)). – ***(5)*** Zur entspr Handhabung bei **doppelstöckigen PersGes** → Rn. 471, → § 16 Rn. 384.

e) Bürgschaft. Bedeutung erlangt die Rspr auch, wenn sich ein Ges'ter als Bürge 547
für *Schulden der PersGes* in Anspruch genommen wird und ein Ausfall seiner Regressforderung gegen die Ges oder die anderen Ges'ter droht bzw diese wertlos werden (BFH VIII R 31/04, BStBl II 06, 874: Verlust erst realisiert bei Betriebsaufgabe oder Beendigung der Ges; *OFD NRW* FR 14, 823; auch → Rn. 524).

f) Sonderbetriebsvermögen II. Zur bilanzrechtl Behandlung von Geldforde- 548
rungen, die SBV II sind, zB der Forderung eines K'tisten einer GmbH & Co KG gegen die Komplementär-GmbH, *Döllerer* DStZ 92, 646 (649).

g) Abgrenzung. Kein SBV, sondern eigenes BV sind **Forderungen** (gegen die 549
PersGes) **eines Ges'ters mit eigenem** (gewerbl, luf, freiberufl) – nicht ausschließl für die PersGes tätigen (→ Rn. 535) – **Betrieb aus lfd Lieferungen oder Leistungen,** die nicht wirtschaftl mit dem GesVerhältnis zusammenhängen (→ Rn. 562) *und* wie zw Fremden übl abgewickelt werden (vgl BFH IV R 65/85, BStBl II 87, 564 mwN; str, **aA** zB *Ley* KÖSDI 02, 13459 (13463)). Entspr gilt für Forderungen aus Lieferungen und Leistungen vor Eintritt in die PersGes oder von Dritten erworbene Forderungen, außer das Kapital wird fortan der Ges zB darlehensweise zur Nutzung überlassen (zB BFH XI R 42–43/88, BStBl II 92, 585).

h) Verzicht. Verzichtet ein Ges'ter einer PersGes auf seine Forderung gegen diese, 550
gelten die vom BFH entwickelten Grundsätze zum *Forderungsverzicht eines Ges'ters einer KapGes* (BFH GrS 1/94, BStBl II 98, 307; VIII R 57/94, BStBl II 98, 652) mE sinngemäß – und dies unabhängig davon, ob die Forderung eigenes BV des Ges'ters war und noch ist oder SBV war bzw zB durch Stundung geworden ist –, *wenn* der Ges'ter **aus eigenbetriebl Interesse** verzichtet zB zwecks Erhaltung von Geschäftsbeziehungen. In diesem Fall ist iHd noch werthaltigen Teils der Forderung bei der PersGes eine Einlage und beim Ges'ter eine Entnahme und iHd nicht mehr werthaltigen Teils bei der PersGes ein stpfl Ertrag und beim Ges'ter ein abzugsfähiger Aufwand anzunehmen (*Pyszka* BB 98, 1557; **aA** zB *Kahle* ua DB 24, 133; *Erhardt ua* DStR 12, 1636: stets erfolgsneutral). – Ist der Verzicht hingegen durch **das GesVerhältnis zur PersGes veranlasst** (FG Mster EFG 03, 30; FG Mster EFG 10, 52: **Regelfall**), ist ein Verzicht vor dem 1.1.99 und ebenso wieder ein Verzicht nach dem 31.12.00 (vgl § 6 V 3) – unabhängig davon, inwieweit die Forderung werthaltig ist – wie die unentgeltl Übertragung eines WG aus eigenem BV oder SBV ins Gesamthandsvermögen zum Buchwert insgesamt erfolgsneutral; das Kapital in der StB der PersGes erhöht sich erfolgsneutral um den Nennwert der Schuld und das Kapital in der Eigen- oder Sonderbilanz vermindert sich grds erfolgsneutral um den gleichen Betrag (→ § 6 Rn. 799; **aA** *Herbst ua* DStR 17, 2081 (2086): Ausgleichsposten iHd Wertdifferenz). Wurde die Forderung des SBV I hingegen **unter Nennwert** erworben (dazu → Rn. 544), ergibt sich ein Wegfallgewinn; BFH IV R 28/20, BStBl II 24, 258; zB *Kahle* ua DB 24, 133; *Ley* KÖSDI 05, 14815 (14823)). – Die (erfolgsneutrale oder stpfl) **Erhöhung des Kapitals** der PersGes ist mE idR, sofern die Ges'ter nichts

anderes vereinbarten, allein dem *verzichtenden* Ges'ter zuzurechnen und erhöht daher sein KapKto in der StB der PersGes (**aA** *Ley* KÖSDI 05, 14815 (14823)). – Zum Forderungsverzicht gegen **Besserungsschein** s *BMF* DStR 04, 34; BFH II R 57/07, BStBl II 09, 606 (ErbSt).

551 **i) Schwester-Personengesellschaft.** Gehört die Forderung gegen die PersGes zB *aus Darlehen zu fremdübl Konditionen* zum GesVermögen (Gesamthand) einer ganz oder teilweise gesellschaftsidentischen PersGes (Schwester-PersGes), die eigengewerbl tätig, gewerbl geprägt oder BesitzGes bei (mu'erischer) BetrAufsp ist, so ist die Forderung – anders als eine entspr Forderung einer nur vermögensverwaltenden Schwester-PersGes (→ Rn. 600 ff) – nicht SBV der auch an der Gläubiger-PersGes beteiligten Ges'ter (DoppelGes'ter) bei der Schuldner-PersGes, sondern eigenes BV der Gläubiger-PersGes (mit entspr Konsequenzen, zB TeilwertAfA!). – Offen ist, ob Gleiches gilt, wenn die (fremdübl) Forderung zum GesVermögen einer nur **freiberufl oder luf PersGes** gehört (→ Rn. 533 aE). – Gewährt aber eine PersGes mit (gewerbl, freiberufl, luf) BV einer gewerbl Schwester-PersGes ein Darlehen *zu nicht fremdübl Konditionen* (zB unverzinsl, niedrig verzinsl, ohne Sicherheit usw), ohne dass dies durch andere betriebl Vorteile ausgeglichen wird, ist die Darlehensforderung – ebenso wie bei Darlehensgewährung an Ges'ter (→ Rn. 491 f, 625 ff) – estrechtl *kein BV,* sondern **PV der Gläubiger-PersGes;** die Darlehensvaluta ist aus dem BV ins PV der Ges entnommen (vgl zB BFH IV R 21/01, BFH/NV 03, 1542: Gesamtwürdigung; *OFD Mster* DStR 94, 582). – ME ist bei Darlehensgewährung zu nicht fremdübl Konditionen die Darlehensforderung nicht nur PV der Gläubiger-PersGes, sondern – wie bei Darlehensgewährung durch nur vermögensverwaltende Schwester-PersGes (→ Rn. 604) – **auch SBV** derjenigen Ges'ter, die an beiden Ges beteiligt sind; etwaige Zinsen sind keine Einkünfte aus KapVerm, sondern Sondervergütungen bei der Schuldner-PersGes, ein Darlehensverlust ist kein Verlust von PV, sondern von SBV (glA *Ley* KÖSDI 03, 13573).

560 **21. Sondervergütungen *(Überblick)*.** Zu den **gewerbl Einkünften aus MUerschaft** gehören die in § 15 I 1 Nr 2 S 1 Hs 2 genannten (Sonder-)**Vergütungen** für **Tätigkeiten, Darlehen, Nutzungsüberlassung** (Leistungen); sie mindern grds den StB-Gewinn der Ges, werden aber beim Ges'ter in gleicher Höhe in seiner Sonderbilanz erfasst und gehen so in den Gesamtgewinn der MUerschaft ein (zB BFH VIII R 13/99, BStBl II 00, 612 zu 2.). Die Norm erfasst sowohl Leistungen, die im GesVertrag vereinbart sind, insb auch Ges'terbeiträge iSv § 709 BGB, sofern das Entgelt hierfür nach Abrede der Ges'ter nicht als Gewinnvorab behandelt werden soll (BFH VIII R 4/98, BStBl II 99, 284), als auch Leistungen, die zivilrechtl auf besonderer schuldrechtl Grundlage (Drittverhältnis) beruhen (zB BFH GrS 7/89, BStBl II 91, 691 zu C. II.3; BFH GrS 3/92, BStBl II 93, 616 zu C. III.6.a/bb). Zur Unterscheidung zw Gewinnvorab und Sondervergütung → Rn. 440. Zur USt s UStR 1.6.

561 **a) Zweck.** Die Regelung will die MUer einer PersGes dem Einzelunternehmer annähern (→ Rn. 161), weil dieser keine Verträge mit sich abschließen kann (zB BFH IV R 41/04, BStBl II 06, 755 zu II.1.c) *und* das Besteuerungsergebnis unabhängig davon zu machen, ob Leistungen eines Ges'ters durch Gewinnvorab oder besonderes Entgelt vergütet werden (zB BFH IV R 14/06, BStBl II 07, 942). *Unerhebl* ist daher, ob – ***(1)*** und in welcher *anderen* Einkunftsart (zB selbstständige Arbeit, VuV) die Vergütungen ohne § 15 I 1 Nr 2 zu erfassen wären (zB BFH VIII R 262/80, BStBl II 89, 291 zu 2. mwN) – ***(2)*** die Vergütungen in der StB der PersGes sofort abzugsfähig oder aktivierungspflichtig sind (str, → Rn. 577 mwN) – ***(3)*** die Vergütungen, wie bei einer AußenGes, von der Ges oder, wie zB bei der atypischen stillen Ges, vom Geschäftsinhaber an den stillen Ges'ter gezahlt werden (BFH IV R 14/06, BStBl II 07, 942) – ***(4)*** der Ges'ter nur geringfügig beteiligt ist (BFH IV 14/06, BStBl II 07, 942; → Rn. 562) – ***(5)*** dieser unbeschr oder beschr estpfl (oder kstpfl; zu Betrieb gewerbl Art s BFH I R 52/13, BStBl II 16, 172; → Rn. 251) ist und –

(6) unmittelbare oder nur mittelbare zB durch Zwischenschaltung einer KapGes erbrachte Leistungen vergütet werden (BFH I R 71/01, BStBl II 03, 191 zu II.2; auch → Rn. 569 ff, 600 ff). – *Wesentl für Sondervergütungen* ist aber, dass sie *Gegenleistung* für eine Leistung iSv § 15 I 1 Nr 2 zB eine Tätigkeit, Nutzungsüberlassung usw sind (BFH IV R 14/06, BStBl II 07, 942: unabhängig von Zufluss). Unangemessene Vergütungen (zB zum Zwecke der zT Gewinnrealisierung) sind Entnahmen (BFH IV R 87/06, BStBl II 08, 428), rückwirkende Abrede grds nicht anzuerkennen (BFH IV B 65/07, BFH/NV 08, 1469: vGA; → Rn. 718). Bei *einheitl Vergütung* (zB Lieferung und Dienstleistung) darf der Wert der Lieferung im Verhältnis zum Wert der Dienste nur von untergeordneter Bedeutung sein (BFH VIII R 41/98, BStBl II 00, 339; → Rn. 580). – Sondervergütungen sind auch Teil des **Gewerbeertrags** (zB BFH GrS 3/92, BStBl II 93, 616 zu C. III.6.b). Beachte § 9 Nr 1 S 5 Nr 1a GewStG (dazu BFH IV R 25/20, BStBl II 23, 836; BFH IV R 11/20, BStBl II 23, 830).

b) Bezug zum Gesellschaftszweck. § 15 I 1 Nr 2 S 1 Hs 2 setzt allerdings voraus, dass ein Zusammenhang zw der Leistung des Ges'ters und der Betätigung der Ges besteht. Nach der **Positivformel** des I. und VIII. BFH-Senats – s zu (1) – und nach der evtl engeren **Negativformel** des IV. BFH-Senats – s zu (2) – besagt dies: – ***(1)*** Die Vergütung muss für Leistungen gewährt werden, die *wirtschaftl* „durch das GesVerhältnis … veranlasst sind" (BFH I R 163/77, BStBl II 79, 757 zu 4.), dh die ihre rechtl Grundlage im GesVertrag haben (zB BFH IV R 222/84, BStBl II 87, 553 zu 3.b) oder auf schuldrechtl Vertrag beruhen, aber *wirtschaftl* zur Verwirklichung des Ges-Zwecks beitragen (BFH VIII R 46/94, BStBl II 99, 720; sog **Beitragsgedanke** *Woerner* DStZ 80, 203). – ***(2)*** Ausgenommen sind nur Vergütungen für Leistungen, bei denen ein wirtschaftl Zusammenhang zw Leistung und MUerschaft ausgeschlossen erscheint, diese also nur zufällig zusammentreffen (BFH IV R 3/00, BStBl II 01, 520 zu 1.b; ähnl BFH I R 71/01, BStBl II 03, 191 zu II.2). Dies ist zu bejahen, wenn der an einer Publikums-KG geringfügig beteiligte RA gelegentl von dieser einen Auftrag erhält (vgl BFH IV R 154–155/77, BStBl II 80, 269, fragl, s BFH IV R 44/14, BFH/NV 18, 407; Rn. 578), der Ges'ter einer Bank-KG das Sparguthaben eines Dritten erbt und alsbald auflöst (vgl BFH IV R 159/78, BStBl II 80, 275) oder der Fonds-Ges'ter Provisionen für Fonds-Anteilsvermittlung durch *Dritte* erhält (BFH X R 24/10, BStBl II 12, 498; BFH X R 29/11, BFH/NV 12, 1586: Eigen- und Fremdprovisionen; → Rn. 649); es ist hingegen zu verneinen, wenn ein ArbVerh nach (geringfügigem) Beteiligungserwerb nicht nur kurzfristig fortgeführt wird (BFH IV R 14/06, BStBl II 07, 942). – Zu Sondervergütungen bei nur mittelbarer Beteiligung über andere PersGes **(doppelstöckige PersGes),** → Rn. 615. **562**

c) Internationale Mitunternehmerschaften. Zunächst → Rn. 173. Sondervergütungen sind nach ESt (§ 15 I 1 Nr 2, 3; ggf iVm § 49 I Nr 2) auch bei grenzüberschreitenden Sachverhalten Teil des Gesamtgewinns der MUerschaft (→ Rn. 540, 401). Ein danach gegebenes Besteuerungsrecht kann aber gem DBA eingeschränkt sein: zB Freistellung ausl Betriebsstättengewinne; Nutzungsentgelte für im Ausl belegenes Grundstück (BFH I R 71/92, BStBl II 94, 91: DBA-Schweiz). Nach **BFH-Rspr** sind indes zB Zinsentgelte, die ein inl Ges'ter einer ausl PersGes (DBA-Staat) von dieser erhält **(Outbound-Fall),** idR nicht dem DBA-Unternehmensgewinn zugeordnet und damit im Inl stpfl (zB BFH I B 47/05, BStBl II 09, 766; zu Tätigkeitsvergütungen/Zinsen iZm Beteiligung einer inl PersGes an einer ausl Tochter-PersGes vgl BFH I R 71/98, BStBl II 00, 336; BFH I R 17/01, BStBl II 03, 631). Umgekehrt **(Inbound-Fall)** verneint der BFH die inl StPfl idR für Pensionen/Zinsen/Lizenzen, die ein ausl Ges'ter von einer inl PersGes erhält (BFH I R 5/06, BStBl II 09, 356; BFH I R 106/09, BStBl II 14, 759; s aber zu DBA-Schweiz BFH I R 71/01, BStBl II 03, 191). Demggü waren nach ***BMF*** BStBl I 10, 354 Sondervergütungen – auch ohne Sonderregeln (zB Österreich; Schweiz; s aktuell *BMF* BStBl I 14, 1258) – Teil der DBA-Unternehmensgewinne. Soweit **§ 50d X** idF **JStG 2009** (BGBl I 08, 2794; rückwirkend; uU iVm § 50d IX Nr 1) versucht hatte, **565**

diesen Konflikt iSd *BMF* BStBl I 10, 354) zu lösen, ist der BFH dem – wegen des „tatbestandl Defizits" der Norm – nicht gefolgt (zB BFH I R 5/11, IStR 12, 222). Demgemäß ist § 50d X durch das **AmtshilfeRLUmsG** (BGBl I 13, 1809) „klarstellend" und gleichfalls rückwirkend neu gefasst worden (dazu ausführlich ***BMF*** BStBl I 14, 1258; *Hruschka* IStR 14, 785 (790)). Nach BFH I R 4/13, BStBl II 14, 791 (**BVerfG-Vorlage,** zurückgenommen, vgl BVerfG 2 BvL 15/14, IStR 25, 563) verstößt die Neuregelung gegen das Rückwirkungsverbot; das Treaty Overriding (Abkommensüberschreibung) ist hingegen verfgemäß (**BVerfG** IStR 16, 191). Zu Einzelheiten → § 50d Rn. 58 ff. – Zu Leistungen zw inl und ausl Schwester-PersGes s *Kempermann* FS Flick 1997 S 445 (454).

566 **d) Gewerbesteuer.** Sondervergütungen sind Teil des Gewerbeertrags (zB BFH GrS 3/92, BStBl II 93, 616 C. III. 6/b) und deshalb nicht (mehr) nach § 8 Nr 1 GewStG hinzuzurechnen (*GLE* BStBl I 12, 654 Rn. 2). Beachte auch § 9 Nr 1 Satz 5 Nr 1a GewStG (dazu BFH IV R 25/20, BStBl II 23, 836; BFH IV R 11/20, BStBl II 23, 830).

567 **e) Nicht betriebliche Einkünfte.** Bei vermögensverwaltender KG ist § 15 I 1 Nr 2 S 1 Hs 2 **nicht** entspr anwendbar (BFH IX R 103/85, BStBl II 87, 707).

568 **22. Sachliche Abgrenzung. – a) Grundsatz.** § 15 I 1 Nr 2 S 1 Hs 2 greift grds auch ein, wenn ein Ges'ter (MUer) *unmittelbar* iRe **eigenen luf oder freiberufl Betriebs** leistet; Sondervergütungen haben Vorrang vor luf oder freiberufl BE (zB BFH I R 163/77, BStBl II 79, 757). Gleiches gilt für *unmittelbare* Leistungen iRe **eigenen GewBetr** des Ges'ters (Ablehnung der Subsidiaritätsthese; → Rn. 534). – § 15 I 1 Nr 2 S 1 Hs 2 ist aber mE nicht anzuwenden auf Entgelte für fremdübl eigenbetriebl Leistungen, die *nicht* mit dem GesVerhältnis wirtschaftl verknüpft sind (→ Rn. 562, 535, 549; str).

569 **b) Schwester-Personengesellschaft.** Entgelte für Leistungen einer ganz oder teilweise ges'teridentischen PersGes, die *nur vermögensverwaltend (PV) tätig* ist, werden bei der die Leistung empfangenden und das Entgelt zahlenden PersGes als Sondervergütungen für *mittelbare* Leistungen (bei unmittelbarer Beteiligung) derjenigen Ges'ter erfasst, die an beiden Ges beteiligt sind, sofern die allg Voraussetzungen des § 15 I 1 Nr 2 Hs 2 erfüllt sind (→ Rn. 606). Gleiches gilt nach *bisheriger* BFH-Rspr für Leistungen einer Schwester-PersGes zB GbR, die *luf oder freiberufl (BV) tätig* ist (zB BFH I R 56/77, BStBl II 79, 763; aber → Rn. 533 aE). – Hingegen sind Entgelte für Leistungen einer (Schwester-)PersGes, die ihrerseits *eigengewerbl tätig, gewerbl geprägt* oder *BesitzGes bei* (mu'erischer) *BetrAufsp* (str, → Rn. 858) ist, *grds* keine Sondervergütungen, sondern gewerbl BE der leistenden (und die Entgelte empfangenden) PersGes (zB BFH VIII R 61/97, BStBl II 99, 483). Dies gilt, soweit eine solche gewerbl PersGes *Dienste leistet* oder *WG zur Nutzung überlässt,* grds unabhängig davon, ob dies zu fremdübl Bedingungen geschieht oder nicht (→ Rn. 536, 600 ff). Sondervergütungen (für mittelbare Leistungen) sind aber gegeben, wenn ein Dritter – dies kann zB eine KapGes, aber auch eine (Schwester-)PersGes sein – in den Leistungsaustausch zw Ges'ter und seiner Ges gezielt „zwischengeschaltet" ist (→ Rn. 607). Zu *Darlehen* → Rn. 551.

571 **23. Zeitliche Abgrenzung.** § 15 I 1 Nr 2 S 1 Hs 2 erfasst nur Entgelte für Leistungen, die **während der Zugehörigkeit zur PersGes** erbracht werden (vgl BFH IV R 14/91, BStBl II 94, 250 zu II.2.c), nicht für vorgesellschaftl Leistungen; Fälligkeit und Zeitpunkt der Zahlung sind unerhebl (MU-Erlass *BMF* BStBl I 78, 8 Rn. 84).

572 **a) Nachträgliche Vergütungen.** Nach § 15 I 2 gilt § 15 I 1 Nr 2 S 1 Hs 2 (und Nr 3 Hs 2) auch für Vergütungen (zB Versorgungsbezüge), die als nachträgl Einkünfte iSv § 24 Nr 2 bezogen werden. Diese sind demnach Teil des gem § 180 I Nr 2a AO gesondert festzustellenden Gesamtgewinns der PersGes (→ Rn. 400 ff) und damit

auch des Gewerbeertrags (BFH VIII R 8/01, BStBl II 02, 532; anders hingegen bei gewinnabhängigem Kaufpreis: nachträgl BE). Die Vergütungen sind dem begünstigten ehemaligen Ges'ter oder dessen Rechtsnachfolger iSv § 24 Nr 2 (§ 328 BGB; BFH VIII B 111/93, BStBl II 94, 455; → Rn. 587) subj zuzurechnen, unabhängig davon, ob dieser ebenfalls Ges'ter ist oder nicht (zum F-Bescheid s BFH VIII R 42/96, BStBl II 08, 177). Maßgebl ist der Zeitpunkt, zu dem die Vergütungen auch einem Ges'ter zuzurechnen wären; etwaige Aktiva im SBV (zB Pensionsanspruch) sind deshalb bei Ausscheiden als MUer nicht aufzulösen (BFH IV R 14/11, BStBl II 14, 624). Auch soweit § 15 I 2 greift (zB Hinterbliebenenpension), sind **Rückstellungen** der PersGes durch Aktivierungen im SBV auszugleichen (BFH IV R 14/11, BStBl II 14, 624; *BMF* BStBl I 08, 317 Rn. 17; → Rn. 587, 592). Zu vor dem 1.1.86 gebildeten Rückstellungen s BFH IV R 14/11, BStBl II 14, 624; *BMF* BStBl I 08, 317 Rn. 18.

b) Einzelunternehmer. Entgegen seinem Wortlaut dürfte § 15 I 2 dem Gesetzeszweck entspr auch Vergütungen erfassen, die ein Einzelunternehmer an ehemalige MitGes'ter oder deren Rechtsnachfolger zB nach Ausscheiden aus zweigliedriger OHG zahlt (vgl FG Hmb EFG 92, 70). 573

24. Negativbegrenzung. § 15 I 1 Nr 2 S 1 Hs 2 erfasst nicht: – 575
(1)* Veräußerungsgeschäfte** zw der Ges und einem MUer (zB BFH VIII R 41/98, BStBl II 00, 339 zu 1.a mwN); Kaufpreisstundungen können jedoch Darlehen iSv § 15 I 1 Nr 2 S 1 Hs 2 sein (BFH I R 38/76, BStBl II 79, 673; MU-Erlass *BMF* BStBl I 78, 8 Rn. 87); – ***(2)* Vergütungen, die die Ges erhält** für Leistungen, die *sie* ggü einem Ges'ter erbringt, zB Darlehen an einen Ges'ter (keine „negativen Sondervergütungen"; → Rn. 625 ff); – ***(3) schuldrechtl Rechtsbeziehungen der **MUer untereinander** (BFH I R 248/74, BStBl II 78, 191; MU-Erlass *BMF* BStBl I 78, 8 Rn. 36–39).

25. Zeitpunkt der Besteuerung und subjektive Zurechnung. Die Vergütungen iSv § 15 I 1 Nr 2 S 1 Hs 2 und S 2 sind als gewerbl Einkünfte **in dem Wj** zu erfassen, in dem sie **bei der Ges** (in der StB) **als Aufwand** in Erscheinung treten – unabhängig davon, wann und in welcher Höhe die Vergütungen einem MUer oder seinem Rechtsnachfolger (§ 15 I 2; § 24 Nr 2) tatsächl zufließen (→ Rn. 404, 440). Die Vergütungen mindern daher den Gesamtgewinn nicht, dh die in der StB der Ges als Aufwand zB durch Rückstellung angesetzten Vergütungen sind in gleicher Höhe in einer Sonderbilanz des begünstigten oder aller Ges'ter (→ Rn. 578, 585, 588) oder seines Rechtsnachfolgers (§ 15 I 2 § 24 Nr 2) anzusetzen, und zwar nach dem Prinzip der **korrespondierenden Bilanzierung** abw von allg bilanzstrechtl Grundsätzen und damit zB auch, wenn nach GoB noch kein Aktivposten auszuweisen wäre (zB BFH VIII B 25/04, BFH/NV 05, 1257). 576

a) Aktivierung. Auch Vergütungen, die als Aufwand zu aktivieren sind (BFH III R 35/93, BStBl II 96, 427), sind bereits im Jahr der Aktivierung als gewerbl Einkünfte des MUers zu erfassen (zB BFH IV R 222/84, BStBl II 87, 553 zu 4.a; **aA** evtl BFH VIII R 41/98, BStBl II 00, 339 zu 1.b; *Bitz* GmbHR 00, 497; *Meining* Ubg 24, 438 betr Bauzeitzinsen). 577

b) Zufluss; Vorteil. Dem MUer (oder dessen Rechtsnachfolger; § 15 I 2; § 24 Nr 2) sind die ihm zugeflossenen Vergütungen zuzurechnen. Gleiches gilt (zufluss*unabhängig*) für Aufwand der Ges, der dem Ges'ter einen wirtschaftl Vorteil vermittelt und deshalb als *Gegenleistung* für die Tätigkeit des Ges'ters zu qualifizieren ist (BFH IV R 14/06, BStBl II 07, 942: ArbG-Anteile zur SozialVers; → Rn. 561, 584; BFH IV R 44/14, BFH/NV 18, 407: Vergütung für Jahresabschluss bei atypisch stiller Ges; *Korn* KÖSDI 18, 20701: abzügl SonderBA; zutr). 578

26. Vergütungen für Tätigkeit im Dienst der Gesellschaft. – a) Grundsätze. Darunter fallen sowohl gesellschaftsrechtl **Dienstleistungen,** zB die Ge- 580 schäftsführung, als auch solche aufgrund eines Dienstvertrags iSv § 611 BGB (zB ArbVerh, anwaltschaftl Beratung), eines Werkvertrags iSv § 631 BGB oder eines Geschäftsbesorgungsvertrags iSv § 675 BGB (zB Architekten- oder Baubetreuungsleistungen, BFH IV R 222/84, BStBl II 87, 553 (555)); *nicht* darunter fallen allerdings *einheitl* Vergütungen für aus Warenlieferung und Tätigkeit bestehende *Gesamtleistungen, wenn* der Wert der Lieferung im Verhältnis zum Wert der Arbeit nicht mehr von untergeordneter Bedeutung ist (BFH VIII R 41/98, BStBl II 00, 339: schlüsselfertige Gebäudeerrichtung; *Kempermann* FR 00, 561).

581 **aa) Beispiele.** Erfasst werden aber – ***(1)*** Leistungen aufgrund eines ArbVerh, gleichgültig, ob die ArbN- oder die MUereigenschaft überwiegt, auch bei nur geringfügiger Beteiligung an der PersGes (→ Rn. 562), – ***(2)*** freiberufl Leistungen (zB BFH I R 71/98, BStBl II 00, 336 zu II.1: Wirtschaftsprüfer und Steuerberater), – ***(3)*** Vermittlungen (zB BFH IV R 352/84, BStBl II 88, 128 mwN: neue K'tisten). – Der MUer muss nicht selbst tätig sein; er kann sich dazu einer Organisation mit Hilfskräften bedienen (BFH VIII R 41/98, BStBl II 00, 339 zu II.1.b mwN).

582 **bb) GmbH & Co KG.** § 15 I 1 Nr 2 S 1 Hs 2 erfasst auch Vergütungen für den Geschäftsführer (oder einen leitenden Angestellten) der Komplementär-GmbH, der zugleich K'tist ist, gleichgültig, ob ein Dienstvertrag nur zur GmbH oder unmittelbar zur KG besteht (→ Rn. 717). – Sinngemäß gilt dies für eine atypische *stille Ges,* deren tätiger Teilhaber eine GmbH und deren atypischer stiller Ges'ter Geschäftsführer der GmbH ist (→ Rn. 358). – Allg zu *mittelbarer* (Dienst-)Leistung → Rn. 569 ff, 600 ff.

584 **b) Einzelfragen. Entgelte.** Vergütungen sind alle Entgelte in Bar- oder Sachwerten, gleichgültig ob einmalig oder laufend (BFH IV R 42/02, BStBl II 04, 353); ebenso sind nicht nur *feste,* sondern auch *gewinnabhängige* Entgelte (Tantieme) Sondervergütungen, wenn sie auf schuldrechtl Vertrag beruhen oder zwar im GesVertrag vereinbart, aber kein Gewinnvorab sind (zur Abgrenzung → Rn. 440). Vergütungen sind zB **Abfindungen** wegen Auflösung des ArbVerh (BFH VIII R 53/94, BStBl II 96, 515: *OFD Ffm* GmbHR 07, 896: kein StFreiheit nach § 3 Nr 9; aber nach BFH IV R 94/06, DB 09, 2129 jedenfalls bei Dienstverhältnis mit Komplementär-GmbH Entschädigung gem § 24 I Nr 1a; s auch BFH IX R 3/09, BStBl II 10, 1030; **aA** *OFD Ffm* DStR 16, 2856; zutr; → § 24 Rn. 27) oder zur Abgeltung eines Pensionsanspruchs (BFH IV R 10/99, BStBl II 02, 850 zu 2/b), bzw einer betriebl Versorgungsrente (BFH IV R 22/03, BStBl II 05, 559; → § 16 Rn. 315); **ArbG-Anteile** zur **Sozialversicherung** (BFH IV R 14/06, BStBl II 07, 942; BFH IV R 30/06, BFH/NV 08, 546: unabhängig von Zufluss; *Wacker/Krüger ua* DStR-Beih 21, 3 Fn 258; **aA** *Bolk* FS Reiss, 449 (456); *Briese* DStR 21, 1638), zudem keine StFreiheit gem § 3 Nr 62 (→ § 3 Rn. 200); Zuschüsse zu einer **Lebensversicherung.**

585 **c) Pension.** Vergütungen für Tätigkeit im Dienste der Ges sind nicht nur lfd **Pensionszahlungen** einschließl Hinterbliebenenbezüge (vgl § 15 I 2; BFH I R 124/95, BStBl II 97, 799 zu II.3.b; BFH II R 16/08, BStBl II 10, 923; beachte auch § 8 Nr 1 Buchst b S 2 GewStG: keine Hinzurechnung), sondern auch (bereits) die entspr Pensionszusagen (BFH VIII R 40/03, BStBl II 08, 182).

586 **d) Pensionszusage. – aa) Grundsätze.** Die Verpflichtung aus einer Pensionszusage ist – bei Altzusagen vor dem 1.1.87: Wahlrecht (Art 23 EGHGB) – in der HB (*IDW* RS HFA 30 nF) und damit auch der **StB der PersGes** (bereits vor Eintritt des Versorgungsfalls) als Verbindlichkeit bzw Rückstellung gem § 6a **zu passivieren.** Hieran hat mE auch § 5 I 1 letzter Hs nF (**BilMoG,** BGBl I 09, 1102) nichts geändert (*BMF* BStBl I 10, 239 Rn. 9 ff; str → § 6a Rn. 2; BT-Drs 17/2823, 37), vorausgesetzt, die Erfordernisse des § 6a zum Rückstellungs*ansatz* liegen vor. Eine (betriebl) Bewertungseinheit gem § 5 Ia (allg abl *BMF* DB 10, 2024) mit der zum PV gehörenden Rückdeckungsversicherung (→ Rn. 588) kommt nicht in Betracht. Die Passivierung ist auch bei einem Schuldbeitritt geboten (**aA** BFH IV R 43/09, BStBl II 17, 1228; *BMF* BStBl I 17, 1619 Rn. 24); glA nunmehr betr Neufälle § 4f II, § 52 VIII. Gleich-

wohl wird dadurch nach **stRspr des BFH** der „Gesamtgewinn" der MUerschaft nicht gemindert, weil nach dem Grundsatz der korrespondierenden Bilanzierung (→ Rn. 404) der Passivposten in der StB durch einen gleich hohen **Aktivposten** im SBV ausgeglichen werden muss (zB für Anwartschaften BFH I R 105/91, BStBl II 93, 792 zu II.2.b; FG Mster EFG 13, 1642: Ausnahme: Nichtpassivierung bei Nachholverbot gem § 6a IV 1; zutr); die im Schrifttum vereinzelt vertretene Ansicht, der (Gesamt-)Gewinn der MUerschaft werde durch die Pensionsrückstellung in der StB gemindert, weil der begünstigte Ges'ter Vergütungen erst nach Eintritt des Versorgungsfalls beziehe (Nachweise → 25. Aufl 2006, § 15 Rn. 586; *Briese* DStR 21, 1981), hat sich nicht durchgesetzt (*Wacker* FR 08, 801). Die früher offene Frage, wem der Aktivposten zuzurechnen ist, ist zR dahin entschieden worden, dass er **nur** in der SonderBil des durch die Pensionszusage **begünstigten Ges'ters** anzusetzen ist (BFH IV R 82/06, BFH/NV 09, 581; **aA** *Fuhrmann ua* WPg 07, 77: Abrede der Ges'ter maßgebl). Nach *BMF* BStBl I 08, 317 **(zwei Übergangsregelungen)** kann bei sog Pensions-**Altzusagen** (Erteilung *unmittelbar* durch die *PersGes* spätestens im Wj 07 bzw Wj 06/07) erstmals in der Schlussbilanz des Wj 08 (bzw Wj 07/08; mE fragl; s *Wacker* FR 08, 801 (806)) entweder *(aa)* auf Antrag aller Ges'ter an der bisherigen Handhabung (Nichtbilanzierung oder korrespondierende Aktivierung im SBV aller Ges'ter) zeitlich unbefristet festgehalten (sog große Übergangsregelung) oder *(bb)* bei Übergang zur geänderten BFH-Rspr der aus der erstmaligen Bilanzierung entstehende Umstellungsgewinn (Nettoertrag) des Pensionsberechtigten nur für Zwecke der ESt (grds) auf 15 Jahre (14/15-Rücklage) verteilt werden (sog kleine Übergangsregelung). Bei Pensionszusage durch *Komplementär-GmbH* (→ Rn. 712, 713) ist die Milderung zu *(bb)* ausgeschlossen (*BMF* BStBl I 08, 317 Rn. 14, 15 einschließl doppelstöckige PersGes; krit *Groh* DB 08, 2391 (2395); *Sievert ua* Ubg 08, 617 (621)), zweifelhaft aber, ob Gleiches für die Milderung zu (aa) gilt (vgl Wortlaut von *BMF* BStBl I 08, 317 Rn. 20). Das *BMF* lässt iÜ eine Vielzahl von Fragen offen, zB betr Milderung zu (aa) die Fortentwicklung der SBV-Aktiva bei Auszahlung der Pension (mE aufwandswirksam) oder die entgeltl/unentgeltl MUerAnteilsübertragung; betr Milderung zu (bb) die Behandlung von § 15a-Verlustanteilen iZm erstmaliger Passivierung bei KG (s *Wacker* FR 08, 801; *Groh* DB 08, 2391). – Zu **KGaA** → Rn. 891; zu **vGA** bei überhöhten Zusagen s *Rogall* FR 05, 779 (785).

bb) Folgen. – *(1)* Der begünstigte MUer hat die Differenz zw Aktivum und seinem Anteil am Passivierungsaufwand der PersGes zu versteuern (Ausweg: Sonderabrede bzgl Rückstellungsaufwand; dazu → Rn. 443; beachte aber § 15a; vgl BFH IV R 82/06, BFH/NV 09, 581; *Wacker* FR 08, 801 (806); weitergehend *Ley* KÖSDI 08, 16204 (16209); krit *Groh* DB 08, 2391). – *(2)* Wurde in der Vergangenheit nicht nach diesen Grundsätzen verfahren, sind die (Sonder-)Bilanzen uU gewinnwirksam zu berichtigen (zutr BFH IV R 14/11, BStBl II 14, 624; zu Übergangsregelungen → Rn. 586). – *(3)* Scheidet der Pensionsberechtigte unter Fortbestand seiner Versorgungsanwartschaft aus der Ges aus, ist die Sonderbilanz für ihn fortzuführen; spätere Versorgungsleistungen sind damit zu verrechnen (*BMF* BStBl I 08, 317 Rn. 8, 17 einschl Hinterbliebene). – *(4)* Verliert er (oder sein Rechtsnachfolger) die Anwartschaft, entsteht bei ihm (diesem) Sonderbetriebsaufwand (zu § 10d s *Ley* KÖSDI 08, 16204/6) und in der StB der PersGes Ertrag (*BMF* BStBl I 08, 317 Rn. 4, 9). – *(5)* Zu Abfindungen → Rn. 584. 587

cc) Rückdeckung. Beiträge zu einer Rückdeckungsversicherung für Pensionszusagen an MUer sind weder BA (→ Rn. 431) noch Sondervergütungen, sondern Entnahmen, die entspr der Zugehörigkeit des Rückdeckungsanspruchs (PV) zum GesVermögen anteilig allen Ges'tern zuzurechnen sind (BFH IV R 41/00, BStBl II 02, 724; *BMF* BStBl I 08, 317 Rn. 19; *BMF* BStBl I 25, 92 Rn. 06.08). Zu § 5 Ia → Rn. 586. 588

589 **dd) Pensionssicherungsverein.** Demggü sind nach FG BW EFG 05, 949 Zahlungen an den PSV aufgrund Pensionszusagen an Ges'ter als SonderBE zu erfassen (Gleichbehandlung zu ArbG-Anteilen zur SV; dazu → Rn. 584).

590 **ee) Statuswechsel/Umwandlung.** Wird ein ArbN einer PersGes, dem eine Pensionszusage erteilt ist, **MUer,** ist die bisher gebildete Pensionsrückstellung nicht aufzulösen, da die Pensionszusage insoweit keine Vergütung für die Tätigkeit eines MUers ist (MU-Erlass *BMF* BStBl I 78, 8 Rn. 85). Entspr gilt für lfd Versorgungsleistungen oder eine Abfindung. Umgekehrt fällt eine Pensionszusage an einen ArbN, der früher MUer war, unter § 15 I 1 Nr 2 S 1 Hs 2, soweit sie Entgelt für die Tätigkeit während der Zugehörigkeit zur Ges ist (§ 15 I 2). – Zahlt eine PersGes, die durch **Umwandlung** *aus* einer GmbH entstanden ist, eine Abfindung für einen Pensionsanspruch eines Ges'ters, den dieser durch seine Tätigkeit in der GmbH erworben hat, ist die Abfindung keine Vergütung iSv § 15 I 1 Nr 2 S 1 Hs 2, sondern eine Leistung an Erfüllungs statt zur Tilgung einer Fremdverbindlichkeit der PersGes (BFH IV R 91/77, BStBl II 81, 422). Pensionsrückstellungen sind bei Umwandlung einer KapGes in PersGes nicht gewinnerhöhend aufzulösen (BFH I R 8/75, BStBl II 77, 798; BFH VIII R 17/20, DStR 24, 806; vgl auch *BMF* BStBl I 25, 92 Rn. 06.04 ff; *LfSt Bay* DB 09, 2404; krit *Briese* DB 24, 1362; zu Rückdeckungsanspruch (→ Rn. 588) s *BMF* BStBl I 25, 92 Rn. 06.08: idR Entnahme. Zu **Umwandlung** einer PersGes *in* **KapGes** s zB BFH I R 124/95, BStBl II 97, 799; FG Köln EFG 09, 572: stfreie Entnahme des Pensionsanspruchs; **aA** *BMF* BStBl I 25, 92 Rn. 20.28–20.33 (RestBV). Beachte auch §§ 20 II 1, 3 I 2 UmwStG (§ 6a-Wert; krit *Dötsch ua* DB 06, 2704 (2705)). Zur **Option gem § 1a KStG** (→ Rn. 160a) s zB *Höfer* DB 22, 839; *Briese* DStR 22, 969.

591 **e) Diensterfindungsvergütungen eines Arbeitnehmers.** Sie bleiben abzugsfähig, auch wenn der ArbN MUer wird (BFH I R 103/75, BStBl II 76, 746).

592 **f) Ehegatten.** Nicht erfasst werden **Tätigkeitsvergütungen** einschließl Vorsorgeaufwendungen an Ehegatten eines MUers auf Grund estrechtl anzuerkennender ArbVerh; sie sind grds als BA abzugsfähig (→ Rn. 426). Für Pensionszusagen an den ArbN-Ehegatten sind Rückstellungen zu bilden, wenn und soweit sie dem Grund und der Höhe nach betriebl veranlasst sind (Fremdvergleich; zB BFH VIII R 69/98, BStBl II 02, 353); dabei ist auch eine Anwartschaft auf Witwen(Witwer)versorgung zu berücksichtigen, selbst bei einer Ein-Mann-GmbH & Co KG (BFH IV R 80/86, BStBl II 88, 883). Nicht anzuerkennen sind Rückstellungen für „Nur-Pensionen" (BFH VIII R 38/93, BStBl II 96, 153; **aA** betr KapGes *BMF* BStBl I 08, 681).

593 **27. Vergütungen für Überlassung von Wirtschaftsgütern.** § 15 I 1 Nr 2 S 1 Hs 2 setzt voraus, dass der Ges'ter das WG der Ges zur Nutzung (auf Zeit) überlässt; die Übertragung des rechtl und/oder wirtschaftl Eigentums ist entgeltl Veräußerung oder Einlage. Rechtsgrundlage kann der GesVertrag oder ein besonderes Schuldverhältnis (Miete, Pacht usw) oder ein dingl Recht (zB Nießbrauch, Erbbaurecht, Lizenz) sein. Gegenstand der Überlassung können materielle und immaterielle WG aller Art (zB unbebaute Grundstücke, Fabrik-, Büro- oder Wohngebäude, Maschinen, Patente, Urheberrechte usw; s auch § 1 IIIc 2 AStG nF) sein; diese werden idR SBV des überlassenden MUers (→ Rn. 514 ff). Vergütungen sind alle Gegenleistungen für die Nutzungsüberlassung zB **Mietzinsen, Erbbauzinsen** (BFH IV R 42/02, BStBl II 04, 353: einschließl entschädigungslosem Gebäudeerwerb; BFH VIII R 8/11, HFR 15, 914 mwN: *häusl Arbeitszimmer* trotz (Sonder-)BA-Schranke des § 4 V 1 Nr 6b; zu Miete → Rn. 645), **Lizenzgebühren.** Nach BFH VIII R 13/99, BStBl II 00, 612 hingegen nicht eine pachtvertragl übernommene Entfernungspflicht (zR krit *Gosch* StBP 00, 282), ebenso nach BFH IV R 29/12, DStR 15, 811; BFH IV R 63/11, BFH/NV 15, 832 nicht der *rückständige Anspruch* des Ges'ters gegen die PersGes auf **Instandhaltung** (mE unzutr; s auch *Weber-Grellet* FR 15, 557). Unerhebl ist, ob der überlassende MUer Eigentümer oder nur Nut-

zungsberechtigter, zB Mieter ist (BFH VIII R 261/81, BStBl II 86, 304). Vergütungen für nur kurzfristige Nutzung fallen unter § 15 I 1 Nr 2 S 1 Hs 2, sofern die Nutzungsüberlassung wirtschaftl durch das GesVerhältnis veranlasst ist, unabhängig davon, ob das genutzte WG SBV wird oder nicht (→ Rn. 513). Vergütungen für die Überlassung von realen Teilen eines WG sind ebenso zu behandeln wie Vergütungen für die Überlassung des ganzen WG. Insb gilt § 15 I 1 Nr 2 S 1 Hs 2 auch für Mietzinsen für Grundstücksteile, deren Wert im Verhältnis zum Wert des gesamten Grundstücks nur von untergeordneter Bedeutung ist und die deshalb gem § 8 EStDV aF/nF nicht BV (SBV) sind. – Vermietet eine Bruchteilsgemeinschaft (§§ 741 ff BGB) ein WG an eine PersGes, an der einer der Miteigentümer beteiligt ist, erfasst § 15 I 1 Nr 2 Hs 2 den auf diesen Miteigentümer entfallenden Teil der Mietzinsen (→ Rn. 532). – Zur Nutzungsüberlassung – ***(1)*** durch eine PersGes an eine *Schwester-PersGes* → Rn. 600, 605; – ***(2)*** durch Ges'ter der OberGes bei *mehrstöckiger PersGes* → Rn. 610 ff. – Die mit den WG zusammenhängenden Aufwendungen des überlassenden MUers sind SonderBA (→ Rn. 645).

28. Vergütungen für die Hingabe von Darlehen. Der Begriff des Darlehens iSv § 15 I 1 Nr 2 S 1 Hs 2 erfasst nicht nur Geld- und Sachdarlehen iSv §§ 488 ff, 607 ff BGB, sondern **jede Überlassung von Kapital zur Nutzung** auf schuldrechtl oder gesrechtl Grundlage (BFH VIII R 78/97, BStBl II 99, 163 zu II.4.b), zB auch Ges'terkonten mit Forderungscharakter, soweit sie Guthaben ausweisen (FG BW EFG 96, 369), Genussrechte (vgl *Angerer* DStR 93, 41 (43)), typische stille Beteiligung (BFH IV R 50/99, BStBl II 01, 299 zu I.1.b), Übernahme einer Bürgschaft für Verbindlichkeiten der PersGes (FG Bln EFG 99, 466; auch → Rn. 524) oder durch das GesVerhältnis veranlasste Stundung von Kaufpreis-, Gehaltsforderungen usw gegen die PersGes (zB BFH XI R 42–43/88, BStBl II 92, 585 zu II.2.a). Vergütungen sind danach **Darlehenszinsen, Gewinnanteile** (bei partiarischen Darlehen oder typischen stillen Beteiligungen), **Avalprovisionen** (BFH I R 52/13, BStBl II 16, 172), **Stundungszinsen** usw. § 15 I 1 Nr 2 S 1 Hs 2 ist auch auf **Habenzinsen für Giro-/Festgeld-/Sparguthaben** anzuwenden, die ein K'tist einer Bank-KG bei dieser unterhält (BFH IV R 159/78, BStBl II 80, 275). Im Hinblick auf die Ablehnung der Subsidiaritätsthese (→ Rn. 533) muss dies auch für den gewerbl Kreditverkehr zw MUer und PersGes gelten, *sofern* dieser durch das GesVerhältnis veranlasst ist (→ Rn. 562; BFH I R 15/89, BStBl II 91, 444 zu B.2; vgl auch *BMF* DStR 02, 805 zu Refinanzierungszinsen); anders ist dies mE bei nur kurzfristiger Überlassung von Geld. 594

29. Leistungen zwischen Schwester-Personengesellschaften; mittelbare Leistung bei unmittelbarer Beteiligung

Verwaltung: *BMF* BStBl I 96, 86; *BMF* BStBl I 98, 583; *OFD Mchn* DB 99, 1878.

Schrifttum (Auswahl): *Ley,* Ges'terkonten bei Doppelstock- und Schwester-MUerschaften im Ertragsteuerrecht, KÖSDI 03, 13573 (s auch vor → Rn. 65, 84, 95, 146).

a) Schwester-Personengesellschaften. Dies sind Ges (OHG, KG, GbR, atypisch stille Ges), an denen ganz oder teilweise dieselben Ges'ter (= „DoppelGes'ter") beteiligt sind; davon zu unterscheiden ist, dass eine PersGes selbst an einer anderen beteiligt ist (→ Rn. 610 ff). Die Frage, ob § 15 I 1 Nr 2 S 1 Hs 2 (anteilig) anzuwenden ist – wirtschaftl Beitrag zum GesZweck vorausgesetzt (→ Rn. 562) –, wenn nicht ein Ges'ter selbst leistet, sondern (1) eine Schwester-PersGes der die Vergütung gewährenden PersGes oder (2) eine KapGes, an der der Ges'ter beteiligt ist, oder (3) ein Dritter auf Veranlassung (evtl für Rechnung) eines Ges'ters der PersGes, ist nach Leistungsart (Dienste, Überlassung von WG, Darlehen) und der estrechtl Qualifizierung des Leistenden (zB gewerbl, luf oder freiberufl, privat) wie folgt zu beantworten. – Zu Veräußerungen zw Schwester-PersGes → § 6 Rn. 805; *BMF* BStBl I 11, 1279 Rn. 20. 600

601 **b) Leistungen an gewerblich tätige oder geprägte Schwester-Personengesellschaften. – aa) Dienstleistung und Nutzungsüberlassung.** Nach BFH-Rspr ist § 15 I 1 Nr 2 S 1 Hs 2 grds (Ausnahme → Rn. 607) *nicht* anzuwenden, wenn eine gewerbl **PersGes** an eine Schwester-PersGes Dienste erbringt oder WG zur Nutzung überlässt; Entgelte sind vorrangig BE, die überlassenen WG BV des eigenen GewBetr der leistenden PersGes (zB BFH VIII R 13/95, BStBl II 98, 325 zu 1c; → Rn. 536 mwN; zust zB *Bordewin* DStZ 97, 98; *Kempermann* FS Flick, 1997, 445; abl *Meyer ua* FR 98, 1075). Beachte auch → Rn. 507 sowie zur betriebl Veranlassung sonstiger Abreden (Werkverträge) → Rn. 425. – Nach hL und (nicht eindeutiger Rspr) gilt dies grds auch, wenn den Leistungen (Dienste, Nutzungsüberlassung) keine fremdübl Konditionen zugrunde liegen (zB *Groh* DStZ 96, 673). Hiervon geht auch (für Wj nach dem 31. 12. 98) die FinVerw aus (*BMF* BStBl I 98, 583 Nr 3, auch zum erfolgsneutralen Wechsel der BV). – Eine **Bruchteilsgemeinschaft, die gewerbl tätig** ist, und ebenso eine Erben- oder Gütergemeinschaft (*OFD Mchn* DB 99, 1878; mE Miteigentümer zivilrechtl idR konkludent GbR). – Str ist, ob eine **PersGes, die ihren GewBetr** an eine Schwester-PersGes **verpachtet hat** (keine BetrAufsp mangels personeller Beherrschung!), als eigengewerbl tätig zu beurteilen ist mit der Rechtsfolge des Vorrangs des eigenen BV ggü SBV (dazu → § 16 Rn. 184). – Nicht anzuwenden ist die zitierte BFH-Rspr bei **doppelstöckigen PersGes** auf Leistungen der OberGes an die UnterGes (→ Rn. 610 ff; BFH I R 114/97, BStBl II 00, 399 zu IV.1.c; *BMF* BStBl I 98, 583 Nr 1 aE) – auch wenn an der UnterGes neben der OberGes deren Ges'ter beteiligt sind (vgl BFH III R 35/98, BStBl II 01, 316).

602 **bb) Darlehen uÄ.** § 15 I 1 Nr 2 S 1 Hs 2 ist bei der Darlehensnehmerin nicht anzuwenden, wenn ein Darlehen von der gewerbl Schwester-PersGes zu *fremdübl Bedingungen* gewährt wird; die Forderung ist eigenes BV, die Zinsen BE der Darlehensgeberin (*Korn* KÖSDI 07, 15711 (15713)). Aber auch bei Darlehen uä zu *nicht fremdübl Konditionen* soll § 15 I 1 Nr 2 S 1 Hs 2 nicht anzuwenden sein (BFH IV R 50/99, BStBl II 01, 299 zu stiller Beteiligung); die Forderung sei jedoch kein BV, sondern (nur) PV der Gläubiger-PersGes (aber → Rn. 607); Zinsen und Tilgungen seien keine BE, sondern Entnahmen und Einlagen der an beiden Ges beteiligten Ges'ter (vgl BFH IV R 64/93, BStBl II 96, 642; diff BFH IV R 50/99, BStBl II 01, 299: nur überhöhte Entgelte sind verdeckte Entnahmen und Einlagen).

603 **cc) Eigene Leistungspflicht eines Gesellschafters.** Soweit sich ein Ges'ter einer PersGes dieser ggü (ges- oder schuldrechtl) zu Leistungen verpflichtet hat, die Verpflichtung aber von einer gewerbl Schwester-PersGes erfüllt wird, sind zwar die *Entgelte Sondervergütungen* des Ges'ters bei der die Leistung empfangenden Ges; ein *zur Nutzung überlassenes WG* bleibt aber *eigenes BV* der überlassenden PersGes und eine Darlehensforderung entweder BV oder PV der Gläubiger-PersGes (vgl *Groh* DStZ 96, 673 (676); **aA** evtl BFH VIII R 46/94, BStBl II 99, 720 zu 2.a: SBV des Ges'ters). – Zu *Verlustübernahme* zw gewerbl Schwester-PersGes s BFH IV R 73/93, BStBl II 95, 589: Entnahmen und Einlagen der Ges'ter.

604 **c) Leistungen einer Schwester-Personengesellschaft, die (nur) als Besitzgesellschaft iRe (mitunternehmerischen) Betriebsaufspaltung gewerbl tätig ist.** Diese steht nach BFH-Rspr (→ Rn. 858 mN) einer eigengewerbl tätigen oder geprägten PersGes insofern gleich als auch bei einer Nutzungsüberlassung der (Nur-) BesitzPersGes im Rahmen mu'erischer BetrAufsp an die BetriebsPersGes **BE und BV der BesitzGes Vorrang** vor Sondervergütungen und SBV der „DoppelGes'ter" bei der BetriebsGes haben (**aA** *Gebhardt* GmbHR 98, 1022 (1024)). Die FinVerw hat sich dieser Rspr mit der Maßgabe angeschlossen, dass deren Grundsätze uneingeschränkt grds erst für nach dem 31. 12. 98 beginnende Wj anzuwenden sind (*BMF* BStBl I 98, 583 Nr 3–4; Einzelheiten zB *Neu* INF 99, 492 (522); krit *Meyer ua* FR 98, 1075 (1081)). – Für eine mitunternemerische BetrAufsp (= Vorrang des BV der BesitzPersGes) fordert die FinVerw allerdings – mE zR –, dass die BesitzPersGes

für die Nutzungsüberlassung Entgelte erhält, die ihre **Gewinnabsicht** erkennen lassen (*BMF* BStBl I 98, 583 Nr 1; zust zB *Kloster* GmbHR 00, 111 (114); krit *Kroschel ua* DStZ 99, 167 (171)).

605 **d) Vergleich.** Zu steuerl **Vor- und Nachteilen** des Vorrangs eigengewerbl BE bzw BV ggü Sondervergütungen bzw SBV, speziell bei mitunternehmerischer BetrAufsp, s zB *Kroschel/Wellisch* DStZ 99, 167 (174).

606 **e) Leistungen einer Schwester-Personengesellschaft ohne gewerbliche Einkünfte.** Soweit dieselben Ges'ter an beiden Ges beteiligt sind, ist § 15 I 1 Nr 2 S 1 Hs 2 auf Leistungen (Dienste, Überlassung von WG, Darlehen) bei der die Leistungen empfangenden PersGes anzuwenden mit der Folge, dass bei dieser die Entgelte anteilig *Sondervergütungen* sowie überlassene WG und Forderungen *SBV* sind: – ***(1)*** auf Leistungen (Tätigkeit, Darlehen, Nutzungsüberlassung), die eine *nur vermögensverwaltenden PersGes* (PV) erbringt, soweit die Ges'ter der die Leistung empfangenden PersGes auch an der leistenden PersGes als MUer beteiligt sind (BFH IV R 48/93, BStBl II 96, 82 zu I.3.a; BFH VIII R 63/93, BStBl II 96, 93 zu II.2.b); – ***(2)*** nach *bisheriger* BFH-Rspr auf *freiberufl (oder luf) Leistungen,* die eine ganz oder teilweise ges'tergleiche (Schwester-)PersGes erbringt, zB eine Architekten-GbR für eine *gewerbl* KG (BFH I R 56/77, BStBl II 79, 763; FG Mster EFG 09, 106); ob der BFH hieran festhält, ist zweifelhaft (→ Rn. 533 aE).

607 **f) Mittelbare Leistungen über Dritte.** – ***(1)*** *§ 15 I 1 Nr 2 S 1 Hs 2 ist anzuwenden* zB auf Dienstleistungen, die Ges'ter der die Leistung empfangenden PersGes über eine KapGes erbringen, zB wenn bei *GmbH & Co KG* ein K'tist bzw bei GmbH & atypisch Still der stille Ges'ter als Geschäftsführer der GmbH tätig ist (→ Rn. 717 mN) oder wenn ein Ges'ter einer KG für diese als Geschäftsführer einer zwischengeschalteten Management-KapGes tätig ist (BFH I R 71/01, BStBl II 03, 191; *Gosch* StBP 03, 92; glA zu Management-KG FG Mster EFG 05, 867; **aA** *G. Söffing* DStZ 03, 455; krit *Grützner* StuB 03, 310). – ***(2)*** Darüber hinaus kommen Sondervergütungen (oder andere SonderBE) allg in Betracht, wenn *ein Dritter* – dh natürl Person, KapGes oder PersGes, auch Schwester-PersGes(!) oder TochterGes (NdsFG EFG 11, 1517, rkr) – *in den Leistungsaustausch zw dem Ges'ter und seiner PersGes eingeschaltet ist;* Voraussetzung ist aber, dass die (über den Dritten erbrachte und „abgrenzbare") Leistung des Ges'ters „nicht dem zwischengeschalteten Dritten, sondern der leistungsempfangenden PersGes zugutekommen soll" (BFH VIII R 46/94, BStBl II 99, 720; *HG* DStR 99, 1438; *Kempermann* FR 99, 1054). Dies trifft zB zu, wenn der Ges'ter dem Dritten ein Grundstück mit der Weisung vermietet, dieses an die PersGes weiterzuvermieten („Anweisungsfälle"; BFH VII R 46/94, mwN; aber zu BetrAufsp → Rn. 861) oder wenn sich die Leistung des Ges'ters als mittelbare Leistung über einen Dritten (zB GmbH) erweist, weil sie – *(a)* der PersGes zugutekommen soll, – *(b)* sich von dem übrigen Geschäftsbereich des Dritten abgrenzt und – *(c)* der Dritte von der PersGes Aufwandsersatz erhält (NdsFG EFG 13, 1855, rkr); unerhebl ist hierbei, ob der PersGes'ter den Dritten beherrscht (BFH VIII R 40/03, BStBl II 08, 182; NdsFG EFG 11, 1517). Zur Kritik an der BFH-Rspr → 23. Aufl 2004, § 15 Rn. 607. – ***(3)*** Demggü erzielen MUer der Organträgerin (PersGes) als Geschäftsführer der OrganGes grds keine Sondervergütungen (FG Ddorf EFG 07, 34). – ***(4)*** Zur DBA-Qualifikation s *Badetz* NWB 19, 310.

30. Doppelstöckige/mehrstöckige Personengesellschaft; unmittelbare Leistung bei mittelbarer Beteiligung

Verwaltung: EStR 15.8 II; *BMF* BStBl I 07, 542 (§ 15b); *OFD Nbg* BB 98, 44; *OFD Bln* FR 02, 48; *FM NRW* DB 02, 1349; *OFD Kobl* DStR 07, 992.

610 **a) Mehrstöckige Personengesellschaft. – aa) Frühere Rspr.** 1991 hatte der **Große Senat des BFH** entschieden (BFH GrS 7/89, BStBl II 91, 691), dass bei Beteiligung einer OHG (KG) oder einer „mitunternehmerisch tätigen GbR" als Ober-

Ges an einer gewerbl tätigen oder geprägten PersGes (UnterGes) **nur die OberGes,** nicht auch deren Ges'ter, **MUer** der UnterGes sind **(kein Durchgriff).** – **Rechtsfolgen** waren: – ***(1)*** Vergütungen, die die UnterGes einem Ges'ter der OberGes für unmittelbare Leistungen gewährt (einschließl Pensionszusagen!), wurden bei der UnterGes nicht durch § 15 I 1 Nr 2 (aF) erfasst und waren daher zB Einkünfte aus nichtselbstständiger Arbeit, VuV oder KapV. – ***(2)*** WG, die ein Ges'ter der OberGes unmittelbar der UnterGes zur Nutzung überlässt, waren kein SBV, sondern PV.

612 **bb) Gesetzeskorrektur.** Die Rspr (→Rn. 610) ist durch **§ 15 I 1 Nr 2 S 2** idF StÄndG 1992 (BGBl I 92, 297) teilweise überholt. Danach steht ein mittelbar über eine oder mehrere PersGes beteiligter Ges'ter dem unmittelbar beteiligten Ges'ter gleich. Er ist insoweit als **(Sonder-)MUer** der UnterGes anzusehen, an der er mittelbar beteiligt ist, sofern er und die seine Beteiligung vermittelnden PersGes (OberGes) jeweils MUer der PersGes sind, an der sie unmittelbar beteiligt sind („MUer-Kette"). Die Vorschrift soll sich aber nach der (allerdings nicht einheitl) BFH-Rspr (→Rn. 253) auf die Behandlung von **Sondervergütungen/SBV** beschränken (BFH IV R 69/99, BStBl II 01, 731 zu 2.c; BFH IV R 26/20, BStBl II 24, 367; BFH IV R 40/22, BStBl II 25, 603). **ME** umfasst die MUerstellung des OberGes'ters nach dem Transparenzgedanke auch des **positiven/negativen SBV II** bei der UnterPersGes; offen BFH I R 92/12, BStBl II 22, 123, Anm *Wacker* IStR 17, 278; →Rn. 253, 506; *Wacker* FS Goette, 261 (278); zum Erwerber→Rn. 471). Zur **KSt-Pflicht** von Ober- und/oder UnterPersGes kraft **Option** gem **§ 1a KStG** →Rn. 160a ff.

613 **cc) Tatbestandselemente des Satzes 2 in § 15 I 1 Nr 2.** – ***(1)*** Eine gewerbl tätige oder geprägte PersGes (gleichgültig, welcher Rechtsform) als **UnterGes,** wobei nach § 15 III Nr 1 teilweise gewerbl Tätigkeit ausreicht *Kahle* DStZ 14, 273 (276). – ***(2)*** Eine PersGes, die an der UnterGes (unmittelbar) beteiligt ist **(OberGes)** – oder an einer PersGes, die ihrerseits wiederum OberGes ist (mehrstöckige PersGes). – ***(3)*** Eine ununterbrochene **MUer-Kette,** dh die OberGes (→Rn. 612) und deren Ges'ter müssen jeweils „MUer der Betriebe" der PersGes sein, an denen sie unmittelbar beteiligt sind (BFH I R 92/12, BStBl II 22, 123). – **Zu *(2)*:** OberGes iSv § 15 I 1 Nr 2 S 2 ist unstr jede AußenGes (OHG, KG, GbR, ausl PersGes; BFH I R 92/12, BStBl II 22, 123) und wohl auch ein „wirtschaftl vergleichbares Gemeinschaftsverhältnis" (→Rn. 171), zB eine Erbengemeinschaft als Mitglied einer durch Tod eines Ges'ters in Abwicklung befindl PersGes (vgl BFH VIII R 35/92, BStBl II 95, 241 zu III 3a). OberGes kann mE aber auch eine InnenGes sein, deren Ges'ter MUer sind (zB GmbH & atypisch Still), denn estrechtl ist allein entscheidend, dass der nach außen auftretende Ges'ter (zB GmbH) für Rechnung aller Ges'ter tätig ist (FG BW EFG 06, 1829). – **Zu *(3)*:** Eine unterbrochene MUerkette lag nach **bisheriger Rspr** auch dann vor, wenn die OberGes außer dem Halten des Anteils an der UnterGes keine oder *nur vermögensverwaltende* Einkünfte erzielt, da die OberGes allein aufgrund ihrer Beteiligung an der (gewerbl) UnterGes als MUerschaft zu qualifizieren war (BFH IV R 7/92, BStBl II 96, 264). Letzterem wäre mE zwar nach der **geänderten BFH-Rspr zu § 15 III Nr 1 aF** (Abfärbung nur noch bei freiberufl oder luf, *nicht aber* bei vermögensverwaltender OberGes; BFH IX R 53/01, BStBl II 05, 383; →Rn. 189) die Grundlage entzogen worden (ausführl →25. Aufl 2006, § 15 Rn. 613). Mit **§ 15 III Nr 1 nF** hat der Gesetzgeber jedoch die bisherige Beurteilung (Abfärbung bei OberPersGes auch aufgrund gewerbl Beteiligungseinkünfte) rückwirkend festgeschrieben (dazu →Rn. 189). – § 15 I 1 Nr 2 S 2 greift nicht, wenn die unmittelbaren Leistungen an die UnterGes und die mittelbare Beteiligung an dieser nur zufällig zusammentreffen (→Rn. 562), zB bei mehrstufiger Beteiligung, geringem Anteil an der OberGes und erhebl eigengewerbl Aktivitäten der ZwischenGes (s *Felix* KÖSDI 94, 9768).

dd) Konkurrenz. Fragl ist insb iZm Veräußerungsfällen (→ § 16 Rn. 384, 407 f, 420) die Zuordnung des der UnterPersGes überlassenen SBV (I), wenn – *(1)* der OberGes'ter über *mehrere* OberPersGes an der UnterPersGes als deren mittelbarer Ges'ter/MUer beteiligt ist (s *Windau ua* DStR 25, 2226: anteilig; mE ggf gem zeitl Priorität;→ Rn. 714) und/oder – *(2)* der OberGes'ter *zugleich* unmittelbarer Ges'ter/MUer der UnterPersGes ist (*Windau ua,* aaO, Vorrang von § 15 I 1 Nr 1 S *1*). 614

ee) Rechtsfolgen des § 15 I 1 Nr 2 S 2. Hierzu gehören zB – **(1) Sondervergütungen.** Wenn diese die UnterGes einem *Ges'ter der OberGes* für *unmittelbare* Leistungen gewährt, sind sie im Gesamtgewinn der UnterGes und deren Gewerbeertrag zu erfassen (Aufwand in der StB, Ertrag in Sonderbilanz bei der UnterGes *für den Ges'ter der OberGes* als SonderMUer der UnterGes). 615

(2) Sonderbetriebsvermögen I. WG, die ein *Ges'ter der OberGes* der UnterGes *unmittelbar* zur Nutzung überlässt, und dessen Forderungen zB aus Darlehen gegen die UnterGes sind als aktives SBV I Teil des (Gesamt-)BV der UnterGes (BFH III R 35/98, BStBl II 01, 316 zu II.2.b; *Rödder* StbJb 94/95, 303 Fn 34: Vorrang ggü evtl SBV bei der OberGes); Gleiches gilt für damit zusammenhängende Schulden (passives SBV; *Mückl* DB 09, 1088; *U. Förster* DB 11, 2570). 616

(3) Sonderbetriebsvermögen II. Die Beteiligung der Ges'ter der OberPersGes an der **Komplementär-GmbH** der UnterGes ist SBV II des Ober-Ges'ters bei der UnterPersGes (*Ley* KÖSDI 10, 17148 (17154)); Entgelte, die ein Ges'ter der OberGes im Dienste der Komplementär-GmbH der UnterGes erhält, sind bei dieser als Sondervergütungen zu erfassen. Aber auch **sonstige KapGes-Anteile** (→ Rn. 518) der Ober-Pers-Ges'ter können zu ihrem notwendigen/gewillkürten SBV II bei der Unter-PersGes gehören (*Weggenmann* FS Wacker, 2025, 263 einschl BS-Zuordnung); hieraus erzielte Erträge (zB Dividenden) sind SonderBE. Zum negativen SBV II rechnen **Darlehensschulden** zB, wenn die Valuta vor Entstehen der doppelstöckigen Struktur für die Einlage in die UnterPersGes verwendet worden ist (BFH I R 92/12, BStBl II 22, 123; auch → Rn. 522), aber mE auch, *soweit* die refinanzierte Einlage tatsächl durch die OberPersGes in das Vermögen der UnterPersGes *„durchgeleitet"* wird (*Wacker* IStR 17, 286) oder *soweit* AK für den Erwerb der Anteile an der OberPersGes wertmäßig auf WG der UnterPersGes entfallen (so zutr *FM SchlH* DStR 19, 2320). 617

(4) Buchwertfortführung. Werden einzelne WG des Gesamthandsvermögen der OberGes (BV) der UnterGes zur Nutzung überlassen, wechseln sie zum Buchwert in das SBV der OberGes bei der UnterGes (§ 6 V 1–2). Darüber hinaus ist grds Buchwertfortführung geboten (Rechtslage ab 1.1.01: § 6 V 3–6 nF) zB wenn übertragen werden *(aa) einzelne WG des Gesamthandsvermögen der OberGes* in das Gesamthandsvermögen der UnterGes gegen Gewährung von GesRechten oder unentgeltl (verdeckte Einlage), *(bb) einzelne WG des SBV eines Ges'ters der UnterGes* unentgeltl auf andere Ges'ters der UnterGes in deren SBV bei der UnterGes oder auf einen Ges'ter der OberGes in dessen SBV bei der UnterGes als (Sonder) MUer der UnterGes (*Hoffmann* GmbHR 02, 125 (133)) oder *(cc)* einzelne WG des eigenen BV eines Ges'ters der OberGes ins Gesamthandsvermögen der UnterGes (*Brandenberg* DStZ 02, 551 (556); *FN-IdW* Beil 04, 5 Tz 95 ff). Auch nach dem Transparenzgedanken (→ Rn. 253, 612) dürfte eine Buchwertfortführung aber ausgeschlossen sein, wenn ein Ges'ter der OberGes aus seinem SBV bei der OberGes einzelne WG unentgeltl auf einen Ges'ter der UnterGes in dessen SBV bei der UnterGes überträgt (Grund: Ober- und UnterGes sind nicht dieselbe MUerschaft iSv § 6 V 3 Nr 3; vgl *BMF* BStBl I 11, 1279 Rn. 21). 618

ff) Gesamtgewinn (und Gesamtbetriebsvermögen) der Untergesellschaft – Gesamtgewinnanteile. Grundlage des Gesamtgewinns der UnterGes (und damit auch ihres Gewerbeertrags) ist das *Ergebnis der StB der UnterGes.* Der StB-Gewinn oder StB-Verlust ist nach BFH-Rspr unmittelbar und anteilig den Ges'tern 619 der UnterGes einschließl der Ober*Ges* als Ges'ter (MUer) zuzurechnen (**mE:** ObertGes = Verbund der Ober*Ges'ter;* → Rn. 253, 612). Der auf die OberGes entfallende Anteil am StB-Gewinn/Verlust der UnterGes geht in den StB-Gewinn/Verlust der OberGes ein (BFH IV R 23/93, BStBl II 95, 467 zu IV.3.; *Ley* KÖSDI 10, 17148 (17151): zuzügl außerbilanzielle Korrekturen) und ist von den Ges'tern der OberGes als Teil ihres Anteils am Gesamtgewinn der OberGes zu versteuern. Soweit die **Wj** von Unter- und OberGes nicht übereinstimmen, führt dies zu einer zeitversetzten Versteuerung, sofern die Wahl des Wj nicht im Einzelfall rechtsmissbräuchl ist (→ Rn. 253). – Zum **GesamtBV der UnterGes** gehören ua auch WG des GesVermögens der OberGes, die der UnterGes zur Nutzung überlassen sind; diese WG sind *aktives SBV der OberGes bei der UnterGes* (Vorrang des SBV vor EigenBV, → Rn. 534; BFH III R 35/98, BStBl II 01, 316 zu II.2.b); ebenso sind die mit diesen WG oder der Beteiligung an der UnterGes wirtschaftl zusammenhängenden *Schulden der OberGes* ihr *passives SBV bei der UnterGes* (vgl BFH IV R 68/05, BStBl II 08, 483; BFH I R 92/12, DStR 17, 589; *Wacker* IStR 17, 268; *FM SchlH* DStR 19, 2320; → Rn. 617). – Teil des (einheitl und gesondert festzustellenden) **Gesamtgewinns der UnterGes** und des **Gesamtgewinnanteils der OberGes** als Ges'terin (BFH: „MUerin" der UnterGes; s oben) sind des Weiteren: – ***(1)*** Die Ergebnisse einer etwaigen *Ergänzungsbilanz für die OberGes* zur StB der UnterGes aufgrund individueller AK beim Erwerb *ihres* Anteils *an der UnterGes.* – ***(2)*** Die Ergebnisse einer etwaigen Ergänzungsbilanz für die OberGes'ter (oder OberGes; str, → Rn. 471) aufgrund individueller AK beim Erwerb eines Anteils *an der OberGes, soweit* diese AK mittelbar auf die WG der UnterGes entfallen. Gleiches gilt für Refinanzierungsaufwand des OberGes'ters (BFH I R 92/12, BStBl II 22, 123; → Rn. 617). Zu Bürgschaft des OberGes'ters → Rn. 524. – ***(3)*** *Sondervergütungen,* die die *OberGes* für unmittelbare Leistungen an die UnterGes von dieser bezieht (zu ausl UnterGes s *Rosenberger* IStR 06, 591). – ***(4)*** *Aufwendungen und Erträge des SBV der OberGes* in ihrer Eigenschaft als „MUerin" der UnterGes (zu Sendelizenzen s BFH IV 13/18, BStBl II 22, 656: veranlassungsbezogene Abgrenzung). – ***(5)*** Gewinne und Verluste aus der *Veräußerung des MUerAnteils* der OberGes an der UnterGes. Schließl sind **Teile des Gesamtgewinns der UnterGes,** nicht aber Teil des der *OberGes* zuzurechnenden Anteils am Gesamtgewinn, sondern vielmehr Gesamtgewinnanteil der *Ges'ter der OberGes* in ihrer Eigenschaft als (Sonder)MUer der UnterGes: – ***(1)*** Sondervergütungen, die ein Ges'ter der OberGes für unmittelbare Leistungen an die UnterGes von dieser bezieht (zu Pensionszusage s *BMF* BStBl I 08, 318 Rn. 15; → Rn. 586), und sonstige SonderBE, zB Zinsen für ein Ges'ter-Darlehen, das die OberGes zum Erwerb von SBV bei der UnterGes oder die Beteiligung an dieser verwendet hat. – ***(2)*** Aufwendungen und Erträge von WG, die ein Ges'ter der OberGes der UnterGes unmittelbar zur Nutzung überlassen hat und die deshalb bei der UnterGes SBV des Ges'ters der OberGes sind; dazu gehören auch Gewinne aus der entgeltl Veräußerung oder Entnahme dieses SBV. Diese Gewinne sind mE nicht begünstigt nach §§ 16, 34, wenn und weil der Ges'ter keinen MUerAnteil, sondern nur SBV veräußert oder entnommen hat (*Ley* KÖSDI 11, 17277 (17282); **aA** zB *Völker* INF 95, 487); denn er bleibt als Ges'ter der OberGes notwendig MUer der UnterGes, unabhängig davon, ob er dieser WG zur Nutzung überlässt oder nicht (→ Rn. 253, 612). Zu Schulden → Rn. 616, 617.

620 **gg) Gesamtgewinn der Obergesellschaft; Gesamtgewinnanteile.** Grundlage des Gesamtgewinns der OberGes (und damit auch ihres Gewerbeertrags) ist das Ergebnis der *StB der OberGes,* in das auch der Gesamtgewinnanteil der OberGes als „MUerin" (→ Rn. 253, 612) der UnterGes eingegangen ist (BFH IV R 42/02, BStBl II 04, 353). – Teile des Gesamtgewinns der OberGes und des Gesamtgewinnanteils des jeweils betroffenen Ges'ters der OberGes sind des Weiteren: – ***(1)*** Die Ergebnisse einer etwaigen *Ergänzungsbilanz* zur StB der OberGes zB aufgrund individueller AK beim Erwerb des Anteils an der OberGes, soweit diese AK nicht (mittelbar) auf WG der UnterGes entfallen (→ Rn. 619, 471). – ***(2)*** *Sondervergütungen,* die

ein Ges'ter der OberGes für unmittelbare Leistungen an die OberGes von dieser bezieht. – ***(3)*** Aufwendungen und Erträge des *SBV der Ges'ter der OberGes* als MUer der OberGes einschließl der Erlöse aus der Veräußerung von SBV. – ***(4)*** Sonstige durch die Beteiligung *an der OberGes* veranlasste SonderBE/BA. – ***(5)*** Gewinne und Verluste aus der Veräußerung des MUerAnteils an der OberGes (→ § 16 Rn. 582; BFH I R 79/06, BFH/NV 08, 729). – ***(6)*** Zu Währungsverlusten s BFH I R 13/14, BStBl II 16, 927.

hh) Einzelheiten. Zu entgeltl Veräußerung und entgeltl Erwerb der Anteile an der OberGes oder UnterGes → § 16 Rn. 384. Zur entgeltl *Veräußerung des ganzen GewBetr der UnterGes* → § 16 Rn. 366. – Zu § 3 Nr 72 s *BMF* BStBl I 23, 1494; zu § 4 IVa → Rn. 430 aE; zu § 4h s FG Köln EFG 14, 521, Rev IV R 4/14. – Zu § 15a → § 15a Rn. 33, 169. Zu § 35 II 5, III bei mehrstöckiger PersGes s *BMF* BStBl I 07, 701 Rn. 25; *Herzig/Lochmann* DB 00, 1728 (1729). 621

ii) Beteiligung (Mitunternehmeranteil) Obergesellschaft an Untergesellschaft. Sie ist kein (eigenständiges) WG (BFH I R 92/12, BStBl II 22, 123). Die Beteiligung ist nach hL in der StB der OberGes zwar auszuweisen, aber nicht selbstständig zu bewerten mit der Folge, dass dem Ausweis *für die estrechtl Gewinnermittlung* keine zusätzl (neben der Gewinnfeststellung bei der UnterGes) Wirkung zukommt (BFH I R 102/01, BStBl II 04, 804; zu *ausl* UnterGes s aber BFH VIII R 38/01, BFH/NV 04, 1372). Str, iErg aber wohl unerhebl ist, wie die Beteiligung auszuweisen ist: Merkposten mit Spiegelbildmethode (*L. Mayer* DB 03, 2034) oder als Summe der Anteile an den WG der UnterGes (*Nickel ua* FR 03, 391); zu den Wirkungen dieses Ausweises zB für § 15a → § 15a Rn. 33; für § 15b s *BMF* BStBl I 07, 542 Rn. 21; zu § 34a → § 34a Rn. 22. 622

b) Atypische stille Unterbeteiligung. § 15 I 1 Nr 2 S 1 Hs 2 erfasst in seinem Anwendungsbereich (Sondervergütungen und SBV, → Rn. 253) auch denjenigen, der am GesAnteil eines MUers atypisch still unterbeteiligt ist (BFH IV R 75/96, BStBl II 98, 137; krit *Ottersbach* FR 99, 201). Zwar kann eine InnenGes zivilrechtl nicht Ges'terin einer PersGes sein; der nach außen auftretende Ges'ter hält die Beteiligung aber für Rechnung der InnenGes, sodass der Unterbeteiligte „mittelbar über eine … PersGes" an der HauptGes beteiligt ist. 623

c) Mittelbare Beteiligung über Kapitalgesellschaft. Nicht anzuwenden sind § 15 I 1 Nr 2 S 1 Hs 2 und S 2 idR (Ausnahme § 42 AO), wenn eine KapGes an einer PersGes beteiligt ist und ein Ges'ter der KapGes, der *nicht Ges'ter der PersGes* ist, für unmittelbare Leistungen von dieser Vergütungen erhält (BFH VIII R 66–70/97, BStBl II 00, 183 zu II.2.b). Zu GmbH & atypisch Still aber → Rn. 613 zu (2). 624

31. Leistungen einer (gewerblichen) Personengesellschaft an Gesellschafter/Mitunternehmer oder Schwester-Personengesellschaft

Verwaltung: *OFD Mster* DStR 94, 582 (Ges'terdarlehen); *OFD Ffm* DStR 17, 498 (KapKto).

a) Leistungen an Gesellschafter. § 15 I 1 Nr 2 S 1 Hs 2 ist nicht anwendbar, wenn eine PersGes gegen angemessenes oder überhöhtes Entgelt oder ganz oder teilweise unentgeltl **für einen MUer** *tätig* ist (zB Reparaturen an dessen Haus ausführen lässt) oder diesem *Kapital* oder *WG zur Nutzung überlässt* (zB ein Grundstück vermietet); das Gesetz kennt *keine „negativen Sondervergütungen"* (vgl BFH IV R 64/93, BStBl II 96, 642 zu II.2.; *Bordewin* StbJb 92/93, 171 (172); *OFD Mster* DStR 94, 582). Bei der estrechtl Beurteilung derartiger Rechtsverhältnisse, die das Gegenstück zu den in § 15 I 1 Nr 2 S 1 Hs 2 angesprochenen Sachverhalten bilden, ist mE zw *Dienstleistungen* und *Nutzungsüberlassung von WG* und *Darlehen* zu unterscheiden. 625

b) Dienstleistungen; Nutzungsüberlassungen. Solche Rechtsverhältnisse sind **in der StB** der Ges wie Rechtsverhältnisse zu Fremden **nach allg bilanzstrechtl Grundsätzen** zu erfassen, *soweit* sie *fremdübl* gestaltet und durchgeführt sind 626

(BFH IV R 123/80, BStBl II 83, 598 zu 1.): Die Entgelte sind BE der Ges; die Entgeltforderung ist BV der Ges und mit Gewinnausweis zu aktivieren, sobald die Ges ihre Leistung erbracht hat; ihr Ausfall mindert idR den (Gesamt-)Gewinn der Ges (Ausnahme: Schuld des Ges'ters ist negatives SBV); Aufwand der Ges ist BA.

627 **aa) Missverhältnis von Leistung/Gegenleistung (zu niedriges oder überhöhtes Entgelt).** Dies führt zu verdeckten (Nutzungs- oder Dienst-, evtl auch Geld- oder Sach-)Entnahmen oder verdeckten Geldeinlagen (→Rn. 401; einschr *Rogall* FR 05, 779 (784)). Diese sind zwar vergleichbar mit vGA und verdeckten Einlagen bei einer KapGes, unterliegen aber den für Entnahmen und Einlagen eines Einzelunternehmers maßgebenden Bewertungsvorschriften (§ 6 I Nr 4, 5), soweit an der PersGes natürl Personen beteiligt sind. Überlässt zB eine PersGes einem Ges'ter ein WG zeitweise unentgeltl zur privaten Nutzung, liegt eine **Entnahme der Nutzung** vor; diese ist – anders als vGA – nur mit dem der PersGes für das WG entstehenden Aufwand anzusetzen (zB BFH VIII R 35/92, BStBl II 95, 241 zu III 3c/bb: **Aufwandsentnahme;** bei Wohnungen aber evtl mit dem Mietwert BFH IV R 49/97, BStBl II 99, 652 zu 5.a; auch →Rn. 435). Zur privaten Nutzung eines Betriebs-Kfz →Rn. 435, 647. – Auch die Entnahme von (fremden) **Dienstleistungen** (zB Ges stellt Ges'ter unentgeltl ArbN zu privaten Diensten zur Verfügung) ist nur mit dem der Ges erwachsenden Aufwand zu bewerten (*Steger* INF 07, 427 (429)). – Zur subj **Zurechnung von Entnahmen** →Rn. 446.

628 **bb) Verdeckte Gewinnausschüttung.** Ist eine KapGes MUerin, kann eine vGA gegeben sein, soweit die Begünstigung mittelbar zu Lasten der KapGes geht und der Begünstigte KapGes-Ges'ter oder eine nahe stehende Person ist (BFH VIII R 280/81, BStBl II 86, 17 mwN; abl zur SchenkSt NdsFG DStRE 13, 992).

629 **c) Darlehen.** Gewährt eine PersGes einem Ges'ter ein Darlehen zu **fremdübl Konditionen** (angemessener Zins; Sicherheit, ausgenommen bei kurzfristigem und geringem Kredit), sind die Zinsen BE und die Forderung BV der PersGes (BFH IV R 64/93, BStBl II 96, 642; *Ley* KÖSDI 02, 13459 (13467)). Beim Ges'ter (Darlehensnehmer) sind die Zinsen je nach Verwendung der Valuta nicht abzugsfähig, WK oder (Sonder-)BA (BFH VIII R 42/98, BStBl II 00, 390), Letzteres zB bei Kredit zum Erwerb eines WG des aktiven SBV (Schuld negatives BV).

630 **aa) Fremdvergleich.** Die Zinsen sind nicht nur dann BE (und die Forderung BV der PersGes), wenn die PersGes einem Ges'ter ein fremdübl Darlehen (angemessener Zins; Sicherheit, ausgenommen bei kurzfristigem und geringem Kredit) gewährt (dazu →Rn. 629). Gleiches gilt nach der jüngeren Rspr (Fremdvergleich nur Indiz; bedenkl, →33. Aufl 2014, § 15 Rn. 630), wenn die PersGes das Darlehen zu nicht fremdübl Konditionen ausreicht (zB zinsverbilligt/unverzinslich; ohne Sicherheiten), es sei denn, es kann festgestellt werden (Einzelfallwürdigung; Beweislast bei FA!), dass für die Kreditgewährung „keine wesentl betriebl Veranlassung" besteht (BFH IV R 15/11, BStBl II 15, 267 mwN: ausreichend besseres Bilanzbild, Vermeidung von Ges'ter-Entnahmen; Darlehen für LV der Ges'ter iVm Sicherungszession zugunsten PersGes; *Wendt* FR 15, 277: keine 10%-Grenze; *C. Pohl* StuB 15, 330; *OFD Ffm* DStR 17, 498). Gleiches gilt erst recht, wenn die PersGes ein betriebl Interesse am Verwendungszweck der zinsverbilligten Kreditmittel hat, zB Finanzierung von SBV I eines Ges'ters (*OFD Mster* DStR 94, 582; ähnl BFH IV R 64/93, BStBl II 96, 642 zu II.4.b; →Rn. 491 f) oder ein Ausfall der Forderung im Hinblick auf bestellte Sicherheiten so gut wie ausgeschlossen ist. ME bleibt die Zinsverbilligung jedoch außerbetriebl veranlasst mit der Folge, dass etwaige *Refinanzierungskosten* der PersGes als anteilige Aufwandsentnahme nicht abzugsfähig sind (ähnl *Ruban* FS Klein, 1994, 781 (798); *Korn* KÖSDI 07, 15711 (15714); **aA** *OFD Mster* DStR 94, 582). Zum Forderungsverzicht s *Ley* KÖSDI 02, 13459 (13467). Beim **Ges'ter** (Darlehensnehmer) sind die Zinsen je nach Verwendung der Valuta entweder nicht abzugsfähig, WK

oder (Sonder-)BA (BFH VIII R 42/98, BStBl II 00, 390), Letzteres ist zB der Fall bei Kredit zum Erwerb eines WG des aktiven SBV (Schuld negatives BV).

bb) Entnahme. Die nicht betriebl veranlasste Forderung (→ Rn. 630) wird, obgleich Gesamthandsvermögen der PersGes, PV der Ges (→ Rn. 484 ff) aufgrund allen Ges'tern anteilig zuzurechnender Entnahme (*OFD Ffm* DStR 17, 498); ihr Ausfall (bzw ein Verzicht) mindert den Gewinn nicht (BFH IV R 64/93, BStBl II 96, 642); etwaige Zinsen sind keine BE, sondern anteilige Einlagen aller Ges'ter; Refinanzierungskosten sind nicht abzugsfähig. – S zu weiteren Konsequenzen *Ley* aaO S 13469; *OFD Ffm* DStR 17, 498. 631

cc) Kapitalkonten; Verzinsung. Werden positive oder negative Salden der für die Ges'ter geführten Konten (→ Rn. 541) verzinst, ist dies, soweit die Konten *zivilrechtl* KapKten sind, Teil der Gewinnverteilungsabrede (BFH VIII R 30/99, BStBl II 01, 621) mit der Folge, dass die für einen Sollsaldo *verrechneten* Zinsen den StB-Gewinn der PersGes nicht erhöhen (BFH IV R 16/99, BStBl II 01, 171: Zinsen keine BE, sondern Negativ-Vorab bei Gewinnverteilung; *Kempermann* FR 00, 1070; *OFD Ffm* DStR 17, 498). Dies gilt aber nicht, soweit der negative Saldo *zivilrechtl* Schuldcharakter hat, zB durch Auszahlungen der Ges entstanden ist, die nicht als gesellschaftsrechtl zulässiger Vorschuss auf künftige Gewinnanteile zu werten und daher mangels solcher zB nach dem *GesVertrag* (dazu BGH II ZR 73/11, DStR 13, 1295; zR krit *Priester* DStR 13, 1786) *zurückzuzahlen sind* (vgl zum Streitstand BFH IV R 98/06, BStBl II 09, 272; FG RhPf EFG 24, 191, Rev IV R 25/23; *Ley* KÖSDI 14, 18844; **aA** *OFD Mster* DStR 94, 582: bei Sollsaldo des Darlehenskonto idR KapKto = Einlagenrückgewähr). 632

32. Leistungen zwischen Schwester-Personengesellschaften. → Rn. 600 ff. 633

33. Sondereinnahmen; Sonderausgaben. Der Umfang der gewerbl Einkünfte der MUer ist in § 15 I 1 Nr 2 mit den Gewinnanteilen und den Sondervergütungen nicht abschließend umschrieben. Aus dem Sinnzusammenhang der Normen über die Besteuerung der MUer folgt, dass – ***(1)*** persönl Aufwendungen, die durch seinen MUerAnteil **veranlasst** sind (dazu allg → § 4 Rn. 480, 420; *Wacker* BB 18, 2519), als SonderBA(-aufwand) seine gewerbl Einkünfte mindern und – ***(2)*** persönl Erträge, die ihre Veranlassung in der muerschaftl Beteiligung oder im Betrieb der MUerschaft haben, als SonderBE(-ertrag) die seine gewerbl Einkünfte des MUers (zB BFH IV R 20/18, BStBl II 22, 904; *Stutzmann* HFR 21, 1155; BFH IV R 23/23, DStR 25, 2652: Sanierungsertrag; dazu → Rn. 164). Dies gilt auch für **beschr stpfl** MUer (BFH VIII R 57/98, BFH/NV 01, 28; beachte aber ab 2017 *§ 4i*). Bei mehreren (inl/ausl) Betriebsstätten einer MUerschaft ist eine veranlassungsbezogene Zuordnung erforderl (zutr *Oppel* FR 25, 349). SonderBE und SonderBA gehen neben den Sondervergütungen und Wertänderungen des SBV in die Gesamtbilanz der MUerschaft ein. 640

a) Zeitliche Zuordnung. Sie sind entspr der Gewinnermittlungsart der MUerschaft in deren Wj zu erfassen (BFH IV R 222/84, BStBl II 87, 553 zu 4.a; VIII B 28/10, BFH/NV 10, 2272: § 4 III). Demgemäß sind bei Bilanzierung zB Reparaturaufwendungen für Gebäuden im SBV des Ges'ters nach Ausführung der Reparatur zu passivieren; ebenso sind Forderungen gegen Dritte zu aktivieren und spätere TW-Minderungen zu berücksichtigen. Zum Bilanzzusammenhang s BFH IV R 19/16, BStBl II 19, 614; → Rn. 475, 508. 641

b) Ergänzungsbilanz. Nicht zu den ggf in der Sonderbilanz zu erfassenden SonderBE/-BA gehören Aufwand und Ertrag aus der Fortschreibung einer Ergänzungsbilanz (vgl BFH VIII R 63/91, BStBl II 93, 706; auch → Rn. 649). Rechtl bedeutsam ist dies zB für den Begriff des KapKtos iSv § 15a (dazu → § 15a Rn. 41). 642

643 **c) Eigener Gewerbebetrieb.** SonderBE und SonderBA sind (ähnl wie die Sondervergütungen, → Rn. 568) auch dann ein Teil der in der Sonderbilanz zu erfassenden gewerbl Einkünfte aus MUerschaft (und Teil des Gewerbeertrags der MUerschaft; BFH IV R 54/04, BStBl II 08, 742), wenn der MUer einen eigenen GewBetr hat, dem der PersGesAnteil dient (zur Abgrenzung von BE eines GewBetr → Rn. 649), oder noch an einer anderen PersGes beteiligt ist (vgl BFH VIII R 137/84, BStBl II 88, 679).

644 **d) Mehrstöckige Personengesellschaft.** Da die Ges'ter der OberGes als MUer des Betriebs der UnterGes anzusehen sind (vgl § 15 I 1 Nr 2 S 2), sind Aufwendungen eines Ges'ters aufgrund unmittelbarer Leistungen an die UnterGes SonderBA *bei der UnterGes.* Zum Aufwand (Schuldzinsen etc) des OberGes'ters für den Erwerb der *Beteiligung* an der OberGes → Rn. 619, 471.

645 **34. Sonderbetriebsausgaben (Einzelheiten).** Dazu gehören Gründungskosten (zB BFH IV R 117/94, BFH/NV 96, 461; → Rn. 195); Aufwendungen iZm SBV I, zB bei der PersGes zur Nutzung überlassenem Gebäude AfA, Grundsteuer, Reparatur usw; Mietzinsen für ein der PersGes untervermietetes WG (BFH VIII R 261/81, BStBl II 86, 304); durch Ges'terstellung veranlasste Bürgschaftsverluste (BFH VIII R 27/00, BStBl II 02, 733; → Rn. 524); Aufwendungen für WG des SBV II; Zinsen für Schulden des passiven SBV (→ Rn 521; zu § 3c → Rn. 819, 869); nicht aktivierbare Erwerbsaufwendungen für MUerAnteils, zB Zahlung an lästigen Ges'ter (BFH VIII R 63/91, BStBl II 93, 706 zu II.1.c); Aufwendungen der Komplementär-GmbH für den Geschäftsführer (BFH VIII R 50/92, BStBl II 94, 282), auch wenn diese Sondervergütungen sind (BFH I R 105/91, BStBl II 93, 792; → Rn. 440); Finanzierungskosten eines K'tisten für den Erwerb von Anteilen an der Komplementär-GmbH (BFH VIII R 63/91, BStBl II 93, 706 zu II.1.c); Aufwendungen im wirtschaftl Zusammenhang mit (entgeltl oder unentgeltl) Leistungen iSv § 15 I 1 Nr 2 S 1 Hs 2, insb Tätigkeiten im Dienste der Ges (BFH IV R 14/16, DStR 18, 2259: abl zu GewSt-Erstattung; zutr; auch → Rn. 443); der (angemessene) Gewinnanteil eines (estrechtl anzuerkennenden) typisch stillen Unterbeteiligten; Kosten eines Zivilprozesses gegen andere Ges'ter; Honorare für Beratung in Fragen der Geschäftsführung (BFH VIII R 345/82, BStBl II 86, 139) oder Ges'terauseinandersetzung (BFH IV R 19/16, BStBl II 19, 614); evtl Umzugskosten (BFH IV R 42/86, BStBl II 88, 777) oder Mietaufwand (BFH IV R 21/08, BStBl II 10, 337: häusl Arbeitszimmer iSv § 4 V 1 Nr 6b; auch → Rn. 518, 593); Verluste aus Ausgleichsforderungen gegen andere Ges'ter zB aufgrund der Erfüllung von Verbindlichkeiten der Ges (zB BFH VIII R 128/84, BStBl II 93, 594: „Wegfall" eines positiven KapKto; BFH/NV 99, 1593); Rückstellung für Ersatz veruntreuter BE (= SonderBE des untreuen Ges'ters, → Rn. 648) frühestens ab Kenntniserlangung durch geschädigte Ges'ter (BFH IV R 39/99, BStBl II 00, 670; BFH IV R 56/04, BStBl II 06, 838; *Kempermann* DStR 06, 1788).

646 **a) Konkurrenz.** Bei Dienstleistungen, die ein MUer für die PersGes iRe **freiberufl Praxis** zB als StB oder Architekt oder eines **eigenen GewBetr** zB als Handelsvertreter erbringt, die aber gleichwohl von § 15 I 1 Nr 2 S 1 Hs 2 erfasst werden (str, → Rn. 602, 533), sind die in der freiberufl Praxis oder dem GewBetr entstehenden Aufwendungen, soweit sie durch die Leistungen für die PersGes bedingt sind, SonderBA; sie sind ggf im Schätzungswege zu ermitteln (vgl FG Hmb EFG 03, 975).

647 **b) Keine Sonderbetriebsausgaben.** Hierzu gehören zB Kosten für ärztl Untersuchung eines Ges'ters oder Prämien für Lebens- oder Krankenversicherung (vgl BFH VI R 35/92, BFH/NV 94, 306); Zinsen gem § 233a AO (BFH IV R 6/08, BFH/NV 11, 430); Aufwendungen für ein auch zur Werbung eingesetzten Renngestüts (FG Hmb EFG 92, 657); bei der GmbH & Co KG die Gründungskosten für die Komplementär-GmbH und andere nicht unmittelbar durch die KG-Beteiligung veranlassten Aufwendungen der GmbH zB Jahresabschlusskosten (BFH IV R 46/94,

BStBl II 96, 295); Kosten einer Geburtstagsfeier eines Ges'ters mit Geschäftsfreunden (vgl BFH IV R 58/88, BStBl II 92, 524); Kosten der Einladung von Geschäftsfreunden zur Sitzung eines Karnevalsvereins, dem der Ges'ter angehört (BFH VIII R 7/92, BStBl II 94, 843); Zahlung der betriebl Schulden der PersGes mit privaten Mitteln eines Ges'ters (= Einlage); Verluste aus Warentermingeschäften eines Ges'ters (BFH IV R 123/82, BFH/NV 86, 15; aber → Rn. 492) und die Kosten eines hierüber erfolglos geführten Finanzrechtsstreits (BFH III R 220/83, BStBl II 87, 711); Gerichts- und Anwaltskosten erbrechtl Streitigkeiten (BFH VIII R 345/82, BStBl II 86, 139; diff zR *Grube* DStZ 99, 313; *Dusowski* DStZ 00, 584); Freigabezahlung bei Nachlassinsolvenz betr ererbten MUerAnteil (BFH IV R 10/20, BFH/NV 23, 1393); Kosten einer Testamentserrichtung (NdsFG EFG 00, 1372); Zahlungen, die Erben eines Ges'ters aufgrund Vermächtnisses an frühere Angestellte der Ges leisten (BFH IV R 119/84, BStBl II 86, 609); Ersatzleistungen für unberechtigte Entnahmen aus dem GesVermögen (*Kempermann* FR 01, 32); Übertragung von GmbH-Anteilen Geschäftsführerentlohnung (FG RhPf EFG 04, 794: Entnahme); Pkw-Nutzung für andere Unternehmen/Betriebe (BFH IV R 59/06, BFH/NV 09, 1617; s auch *BMF* BStBl I 09, 1326 Rn. 17; *BMF* BStBl I 14, 835; BFH X R 24/12, BStBl II 15, 132).

35. Sonderbetriebseinnahmen *(Einzelheiten).* Dazu gehören zB: Erträge der WG des **SBV I,** soweit diese nicht bereits als Sondervergütungen sind, zB bei insgesamt als SBV ausgewiesenem Grundstück die auf die Fremdvermietung entfallenden Mieterträge; Erträge des **SBV II,** zB bei der GmbH & Co KG Ausschüttungen auf die Anteile an der Komplementär-GmbH (→ Rn. 517, 714) oder BetriebsGmbH (BFH IV R 28/11, BFH/NV 15, 495); Entnahmegewinne (BFH IV R 20/11, BFH/NV 14, 1519); Erbbauzinsen, die ein Ges'ter von einem Dritten erhält, der aufgrund des Erbbaurechts vereinbarungsgemäß ein Gebäude errichtet und dieses an die PersGes vermietet hat (BFH IV R 11/92, BStBl II 94, 796); Entschädigung des Ges'ters für Tätigkeit in Berufskammer (BFH VIII R 72/03, DStR 05, 690); Gründungsstipendien für mitunternehmerschaftl Projekte (BFH VIII R 47/18, BStBl II 21, 696); Zahlung einer den Ges'ter betr Geldauflage (§ 12 Nr 4; § 153a StPO) durch die Ges (offen BFH VIII R 21/11, BFH/NV 15, 191); Zinsen auf im Interesse der PersGes gewährte Darlehen an Dritte (*Bordewin* StbJb 92/93, 171 (188)); Entgelte für mittelbare Leistungen über Dritte (dazu → Rn. 605); Schmiergelder, die ein Ges'ter zB als Einkäufer erhält (spätere Ersatzleistungen an die Ges sind SonderBA); BE, die ein Ges'ter ohne Wissen der anderen und ohne Rechtsanspruch erhält (BFH VIII R 41/14, BFH/NV 17, 1180: Abgrenzung ggü Schenkung; → § 18 Rn. 170) oder zu seinen Gunsten verkürzt (BFH IV R 56/04, BStBl II 06, 838; *Kempermann* DStR 06, 1788; zur Rückstellung für Erstattungspflicht an Ges → Rn. 645 aE); Erlöse aus der Veräußerung von SBV (BFH IV R 54/04, BStBl II 08, 742: einschließl GewSt); Versicherungsleistung für entwendetes WG im SBV (BFH VIII R 57/07, HFR 10, 245, uU Aufzinsung von AK; auch → § 16 Rn. 460); vorbehaltl Veräußerung gem § 16 (→ § 16 Rn. 145) Schadenersatz/einschl Zinsen wegen Prospekthaftung iZm Weiterveräußerung des MUerAnteils (BFH IV R 20/18, BStBl II 22, 904; FG Hmb EFG 22, 582, rkr; FG Mchn EFG 22, 386 rkr (Vergleichszahlung); *Stutzmann* HFR 21, 1155; *Bodden* BeSt 22, 6; zu PV s BFH IX R 18/20, DStR 22, 2360); Sanierungsertrag für Verbindlichkeiten im negativen SBV II (BFH IV R 23/23, DStR 25, 2652; dazu → Rn. 164). 648

a) Keine Sonderbetriebseinnahmen. *Beispiel:* – ***(1)*** Ges'ter erhält für eine iRd Betriebs übl Leistung *von dritter Seite* eine Vergütung, auch wenn die Leistung im wirtschaftl Zusammenhang mit der Beteiligung an der PersGes steht (BFH IV R 85/77, BStBl II 79, 111; BFH X R 24/10, BStBl II 12, 498: BE des eigenen GewBetr; → Rn. 562); – ***(2)*** Zinsen für aus privaten Mitteln gewährten Darlehen an MitGes'ter (FG Mster EFG 13, 2007); – ***(3)*** Unberechtigte Ges'ter-Entnahmen aus dem GesVermögen (BFH IV R 16/00, BStBl II 01, 238; *Kempermann* FR 01, 408: „Griff in die Kasse"; iEinz → Rn. 446); – ***(4)*** Nach BFH IV R 23/05, BFH/NV 06, 649

941 die Rückzahlung von Eigenkapital-Vermittlungsprovisionen (mE überholt; vgl zur Rspr-Änderung BFH IV R 33/15, DStR 18, 1491; → Rn. 707); – ***(5)*** Kaufpreisabzinsung (BFH VIII R 1/14, BFH/NV 17, 1418; fragl; → § 16 Rn. 460).

650 **b) Mehrstöckige Personengesellschaft.** Vergütungen, die ein Ges'ter der OberGes für unmittelbare Leistungen an die UnterGes von dieser erhält, sind bei der OberGes weder Sondervergütungen iSv § 15 I 1 Nr 2 Hs 2 noch sonstige SonderBE, wohl aber Sondervergütungen bei der UnterGes.

651 **36. Verfahrensrecht.** SonderBE/SonderBA sind, sofern nicht nach Ausscheiden angefallen (zB BFH X R 60/99, BFH/NV 03, 900), als eigenständig anfechtbar (BFH IV R 5/18, BStBl II 20, 440) im Feststellungsbescheid (§§ 179, 180 AO; dazu → Rn. 160) auszuweisen und auch nur dann (§ 182 AO: Bindung) bei der ESt-Veranlagung des MUers – ungeachtet eines etwaigen Geheimhaltungsinteresses – zu berücksichtigen. Die Rspr lässt eine Bescheidergänzung (§ 179 III AO) nur in engen Grenzen zu (zB BFH IV R 19/09, BFH/NV 12, 1569; bedenkl); zu § 173 I AO s BFH IV R 6/18, DStR 21, 31. Zu SonderBA bei Beteiligung an mehreren PersGes FG Hmb EFG 03, 975; zu SonderBA eines Treugebers BFH IV R 47/85, BStBl II 89, 722. Zu mehrstöckigen PersGes s BFH I R 92/12, BStBl II 22, 123; BFH IV R 26/20, BStBl II 24, 367. Zum unzutr zweifachem Abzug s BFH XI R 61/96, BStBl II 97, 170: § 174 II AO.

VII. Übertragung von Wirtschaftsgütern zwischen Gesellschafter und Personengesellschaft oder zwischen Schwester-Personengesellschaften; Veräußerung; Entnahme; Einlage

660 **Hinweis:** Zu den oben genannten Vorgängen → § 6 Rn. 806 ff *(seit 30. Aufl 2011).* Hierauf wird Bezug genommen.

VIII. Beteiligung an einer Personengesellschaft; Bilanzierung

690 Hat ein Ges'ter (natürl Person, PersGes, KapGes) einen eigenen GewBetr und dient seine Beteiligung an einer gewerbl (tätigen oder geprägten) PersGes diesem GewBetr – so stets bei KapGes als Ges'ter einer PersGes –, sind die Beteiligung und ihre Erträge in der **HB** des eigenen GewBetr auszuweisen, und zwar nach hL *wie KapGesAnteile* (IDW RS FAB 18, IDW-Life 25, 79; zu AK-Änderungen s *Fey ua* BB 12, 1461). In der **StB** gilt hingegen – ***(1)*** der **Grundsatz,** dass die Beteiligung für die Ermittlung der estpfl/kstpfl Einkünfte (GuV-Anteile) keine selbstständige Bedeutung zukommt (unstr, s zB BFH I R 114/97, BStBl II 00, 399 zu B. IV.1.b; *Groh* StuW 95, 383). Nach der Rspr soll die Beteiligung an der PersGes **kein WG** iSd §§ 5, 6 sein (zB BFH GrS 7/89, BStBl II 91, 691 zu C. III.2.b/cc; BFH IV R 36/22, BFH/NV 25, 1562 Rn. 62: „kein besonderes WG"). Richtigerweise ist die Beteiligung in der StB des Ges'ters zwar als WG **auszuweisen,** aber **nicht selbstständig** zu **bewerten** (BFH I R 102/01, BStBl II 04, 804); Folge: der Bilanzposten entfaltet bei der Ermittlung der ggf nach § 180 AO festzustellenden Gewinnanteile keine eigenständige Wirkung (zB BFH I R 58/07, BFH/NV 09, 1953). Auszuweisen ist die Beteiligung demnach nach der **Spiegelbildmethode** als „Summe der Anteile an den WG" der PersGes (BFH I R 29/13, BFH/NV 15, 27; *Ley* KÖSDI 10, 17148 (17152); *OFD Kobl* DStR 07, 992; IDW RS FAB 18, IDW-Life 25, 79 Rn. 43 ff; *Atilgan* StuB 19, 137; iErg ebenso *Reiß,* FS Crezelius, 2018, 371 (384): Bilanzierung entspr Kapitalanteil; abl *Uhländer* DB 19, 2373; *Kitzig* StuW 23, 245); eine TW-AfA auf die Beteiligung ist ausgeschlossen (BFH IV R 100/06, BFH/NV 10, 2056). Ferner ist bei **Erwerb** eines Anteils an der PersGes estrechtl Gegenstand der Anschaffung nicht der GesAnteil als eigenständiges WG, sondern die in der Beteiligung repräsentierten ideellen Anteile an den einzelnen WG des GesVermögens (→ Rn. 461; → § 16 Rn. 443). Zur Beteiligung an einer **nicht gewerbl tätigen** (oder geprägten) PersGes

(zB Immobilien-KG) → Rn. 200 ff. – ***(2)* Ausnahme:** Anteil an **OptionsGes** gem **§ 1a KStG** (→ Rn. 160a ff); sie ist wie die Beteiligung an einer KapGes auszuweisen (iEinz *Wacker/Krüger ua* DStR-Beih 21, 3 (19)).

IX. Besonderheiten bei der GmbH & Co KG mit Einkünften aus Gewerbebetrieb

Verwaltung: *OFD Mchn* DStR 01, 1032; *OFD Ffm* DB 22, 1995; *OFD Ffm* DStR 23, 151 (Anteile an KapGes).

Schrifttum (Auswahl): *Binz/Sorg,* Die GmbH & Co KG, 12. Aufl 2018; *Söffing,* Die GmbH & Co KG, 4. Aufl, 2021; *Sudhoff,* GmbH & Co KG, 5. Aufl 2000; *Urban,* Disproportionale Kap-Erhöhung ..., GmbHR 17, 453.

1. GmbH & Co KG. – a) Wesen; Erscheinungsformen; Rechtsvergleich. 700
Die **echte** GmbH & Co KG ist eine KG (§§ 161 ff HGB), bei der einziger persönl haftender Ges'ter eine GmbH ist. Zur **UG** (haftungsbeschränkt) **& Co KG** (§ 5a GmbHG nF) → Rn. 169, 216; *Wachter* GmbHR Sonderheft 08, 87: Gewinnbeteiligung erforderl!; *Kock ua* BB 09, 848: Haftungspauschale genügt). Erscheinungsformen sind: Die **typische** GmbH & Co KG, bei der die Ges'ter der Komplementär-GmbH und nur diese zugleich K'tisten sind (beteiligungsidentische oder Einmann-GmbH & Co KG); die **GmbH-beherrschte** GmbH & Co KG, bei der die GmbH innerhalb der KG vertragl eine beherrschende Stellung hat (vgl *Borsch* GmbHR 03, 881), die Ges'ter-Geschäftsführer der GmbH aber nicht K'tisten sind; die **Einheits-GmbH & Co KG,** bei der die Anteile an der Komplementär-GmbH im Gesamthandsvermögen der KG sind (s § 172 VI HGB; → Rn. 223; zur Organschaft → Rn. 175); die **doppelstöckige** GmbH & Co KG, bei der persönl haftende Ges'-terin der KG eine GmbH & Co KG ist; die **Publikums**-GmbH & Co KG (→ Rn. 705 ff). – Eine **Abart** der echten GmbH & Co KG ist eine KG, bei der neben der GmbH – zB zwecks Vermeidung der Publizitätspflicht nach § 264a HGB (dazu IDW LIFE 18, 258) – auch eine natürl Person persönl haftende Ges'terin ist. – Zur **„ausl KapGes" & Co KG** s zB *Wachter* GmbHR 06, 79; zur Limited & Co KG „im Brexit" → Rn. 173. – **Estrechtl** ist die GmbH & Co KG mit GewBetr (gewerbl tätige oder geprägte KG) zu unterscheiden von einer ohne GewBetr (→ Rn. 708). Eine KG, bei der einziger persönl haftender und geschäftsführender Ges'ter eine GmbH ist, erfüllt aber stets (str, → Rn. 216) den Tatbestand einer gewerbl geprägten PersGes iSv § 15 III Nr 2.

b) Zivilrecht. Das HGB und das UmwG gehen davon aus, dass die GmbH & Co 701
KG ungeachtet ihrer wirtschaftl Nähe zur KapGes (vgl BGH II ZR 167/72, BGHZ 62, 227) „wirkl" eine KG ist (arg § 177a iVm §§ 125a HGB; § 39 I Nr 5, IV InsO nF). *Handelsrechtl* ist eine ins HR als KG (iSv § 161 I HGB) eingetragene PersGes „echte" KG, unabhängig davon, ob sie ein Handelsgewerbe iSv § 1 II HGB oder nur ein Kleingewerbe betreibt oder überhaupt nicht gewerbl tätig ist, sondern „nur eigenes Vermögen verwaltet" (vgl §§ 105 II; 161 II iVm § 2 HGB; zur **MoPeG-Reform** (BGBl I 21, 3436) ab 2024 s § 107 iVm § 161 II HGB nF). – Für KG (oder OHG), an denen keine natürl Person als persönl haftender Ges'ter beteiligt ist, gelten, sofern sie eine bestimmte Größenklasse erreichen, für Wj, die nach dem 31.12.99 beginnen, die handelsrechtl **Rechnungslegungsvorschriften** (Jahresabschluss, Prüfung, Offenlegung) **für KapGes** (§§ 264a; 267 HGB). – Zu **Vor-/Nachteilen** ggü GmbH s *Binz ua* GmbHR 11, 281.

c) ErtragStR. *Grundsatz:* ESt-/KStrechtl ist die GmbH & Co KG keine KapGes 702
iSv § 1 I Nr 1 KStG (oder § 2 II GewStG), sondern „wirkl" eine KG und damit, *sofern* sie *gewerbl* tätig oder geprägt ist, grds MUerschaft iSv § 15 I 1 Nr 2 (zB BFH VIII R 54/93, BStBl II 95, 794 mwN zu II.1.a). Zum **Konzern** iSv § 4h III 5, 6

s dort. *Ausnahme:* Zur **KSt-Pflicht** von Ober- und/oder UnterPersGes kraft **Option** gem **§ 1a KStG** → Rn. 160a ff.

703 **d) GmbH & Still.** Einer GmbH & Co KG estrechtl vergleichbar ist die GmbH & Still (atypisch), dh eine stille Ges, bei der eine (tatsächl gewerbl tätige) GmbH Inhaberin des Handelsgeschäfts iSv § 230 HGB ist und daran die Ges'ter der GmbH oder andere natürl Personen atypisch still beteiligt sind (vgl BFH VIII R 54/93, BStBl II 95, 794 zu II.1.a). Einzelheiten, auch zur atypischen stillen Beteiligung an einer *nicht gewerbl tätigen* GmbH, → Rn. 354 ff, 228, 735.

704 **e) Stiftung & Co.** Eine **Alternative** zur GmbH & Co KG ist die Stiftung & Co, dh eine KG, bei der persönl haftender Ges'ter eine rechtsfähige Stiftung ist. Ihre Ges'ter beziehen Einkünfte aus GewBetr, wenn die KG gewerbl tätig ist; sie kann keine gewerbl geprägte PersGes sein (→ Rn. 216). Einzelheiten zB *Götz* INF 04, 669; *Wehrheim ua* StuW 05, 234.

705 **2. Publikums-GmbH & Co KG. – a) Begriff.** Die Publikums-KG zielt auf den Beitritt einer Vielzahl öffentlich geworbener K'tisten zu dem bereits vorformulierten „Publikums-GesVertrag"; sie fungieren idR als Kapitalgeber mit beschränkten Mitwirkungsrechten (iEinz *Binz/Sorg GmbH & Co. KG-HdB* aaO § 13 Rn. 1 ff). Ihrer Struktur nach entspricht sie dem Idealtyp der Körperschaft, diese als Gegensatz zur PersGes gesehen. Gleichwohl ist sie **wirkl eine PersGes,** auf die grds das Recht der KG anzuwenden ist; der **BGH** hat aber für sie ein Sonderrecht entwickelt, das dem Recht der KapGes angenähert ist (vgl zur BGH-Rspr zB *Hopt* Anh § 177a Rn. 52 ff).

706 **b) Mitunternehmerschaft.** Auch **estrechtl** ist die Publikums-KG eine MUerschaft iSv § 15 I 1 Nr 2, sofern sie gewerbl tätig oder geprägt ist; sie ist weder als KapGes iSv § 1 I Nr 1 KStG noch als nichtrechtsfähiger Verein iSv § 1 I Nr 5 KStG kstpfl; ihr „Einkommen" ist unmittelbar bei ihren Mitgliedern (§ 3 I KStG) zu versteuern (BFH GrS 4/82, BStBl II 84, 751 zu C. II.3). Dies gilt auch für die mittelbare *AnlageGes* (K'tist als Treuhänder für zahlreiche Treugeber, zB BFH IV R 47/85, BStBl II 89, 722) und die mehrstöckige Publikums-GmbH & Co KG.

707 **c) Typische einkommensteuerrechtliche Probleme der Publikums-KG.** Dies sind zB, ***(1)*** ob sie nur VerlustzuweisungsGes (→ Rn. 182) oder mit Einkünfteerzielungsabsicht tätig und daher MUerschaft iSv § 15 I 1 Nr 2 ist und ob ggf § 15b eingreift, ***(2)*** ob die K'tisten bzw ihre Treugeber MUer sind (grds bej BFH GrS 4/82, BStBl II 84, 751 zu C. V.3.c; BFH XI R 45/88, BStBl II 93, 538 für Treugeber), ***(3)*** wann die MUerschaft des einzelnen Ges'ters beginnt (→ Rn. 259), ***(4)*** ob Fondsetablierungskosten (zB Eigenkapitalvermittlungsprovisionen) als AK zu aktivieren sind (abl BFH IV R 33/15, DStR 18, 1491: Rspr-Änderung/Vorrang von § 15b; zu *erhaltenen* Provisionen s BFH X R 24/10, BStBl II 12, 498). Auch → Rn. 562, 649. – Speziell zu (gewerbl geprägter) **Leasing-Fonds** GmbH & Co KG s zB *Henkel/Jakobs* DStR 95, 1573; *Eisgruber* DStR 95, 1569; **Medien-Fonds-**GmbH & Co KG s *BMF* BStBl I 01, 175; *BMF* BStBl I 03, 406. Zu § 15b s *BMF* BStBl I 07, 542; **Private Equity Fonds** → § 18 Rn. 280 ff; zu **PersoneninvestitionsGes/KG** s §§ 18, 15a InvStG 2004; § 1 III Nr 2 InvStG 2018.

708 **3. GmbH & Co KG *mit* und *ohne* Gewerbebetrieb.** Eine GmbH & Co KG und ihre Ges'ter haben nur dann Einkünfte aus GewBetr, wenn die KG ***(1)*** – mindestens auch (§ 15 III Nr 1) – einen GewBetr iSv § 15 II betreibt oder ***(2)*** gewerbl geprägte PersGes iSv § 15 III Nr 2 ist. Fehlt es hieran, ist die KG eine nicht gewerbl PersGes; ihre Ges'ter beziehen grds Einkünfte zB aus LuF oder VuV; Ausnahme: betriebl beteiligte Ges'ter (zB KapGes) beziehen Einkünfte aus GewBetr (→ Rn. 201).

709 **4. Mitunternehmerschaft.** Bei der typischen GmbH & Co KG (mit GewBetr) ist die **Komplementär-GmbH** wegen ihrer Außenhaftung für KG-Schulden und ihrer Geschäftsführungs- und Vertretungsbefugnis idR MUer, auch wenn sie nur

eine gewinnunabhängige Vergütung erhält und nicht am Vermögen und Verlust beteiligt und im Innenverhältnis weisungsgebunden ist (BFH VIII R 74/03, BStBl II 06, 595; BFH VIII R 42/10, DB 12, 2484); MUer kann sie bei weiteren Komplementär-Ges'tern (BFH VIII R 31/20, BeckRS 2023, 38853) ebenso sein, wenn sie nur Treuhänderin ist (BFH IV R 26/07, BStBl II 10, 751) oder OrganGes (vgl BFH VIII R 54/93, BStBl II 95, 794; dazu *Wehrheim ua* DB 02, 1676). Auch → Rn. 264, 267, 321, 354; *K. Schmidt* FS Röhricht, 511 (539). – Zur MUerschaft von **Treugeber-Kommanditisten** → Rn. 296; 707. – Zu evtl **verdeckter MUerschaft** des (nicht als K'tist beteiligten) **Geschäftsführers** der Komplementär-GmbH → Rn. 280 ff, 356; *Rodewald* GmbHR 97, 582.

5. Steuerbilanzgewinn, Gesamtgewinn und Betriebsvermögen der GmbH & Co KG; Sonderbetriebsvermögen und Sondervergütungen der Komplementär-GmbH. Für die Ermittlung des StB-Gewinns bzw Gesamtgewinns und für den Umfang des BV (GesamthandsBV, SBV) gelten auch bei einer Einmann-GmbH & Co KG die allg für PersGes maßgebl Grundsätze. Zu Aufwandsersatz → Rn. 425; zum Teileinkünfteverfahren und zu KStFreiheit nach § 8b KStG für KapGesAnteile im GesVermögen der KG → Rn. 438 f. 711

a) Sonderbetriebsvermögen. WG, die der GmbH gehören und die diese der KG zur Nutzung überlassen hat, sind SBV I der GmbH bei der KG; sie gehen über die Sonderbilanz der GmbH in die estrechtl Gesamtbilanz der KG ein, obwohl sie in der HB der GmbH auszuweisen sind; estrechtl hat die Gesamtbilanz der KG Vorrang vor der HB (StB) der GmbH (→ Rn. 534). Eine Nutzungsänderung (zB bisherige alleinige Nutzung der GmbH – Überlassung an die KG und umgekehrt) führt zur Änderung im Bilanzausweis, nicht aber zur Gewinnrealisierung (nur Wechsel zw BV; § 6 V 2; *BMF* BStBl I 11, 1279 Rn. 3 f). Schulden der GmbH ggü ihrem Geschäftsführer (zB Gehalt, Pensionszusage uä), der *nicht* Ges'ter der KG ist, sind passives SBV (BFH VIII R 50/92, BStBl II 94, 282 zu II.4.c), die auch bei Aufwendungsersatzanspruch der GmbH gegen die KG letztl (Rückstellung der KG!) den Gesamtgewinn mindern (BFH IV R 62/00, BStBl II 05, 88). 712

b) Sondereinnahmen; Sonderbetriebsausgaben. Entgelte, die die GmbH zB für Dienstleistung (Geschäftsführung) von der KG erhält, können Sondervergütungen (und die hierauf gerichtete Forderung dann SBV) oder Gewinnvorab sein (dazu → Rn. 440 mwN). – SonderBA der GmbH, die den einheitl festzustellenden Gesamtgewinn (und Gewerbeertrag) der KG mindern, sind nur solche Aufwendungen, die unmittelbar durch die Beteiligung an der KG veranlasst sind, auch wenn die GmbH *nur* die Beteiligung an der KG hält; andere Aufwendungen wie zB Jahresabschluss- und StB-Kosten (*BMF* DB 08, 22), IHK-Beiträge sind laufende BA (KSt-Veranlagung) iRd eigenen GewBetr der GmbH (BFH IV R 46/94, BStBl II 96, 295). – Zum Ausweis einer Pensionszusage der GmbH ggü einem K'tisten s BFH I R 105/91, BStBl II 93, 792: Passivierung in der StB mit korrespondierender Aktivierung als Sondervergütung, keine Minderung des Gesamtgewinns der KG (→ Rn. 586, 587). – Zu Rückdeckungsversicherung s *Reuter* GmbHR 94, 141. 713

6. Anteile an Komplementär-GmbH. – a) Einstöckige Personengesellschaft. Gehören die Anteile einem MUer (K'tisten), sind sie grds **notwendiges SBV II,** wenn sie Einfluss auf die Geschäftsführung der KG vermitteln (zB BFH IV R 18/98, BStBl II 99, 286 zu 1.2.a; BFH IV B 26/08, BFH/NV 08, 2003). – **Ausnahmen:** kein notwendiges SBV II aber, wenn ***(1)*** die Komplementärin noch eine **andere (Geschäfts-)Tätigkeit** von nicht ganz untergeordneter Bedeutung ausübt (BFH VIII R 14/87, BStBl II 91, 510), und zwar auch bei geschäftl Beziehungen der Komplementär-GmbH zur KG (BFH IV R 15/19, BStBl II 22, 651; überholt damit *OFD Ffm* DB 22, 1995; vgl *OFD Ffm* DStR 23, 151) oder wenn ein solcher eigener Geschäftsbetrieb bereits **Gründung** einer **zweigliedrigen KG** bestanden hatte (**aA** – noch – *OFD Ffm* DB 22, 1995; *OFD Ffm* DStR 23, 151; zu weiteren 714

Sachverhaltsdifferenzierungen s *Geissler* HFR 22, 621; zu gewillkürtem SBV aber → Rn. 527) oder ***(2)*** es sich – vorbehaltl einer gesellschaftsvertragl Einstimmigkeitsabrede (*OFD Ffm* DStR 23, 151) – um eine Beteiligung von **weniger als 10 %** handelt (BFH IV R 1/12, BStBl II 15, 705: selbst bei hoher Gewinnbeteiligung der Komplementärin; offen trotz Minderheitenrechte bei Beteiligung von mindestens 10%; wohl bej bei Quote von mehr als 25%; arg § 53 II GmbHG; auch → Rn. 358; krit *Carlé* BeSt 15, 33). Auch Letzteres Urteil überspannt mE die Anforderung an das Merkmal der „Stärkung der Beteiligung" (→ Rn. 517), vernachlässigt das Gewicht der K'tisten als Personengruppe (→ Rn. 823) sowie in casu die über die GmbH-Anteile vermittelte mitunternehmerschaftl Gewinnbeteiligung (vgl *Wacker* FR 22, 625; *Werthebach* DStR 22, 692). Unerhebl ist, ob außer der GmbH ein weiterer persönl haftender Ges'ter vorhanden ist. Nach BFH I R 72/08, BStBl II 10, 471 gehören die Anteile an der nicht am KG-Gewinn/Verlust beteiligten Komplementärin nur dann zu den **funktional wesentl Betriebsgrundlagen** (zB → § 16 Rn. 86, 390, 407), wenn der K'tist als Einzelperson seinen Willen in der GmbH durchsetzen und damit die lfd Geschäftsführung bei KG bestimmen kann (zu KG-Umwandlung s BFH I R 97/08, BStBl II 10, 808; *Stangl* ua DStR 10, 1871); hierfür soll allerdings die mehrheitl Kapitalbeteiligung nicht genügen, wenn die *K'tistenstellung* diesen Einfluss iVm einem Konsortialvertrag vermittelt (BFH IV R 9/20, DStR 24, 744; mE fragl). Nach *OFD Ffm* DStR 23, 151 ist idR zudem erforderl, dass der K'tist nicht mehrheitl an KG beteiligt ist (Ausnahme: 100%ige Beteiligung: s. o.). ME ist es auch hier ausreichend, dass der K'tist nach der sog Personengruppentheorie (→ Rn. 823) Mehrheitsbeschlüsse in der GmbH blockieren kann (*Wacker* NWB 10, 2382). – Vorstehendes gilt entspr für Anteile eines K'tisten an einer **KapGes,** die Ges'terin der Komplementär-GmbH ist (BFH IV R 51/08, BFH/NV 12, 723). – Ist die GmbH zugleich persönl haftende Ges'terin **mehrerer KG,** bei denen ihre Ges'ter jeweils als K'tisten beteiligt sind („sternförmige" GmbH & Co KG), sind die GmbH-Anteile SBV II in der zuerst gegründeten GmbH & Co KG (*OFD Ffm* DStR 23, 151; vgl zur zeitl Priorität auch BFH IV R 5/20, DStR 25, 137; BFH IV R 34/09, BStBl II 13, 471; → Rn. 509, 614, 874). Zu „Mehrfach-Komplementär-GmbH" mit zusätzl eigenem Geschäft s *OFD Ffm* DStR 23, 151; beachte hierzu aber oben Ausnahme *(1)*. – **Gewinnausschüttungen** der Komplementär-GmbH auf Anteile im SBV sind SonderBE (zB BFH IV R 65/94, BStBl II 96, 66 aE); ebenso der Erlös aus der Veräußerung der GmbH-Anteile. – Zum **Teileinkünfteverfahren** → Rn. 438. – Noch kein notwendiges SBV sind Anteile an einer aufschiebend befristet in die KG eingetretene GmbH (sog **Reserve-Komplementär-GmbH**) vor Fristablauf. – Zu **gewillkürtem SBV** → Rn. 527, 531. – Zu Anteilen eines K'tisten **an K'tisten-GmbH** derselben KG s BFH VIII R 12/99, BStBl II 01, 825: SBV II.

716 **b) Mehrstöckige Personengesellschaft.** Diese Grundsätze gelten im Hinblick auf § 15 I 1 Nr 2 S 2 sinngemäß bei mehrstöckigen PersGes für die von den Ges'tern der OberGes gehaltenen Anteile an der Komplementär-GmbH der UnterGes (mE SBV II bei der UnterGes; **aA** *Rödder* StbJb 94/95, 304 Fn 34). – Zu doppelstöckiger KG, bei der die K'tisten der *UnterGes* Anteile an der Komplementär-GmbH der OberGes halten, s BFH VIII R 14/87, BStBl II 91, 510.

717 **7. Tätigkeitsvergütungen. – a) Geschäftsführer der Komplementär-GmbH.** Ist dieser auch K'tist und MUer der KG und erhält er aufgrund eines **Dienstvertrags mit** der **GmbH** von dieser Vergütungen dafür, dass er die Geschäfte der GmbH und über diese auch die der KG führt (mittelbare Dienstleistung), sind dies SonderBA der GmbH und Sondervergütungen des Geschäftsführers als MUer der KG, die iErg den Gesamtgewinn (und Gewerbeertrag) der KG nicht mindern (BFH IV B 23/04, BFH/NV 06, 51). Dabei ist unerhebl, ob – ***(1)*** feste oder gewinnabhängige Vergütungen (Tantieme) gewährt werden und – ***(2)*** die GmbH die Vergütungen gesondert ersetzt erhält oder aus ihrem allg Gewinnanteil bestreitet. Sondervergütung *des MUers* (K'tist) iVm verdeckter Einlage bejaht BFH IV R 11/18, BStBl II 20, 641

ferner bei **„Vorabgewinn"** der **Komplementär-GmbH** für Geschäftsführung des *MUers* ggü KG (sog **Thesaurierungsmodell;** mE fragl; vgl *Wacker* JbFfSt 21/22, 557 ff; *Briese* DB 21, 1363) – Auch feste Entgelte, die der als Ges'ter an der KG beteiligte Geschäftsführer der GmbH aufgrund eines **mit** der **KG** abgeschlossenen **Dienstvertrags** erhält, sind Sondervergütungen; ebenso mE Tantiemen, die bei der KG bilanziell Aufwand sind. – Übt die **Komplementär-GmbH** auch eine **eigene Geschäftstätigkeit** von nicht untergeordneter Bedeutung aus, sind die Tätigkeitsvergütungen ggf schätzweise aufzuteilen; nur der auf die Führung der Geschäfte der KG entfallende Teil gehört zu den Sondervergütungen, der andere Teil ist BA der GmbH und Einnahme des Geschäftsführers nach § 19. – Zu den Sondervergütungen gehören auch **Versorgungsbezüge** und **Pensionszusagen;** Rückstellungen der GmbH sind zwar SonderBA, sie mindern jedoch nicht den Gesamtgewinn der KG (BFH I R 105/91, BStBl II 93, 792; iEinz → Rn. 585 ff, 712, 713). Zu **Abfindungen** → Rn. 584. – Zur **USt** s UStR 1.1, 1.6, 2.2, 2.8.

aa) Überhöhte Tätigkeitsvergütungen. Solche Vergütungen (einschließl Tantiemen) des als K'tisten (MUer) beteiligte Ges'ter-Geschäftsführer sind trotz § 15 I 1 Nr 2 S 1 Hs 2 wegen Minderung des Anteils der GmbH am Restgewinn insoweit vGA und iÜ Entnahmen des Ges'ter-Geschäftsführers in seiner Eigenschaft als K'tist (MUer) der KG (Einzelheiten, auch zur Aufteilung zw vGA und Entnahmen s *Wassermeyer* GmbHR 99, 18); gesrechtl sind solche Vergütungen Einlagenrückgewähr iSv § 172 IV HGB, wenn vereinbart ist, dass die KG der GmbH deren Aufwendungen zu ersetzen hat. Auch *Gehaltszahlungen,* die die Komplementär-GmbH an ihren *beherrschenden* Ges'ter-Geschäftsführer, der zugleich K'tist ist, aus ihrem KG-Gewinnanteil zahlt, sind vGA, wenn sie nicht im Voraus klar vereinbart sind (→ Rn. 561). 718

bb) Angemessene Tätigkeitsvergütungen. Solche Vergütungen des *Ges'ter-Geschäftsführers* der Komplementär-GmbH, der *nicht MUer der KG* ist, sind SonderBA der Komplementär-GmbH, die zwar ggf durch einen Aufwendungsersatzanspruch zu neutralisieren sind, dann aber auch zu einer zu passivierenden Schuld der KG führen und damit deren StB-Gewinn und Gesamtgewinn mindern (BFH IV R 62/00, BStBl II 05, 88). – *Überhöhte* Vergütungen sind idR vGA der GmbH, evtl aber Einlagen der mittelbar benachteiligten K'tisten bei der GmbH (*Wassermeyer* GmbHR 99, 18). – Ist der *Geschäftsführer der GmbH* zwar *K'tist,* aber *nicht Ges'ter der GmbH,* sind angemessene Tätigkeitsvergütungen, Sondervergütungen und iÜ idR Entnahmen, evtl teilweise mittelbare vGA (*Wassermeyer* GmbHR 99, 18). – Auch Entgelte für Dienste, die ein K'tist als Geschäftsführer einer *KapGes,* die *nicht an der KG beteiligt* ist, für die KG leistet, können Sondervergütungen sein (→ Rn. 607). 719

b) Doppelstöckige KG. Diese Grundsätze gelten sinngemäß bei doppelstöckiger GmbH & Co KG für den Geschäftsführer der Komplementär-GmbH ***(1)*** der OberGes, der an der UnterGes als K'tist beteiligt ist (FG RhPf EFG 87, 187); ***(2)*** der UnterGes, der nur an der OberGes als K'tist beteiligt ist (→ Rn. 615). 721

8. Angemessene Gewinnverteilung; Verlustzurechnung. Leistet die GmbH eine **Vermögenseinlage,** ist die Gewinnverteilung angemessen, wenn der GmbH auf Dauer neben dem Ersatz ihrer Auslagen eine ihr Haftungsrisiko (→ Rn. 723) und ihren Kapitaleinsatz (Vergleich der Kapitalbeiträge) berücksichtigende Beteiligung am Gewinn in einer Höhe eingeräumt wird, die auch eine fremde GmbH akzeptiert hätte (grundlegend BFH IV R 139/67, BStBl II 68, 152). 722

a) Haftung; Geschäftsführung. Ist die GmbH **mangels Einlage** nicht am Kapital der KG beteiligt, ist eine Gewinnverteilung angemessen, die ihr nach dem Einzelfall zu bemessendes **Haftungsrisiko** abgilt; Anhalt hierfür bieten bankübl **Avalprovisionen** sowie die Höhe des GmbH-Vermögens als Haftungssubstrat (BFH IV R 122/73, BStBl II 77, 346; iEinz zB SächsFG EFG 21, 268, rkr). Für die Ge- 723 schäftsführertätigkeit ist jedenfalls Auslagenersatz zu gewähren; darüber hinaus ist mE ein fremdübl Geschäftsführerentgelt der KG auch dann anzuerkennen, wenn die GmbH-Gester (= K'tisten) für diese unentgeltl tätig werden (**aA** aber BFH IV R 11/18, BStBl II 20, 641; → Rn. 717).

724 **b) Verdeckte Gewinnausschüttung.** Ein unangemessen niedriger gesellschaftsvertragl Gewinnanteil der GmbH begründet eine vGA (*Briese* DStR 15, 1945; **aA** *Schwandtner,* Disquotale Gewinnausschüttungen, Diss, 367). Zur Bestimmung ihrer Rechtsfolgen ist davon auszugehen, dass die GmbH lfd einen angemessenen Gewinnanteil erhält, die GmbH aber die Differenz zum tatsächl Gewinnanteil lfd an ihre Ges'ter (= K'tisten) ausschüttet und diese insoweit, da die Anteile an der Komplementär-GmbH SBV sind (→ Rn. 714), SonderBE haben, auf die aber grds ab VZ 2002/2009 das Halb-/Teileinkünfteverfahren (§ 3 Nr 40; § 3c) anzuwenden ist. Die Gewinnanteile der GmbH und der Gesamtgewinn der KG erhöhen sich um die vGA; der Gewinnanteil der an der GmbH beteiligten K'tisten ändert sich insofern als er sich nunmehr aus dem um die vGA verminderten StB-Anteil und aus der teilweise stfreien SonderBE iHd vGA zusammensetzt (anders noch zum früheren Recht BFH IV R 139/67, BStBl II 68, 152). Über vGA der Komplementär-GmbH ist bei der Gewinnfeststellung der KG zu entscheiden (BFH I R 79/97, BStBl II 98, 578).

725 **c) Einlage.** Ist der vertragl Gewinnanteil der GmbH aus außerbetriebl Gründen zu Lasten der K'tisten, die zugleich Ges'ter der GmbH sind, überhöht, ist dies **verdeckte** Einlage der GmbH-Ges'ter (K'tisten) mit der Folge, dass – *(1)* den K'tisten ein entspr höherer und der GmbH ein entspr niedriger Gewinnanteil zuzurechnen ist und – *(2)* der den K'tisten zusätzl zugerechnete Gewinnanteil zu nachträgl AK für ihre dem SBV zugehörigen Anteile an der Komplementär-GmbH führt (BFH IV R 71/89, BStBl II 91, 172).

726 **d) Einzelfragen.** – ***(1)*** Zur **Verlustzurechnung** → Rn. 449 ff. Zu vertragl Ausschluss der Verlustbeteiligung der Komplementär-GmbH → § 15a Rn. 17.

728 ***(2)*** **Mittelbare vGA der Komplementär-GmbH sind Leistungen aus dem Gesellschaftsvermögen der KG** zugunsten – ***(a)*** eines K'tisten, der zugleich GmbH-Ges'ter ist, zB Veräußerung von WG des GesVermögens an diesen zu unangemessen niedrigem Preis; – ***(b)*** eines (Nur-)GmbH-Ges'ters zB überhöhte Vergütung für dessen Darlehen (BFH IV R 47, 48/92, BFH/NV 95, 103; *Wassermeyer* GmbHR 99, 18).

729 **9. Änderung der Gewinnverteilungsabrede.** Bei der typischen GmbH & Co KG kann eine Zustimmung der GmbH zu einer Änderung der Gewinnverteilungsabrede eine vGA der GmbH sein, *wenn* sich dadurch der Anteil am Jahresgewinn und künftigen Abfindungs-/Auseinandersetzungsguthaben zugunsten der K'tisten (= GmbH-Ges'ter) verringert *und* ein ordentl Geschäftsleiter der GmbH der Vertragsänderung nicht zugestimmt hätte (BFH IV R 69/91, BFH/NV 93, 386). Gleiches kann gelten, wenn das Kapital der KG erhöht wird und die GmbH an der Kapitalerhöhung nicht teilnimmt (FG Köln EFG 17, 372, rkr; ausführl *Urban* GmbHR 17, 453; vgl auch BFH I R 6/04, BStBl II 09, 197; uU weiter BFH IV R 153/74, BStBl II 77, 504); anders aber idR, wenn der bisherige Gewinnanteil der GmbH überhöht war (→ Rn. 725). Ist die Änderung des KG-Vertrags eine vGA, ist Gegenstand der vGA idR ein Bruchteil des bisherigen MUerAnteils der GmbH. Die Rechtsfolge der vGA entspricht der eines Verkaufs eines Bruchteils des MUerAnteils zu angemessenem Preis (FG Mchn EFG 88, 290) mit Ausschüttung des Verkaufserlöses an die GmbH-Ges'ter. In dieser Höhe (= Anteilswert einschließl Geschäftswert) sind bei den Empfängern der vGA (K'tisten = GmbH-Ges'ter) SonderBE anzusetzen (BFH I R 150/82, BStBl II 87, 455 zu I.3).

730 **10. Ausscheiden der Gesellschafter.** Ausscheiden der Komplementär-GmbH (Anwachsung auf natürl Personen). War die ausscheidende GmbH am Vermögen der

KG kapitalmäßig nicht beteiligt, sind die Buchwerte zwingend fortzuführen (→ § 16 Rn. 503; *Brandenberg* DStZ 02, 511 (513)). – Zum Ausscheiden aller K'tisten (Anwachsung auf die GmbH) → § 16 Rn. 505.

X. Besonderheiten bei Familien-Personengesellschaften

Verwaltung: EStR 15.9 I–IV, EStH 15.9 I–IV.

1. Zielsetzungen; Erscheinungsformen; Rechtsgrundlagen. – a) „Erwünschte" Mitunternehmerschaft/KSt-Option. Die Gründung zB einer Familien-KG durch Einbringung des elterl Einzelunternehmens und schenkweise Aufnahme von Kindern als K'tisten oder eine entspr personelle Erweiterung einer FamilienPersGes haben – neben zivilrechtl und erbstl Motiven – vielfach auch das **estrechtl Ziel,** Einkommensteile auf die Kinder zu verlagern und damit durch Progressionsabschwächung und Vervielfältigung des Grundfreibetrags die ESt-Belastung zu mindern (zB *Hohaus ua* BB 04, 1707; *Frieling ua* DB 20, 569; *Forst ua* GmbR 23, 217: Familienholding). Zur **KSt-Pflicht** von Ober- und/oder UnterPersGes kraft **Option** gem **§ 1a KStG** → Rn. 160a ff. 740

aa) Mitunternehmerstellung. Dieses Ziel ist nur erreichbar, soweit eine MUerschaft der Kinder („erwünschte" MUerschaft) und die vereinbarte Gewinnverteilung estrechtl „anzuerkennen" sind („Realsplitting"); dazu müssen bestimmte Voraussetzungen erfüllt sein. Während näml bei GesVerhältnissen zw Fremden ein natürl wirtschaftl Interessengegensatz vorhanden ist, der die vertragl Vereinbarungen idR als betriebl veranlasst erscheinen lässt, fehlt diese „Richtigkeitsgewähr" idR, wie allg bei Verträgen zw nahen Angehörigen (zB BFH VIII R 16/97, BStBl II 01, 186 zu 2.a mwN), auch bei GesVerhältnissen (zum Begriff bzw Typus der Familien-PersGes zB *Ritzrow* StBP 03, 140; krit *Carlé ua* KÖSDI 00, 12383). Die inhaltl Ausgestaltung des GesVerhältnisses kann deshalb privat veranlasst und die „Gewinnverteilung" Einkommensverwendung sein. Nur der als privat zu wertende Entstehungsgrund (zB Schenkung) muss grds außer Betracht bleiben (zB BFH IV R 114/91, BStBl II 94, 635 zu I.2. mwN). 741

bb) Fremdvergleich. Voraussetzung dieser estrechtl Abstraktion vom privaten Entstehungsgrund ist jedoch, dass das GesVerhältnis einem im Ausgleich widerstreitender Interessen zustande gekommenen GesVerhältnis zw Fremden *grds* wirtschaftl gleichwertig ist (Fremdvergleich; zB BFH VI R 45/16, DStR 18, 2012; BFH IV R 114/91, BStBl II 94, 635 zu I.3.; zust *Westerfelhaus* DB 97, 2033; krit zB *P. Fischer* DStZ 97, 357; *Pezzer* DStZ 02, 850), und nicht ledigl eine verdeckte Einkommensverwendung in der „Maske" eines zivilrechtl Gewinnanteils enthält (iVm der Aussicht, *in Zukunft* Kapital/MUerstellung zu erlangen); es ist zu fragen, ob auch ein Dritter sich unter gleichen Umständen *entgeltl* beteiligt hätte bzw sich bei entgeltl Beteiligung *in etwa* mit gleichartigen Rechten begnügt hätte (BFH IV R 79/94, BStBl II 96, 269 zu II.2). Ein Einzelunternehmer kann sich der Tatbestandsverwirklichung des § 15 I 1 Nr 1 und ihrer Rechtsfolgen nicht dadurch entziehen, dass er den Ertrag einzelner Geschäftsvorfälle zB durch Vorausabtretung des Vergütungsanspruchs (vgl BFH I R 64/81, BStBl II 85, 330) oder Abschluss eines Vertrags zugunsten Dritter einem anderen zuwendet (vgl BFH I R 215/78, BStBl II 83, 27 mwN); ebenso wenig kann er dies dadurch, dass er schenkweise seine Kinder aufnimmt und ihnen x-beliebige Gewinnanteile einräumt. Er kann dies nur (BFH VIII R 16/97, BStBl II 01, 186), – ***(1)*** wenn er den Kindern eine GesVerhältnissen mit Richtigkeitsgewähr mindestens angenäherte rechtl und tatsächl Stellung vermittelt, die diese über bloße Empfänger lfd Zuwendungen iSv § 12 Nr 2 und § 22 Nr 1 S 2 hinaushebt, dh zu MUern werden lässt (estrechtl „Anerkennung" des GesVerhältnisses dem Grunde nach) und – ***(2)*** soweit die Gewinnanteile nicht über das hinausgehen, was dem wirtschaftl Gewicht ihrer MUerstellung im Verhältnis zu der der üb- 742 rigen Ges'ter entspricht (estrechtl „Anerkennung" der Gewinnzurechnung der Höhe nach = angemessene Gewinnverteilung). – **Rechtsgrundlage** für eine von der zivilrechtl Gestaltung abw Gewinnzurechnung ist die Unterscheidung zw Einkommenserzielung (Tatbestandsverwirklichung) und -verwendung (vgl zB BVerfG 1 BvR 150/75, BVerfGE 43, 108), dh ein richtig verstandener § 15 I 1 Nr 2 (dh, dass nicht jeder, der zivilrechtl Ges'ter einer KG ist, damit schon gewerbl Einkünfte in Gestalt seines vertragl Gewinnanteils hat) und § 12 Nr 2 (dh, dass diese Norm auch verdeckte private Zuwendungen erfasst).

744 **b) „Unerwünschte" Mitunternehmerschaft.** Während die Gründung einer Familien-PersGes eine Minderung des ESt-Belastung bewirken kann (und soll), lassen sich zusätzl Steuerersparnisse insb bei der GewSt erzielen, wenn – ***(1)*** der bisherige Betriebsinhaber sein Unternehmen an eine neugegründete Familien-GmbH & Co KG (evtl auch GmbH & atypisch Still), verpachtet oder verkauft, an der er selbst *nicht* als Ges'ter der KG (und der GmbH!) beteiligt, für die er aber als Geschäftsführer tätig ist, oder – ***(2)*** die K'tisten einer GmbH & Co KG ihre KG-Anteile schenkweise zB auf ihre Ehegatten übertragen, aber selbst Geschäftsführer der Komplementär-GmbH bleiben. Dieses Ziel wird aber nur erreicht, wenn – ***(a)*** die Rechtsbeziehungen zw dem bisherigen Betriebsinhaber und der neuen KG bzw deren Ges'ter, zB Pacht-, Dienst-, Darlehensvertrag usw *als solche* und nicht als verdecktes GesVerhältnis und damit als MUerschaft („unerwünschte") zu werten sind (→ Rn. 280 ff) und – ***(b)*** der bisherige Unternehmer nicht wirtschaftl Eigentümer zB geschenkter KG-Anteile bleibt (→ Rn. 300).

745 **2. Gründung und einkommensteuerrechtliche Anerkennung einer Familien-KG *(EStR 15.9 II).*** Bei Gründung einer Familien-KG durch Einbringung des elterl Einzelunternehmens und unentgeltl Aufnahme von Angehörigen, insb voll- oder minderjährigen Kindern als K'tisten – zur zivilrechtl Konstruktion der Einbuchung (Einlage für eigene und fremde Rechnung) auch im Hinblick auf § 171 I HGB und eines evtl Widerrufs der Schenkung vgl *K. Schmidt* GesRecht, 4. Aufl, § 54 II 4; BFH X R 35/04, BFH/NV 06, 521 –, konnten schon nach früherer Verwaltungspraxis und hL die **Buchwerte** in vollem Umfang fortgeführt werden; ab VZ 2001 greift insoweit **§ 6 III 1 Hs 2 Alt 1,** nach dem „bei der unentgeltl Aufnahme einer natürl Person in ein bestehendes Einzelunternehmen" zwingend die Buchwerte fortzuführen sind. Zu Einzelheiten s § 6; → § 16 Rn. 218. – Zur unentgeltl Übertragung eines **Teils des MUerAnteils** (§ 6 III 1 Hs 2 Alt 2 iVm S 2) → § 6 Rn. 735; → § 16 Rn. 420. – **MUer** iSv § 15 I 1 Nr 2 werden die unentgeltl aufgenommenen Angehörigen aber nur, wenn ***(1)*** in einem GesVertrag, der ernsthaft gemeint, insb zivilrechtl wirksam ist (dazu → Rn. 747), ***(2)*** ihnen „wenigstens annäherungsweise diejenigen Rechte eingeräumt bzw belassen sind, die einem K'tisten nach dem Regelstatut des HGB über die KG zukommen" (dazu → Rn. 750 ff) und ***(3)*** die zivilrechtl Gestaltung klar und eindeutig ist und den vertragl Bestimmungen gem vollzogen wird (zB BFH VIII R 16/97, BStBl II 01, 186 zu 2.a). – Ein K'tist, der nicht MUer ist (dazu → Rn. 274 mwN), weil seine Rechtsstellung im Innenverhältnis abw vom Regelstatut des HGB auf die eines (typischen) stillen Ges'ters beschränkt ist, kann estrechtl stiller Ges'ter iSv § 20 I Nr 4 sein (BFH IV R 79/94, BStBl II 96, 269 zu III), sofern die Voraussetzungen hierfür (→ Rn. 774) erfüllt sind (zB BFH IV R 79/94, BStBl II 96, 269 zu II.2).

747 **3. Zivilrechtliche Wirksamkeit des KG-Vertrags. – a) Grundsätze.** Hierin ist mE nicht nur eines von mehreren Indizien für die Ernsthaftigkeit des Vertrags (ähnl BFH IX R 45/06, DB 07, 1287; *BMF* BStBl I 11, 37: Nichtbeachtung *zivilrechtl streitiger* Formvorschriften ist uU unschädl; *allein* die Verletzung von Formvorschriften rechtfertigt keinen Schluss auf fehlenden Bindungswillen) zu sehen, sondern die zivilrechtl Wirksamkeit ist unerlässl, weil sich nur für Angehörige, denen Ges'terrechte zustehen und nicht wieder entzogen werden können, die empfangenen Leis-

tungen als Gewinnanteile und nicht bloß als private Zuwendungen iSv § 12 Nr 2 werten lassen (zB BFH IV R 53/82, BStBl II 86, 798; **aA** zB *Schön* FS Klein, 1994, 467). Dazu ist bei schenkweiser Aufnahme von minderjährigen Kindern erforderl, dass – ***(1)*** diese, sofern der GesVertrag mit den Eltern (oder Großeltern) abgeschlossen wird, durch einen gerichtl bestellten **Ergänzungspfleger** (§ 1909 BGB/§ 1809 BGB nF), und zwar mehrere Kinder jeweils durch einen anderen Pfleger vertreten werden, weil der Abschluss eines KG-Vertrags nicht lediglich rechtl vorteilhaft ist (§§ 181, 1629 II, 1795 II BGB/§ 1824 BGB nF; vgl BGH II ZR 120/75, BGHZ 68, 225) und – ***(2)*** der Vertrag **familiengerichtl genehmigt** wird (§§ 1643, 1822 Nr 3 BGB, § 1852 BGB nF; BFH IV R 49/68, BStBl II 73, 307; *Ivo* ZEV 05, 193; zum str Erwerb von KG-Anteilen sowie zu vermögensverwaltenden KG s *Stenert ua* GmbHR 22, 1232 mN). – Einer **notariellen Beurkundung** bedarf es nicht, weil die schenkweise Aufnahme in eine KG eine vollzogene Schenkung ist (§ 518 II BGB). – Die familien-/vormundschaftsgerichtl **Genehmigung wirkt** auch estrechtl auf den Zeitpunkt des Vertragsabschlusses **zurück,** wenn sie unverzügl beantragt wird (BFH I R 227/70, BStBl II 73, 287; ähnl zur Pflegergenehmigung BFH IV R 46/91, BStBl II 92, 1024) oder den Beteiligten nicht angelastet werden kann (BFH VIII R 83/05, BFH/NV 09, 1118).

b) Missbrauch. Ist der GesVertrag zivilrechtl unwirksam, stellt sich die Frage, ob § 41 I 1 AO anzuwenden ist (bej zB *Carlé/Halm* KÖSDI 00, 12387; evtl BFH/NV 98, 1339; offen BFH IV R 5/19, BStBl II 23, 649; vern *Bordewin* DB 96, 1359 (1364): arg § 41 I 2 AO iVm § 12); mE sind die Kinder nicht MUer, weil das wirtschaftl Ergebnis (einstweilen) nur lfd Zuwendungen iSv § 12 Nr 2 entspricht (FG Ddorf EFG 87, 331). 748

4. Tatsächlicher Vollzug des KG-Vertrags. Eine MUerschaft der Kinder wird nicht dadurch in Frage gestellt, dass bei einem GesVerhältnis, an dem minderjährige Kinder neben ihren Eltern oder einem Elternteil beteiligt sind, die **Eltern als gesetzl Vertreter** der Kinder deren Ges'terrechte ausüben; es bedarf **keines Dauerpflegers** (BFH IV R 102/73, BStBl II 76, 328; BGH II ZB 6/74, BGHZ 65, 93; zur Stimmrechtsvollmacht → Rn. 752). Nicht erforderl ist auch, dass entnahmefähige Gewinnanteile tatsächl entnommen werden (BFH IV R 102/73, BStBl II 76, 328 zu 2.b). Schädl ist aber, wenn Eltern als gesetzl Vertreter die Gewinnanteile der Kinder entnehmen und für *eigene* Zwecke verwenden (vgl BFH IV R 272/84, BStBl II 86, 802 zu 2.b); Gleiches gilt mE bei Verwendung zum Unterhalt des Kindes (evtl BFH IX R 220/84, BStBl II 89, 137; *Bordewin* DB 96, 1359 (1370); **aA** *Carlé ua* KÖSDI 00, 12388). 749

5. Gesellschafterrechte gemäß HGB. Ob Kinder deshalb keine MUer sind, weil ihre Ges'terRechte nicht annähernd denen eines **K'tisten** nach dem **Regelstatut** des HGB entsprechen (dazu krit *Binz/Sorg GmbH & Co. KG-HdB* § 16 Rn. 113 ff), ist grds nach gleichen Kriterien wie bei PersGes unter Fremden zu beurteilen (BFH VIII R 166/84, BStBl II 89, 758; BFH IV B 143/05, BFH/NV 07, 1848) – mE nur, soweit die Beschränkungen einzeln und in der Summe in etwa auch bei entgeltl begründeten PersGes denkbar sind (Fremdvergleich!; ähnl BFH IV R 79/94, BStBl II 96, 269 für atypische Unterbeteiligung; *Bordewin* DB 96, 1359 (1367)). 750

a) Grundsatz. Die neuere **BFH-Rspr** ist tendenziell **großzügig.** Danach gilt: – ***(1)*** Schenkweise aufgenommene (minderjährige) Kinder sind, sofern sie nicht zum Buchwert aus der KG verdrängt werden können, *selbst dann MUer,* wenn ihr Kündigungsrecht langfristig und ihr Widerspruchsrecht (§ 164 HGB; ab 2024 iVm § 116 II 1 HGB idF **MoPeG,** BGBl I 21, 3436) ausgeschlossen ist, sie bei Ausscheiden durch *eigene* Kündigung zum Buchwert abgefunden werden und der Vater sich durch Einlageerhöhung das Recht zur Änderung des GesVertrags verschaffen kann (→ Rn. 266 mwN). – ***(2)*** Schenkweise aufgenommene Kinder sind *keine MUer,* 751 wenn ihr Widerspruchsrecht (§ 164 HGB) ausgeschlossen ist und der GesVertrag Stimmrecht und Mehrheitserfordernisse für Ges'terbeschlüsse so regelt, dass der Senior in allen Angelegenheiten *einschließl Änderung des GesVertrags* und Auflösung der Ges allein entscheiden kann (BFH VIII R 328/83, BStBl II 89, 762; ähnl BFH/NV 90, 92). – ***(3)*** Geringfügige Abweichungen einzelner Regelungen vom Fremdüblichen oder vom Regelstatut sind unschädl (BFH VIII R 16/97, BStBl II 01, 186 zu 2.c cc).

752 **b) Keine Mitunternehmerstellung; Beispiele.** Danach dürfte eine Anerkennung schenkweise aufgenommener Kinder als MUer an ihrer „Entrechtung" iVm Fremdvergleich nur scheitern (vgl *Bordewin* DB 96, 1359 (1367); *Ritzrow* StBP 03, 140 (143)): – ***(1)*** Wenn der K'tist nach dem GesVertrag wie ein typischer stiller Ges'ter weder beim Ausscheiden noch bei Auflösung der Ges an den **stillen Reserven** und/oder am **Geschäftswert** teilhat (**aA** *Binz/Sorg GmbH & Co. KG-HdB* § 16 Rn. 121 ff). – ***(2)*** Wenn sich der Schenker vorbehalten hat, den Kindern nach freiem Ermessen zu kündigen (Übernahmerecht = **Hinauskündigungsklausel**) – ungeachtet der Kontroverse um die zivilrechtl Wirksamkeit einer solchen Vereinbarung (vgl *K. Schmidt,* GesRecht, 4. Aufl 2002, § 50 III 4; BGH II ZR 300/05, DB 07, 1017; *Wälzholz* NZG 07, 416) –, es sei denn, die Kinder erhalten eine Abfindung, die auch einen angemessenen Anteil an den stillen Reserven und am Geschäftswert umfasst (zB BFH IV R 79/94, BStBl II 96, 269; *Knobbe-Keuk* § 12 I 2). – ***(3)*** Wenn die **Mitgliedschaft** von vornherein **befristet** ist (BFH IV R 73/73, BStBl II 76, 324; zust *Knobbe-Keuk* § 12 I 2; *Binz/Sorg GmbH & Co. KG-HdB* § 16 Rn. 121 ff). – ***(4)*** Wenn der **GesVertrag** kraft besonderer Bestimmung mit der Stimmenmehrheit des Schenkers *uneingeschränkt* zuungunsten der Kinder **geändert** werden kann – mE ungeachtet der evtl Unwirksamkeit (Kernbereichslehre) dieser Regelung – (BFH VIII R 328/83, BStBl II 89, 762; BFH VIII R 16/97, BStBl II 01, 186 zu 2.c bb; **aA** BFH VIII R 166/84, BStBl II 89, 758 solange nicht geändert). Dem ist die Wahrnehmung der **Ges'terrechte** durch den **(Vorbehalts-)Nießbraucher** gleichgestellt (BFH II R 34/07, BStBl II 09, 312; → Rn. 309). – ***(5)*** Wenn sich der Schenker den freien **Widerruf der Schenkung** vorbehalten hat (EStR 15.9 II; BFH VIII R 196/84, BStBl II 89, 877: wirtschaftl Eigentum des Schenkers) – mE auch bei Schenkung weiterer Anteile an MUer (*Konrad* HFR 08, 605; **aA** *Jülicher* DStR 98, 1977 f) –, nicht hingegen bei Vorbehalt eines Widerrufs **(Rückfall)** nur für bestimmte unwahrscheinl Ausnahmefälle (BFH IV R 114/91, BStBl II 94, 635), zB Insolvenz oder Vorversterben des Beschenkten (*Götz* FR 15, 972). Entsprechendes gilt für bedingte **Weiterleitungsklauseln** (*Jülicher* DStR 98, 1977). – ***(6)*** Bei einer **pachtenden Familien-GmbH & Co KG** ohne Beteiligung des bisherigen Betriebsinhabers (Verpächters), wenn der Pachtvertrag vom Verpächter jederzeit gekündigt werden kann, die Kinder keinen Einfluss auf die Geschäftsführung der KG haben und ihre Gewinnanteile nur geringfügig entnehmen können (BFH IV R 53/82, BStBl II 86, 798). – Unschädl sind hingegen idR Beschränkungen des Entnahmerechts, auch wenn diese nicht fremdübl sind (BFH VIII R 16/97, BStBl II 01, 186 zu 2.c cc). – Zum Vorbehalt einer **unwiderrufl Stimmrechtsvollmacht** zugunsten des Schenkers s BFH IV R 125/92, BStBl II 96, 5; FG Hmb EFG 02, 260, rkr). – Zu Rechtsfolgen, wenn einzelne Ges'ter nicht MUer sind, → Rn. 274. – ***(7)*** Nicht ausreichend für die MUerschaft ist – ***(a)*** die **dingl Mitberechtigung** des K'tisten am GesVermögen (vgl BFH VIII R 66–70/97, BStBl II 00, 183), und – ***(b)*** dessen **Verlustbeteiligung,** weil die Kinder nicht mehr verlieren können, als ihnen zugewendet werden. – ***(8)*** Der Einwand, die vertragl Beschränkungen der Rechte der schenkweise aufgenommenen K'tisten seien zivilrechtl unwirksam und deshalb unbeachtl, kann die Anerkennung der MUerschaft nicht rechtfertigen, weil vom Bedachten nicht erwartet werden, dass er seine ungewisse Rechtsposition im Prozesswege durchsetzt (zB BFH IV R 79/94, BStBl II 96, 269 zu I.2.b), zumal darin uU ein Grund zum Widerruf der Schenkung wegen groben Undanks gesehen werden könnte.

6. Zivilrechtliche Rückbeziehung. Wird die Aufnahme in eine Familien-KG auf einen Zeitpunkt vor mündl oder schriftl Abschluss des GesVertrags vereinbart, kann dies estrechtl nicht dazu führen, dass dem Angehörigen ein Anteil an dem vor Abschluss des Vertrags entstandenen Gewinn als eigene gewerbl Einkünfte zugerechnet wird (zB BFH IV R 79/94, BStBl II 96, 269 zu I.2.e). 763

7. Erbfall. Bei KG-Anteilen, die Angehörige von Todes wegen erwerben, werden die Erben nicht MUer zB, wenn die KG nur aus Vater und Großvater besteht und der vom Großvater auf den Enkel im Erbwege übergegangene KG-Anteil mit steuerschädl Beschränkungen (→ Rn. 750 ff) belastet ist, die erst mit dem Tode des Großvaters wirksam werden oder kurze Zeit vorher vereinbart sind. 764

8. Entgeltlicher Erwerb. Wird ein Familienangehöriger entgeltl in der Weise als K'tist aufgenommen, dass er sich zu einer Kapitaleinlage verpflichtet, diese aber nur aus künftigen Gewinnanteilen zu leisten ist, ist er im Jahr des Vertragsabschlusses noch nicht MUer (BFH IV R 138/67, BStBl II 73, 526). 765

9. Familien-GmbH & Co KG; Mitunternehmerschaft. Die in → Rn. 745–765 dargestellten Grundsätze sind zu Fällen entwickelt, in denen ein Elternteil sein Unternehmen in eine KG sowohl für eigene Rechnung als auch schenkweise für Rechnung der als K'tisten aufgenommenen Kinder einbrachte und in der KG selbst persönl haftender Ges'ter wurde. Sie gelten in gleicher Weise für eine **GmbH & Co KG,** wenn ein Elternteil die Komplementär-GmbH als Ges'ter und/oder -Geschäftsführer beherrscht, gleichgültig, ob er daneben auch zivilrechtl Ges'ter und/oder estrechtl MUer der KG ist (BFH XI R 35/88, BFH/NV 92, 452). Denn es ist gleichwertig, ob der bisherige Einzelunternehmer (MUer) seine rechtl und wirtschaftl Machtstellung als persönl haftender Ges'ter oder mittelbar über eine GmbH konserviert. – Zusätzl ist uU zu prüfen, ob Personen, die nicht Ges'ter der GmbH & Co KG sind, zB der bisherige Betriebsinhaber (= Verpächter und/oder Geschäftsführer der Komplementär-GmbH), **wirtschaftl Eigentümer** zB geschenkter KG-Anteile geblieben sind (→ Rn. 300) oder zur KG bzw deren Ges'ter in einem verdeckten (Innen-)GesVerhältnis stehen (→ Rn. 280 ff). 766

10. Familien-OHG. Werden Angehörige schenkweise als Ges'ter in eine OHG (oder als **persönl haftende Ges'ter** in eine KG) aufgenommen, werden diese unabhängig von der Ausgestaltung des GesVerhältnisses idR schon wegen der Außenhaftung für GesSchulden MUer (→ Rn. 321), es sei denn, diese ist rein formaler Natur zB bei bankverbürgter Freistellungspflicht der übrigen Ges'ter. 769

11. Einkommensteuerrechtliche Anerkennung atypischer stiller Beteiligungen; Unterbeteiligungen. Wird Angehörigen eine atypische stille Beteiligung zB am väterl Unternehmen oder einer vom Vater beherrschten GmbH oder eine Unterbeteiligung an einem PersGesAnteil (s auch § 6 III) schenkweise eingeräumt, werden sie (nur dann) MUer, wenn – ***(1)*** ihnen im Innenverhältnis annäherungsweise diejenigen Rechte zustehen und Pflichten obliegen, die einen K'tisten nach dem Regelstatut des HGB kennzeichnen, sie insb bei (jeder!) Auflösung des GesVerhältnisses an den stillen Reserven und am Geschäftswert teilhaben, – ***(2)*** der GesVertrag ernsthaft gemeint, insb zivilrechtl wirksam ist und – ***(3)*** tatsächl vollzogen wird (zB BFH IV R 79/94, BStBl II 96, 269). Danach ist – anders als bei typischer stiller Ges (→ Rn. 774) – das Rechtsverhältnis auch bei Identität zw Schenker/tätigem Teilhaber bzw Hauptbeteiligten estrechtl als MUerschaft anzuerkennen, weil eine Beteiligung geschenkt (FG Bln-Bbg EFG 11, 1335; *BMF* BStBl I 11, 37 Rn. 15) und nicht bloß Geld versprochen ist (BFH IV R 114/91, BStBl II 94, 635). 770

a) Mitunternehmer. Die Beschenkten werden idR **nicht** MUer, wenn ihre Rechtsstellung in einer Weise beschränkt ist, wie dies bei entgeltl begründeten Rechtsverhältnissen zw Fremden im Gesamtbild grds nicht übl ist (vgl BFH IV R 79/94, BStBl II 96, 269); *unschädl* (für sich allein) ist aber eine – zw Fremden 771 naturgemäß nicht übl – Rückfallklausel (ersatzloser Rückfall der Beteiligung an den Schenker), sofern der Rückfall auf Vorversterben des Beschenkten, Notbedarf des Schenkers und groben Undank des Beschenkten (§§ 527, 530 BGB) beschränkt ist (vgl BFH IV R 114/91, BStBl II 94, 635; auch → Rn. 300 mwN zu Scheidungsklausel). – Zu *verneinen* ist eine *MUerschaft,* wenn (alternativ) – ***(1)*** für den Unterbeteiligten jegl Kündigungsrecht zu Lebzeiten des Hauptbeteiligten ausgeschlossen sein soll (ungeachtet, dass eine solche Bestimmung zivilrechtl unwirksam ist; BGH II ZR 166/55, BGHZ 23, 10); – ***(2)*** der tätige Teilhaber im Wesentlichen über die Verwendung der Gewinnanteile des Stillen (kein Auszahlungsanspruch) bestimmt; – ***(3)*** der GesVertrag die Beteiligung des Stillen/Unterbeteiligten an den stillen Reserven nicht klar regelt; – ***(4)*** ein Unterbeteiligter ohne wichtigen Grund zum Buchwert jederzeit hinausgekündigt werden kann (BFH IV R 79/94, BStBl II 96, 269); – ***(5)*** die Eltern die Gewinnanteile ihrer minderjährigen Kinder zur Erfüllung ihrer Unterhaltspflicht verwenden (str, → Rn. 749); – ***(6)*** die Unterbeteiligung vor Erreichen der Volljährigkeit des Kindes endet und nicht vertraggem durchgeführt wird (SchlHFG EFG 16, 618, rkr).

772 **b) Kündigungsbeschränkungen; Entnahmebeschränkungen.** Sie stehen einer MUerschaft nicht entgegen, wenn sie für Haupt- und Unterbeteiligten in gleicher Weise gilt (BFH IV R 103/83, BStBl II 87, 54 zu I.2.c). Jedoch ist die Auszahlung des „entnahmefähigen" Gewinnanteils für den Vollzug – anders als bei der KG (→ Rn. 749) – idR erforderl (BFH VIII R 47/85, BStBl II 89, 720).

773 **c) Zivilrechtliche Wirksamkeit.** Zwar ist bei schenkweiser Begründung, sofern Schenker der tätige Teilhaber oder Hauptbeteiligte ist, grds die notarielle Beurkundung erforderl (§ 518 I 2 BGB; zB BFH IV R 114/91, BStBl II 94, 635), jedoch liegt nach der jüngeren Rspr mit dem Abschluss des (Innen)GesVertrags und ggf Einbuchung der stillen Beteiligung eine iSv § 518 II BGB vollzogene Schenkung (damit ein wirksamer Schenkungsvertrag) jedenfalls dann vor, wenn dem Stillen (Unterbeteiligten) auch Mitgliedschaftsrechte zu stehen (BGH II ZR 306/09, BGHZ 191, 354; weitergehend FG RhPf EFG 13, 835, rkr; *Blaurock,* Hdb Stille Ges, 9. Aufl, 2020, Rn. 7.24) oder er (darüber hinaus) als MUer (dh atypisch) beteiligt ist (BFH II R 10/06, BStBl II 08, 631). Gleiches gilt bei Übertragung einer bereits bestehenden Beteiligung oder Begründung durch Vertrag zugunsten Dritter, zB zw KG und Ges'ter (NdsFG EFG 95, 1102); ebenso bei Aufrechnung von Einlage und geschenktem Darlehensanspruch (BFH IV R 52/11, DStR 14, 2111). Ausführl *Wacker* JbFfSt 15/16, 795 (798). Bei Minderjährigen muss aber idR ein Ergänzungspfleger mitwirken (BFH IV R 27/13, BFH/NV 16, 1559: jedenfalls bei Wettbewerbsverbot) und der Vertrag evtl familiengerichtl genehmigt werden (BFH IV R 114/91, BStBl II 94, 635; OLG Hamm NZG 20, 745).

774 **12. Typisch stille Beteiligung; Unterbeteiligung.** Zur estrechtl Anerkennung (Gewinnanteile: einerseits BA, andererseits Einkünfte aus KapVerm) von Angehörigen (Fremdvergleich) s einschließl Darlehen → § 4 Rn. 520 „Angehörige"; BFH VIII R 17/19, DStR 22, 407; zum ZivilR → Rn. 773.

776 **13. Angemessene Gewinnverteilung. – a) Familien-KG.** Bei schenkweiser Aufnahme eines *nicht mitarbeitenden* minder-/volljährigen Kindes als K'tist in eine Familien-KG ist dem Kind der vertragl Gewinnanteil nur insoweit estrechtl als eigene gewerbl Einkünfte zuzurechnen, als er angemessen ist. Nach der bisherigen BFH-Rspr ist er dies grds nur, wenn er (Quantifizierung des „Angemessenen" mangels Fremdvergleichsmöglichkeit) auf einer Gewinnverteilungsabrede beruht, bei der sich nach den Verhältnissen bei Vertragsabschluss auf längere Sicht eine Durchschnittsrendite von nicht mehr als 15% des tatsächl Werts des geschenkten KG-Anteils ergibt; der darüber hinausgehende Gewinnanteil des Kindes ist dem an der KG als MUer beteiligten Schenker zuzurechnen; die Gewinngutschrift/-auszahlung an das Kind ist insoweit verdeckte Einkommensverwendung des Schenkers (BFH GrS 4/71, BStBl II

73, 5; ferner zB BFH IV R 103/83, BStBl II 87, 54: wirtschaftl gerechtfertigte Typisierung zwecks Gleichbehandlung; ähnl BFH I R 50/94, BStBl II 95, 549: Tantieme des beherrschenden Ges'ter-Geschäftsführers; BFH IV R 50/99, BStBl II 01, 299 still beteiligte Schwester-PersGes, *Wacker* StbJb 02/03, 85; *anders aber* für atypische Unterbeteiligung der Kinder am KG-Anteil des Vaters an einer KG zw Fremden BFH VIII R 77/98, BStBl II 02, 460; *Kempermann* FR 02, 154). Zur **Anpassungspflicht** s iEinz BFH IV R 83/06, BStBl II 09, 798; *Wacker* HFR 09, 775; →Rn. 786; vgl auch § 1a AStG nF. – Sinngem gelten diese Grundsätze, wenn der GesAnteil zB in vorweggenommener Erbfolge **teilentgeltl** eingeräumt worden ist. – Beachte auch **§ 7 VI ErbStG.**

aa) Rechtsgrundlage. Sie ist in § 15 I 1 Nr 2 und § 12 Nr 2 und in der dem EStG immanenten Unterscheidung zw Einkommenserzielung (Tatbestandsverwirklichung) und (offener oder verdeckter, unmittelbarer oder mittelbarer) Einkommensverwendung zu sehen (BFH IV R 103/83, BStBl II 87, 54 zu II.2.a; **aA** EStR 15.9 III 2: § 42 AO). 777

bb) Tatsächlicher Wert des KG-Anteils. Auszugehen ist vom Wert des Unternehmens (einschließl Geschäftswert) bei Vertragsabschluss; dieser ist auf die einzelnen Ges'ter nach einheitl Maßstab, zB feste Kapitalanteile, aufzuteilen, wenn keiner der Ges'ter in seinen Rechten, zB Gewinnentnahme, Abfindungsansprüche bei Ausscheiden oder Liquidation beschränkt ist oder derartige Beschränkungen für alle Ges'ter gleichmäßig gelten; bei einseitigen Beschränkungen ist vom Anteilswert ein Abschlag zu machen (BFH IV R 158/68, BStBl II 73, 489; *Märkle* BB 93, Beil 2, 15). Bei Prüfung, ob der vertragl Gewinnsatz 15% übersteigt, ist auf den zu erwartenden künftigen Restgewinnanteil (nach angemessener Abgeltung von Sonderleistungen einzelner Ges'ter) abzustellen; der danach errechnete Gewinnsatz bleibt grds maßgebl, auch wenn die tatsächl erzielten Gewinne höher oder niedriger sind (BFH IV R 158/68, BStBl II 73, 489; BFH IV R 47, 48/92, BFH/NV 95, 103). Führt der vereinbarte Gewinnverteilungsschlüssel zu einer höheren Rendite, ist der Gewinn estrechtl so zuzurechnen, als ob ein angemessener Gewinnanteilsatz vereinbart worden wäre (Einzelheiten BFH IV R 158/68, BStBl II 73, 489). Ausnahmsweise kann die Gewinnabrede auch dann unangemessen sein, wenn sie nicht zu einer höheren Rendite als 15% führt; dies trifft zB zu, wenn dem Komplementär unter Berücksichtigung der Vorabvergütungen für die Geschäftsführung und das Haftungsrisiko nicht wenigstens eine Rendite des tatsächl Werts seines GesAnteils verbleibt, die ebenso hoch ist wie die Rendite des geschenkten KG-Anteils (sog überproportionale Gewinnbeteiligung, s BFH VIII R 275/81, BFH/NV 86, 327; *Märkle* BB 93, Beil 2 16: Ausgewogenheitsprüfung). 778

cc) Kritik. Das Schrifttum lehnt überwiegend die 15%-Grenze ab (zB *Carlé/Halm* KÖSDI 00, 12390: nur Fremdvergleich; krit auch *Bordewin* DB 96, 1359 (1360); *Daragan* ZEV 02, 39 *Abel,* Gewinnverteilung, Diss, 2022, 304 ff). – ME ist eine Angemessenheitsprüfung unerlässl; für Gewinnanteile kann nichts anderes gelten als zB für Entgelte in einem Arbeitsvertrag zw Angehörigen (ähnl *KS/Krumm* § 15 Rn. 217 ff; grds **aA** *Schwandtner* Disquotale Gewinnausschüttungen, Diss 2006, 366). 779

b) KG-Anteil. Die Grundsätze der →Rn. 776 ff sind uU sinngemäß anzuwenden, wenn ein (Teil-)Anteil an einer zB nur aus Vater und Großvater bestehenden KG schenkweise übertragen wird. Ebenso für schenkweise aufgenommene K'tisten, die in der KG nur in *nachgeordneter Funktion* **mitarbeiten** (BFH VIII R 275/81, BFH/NV 86, 327). Sie sind grds *nicht* anzuwenden auf die Schenkung eines KG-Anteils an einer KG, deren übrige Ges'ter Fremde sind (BFH XI R 35/88, BFH/NV 92, 452; ähnl BFH VIII R 77/98, BStBl II 02, 460). Ebenso *nicht* (15%-Grenze), wenn ein K'tist eine *unternehmerische Leistung* erbringt; eine Angemessenheitsprüfung ist aber nach den für entgeltl erworbene KG-Anteile maßgebl Grundsätzen (→Rn. 785) geboten. 780

782 **c) Atypisch stille Beteiligung; Unterbeteiligung.** Bei Familienangehörigen gelten die Grundsätze über die Angemessenheit der Gewinnverteilung bei schenkweiser Aufnahme in einer Familien-KG sinngemäß (zB BFH IV R 114/91, BStBl II 94, 635 aE; anders aber – keine 15%-Grenze! – überzeugend BFH VIII R 77/98, BStBl II 02, 460 für quotale Unterbeteiligung der Kinder am KG-Anteil des Vaters an KG zw Fremden, wenn der auf den KG-Anteil entfallende Restgewinnanteil nur den Kapitalbeitrag vergütet; *Kempermann* FR 02, 154; *Wacker* StbJb 02/03, 85 (93)).

783 **d) Familien-GmbH & Co KG.** Werden Kinder schenkweise als K'tisten in eine Familien-GmbH & Co KG aufgenommen, an der der Schenker und bisherige Einzelunternehmer nicht als Ges'ter beteiligt ist, die dieser aber als Ges'ter und/oder Geschäftsführer der Komplementär-GmbH beherrscht, sind die in → Rn. 776 ff dargestellten Grundsätze sinngemäß anzuwenden (BFH/NV 92, 452; krit *Binz/Sorg GmbH & Co. KG-HdB* aaO § 16 Rn. 191 ff mN). Die überhöhten Gewinnanteile sind, sofern keine (zusätzl) verdeckte MUerschaft des bisherigen Einzelunternehmers (GmbH-Geschäftsführers) vorliegt (→ Rn. 766), der GmbH zuzurechnen (diff BFH XI R 35/88, BFH/NV 92, 452); darüber hinaus kann insoweit eine vGA vorliegen.

784 **e) Erbfall.** Ist zB der Vater K'tist einer KG, deren übrige Ges'ter Fremde sind, und geht der KG-Anteil im Erbwege auf den Sohn über, ist der bisherige Gewinnverteilungsschlüssel weiter anzuerkennen (vgl BFH GrS 4/71, BStBl II 73, 5 zu IV.2.c aE; *Märkle* BB 93, Beil 2, 16). Anders kann es bei einer KG sein, die zB aus Vater und Großvater besteht, wenn der KG-Anteil des Großvaters im Erbwege auf einen Enkel übergeht, sofern die Gewinnabrede auf diesen Übergang zugeschnitten ist oder einen Leistungsbeitrag des Großvaters abgilt, der entfällt, sodass zw Fremden die Gewinnverteilungsabrede geändert worden wäre.

785 **f) Entgeltlicher Erwerb.** Die in → Rn. 776 ff dargestellten Grundsätze (15%-Grenze!) sind *nicht* anzuwenden, soweit der als K'tist (atypischer stiller Ges'ter, Unterbeteiligter) aufgenommene Familienangehörige dem Unternehmen aus eigenen, zB von dritter Seite geerbten Mitteln neues Kapital zuführt. Auch hierbei ist aber zu prüfen, ob der Gewinnanteil nicht höher ist, als der Gewinnanteil, der einem Fremden für einen gleichartigen Leistungsbeitrag eingeräumt worden wäre (zB BFH IV R 59/76, BStBl II 80, 437 zu 1.; HessFG EFG 06, 1762). Insoweit sind mE die Rspr-Grundsätze zur Gewinnverteilung zw einer GmbH und typischen stillen Ges'tern, die zugleich Ges'ter der GmbH sind oder diesen nahe stehen, sinngemäß anzuwenden (→ Rn. 357). Zu § 42 AO s BFH VIII B 185/02, BFH/NV 05, 1258.

786 **g) Typisch stille Beteiligung; Unterbeteiligung.** Vgl zB BFH I R 52/00, BFH/NV 02, 537 (unentgeltl Erwerb); BFH IV R 50/99, BStBl II 01, 299 (entgeltl still beteiligte Schwester-PersGes; *Wacker* StbJb 02/03, 85); Anpassungspflicht bei Gewinnsprung (BFH IV R 83/06, BStBl II 09, 798; *Wacker* HFR 09, 775: uU auch vor Kündigungsfrist; s auch § 1a AStG nF); bei Kündigungsausschluss zw Angehörigen BFH IV 19/20 HFR 23, 972 mit Anm *Graw.* Beachte auch § 32d II 1 Nr 1a: keine AbgeltungsSt bei Nahestehenden.

787 **14. Subjektive Einkünftezurechnung bei Ausschüttungen einer Familien-GmbH.** → § 20 Rn. 14, 52 (einschließl disquotaler Ausschüttungen).

XI. Besonderheiten bei Betriebsaufspaltung

Verwaltung (Auswahl): EStR 15.7 VIII; EStR 16 II 4; GewStH 2.4 III; *BMF* DStR 98, 766 (Übernahme von betriebl Verbindlichkeiten); *BMF* BStBl I 01, 634; *BMF* BStBl I 02, 88, 647 (Büro-/Verwaltungsgebäude; Übergangsregelung); *BMF* BStBl I 02, 1028 (Einstimmigkeit bei Besitzunternehmen); *BMF* BStBl I 21, 2212 (§ 1a-KStG-Option); *OFD Ffm* DStR 99, 1111; *OFD NRW* DStR 10, 2462 (Gemeinnützigkeit); *OFD Ffm* FR 12, 976 (Gesamtdarstellung); s auch vor → Rn. 855; *BMF* BStBl I 22, 1515; *GLE* BStBl I 22, 1528 (BesitzPersGes/mittelbare Beherrschung, Vertrauensschutz).

Schrifttum (Auswahl): *Dehmer,* BetrAufsp, 3. Aufl.; *Wacker,* Von der BetrAufsp zum gewerbl Beteiligungsbesitz, FR 21, 505; *ders.,* Aktuelle Rspr…, FR 22, 625; *Broemel* ua, Neue BFH-Rspr…, DStR 22, 857; *Heil ua,* BetrAufsp…, DB 22, 1091; *Heil ua,* Der Noch-Nicht-AE…, DB 23, 546; *Riedel,* Aktuelle…, DStR 23, 1051; *Boorberg,* Wann ist eine Marke…, DStR 24, 457; *Kessler ua,* Das Rspr-Institut…, DStR 24, 1569; *Drescher,* Einstimmigkeit…, FS Wacker, 2025, 3.

1. Gewerblichkeit kraft Betriebsaufspaltung. Ausgangspunkt der **BFH-Rspr** 800
(grundlegend BFH GrS 2/71, BStBl II 72, 63) ist, dass aufgrund der Aufspaltung eines vormals einheitl Unternehmens ein **„Doppelunternehmen"** entsteht (sog. echte BetrAufsp; →Rn. 802) und die nach ihrer Art grds nicht gewerbl **Vermietung**/Verpachtung wesentl Betriebsgrundlagen durch das sog Besitzunternehmen/-Ges (typischerweise eine natürl Person oder PersGes; aber →Rn. 863, 803) an das oder die sog Betriebsunternehmen/-Ges (idR eine KapGes; aber →Rn. 858, 803; zu mehreren Ges s BFH XI R 6/93, BStBl II 94, 23) aufgrund der **sachl** und **personellen Verflechtung** der Rechtsträger einen **GewBetr** begründet (§ 15 I 1 Nr 1, II EStG; § 2 I GewStG; zur zivilrechtl Terminologie vgl zB § 134 I UmwG: Anlage-Ges/BetriebsGes). Tragend ist demnach, dass die hinter beiden Unternehmen stehenden Personen einen **einheitl geschäftl Betätigungswillen** ausüben (können) und deshalb auch das Besitzunternehmen „über" das Betriebsunternehmen, am allg wirtschaftl Verkehr teilnimmt (zB BFH IV R 31/19, BStBl II 21, 768). Gleichwohl bilden beide Unternehmen keine wirtschaftl Einheit, sondern sind zivilrechtl und auch strechtl grds als **selbstständige Unternehmen** zu qualifizieren (BFH VIII R 57/99, BStBl II 02, 662 zu II. B.1; →Rn. 807). Zum tatbestandl **Vorrang** der Nutzungsüberlassung iSv § 15 I 1 Nr 2 Hs 2 (**SonderBV**/-vergütung) →Rn. 858. – **ME** überzeugt die Rspr nicht. Die originäre Gewerblichkeit (iEinz →Rn. 807) des Besitzunternehmens gründet richtigerweise nicht in der Verklammerung beider Unternehmen und damit in der Durchbrechung/Verletzung der kstrechtl Trennungsprinzips, sondern in der Gesamtschau der Einzelumstände des **Beteiligungsbesitzes** (ausführl *Wacker* FR 21, 505). S zur jüngeren Rspr betr die Beratung/**Geschäftsführung** iVm der mindestens 50%igen **KapGes-Beteiligung** (→Rn. 11, 15, 90; →§ 19 Rn. 35), zu deren BV jedenfalls der KapGes-Anteil gehört (iEinz *Wacker* FR 21, 505). – **Hinweis:** *Angesichts der praktischen Zielsetzung dieses Kommentars wird den folgenden Erläuterungen die von der FinVerw geteilte BFH-Rspr zugrunde gelegt.*

2. Erscheinungsformen; Bedeutung; Option nach § 1a KStG. – a) Echte/ 802
unechte Betriebsaufspaltung. Eine **echte** BetrAufsp liegt vor, wenn ein bisher einheitl GewBetr – zu luf oder freiberufl Betrieb s zB BFH IV R 67/96, BStBl II 98, 254; →Rn. 855, 859; →§ 18 Rn. 55 – in der Weise aufgeteilt wird, dass ein Teil des BV zB das bewegl Anlage- und/oder das UV einer **Betriebs-KapGes** (sog **klassische BetrAufsp**) übertragen wird und mindestens eine der (bisherigen) wesentl Betriebsgrundlagen beim (nunmehrigen) *Besitzunternehmen (Einzelunternehmen; PersGes)* verbleibt, aber der BetriebsGes zur Nutzung überlassen wird (sachl Verflechtung), und zw beiden Unternehmen eine personelle Verflechtung besteht. – Eine **unechte** BetrAufsp entsteht zB, wenn der oder die beherrschenden Ges'ter einer (Betriebs-)KapGes dieser einzelne WG des PV (oder eines anderen BV) zur Nutzung überlassen, die für die BetriebsGes wesentl Betriebsgrundlagen sind (zB BFH X R 8/00, BStBl II 02, 527). Aus Gründen der Gleichmäßigkeit der Besteuerung wird auch hierdurch – in Übereinstimmung mit der die echte BetrAufsp tragenden Wertung – ein gewerbl Besitzunternehmen begründet (zB BFH XI R 2/96, BStBl II 97, 460 zu II.1; BFH X R 8/00, BStBl II 02, 527 zu II.3.c; krit zB *Gassner* FS FfSt 1999, 267; *Kessler ua* DStR 24, 1569).

b) Sonderformen. Mitunternehmerische Betriebsaufspaltung. Betriebs- 803
Ges (und idR auch das Besitzunternehmen) haben die Rechtsform einer PersGes (→Rn. 858). – **Kapitalistische BetrAufsp** zw einer KapGes als Besitzunternehmen und einer KapGes oder PersGes als Betriebsunternehmen (→Rn. 863). – **Einheits-**

BetrAufsp: BesitzPersGes/KapGes ist unmittelbar an BetriebsGes beteiligt (BFH VIII R 31/04, BStBl II 06, 874). – **Umgekehrte BetrAufsp:** BetriebsPersGes (idR PersGes; zu eG s BFH IV R 44/07, BStBl II 12, 136) beherrscht ein Besitzunternehmen in der Rechtsform der *KapGes* (BFH III R 45/92, BStBl II 95, 75; ErbStR 13b.14 I 8; *Kessler ua* DStR 01, 869). – **Überlagerte BetrAufsp:** BesitzGes hat auch einen eigenen GewBetr (*Rödder* FR 98, 401). – **Qualifizierte** (echte oder unechte) **BetrAufsp:** der BetriebsGes werden nicht nur einzelne, sondern sämtl wesentl Betriebsgrundlagen zur Nutzung überlassen (BFH X R 8/00, BStBl II 02, 527 zu II.1; → Rn. 865).

803a **c) Option nach § 1a KStG.** Die ertragsteuerrechtl Behandlung der OptionsGes (PershandelsGes/Partnerschaft; ab 2024 auch eGbR) „wie eine KapGes" (§ 1a I 1; → Rn. 160a) gilt mit allen Folgen (BE, BV) auch iRd Grundsätze zur BetrAufsp (str; *Wacker/Krüger ua* DStR-Beih 21, 3; *BMF* BStBl I 21, 2212 Rn. 36, 84). Demgemäß kann zB durch *Option* der *BetriebsPersGes* eine echte BetrAufsp entstehen (*BMF* BStBl I 21, 2212 Rn. 33; *BMF* BStBl I 22, 1494 Rn. 15; *Wacker/Krüger ua* DStR-Beih 21, 3; → Rn. 160a), oder eine bestehende mitunternehmerische BetrAufsp in eine „klassische" BetrAufsp überführt werden. Zu beachten bleibt indes, dass die Buchwertoption (analog § 20 UmwStG) bezügl des jew MUerAnteils die Einbringung aller wesentl Betriebsgrundlagen einschl SonderBV erfordert (→ Rn. 160a einschl Ausnahme zu Komplementär-Anteil; → § 16 Rn. 11, 100, 397, 411; BFH I R 7/16, BStBl II 19, 738; *Wacker/Krüger ua* DStR-Beih 21, 3) und für das Entstehen einer kapitalistischen BetrAufsp qualifizierte Beherrschungsvoraussetzungen gelten (→ Rn. 863). S insgesamt auch *Brill* NWB 21, 2420.

804 **d) Vorteile; Nachteile.** Die **echte BetrAufsp** kombiniert steuerl Vorteile eines Personenunternehmens (zB unmittelbare Verlustzurechnung; § 34 III) mit steuerl Vorteilen einer KapGes, zB gewstrechtl Abzugsfähigkeit der Ges'ter-Geschäftsführervergütungen, Rückstellung für Pensionszusagen an Ges'ter-Geschäftsführer (BFH X R 42/08, BStBl II 12, 188: keine Anwartschaftsaktivierung; → Rn. 873), KSt-Satz iVm Teileinkünfte- bzw KSt-Freistellungsverfahren, keine KiSt. Sie ermöglicht – in begrenztem Maße (→ Rn. 805) – auch, wertvolle Teile des BV, zB Grundbesitz, aus der Haftungsmasse für lfd Verbindlichkeiten – ausgenommen Betriebssteuern (§ 74 AO; dazu BFH VII R 34/14, BStBl II 16, 375) – herauszuhalten, gleichwohl aber für gewerbl Einkünfte vorbehaltene StVergünstigungen in Anspruch zu nehmen (zB InvZul). Ihre Zweckmäßigkeit ist neuerdings str (krit zB *Strahl* FS Schaumburg, 493: Steuerbelastungsvergleich). Zur GewSt-Hinzurechnung nach § 8 Nr 1 GewStG nF → Rn. 871. – Die **unechte BetrAufsp** hat den estrechtl Nachteil, dass zB WG des PV zu BV werden und damit realisierte Wertsteigerungen weitergehend als nach §§ 23, 20 stpfl sind; dem steht jedoch die erbstrechtl Begünstigung von BV (§§ 13a, 19a ErbStG; zum Besitzunternehmen s § 13b IV Nr 1a, IX ErbStG; *Mertes ua* DStR 20, 2111) als Vorteil ggü. Der Nachteil, dass die lfd Erträge aus der Nutzungsüberlassung – anders als bei PV – der GewSt unterliegen, wird durch die pauschalierte Anrechnung der GewSt auf die ESt (§ 35) idR ausgeglichen. – Zu den steuerl Vorteilen einer **umgekehrten BetrAufsp** (uU iVm Organschaft) s *Carlé ua* KÖSDI 12, 18093 (18097). – **Mitunternehmerische BetrAufsp** hat zB den Vorteil eines verdoppelten GewSt-Freibetrags (auch → Rn. 871), der GewSt-Anrechnung nach § 35 sowie der Thesaurierungsbegünstigung gem § 34a (s *Strahl* aaO, 504, 511). – Zum **Wiesbadener Modell** (→ Rn. 846) s *Husmann ua* StuW 06, 221.

805 **e) Zivilrechtliche Aspekte.** Soll iRe echten BetrAufsp ein Teil des BV des bisher einheitl Unternehmens der neuen Betriebs(Kap)Ges nicht bloß zur Nutzung überlassen, sondern übereignet werden, kann dies durch Einzelübertragung oder gem der §§ 123 III, 124 I, 152 UmwG im Wege partieller Gesamtrechtsnachfolge geschehen (auch → Rn. 877). – Ob ein Besitzunternehmen ein **Gewerbe im zivilrechtl Sinne** betreibt, wird überwiegend verneint (zB *MüKo HGB* § 1 Rn. 28

mwN). Nach §§ 2; 105 II HGB werden aber auch nur vermögensverwaltende PersGes bei Eintrag ins HR zu OHG oder KG. – Zur Haftung des GmbH-Ges'ters bei **existenzvernichtendem Eingriff** in die Betriebs-GmbH s zB *Gloger ua* DStR 08, 1141. – Zur eigenkapitalersetzenden Nutzungsüberlassungen (§ 32a GmbHG aF, § 172a HGB aF) sowie zu § 135 III InsO nF (MoMiG, BGBl I 08, 2026) → Rn. 866. – Zur **Beratungspflicht** des StB s OLG Ffm DStR 23, 727.

3. Steuergesetzliche Grundlage; Verfassungsmäßigkeit. Nach der nunmehr insoweit einheitl Rspr ist das Besitzunternehmen ein **„originärer" GewBetr** iSv § 15 I 1 Nr 1, II (BFH IV B 125/15, BeckRS 2016, 145284; BFH IV R 59/16, BStBl II 20, 147; BFH I R 72/16, BStBl II 21, 484: „originär gewerbl"; überholt damit BFH I R 95/10, BStBl II 14, 760: Gewohnheitsrecht; ähnl BFH VIII R 61/97, BStBl II 99, 483 zu II.1.: „Rechtsinstitut"; *Drüen* GmbHR 05, 69: richterl Rechtsfortbildung; **aA** *Kudert ua* StuW 16, 146 (150): derivativer GewBetr; *Wacker* FR 21, 505: gewerbl Beteiligungsbesitz; → Rn. 800). Ebenso bei grenzüberschreitender BetrAufsp (→ Rn. 862); zum DBA-Recht s aber BFH I R 72/16, BStBl II 21, 484 sowie – einschließl § 50i, § 50d X – *BMF* I 14, 1258; → Rn. 173, 565 (krit *Wacker* FR 21, 505). Zivilrechtl werden an die „wirtschaftl Verflechtung" zw zwei Rechtsträgern spezifische Rechtsfolgen geknüpft (BGH II ZR 146/92, DB 94, 1715: „Bei einer BetrAufsp … bilden BesitzGes und BetriebsGes eine wirtschaftl Einheit, die es rechtfertigt …"; ähnl § 322 II UmwG). – Dies lässt allerdings die steuerl Wertung rechtl und wirtschaftl selbstständiger Unternehmen (→ Rn. 800) zB iR von § 6 V unberührt – Zur **VerfMäßigkeit** s zB BVerfG 1 BvR 571/81, BStBl II 85, 475; BVerfG 1 BvR 19/07, HFR 08, 754; BFH X B 96/12, BFH/NV 13, 1802. – Der **Kritik** des **Schrifttums** (zB BetrAufsp der gesetzl Grundlage) ist der BFH nicht gefolgt (iEinz *Wacker* FR 21, 505; *Kessler ua* DStR 24, 1569). Die Rspr wurde zwischenzeitl auch **gesetzl rezipiert** (vgl § 50i I 4 EStG; BFH I R 13/22, DStR 25, 2885 Rn. 45; §§ 13a III, 13b IV Nr 1 ErbStG). 807

4. Sachliche Verflechtung. – a) Allgemeine Grundsätze. Der BetriebsGes müssen **materielle** oder **immaterielle WG** idR *unmittelbar* zur Nutzung überlassen sein. **Beispiele** (s auch § 1 IIIc 2 AStG nF): Erfindungen (zB BFH X R 22/02, BStBl II 06, 457), Werberechte (BFH I R 164/94, BFH/NV 97, 825), kommerzialisierbare Teile der Namensrechte (BFH X R 20/17, BStBl II 20, 3), Zeichenrechte (BFH I R 97/08, BStBl II 10, 808), Markenrechte (BFH I R 97/09, BFH/NV 11, 312; FG M'ster EFG 20, 525 rkr; einschr BFH I R 22/14, DStR 16, 1155; *Boorberg* DStR 24, 459: Überblick), Kunden-/Mandantenstamm (*BMF* BStBl I 10, 774, → Rn. 210; BFH VIII R 17/15, BFH/NV 18, 522; X R 34/15, BFH/NV 18, 623), Firmenwert (BFH IV R 65/01, BStBl II 09, 699; zur Abgrenzung zur Veräußerung s BFH III B 9/87, BStBl II 88, 537) oder selbständig übertragbare *Kunden-/Lieferantenliste* (BFH III R 40/07, BStBl II 10, 609). Dies kann geschehen auf **schuldrechtl oder dingl Grundlage** (zB Pacht, Nießbrauch; BFH VIII R 57/99, BStBl II 02, 662; *OFD Ffm* FR 12, 976 (977): unechte BetrAufsp durch Erbbaurecht am *unbebautem* Grundstück; krit *Meyer/Ball* DB 03, 1597; zur Vertragsdurchführung s FG Mster EFG 06, 962). Die WG müssen für die BetriebsGes (BFH XI R 12/87, BStBl II 92, 415) *eine* ihrer **wesentl Betriebsgrundlagen** sein (zB BFH VIII R 36/91, BStBl II 93, 233 zu 2.a), dh nach dem Gesamtbild der Verhältnisse zur Erreichung des Betriebszwecks erforderl sein und besonderes Gewicht für die Betriebsführung besitzen (zB BFH IV R 73/94, BStBl II 97, 569). Es genügt zB, wenn ein GewBetr als ganzer Betrieb bzw alle hierfür erforderl WG verpachtet wird (zB BFH X R 8/00, BStBl II 02, 527). Ansonsten (Überlassung einzelner WG) sind *allein* die **funktionalen Erfordernisse des Betriebsunternehmens** (BFH X R 78/91, BStBl II 93, 718) maßgebl, nicht – wie bei Betriebsveräußerung/-aufgabe – der Umfang der stillen Reserven (BFH IV R 135/86, BStBl II 89, 1014); daher sind zB Grundstücks-/Gebäudeteile, auf denen funktionell zusammenhängende Tätigkeiten ausgeübt werden, einheitl zu beurteilen (BFH VIII R 77/87, BStBl II 92, 334). 808

809 **aa) Nutzungsüberlassung.** Sie kann **entgeltl,** aber bei Überlassung an *BetriebsKapGes* (anders bei BetriebsPersGes s BFH IV R 5/15, BStBl II 20, 118; BFH IV R 42/19, BStBl II 23, 118; → Rn. 858) auch **unentgeltl** (Leihe) oder nur **teilentgeltl** sein, weil im Hinblick auf die **Gewinnabsicht** des Besitzunternehmens Ausschüttungen zuzügl Wertsteigerung der Anteile an der BetriebsGes und Nutzungsentgelte austauschbar sind (zB BFH VIII R 68/96, DStR 00, 1426 zu II.2.c; FG Ddorf EFG 07, 1503); dies gilt auch bei Anwendung des Teileinkünfteverfahrens (dazu → Rn. 819). Gleichgültig ist, ob der Besitzunternehmer **Eigentümer** der dem Betriebsunternehmen *unmittelbar* zur Nutzung überlassenen WG ist oder sie ihm von Dritten (entgeltl/unentgeltl) zur Nutzung überlassen sind (zB BFH X R 5/14, BFH/NV 17, 8), sofern er ein eigenes (Sonder-)Nutzungsrecht hat (BFH X R 34/15, BFH/NV 18, 623). Zur Rückübertragung nach VermG s BFH IV B 110/07, BFH/NV 08, 2010.

810 **bb) Mittelbare Nutzungsüberlassung.** Sie steht idR einer unmittelbaren gleich (BFH X R 50/97, BStBl II 02, 363; FG Nbg EFG 02, 632).

Beispiel: E ist AlleinGes'ter der X-GmbH. Er vermietet ein Grundstück an seine Frau F; diese vermietet das Grundstück, wie geplant, an die X-GmbH weiter. BetrAufsp.

Anders soll dies aber sein, wenn das Grundstück einer zwischengeschalteten PersGes unentgeltl zum Zweck der Weitervermietung überlassen wird (so BFH XI R 31/05, BStBl II 07, 378 zu II.4; offen *Söffing* DB 06, 2479) oder wenn die erbbauberechtigte GmbH das von ihr bebaute Grundstück weitervermietet (BFH IV R 9/13, BStBl II 16, 154; mE unzutr; → 34. Aufl 2015, § 15 Rn. 810). Ebenso nicht bei luf „Nutzungstausch" (FG RhPf EFG 16, 288, rkr).

811 **b) Fabrikationsgrundstücke. – aa) Grundsatz.** Gebäude bzw Gebäudeteile, die der Fabrikation, Reparatur, auch handwerkl Art, und damit verflochtenen betriebl Bedürfnissen (zB Lagerung, Sozialräume, Verwaltung) dienen, sind idR wesentl Betriebsgrundlage (zusammenfassend BFH X R 118/98, BFH/NV 02, 1130) – insb bei Nutzungsüberlassung im zeitl Zusammenhang mit ihrer Errichtung oder ihrem Erwerb (BFH IV R 113/90, BStBl II 92, 349; BFH III R 80/89, BFH/NV 93, 169) –, wenn sie – ***(1)*** nach Gliederung und Bauart dauernd für den Betrieb der BetriebsGes eingerichtet sind (durch diese oder das Besitzunternehmen) oder – ***(2)*** nach Lage, Größe und Grundriss auf die BetriebsGes zugeschnitten sind (BFH IV R 50/91, BStBl II 92, 830 mwN; BFH IV R 49/91, BFH/NV 93, 95) oder – ***(3)*** das Betriebsunternehmen aus anderen innerbetriebl Gründen auf ein Gebäude *dieser Art angewiesen* ist (sog Auffangklausel; zB BFH X R 21/93, BStBl II 97, 565; BFH VIII R 13/03, BFH/NV 04, 1253; BFH I R 7/16, DStR 18, 1014; auch → Rn. 813). Unerhebl (iS, dass damit die Eigenschaft als wesentl Betriebsgrundlage nicht ausgeschlossen wird) ist nach jüngerer BFH-Rspr, dass – ***(a)*** „das Betriebsunternehmen jederzeit am Markt ein für seine Belange gleichartiges Grundstück mieten oder kaufen kann" (BFH IV R 78/06, BStBl II 09, 803; *Kempermann* FR 93, 593 (596): Austauschbarkeit) und – ***(b)*** die Baulichkeiten auch von anderen branchengleichen oder -fremden Unternehmen genutzt werden können (zB BFH X R 78/91, BStBl II 93, 718 zu 2.b).

812 **bb) Ausnahmen.** Ein Gebäude ist **keine wesentl Betriebsgrundlage,** wenn es für den Betrieb nach dessen innerer Struktur qualitativ oder quantitativ nur von geringer wirtschaftl Bedeutung und insofern „entbehrl" ist (BFH X R 21/93, BStBl II 97, 565 mwN); dies trifft zu: – ***(1)*** **Qualitative Ausnahme** zB bei einem Geräteschuppen (*Kempermann* NWB F 3, 12502) oder uU einer nur vorübergehenden Nutzung (BFH IV R 78/06, BStBl II 09, 803: kurzfristige Überbrückung); – ***(2)*** **Quantitative Ausnahme** uU bei Unterschreiten der Grenzen des § 8 EStDV aF/nF (offen BFH IV R 78/06, BStBl II 09, 803; bej *Kempermann* FR 93, 593 (597); *ders* HFR 06, 1213). – Die früher vom BFH (XI R 1/92, BStBl II 93, 245: Supermärkte; hier:

→ 28. Aufl 2009, § 15 Rn. 812; auch → Rn. 813) vertretene weitere (quantitative) Ausnahme bei **gleichartiger Nutzung** verschiedener Grundstücke („geringfügige" Größenrelation), ist *überholt* (BFH IV R 78/06, BStBl II 09, 803: Einzelhandelsfilialen; keine 10%-Grenze; *Wacker* HFR 09, 876; krit *Behrens ua* BB 09, 1570; *Bitz* GmbHR 09, 728).

c) Andere Gebäude (keine Fabrikation). Sie sind wesentl Betriebsgrundlage – abgesehen von Fällen der qualitativen und quantitativen Ausnahme (→ Rn. 812) –, wenn der Betrieb seiner Art nach von der Lage des Grundstücks abhängig ist (BFH IV R 135/86, BStBl II 89, 1014) zB Hotel, Gaststätte, Café uä, oder wenn das Gebäude „die örtl und sachl Grundlage der betriebl Organisation" bildet (BFH XI R 18/90, BStBl II 92, 723) zB Geschäftslokal im Bereich des Einzelhandels (BFH IV R 78/06, BStBl II 09, 803; auch → Rn. 812), Handelsunternehmen (BFH X B 99/10, BFH/NV 12, 1110), Lagergrundstück bei Getränkehandel (offen BFH IV R 17/12, BFH/NV 16, 209), Reisebüro (BFH X R 118/98, BFH/NV 02, 1130). – **Büro- und/oder Verwaltungsgebäude** sind nach jüngerer **BFH-Rspr** *wesentl Betriebsgrundlage* – ***(1)*** jedenfalls dann, wenn sie für die Bedürfnisse der BetriebsGes hergerichtet oder gestaltet worden sind (zB BFH X R 21/93, BStBl II 97, 565 für Werbeagentur), – ***(2)*** unabhängig davon, ob das Gebäude der räuml und funktionale Mittelpunkt der Geschäftstätigkeit des Betriebsunternehmens ist (BFH VIII R 24/01, BStBl II 03, 757 zu II.2.a; BFH X R 34/15, BFH/NV 18, 623). Unerhebl ist, ob die BetriebsGes Fabrikation, Handel oder Dienstleistung betreibt (BFH VIII R 11/99, BStBl II 00, 621; BFH XI R 41/04, BFH/NV 06, 1455). Die **FinVerw** hat sich dieser – von der Verwaltungspraxis abw – Rspr angeschlossen, dazu aber eine bis 1.1.03 befristete Übergangsregelung erlassen (*BMF* BStBl I 01, 634; *BMF* BStBl I 02, 88; *BMF* BStBl I 02, 647; *OFD Kbl* DStR 04, 727: zu Betrieb gewerbl Art; *Kempermann* NWB F 3, 12506; auch → Rn. 865), die jedoch nicht für Einbringungen (§§ 20, 24 UmwStG aF) gilt *OFD Mster* DB 04, 2439; s aber BFH VIII R 79/05, BStBl II 08, 863: kein gesetzl Vertrauensschutz). – ***Fazit:*** Ein betriebl genutztes Gebäude, zB eine Lagerhalle (BFH IV B 111/00, BFH/NV 01, 1252), ist **grds** wesentl Betriebsgrundlage, dementspr auch ein „Allerweltsgebäude" (BFH IV R 25/05, BStBl II 06, 804). ***Ausnahme:*** Geringe quantitative und qualitativen Bedeutung (→ Rn. 812; BFH XI R 45/04, BFH/NV 06, 1453: Büroraum); Letzteres soll auch bei Büroraum am Satzungssitz der Betriebsunternehmens zu prüfen sein (BFH IV R 16/13, BFH/NV 16, 19; fragl). 813

d) Unbebaute Grundstücke. Sie sind (jedenfalls dann) wesentl Betriebsgrundlage – abgesehen von Fällen der quantitativen Ausnahme (→ Rn. 812) –, wenn sie von der BetriebsGes mit Zustimmung des Besitzunternehmens entspr ihren Bedürfnissen bebaut oder sonst zB als Lagerplatz gestaltet worden sind (BFH IV R 135/86, BStBl II 89, 1014 zu 5.b; BFH VIII R 57/99, BStBl II 02, 662 zu II. B.2.b) oder im Funktionszusammenhang mit Gebäuden stehen zB als Abstellflächen (BFH IV R 59/04, BStBl II 05, 830; *Kempermann* FR 93, 593 (595)), Parkflächen (offen BFH X R 58/04, BFH/NV 05, 1774) oder ansonsten betriebsnotwendig sind (vgl BFH X R 34/15, BFH/NV 18, 623: Gärtnereierweiterung). 814

e) Bewegliche Anlagegüter; Inventar. Sie sind nach BFH III R 77/03, BStBl II 05, 340 im Falle ihrer kurzfristigen Wiederbeschaffbarkeit keine wesentl Betriebsgrundlagen. Fehlt es hieran, geht die Rspr, auch wenn keine Sonderanfertigung vorliegt, idR von wesentl Betriebsgrundlagen aus (zB FG Ddorf EFG 04, 41; FG Ddorf EFG 06, 264); weitergehend FG Bbg EFG 15, 289, rkr, zu Hotelinventar (zR krit *kk* KÖSDI 15, 19267; → § 16 Rn. 88). Zu immateriellen **WG** → Rn. 808. 815

f) Darlehensgewährung; Dienstleistung. IdR *keine* wesentl Betriebsgrundlage (BFH X R 9/17, BStBl II 21, 418 mwN). 816

819 **g) Angemessenheit der Nutzungsentgelte.** Bei der Betriebs-KapGes führen *zu hohe Entgelte* zu vGA (s auch zu Geschäftswert BFH IV R 5/12, BStBl II 15, 935; → Rn. 878). Zu **niedrige Nutzungsentgelte** sind bei KapGes (zu PersGes → Rn. 858) anzuerkennen (keine Nutzungseinlage). Andererseits unterliegen lfd Aufwendungen (zB Strom, Heizung, Versicherung, Refinanzierung) bei durch das GesVerhältnis veranlasster unentgeltl/teilentgeltl Nutzungsüberlassung dem Teilabzugsverbot des § 3c II EStG (BFH X R 6/12, BFH/NV 14, 21; → Rn. 438, 439); Gleiches gilt nach Maßgabe von **§ 3c II 2–6** ab Wj 2015 für Substanzverluste/-aufwendungen (zB Gebäude-AfA, Erhaltungsaufwendungen, TW-AfA auf Darlehen, Bürgschaftsrückgriffsansprüche oder andere Sicherheiten; s iEinz § 3c); beachte auch § 8b III 4–8 KStG (→ Rn. 439). *Unabhängig* hiervon ist, soweit die Vorteile aus un-/teilentgeltl Nutzung bei der BetriebsKapGes sog Nur-BetriebsGes'tern (→ Rn. 827), insb Angehörigen zugutekommen, der Aufwand des Besitzunternehmers (zB AfA) durch Ansatz einer Nutzungs-/Aufwandsentnahme zu neutralisieren, sofern und soweit die überquotale Leistung privat veranlasst ist (Fremdvergleich!; s BFH VIII R 68/96, DStR 00, 1426; *OFD Ffm* DB 08, 92). Zum Verzicht auf entstandene Miet-/Pachtforderungen → Rn. 870.

820 **5. Personelle Verflechtung.** BetriebsGes und Besitzunternehmen müssen von einem **einheitl geschäftl Betätigungswillen** getragen sein (grundlegend BFH GrS 2/71, BStBl II 72, 63). Dieser tritt am klarsten bei **Beteiligungsidentität** zutage, dh wenn an beiden Unternehmen dieselben Personen im gleichen Verhältnis beteiligt sind (zB BFH X R 21/93, BStBl II 97, 565 zu 1.). Er ist aber auch vorhanden bei **Beherrschungsidentität,** dh wenn eine Person oder Personengruppe (→ Rn. 823) beide Unternehmen auf gesrechtl bzw vertragl Grundlage (→ Rn. 821 ff) oder ausnahmsweise faktisch (→ Rn. 836) in der Weise beherrscht, dass sie in der Lage ist, in beiden Unternehmen einen einheitl Geschäfts- und Betätigungswillen durchzusetzen (zB BFH I R 20/14, BFH/NV 15, 1109; *BMF* BStBl I 02, 1028 zu I.). Hieran hat die Rspr-Korrektur zu **§ 2 II Nr 2 UStG** (BFH V R 9/09, DStR 10, 1277) nichts geändert (zT **aA** *Dehmer* DStR 10, 1701). Die personelle Verflechtung muss nicht willentl begründet werden, ihre (tatsächl) Voraussetzungen können auch kraft Rechtsvorgangs ungeplant oder gegen den Willen der Beteiligten eintreten, zB Erbfall (BFH III R 96/96, BFH/NV 99, 758; FG Hbg EFG 23, 1784, rkr; zur Beendigung → Rn. 865).

821 **a) Beherrschungsidentität.** Keine Beteiligungs-, wohl aber Beherrschungsidentität auf gesellschaftsrechtl Grundlage ist idR gegeben, wenn dieselben Personen – dies können auch Ehegatten sein (→ Rn. 845) – und *nur diese* am *Besitzunternehmen* und an der *BetriebsGes,* aber in unterschiedl Höhe beteiligt sind (zB BFH IV R 62/98, BStBl II 00, 417), auch wenn eine Person bereits allein eine/beide Unternehmen beherrscht (BFH IV R 5/20, DStR 25, 137 mwN).

Beispiele: *(1)* A und B sind zu je ½ Miteigentümer eines Grundstücks, das an GmbH vermietet ist, deren Ges'ter A zu 60% und B zu 40% sind: BetrAufsp.

(2) Ehemann und Ehefrau sind zu je ½ Miteigentümer eines Grundstücks, das an GmbH vermietet ist, deren Ges'ter Ehemann zu 98% und Ehefrau zu 2% sind: BetrAufsp (BFH IV R 8–9/93, BStBl II 94, 466; krit *G. Söffing* FR 94, 471).

(3) Ehemann ist an BetriebsGes zu 80%, Ehefrau zu 20% beteiligt; am Grundstück ist Ehemann zu 20%, Ehefrau zu 80% beteiligt: BetrAufsp (BFH IV R 62/98, BStBl II 00, 417; BVerfG 2 BvR 944/00, NZG 04, 734: Nichtannahme; BFH VIII R 34/00, BFH/NV 02, 185).

Beherrschungsidentität besteht, weil es sich bei Beteiligung *nur* derselben Personen an Besitz- und Betriebsunternehmen idR um einen „zweckgerichteten Zusammenschluss" dieser Personen handelt; die (unterschiedl) Beteiligungen sind idR „Ausdruck eines nicht zufälligen Zusammenkommens" dieser Personen, sondern ein Zusammenschluss „zur Verfolgung eines bestimmten wirtschaftl Zwecks" mit beiden Unternehmen (Personengruppe, → Rn. 823), bei der die „wirtschaftl Notwendigkeit" der gewählten Unternehmensform gleichgerichtete Interessen indiziert und ein gemeinsames Handeln gebietet (BFH IV R 62/98, BStBl II 00, 417; Anm *MK* DStR 00, 818: **„Theorie der bewusst geplanten DoppelGes"**; BFH VIII R 34/00; BFH/NV 02, 185; zust *Märkle* DStR 02, 1109 (1114); krit *Gosch* StBP 00, 185). Danach besteht aber bei Beteiligung nur derselben Personen an Besitz- und Betriebsunternehmen ausnahmsweise **keine** Beherrschungsidentität dh keine personelle Verflechtung, wenn – ***(1)*** die Beteiligungen an Besitzunternehmen und BetriebsGes der Höhe nach **extrem entgegengesetzt** sind, zB 95 zu 5 und 5 zu 95 (BFH X R 5/86, BStBl II 89, 152 zu 1.b; offen in BFH IV R 62/98, BStBl II 00, 417; BFH X R 50/03, BFH/NV 06, 1144) oder – ***(2)*** die Einheit durch wirksame **Stimmrechtsbindung** zugunsten Dritter (s zu c) oder nachgewiesene **Interessengegensätze** aufgelöst ist (BFH IV R 113/90, BStBl II 92, 349 zu 1.; BFH IV B 24/07, BFH/NV 08, 784), wobei sich diese nicht schon daraus herleiten, dass eine der beiden am Besitzunternehmen zu je 50% beteiligten Personen an der Betriebs-GmbH nur geringfügig beteiligt ist (BFH IV R 8–9/93, BStBl II 94, 466).

b) Gruppentheorie. Sind am Besitzunternehmen – in der Rechtsform einer Bruchteilsgemeinschaft, GbR, OHG oder KG – außer den Ges'tern der BetriebsGes auch andere Personen beteiligt, bilden die an beiden Unternehmen beteiligten Personen – unabhängig von einer evtl unterschiedl Beteiligungshöhe (→ Rn. 821) – „eine durch **gleichgerichtete Interessen** geschlossene Personengruppe" (Gruppentheorie; grundlegend BFH IV 87/65, BStBl II 72, 796; BFH IV R 5/20, DStR 25, 137; Ausnahme BFH X R 22/07, BFH/NV 10, 208: Sondernutzungsrecht eines Miteigentümers = Besitzeinzelunternehmer). Beherrschungsidentität (auf gesrechtl Grundlage) und damit personelle Verflechtung ist gegeben, wenn die DoppelGes'ter (Personengruppe) sowohl die BetriebsGes beherrschen (dazu → Rn. 827 ff) als auch das Besitzunternehmen (s auch § 13b IV Nr 1a ErbStG; → Rn. 804). Beherrschung des **Besitzunternehmens** setzt aber idR (Ausnahme → Rn. 836: faktische Beherrschung) voraus, dass – ***(1)*** die DoppelGes'ter (dazu BFH XI R 31/05, BStBl II 07, 378 zu II 3) zusammen im Besitzunternehmen über die (einfache) **Mehrheit der Stimmen** verfügen und – ***(2)*** für das Besitzunternehmen *gesetzl* das **Mehrheitsprinzip** gilt, so zB bei Bruchteilsgemeinschaften (§ 745 BGB) und bei OHG bzw KG für gewöhnl Geschäfte der geschäftsführenden Ges'ter (§§ 116; 164 HGB ab 2024 idF MoPeG, BGBl I 21, 3436) oder im GesVertrag zB einer GbR das Mehrheitsprinzip ausdrückl vereinbart ist. **Ausnahme:** Nach BFH IV R 54/11, BFH/NV 13, 1557 keine personelle Verflechtung, wenn ein Nur-MinderheitsGes'ter der Besitz-GbR allein geschäftsführungs- und vertretungsbefugt ist (mE fragl); vgl. auch → Rn. 824. Bei der Frage, **welche Geschäfte** dem gesetzl oder vertragl **Mehrheitsprinzip** zur Begründung der personelle Verflechtung unterliegen müssen, ist nach *FinVerw* und (allerdings nicht eindeutiger) BFH-Rspr nur auf die **lfd/gewöhnl Geschäfte** (einschließl der lfd Verwaltung der zur Nutzung überlassenen WG) abzustellen (*BMF* BStBl I 02, 1028 zu III.; *OFD Ffm* FR 12, 976 (980); BFH III R 72/11, BStBl II 13, 684; *Kempermann* GmbHR 05, 317), *vorausgesetzt,* dass der Nutzungsüberlassungsvertrag nicht gegen den Willen der (beherrschenden) Personengruppe geändert oder beendet werden kann (BFH IV R 4/17, BStBl II 20, 710; *Kempermann* GmbHR 05, 317; SchlHFG EFG 11, 1433; **einschr** aber BFH X R 5/19, BStBl II 21, 851; dazu krit *Binnewies* GmbHR 21, 1171; *Wacker* FR 22, 625; **aA** *Drescher* FS Wacker, 2025, 3: Beherrschung auch bzgl außergewöhnl Geschäfte/Kündigung erforderl; vgl § 715 II 2 BGB). Das **Selbst-/Doppelvertretungsverbot** (§ 181 BGB) schließt die Beherrschung nicht aus, wenn die *Möglichkeit* zur Einräumung von Drittvertretungsrechten besteht (iEinz BFH IV R 4/17, BStBl II 20, 710; zutr; krit *Wachter* DB 20, 2648). Unterliegen umgekehrt **Abschluss/Beendigung** des Pachtvertrags dem **Mehrheitsprinzip,** begründet dies nach BFH IV R 44/07, BStBl II 12, 136; BFH IV R 59/16, BStBl II 20, 147 bei umgekehrter BetrAufsp (eG/GmbH = Betriebsunternehmen ist mehrheitl an Besitz-GbR/KG beteiligt) die personelle Verflechtung.

824 **c) Stimmverbot; Minderheitsgesellschafter.** Str ist, ob ein **Besitzunternehmen** von ihren **mehrheitl beteiligten Ges'tern** auch dann beherrscht wird, wenn diese beim Besitzunternehmen wegen Interessenkollision einem Stimmverbot hinsichtl der Beziehungen zur BetriebsGes unterliegen und deshalb insoweit der Nur-BesitzGes'ter allein entscheidet (bej BFH I R 174/79, BStBl II 84, 212; offen BFH IV R 91/89, BFH/NV 90, 562). Da das Bestehen eines solchen ggf abdingbaren Stimmverbots aber zivilrechtl für die Bruchteilsgemeinschaft und PersGes (insb GbR) zweifelhaft ist, ist die Beherrschung des Besitzunternehmens durch die DoppelGes'ter jedenfalls dann zu bejahen, wenn das Stimmverbot tatsächl nicht praktiziert wird (BFH VIII R 240/81, BStBl II 86, 296 zu I.3.b aE; BFH IV R 91/89, BFH/NV 90, 562; FG Mchn EFG 96, 748, rkr; *Kempermann* GmbHR 05, 317 (321)); mE ist dies für den Regelfall zu vermuten (Anscheinsbeweis).

825 **d) Einstimmigkeitsprinzip; qualifiziertes Mehrheitsprinzip.** Gilt das Einstimmigkeitsprinzip nicht nur für außergewöhnl Geschäfte (zB Begründung, Änderung, Beendigung des Nutzungsverhältnisses), sondern auch für Geschäfte des tägl Lebens beim **Besitzunternehmen** (Bruchteilsgemeinschaft, GbR, OHG, KG) vertragl oder gesetzl (zB für GbR § 709 I BGB a. F., ab 2024 § 714 BGB idF **MoPeG**), schließt auch ein am GesVermögen nicht beteiligter (dazu *Grüneberg/Retzlaff* § 714 Rn. 8; BR-Drs 59/21, 165) **Nur-BesitzGes'ter** (Nur-Gemeinschafter) oder dessen Angehöriger nach stRspr des BFH idR (s unten) Beherrschungsidentität aus. Begründung: die am „Besitzunternehmen" mehrheitl (und an der BetriebsGes allein) beteiligten Personen sind infolge des Vetorechts des Nur-BesitzGes'ters nicht in der Lage, ihren geschäftl Betätigungswillen im Besitzunternehmen durchzusetzen (zB BFH IV R 37/10, BFH/NV 13, 910 für gemeinsame Geschäftsführung mit Nur-BesitzGes'ter). Zur Auslegung des GesVertrags s BFH IV 9/13, BStBl II 16, 154; fragl). Die *FinVerw* hat ihre strengere Ansicht (*BMF* BStBl I 85, 121; *BMF* BStBl I 89, 39) aufgegeben, und eine Übergangsregelung getroffen (*BMF* BStBl I 02, 1028 zu V.). Danach waren bei „unechter BetrAufsp" die zur Nutzung überlassenen WG kein BV, sondern PV. Bei „echter BetrAufsp" wurden diese WG im Zeitpunkt der Betriebsaufteilung entnommen; bestandskräftige Veranlagungen sollen nach § 174 III AO geändert werden (BFH IV B 167/04, BStBl II 06, 158: *AdV;* zR krit auch *Tiedtke ua* DStR 03, 757). Anders ist dies, wenn bis zum 31.12.02 die personellen Voraussetzungen einer BetrAufsp geschaffen und ein entspr Antrag gestellt wurde. – **Ausnahmen:** Trotz Einstimmigkeitsabrede besteht aber **Beherrschungsidentität,** wenn – ***(1)*** eine Person oder Personengruppe das Besitzunternehmen zwar nicht rechtl, aber **faktisch beherrscht** (→ Rn. 836 ff); – ***(2)*** **Rechtsmissbrauch** (§ 42 AO) vorliegt (BFH VIII R 50/96, BFH/NV 00, 601 zu II.2: nicht rechtsmissbräuchl, wenn gesetzl Einstimmigkeitsregel nicht abbedungen wird); – ***(3)*** Nur-BesitzGes'ter eine **KapGes** ist, die von den DoppelGes'tern beherrscht wird (auch → Rn. 835); – ***(4)*** einem MehrheitsGes'ter die **alleinige Geschäftsführung** und Vertretung übertragen ist (BFH VIII R 24/01, BStBl II 03, 757; BFH X B 255/10, BFH/NV II, 1859; *Kempermann* GmbHR 05, 317 (318); krit *Gosch* StBP 03, 309). – Gleiche Grundsätze gelten bei Vereinbarung eines qualifizierten Mehrheitsprinzips (zB 75%), wenn die Sowohl-als-auch-Ges'ter nur die einfache Mehrheit haben. – Zu **Stimmrechtsbindung** → Rn. 829.

827 **e) Nur-Betriebsgesellschafter.** Hat die BetriebsGes Ges'ter, die nicht am Besitzunternehmen beteiligt sind, ist Beherrschungsidentität bei **BetriebsGes** in der Rechtsform einer **GmbH** (zu AG → Rn. 832; zu PersGes → Rn. 833) auf gesrechtl Grundlage gegeben, wenn die „Sowohl-als-auch-Ges'ter" als Personengruppe (→ Rn. 823) zusammen – unabhängig von der Höhe der einzelnen Anteile (BFH IV R 8–9/93, BStBl II 94, 466) – bei der Betriebs-GmbH über die einfache, nicht notwendig 75%ige Mehrheit der Anteile und damit der Stimmen verfügen, weil für die Beherrschung einer GmbH gem § 47 I GmbHG grds die **Mehrheit** der Anteile (Stimmen) ausreichend ist (zB BFH X R 5/19, BStBl II 21, 851; BFH III R 13/15,

BFH/NV 19, 1069) – unabhängig davon, ob die Beherrschung konkret ausgeübt wird (FG Mchn EFG 03, 1535). Zur **grds Kritik** an diesem Erfordernis s einschl Kommentierungshinweis → Rn. 800.

Beispiel: A und B sind zu je ½ Miteigentümer eines Grundstücks, das an eine GmbH vermietet ist, deren Ges'ter A, B und C zu je ⅓ sind. Folge: BetrAufsp!

f) Stimmverbot. Für die personelle Verflechtung ist unerhebl, ob die Doppel-Ges'ter bei Beschlüssen der Betriebs-GmbH über Geschäfte mit dem Besitzunternehmen gem § 47 IV GmbHG vom Stimmrecht ausgeschlossen sind. Denn zur Beherrschung einer KapGes genügt die Herrschaft über die „Geschäfte des tägl Lebens" (vgl BFH X R 25/93, BStBl II 97, 44 zu 3.), die bei einer GmbH allein von dem oder den Geschäftsführern getätigt werden; für Beschlüsse über die Bestellung und Abberufung der Geschäftsführer besteht aber grds kein Stimmverbot der Mehrheits-Ges'ter; demgemäß kann sich in der Betriebs-GmbH auf Dauer nur ein geschäftl Betätigungswille entfalten, der vom Vertrauen des oder der MehrheitsGes'ter getragen ist; dies reicht für personelle Verflechtung aus (BFH IV R 151/86, BStBl II 89, 455 zu 3.; *Kempermann* GmbHR 05, 317 (321)). 828

g) Stimmbindung/Treuhand. Besteht in der BetriebsKapGes aufgrund des Anteilsbesitzes keine Stimmenmehrheit der Doppel-Ges'ter, kann diese durch Stimmrechtsbindungsverträge begründet sein (*Fichtelmann* GmbHR 06, 345); die Stimme desjenigen, der gebunden ist, ist vorbehaltl § 138 BGB (Sittenverstoß; BFH III R 13/15, BFH/NV 19, 1069) dem oder den Weisungsbefugten „zuzurechnen". Umgekehrt kann eine Stimmenmehrheit durch ernst gemeinte Stimmrechtsbindung zugunsten eines Nur-BetriebsGes'ters verloren gehen (BFH VIII B 22/97, BFH/NV 98, 852). Zur Stimmrechts**abtretung** s BFH IV R 76/05, BStBl II 08, 858 zu II.2.b. Zur Stimmrechts**vollmacht** s BFH X B 230/08, BFH/NV 09, 1647: idR Wahrung der Interessen des Vollmachtgebers oder freie Widerruflichkeit (ähnl NdsFG EFG 09, 2022, rkr: betr Nießbrauch; **aA** – uU – BFH IX R 51/10, BStBl II 12, 308; BFH X R 45/14, BFH/NV 17, 1039 bei „unbeschränkter" Vollmacht; → Rn. 865, 309); anders aber BFH XI R 23/96, BStBl II 97, 437: faktische Beherrschung bei widerrufl und ggf transmortaler Vollmacht zur Anteilserhöhung (→ Rn. 838). Zur Vorsorgevollmacht (§ 1901c BGB/§ 1820 BGB nF) s *Micker ua* DStZ 20, 750 (755). Zur **Treuhand** s BFH IV R 31/19, BStBl II 21, 768 (StimmR bei Treugeber; § 39 II Nr 1 AO; BFH III B 114/03, BFH/NV 04, 1109 (verdeckte Treuhand/Strohmann). Zu **Testamentsvollstreckung** → Rn. 841. 829

h) Einstimmigkeit. Gilt laut Satzung der Betriebs-GmbH für Beschlüsse der Ges'terversammlung das Einstimmigkeitsprinzip (vgl BFH XI B 162/06, BFH/NV 08, 384), schließt dies personelle Verflechtung nicht aus, wenn *(1)* die MehrheitsGes'ter und Geschäftsführer der Betriebs-GmbH, die zugleich das Besitzunternehmen als Alleineigentümer der zur Nutzung überlassenen WG beherrschen, die das Nutzungsverhältnis betreffenden Rechtshandlungen ohne Zustimmung der Ges'terversammlung vornehmen können und *(2)* die Ges'terversammlung die Geschäftsführer nicht gegen den Willen der MehrheitsGes'ter abberufen kann (BFH X R 56/04, BStBl II 06, 415; BFH IV B 96/03, BFH/NV 05, 1564; krit *G. Söffing* BB 06, 1529). 830

i) Qualifizierte Mehrheit. Das zu → Rn. 830 Gesagte gilt entspr, wenn bei der Betriebs-GmbH vertragl für *alle* Ges'terbeschlüsse eine qualifizierte Mehrheit erforderl ist, derjenige, der WG zur Nutzung überlässt, aber bei der Betriebs-GmbH nur die einfache Mehrheit hat (BFH IV B 129/06, BFH/NV 08, 363). 831

j) Aktiengesellschaft. Diese Grundsätze sind auch maßgebl für eine BetriebsGes in der Rechtsform einer AG (BFH X R 45/09, BStBl II 11, 778: betr Mehrheitsaktionär bei börsennotierter AG; **aA** *Bode* FR 11, 1001). Ebenso bei ArbNMitbestimmung in AG oder GmbH (arg §§ 29 II, 31 IV MitbestG; zu Beiräten s FG 832

Nbg DStRE 06, 671). Bei fehlender Stimmenmehrheit uU faktische Beherrschung durch Vorstand (offen BFH X R 45/09, BStBl II 11, 778; *Wachter* DStR 11, 1599).

833 **k) Betriebspersonengesellschaft.** Hat die BetriebsGes die Rechtsform einer PersGes (OHG, KG GbR; mitunternehmerische BetrAufsp, → Rn. 858), genügt (und ist grds erforderl) für eine Beherrschung der Besitz der Mehrheit der Anteile, wenn bei der BetriebsPersGes vertragl/gesetzl zumindest für die *lfd* Geschäfte (→ Rn. 823) das Mehrheitsprinzip gilt. Ist hingegen allg das Einstimmigkeitsprinzip maßgebl oder besteht ein Widerspruchsrecht (§ 164 HGB ab 2024 iVm § 116 II 1 HGB nF/**MoPeG,** BGBl I 21, 3436) eines Nur-Betriebs-Ges'ters bezügl des Nutzungsverhältnisses über wesentl Betriebsgrundlagen (vgl BFH IV R 13/91, BStBl II 93, 134), besteht idR keine personelle Verflechtung.

834 **l) Nur-Betriebsgesellschafter; Nur-Besitzgesellschafter.** Sind sowohl am Besitzunternehmen Personen beteiligt, die nicht zugleich Ges'ter der BetriebsGes sind, als auch umgekehrt bei der BetriebsGes Ges'ter vorhanden, die nicht zugleich am Besitzunternehmen beteiligt sind, gelten die in → Rn. 821–833 dargestellten Grundsätze, insb die **Gruppentheorie** sinngemäß und kombiniert.

Beispiel: A, B, C und D sind zu je ¼ Miteigentümer eines Grundstücks, das an eine GmbH vermietet ist, deren Ges'ter A, B, C und E zu je ¼ sind. BetrAufsp, weil ABC Besitzunternehmen und BetriebsGes beherrschen.

835 **m) Mittelbare Beteiligung am Besitzunternehmen oder Betriebsunternehmen.** Nach st Rspr wird der für die BetrAufsp maßgebende Einfluss auf die **BetriebsPersGes oder BetriebsKapGes** auch durch eine mittelbare Beteiligung an dieser – also zB „über" eine zwischengeschaltete KapGes – vermittelt (zB BFH X R 22/02, BStBl II 06, 457; 1486, BFH IV R 5/20, DStR 25, 137). Soweit aus BFH IV R 11/98, BStBl II 99, 532 zu 1.b ein auch für das Betriebsunternehmen zu beachtendes Durchgriffsverbot abgeleitet worden ist (vgl *Salzmann* DStR 00, 1329), ist der BFH hiervon wieder abgerückt (BFH IV R 82/05, BStBl II 08, 471: „missverständl Formulierung"; BFH IV R 31/19, BStBl II 93, 134). Gleiches muss für **OptionsGes** (§ 1a KStG; → Rn. 160a) gelten. Demggü sollte es nach **bisheriger BFH-Rspr** an der personellen Verflechtung auf gesellschaftsrechtl Grundlage **fehlen,** wenn diejenigen Personen, die die BetriebsKapGes beherrschen, an der **BesitzPersGes** nur **mittelbar** über eine KapGes (als Ges'terin der BesitzPersGes) beteiligt sind. Grund: „Durchgriffsverbot"; ungeklärt blieb allerdings, ob evtl eine faktische Beherrschung (→ Rn. 836) gegeben sein konnte (BFH IV R 13/91, BStBl II 93, 134 zu II.2.a; BFH IV R 44/07, BStBl II 12, 136; offen aber bereits BFH IV R 59/16, BStBl II 20, 147; BFH IV R 31/19, BStBl II 21, 768). Diese Rspr hat das Gericht nunmehr in **BFH IV R 7/18,** DStR 22, 189 mit Rücksicht auf die Kritik des Schrifttums geändert – vgl → 40. Aufl 2021, § 15 Rn. 835 mwN: Abweichung ggü der Beurteilung der Beherrschungsidentität bei mittelbaren Beteiligungen an Betriebsunternehmen (s. o.) unverständl und ohne sachl Berechtigung; das „Durchgriffsverbot" stehe, wie die Organschaftsregeln (§ 14 I 1 Nr 1 KStG) zeigten, einer mittelbaren Beherrschung nicht entgegen; jedenfalls bestehe eine faktische Beherrschung, dazu → Rn. 803, 836. Die **geänderte BFH-Rspr** hat zur Folge, dass die mittelbare Beherrschung der **Besitz-PersGes** die **personelle Verflechtung** mit dem unmittelbar oder gleichfalls nur mittelbar beherrschten Betriebsunternehmen (PersGes *oder* KapGes; s. o.) **begründen** kann. Die **FinVerw** gewährt bis einschl 2023 **Vertrauensschutz** (*BMF* BStBl I 22, 1515; *GLE* BStBl I 22, 1528; dazu *Heil ua* DB 23, 546). **Offen** blieb in BFH IV R 7/18, DStR 22, 189 allerdings, ob das **Durchgriffsverbot** weiterhin im Verhältnis zu einer **BesitzKapGes** greift (so BFH I R 111/78, BStBl II 80, 77; glA unverändert *BMF* BStBl I 22, 1515; *GLE* BStBl I 22, 1528); bestätigt allerdings nunmehr durch BFH III R 13/23, BStBl II 24, 487; zur kapitalistischen BetrAufsp → Rn. 803, 863).

Beispiel 1 (BetriebsGes): E ist Alleineigentümer eines Grundstücks, das als wesentl Betriebsgrundlage an die X-GmbH vermietet ist. Ges'ter der X-GmbH sind die E-GmbH zu 90% und F (Ehefrau des E) zu 10%. E ist AlleinGes'ter der E-GmbH. – *Lösung:* E und die X-GmbH sind nicht nur sachl, sondern auch personell verflochten, denn E beherrscht mittelbar über die E-GmbH die BetriebsGes. BetrAufsp.

Beispiel 2 (BetriebsGes): E ist Alleineigentümer eines Grundstücks, das als wesentl Betriebsgrundlage an die E-GmbH & Co KG vermietet ist. Ges'ter der KG sind die A-GmbH als persönl haftender Ges'ter und die B-GmbH als K'tist. E ist AlleinGes'ter der A-GmbH und der B-GmbH. – *Lösung:* Mitunternehmerische BetrAufsp, keine Anwendung des § 15 I 1 Nr 2 S 1 Hs 2.

Beispiel 3 (BesitzGes): Die Y-GmbH & Co KG vermietet der X-GmbH wesentl Betriebsgrundlagen: Ges'ter der KG sind die Y-GmbH (AlleinGes'ter ist E) als persönl haftender Ges'ter und E als K'tist. E ist außerdem AlleinGes'ter der X-GmbH. – *Lösung:* BetrAufsp zw KG und X-GmbH so nunmehr auch die geänderte BFH-Rspr).

Zur **sachlichen** Verflechtung bei **unmittelbarer Beteiligung** an Besitz- und Betriebsunternehmen iVm einer nur **mittelbarer Nutzungsüberlassung** zB über eine ZwischenKapGes → Rn. 810.

n) Faktische Beherrschung. In Ausnahmefällen kann die Person/Personengruppe, die zwar eines der Unternehmen (Besitz- oder BetriebsGes) beherrscht, aber keine *rechtl* Möglichkeit hat, im anderen Unternehmen ihren Willen durchzusetzen (zB keine Mehrheit oder Einstimmigkeitsprinzip), dieses Unternehmen gleichwohl faktisch beherrschen, zB weil sich die anderen Ges'ter ihrem Druck aus wirtschaftl oder anderen Gründen unterordnen müssen (vgl zB BFH VIII R 82/98, BStBl II 02, 774 zu 2. mwN; *BMF* BStBl I 02, 1028 zu IV: Überlassung einer *unverzichtbaren* Betriebsgrundlage; dazu *Kempermann* GmbHR 05, 317 (322)). 836

aa) Beispiele. Die Rspr hat diese zB **bejaht** – ***(1)*** bei Beherrschung einer BetriebsPersGes über eine daran beteiligte Stiftung (BFH I R 118/80, BStBl II 82, 662; von BFH X R 12/19, BStBl II 22, 260 nicht beachtet; dazu *Wacker* FR 22, 625 (630)), – ***(2)*** wenn Ehemänner ihren Betrieb an eine neue KG verpachten, deren Ges'ter die nicht fachkundigen Ehefrauen sind, das Unternehmen aber wie bisher, nur formal als Angestellte der KG fortführen (BFH IV R 145/72, BStBl II 76, 750), – ***(3)*** wenn der Besitzunternehmer die Geschäfte der Betriebs-GmbH führt und zB aufgrund Vollmacht oder Option jederzeit die Mehrheit der GmbH-Anteile erwerben kann (BFH XI R 23/96, BStBl II 97, 437; BFH/NV 02, 345; → Rn. 829). 838

bb) Gegenbeispiele. Die Rspr hat diese zB **verneint** – ***(1)*** bei Betriebsverpachtung durch den Ehemann an – ***(a)*** GmbH, deren alleinige Ges'terin die „nicht fachunkundige" Ehefrau ist (zB BFH X R 5/86, BStBl II 89, 152), – ***(b)*** GmbH, deren AlleinGes'terin die Ehefrau ist – ungeachtet dessen, dass der Ehemann der GmbH als Geschäftsführer das „Gepräge" gibt (BFH I R 228/84, BStBl II 89, 155), – ***(c)*** GmbH, deren Ges'ter die Ehefrau und die minderjährigen Kinder sind und deren Geschäftsführer der Ehemann und die teilweise fachkundige Ehefrau sind – ungeachtet dessen, dass der Ehemann die GmbH-Anteile geschenkt hatte (ähnl BFH/NV 00, 601 zu 1.c), Gläubiger der GmbH war und den Pachtvertrag kündigen konnte (BFH III R 94/87, BStBl II 90, 500), – ***(d)*** GmbH, an der die Eheleute zu je ½ beteiligt sind (BFH XI R 25/88, BFH/NV 91, 454), – ***(2)*** wenn die Ehemänner die BesitzGes beherrschen, bei der BetriebsGmbH der Ehefrauen angestellt sind und die Geschäftsanteile der Ehefrauen uU eingezogen werden können (BFH IV R 20/98, BStBl II 99, 445), – ***(3)*** wenn Ehefrau Nur-BesitzGes'terin in Familien-GbR mit Einstimmigkeitsprinzip ist und das an die Betriebs-GmbH überlassene Grundstück vom Ehemann als MehrheitsGes'ter in Besitz- und Betriebs-Ges angemietet ist (BFH VIII R 82/98, BStBl II 02, 774), – ***(4)*** wenn AlleinGes'ter der Betriebs-GmbH die Grundstücksgemeinschaft nicht beherrscht, er jedoch die Miete erhält (FG Mster EFG 04, 329, rkr), – ***(5)*** bei begrenzter Geschäftsführungsbefugnis in Betriebs-GmbH (FG Ddorf EFG 04, 1632), – ***(6)*** bei Ergänzungspfleger für Anteil eines Minderjährigen (BFH X R 5/19, BStBl II 21, 851; dazu → Rn. 827, 849). Zur tatsächlichen Beherrschung aufgrund Großgläubigerstellung s zB BFH IV R 13/91, BStBl II 93, 134 zu III.). 839

o) (Dauer-)Testamentsvollstreckung. → Rn. 141, 301. Sie bedeutet treuhänderisches Handeln für die Miterben/Erben und begründet deshalb ohne Anteils- 841 beherrschung durch Miterben/Erben keinen einheitl geschäftl Betätigungswillen (BFH VIII R 237/81, BStBl II 85, 657), lässt aber die aus den Beteiligungen der/s Miterben/Erben abzuleitende Beherrschungsidentität unberührt (BFH IV R 76/05, BStBl II 08, 858 mwN; *Bitz* GmbHR 08, 1043; krit *Lorz* ZEV 08, 498).

842 **p) Insolvenz.** Nach BFH-Rspr entfällt die personelle Verflechtung mit der **Eröffnung** des Insolvenzverfahrens über die **BetriebsGes** (*Boden ua* Ubg 25, 507 (598); Rechtsfolge ist idR **Betriebsaufgabe** des Besitzunternehmens bereits zu diesem Zeitpunkt sein (BFH XI R 2/96, BStBl II 97, 460; krit zR *Wendt* FR 98, 264 (277): nur Betriebsänderung, solange WG weiterhin der BetriebsGes überlassen; ähnl *Crezelius* JbFfSt 98/99, 270; Anm *HG* DStR 97, 958: nur Betriebsunterbrechung, wenn Betrieb fortgesetzt wird; auch → Rn. 865, 866).

845 **6. Ehegatten; Eltern und Kinder.** Sind Ehegatten oder Eltern und Kinder sowohl an der BetriebsGes als auch an den zur Nutzung überlassenen WG beteiligt (zB Miteigentümer des Grundstücks zu je 40%, Ges'ter der Betriebs-GmbH zu je 50%), bilden sie **wie Fremde** eine „geschlossene Personengruppe" (zB BFH IV R 8–9/93, BStBl II 94, 466); personelle Verflechtung ist idR gegeben, auch bei unterschiedl hoher Beteiligung (→ Rn. 821). Zu Grundstück und Anteilen an Betriebs-GmbH im Gesamtgut ehel Gütergemeinschaft s BFH IV R 15/91, BStBl II 93, 876; BFH IV R 22/02, DStR 06, 2207; BVerfG 1 BvR 19/07, HFR 08, 754.

846 **a) Ehegatten.** Sind *beide* entweder *nur* an der BetriebsGes oder *nur* an den dieser zur Nutzung überlassenen WG beteiligt (zB Ehemann ist Alleineigentümer eines Grundstücks, das an eine GmbH vermietet ist, deren Ges'ter Ehemann und Ehefrau zu je 50% sind), ist im Hinblick auf Art 3 I, 6 I GG eine Zusammenrechnung der Ehegattenanteile *nur* zulässig, wenn zusätzl zur ehel Lebensgemeinschaft Beweisanzeichen für gleichgerichtete wirtschaftl Interessen der Ehegatten vorliegen (BVerG 1 BvR 571/81, BStBl II 85, 475; BFH IV R 20/98, BStBl II 99, 445; *BMF* BStBl I 86, 537). *Zusätzl Beweisanzeichen* für gleichgerichtete wirtschaftl Interessen der Ehegatten *sind* zB *unwiderrufl* Stimmrechtsvollmacht (BFH VIII R 151/85, BFH/NV 90, 99; **aA** *Kuhfus* GmbHR 90, 401) oder Stimmrechtsbindung. *Keine* solchen Beweisanzeichen sind: Jahrelanges, konfliktfreies Zusammenwirken innerhalb der Ges (zB BFH VIII R 72/96, BStBl II 02, 722 zu II.1.b; Herkunft der Mittel für die Beteiligung der Ehefrau an der BetriebsGes vom Ehemann; ‚Gepräge' der BetriebsGes durch den Ehemann (vgl BFH III R 94/87, BStBl II 90, 500 zu 3.a). – ***(3)*** Unzulässig ist eine Zusammenrechnung, wenn ein Ehegatte nur am „Besitzunternehmen" und der andere Ehegatte nur an der „BetriebsGes" beteiligt ist (sog **Wiesbadener Modell**), auch wenn aufgrund besonderer Beweisanzeichen gleichgerichtete wirtschaftl Interessen der Ehegatten anzunehmen sind (BFH X R 5/86, BStBl II 89, 152; BFH I R 228/84, BStBl II 89, 155). Etwas anderes gilt mE, wenn zB die Ehefrau das vermietete Grundstück oder die Anteile an der Betriebs-GmbH vom Ehemann geschenkt erhalten hat *und* diese Schenkung frei widerrufl ist (BFH VIII R 196/84, BStBl II 89, 877; zum Zivilrecht s instruktiv *Kesseler* DStR 15, 1189). Unabhängig hiervon kann das Rechtsverhältnis zw den Ehegatten uU als verdecktes GesVerhältnis zu werten und damit MUerschaft sein (→ Rn. 280 ff); beachte auch § 1 II 1 Nr 4 AStG; BFH I R 93/93, BStBl II 94, 725. Zu **Treuhand** → Rn. 829.

849 **b) Eltern und Kinder.** Auch soweit an **einem** der beiden **„Unternehmen" nur** die **Eltern** oder ein Elternteil, am anderen aber sowohl die Eltern bzw ein Elternteil als auch **minderjährige Kinder** beteiligt sind (zB die Eltern sind Miteigentümer eines Grundstücks zu je ½, das an eine GmbH vermietet ist, deren Ges'ter die Eltern und ihre beiden minderjährigen Kinder zu je ¼ sind), können (iSe Beherrschungsidentität) die Anteile der Kinder den Eltern nur zugerechnet werden, wenn Beweisanzeichen dafür vorhanden sind, dass die Rechte aus den Anteilen in Gleichrichtung mit den Rechten aus den elterl Anteilen ausgeübt werden. Nach Auffassung der *FinVerw* (EStR 15.7 VIII) rechtfertigt die **elterl Vermögenssorge** (§ 1626 BGB)

eine Zusammenrechnung grds *nur,* wenn an einem der beiden Unternehmen beide Elternteile mehrheitl und am anderen ebenfalls beide Elternteile und das Kind (zusammen mehrheitl) beteiligt sind, *sofern* beide Elternteile sorgeberechtigt sind. Keine Zusammenrechnung hingegen bei Ergänzungspflegschaft (BFH X R 5/19, BStBl II 21, 851; *Nöcker* HFR 22, 24; *Wacker* FR 22, 625; weitergehend zB *Felix* StB 97, 145 (151)). Zum Wegfall der personellen Verflechtung durch Eintritt der Volljährigkeit → Rn. 865. – Anteile von **Eltern und volljährigen Kindern** oder von **sonstigen Angehörigen** werden grds nicht zusammengerechnet (zB BFH VIII R 13/93, BStBl II 94, 922 zu 2.c mwN).

7. Rechtsform und Tätigkeit des Betriebsunternehmens; mitunternehmerische Betriebsaufspaltung

Verwaltung: *BMF* BStBl I 98, 583; *BMF* BStBl I 19, 1291: Verhältnis des § 15 I Nr 2 zur mitunternehmerischen BetrAufsp; unentgeltl Begründung (§ 6 III); *BMF* BStBl I 21, 2212: OptionsGes gem § 1a KStG; *OFD Mchn* (DB 99, 1878): Bruchteilsgemeinschaften.

a) Betriebsunternehmen. Hat idR die Rechtsform einer **KapGes** (zB BFH IV R 59/16, BStBl II 20, 147; BFH X R 17/05, BStBl II 08, 579: Vor-GmbH), evtl die einer **PersGes** (OHG, KG, GbR), insb einer GmbH & Co KG (sog *mitunternehmerische BetrAufsp;* → Rn. 856; zur **OptionsGes** gem **§ 1a KStG** aber → Rn. 803a) oder einer eG (BFH IV R 44/07, BStBl II 12, 136). Ein **Einzelunternehmen** (natürl Person) kann nicht *Betriebs*unternehmen sein (*Kroschel ua* DStZ 99, 167 (168)). Überlässt zB eine Bruchteilsgemeinschaft oder nicht gewerbl GbR, an der ein Einzelunternehmer beteiligt ist, diesem WG zur gewerbl Nutzung, ist der Miteigentumsanteil (§ 39 II Nr 2 AO aF/nF; → Rn. 166) – und nur dieser – notwendiges BV des Einzelunternehmers (BFH IV R 160/73, BStBl II 78, 299). Die BetriebsGes muss ein **gewerbl Unternehmen** betreiben (*Wacker* FR 23, 725; *LfSt Nds* DB 23, 2600 jew (auch) zu Photovoltaikanlagen; zu ausl Ges → Rn. 862); sie kann gemeinnützig sein (*OFD Ffm* DStR 99, 1111; *Jost* DB 07, 1664) oder zB nach § 3 Nr 20 GewStG gewstfrei (→ Rn. 869, 871). Es ist weder erforderl, dass bei echter BetrAufsp der Träger des Besitzunternehmens schon vorher *gewerbl* tätig war, noch, dass die BetriebsGes eigengewerbl tätig ist; ein GewBetr kraft Rechtsform (§ 8 II KStG: KapGes; § 15 III Nr 2: GmbH & Co KG) reicht aus (**„gewerbl geprägte BetrAufsp"**; zB BFH IV B 21/91, BFH/NV 92, 333: Pflegeheim; BFH XI R 12/87, BStBl II 92, 415: Vergabe von *Unterlizenzen;* BFH VIII R 24/01, BStBl II 03, 757: Steuerberatung; BFH IV R 67/96, BStBl II 98, 254: Labor-GmbH; BFH VIII R 11/99, BStBl II 00, 621: Ingenieurbüro; BFH X R 54/14, DStR 16, 2338; BFH IV R 11/13, BFH/NV 15, 1398: jew Vermietung; BFH III R 68/06, BFH/NV 10, 241: Verlustausgleich durch Fremd-Manager; **aA** zB *Kesseler* DStR 15, 2427; *Kudert ua* StuW 16, 146). Soweit sich dadurch die Struktur des bisherigen freiberufl (oder luf) Betriebs zum GewBetr wandelt, tritt keine (zwangsweise) Gewinnrealisierung ein. – Dass die Betriebs-GmbH zugleich persönl haftender Ges'ter der BesitzPersGes ist, steht einer BetrAufsp nicht entgegen (BFH IV B 21/91, BFH/NV 92, 333). 855

b) Mitunternehmerische Betriebsaufspaltung; Personengesellschaft als Betriebsunternehmen. – aa) Keine Subsidiarität. Da der BFH in stRspr die sog Subsidiaritätsthese ablehnt (→ Rn. 534), gilt, dass § 15 I 1 Nr 2 Hs 2 die Rechtsfolgen einer mitunternehmerischen BetrAufsp verdrängt, genauer deren Tatbestand nicht erfüllt ist **(Vorrang von SBV und Sondervergütungen),** *wenn* derjenige (natürl Person, PersGes, KapGes), der wesentl Betriebsgrundlagen einer **BetriebsPersGes,** die **keine OptionsGes** iSv **§ 1a KStG** ist (→ Rn. 803a, 855), zur Nutzung überlässt, **an dieser selbst als Ges'ter (MUer)** beherrschend beteiligt ist (BFH III R 50/96, BStBl II 03, 613 zu II.2.c; *BMF* BStBl I 98, 583 Nr 1; **aA** zB *Patt/Rasche* DStZ 99, 127). – Nach der Rspr des BFH (VIII R 13/95, BStBl II 98, 325; BFH VIII R 61/97, BStBl II 99, 483) und Ansicht der FinVerw (*BMF* BStBl I 98, 583 Nr 2–4) ist die Rechtslage aber anders **(Vorrang der mitunternehmerischen BetrAufsp),** wenn 858 eine *PersGes* wesentl Betriebsgrundlagen zur Nutzung überlässt und nicht diese selbst, sondern nur deren Ges'ter (oder einige davon) beherrschend an der BetriebsPersGes beteiligt sind (zust zB *Kloster* BB 01, 1449; abl *G. Söffing* DStR 01, 158; zur Umqualifikation bei Beendigung der BetrAufsp → Rn. 865 aE). Unerhebl ist, ob die BesitzPersGes originär gewerbl tätig, gewerbl geprägt oder erst aufgrund der personellen und sachl Verflechtung mit der BetriebsGes gewerbl ist (zB *Brandenberg* FR 97, 87 (89); *Strahl* FS Schaumburg, 493 (504); **aA** *Gebhardt* GmbHR 98, 1022 (1024)). Gleiches soll für eine Bruchteilsgemeinschaft als Besitzunternehmen gelten (*OFD Mchn* DB 99, 1878; *Poll* DStR 99, 477; **aA** *Strahl* KÖSDI 98, 11533; *Meyer/Ball* FR 98, 1075 (1082); mE idR konkludent GbR, → Rn. 861; ähnl BFH VIII R 34/00, BFH/NV 02, 185; krit *Weber* FR 06, 572; zu § 6 III → § 6 Rn. 741; *BMF* BStBl I 19, 1291 Rn. 39). Für eine mitunternehmerische BetrAufsp (bzw ihren Vorrang gegenüber SBV) fordert die FinVerw allerdings – mE zR –, dass die *BesitzPersGes mit Gewinnabsicht* tätig ist; diese wird idR fehlen, sofern die BesitzGes nur als Besitzunternehmen tätig ist (Ausnahme evtl gewerbl geprägte PersGes), – anders als bei Nutzungsüberlassung an BetriebsKapGes (→ Rn. 809), *wenn* die WG unentgeltl oder nur teilentgeltl überlassen sind (BFH IV R 5/15, BStBl II 20, 118; BFH IV R 42/19, BStBl II 23, 118; *BMF* BStBl I 98, 583 Nr 1; zust *Demuth* KÖSDI 19, 21310 (21318); krit *Kroschel ua* DStZ 99, 167 (171); *Wendt* FR 06, 25). – Zu den (estrechtl und gewstrechtl) Konsequenzen **(Vor- und Nachteilen!)** des Vorrangs der mitunternehmerischen BetrAufsp s zB *BMF* BStBl I 98, 583 Nr 2; *Strahl* FS Schaumburg, 493 (506): zB Nur-BesitzGes'ter hat gewerbl Einkünfte; Veräußerung der Anteile an BesitzPersGes tarifbegünstigt; ebenso Anteilsveräußerung bezügl BetriebsPersGes (FG Bbg EFG 07, 1498, rkr: ohne Ansatz eines Entnahmegewinns für BesitzPersGes-Anteile; zutr); Trennung der Veräußerungsgewinne bezügl Besitz- und BetriebsPersGes (FG BW EFG 08, 795, rkr, zu § 34 III 4 nF); zu § 7g s *BMF* BStBl I 22, 945 Rn. 15, 45); mehrfacher GewSt-Freibetrag; kein gewstl Verlustausgleich zw den Ges; Hinzurechnung gem § 8 GewStG (→ Rn. 871) mögl, aber GewSt-Anrechnung (§ 35) und Thesaurierungsbegünstigung (§ 34a) auch bezügl BesitzPersGes (*Strahl* KÖSDI 98, 11533). Zur **Option** gem **§ 1a KStG** → Rn. 160d. – Überlässt eine GbR zB ein Grundstück einer ges'teridentischen **freiberufl PersGes** zur Nutzung, ist dies mangels GewBetr der BetriebsPersGes (→ Rn. 855) keine mitunternehmerische BetrAufsp (BFH X R 59/00, BStBl II 06, 661; BFH IV R 29/04, BStBl II 06, 173; **aA** *KS/Krumm* § 15 Rn. 88).

859 **bb) Folgen.** – ***(1)* Anwendung des § 15 I 1 Nr 2 S 1 Hs 2.** Keine BetrAufsp: – ***(a)*** wenn eine natürl Person, KapGes oder PersGes, die wesentl Betriebsgrundlagen einer anderen PersGes zur Nutzung überlässt, an dieser *selbst als Ges'ter* (MUer) mehrheitl beteiligt ist, zB doppelstöckige PersGes (BFH III R 35/98, BStBl II 01, 316); – ***(b)*** wenn eine natürl Person, die an der „eigenen" GmbH atypisch still beteiligt ist, an diese vermietet (BFH III R 23/89, BStBl II 94, 709); – ***(c)*** wenn eine weder originär gewerbl tätige noch gewerbl geprägte BesitzPersGes der Schwester-BetriebsPersGes, die von den Ges'tern der BesitzPersGes beherrscht wird, WG (auch wesentl Betriebsgrundlagen) *unentgeltl oder teilentgeltl ohne Gewinnabsicht* zur Nutzung überlässt (*BMF* BStBl I 98, 583 Nr 1; str, → Rn. 858, 602 mwN). – ***(2)* Keine Anwendung des § 15 I 1 Nr 2 S 1 Hs 2,** sondern **mitunternehmerische Betriebsaufspaltung:** – ***(a)*** wenn eine vermögensverwaltende PersGes (oder Bruchteilsgemeinschaft, → Rn. 858) oder eine gewerbl tätige oder geprägte PersGes („überlagerte BetrAufsp") wesentl Betriebsgrundlagen einer (Schwester-)PersGes *mit Gewinnabsicht* zur Nutzung überlässt (→ Rn. 601 mwN), an der die beherrschenden Ges'ter der überlassenden PersGes ebenfalls beherrschend beteiligt sind (BFH VIII R 13/95, BStBl II 98, 325; BFH VIII R 61/97, BStBl II 99, 483); – ***(b)*** wenn eine natürl Person (KapGes, PersGes), die einer PersGes (zB mit vertragl Mehrheitsprinzip) wesentl Betriebsgrundlagen zur Nutzung überlässt, an dieser nicht als Ges'ter (MUer) beteiligt ist, diese aber zB über eine rechtsfähige Stiftung (BFH I R 118/80, BStBl II 82, 662) oder die Komplementär-GmbH beherrscht (BFH I R 178/77, BStBl II 83, 136).

Beispiel: A und B sind alleinige K'tisten der A-GmbH & Co KG und zugleich AlleinGes'ter der Komplementär-GmbH. A, B und C sind zu je ⅓ Ges'ter einer GbR mit vertragl Mehrheitsprinzip (→Rn. 823), die ihr Grundstück an die KG vermietet: BetrAufsp; kein SBV von A und B bei der KG.

8. Rechtsform des Besitzunternehmens. – a) Allgemeines. Das Besitzunternehmen kann die Rechtsform eines Einzelunternehmens einer natürl Person haben – allerdings nur im Verhältnis zu einer Betriebs-*KapGes* (BFH III R 28/08, BStBl II 14, 194) oder *OptionsGes* gem § 1a KStG (→Rn. 803a) –, einer Bruchteilsgemeinschaft (§§ 741 ff BGB; zB BFH VIII R 34/00, BFH/NV 02, 185: idR GbR; *Stahl* KÖSDI 03, 13800: Besitz-GbR mit Grundstück im Miteigentum als SBV; dazu auch BFH IV R 59/04, BStBl II 05, 830; uU einschr BFH IV R 16/13, BFH/NV 16, 19; BFH X R 50/03, BFH/NV 06, 1144; *Wacker* JbFfSt 07/08, 382; krit *Weber* FR 06, 572; ausführl *Haas/Drüen* FS Priester, 133), Erbengemeinschaft (BFH III R 7/03, BFH/NV 05, 1974) oder ehel Gütergemeinschaft (BFH IV R 22/02, DStR 06, 2207), einer Wohnungseigentümergemeinschaft (BFH IV R 73/94, BStBl II 97, 569), einer PersGes (GbR, OHG, KG), einer KapGes (s zu c), eines eingetragenen (auch) Vereins/Stiftung iVm wirtschaftl Geschäftsbetrieb (BFH I R 97/09, BFH/NV 11, 312; FG Ddorf EFG 13, 1958) oder einer Körperschaft des öffentl Rechts (BFH I B 8/23, BFH/NV 25, 1027; *BMF* BStBl I 21, 2483). Bestehen mehrere Bruchteilsgemeinschaften, kann BetrAufsp zu *mehreren* Besitzunternehmen gegeben sein (BFH IV R 59/04, BStBl II 05, 830, mwN), jene können aber auch durch *eine* GbR als *ein* Besitzunternehmen „überlagert" sein (zB BFH IV R 98–99/85, BStBl II 86, 913); zu mehreren Besitz*PersGes* zB GbR s BFH IV R 27/06, BStBl II 09, 881; *Schallmoser* DStR 97, 49 (mehrfacher GewSt-Freibetrag). 861

b) Betriebsaufspaltung über die Grenze. – ***(1)*** Nach rein **nationalem Recht** erzielen der/die Besitzunternehmer/MUer originär **gewerbl Einkünfte** (§ 15) auch bei **WG-Überlassung an ausl BetriebsGes** (→Rn. 807; BFH I R 95/10, BStBl II 14, 760), ungeachtet dessen, ob Letztere im Inl über eine Betriebsstätte verfügt (BFH I R 72/16, DStR 21, 1149; **aA** bis →39. Aufl 2020, § 15 Rn. 862). Deren Einkünfte unterliegen entweder – ***(a)*** bei inl Wohnsitz (etc) der Besitzunternehmer/MUer der **unbeschränkten,** anderenfalls – ***(b)*** nach § 49 I Nr 2a der **beschränkten ESt/KSt**-Pflicht, **wenn** – ***(aa)*** das *Besitzunternehmen* seine Geschäftsleitung oder – ***(bb)*** selbst eine andere Betriebsstätte im Inl hat (§§ 10, 12 AO; →§ 49 Rn. 25: Grundstücksüberlassung nicht ausreichend; mE fragl; vgl *Wacker* FR 21, 505; BFH I R 196/79, BStBl II 83, 77: keine BS-Zurechnung der BetriebsGes) oder – ***(cc)*** ein ständiger Vertreter bestellt ist (§ 13 AO) oder – ***(dd)*** gewerbl Einkünfte gem § 49 I Nr 2 f idF 09 vorliegen (*FB Bln* DStR 14, 2569; zuvor § 49 I Nr 6: Einkünfte aus VuV; *Haverkamp* IStR 08, 165). – ***(2)*** Beachte aber § 2 I 3 **GewStG:** inl Betriebsstätte erforderl; *Bron* DB 09, 592. – ***(3)*** **DBA**-rechtl soll das Besitzunternehmen hingegen **keine** Unternehmensgewinne (Art 7 OECD-MA) erzielen (BFH I R 72/16, DStR 21, 1149; BFH I R 13/22, DStR 25, 2885; *BMF* BStBl I 14, 1258; mE unzutr; iEinz *Wacker* FR 21, 505; s auch BFH III R 35/20, BStBl II 22, 844 Rn. 30 ff; →Rn. 173; zu § 50i →§ 50i Rn. 11; BFH I R 13/22, DStR 25, 2885). 862

c) Kapitalgesellschaft. Überlässt diese einer *anderen KapGes* oder *OptionsGes* gem § 1a KStG (→Rn. 803a) wesentl Betriebsgrundlagen zur Nutzung, liegt eine sog **„kapitalistische" BetrAufsp** vor, wenn die KapGes **selbst** an der anderen KapGes als Ges'ter beherrschend beteiligt ist (BFH I R 20/14, BFH/NV 15, 1109 mwN; *OFD Hbg* DStR 96, 427). Eine eigene gewerbl Tätigkeit der BesitzKapGes ist unschädl (BFH III R 28/08, BStBl II 14, 194). Ebenso, wenn die BesitzKapGes eine *BetriebsPersGes* zB über eine rechtsfähige Stiftung beherrscht (→Rn. 859), ohne an der PersGes selbst als Ges'ter beteiligt zu sein („kapitalistische" *mitunternehmerische BetrAufsp*). – **Keine** BetrAufsp ist gegeben, wenn nur die Ges'ter der **BesitzKapGes** an 863 der **BetriebsKapGes** beteiligt sind (SchwesterGes; zB BFH III R 45/92, BStBl II 95, 75); der BFH hat dies zwar in BFH IV R 7/18, BStBl. II 22, 767 offen gelassen, zwischenzeitl aber mit BFH III R 13/23, BStBl II 24, 487 bestätigt; glA *BMF* BStBl I 22, 1515; *GLE* BStBl I 22, 1528); gleiches gilt, wenn die BetriebsPersGes nach § 1a KStG (→ Rn. 803a) optiert (*BMF* BStBl I 22, 1494 Rn. 10). – Hat die BetriebsGes die Rechtsform einer (Schwester-)PersGes, liegt eine **umgekehrte BetrAufsp** vor, wenn deren Ges'ter die BesitzKapGes aufgrund Anteilsbesitz (SBV) beherrschen (vgl zum **Durchgriffsverbot** aber BFH III R 13/23, BStBl II 24, 487; krit *Meyering ua* FR 25, 393; auch → Rn. 803, 835). – Da eine KapGes kraft Rechtsform ohnehin gewerbl Einkünfte erzielt, hat die Annahme oder Ablehnung einer BetrAufsp in den **Rechtsfolgen** *primär* (aber → Rn. 877; *Kessler ua* DStR 01, 869) Bedeutung für die InvZul (→ Rn. 879) und (ggf iVm Organschaft) die GewSt-Belastung (*Strahl* FS Schaumburg, 493; → Rn. 804, 871).

864 **d) Überlassung an verschiedene Gesellschaften.** Werden wesentl Betriebsgrundlagen an **verschiedene KapGes** oder **PersGes** überlassen, kann bei personeller Verflechtung BetrAufsp mit *einem* Besitzunternehmen und *mehreren* BetriebsGes vorliegen (zB BFH XI R 6/93, BStBl II 94, 23; BFH IV R 137/91, BStBl II 94, 477); das Besitzunternehmen hat dann uU mehrere **Teilbetriebe** (vgl einschließl sog überlagerter BetrAufsp → § 16 Rn. 130 „Besitzunternehmen").

865 **9. Beendigung der Betriebsaufspaltung. – a) Personelle/sachliche Entflechtung.** Spiegelbildl zur Begründung einer BetrAufsp (→ Rn. 820) können ihre **personellen** Voraussetzungen (iSe „personellen Entflechtung") nicht nur durch (willentliche) Handlungen (zB Veräußerung der Anteile an der Betriebs-GmbH; BFH X R 22/12, BStBl II 14, 388), sondern auch durch sonstige Ereignisse (zB Erbfall; Volljährigkeit; Insolvenz, BFH XI R 2/96, BStBl II 97, 460, dazu auch → Rn. 842, 867) entfallen. Ebenso nach BFH X R 16/12, BFH/NV 15, 815, wenn Besitz-Einzelunternehmen und GmbH-Anteil unter **Vorbehaltsnießbrauch** übertragen werden, da der Nießbraucher dann nur noch das Besitzunternehmen beherrsche, nicht aber die GmbH (Stimmrechte nach hM grds beim Ges'ter; zR krit *Wachter* GmbHR 15, 778; → Rn. 309; zum wirtschaftl Eigentum des Vorbehaltsnießbrauchers an GmbH-Anteilen s auch BFH IX R 51/10, BStBl II 12, 308; BFH X R 45/14, BFH/NV 17, 1039; mE bedenkl; → Rn. 829). Die BetrAufsp kann gleichfalls durch Veränderungen in den **sachl** Voraussetzungen zB Beendigung des Pachtverhältnisses mit der Betriebs-GmbH oder Veräußerung der verpachteten WG entfallen („sachl Entflechtung"; zB BFH VIII R 17/15, BFH/NV 18, 522; BFH X R 14/11, BStBl II 14, 158). – Der Tatbestand der BetrAufsp fällt aber **nicht** weg zB, – ***(1)*** wenn der Inhaber des Besitzunternehmens ein der BetriebsGes vermietetes Grundstück unter Nießbrauchsvorbehalt und Fortbestand des Mietvertrags auf seine Kinder überträgt (BFH VIII R 25/01, BFH/NV 02, 781; zur Abgrenzung s aber NdsFG EFG 07, 1584, rkr; zum Nießbrauch an GmbH-Anteilen s oben), oder – ***(2)*** wenn eine *BetriebsKapGes* die bisherige (originäre) gewerbl Tätigkeit einstellt, ihr aber weiterhin zB das Betriebsgrundstück zur Nutzung überlassen ist und die KapGes das Grundstück entgeltl untervermietet („gewerbl geprägte BetrAufsp", → Rn. 855). – Der Wegfall des Tatbestands der BetrAufsp ist nach stRspr des BFH sowohl bei personeller wie sachl „Entflechtung", unabhängig davon, ob handlungsbedingt oder nicht, *grds* (s unten) als **Betriebsaufgabe** (§ 16 III) des Besitzunternehmens mit voller Gewinnrealisierung im BV – einschließl der Anteile an der Betriebs-GmbH (BFH X B 47/99, BFH/NV 00, 559; *Patt* DStR 97, 807 mwN) ausgenommen evtl einbringungsgeborene Anteile iSv § 21 UmwStG 1995 (*Crezelius* FS Haas, 1996, 79 (90)) – zu beurteilen (zB BFH XI R 6/93, BStBl II 94, 23 mwN: personelle Entflechtung durch Anteilsveräußerung; BFH XI R 2/96, BStBl II 97, 460: personelle Entflechtung durch Konkurs der BetriebsGes; BFH X R 14/11, BStBl II 14, 158: sachl Entflechtung; **aA** *Wendt* FR 98, 264 (277): nur wenn Aufgabehandlung vorliegt). – **Ausnahmen (keine Betriebsaufgabe!):** – ***(1)*** Die Überlassung der wesentl Betriebsgrundlagen erfüllt subsidiär die

Voraussetzungen einer *Betriebsverpachtung* (dazu → § 16 Rn. 166 ff), denn nach Wegfall des Tatbestands der BetrAufsp erzielt der „Betriebsverpächter" weiterhin gewerbl Einkünfte, solange er keine Betriebsaufgabe erklärt (BFH X R 34/15, BFH/NV 18, 623). Dies gilt bei echter BetrAufsp (zB BFH IV R 1/01, BStBl II 02, 519 zu 1.) und auch bei unechter, sofern alle wesentl Betriebsgrundlagen verpachtet sind (BFH IV R 12/16, BStBl II 19, 745: betr Grundstücksverpachtung; dazu → § 16 Rn. 173). Zur GewSt s FG Köln EFG 09, 1244. – ***(2)*** Der Vorgang führt zu einem *Strukturwandel* zB in ein freiberufl „Erfinder-Unternehmen" (BFH XI B 91/05, BFH/NV 06, 1266; **aA** *Fichtelmann* GmbHR 06, 345 (347)). – ***(3)*** Die BesitzGes erfüllt – evtl nach Umstrukturierung – den Tatbestand einer *gewerbl geprägten PersGes* (iEinz *Ott* DStZ 19, 693). – ***(4)*** Der Besitzunternehmer hat vorher eine andere gewerbl Tätigkeit begonnen. – ***(5)*** Die personelle oder sachl Verflechtung fällt nur vorübergehend weg = *Betriebsunterbrechung* (BFH XI R 2/96, BStBl II 97, 460; → § 16 Rn. 160), zB weil *alle* wesentl Betriebsgrundlagen zurückbehalten oder ggf branchenfremd vermietet (BFH VIII R 80/03, BStBl II 06, 591; *Wendt* FR 08, 828) oder befristete Optionen auf Erwerb der KapGes-Anteile eingeräumt werden (BFH X R 37/07, BFH/NV 10, 406) oder ledigl das Betriebsunternehmen seine Tätigkeit einstellt (FG Mster DStRE 23, 1294, rkr). Zur Betriebsaufgabeerklärung s FG Bln-Bbg EFG 13, 1400 rkr; zu § 16 IIIb S 1 → § 16 Rn. 191; *BMF* BStBl I 16, 1326. – Allg zu **„vorbeugenden" Maßnahmen** zB *Strahl ua* NWB F 3, 11947. – Zu Härten führt die **Ermittlung des Aufgabegewinns** als Differenz zw gemeinem Wert und AK, wenn die *FinVerw* im Einzelfall in der Vergangenheit (obj zu Unrecht) BetrAufsp verneint hat (zum Teilwertansatz → 23. Aufl 2004, § 15 Rn. 865; **aA** BFH X B 113/97, BFH/NV 98, 578; *Kempermann* NWB F 3, 12507; auch → Rn. 813). – Zu *Beendigung einer mitunternehmerischen BetrAufsp* durch Wegfall der sachl Verflechtung s BFH IV R 50/5, BStBl II 08, 129: uU Umqualifikation des Vermögens der BesitzPersGes zu SBV des vormaligen BetriebsGes. – Die *FinVerw* gewährt „aus Billigkeitsgründen" auf Antrag ein Wahlrecht zur Fortsetzung der gewerbl Tätigkeit (unabhängig von den Voraussetzungen einer Betriebsverpachtung), *wenn* (nur in diesem Fall!) die personelle Verflechtung durch Volljährigkeit minderjähriger Kinder wegfällt (EStR 16 II 4).

b) Nachträgliche Nutzungsüberlassung. Muss der Inhaber des Besitzunternehmens nach **Insolvenz der Betriebs-KapGes** gem BGH-Rspr der Masse die bisher der KapGes vermietetem WG für bestimmte Zeit unentgeltl zur Nutzung überlassen, weil die Vermietung nach § 172a HGB aF (iVm 32a III GmbH aF) eigenkapitalersetzend war (→ Rn. 805), und unterstellt man, dass bereits mit der Eröffnung des Verfahrens der Betrieb des *Besitzunternehmens* aufgegeben ist (→ Rn. 842, 865), entstehen mE beim ehemaligen Besitzunternehmer iHd Aufwendungen für die WG (negative) Einkünfte aus VuV bzw GewBetr. Nach **§ 135 III InsO** ist das Nutzungsentgelt als Einnahme anzusetzen. 866

c) Gezielte Beendigung der Betriebsaufspaltung. Kann zB eintreten – ***(1)*** durch Einbringung des Besitzunternehmens in die Betriebs-GmbH nach §§ 20 ff UmwStG bzw in die BetriebsPersGes nach § 24 UmwStG oder Verschmelzung der BetriebsGmbH auf die Besitz-PersGes nach §§ 3 ff UmwStG s zB *Märkle* DStR 02, 1153 (1161); *BMF* BStBl I 98, 583 Nr. 5; – ***(2)*** Verschmelzung bzw Einbringung von Besitz- und BetriebsGes s BFH VIII R 25/98, BStBl II 01, 321. 867

d) Verunglückte Betriebsaufspaltung. Wird ein GewBetr in BetriebsGes und BesitzGes aufgeteilt (→ Rn. 877), fehlt aber die personelle Verflechtung zw beiden Ges (zB Besitz-GbR mit Nur-Besitz Ges'ter und Einstimmigkeitsprinzip) und damit der Tatbestand der (echten) BetrAufsp (sog verunglückte BetrAufsp), ist dies idR nur **Betriebsunterbrechung** (keine Gewinnrealisierung!), sofern keine Betriebsaufgabe erklärt wird (BFH VIII R 72/96, DStR 99, 1184; *HG* DStR 99, 1186; auch → Rn. 865; krit *Natschke* StBP 00, 133). Ebenso ist dies mE, wenn aufgrund **Ände-** 868

rung der Rspr eine ursprüngl zR bejahte (echte) BetrAufsp ex tunc zu verneinen ist (ähnl *Tiedtke ua* DStZ 99, 725).

869 **10. Rechtsfolgen einer Betriebsaufspaltung. – a) Allgemeines.** Ist der Tatbestand der BetrAufsp erfüllt, betreibt auch das Besitzunternehmen einen GewBetr – zu DBA-Recht aber → Rn. 173 (einschließl § 50i); *BMF* BStBl I 14, 1258 –, der grds (aber → Rn. 871) auch **gewstpfl** ist (zB BFH IV R 8/97, BStBl II 98, 478). Dieser GewBetr *beginnt* grds, sobald personelle und sachl Verflechtung vorliegt; bei unechter BetrAufsp sind uU auch Vorbereitungshandlungen ausreichen (BFH VIII R 57/99, BStBl II 02, 662 zu II. B.3.; *OFD Ffm* FR 12, 976 (981)). Der Unternehmer (MUer) des Besitzunternehmens hat gewerbl Einkünfte und insoweit BV. Dies gilt auch, wenn – ***(1)*** ein Freiberufler einer von ihm beherrschten GmbH wesentl Betriebsgrundlagen zur Nutzung überlässt (BFH IV R 67/96, BStBl II 98, 254: Zahnarzt-GbR überlässt Räume uä; BFH VIII R 24/01, DStR 03, 1431: Gebäude an Steuerberater-GmbH) oder – ***(2)*** die BetriebsGes an sich nur luf, freiberufl oder vermögensverwaltend tätig ist, aber einen GewBetr kraft Rechtsform (zB KapGes) hat (→ Rn. 855). Der Gewinn des Besitzunternehmens ist grds durch **BV-Vergleich** zu ermitteln (arg § 141 AO; evtl § 242 HGB; BFH X R 9/86, BStBl II 89, 714; zu § 4 III s *Korn* KÖSDI 14, 19001 (19003)); zur BesitzGes als *ZweckGes* iSv § 290 II Nr 4 HGB nF s *Schüttler ua* DStR 10, 1798; zum *Konzern* iSv § 4h → § 4h Rn. 27 f. Zu Pachtinstandhaltung → Rn. 593. **(Gewinn-)Ausschüttungen der BetriebsKapGes** gehören zu den gewerbl BE, auch soweit sie Zeiträume vor Begründung der BetrAufsp betreffen (BFH III R 47/98, BStBl II 00, 255). Zu **Veräußerung** der Anwartschaft auf KapErhöhung s BFH IV R 16/19, BFH/NV 23, 120; Zu **vGA** (Nutzungsentgelte) → Rn. 819; BFH I B 77/09, BFH/NV 10, 472: Gehalt; BFH I R 25/19, DStR 22, 2197: Entschädigung/Geschäftschance der GmbH. Zu **TW-AfA** auf Anteile an BetriebsKapGes und (ggf eigenkapitalersetzende; dazu → § 15a Rn. 47; *OFD Mster* DB 09, 2350) Darlehen/Pachtforderungen s BFH X R 45/06, BStBl II 10, 274: „Gesamtbetrachtung"; ebenso bei qualifiziertem Rangrücktritt IV R 13/04, BStBl II 06, 618 (weitergehend BFH IV B 120/06, BFH/NV 08, 204; zu eingelegten Anteilen s BFH X R 48/02, BStBl II 10, 162). **Ab VZ 2002/2009** sind aber Gewinnausschüttungen bei natürl Personen gem § 3 Nr 40a zur Hälfte/zu 60% und bei KapGes gem § 8b I KStG iErg zu 95% stfrei (**Halb-/Teileinkünfteverfahren** bzw KSt-Freistellungsverfahren, s – einschließl § 8b IV KStG nF (Streubesitzdividende) – → Rn. 438 f). Andererseits sind bei natürl Personen die mit diesen BE zusammenhängenden Ausgaben/Gewinnminderungen nach Maßgabe von **§ 3c II aF/nF** (**ZK-AnpG,** BGBl I 14, 2417) nur zur Hälfte/zu 60% abzugsfähig. IEinz – einschl Rechtsentwicklung (zB TW-AfA auf Ges'terdarlehen; Aufwendungen iZm der verbilligten Überlassung von wesentl Betriebsgrundlagen) – → § 3c Rn. 11 ff sowie → Rn. 819, 438.

870 **b) Selbständige Unternehmen.** Nach der Rspr des BFH sind Besitzunternehmen und BetriebsGes trotz sachl und personeller Verflechtung rechtl und wirtschaftl selbstständige Unternehmen; zB Einbringung des Besitzunternehmens nach § 20 UmwStG (BFH I R 7/16, DStR 18, 1014; instruktiv *Ott* StuB 20, 693); keine einheitl Betrachtung bezügl Teilbetriebsvoraussetzungen (BFH IV B 125/92, BFH/NV 94, 617; **aA** *Tiedtke/Wälzholz* BB 99, 765; dazu → § 16 Rn. 130 „Besitzunternehmen"); zu § 7g → § 7g Rn. 28; *BMF* BStBl I 22, 945 Rn. 1, 15; Ausnahme: InvZulG, → Rn. 879). Sie bilanzieren grds unabhängig voneinander (zu Teilwert-AfA/§ 4h-Konzern/ZweckGes aber → Rn. 869). Zu unterschiedl Wahl des **Wj** von Besitz- und Betriebsunternehmen als Gestaltungsmissbrauch s BFH VIII R 89/02, BFH/NV 04, 936; BFH IV R 21/05, BStBl II 10, 230; → Rn. 253). – Ansprüche auf **(künftige) Gewinnausschüttungen** gegen die BetriebsKapGes sind auch bei BetrAufsp nicht phasengleich zu aktivieren (BFH VIII R 85/94, BStBl II 01, 185 mwN; *Märkle* DStR 02, 1153 (1156): Vorabausschüttung mögl; allg krit zR *Groh* DB 00, 2444 (2558)). – Zum str korrespondierenden Wertansatz für Warenrückgabe-

anspruch s BFH IV R 59/73, BStBl II 75, 700; abl *Beisse* FS L. Schmidt S 455 (467) mwN; auch → § 5 Rn. 701 ff). – Ein gesrechtl veranlasster **Verzicht** auf entstandene **Miet- oder Pachtzinsen** führt bei der *Betriebs-KapGes* zu erfolgsneutraler Einlage (EK 04 = Einlagenkonto iSv § 27 KStG), soweit die erlassene Forderung werthaltig war (Teilwert!), und iÜ (Buchwert der Schuld abzügl Einlage) zu stpfl Ertrag (BFH GrS 1/94, BStBl II 98, 307); der Besitzunternehmer hat nachträgl AK auf die Anteile an der Betriebs-GmbH, soweit der Verzicht bei dieser Einlage ist, und iÜ Aufwand (vgl BFH VIII R 57/94, BStBl II 98, 652 zu B. II.1b; zu § 3c → Rn. 819, 869).

c) Gewerbesteuer. – ***(1)*** **Organschaft.** Sie setzt **ab 2002** auch gewstrechtl (§ 2 II 2 GewStG) neben der finanziellen Eingliederung der OrganGes den Abschluss eines GAV voraus. In die Gewinnerzielungsabsicht des Organträgers (§ 14 I 1 KStG: gewerbl Unternehmen) sind die Beteiligungserträge einzubeziehen (BFH I R 20/09, BFH/NV 10, 391). Die BesitzPersGes ist gem § 14 I 1 Nr 2 KStG iVm § 15 I 1 Nr 1 EStG gewerbl tätig (BFH I R 40/12, DStR 13, 1939; → Rn. 800, 807; *BMF* BStBl I 05, 1038 Rn. 16). – ***(2)*** **Besitzunternehmen.** Nach geänderter Rspr lässt die **GewSt-Befreiung** der BetriebsKapGes (oder *OptionsGes* gem § 1a KStG; → Rn. 803a) zwar die BetrAufsp unberührt (BFH X R 42/16, BFH/NV 19, 586); die Befreiung schlägt jedoch aufgrund der Verflechtung auf das verflochtene Besitzunternehmen durch, zB § 3 Nr 6, 20 GewStG (BFH X R 54/14, BStBl II 17, 529; BFH IV R 30/16, BStBl II 20, 649; BFH IV R 40/22, BStBl II 25, 603 Rn. 55: **Merkmalsübertragung** einschließl Abgrenzungen). ME unzutr, da mit § 9 Nr 2a GewStG nicht vereinbar und unzulässiger Rückgriff auf wirtschaftl Einheit; dazu → Rn. 800, 870; zutr zur GrSt BFH II B 89/19, BFH/NV 20, 1281). Folge der GewSt-Rspr ua: Aufteilung, wenn Besitzunternehmen andere gewstpfl Einkünfte erzielt (*OFD NRW* DStR 10, 2462; FG Saarl EFG 21, 1495, rkr). **§ 9 Nr 1 S 2 f GewStG** aF/nF ist nicht anwendbar; ebenso zu kapitalistischer BetrAufsp und Gewerblichkeit des Betriebsunternehmens kraft Rechtsform (BFH X R 54/14, BStBl II 17, 529); zum Durchgriffverbot s aber BFH III R 13/23, BStBl II 24, 487; → Rn. 835, 863). – ***(3)*** **Hinzurechnungen.** S insb § 8 Nr 1 GewSt (ab EZ 2008/2020). – ***(4)*** **Unternehmensidentität.** (§ 10a GewStG) entfällt bei Übergang zu bloßen Besitzunternehmen (BFH IV R 8/17, BStBl II 20, 401); zur uU unschädl Umstrukturierung des Besitzunternehmens s BFH IV R 59/16, BStBl II 20, 147. Allg → § 16 Rn. 17. 871

d) Besitzpersonengesellschaft. Ist das Besitzunternehmen eine PersGes (zur OptionsGes gem § 1a KStG → Rn. 803a), betreibt diese – gleichgültig, ob die Anteile an der BetriebsKapGes Gesamthandsvermögen oder SBV (→ Rn. 874) sind – insgesamt **einen GewBetr** (BFH VIII R 61/97, BStBl II 99, 483 zu II.2.); der Abfärbung nach § 15 III Nr 1 aF stand auch die geänderte Rspr zu doppelstöckigen PersGes nicht entgegen (zur Neufassung von § 15 III Nr 1 durch JStG 2007, BGBl I 06, 2878 → Rn. 189). Rechtsfolge ist zB, dass alle Ges'ter, auch diejenigen Ges'ter, die nicht an der Betriebs-KapGes beteiligt sind **(Nur-BesitzGes'ter),** gewerbl Einkünfte haben (**aA** *Micker* FR 09, 852; zu Auswegkonstruktionen s *Felix* StB 97, 145 (149) mwN). Gleiche Grundsätze gelten idR (Ausnahme s BFH IV R 73/94, BStBl II 97, 569 zu 1.g) für Besitzunternehmen in der Rechtsform der **Bruchteilsgemeinschaft** (BFH VIII R 240/81, BStBl II 86, 296 zu I.3.a; auch → Rn. 858, 861). 872

e) Betriebsvermögen. – **aa) Einzelunternehmen.** Zum **notwendigen BV** des Besitzunternehmens (Einzelunternehmen) gehören: – ***(1)*** die der BetriebsGes **zur Nutzung überlassenen WG** (zB BFH III R 64/05, BFH/NV 07, 1659: Zuordnungsvorrang ggü gewerbl Grundstückshandel), und zwar idR (dh bei entspr wirtschaftl Zusammenhang) auch, soweit diese für die BetriebsGes keine wesentl Betriebsgrundlage sind (zB BFH X R 58/04, BFH/NV 05, 1774: *Demuth* KÖSDI 19, 21310 (21316)), zB nur untervermietet sind (BFH IV R 135/86, BStBl II 89, 1014); 873

Gleiches gilt mE für einen **Miteigentumsanteil** des Besitzunternehmers am zur Nutzung überlassenen Grundstück (diff BFH III R 77/03, BStBl II 05, 340; BFH I R 7/16, DStR 18, 1014); zu Grunddienstbarkeiten s NdsFG EFG 22, 911, rkr. – ***(2)*** die **Anteile an der BetriebsKapGes** (zB BFH X R 49/06, BStBl II 07, 772; zu TW-AfA → Rn. 869 aE; zu Konkurrenz mit § 21 UmwStG 1995 s *Crezelius* FS Haas, 1996, 89); – ***(3)*** eine Beteiligung an einer KapGes, die mittelbar einen **beherrschenden** Einfluss auf die BetriebsGes gewährt (BFH IV R 103/78, BStBl II 82, 60; BFH X R 22/02, BStBl II 06, 457; einschr *Roser* EStB 09, 177; → Rn. 714); – ***(4)*** unmittelbare oder mittelbare Beteiligungen an KapGes, die **intensive Geschäftsbeziehung** mit der BetriebsGes unterhält (BFH X B 98/05, BStBl II 05, 833; BFH X R 2/03, BStBl II 05, 694); ebenso, wenn durch den Komplementäranteil solche Geschäftsbeziehungen zw einer KG und der BetriebsKapGes gefördert werden (zutr BFH X R 2/10, BStBl II 13, 907; krit *Prinz* DB 14, 1218). – ***(5)*** **Darlehensforderungen** gegen die BetriebsGes (zu § 4h nF s dort), wenn die Darlehenshingabe betriebl veranlasst ist (BFH X R 2/03, BStBl II 05, 694; BFH IV R 13/04, BStBl II 06, 618: einschließl Ausnahmen und Abgrenzung zu verdeckter Einlage), oder eine typische stille Beteiligung; – ***(6)*** **Schulden** aus Bürgschaft für Verbindlichkeiten der BetriebsKapGes (BFH X R 104/98, BFH/NV 02, 163). Zu TW-AfA → Rn. 869 aE. – Die von einer Betriebs-GmbH an Inhaber des Besitzunternehmens gezahlten **Vergütungen für eine Tätigkeit** im Dienste der GmbH gehören nicht zum Gewinn des Besitzunternehmens; sie sind Einkünfte aus nichtselbstständiger oder selbstständiger Arbeit (BFH IV R 16/69, BStBl II 70, 722; zu vGA aber → Rn. 869); Pensionsanwartschaften sind nicht zu aktivieren (BFH X R 42/08, BStBl II 12, 188).

874 **bb) Personengesellschaft; Gemeinschaft.** Zum **notwendigen BV** des Besitzunternehmens (PersGes bzw Personengemeinschaft) gehören grds alle WG des **GesVermögens,** auch wenn diese nicht an die BetriebsGes zur Nutzung überlassen sind (arg § 15 III Nr 1; BFH VIII R 61/97, BStBl II 99, 483 zu II.2.), zB Forderungen aus Darlehen (BFH IV R 73/99, BStBl II 01, 335; BFH XI R 65/03, BStBl II 05, 102: auch bei Refinanzierung kein durchlaufender Posten; zu Ausnahmen iVm verdeckter Einlage s BFH IV R 7/03, BStBl II 05, 354; Grunddienstbarkeiten NdsFG EFG 22, 911, rkr) oder typischer stiller Beteiligung an der Betriebs-GmbH (BFH VIII R 106/87, BStBl II 91, 569: Zeitpunkt der Aktivierung eines Gewinnanspruchs aus stiller Beteiligung) – ausgenommen notwendiges PV (→ Rn. 484). Zu Grundschulden zugunsten von Krediten der BetriebsGes/Zwangsverwaltung s BFH IV 1/23, BFH/NV 25, 1548 – WG im Eigentum einzelner Ges'ter sind **notwendiges SBV,** wenn sie *an das Besitzunternehmen* zur Weitervermietung an die BetriebsGes überlassen sind (SBV I; zB BFH X R 50/03, BFH/NV 06, 1144), aber auch bei *unmittelbarer* **Nutzungsüberlassung an die BetriebsGes** (SBV II), *wenn* die Nutzungsüberlassung seitens des Ges'ters (Gemeinschafters) nicht durch (betriebl oder private) Interessen des Ges'ters, sondern primär durch die betriebl Interessen der BesitzPersGes oder *BetriebsKapGes,* dh gesellschaftl veranlasst ist (Einzelheiten BFH IV R 14/18, DStR 21, 18; BFH IV R 65/07, BStBl II 09, 371; zu eng; s auch FG Ddorf EFG 04, 981; *Lutterbach* DB 99, 2332: evtl zweite BetrAufsp); bei Überlassung an *BetriebsPersGes* ist hingegen der Vorrang des SBV I zu beachten (BFH IV R 59/04, BStBl II 05, 830; → Rn. 534). Stets gesellschaftl veranlasst ist eine nicht fremdübl Nutzungsüberlassung (*HG* DStR 02, 447; **aA** FG Mster EFG 14, 1951); sie fehlt hingegen zB bei fremdübl Vermietung durch GbR, an der einzelne Ges'ter der Besitz-OHG nichtbeherrschend beteiligt sind (BFH VIII R 44/95, BStBl II 97, 530) oder wenn Miteigentümer, die auch Ges'ter einer Besitz-GbR sind, Wohnungen an Dritte vermieten (BFH IV R 77/97, BStBl II 99, 279). – Weitere **Einzelfälle** zu **notwendiges SBV:** – ***(1)*** die Anteile eines Ges'ters der BesitzPersGes an der **Betriebs-KapGes** (BFH IV R 16/19, BFH/NV 23, 120; BFH VIII R 63/87, BStBl II 91, 832; zu Einlagen s BFH IV R 73/05, BStBl II 08, 965; zu mehreren Besitz-Ges → Rn. 861; *Rutemöller* DStZ 12, 839; *Oelmaier* HFR 09, 1021: Ausweis grds gem **zeitl Priorität;**

dazu BFH IV R 5/20, DStR 25, 137; BFH IV R 34/09, BStBl II 13, 471) sowie der Ausschüttungsanspruch auf diese Anteile (BFH XI R 18/90, BStBl II 92, 723). – *(2)* Der Anteil an einer **Vertriebs-KapGes** ist auch dann SBV beim Besitzunternehmen, wenn zugleich die Voraussetzungen für dessen Aktivierung im SBV bei der Produktions-KG erfüllt sind (BFH IV R 34/09, BStBl II 13, 47); – *(3)* Anteile an **zwischengeschalteter KapGes** (BFH IV R 5/20, DStR 25, 137; → Rn. 835) oder mit **intensiver** (vorteilhafter) **Geschäftsbeziehung** zur BetriebsGes (s BFH IV R 7/03, BStBl II 05, 354 einschließl verdeckten Einlagen); – *(4)* durch das GesVerhältnis veranlasste **Darlehen** an BetriebsKapGes (BFH IV R 99/06, BStBl II 10, 593: nicht marktübl Konditionen als Indiz; vgl auch BFH X R 12/19, BStBl II 22, 260; dazu → Rn. 838; *Wacker* FR 22, 625; zu eng FG Hmb EFG 07, 761). – *(5)* Zur **Rückstellung** für **Bürgschaft** des BesitzPersGes'ters für Schulden der Betriebs-GmbH als negatives SBV II einschließl Ausfall des Regresses s BFH VIII R 27/00, BStBl II 02, 733; BFH X R 60/99, BFH/NV 03, 901. – Zur **Durchgriffshaftung** s BFH XI R 52/01, BStBl II 03, 658.

cc) Gewillkürtes Betriebsvermögen. Besitzunternehmen in der Rechtsform eines *Einzelunternehmens,* einer *Bruchteilsgemeinschaft* oder einer *Erbengemeinschaft* können auch gewillkürtes BV haben; zu diesem gehört zB fremdvermieteter Grundbesitz, sofern und solange dieser als BV ausgewiesen ist (BFH III R 64/05, BFH/NV 07, 1659). Entspr gilt für WG, die einem Ges'ter einer BesitzPersGes gehören (*gewillkürtes SBV;* BFH IV R 77/97, BStBl II 99, 279 zu 2.b). 875

f) Anteilsübertragung; Einlage. Werden vom Besitzunternehmer (zum BV gehörige) Anteile an der BetriebsKapGes **unentgeltl** oder verbilligt auf nicht am Besitzunternehmen beteiligte **Angehörige** *(Nur-BetriebsGes'ter)* übertragen, sind diese Anteile entnommen (zur Bewertung s FG Köln EFG 04, 880; → Rn. 869 aE); ebenso bei verdeckter Einlage der Anteile in andere KapGes (BFH X R 22/02, BStBl II 06, 457; → § 16 Rn. 135). Wird bei einer **Kapitalerhöhung der BetriebsKapGes** einem Nur-Betriebs-Ges'ter der *verbilligte* Barerwerb neuer Anteile ermöglicht, ist dies eine Entnahme (eines Bezugsrechts bzw einer Anwartschaft) iHd Differenz zw dem Wert der übernommenen Anteile und der Einlage (BFH VIII R 63/87, BStBl II 91, 832; BFH III R 8/03, BStBl II 06, 287; *Söffing* BB 06, 1529; *J. Thiel* FS Haas, 1996, S 353: *disquotale Kapitalerhöhung* diff FG Mster EFG 95, 794). Zur Entnahme iZm der **Abspaltung** betr BetriebsKapGes s BFH IV R 17/17, DStR 20, 2192; → Rn. 538. Leistet der Besitzunternehmer eine **verdeckte (Bar-)Einlage,** die idR auch zu einer Wertsteigerung der Anteile eines Nur-BetriebsGes'ters führt (*J. Thiel* FS Haas, 1996, S 353: *disquotale Einlage* mit Teilung des automatischen Entgelts), ist dies idR iHd Quote des Nur-Betriebsges'ters eine unentgeltl Zuwendung an diesen (vgl BFH GrS 1/94, BStBl II 98, 307 zu C. III; *Groh* DStR 99, 1050) und damit Barentnahme des Besitzunternehmers mit der Folge, dass sich die AK *seiner* Anteile an der BetriebsKapGes nur entspr seiner Beteiligungsquote erhöhen (*J. Thiel* FS Haas, 1996, S 335; BFH X R 34/03, BStBl II 05, 378: jeweils auch zur verdeckten Einlage von WG mit stillen Reserven). 876

11. Betriebsaufteilung; Übertragung einzelner Wirtschaftsgüter zwischen Besitzunternehmen und Betriebskapitalgesellschaft/Betriebspersonengesellschaft. – a) Übertragungen. Im Gegensatz zur Rechtslage bis 1998 (dazu BFH X B 172/09, BFH/NV 10, 2053; → 30. Aufl 2011, § 15 Rn. 877) können ab 1.1.99 einzelne WG nach hL **nicht** mehr zu Buchwerten auf die **BetriebsKapGes** übertragen werden (glA BFH X B 172/09, BFH/NV 10, 2053); vielmehr werden nach § 6 VI 2, 3 „die AK der Beteiligung an der KapGes" um den TW des eingelegten WG oder in den Sonderfällen des § 6 I Nr 5 S 1 Buchst a um den Einlagewert des WG erhöht und damit idR ein Gewinn realisiert. Unerhebl ist, dass bei BetrAufsp beide Unternehmen in mancher Hinsicht eine wirtschaftl Einheit bilden (so ausdrückl BT-Drs 14/23). **Auswege** bei echter BetrAufsp: Betriebsverpachtungsmodell 877

(→ Rn. 865), evtl iVm Schrumpfungsmodell (dazu *Hörger ua* GmbHR 01, 1139); Anwachsungsmodell (Aufteilung einer GmbH & Co KG durch Ausscheiden der Komplementär-GmbH und deren Einsatz als BetriebsGes); Einbringung eines Teilbetriebs (§ 20 UmwStG; *Lederle* GmbHR 04, 985 (989); aber → § 16 Rn. 116, 130); § 6b (*Stahl* KÖSDI 03, 13796). – Zur Übertragung einzelner WG bei Begründung oder iR einer **mitunternehmerischen BetrAufsp** vor 1999 (Wahlrecht) und in den Jahren 1999/2000 (TW-Ansatz) → 29. Aufl 2010, § 15 Rn. 877. Ab dem 1. 1. 01 sind idR (dh soweit Ges'ter der BetriebsGes natürl Personen) zwingend die Buchwerte des Besitzunternehmens fortzuführen (§ 6 V; *BMF* BStBl I 11, 1279); fragl aber zw Gesamtvermögen der PersGes (→ § 6 Rn. 805; *BMF* BStBl I 11, 1279 Rn. 18). *Alternativ* kann das Besitzunternehmen die WG entgeltl zu fremdübl Konditionen an die BetriebsPersGes veräußern (Gewinnrealisierung; uU aber § 6b). – Zur mE nicht durchgreifenden **Kritik** (unterschiedl Behandlung von BetriebsKapGes und BetriebsPersGes; teleologische Reduktion des § 6 VI 2) → 23. Aufl 2004, § 15 Rn. 877.

878 **b) Geschäftswert.** Er verbleibt idR beim Besitzunternehmen (BFH IV R 5/12, BStBl II 15, 935), kann aber der BetriebsGes zur Nutzung überlassen (zB FG Ddorf EFG 04, 41 rkr; vgl auch BFH X R 32/05, BStBl II 09, 634; *Levedag* NWB 10, 106) oder ausnahmsweise auf diese ganz oder teilweise (?) übertragen werden, zB bei langfristiger Verpachtung aller wesentl Betriebsgrundlagen (BFH I R 42/00, BStBl II 01, 771; *Anm* DStR 01, 1748; BFH IV R 79/05, BStBl II 09, 15; *Schießl* GmbHR 06, 459). – Für die beim Besitzunternehmen **verbleibenden WG** sind die Buchwerte zwingend fortzuführen (nur Strukturänderung; vgl zB BFH VIII R 63/87, BStBl II 91, 832).

879 **12. Investitionszulage bei Betriebsaufspaltung.** Die von der BetriebsGes erfüllten Tatbestandsmerkmale des InvZulG sind auch dem investierenden Besitzunternehmen zuzurechnen (sog *Merkmalübertragung/Einheitsbetrachtung*), sofern beide Unternehmen „betriebsvermögensmäßig" miteinander verbunden sind (iEinz BFH III R 28/08, BStBl II 14, 194; BFH III R 16/15, BFH/NV 18, 235: abl für Photovoltaikanlage des Besitzunternehmens; zutr). Letzteres zielt iRv § 7g allerdings nur auf den Ausschluss rein faktischer Beherrschungen (BFH IV R 82/05, BStBl II 08, 471; *BMF* BStBl I 22, 945 Rn. 38).

E. Einkünfte der persönlich haftenden Gesellschafter einer KGaA, § 15 I Nr 3

Verwaltung: *OFD Köln* DStR 91, 1218. – **Schrifttum** (Auswahl): *Kessler,* Die KGaA im System der dualen Unternehmensbesteuerung, FS Korn, 307; *Hoppe,* Die Besteuerung der KGaA –, Diss, 2014; *Fischer,* Die (dt) KGaA im internationalen StRecht, FS Gosch, 69; *Krebbers-van Heek,* Die mitunternehmerische Besteuerung …, 2016, Diss; *Reiß,* Steuerl Ergänzungsbilanz …, FS Crezelius, 2018, 371; *Kusterer,* KGaA …, DStR 25, 128; *Herlinghaus,* Zur transparenten Besteuerung …, FS Brandis, 2025, 219.

I. Rechtliche Qualifikation der KGaA

890 Die KGaA ist eine **rechtsfähige Ges** (*K. Schmidt,* FS Wacker, 2025, 77: „monistisch verfasst"), bei der mindestens ein Ges'ter den GesGläubigern unbeschränkt haftet (Komplementär) und die übrigen an dem in Aktien zerlegten Grundkapital beteiligt sind, ohne für die Verbindlichkeiten der Ges zu haften (Kommanditaktionäre). Das Rechtsverhältnis der phGes'ter bestimmt sich zivilrechtl nach den HGB-Vorschriften über die KG, iÜ gelten für die KGaA die AktG-Vorschriften über die AG (§§ 278–290 AktG; BFH II B 76/04, BFH/NV 05, 1627). PhGes'ter einer KGaA können natürl oder juristische Personen zB GmbH oder PersGes zB GmbH & Co KG sein (BGH II ZB 11/96, DStR 97, 1012; *Otte* BB 22, 461). Zu Ges ausl Rechts s § 9 I Nr 1 KStG. Die KGaA unterliegt der **KSt** (§ 1 I Nr 1 KStG). Bei der Ermittlung ihres kstpfl Einkommens sind aber abzuziehen – ***(1)*** ausdrückl gem § 9 I Nr 1

KStG „der Teil des Gewinns, der an **persönl haftende Ges'ter** auf ihre nicht auf das Grundkapital gemachte Einlage oder als Vergütungen für die Geschäftsführung verteilt wird", auch soweit überhöht, und – ***(2)*** als BA oder analog § 9 I Nr 1 KStG sonstige (angemessene oder überhöhte) Sondervergütungen, die die KGaA dem Komplementär gewährt (zu str Einzelheiten s zB *Schaumburg* DStZ 98, 525 (533); *Drüen ua* DB 12, 2184 (2187): Haftungsvergütung). Dem entspricht es, dass die Gewinnanteile (und Sondervergütungen, → Rn. 891) der phGes'ter bei diesen, soweit sie natürl Personen sind, als Einkünfte aus GewBetr estpfl und, soweit phGes'ter zB eine GmbH ist, kstpfl sind (§ 15 I 1 Nr 3 Hs 1; BFH X R 14/88, BStBl II 89, 881), unabhängig davon, ob ihre Rechtsstellung im Einzelfall den allg Kriterien des MUerbegriffs genügt (BFH I R 11/80, BStBl II 84, 381). Zur **GewSt** s § 8 Nr 4, § 9 Nr 2b GewStG; → Rn. 891. – Zu **§ 7 VIII ErbStG** s abl FG Hbg EFG 23, 1466, Rev II R 23/23; zu § 13b ErbStG aF s BFH II R 54/22 DStR 26, 150. – Zu Reformvorschlägen s *E & Y* DB 14, 147; *Bielinis* DStR 14, 769.

II. Umfang und Ermittlung der gewerblichen Einkünfte der Komplementäre

Die Komplementäre (phGes'ter) sind im Verhältnis zur KGaA oder den Kommanditaktionären zwar nicht MUer (ieS), sie werden aber **insofern** nach den Grundsätzen des Transparenzprinzips **„wie (Mit-)Unternehmer behandelt"**, als „ihre **Gewinnanteile** und **Vergütungen** als gewerbl Einkünfte erfasst werden" (BFH I R 235/81, BStBl II 86, 72; zu § 34a → § 34a Rn. 20). Demgemäß ist ein Feststellungsverfahren (§ 180 I Nr 2a AO) auch dann durchzuführen, wenn der phGes'ter nicht am Vermögen der KGaA beteiligt ist (BFH I R 24/22, DStR 25, 568; BFH I R 27/22, BFH/NV 26, 135; iE *Kanzler* FR 25, 466; *Wacker* FR 25, 869). Dem phGes'ter (natürl Person, GmbH, GmbH & Co KG ggf iVm Option gem § 1a KStG; → Rn. 160a) ist sein durch BV-Vergleich (§ 5) zu ermittelnder Anteil am Gewinn oder Verlust der StB – nach der zutr sog **„Wurzeltheorie"** (BFH I R 44/18, DStR 22, 2047; *Herlinghaus* FS Brandis, 2025, 219; **aA** *Fischer* aaO mwN) – estrechtl bzw kstrechtl unmittelbar zuzurechnen (BFH X R 14/88, BStBl II 89, 881; BFH I R 44/18, DStR 22, 2047; *Wacker* FR 23, 725; *Hoppe* Diss, 46 ff; *Hagemann* StuW 19, 280 auch zu § 49 I Nr 2a). Zu den gewerbl Einkünften der persönl haftenden Ges'ter gehören wie bei MUern einer PersGes auch Vergütungen für eine **Tätigkeit im Dienst der Ges,** die Hingabe von **Darlehen** und die **Überlassung von WG** (§ 15 I 1 Nr 3 Hs 2) einschließl der als nachträgl Einkünfte bezogenen Vergütungen (§ 15 I 2). Zu Sondervergütungen eines beschr stpfl persönl haftenden Ges'ters s BFH I R 16/89, BStBl II 91, 211; BFH I R 5/11, IStR 12, 222 sowie nunmehr § 50d X (→ Rn. 565). Auch diese Einkünfte sind nach den für § 15 I 1 Nr 2 maßgebl Grundsätze durch BV-Vergleich (§ 5) zu ermitteln (BFH I R 42/11, BFH/NV 13, 589: iErg „phasengleich"). Danach sind zB auch Pensionszusagen der KGaA ggü persönl haftenden Ges'tern in Sonderbilanzen korrespondierend zur StB der KGaA anzusetzen (→ Rn. 585 ff; **aA** *Busch ua* FR 08, 1137); ein der KGaA überlassenes Grundstück des persönl haftenden Ges'ters ist SBV. SonderBA können § 4i unterliegen (→ § 4i Rn. 10). Str ist, inwieweit diese Grundsätze sinngemäß gelten, wenn persönl haftende Ges'ter eine GmbH & Co KG (ohne Option gem § 1a KStG; → Rn. 160a) ist und deren Ges'ter (= **mittelbare Ges'ter** der KGaA) unmittelbar – oder über die KG – für die KGaA tätig sind oder ihr WG zur Nutzung überlassen (mE zu bejahen, arg § 15 I 1 Nr 2 S 2; **aA** *Hempe ua* DB 01, 2268; diff *Wehrheim* DB 01, 9479; zur Direktanstellung s *Gosch* DK 17, 505). Die dem phGes'ter gehörigen **Kommanditaktien** sind aber **kein SBV;** Ausschüttungen auf sie sind bei Zufluss (§ 11) als Einnahmen aus **KapVerm** zu erfassen (BFH X R 14/88, BStBl II 89, 881; zu vGA s *Mahlow* DB 03, 1540). Gleiches gilt für die Anteile der Kommanditaktionäre an der **Komplementär-GmbH** (*Wehrheim ua* StuW 05, 234 (243)). Zur **Anteilsveräußerung** s § 16 I 1 Nr 3 iVm I 2 (→ § 16 Rn. 560 f). Im Falle eines An- 891 teilserwerbs sind nach allg Grundsatz Ergänzungsbilanzen zu bilden (BFH I R 41/16, DStR 17, 1976; *Wacker* DStR 17, 197; *Reiß* FS Crezelius, 371 (386)); nicht jedoch iRd sog „KGaA-Modells" (dazu BFH I R 57/14, DStR 17, 193; BFH I R 41/16, DStR 17, 1976; *Martini* HFR 17, 1023). Hält eine KGaA **Anteile an KapGes,** unterliegen Ausschüttungen hierauf grds ab VZ 2002/2009 dem Halb-/**Teileinkünfte-** bzw **KSt-Freistellungsverfahren** (§ 3 Nr 40, § 3c II EStG; § 8b KStG; → Rn. 438 f, 819, 869; BFH I R 44/18, DStR 22, 2047 zum **DBA-Schachtelprivileg** s aber BFH I R 44/18, DStR 22, 2047; BFH I R 62/09, DStR 10, 1712; BFH I R 12–13/21 DStRE 25, 785 iVm § 42 AO; *Wacker* FR 23, 725; sowie ab 2012 **§ 50d XI** nF; zu DBA-Recht allg s *Stöber* IStR 25, 685). Zur **Stiftung & Co KGaA** s *Wehrheim ua* aaO. Zu **§ 4h** s *BMF* BStBl I 25, 683 Rn. 8. Der **Gewerbeertrag** der KGaA wird zwar um Tätigkeitsentgelte der persönl haftenden Ges'ter (§ 9 I Nr 1 KStG) gekürzt und diese nach § 8 Nr 4 GewStG hinzugerechnet (BFH I R 42/11, BFH/NV 13, 589; BFH I R 13/20, BStBl II 23, 913: „Drittanstellung"); Darlehens- und Miet/Pachtentgelte (BA der KGaA) unterliegen hingegen nur der Hinzurechnung § 8 Nr 1 GewStG (BFH X R 6/05, BStBl II 08, 363 zu § 32c aF; *Hageböke* DB 12, 2709); GuV iZm Ergänzungsbilanzen (s oben) gehen (anders als bei PersGes) nicht in den Gewerbeertrag der KGaA ein, sondern allenfalls in denjenigen des persönl haftenden Ges'ters (iEinz BFH I R 41/16, DStR 17, 1976; *Wacker* DStR 17, 197; *Martini* HFR 17, 1023; **aA** *Hageböke* DK 18, 136). Zur **GewSt-Anrechnung** → § 35 Rn 32, 22. 25.

F. Ausgleichs- und Abzugsverbot für Verluste aus gewerblicher Tierzucht/Tierhaltung, aus betrieblichen Termingeschäften und aus mitunternehmerischen Innengesellschaften zwischen Kapitalgesellschaften, § 15 IV

Verwaltung: EStR 15.10; *BMF* BStBl I 01, 986 (private Termingeschäfte); *BMF* BStBl I 02, 712 (Aktieneigenhandel); *BMF* BStBl I 04, 1097 (Verhältnis zu § 10d); *BMF* DB 05, 2269 (Begriff des Termingeschäfts); *BMF* BStBl I 08, 970 (InnenGes); *BMF* DB 10, 2024 (§ 5 Ia; § 5 IVa); *LfSt Bay* DStR 09, 533 (Versicherungsunternehmen); *FM SchlH* DStR 11, 1427 (Erbfall).

Schrifttum zu § 15 IV 3–5 (Auswahl ab 2015): *Johannemann ua,* Der Begriff des Termingeschäfts …, DStR 15, 1489; *Drüen,* Das steuerrechtl Termingeschäft …, BB 21, 1175.

Schrifttum zu § 15 IV 6–8 (Auswahl): *Götz ua,* Die Verlustabzugsbeschränkung …, GmbHR 09, 584; *Wacker,* Stille Beteiligungen und Verlustverwertungsbeschränkung, DB 12, 1403; *Peters,* Abzugsbeschränkungen …, FR 12, 718; *Kopp ua,* Zur … Zinsswaps, DStR 23, 1390.

I. Zielsetzung; Inhalt

895 Das Ausgleichs- und Abzugsverbot in **§ 15 IV 1–2** für Verluste aus **gewerbl Tierzucht/-haltung** ist eine agrarpolitische Maßnahme; sie soll die traditionelle, mit Bodenwirtschaft verbundene luf Tierzucht/Tierhaltung vor der industriellen Tierveredelungsproduktion, insb mittels VerlustzuweisungsGes (§ 6 II aF/nF, § 6 IIa nF für Tiere) schützen (BFH IV R 47/01, BStBl II 03, 507 zu 2.). Zur **Verfassungsmäßigkeit** und EU-Konformität s BFH IV B 84/11, BFH/NV 12, 1313. – Das Ausgleichs-/Abzugsverbot in **§ 15 IV 3–5** sperrt den sofortigen BA-Abzug (*BMF* DB 10, 2024 bezügl Rückstellungen nach § 5 IVa S 2) für Verluste aus riskanten (betriebl) **Termingeschäften** und sichert zudem die entspr Beschränkungen im PV (früher: § 23 I 1 Nr 4 iVm III aF; heute: § 20 II 1 Nr 3, VI aF/nF) ab (zutr BFH IV R 20/13, BStBl II 16, 739). Satz 4 nimmt hiervon – vorbehalt der Sonderregel in Satz 5 – Geschäfte aus, die entweder zum gewöhnl Geschäftsbetrieb von Kreditinstituten usw iSd KWG gehören (und daher nach § 3 Nr 40 S 3 aF/nF bzw § 8b VII aF/nF KStG voll stpfl sind) oder der Absicherung von Geschäften des gewöhnl Geschäftsbetriebs dienen. Die Vorschriften sind mE insgesamt **verfgemäß;** nach BFH IV R 20/13, BStBl II 16, 739; BFH I R 25/14, BStBl II 18, 124 vorbehaltl eines de-

finitiven Verlustwegfalls (weitergehend BFH VIII B 113/23 (AdV), BStBl II 24, 637 zu § 20 VI 5 aF/aufgehoben durch JStG 2024, BGBl I 24 Nr 387). – Mit Wirkung **ab VZ 2003** wurde durch **Satz 6** (StVerGAbG, BGBl I 03, 660) ein Ausgleichs- und Abzugsverbot für Verluste aus **mitunternehmerischen InnenGes zw KapGes** verfügt. Die Vorschrift soll die Abschaffung der sog Mehrmütterorganschaft absichern (s dazu BFH I B 7/11, BStBl II 12, 751; **aA** *Kusterer,* DStR 25, 128), weil die mit dieser Regelung verfolgten Ziele „faktisch auch durch Innengesellschaften" erreicht werden können (BT-Drs 15/119, 38; BFH I R 62/08, BStBl II 12, 745; *BMF* BStBl I 05, 1038 Rn. 6 ff). Die Regelung ist in sog **Altfällen** (InnenGes bis 20.11.02 [= Kabinettsbeschluss zu E-StVergAbG] rechtwirksam geschlossen) für Verluste, die im ersten nach Verkündung des StVergAbG (20.5.03) endenden Wj (2003 oder 2002/2003) angefallen sind, noch *nicht* anwendbar (BFH I R 62/08, BStBl II 12, 745: verfkonforme Einschränkung von § 52 I EStG 2003; zutr); weitergehender Vertrauensschutz (zB nach § 227 AO) wird hierdurch mE nicht ausgeschlossen (*Wacker* DB 12, 1403 (1407)). Durch das **Korb II-G** (BGBl I 03, 2840) wurde mit Wirkung ab VZ 2004 **Satz 6** geändert und um die **Sätze 7 und 8** ergänzt, weil „sich gezeigt hat, dass die bisherige Verlustausgleichsbeschränkung des § 15 IV Satz 6 bei stillen Beteiligungen (von KapGes) an KapGes durch die Zwischenschaltung einer PersGes leicht umgangen werden könnte" (BR-Drs 560/03, 14). Nach dieser Regelung unterliegen Verluste aus der Beteiligung an einer mitunternehmerischen InnenGes einem Ausgleichs- und Abzugsverbot, soweit sie auf kstpfl Steuersubjekte (insb KapGes) als unmittelbar oder mittelbar beteiligte MUer entfallen, während sie – wie seit jeher – sofort abzugsfähig sind, soweit sie einer natürl Person als unmittelbar oder mittelbar beteiligte MUer zuzurechnen sind (Satz 8). Eine Parallelvorschrift zu § 15 IV 6–8 enthält § 20 I Nr 4 Satz 2 für typisch stille Beteiligungen, Unterbeteiligungen und sonstige InnenGes an KapGes. Diese gilt über § 8 I KStG für KapGes als typisch stille Ges'ter usw, obwohl deren Einkünfte keine solche aus KapVerm, sondern aus GewBetr sind (§ 8 II KStG; BFH I R 62/08, BStBl II 12, 745). Die Vorschriften werden überwiegend als **verfwidrig** angesehen (fehlende Zweckeignung, keine Einbeziehung von natürl Personen und AußenGes; zB *Peters* FR 12, 718; → 31. Aufl 2012, § 15 Rn. 895); mE ist dem nicht zu folgen, da der Gesetzgeber die InnenGes und die frühere Mehrmütterorganschaft als *wirtschaftl* gleichwertig ansehen und sich (zunächst) auf den praktisch bedeutsamen Fall der Beteiligung durch eine KapGes beschränken durfte (iEinz *Wacker* DB 12, 1403 (1407); FG BW EFG 23, 1379, Rev IX R 34/23). – **Einzelfragen:** – ***(1)*** § 15 IV 1–5 gilt auch für KapGes (BFH I R 62/08, BStBl II 12, 745) einschl OptionsGes gem § 1a KStG (→ Rn. 160a). – ***(2)*** § 15 IV gilt jedoch nicht für die **GewSt** (BFH IV R 40/22, BStBl II 25, 603 Rn. 42; BFH I R 10/98, BStBl II 01, 349; GewStR 7.1 (3)). – ***(3)*** Zum Verlustwegfall nach **§ 3a nF** (Sanierungserträge) → § 3a Rn. 35 ff; zu **§ 8c KStG** (aF/nF = JStG 2018, BGBl I 18, 2338) s *BMF* BStBl I 17, 1645, Rn. 2, 63, 66). – ***(4)*** Zu Verlusten aus Anteilen an REIT-AG s §§ 19 IV, 23 REITG.

II. Gewerbliche Tierzucht und Tierhaltung, § 15 IV 1

Hierzu gehört Zucht und Haltung (auch Pensionsviehhaltung) traditionell in luf Betrieben gezogener und gehaltener Tierarten, die deshalb als gewerbl zu beurteilen ist, weil der **Tierbestand „überhöht"** ist, dh entspr § 13 I EStG iVm §§ 51, 51a BewG (oder **ab VZ 2025** § 241 BewG) keine hinreichende eigene luf Nutzfläche als Futtergrundlage zur Verfügung steht (zB BFH IV R 96/94, BStBl II 96, 85; FG Nbg EFG 96, 1028: uU 2 Betriebe, LuF *und* GewBetr), vorausgesetzt, dass iÜ dem Begriff des GewBetr (§ 15 II) genügt ist (Gewinnabsicht!). Zur Flächenzurechnung bei Pensionspferden einer OrganGes gem § 15 KStG s BFH XI R 33/20, BStBl II 23, 578: Vorrang von § 15 IV). Hierzu gehört auch die Pferdehaltung/-ausbildung (BFH VI R 26/19, BFH/NV 22, 417 für Amateur-/Freizeitsport; offen bezügl professionaler Sportpferde; dazu *Krüger* HFR 22, 519). § 15 IV 1 erfasst aber *nicht* die stets als ge- 896 werbl zu beurteilende Zucht und Haltung von Tieren, deren Ernährungsgrundlage *nicht pflanzl* ist, zB Zucht und Haltung von Hunden, Katzen, Zierfischen, Nerzen (BFH IV R 47/01, BStBl II 03, 507), die industriell betriebene Fischzucht/-mästerei (FG Brem EFG 86, 601), eine selbstständige Brüterei (BFH IV B 64/07, BFH/NV 08, 1474), Verpachtungsbetriebe (NdsFG EFG 89, 58) und die Haltung landwirtschaftl Tierarten für gewerbl oder freiberufl Zwecke (zB Pferde einer Brauerei/Reitschule) oder für Zoo/Zirkus. § 15 IV 1 gilt auch nicht für die nur aus rechtl Gründen als gewerbl Tierzucht/-haltung einer KapGes oder Genossenschaft iRd § 13 I Nr 1 oder einer noch anderweitig gewerbl tätigen oder geprägten PersGes (BFH IV R 22/91, BFH/NV 92, 655). – Betreibt ein StPfl iRe als einheitl zu beurteilenden GewBetr auch eine gewerbl Tierzucht/Tierhaltung, ist § 15 IV 1 auf den ggf zu **schätzenden** Verlust aus gewerbl Tierzucht/Tierhaltung anzuwenden, gleichgültig, ob diese oder die andere gewerbl Betätigung dem Unternehmen das Gepräge gibt (BFH IV R 96/94, BStBl II 96, 85). Nicht anzuwenden ist § 15 IV 1 aber auf an sich luf Tierzucht/Tierhaltung iRe einheitl gewerbl Betriebs (BFH IV R 45/89, BStBl II 91, 625). Bei einer **PersGes** sind Verluste aus gewerbl Tierzucht/Tierhaltung nach § 180 AO festzustellen (BFH VI R 26/19, BFH/NV 22, 417). Zur Transparenz s BFH II R 43/16, DStRE 20, 789; BFH VI R 6/22, BStBl II 24, 734: doppelstöckige PersGes; ab VZ 2025 s § 13b. **Verluste iSv § 15 IV 1–2** sind auch Verluste aus der Veräußerung oder Aufgabe des Betriebs. Ausgeschlossen ist der (vertikale) Ausgleich mit *anderen* positiven Einkünften im selben VZ des StPfl oder des zusammenveranlagten Ehegatten. Insoweit ist auch ein Verlustvor-/-rücktrag nach § 10d unzulässig. *Nicht* ausgeschlossen ist, dass ein StPfl, der mehrere selbstständige Unternehmen der gewerbl Tierzucht/Tierhaltung betreibt oder an solchen als MUer beteiligt ist, Verluste aus dem einen Betrieb mit Gewinnen aus dem anderen Betrieb (MUerAnteil) horizontal ausgleicht (EStR 15.10). Gleiches gilt für zusammenveranlagte Ehegatten, wenn jeder der Ehegatten gewerbl Tierzucht/Tierhaltung betreibt (BFH IV R 116/87, BStBl II 89, 787). Zulässig ist gem § 15 IV 2 der Verlustvortrag/-rücktrag nach Maßgabe des § 10d (*BMF* BStBl I 04, 1097) auf Gewinne des StPfl oder seines zusammenveranlagten Ehegatten im unmittelbar vorangegangenen oder den folgenden Wj aus gewerbl Tierzucht/Tierhaltung, auch auf Gewinne aus der Veräußerung des Betriebs oder Teilbetriebs der gewerbl Tierzucht oder -haltung (BFH IV R 23/93, BStBl II 95, 467 zu IV.4; BFH IV R 67/00, DStRE 04, 1327: doppelstöckige PersGes). Nach FG Ddorf EFG 10, 2106 (glA zu § 23 aF BFH IX R 21/04, BStBl II 07, 158; dazu *BMF* BStBl I 07, 268: Nichtanwendung) war eine bindende **Verlustfeststellung** entbehrl. Die hiervon abw Ansicht der *FinVerw* (*OFD Ffm* DB 02, 2303; NdsFG EFG 11, 1060, rkr; mE zutr) ist durch das AmtshilfeRLUmsG (BGBl I 13, 1809) in Satz 2 und 7 „klarstellend" (§ 52 XXIII; BT-Drs 17/11220, 35 f) festgeschrieben worden. Die Verluste gehen mE auf den Erben über (vgl → § 15a Rn. 168; einschr *FM SchlH* DStR 11, 1427; **aA** *Dötsch* DStR 08, 641 (646); offen BFH GrS 2/04, BStBl II 08, 608).

III. Termingeschäfte, § 15 IV 3–5

900 **1. Systematik.** Das Ausgleichs- und Abzugsverbots betrifft betriebl veranlasste (Wertpapier-, Devisen-, Zins- oder Waren-)Termingeschäfte (→ Rn. 902). **Ausgenommen** sind aber: – ***(1)*** Gem § 15 IV 4 Hs 1 („sektorale Ausnahme") Verluste aus Termingeschäften, „die zum *gewöhnl Geschäftsbetrieb* bei *Kreditinstituten,* Finanzdienstleistungsinstituten und Finanzunternehmen iSd KWG oder ab 26.6.21 Wertpapierinstituten iSd WPIG" gehören (Einzelheiten zB *BMF* BStBl I 02, 712 zu C.I; BFH I R 4/11, BFH/NV 12, 453; BFH I B 105/11, BFH/NV 12, 456; BFH I R 26/22, BB 26, 102: FamilienKapGes/Holding als Finanzunternehmen; *Haisch ua* Ubg 12, 667) und – ***(2)*** gem Satz 4 Hs 2 („funktionale Ausnahme") Verluste aus Termingeschäften (aller gewerbl Unternehmen), die der *Absicherung* von Geschäften des *gewöhnl Geschäftsbetriebs* dienen (dazu → Rn. 904). **Gegenausnahme:** Die Ausnah-

men greifen nicht (Anwendung des Satzes 3), wenn *Aktiengeschäfte* abgesichert werden, bei denen der Veräußerungsgewinn teilweise (§ 3 Nr 40 EStG) oder insgesamt (§ 8b KStG) stfrei ist (einschr zu Veräußerungskosten BFH I R 52/12, BStBl II 14, 861). Die Neuregelungen in § 3 Nr 40 S 3 EStG nF und § 8b VII KStG nF (BEPS-UmsG, BGBl I 16, 3000) sind hierbei zu beachten. Zu Versicherungsunternehmen (§ 8b VIII KStG) s *LfSt Bay* DStR 09, 533.

2. Betriebliche Veranlassung. § 15 IV 3 setzt voraus, dass die Termingeschäfte 901
betriebl veranlasst und Gewinne und Verluste hieraus somit solche aus GewBetr sind. Dies umfasst auch nicht autorisierte Geschäfte untreuer Angestellter (BFH I R 25/14, BStBl II 18, 124: GmbH/Inhouse-Bank; dazu auch → Rn. 904); Termingeschäfte einer KapGes können aber vGA sein (BFH I R 106/99, BStBl II 03, 487). Bei natürl Personen und PersGes führen branchenuntypische Geschäfte, insb andere als die „der Absicherung" dienenden Geschäfte (→ Rn. 903), idR nicht zu notwendigem, sondern allenfalls (strenge Anforderungen!) zu „gewillkürtem" BV (auch → Rn. 481, 492), wenn sie als solche ausgewiesen und zu diesem Zeitpunkt zur Gewinnerzielung obj geeignet sind (lEinz BFH VI R 11/22, BStBl II 25, 730). Auf Einkünfte aus LuF und aus selbstständiger Arbeit ist § 15 IV 3 nicht anwendbar, da die §§ 13, 18 nicht entspr verweisen.

3. Termingeschäft, § 15 IV 3. Der Begriff ist nach der Rspr (ausführl BFH 902
I R 25/14, BStBl II 18, 124; BFH I R 24/19, DStR 22, 1256, jew mwN) nicht steuerrechtl, sondern unter Verzicht auf typologische Risikokriterien (zB Hebelwirkung, Totalverlustrisiko, allg spezifische Gefährlichkeit; *Johannemann ua* DStR 15, 1489) in Übereinstimmung mit § 2 II Nr 1 WpHG, § 1 XI 3 Nr 1 KWG im zivil-/bankenaufsichtsrechtl Sinne und damit in Abgrenzung zum Kassageschäft dahin auszulegen, dass es sich um „Festgeschäfte (zB Kauf, Tausch) oder Optionsgeschäfte handelt, die zeitl *verzögert* zu *erfüllen* sind und deren Wert sich unmittelbar oder mittelbar vom Preis oder Maß eines *Basiswerts*" (zB Wertpapiere, Devisen-/Rechnungseinheiten, Indices, Waren und andere nicht finanzielle Werte) „ableitet" (vgl auch § 20 II 1 Nr 3; BT-Drs 14/443). Hinzu kommen muss nach § 15 IV 3, dass der StPfl durch ein solches Termingeschäft einen **Differenzausgleich** oder einen durch den Wert einer **veränderl Bezugsgröße** (zB Wertentwicklung von Wertpapieren, Indices, Futures, Zinssätzen) bestimmten Geldbetrag oder Vorteil (zB Lieferung von Wertpapieren) erlangt (s zu § 20 II 1 Nr 3a BFH IX R 48/14, BStBl II 16, 456). Unerhebl ist allerdings, ob das Geschäft an der Börse abgeschlossen wird und ob es gem § 37e WpHG verbindl oder gem §§ 762, 764 BGB unverbindl ist. Zu den Termingeschäften gehören ua Optionen (BFH IX R 10/12, BFH/NV 14, 1020), Zinsswaps (BFH VIII R 26/21, BStBl II 25, 153 mwN), Zinswährungsswaps (BFH IV R 34/19, BStBl II 23, 742; BFH IV R 23/20 BFH/NV 23, 707), Swaptions (*Johannemann ua* DStR 15, 1489), **nicht** aber Kassageschäfte, wie zB Index-Schuldverschreibungen/Zertifikate (BFH IV R 53/11, BStBl II 15, 483), Aktienkäufe, WP-/Fremdwährungsdarlehen; Knock-out-Zertifikate (BFH I R 24/19, DStR 22, 1256: Unlimited TurboBull-Zertifikate)), Optionsscheine (*BMF* BStBl I 21, 723 Rn. 7 ff; *Drüen* BB 21, 1175). Nach BFH I R 25/14 (BStBl II 18, 124; zutr; zT **aA** bis → 37. Aufl 2018, § 15 Rn. 902; *BMF* DB 05, 2269) rechnen zu den Termingeschäften (iSv S 3) **nicht** solche, die auf **physische** (tatsächl) **Lieferung** des Basiswerts gerichtet sind; anders aber **(wirtschaftl Termingeschäft),** wenn der Differenzausgleich brutto, dh durch Abschluss eines Gegengeschäfts *vor* Fälligkeit des Erfüllungsgeschäfts abgewickelt wird (BFH I R 25/14, BStBl II 18, 124; FG Hmb EFG 17, 1503, rkr; ebenso zu § 20 II 1 Nr 3a *BMF* I BStBl I 16, 85 Rn. 38; einschr BFH VIII R 35/15, BStBl II 18, 189 zu § 20 II 1 Nr 3); hierzu gehört auch das sog **echte** (ungedeckte) **Daytrading** (BFH I R 60/16, BStBl II 18, 637: „Scheinkassageschäft"; zur Abgrenzung s BFH I R 24/19, DStR 22, 1256). Zu weiteren umstrittenen Einzelheiten (zB betr Forwards, Futures, „strukturierte" Produkte s *Johannemann ua* DStR 15, 1489).

903 **4. Verluste.** Verluste iSv § 15 IV 3–5 sind der Saldo aus allen einschlägigen Termingeschäften eines Wj, auch aus anderen Betrieben des StPfl oder seines zusammenveranlagten Ehegatten (→Rn. 896; Einzelheiten zu Verlusten aus Optionen uä *Schmid ua* DStR 05, 815 (818)). Verluste aus Termingeschäften liegen ferner im Falle der konzern-/gruppeninternen Weiterbelastung vor (BFH X R 13/12, DStR 14, 2277; **aA** →33. Aufl 2014, § 15 Rn. 903).

904 **5. Gewöhnlicher Geschäftsbetrieb; Absicherung.** Ob Geschäfte zum gewöhnl Geschäftsbetrieb (bei anderen Unternehmen als Kreditinstituten usw) gehören und deren Absicherung dienen (§ 15 IV 4 Hs 2) kann im Einzelfall zweifelhaft sein. Sicher ist allerdings, dass Gelegenheitsgeschäfte oder Untreuehandlungen eines Angestellten (BFH I R 25/14, BStBl II 18, 124) nicht zum gewöhnl Geschäftsbetrieb rechnen und dass der „Absicherung" nur solche Geschäfte „dienen", die mit dem Grundgeschäft nicht nur subj verknüpft, sondern auch obj geeignet sind, *deren* Risiken zu kompensieren (BFH X R 13/12, BStBl II 15, 177: abl für zinsoptimierenden Swap; ebenso zu Zinswährungsswaps BFH IV R 34/19, BStBl II 23, 742; BFH IV R 23/20, BFH/NV 23, 707 jew einschl „Kapitaltausch"; zutr; iEinz *Kopp ua* DStR 23, 1390). Offen ist hingegen zB, ob der Begriff des gewöhnl Geschäftsbetriebs wie der gleich lautende handelsrechtl Begriff zB in §§ 126 I, 164; 275, 277 I HGB ab 2024/**MoPeG,** BGBl I 21, 3436: § 715 BGB nF, § 116 II 1 HGB nF) zu verstehen (zB *HHR/Intemann* § 15 Rn. 1560 mwN) oder umfassender ist (so *Schmittmann ua* DStR 01, 1783 (1786)).

905 **6. Konkurrenzen – Verlustfeststellung – Weiterungen.** Zu **§ 2a** (aF/nF) und **§ 15a** s *Grützner* StuB 99, 961; zu § 2b aF s *Herzig ua* DB 99, 1470 (1474); zum Vorrang von **§ 15b** s *BMF* BStBl I 07, 542 Rn. 22 (**aA** *Naujok* DStR 07, 1601 (1606)). Zum Verhältnis zu **§ 10d** s *BMF* BStBl I 04, 1097. Zum Verhältnis von Einkünftefeststellung gem **§ 180 I 1 Nr 2a AO** (brutto/netto) sowie zum Verhältnis zur Verlustfeststellung gem § 15 IV 7 Hs 2 iVm § 10d IV (dazu →Rn. 896 aE) s iEinz BFH IV R 5/19, BStBl II 23, 649 Rn. 31 ff. Zu **§ 8 Nr 1a GewStG** s *Kopp ua* DStR 23, 1390.

IV. Verluste aus mitunternehmerischen Innengesellschaften zwischen Kapitalgesellschaften, § 15 IV 6–8 idF Korb II-Gesetz

906 **1. Tatbestandliche Voraussetzungen.** Erforderl ist primär eine Beteiligung an einer KapGes; der „tätige Teilhaber" (AußenGes'ter, Hauptbeteiligte) muss die Rechtsform einer KapGes haben oder dem als OptionsGes gem § 1a KStG gleichgestellt sein (→ Rn. 160a). Zu verfrechtl Zweifeln →Rn. 895. Beteiligungen an PersGes (MUerschaften) sind nicht angesprochen, auch wenn die Ges'ter KapGes sind (aber →Rn. 909). Zeitl Anwendung (einschließl verfassungskonformer Auslegung) →Rn. 895.

907 ***(1)*** „**Verluste aus stillen Gesellschaften** ... an Kapitalgesellschaften": Der stille Ges'ter muss MUer sein (atypisch stille Ges; →Rn. 355 ff) und darf keine natürl Person sein, sondern zB eine KapGes. Ist eine PersGes stille Ges'terin, greift Satz 6 ein, soweit der auf die stille Ges'terin entfallende Verlust anteilig nicht einer natürl Person, sondern zB einer KapGes als MUerin der PersGes zuzurechnen ist.

Beispiel: An der Z-AG ist die T-KG zu 50% als atypisch stille Ges'terin beteiligt. Ges'ter der T-KG sind zu je 1/4 die natürl Personen A und B sowie die X-GmbH und die Y-GmbH. Auf die T-KG als stille Ges'terin entfällt ein Verlustanteil von 100; davon sind die den beiden GmbH zuzurechnenden Verlustanteile von je 25 nicht ausgleichs- und abzugsfähig.

908 ***(2)*** „**Verluste aus ... sonstigen Innengesellschaften** an KapGes": Erfasst sind InnenGes, die als MUerschaften unter § 15 I 1 Nr 2 fallen, aber keine stillen Ges iSv § 230 HGB sind, zB weil der InnenGes'ter keine Vermögenseinlage erbracht hat

(→ Rn. 361). Zur Rechtsform des InnenGes'ters und zu natürl Personen als InnenGes'ter → Rn. 906.

(3) **„Verluste aus ... Unterbeteiligungen** ... an KapGes, bei denen der ... Beteiligte als MUer anzusehen ist": Diese Tatbestandsalternative ist missverständl, denn eine Unterbeteiligung am Anteil an eine KapGes, zB an einem GmbH-Anteil, begründet keine MUerschaft, weder zum Hauptbeteiligten noch zur KapGes (→ Rn. 367). Erfasst soll offenbar der Fall werden, dass eine KapGes A (oder OptionsGes gem § 1a KStG; → Rn. 160a) zB als K'tistin MUerin einer gewerbl PersGes ist und eine andere KapGes B/OptionsGes am MUerAnteil der KapGes A atypisch unterbeteiligt ist. 909

Beispiel: Die A-GmbH ist K'tistin der B-KG. Die C-GmbH ist am KG-Anteil der A-GmbH atypisch still unterbeteiligt. – Der Tatbestand des § 15 IV 6 ist erfüllt.

2. Rechtsfolgen. Verlustanteile, die nicht natürl Personen, sondern **kstpfl Steuersubjekten,** insb KapGes und OptionsGes gem § 1a KStG (→ Rn. 160a), unmittelbar oder mittelbar als mitunternehmerischen stillen Ges'tern, sonstigen InnenGes'ter oder Unterbeteiligten zuzurechnen sind, dürfen weder mit Einkünften aus GewBetr oder anderen Einkünften ausgeglichen noch nach § 10d vor- oder zurückgetragen werden (Satz 6). Sie mindern aber die Gewinnanteile der unmittelbar vorangegangenen oder folgenden Wj aus derselben stillen Ges, Unterbeteiligung oder InnenGes nach Maßgabe des § 10d (Satz 7). Da auf mitunternehmerische Beteiligungen – anders als bei betriebl *typisch* stillen Beteiligungen (dazu *Wacker* DB 12, 1403 (1405)) – TW-AfA ausgeschlossen sind (→ Rn. 690), werden von diesem Ausgleichs- und Abzugsverbot **nur gesvertragl Verlustanteile** (StB-Verluste) erfasst; nicht hingegen Verluste im SBV (zB *Riegler ua* DStR 14, 1031 einschließlich Ergänzungsbilanz; **aA** *Hegemann ua* StB 03, 197 (200); offen *BMF* BStBl I 08, 970) oder Verluste „aus der Beteiligung selbst", zB aus ihrer Veräußerung (BR-Drs 560/03, 14; *BMF* BStBl I 08, 970). ME sind darüber hinaus bei Veräußerung oder Beendigung der (mitunternehmerischen) Beteiligung die bis dahin nicht berücksichtigten Verluste abziehbar (str; vgl *Wacker* DB 12, 1403). – Verlustanteile des **„tätigen Teilhabers"** (AußenGes'ters, Hauptbeteiligten) fallen nicht unter die Regelung (Sätze 6–8; zB *Förster* DB 03, 899 (900)). – Der Hinweis auf **§ 10d** besagt, dass die betragsmäßigen Grenzen des Verlustabzugs in § 10d auch für die nach § 15 IV 7 mögl Verrechnung mit positiven Einkünften aus derselben Beteiligung maßgebl sind (s einschließl Wahlrecht *BMF* BStBl I 08, 970 Rn. 4, 9). Mit § 15 IV 7 iVm § 10d IV idF AmtshilfeRLUmsG (BGBl I 13, 1809) ist zudem klargestellt worden, dass die nicht ausgeglichenen Verluste bindend festzustellen sind (→ Rn. 896). – Verrechnungsfähige Gewinne sind **nur gesellschaftsvertragl Gewinnanteile** (StB-Gewinne), nicht hingegen solche aus dem SBV. Wann Gewinne aus **„derselben" Beteiligung** vorliegen, richtet sich mE nach den Grundsätzen, die für § 15a II und dem dortigen Erfordernis „aus seiner Beteiligung an der KG" gelten (→ § 15a Rn. 61 ff). Daraus folgt zB, dass bei einer (estrechtl) formwechselnden Umwandlung einer atypisch stillen Ges in eine KG der ehemalige stille Ges'ter und nunmehrige K'tist (KapGes) seine Verluste aus der stillen Ges mit Gewinnen aus dem KG-Anteil verrechnen kann. – § 15 IV 6–8 ist mE sowohl für Verluste, die nicht **§ 15a** unterstehen (kein negatives KapKto), als auch innerhalb von § 15a (beschr Vortrag) zu beachten (→ § 15a Rn. 4; insoweit **aA** *BMF* BStBl I 08, 970 Rn. 7 ff; offen *Götz ua* GmbHR 09, 584). 910

§ 15a Verluste bei beschränkter Haftung

(1) [1]**Der einem Kommanditisten zuzurechnende Anteil am Verlust der Kommanditgesellschaft darf weder mit anderen Einkünften aus Gewerbebetrieb noch mit Einkünften aus anderen Einkunftsarten ausgeglichen werden, soweit ein negatives Kapitalkonto des Kommanditisten entsteht oder sich erhöht; er darf insoweit auch nicht nach § 10d abgezogen werden.** [2]**Haftet der Kommanditist am Bilanz-**

stichtag den Gläubigern der Gesellschaft auf Grund des § 171 Absatz 1 des Handelsgesetzbuchs, so können abweichend von Satz 1 Verluste des Kommanditisten bis zur Höhe des Betrags, um den die im Handelsregister eingetragene Einlage des Kommanditisten seine geleistete Einlage übersteigt, auch ausgeglichen oder abgezogen werden, soweit durch den Verlust ein negatives Kapitalkonto entsteht oder sich erhöht. [3]Satz 2 ist nur anzuwenden, wenn derjenige, dem der Anteil zuzurechnen ist, im Handelsregister eingetragen ist, das Bestehen der Haftung nachgewiesen wird und eine Vermögensminderung auf Grund der Haftung nicht durch Vertrag ausgeschlossen oder nach Art und Weise des Geschäftsbetriebs unwahrscheinlich ist.

(1a) **[1]Nachträgliche Einlagen führen weder zu einer nachträglichen Ausgleichs- oder Abzugsfähigkeit eines vorhandenen verrechenbaren Verlustes noch zu einer Ausgleichs- oder Abzugsfähigkeit des dem Kommanditisten zuzurechnenden Anteils am Verlust eines zukünftigen Wirtschaftsjahres, soweit durch den Verlust ein negatives Kapitalkonto des Kommanditisten entsteht oder sich erhöht. [2]Nachträgliche Einlagen im Sinne des Satzes 1 sind Einlagen, die nach Ablauf eines Wirtschaftsjahres geleistet werden, in dem ein nicht ausgleichs- oder abzugsfähiger Verlust im Sinne des Absatzes 1 entstanden oder ein Gewinn im Sinne des Absatzes 3 Satz 1 zugerechnet worden ist.**

(2) **[1]Soweit der Verlust nach den Absätzen 1 und 1a nicht ausgeglichen oder abgezogen werden darf, mindert er die Gewinne, die dem Kommanditisten in späteren Wirtschaftsjahren aus seiner Beteiligung an der Kommanditgesellschaft zuzurechnen sind. [2]Der verrechenbare Verlust, der nach Abzug von einem Veräußerungs- oder Aufgabegewinn verbleibt, ist im Zeitpunkt der Veräußerung oder Aufgabe des gesamten Mitunternehmeranteils oder der Betriebsveräußerung oder -aufgabe bis zur Höhe der nachträglichen Einlagen im Sinne des Absatzes 1a ausgleichs- oder abzugsfähig.**

(3) **[1]Soweit ein negatives Kapitalkonto des Kommanditisten durch Entnahmen entsteht oder sich erhöht (Einlageminderung) und soweit nicht auf Grund der Entnahmen eine nach Absatz 1 Satz 2 zu berücksichtigende Haftung besteht oder entsteht, ist dem Kommanditisten der Betrag der Einlageminderung als Gewinn zuzurechnen. [2]Der nach Satz 1 zuzurechnende Betrag darf den Betrag der Anteile am Verlust der Kommanditgesellschaft nicht übersteigen, der im Wirtschaftsjahr der Einlageminderung und in den zehn vorangegangenen Wirtschaftsjahren ausgleichs- oder abzugsfähig gewesen ist. [3]Wird der Haftungsbetrag im Sinne des Absatzes 1 Satz 2 gemindert (Haftungsminderung) und sind im Wirtschaftsjahr der Haftungsminderung und den zehn vorangegangenen Wirtschaftsjahren Verluste nach Absatz 1 Satz 2 ausgleichs- oder abzugsfähig gewesen, so ist dem Kommanditisten der Betrag der Haftungsminderung, vermindert um auf Grund der Haftung tatsächlich geleistete Beträge, als Gewinn zuzurechnen; Satz 2 gilt sinngemäß. [4]Die nach den Sätzen 1 bis 3 zuzurechnenden Beträge mindern die Gewinne, die dem Kommanditisten im Wirtschaftsjahr der Zurechnung oder in späteren Wirtschaftsjahren aus seiner Beteiligung an der Kommanditgesellschaft zuzurechnen sind.**

(4) **[1]Der nach Absatz 1 nicht ausgleichs- oder abzugsfähige Verlust eines Kommanditisten, vermindert um die nach Absatz 2 abzuziehenden und vermehrt um die nach Absatz 3 hinzuzurechnenden Beträge (verrechenbarer Verlust), ist jährlich gesondert festzustellen. [2]Dabei ist von dem verrechenbaren Verlust des vorangegangenen Wirtschaftsjahres auszugehen. [3]Zuständig für den Erlass des Feststellungsbescheids ist das für die gesonderte Feststellung des Gewinns und Verlustes der Gesellschaft zuständige Finanzamt. [4]Der Feststellungsbescheid kann nur insoweit angegriffen werden, als der verrechenbare Verlust gegenüber dem verrechenbaren Verlust des vorangegangenen Wirtschaftsjahres sich verändert hat. [5]Die gesonderten Feststellungen nach Satz 1 können mit der gesonderten und einheit-**

lichen Feststellung der einkommensteuerpflichtigen und körperschaftsteuerpflichtigen Einkünfte verbunden werden. [6]In diesen Fällen sind die gesonderten Feststellungen des verrechenbaren Verlustes einheitlich durchzuführen.

(5) **Absatz 1 Satz 1, Absatz 1a, 2 und 3 Satz 1, 2 und 4 sowie Absatz 4 gelten sinngemäß für andere Unternehmer, soweit deren Haftung der eines Kommanditisten vergleichbar ist, insbesondere für**

1. **stille Gesellschafter einer stillen Gesellschaft im Sinne des §230 des Handelsgesetzbuchs, bei der der stille Gesellschafter als Unternehmer (Mitunternehmer) anzusehen ist,**
2. **Gesellschafter einer Gesellschaft im Sinne des Bürgerlichen Gesetzbuchs, bei der der Gesellschafter als Unternehmer (Mitunternehmer) anzusehen ist, soweit die Inanspruchnahme des Gesellschafters für Schulden in Zusammenhang mit dem Betrieb durch Vertrag ausgeschlossen oder nach Art und Weise des Geschäftsbetriebs unwahrscheinlich ist,**
3. **Gesellschafter einer ausländischen Personengesellschaft, bei der der Gesellschafter als Unternehmer (Mitunternehmer) anzusehen ist, soweit die Haftung des Gesellschafters für Schulden in Zusammenhang mit dem Betrieb der eines Kommanditisten oder eines stillen Gesellschafters entspricht oder soweit die Inanspruchnahme des Gesellschafters für Schulden in Zusammenhang mit dem Betrieb durch Vertrag ausgeschlossen oder nach Art und Weise des Geschäftsbetriebs unwahrscheinlich ist,**
4. **Unternehmer, soweit Verbindlichkeiten nur in Abhängigkeit von Erlösen oder Gewinnen aus der Nutzung, Veräußerung oder sonstigen Verwertung von Wirtschaftsgütern zu tilgen sind,**
5. **Mitreeder einer Reederei im Sinne des §489 des Handelsgesetzbuchs, bei der der Mitreeder als Unternehmer (Mitunternehmer) anzusehen ist, wenn die persönliche Haftung des Mitreeders für die Verbindlichkeiten der Reederei ganz oder teilweise ausgeschlossen oder soweit die Inanspruchnahme des Mitreeders für Verbindlichkeiten der Reederei nach Art und Weise des Geschäftsbetriebs unwahrscheinlich ist.**

Einkommensteuer-Richtlinien: EStR 15a/EStH 15a.

Übersicht

I. Allgemeines

1 **1. Normzweck.** Ausgerichtet am gesetzl Grundfall des MUer-K'tisten zielt § 15a darauf, den Ausgleich (§ 2 III) und Abzug (§ 10d) der dem K'tisten nach § 15 zugerechneten Verluste mit anderen positiven Einkünften grds auf dessen zivilrechtl „Haftungsbetrag" zu begrenzen, weil darüber hinausgehende Verluste den K'tisten „im Jahr ihrer Entstehung weder rechtl noch wirtschaftl" belasten, sondern nur zur Verrechnung mit späteren Gewinnanteilen verpflichten (BT-Drs 8/3648, 16). Derartige Verluste werden deshalb nur mit späteren Gewinnen aus derselben Beteiligung nach Art eines Verlustvortrags verrechnet (BFH IV R 58/00, BStBl II 02, 748). Dies dient allg der Besteuerung nach der finanziellen Leistungsfähigkeit und geht über das spezielle Ziel der Eindämmung modellhafter VerlustzuweisungsGes hinaus (BT-Drs 8/3648, 16; → § 2 Rn. 9; BFH IV R 16/15, BStBl II 18, 527). § 15a gilt folgerichtig „sinngemäß" für andere gewerbl Unternehmer (§ 15a V; → Rn. 131 ff) sowie auch für Verluste aus anderen Einkünften (§ 13 VII, § 18 IV; § 20 I Nr 4; § 21 I 2; → Rn. 6).

2. Normüberblick. **§ 15a** I 1 schließt aus, dass die dem K'tisten zugerechneten Anteile am Verlust aus GewBetr einer KG, soweit diese in der StB ein negatives KapKto des K'tisten begründen oder erhöhen, mit anderen positiven Einkünften ausgeglichen oder von diesen abgezogen werden (Verlustausgleichs- und Verlustabzugsverbot). § 15a Ia erstreckt dies auf „nachträgl Einlagen" zum Ausgleich negativer KapKten. Nach § 15a II mindern die „nicht ausgleichs- und abzugsfähigen Verluste" als „verrechenbare Verluste" die Gewinne des K'tisten aus seiner Beteiligung in späteren Wj. § 15a I 2–3 lässt weitergehend zu, dass im Falle einer zivilrechtl (sog „überschießender") Außenhaftung des K'tisten auch Verlustanteile, die ein negatives KapKto begründen oder erhöhen, bis zur Höhe dieser Haftung mit anderen positiven Einkünften ausgeglichen oder von diesen abgezogen werden. § 15a III regelt die Rechtsfolgen von Entnahmen, durch die ein negatives KapKto entsteht oder sich erhöht (Einlagenminderung), und einer Herabsetzung der Außenhaftung nach vorangegangenem Verlustausgleich oder -abzug bei überschießender Außenhaftung (Haftungsminderung) in der Weise, dass iHd Minderungsbetrags einerseits ein lfd Gewinn nachzuversteuern ist und andererseits ein verrechenbarer Verlust des K'tisten begründet wird. Nach § 15a IV sind verrechenbare Verluste des einzelnen K'tisten jährl gesondert festzustellen. § 15a V erklärt die für K'tisten maßgebl Vorschriften, ausgenommen diejenigen über die überschießende Außenhaftung und die Haftungsminderung (§ 15a I 2–3, III 3), für sinngemäß anwendbar auf andere Unternehmer, deren „Haftung" der eines K'tisten vergleichbar ist, zB atypische stille Ges'ter (Nr 1), beschr haftende Ges'ter einer GbR (Nr 2) oder ausl PersGes (Nr 3) oder Mitreeder einer Reederei iSv § 489 HGB (Nr 5) und Einzel- oder MUer mit sog haftungslosen Verbindlichkeiten (Nr 4). **§ 52 XXIV 3 ff** regelt ergänzend den sachl Anwendungsbereich und den „Wegfall" eines durch *ausgleichs- und abzugsfähige* Verluste negativ gewordenen KapKto. 2

3. Binnensystematik. § 15a setzt die *steuerrechtl Verlustzurechnung* (→ Rn. 11 ff) voraus und schränkt die Verwertung dieser Verluste nach Maßgabe eines positiven *steuerrechtl* KapKto sowie einer nach *Handelsrecht* zu ermittelnden Außenhaftung des *K'tisten* ein. 3

4. Verhältnis zu anderen Vorschriften. – ***(1)*** § 15a EStG ist ggü **§ 10d I, II** (Einschränkung des Vor-/Rücktrags nicht ausgeglichener Verluste) insofern vorrangig, als – *ohne* Betragsgrenze – Verluste iHd negativen KapKto (grds) mit künftigen Gewinnen aus *derselben* Einkunftsquelle verrechnet werden (auch → Rn. 60); § 10d greift aber ein, soweit nach § 15a bei positivem KapKto/überschießender Außenhaftung ein Verlustabzug mögl ist. Gleiches galt für §§ 2 III 2 ff, 10d aF. – ***(2)*** Ein nach **§ 2a I, II** für negative ausl Einkünfte mögl Verlustausgleich/-abzug ist bei K'tisten mit negativem KapKto nach § 15a ausgeschlossen; umgekehrt unterliegt ein nach § 15a mögl Verlustausgleich den Beschränkungen des § 2a I, II (BFH IV R 58/00, BStBl II 02, 748; EStR 15a V). – ***(3)*** Zu **§ 2b aF** (VerlustzuweisungsGes) bis → 37. Aufl 2018, § 15a Rn. 4; zu § 15b s unten; – ***(4)*** Zu **§ 3a nF** (stfreie **Sanierungsgewinne**). Die StFreiheit des Sanierungsgewinns beruhte zunächst auf § 3 Nr 66 aF und anschließend auf dem sog Sanierungs*erlass* (*BMF* BStBl I 03, 240; *BMF* BStBl I 10, 18). Nachdem der BFH Letzteres zR für verfwidrig erachtet hatte (BFH GrS 1/15, BStBl II 17, 393), ist die StFreiheit nunmehr für Schulderlasse nach dem 8.2.17 (unternehmens- und unternehmerbezogene Sanierung) als auch antragsgebunden für Altfälle (§ 52 IVa in §§ 3a, 3c IV (ggf iVm §§ 8c II, 8d I 9 KStG) gesetzl geregelt; *Folge:* Verbrauch des § 15a-Verlusts und Minderung des stfreien Sanierungsgewinns (→ Rn. 21, 63 sowie iEinz → § 3a Rn. 36 ff); – ***(5)*** Zu **§ 3c** s *Löhr* BB 02, 2361 (GmbH & atypisch Still). – ***(6)*** Soweit eine KG für Seeschiffe gem **§ 5a (Tonnagebesteuerung)** wählt, ist § 15a gleichwohl iRe Schattenrechnung nach § 5 anzuwenden (§ 5a V 4); der § 15a-Verlust ist mit einem Gewinn aus dem Teilwertansatz (§ 5a VI) zu verrechnen (iEinz → § 5a Rn. 31; *BMF* BStBl I 23, 1486 Rn. 24 ff). – ***(7)*** Soweit nach **§ 15 IV 1–5** innerhalb der jeweiligen Einkunftsart (gewerbl Tier- 4 zucht, Termingeschäfte) ein Verlustausgleich mögl ist, kann der Verlust nach § 15a nur verrechenbar sein. Gleiches gilt grds im Verhältnis zu § 15 IV 6–8 iVm § 20 I Nr 4 S 2 betr Verluste von KapGes aus stillen Beteiligungen, dh soweit § 15a greift, kein Rücktrag (*Förster* DB 03, 899; *BMF* BStBl I 08, 970 Rn. 7, 9); zudem wird mE die Verlustverrechnung nach § 15a II durch § 15 IV 7 iVm § 10d II eingeschränkt (sog kumulative Konkurrenz; *Ausnahme:* Veräußerung/Aufgabe der Beteiligung; vgl § 15a II 2 nF; **aA** *BMF* BStBl I 08, 970 Rn. 8; offen *Götz ua* GmbHR 09, 584; → § 15 Rn. 910). – ***(8)*** Soweit Verluste iZm sog **StStundungsmodellen** nach **§ 15b** – unabhängig von der Höhe des KapKto – nur mit positiven Einkünften derselben Quelle (= einzelnes „Modell") verrechnet werden (s auch § 13 VII; § 18 IV 2; § 20 VII; § 21 I 2), ist § 15a nicht anzuwenden (§ 15b I 3; BT-Drs 16/107; *BMF* BStBl I 07, 542 Rn. 13, 23; einschr *Gragert* NWB F 3, 14775 (14788); **aA** *Naujok* DStR 07, 1601 (1606)). – ***(9)*** Zu **§ 32c aF** bis → 37. Aufl 2018, § 15a Rn. 4; – ***(10)*** Zum Verhältnis zu **§ 34a** → § 34a Rn. 22, 23, 26. – ***(11)*** Die Gewinnhinzurechnung (§ 15a III) war nicht nach **§ 34c IV aF** tarifbegünstigt (BFH IV R 4/00, BStBl II 02, 458). – ***(12)*** Zum Nachrang von § 15a ggü **§ 4h (Zinsschranke)** s § 4h. – ***(13)*** Zu **§ 1a KStG (Option)** → Rn. 31 f, 172. – ***(14)*** Nach BFH IV R 27/21, DStR 24, 1291 sollen § 15a-Verluste *nicht* von **§ 8c KStG** (Mantelkauf) erfasst werden (glA *Prinz* FR 24, 965; **aA** zutr *BMF* BStBl I 17, 1645 Rn. 2, 63, 66; iEinz *Wacker* FR 24, 877; → § 15 Rn. 163). – ***(15)*** Zu **§ 2 IV UmwStG** s BFH X R 32/21, DStR 24, 2885; *FM SchlH* DB 17, 1746; *Viebrock ua* DStR 13, 1364. – ***(16)*** Zur **GewSt** s abl GewStR 7.1 (3); zu § 10a GewStG s aber BFH VIII R 39/97, BFH/NV 97, 857. – ***(17)*** Zu **§ 27 StFG** (BGBl I 08, 1982) → Rn. 176. – ***(18)*** Zum Verhältnis von § 15a-Festellung und **Bilanzberichtigung** s *LfSt Nds* DStR 25, 2085.

5 **5. Zeitlicher Anwendungsbereich; Rechtsentwicklung.** § 15a ist erstmals auf Verluste des Wj anzuwenden, das nach dem **31. 12. 79** beginnt (§ 52 XIX 1 aF). Dieser Grundsatz wurde mehrfach aus Gründen des Vertrauensschutzes für Altbetriebe (Eröffnung vor 11.10.79) und der Wirtschaftspolitik für sog privilegierte Betriebe; Beherbergungsgewerbe, Bau und Errichtung von Wohnungen im sozialen Wohnungsbau, Betrieb von Seeschiffe durchbrochen. Einzelheiten bis → 36. Aufl 2017, § 15a Rn. 39–41. Zu § 15a III → Rn. 92.

6. Sinngemäße oder entsprechende Anwendung des § 15a bei anderen Einkunftsarten

Verwaltung: *BMF* BStBl I 20, 919 (Vermögensverwaltende PersG); *OFD Ffm* DB 18, 94 (auch LuF).

6 Sinngemäß/entspr anzuwenden ist § 15a nicht nur auf Unternehmer gem § 15a V Nr 4 und typisch stille Ges'ter (§ 20 I Nr 4 S 2 → § 20 Rn. 95), sondern auch auf K'tisten (Ges'ter gem § 15a V) mit Einkünften aus LuF (§ 13 VII), selbstständiger Arbeit (§ 18 IV 2) oder VuV (§ 21 I 2) → § 21 Rn. 151 f. S dazu auch BFH IX R 52/13, BStBl II 15, 263; *BMF* I 20, 919: fiktives KapKto für grds alle Beteiligungseinkünfte; Verrechnungskreis einschließl § 23, aber ohne § 32d I (**aA** *Middendorf ua* BB 21, 539). Zur Übernahme von negativen KapKto s BFH IX R 38/17, DStR 20, 1033. Zu Zebra-Ges → § 15 Rn. 206. Verrechenbare Verluste werden nach gewerbl Prägung der bisher vermögensverwaltenden KG nicht ausgleichsfähig (FG RhPf EFG 05, 1038 zutr; → Rn 186).

7 **7. Höherrangiges Recht.** – ***(1)*** **Verfassungsrecht.** § 15a ist grds verfgemäß (zB BVerfG HFR 07, 274), auch soweit – ***(a)*** § 15a für sämtl KG und nicht nur für VerlustzuweisungsGes gilt und stille Reserven unberücksichtigt bleiben (BFH IV R 75/93, BStBl II 96, 474), – ***(b)*** der erweiterte Verlustausgleich auf die Haftung nach § 171 I HGB beschränkt ist (BFH IX R 7/95, BStBl II 00, 265; BVerfG 2 BvR 375/00, HFR 07, 274; auch → Rn. 78), und – ***(c)*** nachträgl Einlagen nicht verrechenbare in ausgleichsfähige Verluste „umpolen" (BFH VIII R 39/94,

BFH/NV 98, 1078; BVerfG 2 BvR 375/00, HFR 07, 274; → Rn. 112; **aA** *HHR/Lüdemann* § 15a Rn. 31). Verfwidrig ist hingegen die Behandlung nachträgl Einlagen gem § 15a Ia (→ Rn. 117). – ***(2)*** **EU-Recht.** Zum fehlenden Verlustausgleich aufgrund erweiterter Außenhaftung bei EU-/EWR-PersGes (Art 34 AEUV) → Rn. 138.

8. Kritik; Reformvorschläge. § 15a ist mit Rücksicht auf seinen Zweck (→ Rn. 1) und seine Anlehnung an das Handelsrecht (s BFH GrS 1/79, BStBl II 81, 164; → Rn. 11 ff) sachgerecht. Typisierungen (zB keine Umqualifikation verrechenbarer Verluste durch Einlagen in späteren Wj; → Rn. 112) sind hierbei aus Praktikabilitätsgründen unvermeidbar (**aA** *HHR/Lüdemann* § 15a Rn. 39). Einem Verzicht auf den Verlustausgleich aufgrund Außenhaftung steht mE die Verlustbehandlung beim Komplementär und damit Art 3 I GG entgegen (**aA** *HHR/Lüdemann* § 15a Rn. 39). 8

II. Verlustzurechnung bei negativem Kapitalkonto des Kommanditisten

1. Gesellschaftsrechtliche Stellung des Kommanditisten. – a) Außenhaftung. Der K'tist haftet im Außenverhältnis für Schulden der KG grds nur bis zur Höhe seiner im HReg eingetragenen **Haftsumme** (§§ 171 I Hs 1, 172 I HGB), und zwar unabhängig von der Höhe der Einlage, zu der er im Innenverhältnis ggü der KG und den anderen Ges'tern vertragl verpflichtet ist (sog **Pflichteinlage**); diese muss nicht der Haftsumme entsprechen. Die Haftung ist ausgeschlossen, soweit der K'tist eine Einlage tatsächl geleistet und nicht wieder zurückerhalten hat oder Gewinnanteile haftungsschädl entnimmt (§ 171 I Hs 2; § 172 IV HGB). Zur **MoPeG-Reform** (BGBl I 21, 3436) ab 2024 s §§ 171, 172 HGB nF (terminologische Bereinigung; Wegfall des Gutglaubensprivilegs). 11

b) Verlustverteilung. Ein Verlustanteil, der nach dem vertragl/gesetzl GuV-Verteilungsschlüssel auf einen Ges'ter (K'tist oder persönl haftenden Ges'ter) entfällt, wird von seinem Kapitalanteil „abgeschrieben" (§ 161 II iVm § 120 II HGB). Zwar nimmt nach § 167 III HGB ein K'tist, sofern nichts anderes vereinbart ist, am Verlust nur bis zum Betrag seines Kapitalanteils und seiner noch rückständigen (Pflicht-)Einlage teil; damit wird allerdings „nur die Grenze der endgültigen Verlusttragung bestimmt" (BFH GrS 1/79, BStBl II 81, 164). Das besagt: 12

aa) (HB-)Jahresschlussbilanz. Ein Verlustanteil des K'tisten ist von dessen **Kapitalanteil** auch insoweit abzuschreiben, als dieser dadurch **negativ** wird; demgemäß hat er seinen Anteil an künftigen HB-Gewinnen bis zur Höhe seines negativen KapKto der KG zur Deckung der früheren Verluste zu belassen (BFH GrS 1/79, BStBl II 81, 164: **„Verlusthaftung mit künftigen Gewinnanteilen";** ab 2024/ **MoPeG-Reform** (BGBl I 21, 3436) s § 709 III BGB nF iVm § 105 III, 161 II HGB nF). 13

bb) Liquidationsschlussbilanz. In dieser darf für den K'tisten anders als für einen persönl haftenden Ges'ter **kein negativer Kapitalanteil** ausgewiesen werden, weil er grds weder den MitGes'tern noch der KG zum Nachschuss (Kontenausgleich) verpflichtet ist, es sei denn, § 167 III HGB (iVm § 707 BGB) ist in der Weise abbedungen, dass der K'tist im Innenverhältnis entspr seinem Verlustanteil *unbegrenzt* für KG-Schulden einzustehen hat, dh die Pflichteinlage aufschiebend bedingt erhöht wird (BFH IV R 90/94, BStBl II 97, 241). Die Abrede, dass der (einzige) persönl haftende Ges'ter nicht am Verlust teilnimmt, oder KapKten im Soll zu verzinsen sind, begründet aber idR keine solche Nachschusspflicht (*K. Schmidt* DB 95, 1381). Auch → Rn. 23, 44, 78 ab 2024/**MoPeG**-Reform (BGBl I 21, 3436) s § 167 iVm § 149 HGB nF. 14

2. Einkommensteuerrechtliche Verlustzurechnung

Verwaltung: EStR 15a; *OFD NRW* FR 14, 823 (Bürgschaften von K'tisten); *OFD Mchn/Nbg* FR 04, 731 (Verlustzurechnung; Nachversteuerung; Bürgschaft; Wegfall).

15 **a) Anerkennung des negativen Kapitalkontos.** Nach zutr Ansicht des **BFH-Grundsatzbeschlusses** (BFH GrS 1/79, BStBl II 81, 164) sind dem K'tisten einer gewerbl tätigen (oder geprägten) KG ein nach Vertrag oder Gesetz auf ihn entfallender Verlustanteil grds auch *estrechtl* insoweit zuzurechnen, als er in der StB der Ges zu einem negativen KapKto führt oder dieses erhöht. Zwar hafte der K'tist gesrechtl insoweit weder ggü den Gläubigern der Ges, noch habe er zusätzl Einlagen an die KG zu leisten. Da er aber seine zukünftigen Gewinnanteile zum Ausgleich des negativen KapKto verwenden müsse (→ Rn. 13), sei diese Verlusthaftung mit künftigen Gewinnanteilen Teil seines Unternehmerrisikos. Demgemäß seien dem K'tisten Verlustanteile auch bei negativem KapKto zuzurechnen, solange zu erwarten sei, dass künftig Gewinnanteile anfielen, die er der KG zur Verlustdeckung belassen müsse. Sobald und soweit aber feststehe, dass ein solcher Ausgleich nicht mehr in Betracht komme, seien die Verlustanteile, die sich rechtl und wirtschaftl beim K'tisten nicht mehr auswirken, *estrechtl* auf die persönl haftenden Ges'ter und die übrigen K'tisten mit positivem Kapitalanteil zu verteilen.

16 **b) Bedeutung für § 15a.** Die Vorschrift setzt „einem Kommanditisten zuzurechnende" Verlustanteile voraus und bestimmt für diese, welche ausgleichs-/abzugsfähig oder nur verrechenbar sind (iEinz *Wacker* FR 24,877).

17 **aa) Handelsrechtliche Abrede.** Auch im Anwendungsbereich des § 15a gelten für die subj Einkunftszurechnung zum einen die allg Grundsätze, nach denen die *estrechtl Verlust*anteile des MUer-K'tisten grds nach der *handelsrechtl* GuV-Verteilung zu bestimmen sind (→ § 15 Rn. 443, 449). Haben die Ges'ter vereinbart, dass das KapKto eines K'tisten *nicht* durch Verlustzurechnung negativ werden kann, sind Verlustanteile, die zu einem negativen KapKto führen würden, sowie die „gegenläufigen" späteren Gewinnanteile estrechtl nicht dem K'tisten, sondern dem persönl haftenden Ges'ter und den übrigen K'tisten mit positivem KapKto zuzurechnen (BFH IV R 249/84, BFH/NV 88, 699). Gleiches gilt, soweit vereinbart ist, dass ein K'tist trotz negativem KapKto abw von § 169 I 2 HGB (ab 2024/**MoPeG**-Reform (BGBl I 21, 3436): § 169 HGB nF) seine Gewinnanteile ohne Rückzahlungspflicht entnehmen darf.

18 **bb) Negatives Kapitalkonto.** Nimmt der K'tist hingegen handelsrechtl (Regelfall) am Verlust auch bei Anfall eines negativen KapKto teil (iVm „Verlusthaftung mit künftigen Gewinnanteilen"; → Rn. 15), sind die Grundsätze von BFH GrS 1/79, BStBl II 81, 164 zu C.I.7. auch im Geltungsbereich des § 15a zu beachten (BFH IV R 44/93, DStR 95, 1144; *OFD Mchn* FR 04, 731 Tz 1.1). Dh, die Verlustanteile werden **grds** dem K'tisten auch *estrechtl* **zugerechnet,** ggf aber nicht als ausgleichs- und abzugsfähig, sondern nach Maßgabe des § 15a als nur verrechenbar qualifiziert; korrespondierend sind die dem Ausgleich des negativen KapKto dienenden späteren Gewinnanteile solche des K'tisten und bei diesem nach § 15a II um die bisher nur verrechenbaren Verlustanteile zu mindern (BFH IV R 17/07, BStBl II 10, 631 Rn. 44; EStH 15a). Die Fortgeltung der Grundsätze von BFH GrS 1/79, BStBl II 81, 164 bedeutet aber auch, dass sobald und soweit am Bilanzstichtag feststeht, dass ein **Ausgleich** eines negativen KapKto mit künftigen Gewinnanteilen **nicht mehr in Betracht** kommt (→ Rn. 15), auch im Anwendungsbereich des § 15a einem K'tisten Verlustanteile nicht mehr zugerechnet werden können und unter Berücksichtigung der verrechenbaren Verluste „nachzuversteuern" sind. IEinz → Rn. 20 ff.

19 **c) Private Einkünfte.** Bei einer KG, die estrechtl Einkünfte aus VuV erzielt (→ § 15 Rn. 323), waren vor Geltung des § 15a den K'tisten Anteile am Verlust *nicht* mehr zuzurechnen, soweit dadurch ein negatives KapKto entsteht oder sich erhöht (BFH VIII B 26/80, BStBl II 81,

574: kein Abfluss von WK). Diese Rspr ist durch § 21 I 2 iVm § 15a (→ Rn. 5) ab VZ 80 überholt (BFH IX R 7/91, BStBl II 94, 492; *BMF* BStBl I 94, 355); ebenso bei Einkünften aus KapVerm BFH VIII R 36/01, BStBl II 02, 858; abl *Groh* DB 04, 668.

d) Wegfall des negativen Kapitalkontos mangels künftigem Gewinnanteil. – aa) Laufender Wegfall-Gewinn. Sobald und soweit bereits *vor* Veräußerung oder Aufgabe des Betriebs und vor gesellschaftsrechtl Auflösung der KG feststeht, dass ein Ausgleich des negativen KapKto mit künftigen (stpfl oder stfreien) Gewinnanteilen nicht mehr in Betracht kommt, fällt das negative KapKto schon zu diesem Zeitpunkt weg mit der Folge, dass der K'tist einen nichtbegünstigten lfd Gewinn zu versteuern hat (BFH GrS 1/79, BStBl II 81, 164; *OFD NRW* FR 14, 823). Dies gilt auch, soweit das KapKto auf nach § 15a verrechenbaren Verlusten beruht (→ Rn. 18). Der **Wegfall-Gewinn** des negativen KapKtos ist kein „echter" Gewinn, sondern nur die rechtl notwendige Folge davon, dass der Rechtfertigungsgrund der früheren Verlustzurechnungen entfallen ist (zB BFH GrS 4/82, BStBl II 84, 751 Rn. 216; BFH IV R 42/75, BStBl II 81, 570; zu Billigkeitserlass bei früheren Verlusten ohne tatsächl Verlustausgleich s BFH IV R 91/94, BStBl II 96, 289; zur Abgrenzung s BFH X R 25/03, BFH/NV 04, 1212). 20

bb) Voraussetzungen. – (1) „Künftiger Gewinnanteil". Hierzu gehören nur die Gewinnanteile laut **StB** zuzügl etwaiger **Ergänzungsbilanzen.** Dies umfasst auch stfreie Gewinne und demgemäß auch solche aus einer unternehmensbezogenen **Sanierung** (BFH VIII R 65/96, BStBl II 98, 437; zur Zurechnung bei Ausscheiden bisheriger und Eintritt neuer Ges'ter aber → § 15 Rn. 453; zum Wegfall von § 15a-Verlusten mit der Folge der Minderung des Sanierungsgewinn → Rn. 4, 63 sowie → § 3a Rn. 36 ff). **Keine** „künftigen Gewinnanteile" sind demnach Gewinne aus dem **SBV** und Vergütungen iSv § 15 I 1 Nr 2 S 1 Hs 2 (BFH GrS 1/79, BStBl II 81, 164 zu C. I. 6.), ebenso nicht Einlagen iSv § 4 I 5 oder „Gewinne" aus dem sog Wegfall des negativen KapKtos zur Korrektur früherer Verlustzurechnungen (BFH GrS 4/82, BStBl II 84, 751). 21

(2) „Feststehen". Wann und bis zu welchem Betrag feststeht, dass künftige (stpfl oder stfreie) Gewinnanteile nicht mehr entstehen werden (Prognose), ist zwar *Tatfrage.* Sie ist aber nach BFH IV R 9/15, BStBl II 17, 896 materiell zum einen an den Verhältnissen am Bilanzstichtag (zuzügl werterhellender Umstände bis zur Bilanzaufstellung), zum anderen daran auszurichten, dass eine Auffüllung des KapKto *„unter keinem denkbaren Gesichtspunkt"* mehr in Betracht kommt (idR Abschluss der Liquidation). ME *kann* hierfür, wenn stille Reserven nicht vorhanden sind, auch die Betriebseinstellung oder die Ablehnung der Eröffnung des Insolvenzverfahrens mangels Masse ausreichen (glA *OFD Mchn* FR 04, 731 Tz 1.1; BFH IV R 124/92, BStBl II 95, 253; BFH VIII R 86/90, BStBl II 94, 174; BFH IV R 28/22, BStBl II 25, 910). Die Feststellungslast trägt das FA (FG Mster EFG 88, 635). Die Eröffnung des Insolvenzverfahrens genügt hingegen nicht, sofern noch Gewinne zB aus der Veräußerung der Masse zu erwarten sind oder Aussicht auf Sanierung mit Unternehmensfortführung besteht (zB BFH VIII R 65/96, BStBl II 98, 437; BFH IV R 9/15, BStBl II 17, 896; *OFD Mchn* FR 04, 731 Rn. 2). 22

(3) Bürgschaft; Nachschusspflicht. Soweit feststeht, dass ein Ausgleich mit künftigen Gewinnanteilen ausscheidet, sind Verlustanteile einem K'tisten selbst dann nicht mehr zuzurechnen, wenn dieser sich für Schulden der KG verbürgt hat. Auch eine Minderung des (lfd) „Wegfall"-Gewinns auf Grund der über eine Bürgschaft bestehenden Außenhaftung ist bei „vorzeitigem Wegfall" des negativen KapKto – anders als bei Wegfall durch Betriebsaufgabe/Übertragung des KG-Anteils (→ Rn. 181 ff, 151 ff) – unzulässig (BFH IV R 105/94, BStBl II 97, 277 zu 4.; *OFD Mchn* FR 04, 731 Rn. 3.1; *Demuth* KÖSDI 13, 18381 (18389)). Zu SonderBA des K'tisten → § 15 Rn. 524 f, 547. Ob, wie hier bisher (→ 38. Aufl 2019, § 15a Rn. 26) vertreten, dann anderes (kein Wegfallgewinn) gilt, wenn der K'tist abw von § 167 III 23

HGB (zur **MoPeG-Reform** (BGBl I 21, 3436) ab 2024 → Rn. 13 f) im Innenverhältnis nach Maßgabe des GuV-Schlüssels *unbegrenzt* wie ein persönl haftender Ges'ter für die Schulden der KG einzustehen hat und nachschusspflichtig ist, ist mE fragl; jedenfalls unterläge eine fortdauernde Verlustzurechnung § 15a (→ Rn. 57).

24 **cc) Rechtsfolgen; Rückstellung; Nachholung.** Soweit feststeht, dass künftige StB-Gewinnanteile (→ Rn. 21) zum vollen Ausgleich eines negativen KapKto eines K'tisten nicht mehr anfallen, hat dies bei personell unverändertem Bestand einer KG mehrere **Rechtsfolgen:** Dem K'tisten ist der vertragl Anteil am Verlust der KG ab dem letzten Bilanzstichtag, soweit er zu einem negativen KapKto führt oder dieses erhöht, estrechtl nicht mehr zuzurechnen; Verluste im SBV sind aber gesondert zu berücksichtigen (*OFD NRW* FR 14, 823). Beim K'tisten entsteht ein Gewinn, und zwar grds iHd negativen StB-KapKto vom letzten Bilanzstichtag, der iHd verrechenbaren Verluste gem § 15a gemindert wird. Dies gilt auch, soweit in Fällen der Teilauflösung eines negativen KapKto, das auch auf ausgleichsfähige Verlusten beruht (arg Meistbegünstigung). Dem persönl haftenden Ges'ter (oder K'tisten mit positivem KapKto) sind Verlustanteile in der Höhe zuzurechnen, in der sie dem K'tisten nicht mehr zugerechnet werden dürfen oder bei diesem durch Wegfall eines negativen KapKto ein Gewinn entsteht (BFH IV R 44/93, BB 95, 1520; *OFD Mchn* FR 04, 731 Tz 1.1; offen BFH IV R 36/02, BStBl II 03, 871). – Vor diesem Zeitpunkt des „Feststehens" kann der persönl haftende Ges'ter, auch wenn er ernstl mit einer Inanspruchnahme für Schulden der KG rechnen muss, **keine Rückstellung** in einer Sonderbilanz (oder Bilanz eines eigenen GewBetr, zu dessen BV die Beteiligung an der KG gehört) bilden (BFH X R 14/88, BStBl II 89, 881; auch → Rn. 57, 59, 78, 132). – Wurde bei der Gewinnfeststellung für das Wj, in dem das negative KapKto weggefallen ist, versäumt, daraus die estrechtl Folgerungen zu ziehen (zB einen entspr Gewinn des K'tisten anzusetzen), kann dies, da das negative KapKto wie ein negatives WG (Schuld) zu behandeln ist, auf Grund des formellen Bilanzenzusammenhangs für das erste noch offene Wj gewinnwirksam **nachgeholt** werden. Liegt im ersten offenen (Folge-)Wj eine Betriebsaufgabe vor, ist die Auflösung Teil des begünstigten Aufgabegewinns (BFH IV R 17/07, BStBl II 10, 631; *Wacker* HFR 10, 475 f). Zum Wegfall des negativen KapKto *iRd* Betriebsaufgabe/-veräußerung → Rn. 182, 154.

25 **e) Wegfall und Verrechnung in Sonderkonstellationen.** Zur Behandlung des negativen KapKto bei **Veräußerung/Aufgabe** des Betriebs der KG (einschließl ihrer Auflösung) sowie der entgeltl/unentgeltl Übertragung von MUerAnteilen und der **Umstrukturierung** → Rn. 151 ff.

III. Verlustausgleich aufgrund von Einlagen, § 15a I 1, II 1

Verwaltung: EStR 15a; *BMF* BStBl I 93, 976: Saldierungsverbot; *BMF* BStBl I 97, 627; *OFD Ffm* DStR 17, 498: Umfang des KapKto; *OFD Ffm* DStR 13, 2699: doppelstöckige PersGes; *OFD Rostock* DStR 01, 2115: tatsächl Einlage; *OFD Bln* FR 02, 594 (stfreie Einnahmen); *OFD Ffm* DB 15, 406 (StBilanz/HBilanz); *OFD Ffm* DStR 16, 1813 (Bp-Mehrgewinne); *OFD Ffm* DStR 18, 569 (Zweifelsfragen).

Schrifttum (ab 2025): *Ley,* KapKto von PersGes …, FS Wacker, 2025, 187.

31 **1. Einkünfte aus Gewerbebetrieb.** § 15a setzt nach seiner systematischen Stellung voraus, dass aus der Beteiligung an der inl und gewerbl tätigen oder geprägten KG (§ 15a I) oder aus einem anderen Unternehmen (§ 15a V) nach dem ertragsteuerrecht **Transparenzprinzip** Einkünfte aus GewBetr (§ 15 II, III; → § 15 Rn. 160) erzielt werden; *ausgenommen* sind mithin Einkünfte *aus* der Beteiligung *an* einer dem *Trennungsprinzip* unterliegenden *KapGes* oder *OptionsGes* (= KG) gem § 1a KStG (→ § 15 Rn. 160a ff; zum KG-Anteil der KapGes/OptionsGes aber → Rn. 32). Demgemäß gilt § 15a ferner, wenn an einer KG mit Einkünften aus VuV oder KapVerm Personen beteiligt sind, die ihre Beteiligung in einem gewerbl BV halten (sog

ZebraGes; → § 15 Rn. 200 ff) und daher nach dem Transparenzprinzip anteilig Einkünfte aus GewBetr erzielen (BFH IVR 77/99, DStR 01, 21 zu 2.b; iErg glA *Niehus* DStZ 04, 143 (151)). Unerhebl ist, ob der Gewinn nach **§ 4 III** ermittelt wird; allerdings erfordert dies – eben sowie iRv §§ 21 I 2, § 20 I Nr 4 S 2 (→ Rn. 6) – die Entwicklung eines fiktiven KapKto (zu ErgänzungsBil s BFH VIII R 13/07, BStBl II 09, 993; **aA** *Weßling* BB 11, 1823). Zur sinngemäßen Geltung iRv anderen Einkünften → Rn. 6.

2. Persönliche Voraussetzungen. – a) Kommanditist. § 15a I–IV gilt unmittelbar nur für K'tisten iSd § 161 I HGB; dies umfasst auch Ges'ter, die einer KG als K'tisten beigetreten, aber als solche noch nicht ins HReg eingetragen sind (BFH IV R 70/02, BStBl II 04, 423; zur evtl Haftung nach § 176 HGB aF/nF → Rn. 57 f, 78). Eine nur **kleingewerblich** tätige, aber ins HReg als KG eingetragene Ges war früher GbR (Schein-KG); nach §§ 161 II, 105 II HGB idF HRefG (BGBl I 98, 1474) ist sie ab 1.7.98 „echte" KG mit der Folge, dass für ihre K'tisten – anders als für Ges'ter einer GbR iSv § 15a V Nr 2 – auch § 15a I 2–3, III 3 (überschießende Außenhaftung) gilt; zur **MoPeG-Reform** (BGBl I 21, 3436) ab 2024 s § 107 iVm § 161 II HGB nF. Der K'tist muss zudem **MUer** (s einschl **KapGes/§ 1a KStG-OptionsGes** → § 15 Rn. 251; zur OptionsGes selbst → Rn. 31) sein, da dies Voraussetzung für eine subj Zurechnung von Verlustanteilen ist (→ Rn. 17). 32

Bei **Formwechsel** von OHG zu KG während des Wj gilt § 15a für das gesamte Wj (BFH VIII R 81/02, BStBl II 04, 118; BFH IV R 70/02, BStBl II 04, 423: Ges'terbeschluss maßgebl; abl zB *Söffing* DStZ 07, 175; auch → Rn. 101, 119). Die Rechtsstellung eines **Treuhand-K'tisten** ist estrechtl dem Treugeber zuzurechnen (vgl → § 15 Rn. 295 ff); die Verlustanteile unterliegen bei diesem dem Ausschluss eines Verlustausgleichs/-abzugs nach § 15a I 1 (BFH IX R 24/00, BFH/NV 03, 894; BT-Drs 8/4157, 3; *Feldgen* StuB 16, 500 (505)). Ist der Treugeber zugleich K'tist, sollen die KapKten beider Beteiligungen zu addieren sein (FG Ddorf EFG 13, 1289; fragl). Zu § 15a I 2 → Rn. 73. – Ein **atypisch Unterbeteiligter** (→ § 15 Rn. 365 ff) ist nach der Rspr (**aA** wohl EStR 15a III 4) nicht wie ein Treugeber zu beurteilen (BFH VIII R 51/84, BStBl II 92, 512); er wird daher nur über § 15a V Nr 2 erfasst (→ Rn. 73, 137). Der § 15a-Verlust einer **OrganGes** (K'tistin) erhöht das dem Organträger zuzurechnende Einkommen (BFH I R 65/11, BStBl II 13, 555; *BMF* BStBl I 13, 921).

b) Doppelstöckige Personengesellschaft. Ist eine PersGes K'tistin, ist der gesellschaftsrechtl auf die OberGes entfallende Anteil am StB-Verlust der UnterGes estrechtl grds *der OberGes* zuzurechnen (mE: OberGes = Verbund der *OberGes'ter;* Transparenz; → § 15 Rn. 253, 612) und in deren Gesamtergebnis aus dem eigenen Betrieb und aus dem Anteil an der UnterGes (einschließl § 16 I Nr 2) einzubeziehen (s einschließl § 15 III Nr 1 → § 15 Rn. 610, 613; 189). Dies gilt unabhängig davon, dass *(a)* nach § 15 I 1 Nr 2 S 2 der mittelbar beteiligte (Ober-)Ges'ter als weiterer (mittelbarer) MUer der UnterGes anzusehen ist und *(b)* sich der Verlustanteil estrechtl erst mittelbar bei den Ges'tern der OberGes auswirkt. Der der OberGes zuzurechnende Verlustanteil ist mit einem etwaigen (an sich tarifbegünstigten) Gewinn aus der Veräußerung des Anteils an der *UnterGes* zu saldieren (→ Rn. 61); der Saldo unterliegt – mit mittelbarer estrechtl Wirkung erst bei den Ges'tern der OberGes (s Beispiel → Rn. 34a) – dem Ausschluss des Verlustausgleichs/-abzugs nach § 15a I 1 (BFH IV B 201/03, BStBl II 04, 231; *Dörfler ua* DStR 12, 1212; → Rn. 169; glA zu § 15b BT-Drs 16/107; *BMF* BStBl I 07, 542 Rn. 21; **aA** *Naujok* DStR 07, 1601 (1605)), auch soweit die Ges'ter der OberGes ihrerseits für die Verbindlichkeiten *dieser* Ges (zB OHG) unbeschr haften (*HHR/Lüdemann* § 15a Rn. 74) oder sie zusätzl unmittelbare Ges'ter der UnterGes sind (BFH IV R 32/16, BStBl II 20, 199: offen bei „Zebra"-KG). Der auf die OberGes entfallende Verlustanteil an der UnterGes vermindert in der StB anteilig die KapKten der OberGes'ter bei der OberPersGes (→ § 15 Rn. 622, 690: Spiegelbildmethode; *Ley* KÖSDI 10, 17148 (17162)). *Folgen:* – 33

(1) Zur Vermeidung einer doppelten Berücksichtigung des *verrechenbaren* Verlusts der UnterGes ist *dieser* dem Kommanditkapital der ObergGes'ter wieder hinzurechnen (*Zerbe ua* DStR 15, 1292; *Ley* KÖSDI 10, 17148; *OFD Ffm* DStR 13, 2699: § 15a-Merkposten); – *(2)* ein als *ausgleichfähig* zugewiesener Verlust der UnterGes, zB „Zebra-GbR" (BFH IV R 32/16, BStBl II 20, 199), kann, *soweit* § 15a für die ObergGes'ter gilt, in einen nur verrechenbaren Verlust umzuqualifizieren sein. Zur **KGaA** als OberGes vgl *Kusterer* FR 03, 502.

33a **Beispiel:** Ges'ter der O-KG sind A als Komplementär und B (KapKto: 100) als K'tist (GuV-Anteil je 50%). Die O-KG ist K'tistin der U-KG mit einer Einlage (= positives KapKto) von 100. Verlust von U-KG und O-KG je 150. *Lösung:* Der verrechenbare Verlust der O-KG bei der U-KG (50) geht als *solcher anteilig* (25) auch in den Verlustanteil des A (Komplementär) bei der O-KG ein (insgesamt 2 × 150 × ½ = 150; davon ausgleichsfähig: 125). Für B (K'tist) mindert der Verlust der U-KG sein KapKto bei der O-KG auf 25 (= 100 – ½ × 150); dieser Betrag ist für Zwecke des § 15a um den Anteil des B am verrechenbaren der U-KG (25) auf 50 zu erhöhen, sodass sein Anteil am eigenen Verlust der O-KG (75 = 150 × ½) iHv 25 verrechenbar ist. Insgesamt für B somit: verrechenbarer Verlust 50 (je 25 von U-KG/O-KG), ausgleichsfähiger Verlust 100 (je 50 von U-KG/O-KG). – **Variante:** KapKto des B bei der O-KG: 0. Sein Verlustanteil (150 = 2 × 150 [U-KG/O-KG] × ½) ist insgesamt verrechenbar, dh Umqualifikation seines Anteils am „ausgleichsfähigen" Verlust der O-KG bei der U-KG (100 × ½) auf der Stufe der O-KG.

34 **3. Anteil am Verlust der KG.** – ***(1)*** Zum Anteil am Verlust der KG iSv § 15a I 1 gehört, entspr dem Zweck der Norm (→ Rn. 1), *nur* der in **§ 15 I 1 Nr 2 S 1** an **erster Stelle** genannte **GuV-Anteil;** dieser ergibt sich – ***(a)*** aus der **StB der KG** iVm mit dem estrechtl maßgebl handelsrechtl GuV-Verteilungsschlüssel (→ § 15 Rn. 440 ff; *OFD Ffm* DStR 16, 1813: Bp-Mehrgewinne) und – ***(b)*** einer etwaigen (positiven oder negativen) **Ergänzungsbilanz** des K'tisten, die für die StB-Ansätze des GesVermögens Mehr-/Minderaufwendungen des MUers ausweist (iEinz → § 15 Rn. 460 ff); hinzu kommt – ***(c)*** ein etwaiger Gewinn oder Verlust aus einer **Anteilsveräußerung** (§ 16 I Nr 2), soweit dieser auf GesVermögen entfällt (BFH IV R 17/07, BStBl II 10, 631), – ***(d)*** das einer KG als **Organträger** gem § 14 KStG zuzurechnende (positive oder negative) Einkommen der OrganGes (*Breuninger ua* DStR 95, 927; **aA** *Autenrieth* FS Haas, 1996, 7 (19); *IdW* Beil FN-IdW Nr 10/96, 468k) und – ***(e)*** auf KapGesAnteile im GesVermögen entfallende und zu berücksichtigende Übernahmeergebnis (§ 4 VI iVm § 7 UmwStG). – ***(2)*** **Nicht** hinzugehört hingegen Aufwand/Ertrag des in Sonderbilanzen ausgewiesenen aktiven/passiven **SBV** sowie die sonstigen **SonderBE/-BA** (→ § 15 Rn. 473, 507 ff, 640 ff). Sie bleiben bei der Ermittlung des „Anteils am Verlust der KG" außer Betracht; die sich hieraus ergebenden Verluste sind grds unbegrenzt ausgleichs- und abzugsfähig (BFH VIII R 31/88, BStBl II 92, 167). Ausnahme: SBV gehört zum Gesamthandsvermögen (EStR 15a II 2, 3; zutr). Zu § 4 III → Rn. 31. – ***(3)*** Entspr dem Zweck des § 15a, den Abzug steuerrechtl Verluste zu begrenzen (→ Rn. 1, 3, 16), sind aus dem Verlust-. Gewinn- und Einkünftebegriff des § 15a II 1 außerbilanzielle **estliche Zu-/Abrechnungen** auszuscheiden. Demgemäß ist bspw der KG- Steuerbilanzverlust (s oben zu *(1);* → Rn. 35) um **stfreie BE** zu erhöhen und um **nichtabziehbare BA** zu mindern (glA *BH/Stutzmann* § 15a Rn. 55; zum **KapKto** → Rn. 63). Anders aber bezügl **IAB** *BMF* BStBl I 22, 945 Rn. 57; *OFD Ffm* DStR 18, 569; Dornheim DStZ 15, 174); mE unzutr, da § 15a I, II – im Unterschied zu § 34a II – insoweit auf den steuerl Verlust-/Gewinnanteil abstellt (zum KapKto → Rn. 42, 63).

35 Maßgebl ist vorbehaltl estl Zu-/Abrechnungen (Rn. 34 zu ***(3)***) der Verlust der KG gem **StB** (→ Rn. 3, 11 ff). Dessen Ermittlung und damit auch die Ermittlung des Anteils am Verlust der KG iSv § 15a I 1 richtet sich nach allg bilanzstrechtl Vorschriften. Es bleiben zB beim BV-Vergleich WG außer Ansatz, die zwar GesVermögen, nicht aber BV sind (→ § 15 Rn. 484 ff). Erträge aus **Sondervergütungen** des K'tisten iSv § 15 I 1 Nr 2 S 1 Hs 2 (zB Entgelte für Dienstleistung, Nutzungsüberlassung) sind, soweit angemessen, wie betriebl veranlasste Leistungen an einen Dritten, in der *StB* als **BA** abzuziehen, *wenn* sie auf schuldrechtl Vertrag beruhen oder zwar im GesVertrag

vereinbart sind, aber gewinnunabhängig geleistet werden (insb zu Tätigkeitsvergütungen → § 15 Rn. 440). Sie mindern den Gewinn und erhöhen den Verlust der KG. Andererseits sind die Vergütungen beim K'tisten als SonderBE zu erfassen (→ § 15 Rn. 400, 560 ff). Soweit keine Vergütung geschuldet wird, ist dies auch estrechtl zu beachten; die dadurch bewirkte Verlagerung von Verlusten in den Bereich des SBV lässt sich nicht durch Ansatz eines fiktiven Aufwands der KG und eines fiktiven Ertrags des Ges'ters verhindern (BFH GrS 2/86, BStBl II 88, 348: keine Nutzungseinlage). Folge der Trennung von GesVermögen und SBV ist ferner, dass die Anteile des K'tisten am Verlust der KG, die § 15a unterstehen, nicht mit Gewinnen aus dem SBV saldiert werden, sondern nur mit künftigen Gewinnen *aus dem GesVermögen* verrechenbar sind (sog **Saldierungsverbot;** → Rn. 62).

4. Kapitalkonto. – a) Funktion; Grundsätze. Das Merkmal des KapKto hat im Tatbestand des § 15a die Aufgabe, die Grenze zu bestimmen, bis zu der die einem K'tisten zuzurechnenden Anteile am Verlust der KG einerseits nach den allg Vorschriften ausgleichs- und abzugsfähig (*positives* KapKto) und andererseits nur nach § 15a II verrechenbar sind (*negatives* KapKto). Zum *fiktiven* KapKto iRv § 4 III → Rn. 31. Aufgrund des systematischen Zusammenhangs zum „Anteil am Verlust der KG" ist auch für das „KapKto" des Ges'ters auf die Bilanz der **KG** (dh das GesVermögen) abzustellen. Maßgebl ist für § 15a I *1* die **StB,** weil die Vorschrift die *steuerrechtl* Verlustverwertung einer typisierenden *steuerrechtl* Verwertungssperre unterwirft (grundlegend BFH VIII R 31/88, BStBl II 92, 167; zum HB-Ansatz gem § 15a I *2* → Rn. 75); es ist nach den estrechtl auszuweisenden und nicht nach dem zB infolge unrichtiger Bilanzansätze tatsächl ausgewiesenen KapKto zu bestimmen. Aufgrund estrechtl Ansatz- und Bewertungsvorschriften kann das KapKto in der StB größer oder kleiner sein als in der HB (zu Einzelheiten – zB Mehrgewinn aufgrund BP – s *OFD Ffm* DStR 16, 1813). Die Höhe des KapKto und des Verlustanteils kann für jeden **K'tisten verschieden** sein (zB unterschiedl Einlagen, GuV-Anteile oder AK der Beteiligung). Das individuelle steuerbilanzielle KapKto des Ges'ters (iSv § 15a I 1) wird aber durch positive/negative **Ergänzungsbilanzen** erhöht/gemindert (ebenso iErg BFH IV R 36/14, BStBl II 17, 905; BFH IV R 24/22, BStBl II 25, 188, jew zu AK-Minderung gem § 6b; *OFD Ffm* DStR 18, 569). **Unberücksichtigt** bleiben: – ***(1) Stille Reserven*** in den Buchwerten (BFH IV R 75/93, BStBl II 96, 474; BFH IV R 24/22, BStBl II 25, 188; auch → Rn. 7), – ***(2) Private Schulden*** der PersGes (→ § 15 Rn. 488; insoweit zutr *Pyszka* GmbHR 17, 1082), – ***(3) Sonderbilanzen*** *der Ges'ter* und demgemäß *aktives SBV* I und II (zB Ges'terdarlehen) zum Nachteil des StPfl und *passives SBV* (zB Kredit zur Finanzierung der Kommanditeinlage) zum Vorteil des StPfl (BFH VIII R 28/98, BStBl II 00, 347; BFH IV R 46/05, DStR 08, 1577; *Kahle* FR 10, 773); glA *BMF* BStBl I 92, 123; *OFD Ffm* BB 96, 1433: Übergangsregelung. 41

Beispiel: StB der KG

Verschiedene Aktiva	400	KapKto A	100
		KapKto B	300

Ergänzungsbilanz Kommanditist B

Verschiedene Aktiva	100	Kapital B	100

Sonderbilanz Kommanditist B

Grundstück	50	Hypothekenschuld	20
		Kapital B	30

KapKto B nach der Auffassung des BFH: 300 + 100 = 400.

b) Einzelfragen zu den Komponenten des Kapitalkontos. – aa) Aktiva; Passiva. Zu berücksichtigen ist (vgl *BMF* BStBl I 97, 627), dass – ***(1)*** **Gewinn- und Kapitalrücklagen** (vgl § 272 II, III HGB) das Eigenkapital der KG und damit anteilig die KapKten der K'tisten erhöhen, – ***(2)*** in der StB der KG nur aktive und passive 42

WG anzusetzen sind, die **BV** iSv § 4 sind (→ § 15 Rn. 484 ff; zur Entnahme von Scheingewinnen → Rn. 50), – ***(3)* Darlehen,** die eine KG einem Ges'ter gewährt, *uU* nicht als Forderung zu aktivieren, sondern als Entnahme der Darlehensvaluta zu werten sind und dann das KapKto mindern (→ § 15 Rn. 630, 631; *OFD Ffm* DStR 17, 498), – ***(5)* aktive Bilanzierungshilfen** (zB § 17 IV DMBilG) das Eigenkapital mindern und – ***(6)*** das KapKto durch **stfreie Einnahmen** erhöht und durch **nicht abziehbare BA** gemindert sein kann (*Müller ua* BB 14, 1572; *OFD Ffm* DStR 18, 569). Gleiches gilt zwar bezügl AK-/HK-Minderung gem § 7g II 3 nF; nicht aber bezügl *außerbilanziellem* Abzug/Hinzurechnung nach **§ 7g I, II nF** (iEinz BFH IV R 24/22, BStBl II 25, 188; *BMF* BStBl I 22, 945 Rn. 57; → § 7g Rn. 84). Zum Gewinn-/Verlustanteil aber → Rn. 34, 63.

43 **bb) Einlagen. – (1) Abgrenzung.** Für die Höhe des in der StB der KG auszuweisenden KapKto ist nicht die vertragl Pflichteinlage, sondern nur die am Bilanzstichtag tatsächl „geleistete Einlage" maßgebl (zB BFH VIII B 90/02, BFH/NV 02, 1577: zivilrechtl Rückwirkung unbeachtl; **aA** zB *Walter* GmbHR 97, 823 zu stiller Ges), und zwar auch, wenn die Einlage aus Fremdmitteln finanziert ist oder die in das HReg eingetragene Haftsumme niedriger ist. Eine die geleistete Einlage übersteigende Pflichteinlage führt zu einem höheren Verlustausgleich nur unter den Voraussetzungen des § 15a I 2–3 (→ Rn. 71 ff).

Beispiel: Pflichteinlage 100; geleistete Einlage zum 31.12.01 nur 30; Haftsumme 50. Von einem Verlustanteil 01 iHv 200 sind nur 30 gem § 15a I 1 und nur unter den besonderen Voraussetzungen des § 15a I 2–3 weitere 20 ausgleichsfähig.

44 **(2) Leistung/Rechtsgrund der Einlage.** Ob die Einlage in das GesVermögen „geleistet" worden ist, richtet sich nach den handelsrechtl Grundsätzen (§ 171 I HGB; zur **MoPeG**-Reform (BGBl I 21, 3436) ab 2024 → Rn. 11) **effektiver Kapitalaufbringung** (BFH VIII B 44/96, BFH/NV 97, 153; unklar BFH IV B 201/03, BStBl II 04, 231; dazu *Wacker* FS Röhricht, 1079 (1091); *Kempermann* DStR 08, 1917 (1919); zur „Verfügbarkeit" der Einlagen s BFH IV R 28/23, BStBl II 25, 389; → Rn. 46). Dies gilt für **bedungene** und **freiwillige Einlagen;** auch Letztere müssen **gesrechtl zulässig** sein (iEinz BFH IV R 8/19, BStBl II 23, 332; zT krit *Strahl* NWB 23, 232.

Beispiele: BFH VIII R 8/87, BStBl II 92, 232: bei Banküberweisung Gutschrift (BFH IX R 24/00, BFH/NV 03, 894: glA zu Treuhand); *OFD Rostock* DStR 01, 2115: Buchungstag maßgebl; BFH IV R18/10, BFH/NV 14, 1516: Einlage durch Abtretung werthaltiger Forderung; BFH VIII B 44/96, BFH/NV 97, 153: Abtretung der Einlageforderung an ErfüllungsStatt; BFH VIII R 21/06, BStBl II 08, 126: befreiende Übernahme von GesSchulden; BFH IV B 147/05, BFH/NV 07, 1130: Darlehensumwandlung in Einlage (einschr *OFD Hann* DStR 07, 1124: Werthaltigkeitsprüfung; glA NdsFG EFG 15, 714 rkr; offen FG Bln-Bbg EFG 17, 1867, rkr; auch → Rn. 45; *Ley* KÖSDI 08, 16204; **aA** *Jahndorf ua* FR 07, 424); zur Forderungsumwandlung (Debt-to-Equity-Swap) gem §§ 225a II, 254 IV InsO s *K. Schmidt* ZGR 12, 566. *Gegenbeispiele:* Bei Verpfändung von Versicherungsansprüchen (BFH IV B 149/05, BFH/NV 07, 1502) oder bloßer Verlustübernahmeverpflichtung (dazu BGH II ZR 94/05, ZEV 06, 320) fehlt hingegen eine wirtschaftl Belastung (BFH IV B 157/06, BFH/NV 08, 211; nur iErg zutr; dazu BFH VIII B 51/03, *juris:* Nachschussverpflichtung; *Wacker* JbFSt 05/06, 336; *OFD Ffm* DStR 17, 498). Ebenso, wenn das negative EK dem Darlehenskonto des Einbringenden belastet wird (**aA** FG Bln-Bbg EFG 15, 291, rkr).

45 **(3) Einlage durch Forderungsverzicht.** Verzichtet ein K'tist auf eine Forderung gegen die KG, ist mE zu differenzieren, ob der Verzicht durch ein eigenbetriebl Interesse des Ges'ters (Geltung der Grundsätze bei KapGes) oder durch das GesVerhältnis zur KG veranlasst ist (Erfolgsneutralität; arg § 6 V). S einschließl Interimszeit (1999–2000) und Zurechnung der KG-Kapitalerhöhung → 27. Aufl 2008, § 15 Rn. 550.

cc) Mehrere Konten; Abgrenzung zu Fremdkapital. Führt die KG für die K'tisten mehrere Konten mit verschiedenen Bezeichnungen (KapKto I; II, III, Verrechnungskonto, Privatkonto usw), ist anhand des GesVertrags zu ermitteln, welche **zivilrechtl** Rechtsnatur diese Konten haben (BFH IV R 8/19, BStBl II 23, 332), dh ob sie Eigenkapital (Einlagen) oder Forderungen und Schulden ausweisen; nur Beteiligungs-(Eigenkapital-)konten sind Teil des KapKto iSv § 15a. Dass Forderungen der Ges'ter gegen die KG estrechtl zu Eigenkapital *in der Sonderbilanz* führen, ist unerhebl (→ Rn. 41). Zivilrechtl gilt die Faustregel, dass Konten Eigenkapital ausweisen, wenn Verluste mit „Guthaben" auf diesen Konten zu verrechnen sind (iEinz zB *BMF* BStBl I 97, 627 Rn. 4–5; *OFD Ffm* DStR 17, 498; FN-IdW Beil zu 9/13; IDW RS FAB 7, IDW LIFE 25, 58; *U. Huber* ZGR 88, 1; *Kempermann* DStR 08, 1917; *Ley*, FS Wacker, 2025, 187); zur Verfügbarkeit/Verfügungsbeschränkungen s BFH IV R 28/23, BStBl II 25, 389; zum Auseinandersetzungsguthaben s FG Brem DStRE 22, 1236, rkr; FG Ddorf EFG 18, 1109. Zum Drei-Konten-Modell s zB BFH I R 81/00, BStBl II 04, 344; BFH IV R 29/06, BStBl II 08, 103; zum Vier-Konten-Modell BFH IV R 46/05, BStBl II 08, 812; BFH IV R 98/06, BStBl II 09, 272; BGH IX ZR 122/19, DB 21, 164; zT krit *Ley* KÖSDI 14, 18844; → § 15 Rn. 632. Zu fehlerhafter Buchung s BFH IV R 8/19, BStBl II 23, 332: Bilanzberichtigung. 46

dd) Gesellschafterforderungen. – (1) Allgemeines. Sie konnten zivilrechtl nach § 172a HGB aF iVm §§ 32a, 32b GmbHG aF oder analog §§ 30, 31 GmbHG aF **eigenkapitalersetzend** sein (*Folge:* Rückzahlungsverbot, Nachrangigkeit gem § 39 I Nr 5 InsO aF); gleichwohl waren sie in der HB und StB der KG als „echtes" Fremdkapital auszuweisen (BGH II ZR 88/99, DStR 01, 175; BFH I R 127/90, BStBl II 92, 532) und haben deshalb das **KapKto** iSv § 15a **nicht erhöht** (BFH VIII R 28/98, BStBl II 00, 347; *BMF* BStBl I 97, 627 Rn. 6; *OFD Ffm* DStR 17, 498). Letzteres gilt auch nach **Abschaffung** des Eigenkapitalersatzrechts durch das **MoMiG** (BGBl I 08, 2026); vgl § 30 I 3 GmbHG) für nach §§ 39 I Nr 5, IV, V, 135 InsO nF gesetzl nachrangige Ges'terDarlehen (zB *Hein ua* DStR 08, 2289 (2290)). 47

(2) Einzelfälle. – (a) Rangrücktritt. Auch Ges'terDarlehen mit vereinbartem Rangrücktritt sind grds in HB und StB als **Fremdkapital** auszuweisen (BFH I R 11/03, BStBl II 05, 581). Dies gilt nicht nur für den sog *einfachen* Rangrücktritt nach § 19 II 2 InsO idF MoMiG (BGBl I 08, 2026), sondern idR auch für den *qualifizierten* Rücktritt (= Gleichstellung mit EK-Rückgewähr; BFH IV R 13/04, BStBl II 06, 618), der ledigl den Ausweis in der Überschuldungsbilanz entfallen lässt (BGH II ZR 88/99, DStR 01, 175 zu § 39 I Nr 5 InsO aF); Ausnahme: die Verbindlichkeiten sind nur aus künftigem Gewinn/Liquidationsüberschuss zu tilgen (BFH I R 25/15, BStBl II 17, 670). Zu **§ 5 IIa** → Rn. 139; *BMF* BStBl I 06, 497. 48

(b) Finanzplankredit. Vom eigenkapitalersetzenden und gesetzl oder vertragl nachrangigen Darlehen ist der sog Finanzplankredit zu unterscheiden. IwS sind dies Ges'terDarlehen, die planmäßig in die Finanzierung der Ges einbezogen sind, zB wenn die Ges'ter als gesplittete Pflichteinlage bei Gründung der Ges auch Kredite gewähren müssen. **Gesellschaftsrechtl** ist ein solches Darlehen nach hM *Haft-(Eigen-) Kapital* (zu § 17 zB BFH VIII R 31/98, BStBl II 99, 724 zu 2.a. dd: zu § 17 IIa S 3 Nr 2a s *BMF* BStBl I 22, 897), mE auch nach Inkrafttreten des MoMiG (BGBl I 08, 2026; glA *BMF* BStBl I 10, 832; *K. Schmidt* GmbHR 09, 1009 (1012)). Nach **BFH** IV R 24/03, BStBl II 05, 598 **erhöht** es das **KapKto** iSv § 15a, **wenn** es aufgrund *eindeutiger* Abrede (BFH IV B 198/04, BFH/NV 06, 47; FG Brem DStRE 22, 1236, rkr; *OFD Ffm* DStR 17, 498; *Kempermann* FR 05, 998) – ***(1)*** vom Ges'ter während des Bestehens der Ges nicht gekündigt werden kann *und* – ***(2)*** bei Ausscheiden des Ges'ters oder Liquidation der Ges mit einem negativem KapKto zu verrechnen ist (sog Finanzplankredit ieS = materielles EK). Gleiches gilt mE bei Krediten an eine Einmann GmbH & Co KG; erforderl ist aber auch hier, dass – ***(3)*** das Darlehen der 49

Ges nicht nur versprochen, sondern tatsächl gewährt worden ist (→ Rn. 44: effektive Kapitalaufbringung). **Offen** ist, ob die EK-Qualifikation an die Unverzinslichkeit des Darlehens gebunden ist (vgl *Buciek* Stbg 00, 111; *Bitz* GmbHR 05, 1065: gewinnabhängige Vergütung unschädl: zutr zu § 6 I Nr 3 → § 15 Rn. 540). **Unerhebl** für die Annahme materiellen EK ist – *(1)* ob bis zum Ausscheiden des Ges'ters ein gesondertes Verlustvortragskonto geführt oder die Haftsumme im HReg erhöht wird, – *(2)* dass das Darlehen keine Beteiligung an den stillen Reserven vermittelt (BFH IV R 24/03, BStBl II 05, 598) und – *(3)* ob es in der HB/StB der Ges als formelles Fremdkapital und im SBV I des Ges'ters als Forderung zu erfassen ist (für EK zB *Ruban* FS Klein, 781 (787); *Ley* KFR F 3 § 15a 1/05; diff *Buciek* DStZ 00, 569). **Weitere Folgen:** – *(1)* Umwidmung von Fremdkapital in Finanzplankredit ieS = Einlage iSv § 15a (*Wacker* JbFSt 06/07, 347); – *(2)* Gutschrift des Finanzplankredits ieS auf formellem KapKto (zB KapKto II, Verlustverrechnungskonto) erhöht nicht das KapKto iSv § 15a (bloße EK-Umbuchung); – *(3)* Rückzahlung des Finanzplankredits oder Umwandlung in kündbares Ges'terdarlehen vermindert das KapKto (= Entnahme iSv § 15a III; zum Wiederaufleben der Haftung s abl *Bitz* GmbHR 05, 1065).

50 **5. Entstehung oder Erhöhung eines negativen Kapitalkontos. – a) Bilanzstichtag.** Maßgebl ist der Stand des KapKto des einzelnen K'tisten am Bilanzstichtag (arg § 15a I 2), also am *Ende* des Wj, für das dem K'tisten ein Verlustanteil zuzurechnen ist (BFH VIII R 11/98, BStBl II 01, 166 zu 2b/aa; *OFD Ffm* DB 18, 94: abw Wj). Einlagen in das GesVermögen während des Wj erhöhen ein positives und vermindern ein negatives KapKto (BFH VIII R 45/98, BStBl II 02, 339: abl zu Dienstleistungen; zu Fremdwährung s *Voigt* NZG 08, 933), Entnahmen aus dem GesVermögen zu Lasten des Kapitals (*Gegensatz:* Darlehen) vermindern ein positives und erhöhen ein negatives KapKto. Zur Entnahme von Scheingewinnen s OLG Ddorf DStR 20, 1747. Zu **nachträgl Einlagen** (§ 15a Ia) → Rn. 111 ff, 44; zu **Verrechnung** von Einlagen mit **Mehrentnahmen** der Vorjahre s abl BFH IV R 10/22, DStR 24, 2629; → Rn. 114).

51 **b) Veränderung des Kapitalkontos.** Die Rechtsfolgen des § 15a treten nur ein, *soweit* zum Ende des Wj, für das dem K'tisten ein Verlustanteil zuzurechnen ist, durch diesen ein negatives KapKto entsteht oder sich erhöht. Einlagen *während* des Wj wirken der Entstehung (Erhöhung) eines negativen KapKto entgegen; bis zur Höhe dieser Einlagen sind die Verlustanteile des lfd Wj ausgleichs- und abzugsfähig, weil sie den K'tisten insoweit auch wirtschaftl belasten (BFH IV R 106/94, BStBl II 96, 226). Dies gilt auch für § 15a idF JStG 2009 (→ Rn. 113); zu sog vorgezogenen Einlage für *spätere* Verluste aber → Rn. 115 ff. Zum str Ausgleich früherer sog. *Mehrentnahmen* → Rn. 114. Die **Feststellungslast** über die Entstehung oder Erhöhung eines negativen KapKto trägt mE idR das FA (**aA** *van Lishaut* FR 94, 273 (278)).

56 **6. Rechtsfolgen. – a) Verrechenbarer Verlust.** Die **„zweipoligen"** Rechtsfolgen ergeben sich aus § 15a I 1 und II. Der Anteil eines K'tisten am Verlust der KG, soweit ein negatives KapKto des K'tisten entsteht oder sich erhöht (aber → Rn. 115 ff), darf weder mit „anderen Einkünften aus GewBetr" noch mit Einkünften aus anderen Einkunftsarten ausgeglichen und auch nicht gem § 10d vor- oder zurückgetragen werden (§ 15a I 1; **Verwertungssperre**); er mindert statt dessen die Gewinne, die dem K'tisten in späteren Wj „aus seiner Beteiligung an der KG" (→ Rn. 61 ff) zuzurechnen sind (§ 15a II 1). Die Umqualifikation in verrechenbare Verlustanteile bewirkt, dass der K'tist künftige „Gewinne … aus seiner Beteiligung an der KG" insoweit nicht versteuern muss (**einkunftsquellenbezogener Verlustvortrag;** zu § 34a → § 34a Rn. 25).

57 **b) Irrelevanz abweichender Haftungsregelungen. – aa) Innenverhältnis.** Hat sich ein K'tist zur erweiterten Haftung im Innenverhältnis ggü den anderen Ges'tern idS verpflichtet, für Schulden der KG **unbegrenzt** nach Maßgabe seines Verlustanteils **einzustehen** (→ Rn. 23), ist er gleichwohl K'tist iSv § 161 I HGB und damit

auch iSv § 15a I 1; auch bei ihm sind Verlustanteile, soweit sie zu einem negativen KapKto führen, nur verrechenbar. Die erweiterte Haftung im Innenverhältnis rechtfertigt nach hL (Umkehrschluss zu § 15a I 2–3) während des Bestehens der KG keinen höheren Verlustausgleich und -abzug (vgl BFH IV R 106/94, BStBl II 96, 226; BFH VIII R 76/93, BFH/NV 98, 576 für atypischen stillen Ges'ter). Auch die Bildung einer Rückstellung in einer Sonderbilanz ist ausgeschlossen (→ Rn. 24). Zahlungen, die der K'tist auf Grund der Haftung im Innenverhältnis leisten muss, ohne dafür Ausgleich von anderen Ges'tern zu erlangen, sind aber Einlagen, die das KapKto erhöhen (→ Rn. 111); *spätestens* sind sie bei Beendigung der Ges voll ausgleichs-/abzugsfähig (BFH IV R 106/94, BStBl II 96, 226). Haben die Ges'ter einer KG vereinbart, dass abw vom HGB das KapKto eines K'tisten **nicht** durch Verlustzurechnung **negativ** werden kann, sind entspr Verlustanteile (und Gewinnanteile) den anderen Ges'tern zuzurechnen (→ Rn. 17).

bb) Außenverhältnis. Gleiches gilt nach hL (→ Rn. 78) bei erweiterter Haftung 58
im Außenverhältnis, sofern die Voraussetzungen für einen erweiterten Verlustausgleich bei überschießender Außenhaftung nach § 15a I 2, 3 (dazu → Rn. 71 ff) *nicht* erfüllt sind. Solche Fälle sind zB – *(1)* die nicht in das HReg eingetragene Erhöhung der Haftsumme (§ 172 II HGB; BFH VIII B 11/92, BStBl II 93, 665), – *(2)* bei Gründung oder Eintritt in eine bestehende KG die unbeschr Haftung nach § 176 HGB aF (FG Mster EFG 98, 291; ab 2024 § 176 HGB nF/**MoPeG,** BGBl I 21, 3436), – *(3)* die Haftung eines K'tisten aus Bürgschaft für KG-Schulden (BFH IV B 91/01, BFH/NV 03, 304). – **Kritik** an hL → Rn. 78.

c) Kein Verlust des Komplementärs. Die Umqualifikation schließt als *negative* 59
Zurechnungsnorm aus, die verrechenbaren Verlustanteile *statt* (oder neben) dem K'tisten dem persönl haftenden Ges'ter (oder anderen K'tisten) zuzurechnen. Dies gilt auch dann, wenn ein persönl haftender Ges'ter am Bilanzstichtag ernstl damit rechnen muss, für die Verbindlichkeiten der KG in einer Höhe in Anspruch genommen zu werden, die über seine vertragl Beteiligung am lfd Verlust hinausgeht; auch die Bildung einer Rückstellung im SBV ist ausgeschlossen (→ Rn. 24).

Beispiel: KapKten 31.12.01: Komplementär A 0, Kommanditist B 0. Verlust in 02: 90. Vertragl Verlustbeteiligung 1 : 2 also 30 : 60.

KG-Bilanz 31.12.02

Verschiedene Aktiva	10	Verbindlichkeiten	100
KapKto A	30		
KapKto B	60		

Obwohl A damit rechnen muss, für die nach Verwertung der Aktiven verbleibende Restschuld der KG von 90 voll in Anspruch genommen zu werden, ist ihm nur ein Verlustanteil von 30 zuzurechnen.

Die Wirkung dieser negativen Zurechnungsnorm entfällt mit der gesellschaftsrechtl Beendigung der KG, vorher bei einer Aufgabe/Veräußerung des ganzen GewBetr der KG. Gleiches gilt, sobald feststeht, dass künftige Gewinnanteile zum Ausgleich des negativen KapKto nicht mehr anfallen (→ Rn. 20 ff); zu diesem Zeitpunkt ist es dem persönl haftenden Ges'ter nicht mehr verwehrt, Verbindlichkeiten der KG als (nachträgl) negative gewerbl Einkünfte geltend zu machen; er erweist sich damit als derjenige, der die Verluste tatsächl trägt.

d) Keine Einbeziehung ausgleichsfähiger Verluste. Die Umqualifikation er- 60
fasst nur verrechenbare Verluste (s auch § 15a IV 1); es ist unzulässig, statt eines rechtl mögl Verlustausgleichs (zB kein negatives KapKto) eine Verrechnung nach § 15a II 1 zu wählen (auch → Rn. 4). Verlustanteile, die mangels positiver Einkünfte tatsächl nicht ausgeglichen werden können, werden nicht zu verrechenbaren Verlusten iSv § 15a II 1; sie sind nur nach § 10d rücktrags- und vortragsfähig.

61 **e) Beteiligungsgewinne, § 15a II 1. – aa) KG-Vermögen.** Hierzu (Ausgleich mit Verlusten desselben Wj/Minderung um verrechenbare Verluste früherer Wj) gehören nach ganz hM – vorbehaltl vorrangiger Vorschriften (dazu → Rn. 4) – **nur Gewinne aus dem GesVermögen,** dh der Anteil am StB-Gewinn nebst Ergänzungsbilanzen (zB BFH VIII R 29/98, BStBl II 1999, 592; *BMF* BStBl I 93, 976; *Ruban* FS Klein, 1994, 781). Ebenso der Gewinn aus einer **MUer-Anteilsveräußerung** (§ 16 I 1 Nr 2), soweit dieser auf GesVermögen entfällt, allerdings mit der Folge, dass die Tarifbegünstigung für diese Gewinne ins Leere geht (BFH IV R 23/93, BStBl II 95, 467; ähnl IV B 136/97, BFH/NV 99, 307; *OFD Ffm* NWB F 3, 11909 (11915): vorrangige Verrechnung mit *lfd* Gewinnen; zutr).

62 **bb) Keine Sonderbetriebseinnahmen.** *Nicht* zu den Gewinnen, die dem K'tisten gem § 15a II 1 aus seiner Beteiligung an der KG zuzurechnen sind, sondern zu den „anderen Einkünften" iSv § 15a I 1, gehören hingegen SonderBE, insb Gewinne aus der Veräußerung von SBV, und Sondervergütungen iSv § 15 I 1 Nr 2 S 1 Hs 2 – gleich gültig, ob auf schuld- oder gesellschaftsrechtl Grundlage–, sofern diese Entgelte nicht als „Gewinnvoraus" (→ Rn. 35; → § 15 Rn. 440) geschuldet werden. Solche Sonderbetriebsgewinne dürfen daher nicht um verrechenbare Verluste gemindert werden (sog **Saldierungsverbot**), und zwar unabhängig davon, ob sie in „späteren Wj" (§ 15a II 1) oder im selben Wj anfallen (*BMF* BStBl I 93, 976; BFH VIII R 78/97, BStBl II 99, 163; *Wacker* BB 99, 33; zur *Kritik* → 17. Aufl 1998, § 15a Rn. 105). Entstehen im SBV aus verschiedenen Quellen sowohl Gewinne als auch Verluste, sind diese allerdings zu saldieren.

Beispiel: Kommanditist K erzielt in 02 aufgrund einer Tätigkeitsvergütung einen SBV-Gewinn iHv 50; sein Verlustanteil (einschließl Anteil am Vergütungsaufwand) bezügl StB der KG beläuft sich auf 150 (= neg KapKto zum 31.12.02). K hat 50 voll zu versteuern; der nicht ausgleichsfähige und nur verrechenbare Verlust beträgt 150.

Zu **Gestaltungen,** durch die die negativen Wirkungen des Saldierungsverbots vermieden werden können, wie zB Reduzierung der Sondervergütungen oder Verzicht auf diese mit Besserungsklausel (vgl → § 15 Rn. 550), Gewinnvoraus statt Sondervergütungen, zusätzl Bareinlage iVm Kreditaufnahme im SBV, Umwandlung von Ges'terforderungen in Kapital, Erhöhung der Haftsumme usw, s zB *van Lishaut* FR 94, 273 (281); *Paus* Anm FR 99, 266; *Abel,* Gewinnverteilung, Diss, 2022, 206 f: kein § 42 AO).

63 **cc) Weitere Einzelfragen. Keine** „Gewinne …" iSv § 15a II 1 und auch keine „Einkünfte" iSv § 15a I 1 sind ferner **stfreie Gewinne** zB nach § 16 IV, § 3 Nr 40 aF/nF oder Nr 66 aF (→ Rn. 34) sowie stfreie BE zB nach InvZul (FG Bbg EFG 98, 195). Sie sind den Ges'tern nach Maßgabe des Gewinnverteilungsschlüssels zuzurechnen (zum Ges'terwechsel aber → § 15 Rn. 453); sie **mindern** – soweit nicht zurückzuzahlen (*OFD Bln* FR 02, 594) – *gleich* einer Einlage anteilig ein **negatives KapKto** des K'tisten (→ Rn. 34). Gleichwohl bleibt dessen verrechenbarer Verlust bleibt zunächst in *bisheriger* Höhe bestehen (*OFD Ffm* FR 98, 964); er wird jedoch entweder durch spätere Gewinne aufgezehrt oder ist bei Ausscheiden des K'tisten (oder Betriebsaufgabe; → Rn. 151 ff und 181 ff) iHd des stfreien Gewinns in einen ausgleichsfähigen Verlust umzuqualifizieren (BFH IV R 58/00, BStBl II 02, 748). Zu Stfreiheit von *Sanierungsgewinnen* nach § 3a, § 3c → Rn. 4. – **Nicht abziehbare BA** (zB §§ 4 V, 3c) sind gleichfalls aus dem Verlust-/Gewinnbegriff iSv § 15a I, II (→ Rn. 34) auszuscheiden, können aber ein **neg KapKto** entstehen lassen oder ein solches erhöhen (→ Rn. 42); ausgleichsfähige Verluste und Einlagen sind jedoch vorrangig zu verrechnen (*OFD Ffm* DStR 18, 569; zutr). Anders ist dies hingegen bei der *außerbilanziellen* Hinzurechnung nach **§ 7g II** sein (BFH IV R 24/22, BStBl II 25, 188; zum KapKto s aber → Rn. 42); zur Bildung des **IAB** im SBV s § 7g VII nF; BMF BStBl I 22, 945 Rn. 4, 5, 15, 58. Zum Verlust- und Gewinnanteil → Rn. 34.

64 **f) Subjektidentität; Anteilsidentität. – aa) Grundsätze.** Nach **BFH** IV R 16/15, BStBl II 18, 527 unterliegt § 15a II einer „streng **anteilsbezogenen** Betrachtung …" (ähnl *FN-IdW* Beil 10/96468c; *Autenrieth* FS Haas, 1996, 7). *ME* ist hingegen grds von einem anteils- *und* – ähnl § 10d – subjektbezogenen Verständnis auszugehen (arg „seine" Beteiligung; *Jacobsen ua* DStR 13, 433). Dh, der GesAnteil (MUerAnteil), aus dem die zu verrechnenden Verlustanteile herrühren, muss wirtschaftl identisch sein mit dem GesAnteil (MUerAnteil), aus dem die zu mindernden Gewinnanteile stammen, und grds kann nur der StPfl, der den Verlust erlitten hat, diesen verrechnen (zu Ausnahmen → Rn. 166 ff, 171 ff).

65 **bb) Einzelfälle ohne Umstrukturierung.** Dem Identitätserfordernis wird zwar bei **Formwechsel** einer KG in eine **OHG** oder GbR (R 138d I EStR 2004; zum Formwechsel in KapGes → Rn. 171) sowie bei bloßer **Umwandlung** der Rechtsstellung eines K'tisten in die eines **persönl haftenden Ges'ters** genügt (R 138d I EStR 2004; → Rn. 119). Ausgeschlossen ist jedoch die Verrechnung mit Gewinnanteilen desselben StPfl aus der Beteiligung an einer *anderen* KG (aber → Rn. 176). Eine **Änderung** im **Umfang** der Beteiligung lässt die Beteiligungsidentität unberührt, weil nach gesellschaftsrechtl hL (diff *Priester* DB 98, 55) ein Ges'ter nur einen GesAnteil haben kann (vgl BFH IV R 15/96, BStBl II 97, 535); der verrechenbare Verlust aus einem nur 10%igen KG-Anteil mindert daher den Gewinn aus der auf 50% aufgestockten Beteiligung (*IdW* Beil 10/96, 468h). Bei **unentgeltl Übertragung** unter Lebenden oder von Todes wegen geht der verrechenbare Verlust auf den Rechtsnachfolger über, *wenn* ihm das Recht auf Bezug der künftigen Gewinne übertragen wird, weil er hiermit zugleich die Verpflichtung zum Ausgleich des negativen KapKto übernimmt (BFH IV R 16/15, BStBl II 18, 527); *Folge:* Verrechnung der Gewinnanteile gem § 15a II (→ Rn. 166 ff). Entspr gilt bei unentgeltl Übertragung eines KG-**Teilanteils** iVm anteiligem Übergang des Gewinnbezugsrecht; sinkt der Anteil des K'tisten hiernach zB von 50% auf 30%, verbleiben beim Schenker ⅗ seiner verrechenbaren Verluste, während ⅖ auf den Beschenkten als Rechtsnachfolger übergehen (BFH IV R 16/15, BStBl II 18, 527; *Autenrieth* FS Haas S 7 (13); *IdW* Beil 10/96, 468; auch → Rn. 168; → § 16 Rn. 420). Bei **entgeltl Veräußerung des KG-Anteils** (→ Rn. 151 ff) geht der Verlust durch Verrechnung und Abzug nach § 15a II 1, 2 verloren. Zur Veräußerung eines KG-Teilanteils → Rn. 94. Veräußert eine KG ihren **GewBetr** oder gibt sie ihn auf, ohne sich gleichzeitig gesellschaftsrechtl aufzulösen, *und* beginnt sie einen anderen GewBetr, ist idR die zivilrechtl Identität der KG gewahrt. Die **Betriebsveräußerung/-aufgabe** führt aber mE zu einem Wegfall des negativen KapKto und damit zu einem Gewinn in dieser Höhe (**aA** BFH VIII R 43/84, BStBl II 86, 136), von dem der verrechenbare Verlust abzuziehen ist, sodass für die neue gewerbl Betätigung der KG verrechenbare Verlustanteile nicht mehr zur Verfügung stehen (§ 15a II 2 nF; → Rn. 151 ff, 160 ff).

66 **cc) Umstrukturierung.** Auch bei „Umwandlung" einer zweigliedrigen KG in **Einzelunternehmen** können „über den Wortlaut des § 15a II hinaus" *verrechenbare* Verluste des **K'tisten,** der das Unternehmen allein fortführt, mit späteren Gewinnen hieraus verrechnet werden (R138d I EStR 2004; BFH IV B 133/06, BFH/NV 07, 888). Gleiches gilt mE bei Unternehmensübernahme und *-fortführung* (*Jacobsen ua* DStR 13, 433; **aA** *Rautenstrauch ua* DStR 06, 359) durch eine K'tisten-GmbH (BFH XI R 2/23, BStBl II 25, 862 einschl § 10a GewStG; *Hübner ua* DStR 23, 543; **aA** *Thill* FR 06, 407). Nicht übertragbar ist hingegen die Gewinnhinzurechnung nach § 15a III 3 (dazu → Rn. 177). Zur Übernahme durch den **persönl haftenden Ges'ter** s BFH VIII R 76/96, BStBl II 99, 269; FG Nbg EFG 11, 1162: Erbfall. Zur Umwandlung der K'tistenstellung in diejenige des persönl haftenden Ges'ters → Rn. 119; zum Treugeber-Komplementär → Rn. 32, 73. Zum **UmwStG** → Rn. 171 ff.

67 **g) Zeitpunkt der Verrechnung.** Verrechenbare Verlustanteile müssen zum *frühestmögl* Zeitpunkt – vom FA von Amts wegen ohne Antrag – von den Gewinnantei-

len der Folge-Wj abgezogen werden. Dies gilt auch für nach §§ 16, 34 tarifbegünstigte Gewinne (→ Rn. 61). Entsteht im selben Wj ein lfd und ein begünstigter Gewinn und ist die Summe höher als der verrechenbare Verlust, ist die Verrechnung in der für den StPfl günstigeren Reihenfolge vorzunehmen.

IV. Erweiterter Verlustausgleich aufgrund „überschießender" Außenhaftung, § 15a I 2, 3

Verwaltung: EStR 15a III; *OFD Bln* BB 96, 636 (Unwahrscheinl Vermögensminderung); *OFD Mchn/OFD Nbg* FR 04, 731 (Bürgschaft).

71 **1. Grundsätze.** Über die Grundregel des § 15a I 1 hinaus kann ein KG-Verlustanteil auch insoweit ausgeglichen (abgezogen) werden, als durch ihn ein negatives KapKto entsteht oder sich erhöht, soweit der K'tist am Bilanzstichtag den Gläubigern der KG in bestimmter Weise unmittelbar haftet (§ 15a I 2–3). Dieser sog erweiterte Verlustausgleich setzt positiv voraus, dass – *(1)* der K'tist am Bilanzstichtag den Gläubigern der Ges *auf Grund des § 171 HGB* haftet, – *(2)* derjenige, dem der Verlustanteil estrechtl zuzurechnen ist, im HR eingetragen ist, – *(3)* die Haftung nachgewiesen wird und negativ, dass – *(4)* eine Vermögensminderung aufgrund der Haftung weder durch Vertrag ausgeschlossen noch nach Art und Weise des Geschäftsbetriebs unwahrscheinl ist. Der erweiterte Verlustausgleich kommt nur K'tisten zugute, **nicht** den in **§ 15a V** erwähnten vergleichbaren Unternehmern, da in Abs V nicht auf Abs I 2–3 verwiesen ist (dazu → Rn. 131).

72 **2. Außenhaftung am Bilanzstichtag auf Grund § 171 I HGB.** Danach haftet der K'tist bis zu der in das HReg eingetragenen Haftsumme (vgl § 172 I HGB), soweit – ***(1)*** die bisher tatsächl geleistete Einlage (→ Rn. 44) niedriger ist als die Haftsumme (BFH VIII R 32/01, BStBl II 04, 359), gleichgültig, ob als Pflichteinlage nur diese oder ein höherer Betrag geschuldet ist, oder – ***(2)*** die Einlage zurückgezahlt worden ist und deshalb gem § 172 IV 1 HGB den Gläubigern ggü als nicht geleistet gilt, oder – ***(3)*** ein K'tist Gewinnanteile trotz Minderung seines Kapitalanteils unter die geleistete Einlage entnimmt und deshalb gem § 172 IV 2 HGB die Einlage den Gläubigern ggü als nicht geleistet gilt. Zur **MoPeG-Reform** (BGBl I 21, 3436) ab 2024 → Rn. 11.

73 **a) Namentliche Handelsregistereintragung.** Hierdurch soll ausgeschlossen werden, dass **Treugeber,** denen nach § 39 AO die Verlustanteile zuzurechnen sind, an deren Stelle aber der Treuhänder-K'tist ins HReg eingetragen ist, den erweiterten Verlustausgleich in Anspruch nehmen können (EStR 15a III 4–5; BFH IV R 67/04, BStBl II 06, 878; BGH II ZR 345/15, HFR 17, 1073). Nach hL (→ Rn. 78) muss der erweiterte Verlustausgleich schon daran scheitern, dass der Treugeber nicht persönl und unmittelbar den Gläubigern der Ges auf Grund des § 171 I HGB haftet; er ist nur im Innenverhältnis zum Treuhänder verpflichtet, diesen von Verbindlichkeiten freizustellen (BGH XI ZR 148/08, DStR 09, 1920; zur Abgrenzung s BGH II ZR 300/08, DB 11, 1914). Gleiches gilt für den am KG-Anteil atypisch **Unterbeteiligten** (→ Rn. 32, 131, 137; EStR 15a III 4). Seine Beteiligungsquote kürzt zugleich den dem K'tisten zuzurechnenden Verlustanteil (BFH IV R 70/04, BStBl II 07, 868).

74 **b) Eintrag am Bilanzstichtag.** Der K'tist und seine Haftsumme (zu Fremdwährung s *Voigt* NZG 08, 933) müssen am Bilanzstichtag bereits eingetragen sein, die Anmeldung zum HReg reicht nicht aus (BFH VIII B 11/92, BStBl II 93, 665 EStR 15a III 1–3). Demnach wirkt auch eine spätere Berichtigung nicht zurück (FG Bln-Bbg EFG 12, 1453; *Lux* DStR 13, 1671). *Ausnahme:* Steuerrechtl Rückwirkung der Haftungsverfassung gem § 2 UmwStG iVm § 234 Nr 1 UmwG (BFH IV R 61/07, BStBl II 10, 942; *Wacker* HFR 10, 967; auch → Rn. 4). Zu EU-/EWR-HReg → Rn. 138.

c) Haftung gemäß Handelsrecht. Ob die Haftung evtl iVm § 172 IV HGB besteht, insb ob die Einlage geleistet ist (§ 171 I Hs 2 HGB) oder eine Rückzahlung einer Einlage oder eine Entnahme von Gewinnanteilen vorliegt (§ 172 IV HGB), bestimmt sich allein nach Handelsrecht (BFH IV R 35/07, BStBl II 08, 676); zur Forderungsumwandlung nach §§ 225a II, 254 IV InsO s *K. Schmidt* ZGR 12, 566. Soweit die HB von der StB abweicht (zu mögl Divergenzen zw KapKto in der HB und Einlage s *HHR/Lüdemann* § 15a Rn. 105 ff), ist deshalb das in der *HB* ausgewiesene KapKto (Buchwerte!; BGHZ 109, 334) maßgebl; hiervon sind zudem die Beträge nach § 268 VIII HGB sowie ab 2024/MoPeG-Reform (BGBl I 21, 3436; → Rn. 11) auch diejenigen nach § 253 VI 2 HGB („Ausschüttungssperre") abzusetzen (§ 172 IV 3 HGB aF/nF; zu latenten Steuern s IDW RS FAB 18, IDW-Life 25, 79 Rn. 42 ff. Die Pflichteinlage kann höher oder geringer als die Außenhaftung sein. Der erweiterte Verlustausgleich ist begrenzt auf den Betrag, um den die im HReg eingetragene Haftsumme die geleistete Einlage (→ Rn. 44) übersteigt. Allerdings erkennt die Rspr **„negative Tilgungsbestimmungen"** (= *zusätzl* Einlage iVm *fortbestehender* Außenhaftung) an (BFH IV R 98/06, BStBl II 09, 272; FG BW EFG 10, 498, rkr; ausführl *Priester* FS Crezelius, 2018, 173); mE unzutr, da Einlage nicht „auf die Haftsumme" geleistet wird und Haftungsbeendigung durch Einlage kraft Gesetzes eintritt (glA *Hüttemann ua* DB 09, 1613; *MüKoHGB* §§ 171, 172 Rn. 48b). Fällt die überschießende Außenhaftung in *späteren* Wj durch Leistung der Einlage weg (§ 171 I HGB), lässt dies den erweiterten Verlustausgleich in den vorangegangenen Wj unberührt (→ Rn. 114), auch wenn am fragl Bilanzstichtag eine spätere Einlageleistung wahrscheinl war oder feststand (Fälligkeit der Pflichteinlage; → Rn. 83). 75

Beispiel: Bilanzstichtag 31.12.01. Tatsächl geleistete Einlage = bisheriges KapKto K: 40. Ins HReg eingetragene Haftsumme K: 100; Pflichteinlage 120. Verlustanteil K für 01: 120. Ausgleichsfähig nach § 15a I 1: 40; des Weiteren ausgleichsfähig nach § 15a I 2–3: 60; nur verrechenbar nach § 15a II 1: 20.

d) Rückzahlung der Einlage iSv § 172 IV 1 HGB. Dies ist nur eine Zuwendung an den K'tisten (oder einen Dritten; s dazu BGH II ZR 99/08, DStR 09, 1654), durch die der Ges Vermögenswerte ohne entspr Gegenleistung entzogen werden; nur dann wird die Fähigkeit der Ges zur Gläubigerbefriedigung gemindert (BGH II ZR 124/61, BGHZ 39, 319 (331)). Deshalb liegt weder Rückzahlung der Einlage noch Gewinnentnahme iSv § 172 IV HGB vor, wenn der K'tist für eine Tätigkeit oder die Überlassung von WG zur Nutzung (vgl § 15 I 1 Nr 2 S 1 Hs 2) nicht mehr als *angemessene* Vergütungen erhält, die in der HB Aufwand sind (zB BFH VIII R 30/99, BStBl II 01, 621) oder die Einlage in einen vollwertige Darlehensforderung umgewandelt wird (*MüKo HGB* §§ 171, 172 Rn. 69). Einlagerückgewähr liegt zB vor, soweit eine KG ein WG des GesVermögen an einen K'tisten unter dem wahren Wert verkauft oder einem K'tisten unverzinsl bzw niedrig verzinsl Darlehen gewährt (*K. Schmidt* GesR § 54 III 2/a). Keine Einlagerückgewähr ist die entgeltl Veräußerung eines KG-Anteils an einen Dritten (BGH II ZR 103/84, BGHZ 93, 246). **Gewinnentnahmen** lassen die Haftung nach § 172 IV 2 HGB (ggf iVm S 3) auch dann wiederaufleben, wenn das KapKto in der HB zB durch estrechtl Sonder-AfA negativ geworden ist (BGH II ZR 78/89, BGHZ 109, 334: Buchwerte sind maßgebl; BFH IV R 75/93, BStBl II 96, 474; iEinz IDW LIFE 18, 258 Tz 36 ff). Solange das KapKto infolge von Verlusten niedriger als die Haftsumme ist, lebt bei Entnahmen (auch unberechtigten) die Außenhaftung iHd entnommenen Betrags bis zur Haftsumme wieder auf (BGH II ZR 78/89, BGHZ 109, 334; FG Bln-Bbg EFG 10, 54, rkr; zum Agio → Rn. 95). Zu § 172 V HGB s BGH II ZR 88/08, DB 09, 1289. Zur **MoPeG**-Reform (BGBl I 21, 3436) ab 2024 → Rn. 11. 76

e) Leistung an Gläubiger/Insolvenzverwalter. Ist ein K'tist auf Grund des § 171 HGB von einem **Gläubiger** in Anspruch genommen worden, schließt dies handelsrechtl eine weitere Außenhaftung des K'tisten idR aus (BGH II ZR 122/16, 77

DB 17, 2407). Ein erweiterter Verlustausgleich nach § 15a I 2–3 entfällt insoweit (zu früheren Wj → Rn. 114); fortan gilt § 15a I 1. Fragl ist aber, ob die Leistung an Gläubiger auch dann wie eine *Einlage* in das *Ges Vermögen* zu werten ist, dh das KapKto erhöht, wenn die Pflichteinlage überschritten wird und damit dem K'tisten ein Ersatzanspruch gegen die KG zusteht (so → 20. Aufl 2001, § 15a Rn. 77; *Ausnahme:* vollwertiger Regressanspruch, → Rn. 82). ME ist der Ersatzanspruch im SBV zu aktivieren und erst mit *Ausfall* bei Beendigung der KG als Einlage bzw SonderBA anzusetzen (vgl zB BFH VIII R 28/98, BStBl II 00, 347 zu II.4; BFH IV R 36/02, BStBl II 03, 871 sowie → Rn. 78). Zur Einziehungsbefugnis des **Insolvenzverwalters** (§ 171 II HGB) s BGH II ZR 175/19, DStR 20, 2386.

78 **f) Kein erweiterter Verlustausgleich.** Nicht ausreichend für einen erweiterten Verlustausgleich ist – ***(1)*** eine Haftung im **Innenverhältnis** zB auf Grund einer im GesVertrag vereinbarten Pflicht (BFH IV R 106/94, BStBl II 96, 226), – ***(2)*** eine **Außenhaftung** zB auf Grund einer **Bürgschaft** für KG-Schulden (BFH IV B 119/96, BStBl II 98, 109) oder auf Grund des **§ 172 II HGB** (BFH VIII B 11/92, BStBl II 93, 665) oder auf Grund des **§ 176 HGB aF** (EStR 15a III 5; BFH IX R 7/95, BStBl II 00, 265; ab 2024 § 176 HGB nF/**MoPeG,** BGBl I 21, 3436) oder des **§ 160 HGB** (BFH VIII R 81/02, BStBl II 04, 118), – ***(3)*** eine Haftung nach **Kapitalersatzrecht** gem § 172a HGB aF oder kraft **Nachrangigkeit** gem **§ 39** I Nr 5, 135 **InsO** (→ Rn. 47). Zum Finanzplankredit aber → Rn. 49. Nach der BFH-Rspr führen tatsächl Leistungen auf Grund einer dieser Haftungstatbestände – ebenso wie Leistungen auf Grund des § 171 HGB (→ Rn. 77) – erst mit *Ausfall* des Ersatzanspruchs gegen KG oder andere Ges'ter *bei Beendigung der KG* zu „**Einlagen** des Ges'ters zugunsten seines KapKto", weil allg (→ § 15 Rn. 544) das Imparitätsprinzip insoweit nicht gilt (BFH VIII R 28/98, BStBl II 00, 347 zu II.4; *OFD Mchn* FR 04, 731 Rn. 3; → Rn. 113).

Stellungnahme: Zur Kritik an dieser Beurteilung, insb im Hinblick auf fehlende Angleichung von Verlustausgleichsvolumen eines K'tisten und seinem Haftungsumfang, vgl → 34. Aufl 2015, § 15a Rn. 129. ME ist der Ansicht des BFH zu folgen, da sie im Einklang mit Wortlaut und Gesetzesmaterialien (BT-Drs 8/3648, 17; BT-Drs 8/4157, 5) dem Gebot der StVereinfachung (HReg-Publizität) verfgemäß Rechnung trägt (BFH VIII R 28/98, BStBl II 00, 347); zR hat der BFH auch die gewinnmindernde Bildung einer Rückstellung in einer Sonderbilanz des K'tisten für interne Verlustausgleichs-/pflichten und Bürgschaftsschulden abgelehnt (BFH VIII R 28/98, BStBl II 00, 347).

81 **3. Ausschlusstatbestände, § 15a I 3. – a) Kein Haftungsnachweis.** Vom K'tisten nachzuweisen ist die Haftung auf Grund des § 171 I HGB am Bilanzstichtag; die übrigen Voraussetzungen, zB Eintragung ins HReg, sind von Amts wegen festzustellen. Zum Nachweis der Haftung gehört der Nachweis der Voraussetzungen des § 171 I HGB, nicht aber, dass die KG am Bilanzstichtag haftungsbegründende Schulden hatte; insoweit ist nur die voraussichtl künftige Entwicklung maßgebl (BFH VIII R 111/86, BStBl II 92, 164). Hängt die Haftung von einer zivilrechtl Frage ab, ist darüber von Amts wegen zu entscheiden.

82 **b) Kein vertraglicher Ausschluss einer Vermögensminderung.** Dies ist zB mit der Folge zu bejahen, dass der erweiterte Verlustausgleich entfällt, wenn – ***(1)*** der K'tist einen Versicherungsvertrag abgeschlossen hat, der das Risiko einer Inanspruchnahme abdeckt (zB *HHR/Lüdemann* § 15a Rn. 124), – ***(2)*** dem K'tisten nicht nur ein Regressanspruch gegen die KG oder andere Ges'ter oder Dritte zusteht, sondern der Anspruch auch sicher (zB bankverbürgt) ist (*Uelner* StbJb 81/82, 107 (118); evtl *Kempermann* FR 98, 248 (250) Sp 2). Auch → Rn. 135.

83 **c) Unwahrscheinlichkeit der Vermögensminderung. – aa) Grundsätze.** Nach BFH ist bei Prüfung, ob eine Vermögensminderung auf Grund der Haftung nach Art und Weise des Geschäftsbetriebs unwahrscheinl ist, auch auf die voraussichtl künftige Entwicklung abzustellen. Ein echtes wirtschaftl Haftungsrisiko aufgrund des

Haftsummeneintrags ist deshalb nur zu verneinen, „wenn die finanzielle Ausstattung der Ges und deren gegenwärtige und zu erwartende Liquidität … im Verhältnis zum GesZweck und dessen Umfang so außergewöhnl günstig sind, dass die Inanspruchnahme des einzelnen zu beurteilenden K'tisten nicht zu erwarten ist" (BFH VIII R 111/86, BStBl II 92, 164). Ebenso *FinVerw* (*BMF* BStBl I 94, 355: Risiko ist Regeltatbestand; s auch *FB Bln* BB 96, 636). Auch die Erwartung weiterer **(fälliger) Einlagen** führt nicht zur Unwahrscheinlichkeit der Haftung; gleiches gilt, wenn sicher ist, dass der K'tist nicht vorzeitig an Gläubiger der KG leisten muss (BFH VIII R 111/86, BStBl II 92, 164). Die hierdurch bedingte „Entschärfung" des § 15a (*Fleischmann* BB 91, 2051) bewirkt zwar eine zeitl Vorverlagerung des Verlustausgleichs, aber keine Erhöhung des Ausgleichsvolumens (EStR 15a III 8).

Beispiel: 31.12.01: tatsächl Einlage 40, später fälliger Pflichteinlagerest 50, Haftsumme 90. Verlustanteil für 01: 90. Dieser ist teils nach S 1 (40), teils nach S 2–3 (50) ausgleichsfähig – 31.12.02: tatsächl Einlage 90, restl Pflichteinlage 0, Haftsumme 90, KapKto vor Verlustzurechnung: 40 ./. 90 + 50 = 0. Verlustanteil für 02: 50. Dieser ist nur verrechenbar.

bb) Einzelfälle. *Nicht* unwahrscheinl nach Art und Weise des Geschäftsbetriebs 84
ist eine Inanspruchnahme idR zB bei Bauunternehmen, auch wenn diese nicht konkret erkennbar ist (BFH IV R 112/91, BStBl II 94, 627). Hingegen ist die Unwahrscheinlichkeit widerlegbar zu *vermuten* bei Ges, die von gewerbl tätigen Initiatoren mit finanzieller Gesamtkonzeption gegründet werden, nach der das Haftungsrisiko auf die Einlage beschränkt sei (Werbung), zB Modernisierungsfonds (vgl BFH IX R 7/91, BStBl II 94, 492 zu GbR mit VuV; zur Abgrenzung s FG Bln EFG 03, 82; krit *Wagner* DStR 95, 1153). Ist die Inanspruchnahme dem Grunde nach nicht unwahrscheinl, kommt es auf die Höhe des Risikos *grds* nicht mehr an (BFH IX R 60/91, BStBl II 94, 496 zu GbR mit VuV).

cc) Wegfall des vertraglichen Ausschlusses oder der Unwahrscheinlichkeit 85
einer Vermögensminderung. Beide Umstände haben, wenn sie zu einem späteren Bilanzstichtag eintreten, die Wirkung einer Haftungserweiterung (→ Rn. 119). Zu tatsächl Leistungen auf Grund der Haftung → Rn. 114.

4. Rechtsfolgen. – a) Begrenzungen. Der erweiterte Verlustausgleich kann 86
nur „bis zur Höhe des Betrags" der überschießenden Außenhaftung, also nur **einmal,** beansprucht werden (EStR 15a III 7–9; EStH 15a „Auflösung …" Beispiel 2; BFH IV R 112/91, BStBl II 94, 627; *Bordewin* DStR 94, 673 (677); zu Einschränkungen s HessFG EFG 07, 1505). Ausgleichsfähige Verluste vor 1985 und zu Unrecht als nur verrechenbar festgestellte Verluste früherer Wj bleiben außer Betracht (BFH IV R 112/91, BStBl II 94, 627).

Beispiel: 31.12.01: Haftsumme K 50, tatsächl Einlage 10, KapKto 10. – Verlustanteil K in 02: 40; ausgleichsfähig nach § 15a I 1: 10, nach § 15a I 2–3: 30; KapKto K zum 31.12. in 02: ./. 30. – Verlustanteil K in 03: 25; ausgleichsfähig nach § 15a I 2–3: 10 (restl überschießende Außenhaftung), iÜ (15) nur verrechenbar.

b) Wahlrecht. Der K'tist muss vom erweiterten Verlustausgleich keinen Ge- 87
brauch machen; er hat insoweit ein Wahlrecht (arg Nachweispflicht; **aA** FG RhPf EFG 21, 1372 rkr; *HHR/Lüdemann* § 15a Rn. 116). Auch ein früher zu Unrecht nicht berücksichtigter erweiterter Verlustausgleich kann später, sofern die überschießende Außenhaftung noch besteht, nachgeholt werden.

V. Einlageminderung; Haftungsminderung, § 15a III

1. Zweck. Die Vorschrift will verhindern, dass die Begrenzung des Verlustaus- 91
gleichs gem § 15a I durch nur vorübergehende höhere Einlagen oder eine nur vorübergehend höhere Haftung umgangen wird. Danach wird der Verlustausgleich im Jahr der Verlustentstehung nach Maßgabe des (erhöhten) KapKto bzw der (erweiter-

ten) Haftung zugelassen, später bei Einlage- oder Haftungsminderung aber nachversteuert (BFH IV R 106/94, BStBl II 96, 226). Rechtstechnisch geschieht dies nicht rückwirkend für das Jahr der Verlustentstehung, sondern annährend gleichwertig dadurch, dass in den folgenden Wj einer Einlage- oder Haftungsminderung iSv § 15a III 1 oder § 15a III 3 die früher ausgleichs-/abzugsfähigen Verluste *als* lfd **Gewinn** zu versteuern sind. Da dieser zugleich in einen verrechenbaren Verlust „umgepolt" (§ 15a III 4 = § 15a I 1) wird, entspricht dies einer Qualifikation auf der gedanklichen Grundlage, dass von vorneherein eine geringere Einlage geleistet worden wäre oder eine geringere Haftung bestanden hätte und der Verlust bereits im Entstehungsjahr nur verrechenbar gewesen wäre (BFH IV R 42/00, BStBl II 03, 798).

92 **2. Nachversteuerung auf Grund Einlageminderung. – a) Überblick.** *Voraussetzungen* der Zurechnung eines fiktiven Gewinnes sind *positiv,* dass – *(1)* durch Entnahmen ein negatives KapKto des K'tisten entsteht oder sich erhöht und – *(2)* in diesem oder früheren Wj KG-Verlustanteile ausgleichs- oder abzugsfähig waren, und – *(3) negativ,* dass auf Grund der Entnahmen keine nach § 15a I 2 zu berücksichtigende Haftung besteht oder entsteht (§ 15a III 1). Die *ges'terbezogen* (dazu BFH IV R 17/21, BStBl. II 24, 898 betr. unterjährige unentgeltl Anteilsübertragung; auch → Rn. 167) zu bestimmenden *Rechtsfolgen* sind zum einen die Zurechnung eines fiktiven Gewinns iHd durch die Entnahme entstandenen negativen KapKto (§ 15a III 1), begrenzt bis zur Höhe der im Wj der Einlageminderung und den vorangegangenen 10 Wj ausgleichs- und abzugsfähigen KG-Verlustanteile (§ 15a III 2) und zum anderen die Umqualifizierung des als fiktiven Gewinnes zugerechneten Betrags in einen verrechenbaren Verlust (§ 15a III 4). Soweit Verluste *außerhalb* des Anwendungsbereichs des § 15a ausgleichs- oder abzugsfähig waren, führt eine Einlageminderung *nicht* zu einer Nachversteuerung nach § 15a II (§ 52 XXIV 5; BFH IV R 67/04, BStBl II 06, 878).

93 **b) Voraussetzungen. – aa) Entstehung/Erhöhung eines negativen Kapitalkontos durch Entnahmen.** Maßgebl ist der Begriff des KapKto iSv § 15a I 1, dh das KapKto in der **StBilanz** der KG nebst etwaigen Ergänzungsbilanzen (→ Rn. 41 ff; zu stfreien BE s *OFD Ffm* DStR 18, 569; auch → Rn. 86, 100). Zu vergleichen ist das KapKto am Bilanzstichtag der Entnahme mit dem KapKto des Vorjahres (BFH IV R 106/94, BStBl II 96, 226).

94 **bb) Entnahmen. –** ***(1)*** **Grundsätze.** Hierzu gehören grds alle Entnahmen iSv § 4 I 2 (Ausnahmen s unten *(3)*). Sie können bestehen in Geld oder in materiellen und immateriellen WG, auch in Nutzungen und Leistungen, soweit sich dies in einer Minderung des KapKto niederschlägt, zB in Form von Aufwand für unentgeltl Leistungen (*Ruban* FS Klein, 1994, 781 (799)). Da § 15a III 1 nur auf das KapKto in der StB (nebst ggf in der Ergänzungsbilanz) abstellt (→ Rn. 93), erfasst die Vorschrift notwendigerweise grds nur (berechtigte; → § 15 Rn. 446) Entnahmen aus dem (betriebl) **GesVermögen,** zB die Herabsetzung der geleisteten Einlage iVm der Auszahlung des Minderungsbetrags oder der Übergang von WG des BV ins PV der KG durch Nutzungsänderung (→ § 15 Rn. 484, 488; *Ruban* FS Klein, 1994, 796). Entnahmen aus dem **SBV** begründen daher keine Einlageminderung iSv § 15a III 1 (*Ruban* FS Klein, 1994, 793); die Überführung von WG des GesVermögens ins SBV oder ein anderes BV (vgl § 6 V) ist aber Entnahme iSv § 15a III 1. – ***(2)*** **Keine Entnahmen** iSv § 15a III 1 mangels Minderung des bilanzierten GesVermögens (KapKto) sind ferner (s Ruban FS Klein, 1994, 797 ff): – ***(a)*** Darlehen, die die KG einem Ges'ter zu fremdübl Bedingungen gewährt (einschr MüKoHGB §§ 171, 172 Rn. 69: solange vollwertig; BFH VII B 224/03, BFH/NV 04, 1060: Einzelfall maßgebl; zu unverzinsl oder niedrig verzinsl Darlehen → § 15 Rn. 632); – ***(b)*** Tilgung eines steuerl anerkannten und passivierten Ges'terdarlehens; – ***(c)*** entgeltl Veräußerung von WG zum Buchwert; – ***(d)*** unentgeltl Übertragung nicht aktivierbarer WG zB selbstgeschaffener immaterieller WG; – ***(e)*** „Entnahmen", die der K'tist an die KG zurückzahlen muss (und

kann), sofern die KG eine entspr Forderung aktiviert (keine Minderung des KapKto in der StB; diff Ruban FS Klein, 1994, 799), oder der Ausweis eines „negativen KapKto" in Wahrheit eine solche Forderung zum Inhalt hat; – *(f) angemessene* Sondervergütungen iSv § 15 I 1 Nr 2 S 1 (→ Rn. 35; → § 15 Rn. 440); hingegen sind Sondervergütungen, soweit sie überhöht sind, Entnahmen aus dem GesVermögen und mindern, sofern kein aktivierbarer Rückzahlungsanspruch besteht, das KapKto in der StB der KG; – *(g)* Veräußerung eines Teils des KG-Anteils (FG Köln EFG 01, 1142; fragl, wenn das negative KapKto beim Veräußerer bleibt). – *(3)* **Konkurrenzen.** Entnahmen und Einlagen im selben Wj sind zu saldieren; das **unentgeltl erworbene** pos **KapKto** ist zwar keine Einlage, erhöht aber das KapKto des Erwerbers (BFH IV R 7/23, DStR 25, 2882; zum neg KapKto → Rn. 168). Einlageerhöhungen in *späteren* Wj machen die vorangegangene Einlageminderung nicht rückgängig (BFH IV R 106/94, BStBl II 96, 226; zur Entnahme von Einlagen früherer Wj s FG Bln EFG 02, 1320: insoweit zutr; *Wacker* DB 04, 11; **aA** *Kempermann* DStR 04, 1515 (1516); aber auch → Rn. 111, 113 ff). – Ebenso sind zu saldieren – *(a)* Entnahmen und Gewinnanteile im *selben* Wj (BFH IV R 106/94, BStBl II 96, 226); – *(b)* Entnahmen und eine nach § 15a I 2 zu berücksichtigende Erhöhung der **Haftsumme** im *selben* Wj (*Lempenau ua* StbJb 96/97, 358). – Zum Zusammentreffen von Entnahmen und Verlustanteilen s FN-IdW 12, 189 (197). – Zum Zusammentreffen von Einlagen- und Haftungsminderung s EStR 15a I; *Rosenbaum ua* DStZ 06, 11 (23).

cc) Keine überschießende Außenhaftung. Eine Entnahme führt trotz „Anfall" eines negativen KapKto nicht zur Nachversteuerung, soweit „auf Grund" der Entnahme – oder auch unabhängig von der Entnahme (BFH IV 11/22, DStR 25, 393) – eine „nach Abs 1 Satz 2 zu berücksichtigende Haftung" (→ Rn. 71 ff) entsteht *oder* besteht.Letzteres trifft nur auf den K'tisten der inl KG zu, nicht aber auf die in § 15a V erwähnten vergleichbaren Unternehmen (→ Rn. 138 einschließl EU-HReg). Ob durch eine Entnahme aus dem GesVermögen eine Außenhaftung entsteht oder besteht, bestimmt sich allein nach Handelsrecht (§ 172 IV HGB; Einzelheiten → Rn. 71 ff; zur Entnahme eines durch Verluste „verbrauchten" **Agio** s BFH IV R 35/07, BStBl II 08, 676; BGH II ZR 105/07, BB 08, 1356; zur **MoPeG**-Reform (BGBl I 21, 3436; → Rn. 11). Zudem müssen die Voraussetzungen des § 15a I 3 erfüllt werden. Fehlt es daran, ist die Haftung auch iSv § 15a III 1 nicht „zu berücksichtigen"; hierfür spricht zudem der Zweck des § 15a III 1, den K'tisten so zu stellen, als ob von Anfang an nur eine um die Entnahme geminderte Einlage bestanden hätte (BFH IV R 15/06, BFH/NV 08, 1142). Entfällt hiernach eine Nachversteuerung, ist an Stelle des ursprüngl Verlustausgleichs durch Einlage (§ 15a I 1) der erweiterte Verlustausgleich nach § 15a I 2 getreten (EStH 15a „Auflösung ..." Beispiel 2; BFH IV R 67/04, BStBl II 06, 878). 95

Beispiel 1: K'tist K Haftsumme 01: 100; geleistete Einlage: 100. Verlustanteil 01: 100. KapKto dadurch 0; keine Außenhaftung des K nach § 171 I HGB; Verlustausgleich zulässig nach § 15a I 1. In 02 weder Gewinn noch Verlust, aber Entnahme iHv 40. Keine Nachversteuerung der Entnahme von 40, weil in dieser Höhe gem § 172 IV 1 HGB die Außenhaftung des K wieder auflebt; auch wenn K von Anfang an nur 60 (100 ./. 40) eingelegt hätte, wäre der Verlust 01 voll ausgleichsfähig gewesen, iHv 60 nach § 15a I 1 und von 40 nach § 15a I 2.

Beispiel 2: Haftsumme K zum 31.12.00: 10; KapKto laut StB: 100 (tatsächl geleistete Einlage höher als Haftsumme). Verlustanteil 01: 90. Dieser ist nach § 15a I 1 voll ausgleichsfähig, weil KapKto (31.12.01: 10) nicht negativ wird. In 02 Entnahme 60 sowie GuV-Anteil 0, sodass ein negatives KapKto (– 50) und eine überschießende Außenhaftung iHv 10 nach §§ 171, 172 IV HGB (vgl → Rn. 76 aE) entsteht. Die Entnahme (60) ist im Umfang der Differenz von negativem KapKto (50) und Außenhaftung (10), also iHv 40, K als (fiktiver) Gewinn zuzurechnen (BFH IV R 35/07, BStBl II 08, 676); dieser Betrag wird gleichzeitig verrechenbarer Verlust (→ Rn. 97). Unter Berücksichtigung von 01 (Verlustausgleich 01: 90) verbleibt K somit ein ausgleichsfähiger Verlust von 50, der im Umfang von 10 auf § 15a III 1 iVm I 2 beruht. Ist K in 03 ein Gewinn (zB 50) zuzurechnen, ist hiervon der verrechenbare Verlust (50) abzuziehen.

96 **c) Rechtsfolgen. – aa) Beschränkungen.** Die Rechtsfolge der Einlageminderung (fiktiver Gewinn) ist entspr ihrem Zweck (→ Rn. 91) auf die Beträge, die in früheren Wj und im Wj der Einlageminderung ausgleichs- oder abzugsfähig gewesen sind (FG Bln-Bbg EFG 10, 54), begrenzt. Aus Praktikabilitätsgründen sind die KG-Verlustanteile anzusetzen, die im Wj der Einlageminderung und in den 10 vorangegangenen Wj ausgleichs- oder abzugsfähig gewesen sind (§ 15a III 2). Nach der FinVerw sind zudem ausgleichsfähige Verluste aufgrund Außenhaftung (§ 15a I 2) auszuklammern (*Steger* DB 06, 2086). Gewinnanteile, die innerhalb des 11-Jahreszeitraums und zw dem Wj des ausgleichsfähigen Verlusts und Wj der Einlageminderung anfallen, sind abzuziehen (BFH IV R 42/00, BStBl II 03, 798).

97 **bb) Verrechenbarer Verlust.** Die Vorschrift, dass die als fiktive Gewinne zuzurechnenden Beträge die Gewinne des K'tisten aus seiner Beteiligung im Jahr der Zurechnung und in den späteren Wj mindern (§ 15a III 4), entspricht § 15a II 1. Grundlage hierfür ist die „Umpolung" des ursprüngl ausgleichs-/abzugsfähigen in einen nunmehr verrechenbaren Verlust. Der dem K'tisten als Folge der Einlageminderung zuzurechnende fiktive Gewinn gehört nicht zu den nach § 15a III 4 zu vermindernden Gewinnen aus der Beteiligung an der KG, denn er ist in Wahrheit kein Gewinn; auch verrechenbare Vorjahresverluste sind daher nicht abzuziehen (BFH IV R 4/00, BStBl II 02, 458).

101 **3. Nachversteuerung auf Grund Haftungsminderung. – a) Überblick.** Voraussetzung der Zurechnung eines fiktiven Gewinns auf Grund Haftungsminderung ist, dass der Haftungsbetrag iSv § 15a I 2 gemindert wird und im Wj der Haftungsminderung und den 10 vorangegangenen Wj Verluste *nach § 15a I 2* ausgleichs- oder abzugsfähig gewesen sind (§ 15a III 3; vgl § 52 XXIV 5; → Rn. 92). Die Rechtsfolgen sind – ***(1)*** ein fiktiver Gewinn iHd Haftungsminderung abzügl der auf Grund der überschießenden Außenhaftung geleisteten Beträge und begrenzt bis zur Höhe des im Wj der Haftungsminderung und den 10 vorangegangenen Wj ausgleichs- oder abzugsfähigen KG-Verlustanteils (§ 15a III 3) und – ***(2)*** die Begründung eines verrechenbaren Verlustes iHd nachzuversteuernden Betrags (§ 15a III 4 = § 15a II 1). Wechselt der Vollhafter in die K'tistenstellung, ist § 15a III 3 nicht entspr anwendbar (FG Ddorf EFG 13, 201; vgl auch → Rn. 119). Zum Zusammentreffen von Einlage- und Haftungsminderung s EStR 15a I.

102 **b) Voraussetzungen. – aa) Minderung des Haftungsbetrags.** Haftungsbetrag iSv § 15a I 2 ist die in das HReg eingetragene Haftsumme, soweit diese eine Außenhaftung des K'tisten auf Grund des § 171 I HGB begründet, zB weil die Haftsumme höher ist als die tatsächl geleistete Einlage (→ Rn. 72 ff). Für eine Minderung des „Haftungsbetrags iSd Abs 1 Satz 2" ist demnach idR erforderl, dass die in das HReg eingetragene **Haftsumme herabgesetzt** wird. Zur unentgeltl Anteilsübertragung → Rn. 167; zur Realteilung → Rn. 177; zur Teilanteilsveräußerung → Rn. 106. Der Wegfall einer Außenhaftung durch **Leistung der Einlage** (§ 171 I HGB) ändert den „Haftungsbetrag" iSv § 172 I (= HReg-Eintrag) nicht und ist deshalb keine Haftungsminderung iSv § 15a I 3 (BFH IV R 19/88, BStBl II 89, 1018; zur **MoPeG**-Reform, BGBl I 21, 3436 → Rn. 11). Entspricht die Haftsumme der geleisteten Einlage, kann mangels Außenhaftung eine Herabsetzung der Haftsumme nicht zu einer Minderung des Haftungsbetrags iSv § 15a I 2 führen; dies gilt auch für Einlagen, die nach dem Wj der Verlustentstehung die Außenhaftung entfallen lassen (s Beispiel → Rn. 102a). Die Herabsetzung der Haftsumme wirkt zwar nicht ggü den **(Alt-)Gläubigern** der KG, deren Forderung zurzeit der Eintragung in das HReg begründet war (§ 174 Hs 2 HGB). Gleichwohl führt sie iSv § 15a I 2 iVm I 3 zu einer Haftungsminderung ggü den „Gläubigern der Ges aufgrund § 171 I HGB" (zutr FG Mster EFG 12, 512). Den (Neu-)Gläubigern der KG ggü wird die Herabsetzung erst mit der Eintragung in das HReg (§ 174 Hs 1 HGB) und ihrer Bekanntmachung (§ 15 I HGB) wirksam (BFH IV R 17/21, BStBl. II 24, 898). Vorher liegt keine Min-

derung der Haftsumme vor. Als Wj der Haftungsminderung ist grds das Jahr der Bekanntmachung anzusehen. Maßgebl sind die Verhältnisse im Zeitpunkt der Wirksamkeit der Herabsetzung, nicht die des Jahres, in dem auf Grund überschießender Außenhaftung ein erweiterter Verlustausgleich zulässig war.

Beispiel: Tatsächl geleistete Einlage K 01: 40; Haftsumme K 01: 100; Verlustanteil K 01: 100. 102a
Der Verlust war zu 40 nach § 15a I 1 und zu 60 nach § 15a I 2 ausgleichsfähig. Weitere Einlage K 02: 60; insgesamt geleistete Einlage somit 100 = Haftsumme 100. Eine überschießende Außenhaftung besteht nicht mehr. Wird in 02 die Haftsumme auf 40 herabgesetzt, führt dies nicht zu einer Minderung des Haftungsbetrags iSv I 2.

bb) Vorangegangener erweiterter Verlustausgleich. Eine Haftungsmin- 103
derung löst die Zurechnung eines fiktiven Gewinns nur aus, wenn im Wj der Haftungsminderung oder einem der 10 vorangegangenen Wj die Voraussetzungen für einen erweiterten Verlustausgleich nach § 15a I 2 erfüllt waren. Es muss also dem K'tisten in einem dieser Wj ein KG-Verlustanteil zugerechnet worden sein, der zu einem negativen KapKto führte, aber gleichwohl ausgleichs- oder abzugsfähig war, weil der K'tist den Gläubigern der KG auf Grund des § 171 I HGB haftete. Obwohl § 15a III 3 nur auf § 15a I 2, nicht auf § 15a I 3 verweist, müssen auch die Voraussetzungen von § 15a I 3 erfüllt gewesen sein (dazu → Rn. 81).

c) Rechtsfolgen. – aa) Gewinn. Rechtsfolge der Haftungsminderung ist die 106
Zurechnung eines fiktiven Gewinns iHd Haftungsminderung und die Begründung eines verrechenbaren Verlustes in gleicher Höhe. *Ausnahme:* Das negative KapKto wurde bereits durch (Teil-)Anteilsveräußerung gewinnerhöhend aufgelöst (FG Ddorf EFG 22, 238, rkr; → Rn. 152).

Beispiel: Haftsumme K 01: 100; geleistete Einlage K 01: 50; Verlustanteil K 01: 100. Haftsumme K nach Herabsetzung in 02: 70; geleistete Einlage K wie bisher: 50. Haftungsminderung = fiktiver Gewinn = verrechenbarer Verlust: 30 (100 minus 70).

bb) Kürzung. Der Zurechnungsbetrag ist zu kürzen (§ 15a III 3) um die auf 107
Grund der Haftung „tatsächl geleisteten Beträge" (Zahlungen an Gläubiger der KG). Dieser Abzug entfällt aber, soweit die Zahlungen wie Einlagen ins GesVermögen zu werten sind (→ Rn. 77), weil es dann an einer Haftungsminderung mangelt, soweit Einlagen in Wj geleistet werden, die dem Wj mit Verlustausgleich wegen Außenhaftung nachfolgen (→ Rn. 102).

cc) Höchstgrenze. Der Zurechnungsbetrag ist auf die Summe der KG-Verlust- 108
anteile im Wj der Haftungsminderung und den 10 vorangegangenen Wj begrenzt, soweit diese ausgleichs- und abzugsfähig gewesen sind. Dies kann nach dem Gesetzeszweck nur KG-Verlustanteile betreffen, die auf Grund der überschießenden Außenhaftung nach **§ 15a I 2–3 ausgleichsfähig** waren.

Beispiel: Geleistete Einlage K 01: 40; Haftsumme K 01: 100; Verlustanteil K 01: 90. Dieser war zu 40 nach § 15a I 1 und nach § 15a I 2 zu 50 ausgleichsfähig. Kein verrechenbarer Verlust. Herabsetzung der Haftsumme K in 02 auf 40. Haftungsminderung: 60 (100 minus 40). Höchstgrenze der Nachversteuerung = verrechenbarer Verlust: 50, nicht etwa 60, denn nur 50 waren in 01 nach § 15a I 2 ausgleichsfähig.

Aus dem Zweck der Nachversteuerung, den K'tisten so zu stellen, als ob von vornherein kein erhöhter Verlustausgleich nach § 15a I 2 zulässig gewesen wäre, folgt weiter, dass bei der Bestimmung der Höchstgrenze des fiktiven Gewinns vom nach § 15a I 2 ausgleichsfähigen Verlustanteil auch ein *zw* dem *Verlustjahr* und dem *Herabsetzungsjahr* entstandener stpfl **Gewinnanteil** abzuziehen ist (glA zu Einlageminderung BFH IV R 42/00, BStBl II 03, 798; → Rn. 96).

Beispiel: Geleistete Einlage K 01: 40; Haftsumme K 01: 100; Verlustanteil K 01: 90. Voll ausgleichsfähig, kein verrechenbarer Verlust. Gewinnanteil K 02: 10. Dieser ist voll stpfl. Herabsetzung der Haftsumme in 03 auf 40; Haftungsminderung: 60. Höchstgrenze der Nachversteuerung: Nach § 15a I 2 ausgleichsfähiger Verlustanteil von 50 minus Gewinnanteil 02 von 10 = 40

(= verrechenbarer Verlust). Damit ist das Ergebnis erreicht, das eingetreten wäre, wenn die Haftsumme von vornherein nur 40 betragen hätte; dann wären vom Verlustanteil 01 50 verrechenbar gewesen; dies hätte dazu geführt, dass der Gewinn 02 von 10 nicht zu versteuern gewesen und ein verrechenbarer Verlust von 40 verblieben wäre.

109 **d) Hinweise.** Eine Haftungsminderung kann nicht durch eine **Haftungserweiterung** in späteren Wj rückwirkend rückgängig gemacht werden (→ Rn. 119). Zur **Realteilung** → Rn. 177. – Zum Feststellungsverfahren → Rn. 121.

VI. Nachträgliche Einlagen, § 15a Ia; II 2; Haftungserweiterungen

111 **1. Nachträgliche Einlagen. – a) Überblick.** § 15a I 2a idF JStG 2009 (BGBl I 08, 2794 = BFH-NichtanwendungsG) kodifiziert für nach dem 24.12.08 „getätigte" Einlagen (§ 52 XXXIII 6 aF; gemeint: wohl „geleistete" iSv → Rn. 44; s aber *Wacker* DStR 09, 403) den Begriff der „nachträgl Einlage" iSv von Einlagen nach Ablauf eines Wj, in dem nur verrechenbarer Verluste gem § 15a I oder ein Gewinn gem § 15a III 1 zugerechnet wurden. Obgleich die Neufassung darauf gerichtet ist, der früheren Rspr zur Behandlung lfd Verlusten nach früherer Rechtslage (dazu → Rn. 115 ff) dadurch den Boden zu entziehen, dass nach § 15a Ia 1 Hs 2 die nachträgl Einlagen für zukünftige Wj nicht zu ausgleichsfähigen Verlusten führen, *soweit* durch diese Verluste (erneut) ein negatives KapKto entsteht oder sich erhöht, stellt das Gesetz auch die weiteren Rechtsfolgen nachträgl Einlagen klar (§ 15a Ia 1 Hs 1, II 2).

112 **b) Keine Umpolung früherer Verluste.** Während Einlageminderungen, die nicht mit einer Haftungserweiterung korrespondieren, iErg dazu führen, dass bisher ausgleichsfähige KG-Verlustanteile in nur verrechenbare umqualifiziert werden (§ 15a III 1; → Rn. 91 ff), sah bereits § 15a aF *nicht* vor, dass weitere ins GesVermögen geleistete Einlagen die verrechenbaren Verluste der *vorangegangenen Wj* im Jahr der Einlagenerhöhung in ausgleichsfähige Verluste umpolen (BT-Drs 8/4157, 2; BFH I VR 106/94, BStBl II96, 226: keine Analogie zu § 15a III; BFH VIII R 39/94, BFH/NV 98, 1078: verfgemäß; dazu → Rn. 7). Demgemäß ist § 15a Ia 1 Hs 1, II nur deklaratorisch.

Beispiel: KapKto K = verrechenbarer Verlust 31.12.01: – 35. Einlage K in 02: 35. Trotz Ausgleich des negativen KapKto, beträgt der verrechenbare Verlust weiterhin 35; er wird nicht zu einem ausgleichsfähigen Verlust.

113 **c) Ausgleichsfähigkeit späterer Verluste. – aa) Grundsatz.** Gleichwohl wirkt die nachträgl Einlage einkünftemindernd, und zwar unstreitig entweder – ***(1)*** bei **Verlusten im Wj** der Einlage (*im Beispiel:* Wj 02; → Rn. 50; zu Ausnahmen → Rn. 114) oder – ***(2)*** weil zB keine weiteren Verluste entstehen, bei **Vollbeendigung** der KG (BFH VIII R 28/98, BStBl II 00, 347 zu 4; → Rn. 184) oder **Veräußerung** der Beteiligung (→ Rn. 160; zu Einzelheiten – zB Meistbegünstigung bei Zusammentreffen mit lfd Gewinn/Verlusten – s *OFD Ffm* DStR 18, 569). § 15a Ia idF JStG 2009 (BGBl I 08, 2794) lässt die Auswirkung zu *(1)* unberührt und stellt diejenige zu *(2)* ohne erkennbaren Anlass klar (§ 15a II 2 iVm § 15a Ia nF).

Beispiel zu (2): Negatives KapKto K = verrechenbarer Verlust 31.12.01: 100. Einlage K in 02: 40. Negatives KapKto nunmehr: 60. Wird die KG in 03 liquidiert, ohne dass weitere Gewinne oder Verluste entstanden sind, entsteht iHd weggefallenen negativen KapKto von 60 ein Gewinn, der mit dem verrechenbaren Verlust von 100 auszugleichen ist (→ Rn. 160); iHd Einlage von 40 hat K einen *ausgleichsfähigen* Verlust aus GewBetr (ebenso – deklaratorisch – § 15a II 2, Ia nF).

114 **bb) Ausnahmen.** – ***(1)*** Ist das negative KapKto aufgrund der überschießenden **Außenhaftung** (§ 15a I 2–3) durch *ausgleichsfähige* Verluste entstanden, werden diese zwar durch eine (haftungsbeendende) Einlage (*Schmelz* DStR 06, 1704; → Rn. 75: „negativen Tilgungsbestimmung"), die das negative KapKto ausgleicht, nicht in ver-

rechenbare Verluste umqualifiziert (keine Haftungsminderung iSv § 15a III 3; → Rn. 102); die Einlage kann aber iHd ausgeglichenen negativen KapKto *kein weiteres* Verlustausgleichspotential mehr vermitteln (BFH IV B 126/98, BFH/NV 99, 1461; EStR 15a III 8: ohne zeitl Grenze, zutr; dazu *Rosenbaum ua* DStZ 06, 11 (23)). – ***(2)*** Gleiches soll nach bisheriger Ansicht der FinVerw für **Einlagen** gelten, die mit **Mehrentnahmen** der Vorjahre korrespondieren (*Steger* DStR 22, 2351 mit Bsp); **aA** aber **BFH** IV R 10/22, DStR 24, 2629.

Beispiel zu (1): In 01: Haftsumme K 100, geleistete Einlage 40, überschießende Außenhaftung also 60. Verlustanteil K in 01: 100, davon 40 ausgleichsfähig nach § 15a I 1 und 60 ausgleichsfähig nach § 15a I 2–3; negatives KapKto K zum 31.12.01 demnach ./. 60. Haftungsbeendende Einlage des K in 02 und Verlustanteil 02 *je* 60. Obgleich das negative KapKto unverändert (– 60) bleibt, ist der Verlust 02 nur verrechenbar.

d) Kein Verlustausgleich mit laufenden späteren Verlusten. – aa) Aktuelle Rechtslage. Die unsystematischen Wirkung des § 15a Ia 1 Hs 2 verdeutlicht folgendes 115

Beispiel: Haftsumme des K: 35. Wj 01: Einlage 35 und ausgleichsfähiger Verlust 35. Wj 02: verrechenbarer Verlust 30, KapKto zum 31.12.02: – 30. **Variante 1:** Wj 03: Einlage: 40; GuV: 0; KapKto zum 31.12.03:10. Wj 04: Verlust 40; KapKto zum 31.12.04: – 30. **Variante 2:** Haftsummenerhöhung im Wj 03 um 40 auf 75. **Variante 3:** Einlage (40) erst im Wj 04 (Verlustjahr).

Lösung: In **Variante 1** greift § 15a Ia nF: die nachträgl Einlage des Wj 03 (40) vermittelt für das Wj 04 ausgleichsfähige Verluste iHv nur noch 10 (= *positives* KapKto zum 31.12.03). Im Übrigen (30 = negatives KapKto zum 31.12.04) entsteht ein verrechenbarer Verlust, der § 15a II nF unterliegt; dh die im Wj 03 zum *Ausgleich* des *negativen KapKto* (31.12.02) geleistete nachträgl Einlage (ieS) bleibt bis zum Anfall Beteiligungsgewinnen oder einer Anteilsveräußerung/Betriebsaufgabe (→ Rn. 113) unberücksichtigt. In den **Varianten 2 und 3** ist hingegen der Verlust des Wj 04 – wie bisher (→ Rn. 113) – in voller Höhe (40) ausgleichsfähig.

bb) Nichtanwendung der Rechtsprechung. Die Lösung setzt die Grundsätze des **BFH** außer Kraft, nach denen (Alt-)Einlagen, die bis 24.12.08 (zu § 15a Ia nF → Rn. 111) zum Ausgleich eines negativen KapKto „getätigt" werden, grds (aber → Rn. 114) nicht nur ausgleichsfähiger Verluste für das Wj der Einlage (→ Rn. 113) vermitteln, sondern – soweit im Einlagejahr nicht aufgezehrt – abw vom Wortlaut des § 15a I 1 als sog **vorgezogene Einlagen** auch die Ausgleichsfähigkeit der Verluste begründen, die in den *Wj nach* der Einlage anfallen und erneut ein negatives KapKto entstehen lassen (oder dieses erhöhen). *Ratio:* Verfassungsrechtl gebotene Gleichbehandlung zu dem Fall, dass der K'tist anstelle der Einlage ledigl seine Haftsumme erhöht (§ 15a I 2; *Wacker* FS Röhricht, 1079 (1089)). Zu Einzelheiten der hiernach gebotenen Nebenrechnung: s Beispiel in → 38. Aufl 2019, § 15a Rn. 183. 116

cc) Würdigung. § 15a Ia 1 Hs. 2 nF ist **verfwidrig.** Abgesehen von der irreführenden Gesetzesbegründung (Verlustausgleich nach Rspr ist nicht iSv BT-Drs 16/10189 „willkürlich", sondern durch tatsächl geleistete Einlagen gerechtfertigt), nimmt die Neuregelung die verfrechtl Einschätzung der bisherigen Rspr (→ Rn. 116) nicht zur Kenntnis und widerstreitet damit dem Gebot der Folgerichtigkeit (s iEinz *Wacker* DStR 09, 403; *Friedberg,* Diss, 2013, 204 ff). Sie wäre auch unter dem Aspekt der Vereinfachung (*Kempermann* DStR 08, 1917 (1920)) nicht zu rechtfertigen. Einschlägige Streitfälle sollten deshalb offen gehalten werden. 117

2. Haftungserweiterung. Eine Haftungserweiterung in **späteren Wj,** zB Erhöhung der in das HReg eingetragenen Haftsumme, hat nicht zur Folge, dass verrechenbare Verluste der vorangegangenen Wj im Jahr der Haftungserweiterung in ausgleichsfähige Verluste umgepolt werden; insoweit kann nichts anderes gelten als für die Einlagenerhöhung (→ Rn. 112). Auch die Umwandlung der Rechtsstellung eines K'tisten in die eines persönl haftenden Ges'ters führt nicht zu einer solchen Umpolung (BFH VIII R 38/02, BStBl II 04, 115; abl zB *Söffing* DStZ 07, 175). Nur auf die dem jetzigen persönl haftenden Ges'ter zuzurechnenden Verlustanteile ist § 15a 119 nicht mehr anzuwenden, und zwar bei Umwandlung während des Wj für das *ganze* Wj (EStH 15a „Wechsel …"; BFH VIII R 81/02, BStBl II 04, 118; BFH IV R 26/02, BFH/NV 04, 1228: Ges'terBeschluss maßgebl/Feststellungslast bei StPfl; dazu *Kempermann* DStR 04, 1515; zutr; auch → Rn. 32 zum umgekehrten Fall). Die früher entstandenen Verlustanteile bleiben verrechenbare Verluste; sie sind mit Gewinnanteilen aus der umgewandelten Beteiligung zu verrechnen (BFH VIII R 38/02, BStBl II 04, 115; EStH 15a „Wechsel …"). Auch → Rn. 65.

VII. Feststellungsverfahren, § 15a IV

Verwaltung: *OFD Kiel* DStR 96, 1689 (Änderung der Rechtsform).

121 **1. Gesonderte Feststellung.** Der *verrechenbare* Verlust iSv § 15a und III 4 ist jährl durch Bescheid gesondert festzustellen (zu negativen Bescheiden BFH VIII R 10/05, BStBl II 07, 96; BFH IV R 7/23, DStR 25, 2882: keine Feststellung des negativen Kapkto). Zuständig ist das für die Gewinnfeststellung der KG (§§ 180 I Nr 2, 18 I AO) zuständige FA (§ 15a IV 3). Im **Gewinnfeststellungsbescheid** wird über die subj Verlustzurechnung und über die Gewinnhinzurechnung gem § 15a III (BFH IV R 47/11, BStBl II 15, 532; fragl), im **Feststellungsbescheid** nach § 15a IV (lediglich!) über die Höhe des nur verrechenbaren Verlustes entschieden (BFH VIII R 30/99, BStBl II 01, 621; BFH IV B 16/19, BFH/NV 20, 181). Da Letzteres wiederum die Höhe des ausgleichsfähigen Verlustanteils (bzw anzusetzenden Gewinnanteils) bestimmt, stehen beide Bescheide **wechselseitig** zueinander im Verhältnis von Grundlagen- und Folgebescheid iSd §§ 171 X, 175 I 1 Nr 1 AO BFH IV R 24/22, BStBl II 25, 188 mwN). Das negative KapKto kann zB auf Grund von Einlagen/Entnahmen höher/niedriger sein als der festzustellende verrechenbare Verlust. Der Bescheid zur Feststellung der verrechenbaren Verluste ist an den einzelnen K'tisten als **Inhaltsadressat** gerichtet (BFH IV R 7/14, IStR 18, 35); die Höhe dieser Verluste kann bei jedem K'tisten verschieden sein. Die Feststellungen können mit der Gewinnfeststellung für die KG verbunden werden (§ 15a IV 5), bleiben aber selbstständig anfechtbar (BFH VIII R 29/98, BStBl II 99, 592); bei dieser Verbindung (nur dann) sind die Feststellungen des verrechenbaren Verlustes der einzelnen K'tisten „einheitl durchzuführen", dh miteinander zu verbinden (§ 15a IV 6). Der festzustellende Verlust errechnet sich, ausgehend von der Feststellung für das vorangegangene Wj, wie im folgenden **Beispiel** (BFH IV R 23/93, BStBl II 95, 467).

Verrechenbarer Verlust gem Feststellung für vorangegangenes Wj	100
+ Verlustanteil des laufenden Wj	200
– ausgleichs- oder abzugsfähiger Teil des Verlustanteils	– 50
+ Minderung von Einlagen- oder Haftungsminderung soweit zusätzl verrechenbarer Verlust	20
Festzustellender verrechenbarer Verlust	270

Zur selbständigen Anfechtbarkeit der Berechnungsgrundlagen (verfahrechtl „Atomisierung") s BFH IV B 31/22, BFH/NV 23, 735. Zur **Nichtigkeit** bei unklarer Feststellung s FG Bln-Bbg EFG 09, 587; zu § 129 AO s NdsFG EFG 15, 95. Zu **ZebraGes** → § 15 Rn. 206. Zum Verhältnis zur **Bilanzberichtigung** s *LfSt Nds* DStR 25, 2085.

122 **2. Anfechtungsbefugnis.** Jeder K'tist kann den *gegen ihn* ergangenen Feststellungsbescheid anfechten (zum vorläufigen Rechtsschutz s BFH VIII B 185/04, BFH/NV 05, 1492), aber nur insoweit, als sich der verrechenbare Verlust ggü der vorangegangenen Feststellung verändert hat (§ 15a IV 4), dh keine Aufrollung bestandskräftiger Feststellungen. Neben dem K'tisten ist die KG klagebefugt, *wenn* die Feststellung mit der gesonderten Gewinnfeststellung verbunden wurde (BFH IX R 72/92, BStBl II 97, 250; zur abw Rechtslage nach § 34a X → § 34a Rn. 98).

VIII. Sinngemäße Anwendung des § 15a I–IV auf vergleichbare Unternehmer, § 15a V

Verwaltung: EStR 15a V 4; *BMF* BStBl I 00, 1198; *BMF* BStBl I 01, 614; *OFD Rostock* DStR 01, 1571; *OFD Ffm* FR 02, 420; *OFD Bln* DB 02, 2080 (Haftungsbeschränkung bei GbR).

1. Allgemeines. § 15a I–IV sind unmittelbar nur auf K'tisten anzuwenden. Die Gleichmäßigkeit der Besteuerung gebietet, sie sinngemäß anzuwenden auf Personen, deren Stellung wirtschaftl der eines K'tisten gleichwertig ist (FG Mster EFG 23, 627, Rev I R 21/23; → Rn. 1). § 15a V ordnet dies an für gewerbl Unternehmer, „soweit deren Haftung der eines K'tisten vergleichbar ist" und zählt *beispielhaft* auf: den atypischen stillen Ges'ter (Nr 1), den beschr haftenden Ges'ter (MUer) einer GbR oder ausl PersGes (Nr 2, 3), den beschr haftenden Mitreeder einer Partenreederei gem § 489 HGB aF (Nr 5) und den Unternehmer, der mit sog haftungslosen Verbindlichkeiten arbeitet (Nr 4). – Sinngemäß anzuwenden sind sämtl Vorschriften des § 15a I–IV, **außer** § 15a I 2, 3, § 15a III 3 (**erweiterter Verlustausgleich** bei überschießender Außenhaftung; vgl BFH IV R 106/94, BStBl II 96, 226; → Rn. 71). Die Aufzählung der **vergleichbaren Unternehmer** ist nicht abschließend; außer den ausdrückl erwähnten Sachverhalten werden uU erfasst (*HHR/Lüdemann* § 15a Rn. 181): OHG-Ges'ter, persönl haftender KG-Ges'ter, Treugeber-Kommanditist (*Wacker* HFR 10, 744), Unterbeteiligte und verdeckte MUer (als Ges'ter einer Innen-GbR), Partner einer Partnerschaft (→ § 15 Rn. 334), Ges'ter einer EWIV (→ § 15 Rn. 333); ferner der K'tist, dem die Schulden der KG anteilig iZm eigenen (betriebl) Einkünften zugerechnet werden (→ § 15 Rn. 486 ff, 521; insoweit **aA** *Pyszka* GmbHR 17, 1082 (1086)). Die Aufzählung bedeutet nicht, dass auf diese Unternehmer § 15a unabhängig davon sinngemäß anzuwenden ist, ob ihre „Haftung" der eines K'tisten vergleichbar ist. Sie ist nur beispielhaft für den Oberbegriff des „vergleichbaren" Unternehmers; die Formulierung *„soweit* deren Haftung" ist iSv „wenn" zu verstehen (arg § 15a I 3; diff BFH IX R 60/91, BStBl II 94, 496). **Nicht** vergleichbar ist ein Partner, der nach § 8 II, IV nF PartGG haftet (glA *OFD Nds* DB 15, 2667). 131

2. Stiller Gesellschafter (Mitunternehmer). – a) Allgemeine Grundsätze. Zur MUerstellung eines stillen Ges'ters (§ 230 HGB) → § 15 Rn. 340 ff. – Da die stille Ges InnenGes ist, sind Schulden, die mit dem betriebenen GewBetr zusammenhängen, zivilrechtl ausschließl solche des Inhabers des Handelsgeschäfts; nur dieser haftet, auch bei „Innen-KG". Die Haftung des stillen Ges'ters ist der eines K'tisten **vergleichbar,** wenn vereinbart ist (dazu BFH VIII R 36/01, BStBl II 02, 858; *Groh* DB 04, 668), dass der Verlustanteil des stillen Ges'ters von seinem KapKto auch dann noch abzuschreiben ist, wenn dieses dadurch negativ wird mit der Folge, dass der stille Ges'ter künftige vertragl Gewinnanteile zur Deckung früherer Verluste zur Verfügung stellen muss (s § 232 II 2 HGB). Ist vereinbart, dass der stille Ges'ter im **Innenverhältnis** *unbegrenzt am Verlust* teilnimmt und deshalb im Liquidationsfalle (oder schon vorher) nachschusspflichtig ist, ist seine Rechtsstellung im Innenverhältnis wirtschaftl der eines persönl haftenden Ges'ter ähnl; gleichwohl ist § 15a I 1 anzuwenden (BFH VIII R 22/94, BFH/NV 98, 823), weil auch für einen K'tisten, dessen Verlustbeteiligung im Innenverhältnis unbegrenzt ist, § 15a I 1 gilt und Verlustanteile, die zu einem negativen KapKto führen, nur bei überschießender Außenhaftung nach § 15a I 2–3 ausgleichs- und abzugsfähig sind (→ Rn. 57 f, 78); Rückstellungen in einer Sonderbilanz sind unzulässig (BFH VIII R 22/94, BFH/NV 98, 823). Auch eine **Außenhaftung** des Stillen ist erst bei Erfüllung „als Einlage zu behandeln" (BFH VIII R 33/01, BStBl II 03, 705; zutr); soweit der Stille durch die Erfüllung der Außenschuld einen Aufwendungsersatzanspruch (SBV!) gegen den Inhaber des Handelsgeschäfts erlangt (BGH II ZR 382/99, DStR 02, 319), erhöht sich sein KapKto nicht (→ Rn. 77). 132

133 **b) Einzelheiten.** Dem für § 15a maßgebl KapKto in der StB einer KG entspricht das **KapKto,** das in einer (neben der HB des tätigen Teilhabers) aufzustellenden StB für die (atypische) stille Ges für den stillen Ges'ter auszuweisen ist (→ § 15 Rn. 347); auch insoweit ist die „geleistete Einlage" (→ Rn. 44) maßgebl, die Einbuchung der Einlage*forderung* reicht nicht aus (**aA** *Walter* GmbHR 97, 823). Zum Korrekturposten → 38. Aufl 2019, § 15a Rn. 200. Aktives und passives SBV bleibt außer Betracht (vgl → Rn. 132 aE). Ist vereinbart, dass der stille Ges'ter stets **Auszahlung** seiner Gewinnanteile verlangen kann, sind ihm mangels „Verlusthaftung mit künftigen Gewinnanteilen" keine entspr Verlustanteile zuzurechnen. Zum „Wegfall" eine aufgrund ausgleichsfähiger Verlustanteile negativen KapKto des atypisch stillen Ges'ters s BFH IV B 30/85, BStBl II 86, 68.

134 **3. Gesellschafter (Mitunternehmer) einer GbR. – a) Allgemeines.** Die sinngemäße Anwendung der § 15a I–IV setzt voraus, dass – *(1)* eine GbR einen GewBetr iSv § 15 I 1 Nr 1 betreibt und der Ges'ter als MUer anzusehen ist *oder* – *(2)* an einer nichtgewerbl GbR ein Ges'ter beteiligt ist, bei dem die Beteiligung zu einem gewerbl BV gehört (→ Rn. 31; → § 15 Rn. 200 ff) *und* – *(3)* die Haftung des Ges'ters der eines K'tisten vergleichbar ist, was nach dem Gesetz zutrifft, wenn die Inanspruchnahme für betriebl Schulden vertragl ausgeschlossen ***(Fall 1)*** oder nach Art und Weise des Geschäftsbetriebs unwahrscheinl ist ***(Fall 2).*** Wenn das Gesetz eine Inanspruchnahme des Ges'ters für betriebl Schulden erwähnt, scheint es von einer unmittelbaren Haftung des Ges'ters ggü den Gläubigern, also einer AußenGes auszugehen. Gleichwohl erfasst § 15a V Nr 2 ebenso wie Nr 1 (→ Rn. 132) auch eine **InnenGes,** und zwar – im Gegensatz zu einer AußenGes (zu VuV s BFH IX R 61/93, BStBl II 96, 128; krit *HG* HFR 03, 870) – nicht nur im Falle einer *internen* Verlustausgleichsverpflichtung (BFH VIII R 45/98, BStBl II 02, 339), sondern auch bei schuldrechtl *Außen*haftung des Innen-Ges'ters (BFH VIII R 33/01, BStBl II 03, 705; → Rn. 132). IÜ ist das Tatbestandsmerkmal mE iSe „Vermögensminderung auf Grund der Haftung" (§ 15a I 3) zu verstehen. Demgemäß ist § 15a V Nr 2 erfüllt (keine Vermögensminderung), wenn zwar die Außenhaftung eines Ges'ters weder vertragl ausgeschlossen noch unwahrscheinl ist, dem Ges'ter aber ein vollwertiger Ausgleichsanspruch zB gegen einen anderen Ges'ter zusteht (→ Rn. 131 f; **aA** FG Mchn EFG 07, 1597).

135 **b) Vergleichbarkeit mit Kommanditistenhaftung wegen vertraglichem Haftungsausschluss *(Fall 1).* Zivilrechtl** war früher hL, dass die Haftung der Ges'ter einer Außen-GbR auf das GesVermögen beschränkt werden kann durch entspr nach außen erkennbare Begrenzung der Vertretungsmacht der vertretungsberechtigten Ges'ter. Dies ist überholt, da nach BGH die Ges'ter einer (Außen-)GbR grds stets auch persönl unbeschr haften (wie in § 128 HGB a. F./126 HGB n. F. für OHG geregelt); eine Beschränkung der Haftung auf das GesVermögen sei nicht durch Einschränkung der Vertretungsmacht des geschäftsführenden Ges'ters, sondern nur durch mit dem jeweiligen Vertragspartner getroffene Abrede mögl (BGH II ZR 371/98, DStR 99, 1704; *Ausnahme:* Immobilienfonds, BGH II ZR 2/00, DStR 02, 816). – **Estrechtl** folgt daraus für § 15a V Nr 2, – *(1)* dass eine GbR, die als gewerbl geprägte PersGes (§ 15 III Nr 2) angesehen wurde, dies nicht war und daher entgegen dem Erfordernis des § 15a V Nr 2 (→ Rn. 134) keinen GewBetr hatte, und – *(2)* dass die Haftung der Ges'ter einer Außen-GbR nur dann „... durch Vertrag ausgeschlossen" und damit § 15a V Nr 2 Alt 1 erfüllt ist (= „Haftung der eines K'tisten vergleichbar"), soweit die Haftung einzelner oder aller Ges'ter für rechtsgeschäftl Schulden der GbR durch individualvertragl Abrede mit *allen* Gläubigern (**aA** evtl *von Gronau ua* DStR 99, 1965: nur Großgläubiger) auf das GesVermögen beschränkt ist. Für eine Außen-GbR dürfte damit § 15a V Nr 2 grds leerlaufend sein (ähnl *Kempermann* FR 01, 1107; Ausnahmen s oben; → Rn. 134). – Die **FinVerw** hat allerdings eine auf den 31.12.01 verlängerte *Übergangsregelung* getroffen (*BMF* BStBl I 00, 1198; *BMF* BStBl I 01, 614; krit *von Gronau ua* DStR 99, 1965). Danach kann eine GbR,

die bisher zu Unrecht als gewerbl geprägte PersGes beurteilt wurde, auf Antrag weiter als solche behandelt werden (BV!), sofern sie bis zum 31.12.01 gem §§ 105 II, 161 II iVm § 2 HGB umgewandelt wurde. *Folge:* § 15a V Nr 2 erste Alternative bleibt auch auf Verluste in der Zeit bis zum 31.12.01 anwendbar. Andernfalls sollen die festgestellten verrechenbaren Verluste (§ 15a IV) bei den Einkünften gem § 21 berücksichtigt werden (*OFD Bln* DB 02, 2080; mE unzutr).

c) Vergleichbarkeit mit Kommanditistenhaftung wegen Unwahrscheinlichkeit der Inanspruchnahme *(Fall 2).* Zu **Gewerbebetrieb** s FG Mster EFG 23, 627, Rev I R 21/23 betr. *Goldfinger-Fall* → Rn. 83 ff, 138; zu GbR mit VuV s BFH IX R 61/93, BStBl II 96, 128; FG Mchn EFG 07, 1597; *BMF* BStBl I 94, 355. 136

d) Unterbeteiligung. Soweit ein atypisch Unterbeteiligter an einem PersGes-Anteil (KG, OHG, GbR) MUer iSv § 15 I 1 Nr 2 ist (dazu → § 15 Rn. 365 ff), wird er grds von § 15a V Nr 2 erfasst, da die UnterbeteiligungsGes (InnenGes) eine GbR ist (FG Ddorf EFG 97, 340; *OFD Ffm* FR 02, 420; → Rn. 32, 134). Danach ist der Unterbeteiligte an einem KG-, OHG- oder GbR-Anteil wie ein K'tist zu behandeln (§ 15a I 1), wenn er vertragl oder analog § 232 II HGB an Verlusten nur iHd Einlage (und künftiger Gewinnanteile) teilnimmt (*Kempermann* FR 98, 248). Gleiches gilt, wenn seine Haftung im Außenverhältnis zB durch Vereinbarung mit den Gläubigern der HauptGes erweitert ist (keine Anwendung des § 15a I 2–3) oder er sich im Innenverhältnis zu unbegrenztem Verlustausgleich verpflichtet hat (*Kempermann* FR 98, 248). Hingegen sollen derartige, die Haftung oder die Ausgleichspflicht erweiternde Vereinbarungen bei der Unterbeteiligung am Anteil eines *persönl haftender Ges'ters* (zB OHG) oder eines GbR-Ges'ters dazu führen, dass § 15a V Nr 2 (Fall 1; → Rn. 135) nicht erfüllt und demgemäß grds ein unbegrenzter Verlustausgleich zulässig ist (*Kempermann* FR 98, 248; mE im Vergleich mit der BFH-Rspr zur atypischen stillen Ges/ InnenGes (→ Rn. 132, 134) und im Hinblick auf die analoge Anwendung der §§ 230 ff HGB widersprüchl; zweifelnd *Groh* FS Priester, 107 (116)). 137

4. Gesellschafter (Mitunternehmer) einer ausländischen Personengesellschaft. Eine PersGes, die nicht dt Gesellschaftsrecht unterliegt, ist MUerschaft, wenn nach ausl Recht einschließl des GesVertrags die Rechtsstellung eines Ges'ters wirtschaftl derjenigen des Ges'ters einer OHG oder KG entspr dem Regelstatut des HGB gleichwertig ist (→ § 15 Rn. 169, 173). Die in § 15a V Nr 3 genannten zusätzl Tatbestandsmerkmale (Haftung entspricht der eines K'tisten oder stillen Ges'ters; Inanspruchnahme für Betriebsschulden vertragl ausgeschlossen oder unwahrscheinl) sind begriffl kaum zu trennen. Erfasst werden sollen ausl Ges, die einer KG iSv § 15a I oder einer atypischen stillen Ges iSv § 15a V Nr 1 entsprechen, und ausl Ges, die einer GbR iSv § 15a V Nr 2 gleichwertig sind (→ Rn. 134; abl FG Mster EFG 23, 627, Rev I R 21/23: zu *Goldfinger-Fall;* → § 15 Rn. 91; → § 15b Rn. 40 ff). § 15a V Nr 3 erfasst inl und umzurechnende (→ § 15 Rn. 173) ausl Verluste der Ges. Der Verlustausgleich wegen überschießender Außenhaftung (→ Rn. 71 ff) ist nach dem Wortlaut ausgeschlossen. ME ist dies (arg: Niederlassungsfreiheit) EU-konform auf Eintragungen in EU/EWR-HReg auszudehnen (offen FG Ddorf EFG 11, 1969; verfahrensrechtl aufgehoben durch BFH IV R 7/14, IStR 18, 35; **aA** *Mitschke* FR 08, 165 (169)). 138

5. Haftungslose Unternehmer. „Haftungslose" Unternehmer, deren Haftung der eines K'tisten vergleichbar ist, sind nach § 15a V Nr 4 **Einzelunternehmer** oder **MUerschaften,** soweit deren Verbindlichkeiten nur aus Erlösen oder Gewinnen aus der Nutzung, Veräußerung oder sonstigen Verwertung von WG zu tilgen sind (sog haftungslose Verbindlichkeiten). 139

Beispiel: A erwirbt von X das Auswertungsrecht an einem Film zum Preis von 5 Mio €; X stundet den Kaufpreis, sodass er nur aus dem Verwertungserlös des Filmes zu tilgen ist.

Die Bestimmung geht davon aus, dass die Rechtsstellung eines „haftungslosen" Unternehmers wirtschaftl der eines K'tisten gleichwertig ist, der seine Einlage erbracht hat; sie will sicherstellen, dass haftungslose Verbindlichkeiten nicht zur Grundlage eines Verlustausgleichs werden, *unterstellt*, dass ihre bilanzielle Beurteilung überhaupt zu einem Verlustausweis führen kann (BR-Drs 511/79, 18). Nach BFH-Rspr waren Verpflichtungen, die nur aus künftigen Erlösen zu tilgen sind, allg als Verbindlichkeiten oder Rückstellungen passivierungsfähig, und gewinnabhängige Verpflichtungen unter der Voraussetzung, dass sie als AK für erworbene WG zu werten sind (zB BFH IV R 54/97, BStBl II 139). Für Wj, die nach dem 31.12.98 beginnen, entfällt diese Passivierungsfähigkeit (§ 5 IIa). § 15a V Nr 4 dürfte damit gegenstandslos sein (→ § 5 Rn. 315; **aA** *Kaiser* GmbHR 01, 103).

140 **6. Mitreeder einer Partenreederei, § 489 HGB aF.** Da die Rechtsform als überholt abgeschafft wurde und nur noch für bis einschließl 24.4.13 entstandene Ges weiter gilt (→ § 15 Rn. 374), wird im Hinblick auf die sinngemäße Geltung von § 15a für Alt-Partenreedereien auf → 32. Aufl 2013, § 15a Rn. 209 verwiesen.

IX. „Wegfall" des negativen Kapitalkontos in Sonderfällen: Beendigung der KG – Übertragung eines Kommanditanteils – Umstrukturierung

Verwaltung: EStR 15a IV, VI; *OFD Mchn* FR 04, 731 (Nachversteuerung); *FM SchlH* DStR 13, 1086; *OFD Ffm* DStR 13, 2699 (doppelstöckige PersGes); *BMF* BStBl I 25, 92 (UmwStErlass 2025); *BMF* BStBl I 18, 319 (Abspaltung); *FM SchlH* DStR 20, 1573 (Einbringung).

151 **1. Entgeltliche Veräußerung eines KG-Anteils.** Estrechtl liegt eine *voll entgeltl* Veräußerung iSv § 16 I 1 Nr 2 vor, wenn – ***(1)*** ein KG-Anteil gegen kfm bemessenes Entgelt übertragen wird, oder – ***(2)*** ein K'tist gegen entspr Abfindung aus der KG ausscheidet und sein GesAnteil den bisherige Ges'tern anwächst (vgl § 738 BGB). Zu *teilentgeltl* Übertragung → Rn. 152, 167. Dem Ausscheidenden ist der vertragl Anteil am Verlust in der Zeit vom letzten Bilanzstichtag bis zum Zeitpunkt des Ausscheidens auch dann noch als ausgleichs- oder abzugsfähig zuzurechnen, wenn dadurch ein negatives KapKto entsteht; eine Verlustzurechnung ist nur ausgeschlossen, soweit feststeht, dass auch beim Rechtsnachfolger Gewinnanteile nicht mehr anfallen (zB BFH IV R 44/93, BB 95, 1520; allg → Rn. 20 ff).

152 **a) Negatives Kapitalkonto aus ausgleichsfähigen Verlustanteilen.** Zu negativem KapKto, das eine Ausgleichs*schuld* beinhaltet, → § 16 Rn. 484 f, 453. – **aa) Veräußerungsgewinn.** Ist das KapKto ganz oder teilweise durch die Zurechnung von Verlustanteilen negativ geworden, die rechtl (nicht notwendig auch tatsächl) ausgleichs- und abzugsfähig waren, weil die Verlustanteile außerhalb des Anwendungsbereiches des § 15a entstanden sind oder die Voraussetzungen für einen Verlustausgleich bei überschießender Außenhaftung nach § 15a I 2, 3 erfüllt waren, und besteht der Veräußerungspreis iSv § 16 II in der **Übernahme** des **negativen KapKto** und eines **zusätzl Entgelts** (stille Reserven höher als das negative KapKto), entsteht beim ausscheidenden K'tisten ein Veräußerungsgewinn iSv § 16 I 1 Nr 2 iHd Differenz zw dem zusätzl Entgelt und dem negativen KapKto (→ § 16 Rn. 484 f, 453). Entsprechendes gilt bei **teilentgeltl** Übertragung (BFH XI R 34/92, BStBl II 93, 436). Zu § 15a III 3 (Nachversteuerung aufgrund Haftungsminderung) → Rn. 106.

153 **bb) Zeitlicher Anwendungsbereich.** Dies gilt auch (BFH IV R 107/88, BFH/NV 90, 496) für entgeltl Veräußerungen im zeitl Anwendungsbereich des § 52 XXIV 4, 5, dh nach dem 28.8.80, unabhängig davon, ob § 52 XXIV 4 – ***(1)*** überhaupt auf entgeltl Veräußerungen anzuwenden ist (diff zu § 52 XXIV 5 BFH VIII R 37/93, BStBl II 95, 246 aE: keine Anwendung auf Veräußerung an Dritte oder nur einen der bisherigen Ges'ter) und – ***(2)*** nur negative KapKten erfasst, die durch außerhalb des § 15a ausgleichsfähige Verlustanteile entstanden sind oder auch

solche, die zB auf wegen überschießender Außenhaftung (§ 15a I 2–3) ausgleichsfähigen Verlustanteilen beruhen.

cc) Begünstigung. Der Veräußerungsgewinn ist nach §§ 16, 34 begünstigt (BFH IV R 53/91, BStBl II 95, 112), auch wenn das negative KapKto durch einen Verlustanteil entstanden ist, der wegen überschießender Außenhaftung nach § 15a I 2–3 ausgleichsfähig war. Zwar hat die Veräußerung des KG-Anteils für den Veräußerer die gleiche Wirkung wie eine Haftungsminderung iSv § 15a III, die zur Nachversteuerung eines *lfd* Gewinns führt; an die Stelle der Haftung des Veräußerers tritt aber die des Erwerbers. Haftet der K'tist für Schulden der KG aus **Bürgschaft** oder nach §§ 171, 172 HGB, gehört der „Wegfall" des negativen KapKto insoweit nicht zum Veräußerungspreis als die Bürgschaft bestehen bleibt und der K'tist mit einer Inanspruchnahme ohne realisierbare Rückgriffsmöglichkeit ernsthaft rechnen muss (BFH IV R 37/89, BStBl II 91, 64). Wird er tatsächl nicht in Anspruch genommen oder mit einem geringeren oder größeren Betrag (oder ist ein Rückgriff zB gegen die KG erfolgreich), ändert sich der Veräußerungsgewinn rückwirkend (BFH IV R 17/07, BStBl II 10, 631; BFH GrS 1/92, BStBl II 93, 897; *OFD Mchn* FR 04, 731 Tz 3.2). 154

dd) Anschaffungskosten. In Höhe des Veräußerungspreises (Übernahme des negativen KapKto und zusätzl Entgelt) hat der Erwerber AK für die Anteile an den WG des GesVermögens zu aktivieren, und zwar in einer Ergänzungsbilanz, sofern der KG-Anteil an einen neuen Ges'ter oder nur einen der bisherigen Ges'ter veräußert wird (→ § 16 Rn. 465), und in der StB der KG, sofern alle bisherigen Ges'ter den KG-Anteil anteilig erwerben. 155

(1) Erwerber. Dies gilt auch bei entgeltl Veräußerungen im zeitl Anwendungsbereich des § 52 XXIV 4 dh **nach dem 28. 8. 80,** gleichgültig ob an einen Dritten, einen der bisherigen Ges'ter oder an alle bisherigen Ges'ter veräußert wird. Zwar ist dort bestimmt, dass iHd negativen KapKto, das der Ausscheidende nicht ausgleichen muss und daher bei ihm Veräußerungsgewinn ist, bei den anderen MUern Verlustanteile anzusetzen sind. Die Vorschrift ist aber allg *nicht* anzuwenden auf die entgeltl Veräußerung eines KG-Anteils an einen Dritten oder nur einen von mehreren der *bisherigen* Ges'ter (s zB BFH VIII R 37/93, BStBl II 95, 246 aE) und bei entgeltl Veräußerung an alle *bisherigen* Ges'ter teleologisch dahin zu reduzieren ist, dass sie insoweit nicht eingreift, als dem negativen KapKto Anteile an den stillen Reserven entsprechen; denn die Bilanzierung erworbener stiller Reserven kann nicht davon abhängen, ob das KapKto des Veräußerers positiv oder negativ war und daher der Preis nur in einem Barentgelt oder auch einem Verzicht auf künftige Gewinnanteile (negatives KapKto) besteht (EStR 15a VI 3; BFH IV B 4/06, BFH/NV 07, 2090). 156

(2) Folgen. Die Aktivierung eines Betrags iHd negativen KapKto führt aber dazu, dass die stillen Reserven bei ihrer Realisierung *nicht nochmals* vom Erwerber zu versteuern sind (BFH IV R 70/92, BStBl II 94, 745). 157

Beispiel: K'tist X tatsächl geleistete Einlage: 50; Haftsumme 100; Verlustanteil in 01: 100. Der Verlust ist voll ausgleichsfähig nach § 15a I 2–3. Negatives KapKto: 50. Anteil an den stillen Reserven des GesVermögens: 80. Veräußerung des KG-Anteils in 02 an Y gegen Übernahme des negativen KapKto und Barentgelt von 30. Veräußerungsgewinn X: 30 + 50. AK Y: 80, auszuweisen in einer Ergänzungsbilanz mit positivem KapKto von 80, bei gleichzeitiger Fortführung des negativen KapKto in der StB der KG mit minus 50.

ee) Kein weiteres Entgelt. Diese Grundsätze (→ Rn. 152 ff) gelten in gleicher Weise, wenn der Erwerber zwar das negative KapKto übernimmt, aber kein zusätzl Entgelt zahlt, weil der Anteil des Veräußerers an den stillen Reserven des GesVermögens nicht höher ist als sein negatives KapKto. Der Veräußerungsgewinn und die AK sind gleich dem negativen KapKto (auch → § 16 Rn. 465). 158

159 **ff) Geringe/keine stille Reserven.** Sind die stillen Reserven (einschließl Geschäftswert) nachweisl geringer als das übernommene negative KapKto, entsteht beim **Veräußerer** ein **Veräußerungsgewinn** iHd negativen KapKto (vgl BFH VIII R 76/96, BStBl II 99, 269 zu nur verrechenbaren Verlusten). Der **Erwerber** hat entspr den dargelegten Grundsätzen AK iHd anteiligen stillen Reserven einschließl Geschäftswert (BFH IV R 70/92, BStBl II 94, 745; BFH IV B 4/06, BFH/NV 07, 2090), wobei *insoweit* mE gleichgültig ist, ob an einen neuen Ges'ter, einen der bisherigen Ges'ter oder anteilig an alle bisherigen Ges'ter veräußert wird. Beim Erwerber ist weiterhin zu unterscheiden: Gem § 52 XXIV 4 entsteht ein **Verlust,** wenn ein K'tist ohne Abfindung ausscheidet **(Anwachsung),** sein KG-Anteil also weder auf einen Dritten noch auf einen der bisherigen Ges'ter übergeht; denn jetzt steht fest, dass die bisherigen verbleibenden Ges'ter die Verluste tragen (BFH IV R 50/16, BStBl II 20, 57; BFH VIII R 37/93, BStBl II 95, 246; EStR 15a VI). Hingegen ist § 52 XXIV 4 *nicht* anzuwenden auf die entgeltl Veräußerung an einen neuen oder einen der bisherigen Ges'ter; der Erwerber hat in diesem Falle vielmehr iHd *nicht* durch anteilige stille Reserven und einen Geschäftswert abgedeckten negativen KapKto in einer Ergänzungsbilanz einen **Ausgleichsposten** zu aktivieren, der mit *allen* (FG Mster EFG 11, 960; zutr) künftigen auf den KG-Anteil entfallenden *stpfl* Gewinnanteilen zu verrechnen ist und diese damit für den Erwerber neutralisiert (BFH IV R 59/96, BStBl II 99, 266: kein Erwerbsverlust; Anm *MK* DStR 98, 889; *Herbst ua* DStR 17, 2081; *Haas* DStR 21, 2830; iErg ähnl BFH VIII R 37/93, BStBl II 95, 246: **„Merkposten"** außerhalb der Bilanz). Sind überhaupt **keine stillen Reserven** vorhanden und wird der Anteil unentgeltl übertragen, scheidet schon aus diesem Grund ein Verlust beim Erwerber aus. Zur Abgrenzung ggü einer *entgeltl* Veräußerung s aber BFH VIII R 76/96, BStBl II 99, 269.

160 **b) Negatives Kapitalkonto aus verrechenbaren Verlustanteilen. – aa) Veräußerer.** Besteht der Veräußerungspreis iSv § 16 II in der Übernahme des negativen KapKto *und* eines zusätzl Entgelts (anteilige stille Reserven!), entsteht beim Veräußerer ein Gewinn iHd zusätzl Entgelts *und* des negativen KapKto (*Herbst ua* DStR 17, 2081 (2084)); dieser ist gem § 15a II 1 um den noch vorhandenen verrechenbaren Verlust zu mindern (dazu → Rn. 181 ff); nur der Rest ist estpfl (BFH IV R 16/15, BStBl II 18, 527; BFH IV R 75/93, BStBl II 96, 474 zu 3. aE). Ist das negative KapKto auf Grund nachträgl Einlage *und* deshalb auch der Veräußerungsgewinn niedriger als der festgestellte verrechenbare Verlust, ist die Differenz ein ausgleichs- und abzugsfähiger Veräußerungsverlust (nunmehr ausdrückl § 15a II 2; → Rn. 113, 184). Zu Sanierungsgewinnen → Rn. 4, 21, 63.

161 **bb) Erwerber.** Fragl ist, ob beim Erwerber nur iHd zusätzl Entgelts oder auch iHd übernommenen negativen KapKto **AK** (→ Rn. 155, 160) zu aktiveren sind (bis → 37. Aufl 2018, § 15a Rn. 225; BFH VIII R 37/93, BStBl II 95, 246: soweit negatives KapKto durch stillen Reserven gedeckt, iÜ nur außerbilanzieller Merkposten) *oder* mit Rücksicht auf die Gewinnabhängigkeit der Ausgleichsverpflichtung (§ 5 IIa) zur Vermeidung eines Erwerbsverlust (→ § 16 Rn. 466) durchgängig nur ein aktiver **Ausgleichsposten** (AP) in der Ergänzungsbilanz auszuweisen ist (so BFH IV R 16/15, BStBl II 18, 527). Nach letzterer, mE zutr Ansicht (ähnl FG Ddorf EFG 18, 1113, rkr: durchgängig Merkposten) entfällt das negative KapKto, wenn die erworbenen anteiligen stillen Reserven gewinnwirksam realisiert werden; hierdurch entsteht jedoch beim Erwerber kein estpfl Gewinn, soweit der Veräußerungspreis den in der StB fortgeführten Buchwerten *und* dem zusätzl AP in der Ergänzungsbilanz entspricht (vgl *Haas* DStR 21, 2830. Die Vorstellung, die stillen Reserven blieben damit teils unversteuert (beim Veräußerer wegen der Verlustverrechnung; beim Erwerber wegen der gewinnmindernden Auflösung des AP), ist jedoch unzutr. Vielmehr hatte die KG einen Verlust erlitten, der sich für den bisherigen K'tisten nach § 15a noch nicht steuermindernd auswirken konnte; zum Ausgleich werden die stillen Reserven iHd Verlustanteils (verrechenbarer Verlust) trotz ihrer Aufdeckung nicht

gewinnwirksam. Erst *jetzt* wirkt sich der frühere Verlust aus. Zu vermögensverwaltender KG → Rn. 6.

162 **cc) Kein zusätzliches Entgelt.** Gleiches gilt, wenn der Veräußerungspreis nur in der Übernahme des negativen KapKto besteht, weil nur in dieser Höhe anteilige **stille Reserven** vorhanden sind. Sind diese einschließl Geschäftswert **niedriger** als das übernommene negative KapKto, haben der/die Erwerber – auch bei Anwachsung (§ 52 XXIV 4 nicht anwendbar) – die Differenz als Ausgleichs- oder Merkposten mit den zu bb) dargestellten Rechtsfolgen zu aktivieren (BFH VIII R 76/96, BStBl II 99, 269 zu II.3.a): kein Erwerbsverlust; anders aber bei Ausscheiden ohne Abfindung (BFH IV R 50/16, BStBl II 20, 57; auch → Rn. 159).

163 **dd) Sonderbetriebsergebnisse.** Zum Zusammentreffen eines Veräußerungsgewinns mit Sonderbetriebs-Verlust und Gewinn aus anderem GewBetr s *Brandenberg ua* JbFfSt 90/91, 239.

166 **2. Unentgeltlicher Übergang eines Kommanditanteils. – a) Negatives Kapitalkonto aus ausgleichsfähigen Verlustanteilen. – aa) Grundsatz.** Geht der KG-Anteil unentgeltl von Todes wegen (zB Erbanfall) auf einen neuen, alle oder nur einen der bisherigen Ges'ter über, haben diese die Buchwerte des Erblassers einschließl negativem KapKto fortzuführen (§ 6 III; *FM SchlH* DStR 11, 1427). Zur Vererblichkeit des Verlustabzugs → Rn. 168.

167 **bb) Einzelfragen.** – ***(1)*** Ebenso ist dies bei unentgeltl Übertragung unter Lebenden, sofern der Anteil an den **stillen Reserven** einschließl Geschäftswert **höher** ist als das negative KapKto; die Übertragung ist voll unentgeltl iSv § 6 III (BFH IV R 16/15, BStBl II 18, 527). Beim bisherigen K'tisten entsteht kein Gewinn; der Rechtsnachfolger hat die anteiligen Buchwerte einschließl negativem KapKto fortzuführen. Künftige Gewinnanteile, durch die das negative KapKto aufgefüllt wird, muss er versteuern (iEinz → Rn. 64); ebenso einen Gewinn aus der entgeltl Veräußerung des KG-Anteils mit negativem KapKto. § 52 XXIV 3, 4 sind entgegen ihrem Wortlaut nicht anwendbar (→ Rn. 156). Nach BFH IV R 17/21, BStBl II 24, 898 soll dem Rechtsnachfolger trotz fehlendem HRegEintrag am Bilanzstichtag kein Gewinn aufgrund Haftungsminderung (§ 15 III 3 iVm I 2; § 171 I HGB; → Rn. 102, 71 ff) zuzurechnen sein (mE fragl; auch → Rn. 92). – ***(2)*** Wird ein negatives KapKto übernommen und ein **zusätzl Entgelt** (zB Gleichstellungsgeld) gewährt, ist beides zusammen aber niedriger als der Anteil des K'tisten an den stillen Reserven, ist dies teilentgeltl Veräußerung, die nach den zu → Rn. 152 ff dargestellten Grundsätzen zu beurteilen ist (vgl BFH XI R 34/92, BStBl II 93, 436; *IdW* Beil FN-IdW Nr 10/96 S 468 f). – ***(3)*** Soweit das **negative KapKto höher** ist als die anteiligen **stillen Reserven,** ist eine Anteilsübertragung unter Lebenden mE allenfalls iHd anteiligen stillen Reserven unentgeltl iSv § 6 III. IÜ entsteht ein Gewinn aus dem Wegfall des restl negativen KapKto; der Erwerber hat einen aktiven Ausgleichs- oder Merkposten zur Neutralisierung künftiger Gewinnanteile anzusetzen (→ Rn. 159, 162). Ist der Ges-Anteil wertlos, wird der Erwerber idR mangels Gewinnchance nicht MUer; der Übertragende hat seinen MUerAnteil estpfl aufgegeben (vgl BFH VIII R 154/85, BStBl II 86, 896). – ***(4)*** Soweit bereits feststeht, dass sich das negative KapKto aus künftigen Gewinnanteilen nicht mehr auffüllen lassen wird, entsteht noch vor der Anteilsübertragung beim bisherigen Ges'ter ein lfd Gewinn (→ § 16 Rn. 423).

168 **b) Negatives Kapitalkonto aus verrechenbaren Verlustanteilen.** Wird der KG-Anteil von Todes wegen oder voll unentgeltl unter Lebenden übertragen, tritt der Übernehmer, sofern er MUer wird, nicht nur in die bilanzrechtl Rechtsstellung seines Rechtsvorgängers ein, sondern nach der Rspr auch in das Recht zur Verlustverrechnung nach § 15a II aF/nF oder III 4; er muss die ihm zuzurechnenden künftigen Gewinnanteile bis zur Höhe des verrechenbaren Verlustes nicht versteuern (BFH VIII R 76/96, BStBl II 99, 269 zu II.3.b; → Rn. 64). Hieran ist auch nach der ge-

änderten Rspr zu § 10d (→ § 16 Rn. 590) festzuhalten (BFH IV R 16/15, BStBl II 18, 527; *FM SchlH* DStR 11, 1427). Eine schenkweise Übertragung eines KG-Anteils mit Buchwertfortführung und Übergang des Rechts zu Verlustverrechnung ist aber idR (Ausnahme evtl Vorwegerbfolge, s BFH VIII R 76/96, BStBl II 99, 269 zu II.2.c aE) nur anzunehmen, wenn stille Reserven (Geschäftswert) vorhanden sind, die anteilig höher als das negative KapKto sind; andernfalls ist nach den zu → Rn. 167 dargelegten Grundsätzen zu verfahren (krit *IdW* Beil FN-IdW Nr 10/96 S 468g).

169 **3. Doppelstöckige Personengesellschaft; Anteilsveräußerung.** Veräußert die **OberGes** ihren Anteil an der UnterGes, sind die Rechtsgrundsätze anzuwenden, die allg für die Veräußerung (und den Erwerb) von MUerAnteilen maßgebl sind (→ § 16 Rn. 384; → § 15 Rn. 613); Anteile am Verlust der UnterGes sind mit dem Veräußerungsgewinn zu saldieren (→ Rn. 33). Wird ein **Anteil an** der **OberGes** veräußert und ist für diese (mit Wirkung für die OberGes'ter) bei der UnterGes ein verrechenbarer Verlust festgestellt, ist dieser mit einem Gewinn aus der Anteilsveräußerung zu verrechnen, aber nur, soweit dieser anteilig mittelbar auf die WG der UnterGes entfällt (→ Rn. 64 f: Anteilsidentität!). GlA BFH IV R 67/00, BStBl II 10, 157; BFH IV R 40/22, BStBl II 25, 603 Rn. 40: Durchbrechung des *Grundsatzes* der Anteilseinheit). Gleiches gilt für die Auflösung eines negativen KapKto bei der UnterGes (*FM SchlH* DStR 13, 1086; *OFD Ffm* DStR 13, 2699). Zum *mE* abzulehnenden Grundsätzen der Anteilseinheit → § 16 Rn. 384 (Veräußerer); → § 15 Rn. 471 (Erwerber), jeweils mwN.

171 **4. Umwandlung einer KG in eine Kapitalgesellschaft. – a) Betriebseinbringung.** Hat eine KG ihren ganzen GewBetr gegen Gewährung von GesRechten zu Buchwerten in eine KapGes **eingebracht** (§§ 20 ff UmwStG aF) oder wurde sie **formwechselnd** in eine KapGes umgewandelt (vgl § 25 UmwStG aF), ging ein verrechenbarer Verlust nicht auf die KapGes über (ebenso wenig wie ein Verlustabzug nach § 10d: arg § 22 I, II iVm § 12 III 1 UmwStG aF; **aA** uU BFH I R 68/03, BStBl II 06, 380; dazu *BMF* BStBl I 06, 344: Nichtanwendung; ebenso abl BFH X R 5/22, DStRE 25, 1351 zur Veräußerung einbringungsgeborener Anteile gem § 21 UmwStG 1995). Hieran hat die mE missverständl Fassung von § 23 I, III, IV iVm § 12 III *Hs 1* **UmwStG 2006** nichts geändert (*FM SchlH* DStR 20, 1573). Gleiches gilt bei Option gem § 1a KStG (dazu → § 15 Rn. 160a). Bei Einbringung zu gemeinen Werten oder Zwischenwerten mindert aber ein verrechenbarer Verlust den Einbringungsgewinn. Einlagenerhöhung vor Umwandlung zum Ausgleich negativer KapKten führt zu ausgleichsfähigen Verlusten (EStR 15a IV; HessFG EFG 22, 944; *Brandenberg ua* JbFfSt 90/91, 242; auch → Rn. 113).

172 **b) Anteilseinbringung.** Wird ein KG-Anteil gegen Gewährung von GesRechten in eine KapGes eingebracht (§§ 20 ff UmwStG), ist dies auch bei Buchwertfortführung entgeltl Veräußerung (BFH IV R 52/87, BStBl II 88, 829). Das Recht zur Verlustverrechnung nach § 15a II oder III 4 geht nicht auf die KapGes über (*FM SchlH* 20, 1573; **aA** zu UmwStG 1995; *Hierstetter ua* DB 02, 1963). Gleiches gilt in Fällen der Option gem § 1a KStG (→ § 15 Rn. 160a; *Wacker/Krüger ua* DStR-Beih 21, 13; *BMF* BStBl I 21, 2212 Rn. 47) sowie der verdeckten Einlage (keine Anwendung des § 6 III; → § 6 Rn. 714; → § 16 Rn. 216 f, 397). IÜ sind die Grundsätze zu → Rn. 171 maßgebl.

176 **5. Einbringung eines KG-Anteils in Personengesellschaft; Verschmelzung der KG mit anderer Personengesellschaft; Verschmelzung von Gesellschaftern einer KG.** – *(1)* Wird ein **KG-Anteil** gem § 24 UmwStG zu Buchwerten in eine andere PersGes **eingebracht, sodass** eine doppelstöckige PersGes entsteht, bleibt mE das Recht des Einbringenden zur Verlustverrechnung nach § 15a II, III 4 in der Weise erhalten, dass der Einbringende seinen Gewinnanteil bei der OberGes insoweit mindern kann, als dieser aus dem Gewinnanteil der OberGes bei der UnterGes herrührt (mittelbare Anteilsidentität; weitergehend *Rödder ua* DB 98, 99 (102);

IdW Beil FN-IdW Nr 10/96 S 468h). Zur Rückbeziehung der Einbringung nach § 24 IV s *Patt ua* FR 96, 365 (374) sowie § 2 IV aF/nF UmwStG. – ***(2)*** Werden **PersGes verschmolzen,** lässt dies jedenfalls bei der aufnehmenden KG das Recht zur Verlustverrechnung unberührt. Auch ein bei den K'tisten der untergehenden KG bestehendes Recht zur Verlustverrechnung bleibt diesen in ihrer Eigenschaft als NeuGes'ter der aufnehmenden PersGes erhalten (mE wirtschaftl Identität der Anteile; str). – ***(3)*** Ist eine **KapGes** als K'tist an einer KG beteiligt und wird die KapGes (unter Fortbestand ihres KG-Anteils) **in eine PersGes umgewandelt** (mit der Folge, dass eine doppelstöckige PersGes entsteht), geht ein verrechenbarer Verlust der KapGes aus dem KG-Anteil nicht auf die PersGes über – ebenso wenig wie ein Verlustabzug nach § 10d (§ 4 II 2 UmwStG). Der verrechenbare Verlust kann aber durch die (einheitl) Wertaufstockung nach § 3 I, II UmwStG ausgeglichen werden; iÜ wirkt er sich mittelbar durch Minderung eines Übernahmegewinns aus, der aber ab 2001 ohnehin zu 50% bzw 40% stfrei ist (§ 4 VII UmwStG aF/nF). Zu Verlusten im Rückwirkungszeitraum → Rn. 74. – ***(4)*** Bei **Verschmelzung** der **MUer-KapGes** auf eine andere KapGes schließt § 12 III iVm § 4 II 2 UmwStG den Übergang auch verrechenbarer Verluste aus (BR-Drs 542/06, 66); Gleiches gilt in Fällen der **Auf-/Abspaltung** (§§ 16, 15 III UmwStG; *BMF* BStBl I 25, 92 Rn. 15.41, 16.03; *BMF* BStBl I 18, 319; *Ausnahme:* **§ 27 StFG,** BGBl I 08, 1982; dazu *FM SchlH* DStR 20, 1738).

6. Realteilung einer KG. Wird eine KG *unter Fortführung der Buchwerte* 177
(§ 16 III 2) in der Weise real geteilt, dass die KG erlischt (→ § 16 Rn. 520 ff), bleibt den Realteilern ihr Recht zur Verlustverrechnung nach § 15a II erhalten (Transfer des verrechenbaren Verlusts; *Jacobsen ua* DStR 13, 433; *Autenrieth* FS Haas, 7 (17); *IdW* Beil FN-IdW 96, 468j), ebenso wie bei Umwandlung einer zweigliedrigen KG in ein Einzelunternehmen durch Ausscheiden des persönl haftenden Ges'ters (vgl BFH XI R 2/23, BStBl II 25, 862 betr. Übernahme durch GmbH; → Rn. 66). Nicht übertragbar ist hingegen nach BFH IV R 47/11, BStBl II 15, 532 die *(Gewinn-)*Hinzurechnung gem § 15a III 3 (Haftungsminderung) für *ausgleichsfähige* Verluste; sie sind aufgrund des *Ausscheidens* des K'tisten nach § 52 XXIV 3 *gesellschafts*bezogen als Veräußerungsgewinn zu erfassen.

7. Auflösung, Liquidation und Vollbeendigung der KG. – a) Verrechen- 181
bare Verluste. Die gesellschaftsrechtl Auflösung, Liquidation und Beendigung der KG kann begünstigte Betriebsveräußerung/-aufgabe (§ 16) oder Betriebseinstellung iVm allmähl Abwicklung des GewBetr sein. **Gewinne** eines K'tisten aus der Realisierung stiller Reserven sind um etwaige verrechenbare Verluste iSv § 15a II, III 4 zu mindern (zB BFH X R 121/95, BFH/NV 00, 16); der im Jahre der Betriebsveräußerung/-aufgabe angefallene lfd Verlust ist hiervon auszunehmen (FG Mster EFG 13, 30, rkr; *Hempe ua* DStR 13, 1217).

b) Verbleibendes negatives Kapitalkonto. Es ist zu unterscheiden: – **aa) Aus-** 182
gleichsfähige Verluste. Soweit negative KapKten durch Zurechnung von Verlustanteilen entstanden sind, die rechtl (nicht notwendig auch tatsächl; s aber BFH IV B 139/99, BFH/NV 01, 452: Erlass im *ESt*-Verfahren; zur Abgrenzung s BFH X R 25/03, BFH/NV 04, 1212) ausgleichs- und abzugsfähig waren, weil § 15a (noch) nicht anwendbar war, fallen sie weg mit der Folge, dass beim K'tisten in dieser Höhe ein estpfl Gewinn entsteht; Gleiches gilt bei Liquiditätsentnahmen (vgl BFH IV R 19/12, BStBl II 15, 954); zu nichtabziehbare BA → § 16 Rn. 311. Kein „Wegfall"-Gewinn entsteht bei Betriebsveräußerung/-aufgabe aber, soweit sich der K'tist für Schulden der KG **verbürgt** hatte (oder nach den §§ 171, 172 HGB haftet) *und* er mit einer Inanspruchnahme ohne realisierbare Rückgriffsmöglichkeit ernsthaft rechnen muss (BFH IV R 37/89; IV R 17/07, BStBl II 91, 64; 10, 631; *OFD NRW* FR 14, 823); dies gilt selbst dann, wenn der K'tist zahlungsunfähig ist (BFH VIII R 29/91, BStBl II 93, 747). Zu evtl späteren *rückwirkenden* Änderungen

→ Rn. 154. Der Gewinn ist gem **§ 52 XXIV 3, 4** auch dann nach den **§§ 16, 34** begünstigt, wenn keine Betriebsveräußerung/-aufgabe, sondern eine allmähl Abwicklung vorliegt (BFH IV R 124/92, BStBl II 95, 253; mE fragl). Wird aber die KG gesellschaftsrechtl **aufgelöst,** zB durch Eröffnung des Insolvenzverfahrens, *und* steht (erst und schon jetzt) fest, dass das negative KapKto mit künftigen Gewinnanteilen nicht mehr ausgeglichen wird (dazu aber → Rn. 22), ist der „Wegfall-Gewinn" nach § 52 XXIV 3, der auch auf negative KapKten (Verluste) aus der Zeit vor § 15a anzuwenden ist (BFH IV R 9/15, BStBl II 17, 896), unabhängig davon tarifbegünstigt, ob (auch) eine Betriebsaufgabe vorliegt (BFH IV R 124/92, BStBl II 95, 253; *OFD NRW* FR 14, 823). Eine Saldierung des Wegfallgewinns mit Verlusten gem § 15a ist – anders als bei Aufgabe/Veräußerung von Betrieb/MUerAnteil (BFH IV R 28/22, BStBl II 25, 910; → Rn. 160) – ausgeschlossen (BFH IV R 17/07, BStBl II 10, 631; *Wacker* HFR 10, 475 (476); *Demuth* KÖSDI 13, 18381 (18390)). Ein lfd Gewinn entsteht hingegen, wenn das negative KapKto schon **vor Auflösung** der KG wegfällt, weil feststeht, dass künftige Gewinnanteile nicht mehr entstehen (lfd Gewinn; → Rn. 20 ff); zur *Nachholung* aber → Rn. 24). Auch für den Anwendungsbereich des **§ 52 XXIV 3, 4** enthält das Gesetz keine besondere Bestimmung über den Zeitpunkt, zu dem das negative KapKto, gleichgültig durch welche Art von Verlustanteilen entstanden, wegfällt. Maßgebl ist deshalb nach BFH GrS 1/79, BStBl II 81, 164 der Zeitpunkt, zu dem feststeht, dass ein Ausgleich des negativen KapKto mit künftigen Gewinnanteilen nicht mehr in Betracht kommt (→ Rn. 22; FG Mster EFG DStRE 22, 657, rkr; FG Nbg EFG 22, 1173, rkr), spätestens der Zeitpunkt einer Betriebsveräußerung/-aufgabe. In Höhe des tarifbegünstigten oder lfd Gewinns entsteht ein **Verlust,** der anteilig den persönl haftenden Ges'tern und mE auch den K'tisten mit positiven KapKten zuzurechnen ist, soweit diese in den Jahren, in denen die zu negativen KapKten führenden Verluste entstanden sind, bereits Ges'ter waren (ähnl BFH VIII R 37/93, BStBl II 95, 246).

183 **bb) Außenhaftung.** Die Grundsätze zu aa) gelten auch für negative KapKten, soweit diese durch Zurechnung von Verlustanteilen entstanden sind, die nach **§ 15a I 2–3** wegen überschließender Außenhaftung ausgleichsfähig waren, sofern der K'tist aus dieser nicht in Anspruch genommen wird (BFH IV R 124/92, BStBl II 95, 253). Zahlungen, die er auf Grund der Außenhaftung leisten muss oder leisten musste, mindern den „Wegfall-Gewinn" und in gleicher Weise den entspr Verlust der übrigen Ges'ter (BFH IV R 17/07, BStBl II 10, 631). Zu Liquidationsgewinnen s EStH 15a „Auflösung …" Beispiel 2; BFH IV R 17/07, BStBl II 10, 631.

184 **cc) Verrechenbare Verluste.** Sind negative KapKten durch Zurechnung nur verrechenbarer **Verlustanteile** entstanden, ist ihr Wegfall für den K'tisten ohne estrechtl Auswirkung, soweit das negative KapKto dem noch vorhandenen verrechenbaren Verlust entspricht (vgl BFH IV R 17/07, BStBl II 10, 631). Für den oder die persönl haftenden Ges'ter oder die übrigen K'tisten mit positiven KapKten entsteht in gleicher Höhe ein Verlust, da diese Ges'ter die Verluste tatsächl tragen (zur zweigliedrigen KG → Rn. 65). War das negative KapKto niedriger als der noch verrechenbare Verlust, zB weil der K'tist in späteren Wj weitere Einlagen leistete **(Einlagenerhöhung),** entsteht grds iHd weiteren Einlagen ein nachträgl ausgleichs- und abzugsfähiger Verlust des K'tisten, weil dieser, und nicht etwa der persönl haftende Ges'ter, insoweit den Verlust der KG tatsächl trägt (mit Beispiel → Rn. 113; § 15a II 2). Entsprechendes muss gelten, wenn sich der K'tist im Innenverhältnis zu Nachschüssen verpflichtet hat (oder eine von § 15a I 2 nicht erfasste Außenhaftung bestand) und hieraus in Anspruch genommen wird (BFH IV R 17/07, BStBl II 10, 631). Zu Sanierungsgewinnen → Rn. 4, 21, 63.

185 **dd) Einzelfragen.** Zur Auswirkung **fortbestehender Außenhaftung** eines K'tisten zB auf Grund Bürgschaft → Rn. 154, 182; zum Ausfall von Ges'ter-forderun-

gen **(SBV I)** → § 15 Rn. 544; → § 16 Rn. 367. – Zum „Wegfall" eines **positiven** KapKto (= Ausgleichsanspruch) s BFH VIII R 128/84, BStBl II 93, 594.

8. Strukturwandel. Entfällt auf Grund Preisgabe eines der Tatbestandsmerkmale des § 15 III Nr 2 die gewerbl Prägung einer KG und werden iRd nur noch vermögensverwaltenden KG zB Einkünfte aus VuV erzielt, ist auf diese gem § 21 I 2 weiterhin § 15a sinngemäß anzuwenden. Der Übergang ist zwar Betriebsaufgabe iSv § 16 III; soweit jedoch die negativen KapKten durch die Anteile am Aufgabegewinn nicht ausgeglichen werden (auch → § 16 Rn. 312), fallen sie nicht weg; die „Nachversteuerung" findet in Form positiver Einkünfte aus VuV statt (glA FG RhPf EFG 05, 1038). Zum umgekehrten Fall → Rn. 6. 186

§ 15b Verluste im Zusammenhang mit Steuerstundungsmodellen

(1) [1]**Verluste im Zusammenhang mit einem Steuerstundungsmodell dürfen weder mit Einkünften aus Gewerbebetrieb noch mit Einkünften aus anderen Einkunftsarten ausgeglichen werden; sie dürfen auch nicht nach § 10d abgezogen werden.** [2]**Die Verluste mindern jedoch die Einkünfte, die der Steuerpflichtige in den folgenden Wirtschaftsjahren aus derselben Einkunftsquelle erzielt.** [3]**§ 15a ist insoweit nicht anzuwenden.**

(2) [1]**Ein Steuerstundungsmodell im Sinne des Absatzes 1 liegt vor, wenn auf Grund einer modellhaften Gestaltung steuerliche Vorteile in Form negativer Einkünfte erzielt werden sollen.** [2]**Dies ist der Fall, wenn dem Steuerpflichtigen auf Grund eines vorgefertigten Konzepts die Möglichkeit geboten werden soll, zumindest in der Anfangsphase der Investition Verluste mit übrigen Einkünften zu verrechnen.** [3]**Dabei ist es ohne Belang, auf welchen Vorschriften die negativen Einkünfte beruhen.**

(3) **Absatz 1 ist nur anzuwenden, wenn innerhalb der Anfangsphase das Verhältnis der Summe der prognostizierten Verluste zur Höhe des gezeichneten und nach dem Konzept auch aufzubringenden Kapitals oder bei Einzelinvestoren des eingesetzten Eigenkapitals 10 Prozent übersteigt.**

(3a) **Unabhängig von den Voraussetzungen nach den Absätzen 2 und 3 liegt ein Steuerstundungsmodell im Sinne des Absatzes 1 insbesondere vor, wenn ein Verlust aus Gewerbebetrieb entsteht oder sich erhöht, indem ein Steuerpflichtiger, der nicht auf Grund gesetzlicher Vorschriften verpflichtet ist, Bücher zu führen und regelmäßig Abschlüsse zu machen, auf Grund des Erwerbs von Wirtschaftsgütern des Umlaufvermögens sofort abziehbare Betriebsausgaben tätigt, wenn deren Übereignung ohne körperliche Übergabe durch Besitzkonstitut nach § 930 des Bürgerlichen Gesetzbuchs oder durch Abtretung des Herausgabeanspruchs nach § 931 des Bürgerlichen Gesetzbuchs erfolgt.**

(4) [1]**Der nach Absatz 1 nicht ausgleichsfähige Verlust ist jährlich gesondert festzustellen.** [2]**Dabei ist von dem verrechenbaren Verlust des Vorjahres auszugehen.** [3]**Der Feststellungsbescheid kann nur insoweit angegriffen werden, als der verrechenbare Verlust gegenüber dem verrechenbaren Verlust des Vorjahres sich verändert hat.** [4]**Handelt es sich bei dem Steuerstundungsmodell um eine Gesellschaft oder Gemeinschaft im Sinne des § 180 Absatz 1 Satz 1 Nummer 2 Buchstabe a der Abgabenordnung, ist das für die gesonderte und einheitliche Feststellung der einkommensteuerpflichtigen und körperschaftsteuerpflichtigen Einkünfte aus dem Steuerstundungsmodell zuständige Finanzamt für den Erlass des Feststellungsbescheids nach Satz 1 zuständig; anderenfalls ist das Betriebsfinanzamt (§ 18 Absatz 1 Nummer 2 Buchstabe a der Abgabenordnung) zuständig.** [5]**Handelt es sich bei dem Steuerstundungsmodell um eine Gesellschaft oder Gemeinschaft im Sinne des § 180 Absatz 1 Satz 1 Nummer 2 Buchstabe a der Abgabenordnung, können die gesonderten Feststellungen nach Satz 1 mit der gesonderten und einheit-**

lichen Feststellung der einkommensteuerpflichtigen und körperschaftsteuerpflichtigen Einkünfte aus dem Steuerstundungsmodell verbunden werden; in diesen Fällen sind die gesonderten Feststellungen nach Satz 1 einheitlich durchzuführen.

Einkommensteuer-Richtlinien: EStH 15b.

Übersicht

Schrifttum: Bis 2021 → 41. Aufl 2022, § 15b vor Rn. 1; *Häuselmann,* Investmentanteile, 2019; *Rüsch,* Zweifelsfragen bei der Umqualifizierung von BA/WK in AK durch die Neuregelung von § 6e EStG für „Fondsetablierungskosten", DStR 20, 1172; *Haselmann ua,* Verfassungswidrigkeit der rückwirkenden Anwendung des § 6e EStG, DStR 20, 2580.

Verwaltungsanweisungen: *BMF* BStBl I 07, 542 (Anwendungsschreiben); *BMF* DStR 08, 561 (§ 21); *OFD Mbg* DStR 09, 532 (§ 20); *LfSt Bay* BeckVerw 288450 (Photovoltaik/Leasing); *OFD Ffm* DB 24, 2135 (Disagio-Anlagen).

I. Allgemeines

1 **1. Überblick.** § 15b regelt **Beschränkungen** der **Verlustverwertung** des Inhalts, dass nach § 15b I 1 seit 2005/2006 Verluste iZm einem **Steuerstundungsmodell** (§ 15 II iVm III: **„Grundtatbestand"**; → Rn. 20 ff) sowie ab 2013 iZm bestimmten Gestaltungen betr den BA-Abzug bei **Erwerb von Umlaufvermögen** (§ 15 IIIa: **„Erweiterungstatbestand"**; → Rn. 40 ff) weder mit Einkünften aus GewBetr noch mit Einkünften aus anderen Einkunftsarten ausgeglichen noch nach § 10d abgezogen werden dürfen. Die Verluste mindern jedoch die Einkünfte, die der StPfl in den folgenden Wj aus **derselben Einkunftsquelle** erzielt (§ 15b I 2). Die nicht ausgleichsfähigen Verluste sind jährlich gesondert und ggf auch einheitl ggü den Ges'tern einer PersGes/Gemeinschaftern festzustellen (§ 15b IV).

2 **2. Zweck.** § 15b dient verschiedenen Zwecken. Er will nach der **Begründung** des **VerlustBeschrG** (BT-Drs 16/107) zum **Grundtatbestand** (§ 15b I–III; → Rn. 1) die **„Attraktivität von Steuerstundungsmodellen"** insb mit Blick auf Fondsgestaltungen verschiedenster Art (zB Medien-/Schiffs-/Leasingfonds, New Energy/WP-Fonds), die nicht selten „betriebswirtschaftlich wenig sinnvolle modellhafte Anlageinvestitionen" beträfen (Kapitalfehlallokation), aufgrund eines vorgefertigten Konzepts dem Anleger in der sog. Anfangsphase Verluste/Verlustzuweisungen vermittelten und deshalb vielfach um ihres steuerl Vorteils willen (StStundung) ge-

tätigt würden sowie zu erhebl StAusfällen führten, auch im Vergleich zur (wenig effektiven) Vorgängervorschrift des § 2b aF (dazu BFH IV R 59/10, BStBl II 14, 465; *BeckOK EStG* § 15b Rn. 20 ff) „wirkungsvoll" einschränken. § 15b I–III gelte indes auch für Investitionen einzelner StPfl **(Einzelinvestitionen)** außerhalb von Ges/Gemeinschaften mit modellhaftem Charakter (BT-Drs 16/107, 6; *BMF* BStBl I 07, 542 Rn. 7; BFH X R 10/16, BStBl. II 18, 63 mwN). Von der Verrechnungsbeschränkung **nicht** betroffen seien hingegen „**übliche unternehmerische Aktivitäten** ohne eine solche Zielrichtung"/**Existenzgründungen** (BT-Drs 16/107, 6; BT-Drs 16/254; vgl auch BFH IV R 59/10, BStBl II 14, 465; BFH IV R 33/15, BStBl II 20, 645). Ebenso nicht **Venture Capital**/WP Fonds, da diese nicht mit der Verlustzuweisung, sondern mit der StFreiheit ihrer Renditen/Veräußerungsgewinnen werben (BT-Drs. 16/107, 6; BT-Drs 16/254, 5; → § 18 Rn. 281; *BMF* BStBl I 07, 542 Rn. 12). Zum Verhältnis von Gesetzeszweck und Normtatbestand iEinz → Rn. 21 ff. Die Regelungen sind damit zum einen im Kontext „regelermittelter" Einkünfte (zB. Anfangsverluste aufgrund teilkreditiertem Schuldzinsenabzug; vgl BT-Drs 16/2712, 63 f) als **qualifizierte Fiskalzwecknormen** einzustufen, zum andern aber auch unmissverständl und mit hinreichender Bestimmtheit (→ Rn. 14) iZm den **Sozialzwecknormen** des ErtragStR darauf gerichtet, die Reichweite ertragsteuerl Investitionsförderungen zu konkretisieren/zu begrenzen; § 15b I-III tritt deshalb auch nicht in Widerspruch zu diesen steuerl Lenkungsvorschriften (erhöhte AfA, SonderAfA; degressive AfA, IAB gem § 7g; zutr BFH IV R 7/16, BStBl II 19, 513; BFH IV R 6/22, BStBl II 25, 283; BFH IV R 14/23 DB 26, 228; vgl BT-Drs 16/254, 6). – Ziel des **Erweiterungstatbestands** (§ 15b IIIa; → Rn. 1) ist es nach der Begründung des AIFM-StAnpG (BR-Drs 18/68 (neu), 75 f) iVm der Ergänzung in § 32b I 3 nF hingegen, auch **außerhalb „typischer Anlegerkonzepte"** den BA-Abzug für nicht physisch erworbenes UV dem Verrechnungsverbot zu unterwerfen und damit iS einer **Fiskalzwecknorm** bei Beteiligung an ausl PersGes nicht nur einer vorgezogenen Verlustnutzung zu begegnen, sondern **endgültige StAusfälle** durch die Wirkung des sog negativen Progressionseffekts (sog *„Gold-/Goldfingergestaltungen"*) zu vermeiden (iEinz → Rn. 40 ff).

3. Entsprechende Anwendung. § 15b gilt entspr nicht nur iZm **allen betriebl,** dh gewerbl, luf und selbständigen Einkünften (§ 13 VII, § 18 IV; → § 13 Rn. 109, → § 18 Rn. 281; zu Venture Capital/Private Equity Fonds → Rn. 2; → § 18 Rn. 281), sondern „sinngemäß" (grds) auch für die **Überschusseinkünfte;** vgl § 20 VII idF JStG 2007 (BGBl I 06, 2878), § 21 I 2, § 22 Nr 1; fragl allerdings bezügl des Erweiterungstatbestands gem § 15b IIIa (→ Rn. 40 ff). IEinz → § 20 Rn. 250 f insb zur Abgeltungssteuer/Tarifspreizung; → § 21 Rn. 155; *HHR/Hallerbach* § 22 Rn. 100. Vgl auch § 49 IV InvStG; zum InvStG s auch BFH VIII R 29/15, BStBl II 19, 751. 3

4. Persönlicher – sachlicher Anwendungsbereich. § 15b erfasst nicht nur ESt-Pflichtige (einschl Ges'ter von OberPersGes/Treugebern; → Rn. 5), sondern auch KapGes/Körperschaften (§§ 7 I, 8 III KStG; KStR 8.1; auch → Rn. 6). Ebenso iRd Veranlagung (vgl → § 50 Rn. 26) beschränkt ESt-/KSt-Pflichtige (*KS/Seer* § 15b Rn. 13). Zur **GewSt** allg **abl** GewStR 7.1 (3); ebenso BFH I R 12–13/21 DStRE 25, 785 Rn. 61; zT **aA** für Beteiligung/Einkunftsquelle iSv § 15b im gewerbl BV *HHR/Hallerbach* § 15b Rn. 15; zutr; dazu § 15a BFH VIII R 39/97, BFH/NV 97, 857). 4

5. Binnensystematik. – a) Grund- und Erweiterungstatbestand. § 15b unterwirft **ab 2013** nicht nur tatsächl StStundungsmodelle (Grundtatbestand gem § 15 I–III), sondern auch Sachverhalte des Erweiterungstatbestands (Fiktion des StStundungsmodells gem § 15 IIIa) einer Verlustverwertungsbeschränkung. 5

b) Verluste – Gewinnerzielungsabsicht. § 15b I–IIIa erfordern **„Verluste"** (dh: erwartende „negative Einkünfte"/"sofort abziehbare BA") und damit zum einen für die jew betriebl/private Einkunftsquelle (→ Rn. 4) grds die Absicht des StPfl, auf 6

Dauer gesehen, einen Gewinn oder Überschuss iSd ErtragStR zu erzielen (vgl zur **Gewinnerzielungsabsicht** § 15 III; *BMF* BStBl I 07, 542 Rn. 2; BFH VIII R 7/13, BStBl II 17, 700; BFH VIII R 16/18, BStBl II 21, 814 betr Bindungswirkung eines Feststellungsbescheids; fragl mE iZm § 8 II KStG), zum anderen, dass sich nach den jew einschlägigen Bestimmungen der (wiederum quellenbezogenen) **Einkünfteermittlung** des **Ertragsteuerrechts** ein negatives Ergebnis einstellt bzw einstellen soll (*BMF* BStBl I 07, 542 Rn. 4; grds glA BFH VIII R 29/15, BStBl II 19, 751, allerdings seien negative Zwischengewinne auszugrenzen; fragl). Zu Einzelheiten → Rn. 21. Zur Trennung einzelner Tätigkeiten → Rn. 21, 44.

8 **c) Steuerstundungsmodell und Einkunftsquelle.** Der normprägende Begriff des **Steuerstundungsmodells** wird in § 15b IV 5 missverständl mit „Gesellschaft/Gemeinschaft", in § 52 XXV 4 mit „Anteil an einem … Fonds" umschrieben. Ähnl auch ***BMF*** BStBl I 07, 542 Rn. 13 mit Bsp: „Einkunftsquelle ist die Beteiligung am jew StStundungsmodell", mit der weiteren Folge, dass nicht nur bei **gewerbl,** sondern auch bei **vermögensverwaltenden** Ges/Fonds **Einkünfte** verschiedener Einkunftsarten zu einer Einkunftsquelle (= StStundungsmodell) **zusammengefasst** werden sollen. Dies eröffnet zwar „interessante" Gestaltungsspielräume (zB *Naujok* DStR 07, 1601), ist jedoch **mE unzutr** (glA *KS/Seer* § 15b Rn. 48; s auch → 41. Aufl 2022, § 15b Rn. 2). Richtigerweise handelt es sich bei dem StStundungsmodell um die in § 15b II–IIIa legal definierten Konzepte/Gestaltungen zur Verlustvermittlung zu Beginn der Investition (zu den Tatbeständen → Rn. 21 ff, 40 ff), die, sofern der Anleger hiervon Gebrauch macht, *seine* gewerbl/private **Einkunftsquelle** iSv § 15b tatbestandl **kennzeichnen** – dh als gesetzl **Qualifikationsmerkmal** „einfärben" – und *seine* „Verluste (in den) Zusammenhang mit dem (…)Modell" iSv § 15b I 1 stellen. Demgemäß gibt es grds auch keinen Anhalt, iRv § 15b von der allg einkunftsquellenbezogenen Beurteilung abzurücken. Entspr gilt für den **mittelbaren Gester** bei mehrstöckigen PersGes (→ Rn. 22). Zur **Trennung** einzelner Tätigkeiten iR **§ 15b IIIa** → Rn. 21, 44.

9 **d) Anlegerbezogene Betrachtung.** Im Einklang mit den Erläut zu → Rn. 8 und dem Subjektsteuerprinzip (→ Rn. 22) ist ferner über das Vorliegen der Tatbestandsmerkmale ungeachtet des allg Adressatenkreises modellhafter Gestaltungen **individuell** – sei es für den **Einzelinvestor,** sei es für den einzelnen **Ges'ter**/MUer – zu entscheiden. Dem entspricht die von der Rspr (BFH IV R 7/16, BStBl II 19, 513) vertretene anleger-/ges'terbezogene Betrachtung bezügl des Beitritts gem § 52 XXV, der „Einkunftsquelle als Steuerstundungsmodell" einschl SonderBV sowie der Bindungswirkung des Feststellungsbescheids gem § 15b IV. GlA betr BFH VIII R 16/18, BStBl II 21, 814 betr Treugeber als Anleger. Zur Perspektive des Modellinitiators → Rn. 27.

11 **6. Verhältnis zu anderen Vorschriften. – a) Einfaches Recht. – aa) Allgemeines.** Vgl zur Geltung von § 15b iRd einzelnen **Einkunftsarten** → Rn. 3. Zum Ziel, die Inanspruchnahme steuerrechtl **Investitionsvergünstigungen** (erhöhte AfA etc) zu beschränken → Rn. 2.

12 **bb) Einzelregelung des EStG, KStG, GewStG.** IÜ steht § 15b iZm verschiedenen Normen des ErtragStR, zB mit: – ***(1)* § 2** (Einkunftserzielungsabsicht gem; → Rn. 6); – ***(2)* § 3a III 2 Nr 4, 5, 11b EStG** ggf iVm § 8c II, § 8d I 9, § 15 I 1 Nr 1, 1a KStG und § 7b GewStG → § 3 Rn. 55 ff); zu § 8c I 1 s *Haunhorst* DB 24, 2134: arg BFH IV R 27/21, DStR 24, 1291 zu § 15a; abl *Wacker* FR 24, 877; → § 15a Rn. 4; – ***(3)* § 4 III 4** (dazu → Rn. 40) – ***(4)* § 5a** s *BMF* BStBl I 07, 542 Rn. 31; – ***(5)* § 6e V** → Rn. 13 betr. § 42 AO; – ***(6)* § 10d:** Ausschluss gem § 15b I 1; – ***(7)* § 15 IV** *BMF* BStBl I 07, 542 Rn. 22: Vorrang von § 15b; str, → § 15 Rn. 904 mN. – ***(8)* § 15a:** verdrängt gem § 15b I 3; dazu BFH IV B 157/06, BFH/NV 08, 211; – ***(9)* § 32b I 3:** Ausschluss des negativen Progressionsvorbehalts (→ Rn. 40 einschl der früheren str Rechtslage; *BMF* BStBl I 07, 542 Rn. 24; → § 32b Rn. 18; → 41. Aufl 2022, § 15b Rn. 6); – ***(10)* Zur verbindl Auskunft** *HHR/Hallerbach* § 15b Rn. 20.

cc) § 42 AO einschl § 6e EStG. Nach BFH VIII R 7/13, BStBl II 17, 700 darf der Wertmaßstab der „spezialgesetzlichen Missbrauchsnorm" des § 15b bei Sachverhalten, die **nicht** den Tatbestand der Vorschrift erfüllen, **nicht** durch die extensive Anwendung des § 42 AO **unterlaufen** werden; § 42 II AO nF habe hieran nichts geändert. In der Linie dieses Verständnisses (verdrängende Wertung) hat BFH IV R 33/15, BStBl II 20, 645 ferner entschieden, dass nach Inkrafttreten des § 15b **Fondsetablierungskosten** bei modellhafter Gestaltung nicht mehr wie zuvor als AK der Zielfonds-Beteiligungen, sondern als sofort abzugsfähige BA anzuerkennen seien. Ähnl BFH VIII R 29/15, BStBl II 19, 751 mwN betr die Vorteile **unterschiedlicher Steuersätze** als immanente Folge der **Schedulenbesteuerung** iZm Verlusten aus **negativen Zwischengewinnen**). – **Kritik.** Abgesehen davon, dass die Rspr-Änd zu den Fondsetablierungskosten zweifelhaft war und durch § 6e nF rückwirkend überholt ist (iEinz → § 6e Rn. 2 mN; einschl § 6e V/Rückwirkung BMF DStR 26, 169; BFH IX R 13/24, DStR 25, 1994), lässt die Rspr zur Verdrängung des § 42 AO mE nicht nur den hybriden und nicht allein von Missbrauchserwägungen getragenen Zweck des § 15b (→ Rn. 2) außer Acht, sondern berücksichtigt zudem nicht hinreichend, dass nach der jüngeren Rspr des I. BFH-Senats selbst Einzelnormen zur Missbrauchsvermeidung gem § 42 I 3 iVm II AO „keine automatische Abschirmwirkung" entfalten (BFH I R 2/18, BStBl II 21, 580). Ebenso – **§ 42 AO nicht** durch § 15b **verdrängt** – BFH I R 8/19, IStR 24, 549; BFH I R 12–13/21; jew zu DBA-Schachtelprivilegien bei Bondstripping/Ausschüttung iVm Darlehensverzicht; BFH I R 3/21, DStRE 25, 610 zu § 8b X KStG. 13

b) Höherrangiges Recht. § 15b ist **verfgemäß.** Die Vorschrift genügt auch im Hinblick auf das durch Auslegung zu konkretisierende Tatbestandsmerkmal des StStundungsmodells dem rechtsstaatl **Bestimmtheitsgebot** (BFH VIII R 57/14, BStBl II 17, 1144; BFH IV R 59/10, BStBl II 14, 465; offen BFH I B 223/08, BFH/NV 09, 1437) und verletzt weder das Gebot der **Folgerichtigkeit** noch dasjenige der **Widerspruchsfreiheit** der Rechtsordnung, sondern begrenzt, soweit ihr Lenkungscharakter zukommt, in verfrechtl nicht zu beanstandender Weise die Reichweite staatl Investitionsförderung (zutr BFH IV R 7/16, BStBl II 19, 513 Rn. 2; offen bezügl „Gegensatz zu § 7g, § 7h und § 7i" aber BFH VIII R 16/18, BStBl II 21, 814). Auch der „**definitive Verlust** des § 15b-Verlusts" ist mit **Art 3 GG vereinbar** ist (zutr BFH IV R 6/22, BStBl II 25, 283: angemessen Typisierung iRd Normzwecke; dazu → Rn. 2; vgl zu § 10d BVerfG 2 BvL 19/14, DStR 25, 2000; zum früheren Streitstand → 44. Aufl 2025, § 15b Rn. 14). Zum verfrechtl **Vertrauensschutz** iRd Übergangsbestimmungen → Rn. 16. 14

7. Zeitliche Anwendung. – ***(a)*** Die durch das VerlustBeschrG (BGBl I 05, 3683) eingefügten Bestimmungen für **tatsächl StStundungsmodelle** (§ 15b I–III, IV: Grundtatbestand) sind nach § 52 XXV 1–4 (früher: Abs. 33a) ab **VZ 2005** mit **Stichtag 10.11.05,** die Ausdehnung des § 15b auf *sämtl* **KapEinkünfte** durch das JStG 2007 (BGBl I 06, 2878) in § 20 VII (früher § 20 IIb iVm § 52 XXXVIId iVm § 52 XXXIIIa aF) ist ab **VZ 2006** gleichfalls mit **Stichtag 10.11.05** sowie die durch das AIFM-StAnpG (BGBl I 13, 4318) beschlossenen Regeln zum **Erwerb von Umlaufvermögen** (§ 15 IIIa: Erweiterungstatbestand) sind nach § 52 XXV 5 ab **VZ 2013** mit Stichtag **28.11.13** anzuwenden. Während nach letzterer Vorschrift auf die Anschaffung, Herstellung oder Einlage des UV nach dem 28.11.13 abzustellen ist, **unterscheidet** § 52 XXV 1–4 zwischen der Beteiligung des Anlegers an **geschlossenen Fonds** (S 1–3) und den anderen StStundungsmodellen/**Einzelinvestitionen** (S 4). Vgl BFH IV R 17/13, BStBl II 16, 1003: S 4 „keine Auffangklausel". – ***(b)*** Kennzeichen des **geschlossenen Fonds** ist dessen Begründung mit einem festen Anlegerkreis, der nach der Zeichnungsphase/Platzierung des EK nicht erweitert wird; die Anteile sind praktisch nicht verkäufl, jedenfalls mangels relevantem Zweitmarkt nicht zu für den Anleger angemessenen Konditionen (BFH IV R 17/13, BStBl II 16, 1003). Die Frage des **Ges'ter-Beitritts** nach dem Stichtag (10.11.05, 16 s oben) ist bereits nach dem Gesetzeswortlaut (§ 52 XXV 1) individuell/anlegerbezogen zu entscheiden (allg → Rn. 9; BFH IV R 17/13, BStBl II 16, 1003: Investitionszeitpunkt ohne Bedeutung; zur Bindungswirkung eines Feststellungsbescheids gem § 15b IV 1 s BFH IV R 7/16, BStBl II 19, 513). Beitritt iSv § 52 XXV 1 ist die **rechtsverbindl Annahme** des Beitrittsangebots/Unterzeichnung des GesVertrags (iEinz BFH IV R 17/13, BStBl II 16, 1003; vgl auch BT-Drs 16/107, 8; zT **aA** *HHR/Hallerbach* § 15b Rn. 3; zu Anteilsübertragungen/Erwerb durch Treuhänder s *BMF* BStBl I 07, 542 Rn. 29 f). Dem Beitritt gleichgestellt ist in § 52 XXV 1 als *alternatives* Kriterium der **Beginn** des **Außenbetriebs** (nach dem Stichtag: 10.11.05), der seinerseits – mit Wirkung für alle Anleger – in § 52 XXV 2 durch den Zeitpunkt bestimmt wird, in dem die Voraussetzungen für die Veräußerung der konkret bestimmbaren Fondsanteile erfüllt sind und die Gesellschaft selbst oder über ein Vertriebsunternehmen (dazu *BH/Heuermann* § 15b Rn. 9a) mit Außenwirkung an den Markt herangetreten ist. Dem Beginn des Außenvertriebs werden schließl in § 52 XXV 3 die **Kapitalerhöhungsbeschlüsse** und – wiederum alternativ – die Reinvestition von Erlösen in **neue Projekte** gleichgestellt. Beide Tatbestände dehnen die Anwendbarkeit von § 15b zur Vermeidung von Umgehungen (BT-Drs 16/107, 8) auch auf bis zum allg Einführungsstichtag des § 15b (10.11.05) begründete „Alt"-Beteiligungen aus (iEinz *OFD SchlHol* DStR 11, 1570). – ***(c)*** **Außerhalb von Fondsbeteiligungen** ist gem § 52 XXV 4 darauf abzustellen, ob die **Einzelinvestition** nach dem Stichtag (10.11.05) „rechtsverbindl getätigt" (zB WG-Erwerb) wurde. – ***(d)*** Zur **Rechtsnachfolge** s *HHR/Hallerbach* § 15b Rn. 3. – ***(e)*** Die mit § 52 XXV verbundenen **unechten Rückwirkungen** sind mit Blick auf die gebotene Gesamtabwägung **verfgemäß** (vgl zu § 20 VII – früher § 20 IIb iVm § 52 XXXVIId iVm § 52 XXXIIIa aF – ausführl einschl Art 3 GG BFH VIII R 16/18, BStBl II 21, 814; zutr).

II. Steuerstundungsmodelle gem. § 15b I–III

20 Zunächst → Rn. 1, 2, 5 und 16 zur tatbestandl Zweiteilung des 15b in StStundungsmodelle/Grundtatbestand (§ 15b I–III; nachfolgend → Rn. 21 ff) und Erwerb von UV/Erweiterungstatbestand (§ 15b IIIa, nachfolgend → Rn. 40 ff) sowie den jeweiligen Anwendungszeitpunkten.

21 **1. Tatbestand. – a) Verluste des Steuerpflichtigen. – aa) Verlustbegriff – negative Einkünfte.** Der Begriff des Verlusts iSv § 15b I 1, II 2, III, IIIa ist zwar grds mit demjenigen der negativen Einkünfte iSv § 15b II 1, 3 identisch (zur Einkunftserzielungsabsicht → Rn. 6; zur Abweichung, wenn die § 15b-Einkunftsquelle im BV des StPfl gehalten wird, s *HHR/Hallerbach* § 15b Rn. 21). Die Verluste sind demgem nach den Vorschriften des ErtragStR iSv eines negativen Ergebnisses zu ermitteln (*BMF* BStBl I 07, 542 Rn. 4; BFH IV R 14/23, DB 26,228: einschl IAB gem § 7g; zutr); grds glA BFH VIII R 29/15, BStBl II 19, 751, allerdings seien negative Zwischengewinne auszugrenzen (fragl). Zu den zu berücksichtigenden **SonderBA/SonderWK** (zB Einlagefremdfinanzierung) → Rn. 27, 30, 35. – **Nicht** hierzu zählen indes Erlöse aus **rentabler Geldanlage** (BFH IV R 59/10, BStBl II 14, 465 Rn. 29 ff), die **StFreiheit**/StBegünstigung der **Einnahmen** zB bei Venture Capital/WP Fonds (BT-Drs. 16/107, 6; BT-Drs 16/254, 5; → § 18 Rn. 281; *BMF* BStBl I 07, 542 Rn. 12); anders jedoch bei Verlusten infolge der ggf teilw Nichtbesteuerung (glA *KS/Seer* § 15b Rn. 51). Zum Verwaltungsvertragsmodell s abl FG Mster EFG 20, 652 rkr; **aA** zR BFH X R 10/16, BStBl II 18, 630. – Zu beachten ist zudem, dass der Verlustbegriff iRv § 15b I–III in **unterschiedl Zusammenhängen** steht. Einerseits knüpfen die tatsächl StStundungsmodelle/Grundtatbestand an die *„(konzeptionelle) Möglichkeit* … der Verlustverrechnung … zumindest in der Anfangsphase der Investition" (§ 15b II 2) sowie die Nichtaufgriffsgrenze an die *„prognostizierten Verluste"* (§ 15b III) und damit an die (konzeptionell) zu **erwartenden Verluste** an. Angesichts

des Zwecks der Vorschrift, die Verlustverrechnung zu beschränken (vgl → Rn. 2), setzten andererseits jedoch sowohl der Grundtatbestand (vgl § 15b I 1) als auch dessen Erweiterung in § 15b IIIa betr den Erwerb von UV (→ Rn. 40 ff) zudem „Verluste" des „StPfl" voraus, die er – ggf bei interperiodischer Betrachtung – iZm der als StStundungsmodell gekennzeichneten Einkunftsquelle **tatsächlich erzielt** hat. Zum Auseinanderfallen der Beiträge → Rn. 35.

bb) Steuerpflichtiger. Zum persönl Anwendungsbereich zunächst → Rn. 4. 22
StPfl ist die Person (Rechtssubjekt), die die Einkünfte aus der als StStundungsmodell qualifizierten Einkunftsquelle als Anleger/Investor (dazu → Rn. 25 f.) erzielt (StSubjektprinzip; vgl → § 2 Rn. 2). Dies schließt nicht nur **mittelbare Ges'ter**/MUer (zB OberGes'ter doppelstöckiger PersGes; BT-Drs 16/107, 7; mE eigenständige Prüfung auf jeder Stufe; zT **aA** *BMF* BStBl I 07, 542 Rn. 21; → § 15 Rn. 622), sondern auch **Treugeber** bei ertragseuertrechtl anzuerkennenden Treuhandverhältnissen ein (BFH VIII R 16/18, BStBl II 21, 814 Rn. 15; → § 15 Rn. 295 ff). Für den StPfl sind sodann – anlegerbezogen (individuell) – die Einkünfte/Verluste nach den **allg Bestimmungen** des **ErtragStR** (quellenbezogene Einkunftserzielungsabsicht, Verlustermittlung einschl des SonderBV) zu ermitteln, auch dann, wenn die Einkunftsquelle gem. § 15b zum BV des StPfl gehört; dazu → Rn. 21). *Ausnahme* gem BFH VIII R 29/15, BStBl II 19, 751: betr negative Zwischengewinne; → Rn. 6, 13, 21). Zur mE unzutr **Zusammenfassung** unterschiedl **Einkunftsquellen** auf der Stufe der Ges/Fonds → Rn. 8; zur Binnensystematik der Vorschrift → Rn. 5 ff. Zur **unentgeltl Rechtsnachfolge** s *BMF* BStBl I 07, 542 Rn. 25: einkunftsquellenbezogener Verlustübergang einschl Statuserhalt (zutr; vgl auch → § 15a Rn. 168).

b) Begriff des Steuerstundungsmodells. – aa) Allgemeines. Der Begriff ist 23
in § 15b I 1 iVm II definiert. Danach liegt ein StStundungsmodell vor, wenn auf Grund einer **modellhaften Gestaltung** steuerl Vorteile in Form **negativer Einkünfte** erzielt werden **sollen** (§ 15b II 1). Dies wiederum ist der Fall, wenn dem StPfl auf Grund eines **vorgefertigten Konzepts** die **Möglichkeit geboten** werden soll, zumindest in der **Anfangsphase der Investition** Verluste mit übrigen Einkünften zu verrechnen (§ 15b II 2). Dabei ist es **ohne Belang,** auf welchen Vorschriften die negativen Einkünfte beruhen (§ 15b II 2). Zudem ist nach der **Nichtaufgriffsgrenze** des § 15b III die Regelung des § 15b I zur Verrechnungsbeschränkung für StStundungsmodelle nur anzuwenden, wenn innerhalb der Anfangsphase das Verhältnis der Summe der **prognostizierten Verluste** zur Höhe des gezeichneten und nach dem Konzept auch aufzubringenden **Kapitals** oder bei Einzelinvestoren des eingesetzten Eigenkapitals **10% übersteigt.** Die Voraussetzungen sind zwar „stets" zu beachten, ihr Vorliegen ist in Zweifelsfällen indes Gegenstand einer wertenden Gesamtbetrachtung der konkreten Umstände (zutr BFH VIII R 7/13, BStBl II 17, 700; vgl auch BT-Drs 16/107, 6 f; *KS/Seer* § 15b Rn. 36: Typusbegriff).

bb) Modellhafte Gestaltung. Die modellhafte Gestaltung (§ 15b II 1) ist nicht 24
an eine bestimmte Rechtsform gebunden, also insb nicht an das Vorliegen eines geschlossenen Fonds (→ Rn. 16), sondern erfasst zB auch Ein-Mann-/Treuhand-Konstruktionen (*KS/Seer* § 15b Rn. 42), den Erwerb von Investmentanteilen (BFH VIII R 29/15, BStBl II 19, 751 betr negative Zwischengewinne; dazu krit → Rn. 6, 13, 21; zu Organschaften s *HHR/Hallerbach* § 15b Rn. 31). Sie ist jedoch nach § 15b II 2 durch das Merkmal des vorgefertigten Konzepts gekennzeichnet. Zu Einzelfällen (einschl Bauträgermodelle/Sanierungs-/Denkmalfonds) → Rn. 31.

(1) Konzept. Nach der Rspr (zB BFH IV R 59/10, BStBl II 14, 465; BFH 25
VIII R 7/13, BStBl II 17, 700; BFH VIII R 10/19, BStBl II 23, 817; BFH VIII R 16/18, BStBl II 21, 814) erfordert der Konzeptbegriff – über die bloße Investitionsplanung hinaus – die von einem Anbieter/Initiator **abstrakt entwickelte** Investitionskonzeption, die für **Interessierte** am Markt zur Verfügung steht („Investitionsmuster") und auf die der Investor/Anleger **„nur"** noch **zugreifen** muss. Eine

modellhafte Gestaltung ist demgemäß zu **verneinen,** wenn – ggf unter Rückgriff auf eine in Fachkreisen **bekannte Gestaltungsidee** – der Investor/Anleger eine von ihm **selbst** oder dem in seinem Auftrag – *nicht* aber im Auftrag eines Anbieters/Initiators (vgl *KS/Seer* § 15b Rn. 39: Initiator als einer der Anleger) – tätigen Berater entwickelte oder modifizierte *und* individuell angepasste Investition umsetzt. Auch wenn Letzteres im Einzelfall Abgrenzungs-/Übergangsfragen aufwerfen kann, zielt das Konzept iSv § 15b II 2 typischerweise auf den „passiven" Kapitalanleger ohne Geschäftsführungseinfluss (*BMF* BStBl I 07, 542 Rn. 7; zust BFH IV R 59/10, BStBl II 14, 465), der nicht selten auf ein Bündel von Haupt- und Nebenleistungen zugreift; bestehen insoweit Wahlmöglichkeiten, ist die konzeptionelle Modellhaftigkeit für jede einzelne Variante eigenständig zu prüfen (iEinz – einschl der Indizwirkung gleichgerichteter Leistungsbeziehungen – *BMF* BStBl I 07, 542 Rn. 8 ff mit Bsp zum Bauträgererwerb). Gleiches gilt für den **Einzelinvestor** (BFH X R 10/16, BStBl II 18, 630). Zum **Initiator als Anleger** → Rn. 26.

26 **(2) „Vorgefertigtes" Konzept.** Auch dies ist **anlegerbezogen zu prüfen** (allg → Rn. 9), dh das modellhafte Konzept (→ Rn. 25; zu Einzelfälle → Rn. 31) muss vor der eigentl Investitionsentscheidung des jew Anlegers festgelegt worden; dies ist auch im Gründungsjahr zu beachten (BFH IV R 13/23, BeckRS 2025, 37192). Nach BFH IV R 14/23 DB 26, 228 fällt ein **GründungsGes'ter (Initiatior)** nicht unter § 15b, wenn er das „vorgefertige Konzept" wesentl mitbestimmt hat (fragl). Ist Teil des Konzeptes die Gründung einer Gesellschaft, gilt dies nach der Rspr sowohl für den „Geschäftsgegenstand der Gesellschaft" als auch bezogen auf ihre „Konstruktion" (zB BFH IV R 7/16, BStBl II 19, 513; BFH IV R 14/23 DB 26, 228; zur Einzelfallabwägung bei fremdfinanzierten Inhaberschuldverschreibungen/Asset Linked Notes vern BFH VIII R 7/13, BStBl II 17, 700; BFH VIII R 10/19, BStBl II 23, 817; glA nunmehr *OFD Ffm* DB 24, 2135).

27 **cc) Möglichkeit zur Verlustverrechnung in der Anfangsphase.** Erforderl ist die **Ausrichtung** des vorgefertigten Konzepts auf die Verrechnung von **Verlusten** mit anderen Einkünften (§ 15b II 2). Ausgeschlossen ist damit zwar die Vermittlung steuerl Vorteile anderer Art (zB bloße Erlöse aus rentabler Geldanlage, StFreiheit der Einnahmen; Prospektauslegung → Rn. 21; BFH IV R 59/10, BStBl II 14, 465 Rn. 29 ff). Zu den Verlusten gehören aber alle negativen Einkünfte des ErtragStR **ungeachtet** dessen, auf **welchen Vorschriften** sie beruhen (§ 15b II 3). Abzustellen ist insoweit nicht auf die tatsächl Verluste des StPfl, sondern auf die konzeptionell erwarteten Verluste (BFH IV R 59/10, BStBl II 14, 465; vgl auch → Rn. 21). Aus der Gesetzesformulierung (§ 15b II 2), dass dem StPfl die „Möglichkeit" der Verlustverrechnung „geboten werden soll", hat BFH IV R 50/10 (BStBl II 14, 465) ferner abgeleitet, dass insoweit auf die **Perspektive** des **Anbieters** abzustellen sei, deshalb das Erzielen von **Verlusten weder** im **Vordergrund** stehen **noch beworben** werden, dem **Anleger nicht bekannt** und das Konzept/Modell auch **nicht Auslöser** seiner Investitionsentscheidung sein müsse (zust BFH X R 10/16, BStBl II 18, 630). Dies ist zwar grds zutr, jedoch wird hierdurch die Anlegerperspektive nicht ausgeblendet, sondern in diejenige des Initiators aufgenommen/integriert, weil das Konzept iSv § 15 II 2 auch auf den Verlustverrechnungsvorteil des „StPfl" gerichtet sein muss und hierauf zugleich der Konzepterfolg beruht (ähnl BFH X R 10/16, BStBl II 18, 630). Nur dies erklärt, dass iR der auch insoweit gebotenen anlegerbezogenen Sicht (→ Rn. 9) bei Fondsgestaltungen die **SonderBA/SonderWK** des Anlegers zu berücksichtigen sind (ausführl BFH IV R 6/22, BStBl II 25, 283; zu § 15b III → Rn. 30). Die **Anfangsphase** ist der Zeitraum, in dem konzeptionell keine nachhaltig positiven Einkünfte, sondern Verluste erzielt werden; sie endet demgemäß nicht bereits mit dem Abschluss der Investition, sondern erst ab dem VZ, ab dem (konzeptionell) dauerhaft und nachhaltig positive Einkünfte erzielt werden (BT-Drs 16/107, 6; *BMF* BStBl I 07, 542 Rn. 15; BFH IV R 59/10, BStBl II 14, 465; BFH VIII R 16/18, BStBl II 21, 814).

c) Nichtaufgriffsgrenze (§ 15b III). Trotz Vorliegen eines StStundungsmodells iSv § 15b II sind nach der Nichtaufgriffsgrenze (Bagatellregelung) des § 15b III die Verlustbeschränkungen gem § 15b I nur anzuwenden, wenn innerhalb der Anfangsphase das Verhältnis der Summe der prognostizierten Verluste zur Höhe des gezeichneten und nach dem Konzept auch aufzubringenden Kapitals oder bei Einzelinvestoren des eingesetzten Eigenkapitals 10% übersteigt. Wird diese Quote überschritten und liegen die Voraussetzungen des § 15b II vor, so sind die gesamten tatsächl Verluste des StPfl nach § 15b I verwertungsbeschränkt (str; → Rn. 35). Zur **Anfangsphase** → Rn. 27. Abzustellen ist nicht auf die tatsächl Verluste, sondern die nach der Modellkonzeption realitätsgerecht zu **prognostizierenden Verluste** (Ex-ante-Betrachtung). Unrichtige Modellprognosen sind im Schätzwege zu korrigieren (*BMF* BStBl I 07, 542 Rn. 16; zutr; zu SonderBA/-WK s unten). – Das Gesetz stellt im Fall einer **Mehrheit von Anlegern** (Ges, Fonds etc) für die **Kapitalvergleichsgröße** nicht nur auf das gezeichnete Kapital (rechtl geschuldete Einlage), sondern zur Vermeidung von Umgehungen auf das hiervon uU zu unterscheidende aufzubringende Kapital (in der Anfangsphase zu zahlenden Einlage) ab (vgl zu den Begriffen auch *BeBiKo* § 272 HGB Rn. 10). Letzteres umfasst auch Teilzahlungen und Nachschüsse in der Anfangsphase; hiervon zu kürzen sind indes EK-Rückzahlungen (Ausschüttungen), soweit sie die plangerechten Liquiditätsüberschüsse übersteigen (*BMF* BStBl I 07, 542 Rn. 17). Nicht Teil des EK ist das Fremdkapital der Ges (Fonds). Ebenso nicht das konzeptionell in das Anlageinvestment einbezogene **Darlehen** der **Ges'ter**/Gemeinschafter (negatives SonderBV/Sondervermögen). Demgem sind auch die auf eine (konzeptionelle) Einlagefremdfinanzierung entfallenden **Zinsen** als **SonderBA/-WK** (→ Rn. 27) in die Verlustverhältnisprognose einzubeziehen (*BMF* BStBl I 07, 542 Rn. 18 mit Bsp). – Das für den **Einzelinvestor** maßgebl (dh iRd Modells) „eingesetzte" EK ist das vom StPfl in der Anfangsphase tatsächl aufgebrachte EK (*BH/Heuermann* § 15b Rn. 35; iErg glA *KS/Seer* § 15b Rn. 59). 30

d) Beispiele für StStundungsmodelle. *Leasing-KG* (vern BFH IV R 59/10, BStBl II 14, 465: keine Anfangsverluste/attraktive Geldanlage; → Rn. 27); *Containerschiffsfonds* (BFH IV R 33/15, BStBl II 20, 645; zu Fondsetablierungskosten → Rn. 13); *Verwaltungsvertragsmodell/Blockheizkraftwerk/Anlegerbetrug* (grds bej BFH X R 10/16, BStBl II 18, 630: Einzelfallprüfung); *Biogasanlage* (BFH IV R 7/16, BStBl II 19, 513: Einzelfallprüfung); *Biodieselwerk* (bej BFH IV R 6/22, BStBl II 25, 283); *Windanlagefonds/Energieerzeugung* (*FM SchlH* DStR 11, 1570); *Photovoltaikanlagen* (*LfSt Bay* BeckVerw 288450); *fremdfinanzierte Inhaberschuldverschreibungen/„Asset Linked Notes"* (vern BFH VIII R 7/13, BStBl II 17, 700; BFH VIII R 10/19, BStBl II 23, 817; *OFD Ffm* DB 24, 2135; bej BFH VIII R 16/18, BStBl II 21, 814; → Rn. 26); *negative Zwischengewinne* (BFH VIII R 29/15, BStBl II 19, 751: keine Verluste iSv § 15b; krit → Rn. 6, 13, 21); *Sicherheits-Kompakt-Rente* (BFH VIII R 7/15, BStBl II 19, 231; → § 20 Rn. 250); *Bauträgermodelle/Sanierungs-/Denkmalfonds* (*BMF* BStBl I 07, 542 Rn. 8 ff: bej bei „Bereitstellung eines Bündels von Haupt- und Nebenleistungen"; *BMF* DStR 08, 561; s auch BT-Drs 16/254, 5 f; *Häuselmann* Investmentanteile Kap 10 Rn. 42); zu *SICAV Lux/Bondstripping/DBA-Schachtelprivileg* (BFH I R 8/19, IStR 24, 549: § 42 AO nicht durch § 15b verdrängt). 31

2. Rechtsfolgen. § 15b I 1–3 enthält für Verluste iZm einem StStundungsmodell das **Verbot** des innerperiodischen **Verlustausgleichs** (§ 2 III) und des interperiodischen **Verlustabzugs** (§ 10d) sowie das **Gebot** der einkunftsquellenbezogenen und ggü § 15a vorrangigen **Verlustverrechnung** in den folgenden Wj. Dh („mindern"): kein WahlR, sondern zwingende Verrechnung, kein Verrechnungsrücktrag. Zum Verhältnis von Einkunftsquelle und dem Qualifikationsmerkmal des StStundungsmodells → Rn. 8. Zur Einkunftsquelle mehrstöckiger und vermögensverwaltender PersGes → Rn. 22. – Gemeint sind hiermit die **tatsächlich** aus der betroffenen Einkunftsquelle erzielten **Verluste,** nicht hingegen die für die Entscheidung über das Vorliegen eines StStundungsmodells iSv § 15b II und III maßgebl – „erwar- 35 teten“ Verluste (dazu → Rn. 21). Hierzu gehören demnach **nicht nur modellhafte** Verluste innerhalb der Anfangsphase, sondern auch alle sonstigen Verluste einschl **SonderBA/SonderWK** (dazu → Rn. 27, 30). Soweit für nach der Modellkonzeption nicht vorhergesehene – dh **„ungeplante“** – Verluste anderes vertreten wird (*KS/Seer* § 15b Rn. 53a), ist dem nicht zu folgen (glA *BMF* BStBl I 07, 542 Rn. 19). – Zum Übergang des verrechenbaren Verlusts bei **unentgeltlicher Rechtsnachfolge** → Rn. 22; *BMF* BStBl I 07, 542 Rn. 25. – Die gem § 15b IV festgestellten verrechenbaren Verluste mindern mE nicht nur die **laufenden** positiven **Einkünfte** aus der näml Einkunftsquelle, sondern auch den stbaren/stpfl Gewinn aus der **Veräußerung**/Aufgabe der Einkunftsquelle/Beteiligung. Zu beiden Verrechnungsbereichen gehören – abw zu § 15a (→ § 15a Rn. 61 ff) – auch die Einkünfte aus dem **SonderBV**/Sondervermögen des StPfl. Ein **Wechsel** der **Einkunftsart** bezogen auf die näml Einkunftsquelle (zB zunächst § 15, nach Entnahme § 21) hindert die Verlustverrechnung nicht (BT-Drs 16/107, 6). Zur Frage der Verfmäßigkeit eines **definitiven Verlusts** des § 15b-Verlusts → Rn. 14.

III. Erwerb von Umlaufvermögen, § 15b IIIa iVm I

40 **1. Inhalt, Anlass und Kontext der Regelung.** Die durch das **AIFM-StAnpG** (BGBl I 13, 4318) geschaffene **Erweiterung** des § 15b IIIa fingiert *„unabhängig von den Voraussetzungen nach den Absätzen 2 und 3“* das Vorliegen eines StStundungsmodells iSv § 15b I *„insbesondere“*, wenn ein Verlust aus Gewerbebetrieb entsteht oder sich erhöht, indem ein StPfl, der nicht auf Grund gesetzl Vorschriften verpflichtet ist, Bücher zu führen und regelmäßig Abschlüsse zu machen, auf Grund des **Erwerbs von WG des Umlaufvermögens** *„sofort abziehbare BA tätigt“*, wenn diese WG **ohne körperliche Übergabe** durch Besitzkonstitut nach § 930 BGB oder durch Abtretung des Herausgabeanspruchs nach § 931 BGB übereignet werden. – **Anlass** der Regelung waren die sog **„Gold-/Goldfingergestaltungen“**, die nicht nur auf einen vorgezogenen BA-Abzug zielten, sondern sich den Umstand zunutze machten/machen wollten, dass DBA-rechtl **freigestellte ausl Betriebsstätten-Einkünfte** zB aus dem MUerAnteil an einer ausl/ggf gewerbl geprägten PersGes, zu deren UV nicht physisch erworbenes Edelmetall/Gold (UV) gehörte, bei StPfl in der höchsten Progressionsstufe zwar im Falle eines Verlusts aufgrund des negativen Progressionsvorbehalts den **ESt-Satz** für ihre **inl Einkünfte mindern** – Erwerbsjahr des UV –, **nicht** jedoch – im Veräußerungsjahr des UV/Gewinnjahr – iRd positiven Progressionsvorbehalts (weiter) **erhöhen können** (§ 32b I 1 Nr 3 iVm § 32b I 2 und II) mit der Folge, dass die inl Einkünfte (des Erwerbsjahrs) ganz/zT endgültig nicht der ESt unterlagen (iEinz → § 32b Rn. 42: „double dip“; zur Verbreitung zB *Mann ua* DStR 15, 1425). *Zweifelhaft* war insoweit nicht nur, ob die Gestaltungen überhaupt zu den StStundungsmodellen iSv § 15b II und III gehören (vern zB SächsFG DStR 12, 2053 bekannte Gestaltung; offen BR-Drs 740/13, 78; vgl → Rn. 25), sondern auch, ob die Verwertungsschranke des § 15b iRd Progressionsvorbehalts zu beachten ist (bej *BMF* BStBl I 07, 542 Rn. 24; NdsFG EFG 16, 473; zum Streitstand vgl → § 32b Rn. 18; s auch → § 15a Rn. 138, 136). – Demgem erfasst der Erweiterungstatbestand des § 15b III mit dem Ziel der „Gleichbehandlung in- und ausl (Gestaltungen)“ (BR-Drs, 740/13, 78) zum einen Verluste aus nicht physischem UV-Erwerb bei **im Inland** stpfl Einkünften (§ 52 XXV 5: Erwerb, Anschaffung, Einlage nach dem **28.11.13**); zum anderen über die gleichfalls durch das AIFM-StAnpG (BGBl I 13, 4318) eingefügte Ergänzung des **§ 32b I 3** („sinngemäße Anwendung“) auch den **Progressionsvorbehalt** bei DBA-rechtl Freistellung der ausl Betriebsstätten-Einkünfte (§ 52 XXXIII 2: **rückwirkend;** BR-Drs 740/13, 80 „klarstellend“; fragl, → 39. Aufl 2020, § 32b Rn. 18). – Im **Kontext** hierzu stehen die **speziellen Verbote** eines sofortigen BA-Abzugs in **§ 4 III 4** idF StEindämmG (BGBl I 2006, 1095) betr „Wertpapiere und ähnl nicht verbriefte Forderungen/Rechte“ (→ § 4 Rn. 410; BR-Drs 937/05, 8) sowie weitergehend für Zwecke des Progressionsvorbehalts in

§ 32b II Nr 2 S 2 Buchst c (idF AmtshilfeRLUmsG, BGBl I 13, 1809) betr *alle* Formen des Erwerbs von UV nach dem **28.2.13** (§ 52 XXXIII 1). Demgemäß dürfte § 32b I 3 (rückwirkend; zur Verfmäßigkeit s oben) iRd Progressionsvorbehalts nur für die zeitl *nicht* von § 32b II Nr 2 S 2 Buchst c erfassten Altfälle (s oben) von Bedeutung sein (glA *KS/Seer* § 15 Rn. 62).

2. Tatbestand. – a) Nicht physischer Erwerb von Umlaufvermögen. Zum Begriff des **Umlaufvermögens** (Bestimmung des WG zum Verbrauch/zur Veräußerung; zB Edelmetalle, Container, Holz) → § 6 Rn. 348 ff (einschr *HHR/Hallerbach* § 15b Rn. 51: Verbrauch für § 15b ohne Bedeutung). § 15b IIIa regelt ausdrückl den nicht physischen Erwerb des UV durch Besitzkonstitut (§ 930 BGB) und Abtretung des Herausgabeanspruchs (§ 931 BGB). Str deshalb, ob auch der Geheißerwerb (dazu *Grüneberg* § 929 BGB Rn. 19; abl zB *BH/Heuermann* § 15b Rn. 43) sowie der Erwerb gem ausl ZivilR § 15b unterfällt. ME ist beides nach Wortlaut, Sinn u Zweck der Norm zu bej, da sie („insbesondere") die betroffenen Erwerbsformen ohne unmittelbare Besitzerlangung nur beispielhaft benennt; demgemäß bedarf es auch keiner Analogie. 42

b) Keine Buchführungspflicht – Sofortiger BA-Abzug. § 15b IIIa ist nicht nur dann ausgeschlossen, wenn für die betriebl Einkünfte (zu Edelmetallhandel → § 15 Rn. 91; zur Gewinnerzielungsabsicht → Rn. 6) des StPfl (Einzelunternehmer, MUer, Beteiligung an Zebra-Ges) und damit auch für den Geschäftsvorfall des UV-Erwerbs (→ Rn. 42) eine gesetzl Buchführungs-/Bilanzierungspflicht besteht s dazu einschl ausl Verpflichtungen → § 5 Rn. 12 ff). Gleiches gilt, wenn eine Überschussgewinnermittlung gem § 4 III aufgrund tatsächl/freiwilliger inl/ausl Buchführung ausscheidet (dazu → § 4 Rn. 371). – Ferner steht iRv § 4 III dem BA-Sofortabzug die Sonderbestimmung des § 4 III 4 betr „Wertpapiere und ähnl nicht verbriefte Forderungen/Rechte" entgegen (→ Rn. 40); nicht hierher gehören jedoch die mittels Besitzkonstitut gehandelten Edelmetalle (BFH IV R 10/14, BStBl II 17, 466; BFH IV R 50/14, BStBl II 17, 456; § 4 Rn. 410). Zur weitergehenden Korrektur iRd Progressionsvorbehalts (§ 32b II Nr 2 S 2 Buchst c) → Rn. 40. 43

3. Verlust aus Gewerbetrieb – keine Geltung von § 15b II, III. Der sofortige BA-Abzug für den Erwerb des UV muss zu einem **betrieblichen Verlust** führen (§ 15b IIIa 1; „indem … tätigt"). Maßgebl hierfür ist – trotz der nicht eindeutigen Formulierung das tatsächl Ergebnis der steuerrechtl Gewinnermittlung gem § 4 III; ausreichend hierfür dürfte der Verlust *eines* Wj sein. Nicht maßgebl sind hingegen die Tatbestandsvoraussetzungen des § 15b II/III, also zB, ob die Einkünfte auf einem vorgefertigten Konzept mit Verlustprognose beruhen oder eine Bagatellgrenze überschritten wird. Fragl ist insb angesichts der weitergehenden Fassung von § 32b II Nr 2 S 2 Buchst c allerdings, ob iRd einheitl Gewerbebetriebs einer PersGes der Umschlag (Erwerb/Veräußerung) von UV iSv § 15b zur Verlustbestimmung zu isolieren (vgl zu § 15b II, III; → Rn. 8, 21 f) oder nach Abfärbegrundsätzen (§ 15 III Nr 1) mit anderen Einkunftsquellen/Tätigkeiten des Gewerbebetriebs zusammenzufassen ist (vgl → § 15 Rn. 185 f). Zu Einzelunternehmern s *HHR/Hallerbach* § 15b Rn. 51 (Trennung; dazu → § 15 Rn. 125). 44

4. Rechtsfolgen. Sie bestehen in der Fiktion eines StStundungsmodells iSv § 15b I, dh – unabhängig von § 15b II, III – einer durch § 15b IIIa iVm I eingefärbten Einkunftsquelle (→ Rn. 8) mit der Folge des Verlustausgleichs- und Verwertungsverbots und dem Zwang zur Verlustverrechnung sowohl für den StPfl als auch dessen unentgeltl Rechtsnachfolger (vgl → Rn. 35). Zur Isolierung des § 15b-Umsatzes bei PersGes-Anteilen → Rn. 44. Zu § 32b II Nr 2 S 2 Buchst c → Rn. 40, 44. Die Fiktion des Ersatztatbestands schließt selbstverständl – wenn auch für UV-Erwerbe nach 28.11.13 grds ohne praktische Bedeutung (anders bei Altfällen; → Rn. 40) – nicht aus, dass zugleich die Voraussetzungen des StStundungsmodells erfüllt werden; auch 46 entfaltet § 15 IIIa – bei Nichterfüllung seiner Merkmale – keine verdrängende Sperrwirkung ggü § 15b II, III.

IV. Feststellungsverfahren, § 15b IV

50 **1. Allgemeines.** Gegenstand der jährl auf das Ende des Kj/Wj von Amts wegen durchzuführenden gesonderten Feststellung sind die **nicht ausgleichsfähigen Verluste,** für die wiederum von der (Feststellung) des *verrechenbaren Verlusts* zum Ende des Vorjahres (= bindender Grundlagenbescheid iSv § 182 I iVm § 179 AO) auszugehen ist mit der Folge, dass nur der jeweilige jährl Änderungsbetrag angefochten werden kann (§ 15b IV 1–3 EStG; § 351 AO; vgl auch verfahrensrechtl Parallelregelung in § 15a IV; zur Beschwer bei erstmaligem Antrag s BFH IV R 9/22, DStRE 25, 48. Die sprachl Differenzierung („ausgleichsfähig"/„verrechenbar") zielt erkennbar darauf, den ausgleichsfähigen Verlust (S 1) aus dem bindend festgestellten verrechenbaren Verlust des Vorjahrs abzuleiten, dh um die nicht ausgleichsfähigen Verluste des lfd Jahres zu erhöhen oder ggf um die mit positiven Einkünften verrechneten Verluste zu mindern (iErg ebenso BFH VIII R 74/13, BStBl II 16, 388). Bescheidadressat ist durchgängig der StPfl (→ Rn. 22; BFH VIII R 16/18, BStBl II 21, 814 betr Treugeber). Das Verfahren ist auch dann durchzuführen, wenn nicht ausgeschlossen werden kann, dass eine Einkunftsquelle des StPfl als StStundungsmodell iSv § 15b II–IIIa zu qualifizieren ist; ggf ist ein **negativer Feststellungsbescheid** zu erlassen (BFH X R 10/16, BStBl II 18, 630). Obgleich in die der Bestandskraft zugängliche „Regelung" (vgl § 118 AO) des Feststellungsbescheids nur die Höhe des einer bestimmten Einkunftsquelle zuzuordnenden ausgleichsfähigen Verlusts eingeht, entfaltet auch die Beurteilung der hierfür **vorgreiflichen Umstände**/Wertungen – zB Vorliegen eines StStundungsmodells Bindungswirkung für die Folgejahre (zutr BFH IV R 7/16, BStBl II 19, 513; BFH VIII R 10/19, BStBl II 23, 817; dazu allg BFH VIII R 11/02, BStBl II 06, 253; **aA** uU BFH IV R 6/22, BStBl II 25, 283: jährl Tatbestandsprüfung). Werden die iRd § 15b-Feststellungsbescheids als StStundungsmodell zu qualifizierenden Einkünfte **nicht** gesondert gem § 180 I 1 Nr 2 AO festgestellt (→ Rn. 52), umfasst diese für die § 15b IV-Feststellung vorgreifl Prüfung auch die quellenbezogene Einkunftserzielungsabsicht des StPfl (dazu → Rn. 6, 21, 44). Anders ist dies hingegen nicht nur in Fällen **gemeinschaftlicher Einkunftserzielung** (→ Rn. 51, 52), sondern auch dann, wenn der für eine **gewerbl Einzelinvestition** zu treffenden § 15b-Feststellung (dazu zB BFH VIII R 46/14, BFH/NV 18, 199) ein Feststellungsbescheid gem § 180 I 1 Nr 2b iVm § 18 I Nr 2 AO zugrunde liegt, dem im Umfang seiner Feststellungen (Einkünfte einschl der einkunftsquellenbezogenen BA/WK des StPfl) iRd gleichfalls vom BetriebsFA (§ 15b IV 4 Hs 2; → Rn. 53) zu treffenden § 15b-Feststellungen Bindungswirkung zukommt. Letzteres gilt ebenso, wenn die **luf/selbständigen Einkünfte** eines Alleinanlegers gem § 180 I 1 Nr 2b AO gesondert festgestellt werden (zur Zuständigkeit für den § 15b-Bescheid → Rn. 53).

51 **2. Gesellschaften – Gemeinschaften.** Betreffen die Merkmale des StStundungsmodell iSv § 15b II–IIIa (dazu → Rn. 8) die von mehreren StPfl als Ges'ter zB eines Fonds/PersGes gemeinschaftl erzielten Einkünfte und werden diese nach § 180 I 1 Nr 2a AO (ggü den StPfl) gesondert und einheitl festgestellt, so können nach § 15b IV 5 die § 15b-Feststellungen mit dem § 180 I 1 Nr 2a AO-Bescheid verbunden werden. Das hat zur Folge, dass dann (nur dann) auch die Feststellungen gem § 15b IV nicht nur gesondert, sondern einheitl ggü allen Feststellungsbeteiligten (Ges'tern) zu treffen sind. Trotz dieser **Verbindung** bleiben die Feststellungen („Regelungen" iSv § 118 AO) einerseits **materiell-rechtl eigenständig** und damit auch selbständig anfechtbar; andererseits ist der Feststellungsbescheid gem § 180 I 1 Nr 2a AO bindender Grundlagenbescheid für die § 15b-Feststellungen. Dies betrifft insbes die Frage, ob und in welcher Höhe der einzelne StPfl/Ges'ter/Gemeinschafter

Einkünfte iZm seiner Beteiligung (einschl der SonderBA/SonderWK) erzielt. – Kommt es zur **Umqualifikation** der iZm dem StStundungsmodell erzielten Einkünfte (**„Zebra-Gesellschaft"**; zB ein Ges'ter = Person/KapGes hält die Beteiligung an § 15b-VuV-PersGes im BV), entfällt die Bindungswirkung mit der Folge, dass *insoweit* auch über die der Verlustfeststellung gem § 15b vorgreifl Umstände (Einkünfte des StPfl) im § 15b-Bescheid zu entscheiden ist (vgl zweifelnd → 41. Aufl 2022, § 15b Rn. 21). Gegen die mit dem 180 I 1 Nr 2a AO-Bescheid verbundenen § 15b-Feststellungen ist neben dem/den betroffenen **StPfl** auch die **Ges** (zB KG) selbst **einspruchs-/klagebefugt;** ggf bedarf es der (notwendigen) Hinzuziehung/Beiladung (§ 352 Nr. 1, 5, § 360 III AO; § 48 I Nr 1, 5, § 60 III FGO; BFH IV R 2/16, BStBl II 19, 526; BFH IV R 7/16, BStBl II 19, 513). Zur **Klagebefugnis** des Treugebers s BFH VIII R 16/18, BStBl II 21, 814.

3. Bindungswirkungen. Zur Bindung gem **§ 15b IV 2** betr die Vorjahresfeststellung → Rn. 50. – Die Bescheide gem **§ 180 I 1 Nr 2a AO** zu den Einkünften der Beteiligten (Ges'ter) aus der **gemeinschaftl Einkunftsquelle** sind Grundlagenbescheide iSv § 182 AO für die hieran zwingend anknüpfenden Feststellungen betr die nicht ausgleichsfähigen Verluste des Ges'ters zum Ende des Wj aus der Einkunftsquelle iSv § 15b (→ Rn. 51). Da letztere Feststellungen wiederum die ausgleichsfähigen Verluste des Ges'ters vermindern, ist der § 15b-Bescheid zugleich Grundlagenbescheid für die Feststellungen gem § 180 I 1 Nr 2a AO. Mit anderen Worten: beide Bescheide stehen *wechselseitig* im Verhältnis von Grundlagen- zu Folgebescheid (vgl betr § 15a BFH IV R 31, 32 BStBl II 07, 687; → § 15a Rn. 121; offen aber BFH VIII R 10/19, BStBl II 23, 817 zu § 15b). – Gleiches muss gelten, wenn die betriebl Einkünfte eines **Einzelinvestors** als StStundungsmodell zu qualifizieren und hierfür gesonderte Feststellungen gem § 180 I 1 Nr 2b AO zu treffen sind (→ Rn. 50). **Keine** Bindung kann hingegen bestehen, wenn ein Feststellungsverfahren nicht durchzuführen ist (zB für die Überschusseinkünfte eines Einzelinvestors; *KS/Seer* § 15b Rn. 64); ebenso nicht, *soweit* die Einkünfte der Ges'ter als anteilige Überschusseinkünfte festgestellt, auf der individuellen Stufe des Ges'ters aber in betriebl Einkünfte umqualifiziert werden (Zebra-Ges; dazu bereits → Rn. 51). – Die Feststellungsbescheide gem § 180 I 1 Nr 2 AO und gem § 15b IV sind schließl iRd Festsetzung von **ESt/KSt** als Grundlagenbescheide zu qualifizieren (zur GewSt → Rn. 4). 52

4. Zuständigkeiten. Werden die **gemeinschaftl** (betriebl oder privaten) Einkünfte gem § 180 I 1 Nr 2a AO gesondert und einheitl festgestellt, umfasst die Zuständigkeit gem § 18 AO auch die § 15b-Feststellungen (§ 15b IV 4 Hs 1; zur Verfahrensverbindung → Rn. 51). Dementspr sind letztere Feststellungen zu § 15b – unabhängig von den Voraussetzungen des § 180 I 1 Nr 2b AO – für den **gewerbl Einzelinvestor** vom BetriebsFA (§ 18 I Nr 2 AO iVm § 15b IV 4 Hs 2) und mE iRd entspr Anwendung gem § 13 V, § 18 IV für **luf/selbständige** Einkünfte von den in § 18 I Nr 1 und 3 bestimmten FA gesondert festzustellen. Für den Einzelinvestor mit **Überschusseinkünften** gilt mE hingegen die Ersatzzuständigkeit gem § 24 AO (glA *KS/Seer* § 15b Rn. 64). 53

§ 16 Veräußerung des Betriebs

(1) [1]**Zu den Einkünften aus Gewerbebetrieb gehören auch Gewinne, die erzielt werden bei der Veräußerung**

1. **des ganzen Gewerbebetriebs oder eines Teilbetriebs. [2]Als Teilbetrieb gilt auch die das gesamte Nennkapital umfassende Beteiligung an einer Kapitalgesellschaft; im Fall der Auflösung der Kapitalgesellschaft ist § 17 Absatz 4 Satz 3 sinngemäß anzuwenden;**

2. des gesamten Anteils eines Gesellschafters, der als Unternehmer (Mitunternehmer) des Betriebs anzusehen ist (§ 15 Absatz 1 Satz 1 Nummer 2);
3. des gesamten Anteils eines persönlich haftenden Gesellschafters einer Kommanditgesellschaft auf Aktien (§ 15 Absatz 1 Satz 1 Nummer 3).

[2]Gewinne, die bei der Veräußerung eines Teils eines Anteils im Sinne von Satz 1 Nummer 2 oder 3 erzielt werden, sind laufende Gewinne.

(2) [1]Veräußerungsgewinn im Sinne des Absatzes 1 ist der Betrag, um den der Veräußerungspreis nach Abzug der Veräußerungskosten den Wert des Betriebsvermögens (Absatz 1 Satz 1 Nummer 1) oder den Wert des Anteils am Betriebsvermögen (Absatz 1 Satz 1 Nummer 2 und 3) übersteigt. [2]Der Wert des Betriebsvermögens oder des Anteils ist für den Zeitpunkt der Veräußerung nach § 4 Absatz 1 oder nach § 5 zu ermitteln. [3]Soweit auf der Seite des Veräußerers und auf der Seite des Erwerbers dieselben Personen Unternehmer oder Mitunternehmer sind, gilt der Gewinn insoweit jedoch als laufender Gewinn.

(3) [1]Als Veräußerung gilt auch die Aufgabe des Gewerbebetriebs sowie eines Anteils im Sinne des Absatzes 1 Satz 1 Nummer 2 oder Nummer 3. [2]Werden im Zuge der Realteilung einer Mitunternehmerschaft Teilbetriebe, Mitunternehmeranteile oder einzelne Wirtschaftsgüter in das jeweilige Betriebsvermögen der einzelnen Mitunternehmer übertragen, so sind bei der Ermittlung des Gewinns der Mitunternehmerschaft die Wirtschaftsgüter mit den Werten anzusetzen, die sich nach den Vorschriften über die Gewinnermittlung ergeben, sofern die Besteuerung der stillen Reserven sichergestellt ist; der übernehmende Mitunternehmer ist an diese Werte gebunden; § 4 Absatz 1 Satz 4 ist entsprechend anzuwenden. [3]Dagegen ist für den jeweiligen Übertragungsvorgang rückwirkend der gemeine Wert anzusetzen, soweit bei einer Realteilung, bei der einzelne Wirtschaftsgüter übertragen worden sind, zum Buchwert übertragener Grund und Boden, übertragene Gebäude oder andere übertragene wesentliche Betriebsgrundlagen innerhalb einer Sperrfrist nach der Übertragung veräußert oder entnommen werden; diese Sperrfrist endet drei Jahre nach Abgabe der Steuererklärung der Mitunternehmerschaft für den Veranlagungszeitraum der Realteilung. [4]Satz 2 ist bei einer Realteilung, bei der einzelne Wirtschaftsgüter übertragen werden, nicht anzuwenden, soweit die Wirtschaftsgüter unmittelbar oder mittelbar auf eine Körperschaft, Personenvereinigung oder Vermögensmasse übertragen werden; in diesem Fall ist bei der Übertragung der gemeine Wert anzusetzen. [5]§ 6 Absatz 5 Satz 7 gilt entsprechend. [6]Soweit einzelne dem Betrieb gewidmete Wirtschaftsgüter im Rahmen der Aufgabe des Betriebs veräußert werden und soweit auf der Seite des Veräußerers und auf der Seite des Erwerbers dieselben Personen Unternehmer oder Mitunternehmer sind, gilt der Gewinn aus der Aufgabe des Gewerbebetriebs als laufender Gewinn. [7]Werden die einzelnen dem Betrieb gewidmeten Wirtschaftsgüter im Rahmen der Aufgabe des Betriebs veräußert, so sind die Veräußerungspreise anzusetzen. [8]Werden die Wirtschaftsgüter nicht veräußert, so ist der gemeine Wert im Zeitpunkt der Aufgabe anzusetzen. [9]Bei Aufgabe eines Gewerbebetriebs, an dem mehrere Personen beteiligt waren, ist für jeden einzelnen Beteiligten der gemeine Wert der Wirtschaftsgüter anzusetzen, die er bei der Auseinandersetzung erhalten hat.

(3a) Einer Aufgabe des Gewerbebetriebs steht der Ausschluss oder die Beschränkung des Besteuerungsrechts der Bundesrepublik Deutschland hinsichtlich des Gewinns aus der Veräußerung sämtlicher Wirtschaftsgüter des Betriebs oder eines Teilbetriebs gleich; § 4 Absatz 1 Satz 4 gilt entsprechend.

(3b) [1]In den Fällen der Betriebsunterbrechung und der Betriebsverpachtung im Ganzen gilt ein Gewerbebetrieb sowie ein Anteil im Sinne des Absatzes 1 Satz 1 Nummer 2 oder Nummer 3 nicht als aufgegeben, bis

1. der Steuerpflichtige die Aufgabe im Sinne des Absatzes 3 Satz 1 ausdrücklich gegenüber dem Finanzamt erklärt oder

2. dem Finanzamt Tatsachen bekannt werden, aus denen sich ergibt, dass die Voraussetzungen für eine Aufgabe im Sinne des Absatzes 3 Satz 1 erfüllt sind.

2Die Aufgabe des Gewerbebetriebs oder Anteils im Sinne des Absatzes 1 Satz 1 Nummer 2 oder Nummer 3 ist den Fällen des Satzes 1 Nummer 1 rückwirkend für den vom Steuerpflichtigen gewählten Zeitpunkt anzuerkennen, wenn die Aufgabeerklärung spätestens drei Monate nach diesem Zeitpunkt abgegeben wird. 3Wird die Aufgabeerklärung nicht spätestens drei Monate nach dem vom Steuerpflichtigen gewählten Zeitpunkt abgegeben, gilt der Gewerbebetrieb oder Anteil im Sinne des Absatzes 1 Satz 1 Nummer 2 oder Nummer 3 erst in dem Zeitpunkt als aufgegeben, in dem die Aufgabeerklärung beim Finanzamt eingeht.

(4) **1Hat der Steuerpflichtige das 55. Lebensjahr vollendet oder ist er im sozialversicherungsrechtlichen Sinne dauernd berufsunfähig, so wird der Veräußerungsgewinn auf Antrag zur Einkommensteuer nur herangezogen, soweit er 45 000 Euro übersteigt. 2Der Freibetrag ist dem Steuerpflichtigen nur einmal zu gewähren. 3Er ermäßigt sich um den Betrag, um den der Veräußerungsgewinn 136 000 Euro übersteigt.**

(5) **Werden bei einer Realteilung, bei der Teilbetriebe auf einzelne Mitunternehmer übertragen werden, Anteile an einer Körperschaft, Personenvereinigung oder Vermögensmasse unmittelbar oder mittelbar von einem nicht von § 8b Absatz 2 des Körperschaftsteuergesetzes begünstigten Steuerpflichtigen auf einen von § 8b Absatz 2 des Körperschaftsteuergesetzes begünstigten Mitunternehmer übertragen, ist abweichend von Absatz 3 Satz 2 rückwirkend auf den Zeitpunkt der Realteilung der gemeine Wert anzusetzen, wenn der übernehmende Mitunternehmer die Anteile innerhalb eines Zeitraums von sieben Jahren nach der Realteilung unmittelbar oder mittelbar veräußert oder durch einen Vorgang nach § 22 Absatz 1 Satz 6 Nummer 1 bis 5 des Umwandlungssteuergesetzes weiter überträgt; § 22 Absatz 2 Satz 3 des Umwandlungssteuergesetzes gilt entsprechend.**

Einkommensteuer-Durchführungsverordnung:

§ 6 EStDV *Eröffnung, Erwerb, Aufgabe und Veräußerung eines Betriebs*

(abgedruckt bei § 4)

Einkommensteuer-Richtlinien: EStR 16, EStH 16.

Übersicht Rn.

A. Allgemeines

A. Allgemeines

I. Inhalt; Systematik; Zweck

1. Norminhalt. § 16 regelt die mit Rücksicht auf den Gesetzeszweck der Teil-/Schlussbesteuerung betriebl Einkünfte (→ Rn. 3) wirtschaftlich vergleichbaren Tatbestände der **Veräußerung** oder **Aufgabe** des ganzen GewBetr, des Teilbetriebs einschließl der im BV gehaltenen 100%igen Beteiligung an einer KapGes (§ 16 I 1 Nr 1; III 1), des MUerAnteils (§ 16 I 1 Nr 2; III 1) sowie des Anteils eines persönl haftenden Ges'ters einer KG aA (§ 16 I 1 Nr 3; III 1) und definiert die **Bemessungsgrundlage** in § 16 II 1–2, III 7-9 als Differenz zw Veräußerungspreis/gemeinem Wert der WG des BV abzügl Veräußerungskosten und (Buch-)Wert des jeweiligen BV. **Rechtsfolge** hiervon ist ua, dass Veräußerungs-/Aufgabegewinne vorbehaltl der Befreiung (§ 16 IV) und eines Verlustausgleichs/-abzugs (§ 2 III, § 10d) estpfl sind und ggf nach § 34 I, II ermäßigt besteuert werden. **Sonderregeln** enthält § 16 – ***(1)*** *zur Spaltung* von Veräußerungsgewinnen in begünstigten/nichtbegünstigten Teil (§ 16 II 3, III 6; → Rn. 331: lfd Gewinn bei Veräußerung/Einbringung von MUerteilanteilen; → Rn. 15, 135 ff, 570: Teileinkünfteverfahren; → Rn. 548, 610, 660: Realteilung/Erbauseinandersetzung; → Rn. 160, 166: Freibetrag), – ***(2)*** zur *Fortführung* verpachteter/unterbrochener Betriebe (§ 16 IIIb; dazu → Rn. 572), – ***(3)*** zur *Realteilung* (§ 16 III 2–4, § 16 V; zur Erbauseinandersetzung → Rn. 608 ff) – ***(4)*** *finalen Entnahme/Betriebsaufgabe* (§ 16 III 2, IIIa iVm § 36 V nF; dazu → Rn. 196, 548; → § 4 Rn. 240 ff), – ***(5)*** zum Ansatz *entnommener WG* mit dem gemeinen Wert (§ 16 III 8, nicht TW nach § 6 I Nr 4). 1

2. Rechtsentwicklung. Angesichts des seit 2011 nicht mehr geänderten Wortlauts wird auf → 39. Aufl 2020, § 16 Rn. 2 sowie die lfd Kommentierung verwiesen. 2

3. Systematik; Zweck. – a) Deklaratorische Aussagen. § 16 stellt iSe (Teil-) **Schlussbesteuerung** sicher, dass die positiven oder negativen stillen Reserven der WG des (gewerbl) BV auch im Fall der Veräußerung/Aufgabe eines Betriebs/Teilbetriebs/MUerAnteils als Einkünfte aus GewBetr erfasst werden (BFH GrS 1/73, BStBl II 75, 168; vgl auch BFH GrS 1/73, BStBl II 75, 168; BFH I R 5/82, BStBl II 75, 168; BFH I R 5/82, BStBl II 83, 771: Betriebsaufgabe als „Totalentnahme"). Mit Rücksicht auf die Grundentscheidung der § 2 II 1 Nr 1 iVm § 15, den gewerbl *Gesamt*gewinn zu besteuern, wirkt § 16 insoweit nur klarstellend (zB BFH X R 101/90, BStBl II 93, 710 (714). Da Betriebsveräußerung und Betriebsaufgabe gesetzl gleichgestellt sind, kann sich iSe **„Wahlfeststellung"** eine tatbestandl Abgrenzung im Einzelfall erübrigen. 3

b) Konstitutive Anordnungen. Hierzu gehören die zu → Rn. 1 genannten „Sonderregeln". Rechtsgründend ist ferner der „unlösbare Zusammenhang" zu den Begünstigungen des **§ 16 IV** (Freibetrag zur Erleichterung der Altersversorgung, → Rn. 572) sowie des **§ 34 I, II** (Tarifermäßigung); dies wiederum bedingt die in § 16 II 3, III 6 angeordnete **Trennung** des *lfd* Gewinns/Verlusts vom *privilegierten* Veräußerungs-/Aufgabegewinn als einer „in sich geschlossenen Einheit" (BFH GrS 2/92, BStBl II 93, 897; BFH GrS 2/98, BStBl II 00, 123). Da § 16 iVm § 34 *nur* die **„zusammengeballte Realisierung** der während vieler Jahre entstandenen stillen Reserven vom progressiven ESt-Tarif ausnimmt" (BFH GrS 2/98, BStBl II 00, 123), ist das Tarifprivileg an die Aufdeckung *aller* stillen Reserven der Sachgesamtheit (Teil-/Betreib, MUerAnteil) in einem **einheitl Vorgang** gebunden, der nach der sog **Gesamtplan-Rspr** zweckgerichtet auch mehrere zeitl gestreckte Teilakte umfassen kann (dazu ausführl *Möhlenbrock* FS Wacker 2025, 165; *Wacker* Ubg 16, 245 glA NdsFG EFG 22, 1833, rkr; s auch BVerfG 2 BvL 8/13 DStR 24, 155 Rn. 180). Gleichwohl hält der BFH an der Tarifbegünstigung **teilentgeltl** Übertragungen (iSv § 16) fest (mE unzutr; → Rn. 66). In der **Rspr** ist zudem **str,** ob das Erfordernis der zusammengeballten Realisierung *nur* iRv § 34 II 1 zu beachten ist (so neuerdings 4

BFH IV R 36/13, BStBl II 15, 529; BFH IV R 57/11, BStBl II 15, 536;) oder ob es auch die Veräußerungs-/Aufgabetatbestände des § 16 konkretisiert (so BFH GrS 2/92, BStBl II 93, 897: „unlösbarer Zusammenhang", s oben; BFH GrS 2/98, BStBl II 00, 123: „einheitl Grundkonzept"). Letzterer „traditioneller" Sicht ist mit Rücksicht auf die Entstehungsgeschichte (§ 58 EStG 1925/§§ 16, 34 EStG 1934; RStBl I 1935, 33 (52)), den tatbestandl Gleichklang von § 16 IV und § 34 sowie das Erfordernis der einheitl Abgrenzung ggü den lfd Einkünften zuzustimmen (glA NdsFG EFG 22, 1833, rkr). Unstr ist jedoch, dass das Privileg **unabhängig** davon zu gewähren ist, ob im Einzelfall eine **Progressionswirkung** eintritt, zB weil bereits der lfd Gewinn vom Spitzensteuersatz erfasst (BFH VIII R 33/85, BStBl II 89, 458); auch ist es unerhebl, ob der MUerAnteil **kurzfristig gehandelt** wird (str; dazu → Rn. 20, 380).

5 **4. Entsprechende Anwendung.** Zur Veräußerung/Aufgabe luf Betriebe/Teilbetriebe/MUerAnteile sowie des der selbständigen Arbeit dienenden Vermögens und der entspr Anwendung der in § 14 und § 18 III jeweils in Bezug genommenen Regelungen des § 16 → § 14 Rn. 1 sowie → § 18 Rn. 220.

II. Persönlicher Anwendungsbereich

6 **1. Natürliche Personen.** § 16 erfasst bei **unbeschränkter** Steuerpflicht auch ausl Betriebe, Teilbetriebe oder MUerAnteile (BFH IV R 128/86, BStBl II 89, 543); das Besteuerungsrecht kann jedoch durch ein DBA ausgeschlossen sein (zu Rückfallklauseln s BFH I R 96/06, BStBl II 08, 953; zu § 50d IX → § 50d Rn. 44 ff; zur Betriebsaufgabe auch → Rn. 196 f). § 16 (Ausnahme: § 16 IV) gilt ferner für **beschränkt** StPfl, vor allem bei Betriebsstätte oder ständigem Vertreter im Inl (§ 49 I Nr 2a–d; § 50 I 3; zu § 49 I Nr 2 f → § 49 Rn. 54 ff).

7 **2. Körperschaften.** § 16 gilt auch für Körperschaften, die der KSt unterliegen (zur Konkurrenz zu § 13 KStG s *BMF* BStBl I 02, 221). Körperschaften genießen aber keine Tarifermäßigung nach §§ 16, 34 (BFH IV R 93/89, BStBl II 91, 455; KStR 8.1 I), auch nicht, wenn sie zu einer natürl Person oder PersGes aus natürl Personen in einem **Organschaftsverhältnis** iSv §§ 14 ff KStG stehen (BFH III R 19/02, BStBl II 04, 515; krit *Carlé* NZG 04, 650). Zu § 16 IV → Rn. 575; zu § 14 IV KStG aF/nF (Ausgleichsposten/Einlagelösung) → Rn. 135.

8 **3. Mehrstöckige Personengesellschaften.** → § 15 Rn. 253, 610. Für sie greifen die §§ 16, 34 nicht nur ein, wenn der GewBetr der OberGes oder die Anteile daran veräußert werden, sondern auch, wenn die UnterGes ihren GewBetr (Teilbetrieb) veräußert oder (nur) Anteile an der UnterGes veräußert werden (→ Rn. 366, 384).

III. Sachlicher Anwendungsbereich

10 **1. Keine unentgeltliche Übertragung iSv § 6 III.** Wird ein GewBetr, Teilbetrieb oder MUerAnteil voll unentgeltl (zur Teilentgeltlichkeit → Rn. 65 f) übertragen, ist nicht § 16, sondern § 6 III anzuwenden. Danach entfällt eine Gewinnrealisierung beim Übertragenden (S 1); der Rechtsnachfolger ist an die Buchwertansätze gebunden ist (S 3; zu negativem KapKto → Rn. 59).

***(1)* Traditionelle Sicht.** Nach früher hM erforderte der Tatbestand des § 6 III 1 in Anlehnung an die BFH-Rspr zu § 7 EStDV aF, dass das wirtschaftl Eigentum an *allen funktional* wesentl Betriebsgrundlagen (→ Rn. 86) des Betriebs/-Teilbetriebs dem/den Erwerber(n) (BFH VIII B 54/01, BFH/NV 02, 24; *Wacker* ZSteu 05, 358) in einem *einheitl* Vorgang übertragen wird (→ Rn. 100) *und* der Übergeber damit seine bisher in diesem Betrieb entfaltete unternehmerische Betätigung im Wesentlichen aufgibt (auch → Rn. 80). Bei unentgeltl Übergang eines gesamten MUerAnteils war deshalb auch das (funktional wesentl) *SBV* (zB an PersGes vermietetes Grundstück) mit zu übertragen. Dessen Buchwertausgliederung (§ 6 V), Entnahme oder Veräußerung schloss eine Buchwertfortführung nach § 6 III 1, 3 bezügl des GesAnteils auch dann aus, wenn die Rechtsvorgänge nicht zeitgleich, sondern in sachl/zeitl Zusammenhang vollzogen wurden (Gesamtplan; s *BMF* BStBl I 05, 458 Rn. 7; *mE* zutr); *Folge:* Aufdeckung der stillen Reserven im GesAnteil (ggf iRe Betriebsaufgabe).

(2) **Ausgliederungsrechtsprechung.** Nach **BFH** IV R 41/11, BStBl II 19, 715 sind hingegen die begünstigenden Buchwertverknüpfungen nach § 6 III, V kumulativ anwendbar, sodass für Zwecke des § 6 III *funktional wesentl* WG nach § 6 V 3 auch zeitgleich ausgegliedert werden können; Grenze: übertragene Sachgesamtheit ist aufgrund Betriebszerschlagung/-aufgabe nicht mehr lebensfähig. Gleiches gilt für eine *Vorab*entnahme/*Vorab*veräußerung (BFH IV R 29/14, BStBl II 19, 723), nicht hingegen für eine *zeitgleiche* Entnahme oder Veräußerung funktional wesentl WG (Präzisierung durch BFH I R 7/16, BStBl II 19, 738; BFH IV R 14/18, BStBl II 21, 367; *Wacker* DStR 18, 1019; glA *Wendt* FR 18, 513; ausführl *Möhlenbrock* FS Wacker 2025, 165). GlA zu § 13a ErbStG aF BFH II R 33/17, BStBl II 21, 217; BFH II R 38/17, BStBl II 21, 98; → Rn. 416. Die **FinVerw** hat sich dem nunmehr grds angeschlossen (*BMF* BStBl I 19, 1291; BMF BStBl I 21, 696). **Kritik.** Die Rspr ist mit Zweck und Systematik des § 6 III nicht vereinbar und vermischt dessen Tatbestand mit § 6 V. Sie führt zudem dazu, dass die Begriffe „Betrieb/Teilbetrieb/MUerAnteil" iSv § 6 III nicht mehr durch die funktional wesentl WG gekennzeichnet werden (→ Rn. 85; *Brandenberg* DB 13, 17). **Verweise.** Zum Teilbetrieb → Rn. 128; zur Übertragung von Teilen von MUerAnteilen/Betriebsanteilen → Rn. 218, 420; zur qualifizierten Nachfolge → Rn. 674; zu teilentgeltl Übertragungen → Rn. 37, 66; zu § 10 Ia Nr 2 → Rn. 51; zur Betriebsverpachtung → Rn. 172; zur Veräußerung von Betrieben etc → Rn. 85 f, 125, 405 f; zu den §§ 20, 24 UmwStG einschl Option gem § 1a KStG → Rn. 30, 100, 397, 411; zur Betriebsaufgabe → Rn. 205; zur Realteilung → Rn. 530, 535, 550, 553. – **Verdeckte Einlage.** Entgegen der ursprüngl Absicht (BT-Drs 14/6882) wurde in § 6 III 1 *Hs 1* (anders aber § 6 III 1 *Hs 2*) darauf verzichtet, nur *natürl* Personen als begünstigte Empfänger zu qualifizieren. Dies soll zwar die bisherige Praxis absichern (zB Vererben von Betrieben an Stiftungen etc; vgl BFH I R 76/99, BStBl II 02, 487; auch → Rn. 590 aE; BT-Drs 14/7344), lässt aber andererseits die Rechtsfolgen der verdeckten Einlage unberührt (zB bei unentgeltl Übertragung von Betrieben/MUerAnteilen in KapGes, an denen der Einbringende oder ein ihm Nahestehender beteiligt ist; *BMF* BStBl I 19, 1291 Rn. 2; → § 6 Rn. 714; *Wacker* ZSteu 05, 358; zum Verhältnis zu den §§ 20, 24 UmwStG → Rn. 30, 32, 410; zu 100%igen KapGesAnteil → Rn. 135). 11

2. Umwandlungen. Zum grds *Vorrang* der Einbringungen nach §§ 20, 24 UmwStG → Rn. 29 ff. Zur Umwandlung einer InvestitionsGes in InvFonds s § 20 InvStG 2018. 12

3. Tonnagegewinn. Er umfasst auch Einkünfte nach § 16 (§ 5a V, VI) einschl eines Forderungsausfalls im SonderBV (BFH IV R 20/20, BStBl II 23, 857); iEinz → § 5a Rn. 20, 30); zu § 42 AO s BFH IV R 42/13, DStR 17, 2653. Zur nicht gem §§ 16, 34 begünstigten Hinzurechnung (§ 5a IV 3 aF/nF) vgl → Rn. 574. 13

IV. Verhältnis zu anderen Vorschriften

1. Einkommensteuergesetz *(Auswahl).* Zu – ***(1)*** § 2 II iVm § 15: Erfassung des betriebl Gesamtgewinns bei Veräußerung/Aufgabe iSv § 16 → Rn. 3; – ***(2)*** § 2 III: nachrangiger Verlustausgleich mit Einkünften iSv §§ 16, 34 → § 2 Rn. 58; → § 34 Rn. 56; BFH I R 84/13, BFH/NV 15, 664; – ***(3)*** § 3 Nr 40 (Teileinkünfteverfahren) und § 16 IV (Freibetrag) → Rn. 574, 582; BFH X R 61/08, BStBl II 10, 1011: Meistbegünstigung; – ***(4)*** §§ 4, 5: Buchwert des BV s § 16 II; – ***(5)*** § 4 I 4: finale Entnahme/Betriebsaufgabe s § 16 III 2 letzter Hs, IIIa; – ***(6)*** § 4 IVa (Überentnahme) 15

→ § 4 Rn. 525 – ***(7)*** § 5a: Tonnagegewinn → Rn. 13. – ***(8)*** § 6 III: unentgeltl Übertragung von (Teil)-Betrieben/MUerAnteilen → Rn. 10 f; – ***(9)*** § 6 V: Buchwertausgliederung von EinzelWG → Rn. 11; – ***(10)*** § 6b: Übertragung stiller Reserven → Rn. 91, 98, 309, 351, 410, 443, 577, 582; – ***(11)*** SonderAfA/InvZul → § 15 Rn. 411. – ***(12)*** § 10d: Verlustabzug → § 10d Rn. 18; – ***(13)*** § 15 IV 2, 3: Verlustverrechnung bei gewerbl Tierzucht/Termingeschäften → § 15 Rn. 896, 905; § 15 IV 7: Verluste aus InnenGes → § 15 Rn. 910; – ***(14)*** § 15a: verrechenbare Verluste insb → Rn. 453, 484, → § 15a Rn. 151 ff; – ***(15)*** § 15b → § 15b Rn. 2, 4; – ***(16)*** § 16 ist ggü § 23 vorrangig; beachte aber § 23 I 5; *BMF* BStBl I 00, 1383 Rn. 4; – ***(17)*** § 24 Nr 2: nachträgl Einkünfte → Rn. 348. – ***(18)*** § 34 II 1, I: ao Einkünfte → Rn. 4 – einschließl der in der Rspr umstrittenen tatbestandl Differenzierungen; – ***(19)*** § 34a I 1, VI 1 Nr 1, 2: Thesaurierungsbegünstigung/Nachversteuerung insb → § 34a Rn. 35, 75 ff – ***(20)*** § 34c I 2 ggf iVm VI 2 und § 34d Nr 2a: StErmäßigung bei ausl Veräußerungsgewinnen → § 34c Rn. 13u → § 34d Rn. 3; – ***(21)*** § 35: GewSt-Anrechnung für Veräußerungsgewinne → § 35 Rn. 19, 39, 52; – ***(22)*** § 49 I Nr 2a, beschr ESt-Pflicht → § 49 Rn. 29; § 50: Sondervorschrift → § 50 Rn. 14 (kein § 16 IV; kein EU-Verstoß), → § 50 Rn. 19 (§ 34 I, II).

16 **2. Körperschaftsteuergesetz; Umwandlungsteuergesetz.** → Rn. 7, 29 ff.

17 **3. Gewerbesteuergesetz. – a) § 7 GewStG; § 18 UmwStG.** – ***(1)*** **Natürliche Personen.** Die GewSt (BFH I R 13/18, DStR 20, 444: tätigkeitsbezogene Objektsteuer) erfasst bei natürl Personen nur den lfd Gewinn (Verlust) des „werbenden" Betriebs, nicht Gewinne (Verluste) aus der Veräußerung oder Aufgabe des ganzen GewBetr oder eines Teilbetriebs. Letztere nehmen folgerichtig auch nicht an der Tarifermäßigung für gewerbl Einkünfte nach § 35 teil (→ § 35 Rn. 18, 20). – ***(2)*** **MUerschaften.** Gleiches gilt bei PersGes/MUerschaften ab EZ 2002, *soweit* eine *natürl* Person als MUer an der MUerschaft *unmittelbar* beteiligt ist. Andernfalls gehören nach **§ 7 S 2 GewStG** (BVerfG 1 BvR 1236/11, BStBl II 18, 303: verfgemäß) zum Gewerbeertrag die Gewinne/Verluste aus der Veräußerung/Aufgabe: **–** (***a***) des Betriebs/Teilbetriebs durch die MUerschaft, **–** (***b***) der MUerAnteile zB der OberGes (KapGes/PersGes) an der UnterPersGes (BFH IV R 39/10, BStBl II 19, 77), **–** (***c***) der MUer-Anteile an der OberPersGes (BFH IV R 40/22 BStBl II 25, 603; einschl der stillen Reserven der UnterPersGes; glA *Meyer* DStR 25, 1380; **aA** *Junkers* DStR 25, 2062; zutr; → § 16 Rn. 384; → § 15 Rn. 253) sowie **–** (***d***) des Anteils des phGes'ters einer KGaA. Vgl auch § 9 Nr 1 S 6 GewStG. Zur erhöhten Entlastung nach § 35 idF → § 35 Rn. 20. – ***(3) Einzelfragen*** Auch vor EZ 2002 war zudem die Veräußerung von **Teilen** von MUerAnteilen gewstpfl (→ Rn. 415); – ***(b)*** zu Anteilen an **ZebraGes** → Rn. 387; – ***(c)*** Der Gewinn aus der Veräußerung eines 100%igen **KapGes-Anteils** im BV iSv § 16 I 1 Nr 1 Hs 2 ist idR Teil des gewstpfl Gewinns; zu § 3 Nr 40 EStG, § 8b KStG aber → Rn. 135. – ***(d)*** Nach **§ 18 III UmwStG** (besondere Missbrauchsvorschrift) unterliegen „Auflösungs- und Veräußerungsgewinne" der GewSt, wenn nach einem Vermögensübergang (einschließl Formwechsel) von einer KapGes auf eine PersGes oder natürl Person der Betrieb/Teilbetrieb der PersGes (oder natürl Person) oder ein Anteil an der PersGes „innerhalb von 5 Jahren nach der Umwandlung aufgegeben oder veräußert wird". Zu weiteren Einzelheiten bis → 34. Aufl. 2015, § 16 Rn. 8; *BMF* BStBl I 25, 92 Rn. 18.05 ff. Zur Ausklammerung von „neu gebildetem (S)BV" der PersGes (BFH IV R 20/21 DStR 24, 995). Zur Veräußerung gegen wiederkehrende Bezüge s BFH X R 40/10, BStBl II 13, 883; *BMF* BStBl I 25, 92 Rn. 18.06, zutr. Durch **§ 18 III 3** iVm § 27 XXII UmwStG idF **JStG 2024** (BGBl I 24 Nr 387) wurde die Regelung um Veräußerungen/Aufgaben mittelbarer PersGes-Beteiligungen ergänzt (dazu BFH IV R 40/22, BStBl II 25, 603 Rn. 44). Zu Veräußerungskosten → Rn. 302; zu § 16 IV → Rn. 573; zu § 35 EStG iVm § 18 III 3aF/4nF UmwStG → § 35 Rn. 23; – ***(e)*** bei **KapGes** gehören ab EZ 2002 nicht nur (wie zuvor) Gewinne aus der Veräußerung/Aufgabe des ganzen GewBetr/Teilbetriebs zum Gewerbeertrag (BFH I B 226/04, BFH/NV 06, 364), sondern (an-

ders als zuvor) auch solche aus der Veräußerung/Aufgabe eines MUerAnteils (einschließl Einbringung gem §§ 20, 24 UmwStG); – *(f)* die **sachl GewSt-Pflicht**/Unternehmeridentität **endet** bei PersGes/Einzelunternehmer mit Übergang zu einer **„wirtschaftl nicht identischen Tätigkeit"** (BFH IV R 6/19, BStBl II 23, 756. tätigkeitsbezogene Gesamtbetrachtung; dazu *Oppel* Ubg 22, 638; *Wacker* FR 23, 725; *Suchanek* DStR 23, 1382; zur Betriebsverpachtung → Rn. 160, 186). Folgen ua: Veräußerungsgewinn auch ohne Aufdeckung aller stillen Reserven nicht gewstpflichtig, Wegfall von § 10a GewStG.

b) Wechselwirkungen mit § 16. Der Veräußerungsgewinn, der nach § 16 II 3, III 6 EStG; § 24 III 3 UmwStG als lfd Gewinn umqualifiziert wird, unterliegt der GewSt (→ Rn. 331, 511). Ab EZ 2008 mindert die GewSt nicht mehr den Veräußerungsgewinn (§ 4 Vb); zu Veräußerungskosten aber → Rn. 302. Zum Wegfall der GewSt bei Betriebsverpachtung → Rn. 17, 166, 186. 18

4. Umsatzsteuergesetz. Zur von § 16 tatbestandl abw Geschäftsveräußerung iSv § 1 Ia UStG s UStAE 1.5; *OFD Ka* DStR 21, 1821. 19

5. Höherrangiges Recht. § 16 ist **verfassungsgemäß,** auch soweit er nach den im Realisierungszeitpunkt geltenden Normen (BFH IX B 45/20, BFH/NV 21, 767) nominelle Gewinne der ESt unterwirft (BFH I B 10/71, BStBl II 71, 626) und Gewinne aus geringfügigen Anteilen erfasst (BFH VIII B 30/98, BFH/NV 99, 769). Er ist mE auch **EU-konform;** zu § 16 IIIa (Entstrickung) → Rn. 196; zu § 16 IV iVm § 50 I 3 → Rn. 15 aE. 20

B. Tatbestand der Veräußerung des ganzen Gewerbebetriebs oder eines Teilbetriebs, § 16 I 1 Nr 1

I. Veräußerung

1. Begriff. Die den Tatbestand des § 16 I Nr 1 kennzeichnende Veräußerung erfordert die **entgeltl** (→ Rn. 26) **Übertragung** des Eigentums – bei Divergenz zw rechtl und wirtschaftl Eigentum des **wirtschaftl Eigentums** – am Gegenstand der Veräußerung (GewBetr; Teilbetrieb) von einer Person (Rechts-/„Steuersubjekt") auf eine andere (BFH VIII R 7/90, BStBl II 93, 228), wobei auch PersGes als „Steuersubjekte" anzusehen sind (vgl → Rn. 93, 365; BFH X R 52/90, BStBl II 94, 838; BFH III R 34/01, BStBl II 03, 700). Zur **weiteren** Voraussetzung der Veräußerung des **ganzen** Betriebs/Teilbetriebs → Rn. 75, 125. 25

2. Entgelt. Aus § 16 II folgt, dass das Gesetz unter (Betriebs-)Veräußerungen nur entgeltl (oder teilentgeltl; dazu → Rn. 65) Vorgänge versteht. **Voll entgeltl** ist eine Übertragung, mittels derer ein schuldrechtl Verpflichtungs-(Kausal-)geschäft erfüllt wird, bei dem die Gegenleistung (kfm) nach dem Wert der Leistung bemessen ist (zB Kauf, § 433 BGB; Tausch, § 480 BGB). **Einzelfälle:** die Tilgung einer **Geldschuld,** zB Anspruch auf *Zugewinnausgleich,* an **Erfüllungs Statt** (BFH III R 13/15, BFH/NV 19/1069; → Rn. 599; zu Vermeidungsstrategien s *Stein* DStR 12, 1063). Zur Beendigung der Gütergemeinschaft → Rn. 534; zur Abgrenzung ggü Pacht s BFH X R 36/08, BFH/NV 17, 4; → Rn. 167. Keine Veräußerung liegt vor, soweit der zunächst erhaltene Kaufpreis abredegemäß („Rückschenkung") zurückfließt (BFH X R 14/11, BStBl II 14, 158; → Rn. 632). 26

3. Zeitpunkt. Der Veräußerungsbegriff ist insofern **zweigliedrig,** als er das entgeltl Kausalgeschäft und das Erfüllungsgeschäft umfasst. Die Veräußerung ist bei vorausgegangenem Kausalgeschäft erst mit der Erfüllung vollendet (BFH VIII R 7/90, BStBl II 93, 228); in diesem Zeitpunkt entsteht der Veräußerungsgewinn/-verlust (→ Rn. 231, 235). Dieser Zeitpunkt soll nach der Rspr dafür entscheidend sein, ob eine Veräußerung des ganzen GewBetr oder nur eines Teilbetriebs vorliegt (BFH I R 119/81, BStBl II 85, 245). 27

29 **4. Sonderrecht des UmwStG. – a) Einbringung in Kapitalgesellschaft, § 20 UmwStG. – aa) Offene Sacheinlage.** Zwar ist auch die Einbringung aller wesentl Betriebsgrundlagen eines Betriebs/Teilbetriebs in eine KapGes gegen Gewährung von GesRechten (offene Sacheinlage) Veräußerung iSv § 16 (BFH I R 33/14, BStBl II 16, 913: tauschähnl Vorgang; BFH I R 55/09, BStBl II 10, 1094: ebenso bei Einbringung als Aufgeld zu Bareinlage: *steuerrechtl* Sacheinlage). Die Rechtsfolgen bestimmen sich aber nach den **vorrangigen** §§ 20 ff UmwStG (Rechtsfolgen-/**Bewertungswahlrecht:** Buch-/Zwischenwert, gemeiner Wert→Rn. 397; zur KGaA →Rn. 561; ggf iVm § 50i II 1). Zur Einbringung in KapGes zugunsten bisher nicht beteiligter *Familienangehörigen* → § 15 Rn. 876.

30 **bb) Rückbehalt wesentlicher Betriebsgrundlagen. – *(1)* Buchwert; Zwischenwert.** Der Grundsatz, dass die §§ 20 ff UmwStG nur bei Einbringung aller wesentl Betriebsgrundlagen anwendbar sind (BFH I R 183/94, BStBl II 96, 342; *BMF* BStBl I 25, 92 Rn. 20.06, 20.10), ist im Einklang mit der Lockerung der **Rspr** zum Verhältnis von **§ 6 III** (einschließl Kritik →Rn. 10 f) mE dahin zu durchbrechen, dass es dem Buchwertansatz/Zwischenwertansatz nach § 20 UmwStG nicht entgegensteht, wenn funktional wesentl (Sonder-)BV entweder (ggf auch zeitgleich) nach § 6 V **ausgegliedert** oder *vor* der Einbringung veräußert oder entnommen wird (BFH I R 7/16, BStBl II 19, 1291: zeitpunktbezogene Betrachtung/*keine* Gesamtplanbetrachtung; *Wacker* DStR 18, 1019; *Wendt* FR 18, 513; *Möhlenbrock* FS Wacker 2025, 165; BFH X R 60/09, BStBl II 12, 638; auch →Rn. 411; offen *BMF* BStBl I 19, 1291; **aA** noch ***BMF*** BStBl I 11, 1314 Rn. 20.07; ebenso *BMF* BStBl I 25, 92 Rn. 20.07). Wird dies **versäumt** („schlichter Rückbehalt im PV" = Entnahme), kommt es zur Betriebsaufgabe (BFH I R 7/16, BStBl II 19, 1291), auch bei **Option gem § 1a KStG** (dazu sowie zum Komplementär-Anteil gem § 1a II 2 KStG nF/WachstChG (BStBl I 23 Nr 108) → § 15 Rn. 160a; *BMF* BStBl I 21, 2212; *Wacker/Krüger ua* DStR-Beih 21, 12) – ***(2)* Gemeiner Wert.** Gleiches gilt (begünstigte Betriebsaufgabe), wenn die KapGes (oder OptionsGes gem § 1a KStG) das eingebrachte Vermögen mit dem gemeinen Wert angesetzt hat. Wurden die zurückbehaltenen wesentl Betriebsgrundlagen aber nach § 6 V in ein anderes BV zu Buchwerten übertragen, entsteht aus der Einbringung (Tausch zum gemeinen Wert) nur ein *lfd* nicht begünstigter Gewinn (BFH I R 183/94, BStBl II 96, 342; zu § 6 I Nr 4 S 4 aber →Rn. 77). Ebenso, wenn Buchwertübergang und Einbringung zum gemeinen Wert iSe *Gesamtplans* verknüpft werden (→Rn. 4).

31 **cc) Verdeckte Einlage; verschleierte Einlage.** Dazu →Rn. 216 f.

32 **b) Einbringung in Personengesellschaft, § 24 UmwStG.** Auch die Einbringung von Betrieben oder Teilbetrieben (zu 100%iger KapGesAnteil aber →Rn. 135) in eine PersGes (einschließl deren SBV) gegen Gewährung von GesRechten ist – selbst bei Buchwertfortführung – (tauschähnl) Veräußerung iSv § 16 (BFH IV R 27/19, DStR 23, 1125 auch bei nur anteiliger Gutschrift auch KapKto I; vgl auch BFH IV R 2/20, BStBl II 23, 999; *Ley* FS Wacker, 2025, 187; *anders* aber gem BFH IV R 15/14, BStBl II 16, 593; *BMF* BStBl I 16, 684 bei ausschließl Gutschrift auf KapKto II/gesamthänderischer Rücklage; mE fragl; insgesamt **aA** *Weber-Grellet* DB 19, 2201: Organisationsakt). *Folge:* § 24 UmwStG **verdrängt** sowohl **§ 16** als auch **§ 6 V 3** (→Rn. 397; *BMF* BStBl I 11, 1279 Rn. 38), kann jedoch mit unentgeltl Teilübertragung des MUerAnteils (§ 6 III) zusammentreffen (BFH X R 42/10, BStBl II 16, 639; *BMF* BStBl I 25, 92 Rn. 01.47). Zum **Rechtsformwechsel** von PersGes →Rn. 401 f. Zu **Ausgleichszahlungen** →Rn. 511 ff. Führt die PersGes die Buchwerte fort, ist ein Gewinn aus dem Übergang **zurückbehaltener WG** ins **PV** nicht tarifbegünstigt (BFH IV R 93/85, BStBl II 88, 374). Zum Buchwert-Rückbehalt wesentl BV/SBV →Rn. 30, 410. Zur Einbringung zum gemeinen Wert sowie zur Veräußerung an eine PersGes, an der der Einbringende/Veräußerer beteiligt ist, →Rn. 331 (anteiliger lfd Gewinn).

II. Abgrenzung: Vollentgeltliche/teilentgeltliche/unentgeltliche Übertragung

1. Vollentgelt versus Teilentgelt; Vermutungen zwischen Fremden und Angehörigen. Bei Übertragungen zw **Fremden** spricht eine tatsächl Vermutung dafür, dass entgeltl veräußert ist; dies gilt auch bei Übertragung gegen wiederkehrende Bezüge (BFH VIII R 121/83, BStBl II 89, 585) oder Erwerb gegen Zuzahlung des Veräußerers (BFH I R 49, 50/04, BStBl II 06, 656). Ebenso grds bei Übertragungen zw Freunden (iEinz BFH IX R 1/16, BStBl II 18, 94 zu § 17). Umgekehrt besteht bei Betriebsübertragungen zw **Familienangehörigen** eine (widerlegbare) Vermutung, dass diese auf familiären Gründen beruht, dh die beiderseitigen Leistungen nicht kfm abgewogen sind und damit keine (voll entgeltl) Betriebsveräußerung, sondern eine voll unentgeltl Übertragung iVm privaten Versorgungsleistungen oder eine (teil-)entgeltl Übertragung vorliegt (BFH GrS 4–6/89, BStBl II 90, 847; BFH X R 58/92, BStBl II 96, 672). Die Vermutung gilt grds auch bei negativem KapKto (→ Rn. 59, 423), nicht jedoch, wenn Leistung und Gegenleistung nachweisl (BFH IX R 4/13, BFH/NV 14, 1201: Darlegungslast des StPfl bei geringem Kaufpreis) obj gleichwertig sind (BFH X R 14/89, BStBl II 93, 23). Sie ist widerlegt, wenn feststeht, dass trotz obj Ungleichwertigkeit die beiderseitigen Leistungen subj wie unter Fremden abgewogen sind (BFH X R 193/87, BStBl II 92, 465; *BMF* BStBl I 93, 80 Rn. 2, 5, 26; *BMF* BStBl I 04, 922 Rn. 4), dh die Parteien von der Gleichwertigkeit ausgegangen sind und darüber klare und eindeutige Vereinbarungen getroffen haben (BFH X R 12/01, BStBl II 04, 211: maßgebl primäre Erwerbersicht; → § 6 Rn. 718). Ist die Gegenleistung nicht kfm bemessen und steht fest, dass sie obj den angemessenen Wert der Leistung übersteigt, sind (nur) der angemessene Teilbetrag AK; das „Mehr" ist nicht estpfl und nicht abzugsfähig (BFH X R 44/93, BStBl II 96, 676 aE zu PV). Str ist, ob dies auch gilt (Entgelt!), wenn der Wert der Leistung geringer ist als die **Hälfte** des **Werts** (zB Barwert) der Gegenleistung (mE zutr), oder ob in diesem Fall der Vorgang voll unentgeltl, dh die Gegenleistung insgesamt nicht estpfl und nicht abzugsfähig ist (*BMF* BStBl I 04, 922 Rn. 50). Wird ein Kaufpreis zwar vereinbart, aber **tatsächl nicht gezahlt,** oder der zur Zahlung erforderl Betrag dem „Käufer" vom „Verkäufer" gleichzeitig geschenkt, ist die Übertragung voll unentgeltl (vgl BFH XI R 1/86, BStBl II 92, 239 zu PV). 35

2. Schenkung; unbenannte Zuwendung. – a) § 6 III; Tatbestand. Keine Veräußerung iSv § 16 I 1 Nr 1 (auch keine Betriebsaufgabe iSv § 16 III; aber → Rn. 218), sondern eine unentgeltl Übertragung iSv § 6 III 1 liegt vor, wenn der ganze GewBetr (Teilbetrieb) im Wege einer (reinen) **Schenkung** iSv § 516 BGB, dh voll unentgeltl übertragen wird (BFH GrS 4–6/89, BStBl II 90, 847; für Teilbetrieb; BFH I R 105/85, BStBl II 89, 653; zu MUerTeilanteil → Rn. 420) und der Schenker damit seine bisherige unternehmerische Betätigung (im Wesentlichen) aufgibt. Nach bisher hL erforderte dies, dass in einem *einheitl* Vorgang das wirtschaftl Eigentum an *allen funktional* wesentl Betriebsgrundlagen (einschließl SBV) übertragen wird; hiervon sind BFH und FinVerw (kumulative Anwendung von § 6 III und § 6 V) jedoch abgerückt (iEinz → Rn. 11; → § 6 Rn. 707). Zu zurückbehaltenen WG, die keine funktional wesentl Betriebsgrundlagen sind, → Rn. 325. Unentgeltl ist ferner die **unbenannte Zuwendung** zw Ehegatten (s zur ErbSt BFH II R 59/92, BStBl II 94, 366; ErbStR E 7.2; *GLE* BStBl I 94, 297). Voll unentgeltl iSv § 6 III ist die Übertragung eines GewBetr usw zw Angehörigen estrechtl auch, soweit der Erwerber neben den Aktiva die Passiva **(Betriebsschulden)** übernimmt (BFH GrS 4–6/89, BStBl II 90, 847 (854); BFH IV R 28/97, BFH/NV 98, 836), selbst wenn diese die Buchwerte der Aktiva übersteigen (BFH VIII R 36/66, BStBl II 73, 111; *BMF* BStBl I 93, 80 Rn. 30). 37

b) § 6 III; Rechtsfolgen. Der Schenker (Zuwendende) realisiert (grds) weder Gewinn noch Verlust; der Beschenkte hat keine AK; er muss die (aktiven/passiven) 38

Buchwerte des Schenkers fortführen (§ 6 III 3) und tritt daher – trotz geänderter Rspr zu § 10d (→ Rn. 590) – insoweit grds in die Rechtsstellung des Schenker sein (zum formellen Bilanzzusammenhangs BFH I B 179/11, BFH/NV 13, 21; auch → § 6b Rn. 11; zur mittelbaren Grundstücksschenkung s aber BFH IV R 9/06, BStBl II 10, 664; zu § 4 IV bej BFH IV R 17/10, BStBl II 14, 316; *BMF* BStBl I 05, 1019 Rn. 10a; zu § 6 IIa s diff *BMF* BStBl I 10, 755 Rn. 19, 23; zu § 7g → § 7g Rn. 1 ff; zu § 15a → § 15a Rn. 168, 177; zu § 15b nF s *BMF* BStBl I 07, 542 Rn. 25; zu § 34a → § 34a Rn. 85. Zu nachträgl BA s BFH III R 7/22, BStBl II 24, 740.

40 **3. Erwerb von Todes wegen. – a) Erbfall.** Grds keine Veräußerung iSv § 16 I (und auch keine Betriebsaufgabe iSv § 16 III), sondern unentgeltl „Übertragung" iSv § 6 III 1, 3 ist der Übergang des ganzen GewBetr durch Erbfall (§ 1922 I BGB). Der Erbe tritt grds in die Rechtsstellung des Erblassers ein. Beim Erblasser sind die Werte anzusetzen, die sich für den Zeitpunkt des Todes nach den Vorschriften der lfd Gewinnermittlung (§§ 4–7) ergeben; stille Reserven werden nicht aufgedeckt; der Erbe hat diese Buchwerte fortzuführen (§ 6 III 3; BFH X B 162/08, BFH/NV 09, 156; → Rn. 590 ff). Zum Übergang auf KapGes → Rn. 216 f, 590 aE.

41 **b) Erblasserschulden.** Ihr Übergang auf den Erben ist kein Entgelt (AK) für den Erwerb der (aktiven) Vermögensgegenstände (PV, BV) des Nachlasses. Gleiches gilt für die Belastung des Erben mit Geldvermächtnissen, Pflichtteils-/Erbersatzansprüchen (Erbfallschulden) oder Auflagen (iEinz → Rn. 592 ff).

42 **c) Vermächtnis.** Ist der Betrieb (Teilbetrieb) Gegenstand eines Sachvermächtnisses, geht der Betrieb usw zivilrechtl auf den Erben und erst mit der Erfüllung der Vermächtnisschuld auf den Vermächtnisnehmer über. Hiervon ist auch estrechtl auszugehen (BFH VIII R 18/93, BStBl II 95, 714). Gleichwohl tritt keine Gewinnrealisierung nach § 16 ein (Ausnahme: Kaufrechtsvermächtnis, → Rn. 598); denn der Betrieb geht im Anschluss an den *unentgeltl* Übergang vom Erblasser auf den Erben mit der Erfüllung des Vermächtnisses von diesem *unentgeltl* auf den Vermächtnisnehmer über (§ 6 III 1; BFH VIII R 18/93, BStBl II 95, 714; *BMF* BStBl I 06, 253 Rn. 61).

43 **aa) Unternehmer.** Nach BFH wird der Vermächtnisnehmer idR erst mit **Erfüllung** des Vermächtnisses Unternehmer; die bis dahin ab Erbfall erzielten Gewinne sind dem oder den Erben zuzurechnen. *Ausnahmen: – (a)* Vermächtnisnehmer hat schon ab Erbfall die *Sachherrschaft* über den Betrieb (BFH VIII R 349/83, BStBl II 92, 330; *BMF* BStBl I 06, 253 Rn. 61; **aA** *Tiedtke ua* ZEV 07, 349: Vermächtnisnehmer ist idR bereits ab Erbfall Unternehmer), weil ihm nach § 2184 BGB die Früchte des Betriebs gebühren; Erbe ist nur „Durchgangsunternehmer" (BFH IV R 10/99, BStBl II 02, 850). – *(b)* Bei *unklarer Erbrechtsrechtslage* ist der Erbe nach BFH IX R 26/99, BFH/NV 04, 476 (betr VuV) uU Treuhänder des Vermächtnisnehmers (dazu *Geck* ZEV 04, 279; bedenkl).

44 **bb) Abgrenzung.** Betriebsveräußerung ist mE aber eine Übereignung an **Geldvermächtnisnehmer** oder Pflichtteilsberechtigte als Leistung an Erfüllungs Statt (glA BFH III R 38/00, BStBl II 05, 554; auch → Rn. 599, 26).

4. Vorweggenommene Erbfolge

Verwaltung: *BMF* BStBl I 93, 80 (vorweggenommene Erbfolge); *BMF* BB 93, 1791 (SBV); *BMF* BStBl I 07, 269 (Entgeltaufteilung); *BMF* BStBl I 10, 227 (Rentenerlass IV).

50 **a) BFH-Rechtsprechung (Großer Senat).** Wird ein Betrieb (Teilbetrieb, MUerAnteil) in „vorweggenommener Erbfolge", dh „durch den (künftigen) Erblasser auf einen oder mehrere als (künftige) Erben in Aussicht genommene Empfänger" übertragen (BGH IV ZR 299/89, BGHZ 113, 310; vgl § 593a BGB, § 13a I Nr 2 ErbStG aF; § 7g VII 3 aF; *BMF* BStBl I 93, 80 Rn. 1) und werden dabei „Gegenleistungen" (zB Versorgung, Gleichstellungsgeld) vereinbart, kann dies – abw von der

früheren Rspr (s *BMF* BStBl I 93, 80: Übergangsregelung) – nach BFH (GrS 4–6/89, BStBl II 90, 847; BFH GrS 1/90, BStBl II 92, 78) **unabhängig** davon, ob der Übergabevertrag zivilrechtl gemischte oder **Auflagenschenkung** (*Wacker* NWB F 3, 8650; **aA** *Stephan* DB 91, 1090) ist, estrechtl unentgeltl Übertragung iSv § 6 III oder (voll- bzw teilentgeltl) Veräußerung sein.

b) Versorgungsleistungen. Zwar ist nach BFH (GrS 1/90, BStBl II 92, 78) eine Verpflichtung des Übernehmers zu wiederkehrenden Versorgungsleistungen – gleich dem Vorbehalt von Nutzungsrechten am übertragenen Vermögen (→ Rn. 61) – grds **kein Entgelt,** weil das EStG spezialgesetzl („Sonderrecht") das Rechtsinstitut **„Vermögensübergabe gegen Versorgungsleistungen"** (= vorbehaltene Vermögenserträge) ausschließl den §§ 22, 10 zuordnet und damit aus dem Bereich der (teil-)entgeltl Geschäfte ausklammert. Gleiches gilt im Anwendungsbereich von § 10 Ia Nr 2, § 22 Nr 1a (iEinz s *BMF* BStBl I 10, 227; BFH IV R 1/20, DStR 24, 2417; → § 10 Rn. 111 ff), **nicht** jedoch, wenn die stillen Reserven des übertragenden BV aufzudecken sind (BFH IV R 52/08, BStBl II 11, 261). Die Lockerung der Anforderungen an § 6 III durch BFH und *FinVerw* (→ Rn. 11, 30) soll nach *BMF* BStBl I 19, 1291 Rn. 40 auch für § 10 Ia Nr 2a gelten. 51

c) Abstandszahlungen; Gleichstellungsgelder. Ein teilentgeltl Veräußerungs-/Anschaffungsgeschäft liegt vor, wenn die Vereinbarung ernsthaft und klar ist sowie tatsächl durchgeführt wird (BFH X R 31/91, BFH/NV 93, 18; zum Zahlungsrückfluss → Rn. 26) und der Wert der Leistung (Betrieb etc) höher als der Wert der Gegenleistung ist, soweit der Übernehmer – *(1)* an den Übergeber Abstandszahlungen zu leisten hat (→ Rn. 53), oder – *(2)* sich zur Zahlung von „Gleichstellungsgeldern" an Dritte verpflichtet (→ Rn. 53) oder – *(3)* private Schulden des Übergebers übernimmt (→ Rn. 57). 52

d) Geldleistungen; Sachleistungen aus eigenem Vermögen. – aa) Grundsätze. Entgelt für den GewBetr ist die Verpflichtung des Übernehmers zu **Geldleistungen** an Übergeber oder Dritte – ausgenommen *wiederkehrende Leistungen* iRd Sonderrechtsinstituts der Vermögensübertragung gegen Versorgungsleistungen (→ Rn. 51), grds unabhängig davon, ob er aus dem übernommenen oder eigenen Vermögen leistet (*Groh* DB 90, 2187; **aA** *Wacker* NWB F 3, 8654; evtl *BMF* BStBl I 93, 80 Rn. 8). Der Übergeber erzielt einen *Veräußerungspreis* in Gestalt seiner Forderung aus dem Übergabevertrag (*BMF* BStBl I 93, 80 Rn. 24 iVm Rn. 7) unabhängig davon, ob auch der Dritte einen eigenen Anspruch gegen den Übernehmer erwirbt (§§ 328 I, 330 S 2 BGB); der Übernehmer hat entspr *AK* (dazu → Rn. 66). Der Verpflichtung zur Geldleistung steht die Verpflichtung zu einer **Sachleistung aus eigenem Vermögen** des Übernehmers gleich (*BMF* BStBl I 93, 80 Rn. 24 iVm Rn. 7 Satz 2; 12; zu PV s *BMF* BStBl I 98, 914 Rn. 33). Auch gleichbleibende oder abänderbare **wiederkehrende Zahlungen,** die keine Versorgungsleistungen iSd zu → Rn. 51 dargestellten „(Sonder-)Rechtsinstituts" (zB verrentetes Gleichstellungsgeld; Mindestzeitrenten) sind, führen iHd Barwerts zu Entgelt (BFH X R 32–33/01, BStBl II 11, 675). 53

bb) Fälligkeit. Ist die Ausgleichszahlung erst zu einem späteren Zeitpunkt fällig *(Betagung)* oder von einem künftigen Ereignis abhängig, bei dem nur der Zeitpunkt des Eintritts ungewiss ist, zB Tod *(Befristung),* ist Veräußerungspreis der abgezinste Barwert (BFH XI R 9/84, BStBl II 91, 794 zu PV); der Dritte erzielt im Zeitpunkt der Erfüllung Einkünfte aus KapVerm iHd Differenz zw Erfüllungsbetrag und Barwert (ähnl *Groh* DB 90, 2187 (2190); *BMF* BStBl I 93, 80 Rn. 11, 20 zu PV). Ist die Ausgleichszahlung von einem ungewissen künftigen Ereignis zB Heirat abhängig (aufschiebende Bedingung), entstehen erst mit Eintritt des Ereignisses beim Übernehmer nachträgl AK (BFH XI R 2/90, BFH/NV 92, 297; *BMF* BStBl I 93, 80 Rn. 19, 21 zu PV); beim Übergeber erhöht sich der Veräußerungspreis rückwirkend (arg BFH GrS 2/92, BStBl II 93, 897). 54

55 **cc) Leistung an Erfüllungs Statt.** Wird eine Geldleistungsverpflichtung durch eine Sachleistung (oder wiederkehrende Bezüge) abgelöst (Leistung an Erfüllungs Statt), bleibt der Entgeltcharakter der Geldschuld unberührt (glA *Schoor* StBP 92, 29 (33); **aA** *Ehmcke* Stbg 92, 72 (78)). Bei einem Wahlrecht des Dritten zw Sach- oder Geldleistung ist die Verpflichtung des Übernehmers mE ebenso wie bei reiner Geldschuld Entgelt. Ist Gegenstand der Leistung an Erfüllungs Statt ein WG des (übernommenen) BV, entsteht ein nichtbegünstigter Gewinn des Übernehmers (mE Veräußerung iSv § 6b; s BFH VIII R 2/94, BStBl II 96, 60).

56 **dd) Ausweg.** Einer evtl Gewinnrealisierung bei Betriebsübertragung gegen Gleichstellungsgeld lässt sich dadurch ausweichen, dass der *Übergeber* vor der Übertragung liquide Mittel entnimmt und diese selbst den Dritten zuwendet.

57 **e) Übernahme von Schulden. – aa) Private Schulden.** Soweit bei der Übertragung des GewBetr (Teilbetrieb, MUerAnteil) der Übernehmer private Schulden, insb Geldschulden des Übergebers oder der PersGes (→ § 15 Rn. 489) übernimmt, ist dies – gleich Abstandszahlungen – Entgelt (BFH GrS 4–6/89, BStBl II 90, 847 (853); BFH IV R 61/93, BStBl II 95, 367 aE; *BMF* BStBl I 93, 80 Rn. 27), ausgenommen die Übernahme – *(1)* schuldrechtl oder dingl Pflichten zur Nutzungsüberlassung zB aus Miete (*Groh* DB 90, 2187 (2191)), – *(2)* bestehender Versorgungspflichten im „Generationennachfolge-Verbund". Die übernommenen (privaten) Schulden werden beim Übernehmer damit BV und die Zinsen BA (BFH IV R 73/87, BStBl II 91, 450). Zur Ablösung privater Schulden des Veräußerers → Rn. 303.

58 **bb) Betriebliche Schulden.** Kein Entgelt ist aber die Übernahme der Schulden, die passives BV (einschließl SBV) des übertragenen Betriebs (Teilbetriebs, MUer-Anteils) sind; hierzu gehören auch die § 4 IVa (Kürzung des BA-Abzugs für Schuldzinsen) zugrunde liegenden Verbindlichkeiten (*Hübner* DStR 00, 1205 (1208); *BMF* BStBl I 05, 1019 Rn. 1). Buchwert iSv § 6 III ist grds der Nettowert (→ Rn. 38; BFH GrS 4–6/89, BStBl II 90, 847; *BMF* BStBl I 93, 80 Rn. 29).

59 **cc) Negatives Kapitalkonto.** Hieraus folgt ferner, dass auch bei Übertragung eines Betriebs mit negativem KapKto die Übernahme der diesem Konto entspr Schulden kein Entgelt und die Übertragung daher voll unentgeltl ist, *wenn* entspr stille Reserven oder zumindest Gewinnchancen vorhanden sind *und* keine (sonstigen) Gegenleistungen erbracht werden (BFH IV R 16/15, BStBl II 18, 527; BFH VIII R 76/96, BStBl II 99, 269). Zum Übergang verrechenbarer Verluste vgl → § 15a Rn. 65, 168; *Meyer ua* INF 98, 557 betr Übergabe real überschuldeter Betriebe). Ist die Übertragung aber teilentgeltl, zB weil der Übernehmer ein Gleichstellungsgeld zu zahlen hat, ist zur Ermittlung des Veräußerungsgewinns vom Entgelt (zB Gleichstellungsgeld) der negative Buchwert abzuziehen (Subtraktion einer negativen Größe = Addition) mit der Folge, dass die Übernahme der Betriebsschulden iHd negativen KapKtos wie die Übernahme privater Schulden (Entgelt) wirkt (BFH X B 71/06, BFH/NV 07, 37); demgemäß hat der Übernehmer auch AK iHd Gleichstellungsgelds zuzügl übernommenes negatives KapKto (BFH XI R 34/92, BStBl II 93, 436; *BMF* BStBl I 93, 80 Rn. 30, 31).

Beispiel: Verkehrswert des GewBetr 1 Mio; Nettobuchwert = KapKto ./. 0,2 Mio (Aktiva 0,4 Mio, Passiva 0,6 Mio). V überträgt auf S gegen Gleichstellungsgeld an T von 0,5 Mio. **Lösung:** – ***(a) BMF/hL:*** Veräußerungsgewinn des V = AK des S: 0,7 Mio (0,5 Mio Gleichstellungsgeld + 0,2 negatives KapKto). – ***(b) Gegenmeinung:*** Veräußerungsgewinn = AK: 0,5 Mio (nur Gleichstellungsgeld). *Ausweg* uU: Vorab-Entnahme liquider Mittel durch V (→ Rn. 56).

60 **f) Verfügungen über erhaltenes Vermögen. – aa) Weitergabe.** Ist der Übernehmer des GewBetr auf Grund des Übergabevertrags verpflichtet, WG des übernommenen BV (zB Grundstück) an Dritte (zB Geschwister) weiter zu übertragen, ist diese Verpflichtung – anders als Zahlungen oder Sachleistungen aus eigenem Ver-

mögen – **kein Entgelt** für den GewBetr (BFH GrS 4–6/89, BStBl II 90, 847 (853); *BMF* BStBl I 93, 80 Rn. 24, 8; zu Geldleistungen aber → Rn. 53). Mit der Erfüllung der Verpflichtung entsteht aber ein nicht begünstigter Entnahmegewinn des Übernehmers (diff *BMF* BStBl I 93, 80 Rn. 32). Übereignet der Übergeber noch selbst vor der Betriebsübertragung, ist der Entnahmegewinn dem Übergeber zuzurechnen (BFH IV R 89/90, BStBl II 93, 225). Wird die Pflicht zur Sachleistung durch eine Zahlung an **Erfüllungs Statt** abgelöst, führt dies mE nicht zu nachträgl Veräußerungserlös des Übergebers (**aA** → 17. Aufl 1998, § 16 Rn. 70: AK des Übernehmers).

bb) Erlösauskehrung; Belastungen des erhaltenen Vermögens; Abfindungen. An einem Veräußerungserlös für den Übergeber und damit an AK für den Übernehmer fehlt es ferner, *wenn* – ***(1)*** **der Übernehmer verpflichtet** ist – ***(a)*** den bei (teilweiser) Veräußerung des übertragenen Vermögens erzielten (Teil-)Erlös zB an Geschwister abzuführen (*Wacker* NWB F 3, 8654), – ***(b)*** Dritten einen GesAnteil (zB KG-Anteil, stille Beteiligung) am übertragenen GewBetr einzuräumen (*Groh* DB 90, 2187 (2189)), – ***(c)*** Dritten ein Nutzungsrecht an Teilen des übertragenen Vermögens zuzuwenden, – ***(d)*** den Übergeber mit zB 25% am Gewinn des Betriebs zu beteiligen (Folge: Übergeber erzielt nachträgl gewerbl Einkünfte; glA zu vorbehaltenem Ertragsnießbrauch FG Mster EFG 14, 1951); – ***(2)*** zugunsten Übergeber oder Dritten **vorbehaltene** (dingl/schuldrechtl) **Nutzungsrechte,** zB Nießbrauch an KG-Anteil (BFH IV R 36/22, BFH/NV 25, 1562 Rn. 80), Wohn-/Erbbaurecht (BFH I R 96/02, BStBl II 08, 296; BFH IX R 8/18, DStR 20, 33; zur Entnahme → § 5 Rn. 655) übernommen werden. Wird das Nutzungsrecht später **abgelöst,** führt dies idR zu nachträgl AK des Übernehmers (Ausnahme: gleitende Vermögensübergabe gegen Versorgungsleistungen; → § 10 Rn. 112, 120 Abfindung). Wird der an einem **MUerAnteil** vorbehaltene **Nießbrauch** abgelöst, erzielt der Nießbraucher (MUer; str, iEinz → § 15 Rn. 306, 313) einen Veräußerungsgewinn (zT **aA** *Götz ua* DStR 10, 2432). – ***(3)*** Gleichfalls grds kein Entgelt (keine AK) für das (potentielle) Erbvermögen sind **Abfindungen** auf Grund eines **Erb-/Pflichtteilsverzichts** (BFH VIII R 3/17, BStBl II 20, 813) trotz geänderter Rspr zur Behandlung beim Empfänger (BFH X R 132/95, BStBl II 00, 82: kein § 22 Nr 1; zu Zinsen s BFH VIII R 22/17, BStBl II 20, 92: § 20 I Nr. 7); zu § 10 Ia Nr 2 → § 10 Rn. 112. Gleiches gilt für entgeltl **Verzicht** auf **Herausgabeanspruch** des Vertragserben gem **§ 2287 BGB** vor Eintritt des Erbfalls (FG Mster EFG 02, 131). Ein mögl Zinsanteil ist auch beim Erben (→ Rn. 593) nicht BA/WK; *Ausnahme:* GewBetr wird zB in vorweggenommener Erbfolge unter Übernahme der (Rest-)Abfindungsschuld ggü Verzichtendem übertragen (vgl → Rn. 57). Zu § 311b V BGB (= § 312 II aF) s *Kempermann* FR 01, 442 (553): kein Entgelt (**aA** *Daragan* DB 01, 848). 61

g) Gleichzeitige Übertragung Gewerbebetrieb und Privatvermögen. Wird gleichzeitig ein GewBetr und PV auf *denselben* Übernehmer übertragen, ist zur Ermittlung des Veräußerungspreises für den GewBetr und der AK für GewBetr und PV (Übernehmer) ein Teilentgelt zwar grds im Verhältnis der Verkehrswerte der übertragenen WG aufzuteilen (zu Nettowertansatz des BV s *Wacker* NWB F 3, 8671 (8672)). Entgegen *BMF* BStBl I 93, 80 Rn. 47 sind jedoch vertragl vereinbarte Einzelpreise bis zur Höhe der jeweiligen Verkehrswerte (BV; einzelne WG des PV) nicht zu beanstanden (BFH IX R 54/02, BStBl II 06, 9; *BMF* BStBl I 07, 269: zB unentgeltl Betriebsübertragung und vollentgeltl Veräußerung von PV). 62

5. Rechtsfolgen teilentgeltlicher Übertragung von Betrieben/Teilbetrieben. Die Wertung bestimmter Leistungen des Übernehmers als Entgelt besagt noch nicht, dass bei (teilentgeltl) Übertragung eines **Gewerbebetriebs** (Teilbetriebs, MUerAnteils) in vorweggenommener Erbfolge stets Veräußerungsgewinne oder -verluste des Übergebers und entspr AK des Übernehmers entstehen. 65

a) Einheitstheorie. Die teilentgeltl Übertragung eines GewBetr (Teilbetriebs, MUerAnteils) ist – anders als bei PV (s BFH XI R 5/83, BStBl II 91, 793) – nicht 66 nach dem Verhältnis des Entgelts zum Verkehrswert des übertragenen Vermögens in einen voll entgeltl und einen voll unentgeltl Teil aufzuspalten (Spaltungs- bzw *Trennungstheorie;* dafür *Weber-Grellet* DB 19, 2201), sondern einheitl zu beurteilen: Nur soweit das Entgelt den gesamten (Netto-)Buchwert (KapKto) übersteigt, entsteht ein Gewinn des Übergebers (BFH X R 14/11, BStBl II 14, 158; BFH IV R 15/76, BStBl II 81, 11 zu § 17; *BMF* BStBl I 93, 80; *BMF* BStBl I 07, 269 Rn. 14 f). Ist das Entgelt niedriger, ist der Buchwert fortzuführen (§ 6 III); es entsteht kein Verlust (BFH XI R 34/92, BStBl II 93, 436; *BMF* BStBl I 93, 80 Rn. 35–39 mit Beispielen; glA zB *Groh* DB 90, 2187 (2190); *L. Schmidt* FS Clemm, 1996 S 349). Dies gilt sowohl für den **Veräußerer** (BFH X R 14/11, BStBl II 14, 158) als auch den **Erwerber** (BFH IV R 61/93, BStBl II 95, 367 aE), ebenso mE, wenn nach den Grundsätzen von BFH und *FinVerw* § 6 III trotz **Buchwertausgliederung** von funktional wesentl WG (§ 6 V) greift (→ Rn. 11). Der nach der Einheitstheorie ermittelte Veräußerungsgewinn (des Zuwendenden) ist nach bisheriger, von BFH IV R 36/13, BStBl II 15, 529 nur aus Gründen der Rechtskontinuität bestätigter Rspr **tarifbegünstigt** (BFH IV R 12/81, BStBl II 86, 811), wenn unter Beachtung der Gesamtplan-Rspr alle wesentl Betriebsgrundlagen des Betriebs/MUerAnteils übertragen werden (→ Rn. 4, 77, 86, 97, 125). ME widerstreitet die Rspr dem Zweck der §§ 16, 34 (*Wacker* Ubg 16, 245 (252); *Patt* EStB 18, 330; → Rn. 4). Zu § 6 III 2 (unentgeltl Aufnahme in Einzelunternehmen/Übergang von MUer*teil*Anteilen) → Rn. 218; zu verdeckter Einlage in KapGes → Rn. 216 f. Zur GewBetr-Übertragung mit negativem KapKto → Rn. 59.

Beispiel 1: V überträgt einen GewBetr auf S mit einem Verkehrswert von 2 Mio € und einem Buchwert von 0,8 Mio € (1,2 Mio Aktiva ./. 0,4 Mio Passiva). S muss an T ein Gleichstellungsgeld von 1 Mio € zahlen. – *Lösung* (Einheitstheorie): Vom Veräußerungspreis (1 Mio) ist der volle Nettobuchwert (0,8 Mio) abzuziehen; der (tarifbegünstigte) Veräußerungsgewinn des V beträgt (nur) 0,2 Mio €. S muss die Buchwerte der Aktiva um 0,2 Mio € aufstocken.

Beispiel 2: Wie Beispiel 1, nur: das buchmäßige Eigenkapital beträgt 1,3 Mio € (1,7 Mio Aktiva ./. 0,4 Mio Passiva). *Lösung* (Einheitstheorie): Da der Veräußerungspreis den Nettobuchwert nicht übersteigt, entsteht weder ein Veräußerungsgewinn noch -verlust. S muss die Buchwerte fortführen (§ 6 III 1, 3).

67 **b) Nebenkosten.** Sie gehören bei Teilentgeltlichkeit in vollem Umfang zu den (ggf aufzuteilenden) AK (BFH XI R 4/90, BFH/NV 92, 169; *BMF* BStBl I 93, 80 Rn. 13 zu PV); *Ausnahme:* ErbSt (§ 12 Nr 3). Auch bei voll unentgeltl Erwerb sollen Anschaffungsnebenkosten anzusetzen sein (→ § 6 Rn. 53; fragl; offen BFH IV R 44/12, BFH/NV 15, 1085).

68 **c) Buchwertgrenze.** Überschreitet die Gegenleistung nicht den Buchwert, ist dieser gem § 6 III 3 fortzuführen; auch insoweit ist die Ausgliederungs-Rspr (BFH IV R 14/18, BStBl II 21, 367; → Rn. 11) zu beachten und der Buchwert nur auf das übertragene Vermögen zu beziehen. Obwohl hiernach beim Veräußerer kein Verlust entsteht und der Erwerber keine AK hat (→ Rn. 66), soll die **Gegenleistungsschuld** (und ihre Refinanzierung einschließl **Zinsen**) nach Verwaltungsansicht (*BMF* BStBl I 93, 80 Rn. 38; uU auch BFH IV R 73/87, BStBl II 91, 450) **betriebl** veranlasst sein (mE unzutr).

69 **d) Wiederkehrende Leistungen.** Teilentgelt kann auch eine Verpflichtung zu gleichbleibenden oder abänderbaren wiederkehrenden Leistungen sein (BFH VIII R 64/93, BFH/NV 02, 10 zu betriebl EinzelWG; BFH IX R 46/88, BStBl II 95, 169 zu vollentgeltl Erwerb von PV gegen dauernde Last; BFH X R 54/94, BStBl II 97, 813 zu teilentgeltl Erwerb von PV), Ausnahme: „Vermögensübertragungen gegen Versorgungsleistungen" (→ Rn. 51; § 22) und private Versorgungsrenten (BFH X R 2/06, BStBl II 08, 99).

e) Weitere Folgerungen. Überschreitet das Teilentgelt nicht den Buchwert des übertragenen Betriebs (etc), ergibt sich aus den Grundsätzen der Einheitstheorie **mE** ferner, dass der **Übernehmer** hinsichtl zB degressiver bzw erhöhter AfA, Bindungsvoraussetzungen (zB FördG aF, InvZulG) usw in die Rechtsstellung des Übergebers in vollem Umfang eintritt (glA zu § 6b BFH VIII R 27/98, DStRE 01, 230; zu § 4 IVa *Kanzler* INF 00, 513 (516); zu § 34a → § 34a Rn. 76, 85); umgekehrt ist der Übernehmer wie ein voll entgeltl Erwerber zu behandeln, wenn das Teilentgelt höher als der Buchwert ist (→ § 6b Rn. 30; zu § 4 IVa *Korn* KÖSDI 01, 12705; zur Aufteilung des Teilentgelts s FG Bln-Bbg DStRE 18, 394, rkr; zum Verpächterwahlrecht → Rn. 179). Die **FinVerw** ist dem ggü *(noch)* der Ansicht, dass – *(1)* der Übernehmer zwar die Abschreibung des Übergebers fortführen kann, soweit kein entgeltl Erwerb gegeben ist, und Aufstockungsbeträge wie nachträgl AK zu behandeln sind, – *(2)* die Verbleibensfristen/Vorbesitzzeiten aber nur hinsichtl des unentgeltl Teils beim Rechtsvorgänger/Rechtsnachfolger zusammengefasst werden können, hinsichtl des entgeltl Teils die WG angeschafft sind und daher ggf neue Fristen in Gang gesetzt werden (*BMF* BStBl I 93, 80 Rn. 38, 39, 41). 70

f) Abgrenzungen. Zur andersartigen Rechtslage bei Realteilung/**Erbauseinandersetzung** mit Abfindung bzw Ausgleichszahlung (Trennungstheorie) → Rn. 542, 610, 619–621. Zur Übertragung **betriebl Einzel-WG** s BFH IV R 11/12, DStR 12, 2051; BFH I R 80/12, BStBl II 13, 1004; BFH IV R 16/19, BFH/NV 23, 120: Verrechnung von Teilentgelt und *vollem* Buchwert (sog modifizierte Trennungstheorie; dazu *Wacker* FR 23, 725; **aA** *BMF* BStBl I 13, 1164; FG RhPf EFG 23, 1131, Rev IV R 17/23; *LfSt Nds* DStR 23, 2728: Verfahrensruhe). Trifft eine **vorweggenommene Erbfolge** mit einer **Erbauseinandersetzung** (→ Rn. 608 ff) zusammen, sind beide Teile der Vereinbarung getrennt zu beurteilen (BFH XI R 7, 8/84, BStBl II 91, 791). 71

III. Betriebsveräußerung im Ganzen

1. Überblick. Ein ganzer Gewerbebetrieb oder ein Teilbetrieb wird iSv § 16 I Nr 1 veräußert, wenn – *(1)* das wirtschaftl Eigentum (→ Rn. 25, 231) an allen wesentl Betriebsgrundlagen, – *(2)* entgeltl/teilentgeltl (→ Rn. 66), – *(3)* in einem einheitl Vorgang, – *(4)* auf einen Erwerber (natürl Person; PersGes; KapGes) übertragen und – *(5)* damit die bisher in diesem Betrieb mit diesen wesentl Betriebsgrundlagen entfaltete gewerbl Tätigkeit des Veräußerers endet (zB BFH X R 28/11, BFH/NV 15, 479; → Rn. 80, 82 einschl § 6 III). 75

2. Ganzer Betrieb. Der bestehende und noch nicht zerstörte (dazu BFH IV R 25/79, BStBl II 82, 707: Betriebsaufgabe; → Rn. 122) Betrieb muss „als **selbstständiger Organismus** des Wirtschaftslebens" auf den Erwerber übertragen werden und von diesem fortgeführt werden *können* (zB BFH IV R 50/90, BStBl II 92, 380). Unerhebl ist, ob der Erwerber den Betrieb tatsächl fortführt oder stilllegt (EStR 16 I 2). GewBetr iSv § 16 kann auch ein noch nicht werbend tätiger Betrieb sein, vorausgesetzt, dass bereits die wesentl Betriebsgrundlagen vorhanden sind (zB BFH IV R 30/00, BStBl II 04, 182 zu § 7g aF; weitergehend FG Ddorf EFG 00, 1246). Ob ein *ganzer* GewBetr (und nicht nur ein Teilbetrieb oder einzelne Betriebsteile) veräußert worden ist, bestimmt sich nach den Verhältnissen im Zeitpunkt der **Übertragung** des **wirtschaftl Eigentums** (BFH I R 119/81, BStBl II 85, 245; krit zR *Tiedtke/Wälzholz* DStZ 00, 127: Kausalgeschäft maßgebl). Werden alle wesentl Betriebsgrundlagen teils entgeltl, teils durch **verdeckte Einlage** auf eine KapGes übertragen, ist dies idR Betriebsveräußerung, bei der auch der Wert der eingelegten WG zum Veräußerungspreis gehört (BFH VIII R 142/84, BStBl II 90, 420), oder Betriebsaufgabe (BFH I R 113/95, BFH/NV 97, 214). 76

77 **a) Mehrere Erwerber.** Werden alle wesentl Betriebsgrundlagen auf verschiedene, nicht gesellschaftl verbundene Personen übertragen und damit der Betrieb als selbstständiger Organismus des Wirtschaftslebens zerstört, ist dies keine Betriebsveräußerung (BFH VIII R 323/84, BStBl II 89, 357); es kann Betriebsaufgabe iSv § 16 III oder nichtbegünstigte allmähl Abwicklung gegeben sein (→ Rn. 200). Gleiches gilt, wenn ein Teil der wesentl Betriebsgrundlagen auf einen oder verschiedene Erwerber entgeltl oder unentgeltl übertragen und der andere Teil in das PV überführt (BFH VIII B 21/93, BStBl II 95, 890) „oder anderen betriebsfremden Zwecken zugeführt" (BFH I R 202/83, BStBl II 87, 705) wird (→ Rn. 150). Wird ein Teil der wesentl Betriebsgrundlagen (→ Rn. 86) als **BV/SBV** unter **Buchwertansatz** gem § 6 V (zwingend!; vgl BFH X R 28/00, BFH/NV 03, 243) fortgeführt, das restl BV aber veräußert, liegt **keine Betriebsveräußerung/Betriebsaufgabe,** sondern die nicht begünstigte Veräußerung einzelner WG (Betriebsmittel) vor (BFH X R 8/16, BStBl II 18, 426; zur GewSt s *OFD Ffm* DB 00, 2350; → Rn. 17); Gleiches gilt, wenn Buchwertfortführung und Restveräußerung iSe **Gesamtplans** sachl/zeitl verknüpft sind (BFH IV R 49/08, BStBl II 10, 726; BFH X R 22/12, BStBl II 14, 388). Die Lockerung der Rspr zu § 6 III (→ Rn. 10 f) hat hieran nichts geändert (BFH IV R 44/10, BFH/NV 13, 376; *BMF* BStBl I 19, 1291 Rn. 16). **§§ 16, 34** sind jedoch zu **bejahen,** wenn (wesentl) BV/SBV zu Buchwerten nach **§ 6 I Nr 4 S 4** entnommen wird (BFH VIII R 53/99, BStBl II 03, 237; FG Köln EFG 11, 1520; insoweit unklar EStR 16 II 8; *Seifert* INF 99, 100/-5) oder wenn einzelne Gewinnteile als *lfd* Gewinn zu erfassen sind (→ Rn. 326, 331; BFH VIII R 15/00, BFH/NV 05, 1033 zu teilentgeltl Veräußerung) oder dem **Teileinkünfteverfahren** unterliegen (*arg* § 34 II Nr 1). Ebenso uU auch bei **Wohnbebauung** gem §§ 13 V, 15 I 3, 18 IV 1 (vgl BFH IV R 31/00, BStBl II 02, 78).

78 **b) Insolvenzverfahren.** Einer Veräußerung durch den Betriebsinhaber steht die Veräußerung durch den **Insolvenzverwalter** (§ 160 II Nr 1 InsO) gleich (BFH IV 210/62 S, BStBl III 64, 70; evtl ist aber bereits die Betriebseinstellung eine Betriebsaufgabe, → Rn. 157, 200; Veräußerung von EinzelWG s BFH IV R 23/11, BStBl II 13, 759: ESt = Masseverbindlichkeit). Zur Veräußerung von SBV durch StPfl s FG Mster EFG 13, 1350.

80 **3. Beendigung der bisherigen gewerblichen Tätigkeit.** Diese ist – anders als bei LuF; → Rn. 82) und losgelöst vom Merkmal der Übertragung aller wesentl Betriebsgrundlagen – selbständiges **Tatbestandsmerkmal** des § 16, das sich obj auf ein bestimmtes BV und subj auf ein bestimmtes „Steuersubjekt" bezieht (BFH XI R 56, 57/95, BStBl II 96, 527; abl *Glanegger* DStR 98, 1329). Das Merkmal ist deshalb nicht nur bei Veräußerung an eine **KapGes** (BFH X B 175/97, BFH/NV 98, 1346), sondern nach der Rspr auch dann erfüllt, wenn zB ein **Einzelunternehmer an** eine **PersGes veräußert,** an der er beteiligt ist (BFH X R 28/11, BFH/NV 15, 479; PersGes = Gewinnerzielungssubjekt; bedenkl; → § 15 Rn. 163), oder zu gemeinen Werten in eine PersGes gegen Gewährung von GesRechten nach § 24 UmwStG einbringt (BFH VIII R 5/92, BStBl II 94, 856; *Tiedtke ua* DStR 99, 217 (220)). Der Veräußerungsgewinn gilt aber ab „insoweit" als **lfd Gewinn,** als der Veräußerer auch MUer der erwerbenden PersGes ist bzw wird (§ 16 II 3 EStG; § 24 III 3 UmwStG); dazu → Rn. 331.

81 **a) Weitere Tätigkeiten.** Der (begünstigten) Veräußerung des ganzen GewBetr steht weder die **freie Mitarbeit** des Veräußerers im veräußerten Betrieb (BFH X R 40/07, BStBl II 09, 43; → § 18 Rn. 227; zu verdecktem Kaufpreis s *Stahl* BeSt 09, 3) entgegen noch, dass er nach der Veräußerung weiterhin **anderweitig gewerbl** tätig ist, sei es, dass er neben dem veräußerten ganzen GewBetr schon bisher einen weiteren GewBetr unterhielt und fortführt oder MUer des GewBetr einer PersGes war und bleibt (nebeneinander), sei es, dass er einen neuen GewBetr eröffnet (nacheinander), sofern dieser und der veräußerte Betrieb nicht wirtschaftl identisch sind,

dh wenn alle wesentl Betriebsgrundlagen (einschließl immaterieller Anlagewerte, insb Kundenstamm vgl BFH VIII R 323/84, BStBl II 89, 357) veräußert wurden und der Veräußerer damit seine bisher mit diesen wesentl Betriebsgrundlagen entfaltete gewerbl Tätigkeit endgültig einstellt (BFH IV R 12/10, BStBl II 14, 1000. Einschr *Glanegger* DStR 98, 1329 in Anlehnung an die Rspr zu § 18 (→ § 18 Rn. 223): Rückbehalt von 10% der Kundenbeziehungen unschädl (zutr; ebenso FG Köln EFG 13, 682; uU BFH XI R 56, 57/95, BStBl II 96, 527 aE; enger aber *OFD Bln* FR 03, 1146). Fehlt es hieran, liegt idR nur eine innerbetriebl Strukturänderung evtl iVm einer Betriebsverlegung vor (BFH XI R 71/95, BStBl II 97, 236; NdsFG EFG 14, 917).

b) Rückpacht; Vorbehaltsnießbrauch. Betriebsveräußerung ist auch zu verneinen, wenn der Veräußerer anschließend den Betrieb vom Erwerber pachtet (BFH XI R 26/91, BFH/NV 93, 161; *Schießl* DStZ 07, 113: lfd Gewinn). Ebenso bei Vorbehaltsnießbrauch auch bei aktiver Bewirtschaftung (vgl auch zu § 6 III BFH X R 35/19, DStR 25, 946: grds tätigkeitsbezogener Betriebsbegriff; BFH X R 59/14, BStBl II 19, 730; BFH IV R 1/20, DStR 24, 2417 mit Abgrenzung ggü § 10 Ia Nr 2; glA nunmehr *BMF* BStBl I 25, 1834 mit Übergangsregelung; zur Kritik → 44. Aufl. 2025, § 16 Rn. 82; anders aber bei LuF (→ § 14 Rn. 3 ff; BFH X R 35/19, DStR 25, 946: bereichspezifische Ausnahme; mE fragl). Zur BetrAufsp s *Tiedtke ua* BB 99, 765 (771). 82

4. Veräußerung aller wesentlichen Betriebsgrundlagen. Veräußert werden muss der (ganze) GewBetr, dh aber nicht alle WG des BV, aber **alle wesentl Betriebsgrundlagen** (zB BFH VIII R 10/99, BStBl II 01, 282). Der Begriff der wesentl Betriebsgrundlagen ist entspr dem jeweiligen Gesetzeszweck **normspezifisch** auszulegen (BFH X R 49/06, BStBl II 07, 772). Danach ist zB für § 6 III (→ Rn. 10, 37 einschließl Ausgliederungs-Rspr), die Betriebsverpachtung (→ Rn. 172) und die BetrAufsp (→ § 15 Rn. 808) eine rein funktionale Sicht geboten. GlA ErbStR 13a.13 II zu §§ 13a VI, 19a V ErbStG; zT **aA** BFH II R 10/18, DStR 21, 1648 betr doppelstöckige PersGes. Zu §§ 20, 24 UmwStG → Rn. 30, 32. 85

a) Funktional-quantitative Betrachtung. Als Tatbestandsmerkmal des **§ 16,** dh bei Veräußerung (oder Aufgabe; → Rn. 205) eines GewBetr (Teilbetrieb, MUer-Anteil), versteht der BFH den Begriff der wesentl Betriebsgrundlagen entspr dem Zweck der §§ 16, 34, (nur) die zusammengeballte Realisierung der stillen Reserven tarifl zu begünstigen (→ Rn. 4: Gesamtplan-Rspr) und anders als zB iRv § 6 III (→ Rn. 85) – iSe **kombinierten** funktional-quantitativen **Betrachtung** (BFH IV R 49/08, BStBl II 10, 726). Danach gehören zu den wesentl Betriebsgrundlagen iSv § 16 sowohl – ***(1)*** WG, die nach der Art des Betriebs (Fabrikation, Handel, Dienstleistung) und ihrer **Funktion** im Betrieb für diesen wesentl sind, unabhängig davon, ob sie stille Reserven enthalten (funktionale Betrachtung aus Veräußerersicht; s einschließl Ausnahmen BFH I R 97/08, BStBl II 10, 808; BFH X R 11/16, BStBl II 17, 992) als auch – ***(2)*** WG, die zwar funktional gesehen für den Betrieb nicht erforderl, in denen aber **erhebl stille Reserven** gebunden sind (quantitative Betrachtung; krit zB *F. Dötsch* GS Knobbe-Keuk, S 411 (422)). Entspr gilt bei Veräußerung von **Teilbetrieben/MUerAnteilen** (→ Rn. 125, 405 ff). 86

b) Einzelfragen. – aa) Betriebsvermögen; Sonderbetriebsvermögen. Nach der für § 16 (Betriebsveräußerung/-aufgabe) maßgebl funktional-quantitativen Betrachtungsweise werden – anders als zB bei § 6 III usw (→ Rn. 85) – auch WG des **gewillkürten BV,** des **SBV I,** aber auch des **SBV II** (dazu → Rn. 96) erfasst. 87

bb) Anlagevermögen. Zu den wesentl Betriebsgrundlagen gehören funktional idR die WG des Anlagevermögens, insb **Betriebsgrundstücke** (BFH X R 77/90, BFH/NV 92, 659: auch wenn „austauschbar"; FG BW EFG 91, 613: Fahrschulraum; FG BW EFG 04, 1833: zeitweise Nichtnutzung unerhebl; zu Bürogebäude/Büro- 88 räume auch betr BetrAufsp → § 15 Rn. 813), aber auch **Lagergrundstück** eines Getränkehandels (offen BFH IV R 17/12, BFH/NV 16, 209), **Maschinen/Betriebsvorrichtungen** (*einschr* BFH X R 20/06, BStBl II 10, 222), **nicht** aber **kurzfristig** wieder **beschaffbare einzelne** WG des AV (BFH X R 101/90, BStBl II 93, 710), jedenfalls solche von relativ geringem Wert (BFH IV R 139/81, BStBl II 85, 205: Reitschulpferde; BFH IV R 20/02, BStBl II 04, 10: Betriebseinrichtung eines Großhandels; BFH IV R 18/02, BStBl II 03, 838: Schulungs-Kfz; BFH X R 13/05, BFH/NV 08, 1306: Bäckereiinventar; FG RhPf EFG 86, 10: Kinoeinrichtung; FG BW EFG 98, 1063: Hotelinventar; **aA** FG Bln-Bbg 15, 289, rkr; → § 15 Rn. 815; ebenso HessFG EFG 02, 1442; FG Mster EFG 98, 1465: Betonpumpenmaschine; auch → Rn. 173) *oder* solche mit hohem **Verschleiß** (BFH X R 20/06, BStBl II 10, 222: Kfz-Werkstattausrüstung). Anders aber uU bei einem absolut und relativ hohen **WP-Bestand** einer gewerbl geprägten *Vermögensverwaltung* (BFH VIII R 10/99, BStBl II 01, 282). Str ist die Betriebsveräußerung (Aufgabe), wenn ein Schifffahrtsunternehmer sein **einziges Schiff** veräußert und ein anderes erwirbt (*vern* BFH IV R 46/10, BFH/NV 14, 221; *bej* für Küstenschiffer BFH IV R 199/72, BStBl II 76, 670; für Partenreederei gem § 489 HGB aF zB BFH IV R 50/90, BStBl II 92, 380; für KG BFH IV R 12/10, BStBl II 14, 1000).

89 **cc) Immaterielle Wirtschaftsgüter.** Wesentl Betriebsgrundlagen können auch immaterielle Wertesein, zB Geschäftswert und dessen Elemente (BFH IV R 3/03, DStR 05, 553), Fernverkehrsgenehmigung (BFH VIII R 142/84, BStBl II 90, 420), Namens-/Zeichenrecht (BFH I R 97/08, BStBl II 10, 808), Bezeichnung eines Betriebs (BFH X R 11/16, BStBl II 17, 992), Bezirkshändlervertrag (BFH XI R 71/95, BStBl II 97, 236), Vertreterrecht (SchlHFG EFG 13, 688), Vertriebsrechte (BFH IV R 89/06, BFH/NV 10, 818: zweifelnd), Kundenstamm (BFH XI R 63/96, BStBl II 97, 573); besondere Geschäftsbeziehungen (BFH IV R 12/10, BStBl II 14, 1000), örtl Wirkungskreis (BFH IV R 3/03, BFH/NV 05, 879). Dies ist insb für die **Abgrenzung** der begünstigten Betriebsveräußerung/Betriebsaufgabe) iVm der Neueröffnung eines anderen Betriebs von der **innerbetriebl Strukturänderung** oder **Betriebsverlegung** iVm einer nichtbegünstigten Veräußerung oder Entnahme einzelner WG wichtig. Letzteres liegt bei Rückbehalt immaterieller wesentl Betriebsgrundlagen zB vor, wenn – *(1)* ein Handelsvertreter seine bisherigen Vertretungen veräußert, aber als bald eine neue übernimmt (BFH I 221/63, BStBl III 66, 459; SchlHFG EFG 13, 688), – *(2)* eine Druckerei ihr Anlagevermögen „auswechselt", aber weiterhin für den selben Großabnehmer tätig ist (BFH I R 119/81, BStBl II 85, 245), – *(3)* ein Frachtführer nach Veräußerung seiner Lastzüge für dieselben Kunden als Spediteur tätig ist (BFH VIII R 323/84, BStBl II 89, 357).

90 **dd) Umlaufvermögen.** Ob UV wie zB **Waren** zu den wesentl Betriebsgrundlagen gehört, richtet sich nach den Umständen des Einzelfalls (dazu auch → Rn. 130 „Warenbestand"). Für den Warenbestand eines Einzelhändlers zB mit Teppichen wird dies idR zu bejahen sein (BFH VIII R 316/82, BStBl II 89, 602; ähnl BFH VIII R 65/02, BStBl II 06, 160 betr Grundstücke). Anders aber, wenn der Warenbestand seiner Art nach (zB Lebensmittel, Getränke; BFH IV R 51/07, BStBl II 09, 303: Schmuck; fragl) kurzfristig wieder beschaffbar ist. Demgemäß ist die Veräußerung eines Lebensmittelgeschäfts auch dann Betriebsveräußerung, wenn der Veräußerer in einer anderen Stadt mit seinem *bisherigen* Warenbestand ein gleichartiges Ladengeschäft eröffnet (BFH IV R 200/72, BStBl II 76, 672: Wechsel des Kundenstamms; → Rn. 89); anders aber bei Standortwechsel um 200–300 m (BFH I R 116/81, BStBl II 85, 131: bloße Betriebsverlegung; → Rn. 152). Entspr muss zB gelten, wenn ein Hotel veräußert und in anderer Stadt ein neues eröffnet wird. **Liquide Mittel** und Kundenforderungen (Darlehen) sind idR nicht wesentl Betriebsgrundlagen (BFH I R 156/71, BStBl II 73, 219; BFH VIII R 41/09, BStBl II 14, 288; *Micker* FR 18, 490); aber auch → Rn. 88.

ee) Rücklage nach § 6b. Hat der StPfl in früheren Wj eine 6b-Rücklage gebildet **(Alt-Rücklage),** kann er diese trotz Betriebsveräußerung fortführen, auch wenn er keine Reinvestitionsabsicht hat (→ § 6b Rn. 56 mN). Führt er die Rücklage fort, ist der Vorgang allerdings nach Ansicht der FinVerw **nicht** nach **§§ 34, 16 IV** begünstigt, *wenn* die Alt-Rücklage aus der Veräußerung **wesentl** Betriebsgrundlagen herrührt (EStR 6b.2 X 3; *BMF* BStBl I 18, 309 zu § 6b IIa; → Rn. 577). Hierbei ist mE aber auch die Höhe der stillen Reserven zu berücksichtigen (funktional-quantitative Betrachtung, vgl → Rn. 86; **aA** → 17. Aufl 1998, § 16 Rn. 108); der Rechtsgedanke der Einheitstheorie (→ Rn. 66) ist nicht einschlägig, da der StPfl sich nicht aller stillen Reserven „entäußert" (BFH IV R 12/81, BStBl II 86, 811). Zur späteren Auflösung der Alt-Rücklage → Rn. 351. Bildet der StPfl bei Veräußerung für einen Teil des Gewinns eine 6b-Rücklage **(Neu-Rücklage),** entfällt die Tarifvergünstigung für den restl Teil gleichfalls (§ 34 I 4, III 6; **aA** *Dötsch* GS Knobbe-Keuk, 411 (426): wesentl Betriebsgrundlagen); eine spätere Auflösung der Rücklage führt zu nachträgl nichtbegünstigten Einkünften aus GewBetr (BFH IV R 150/78, BStBl II 82, 348; → Rn. 351); eine Änderung der StB zwecks Rückgängigmachung der § 6b-Rücklage ist idR unzulässig (BFH IV R 81/87, BStBl II 89, 558; zu § 4 II 2 s BFH XI R 16/05, BFH/NV 07, 1293). *Ausnahme:* Rücklage nach **§ 6b X aF/nF** für Gewinne aus (KapGes-)Anteilsveräußerungen, die aufgrund des Teileinkünfteverfahrens ohnehin nicht zu den ao Einkünften gehören (arg § 34 II Nr 1; → § 34 Rn. 27). 91

5. Veräußerung durch Personengesellschaft. Veräußert eine PersGes ihren GewBetr an einen Dritten, ist dies auch dann (begünstigte) Veräußerung des ganzen GewBetr iSv § 16, wenn dieselben Personen zivilrechtl zu einer weiteren PersGes mit anderer Zwecksetzung zusammengeschlossen sind (→ § 15 Rn. 194), die ihren (anderen) Betrieb fortführt (zu § 6 V 3, 4 → Rn. 450). 93

a) Veräußerung an Schwester-Personengesellschaft/Gesellschafter. Auch die Veräußerung des GewBetr an eine (Schwester-)PersGes ist eine Veräußerung iSv § 16 I 1 Nr 1 (BFH VIII R 23/89, BStBl II 92, 375). Gleiches gilt grds bei Betriebsveräußerung an Ges'ter, und zwar nach BFH III R 34/01, BStBl II 03, 700 selbst dann, wenn die PersGes beendet und der Kaufpreis geteilt wird; mE unzutr, da wirtschaftl Gehalt nur im Ausgleich unter den Ges'tern und damit in der Veräußerung des MUerAnteils besteht (vgl → Rn. 395; § 140 I 2 HGB aF, § 134 S 3 HGB nF; § 712a BGB nF; BFH VIII R 257/80, BStBl II 86, 53 aE). Nach § 16 II 3 gilt aber der Veräußerungsgewinn *anteilig* als **lfd Gewinn** (dazu → Rn. 331). 95

b) Sonderbetriebsvermögen. – aa) Wesentliche Betriebsgrundlagen des Gewerbebetriebs einer Personengesellschaft. Hierzu gehören auch bestimmte WG des SBV der Ges'ter (dazu → § 15 Rn. 506 ff), und zwar nach BFH IV R 84/96, BStBl II 98, 104 (hL) idR das SBV I wie zB ein der PersGes zur betriebl Nutzung überlassenes Grundstück, aber auch funktional oder wegen erhebl stiller Reserven wesentl SBV II (insoweit beiläufig **aA** BFH I R 183/94, BStBl II 96, 342 zu § 20 UmwStG; → Rn. 411). Werden iZm der Veräußerung des GewBetr durch die PersGes WG des GesVermögens oder des SBV der Ges'ter in deren **PV** übertragen, ist der Gewinn insgesamt begünstigt (BFH IV R 67/86, BStBl II 90, 132), bei wesentl WG mE als Aufgabegewinn (offen BFH VIII R 78/02, BStBl II 06, 58); ebenso, wenn alle wesentl Betriebsgrundlagen teils entgeltl, teils durch verdeckte Einlage auf eine KapGes übertragen werden (→ Rn. 76). Dies gilt auch, wenn die **PersGes nicht** gleichzeitig **aufgelöst** wird (BFH IV R 12/10, BStBl II 14, 1000), sondern später unter Einsatz des aus der Betriebsveräußerung erlösten Kapitals einen wirtschaftl neuen (dh nicht identischen) GewBetr eröffnet (→ Rn. 160). 96

bb) Ausgliederung. Wird bei Veräußerung des ganzen GewBetr das SBV eines Ges'ters, das wesentl Betriebsgrundlage ist (→ Rn. 96), zu **Buchwerten** in ein anderes BV überführt, ist der Gewinnanteil dieses Ges'ters nicht begünstigt (BFH GrS 2/98, BStBl II 00, 123). Gleiches gilt, wenn Buchwertüberführung und Ver- 97 äußerung des Rest-BV sachl/zeitl verknüpft sind (**Gesamtplan;** BFH IV R 49/08, BStBl II 10, 726; → Rn. 4). Die Lockerung der Rspr zu § 6 III (BFH IV R 14/18, BStBl II 21, 367; → Rn. 10 f) hat hieran nichts geändert (BFH IV R 44/10, BFH/NV 13, 376; *BMF* BStBl I 19, 1291). Auch zu §§ 20, 24 UmwStG → Rn. 406 ff. – Zu *Ausnahmen* → Rn. 384.

98 **c) Weitere Einzelfragen.** – ***(1)*** Der Veräußerungsgewinn der PersGes ist nach Maßgabe des Handelsrechts auf die Ges'ter zu verteilen und diesen estrechtl zuzurechnen (BFH VIII R 21/77, BStBl II 82, 456; → Rn. 365). Die Ges kann eine **6b-Rücklage** für alle Ges'ter oder nur anteilig für einzelne Ges'ter bilden; der Anteil eines Ges'ters am Veräußerungsgewinn der Ges ist auch dann begünstigt, wenn ein anderer Ges'ter für seinen Gewinnanteil § 6b in Anspruch genommen hat (BFH IV R 81/87, BStBl II 89, 558). – ***(2)*** Der bis zur Verteilung des Veräußerungserlöses aus dessen Anlage erzielte Ertrag (Zinsen usw) gehört zu den **nachträgl** nichtbegünstigten Einkünften der Ges'ter (BFH IV R 12/10, BStBl II 14, 1000).

100 **6. Einheitliche Veräußerung der wesentlichen Betriebsgrundlagen.** Erforderl ist deren Veräußerung an den (einen) Erwerber in einem einheitl Vorgang (BFH VIII R 10/99, BStBl II 01, 282). – **a) Rückbehalt.** Wird ein Teil der wesentl Betriebsgrundlagen dem Erwerber nur zur Nutzung überlassen, zB vermietet, fehlt es nach der Zwecksetzung der §§ 16, 34 an einer Veräußerung des ganzen GewBetr (BFH X R 118/98, BFH/NV 02, 1130). Auch eine Betriebseinbringung iSv **§ 20 UmwStG** ist zu verneinen, wenn nur ein Teil der wesentl Betriebsgrundlagen in eine KapGes gegen Gewährung von GesRechten eingebracht und die übrigen wesentl Betriebsgrundlagen dieser KapGes zur Nutzung überlassen werden (s BFH I R 7/16, BStBl II 19, 738 einschließl Abgrenzung zur vorgelagerten Ausgliederung; *BMF* BStBl I 25, 92 Rn. 20.06; zur Bildung von Teil-/Bruchteilseigentum vgl *Wacker* BB 98, Beil 8, 5). Es handelt sich dann entweder um eine begünstigte Betriebsaufgabe (*Wacker* BB 98, Beil 8, 17 ff) oder es fällt zB bei Rückbehalt iRe BetrAufsp ein nur lfd Gewinn an (BFH I R 7/16, BStBl II 19, 738; → Rn. 205. Gleiches gilt bei **Option** gem **§ 1a KStG** (→ Rn. 11, 30, 384, 397, 411; → § 15 Rn. 160a); nach *BMF* BStBl I 21, 2212 Rn. 32 uU auch bei Rückbehalt des **Komplementäranteils** (vgl → § 15 Rn. 714; → § 16 Rn. 407; *Wacker/Krüger ua* DStR-Beih 21, 3 (12); *Ausnahme:* zu § 1a II 2 Hs 2 KStG nF/WachstChG (BGBl I 24 Nr 108) → § 15 Rz 160a). Gehört der **Warenbestand** zu wesentl Betriebsgrundlagen (→ Rn. 90) und wird er nicht dem Erwerber des AV übertragen, sondern zB vorher durch Räumungsverkauf veräußert, ist dies Betriebsaufgabe, bei der ledigl der Räumungsverkaufsgewinn nicht begünstigt ist (→ Rn. 327).

102 **b) Mehrere Einzelakte.** Ein einheitl Veräußerung ist zu bejahen, wenn diese auf *einem* Kausalgeschäft (zB Unternehmenskauf) beruht, sich die Erfüllung des Kausalgeschäfts durch Übereignung und Übergabe (= Gewinnrealisierung; → Rn. 231) aber in mehreren Einzelakten vollzieht. Ebenso soll dies bei schrittweiser Übertragung (und mehreren Kausalgeschäften) auf Grund einheitl Entschlusses sein, sofern die Vorgänge in engem sachl/zeitl Zusammenhang stehen (BFH X R 74–75/90, BStBl II 94, 15; mE ca 2 Jahre für § 16 – anders als zu § 6 III – bedenkl). Werden einzelne WG des einheitl veräußerten ganzen GewBetr zeitversetzt (evtl sogar in verschiedenen VZ) übertragen, sodass auch die Gewinne abschnittsweise realisiert werden (zB 12/20 und 1/21), sind die einzelnen Gewinnteile tarifbegünstigt (BFH IV R 97/89, BStBl II 92, 392; **aA** evtl BFH X R 79/90, BFHE 165, 75), aber nur soweit der *gesamte* Gewinn die Grenze der Tarifermäßigung (§ 34 III) nicht übersteigt (→ Rn. 211). Gleiches gilt mE bei schrittweiser Übertragung auf Grund mehrerer, rechtl aber eigenständiger Kausalgeschäfte.

103 **7. Rückbehalt nicht wesentlicher Wirtschaftsgüter.** – **a) Grundsatz.** Der Rückbehalt von WG, die *nicht* zu den wesentl Betriebsgrundlagen gehören (→ Rn. 86 ff), hindert nicht die Annahme der Betriebsveräußerung im Ganzen

(BFH X R 101/90, BStBl II 93, 710). Die WG können uU zu Buchwerten in ein anderes BV des Veräußerers überführt werden. Werden sie PV, ist ihr gemeiner Wert analog § 16 III 8 dem Veräußerungspreis als Teil des begünstigten Veräußerungsgewinns hinzuzurechnen (BFH IV R 93/85, BStBl II 88, 374), vorausgesetzt, dass die „Betriebsveräußerung" als solche nicht erfolgsneutral ist (BFH IV R 93/85, BStBl II 88, 374 zu Buchwerteinbringung nach § 24 UmwStG).

b) Zwangsrest-Betriebsvermögen. WG, die ihrer Art nach grds nur betriebl genutzt werden können wie zB Waren, können nicht ins PV überführt werden (→ Rn. 205); ihre spätere Veräußerung führt mE nicht zu einer rückwirkenden Änderung des begünstigten Veräußerungsgewinns (→ Rn. 352), sondern zu nachträgl gewerbl Einkünften (§ 24 Nr 2; BFH IV R 30/92, BStBl II 94, 105). Entspr muss für WG des Anlagevermögens gelten, wenn sie in der Absicht alsbaldiger Veräußerung „entnommen" werden. Zu Zinsen → Rn. 349. 104

c) Wahlrest-Betriebsvermögen. WG, die *auch privat* genutzt werden können, kann der StPfl gleichzeitig zum gemeinen Wert (§ 16 III 8) in sein PV überführen (BFH IV R 52/87, BStBl II 88, 829); der Gewinn ist begünstigt. Spätere Wertänderungen führen nicht zu einer rückwirkenden Änderung des begünstigten Veräußerungsgewinns (BFH IV R 37/92, BStBl II 94, 564). Die WG können auch zum Buchwert in einen anderen (gewerbl, luf, freiberufl) Betrieb überführt werden (BFH VIII R 387/83, BStBl II 89, 187), nicht aber Rest-BV ohne Betriebsfortführung bleiben (zB BFH I R 96/83, BStBl II 87, 113; BFH III R 214/83, BFH/NV 87, 578: Grundstückvermietung ist Zuführung zum PV/Entnahme; auch → Rn. 202). 105

d) Unbestrittene Forderungen. Dem Grund und der Höhe nach unbestrittene Forderungen zB aus Warenlieferungen, die nicht an den Betriebserwerber abgetreten werden, kann der StPfl nach hL im Zeitpunkt der Betriebsveräußerung durch Entnahme mit Ansatz zum gemeinen Wert (§ 16 III 8) in sein **Privatvermögen** überführen (offen BFH IV R 37/92, BStBl II 94, 564). Str ist allerdings, ob ein späterer Forderungsausfall zu einem privaten Vermögensverlust oder gemäß den Grundsätzen von BFH GrS BStBl II 93, 897; 894 (betr Ausfall von Kaufpreisforderungen; → Rn. 340) zur rückwirkenden Minderung des Veräußerungs-/Aufgabegewinns führt. Für Nichtberücksichtigung (BFH IV R 37/92, BStBl II 94, 564); anders hingegen bei Ausfall einer Darlehensforderung (SBV) des Ges'ters gegen Ges (BFH IV R 47/95, BStBl II 97, 509). Letzterem ist angesichts des „vorläufigen Charakters" von Geldforderungen zu folgen (*Groh* DB 95, 2235; *Dötsch* FS Beisse, 1997, 139 (147)); zu sonstigen WG aber → Rn. 293. Der StPfl kann die Forderung aber auch als **Betriebsvermögen** (ohne Betrieb) fortführen, sofern noch mit einer betriebl Verwertung zu rechnen ist (weitergehend BFH VIII R 41/09, BStBl II 14, 288 zu Honoraransprüchen; *BMF* BStBl I 25, 92 Rn. 20.08; → § 18 Rn. 232; enger hingegen BFH VIII R 3/66, BStBl II 72, 936). 106

e) Ungewisse Forderungen. Dem Grund und/oder der Höhe nach ungewisse Forderungen, zB bestrittene Schadenersatzforderungen, können nicht entnommen werden; sie bleiben notwendig BV, mindestens bis zu dem Zeitpunkt, zu dem sie unstreitig werden (BFH III B 134/94, BFH/NV 95, 1060 mwN; *Mathäus* Ubg 15, 340; zu nachträgl Wertänderungen → Rn. 340). 107

f) Versorgungszusagen. Zu Ansprüchen hieraus, die ein Unternehmer (zB Handelsvertreter) als Entgelt für betriebl Leistungen erhalten hat s BFH I R 44/83, BStBl II 89, 323. 108

g) Verbindlichkeiten. – *(1)* Werden sie vom Erwerber **nicht übernommen** und waren sie **Betriebsvermögen,** bleiben sie (auch ohne Betrieb) BV (BFH GrS 2–3/88, BStBl II 90, 817; zu „Vorab-Entnahmen" s *Meyer ua* INF 98, 525). **Ausnahme:** Schulden werden notwendiges PV, dh Wegfall ihres betriebl Charakters, soweit die (fälligen) Veräußerungserlöse (§ 16 II 1, III 7) sowie die entnommenen 109

WG nicht zur Tilgung verwertet werden (BFH XI R 98/96, BStBl II 98, 144; *OFD Erfurt* BeckVerw 236865; auch → Rn. 369). Der Übergang ins PV ist gewinnneutral, weil der negative Entnahmewert die BV-Mehrung neutralisiert (§ 4 I 1; BFH IV R 86/87, BStBl II 89, 456). **Gegenausnahmen:** Die Schulden bleiben BV, wenn Hindernisse in der *betriebl* Sphäre für die Verwertung der aktiven WG oder Schuldentilgung bestehen (BFH XI R 46/98, BStBl II 00, 120: betr Leibrenten; BFH X R 15/04, BStBl II 07, 642: vern bei teilweise eigenbewohntem Gebäude, zutr) oder Schuldtilgung „nicht veranlasst ist", weil ein Erlass zugesagt oder die Schuld ungewiss ist. Gleiches gilt bei Veräußerung eines Teils des Betriebs (BFH XI R 26/98, BFH/NV 00, 11). Zu **SBV** → Rn. 369. Zum **Zinsabzug** → Rn. 349). – ***(2)*** Dem Grunde und/oder der Höhe nach **ungewisse** Verbindlichkeiten, die vom Erwerber nicht übernommen werden, bleiben BV (BFH IV R 131/91, BStBl II 93, 509) – zumindest bis zum Ende der Ungewissheit (BFH I R 205/85, BStBl II 90, 537).

110 **h) Weitere Einzelfragen.** Zu **Wertveränderungen/**Erlass zurückbehaltener Schulden, → Rn. 341 (BV), → Rn. 342 (PV). – Zur Rücklage nach **§ 6b** → Rn. 91, 351. – Zur Art der **Gewinnermittlung** für zurückbehaltene WG des BV → Rn. 359.

IV. Veräußerung eines Teilbetriebs

1. Teilbetrieb

Verwaltung: EStR 16 III; *BMF* BStBl I 25, 92 (UmwStErl 2025).

Schrifttum (Auswahl): *Wälzholz,* Der Teilbetriebsbegriff im Steuerrecht, Diss, 1999; *Graw,* Der Teilbetrieb im UmwStR …, IFSt-Schrift Nr 488; *Pyszka,* Das von mehreren Teilbetrieben genutzte Grundstück …, DStR 16, 2017, 2074; *Micker ua;* Die Auslegung …, Ubg 21, 320; *Uphues, Der … Teilbetriebsbegriff,* DStR 22, 2521, 2584; *Grotjohann ua,* Die … Verbindlichkeiten, DStR 24, 462.

115 **a) Abgrenzungen; Fusionsrichtlinie. – aa) Abgrenzungen.** Der Teilbetrieb ist zwar dem „gesondert geführten Betrieb" iSv § 75 I AO ähnl (vgl AEAO 3.1 zu § 75 AO). Er ist aber abzugrenzen von: – ***(1)*** einem *ganzen GewBetr,* da eine natürl Person estrechtl und gewstrechtl (s GewStR 2.4 I, II) Inhaber mehrerer ganzer GewBetr sein kann (→ Rn. 119; → § 15 Rn. 125); – ***(2)*** *unselbstständigen Betriebsteilen* und einzelnen WG des BV (Betriebsmittel), deren Veräußerung zwar estpfl, jedoch weder nach §§ 34, 16 IV begünstigt noch gewstfrei ist (BFH GrS 2/98, BStBl II 00, 123); – ***(3)*** *Betriebsteilen* iSv § 613a BGB, § 12 III 2 UmwStG 1995 (*BMF* BStBl I 99, 455 Rn.37); – ***(4)*** *Teilvermögensveräußerung* iSv § 1 Ia UStG (BFH X B 148/21, BFH/NV 22, 1176) – ***(5)*** *Betriebsstätten* iSv § 12 AO – ***(6)*** *Funktionen* iSv § 1 III 9, IIIb AStG aF/nF (*BMF* BStBl I 10, 774; § 1 I FVerlV BStBl I 22, 1440) – ***(7)*** *Anlagenbegriff* iSv § 3 EEG (BFH X B 148/21, BFH/NV 22, 1176 betr Photovoltaik).

116 **bb) Nationaler Begriff; wesentliche Betriebsgrundlagen.** § 16 I 1 Nr 1 liegt der nationale Teilbetriebsbegriff zugrunde. Er ist normspezifisch auszulegen (BFH IV R 84/96, BStBl II 98, 104) und umfasst in sachl Hinsicht entspr den Merkmalen des ganzen GewBetr sowohl die **funktional wesentl WG** als auch die nur wegen ihrer stillen Reserven **quantitativ wesentl WG** (iEinz → Rn. 86, 125). Die Fünftel-Regelung des § 34 I hat hieran nichts geändert (EStR 34.1 II; **aA** *Haarmann* FS Widmann 385 ff). Der nationale Begriff wurde überwiegend auch für die §§ 15, 20, 24 UmStG aF vertreten (*BMF* BStBl I 98, 268 Rn. 15.02, 20.08, 23.01, 24.04; *BMF* BStBl I 00, 1253: bei Buchwert/Zwischenwert funktionale Betrachtung; → 30. Aufl 2011, § 16 Rn. 141). IRd **UmwStG 2006** (= SEStEG) soll jedoch der EU-Teilbetriebsbegriff des **Art 2j FusionsRL 2009/133/EG** (dazu EuGH C-43/00, IStR 02, 94; *Graw* IFSt-Schrift Nr 488; *Uphues* DStR 22, 2584), der die sog wirtschaftl **zuordenbaren** WG umfasst (*Pyszka* DStR 16, 2017 (2020)), auch

für *rein nationale* Umwandlungen gelten (*BMF* BStBl I 25, 92 Rn. 15.02, 20.06, 20.07, 24.03; **aA** zB *Benz ua* DB 11, 1354 (1356)). Str ist, ob der FusionsRL-Begriff weiter (liberaler) ist (zB betr Selbständigkeit, bloße Nutzungsüberlassung; *Feldgen* Ubg 12, 459; **aA** *BMF* BStBl I 25, 92 Rn. 15.02, 15.07; zu Verbindlichkeiten s *Grotjohann* DStR 24, 462). Nach **BFH** I R 96/08, BStBl II 11, 467 (betr § 15 UmwStG 1995) sind beide Begriffe grds *identisch* (Übertragung aller funktional wesentl WG; **aA** *Graw* IFSt-Schrift Nr 488: gespaltene Auslegung). Für **§ 16** ist der FusionsRL-Begriff *ohne* Bedeutung (zutr BFH X R 17/03, BFH/NV 06, 532; BFH X R 21/11, BFH/NV 14, 676; *Micker ua* Ubg 21, 320). Art 2j FusionsRL 2009/133/EG beeinflusst weder für § 16 noch für das UmwStG 2006 die (nationalen) Merkmale des **Betriebs** oder **MUerAnteils** (glA *BMF* BStBl I 25, 92 Rn. 20.06, 20.10, 24.03).

b) Merkmale. Teilbetrieb iSv § 16 I 1 Nr 1 ist „ein mit einer gewissen Selbststän- 118
digkeit ausgestatteter, organisch geschlossener Teil des Gesamtbetriebs, der für sich allein lebensfähig ist" (zu § 16 zB BFH GrS 2/98, BStBl II 00, 123; zu Art 2j FusionsRL 2009/133/EG → Rn. 116). Kennzeichen des Teilbetriebs ist hiernach, dass er bezogen auf die Verhältnisse beim Veräußerer (→ Rn. 122 f) – *(1)* einen **organisch geschlossenen Teil** eines Gesamtbetriebs bildet und dieser damit *mehrere Teilbetriebe* umfasst (→ Rn. 119; BFH I R 105/85, BStBl II 89, 653; zum Erfordernis der *originär gewerbl* Tätigkeit → Rn. 130 „Grundstücksverwaltung"/„Besitzunternehmen" sowie krit *Tiedtke ua* FR 99, 117; *Wälzholz* Diss aaO 134 ff); – *(2)* für sich **lebensfähig** ist (→ Rn. 120; krit *Wälzholz* Diss aaO 134 ff; s aber BFH VIII R 33/85, BStBl II 89, 458: nicht erforderl bei Teilbetrieb im Aufbau; zu Art 2j FusionsRL 2009/133/EG s aber *BMF* BStBl I 25, 92 Rn. 15.03); – ***(3)*** schon vor Veräußerung mit einer **gewissen Selbstständigkeit** ausgestattet war (→ Rn. 121). – ***(4)*** Die **Veräußerung/Aufgabe** iSv § 16 I 1 Nr 1 des Teilbetriebs (*wesentl Betriebsgrundlagen;* → Rn. 125) ist zudem an die teilbetriebsbezogene *Tätigkeitseinstellung* gebunden (→ Rn. 126).

aa) Organisch geschlossener Teil des Gesamtbetriebs. Kein Teil(-betrieb) 119
eines Gesamtbetriebs, sondern mehrere ganze GewBetr liegen vor, wenn eine natürl Person mehrere Betriebe hat, die zueinander in keiner sachl und wirtschaftl Verbindung stehen (→ § 15 Rn. 125). Der Teilbetrieb setzt ferner idR mehrere zusammengefasste WG voraus; ein einzelnes WG ist häufig nur Betriebsmittel. Unterschiedl Leistungen müssen von einem selbstständigen Zweigbetrieb erbracht werden (BFH X R 1/86, BStBl II 89, 376); werden sie nur nach organisatorischen (örtl/fachl) Gesichtspunkten aufgeteilt, liegt demnach nur unselbstständiger Betriebsteil vor (BFH I R 107/93, BStBl II 95, 403). Kein Teilbetrieb sind innerbetriebl Organisationseinheiten, die nicht selbst am Markt Leistungen anbieten (ähnl EStR 16 III 3–5; BFH X R 17/03, BFH/NV 06, 532), sowie die Anteile an den WG eines Einzelunternehmens (BFH GrS 2/98, BStBl II 00, 123).

bb) Lebensfähiger Teil eines Gesamtbetriebs. Die ist zu bejahen, „wenn von 120
ihm seiner Struktur nach eigenständig eine betriebl Tätigkeit ausgeübt werden kann" (BFH IV R 179/72, BStBl II 76, 415). Nicht erforderl ist, dass stets Gewinn erzielt wird (BFH VIII R 39/92, BStBl II 96, 409). Notwendig sind aber idR ein *eigener Kundenkreis* und *eigene Einkaufsbeziehungen* (BFH XI R 21/90, BFH/NV 92, 516; *Ausnahme:* Bezug von Hauptbetrieb zu Bedingungen externer Lieferanten, BFH VIII R 31/95, BFH/NV 98, 1209; insgesamt krit *Tiedtke ua* DStZ 00, 127; *Harmann,* FS Widmann, 380). Auf das Wertverhältnis zum Gesamtbetrieb kommt es nicht an (BFH VIII R 87/72, BStBl II 77, 45).

cc) Selbstständiger Teil eines Gesamtbetriebs. Dies erfordert, dass die ver- 121
schiedenen WG zusammen einer Betätigung dienen, die sich von der übrigen gewerbl Betätigung abhebt und **unterscheidet** (BFH IV R 119/76, BStBl II 79, 557). Maßgebend ist das Gesamtbild der beim Veräußerer bestehenden Verhältnisse (BFH VIII B 82/97, BFH/NV 99, 38); eine völlige Selbstständigkeit ist nicht erforderl

(BFH IV R 189/81, BStBl II 84, 486). **Indizien** sind örtl Trennung, Verwendung jeweils anderer Betriebsmittel, insb eigenes Anlagevermögen (BFH VIII R 39/92, BStBl II 96, 409: eigene Räume), Einsatz verschiedenen Personals (vgl BFH I R 105/85, BStBl II 89, 653), gesonderte Buchführung/Kostenrechnung (zB BFH I R 146/76, BStBl II 80, 51), selbstständige Preisgestaltung (BFH X R 1/86, BStBl II 89, 376; einschr BFH VIII R 31/95, BFH/NV 98, 1209), eigener Kundenstamm (BFH IV R 189/81, BStBl II 84, 486; BFH X B 148/21, BFH/NV 22, 1176), Vergütung eines eigenen Geschäftswerts durch den Erwerber (BFH I R 150/82, BStBl II 87, 455). Diesen Merkmalen kommt **unterschiedl Gewicht** zu, je nachdem, ob es sich um einen Fertigungs-, Handels- oder Dienstleistungsbetrieb handelt (BFH XI R 35/00, BFH/NV 02, 336; BFH IV R 18/02, BStBl II 03, 838). Selbstständigkeit können Betriebsteile uU dadurch erlangen, dass ein Teil verpachtet wird; der Rest kann damit Teilbetrieb werden. Bei **geringem Organisationsbedarf** einer Betätigung kann der organisatorische Zusammenhang mit den anderen Tätigkeiten vernachlässigbar sein (BFH X R 36/17, BFH/NV 19, 195). Insgesamt krit *Wälzholz* Diss, 154; *Haarmann* FS Widmann, 388 ff; zum EU-Recht → Rn. 116.

122 **dd) Verhältnisse beim Veräußerer.** Maßgebend für Lebensfähigkeit und Selbstständigkeit sind die Verhältnisse beim Veräußerer im Veräußerungs- bzw Aufgabezeitpunkt (BFH GrS 2/98, BStBl II 00, 123; BFH X B 148/21, BFH/NV 22, 1176: Photovoltaikanlagen). Es reicht nicht aus, dass die veräußerten WG beim Erwerber eine ausreichende Grundlage für einen GewBetr bilden; ihre Funktion iRd Unternehmens des Veräußerers ist entscheidend (BFH GrS 2/98, BStBl II 00, 123; BFH X R 33/11, BFH/NV 14, 693; zu Ausnahme bei Umwandlungen s BFH I R 97/08, BStBl II 10, 808; *OFD Ffm* DStR 23, 151). Umgekehrt ist unerhebl, dass der Erwerber die WG nicht als selbstständige Einheit weiterführt, sondern in sein Unternehmen integriert (BFH I R 146/76, BStBl II 80, 51). Auch ein erst **im Aufbau** befindl betriebl **Organismus** kann uU beim Veräußerer bereits Teilbetrieb iSv § 16 sein (BFH I R 77/09, BFH/NV 11, 10; **aA** zu Art 2j FusionsRL 2009/133/EG; *BMF* BStBl I 25, 92 Rn. 15.03). Liegt im **Zeitpunkt** der **Veräußerung** ein funktionsfähiger Teilbetrieb nicht mehr vor, weil dieser bereits früher zB durch Brand zerstört wurde, ist die Veräußerung der verbliebenen WG (zB Trümmergrundstücks), oder ihre Überführung in das PV keine Teilbetriebsveräußerung/-aufgabe (BFH IV R 227/68, BStBl II 70, 738; anders bei Aufgabe in engem zeitl Zusammenhang mit Zerstörung der Betriebsanlagen (BFH IV R 25/79, BStBl II 82, 707; FG Hmb EFG 00, 552).

123 **ee) Unternehmer/Veräußerer des Teilbetriebs.** Dies kann eine natürl Person, PersGes, KapGes oder juristische Person (vgl BFH I R 150/82, BStBl II 87, 455) sein. Bei PersGes steht der Annahme eines Teilbetriebs nicht entgegen, dass die dem Teilbetrieb dienenden WG teils GesVermögen, teils Eigentum eines Ges'ters (SBV) sind (**aA** evtl BFH I 203/63, BStBl II 68, 9). Ein WG des SBV ist nicht schon wegen der unterschiedl sachenrechtl Zuordnung ein Teilbetrieb (BFH IV R 48/77, BStBl II 79, 554).

125 **2. Veräußerung. – a) Einheitlicher Vorgang/wesentliche Betriebsgrundlagen.** Die Veräußerung iSv § 16 I 1 Nr 1 erfordert, dass alle wesentl Betriebsgrundlagen (→ Rn. 85 ff) des Teilbetriebs in einem einheitl Vorgang (→ Rn. 100 ff) an *einen* Erwerber (BFH VIII R 323/84, BStBl II 89, 357; bei verschiedenen Erwerbern evtl Teilbetriebsaufgabe) gegen Entgelt – oder ein den Buchwert überschreitendes Teilentgelt (→ Rn. 66) – übertragen werden und dadurch die in dem veräußerten Teilbetrieb gebildeten stillen Reserven von Bedeutung durch den einheitl Veräußerungsvorgang (grds) aufgelöst werden (BFH IV R 119/76, BStBl II 79, 557). Werden wesentl Betriebsgrundlagen veräußert und alle anderen in das PV überführt, ist der Teilbetrieb nicht veräußert, aber (gleichwertig) aufgegeben (BFH IV 22/64, BStBl II 69, 69). Bei Übernahme wesentl Betriebsgrundlagen des Teilbetriebs zum **Buchwert**

in ein anderes BV des StPfl liegt keine Teilbetriebsveräußerung/-aufgabe vor, sondern hinsichtl der veräußerten WG ein nicht begünstigter lfd Gewinn (BFH X B 192/07, BFH/NV 09, 43; → Rn. 4: **Gesamtplan-Rspr**); die Lockerung der Rspr zu § 6 III (BFH IV R 14/18, BStBl II 21, 367; → Rn. 10 f) hat hieran nichts geändert (BFH IV R 44/10, BFH/NV 13, 376; *BMF* BStBl I 19, 1291 Rn. 16; → Rn. 85 f). Wird ein **wesentl WG,** zB ein Gebäude, für **verschiedene Teilbetriebe** genutzt (zB Erdgeschoss für Gaststätte, Obergeschosse für Kaufhaus), ist die Veräußerung der übrigen einem Teilbetrieb dienenden WG ohne den *entspr* Gebäudeteil grds keine Teilbetriebsveräußerung (BFH I R 96/08, BStBl II 11, 467); Ausnahmen: der zurückbehaltene Gebäudeteil war für den Teilbetrieb nur von ganz untergeordneter Bedeutung (*HG* DStR 96, 1082) oder die Grundstücksteilung (dazu iEinz *Pyszka* DStR 16, 2017) verzögert sich ohne Verschulden des StPfl (BFH VIII B 78/98, BFH/NV 99, 1329; *BMF* BStBl I 25, 92 Rn. 15.08: Begründung von Miteigentum). Zu § 6 III aber → Rn. 128.

b) Einstellung der Teilbetriebstätigkeit. Voraussetzung einer Teilbetriebsver- 126
äußerung/Teilbetriebsaufgabe iSv § 16 I 1 Nr 2 ist ferner, dass der StPfl die Tätigkeit, die er bisher mit den veräußerten wesentl Betriebsgrundlagen (Teilbetrieb) entfaltet hat, **endgültig** einstellt, den bisherigen Geschäftszweig damit nicht mehr weiterverfolgt (BFH VIII R 323/84; BStBl II 89, 357; BFH X R 23/09, BFH/NV 10, 633; einschr *Glanegger* DStR 98, 1329). Wird der Teilbetrieb zwar einheitl, aber schrittweise veräußert (→ Rn. 102, 125), muss die Tätigkeit spätestens mit dem letzten Übergabeakt eingestellt werden (vgl BFH I R 105/85, BStBl II 89, 653).

3. Unentgeltliche Übertragung, § 6 III. Nach bisher **hL** wird ein Teilbetrieb 128
iSv § 6 III unentgeltl übertragen (keine Gewinnrealisierung), wenn *alle funktional wesentl* Betriebsgrundlagen dieses Teilbetriebs *einheitl* (→ Rn. 102) und tätigkeitsbeendend auf *einen* Erwerber übergehen. Zu Einzelheiten (zB Schädlichkeit von (Vorbehalts-)Nießbrauch; bloße Nutzungsüberlassung einzelner wesentl WG) → § 6 Rn. 691 ff. *ME* wird man hieran nach **Lockerung** der **Rspr** (BFH IV R 14/18, BStBl II 21, 367: kumulative Anwendung von § 6 III und V; → Rn. 10 f) nicht festhalten können. Folge ua: eine Aufteilung bisher gemeinsam genutzter WG (zB Grundstücke; → Rn. 125) wäre für § 6 III nicht (mehr) erforderl; ähnl zu *Buchwertumwandlungen Pyszka* DStR 16, 2017 (2074).

4. ABC des Teilbetriebs

Abfindungen für die Einschränkung eines GewBetr gehören zum lfd Gewinn; 130
keine Teilbetriebsveräußerung (BFH VIII R 39/74, BStBl II 75, 832; ähnl BFH IV R 56/79, BStBl II 82, 691; dazu aber → Rn. 303).

Aufbau-Teilbetrieb (noch nicht werbend) fällt unter § 16, wenn die wesentl Betriebsgrundlagen bereits vorhanden sind (BFH IV R 12/10, BStBl II 14, 1000; **aA** zu Art 2j FusionsRL 2009/133/EG *BMF* BStBl I 25, 92 Rn. 15.03; → Rn. 116).

Automaten. Bei Vertrieb gleichartiger Waren zB Handel und in Automaten kann der Automatenbereich bei organisatorischer usw Trennung Teilbetrieb sein (BFH I R 75/85, BFH/NV 91, 291); Gleiches gilt für räuml abgrenzbare (Automaten-) Vertriebsnetze (BFH VIII R 31/95, BFH/NV 98, 1209) oder Spielautomaten (FG Köln EFG 99, 470). Anders jedoch bei Verflechtung von Getränkehandel und Geldspielautomaten (FG BW EFG 98, 1082). S auch Spielhalle.

Besitzunternehmen. Kein Teilbetrieb sind einzelne Grundstücke, die teils an die BetriebsGes sowie teils an Fremde vermietet werden (BFH IV R 202/68, BStBl II 69, 397); anders jedoch, wenn – ***(1)*** die gewerbl Verpachtung selbstständiger Teil (dazu BFH X R 36/17, BFH/NV 19, 195) des auch originär tätigen Besitzunternehmens ist (BFH III R 27/98, BStBl II 02, 537; BFH IV R 14/03, BStBl II 05, 395) oder – ***(2)*** selbstständige Verwaltungskomplexe entweder an mehrere BetriebsGes (BFH XI R 24/97, BFH/NV 98, 690) oder an verschiedene Teilbetriebe der näml BetriebsGes vermietet werden (FG Mster EFG 98, 737; offen BFH X R 49/06, BStBl II 07, 772). Maßgebl für Teilbetriebsaufgabe/-veräußerung sind die Verhältnisse des Besitzunternehmens (BFH IV B 125/92, BFH/NV 94, 617). Zu mehreren GewBetr (zB Grundstückshandel/Besitzunternehmen) vgl BFH X B 111/00, BFH/NV 01, 816; zu mehreren BesitzGes → § 15 Rn. 861, 864.

Betonherstellung. Kein Teilbetrieb, wenn sie durch Betonpumpenbetrieb (Serviceleistung) ergänzt wird (FG Mster EFG 98, 1465).

Brauereigaststätte ist Teilbetrieb (BFH IV 380/62, BStBl III 67, 47), auch bei Verpachtung (BFH VIII R 100/86, BFH/NV 90, 102).

Buchführung. Eine eigene Buchführung indiziert einen Teilbetrieb (zB BFH X R 1/86, BStBl II 89, 376). Sie ist aber weder unerlässl (BFH I 64/63 U, BStBl III 65, 656) noch allein ausreichend (BFH IV R 202/68, BStBl II 69, 397).

Café. Keine Teilbetriebsveräußerung oder -aufgabe, wenn Betriebsgrundstück BV bleibt (BFH VI 180/65, BStBl III 67, 724); s auch Gastwirtschaften.

Dentallabor eines Zahnarztes oder einer Zahnärzte-Praxisgemeinschaft idR kein Teilbetrieb (BFH I R 62/93, BStBl II 94, 352; BFH I B 2/94, BFH/NV 95, 497).

Dienstleistungsunternehmen. Eine ausgegliederte Verwaltungsabteilung (Hausverwaltung) ist kein Teilbetrieb, wenn sie keinen eigenen Kundenkreis hat (BFH VIII R 39/74, BStBl II 75, 832; *Goebel ua* DStR 09, 354 (358)).

Druckerei/Zeitungsverlag können Teilbetriebe sein (BFH VIII R 87/72, BStBl II 77, 45); ebenso Offset-/Tampon-Druckerei (FG BW EFG 93, 784).

Einzelhandelsfiliale. Für Teilbetrieb ist grds erforderl, dass der Filiale auch der Wareneinkauf obliegt (BFH XI R 21/90, BFH/NV 92, 516; *Goebel ua* DStR 09, 354 (358); abl *Tiedtke ua* DStZ 00, 127); bei zentraler Einkaufsorganisation des Gesamtbetriebs muss der Filialleitung eigene Gestaltung der Verkaufspreise mögl sein (BFH I R 146/76, BStBl II 80, 51), es sei denn, die Einkaufspreise/Verkaufspreise können nicht beeinflusst werden (BFH VIII R 31/95, BFH/NV 98, 1209: Tabakhandel). Bei Lebensmittelgroß-/-einzelhandel keine begünstigte Aufgabe des Einzelhandels, wenn die einzelnen Filialen innerhalb von 5 Jahren an verschiedene Erwerber veräußert werden (BFH I R 99/75, BStBl II 77, 66). Zu Getränkegroß- und -einzelhandel sowie Getränkemärkten/unselbständigen Verkaufsstellen s BFH X R 28/11, BFH/NV 15, 479); zu Grundstücken → Rn. 88.

Fahrschulfiliale evtl Teilbetrieb (BFH IV R 120/88, BStBl II 90, 55; BFH IV R 18/02, BStBl II 03, 838: auch ohne SchulungsKfz; → Rn. 88).

Ferienwohnung. Keine Teilbetriebsveräußerung, wenn von mehreren vermieteten Wohnungen *eine* veräußert wird (BFH I R 96/78, BeckRS 1981, 4774).

Fertigungsbetrieb s „Produktionsbetrieb".

Friseur. Hauptniederlassung/Zweigstelle evtl Teilbetrieb (BFH X R 10/21, BStBl II 23, 807; fragl).

Gastwirtschaften/Imbiss/Eisdiele. Zu Imbiss/Eisdiele bei räuml Verbindung s BFH X R 15/18, BStBl II 21, 157. Bei räuml Trennung idR Teilbetriebe (BFH III R 53/06, BFH/NV 07, 1661; BFH IV R 17/12, BFH/NV 16, 209: Abgrenzung ggü Getränkehandel). S aber auch „Café", „Brauereigaststätte", „Hotel".

Gebäude s „Grundstück".

Geschäftswert. Teilbetrieb kann eigenen Geschäftswert haben (zB BFH I R 60/95, BStBl II 96, 576). Verkauft ein Ges'ter einer KapGes an diese einen Teilbetrieb ohne Entgelt für den Geschäftswert (verdeckte Einlage), ist dies Teilbetriebsaufgabe, bei der auch die stillen Reserven des Geschäftswerts realisiert werden (BFH I R 202/83, BStBl II 87, 705; BFH I R 104/94, DStR 96, 617). Ein Geschäftswert kann nur zusammen mit einem Betrieb/Teilbetrieb veräußert werden.

Getränkehandel s „Gastwirtschaften/Imbiss/Eisdiele".

Großhandel s „Einzelhandelsfiliale".

Grundstück. S „Besitzunternehmen", „Café", „Grundstücksverwaltung", „Hotel", „Landwirtschaft", „Sonderbetriebsvermögen", „wesentl Betriebsgrundlage". – Betriebsgrundstücke sind idR wesentl Betriebsgrundlage eines Teilbetriebs (→Rn. 88). Unterhält ein StPfl im selben Gebäude mehrere Teilbetriebe, liegt idR keine Teilbetriebsveräußerung vor, wenn der StPfl die WG des Teilbetriebs ohne das Grundstück veräußert (BFH VIII R 39/92, BStBl II 96, 409; →Rn. 88, 100). Werden Grundstücke eigengewerbl genutzt und andere fremdvermietet, sind die verschiedenen Grundstücksgruppen idR kein Teilbetrieb (BFH IV R 202/68, BStBl II 69, 397; s aber „Besitzunternehmen"). Die Vermietung eines bebauten Grundstücks ist idR weder GewBetr noch gewerbl Teilbetrieb; anders ist dies evtl, wenn der Vermieter wesentl Sonderleistungen erbringt (BFH VIII R 263/81, BStBl II 86, 359; →§ 15 Rn. 82). Die Entnahme eines nicht dem Teilbetrieb dienenden Grundstücks iZm einer Teilbetriebsveräußerung ist nicht begünstigt (BFH I R 57/71, BStBl II 73, 700).

Grundstücksverwaltung iRe GewBetr ist Teilbetrieb, wenn sie auch außerhalb des GewBetr gewerbl Charakter hätte (BFH X B 101/98, BFH/NV 99, 176; BFH I R 7/16, BStBl II 19, 738; **aA** *Tiedtke ua* FR 99, 117). S auch „Besitzunternehmen".

Güterfernverkehr s „Transportunternehmen".

Handelsvertreter. Aufgabe einzelner Bezirke ist idR keine Teilbetriebsaufgabe (BFH IV 83/63, BStBl II 68, 123). Entschädigungszahlungen eines Nachfolgers sind kein Erlös aus Teilbetriebsveräußerung, wenn der Vertreter seinen bisherigen Bezirk nur verkleinert (BFH IV R 44/69, BStBl II 72, 899).

Hausverwaltung s „Dienstleistungsunternehmen" sowie FG Hmb EFG 02, 1399.

Hotel iVm Restaurant im selben Gebäude: Die Veräußerung des Restaurants ohne Gebäude keine Teilbetriebsveräußerung (BFH I R 40/72, BStBl II 75, 232). Eines von mehreren Hotels kann Teilbetrieb sein (BFH IV 40/62 U, BStBl III 64, 504; NdsFG EFG 87, 304); ebenso ein von einer Brauerei betriebenes oder verpachtetes Hotel (BFH IV R 56/79, BStBl II 82, 691) oder ein Appartementhaus neben Hotel (einschr BFH X R 33/11, BFH/NV 14, 693).

Internetdienst nur bei hinreichender Selbstständigkeit/organisatorischer Trennung Teilbetrieb (BFH X R 4/07, BFH/NV 10, 888).

Kraftwerke (die von LeasingGes gepachtet) sind keine Teilbetriebe (*FM BW* BB 85, 1711).

Lichtspieltheater. Räuml getrennt sind sie Teilbetriebe (FG Saarl EFG 73, 378).

Maschinenfabrik. Eine Zweigniederlassung, die dem Vertrieb und der Reparatur der im Hauptwerk hergestellten Maschinen dient, kann Teilbetrieb sein (BFH I R 154/71, BStBl II 73, 838).

Mastenstreicherei neben Maler- und Gipsergeschäft kann Teilbetrieb sein (BFH I R 105/85, BStBl II 89, 653).

Obstbauanlage; Obstplantage. Keine Teilbetriebsveräußerung, wenn sie ohne Wirtschaftsgebäude veräußert wird (BFH IV 143/64, BStBl II 70, 807).

Omnibusunternehmen. Keine Teilbetriebsveräußerung, wenn eine von mehreren Linien samt Omnibus veräußert wird (BFH IV 439/61, BeckRS 1963, 21007554).

Produktionsbetrieb s „Betonherstellung", „Grundstück", „Maschinenfabrik". – Stehen wesentl Maschinen (→Rn. 88) nur für alle Produktionsabteilungen gemeinsam zur Verfügung, sind diese idR kein Teilbetrieb (BFH I R 66/68, BStBl II 72, 118; einschr FG RhPf EFG 03, 45).

Reisebüro. Werden iRe Unternehmens Reisen veranstaltet (Reisebüro) und Personen befördert (Omnibusunternehmen), ist die Veräußerung von Omnibussen nur ausnahmsweise Teilbetriebsveräußerung (BFH VIII R 26/76, BStBl II 78, 672; **aA** zB *Tiedtke* DStR 79, 543; *J. Bauer* DB 82, 1069 (1072)).

Reparaturbetrieb s „Maschinenfabrik".

Restaurant s „Gastwirtschaften/Imbiss/Eisdiele", „Hotel".

Schausteller. Einzelne Fahrgeschäfte sind idR kein Teilbetrieb (BFH IV R 178–180/74 nv; FG Köln EFG 98, 296; **aA** BFH X R 63/88, BFH/NV 90, 699 für Kinderverkehrspark).

Schenkung. Keine Gewinnrealisierung, sondern Buchwertfortführung nach § 6 III (→ Rn. 128; BFH IV R 108/75, BStBl II 79, 732: Übergang zu LuF).

Schiff. Werden mehrere Schiffe (Schleppkäne) betrieben, ist das einzelne Schiff idR kein Teilbetrieb (BFH IV R 46/10, BFH/NV 14, 221; zT **aA** *Tiedtke* DStR 79, 543). Die Veräußerung eines Schiffs (Hochseeschiff) ist nur dann Teilbetriebsveräußerung, wenn das Schiff die wesentl Betriebsgrundlage eines Zweigunternehmens bildet (BFH VII 283/64, BStBl III 66, 178). Kein Teilbetrieb ist ein im Bau befindl Schiff (BFH IV 31/63, BStBl III 66, 271). Auch → Rn. 88.

Sonderbetriebsvermögen. Ein einzelnes WG des SBV des Ges'ters einer PersGes ist idR kein Teilbetrieb (BFH IV R 48/77, BStBl II 79, 554). Mehrere WG können Teilbetrieb sein (BFH IV 380/62, BStBl III 67, 47).

Spielhalle kann auch in der Hand eines Automatenaufstellers Teilbetrieb sein (BFH XI R 35/00, BFH/NV 02, 336). S auch „Automaten".

Stromnetz. IdR kein Teilbetrieb (FG BW EFG 99, 605).

Tankstelle kann selbstständiger GewBetr (BFH VIII R 294/84, BFH/NV 90, 261), Teilbetrieb (BFH X R 62/87, BStBl II 89, 973) oder unselbstständige Verkaufsstelle sein (BFH I R 14/77, BStBl II 80, 498; abl *Tiedtke* FR 81, 445).

Taxi, eines von mehreren, einschließl Konzession kein Teilbetrieb (BFH IV R 168/69, BStBl II 73, 361; diff FG Nbg EFG 92, 600).

Transportunternehmen. Güterfernverkehr/Güternahverkehr sowie Zweigniederlassungen können bei organisatorischer Trennung Teilbetriebe sein (BFH IV B 36/96, BFH/NV 97, 761). Keine Teilbetriebsveräußerung/-aufgabe liegt vor, wenn ein Spediteur seine eigenen Lastzüge veräußert, aber die bisherigen Kunden weiter über die Spedition betreut (BFH VIII R 323/84, BStBl II 89, 357).

Treibstoffgroßhandel s „Tankstelle".

Verlag. Umfasst er mehrere Bereiche, kann die Veräußerung eines Fachgebiets Teilbetriebsveräußerung sein (BFH IV R 189/81, BStBl II 84, 486; fragl FG Hmb DStRE 05, 562). Wird für bestimmte Druckerzeugnisse die Verlagstätigkeit ins Ausl verlegt, während die Redaktion im Inl bleibt, ist dies Entnahme einzelner WG (BFH I R 123/78, BStBl II 83, 113); gleichfalls kein Teilbetrieb sind einzelne Belieferungsrechte (BFH X R 17/03, BFH/NV 06, 532).

Warenbestand eines Einzelhändlers kann uU wesentl Betriebsgrundlage sein (BFH VIII R 316/82, BStBl II 89, 602: Teppicheinzelhandel; BFH II R 53/07, BStBl II 09, 852: Kunstwerke; ebenso mE zB bei Antiquitätenhandel, Juwelier uä). Gleiches gilt für einen auf kurzfristigen Warenumschlag ausgerichteten Großhandel mit Importwaren (BFH III R 9/87, BStBl II 89, 874). Keine wesentl Betriebsgrundlage ist der kurzfristig wieder beschaffbare Warenbestand eines Lebensmitteleinzelhändlers (BFH IV R 200/72, BStBl II 76, 672), einer Gaststätte (BFH IV R 56/97, BStBl II 98, 735), evtl auch der eines Großhandels (BFH III R 112/96, BFH/NV 99, 1198). Auch → Rn. 90.

Wesentliche Betriebsgrundlage s „Grundstück", „Warenbestand" (→ Rn. 88, 90).

Windkraftanlage eines Stromerzeugungsbetriebs ist kein Teilbetrieb (BFH X R 23/09, BFH/NV 10, 633; auch → Rn. 126).

Wohnungsbauunternehmen. Keine Teilbetriebsveräußerung, wenn von vermieteten Wohnungen in mehreren Städten der in einer Stadt belegene Grundbesitz verkauft wird (BFH IV R 113/68, BStBl II 69, 464; **aA** *Tiedtke* DStR 79, 543).

Zweigniederlassung (§ 13 HGB) ist idR Teilbetrieb (BFH IV R 88/92, BFH/NV 94, 694; BFH I R 107/93, BStBl II 95, 403).

5. 100%ige Beteiligung an Kapitalgesellschaft als Teilbetrieb. – a) Allgemeines/Rechtsentwicklung.

(1) **Rechtslage bis 2001.** Da die im BV gehaltene 100%ige Beteiligung an einer KapGes als **Teilbetrieb gilt** (§ 16 I 1 Nr 1 S 2; Fiktion gem wirtschaftl Betrachtung), war die Veräußerung nach der Rechtslage bis VZ 2001 (bzw 2002) zwar tarifbegünstigt. Die Fiktion galt jedoch weder für § 6 III EStG noch für § 24 UmwStG (str; s unten), auch war/ist die Veräußerung grds gewstpfl (GewStH 7.1 III; zu § 35 nF → § 35 Rn. 18); *Ausnahme:* Veräußerung/Entnahme bei (Teil-)Betriebsveräußerung/-aufgabe (BFH III R 27/98, BStBl II 02, 537). Zur Buchwertübertragung iZm der Aufgabe eines Betriebs oder MUerAnteils s BFH IV R 84/96, BStBl II 98, 104; *BMF* BStBl I 25, 92 Rn. 24.02, 15.06: keine Begünstigung; **aA** BFH IV R 49/08, BStBl II 10, 726; → Rn. 384; zutr). IEinz → 33. Aufl 2014, § 16 Rn. 161 und → 39. Aufl 2020, § 16 Rn. 161). 135

(2) **Rechtslage ab VZ 2002.** Aufgrund des **Teileinkünfteverfahrens** entfällt ab VZ 2002/2009 die Tarifbegünstigung nach § 34 II Nr 1 auch für 100%ige Beteiligungen an KapGes (einschl OptionsGes gem § 1a KStG; → § 15 Rn. 160a). Zur Kaufpreisaufteilung s BFH VIII B 110/13, BFH/NV 14, 1886. Die Teilbetriebsfiktion ist deshalb grds nur noch für den Freibetrag (§ 16 IV; → Rn. 572, 578) sowie für Umstrukturierungen (§ 24 UmwStG; so *BMF* BStBl I 09, 671; *BMF* BStBl I 25, 92 Rn. 24.02, 15.05 f zR abl BFH I R 77/06, BStBl II 09, 464; s auch § 15 I 3 UmwStG) von Bedeutung. Bei Veräußerung einer **Organbeteiligung** (Auflösung der OrganGes etc) sind für Mehr-/Minderabführungen bis 2021 gebildete passive/aktive Ausgleichsposten gewinnwirksam iVm §§ 3 Nr 40, 3c aufzulösen (§§ 14 IV KStG aF iVm § 34 VIe 7 ff KStG nF: Übergangsregelung; s auch → 40. Aufl 2021, § 16 Rn. 135; gleiches muss bei Veräußerung von MUerAnteilen an der Organträger-PersGes gelten). Ab **2022** bestimmen die Divergenzen gem §§ 14 IV, 34 VIe 5 f den StB-Ausweis der Organbeteiligung (Einlagelösung; iEinz *BMF* BStBl I 22, 1412). **§ 34 I/III** ist mE weiter anwendbar, wenn der Veräußerungserlös für die 100%ige Beteiligung nach § 3 Nr 40 S 3, 4 nicht zu 40% steuerbefreit ist (zu Verlusten s auch § 15 IV 3 ff).

b) Gesamtes Nennkapital der Kapitalgesellschaft. Die Beteiligung des StPfl muss das gesamte Nennkapital (Grund- oder Stammkapital) erfassen (BFH VIII B 234/04, BFH/NV 06, 519; **aA** FG Köln EFG 08, 447) – ausgenommen eigene Anteile der KapGes (→ § 17 Rn. 29, 76, 203, 228). Eine Beteiligung im handelsrechtl Sinne (§ 271 HGB) ist nicht erforderl (vgl *OFD Mster* DStR 89, 394). Dem StPfl müssen die Anteile estrechtl als wirtschaftl Eigentümer (§ 39 I, II 1 AO) zuzurechnen sein. Befinden sie sich im Gesamthandsvermögen einer gewerbl PersGes, soll trotz § 39 II Nr 2 AO im Hinblick auf § 5 I iVm §§ 238 ff HGB eine 100% ige Beteiligung iSv § 16 I 1 Nr 1 gegeben sein (BFH IV R 151/79, BStBl II 82, 751; zu §§ 705, 713 BGB idF **MoPeG** (BGBl I 21, 3436) iVm § 39 II Nr 2 AO nF **ab 2024** → § 15 Rn. 166). Entspr muss für eine 100%ige Beteiligung im Miteigentum (§ 1008 BGB) und für eine in der Summe 100%ige Beteiligung gelten, wenn die Anteile teils GesVermögen sind, teils den Ges'tern oder nur den Ges'tern gehören und jeweils SBV sind (EStR 16 III 7; BFH VIII R 2/93, BStBl II 95, 705). 136

c) Beteiligung im Betriebsvermögen. Die Beteiligung muss **notwendiges** oder **gewillkürtes** BV sein; SBV genügt (→ Rn. 136). Die 100%ige Beteiligung muss insgesamt BV sein (hL; FG Ddorf EFG 22, 755, rkr; EStR 16 III 8; *HHR/Geiss-* 137 *ler* § 16 Rn. 167: Teil-Anteile in verschiedenen BV des StPfl). Eine 100%ige Beteiligung im GesVermögen einer Zebra-Ges (→ § 15 Rn. 201) ist nicht insgesamt BV. Hält ein StPfl die 100%ige Beteiligung teilweise im PV, muss sie vor einer Veräußerung und mE außerhalb eines „Gesamtplans" in das BV einlegt worden sein.

138 **d) Veräußerung; Aufgabe.** Gegenstand einer begünstigten (aber → Rn. 135) *Veräußerung* ist die 100%ige Beteiligung, wenn sie einheitl gegen Entgelt an einen Erwerber übertragen wird. Wird sie insgesamt an verschiedene Erwerber übertragen, ist dies eine nach § 16 III ebenso begünstigten *Aufgabe.* Gleiches gilt, wenn die 100%ige Beteiligung insgesamt entnommen (BFH IV R 151/79, BStBl II 82, 751) oder teilweise veräußert und iÜ in das PV überführt wird (zum Teileinkünfteverfahren aber → Rn. 135). Veräußerung/Aufgabe soll ferner gegeben sein, wenn die Beteiligung in Teilen nacheinander ohne Sachzusammenhang, jedoch insgesamt innerhalb desselben Wj veräußert wird (EStR 16 III 6). Ebenso muss es dann aber sein, wenn die Anteile zwar in zwei aufeinander folgenden Wj, aber auf Grund eines wirtschaftl einheitl Vorgangs (zB mehrerer gleichzeitig abgeschlossener obligatorischer Geschäfte) übertragen werden. Nicht anwendbar ist § 16 I 1 Nr 1, III, wenn der StPfl einen Teil seiner 100%igen Beteiligung *im BV* zurückbehält (*HHR/Geissler* § 16 Rn. 170).

139 **e) Tausch.** Zum Tausch einer 100%igen Beteiligung gegen andere KapGes-Anteile s § 6 VI 1 (→ § 6 Rn. 851 ff, → § 5 Rn. 631). Zur **Einbringung** in **KapGes** gegen Gewährung von GesRechten s §§ 20 ff UmwStG. Zur Gewinnrealisierung bei verdeckter Einlage → Rn. 216; auch diese unterliegt nunmehr dem Teileinkünfteverfahren (§ 3 Nr 40 S 1 Buchst b; vgl auch BFH I R 202/83, BStBl II 87, 705: verdeckte Einlage ist zugleich Entnahme).

140 **f) Auflösung und Liquidation der Kapitalgesellschaft.** Letzteres führt zum Untergang der 100%igen Beteiligung an dieser KapGes und ist damit deren Veräußerung/Aufgabe grds gleichwertig (BFH VIII R 7/03, BStBl II 09, 772). Abw von der früheren Rechtslage (BFH VIII R 7/03, BStBl II 09, 772) ist ab VZ 97 nach § 16 I 1 Nr 1 S 2 Hs 2 (dazu BT-Drs 13/5952 S 46) im Fall der Auflösung der KapGes § 17 IV 3 sinngemäß anzuwenden. Demzufolge sind die von der KapGes ausgekehrten und beim Anteilseigner als BE zu erfassenden Vermögenswerte (Liquidationserlös) insoweit nicht Teil des begünstigten Veräußerungspreises (dh grds lfd BE), als „die Bezüge nach § 20 Abs 1 Nr 1 oder Nr 2 zu den Einnahmen aus KapVerm gehören" (BFH IV R 74/06, BFH/NV 09, 725: auch bei „Gesamtbetriebsaufgabe"). Diese Trennung wird zwar ab VZ 2002 bzw VZ 2003 beibehalten, jedoch entfällt infolge des Teileinkünfteverfahrens (§ 3 Nr 40 Buchst a, b) auch für den Veräußerungsgewinn grds § 34, nicht jedoch der Freibetrag nach § 16 IV (s einschließl Organbeteiligungen → Rn. 135).

141 **aa) Kapitalherabsetzung.** Sie ist weder Veräußerung noch Aufgabe der 100% igen Beteiligung, weil sie nicht die ganze Beteiligung erfasst (zum Teileinkünfteverfahren vgl § 20 I Nr 2 iVm III, § 3 Nr 40 Buchst a, e iVm S 2).

142 **bb) Verschmelzung.** Geht eine 100%ige Beteiligung durch Verschmelzung der KapGes oder formwechselnde Umwandlung in PersGes unter, bestimmen sich die Rechtsfolgen beim Anteilseigner nach dem UmwStG.

V. Rückgängigmachung der Veräußerung; fehlgeschlagener Erwerb

145 Wird die Veräußerung aufgrund von Umständen rückgängig gemacht (dazu BFH VIII R 28/02, BStBl II 05, 46), die im Veräußerungsgeschäft **angelegt** waren, entfällt rückwirkend die ursprüngl Veräußerung und damit die Gewinnverwirklichung; *Beispiele:* Nichtigkeit des Kaufvertrags (BFH VIII R 77/96, BStBl II 02, 227), Wegfall/Störung der Geschäftsgrundlage (BFH IX R 17/09, BStBl II 10, 539; BFH IX R 4/23, BStBl II 25, 733zu § 17), vertragl Rücktrittsrecht oder Anfechtung

(§§ 119, 123 BGB). Unberührt bleiben jedoch *lfd BE* aufgrund von Reuegeldern uä (*Götz* FR 15, 972 (975); **aA** zu PV BFH IX R 32/04, BStBl II 07, 44). Gleiches gilt für Rücktritt aus **privaten Gründen** (vgl auch → Rn. 338) und für auflösende Bedingung iVm Vergleich nach Kaufpreiszahlung (BFH VIII R 67/02, BStBl II 04, 107; *Welzer* DStR 16, 1393: StKlauseln; offen bei Anfechtung BFH X R 12/01, BStBl II 04, 211). Die Veranlagung ist gem **§ 175 I 1 Nr 2 AO** zu berichtigen; die Rückabwicklung ist keine Anschaffung des Veräußerers (s zu § 17 BFH IX R 49/15, BStBl II 17, 673 *LfSt Bay* DB 08, 2110; *Hils* DStR 17, 2157; zutr; BFH I R 43, 44/98, BStBl II 00, 424 ist aufgegeben). Gleichwohl hat der **Erwerber** den lfd Gewinn bis zum Vollzug der Rückgängigmachung zu versteuern, sofern er ihm verbleibt (BFH IV R 80/67, BStBl II 68, 93). Ein Rückabwicklungsverlust des Erwerbers iZm § 16 ist jedoch BA. Die Veräußerung entfällt jedoch **nicht,** wenn ein wirksamer und vollzogener Kaufvertrags nachträgl aufgehoben (BFH IV R 70/92, BStBl II 94, 745; **aA** *Bahns* FR 04, 317) oder der MUerAnteil an einen Drittschädiger weiterveräußert wird (zB Prospekthaftung); der Schadenersatz ist mE – anders bei privaten Fonds (zB BFH IX R 27/15, BStBl II 18, 335; BFH IX R 18/20, BStBl II 23, 173) – betriebl Veräußerungserlös (BFH IV R 20/18, BStBl II 21, 904; → § 15 Rn. 648). Ebenso idR nicht bei **Rückfallklauseln** (BFH XI R 55/97, BFH/NV 99, 9; → § 15 Rn. 300). Zu vorweggenommenen BA bei **fehlgeschlagenem Erwerb** (GewBetr/MUerAnteil) → § 4 Rn. 484; BFH I R 56/12, BStBl II 14, 703: DBA-Freistellung. Zur Betriebsaufgabe → Rn. 150.

C. Tatbestand der Aufgabe des ganzen Gewerbebetriebs oder eines Teilbetriebs, § 16 III, IIIa, IIIb

Verwaltung: EStR 16 II, III; *BMF* BStBl I 16, 1326 (§ 16 IIIb).

Schrifttum (Auswahl): *Stopper,* Die Betriebsaufgabe als Gewinnausweistatbestand, Diss, 2005; *Rutemöller,* Gesellschaften in der Liquidation, DStZ 19, 832.

I. Aufgabe des ganzen Betriebs

1. Aufgabetatbestand. – a) Aufgabe durch Handlung. Der BFH wertet die Betriebsaufgabe, die nach § 16 III 1 als Veräußerung gilt (Fiktion), als „Totalentnahme". Eine Betriebsaufgabe liegt hiernach **(Grundtatbestand)** vor, **wenn** – ***(1)*** auf Grund eines **Entschlusses** des StPfl, den Betrieb aufzugeben – ***(2)*** die bisher in diesem Betrieb (von diesem „Steuersubjekt") entfaltete gewerbl Tätigkeit **endgültig eingestellt** wird (BFH IV R 28/22, BStBl II 25, 910; → Rn. 80 ff); unerhebl ist dabei allerdings, ob dies freiwillig oder zwangsweise (zB Berufsverbot) geschieht (BFH X R 163–164/87, BStBl II 91, 802: Rechtsvorgang, → Rn. 151; FG Hmb EFG 00, 552: Brand; auch → Rn. 122; zur teilweisen Veräußerung der wesentl Betriebsgrundlagen eines Verpachtungsbetriebs s 188) – ***(3)*** **alle wesentl Betriebsgrundlagen** – ***(4)*** in einem **einheitl Vorgang,** dh innerhalb kurzer Zeit (→ Rn. 200), – ***(5)*** entweder – ***(a)*** insgesamt eindeutig, dh äußerl erkennbar in das **PV** überführt (BFH X R 28/11, BFH/NV 15, 479) oder – ***(b)*** „anderen **betriebsfremden Zwecken**" zugeführt (BFH VIII R 17/85, BStBl II 91, 512 zu verdeckter Einlage in KapGes; → Rn. 76, 216) oder – ***(c)*** insgesamt einzeln an **verschiedene** nicht als MUer verbundene **Erwerber** veräußert (BFH III R 27/98, BStBl II 02, 537) oder unentgeltl überträgt (BFH VI S 9/19 *(PKH),* BFH/NV 20, 1051) oder – ***(d)*** **teilweise** veräußert/überträgt und teilweise in das **PV** überführt werden und – ***(6)*** dadurch der **Betrieb** „als selbstständiger Organismus des Wirtschaftslebens" zu bestehen **aufhört** (BFH X R 32/05, BStBl II 09, 634). – ***(7)*** Sind die Voraussetzungen zu (1) bis (6) gegeben, bedarf es (grds) **keiner** zusätzl **Aufgabeerklärung** ggü dem FA (zB BFH IV R 8/20 (IV R 7/17), DStR 23, 1187), da die Betriebsaufgabe ein tatsächl Vorgang ist (Entnahme). – ***(8)*** Demgemäß kann sie auch **nicht** durch Er- 150 klärung **zurückbezogen** werden (BFH IV R 39/94, BStBl II 96, 276; zur Sonderregelung des § 16 IIIb → Rn. 160; zu gewerbl Grundstückshandel → § 15 Rn. 78) und – anders als in Fällen der Betriebsveräußerung (→ Rn. 145) – auch **nicht rückwirkend beseitigt** werden (BFH VIII R 15/80, BStBl II 83, 736; FG MV EFG 08, 1699). – ***(9)*** Zur Sonderform der **Realteilung** (§ 16 III 2–4) → Rn. 520 ff.

151 **b) Substituierender Rechtsvorgang.** Ein solcher kann im Einklang mit dem Entnahmebegriff des § 4 I 2 (→ § 4 Rn. 242 ff) auch ohne Aufgabehandlung des StPfl eine sog „finale Betriebsaufgabe" begründen (zB BFH VIII R 90/81, BStBl II 84, 474; s einschließl Entstrickung gem § 16 IIIa → Rn. 196).

152 **c) Keine Betriebsaufgabe. – aa) Grundsätze.** Aus den *allg* Merkmalen zu → Rn. 150 ergibt sich im tatbestandl Gegenschluss die Abgrenzung der Betriebsaufgabe ggü – ***(1)*** der **„allmählichen Abwicklung"** (Auflösung) eines GewBetr, die zwar ebenfalls zu einer Gewinnrealisierung führt, aber nicht in zeitl konzentrierter („einheitl") Form und deshalb nicht begünstigt ist (→ Rn. 200), – ***(2)*** einer vorübergehenden **Betriebsunterbrechung;** § 16 IIIb; → Rn. 160) oder **Betriebsverpachtung** (→ Rn. 166), – ***(3)*** einer innerbetriebl **Strukturänderung** (→ Rn. 154) oder **Betriebsverlegung** (BFH I R 99/08, BStBl II 11, 1019; → Rn. 81, 89 f, 160), bei denen aufgrund dessen, dass der Betrieb als selbständiger Organismus des Wirtschaftslebens fortbesteht, nur nicht begünstigte Gewinne (oder Verluste) aus der Veräußerung oder Entnahme einzelner WG erzielt werden (zu § 16 IIIa aber → Rn. 196), und – ***(4)*** der **unentgeltl/entgeltl Betriebsübertragung,** bei der die wesentl Betriebsgrundlagen einem Erwerber übertragen werden (einschließl Ausnahmen → Rn. 10 f; BFH IV R 16/92, BStBl II 93, 716: Tod eines Einzelunternehmers). Demgemäß ist auch die **Einstellung** der bisherigen werbenden gewerbl **Tätigkeit** (zB § 27 II HGB) idS **„mehrdeutig",** dass sie estrechtl der Beginn einer Betriebsaufgabe (→ Rn. 209), der Beginn einer allmähl Betriebsabwicklung oder nur eine Betriebsunterbrechung evtl iVm einer innerbetriebl Strukturänderung oder räuml Betriebsverlegung sein kann (s oben zu *(3)*).

153 **bb) Wichtige Einzelfälle.** Betriebsaufgabe liegt insb **nicht** vor: – **(1) Rechtsirrtum.** Dh die *nachträgl* Erkenntnis über das **Nicht-Vorliegen** eines **Gewerbebetriebs** zB keine gewerbl Prägung der GmbH & Co GbR auf Grund BGH II ZR 371/98, DStR 99, 1704; BGH II ZR 2/00, DStR 02, 816 (→ § 15 Rn. 227; vgl aber nunmehr vermögensverwaltende Pers*handels*Ges gem §§ 2, 105, 161 II 2 HGB; zur Umwandlung KapGes in PersGes s BFH IX R 23/96, BFH/NV 00, 1258).

154 **(2) Änderung von Betriebsstruktur/Betriebsgröße.** *Beispiele:* Produktions- zum Handelsbetrieb (BFH X R 78/93, BFH/NV 97, 226; BFH III R 1/03, BFH/NV 04, 1231), Hotel zu Restaurant (BFH III R 1/03, BFH/NV 04, 1231: auch → Rn. 89, 173), von Pflegebetrieb zu Ferienpension (BFH IV B 120/04, BFH/NV 06, 727), von originärem zu gewerbl geprägtem GewBetr (s auch zu GewSt BFH IV R 41/07, BStBl II 10, 977) und umgekehrt, eines GewBetr zu LuF oder selbständiger Arbeit und umgekehrt (BFH IV R 18/06, BStBl II 09, 654; → Rn. 607: Erbfall). Zu § 14 II nF (Sonderrecht) → § 14 Rn. 36; *BMF* BStBl I 22, 678.

155 **(3) Betriebsaufspaltung; Betriebsunterbrechung; Betriebsverpachtung.** Der Übergang zur BetrAufsp (zB BFH III R 40/07, BStBl II 10, 609) oder die Betriebsverpachtung/Betriebsunterbrechung (→ Rn. 166, 160).

156 **(4) Liebhabereibetrieb.** Bei Wandel eines GewBetr in einen Liebhabereibetrieb bleiben die betriebl WG vorbehaltl einer Betriebsaufgabe*erklärung* (glA *Kanzler* FR 23, 241 (247) „eingefrorenes" BV. Ebenso mE bei Eingreifen der StBefreiung gem § 3 Nr 72 (*Wacker* FR 23, 725 (730); *Graw* DStR 24, 1218; **aA** *BMF* BStBl I 23, 1494 Rn. 23 mit Übergangsregelung; zur BetrAufgabe → Rn. 570) Die bis zum Strukturwandel/Beurteilungswandel angewachsenen stillen Reserven werden un-

geachtet einer negativen Wertentwicklung in der Liebhabereiphase zB bei späterer entgeltl Veräußerung oder schenkweiser Einzelübertragung (Entnahme) realisiert (BFH X R 61/14, BStBl II 16, 939; *Heckel* Diss, 1999, 120: Rechtsfolgenreduktion; zu Schuldzinsen → Rn. 356). Der Unterschiedsbetrag zw gemeinem Wert und Buchwert ist für jedes WG des AV und UV (BFH X R 61/14, BStBl II 16, 939) auf den Zeitpunkt des Strukturwandels gesondert und ggf einheitl festzustellen (vgl § 180 II AO iVm § 8 VO; BFH X R 15/15, BStBl II 17, 112); ein Übergangsgewinn kann angesetzt werden (BFH X R 61/14, BStBl II 16, 939: keine Bilanzierungspflicht; krit *Kanzler* FR 23, 241 (246); *Paus* DStZ 17, 377; BFH X R 2/16, BFH/NV 18, 421: kein § 7g aF).

(5) Insolvenzverfahren. Dessen Eröffnung begründet keine Betriebsaufgabe 157
(vgl §§ 1, 155, 157 InsO; BFH II R 10/18, DStR 21, 1648; BFH X B 71/15, BFH/NV 16, 34: Eigenantrag; § 4 II GewStDV; GewStR 2.6 IV; zu § 4a s *BMF* BStBl I 98, 1500 zu 4.3; zu § 13a ErbStG aF s BFH II R 19/18, DStR 20, 2599; anders aber idR bei Besitzunternehmen einer BetrAufsp (→ § 15 Rn. 865 ff) oder wenn Betriebsfortführung ausgeschlossen (FG Mster EFG 11, 1519; → Rn. 161). Zur BetrAufgabe während des Insolvenzverfahrens BFH IV R 8/20 (IV R 7/17), DStR 23, 1187 Rn. 44; BFH X R 28/19, BStBl II 23, 341; SächsFG EFG 22, 1593, Rev X R 29/21; → Rn. 342: Restschuldbefreiung).

2. Betriebsunterbrechung, § 16 IIIb. – a) Fortbestand des Betriebs. Keine 160
Betriebsaufgabe, sondern bloße Betriebsunterbrechung (ieS) mit der Folge *originär gewerbl* Einkünfte (BFH IV R 37/14, BStBl II 18, 227; → § 15 Rn. 213) ist anzunehmen, wenn nach den äußerl erkennbaren Umständen, zB weil die zurückbehaltenen, nicht grundlegend umgestalteten und weiterhin gebrauchstaugl WG jederzeit die Wiederaufnahme des Betriebs gestatten (BFH III B 54/07, BFH/NV 09, 1620), wahrscheinl ist, dass – ***(1)*** die werbende Tätigkeit (zu mehreren Betätigungen → Rn. 161) innerhalb eines „überschaubaren" Zeitraums, dessen Länge sich nach den Umständen des Einzelfalls bestimmt (BFH VIII B 98/01, BFH/NV 06, 1287: 30–40 Jahre; weitergehend BFH IV R 37/14, BStBl II 18, 227: keine allg Höchstgrenze; → Rn. 181) in gleichartiger oder ähnl Weise **wieder aufgenommen** wird, sodass der stillgelegte und der wiederaufgenommene Betrieb wirtschaftl **identisch** sind (BFH X B 12/03, BFH/NV 03, 1575: Betriebsunterbrechung iVm Betriebsverlegung; FG Hmb EFG 12, 1416: Verhältnisse bei Einstellung der werbenden Tätigkeit maßgebend; zutr, → Rn. 169; zu § 16 IIIa aber → Rn. 196), oder – ***(2)*** der Betrieb alsbald ohne Aufgabe **verpachtet** wird oder – ***(3)*** die wesentl WG an **verschiedene Nutzer** vermietet werden (BFH VIII R 80/03, BStBl II 06, 591). Ebenso, wenn – ***(4)*** eine PersGes ihren Betrieb einstellt, dieselben Ges'ter eine **neue PersGes** gründen und diese einen Betrieb eröffnet, der mit dem bisherigen *wirtschaftl identisch* ist (→ Rn. 17; BFH VIII R 30/05, BFH/NV 07, 1042); – ***(5)*** bei **Zerstörung** wesentl **Betriebsgrundlagen** zB durch Brand, wenn Ersatzbeschaffung ua durch Bildung einer RfE bekundet wird (BFH IV R 97/89, BStBl II 92, 392). Zur Betriebsunterbrechung bei Fehlen oder Wegfall der Voraussetzungen einer **Betriebsaufspaltung** → § 15 Rn. 865.

Beispiele: Typische Fälle der Betriebsunterbrechung: Saisonbetriebe, zB Hotel in Wintersportort; Handelsvertreter gibt bisherige Vertretungen auf und übernimmt nach einiger Zeit neue (BFH I 221/63, BStBl III 66, 459); Ferienwohnungen werden vorübergehend nicht über Feriendienstorganisation vermietet (BFH III R 31/87, BStBl II 90, 383). Zu Grundstückshandel iVm Grundstücksverwaltung s BFH IV R 39/94, BStBl II 96, 276; zur unschädl Bestellung von Erbbaurechten s BFH XI R 28/97, BStBl II 98, 665.

b) Aufgabe des unterbrochenen Betriebs. Nach der jüngeren BFH-Rspr 161
kann im Einklang mit den Grundsätzen zur Betriebsverpachtung (vgl → Rn. 181) von einer Betriebsunterbrechung ausgegangen werden, solange die Möglichkeit zur (jederzeitigen) Wiederaufnahme der gewerbl Tätigkeit besteht (BFH IV R 65/01,

BStBl II 09, 699; BFH IV R 37/14, BStBl II 18, 227; *BMF* BStBl I 02, 1028). Maßgebl ist grds der Betriebszustand vor Einstellung; bei mehreren verschiedenen Betätigungen ist die Wiederaufnahmeabsicht für eine Tätigkeit ausreichend (BFH X R 36/17, BFH/NV 19, 195).

162 **aa) Aufgabeerklärung; § 16 IIIb 1 Nr 1.** Ein hiernach nur unterbrochener Betrieb gilt nach der für BetrAufgaben ab dem 5.11.11 anwendbaren (§ 52 XXXIV 9 aF; *BMF* BStBl I 16, 1326; **aA** *Hechtner* NWB 13, 20: ab 1.1.12) Anordnung in § 16 IIIb 1 Nr 1 erst dann als aufgegeben, wenn der StPfl die Aufgabe ggü dem FA *ausdrücklich* erklärt (s dazu einschließl einer mögl dreimonatigen Rückwirkung gem S 2, 3 → Rn. 190 ff). Zu Liebhabereibetrieb s Rz 152.

163 **bb) Unerkannte Betriebsaufgabe; § 16 IIIb 1 Nr 2. – (1) Rechtsprechungsgrundsätze.** Mit dem Wegfall der Möglichkeit zur Wiederaufnahme der gewerbl Tätigkeit (→ Rn. 161) wurde nach der Rspr zur Rechtslage vor Geltung von § 16 IIIb zugleich der Betriebsaufgabetatbestand erfüllt (FG Mster EFG 11, 1519 zu Konkurs). Dem stand weder entgegen, dass der StPfl ggü dem FA erklärt hatte, wieder gewerbl tätig sein zu wollen; noch dass das FA in Kenntnis der tatsächl Gegebenheiten über diese Rechtslage irrte oder Anlass bestand, den Sachverhalt zu ermitteln. Zudem lehnte der BFH eine Bindung nach **Treu und Glauben** ab (iEinz BFH III R 7/91, BFH/NV 93, 358; glA BFH IV R 1/20, DStR 24, 2417; mE bedenkl; auch → Rn. 203). Zur mE nicht tragfähigen Erwägung von BFH X R 78/93, BFH/NV 97, 226, das Jahr der „verkannten" Betriebsaufgabe gem § 174 III AO zu ändern, → 39. Aufl 2020, § 16 Rn. 182. **Ausnahme:** *allmähl* Reduzierung des Geschäftsbetriebs (BFH VIII R 11/95, BStBl II 98, 379: eindeutige Erklärung erforderl, **„keine schleichende"** Betriebsaufgabe; mE zutr; auch hierzu iEinz → 39. Aufl 2020, § 16 Rn. 182).

164 **(2) Partielle Korrektur durch § 16 IIIb 1 Nr 2.** Hiernach setzt die Betriebsaufgabe voraus, dass dem **FA** die Tatsachen **bekannt** werden, aus denen sich die „rechtl Voraussetzungen der Aufgabe iSv § 16 III 1" ergeben. Letzteres lässt einerseits die bisher geltenden Grundsätze (→ Rn. 163) unberührt, will aber andererseits (BR-Drs 54/11: Vereinfachung/Rechtssicherheit „für StPfl") iSe partiellen Rspr-Korrektur den **Betriebsfortbestand** bis zu dem Zeitpunkt **fingieren,** zu dem das FA (= mE der zuständige Bearbeiter; glA *BMF* BStBl I 16, 1326; *Manz* DStR 13, 1512 (1515)) Kenntnis davon erhält, dass die Möglichkeit zur Betriebsfortführung entfallen ist, weil zB (= „Aufgabe iSv § 16 III 1") alle wesentl oder iRe schleichenden Betriebsaufgabe die letzten wesentl Betriebsgrundlagen (BFH VIII R 18/99, BFH/NV 01, 31) veräußert worden sind. Zu Ermittlungen des FA s einschr *Pagels* DStR 22, 2037 (fragl). Ein *Rechts*irrtum des FA ist allerdings unerhebl (zutr *Müller* FR 15, 616). Soweit WG vor dem Jahr der Kenntniserlangung veräußert/entnommen worden sind, sollen nach *BMF* (BStBl I 16, 1326) die Vorjahre, soweit verfahrenrechtl möglich, geändert werden (fragl).

3. Betriebsverpachtung, § 16 IIIb

Verwaltung: EStH 16 V; GewStR 2.2; *BMF* BStBl I 94, 771 (Wiederaufleben des Verpächterwahlrechts); Ges'terwechsel bei verpachtender PersGes); *BMF* BStBl I 84, 461; *BMF* BStBl I BStBl I 00, 1556 (LuF); *OFD Bln* FR 04, 494 (Erbfall); *BMF* BStBl I 16, 1326 (§ 16 IIIb); *BMF* DStR 25, 166 (BgA).

Schrifttum (Auswahl): *Heckel,* Das Ende gewerbl Tätigkeit trotz Fortbestand des Betriebs, Diss, 1999; *Stopper,* Betriebsaufgabe als Gewinnausweistatbestand, Diss, 2005.

166 **a) Systematik; Rechtsgrundlage.** Obgleich die Verpachtung von WG idR nicht dem Tatbestand der gewerbl Einkünfte (§ 15 I 1 Nr 1, II) genügt, geht die Rspr (BFH GrS 1/63 S, BStBl III 64, 124) für Zwecke des EStG (zur GewSt → Rn. 186, 170 aE, 183) auch bei langfristiger Verpachtung der wesentl Grundlagen mit Rücksicht auf die bis dahin ausgeübte unternehmerische Tätigkeit nicht von einer Be-

triebsaufgabe, sondern – vorbehaltl einer Aufgabeerklärung **(Wahlrecht)** – von einem fortbestehenden GewBetr **(Betriebsunterbrechung iwS)** aus, solange obj die Möglichkeit und – was allerdings zu vermuten ist – subj die Absicht zur „identitätswahrenden Wiederaufnahme" der früheren gewerbl Tätigkeit in eigener Person oder eines unentgeltl Rechtsnachfolgers besteht. **Entsprechendes** gilt vorbehaltl § 14 II, III nF (Sonderrecht; → § 14 Rn. 36; *BMF* BStBl I 22, 678) bei Verpachtung eines **LuF-Betriebs** (→ § 13 Rn. 123) und einer **Freiberuflerpraxis** (str, → § 18 Rn. 215). – **Rechtsgrundlage.** Der BFH (VIII R 2/95, BStBl II 98, 388; krit zB *Führer* DStR 95, 785 (788)) stützt das Wahlrecht auf die teleologische Reduktion des § 16 III 1 (ähnl *Stopper* Diss, 158 ff: Analogie zu Entnahme; **aA** *Heckel* Diss, 103: Rechtsfolgenreduktion iVm „Einfrieren" der stillen Reserven).

b) Abgrenzungen. Betriebspachtverträge sind zu unterscheiden von **Betriebsführungsverträgen** (BFH I R 61/09, BStBl II 11, 249: Betriebsführung im fremden oder eigenen Namen und auf fremde Rechnung gegen Entgelt) und **Betriebsüberlassungsverträgen** (Betriebsführung im fremden Namen auf eigene Rechnung). Zu Einzelheiten, zB *Gembruch ua* Ubg 11, 619; *Kuhr* Ubg 14, 776; BFH I R 175/85, BFH/NV 90, 667. Zur Umqualifikation in einen **Verkauf** s BFH X R36/08, BFH/NV 17, 4 Rn. 26. Zur **verdeckten MUerschaft** (Familien-PersGes) → § 15 Rn. 285, 744. Zur **Betriebsstätte** s BFH III R 3/19, BFH/NV 20, 708. 167

c) Voraussetzungen des Wahlrechts zur Betriebsaufgabe. Das Wahlrecht erfordert – ***(1)*** positiv bestimmte sachl und persönl Gegebenheiten (→ Rn. 169 ff) und – ***(2)*** negativ das Fehlen einer BetrAufsp oder MUerschaft zw Verpächter und Pächter (→ Rn. 183 f). Es entfällt auch, wenn der Verpächter eine Aktivität entfaltet, die über die bloße Nutzungsüberlassung erhebl hinausgeht und sich ihrerseits als gewerbl Betätigung darstellt (BFH VIII R 263/81, BStBl II 86, 359: „ins Gewicht fallende Sonderleistungen"). 168

aa) Ganzer Gewerbebetrieb. Erforderl ist, dass der StPfl einen (noch lebenden) GewBetr (zum Teilbetrieb → Rn. 170), dessen Eigentümer oder Nutzungsberechtigter er ist (BFH VIII R 120/86, BStBl II 90, 780), zur Nutzung überlässt. Dem ist (nur) genügt, wenn der StPfl zumindest **alle wesentl Grundlagen** des (bisherigen) Betriebs verpachtet, sodass der *Pächter* den Betrieb „im Wesentlichen fortsetzen kann" (zB BFH IV R 20/02, BStBl II 04, 10). Dem *Verpächter* (bzw seinem Rechtsnachfolger) muss – bezogen auf den Betriebszustand vor Einstellung der *letzten* werbenden Tätigkeit (BFH IV R 65/01, BStBl II 09, 699) – *obj* die Möglichkeit verbleiben, diese „idenditätswahrend" wieder aufzunehmen (BFH IX R 2/95, BStBl II 98, 373). Hierfür reicht nach der jüngeren Rspr eine „gleichartige oder ähnliche" Betriebstätigkeit aus (BFH X R 21/11, BFH/NV 14, 676; BFH X R 16/10, BFH/NV 14, 1038: Wettbewerbsverbot unschädl; s auch *Schuster* FR 07, 584). Ist dies der Fall, wird die *subj* Betriebsunterbrechungsabsicht (→ Rn. 160, 164) vermutet; zur Betriebsfiktion nach § 16 IIIb 1 Nr 2 nF → Rn. 188. Zur Vermietung an *mehrere* Nutzer → Rn. 160. 169

bb) Teilbetrieb. Auch hier hat der Verpächter grds ein Wahlrecht zw fortbestehendem gewerbl Teilbetrieb und Teilbetriebsaufgabe, *wenn* – ***(1)*** die verpachteten Gegenstände in der Hand des *Verpächters* bereits einen Teilbetrieb iSv § 16 I Nr 1 gebildet haben (BFH I R 127/71, BStBl II 74, 357; zur Einstellung der gewerbl Tätigkeit in den anderen Teilbetrieben s FG RhPf EFG 86, 10; *Ehlers* DStZ 87, 557 (560)) und – ***(2)*** der Teilbetrieb *nicht* „im Rahmen des gesamten Betriebs" verpachtet wird, dh kein wirtschaftl Zusammenhang mit dem Restbetrieb besteht (BFH IV R 56/97, BStBl II 98, 735; EStH 15.7 I), zB aufgrund umfangreicher Lieferbeziehungen zw Pacht- und Restbetrieb. Ausgeschlossen ist das Wahlrecht – ***(3)*** ferner im Hinblick auf § 15 III Nr 1 stets, wenn eine gewerbl tätige (oder geprägte) PersGes einen Teilbetrieb verpachtet (BFH IV R 174/74, BStBl II 78, 73; *Ausweg:* vorherige Realtei- 170 lung in zwei beteiligungsidentische PersGes; → Rn. 539). Zur GewSt-Pflicht bei gewerbl Prägung s BFH IV B 9/95, BFH/NV 96, 213.

171 **cc) Mitunternehmeranteil.** Zum Streitstand → § 15 Rn. 315. Zum Vorbehaltsnießbrauch vgl → § 15 Rn. 308. Zu unentgeltl Übertragung eines MUerAnteils mit zeitgleicher Verpachtung des SBV an Beschenkten s BFH VIII R 120/86, BStBl II 90, 780: keine Betriebsverpachtung bei Miteigentum des Pächters.

172 **dd) Verpachtung aller wesentlichen Betriebsgrundlagen.** – **(1) Grundsätze.** Diese Wahlrechtsvoraussetzung bezieht sich allein auf die WG, die nach ihrer Funktion im Betrieb/Teilbetrieb des Verpächters wesentlich sind **(funktionale Betrachtung),** nicht also auf solche mit hohen stillen Reserven (BFH X R 39/04, BStBl II 08, 220), ungeachtet der hiervon abw („normspezifischen") Rspr zur Betriebsveräußerung/Betriebsaufgabe (→ Rn. 85 f). Danach kann Betriebsverpachtung auch vorliegen, wenn ein WG mit erhebl stillen Reserven nicht mitverpachtet wird; es bleibt aber bis zu einer evtl Entnahme BV (BFH I R 163/85, BFH/NV 91, 357). Die Lockerung der Begriffsanforderungen **iRv § 6 III** durch BFH IV R 14/18, BStBl II 21, 367 (iEinz → Rn. 10 f.) dürfte am Erfordernis der Überlassung *aller* funktional wesentl WG nichts geändert haben.

173 **(2) Einzelfälle.** – ***(a)*** Wird **nur** das **Betriebsgrundstück** (evtl iVm Betriebsvorrichtungen) verpachtet, muss es (→ Rn. 172) die **alleinige** funktional wesentl Betriebsgrundlage sein (BFH X R 39/04, BStBl II 08, 220). Dies *bejaht* die jüngere BFH-Rspr jedenfalls bei Groß-/Einzelhandel (BFH IV R 12/16, BStBl II 19, 745; BFH IV R 13/19, BFH/NV 22, 414) und Hotels/Gaststätten (BFH X R 21/11, BFH/NV 14, 676; auch → Rn. 88, 90); ebenso für Reitanlage (BFH IV R 139/81, BStBl II 85, 205) und Kfz-Werkstatt (BFH X R 20/06, BStBl II 10, 222), *nicht* jedoch bei Autohaus mit Tankstelle (XI R 6/93, BStBl II 94, 23; **aA** (zutr) FG Mster EFG 12, 916 für Tankstellengrundstück; offen BFH IV R 19/22 DStR 25, 211) und für Holzverarbeitungsbetrieb (BFH VIII R 2/95, BStBl II 98, 388). Demgemäß führt in diesen Fällen auch die **branchenfremde Verpachtung** nicht zu einer („Zwangs"-) Betriebsaufgabe (BFH IV R 45/06, BStBl II 09, 90: von Schuh- zu Bekleidungshandel; BFH IV R 20/02, BStBl II 04, 10: von Großhandel zu Druckerei; *Schießl* FR 05, 823; diff für Hotelgebäude und Einzelhandel FG BW EFG 98, 1063; 00, 1068; ähnl mE aber überholt BFH III R 20/99, BStBl II 03, 635: Apotheke zu Druckerei; BFH X R 48/96, BFH/NV 02, 153: von Schusterei zu Buchhandel). Ebenso nicht die **Anpassung** an wirtschaftl **veränderte Gegebenheiten** (zB Umstellung des Warensortiments; Modernisierung der Maschinen; BFH XI R 26/00, BFH/NV 01, 1106: Nachtbar statt bürgerl Gaststätte/Hotel), die Betriebserweiterung (BFH IV R 1/98, BStBl II 99, 55), die Veräußerung eines einzelnen ggf wesentl WG (BFH X B 142/99, BFH/NV 01, 16; fragl) oder die Betriebsverlegung (HessFG EFG 08, 448; fragl; → Rn. 90, 160) oder ein **Strukturwandel** beim Pächter zB vom GewBetr zur **LuF;** es ändert sich nur die Art der Einkünfte, auch des Verpächters. – ***(b)*** Zur Verpachtung *nach* **BetrAufsp** → § 15 Rn. 865. – ***(c)*** Zu den wesentl Betriebsgrundlagen eines **Fabrikationsbetriebs** gehören zwar grds auch das bewegl AV, insb Produktionsanlagen (BFH X R 101/90, BStBl II 93, 710) und Maschinen (BFH VIII R 2/95, BStBl II 98, 388 zu II.2.); Ausnahme: *einzelne* kurzfristig ersetzbare Maschinen eines Fabrikationsbetriebs (str, → Rn. 88; *HG* DStR 97, 1885; weitergehend *Schuster* FR 07, 584; uU auch BFH X R 20/06, BStBl II 10, 222). – ***(d)*** Bei Verpachtung eines vom Pächter unverändert fortgeführten Ladengeschäfts steht die **Veräußerung der Warenvorräte** und/oder der Ladeneinrichtung der Annahme einer Betriebsverpachtung nicht entgegen (BFH VIII R 153/77, BStBl II 80, 181; BFH X R 13/05, BFH/NV 08, 1306: handwerkl Bäckerei; BFH III R 13/15, BFH/NV 19, 1069); ebenso bei Übergang von **Großhandel** zu **Einzelhandel** (s zu *(a)*). – ***(e)*** Zu **weitergehenden Umgestaltungen** → Rn. 188.

ee) Nutzungsüberlassung. Der Vertrag, durch den die wesentl Betriebsgrundlagen einem anderen befristet zur Nutzung überlassen werden, ist idR zivilrechtl ein Pachtvertrag (§§ 581 ff BGB); §§ 292 I Nr 3, 294 AktG (Handelsregister-Eintrag) gilt nicht für PersGes (OLG Köln GmbHR 20, 709). Das Wahlrecht besteht ferner bei Vermietung (§§ 535 ff BGB) oder – anders als iRv § 4 IV KStG (BFH I R 58/17, BStBl II 21, 945; *BMF* BStBl I 21, 2483) – **unentgeltl** Nutzungsüberlassung (Betriebsvermögen!; BFH X R 176/96, BFH/NV 99, 454) und damit auch, wenn zw Angehörigen einzelne Entgeltabreden **nicht fremdübl** sind (BFH VI R 59/15, BStBl II 18, 461 zu Wirtschaftsüberlassungsvertrag). Der schuldrechtl Nutzungsüberlassung steht eine solche auf **dingl** Grundlage (zB Unternehmensnießbrauch) gleich (arg § 22 II HGB; BFH IV R 7/94, BStBl II 96, 440: Vermächtnisnießbrauch an LuF; → § 15 Rn. 143). Zur evtl Wertung einer „Nutzungsüberlassung" als **Veräußerung** s zB *Führer* DStR 95, 785 (792); *Korn* DStR 95, 961 (966). 175

ff) Persönliche Voraussetzungen. – **(1) Person des Verpächters.** – ***(a)*** Der Personenkreis ist auf **natürl Person** und **PersGes** (oder KSt-Subjekt iSv § 1 I Nr 4 KStG) beschränkt; ausgeschlossen vom Wahlrecht sind **KapGes** und **gewerbl geprägte PersGes,** da diese grds nur Einkünfte aus GewBetr und gewerbl BV haben (§ 8 II KStG; § 15 III Nr 2) und ihre WG nicht durch Betriebsaufgabeerklärung PV werden können (BFH IV B 9/95, BFH/NV 96, 213; *FSen Brem* DStR 00, 1308; zur Abgrenzung→ § 15 Rn. 231; BFH IV R 28/22, BStBl II 25, 910: Tätigkeitseinstellung); *Ausnahme:* Betriebsverpachtung durch gemeinnützige GmbH (BFH I R 55/06, BStBl II 07, 725; **aA** *Hüttemann* BB 07, 2324). Das Wahlrecht kann jedoch später aufleben (→ Rn. 193). Zur Verpachtung durch einen Betrieb gewerbl Art (§ 4 IV KStG) s *BMF* BStBl I 09, 1303 Rn. 15, 22; *OFD Hann* DB 09, 2520; *Baldauf* DStZ 10, 523. – ***(b)*** Ist der Verpächter natürl Person, muss diese **unbeschr estpfl** sein oder, da das verpachtete BV idR keine Betriebsstätte des *Verpächters* begründet, für den Verpachtungsbetrieb einen ständigen Vertreter iSv § 49 I Nr 2a bestellt haben (BFH I R 136/77, BStBl II 78, 494; FG Mchn EFG 13, 364; zu § 49 I Nr 2 ff → § 49 Rn. 54 ff). – ***(c)*** Ist der Verpächter eine **nicht gewerbl geprägte PersGes** und genügen alle Ges'ter einer PersGes den persönl Voraussetzungen des Wahlrechts, kann dieses nur **einheitl** ausgeübt werden (BFH VIII R 2/95, BStBl II 98, 388 zu II.2.a; *FSen Brem* DStR 00, 1308); Gleiches gilt, wenn nur ein Teil der Ges'ter den persönl Voraussetzungen genügt, für diese Ges'ter (analog § 7a VII). Zu späterem Ges'terwechsel → Rn. 179. Sind an dieser **KapGes beteiligt,** entfällt das Wahlrecht anteilig für die KapGes (**aA** *Schoor* StBP 96, 29: Wahlrecht der PersGes, gewerbl Einkünfte erst auf Ebene der KapGes), ebenso, soweit Ges'ter beteiligt sind, die weder unbeschr estpfl sind noch einen ständigen Vertreter bestellt haben, es sei denn, die Geschäftsleitung der Ges ist im Inl (FG Mchn EFG 91, 328; *Führer* DStR 95, 785 (787)). – ***(d)*** Verpachtet eine **PersGes** oder Erbengemeinschaft **an** einen **Ges'ter** oder Miterben, besteht das Wahlrecht für alle Ges'ter oder Miterben; erklären diese die Betriebsaufgabe, wird oder bleibt der Anteil des Pächters am GesVermögen der PersGes BV seines GewBetr (*Schoor* DStR 97, 1 (4)). – ***(e)*** Zur gemeinsamen Betriebsverpachtung durch **Eigentümer** und **Nießbraucher,** s BFH I R 123/76, BStBl II 80, 432; zu § 6 III aber → Rn. 179. 176

(2) Betrieb des Verpächters. Der Verpächter muss vor der Verpachtung grds den GewBetr **selbst betrieben** haben. Dies ist auch zu bejahen (→ § 15 Rn. 163), wenn eine PersGes liquidiert und der vormalige MUer sein bisheriges SBV (= einzige wesentl Betriebsgrundlage; → Rn. 172 f) verpachtet (BFH IV R 51/07, BStBl II 09, 303). Wird ein noch nicht verpachteter GewBetr **entgeltl erworben** und **unmittelbar** darauf **verpachtet,** besteht kein Wahlrecht (BFH IV R 95/87, BStBl II 89, 863). Vorbehaltl des Erwerbes für einen bereits vorhandenen Betrieb (BFH X R 57/88, BStBl II 91, 829), erlangt der Erwerber PV (einschließl Geschäftswert!) und erzielt Einkünfte aus VuV (*BMF* BStBl I 90, 770: Vertrauensschutz bei Erwerb vor 1.1.90; zR abl BFH IV R 111/94, BStBl II 96, 188). Gleiches gilt für den 178 entgeltl Erwerb eines **bereits verpachteten** Betriebs (BFH IV R 88/99, BStBl II 02, 791), es sei denn, der Erwerber hat erkennbar den Willen zur späteren Eigenbewirtschaftung (BFH IV R 14/89, BStBl II 92, 134; zur Abgrenzung vgl BFH IV R 88/99, BStBl II 02, 791). – **(3) Erbfall; Schenkung; Einbringung; Übergang auf Pächter.** – *(a)* Bei **unentgeltl Erwerb** (Erbfall, Schenkung; § 6 III) eines **noch nicht verpachteten** Betriebs tritt der Erwerber auch bei sofortiger Verpachtung in die Rechtsstellung des Rechtsvorgängers (Wahlrecht) ein (BFH IV R 29/91, BStBl II 93, 36; BFH X R 176/96, BFH/NV 99, 454; krit *Kanzler* FR 00, 875; zu § 14 III nF (Sonderrecht) → § 14 Rn. 36; *BMF* BStBl I 22, 678). Ebenso ist dies bei **teilentgeltl** Erwerb; fragl allerdings, wenn das Entgelt den Buchwert überschreitet (s nachfolgend zu *(b); Cornelius* DStZ 10, 915 (920); allg → Rn. 70). – ***(b)*** Gleiches gilt bei unentgeltl Übertragung eines **verpachteten** Betriebs unter Fortbestand des Pachtvertrags (§§ 581 II, 566 BGB; BFH X R 52/13, BStBl II 16, 710), auch wenn der Pächter zugleich Miterbe wird (BFH VIII B 5/05, BFH/NV 06, 75; zur Realteilung → Rn. 538). Ebenso bei **teilentgeltl** Übertragung; Gewinnrealisierung bei Veräußerer ist nach BFH X R 52/13, BStBl II 16, 710 unerhebl (s auch zu *(a)*). Anders aber bei Schenkung an mehrere nicht als MUer verbundene Erwerber (→ Rn. 150, 188: Betriebsaufgabe) oder Vorbehaltsnießbrauch (BFH X R 59/14, BStBl II 19, 730; BFH IV R 1/20, DStR 24, 2417 mit Abgrenzung ggü § 10 Ia Nr 2; unklar *BMF* BStBl I 19, 1291; str, → Rn. 82; → § 6 Rn. 700 f **aA** zu LuF BFH VI R 26/17, BStBl II 19, 660) – ***(c)*** Wird der verpachtete Betrieb unentgeltl dem **Pächterübertragen,** endet zwar der Verpachtungsbetrieb, allerdings nicht aufgrund Betriebsaufgabe beim Schenker/Erblasser, sondern aufgrund unentgeltl Betriebsübertragung gem § 6 III (BFH VIII R 153/77, BStBl II 80, 181; zum Substanzerhaltungsanspruch s BFH IV R 73/97, BStBl II 00, 309; *BMF* BStBl I 02, 262). – ***(d)*** Hat eine **PersGes** ihren GewBetr verpachtet und keine Betriebsaufgabe erklärt, führt ein späterer **Ges'terwechsel** nicht zu einer „anteiligen" Betriebsaufgabe (str; FG Mchn EFG 14, 1957; *Brandenberg ua* JbFfSt 92/93, 220; *BMF* BStBl I 94, 771: Ausnahme bei Veräußerung aller Anteile innerhalb kurzer Zeit). – ***(e)*** Ein Verpachtungsbetrieb kann ferner zu Buch- oder Zwischenwerten gem **§ 24 UmwStG** eingebracht werden (BFH IV B 84/09, BFH/NV 10, 1450; zur gewerbl geprägten PersGes → Rn. 176). – ***(f)*** Zur **ErbSt** s ErbStR 13b.15.

181 **gg) Fortführungsabsicht; Vermutung.** Die „Absicht", den Betrieb nur zu unterbrechen, dh die eingestellte **gewerbl Tätigkeit** eines Tages in eigener Person oder durch einen unentgeltl Rechtsnachfolger (→ Rn. 179) identitätswährend wieder aufzunehmen, wird, solange dies obj mögl (→ Rn. 169 ff) und keine Betriebsaufgabe erklärt ist, (mE unwiderlegl) auch bei langfristiger Verpachtung zugunsten wie zuungunsten des StPfl oder des FA vermutet (BFH IV R 65/01, BStBl II 09, 699; BFH IV R 45/06, BStBl II 09, 902 mwN: 43 Jahre, keine allg Höchstdauer; BFH IV R 13/19, BFH/NV 22, 414: 60 Jahre; → Rn. 161). Demgemäß ist beiden ein nachträgl Nachweis verwehrt, eine solche Absicht habe zB mangels geeigneten Nachfolgers nicht bestanden. Darüber hinaus hat BFH IV R 45/06, BStBl II 09, 902 **angekündigt,** zukünftig vom Merkmal der Wahrscheinlichkeit und Absicht der Tätigkeitswiederaufnahme **abzusehen,** solange die sachl Verpachtungsvoraussetzungen (→ Rn. 169 ff) vorliegen.

182 **hh) Negative Tatbestandsvoraussetzungen.** Das Wahlrecht zugunsten einer Betriebsaufgabe setzt („negativ") voraus: ***(1)*** **Keine gewerbl Prägung** gem § 15 III Nr 2 (zur Abgrenzung/Tätigkeitseinstellung → Rn. 176; → § 15 Rn. 231).

183 ***(2)*** **Keine Betriebsaufspaltung.** Erfüllt die Verpachtung zugleich die Voraussetzungen der estrechtl originär gewerbl BetrAufsp (→ § 15 Rn. 807), kann das verpachtete Vermögen nicht durch Erklärung PV werden (BFH VIII R 13/93, BStBl II 94, 922; BFH X R 34/15, BFH/NV 18, 623: Subsidiarität der Betriebsverpachtung; *BMF* BStBl I 94, 771; zum „Aufleben" des Wahlrechts → Rn. 193; zur GewSt s BFH XI R 8/99, BFH/NV 00, 1135). Keine BetrAufsp liegt aber vor, wenn eine

Erbengemeinschaft einen zum Nachlass gehörigen Betrieb an *einen* Miterben verpachtet (→ § 15 Rn. 855).

(3) **Kein Sonderbetriebsvermögen.** WG, die zum **notwendiges SonderBV** eines MUer gehören, können gleichfalls nicht durch Aufgabeerklärung PV werden (Subsidiarität der Betriebsverpachtung; *BMF* BStBl I 94, 771) – ***(a)*** **SBV I** (iEinz → § 15 Rn. 514 ff). Die Nutzungsüberlassung unterfällt § 15 I 1 Nr 2, wenn der Betrieb – ***(aa)*** *an* eine PersGes verpachtet wird und der Verpächter Ges'ter/MUer dieser Ges ist (BFH IV R 49/02, BFH/NV 04, 1247), oder – ***(bb)*** einer natürl/juristischen Person zur Nutzung überlassen ist und das Nutzungsverhältnis zivilrechtl als GesVerhältnis (stille Ges, andere InnenGes) und estrechtl als MUerschaft (atypische stille Ges, verdeckte MUerschaft, → § 15 Rn. 340 ff, 280 ff) zu werten ist. – ***(b)*** **Kein SBV I** liegt aber vor, wenn eine PersGes ihren GewBetr – ***(aa)*** *an* einen MUer verpachtet, wobei aber der Anteil des Pächters am GesVermögen der PersGes notwendiges BV seines GewBetr bleibt (→ Rn. 176); – ***(bb)*** *an* eine Schwester-PersGes verpachtet, sofern entweder die verpachtende PersGes Besitzunternehmen einer mitunternehmerischen BetrAufsp (→ § 15 Rn. 533 ff) oder gewerbl geprägt (→ Rn. 176) ist oder die vermietende PersGes nur die Voraussetzungen einer Betriebsverpachtung erfüllt (FG Bln EFG 08, 1373; *Brandenberg* DB 98, 2488 (2491); *Folge:* § 15 I 1 Nr 2 greift erst nach Betriebsaufgabeerklärung; **aA** bis → 17. Aufl 1998, § 16 Rn. 708 mit Rücksicht auf GewSt; → Rn. 186; → § 15 Rn. 533). – ***(c)*** Zu notwendigem **SBV II** vgl → § 15 Rn. 517; FG Ddorf EFG 98, 1674. 184

d) Rechtsfolgen. – aa) Fortbestehen der Verpächterbetrieb. – *(1)* **EStG.** Erklärt der Verpächter keine Betriebsaufgabe, besteht sein „bisheriger" GewBetr *estrechtl* fort (→ Rn. 166). Der Verpächter erzielt Einkünfte aus **GewBetr,** zu denen auch Gewinn/Verluste aus der Veräußerung des verpachteten Betriebs oder einzelner WG des BV gehören. Alle verpachteten WG sind notwendig BV des fortbestehenden GewBetr (BFH IV R 1/98, BStBl II 99, 55; BFH VIII R 104/87, BFH/NV 91, 671: Hinzuerwerb zB durch Erbfall). WG, die nicht mitverpachtet sind, aber bisher BV waren, bleiben dies bis zur Entnahme (dazu BFH VIII R 301/83, BStBl II 87, 261; FG Mster DStRE 22, 1285, rkr) oder Veräußerung (FG Nbg EFG 02, 1507). Auch kann weiterhin gewillkürten BV gebildet werden (BFH I R 24/14, BFH/NV 16, 588; BFH VI R 53/16, DStRE 20, 546). Zur estrechtl Gewinnermittlung → § 5 Rn. 701; zu § 7g → § 7g Rn. 26; *BMF* BStBl I 22, 945 Rn. 1. – ***(2)*** **GewStG.** Der **Verpächter** ist aber grds **nicht** (mehr) **gewstpfl,** § 35 dem nach nichtanwendbar (→ § 35 Rn. 10) – auch bei Teilbetriebsverpachtung ohne wirtschaftl Zusammenhang mit Restbetrieb (→ Rn. 170) –, weil die GewSt nur „werbende" Betriebe erfasst (GewStR 2.2; BFH IV R 56/97, BStBl II 98, 735: gewstrechtl Betriebsbeendigung, § 2 IV GewStG idR nicht erfüllt); Folge: Betriebsübergang auf Pächter (§ 2 V GewSt; dazu BFH X R 17/21, BStBl II 23, 396). Bei Verpachtung während des Wj entsteht somit (nur) gewstrechtl ein Rumpf-Wj (BFH IV R 56/97, BStBl II 98, 735); ***Ausnahmen:*** Verpachtungsbetriebe von **KapGes** (BFH I R 55/06, BStBl II 07, 725; → § 15 Rn. 213); **gewerbliche Prägung** der Verpächter-KG = vormaliges Besitzunternehmen (BFH IV R 5/21, BStBl II 24, 845; BFH IV R 19/22 DStR 25, 211: betr GewSt; aufgegeben BFH IV R 37/14, BStBl II 18, 227; → § 15 Rn. 213, 232). Zur Umstrukturierung des Besitzunternehmen → § 15 Rn. 871). 186

bb) Veräußerung des Verpächterbetriebs. Veräußert der Verpächter den noch nicht aufgegebenen verpachteten Betrieb, ist dies Betriebsveräußerung iSv § 16 (BFH X B 93/00, BFH/NV 01, 773; BFH IV R 56/97, BStBl II 98, 735: Teilbetrieb). Zum Erwerber → Rn. 176 ff. Wird der Betrieb in eine KapGes eingebracht (§§ 20 ff UmwStG), ist dies Betriebsveräußerung oder uU Betriebsaufgabe. 187

cc) Betriebsaufgabe aufgrund Umgestaltung; Veräußerung; § 16 IIIb 1 Nr 2. Diese ist tatbestandl gegeben, wenn der StPfl den Sachverhalt während der Verpachtung zB durch Veräußerung *wesentl* Betriebsgrundlagen später so verändert, dass 188 die Voraussetzungen des Wahlrechts entfallen (*FSen Brem* DStR 00, 1308: Sachverhaltsüberwachung). – ***(1)*** Hieran fehlt es nach der „liberaleren" jüngeren BFH-Rspr zwar häufig in Fällen der Grundstücksvermietung (uU auch bei branchenfremder Nutzung), Betriebserweiterung, Betriebsverlegung, Umgestaltung des Betriebs oder dessen Strukturwandel (iEinz → Rn. 173). – ***(2)*** Der („Zwangs"-)Betriebsaufgabetatbestand *ohne* Aufgabeerklärung (§ 16 III 1) war und ist – vorbehaltl der Fiktion des § 16 IIIb (s zu *(3)*) – aber gegeben, wenn das Pachtverhältnis einvernehml (BFH VIII R 301/83, BStBl II 87, 261) unter Wegfall der sachl Voraussetzungen des Wahlrechts geändert wird (BFH X B 48/01, BFH/NV 03, 317), zB ersatzloser Veräußerung wesentl Teile des BV (BFH VIII R 13/93, BStBl II 94, 922), deren ersatzloser Verbrauch (*Schoor* FR 94, 449 (456)) oder unentgeltl Übertragung an mehrere nicht als MUer verbundene Erwerber (BFH VI S 9/19 *(PKH)*, BFH/NV 20, 1051). Beachte LuF-Sonderregeln in § 14 II, III nF (dazu *BMF* BStBl I 22, 678). Gleiches gilt bei Wegfall der persönl Voraussetzungen (BFH I R 136/77, BStBl II 78, 494); ebenso nach FG BW EFG 95, 524 bei ersatzloser Beendigung (mE fragl; → Rn. 160). *Ausweg uU:* Einbringung des Verpachtungsbetriebs in gewerbl geprägte PersGes. – ***(3)*** Wurde der Betriebsaufgabetatbestand zu *(2) nach* dem **4.11.11.** verwirklicht, *fingiert* **§ 16 IIIb 1 Nr 2** (iVm § 52 XXXIX 9 aF) den Betriebsfortbestand bis zur entspr Tatsachenkenntnis des FA (s dazu einschließl der sog „schleichenden" Betriebsaufgabe, Rechtsirrtum des FA, Rechtsfolgen → Rn. 164).

190 **dd) Betriebsaufgabe aufgrund Aufgabeerklärung/Aufgabewahlrecht, § 16 IIIb 1 Nr 1. – Betriebsaufgabe aufgrund Aufgabeerklärung/Aufgabewahlrecht, § 16 IIIb 1 Nr (1) Allgemeines.** Das Wahlrecht kann zu Beginn des Pachtverhältnisses, aber jederzeit auch während seiner Laufzeit ausgeübt werden (zB BFH X R 49/87, BStBl II 89, 606). Zur einheitl Wahl insb bei Verpachtungsbetrieben von PersGes → Rn. 176.

191 **(2) Aufgabeerklärung.** – ***(a)*** Ihr Kennzeichen ist eine unmissverständl Willensbekundung des Inhalts, dass und bei Teilbetrieben in welchem Umfang der StPfl sich für eine Betriebsaufgabe („endgültige Betriebseinstellung") mit allen Folgen entschieden hat (BFH VI R 66/15, DStR 18, 2135; BFH VI R 30/18, BFHE 273, 6; zu LuF einschl Beweislast s BFH VI R 22/20, DStRE 22, 1033; BFH VI R 73/15, BStBl II 22, 306; zur Vollmacht gem § 80 AO s BFH IV R 57/04, BFH/NV 07, 1640). Dies muss zwar nicht mit Angaben zum Aufgabegewinn verbunden sein (BFH III R 9/03, BStBl II 05, 160), die Erklärung von Einkünften aus VuV genügt aber idR nicht (BFH IV R 29/91, BStBl II 93, 36; nur bei Hinzutreten weiterer Umstände; BFH X R 176/96, BFH/NV 99, 454: auch wenn FA nicht nachfragt). – ***(b)*** Diese inhaltl Anforderungen sind auch für Erklärungen gem **§ 16 IIIb 1 Nr 1** ab **5.11.11** (→ Rn. 162) zu beachten (*BMF* BStBl I 16, 1326; bei MUerschaften einvernehml). Auch setzt das Erfordernis der *„ausdrücklichen"* (dh klaren und unmissverständl) Erklärung *„ggü dem FA"* nicht die Schriftlichkeit voraus (*BMF* BStBl I 16, 1326); ausgeschlossen sind aber – anders als zuvor – konkludente Erklärungen. Eine (ausdrückl) Aufgabeerklärung wird zu dem **Zeitpunkt** wirksam, zu dem sie dem FA (zuständiger Sachbearbeiter; → Rn. 164) zugeht; dieser ist idR auch der Zeitpunkt der gewinnrealisierenden Aufgabe iSv § 16 III 1 (BFH IV R 61/01, BStBl II 03, 755). Eine in der StErklärung zB für 01 enthaltene Aufgabeerklärung führt zu einer Aufgabe zu dem Zeitpunkt, zu dem die Erklärung zB im Oktober 02 beim FA eingeht (BFH IV R 46/87, BFH/NV 90, 86). Wird in der Erklärung ein Aufgabezeitpunkt genannt, ist dieser maßgebl, sofern er erst bevorsteht oder nicht mehr als **3 Monate** zurückliegt (BFH IV R 13/19, BFH/NV 22, 414). Da letztere Frist nur der vereinfachten Gewinnermittlung dient (BFH IV R 9/04, BStBl II 06, 581), war sie bei erhebl Wertsteigerungen im Rückwirkungszeitraum nicht anwendbar (→ 35. Aufl 2016, § 16 Rn. 711). Nach **§ 16 IIIb S 2** („ist … anzuerkennen") ist diese Einschränkungen bei Erklärungen ab 5.11.11 entfallen (glA *Manz* DStR 13, 1512). Anders als bei vorweggenommener Erbfolge kann im Erbfall die (bei MUern einver-

nehml) Aufgabeerklärung durch die Rechtsnachfolger auf die Veranlagung des Erblassers zurückwirken (*BMF* BStBl I 16, 1326); die hierdurch erhöhte ESt-Last gehört nach BFH II R 3/21, DStR 2023, 2171 aber nicht zu den Nachlassverbindlichkeiten iSv § 10 V Nr 1 ErbStG. Wird die 3-Monatsfrist überschritten, wird der (Teil-)Betrieb nach **S 3** (deklaratorisch) mit Eingang der (ausdrückl) Erklärung beim FA aufgegeben (*BMF* BStBl I 16, 1326). **Widerrufl** ist die Aufgabeerklärung nur, wenn sie für einen zukünftigen Zeitpunkt abgegeben wurde (**aA** *HHR/Kulosa* § 16 Rn. 673: bis Bestandskraft); sie kann, da inhaltl auf Entwidmung gerichtet (→ Rn. 166) und steuerl Auswirkungen damit nicht Inhalt der Erklärung sind, idR auch nicht nach § 119 BGB angefochten werden (sog Motivirrtum, vgl BFH XI B 188/06, BFH/NV 07, 1885; BFH I R 23/18, BFH/NV 21, 944; *Manz* DStR 13, 1512 (1513); **aA** → 17. Aufl 1998, § 16 Rn. 711; uU BFH IV R 36/94, BFH/NV 96, 398).

(3) Rechtswirkungen Aufgabeerklärung; Geschäftswert. Mit ihrem Wirksamwerden (→ Rn. 191) beginnt und endet die Betriebsaufgabe (Zeitpunkt!); grds werden alle WG des bisherigen BV zu diesem Zeitpunkt zu PV (**Gewinnrealisierung;** BFH I R 235/80, BStBl II 85, 456). Bei der Ermittlung des Aufgabegewinns ist aber sowohl ein originärer als auch ein derivativer **Geschäftswert auszuklammern** (BFH X R 56/99, BStBl II 02, 387; mE zweifelhaft; **aA** *Führer* DStR 95, 785 (790); *Stopper* Diss, 167), auch wenn dieser dem Pächter zusammen mit den übrigen WG gegen Entgelt zur Nutzung überlassen ist (BFH X R 32/05, BStBl II 09, 634); gleichwohl ist der übrige Aufgabegewinn nach **§§ 34; 16 IV** begünstigt (BFH VIII R 21/77, BStBl II 82, 456). Der Geschäftswert bleibt auch nach erklärter Betriebsaufgabe (ohne Betrieb) ein WG des BV (*Presting* FR 92, 425; **aA** *Führer* aaO), auf das (bei derivativem Erwerb) uU TW-AfA und AfA (§ 7 I 3) mögl ist (BFH X R 49/87, BStBl II 89, 606); der auf den mitverpachteten Geschäftswert (BFH VIII R 13/93, BStBl II 94, 922) entfallende Teil der Pachtzinsen ist daher BE (BFH X R 56/99, BStBl II 02, 387; zu Zinsen für Betriebsmittelkredite *Meyer ua* INF 98, 557). Wird der verpachtete und durch Erklärung aufgegebene ehemalige GewBetr mit Geschäftswert veräußert, entsteht ein estpfl Gewinn aus GewBetr, soweit der Erlös auf den (uU neu geschaffenen) Geschäftswert entfällt (BFH X R 56/99, BStBl II 02, 387: kein Vertrauensschutz; *BMF* BStBl I 84, 461; **aA** *Tiedtke ua* DStR 01, 145). Dieser ist ebenso wenig nach §§ 34, 16 IV begünstigt (BFH X R 56/99, BStBl II 02, 387; *OFD Hann* DStR 91, 775) wie andere nachträgl gewerbl Einkünfte (→ Rn. 348 ff); eine rückwirkende Änderung des Betriebsaufgabegewinns ist ausgeschlossen (BFH X R 56/99, BStBl II 02, 387; → Rn. 236; **aA** *Tiedtke ua* aaO). 192

(4) Wiederaufleben des Wahlrechts. Bestand bei Betriebsverpachtung kein Wahlrecht (zB aufgrund BetrAufsp oder gewerbl Prägung; → Rn. 182 ff), lebt das Verpächterwahlrecht (wieder) auf, sobald der Hinderungsgrund wegfällt, weil zB die personelle Verflechtung bei einer BetrAufsp entfällt (BFH VIII R 13/95, BStBl II 98, 325), vorausgesetzt, dass die übrigen Voraussetzungen des Wahlrechts *weiterhin* vorliegen (*BMF* BStBl I 94, 771). Letzteres ist nicht nur bei einer echten (BFH I R 76/96, BFH/NV 98, 742), sondern auch bei einer (durch die Überlassung aller wesentl Betriebsgrundlagen) „qualifizierten" unechten BetrAufsp zu beachten (BFH VIII R 80/03, BStBl II 06, 591). Gleiches sollte gelten, wenn eine KapGes ihren GewBetr verpachtet (→ Rn. 176) und später erfolgsneutral nach §§ 3 ff UmwStG in eine (nicht gewerbl geprägte) PersGes umgewandelt wird. 193

4. Finale Betriebsaufgabe, § 16 IIIa. – a) Aufgabe aufgrund substituierendem Rechtsvorgang. Da nach der Rspr (Lehre von der finalen Entnahme/Aufgabe; → Rn. 151) an die Stelle der Aufgabehandlung des StPfl ein Rechtsvorgangtreten kann, wenn die ertragsteuerl Einordnung sich so verändert, dass die Erfassung der im Buchansatz für die WG des BV enthaltenen „stillen Reserven nicht mehr gewährleis- 196 tet ist" (BFH IV R 138/78, BStBl II 82, 381; BFH VIII R 90/81, BStBl II 84, 474; abl *Stopper* Diss, 139), ist in der „Entstrickung" bzw der diese auslösenden Handlung zB im **Wegfall** der tatbestandl Voraussetzungen einer **BetrAufsp** (→ § 15 Rn. 865 ff; zur Abgrenzung vgl BFH VIII R 25/01, BFH/NV 02, 781) oder der **gewerbl Prägung der PersGes** (→ § 15 Rn. 233) eine **Betriebsaufgabe** zu sehen.

197 **b) Ausländische Betriebsstätten.** Eine Betriebsaufgabe hinsichtl ausl Betriebsstätten hatte die **frühere Rspr** zwar aufgrund des Abschlusses eines DBA mit Freistellungsmethode verneint (BFH VIII R 3/74, BStBl II 76, 246), jedoch entspr dem finalen Betriebsaufgabebegriff (→ Rn. 151, 166) bei **Verlegung** eines ausl GewBetr aus dem Inl in das **Ausland** bejaht, sofern der Gewinn aus dem GewBetr auf Grund eines DBA nicht mehr der inl Besteuerung unterliegt (BFH I R 261/70, BStBl II 77, 76; diff *BMF* BStBl I 90, 72; EStR 16 II 3; zur Kritik – ua EU-Verstoß – → 27. Aufl 2008, § 16 Rn. 175). Mit Urt BFH I R 77/06, BStBl II 09, 464, BFH I R 99/08, BStBl II 11, 1019 hat der **BFH** diese Rspr **aufgegeben,** das inl Besteuerungsrecht bezügl späterer Realisationsakte im Ausl bleibe jedoch erhalten (Gewinnaufteilung; *BMF* BStBl I 09, 671: Nichtanwendung). Die Zweifel, ob die neue BFH-Rspr auch **§ 4 I 3** (ab Wj 06; 05/06: Ansatz des gemeinen Werts einschließl Firmenwert, selbst bei bloßer Beschränkung des dt Besteuerungsrechts) die Grundlage entzieht (→ 29. Aufl 2010, § 16 Rn. 175), sind positiv-rechtl im Wege einer Fiktion durch **§ 16 IIIa** iVm **§ 4 I 4 idF JStG 2010** beseitigt worden. Danach „gilt" das dt Besteuerungsrecht mit der *Verlegung* des Betriebs/Teilbetriebs ins (DBA- oder NichtDBA-) Ausl als beschränkt (*BMF* BStBl I 14, 1258; 18, 1104; iEinz *Wacker* DStJG 41, 423 (440); glA betr Überführung einzelner WG BFH I R 5/24 (I R 99/15), DStR 25, 1737; zur überholten Gegenansicht → 44. Aufl 2025, § 16 Rn. 197; zur sog passiven Entstrickung s abl FG Mster DStR 22, 2413, Rev I R 41/22). **Folgen:** – *(1)* „finale (Teil-)Betriebsaufgabe" (einschr NdsFG EFG 20, 1757 rkr betr § 89b HGB; fragl), – *(2)* §§ 16 IV, 34 (*Ausnahme:* KStPflicht; BT-Drs 17/3549), – *(3)* § 36 V aF/nF; 5-jährige StVerteilung bzgl Aufgabe-/Übergangsgewinn bei EU-/EWR-Staaten (zu § 4g aF/nF bei Teilbetriebsaufgabe/ausl PersGes → § 4g Rn. 4), – *(4)* zur Anwendung bis einschließl Wj 05 → 39. Aufl 2020, § 16 Rn. 175. Zu weiteren Einzelfragen → § 4 Rn. 244 ff; zum DBA-LIE s *Niehaves ua* DStR 12, 209 (212). Zur **EU-Konformität** s EuGH C-657/13, DStR 15, 1166 – *VerderLabTec;* FG Mster DStR 22, 2413, Rev I R 41/22; *Wacker* DStJG 41, 445; *Kudert ua* DB 15, 1377; *insoweit* glA *Gosch* BFH/PR 15, 296); zum **Brexit** → § 36 Rn. 30. Zum Transfer von **Einzel-WG** ins Ausl **(§ 16 III 2 nF)** → Rn. 290, 548.

200 **5. Nichtbegünstigte allmähliche Abwicklung.** Stellt ein StPfl seine (bisherige, → Rn. 150) werbende gewerbl Tätigkeit **endgültig** ein (Betriebseinstellung, keine Betriebsunterbrechung, Betriebsverlegung, Betriebsänderung, Betriebsverpachtung, → Rn. 150, 154 ff, 160), hat der StPfl ein **„faktisches Wahlrecht"** zw einer begünstigten **Betriebsaufgabe** und einer nichtbegünstigten allmähl **Betriebsabwicklung.** Erfüllt sein Verhalten nicht alle Tatbestandsmerkmale der Betriebsaufgabe, bleibt das bisherige BV estrechtl solange BV „als das rechtl noch mögl ist, näml bis zum Zeitpunkt der tatsächl Verwertung oder der eindeutigen Übernahme in das PV" (BFH IV R 45/87, BStBl II 89, 509) oder der Aufgabe der Verwertungsabsicht (BFH IV R 217/81, BStBl II 84, 364). Die durch Abwicklung veranlassten Aufwendungen und Erträge sind als Einkünfte aus dem insoweit fortbestehenden GewBetr (BFH IV R 45/87, BStBl II 89, 509). Zur „endgültigen" Betriebseinstellung bei allmähl Reduzierung der gewerbl Tätigkeit vgl → Rn. 163 f.

201 **a) Voraussetzungen.** Die allmähl Abwicklung erfordert, dass der StPfl die **Absicht** hat, wenigstens einen Teil der wesentl Betriebsgrundlagen **in absehbarer Zeit zu veräußern** (BFH X R 128/94, BFH/NV 96, 877). Besteht diese Absicht nicht und werden die wesentl Betriebsgrundlagen auch nicht in ein anderes BV des StPfl überführt, werden sie mit der (endgültigen) Betriebseinstellung idR PV (Ausnahmen

→ Rn. 103 ff, 188, 348 ff); die Betriebseinstellung ist dann notwendig eine Betriebsaufgabe, die eine begünstigte Gewinnrealisierung beinhaltet (zB BFH IV R 7/07, BStBl II 10, 431; BFH X R 128/94, BFH/NV 96, 877; **aA** *Stopper* Diss, 76 ff). Denn die Betriebsaufgabe ist ein tatsächl Vorgang, dessen estrechtl Folgen durch Willenserklärung nicht zu vermeiden sind (BFH X B 12/03, BFH/NV 03, 1575).

b) Folgen. Hat der StPfl (oder zB der Insolvenzverwalter; → Rn. 157) die **Absicht,** alle oder einen Teil der **wesentl Betriebsgrundlagen** zu **veräußern,** besteht das (faktische) Wahlrecht; die WG bleiben bis zur Veräußerung/Entnahme BV (BFH X R 32/05, BStBl II 09, 634). Die nicht veräußerten WG werden aber zu dem Zeitpunkt notwendig PV, zu dem mit einer Veräußerung nicht mehr zu rechnen ist (BFH X R 77–78/90, BFH/NV 92, 659; zur Abgrenzung BFH IV R 14/00, BStBl II 01, 798; BFH III B 19/12, BFH/NV 13, 1403), zB das Betriebsgrundstück vermietet wird (BFH VIII R 15/00, BFH/NV 05, 1033). Der dadurch realisierte Gewinn ist begünstigt, wenn die Betriebsaufgabe bis dahin noch nicht beendet ist (zB BFH X R 77–78/90, BFH/NV 92, 659), nicht hingegen bei allmähl Abwicklung. Ausgeschlossen ist, die Gewinnrealisierung dadurch auf „ewig" hinauszuschieben, dass die WG weder veräußert noch ausdrückl entnommen werden (BFH X R 31/95, BStBl II 97, 561 zu 3a; **aA** – „fortbestehendes BV" ohne GewBetr – zB *Stopper* Diss, 76 ff). Die allmähl Abwicklung kann sich aber uU über mehrere Jahre hinziehen (BFH IV R 217/81, BStBl II 84, 364). *Ausweg uU:* gewerbl geprägte PersGes. Zum *Sonderfall* der **Strukturänderung** iVm einer Reduktion der betr Tätigkeit und einer – uU gegebenen – langfristigen Abwicklungsabsicht vgl BFH X R 78/93, BFH/NV 97, 226: begünstigte Betriebsaufgabe; ebenso bei Aufgabe im Anschluss an Betriebsunterbrechung BFH VIII R 11/95, BStBl II 98, 379. 202

Beispiel: Ein StPfl stellt seinen Betrieb ein. Er will das UV und die Maschinen nach und nach veräußern, nicht hingegen das Betriebsgrundstück. In diesem Falle werden die stillen Reserven im UV und in den Maschinen im jeweiligen Zeitpunkt der Veräußerung (nicht begünstigt) realisiert; die stillen Reserven im Betriebsgrundstück werden spätestens zu dem Zeitpunkt realisiert, zu dem die letzte Maschine oder der letzte Teil des UV veräußert ist oder sich die beabsichtigte Veräußerung als undurchführbar erweist oder der StPfl die Veräußerungsabsicht aufgibt.

c) Treu und Glauben. Ein StPfl, der von vornherein nicht die Absicht hatte, die wesentl Betriebsgrundlagen zu veräußern, oder die Abwicklungsabsicht später aufgibt, dies aber zum fragl Zeitpunkt nicht zum Ausdruck bringt, kann mE nach Treu und Glauben gehindert sein, sich später darauf zu berufen, dass WG bereits früher PV geworden sind (grds **aA** BFH IV R 1/20, DStR 24, 2417; zu ähnl Fällen → Rn. 163). 203

6. Gewinnrealisierung; wesentliche Betriebsgrundlage. Der Betriebsaufgabetatbestand erfordert (→ Rn. 150), dass alle nach ihrer Verwendung vor Betriebseinstellung *funktional* **wesentl Betriebsgrundlagen,** aber auch solche mit erheblichen *stillen Reserven* (iEinz → Rn. 85 f) in einem einheitl Vorgang (→ Rn. 208) entweder einzeln **veräußert** oder zB durch **Entnahme** PV werden (BFH IV R 17/02, BStBl II 05, 637: Vorrang der Veräußerung) oder teilweise veräußert und teilweise PV werden. Dabei steht der Entnahme die Zuordnung des WG zu einer ausl Betriebsstätte gleich (§ 4 I 3 f § 16 IIIa; → Rn. 290). Zur teilentgeltl Veräußerung → Rn. 290. Überführt der StPfl wesentl Betriebsgrundlagen (oder gar alle) zu **Buchwerten** in ein **anderes BV,** ist der Vorgang **keine Betriebsaufgabe** (BFH X R 8/16, BStBl II 18, 426; **aA** zu LuF BFH IV R 31/03, BStBl II 06, 652; aber zu §§ 6 I Nr 4 S 4, 13 V → Rn. 77); die Lockerung der Rspr zu § 6 III (BFH IV R 14/18, BStBl II 21, 367; → Rn. 11) ist insoweit ohne Bedeutung (*BMF* BStBl I 19, 1291; BFH IV R 44/10, BFH/NV 13, 376). Die Entnahme bedarf einer äußerl erkennbaren Entnahmehandlung (BFH X R 78/93, BFH/NV 97, 226), zB langfristige Grundstücksvermietung (BFH III R 214/83, BFH/NV 87, 578). Besteht keine Veräußerungsabsicht (mehr), werden die WG mit dem Ende der Betriebsaufgabe idR gewinnrealisierend notwendig PV (BFH VIII R 73/87, BFH/NV 92, 227; BFH 205

X R 77–78/90, BFH/NV 92, 659); dies gilt auch für GmbH-Anteile iSv § 17 (BFH X R 31/95, BStBl II 97, 561). Zur nicht erforderl Aufgabeerklärung s einschließl Ausnahmen → Rn. 150, 162. Zu zurückbehaltenen WG, die **keine wesentl Betriebsgrundlagen** sind, → Rn. 103 ff, 348 ff. **Vorräte** können, abgesehen von unbedeutenden Restposten, **nicht** in das **PV** überführt werden (BFH X R 77–78/90, BFH/NV 92, 659); zur Warenveräußerung iRd Betriebsaufgabe → Rn. 326 ff. Wird ein wesentl Betriebsgrundlagen gehörender Warenbestand (→ Rn. 90) nicht innerhalb des Zeitraums der Betriebsaufgabe (→ Rn. 208 ff) veräußert, liegt allmähl Abwicklung vor. WG, die zur **Sicherung von Betriebsschulden** bestimmt sind (zB mit Grundpfandrechten belastete Grundstücke), können ins PV überführt werden (BFH IV 107/63 U, BStBl III 64, 406).

208 **7. Zeitraum der Betriebsaufgabe; einheitlicher Vorgang.** Zwar wird der Betriebsaufgabegewinn häufig sukzessiv erzielt (→ Rn. 236), gleichwohl müssen die Realisationsakte (Einzelveräußerung/Entnahme) mit Rücksicht auf den Gesetzeszweck, nur die zusammengeballte Aufdeckung der stillen Reserven zu begünstigen (→ Rn. 4, 100 ff), Gegenstand eines *„einheitl Vorgangs"* sein (BFH IV R 14/00, BStBl II 01, 798.

209 **a) Beginn.** Die Aufgabe beginnt nicht bereits mit dem Aufgabeentschluss oder dessen Kundgabe (= Vorbereitung der Betriebsaufgabe), sondern erst mit Handlungen, die obj auf die Auflösung des Betriebs gerichtet sind (zB BFH IV B 143/09, BFH/NV 11, 1694); ebenso bei gewerbl geprägten PersGes (BFH IV B 146/10, BFH/NV 12, 410) Solche Handlungen sind zB die Einstellung der werbenden Tätigkeit (BFH IV R 17/02, BStBl II 05, 637: Schließung eines Ladenlokals/Marktstands) oder Produktion (BFH X R 101/90, BStBl II 93, 710), die Veräußerung des bewegl AV (BFH X R 77–78/90, BFH/NV 92, 659) oder des Betriebsgrundstücks (BFH VIII R 62/96, BFH/NV 98, 1211: uU auch wenn nur quantitativ wesentl), es sei denn unter Nutzungsvorbehalt (BFH IV R 36/81, BStBl II 84, 711), oder die Veräußerung einer GmbH-Beteiligung (FG BW EFG 01, 1460). Bloße **Vorbereitung** sind zB der Auflösungsbeschluss einer PersGes (BFH IV 350/64, BStBl II 70, 719; umgekehrt kann Betriebsaufgabe auch ohne diesen vorliegen (BFH IV R 150/78, BStBl II 82, 348), die Flucht („Abtauchen") des Betriebsinhabers (BFH IV R 5/06, BStBl II 08, 113) oder die Einstellung des Wareneinkaufs (offen in BFH III R 9/87, BStBl II 89, 874).

210 **b) Ende.** Die Aufgabe endet mit der Veräußerung des letzten zur Veräußerung bestimmten/geeigneten WG, das zu den wesentl Betriebsgrundlagen gehört (BFH IV R 75/00, BStBl II 03, 467), oder der Vermietung des Betriebsgrundstücks nach vorheriger Veräußerung, Vernichtung oder Entnahme aller anderen wesentl Betriebsgrundlagen (BFH III R 7/91, BFH/NV 93, 358). Der Rückbehalt nicht wesentl Betriebsgrundlagen steht der Beendigung der Betriebsaufgabe nicht entgegen (BFH X R 101/90, BStBl II 93, 710); ebenso wenig der Verkauf von nicht wesentl Vorräten (BFH XI R 6/93, BStBl II 94, 23), die spätere Abwicklung noch schwebender Geschäfte (BFH IV 350/64, BStBl II 70, 719), der Einzug von Außenständen oder die Abwicklung streitiger Schulden (BFH IV R 17/07, BStBl II 10, 631). Zu gewerbl Grundstückshandel → § 15 Rn. 78.

211 **c) Wirtschaftlich einheitlicher Vorgang.** Ein solcher ist gegeben, wenn zw Beginn und Ende der Aufgabe dh der Einzelveräußerung und/oder PV-Überführung aller wesentl Betriebsgrundlagen nur ein **„kurzer Zeitraum"** liegt (BFH X R 101/90, BStBl II 93, 710), auch wenn Beginn und Ende der Aufgabe, insb einzelne Gewinnrealisierungen, in verschiedene VZ fallen (BFH X R 101/90, BStBl II 93, 710: **mehr** als **zwei VZ** idR keine Betriebsaufgabe, sondern allmähl Abwicklung) mit der weiteren (mE bedenkl) Folge, dass die begrenzte Tarifvergünstigung (→ Rn. 4) mehrfach beansprucht werden kann (diff *BMF* BStBl I 06, 7; *Tiedtke ua* DStR 01, 145 (148): einheitl Höchstgrenze der Tarifbegünstigung; → Rn. 102). Wel-

cher Zeitraum noch kurz ist, lässt sich entgegen *BMF* BStBl I 19, 1291 Rn. 15 (18 Monate) nicht schematisch bestimmen (bej zB für 9 Monate in BFH IV R 25/88, BStBl II 90, 373; für 18 Monate in BFH IV R 42/93, BStBl II 94, 385 zu LuF; für 19 Monate BFH X R 28/11, BFH/NV 15, 479; offen für 17 Monate IV R 49/04, BStBl II 09, 289 zu § 15; vern für 20 Monate BFH VIII R 10/99, BStBl II 01, 282; für 34 Monate BFH IV R 14/00, BStBl II 01, 798).

d) Zuordnung von Gewinnen/Aufwendungen; § 16 III 7. Geschäftsvorfälle, die „im Rahmen der Aufgabe des Betriebs" (§ 16 III 7) anfallen, dh *wirtschaftl* zum *einheitl Vorgang* der Betriebsaufgabe *rechnen,* erhöhen oder mindern idR den Aufgabegewinn (BFH IV R 42/99, BStBl II 03, 67; BFH X R 77–78/90, BFH/NV 92, 659: Grundstücksentnahme), auch wenn sie sich nicht auf wesentl Betriebsgrundlagen beziehen. Ferner können Ereignisse, die der Aufgabe nachfolgen, *rückwirkend* den Aufgabegewinn ändern (→ Rn. 335 ff). Zu *BA* → Rn. 300, 345. Zu *lfd* Gewinnen während des Aufgabezeitraums → Rn. 326 ff. 212

8. Betriebsaufgabe und Umstrukturierung in KapGes. Die Einbringung von Betrieben/Teilbetrieben gegen Gewährung von GesRechten untersteht als tauschähnl Vorgang (= Veräußerung iSv § 16) dem vorrangigen Sonderrecht der §§ 20 ff UmwStG (zB Buchwertfortführung). Im Rückbehalt wesentl Betriebsgrundlagen kann allerdings eine Betriebsaufgabe liegen. IEinz → Rn. 29 f. 215

a) Verdeckte Einlage. Wird ein GewBetr (Teilbetrieb) in eine KapGes durch deren Ges'ter *ohne* Gewährung von GesRechten („unentgeltl") eingebracht (verdeckte Einlage), ist dies zwar keine Betriebsveräußerung, **aber Betriebsaufgabe** iSv § 16 III (Gewinnrealisierung einschl Geschäftswert; → Rn. 505: „Anwachsungsmodell"). Jedenfalls ab 1999 scheidet die Fortführung der Buchwerte nach **§ 6 III** des GewBetr auch dann aus, wenn diese zum *BV* gehören (*arg* § 6 VI 2 nF). Str; → Rn. 11 und insgesamt → § 6 Rn. 865. Zu **teilentgeltl** Betriebsübertragung vgl BFH III R 40/07, BStBl II 10, 609: bei Rückbehalt von Kundenstamm uU Begründung einer **Betriebsaufspaltung.** 216

b) Verschleierte Einlage. Auch eine Veräußerung des ganzen GewBetr zu Buchwerten an eine **KapGes,** die durch Bargründung entstanden ist, mit Verrechnung von Einlage- und Kaufpreisanspruch (sog verschleierte Sacheinlage) ist – auch unter Berücksichtigung der Rspr zum steuerrechtl Sacheinlagebegriff (→ Rn. 29; **aA** *Wachter* DB 10, 2137) – Betriebsaufgabe und § 20 UmwStG nicht anwendbar (BFH I R 5/92, BStBl II 93, 131; *BMF* BStBl I 25, 92 Rn. E 20.10). Die Heilung nach der Rspr zum GmbHG aF (BGH II ZR 235/01, BGHZ 155, 329: *Sachwert*einbringung *ex nunc*) ließ den Aufgabengewinn nicht rückwirkend entfallen (s BFH VIII R 28/02, BStBl II 05, 46; → Rn. 145). Gleiches gilt nach §§ 19 IV, 56 II GmbHG nF iVm § 3 IV EGGmbHG (**MoMiG,** BGBl I 08, 2026): uU rückwirkende Anrechnung der Sachwerte auf fortbestehende *Geldeinlage*verpflichtung (BGH II ZR 120/07, DStR 09, 809; *Heidinger ua* GmbHR 15, 1); s auch § 27 III AktG aF/nF (iVm § 20 VII EG-AktG nF). 217

9. Unentgeltliche Rechtsnachfolge. Sie führt nach der Ausgliederungs-Rspr des BFH idR auch dann nicht zur Betriebsaufgabe, wenn dem unentgeltlichen Rechtsnachfolger (zB Familienangehöriger) nur ein Teil der **wesentl Betriebsgrundlagen** übertragen wird. S einschl Ausnahmen → Rn. 10 f, 152. – Die **unentgeltl „Aufnahme"** in ein **Einzelunternehmen** ist ab VZ 2001 (zur früheren Rechtslage → 31. Aufl 2012, § 16 Rn. 203) in **§ 6 III 1 Hs 2 und III 2** geregelt. Deshalb → § 6 Rn. 731 ff. Diese Vorschriften sind allerdings mangels Unentgeltlichkeit nicht anwendbar bei Einbringung des Einzelunternehmens (oder eines bereits bestehenden MUerAnteils) gegen **Ausgleichszahlung** an den bisherigen Einzelunternehmer (grds Veräußerung; → Rn. 511 ff) oder wenn der Hinzutretende in das Ges- 218

Vermögen der MUerschaft Leistungen erbringt (§ 24 UmwStG; iEinz → § 6 Rn. 727, 732). Zu § 34a → § 34a Rn. 78; zu § 35 s *BMF* BStBl I 07, 701 Rn. 29.

II. Aufgabe eines Teilbetriebs

220 **1. Allgemeines.** Obwohl § 16 III 1 den Teilbetrieb (Begriff → Rn. 115 ff) anders § 16 I 1 Nr 1 nicht erwähnt, wird ein Teilbetrieb – im Einklang mit den für ganze Betriebe geltenden Grundsätzen (BFH VIII B 101/96, BFH/NV 98, 452) – aufgegeben, wenn der StPfl die bisher in dem Teilbetrieb entfaltete Tätigkeit endgültig einstellt und alle wesentl Betriebsgrundlagen in einem einheitl Vorgang insgesamt entweder ins PV übernimmt oder an verschiedene Erwerber veräußert (BFH IV R 14/03, BStBl II 05, 395) oder teils PV und teils veräußert werden (s iEinz einschließl Verlegung ins Ausl → Rn. 150 ff, 196 f). **Keine Aufgabe** eines Teilbetriebs ist die unentgeltl Übertragung iSv § 6 III (→ Rn. 152, 10 f, 218); zur kumulativen Anwendungen von § 6 III und V → Rn. 11. Zur 100%igen Beteiligung an KapGes → Rn. 138.

221 **2. Teilbetrieb der Personengesellschaft.** Stellt eine PersGes die gewerbl Tätigkeit *nur* in einem Teilbetrieb ein, ist dies keine Teilbetriebsaufgabe, wenn wesentl Betriebsgrundlagen des stillgelegten Teilbetriebs (BFH VIII R 39/92, BStBl II 96, 409: Grundstück mit erhebl stillen Reserven) weiterhin zu ihrem BV gehört (→ Rn. 125). Unerhebl ist, ob das WG von der PersGes für ihre gewerbl Tätigkeit eingesetzt oder zB durch Fremdvermietung genutzt wird (BFH IV R 65/01, BStBl II 09, 699; BFH IV B 146/10, BFH/NV 12, 410). Ist die gewerbl *nicht* geprägte (§ 15 III Nr 2) PersGes nach Betriebseinstellung nur noch vermögensverwaltend tätig (zB Grundstücksvermietung ohne Betriebsunterbrechung; → Rn. 160), hat die Betriebseinstellung im Teilbetrieb die Aufgabe des *ganzen* GewBetr zur Folge: Ausnahme: allmähl Abwicklung (BFH IV R 8/67, BStBl II 68, 78; → Rn. 170, 200 ff).

D. Rechtsfolgen der Veräußerung oder Aufgabe des Gewerbebetriebs oder Teilbetriebs, § 16 II iVm § 16 III

I. Gewinnrealisierung

230 **1. Begriff des Veräußerungsgewinns/Aufgabegewinns.** Er bildet die Bemessungsgrundlage für die gewerbl Einkünfte aus der Veräußerung/Aufgabe des GewBetr/Teilbetriebs und ist nach Maßgabe der §§ 34, 16 IV begünstigt, soweit er nicht gem § 16 II 3, III 6 in lfd Gewinne umqualifiziert wird (→ Rn. 1). Zu Verlusten → Rn. 3, 15. – **Veräußerungsgewinn** ist der Betrag, um den der Veräußerungspreis nach Abzug der Veräußerungskosten den nach §§ 4 I, 5 zu ermittelnden Wert des BV im Zeitpunkt der Veräußerung übersteigt, § 16 II. **Aufgabegewinn** ist der Betrag, um den die Summe aus dem Veräußerungspreis für die iRd Aufgabe veräußerten WG, aus dem gemeinen Wert der ins PV überführten WG und aus in wirtschaftl Zusammenhang mit der Aufgabe angefallenen sonstigen Erträgen oder Aufwendungen nach Abzug der Aufgabekosten den (Buch-)Wert des BV im „Zeitpunkt" der Aufgabe übersteigt (§ 16 III 7, 8 iVm § 16 II). Zu den einzelnen Begriffen/Rechengrößen → Rn. 270 ff.

231 **2. Zeitpunkt der Gewinnrealisierung; Rückbeziehung. – a) Veräußerung des ganzen Betriebs.** Nach dem zweigliedrigen Veräußerungsbegriff und der Maßgeblichkeit des dingl Erfüllungsgeschäfts (→ Rn. 27) wird ein Betrieb idR zu dem Zeitpunkt mit der Folge der Gewinnrealisierung veräußert, zu dem das **wirtschaftl Eigentum** an den **wesentl Betriebsgrundlagen** auf den Erwerber übergeht (BFH GrS 2/92, BStBl II 93, 897). Dies setzt regelmäßig den Eintritt der vereinbarten aufschiebenden Bedingungen voraus (iEinz BFH IV R 3/07, BStBl II 10, 182). Zum vorzeitigen Übergang des zivilrechtl Eigentums vgl BFH III R 25/05, DStR 06,

1359; auch →§ 5 Rn. 608 ff; zu zeitversetzten Einzelübertragungen →Rn. 102. Zur Veräußerung im noch bevorstehenden „Schnittpunkt der Kalenderjahre“ →Rn. 428 mit Beispielen; zum Verhältnis zu § 2 UmwStG s BFH II R 33/97, BStBl II 00, 2; *BMF* BStBl I 25, 92 Rn. 02.02, 02.04.

aa) Einzelheiten. Der Veräußerungsgewinn wird hiernach (→Rn. 231) nicht erst und nicht bereits bei Vorauszahlung mit Zufluss des Veräußerungspreises (BFH IV R 153/86, BStBl II 89, 557) oder mit Abschluss des schuldrechtl Kausalgeschäfts erzielt. Unerhebl ist ferner, ob der Veräußerungspreis Zug um Zug entrichtet oder ob er langfristig gestundet wird (BFH GrS 2/92, BStBl II 93, 897). Unberührt hiervon bleibt allerdings, dass – ***(1)*** die Veräußerung uU rückwirkend entfallen kann (→Rn. 145) und – ***(2)*** spätere Änderungen der für den Veräußerungsgewinn maßgebl Faktoren zu einer rückwirkenden Änderung des Veräußerungsgewinns führen können (→Rn. 335 ff). Zur Veräußerung des GewBetr gegen wiederkehrende Bezüge →Rn. 240 ff. 232

bb) Keine Rückbeziehung; Ausnahmen. Vereinbaren die Vertragsparteien, einander *schuldrechtl* so stellen, als ob das wirtschaftl Eigentum bereits zu einem Zeitpunkt *vor* Vertragsabschluss auf den Erwerber übergegangen wäre, kann dies nach dem estrechtl **Rückwirkungsverbot** grds keine Berücksichtigung finden. Unerhebl ist hierbei, ob die Veräußerung nur auf den Beginn des lfd Wj oder auf einen Zeitpunkt im vorangegangenen Wj zurückbezogen werden soll (→§ 15 Rn. 452). **Ausnahmen:** – ***(1)*** **Klarstellung** eines ernstl streitigen Sachverhalts (FG Mster EFG 14, 1574) durch Nachgeben in gerichtl/außergerichtl Vergleich (BFH IV R 10/83, BStBl II 84, 786; zur Erbauseinandersetzung →Rn. 623); – ***(2)*** Rückbeziehung für nur *kurze Zeitspanne* (mE bis zu 3 Monate) zur **technischen Vereinfachung** der Besteuerung (BFH VIII B 196/05, BFH/NV 06, 1829); – ***(3)*** zivilrechtl erforderl vormundschaftsgerichtl **Genehmigung** wirkt auch estrechtl auf den Vertragsabschluss zurück, wenn sie unverzügl beantragt wurde (BFH IV R 49/68, BStBl II 73, 307; weiter BFH VIII R 29/97, BStBl II 00, 386). Entspr gilt für andere Fälle schwebender Unwirksamkeit (vgl BFH IV R 46/91, BStBl II 92, 1024; BFH I R 71/95, BStBl II 99, 35 zu § 181 BGB), vorausgesetzt, das Rechtsgeschäft wird tatsächl nicht rückabgewickelt (BFH IV R 6/10, BFH/NV 13, 1584); – ***(4)* § 20 VI, V UmwStG** (*BMF* BStBl I 25, 92 Rn. 20.13–20.16) und **§ 24 IV UmwStG** (*BMF* BStBl I 25, 92 Rn. 24.06: Gesamtrechtsnachfolge iVm SBV-Einzelrechtsnachfolge), ggf iVm § 27 XV UmwStG nF. 234

b) Veräußerung des Teilbetriebs. Maßgebl ist der Zeitpunkt, zu dem der Gewinn/Verlust nach dem Realisationsprinzip (GoB) bilanzrechtl auszuweisen ist (→§ 5 Rn. 78). Die Veräußerung des Teilbetriebs erfordert als lfd Geschäftsvorfall zwar keine Schlussbilanz (BFH X R 38/10, BStBl II 12, 725), ist aber (ggf im Schätzungswege) materiell-rechtl an den Grundsätzen einer Schlussbesteuerung auszurichten (→Rn. 305; BFH IV R 19/14, BStBl II 18, 575: Abgrenzung ggü lfd Gewinn). Die Kaufpreisforderung ist BV, wenn sie nicht entnommen wird. 235

c) Betriebsaufgabe. Der „Zeitpunkt“ der Betriebsaufgabe ist idR ein **Zeitraum,** da die Betriebsaufgabe häufig aus mehreren Teilakten besteht, zB Einzelveräußerung von WG an *verschiedene* Erwerber (BFH X R 101/90, BStBl II 93, 710); Ausnahmen (zB) →Rn. 196: Aufgabe aufgrund Rechtsakt; BFH X R 163–164/87, BStBl II 91, 802: Kündigung). Demgemäß ist für die Gewinnverwirklichung nicht auf „Beginn“ (zB Einstellung der werbenden Tätigkeit) oder „Ende“ der Betriebsaufgabe (→Rn. 208 ff) oder eine Erklärung des StPfl (*Ausnahme:* § 16 IIIb; →Rn. 162, 190), sondern auf den Zeitpunkt der **einzelnen Aufgabeteilakte** abzustellen (BFH VI R 63/15, DStRE 18, 193: Übergang des wirtschaftl Eigentums bei Veräußerung einzelner WG). *Folge:* Aufgabegewinn fällt sukzessive an und damit uU in verschiedene VZ (BFH X R 32/05, BStBl II 09, 634). Beachte aber: bei **mehr** als **2 VZ** keine Betriebsaufgabe, sondern nur allmähl Abwicklung (→Rn. 200). Für WG, die nicht 236 zur Veräußerung bestimmt und noch nicht ins PV überführt sind, entsteht der Gewinn, sobald die werbende Tätigkeit eingestellt ist und alle *anderen* wesentl Betriebsgrundlagen veräußert/entnommen sind (→Rn. 210).

3. Wahlrecht bei Betriebsveräußerung gegen wiederkehrende Bezüge

Verwaltung: EStR 16 XI; *BMF* BStBl I 04, 1187; *OFD Hann* BB 08, 1944.

240 **a) Rechtsgrundlage des Wahlrechts.** Wird der Betrieb entgeltl gegen *wiederkehrende wagnisbehaftete* Bezüge mit *Versorgungscharakter* veräußert, gewähren Rspr und FinVerw (EStR 16 XI) dem StPfl (BFH X R 40/10, BStBl II 13, 883 Rn. 44: nicht KapGes) unter bestimmten Voraussetzungen ein **Wahlrecht** zw der Versteuerung eines nach §§ 16, 34 begünstigten Besteuerung des Veräußerungsgewinns im Veräußerungszeitpunkt oder der Versteuerung nichtbegünstigter nachträgl gewerbl Einkünfte bei Zufluss (§ 15 I iVm § 24 Nr 2). **Rechtsgrundlage** hierfür ist nach BFH die teleologische Reduktion der §§ 16, 34 im Verhältnis zu § 24 Nr 2 sowie der Grundsatz der Verhältnismäßigkeit der Besteuerung (BFH X R 40/10, BStBl II 13, 883).

242 **b) Tatbestand. – aa) Gegenstand.** Dieser kann mE sowohl ein **ganzer GewBetr** als auch ein **Teilbetrieb** sein (BFH VIII R 8/01, BStBl II 02, 532; BFH IV R 137/82, BStBl II 84, 829; *BMF* BStBl I 04, 1187). Wird der Anspruch auf die Bezüge (beim Restbetrieb) bilanziert, ist dies Ausübung des Wahlrechts iSe Sofortversteuerung; der Anspruch ist (gewillkürtes) BV; zu § 4f →Rn. 272. Zu 100%igen KapGes-Anteilen s *Patt* EStB 04, 410 (412); *Neu ua* DStR 05, 141 (147). Veräußert eine **PersGes** ihren GewBetr/Teilbetrieb, hat jeder MUer (nicht aber KapGes; →Rn. 240) für seinen Anteil am Veräußerungspreis ein Wahlrecht, das angesichts seiner Rechtsgrundlage (→Rn. 240) unabhängig von der Ausübung des Wahlrechts der anderen MUer ist; § 7a VII 2 ist nicht einschlägig (*Schröder* WPg 06, 108 (110)). Auch die Veräußerung von **MUerAnteilen** unterliegt dem Wahlrecht (BFH VIII R 8/01, BStBl II 02, 532; zu Teilanteilen vgl →Rn. 442), gleiches gilt nach BFH X R 6/20, BStBl II 23, 112 für die Veräußerung von **EinzelWG** iRe **Betriebsaufgabe** (→Rn. 292).

244 **bb) Leibrente; Zeitrente.** Nach der Rspr wird das Wahlrecht zum einen bei **lebenslänglichen** „wagnisbehafteten" Bezügen gewährt, wobei hierzu sowohl abänderbare („dauernde Last") als auch feste Bezüge (Leibrenten ieS; BFH IV R 67/98, BStBl II 00, 179) gehören. Ebenso aber auch bei Zeitrenten mit fester Laufzeit von **mehr als 10 Jahren,** weil diese mit einem im Geschäftsleben unübl Wagnis behaftet sind und damit gleichfalls zumindest auch der Versorgung des Berechtigten dienen (BFH X R 6/20, BStBl II 23, 112; BFH IV R 17/08, BStBl II 11, 716; offen BFH I R 9/08, BStBl II 10, 560). Der BFH hat damit seine frühere Rspr bestätigt (BFH IV R 80/70, BStBl II 74, 452: Leibrente bei 10-jähriger Höchstlaufzeit; BFH X R 79/90, BB 91, 2353: Zeitrente auf 25 Jahren mit Versorgungsnebenzweck.

245 **(1) Finanzverwaltung.** Zwar sprechen die **EStR 16 XI 1** (seit EStR 1996) nur noch von Veräußerung „gegen eine Leibrente". Nach den **EStH 16 XI** soll dem jedoch weiterhin – *(1)* eine Veräußerung gegen Raten, die länger als 10 Jahre zu zahlen sind und eindeutig der Versorgung des Veräußerers dienen, und – *(2)* eine Veräußerung gegen Zeitrente mit nicht mehr überschaubarer Laufzeit gleichzustellen sein. Dies dürfte mit der BFH-Rspr (→Rn. 244) übereinstimmen.

246 **(2) Kritik.** Obgleich der Ausfall einer **gestundeten Kaufpreisforderung** zu einer rückwirkenden Änderung des Betriebsveräußerungsgewinns führt (BFH GrS 2/92, BStBl II 93, 897; →Rn. 335), folgt hieraus mE **nicht,** dass bei Betriebsveräußerung gegen **lebensländl Bezüge** ein Veräußerungsgewinn gleichfalls rückwirkend zu **ändern** ist, wenn die Bezüge tatsächl kürzer oder länger laufen als der Berechnung ihres Kapitalwert zugrunde liegt (zutr BFH III R 22/05, BFH/NV 09, 1409: vorzeitiges Ableben des Veräußerers *vertragsimmanentes* Risiko/*kein* rückwirkendes Ereignis). Demgemäß hält die hL (zB *Groh* DB 95, 2235 (2237)) zR am Wahlrecht für

Leibrenten fest (ausführl BFH X R 6/20, BStBl II 23, 112 betr EinzelWG). Gleiches muss gelten für lebenslängl Bezüge mit Mindest- oder Höchstlaufzeit, wenn die statistische Lebenserwartung des Berechtigten länger bzw kürzer ist als die entspr Laufzeit (*Neu ua* DStR 03, 61 (66)). Hingegen ist mE – entgegen Rspr/FinVerw – bei Bezügen mit **fester Laufzeit** (Raten, Zeitrenten) die Sofortversteuerung zwingend (*Richter ua* DB 95, 1098), weil das „Wagnis" nur das Ausfallrisiko ist und einem Ausfall durch rückwirkende Änderung des Veräußerungsgewinns zu entsprechen ist (BFH VIII B 34/11, BFH/NV 11, 2039). Dass dem Veräußerer die Mittel zur Steuerzahlung noch nicht zugeflossen sind, könnte ein Wahlrecht nur rechtfertigen, wenn es auch bei *weniger als 10-jähriger Laufzeit* und unabhängig vom Versorgungsbedürfnis gewährt würde; dies lehnt der BFH jedoch zR ab (BFH X R 12/17, BStBl II 20, 262).

cc) Leistungen von Dritten. Das Wahlrecht besteht auch für wiederkehrende Leistungen, die iZm der Veräußerung von Dritten erbracht werden (BFH IV R 14/90, BStBl II 92, 457; BFH III R 12/17, BFH/NV 18, 948: Veräußererperspektive maßgebl; → Rn. 271). 247

dd) Betriebliche Veräußerungsrente; Teilentgelt; private Versorgungsrente. Das Wahlrecht ist nur für entgeltl vereinbarte Bezüge (betriebl Veräußerungsrente) eröffnet, wofür bei Übertragungen zw **Fremden** eine tatsächl Vermutung spricht (BFH X R 193/87, BStBl II 92, 465). Hingegen greift bei **Familienangehörigen,** für die eine nicht vollentgeltl Übertragung vermutet wird (→ Rn. 35), das Sonderrecht des § 10 Ia Nr 2 (Vermögensübergabe gegen Versorgungsleistungen; → Rn. 51) iVm § 6 III (Buchwertfortführung). *Folge:* **teilentgeltl** Übertragung iSv § 16 iVm Wahlrecht grds nur, wenn Voraussetzungen dieses Sonderrechts (§ 10 Ia Nr 2) *nicht* erfüllt werden (zB Mindestzeitrenten; *BMF* BStBl I 10, 227 Rn. 56 str, s BFH IX R 11/19, DStR 20, 1426) erforderl ist hierfür zudem, dass iSd Einheitstheorie der Barwert der Bezüge den Buchwert des Betriebs/Teilbetriebs/MUerAnteils übersteigt (→ Rn. 66). 249

ee) Kein umsatzabhängiges/gewinnabhängiges Entgelt. Das Wahlrecht besteht in diesen Fällen nicht. Mangels Gewinnrealisation im Veräußerungszeitpunkt (→ § 5 Rn. 79) im Veräußerungszeitpunkt ist das umsatz-/gewinnabhängige Entgelt zwingend als **nachträgl** und **lfd BE** zu erfassen und nach Verrechnung mit dem Schluss-KapKto (zuzügl Veräußerungskosten) zu versteuern (BFH VIII R 8/01, BStBl II 02, 532; BFH IV R 33/11, BStBl II 15, 717; BFH VIII R 47/12, BStBl II 16, 600: Gewinn vorab; → Rn. 512; BFH IV R 9/21, BStBl II 24, 510: Earn-out; EStH 16 XI, zutr; **diff** *FM SchlH* DStR 24, 2334: „rückwirkendes Earn-Out"; *Strahl* NWB 24, 150; zu „neg" Earn-Out/auflösende Bedingung zB *Nowak* FR 24, 746; *Feld* FR 25, 26). Gleiches gilt für § 8b II KStG (BFH I R 71/16, BStBl II 19, 493). Zum Erwerber s *Toussaint ua* EStB 25, 24). Zur GrESt s *Akin* DStR 26, 133. 250

ff) Erklärung. Der StPfl muss das Wahlrecht zur lfd Versteuerung **ausdrückl** (BFH VIII R 8/01, BStBl II 02, 532; BFH X R 27/07, BStBl II 09, 620) und im **ESt-Veranlagungsverfahren** (BFH III R 49/13, BStBl II 17, 37) für den VZ der Veräußerung ausüben. Ausreichend ist die Erklärung bis zur Bestandskraft der Veranlagung, spätestens jedoch im FG-Verfahren; demgemäß auch in den Grenzen einer Bescheidänderung nach den §§ 172 ff AO (BFH III R 12/17, BFH/NV 18, 948; **aA** noch → 36. Aufl 2017, § 16 Rn. 226). Hat der StPfl gegen eine Leibrente für sich und seine Ehefrau veräußert und stirbt er vor Ausübung des Wahlrechts, steht dieses den **Erben** zu, auch wenn die Ehefrau, die bei entspr Ausübung des Wahlrechts die lfd Bezüge zu versteuern hat, nicht zu den Erben gehört (str). Der StPfl ist an die Ausübung seines Wahlrechts für die Folgejahre grds gebunden (BFH X B 7/91, BFH/NV 91, 819; zur Ablösung aber → Rn. 262). 251

c) Rechtsfolgen beim Veräußerer. – aa) Sofortbesteuerung. Entscheidet sich der StPfl für eine Besteuerung im Zeitpunkt der Veräußerung, besteht der Veräußerungspreis im ggf zu schätzenden Kapitalwert des Rechts auf die wiederkehrenden Bezüge (→ Rn. 283; EStR 16 XI 10: Regelzinssatz 5,5); der nach Abzug von 255

BV-Buchwert und Veräußerungskosten verbleibende Gewinn ist, soweit nicht gem § 3 Nr 40 teilweise steuerbefreit, nach § 16 IV und § 34 begünstigt.

256 **1) Zinsanteil.** Außerdem sind die wiederkehrenden Bezüge iHd darin enthaltenen, ggf geschätzten Zins- bzw Ertragsanteils **estpfl,** und zwar – je nachdem, ob das Recht auf die Bezüge als (ohne Betrieb fortbestehendes) BV oder als PV zu werten ist (→ Rn. 355) – nach § 24 Nr 2 (BFH X R 6/20, DStR 22, 2548) oder nach § 20 I Nr 7 (BFH VIII R 37/90, BFH/NV 93, 87: Zeitrenten) bzw § 22 Nr 1 (BFH VIII R 8/01, BStBl II 02, 532: Leibrente; EStR 16 XI 5: Rentenertrag gem § 22 Nr 1 S 3 Buchst a Doppelbuchst bb, mithin abw von Barwertermittlung, → Rn. 264; zR krit *Paus* NWB F 3, 13683 (13685); abl auch BFH X R 6/20, BStBl II 23, 112).

257 **(2) Wertsicherung.** Bei späterer Erhöhung der Jahresbeträge auf Grund vertragl Wertsicherungsklausel ist nach bisheriger BFH-Rspr der Mehrbetrag im Jahr des Zuflusses in voller Höhe nach § 20 I Nr 7 stpfl (BFH VIII R 37/90, BFH/NV 93, 87; diff *Schoor* FR 93, 225 (227)). Eine rückwirkende Erhöhung des Veräußerungsgewinns gem § 175 I 1 Nr 2 AO ist mE trotz BFH GrS 2/92, BStBl II 93, 897 nicht zulässig (keine „Vertragsstörung"; vgl BFH VIII R 8/01, BStBl II 02, 532).

258 **(3) Ausfall.** Werden Teilbeträge der Bezüge uneinbringl, entfällt mangels Zuflusses die Besteuerung nach § 20 I Nr 7 bzw § 22 Nr 1; außerdem ist die Höhe des Veräußerungsgewinns rückwirkend zu ändern (dazu → Rn. 337). Zum vorzeitigen Tod eines Leibrentenberechtigten → Rn. 246.

259 **(4) Umsatzabhängige/gewinnabhängige Bezüge.** Eine Sofortbesteuerung ist nicht zulässig (→ Rn. 250); demgemäß entfällt auch die Schätzung des (nicht bestimmbaren) „Zinsanteils" (BFH VIII R 8/01, BStBl II 02, 532).

260 **bb) Zuflussbesteuerung.** Entscheidet sich der StPfl für eine Besteuerung bei Zufluss, entsteht ein als nachträgl gewerbl Einkünfte zu versteuernder Gewinn, sobald die Summe der zugeflossenen Jahresbeträge den Buchwert des BV bei Veräußerung und die Veräußerungskosten übersteigt; dieser sich sukzessive erhöhende Gewinn ist im jeweiligen Jahr des Zuflusses in *voller* Höhe ohne Begünstigung zu versteuern (§ 24 Nr 2; BFH X R 14/94, BStBl II 96, 287), unterliegt jedoch grds nicht der **GewSt** (zu § 18 III UmwStG aber → Rn. 17).

261 **(1) Teileinkünfteverfahren; Zinsen.** Nach bisheriger Rspr sind die Jahresbeträge nicht in Zins- und Tilgungsanteile aufzuteilen. Dies ist jedoch mit Rücksicht auf das Teileinkünfteverfahren (zum Halbeinkünfteverfahren s *OFD Hann* BB 08, 1944) sowie die *volle* Erfassung der Zinsen bei Sofortbesteuerung (→ Rn. 256) fragl geworden. Deshalb ordnen *BMF* BStBl I 04, 1187; EStR 16 XI 7, 8 (bis 2003) eine Übergangsregelung sowie ab 2004 *durchgängig* an, nur den Tilgungsanteil zu verrechnen und den Zinsanteil jeweils voll zu erfassen (ähnl BFH X R 34/89, BStBl II 96, 663; BFH VIII R 3/17, BStBl II 20, 813; offen BFH X R 12/17, BStBl II 20, 262; BFH X R 6/20, BStBl II 23, 112). Zu § 17 → § 17 Rn. 121.

262 **(2) Ablösung.** Die Wahl zugunsten der Zuflussversteuerung wird gegenstandslos, wenn später die (restl) Bezüge auf Grund nachträgl Vereinbarung oder vorbehaltenen Rechts durch Einmalzahlung abgelöst werden. Die Ablösung ist im Ablösungsjahr estpfl (**aA** *Groh* DB 95, 2235 (2238): rückwirkende Änderung) und grds gem § 34 begünstigt. Die Tarifbegünstigung wird aber insoweit nicht gewährt, als die Ablösung dem Volumen des mit den wiederkehrenden Bezügen verrechneten Buchwerts des Betriebs (→ Rn. 260) entspricht, da insoweit die zum Normaltarif zu versteuernden Bezüge stfrei geblieben sind. Zur Ablösung bei Kombination mit festem Entgelt → Rn. 263.

263 **cc) Veräußerung gegen wiederkehrende Bezüge und festes Entgelt.** In diesem Fall besteht das Wahlrecht nur hinsichtl der wiederkehrenden Bezüge (BFH III R 12/17, BFH/NV 18, 948; FG Mster EFG 01, 1275: Übernahme von Betriebs-

schulden; EStR 16 XI 9), und zwar unabhängig vom betragsmäßigen Verhältnis zw Einmalbetrag und Barwert der Bezüge. Wird es iSe Zuflussversteuerung ausgeübt, ist der Buchwert des BV im Zeitpunkt der Veräußerung vom festen Veräußerungspreis abzuziehen. Nach bisheriger Rspr ist ein etwaiger Gewinn ist im Zeitpunkt der Veräußerung verwirklicht und gem **§ 34 II Nr 1** begünstigt, obwohl nicht alle stillen Reserven gleichzeitig realisiert werden (BFH X R 79/90, BB 91, 2368; FG Mster EFG 01, 1275; offen BFH X R 6/20, BStBl II 23, 112; **aA** *Patt* EStB 18, 330; zutr; → Rn. 66). Ist das feste Entgelt geringer als der Buchwert und wählt der StPfl die Zuflussbesteuerung, entsteht kein Verlust; die Bezüge sind – vorbehaltl § 3 Nr 40 – in voller Höhe nach § 24 Nr 2 tarifl zu besteuern, sobald ihre Summe den Buchwert abzügl festes Entgelt übersteigt (str). Zu **§ 16 IV** → Rn. 577. Werden die wiederkehrenden Bezüge abgelöst (→ Rn. 262), entfällt mangels zusammengeballter Gewinnrealisierung in einem VZ die Begünstigung, wenn im Jahr der Veräußerung der Gewinn iHd Differenz Einmalbetrag/Buchwert bereits tarifbegünstigt versteuert wurde (BFH III R 53/89, DStR 94, 132). *Ausnahme* (BFH X R 37/02, BStBl II 04, 493): geringfügiger Veräußerungsgewinn kürzt die Tarifbegünstigung des Ablösebetrags (mE bedenkl).

d) Rechtsfolgen beim Erwerber; Überblick. Der bilanzierende vollentgelt/teilentgelt Erwerber hat unabhängig von der Wahlrechtentscheidung des Veräußerers den versicherungsmathematischen **Barwert** seiner Verpflichtung zu wiederkehrenden Leistungen zum Erwerbszeitpunkt (= AK) und zu den folgenden Bilanzstichtagen zu passivieren (zB BFH X R 58/92, BStBl II 96, 672); *Folge:* Aufwand iHd Differenz von lfd Leistungen und Barwertminderung (BFH X R 12/01, BStBl II 04, 211). S iEinz einschließl Zinssatz/Wertsicherung/umsatzabhängige Verpflichtungen → § 6 Rn. 82, 443; → § 5 Rn. 270 „gewinnabhängige Vergütung"; zu § 5 IVa, IVb → § 5 Rn. 315, 369. Zu Besonderheiten bei Gewinnermittlung nach § 4 III vgl → § 4 Rn. 401 f. Zur **gewstrechtl** Hinzurechnung von Renten/dauernden Lasten s § 8 Nr 1 Buchst b GewStG s *GLE* BStBl I 12, 654 Rn. 25. 264

II. Rechengrößen des Veräußerungsgewinns

1. Veräußerungspreis. Er ist die erste Rechengröße des Veräußerungsgewinns (§ 16 II; → Rn. 230) und ggf um den Wert zurückbehaltener WG zu erhöhen. Zur **Steuerfreiheit** zB gem Teileinkünfteverfahrens → Rn. 570 270

a) Veräußerungspreis im engeren Sinn. Dies ist die **Gegenleistung,** die der Veräußerer (oder auf seine Veranlassung ein Dritter) vom Erwerber oder von einem Dritten (BFH IV R 17/08, BStBl II 11, 716) für den Betrieb/Teilbetrieb erlangt. Grds ist dies der Anspruch auf das Entgelt zB auf den Kaufpreis oder das Tauschobjekt, soweit das Veräußerungsgeschäft ohne Störung so abgewickelt wird, wie es vertragl vereinbart ist. Zum Wertansatz und zur rückwirkenden Änderung des Veräußerungspreises → Rn. 337 f. Zum Kaufpreisrückfluss → Rn. 26, 35. 271

aa) Schuldübernahme; Schuldfreistellung. – *(1)* **Private Schulden.** Gegenleistung ist auch eine Verpflichtung zur Freistellung von einer privaten Schuld des Veräußerers ggü einem Dritten durch befreiende Schuldübernahme oder durch Schuldbeitritt mit befreiender Wirkung im Innenverhältnis oder nur im Innenverhältnis (BFH IV R 38/16, BFH/NV 19, 551), zB ein Anspruch, dass der Erwerber den Veräußerer von einer privaten Versorgungsverpflichtung befreit (BFH IV R 180/80, BStBl II 83, 595). – ***(2)* Betriebsschulden.** Offen, für die Höhe des Gewinns des *Veräußerers* aber idR (zu negativem KapKto aber → Rn. 59) praktisch unerhebl ist, ob die vom Erwerber übernommenen bilanzierten Betriebsschuldenden (Buch-)Wert iSv § 16 II (Nettobuchwert!) mindern (so zB BFH I R 61/06, BStBl II 08, 555; BFH IV B 82/08, BFH/NV 10, 50; zu § 6 III → Rn. 58) oder Teil des Veräußerungspreises sind mit der Folge, dass als (Buch-)Wert des BV iSv § 16 II nur der 272

Buchwert der Aktiva anzusetzen ist (so BFH GrS 4–6/89, BStBl II 90, 847; mE zutr). Zur späteren Inanspruchnahme des Veräußerers für vom Erwerber übernommene Schulden → Rn. 343. – ***(3)*** **Nicht** zum Veräußerungspreis gehört indes die Übernahme der zR in der StB des Veräußerers **nicht passivierten Schulden** (zB § 5 IIa, IVa; § 6a), weil sie durch die Übernahme *erstmals* aufwandswirksam/realisiert werden („Hebung stiller *betriebl* Lasten"; BFH I R 61/06, BStBl II 08, 555; *Ley* DStR 07, 589). Der Aufwand/BA-Abzug wird allerdings gem den differenzierenden Regeln in § 4f zeitl gestreckt. **§ 4f I** bestimmt für Schuldübernahmen iZm Veräußerung/Aufgabe von *Teil*-MUerAnteilen die Aufwandsverteilung auf 15 Jahre, iZm *Teilbetriebs*veräußerung/-aufgabe die Verteilung, soweit Aufwand die stillen Reserven überschreitet; **§ 4f II** regelt für Schuldbeitritte/Freistellungen auch iZm Veräußerung/Aufgabe von Betrieb/MUerAnteil die durchgängige Aufwandsverteilung. IEinz s § 4f; *BMF* BStBl I 17, 1619. – ***(4)*** Zu den **AK** des **Erwerbers** gem § 6 I Nr 7 gehört auch die Übernahme/Freistellung von nicht oder nicht in voller Höhe bilanzierten Schulden (dazu einschließl Bewertung → § 6 Rn. 81 ff, 441 ff). Allerdings sind die Passivierungsbegrenzungen des **§ 5 VII** iVm der Verteilung des Abwertungsgewinns auf mindestens 15 (Altfälle 20) Jahre zu beachten; iEinz → § 5 Rn. 503; *BMF* BStBl I 17, 1619. – ***(5)*** Zu **zurückbehaltenen Schulden** → Rn. 109, 349, 369.

273 **bb) Bloße Schuldübernahme.** Entsprechendes gilt, wenn die Gegenleistung nur in der Übernahme von Betriebsschulden besteht; der Veräußerungs*gewinn* ist dann (idR) gleich der Höhe der buchmäßigen Überschuldung (negatives KapKto) abzügl Veräußerungskosten (BFH VIII R 370/83, BStBl II 89, 563), sofern überhaupt eine Betriebsveräußerung iSv § 16, dh keine unentgeltl Übertragung iSv § 6 III vorliegt (dazu → Rn. 35 ff).

274 **cc) Veräußerung während des Wirtschaftsjahres.** Wird der Veräußerung die Bilanz zum Ende des vorausgegangenen Wj zugrunde gelegt, hat der Veräußerer gleichwohl den bis zur Veräußerung erzielten Gewinn durch Zwischenbilanz oder Schätzung zu ermitteln; dieser ist als lfd Gewinn zu versteuern und erhöht zugleich den Buchwert des BV bei Veräußerung (zum Übergang § 4 III zu § 4 I → Rn. 306).

275 **dd) Gesamtkaufpreis.** Werden zusammen mit dem Betrieb auch WG des PV zu einem Gesamtkaufpreis veräußert, muss dieser grds nach dem Verhältnis der Verkehrswerte aufgeteilt werden (BFH IV B 82/08, BFH/NV 10, 50).

276 **b) Veräußerungspreis iwS.** Hierzu rechnen alle Leistungen, die der Veräußerer – durch die Veräußerung **veranlasst** – als *offene* oder *verdeckte* Gegenleistung für den Betrieb erhält, entweder vom Erwerber (BFH IV R 141/67, BStBl II 71, 92: betr Aufgabe eines Mietrechts; BFH IV R 12/08, BFH/NV 11, 768: verdeckte Einlage) oder von einem Dritten mit oder ohne Veranlassung durch Erwerber (zB Schulderlass; BFH IV R 14/90, BStBl II 92, 457 betr Prämien; BFH I R 20/20, BFH/NV 23, 1195 zu § 8b KStG). Ebenso idR ein Entgelt für ein **Wettbewerbsverbot** (BFH IX R 76/99, BFH/NV 03, 1161; → § 24 Rn. 42; **aA** *OFD Ddorf* DStR 92, 790 bei eigener wirtschaftl Bedeutung; BFH X R 61/06, BFH/NV 08, 1491: § 22 Nr 3; ausführl *Wiesbrock* GmbHR 05, 519; zur USt s BFH XI R 1/11, BStBl II 13, 301). Abl für Gewinn aus Auflösung eines betriebl Versorgungswerks FG Mster EFG 03, 39. Zur Disagio-Rückerstattung → Rn. 303. Zur Betriebsaufgabe → Rn. 295.

277 **c) Rückbehalt von Wirtschaftsgütern. – aa) Hinzurechnung.** Behält der Veräußerer einzelne WG des BV zurück, die **nicht wesentl** (→ Rn. 86) Betriebsgrundlage waren und überführter diese ins PV (sofern estrechtl mögl), erhöht der gemeine Wert dieser WG analog § 16 III 8 den Veräußerungspreis (ebenso „Vorabentnahme") und damit auch den Veräußerungsgewinn (zB BFH IV R 67/86, BStBl II 90, 132). Gleiches gilt bei Sacheinlage in PersGes zu Teilwerten/gemeinen Werten nach § 24 UmwStG (BFH VIII R 5/92, BStBl II 94, 856). Anders ist dies aber bei un-

entgeltl Betriebsübertragung (§ 6 III iVm Entnahmegewinn) oder Sacheinlage in PersGes nach § 24 UmwStG zu *Buchwerten* (BFH IV R 93/85, BStBl II 88, 374; zu Sacheinlage in KapGes → Rn. 29 ff). *Keine* Entnahme nach BFH IV R 29/09, BStBl II 13, 387 bei Wegfall der Nutzungsbefugnis zB am Ehegattengrundstück (mE unzutr; auch → § 5 Rn. 101).

bb) Einzelfragen. – *(1)* Werden nicht wesentl WG zum **Buchwert** in ein anderes BV des Veräußerers überführt (oder verbleiben sie „Rest-BV"), ist der Buchwert entweder dem Veräußerungspreis hinzuzurechnen *oder* aus dem Wert der BV iSv § 16 II auszuscheiden (→ Rn. 312). – *(2)* Neben den Gewinn aus der Veräußerung eines **Teilbetriebs** (§ 16) kann ein lfd Entnahmegewinn betr nicht dem Teilbetrieb dienender EinzelWG treten (BFH IV R 67/86, BStBl II 90, 132). – *(3)* Werden **wesentl** Betriebsgrundlagen zurückbehalten und in ein anderes BV zu **Buchwerten** ausgegliedert, ist der Gewinn aus veräußerten WG nicht begünstigt (→ Rn. 4, 85 f, 97, 125), bei Überführung ins **PV** liegt Betriebsaufgabe vor – *(4)* Zum **Rückbehalt** von BV nach einer Betriebsveräußerung/-aufgabe → Rn. 103 ff, 352 ff. 278

d) Wert des Veräußerungspreises. – aa) Grundsätze. Anders als bei Teilbetriebsveräußerung/-aufgabe (dazu → Rn. 235) ist der Veräußerungspreis bei Veräußerung eines Betriebs/MUerAnteils nicht nach § 6 (BFH IV R 61/73, BStBl II 78, 295: nur für Ermittlung des lfd Gewinns maßgebl), sondern mit seinem **gemeinen Wert** anzusetzen. Dieser ist (arg § 16 III 8) als spezifischer Wertmaßstab des § 16 grds anhand der §§ 2–16 BewG zu konkretisieren (weitergehend BFH IV R 61/73, BStBl II 78, 295; BFH IV R 3/07, BStBl II 10, 182: unmittelbare Geltung). Demgemäß können auch die Wertansätze bei Veräußerer und Erwerber (Aktivierung/Passivierung gem § 6) divergieren. Zur Wertbestimmung sind alle Vorgänge iZm mit der Veräußerung nach den bis zur bestandskräftigen Veranlagung gewonnenen Erkenntnissen, auch soweit **wertbegründend,** zu berücksichtigen (BFH X R 163–164/87, BStBl II 91, 802; BFH VIII R 27/92, BFH/NV 94, 159). Zu **rückwirkenden** Änderungen → Rn. 281, 337 f. 280

bb) Einzelheiten. – (1) Geld/Fremdwährung; Sicherungsgeschäfte; Ausfallrisiko. Besteht die Gegenleistung in Bar- oder Buchgeld, das Zug um Zug (s §§ 274, 322 BGB) gegen Übertragung des Betriebs gezahlt wird, ist der Wert der Gegenleistung gleich dem Nennwert des Geldes (BFH VIII R 17/15, BFH/NV 18, 522). Zahlt der Erwerber noch vor Übertragung des Betriebs an einen Bevollmächtigten des Veräußerers mit befreiender Wirkung, ist Veräußerungspreis die Herausgabeforderung gegen den Bevollmächtigten (BFH IV R 153/86, BStBl II 89, 557). Bei Hingabe **ausl Valuta** ist der Umrechnungskurs im Veräußerungszeitpunkt, nicht der des tatsächl Währungstauschs maßgebl. Demgemäß ist auch bei **Fremdwährungsforderungen** grds auf den Wechselkurs im Zeitpunkt der Veräußerung abzustellen; ein ernstl zu erwartender Kursverlust rechtfertigt aber einen schätzweisen Abschlag (BFH IV R 61/73, BStBl II 78, 295). Weicht der Wechselkurs im Zeitpunkt der Erfüllung vom zunächst angesetzten Wertverhältnis ab, ist der Veräußerungspreis mE in sinngemäßer Anwendung von BFH GrS 2/92, BStBl II 93, 897 rückwirkend zu korrigieren (*Groh* DB 95, 2235; **aA** *Bordewin* FR 94, 555). Gewinne aus **Sicherungsgeschäften** zur Minimierung des Wechselkursrisikos *(Micro Hedge)* erhöhen den Veräußerungspreis (zutr BFH I R 20/16, BStBl II 20, 674 zu § 8b; beachte auch § 8b III 6 KStG idF KöMoG (BGBl I 21, 2050); **aA** BFH IX R 73/04, BFH/NV 08, 1658 zu § 17), Verluste aus diesen Geschäften sind Veräußerungskosten (BFH I R 20/16, BStBl II 20, 674). Grds glA nunmehr *BMF* BStBl I 20, 1033: „strenge" Nachweiserfordernisse; mE fragl. Soweit im Zeitpunkt der Veräußerung ernstl mit einem **Ausfall** der Kaufpreisforderung zu rechnen ist, ist deren Nennwert schätzweise zu mindern (BFH VIII R 27/92, BFH/NV 94, 159 (162); → Rn. 280). Erlöst der Veräußerer später tatsächl mehr oder weniger als den zunächst angesetzten 281

Wert, wirkt dies auf den Zeitpunkt der Veräußerung zurück (BFH VIII R 17/15, BFH/NV 18, 522; iEinz → Rn. 337 f).

282 **(2) Stundung.** Besteht die Gegenleistung in einer gestundeten Geldforderung, ist in Anlehnung an § 12 I BewG (dazu *GLE* BStBl I 22, 1351) grds der Nennwert anzusetzen, soweit nicht besondere Umstände einen höheren oder geringeren Wert begründen (s BFH IV R 61/73, BStBl II 78, 295). Soweit für die gestundete Forderung kapitalmarktübl **Zinsen** zu zahlen sind, gehören diese nicht zum Veräußerungspreis; sie sind, sofern die Kaufpreisforderung PV ist (str, → Rn. 337), als Einnahmen aus KapVerm, andernfalls (Rest-BV) als nachträgl gewerbl Einkünfte estpfl. Bei **zinsloser**/niedrigverzinsl Stundung ist Veräußerungspreis der abgezinste Wert (iEinz BFH VIII R 17/15, BFH/NV 18, 522; **aA** BFH VIII R 41/82, BStBl II 84, 550 bei unbestimmter Fälligkeit); die spätere Zahlung des vollen Nennwerts enthält iHd Differenz zum Barwert Einnahmen aus KapVerm oder nachträgl gewerbl Einkünfte.

283 **(3) Wiederkehrende Bezüge.** Übt der Veräußerer sein evtl Wahlrecht (→ Rn. 240) iSd (Sofort-)Besteuerung im Veräußerungszeitpunkt aus, entspricht der Barwert dem versicherungsmathematisch ermittelten Betrag, den der Veräußerer nach den Kapitalmarktverhältnissen zum Zeitpunkt der Veräußerung hätte aufwenden müssen, um sich gleichartige wiederkehrende Bezüge zB bei einer Versicherung zu „erkaufen" (**aa** EStR 16 XI 10: Zinssatz 5,5%, sofern nichts anderes vereinbart; ebenso BFH VIII R 64/93, BFH/NV 02, 10 zu betriebl EinzelWG; offen in BFH IX R 110/90, BStBl II 95, 47 zu PV). Künftige Erhöhungen auf Grund einer **Wertsicherungsklausel** sind ohne Einfluss auf die Höhe der zu kapitalisierenden Jahresbeträge (BFH VI R 212/69, BStBl II 70, 541), wertgesicherte wiederkehrende Bezüge sind aber mit einem niedrigeren Zinsfuß zu kapitalisieren (BFH IV R 141/67, BStBl II 71, 92); zu späteren Erhöhungen → Rn. 257. Bei Zuflussbesteuerung bestimmt der Abzinsungssatz sowohl den Barwert der wiederkehrenden Bezüge als auch deren Zins- bzw Ertragsanteil (dazu → Rn. 261).

284 **(4) Tausch.** Besteht die Gegenleistung nicht in Geld, ist der gemeine Wert der erlangten WG im Veräußerungszeitpunkt anzusetzen; etwaige Verfügungsbeschränkungen sind entspr § 9 II 3, III 1 BewG zu berücksichtigen (BFH IV R 3/07, BStBl II 10, 182). Auf den gemeinen Wert des veräußerten Betriebs kommt es, anders als beim Tausch von EinzelWG des BV (→ § 5 Rn. 633), mangels Geltung bilanzrechtl Grundsätze (→ Rn. 280) nicht an. Die spätere Wertentwicklung der erlangten WG (PV) ist unerhebl (*Bordewin* FR 94, 555 (560); → Rn. 105, 293); Gleiches gilt mE bei Aktienoptionen als Veräußerungsentgelt (gemeiner Wert = Optionsprämie). Soll die Gegenleistung erst später geleistet werden, ist – ungeachtet etwaiger Kaufpreisanrechnungsabreden – der Wert des eingetauschten WG im Erfüllungszeitpunkt maßgebl (BFH IX R 43/14, BStBl II 16, 212; *Hils* DStR 16, 1345).

290 **2. „Aufgabepreis". – a) Komponenten.** Der Aufgabepreis = **Aufgabeendvermögen** bildet die erste der drei Rechengrößen zur Ermittlung des Aufgabegewinns (§ 16 III 1 iVm § 16 II) und umfasst die Summe aus – ***(1)*** den *Veräußerungspreisen* für die iRd Aufgabe veräußerten WG (§ 16 III 7), – ***(2)*** den *gemeinen Werten* der ins PV übergegangenen aktiven und passiven WG (§ 16 III 8; BFH X R 31/95, BStBl II 97, 561: auch soweit diese nach § 17 steuerverhaftet bleiben; zu § 16 III 2 Hs 3 iVm § 4 I 4 → § 4 Rn. 244 ff; BFH I R 5/24 (I R 99/15), DStR 25, 1737; zu § 16 IIIa → Rn. 197; zu teilentgeltl Veräußerung s BFH X R 14/11, BStBl II 14, 158: Kombination von Veräußerung und Entnahme; keine Einheitstheorie; fragl; *Wacker* Ubg 16, 245 (254)) und etwaiger als BV zurückbleibender Schulden (→ Rn. 109; BFH X R 163–164/87, BStBl II 91, 802) sowie – ***(3)*** die iZm der Aufgabe erzielten *sonstigen Erträge.*

291 **b) Aufgabebilanz.** Während die frühere Rspr eine Bilanzierungspflicht für das Aufgabeendvermögen (→ Rn. 290) verneint hatte (BFH X R 163–164/87, BStBl II

91, 802), geht der BFH nunmehr von einer Pflicht aus, auf den Aufgabezeitpunkt eine **„Aufgabebilanz"** zu erstellen (BFH VI R 51/16, BStBl II 18, 778; BFH X R 4/15, BStBl II 17, 786). Auch in Fällen gestreckter Gewinnrealisierung (dazu → Rn. 236) soll hierbei auf den einheitl Zeitpunkt des Beginns der Betriebsaufgabe abzustellen sein (BFH IV R 17/02, BStBl II 05, 637; mE bedenkl). Zur Schlussbilanz → Rn. 305.

c) Veräußerungspreis. – ***(1)*** Erforderl ist die Veräußerung des jeweiligen WG **„iRd"** die Betriebsaufgabe (§ 16 III 7). Dies setzt nach dem **Veranlassungsprinzip** (dazu *Wacker* BB 18, 2519) einen **zeitl** Zusammenhang, dh die Veräußerung während der Betriebsaufgabe, weder vorher noch nachher (BFH IV R 86/87, BStBl II 89, 456; BFH X B 41/96, BFH/NV 96, 881) als auch einen **wirtschaftl** Zusammenhang voraus, dh nicht nur gelegentl der Betriebsaufgabe (BFH IV R 86/87, BStBl II 89, 456: Schulderlass; BFH IV R 14/03, BStBl II 05, 395; BFH X R 14/11, BStBl II 14, 158: Teilbetriebsaufgabe iZm Veräußerung sonstiger WG/einschließl Gesamtplan-Rspr; krit *Herlinghaus* FR 14, 441 (446); zur Veräußerung von **UV** → Rn. 327). – ***(2)*** In zeitl Hinsicht ist maßgebl, wann nach dem **Realisationsprinzip** (→ § 5 Rn. 78 ff) der Gewinn aus der Veräußerung erzielt wird (BFH X R 52/13, BStBl II 16, 710; **aA** BFH X B 41/96, BFH/NV 96, 881: Kaufvertrag genügt). – ***(3)*** Gleich der Veräußerung des ganzen Gewerbe-/Teilbetriebs gewährt BFH X R 6/20, BStBl II 23, 112 nunmehr das **Wahlrecht** zwischen Sofort- und Zuflussbesteuerung auch, wenn **einzelne WG** iRe **Betriebsaufgabe** gegen **wiederkehrende Bezüge** veräußert werden (**aA** → 41. Aufl. 2022, § 16 Rn. 292); *Folge:* Leibrente = nachträgl Einkünfte, insoweit keine Begünstigung nach §§ 16 IV, 34. – ***(4)*** Zur rückwirkenden Änderung zB bei **Forderungsausfall** → Rn. 337. – ***(5)*** Zum abredegemäßen **Rückfluss** des Kaufpreises → Rn. 26, 35. – ***(6)*** Zur **Umqualifikation** in **„lfd" Gewinn** gem § 16 III 6 bei Identität von Veräußerer/Erwerber → Rn. 331; zur Realteilung → Rn. 548). 292

d) Entnahme; gemeiner Wert; Buchwert. – **aa) Grundsätze.** Der nach § 16 III 8 für nicht veräußerte, ins PV überführte WG anzusetzende gemeine Wert entspricht grds § 9 II BewG (BFH I R 235/80, BStBl II 85, 456). Über die Unterschiede zum Teilwert s zB BFH I R 114/84, BStBl II 90, 117. Der ggf sukzessive Übergang der einzelnen WG ins PV bestimmt auch den jew **Bewertungszeitpunkt** (BFH X R 150/95, BStBl II 98, 569: „zeitpunktbezogene Momentaufnahmen"; auch → Rn. 284). Die Wertansätze zu diesen Zeitpunkten bleiben auch bei späteren Wertänderungen unverändert, der Aufgabegewinn ist nicht rückwirkend zu ändern (BFH X R 150/95, BStBl II 98, 569: betr späterer Altlastenverdacht; *Bordewin* FR 94, 555 (558)). – Zur **Buchwertfortführung** nach § 6 V sowie zum Buchwertwahlrecht nach **§ 6 I Nr 4 S 4** und **§ 13 V** → Rn. 77. 293

bb) Einzelfragen. – ***(1)*** **Grundstücke** und Gebäude sind mit dem Verkehrswert anzusetzen (BFH VIII R 26/87, BFH/NV 92, 232), der je nach Einzelfall anhand zeitnaher Verkäufe oder des Ertragswerts/Sachwerts (vgl ImmoWertV, BGBl I 21, 2805) zu schätzen ist (BFH II R 19/08, BStBl II 09, 403; überholt BFH I R 235/80, BStBl II 85, 456: idR Sachwert; zu persönl Umständen iSv § 9 II, III BewG s BFH VIII B 67/96, BFH/NV 05, 2178: keine Berücksichtigung latenter Ertragsteuerlasten; vgl auch §§ 177 ff BewG). Bei gemischter Gebäudenutzung ist der aus dem Gesamtverkehrswert abzuleitende Wert des betriebl Gebäudeteils/Grundstücksteils idR nicht nach dem Ertragswert, sondern nach dem Nutzflächenverhältnis zu bestimmen (BFH III R 20/99, BStBl II 03, 635). Zu **Nutzungsrechten** → Rn. 277. Zur verbindl Auskunft s abl BFH VIII B 121/00, BFH/NV 02, 181. – ***(2)*** Gemeiner Wert (Marktwert; BFH X R 17/85, BStBl II 89, 879) von **Maschinen,** Einrichtungen, Waren usw ist der Einzelveräußerungspreis. – ***(3)*** Für **Anteile an KapGes** und Wertpapieren (BFH IV R 18/12, BStBl II 16, 346: ggf Sachverständigengutachten erforderl) gilt § 11 iVm § 9 BewG (*Amren ua* DStR 23, 2207: Rspr-Überblick). Zur Ablei- 294 tung aus Verkäufen s BFH II R 40/08, BStBl II 10, 843; zum Verhältnis von Substanzwert/gemeiner Wert iVm Anteilseinziehung BFH II R 15/21, BStBl II 25, 543; zu Ertrags-/Substanzverfahren s BFH III R 79/07, BFH/NV 10, 610; zum Stuttgarter Verfahren s BFH X B 100/09, BFH/NV 10, 205: BFH VI R 67/14, BStBl II 17, 69: Einzelfallprüfung; zR abl *OFD Ffm* GmbHR 11, 1344 (→ 35. Aufl 2016, § 16 Rn. 294 mwN; ebenso nach BR-Drs 542/06, 90 „klarstellend" § 11 II 3 BewG aF; BFH X R 17/20, BStBl II 23, 484); zum Holdingabschlag s BFH II R 49/22, BStBl II 25, 493; zu disquotalen Stimm-/GewinnbezugsR s BFH X R 17/20, BStBl II 23, 484; zu Veräußerungsbeschränkungen s BFH IV R 3/07, BStBl II 10, 182. § 11 II BewG verweist nicht nur auf im Geschäftsverkehr übl Bewertungsmethoden, sondern auch auf das vereinfachte Ertragswertverfahren (§§ 199 ff BewG; *GLE* BStBl I 14, 882), das nach *BMF* BStBl I 11, 859; *FM SchlH* DStR 15, 1313 ertragsteuerl entspr gilt (*Fuhrmann* KÖSDI 21, 22440); zum Wahlrechts des Stpfl s BFH II R 5/19, DStRE 21, 1058; zu Anteilen an OptionsGes gem § 1a KStG (→ § 15 Rn. 160a) s *BMF* I 22, 1495. Ab VZ 2002/2009 ist § 3 Nr 40 Buchst b **(Teileinkünfteverfahren)** zu beachten (→ Rn. 270, 570); zur verfrechtl gebotenen Eliminierung von Wertsteigerungen (bis 31.3.99/26.10.00) der Anteile gem § 17 aF (mindestens 10%/1%), die zu AK in das BV eingelegt worden sind, s *BMF* BStBl I 12, 42. Zu Einflüssen der **Corona-Krise** s *Heeke ua* DB 21, 1567. – ***(4)*** **Forderungen** sind wie eine Kaufpreisforderung aus Betriebsveräußerung zu bewerten (dazu → Rn. 280 ff). – ***(5)*** Ein **Geschäftswert** ist idR beim „Aufgabepreis" nicht anzusetzen; er geht durch die Betriebsaufgabe unter (BFH X R 32/05, BStBl II 09, 634 aE). Anders ist dies bei Betriebsverpachtung (→ Rn. 192), Aufgabe von MUerAnteilen (SchlHFG EFG 19, 1508 rkr; → Rn. 408) und evtl bei Realteilung einer PersGes (BFH X R 32/05, BStBl II 09, 634; auch → Rn. 550 f).

295 **e) Sonstige Erträge bei Betriebsaufgabe.** Nach Maßgabe des Veranlassungsprinzips (zeitl/wirtschaftl Zusammenhang; → Rn. 292) gehören zB auch folgende Erträge – sofern stbar (→ Rn. 270, 570) – zum „Aufgabepreis" und gehen damit in den Aufgabegewinn ein – ***(1)*** von dritter Seite, insb der öffentl Hand gezahlte **Entschädigungen** oder Stilllegungsgelder (vgl zB BFH X R 56/95, BFH/NV 98, 1354; zur Abgrenzung/lfd Gewinn s aber BFH VIII B 101/96, BFH/NV 98, 452; FG Hmb EFG 14, 1009) und Versicherungsleistungen (BFH IV R 25/79, BStBl II 82, 707; FG Hmb EFG 00, 552); – ***(2)*** der **Erlass** von **Betriebsschulden** (dazu → Rn. 342); – ***(3)*** **Auflösung** einer erst und nur durch Betriebsaufgabe entfallenden **Rückstellung** (BFH XI R 8/96, BStBl II 99, 18: Bilanzberichtigung vorrangig; → Rn. 305, 309) oder eines passiven RAP (BFH IV R 42/99, BStBl II 03, 67). **Gegenbeispiele:** → Rn. 327 (Ausverkauf des Warenlagers etc); Bauten auf fremdem GuB (BFH X R 46/14, BStBl II 16, 976; *BMF* BStBl I 16, 1431: kein Ansatz stiller Reserven; krit → § 5 Rn. 270). **Offen** ist (vgl BFH I R 34/12, BFH/NV 14, 1014), ob **Verbindlichkeiten,** die zB mangels Aktiva **nicht** mehr **erfüllt** werden können, gewinnwirksam auszubuchen sind (unklar *OFD Ffm* DStR 21, 2973).

300 **3. Veräußerungskosten; Aufgabekosten.** – **a) Grundsätze.** – ***(1)*** Nach BFH VIII R 55/97, BStBl II 00, 458 (Leitentscheidung) ist für den Begriff der Veräußerungskosten/Aufgabekosten (dazu → Rn. 301) nicht wie zuvor auf die „unmittelbare Beziehung zum Veräußerungsgeschäft", sondern auf die **Veranlassung** (dazu *Wacker* BB 18, 2519) durch die Veräußerung/Aufgabe abzustellen. Demgemäß ist das den Aufwand „auslösende Moment" in wertender Betrachtung unter Berücksichtigung der gesetzl Wertungsvorgabe zu bestimmten. Hierzu gehört insb, dass gem § 16 II die Veräußerung die lfd Gewinnermittlung nach Maßgabe der Schlussbilanz (→ Rn. 305) überlagert/verdrängt. Allerdings sollen nach BFH IV R 14/16, DStR 18, 2259; BFH IV R 18/17, BStBl II 19, 696 (dazu → Rn. 302) durch **GesVerhältnis** veranlasster Aufwand nicht zu den Veräußerungskosten gehören; mE fragl, weil hierdurch allein der betriebl Veranlassungszusammenhang zur Veräußerung/Aufgabe nicht gelöst wird. – ***(2)*** Aufwendungen, die **keine Veräußerungskosten,** aber BA sind, mindern

den lfd Gewinn, ggf als nachträgl negative gewerbl Einkünfte (vgl →Rn. 348 ff). Zu Kosten früher fehlgeschlagener Veräußerung *Felix* DStZ 91, 373. – ***(3)*** Auch wenn die Veräußerungskosten vor oder nach dem VZ der Veräußerung anfallen, mindern sie mit Rücksicht auf den punktuellen Charakter der Veräußerungen iSv § 16 (→Rn. 4, →Rn. 335) ggf rückwirkend den Veräußerungs-/Aufgabegewinn (BFH IV R 17/02, BStBl II 05, 637: **Attraktivkraft** des Veräußerungsvorgangs). – ***(4)*** Zur **nachträgl Minderung/Erhöhung** der Veräußerungskosten →Rn. 345. – ***(5)*** Der Veräußerungskostenbegriff des § 16 II entspricht demjenigen der §§ 17, 23 EStG und § 8b II KStG (BFH I R 20/16, BStBl II 20, 674; *Oster* DStR 25, 2174; **aA** *Paris ua* DStR 23, 2305). – ***(6)*** Zu **Drittaufwand** s *Oster* DStR 25, 2232.

b) Aufgabekosten. Obgleich das EStG sie nicht erwähnt, sind sie analog § 16 II 1 anzusetzen und von lfd BA nach dem Veranlassungsprinzip abzugrenzen. Zu den Aufgabekosten gehören hiernach Aufwendungen, die iZm der Veräußerung einzelner WG iRd Aufgabe (→Rn. 292) oder iZm den sonstigen Erträge der Betriebsaufgabe (zB Entschädigungen; →Rn. 295) stehen, aber auch sonstiger durch die Betriebsaufgabe veranlasster Aufwand (BFH IV R 22/03, BStBl II 05, 559; BFH IV R 17/02, BStBl II 05, 637), zB Gehälter für die mit den Aufgabehandlungen befassten ArbN (*Heuer* FR 74, 593 (594)) oder Verlust einer Ausgleichsforderung gegen MitGes'ter (BFH VIII R 128/84, BStBl II 93, 594). Zur nachträgl Minderung/Erhöhung →Rn. 345. 301

c) Gewerbesteuer. Sie ist für Erhebungszeiträume ab 2008 nicht mehr abziehbar (§ 4 Vb; →Rn. 18; zur früheren Rechtslage s BFH IV R 22/08, BStBl II 10, 736 betr § 18 UmwStG). Anders soll dies aber nach BFH IV R 5/14, BStBl II 16, 875 (zu § 7 S 2 GewStG →Rn. 17) und BFH IV R 18/17, BStBl II 19, 696 (zu § 18 UmwStG) für die vom Veräußerer erstattete GewSt sein, soweit die Erstattung nicht durch das GesVerhältnis veranlasst ist (beides mE fragl; auch →Rn. 300). Hiervon unberührt bleibt, dass Veräußerungs-/Aufgabekosten den Gewerbeertrag (lfd Gewinn) nicht mindern (BFH X R 56/95, BFH/NV 98, 1354), mE auch dann nicht, wenn der Veräußerungs-/Aufgabegewinn (oder -verlust) der GewSt unterliegt (→Rn. 17; § 16 II 3, III 6 EStG; § 7 S 2 GewStG; §§ 18 III, 24 III 3 UmwStG; **aA** bis →39. Aufl 2020, § 16 Rn. 306). 302

d) Einzelfälle. Zu den **Veräußerungs-/Aufgabekosten** gehören zB Grundbuchgebühren, Vermittlungsprovisionen, Notar-, Inserate-, Reise-, Beratungs-, Gutachterkosten (BFH IV R 17/02 BStBl II 05, 637), Verkehrsteuern (BFH IV R 121/90, BStBl II 92, 1038 VorSt-Berichtigung bei Grundstücksveräußerung), Prozesskosten zur Abwehr von Gewährleistungsansprüchen (BFH XI R 20/97, BFH/NV 98, 701), Kosten eines FG-Verfahrens betr die Höhe des Veräußerungsgewinns (BFH IV R 61/97, BStBl II 98, 621; *Oster* DStR 25, 2174 (2178); **aA** zu § 17 BFH IX R 12/24, DStR 25, 2769), Verluste aus Wechselkurssicherungen (→Rn. 283) evtl Wertopfer an WG des PV (FG Nbg EFG 95, 424; zR **aA** aber bei Ablösung privater Schulden BFH X R 66/98, BStBl II 04, 830). Ebenso Vorfälligkeitsentschädigung für die Ablösung von Krediten iRd Betriebsveräußerung/Betriebsaufgabe (BFH VIII R 55/97, BStBl II 00, 458; BFH X R 70/97, BFH/NV 01, 440), nach Ansicht des IV. Senats jedoch nur dann, wenn Veräußerungserlös zur Schuldentilgung ausreicht (**aA** *Wacker* KFR F 3 EStG, S 353; offen BFH X R 70/97, BFH/NV 01, 440); demzufolge auch der Rest des aktiv abgegrenzten Disagios (überholt mE BFH IV R 76/82, BStBl II 84, 713; offen BFH VI R 51/16, BStBl II 18, 778). Der nicht verbrauchte Teil des Disagios kann (vgl BFH X R 69/96, BStBl II 00, 259) als Teil des Veräußerungspreises (→Rn. 276) zurückzuerstatten sein oder als Rechenposten die Vorfälligkeitsentschädigung mindern (vgl BFH IX R 36/98, BStBl II 03, 126; § 490 II 3 BGB). Veräußerungskosten sind ferner Abfindungen zur Beendigung von Schuldverhältnissen (zB Pachtverträge/Arbeitsverträge; überholt BFH IV R 56/79, BStBl II 82, 691; BFH VIII R 95/84, BStBl II 85, 327; vgl BFH 303

IV R 22/03, BStBl II 05, 559 betr MUer-Pensionsansprüchen), uU Stillhalteprämien (BFH I R 14/12, BFH/NV 13, 1768) sowie Gebäudeabbruchkosten (**aA,** aber überholt BFH XI R 14/87, BStBl II 91, 628 zu § 6b). Zu Abfindungen an Nießbraucher (MUer) s *Schwetlik* GmbHR 06, 1096; zu Bürgschaften → Rn. 345.

305 **4. Wert des Betriebsvermögens; Schlussbilanzwert. – a) Grundsätze.** – ***(1)*** Der nach § 16 II 1, 2 iVm III 1 auf den Veräußerungszeitpunkt oder den/die Aufgabezeitpunkt/e anzusetzende **Wert des BV** – das sog Veräußerungs-/Aufgabe-*anfangsvermögen* – ist nach § 4 I oder § 5 und damit nach den allg handels-/estrechtl Ansatz- und Bewertungsvorschriften (BFH IV R 19/14, BStBl II 18, 575) zu ermitteln (s – einschließl § 42 AO – BFH VIII R 78/02, BStBl II 06, 58). Daraus folgt, dass der Wert iSv § 16 II ein **Buchwert** ist, der grds – zu Ausnahmen → Rn. 307 – mit dem Buchwert einer ggf unterjährig (§ 6 II EStDV) zu erstellenden „letzten Schlussbilanz" identisch ist. IEinz → Rn. 309 ff. – ***(2)*** **Str** ist, ob § 16 II ledigl die materiellen Schlussbilanzwerte meint (so BFH IV R 31/99, BStBl II 01, 536 betr Rumpf-Wj) oder eine **Bilanzierungspflicht** auf den Zeitpunkt der Veräußerung oder Aufgabe begründet (so nunmehr BFH VI R 51/16, BStBl II 18, 778; BFH X R 4/15, BStBl II 17, 786) mit der weiteren Folge, dass auch bei gestreckter Gewinnrealisierung iRe Betriebsaufgabe (vgl → Rn. 236) die Schlussbilanz auf den einheitl Zeitpunkt des *Beginns* Betriebsaufgabe zu erstellen sei (BFH IV R 17/02, BStBl II 05, 637; mE bedenkl; auch → Rn. 291 zur Aufgabebilanz). – ***(3)*** Wird keine Bilanz erstellt, ist der Buchwert zu **schätzen** (BFH X R 163–164/87, BStBl II 91, 802). – ***(4)*** Der Buchwert (Nettowert) kann **negativ** (buchmäßige Überschuldung) sein (vgl BFH IV R 19/12, BStBl II 15, 954; *Folge:* Subtraktion negativer Größe = Addition). – ***(5)*** Entspr der sog **Zweischneidigkeit** der Bilanzansätze (BFH X B 162/08, BFH/NV 09, 156; → § 4 Rn. 297) dient der Schlussbilanzwert der Bestimmung sowohl des (letzten) lfd Gewinns als auch des begünstigten Veräußerungs-(Aufgabe-)gewinns, weil er gem § 16 II 1 iVm III 1 vom Veräußerungs-/Aufgabepreis abzuziehen ist (→ Rn. 230). – ***(6)*** Jedenfalls materiell-rechtl gilt das Vorstehende auch bei Veräußerung/Aufgabe von **Teilbetrieben** (BFH X R 38/10, BStBl II 12, 725; BFH IV R 19/14, BStBl II 18, 575; → Rn. 235).

306 **b) Überschussrechnung, § 4 III.** Zur Bestimmung des letzten lfd Gewinns und des Veräußerungs-/Aufgabegewinns ist der **Übergang** zur Bilanzierung nach **§ 4 I** geboten (zB BFH VIII R 9/18, BStBl II 20, 845; zur Bilanzierungspflicht → Rn. 305). Dies gilt mE auch für in das PV überführte WG (zB zurückbehaltene Forderungen). Ein evtl Übergangsgewinn ist **lfd Gewinn** (zB BFH X R 36/02, BStBl II 05, 707; zu § 175 AO abl FG Mchn EFG 03, 1522) und nicht mehrjährig verteilbar (FG BW DStRE 97, 803; glA zu § 20 UmwStG FG Mster EFG 01, 764). Ebenso bei Ausscheiden aus PersGes (BFH VIII B 42/10, BFH/NV 11, 1345; → Rn. 661). Zu § 6 III aber → Rn. 218; → § 4 Rn. 399, 669; zu Realteilung → Rn. 541, 548; zu § 24 UmwStG → § 18 Rn. 232.

307 **c) Abweichungen gegenüber Schlussbilanz.** Der Grundsatz der Identität von letzter Schlussbilanz und dem „Wert des BV" iSv § 16 II 1 (→ Rn. 305) wird insofern durchbrochen, als letzterer Wert – ***(a)*** um den Buchwert *aktiver WG*, die nach Betriebsveräußerung (Aufgabe) beim Veräußerer als *BV* zurückbleiben (als RestBV oder in einem anderen BV), zu vermindern und – ***(b)*** um den Buchwert *passiver WG* (Schulden), die nach Betriebsveräußerung (Aufgabe) beim Veräußerer als *BV* zurückbleiben, zu vermehren ist. Zur Übernahme von Betriebsschulden durch den Erwerber → Rn. 313.

309 **d) Überblick über die Bilanzansätze.** Vorbehaltl der Abweichungen von Schlussbilanz und Wert des BV (§ 16 II 1; → Rn. 307, 312) ist aus den allg Ansatz- und Bewertungsvorschriften (→ Rn. 305) für die Ansätze der Schlussbilanz abzuleiten: – ***(1)*** Geltung des formellen/materiellen **Bilanzenzusammenhangs** (BFH VIII R 33/13, BStBl II 16, 596; BFH IV R 11/04, BStBl II 05, 809) sowie – ***(2)*** der

Aktivierungsverbote, zB nach § 5 II (FG Hmb EFG 00, 432); – ***(3)*** **AfA** sind nach § 7 bei unterjähriger Veräußerung/Aufgabe zeitanteilig zu berücksichtigen (BFH I R 46/70, BStBl II 71, 688). – ***(4)*** **WG,** die aufgrund der Betriebsaufgabe zB dem Vermieter entschädigungslos **übertragen** werden, sind noch nicht auszubuchen; ihr Verlust mindert den Betriebsaufgabegewinn (BFH I R 46/70, BStBl II 71, 688). – ***(5)*** Der Sofortabzug für **GWG** nach § 6 II kann noch in der Schlussbilanz beansprucht werden. – ***(6)*** Gleiches gilt für den **Sammelposten** nach § 6 IIa (→ § 6 Rn. 676). – ***(7)*** Die in früheren Wj beanspruchten **erhöhten Absetzungen,** SonderAfA, stfreien Rücklagen (zB § 6b III, X; RfE) sind fortzuführen, sofern ihre zeitl (zB § 6b III 2–3, X 8) und sonstigen Voraussetzungen nicht bereits *vor* der Veräußerung oder dem Aufgabebeginn entfallen sind (*BMF* BStBl I 18, 309 zu § 6b IIa; BFH IV R 19/14, BStBl II 18, 575: Teilwert-AfA; BFH X R 31/03, BStBl II 07, 862: § 7g aF; *BMF* BStBl I 07, 790). – ***(8)*** Gleiches gilt für **passive RAP** (BFH VI R 51/16, BStBl II 18, 778); – ***(9)*** zum aktiviertem **Disagio** → Rn. 303: Veräußerungskosten. – ***(10)*** Demggü sind Investitionsabzugsbeträge/SonderAfA nach **§ 7g IV nF** rückwirkend zu korrigieren (BFH X R 16/15, BFH/NV 16, 1444; *BMF* BStBl I 22, 945 Rn. 35, 39; zur Gewinnzurechnung s BFH IV R 18/19, DStR 22, 2545; → § 15 Rn. 443, 452). – ***(11)*** Ob Aufwendungen für **Teilleistungen** und die entspr Vergütungsansprüche anzusetzen sind (ggf lfd Gewinn), bestimmt sich nach den allg Bilanzierungsgrundsätzen (BFH IV R 69/74, BStBl II 80, 239; → § 5 Rn. 270).

e) Einzelaspekte. – aa) Handelsvertreter (Eigenhändler). Der Ausgleichs- **310**
anspruch (§ 89b HGB) ist, auch wenn die Vertragsbeendigung mit einer Betriebsveräußerung/-aufgabe zusammenfällt, noch zu Gunsten des lfd Gewinns zu aktivieren (BFH IV R 37/08, BFH/NV 11, 1120; zur GewSt s BFH X B 142/15, BFH/NV 16, 1030; zu Wettbewerbsverboten → Rn. 276; BFH X R 61/06, BFH/NV 08, 1491: uU § 22 Nr 3). Hieran hat § 89b HGB nF (dazu → § 24 Rn. 45) nichts geändert (BFH X B 56/11, BFH/NV 12, 1331; **aA** *Daragan* DStR 21, 1735).

bb) Nichtabziehbare Betriebsausgaben (§ 4 V EStG; § 160 AO). Die außer- **311**
bilanziell zu berücksichtigenden Abzugsbeschränkungen werden durch die Veräußerung/Aufgabe von (Teil-)Betrieben/MUerAnteilen nicht aufgehoben; deshalb gehen die geminderten KapKto in die Ermittlung der Veräußerungs-/Aufgabegewinne/verluste ein (BFH VIII R 15/17, BStBl II 20, 841: häusl Arbeitszimmer, § 4 V 1 Nr 6b; BFH VIII R 9/18, BStBl II 20, 845: Nutzungsentnahme/Pkw; EStR 5.7 I 1: Rückstellung für GewStG/§ 4 Vb; zu Veräußerungskosten aber → Rn. 302). Nach BFH IV R 17/07, BStBl II 10, 631 (glA *Anm* HFR 10, 475) soll dies auch für die Auflösung des negativen KapKto des K'tisten iRe Betriebsaufgabe gelten (arg: kein Übergang der Abzugsbeschränkung (§ 4 V) auf die MitGes'ter; mE fragl; → 39. Aufl 2020, § 16 Rn. 320). – **cc) Betriebsschulden (1) Zurückbehaltene Schulden.** – *(a)* Bleiben sie nach Betriebsveräußerung/-aufgabe als **BV** zurück, erhöht ihr Buchwert den Wert des BV (§ 16 II 1; → Rn. 307) und mindert den Veräußerungs-/Aufgabegewinn. – ***(b)*** Werden die zurückbehaltenen Schulden (negative WG) hingegen **PV** (dazu → Rn. 109, 349, 369), sind sie zwar auch beim Wert des BV anzusetzen, zugleich aber vom Veräußerungs-(Aufgabe-)preis abzuziehen; iErg entspricht dies idR einem Nichtansatz (BFH IV R 52/93, BStBl II 96, 415; BFH XI R 64/97, BStBl II 98, 727; auch → Rn. 307). – ***(c)*** Zur **Vermögenslosigkeit** des Stpfl → Rn. 295.

Beispiel: Aktiva Buchwert 400, Teilwert 600; Schulden 100; Nettobuchwert 300. Schulden werden nicht mit übernommen; Erwerber zahlt daher 600. – Veräußerungsgewinn 200, ermittelt entweder (600 ./. 100) ./. 300 oder 600 ./. 400.

(2) Schuldübernahme; Freistellung. – ***(a)*** Zur Streitfrage, ob vom Erwerber **313**
übernommene Schulden den Wert iSv § 16 II mindern (Nettobuchwert) oder Teil des Veräußerungspreises mit der Folge sind, dass die Schulden – abw von ihrem Ausweis in der letzten Schlussbilanz – aus dem Wert des BV iSv § 16 II eliminiert werden

müssen, s einschließl der Übernahme von zR nicht passivierten Betriebsschulden →Rn. 272. – ***(b)*** Soweit jedoch der Veräußerer zB mangels Leistungsfähigkeit des Erwerbers in Anspruch genommen wird, sind die Schulden gleich solchen zu behandeln, die als BV zurückbleiben; *Folge:* Wert des BV wird erhöht und damit der Veräußerungs-/Aufgabegewinn gemindert (→Rn. 312).

314 **(3) Rückstellungen.** Hierzu →Rn. 295, 311, 318, 341.

315 **dd) Pensionsverpflichtungen gegen Arbeitnehmer (Anwartschaften und lfd Verpflichtungen).** Sie sind nach Maßgabe des § 6a anzusetzen, gleichgültig, ob sie bei Betriebsveräußerung auf den Erwerber übergehen oder beim Veräußerer verbleiben (BFH IV R 56/92, BStBl II 94, 740). Stirbt ein pensionsberechtigter Unternehmer und veräußern seine Erben den Betrieb, erhöht der Wegfall der Rentenverpflichtung noch den lfd Gewinn (BFH IV R 49/76, BStBl II 80, 150). Die Abfindung nicht passivierter Pensionszusagen gehört hingegen zu den Veräußerungskosten (BFH IV R 22/03, BStBl II 05, 559 betr MUer vgl →Rn. 303; krit *Paus* DStZ 05, 598).

316 **ee) Privatvermögen.** Aktive WG, die nicht mitveräußert und PV werden, sind mit dem Buchwert sowohl in der letzten Schlussbilanz als auch beim Wert iSv § 16 II anzusetzen und zugleich gem § 16 III 8 mit dem gemeinen Wert dem Veräußerungs-(Aufgabe-)preis hinzuzurechnen (→Rn. 277, 290). Zur entspr Handhabung bei Schulden (= negative WG) →Rn. 312 mit Beispielen.

318 **ff) Nachträgliche Korrekturen. – (1) Fehlerhafte Schlussbilanz.** Entspricht die „letzte Schlussbilanz" nicht den allg Ansatz- und Bewertungsvorschriften (→Rn. 305; zB BFH X R 36/02, BStBl II 05, 707 betr Rückstellungen), ist der letzte lfd Gewinn zu ändern, soweit verfahrensrechtl zulässig (FG Mster EFG 98, 1456: Wertaufhellung). Demgemäß sind WG des **notwendiges PV,** die zu Unrecht bilanziert sind, erfolgsneutral auszubuchen (BFH I R 201/71, BStBl II 73, 706). Sind umgekehrt WG des **notwendigen BV** zu Unrecht nicht bilanziert worden, müssen sie mit dem Wert zu berücksichtigen werden, der sich bei zutr Bilanzausweis ergeben hätte (zB AK abzügl AfA; BFH X R 38/10, BStBl II 12, 725). Die Feststellungslast dafür, dass WG zum BV gehören, trägt grds das FA; macht der StPfl aber geltend, WG wären nicht mehr BV gewesen, trägt er hierfür die Feststellungslast (BFH III R 172/82, BStBl II 87, 679). Zu Mehr-/Minderergebnissen auf Grund **Betriebsprüfung** s BFH IV R 90/94, BStBl II 97, 241; →§ 15 Rn. 444.

319 **(2) Rückwirkende Änderungen.** Insgesamt →Rn. 335 ff; zu übernommenen Schulden →Rn. 313.

III. Abgrenzung von Veräußerungsgewinn/Aufgabegewinn und laufenden/nachträglichen Einkünften

325 **1. Grundsätze.** Ist der Tatbestand einer **Betriebsveräußerung/Betriebsaufgabe nicht** erfüllt (zB unentgeltl Betriebsübertragung iSv § 6 III; Überführung wesentl Betriebsgrundlagen in ein anderes BV) oder kommt es zB bei Einbringung in eine PersGes zu Buchwerten **nicht zur Gewinnrealisierung,** kann ein im zeitl Zusammenhang hiermit erzielter Veräußerungs-/Entnahmegewinn idR nur ein **lfd Gewinn** sein (BFH IV B 129/01, BFH/NV 02, 1570; BFH III R 23/89, BStBl II 94, 709; aber uU gewstfrei); ebenso ab 1.1.02 gem § 20 V/IV UmwStG bei Einbringung in KapGes (zuvor s BFH I R 184/87, BStBl II 92, 406). Liegt hingegen eine gewinnrealisierende Betriebsveräußerung/-aufgabe vor, ist für die Zuordnung einzelner Gewinne/Verluste zum Veräußerungs-/Aufgabegewinn entscheidend, ob sie durch die Betriebsveräußerung/-aufgabe **veranlasst** sind (BFH VI R 51/16, BStBl II 18, 778; →Rn. 292, 295 mwN). Die Abgrenzung ggü Gewinnen **vor** Betriebsveräußerung/-aufgabe richtet sich iSe normativen Konkretisierung des Veranlassungsprinzips

(*Wacker* BB 18, 2519) nach dem Buchwertansatz im Zeitpunkt der Veräußerung oder Aufgabe (→ Rn. 305 ff). Die Abgrenzung zu **nach** Betriebsveräußerung oder dem letzten Aufgabeakt (→ Rn. 210) anfallenden nachträgl gewerbl Einkünften (oder nicht estpfl Einnahmen) ist in „wertender Betrachtung" zu bestimmen; zu berücksichtigen ist hierbei auch die BV-Qualifikation zurückbehaltener WG sowie inwieweit § 16 die Rückwirkung späterer Ereignisse auf den Veräußerungs- oder Aufgabegewinn gebietet (→ Rn. 335 ff).

2. Erträge während Betriebsveräußerung; Betriebsaufgabe. Auch Gewinne oder Verluste „während" einer Betriebsveräußerung können (Veranlassungsprinzip; → Rn. 325) als lfd Erträge zu qualifizieren sein (Beispiel s unten). Werden während (= nach Beginn und vor Beendigung) einer Betriebs-/Teilbetriebsaufgabe einzelne WG veräußert oder entnommen, ist der Gewinn hieraus nur insoweit Teil des begünstigten Aufgabegewinns, als die WG „im Rahmen der Aufgabe des Betriebs" (§ 16 III 7), dh nicht nur in zeitl, sondern auch wirtschaftl Zusammenhang mit der Aufgabe veräußert oder entnommen werden (→ Rn. 292, 295; BFH X R 76–77/92, BStBl II 95, 388). Hieran fehlt es jedoch zB, wenn UV an den bisherigen Kundenkreis abgesetzt, insb die bisherige normale Geschäftstätigkeit im Kern unverändert fortgesetzt wird (BFH III R 9/87, BStBl II 89, 874). 326

a) Fehlender Zusammenhang. *Nicht* begünstigt sind daher Gewinne aus – ***(1)*** einem **Räumungsverkauf** (BFH VIII R 316/82, BStBl II 89, 602; BFH X R 145/87, BFH/NV 91, 373), auch bei Verkauf zu Ausverkaufspreisen (*Anm* HFR 89, 489); – ***(2)*** **gewerbl Grundstückshandel,** zB aus dem Verkauf von Eigentumswohnungen, auch an Wiederverkäufer (BFH IV R 75/00, BStBl II 03, 467; BFH VIII R 15/00, BFH/NV 05, 1033), von vermieteten Büro- und Wohneinheiten (BFH III R 27/98, BStBl II 02, 537; FG Mchn EFG 09, 1468; fragl) oder – bei gewerbl Grundstückshandel einer PersGes – aus der Veräußerung von (Teil-)MUer-Anteilen (BFH IV R 3/05, BStBl II 07, 777; BFH IV R 75/05, DStRE 08, 341: Kaufpreisaufteilung; zutr; *BMF* BStBl I 04, 434 Rn. 18, 35; → § 15 Rn. 74). Gleiches gilt bei Einbringung des Betriebs/MUerAnteils in GmbH (BFH I R 21/10, BFH/NV 11, 258; → § 15 Rn. 76) oder PersGes (BFH X R 22/13, BB 16, 86). – ***(3)*** Veräußerung des einzigen Grundstücks **(UV)** durch eine gewerbl geprägte und dann liquidierte KG (FG Hmb DStRE 12, 1456; zur GewSt → § 15 Rn. 74, 232); – ***(4)*** der Veräußerung von **AV,** *wenn* Bestandteil des einheitl Geschäftskonzepts (BFH IV R 30/14, BStBl II 17, 1061: ContainerFonds; BFH IV R 6/14, BStBl II 17, 1053: Mobilienleasing; BFH IV R 50/15, DStR 17, 2726: Grundstücke; *BMF* BStBl I 09, 515: Leasing; einschr *Lüdicke ua* BB 08, 2552; abl *Klass ua* FR 09, 653 (658), → § 15 Rn. 82, 89); – ***(5)*** Schiffsveräußerung iVm Änderung des GesZwecks (BFH IV B 38/09, BFH/NV 10, 1489); – ***(6)*** der Veräußerung von Anteilen an **Zebra-Ges** (*Prinz* DStR 99, 98; → Rn. 405); – ***(7)*** Entnahme von EinzelWG in nur zeitl Zusammenhang mit Teilbetriebsveräußerung (BFH I R 57/71, BStBl II 73, 700); – ***(8)*** Veräußerung von SBV an KG iZm KG-Anteilsveräußerung (BFH IV R 4/13, BStBl II 16, 544: lfd Gewinn gem § 16 II 3); – ***(9)*** gewerbl **Handel mit KapGes-Anteilen** (BFH X R 55/97, BStBl II 01, 809); selbst bei geringem Umfang (BFH IV R 30/13, DStR 15, 2660); – ***(10)*** Auflösung erhaltener Anzahlungen (FG Mchn EFG 09, 337); – ***(11)*** Auflösung eines Mitarbeiter-Versorgungswerks s FG Mster EFG 03, 39; – ***(12)*** Ausgleichsanspruch gem **§ 89b HGB** (→ Rn. 310). 327

b) Gegenbeispiele. – ***(1)*** Rücklieferung an Lieferanten oder Veräußerung an Abnehmer der gleichen Handelsstufe (BFH IV R 136/79, BStBl II 81, 798); – ***(2)*** Veräußerung des Warenbestands an Handelsvertreter, die bisher den Verkauf nur vermittelten (BFH IV R 140/86, BStBl II 89, 368). 328

3. Wechselwirkungen. Die Veräußerung/Aufgabe kann die Höhe des lfd Gewinns beeinflussen. *Beispiele:* § 16 II 3, III 6 (→ Rn. 331), § 7g (BFH X R 16/15, BFH/NV 16, 1444), § 4 IVa (Überentnahme iHd Buchwerts = Veräußerungs-/Auf- 329 gabegewinn abzügl entnommenem Veräußerungserlös/WG des BV; *BMF* BStBl I 06, 416). Zur Stundung oder Verrentung des Kaufpreises s *Paus* FR 00, 957.

IV. Spaltung von Veräußerungsgewinnen, § 16 II 3, III 6

331 **1. Grundsätze.** – ***(1)*** Gewinne aus der Veräußerung des (Teil-)Betriebs (MUer-Anteils) und aus der Veräußerung einzelner WG des BV iRe Betriebsaufgabe gelten nach § 16 II 3, III 6 „*insoweit* als **lfd Gewinn**", als „auf der Seite des *Veräußerers* und auf der Seite des *Erwerbers* **dieselben Personen** *Unternehmer* oder *MUer* sind"; eine mittelbare MUerstellung ist hierfür genügend (*arg* § 15 I 1 Nr 2 S 2). Bei Einbringung von Betrieb/Teilbetrieb oder MUerAnteil in eine PersGes zum gemeinen Wert gilt nach § 24 III 3 UmwStG Entsprechendes (*BMF* BStBl I 25, 92 Rn. 24.16, 24.17). – ***(2)*** Die Regelung eliminiert mangels „steuersystematischer Berechtigung" aus den Begünstigungen der §§ 16, 34 Sachverhalte, bei denen der Veräußerer/Einbringende wirtschaftl an sich selbst veräußert (BT-Drs 12/5630, 80, 56); sie richtet sich insb gegen das zuvor anerkannte sog *Aufstockungsmodell* (tarif-/freibetragsbegünstigter Gewinn einerseits, AfA-Volumen andererseits; dazu → 33. Aufl 2014, § 16 Rn. 416, 567). – ***(3)*** Betroffen sind **nur** Gewinne aus **Veräußerungen** (von einer oder an eine ggf durch die Übertragung entstehende MUerschaft; FG Hmb EFG 09, 573; BFH IV R 54/99, BStBl II 01, 178: einschließl Einbringungsgewinn im SBV). – ***(4)*** **Nicht** hingegen Gewinne aus dem Übergang von WG aus dem BV **ins PV,** zB – *(a)* iRe Betriebsaufgabe (§ 16 III 8; → Rn. 293), – *(b)* bei Aufgabe eines Verpachtungsbetriebs (→ Rn. 190 ff), – *(c)* bei Wegfall der tatbestandl Voraussetzungen einer BetrAufsp (→ § 15 Rn. 865, 868), – *(d)* iZm einer Betriebsveräußerung (→ Rn. 103, 277) oder Betriebseinbringung iSv § 24 UmwStG (*Schiffers* BB 94, 1469); – *(e)* ebenso – mangels MUerstellung – nicht Gewinne aus der **Veräußerung** an oder der **Einbringung** in eine **KapGes.** – ***(5)*** Zu Auswirkungen auf – *(a)* Aufnahme in ein Einzelunternehmen → Rn. 514; – *(b)* Eintritt in eine PersGes → Rn. 511; – *(c)* Verschmelzung von PersGes → Rn. 397; – *(d)* Realteilung → Rn. 548; – *(e)* § 16 IV → Rn. 574, 581; – *(f)* GewSt s BFH IV R 59/11, BFH/NV 15, 520; → Rn. 511.

332 **2. Umfang der Umqualifikation.** Dieser („insoweit") bestimmt sich mE bei Veräußerung des **(Teil-)Betriebs an PersGes** grds nach dem der Gewinnverteilungsschlüssel der erwerbenden PersGes, sodass zB bei einem 50%igen Gewinnanteil des Veräußerers die Hälfte des Veräußerungsgewinns als lfd Gewinn gilt (BFH VIII R 7/01, BStBl II 04, 754; *Groh* DB 96, 2356; **aA** uU BFH IV R 54/99, BStBl II 01, 178 betr Einbringung ins SBV: Vermögensbeteiligung maßgebl) und bei Veräußerung von 3 Einzelunternehmen an eine PersGes, an der jeder zu ⅓ beteiligt ist, die Veräußerungsgewinne jeweils zu ⅓ lfd und zu ⅔ begünstigter Gewinn sind. Bei Veräußerung zw **SchwesterPersGes** kommt es demnach auf das Verhältnis des Anteils des einzelnen Ges'ters am StB-Gewinn der erwerbenden PersGes zu seinem Anteil am StB-Gewinn der veräußernden PersGes an (BFH VIII R 7/01, BStBl II 04, 754; *BMF* BStBl I 25, 92 Rn. 24.16).

Beispiel: A, B und C sind mit Gewinnanteilen von je ⅓ (= 4/12) Ges'ter der X-KG. Diese veräußert ihren GewBetr (Buchwert 100) an die Y-KG zum Preis von 500. An der Y-KG sind A, B, C und D mit Gewinnanteilen von ¼ (= 3/12) beteiligt. – Der Veräußerungsgewinn von 400 gilt ¾ als lfd Gewinn und ist ¼ tarifbegünstigt.

Sinngemäß gelten diese Grundsätze, wenn **SBV** eines Ges'ters an die erwerbende PersGes **mitveräußert** wird (*Groh* DB 96, 2356).

Beispiel: Wie oben, aber A ist Eigentümer eines Grundstücks des SBV (Buchwert 50), das an die Y-KG zum Preis von 250 mitveräußert wird. Der allein A zuzurechnende Gewinn von 200 gilt ¼ als lfd Gewinn und ist ¾ tarifbegünstigt.

Werden WG zu Teilwerten/gemeinen Werten in das **SBV** der PersGes **eingebracht** (§ 24 UmwStG), soll nach BFH IV R 54/99, BStBl II 04, 754 die (100%

ige) Vermögensbeteiligung maßgebl sein (iErg zutr, vgl *Groh* DB 96, 2356 (2358): AfA-Potential mindert *Gewinnanteil* des Einbringenden).

V. Rückwirkende Änderungen; nachträgliche Einkünfte

1. Allgemeines. Steuerrelevante Ereignisse, die nach einer Veräußerung (Aufgabe) des (Teil-)Betriebs eintreten, können zu nachträgl positiven oder negativen Einkünften aus GewBetr (§ 24 Nr 2) oder zu einer rückwirkenden Änderung des Veräußerungs-/Aufgabegewinns oder -verlustes führen. Nach der **Rspr** will § 16 den **tatsächlich erzielten** Veräußerungs-/Aufgabegewinn *im* Zeitpunkt der Veräußerung/Aufgabe als einmaliges **punktuelles Ereignis** besteuern, sodass nicht nur der Ausfall des Veräußerungspreises (BFH GrS 2/92, BStBl II 93, 897), sondern auch spätere Änderungen im Hinblick auf den Wert des BV (BFH GrS 1/92, BStBl II 93, 894: gescheiterte Freistellung des Veräußerers von Betriebsschulden) materiell-rechtl auf den Zeitpunkt der Veräußerung zurückwirken und der StBescheid für das Jahr der Veräußerung ggf nach **§ 175 I 1 Nr 2 AO** zu ändern ist (BFH IX R 30/14, BStBl II 17, 94; beachte: § 233a IIa, VII AO). Dies vermeide einerseits „ein verfrechtl bedenkl Übermaß an Besteuerung" (zB Nichtberücksichtigung des Ausfalls der Kaufpreisforderung) und andererseits eine „Überentlastung" (Ansatz nachträgl negativer Einkünfte). Gleichwohl kann zweifelhaft sein, welchen Ereignissen eine solche Rückwirkung zukommt. Unstr ist insoweit nur, dass nicht alle nachträgl eintretenden Ereignisse zurückwirken (dazu → Rn. 337 ff; *Groh* DB 95, 2235) und Wertänderungen von WG, die ins **PV** übernommen wurden, den Betriebsaufgabe/-veräußerungsgewinn grds nicht mehr beeinflussen (→ Rn. 293); zu Ausnahmen betr Forderungen und Schulden → Rn. 337 ff. 335

2. Rückwirkende Ereignisse; Abgrenzungen. – a) Kaufpreis; Veräußerungspreis. – aa) Ausfall. Er ändert den Veräußerungspreis (§ 16 II 1) rückwirkend; ebenso „iRd" Betriebsaufgabe (§ 16 III 7; → Rn. 292; BFH IV R 20/08, BStBl II 10, 528 mwN). Dies gilt unabhängig von der str Frage, ob die Kaufpreisforderung aus der Betriebsveräußerung *notwendig PV* wird (so BFH VIII R 11/95, BStBl II 98, 379 zu 4; offen BFH IV R 67/98, BStBl II 00, 179) oder *„RestBV"* bleibt (*Dötsch,* FS Beisse, 139 (143); BFH II R 45/97, BFH/NV 00, 686: jedenfalls bei weiterem RestBV; diff BFH X R 12/17, BStBl II 20, 262; *Theisen* DStR 94, 1599: Wahlrecht). Steuerbefreite Teile des Veräußerungspreises (zB § 3 Nr 40) sind quotal zu mindern (*Paus* DStZ 03, 523). Ausgefallen ist die Kaufpreisforderung zu dem *Zeitpunkt,* zu dem feststeht, dass der Käufer nicht zahlt (zahlen kann) und eine Verbesserung dieses Zustands nicht absehbar ist, zB Ablehnung eines Insolvenzantrags mangels Masse (*Groh* DB 95, 2235 (2240)). Entsprechendes gilt, wenn der GewBetr gegen **wiederkehrende Bezüge** veräußert und zB die Leibrente nach Wahl der Sofortbesteuerung (→ Rn. 255, 258) uneinbringl wird (BFH IV R 67/98, BStBl II 00, 179; *Bordewin* FR 94, 555: Veräußerungspreis = Summe der *Tilgungs*anteile), *nicht* aber, wenn nur die tatsächl Laufzeit der Leibrente von der Barwertprognose abweicht (→ Rn. 246). Wird die Kaufpreisforderung in ein **Darlehen** umgewandelt (Novation), ändert mE der Darlehensausfall nicht den Veräußerungsgewinn; der Sachverhalt steht der Erlangung eines Tauschentgelts (Sachwert) und einem nachfolgenden Wertverlust des Sachwerts gleich (krit *Bordewin* FR 94, 555; diff *Groh* DB 95, 2235). Wird ein **Teilbetrieb** veräußert, ist die Kaufpreisforderung bis zur Entnahme BV des Restbetriebs. Fällt die Forderung (BV *oder PV!*) aus, ist mE nach den Grundsätzen von BFH GrS 2/92, BStBl II 93, 897 (→ Rn. 335) der Veräußerungsgewinn rückwirkend zu mindern (§ 175 I 1 Nr 2 AO); für das Wj des Ausfalls ist die BV-Minderung außerbilanziell auszugleichen (krit *Groh* DB 95, 2235). Gleiches muss bei Veräußerung **100%iger KapGes-Beteiligungen** (→ Rn. 135) gelten (zu § 8b KStG s BFH I R 58/10, BStBl II 15, 688). – Zum **Erwerber** → § 6 Rn. 81. 337

338 **bb) Minderung; Erhöhung.** Wird ein (tatsächl) Streit über die vertragl nicht eindeutig fixierte Höhe des Veräußerungspreises (iSv § 16 I 1 *oder* „iRd" Betriebsaufgabe gem § 16 III 7; → Rn. 292) durch gerichtl/außergerichtl **Vergleich** beigelegt, bestimmt dessen Inhalt rückwirkend den Veräußerungsgewinn (BFH I R 3/09, BStBl II 10, 249; zu § 175 I 1 Nr 2 AO ggf iVm § 233a II AO → Rn. 335). Entsprechendes gilt bei Herabsetzung des Veräußerungspreises, zB aufgrund Minderungsrecht oder **Abrede** (BFH IV R 20/08, BStBl II 10, 528) oder wenn an deren Stelle iRe Betriebsaufgabe das WG an einen Zweiterwerber mit einem Abschlag veräußert wird (BFH VIII R 66/03, BStBl II 06, 307 betr Mitwirkung des Ersterwerbers). Ebenso, wenn Veräußerungspreis nachträgl einvernehml oder auf Grund einer Nachforderungsklausel **erhöht** wird (BFH IV R 53/04, BStBl II 06, 906; zu § 6b BFH X R 148/97, BStBl II 01, 641), bei Eintritt einer **aufschiebenden Bedingung** (BFH VIII R 68/04, BStBl II 05, 762 zu § 17) und bei Mehrerlös ggü Nennwertabschlag (→ Rn. 281). **Keine** Rückwirkung jedoch bei Ausübung von **Aktienoptionen** (BFH IX R 7/18, BFH/NV 20, 864) oder **Besserungsoptionen** (BFH IX R 32/11, BStBl II 12, 675: zu § 17; fragl). Zu **Wertsicherungsklauseln** → Rn. 257. Zu **Steuerklauseln** s BFH II B 97/18, BFH/NV 19, 290. Nach der Rspr beeinflusst auch der Erlass der Kaufpreisforderung aus **privaten Gründen** die Höhe des Veräußerungsgewinns (BFH VIII R 69/88, BStBl II 94, 648; zu § 17; FG Ddorf EFG 98, 873; ebenso *Groh* DB 95, 2235 (2237)). Zu **AK-Minderung** → § 6 Rn. 65.

340 **b) Sonstige betriebliche Forderungen.** Werden diese als Restbetriebsvermögen zurückbehalten, weil sie zB dem Grund und/oder der Höhe nach **ungewiss/bestritten** sind, und abw von ihrem BV-Ausweis iSv § 16 II, dh mit geringerem oder höherem Betrag getilgt, bleibt der Buchwert unverändert; rückwirkend ändert sich aber der Veräußerungspreis iSv § 16 II 1, III 7 (BFH IV R 37/92, BStBl II 94, 564; FG BW EFG 18, 1712, rkr: USt-Erstattung; **aA** *Mathäus* Ubg 15, 340 (343): § 24 Nr 2; BFH XI R 9/01, BStBl II 02, 737 bei „Rückfall" einer Darlehensforderung in Einzelbetrieb nach Veräußerung des MUerAnteils). Zu **unbestrittenen** Forderungen → Rn. 106.

341 **c) Betriebsschulden. – aa) Ungewisse betriebliche Schulden.** Bleiben sie als **Restbetriebsvermögen** zurück (→ Rn. 109, 349, 369) und werden sie mit einem geringerem/höheren Betrag getilgt, als beim Wert des BV iSv § 16 II angesetzt, ändert sich rückwirkend der Veräußerungsgewinn (FG Mster EFG 95, 439; überholt BFH X R 163–164/87, BStBl II 91, 802), vorausgesetzt, die Schulden sind in der Schlussbilanz zutr ausgewiesen. Fehlt es hieran (zB Rückstellung unzulässig) und ist eine Korrektur der Schlussbilanz ausgeschlossen (→ Rn. 309), sind lfd nachträgl Einkünfte anzusetzen, soweit nach §§ 172 ff AO zulässig (*Groh* DB 95, 2235 (2238); **aA** *Dötsch* FS Beisse, 139 (151): stets § 24 Nr 2. Zum Erlöschen von Rentenschulden aber → Rn. 349.

342 **bb) Erlass.** Gleiches gilt nicht nur bei nachträgl Erlass aus betriebl Gründen (BFH X R 20/03, BFH/NV 06, 713; betr lfd Schulden), sondern auch für eine Restschuldbefreiung gem § 301 InsO (BFH X R 4/15, BStBl II 17, 786; BFH X R 28/19, BStBl II 23, 341; *Nöcker* HFR 23, 251: auch bei Betriebsaufgabe nach Insolvenzeröffnung). Ebenso mE bei Erlass von beim Veräußerer als **PV** verbliebenen Schulden (→ Rn. 349; *Dötsch* FS Beisse, 139 (147)).

343 **cc) Schuldübernahme.** Wird der Veräußerer trotz Schuldübernahme/-freistellung des Erwerbers in Anspruch genommen, ist rückwirkend der Wert des BV zu erhöhen und folglich der Veräußerungsgewinn zu mindern (iEinz → Rn. 272, 313). Zinsen auf solche Schulden führen aber zu nachträgl negativen gewerbl Einkünften (BFH VIII R 315/84, BFH/NV 94, 626; → Rn. 349).

d) Veräußerungskosten; Aufgabekosten. Zur rückwirkenden Attraktivkraft → Rn. 300; BFH XI R 20/97, BFH/NV 98, 701; *Groh* DB 95, 2235 (2238). Ebenso bei Inanspruchnahme aus durch Betriebsveräußerung/-aufgabe veranlasster **Bürgschaft** (BFH IV R 72/05, BFH/NV 08, 1311) oder aus **Freistellungsvereinbarung** für Gewährleistungen (NdsFG EFG 12, 1051). 345

3. Nachträgliche gewerbliche Einkünfte (§ 24 Nr 2). – a) Grundsätze; Einzelfälle. Zur Abgrenzung ggü rückwirkenden Änderungen des Veräußerungs-/Aufgabegewinn → Rn. 335. Positive nachträgl Einkünfte sind nicht nach §§ 34, 16 IV begünstigt, negative können mit anderen tarifl zu versteuernden Einkünften ausgeglichen werden. Hierzu gehören zB: 348

aa) Zinsen. Soweit sie auf (bilanzierte oder nicht bilanzierte) Schulden entfallen, die nach Betriebsveräußerung/-aufgabe oder als passives **BV** zurückbleiben (BFH X R 104/98, BFH/NV 02, 163) oder für die der Veräußerer entgegen der Übernahmeverpflichtung des Erwerbers in Anspruch genommen wird (BFH VIII R 315/84, BFH/NV 94, 626), *vorausgesetzt,* die *Zins*schulden waren nicht bereits beim Buchwert (§ 16 II 2; → Rn. 312 ff) anzusetzen (BFH VIII R 18/92, BStBl II 96, 291). Das gilt auch bei Sicherung der Betriebsschulden durch PV (BFH I R 61/79, BStBl II 81, 461; BFH I R 198/78, BStBl II 81, 461). Die betriebl Veranlassung entfällt aber grds und die Schulden werden notwendiges **PV,** soweit Veräußerungslöse/verwertbare Aktivwerte nicht zur Tilgung einsetzt werden (iEinz mit Gegenausnahmen → Rn. 109). Zu SBV → Rn. 369. Zum Einfluss *späterer Änderungen* des Veräußerungserlöses auf den Zinsabzug s *Pfalzgraf/Meyer* StBP 96, 5. Zu § 4 IVa (Gewinnzurechnung bei Überentnahme) → § 4 Rn. 525. Zu § 4h (Zinsschranke) → § 4h Rn. 1 ff. Zur Veräußerung gegen **wiederkehrende Bezüge** → Rn. 355. *Keine* nachträgl (negativen) gewerbl Einkünfte sind **Tilgungsleistungen** auf als BV zurückgebliebene Schulden (BFH X R 63/95, BFH/NV 00, 40; zu § 6 III → Rn. 38); anders aber bei Erlöschen einer zurückbehaltenen Rentenschuld (BFH III R 22/05, BFH/NV 09, 1409). Zu Zinsen betr Ersatz **veruntreuter BE** vgl BFH IV R 39/99, BStBl II 00, 670. Zum WK-Abzug für Zinsen auf bei Betriebseinbringung **(§ 20 UmwStG)** zurückbehaltene Schulden s BFH VIII R 5/96, BStBl II 99, 209; anders bei Veräußerung an GmbH BFH XI R 98/96, BStBl II 98, 144. Zur Surrogations-Rspr → § 9 Rn. 147. 349

bb) Stundungszinsen. Bei Stundung des Veräußerungspreises (§ 16 II 1, III 7), wenn die Forderung RestBV bleibt (str, → Rn. 337). 350

cc) Rücklage nach § 6b. Wenn sie bei Betriebsveräußerungs/Betriebsaufgabegewinn fortgeführt oder gebildet wurde (→ Rn. 91; zu MUerAnteilen → Rn. 443) und später wegen Fristablaufs nicht begünstigt aufzulösen ist (BFH IV R 150/78, BStBl II 82, 348; *Neu ua* GmbHR 16, 1). 351

dd) Restbetriebsvermögen; Kosten. Bei Betriebsaufgabe/Betriebsveräußerung als BV zurückbehalte WG (→ Rn. 103 ff) werden veräußert (BFH IV R 30/92, BStBl II 94, 105; *Groh* DB 95, 2235 (2239)); uU (Zeitablauf, Art der WG) kann die Veräußerung noch Teil der Betriebsaufgabe sein (BFH VIII R 10/99, BStBl II 01, 282). Zu § 24 Nr 2 gehören auch Kosten für Lagerung, Transport oder Finanzierung zurückbehaltenen BV (BFH I R 119/78, BStBl II 81, 460; *Meyer/Ball* INF 98, 525); zur Liquidation eines Grundstückshandels s FG Mchn EFG 98, 1046. 352

ee) Geschäftsabwicklung. Bei Betriebsveräußerung/-aufgabe schwebende Geschäfte werden nachträgl abgewickelt; Einkünfte sind wirtschaftl vor Betriebsveräußerung/-aufgabe veranlasst (ähnl BFH IV 350/64, BStBl II 70, 719; FG Bln-Bbg EFG 18, 1544, rkr; **aA** *Groh* DB 95, 2235 (2239): Rückwirkung). 353

354 **ff) Nachträgliche Entschädigungszahlungen.** Dazu BFH X B 129/00, X B 130/00, BFH/NV 01, 1444. Ebenso mE bei Schadensersatz einer WP-Ges für fehlerhafte Prüfung (vgl BFH IX R 8/15, BStBl II 17, 316 zu § 23).

355 **gg) Wiederkehrende Bezüge.** Bei Wahl der Zuflussbesteuerung (→ Rn. 260 ff), sobald die Summe der Tilgungsanteile den Buchwert iSv § 16 II 2 abzügl Veräußerungskosten übersteigen oder diesen endgültig nicht erreichen (Verlust). Bei Wahl der Sofortversteuerung sind die Tilgungsleistungen erfolgsneutral, die Zinsanteile führen jedoch entweder zu nachträgl Einkünften aus GewBetr oder aus KapVerm (str, → Rn. 256).

356 **hh) „Eingefrorenes" Betriebsvermögen; Geschäftswert.** Veräußerung von WG, die bei einem Strukturwandel/Beurteilungswandel von LuF/GewBetr zur **Liebhaberei** zurückbleiben (→ Rn. 156, 356; BFH XI R 58/04, BFH/NV 07, 434: Zinsen für Schuldenüberhang s *G. Wendt* HFR 07, 320). Ebenso bei Veräußerung von BV, das nach Betriebsverpachtung mit erklärter Betriebsaufgabe in Gestalt des **Geschäftswerts** zurückbleibt (→ Rn. 192, 294); zu BV ohne Betrieb iÜ ablehnend → Rn. 105, 109.

357 **ii) Teilbetriebsveräußerung; Aufwandsverteilung.** S zu nachträgl BA für stille Lasten **§ 4f I** (Schuldübernahme); **§ 4f II** (Schuldbeitritt/Schuldfreistellung; → Rn. 272; *BMF* BStBl I 17, 1619).

359 **b) Gewinnermittlung.** Ob nachträgl gewerbl Einkünfte zwingend nach § 4 III (zb EStH 16.1 mN) oder nach § 4 I zu ermitteln sind, ist nicht abschließend geklärt (BFH XI R 46/98, BStBl II 00, 120). Während der IV. Senat des BFH bisher ein Wahlrecht zw beiden **Gewinnermittlungsarten** gewährte (BFH IV R 47/95, BStBl II 97, 509; zu § 4 III bei Witwenpension s BFH VIII R 42/96, BStBl II 08, 177; *Schießl* FR 07, 136; zutr), ist er hiervon iRe obiter dictums abgerückt (BFH IV R 31/09, BFH/NV 12, 1448: bei BetrAufgabe § 4 III zwingend). Demggü sind Ansprüche auf nachträgl Einkünfte gem § 24 Nr 2 weiter zu aktivieren (BFH IV R 14/11, BStBl II 14, 624, *Mathäus* Ubg 15, 340 (345); → § 15 Rn. 572).

VI. Veräußerungsgewinn/Aufgabegewinn einer Personengesellschaft; nachträgliche gewerbliche Einkünfte

365 **1. Veräußerung. – a) Grundsätze.** Der Gewinn/Verlust aus der Veräußerung des GewBetr durch die PersGes ist, soweit er auf das GesVermögen entfällt, den Ges'tern nach dem für den lfd Gewinn gültigen Verteilungsschlüssel zuzurechnen, sofern der GesVertrag nichts anderes bestimmt (BFH VIII R 21/77, BStBl II 82, 456). Veräußerungs-/Entnahmegewinne des SBV sind nur dem betr Ges'ter zuzurechnen. Der Gewinn (einschließl SBV) ist gem § 34 begünstigt, auch wenn er mit der *Buchwertausgliederung* von *(Unter)PersGes-Anteilen* oder *Teilbetrieben* einschließl 100%iger KapGes-Anteile zusammentrifft (BFH IV R 26/12, BStBl II 15, 797; *Wacker* Ubg 16, 245 (253); **einschr** *BMF* BStBl I 25, 92 Rn. 24.02, 15.06); Gleiches gilt mE allg für KapGes-Anteile (arg: § 34 II Nr 1; zutr FG Mster EFG 16, 20). Keine Begünstigung jedoch, soweit gem § 16 II 3 ein lfd Gewinn fingiert wird (zB Veräußerung an einen der Ges'ter; → Rn. 331). Zu § 6 V 4 → Rn. 450. Ein Liquidationserlös (§§ 145 ff HGB) erhöht die KapKten und ist an die Ges'ter auszukehren, es sei denn, es verbleibt eine Ausgleichsschuld (negatives KapKto) ggü den MitGes'tern (dazu → Rn. 484 ff). Werden einzelne WG entnommen, ist gem § 16 III 8 ihr gemeiner Wert anzusetzen (zur Gewinnverteilung s BFH VIII R 14/19, BStBl II 22, 371: allg GuV-Schlüssel; zutr).

366 **b) Doppelstöckige Personengesellschaft.** Veräußert die UnterGes ihren GewBetr, ist der Veräußerungsgewinn den Ges'tern der UnterGes einschließl der an ihr beteiligten PersGes (OberGes; auch → § 15 Rn. 253, 612) anteilig zuzurechnen,

soweit er auf die Veräußerung des GesVermögens und des jeweiligen SBV entfällt. Da die (estpfl) Ges'ter der OberGes mittelbare MUer der UnterGes sind (→ § 15 Rn. 253, 610), sind deren Veräußerungsgewinnanteile nach §§ 16, 34 begünstigt. Zwar ist nach der Rspr der Anteil der OberGes am Veräußerungsgewinn Teil ihres StB-Gewinns; dieser ist aber den Ges'tern der gleichfalls „transparenten" OberGes (anteilig) zuzurechnen ist (vgl BFH IV R 26/12, BStBl II 15, 797 mwN; *Wacker* Ubg 16, 245 (253); → Rn. 384). Zu § 7 S 2 GewStG → Rn. 17, 384; → § 15 Rn. 74; zu § 35 s *BMF* BStBl I 07, 701. Zu § 10a GewStG ggf iVm § 2 UmwStG vgl BFH IV R 59/07, BFH/NV 10, 1492; GewStR/GewStH 10a.3; **aA** *Wacker* FS Goette, 561 (578).

2. Aufgabe. Wird eine PersGes zB durch Insolvenzverfahren (§ 131 I Nr 3 HGB) aufgelöst und gibt sie ihren GewBetr auf (vgl aber → Rn. 157), ist bei Ermittlung des Aufgabegewinns/-verlustes zu berücksichtigen, dass ein Ges'ter, dessen Kapitalkonto positiv ist und der deshalb gegen die MitGes'ter einen Ausgleichsanspruch hat, einen mit der Aufgabe realisierten Verlust erleidet, wenn sein Anspruch wertlos ist (BFH VIII R 128/84, BStBl II 93, 594; zu § 199 InsO s BGH II ZR 10/19, DStR 20, 735); anders aber bei Verzicht auf Ausgleich aus privaten Gründen (FG Bln-Bbg EFG 12, 1458). Zum „Wegfall" negativer Kapitalkonten der K'tisten → § 15a Rn. 181 ff; zum Ausfall von Ges'terForderungen (SBV I) vgl → § 15 Rn. 544; BFH IV R 8/20 (IV R 7/17), DStR 23, 1187; BFH IV R 20/20, BStBl II 23, 857 (stille Beteiligung). Zu § 6 V 4 → Rn. 450. 367

a) Vermögensauskehr. Wird abw von den §§ 145 ff HGB das GesVermögen den Ges'tern übertragen, ist dies Aufgabe des GewBetr der PersGes (§ 16 I 1 Nr 1, III), es sei denn, die Ges besteht als gewerbl geprägte PersGes (§ 15 III Nr 2) fort oder der GewBetr wird allmähl abgewickelt. Vorbehaltl der Buchwertfortführung gem § 16 III (Realteilung; → Rn. 520 ff) bestimmt sich der **Aufgabegewinnanteil** des Ges'ters nach dem Unterschied zw dem gemeinen Wert der im zugeteilten WG (§ 16 III 9) zuzügl Ausgleichszahlungen von und abzügl Ausgleichszahlungen an andere Ges'ter und dem Buchwert seines GesAnteils (KapKto; BFH VIII R 21/77, BStBl II 82, 456; *Wacker* FR 22, 625 (634 f)), es sei denn, der Ausgleich ist außerbetriebl veranlasst. Da die Vermögensverteilung die Übernahme von GesSchulden berücksichtigt, mindern **Nachschüsse** zur Schuldentilgung den Aufgabegewinnanteil nur, soweit sie über die individuelle Verpflichtung im Innenverhältnis der Ges'ter hinausgehen und kein Regress von den MitGes'tern zu erlangen ist (BFH VIII R 54/98, BFH/NV 99, 1593). Zu Bürgschaften s BFH IV B 81/96, BFH/NV 98, 317. 368

b) Zinsen. Nach Betriebsveräußerung/Betriebsaufgabe der PersGes sind Zinsen für zurückgebliebene Gesamthandschulden – entspr der Beurteilung von Einzelunternehmen – *grds* keine nachträgl BA, soweit vorhandene Aktivwerte nicht zur (mögl) Tilgung verwendet werden (iEinz → Rn. 349, 109). Gleiches gilt für Schulden eines Ges'ters im **SBV;** nicht erforderl ist aber, dass aktives SBV zur Tilgung von Gesamthandsschulden eingesetzt wird (BFH VIII R 18/92, BStBl II 96, 291; *Pfalzgraf ua* DStR 96, 1425: Gestaltungen). Bei Veräußerung/Aufgabe des **MUerAnteils** ist hingegen auch aktives SBV zur Tilgung von Schulden des SBV zu verwenden (BFH X R 60/99, BFH/NV 03, 900); anders jedoch bei Veräußerung eines Teils des MUerAnteils (→ Rn. 415) oder Einbringung nach § 24 UmwStG (BFH XI R 26/98, BFH/NV 00, 11). Zum Schulderlass → Rn. 342; BFH VIII R 43/99, BFH/NV 00, 1330. 369

E. Tatbestand der Veräußerung; Aufgabe von Mitunternehmeranteilen, § 16 I Satz 1 Nr 2, Satz 2 und § 16 III

I. Systematik; Verfahrensrecht

380 Nach § 16 I 1 Nr 2 sind Gewinne aus der Veräußerung „des … Anteils eines Ges'ters, der als Unternehmer (MUer) des Betriebs anzusehen ist (§ 15 I 1 Nr 2)", wie Gewinne aus der Veräußerung des ganzen GewBetr (Teilbetriebs) estpfl. Der **MUer** wird – insoweit *deklaratorisch* (→ Rn. 3) – auch im Hinblick auf die „Aufgabe" eines MUerAnteils (§ 16 III 1) dem **Einzelunternehmer gleichgestellt** (**Transparenz** der PersGes) und folgerichtig sind auch die von ihm in eigener Person erzielten (BFH VIII R 65/95, BFH/NV 98, 573) Veräußerungs-/Aufgabegewinne (dh Veräußerungspreise abzügl Buchwert des MUerAnteils und Veräußerungskosten) *konstitutiv* nach den **§§ 16 IV, 34** begünstigt (→ Rn. 4), **nicht** hingegen bei Veräußerung eines **Teils** des MUerAnteils (§ 16 I S 1 Nr 1 iVm S 2; zu §§ 20, 24 UmwStG → Rn. 411). – **Verweise:** Zu **§ 3 Nr 40** EStG/§ 8b KStG → Rn. 135, 570; zur Sonderung **lfd** Gewinnanteile → Rn. 325 ff; zu § 34a → § 34a Rn. 35, 76, 78. Zu **§ 42 AO** (aF) s BFH IV B 108/97, BFH/NV 99, 146: Grundstückshandel; BFH IV R 12/03, BStBl II 06, 361: vorherige Buchwerteinbringung; *Niehus* StuW 08, 359 (366): ObjektGes (s dazu auch BVerfG 2 BvL 8/13 DStR 24, 155). Zu ZebraGes → Rn. 387; zu § 17er-Verlusten durch Anteilsrotation s BFH IX R 18/21, BStBl II 23, 315. – **Verfahrensrechtl** sind Gewinne/Verluste aus der Veräußerung/Aufgabe des MUerAnteils einheitl und gesondert bindend und als selbständig anfechtbare Besteuerungsgrundlage festzustellen (zB BFH III R 20/13, BStBl II 16, 583; BFH I R 79/06, BFH/NV 08, 729: doppelstöckige PersGes; auch → Rn. 428 aE; zu Treuhand → § 15 Rn. 299).

II. Mitunternehmeranteil; Mitunternehmer

382 **1. Grundsätze.** Erfasst sind – ***(1)*** GesAnteile von PersGes mit Gesamthandsvermögen (OHG, KG, GbR) oder mit Bruchteilseigentum der Ges'ter (zB Partenreederei gem § 489 HGB aF), – ***(2)*** GesAnteile von PersGes, die als InnenGes kein Gesellschafts-(Gesamthands-)vermögen haben (zB atypische stille Ges, Unterbeteiligung), und – ***(3)*** Anteile an wirtschaftl vergleichbaren Gemeinschaftsverhältnissen zB Erbengemeinschaft (→ § 15 Rn. 171). Erforderl ist, dass – ***(a)*** die Ges (Gemeinschaft) einen **GewBetr** iSv § 15 I 1 Nr 1, II betreibt oder ihre Tätigkeit kraft Prägung als GewBetr gilt (§ 15 III Nr 2) oder bei einer InnenGes die für Rechnung der Ges ausgeübte Tätigkeit der nach außen als Unternehmer auftretenden Person alle Merkmale eines GewBetr erfüllt, und – ***(b)*** der einzelne Ges'ter (Gemeinschafter) den Kriterien des **MUer-Typus** genügt (→ § 15 Rn. 250, 257, 280); hierfür ist auch ein nur **kurzfristig** gehaltener MUerAnteil ausreichend (BFH IV B 149/98, BFH/NV 99, 1336; **aA** *Lehnert* DStR 96, 1153: lfd Gewinn).

383 **2. Einzelfälle. – a) Atypisch stille Gesellschaft.** Der MUerAnteil des stillen Ges'ters umfasst seine Mitgliedschaft einschließl schuldrechtl wertmäßiger Beteiligung am BV und die seines SBV (zu GmbH & atypisch Still → § 15 Rn. 358). Demgemäß ist MUerAnteil des tätigen Teilhabers nur sein um die schuldrechtl wertmäßige Beteiligung des stillen Ges'ters verminderter Anteil am BV (→ Rn. 399, 416, 495).

384 **b) Doppelstöckige Personengesellschaft.** – ***(1)*** Nach der Rspr ist die Ober-PersGes MUer der Unter-PersGes (BFH GrS 7/89, BStBl II 91, 691; BFH IV R 29/13, BFH/NV 16, 1489); zu ihrem MUerAnteil gehört neben dem Ges-Anteil auch ihr SBV bei der UnterGes. *ME* ist allerdings nicht die OberGes als solche, sondern gem Transparenzgedanke der Verbund ihrer Ges'ter MUer der UnterGes (s *Wacker* FS Goette, 561 (578)). *Daneben* tritt unstr nach § 15 I 1 Nr 2 S 2 die (sog *mit-*

telbare) individuelle MUerstellung der Ober-*Ges'ter*/MUer an der Unter-PersGes, zu deren SBV insb die WG gehören, die der OberGes'ter der UnterGes zur Nutzung überlassen hat (iEinz → § 15 Rn. 253, 612; zu § 7 S 2 GewStG → Rn. 17). Die OberGes'ter sind zudem MUer der OberGes einschließl ihres dieser MUerschaft zuzuordnenden SBV(zum **str SBV II** → § 15 Rn. 253), zu **Konkurrenzen** (mehrere mittelbare Beteiligungen an OberPersGes und/oder mittel- *und* unmittelbare Beteiligung an UnterPersGes) → § 15 Rn. 614. – ***(2)*** **Veräußert** die **OberGes** „ihren" (Rspr; s oben) MUerAnteil an der UnterGes, ist ein Gewinn bei den Ges'tern der OberGes auch dann nach § 34 begünstigt, wenn die OberGes ihren originären Betrieb zurückbehält oder zu Buchwerten zB in eine SchwesterPersGes ausgliedert (BFH IV R 49/08, BStBl II 10, 726; → Rn. 365); zur Bedeutung des SBV der OberGes → Rn. 406 ff. Auch können die OberGes'ter nach Maßgabe des Alters/der Berufsunfähigkeit den Freibetrag nach § 16 IV beanspruchen (*arg:* Transparenz, s oben *Ley* KÖSDI 11, 17277 (17281); **aA** bis → 30. Aufl 2011, § 16 Rn. 401). – ***(3)*** **Str** ist, ob die Veräußerung des Anteils an der OberGes – ***(a)*** als **einheitl Veräußerungsvorgang** die Beteiligung an der UnterPersGes umfasst (so BFH IV R 40/22, BStBl II 25, 603 für ESt/GewSt; EStR 16 XIII 8; GewStR 7.1 III 5; *OFD Kobl* DStR 07, 992; *Ley* KÖSDI 11, 17277 (17278): § 34 III, § 16 IV (→ Rn. 576); *BMF* BStBl I 25, 92 Rn. 20.12, 24.03 zu §§ 20, 24 UmwStG; zur Option gem § 1a KStG → § 15 Rn. 160a; *Bodden* KÖSDI 21, 22526) und damit von der Behandlung des *Erwerbers abweicht* (so BFH IV R 40/22, BStBl II 25, 603; → § 15 Rn. 471) oder ***(b)*** **mE** zutr nach dem Transparenzgedanken als Veräußerung von **zwei MUerAnteilen** qualifiziert: – ***(aa)*** bezügl Anteil an UnterPersGes uU einschließl SBV gem § 15 I 1 Nr 2 S 2, – ***(bb)*** bezügl Anteil am originären Betrieb der OberGes einschl SBV. **Folgen** ua: **§ 34** nicht nur bei Zusammentreffen von bei Anteilsveräußerung des OberGes'ters und Buchwertausgliederung des UnterGes-Anteils durch OberGes (BFH IV R 49/08, BStBl II 10, 726); ebenso angesichts der tatbestandl Differenzierungen des § 16 I (Teil-/Betrieb/MUerAnteil) auch, wenn der jeweilige MUerAnteil an OberGes/UnterGes zum SBV (str, → § 15 Rn. 507) oder Einzel-BV gehört (**aA** bis → 39. Aufl 2020, § 16 Rn. 407 aE). Zu § 15a → § 15a Rn. 33; zu § 34a → § 34a Rn. 22. Zu **§ 7 S 2 GewStG** (s *Junkers* DStR 25, 2062: Durchstockung; zutr; → Rn. 17; **aA** BFH IV R 40/22, BStBl II 25, 603; s zu *(a)*). – ***(4)*** Zur **Veräußerung**/Aufgabe von Betrieb/Teilbetrieb durch **UnterPersGes** → Rn. 366.

c) Atypisch stille Unterbeteiligung. Das zu → Rn. 384 Gesagte gilt entspr, da der GesAnteil eines MUers (UnterbeteiligungsGes) als OberGes iSv § 15 I 1 Nr 2 S 2 zu qualifizieren ist (→ § 15 Rn. 365, 623; auch → Rn. 402). Zu § 7 S 2 BFH IV R 26/22 BStBl II 25, 246: einheitl Vorgang; str, → Rn. 384. **386**

d) Zebragesellschaft. Kein MUerAnteil iSv § 16 I 1 Nr 2 ist ein im BV gehaltener Anteil an einer sog Zebra-PersGes, die weder gewerbl tätig noch geprägt ist (iEinz → § 15 Rn. 200 ff); bei Anteilsveräußerung fällt ein lfd Gewinn/Verlust an, der ggf der GewSt unterliegt (BFH IV R 75/99, BFH/NV 01, 1195; **aA** *Niehus* DStZ 04, 143): *Ausnahme:* Veräußerung iZm dem eigenen Betrieb (zu Grundstückshandel aber → Rn. 327). **387**

e) Gemischte Tätigkeit. Bei einer PersGes, die teils gewerbl, teils zB freiberufl oder vermögensverwaltend tätig ist, ist MUerAnteil grds der gesamte GesAnteil (§ 15 III Nr 1). Bei einer PersGes mit BV und *PV* (→ § 15 Rn. 484) sowie Erbengemeinschaften mit sog Mischnachlass (BV und PV, → Rn. 636) ist MUerAnteil nur der GesAnteil/Erbanteil am *BV*. **388**

3. Umfang; wesentliche Betriebsgrundlagen. Der MUerAnteil umfasst die Mitgliedschaft einschließl der dingl Mitberechtigung am Gesamthandsvermögen (oder schuldrechtl Beteiligung am BV; → Rn. 383) *und* etwaiges **SBV** des einzelnen MUers (→ § 15 Rn. 400 ff, 506 ff). Entspr der Veräußerung des ganzen GewBetr (→ Rn. 85 ff) setzt § 16 I 1 Nr 2 *nicht* die Veräußerung oder die ggf anteilige Mitver- **390**

äußerung *aller* WG des BV/SBV voraus, sondern nur derjenigen WG des BV/SBV, die **wesentl Betriebsgrundlage** der PersGes sind (→Rn. 86, 407); die Lockerung der Rspr zu § 6 III (→Rn. 11) hat hieran nichts geändert (→Rn. 77, 97, 125, 205; BFH IV R 44/10, BFH/NV 13, 376; *BMF* BStBl I 19, 1291 Rn. 16). Gleiches gilt mE für die Einbringung von MUerAnteilen zum gemeinen Wert gem **§§ 20, 24 UmwStG** (*BMF* BStBl I 25, 92 Rn. 20.06, 20.10, 24.03); anders bei Buch-/Zwischenwerteinbringung, →Rn. 30. – Zur (Vorab-)**Ausgliederung** dieser WG auf ein gewerbl tätige/geprägte **Schwester-PersGes** →Rn. 405, 410.

III. Veräußerung

395 **1. Personengesellschaften mit Gesamthandsvermögen. – a) Grundformen.** Bei OHG, KG, GbR können der Veräußerung eines MUerAnteils iSv § 16 I 1 Nr 2 folgende **entgeltl Rechtsvorgänge** (zur unentgeltl/teilentgeltl Übertragung →Rn. 420 ff; zum Übergang im Erbfall →Rn. 40, 660 ff) = „Grundformen" der Umstrukturierung zugrunde liegen: – ***(1)* Übertragung** des MUerAnteils auf neuen Ges'ter oder MitGes'ter (ggf iVm Anteilsvereinigung) gegen – ***(a)*** Barentgelt oder – ***(b)*** Tausch von Sachvermögen; – ***(2)* Ausscheiden** aus PersGes mit Abfindung aus GesVermögen entweder – ***(a)*** unter Fortbestand der Ges mit anteiliger **Ab-/Anwachsung** (BFH IV R 77/93, BStBl II 98, 180 zu 1.a; *OFD Bln* FR 02, 1151) oder – ***(b)*** unter Fortführung des GewBetr als Einzelunternehmen durch einen der Ges'ter **(Geschäftsübernahme).** – ***(3)* Einbringung** des MUerAnteils in PersGes oder KapGes. – ***(4)* Formwechsel** →Rn. 397. – **Zivilrechtl** liegt im ***Fall (1)*** ein Verpflichtungs- und Verfügungsgeschäft vor, dessen Gegenstand der GesAnteil (Mitgliedschaft) ist; der Erwerber tritt in die mitgliedschaftl Rechtsstellung des Veräußerers ein; die zivilrechtl Identität der Ges bleibt vorbehaltl einer Vereinigung aller Anteile bei einer Person (Gesamtrechtsnachfolger) gewahrt. Im ***Fall (2)*** erlischt der GesAnteil des ausscheidenden Ges'ters iVm einem schuldrechtl Abfindungsanspruch gegen die fortbestehende (identische) Ges (§§ 738 ff BGB; zur InsO s BFH X R 25/14, BFH/NV 17, 317); die Mitgliedschaft der verbleibenden Ges'ter erweitert sich kraft Gesetzes durch Anwachsung (§ 738 I 1 BGB). Erlischt mit dem GesAnteil des Ausgeschiedenen die Ges, wird das Gesamthandseigentum kraft Gesetzes zu Alleineigentum des Übernehmers (§ 140 I 2 HGB a. F., § 134 S 3 HGB nF; BayObLG 3 Z BR 48/01, DB 01, 2088: Anteilsübergang auf Komplementär-GmbH; ab 2024 § 712a BGB idF **MoPeG,** BGBl I 21, 3436); der Ausgeschiedene erwirbt einen schuldrechtl Abfindungsanspruch gegen den Übernehmer.

396 **b) Systematische Einordnung.** Sämtl Vorgänge (→Rn. 395), gleichgültig, ob sie auf GesVertrag, besondere Vereinbarung der Ges'ter oder gerichtl Entscheidung (zB § 140 HGB aF, § 134 HGB nF) beruhen, sind **nur dann** nach §§ 16 I 1 Nr 2, 34 **begünstigt,** wenn die **wesentl** Betriebsgrundlagen (einschließl SBV), mitveräußert oder PV werden (→Rn. 390, 410; *Ausnahmen* bezügl Sachgesamtheiten/KapGes-Anteilen →Rn. 365, 405, 410) *und* **keine unentgeltl** Übertragung (§ 6 III) und kein Fall des § 42 AO vorliegt (→Rn. 380). Zu **beachten** ist zudem, dass Rspr/FinVerw das **Ausscheiden** gegen Sachwertabfindung *ins* **BV** als (unechte) **Realteilung** = Aufgabe des MUerAnteils behandeln (→Rn. 530) und für **Einbringungen** das **Sonderrecht** des UmwStG gilt (→Rn. 397).

397 **c) Einbringung gemäß UmwStG; Verschmelzung von Personengesellschaften; Abspaltung.** Entgeltl Veräußerung ist auch die Übertragung des MUer-Anteils auf eine PersGes gegen Gewährung von GesRechten (sog Einbringung); sie unterliegt den vorrangigen Vorschriften des **§ 24 UmwStG** (Bewertungswahlrechte; →Rn. 32). Dies gilt sowohl im Verhältnis zu **§ 6 V 1, 2** (Einbringung von (Sonder-)BV *in* das *SBV* zu *gemeinen* Werten; s aber § 24 III 3; zu „Gestaltungen" →Rn. 405, 410) als auch zu **§ 6 V 3 ff** (grds Buchwertzwang bei Übertragung von EinzelWG), dh SBV *kann* auch zum TW in das Gesamthandsvermögen oder SBV eingebracht

werden. Im Falle der Buchwerteinbringung nach § 24 UmwStG iVm anschließender Veräußerung einzelner eingebrachter WG durch die *PersGes* ist nicht nur das Verhältnis zur Sperrfrist nach § 6 V 4 (mE Vorrang von § 24 UmwStG), sondern auch fragl, ob mit Rücksicht auf die Kö-Klausel des § 6 V 5, 6 nicht *Ergänzungs*bilanzen zu bilden sind (s dazu allg *Reiß* BB 00, 1965); zur Buchwertüberführung in das SBV s BFH IV R 12/16, BStBl II 19, 745. Auch die **Verschmelzung von Personengesellschaften** (OHG, KG, PartGes) durch Aufnahme oder Neubildung (§ 2 I UmwG) fällt als Einbringung von MUerAnteilen unter § 24 UmwStG (*BMF* BStBl I 25, 92 Rn. 01.47). Veräußerung iSv § 16 I 1 Nr 2 ist ferner die Einbringung in eine **KapGes** gegen Gewährung von GesRechten (BFH I R 55/09, BStBl II 10, 1094: ebenso bei Bareinlage iVm MUerAnteil als Aufgeld; → Rn. 29; einschl **Formwechsel;** dazu BFH I R 13/19, DStR 22, 1949 = Einbringung/Veräußerung der *MUerAnteile*), unterliegt aber den gleichfalls vorrangigen **§§ 20 ff UmwStG;** s auch zum **unschädl Rückbehalt** des Anteils an aufnehmender KapGes *BMF* BStBl I 25, 92 Rn. 01.44, 20.09 sowie zum Komplementäranteil an OptionsGes gem § 1a II 2 KStG nF/WachstChG (BGBl I 23 Nr 108) → § 15 Rn. 160a. Zur verdeckten Einlage/Aufgabe des MUerAnteils → Rn. 216, 505. Zu § 50i II → § 50i Rn. 12. Die **Begünstigung** der § 16, 34 setzt nach §§ 20 IV, 24 III UmwStG ab 2002 den Ansatz von gemeinen Werten (früher: TW) voraus; sie sind auch hier bei Einbringung von Teil-MUerAnteilen ausgeschlossen (s einschließl GewSt → Rn. 415). Unberührt bleibt hiervon, dass **MUerteilanteile** zu **Buchwerten** in eine KapGes/PersGes eingebracht werden können (*BMF* BStBl I 25, 92 Rn. 20.11 einschl anteiliges SonderBV). Zum lfd Gewinnen bei Rückbehalt wesentl Betriebsgrundlagen einschl der Option gem § 1a KStG → Rn 11, 30, 100; zur anschließenden Veräußerung des Gesamtanteils an der aufnehmenden PersGes s *Groh* DB 01, 2162 (2164); *Patt* EStB 03, 344 (348). § 6 III 2 ist – mangels unentgeltl Übertragung – nicht einschlägig; zu § 6 V s oben. Zur **Abspaltung** des MUerAnteils **(§ 15 UmwStG)** s BFH IV R 29/18, BStBl II 21, 722 betr § 10a GewStG. Zu weiteren Einzelfragen → Rn. 510 ff.

2. Andere Gesamthandsgemeinschaften. Für andere MUerschaften mit Ge- 398
samthandsvermögen (zB Erben-, Gütergemeinschaft) gelten die vorstehenden Grundsätze (→ Rn. 395 ff) sinngemäß.

3. Innengesellschaften. Bei diesen GesFormen – **atypisch stille Gesellschaft,** 399
UnterbeteiligungsGes (→ Rn. 383, 386), zu Ehegatten → § 15 Rn. 375 – sind Veräußerung (und Erwerb) eines MUerAnteils iSv § 16 I 1 Nr 2 folgende entgeltl (→ Rn. 420) Rechtsvorgänge (*Groh* FS Kruse, 417 (427)): – ***(1)*** Auflösung/Beendigung der atypischen stillen Ges (oder anderen InnenGes) durch Ausscheiden des stillen Ges'ters und Fortführung des Unternehmens durch den tätigen Teilhaber, – ***(2)*** Auflösung/Beendigung der atypischen stillen Ges durch Übereignung des Unternehmens auf den atypischen stillen Ges'ter und Fortführung durch diesen, – ***(3)*** Übertragung der atypischen stillen Beteiligung auf Dritten oder des Handelsgeschäfts auf einen Dritten unter Fortbestand der atypischen stillen Beteiligung (zB BFH IV R 90/05, DStR 09, 683; zur GewSt s *Knupfer ua* Ubg 14, 361). – **Zivilrecht** tritt im ***Fall (1***) zwar keine Änderung der sachenrechtl Rechtszuständigkeit ein, da der Inhaber des Handelsgeschäfts Alleineigentümer des BV war und bleibt und der atypische stille Ges'ter anstelle seiner schuldrechtl Mitberechtigung am BV einen Abfindungsanspruch erlangt. Gleichwohl muss die *estrechtl* Wertung der des Ausscheidens eines Ges'ters aus einer zweigliedrigen OHG/KG entsprechen, dh Veräußerung des MUerAnteils durch den atypisch Stillen (BFH IV R 18/98, BStBl II 99, 286) und (anteiliger) entgeltl Erwerb durch den Inhaber des Handelsgeschäfts (→ Rn. 495). Dies folgt nicht nur aus der Gleichwertigkeit der MUerschaften mit und ohne Gesamthandsvermögen (→ § 15 Rn. 174), sondern auch daraus, dass nach dem maßgebl Innenverhältnis die Geschäfte sämtl Ges'tern zuzurechnen sind (BFH VIII R 42/94, BStBl II 98, 328). Demnach ist auch im ***Fall (2***) trotz Änderung der zivilrechtl Rechtszuständigkeit (stiller Ges'ter wird Eigentümer der WG des BV; der

bisher tätige Teilhaber erlangt einen Abfindungsanspruch) von der Veräußerung des MUerAnteils durch den nach außen tätigen Teilhaber auszugehen. Zur GewSt s BFH IV R 38/09, BStBl II 13, 958. – ***Beachte:*** Nach Rspr/FinVerw können die Vorgänge zu ***(1)*** und ***(2)*** als (unechte) **Realteilung** = Aufgabe des MUerAnteils zu qualifizieren sein (→ Rn. 396, 530). Zur **Einbringung** iZm atypisch stillen Beteiligungen/Unterbeteiligungen s zB *SHS* 8. Aufl § 20 UmwStG Rn. 158 ff sowie zum **estrechtl Formwechsel** → Rn. 402.

401 **4. Veräußerung versus Formwechsel. – a) Rechtsformwechsel der Personengesellschaft.** Wird eine PersGes (zB GbR) **in** eine **PersGes** anderer Rechtsform (zB OHG, KG) unter Wahrung der zivilrechtl Identität und Beteiligungsverhältnisse umgewandelt (homogener Formwechsel; BFH IV R 36/79, BStBl II 83, 459; *Heckschen,* FS D. Maier 2020, 15), ist dies grds weder Veräußerung/Aufgabe der MUerAnteile noch des GewBetr der PersGes (zu § 48 FGO s BFH IV R 16/19, BFH/NV 23, 120). Ebenso bei **Statuswechsel** ab 2024 gem § 707c BGB idF **MoPeG,** BGBl I 21, 3436, § 106 IV, V HGB idF MoPeG. *Ausnahme:* umwandlungsbedingter Wegfall der gewerbl Prägung (s einschließl GmbH & Co *GbR* → Rn. 196; → § 15 Rn. 233). Indes kann die Umwandlung die zivilrechtl Folge zB einer Veräußerung des GewBetr der PersGes sein (BFH IV R 167/80, BStBl II 81, 527). Abzugrenzen hiervon ist die Neugründung einer ggf ges'teridentischen PersGes (BFH VIII R 5/92, BStBl II 94, 856; anders uU BFH IV R 26/98, BStBl II 99, 604). Die formwechselnde Umwandlung einer PersGes **in** eine **KapGes** (§ 191 I Nr 1, II Nr 3 UmwG) gilt hingegen estrechtl gem § 25 UmwStG – ebenso wie eine Einbringung von MUerAnteilen in eine KapGes (→ Rn. 397) – als Veräußerung, sodass vorrangig die §§ 20 ff UmwStG anzuwenden sind (insb kein Zwang zur Buchfortführung; vgl *BMF* BStBl I 06, 445; *BMF* BStBl I 25, 92 Rn. 25.01 iVm 20.01 ff). Zu SBV s *Boorberg* DB 07, 1777 (zweifelhaft); zum Rückbehalt des Komplementär-Anteils → Rn 100, 397 gem § 1a II 2 KStG nF/WachstChG (BGBl I 23 Nr 108) → § 15 Rn. 160a. Zu § 50i II → § 50i Rn. 12. Zum Formwechsel einer Erbengemeinschaft → Rn. 602.

402 **b) Einkommensteuerrechtlicher Formwechsel.** Keine Veräußerung/Aufgabe von MUerAnteilen oder des GewBetr ist ferner die sog „estrechtl formwechselnde" Umwandlung (→ § 15 Rn. 174) einer **atypischen stillen Ges** in eine **KG** und umgekehrt, obwohl hier zivilrechtl die Identität der Ges nicht gewahrt ist und sich die sachenrechtl Rechtszuständigkeit ändert (BFH IV R 10/07, BStBl II 08, 118; FG BW EFG 22, 751, rkr iVm vGA infolge geänderter MUerQuoten, zutr; glA *Stein* DStR 22, 459; zur KGaA s BFH IV B 94/09, BFH/NV 10, 1272; → Rn. 561; *Blaurock* 8. Aufl 26.50: Billigkeit). Gleiches sollte mE gelten, wenn die unentgeltl (→ Rn. 420) eingeräumte atypisch stille **Unterbeteiligung an einem MUerAnteil** gegen eine unmittelbare Beteiligung an der HauptGes „getauscht" wird (*Ottersbach* FR 99, 201 (204); BFH IV R 75/96, BStBl II 98, 137: Unterbeteiligter = mittelbarer MUer der Haupt-Ges; → Rn. 386), nicht aber bei Umwandlung der HauptPersGes in KapGes (*Schindhelm ua,* DStR 03, 1469; **aA** *Brandenberg* FS Crezelius, 275 (291)). Zum Formwechsel einer Erbengemeinschaft → Rn. 602.

405 **5. Vorabausgliederung von Gesamthandsvermögen.** Werden bei Veräußerung eines GesAnteils vorab WG aus dem GesVermögen (mE unerhebl, ob wesentl Betriebsgrundlage oder nicht) ins **PV** der Ges'ter übertragen, ist der Gesamtvorgang einschließl des Gewinns aus der Vorabentnahme begünstige Veräußerung/Aufgabe des MUerAnteils (BFH IV R 67/86, BStBl II 90, 132; *Förster ua* FR 16, 596). **Nicht begünstigte** Veräußerung von Anteilen an einzelnen WG liegt aber vor, wenn in sachl/zeitl Zusammenhang (**Gesamtplan;** → Rn. 4) mit der Veräußerung von Ges-Anteilen wesentl Betriebsgrundlagen (EinzelWG) aus dem GesVermögen zu **Buchwerten** in ein anderes BV der Ges'ter übertragen wird (BFH VIII R 65/02, BStBl II 06, 160; NdsFG EFG 22, 1833, rkr; zu § 6 I Nr 4 S 4 vgl → Rn. 77; zur str Übertra-

gung *zw* SchwesterPersGes einschließl Schulden → § 6 Rn. 805); Gleiches gilt, wenn nach Auslagerung der EinzelWG der MUerAnteil an der **aufnehmenden** PersGes veräußert wird (BFH IV R 57/11, BStBl II 15, 536; *Wacker* Ubg 16, 245 (252)). Die Lockerung der Rspr zu § 6 III (→ Rn. 11) ändert hieran nichts (BFH IV R 44/10, BFH/NV 13, 376; *BMF* BStBl I 19, 1291 Rn. 16). **Anders** ist dies aber, wenn zw Übertragung der EinzelWG und Anteilsveräußerung *kein* sachl/zeitl Zusammenhang besteht (auch → Rn. 410) *oder* die Ausgliederung einen **UnterPersGes-Anteil** oder einen **Teilbetrieb** einschließl 100%iger Beteiligung an KapGes betrifft (vgl BFH IV R 49/08, BStBl II 10, 726; BFH IV R 26/12, BStBl II 15, 797; *Wacker* Ubg 16, 245 (253); → Rn. 135); ebenso mE bei sonstigen **KapGes-Anteilen** (→ Rn. 365).

6. Sonderbetriebsvermögen. – a) Nur-Veräußerung. Werden nur die Ein- 406
zel-WG des SBV ohne den GesAnteil veräußert, ist dies keine Veräußerung eines MUerAnteils oder Bruchteils davon (→ Rn. 415; BFH VIII B 234/04, BFH/NV 06, 519; *BMF* BStBl I 05, 458 Rn. 20; *Kanzler* FS Korn, 287 (304)). Anders aber bei **Teilbetrieben** im SBV (str; → Rn. 123, 130).

b) Mitveräußerung. Gehören zum veräußerten GesAnteil WG des SBV, die 407
funktional oder – anders als iRv § 6 III (→ Rn. 85) – aufgrund stiller Reserven quantitativ **wesentl Betriebsgrundlage** (→ Rn. 86, 96) sind, und werden diese auf Grund eines wirtschaftl einheitl Vorgangs (BFH VIII R 66/96, BStBl II 98, 383) auf den Erwerber des GesAnteils entgeltl **übertragen,** ist dies insgesamt begünstigte Veräußerung eines MUerAnteils. Zu funktional wesentl **SBV I** s zB BFH XI R 30/05, BStBl II 07, 524: Grundstücks-/Dachgeschossüberlassung an PersGes; zu **SBV II** s BFH IV R 84/96, BStBl II 98, 104: GmbH-Anteil; → § 15 Rn. 160a, 517, 714: Anteil an Komplementär-/Kommanditisten-GmbH einschl Ausnahme gem § 1a II 2 KStG n. F. Zu **Konkurrenzen** (mehrere mittelbare Beteiligungen an OberPersGes und/oder mittel- und unmittelbare Beteiligung an UnterPersGes) → § 15 Rn. 614. Zur Mitveräußerung sowie zum unschädl Rückbehalt **nicht wesentl** Betriebsgrundlage → Rn. 103 sowie allg von KapGes-Anteilen aufgrund § 34 II 1 (Teileinkünfteverfahren) → Rn. 135, 365, 405 (str).

c) Entnahme. Werden **wesentl** Betriebsgrundlagen zurückbehalten und ins **PV** 408
überführt, ist dies zwar keine Veräußerung, aber begünstigte **Aufgabe** des **MUer-Anteils** (§ 16 III 1); der Entnahmewert ist dem Veräußerungspreis hinzuzurechnen (§ 16 III 8; zB BFH IV R 18/98, BStBl II 99, 286; SchlHFG EFG 19, 1508, rkr: einschließl Geschäftswert!; → Rn. 294). Entspr gilt bei Veräußerung dieser WG in wirtschaftl selbstständigen Akten an den Erwerber des GesAnteils (BFH VIII R 66/96, BStBl II 98, 383). Zum SBV – ***(a)*** bei **doppelstöckigen** PersGes → Rn. 384, 407; *Behrens ua* DStR 02, 481; – ***(b)*** bei Veräußerung des Teil-/Betriebs durch PersGes → Rn. 96 f, 123.

d) Buchwertausgliederung. Werden **wesentl** Betriebsgrundlagen des SBV (zB 410
Grundstück) **zeitgleich** mit der Anteilsveräußerung nach § 6 V zu Buchwerten in ein anderes BV oder SBV I/II (BFH IV R 22/13, BFH/NV 16, 1438) umgegliedert, ist nach hM die Anteilsveräußerung estpfl, aber mangels Veräußerung des ganzen MUerAnteils **nicht begünstigt** (BFH GrS 2/98, BStBl II 00, 123; BFH IV R 52/08, BStBl II 11, 261; *Förster ua* FR 16, 596); zu *Ausnahmen* bei Sachgesamtheiten/KapGesAnteilen → Rn. 405. Gleiches gilt, wenn Buchwertausgliederung im zeitl/wirtschaftl Zusammenhang mit der Veräußerung steht (**Gesamtplan;** → Rn. 4, 405; *Wendt* FR 10, 386; *Wacker* NWB 10, 2382 (2387); *BMF* BStBl I 25, 92 Rn. 20.07, 20.10, 24.03; BFH IV R 44/10, BFH/NV 13, 376; NdsFG EFG 22, 1833, rkr). *Folge:* Gleich der Neutralisierung einer vorgeschalteten Veräußerung des SBV nach **§ 6b** (§ 34 I 4; → Rn. 91; **aA** *Bogenschütz ua* DStR 03, 1097 (1102)) führt die Verknüpfung mit der Buchwertausgliederung zu eine lfd Gewinn bezügl des veräußerten Restanteils. Dem steht weder BFH X R 60/09, BStBl II 12, 638 (fremdübl Grundstücksveräußerung iVm Zwischenwerteinbringung nach § 24 UmwStG;

→Rn. 30, 32) noch die Ausgliederungs-Rspr zu § 6 III, V (iEinz →Rn. 11; nunmehr auch *BMF* BStBl I 19, 1291) noch entgegen, dass bei **Buch- oder Zwischenwertansatz** gem §§ 20, 24 UmwStG funktional wesentl (Sonder-)BV *zeitgleich* zu Buchwerten nach § 6 V übertragen oder *vorab* entnommen/veräußert werden kann (BFH I R 7/16, BStBl II 19, 738, Anm *Wacker* DStR 18, 1019; *Wendt* FR 18, 513; BFH X R 60/09, BStBl II 12, 638). Die konkreten **zeitl Grenzen** des Gesamtplans sind einzelfallabhängig und ggf vom FG festzustellen; der Abstand dürfte idR enger als die dreijährige Sperrfrist des § 6 V 4 sein (**aA** *Brandenberg* Stbg 04, 65 (68)). Zur Ausgliederung von SBV bei **Veräußerung** des Betriebs/Teilbetriebs **durch PersGes** →Rn. 96f, 123.

411 **e) Einbringung.** Bei *Buchwert*einbringung nach **§ 20 UmwStG** (einschl **Option** gem **§ 1a KStG;** →Rn. 11, 30, 100, 384, 397, 407) ist nur auf das funktional wesentl SBV I/II abzustellen (BFH I R 97/08, BStBl II 10, 808; *OFD Ffm* DStR 23, 151; BFH IV B 81/06 BFH/NV 07, 1939). Ähnl *BMF* BStBl I 00, 1253 zu UmwStG 1995: quantitative Betrachtung bei Einbringung zu TW/gemeinen Werten; ohne ausdrückl Aussage zu UmwStG 2006: *BMF* BStBl I 25, 92 (s aber Rn. 20.10, 20.11, 20.06, 15.02, 15.04). ME gilt diese wertansatzbezogene Unterscheidung auch iRv **§ 24 UmwStG** (→Rn. 410; *SHS* § 24 UmwStG Rn. 70); zu Teilen von MUerAnteilen →Rn. 415).

413 **7. Abgrenzung zur Betriebsveräußerung/Betriebsaufgabe. Veräußert** die **MUerschaft** (zB KG) ihren Betrieb/Teilbetrieb, gibt sie ihn auf oder wickelt ihn nicht begünstigt allmähl ab, hat die Gewinnrealisierung auf Ges-Ebene (§ 16 I 1 Nr 1, III) – auch bei Vollbeendigung der Ges – Vorrang vor dem Tatbestand der Veräußerung oder Aufgabe des MUerAnteils (§ 16 I 1 Nr 2, III; zur Realteilung aber →Rn. 530f). Zur Entnahme/Ausgliederung von SBV →Rn. 96f, 125, 410. Keine Veräußerung/Aufgabe des ganzen GewBetr der PersGes, sondern eine Veräußerung von **MUerAnteilen** liegt aber vor, wenn **alle Ges'ter** gleichzeitig ihre Anteile an verschiedene Erwerber unter zivilrechtl Wahrung der Identität der PersGes oder an denselben Erwerber mit Untergang der PersGes veräußern.

415 **8. Teil eines Mitunternehmeranteils. – a) Keine Begünstigung nach §§ 16, 34.** Im Gegensatz zur *teilentgeltl* Übertragung eines *Voll*anteils (dazu einschließl Kritik →Rn. 66) untersteht nach § 16 I 1 Nr 2, 3 iVm I 2 die vollentgeltl/teilentgeltl Veräußerung von *Teilen* von MUerAnteilen (oder des Teilanteils des ph Ges'ters einer KGaA; →Rn. 560) mangels Aufdeckung aller stillen Reserven und damit aus Gründen der Besteuerungsgleichheit (BT-Drs 14/6882) ab 2002 nicht mehr §§ 16, 34. Auch bei kongruenter Mitübertragung von SBV fällt ein **lfd Gewinn** an (mE entbehrl Klarstellung in § 16 I 2; **aA** *Geissler* FR 01, 1029), der zudem grds (→Rn. 514) der **GewSt** unterliegt (GewStR 7.1 III 6; BFH IV R 3/05, BStBl II 07, 777; zu § 35 →§ 35 Rn. 18; insoweit **aA** *Förster ua* FR 16, 596); ebenso dann aber auch ein Veräußerungsverlust. Zu den entspr Regelungen bei **Einbringung** von Teilen von MUerAnteilen in KapGes/PersGes nach §§ 20, 24 UmwStG vgl →Rn. 397, 512. **Ausnahme:** *begünstigte* Veräußerung/Aufgabe des *gesamten* MUerAnteils (→Rn. 435), wenn dieser in sachl/zeitl Zusammenhang (Gesamtplan!) in mehreren Teilakten an einen/verschiedene Erwerber veräußert wird (BFH III B 35/12, BFH/NV 14, 531; BFH VIII R 23/01, BStBl II 04, 474; *Förster ua* StuW 03, 114).

416 **b) Einzelfälle; Abgrenzungen.** Veräußerung des Teils eines MUerAnteils ist bei **PersGes mit Gesamthandsvermögen** – *(1)* die **Teilanteilsübertragung,** und zwar nicht nur, wenn *alle* mit einem GesAnteil verbundenen Verwaltungs-/Vermögensrechte anteilig einem MitGes'ter (→Rn. 516) oder einem Dritten teilentgeltl/entgeltl übertragen werden; zur zivilrechtl Einheit des GesAnteils →Rn. 418). Ausreichend ist auch der entgeltl Übergang **einzelner Ges'terRechte,** zB Gewinnanteil/Liquidationsanteil (BFH VIII B 15/16, BFH/NV 17, 574; auch →Rn. 420), nicht aber der Verzicht auf die Ausübung einzelner gesellschaftsrechtl Befugnisse (zB

eines Kündigungsrechts; BFH XI R 41/88, BStBl II 92, 335) oder die isolierte Abfindung für ArbVerh (FG Köln EFG 96, 9); – ***(2)*** der **Eintritt** eines weiteren Ges'ters in eine fortbestehende PersGes ohne Ausscheiden eines der bisherigen Ges'ter gegen Leistung eines Entgelts an die bisherigen Ges'ter, sodass sich die Mitgliedschaftsrechte aller oder einzelner Ges'ter nach Maßgabe des Aufnahmevertrags zu Gunsten des Eintretenden mindern (→ Rn. 512); – ***(3)*** die Veräußerung eines Teil des MUerAnteils „iZm" (**Gesamtplan;** → Rn. 4, 410) der Buchwertübertragung des anderen Teil-MUerAnteils (BFH IV R 36/13, BStBl II 15, 529). – ***Weitere Sachverhalte:*** – ***(1)*** **„Eintritt"** eines Ges'ters in ein **Einzelunternehmen** iVm Ausgleichszahlung in PV (dazu BFH IV R 22/06, BFH/NV 08, 109; → Rn. 514); – ***(2)*** **Atypisch stiller Gesellschafter** oder **Inhaber** des **Handelsgeschäfts** veräußern Teile ihrer Beteiligung an der stillen Ges (*Hild ua* DB 93, 181 (185)); – ***(3)*** Einräumung einer MUerstellung auf obligatorischer Grundlage am GesAnteil, zB **atypische Unterbeteiligung** (zB *Groh* FS Priester, 107 (118); *Pickhardt ua* DStZ 00, 281 (284)). – *Abgrenzung:* Zum MUerAnteil gehört zwar auch wesentl **SBV,** dessen isolierte Veräußerung ohne Änderung der Rechte an der PersGes ist, jedoch keine Teilanteilsübertragung (→ Rn. 406; BFH VIII R 14/87, BStBl II 91, 510 aE; zu § 6 III s *BMF* BStBl I 19, 1291 Rn. 35; zu § 13a ErbStG BFH II R 38/17, BStBl II 21, 98 Rn. 11). Gleiches gilt, wenn bei **doppelstöckiger PersGes** der OberGes'ter nur sein der UnterGes überlassenes SBV veräußert, da dies seine mittelbare MUerstellung unberührt lässt (str, → § 15 Rn. 619).

c) Umfang der Übertragung. Er ist insb bezügl der KapKto und Darlehenskonten (BFH I R 123/77, BStBl II 82, 211; → § 15a Rn. 46) anhand des Gesellschafts- und Veräußerungsvertrags zu bestimmen. 417

d) Buchwertanteil. Wird zB die Hälfte eines MUerAnteils veräußert, ist vom Veräußerungspreis grds ein entspr **Buchwertbruchteil** des MUerAnteils (KapKto; BFH IV R 29/19, BFH/NV 21, 438: einschl anteiliger negativer/positiver Ergänzungsbilanz; → Rn. 450) abzuziehen, auch wenn der Veräußerer diesen zu unterschiedl Zeitpunkten/AK erworben hat (BFH VIII R 12/16, BStBl II 20, 378: **Durchschnittsbewertung**). Anders kann dies mE sein, wenn abweichend vom zivilrechtl Grundsatz der einheitl Mitgliedschaft (BFH VIII R 12/16, BStBl II 20, 378) der MUerAnteil auf mehreren GesAnteilen beruht (→ § 15 Rn. 316). Wird nur der Anteil an den **stillen Reserven** entgeltl geändert, ist der Buchwert des veräußerten MUerteilAnteils gleich Null (einschr FG Köln EFG 01, 1142; → § 15a Rn. 94). 418

9. Unentgeltliche Übertragung; Teilentgelt. – a) Buchwertfortführung; Voraussetzungen. Keine Veräußerung/Aufgabe iSv § 16 I 1 Nr 2, III, sondern unentgeltl Übertragung iSv § 6 III 1 mit der Folge der Buchwertfortführung einschließl Schulden/keine Gewinnrealisierung (→ Rn. 38) liegt vor, wenn der **MUerAnteil** (zB KG-Anteil; atypisch stille Beteiligung) unentgeltl übergeht, vorausgesetzt, dass der Übertragende (noch) MUer war (BFH VIII R 154/85, BStBl II 86, 896) und der **Erwerber MUer** wird. Fehlt es hieran, zB auf Grund der Verpflichtung des Beschenkten zur Drittveräußerung (aber → § 15 Rn. 259) oder bei Anteilserwerb durch gemeinnützige Körperschaft (iEinz → § 6 Rn. 714), liegt idR eine Aufgabe des MUerAnteils durch den Schenker vor (→ Rn. 435), *nicht* hingegen bei Übertragung unter *freiem* **Widerrufsvorbehalt,** da MUerAnteil weiterhin dem Schenker zuzurechnen ist (iEinz auch zu bedingten Klauseln → § 15 Rn. 300). – Entsprechendes gilt bei unentgeltl Übertragung des **Teils** eines **MUerAnteils** (→ Rn. 416; BFH VIII R 47/12, BStBl II 16, 600: **disquotale Einlage;** zur SchenkSt s BFH II R 9/17, BStBl II 20, 658) oder **Aufnahme** einer natürl Person **in Einzelunternehmen** (§ 6 III 1 *Hs 2*). Zum MUerTeilanteil gehört auch das anteilige SBV (→ § 15 Rn. 612, 614). Dieses kann jedoch bei Erhalt der betriebl Einheit iZm § 6 III – anders als bei § 16 (→ Rn. 408, 410) – nach Rspr und *FinVerw* (*BMF* BStBl I 19, 1291) selbst dann *vorab* entnommen oder nach § 6 V auch *zeitgleich* zu Buchwerten 420 ausgegliedert werden, wenn es zu den funktional **wesentl** Betriebsgrundlagen gehört. Zudem unterliegen mehrere funktional wesentl SBV (nunmehr) bei Übertragung von **Teilen** von MUerAnteilen (§ 6 III 1 iVm 2) keiner gegenständl, sondern einer nur *wertmäßigen* Betrachtung. **Nicht wesentl WG** (iSv § 6 III; → Rn. 10, 37, 85) des SBV können entweder erfolgsneutral in ein anderes BV überführt/übertragen (§ 6 V) oder ins PV entnommen werden; *Folgen:* iÜ bleibt § 6 III unberührt; grds auch keine GewSt auf Entnahmegewinn (BFH IV R 93/85, BStBl II 88, 374 zu 4.; *BMF* BStBl I 19, 1291 Rn. 17). – *Verweis.* IEinz → § 6 Rn. 691 ff, 704, 736 ff.

421 **b) Abgrenzung gegenüber der Veräußerung iSv § 16. – aa) Grundsätze.** – ***(1)*** Veräußerung ist nicht nur die **vollentgeltl** *oder* **teilentgeltl** Anteilsübertragung, **wenn** das Entgelt/Teilentgelt den auf den Veräußerungszeitpunkt zutr ermittelten **Buchwert** des MUerAnteils, dh KapKto in GesamtBil einschließl SBV (BFH IV R 77/93, BStBl II 98, 180), **überschreitet.** Zum negativen KapKto → Rn. 423, 453. – ***(2)*** Da der Veräußerungsgewinn iSv § 16 II auch eine negative Größe sein kann, wird ferner ein stbarer (Veräußerungs-)**Verlust** erzielt, wenn der Veräußerungspreis/Abfindungsanspruch abzügl Veräußerungskosten den **positiven** Anteilsbuchwert **unterschreitet,** *vorausgesetzt,* dass, was zw Fremden zu vermuten ist (→ Rn. 35), Leistung und Gegenleistung kfm abgewogen sind, dh der MUerAnteil **voll entgeltl veräußert** wird (BFH IV B 80/06, BFH/NV 07, 2262: Buchwertklausel iVm Verzicht auf wertlose Darlehensforderung; BFH IV R 3/01, BStBl II 03, 112: Veräußerung ohne Entgelt; s BFH IV R 13/06, BFH/NV 10, 1483: § 27 DMBilG). Zur Beweislast betr Buchwert s BFH IV R 10/72, BStBl II 75, 853. – ***(3)*** Gleiches gilt, wenn der Veräußerer wegen negativer stiller Lasten an den Erwerber eine Ausgleichszahlung **(negativer Kaufpreis)** leistet (*Rapp* FR 18, 170; zum Erwerber → Rn. 471; → § 15 Rn. 463 ff) oder – ***(4)*** der Anteil aus **betriebl Gründen** ganz oder teilweise **unentgeltl übertragen** wird (*Schoor* StBP 95, 154). – ***(5)*** Zu Abfindungsklauseln → Rn. 482. – ***(6)*** **Keine Veräußerung** hingegen, wenn aus (nicht betriebl) **privaten Gründen** – ***(a)*** der MUerAnteil **voll unentgeltl** (BFH I R 123/77, BStBl II 82, 211 (215)) übertragen wird oder – ***(b)*** das **Teilentgelt** den Buchwert *nicht* überschreitet. *Folge:* Buchwertfortführung gem § 6 III ggf iVm Einheitstheorie (→ Rn. 420, 66), uU iVm Entnahme (→ Rn. 505). Zur (widerlegbaren) Vermutung der Teilentgeltlichkeit bei **Familienangehörigen** → Rn. 35). – ***(7)*** Bei Ausscheiden einer **MUer-KapGes** kann eine **vGA** vorliegen (BFH I R 78–80/05, BFH/NV 07, 1091; dazu *Freikamp* DB 07, 2220). – ***(8)*** Ist das **Entgelt** aus privaten Gründen höher, ist die **Mehrzahlung** nicht Veräußerungspreis, sondern private Zuwendung, evtl (KapGes) vGA (BFH IV R 204/80, BFH/NV 88, 192).

422 **bb) Vermögensübergabe gegen Versorgungsleistungen.** Sie ist kraft gesetzl Wertung voll unentgeltl (§ 10 Ia Nr 2; BFH IV R 1/20, DStR 24, 2417; → Rn. 51).

423 **cc) Negatives Kapitalkonto.** Dessen Übernahme steht, gleichgültig ob es durch Verlustzurechnung/Entnahmen entstanden ist oder eine Ausgleichspflicht ausdrückt (zB OHG-Ges'ter), der voll unentgeltl Anteilsübertragung iSv § 6 III zw **Familienangehörigen** jedenfalls dann nicht entgegen, wenn stille Reserven vorhanden sind, der Anteil noch eine Gewinnchance repräsentiert und wenn keine (sonstigen) Gegenleistungen erbracht werden (BFH IV R 16/15, BStBl II 18, 527; BFH VIII R 76/96, BStBl II 99, 269; → § 15a Rn. 168; *BMF* BStBl I 93, 80 Rn. 30; auch zur teilentgeltl Übertragung → Rn. 59). Anders bei **Fremden,** wenn der Ausscheidende sein verlustbringendes Engagement beenden will (BFH IV R 77/93, BStBl II 98, 180 zu 2b; BFH VIII R 76/96, BStBl II 99, 269); → Rn. 421. Steht bereits bei „schenkweiser" Übertragung eines **wertlosen KG-Anteils** fest, dass das negative KapKto eines K'tisten durch künftige Gewinnanteile nicht mehr ausgeglichen werden kann, ist es idR bereits vor Übertragung gewinnwirksam weggefallen (BFH VIII B 17/92, BFH/NV 93, 421; lfd Gewinn; → § 15a Rn. 167); andernfalls wird der MUerAnteil mangels MUerStellung des Erwerbers

(keine Gewinnchance) beim Übertragenden spätestens im Übertragungszeitpunkt aufgegeben (vgl BFH VIII R 154/85, BStBl II 86, 896).

dd) Ausscheiden aus Personengesellschaft; Nießbrauch. Scheidet ein Ges'ter **ohne Abfindung** aus, ist dies idR eine unentgeltl Übertragung (*OFD Bln* FR 02, 1151; s aber „Anwachungsmodell" → Rn. 505); ebenso, wenn Ges'ter seinen Abfindungsanspruch nicht geltend macht (FG Nbg EFG 01, 566). Voll Entgeltl ist aber die Abfindung entspr GesVertrag, auch wenn sie den Verkehrswert seines GesAnteils unterschreitet, vorausgesetzt, die Regelung gilt für alle Ges'ter und beruht nicht auf familiären Gründen mit der Folge der Teilentgeltlichkeit beruht (BFH X R 193/87, BStBl II 92, 465). *Beachte:* Nach Rspr/FinVerw kann dies als (unechte) **Realteilung** = Aufgabe des MUerAnteils zu qualifizieren sein (→ Rn. 396, 399). – Zum **Nießbrauch** am MUerAnteil → Rn. 61, 128; → § 15 Rn. 306 ff; zum Tod des Nießbraucher-MUers s *Mielke* DStR 14, 18. 424

c) Teilentgelt. Eine nach dem Vorstehenden teilentgeltl MUerAnteilsübertragung ist grds dann als voll entgeltl Übertragung zu beurteilen, wenn das Entgelt den Buchwert des MUerAnteils überschreitet (iEinz → Rn. 66, 421). Zum gleichzeitigen Übergang von SBV ins PV → Rn. 408. 426

10. Zeitpunkt der Veräußerung; Rückbeziehung. – a) Grundsätze. – ***(1)*** Bei einer **Anteilsübertragung** geht der MUerAnteil vom bisherigen auf den neuen MUer idR zum Zeitpunkt des Abschlusses des Verfügungsvertrags über, sofern der Übergang nicht *später* wirksam wird (BFH IV R 107/92, BStBl II 93, 666) oder aufschiebend bedingt ist (BFH IV R 3/07, BStBl II 10, 182), es sei denn (Gegenausnahme), der Erwerber wurde bereits zu einem früheren Zeitpunkt wirtschaftl Inhaber des MUerAnteils (BFH IV R 22/06, BFH/NV 08, 109 betr wechselseitige Optionen; s dazu iEinz *Kestler ua* DStR 19, 1489; Zur Zustimmung als Regelverlauf FG Hmb EFG 20, 1673, rkr; FG Bln-Bbg EFG 22, 1756 rkr; zum Zweistufenmodell → 32. Aufl 2013, § 16 Rn. 565). Nach BFH IV R 39/11, BStBl II 19, 131 erfordert Letzteres neben einer rechtl geschützten Erwerbsposition den *vollständigen* Übergang von MUerRisiko und MUerInitative (glA *Wendt* FR 18, 958; *Strahl* KÖSDI 19, 21355; *Möhrle ua* Ubg 20, 421); mE ist auch hier eine Gesamtabwägung geboten. – ***(2)*** Bei **Ausscheiden** (Untergang des GesAnteils) ist der Vertragsabschluss oder der (spätere) Zeitpunkt maßgebl, zu dem zB bei Kündigung die Mitgliedschaft des Ausscheidenden endet (BFH IV R 10/83, BStBl II 84, 786); unerhebl ist, ob zu diesen Zeitpunkten Einvernehmen über die Abfindungshöhe bestand (BFH IV R 70/86, BFH/NV 90, 31). – ***(3)*** Zur Veräußerung im bevorstehenden **„Schnittpunkt der Jahre"** s BFH IV R 47/73, BStBl II 74, 707; mit „Wirkung vom 1. 1. des Jahres 02" s zB BFH VIII R 76/96, BStBl II 99, 269: Gewinn/Verlusterst in 02 realisiert; „mit Wirkung zum 31.12.01" s BFH IV R 52/08, BStBl II 11, 261; FG Nbg EFG 18, 1035, rkr: Gewinn(Verlust) in 01 realisiert. – ***(4)*** **Abweichendes Wj** (§ 4 II Nr 2): Anders als im Fall des Ausscheidens aus einer zweigliedrigen PersGes (vgl BFH IV R 59/98, BStBl II 00, 170) lässt die Veräußerung des MUerAnteils bei fortbestehender PersGes kein RumpfWj entstehen (→ Rn. 450); gleichwohl ist der Veräußerungsgewinn bereits im Jahr der Veräußerung zu erfassen (BFH X R 8/07, BStBl II 10, 1043; BFH IV R 15/15, BStBl II 18, 539; zutr; zur Gegenansicht → 29. Aufl 2010, § 16 Rn. 441). *Beispiel:* Wj 1.4.01–31.3.02; Veräußerung am 30.11.01; Erfassung im VZ 01. Wird nur ein **Teilanteil** übertragen, bleibt es mE bei der Zuordnung gem § 4a II Nr 2. – ***(5)*** Zur **Gewinnfeststellung** bei Ges'tereintritt/-austritt s einschließl § 30 AO BFH VIII R 36/93, BStBl II 95, 770. 428

b) Keine Rückbeziehung; Ausnahmen. Die schuldrechtl Rückbeziehung einer während des Wj getroffenen Austritts-/Eintrittsvereinbarung auf den Beginn des Wj ändert nichts daran, dass ein Veräußerungsgewinn erst **mit Vertragsabschluss** verwirklicht ist, dem Ausscheidenden mithin sein vertragl Anteil an dem *bis* dahin erwirtschafteten lfd Gewinn/Verlust zuzurechnen ist und der neue Ges'ter 429 erst *ab* diesem Zeitpunkt lfd Gewinne/Verluste erzielt (Einzelheiten → § 15 Rn. 452 ff). ***Ausnahmen:*** Klarstellung eines ernstl Streits zB durch Vergleich; technische Vereinfachung bis max 3 Monate; uU rückwirkende **Genehmigung.** IEinz – einschließl §§ 20, 24 UmwStG – → Rn. 234.

430 **c) Sonderfälle. – aa) Ausschließungsklage.** Scheidet ein Ges'ter im Zuge einer solchen Klage (§ 140 HGB aF, § 134 HGB nF) aus, wirkt der Ges'terAusschluss mit der Rechtskraft des Urteils/Schiedsspruchs zwar *gesrechtl* auf den Zeitpunkt der Klageerhebung bezügl der Höhe des Abfindungsguthabens zurück (§ 140 II HGB aF, § 135 II HGB nF). *Estrechtl* entsteht deshalb einerseits der Veräußerungsgewinn mit Rechtskraft des Urteils oder entspr Vergleichs, andererseits ist aber dem Ausgeschiedenen nur ein Anteil an dem bis zur Klageerhebung erwirtschafteten lfd Gewinn zuzurechnen ist.

431 **bb) Gesellschaftsvertrag; Abfindungsstichtag.** Ist nach dem GesVertrag bei Ausscheiden während des Wj das Abfindungsguthaben entspr dem Stand des GesVermögens zum Schluss des vorangegangenen Wj zu errechnen, wird der Veräußerungsgewinn zwar erst im Zeitpunkt des Ausscheidens verwirklicht; der Ges'ter ist aber am Gewinn des lfd Wj nicht mehr beteiligt; dieser ist, soweit er auf den Zeitraum bis zum Ausscheiden entfällt, den anderen Alt-Ges'tern, nur iÜ allen Ges'tern einschließl eines evtl Neu-Ges'ters zuzurechnen (str; → § 15 Rn. 453).

IV. Aufgabe

435 Der Tatbestand der **Aufgabe des MUerAnteils** wird in § 16 III 1 ausdrückl genannt (zu § 13a ErbStG zB s BFH II R 39/03, BStBl II 05, 571). Er will MUer und Einzelunternehmer gleichstellen, zB wenn zwar der GesAnteil, nicht aber die MUerStellung/der MUerAnteil auf den Erwerber übergeht (BFH IV R 18/98, BStBl II 99, 286; → Rn. 420). Ebenso bei Entnahme zurückbehaltenen BV/SBV (→ Rn. 405, 408), verdeckter Einlage in KapGes → Rn. 505; FG Nbg EFG 01, 566 atypisch stille Ges), Veräußerung des aufgeteilten MUerAnteils in sachl/zeitl Zusammenhang an verschiedene (Teil-)Erwerber (BFH IV R 69/04, BStBl II 10, 973; → Rn. 415). Zur Begriffserweiterung durch die Rspr zur Realteilung nach § 16 III 2 → Rn. 396, 399, 424, 530. Keine Aufgabe des MUerAnteils hingegen bei bloßem Wegfall des negativen KapKto eines K'tisten (BFH VIII R 26/94, BStBl II 00, 300; vgl aber auch → Rn. 423).

F. Rechtsfolgen der Veräußerung; Aufgabe von Mitunternehmeranteilen, § 16 II, III

I. Systematik der Darstellung

440 Die Kommentierung folgt im Interesse der Praxis den **Grundformen** der Veräußerung: – *(1)* Übertragung des MUerAnteils, – *(2)* Ausscheiden aus MUerschaft und – *(3)* Einbringung (→ Rn. 395) und berücksichtigt, dass Rspr/FinVerw das Ausscheiden gegen Sachwertabfindung ins BV grds nicht als Veräußerung, sondern als (unechte) Realteilung = Aufgabe des MUerAnteils qualifizieren (iEinz → Rn. 396, 500 f).

II. Übertragung des Mitunternehmeranteils gegen Barentgelt oder Sachwerte; Tausch

441 **1. Veräußerung.** Abgrenzung ggü § 6 III (Buchwertfortführung) iEinz → Rn. 421.

442 **2. Besteuerung des Veräußerers. – a) Entstehung des Veräußerungsgewinns.** Maßgebl ist der Zeitpunkt der Veräußerung (→ Rn. 428), nicht die Fälligkeit

des Entgelts; zu dessen Ausfall aber → Rn. 455. Bei Veräußerung gegen **wiederkehrende Bezüge** besteht das Wahlrecht zw begünstigter Sofortbesteuerung und nichtbegünstigter Zuflussbesteuerung (→ Rn. 242). Gleiches dürfte bei Veräußerung des **Teils** eines MUerAnteils gelten; die fehlende Begünstigung gem §§ 16, 34 ab 2002 (→ Rn. 415) hat hieran mE nichts geändert (*Neu ua* DStR 03, 61 (64)).

b) Gegenstand der Veräußerung. Zivilrechtl wird der immaterielle GesAnteil entweder auf einen Erwerber übertragen oder er erlischt, sodass an seine Stelle der Abfindungsanspruch (§ 738 BGB aF; § 712 BGB nF: zur Geschäftsübernahme s § 140 I 2 HGB aF; § 712a HGB idF **MoPeG,** BGBl I 21, 3436 → Rn. 395) tritt. **Estrechtl** sind hingegen nach Rspr/hM (zutr) Gegenstand der Veräußerung/des Erwerbs nicht die dem MUerAnteil (§ 16 I 1 Nr 2) zugrunde liegende Rechte (zB GbR-/KG-Anteil), sondern entspr der **Bruchteilsbetrachtung** des § 39 II Nr 2 AO aF die (ideellen) **Anteile** des Veräußerers an sämtl, auch nichtbilanzierten und/oder immateriellen **WG** des **GesVermögens** ggf iVm dem Eigentum am SBV (BFH GrS 7/89, BStBl II 91, 691 (700) Sp 2; BFH I R 102/01, BStBl II 04, 804; BFH IV R 11/21, DStR 24, 219; BFH IV R 36/22, BFH/NV 25, 1562; *BMF* BStBl I 14, 1258; *BMF* BStBl I 08, 588 Rn. 32c zu § 4 IVa; *BMF* BStBl I 14, 1258: DBA; ebenso bei Erwerb *aller* GesAnteile BFH IV R 52/03, BStBl II 06, 128; BR-Drs 740/13, 117 zu § 5 VII 3; **aA** *Schön* FR 94, 658; *Kitzig* StuW 23, 245; zu §§ 705, 713 BGB idF **MoPeG,** BGBl I 21, 3436 iVm § 39 II Nr 2 AO nF **ab 2024** → § 15 Rn. 166). Gleiches gilt für PersGes ohne Gesamthandsvermögen (Gleichwertigkeit der MUerschaften) zB **atypisch stille Ges** (BFH VIII R 85/91, BStBl II 94, 243; auch → Rn. 399). Demgemäß kann der Veräußerer zB **§ 6b** in Anspruch nehmen (BFH X R 14/21, BStBl II 24, 48: Rücklage in Gesamthandsbilanz/F-Verfahren, Auflösung im MUer-ESt-Verfahren; *FM SchlH* DStR 14, 2025; beachte aber § 34 I 4, III 6; → Rn. 91). Umgekehrt beginnt für den Erwerber anteilig ein neuer Vorbesitzzeitraum (diff BFH IV R 77/92, BFH/NV 95, 214 bezügl Besitzzeitanrechnung). Zur Sonderung *lfd* Gewinnanteile → Rn. 331. Zu **§ 35** bei Ges'terwechsel s *BMF* BStBl I 07, 701 Rn. 28 f. Zum Verlustvortrag nach **GewStG** s § 10a S 4, 5. 443

c) Veräußerungspreis. – aa) Grundsätze. Dieser ist bei **Übertragung** des **MUerAnteils** gleich dem vereinbarten **Entgelt** (zur Abzinsung → Rn. 460; zum Ausfall → Rn. 446). Zwar ist umstr, ob die auf den Erwerber übergehenden **Schulden** (zB im negativen SBV) Teil des „Entgelts" sind (mE zutr) oder nur den (Buch-)Wert iSv § 16 II (Nettobuchwert) mindert. Für die Höhe des Veräußerungsgewinns ist dies iErg jedoch unerhebl; anders aber für die AK des Erwerbers (→ Rn. 272; 460 f). Teil des Veräußerungspreises ist jedenfalls die Übernahme **privater** Schulden/dingl Lasten der PersGes (→ Rn. 272; → § 15 Rn. 488; *Pyszka* GmbR 17, 1082 (1087)). Veräußerungspreis ist auch ein Betrag, der als Abfindung eines **lästigen Ges'ters** nicht aktivierungspflichtig, sondern abzugsfähig ist (dazu → Rn. 463). Zu offenen oder verdeckten Leistungen im **wirtschaftl Zusammenhang** mit der Veräußerung, → Rn. 276. Zur **Bewertung** des Veräußerungspreises gelten die Grundsätze zu → Rn. 280 ff entsprechend. 444

bb) Sonderbetriebsvermögen – Sonderbilanz. Wird es zusammen mit dem GesAnteil an den Erwerber veräußert, gehört der hierfür vereinbarte Kaufpreis zum Veräußerungspreis (BFH X R 128/92, BStBl II 95, 465). Zur Aufgabe des MUer-Anteils bei Drittveräußerung des SBV oder Rückbehalt im PV sowie zum lfd Gewinn bezügl GesAnteil bei Buchwertausgliederung des SBV → Rn. 408, 410, 435. Zur Bewertung, wenn SBV zugunsten eines Ges'ters nießbrauchsbelastet bleibt, → § 5 Rn. 653. Zu § 6b-Rücklage iVm § 34 I 4 s BFH X R 14/21, BStBl II 24, 48 (negative Sonderbilanz). 445

cc) Ausfall; Wegfall. Wird der Veräußerungspreis später ganz oder teilweise **uneinbringl,** ist dies – ebenso wie bei Veräußerung des GewBetr eines Einzelunternehmers (→ Rn. 337 f) – ein Ereignis, das materiell-rechtl auf den Zeitpunkt des Aus- 446 scheidens zurückwirkt, sodass die Veranlagung für das Jahr des Ausscheidens ggf nach § 175 I 1 Nr 2 AO zu ändern ist (BFH IV R 20/08, BStBl II 10, 528). Zu nachträgl gewerbl Einkünften → Rn. 455. Zum **rückwirkenden Wegfall/fehlgeschlagenen Erwerb** → Rn. 145.

448 **d) Veräußerungskosten.** → Rn. 300 ff.

450 **e) Buchwert des Mitunternehmeranteils. – aa) Grundsätze.** Der Buchwert des Mitunternehmeranteils ist nach **allg bilanzsteuerrechtl** Grundsätzen auf den Veräußerungszeitpunkt zu ermitteln, bei Veräußerung während des Wj durch Zwischenbilanz oder Schätzung (zu abw Wj → Rn. 428). Anders als bei Vollbeendigung (BFH VIII R 76/96, BStBl II 99, 269: RumpfWj von 1 Tag) entsteht bei Fortbestand der PersGes kein RumpfWj (BFH IV R 252/84, BStBl II 89, 312), folgl auch keine Pflicht zur Aufstellung einer Zwischenbilanz (BFH VIII R 48/93, BFH/NV 95, 84). Zur str Abschichtungsbilanz bei Ausscheiden s *Hopt* § 131 HGB Rn. 50 f. Maßgebl ist die **Gesamtbilanz** der MUerschaft (→ § 15 Rn. 400 ff), dh die Buchwerte in der **StB** der PersGes, des **SBV** (gleichgültig, ob diese mitveräußert oder PV werden → Rn. 445) sowie negativer (dazu → Rn. 471; BFH IV R 29/19, BFH/NV 21, 438 betr *Teil*-MUerAnteil; → Rn. 418) oder positiver **Ergänzungsbilanzen** (dazu → Rn. 461 ff). Letzteres gilt auch, wenn sie nach § 6 V 4 iVm S 3 Nr 1, 2 iZm der Übertragung von Einzel-WG ins Gesamthandsvermögen gebildet wurden (*Paus* FR 03, 59 (67)); ist dies unterblieben, kann fragl werden, ob die MUerAnteilsveräußerung den rückwirkenden Teilwertansatz iVm der Erhöhung des Anteilsbuchwerts gebietet (abl → § 6 Rn. 825). Hält der Ausgeschiedene den **GesAnteil im BV,** ist nicht der Buchwert in dessen HB (StB), sondern in der Gesamtbilanz der PersGes maßgebl (BFH I R 242/81, BStBl II 86, 333). Einzelheiten zum Buchwert → Rn. 305 ff; zum MUerTeilanteil → Rn. 418; zu § 7g VII → § 7g Rn. 85. Zur Rückbeziehung des Ausscheidens → Rn. 429 ff. Zur Zurechnung später festgestellter steuerl Mehrgewinne → § 15 Rn. 443 ff. Zur Zurechnung eines Übergangsgewinns bei Gewinnermittlung nach § 4 III s BFH IV R 67/98, BStBl II 00, 179 sowie → Rn. 661.

451 **bb) Schulden der Gesamthand.** Zur Freistellung, Haftungsinanspruchnahme, dem Rückbehalt von Schulden sowie einer Bürgenhaftung → Rn. 483.

452 **cc) Negatives Sonderbetriebsvermögen.** Werden solche Schulden (→ § 15 Rn. 521; zB Anteilsfinanzierung) vom Erwerber des GesAnteils übernommen, bleiben diese (unbestrittenen) Schulden, sofern man die Schuldübernahme zum Veräußerungspreis rechnet (→ Rn. 444), bei der Buchwertermittlung außer Ansatz. Gleiches gilt, wenn der Erwerber die Schulden nicht übernimmt und dafür einen höheren Barpreis zahlt; die Zinsen sind nachträgl BA, soweit der Erlös für GesAnteil und etwaiges aktives SBV zur Schuldentilgung nicht ausreicht; die Schuld bleibt insoweit BV (BFH VIII R 18/92, BStBl II 96, 291; → Rn. 109, 369).

453 **dd) Negatives Kapitalkonto.** Es mindert vorbehaltl einer Ausgleichsleitung den Buchwert und erhöht damit grds den Veräußerungsgewinn. S iEinz einschließl § 15a und Bürgenhaftung → Rn. 484 f.

455 **f) Ereignisse nach Ausscheiden.** Insoweit gelten sinngemäß die für die Veräußerung eines ganzen GewBetr maßgebl Grundsätze. *Nachträgl gewerbl Einkünfte* (iEinz → Rn. 348 ff) fallen zB an in Form von Schuldzinsen für zurückgebliebene Betriebsschulden. Der *Veräußerungsgewinn* ist hingegen zB *rückwirkend* zu ändern bei Ausfall der Kaufpreisforderung s (BFH X R 128/92, BStBl II 95, 465; *Ley* KÖSDI 02, 13459 (13465)), oder einem Erlass der als BV (SBV) zurückgebliebenen Schulden (BFH VIII R 43/99, BFH/NV 00, 1330; str, → Rn. 342); iEinz → Rn. 337 ff.

460 **3. Besteuerung des Erwerbers. – a) Anschaffungskosten.** Dem Erwerber entstehen nach § 39 II Nr 2 AO (Bruchteilsbetrachtung) AK (einschließl Erwerbs-

nebenkosten; zB GrESt; **aA** *Gadek ua* DB 12, 2010; diff BFH I R 2/10, BStBl II 11, 761; zu Schulden → Rn. 444) nicht für den GesAnteil als immaterielles WG, sondern für die *ideellen Anteile* an den einzelnen WG des GesVermögens (→ Rn. 443 und → § 15 Rn. 166 einschl **MoPeG**-Reform, BGBl I 21, 3436 iVm § 39 II Nr 2 AO nF **ab 2024**→ § 15 Rn. 166), zuzügl der AK für die erworbenen WG des SBV. Zu wiederkehrende Leistungen → Rn. 264. Wird der vorab entrichteten Kaufpreises *abgezinst,* führt dies zu einer teilentgeltl Veräußerung, die der sog Einheitstheorie (→ Rn. 66) untersteht (BFH VIII R 1/14, BFH/NV 17, 1418: keine lfd SonderBE; mE fragl).

b) Ergänzungsbilanz; Sonderbilanz. – aa) Grundsätze. Der Erwerber hat seine AK für die Anteile an den (materiellen/immateriellen) WG des GesVermögens (→ Rn. 443), soweit diese die anteiligen Restwerte/Buchwerte in der StB der Ges sowie einer etwaigen Ergänzungsbilanz (KapKto) überschreiten, als „Mehr-AK" in einer Ergänzungsbilanz zu aktivieren und das entspr Mehrkapital oder eine Finanzierungsschuld/Kaufpreisstundung zu passivieren, iEinz → § 15 Rn. 460 ff; BFH IV R 40/92, BStBl II 94, 224). Zum Anteilserwerb bei **doppelstöckiger PersGes** → Rn. 384, 576; → § 15 Rn. 471. Erwerbsaufwendungen für SBV sind in der **Sonderbilanz** (→ § 15 Rn. 475) zu aktivieren. 461

bb) Aktivierung. – (1) Stufentheorie. Hiernach war früher hM (zB BFH VIII R 37/93, BStBl II 95, 246), dass auf der Grundlage widerlegbarer Vermutungen die „Mehr-AK" (→ Rn. 461) vorrangig auf die stillen Reserven der bilanzierten WG geleistet werden, nur der hiernach verbleibende Restbetrag auf die nichtbilanzierten Einzel-WG und erst in einem letzten Schritt auf den Geschäftswert entfallen (iEinz → 39. Aufl 2020, § 16 Rn. 487 ff). Zutr ist hingegen die sog **„modifizierte Stufentheorie"**, nach der die Vermutung in gleicher Weise für stille Reserven in bilanzierten materiellen und immateriellen WG *und* das Vorhandensein nichtbilanzierter immaterieller WG einschließl Geschäftswert (vgl zB BFH IV R 40/92, BStBl II 94, 224) spricht; der Mehrbetrag ist auf alle WG **proportional** (*Ley* StbJb 03/04, 135) oder im Verhältnis der TW (evtl BFH IV B 111/06, BFH/NV 08, 360; *Bauer ua* FR 15, 838) zu verteilen. GlA nunmehr FinVerw bei Einbringung zu Zwischenwerten gem §§ 20 II 2, 24 II 2 UmwStG (*BMF* BStBl I 25, 92 Rn. 20.18 iVm Rn. 03.25, 24.03, 24.13: „einheitl"; **aA** noch zu UmwStG 1995 s *BMF* BStBl I 98, 268 Rn. 22.08, 24.04 iVm Rn. 4.06: zweistufige Aufstockung, dh nachrangige Aktivierung des *originären* Geschäftswerts; *diff Werthebach* StuW 24, 48: Verteilung gem Leistungsgrund). Zu den Vermutungen für das Vorliegen eines Geschäftswerts → Rn. 463, 491. Zu vermögensverwaltenden PersGes s BFH IX R 22/19, BStBl II 23, 186: Buchwertaufstockung im Verhältnis der stillen Reserven. 462

(2) Lästiger Gesellschafter. Ist nachgewiesen, dass der ausgeschiedene Ges'ter „lästig" war, zB sich betriebsschädigend verhalten hat, ist damit zwar die Vermutung widerlegt, dass die über den Buchwert hinausgehenden Aufwendungen einen Anteil des Ausgeschiedenen an stillen Reserven und an einem Geschäftswert abgelten (→ Rn. 491). Steht aber fest, dass solche stillen Reserven und/oder ein Geschäftswert vorhanden sind und der Ausgeschiedene daran teilhatte (Liquidationsschlüssel), sind die Aufwendungen als AK für diese Anteile zu aktivieren (BFH IV R 107/88, BFH/NV 90, 496). Nur soweit es hieran fehlt und außerbetriebl Gründe für die Mehrleistung ausscheiden, ist diese sofort (ggf wiederkehrend; *Schwer* StBP 00, 103 (108)) abzugsfähige BA (BFH VIII R 63/91, BStBl II 93, 706). Dies gilt nicht nur bei Ausscheiden gegen Abfindung, sondern gleichermaßen auch für Mehrleistungen iZm Anteilserwerb (vgl BFH IV R 40/92, BStBl II 94, 224); sie führen zu SonderBA (BFH VIII R 37/93, BStBl II 95, 246 zu 3.a). Zur Übernahme eines negativen KapKto → Rn. 465 f. 463

c) Übernahme eines negativen Kapitalkontos. – aa) Ausgleichsschuld. 465
Veräußert der **unbeschränkt haftende Ges'ter** seinen MUerAnteil, *ohne* sein nega-

tives KapKto *auszugleichen,* weil sein Anteil an den stillen Reserven des GesVermögens einschließl Geschäftswert höher oder gleich dem negativen KapKto ist, bestehen die AK aus einem etwaigen Barentgelt *und* dem Betrag des übernommenen negativen KapKtos (BFH VIII R 63/91, BStBl II 93, 706). Soweit der Veräußerer das negative KapKto mangels stiller Reserven im Anteil *ausgleicht,* ist dies für die verbliebenen Ges'ter und den Erwerber die erfolgsneutrale Tilgung einer betriebl Ausgleichsforderung; zugleich mindern sich die AK. Ist der Veräußerer ausgleichspflichtig, aber zahlungsunfähig, erleiden die Erwerber einen Verlust durch Wertloswerden ihrer zum SBV zu rechnenden Ausgleichsforderung (BFH VIII R 128/84, BStBl II 93, 594; FG BW EFG 06, 1756). Gleiches gilt, wenn sie eine realisierbare Ausgleichsforderung aus *betriebl* Gründen erlassen (§ 397 BGB); ein Erlass aus privaten Gründen ist Entnahme. Das Vorstehende gilt entspr für einen beschr haftenden Ges'ter **(K'tist),** soweit dessen KapKto durch rückzahlungspflichtige Entnahmen negativ geworden ist (vgl BFH IV R 64/93, BStBl II 96, 642 zu III).

466 **bb) Beschränkte Haftung.** Zu den **AK** des Erwerbers aus der ggf zusätzl zu einem Barentgelt vereinbarten Übernahme eines negativen KapKto, das durch ausgleichsfähige und/oder nur nach § 15a verrechenbare Verluste entstanden ist, deren Ausweis in **Ergänzungsbilanzen** sowie der Bildung von **Ausgleichsposten** zur Vermeidung eines Erwerbsverlusts, wenn das negative KapKto durch stillen Reserven nicht gedeckt ist, iEinz → § 15a Rn. 155 ff (ausgleichsfähige Verluste), → § 15a Rn. 161 f (verrechenbare Verluste). Zur unentgeltl Übertragung bei negativem KapKto → Rn. 423.

470 **4. Barentgelt unter Buchwert. – a) Veräußerer.** Zum Veräußerungs*verlust* iSv bei *vollentgeltl* (= fremdüblich/kfm abgewogener; einschließl negativem Kaufpreis) sowie betriebl veranlasster Übertragung des MUerAnteils und der Abgrenzung ggü teilentgeltl Rechtsgeschäften aus privaten Gründen (*Folge:* Buchwertfortführung gem Einheitstheorie; § 6 III) → Rn. 421.

471 **b) Erwerber.** Bei voll entgeltl Übertragung (→ Rn. 470) entstehen dem Erwerber auch dann AK (Kaufpreis; Abfindung), wenn sie unter dem Buchwert des MUer-Anteils liegen. Die Buchwerte der bilanzierten WG des GesVermögens sind anteilig herabzusetzen (zB BFH IV R 3/01, BStBl II 03, 112; zur abw HB/Verteilungsmethoden s *Ley* KÖSDI 18, 20750 (20755); *dies* KÖSDI 01, 12982 (12987)) und in einer **negativen Ergänzungsbilanz** des Erwerbers (neuer oder bisheriger Ges'ter) anzusetzen (BFH IV R 3/01, BStBl II 03, 112). Es ist nicht zulässig, die Buchwerte der bilanzierten WG fortzuführen und die Differenz zum niedrigeren Erwerbspreis durch Passivierung eines **negativen Geschäftswerts** auszugleichen (BFH IV R 70/92, BStBl II 94, 745; *Groh* FS F. Klein, 1994 S 815; str; → § 5 Rn. 226, → § 6 Rn. 320). Ist die Differenz zw den (Netto-)Buchwerten und dem niedrigen Entgelt größer als der Betrag, um den sich die Buchwerte der aktivierten WG ggf bis auf 1,– € abstocken lassen – eine solche Abstockung verbietet sich bei **Bargeld/ Buchgeld** (BFH IV R 77/93, BStBl II 98, 180 zu 2.c; iEinz *Strahl* DStR 98, 515) –, führt auch dies weder zur Passivierung eines negativen Geschäftswerts noch zu einem sofort zu versteuernden (Erwerbs-)Gewinn des Erwerbers (**aA** *Groh* aaO S 815 hinsichtl Bar- und Buchgeld der Ges: stpfl Ertragszuschuss wie Zuzahlung des Veräußerers; *Anm* HFR 98, 104); vielmehr ist in der Ergänzungsbilanz des Erwerbers erfolgsneutral ein **Ausgleichsposten** zu passivieren, der gewinnerhöhend gegen spätere Verlustanteile oder bei Beendigung der Beteiligung aufzulösen ist (BFH IV R 77/93, BStBl II 98, 180 zu 2.d; BFH I R 49, 50/04, BStBl II 06, 656; *Kahle* FR 13, 873). Einschr jedoch bei zwischenzeitl Gewinnen FG Ddorf EFG 11, 794 (*Scheunemann ua* DB 11, 674; mE unzutr); abl zur Einbeziehung von Sonderbetriebsverlusten *Kempf ua* DB 98, 545; zu § 27 DMBilG s BFH IV R 13/06, BFH/NV 10, 1483). Gleiches gilt bei einem sog **negativem Kaufpreis** (→ Rn. 421, 470; iEinz *Rapp* FR 18, 170 einschließl § 5 VII betr übernommener Verbindlichkeiten). Ist der Wert des MUer-

Anteils gleich dem Buchwert oder höher und hat der Erwerber nur deshalb weniger als den Buchwert zu leisten, weil der Ausgeschiedene dem Erwerber aus **betriebl** Gründen den Mehrwert („unentgeltl") **zuwenden** will, entsteht beim Erwerber iHd Differenz zw den dann fortzuführenden Buchwerten und dem Erwerbspreis ein lfd Gewinn (BFH I R 126/71, BStBl II 74, 50; offen in BFH IV R 90/94, BStBl II 97, 241), der jedoch nicht der GewSt unterliegt (FG Ddorf EFG 01, 585). Hat der Erwerber aus **privaten** Gründen ein Entgelt unter Buchwert (und Verkehrswert) zu leisten (teilentgeltl), ist der Erwerb voll unentgeltl (Buchwertfortführung gem § 6 III iVm Einheitstheorie; → Rn. 66; iEinz auch zu verdeckter Einlage BFH VIII R 36/93, BStBl II 95, 770); Ansatz von Anschaffungsnebenkosten → Rn. 67.

5. Tausch von Mitunternehmeranteilen; Veräußerung gegen Sachwerte. 475
Gewinnrealisierende Veräußerung ist nach Maßgabe der vorstehenden Grundsätze nicht nur allgemein die Übertragung von MUerAnteilen gegen andere Werte als Geld, dh **Sachwerte** (Tausch gem § 480 BGB oder tauschähnl Vorgang; → Rn. 284; → § 5 Rn. 631). Gleiches gilt für den **Tausch von MUerAnteilen** (BFH IV R 33/11, BStBl II 15, 717; zur Einbringung/Bewertungswahl gem § 24 UmwStG → Rn. 397), und zwar selbst dann, wenn MUerAnteile an gesellschafteridentischen PersGes (SchwesterGes) getauscht werden. Bereits vor Geltung von § 6 VI waren die Grundsätze des sog Tauschgutachtens nicht anwendbar (BFH XI R 51/89, BStBl II 92, 946; *BMF* BStBl I 98, 163 Rn. 2). Ein zusätzl Barausgleich erhöht (Empfänger) und vermindert den Gewinn (Leistender). ***Ausnahme:*** Gewinnneutral können MUerAnteile aber iRd **Realteilung** einer (Ober)PersGes getauscht werden (→ Rn. 535). ***Beispiel:*** Vor Realteilung Gründung einer neuen gesellschafteridentischen PersGes; Übertragung der Alt-MUerAnteile auf diese, danach Tausch der Anteile (→ Rn. 539). Str ist, ob Anteile an zwei gesellschafteridentischen zweigliedrigen PersGes auch zwecks **Fortführung** je eines **Einzelunternehmens** gewinnneutral getauscht werden können (bej BFH I 256/61U, BStBl III 62, 513; offen BFH XI R 51/89, BStBl II 92, 946). Lehnt man dies ab (BFH III R 34/01, BStBl II 03, 700; *Wacker* BB 99, Beil 5, 12), kann die Einbringung der MUerAnteile (§ 24 UmwStG) iVm zeitnaher Realteilung eine „verdeckte Veräußerung" sein (*BMF* BStBl I 25, 92 Rn. 24.07; s aber Beispiel oben). **Abgrenzungen:** zur gewinnneutralen **formwechselnden Umwandlung** einer MUerschaft → Rn. 401 f; → § 15 Rn. 174; zu § 24 UmwStG bei **Verschmelzung** von **PersGes** → Rn. 397.

III. Ausscheiden aus der Mitunternehmerschaft gegen Abfindung

Verwaltung: *BMF* BStBl I 06, 253 Rn. 51–52 (Ausscheiden von Miterben aus Erbengemeinschaft); *BMF* BStBl I 19, 6 (Realteilung); *FSen Bln* DB 10, 927 (Mandantenstamm).

1. Gesellschaftsrecht; ertragsteuerrechtliche Einordnung; Kommentierungshinweis. – ***(1)*** **Zivilrecht.** Scheidet ein Ges'ter aus einer PersGes aus, sodass sein GesAnteil allen verbleibenden MitGes'tern anteilig anwächst, erlangt der Ausgeschiedene einen **Abfindungsanspruch** auf Zahlung **(Geld),** der sich gegen die fortbestehende Ges (§ 738 I 2 BGB) oder bei Geschäftsübernahme gegen den übernehmenden Ges'ter richtet (§ 140 I 2 HGB aF; § 134 HGB nF, § 712a BGB nF; iEinz → Rn. 395). Die Beteiligten können vereinbaren, dass der Ausgeschiedene nicht Geld, sondern materielle oder immaterielle WG/**Sachwerte** (*FSen Bln* DB 12, 545; Mandantenstamm) aus dem GesVermögen (BV) erhält. Zur *HB* s IDWLIFE 18, 258 Tz 58a ff. – ***(2)*** **EStG; KStG.** Obgleich hierin bei entgeltl Vereinbarungen (auch → Rn. 503) nach dem Transparenzprinzip (→ Rn. 380) *ertragstrechtl* die **Veräußerung** des MUerAnteils iSv § 16 des Ausgeschiedenen *an* die verbleibenden/den übernehmenden Ges'ter zu sehen ist (zB BFH IV R 19/12, BStBl II 15, 954), gehen **Rspr/FinVerw** bei Abfindung mit **Sachwerten** in das **BV** des Ausgeschiedenen von einer sog **unechten Realteilung = Aufgabe** des MUerAnteils gem § 16 III aus. 480

Hinweis: Diese Sicht ist mE zwar unzutr (iEinz → Rn. 530); gleichwohl wird sie mit Rücksicht auf die Bedürfnisse der Rechtspraxis dem Folgenden zugrunde gelegt.

481 **2. Ausscheiden gegen Geld. – a) Besteuerung des Ausscheidenden. – aa) Veräußerungstatbestand.** → Rn. 480. Zu Mischabfindung (Geld/Sachwerte des GesVermögens)/unechte Realteilung aber → Rn. 531.

482 **bb) Veräußerungspreis; Veräußerungskosten; Buchwert.** Die Höhe des **Abfindungsanspruchs** (→ Rn. 480; zur evtl Haftungsfreistellung → Rn. 483) richtet sich entweder nach HGB/BGB (Abschichtungsbilanz; § 738 BGB) *oder* abw Bestimmungen im GesVertrag, den sog Abfindungsklauseln, zB **Buchwertklauseln** (zB *Carlé* KÖSDI 18, 20949; BGH II ZR 295/04, DStR 06, 1005: Ertragswert; BGH II ZR 173/04, BGHZ 164, 98: „Managermodell"; *Hamminger* NWB 16, 3169: Stuttgarter Verfahren, aber → Rn. 294; *Fleischer ua* DB 10, 2713: Shoot-Out-Klauseln; beachte auch § 7 VII ErbStG) *oder* ggü dem GesVertrag vorrangigen **Austrittsvereinbarungen.** Zur Teilentgeltlichkeit bei familiären Gründen → Rn. 424. Auch die Verpflichtung der Ges, **Darlehensansprüche** des Ausscheidenden Ges'ters gegen die Ges als bald zu tilgen, gehört zum Veräußerungspreis (BFH X R 128/92, BStBl II 95, 465; → Rn. 487). Zur Abfindung eines **lästigen Ges'ters** → Rn. 444, 463. Zum **SBV,** rückwirkenden **Wegfall** der Abfindung, den **Veräußerungskosten** sowie Buchwert des MUerAnteils → Rn. 445 ff, 300.

483 **cc) Schulden der Gesamthand; Haftung.** – ***(1)*** Das Ausscheiden eines Ges'ters zB aus einer OHG oder KG beseitigt seine Haftung im Außenverhältnis für *Verbindlichkeiten der PersGes* nicht (§§ 159 f HGB), es sei denn, die Haftung des K'tisten war ohne Wiederaufleben (§ 171 IV HGB) bereits durch Leistung der Einlage ausgeschlossen (§ 171 I Hs 2 HGB). Der Ausgeschiedene erwirbt aber idR im Innenverhältnis einen **Freistellungsanspruch** gegen den Erwerber des GesAnteils oder die Ges (§ 738 I 2 BGB). Sieht man diesen als Teil des Veräußerungspreises an, bleibt der Anteil des Ausgeschiedenen an den GesSchulden beim Buchwert unberücksichtigt; nach aA ist (ohne Einfluss auf das rechnerische Ergebnis) nur der Nettobuchwert anzusetzen (iEinz → Rn. 272, 444). – ***(2)*** Muss der Ausgeschiedene aber zB wegen der schlechten wirtschaftl Lage der Ges mit einer **Inanspruchnahme** durch die Ges-Gläubiger **rechnen,** mindert dies den Veräußerungsgewinn (BFH VIII R 214/85, BStBl II 91, 633: ph Ges'ter; BFH IV B 22/97, BFH/NV 98, 1484: K'tist); mE ist iHd wahrscheinl Haftung gegenläufig zum Freistellungsanspruch (s zu (1)) eine Rückstellung in der für den Ausgeschiedenen fortzuführenden Sonderbilanz auszuweisen. Weicht die **tatsächl Haftungsinanspruchnahme** hiervon ab, ist der Veräußerungsgewinn rückwirkend zu ändern (§ 175 I 1 Nr 2 AO; → Rn. 313, 343), es sei denn, es bestehen werthaltige Ausgleichsforderungen gegen die Ges oder Mit-Ges'ter (BFH IV B 81/96, BFH/NV 98, 317; *OFD Mchn* FR 04, 731 Tz 3.2). Zur Inanspruchnahme nach Einbringung des GesAnteils in eine KapGes gem § 20 UmwStG s BFH IV R 335/84, BStBl II 86, 623: Erhöhung der Anteils-AK. – ***(3)*** Werden (unbestrittene) **GesSchulden** vom Ausscheidenden/Veräußerer mit befreiender Wirkung ggü der PersGes **„zurückbehalten",** bleiben sie beim Buchwert außer Ansatz; der höheren Abfindung/Geldleistung steht ein entspr höherer Buchwert ggü (→ Rn. 312). Diese Verbindlichkeiten werden nach BFH I R 234/78, BStBl II 81, 464 PV (*Folge:* Zinsen sind keine BA); mE unzutr, soweit die zurückbehaltenen Schulden den Veräußerungspreis überschreiten. Dazu sowie zu ungewissen Schulden → Rn. 109, 341, 369. – ***(4)*** Das Vorstehende gilt sinngemäß für Ges'ter/K'tisten, die als **Bürge** für Verbindlichkeiten der KG haften (→ § 15a Rn. 154). – Zu Schulden im **SBV** → Rn. 452, 455.

484 **dd) Negatives Kapitalkonto. – (1) Unbeschränkte Haftung.** Ein solches bringt für den unbeschr haftenden Ges'ters gesellschaftsrechtl idR zum Ausdruck, bis zu welchem Betrage er bei GesAuflösung vorbehaltl des Anteils am Abwicklungsgewinn ausgleichs-/nachschusspflichtig wäre. Scheidet der Ges'ter **ohne** einen **Aus-**

gleich aus, weil sein Anteil an den stillen Reserven höher oder gleich dem negativen KapKto ist (Übernahme des negativen KapKtos), müssen entweder der Abfindung/ Geldleistung das negative KapKto hinzugerechnet (BFH XI R 34/92, BStBl II 93, 436) oder (rechnerisch gleichwertig) auch die übernommenen Betriebsschulden als Veräußerungserlös (iVm einer entspr Buchwerterhöhung) erfasst werden. Ebenso unabhängig von stillen Reserven usw, wenn der Ges'ter ohne Gegenleistung von Ges-Schulden freigestellt wird (BFH VIII R 214/85, BStBl II 91, 633). Muss der Ges'ter eine **Ausgleichszahlung** leisten, ist dies die erfolgsneutrale Tilgung einer betriebl Schuld und mindert das negative KapKto (BFH I R 27/75, BStBl II 78, 149); bei vollem Ausgleich entsteht weder Gewinn noch Verlust (BFH IV B 94/09, BFH/NV 10, 1272). Der **Erlass** eines geschuldeten Ausgleichs aus **betriebl** Gründen (§ 397 BGB) ist Teil des Veräußerungspreises, auch wenn die Schuld uneinbringl war (BFH IV B 79/92, BFH/NV 93, 658). Bei einem Schulderlass aus privaten Gründen wird der MUerAnteil idR unentgeltl übertragen (BFH I R 143/76, BStBl II 80, 96; → Rn. 423). Der Erlassvertrag kann auch konkludent abgeschlossen werden; die Nichtgeltendmachung einer uneinbringl Forderung reicht dafür nicht aus (BFH VIII R 26/94, BStBl II 00, 300).

(2) Beschränkte Haftung. – *(a)* Ist das KapKto des beschr haftenden Ges'ters (**K'tist,** atypischer stiller Ges'ter oder Unterbeteiligter) durch rückzahlungspflichtige **Entnahme** negativ geworden, gelten die Grundsätze zu → Rn. 484 entspr, weil das negative KapKto gesellschaftsrechtl eine Ausgleichspflicht ausdrückt (BFH IV R 17/07, BStBl II 10, 631; *OFD Mchn* FR 04, 731 Tz 1.2). – *(b)* Besteht hingegen **keine Rückzahlungspflicht** und droht auch keine Haftungsinanspruchnahme, erhöht das negative KapKto den Veräußerungsgewinn (BFH IV R 19/12, BStBl II 15, 954: Liquiditätsentnahme). – *(c)* Zu negativen KapKto mit (nur) gem § 15a **verrechenbaren Verlusten** → § 15a Rn. 160, 168, 184. – *(d)* Bei negativen KapKto mit **ausgleichsfähigen Verlusten** (zB § 15a I 2, 3: Außenhaftung) ist dessen „Wegfall“ durch Veräußerung des MUerAnteils grds Teil des Veräußerungspreises des Ausgeschiedenen. IEinz → § 15a Rn. 152 ff; zu nicht abziehbaren BA → Rn. 311. – *(e) Anders* aber, soweit der K'tist sich für Schulden der KG **verbürgt** hat oder für diese nach §§ 171, 172 HGB **haftet** *und* er *ernstl* mit einer **Inanspruchnahme** rechnen muss (BFH IV B 22/97, BFH/NV 98, 1484), unabhängig davon, ob er zahlungsfähig ist (BFH VIII R 29/91, BStBl II 93, 747: Rückstellung in Sonderbilanz; → § 15a Rn. 23, 154; **aA** zu § 17 BFH VIII R 21/94, BStBl II 98, 660). Zur Rückwirkung späterer höherer/geringerer Zahlungen → Rn. 341, 345. – *(f)* Zur Tilgung von **Darlehensforderungen** des Ges'ters durch Ges → Rn. 482. 485

ee) Ereignisse nach Ausscheiden. Zunächst → Rn. 455 mit Beispielen. **Nachträgl gewerbl Einkünfte** (iEinz → Rn. 348 ff) fallen zB auch bei Beteiligung an schwebenden Geschäften iSv § 740 BGB an, sofern diese nicht bereits pauschal in den Abfindungsanspruch einbezogen, sondern gesondert abgerechnet werden. Zu veruntreuten BE s BFH IV R 39/99, BStBl II 00, 670. Der **Veräußerungsgewinn** ist hingegen zB **rückwirkend zu ändern** bei späterer Inanspruchnahme eines ausgeschiedenen Ges'ters für Schulden der Ges, einem Ausfall der Abfindungsforderung des Ges'ters (BFH X R 128/92, BStBl II 95, 465; *Ley* KÖSDI 02, 13459 (13465)). Zum nachträgl Schuldenerlass → Rn. 455, 342. 487

ff) Ausscheiden unter Buchwert. Zum Veräußerungsverlust iSv § 16 bei vollentgeltl Übertragung/Ausscheiden und positivem KapKto sowie negativem Kaufpreis → Rn. 470, 421. Zu Buchwertklauseln → Rn. 482. 488

b) Besteuerung der Mitgesellschafter/Erwerber. – aa) Anschaffungskosten; Wertansätze; Gesamtaufstockung. AK entstehen den verbleibenden MitGes'tern, denen die Mitgliedschaftsrechte des Ausgeschiedenen anteilig anwachsen (→ Rn. 395). Entspr gilt bei Geschäftsübernahme durch einen MitGes'ter (§ 140 I 2 HGB aF, § 134 S 3 HGB nF; § 712a BGB nF; *OFD Bln* FR 02, 1151; → Rn. 480, 490

395). Gegenstand der Anschaffung sind auch hier die ideellen Anteile des Ausgeschiedenen an den einzelnen WG des GesVermögens (→ Rn. 443). Zu Einzelfragen zB SBV → Rn. 460. Die **Mehr-AK** sind jedoch nicht wie bei MUerAnteilsübertragung in Ergänzungsbilanzen (→ Rn. 461), sondern in der **StB der Ges** zu aktivieren (BFH VIII R 67/92, BStBl II 94, 449 (450); **aA** *Groh* FS FAfStR 1999, 243: Ergänzungsbilanzen; zu § 8 Nr 1 GewStG aF s BFH VIII R 52/98, BFH/NV 00, 80). Allerdings werden die für Ergänzungsbilanzen maßgebl Grundsätze in der StB der Ges „integriert", gelten mithin entspr (BFH IV R 27/19 DStR 23, 1125; *Ley* KÖSDI 92, 9159; *Groh* BB 94, 540). Deshalb zur Verteilung der Mehr-AK gem modifizierter **Stufentheorie** (Aufstockung/Ansatz auch eines Geschäftswerts) und der Abfindung **lästiger Ges'ter** → Rn. 462 f. Zur **HB** (bisher *FN-IdW* 12, 189 (198); *FN-IdW* 12, 370 (377): Aktivierung der stillen Reserven auch bei Anwachsung) s nunmehr IDW RS HFA 7 nF Rn. 58a (keine Aufstockung, nur Minderung des Eigenkapitals; glA *Groh* aaO, 251; abl *Ley* KÖSDI 18, 20750 (20761)). Die Anschaffung der bisherigen Ges'ter beschränkt sich auf die Anteile des Veräußerers an den WG des GesVermögens; die Buchwerte der **bisherigen Anteile** der Mit-Ges'ter/Erwerber an den WG des GesVermögens sind **fortzuführen** (BFH IV B 133/06, BFH/NV 07, 888; *OFD Bln* FR 02, 1151: keine Betriebsaufgabe; zutr). *Ausnahme:* Eintritt eines *weiteren* Ges'ters, der eine Einlage in das GesVermögen leistet, sodass die Ges zwar nach **§ 24 UmwStG** die gemeinen Werte ansetzen kann (→ Rn. 511; *BMF* BStBl I 25, 92 Rn. 01.47); allerdings entsteht nach § 24 III 3 UmwStG lfd Gewinn, *soweit* er auf die bisherigen Ges'ter entfällt (→ Rn. 331 f).

491 **bb) Geschäftswert; Vermutungen.** S. hierzu zB BFH IV R 107/88, BFH/NV 90, 496 (bej betr negatives KapKto); BFH IV R 56/75, BStBl II 79, 302: indirekte/direkte Methode; Berücksichtigung des Unternehmerlohns). Auch die Abfindung für **„vorzeitiges" Ausscheiden** ist grds Entgelt für anteilige stille Reserven (iEinz BFH I R 226/70, BStBl II 75, 236). Zur Ausnahme bei Übernahmerecht ohne Verpflichtung zur Geschäftswertabfindung s BFH IV R 79/82, BStBl II 84, 584: keine AK für Geschäftswert.

492 **cc) Übernahme eines negativen Kapitalkontos.** Zu den AK bei Übernahme eines negativen KapKto mit oder ohne Weiteres Barentgelt, etwaigen Ausgleichsforderungen gegen den Ausscheidenden, deren Verlust und Erlass sowie zum Übergang negativer KapKto bei Haftungsbeschränkung (zB KG-Anteil) einschließl verrechenbarer Verluste (§ 15a) und etwaiger Ausgleichsposten → Rn. 465 f; → § 15a Rn. 155 ff, 161 f. Zur unentgeltl Übertragung → Rn. 423.

493 **dd) Ausscheiden unter Buchwert.** Die Ausführungen zu → Rn. 470 f betr Abstockungen/Ausgleichsposten bei vollentgelt Erwerb (etc) gelten mit der Maßgabe entspr, dass diese nicht in Ergänzungsbilanzen, sondern bei Fortbestand der Ges in deren StB vorzunehmen sind. → Rn. 470 f auch zu negativen Kaufpreisen sowie zu Abfindungs-/Preisabschlägen aus betriebl/privaten Gründen.

495 **c) Innengesellschaften.** Bei Auflösung einer atypischen stillen Ges (oder einer anderen gewerbl InnenGes) durch Ausscheiden des stillen Ges'ters erwirbt der Inhaber des Handelsgeschäfts *estrechtl* die schuldrechtl wertmäßigen Anteile des stillen Ges'ters am BV, obwohl er sachenrechtl bereits vorher Alleineigentümer war. Wird umgekehrt das Handelsgeschäft auf den stillen Ges'ter übertragen und findet dieser den Geschäftsinhaber ab, erwirbt der stille Ges'ter *estrechtl* – wiederum abw vom Zivilrecht – nur die wertmäßig auf den Inhaber des Handelsgeschäfts entfallenden Anteile des BV (iEinz → Rn. 399). Die zu → Rn. 481 ff dargelegten Grundsätze gelten mithin entsprechend.

498 **3. Sachwertabfindung ins Privatvermögen.** Sie fällt im Gegensatz zur Abfindung ins BV *nicht* unter § 16 III 2 (unechte Realteilung = Aufgabe des MUerAnteils; → Rn. 480, 531) und ist deshalb bei vollentgeltl/teilentgeltl Ausscheiden des Ges'ters

Veräußerung des gesamten MUerAnteils (§ 16 I 1 Nr 2) und Erwerb durch die verbleibenden Ges'ter, gleichgültig, ob die Sachwertabfindung nach, beim oder vor dem Ausscheiden vereinbart wird (BFH IV R 67/86, BStBl II 90, 132; anders aber – lfd Gewinn gem § 16 I 2 – bei *Minderung* der GesRechte). Veräußerungspreis ist der Nennwert des auf Geld gerichteten Abfindungsanspruchs, wenn die Sachwertabfindung an Erfüllungs Statt geleistet wird (§ 364 BGB), andernfalls der gemeine Wert des Sachwerts (*Ley* KÖSDI 18, 20750 (20761)). Auf die Gewinnrealisierung durch Veräußerung des MUerAnteils iVm der anteiligen Aufstockung sämtl WG des GesVermögen (einschließl Abfindungsgut) bei den verbleibenden Ges'tern *(Stufe 1)*, folgt die Abfindung mit den Sachwerten iVm mit einem – lfd (gewstpfl) Gewinn iHd Differenz zw dem Wert (s oben) der Abfindungsschuld und dem anteilig aufgestockten Buchwert des Abfindungsguts *(Stufe 2)*, der uU nach § 6b neutralisiert werden kann. Zum Barausgleich s *Märkle* BB 84, Beil 10, 8.

Beispiel (s auch das Beispiel in *BMF* BStBl I 06, 253 Tz 51 betr Miterben):

ABC-OHG: Bilanz vor Ausscheiden des A

	Buchwert	(Verkehrswert)		Buchwert	(Verkehrswert)
Grundstück 1	40	(100)	Kapital A	60	(100)
Grundstück 2	20	(40)	Kapital B	30	(50)
Sonstige WG	60	(60)	Kapital C	30	(50)
	120	(200)		120	(200)

A scheidet aus; er erhält als Abfindung das Grundstück 1. *Stufe 1:* Gewinn des A aus der Veräußerung eines MUeranteils 100 ./. 60 = 40 (½ stiller Reserven Grundstück 1 und 2), sodass der Buchwert von Grundstück 1 um 30 (= ¾ von 40) von bisher 40 auf 70 aufgestockt wird. *Stufe 2:* lfd Gewinn iHv von 30 = 100 (Abfindungsschuld) – 70 (aufgestockter Buchwert von Grundstück 1 = Sachabfindungsgut).

4. Sachwertabfindung ins Betriebsvermögen. – a) Grundsätze. Zu den Rechtslagen vor 2000 → 39. Aufl 2020, § 16 Rn. 522. Sieht man mit **BFH/FinVerw** (*BMF* BStBl I 19, 6 Rn. 2, 32 einschließl Übergangsregelung) in der (bloßen) Erfüllung von Sachwertabfindungsansprüchen in das **BV** des Ausscheidenden **nach** dem **31. 12. 00** (→ Rn. 523) eine sog **(unechte) Realteilung** (§ 16 III 2 = *Aufgabe des MUerAnteils* iVm grds zwingender Buchwertfortführung; nicht Veräußerung), sind die (Schluss-)Kapitalkonten der Ges'ter an die Buchwerte der zu übereignenden und im GesVermögen verbleibenden WG erfolgsneutral anzupassen (BFH IV B 102/06, BeckRS 2007, 25012442: KapKto-Anpassungsmethode), sodass ggf **stille Reserven „überspringen"** und die Abfindungsschuld **erfolgsneutral** erfüllt wird (BFH IV R 16/22, DStR 26, 30). 500

Beispiel:

ABC-OHG: Bilanz vor Ausscheiden des A

	Buchwert	(Verkehrswert)		Buchwert	(Verkehrswert)
Grundstück	40	(100)	Kapital A	20	(100)
Übrige WG	20	(200)	Kapital B	20	(100)
			Kapital C	20	(100)
	60	(300)		60	(300)

A scheidet gegen Grundstücksabfindung aus und führt dessen Buchwert (40) in seinem Einzelunternehmen fort. Sein KapKto bei der OHG wird erfolgsneutral um 20 auf 40 „aufgestockt"; die Kapkten von B und C werden zusammen um 20 auf je 10 „abgestockt". Der Anteil des A an den stillen Reserven der übrigen WG (⅓ von 180) ist erfolgsneutral auf B und C, der Anteil von B und C an den stillen Reserven des Grundstücks (⅔ von 60) ist erfolgsneutral auf A „übergesprungen".

501 **b) Zweifelsfälle.** Die Grundsätze zu → Rn. 500 gelten mE **nicht** bei „reinen" **Geldabfindungen** ggf iVm Schuldübernahmen/negativen Kapitalkonto. Fragl ist aber die Behandlung *gemischter* Abfindungen ins BV (geringe Sachwerte iVm hohem Barentgelt; → Rn. 531 f, 536), der Abfindungen in das PV *und* BV (→ Rn. 531), das Zusammentreffen mit Leistungen *aus künftigen Erträgen* der Ges (→ Rn. 537, 544) und/oder mit einem *Spitzenausgleich* aus dem PV/anderen BV der verbleibenden Ges'ter (→ Rn. 542), die Entnahme von WG gegen *Minderung* von GesRechten (→ Rn. 531; → § 6 Rn. 797).

503 **5. Ausscheiden ohne Abfindung; „Anwachsungsmodell". – a) Komplementär-GmbH.** Ist sie an Vermögen/Gewinn der PersGes nicht beteiligt, wird durch ihr entschädigungsloses Ausscheiden kein Gewinn realisiert (*OFD Bln* FR 02, 1151; FSen Bln DStR 24, 691; *Hübner ua* DStR 23, 543; mE § 6 III analog bzw Realteilung; BFH IV R 31/14, BStBl II 19, 24 Rn. 31, 41).

505 **b) Kommanditist; „Anwachungsmodell"; verdeckte Einlage.** Während das Ausscheiden eines K'tisten gegen Entgelt aus dem PV/*anderen* BV des Erwerbers/Mit-Ges'ters unter § 16 I 1 Nr 2 (Veräußerung des MUerAnteils; → Rn. 442; zu Mischnachlass aber → Rn. 636 ff, 660 ff) und das unentgeltl Ausscheiden idR unter § 6 III fällt (→ Rn. 421; uU iVm einem Entnahmegewinn der verbleibenden Ges'ter), kann dies anders sein, wenn der K'tist einer GmbH & Co KG zugleich Anteilseigner der Komplementär-GmbH ist (*Folge:* GmbH-Anteile sind idR SBV; → § 15 Rn. 517, 714). Scheiden sämtl K'tisten aus der KG aus, geht das GesVermögen (nicht die GmbH-Anteile) im Wege der Gesamtrechtsnachfolge (→ Rn. 395; *Hopt* § 131 HGB Rn. 35) auf die GmbH über (ungenaue Bezeichnung: Anwachsung). Die GmbH führt das Unternehmen allein fort (zu *deren* MUerAnteil → Rn. 503; *CGd* GmbHR 02, 1019). Erhalten die K'tisten keine Abfindung oder ist diese niedriger als der Verkehrswert der KG-Anteile, hat das Ausscheiden den Charakter einer **verdeckten Einlage** bei der GmbH. **§§ 20 ff UmwStG** sind **nicht** anwendbar, weil die K'tisten keine neuen GesAnteile erhalten (*BMF* BStBl I 25, 92 Rn. E 20.10). Die verdeckte Einlage ist **Aufgabe** des **MUerAnteils** (→ Rn. 216, 435; OFD Ddorf DB 88, 1524; *Wacker* BB 98, Beil 8, 17; BFH I R 202/83, BStBl II 87, 705). Bei der Ermittlung des Aufgabepreises ist auch der gemeine Wert der GmbH-Anteile anzusetzen, die SBV waren (*OFD Brem* FR 03, 48; Teileinkünfteverfahren; ebenso zu atypisch stiller Ges FG Nbg EFG 01, 566); fragl, ob der Buchwert des aufgegebenen MUerAnteils ab 2001 rückwirkend auf Grund der Körperschaftsklausel des § 6 V 6 zu erhöhen ist (*Rödder ua* DStR 01, 1634 (1637)). Zu abw Ansichten (keine Gewinnrealisierung) → 39. Aufl 2020, § 16 Rn. 513. ***Ausweg:*** Werden die KG-Anteile durch *Kapitalerhöhung* in die Komplementär-GmbH eingebracht (sog **erweitertes „Anwachsungsmodell"**), tritt nach Maßgabe der §§ 20 ff UmwStG keine Gewinnrealisierung ein (BFH I R 98/06, BStBl II 08, 916; *Orth* DStR 09, 192); § 1 III Nr 4 UmwStG (Einzelrechtsnachfolge; *hier* bezügl KG-Anteil) steht dem nicht entgegen (*BMF* BStBl I 25, 92 Rn. 01.44; *Ege ua* DStR 10, 2463 (2468)). Auch der ursprüngl GmbH-Anteil gilt als nach § 22 I, VII UmwStG, § 17 I, VI steuerverstrickt (*BMF* BStBl I 25, 92 Rn. 20.09, 20.10; BFH VIII R 25/98, BStBl II 01, 321; BFH I R 88/10, BStBl II 13, 94). Zum *anschließenden* **Ausscheiden** der **GmbH** aus der KG (bei Vorhandensein weiterer Ges'ter) s BFH I R 124/91, BStBl II 93, 889: kein Missbrauch. Zum KG-Verschmelzungsmodell s *Ege ua* DStR 10, 2463; zum **Treuhandmodell** (→ § 15 Rn. 170) s *Stegemann* DStR 15, 2577; *ders* DStR 24, 2410 (betr § 1a KStG). Zur GrEStG s *SHS* UmwStG E Rn. 59 ff.

IV. Einbringung; Gesellschafterbeitritt; Änderung der Beteiligungsverhältnisse

510 **1. Einbringung; Abgrenzungen.** Zur Einbringung von MUerAnteilen in PersGes/KapGes (§§ 20, 24 UmwStG), Abspaltung von MUerAnteilen (§ 15

UmwStG) und der Verschmelzung von PersGes →Rn. 397. Zum Anteilstausch →Rn. 475; zum zivilrechtl/estrechtl Formwechsel von PersGes →Rn. 401 f.

2. Gesellschafterbeitritt; Gesellschaftsgründung

Verwaltung: *BMF* BStBl I 95, 14 (AfA auf Praxiswert); *BMF* BStBl I 25, 92 (UmwSt-Erlass 2025); *BMF* BStBl I 17, 34 (Ergänzungsbilanz); *LfSt Bay* DB 14, 2681 (WahlR).

a) Eintritt in Personengesellschaft. – aa) Einlage des Hinzutretenden. Tritt ein weiterer Ges'ter in eine PersGes gegen Geld oder sonstige Einlage ein, bringen die bisherigen Ges'ter wirtschaftl und iSv § 24 UmwStG auch rechtl betrachtet ihre MUerAnteile in eine neue erweiterte MUerschaft ein (*Ausnahme:* Beitritt ohne Vermögensbeteiligung; BFH IV R 70/05, BStBl II 08, 265; *BMF* BStBl I 25, 92 Rn. 1.47; abl zB *Bauschatz* GmbHR 21, 359). *Folge:* Wahlrechte gem § 24 II Buchwertfortführung etc; zur Bilanzierung (Ergänzungsbilanz iZm Netto- oder Bruttomethode) → § 15 Rn. 472; zur Ausübung des Wahlrechts s *LfSt Bay* DB 14, 2681. Bei Ansatz des gemeinen Werts ist der Gewinn grds nach § 16 IV, § 34 begünstigt (→Rn. 397); § 24 III 2 UmwStG (*Teil*anteilseinbringung) ist nicht einschlägig; allerdings gilt der Einbringungsgewinn im Umfang der „MUeridentität" auf Veräußerungs- und Erwerberseite nach § 24 III 3 UmwStG iVm § 16 II 3 als lfd und ggf gewstpfl Gewinn (→Rn. 331 f; BFH VIII R 7/01, BStBl II 04, 754; *BMF* BStBl I 25, 92 Rn. 24.16 f; BR-Drs 612/93, 82; krit *Wacker* StbJb 05/06, 67 (83); *Keuthen* Ubg 13, 480). Fragl, ob *nur* diese *lfd* Gewinnanteile durch negative Ergänzungsbilanzen neutralisiert werden können (bej *Breidenbach* DB 95, 296). 511

bb) Zuzahlungen an bisherige Gesellschafter. Leistet der neue Ges'ter (nur) eine Zahlung an die Alt-Ges'ter, ist dies **Veräußerung/**Erwerb des **Teils** eines **MUerAnteils;** *Folge (ab 2002): lfd* und grds gewstpfl Gewinn an (→Rn. 415; *BMF* BStBl I 25, 92 Rn. 24.10) = **„Rechtsakt 1".** Eine solche Zahlung ist auch in der Leistung ins GesVermögen iVm der Tilgung **privater Schulden** der Ges (zB gemischtes Kontokorrent!) oder in einer sonstigen **zeitnahen Entnahme** durch die bisherigen Ges'ter (*BMF* BStBl I 25, 92 Rn. 24.09, 24.11) zu sehen. Gleiches gilt für das sog **Gewinnvorabmodell** (BFH VIII R 47/12, BStBl II 16, 600: Gewinnvorzug der Alt-Ges'ter unabhängig von Fixbeträgen; zutr; auch →Rn. 250; → § 15 Rn. 443) sowie für Zuzahlungen in ein **anderes BV** des bisherigen Ges'ters (BFH IV R 33/11, BStBl II 15, 717; BFH IV R 38/15, BStBl II 18, 587: betr atypisch stille Ges; → § 15 Rn. 350). Nach bisheriger Rspr ist der Gewinn gem der sog Trennungstheorie (= *anteilige* Buchwertgegenrechnung) zu ermitteln (iEinz BFH X R 28/12, BStBl II 16, 81; BFH GrS 1/16, BStBl II 19, 70: zwischenzeitl erledigte Vorlage; →Rn. 514; allg einschr *Wacker* BB 98, Beil 8, 30; zum Schuldzinsenabzug s BFH XI R 26/98, BFH/NV 00, 11); eine Neutralisierung durch negativen Ergänzungsbilanzen ist ausgeschlossen (BFH IV R 28/97, BFH/NV 98, 836). IÜ **(„Rechtsakt 2")** ist aber wirtschaftl und iSv **§ 24 UmwStG** rechtl von der Einbringung aller (bisheriger und nach Rechtsakt 1 erworbener) MUerAnteile in eine neue erweiterte PersGes gegen Gewährung von GesRechten auszugehen (*BMF* BStBl I 25, 92 Rn. 24.08, 24.10). *Folgen:* Wahlrecht zur Buchwertfortführung; § 6 V 3 ist nicht anwendbar (→Rn. 397). Bei Ansatz des gemeinen Werts ist für die bisherigen Ges'ter die Umqualifikation in lfd Gewinne gem § 24 III 3 UmwStG iVm § 16 II 3 zu beachten (→Rn. 331 f, 511; *BMF* BStBl I 25, 92 Rn. 24.12; BFH IV R 54/99, BStBl II 01, 178). 512

cc) Einlage und Zuzahlung. Sinngemäß gelten die Grundsätze zu →Rn. 511, 512, wenn der neue Ges'ter eine Einlage in das GesVermögen *und* eine Zahlung an die bisherigen Ges'ter leistet (*Wacker* BB 98, Beil 8, 30 f). 513

b) Einbringung eines Einzelunternehmens. Wird ein (gewerbl) Einzelunternehmen zu Buchwerten/Zwischenwerten in eine PersGes eingebracht und erhält der Einbringende vom neu eintretenden Ges'ter (= MUer; zur Abgrenzung s BFH 514

IV B 6/98, BFH/NV 99, 1080: betr bloße Praxisgemeinschaft) eine **Ausgleichszahlung ins PV,** entsteht – ebenso wie vor 2002 (dazu einschließl Zweistufenmodell → 34. Aufl 2015, § 16 Rn. 565 und → 39. Aufl 2020, § 16 Rn. 565) – *grds* (s unten) ein *nicht* von § 16 I 1 Nr 1 erfasster, dh **lfd** und gewstpfl **Gewinn** aus der entgeltl Veräußerung der Anteile an den WG des Einzelunternehmen (**„Rechtsakt 1“,** → Rn. 512). Ein dem Einbringenden ggü der PersGes *zudem* („Mischentgelt“) gewährter **Darlehensanspruch** war bei Buchwertansatz nach BFH X R 42/10, BStBl II 16, 639 nur gewinnwirksam, soweit er zusammen mit der KapKto-Gutschrift den auf den Einbringenden entfallenden Schlussbilanzwert des Einzelunternehmens überschritten hatte (Einheitstheorie; zutr; *Kulosa* HFR 13, 1155; *Krüger* FR 15, 1108; 16, 11; ohne Aussage nunmehr *BMF* BStBl I 25, 92 Rn. 24.07). Ab **2015** ist diese Einheitsbetrachtung jedoch iSe „Freibetragslösung“ auf Gegenleistungen (Barzahlung, Darlehen) begrenzt, die 25% des Buchwerts *und* 0,5 Mio € nicht überschreiten (§ 24 II 2 Nr 2); von der übersteigenden Gegenleistung ist nur der anteilige Buchwert abzusetzen (Trennungstheorie; BT-Drs 18/4902, 49 ff; BT-Drs 18/6094, 84 f). Wird das eingebrachte Vermögen mit dem **gemeinen Wert** angesetzt (**„Rechtsakt 2“,** → Rn. 512), wird hingegen ein Veräußerungsgewinn auch iZm „Rechtsakt 1“ nach §§ 16, 34 EStG iVm **§ 24 UmwStG** erzielt (BFH GrS 2/98, BStBl II 00, 123 zu C II 1; *BMF* BStBl I 25, 92 Rn. 24.12). Für diesen ist zwar § 24 III 2 UmwStG (betr MUer*Teil*anteil) nicht einschlägig, da entweder das Einzelunternehmen (so BFH IV R 54/99, BStBl II 01, 178) oder der gesamte MUerAnteil eingebracht wird; allerdings fällt, soweit der Einbringende an der PersGes beteiligt ist, nach § 24 III 3 UmwStG iVm § 16 II 3; BFH IV R 54/99, BStBl II 01, 178; → Rn. 331 f) ein lfd und grds gewstpfl Gewinn an. Zur **unentgeltl** Aufnahme → Rn. 218.

515 **c) Doppelstöckige Personengesellschaft.** Diese entsteht ua, wenn eine (Ober-)PersGes ihren Betrieb (etc) nach § 24 UmwStG in eine (Unter-)PersGes, einbringt (→ Rn. 384). Gleiches gilt bei Begründung einer **atypisch stillen Beteiligung** am Betrieb der (Ober)PersGes (→ § 15 Rn. 350, 354), Zu **§ 11 GewStG** (Freibetrag) s BFH III R 68/18, BStBl II 21, 869; zu **§ 10a GewStG** s *GLE* BStBl I 21, 1074; zT **aA** BFH IV R 34/10, BStBl II 17, 233; auch → Rn. 366.

516 **3. Änderung der Beteiligungsverhältnisse.** Erhöht ein Ges'ter seine Beteiligung durch (angemessene) Einlagen (*nicht* bei bloßer Neuaufnahme einer Komplementär-GmbH; BFH IV R 70/05, BStBl II 08, 265), ist ebenso wie bei Eintritt eines weiteren Ges'ters gegen Einlagen in das GesVermögen (→ Rn. 511) § 24 UmwStG anzuwenden (BFH VIII R 13/04, BStBl II 08, 545; *BMF* BStBl I 25, 92 Rn. 01.47); bei Buchwertfortführung wird kein Gewinn realisiert. Nach § 16 I 2 (ab 2002) nicht begünstigte Veräußerung des MUer*teil*anteils und keine Einbringung iSv § 24 UmStG ist hingegen die Übertragung von Teilen von GesRechten (zB Gewinnbeteiligung) gegen ein den übrigen Ges'tern persönl zufließendes Entgelt (iEinz → Rn. 415 f). Die unentgeltl Änderung der Beteiligungsverhältnisse (zB Nichtteilnahme an einer Kapitalerhöhung) kann als unentgeltl Übertragung eines MUer*teil*anteils iVm der Buchwertfortführung zu werten sein (§ 6 III → Rn. 11, 218, 420), ausgenommen, es geht zu Lasten einer KapGes (vGA; → § 15 Rn. 729 oder zu deren zugunsten (verdeckte Einlage iVm lfd Gewinn).

V. Realteilung einer Mitunternehmerschaft, § 16 III 2, 3, V

Verwaltung: *BMF* BStBl I 19, 6; *BMF* BStBl I 19, 11; *BMF* BStBl I 22, 678 (LuF/Verpachtung).

Schrifttum (Auswahl): *Wacker,* Notizen zur Realteilung …, FS Priester, 819; *ders.,* Zur unechten Realteilung …, FS Kessler 2021, 385; *Wendt,* Realteilung …, FS Lang, 699; *ders,* Ausscheiden gegen Sachwertabfindung …, FR 16, 536; *Levedag,* Der Realteilungserlass …, GmbHR 17, 113; *Steiner ua,* Neudefinition …, Ubg 17, 448, 451; *Stenert,* Der „neue“ Realteilungserlass ist überholt, DStR 17, 1785; *Pupeter,* Sachwertabfindung …, DB 17, 2122; *Riedel,* Zur fehlenden Systematik …, Ubg 18, 148; *Dorn ua,* Ungleichbehandlung …, DStR 19, 726; *Demuth,* Gestaltungsfeld …, KÖDSI 19, 21402; *Wübbelsmann,* Die Realteilung …, DStR 19, 2289; *Drüen,* Gewinnneutrale Realteilung …, DB 20, 1807, 1864; *Rombach ua,* Ertragsteuerl Aspekte …, FR 21, 868.

1. Überblick. – a) Buchwertfortführung/Kapitalkontenanpassung. § 16 III 2 ordnet (ggf iVm §§ 14 S 2, 18 III 2) für die „Realteilung einer MUerschaft" iVm der Übertragung von Teilbetrieben, MUerAnteilen oder Einzel-WG in das jeweilige *BV* des *MUers* – vorbehaltl § 16 III 3: Behaltefrist, § 16 III 4/5 nF (JStG 2024, BGBl I 24 Nr 387) und V: KöKlausel I und II – bei Fortbestand des dt Besteuerungsrechts die **zwingende** Buchwertführung und damit nicht selten den Übergang/ **„Überspringen" der stillen Reserven** von einem Ges'ter auf einen anderen nach der sog KapKto-Anpassungsmethode an. IEinz → Rn. 541, 500. 520

Beispiel: A und B sind zu je 50% Ges'ter einer OHG. Das GesVermögen besteht aus dem WG I (Buchwert 80, Teilwert 100) und dem WG II (Buchwert 20, Teilwert 100); KapKten von A und B je 50. Die OHG wird real geteilt. A erhält WG I, B WG II; beide führen die Buchwerte fort. Demgemäß stockt A sein KapKto erfolgsneutral von 50 auf 80 auf. B setzt sein KapKto erfolgsneutral von 50 auf 20 herab. Nach der Realteilung hat A stille Reserven von 20, B solche von 80.

b) Ertragsteuerrechtliche Fallgruppen der Realteilung. Aus § 16 III 2–5 (nF) (→ Rn. 520) ergeben sich nach Rspr/FinVerw folgende Unterscheidungen/ Fallgruppen – ***(1)*** echte oder unechte Realteilung, dh Aufgabe des Betriebs der MUerschaft oder des MUerAnteils (→ Rn. 530); – ***(2)*** *zwingende* **gewinnneutrale** Realteilung (Buchwertfortführung) bei fortdauernder betriebl Steuerverhaftung der Realteilungsmasse einerseits und der gleichfalls *zwingenden* **gewinnrealisierenden** Realteilung (Ansatz des gemeinen Werts gem § 16 III 9) bei Übernahme der WG ins PV; Verstoß gegen Behaltefrist/KöKlauseln gem § 16 III 3 f V andererseits; – ***(3)*** eine **personendifferenzierende** Betrachtung (§ 16 III 2: Übertragung in das „jeweilige BV der einzelnen MUer"; A überführt WG ins BV, B hingegen in sein PV); – ***(4)*** eine **objektdifferenzierende** Betrachtung (C übernimmt die ihm zugewiesenen WG zT in BV, zT ins PV; Verstoß gegen Behaltefrist § 16 III 3); glA BFH IV R 31/14, BStBl II 19, 24 Rn. 42; einschr *BMF* BStBl I 19, 6 Rn. 8: mindestens eine wesentl Betriebsgrundlage muss ins BV eines Realteilers gelangen (*Gragert* NWB F 3, 13887; **aA** zR BFH IV R 31/14, BStBl II 19, 24 Rn. 37); – ***(5)*** Realteilung *ohne* oder *mit* **Wertausgleich** aus Vermögen (PV/BV) der Ges'ter in Geld oder Sachwerten (→ Rn. 541 ff). 521

2. Rechtsentwicklung; Binnensystematik. § 16 III 2–4 wurde mit Wirkung ab dem **1.1.01** durch das **UntStFG** (BGBl I 01, 3858), § 16 III 5 durch **JStG 2024** (BGBl I 24 Nr 387) für Übertragungen nach dem 18.10.24 (§ 52 XII 18 nF) in das EStG eingefügt. Die Regelungen führen zwar die Milderungen der bis 1998 geltenden **Realteilungs-Rspr** fort, die in Fällen der Betriebsaufgabe auf der Ebene der PersGes ein Wahlrecht zur Buchwertfortführung des real geteilten Vermögens in „sinngemäß reziproker" Anwendung des Rechtsgedanken des § 24 UmwStG gewährt hatte (BFH VIII R 69/86, BStBl II 92, 385; *BMF* BStBl I 98, 268 Rn. 24.18; *Wacker* BB 99, Beil 5). Vgl. zur Rechtsentwicklung – einschließl die Rechtslage 1999/2000 (Buchwertfortführung nur bei Übertragung von Teilbetrieben/MUer-Anteilen) – iEinz → 39. Aufl 2020, § 16 Rn. 530 ff. **Systematisch** ist § 16 III 2–5 aber nunmehr nicht nur durch die Einbindung in die Tatbestände der **Betriebsaufgabe** des § 16 III 1 (zum „weiten" Realteilungsbegriff → Rn. 530), sondern vor allem durch die Angleichung an die überarbeiteten und wirtschaftl ähnl Bestimmungen des **§ 6 V 3 ff** zur Buchwertübertragung von Einzel-WG gegen Minderung von Ges-Rechten (*BReg-Bericht* FR 01, Beil 11, 4) gekennzeichnet. Sie fußen deshalb – ebenso wie § 6 V 3 – auf der gesetzl Kodifikation der **finalen Entnahmelehre** sowie dem Rechtsgedanken der **Fortführung** des **unternehmerischen Engagements;** nur Letzteres kann den Buchwert*zwang* (→ Rn. 520) trotz Betriebsaufgabe rechtferti- 523 gen (vgl BT-Drs 14/6882, 541). Demgemäß gelten für beide Normen gleichsinnige Restriktionen bezügl Behaltefrist (§ 6 V 4, § 16 III 3; → Rn. 549) und KöKlausel I (§ 6 V 5–7 nF/JStG 2024, BGBl I 24 Nr. 387), § 16 III 4–5 nF (JStG 2024 BGBl I 24 Nr 387); → Rn. 553) Zu § 16 V (idF SEStEG, BGBl I 06, 2782; KöKlausel II) → Rn. 555. Zum **Nebeneinander** von § 16 III 2–5 und der vor 1999 entwickelten Rspr-Realteilungsregeln bei **Erbauseinandersetzung** zB über Mischnachlässe (BV/PV) → Rn. 636 ff.

524 **3. Verhältnis zu anderen Normen. – a) Zivilrecht.** Der Begriff der Realteilung knüpft zwar an die zivilrechtl Naturalteilung (§ 731 BGB, § 145 I HGB) als eine „andere Art der Auseinandersetzung" des GesVermögens an, ist aber (ertrag-)steuerrechtl eigenständig zu bestimmen (→ Rn. 530). Realteilung (Naturalteilung) erfordert häufig die Einzelübertragung aller Vermögensgegenstände aus dem GesVermögen der PersGes in das Eigentum der Ges'ter. Die Vorschriften des **UmwG** über die Spaltung von „Rechtsträgern mit Sitz im Inl" (§ 1 iVm §§ 123–173 UmwG), die einen Übergang des Vermögens auf die Ges'ter im Wege der partiellen Gesamtrechtsnachfolge (Sonderrechtsnachfolge) ermöglichen, sind auf die Realteilung von PersGes grds nur anzuwenden, soweit die realzuteilende Ges eine Personen*handels*Ges ist (s § 124 iVm § 3 I Nr 1 UmwG: „übertragender Rechtsträger") und an dieser als Ges'ter KapGes oder Personen*handels*Ges beteiligt sind (s § 124 iVm § 3 I Nrn 1, 2 UmwG: „übernehmende Rechtsträger") oder eine Personen*handels*Ges auf zwei (oder mehrere) FolgeGes gleicher Rechtsform (→ Rn. 539) aufgespalten wird. Die UmwG-Vorschriften sind hingegen nicht anzuwenden, soweit an einer realzuteilenden PersonenhandelsGes natürl Personen als übernehmende Ges'ter oder GbR beteiligt sind. Ab 2024 gehört nach § 3 I Nr 1 UmwG idF **MoPeG** (BGBl I 21, 3436) auch die eingetragene GbR (§§ 706 ff BGB idF MoPeG) zu den verschmelzungs- und spaltungsfähigen Rechtsträgern (§ 124 UmwG).

526 **b) Steuerrecht.** Zu **§§ 14 S 2, 18 III 2** (luf/freiberufl MUerschaft) → Rn. 534; zu § 14 III nF (Sonderrecht) → § 14 Rn. 38; *BMF* BStBl I 22, 678; **§ 4 IVa** s *BMF* BStBl I 05, 1019 Rn. 10a; **§ 4h V** (Zinsvortrag) s *BMF* BStBl I 25, 683; → § 4h Rn. 56, 63 ff; zu **§ 6 IIa, § 6b, 7g** → Rn. 541; **gewerbl Grundstückshandel** BFH X R 160/97, BFH/NV 03, 890; *BMF* BStBl I 04, 434 Rn. 13; SonderAfA und FördG aF s *BMF* BStBl I 95, 374; **wiederkehrende Leistungen** *BMF* BStBl I 04, 922 Rn. 32; **§ 15a** (beschr Verlustverrechnung) → § 15a Rn. 177; **§ 34a** (Thesaurierungsprivileg) → § 34a Rn. 87. Zu §§ 22, 24 **UmwStG** s *BMF* BStBl I 25, 92 Rn. 22.20, 22.41, 24.07; BFH IV R 11/15, BStBl II 19, 29 Rn. 42: Kumulation unbedenkl; **GewSt** bei Spitzenausgleich → Rn. 542 f, 548, 551, 553; zu § 18 III UmwStG s *BMF* BStBl I 98, 268 Rn. 18.10; zum Verlustabzug s BFH X R 20/89, BStBl II 91, 25; GewStH 10a.2; GewStR 10a.3 III 9 Nr 7; *Wacker* NWB F 3, 10669; § 13a VI 1 Nr 1 **ErbStG** s ErbStR E 13a.13 III 2; **GrESt** s *FM BW* DStR 98, 82; BFH II R 30/18, BStBl II 21, 322; **USt** s BFH V R 3/21, DStR 24, 107; *Sternert* DStR 18, 765. **§ 42 AO** (Missbrauch) → Rn. 532, 536, 543, 550.

527 **c) Spaltung von Kapitalgesellschaften.** Maßgebl sind die §§ 15, 16 UmwStG, die auch in der Neufassung durch das SEStEG (BGBl I 06, 2782) an der Teilbetriebsbedingung festhalten (s *BMF* BStBl I 25, 92 Rn. 15.01 ff). Gleiches gilt für **Options-Ges gem § 1a KStG** (→ § 15 Rn. 160a; *BMF* BStBl I 21, 2212 Rn. 100).

530 **4. Gewinnneutrale Realteilung. – a) Realteilungsbegriff. – aa) Allgemeines.** Das Tatbestandsmerkmal der Realteilung ist trotz seiner Anlehnung an zivilrechtl Naturalteilung (§ 731 BGB, § 145 I HGB: „andere Art der Auseinandersetzung"; → Rn. 524) als normspezifischer Funktionsbegriff **ertragsteuerrechtl** eigenständig zu bestimmen. Im Anschluss an das Grundsatzurteil BFH III R 49/13, BStBl II 17, 37 unterscheidet die **BFH-Rspr** (BFH IV R 31/14, BStBl II 19, 24; BFH IV R 11/15, BStBl II 19, 29) aufgrund der Stellung iRd Aufgabetatbestände (§ 16 III 2 iVm 1): – ***(1)*** **Echte Realteilung,** verstanden entweder als *zivilrechtl Auf-*

lösung der MUerschaft (→ Rn. 534 = RealteilungsPersGes) oder als *Aufgabe des GewBetr der MUerschaft. Beispiel:* Jeder Ges'ter einer zwei- oder mehrgliedrigen PersGes übernimmt im Zuge der Beendigung der PersGes einen Teil des GesVermögens. Hierzu gehört mE auch die Aufteilung des BV einer beendeten MUerschaft auf zwei (oder mehrere) *FolgePersGes* (BFH XI R 51/89, BStBl II 92, 946; *BMF* BStBl I 98, 268 Rn. 24.19 zu UmwStG 1995; zur Rechtslage ab 2001 → Rn. 539). – ***(2)* Unechte Realteilung,** gekennzeichnet durch das Ausscheiden zumindest eines Ges'ters (MUers) unter Mitnahme von mitunternehmerischem Vermögen aus der fortbestehenden PersGes (MUerschaft) und damit durch die (ggf gewinnneutrale) *Aufgabe des MUerAnteils.* BFH III R 49/13 (BStBl II 17, 37) hatte dies zunächst nur für das Ausscheiden gegen Übernahme von **Teilbetrieben** (MUerAnteilen) entschieden (ebenso mit Übergangsregelung *BMF* BStBl I 17, 36 zu II, X). Die BFH-Urteile IV R 31/14, BStBl II 19, 24; BFH IV R 11/15, BStBl II 19, 29; BFH IV R 16/22, DStR 26, 30 haben dies auf die Übernahme von **EinzelWG** unabhängig davon ausgedehnt, ob es sich hierbei um wesentliche oder **unwesentliche** Betriebsgrundlagen handelt (glA FG Nbg EFG 18, 1969, rkr). Dem hat sich nunmehr auch die **FinVerw angeschlossen** (*BMF* BStBl I 19, 6 Rn. 2, 32 mit **Übergangsregelung** auf einvernehml Antrag für unechte Realteilungen, die vor 2019 „stattgefunden haben"; mE Übergang des wirtschaftl Eigentums maßgebl). – ***(3)* Einzelheiten.** – ***(a)*** Nach BFH IV R 31/14, BStBl II 19, 24 Rn. 46 untersteht **SBV,** das vom MUer in das *eigene* (Sonder-)BV übernommen wird, mangels „Übertragung" (iSv § 16 III 2) *nicht* den Realteilungsregeln, sondern § 6 V 2 (glA *BMF* BStBl I 19, 6 Rn. 5; → Rn. 538). – ***(b)*** Bei unechter und echter Realteilung sind für die Gewinnneutralität die **personen- und objektbezogenen** Merkmale (→ Rn. 521; zB fortdauernde StVerstrickung der zugeteilten WG; Behaltefrist; KöKlausel) zu beachten (glA BFH IV R 31/14, BStBl II 19, 24; BFH VIII R 28/08, BStBl II 14, 299). – ***(c)*** Zum Verhältnis zu den Einbringungen gem **§§ 20, 24 UmwStG** s BFH IV R 11/15, BStBl II 19, 29: Kumulation unbedenkl; → Rn. 526. – ***(d)*** Zu vorgelagertem Buchwerttransfer nach **§ 6 V** und anschließender Realteilung (§ 16 III 2 ff) s BFH IV R 11/15, BStBl II 19, 29 Rn. 44 ff: unschädl; → Rn. 541). – ***(4)* Kritik.** Die Rspr überzeugt mE trotz Zustimmung des Schrifttums (zB *Steiner ua* Ubg 17, 448; *Pupeter* DB 17, 2122; *Stenert* DStR 17, 1785; *Levedag* GmbHR 16, 377; *Drüen* DB 20, 1807 mwN) nicht (s *Wacker* FS Kessler, 2021, 385). Abgesehen davon, dass – entgegen der Ansicht des *BMF* (BStBl I 19, 6 Rn. 1: Betriebsfortführung durch einen MUer = BetrAufgabe) – keinesfalls jede (zivilrechtl) Auflösung einer PersGes zur BetrAufgabe führt (vgl → Rn. 152, 220, 639; BFH GrS 4–6/89, BStBl II 90, 847 Rn. 85; BFH GrS 2/89, BStBl II 90, 837 Rn. 95: Auskehrung analog § 7 I EStDV aF = § 6 III), und die Abgrenzung von echter/unechter Realteilung bei Ausscheiden eines Ges'ters aus eine zweigliedrigen PersGes „verschwimmt" (zB *Steiner ua* Ubg 17, 448 (452)), ist nicht ersichtl, dass bei unechter Realteilung der Veräußerungstatbestand (Sachwertabfindung; → Rn. 480) durch die von der Rspr angenommenen Aufgabetatbestände verdrängt werden könnte (ähnl *Görgen* DStZ 17, 279; *Wübbelsmann* DStR 19, 2290). Zum einen kann die Realteilung Teil einer Veräußerung (→ Rn. 544: zukünftige Leistungen) und/oder mit einem Spitzenausgleich verbunden sein (→ Rn. 542); auch kann die Abfindung teils in das PV (= Veräußerung der MUerAnteils), teils in das BV des Realteilers gelangen (dazu → Rn. 498, 501, 531). Zum anderen ist selbst das Ausscheiden gegen Übernahme von Teilbetrieben etc nach allg Grundsätzen als vorrangige (→ Rn. 435, 152) Veräußerung des MUer-Anteils zu qualifizieren (→ Rn. 480), jedoch mit Rücksicht auf die *Wertungen* des § 6 III zur Buchwertfortführung den insoweit zweckidentischen Buchwert-Realteilungsregeln (§ 16 III 2 ff analog) zu unterstellen. Dies entspricht zudem der Beurteilung von Erbauseinandersetzungen über sog Mischvermögen (BV/PV; dazu → Rn. 605 ff, 647). Ferner ist nicht einsichtig, weshalb SBV nur dann Teil der Realteilung sein soll, wenn es entweder in das Gesamthandsvermögen des Ausscheidenden oder in das (Sonder-)BV der anderen Realteiler „übertragen" wird (→ Rn. 535). –

(5) Kommentierungshinweis: Trotz dieser Kritik wird angesichts der auf die Bedürfnisse der Rechtspraxis zugeschnittenen Zielsetzung dieses Kommentars im Folgenden von der nunmehr grds einvernehmlichen Ansicht von **BFH** und **FinVerw** ausgegangen.

531 **bb) Abgrenzung zur Sachwertabfindung; Zweifelsfragen.** – ***(1)*** Nach Ansicht von BFH und *BMF* zur sog **unechten Realteilung** (→ Rn. 530) untersteht auch das Ausscheiden aus einer fortbestehenden MUerschaft (RealteilungsGes) gegen Sachwertabfindung in ein anderes **(Sonder-)BV** der Realteilung gem § 16 III 2 ff (Aufgabe des MUerAnteils). Unerhebl ist, ob Teilbetriebe, MUer(-Teil-)anteile; 100%iger KapGes-Beteiligung oder EinzelWG übertragen werden (*BMF* BStBl I 19, 6 Rn. 2). *Ausnahme:* Übernahme von SBV in anderes (Sonder-)BV des MUers (*BMF* BStBl I 19, 6 Rn. 5; s einschließl Kritik → Rn. 530, 535). – ***(2)*** **Zweifelhaft** (unklar auch *BMF* BStBl I 19, 6) ist, ob Gleiches für die Entnahme von WG gegen **Minderung von GesRechten** gilt, oder ob § 6 V 3 (Veräußerung eines MUerTeilanteils) mit der Folge zu beachten ist (→ Rn. 501; → § 6 Rn. 797), dass – ***(a)*** vorbehaltl Kö-Klausel (§ 6 V 5) die Buchwerte zwingend fortzuführen (*FSen Bln* GmbHR 12, 544: auch bezügl Mandantenstamm; Sperrfrist gem § 6 V 4) und – ***(b)*** die Übernahme von **Schulden** der MUerschaft nach *BMF* BStBl I 13, 1164 zur anteiligen Gewinnrealisierung gem Trennungstheorie führt (mE fragl; zur vollen Buchwertverrechnung → Rn. 71). – ***(3)*** Gelangt die Abfindung insgesamt (*BMF* BStBl I 19, 6 Rn. 2: „vollständig") in das **PV** des Ausscheidenden, fällt kein Aufgabegewinn (§ 16 III 2, 8), sondern (zweifacher) Veräußerungsgewinn an (→ Rn. 498; **aA** *Steiner ua* Ubg 17, 448 (451); *Rombach ua* FR 21, 868: Realteilung; unzutr). – ***(4)*** Bei **Mischabfindung** in PV *und* in BV des Ausscheidenden bindet *BMF* (BStBl I 19, 6 Rn. 10) die Realteilung in die *Veräußerung* des MUerAnteils (§ 16 *II*) ein. Gewinn = Veräußerungspreis (gemeiner Wert der Abfindung in PV und Buchwert des BV) abzügl KapKto (ohne Anpassung an Buchwerte des BV) und Veräußerungskosten (auch → Rn. 544). *Weitere Folge:* lfd Gewinn der verbleibenden MUer aus Veräußerung der Abfindung in PV iVm anteiliger Aufstockung der verbleibenden WG (auch zur GewSt → Rn. 498). – ***(5)*** Gleiches soll nach *BMF* (BStBl I 19, 6 Rn. 31) bei unechter Realteilung im Falle der Verletzung der **Behaltefrist** (§ 16 III 3) bezügl der zunächst ins BV überführten WG gelten (→ Rn. 551). – ***(6)*** Unklar ist ferner, ob das Ausscheiden gegen Übernahme **liquider Mittel** in eigenes (Sonder-)**BV** noch Realteilung oder gewinnrealisierende Veräußerung ist. Letzteres nimmt *BMF* BStBl I 19, 6 Rn. 3 bei „Abfindung in Geld" an (zutr; → Rn. 480; offen BFH IV R 27/19, DStR 23, 1125 Rn. 37), ohne sich allerdings zu geldnahen WG (Forderungen etc) sowie zu Mischabfindungen (zB Geld und AV; → Rn. 536) zu äußern (ausführl *Stenert* DStR 17, 1785 (1790); *Demuth* KÖSDI 19, 21402 (21423 ff): Realteilung). – ***(7)*** Zum Ausscheiden der **Komplementär-GmbH** → Rn. 503.

532 **cc) Keine Realteilung; Missbrauch.** Auch nach BFH/FinVerw (→ Rn. 530 f) umfasst die Realteilung (§ 16 III 2) bei *Fortführung des Betriebs* weder die unentgeltl Übertragung (→ Rn. 420 ff) eines MUerAnteils noch dessen Veräußerung gegen ein **vom Erwerber** zu leistendes **Entgelt** (→ Rn. 441 ff). Ebenso bei Übernahme **liquider Mittel** der MUerschaft in das **PV** des MUers. Zur gleichzeitigen Realteilung **mehrerer PersGes** durch Anteilstausch → Rn. 475. Zu mögl „Missbräuchen" **(§ 42 AO)** → Rn. 536, 543, 550; *BMF* BStBl I 25, 92 Rn. 24.07; *Menner ua* DB 03, 1075 (1079): Realteilung nach Umwandlung KapGes in PersGes; *Tiedtke ua* DB 02, 652 (654): gewerbl Grundstückshandel.

534 **b) Mitunternehmerschaft.** § 16 III 2–5 gelten nicht nur bei AußenGes mit betriebl Gesamthandsvermögen, sondern auch für InnenGes, zB **atypische stille Ges** oder Unterbeteiligung sinngemäß (str; *Groh* FS Kruse, 417 (429); *Crezelius* FS Schaumburg, 239 (247); offen *BMF* BStBl I 19, 6; *Neumann* EStB 06, 143). Ebenso bei Güter-/Erbengemeinschaft mit BV/PV (→ Rn. 615, 625; vgl auch *BMF*

BStBl I 92, 542 Rn. 21; unklar FG Bln-Bbg EFG 09, 745). Fragl bei Bruchteilsgemeinschaften (zu PV nach Rechtslage bis 1998 s aber BFH IV R 74/95, BStBl II 96, 599; bei Tausch evtl § 6 VI) sowie bei Bürogemeinschaften. Zur Einbeziehung **ausl PersGes** s *OFD Bln* DB 97, 450; Überführung in **ausl Betriebsstätten** → Rn. 548. Die Art der (betriebl) Einkünfte ist unerhebl (§§ 14 S 2, 18 III 2 iVm § 16 III 2; zur **Freiberufler-**Sozietät s zB BFH IV R 131/91, BStBl II 93, 509; zu **luf** PersGes BFH VI R 73/15, BStBl II 22, 306); zum Qualifikationswechsel bei der Realteilung → Rn. 538. § 16 III 2–5 gelten hingegen **nicht** für Zugewinngemeinschaften (BFH IV R 1/01, BStBl II 02, 519: kein gemeinschaftl Vermögen, zutr; EStH 16 IV; krit *Götz* FR 03, 127) und nicht für **KapGes** einschl **OptionsGes** gem § 1a KStG (→ Rn. 527; → § 15 Rn. 160a: Trennungsprinzip).

c) Realteilungsgegenstände. – aa) Grundsätze. Hierzu gehören nach § 16 III 2 **Teilbetriebe** (*BMF* BStBl I 19, 6 Rn. 5 f: einschließl 100%ige Beteiligung an KapGes; zu mehreren Betrieben bei Erbauseinandersetzung → Rn. 617), **MUer-Anteilen** und **EinzelWG;** ungeachtet dessen, ob diese funktional für den einem anderen Ges'ter (Realteiler) zugewiesenen Teilbetrieb oder MUerAnteil wesentl waren (zum Teilbetrieb etc bei Behaltefrist/KöKlausel nach § 16 III 3-5 → Rn. 550, 556); zu Anteilen an *RealteilerKapGes* s *Drüen* DB 20, 1807 (1864). Demgemäß gilt Gleiches für EinzelWG des **SBV** selbst dann, wenn es sich hierbei um die wesentl Betriebsgrundlage der MUerschaft handelt (*BMF* BStBl I 19, 6 Rn. 12); zur Überführung von SBV in *eigenes* (Sonder-)BV des Realteilers aber → Rn. 530. Die Buchwertfortführung erfasst des Weiteren die **Spaltung** von **MUerAnteilen** (mE auch bei disquotaler Zuweisung des SBV; vgl zu § 6 III 2 auch → Rn. 420) sowie von **KapGes-Anteilen;** unerhebl ist hierbei, ob die Anteile zu den funktional wesentl Betriebsgrundlagen des (Teil-)Betriebs oder MUerAnteils der RealteilungsGes gehören. Nach Sinn und Zweck greift § 16 III 2 ferner über den Wortlaut hinaus, wenn bei Realteilung der A/B-OHG Ges'ter A den **gesamten Betrieb** der OHG, Ges'ter B hingegen den MUerAnteil der OHG (OberGes) an der U-KG (UnterGes) übernimmt (*BMF* BStBl I 19, 6 Rn. 1; *Rödder ua* DStR 01, 1634 (1649)). 535

bb) Liquidität; Schulden. Zu den positiven/negativen EinzelWG des § 16 III 2 gehören grds nicht nur liquide Mittel, sondern auch Schulden der MUerschaft, ausgenommen solche, die erst durch die Realteilung entstehenden wie zB eine Wertausgleichsschuld (→ Rn. 542). Unerhebl ist, ob die Schulden im wirtschaftl Zusammenhang mit den vom Realteiler (Ges'ter) übernommenen WG (EinzelWG, Teilbetriebe) stehen (BFH VIII R 57/90, BStBl II 94, 607; *BMF* BStBl I 06, 253 Rn. 18 betr Miterben; aber → Rn. 630, 641 zur Rspr des IX. BFH-Senats) oder ob sie dem rechnerischen Anteil des Ges'ters am GesVermögen entsprechen. Die (inkongruente) Übernahme/Aufteilung der Schulden/liquiden Mittel der MUerschaft ist grds kein Entgelt iSe Wertausgleichs (BFH III R 49/13, BStBl II 17, 37; zu § 42 AO → Rn. 543). Keine Realteilung, sondern entgeltl Veräußerung eines MUerAnteils gegen Geld lag nach der Rechtslage bis 1998 (→ Rn. 523) aber vor, wenn ein Ges'ter nur oder fast nur liquide Mittel erhält (BFH III R 34/01, BStBl II 03, 700). Hieran ist mE auch ab 2001 festzuhalten (str; → Rn. 531 f). 536

cc) Abgrenzungen. *Nicht* Gegenstand der Realteilung sind zB **Renten,** die der ausscheidende Ges'ter zB neben einem Teilbetrieb aus **künftigen Erträgen** der Ges erhält (BFH III R 49/13, BStBl II 17, 37: insgesamt Veräußerung; Übergang zur Bilanzierung zwingend, *Görke* BFH/PR 16, 136; zum Veräußerungsgewinn → Rn. 544). Ebenso nicht (Einzel-)WG, die der Ges'ter der OberGes unmittelbar der **UnterGes** überlässt (→ Rn. 384); ob sie zum Buchwert in ein anderes BV des Ges'ter der OberGes überführt werden können, richtet sich nach § 6 V 3. Zum Tausch von MUerAnteilen → Rn. 475; zu Nachfolge*Ges* → Rn. 539. 537

d) Betriebliches Zielvermögen. – aa) Grundsätze. § 16 III 2 erfordert die Übertragung der Realteilungsgegenstände (→ Rn. 535 ff) in das **jeweilige BV** des 538 einzelnen MUers (zur personenbezogenen Beurteilung → Rn. 521, 548; BFH IV R 16/22, DStR 26, 30: Aktivierung der übernommenen WG unerhebl; zur unschädl Überführung von gewerbl *in* luf oder freiberufl BV s *Wacker* NWB F 3, 10669 (10685); zu Verpachtungsbetrieb s BFH IV R 93/93, BStBl II 95, 700; *BMF* BStBl I 19, 6 zu IV 2; zu § 14 III nF = SonderR s *BMF* BStBl I 22, 678) unter **Sicherstellung der Besteuerung** der stillen Reserven (dazu → Rn. 548). Nach BFH IV R 11/15, BStBl II 19, 29 (→ Rn. 530) soll **SBV** nur im Falle eines Rechtsträgerwechsels iSv § 16 III 2 „übertragen" werden, nicht also, wenn Realteiler das SBV iSv § 6 V 2 in sein *eigenes* BV ledigl „überführt" (*Folge:* § 16 III 2 ff und § 6 V 2 sind kumulativ anwendbar; → Rn. 530; *Pupeter* DB 17, 2122 (2126); glA nunmehr *BMF* BStBl I 19, 6 Rn. 5; mE unzutr; ähnl *Heß* BB 19, 239 (241)). Unerhebl ist, ob der **Betrieb** des Realteilers erst im Zuge der Realteilung **entsteht** (*BMF* BStBl I 19, 6 Rn. 12; vgl auch BFH VIII R 21/00, BStBl II 03, 194). Entgegen dem Wortlaut sind (Teil-)**MUerAnteile** – da Anteil an einem BV – nicht in ein weiteres (Sonder)BV des Realteilers (MUers) zu überführen (teleologische Reduktion; glA *BMF* BStBl I 19, 6 Rn. 13). Zur **Behaltefrist** (S 3) sowie zu den **KöKlauseln** (S 4/5; Abs 5) → Rn. 549, 553 ff.

539 **bb) Schwester-Personengesellschaft.** – ***(a)*** **Rechtslage bis 1998:** Eine Realteilung war auch anzunehmen, wenn die Realteilungsgegenstände **unmittelbar** in zwei/mehrere betriebl tätige oder geprägte (§ 15 III Nr 2) SchwesterPersGes/NachfolgePersGes überführt wurden (BFH VIII R 33/13, BStBl II 16, 596), und zwar selbst bei teilweise geänderten Beteiligungsverhältnissen. Die Aufgabe der Bilanzbündeltheorie durch BFH GrS 7/89, BStBl II 91, 691 zu C III 2 stand dem nicht entgegen. – ***(b)*** **Rechtslage ab 2001/Einzel-WG.** – ***(aa)*** **Früherer Meinungsstand** – ***(1)*** Nach ***BMF*** BStBl I 19, 6 Rn. 12 waren ab **2001** die übertragenen **EinzelWG** der Gesamthand selbst im Falle der Beteiligungsidentität mit dem **gemeinen Wert** anzusetzen, weil § 16 III 2 ausdrückl die Übertragung in das *jeweilige BV* der *einzelnen MUer* fordert *und* die wertungsgleiche Bestimmung des § 6 V 3 die Übertragung in das GesVermögen einer SchwesterPersGes nicht begünstigt (*Gragert* NWB F 3, 13887 (13890, 13893): kein allg Vertrauensschutz bzgl aufgehobener Verfügung der OFD Bln NWB F 1, 248). – ***(2)*** Als **Auswege** wurden ua erwogen: entweder die Übertragung in eigenes (Sonder-)BV und Einbringung in SchwesterPersGes gem § 6 V 3 nach Ablauf der Behaltefrist (→ Rn. 549); zur USt s aber EuGH C-204/13, DB 14, 815; oder die Einbringung der MUerAnteile an der RealteilungsGes in zwei (oder mehrere) NachfolgeGes (§ 24 UmwStG; zur fragl MUerStellung → § 15 Rn. 259) mit anschließender Realteilung. Der **BFH** hat diesen zweiten Weg akzeptiert (BFH IV R 8/12, BStBl II 17, 766; BFH IV R 11/15, BStBl II 19, 29: kein § 42 AO, kein schädl Gesamtplan; glA nunmehr bei MUerStellung der NachfolgeGes auch *BMF* BStBl I 19, 6 Rn. 7. – ***(3)*** Darüber hinaus hat **BFH** IV R 24/15, BFH/NV 19, 516 auch die unmittelbare Buchwertübertragung in Realteiler-NachfolgeGes gebilligt (**aA** aber BFH VIII R 24/15, BStBl II 20, 251). Abgesehen davon, dass die Restriktionen ohnehin nicht greifen, wenn Teilbetriebe, MUerAnteile der RealteilungsGes (arg § 6 III) oder EinzelWG des SBV (arg § 6 V 3 Nr 2) übertragen werden (s unter zu *(c)*), war **mE** die Ansicht der FinVerw deshalb abzulehnen, da § 6 V richtigerweise **auch** die Übertragung von **EinzelWG** in SchwesterPersGes erfasst. Allerdings war bisher innerhalb des **BFH** umstr, ob Letzteres auf eine **verfkonforme Auslegung** gestützt werden kann (so BFH IV B 105/09, DStR 10, 1070: AdV; **aA** BFH I R 80/12, BStBl II 13, 1004: BVerfG-Vorlage; iEinz → § 6 Rz 805; → 42. Aufl, § 16 Rn. 539). – ***(bb)*** **Klärung durch BVerfG:** Nach Ansicht des BVerfG 2 BvL 8/13, DStR 24, 155 zwar der Weg über eine verfkonforme Auslegung verschlossen, jedoch hat es dem Gesetzgeber zur Wahrung des Gleichheitssatzes (Art. 3 I GG) aufgegeben, „unverzüglich" eine auf den 1.1.2001 **„rückwirkende Neuregelung"** zugunsten der **Buchwertfortführung** zu treffen; bis dahin gelte § 6 V 3 „soweit" ein WG unentgeltl … in das Gesamthandsvermögen einer beteiligungsidentischen Schwester-

PersGes übertragen werde". – *(cc)* Das **JStG 2024** (BGBl I 24 Nr 387) hat dem mit der Ergänzung in **§ 6 V 3 Nr 4 nF** beschränkt auf „unentgeltl Übertragungen" zw den Gesamthandvermögen „derselben beteiligungsidentischen MUer" (BT-Drs 20/12780, 129: unschädl unterschiedl Null-Komplementäre; schädl aber unterschiedl zivilrechtl *oder* wirtschaftl Beteiligung einschl Treuhand-Ges'ter) entsprochen und dies verfahrenrechtl einschl einer Vertrauensregelung bzgl der Gewinnrealisierung in § 52 XII 14–18 abgesichert (iEinz → § 6 Rz 805 ff). Die Neuregelung erfasst zwar auch die Realteilung unter Zuweisung von **EinzelWG.** Sie genügt mE jedoch erneut nicht Art. 3 GG: zum einen, weil die Übertragung unter Minderung/Gewährung von GesRechten nicht begünstigt wird (vgl auch *Strahl* NWB 24, 222); zum anderen ist entgegen den inkonsistenten Beteiligungserfordernissen der Gesetzesbegründung mit Rücksicht auf die Wertungen des § 6 III 3 Nr 1–3 die Gewinnneutralität jedenfalls insoweit geboten, als die stillen Reserven des übertragenen WG nicht personell verlagert werden (zT **aA**→ § 6 Rz 805 ff). Zu beachten bleiben aber die Behaltefrist und die KöKlausel gem § 16 III 3-5 → Rn. 549, 553 ff). – *(c)* Werden **(Teil-)Betriebe** oder **MUerAnteile** in die SchwesterPersGes eingebracht, ist str, ob insoweit das Wahlrecht nach § 24 UmwStG besteht (abl zur Rechtslage bis 1998 s *BMF* BStBl I 98, 268 Rn. 24.19; dazu *Wacker* BB 98, Beil 8, 27 f; **aA** BFH XI R 7/03, BStBl II 04, 893; *Ahmann* HFR 04, 1101).

e) Rechtsfolgen. – aa) Realteilung ohne Wertausgleich. Nach § 16 III 2 541
Hs 1 werden vorbehaltl eines Verstoßes gegen Behaltefrist oder KöKlauseln (III 3–5; V) die Regelfolgen einer Betriebsaufgabe/Aufgabe des MUerAnteils (→ Rn. 530) in der Weise verdrängt, dh idR gemildert, dass die bei der MUerschaft sich iRd lfd Gewinnermittlung ergebenden Schlussbilanzwerte anzusetzen (vgl BFH VIII R 57/90, BStBl II 94, 607) und **Übergangsgewinne**/-verluste **nur** zu ermitteln sind, wenn es zumindest bei einem MUer zum Ansatz eines Aufgabegewinnanteils kommt (glA BFH III R 32/12, BStBl II 14, 242; BFH III R 49/13, BStBl II 17, 37; *OFD Nds* DStR 17, 985; s auch BFH IV R 13/01, BStBl II 02, 287). Zum anderen ist nach S 2 *Hs 2* der übernehmende MUer an diese Werte gebunden. Dies bedeutet *Zwang* zur Buchwertfortführung (kein Wahlrecht, kein Zwischenwertansatz; krit *Engl* DStR 01, 1725 (1728)) sowie **Anpassung der Kapitalkonten** des Realteilers an die Buchwerte der übernommenen WG; (→ Rn. 520; *BMF* BStBl I 19, 6 Rn. 22 mit Beispiel; HessFG EFG 14, 339; FG Mster EFG 15, 915; **aA** *Engl* DStR 02, 119: Buchwertanpassung; *Siegel* Ubg 19, 288; s auch BFH VIII R 69/86, BStBl II 92, 385) mit der nicht seltenen Folge der personellen Verlagerung der stillen Reserven (**keine Ergänzungsbilanz;** vgl auch das Fehlen eines § 6 V 4 nF entspr Vorbehalts in § 16 III 4, dazu → Rn. 551; **aA** *Niehus* FR 05, 278). Demgemäß tritt der Realteiler in vollem Umfang in die Rechtsstellung der PersGes ein (AfA; zu Sammelposten nach § 6 IIa s *BMF* BStBl I 10, 755 Rn. 17; zu § 6b s EStRl 6b.2 IX 3; *Niehus* FR 05, 278; zu § 7g aF s BFH VIII R 28/08, BStBl II 14, 299); ebenso bezügl des formellen Bilanzzusammenhangs (BFH VIII R 33/13, BStBl II 16, 596: negative Ergänzungsbilanz). Der Gewinnneutralität der Realteilung wird nach BFH IV R 11/15, BStBl II 19, 29 (dazu auch → Rn. 530) weder durch die vorherige Buchwerteinbringung von EinzelWG (**§ 6 V;** auch → Rn. 420 zur unentgeltl Übertragung von Teil-MUerAnteilen auf PersGes iVm anschließender Realteilung) noch auf der Basis aufgestockter Werte durch Verstoß gegen die Behaltefrist gem § 6 V 4 in Frage gestellt.

bb) Realteilung mit Wertausgleich. – (1) Grundsätze. – *(a)* Trifft die Buch- 542
wertfortführung nach § 16 III 2 mit einer Ausgleichsleistung der **Ges'ter** in **bar oder Sachwerten** aus dessen PV oder (Sonder-)BV eines anderen Betriebs zusammen, weil zB die Verkehrswerte der übernommenen WG höher oder niedriger sind als die Verkehrswerte der untergegangen GesAnteile, steht dies zwar der nach § 16 III 2 zwingenden (→ Rn. 541) Buchwertfortführung nicht entgegen. Jedoch hat der Wertausgleich das Entstehen eines **Gewinns** zur Folge (*BMF* BStBl I 19, 6 Rn. 17; Ausnahme gem BFH IV R 16/22, DStR 26, 30: Rückzahlung von Haftkapital; fragl). Der Ge-

winn ist grds nicht gewstpfl (BFH VIII R 13/94, BStBl II 94, 809; *BMF* BStBl I 19, 6 Rn. 18). *Ausnahmen:* § 7 S 2 GewStG; bei unechter Realteilung Aufstockungsgewinnanteil der verbleibenden MUer bezügl in PV übernommener WG (*BMF* BStBl I 19, 6 Rn. 19; dazu → Rn. 531, 551). Wird der Ausgleich vereinbart, weil Quantum und Art der stillen Reserven unterschiedl sind (zukünftige **Steuerbelastungsdivergenzen;** vgl BFH VIII R 57/90, BStBl II 94, 607), gilt mE Gleiches (*Blumers ua* BB 99, 1786); **aA** BFH IV 317/65, BStBl II 72, 419: keine Gewinnrealisierung iVm Abzugsverbot gem § 12 Nr 3). – ***(b)*** **Str** ist die **Höhe** des Gewinns sowie die Begünstigung nach **§§ 16, 34** iVm der partiellen Buchwertfortführung aufgrund Realteilung. – ***(aa)*** Der **BFH** hatte bereits zur Rechtslage bis 1998 angenommen, dass ein lfd Gewinn „iHd Ausgleichsbetrags" entstehe; der Ausgleichsverpflichtete habe in dieser Höhe AK (BFH VIII R 57/90, BStBl II 94, 607; offen BFH III R 49/13, BStBl II 17, 37). Er hat dies nunmehr für § 16 III idF UntStFG bestätigt (BFH IV R 24/15, BFH/NV 19, 516). – ***(bb)*** Nach **FinVerw** (*BMF* BStBl I 94, 601: Nichtanwendung) wurde hingegen nur im Verhältnis der Ausgleichszahlung zum Wert der übernommenen WG entgeltl angeschafft und veräußert und nur insoweit Gewinn realisiert („Trennungstheorie"); dieser sollte allerdings bei Zuteilung von *Teilbetrieben* gem §§ 16 IV, 34 begünstigt sein (*BMF* BStBl I 94, 601). – ***(cc)*** Im **Schrifttum** (*Strahl* KÖSDI 13, 18528 (18533)) wird im Anschluss an BFH IV R 11/12, DStR 12, 2051; BFH I R 80/12, BStBl II 13, 1004 („Einheitstheorie"; auch → Rn. 512, 514, **aA** *BMF* BStBl I 13, 1164; *BMF* BStBl I 19, 6 Rn. 17 ff) erwogen, auch einen Veräußerungsgewinn nur iHd Differenz von Ausgleichszahlung und Gesamtbuchwert anzunehmen. – ***(dd)*** **ME** ist der FinVerw, da Gewinnrealisierung an das Vorliegen stiller Reserven gebunden, bezügl der Gegenrechnung *anteiliger* Buchwerte auch iRv § 16 III 2 zu folgen (zur näml Beurteilung bei Erbauseinandersetzung → Rn. 619); der Spitzenausgleich verdrängt deshalb als gesonderter Realisationsakt (Veräußerung) teilweise die Buchwertfortführung nach Realteilungsgrundsätzen (glA betr Erwerber BFH IV R 51/07, BStBl II 09, 303; *Wacker* NWB F 3, 10669 (10679)); dies schließt auch die Geltung der „Einheitstheorie" (s oben) aus. Zutr nimmt der BFH aber bei Buchwertfortführung und damit mangels Aufdeckung sämtl Reserven einen nur *lfd* Gewinn an (*Wacker* NWB F 3, 10669; insoweit glA *BMF* BStBl I 19, 6 Rn. 17 ff; zu § 16 I 1 Nr 2, 3 S 2 → Rn. 418; einschr für Ausgleich des Ausscheidenden iVm Übernahme von *Teilbetrieben* BFH IV R 24/15, BFH/NV 19, 516). Ein **Wahlrecht,** die übernommenen WG mit dem gemeinen Wert anzusetzen und hierdurch sämtl stillen Reserven aufzudecken (so Rechtslage bis einschließl 1998), besteht nach § 16 III 2 nicht (zur Erbauseinandersetzung → Rn. 618).

Beispiel: A und B sind zu 50% Ges'ter einer OHG; Buch/Verkehrswerte der KapKten jeweils 100/400. Das GesVermögen besteht aus WG I (Buch/Verkehrswert: 120/600) und WG II (80/200). A übernimmt WG I und leistet an B einen Barausgleich von 200; B erhält zudem WG II. – *(a) Lösung nach VIII. BFH-Senat:* B erzielt lfd Gewinn von 200; A stockt Buchwerte von WG I um 200 auf insgesamt 320 auf. – *(b) Lösung nach hL/FinVerw:* Gegenstand der Veräußerung ist ⅓ des Anteils von B an WG I (200 [Spitzenausgleich]/600 [Verkehrswert]); auf diesen „Mehrempfang" (→ Rn. 618) des A entfällt ein Buchwertanteil von ⅓ × 120 = 40. Demgemäß lfd Gewinn von B iHv 200 – 40 = 160, der iÜ die Buchwerte von WG II (80) fortführt. A stockt nach Abzug des entgeltl erworbenen Teils (40) den verbleibenden Buchwertansatz von WG I (80 = 120 – 40) um seine AK (200) auf; Gesamtansatz 280 (*BMF* BStBl I 19, 6). – *(c) Lösung nach Einheitstheorie:* Gewinn des B iHv 80 (200 – 120 [Buchwert von WG I]); A hat AK iHv 200.

543 **(2) Vermeidung des Wertausgleichs.** Zur disquotalen Zuweisung neutraler WG (zB Geld, Verbindlichkeiten) → Rn. 535 f. Im Schrifttum wird empfohlen, *vor* der Realteilung die liquiden Mittel des GesVermögens durch Kreditaufnahme oder Einlage aus Eigenvermögen der Ges'ter in der für den Wertausgleich erforderl Höhe aufzustocken (sog **Einlagenlösung;** zB *Groh* WPg 91, 620 (623)). Auch der BFH nimmt offenbar an, dass damit eine Gewinnrealisierung vermieden wird (BFH VIII R 57/90, BStBl II 94, 607 (613)). **ME** können Einlagen nichts an der Gewinnrealisierung ändern, weil nur Scheineinlagen (verdeckter Wertausgleich) vorliegen

(glA *BMF* BStBl I 06, 253 Rn. 25 zu Miterben-MUerschaft; *Gragert* NWB F 3, 13887 (13892); *Wacker* NWB F 3, 10669 (10681); **aA** *Groh* WPg 91, 620; ähnl *Winkemann* BB 04, 130 (135): Kein Missbrauch iSv § 42 AO; BFH III R 49/13, BStBl II 17, 37: offen). Zur früheren **Zweistufenlösung** (erst Teilanteilsveräußerung iVm *§§ 16, 34,* dann Realteilung); s ab VZ 2002 aber § 16 I 1 Nr 2, 3 S 2: *lfd,* uU gewstpfl Gewinn.

(3) Abgrenzung. *Kein* Spitzenausgleich und auch *nicht* Teil der gewinnneutralen Realteilung sind – ***(a)*** nach BFH III R 49/13, BStBl II 17, 37 (→ Rn. 537) Abfindungen, die der ausgeschiedene Ges'ter neben einem Teilbetrieb (= Realteilungsmasse) aus **zukünftigen Erträgen** der MUerschaft erhält (zB **Renten**). *Folgen:* Übergang zur Bilanzierung; *insgesamt* Veräußerung mit Gewinn (gem sog Einheitstheorie) iHv Rentenbarwert (ggf Wahlrecht bei ESt-Veranlagung) zuzügl Buchwert des übernommenen Teilbetriebs abzügl Buchwert des KapKto und Veräußerungskosten (auch → Rn. 531; iEinz *Levedag* GmbHR 16, 377); zu den verbleibenden Ges'tern s *Demuth* BeSt 16, 15 (16). – ***(b)*** ME **Tausch von SBV** zw Realteilern (**aA** aber BFH-Rspr und FinVerw, → Rn. 530, 538). 544

5. Gewinnrealisierende Realteilung. – a) Entstrickung. Nach § 16 III 2 entsteht ein (nicht gewstpfl; *Ausnahme:* § 7 S 2 GewStG) Aufgabegewinn der PersGes, wenn (und soweit) die zugewiesenen WG nicht BV (also **PV**) des Realteilers werden (dazu einschließl Nachfolge-PersGes → Rn. 538 f) oder soweit die **Besteuerung** der stillen Reserven **nicht sichergestellt** ist. Bei Letzterem ist nach § 16 III 2 Hs 3 auch § 4 I 4 zu beachten (Ansatz des gemeinen Werts bei ausl Betriebsstättenzuordnung; BFH I R 5/24 (I R 99/15), DStR 25, 1737; *BMF* BStBl I 19, 6 Rn. 15; zu Einzelfragen → § 4 Rn. 240 ff; zu § 16 IIIa → § 16 Rn. 197; zu §§ 4g, 36 V s *A. Meyer* FS Wacker 2025, 151, 162). Beide Merkmale (BV; fortdauerndes inl Besteuerungsrecht) erfordern eine **personen- und objektbezogene** Betrachtung (→ Rn. 521, 530; BFH IV R 31/14, BStBl II 19, 24). 548

Beispiel 1: A/B-OHG wird in der Weise real geteilt, dass B die von ihm übernommenen WG ins PV, A aber in ein (weiteres) BV oder SBV überträgt. **Beispiel 2:** wie Beispiel 1, jedoch übernimmt B nur ein Teil der WG ins PV, iÜ bringt er sie in einen Betrieb ein. Die Rechtsfolgen sind in beiden Beispielen *zwingend* mit der Folge, dass A auf der Grundlage angepasster KapKten (vgl → Rn. 541) die Buchwerte fortzuführen *muss* (kein Wahlrecht; *BMF* BStBl I 19, 6 Rn. 9 f; s auch § 6 V). B realisiert hingegen in beiden Beispielen – wiederum nach *vorheriger* KapKto-Anpassung – einen Anteil an dem Aufgabegewinn der OHG, dessen Höhe sich danach bestimmt, in welchem Umfang die WG bei B ins PV gelangen (Ansatz des gemeinen Werts nach § 16 III 9; *Stenert* DStR 17, 1785; **aA** BFH IV R 31/14, BStBl II 19, 24 Rn. 42: allg GuV-Schlüssel; diff zw echter/unechter Realteilung (dazu → Rn. 530) *BMF* BStBl I 19, 6 Rn. 9 f; mE ohne Geschäftswert, aber zu S 3, 4 → Rn. 550, 553; zum Übergang von § 4 III zum Bestandsvergleich → Rn. 541). Der so ermittelte Gewinn ist in Beispiel 1 nach den **§§ 16, 34** begünstigt (insb ist § 16 III 6 nicht anwendbar; insoweit glA BFH VIII R 24/15, BStBl II 20, 251), nicht hingegen – mangels vollständiger Gewinnrealisierung (kein Wahlrecht) – in Beispiel 2 (zur Rechtslage bis 1998 s BFH VIII R 57/90, BStBl II 94, 607 (614)); Ausnahme mE: die in das *BV* des B überführten WG enthalten keine nennenswerten stillen Reserven. Keine Tarifbegünstigung nach BFH VIII R 24/15, BStBl II 20, 251 jedoch, bei **mehraktigem Ausscheiden** (zR krit *Wendt* FR 19, 771). Erhält B in Beispiel 1 zudem einen **Spitzenausgleich** von A, ist auch der verwirklichte Veräußerungsgewinn (→ Rn. 542) ohne Begrenzung durch § 16 III 6 tarifbegünstigt (zur Begründung s *Wacker* NWB F 3, 10669 (10683)), nicht jedoch in Beispiel 2.

b) Behaltefrist, § 16 III 3. Abweichend von S 2 (Buchwertzwang) ordnet S 3 für den jeweiligen Übertragungsvorgang **rückwirkend** die **Gewinnrealisierung** an, *soweit* bei einer Realteilung bei der **einzelne WG** übertragen worden sind, bestimmte zum Buchwert übertragene WG (Grund und Boden, Gebäude, andere *wesentl* Betriebsgrundlagen) innerhalb einer *Sperrfrist,* die drei Jahre nach Abgabe der Steuererklärung der MUerschaft für den VZ der Realteilung endet, *veräußert* oder *entnommen* werden. Die Regelung will – gleichsinnig zu § 6 V 4 – verhindern, dass die 549

Realteilung nicht der Umstrukturierung, sondern der Vorbereitung einer Veräußerung oder Entnahme dient (BT-Drs 14/6882, 34), also zB der Ausnutzung eines Steuersatzgefälles oder der Inanspruchnahme von §§ 16, 34 bei Überführung der Realteilungsmasse in NachfolgeGes. Zu gesellschaftsvertragl Zustimmungspflichten s *FN-IdW* Beih 11, 8 Tz 17.

550 **aa) Tatbestand.** – ***(1)* Einzelwirtschaftsgüter.** Dies ist zu **verneinen,** wenn Betriebe, **Teilbetriebe, 100%ige KapGesAnteil** (**aA** *Heß* DStR 06, 777 (779); zu § 24 UmwStG s BFH I R 77/06, BStBl II 09, 464; *BMF* BStBl I 09, 671; *BMF* BStBl I 25, 92 Rn. 24.02; → Rn. 135) oder MUerAnteile (zutr *BMF* BStBl I 19, 6 Rn. 24: auch bei *Teil*MUerAnteilen iVm *quotalem* wesentl SBV; weitergehend *FN-IdW* 02, 534 (544)) zugewiesen werden (*Folge:* Sperrfrist nach S 4 greift nicht; auch § 6 III 2, V S 3 Nr 1 iVm S 4 ist mE nicht anwendbar; uU bei engem Zusammenhang aber § 42 I 2, II AO). Die Lockerung der Begriffsanforderungen iRv § 6 III durch BFH und FinVerw (→ Rn. 11) hat hieran bereits deshalb nichts geändert, weil auch WG mit erhebl stillen Reserven iSv § 16 III 3 „wesentl" sind (s zu *(2)*). Bei Mischfällen (zB Realteiler A erhält Teilbetrieb *und* weitere *EinzelWG; B nur* EinzelWG, C nur MUerAnteil) greift mE subjekt-/objektbezogene Beurteilung (*Folge: bzgl* erhaltener EinzelWG Sperrfristverletzung bei B und A; zust *Neumann* EStB 03, 143 (147)). – ***(2)* Wesentlichkeit.** Übertragung (zu SBV → Rn. 530; *Stahl* FR 06, 1071 (1073)) wesentl Betriebsgrundlagen ist auch in ausdrückl genannten Fällen (Grund und Boden, Gebäude) zu fordern (**aA** *BMF* BStBl I 19, 6 Rn. 24). Nach Gesetzeszweck (→ Rn. 523) und Regelungszusammenhang (Realteilung betr EinzelWG) ist die Wesentlichkeit nicht nur funktional, sondern auch **quantitativ** (stille Reserven) zu bestimmen (*BMF* BStBl I 19, 6 Rn. 8; auch → Rn. 553 betr S 4; **aA** *Demuth* KÖSDI 19, 21402 [9]). Sie kann demgemäß einen übergehenden **Geschäftswert** (vgl BFH VIII R 57/90, BStBl II 94, 607), aber auch **UV** erfassen (mE jedoch teleologische Reduktion bei Veräußerung im *lfd* Geschäftsbetrieb des Realteilers; glA mutmaßl *BMF* BStBl I 19, 6 Rn. 24). Unschädl sind ferner Gewinne nach EStRl 6.6 I (s dazu auch Fristverlängerung gem *BMF* BStBl I 21, 2475; *BMF* BStBl I 22, 1379). – ***(3)* Unechte Realteilung** (dazu → Rn. 530). Die Behaltefrist gilt nicht für die von der MUerschaft zurückbehaltenen WG (*BMF* BStBl I 19, 6 Rn. 25). – ***(4)* Veräußerung; Entnahme.** Schädl ist jedoch nicht nur die Einzelveräußerung der betroffenen WG (BFH IV R 16/22, DStR 26, 30: abl bei Einziehung von eigenen KapGes-Anteilen) – insgesamt (BFH VIII R 14/19, BStBl II 22, 371: Betriebsveräußerung) oder anteilig (vgl „insoweit"; zR aber abl bei Einziehung eigener Anteile durch Realteiler-KapGes *Drüen* DB 20, 1864) –, sondern nach *BMF* BStBl I 19, 6 Rn. 26 auch die **Einbringung** iZm einem Betrieb (etc) nach §§ 20, 24, 25 UmwStG (selbst bei Buchwertansatz) sowie nach **§ 6 V** (gegen Gewährung von GesRechten). Dies soll die KöKlausel (S 4, 5 nF) und die Nichtbegünstigung der unmittelbaren Übertragung auf Nachfolge *PersGes* „absichern" (*Gragert* NWB F 3, 13887 (13892)). Letzterem ist indes nicht zu folgen (→ Rn. 539). Demgemäß sind auch Buchwertübertragungen gem § 6 V 3 EStG, § 24 UmwStG unschädl. Anders aber, wenn innerhalb der Sperrfrist die EinzelWG durch die NachfolgePersGes entgeltl übertragen; schädl ist **mE** auch die **Veräußerung** der **MUerAnteile** an dieser Ges (insgesamt oder anteilig, s oben; vgl → Rn. 443; **aA** zu § 6 V 4 **BFH** IV R 36/18, DStR 21, 2575; BFH XI R 43/20, DStR 22, 402; BFH IV R 30/19, DStR 23, 2160: → § 6 Rn. 825; dazu abl *Wacker* FR 22, 625; ähnl **BVerfG** 2 BvL 8/13, DStR 24, 155 Rn. 180). Keine Entnahme ist die **unentgeltl Übertragung** des Betriebs/Teilbetriebs oder MUer-Anteils an NachfolgeGes durch den Realteiler (§ 6 III); jedoch Bindung des Rechtsnachfolgers. – ***(5)* Sperrfrist.** Für sie ist regelmäßig der Eingang der Feststellungserklärung der MUerschaft beim FA sowie der Übergang des wirtschaftl Eigentums bei Veräußerung/Entnahme (nicht schuldrechtl Abrede) maßgebl (*BMF* BStBl I 19, 6 Rn. 24); Berechnung s §§ 187 I, 188 II BGB; § 193 BGB, § 108 III AO sind nicht anwendbar (vgl *TK* § 108 AO Rn. 8).

bb) Rechtsfolge. Nur soweit eine schädl Verfügung bzgl der von der Sperrfrist betroffenen WG vorliegt (zu Geschäftswert und UV → Rn. 550), wird rückwirkend (ggf § 175 I 1 Nr 2, II AO) nicht der Buchwert, sondern der gemeine Wert (*BMF* BStBl I 19, 6 Rn. 28) angesetzt (auch → Rn. 541: keine Ergänzungsbilanzen bei Realteilung; zur GewSt → Rn. 542). Dies führt regelmäßig zu einem lfd Gewinn sowie uU zu entspr Gewinnänderungen in den Folgejahren einschließl Besteuerung des Veräußerungs-/Entnahmegewinns. Der Übertragungsgewinn ist **mE** nach dem allg **GuV-Schlüssel** (→ Rn. 553) zu verteilen. **AA** aber **BFH** VIII R 14/19, BStBl II 22, 371: bei festgestelltem *Aufgabegewinn* Besteuerung gem § 16 III 9 **nur** beim **Sperrfristverletzer** (überholt damit *BMF* BStBl I 19, 6 Rn. 29). Dem ist nicht zu folgen; s iEinz *Wacker* FR 22, 625 (634) (einschl der Feststellung eines lfd Gewinns; zur Behandlung von zivilrechtlichen Ausgleichszahlungen → 41. Aufl 2022, § 16 Rn. 551). Darüber hinaus ist nach *BMF* BStBl I 19, 6 Rn. 29 bei **echter Realteilung** (→ Rn. 530) eine **schriftl Realteilungsabrede** über die Zurechnung des nur nach § 7 S 2 GewSt-pflichtigen Veräußerungs-/Entnahmegewinns auch bzgl SBV anzuerkennen (offen insoweit BFH VIII R 14/19, BStBl II 22, 371). Die Ansicht ist zwar in der Beratung zu beachten (*Schell* BB 06, 1026 (1030): ein „Muss"); sie ist jedoch gleichfalls mit dem Sinn von S 3 (vgl → Rn. 549) nicht zu vereinbaren (*Paus* DStZ 06, 285 (288); *Wacker* FS Priester, 819 (833)). Bei **unechter Realteilung** (→ Rn. 530) soll nach *BMF* BStBl I 19, 6 Rn. 31 der Gewinn hingegen dem Ausgeschiedenen nach Sachwertabfindungsgrundsätzen (dazu → Rn. 531, 498) zugerechnet werden (**aA** *Dorn ua* DStR 19, 726). 551

c) Körperschaftsklausel I, § 16 III 4, 5 nF. Nach S 4 ist der **gemeine Wert** anzusetzen – und damit S 2 (Buchwertzwang) trotz Überführung in BV nicht anzuwenden –, *soweit* **einzelne WG** unmittelbar oder mittelbar **auf** eine **Körperschaft,** Personenvereinigung oder Vermögensmasse *übertragen* (zu SBV → Rn. 550) werden. Die in Anlehnung in § 6 V 5 aufgenommene KöKlausel will nach der Gesetzesbegründung (BT-Drs 14/6882) nicht nur das „Überspringen stiller Reserven auf KapGes, sondern generell die Nutzung des Teileinkünfteverfahrens beim Verfügen über WG ohne Teilwertansatz vermeiden". Dieses Anliegen ist, da eine *fremdübl* Realteilung nicht den Tatbestand der verdeckten Einlage der Ges'ter der KapGes erfüllt (**aA** *Engl* DStR 01, 1725 (1728)), prinzipiell berechtigt. Nach ***BMF*** BStBl I 19, 6 Rn. 11 auch, wenn an der RealteilungsGes **nur KapGes** beteiligt sind (zutr); der **BFH** ist dem zwar iRv **§ 6 V 5, 6 a. F.** entgegentreten (BFH IV R 36/18, DStR 21, 2575; BFH IV R 30/19, DStR 23, 2160: BFH XI R 43/20, DStR 22, 402: teleologische Reduktion bei **Veräußerung zw KapGes,** da fehlender Regimewechsel/Aufdeckung stiller Reserven); auch hat er diese Rspr mit BFH IV R 16/22, DStR 26, 30 allg auf Realteilungen ausgedehnt. Diese Ansicht wurde indes mit § **6 V 7 nF idF JStG 2024** (BGBl I 24 Nr 387) für Übertragungen **nach dem 18.10.2024** iS einer **subjektbezogenen** Betrachtung korrigiert (iEinz→ § 6 Rn. 842 f); dies gilt gem **§ 16 III 5 nF** auch für Realteilungen. Voraussetzung des Sperrfristverstoßes nach § 16 III 4/5 ist allerdings – entgegen dem Wortlaut, aber im Einklang mit § 6 V 5 (dazu *BMF* BStBl I 11, 1279 Rn. 30) –, dass sich die Beteiligung der *einzelnen* MUer-KapGes an den WG *erhöht* (offen BFH IV R 16/22, DStR 26, 30). Damit entfällt S 4/5 jedenfalls, wenn *nur* **eine KapGes** zu 100% an der RealteilungsGes beteiligt ist (ähnl zu § 6 V 5 *BMF* BStBl I 11, 1279 Rn. 29). Anders als iRv S 2 (→ Rn. 541) sind mE die stillen Reserven des auf die KapGes übergehenden **Geschäftswerts** nach den Grundsätzen von BFH VIII R 57/90, BStBl II 94, 607 (betr Rechtslage bis 1998) zu erfassen. Zweifelhaft ist allerdings die in S 4 Hs 1 nicht geregelte **Verteilung** des Aufgabegewinnanteils der Realteilungs-MUerschaft; **mE** nach Gesetzeszweck gem allg GuV-Schlüssel, nicht Realteilungsabrede oder S 9 nF analog (**aA** BFH VIII R 14/19, BStBl II 22, 37 zur Behaltefrist nach **S 3;** vgl → Rn. 551). Zur GewStG s § 7 S 2 Nr 1 GewStG; *Sauter ua* FR 02, 1101 (1107). Eine schädl **mittelbare Übertragung** ist zB anzunehmen, wenn die Realteilungs- 553 masse in das GesVermögen einer MUerschaft (zB PersGes oder atypische stille Ges) überführt wird, soweit an dieser die KapGes (Realteiler) als MUerin beteiligt ist (vgl auch → Rn. 539). S 4/5 erfordert die Übertragung *einzelner* WG und greift damit im Einklang mit der Grundwertung des § 20 UmwStG **nicht,** soweit die KapGes (etc) *Betriebe* (vgl → Rn. 535), **Teilbetriebe, MUerAnteile** (*BMF* BStBl I 19, 6 Rn. 24: auch Teile eines MUerAnteils; mE nur bei Wahrung des Kongruenzgebots bzgl SBV), **100%ige KapGes-Anteile** (zu § 24 UmwStG s aber BFH I R 77/06, BStBl II 09, 464; *BMF* BStBl I 09, 671; *BMF* BStBl I 25, 92; → Rn. 550) zugewiesen erhält (*BMF* BStBl I 11, 1279 Rn. 37: Vorrang von § 16 III 4/5 ggü § 6 V 5/7). Fragl ist indes, ob die somit gebotene Mitübertragung der jeweils wesentl Betriebsgrundlage (einschließl SBV) nur funktional oder auch quantitativ (dazu → Rn. 85 f) verstehen ist. Für Letzteres spricht die Gesetzesbegründung (s oben; glA zu S 3 *BMF* BStBl I 19, 6 Rn. 8); deshalb dürfte auch die Lockerung der Begriffsanforderungen iRv § 6 III durch BFH und FinVerw (→ Rn. 11) hieran nichts ändern (auch → Rn. 550). Zur KöKlausel II → Rn. 555.

555 **d) Körperschaftsklausel II, § 16 V. – aa) Systematik.** § 16 V **ergänzt** zum einen § 16 III 4, 5 (**KöKlausel I,** → Rn. 553) und steht zum anderen iZm **§ 22 II UmwStG 2006** (idF SEStEG, BGBl I 06, 2782) der für den „Grundfall“, dass die von einem *Nicht-KSt-Subjekt* unterhalb des gemeinen Werts durch Sacheinlage oder Anteilstausch (§§ 20, 21 UmwStG) eingebrachten KapGesAnteile *von* der aufnehmenden *KapGes* innerhalb von 7 Jahren nach Einbringung weiterveräußert werden, den **Übergang** vom Teileinkünfteverfahren zur 95%igen Steuerfreiheit nach **§ 8b II KStG** nur iRe abschmelzenden rückwirkenden Einbringungsbesteuerung nach der sog **Siebtelregelung** gestattet (sog Einbringungsgewinn II). Letzteres (schrittweise Stfreiheit) soll auch iZm **Realteilungen** sichergestellt werden. Zum einen durch **§ 24 V UmwStG** iVm § 22 I 6 Nr 1 UmwStG, nach dem eine Realteilung innerhalb von 7 Jahren *nach* Buch- oder Zwischenwert*einbringung* der KapGesAnteile gem § 24 I UmwStG (Teilbetriebe; zu 100%igem KapGesAnteil → Rn. 553; zu EinzelWG vgl § 6 V 5/7) durch ein Nicht-KStSubjekt rückwirkend auf den Einbringungszeitpunkt den Ansatz des gemeinen Werts entspr der Beteiligungsquote der MUer-KapGes auslöst (BT-Drs 16/3369: anteilige Einbringungsgewinnbesteuerung gem Siebtelregelung iVm Aufstockung der KapGesAnteile = Realteilungsbuchwert; *BMF* BStBl I 25, 92 Rn. 24.18 ff). Zum anderen durch **§ 16 V (KöKlausel II),** der im Fall der *Weiterveräußerung* der KapGesAnteile durch die MUerKapGes innerhalb von 7 Jahren *nach* einer *Realteilung,* für die die **KöKlausel I** (§ 16 III 4, 5) aufgrund der Zuweisung von Teilbetrieben **nicht** greift (→ Rn. 553), rückwirkend auf den Realteilungszeitpunkt den Ansatz des gemeinen Anteilswerts anordnet, soweit dieser auf die Beteiligung natürl Personen an der RealteilungsPersGes entfällt (anteilige Realteilungsbesteuerung entspr Siebtelregelung). § 24 V UmwStG und § 16 V können mithin, wenn auch zeitversetzt, kumulativ anzuwenden sein. § 16 V ist **erstmals anzuwenden,** wenn die Übertragung der KapGesAnteile iRd Realteilung nach dem 12.12.06 „erfolgt“ (§ 52 XXXIV 7 aF; mE Übergang des wirtschaftl Eigentums maßgebl). Für **Altfälle** gilt § 8b IV S 1 Nr 2 KStG aF fort (§ 34 VIIa KStG aF; BT-Drs 16/3369); dh volle Besteuerung bei Weiterveräußerung einer übernommenen KapGesBeteiligung durch die *MUerKapGes* innerhalb von 7 Jahren nach Realteilung (BT-Drs 16/3369; iEinz → 39. Aufl 2020, § 16 Rn. 556).

556 **bb) Tatbestand.** – ***(1)*** Übertragung von *Teilbetrieben* einschließl KapGesAnteilen (Anteilen an KStSubjekten) als *wesentl* Betriebsgrundlagen des Teilbetriebs iRe Realteilung zu Buchwerten auf eine *MUer-KapGes* (KSt-Subjekt = Realteiler); dh keine Gewinnrealisierung gem KöKlausel *I* (Abs 3 S 4, 5, → Rn. 553; zu § 24 V UmwStG → Rn. 555). Dem ist mE die Übertragung von (Teil-)MUerAnteilen iVm KapGes-Anteilen gleichzustellen (iEinz → Rn. 553); ebenso die Zuweisung von 100%igen KapGesAnteilen (so BT-Drs 16/3369). Unerhebl ist, ob auch die anderen Realteiler Teilbetriebe (etc) übernehmen (personenbezogene Betrachtung). – ***(2)*** *Unmittelbare*

Übertragung *von* einer *natürl Person* (Nicht-KSt-Subjekt iSv § 8b II KStG) *auf MUer-KapGes.* Gemeint sind hiermit (entgegen der Realteilungsdogmatik: Auskehrung = grds Betriebsaufgabe auf der Stufe der Pers*Ges*) die unmittelbaren MUer der RealteilungsPersGes (Transparenzgedanke; zur Beteiligungshöhe → Rn. 557). Die *mittelbare* Übertragung stellt demgemäß auf die durch zwischen geschaltete PersGes vermittelte Beteiligung natürl Personen oder KapGes (als mittelbare MUer der RealteilungsGes) ab (vgl auch § 8b VI KStG). Abs 5 greift somit nicht, wenn *nur* KapGes (unmittelbar oder mittelbar) an der RealteilungsGes beteiligt sind (vgl auch § 22 II 1 UmwStG). – ***(3)*** Übertragung der KapGesAnteile iRd Realteilung nach dem 12. 12. 06 (s einschließl Altfälle → Rn. 555). – ***(4)*** Unmittelbar oder mittelbare (s zu (2)) *Veräußerung* der erhaltenen KapGesAnteile durch MUerKapGes innerhalb von 7 Jahren „nach Realteilung" (= Übertragung; s zu (3)). Dem sind schädl Vorgänge nach § 22 I 6 Nr 1–5 UmwStG (zB verdeckte Einlage) gleichgestellt.

cc) Rechtsfolgen. Abs 5 ordnet in Hs 1 rückwirkend, dh auf den Zeitpunkt der Realteilung (Übertragung; § 175 I 1 Nr 2 AO), den Ansatz des gemeinen Werts der weiterveräußerten KapGesAnteile an; in Hs 2 hingegen die entspr Anwendung von § 22 II 3 UmwStG (Einbringungsgewinn II). ME ist aus Letzterem abzuleiten, dass (nach Sinn und Zweck von Abs 5) nur der Teil der stillen Reserven anzusetzen ist, der der Beteiligungsquote *natürl Personen* als unmittelbare oder mittelbare MUer der RealteilungsGes entspricht (so wohl auch BT-Drs 16/3369; zu KöKlausel I auch → Rn. 553; vgl auch *BMF* BStBl I 25, 92 Rn. 24.21). Der Gewinn ist deshalb auch nur von ihnen gem § 22 II 3 UmwStG (Siebtelregelung) zu versteuern; fragl allerdings, ob die rückwirkende Teilaufstockung der veräußerten KapGesAnteile an die Voraussetzungen des § 23 II 3 UmwStG gebunden ist (vgl *BMF* BStBl I 25, 92 Rn. 24.28 zu § 24 V UmwStG). 557

G. Veräußerung/Aufgabe des Anteils eines persönlich haftenden Gesellschafters einer KGaA, § 16 I 1 Nr 3

I. Veräußerungsgewinn

Gewinne, die bei der Veräußerung (oder Aufgabe, § 16 III 1, IIIb) des Anteils eines Komplementärs einer KGaA erzielt werden, sind gem § 16 I 1 Nr 3 Gewinnen aus der Veräußerung des ganzen GewBetr (Teilbetrieb, MUerAnteil) gleichgestellt. Das Gesetz zieht damit die Konsequenzen aus der Regelung in § 15 I 1 Nr 3. Zum Teileinkünfteverfahren (§ 3 Nr 40 S 1 Buchst b) s BFH I R 44/18, DStR 22, 2047; *Wacker* FR 23, 725. Die *Teil*anteilsveräußerung führt nach § 16 I 1 Nr 3, 2 zu lfd Gewinn; → Rn. 415 f. 560

II. Anteil des Komplementärs

Anteil des Komplementärs ist nur seine Beteiligung als ph Ges'ter; nicht hierzu gehören seine Kommanditaktien (→ § 15 Rn. 891). Die Anteilsveräußerung (§ 16 I 1 Nr 3) unterliegt sinngemäß den für die Veräußerung eines MUerAnteils iSv § 16 I 1 Nr 2 geltenden Grundsätzen. Zur Einbringung des Anteils nach §§ 20, 24 UmwStG s (einschließl KGaA als aufnehmender Rechtsträger) *SHS* § 20 UmwStG Rn. 128, 178; *SHS* § 24 Rn. 68. Zu Ergänzungsbilanzen des Erwerbers → § 15 Rn. 891. Zum „Formwechsel" in Stellung als atypisch stiller Ges'ter s BFH IV B 94/09, BFH/NV 10, 1272; → Rn. 402. 561

H. Steuerbarkeit; Steuerfreiheit; Freibetrag § 16 IV

I. Steuerbarkeit; Steuerfreiheit

570 Auch iZm der Betriebsveräußerung/-aufgabe iSv § 16 können *nicht stbare* Erträge (keine BE) anfallen (BFH IV R 61/97, BStBl II 98, 621: Schadensersatz für zu hohe Tarif-/Belastung). Ebenso *stbefreite* Erträge. – Beispiele. § 3 Nr 40 Buchst b: bei Veräußerung/Entnahme von Anteile an KapGes oder OptionsGes gem § 1a KStG (→ Rn. 135; → § 15 Rn. 160a) s → Rn. 15, 135, 139; 140, 255, 263, 294, 582; § 3 Nr 72 (Photovoltaik): *Wacker* FR 23, 725 (730); **aA** *BMF* BStBl I 23, 1494; → Rn. 156; § 6b: → Rn. 91, 98, 309, 351, 410, 443, 577; § 6 I Nr 4 S 4, § 6 V, § 13 V, 15 I 3, 18 IV 1: → Rn. 77, 293, 405, 662.

II. Freibetrag, § 16 IV

Verwaltung: EStR 16 XIII; *BMF* BStBl I 06, 7 (Aufteilung; Teilentgelt; Altersgrenze); *BMF* BStBl I 16, 1326 (§ 16 IIIb); *OFD Kobl* DStR 07, 992; *OFD Ffm* DB 08, 265 (doppelstöckige PersGes); *OFD Nds* DB 12, 377 (Berufsunfähigkeit).

572 **1. Rechtsentwicklung; Überblick.** Zur Reform ab VZ 96 sowie den weiteren Gesetzesänderungen (StSenkG 2001, BGBl I 00, 1433/HBeglG 2004, BGBl I 03, 3076), deren erstmalige Anwendbarkeit und VerfMäßigkeit ausführl → 39. Aufl 2020, § 16 Rn. 575. Seit **VZ 2004** gilt, dass – ***(1)*** der Freibetrag/die Freibetragsgrenze stets 45 000 €/136 000 € beträgt, gleichgültig, ob ein ganzer GewBetr, Teilbetrieb oder MUerAnteil veräußert/aufgegeben wird (§ 16 IV 1, 3), – ***(2)*** der Freibetrag nur gewährt wird, wenn – *(a)* der StPfl „das 55. Lebensjahr vollendet" hat oder – *(b)* „im sozialversicherungsrechtl Sinne dauernd berufsunfähig" ist (§ 16 IV 1), und dies zudem – ***(3)*** dem StPfl „nur einmal" (§ 16 IV 2) sowie – ***(4)*** nur „auf Antrag" (§ 16 IV 1). Gleiches gilt nach § 14 S 2 und § 18 III 2 für Einkünfte aus LuF und selbstständiger Arbeit.

573 **2. Zweck.** § 16 IV gewährt den Freibetrag ab VZ 96 nicht als sachl, sondern als persönl StBefreiung, die an das Alter bzw die Berufsunfähigkeit der natürl Person als Unternehmer/MUer anknüpft (BFH IV R 3/12, BStBl II 16, 553). Er mindert demnach nur die ESt-Bemessungsgrundlage, nicht aber diejenige der KSt (→ Rn. 575) oder GewSt (glA zu § 18 III UmwStG BFH IV R 3/12, BStBl II 16, 553; **aA** – uU – *OFD Kobl* DStR 05, 194). Der stfreie Teil eines Veräußerungsgewinns wird zwar durch Verluste aus anderen Einkunftsquellen nicht aufgezehrt (BFH VIII R 147/71, BStBl II 76, 360); zum Ausgleich des stpfl Veräußerungsgewinns s aber BFH IV R 23/93, BStBl II 95, 467 betr § 15a.

574 **3. Tatbestand. – a) Begünstigungsausschluss.** Nicht zum „Veräußerungsgewinn" iSv § 16 IV 3 gehören **steuerbefreite** Gewinne (BFH X R 61/08, BStBl II 10, 1011; → Rn. 582); ebenso nicht der nach § 5a IV 3 Nr 2, 3 aF/nF **(Tonnagebesteuerung)** anzusetzende Unterschiedsbetrag (BFH IV R 40/08, BFH/NV 12, 393); zu **§ 6b** → Rn. 577. Der Begriff umfasst jedoch **mE** auch den Teil des Gewinns, der gem § 16 II 3, III 6 als **lfd Gewinn** gilt, sodass der Freibetrag entfällt, wenn der gesamte Gewinn einschließl des als lfd Gewinn geltenden Teils die Freibetragsgrenze überschreitet **(aA EStR 16 XIII 9 Hs 2).** Der danach errechnete Freibetrag ist aber entspr seinem Zweck nur vom begünstigten Teil des gesamten Gewinns abzuziehen (EStR 16 XIII 9 Hs 1).

Beispiel: A (60 Jahre alt) veräußert seinen GewBetr an die AB-KG, an der A als K'tist zu 50% beteiligt ist. Veräußerungsgewinn 200 000 €, davon je 100 000 € lfd und begünstigter Gewinn. Der Freibetrag (45 000 €) entfällt mE, da gesamter Gewinn (200 000 €) höher ist als die Freigrenze (136 000 €) zuzügl Freibetrag (45 000 €). **AA** EStR 16 XIII 9: Da begünstigter Veräußerungsgewinn (100 000 €) die Freigrenze (136 000 €) nicht überschreitet, kürzt der volle Freibetrag (45 000 €) den stpfl Veräußerungsgewinn auf 55 000 €; daneben tritt ein lfd Gewinn iHv 100 000 €.

b) Persönliche Voraussetzungen. Erforderl ist, dass der unbeschr StPfl (§ 50 I 3; → § 50 Rn. 14) entweder das – ***(1)* 55. Lebensjahr** vollendet hat oder – ***(2)*** im sozialversicherungsrechtl Sinne dauernd **berufsunfähig** ist (§ 16 IV 1). Dabei ist nicht nur bei Variante *(1)* auf den Zeitpunkt des Erfüllungsgeschäfts bzw des Endes der Betriebsaufgabe abzustellen (glA BFH IV R 37/09, BFH/NV 12, 41; *BMF* BStBl I 06, 7; zur Lebensjahrberechnung s §§ 187 II 2; 188 BGB). Gleiches gilt mE für Variante *(2)*; **aA** aber BFH IV R 1/95, BStBl II 95, 893: bei Veräußerung infolge Berufsunfähigkeit ist der schuldrechtl Vertragsabschluss maßgebl (offen BFH X R 10/21, BStBl II 23, 807). Aus diesen Kriterien folgt jedenfalls, dass § 16 IV **nur** für **natürl** Personen gilt (KStR 8.1 I Nr 1; → Rn. 573). Auch bei **Zusammenveranlagung** genügt es nicht, dass Ehegatte des Veräußerers das 55. Lebensjahr vollendet hat (vgl BFH IV R 124/77, BStBl II 80, 645). Bei Veräußerung des GewBetr einer MUerschaft steht der Freibetrag den einzelnen estpfl **MUern** nach ihren **persönl Verhältnissen** zu (EStRl 16 XIII 3). Ob der StPfl dauernd **berufsunfähig** ist, bestimmt sich ausschließl nach **Sozialversicherungsrecht** (§ 240 II SGB VI). ME aber entgegen EStR 16 XIV 2 (amtsärztl Bescheinigung oder Leistungspflicht einer VersicherungsGes; FG RhPf EFG 08, 1954) keine verfahrensrechtl Bindung/freie Beweiswürdigung; glA BFH X R 10/21, BStBl II 23, 807 (aber → Rn. 130 Friseur); zu nachträgl Bescheinigung s FG LSA EFG 15, 45. Zudem sind die sog Verweisungsberufe (§ 240 II 2 SGB VI) nur dann zu berücksichtigen, wenn sie im bisherigen Betrieb ausgeübt werden können (BFH X R 10/21, BStBl II 23, 807; *OFD Nds* DB 12, 377). Nicht ausreichend ist eine Arbeitsunfähigkeitsbescheinigung; andererseits muss die Berufsunfähigkeit für die Betriebsveräußerung/-aufgabe nicht kausal sein (BFH X R 10/21, BStBl II 23, 807; *OFD Nds* DB 12, 377; EStR 16 IV 3). Auch ein **verpachteter** GewBetr kann wegen Berufsunfähigkeit veräußert werden (BFH IV R 176/84, BStBl II 86, 601 zu LuF). Berufsunfähigkeit aus Rechtsgründen (zB Berufsverbot) reicht nicht aus. Wird der Betrieb infolge des **Todes** des Unternehmers veräußert, ist dies keine Veräußerung wegen dauernder Berufsunfähigkeit (BFH IV R 116/79, BStBl II 85, 204); die Voraussetzungen des § 16 IV 1 müssen in der Person des/der *Erben* erfüllt sein (BFH X R 26/90, BFH/NV 91, 813); anders ist dies nur, wenn der Betrieb usw zwar erst nach dem Tod des Erblassers übertragen wird, dieser aber noch vor seinem Tod verkauft hatte (BFH IV R 1/95, BStBl II 95, 893; offen BFH X R 6/13, BStBl II 16, 216) oder die Aufgabeerklärung gem § 16 IIIb 1 Nr 1 des/der Erben auf den Erblasser zurückwirkt (*BMF* BStBl I 16, 1326). 575

c) Veräußerungsgewinn; Aufgabegewinn iSv § 16. – aa) Grundsätze. Begünstigt ist nur der Gewinn aus der Veräußerung/Aufgabe des ganzen GewBetr, eines Teilbetriebs (zu 100%igen KapGesAnteilen → Rn. 582; zu PV abl FG Ddorf EFG 22, 755 rkr), eines MUerAnteils einschließl des Anteils eines MUers am Gewinn der MUerschaft aus der Veräußerung/Aufgabe ihres Gewerbe-/Teilbetriebs. Die Höhe des Veräußerungsgewinns wird auch durch Gewinne/Verluste des **SBV** (→ Rn. 407) bestimmt. Die Gesamtplan-Rspr (→ Rn. 4) ist hierbei zu beachten (NdsFG EFG 22, 1833, rkr; **aA** *Förster ua* FR 16, 596). Bei einer **doppelstöckigen PersGes** ist mE ein Gewinn aus der Veräußerung eines Anteils an der OberGes bzw des Betriebs der OberGes begünstigt, aber trotz BFH IV R 40/22, BStBl II 25, 603 (grds einheitl Vorgang; mE unzutr → § 15 Rn. 253) nur dieser und nicht auch noch zusätzl die damit verbundene Veräußerung der mittelbaren Beteiligung an der UnterGes (nur *ein* Freibetrag!; → Rn. 384, → § 15 Rn. 471; **aA** *OFD Ffm* DStR 14, 2180; EStR 16 XIII 8; *Förster* DB 02, 1394; s auch *BMF* BStBl I 25, 92 Rn. 20.12, 24.03; offen BFH IV R 67/00, DStRE 04, 1327). Dem OberGes'ter steht mE aber der Freibetrag auch zu, wenn entweder die OberGes ihren MUerAnteil an der UnterGes (*OFD Ffm* StEd 14, 684; → Rn. 384) oder die UnterGes ihren Betrieb/Teilbetrieb veräußert (→ Rn. 366). 576

bb) Einzelfragen. Wird bei Veräußerung/Aufgabe teilweise eine **§ 6b-Neu-Rücklage** gebildet, ist der verbleibende Gewinn zwar nicht tarifbegünstigt (§ 34 I 4, 577

III 6), aber auf Antrag der Freibetrag abzuziehen (*Dötsch* GS Knobbe-Keuk, 411 (428); enger *BMF* BStBl I 18, 309). Zur Fortführung sog Alt-Rücklagen → Rn. 91). Wird bei Betriebs-/MUerAnteilsveräußerung (nur) gegen **wiederkehrende Bezüge** die **Zuflussbesteuerung** gewählt, kann zwar von den nachträgl Einkünften *kein* Freibetrag abgezogen werden (BFH III B 15/88, BStBl II 89, 409; BFH X R 79/90, BFH/NV 91, 73). Anders hingegen bei wiederkehrenden Bezügen (iVm Wahl der Zuflussbesteuerung) *und* Einmalentgelt; übersteigt der gesamte Veräußerungspreis (einschließl Kapitalwert der wiederkehrenden Bezüge) nicht die Freibetragsgrenze (FG Mster EFG 01, 1275), ist der Freibetrag für einen Gewinn aus Einmalentgelt abzügl Buchwert zu gewähren; der nicht verbrauchte Teil des Freibetrags mindert indes auch hier nicht die wiederkehrenden Bezüge (BFH III B 15/88, BStBl II 89, 409). Wird der Veräußerungs-/Aufgabegewinn in **verschiedenen VZ** erzielt, zB Veräußerung wesentl Betriebsgrundlagen sowohl in 01 als auch in 02, fällt insgesamt nur ein Freibetrag an (BFH GrS 2/92, BStBl II 93, 897). Nach hL ist der Freibetrag vom im ersten VZ verwirklichten Gewinn voll und ein verbleibender Rest vom Gewinn des folgenden VZ abzuziehen (*HHR/Kobor* § 16 Rn. 725; zutr); nach *BMF* BStBl I 06, 7 ist hingegen im Verhältnis der in den VZ erzielten Teile des Gesamtgewinns aufzuteilen (diff *Kanzler* DStR 09, 400: antragsgemäß). Entsteht im ersten VZ ein Gewinn und im zweiten VZ ein höherer Verlust, entfällt der Freibetrag rückwirkend (*BMF* BStBl I 06, 7: ggf Korrektur nach § 175 AO).

578 **d) Objektbeschränkung.** Der Freibetrag steht jedem StPfl (natürl Person) in seinem Leben **nur einmal** zu (§ 16 IV 2), stets aber in *voller Höhe* (SchlHFG EFG 08, 1294). Dabei ist unerhebl, ob der StPfl einen ganzen GewBetr, Teilbetrieb, MUer-Anteil veräußert oder aufgibt (BFH IV R 18/02, BStBl II 03, 838). Ebenso wenig kommt es darauf an, ob vollentgeltl veräußert oder nur teilentgeltl (*BMF* BStBl I 06, 7) wird, sofern das Entgelt höher als der Buchwert ist. Veräußerungen/Aufgaben *vor 1996* (vgl → Rn. 572) werden auf die Objektgrenze nicht angerechnet (§ 52 XXXIV 5 aF). Der (beantragte) Freibetrag ist auch dann voll „verbraucht“, wenn der Veräußerungs-(Aufgabe-)gewinn den Freibetrag nicht ausgeschöpft (EStR 16 XIII 4). **Unerhebl** ist ferner – vorbehaltl Treu und Glauben (dazu FG Köln DStRE 25, 257, rkr) –, ob der Freibetrag **zR** gewährt wurde (iEinz BFH VIII R 2/19, BStBl II 22, 169). Auch wenn der StPfl **mehrere** selbstständige GewBetr hat und/oder mehrere MUerAnteile (zB zwei PersGes) hält, kann er den Freibetrag nur einmal beanspruchen (EStR 16 XIII 6, 7; BFH X R 12/14, BFH/NV 17, 1485; zur nachträgl Änderung dieses Wahlrechts s BFH X R 44/13, BStBl II 16, 278). Gleiches gilt im Verhältnis zu weiteren **luf** oder **freiberufl** Betrieben/MUerAnteilen des StPfl (§ 16 IV ggf iVm § 14 S 2 oder § 18 III 2; BFH X R 2/09, BStBl II 09, 963; EStR 16 XIII 5). Zur MUer-bezogenen Prüfung bei Veräußerung/Aufgabe eines gewerbl (luf oder freiberufl) Betriebs einer PersGes → Rn. 575.

579 **e) Antrag.** Der Freibetrag wird nur gewährt, wenn der StPfl dies beim FA beantragt (§ 16 IV 1). Der Antrag ist **weder form- und fristgebunden,** noch vom Antrag auf Tarifermäßigung (§ 34) abhängig. Er kann bis zur Bestandskraft des entspr StBescheids zB während des FG-Verfahrens nachgeholt und zurückgenommen werden.

581 **4. Ermäßigungsbetrag; Freibetragsgrenze. – a) Grundsatz.** Der Freibetrag ermäßigt sich um den Betrag, um den der „Veräußerungsgewinn“ – zu § 16 II 3, III 6 → Rn. 574 mit Beispiel. – 136 000 € übersteigt.

Beispiel: Veräußerungsgewinn im VZ 04: 160 000 €; Ermäßigungsbetrag: 160 000 ./. 136 000 = 24 000 €; Freibetrag: 45 000 ./. 24 000 = 21 000 €. Der Freibetrag entfällt, wenn der „Veräußerungsgewinn“ 181 000 € oder mehr beträgt (Freibetragsgrenze).

b) Einzelfragen. Zur Veräußerung/Aufgabe über **zwei VZ,** gegen Einmalentgelt und **wiederkehrende Bezüge** iVm Wahl der Zuflussbesteuerung sowie zu Neu-/Altrücklagen nach **§ 6b** →Rn. 577. Bleibt ein Teil des Veräußerungsgewinns zB gem § 13 IV, V iVm §§ 15 I 3, 18 IV 1 **„außer Ansatz"** (betr selbstgenutzte Wohnung; →Rn. 570), ist ohne Kürzung der Freibetragsgrenze nur der stpfl Teil des Gewinns maßgebl (*Meyer-Sievers* DStR 86, 820). Gleiches gilt für Gewinnteile, die dem **Teileinkünfteverfahren** (§ 3 Nr 40; s einschl OptionsGes gem § 1a KStG →Rn. 570) unterliegen (EStH 16.13; *BMF* BStBl I 06, 7); zur Aufteilung des Freibetrags s BFH X R 61/08, BStBl II 10, 1011: vorrangiger Abzug vom stpfl Einkunftsteil nach § 3 Nr 40 (zutr); *Stahl* KÖSDI 01, 12838 (12842): Wahlrecht. 582

5. Verfahrensrecht. Wird der (Teil-)Betrieb einer MUerschaft oder ein MUer-Anteil veräußert (aufgegeben), ist über Höhe des Gewinnanteils des MUers im Feststellungsverfahren (§ 180 AO), über die Gewährung des Freibetrags iRd ESt-Veranlagung des MUers zu entscheiden, weil Alter und Berufsunfähigkeit persönl Steuermerkmale sind (BFH IV R 39/12, BFH/NV 16, 30; FG Köln EFG 16, 1148; EStR 16 XIII 1, 2). 583

I. Erbfall und Erbauseinandersetzung

I. Tod eines Einzelunternehmers

Verwaltung: *BMF* BStBl I 06, 253; *BMF* BStBl I 19, 11: Erbengemeinschaft/Auseinandersetzung; *BMF* BStBl I 94, 603: Schuldzinsen; *BMF* BStBl I 04, 922 Rn. 40: Versorgungsleistungen; *FM LSA* DStR 18, 2029: Fiskuserbrecht, Scheinerbe; *OFD Mbg* BB 01, 1398: Zuständigkeit; *BMF* BStBl I 02, 1329: Rückwirkung; *BMF* BStBl I 06, 306: Schuldübernahme; *OFD Mster* DStR 06, 1415: Pflichtteilserfüllung; *FM SchlH* DStR 11, 1427 (Verluste); *FM SchlH* DStR 16, 1474 (Gemeinnützigkeit).

1. Alleinerbe. – a) Erbfall, § 1922 BGB. Er begründet, auch wenn der Betrieb mit dem Tode des Unternehmers zum Stillstand kommt (BFH IV R 5/06, BStBl II 08, 113), idR keine Betriebsaufgabe, sondern führt zur unentgeltl Betriebsübertragung iSv § 6 III 1, 3 mit Buchwertfortführung (→Rn. 40; zu BE s. u.). Anders als Vergütungen für einen vermögensverwaltenden Vormund/Testamentsvollstrecker (BFH IX R 32/16, BStBl II 18, 191: uU Aufwandsaufteilung; zutr.) sind Kosten des Rechtsstreits über Erbenstellung keine BA (BFH III R 37/98, BStBl II 99, 600; **aA** BFH IX R 43/11, BStBl II 14, 878; →Rn. 67). Dem **Erblasser** ist der bis zum Todestag entstandene lfd Gewinn gem Zwischenbilanz oder Schätzung zuzurechnen (BFH I R 100/71, BStBl II 73, 544). Der **Erbe** tritt mit dem Erbfall auch erbstrechtl grds in die Rechtsstellung des Erblassers ein (BFH GrS 2/89, BStBl II 90, 837; BFH VIII R 32/15, BStBl II 18, 223; zu § 4 IVa s *BMF* BStBl I 05, 1019 Rn. 10a; *FM SchlH* DStR 11, 1427; zur BP-Anordnung s BFH X B 87/21 (AdV), BFH/NV 22, 1162), *nicht* jedoch nach geänderter Rspr – vorbehaltl Vertrauensschutz – bezügl Verlustabzug gem § 10d (BFH GrS 2/04, BStBl II 08, 608; BFH IX R 9/16, BFH/NV 17, 567). Ebenso nicht in den Verlustabzug nach § 10a GewStG (BFH VIII R 160/86, BStBl II 94, 331; NdsFG EFG 25, 725, Rev IV R 14/24); anders aber bei § 15a (→§ 15a Rn. 168; § 15b s *BMF* BStBl I 07, 542 Rn. 25). Er kann den Betrieb fortführen, aber auch sofort aufgeben/veräußern und erzielt hierdurch in eigener Person einen Veräußerungs-/Aufgabegewinn (BFH IV R 97/89, BStBl II 92, 392) selbst dann, wenn der Erblasser die Veräußerung/Aufgabe angeordnet hatte (ähnl BFH IV R 1/95, BStBl II 95, 893). Diese Grundsätze gelten in gleicher Weise für **Vorerben** und **Nacherben** (§§ 2100 ff BGB). Gleichfalls keine Betriebsaufgabe ist der Übergang eines Betriebs durch Erbanfall auf eine **KapGes** (BFH I R 131/90, BStBl II 93, 799; ebenso zu Stiftung BFH I R 76/99, BStBl II 02, 487; krit *Groh* GS Knobbe-Keuk, 433); anders bei nicht kstpflichtiger Körperschaft (BFH IV R 38/97, BStBl II 98, 509: luf Betrieb einer Kirchengemeinde; *FM SchlH* DStR 16, 1474: § 15 III Nr 2 iVm Gemeinnützigkeit); auch →Rn. 11. Die für einen GewBetr be- 590 stimmte Erbschaft ist **BE** (BFH I R 50/16, BStBl II 17, 324; BFH VIII R 41/14, BFH/NV 17, 1180; BVerfG 1 BvR 1432/10, HFR 15, 695: Kumulation mit ErbSt); s auch § 35b.

591 **b) Ausschlagung; Scheinerbe.** Schlägt der Erbe die Erbschaft aus (§§ 1942 ff BGB), ist der endgültige Erbe vom Erbfall an, dh ex tunc Unternehmer. Die vorläufige Unternehmereigenschaft des ausschlagenden Erben entfällt rückwirkend (§ 175 I 1 Nr 2 AO; ebenso zu *Fiskalerbe* BFH IV R 50/16, BStBl II 20, 57; → § 15 Rn. 251). Gleichwohl ist eine Abfindung als Veräußerungserlös des ausschlagenden Erben (Durchgangsunternehmer) und als AK des endgültigen Erben zu werten (*Wacker ua* BB 93, Beil 5; *BMF* BStBl I 06, 253 Rn. 37; *BMF* BStBl I 98, 914 Rn. 39; BFH IX R 59/94, BStBl II 98, 431). Anders aber bei Geltendmachung des Pflichtteils (*Flick* DStR 00, 1816); zu Ausschlagung gegen lebenslängl Versorgungsleistungen s BFH X R 160/94, BStBl II 97, 32 (SA gem § 10 Ia Nr 2) sowie gegen Nießbrauchsvorbehalt s BFH IX R 59/94, BStBl II 98, 431; *BMF* BStBl I 98, 914 Rn. 39: AfA). Gleiches gilt, wenn ein Erbrechtsstreit in der Weise beigelegt wird, dass der **Scheinerbe** den GewBetr einschließl Nutzungen ab Erbfall an den Erben (= Unternehmer ex tunc) herausgeben muss (*Groh* DB 92, 1312; *Grube* DStZ 99, 313 (319): Prozesskosten; **aA** zur ErbSt BFH II R 24/15, BStBl II 17, 128: nur § 10 V Nr 3 ErbStG); zum angebl **Miterben** aber → Rn. 609. Zum formunwirksamen **Vermächtnis** s BFH XI R 18/06, BStBl II 09, 957; zum **Verzicht** auf Erbteil/Pflichtteil oder Anspruch gem § 2287 BGB → Rn. 61.

592 **c) Erbfallschulden. – aa) Grundsätze.** Ist der Erbe mit Geldvermächtnissen (§§ 1939; 2147 BGB), Pflichtteils- (§ 2303 BGB), Erbersatzansprüchen (§ 1934a BGB aF), Abfindungsschulden nach HöfeO aF/nF oder iRe qualifizierten Nachfolge-/Eintrittsklausel (→ Rn. 673, 678) belastet (Erbfallschulden), begründen diese – gleich Erblasserschulden (→ Rn. 41) – **keine AK** für das im Erbwege erlangte BV; der Erbe muss die Buchwerte fortführen.

BFH IV R 97/89, BStBl II 92, 392: § 1934a BGB aF; BFH VIII R 6/87, BStBl II 93, 275; BFH XI B 147/99, BFH/NV 00, 952: Vermächtnis/Pflichtteil; BFH IV R 66/93, BStBl II 94, 623: Höferecht; BFH VIII R 72/90, BStBl II 94, 625: qualifizierte Nachfolgeklausel; *BMF* BStBl I 06, 253 Rn. 35, 60, 63, 72, 77; **aA** – AK der Erben – evtl BFH X R 54/92, BStBl II 94, 633 für Untervermächtnis (→ Rn. 593); s auch BFH IX R 43/11, BStBl II 14, 878; → Rn. 590, 614, 667.

Demgemäß ist auch die Erfüllung derartiger Ansprüche kein „Veräußerungserlös" und nicht estpfl (BFH VIII R 6/87, BStBl II 93, 275). Entsprechendes gilt, wenn sich der Erbe in einem **Erbvertrag** zu Geldvermächtnissen „verpflichtet" hat oder an den Erblasser zu dessen Lebzeiten ein Entgelt für eine erbvertragl Erbeinsetzung gezahlt hat (Entgelt wie Erbfallschulden; zur ErbSt BFH II R 105/82, BStBl II 84, 37) oder ein Vermächtnisnehmer mit **Untervermächtnis** belastet ist (unklar BFH X R 54/92, BStBl II 94, 633). Zur **Ablösung** „erbrechtl Ansprüche" wie zB Pflichtteilsanspruch durch lebenslängl wiederkehrende Leistungen s BFH X R 85/94, BStBl II 97, 284.

593 **bb) Notwendiges Privatvermögen. Erbfallschulden** (→ Rn. 592) wertet der BFH unter Aufgabe der früheren sog Sekundärfolgen-Rspr mE zutr auch insoweit als notwendige Privatschulden, als sie aus BV im Nachlass herrühren, sodass Stundungs- und Verzugszinsen selbst dann keine BA sind, wenn sie aus dem BV gezahlt werden (BFH VIII R 18/93, BStBl II 95, 714 aE; **aA** evtl BFH I R 131/90, BStBl II 93, 799 zu KapGes als Erbin; → Rn. 590). Demgemäß sind auch Kredite zur Tilgung einer Erbfallschuld sowie Darlehens-/Rentenschulden aus deren Umwandlung (Novation)/Ablösung Privatschulden und Zinsen keine BA (zB BFH X R 85/94, BStBl II 97, 284 zu 4). Zur Kritik vgl → 34. Aufl 2015, § 16 Rn. 593. **Betriebsschulden** sind aber: – ***(1)*** ein Kredit zur Finanzierung *betriebl Aufwendungen* nach vorausgegangener Entnahme liquider Mittel zur Tilgung einer Erbfallschuld (BFH GrS 2–3/88,

BStBl II 90, 817; beachte aber § 4 IVa); – *(2)* eine durch Vermächtnisweise oder Novation von Erbfallschulden begründete typische stille Beteiligung (BFH VIII R 47/90, BStBl II 94, 619; mE fragl).

d) Sachvermächtnis. Sind einem Dritten vermächtnisweise *einzelne WG des BV* des zum Nachlass gehörigen GewBetr zugewendet (Sachvermächtnis; zur Zuwendung des *ganzen GewBetr* → Rn. 42 f), geht zivilrechtl der Betrieb auf den Erben und die auszukehrenden WG erst mit der Erfüllung des Vermächtnisses vom Erben auf den Vermächtnisnehmer über. Die Vermächtniserfüllung führt mithin zu **Entnahme** und Entnahmegewinn des **Erben** (BFH GrS 2/89, BStBl II 90, 837; BFH IV R 42/93, BStBl II 94, 385; *BMF* BStBl I 06, 253 Rn. 60) und zwar auch dann, wenn das WG **eigenes BV** des Vermächtnisnehmers wird (*BMF* BStBl I 06, 253). *Ausnahme:* Vermächtnisnehmer ist zugleich Mit-/Erbe (**Vorausvermächtnis,** § 2150 BGB); die Buchwertfortführung wurde zunächst wahlweise gewährt (*BMF* BStBl I 06, 253 Rn. 74), nunmehr ordnet § 6 V 3 Nr 1 bei Übertragung des wirtschaftl Eigentums vorbehaltl Sperrfrist und Körperschaftsklausel (S 4–6) die Buchwertfortführung *zwingend* an (*BMF* BStBl I 06, 253 Rn. 65, 83). Zur Unterscheidung Vorausvermächtnis/Teilungsanordnung s BFH II R 76/99, BStBl II 01, 605; *BMF* BStBl I 06, 253 Rn. 68; *Wacker/Franz* BB 93, Beil 5, 22. 597

aa) Kaufrechtsvermächtnis. Soweit der Vermächtnisnehmer eine Gegenleistung zu erbringen hat (Kaufrechtsvermächtnis), entsteht uU ein Veräußerungsgewinn des Erben und AK des Vermächtnisnehmers (*BMF* BStBl I 06, 253 Rn. 63; *Groh* DB 92, 1312; zu PV s BFH IX R 63/10, BStBl II 11, 873; zur ErbSt s BFH II R 7/07, BStBl II 08, 982). 598

bb) Erfüllungssurrogat. Die Übereignung von WG des BV an Erfüllungs Statt (§ 364 BGB) zwecks Tilgung einer auf Geld gerichteten Vermächtnis-/Pflichtteils ist mE keine Entnahme iVm unentgeltl Erwerb (so aber BFH VIII R 2/94, BStBl II 96, 60), sondern entgeltl Veräußerung der WG (unmittelbar aus dem BV; § 6b!) durch den Erben und entgeltl Anschaffung durch den Berechtigten (→ Rn. 55; *BMF* BStBl I 06, 253 Rn. 35; *Lohr ua* DStR 11, 1890; **aA** FG Ddorf EFG 03, 519). Gleiches gilt bei Einräumung eines **MUerAnteils** (BFH III R 38/00, BStBl II 05, 554; *Hübner* ZEV 05, 319; **aA** *Tiedtke ua* FR 07, 368). 599

e) Rentenvermächtnis/Nießbrauch. Die vermächtnisweise Zuwendung wiederkehrender Leistungen (Rentenvermächtnis) beurteilt der X. Senat des **BFH** und die **FinVerw** (*BMF* BStBl I 04, 922) dahin, dass – *(1)* diese beim belasteten Erben – bei einem Untervermächtnis beim belasteten (Haupt-)Vermächtnisnehmer – grds *nicht* als SA abzugsfähig und demgemäß beim Begünstigten nicht estpfl sind (zB BFH X B 162/94, BFH/NV 95, 18) – *(2)* ebenso wie das Vermächtnis eines Einmalbetrags keine AK des belasteten Erben begründet (→ Rn. 592) und – *(3)* ein etwaiger Zins- oder Ertragsanteil – ebenso wie zB Zinsen für gestundete Pflichtteilsschuld (→ Rn. 593) – auch nicht als BA oder WK abgezogen werden kann (**aA** für Untervermächtnis uU BFH X R 54/92, BStBl II 94, 633). – **Ausnahmsweise** sind wiederkehrende Leistungen aber – *(1)* beim belasteten Erben in voller Höhe als **SA** für Versorgungsleistungen (Voraussetzung: *keine* Verrentung erbrechtl Ansprüche) gem § 10 Ia Nr 2 abzugsfähig (BFH X R 34/11, BStBl II 14, 665) oder – *(2)* beim begünstigten Vermächtnisnehmer mit dem **Zins-/Ertragsanteil** estpfl (BFH X B 162/94, BFH/NV 95, 18) ungeachtet des privaten Schuldcharakters (kein BA-Abzug) beim belasteten Erben (→ Rn. 593). Wird vermächtnisweise ein **Unternehmensnießbrauch** am GewBetr im Nachlass eingeräumt (→ § 15 Rn. 143), verbleibt beim Erben ein ruhender GewBetr (BFH IV R 19/94, BFH/NV 96, 600) wie bei Betriebsverpachtung (→ Rn. 166, 175); der Vermächtnisnehmer hat ebenfalls Einkünfte aus GewBetr, ist aber hinsichtl der AK (HK) des Erblassers nicht AfA-befugt (BFH IV R 7/94, BStBl II 96, 440). Zur vermächtnisweisen Belastung einzelner WG des 600

Nachlasses mit Nießbrauch → § 5 Rn. 655. Zu Ausschlagung der Erbschaft unter Nießbrauchsvorbehalt → Rn. 591.

601 **2. Erbengemeinschaft.** Wird ein Einzelunternehmer von mehreren Personen beerbt (Miterben), geht zivilrechtl der Nachlass einschließl GewBetr als Ganzes auf die Miterben zur gesamten Hand über (§§ 1922, 2032 ff BGB; zu § 6 III → Rn. 590). Diese können den GewBetr – ***(1)*** auf Dauer in ungeteilter Erbengemeinschaft fortführen (sog fortgesetzte Erbengemeinschaft; → Rn. 602) oder – ***(2)*** an einen Dritten veräußern oder – ***(3)*** vorübergehend fortführen (sog schlichte Erbengemeinschaft) bis zu einer Gesamt-/Teilauseinandersetzung des Nachlasses iVm der Übertragung des GewBetr auf einen/einige der Miterben oder bis zur Aufgabe/Drittveräußerung des GewBetr (→ Rn. 606). Auch bei sofortiger Veräußerung des GewBetr durch die Erbengemeinschaft wird der Veräußerungsgewinn idR (→ Rn. 590) nicht vom Erblasser, sondern von den Miterben erzielt (BFH XI R 36/99, BFH/NV 00, 1196; *BMF* BStBl I 06, 253 Rn. 54). Zu PersGes (einschließl GbR) als Erbin s *Scherer* ZEV 03, 341.

602 **3. Fortgesetzte Erbengemeinschaft. – a) Zivilrecht.** Anders als die Erwerber sämtl Miterbenanteile (KG 1 W 4007/97, DB 98, 2591) können die Erben den GewBetr ohne zeitl Begrenzung in ungeteilter Erbengemeinschaft als Unternehmensträgerin fortführen (§§ 22, 27 HGB; → § 15 Rn. 383). Die Gründung einer PersGes und Übertragung des GewBetr auf diese ist nicht erforderl, aber mögl (BFH IV R 95/85, BStBl II 88, 245; BFH IV R 5/19, BStBl II 23, 649: kein identitätswahrender Formwechsel).

603 **b) Einkommensteuerrecht.** Die ungeteilte Erbengemeinschaft ist, soweit sie den GewBetr fortführt, iSv § 15 I 1 Nr 2 eine mit einer PersGes wirtschaftl vergleichbare Gemeinschaft und als solche MUerschaft (→ § 15 Rn. 171, 383). Die Miterben beziehen Einkünfte aus GewBetr, die ihnen idR erbanteilig zuzurechnen sind (BFH IV B 27/99, BFH/NV 00, 702; *BMF* BStBl I 06, 253 Rn. 3). Das gewerbl BV der MUer-Miterben umfasst neben ihrem SBV die WG des Nachlass-GewBetr einschließl gewillkürtem BV. § 15 III Nr 1 **(Abfärbetheorie)** gilt **nicht** für die Erbengemeinschaft (BFH GrS 2/89, BStBl II 90, 837 (845); *BMF* BStBl I 06, 253 Rn. 4, 47). Soweit zum ungeteilten Nachlass nichtgewerbl BV (zB LuF) oder **PV** gehört, beziehen die Miterben anteilig auch Einkünfte zB aus LuF, KapVerm oder VuV (vgl zu PersGes mit PV auch → § 15 Rn. 484; *BMF* BStBl I 06, 253 Rn. 3–6). Zu freiberufl Praxis → Rn. 607. Die Einkünfte sind grds nach §§ 179, 180 AO festzustellen (*Ruban* DStR 91, 65 (66)). **Veräußert** ein Miterbe später **seinen Erbanteil** an einen Dritten oder Miterben (§§ 2033 ff BGB), ist dies Veräußerung eines MUerAnteils (§ 16 I 1 Nr 2), soweit das Entgelt auf den GewBetr entfällt, iÜ Veräußerung von **PV** (BFH IV B 27/99, BFH/NV 00, 702; *BMF* BStBl I 06, 253 Rn. 46 iVm 37 ff; zu § 23 I 4 nF → Rn. 200, 631). Zu **Erbfallschulden** → Rn. 592 f. Zu **Sachvermächtnis** → Rn. 597, 42 f.

605 **4. Schlichte Erbengemeinschaft.** Abw von der sog Gleichstellungsthese (dh Gleichbehandlung von Allein-/Miterbe; → 29. Aufl 2010, § 16 Rn. 605) hat der Große Senat des BFH (BFH GrS 2/89, BStBl II 90, 837) erkannt, dass die Erbauseinandersetzung nicht nur zivilrechtl, sondern auch estrechtl dem „Erbfall als **selbständiger Rechtsvorgang** nachfolgt und mit diesem keine rechtl Einheit bildet". Die **FinVerw** hat dies nachvollzogen (*BMF* BStBl I 93, 62 einschließl Übergangsregelung).

606 **a) Geborene Mitunternehmerschaft.** Danach ist eine Erbengemeinschaft auch bei sofortiger Auseinandersetzung eine mit PersGes wirtschaftl vergleichbare Gemeinschaft (→ Rn. 603) und deshalb, soweit zum Nachlass ein GewBetr gehört, „geborene MUerschaft" (→ § 15 Rn. 171, 383). Die Miterben werden mit dem Erbfall („im Erbwege") MUer und bleiben dies, bis die Auseinandersetzung über den

GewBetr vollzogen ist, unabhängig von der Länge des Zeitraums zw Erbfall und Auseinandersetzung (*BMF* BStBl I 06, 253 Rn. 3; Gleichbehandlung schlichter und fortgesetzter Erbengemeinschaft). Zur Teilungsanordnung des Erblassers sowie deren Rückbeziehung auf Erbfall → Rn. 610, 623. Soweit die Miterben auch Einkünfte aus PV des Nachlasses erzielen, treten diese neben die gewerbl Einkünfte (keine Abfärbung; → Rn. 603).

b) Land- und Forstwirtschaft; freiberufliche Praxis. Umfasst der Nachlass (auch oder nur) luf BV, werden die Miterben mit dem Erbfall insoweit MUer einer LuF. Gehört zum Nachlass eine freiberufl Praxis, verwandelt sich diese mit dem Erbfall (dh Strukturwandel ohne Gewinnrealisierung; → Rn. 154) in einen GewBetr, sofern nicht alle Miterben eine gleichartige freiberufl Qualifikation (nicht notwendig dieselbe) besitzen (→ § 18 Rn. 45, 43; *BMF* BStBl I 06, 253 Rn. 5); *Ausnahmen:* – *(1)* die Erben realisieren ledigl die noch vom Erblasser geschaffenen Werte (BFH VIII R 13/93, BStBl. II 94, 922; einschr FG Köln EFG 15, 1923); – *(2)* rückwirkende Einkünftezurechnung bei Übernahme durch freiberufl qualifizierten Miterbe innerhalb von 6 Monaten ab Erbfall gem *BMF* BStBl I 06, 253 Rn. 8–9 (iEinz → Rn. 623). 607

5. Erbauseinandersetzung; Überblick. – a) Fallgruppen. Bei der estrechtl Beurteilung der Erbauseinandersetzung ist zweckmäßig zu **unterscheiden:** – ***(1)*** zw einem Nachlass nur aus BV (→ Rn. 610), nur aus PV (Rn. 625) und sowohl aus BV als PV (Mischnachlass; → Rn. 636); – ***(2)*** zw Gesamt- und Teilauseinandersetzung und bei dieser zw gegenständl und personeller Teilauseinandersetzung (= Ausscheiden eines von mehreren Miterben); – ***(3)*** zw Übernahme des gesamten Nachlasses durch einen Miterben gegen Barabfindung der übrigen und Realteilung des Nachlasses ohne oder mit Ausgleichsleistung. 608

b) Grundsätze; angeblicher Miterbe. Nach hL (→ Rn. 610) gilt stets, dass – ***(1)*** ein Miterbe, der bei der Auseinandersetzung Teile des Nachlasses erlangt, nur insoweit **entgeltl** erwirbt und die weichenden Miterben entgeltl veräußern, als der Wert der erlangten Gegenstände den **Wert seines Erbanteils übersteigt** und er dafür einen Ausgleich leistet, und – ***(2)*** iÜ **unentgeltl** erworben/veräußert wird (Einheitstheorie; BFH GrS 2/89, BStBl II 90, 837 (844)). Dies gilt auch, wenn die Auseinandersetzung in einen **„Kauf"** zB des GewBetr von der Erbengemeinschaft gekleidet wird (BFH XI R 5/85, BFH/NV 92, 24) oder WG im Wege der **Teilungsversteigerung** erworben werden; der „Kaufpreis" führt nur insoweit zu AK und zu Veräußerungserlös, als er den nach der Erbquote zu bestimmenden Anteil des Übernehmers am „Kaufpreis"/Versteigerungserlös übersteigt (BFH XI R 3/85, BStBl II 92, 727; *BMF* BStBl I 06, 253 Rn. 15). Entsprechendes gilt auch für einen **angebl Miterben/Erbprätendenten** (iEinz BFH IV R 15/10, BStBl II 13, 858; *BMF* BStBl I 06, 253 Rn. 1; **aA** zur ErbSt BFH II R 34/09, BStBl II 11, 725; BFH II R 24/15, BStBl II 17, 128: nur § 10 V Nr 3 ErbStG); zu Prozesskosten s *Grube* DStZ 99, 313. Zu Auslegungsverträgen s *Hübner* ErbStB 03, 231; *Proff* ZEV 10, 348; zum Schein-Alleinerben → Rn. 591. 609

6. Erbauseinandersetzung über Betriebsvermögen. – a) Gesamtauseinandersetzung/Geldabfindung. Wird ein Nachlass, der nur aus einem (oder mehreren) **Gewerbebetrieben** besteht, in der Weise auseinandergesetzt, dass entweder alle Miterben bis auf einen aus der Erbengemeinschaft gegen eine Geldabfindung ausscheiden und der verbleibende Miterbe den GewBetr allein fortführt oder die Erbengemeinschaft den GewBetr auf einen (oder einige) der Miterben überträgt und dieser die anderen in Geld abfindet, hat dies ebenso wie das Ausscheiden eines Ges'ters aus einer gewerbl PersGes gegen Barentgelt (→ Rn. 481 ff) zur Folge, dass die weichenden Miterben entgeltl ihre **MUerAnteile veräußern** und ggf einen begünstigtem Veräußerungsgewinn erzielen. Der übernehmende Miterbe hat **AK** iHd Abfindung und erwirbt iU (in Höhe seiner Erbquote) unentgeltl (BFH GrS 2/89, BStBl II 90, 610

837 (843 f)). Dabei ist grds unerhebl, ob der übernehmende Miterbe die Geldabfindung aus Eigenvermögen oder durch Verwertung von Nachlass-WG finanziert, welcher Zeitraum zw Erbfall und Auseinandersetzung verstrichen ist (aber → Rn. 623) und ob zwischen zeitl einer der Miterben seinen Erbteil entgeltl oder unentgeltl auf einen Dritten übertragen hat (dazu *BMF* BStBl I 06, 253 Rn. 37 ff). ME liegt auch dann eine entgeltl Veräußerung und keine unechte Realteilung vor, wenn die liquiden Mittel des Nachlass-GewBetr *in* ein eigenes **BV/SBV** *übernommen* werden (str; → Rn. 531, 480, 616, 629, 642); zur Höhe der AK s BFH IV R 9/95, BStBl II 96, 310; *Anm* DStR 96, 918. Ebenso ist es unerhebl, ob die Auseinandersetzung auf einer **Teilungsanordnung** (§ 2048 BGB) beruht (*BMF* BStBl I 06, 253 Rn. 56; BFH IV R 10/99, BStBl II 02, 850: auch bei Testamentsvollstreckung; *Groh* DB 92, 1312; zu abw Ansichten im Schrifttum → 34. Aufl 2015, § 16 Rn. 610). Zu wiederkehrenden Zahlungen → Rn. 600. Zur Teilungsanordnung **ohne Abfindung** s BFH IV R 10/99, BStBl II 02, 850; zum Vorausvermächtnis → Rn. 597. Zur **Umgestaltung** eines „Nur-BV-Nachlasses" in **Mischnachlass** → Rn. 639.

Beispiel: S und T sind Miterben zu je ½. Der Nachlass besteht nur aus einem GewBetr (Verkehrswert 700, Buchwert 400). S übernimmt diesen und zahlt an T 350. T erzielt einen Gewinn aus der Veräußerung seines MUerAnteils iHv 150 (350 ./. ½ Buchwert von 400 = 200). S hat den GewBetr zu ½ unentgeltl und zu ½ entgeltl mit AK von 350 erworben; er kann die Buchwerte um 150 aufstocken.

612 **b) Personelle Teilauseinandersetzung.** Die zu a) dargestellten Grundsätze gelten sinngemäß, wenn nur einer (oder einige) der Miterben gegen Abfindung in **Geld ausscheidet** und die übrigen den GewBetr in Erbengemeinschaft fortführen (BFH IV R 9/95, BStBl II 96, 310; BGH IV ZR 346/96, BGHZ 138, 8) oder einer von mehreren Miterben seinen **Erbteil** (vgl § 2033 BGB) entgeltl an andere Miterben oder einen Dritten **veräußert** (vgl *BMF* BStBl I 06, 253 Rn. 37, 39).

613 **c) Sachwertabfindung.** Zur Abfindung des oder der weichenden Miterben mit WG aus dem BV des GewBetr → Rn. 646 ff.

614 **d) Realteilung ohne Ausgleichszahlung. – aa) Grundsätze.** Wird die Erbengemeinschaft in der Weise auseinandergesetzt, dass das (aktive und passive) BV eines GewBetr auf die Miterben nach Erbquoten verteilt wird, ist dies – ungeachtet des Zeitraums zw Erbfall und Auseinandersetzung und etwaiger Veränderungen des BV (*BMF* BStBl I 06, 253 Rn. 32) – weder Tausch von Anteilen an den einzelnen WG des Nachlasses noch Tausch eines MUerAnteils gegen die jeweiligen zugeteilten WG, sondern die Erfüllung des durch Vereinbarung konkretisierten gesetzl Auseinandersetzungsanspruchs und estrechtl **keine Veräußerung** oder Anschaffung (BFH GrS 2/89, BStBl II 90, 837; BFH XI R 2/87, BStBl II 92, 381; *BMF* BStBl I 06, 253 Rn. 10). Jeder Miterbe erwirbt die ihm zugeteilten WG unentgeltl (→ Rn. 609). Gleichwohl sollen Erwerbsnebenkosten (zB Notar, Grundbuch) anzusetzen sein (BFH IX R 43/11, BStBl II 14, 878: AfA; → Rn. 590, 592, 67). Zu § 34a → § 34a Rn. 87.

615 **bb) Buchwertfortführung.** Für Erbauseinandersetzungen ab 1.1.01 gelten die Regelungen zur Realteilung von MUerschaften gem § 16 III 2–4, dh vorbehaltl Behaltefrist und KöKlausel *Buchwertzwang* bei WG-Zuweisung *in* eigenes SBV/**BV** (*BMF* BStBl I 06, 253 Rn. 11 f). Die Übernahme (aller oder einzelner) betriebl WG ins **PV** der Miterben ist entweder Betriebsaufgabe (*BMF* BStBl I 06, 253 Rn. 13: Gewinnverteilung ggf entspr *schriftl* Abrede; mE gilt § 16 III 9) oder Aufgabe des MUer-Anteils oder kann zu einem nur lfd Gewinn führen (→ Rn. 548; ausführl *Röhrig ua* DStR 06, 969; → Rn. 619).

616 **cc) Liquide Mittel.** Allg → Rn. 531, 480. Umstr ist, ob Realteilung ohne Ausgleich (*BMF* BStBl I 06, 253 Rn. 30 zu *PV,* anders wohl Rn. 33 zu *Mischnachlass*) oder entgeltl Veräußerung eines MUerAnteils anzunehmen ist (BFH IV R 15/10,

BStBl II 13, 858), wenn die einen Miterben den Betrieb und die anderen Miterben *nur* die liquiden Mittel des Betriebs übernehmen. → Rn. 610; → Rn. 629: PV; → Rn. 642: Mischnachlass.

dd) Mehrere Betriebe. Buchwertfortführung ist auch geboten, wenn zum Nachlass mehrere selbstständige Betriebe (GewBetr, LuF usw) gehören und nur diese im Zuge der Realteilung von einzelnen Miterben übernommen werden (*BMF* BStBl I 06, 253 Rn. 12, 17; *Wacker/Franz* BB 93, Beil 5, 6). Dabei ist iErg unerhebl, ob man dies auf § 6 III 1 Hs 1 (auch → Rn. 622) oder auf eine analoge Anwendung von § 16 III 2 stützt (→ Rn. 535), da in letzterem Falle die Restriktionen der Behaltefrist und Körperschaftsklausel betr *Einzel*-WG (§ 16 III 3 f nicht greifen. 617

e) Realteilung mit Ausgleichszahlung. – aa) Grundsatz. Erhält einer der Miterben iRd Realteilung (→ Rn. 614) mehr als seiner Erbquote entspricht und zahlt er deshalb an den/die anderen Miterben einen Ausgleich, führt die Zahlung für das „Mehr" beim weichenden Miterben zu Veräußerungserlös und beim übernehmenden Miterben zu AK; iÜ haben die Miterben, soweit die übernommenen WG (Betriebe/Teilbetriebe) *BV* bleiben, nach Maßgabe von § 16 III 2–4 *zwingend* die Buchwerte fortzuführen (*BMF* BStBl I 06, 253 Rn. 19). Zu wiederkehrenden Zahlungen sowie zur Teilungsanordnung → Rn. 610, 600. 618

bb) Gewinnrealisierung. Str ist, in welcher Höhe beim Zusammentreffen von Realteilung des Nachlasses und Abfindungszahlung Gewinn realisiert wird und AK entstehen, ob der Gewinn tarifbegünstigt und wie Veräußerungserlös/AK den einzelnen WG zuzuordnen ist. Die Lösung hat mE derjenigen der Realteilung einer gewerbl PersGes zu entsprechen; hiernach ist auch bei Auseinandersetzung einer Miterben-MUerschaft iSd **„Trennungstheorie"** ein entgeltl Anschaffungs- und Veräußerungsvorgang im Verhältnis der Ausgleichszahlung zum Wert der übernommenen WG anzunehmen und diesem Erwerbsteil sind die Buchwerte anteilig zuzuordnen; iÜ führt der Erwerber die Buchwertanteile fort (*BMF* BStBl I 06, 253 Rn. 14, 16–17; *BMF* BStBl I 94, 601 Rn. 1; *Ruban* DStR 91, 65; *Wacker/Franz* BB 93, Beil 5). GlA BFH IV R 51/07, BStBl II 09, 303 betr AK des Erwerbers, **aA** aber BFH IV R 24/15, BFH/NV 19, 516: Veräußerung iZm unechter Realteilung). Dazu iEinz mit Beispiel auch zu abw Lösungen → Rn. 542. Die hiermit verbundene Teilgewinnrealisierung entspricht nicht nur dem Subjektprinzip; die Trennungstheorie gilt vielmehr auch bei Erbauseinandersetzung über PV (→ Rn. 626 mit Beispiel) sowie bei Mischnachlässen (→ Rn. 640 mit Beispiel). Auch bei Zuteilung von Betrieben/Teilbetrieben geht die FinVerw zR von einem **lfd Gewinn** aus, der jedoch grds nicht der GewSt unterliegt (*Ausnahme:* § 7 S 2 GewStG); nach **§§ 16, 34** begünstigt ist der Gewinn aber, wenn der Ausgleichsberechtigte sämtl erhaltenen WG ins **PV** überführt (*BMF* BStBl I 06, 253 Rn. 14, 17; einschr *Röhrig ua* DStR 06, 969). 619

cc) Unentgeltlicher Erwerbsteil. *Soweit* der übernehmende Miterbe anteilig unentgeltl unter Buchwertfortführung erwirbt, tritt er hinsichtl degressiver/erhöhter AfA, Vorbesitzzeit (§ 6b IV 1 Nr 2) usw in die Rechtsstellung des Erblassers ein (*BMF* I 06, 253 Rn. 20, 21); zu § 34a → § 34a Rn. 87. Zur Verteilung von Veräußerungserlös und AK auf die einzelnen WG s *Wacker/Franz* BB 93, Beil 5, 7 (mE gleichmäßig aufzustocken im Verhältnis der realisierten zu den insgesamt vorhandenen stillen Reserven; glA *Geck* KÖSDI 11, 17352 (17357)). 620

dd) Betriebsschulden. Keine Ausgleichszahlung ist nach hM darin zu sehen, dass einer der Miterben von den Betriebsschulden mehr übernimmt als seiner Erbquote entspricht (*BMF* BStBl I 06, 253 Rn. 18; aber → Rn. 630, 641). 621

f) Gegenständliche Teilauseinandersetzung. Die Grundsätze zu → Rn. 614 ff gelten sinngemäß für eine sog gegenständl Teilauseinandersetzung etwa in der Form, dass einer der Miterben aus einem Nachlass, der einen GewBetr und LuF umfasst, zunächst unter Fortbestand der personell unveränderten Erbengemeinschaft nur den 622

GewBetr übernimmt. Geschieht dies zu Lasten der Beteiligung am Restnachlass, sind die Regeln der Realteilung ohne Ausgleichszahlung anzuwenden (§ 16 III 2 iVm 6 III 1 Hs 1; → Rn. 614 ff). Bei **Einzel-WG** (→ Rn. 647) ist nach *BMF* BStBl I 06, 253 Rn. 57 § 6 V 3 Nr 1 (*grds* Buchwertzwang bei Überführung in BV) anwendbar; nach der jüngsten BFH-Rspr zur „unechten" Realteilung ist dies hingegen fragl (s einschließl Kritik → Rn. 530). Wird an die übrigen Miterben ein **Ausgleich** entspr ihres rechnerischen Anteils am GewBetr gezahlt (→ Rn. 618), ist dieser auch insoweit Entgelt, als er durch den Wert des Anteils des zahlenden Miterben am Restnachlass gedeckt ist (BFH GrS 2/89, BStBl II 90, 837; *BMF* BStBl I 06, 253 Rn. 56). Zu **umgekehrten** Ausgleichszahlungen bei späteren Auseinandersetzungsschritten → Rn. 632; *BMF* BStBl I 06, 253 Rn. 58–59. Zur **Fremdfinanzierung** von Ausgleichszahlungen s *Märkle* FS L. Schmidt, S 809 (832); zur Wirkung einer späteren umgekehrten Ausgleichszahlung hierauf s *Meyer* FR 97, 8 (13).

623 **g) Auseinandersetzungszeitpunkt.** Vollzogen ist eine Auseinandersetzung mit der Übertragung des **wirtschaftl Eigentum** an den zugeteilten WG (BFH XI R 36/99, BFH/NV 00, 1196 betr konkludente Auseinandersetzung). Vereinbaren die Miterben aber eine schuldrechtl **Rückbeziehung** auf den Erbfall, erkannte die *FinVerw* an, dass die **lfd Einkünfte** nur dem- oder denjenigen Miterben zugerechnet werden, die den GewBetr übernehmen, sofern die Auseinandersetzung innerhalb von 6 Monaten seit dem Erbfall klar und rechtsverbindl (ausgenommen nur die Wertfindung) vereinbart und durchgeführt wird (*BMF* BStBl I 93, 62 Rn. 8, 9). *Weitergehend* BFH IV R 10/99, BStBl II 02, 850: bei Verhalten entspr Teilungsanordnung/Vorausvermächtnis (keine Gewinnbeteiligung oder Ausgleichszahlung) kann auch Auseinandersetzungsvereinbarung mit 2¼-jähriger Rückwirkung anzuerkennen sein (glA BFH IV R 15/10, BStBl II 13, 858; *BMF* BStBl I 02, 1392; *BMF* BStBl I 06, 253 Rn. 8, 9; s auch BFH IX R 26/99, BFH/NV 04, 476; → Rn. 43). Trotz Rückbeziehung sind alle Miterben mit dem Erbfall **MUer** geworden; Ausgleichszahlungen führen deshalb einerseits zu AK, andererseits zu Veräußerungserlösen (BFH GrS 2/89, BStBl II 90, 837; BFH IV R 15/10, BStBl II 13, 858; *BMF* BStBl I 06, 253 Rn. 3, 8; *Groh* DB 92, 1312: „Durchgangsunternehmer").

625 **7. Erbauseinandersetzung über Privatvermögen. – a) Realteilung ohne Ausgleich.** Wird ein Nachlass, der nur aus PV (zB Grundstücke, Aktien) besteht, in der Weise aufgeteilt, dass jeder der Miterben WG im Gesamtwert seiner Erbquote zu Alleineigentum und somit ohne Ausgleichsleistungen erhält, ist dies kein Tausch (→ Rn. 614). Vielmehr erwirbt jeder Miterbe die ihm zugeteilten WG estrechtl (von der Erbengemeinschaft und über diese vom Erblasser) voll unentgeltl iSv **§ 11d I EStDV** (BFH GrS 2/04, BStBl II 08, 608; BFH GrS 2/89, BStBl II 90, 837; *BMF* BStBl I 06, 253 Rn. 22). Gleiches gilt für die einheitl Auseinandersetzung zivilrechtl gespaltener Nachlassvermögen (BFH IX R 1/17, BStBl II 19, 170 betr BGB/ZGB-DDR). Da § 16 III 2–4 ledigl die personelle Verlagerung stiller Reserven des *BV* beschränkt, hat sich hier an selbst dann nichts geändert, wenn einzelne WG zB gem §§ 17, 23 oder 22 UmwStG steuerverhaftet sind (→ Rn. 626; s zur unentgeltl Nachfolge auch § 17 I 4, II 5,§ 23 I 3; § 22 VI UmwStG).

Beispiel: Miterben sind S und T zu je ½. Der Nachlass (Gesamtwert 1600) umfasst ein Mietwohngrundstück (800), ein Einfamilienhaus (500) und Aktien (300). S übernimmt das Mietwohngrundstück, T das Einfamilienhaus und die Aktien. – *Lösung:* S und T erwerben jeweils voll unentgeltl (keine Anschaffung zB iSv § 23). S *muss* den StWert des Mietwohngrundstücks (§ 11d I EStDV) fortführen. Zu Erwerbsnebenkosten → Rn. 614.

Dabei bleibt es auch – ***(1)*** bei **Umwandlung** der (Gesamthands-)Erbteile in **Bruchteilseigentum** an den einzelnen WG des Nachlasses und Tausch dieser Bruchteilsanteile (*BMF* BStBl I 06, 253 Rn. 22), wenn beides in sachl Zusammenhang steht (*Wacker/Franz* BB 93, Beil 5, 9; FG RhPf EFG 00, 1273). – ***(2)*** bei **Teilungsversteigerung** (BFH XI R 3/85, BStBl II 92, 727), – ***(3)*** wenn die Erbengemeinschaft formal die einzelnen WG an die Miterben „**verkauft**" und den Barerlös verteilt (verschleierte Realteilung; → Rn. 609; *Wacker/Franz* BB 93, Beil 5, 9).

b) Realteilung mit Ausgleich. Soweit einer der Miterben einen Ausgleich *aus eigenem Vermögen* leistet (Abfindung), weil der Wert der ihm zugeteilten WG höher ist als seine Erbquote, ist die Auseinandersetzung entgeltl Veräußerung und Anschaffung (BFH IX B 121/99, BFH/NV 00, 713). Der zahlende Miterbe erwirbt (nur) das „Mehr", dh die ihm zugeteilten WG im Verhältnis der Ausgleichszahlung zum Wert dieser WG entgeltl mit AK iHd Ausgleichsleistung zuzügl etwaiger Kosten (Notar usw; BFH X R 66/95, BStBl II 00, 61) und im Verhältnis seines Wertanteils am Gesamtnachlass zum Wert der zugeteilten WG unentgeltl (BFH GrS 2/89, BStBl II 90, 837; *BMF* BStBl I 06, 253 Rn. 26; str, → Rn. 610). Für die Empfänger des Ausgleichs ist die damit korrespondierende entgeltl Veräußerung unter den Voraussetzungen der §§ 17, 20 II, 23 EStG oder des § 22 UmwStG estpfl (*BMF* BStBl I 06, 253 Rn. 27; *BMF* BStBl I 00, 1383 Rn. 30). Zinslos gestundete Ausgleichszahlungen sind mit dem Barwert (AK, Veräußerungspreis) anzusetzen (BFH XI R 1/85, BFH/NV 91, 382). 626

Beispiel: Miterben sind S und T zu je ½. Der Nachlass (Gesamtwert 600) umfasst zwei Mietwohngrundstücke. S übernimmt Grundstück I (Verkehrswert 400; § 11d-Wert 160), T Grundstück II (Verkehrswert 200; § 11d-Wert 80); S zahlt an T 100. *Lösung:* S hat Grundstück I im Verhältnis des Ausgleichs (100) zum Grundstückswert (400), also zu ¼ entgeltl, und im Verhältnis seines Nachlassanteils (½ von 600 = 300) zum Grundstückswert (400), also zu ¾ unentgeltl erworben. Das künftige AfA-Volumen beträgt 120 (¾ des § 11d-Werts von 160) zuzügl 100 (Ausgleich). T hat Grundstück II voll unentgeltl erworben und für ¼ entgeltl Veräußerung des Grundstücks I einen uU nach § 23 stbaren Veräußerungserlös von 100 erzielt.

c) Nutzungsrecht. Keine Ausgleichsleistung, sondern eine „besondere Erscheinungsform der Realteilung" ohne Ausgleich (→ Rn. 625) liegt vor, wenn der Miterbe entspr dem Wert seiner Erbquote ein zeitl begrenztes Nutzungsrecht (zB Wohnrecht) an einem WG erhält, das dem anderen Miterben zu Eigentum übertragen wird; eine spätere Ablösezahlung führt aber zu nachträgl AK (BFH XI R 2/87, BStBl II 92, 381; *BMF* BStBl I 06, 253 Rn. 22). 627

d) Aufteilung der Abfindung; Anschaffungskosten. Zu Einzelheiten bei Übernahme mehrerer WG, s *BMF* BStBl I 06, 253 Rn. 28, 29, 42: Zuordnung der AK grds entspr Vereinbarung der **Miterben** (→ § 6 Rn. 118; zR einschr BFH IX R 26/19, BStBl II 21, 372); zu AfA *BMF* BStBl I 06, 253 Rn. 31; *Wacker/Franz* BB 93, Beil 5, 12; *Zimmermann* DB 06, 1392. 628

e) Liquide Mittel. Befinden sich im Nachlass (PV) auch liquide Mittel (zB Bankguthaben), liegt nach Rspr/FinVerw eine Realteilung ohne Ausgleich vor (→ Rn. 625), wenn der eine Miterbe die Sachwerte und der andere die liquiden Mittel erhält. Werden diese nach Erbquoten aufgeteilt, ist eine Ausgleichszahlung für andere WG nur insoweit Entgelt (AK), als sie die dem Zahlenden zugeteilten liquiden Mittel des Nachlasses übersteigt (*BMF* BStBl I 06, 253 Rn. 30 mit Beispiel; BFH IV R 9/95, BStBl II 96, 310 (312)). Aber → Rn. 616 zu *BV;* → Rn. 642 zu *Mischnachlass.* Ebenso, wenn als Ausgleich ein WG hingegeben wird, das der Ausgleichspflichtige vorher aus dem Nachlass erhalten hat (*Märkle* WPg 90, 674 (679)). 629

Beispiel: Miterben sind S und T zu je ½. Der Nachlass (Gesamtwert 800) umfasst ein Mietwohngrundstück (600) und ein Bankguthaben (200). S übernimmt das Grundstück und ½ des Bankguthaben, T ½ des Bankguthabens; S zahlt an T 300. – *Lösung:* Das von S an T gezahlte Entgelt für den Grundstücksanteil (AK!) beträgt 200 (300 ./. halbes Bankguthaben 100 = 200). Das Ergebnis entspricht einer Realteilung, bei der S das Grundstück und T das ganze Bankguthaben und eine Ausgleichszahlung von 200 erhält. S erwirbt das Grundstück zu ⅓ entgeltl und zu ⅔ unentgeltl.

630 **f) Nachlassverbindlichkeiten.** Werden sie iRd Auseinandersetzung übernommen, sollten nach *bisheriger* Ansicht des **IX. BFH-Senats AK** vorliegen, soweit die übernommenen Verbindlichkeiten die Erbquote überschreiten (BFH IX R 23/02, BStBl II 06, 296; BFH IX R 48/08, BFH/NV 09, 1808); darüber soll die Schuldübernahme bei **vorzeitiger** Erbauseinandersetzung Gegenleistung sein (BFH IX R 44/04, BStBl II 08, 216; das ist mE kaum praktikabel; krit auch *kk* KÖSDI 07, 15542). Demgegenüber ging die **hM** davon aus, dass ein Miterbe, der im Saldo von zugeteilten aktiven WG und übernommenen Schulden nicht mehr erhält als seinem aus der Erbquote errechneten Anteil am Nettowert des Nachlasses entspricht, unentgeltl erwirbt (sog **Saldothese**); ein „überschießender Wert der übernommenen aktiven WG" kann deshalb durch überschießende Schuldübernahme ausgeglichen werden (so BFH GrS 2/89, BStBl II 90, 837; BFH IV R 74/95, BStBl II 96, 599; *BMF* BStBl I 93, 62 Rn. 25). Hieran hat die **FinVerw** zR **festgehalten** (*BMF* BStBl I 06, 253 Rn. 23, 18, 34; *BMF* BStBl I 06, 306; FG Mster EFG 14, 39; *Wacker* DStR 05, 2014; StbJb 06/07, 55; *Röhrig ua* DStR 06, 969 (973)); glA nunmehr BFH IX R 1/17, BStBl II 19, 170. Zum Schuldzinsenabzug s zB *B. Meyer* FR 97, 8.

Beispiel: Miterben sind S und T zu je ½. Der Nachlass (Gesamtwert 600) umfasst ein Mietwohngrundstück I (Wert 600), ein Mietwohngrundstück II (Wert 300) und Schulden von 300. S übernimmt das Grundstück I und alle Schulden, also netto 300, T übernimmt das Grundstück II (300). *Lösung (hM):* S und T erwerben jeweils unentgeltl.

Nach FinVerw gilt dies auch, soweit durch die Verteilung der Nachlassverbindlichkeiten zusätzl **Abfindungsbedarf geschaffen** wird; die (Mehr-)Abfindung ist kein Entgelt/keine AK (*BMF* BStBl I 06, 253 Rn. 24). Nachlassverbindlichkeiten sind nicht nur Erblasser-/Erbfallschulden, sondern auch solche, die im Zuge der Verwaltung des Nachlasses (zB Kreditaufnahme) entstanden sind, es sei denn, die Schulden werden im engen zeitl Zusammenhang mit der Auseinandersetzung begründet (*BMF* BStBl I 06, 253 Rn. 25). Zur Tilgung von Nachlassschulden vor Auseinandersetzung s *Söffing* DB 91, 828 (833).

631 **g) Personelle Teilauseinandersetzung.** Wird der Nachlass (PV) dadurch teilweise auseinandergesetzt, dass einzelne Miterben gegen Abfindung mit Nachlassvermögen (Geldwerte/Sachwerte) ausscheiden, die Erbengemeinschaft aber unter den restl Miterben fortbesteht (BGH IV ZR 346/96, BGHZ 138, 8: grds formfrei), oder dass einer der Miterben seinen Erbanteil (§ 2033 BGB) entgeltl auf einen anderen Miterben überträgt, gelten die für die Gesamtauseinandersetzung maßgebl Grundsätze (→ Rn. 625–630) sinngemäß (*BMF* BStBl I 06, 253 Rn. 40–43, 48–50 Ausscheiden = Veräußerung des Erbanteils). Nach BFH IX R 13/22, BStBl II 25, 78 soll entgegen BFH IX R 5/02, BStBl II 04, 987 (dazu *Wacker* DStR 05, 2014) iRv § 23 der entgeltl Erbanteilserwerb nicht mit AK für das Erbvermögen/Grundstück verbunden sein; dies ist unzutr (iEinz *Wacker* FR 24, 877) und wurde mit **§ 23 I 4** iVm § 52 Abs. XXXI idF JStG 2024 (BGBl I 24 Nr 387) rückwirkend bereinigt. Zur Aufteilung der Abfindung s *BMF* BStBl I 06, 253 Rn. 42; vgl dazu → Rn. 628, 637.

632 **h) Gegenständliche Teilauseinandersetzung.** Wird die Erbengemeinschaft in mehreren Schritten in der Weise auseinandergesetzt, dass einzelne Miterben bestimmte WG des PV gegen Ausgleichszahlung übernehmen, aber am Restnachlass iHd Erbquote beteiligt bleiben, ist eine Ausgleichszahlung gleichwohl – ebenso wie bei Gesamtauseinandersetzung – in voller Höhe Entgelt (Veräußerungserlös, AK; BFH GrS 2/89, BStBl II 90, 837; BFH X R 66/95, BStBl II 00, 61; *BMF* BStBl I 06, 253 Rn. 56). Kommt es später zu **umgekehrten Ausgleichszahlungen,** ist darin eine Rückzahlung zu sehen, die den ursprüngl Veräußerungserlös und die AK rückwirkend mindert, wenn die Miterben eine entspr weitere Auseinandersetzung von vornherein „im Auge hatten" (BFH GrS 2/89, BStBl II 90, 837; BFH XI R 5/85, BFH/NV 92, 24; *BMF* BStBl I 06, 253 Rn. 58–59; zB *Wacker/Franz* BB 93, Beil 5, 19; auch → Rn. 26, 35); davon ist nach Ansicht der FinVerw aus-

zugehen, wenn seit der vorangegangenen Teilauseinandersetzung nicht mehr als 5 Jahre verstrichen sind (*BMF* BStBl I 06, 253; mE widerlegbar; abl iZm Vermögensübergaben BFH X R 104/94, BStBl II 02, 646). Spätere Teil- oder Endauseinandersetzungen sind selbstständig zu beurteilen (*BMF* BStBl I 06, 253: keine Minderung von AK). Zum **Schuldzinsenabzug** bei fremdfinanzierten Ausgleichszahlungen s *B. Meyer* FR 97, 8 (13). Teilauseinandersetzung unter **Minderung** der **Beteiligung** am Restnachlass ist Realteilung ohne Ausgleich (zu BV auch → Rn. 622).

i) Rückbeziehung der Auseinandersetzung. S hierzu einschließl ihrer Wirkung auf die Einkunftszurechnung → Rn. 623. 634

8. Erbauseinandersetzung über Mischnachlass. Umfasst der Nachlass sowohl BV (zB GewBetr) als auch PV (zB Mietwohngrundstück), sind auch bei Teilungsanordnung auf Auseinandersetzung zum einen die für BV (→ Rn. 610 ff) und zum anderen die für PV (→ Rn. 625 ff) maßgebl Grundsätze anzuwenden und daher zB Veräußerungsvorgänge beiden Bereichen zuzuordnen (BFH GrS 2/89, BStBl II 90, 837). 636

a) Gesamtauseinandersetzung. Scheiden alle Miterben bis auf einen gegen **Geldabfindung** aus der Erbengemeinschaft aus, sind die Zahlungen des verbliebenen Miterben Entgelt (Veräußerungserlös und AK), das im Verhältnis des Verkehrswerts des übernommenen GewBetr zum Verkehrswert der übernommen (aktiven) WG des PV aufzuteilen ist (BFH IV R 9/95, BStBl II 96, 310; **aA** uU *BMF* BStBl I 06, 253 Rn. 50 iVm 46, 42: Aufteilung grds entspr Vereinbarung; unzutr; → Rn. 628, 631); sodann sind die beiden Nachlassteile (BV und PV) getrennt zu betrachten (BFH IV R 9/95, BStBl II 96, 310). Soweit die Abfindung auf den GewBetr entfällt, führt dies beim übernehmenden Miterben zu AK für den Erwerb – zu liquiden Mitteln des *GewBetr* → Rn. 616; BFH IV R 9/95, BStBl II 96, 310 – und bei den weichenden Miterben zu einem Erlös für die Veräußerung eines MUerAnteils. Soweit sie auf *PV* entfällt, hat der übernehmende Miterbe AK, die weichenden Miterben aber grds keinen estpfl Veräußerungserlös (*Ausnahmen:* § 22 UmwStG; §§ 17, 20 II, 23; → Rn. 626, 629). 637

b) Personelle Teilauseinandersetzung. Entsprechendes gilt, wenn nur einer von mehreren Miterben ausscheidet (→ Rn. 612, 631; *BMF* BStBl I 06, 253). 638

c) Realteilung ohne Ausgleich. Wird der Nachlass real geteilt, sodass einer (oder einige) der Miterben das BV (zB den **Gewerbebetrieb**) und der/die anderen das PV aufgrund Wertgleichheit ohne Ausgleich übernehmen, erwirbt jeder Miterbe in vollem Umfang unentgeltl. Die Erbquote des Miterben kann sowohl mit BV als auch mit PV aufgefüllt werden. Demnach *müssen* die Miterben auch die Buchwerte des GewBetr fortführen (§ 6 III 1 Hs 1; § 16 III 2; → Rn. 617; zu § 34a → § 34a Rn. 87); eine wahlweise Gewinnrealisierung ist mangels Betriebsaufgabe ausgeschlossen. Gleiches gilt vorbehaltl von Behaltefrist/Körperschaftsklausel (§ 16 III 3–4) bei Zuweisung von **betriebl Einzel-WG** in das BV des Miterben (*BMF* BStBl I 06, 253 Rn. 32). Ebenso ist der Miterbe bezügl des übernommenen **PV** (Mietwohngrundstück) an den vom Erblasser auf die Erbengemeinschaft übergegangenen und von dieser fortgeführten Steuerwert (§ 11d I EStDV) gebunden (BFH GrS 2/04, BStBl II 08, 608; BFH GrS 2/89, BStBl II 90, 837 (845); *BMF* BStBl I 06, 253 Rn. 32). Unerhebl hierfür ist nicht nur der Zeitraum zw Erbfall und Erbauseinandersetzung sowie etwaige Änderungen im Umfang des BV/PV (*BMF* BStBl I 06, 253 Rn. 32); mE greift der Zwang zur Fortführung von Buch-/Steuerwerten auch bei formalem Verkauf von BV/PV an die jeweiligen Miterben und anschließender Erlösteilung (→ Rn. 609). Unerhebl ist auch, ob der Mischnachlass bereits im Zeitpunkt des Erbfalls bestand oder erst während der Nachlassverwaltung zB durch Entnahmen aus dem BV entstanden ist (*BMF* BStBl I 06, 253 Rn. 33; zu Einzelheiten krit *Wacker/Franz* 639

BB 93, Beil 5, 12; zur Kreditaufnahme vor Realteilung → Rn. 642). Zu Erwerbsnebenkosten → Rn. 614.

640 **d) Realteilung mit Ausgleich.** Hat iRe Realteilung (→ Rn. 639) einer der Miterben an den/die anderen einen Geldausgleich zu leisten, weil die Nettowerte des übernommenen Vermögens ungleich sind, führt dies zu einem (ggf estpfl) Veräußerungserlös einerseits und zu AK andererseits, aber nur im Verhältnis des Ausgleichs zum Wert des erlangten Vermögens (→ Rn. 609; *BMF* BStBl I 06, 253 Rn. 36 mit Beispiel; hL). Zur str Zuordnung des Ausgleichs auf BV und PV → Rn. 637. Zur Fremdfinanzierung des Ausgleichs s *Märkle* FS L. Schmidt, 1993 S 809 (832). Zu § 34a → § 34a Rn. 87.

Beispiel: Miterben sind S und T zu je ½. Der Nachlass (Gesamtwert 1200) umfasst einen GewBetr (Verkehrswert 800, Nettobuchwert 300) und ein Mietwohngrundstück (Verkehrswert 400, § 11d-Wert 200). S übernimmt den GewBetr, T das Grundstück; S zahlt an T 200. *Lösung:* S hat den GewBetr im Verhältnis seiner Zahlung (200) zum Verkehrswert des GewBetr (800), also zu ¼ entgeltl und iÜ unentgeltl erworben; im gleichen Verhältnis hat T einen MUerAnteil teilweise entgeltl veräußert. S muss ¾ der Buchwerte (225) fortführen und ¼ der Buchwerte um 125 (200 ./. 75) aufstocken. T hat das Grundstück voll unentgeltl erworben; ihr Gewinn aus der Veräußerung des gesamten MUerAnteils iHv 125 (200 ./. 75, näml ¼ des Buchwerts des GewBetr) ist mE nach § 34 I, III begünstigt (zur Abgrenzung → Rn. 619; **aA** *BMF* BStBl I 06, 253 Rn. 36: lfd Gewinn).

641 **e) Nachlassschulden.** Ausgleichszahlungen und damit Gewinnrealisierungen können nach hM ggf durch **überproportionale Übernahme** von Nachlassschulden des BV/PV vermieden werden (*BMF* BStBl I 06, 253 Rn. 34; *aber* → Rn. 630). Zusätzl zum GewBetr übernommene private Nachlassschulden werden Betriebsschulden (*BMF* BStBl I 06, 253; *BMF* BStBl I 94, 603; fragl; s auch BFH VIII R 72/90, BStBl II 94, 625 aE). Zum (str) Schuldzinsenabzug nach Verteilung s *Wacker/Franz* BB 93, Beil 5, 29; *Meyer* FR 97, 8.

642 **f) Liquide Mittel.** Ebenso können Ausgleichszahlungen vermieden werden durch **überproportionale Zuteilung** liquider Mittel, insb Veränderungen zw BV und PV (auch → Rn. 639). Nach FinVerw ist aber Realteilung mit Ausgleichszahlung anzunehmen, wenn „durch Entnahme liquider Mittel (aus BV) im engen zeitl Zusammenhang mit der Auseinandersetzung PV geschaffen" wird (*BMF* BStBl I 06, 253 Rn. 33: § 42 AO; krit *Wacker/Franz* BB 93, Beil 5, 13; mE § 42 AO, wenn die liquiden Mittel erst durch Kreditaufnahme beschafft werden; s auch zB *Söffing* DB 91, 828; *Spiegelberger* DStR 92, 584; *Seeger* DB 92, 1010). Zu betriebl Geldbeständen allg → Rn. 531.

643 **g) Verweise.** Zur **gegenständl Teilauseinandersetzung** → Rn. 622, 632; zur **Rückbeziehung** der Auseinandersetzung auf den Erbfall → Rn. 623, 634. Zu **Testamentsgestaltungen** zur Vermeidung jegl Gewinnrealisierung → 39. Aufl 2020, § 16 Rn. 644.

646 **9. Abfindung mit Wirtschaftsgütern des Nachlasses. – a) Gesamtauseinandersetzung.** Übernimmt ein Miterbe sämtl Erbanteile und findet er die weichenden Miterben mit WG des Nachlasses (BV, PV) ab, ist dies nach der jüngeren Ansicht von Rspr/FinVerw (s einschließl Kritik → Rn. 530) nicht nur in dem Fall, dass bei einem Mischnachlass der übernehmende Miterbe den GewBetr fortführt und die weichenden Miterben das PV erhalten (s *Wacker/Franz* BB 93, Beil 5, 18), sondern jedenfalls auch dann **Realteilung** (dh Aufgabe von Betrieb/MUerAnteil) und nicht Sachwertabfindung (Veräußerung des Anteils an Erbengemeinschaft iVm § 6 V; zu PersGes → Rn. 531), wenn der weichende Miterbe mit **Einzel-WG** des BV abgefunden wird *und* diese in sein **eigenes BV/SBV** übernimmt.

647 **b) Personelle Teilauseinandersetzung.** Erhält ein Miterbe beim Ausscheiden aus der iÜ fortbestehenden Erbengemeinschaft ein WG, das zum BV des von den an-

deren Miterben fortgeführten GewBetr gehört (dazu BFH GrS 2/89, BStBl II 90, 837: Sachwertabfindung), wird man nach der **jüngeren Rspr** und Verwaltung zur Realteilung (→ Rn. 530 f) danach zu unterscheiden haben, ob das WG beim abgefundenen Miterben **PV** wird mit der Folge, dass neben dem begünstigten Gewinn des weichenden Miterben aus der Veräußerung seines MUerAnteils (→ Rn. 610, 637) ein nicht begünstigter *Veräußerungs*gewinn der verbliebenen Miterben anfällt (*BMF* BStBl I 06, 253 Rn. 51; *Ruban* DStR 91, 65; **aA** *Röhrig ua* DStR 06, 969 (976): nur Entnahmegewinn der den Betrieb fortführenden Miterben; *Knobbe-Keuk* § 22 VI 4h: bei Teilungsanordnung Entnahmegewinn des Erblassers). Wird das betriebl WG der Erbengemeinschaft hingegen in das (gewerbl, luf, freiberufl) **BV** des weichenden Erben übertragen, gelten auch bei Abfindung mit nicht wesentl Betriebsgrundlagen Realteilungsgrundsätze (§ 16 III 2 analog; zur früheren Rechtslage → 36. Aufl 2017, § 16 Rn. 647) mit der Folge, dass die Buchwerte ohne Gewinnrealisierung bei den weichenden/verbleibenden Miterben fortzuführen sind (glA jetzt *BMF* BStBl I 19, 11 iVm *BMF* BStBl I 06, 253 Rn. 52). Zu Sachabfindung zuzügl Geldzahlung s *Wacker/Franz* BB 93, Beil 5, 17. Zu Ausgleichsleistungen des *weichenden* Miterben, wenn die Sachabfindung den Wert seines Erbteils übersteigt, s *Groh* StuW 88, 210 (212).

c) Gegenständliche Teilauseinandersetzung. → Rn. 622, 632. Erhält ein Miterbe ein einzelnes WG aus dem BV des Nachlasses (ohne Ausgleichszahlung, aber unter rechnerischer Minderung seines Anteils am Restnachlass), entsteht ein allen Miterben anteilig zuzurechnender Entnahmegewinn, wenn das WG **PV** wird (*BMF* BStBl I 06, 253 Rn. 57). Überführt er das WG in ein eigenes **BV** greift entweder mE zutr § 6 V 3 Nr 1 oder nach BFH/FinVerw (→ Rn. 646 f) § 16 III 2 (unechte Realteilung); *Folge:* grds Buchwertzwang (*BMF* BStBl I 19, 11 iVm *BMF* BStBl I 06, 253 Rn. 52). Zu **Vorausvermächtnis** → Rn. 597. **648**

II. Tod eines Mitunternehmers

Verwaltung: *BMF* BStBl I 06, 253 (Einführungsschreiben).

1. Zivilrechtliche Grundlagen. – ***(1)*** **Gesetzliche Rechtslage.** Vorbehaltl abweichender Vertragsklauseln (s zu *(2)*) hat der Tod des **OHG-Ges'ters** oder **Komplementärs** einer KG das **Ausscheiden** aus der Ges iVm der Abfindung der Erben zur Folge (= **gesetzl Fortsetzungsklausel;** → Rn. 661; §§ 131 III 1 Nr 1, 161 II HGB iVm § 738 I 2 BGB, §§ 105 III, 161 II HGB; ebenso ab 2024 §§ 130 I Nr 1, 161 II HGB idF **MoPeG** (BGBl I 21, 3436), zur abweichenden Rechtslage bis 30.6.98 → 40. Aufl 2021, § 16 Rn. 660). Gleiches gilt nach gem **§ 9 I PartGG** iVm § 131 III 1 Nr 1 HGB (= § 9 II PartGG aF) sowie ab 2024 gem § 9 I PartGG idF **MoPeG** (BGBl I 21, 3436) iVm § 130 I Nr 1 HGB idF **MoPeG.** *Folge ua:* die zweigliedrige OHG/KG erlischt bei Tod eines Ges'ters/des Komplementärs (BT-Drs 13/8444, 66; *Ausweg:* GmbH & Co KG). Auch bei Tod des **K'tisten** oder **stillen Ges'ters** wird die Ges nicht aufgelöst, die Erben aber Ges'ter (§ 177 HGB; § 234 II HGB; **gesetzl Nachfolge;** → Rn. 665). Anders hingegen nach § 727 I BGB bei Tod des Ges'ters einer **GbR** sowie des **Geschäftsinhabers** einer atypisch stillen Ges: **Auflösung** der Ges und deren Abwicklung (§§ 730 ff BGB; § 235 HGB), sofern nicht die Erben des verstorbenen Ges'ters und die übrigen Ges'ter die Fortsetzung der Ges beschließen. **Ab 2024** (s zB *Lang ua* DB 24, 1122) wird der Ges'ter einer rechtsfähigen GbR hingegen nach §§ 723 I Nr 1, 728 II BGB idF **MoPeG** (BGBl I 21, 3436) – vorbehaltl § 61 EGBGB idF MoPeG – ausscheiden; zur nichtrechtsfähigen GbR s indes §§ 740a I Nr 3, 740c BGB idF **MoPeG.** – ***(2)*** Im GesVertrag kann mit estrechtl unterschiedl Folgen von den jeweiligen gesetzl Vorgaben (s zu *(1)*) abgewichen werden. **Typische Vertragsklauseln** (zB *K. Schmidt* GesRecht, § 45 V): – *(a)* Fortsetzungsklausel (→ Rn. 661), – *(b)* Übernahmeklausel (→ Rn. 664), – *(c)* einfache Nachfolgeklausel (→ Rn. 665), – *(d)* qualifizierte Nachfolgeklausel (→ Rn. 672), – *(e)* Teilnachfolge- **660**

klausel (→ Rn. 676) und – *(f)* Eintrittsklausel (→ Rn. 677). Zur PartnerschaftsGes → § 18 Rn. 244 ff.

661 **2. Fortsetzungsklausel; Ausschließungsklausel. – a) Ausscheiden des Erblassers.** Wird beim Tode eines Ges'ters die Ges nach GesVertrag oder nach §§ 131 III 1 Nr 1, 161 II HGB, § 9 PartGG gesetzl (→ Rn. 660) von den übrigen Ges'tern fortgesetzt oder das Unternehmen bei einer zweigliedrigen Ges vom überlebenden Ges'ter allein fortgeführt, erwerben die Erben einen schuldrechtl Abfindungsanspruch gegen die Ges/Übernehmer, dessen Höhe sich nach dem Wert des GesVermögens richtet, sofern vertragl nichts anderes bestimmt ist (zB Buchwertabfindung; → Rn. 482; zur Vererbung von *Forderungs*konten s aber *Wälzholz* DStR 11, 1861 (1862)). EStrechtl ist dies idR entgeltl **Veräußerung** des **MUerAnteils** des verstorbenen Ges'ters an die übrigen Ges'ter auf den Todesfall (§ 16 I 1 Nr 2). Der begünstigter Veräußerungsgewinn iHd Differenz zw dem Wert des Abfindungsanspruchs und dem Buchwert des MUerAnteils im Todeszeitpunkt (BFH IV R 67/98, BStBl II 00, 179: lfd Übergangsgewinne grds gem GuV-Schlüssel; *BMF* BStBl I 06, 253 Rn. 6; BFH IV R 59/98, BStBl II 00, 1709: Rumpf-Wj bei zweigliedriger PersGes) entsteht noch in der Person des **Erblassers,** auch wenn zu den Erben einer der Ges'ter gehört oder der Erblasser den Abfindungsanspruch einem Dritten vermacht hat (BFH IV R 66/92, BStBl II 94, 227; BGH II ZR 52/99, DStR 01, 494). Die Vereinnahmung der Abfindungszahlung durch die Erben ist nicht estpfl; zur Verzinsung s aber betr § 8 Nr 1 GewStG aF BFH VIII R 52/98, BFH/NV 00, 80. Ein im Wj des Erbfalls erzielter Gewinn/Verlust ist dem Erben nicht zuzurechnen, wenn sich die Höhe des vertragl Abfindungsanspruchs ausschließl nach dem Wert (Buch-, Verkehrs-, Zwischenwert) des GesAnteils am vorangegangenen Bilanzstichtag richtet. Die **MitGes'ter**/Übernehmer erwerben entgeltl die Anteile des verstorbenen Ges'ters am GesVermögen, auch soweit sie Miterbe sind. *Folge:* AK iHd Abfindungsschuld (BFH VIII R 12/16, BStBl II 20, 378); diese ist Betriebsschuld der Ges, ebenso ein zu ihrer Tilgung aufgenommener Kredit.

662 **b) Sonderbetriebsvermögen.** Solche WG des verstorbenen Ges'ters werden, wenn die Erben nicht ebenfalls Ges'ter der PersGes sind, zwar grds notwendig PV; ihr gemeiner Wert ist analog § 16 III 8 dem Wert des Abfindungsanspruchs hinzuzurechnen und erhöht den begünstigten Veräußerungsgewinn des Erblassers (*Märkle* DStR 93, 1616). Keine Gewinnrealisierung für SBV tritt mE aber ein, wenn Ges-Anteil und SBV des Erblassers subsidiär BV eines Einzelunternehmens des Erblassers waren; ebenso § 6 V 2. Gleiches gilt bei Buchwertentnahme des SBV nach § 6 I Nr 4 S 4 (BFH VIII R 53/99, BStBl II 03, 237: Aufgabe des MUerAnteils; → Rn. 77, 435). Zu (formunwirksamem) Vermächtnis betr SBV s BFH XI R 18/06, BStBl II 09, 957.

663 **c) Abfindungsausschluss.** Ist vertragl jegl Abfindungsanspruch ausgeschlossen, liegt eine unentgeltl Übertragung des MUerAnteils auf den Todesfall vor, wenn die Bestimmung auf *familiären* Gründen beruht (BFH IV B 105/97, BFH/NV 99, 165; BGH IV ZR 16/19, DStR 20, 1582). Ist sie *betriebl* veranlasst, zB weil sie zw Fremden getroffen ist und für alle Ges'ter mit annährend gleicher Lebenserwartung in gleicher Weise gilt, entsteht beim verstorbenen Ges'ters ein Veräußerungsverlust (*Bolk* DStZ 86, 547); die erwerbenden Ges'ter haben entspr dem Wert des GesVermögens entweder die Anteile des Erblassers am GesVermögen abzustocken oder die Buchwerte fortzuführen und in deren Höhe einen lfd Gewinn (auch → Rn. 421). Beachte auch § 3 I Nr 2 ErbStG.

664 **d) Übernahmeklausel.** Enthält der GesVertrag nur ein Recht der verbleibenden Ges'ter, innerhalb bestimmter Frist die Übernahme des GesAnteils des verstorbenen Ges'ters zu erklären (FG Mchn EFG 04, 956), ist im Hinblick auf BFH GrS 2/89, BStBl II 90, 837 (→ Rn. 605) die Ausübung des Rechts, auch bei Rückbeziehung, als (im GesVertrag nur vorbereitete) Veräußerung des MUerAnteils durch die an

Stelle des Erblassers vorübergehend in die PersGes eingetretenen Erben zu werten (*Esskandari* ZEV 12, 249; ähnl *Wacker/Franz* BB 93, Beil 5, 27 zu LuF).

3. Einfache Nachfolgeklausel. – a) Übergang des Gesellschaftsanteils. – aa) Grundsätze. Stirbt ein Ges'ter und wird die (Außen-)Ges kraft Gesetzes (zB § 177 HGB) oder gesellschaftsvertragl Bestimmung (→Rn. 660) mit den Erben fortgesetzt, wird nicht nur der Alleinerbe, sondern auch jeder **Miterbe** mit dem Erbfall zivilrechtl iSe gesplitteten/**unmittelbaren Direkterwerbs** nach Maßgabe seiner Erbquote **Ges'ter** (hL) und damit estrechtl **MUer** (BFH IV R 73/05, BStBl II 08, 965), auch wenn er den GesAnteil auf Grund Teilungsanordnung (BFH IV R 10/99, BStBl II 02, 850) oder Vermächtnis herauszugeben hat (→Rn. 668). Ebenso ab 2024 § 711 II BGB idF **MoPeG** (BGBl I 21, 3436; Sondererbfolge; missverständl BFH VI R 20/23, DStR 25, 1573). Dagegen soll die Erbengemeinschaft (= Mehrheit der Miterben) die atypisch stille Beteiligung/Unterbeteiligung des Erblassers übernehmen (*Grüneberg* § 1922 BGB Rn. 22; BFH IV R 26/22, BStBl II 25, 246). Auch bei Sondererbfolge (s. o.) fällt das **SBV** zivilrechtl in das Gesamthandsvermögen (Erbengemeinschaft); auch dies wird aber estrechtl von den Miterben (quotenkongruent) unentgeltl erworben (BFH IV R 15/96, BStBl II 97, 535; s auch § 6 III 1, Hs 2; zu § 34a →§ 34a Rn. 87). Demgemäß haben sie (ohne Anfall eines Veräußerungsgewinn beim Erblasser) die anteiligen Buchwerte einschließl SBV fortzuführen (BFH VIII R 18/93, BFH II 95, 714). Der GesAnteil kann trotz des Direkterwerbs der Miterben (s oben) in die Erbauseinandersetzung einbezogen (→Rn. 670), da sein **Wert** ebenso wie die übertragbaren Vermögensrechte zum **Nachlass** gehören (BGH IVa ZR 155/84, BGHZ 98, 48; ähnl BFH IV R 107/89, BStBl II 92, 510). Zur Freigabe bei **Nachlassinsolvenz** →§ 15 Rn. 647. 665

bb) Einzelfragen. – (1) Umwandlung. Diese Grundsätze gelten auch, soweit ein Erbe des persönl haftenden Ges'ters gem § 139 HGB aF/ab 2024 § 131 HGB idF MoPeG (BGBl I 21, 3436) oder gem vertragl Bestimmung (Umwandlungsklausel) die Rechtsstellung eines K'tisten erlangt. 666

(2) Erbfallschulden. Sind der oder die Erben mit Geldvermächtnissen (§§ 1939; 2147 BGB) oder Pflichtteilsansprüchen (§§ 2303 ff BGB; →Rn. 592) belastet, sind diese Erbfallschulden ebenso wie beim Tod eines Einzelunternehmers (→Rn. 41, 592) keine anteiligen AK für den im Erbwege erlangten MUerAnteil (→Rn. 593). 667

(3) Sachvermächtnis. Haben die Erben aufgrund eines Vermächtnisses den **GesAnteil** im Einvernehmen mit den übrigen Ges'tern einem Dritten zu übertragen oder eine Unterbeteiligung daran einzuräumen, wird kein Gewinn realisiert; vielmehr erwirbt – jeweils unentgeltl (§ 6 III 1) – der Erbe vom Erblasser und der Vermächtnisnehmer wiederum vom Erben (→Rn. 42; BFH VIII R 18/93, BStBl II 95, 714; zur Einkunftszurechnung vgl →Rn. 43; zu Ausgleichszahlungen des Vermächtnisnehmers →Rn. 598). 668

(4) Sonderbetriebsvermögen. Ist einem Dritten vermächtnisweise (nur) ein WG des SBV zugewendet, gelten estrechtl und gewstrechtl die Grundsätze für Sachvermächtnisse betr die Übereignung von BV eines zum Nachlass gehörigen Einzelunternehmens (→Rn. 597). 669

b) Auseinandersetzung. Einigen sich die Miterben und die übrigen Ges'ter nach dem Erbfall dahin, dass zB nur **einer** der Miterben **Ges'ter** bleibt und die anderen Miterben gegen Abfindung ausscheiden, lässt dies die „geborene" MUerstellung kraft Erbfalls bis zur Auseinandersetzung grds unberührt (BFH IV R 10/99, BStBl II 02, 850; *Groh* DB 91, 724), so dass die weichenden Miterben ihre **MUerAnteile** ganz – uU auch nur teilweise (dazu →Rn. 415) – entgeltl **veräußern.** Zur Zurechnung lfd Einkünfte s BFH IV R 10/99, BStBl II 02, 850 sowie →Rn. 623. Beachte auch §§ 7 VII, 10 X ErbStG. **Anders** ist dies, wenn zum Nachlass weiteres (Sonder-)BV oder PV gehört *und* die Miterben den GesAnteil oder mehrere GesAnteile (*Röhrig* 670 *ua* DStR 06, 969) rechnerisch in die Erbauseinandersetzung einbeziehen (FG Mster EFG 08, 200: Gesamtplan), so dass hier für die Rechtsgrundsätze zur **Nachlass-Realteilung** zu beachten sind (BFH IV R 107/89, BStBl II 92, 510; BFH VIII R 51/84, BStBl II 92, 512; *BMF* BStBl I 06, 253 Rn. 71; **aA** *Dötsch* FS L. Schmidt, 867). S einschließl zwingen der Buchwertfortführung nach § 6 III, V 3, 16 III 2–4 → Rn. 614 (Realteilung BV), → Rn. 639 (Mischnachlass) sowie → Rn. 646 (uU Sachwertabfindung). Beachte auch § 13a V ErbStG; ErbStR l13a. 11.

671 **c) Ausscheiden aller Erben.** Geschieht dies gegen Abfindung, entsteht ein Gewinn der Erben (Ausscheidenden) aus der Veräußerung ihrer MUerAnteile (§ 16 I 1 Nr 2); die übrigen Ges'ter haben iHd Abfindung AK für die Anteile der Erben an den WG des GesVermögens.

672 **4. Qualifizierte Nachfolgeklausel. – a) Mitunternehmerstellung.** Ist im GesVertrag bestimmt, dass beim Tode eines Ges'ters die (Außen)Ges nur mit **einem Miterben** (oder nur einigen, aber nicht allen) fortgeführt wird, geht der GesAnteil **zivilrechtl** im Wege des Direkterwerbs (→ Rn. 665 einschl § 711 II BGB idF **MoPeG,** BGBl I 21, 3436) auf den/die qualifizierten Nachfolger-Miterben über. Die anderen Miterben werden nicht Ges'ter und erlangen, da nur der **Wert** des Ges-Anteils zum Nachlass gehört (→ Rn. 665: einschl InnenGes), einen auf Erbrecht beruhenden schuldrechtl Wertausgleichsanspruch *gegen* den *Nachfolger-Miterben* (BGH II ZR 120/75, BGHZ 68, 225). Zu PartnerschaftsGes → § 18 Rn. 245. **EStrechtl** erwirbt der **qualifizierte Miterbe** den GesAnteil unentgeltl und hat als **Mitunternehmer** die Buchwerte fortzuführen (§ 6 III). Dem steht mE nicht entgegen, dass der Begriff des MUerAnteils grds vorhandenes SBV umfasst und dieses evtl nur zu einem Bruchteil auf den qualifizierten Miterben übergeht (glA FG BW EFG 98, 1403; → Rn. 674); zu § 34a → § 34a Rn. 87. Die **anderen Miterben** werden mangels Ges'terstellung und damit mangels unternehmerischer Initiativrechte **nicht Mitunternehmer,** auch nicht aufgrund einer atypisch Unterbeteiligung am Anteil des Qualifizierten. Demgemäß ist dessen Wertausgleichsschuld weder als AK für den Nachfolger-Miterben noch als Veräußerungspreis der übrigen Miterben oder des Erblassers zu werten. Die fehlende Ges'ter-/MUerstellung unterscheidet den Nichtqualifizierten auch von den Miterben eines Einzelunternehmers, die mit dem Erbfall stets MUer werden (→ Rn. 606); der Wertausgleichanspruch steht nach der Rspr einem Vermächtnis näher der Abfindung iRd Auseinandersetzung des Nachlasses (BFH VIII R 72/90, BStBl II 94, 625; *BMF* BStBl I 06, 253 Rn. 72–74; hL, zB *Wacker/Franz* BB 93, Beil 5, 24; *Hübner* DStR 95, 197 (199); **aA** FG Saarl EFG 04, 1038: nichtqualifizierte Miterben wie bei Teilungsanordnung „Durchgangs-MUer"; *Groh* DStR 94, 413; vgl auch *GLE* BStBl I 09, 713). Zur Erbfolge nach **Höferecht** (zB §§ 4, 12 HöfeO aF/nF) s BFH IV R 66/93, BStBl II 94, 623: nur Hoferbe erwirbt unentgeltl unmittelbar vom Erblasser; *BMF* BStBl I 06, 253 Rn. 77; ebenso gem geänderter HöfeO ab 2025 → § 14 Rn. 21; *Butenberg* NWB 24, 2862). Zur **ErbSt** s ErbStR 13b.1 II.

673 **b) Wertausgleichsschuld.** Diese sowie ihre Refinanzierung ist nach Rspr/FinVerw (→ Rn. 672) – ebenso wie sonstige Erbfallschulden (→ Rn. 593) – Privatschuld; Stundungs-/Refinanzierungszinsen sind keine BA (BFH VIII R 72/90, BStBl II 94, 625). Zur Übergangsregelung (bis 31.12.94)/Kritik betr die frühere sog Sekundärfolgen-Rspr → 39. Aufl 2020, § 16 Rn. 673.

674 **c) Sonderbetriebsvermögen.** Es wird zivilrechtl Gesamthandsvermögen der Erbengemeinschaft und estrechtl iHd Erbquote des qualifizierten Miterbens (§ 39 II Nr 2 AO aF; zu §§ 705, 713 BGB idF **MoPeG** (BGBl I 21, 3436) iVm § 39 II Nr 2 AO nF **ab 2024** → § 15 Rn. 166) zu dessen SBV und iHd **Erbquoten** der **nichtqualifizierten** Miterben, wenn man diesen mit Rspr/FinVerw (→ Rn. 672) die MUerstellung abspricht, zu **PV** mit der Folge, dass *insoweit* ein nichtbegünstigter Entnahmegewinn des Erblassers entsteht (BFH VIII B 9/97, BFH/NV 98, 959; *BMF*

BStBl I 06, 253 Rn. 73 f; zB *Wacker/Franz* BB Beil 5/93 S 24 (25); **aA** *Dötsch* FS L. Schmidt, 867 (881): SBV bleibt bis zur Entnahme insgesamt BV). Soweit aus BFH IV R 51/98, BStBl II 05, 173 (betr früheres Kongruenzgebot bei Teil-MUerAnteilen) die Entnahme *auch* bezügl des „überschießenden" **GesAnteils** abgeleitet wurde (*Geck* DStR 00, 2031), ist dies von der Rspr (BFH VIII R 51/98, BStBl II 00, 316) angesichts der gravierenden strechtl Folgen nicht aufgegriffen worden (glA *BMF* BStBl I 06, 253 Rn. 73). ME geht diese **Billigkeits-Rspr** über die Grundsätze von BFH und FinVerw zu § 6 III hinaus (dazu → Rn. 11; **aA** bis → 40. Aufl 2021, § 16 Rn. 674); fragl, ob mit Legalitätsprinzip vereinbar (dazu allg BFH GrS 1/15, BStBl II 17, 393). Der lfd Gewinn (betr SBV) unterliegt nicht der **GewSt** (BFH VIII R 51/98, BStBl II 00, 316; zu § 18 III UmwStG s *Patt* FR 00, 1115). Zu § 13a ErbStG vgl *Hübner* ZErb 04, 34; *Wälzholz* DStZ 09, 591.

d) Gestaltungen. – ***(1)*** Eine **erbfallbedingte Entnahme des SBV** (→ Rn. 674) kann durch eine **Buchwerteinbringung** (§ 6 V) zu Lebzeiten des Erblassers in das Gesamthandsvermögen einer gewerbl geprägten GmbH &Co KG (Schwester-PersGes) vermieden werden. Nach hL (→ § 15 Rn. 536) wird es trotz unveränderter Nutzung bereits mit der Übertragung eigenes BV der KG und behält diese Qualität beim Tod des Erblassers. Aber auch wenn man trotz Übertragung von fortbestehendem SBV ausginge, würde dieses jedenfalls beim Tod des Erblassers nichtanteilig entnommen, sondern BV der KG; ein Entnahmegewinn kann aber uU bezügl der Anteile des Erblasser an der Komplementär-GmbH realisiert werden (BFH VIII R 51/98, BStBl II 00, 316). – ***(2)*** Als **andere Maßnahmen** kommen in Betracht (s zB *IdW,* Erbfolge, 2. Aufl Rn. 506): – ***(a)*** Einsetzung des qualifizierten Miterben zum Alleinerben (*Reimann* ZEV 02, 487; zur ErbSt bei Grundstücksvermächtnissen zugunsten Nichtqualifizierter s aber BFH II R 9/02, BStBl II 04, 1039); – ***(b)*** Übertragung des GesAnteils mit SBV in vorweggenommener Erbfolge auf den qualifizierten Miterben; Gleichstellungsgeld ggü Geschwistern führt aber zu Veräußerung und AK; – ***(c)*** uU einfache Nachfolgeklausel iVm Teilungsanordnung (→ Rn. 670); – ***(d)*** uU widerrufl Schenkung des SBV *zu Lebzeiten* (s *Daragan ua* DStR 99, 89: „Schenkungsmodell"; abl *Fleischer* DStZ 99, 972). – ***(3)*** **Wahrscheinl untaugl** sind folgende Maßnahmen (vgl *Wacker/Franz* BB 93, Beil 5, 93): ***(a)*** Teilungsanordnung oder Vorausvermächtnis (*Knobbe-Keuk* § 22 VI 4 f unmittelbarer Übergang des wirtschaftl Eigentums; glA *Daragan ua* DStR 99, 89: „Miterbenmodell"; **aA** BFH VIII B 9/97, BFH/NV 98, 959; *BMF* BStBl I 06, 253 Rn. 73 f); – ***(b)*** Schenkung des SBV auf den Todesfall (Rechtslage wie bei Vermächtnis, zB *Wacker/Franz* BB 93, Beil 5; **aA** *Knebel ua* DB 00, 169 (173)). 675

5. Teilnachfolgeklausel. Ist im GesVertrag bestimmt, dass beim Tode eines Ges'ters, der von mehreren Miterben beerbt wird, bestimmte Miterben mit dem ihrer Erbquote entspr Bruchteil der Mitgliedschaft des Erblassers in die Ges eintreten und die übrigen von der Ges abzufinden sind, **spaltet** sich der **GesAnteil:** Ein Bruchteil geht wie bei einer Nachfolgeklausel auf die zu Ges'tern berufenen Miterben über; die estrechtl Folgen entsprechen insoweit denen der einfachen Nachfolgeklausel (BFH IV R 130/77, BStBl II 81, 614 (617); *Dötsch* FS L. Schmidt, 1993 S 867). Mit dem restl Bruchteil scheidet der verstorbene Ges'ter in der Weise aus, dass die Miterben einen Abfindungsanspruch gegen die Ges erlangen, der allein den nicht zu Ges'tern berufenen Miterben gebührt; die estrechtl Folgen entsprechen insoweit denen der Fortsetzungsklausel (BFH IV R 130/77, BStBl II 81, 614; *Tiedtke/Hils* ZEV 04, 441: ab 2002 lfd Gewinn; zutr → Rn. 415). 676

6. Eintrittsklausel. – **a) Alleinerbe.** Ist dieser nach GesVertrag berechtigt, nach dem Tode eines Ges'ters in die Ges nach Maßgabe der Mitgliedschaft des Erblassers einzutreten und er bei Nichteintritt von der unter den übrigen Ges'tern fortgesetzten Ges abgefunden wird, entsprechen die estrechtl Folgen denen der Fortsetzungsklausel, wenn der Erbe sein Eintrittsrecht nicht ausübt (*BMF* BStBl I 06, 253 Rn. 70; zur 677

Auslegung einer Eintrittsklausel als Nachfolgeklausel s *Wacker/Franz* BB 93, Beil 5, 26; BFH VIII R 72/90, BStBl II 94, 625). Übt der Erbe sein Eintrittsrecht aus, kommt es mE (*Wacker/Franz* BB 93, Beil 5, 26; offen in BFH VIII R 72/90, BStBl II 94, 625) darauf an, ob die Eintrittsklausel zivilrechtl dahin zu verstehen ist, dass die verbleibenden Ges'ter den ihnen an gewachsenen GesAnteil des Erblassers vorübergehend als Treuhänder halten **(Treuhandlösung),** oder dahin, dass der Erbe einen Abfindungsanspruch erwirbt und mit diesem seine Einlagepflicht erfüllt (erbrechtl **Abfindungslösung**). Ist Treuhand vereinbart, treten estrechtl die Wirkungen der einfachen Nachfolgeklausel ein (mE auch bei Ausübung des Eintrittsrechts erst 6 Monate nach Erbfall); bei der Abfindungslösung entsprechen die estrechtl Folgen hingegen denen der Fortsetzungsklausel (Veräußerungsgewinn des Erblassers) iVm anschließendem entgeltl Erwerb des GesAnteils. Die **FinVerw** geht indes davon aus, dass *unabhängig* von der zivilrechtl Beurteilung der Eintrittsklausel die Wirkungen der einfachen Nachfolgeklausel eintreten, wenn *(und nur wenn)* das Eintrittsrecht innerhalb von 6 Monaten nach dem Erbfall ausgeübt wird (*BMF* BStBl I 06, 253; ähnl BFH IV R 130/77, BStBl II 81, 614 zu 4.). Zu § 7 VII ErbStG s *Hübner ua* ZEV 09, 361 (364).

678 **b) Miterben.** Diese Grundsätze gelten entspr, wenn alle Miterben alle eintrittsberechtigt sind. Üben nur einige das Eintrittsrecht aus, während die übrigen von der Ges abgefunden werden, entsprechen die estrechtl Folgen denen einer Teilnachfolgeklausel. Sind nur einige der Miterben eintrittsberechtigt, aber in der Weise, dass sie in vollem Umfange in die Ges'terstellung des Erblassers eintreten, treten jedenfalls bei Treuhand die estrechtl Folgen einer qualifizierten Nachfolgeklausel ein (teilweise **aA** *BMF* BStBl I 06, 253: nur bei Eintritt innerhalb von 6 Monaten ab Erbfall; → Rn. 677).

679 **7. Eintrittsklausel zugunsten von Nichterben.** Ist im GesVertrag bestimmt, dass beim Tode eines Ges'ters eine bestimmte Person gegen eine Einlage iHd Abfindungsanspruchs des verstorbenen Ges'ter rückbezügl auf dessen Tod eintrittsberechtigt ist, und gehört diese Person zwar nicht zu den Erben, ist ihr aber der Abfindungsanspruch gegen die Ges vermächtnisweise zugewandt, entsprechen die estrechtl Folgen jedenfalls bei Treuhandlösung (→ Rn. 677) denen einer Nachfolgeklausel (teilweise **aA** *BMF* BStBl I 06, 253: nur bei Eintritt innerhalb von 6 Monaten nach Erbfall). Wird das Eintrittsrecht nicht ausgeübt, treten die Rechtsfolgen einer Fortsetzungsklausel ein. Zur **ErbSt** s ErbStR 13b.1 II.

680 **8. Auflösung der Gesellschaft. – a) Aufgabe.** Wird die Ges durch den Tod eines Ges'ters aufgelöst (→ Rn. 660), tritt zivilrechtl anstelle des verstorbenen Ges'ters dessen Alleinerbe oder bei mehreren Erben die Erbengemeinschaft in die LiquidationsGes ein (BFH VIII R 35/92, BStBl II 95, 241 zu II 2a; → § 15 Rn. 613); estrechtl werden der Alleinerbe bzw die Erbengemeinschaft und mittelbar die Mitglieder der Erbengemeinschaft MUer (BFH VIII R 35/92, BStBl II 95, 241). Wird der GewBetr veräußert (aufgegeben), entsteht ein Veräußerungs-/Aufgabegewinn oder -verlust, der den verbliebenen Ges'tern und der Erbengemeinschaft (und über diese den Miterben) anteilig zuzurechnen ist (*BMF* BStBl I 06, 253 Rn. 69).

681 **b) Fortführung.** – *(1)* Wird die Ges aufgrund einer Einigung der übrigen Ges'ter und der **Erben/Miterben** fortgeführt wird und treten Letztere in die **Rechtsstellung** des verstorbenen Ges'ters ein, entsprechen die estrechtl Folgen iErg denen einer einfachen Nachfolgeklausel (BFH VIII R 35/92, BStBl II 95, 241 unter III 3a: aus der mittelbaren Beteiligung der Miterben wird eine unmittelbare; *BMF* BStBl I 06, 253 Rn. 69 aE). Zur zweigliedrigen OHG/KG aber → Rn. 660. – *(2)* Wird die Ges vereinbarungsgemäß nur mit **einem der Miterben** in der Weise fortgeführt wird, dass dieser iVm der Abfindung der weichen Miterben voll in die Rechtsstellung des verstorbenen Ges'ters eintritt, ist dies unabhängig vom Zeitraum zw Erbfall und Einigung entgeltl **Veräußerung** eines (mittelbaren) MUerAnteils der weichenden Mit-

erben iRe gegenständl Erbauseinandersetzung (*Groh* DB 90, 2135); ***Ausnahme:*** Buchwertfortführung, wenn der Nachlass, zu dem zB noch ein GewBetr oder PV gehört, in Form einer **Realteilung** einschließl des GesAnteils auseinandergesetzt wird (→ Rn. 670). Unabhängig hiervon erkennt die FinVerw an, dass die lfd Einkünfte rückwirkend nur dem übernehmenden Miterben zugerechnet werden, wenn dies die Miterben innerhalb von 6 Monaten nach dem Erbfall vereinbaren und tatsächl durchführen (*BMF* BStBl I 06, 253 Rn. 8 f); vgl auch → Rn. 623, 670. – ***(3)*** Scheidet die **Erbengemeinschaft** gegen **Abfindung** aus der von den übrigen Ges'tern fortgeführten Ges aus, ist dies entweder Veräußerung der MUerAnteile (Erbengemeinschaft/Miterben; *Groh* StuW 88, 210) oder es gelten die Grundsätze zur Realteilung (→ Rn. 530 f).

§ 17 Veräußerung von Anteilen an Kapitalgesellschaften

(1) [1]**Zu den Einkünften aus Gewerbebetrieb gehört auch der Gewinn aus der Veräußerung von Anteilen an einer Kapitalgesellschaft, wenn der Veräußerer innerhalb der letzten fünf Jahre am Kapital der Gesellschaft unmittelbar oder mittelbar zu mindestens 1 Prozent beteiligt war.** [2]**Die verdeckte Einlage von Anteilen an einer Kapitalgesellschaft in eine Kapitalgesellschaft steht der Veräußerung der Anteile gleich.** [3]**Anteile an einer Kapitalgesellschaft sind Aktien, Anteile an einer Gesellschaft mit beschränkter Haftung, Genussscheine oder ähnliche Beteiligungen und Anwartschaften auf solche Beteiligungen sowie Anteile an einer optierenden Gesellschaft im Sinne des § 1a des Körperschaftsteuergesetzes.** [4]**Hat der Veräußerer den veräußerten Anteil innerhalb der letzten fünf Jahre vor der Veräußerung unentgeltlich erworben, so gilt Satz 1 entsprechend, wenn der Veräußerer zwar nicht selbst, aber der Rechtsvorgänger oder, sofern der Anteil nacheinander unentgeltlich übertragen worden ist, einer der Rechtsvorgänger innerhalb der letzten fünf Jahre im Sinne von Satz 1 beteiligt war.**

(2) [1]**Veräußerungsgewinn im Sinne des Absatzes 1 ist der Betrag, um den der Veräußerungspreis nach Abzug der Veräußerungskosten die Anschaffungskosten übersteigt.** [2]**In den Fällen des Absatzes 1 Satz 2 tritt an die Stelle des Veräußerungspreises der Anteile ihr gemeiner Wert.** [3]**Weist der Veräußerer nach, dass ihm die Anteile bereits im Zeitpunkt der Begründung der unbeschränkten Steuerpflicht nach § 1 Absatz 1 zuzurechnen waren und dass der bis zu diesem Zeitpunkt entstandene Vermögenszuwachs auf Grund gesetzlicher Bestimmungen des Wegzugsstaats im Wegzugsstaat einer der Steuer nach § 6 des Außensteuergesetzes vergleichbaren Steuer unterlegen hat, tritt an die Stelle der Anschaffungskosten der Wert, den der Wegzugsstaat bei der Berechnung der der Steuer nach § 6 des Außensteuergesetzes vergleichbaren Steuer angesetzt hat, höchstens jedoch der gemeine Wert.** [4]**Satz 3 ist in den Fällen des § 6 Absatz 3 des Außensteuergesetzes nicht anzuwenden.** [5]**Hat der Veräußerer den veräußerten Anteil unentgeltlich erworben, so sind als Anschaffungskosten des Anteils die Anschaffungskosten des Rechtsvorgängers maßgebend, der den Anteil zuletzt entgeltlich erworben hat.** [6]**Ein Veräußerungsverlust ist nicht zu berücksichtigen, soweit er auf Anteile entfällt,**

a) die der Steuerpflichtige innerhalb der letzten fünf Jahre unentgeltlich erworben hatte. [2]**Dies gilt nicht, soweit der Rechtsvorgänger anstelle des Steuerpflichtigen den Veräußerungsverlust hätte geltend machen können;**

b) die entgeltlich erworben worden sind und nicht innerhalb der gesamten letzten fünf Jahre zu einer Beteiligung des Steuerpflichtigen im Sinne von Absatz 1 Satz 1 gehört haben. [2]**Dies gilt nicht für innerhalb der letzten fünf Jahre erworbene Anteile, deren Erwerb zur Begründung einer Beteiligung des Steuerpflichtigen im Sinne von Absatz 1 Satz 1 geführt hat oder die nach Begründung der Beteiligung im Sinne von Absatz 1 Satz 1 erworben worden sind.**

(2a) [1]**Anschaffungskosten sind die Aufwendungen, die geleistet werden, um die Anteile im Sinne des Absatzes 1 zu erwerben. [2]Zu den Anschaffungskosten gehören auch die Nebenkosten sowie die nachträglichen Anschaffungskosten. [3]Zu den nachträglichen Anschaffungskosten im Sinne des Satzes 2 gehören insbesondere**

1. **offene oder verdeckte Einlagen,**
2. **Darlehensverluste, soweit die Gewährung des Darlehens oder das Stehenlassen des Darlehens in der Krise der Gesellschaft gesellschaftsrechtlich veranlasst war, und**
3. **Ausfälle von Bürgschaftsregressforderungen und vergleichbaren Forderungen, soweit die Hingabe oder das Stehenlassen der betreffenden Sicherheit gesellschaftsrechtlich veranlasst war.**

[4]**Eine gesellschaftsrechtliche Veranlassung liegt regelmäßig vor, wenn ein fremder Dritter das Darlehen oder Sicherungsmittel im Sinne der Nummern 2 oder 3 bei sonst gleichen Umständen zurückgefordert oder nicht gewährt hätte. [5]Leistet der Steuerpflichtige über den Nennbetrag seiner Anteile hinaus Einzahlungen in das Kapital der Gesellschaft, sind die Einzahlungen bei der Ermittlung der Anschaffungskosten gleichmäßig auf seine gesamten Anteile einschließlich seiner im Rahmen von Kapitalerhöhungen erhaltenen neuen Anteile aufzuteilen.**

(3) [1]**Der Veräußerungsgewinn wird zur Einkommensteuer nur herangezogen, soweit er den Teil von 9060 Euro übersteigt, der dem veräußerten Anteil an der Kapitalgesellschaft entspricht. [2]Der Freibetrag ermäßigt sich um den Betrag, um den der Veräußerungsgewinn den Teil von 36 100 Euro übersteigt, der dem veräußerten Anteil an der Kapitalgesellschaft entspricht.**

(4) [1]**Als Veräußerung im Sinne des Absatzes 1 gilt auch die Auflösung einer Kapitalgesellschaft, die Kapitalherabsetzung, wenn das Kapital zurückgezahlt wird, und die Ausschüttung oder Zurückzahlung von Beträgen aus dem steuerlichen Einlagenkonto im Sinne des § 27 des Körperschaftsteuergesetzes. [2]In diesen Fällen ist als Veräußerungspreis der gemeine Wert des dem Steuerpflichtigen zugeteilten oder zurückgezahlten Vermögens der Kapitalgesellschaft anzusehen. [3]Satz 1 gilt nicht, soweit die Bezüge nach § 20 Absatz 1 Nummer 1 oder 2 zu den Einnahmen aus Kapitalvermögen gehören.**

(5) [1]**Die Beschränkung oder der Ausschluss des Besteuerungsrechts der Bundesrepublik Deutschland hinsichtlich des Gewinns aus der Veräußerung der Anteile an einer Kapitalgesellschaft im Fall der Verlegung des Sitzes oder des Orts der Geschäftsleitung der Kapitalgesellschaft in einen anderen Staat stehen der Veräußerung der Anteile zum gemeinen Wert gleich. [2]Dies gilt nicht in den Fällen der Sitzverlegung einer Europäischen Gesellschaft nach Artikel 8 der Verordnung (EG) Nr. 2157/2001 und der Sitzverlegung einer anderen Kapitalgesellschaft in einen anderen Mitgliedstaat der Europäischen Union. [3]In diesen Fällen ist der Gewinn aus einer späteren Veräußerung der Anteile ungeachtet der Bestimmungen eines Abkommens zur Vermeidung der Doppelbesteuerung in der gleichen Art und Weise zu besteuern, wie die Veräußerung dieser Anteile zu besteuern gewesen wäre, wenn keine Sitzverlegung stattgefunden hätte. [4]§ 15 Absatz 1a Satz 2 ist entsprechend anzuwenden.**

(6) **Als Anteile im Sinne des Absatzes 1 Satz 1 gelten auch Anteile an Kapitalgesellschaften, an denen der Veräußerer innerhalb der letzten fünf Jahre am Kapital der Gesellschaft nicht unmittelbar oder mittelbar zu mindestens 1 Prozent beteiligt war, wenn**

1. **die Anteile auf Grund eines Einbringungsvorgangs im Sinne des Umwandlungssteuergesetzes, bei dem der Buchwert oder ein Zwischenwert zum Ansatz kam, erworben wurden und**
2. **zum Einbringungszeitpunkt für die eingebrachten Anteile die Voraussetzungen von Absatz 1 Satz 1 erfüllt waren oder die Anteile auf einer Einbringung**

eines Betriebs, Teilbetriebs oder Mitunternehmeranteils im Sinne von §20 Absatz 1 des Umwandlungssteuergesetzes beruhen.

(7) **Als Anteile im Sinne des Absatzes 1 Satz 1 gelten auch Anteile an einer Genossenschaft einschließlich der Europäischen Genossenschaft.**

Einkommensteuer-Durchführungsverordnung:

§53 EStDV *Anschaffungskosten bestimmter Anteile an Kapitalgesellschaften*

[1]Bei Anteilen an einer Kapitalgesellschaft, die vor dem 21. Juni 1948 erworben worden sind, sind als Anschaffungskosten im Sinne des §17 Abs. 2 des Gesetzes die endgültigen Höchstwerte zugrunde zu legen, mit denen die Anteile in eine steuerliche Eröffnungsbilanz in Deutscher Mark auf den 21. Juni 1948 hätten eingestellt werden können; bei Anteilen, die am 21. Juni 1948 als Auslandsvermögen beschlagnahmt waren, ist bei Veräußerung vor der Rückgabe der Veräußerungserlös und bei Veräußerung nach der Rückgabe der Wert im Zeitpunkt der Rückgabe als Anschaffungskosten maßgebend. [2]Im Land Berlin tritt an die Stelle des 21. Juni 1948 jeweils der 1. April 1949; im Saarland tritt an die Stelle des 21. Juni 1948 für die in §43 Abs. 1 Ziff. 1 des Gesetzes über die Einführung des deutschen Rechts auf dem Gebiete der Steuern, Zölle und Finanzmonopole im Saarland vom 30. Juni 1959 (BGBl. I S. 339) bezeichneten Personen jeweils der 6. Juli 1959.

Einkommensteuer-Richtlinien: EStR 17, EStH 17 – **Verwaltungsanweisungen:** *BMF* BStBl I 10, 832 (Auswirkung des MoMiG auf nachträgl AK) mit Ergänzung in *BMF* BStBl I 19, 257; *BMF* BStBl I 11, 16, ergänzt in BStBl I 15, 10 (rückwirkende Absenkung Beteiligungsgrenze); *BMF* BStBl I 15, 24 (Umqualifizierung §20 II Nr 1 auf Depotebene in Gewinn gem §17); *BMF* BStBl I 21, 2212 (Option zur KSt nach §1a KStG); *BMF* BStBl I 22, 897 (Anwendungsfragen §17 IIa); *BMF* BStBl I 23, 672 (Genussrechte); *BMF* BStBl I 23, SonderNr. 1, 2 (AStG); *BMF* BStBl I 25, 92 (UmwStE 2025); *BMF* BStBl I 25, 1330 (AbgeltungSt).

Übersicht

I. Allgemeines

1 **1. Inhalt. Abs 1** enthält den Grundtatbestand. Der StPflicht unterliegt der Gewinn/Verlust aus der Veräußerung des Anteils an einer inl oder ausl KapGes (Legaldefinition in Abs 1 S 3; Erweiterung auf Genossenschaften in **Abs 7**), wenn der Veräußerer innerhalb der letzten fünf Jahre am Kapital unmittelbar oder mittelbar zu mindestens 1% beteiligt war. Den Veräußerungsbegriff erweitern Abs 1 S 2 (Gleichstellung verdeckter Anteilseinlagen in KapGes), **Abs 4** (Veräußerungsfiktion bei Auflösung der Ges, Kapitalherabsetzung, Einlagenrückgewähr) und **Abs 5** (Veräußerungsfiktion bei Beschränkung, Ausschluss des inl Besteuerungsrechts an den Anteilen). **Abs. 2, Abs. 2a** regeln die Einkünfteermittlung (grds Veräußerungspreis ./. [ursprüngl, nachträgl] AK ./. Veräußerungskosten) mit Sonderregelungen zum Veräußerungspreis in Abs 4, Abs 5. Zu den AK s Abs 2a S 2–5. Zum Teileinkünfteverfahren → Rn. 3. – **Abs 3** enthält einen abschmelzenden StFreibetrag. **Abs 6** schließt

Besteuerungslücken bei einbringungsverbundenen und -geborenen Anteilen. Zur tarifl Besteuerung → Rn. 9.

2. Normzweck. § 17 enthält einen **Ausnahmetatbestand** im System des EStG (→ § 2 Rn. 3, 14) zur Besteuerung von Substanzgewinnen und -verlusten von nicht im BV gehaltenen Anteilen an KapGes, Genossenschaften, dh vorwiegend von Anteilen natürl Personen im PV (→ Rn. 5). Die Norm wurde ursprüngl mit der typisierenden Gleichbehandlung der Wertsteigerungen in Anteilen aus § 17 und MUeranteilen in § 16 gerechtfertigt (BFH VIII R 69/88, BStBl II 94, 648, BFH VIII R 33/94, BStBl II 95, 870). Heute sind Anteile iSv § 17 I 3, VII im PV zwar über § 20 II Nr 1 und § 17 stverstrickt. Das Bedürfnis für eine tarifl Besteuerung der Gewinne aus „unternehmerischen Beteiligungen" ist in den VZ ab 2009 aber mE deshalb nicht entfallen. Würde § 17 zugunsten der Besteuerung gem § 20 II Nr 1 iVm § 32d I abgeschafft, entstünde zur Belastung der Veräußerung von MUerAnteilen gem § 16, § 34 eine StSatzspreizung, die schwer zu rechtfertigen wäre. Die Relevanzgrenze des § 17, die nur noch die Funktion einer Bagatellgrenze (BT-Drs 14/3336, 118) hat, sollte mE aber an die Beteiligungsgrenzen des § 32d II Nr 3 angepasst werden, um unternehmerische Beteiligungen iSd § 17 und Portfoliobeteiligungen iSd § 20 II Nr 1 sinnvoll abzugrenzen (allg zum Normzweck *HHR/Stalbold* § 17 Rn. 1; *BeckOK EStG* § 17 Rn. 7–9; *Bordewin/Brandt* § 17 Rn. 22–24). 2

Im **Teileinkünfteverfahren** werden laufende Beteiligungserträge (§ 20 I Nr 1, Nr 2) auf Ebene der KapGes mit KSt (und GewSt) vor- und bei natürl Personen als Anteilseignern im PV zu 25% (§ 32d I, Ausnahme: § 32d II Nr 3, → § 32d Rn. 17: Teileinkünfteverfahren) nochmals belastet. Die Besteuerung von Veräußerungsgewinnen aus Anteilen im PV aus § 17 im Teileinkünfteverfahren (§ 3 Nr 40 S 1 Buchst c → § 3 Rn. 141; § 3c II → § 3c Rn. 12, 13) wird mit der Vergleichbarkeit der Veräußerung und Totalausschüttung thesaurierter Gewinne („Verkauf von Rücklagen") gerechtfertigt (BFH VIII B 107/04, BStBl II 06, 523; BFH IX R 36/11, BStBl II 13, 164: Systementscheidung; *BeckOK EStG* § 17 Rn. 10, 42 ff; *Bordewin/Brandt* § 17 Rn. 26; krit *Kempny/Plesdonat* StuW 24, 33; zum „Leerschütten" vor der Veräußerung *Bartsch* FR 24, 363). 3

3. Verhältnis zu höherrangigem Recht. Die Besteuerung der Wertsteigerung der Anteile zw Anschaffung und Veräußerung auf Grundlage der Relevanzgrenze von nur noch 1% in § 17 I, IV iRd Teileinkünfteverfahrens liegt als Systementscheidung im Gestaltungsspielraum des Gesetzgebers (zur Absenkung von 25% auf 10% BVerfG 2 BvR 748/05 ua, BStBl II 11, 86; zur Absenkung von 10% auf 1% BFH IX R 36/11, BStBl II 13, 164; zustimmend BVerfG 2 BvR 364/13, NJW 23,171]. Sie ist trotz der in → Rn. 2 aufgezeigten Friktionen zu § 20 II Nr 1, § 32d II Nr 1 Buchst. b auch in den VZ ab 2009 verfgemäß. Zu unterscheiden sind ab 2009 für die Mindestbeteiligung in der Fünfjahresfrist die Fallgruppen des ***(1)*** „Absenkens der Beteiligungsschwelle" (BFH IX R 36/11, BStBl II 13, 164, BVerfG 2 BvR 364/13, NJW 23, 1715 (iEinz → Rn. 71 f; zu § 17 I 4, → Rn. 95). und ***(2)*** des verfassungsrechtl unbedenkl „Hineinwachsens in die relevante Beteiligung" aufgrund einer Disposition des StPfl (zur Einlage in ein BV BFH IV R 19/18, BStBl II 23,136; zum Veräußerungsverlust BFH IX R 19/20, BStBl II 23, 18 [VerfBeschw BVerfG 2 BvR 1427/22 nicht angenommen]); – Zum Teilabzugsverbot → § 3c Rn. 11. – § 17 II 6 enthält eine verfassungsgemäße typisierende Behaltefrist (BFH VIII R 20/04, BFH/NV 05, 2202; *HHR/Stalbold t* § 17 Rn. 4, *Bordewin/Brandt* § 17 Rn. 34). – Unionsrechtl Zweifel bestehen an der heutigen Fassung des § 17 nicht. 4

4. Persönlicher und sachlicher Anwendungsbereich. – a) Natürliche Personen als Veräußerer. Bei **unbeschr estpfl** Veräußerern erfasst § 17 den Gewinn aus der Veräußerung von Anteilen iSd § 17 I 3 und Abs 7 an inl und ausl KSt-Subjekten (iEinz → Rn. 8; → Rn. 47). Dies gilt **ab VZ 2025** auch für Gewinne aus Anteilen iSd § 21 UmwStG aF (iEinz → § 17 Rn. 245 ff). Speziellere Regelungen ggü § 17 5

EStG enthalten § 6 AStG (→ Rn. 17) und das UmwStG (→ Rn. 20 ff). – Zu Verlusten gem § 17 iVm § 2a I Nr 4, § 2a II 2 aus Beteiligungen an Drittstaaten-KapGes → § 2a Rn. 29, 37; FG Köln EFG 23, 1099, Rev I R 35/23. – Zum DBA-Recht s Art 13 IV OECD-MA [Belegenheitsstaat bei Anteilen an Immobilien-KapGes] und Art. 13 V OECD-MA [Wohnsitzstaat] dazu iEinz *Vogel/Lehner* Art. 13 Rn. 120 ff, 179 ff. – Zur **beschr StPflicht** s § 49 I Nr 2 Buchst e aa bis cc (→ § 49 Rn. 48 ff). Eine relevante Beteiligung begründet nach Wegzug in ein Präferenzregime wesentl wirtschaftl Interessen iSd § 2 III Nr 1 AStG.

6 **b) KSt-Subjekte als Veräußerer. Unbeschr kstpfl KapGes** iSd § 1 I Nr 1, Nr 2 KStG haben stets ein BV; § 17 ist nicht anwendbar (§ 8 II KStG; BFH I B 34/00, BStBl II 02, 490). Hier gelten § 8b II 1, III KStG auch mit Wirkung für die GewSt (→ § 15 Rn. 439). Veräußert ein **unbeschr kstpfl Rechtssubjekt** iSv § 1 I Nr 4 oder Nr 5 KStG *ohne BV* die Anteile, fällt dies unter § 17 iVm § 8 I KStG (KStR 8.1 I–III); zu § 8b KStG s auch § 8 X KStG (→ § 20 Rn. 3, 4); BFH I R 46/20, BStBl II 25, 91 (§ 8b VII aF). – Zur Veräußerung durch persönl (zB gem § 5 I Nr 9 S 1 KStG) stbefreite inl Körperschaften inner- und außerhalb eines wirtschaftl Geschäftsbetriebs s *Gosch KStG* § 5 KStG Rn. 41a, 234. – Zur Veräußerung durch eine **beschr stpfl Körperschaft** s § 2 Nr 1 KStG iVm § 49 I Nr 2a und Nr 2e → § 49 Rn. 20 ff, 48 ff. – Zur Veräußerung **durch Investmentfonds** s § 6 V 1 Nr 1 InvStG.

7 **c) Personengesellschaft als Veräußerer.** Veräußert eine PersGes, die *nicht* über ein BV verfügt, Anteile iSv § 17 I 3, VII im GesVermögens, können nur die Ges'ter den Tatbestand von § 17 verwirklichen; ebenso bei Änderungen im Ges'terbestand der PersGes (§ 39 II Nr 2 AO; iEinz → Rn. 41, 59). Hieran hat sich durch das MoPeG ab 1.1.24 nichts geändert. (s § 39 II Nr 2 AO im **KrZwFördG,** BGBl I 23 Nr. 411; → § 15 Rn. 166). Bei PersGes *mit einem BV* (MUerschaft) ist § 17 nicht anwendbar (→ Rn. 10, 42; → § 4 Rn. 160, 162; → § 15 Rn. 481, 517 f; zum KGaA-Komplementär → § 15 Rn. 891).

8 **d) Relevante Anteile und Körperschaften.** Die veräußerten Anteile müssen (vorbehaltl der Mindestbeteiligung) gem § 17 I 1, 3 an KapGes oder europäischen Ges mit inl Sitz oder inl Geschäftsleitung (§ 1 I Nr 1 KStG) bestehen oder ähnl Anteile an solchen KapGes oder an ähnl Ges sein. Hierunter fallen ua ausl Ges, die nach dem Typenvergleich inl KapGes entspr (→ Rn. 47). Abs 7 bezieht Genossenschaftsanteile (vgl. § 1 I Nr 2 KStG) ein. – § 17 gilt **nicht** für Anteile/Berechtigungen an inl/ausl sonstigen Körperschaften, Personenvereinigungen, Zweckvermögen iSd § 1 I Nr 3 – Nr 6 KStG und an Investmentfonds (→ Rn. 10).

9 **5. Gewerbliche Einkünfte; Einkunftsartenabgrenzung. – a) Gewerbliche Einkünfte.** Der Gewinn, Verlust gem § 17 wird *iRd ESt* den Einkünften aus GewBetr (§ 2 I Nr 2) zugerechnet. Dies ist eine Fiktion, da das Halten und die Veräußerung sämtl Anteile an der KapGes grds keine Tätigkeit iSd § 15 II ist (→ § 15 Rn. 46, 91; BFH IX R 3/17, DStRE 18, 404). Zur Gewinnerzielungsabsicht (§ 15 II 1) → Rn. 11. Trotz der Fiktion gewerbl Einkünfte gibt es keine TW-AfA nach § 6 I Nr 2 S 2, sondern die Verlustentstehung erst mit Realisation (anders für BV-Anteile → § 6 Rn. 278 ff; zur Einlage wertgeminderter § 17-Anteile in ein BV → § 6 Rn. 615 f). Die Einkünfte gem § 17 werden tarifl besteuert; auch § 10d ist anzuwenden. Der gewerbl Gewinn, Verlust gem § 17 unterliegt *nicht der GewSt* (§ 2 I 2 GewStG iVm § 15 II EStG, GewStR 7.1 III).

10 **b) Einkunftsartenabgrenzung.** – ***(1)*** **Betriebliche Anteile, § 15, § 16.** Anteile einer natürl Person, die zum BV, SonderBV oder dem GesVermögen einer MUerschaft gehören, fallen nicht unter § 17 (→ Rn. 7; 42; → § 15 Rn. 438). Zu § 4 III s BFH X R 11/22, DStR 24, 1976. – ***(2)*** **Einkünfte gemäß § 18.** S BFH VIII R 21/17, BStBl II 21,1305. Die Umqualifizierung eines Carried Interest (zur Anerkennung BFH VIII R 3/21, BStBl II 24, 902) von Veräußerungsgewinnen in

sonstige selbständige Einkünfte (§ 18 I Nr 4) verdrängt auch die Zuordnung zu § 17 (iEinz *BeckOK EStG* § 18 Rn. 513; **aA** → § 18 Rn. 284). – ***(3)* Mitarbeiterbeteiligungen, § 19, § 19a.** Eine Konkurrenz zu § 17 kann nur beim Verkauf vorliegen. Ein nachbesteuerter geldwerter Vorteil aufgrund eines verbilligten Einstiegs beeinflusst die AK iSv § 17 II (→ Rn. 176). Bei der Veräußerung gehört der gesamte Veräußerungspreis idR nur zu § 17 (BFH VIII R 40/18, BStBl II 24, 384; BFH VI R 1/21, BStBl II 24, 387 – *Ausnahmen:* ein nicht marktübl Überpreis oder eine verdeckte Tätigkeitsvergütung → Rn. 115 *(2)*). – ***(4)* Kapitaleinkünfte, § 20.** – ***(a)* Veräußerungsgewinne.** Zur Veräußerung von Investmentanteilen s § 20 I Nr 3, Nr 3a EStG iVm § 16 I Nr 3 InvStG (→ § 20 Rn. 80). S auch bei § 20 II Nr 8 → § 20 Rn. 187. Es handelt sich jeweils nicht um Anteile iSv § 17 I 3, VII. – § 20 II Nr 1 erfasst zwar auch Anteile iSv § 17 I 3, VII. § 17 ist bei vorhandener Mindestbeteiligung iSv § 17 I (auch § 17 I 4, VI) aber die speziellere Regelung. – ***(b)* Kapitalerträge.** Die lfd Bezüge aus den Anteilen unterliegen gem § 20 I Nr 1 dem gesonderten Tarif (§ 32d I) und abgeltenden KapESt-Abzug (§ 43 V). Zu § 20 I Nr 2 und § 17 IV → Rn. 206 ff. WK iZm dem Erwerb der Beteiligung (insb Schuldzinsen) sind nicht abziehbar (§ 20 IX); bei Antragstellung gem § 32d II Nr 3 (→ § 20 Rn. 268; → § 32d Rn. 20) aber zu 60% – ***(c)* Gesellschafterfinanzierungshilfen.** S bei § 17 IIa (→ Rn. 187 ff, 195).

6. Gewinnerzielungsabsicht. Für die **Steuerbarkeit** eines Verlusts iSv § 17 II 11
muss der Veräußerer die ihm zuzurechnenden Anteile in der Absicht, positive Einkünfte zu erzielen, erworben und – jedenfalls kurzfristig (→ Rn. 70) – gehalten haben (BFH X R 33/90, BStBl II 93, 292); idR ist die Gewinnerzielungsabsicht zu vermuten (BFH VIII R 68/93, BStBl II 95, 722). Erforderl ist eine **objektive Ertragsprognose** auf Grundlage einer periodenübergreifenden Gesamtbetrachtung der Ausschüttungen und Wertsteigerungen für die *gesamte Beteiligung des StPfl* (BFH IX R 12/22 BStBl II 23, 964: keine anteilsbezogene Betrachtung). Ein Veräußerungs- oder Auflösungsverlust ist bei positiver Prognose oder fehlender Liebhaberei Teil der Beendigung der stbaren Tätigkeit (BFH VIII R 32/00, BStBl II 01, 668). – Bei einer negativen Ertragsprognose oder einem negativen Gesamtergebnis des Haltens der Beteiligung ist eine nicht stbare Liebhaberei wie bei § 15 II erst anzunehmen, wenn konkrete Indizien für den Erwerb und das Halten der Anteile aus persönl Motiven vorliegen (→ § 15 Rn. 24; FG Ddorf EFG 15, 1608, rkr; FG Ddorf EFG 22, 1286, rkr). – Zur Verlustberücksichtigung s ferner § 17 II 6 (→ Rn. 144).

7. Veranlagung; Verfahren. – a) Veranlagung; Einkünftefeststellung. – 12
***(1)* Erklärungspflicht.** Gewinne und Verluste gem § 17 sind in der ESt-Erklärung anzugeben und zu veranlagen (ebenso bei beschr StPfl → § 49 Rn. 53). Werden Gewinne aus § 17 iRe Depots als KapErträge gem § 20 II Nr 1 dem StAbzug unterworfen, muss dies iRd Veranlagung korrigiert werden (Erklärung; Antrag § 32d IV; Vorlage StBescheinigung gem § 36 II Nr 2; iEinz *BMF* BStBl I 15, 24). – ***(2)* Feststellung.** Veräußerungsgewinne aus Anteilen, die eine vermögensverwaltende PersGes gehalten hat, sind nicht einheitl und gesondert festzustellen (→ Rn. 7, 41, 60); dies wird jedoch anders praktiziert (*BMF* BStBl I 25, 1330, Rn. 72: Einordnung des Gewinns als Gewinn iSd § 17 iVm § 20 VIII erst im Veranlagungsverfahren der Ges'ter). – Die Feststellung, dass ein Unterbeteiligter wirtschaftl Eigentümer des Anteils ist, kann uU einer Erfassung der Anteile beim Hauptbeteiligten entgegenstehen (BFH VIII R 11/02, BStBl II 06, 253). – ***(3)* Verlustfeststellung.** Zur Bindungswirkung des ESt-Bescheids für die Verlustfeststellung s § 10d IV, V (→ § 10d Rn. 42 ff; BFH IX R 24/19, BFH/NV 20, 873).

b) Notarielle Anzeigepflicht. Gem **§ 54 EStDV** haben (dt) Notare dem nach 13
§ 20 AO zuständigen FA Abschriften der Urkunden zu übersenden, die für die Anwendung des § 17 bedeutsam sein können (*HHR/Stalbold* § 17 Rn. 28), bei nicht unbeschr stpfl Anteilseignern im Fall zuvor bestehender unbeschr StPfl zusätzl an das

nach § 19 AO zuständige FA (§ 54 IV EStDV). Für die strechtl Wirksamkeit ist § 54 EStDV bedeutungslos (FG Köln EFG 07, 1765, rkr).

14 **c) Verfahrensfragen.** Zur Korrektur eines StBescheids gem § 175 I 1 Nr. 2 AO bei nachträgl/rückwirkender Änderung des Entgelts und der AK → Rn. 121 ff; BFH IX R 30/14, BStBl II 17, 94 sowie zur Verzinsung gem § 233a IIa BFH IX R 25/18, BFH/NV 20, 1. Zu § 173 I Nr 2 AO bei Verlusten s BFH IX R 18/14, BStBl II 17, 7 und zu § 174 AO BFH I R 41/02, DStRE 04, 423. Zu § 129 AO s BFH IX R 23/18, BStBl II 20, 371; BFH IX R 29/18, BStBl II 20, 698. – Zur Bestimmung und Erklärung des zutr VZ der Gewinnentstehung bei § 17 IV → Rn. 220 ff.

16 **8. Missbrauchsabwehr.** – ***(1)* Rechtsgrundlagen.** Abs 2 S 6 und Abs 2a S 5 enthalten spezifische Missbrauchsvorschriften. Daneben sind § 42 AO und bei Übertragungen unter Angehörigen/nahestehenden Dritten der Fremdvergleich (BFH IX R 1/16, BStBl II 18, 94; BFH IX R 4/13, BFH/NV 14, 1201) zu beachten. – ***(2)* Einzelfälle zu § 42 AO:** – ***(a)*** Verlustrealisierung durch Veräußerung an „eigene" GmbH (BFH IX R 77/06, BStBl II 08, 789). – ***(b)*** Schenkung an Kinder mit von vornherein geplanter Weiterveräußerung durch diese (BFH IX R 19/17, BFH/NV 18, 1081). – ***(c)*** Veräußerung vor Liquidation (BFH VIII R 10/96, BStBl II 99, 729). – ***(d)*** Veräußerung im Ges'terkreis. S BFH IX R 40/09, BStBl II 11, 427; BFH IX R 5/16, BStBl II 17, 930; BFH IX R 18/21, BStBl II 23, 315; zutr *Jachmann-Michel* DB 24, 817 (828): § 42 AO, wenn Verlust nicht auf innerer Wertminderung des Anteils, sondern auf abgesprochener Preisfindung beruht). – ***(e)*** Getrennter Anteilserwerb von Eheleuten (FG BW EFG 17, 1880, rkr). – ***(f)*** „Gesamtplan" (BFH X R 14/11, BStBl II 14, 158). – ***(g)*** Generierung (nachträgl) AK. S zum Aufgeld BFH IX R 12/22, BStBl II 23, 964: kein Missbrauch; heute § 17 IIa 5; zur verdeckten Einlage FG Mster GmbH-Stpr 22, 306; zur einlagenfinanzierten Tilgung → Rn. 197. – ***(h)*** Bezugsrechte. → Rn. 50; – ***(i)*** Aufteilung Gesamtkaufpreis. → Rn. 88.

II. Speziellere Veräußerungstatbestände

17 **1. Wegzug und Entstrickung. – a) Wegzugsbesteuerung, § 6 AStG.** – ***(1)* Relevante Anteile.** Gem § 6 AStG ist seit dem VZ 2022 (§ 21 I Nr 1, III AStG) der Vermögenszuwachs eines unbeschr stpfl Anteilseigners stpfl (*BMF* BStBl I 23, SonderNr 1, 2, Rn. 74–77; Rn. 71 zu Übergangsfragen), der aus inl und ausl relevanten Anteilen iSv § 17 I, I S 3 (auch in Fällen des § 17 I 4, des § 17 VI; OptionsGes iSv § 1a KStG; zu Optionen *Hübner ua* Ubg 24, 430) stammt, die innerhalb von fünf Jahren vor oder beim Wegzug gehalten werden. **Ab VZ 2025** gilt dies auch für einbringungsgeborene Anteile iSd § 21 UmwStG aF (→ Rn. 245 ff). An der Vereinbarkeit mit dem Unionsrecht zweifelnd *Beinert* ISR 24, 357; *dies* RFamU 25, 493 zum Vorlageverfahren EuGH C-430/25. S auch bei **§ 50i.** – ***(2)* Wegzugstatbestände.** Aufgrund des **Wegzugs** eines unbeschr stpfl **Anteilseigners** mit Beendigung der unbeschr StPfl (normspezifischer Begriff in § 6 II AStG, s *BMF* BStBl I 23, SonderNr 1, 2, Rn. 114–122) wird iRe abschließenden Katalogs, dh bei **Aufgabe des Wohnsitzes/gewöhnl Aufenthalts** (§ 6 Abs 1 S 1 Nr 1 AStG) sowie bei Verwirklichung eines der **Ersatztatbestände** des § 6 I 1 Nr 2 AStG (unentgeltl Übertragung von Anteilen auf eine nicht unbeschr stpfl Person durch Schenkung/Tod, dazu BFH I R 30/19, BStBl II 22, 763) oder des § 6 I 1 Nr 3 AStG (Entstrickung durch Ausschluss/Beschr des dt Besteuerungsrechts für § 17-Gewinn; str, für passive Entstrickung infolge DBA-Änderungen, s BFH IX R 38/21, DStR 24, 1913), **die Veräußerung zum gemeinen Wert fingiert** (iEinz *BMF* BStBl I 23, SonderNr 1, 2, Rn. 78–95; Rn. 110–113). Zu den **Realisationszeitpunkten** s § 6 I 2 Nr 1–3 AStG. Die Gewinnermittlung folgt jeweils § 17 II, IIa iVm § 3 Nr 40 S 1 Buchst c; § 3c II; zu § 17 II 3 → Rn. 137. Die AK werden bei tatsächl Entrichtung der Steuer auf den gemeinen Wert aufgestockt (§ 6 I 3 AStG; *BMF* BStBl I 23, SonderNr 1, 2, Rn. 102 ff). –

(3) **Verschonung.** Zur Festsetzung, Stundung, zinslosen Ratenzahlung der festgesetzten ESt [auf Antrag 7 gleiche Jahresraten; nicht mehr unbefristet] sowie zum Widerruf s § 6 IV; zur Anzeige- und Mitwirkungspflicht s § 6 V AStG (*BMF* BStBl I 23, SonderNr 1, 2, Rn. 165–197; BFH I R 35/20, BStBl II 25, 436). Zum Widerruf von Altstundungen bei Ausschüttungen und Einlagenrückgewähr gem § 21 III Nr 2 AStG nF s *Haag ua* DB 24, 344 (345); *Tischendorf* IStR 24, 762. – ***(4)* Rückkehrregelungen.** Nach § 6 III 1 Nr 1–3, S 2 AStG kann der StAnspruch rückwirkend entfallen. S iEinz *BMF* BStBl I 23, SonderNr 1, 2, Rn. 123 ff (zur Auskehrungssperre des § 6 III 2 Nr 2 *Tischendorf* IStR 24, 713). Es gibt keine Wertverknüpfung der AK nach einer zwischenzeitl ausl Wertzuwachsbesteuerung (§ 17 II 4, → Rn. 139).

b) Sonstige Entstrickungen. Zum **Wegzug der Ges** als Fiktion einer Anteilsveräußerung s **§ 17 V** (→ Rn. 240). § 6 AStG ist ggü § 17 V subsidiär (*BMF* BStBl I 23, SonderNr 1, 2, Rn. 73) – **§ 13 VI KStG** fingiert bei Ende der KSt-Pflicht einer KapGes aufgrund einer persönl StBefreiung eine Anteilsveräußerung von § 17-Anteilen zum gemeinen Wert (*Gosch KStG* § 13 KStG Rn. 77). 18

2. Umwandlungen. – a) Umwandlungen von Kapitalgesellschaften. – aa) Verschmelzung; Formwechsel auf Personenunternehmen. Bei der **Verschmelzung** einer KapGes, an der die § 17-Beteiligung besteht, auf ein Einzelunternehmen, eine PersGes mit BV und beim **Formwechsel** einer KapGes in eine PersGes (§ 1 I 1 Nr 1, Nr 2 iVm § 3 ff UmwStG; Ausnahme: § 8 UmwStG;) wird ein Übernahmegewinn oder -verlust zum steuerl Übertragungsstichtag (§ 4 IV, VI, VII 2 UmwStG) besteuert. – Zum (ggf konkludenten) Antrag der KapGes gem § 3 II UmwStG [BW/Zwischenwert] s BFH IV R 8/22, DStR 24, 2577; NdsFG EFG 23, 1107 (Rev IV R 14/25). Soweit HessFG EFG 25, 1432 (Rev IX R 15/25) das WahlR bei Umwandlung auf eine *ZebraPersGes* (→ § 15 Rn. 201) eröffnet, ist die BV-Verhaftung nur bei Ges'tern mit einem BV gewährleistet. – § 17- und § 20 II Nr 1-Anteile gelten zum Stichtag mit den AK als in das Übernehmer-BV eingelegt (§ 5 II UmwStG, BFH IV R 1/17, BStBl II 19, 501; BFH X R 36/18, BStBl II 21, 359; *BMF* BStBl I 25, 92 Rn. 05.05; zu danach erworbenen Anteilen gem § 5 I UmwStG BFH III R 37/20, BStBl II 24, 16; zur GewSt § 18 II UmwStG). – Ein Übernahmegewinn unterliegt dem Teileinkünfteverfahren (§ 4 VII 2 UmwStG; zur Feststellung → Rn. 136 *(7)*). Entsteht für den Ges'ter ein stbarer Übernahmeverlust (§ 4 VI 6 UmwStG iVm § 17 II 6), ist dieser bei fehlenden, niedrigeren Rücklagen (§ 7 UmwStG) zu 60% abzugsfähig; ansonsten ist er bis zur Höhe von 60% der ausgeschütteten Rücklagen zu berücksichtigen und oberhalb dieses Betrags unbeachtl (§ 4 VI 4, 5 UmwStG). Letzteres führt zur „Vernichtung von AK" des Ges'ters (BFH IV R 37/13, BStBl II 16, 919: trotz Schlechterstellung ggü Liquidation verfgem). Dieselben Besteuerungsfolgen gelten für die Rückoption einer OptionsGes gem § 1a IV KStG. 20

bb) Verschmelzung; Spaltung. Wird Vermögen einer KapGes durch Verschmelzung/Spaltung auf eine andere KapGes übertragen (§§ 11 ff, 15 UmwStG), gilt eine § 17-Beteiligung als zum gemeinen Wert (§ 11 BewG) veräußert und ein neu erhaltener Anteil als zu diesem Wert angeschafft (§ 13 I UmwStG iVm § 17 I, § 3 Nr 40, § 3c II). Es können auf Antrag des Ges'ters (zur Antragsfrist § 13 II 2 UmwStG) unter den Voraussetzungen des § 13 II 1 UmwStG die AK der fiktiv veräußerten Anteile als Veräußerungspreis angesetzt werden (§ 13 II 4 UmwStG). Diese AK gehen auf die erhaltenen Anteile über. Zudem treten die erhaltenen Anteile an die Stelle der übertragenen Anteile (§ 13 II 3 UmwStG: Fußstapfentheorie), dh bei Absinken einer ursprüngl § 17-Beteiligung unter 1% aufgrund der Verschmelzung fallen die erhaltenen Anteile für fünf Jahre ab dem steuerl Übertragungsstichtag unter § 17 (s iEinz *Schießl* FS Crezelius, 195 (200 ff); *BMF* BStBl I 25, 92 Rn. 13.11). – Bei nicht verhältniswahrender Verschmelzung; Spaltung einer KapGes auf eine andere KapGes findet § 13 I UmwStG ebenfalls Anwendung (BFH IV R 17/17, BStBl II 21

23, 607; *BMF* BStBl I 25, 92 Rn. 13.03, 15.44 auch zur Vorteilszuwendung unter den Ges'tern; ggf vGA/verdeckte Einlage gem § 17 I 2 – BFH IX R 24/09, BStBl II 11, 799 – oder Schenkung gem § 7 I, VIII ErbStG. – Zu Umwandlungen ausl KapGes und grenzüberschreitenden Umwandlungen gem § 1 UmwStG s *BMF* BStBl I 25, 92 Rn. 01.21 ff (dazu *Link* GmbHR 23, 1177 (1178); *Oppel ua* BB 23, 2647 (2647 f); zum Unionsrecht *Hageböke/Stangl* FR 23, 1117 (1119 ff)).

22 **b) Anteilstausch (§ 21 UmwStG).** Die Einbringung von § 17-Anteilen in eine KapGes gegen Gewährung neuer Anteile ist für den Ges'ter grds eine Veräußerung der Anteile zum gemeinen Wert am Einbringungsstichtag und iRd Teileinkünfteverfahrens zu besteuern (§ 21 I 1, II 1 zur Einkünfteermittlung; Freibetrag § 21 III UmwStG). Auf Antrag der KapGes (§ 21 I 2: mehrheitsvermittelnde Beteiligung) oder des Einbringenden (nur in den Fällen des § 21 II 3, 4 UmwStG) muss der gemeine Wert nicht angesetzt werden. Im Fall des qualifizierten Anteilstauschs von § 17 Anteilen unterhalb des gemeinen Werts muss die aufnehmende KapGes diese mit den AK ansetzen (§ 21 II 5 UmwStG). Dieser Ansatz ist maßgebl für den Veräußerungspreis und die AK der erhaltenen Anteile (*BMF* BStBl I 25, 92 Rn. 21.01, 21.09, 21.13 – 21.16, dazu *Link* GmbHR 23, 1177 (1183)). Zur Antragstellung und -frist des Einbringenden (§ 21 II 4 UmwStG) s FG Köln EFG 24, 614, Rev X R 32/23. Zur Sperrfristverletzung gem § 22 II UmwStG für die *eingebrachten Anteile* → Rn. 24.

23 **c) Einbringungen (§ 20, 25 UmwStG).** § 17 hat iZm der **Einbringung** von BV, MUerAnteilen in eine KapGes gegen Gewährung neuer Anteile gem § 20 UmwStG, iRe **Formwechsels einer MUerschaft in eine KapGes** (§ 25 UmwStG) und iRd Ausübung der **KSt-Option gem § 1a KStG** (→ § 15 Rn. 160b; *BMF* BStBl I 21, 2212 Rn. 65, 66) nur Bedeutung für die spätere Veräußerung der *erhaltenen Anteile.* Zur Sperrfrist gem § 22 UmwStG → Rn. 24. Im BV/SonderBV gehaltene wesentl und unwesentl Anteile an der aufnehmenden KapGes können zur Vermeidung des Entstehens eigener Anteile auf unwiderrufl Antrag hin nach *BMF* BStBl I 25, 92 Rn. 20.09 iRe Billigkeitsregelung zurückbehalten werden. Sie gehen stneutral in das PV über und unterliegen der Sperrfrist gem § 22 I UmwStG (*Stimpel/Bernhagen* GmbHR 23, 209 ff). Zu den **AK** der erhaltenen Anteile → Rn. 200.

24 **d) Sperrfristregelungen (§ 22 UmwStG).** – ***(1)*** **Nachweispflicht.** S § 22 III UmwStG und iEinz *BMF* BStBl I 25, 92 Rn. 22.28 ff, insb Rn. 22.32: bei Verletzung Veräußerungsfiktion als Sperrfristverletzung. – ***(2)*** **Sperrfristverletzungen.** Bei einer der Umwandlung nachfolgenden *Veräußerung* der *erhaltenen/eingebrachten Anteile* wird eine auf den steuerl Einbringungsstichtag zurückwirkende Besteuerung eines Einbringungsgewinns I oder II gem § 22 I, II UmwStG ausgelöst. Veräußerungen (BFH I R 26/18, BStBl II 22, 93) idS sind auch tauschähnl Vorgänge nach dem UmwStG zum Buch- oder Zwischenwert (BFH I R 48/15 BStBl II 19, 45: Aufwärtsverschmelzung; BFH I R 25/18, BStBl II 21, 732 und BFH X R 26/22, DStR 25, 821: Formwechsel; *BMF* BStBl I 25, 92 Rn. 22.02, 22.03, 22.23). *Schädl* ist auch die Verwirklichung eines Ersatzrealisationstatbestands durch den Einbringenden/unentgeltl Rechtsnachfolger gem § 22 I 6 Nr 1–Nr 6 UmwStG, auch iVm § 22 II 6 (zum Ganzen *BMF* BStBl I 25, 92 Rn. 22.18 ff, ua Abwicklung der KapGes, KapHerabsetzung, Auskehrungen aus dem steuerl Einlagekonto; verdeckte Einlage durch Abwärtsverschmelzung ohne Ausgabe neuer Anteile HessFG EFG 25, 1115, rkr), *vern* für eine langjährige Put-Option FG RhPf EFG 25, 376, rkr. – ***(3)*** **Einbringungsgewinn I, § 22 I UmwStG.** – ***(a)*** **Sacheinlage.** Eine Sperrfristverletzung in Bezug auf die erhaltenen Anteile aus einer Sacheinlage in eine KapGes iSd § 20 I UmwStG zum BW/Zwischenwert löst einen Einbringungsgewinn I gem § 22 I UmwStG iVm § 16 aus (BFH I R 26/18 BStBl II 22, 93: keine GewSt; → § 15a Rn. 171 mE ggf Verrechnung mit § 15a-Verlust). Der Gewinn ist rückwirkend zum Einbringungsstichtag abschmelzend zu ermitteln. Er erhöht die AK der erhaltenen Anteile (§ 22 I S 1–4 UmwStG). Die Veräußerung der *erhaltenen Anteile* im

PV fällt daneben unter § 17; iRd § 17 II sind die erhöhten AK maßgebl (→Rn. 176). S *BMF* BStBl I 25, 92 Rn. 22.07 ff; zur ggf AK-Abstockung bei negativen Einbringungsgewinnen *Bernhagen* Ubg 24, 124. – ***(b)*** **Anteilstausch.** Auch →Rn. 23. Die Veräußerung *erhaltener Anteile* im PV nach einem Anteilstausch unterhalb des gemeinen Werts fällt nur unter § 17 (s auch § 17 VI, →Rn. 245), nicht § 22 I UmwStG. – ***(4)*** **Einbringungsgewinn II, § 22 II UmwStG.** Die Veräußerung unterhalb des gemeinen Werts *eingebrachter Anteile* durch die aufnehmende KapGes **nach einem Anteilstausch von § 17-Anteilen** (dazu *Ott* DStR 23, 417 ff) löst rückwirkend auf den Einbringungsstichtag einen abschmelzend zu ermittelnden Einbringungsgewinn II aus, der unter § 17 iVm § 3 Nr 40 S 1 Buchst c fällt (BFH I R 25/18, BStBl II 21, 732); die AK für die erhaltenen Anteile erhöhen sich gem § 22 II 1–4 UmwStG (*BMF* BStBl I 25, 92 Rn. E 20.06 ff, 22.12, 22.16). Str ist, ob hierfür der Gewinn tatsächl besteuert worden sein muss (NdsFG EFG 25, 752, rkr; **aA** *Brühl/Binder* GmbHR 25, 601 (615 ff)). Dies gilt entspr beim Einbringungsgewinn II nach einer Sacheinlage (§ 22 I S 5, § 22 II UmwStG iVm §§ 13–16, § 18, *BMF* BStBl I 25, 92 Rn. E 20.03 ff). – ***(5)*** **Sperrfristverkürzung, § 22 II S 5 UmwStG.** Eine Veräußerung der *erhaltenen Anteile* durch den Einbringenden beendet die Sperrfrist des § 22 II UmwStG bei der KapGes für die *eingebrachten Anteile* gem § 22 II 5 UmwStG (idF JStG 2024, BGBl I 24 Nr 387) *nur* bei Aufdeckung sämtl stiller Reserven (*BMF* BStBl I 25, 92 Rn. 22.17; zuvor str, →43. Aufl 2024, § 17 Rn. 21 *(3)*; NdsFG DStRE 2025, 6, Rev X R 26/24; zur Rückwirkung *Broemel ua* DStR 24, 1521 (1524)). – ***(6)*** **§ 22 VI, VII UmwStG.** – ***(a)*** **Unentgeltliche Übertragungen (§ 22 VI UmwStG)** des Einbringenden sind keine Sperrfristverletzungen, aber Eintritt des unentgeltl Rechtsnachfolgers in die Sperrfrist und die Nachweispflicht. Nach *BMF* BStBl I 25, 92 Rn. 22.41 trifft die Sperrfristverletzung des Nachfolgers den Einbringenden. Dies ist str (bej FG Mchn EFG 24, 982, Rev X R 8/24; zutr vern FG Ddorf EFG 24, 1416, rkr; *Ott* DStR 24, 2241 ff); – ***(b)*** **Mitverstrickte Anteile (§ 22 VII UmwStG)** aufgrund der Verlagerung stiller Reserven, insb auf Bezugsrechte, junge Anteile: S *BMF* BStBl I 25, 92 Rn. 22.43 ff; *Ott* Ubg 24, 431 ff; – ***(7)*** **Einbringungsgeborene Anteile.** →Rn. 245 ff. – ***(8)*** **Auslandsbezug.** S *Sterner/Hahn* Ubg 23, 525 ff sowie HessFG EFG 25, 1669, Rev X R 18/25: Verstoß § 22 II UmwStG gegen Art 8 FusionsRL.

III. Veräußerung von Anteilen als gewerblicher Gewinn, § 17 I

1. Veräußerung, § 17 I 1. – a) Tatbestand; Begriff. Eine stbare **Veräußerung** von (angeschafften oder auf andere Weise erworbenen) *Anteilen* iSv § 17 I 1 und I 3 (→Rn. 47 ff) verlangt die Übertragung des (zumindest) *wirtschaftl* Eigentums an den Anteilen vom StPfl auf eine andere Person *gegen Entgelt* (BFH VIII R 69/88, BStBl II 94, 648: § 16 und § 17 sind insoweit inhaltsgleich; zur subjektiven Zurechnung der Anteile beim Erwerber →Rn. 54 ff). Abs 1 S 1 erfasst *unmittelbare* Beteiligungen (BFH VI R 58/13, BStBl II 16, 305; zur mittelbaren Beteiligung →Rn. 64). Gegenstand der Veräußerung ist der jeweilige einzelne zivilrechtl Anteil, ggf die (gesamte) Beteiligung des StPfl (→Rn. 53). – Der Gewinn entsteht mit der Veräußerung (→Rn. 109; zum Entgelt und nachträgl Korrekturen →Rn. 113 ff). – Zu den Anwendungsfällen →Rn. 27 ff. – Die **verdeckte Einlage der Beteiligung in eine KapGes** (§ 17 I 2; →Rn. 89) sowie der **Untergang von Anteilen** an einer KapGes sind in bestimmten Fällen gesetzl gleichgestellt (§ 17 IV; →Rn. 206 ff). 26

aa) Gegenleistung. Eine Veräußerung verlangt grds ein Entgelt, den Veräußerungspreis (→Rn. 118 ff). Werden obj wertlose Anteile ohne Gegenleistung **zw Fremden** übertragen, ist dies entgeltl (BFH IX R 6/20, BFH NV 21, 1172: Abtretung iRe Sanierung; BFH IX R 61/10, BStBl II 12, 8; BFH VIII R 13/90, BStBl II 93, 34; BFH IX R 13/13, BFH/NV 15, 198; FG Hmb DStRK 18, 208 zum „bad Leaver"). Übertragen **nahestehende Personen** einen Anteil ohne bzw nur gegen 27 eine symbol Gegenleistung, muss für eine Veräußerung kumulativ feststehen, dass der Anteil in den Augen der Vertragsparteien *und* objektiv wertlos ist (BFH IX R 23/15, BFH/NV 17, 289; BFH IX R 5/15, BStBl II 19, 194; zum Missbrauch BFH IX R 18/21, BStBl II 23, 315), sonst teil- oder unentgeltl Übertragung (→ Rn. 28, 29).

28 **bb) Teilentgeltliche Veräußerung.** Das Geschäft ist nach dem Verhältnis der Gegenleistung zum Verkehrswert der Anteile (§ 199 ff BewG) anhand der Entgeltlichkeitsquote in eine Veräußerung iSv § 17 I 1 und eine unentgeltl Übertragung (iSv § 17 I 4, II 5) aufzuteilen; ebenso die AK (**strenge Trennungstheorie,** BFH IX R 15/23, DStRE 24, 788; BFH IV R 15/76, BStBl II 81, 11; EStH § 17 IV „Teilentgeltliche Übertragung"). Zur gemischten verdeckten Einlage (§ 17 I 2) → § 17 Rn. 89 ff. – Zu § 17 I 4 → Rn. 98 ff.

Beispiel: V überträgt seine relevante Beteiligung (AK 100, Verkehrswert 200) auf S gegen Zahlung von 40. Ein Fünftel der Anteile (40 von 200; AK 20) ist zum Preis von 40 veräußert (Gewinn 20); vier Fünftel (Verkehrswert 160; AK 80) werden unentgeltl übertragen.

29 **cc) Unentgeltliche Übertragungen.** Eine unentgeltl Übertragung ist anders als die Übertragung eines obj wertlosen Anteils ohne Gegenleistung (→ Rn. 24) keine Veräußerung (BFH X R 14/11, BStBl II 14, 158). Hierzu gehören Schenkung, Erbfall und ggf die vorweggenommene Erbfolge sowie die Vermögensübergabe gegen Versorgungsleistungen (→ § 6 Rn. 131,134, 135, 137; → Rn. 130). – Zur verdeckten Einlage als Veräußerung gem § 17 I 2 → Rn. 89 ff; zur Veräußerung unentgeltl erworbener Anteile s § 17 I 4 (→ Rn. 95) und § 17 II 5 (→ Rn. 141). – Die **Dotation einer Stiftung** mit § 17-Anteilen als Sachspende ist unentgeltl und keine verdeckte Einlage (BFH X R 17/20, BStBl II 23, 484; *BMF* BStBl I 19, 1291 Rn. 3; *Kulosa* npoR 24, 80 (83): Bewertung gem § 10b IV 3 mit den fortgeführten AK); zur Dotation einer ausl Stiftung *Kraft* FR 24, 541 (542 f). Zur SchenkungSt s § 7 I Nr 8 S 1, 22 ErbStG.

30 **b) Einzelfragen zum Veräußerungsbegriff. – aa) Einzelfälle. Veräußerungen sind** – Anteilsübertragungen auf Grund **Kaufvertrags** (§ 433 BGB; zu Kausal- und Erfüllungsgeschäft s BFH VIII R 56/93, BStBl II 98, 152) oder eines **Vergleichs** (FG Mster EFG 00, 1000); auf Grund **Tauschs** (BFH VIII R 54/88, BStBl II 93, 331; BFH IX R 43/15, BStBl II 16, 212: Aktientausch); zum Anteilstausch gem § 21 UmwStG → Rn. 22; das sog Tauschgutachten (BFH I D 1/57 S, BStBl III 59, 30) ist überholt (BT-Drs 14/23, 172; auch → § 6 Rn. 851 ff). – die Erfüllung des **Zugewinnausgleichsanspruchs** durch § 17-Anteile (BFH IX R 4/23, BStBl II 25, 733; IX B 114/10, BFH/NV 11, 1323). – Zu **Genussrechten** → Rn. 46; **Bezugsrechten** → Rn. 50; der **Wertpapierleihe** → Rn. 47. – **Keine Veräußerung** ist die Anteilszusammenlegung (§ 46 Nr 4 GmbHG; *BMF* BStBl I 25, 1330 Rn. 89a).

31 **bb) Einziehung (§ 34 GmbHG; § 237 AktG).** – ***(1)*** **GmbH-Anteile.** – ***(a)*** **Zivilrecht.** Die Einziehung von *GmbH-Anteilen* (ohne vorausgegangenen Erwerb durch die Ges) gegen Abfindung ist rechtl nur zul, soweit das buchmäßige Eigenkapital der GmbH höher ist als das nach der Einziehung unveränderte Stammkapital, dh soweit das Entgelt aus freiem Vermögen (Rücklagen gem § 272 II, III HGB) gezahlt werden kann (§ 34 III, § 30 GmbHG; ggf Herabsetzung des Stammkapitals, § 58 GmbHG). Das Einziehungsentgelt vermindert das tatsächl und buchmäßige Reinvermögen (Eigenkapital), denn die KapGes erwirbt keinen Vermögensgegenstand (vgl BFH II R 20/90, BStBl II 92, 912, vgl *Altmeppen* GmbHG § 34 Rn. 18, 89 ff); Anpassung an das Nennkapital ist erforderl (§ 5 III 2 GmbHG; *Altmeppen* § 34 GmbHG Rn. 90 ff). – ***(b)*** **GmbH.** Auf der Ebene der GmbH ist die Einziehung erfolgsneutral (BFH I R 31/91, BStBl II 93, 369); s *BMF* BStBl I 13, 1615, Rn. 9,16: wie Erwerb eigener Anteile mit Anteilsuntergang, dort auch zum Einlagekonto: Anwendung § 28 II KStG; bei Abfindung ggf Leistung gem § 27 I 3–5 KStG; zum unveränderten Kapital s *BMF* BStBl I 13, 265, Rn. 17. – ***(c)*** **Anteilseigner.** Zur Betei-

ligungshöhe nach Einziehung → Rn. 77. Die Einziehung ist, soweit die Abfindung nicht überhöht ist (insoweit vGA), eine Veräußerung iSv § 17 I (FG RhPf EFG 16, 288, rkr; *HHR/Stalbold* § 17 Rn. 45; **aA:** wirtschaftl Teilliquidation gem § 17 IV und ggf Ausschüttung iSd § 20 I Nr 2, s *BeckOK EStG* § 17 Rn. 351; *Dorn* Ubg 20, 17 ff). – Der Veräußerungszeitpunkt richtet sich nach der zivilrechtl Wirksamkeit, zB des Einziehungsbeschlusses (BFH IX R 15/08, BStBl II 08, 927; FG Mchn EFG 16, 715, rkr). – ***(2)* Aktien.** Die Einziehung von Aktien (§ 237 I, III–V AktG) muss nach der Satzung zul sein, der Aktionär muss zustimmen und die Aktien der AG unentgeltl zur Verfügung stellen (§ 237 III Nr 1 AktG) oder die Einziehung muss zu Lasten des Bilanzgewinns/einer Rücklage verbucht werden können (§ 237 III Nr 2 AktG); ferner bedarf es der Einziehungserklärung der AG (§ 238 S 3 AktG). Es handelt sich nach zutr hM ebenfalls um eine Veräußerung iSd § 17 I (offen BFH VIII R 182/77, nv; *HHR/Stalbold* § 17 Rn. 45; **aA** *BeckOK EStG* § 17 Rn. 351). Dass die Abfindung des Ges'ters aus dem AG-Kapital stammt und die Aktien rechtl untergehen, verlangt keine Anwendung von § 17 IV. – ***(3)* Mitgesellschafter.** Zu den AK → Rn. 175. Die Einziehung gegen Minderabfindung bereichert die MitGes'ter (§ 7 VII ErbStG s BFH II R 21/20, BStBl II 22, 500). – ***(4)* Erbfall.** Die entgeltl Einziehung des GmbH-Anteils auf Grund einer Einziehungsklausel (*Altmeppen* GmbHG § 15 Rn. 119) ist wie bei *(1)* bei der KapGes stneutral und beim Erblasser Veräußerung. Zur ErbSt (§§ 10 II 2, 13a, 13b ErbStG) *Ott* DStZ 23, 835 (841)).

cc) Veräußerung an die Gesellschaft (eigene Anteile). – ***(1)* Gesellschaft.** 32
Erwirbt eine KapGes eigene Anteile (zu den Vorgaben bei der GmbH s § 33 I, II GmbHG), sind die Anteile nicht aktivierungsfähig (§ 272 Ia HGB; vgl auch → § 5 Rn. 270 „Eigene Anteile"; BFH IV R 16/22, DStR 26, 30). Dies führt steuerl zu einer Nennkapitalherabsetzung iSd § 28 II KStG (*BMF* BStBl I 13, 1615, Rn. 9; **aA** iZm § 8b KStG FG Mster DStRE 18, 385, rkr). – ***(2)* Gesellschafter.** Die vollentgeltl Abtretung der Anteile des Ges'ters an die Ges gegen Entgelt ist eine Veräußerung iSd § 17 (BFH IX R 7/17, BStBl II 19, 213; *BMF* BStBl I 13, 1615, Rn. 9; glA *HHR/Stalbold* § 17 Rn. 47); bei Übertragung unterhalb des gemeinen Werts verdeckte Einlage (iEinz → Rn. 89 ff). – Zu den MitGes'tern → Rn. 175; zur Beteiligungshöhe → Rn. 76. Zum Ganzen s *Obser* FS Kessler (2021), 355 ff; zu Mitarbeiterbeteiligungen *Mertes ua* DStR 23, 1450 (1454).

dd) Ausscheiden aus der Gesellschaft; Anteilsuntergang. Entsprechendes 33
wie in → Rn. 31, 32 muss mE gelten für den **„Ausschluss"** (durch Kündigung) oder **„Austritt" eines GmbH-Ges'ters** aus wichtigem Grund (*NSH* Anhang nach § 34 GmbHG Rn. 3, 10, 15a, 15b zum Ausschluss; *NSH* § 60 GmbHG Rn. 18, 24–26); dh je nachdem, ob der Ausschluss (Austritt) durch Einziehung oder den Erwerb eigener Anteile vollzogen wird. Die *hL* nimmt jeweils Veräußerungen an (*HHR/Stalbold* § 17 Rn. 41); zur Kündigung bei Genossenschaften BFH IX R 19/21, BStBl II 24, 43). Der **Untergang von Anteilen** an einer KapGes durch Kapitalherabsetzung oder Auflösung und Abwicklung (§ 17 IV; → Rn. 211) sind einer Veräußerung ausdrückl gleichgestellt. – Die **Aufgabe eines Anteils** (Dereliktion; zB § 928, § 959 BGB) ist, wenn überhaupt zivilrechtl mögl, keine Veräußerung.

c) Erbauseinandersetzung. Zur Trennung von Erbfall (unentgeltl Erwerb) und 34
Erbauseinandersetzung BFH GrS 2/89, BStBl II 90, 837. S zur Erbauseinandersetzung → § 6 Rn. 131, 132, 137; → § 16 Rn. 625–642: Erhält ein Miterbe Anteile gem § 17 im Gesamtwert seiner Erbquote zu Alleineigentum **(Realteilung ohne Abfindung),** ist dies keine Veräußerung und Anschaffung der Anteile. Soweit ein Miterbe für die Zuteilung der Anteile einen Ausgleich leistet/Schulden übernimmt, weil er mehr erlangt, als seinem Erbanteil entspricht, erwirbt er die Anteile teil- oder vollentgeltl **(Realteilung mit Abfindung);** korrespondierend hiermit veräußert der die Abfindung empfangende Miterbe (*BMF* BStBl I 06, 253 Rn. 23 ff, insb Rn. 27 zu § 17; zum Erbanteilsverkauf Rn. 43). Die Erfüllung von **Vermächtnis-/Erbersatz-**

schulden ist grds unentgeltl; ebenso die Erfüllung von **Pflichtteilsschulden** durch Anteile gem § 17; für den Berechtigten kann aber ggf auch eine Anschaffung und für den Erben eine Veräußerung vorliegen (s → § 23 Rn. 40, 41 mwN).

36 **d) Einlage von Anteilen in einen Betrieb.** – ***(1)*** **Einlage; Einlagewert.** Die „einfache (verdeckte) Einlage“ iSv § 4 I 8, § 6 I Nr 5 (Überführung von § 17- Anteilen des PV ins BV eines Einzelunternehmens) ist keine Veräußerung (→ § 6 Rn. 616). Der Einlagewert bestimmt sich nach § 6 I Nr 5 S 1 Buchst b nach den AK (→ § 6 Rn. 618) – Bei Einlage nach Auflösung und Fortsetzung ist der TW anzusetzen (BFH XI R 39/99, BFH/NV 01, 302). – ***(2)*** **Wertgeminderte Beteiligung.** Wird eine relevante Beteiligung, deren TW niedriger als die AK ist, in ein BV eingelegt, ist die Einlage mit den ursprüngl (höheren) AK anzusetzen, wenn § 17 II 6 im Einlagezeitpunkt die Verlustberücksichtigung nicht verhindert hätte (BFH X R 8/16, BStBl II 18, 426; BFH X R 23/16, BStBl II 19, 483; → § 6 Rn. 618); – ***(3)*** **Relevanzgrenze.** Sie ist auf Grundlage der VZ-bezogenen Betrachtung zu prüfen (→ Rn. 68, 70; BFH X R 48/02, BStBl II 10, 162). Es genügt, wenn erst im Zeitpunkt der Einlage die Grenze im BV des StPfl erreicht wird (BFH IV R 73/05, BStBl II 08, 965; → § 6 Rn. 618). Zu einbringungsverbundenen und – geborenen Anteilen iSd § 17 VI → Rn. 245 ff. – ***(4)*** **Anschaffungskosten.** TW und die AK iSd § 6 I Nr 5 S 1 Buchst b sind unter Berücksichtigung sämtl Wertsteigerungen und -minderungen, AK-Erhöhungen und AK-Minderungen zw Anschaffung und Einlage zu ermitteln (BFH IV R 19/18, BStBl II 23,136: geminderte AK aufgrund früherer Einlagenrückgewähr = geminderter Einlagewert). – ***(5)*** **TW-AfA.** Keine TW-AfA nach Einlage bereits wertgeminderter Anteile (BFH X R 48/02, BStBl II 10, 162; → Rn. 160).

37 **e) Übertragung an Personengesellschaften. – aa) Mit Betriebsvermögen.** – ***(1)*** **Veräußerung; Einbringung.** Überträgt der StPfl § 17-Anteile an eine PersGes mit BV, ist dies eine Veräußerung iSv § 17 I 1, sofern er eine nach dem Verkehrswert der Anteile bemessene Bar- oder Sachvergütung erhält (BFH IV R 210/72, BStBl II 77, 145). Ebenso Veräußerung ist die Übertragung gegen Gewährung von MUer-Anteilen (maßgebl ist die Gutschrift auf einem Kapitalkonto mit Eigenkapitalcharakter, iEinz → § 6 Rn. 598 bis 601; BFH VIII R 69/95, BStBl II 00, 230; BFH IV R 37/06, BStBl II 11, 617; BFH I R 77/06, BStBl II 09, 464; *BMF* BStBl I 11, 713; zur Gutschrift auf einem variablen Kapitalkonto und in Mischfällen BFH IV R 2/20, BStBl II 23, 999; BFH IV R 15/14, BStBl II 16, 593; *BMF* BStBl I 16, 684). – ***(2)*** **Einlage.** Keine Veräußerung, sondern eine Einlage gem § 6 I Nr 5 S 1 Buchst b ist eine Übertragung auf die PersGes ohne Gutschrift auf einem Kapitalkonto oder einem schuldrechtl Ges'terdarlehenskonto des Einbringenden. Gleiches gilt für die Einlage in das SonderBV. Einlagewert sind die AK (§ 6 I Nr 5 S 1 Buchst b; → § 6 Rn. 603, 613–618 mwN; *BMF* BStBl I 11, 713). – ***(3)*** **Umwandlung.** Zu § 5 I, II UmwStG → Rn. 20.

38 **bb) Ohne Betriebsvermögen.** Werden Anteile iSv § 17 vom Ges'ter an eine vermögensverwaltende PersGes ohne BV veräußert oder in diese eingebracht, gleichgültig, ob gegen Gewährung von GesRechten, Bar- oder Sachvergütung, liegt nur anteilig eine Veräußerung vor, soweit der Übertragende *nicht* an der PersGes beteiligt ist; *soweit* ihm die Beteiligung auch nach der Übertragung gem § 39 II Nr 2 AO zuzurechnen ist, ist der Vorgang stneutral. Dies gilt für die „Ausbringung“ der Anteile von der PersGes an den Ges'ter entspr (→ § 23 Rn. 44; → § 6 Rn. 43 *(2)*; → Rn. 7).

41 **f) Übertragung durch die Personengesellschaft; Gesellschafterwechsel. – aa) Vermögensverwaltende Personengesellschaft.** – ***(1)*** **Tatbestandsverwirklichung.** Aufgrund der Bruchteilsbetrachtung (§ 39 II Nr 2 2 AO; → Rn. 60) sind tatbestandl Veräußerungen **der Ges'ter:** die entgeltl Übertragung des *Anteils an der PersGes* durch den Ges'ter an einen Dritten, die Veräußerung erworbener Anteile *durch die PersGes* sowie *Mischfälle* aus Anteilsveräußerung/-erwerb durch den Ges'ter und Anteilserwerb/-veräußerung durch die PersGes (BFH VIII R 41/99, BStBl II

00, 686; BFH VIII R 21/17, BStBl II 21, 609; BFH IX B 83/22, BFH/NV 23, 961). Maßgebl für die Zurechnung der Anteile iRd Veräußerung ist die Höhe des Ges'ter-Vermögensanteils (*Gosch AO/FGO* § 39 AO Rn. 218; *TK* § 39 AO Rn. 96 f; *HHS* § 39 AO Rn. 296, 315). Für dessen Bestimmung sind mE auch disquotale Gewinnverteilungs-, Liquidationsgewinn- und Abfindungsregelungen einzubeziehen (zu § 20 II Nr 1-Anteilen BFH VIII R 3/21, BStBl II 24, 902). Zur Bruchteils- und Erbengemeinschaft → Rn. 62. Zum Verfahrensrecht sowie zur unzutr Behandlung als § 20 II Nr 1-Gewinn → Rn. 12. – ***(2)* Zebragesellschaft.** Zum Begriff → § 15 Rn. 201 ff. § 17- Anteile im Vermögen der PersGes sind dem Ges'ter gem § 39 II Nr 2 AO zuzurechnen und gehören zum Ges'ter-BV (BFH IV R 44/09, BStBl II 13, 142). § 17 greift hier nicht.

bb) Personengesellschaft mit Betriebsvermögen. – ***(1)* Keine Anwendung.** 42
Gehören die Anteile an einer KapGes einer Gesamthand mit BV/einem MUer mit SonderBV, wird weder die Veräußerung der Anteile durch die PersGes noch die Veräußerung des MUer-Anteils noch eines zum SonderBV gehörenden Anteils von § 17 erfasst (→ Rn. 10; → § 15 Rn. 408, 438; 480 ff, 518). – ***(2)* Teilbetrieb.** Zur 100%-Beteiligung als Teilbetrieb iSd § 16 III 2 s *BMF* BStBl I 19, 6 Rn. 6; zu § 16 allg → § 16 Rn. 135 ff; zu **§ 24 UmwStG** s *BMF* BStBl I 25, 92 Rn. 24.02 (**aA** BFH I R 77/06, BStBl II 09, 464).

g) Rückabwicklung der Veräußerung. Ausführl → § 16 Rn. 145 zu den 43
Rückabwicklungsgründen. Diese Grundsätze sind mE für alle Tatbestände iRd § 17 (auch § 17 I 2) anzuwenden. Bei einem *beiderseits nicht vollständig erfüllten Vertrag* entfallen rückwirkend die Veräußerung und Anschaffung (BFH IX R 49/15, BStBl II 17, 673); ebenso beim vollständigen Wegfall der Gegenleistung bei Rücktritt (BFH VIII R 69/88, BStBl II 94, 648). – Beim *beiderseits erfüllten Vertrag* (Erbringung des Entgelts) muss der Rechtsgrund für die Rückabwicklung im Vertrag angelegt (zur auflösenden Bedingung BFH VIII R 67/02, BStBl II 04, 107; zum Wegfall der Geschäftsgrundlage aufgrund steuerl Folgen BFH IX R 17/09, BStBl II 10, 539; zum Vergleich FG Mster EFG 15, 1242, rkr) oder iRd Vertragsabschlusses nachweisbar erörtert worden sein (BFH IX R 4/23, BStBl II 25, 733: Fehlvorstellung zu den steuerl Folgen). – Zur Rückgängigmachung der Übertragung wirtschaftl Eigentums s BFH VIII R 28/02, BStBl II 05, 46. – Die Einräumung eines Rückerwerbsrechts steht einer Veräußerung aber sonst nicht entgegen (BFH I R 88, 89/07, BStBl II 16, 438). – Zum grds steuerbaren Wiederkauf des früheren Veräußerers s FG Mchn EFG 09, 1030, rkr. Hinsichtl der Dividenden bleibt es gem § 20 V S 1 mE bei der Zurechnung beim zwischenzeitl Anteilseigner im Zeitpunkt des Gewinnverteilungsbeschlusses (ebenso → § 16 Rn. 145). Ausgleichsleistungen wegen der Ausschüttungen zw dem vermeintl Anteilseigner und dem nach Rückabwicklung unveränderten Anteilseigner sind im Zufluss-/Abflusszeitpunkt zu beurteilen (idR greift mE § 20 III → § 20 Rn. 190).

2. Anteile, ähnliche Beteiligungen, Anwartschaften, § 17 I 3. – a) Überblick. Der Begriff der Anteile an einer „KapGes" knüpft an § 1 I Nr 1 KStG an und 44
ist in § 17 I 3 definiert: Er umfasst – ***(1)*** Aktien, – ***(2)*** Anteile an einer GmbH, – ***(3)*** Anteile an OptionsGes iSd § 1a KStG – ***(4)*** Genussrechte, – ***(5)*** „ähnliche Beteiligungen", – ***(6)*** „Anwartschaften auf solche Beteiligungen". § 17 VII enthält eine systematisch eigentl in Abs 1 S 3 gehörende Ergänzung für Anteile an Genossenschaften iSd § 1 I Nr 2 KStG (→ Rn. 250). Anteile an sonstigen Körperschaften und Zweckvermögen iSd § 1 I Nr 4 und Nr 5 KStG fallen nicht unter § 17 (→ Rn. 8), ebenso nicht bei der geplanten Ges mit gebundenem Vermögen (*Kempny* DB 24, 617 (619 ff)). Wird ein Anteil an einem inl oder ausl Investmentfonds des PV (§ 1 II InvStG) veräußert, greift § 17 nicht (→ Rn. 10 *(4)*).

b) Aktien und Anteile an inländischen Gesellschaften. Aktien sind Anteile 45
am Grundkapital einer dem AktG unterliegenden AG (§§ 1, 6, 8 AktG) oder KGaA

(§ 278 AktG), auch **Vorzugsaktien ohne Stimmrecht** (§ 11, § 12 I AktG) und Zwischenscheine (§ 8 VI AktG); eine unzutr Kennzeichnung ist unschädl (BFH IX R 2/10, BStBl II 12, 20); auch elektronische Namens- und Inhaberaktien (§ 10 Nr 2, Nr 3 AktG). – **GmbH-Anteile** sind Geschäftsanteile an einer dem GmbHG unterliegenden GmbH (vgl § 3 I Nr 4; §§ 5, 14 GmbHG; BFH VIII R 16/88, BStBl II 92, 902), gleichgültig, ob sich die GesRechte (Mitverwaltungs-/Vermögensrechte) nach der Stammeinlage bestimmen (§ 14 GmbHG) oder ob in der GmbH-Satzung etwas anderes vorgesehen ist.- Anteile an **Genossenschaften** sind gleichgestellt (Abs 7 → Rn. 250). **Anteile an inl OptionsGes iSd § 1a KStG** im PV fallen unter Abs 1 S 3 (*BMF* BStBl I 21, 2212 Rn. 61, 62). Zur Beteiligungshöhe → Rn. 74 (s auch *BMF* BStBl I 21, 2212 Rn. 95, 98).

46 **c) Genussrechte; Genussscheine.** Beteiligungsähnl Genussrechte und verbriefte Genussscheine, mit denen ein Recht auf Beteiligung am Gewinn *und* am Liquidationserlös der KapGes verbunden ist, sind Anteile am Eigenkapital (§ 8 III 2 KStG; § 20 I Nr 1 (→ § 20 Rn. 32); BFH I R 44/17, DStR 20, 1307). Beteiligungsähnl Genussrechte sind grds Anteile iSv § 17 I 3 (BFH VIII R 73/03, BStBl II 05, 861); zur Beteiligung am Kapital → Rn. 78. Obligationsähnl Genussrechte sind KapForderungen iSd § 20 I Nr 7. S *BMF* BStBl I 23, 672; *Henkel* FR 23, 1140 ff; *Rapp/Reischmann* DStR 23, 241 ff.

47 **d) Ähnliche Beteiligungen.** Die Ähnlichkeit iSv § 17 I 3 kann sich auf die „KapGes" und auf die dort genannten „Anteile" beziehen (BFH VIII R 16/88, BStBl II 92, 902). Ähnl Anteile an Inlands- wie AuslandsGes müssen auf der Grundlage eines Ges'terBeitrags eine Beteiligung am GesKapital und grds eine Teilhabe an Substanz und stillen Reserven vermitteln (BFH IX R 23/21, BStBl II 23, 557; BFH I R 12/18, BStBl II 21, 875). – **aa) Ähnliche Anteile und Gesellschaften (Inland).** – ***(1)* Anteile an einer VorGes,** die nach Abschluss eines GmbH-Vertrags vor Eintragung in das HR besteht, sind -soweit die einzutragende Ges kstrechtl als KapGes beurteilt wird –, ähnl Anteile (→ § 15 Rn. 169; BFH X R 17/05, BStBl II 08, 579). – Der Anteil des **atypisch Unterbeteiligten** fällt unter Abs 1 S 3 (BFH IX R 7/09, BStBl II 11, 540; → Rn. 59)– ***(2)* Keine ähnlichen Anteile** sind Anteile an VVaG (§§ 15–53 VAG), der Anteil des persönl haftenden Ges'ters an der KGaA (§ 15 I Nr 3) und die typische stille Beteiligung (BFH VIII R 25/96, BStBl II 97, 724; EStH 17 II; § 20 II Nr 4). Bei einer atypisch stillen Beteiligung an einer KapGes (zB GmbH & atypisch still) gehören die Anteile an der GmbH zum SonderBV des Stillen; die stille Beteiligung ist ein MUerAnteil (→ § 15 Rn. 358). Ob der Rückgewähranspruch des Verleihers iRd Wertpapierleihe ein ähnl Anteil ist, hat BFH I R 52/19, BFH/NV 23, 369 offengelassen.

48 **bb) Ähnliche Anteile und Gesellschaften (Ausland).** – ***(1)* Typenvergleich.** – ***(a)* Gesellschaften.** Ausl Ges **mit ausl Register- und ausl Verwaltungssitz** (EU-/EWR-/Drittstaaten) sind nach dem Rechtstypenvergleich mit deutschen KapGes zu vergleichen (Vergleich der konkreten Ausgestaltung der ausl Ges mit dem Idealtypus der inl Körperschaft; zur MTR s Anlage 2 zu § 43b → § 43b Rn. 6, 7) und können ähnl KapGes iSd § 17 I 3 sein (BFH VIII R 15/94, BStBl II 96, 312). – *Beispiele:* BFH IX R 13/20, BStBl II 22, 172: niederländische BV; FG Mster DStRE 18, 461, rkr: US-Inc; BFH IX R 23/21, BStBl II 23, 557: Delaware-Corpn); zur Verwaltungssicht *BMF* BStBl I 99, 1076 [Tabelle 1]; *BMF* BStBl I 04, 411 [US LLC]. – ***(b)* Anteile.** Ein zusätzl Typenvergleich mit inl Anteilen (→ Rn. 45) ist bei Anteilsklassen und Beschränkungen erforderl (BFH I R 12/18, BStBl II 21, 875 zu Vorzugsanteilen). – Anteile an ausl OptionsGes iSd § 1a KStG sind ähnl Anteile (§ 50d XIV 2, → § 50d Rn. 76; *BMF* BStBl I 21, 221 Rn. 3, 4, 54, 63, 64).

49 **(2) Doppelansässigkeit.** – ***(a)*** Anteile an **EU/EWR**-Ges mit ausl Registersitz und inl Ort der Geschäftsleitung, die rechtsfähig sind und nach dem Typenvergleich einer KapGes iSd § 1 I Nr 1 KStG entsprechen, sind ähnl Anteile an KapGes (zur

UK-Limited vor dem Brexit BFH I B 31/21, DStR 22, 250) – ***(b)* DrittstaatenGes** mit **ausl Register- und inl Verwaltungssitz**, die aus deutscher Sicht zivilrechtl PersGes sind, aber nach der konkreten Ausgestaltung und dem ausl Recht iRd Typenvergleichs einer inl KapGes entsprechen, sind wie inl KapGes zu behandeln; die Anteile fallen unter § 17 I 3. Methodisch ist dieser rein fiktive Vergleich zweifelhaft. – *Einzelfälle:* UK-Ltd: BFH I B 31/21, DStR 22, 250; *BMF* BStBl I 23, 1567, Rn. 7, 14: Löschung ist Auflösung gem § 17 IV; US-LLC: BFH I B 75/20 (AdV), BFH/NV 21, 1489). Zum Verfahrensrecht s **§ 14b AO.**

50 **e) Anwartschaften auf Beteiligungen. – aa) Bezugsrechte. – *(1)* Begriff.** Das Bezugsrecht ist eine Anwartschaft iSv Abs 1 S 3 (s zu § 17 aF BFH IV R 15/71, BStBl II 75, 505; heute BFH IX R 15/05, BStBl II 06, 171, BFH VIII R 68/04, BStBl II 05, 762; EStR 17 III; anders in § 8b II KStG mangels Normierung – BFH I R 101/06, BStBl II 08, 719). Unter den Begriff des Bezugsrechts fallen grds alle schuldrechtl oder dingl Rechte auf Erwerb eines Anteils an einer KapGes, die bei Kapitalerhöhung einer AG (§ 186 AktG) und bei einer GmbH (*NSH* § 55 GmbHG Rn. 20) kraft Satzung oder eines Kapitalerhöhungsbeschlusses einen **Anspruch auf Abschluss eines Zeichnungsvertrags** begründen. Einem Bezugsrecht iSv Abs 1 S 3 gleichwertig ist die tatsächl und rechtl Möglichkeit, sich ein solches Recht verschaffen zu können (BFH VIII R 63/87, BStBl II 91, 832). – ***(2)* Ausübung; Veräußerung.** Die *Ausübung* des Bezugsrechts ist keine Veräußerung des Rechts (*BMF* BStBl I 25, 1330 Rn. 110). Stbare *Veräußerung* ist die entgeltl Übertragung eines entstandenen und übertragbaren Bezugsrechts durch einen Ges'ter, der vor der Kapitalerhöhung schon relevant beteiligt ist (BFH I R 47/19, BStBl II 23, 443). – ***(3)* Verzicht auf Teilnahme.** Die Nichtteilnahme des AltGes'ters an einer Kapitalerhöhung zugunsten eines Dritten, der die Neuanteile übernimmt, gegen ein Entgelt (iHd der auf die Neuanteile übergehenden stillen Reserven), ist eine Veräußerung. S BFH VIII R 68/05, BStBl II 05, 762; BFH I R 47/19, BStBl II 23, 44; EStH 17 V. **Entgeltl** ist der Verzicht nicht nur bei unmittelbarer Zahlung des NeuGes'ters an den AltGes'ter, sondern auch, wenn der NeuGes'ter ein Aufgeld an die KapGes zahlt, das an den AltGes'ter ausgezahlt wird (BFH VIII R 3/89, BStBl II 93, 477: § 42 AO) oder bei dessen Beteiligung an einem Übergewinn nach Börseneinführung (BFH VIII R 68/04, BStBl II 05, 762). Zur Umsetzung von Mitarbeiterbeteiligungen s *Mertes* ua DStR 23, 1450 (1454). – ***(4)* Zeitpunkt.** Ein Bezugsrecht iRe Kapitalerhöhung ist erst selbständig übertragbar, wenn die Kapitalerhöhung durch die Ges'terversammlung beschlossen bzw. der entspr Beschluss in das HR eingetragen worden ist (BFH I R 47/19, BStBl II 23, 443). – ***(5)* Auswirkung auf Beteiligungshöhe.** Das Bezugsrecht ist kein Anteil und hat daher keinen Einfluss auf die Beteiligungshöhe eines daneben vorhandenen Anteils (BFH IX R 35/12, BStBl II 13, 578; BFH VIII R 49/04, BStBl II 06, 746); zur relevanten Beteiligung bei Übertragung → Rn. 78. – ***(6)* Substanzabspaltung.** Zum Übergang der stillen Reserven und zur Verteilung der AK s BFH VIII R 49/04, BStBl II 06, 746; → § 6 Rn. 37; unten → Rn. 198. – ***(7)* Missbrauch.** S BFH IV R 46/76, BStBl II 77, 754 (Verwässerungsfall); – ***(8)* Unentgeltl, teilentgeltl Kapitalerhöhung.** S → Rn. 94, 102: Anwendung des § 17 I 4 auf die jungen Anteile.

51 **bb) Schuldrechtliche Ansprüche und Optionsrechte.** Ansprüche gegen Ges'ter auf Übertragung von Anteilen sind „Anwartschaften auf solche Beteiligungen". Ihre Veräußerung ist stpfl, wenn der Veräußerer schon relevant beteiligt ist (BFH VIII R 14/06, BStBl II 08, 475 zum Kauf-(Call-)Optionsrecht); auch BFH IX R 35/12, BStBl II 13, 578). Erforderl ist, dass der Berechtigte sich den Vermögenszuwachs der Anteile verschaffen und auf sie einwirken kann, weil die Übertragung weitgehend gesichert und der Tatbestand „teilverwirklicht" ist; daher reicht ein bindendes Kauf- oder Verkaufsangebot nicht aus (BFH IX R 5/22 DStR 23, 507). – Anwartschaften sind auch Wandlungs- oder Optionsrechte aus Schuldverschreibungen (§ 221 I 1 AktG; § 272 II Nr 2 HGB; dazu → § 5 Rn. 550); ihre Ver-

äußerung (vor Ausübung) fällt unter § 17, sofern schon eine relevante Beteiligung vorliegt (BFH IV R 209/74, BStBl II 76, 288). – Keine Anwartschaft ist ein unter Vorbehalt stehendes Optionsrecht (FG Mchn EFG 14, 344, rkr). – Zur Auswirkung auf die Beteiligungshöhe daneben vorhandener Anteile (→ Rn. 78).

53 **f) Selbständigkeit der Anteile.** Hat der StPfl mehrere Anteile, ähnl Beteiligung oder Anwartschaften erworben, behalten diese für die Tatbestandsverwirklichung gem § 17 I grds ihre Selbständigkeit (BFH VIII R 52/02, BStBl II 04, 556; zu Aktiennummern im Sammeldepot; BFH IX R 45/12, BStBl II 14, 578). Der StPfl kann wählen, welche Anteile er veräußern möchte (BFH IX R 12/22, BStBl II 23, 964; EStH 17 V „Wahlrecht"). Zu den AK → Rn. 197. Für die Fünfjahresfrist und Beteiligungshöhe ist die gesamte Beteiligung zu betrachten, da § 17 I keine Nämlichkeit der erworbenen und veräußerten Anteile verlangt (→ Rn. 85).

54 **3. Zurechnung der Anteile; Zurechnungswechsel. – a) Grundsystem. aa) Vorrangige zivilrechtliche Zurechnung.** – Anteile an KapGes sind grds dem zivilrechtl Eigentümer (§ 39 I AO) *unmittelbar* zuzurechnen; eine anderweitige unmittelbare Zurechnung findet nur statt (§ 39 II Nr 1 S 1 AO), wenn ein anderer als der Eigentümer der wirtschaftl Eigentümer der Anteile ist (→ Rn. 56). Bei Veräußerungen iRd § 17 und unentgeltl Anteilsübertragungen ist die Zurechnung relevant, um den zutr Veräußerer/Übertragenden zu bestimmen sowie um zu beurteilen, ob der Tatbestand überhaupt oder schon verwirklicht worden ist, insb ob *(1)* bei noch fehlendem Eigentumsübergang und *(2)* bei Eigentumsübertragungen unter Verfügungsbeschränkungen oder Beschneidung wesentl Anteilseignerrechte das wirtschaftl Eigentum beim Übertragenden verblieben ist (*Klein* § 39 AO, Rn. 14 mwN; → Rn. 57). § 39 II Nr. 1 S 2 (Treuhand und Sicherungsübereignung) und § 39 II Nr 2 (Bruchteilsbetrachtung) enthalten speziellere Zurechnungsregeln (→ Rn. 55, 58, 60). § 20 V betrifft nur die Zurechnung der ldf KapErträge aus den Anteilen (→ § 20 Rn. 230 ff).

55 **bb) Übergang zivilrechtlichen Eigentums. – *(a)* Geschenkte Anteile.** Diese sind nach der Schenkung grds dem Beschenkten (idR Angehöriger) als zivilrechtl Eigentümer zuzurechnen. Abw davon bleibt der Schenker uU wirtschaftl Eigentümer der Anteile bei frei widerrufl oder befristeten Schenkungen (BFH VIII R 196/84, BStBl II 89, 877 zu § 15; → § 5 Rn. 270; zum Nießbrauch → Rn. 60: zur grds unbeachtl Rückübertragungspflicht nach Scheidung BFH XI R 35/97, BStBl II 98, 542). – ***(b)* Durchgangserwerb.** Es wird auch hier grds rechtl und wirtschaftl Eigentum übertragen, wenn die notwendige Rechtsposition (→ Rn. 56) übergeht; auf die tatsächl Ausübung der Ges'terrechte während der Inhaberschaft kommt es nicht an (s BFH IX R 7/09, BStBl II 11, 540; zur Vorausabtretung BFH VIII R 33/94, BStBl II 95, 870; *vern* zur gebundenen Mitwirkung iRe Kapitalerhöhung BFH IX R 23/10, BStBl II 12, 3; zum „Gesamtvertragskonzept" s BFH IX R 57/10, BStBl II 12, 318; zu Cum/Ex BFH I R 22/20, BStBl II 22, 324). – ***(c)* Sicherungsübereignung.** Zurechnung grds beim Sicherungsgeber (§ 39 II Nr 1 S 2 AO), anders aber bei atypischer Ausgestaltung (BFH I R 3/21, DStRE 25, 610).

56 **cc) Übergang des wirtschaftlichen Eigentums.** Ein anderer als der rechtl Eigentümer ist wirtschaftl Eigentümer des Anteils (§ 39 II Nr 1 S 1 AO), wenn er auf der Grundlage einer **Gesamtbildbetrachtung** – *(1)* aufgrund eines Rechtsgeschäfts eine rechtl geschützte (unentziehbare), auf den Erwerb des Rechts gerichtete Position erwirbt, – *(2)* er nach den getroffenen Vereinbarungen alle mit der Beteiligung verbundenen wesentl Rechte (Vermögens- und Verwaltungsrechte, insb das Gewinnbezugs- und Stimmrecht) ausüben und im Konfliktfall effektiv durchsetzen kann und – *(3)* Risiken und Wertveränderungschancen auf ihn übergehen (zu GmbH-Anteilen BFH VIII R 32/04, BStBl II 07, 296; BFH IX R 73/06, BStBl II 09, 140; zu Aktien BFH I R 22/20, BStBl II 22, 324). Diese Voraussetzungen können auch vor dem zivilrechtl Eigentumsübergang eintreten (BFH IV R 226/85, BStBl II 88, 832) oder trotz zivilrechtl Eigentumsübergangs aufgrund der beschr Rechtsposition des

Erwerbers beim Übertragenden verbleiben. – Mit Übergang des wirtschaftl Eigentums ist der Anteil übertragen (→ Rn. 84).

Einzelfälle zu Anteilsveräußerungen. Zur **aufschiebenden Bedingung** s BFH IX R 74/06, BStBl II 09, 124; zur erforderl **Genehmigung** Dritter BFH IV R 3/07 BStBl II 10, 182. – Zu **Optionen** (einschließl Doppeloption) BFH VIII R 32/04, BStBl II 07, 296; BFH VIII R 68/05, BStBl II 2007, 937; BFH IX B 146/13, BFH/NV 14, 1204. – Zur **zivilrechtl unwirksamen, geheilten und vollzogenen Übertragung** BFH IX R 18/21, BStBl II 23, 315; BFH VIII R 26/01 BStBl 04, 651; anders ggf bei Angehörigen → § 2 Rn. 56; BFH IX R 19/09 BStBl II 10, 823); **zum unwirksam bleibenden Vertrag** BFH VIII R 28/02 BStBl II 05, 46); **zur formunwirksamen Einlage** BFH IX R 69/10, BFH/NV 12, 1099. S auch → Rn. 84 und *Klein* § 39 AO Rn. 46–53.

dd) Auflagen; Verfügungsbeschränkungen. Die Pflicht zur Weiterveräußerung, eine bedingte Rückübertragungspflicht gegen Abfindung oder ein Rücktrittsrecht hindern den Erwerb wirtschaftl Eigentums nicht (BFH VIII R 34/01, BStBl II 05, 857). – Vinkulierungen, schuldrechtl Haltefristen *[„Vesting"];* Mitveräußerungspflichten des Erwerbers, Stimmrechtsbeschränkungen; Vor- und Nachrangregelungen zur Gewinn-, Liquidations-; Veräußerungserlösverteilung, sog. Liquidationspräferenzen (iZm Mitarbeiterbeteiligungen s *Mertes ua* DStR 23, 953 ff; *dies* DStR 23, 1450 (1451)) hindern das rechtliche und wirtschaftl Eigentum des Erwerbers idR nicht (BFH VIII R 21/17, BStBl II 21, 609). Beim vollständigen Ausschluss von Stimmrecht, Gewinn- und Liquidationserlösverteilung kann es aber an einem Anteil iSd § 17 fehlen (BFH I R 12/18, BStBl II 21, 875). 57

b) Treuhand. Die Anteile sind dem **Treugeber** zuzurechnen (§ 39 II Nr 1 S 2 AO), sofern die Treuhand nachgewiesen (§ 159 AO) und durchgeführt ist (BFH IX R 13/15, BFH/NV16, 1556, auch zum Nachweis; BFH VIII R 56/93, BStBl II 98, 152; BFH VIII R 14/05, BFH/NV 08, 745; BFH IX R 37/11, BStBl II 12, 487; auch → § 5 Rn. 154). Zum notariellen Beurkundungszwang der Vereinbarung für entstandene Anteile gem § 15 IV GmbHG s BFH IX R 19/09, BStBl II 10, 823; auch eine formunwirksame Abrede kann aber estl zu beachten sein (BFH VIII R 14/05, BFH/NV 08, 745; BGH 1 StR 140/12, DStRE 13, 38; zur bekannten Formunwirksamkeit unter fremden Dritten FG Kln EFG 25, 1049, rkr: Scheingeschäft) und zum zivilrechtl wirksamen Treuhandvertrag für noch nicht existente Anteile FG Köln DStRE 08, 872, rkr;). Zum Entgelt für die Aufgabe einer str Treugeberstellung s NdsFG EFG 21, 1443, rkr; – § 159 AO enthält eine „Beweisregel" (BFH IX R 14/08, BStBl II 10, 460); die Feststellungslast trägt derjenige, der sich auf Treuhand beruft. – Eine Quotentreuhand ist mögl (BFH IX R 14/08, BStBl II 10, 460). S auch *Klein* § 39 AO Rn. 62 ff. 58

c) Unterbeteiligung; Pfandrecht. – *(1)* **Unterbeteiligung.** Ein an einem KapGesAnteil (atypisch) **Unterbeteiligter** ist wirtschaftl Eigentümer an einem Bruchteil der Anteile bei Teilhabe an Gewinn *und* Substanz und Wahrnehmung der Verwaltungsrechte; ein Kündigungsrecht ist unschädl (BFH I R 36/19, BFH/NV 23, 557; BFH IX R 6/11, BFH/NV 13, 9; BFH IX R 7/09, BStBl II 11, 540). Bei Verträgen zw nahen Angehörigen können **Formmängel** und die **fehlende Durchführung** der Vereinbarung (verstärkte Indizwirkung) der Anerkennung der Unterbeteiligung entgegenstehen (BFH IX R 19/09, BStBl II 10, 823), unter Fremden nicht (BFH IX R 69/10, BFH/NV 12, 1099 zu § 15 III, IV GmbHG). Die entgeltl Einräumung der atypischen Unterbeteiligung mit Übergang des wirtschaftl Eigentums ist daher eine Veräußerung; bei unentgeltl Begründung greifen § 17 I 4, II 5 (iEinz *Blaurock* Stille Gesellschaft-Hdb § 31 Rn. 31.53 ff, 31.67 ff). – *(2)* **Pfandgläubiger.** Ist die Position des Pfandgläubigers atypisch ausgestaltet, kann er dem Anteilseigner gleichzustellen sein (BGH II ZR 251/91, DStR 92, 1480): dann Zurechnung gem § 39 I AO; idR vermitteln Pfandrechte aber kein wirtschaftl Eigentum am Anteil. 59

60 **d) Nießbrauch am Anteil.** – ***(1)* Zurechnung nach Bestellung.** Der neue zivilrechtl Inhaber des Anteils ist trotz des Nießbrauchs idR auch wirtschaftl Eigentümer, insb, wenn dem Nießbraucher nur das Gewinnbezugsrecht eingeräumt wird (BFH IX R 5/24, DStR 24, 2682; BFH IX R 14/24, DStR 25, 1084; BFH VIII R 207/85, BStBl II 92, 605; *Trossen* DStR 25, 1087). Das wirtschaftl Eigentum liegt nach BFH IX R 14/24, DStR 25, 1084 und *BMF* BStBl I 25, 1330, Rn. 117a aber beim Nießbraucher, wenn ihm neben dem Gewinnbezugsrecht die wesentl Ges'terRechte zur Einflussnahme auf die Geschicke der Ges (insb iRe Stimmrechtsvollmacht) zustehen, er Wertrisiken trägt und ihm Wertsteigerungen zugute kommen. Zur Zurechnung der Ausschüttungen → § 20 Rn. 238). – ***(2)* Ablösung.** Wird der Nießbrauch entgeltl abgelöst und waren die Anteile dem Nießbraucher als wirtschaftl Eigentümer zuzurechnen, veräußert der Nießbraucher iSv § 17 I. Waren die Anteile seit der Bestellung dem Inhaber zuzurechnen, kann statt der unentgelt Bestellung rückwirkend eine Anteilsveräußerung des jetzigen Nießbrauchers vorliegen (BFH VIII R 14/04, BStBl II 06, 15). Ist die Ablösung nicht bei der Bestellung angelegt gewesen, ist dies aber nicht der Fall und die Zahlung auch nicht iRd § 24 stbar (BFH IX R 5/24, DStR 24, 2682, BFH IX R 14/24, DStR 25, 1084; **aA** → § 24 Rn. 29).

62 **4. Zusammenrechnung unmittelbarer und mittelbarer Beteiligungen.** – **a) Unmittelbare Beteiligung.** Unmittelbar ist der Veräußerer beteiligt, wenn ihm Anteile an der KapGes gem § 39 I, II Nr 1, II Nr 2 AO zuzurechnen sind (→ Rn. 54–60). Zur Beteiligung über eine vermögensverwaltende PersGes → Rn. 41. Steht ein Anteil an einer KapGes zivilrechtl mehreren Personen nach Bruchteilen (§§ 741 ff BGB; vgl auch § 69 AktG, § 18 GmbHG) oder als Miterben (Gesamthänder) zu, ist jedem Berechtigten gem § 39 II Nr 2 AO ein Teil des Anteils zuzurechnen und als unmittelbar gehaltener Anteil zu behandeln. – Zur Zurechnung sammelverwahrter Aktien BFH I R 22/20, BStBl II 22, 324.

63 **b) Zusammenrechnung.** Eine unmittelbare und mittelbare Beteiligung sind für die Prüfung der Beteiligungshöhe zusammenzurechnen (*BeckOK EStG* § 17 Rn. 279, 284 mwN); ausschließl mittelbare Beteiligungen können nicht iSv § 17 I veräußert werden.

Beispiel: A ist zu 0,5% an der Y-GmbH und 2,5% an der X-GmbH beteiligt; diese ist zu 50% an der Y-GmbH beteiligt. A ist an der Y-GmbH *unmittelbar* zu 0,5% und *mittelbar* zu 1,25%, insgesamt also zu 1,75% beteiligt. Veräußert A seine unmittelbare 0,5%ige Beteiligung an der Y-GmbH, ist dies nach § 17 I stbar. Gleiches gilt bei Veräußerung der 2,5%igen Beteiligung an der X-GmbH, da insoweit eine unmittelbare relevante Beteiligung vorliegt.

64 **c) Definition. Mittelbar** ist der Veräußerer beteiligt, soweit eine andere *KapGes* an der er seinerseits unmittelbar (oder wiederum nur mittelbar) beteiligt ist, Anteilseigner derjenigen KapGes ist, an der die Anteile veräußert werden. Der einstufigen mittelbaren Beteiligung steht eine mehrstufige grds gleich.

Beispiel: A ist zu 5% an der X-GmbH beteiligt; dieser gehört eine 30%ige Beteiligung an der Y-GmbH. A ist „durchgerechnet" mittelbar zu 1,5% an der Y-GmbH beteiligt.

65 Eine Beteiligung an einer KapGes, die iRe *BV* gehalten wird, ist keine anteilige unmittelbare (→ Rn. 62), sondern eine mittelbare Beteiligung (BFH I B 39/81, BStBl II 82, 392; EStH 17 II).

Beispiel: A ist zu 0,5% an der Y-GmbH und zu 2% an der X-KG beteiligt; zum GesVermögen der KG gehört eine 50%ige Beteiligung an der Y-GmbH. A ist insgesamt zu mehr als 1% an der Y-GmbH beteiligt.

66 **d) Anforderungen an die vermittelnde Beteiligung.** Nach hM ist bei der Zusammenrechnung eine mittelbare Beteiligung unabhängig davon einzubeziehen, ob der Anteilseigner diejenige KapGes wirtschaftl beherrscht, die die Beteiligung vermittelt. Maßgebl ist allein, dass die Zusammenrechnung rein rechnerisch eine kapital-

mäßige Beteiligung von mindestens 1% ergibt (BFH IV R 128/77, BStBl II 80, 646; *BeckOK EStG* § 17 Rn. 284.1); auch Zwerganteile sind zu berücksichtigen (BFH VIII R 22/02, BFH/NV 04, 620).

5. Beteiligungshöhe, § 17 I 1, § 17 VI. – a) Relevante Beteiligung innerhalb der letzten fünf Jahre. – aa) Beteiligung von mindestens 1%. Eine **Veräußerung gem § 17 I 1, IV, V ist stbar,** wenn – ***(1)*** der Veräußerer im Zeitpunkt des Übergangs des wirtschaftl Eigentums zu 1% am Grund- oder Stammkapital oder als Genosse (§ 17 VII) beteiligt ist (iEinz → Rn. 74 ff) oder er – ***(2)*** zwar in diesem Zeitpunkt nicht zu 1% beteiligt ist, es aber innerhalb der Fünfjahresfrist zu irgendeinem Zeitpunkt gewesen ist (zur VZ-bezogenen Betrachtung → Rn. 71; zur Fristberechnung → Rn. 82 ff; zur Beteiligungsdauer → Rn. 85). – Fehlt es hieran, ist ***(3)*** zu prüfen, ob § 17 I 1 gem § 17 I 4 (unentgeltl Erwerb vom Rechtsvorgänger) entspr anzuwenden ist (→ Rn. 94), ob einbringungsverbundene oder -geborene Anteile iSd § 17 VI vorliegen (→ Rn. 245 ff) oder ob die Fußstapfentheorie gem § 13 II UmwStG nach einer Umwandlung unter KapGes greift (→ Rn. 18). – Ist ***(4)*** die Beteiligungsgrenze gem § 17 I 1 nach den vorstehenden Kriterien nicht erfüllt und wurde die Beteiligung nach dem 31.12.08 erworben, ist die Veräußerung gem § 20 II Nr 1 stbar (→ § 20 Rn. 156). 68

bb) Absenkung früherer Beteiligungsgrenzen. Für die **Absenkung der früheren Wesentlichkeitsgrenze von 25% auf 10%** durch das StEntlG 1999/2000/2002 (BGBl I 1999, 402) ist das Vorliegen einer wesentl Beteiligung innerhalb des Fünfjahreszeitraums vor der Veräußerung (→ Rn. 82) für den betrachteten VZ nach der in diesem VZ jeweils geltenden Beteiligungsgrenze zu bestimmen (**sog VZ-bezogene Betrachtung,** s BFH IX R 7/12, BStBl II 13, 372; BFH IX R 34/11, BFH/NV 13, 539; BFH IX R 47/12, BFH/NV 13, 1915: erforderl „stbarer Leistungsfähigkeitszuwachs"). Ein Wertzuwachs, der während der Zeit der nicht wesentl Beteiligung nicht „latent steuerverstrickt" war, wird nach einer Einlage ins BV iRd späteren Veräußerung aber mitbesteuert (BFH IV R 19/18, BStBl II 23,136). IEinz → 43. Aufl. 2024, § 17 Rn. 70; → 44. Aufl. 2025, § 17 Rn. 70. 70

Für die **Absenkung der Wesentlichkeitsgrenze von 10% auf die Relevanzgrenze iHv 1%** im StSenkG (BGBl I 00, 1433; → Rn.4) ist mE die **VZ-bezogene Betrachtung** (→ Rn. 70) für die Prüfung der relevanten Beteiligung innerhalb des Fünfjahreszeitraums vor der Veräußerung (→ Rn.82) ebenso heranzuziehen (BFH VIII R 25/02, BStBl II 05, 436 ist überholt). Dies ist zwar noch str (offen gelassen in BFH IX R 19/20, BStBl II 23, 18; glA FG Hmb EFG 17, 493, rkr; *BeckOK* § 17 Rn. 288 f; **aA** *BMF* BStBl I 13, 721), dürfte jedoch heute kaum noch praxisrelevant sein. Veräußerungen nach dem 31.12.01 sind gem § 17 I 1 stbar, wenn der Veräußerer bei der Veräußerung oder zu irgendeinem Zeitpunkt innerhalb des Fünfjahreszeitraums davor zu mindestens 1% beteiligt ist (→ Rn. 68). Zu § 17 I 4 ist ebenso die VZ-bezogene Betrachtung maßgebl (BFH IX R 9/23, BStBl II 24, 737). Anders ist dies wegen des abw Wortlauts in § 17 II 6 Buchst b (BFH IX R 22/08, BStBl II 09, 527). – Die VZ-bezogene Betrachtung betrifft allein die Beteiligungsvoraussetzung in Abs 1 S 1. Hiervon ist **der verfrechtl Vertrauensschutz** nach BVerfG 2 BvR 748/05 ua, BStBl II 11, 86 (→ Rn. 4) für Teile eines stbar realisierten Wertzuwachses (Gewinns) zu unterscheiden und für langjährig gehaltene Anteile auch noch praxisrelevant (→ Rn. 72). 71

b) Verfassungsrechtlicher Vertrauensschutz für Gewinnbestandteile. – ***(1)*** **Absenkung Beteiligungsgrenze von 25% auf 10%.** Konnten bis zum 31.3.99 entstandene Wertzuwächse oberhalb der historischen AK wegen Unterschreitens der damaligen Beteiligungsgrenze (mehr als 25%) stfrei realisiert werden, werden diese Wertsteigerungen bei einer späteren Veräußerung verschont, wenn die Beteiligung auch im Veräußerungszeitpunkt (→ Rn. 83) noch unter der damaligen Beteiligungsgrenze liegt (Technik: Ansatz des gemeinen Werts statt der historischen AK iRd § 17 II, *BMF* BStBl I 11, 16 und *BMF* BStBl I 12, 42). *Rechnerische Wertminderungen (sog Verlustfall),* die entstehen, wenn der gemeine Wert der Anteile am 31.3.1999 mit dem niedrigeren Veräußerungspreis verglichen wird, sind unbeachtl. Im Verlustfall sind vom Veräußerungspreis die historischen AK abzuziehen und vom Gewinn die verschonten Wertzuwächse bis auf Null abzuziehen (BFH IX R 19/20, 72

BStBl II 23, 18 [Verfassungsbeschwerde erfolglos 2 BvR 1427/22]; → Rn. 144). – *(2)* **Absenkung Beteiligungsgrenze von 10% auf 1%.** Mit dem Tag der Verkündung des StSenkG (dem 26.10.00) wurde das verfrechtl geschützte Vertrauen in die stfreie Realisation von Wertzuwächsen für Beteiligungen von mindestens 1% und weniger als 10% zerstört. Wertzuwächse und -minderungen **bis zum 26.10.00** sind mE iRe Veräußerung nach dem 31.12.01 wie bei *(1)* zu verschonen, wenn am 26.10.00 und im Veräußerungszeitpunkt keine Beteiligung iHv mindestens 10%, vorlag, bei der Veräußerung aber eine relevante Beteiligung gem § 17 I 1, 4 (→ Rn. 71) besteht (BFH IX R 36/11, BStBl II 13, 164 [Verfassungsbeschwerde erfolglos – BVerfG 2 BvR 364/13, NJW 23,1715]; **glA** *BMF* BStBl I 11, 16; **aA** FG Mchn BeckRS 2025, 27679; Rev IX R 14/25: keine Verschonung). Es ist str, ob auch Wertzuwächse bis zum Inkrafttreten des StSenkG (31.12.01) zu verschonen sind (mE zutr *vern* NdsFG EFG 25, 697, rkr; NdsFG, BeckRS 2025, 25324, Rev IX R 20/25). – *(3)* **Ausnahme.** Ein durch den Stpfl veranlasstes Hineinwachsen in die ursprüngl Beteiligungsgrenze nach dem 31.3.1999 (mehr als 25%) oder nach dem 26.10.00 (10%) ist verschonungsschädl (BFH IX R 19/20, BStBl II 23, 18).

Einzelfragen: Die Beweislast für einen stbaren Wertzuwachs erst nach dem 31.3.99/26.10.00 trägt das FA (BFH IX R 47/10, DStR 11, 620; zur Ermittlung des gemeinen Werts am Stichtag NdsFG StB 25, 344, Rev IX R 20/25). Kein Vertrauensschutz bei gescheiterter rechtzeitiger Veräußerung (BFH IX R 73/06, BStBl II 09, 140). Auch → 37. Aufl 2018, § 17 Rn. 34 und → Rn. 4.

74 **c) Maßgeblichkeit des nominellen Anteils am Grund- oder Stammkapital. – aa) Grund- oder Stammkapital.** – *(1)* **Inlandsgesellschaft.** Maßgeblich ist bei **inl KapGes** der nominelle Anteil am Grund- oder Stammkapital (§ 6, § 7 AktG; § 5 GmbHG; BFH VIII R 36/96, BFH/NV 98, 691; BFH VIII R 29/94, BStBl II 98, 257; BFH VIII R 73/03, BStBl II 05, 861). Unerhebl ist, welcher Teil davon eingezahlt ist (FG Mster EFG 17, 129, rkr; anders mE, wenn sich nach dem GesVertrag einer GmbH die Ges'terrechte nach dem Verhältnis der *eingezahlten* Beträge bestimmen) und wie hoch das Eigenkapital der KapGes ist. – Die Beteiligungshöhe an einer OptionsGes iSd § 1a KStG ist grds nach den Kapitalkonten I der zivilrechtl fortbestehenden PersGes zu bestimmen (s iEinz *BMF* BStBl I 21, 2212 Rn. 61, 62; *Wacker/Krüger ua* DStR-Beih 21, 3 (19, 27) auch zu den AK und zu § 17). – *(2)* **Auslandsgesellschaft.** Ist diese einer inl KapGes vergleichbar (→ Rn. 48 f), ist nach einer dem Grund-/Stammkapital einer vergleichbaren Bezugsgröße des ausl Rechts die Beteiligungshöhe zu ermitteln (BFH IX R 23/21, BStBl II 23, 557: tatsächl übernommenes Kapital im Verh zum Gesamtkapital). – *(3)* **Bezugsrechte; Anwartschaften.** Sind neben einem Anteil auch die in → Rn. 50, 51 genannten Anwartschaften, Rechte vorhanden, beeinflussen sie die Höhe der Beteiligung für den Anteil nicht; ihre Veräußerung/Einlage ist daher nur stbar, wenn daneben ein relevanter Anteil vorhanden ist (BFH VIII R 14/06, BStBl II 08, 475; BFH VIII R 49/04, BStBl II 06, 746; BFH IX R 35/12, BStBl II 13, 578). Die Verstrickung der Anwartschaft schließt eine isolierte Veräußerung/Einlage (§ 17 I 1, 2) des *Anteils* nicht aus (BFH IX R 5/22, DStR 23, 507).

75 **bb) Gewinnbeteiligung; Stimmrechte unerheblich.** Die Höhe der Stimmrechte, Vetorechte oder Stimmbindungsvereinbarungen sind ohne Bedeutung (*BH/Vogt* § 17 Rn. 234; *BeckOK EStG* § 17 Rn. 239 f). – Keine relevante Beteiligung liegt danach vor, wenn der GmbH-Ges'ter zwar am Stammkapital nominell zu nicht mehr als 1% beteiligt ist (§ 5, § 14 GmbHG), ihm aber abw von § 29 II GmbHG und § 72 GmbHG durch die Satzung ein Recht auf mehr als 1% des Reingewinns *und* des Liquidationserlöses eingeräumt ist (BFH VIII R 29/94, BStBl II 98, 257; vgl EStH 17 II „Missbrauch"); dies gilt auch, wenn abw von § 47 II GmbHG diesem Ges'ter auch noch mehr als 1% der Stimmrechte zustehen (BFH VIII R 29/94, BStBl II 98, 257; BFH VIII R 36/96, BFH/NV 98, 691: nomineller Anteil maßgebl). Gleiches gilt für

Aktien mit Mehrstimmrechten gem § 12 S 2 AktG. Besondere zusätzl Einflussmöglichkeiten allein genügen ebenfalls nicht (BFH VIII R 49/96, BFH/NV 98, 694).

cc) Eigene Anteile; Einziehung. Besitzt die KapGes eigene Anteile (→ Rn. 32), ist deren Nennwert vom Grund-/Stammkapital abzuziehen und die Beteiligungshöhe aus dem Restbetrag zu ermitteln (BFH IX R 19/20, BStBl II 23, 18). 76

Beispiel: A, B und C sind mit je 2500 € am Stammkapital der X-GmbH von 250 000 € beteiligt. Geschäftsanteile von 25 000 € besitzt die GmbH als eigene Anteile. Am rechnerisch bereinigten Stammkapital iHv 225 000 € sind A, B und C jeweils zu je mehr als 1 % beteiligt.

Zieht eine GmbH Geschäftsanteile ein (§ 34 GmbHG), die untergehen, bleibt das Stammkapital unverändert; die Einziehung führt aber dazu, dass die Summe der Geschäftsanteile nicht mehr dem Stammkapital entspricht (→ Rn. 31 mwN). Die Einziehung verändert das Beteiligungsverhältnis der verbleibenden Geschäftsanteile; der Nennwert des eingezogenen Geschäftsanteils muss vom Stammkapital abgezogen werden (BFH VIII R 329/84, BFH/NV 90, 27; FG Mchn EFG 04, 801, rkr); dadurch kann eine relevante Beteiligung entstehen. 77

dd) Beteiligungsähnliche Genussrechte; Genussscheine. – ***(1)* Relevanzgrenze.** Ist der Ges'ter zugleich Inhaber eines **beteiligungsähnl Genussrechts** (→ Rn. 46), ist das Genussrechtskapital der Beteiligung am Grund- und Stammkapital hinzuzurechnen. Ein Anteil iHv < 1 % am Stammkapital kann dadurch eine relevante Beteiligung sein (BFH VIII R 73/03, BStBl II 05, 831). – ***(2)* Genussrechtsveräußerung.** Die isolierte Veräußerung eines beteiligungsähnl Nur-Genussrechts ist nur gem § 20 II 1 Nr 1 S 2 stbar. Ist der Inhaber auch relevant beteiligter Ges'ter, ist bei einer Doppelveräußerung von Anteil und Genussrecht und bei einer isolierten Veräußerung des Genussrechts der Gewinn nach hM gem § 17 stbar (→ Rn. 74 *(3)*); *Henkel* FR 23, 1140 (1144); *Rapp/Reischmann* DStR 23, 241 (248), *Häuselmann,* Hybride Finanzinstrumente, S 161, Rn. 182, str). 78

6. Fünfjahresfrist, § 17 I 1. – a) Fristberechnung. Ob der Veräußerer innerhalb der letzten fünf Jahre vor der Veräußerung relevant beteiligt (→ Rn. 71) war, ist auf der Grundlage einer vom Veräußerungszeitpunkt (→ Rn. 83) rückwärtslaufenden Frist **taggenau** zu berechnen (§ 187 I, § 188 II BGB, vgl BFH III R 37/20, BStBl II 24, 16). 82

Beispiele: Bei Veräußerung am 15.8.25 ist maßgebl, ob ab dem 15.8.20 zu irgendeinem Zeitpunkt eine relevante Beteiligung bestanden hat. Wurde eine relevante Beteiligung am 15.8.20 begründet, läuft die Frist vom 16.8.20 bis zum Ablauf des 15.8.25, dh ab dem 16.8.25 ist die Veräußerung nicht stbar.

b) Veräußerungszeitpunkt. Bei der **Anteilsveräußerung** ist maßgebl Zeitpunkt der Übergang des rechtl und oder nur des wirtschaftl Eigentums (BFH IX R 30/13, BFH/NV 15, 489; zu den einzelnen Fallgestaltungen (→ Rn. 54, 56). Die Veräußerung „mit Ablauf des 31.12.2025" gehört bei Übergang des wirtschaftl Eigentums zum VZ 2025 (FG Nbg EFG 18, 1035, rkr). – Bei **Umwandlungen** kommt es auf den steuerl Übertragungs- oder Einbringungsstichtag an (→ Rn. 20 ff). – Beim **Entzug von Anteilen** durch einen Rechtsvorgang (→ Rn. 31 ff) kommt es auf die zivilrechtl Wirksamkeit des zugrundeliegenden Vorgangs an. – Zur **Bezugsrechtsübertragung** → Rn. 50. 83

Der **Zeitpunkt der Übertragung** des wirtschaftl Eigentums ist auch bei einer späteren schuldrechtl Rückabtretung mit vertragl Rückwirkung maßgebl (BFH VIII R 119/81, BStBl II 85, 55). Der Abschluss der Vereinbarung zur Anteilsübertragung ist bindend und der Tatbestand mit Übergang des wirtschaftl Eigentums verwirklicht (zur Unbeachtlichkeit nachträgl Genehmigungen BFH IV R 150/76, BStBl II 81, 435; zur Unbeachtlichkeit aufschiebender Bedingungen BFH IX R 23/13 BStBl II 15, 487). 84

85 **c) Beteiligungsdauer.** Wie lange der Veräußerer innerhalb des Fünfjahreszeitraums relevant beteiligt ist, ist unerhebl; es genügt irgendein **Zeitpunkt** innerhalb der letzten fünf Jahre (BFH IX B 10/16, BFH/NV 16, 1448; einschr BFH IX R 7/09, BStBl II 11, 540). Der Ges'ter muss also nicht im Veräußerungszeitpunkt relevant beteiligt sein, wenn er es zuvor war (BFH VIII R 23/93, BStBl II 99, 342). Ohne Bedeutung für § 17 I 1 (zu § 17 II 6 → Rn. 156 f) ist, ob der Veräußerer eine relevante Beteiligung als Einheit oder **nacheinander mehrere Anteile erworben** hat, die zusammengerechnet eine relevante Beteiligung ergeben (**gestaffelter Erwerb;** zB BFH VIII R 56/88, BFH/NV 93, 25). Unerhebl ist trotz der iÜ selbständig zu betrachtenden Anteile (→ Rn. 53) auch, welche dieser Anteile veräußert werden, da die erforderl Beteiligung innerhalb des Fünfjahreszeitraums nicht anteilsbezogen zu bestimmen ist (keine Nämlichkeitsprüfung wie bei § 23; → § 23 Rn. 4, 13, 21). Stbar ist nach BFH VIII R 58/97, BStBl II 99, 650 der Gewinn auch, wenn innerhalb des Fünfjahreszeitraums eine wesentl Beteiligung bestand, übertragen wurde, der StPfl sich anschließend wiederbeteiligt und diese Beteiligung veräußert (sog **zwischenzeitl Nichtbeteiligung**). § 17 erfasst **auch Anteile,** die nach Absinken einer früheren Beteiligung unter die Relevanzgrenze noch innerhalb der Fünfjahresfrist iRe Kapitalerhöhung erworben und veräußert werden (BFH VIII R 40/89, BStBl II 94, 222). – Zur (str) **Höhe der AK,** wenn durch entgeltl oder unentgelt Hinzuerwerb weiterer Anteile eine relevante Beteiligung entsteht → Rn. 164.

86 Durch Nichtteilnahme an einer Kapitalerhöhung kann aufgrund der „Verwässerung" aus einer relevanten eine nicht relevante Beteiligung werden (zur Nichtausübung des Bezugsrechts → Rn. 50), wenn innerhalb des Fünfjahreszeitraums nicht veräußert wird (dann uU gem § 20 II Nr 1 S 1 stbar (→ Rn. 68; → § 20 Rn. 156).

88 **7. Disquotale Aufteilung eines Gesamtkaufpreises.** Den Veräußerungspreis erzielt der rechtl oder wirtschaftl Eigentümer des Anteils, der im Zeitpunkt der Veräußerung relevant am Kapital beteiligt ist (→ Rn. 74, 75). Wird abw von der Beteiligungshöhe ein Gesamtkaufpreis bei gleichzeitiger Veräußerung mehrerer Angehöriger intern oder im Kaufvertrag disquotal verteilt, anerkennt die Rspr dies gem § 42 AO nicht, wenn für die Aufteilung keine wirtschaftl Gründe bestehen (FG Mchn BeckRS 2013, 95969, rkr; FG Ddorf BeckRS 2002, 26023886, rkr). Anzuerkennen ist aber die im Vorhinein unter fremden Dritten als Ges'tern vereinbarte wirtschaftl veranlasste disquotale Aufteilung (zB Liquidationspräferenz) eines Gesamtkaufpreises oder entspr Regelung im Anteilskaufvertrag (BFH VIII B 185/02, BFH/NV 05, 1258). Hier erzielt der jeweilige Veräußerer nur den ihm zugewiesenen Veräußerungspreis.

89 **8. Verdeckte Einlage von Anteilen, § 17 I 2. – a) Definition.** Es handelt sich um einen **Ersatzrealisationstatbestand** (ähnl § 23 I 5 Nr 2, § 20 II 2). Werden Anteile (auch Anwartschaften, ähnl Beteiligungen) veranlasst durch das Gesellschaftsverhältnis auf die näml KapGes oder auf eine andere KapGes übertragen, an der der StPfl oder eine ihm nahestehende Person beteiligt ist, und erhält der StPfl weder wertadäquat (teil- oder unentgeltl) neue GesAnteile wie iRd Anteilstauschs (→ Rn. 22) noch eine andere wertadäquate Bar- oder Sachvergütung, ist dies eine verdeckte Einlage der Anteile iSd Abs 1 S 2 (BFH IX R 7/16, BFH/NV 17, 724: nahestehende Person; BFH IX R 5/22, DStR 23, 507 zu Anteilen; BFH I R 47/19, BStBl II 23, 672: Bezugsrecht). – § 17 I 2 gilt auch iRd beschr StPflicht (→ Rn. 5). – S ferner bei § 6 VI 2 → § 6 Rn. 861 ff. – Zur Einlage von Anteilen in ein BV/eine PersGes → Rn. 38 ff.

90 **aa) Gegenleistung; Veranlassungszusammenhang.** Zu unterscheiden sind die **reine verdeckte Einlage** ohne Gegenleistung der KapGes und die **teilentgeltl verdeckte Einlage,** wenn die Bar- oder Sachvergütung der KapGes hinter dem gemeinen Wert der Anteile gem § 9, § 11 BewG zurückbleibt. Es ist für den *Fremdvergleich* auf den Zeitpunkt des der Einlage zugrunde liegenden *Verpflichtungsgeschäfts* ab-

zustellen. Für die Höhe der *Gegenleistung* und die *Ermittlung des Einlagegewinns* ist der Übergang des wirtschaftl Eigentums an den Anteilen maßgebl, dem der Bewertungszeitpunkt bei der KapGes korrespondiert (BFH IX R 5/22, DStR 23, 507). –

bb) Einzelfragen. – ***(1)*** **Anteilsbewertung; Gegenleistung.** Zum Substanzwert iRd Bewertung NdsFG EFG 24, 1399, rkr. – Zur nicht verhältniswahrenden (disquotalen) Verschmelzung BFH IX R 24/09, BStBl II 11, 799 und → Rn. 21. – Keine verdeckte Einlage bei Kaufpreis im gewöhnl Geschäftsverkehr (BFH IX R 6/09, BFH/NV 10, 397). – ***(2)*** **Besondere Anteile.** Zur Bewertung von Anteilen mit Gewinnverteilungs-, Liquidations- und Erlöspräferenzen *Mertes ua* DStR 23, 1625; BFH X R 17/20, BStBl II 23, 484. – ***(3)*** **Teilentgeltliche Einlage.** → Rn. 28 (Trennungstheorie). Im Umfang des entgeltl Teils wird gem § 17 I 1 veräußert; im Umfang des unentgeltl Teils gem § 17 I 2 eingelegt (BFH IX R 5/22, DStR 23, 507); – ***(4)*** **Rückwirkung.** Eine verwirklichte Einlage wird nicht durch eine gem § 2 I UmwStG rückwirkende Umwandlung verdrängt (BFH IX R 5/22, DStR 23, 507). 91

b) Rechtsfolgen. – **aa) Ebene der Kapitalgesellschaft.** Bei der KapGes sind die Anteile stets mit dem TW zu bewerten (iEinz → § 6 Rn. 872, 877). Eingelegte eigene Anteile sind iRd § 6 VI 2 anders als im Erwerbsfall (→ Rn. 28) aber aktivierungsfähig (→ § 6 Rn. 862). Die Einlage erhöht das kstpfl Einkommen nicht (§ 8 III 3 KStG); der Zugang ist iRd Einlagekontos zu erfassen (§ 27 I KStG). Das Einkommen der KapGes ist aber gem § 8 III 4 KStG zu erhöhen, wenn die Besteuerung beim Ges'ter unterbleibt (→ § 6 Rn. 877; zu § 17 I 2 s FG MV EFG 23, 1461, Rev I R 40/23). 92

bb) Gesellschafter; Mitgesellschafter. Die verdeckte Einlage wird der **entgeltl Veräußerung** der eingelegten Anteile oder gesamten Beteiligung zum **gemeinen Wert** (§ 11 II BewG als Veräußerungspreis gleichgestellt (§ 17 I 2, II 2). Abzuziehen sind die ursprüngl und **nachträgl AK** aufgrund der Einlage (§ 17 IIa S 3 Nr 1) der eingelegten Beteiligung (BFH IX R 5/22, DStR 23, 507). Wird ein Teil der Anteile in die näml KapGes eingelegt (= eigene Anteile der aufnehmenden KapGes; → Rn. 32), gilt dies ebenfalls; bei Einlage der gesamten Beteiligung an der näml KapGes, scheidet der Ges'ter aus der KapGes aus. Es sind auch dann vom Veräußerungspreis die nach der Einlage erhöhten nachträgl AK AK abzuziehen (zutr → § 6 Rn. 862; *Bulk* ua, BB 25, 1943). –Eine stbare Bereicherung der **MitGes'ter** gem § 7 VIII S 1 ErbStG ist mögl (BFH II R 22/21, BStBl II 25, 356; BFH II R 19/24, DStR 26, 39), durch Gutschrift in einer personenbezogenen Rücklage aber vermeidbar (→ Rn. 198). 93

9. Erweiterte Steuerbarkeit nach unentgeltlichem Anteilserwerb, § 17 I 4. – 95
a) Tatbestand; Rechtsfolge. Durch eine schenkweise Übertragung von Teilen einer Beteiligung (Anteilen) an (voll- oder minderjährige) Angehörige könnte eine relevante Beteiligung in mehrere nicht relevante Anteile zerlegt werden und dann jeweils nicht stbar veräußert werden. § 17 I 4 wirkt dem entgegen, indem dem veräußernden Rechtsnachfolger die Besitzzeit und StVerhaftung der Anteile beim Rechtsvorgänger zugerechnet wird. Die „entspr Geltung von S 1" ist eine **Rechtsfolgenverweisung** (BFH VIII R 80/94, BStBl II 97, 727). Danach sind Veräußerungen gem § 17 I 4 stbar, wenn – ***(1)*** der Rechtsnachfolger **(Veräußerer)** zwar nicht selbst zu mindestens 1 beteiligt ist, aber den Anteil „innerhalb der letzten fünf Jahre vor der Veräußerung" **unentgeltl** erworben hat, und – ***(2)*** sein unmittelbarer **Rechtsvorgänger** oder bei mehrfacher unentgeltl Übertragung (zB Kettenschenkung) einer der Rechtsvorgänger „innerhalb der letzten fünf Jahre" auf Grundlage der VZ-bezogenen Betrachtung relevant (→ Rn. 63, 65) beteiligt war (→ Rn. 71; BFH IX R 8/10, BStBl II 13, 363; BFH IX R 9/23, BStBl II 24, 737). – Zur **Reichweite** der **Verhaftung gem § 17 I 4** → Rn. 102.

Zu **AK** iZm einem unentgeltl Anteilserwerb s § 17 II 5 (→ Rn. 141) und zu **Veräußerungsverlusten** s § 17 II 6, insb S 6 Buchst a (→ Rn. 147). 96

97 **b) Unentgeltlicher Erwerb des Rechtsnachfolgers.** S zum Begriff der unentgeltl Übertragung von Anteilen → Rn. 29 mwN sowie zur Übertragung obj wertloser Anteile gegen eine symbol Gegenleistung als vollentgeltl Veräußerung → Rn. 27. Unentgeltl ist ein Anteilserwerb unter Lebenden durch (reine) **Schenkung** (§§ 516 ff BGB), durch **Erwerb von Todes** wegen (§§ 1922, 1942 BGB) oder durch die Erfüllung von Erbfallschulden (§§ 1939, 2147 ff BGB). Unentgeltl ist auch der Erwerb der Anteile durch **vGA** einer anderen KapGes (BFH I R 47/19, BStBl II 23, 443).

98 **Einzelfälle:** – ***(1)* Kapitalerhöhung aus Gesellschaftsmitteln** nach unentgeltl Erwerb: Auch die jungen Aktien sind unentgeltl erworben (BFH IX R 26/08, BStBl II 09, 658). – ***(2)* Nießbrauch.** Ist nach der Übertragung statt des neuen Inhabers der Vorbehaltsnießbraucher wirtschaftl Eigentümer des Anteils (→ Rn. 60), fehlt es an einem unentgeltl Übergang des Anteils (BFH IX R 51/10, BStBl II 12, 308). – Bei Übergang des rechtl und wirtschaftl Eigentums auf den neuen Inhaber erwirbt aber dieser den Anteil unentgeltl (BFH IX R 49/13, BStBl II 15, 224; FG Ddorf EFG 25, 1593, rkr). – ***(3)* Nahestehende Personen.** Die Fremdüblichkeitsvermutung für eine entgeltl Übertragung unter fremden Dritten entfällt nicht allein wegen eines Freundschaftsverhältnisses (BFH IX R 1/16, BStBl II 18, 94; 2. Rechtsgang FG Hmb DStRE 19, 1); auch → Rn. 27. – ***(4)* Entnahme; vGA** → Rn. 177.

99 **c) Teilentgeltlicher Erwerb des Rechtsnachfolgers.** S zur Trennungstheorie bei der Abgrenzung der Geschäfte und der AK → Rn. 28. § 17 I 4 erfasst die unentgeltl übertragenen Anteile (BFH IV R 15/76, BStBl II 81, 11; BFH VIII R 37/03, BFH/NV 05, 2161). Teilentgeltl sind der Erwerb durch **gemischte Schenkung,** aber ebenso ein Erwerb in **vorweggenommener Erbfolge** gegen Gleichstellungsgeld, Abstandszahlung oder Schuldübernahme (→ Rn. 34 mwN). – Teilentgeltl ist auch ein Erwerb junger Anteile, soweit AltGes'ter ihr Bezugsrecht zugunsten von Angehörigen nicht ausüben oder diese weniger leisten als die jungen Anteile wert sind (→ Rn. 50; vgl BFH VIII R 63/87, BStBl II 91, 832; BFH III R 35/04, BFH/NV 06, 1262). Die jungen Anteile werden insoweit von § 17 I 4 erfasst (EStR 17 III; EStH 17 III „unentgeltl Anwartschaftserwerb"; vgl BFH VIII R 40/89, BStBl II 94, 222).

100 **d) Fristberechnung.** Für die Prüfung, ob „innerhalb der letzten fünf Jahre" eine relevante Beteiligung bestand, ist vom Zeitpunkt der Veräußerung (nicht der unentgelt Übertragung) an taggenau zurückzurechnen (→ Rn.82).

Beispiel: A war bis Ende 2011 relevant beteiligt. 2014 schenkt er die nicht mehr relevante Beteiligung seiner Tochter (T), die 2017 veräußert. Die Veräußerung ist nicht stbar. Wurde der zunächst relevante Anteil von A nach dem 31. 12. 08 entgeltl erworben, **greift bei T aber § 20 II Nr 1** iVm § 20 IV 6 (→ § 20 Rn. 156).

102 **e) Umfang der Steuerverhaftung.** Steuerverhaftet gem § 17 I 4 beim Rechtsnachfolger (Veräußerer) sind nur die jeweils unentgeltl erworbenen Anteile. Erwirbt der Rechtsnachfolger nach der unentgeltlichen Zuwendung zu einem späteren Zeitpunkt weitere Anteile unentgeltl oder entgeltl hinzu, sind die Anteile getrennt zu betrachten (zur Selbständigkeit → Rn. 53). Veräußerungen sind stbar, wenn der Veräußerer jetzt zu mindestens 1% beteiligt ist. Anders ist dies bei einer Beteiligung < 1%, die auf selbst erworbenen (zB 0,4%) und unentgelt erworbenen (zB 0,4%) Anteilen beruht (BFH VIII R 80/94, BStBl II 97, 727: § 17 I 4 greift nur für die unentgeltl erworbenen Anteile).

IV. Veräußerungsgewinn, § 17 II

106 **1. Begriff, § 17 II 1. – a) Überblick.** Gem **§ 17 II 1** ist stpfl **Gewinn** der Betrag, um den der Veräußerungspreis als Gegenleistung – oder nach verdeckter Einlage der gemeine Wert (§ 17 II 2, § 17 V; ebenso § 6 AStG, → Rn. 15) – die Veräußerungskos-

ten (→ Rn. 130) und die ursprüngl sowie nachträgl AK (→ Rn. 167) übersteigt. Er kann positiv (Veräußerungsgewinn ieS) oder negativ (Verlust, zur beschr Berücksichtigung gem § 17 II 6 → Rn. 147) sein.

Gem § 17 IV 1 sind stbare Ersatzrealisationstatbestände die **Auflösung** (Liquidation), die **Kapitalherabsetzung** mit Auskehrung des Vermögens und die **Rückzahlung von Beträgen des steuerl Einlagekontos.** S zur Gewinnermittlung § 17 IV 2, 3 (→ Rn. 211 ff). 107

b) Entstehungszeitpunkte. – ***(1)*** **Stichtagsbezug.** § 17 II 1 ist eine **Gewinnermittlungsvorschrift eigener Art** (BFH VIII R 140/79, BStBl II 83, 289 zur Veräußerung; BFH IX R 7/19, BFH/NV 20, 675 zu Auflösung). Der Veräußerungsgewinn (-verlust) ist **stichtagsbezogen** zu ermitteln (BFH VIII R 69/93, BStBl II 95, 725). – ***(2)*** **Zeitpunkte.** Der Gewinn (Verlust) entsteht grds – ausgenommen Veräußerung gegen bestimmte wiederkehrende Bezüge (Wahlrecht; → Rn. 130) – im Veräußerungszeitpunkt (→ Rn. 82; nicht mit Abschluss des Verpflichtungsgeschäfts), also idR (entspr dem Realisationsprinzip; → § 5 Rn. 78 ff, 601 ff), wenn das rechtl und oder das wirtschaftl Eigentum an den Anteilen auf den Erwerber übergeht (iEinz → Rn. 83 f). Für die Entstehung der **AK** und **Veräußerungskosten** (§ 17 II, IIa) ist grds nicht der Abfluss, sondern das Entstehen der Verpflichtung maßgebl (BFH VIII R 81/91, BStBl II 94, 162). 109

c) Fremdwährung. Bei in Fremdwährung angeschafften oder veräußerten zB ausl Beteiligungen sind Veräußerungspreis, AK und Veräußerungskosten jeweils zum Geld- bzw Briefkurs **zum Zeitpunkt ihrer Entstehung** in Euro **umzurechnen** (BFH IX R 73/04, BFH/NV 08, 1658; BFH IX R 30/13, BFH/NV 15, 489), nicht nur der Veräußerungsgewinn (BFH IX R 62/10, BStBl II 12, 564; EStR 17 VII). Irrelevant ist eine spätere Wechselkursänderung (FG Ddorf EFG 10, 1603, rkr; krit *Hoffmann* StuB 10, 801). 111

d) Veräußerungspreis. – **aa) Bestandteile.** Der Veräußerungspreis umfasst alles in Geld oder Geldeswert, was der Veräußerer (oder auf dessen Veranlassung ein Dritter, zB iRd Vertrags zugunsten Dritter gem § 328 BGB) für die Anteile vom Erwerber oder auf dessen Veranlassung von einem Dritten oder der KapGes als Gegenleistung erhält (BFH VIII R 29/93, BStBl II 95, 693; zu Stichtagsbezug; Bewertung → Rn. 109, 120; zur Aufteilung eines Gesamtkaufpreises → Rn. 88). Auch iRd § 17 II 1 ist zu prüfen, „wofür" gezahlt wird **[Veranlassung]** und ist die Gegenleistung ggf auf § 17 und andere Tätigkeiten/Einkunftsarten aufzuteilen (→ § 23 Rn. 64 mwN). 113

Einzelfälle. Zum Veräußerungspreis gehören auch – ***(1)*** das Entgelt, das der Erwerber dafür zahlt, dass er bei unterjährigem Erwerb bereits vom Beginn des Wj an am Gewinn beteiligt sein soll (BFH I R 199/84, BStBl II 86, 794); – ***(2)*** **Dividenden,** die der Erwerber gem § 20 V erzielt und an den Veräußerer weiterleitet, es sei denn, iRd Kaufpreisvereinbarung wird eine **Vorab-Gewinnverteilung** zugunsten des Verkäufers beschlossen (BFH I R 111/00, BFH/NV 02, 628; BFH IX R 35/16, DStR 18,756; → § 20 Rn. 233), – ***(3)*** Zahlungen des Erwerbers in die **Kapitalrücklage** der KapGes iZm dem Erwerb eigener Anteile (BFH I R 44/04, BStBl II 05, 522); s vertiefend *Geils* GmbHR 21, 804. – ***(4)*** die **Freistellung** von einer Einlageverpflichtung (BFH IX R 98/07, BFH/NV 09, 1248), – ***(5)*** der **Vorteil** aus dem verbilligten Verkauf eines Grundstücks einer GmbH an den veräußernden Ges'ter (BFH II R 44/13, BStBl II 15, 249), – ***(6)*** **Entgelte** zur Ablösung von Besserungsscheinen (BFH IX R 31/17, BFH/NV 19, 13), – ***(7)*** iZm der Veräußerung gewährte **Optionen** (BFH IX R 7/18, BFH/NV 20, 864; zum Rückerwerb mit vorteilhaftem Optionspreis BFH VIII R 29/93, BStBl II 95, 693), – ***(8)*** **Zahlungen eines Dritten** für die Zustimmung zu dessen gleichzeitiger Veräußerung (BFH IX R 97/07, BFH/NV 09, 9), – ***(9)*** der **INVEST-Exitbonus** (aber stfrei gem § 3 Nr 71 → § 3 Rn. 235). – ***(10)*** **Zwangsversteigerung:** Veräußerungspreis ist der Versteigerungs- 114 erlös (BFH I R 43/67, BStBl II 70, 310); die Abfindung bei **Einziehung, Abtretung, Ausschluss** (→ Rn. 31 ff), – ***(11)* Sonstiges.** S → § 16 Rn. 271–273, 276.

115 **Keine Veräußerungspreisbestandteile:** – ***(1)* Überpreis.** Erwirbt die KapGes vom Ges'ter *eigene* Anteile, ist der überhöhte Teil der Gegenleistung idR vGA *beim Veräußerer* (→ Rn. 32), oder wenn die anderen Ges'ter den Veräußerer als lästig empfinden und die KapGes zum Erwerb veranlassen, ggf *bei den anderen Ges'tern* (vgl BFH I R 163/75, BStBl II 77, 572). – ***(2)* Verdeckte Tätigkeitsvergütung.** Zum ArbLohn aufgrund eines sog Exit-Bonus FG Mster EFG 15, 385, rkr; krit *Frey/Schmid* DStR 15, 1094; *Hentschel* BB 15, 807; zur Vergütung für die Fortführung der Tätigkeit des Veräußerers als Geschäftsführer FG Kln EFG 25, EFG 25, 567, Rev IX R 1/25 und zu einem nicht marktübl Preis BFH VI R 1/21, BStBl II 24, 387. – ***(3)* Entschädigungen.** Wird ein Wettbewerbsverbot mit eigener wirtschaftl Bedeutung vereinbart, gehört die Entschädigung nicht zum Veräußerungspreis (BFH VIII R 140/79, BStBl II 83, 289; NdsFG EFG 00, 492; → § 16 Rn. 276; → § 24 Rn. 42), auch nicht die Schadenersatzleistung eines Dritten (BFH IX R 8/15, BStBl II 17, 316). – ***(4)* Stundungszinsen.** → § 16 Rn. 282.

116 Bei der stbaren Veräußerung von **Bezugsrechten; Anwartschaften, Genussrechten** (→ Rn. 50, 51, 68) gelten die Grundsätze in Rn. 113 entspr.

120 **bb) Ansatz und Höhe des Veräußerungspreises.** – ***(1)* Ansatz am Stichtag zum Nennbetrag.** → § 16 Rn. 280 f. Besteht die Gegenleistung in **Geld,** ist Veräußerungspreis grds der Nennbetrag als gemeiner Wert der Forderung bei Vollzug des Veräußerungsgeschäfts (zur Fremdwährung → Rn. 111). Der Veräußerungspreis ist grds ohne Rücksicht darauf anzusetzen, ob die Veräußerung bedingt oder befristet oder ob der Kaufpreis gestundet ist; auf den Zufluss des Entgelts kommt es nicht an (st Rspr, zB BFH IX R 73/04 BFH/NV 06, 1658). Ist zum Zeitpunkt, in dem die Kaufpreisforderung zu erfüllen ist, ernstl mit einem Ausfall oder bei gestundeter Fremdwährungsforderung mit einer ungünstiger Wechselkursänderung zu rechnen, kann ein Abschlag vom Nennwert (§ 12 I BewG) geboten sein (BFH IX R 43/14, BStBl II 16, 212; BFH IX R 7/16, BFH/NV 17, 724; BFH IV R 61/73, BStBl II 78, 295 zu § 16). Zu nachträgl Änderungen des Preises (→ Rn. 122 ff). – **Ausnahmen vom Nennwert oder Stichtagsbezug:** gewinn- und umsatzabhängige Kaufpreise (→ Rn. 123); Kaufpreise in Form wiederkehrender Leistungen (→ Rn. 129 f). Zur Veräußerung **gegen festes Entgelt und wiederkehrende Bezüge** → § 16 Rn. 263 ff.

121 ***(2)* Nachträglicher Wegfall der Veräußerung.** Wird der Kauf rückabgewickelt, führt dies bei beiderseits noch *nicht* erfülltem Vertrag zum nachträgl Wegfall der *Veräußerung;* beim beiderseits erfüllten Vertrag ebenso, wenn die Rückabwicklung im Vertrag angelegt war (→ Rn. 43; BFH IX R 7/18, BFH/NV 20, 864).

122 ***(3)* Ausfall; Herabsetzung; Erhöhung.** – ***(a)* Ausfall; Minderung.** Bleibt die *Veräußerung bestehen* und wird die Gegenleistung herabgesetzt oder **fällt sie (teilw) aus,** kann dies zur rückwirkenden Minderung des Veräußerungspreises zum Stichtag führen (BFH IX R 28/14, BFH/NV 15, 1679; BFH IX R 7/16, BFH/NV 17, 724), der verfahrensrechtl nach § 175 I 1 Nr 2 AO iRd ESt-Veranlagung für das Jahr der Veräußerung Rechnung zu tragen ist (BFH GrS 2/92, BStBl II 93, 897 zu § 16; BFH IX R 30/14, BStBl II 17, 94), ggf auch gem § 165 II AO (BFH VIII R 1/01, BFH/NV 02, 465), §§ 233a IIa, VII AO sind zu beachten. Der Veräußerungspreis kann sich auch rückwirkend **erhöhen,** zB bei aufschiebenden Bedingungen (BFH VIII R 68/05 BStBl II 05,762), Nachforderungsklauseln (→ § 16 Rn. 338), nicht aber bei einer sog Besserungsoption (BFH IX R 32/11, BStBl II 12, 675). Auch EStH 16 X– ***(b)* Einzelfälle.** Wird die Gegenleistung nachträgl, zB auf Grund geltend gemachter Rechts- oder Sachmängel oder einer *Anfechtung* (§§ 119, 123 BGB), durch gerichtl oder außergerichtl *Vergleich* oder durch *Urteil* herabgesetzt *und* der bereits entrichtete Kaufpreis zurückgezahlt, ermäßigt sich der Veräußerungspreis (BFH

I R 3/09, BStBl II 10, 249; BFH VIII R 69/88, BStBl II 94, 648; BFH GrS 1/92, BStBl II 93, 894 zu § 16). – Eine nachträgl *vertragl Änderung* der Kaufpreisvereinbarung wirkt nur zurück, wenn ihr Rechtsgrund bereits im ursprüngl Rechtsgeschäft gründet (BFH IX R 32/11, BStBl II 12, 675; BFH IX R 7/18, BFH/NV 20, 864); auch bei sog Übergewinnzahlungen (BFH VIII R 68/04, BStBl II 05, 762). – Zur Ratenanpassung s BFH IX R 34/12, BStBl II 13, 378. Auch → § 16 Rn. 335, 337, 338, 345.

***(4)* Gewinn- und umsatzabhängiger Kaufpreis.** Bei einer ausschließl gewinn- und umsatzabhängigen **Earn-Out-Klausel** (variable Komponente des Preises ist dem Grund und der Höhe nach ungewiss) erhöht sich der Kaufpreis iRd § 17 erst beim Zufluss (vgl zu § 16: BFH IV R 9/21, BStBl II 24, 510: keine Rückwirkung); dh der Veräußerer erzielt nachträgl lfd Gewinneinkünfte (→ Rn. 9) iSv § 24 Nr 2 (→ § 24 Rn. 57). *FM SchlH* (DStR 24, 2334) nimmt mE zutr iRd § 17 bei Earn-Out-Klauseln, bei denen die variable Komponente der Höhe nach gewiss und der Entstehungszeitpunkt gewinn- oder umsatzabhängig ist, eine Rückwirkung auf den Stichtag an (→ § 16 Rn. 250, 259 mwN; zu § 8b II KStG s BFH I R 71/16, BStBl II 19, 493); **nach aA** in EStH 16 X, XI iVm EStH 17 VII in beiden Fällen **keine** Rückwirkung (*Toussaint/Ettinger* EStB 25, 24 (25 f)). – Die umsatz- und gewinnabhängigen Bezüge enthalten **keinen Zinsanteil** (→ § 16 Rn. 259). 123

cc) Sachleistung (Tausch). Besteht die Gegenleistung für die Anteile in Sachen oder Rechten **(Tausch),** ist Veräußerungspreis der (gemeine) Wert der empfangenen WG iSd § 9 II, § 11 II BewG (BFH VIII R 54/88, BStBl II 93, 331; FG RhPf DStRE 03, 1454, rkr; → § 5 Rn. 633). Auch → Rn. 89 ff. Besteht die Gegenleistung in GesAnteilen an einer KapGes, ist Veräußerungspreis der Wert dieser GesAnteile (BFH VIII R 54/88, BStBl II 93, 331; zu § 21 UmwStG → Rn. 22). – Zu bewerten ist im Zeitpunkt der *Erfüllung,* nicht bei Entstehen der Forderung auf die Gegenleistung (BFH IX R 43/14, BStBl II 16, 212). – **Wertabschläge:** Eine Veräußerungsbeschränkung kann einen Abschlag vom Börsenkurs rechtfertigen (BFH IX R 96/07, DStR 08, 2413), anders bei einer Nicht-Veräußerungsverpflichtung (BFH IV R 223/72, BStBl II 75, 58). 127

dd) Veräußerungspreis bei wiederkehrenden Leistungen. – ***(1)* Sofortbesteuerung als Grundsatz. Veräußerungsentgelt.** – ***(a)* Kaufpreisraten.** Preis ist der Anfangsbarwert der Raten zum Übertragungsstichtag (→ Rn. 109). Er ist bei einem vertragl Zinssatz zu schätzen (EStR 17 VIII 2 iVm EStR 16 XI; → § 16 Rn. 251, 283: Regelzins 5,5%). Bei Raten mit Fälligkeit von mehr als einem Jahr ist der Tilgungsanteil gem § 12 III BewG zu ermitteln (Zinsfuss 5,5%, s BFH VIII R 190/78, BStBl II 81, 160). Die Rate enthält von Beginn an einen Tilgungs- (jährl Barwertminderung) und Zinsanteil iSv § 20 I Nr 7 (→ § 16 Rn. 255; → § 20 Rn. 119; *BMF* BStBl I 10, 227 Rn. 77 ff;). Ist der Barwert mehr als doppelt so hoch wie der Anteilswert, handelt es sich um eine Unterhaltsrente iSv § 12 Nr 2 (*BMF* BStBl I 10, 227 Rn. 66). – ***(b)* Veräußerungszeitrenten.** Sie sind wie Kaufpreisraten zu behandeln (Barwertermittlung gem § 13 BewG; BFH VIII R 3/17, BStBl II 20, 813; → § 16 Rn. 255 f). – ***(c)* Veräußerungsleibrenten.** Preis ist der Anfangsbarwert der Leibrente (§ 14 BewG); stbar ist daneben von Beginn an der Ertragsanteil gem § 22 Nr 1 1 Buchst a Doppelbuchstb bb (→ § 16 Rn. 256;→ § 22 Rn. 71–84; *BMF* BStBl I 10, 227 Rn. 69 ff); zum Gewinn → Rn. 154 ff. – ***(d)* Versorgungsleistungen.** Unentgeltl ist die Übertragung iRd § 10 I Nr 1a S 2 Buchst c, sonst entgeltl (→ 16 Rn. 51 ff; → § 10 Rn. 115 ff; BFH X R 35/16, BStBl II 17, 985; BFH IX R 11/19, BStBl II 22, 228; *BMF* BStBl I 10, 227, Rn. 15 ff, 56). – ***(e)* Wertsicherung.** Erhöht sich die Rate/Rente aufgrund einer Wertsicherungsklausel, fallen die Mehrbeträge unter § 20 I Nr 7 (→ § 16 Rn. 257, 283). – ***(f)* Teileinkünfteverfahren.** → Rn. 155. 129

130 *(2)* **Wahl der Zuflussbesteuerung.** Nach EStR 17 VII kann der Veräußerer wie iRd § 16 uU zw der **Sofort-** (→ Rn. 129) und der **Zuflussbesteuerung wählen.** Das Wahlrecht besteht bei abänderbaren und festen Leibrenten, wagnisbehafteten Zeitrenten und Raten mit fester Laufzeit von mehr als 10 Jahren mit Versorgungscharakter (BFH IX R 45/09 BStBl II 10, 969; EStH 17 VII iVm EStR 16 XI; EStH 16 XI; → § 16 Rn. 244, 250, 259, 263). Die *FinVerw* verrechnet bei Veräußerungen nach dem 31.2.03 den Tilgungsanteil der Rate/Rente mit den AK; bei Überschreiten fällt der Gewinn unter § 17 iVm 24 Nr 2; daneben der Ertrags- oder Zinsanteil mit Zufluss unter § 22 Nr 1 1 Buchst a Doppelbuchst bb/§ 20 I Nr 7 (→ § 16 Rn. 261; *BMF* BStBl I 04, 1187). BFH IX R 4/14, BStBl II 15, 526 hat aber offen gelassen, ob wie zuvor (*BMF* BStBl I 04, 1187, B.2) erst nach vollständiger Verrechnung der nominalen Raten/Renten mit den AK in den Tilgungs- sowie Ertrags-/Zinsanteil aufzuteilen ist. – Zum **Teileinkünfteverfahren** → Rn. 156.

132 **e) Veräußerungskosten.** Diese sind bei der Gewinnermittlung iRd § 17 II vom Veräußerungspreis (entspr iRd § 17 IV) abzuziehen. – **aa) Definition.** Veräußerungskosten sind iRd § 17 II, IV, V (BFH IX R 12/24, DStR 25, 2769) diejenigen Aufwendungen, die durch die Veräußerung bei wertender Betrachtung (mittel- und unmittelbar) veranlasst sind und eine größere Nähe zur Veräußerung als zu den lfd Einkünften aufweisen (→ § 16 Rn. 300; zu § 8b II KStG BFH I R 45/13, BStBl II 14, 719). Veräußerungskosten sind iRd verfrechtl Verschonung von Gewinnteilen (→ Rn. 72) nicht aufzuteilen (*Bron* DStR 14, 987; glA *BMF* BStBl I 16, 10).

133 Aufwendungen des Veräußerers, die weder **Veräußerungskosten** noch (nachträgl) **AK** sind, können iRd Gewinnermittlung nach § 17 II nicht abgezogen werden (BFH IX R 25/12, BStBl II 14, 102). **Sonstige Beteiligungskosten** des Veräußerers können nur als WK bis zur Veräußerung und uU auch danach gem § 20 iRd § 32d II Nr 3 (→ § 32d Rn. 20) oder iRe anderen Einkunftsart abgezogen werden: Bei Veranlassung **zum ArbVerh eines Ges'terGeschäftsführers** können nachträgl WK bei Einkünften **nach § 19** vorliegen (vgl BFH VI R 77/14, BStBl II 16, 60; BFH VI R 58/13, BStBl II 16, 305; zu Haftungsbeträgen gem § 69 AO: FG Nbg EFG 23,1447, rkr; keine WK bei § 20 s BFH VIII R 8/02, BFH/NV 04, 947). – **Zinsen** iZm dem Erwerb der veräußerten Anteile oder zur Finanzierung zusätzl AK (BFH VIII R 2/02, BStBl II 04, 551) oder einer Einlageverpflichtung (BFH VIII R 59/97, BStBl II 01, 226) sind weder AK noch Veräußerungskosten (BFH I R 14/12, BFH/NV 13, 1768), sondern (ihrer Art nach) WK iRd § 20 (FG Mster EFG 13, 204, rkr). Sie sind uU als WK iRd § 20 als **nachträgl Zinsen nach der Veräußerung** abziehbar (BFH VIII R 37/23, BStBl II 24, 745, auch zum erforderl Antrag gem § 32d II Nr 3, → § 32d Rn. 20). – Eine (privat veranlasste) Weiterleitung des Kaufpreises mindert den Veräußerungspreis nicht (BFH IX R 40/15, BFH/NV 17, 572); anders ggf bei einer aus dem Kaufpreis zu leistenden Managementvergütung (FG Mster BeckRS 2012, 96625, rkr).

134 **bb) Einzelfälle.** – **Veräußerungskosten** sind – *(a)* zB Anwalts- und Notarkosten, Kosten eines Verständigungsverfahrens, Rechtsverfolgungskosten iZm der Veräußerung (BFH IX R 25/12, BStBl II 14, 102; BFH IX R 18/20 BStBl II 23,173), – *(b)* Provisionen (zB BFH VIII R 13/90, BStBl II 93, 34), soweit diese vom Veräußerer getragen werden, – *(c)* Zuzahlungen auf Grund übernommener Verlustausgleichsverpflichtungen, Vorfälligkeitsentschädigungen (BFH VIII R 55/97, BStBl II 00,458) und Stillhaltevergütungen (BFH I R 14/12, BFH/NV 13, 1768). – **Keine Veräußerungskosten** sind – ggf nach BFH VIII R 55/97, BStBl II 00, 458 überholt – *(a)* die Kosten der Weiterveräußerung von als Entgelt erhaltenen Aktien (BFH VIII R 43/90, BFH/NV 93, 520), – *(b)* Zahlungen iRe „Nachschusspflicht" (BFH VIII R 13/90, BStBl II 93, 34: AK), iRd Freistellung von einer Bürgschaft (BFH VIII R 36/83, BStBl II 85, 320: evtl AK), – *(c)* der Verzicht auf eine Pensionszusage (ggf AK), – *(d)* Kosten aus fehlgeschlagenem Verkauf (FG BW EFG 11, 953, rkr; zu WK bei § 20 BFH VIII R 47/95, BStBl II 98, 102); – *(e)* Verluste aus Kurssicherung (BFH

IX R 73/04, BFH/NV 08, 1658: selbständiges Geschäft; **aA** BFH I R 20/16, BStBl II 20, 674; *Vetter ua* DStR 20, 2223; *BMF* BStBl I 20, 1033) – ***(f)*** Deklarations- und durchsetzungskosten. Sie sind nach der Rspr nicht mehr durch die Veräußerung veranlasst (BFH IX R 12/24, DStR 25, 2769; NdsFG EFG 25, 697, rkr; NdsFG BeckRS 2025, 25324, Rev IX R 20/25).

2. Gemeiner Wert als Veräußerungspreis, § 17 II 2. Veräußerungspreis iRd verdeckten Einlage ist der **gemeine Wert** der übertragenen Anteile **(§ 17 II 2)** im Zeitpunkt der Einlage. Dieser richtet sich nach § 11 BewG (zum Rangverhältnis zw Ertragswert- und Substanzwert BFH II R 49/22, BStBl II 25,493; → Rn. 91, 93 mwN). 135

3. Anschaffungskosten bei Zuzug; Verstrickung, § 17 II 3, 4; – a) Anschaffungskosten bei Zuzug des Anteilseigners, § 17 II 3. Zur Definition der AK s § 17 IIa (→ Rn. 167 ff). Abs 2 S3 ordnet als Sonderregelungen für den Fall des Zuzugs eines StPfl aus einem EU-, EWR-, Drittstaat an, dass bei einer Veräußerung von Anteilen nicht die ursprüngl und nachträgl AK, sondern der Veräußerungspreis anzusetzen ist, zum ein Wertzuwachs im ausl Wegzugsstaat iRe dem § 6 AStG der Besteuerung unterlegen hat (**Wertverknüpfung;** BT-Drs 16/2710, 29); höchstens aber der gemeine Wert (§ 9, § 11 BewG). „Einer Steuer unterlegen" idS hat der ausl Vermögenszuwachs, wenn die ausl Steuer im Wegzugsstaat festgesetzt worden ist (BFH IX R 13/20, BStBl II 22, 172; aber keine Zahlung erforderl *BMF* BStBl I 23, SonderNr 1, 2 Rn. 98). – § 17 II 3 regelt *nur* den Fall eines im Ausl vor Begründung der unbeschr StPflicht besteuerten Vermögenszuwachses, nicht Fälle der anderweitigen Verstrickung der Anteile; in anderen EU-/EWR-Staaten gebildete stille Reserven werden nicht ausgesondert (zu Zweifeln an der Unionsrechtskonformität *Beinert* RFamU 25, 497 f). Liegt der im Ausl besteuerte Wert unter den AK und hat der StPfl vor Begründung der unbeschr StPfl eine Wertminderung *realisiert,* greift die Wertverknüpfung nicht und es ist iRd späteren Veräußerung Abs 1 S 1 anzuwenden, dh Abzug der historischen AK (str, s iEinz *Schießl* jurisPR StR 12/22 Anm 3). 137

b) Rückkehrfälle, § 17 II 4. Wird die unbeschr StPfl nach Durchführung einer inl Wegzugsbesteuerung innerhalb von 7 Jahren wiederhergestellt (iEinz § 6 III AStG, → Rn. 17; *BMF* BStBl I 23, SonderNr. 1, 2, Rn. 150 ff), gilt die Wertverknüpfung des § 17 II 3 nicht **(§ 17 II 4).** Bei einer späteren Veräußerung der Anteile iRd inl unbeschr StPflicht sind die tatsächl (ursprüngl und nachträgl) AK abzuziehen. 139

4. Anschaffungskosten bei unentgeltlichem Erwerb, § 17 II 5. Für Anteile, die der Veräußerer **unentgeltl** oder **teilentgeltl** erworben hat (→ Rn. 98, 99), sind iRd späteren Veräußerung des Rechtsnachfolgers die AK des Rechtsvorgängers maßgebl (BFH VIII B 80/98, BStBl II 99, 486). Die ErbSt gehört nicht zu den (nachträgl) AK. Entsteht durch den unentgelt Übergang eine relevante Beteiligung, weil der StPfl bereits selbst an der KapGes beteiligt war (→ Rn. 102), sind die tatsächl AK maßgebl. Zum **Nießbrauch** → Rn. 98. 141

5. Veräußerungsverluste, § 17 II 6. – a) Verlustabzug; Normzweck. – ***(1)*** **Normzweck.** Realisierte Verluste aus § 17 (zur Abgrenzung von hypothetischen Verlusten → Rn. 72) sind als tarifl gewerbl Verluste grds ausgleichsfähig und iRd § 10d IV verrechenbar (→ Rn. 9). Zum Teileinkünfte- und Teilabzugsverfahren → Rn. 160; → § 3c Rn. 11–13; BFH IX R 40/10, BStBl II 11, 785; BFH IX R 1/11, BFH/NV 12, 937. **§ 17 II 6** (idF StEntlG 1999 ff, BGBl I 99, 402) enthält ein **Abzugsverbot** für typisierend geregelte **Missbrauchsfälle.** Als spezielle Missbrauchsregelung wirkt § 17 II 6, wenn er nicht erfüllt ist, in die Auslegung des daneben anwendbaren § 42 AO (§ 42 I 3 AO) hinein (BFH I R 2/18, BStBl II 21, 580; BFH IX R 1/16, BStBl II 18, 94). Die Regelung ist verfgemäß (BFH VIII R 20/04, BFH/NV 05, 2202; uU Verlustabzug iRd Billigkeit, s BFH IX R 39/10, BFH/NV 13, 11). – ***(2)*** **Anwendungsbereich.** Die Begrenzung des Verlustabzugs in 144

Abs 6 S 2 gilt für Anteilsveräußerungen (Abs 1) und die Verluste iRd Abs 4, 5. § 4 VI 6 UmwStG schließt den Abzug eines Übernahmeverlusts aus (→ Rn. 20).

145 **b) Nichtabzug bei unentgeltlich erworbenen Anteilen, § 17 II 6 Buchst a.** – ***(1)* Zweck.** Mit der Regelung soll ein Verlustabzug für den Fall verhindert werden, dass ein nicht relevant Beteiligter eine Verlustbeteiligung einem relevant Beteiligten schenkt (BT-Drs 14/23, 179). – ***(2)* Tatbestand; Rechtsfolge, Abs 6 Buchst a S 1.** Es ist objekt- und anteilsbezogen zu prüfen („insoweit"). Kein Abzug, soweit der Verlust auf Anteile entfällt, die der Veräußerer innerhalb der letzten fünf Jahre vor der Veräußerung unentgeltl (→ Rn. 95 ff) erworben hat. Im Zeitpunkt der Veräußerung muss der Rechtsnachfolger gem Abs 1 S 1 (Beteiligung von 1%) beteiligt sein oder bei niedrigerer Beteiligung Abs 1 S 4 (→ Rn. 96) greifen; unerhebl ist die Beteiligungsdauer (*Herzig/Förster* DB 99, 711). Bei unentgeltl Erwerb mehr als 5 Jahre vor der Veräußerung ist der Verlust abziehbar. – ***(3)* Ausnahme, Abs 6 Buchst a S 2.** Von der Nichtabziehbarkeit ausgenommen ist dem Regelungszweck entspr nach Buchst a S 2 ein Verlust, wenn der (oder einer der) **Rechtsvorgänger** (also der unentgeltl Übertragende) den Veräußerungsverlust (fiktiv, unter „Hinwegdenken" der unentgeltl Übertragung) hätte geltend machen können. Maßgebend für diese hypothetische Betrachtung („anstelle des StPfl") ist **der Zeitpunkt der unentgeltl Übertragung** und nicht der Zeitpunkt der späteren Veräußerung durch den Rechtsnachfolger (glA *BeckOK EStG* § 17 Rn. 452; **aA** zB *HHR/Stalbold* § 17 Rn. 247; *Bordewin/Brandt* § 17 Rn. 392). Hat der Rechtsvorgänger die Anteile selbst entgeltl erworben, ist für die Anwendung des Buchst a S 2 die Regelung des Abs 6 S 1 Buchst b zu prüfen.

146 **Beispiele:** A erhält am 1.4.13 eine relevante Beteiligung (1%) von S geschenkt, die dieser erst am 1.3.13 erworben hatte. A veräußert die Beteiligung am 10.5.15 mit Verlust: kein Verlustabzug (Abs 6 S 1 Buchst a S 1, iVm S 2: unentgeltl Erwerb des A; kein hypothetisch stbarer Verlust des S nach S 2 iVm Buchst b S 1 im Zeitpunkt der Schenkung [keine 5 Jahre]). – *1. Abwandlung:* S hatte die Beteiligung bereits am 1.3.10 erworben: kein Abzug des Verlusts des A, da im Zeitpunkt der unentgeltl Übertragung (1.4.13) der Fünfjahreszeitraum für S noch nicht erfüllt war (Buchst a S 2 iVm Buchst b S 1); anders nach der überwiegenden Auffassung, die den Fünfjahreszeitraum für S vom Veräußerungszeitpunkt (10.5.15) rückwirkend prüft. – *2. Abwandlung:* A veräußert die relevante Beteiligung am 1.5.18: Abzug mögl; der Umstand des unentgeltl Erwerbs ist unerhebl. – *3. Abwandlung:* S hatte die relevante Beteiligung am 1.3.08 erworben; er überträgt am 1.4.13 nur Anteile iHv 0,7%, die A am 10.5.15 veräußert: Die Veräußerung des A ist stbar (Abs 1 S 1 iVm S 4); der Abzug des Verlusts ist nach beiden Auffassungen wegen Buchst a S 2 iVm Buchst b S 1 mögl.

147 **c) Nichtabzug bei entgeltlich erworbenen Anteilen, § 17 II 6 Buchst b. – aa) Grundsatz. – *(1)* Tatbestand; Rechtsfolge, Abs 6 Buchst b S 1.** Der Tatbestand enthält eine doppelte Verneinung. Umgekehrt bedeutet dies: Bei **entgeltl Erwerb** der veräußerten verlustbehafteten Anteile durch den StPfl ist ein Verlustabzug nach S 1 nur zul, wenn die veräußerten Anteile 5 Jahre lang Teil einer relevanten Beteiligung waren. Die relevante Beteiligung, aus der der verlustbehaftete Anteil veräußert wird, muss **ununterbrochen** für 5 Jahre bestanden haben und nicht wie iRd § 17 I 1 (→ Rn. 82 ff) nur irgendwann innerhalb des Fünfjahreszeitraums. Seit Absenkung der Relevanzschwelle auf 1% ab 2002 (→ Rn. 70) muss der Anteil also durchgehend und im Veräußerungszeitpunkt zu einer Beteiligung iHv mindestens 1% gehört haben (BFH IX R 22/08, BStBl II 09, 527). – ***(2)* Erwerb.** Entgeltl erworben ist die relevante Beteiligung bei einer wertadäquaten Gegenleistung; auch der Erwerb iRd **Gründung** ist nach Buchst b zu beurteilen. – ***(3)* Veräußerungen vor 2002.** → 43. Aufl 2024, § 17 Rn. 147 *(3)*.

148 Bei **teilentgeltl Erwerb** ist in einen entgeltl und unentgeltl erworbenen Teil aufzuteilen (→ Rn. 28, 99). Ein Veräußerungsverlust ist dann anteilig nach den dargestellten Grundsätzen zu berücksichtigen.

150 **bb) Ausnahmen für hinzuerworbene Anteile.** – *(1)* **Rückausnahmen.** Eingeschränkt wird das Verlustabzugsverbot durch Abs 2 S 6 Buchst b S 2 für die Fälle der entgeltl Aufstockung zur Begründung einer relevanten Beteiligung **(Alt 1)** und für Anteile, die nach Begründung einer relevanten Beteiligung erworben wurden **(Alt 2).** § 17 II 6 Buchst b S 2 begünstigt (nur) die Fälle der entgeltl Aufstockung (BT-Drs 14/265, 180; BFH IX R 62/05, BStBl II 08, 856).

151 ***(2)* Voraussetzungen, Abs 6 Buchst b S 2.** – *(a)* **Hinzuerwerb.** S 2 setzt voraus, – *(1)* dass Anteile (egal in welcher Höhe) über einen Zeitraum von 5 Jahren gehalten worden sind und, – *(2)* dass Anteile hinzuerworben wurden, die zur Aufstockung auf eine relevante Beteiligung (Alt 1) oder darüber hinaus (Alt 2) geführt haben. Im Veräußerungszeitpunkt muss die relevante Beteiligung oder die höhere Beteiligung noch vorliegen (→ Rn. 147). Wurde von Anfang an eine relevante Beteiligung erworben, deren Höhe bis zur Veräußerung unter die Relevanzschwelle abgesunken ist, ist der volle Verlust abzugsfähig, da „Erwerb" der erstmalige Erwerb und der Hinzuerwerb ist (BFH IX R 31/08, BStBl II 09, 810; *Jachmann* jurisPR-SteuerR 39/2009 Anm. 3; mE iErg eine unzul teleologische Extension gegen den Wortlaut des S 1). – *(b)* **Fünfjahreszeitraum.** Relevant für den Erwerb/Hinzuerwerb ist der Zeitraum von der Veräußerung an rückwärtsbetrachtet. – *(c)* **Rechtsfolge.** Nur die Verluste aus den hinzuerworbenen Anteilen sind abzugsfähig. – *(d)* **Anteilsidentifizierung.** Der StPfl muss nachweisen, dass die Verluste auf den hinzuerworbenen Anteilen beruhen. Da die Anteile selbständig sind (→ Rn. 53; BFH IX R 12/22 BStBl II 23; 964) und § 23 I 1 Nr 2 (Fifo-Methode) nicht (entspr) anwendbar ist, empfiehlt sich eine genaue Bezeichnung (ggf im notariellen) Vertrag (*Bordewin/Brandt* § 17 Rn. 394).

155 **6. Veräußerungsgewinn, -verlust bei wiederkehrenden Bezügen. – a) Sofortbesteuerung.** Bei Wahl der **Sofortbesteuerung** erzielt der Veräußerer einen Veräußerungspreis iHd **Barwerts** (→ Rn. 129) der wiederkehrenden Bezüge **im Zeitpunkt der Veräußerung** (→ Rn. 109). Von diesem sind zum Stichtag die ursprüngl, nachträgl AK der Anteile sowie Veräußerungskosten iRd Teileinkünfteverfahrens abzuziehen (→ Rn. 160). Der Gewinn kann freibetragsbegünstigt (§ 17 III) sein. Die in den Raten/Renten enthaltenen Ertragsanteile (§ 22 Nr 1 S 3 Buchst a bb, vgl BFH VIII R 80/87, BStBl II 93, 15; § 22 Rn. 71–84) oder Zinsanteile (§ 20 I Nr 7) sind daneben im Zuflussjahr zu besteuern. – Bei **umsatz- und gewinnabhängigen Bezügen** (→ Rn. 123) ist das Entgelt lfd mit den ursprüngl, nachträgl AK und den Veräußerungskosten iRd Teileinkünfteverfahrens zu verrechnen. Ein Gewinn/Verlust ist gem § 17 iVm § 24 Nr 2 stbar (→ § 16 Rn. 250). – Zu **Versorgungsleistungen** → Rn. 129 *(d)* mwN.

156 **b) Zuflussbesteuerung.** – *(1)* **Raten/Renten.** Nach der *FinVerw* ist für Veräußerungen nach dem 31.12.03 der Tilgungsanteil in den Raten- und Rentenzahlungen (jährl Barwertminderung) gem § 17 II mit den ursprüngl, nachträgl AK und den Veräußerungskosten zu verrechnen (→ Rn. 130 mwN). Der Tilgungsanteil ist zu 40% stfrei (§ 3 Nr 40 S 1 Buchst c); die AK/Veräußerungskosten gem § 3c II 1 zu 60% abzugsfähig (*BMF* BStBl I 04, 1187). Der BFH hat noch nicht abschließend geklärt, ob zunächst die vollen Raten und Rentenbeträge mit den AK, Veräußerungskosten zu verrechnen sind (→ Rn. 130 mwN). Ein **Verlust** entsteht, wenn feststeht, dass die Summe der Tilgungsanteile niedriger als die Summe aus AK/Veräußerungskosten ist. Ein **Gewinn/Verlust** ist gem § 17 iVm § 24 Nr 2 stbar. Die **Ertrags- und Zinsanteile** sind beim Zufluss zu besteuern, der nach der *FinVerw* sofort, nach **aA** erst mit Erreichen der Gewinnschwelle beginnt. – *(2)* **Freibetrag gem § 17 III.** → § 16 Rn. 577.

157 **c) Erwerber.** Der Erwerber trägt **AK** iHd Barwerts der Bezüge (→ Rn. 173; → § 16 Rn. 264; zu Kaufpreisraten BFH VIII R 190/78, BStBl II 81, 160). Der **Zinsanteil/Ertragsanteil** ist iRd WK zu § 20 I Nr 1 abziehbar; es ist zur Vermei-

dung von § 20 IX ein Antrag gem § 32d II Nr 3 zu stellen (*BMF* BStBl I 10, 227 Rn. 72, 75 [Leibrenten], Rn. 79 [Zeitrenten/Raten]; → § 9 Rn. 131, 160, 161).

160 **7. Teileinkünfteverfahren; Tarifbegünstigung; Kapitalertragsteuer.** – ***(1)*** **Teileinkünfteverfahren.** IRd Gewinnermittlung sind jeweils 60% des Veräußerungspreises (bzw des gemeinen Werts), der AK und der Veräußerungskosten anzusetzen (§ 3 Nr 40 S 1 Buchst c S 1, § 3c II; → Rn. 3; → § 3 Rn. 141); ferner → Rn. 155, 156. Das Teileinkünfteverfahren gilt ab VZ 2022 *nicht* bei Veräußerungen von Anteilen an DrittstaatenGes in Steueroasen (**§ 11 II StAbwG;** iEinz *BMF* BStBl I 24, 1086). – ***(2)*** **Tarifbegünstigung, § 34.** Sie ist für den stpfl Teil des Gewinns ausgeschlossen (→ § 34 Rn. 25; FG Ddorf EFG 22, 755, rkr). – ***(3)*** **Kapitalertragsteuer.** Der Gewinn gem § 17 unterliegt gem § 43 I, IV nicht dem KapESt-Abzug. Zur Korrektur eines unzutr Einbehalts → Rn. 12.

V. Anschaffungskosten, § 17 IIa

Schrifttum: *Levedag,* Substanzverluste aus privaten Ges'terDarlehen …, GmbHR 21, 14 und GmbHR 21, 637; Zu *BMF* BStBl I 22, 897 s *Deutschländer* NWB 22, 2288, *ders.,* NWB 23, 47 und NWB 23, 133; *Levedag* GmbHR 22, 998; *Ott,* DStZ 22, 580 – Zu Sanierungsmaßnahmen *Ott* DStZ 25, 151; älteres Schrifttum → 41. Aufl 2022, § 17 Rn. 171.

Verwaltungsanweisungen: *BMF* BStBl I 22, 897; *BMF* BStBl I 19, 257; *BMF* BStBl I 10, 832.

163 **1. Begriff; Entstehung (§ 17 IIa S 1). – a) Überblick.** – (Ursprüngl und nachträgl) AK sind zur Ermittlung des Veräußerungsgewinns gem **§ 17 II 1** iRd Teileinkünfteverfahrens (→ Rn. 160). vom Veräußerungspreis abzuziehen. **§ 17 IIa 1** enthält die **Grunddefinition** der AK und **§ 17 IIa 3, 4** die materiellen Anforderungen für die Berücksichtigung nachträgl AK. **§ 17 II 3–5** enthalten Sonderregelungen zur Höhe der in bestimmten Sonderfällen relevanten AK (zu weiteren Sonderfällen → Rn. 175). – Zur Zuordnung der AK zu den zivilrechtl eigenständigen Anteilen s **§ 17 IIa 5** als Sonderregel (→ Rn. 195 ff).

164 **b) Entstehung und Höhe.** AK sind die Aufwendungen, die vom Ges'ter tatsächl geleistet werden, um Anteile iSv § 17 I zu erwerben (**§ 17 IIa 1;** zur grds Anknüpfung an § 255 I HGB BFH VIII R 4/02, BStBl II 04, 597; BFH IX R 5/18, BStBl II 21, 335; → § 6 Rn. 32). – Zum **Drittaufwand** → Rn. 193. Zu den AK gehören – ***(1)*** der **Anschaffungspreis** in Euro (zur Fremdwährung → Rn. 111), – ***(2)*** die **Anschaffungsnebenkosten** (→ Rn. 179), – ***(3)*** **Nicht** zu den AK gehören **Finanzierungskosten** (→ § 6 Rn. 140 „Finanzierungskosten"; zum Abzug iRd § 20 als WK → Rn. 133; → § 20 Rn. 268); auch nicht Ertrags-/Zinsanteile (ggf WK → Rn. 157). – ***(4)*** **Entstehung.** AK entstehen grds bei Eingang der Verpflichtung bzw dem Eintritt der entspr Belastung (zB BFH IX R 4/16, BFH/NV 17, 1309). S zu Sonderfällen und gewinn- und umsatzabhängigen Kaufpreisen → § 6 Rn. 81, 82; *Toussaint/Ettinger* ESt 25, 24 (27). Nach Entstehung des Veräußerungs- oder Auflösungsgewinns gem § 17 II, IV getragene Aufwendungen können die AK rückwirkend erhöhen und iSv § 175 I 1 Nr 2 AO auf die Realisation gem § 17 I, IV, V zurückwirken (BFH VIII R 71/02, BFH/NV 03, 1398; BFH IX R 30/14, BStBl II 17, 94; BFH IX R 34/12, BStBl II 13, 378). Die Wertminderung **aus vor Erreichen einer relevanten Beteiligung hingegebenen Ges'terfinanzierungshilfen** führt aber nur zu nachträgl AK, wenn eine relevante Beteiligung im Zeitpunkt von Ausfall/Verlust besteht (BFH VIII R 41/03, BFH/NV 05, 1518). – ***(5)*** **Bewertung.** Die Höhe der originären/nachtrgl AK richtet sich nach der erbrachten Gegenleistung, Belastung (→ Rn. 183 ff); bei Eingehen einer Verbindlichkeit grds nach deren Nennwert (iEinz → § 6 Rn. 81 iVm Rn. 441 ff, auch zu den Sonderfällen). – ***(6)*** **Wegfall von AK.** → Rn. 196.

2. Einzelfälle. – a) Gründung. Werden die Anteile iRd Gründung der KapGes erworben, richten sich die AK nach der Höhe der Einlageverpflichtung (Nennwert bei Bareinlage, gemeiner Wert bei Sacheinlage, ggf zzgl eines Aufgelds, → § 6 Rn. 140 *(1)* „Beteiligung an Kapitalgesellschaft"; zum Nachweis der Einlageleistung BFH IX R 44/10, BStBl II 11, 718). Auf die Unterscheidung iRd Einlagekontos (§ 27 KStG) zw Leistungen in das Nennkapital und in die Rücklage kommt es für die AK nicht an. 166

b) Kapitalmaßnahmen. – aa) Kapitalerhöhung gegen offene Einlagen. Werden **junge Anteile** in Ausübung eines aus einer relevanten Beteiligung abgeleiteten Bezugsrechts erworben (vgl zB §§ 55–57b GmbHG) richten sich die AK des Ges'ters nach dem Einzahlungsbetrag *zzgl* der nach der Gesamtwertmethode ermittelten *AK* des Bezugsrechts. → Rn. 50, auch zum entgeltl, unentgeltl Verzicht; zur Zuordnung → Rn. 198. Bei der KapGes ist die Zuführung gem § 8 I KStG iVm § 4 I 1 einkommensneutral; das Einlagekonto der Ges gem § 27 I 1 KStG erhöht sich, soweit Aufgelder geleistet werden. 168

bb) Kapitalerhöhung aus Gesellschaftsmitteln. – *(1)* Inlandsgesellschaft (zB § 207–§ 200 AktG; § 57c–§ 57o GmbHG; § 5a GmbHG). Bei der KapGes ist der Vorgang einkommensneutral; zur Verwendung des Einlagekontos und ggf Bildung des Sonderausweises s § 28 I 1–3 KStG sowie zur Heilung vergessener Einlagen BFH VIII R 41/23, DStR 25, 1203. Beim Ges'ter sind bei KapGes iSd § 1 KapErhStG (BFH VIII R 49/03, BStBl II 06, 520 (abw bei Genossenschaften → Rn. 251) die neuen Anteile keine Sachbezüge iSd § 20 I Nr 1. Die unveränderten AK sind auf die Altanteile und auf die neuen Anteile nach dem Verhältnis der Nennbeträge aufzuteilen (§ 3 KapErhStG; EStR 17 V); – ***(2)* Auslandsgesellschaft.** S § 7 I KapErhStG nF: Geltung von § 1, § 3 KapErhStG, dh Aufteilung der AK auch hier mit Nachweisregelung in § 7 I 2 KapErhStG. 169

cc) Bezugsrechtsveräußerung. Bei der Veräußerung von **Bezugsrechten** (§ 17 I 3; → Rn. 50) sind deren AK nach der Gesamtwertmethode (BFH IV R 174/67, BStBl II 69, 105) aus den AK der Alt-Anteile zu ermitteln (BFH I R 218/81, nv); die AK der Alt-Anteile mindern sich entspr (BFH IX R 100/97, BStBl II 01, 345). Zu den AK der aus den Bezugsrechten erworbenen jungen Anteile → Rn. 168. 170

c) Anteilserwerb. – aa) Gegenleistung; Zuschüsse. – *(1)* Kaufpreis. Werden Anteile, ähnl Beteiligung oder Anwartschaft durch Kauf oder Tausch erworben, ist Anschaffungspreis der **Kaufpreis** (idR Nennbetrag) bzw der **gemeine Wert** der in Tausch gegebenen WG (§ 6 VI 1); zum Veräußerungspreis → Rn. 127. Erwirbt der StPfl die Anteile zu unterschiedl Zeiten und AK sind diese wegen der Selbständigkeit der Anteile getrennt zu erfassen (BFH VIII R 52/02, BStBl II 04, 556; → Rn. 53: keine Durchschnittsbetrachtung). – Zu Zuordnungsfragen aber → Rn. 198. – ***(2)* Mitbezahlter Gewinnanteil.** S zum Veräußerer → Rn. 114 (BFH IX R 7/17, BStBl II 19, 213); beim Erwerber AK (→ § 6 Rn. 140 „Beteiligung an Kapitalgesellschaften"); – ***(3)* Zuschüsse; Zuzahlungen.** Zum INVEST-Erwerbszuschuss → § 3 Rn. 235: Keine AK-Kürzung; zur Meistergründungsprämie NRW (*OFD NRW* BeckVerw 269824: AK-Minderung); zu sonstigen Zuschüssen → § 6 Rn. 71 ff. – **Zuzahlungen** des Veräußerers an den Erwerber mindern die AK (§ 255 I 3 HGB), ggf entstehen „negative AK" (keine Bildung von Ausgleichsposten mögl → § 6 Rn. 140 *(3)* „Beteiligungen an Kapitalgesellschaft"). 172

bb) Sonderfälle. Für Anteile, die iZm wiederkehrenden Leistungen, besonderen Anschaffungsverbindlichkeiten und gewinn-/umsatzabhängigen Kaufpreisen erworben werden, bestimmen sich die AK nach den in → § 6 Rn. 164 iVm → § 6 Rn. 81 f, 441 ff und→ Rn. 157 wiedergegebenen Grundsätzen. – Die AK von Anteilen, die iRe **Mitarbeiterbeteiligung** erworben werden, richten sich nach der Gegenleistung 173 des ArbN zzgl der Höhe einer tatsächl nachbesteuerten Verbilligung und im Verlustfall nach § 19a IV 4–6 (iEinz → § 19a Rn. 17).

174 **cc) Erwerb eigener Anteile.** Der **Erwerb eigener Anteile** ist auf der Ges-Ebene keine Anschaffung; beim Ges'ter jedoch eine Veräußerung (→ Rn. 32; BFH IX R 7/17, BStBl II 19, 213, *BMF* BStBl I 13, 1615; *Obser* FS Kessler, 355 (363)). Aufwendungen der KapGes für den Erwerb der *eigenen Anteile* begründen keine (zusätzl) AK für die Anteile der Ges'ter (BFH VIII R 329/84, BFH/NV 90, 27). Ebenso ist dies mE bei der **Einziehung der Anteile** durch die KapGes gegen Abfindung (→ Rn. 31).

175 **d) Entnahme; Liquidation.** – ***(1)* Entnahmen.** Werden die Anteile aus einem BV **entnommen** (Gewinnrealisierung, § 4 I 2 zum TW gem § 6 I Nr 4; Betriebsaufgabe, → § 16 Rn. 150, 205), ist dies wie eine **Anschaffung** zum TW zu werten (BFH X R 38/17, BStBl II 19, 518 mwN; auch Zurechnung der Entnahme des Rechtsvorgängers). Werden die stillen Reserven nicht aufgedeckt, sind nicht der TW oder gemeine Wert als AK anzusetzen (BFH IX R 22/09, BStBl II 10, 790: weiterhin ursprüngl AK maßgebl). – ***(2)*** Bei **Sachauskehrung von Anteilen iRd Liquidation einer KapGes** oder **vGA** werden die Anteile unentgeltl iSv § 17 I 4 übertragen; gleichwohl bestimmt mE der bei der KapGes angesetzte Wert (wie bei Entnahme) die Höhe der AK.

176 **e) Umwandlungen.** – ***(1)*** Bei **Verschmelzung; Spaltung** von KapGes s § 13 I, II UmwStG: Übergang der AK beim Ansatz unterhalb des gemeinen Werts (→ Rn. 21). – ***(2)*** Beim **Anteilstausch** (§ 21 UmwStG) und bei **Einbringungen** gem § 20 I UmwStG (Sacheinlagen), § 25 UmwStG (Formwechsel) bestimmen sich die AK der *erhaltenen Anteile* (§ 21 II 1 und § 20 III 1–3 UmwStG) iRe Wertverknüpfung aus dem Ansatz bei der KapGes (*BMF* BStBl I 25, 92 Rn. 20.23, 20.25, 20.34); – ***(a)*** bei einem zwangsweisen handelsrechtl Zwischenwertansatz bei der KapGes ggf Bildung eines Ausgleichspostens, der die AK nicht erhöht (*BMF BMF* BStBl I 25, 92 Rn. 20.20). – ***(b)*** bei einem Mischentgelt iSd § 20 II Nr 4 UmwStG gehört die Zusatzleistung nicht zu den AK (*BMF* BStBl I 25, 92 Rn. 20.19a, dazu *Link* GmbHR 23, 1177 (1183). – ***(c)*** Entnahmen während des Rückwirkungszeitraums sind gem § 20 II 5, § 27 Abs 23 UmwStG idF JStG 2024 (BGBl I 24 Nr 387) ab VZ 2024 „Passivposten" iSd § 20 II 2 Nr 2 UmwStG und mindern das eingebrachte BV zum Einbringungsstichtag. Bei negativem eingebrachtem BV ist bei der KapGes bis zum steuerl Kapital 0 € aufzustocken, dh insoweit Einbringungsgewinn (*BMF* BStBl I 25, 92 Rn. 20.25); die AK der *erhaltenen Anteile* für § 17 II betragen 0 € (*Mayer* GStB 25, 63; *Ott* DStR 25, 121 (123); vorher BFH I R 12/16, BStBl II 24, 613: ggf negative AK). – ***(3)* Sperrfristverstöße, § 22 UmwStG.** Die rückwirkende Besteuerung eines Einbringungsgewinns I erhöht gem § 22 I 4 UmwStG die AK für die *erhaltenen* Anteile nachträgl; ebenso ein Einbringungsgewinn II gem § 22 II 4 UmwStG (→ Rn. 24). Zu Zuordnungsfragen → Rn. 198.

178 **f) Mittelbare Beteiligung; Vertrauensschutz.** – ***(1)* Mittelbare Beteiligung.** Erwirbt der StPfl Anteilen an einer vermögensverwaltenden PersGes, sind ihm die anteiligen AK der PersGes gem § 39 II Nr 2 zuzurechnen (→ Rn. 60). Der Ausfall einer Ges'ter-Finanzierungshilfe/Verzicht ggü einer Enkel-KapGes erhöht die AK des Ges'ters an der Mutter-KapGes nicht (BFH IX R 28/08, BFH/NV 09, 1416; BFH X R 9/17, BStBl II 21, 418). Auch → Rn. 184 *(8)*, 193. – **(2) Verfassungsrechtlicher Vertrauensschutz.** Bei verschonten Wertzuwächsen ist iRd § 17 II statt der AK der gemeine Wert der Anteile zum 31.3.99/26.10.00 anzusetzen, im sog. Verlustfall die historischen AK (iEinz → Rn. 72).

179 **3. Anschaffungsnebenkosten, § 17 IIa 2.** Das sind gem § 255 I 2 HGB die „Begleitkosten" der Anschaffung, zB vom Erwerber getragene Beurkundungs-, Beratungs- und Gutachtenkosten sowie Provisionen (BFH VIII R 62/05, BStBl II 10,

159), Maklerkosten (BFH IV R 16/95, BStBl II 97, 808; FG Kln EFG 11, 264, rkr). Sie sind Teil der AK und nicht als WK absetzbar (FG Hmb GmbHR 14, 1109, rkr). Auch → § 6 Rn. 50 ff.

181 **4. Nachträgliche Anschaffungskosten, § 17 IIa 2, 3. – a) Begriff; persönliche und zeitliche Anwendung. – *(1)* Begriff.** Nachträgl AK iSd § 17 IIa 3 sind insb (dh nicht abschließend) offene und verdeckte Einlagen (Nr 1; → Rn. 183); Verluste durch Darlehensausfall (Nr 2; → Rn. 187) und der Ausfall von Bürgschaftsregressforderungen sowie vergleichbarer Forderungen (Nr 3; → Rn. 192), wenn diese in den Fällen der Nr 2 und Nr 3 gem S 4 (→ Rn. 192), gesellschaftsrechtl veranlasst ausgereicht oder stehen gelassen wurden. Zur Entstehung → Rn. 164. – ***(2)* Persönliche Anwendung.** § 17 IIa 3 gilt für alle iSd § 17 relevant beteiligten Stpfl, unabhängig davon, ob die Beteiligung an einer inl oder ausl KapGes besteht (*LfSt Nds* DB 20, 2607). Der insolvenzrechtl Status als Kleinanleger (§ 39 I Nr 5, § 39 IV InsO InsO hat keine nachteiligen Folgen mehr (*BMF* BStBl I 22, 897, Rn. 7; → Rn. 188).

182 ***(3)* Zeitliche Anwendung. – *(a)* Realisation nach dem 31.7.19.** Nach **§ 52 XXVa 1** ist § 17 IIa zwingend für Veräußerungen, Auflösungen iSv § 17 I, IV oder V **nach dem 31.7.19** anzuwenden. Unerhebl ist der Zeitpunkt der Darlehensgewährung (grds zutr *BMF* BStBl I 22, 897 Rn. 32: in allen offenen Fällen, → § 20 Rn. 257; zweifelhaft ist die dortige Nichtbeanstandungsregelung, s *Levedag* GmbHR 22, 1001). – ***(b)* Realisation vor dem 1.8.19; Antrag.** Auf Antrag sind gem **§ 52 XXVa 2** die § 17 IIa 1–4 auch für Realisationsvorgänge gem § 17 I, IV, V anzuwenden (*BMF* BStBl I 22, 897 Rn. 33, 34). Dieses unbefristete Wahlrecht fällt **nicht unter § 175 I Nr 2 AO** (*Levedag* GmbHR 24, 37 (37 f)); zur Korrektur bestandskräftiger ESt-Bescheide mit widersprechendem Verlustabzug gem § 20 II Nr 7 greift uU § 174 II AO. – ***(c)* Realisation vor dem 1.8.19; kein Antrag.** Wird *kein* Antrag gem § 52 XXVa 2 gestellt, gilt der normspezifische AK-Begriff zu § 17 aF kraft „Richterrechts“ wie eine gesetzl Übergangsregelung (BFH IX R 36/15, BStBl II 19, 508; BFH IX R 9/18, BStBl II 20, 490; BFH IX R 12/23, BStBl II 25, 13 mit Anm *Levedag* GmbHR 24, 1106; *BMF* BStBl I 19, 257 iVm *BMF* BStBl I 22, 897 Rn. 35). Unter diesen fallen Ges'terDarlehen oder Bürgschaften, die **bis einschließl 27.9.17** iSd alten Rspr eigenkapitalersetzend ausgereicht oder stehen gelassen wurden. Ausfall- und Verzichtsverluste aus nach dem 31.12.08 begründeten Darlehen können auch iRd § 20 II 2 iVm § 20 II Nr 7 ggf als Verluste abgezogen werden (zur Subsidiarität → § 20 Rn. 257).

183 **b) Offene und verdeckte Einlagen, § 17 IIa 3 Nr 1. – aa) Einlagen.** Nachträgl AK sind gem § 17a II 3 Nr 1 iHd gemeinen Werts des eingelegten WG offene und verdeckte Einlagen in die KapGes. Sie müssen die handels, bilanz- und steuerrechtl Voraussetzungen des Einlagebegriffs erfüllen; Abs 2a S 4 ist unerhebl (*BMF* BStBl I 22, 897 Rn. 3). – Zu **offenen Einlagen** → Rn. 166, 168. – **Verdeckte Einlagen** sind echte Vermögensmehrungen oder Minderungen von Passivposten bei der KapGes (s iEinz zu den Voraussetzungen und weiteren Rechtsfolgen bei der KapGes (Einlagekonto) → § 6 Rn. 861 ff) und zur verdeckten Einlage von Anteilen als **Veräußerung iSv § 17 I 2** → Rn. 89 ff – Zu **disquotalen Einlagen** → Rn. 198; zu **mittelbaren Einlagen** → Rn. 193.

184 **aa) Formen verdeckter Einlagen. Verdeckte Einlagen sind zB: – *(1)* Nachschüsse** iSv §§ 26–28 GmbHG; Zuschüsse in die Kapitalrücklage (BFH IX R 36/15, BStBl II 19, 208; *BMF* BStBl I 22, 897 Rn. 4); – ***(2)*** die Wiederauffüllung des Vermögens **iRe wirtschaftl Neugründung** (BFH VIII R 22/22, BStBl II 25, 575). **– *(3)*** die **Rückzahlung** einer offenen **(Vorab-)Gewinnausschüttung** ohne rechtl oder tatsächl Verpflichtung (BFH VIII R 82/91, BStBl II 94, 561); – ***(4)*** die **Rückzahlung einer vGA** (zB BFH VIII R 7/99, BStBl II 01, 173); – ***(5)* Einlagen zur Sicherheitenablösung** (→ Rn. 197) und **Schuldübernahmen** einer

GesSchuld durch den Ges'ter (BFH VIII R 36/97, BFH/NV 01, 761); – ***(6)* Verzicht auf Ges'terForderungen.** Grds verdeckte Einlage und stbarer Zufluss iHd werthaltigen Teils (zB Tantiemen; Zinsen); aber für den wertlosen Teil außerhalb einer Ges'terFinanzierungshilfe kein Fall des § 17 IIa S 3 (→ Rn. 185), sondern nur des § 20 II Nr 7, § 20 II 2. – ***(7)* Versorgungszusagen.** Die durch das GesVerhältnis veranlasste Abfindung [Übertragung RückdeckungsVers] einer unverfallbaren Berufsunfähigkeitszusage löst für den Ges'ter eine vGA (Abfindung) sowie eine verdeckte Einlage samt Lohnzufluss gem § 19 I 1 Nr 1 iHd werthaltigen Teils der Zusage aus (FG Köln EFG 24, 1899, rkr). Gleiches gilt bei einer solchen Abfindung einer Pensionszusage (BFH I R 38/05, BFH/NV 06, 1515; BFH I R 89/12, BStBl II 14, 729; BFH I R 28/13, BStBl II 14, 726; FG Ddorf EFG 25, 1032, rkr). – ***(8)* Anschaffungsnebenkosten.** Bei Kostenübernahme durch Ges'ter für Erwerb einer Enkel-Beteiligung der Tochter-Ges bej *Ettinger* EStB 25, 269 ff. – **Keine verdeckten Einlagen** sind zB: – ***(1)*** die **Umgliederung** einer freien Gewinnrücklage in eine zweckgebundene Rücklage (BFH IX R 7/17, BStBl II 19, 213), – ***(2)*** die Gewährung eines **zinslosen Ges'terDarlehens** (BFH GrS 2/86, BStBl II 88, 348), – ***(3)*** die **Hingabe und Inanspruchnahme** aus einer **Bürgschaft** (BFH VIII R 9/98, BStBl II 99, 817), – ***(4)*** der **betriebl veranlasste Verzicht** auf eine **Pensionszusage** (BFH VIII R 17/23, DStR 25, 2952).

185 **bb) Forderungsverzicht; Rangrücktritt bei Finanzierungshilfen.** – ***(1)*** Der **Verzicht auf eine Ges'terFinanzierungshilfe** (insb Darlehen) mit und ohne Besserungsschein ist iHd werthaltigen Teils im Verzichtszeitpunkt eine verdeckte Einlage (BFH GrS 1/94, BStBl II 98, 307; BFH VIII R 18/16, BStBl II 20, 833; BFH VIII R 8/22, DStR 25, 256; *BMF* BStBl I 22, 897 Rn. 5). – ***(a)* Wertbestimmung.** Maßgebl ist der Verzichtszeitpunkt. Die Forderung ist noch zT werthaltig, wenn stille Reserven vorhanden sind und der Verzicht einen nicht durch EK gedeckten Fehlbetrag beseitigt (iEinz *Förster* DStR 23, 1041 (1045) mwN). – ***(b)* Behandlung:** – ***(aa)* werthaltiger Teil.** *beim Ges'ter:* nachträgl AK; *bei der KapGes* Einlage (Erhöhung Einlagekonto); – ***(bb)* wertloser Teil.** *beim Ges'ter:* Unter dem normspezifischen AK – Begriff gem § 17 II aF (→ Rn. 182) führen eigenkapitalersetzend *hingegebene* Darlehen iHd Nennwerts auch iRd Verzichts zu nachträgl AK (BFH VIII R 8/22, DStR 25, 256, vertiefend *Levedag* GmbHR 25, 373); *stehen gelassene* Darlehen nur, soweit der TW im Krisenzeitpunkt > 0 € ist (→ Rn. 188). IRd § 17 IIa fällt der wertlose Teil stets unter § 17 IIa 3 Nr 2 (zutr *BMF* BStBl I 22, 897 Rn. 25) und idR auch unter § 20 II Nr 7 (BFH VIII R 18/16, BStBl II 20, 833; BFH VIII R 8/22, DStR 25, 256). IEinz → Rn. 190, 195. – ***(cc)* KapGes:** stpfl Wegfallgewinn iHd Nennwerts (→ § 5 Rn. 671), es sei denn, § 3a greift (→ § 3a Rn. 26). – ***(2)* Besserungsschein.** Im *Verzichtszeitpunkt* wie bei *(1);* der Eintritt des Besserungsfalls wirkt nicht zurück. Zum Besserungsfall auch → Rn. 196. Zum Verh zu § 20 II Nr 7, § 20 II 2 → Rn. 195, → § 20 Rn. 184. – ***(3)* Rangrücktritt iSd § 5 IIa.** Nachträgl AK entstehen iZm einem Rangrücktritt iHd werthaltigen Teils nur, wenn die Ges'terForderung aufgrund § 5 IIa (keine zul Tilgungen aus sonstigem freiem Vermögen) einem Passivierungsverbot unterliegt (→ § 5 Rn. 315; BFH IX R 36/15, BStBl II 19, 208; *BMF* BStBl I 22, 897 Rn. 5). Zum Wegfall des Passivierungsverbots → Rn. 196.

187 **c) Darlehensverluste, § 17 IIa 3 Nr 2.** – **aa) Voraussetzungen.** – ***(1)* Gesellschaftsrechtliche Veranlassung, § 17 II 4.** → Rn. 194. – ***(2)* Darlehensverlust.** Er tritt bei vollständigem oder teilw Ausfall der Forderung ein. Der **Zeitpunkt der Darlehenshingabe** ist für die Einbeziehung in die nachträgl AK unerhebl. – Zur **Realisation** des Darlehensverlusts mit Uneinbringlichkeit der Forderung s iEinz *BMF* BStBl I 22, 897 Rn. 24 (endgültiger Ausfall; Abschluss Insolvenz- oder Liquidationsverfahren, früher bei Masseunzulänglichkeit oder vermögensloser Ges, s auch zu § 17 IV → Rn. 220 ff).

bb) Umfang der nachträglichen Anschaffungskosten. IRd normspezifischen AK-Begriffs zu § 17 aF (→ Rn. 182 *(c)*) ist zw einer durch das GesVerh veranlassten Hingabe und dem erst so veranlassten Stehenlassen zu differenzieren. S zur Abgrenzung *BMF* BStBl I 10, 832; BFH IX R 36/15, BStBl II 19, 208 mwN: – ***(1)* Krisendarlehen:** Hingabe des Darlehens in der Krise: AK iHd Ausfallbetrags (Nennbetrags). – ***(2)* Krisenbestimmtes Darlehen.** – ***(a)*** aufgrund vertragl Krisenbestimmung vor Kriseneintritt (zB Rangrücktritt mit Kündigungsverzicht): AK iHd Ausfallbetrags (Nennbetrags) und – ***(b)*** anders bei Darlehen mit gesetzl Nachrang gem § 39 I, § 135 InsO und § 6 AnfG: Krisenbestimmung wird mit Beginn des jeweiligen Anfechtungszeitraums fingiert (*Ausnahme:* Kleinanlegerprivileg; → Rn. 181): AK iHd TW zu Beginn des jeweiligen Anfechtungszeitraums. – ***(3)* Finanzplandarlehen.** Zum Begriff zB BFH X R 8/16, BStBl II 18, 426: „gesplitteten Einlage"; BFH IX R 9/18, BStBl II 20, 490 führt zu AK iHd Ausfallbetrags (Nennbetrags). – ***(4)* Unverzinsliches Darlehen.** Bei Darlehen iSv von *(1)* bis *(3)* AK nur iHd Barwerts, soweit § 12 III BewG greift. – ***(5)* Stehen gelassenes Darlehen.** Darlehen, das vor dem jeweiligen insolvenzrechtl Anfechtungszeitraum oder Krisenbeginn ausgereicht wurde: AK iHd TW bei Kriseneintritt (idR 0 €). – ***(6)* Bürgschaften.** Zu Regressansprüchen aus hingegebenen/stehen gelassenen Bürgschaften und zur Höhe der AK s BFH IX R 2/22, DStR 23, 1882; BFH IX R 3/23, BFH/NV 24, 180; bei ratierl Inanspruchnahme ggf AK nur iHd Barwerts (BFH VIII R 32/96, BFH/NV 99, 922; BFH IX R 34/12, BStBl II 13, 378). 188

IRd § 17 IIa ist das *„soweit"* in § 17 IIa 3 Nr 2 von zentraler Bedeutung. Es bewirkt iZm dem Merkmal der „Krise" in § 17 IIa 4 eine gegenständl, zeitl und betragsmäßige Abgrenzung der nachträgl AK. In der Folge ist an den in → Rn. 188 dargestellten Unterscheidungen grds festzuhalten (BFH IX R 21/21, BStBl II 24, 169 mit Anm *Levedag* GmbHR 24, 37 (42)). *BMF* BStBl I 22, 897 Rn. 11 ff stuft zutr bei **Krisendarlehen, krisenbestimmten Darlehen und Finanzplandarlehen** weiterhin den Ausfallbetrag (Nennbetrag) als nachträgl AK ein. 189

***(1)* Ausgefallene stehen gelassene Darlehen** können (weiterhin) nur iHd **TW** im Zeitpunkt der Krise zu nachträgl AK (BFH IX R 21/21, BStBl II 24, 169; *BMF* BStBl I 22, 897, Rn. 11 ff) werden. Die Wertminderung der Forderung von der Ausreichung des Darlehens bis zur Krise liegt außerhalb des § 17 IIa 3 Nr 2 und kann nur unter § 20 II Nr 7 fallen. Können aufgrund eines TW des Darlehens bei Kriseneintritt iHv 0 € keine nachträgl AK entstehen (quasi „Nichtanwendbarkeit" des § 17 IIa 3 Nr 2), können nur stbare Verluste gem § 20 II Nr 7 entstehen (*BMF* BStBl I 22, 897 Rn. 17, Beispiel; **aA,** die sich nicht durchgesetzt hat, *Levedag* GmbHR 21, 14 (19)). – ***(2)* Forderungsverzicht auf ein stehen gelassenes Darlehen.** → Rn. 185. Der werthaltige Teil im Verzichtszeitpunkt ist eine Einlage iSd § 17 IIa 3 Nr 1. Eine Wertminderung zw dem nicht getilgten Betrag iHd Nennwerts und dem TW des Restbetrags bei Kriseneintritt fällt nur unter § 20 II Nr 7 und eine Wertminderung zw dem TW bei Kriseneintritt und dem Verzichtszeitpunkt unter § 20 II Nr 7 und § 17 IIa 3 Nr 2 (mE zutr *BMF* BStBl I 22, 897 Rn. 18, 25). Die Einordnung auch des Verlusts zw dem TW bei Kriseneintritt und dem Verzichtszeitpunkt zu § 17 IIa 3 Nr 2 ist allerdings noch nicht durch den BFH geklärt (vertiefend *Levedag* GmbHR 24, 37 (43)). – ***(3)* Subsidiarität** → Rn. 195. 190

e) Ausfall von Bürgschaftsregress- und vergleichbaren Forderungen, § 17 IIa 3 Nr 3. Nachträgl AK gem § 17 IIa 3 Nr 3 iZm einer **Bürgschaft** entstehen nur, soweit die Hingabe oder das Stehenlassen der Bürgschaft (in der Krise) gem S 4 gesrechtl veranlasst ist (ebenso *BMF* BStBl I 22, 897 Rn. 20; → Rn. 188, 194). Erst der Ausfall des Bürgenregressanspruchs (§ 774 BGB) gegen die Ges oder ein Verzicht auf diesen führt zu nachträgl AK (→ Rn. 185 *(7)* mwN); zur Höhe → Rn. 188 *(5)*. Zu **vergleichbaren Forderungen** BFH IX R 80/06, BStBl II 08, 577; BFH VIII R 36/97, BFH/NV 01, 761. Zu § 20 II Nr 7 → § 20 Rn. 184. 192

f) Drittfinanzierungshilfen. – ***(1)* Darlehen; Bürgschaften** eines Dritten an die oder zugunsten der KapGes lösen bei Ausfall des Rückzahlungsanspruchs oder Bürgenregressanspruchs als **Drittaufwand** keine nachträgl AK des Ges'ters aus (BFH VIII R 3/99, BFH/NV 01, 23). Eine im Innenverhältnis zum Dritten bestehende Er- 193 satzverpflichtung des Ges'ters kann bei tatsächl Durchführung aber zu nachträgl AK des Ges'ters führen (BFH VIII R 22/92, BStBl II 01, 385; BFH IX R 37/11, BStBl II 12, 487). AK des Ges'ters entstehen auch bei der Mittelzuwendung Dritter an ihn mit der Auflage, diese einzulegen (Binnewies GmbHR 26, 102 f; ggf ist § 7 VIII 1 ErbStG erfüllt – BFH II R 1/23, DStR 25, 2771). – ***(2)*** **Mittelbare verdeckte Einlagen** eines Ges'ters iRd § 17 IIa 3 Nr 1 sind unmittelbare Leistungen Dritter an die KapGes zugunsten des Ges'ters für dessen (wirtschaftl) Rechnung ohne eigenwirtschaftl Interessen des Dritten (BFH VIII R 62/93, BStBl II 01, 234; FG RhPf DStRE 04, 132, rkr).

194 **5. Gesellschaftsrechtliche Veranlassung; Krise, § 17 IIa 4.** – ***(1)*** **Begriff.** Sie ist nach S 4 „regelmäßig" gegeben, wenn ein fremder Dritter das Darlehen oder Sicherungsmittel bei sonst gleichen Umständen zurückgefordert oder nicht gewährt hätte (BT-Drs 19/13436, 111). Verluste aus fremdübl Darlehen, Bürgschaften fallen nicht unter § 17 IIa. Erforderl ist ein **Fremdvergleich** mit Finanzierungshilfen eines Dritten (nicht zwingend einem Kreditinstitut) bei **Kriseneintritt.** S zu den Kriterien *BMF* BStBl I 22, 897 Rn. 8 f. – ***(2)*** **Krise.** Diese liegt vor, wenn ein fremder Dritter der KapGes keinen Kredit mehr zu marktübl Bedingungen gewähren würde und das Unternehmen ohne Kapitalzufuhr liquidiert werden müsste; die Insolvenzreife ist nicht erforderl (BFH IX R 9/18, BStBl II 20, 490). Das Merkmal der **Krise** hat Bedeutung – ***(a)*** für die Unterscheidung zw Hingabe und Stehen Lassen der Finanzierungshilfe/Bürgschaft und – ***(b)*** die für die Fremdvergleichsprüfung zeitl maßgebl Umstände. – ***(3)*** **Darlehens- und Bürgschaftstypen:** S 4 knüpft grds an die früheren Fallgruppen an (→ Rn. 188 ff; *BMF* BStBl I 22, 897, Rn. 11 ff). Die Begriffe des gesrechtl veranlasst *hingegebenen* **Krisendarlehens, Finanzplandarlehens** sind unverändert. Ein **krisenbestimmtes Darlehen** verlangt laut *BMF* eine vertragl Krisenbestimmung vor der Krise; die rechtl Bindungen gem § 135 InsO, § 6 AnfG und die Anfechtungszeiträume sind aber unerhebl. **Stehen gelassene Darlehen** sind sämtl bei Beginn der Krise nicht abgezogenen Darlehen. – Zur auch iRd S 4 relevanten Unterscheidung zw Regressansprüchen aus einer Krisenbürgschaft, krisenbestimmten Bürgschaft, Finanzplanbürgschaft und stehen gelassenen **Bürgschaft** → Rn. 188; *Ott* DStR 24, 73 (77); *Deutschländer* NWB 22, 2288 (2291), *ders* NWB 23, 2829.

195 **6. Konkurrenz zu § 20 II Nr 7; § 20 II 2 (§ 20 VIII 1). § 20 VIII 1** ist nur von Bedeutung, wenn nach den in → Rn. 184 bis 194 aufgezeigten Grundsätzen für *denselben Verlust(teil)* eine Überschneidung zw § 17 II aF/IIa und § 20 II Nr 7 besteht (BFH IX R 2/22, DStR 23, 1882). Die Zuordnung zu den nachträgl AK hat materiell-rechtl gem § 20 VIII 1 Vorrang vor einem Verlustabzug iRd § 20 II Nr 7, jedoch keine zeitl Sperrwirkung bei Realisation der Verluste in unterschiedl VZ (BFH VIII R 8/22, DStR 25, 256): Werden für denselben Verlust *in demselben VZ* der Tatbestand gem § 17 I, IV, V verwirklicht und ein Verlust gem § 20 II Nr 7 realisiert, hat die Zuordnung zu den nachträgl AK der Beteiligung Vorrang und wird der Verlustabzug gem § 20 II Nr 7 verdrängt. Wird der Verlust gem § 20 II Nr 7 *in einem früheren VZ* realisiert, ist er dort aber (zunächst) abzugsfähig. Die Einbeziehung des Verlusts als nachträgl AK iRd § 17 in einem späteren VZ hat dann *VZ-übergreifend* Vorrang. Der Abzug iRd § 20 II Nr 7 im früheren VZ ist nachträgl zu korrigieren, soweit verfahrensrechtl mögl (vertiefend *Levedag* GmbHR 25, 373; laut *BMF* BStBl I 22, 897 Rn. 34 greift ggf § 174 II AO). S iEinz → § 20 Rn. 257 ff.

196 **7. Minderung von Anschaffungskosten.** – ***(1)*** **Einlagenrückgewähr.** Auskehrungen aus dem steuerl Einlagenkonto iSv § 27 KStG mindern die AK (→ Rn. 198 *(3);* iEinz → Rn. 230). – ***(2)*** **Besserungsfall.** Die Wiedereinbuchung der Verbindlichkeit ggü dem Ges'ter löst bei der KapGes für den werthaltigen Teil im Verzichtszeitpunkt (→ Rn. 185) eine negative Einlage und Minderung des Einlagekontos aus; für den Ges'ter mindern sich die zunächst gem § 17 IIa S 3 Nr 1 ent-

standenen AK (iEinz *Förster* DStR 23, 1041 (1046); *Ott,* DStR 23, 1569 ff). – ***(3)*** **Darlehenstilgung.** Gleiches gilt, wenn ein gem § 5 IIa teilw werthaltiges ausgebuchtes Darlehen (→ Rn. 185) aus künftigen Gewinnen getilgt wird.

8. Optimierung der Anschaffungskosten. IRd sog **einlagenfinanzierten Tilgung** werden Ges'terDarlehen oder -sicherheiten abgelöst, indem die Ges'ter (ggf disquotal) Bareinlagen leisten. Aufgrund der verdeckten Einlage iSd § 17 IIa 3 Nr 1 entstehen nachträgl AK iHd Nennwerts der Einlage (→ Rn. 184). Im Vergleich zum hypothetischen Ausfall/Verzicht wird hierdurch die Bildung geringerer nachträgl AK iRd § 17 IIa 3 Nr 2, Nr 3 vermieden und das Entstehen von nur gem § 20 VI 2 beschr verrechenbaren Verlusten (§ 20 II 2, II Nr 7 iVm § 32d II Nr 1 Buchst b) verhindert (→ Rn. 190, 195). Dies ist kein Missbrauch gem § 42 AO, wenn die Einlage tatsächl geleistet wird und nicht zurückfließt (BFH IX R 5/15, BStBl II 19, 194; *BMF* BStBl I 22, 897 Rn. 4; auch FG Mchn EFG 10, 462, rkr). – **Krit** sind Gestaltungen, in denen die Einlage bei der KapGes nicht dem Gläubigerzugriff unterliegt (FG Ddorf EFG 22, 722, Rev I R 11/22: Verrechnungskonten), zur Aufrechnung wechselseitiger Ansprüche ähnl FG Bln-Bbg EFG 10, 1671, rkr. S zum Ganzen *Nürnberg* NWB 22,1984; *Ott* DStZ 23, 566; *Striefler* DStR 23, 2129; *Förster* DStR 23,1041 (1048); *OFD Ffm* DStR 19, 1820 mwN. – Um iRe Ges'terVerzichts möglichst hohe Einlagen iSv § 17 IIa S 3 Nr 1 (→ Rn. 185) leisten zu können, kann **gestaffelt** auf Teilbeträge der Ges'terForderung verzichtet werden, um den Restbetrag jeweils (wieder) werthaltiger zu machen (*Gänsler* Ubg 13, 154). 197

9. Zuordnung von Anschaffungskosten; § 17 II, IIa 5. – ***(1)*** **Selbständigkeit.** 198
Es sind jedem Anteil **dessen tatsächl AK** zuzuordnen, sofern diese feststellbar sind; der Ges'ter hat die Dispositionsbefugnis, welchen Anteil mit welchen AK er veräußern will (→ Rn. 53; BFH VIII R 52/02, BStBl II 04, 556; zu Stückaktien BFH IX R 18/19, BFH/NV 20, 867 mwN: keine Durchschnittsbewertung; zur Girosammelverwahrung von Aktien mit nur gattungsmäßig bestimmbaren Anteilen aber Durchschnittswert BFH IX R 45/12, BStBl II 14, 577; EStR 17 V 3; FG Köln EFG 15, 1604, rkr). – ***(2)*** **Disquotale Einlagen.** Bei Beteiligung **naher Angehöriger** an der KapGes sind AK dem Ges'ter der Höhe nach nur anteilig zuzuordnen (NdsFG EFG 12, 1927, rkr; *Schulze-Osterloh* BB 18, 427). AK aus disquotalen Einlagen unter Fremden sind ohne Abrede allein dem leistenden Ges'ter zuzuordnen (str; wie hier mE BFH IX R 5/15, BStBl II 19, 194; *Ott* DStR 21, 897 (899); *Crezelius* FS Mayer (2020), 185 ff). Die Einlagen können in der Satzung geregelten gesellschafterbezogenen KapRücklagen zugeordnet werden; auch die schuldrechtl Zuordnung kann uU ausreichen (BFH II R 40/21, BStBl II 25, 412; BFH II B 43/24 (AdV), BStBl II 25, 703 zu § 7 VIII 1 ErbStG; ErbStR 7.5 XI 14). Zur Einlagenrückgewähr → Rn. 230. – ***(3)*** **Einlagekonto; Umwandlung.** Leistungen aus dem **steuerl Einlagekonto** mindern die AK verschiedener Anteile einer Beteiligung nach dem Verh der einzelnen Anteile zur Gesamtbeteiligung des Ges'ters am Stammkapital (*OFD Ffm* DStR 21, 2241: keine Tilgungsbestimmung mögl; **aA** *Binnewies ua* GmbHR 23, 1289 (1307): beteiligungsbezogene Ermittlung). – Nachträgl AK aus einer **Sperrfristverletzung** gem § 22 UmwStG entstehen dem Einbringenden (s *BMF* BStBl I 25, 92 Rn. 22.10, 22.16, 22.43). – ***(4)*** **Kapitalerhöhung.** Bei Erwerb neuer Anteile unterhalb des tatsächl Werts (dh Wertminderung der Alt- zugunsten der Neuanteile), mindern sich die AK der Altanteile und gehen iRd Gesamtwertmethode zT auf die neuen Anteile über. Sie sind den neuen Anteilen konkret zuzuordnen (BFH IV R 27/97, BStBl II 99, 638; BFH IX R 36/01, BStBl II 06, 12).

Ein iRe Kapitalerhöhung gezahltes **Aufgeld (Agio)** war vor **Geltung des § 17 IIa 5** ausschließl dem neu erworbenen Anteil als AK zuzuordnen (BFH IX R 12/22, BStBl II 22, 964). Der Gesetzgeber will **durch § 17 IIa 5** als spezifischer Missbrauchsvorschrift daran anknüpfende Verlustgestaltungen verhindern (BT-Drs 19/13436, 111; *Ott* DStR 20, 313 (317)). – § 17 IIa 5 ist mE zur Vermeidung von Doppelerfassungen nicht auf Realisationstatbestände iSd § 17 I, IV, V (→ Rn. 181: anders § 17 IIa 199

1–4) nach dem 31. 7. 19, sondern auf die Einzahlungen (dh offene und verdeckte Einlagen iSd § 17 IIa 3 Nr 1) nach diesem Stichtag anzuwenden (**aA** *Ott* GStB 23, 456; *BeckOK EStG* § 17 Rn. 526a.2).

200 **Gem § 17 IIa 5** sind die Einzahlungen (mE auch Sacheinlagen, zweifelnd *BeckOK EStG* § 17 Rn. 526a.2) oberhalb des Nennbetrags des Anteils (**Aufgelder** iRe Überpari-Emission; Nachschüsse) **gleichmäßig** [nach dem Verhältnis des jeweiligen Anteils am Nennkapital zur gehaltenen Gesamtbeteiligung] auf die gesamten Anteile der Beteiligung des StPfl an der KapGes (einschließl etwaiger iRe Kapitalerhöhung geschaffener neuer Anteile) zu verteilen. – Verteilt wird nur die Einzahlung/das Aufgeld, iÜ bleiben den Anteilen die bisherigen AK zugeordnet und werden die unter § 17 IIa 5 fallenden AK nicht auch danach erworbenen Anteilen zugeordnet (dh keine volle Durchschnittsbewertung). Es spricht mE viel für eine teleologische Reduktion von § 17 IIa 5 auf Fälle, in denen die Einzahlung tatsächl eine Wertverschiebung auslöst (*Pitzal/Thor* DStR 22, 1403 (1406); glA *Littmann* § 17 Rn. 281n). – § 17 IIa 5 findet keine Anwendung, wenn Anteile nach UmwStE 2025 *BMF* BStBl I 25, 92 Rn. 20.09 zurückbehalten werden (→ Rn. 23).

VI. Freibetrag, § 17 III

201 **1. Freibetrag, Umfang.** – ***(1)* Inhalt.** Abs 3 enthält einen abschmelzenden **Freibetrag.** Der Freibetrag ist unabhängig von Lebensalter oder Berufsunfähigkeit des Veräußerers zu gewähren. Die StBefreiung ist über § 8 I KStG auch für Körperschaften ohne BV anwendbar (→ Rn. 6; KStR 8.1 I, II 4). – ***(2)* Gewinn.** Der Teil des Gewinns, der nach Anwendung der § 3 Nr 40 S 1 Buchst c, § 3c II 1 *stpfl* ist (→ Rn. 160), kann zusätzl gem Abs 3 stfrei sein (EStR 17 IX). – *Nicht* gelten soll der Freibetrag iRd § 17 IV infolge einer stpfl Einlagenrückgewähr (FG LSA EFG 24, 563, rkr). Dies ist wegen der Veräußerungsfiktion für sämtl Tatbestände des Abs 4 zweifelhaft (glA *Littmann* § 17 Rn. 332). Der gem § 17 III stfreie Gewinn gehört nicht zu den Einkünften iSv § 2 I und fällt auch nicht unter § 32b.

202 **2. Berechnung; Abschmelzung.** Ob und in welcher Höhe der stpfl Teil des Gewinns gem Abs 3 stbefreit ist, bestimmt sich nach dem Verhältnis des Nennwerts der veräußerten Anteile zum Nennkapital der KapGes. Werden sämtl Anteile (100%) veräußert, beträgt der Freibetrag 9 060 €; wird nur ein Teil veräußert, zB eine 50%ige Beteiligung, beläuft er sich auf 4 530 €. Der Freibetrag von 9 060 € bzw des entspr Teils hiervon verringert sich wiederum um den Betrag, um den der Veräußerungsgewinn den Teil von 36 100 € übersteigt, der dem veräußerten Anteil an der KapGes entspricht (Abs 3 S 2).

Beispiele: Bei einer 100%-Veräußerung verringert sich der Freibetrag von 9 060 € bei einem (stpfl) Gewinn zw 36 100 € und 45 160 € (maximaler Gewinn) kontinuierl um den 36 100 € übersteigenden Betrag; bei 40 000 € Gewinn beträgt der Freibetrag nur noch 5160 €. – Beläuft sich der Gewinn aus der Veräußerung eines 75%-Anteils auf 30 000 €, beträgt der Freibetrag maximal (75% vom 9 060 € =) 6795 €. Zudem ist er auf den Betrag begrenzt, zu dem der Gewinn 75% von 36 100 €, also 27 075 € übersteigt. Der Freibetrag beträgt also 6 795 € – (30 000 ./. 27 075) = 3 870 €.

203 Veräußert der StPfl Anteile *verschiedener* KapGes in demselben VZ, ist der Freibetrag für jede dieser Veräußerungen gesondert anwendbar. Veräußert der StPfl im selben VZ mehrmals Anteile *derselben* KapGes, gilt dies mE ebenfalls (*Littmann* § 17 Rn. 288 f; *BeckOK EStG* § 17 Rn. 440.1; **aA** → 44. Aufl. 2025, § 17 Rn. 203). Dies folgt aus dem anteilsbezogenen Wortlaut, zudem mindert sich der Freibetrag iRd Abschmelzung ab der zweiten Veräußerung.

VII. Veräußerungsgleiche Ersatztatbestände, § 17 IV

1. Normzweck. Einer Veräußerung gleichgestellt sind gem § 17 IV 1 Auskehrungen inl und ausl Ges (BFH VIII R 44/90, BFH/NV 93, 597; BFH I R 11/85, BStBl II 89, 794) an den Anteilseigner aus – ***(1)*** der **Auflösung** einer KapGes (→ Rn. 216), – ***(2)*** der **Herabsetzung und Rückzahlung des Nennkapitals** (→ Rn. 226) und – ***(3)*** aus **dem steuerl Einlagekonto** iSd § 27 KStG (→ Rn. 230). Die Gleichstellung dieser (Ersatz-)Tatbestände mit einer Veräußerung ist gerechtfertigt, weil auch bei ihnen stille Reserven in den Anteilen auf der Ebene der Anteilseigner realisiert werden können. – Zur Ermittlung der Einkünfte gem Abs 4 iVm § 17 II ist das **Teileinkünfteverfahren** anzuwenden (→ Rn. 160, BFH IX R 3/23, BFH/NV 24, 280; BFH IX R 19/13, BStBl II 14, 682; → § 3c Rn. 11). – Der **Freibetrag** gem § 17 III ist mE für alle fiktiven Veräußerungen iSd Abs. 4 anwendbar (→ Rn. 201).- Ein Verlust iSd Abs 4 kann nur unter den weiteren Voraussetzungen des **§ 17 II 6** abgezogen werden (→ Rn. 144). – Zu **Veranlagung;** Verlustvortrag gem § 10d → Rn. 12; zu Beschränkungen gem. § 2a I Nr 4, 7 Buchst c → Rn. 5. 206

2. Herausnahme der unter § 20 fallenden Auskehrungen, § 17 IV 2, 3. – a) Rückausnahme. Eine Rückausnahme zu → Rn. 206 besteht, soweit die Auskehrung zu KapErträgen iSv § 20 I Nr 1 (auch vGA) und Nr 2 führt **(§ 17 IV 3).** Insoweit besteht eine Verknüpfung mit der in § 28 I 3, II 2–4 KStG geregelten Verwendung des steuerl Einlagekontos. KapErträge, die iZm den genannten Vorgängen erzielt werden, gehören **nicht zum Veräußerungspreis iSd § 17 IV.** Dies gilt auch bei entspr Vorgängen ausl KapGes (→ § 20 Rn. 73 ff). 207

b) Auflösung und Liquidation. – aa) Inlandsgesellschaften. S *BMF* BStBl I 03, 434 Rn. 12 ff: – ***(1)*** **Nennkapital,** das iRd Auflösung/Liquidation an den Ges'ter ausgekehrt wird, verringert gem § 28 II 2 Hs 1 KStG zunächst einen vorhandenen Sonderausweis iSv § 28 I 3 KStG (aus einer KapErhöhung aus Gesellschaftsmitteln). IHd verrechneten Betrags erzielt der Ges'ter gem § 20 I Nr 2 S 2 KapErträge, die iRd § 17 IV gem S 3 nicht einzubeziehen sind. Ein den Sonderausweis übersteigender Betrag (fehlt dieser, der gesamte Nennkapitalrückzahlungsbetrag) ist dem steuerl Einlagekonto gutzuschreiben und gilt sogleich als verwendet (BFH I R 31/13, BStBl II 16, 411), was grds zur betragsgleichen Minderung des Einlagekontos führt (§ 28 II 2 Hs 2 iVm S 3 KStG: technische Durchschleusung des Stammkapitals). Soweit das Einlagekonto verwendet wird, werden keine Einkünfte gem § 20 I Nr 2 (s § 20 I Nr 1 S 3) erzielt. Der nach Verrechnung mit dem Sonderausweis ausgekehrte Teil des Nennkapitals geht in den Veräußerungspreis gem § 17 IV S 2 ein. – ***(2)*** **Negatives Einlagekonto, § 28 II 4 KStG.** Ist das steuerl Einlagekonto ausnahmsweise negativ, wird der nach § 28 II 3 KStG dem Einlagekonto gutgebrachte Betrag des Nennkapitals zu dessen Ausgleich verwendet. Der nicht aus dem Einlagekonto finanzierte Teil der Nennkapitalrückzahlung ist gem § 20 I Nr 2 S 2 KapErtrag. Er gehört nicht zum Veräußerungspreis (§ 17 IV 2, 3). – ***(3)*** **Rücklagen; Gewinne.** Diese Auskehrungen können zwar grds Leistungen aus dem steuerl Einlagekonto sein (§ 27 I 3 KStG). Soweit sie das Einlagekonto übersteigen, handelt es sich aber um KapErträge gem § 20 I Nr 2 S 1, 2, die nicht zum Veräußerungspreis gehören (§ 17 IV 3). Soweit das Einlagekonto als verwendet gilt und keine stbaren KapErträge vorliegen (§ 20 I Nr 1 S 3), geht der Betrag in den Veräußerungspreis iSd § 17 IV 2 ein. 209

bb) Auslandsgesellschaften. – ***(1)*** **EU-Kapitalgesellschaften.** Es gilt → Rn. 209 entspr, da ein steuerl Einlagekonto geführt und punktuell festgestellt werden kann (§ 27 VIII 2). Ohne Feststellung werden ab VZ 2023 für die Nennkapitalherabsetzung und die weiteren Auskehrungen gem § 27 VIII 3, 9, § 28 iVm § 34 X KStG KapErträgen gem § 20 I Nr 1 fingiert (*BMF* BStBl I 16, 468; mE unionsrechtl bedenkl, s BFH VIII R 14/20, DStR 21, 2396). § 17 IV kommt gem S 3 nicht zur 210

Anwendung. – *(2)* **DrittstaatenGes.** Ab VZ 2023 werden DrittstaatenGes den EU/EWR-Ges gleichgestellt, dh bei fehlender Feststellung Anwendung der § 27 VIII 3, 9, § 28 iVm § 34 X KStG: Fiktion ausschließl laufender KapErträge besteuert (BT-Drs 20/4729, 161). Zur Rechtslage bis Ende VZ 2022 → § 20 Rn. 67; *BMF* BStBl I 22, 647: auf Antrag auch bei EWR-Ges; → 42. Aufl 2023, § 17 Rn. 213a.

212 **c) Teilweise Kapitalherabsetzung. – aa) Inlandsgesellschaften.** Die in → Rn. 209 beschriebene Behandlung des Nennkapitals ist auch hier zu beachten: Der Herabsetzungsbetrag ist vorrangig mit einem etwaigen **Sonderausweis gem § 28 I 3 KStG** zu verrechnen. Ein übersteigender Betrag wird dem steuerl Einlagekonto gutgeschrieben und mindert dieses sogleich (§ 28 II 2–4 KStG, iEinz *BMF* BStBl I 03, 366, Rn. 37 ff). Die Minderung des Sonderausweises führt bei Auskehrung des Herabsetzungsbetrags zu Einkünften gem § 20 I Nr 2 S 2 und ist kein Teil des Veräußerungspreises (§ 17 IV 2, 3). Der den Sonderausweis übersteigende (bei dessen Fehlen der gesamte) Herabsetzungsbetrag erhöht und mindert das steuerl Einlagekonto **(§ 28 II 2 Hs 2 iVm S 3 KStG),** dh insoweit liegen keine stbaren Einkünfte gem § 20 I Nr 2 S 2 (§ 20 I Nr 1 S 3) vor, sondern gehört der Betrag zum Veräußerungspreis gem § 17 IV 2. Im Sonderfall des § 28 II 4 KStG (→ Rn. 209) entstehen Einkünfte gem § 20 I Nr 1 S 2.

213 **bb) Auslandsgesellschaften. Ab VZ 2023** ist wegen der Streichung von § 7 II, § 8 III KapErhStG (JStG 2022, BGBl I 22, 2294) das Vorliegen einer Nennkapitalherabsetzung gesondert (punktuell) festzustellen (§ 27 VIII KStG). Hierbei ist → Rn. 212 entspr anzuwenden. Bei fehlender gesonderter Feststellung: Fiktion von KapErträgen gem § 27 VIII 9 KStG mit Verdrängung von § 17 IV. Zur Rechtslage **bis VZ 2022** → 42. Aufl 2023, § 17 Rn. 214 und → 43. Aufl 2024, § 17 Rn. 213 zu Drittstaaten-KapGes.

215 **d) Auskehrungen aus dem Einlagekonto. Auskehrungen aus dem steuerl Einlagekonto** außerhalb einer Auflösung/Liquidation oder Kapitalherabsetzung gehören bei **inl KapGes** und entspr Feststellung des Einlagekontos nur zum Veräußerungspreis iSv § 17 IV 1, da Leistungen einer inl und ausl KapGes, für die das steuerl Einlagekonto als verwendet gilt (§ 27 I 3–5 KStG) stbare KapErträge gem § 20 I Nr 1, Nr 2 ausschließen (→ § 20 Rn. 65 ff); § 17 IV 3 greift nicht. – **Ab VZ 2023** werden für alle **ausl Ges** bei fehlender punktueller Feststellung gem § 27 VIII S 9 KStG aber lfd KapErträge fingiert (BT-Drs 20/4729, 160 f). Ob der Anteilseigner eine gesonderte punktuelle Feststellung beantragen kann, ist str (vern NdsFG EFG 25, 1436, Rev VIII R 13/25). Zur unterschiedl Behandlung von *EU-Ges* und *DrittstaatenGes* bis Ende des VZ 2022 → 42. Aufl. 2023, § 17 Rn. 215. – Zu Auskehrungen aus dem Einlagekonto iZm der **organschaftl Einlagelösung** s § 27 VI 2 KStG *Rödder ua* Ubg 23, 49 (51 f); → § 3 Rn. 136. – Auskehrungen aus dem Einlagekonto können ferner iRd § 6 AStG zum Wegfall der Stundung (→ Rn. 17) und iRd § 22 I S 6 Nr 3; § 22 II S 6 UmwStG zu **Sperrfristverletzungen** führen (→ Rn. 24).

216 **3. Einzelfragen zur Auflösung. – a) Gesellschaftsrecht.** Wesentl Tatbestandsmerkmal ist die **Auflösung** der KapGes (BFH IX R 38/16, BFH/NV 18, 721; *OFD Ffm* BeckVerw 512817), die zB mit dem (formlosen) Auflösungsbeschluss bewirkt wird (BFH VIII R 18/94, BStBl II 99, 344). Für **inl KapGes** ergeben sich die Auflösungsgründe aus § 262 AktG (AG), bei der GmbH aus §§ 60–62 GmbHG (zB Eröffnung des Insolvenzverfahrens, BFH VIII R 46/91, BFH/NV 94, 364) und §§ 1, 2 LöschG (Ablehnung eines Insolvenzantrags mangels Masse; Löschung im HR mangels Vermögen; BFH I R 318–319/83, BStBl II 87, 310; FG Köln EFG 13, 1323, rkr). – An die Auflösung schließt sich idR die Abwicklung (**Liquidation** oder iRe **Insolvenzverfahrens**) an (§ 264 AktG; §§ 60, 70 GmbHG; dazu FG RhPf EFG 02, 1166, rkr; zur Abwicklung durch Insolvenz FG Ddorf EFG 22, 1286, rkr). Diese endet mit der Verteilung des Vermögens an die Ges'ter (§ 271 AktG; § 72 GmbHG).

Auflösung und Erlöschen der Firma sind (deklaratorisch) in das HR einzutragen (§ 263 AktG; § 65 GmbHG; § 31 HGB; § 394 I 2 FamFG). Damit „stirbt" die KapGes als juristische Person, ihre Firma erlischt (Beendigung). Noch keine Auflösung iSv § 17 IV ist die bloße Betriebseinstellung (BFH VIII R 328/84, BFH/NV 90, 361).

b) Ermittlung des Auflösungsgewinns. Der Auflösungs-(Liquidations-)Gewinn oder -Verlust iSv § 17 IV ist nach **§ 17 II** zu ermitteln (BFH VIII R 81/91, BStBl II 94, 162). Er ist die Differenz zw dem gemeinen Wert (§ 9 I BewG) des ausgekehrten, zurückgezahlten Vermögens der KapGes ohne die den vorrangigen Kap-Erträgen gem § 20 I Nr 1, Nr 2 zuzuordnenden Beträge (→ Rn. 209) und den (ursprüngl, nachträgl) AK iSd Abs 2a nebst Veräußerungskosten **(§ 17 IV 2).** Zum Teileinkünfteverfahren/Freibetrag → Rn. 206. – Zur KapGes s § 11 KStG. 217

aa) „Veräußerungspreis". Das **zugeteilte Vermögen** (→ Rn. 217) kann aus Geld oder sonstigen WG bestehen, auch aus selbst geschaffenen immateriellen WG (BFH I R 11/85, BStBl II 89, 794). Die Nichteinziehung einer Forderung der KapGes gegen den Ges'ter ist noch keine Zuteilung von Vermögen (BFH IX R 28/14, DStR 15, 2489: erst das tatsächl Erlöschen). – Maßgebl für die *Bewertung* ausgekehrter WG mit dem gemeinen Wert (§ 9 BewG) ist der Zeitpunkt, zu dem der Gewinn bzw Verlust entsteht (→ Rn. 220 ff; BFH IX R 28/14, DStR 15, 2489). Während des Liquidationszeitraums erzielte Gewinne werden Teil des zu verteilenden Vermögens. Ihre Zuordnung zu § 17 IV oder zu § 20 I Nr 1 iVm § 17 IV 3 hängt vom Umfang des Einlagekontos ab (→ Rn. 209). 218

bb) Abzugsposten. Abzuziehen vom gemeinen Wert des dem StPfl zugeteilten Vermögens ist neben evtl vom Anteilseigner persönl getragenen **Auflösungskosten** (BFH VIII R 23/92, BFH/NV 94, 459; FG RhPf EFG 02, 1166, rkr) der Betrag der **AK** (einschließl der nachträgl AK iSd § 17 IIa). 219

cc) Zeitpunkt. – ***(1)* Auflösungsgewinn.** Der **Gewinn entsteht** zw gesrechtl Auflösung (frühester Zeitpunkt) und Löschung im HR (spätester Zeitpunkt); sobald nach den GoB ein Gewinn realisiert wäre, dh nicht erst bei tatsächl Auskehrung (BFH VIII R 23/92, BFH/NV 94, 459; BFH IX R 28/14, DStR 15, 2489; BFH IX R 7/19, BFH/NV 20, 675; so auch für BV-Anteile BFH VIII R 7/03, BStBl II 09, 772). Es muss iRd Stichtagsbetrachtung (→ Rn. 109) feststehen, in welcher Höhe mit einer Zuteilung von GesVermögen zu rechnen ist sowie welche nachträgl AK und Aufgabekosten anfallen (**Beendigung der Abwicklung;** BFH VIII R 46/98, BFH/NV 00, 561). Allg ist dies der Zeitpunkt, zu dem gesrechtl der Anspruch auf Auszahlung eines Abwicklungsguthabens entsteht (ähnl BFH VIII R 87/89, BStBl II 93, 340). 220

Der Zeitpunkt der Zuteilung des Vermögens wird idR identisch sein mit dem **Abschluss der Liquidation** und Übergang des wirtschaftl Eigentums an den WG auf die Ges'ter (BFH VIII R 36/00, BStBl II 02, 731; BFH VIII R 7/03, BStBl II 09, 772). Er kann davor liegen, wenn die Auskehrung hinausgezögert wird, obwohl sie durchführbar ist; das Vermögen ist hier bereits „zugeteilt". Abschlagszahlungen (Liquidationsraten) sind zu dem Zeitpunkt zu erfassen, zu dem der Veräußerungsgewinn steuerl entsteht, nicht im Zuflussjahr. Auch im Fall einer **Nachtragsliquidation** ist maßgebl Zeitpunkt derjenige, in dem mit einer Auskehrung von GesVermögen an den Ges'ter und mit einer wesentl Änderung der durch die Beteiligung veranlassten Aufwendungen nicht mehr zu rechnen ist (BFH IX R 47/13, BStBl II 14, 786; *OFD Ffm* DStR 15, 758). S zusammenfassend BFH IX B 12/23, BFH/NV 24, 196. 221

***(2)* Auflösungsverlust.** Ein **Auflösungsverlust** entsteht, wenn die Auskehrungen abgewickelt sind und die nachträgl AK feststehen (BFH VIII R 48/12, BStBl II 15, 270), idR **mit** dem **Abschluss der Liquidation** (BFH IX R 38/16, BFH/NV 18, 721). Er ist schon davor realisiert, wenn der Ges'ter nicht mehr mit Zuteilungen und Rückzahlungen aus dem GesVermögen rechnen kann (BFH 222

IX R 7/19, BFH/NV 20, 675; BFH IX B 6/15, BFH/NV 16, 1014; BFH IX R 41/14, BFH/NV 16, 385). Indizien hierfür sind keine aktive Geschäftstätigkeit der Ges mehr, entspr Angaben in Bilanz, kein AV, keine Vorräte (BFH IX R 100/07, BFH/NV 09, 561). – **Faustformel:** Die Höhe der nachträgl AK sowie der Auflösungs- oder Veräußerungskosten muss aus der Ex-ante-Sicht feststehen (BFH IX R 9/14, BFH/NV 15, 666): S auch *OFD Ffm* BeckVerw 512817 und zusammenfassend BFH IX B 12/23 BFH/NV 24, 196.

223 **(3) Insolvenzverfahren.** Bei **Eröffnung** des Verfahrens ist der Auflösungsverlust idR erst mit dessen Abschluss [spätestens mit Löschung der Ges im HR] realisiert (BFH IX R 24/15, BStBl II 17, 1155; BFH VIII R 63/98, BStBl II 00, 343; BFH VIII R 20/84, BStBl II 85, 428; FG Hmb EFG 01, 1445, rkr), dh nicht vor der Schlussverteilung, sofern noch Vermögen vorhanden ist (FG Köln EFG 97, 407, rkr), nicht bei lfd Steuerprüfung (BFH VIII R 36/00, BStBl II 02, 731), nicht bei mögl Zwangsvergleich (BFH VIII B 199/03, BFH/NV 05, 1772). – Ausnahmsweise wird der Verlust früher realisiert, wenn er sicher feststeht (BFH IX R 37/11, BStBl II 12, 487; BFH IX R 7/19, BFH/NV 20, 675; FG Ddorf, EFG 22, 1286, rkr). – Bei **Ablehnung der Eröffnung** ist der Verlust mit dem entspr Beschluss realisiert (BFH IX R 38/16, BFH/NV 18, 721), es sei denn, dass die Höhe der nachträgl AK noch nicht feststeht (BFH IX B 90/14, BFH/NV 15, 493; FG Mster EFG 22, 325, rkr zu schwebendem Bürgschaftsprozess). S auch *OFD Ffm* BeckVerw 512817 und zusammenfassend BFH IX B 12/23, BFH/NV 24, 196.

226 **4. Einzelfragen zur teilweisen Herabsetzung und Rückzahlung des Kapitals. – a) Gesellschaftsrecht.** – ***(1)*** **Auskehrung des Kapitals.** Bei einer *gesrechtl* Herabsetzung des Nennkapitals (§§ 222, 228 AktG; § 58 GmbHG) dürfen nur Teile des bisherigen Grund- oder Stammkapitals zurückgezahlt werden (anders als im Fall der Auflösung (→ Rn. 209)). § 17 IV 1 erfasst die **Auskehrung** der den Ges'tern gebührenden Herabsetzungsbeträge (BFH I R 31/91, BStBl II 93, 369). Zur ausl Ges → Rn. 213 – ***(2)*** Eine **nominelle Kapitalherabsetzung** zum Ausgleich einer Unterbilanz ohne Auskehrung von GesVermögen (zB §§ 58a ff GmbHG) wird von § 17 IV 1 nicht erfasst (zB *Maser/Sommer* GmbHR 96, 22). – ***(3)*** Der **Erwerb eigener Anteile** ist auf der Ges-Ebene zwar wie eine KapHerabsetzung zu behandeln; fällt beim der Ges'ter aber unter § 17 I oder § 17 I 2, nicht aber § 17 IV (→ Rn. 32; → § 6 Rn. 872; auch *BMF* BStBl I 13, 1615).

227 **b) Zeitpunkt.** Der Veräußerungs-(Herabsetzungs-)gewinn oder -verlust entsteht mit Eintragung der Kapitalherabsetzung ins HR oder mit *vorheriger* Auskehrung des GesVermögens (BFH VIII R 72/70, BStBl II 76, 341).

228 **c) Ermittlung des Herabsetzungsgewinns.** – ***(1)*** **Veräußerungspreis bei Kapitalherabsetzung.** Das ist „der gemeine Wert des dem StPfl … zurückgezahlten Vermögens der KapGes" (§ 17 IV 2). Ein Rückzahlungsbetrag, der gesrechtl auf **eigene Anteile der Ges** entfällt, gehört nicht zum „Veräußerungspreis", sondern ist sonstiger Bezug iSv § 20 I Nr 1 (BFH I R 31/91, BStBl II 93, 369). Wird **vor handelsrechtl Wirksamkeit der Kapitalherabsetzung** zurückgezahlt, ist eine vGA (§ 17 IV 3 iVm § 20 I Nr S 2) gegeben, es sei denn, die Beteiligten haben bereits alles unternommen, was zur Herbeiführung der Wirksamkeit erforderl ist (BFH VIII R 69/93, BStBl II 95, 725). – Zu dem nicht in § 17 IV 2 einzubeziehenden, sondern gem § 17 IV 3 vorrangig § 20 I Nr 2 oder der vGA zuzuordnenden Teil des Herabsetzungsbetrags → Rn. 212 f. – ***(2)*** **Verrechnung mit Anschaffungskosten.** Der Veräußerungspreis (s *(1)*) ist mit den AK zu verrechnen, der übersteigende Betrag ist Gewinn iSd § 17 IV (BFH VIII R 69/93, BStBl II 95, 725). – ***(3)*** **Teileinkünfteverfahren/Freibetrag.** → Rn. 206. – ***(4)*** **Korrektur eines fehlerhaft festgestellten Einlagekontos.** S zur gezielten KapErhöhung mit anschließender Kapitalherabsetzung BFH VIII R 41/23, DStR 25, 1203.

5. Sonstige Auskehrungen aus dem Einlagekonto. – ***(1)*** **Anwendungsbereich.** Auskehrungen unter Verwendung des steuerl Einlagekontos (§ 27 I 3–5, VIII KStG iVm § 20 I Nr 1 S 3) gehören zu den nur unter § 17 IV fallenden Bezügen (→ Rn. 207). Dies gilt nunmehr bei inl und ausl KapGes (→ Rn. 215). – ***(2)*** **Gewinnermittlung.** Soweit das Einlagekonto für eine Leistung verwendet wird, mindern die Auskehrungen einkommensneutral die (ursprüngl und nachträgl) AK bis auf 0 € (anders iRd § 20 II Nr 1, dort ggf negative AK – *BMF* BStBl I 23, 742 Rn. 92). Soweit die Auskehrung die AK der Anteile übersteigt, entsteht ein gem § 17 IV iVm § 17 II ein stpfl Gewinn (BFH IX R 24/12, BStBl II 13, 484; FG BW DStRE 16, 321). Zur Verrechnung der Einlagenrückgewähr bei **Anteilen mit unterschiedl AK** → Rn. 198. – Zum **Teileinkünfteverfahren/Freibetrag** → Rn. 206. – ***(3)*** **Disquotale Einlagen** erhöhen die AK nur des Ges'ters, der sie leistet (→ Rn. 198), kommen aber dem Einlagekonto der KapGes zugute und werden durch die Auskehrungen von allen Ges'tern verbraucht. S dazu *Schiffers* DStZ 23, 256 (265). 230

VIII. Sitzverlegung als Veräußerungsvorgang, § 17 V

1. Tatbestand; Rechtsfolgen. – ***(1)*** **Tatbestand.** § 17 V 1 besteuert als Entstrickungstatbestand (BT-Drs 16/2710, 29) die (identitätswahrende) Verlegung des Sitzes (iSd § 11 AO) oder Orts der Geschäftsleitung (iSd § 10 AO) einer inl KapGes iSd § 1 I Nr 1 KStG oder dieser vergleichbaren ausl KapGes (oder Genossenschaft, s Abs 7) aus Deutschland/einem anderen Staat in einen anderen Staat, wenn dies nach dem EStG (§ 17, § 49 I Nr 2 Buchst e) oder nach einem DBA zu einer Beschränkung oder Ausschluss des dt Besteuerungsrechts für die *Anteile* führt. Zu Ausschluss/Beschränkung des dt Besteuerungsrechts → § 4 Rn. 244 ff. Da die Sitz- oder Geschäftsleitungsverlegung erforderl ist, fällt eine DBA-Änderung (passive Entstrickung) nicht unter Abs 5. Bei zivilrechtl Auflösung der KapGes infolge der Sitz-/Geschäftsleitungsverlegung (zB bei inl KapGes) ist Abs 4 vorrangig (glA *Littmann* § 17 Rn. 392; *BeckOK EStG* § 17 Rn. 587 f). – ***(2)*** **Rechtsfolgen; Abgrenzung.** Abs 5 S 1 fingiert für unbeschr und beschr stpfl Anteilseigner die Veräußerung des Anteils (§ 17, § 49 I Nr 2 Buchst e) im Zeitpunkt bestimmter Sitz- (Ausnahmen: Abs 5 S 2) und allen Fällen der Geschäftsleitungsortsverlegung. Veräußerungspreis ist iRd Abs 2 der gemeine Wert des Anteils (§ 11 BewG). Zur KapGes s § 12 I KStG. Zum Vorrang ggü § 6 AStG → Rn. 18. 240

2. Ausnahmen. Keine Veräußerung wird gem § 17 V 2 fingiert bei der Sitzverlegung (nicht Geschäftsleitungsortsverlegung!) aus Deutschland/einem EU-Mitgliedsstaat in einen anderen EU-Mitgliedstaat von – ***(1)*** einer Europäischen Ges nach Art 8 VO EG Nr. 2157/2001 (wie bei § 4 I 5, → § 4 Rn. 250) und ***(2)*** jeder anderen KapGes inl Rechtsform (*BeckOK EStG* § 17 Rn. 593). Die Anteile bleiben aber steuerverstrickt (Abs 5 S 3). Eine spätere Anteilsveräußerung wird ungeachtet eines DBA (treaty override wie bei § 15 Ia, → § 15 Rn. 155) gem § 17 oder gem § 49 I Nr 2 Buchst e besteuert. Gem § 17 V 4 iVm § 15 Ia 2 lösen auch dessen entspr anzuwendende Ersatzrealisationstatbestände die spätere Besteuerung aus (→ § 15 Rn. 156). 241

IX. Einbringungsverbundene und einbringungsgeborene Anteile, § 17 VI

1. Normzweck; Entwicklung. – ***(1)*** **Normzweck.** Abs 6 enthält *erstens* Regelungen zur Veräußerung von Anteilen, die aus einer Einbringung iSd §§ 20–23 UmwStG 2006 idF des SEStEG (BGBl I 06, 2782; Geltung für Vorgänge ab dem 13.12.06, s § 27 I UmwStG) stammen (sog **einbringungsverbundene Anteile**) und *zweitens* mit Wirkung ab dem VZ 2025 aufgrund der Änderungen im JStG 2024 (BGBl I 24 Nr 387) Regelungen zur Veräußerung **einbringungsgeborener An-** 245

teile iSv § 21 UmwStG aF, die unter Geltung des UmwStG 1995/2003 (idF StVergAbG, BGBl I 03, 660) entstanden sind. § 21 UmwStG aF war **bis Ende VZ 2024** lex specialis zu § 17 (BFH VIII R 40/89, BStBl II 94, 222; *BMF* BStBl I 98, 268, Rn. 21.02; anders nur, wenn die Anteile zuvor kraft Antrags gem § 21 II 1 Nr 1 UmwStG aF entstrickt worden waren (BFH IX R 58/05, BStBl II 08, 872; EStH 17 (2)]). **Ab VZ 2025** verlieren die bis Ende VZ 2024 entstandenen einbringungsgeborenen Anteile ihren besonderen Status. – Die Regelungen in Abs 6 sollen mittels einer Fiktion (→ Rn. 249) verhindern, dass es zur stfreien Veräußerung einbringungsverbundener und -geborener Anteile kommen kann (BT-Drs 16/2710, 29). – ***(2)* Rechtsänderungen.** Gem § 27 III Nr 2 S 1 UmwStG idF des JStG 2024 (BGBl I 24 Nr 387) ist § 21 UmwStG aF für einbringungsgeborene Anteile nach dem 31.12.24 nicht mehr anzuwenden; gem § 27 III 2 UmwStG nF sind § 20 III 4, § 21 II 6 UmwStG (idF SEStEG BGBl I 06, 2782) letztmals anzuwenden, wenn eine Sacheinlage oder ein Anteilstausch unter Einbeziehung einbringungsgeborener Anteile vor dem 1.1.25 erfolgte. Bis Ende VZ 2024 anwendbar sind auch § 52 IVd 16 iVm § 3 Nr 40 S 3, 4 aF (siebenjährige Sperrfrist für das Teileinkünfteverfahren) und § 27 IV UmwStG (Vorrang der alten Sperrfrist vor § 22 UmwStG). Siehe zum Ganzen BFH X R 5/22, DStRE 25, 1351; UmwStE 2025 *BMF* BStBl I 25, 92 Rn. 27.03 bis 27.08, S. 01; zum BV Rn. 05.12 und → § 15 Rn. 438 f.

246 **2. Keine relevante Beteiligung im Veräußerungszeitpunkt.** Im Zeitpunkt einer **Veräußerung der Anteile iSd § 17 I, IV, V** darf der Veräußerer innerhalb des vorhergehenden Fünfjahreszeitraums **nicht** unmittelbar oder mittelbar zu 1% am nominellen Kapital der KapGes (→ Rn. 62 ff, 74, 82 ff) beteiligt sein (**§ 17 VI HS 1;** *BMF* BStBl I 25, 92 Rn. 27.03, 27.07, 27.08). Ist er im Veräußerungszeitpunkt relevant beteiligt, ist die Veräußerung der einbringungsverbundenen und nach dem 31.12.24 aufgrund des Statuswechsels auch der -einbringungsgeborenen Anteile gem § 17 I, IV, V iRd Teileinkünfteverfahrens (→ Rn. 160) stpfl, ohne dass es auf Abs 6 ankommt.

247 **3. Einbringungsbezogener Anteilserwerb. – a) Notwendiger Bezug; Wertansatz.** Der Veräußerer muss erhaltene Anteile gem **Abs 6 HS 2 Nr 1** aufgrund eines Einbringungsvorgangs iSd UmwStG in eine KapGes erworben haben, bei dem der BW oder ein Zwischenwert zum Ansatz kam und diese veräußern. Für Anteile aus einer Verschmelzung/Spaltung von KapGes iRd UmwStG 2006 gilt die Fiktion des Abs 6 daher nicht. Hier greift bei Absinken der Beteiligung unter die 1%-Grenze vor der Veräußerung uU die Fußstapfentheorie (§ 13 II 3 UmwStG, iEinz → Rn. 21). Für spaltungsgeborene und derivative (mitverstrickte) einbringungsgeborene Anteile iSv § 21 UmwStG 1995/2003 (s dazu BMF BStBl I 98, 268 Rn. 21.14) gilt die Fiktion in Abs 6 mE daher ebenfalls nicht. – Zur Veräußerung durch einen unentgeltl Rechtsnachfolger des Einbringenden → Rn. 250.

248 **b) Relevante Einbringungen. – *(1)* Anteilstausch, Abs 6 HS 2 Nr 2 Alt 1.** *Erhaltene Anteile* aus einem qualifizierten Anteilstausch gem § 21 I 2 UmwStG 2006 (sonst kein Ansatzwahlrecht → Rn. 22) und einbringungsgeborene Anteile iSv § 21 UmwStG aF fallen unter Abs 6, wenn der Einbringende im Einbringungszeitpunkt oder innerhalb des Fünfjahreszeitraums davor hinsichtl der eingebrachten Anteile iSv „§ 17 I 1" beteiligt war. Dies ist iRd UmwStG 2006 stets eine Beteiligung am Kapital iHv 1%. Für die einbringungsgeborenen Anteile iSv § 21 UmwStG aF ist mE unklar, ob im Einbringungsstichtag stets eine Beteiligung iHv 1% genügt (so wohl *BeckOK EStG* § 17 Rn. 603) oder ob die Beteiligungsanforderung VZ-bezogen (→ Rn. 70, 71) für den damaligen Stichtag zu erfüllen ist. Erfasst sind mE auch derivative einbringungsgeborene Anteile, die gem § 20 III 4, 21 II 6 UmwStG aF iRe Anteilstauschs von bestehenden einbringungsgeborenen Anteilen erworben wurden. S *BMF* BStBl I 11, 1314, Rn. 27.06–27.11 und → Rn. 245 mwN zur Geltung bis Ende VZ 2024). – ***(2)* Sacheinlage, Abs 6 HS 2 Nr 2, Alt 2.** Beruhen Anteile auf einer

Einbringung von BV (einschließl des Formwechsels) gem § 20, § 25 UmwStG 2006 oder einer Option gem § 1a KStG oder handelt es sich um einbringungsgeborene Anteile iSv § 21 UmwStG aF (vgl *BMF* BStBl I 11, 1314 Rn. 20.38–20.40, 27.03–27.07 und → Rn. 245 mwN; *BeckOK EStG* § 17 Rn. 598.2), greift Abs 6 ebenfalls, wobei es iRd Alt 2 auf eine Mindestbeteiligung zum Einbringungsstichtag nicht ankommt.

4. Rechtsfolgen. Abs 6 **fingiert** für nicht relevante Anteile im Veräußerungszeitpunkt (→ Rn. 246) unter den Voraussetzungen in → Rn. 247, 248 grds unbefristet, dass es sich um „§ 17-Anteile" handelt. Die Fiktion erstreckt sich auf sämtl Regelungen, die an die Existenz von Anteilen iSd § 17 I 1 anknüpfen, einschließl des Teileinkünfteverfahrens (→ Rn. 160). Damit fallen einbringungsgeborene Anteile iSv § 21 UmwStG aF ab 2025 auch unter § 6 AStG (krit *Roser* GmbHR 24, 1021 (1023 ff)); zuvor galt § 21 II 1 Nr 2 UmwStG aF iVm § 27 III 1 Nr 2 UmwStG (dazu UmwStE 2025 *BMF* BStBl I 25, 92 Rn. 27.13, S 01). Ist Abs 6 nicht erfüllt, ist aber § 20 II Nr 1 für einbringungsverbundene Anteile zu prüfen; für einbringungsgeborene Anteile kann die Norm allenfalls bei einem Erwerb nach dem 31.12.08 iRe Folgeumwandlung greifen. 249

Übernimmt ein Rechtsnachfolger **unentgeltl Anteile** < 1% am Kapital, die der Fiktion des Abs 6 unterliegen, greifen mE die allg Regeln, dh nach Ablauf von 5 Jahren seit dem unentgeltl Erwerb endet die Verstrickung (→ § 17 Rn. 95; *Littmann* § 17 Rn. 429)). Die unbefristete Verstrickung des Abs 6 trifft nur den Einbringenden selbst. Die gilt mE für Veräußerungen nach dem 31.12.24 für zuvor unentgeltl übertragene einbringungsgeborene Anteile iSd § 21 UmwStG aF gleichermaßen. 250

Sind die unter Abs 6 fallenden *einbringungsverbundenen Anteile,* welche auf einer Sacheinlage unter dem UmwStG 2006 beruhen, zusätzl **gem § 22 UmwStG 2006** sperrfristverhaftet, ist beim Ges'ter *neben* der Veräußerung iRd § 17 I, VI rückwirkend auf den Einbringungsstichtag gem § 22 I UmwStG ein Einbringungsgewinn I iVm § 16 zu besteuern, der die AK iRd Veräußerung gem § 17 erhöht (iEinz → Rn. 24 *(3)*); zum Einbringungsgewinn II → Rn. 24 *(4)*). Bei *einbringungsgeborenen Anteilen* iSd § 21 UmwStG aF greift aufgrund des Statuswechsels zu verstrickten Anteilen iSd § 17 VI (UmwStE 2025 *BMF* BStBl I 25, 92 Rn. 27.03 bis 27.08) ab dem 1.1.25 nur noch die Besteuerung gem § 17 I, IV, V. Nach dem 31.12.24 können für diese Anteile aufgrund von Folgeumwandlungen Sperrfristen gem § 22 UmwStG 2006 entstehen. 251

X. Anteile an Genossenschaften, § 17 VII

Gem § 17 VII gelten als Anteile iSd § 17 I 1 auch Anteile an einer Genossenschaft (§ 1 I Nr 2 KStG einschließl der Europ Genossenschaft). § 17 VII verletzt das verfrechtl Rückwirkungsverbot nicht (BFH IX R 19/21, BStBl II 24, 43). Zum Einsatz von (Familien-)Genossenschaften *Kowanda* ErbStB 23, 120 (149, 187 = Teil 1 bis 3); *Haßberger* ZEV 23, 69; *Werner* ZErb 23, 206, *BayLfSt* DStR 25, 1163. 253

Genossenschaftsanteile sind Geschäftsanteile an einer Genossenschaft (vgl § 7a GenG), die den Erwerb oder die Wirtschaft ihrer Mitglieder oder deren soziale oder kulturelle Belange durch einen gemeinschaftl Geschäftsbetrieb fördert (§ 1 GenG). – IRd des Abs 7 müssen die allg Voraussetzungen der Stbarkeit gem Abs 1 S 1 (Beteiligungsgrenze; Fünfjahreszeitraum) oder Abs 1 S 4 erfüllt sein (glA *BeckOK EStG* § 17 Rn. 609). – Eine Veräußerung ist auch die Kündigung des Geschäftsguthabens (§ 65 GenG, vgl BFH IX R 5/18, BStBl II 21, 335). – Zum Begriff der AK s bei § 17 IIa; § 3 KapErhStG findet keine Anwendung (BFH IX R 19/21, BStBl II 24, 43). 254

c) Selbständige Arbeit (§ 2 Absatz 1 Satz 1 Nummer 3)

§ 18 [Einkünfte aus selbständiger Arbeit]

(1) **Einkünfte aus selbständiger Arbeit sind**

1. Einkünfte aus freiberuflicher Tätigkeit. [2]Zu der freiberuflichen Tätigkeit gehören die selbständig ausgeübte wissenschaftliche, künstlerische, schriftstellerische, unterrichtende oder erzieherische Tätigkeit, die selbständige Berufstätigkeit der Ärzte, Zahnärzte, Tierärzte, Rechtsanwälte, Notare, Patentanwälte, Vermessungsingenieure, Ingenieure, Architekten, Handelschemiker, Wirtschaftsprüfer, Steuerberater, beratenden Volks- und Betriebswirte, vereidigten Buchprüfer, Steuerbevollmächtigten, Heilpraktiker, Dentisten, Krankengymnasten, Journalisten, Bildberichterstatter, Dolmetscher, Übersetzer, Lotsen und ähnlicher Berufe. [3]Ein Angehöriger eines freien Berufs im Sinne der Sätze 1 und 2 ist auch dann freiberuflich tätig, wenn er sich der Mithilfe fachlich vorgebildeter Arbeitskräfte bedient; Voraussetzung ist, dass er auf Grund eigener Fachkenntnisse leitend und eigenverantwortlich tätig wird. [4]Eine Vertretung im Fall vorübergehender Verhinderung steht der Annahme einer leitenden und eigenverantwortlichen Tätigkeit nicht entgegen;

2. Einkünfte der Einnehmer einer staatlichen Lotterie, wenn sie nicht Einkünfte aus Gewerbebetrieb sind;

3. Einkünfte aus sonstiger selbständiger Arbeit, z. B. Vergütungen für die Vollstreckung von Testamenten, für Vermögensverwaltung und für die Tätigkeit als Aufsichtsratsmitglied;

4. Einkünfte, die ein Beteiligter an einer vermögensverwaltenden Gesellschaft oder Gemeinschaft, deren Zweck im Erwerb, Halten und in der Veräußerung von Anteilen an Kapitalgesellschaften besteht, als Vergütung für Leistungen zur Förderung des Gesellschafts- oder Gemeinschaftszwecks erzielt, wenn der Anspruch auf die Vergütung unter der Voraussetzung eingeräumt worden ist, dass die Gesellschafter oder Gemeinschafter ihr eingezahltes Kapital vollständig zurückerhalten haben; § 15 Absatz 3 ist nicht anzuwenden.

(2) **Einkünfte nach Absatz 1 sind auch dann steuerpflichtig, wenn es sich nur um eine vorübergehende Tätigkeit handelt.**

(3) **[1]Zu den Einkünften aus selbständiger Arbeit gehört auch der Gewinn, der bei der Veräußerung des Vermögens oder eines selbständigen Teils des Vermögens oder eines Anteils am Vermögen erzielt wird, das der selbständigen Arbeit dient. [2]§ 16 Absatz 1 Satz 1 Nummer 1 und 2 und Absatz 1 Satz 2 sowie Absatz 2 bis 4 gilt entsprechend.**

(4) **[1]§ 13 Absatz 5 gilt entsprechend, sofern das Grundstück im Veranlagungszeitraum 1986 zu einem der selbständigen Arbeit dienenden Betriebsvermögen gehört hat. [2]§ 15 Absatz 1 Satz 1 Nummer 2, Absatz 1a, Absatz 2 Satz 2 und 3, §§ 15a und 15b sind entsprechend anzuwenden.**

Einkommensteuer-Richtlinien: EStR 18.1–18.3, EStH 18.1–18.3.

Übersicht Rn.

I. Allgemeines

1. Inhalt; Systematik; Rechtsentwicklung. § 18 regelt drei Arten selbständiger, **nicht** der **GewSt** unterliegender Einkünfte: – ***(1)*** die **freiberufl Tätigkeit** (§ 18 I Nr 1), – ***(2)*** die Tätigkeit als **Einnehmer einer staatl Lotterie** (§ 18 I Nr 2) und – ***(3)* sonstige selbständige Tätigkeit** (§ 18 I Nr 3). – § 18 ist Teil der Vorschriften, die die Erzielung von Einkünften auf Grund einer Tätigkeit erfassen (§§ 13–19). Mit den Einkünften aus LuF und GewBetr (§§ 13–17) stimmt sie darin überein, dass eine selbständige und für eigene Rechnung ausgeübte Tätigkeit vorausgesetzt wird und dass die Einkünfte als Gewinn ermittelt werden. Wie bei den Einkünften aus nichtselbständiger Arbeit (§ 19) kommt es für die Einkünfte aus selbständiger Arbeit vor allem auf die **persönl Arbeitsleistung** und weniger auf den Einsatz von BV an. Von den Einkünften aus **gelegentl Arbeit** nach § 22 Nr 3 unterscheidet sich die selbständige Tätigkeit dadurch, dass bei ihr wenigstens gem § 18 II eine **vorübergehende** – wenn auch auf Wiederholung gerichtete – **Tätigkeit** ausreicht. – **Rechtsentwicklung** bis 2003 → 23. Aufl 2004, § 18 Rn. 2; Zu WagnisKapGes (§ 18 I Nr 4) → Rn. 280 ff; zu StStundungsmodellen (§ 18 IV 2) s § 15b; zur Sitzverlegung einer SE/SCE (§ 18 IV 2 nF) s § 15 Ia. 1

2. Bedeutung; Rechtsfolgen der Einkunftsart. ESt: Buchführungserleichterung (→ Rn. 156); kein StAbzug wie bei § 19; keine StFreiheit nach § 3b für Sonntags-, Feiertags- und Nachtarbeitszuschläge (BFH IV R 339/84, BStBl II 87, 625; → § 3b Rn. 1) oder nach § 3 Nr 45 für private PC-Nutzung (BFH XI R 50/05, BStBl II 06, 715); AfA auf derivativen Praxiswert (→ Rn. 200). – **Inl/Ausl:** zu internationalen Sozietäten → Rn. 43; **beschr StPfl:** StAbzug/Veranlagungswahlrecht/StFreistellung gem §§ 49 I Nr 3, 50, 50a (s dort); zu § 32b (Progressionsvorbehalt) s BFH I R 66/15, BFH/NV 17, 726; **DBA/OECD-MA:** Art 7, 14 aF, 16 f OECD-MA; BFH I R 50/14, BStBl II 17, 247 (LLP/Anwälte); BFH I R 62/16, IStR 19, 32 (Chorsänger); BFH I R 44/16, DStR 18, 2681 (Lichtdesigner); BFH I R 42/20, IStR 24, 489 mit Anm: DBA-Freistellung gem „BS-Modell" iVm § 50d X aF; *BMF* BStBl I 14, 1258; SBV/Sondervergütung gem § 50d X 7 Nr 2 nF; Einkunftsberichtigung gem § 1 IV AStG. – Keine **GewSt**-Pflicht (Ausnahme § 18 III UmwStG; *BMF* BStBl I 25, 92 Tz 18.11). – **USt:** ermäßigter StSatz nach § 12 II Nr 5 UStG aF; § 12 II Nr 7a nF (Künstler); zur StFreiheit für Heilberufe gem § 4 Nr 14 UStG aF/nF → Rn 87, 130; Antragsberechtigung nach § 20 UStG. – **ErbSt-/Bewertungs-Recht:** § 12 ErbStG, §§ 96, 109 BewG: gemeiner Wert; uU Begünstigung gem §§ 13a, 13b, 19a, 28a ErbStG. – **AO:** § 180 I AO. – **FGO:** §§ 40 II, 48 FGO (gesonderte Einkünftefeststellung; isoliert anfechtbar; BFH VIII R 77/05, BFH/NV 08, 53; BFH VIII R 31/20, BStBl II 24, 184); – **KStG:** s KStR 8.1 I; *Dötsch ua* DB 05, 125 (128). 3

3. Verfassungsfragen. Das BVerfG hat mehrfach die VerfMäßigkeit der unterschiedl Belastung mit **GewSt** mangels Verstoß gegen das Willkürverbot bejaht und hieran festgehalten: BVerfG 2 BvR 1488/93, FR 01, 367 zu Dispacheur/Rundfunkbeauftragter; BVerfG 1 BvR 1916/99, juris zu Kenntnisse/Selbststudium eines EDV-Beraters (→ Rn. 155); BVerfG 1 BvR 806/00, StEd 01, 166 zu Eigenverantwortlichkeit eines Laborarztes (→ Rn. 23 ff). Ebenso – einschließl EU-Konformität – BFH X R 2/00, BStBl II 04, 17; BFH IV R 34/03, BStBl II 05, 576. Zur Begrenzung auf 4 bestimmte Berufsbilder und (grds) Irrelevanz sog Gruppenähnlichkeit (→ Rn. 125 f) s BFH VIII R 27/17, BStBl II 20, 222; BFH VIII R 2/16, BStBl II 19, 528; zu Sachverständigengutachten bei ähnl Berufen s BFH III B 244/11, BFH/NV 12, 1119. Zu **KapGes** → Rn. 52. – BVerfG und BFH erachten nicht nur die GewStPflicht **geprägter PersGes** (**§ 15 III Nr 2;** → § 15 Rn. 212), sondern auch die **Abfärberegelung** des **§ 15 III Nr 1** selbst bei geringfügigen gewerbl Tätigkeiten für verfgemäß (s einschließl Bagatellgrenze → § 15 Rn. 185 ff193); zur Einkünftetrennung bei Einzelunternehmen s BFH VIII R 6/12, BStBl II 15, 1002; BVerfG 2 BvR 1488/93, FR 01, 367. Zu **§ 3b** → Rn. 170.

II. Selbständige Arbeit, § 18 I, II, IV

5 **1. Begriff der selbständigen Arbeit. – a) Merkmale des Gewerbebetriebs.** § 18 definiert die selbständige Arbeit nicht, sondern zählt die dazugehörigen Tätigkeiten auf. Einen Oberbegriff für die in § 18 I Nr 1 genannten freien Berufe gibt es nicht (BVerfG 1 BvR 15/75, BStBl II 78, 125), ebenso wenig für die anderen in § 18 aufgezählten Arten selbständiger Arbeit. – Auch der Begriff der selbständigen Arbeit erfordert grds die vier positiven Merkmale eines **GewBetr** (§ 15 II; BFH I R 54/93, BStBl II 94, 864): – ***(1)* Selbständigkeit** (→ Rn. 7 ff, → § 15 Rn. 11 ff); – ***(2)* Nachhaltigkeit** (→ § 15 Rn. 17 ff), die zwar auch bei vorübergehender (§ 18 II; BFH IV R 131/92, BFH/NV 94, 93), nicht jedoch bei nur gelegentl Tätigkeit vorliegt (BFH XI R 26/02, BStBl II 04, 218; *MK* DStRE 98, 749); – ***(3)* Teilnahme am** allg wirtschaftl **Verkehr** (→ § 15 Rn. 20; BFH I R 62/93, BStBl II 94, 352: innerbetriebl Organisationseinheit; IV R 10/00, BStBl II 02, 338: Leistungen ggü Angehörigen; BFH IV R 94/99, BStBl II 02, 565: Pilot mit nur einem Auftraggeber ohne Sozialleistungen; – ***(4)* Gewinnerzielungsabsicht** (→ Rn. 6, 75, 155, → § 15 Rn. 24 ff). Die Erzielung von Einkünften iSd § 18 setzt eine auf Vermögensmehrung gerichtete Tätigkeit voraus, dh die Tätigkeit muss auf die Erzielung positiver Einkünfte gerichtet und von einer entspr Absicht begleitet sein; für die Abgrenzung von einer nicht auf die Erzielung von Einkünften gerichteten Tätigkeit, insb der **Liebhaberei,** gelten die allg Grundsätze (BFH GrS 4/82, BStBl II 84, 751; XI R 47/06, BStBl II 08, 106; Einzelfälle → Rn. 64, 75, 78, 83, 91, 95, 99, 110; → § 15 Rn. 24 ff). Bei künstlerischen Tätigkeiten können sich besonders lange Anlaufphasen ergeben (→ Rn. 75).

6 **b) Abgrenzung zu Gewerbebetrieb.** Die Ausübung einer selbständigen Tätigkeit **unterscheidet** sich vom **gewerbl** oder luf **Betrieb** idR dadurch, dass der Einsatz von **Kapital** ggü der geistigen Arbeit und der eigenen Arbeitskraft in den **Hintergrund** tritt (BFH IV R 49/00, BStBl II 01, 828). Der Begriff des Betriebes erhält insofern einen anderen Inhalt, als die Ausübung einer auf Ausbildung und Können beruhenden Tätigkeit das beherrschende Moment bildet. Das gilt auch dort, wo die Tätigkeit ein nicht unerhebl BV erfordert (BFH IV 198/62 S, BStBl III 64, 120). Charakteristisch und erforderl ist die *persönl Arbeitsleistung des Berufsträgers* (BFH III B 246/11, BFH/NV 12, 1959), statt der Erbringung einer Betriebsleistung, die bei GewBetr ausreichend ist. Da einerseits ein Überwiegen geistiger Arbeit ggü dem Kapitaleinsatz auch in GewBetr vorkommt und andererseits großer technischer Aufwand mit erhebl Kapitaleinsatz wie in der LuF und im gewerbl Bereich auch bei freien Berufen anzutreffen ist (zB Rechenanlagen, Laboreinrichtungen bei Ärzten), kann die „selbständige Arbeit" begriffl auch nicht eindeutig anhand des Merkmals der persönl Arbeitsleistung von der gewerbl Tätigkeit (iEinz → Rn. 15) und von der LuF abgegrenzt werden. Als **zusätzl** Abgrenzungsmerkmal ist daher erforderl, dass die Tätigkeit bzw der Beruf in **§ 18 ausdrückl aufgeführt** ist oder, soweit § 18 I Nr 1 und Nr 3 keine abschließenden Aufzählungen enthalten, den genannten **Tätigkeiten ähnl** ist (→ Rn. 3, 125; vgl auch → § 15 Rn. 95 ff). – Sind die Voraussetzungen des § 18 gegeben, wird hierdurch grds die Anwendbarkeit des § 15 (Einkünfte aus GewBetr; BFH I R 140/66, BStBl II 70, 428; BFH I R 41/70, BStBl II 71, 771) und

damit eine Artzurechnung nach § 20 III, § 21 III, § 22 Nr 3 ausgeschlossen. Ausnahmen: Abfärbung gem § 15 III 1 (→ Rn. 4, 44) und gemischte Tätigkeiten (→ Rn. 50 f).

7 **2. Selbständigkeit.** Selbständig tätig ist (auch → § 15 Rn. 11 ff), wer den Weisungen eines Dritten nicht zu folgen verpflichtet ist und auf eigene Rechnung und Gefahr arbeitet (Pilot; BFH V R 37/08, BFH/NV 09, 1749: Rundfunkjournalist). **Nichtselbständig** tätig ist, wer seine Arbeitskraft schuldet, dh in der Betätigung seines geschäftl Willens unter der Leitung des ArbG steht oder im geschäftl Organismus des ArbG dessen Weisungen zu folgen verpflichtet ist (§ 1 II LStDV; BFH IV R 75/97, BStBl II 98, 732 zu 5.). Dies ist iRe Gesamtbildbetrachtung zu beurteilen (→ § 19 Rn. 21; *FB Brem* DB 07, 2287: Chefarzthonorar). Eine Bindung an das Arbeits-/Sozialrecht (dazu zB *Klafke* DStR 24, 1013) besteht nicht (BFH VI R 59/91, BStBl II 93, 303: nur indizielle Bedeutung); Gleiches gilt für **Scheinselbständige** (→ § 19 Rn. 35, 21; bis → 35. Aufl 2016, § 18 Rn. 7). Wer zwar (weitgehende) Entschließungsfreiheit besitzt, diese aber im Interesse und für Rechnung eines anderen auszuüben hat, ist ebenfalls (idR) nicht selbständig tätig (zB Geschäftsführer einer GmbH, Vorstand einer AG; → § 19 Rn. 35 „Gesetzl Vertreter"), auch wenn er **arbeitsrechtl** eine **arbeitgeberähnl Stellung** hat. Beim Zusammentreffen verschiedener Haupttätigkeiten und/oder Nebentätigkeiten sind die Abgrenzungsmerkmale jeweils gesondert zu prüfen (BFH IV R 37/76, BStBl II 80, 321).

8 **a) Festentgelt.** Wird ein RA in eine **Sozietät** aufgenommen und erhält er (zunächst) einen **festbestimmten Betrag als Gewinnanteil,** so ist er gleichwohl selbständig tätig und nicht ArbN (RFH RStBl 35, 1206; zum „Partner auf Probe" s FG Saarl EFG 98, 323; zu bloßen „Außensozietäten" → Rn. 42). Gleiches gilt, wenn sich Angehörige freier Berufe gegen festes Entgelt, zB im Urlaub, **vertreten** (→ Rn. 35, 98) oder ein **Gerichtsreferendar** bei einem RA gegen Festentgelt tätig ist (BFH VI R 228/67, BStBl II 68, 455). Zu freiberufl *Einzel*-Einkünften eines RA aufgrund „Partnerschaftsvertrag" mit einer GmbH bei Umsatzbeteiligung s FG Mchn EFG 12, 1550, rkr.

9 **b) Nebentätigkeit.** Zur selbständigen freiberufl Nebentätigkeit s LStR 19.2; EStR 18.1 I. **Gutachtertätigkeit** von **Ärzten,** die neben einer nichtselbständigen Tätigkeit ausgeübt wird, ist selbständige ärztl Berufstätigkeit (BFH IV R 102/83, BStBl II85, 293; diff *FM SchlH* DStR 13, 529). Zu Nebentätigkeiten eines **Hochschullehrers** (BFH IV R 14/00, BStBl II 01, 798: Erfinder; zu weiteren Bsp s *Freidank* DStR 25, 2055). Ist eine Nebentätigkeit von nichtselbständigen Haupttätigkeit **abhängig,** liegt insgesamt eine nichtselbständige Tätigkeit vor (vgl § 2 II Nr 8 LStDV; BFH XI R 32/00, BStBl II 01, 496), zB **Prüfungstätigkeit** von Hochschullehrern iRd Hochschulausbildung (*OFD Hann* DStR 89, 716). Die Prüfungstätigkeit bei Staatsprüfungen, die nicht den Abschluss einer Hochschulausbildung darstellen, ist idR freiberufl (BFH IV R 189/85, BStBl II 87, 783). Zur nebenberufl **Lehrtätigkeit** → § 19 Rn. 35; zur nebenamtl **Prüfungstätigkeit** sowie zum **Übungsleiter, Ausbilder** und **Erzieher** → § 3 Rn. 91 ff.

11 **c) Einzelfälle. Musiker** (*Wolf* FR 02, 202) sind nichtselbständig bei Eingliederung in einen anderen Betrieb (FG Bln-Bbg EFG 20, 486: AdV bei Chefdirigent; FG Hmb EFG 95, 772; 95, 1079 Orchester/Teilzeitvertrag; BFH VI R 102/67, BStBl II 68, 726: Gaststättenauftritt), selbständig aber, wenn eine Gruppe von Musikern (GbR) engagiert wird (BFH VI R 80/74, BStBl II 77, 178). Bei **Rundfunk-/Schallplattenaufnahmen** selbständig (BFH IV R 126/70, BStBl II 72, 212); ebenso **Aushilfsmusiker** (FG Köln EFG 82, 345). Zu Leistungsschutzrechten von Orchestermusikern s BFH VI R 63/94, BStBl II 95, 471: § 18. Zu **Fotoreporter** s BAG 5 AZN 154/98, BB 98, 1590; zu **(Rundfunk-)Journalist/Mitarbeiter** → Rn. 7, 120; zu **Pilot** BFH IV R 94/99, BStBl II 02, 565. **Syndikusanwalt** (§ 46a BRAO)

→ Rn. 98, → § 19 Rn. 35. Zu **ärztl Tätigkeiten** → Rn. 91. Zu Buchführungshelfern → Rn. 105. Weitere Einzelfälle → Rn. 155.

15 **3. Persönliche qualifizierte Arbeitsleistung.** Zum Verhältnis zu § 15 allg → Rn. 5 f; zu § 1 HGB → Rn. 41. Einkünfte iSd § 18 werden erzielt, wenn eine der in der Vorschrift aufgezählten Tätigkeiten berufsmäßig (mit Gewinnabsicht) ausgeübt wird, ferner, wenn eine der in § 18 I Nr 1 und Nr 3 aufgezählten Tätigkeiten ähnl (Berufs-)Tätigkeit gegeben ist (→ Rn. 5 f).

16 **a) Ähnlichkeit.** Sie liegt vor, wenn die ausgeübte Tätigkeit einem der sog Katalogberufe in allen seinen **berufstypischen Merkmalen** vergleichbar und auch eine ggf erforderl **wissenschaftl Ausbildung** vorhanden ist (→ Rn. 125 ff). Dabei setzt die Einordnung als selbständige Tätigkeit grds die Erbringung der Arbeitsleistung durch den StPfl selbst voraus, soweit nicht die Mitwirkung anderer Personen nach dem Gesetz unschädl ist (s § 18 I Nr 1 S 3 und 4; dazu → Rn. 23 ff).

17 **b) Gemischte Tätigkeit.** Übt eine **natürl Person** sowohl eine gewerbl als auch eine freiberufl Tätigkeit aus, sind diese steuerl getrennt zu beurteilen, wenn zw beiden Tätigkeiten kein Zusammenhang besteht. Besteht zw den Tätigkeiten ein sachl und wirtschaftl Zusammenhang, kann eine einheitl Beurteilung, dh die Annahme eines die gesamte Tätigkeit umfassenden GewBetr geboten sein (→ Rn. 50 f); üben **PersGes** eine gemischte Tätigkeit aus, erzielen sie grds in vollem Umfange Einkünfte aus GewBetr (→ Rn. 44).

18 **c) Gewerblichkeit.** Die Qualifizierung einer Tätigkeit als gewerbl statt als selbständig, insb freiberufl, kann auf verschiedenen Gründen beruhen: – ***(1)*** der StPfl (im Falle gemeinschaftl Tätigkeit: einer von ihnen) erfüllt nicht die erforderl **persönl Voraussetzungen** für die Berufsausübung (sog Berufsfremder wegen fehlender wissenschaftl Ausbildung oder Kenntnisse oder fehlender Berufszulassung; → Rn. 43, 125); – ***(2)*** die Tätigkeit wird unter Mithilfe von Arbeitskräften (Verlust der Eigenverantwortlichkeit) ausgeübt (vgl § 18 I Nr 1 S 3 und 4; → Rn. 23 ff); – ***(3)*** es wird eine **gemischte** (teils selbständige, teils gewerbl) **Tätigkeit** ausgeübt (→ Rn. 17, 50, 51); – ***(4)*** die als ähnl behauptete Tätigkeit weist nicht dieselben charakteristischen Merkmale auf wie die im Gesetz genannte Tätigkeit (→ Rn. 125 ff); – ***(5)*** gewerbl **Abfärbung** (§ 15 III Nr 1) bei PersGes (→ Rn. 44); zur **BetrAufsp** → Rn. 55; – ***(6)* missglückte Auslagerung** (→ Rn. 27).

23 **4. Mithilfe anderer Personen. – a) Freiberufliche Tätigkeit.** Einkünfte aus selbständiger Arbeit unterscheiden sich von der gewerbl Einkunftserzielung vor allem dadurch, dass die persönl Arbeitsleistung des StPfl im Vordergrund steht (→ Rn. 5 f, 15 f). Für die Angehörigen **freier Berufe** führt seit der Einführung des **S 3** in den **§ 18 I Nr 1** durch das StÄndG 1960 (BGBl I 60, 616) die **Mithilfe fachl vorgebildeter Arbeitskräfte** nicht zur Gewerblichkeit der Einkünfte, wenn der (qualifizierte) Berufsträger weiterhin persönl die freiberufl Tätigkeit ausübt und dabei auf Grund eigener Fachkenntnisse leitend und eigenverantwortl tätig ist (BFH III R 118/85, BStBl II 88, 782). Diese Regelung gilt nach *geänderter Rspr* nunmehr auch iRd **sonstigen selbständigen Einkünfte** (Nr 3; s einschließl Aufgabe der sog Vervielfältigungstheorie – → Rn. 30 ff).

24 **aa) Fachlich vorgebildete Arbeitskräfte.** Hierzu gehören neben ArbN auch *Subunternehmer* (freie Mitarbeiter; BFH XI R 59/05, BFH/NV 07, 1319), nicht aber (koordinierte) *Außenaufträge* für eigene Rechnung (ohne „kick-back") sowie die gleichberechtigte Kooperation (zB interprofessionelle GbR, → Rn. 27, 41, 43). *Hilfstätigkeiten* des für den ausgeübten Beruf nicht fachl vorgebildeten Personals bleiben für die Bestimmung des Umfangs der erforderl Mitarbeit des Berufsträgers außer Betracht (*HHR/Brandt* § 18 Rn. 224). Die hiervon abzugrenzende Mithilfe fachl vorgebildeter Arbeitskräfte ist nach BFH XI R 85/93, BStBl II 95, 732; BFH XI R 8/00, BStBl II 02, 478 nicht daran gebunden, dass die Ausbildung/Tätigkeit derjenigen des Berufs-

trägers entspricht; maßgebend ist nur, dass die Mithilfe die Arbeit des Berufsträgers in **Teilbereichen ersetzt** und **nicht von untergeordneter** Bedeutung ist (jew bj BFH XI R 59/05, BFH/NV 07, 1319: Laboratoriumsassistentin; BFH VIII B 154/17, BFH/NV 18, 945: Krebsvorsorge/Zytologie; überholt damit BFH III R 118/85, BStBl II 88, 782).

bb) Leitende Tätigkeit. Sie liegt bei Zuhilfenahme fachl vorgebildeter Mitarbeiter nur vor, wenn der Berufsträger die Grundzüge für die Organisation des Tätigkeitsbereichs und für die Durchführung der Tätigkeiten festlegt sowie deren Ausführung überwacht und zudem grds Fragen selbst entscheidet. 25

cc) Eigenverantwortlichkeit. Sie ist zu bejahen, wenn der Berufsträger seine Arbeitskraft in einer Weise einsetzt, die ihm tatsächl ermöglicht, uneingeschränkt die fachl Verantwortung auch für die von seinen Mitarbeitern erbrachten Leistungen zu übernehmen; seine persönl Teilnahme an der **praktischen** Arbeit (geschaffene Werke, erbrachte Einzelleistungen) muss in ausreichendem Umfang gewährleistet sein (BFH XI R 59/05, BFH/NV 07, 1319: „Stempel der Persönlichkeit"). Gelegentl Stichproben oder Tätigkeit nach Vorscreening genügen nicht (BFH XI R 8/00, BStBl II 02, 478; BFH VIII B 154/17, BFH/NV 18, 945). Zur Differenzierung nach der Art der Tätigkeit s unten; zur VerfMäßigkeit → Rn. 4. Für die Annahme eigenverantwortl Berufsausübung genügt die berufsrechtl Verantwortung ggü dem Auftraggeber nicht, zB eines angestellten StBer (§§ 58, 60 StBerG oder RA FG Hmb EFG 04, 1646). Aber zu § 18 Nr 3 → Rn. 31 f. 26

(1) Personengesellschaften. Auch bei interprofessionellen Personenzusammenschlüssen (dazu → Rn. 41, 43) – genügt es, dass der einzelne MUer auf dem ihm – auftragsbezogen *oder* generell – *zugewiesenen* Gebiet leitend und eigenverantwortl auf Grund eigener Fachkenntnisse tätig ist (BFH IV R 48/99, BStBl II 01, 241). Werden freiberufl Leistungen auf selbständige PersGes **ausgegliedert** (→ Rn. 44, 55), ist die leitende und eigenverantwortl Tätigkeit grds für jede Ges eigenständig zu prüfen (BFH IV R 120/87, BFH/NV 91, 319). Hiernach freiberufl Einkünfte können jedoch auf Grund der Abfärbung gem § 15 III Nr 1 aF/nF zu **gewerbl** Einkünften werden (→ Rn. 44). Gleichfalls gewerbl Einkünfte sind mE gegeben, wenn zB die von einer Labor-/Apparate-GbR, in der die Ges'ter A und B *nicht* leitend und eigenverantwortl tätig sind, ggü der beteiligungsidentischen Praxis-GbR erbrachten Leistungen Teil der **einheitl** Heilbehandlung sind (*arg:* Teilhabe an der Wertschöpfung der Gesamtleistung; s auch BFH IV R 11/97, BStBl II 98, 603; EStH 15.6 „Heilberufe"; *BMF* BStBl I 09, 398); dabei ist mE auch unerhebl, ob die Labor/Geräte-GbR MUerschaft oder mangels Gewinnerzielungsabsicht ledigl HilfsGes ist (→ Rn. 40). Eigenverantwortlichkeit kann aber zu bej sein, wenn der Auftraggeber **einzelne Leistungspflichten** einem **externen Auftragnehmer** überträgt (FG Mster EFG 24, 477 rkr: ausl Patentanwälte). 27

(2) Berufsspezifika. Der Begriff der eigenverantwortl Tätigkeit kann für die verschiedenen Berufsgruppen unterschiedl Inhalt haben (BFH XI B 227/03, BFH/NV 06, 55). Die hohe Anzahl fachl vorgebildeter Mitarbeiter und damit die für den Berufsträger je Auftrag zur Verfügung stehende Zeit ist *Indiz* eines GewBetr (BFH IV B 12/99, BFH/NV 00, 837). Bei **technischen/naturwissenschaftl Berufen** ist zwar infolge des technischen Fortschritts der Anteil der „individuell freiberuflichen" Arbeitsleistung kleiner geworden und deshalb über den Umfang unschädl Arbeitsdelegierung anhand der Umstände des Einzelfalles zu entscheiden, hierdurch wird jedoch der Berufsangehörige, will er freiberufl tätig sein, nicht von der persönl Teilnahme an der praktischen Arbeit entbunden (BFH VIII R 35/16, BStBl II 19, 580: Kfz-Prüfingenieur; *Kempermann* FR 96, 514 (515); krit *Geyer ua* DStR 19, 1285; *Krüger* FR 96, 613 (618) insb zu Architekten). 28

29 **(3) Einzelfälle. – (a) Medizinische Tätigkeiten.** Nach der Rspr ist diese Grenze zwar nicht exakt bestimmbar (BFH IV B 29/01, BStBl II 02, 581), jedoch in folgenden Fällen überschritten: Ein **Facharzt** mit Arztpraxis, **Unfallklinik** und **Zweiganstalt,** bei dem insgesamt sieben Ärzte angestellt waren (BFH IV 373/60 U, BStBl III 63, 595); **anästhesiologischen Praxis** mit mehreren angestellten Ärzten (FG LSA EFG 06, 1916; **aA** bei Anstellung *eines* approbierten Zahnarztes/Arztes BFH VIII R 41/12, BStBl II 15, 216; bedenkl; s auch *Urbach* BeSt 15, 16; zu BFH VIII R 62/13, BStBl II 16, 381: Nullbeteiligung einer GbR-Ges'terin/Ärztin → Rn. 42); ein **Institut für Laboratoriumsdiagnostik** eines Arztes mit drei angestellten Ärzten und 63 weiteren Mitarbeitern, vorwiegend Laboranten (BFH X B 54/87, BStBl II 88, 17); einem einzelnen Arzt für Laboratoriumsmedizin, in dessen Praxis tägl zw 277 und 345 Aufträge mit 692 bis 862 Untersuchungen durchgeführt wurden (BFH IV R 140/88, BStBl II 90, 507; ebenso BFH IV B 12/99, BFH/NV 00, 837; zur Abgrenzung vgl FG BW EFG 02, 554). Krebsvorsorge/Zytologie s BFH VIII B 154/17, BFH/NV 18, 945; zu Mammographie-Einheiten s *Gragert ua* NWB F 3, 15083. Zu Laborgemeinschaften s *BMF* BStBl I 09, 398. **Ambulanter Pflegedienst** (BFH XI B 1/07, BFH/NV 07, 2280), Masseur mit zwei Betriebsstätten (BFH IV R 11/95, BFH/NV 96, 464; NdsFG DStRE 08, 337, rkr); Krankengymnast (BFH IV B 205/03, BFH/NV 06, 48; Kinderheim/Wohngruppen (NdsFG EFG 06, 1772); Kinder-/Jugendhilfe (FG Köln EGF 19, 1989 rkr); Vermessungsingenieur (BFH XI B 227/03, BFH/NV 06, 55) – **(b) Sonstige Tätigkeiten.** Eigenverantwortlichkeit **verneint** bei StB mit 53 Mitarbeitern in einer **Buchstelle** (BFH IV 61/65 U, BStBl III 65, 557; **aA** aber bei StBevollmächtigter mit 25 Mitarbeitern BFH IV 75/59, DB 63, 1276; mE unzutr), **Steuerbevollmächtigten** mit 20 fachl Hilfskräften zur Bearbeitung von Steuererklärungen (FG Ddorf EFG 93, 512), **Privatschule** mit 30 Lehrkräften (BFH IV R 125/66, BStBl II 69, 165), jährl 300 **Seminarveranstaltungen** (FG BW EFG 08, 795), **Fahrschule** mit 8 voll- und 6 teilbeschäftigten Fahrlehrern (BFH V R 87/85, BFH/NV 91, 848), beratendem (Prüfungs)**Ingenieur** für Baustatik mit 12 fachl qualifizierten Angestellten (BFH I R 173/66, BStBl II 68, 820); 3 angestellte Kfz-Prüfingenieure (BFH VIII R 35/16, BStBl II 19, 580); **Übersetzungsbüro** bei erhebl Zukauf von Fremdarbeiten (BFH VIII R 45/13, DStRE 17, 961), **Bildberichterstatter,** der Subunternehmer ohne Prüfung des Filmmaterials beauftragt (BFH XI R 8/00, BStBl II 02, 478), **Theaterproduzenten** (FG Mchn EFG 09, 953). **Freiberufl** ist dagegen Leitung einer **Sportschule** mit 3 fremden Lehrkräften (BFH IV R 130/79, BStBl II 82, 589; s aber auch BFH IV R 11/95, BFH/NV 96, 464), ebenso **Tanz-/Fitness-Studio** mit 24 Mitarbeitern (FG Ddorf EFG 07, 689; bedenkl). Zu **Legal Tech-Dienstleistungen** von **RA** s *Levedag* DStR 18, 2094.

30 **b) Sonstige selbständige Tätigkeit.** Hierfür hat der BFH zunächst trotz der Regelung in Nr 1 Satz 3 (→ Rn. 23 ff) an der sog **Vervielfältigungstheorie** festgehalten, nach der bei der Beschäftigung von mehr als einem qualifizierten Mitarbeiter (je Berufsträger) keine selbständige Arbeit mehr vorliegt (BFH IV R 126/91, BStBl II 94, 936: Nähe zur kfm Betätigung).

31 **aa) Rechtsprechungsänderung.** Mit BFH VIII R 50/09, BStBl II 11, 506 (betr RA/GbR mit **Insolvenzverwaltungen** und 5–14 qualifizierten Mitarbeitern) hat der BFH diese Rspr jedoch **aufgegeben** und entschieden, dass die großzügigeren Kriterien der **leitenden** (→ Rn. 25) und **eigenverantwortl** Tätigkeit (Nr 1 S 3) entspr **auch** für die Tätigkeiten gem Nr 3 gelten. Letzteres erfordere zwar eine ausreichende Teilnahme an der praktischen Arbeit („Stempel der Persönlichkeit"; → Rn. 26). Der kfm Einschlag der Insolvenzverwaltertätigkeit lasse jedoch nach Maßgabe der Regelungen der InsO bei einfacheren Arbeiten einen größeren Delegationsspielraum. Maßgebend sei deshalb, dass der Berufsträger das „Ob" der einzelnen Abwicklungsentscheidungen selbst treffe (zust *OFD Kobl* DB 11, 2631); nicht entscheidend sei hingegen – für sich genommen – die Zahl der Mitarbeiter/Insolvenz-

fälle oder die Höhe der Einnahmen (zust zB *Siemon* BB 11, 873; s auch *Pezzer* FS Lang, 491 (510)). Der VIII. Senat bejahte hiernach die Eigenverantwortlichkeit bei bis zu 9 Mitarbeitern je Berufsträger (BFH VIII R 13/10, BFH/NV 11, 1309; BFH VIII R 29/08, BFH/NV 11, 1314; offen bei 89 neuen Verfahren in 15 AG-Bezirken BFH VIII R 37/09, BFH/NV 11, 1303; überholt mE BFH XI R 56/00, BStBl II 02, 202 betr Gesamtvollstreckungsverwalter); er verneinte sie aber bei einem angestellten RA/Insolvenzverwalter (BFH VIII R 6/12, BStBl II 15, 1002; zutr).

bb) Stellungnahme. Nach der (mE bedenkl) Rspr-Korrektur ist fragl, ob die Anforderungen an die Eigenverantwortlichkeit iRv Nr 1 gelockert werden (zB Rückgriff auf das jeweilige Berufsrecht; → Rn. 26 aE). Zudem werden die Anforderungen auch für die weiteren Berufsgruppen gem Nr 3 präzisiert werden müssen (zB Hausverwalter; → Rn. 141). 32

5. Vertretung. Nach § 18 I Nr 1 S 4 führt die Vertretung im Falle *vorübergehender* Verhinderung nicht dazu, dass die Einkünfte als solche aus GewBetr anzusehen sind. Erfasst werden zB Vertretung bei **Urlaub,** berufl Reisen, Mitarbeit in Standesorganisationen (EStH 15.6 „Mithilfe anderer Personen"). Auch bei **Krankheit** kommt es darauf an, ob damit gerechnet werden kann, dass der Berufsträger die Arbeit wieder aufnehmen kann (*BH/Valta* § 18 Rn. 63). Der (qualifizierte) **Vertreter** erzielt idR freiberufl Einkünfte (BFH IV 429/52 U, BStBl III 53, 142; → Rn. 88). § 18 I Nr 1 S 4 ist **nicht** einschlägig, wenn eine freiberufl Praxis bei fehlender Berufsqualifikation des **Erben** für eine Übergangszeit bis zum Verkauf oder Erwerb der Berufsqualifikation von einem (qualifizierten) **Treuhänder** verwaltet wird (BFH VIII R 143/78, BStBl II 81, 665). Der Erwägung in BFH I 149/60 U, BStBl III 63, 189 (Ausnahme bei Erbenbeteiligung für kurze Übergangszeit) ist mE – trotz der Lockerung der Rspr zur Abfärbung gem § 15 III 1 (→ Rn. 44) – nicht zu folgen; dass das Berufsrecht/Standesrichtlinien in Todesfällen die kurzfristige Fortführung der freiberufl Praxis (Treuhänder; Verpachtung; auch → Rn. 215) gestatten, kann allenfalls den GewSt-Erlass wegen sachl Unbilligkeit rechtfertigen. 35

6. Personenzusammenschlüsse, § 18 IV. – (Schrifttum: *Korn* KÖSDI 17, 20357) – **a) Allgemeines.** Ein Personenzusammenschluss (PersGes oder vergleichbares Gemeinschaftsverhältnis, → Rn. 41) erzielt Einkünfte nach § 18 I Nr 1, wenn die Ges'ter (Gemeinschafter) einen freien **Beruf ausüben** (BFH VIII R 45/13, BStBl II 18, 4; BFH VIII R 73/06, BStBl II 09, 647: nicht bei Holding) und *alle* Ges'ter, die als MUer zu qualifizieren sind (vgl → Rn. 42; → § 15 Rn. 257 ff), auch die **persönl** Voraussetzungen einer **freiberufl Tätigkeit** erfüllen (BFH VIII R 69/06, BStBl II 09, 642; zur Beteiligung „Berufsfremder" und interprofessioneller Zusammenarbeit → Rn. 43; zur leitenden und eigenverantwortl Tätigkeit → Rn. 23 ff). Bei einer PersGes ist zudem erforderl, dass diese **nicht** als **OptionsGes** der KSt unterliegt (§ 1a KStG; dazu → § 15 Rn. 160a) und **nicht** der **Abfärbewirkung** des § 15 III Nr 1 unterfällt (vgl → Rn. 44). Sie hat auch bei mehrere selbständigen Tätigkeiten nur **einen „Betrieb"** (BFH VIII R 56/13, BStBl II 16, 936 (auch → § 15 Rn. 194); zu mehreren PersGes → Rn. 54 f: Ausgliederung. Zur Gewinnfeststellung/-verteilung → Rn. 3, 217. Zu **typisch stillen Beteiligungen** von Angehörigen → Rn. 190, → § 15 Rn. 774, → § 4 Rn. 520 „Angehörige". 39

b) Bürogemeinschaften; Laborgemeinschaften; Apparategemeinschaften. Mangels (gemeinschaftl) Gewinnerzielungsabsicht begründen **Bürogemeinschaften** (bloße Organisations-GbR = HilfsGes: gemeinsame Beschäftigung von Personal und Nutzung von Einrichtungsgegenständen; vgl § 56 StBerG aF/§ 55h StBerG nF, § 59a III BRAO aF/§ 59q BRAO nF; § 52a III PatAO aF/§ 52p PatAO nF) keine MUerschaft (BFH XI R 82/03, BStBl II 05, 752). Zur „Scheinsozietät" → Rn. 42; zur InvZul vgl BFH III R 5/00, BStBl II 03, 947). Die BA sind aber gesondert festzustellen (§ 1 I 1 Nr 1 VO zu § 180 II AO; BFH IV R 25/98, BStBl II 99, 545; zur unechten Bürogemeinschaft → Rn. 44). Gleiches gilt für **Labor- und Apparategemeinschaften,** wenn diese keinen (Gesamt-)Gewinn erstreben, son- 40 dern die Kosten auf die beteiligten Berufsangehörigen umlegen (BFH IV B 232/02, BFH/NV 05, 352; *BMF* BStBl I 09, 398; *OFD Nds* DB 11, 1723; → § 15 Rn. 327; zur Überlassung mit Gewinnaufschlag → Rn. 44). Zur eigenverantwortl Tätigkeit der Ges'ter → Rn. 27; *BMF* BStBl I 09, 398.

41 **c) Gesellschaftsverhältnisse; vergleichbare Gemeinschaftsverhältnisse.** Vgl hierzu allg → § 15 Rn. 262–275. – ***(1)*** **GbR (Sozietät).** Vgl einschl **MoPeG-Reform** (BGBl I 21, 3436) ab 2024 → § 15 Rn. 324, 326, 166. Zu sog Berufsrechtsvorbehalten bei interprofessionellen Zusammenarbeit anwaltlicher/stberatender Berufe → 40. Aufl 2021, § 18 Rn. 41. Zur Rechtslage ab 1.8.22 (BGBl I 21, 2363) – **BerufsausübungsGes** einschl EU-/EWR-Ges und DrittstaatenGes gem §§ 59b ff, 207a BRAO; §§ 52b ff, 159 PatAO; §§ 49 ff StBerG; § 27 WPO; § 9 BNotO s → 43. Aufl 2024, § 18 Rn. 41. Zu Arzt/Dokumentar-GbR s BFH IV R 48/99, BStBl II 01, 241; → Rn. 43, 27; *OFD Ffm* DStR 16, 2591: Teilgemeinschaftspraxis. Wird ein Projekt auf gemeinsame Rechnung durchgeführt (BFH IV R 53/00, BFH/NV 01, 1547: Erfinder-GbR) oder werden die freiberufl Arbeitsleistungen in etwa gleichem Umfang von **Ehegatten** erbracht, ist idR vom Vorliegen eines **konkludenten** GesVertrags auszugehen (RFH RStBl 37, 924 betr Vater/Sohn; *HHR/Brandt* § 18 Rn. 435). IÜ begründet weder die Überlassung von WG (zB Miteigentum an Bürogrundstück) noch das Vorliegen einer Gütergemeinschaft ein dem GesVertrag **vergleichbares Gemeinschaftsverhältnis,** da bei § 18 die persönl Arbeitsleistung im Vordergrund steht (BFH VIII R 18/95, BStBl II 99, 384; vgl → § 15 Rn. 171, 376); bei MUerinitiative/-risiko des Berufsfremden ist jedoch eine gewerbl MUerschaft **(InnenGes)** gegeben (→ Rn. 43); – ***(2)*** **Partnerschaft** (BFH VIII R 56/13, BStBl II 16, 936; BGH AnwZ (Brfg) 33/16, DB 17, 1020). Sie ist eine besondere, der OHG ähnl GesForm zur freiberufl Berufsausübung unter ausschließl Beteiligung natürl Personen (s §§ 1 I, 9 III PartGG; → § 15 Rn. 334; zum Erbfall → Rn. 240 ff). Die **Typusbeschreibung** des freien Berufs nach **§ 1 II 1 PartGG** verdeutlicht zwar die Grenze zum Gewerbe (§ 1 II HGB), maßgebl für das PartGG bleibt aber der Katalog in § 1 II 2 PartGG (BT-Drs 13/10955, 13). Dieser wiederum lehnt sich an § 18 I Nr 1 S 2 an, ohne jedoch mit ihm durchgängig übereinzustimmen; deshalb vermag weder die Zugehörigkeit zu einem (freien) Beruf iSv § 1 II 2 PartGG noch die Registereintragung der Partnerschaft ein Präjudiz für § 18 I Nr 1 zu erzeugen (BT-Drs 12/6152, 10; BFH IV B 18/97, BFH/NV 98, 1206 (1207): Grundstückssachverständiger). **Interprofessionelle Partnerschaften** unterliegen dem sog Berufsrechtsvorbehalt (§ 1 III PartGG); zur früheren Rechtslage → 40. Aufl 2021, § 18 Rn. 41; zu anwaltl/stberatenden BerAusübGes s *Stöber* DStR 21, 2137; *Ruppert* DStR 21, 2090;. Partnerschaften sind vor dem BFH vertretungsbefugt (s § 62 II 1, IV FGO). Zur MUerstellung → Rn. 42. – ***(3)*** **OHG (KG),** zB Ingenieur- oder Massage-KG (BFH IV 60/65; IV R 17/90, BStBl II 71, 249; 93, 324). Zur bisherigen HReg-Eintragung von StB/WP-Ges → 40. Aufl 2021, § 18 Rn. 41; zur Eintragungsfähigkeit anwaltlicher/stberatender BerAusübGes – einschl GmbH & Co KG – ab 1.8.22 (vgl zu (1)) – s gem § 49 ff StBerG s *Stöber* DStR 21, 2137; *Ruppert* DStR 21, 2090; zu „Ärzte/RA/Apotheker-KG" s *Wertenbruch* GmbHR 25, 1117. Eine HReg-Eintragung begründet zwar grds eine widerlegbare Vermutung für das Vorliegen eines GewBetr (BFH IV R 17/90, BStBl II 93, 324; EStH 5.1), nicht jedoch bei WP/StB-OHG (BFH IV R 26/99, BStBl II 00, 498; auch → § 15 Rn. 181). Zur gewerbl Abfärbung aber → Rn. 43. – ***(4)*** **Erbengemeinschaft,** → Rn. 43, 45. – ***(5)*** **Evtl ausl Gesellschaften** (*BMF* BStBl I 10, 354 Rn. 1; *Schnittker ua* BB 10, 2971: dt Anwalts-LLP).

42 **d) Mitunternehmerstellung der Gesellschafter/Gemeinschafter.** Das Merkmal ist einkünfteübergreifend nach MUerrisiko/-initiative zu bestimmen (BFH VIII R 73/05, BStBl II 08, 681; → § 15 Rn. 262 ff; **aA** *Demuth* DStZ 05, 112). Zu § 18 vgl BFH/NV 91, 319 (Sozietät von Anwälten und Fachkaufmann); **aA** BFH VIII R 63/13, BStBl II 16, 383 (unzutr; → § 15 Rn. 321; *Schreiber* FS Crezelius, 2018, 207); BFH IV R 235/84, BStBl II 87, 124 (gewerbl InnenGes); FG Saarl EFG

98, 323 (Partner auf Probe idR ArbN; dazu BGH II ZR 165/02, NJW 04, 2013). Die Haftungsbeschränkungen nach § 8 II, IV PartGG stehen der MUerstellung des Partners nicht entgegen (*OFD Nds* DB 15, 2667; zu § 15a →§ 15a Rn. 131). Zu wirtschaftl Eigentum zB bei Rückfallklauseln →§ 15 Rn. 272, 300; zum Ausschließungsrecht s BGH II ZR 281/05, DStR 07, 1216. Nicht MUerin ist die **Witwe** des durch Tod ausgeschiedenen Ges'ters, die als Abfindung befristet einen Gewinnanteil erhält (→Rn. 47). Ebenfalls nicht der nicht an GuV beteiligte sog Außensozius (**„Briefkopfpartner"/„Scheinsozius"**; vgl BGH IV ZR 168/09, DB 11, 1443; *Heyers* DStR 13, 813; *Roth* FS K. Schmidt, 1375; BFH III R 49/13, BStBl II 17, 37; FG BW EFG 05, 1539; →§ 15 Rn. 264); er ist entweder freier Mitarbeiter (FG Mchn EFG 12, 1550: Umsatzbeteiligung) oder ArbN (BFH VI R 12/18, BStBl II 21, 356; BFH VI R 58/14, BStBl II 16, 621; zur Eigenverantwortlichkeit →Rn. 23 ff; zur USt s *OFD Hann* DB 99, 179) oder bei überörtl Kooperation (s BGH AnwZ (Brfg) 37/11, DB 12, 2217) MUer der einzelnen Sozietät.

e) Abfärbung. Sind die Ges'ter einer **PersGes** (also nicht bei Erbengemeinschaft; →Rn. 45) in ihrer Verbundenheit **auch gewerbl** tätig (zB nicht eigenverantwortl; s BFH VIII R 35/16, BStBl II 19, 580; FG Mster EFG 22, 411, rkr), hat dies – sofern die Tätigkeiten nicht untrennbar verflochten und deshalb insgesamt entweder als freiberufl oder gewerbl zu qualifizieren sind – nach § 15 III Nr 1 grds (Ausnahme: Bagatellgrenze) die Gewerblichkeit sämtl Einkünfte zur Folge (→§ 15 Rn. 186 ff; zur Verfmäßigkeit →Rn. 4). – **aa) Berufsfremde.** Ist er, dh ein Nicht-Freiberufler (s hierzu BFH XI B 137/05, BFH/NV 07, 452: Erbengemeinschaft; BFH VIII R 44/07, BFH/NV 11, 20: fehlerhafte Ges, zutr; zu § 18 I Nr 3 s BFH XI R 56/00, BStBl II 02, 202), **MUer,** führt dies gem § 15 III Nr 1 zu gewerbl Einkünften *aller* Ges'ter (BFH IV R 33/95, BFH/NV 97, 751; *Kempermann* FR 07, 577; *Wacker* FS Goette, 561; **aA** *Hild* DB 05, 1875; *Sarrazin* FS Raupach, 515). Eine Geringfügigkeitsgrenze gibt es nicht (BFH VIII R 42/10, BStBl II 13, 79; krit *Neugebauer* DB 15, 2041). – ***(1)* Gleichgestellte Fälle.** – *(a) Mitunternehmerische* Beteiligung einer **KapGes,** unabhängig von der Qualifikation der anderen Ges'ter und ohne Rücksicht auf die Voraussetzungen des § 15 III Nr 2 (BFH IV R 73/06, BStBl II 10, 40; BFH VIII R 73/05, BStBl II 08, 681; →Rn. 54); Gleiches gilt nicht nur bisher für WP/StB-**GmbH & Co KG** gem § 28 WPO, § 50 I StBerG (*arg:* selbst bei Nullbeteiligung der GmbH ist ihr Haftungsrisiko stets gewerbl; glA BFH VIII R 42/10, BStBl II 13, 79; →§ 15 Rn. 709; ähnl BT-Drs 16/7250; *Pezzer* FS Lang, 491 (503); **aA** *Karl* GmbHR 13, 163; krit *Kubata ua* DStR 14, 1949), sondern auch für **BerAusübGes** ab 1.8.22 (gem BGBl I 21, 2363; dazu →Rn. 41 (1)/(4)). Zu GmbH/GbR als MVZ-Träger s *Janzen* DStR 20, 475; zur Einbringung gem § 20 UmwStG s *LfSt Nds* DStR 22, 1001; →Rn. 200. – ***(b)* Mitunternehmerische InnenGes** des Berufsfremden bezügl einer freiberufl Einzel- oder Gemeinschaftspraxis (BFH I R 133/93, BStBl II 95, 171; →Rn. 42) oder am GesAnteil eines Freiberuflers (*Korn* DStR 95, 1249 (1256); →§ 15 Rn. 215: *arg* § 15 I (1) Nr 2 S 2), – ***(c)*** Ledigl **kapitalistische** (mitunternehmerische) **Beteiligung** eines Berufsangehörigen (s aber FG Saarl EFG 98, 1583: Vorwegvergütung unschädl) oder die Ausübung **nicht freiberufl Tätigkeiten** durch diesen Personenkreis (BFH VIII B 216/08, BFH/NV 09, 1264); schädl ist demgemäß, wenn ein MUer *nur* Aufträge beschafft (*OFD Hann* DStR 07, 1628; *OFD Kobl* DB 06, 73; *OFD Hbg* StEK EStG § 18 Nr 64; **aA** *Fromm ua* DStR 25, 1911); **unschädl** aber nach **BFH** VIII R 4/22, BStBl II 25, 450, wenn der MUer/Zahnarzt neben einem Umsatzanteil von 0,028% die Praxis organisiert, dh Gleichstellung von kfm und ärztl Tätigkeit (zR abl *Kanzler* FR 25, 575). Bei i **doppelstöckigen PersGes** ist auch bzgl der *jeweiligen* UnterPersGes auf die *Tätigkeit/Merkmale* der Ober-*Ges'ter* abzustellen (BFH VIII R 24/17, DStR 20, 2526; *Wacker* FS Goette, 561 (580); *OFD Rhl* DB 13, 906); zu Aus-/Umgliederungen s *Korn* BeSt 21, 6. – ***(2)* Interprofessionen.** Keine Gewerblichkeit liegt vor allein auf Grund der interprofessionellen Zusammenarbeit (→Rn. 41) von je- 43 weils freiberufl, dh eigenverantwortl und leitend (→ Rn. 23 ff) tätigen Ges'tern (BFH VIII R 69/06, BStBl II 09, 642: *Kempermann* FR 07, 577 (580, 581); einschr *OFD Hann* DStR 07, 1628; *FN-IdW* 03, 397, 619: „extreme Abweichungen"); Gleiches gilt, wenn der an einer Ingenieur-GbR beteiligte Dipl-Volkswirt SchwesterPersGes in Bilanzfragen berät (insoweit zutr BFH IV S 16/06, BFH/NV 07, 445; dazu *Kempermann* FR 07, 577 (580, 581)). Ebenfalls nicht auf Grund der bloßen **Standeswidrigkeit** (*Potsch* KÖSDI 12, 18177 (18178); zu GbR/Partnerschaft → Rn. 41) des Personenzusammenschlusses (*Kempermann* FS Wassermeyer, 333 (335); *ders* FR 07, 577 (580); *OFD Kobl* DB 06, 73; → Rn. 100). – ***(3)*** **Internationale Sozietäten.** Für sie ist maßgebl, ob auch die ausl Socii der Kontrolle/Erlaubnis durch Staat oder Berufsorganisation unterliegen (*Kempermann* FS Wassermeyer, 333) Zu Anwälten aus EU-/WHO-Staaten nach bisherigem Recht → 40. Aufl 2021, § 18 Rn. 43; zur Rechtslage ab 1.8.22 gem BGBl I 21, 2363 → Rn. 41 *(1)/(4).* Zum Belastingadviseur → Rn. 155). Zur str Ergebnisabgrenzung und -verteilung s *Kempermann* FS Wassermeyer, 336; *Abel,* Gewinnverteilung, Diss, 2022, 372 einschließl der Aufhebung von Art 14 OECD-MA und § 49 I Nr 3 nF; zu Sondervergütungen s § 50d X 7 Nr 2. – Zur **kurzfristigen Beteiligung** von Berufsfremden (insb bei Erbfall) → Rn. 35, 46.

44 **bb) Sonstige Fälle.** Trotz *geänderter Rspr* zu vermögensverwaltenden OberPersGes galt bereits die Abfärbung gem § 15 III Nr 1 *aF* für *freiberufl* (oder luf) tätige *OberPersGes,* wenn zu deren Gesamthandsvermögen eine **Beteiligung** an einer **gewerbl** tätigen oder geprägten (§ 15 III Nr 2) **UnterPersGes** gehörte (→ § 15 Rn. 189; *BMF* BStBl I 96, 621: Übergangsregelung; **aA** *Niehus* FR 02, 977); dies ist nunmehr durch **§ 15 III Nr 1 nF** rückwirkend klargestellt worden (→ § 15 Rn. 189). **Keine** Abfärbung hingegen bei Halten von **Anteilen an KapGes** oder bei bloßer **Nutzungsüberlassung** von medizinischen Großgeräten einer Gemeinschafts- (oder Einzel-)praxis an Krankenhäuser oder nichtbeteiligte Ärzte (*OFD Rhl* DB 06, 304; anders aber bei zusätzl Dienstleistungen, zB Personalgestellung). Gleichfalls freiberufl BE sind die **Kostenumlagen** für die Mitbenutzung der eigenen Büroorganisation durch einen anderen Berufsangehörigen (s – einschließl Laborgemeinschaften – → Rn. 40; *BMF* BStBl I 09, 398). Ebenso keine Abfärbung aufgrund von **Corona-Test**/Ausstellen von **Impfzertifikaten** iZm Schutzimpfungen (*OFD Ffm* DStR 22, 311). Zu weiteren Einzelfällen (zB Medikamentenabgabe) → Rn. 50, 51, 142. Nach der Rspr war § 15 III Nr 1 auch bei nur **geringfügigen** gewerbl Tätigkeiten anzuwenden (BFH IV R 67/96, BStBl II 98, 254). Hiervon ist BFH XI R 12/98, BStBl II 00, 229 **(Seitwärtsabfärbung)** für den Fall eines „äußerst geringen" originär gewerbl Anteils (Umsatz/-anteil: 6481 DM; 1,25%) unter Hinweis auf den Verhältnismäßigkeitsgrds abgerückt (iEinz → § 15 Rn. 188); beachte: keine Bagatellgrenze bzgl der Tätigkeitsmerkmale berufsfremder MUer (→ Rn. 43), ebenso nicht für gewerbl Einkünfte aus der Beteiligung an UnterPersGes/**Aufwärtsabfärbung** (s einschl GewSt → § 15 Rn. 188). Zu weiteren Implikationen → Rn. 47. – Zum Zusammentreffen von freiberufl und **gewstbefreiten** Einkünfte vgl BFH IV R 43/00, BStBl II 02, 152: trotz Abfärbung GewStBefreiung im Ganzen, zutr. – Ist § 15 III Nr 1 nur **zeitweise** erfüllt, muss das Wj grds aufgeteilt werden (→ § 15 Rn. 192; zur bloßen Betriebsunterbrechung vgl BFH IV R 56/97, BStBl II 98, 735). Zur **Ausgliederung** der gewerbl Tätigkeit auf eine personenidentische SchwesterPersGes → Rn. 55; BFH IV R 120/87, BFH/NV 91, 319; BFH XI R 19/05, BFH/NV 07, 1315 (RA/StB; Massage-/Saunabetrieb); BFH IV R 67/96, BStBl II 98, 254; BFH IV R 11/97, BStBl II 98, 603; *BMF* BStBl I 97, 566 (Verkauf von Kontaktlinsen, Tierarzneimittel etc) sowie → § 15 Rn. 193. Zu **§ 6 V 3** s dort, *BMF* BStBl I 11, 1279 Rn. 18 ff.

45 **f) Erbengemeinschaft; Erbenabfindung. – aa) Mitunternehmer.** Wird ein Freiberufler von mehreren Personen beerbt, sind die Miterben – entspr den allg Grundsätzen (→ § 16 Rn. 605 ff) – idR MUer der zum Nachlass gehörenden Praxis. Gehören zu den Miterben Personen, die **nicht** die erforderl **Berufsqualifikation**

besitzen oder diese nicht iRd Erbengemeinschaft ausüben, liegt eine gewerbl MUerschaft vor (→ Rn. 43), es sei denn, die Miterben realisieren nur die vom Erblasser geschaffenen Werte (→ § 16 Rn. 607). Entsprechendes gilt bei Nachfolge in einen Ges-Anteil des Erblassers (→ Rn. 244 ff). – **Ausnahme:** Vereinbaren die Miterben **zeitnah** (idR 6 Monate) nach dem Erbfall die (teilweise) **Erbauseinandersetzung,** können nach *BMF* BStBl I 06, 253 Tz 8, 9 die *lfd* Einkünfte als freiberufl **rückwirkend** auf den Erbfall dem/den die Praxis (bzw den Praxisanteil) übernehmenden Miterben zugerechnet werden, die MUerstellung des/der anderen Miterben bleibt hierdurch unberührt (→ § 16 Rn. 623; zum Praxiswert → § 18 Rn. 200, 210).

An dieser Rspr wird **Kritik** geübt: – ***(1)*** im Hinblick auf die MUerstellung der berufsfremden Erben (MUerinitiative nur bei Mitarbeit des Berufsfremden; vgl jedoch → § 16 Rn. 606: „geborene MUerschaft"); – ***(2)*** mit Rücksicht darauf, dass der Zeitraum von 6 Monaten (→ Rn. 46) unangemessen kurz sei (*Hörger* DStR 93, 37 (39): 3 Jahre in Anlehnung an § 71 StBerG); zur *Teilungsanordnung* s aber weitergehend BFH IV R 10/99, BStBl II 02, 850 (dazu → § 16 Rn. 623). 46

bb) Erbenabfindung. Keine MUerschaft (zB atypische InnenGes; → § 15 Rn. 340 ff) liegt – mangels persönl Haftungsrisiko, Teilhabe an stillen Reserven und MUerinitiative – vor, wenn die Abfindungsansprüche der Erben durch (sog partiarische) Gewinnbeteiligungen abgegolten werden; es fehlt auch an dem einem GesVerhältnis vergleichbaren Gemeinschaftsverhältnis (vgl → § 15 Rn. 171; BFH VIII R 154/85, BStBl II 86, 896) selbst dann, wenn den Erben zur Überprüfung ihrer Gewinnanteile Einsichts-/Kontrollrechte zustehen (s zB BFH IV R 52/08, BStBl II 11, 261 zu II.1.b). 47

g) Gemischte Tätigkeiten. Übt ein **Einzelfreiberufler** eine gemischte Tätigkeit aus, sind die freiberufl und die gewerbl Einkünfte ungeachtet sachl und wirtschaftl Bezugspunkte grds getrennt zu ermitteln, sofern dies nach der Verkehrsauffassung mögl ist (BFH XI B 41/00, BFH/NV 01, 204). Einheitl – dh je nach „Gepräge" gewerbl oder freiberufl (BFH IV R 63/02, BStBl II 05, 362: Feststellungslast des StPfl) – Einkünfte liegen deshalb nur vor, wenn die Tätigkeiten derart miteinander verbunden sind, dass sie sich gegenseitig unauflösbar bedingen (→ § 15 Rn. 97 ff). **Trennbarkeit** ist zB **nicht** gegeben, wenn Software implementiert zusammen mit zugekaufter Hardware vertrieben (BFH XI R 57/05, BFH/NV 07, 1854), Filmmaterial mit Originalton hergestellt (BFH XI R 8/00, BStBl II 02, 478: Bildberichterstatter), ein Architekt als Bauunternehmer (BFH XI R 10/06, BStBl II 08, 54) oder ein RA als Spielvermittler (→ § 15 Rn. 150) tätig wird, ein Ingenieur erfolgsabhängig Geschäftsabschlüsse vermittelt (BFH XI B 57/06, BFH/NV 07, 687), Erziehung u Verköstigung in Kindertagesstätte (FG Hmb 15, 912, rkr); zu ärztlichen Hilfsmitteln → Rn. 51; hingegen zu **bejahen,** wenn Schriftsteller für PC-Lernprogramme fremde Programme anderer Firmen testet (BFH IV R 16/97, BStBl II 99, 215), ein RA PC-Programme entwickelt (BFH IV B 35/98, BFH/NV 99, 1328), ein beratender Betriebswirt auch Personal vermittelt (BFH IV R 70/00, BStBl II 03, 25; zT **aA** BFH VIII R 101/04, BFH/NV 08, 1824), ein StB steuersparende Anlagemodelle vermittelt (HessFG EFG 01, 1211; → Rn. 100) oder Mandantenstamm verpachtet/BetrAufsp (BFH VIII R 17/15, BFH/NV 18, 522), ein Hochschullehrer publiziert (FG Ddorf EFG 02, 1227), ein RA als Datenschutzbeauftragter tätig ist (BFH VIII R 27/17, BStBl II 20, 222; dazu *FM SchlH* DStR 21, 802), ein Kinderheim externe Wohngruppen unterhält (NdsFG EFG 06, 1772), ein Arzt eine Heilfasten-Klinik betreibt (BFH XI R 58/04, BFH/NV 07, 434), ein Statiker, der einen Teil seiner Aufträge eigenverantwortl (→ Rn. 23 ff) betreut (BFH VIII R 53/07, BStBl II 09, 143; bedenkl), ein Erfinder patentierte Produkte herstellt (BFH VIII B 153/07, BFH/NV 09, 758), ein Sporttrainer auch Profi-Sport betreibt (FG Brem BB 23, 2084, rkr). Zu elektronischem Handbuch einschließl Layout s *Trachte ua* BB 01, 909 (insgesamt Schriftsteller; mE unzutr, vgl → Rn. 77, 155 „Layouter"); zu Fachartikel eines gewerbl Beraters BFH IV R 74/00, BStBl II 03, 27. Zu Klinikbetrieb, Kran- 50 kenpflege → Rn. 92, 155; zu medizinischem Gerätetraining s *OFD Ffm* DStR 15, 1175. – Sind die Ges'ter einer **PersGes** (also nicht bei Erbengemeinschaft) in ihrer Verbundenheit **auch gewerbl** tätig, hat dies – sofern die Tätigkeiten nicht untrennbar verflochten und deshalb insgesamt als freiberufl oder gewerbl zu qualifizieren sind (BFH IV R 60/95, BStBl II 97, 567) – nach § 15 III Nr 1 aF/nF grds die Gewerblichkeit sämtl Einkünfte zur Folge (zu Ausnahmen und weiteren Einzelheiten → Rn. 4, 44).

51 **Weitere Einzelfälle: WirtschaftsprüfungsGes** erzielt gewerbl Gewinn, wenn sie neben Wirtschaftsprüfungen und Steuerberatungen gewerbl **treuhänderische Verwaltungen** durchgeführt hat (BFH IV 427/62 U, BStBl III 64, 530); ebenso eine **Steuerberatersozietät** bei Treuhandaufgaben iRe **Bauherrenmodells** (BFH I R 133/93, BStBl II 95, 171; → Rn. 155 „Treuhänder"). Dasselbe gilt, wenn zwar nur ein Sozius eine gewerbl Treuhandtätigkeit (Baubetreuung) ausübt, aber das wirtschaftl Risiko dieser Tätigkeit von der Sozietät getragen wird (BFH IV R 43/88, BStBl II 89, 797). Unschädl ist mE die treuhänderische Verwahrung von Geld **(Anderkonto),** weil keine gesonderte wirtschaftl Tätigkeit iRd Geschäftsverkehrs ausgeübt wird. Gewerbl Einkünfte werden grds auch bei entgeltl **Abgabe** von **Medikamenten,** medizinischen **Hilfsmitteln** oder **Impfstoffen** (*BMF* DStR 99, 1814; *BMF* DStR 00, 730) durch (Tier-)Ärzte erzielt, sofern es sich nicht um Praxisbedarf, stationäre Aufnahme oder Notfallbehandlung handelt (BFH IV R 113/76, BStBl II 79, 574). Ebenso bei Fallpauschale iRd **integrierten Versorgung** nach §§ 140a ff SGB V (FG Ddorf EFG 19, 607, rkr; *OFD Ffm* DStR 16, 2591: Ausnahme bei Abgabe behandlungsnotwendiger Hilfsmittel, zB Implantate). Vgl auch *BMF* BStBl I 97, 566: *Vertrieb* von **Kontaktlinsen,** Artikeln zur Mundhygiene und Mundpflege sowie von Tierarzneimitteln gewerbl, aber *Auslagerung* auf SchwesterPersGes mögl (→ Rn. 44, 55, auch zu § 6 V 3).

52 **h) *Exkurs:* Freiberufler-Kapitalgesellschaft. – *(1)* Zivil- und berufsrechtl Zulässigkeit:** Zu WP-/StB-GmbH (-KGaA/-AG), RA-GmbH, Patentanwalts-GmbH nach bisherigem Recht → 40. Aufl 2021, § 18 Rn. 52; zum EU-konformen Fremdbeteiligungsverbot s EuGH C-295/23, IStR 25, 95; zur Rechtslage ab 1.8.22 (gem BGBl I 21, 2363) – **BerufsausübungsGes** – s *Stöber* DStR 21, 2137; *Ruppert* DStR 21, 2090. Weitere Bsp: Zahnheilkunde-GmbH (BGH I ZR 281/91, NJW 94, 786; zu Ärzte-KapGes ab 2004 s *Klose* BB 03, 2702); Architekten- oder Ingenieur-GmbH (OLG Frankfurt a. M. 20 W 411/98, GmbHR 00, 623); Künstler-GmbH (*Groh* DB 00, 1433 (1434)). Zu PersGes → Rn. 41. – ***(2)* Ertragstrechtl** erzielt die Freiberufler-KapGes gewerbl Einkünfte (§ 2 II 1 GewStG; BVerfG 1 BvR 2130/09, HFR 10, 756) und unterliegt der KSt (§§ 1 I Nr 1, 8 II KStG). Die Ges'ter haben neben Einkünften aus KapVerm (§ 20 I Nr 1 iVm §§ 3 Nr 40, 3c) infolge ihrer Geschäftsführertätigkeit auch solche gem § 19 (→ Rn. 7, 98; → § 19 Rn. 15 „Gesetzl Vertreter einer KapGes"); die hierdurch bedingten Aufwendungen der KapGes (uU auch Pensionsrückstellungen) mindern deren Gewerbeertrag. Zu vGA (Tätigkeitsvergütungen, Tantiemen, Wettbewerbsverbote) vgl → § 20 Rn. 60 ff. – Zur Einbringung der Praxis in KapGes und (Rück-)Umwandlung in PersGes → Rn. 213, 232 ff.

54 **i) Zusammenarbeit mit gewerblichen Unternehmen.** Schließen sich Freiberufler zu einer **KapGes** zusammen, erzielt diese stets gewerbl Einkünfte (→ Rn. 52). Beteiligt sich eine **KapGes** gesellschaftsrechtl an einer iÜ aus Freiberuflern bestehenden PersGes, liegt die Beteiligung eines „Berufsfremden" vor (→ Rn. 43). – Zur getrennten Einkünfteerzielung von **PersGes** mit teilweise übereinstimmenden Ges'tern s BFH IV R 120/87, BFH/NV 91, 319; → Rn. 26. – Ist ein **freiberufl Sozius** an einer gewerbl PersGes beteiligt und erhält er für freiberufl Dienst-/Werkleistungen zugunsten der gewerbl PersGes Vergütungen, wird die Erzielung freiberufl Einkünfte durch die Sozietät dadurch nicht berührt (vgl BFH IV R 86/80, BStBl II 84, 152), dies unabhängig davon, ob die **Tätigkeitsvergütungen** iRd freiberufl Sozietät oder iRd gewerbl PersGes erfasst werden. Letzteres ist jedenfalls dann anzunehmen, wenn die Erteilung des Auftrages an den freiberufl MUer durch das GesVerhältnis veranlasst ist und sich demgemäß als Beitrag zur Verwirklichung des GesZwecks darstellt; dies wird idR zu bejahen sein (vgl zB BFH I R 163/77, BStBl II 79, 757: Autorenhonorare;

weitergehend uU IV R 154–155/77, BStBl II 80, 269: Beratungshonorare; Ausnahme nur bei zufälligem Zusammentreffen von Auftrag und MUerstellung eines geringfügig beteiligten Ges'ters). Zu weiteren Einzelheiten → § 15 Rn. 561, 563. – Nach BFH I R 56/77, BStBl II 79, 763 (zu I 1c, betr Architektenhonorar) soll dies auch gelten, wenn die Ges'ter der gewerbl PersGes ihre Leistung als Beteiligte einer **weiteren** (freiberufl) **PersGes** erbringen; dies ist mit Rücksicht auf die jüngere Rspr zur mitunternehmerischen BetrAufsp zweifelhaft (hierzu → Rn. 55 sowie → § 15 Rn. 602).

Zu **Nutzungsvergütungen** im Verhältnis gewerbl PersGes I und freiberufl PersGes II → § 15 Rn. 858 aE. – **Beteiligung freiberufl PersGes** an gewerbl PersGes (Abfärbung gem § 15 III Nr 1 aF/nF) → Rn. 44; zu Anteilen an KapGes → Rn. 164 f.

j) Betriebsaufspaltung. Allg → § 15 Rn. 800 ff. Für § 18 I Nr 1 ist zu unterschei- 55
den zw der *Vermietung* (Verpachtung) *durch* und der Vermietung *an* eine originär freiberufl PersGes. – ***(1)*** Vermietung wesentl Betriebsgrundlagen (→ § 15 Rn. 808, 819). – ***(a)*** **durch originär freiberufl** tätige **PersGes** (Besitzunternehmen, zB Ärzte-GbR) an personell verflochtene (→ § 15 Rn. 820, 851) **Betriebs-KapGes** (zB Labor-GmbH): Besitzunternehmen erzielt auf Grund Abfärbung gem § 15 III Nr 1 grds insgesamt gewerbl Einkünfte (→ Rn. 44 sowie BFH IV R 67/96, BStBl II 98, 254: betr Grundstücksüberlassung); beachte aber BFH IV R 11/97, BStBl II 98, 603: keine sachl Verflechtung wenn Kontaktlinsen-GbR Räume und Einrichtung der Augenärzte-GbR unter Kostenteilung mitbenutzt. Zur Zuordnung der WG zum BV der Augenärzte-GbR → § 15 Rn. 533; zur Behandlung von Bürogebäuden vgl → § 15 Rn. 813. Zu Lizenzeinnahmen, die auch dann zu gewerbl Einkünften des (Einzel-) Besitzunternehmens führen können, wenn die Patente zwar nicht zu den wesentl Betriebsgrundlagen des Betriebsunternehmens gehören, jedoch der Beteiligung hieran dienen s BFH XI R 72/97, BStBl II 99, 281. Zu Dienstleistungen → § 15 Rn. 816. Zur Verpachtung des Mandantenstammes → Rn. 200. Der **Wegfall** der Voraussetzungen der BetrAufsp hat grds die Betriebsaufgabe des Besitzunternehmens zur Folge; Ausnahme: Strukturwandel des Besitzunternehmens in freiberufl Unternehmen (*Paus* DStZ 90, 193 betr Lizenzvergabe; → § 15 Rn. 865). – ***(b)*** Ebenso ist grds BetrAufsp zu bejahen, wenn **Betriebsunternehmen** als **PersGes** originär gewerbl tätig oder geprägt (§ 15 III Nr 2) ist (sog **mitunternehmerische BetrAufsp;** → § 15 Rn. 858). Dies gilt mE auch, wenn WG der BetriebsPersGes **unentgeltl** überlassen werden, vorausgesetzt, Gewinnerzielungsabsicht ist bei originär freiberufl tätiger BesitzPersGes zu bejahen (*BMF* BStBl I 98, 583 zu 1); Rechtsfolge: gewerbl Einkünfte beider PersGes unter Ansatz von Nutzungsentnahmen/-einlagen. **Ausweichgestaltung:** Auslagerung der wesentl Betriebsgrundlage(n) auf weitere PersGes III, die ggf sowohl an freiberufl tätige PersGes I als auch an gewerbl tätige oder geprägte PersGes II vermietet (**Ausgliederungsmodell;** iEinz → § 15 Rn. 193; *Schlegel ua* DStZ 10, 55); **Rechtsfolgen:** – ***(aa)*** BetrAufsp nur zw PersGes III (Besitzunternehmen) und PersGes II (gewerbl Betriebsunternehmen); – ***(bb)*** zu den gewerbl Einkünften von PersGes III gehören zwar auch die von PersGes I erhaltenen Nutzungsvergütungen; – ***(cc)*** die Freiberuflichkeit der Einkünfte von PersGes I bleibt jedoch erhalten (zur Begründung s unten). – ***(dd)*** Überlässt eine freiberufl tätige PersGes I, **ohne** dass die Voraussetzungen einer mu'erischen **BetrAufsp** vorliegen, WG zur Nutzung an teilweise personenidentische gewerbl SchwesterPersGes II, ist fragl, ob an der bisherigen Rspr (anteiliges SBV bei PersGes II) festgehalten werden kann (→ § 15 Rn. 604). – ***(2)*** Vermietung wesentl Betriebsgrundlagen **an originär freiberufl** tätige **PersGes II** durch – ***(a)*** eine **gewerbl tätige** oder geprägte (§ 15 III Nr 2) PersGes I. Rechtsfolgen: die personelle Verflechtung beider PersGes berührt ihre ertragstrechtl Selbständigkeit nicht, insb gehören Anteile an PersGes II nicht zum SBV der Ges'ter bei PersGes I (vgl → § 15 Rn. 508; keine Abfärbung auf Grund von SonderBE → § 15 Rn. 190); die Freiberuflichkeit der Einkünfte von PersGes II wird *nicht* durch das Rechtsinstitut **BetrAufsp** in Frage gestellt (BFH X R 59/00, BStBl II 04, 607 zu B IV 5.b; BFH IV R 29/04, BStBl II 06, 173; → § 15 Rn. 858). – ***(b)*** Ist PersGes I nur **vermögens-**

verwaltend tätig, begründet die Nutzungsüberlassung an PersGes II *keine* BetrAufsp, da diese Ges kein gewerbl Unternehmen betreibt und damit auch nicht Betriebsunternehmen iRe BetrAufsp sein kann (→ § 15 Rn. 856; BFH IV R 125/92, BStBl II 96, 5: WG von PersGes I = anteiliges freiberufl SBV der Ges'ter bei PersGes II; *Kempermann* FR 07, 577 (578); **aA** *Rasche* DStZ 99, 127 (132)). Zur Gewerblichkeit, wenn die von einer beteiligungsidentischen gewerbl Schwester-PersGes (Labor-GbR) erbrachten Leistung zB Teil der *einheitl* Heilbehandlung sind, → Rn. 26.

III. Freie Berufe, § 18 I Nr 1

60 **1. Einkünfte aus freiberuflicher Tätigkeit.** § 18 I Nr 1 führt dreierlei freiberufl Tätigkeiten auf: – ***(1)*** die wissenschaftl, künstlerische, schriftstellerische, unterrichtende oder erzieherische Tätigkeit; – ***(2)*** die selbständige Berufstätigkeit der Ärzte, Zahnärzte, Tierärzte, Rechtsanwälte usw, also der sog Katalogberufe und – ***(3)*** selbständige Berufstätigkeit der den Katalogberufen ähnl Berufe. Da das Gesetz die freiberufl Tätigkeit nur durch diese Aufzählung der „ähnlichen Berufe" charakterisiert, lässt sich ihm ein für die Entscheidung von Grenzfällen brauchbarer Begriff der freiberufl Tätigkeit nicht entnehmen. Einen **einheitl Oberbegriff der freien Berufe** gibt es nicht (BVerfG 1 BvR 15/75, BStBl II 78, 125; → Rn. 5, 125; zu § 1 II PartGG vgl → Rn. 41; zu EWG-RL 77/388 s EuGH C-267/99, BFH/NV 02, 21; beachte auch Aufhebung von Art 14 OECD-MA; dazu *Kutac ua* FR 22, 294). § 18 kann auch ein allg Grundsatz für die Bestimmung der unter die Vorschrift fallenden Tätigkeiten und Berufe nicht entnommen werden (BFH IV R 127/70, BStBl II 71, 319), sodass **ähnl Berufe** nur in Betracht kommen, wenn sie entweder einem oder mehreren der Katalogberufe in den typischen, wichtigen oder wesentl Merkmalen entsprechen (→ Rn. 125). Für die freie Berufstätigkeit ist charakteristisch, dass sie für ein wert-/tätigkeitsbezogenes Entgelt (zB **Gebührenordnung**) und grds nicht für ein **Erfolgshonorar** ausgeübt wird (BVerfG 1 BvR 15/75, BStBl II 78, 125; BFH IV R 86–88/91, BFH/NV 92, 811; zur Absatzförderung → Rn. 111). Ausnahmen im Anschluss an BVerfG 1 BvR 2576/04, BB 07, 617, nunmehr idF BGBl I 21, 3415: § 4a RVG; § 43b PatAnwO; § 9a StBerG; § 55a WPO; auch → Rn. 165 aE. – Allg fällt unter § 18 I Nr 1 eine Berufstätigkeit, deren Ausübung wissenschaftl oder künstlerische Ausbildung voraussetzt. Auch dieses Merkmal ist jedoch nicht bei allen in § 18 I Nr 1 genannten Berufen vorhanden.

62 **2. Wissenschaftliche Tätigkeit.** Wissenschaft ist die Erarbeitung von Erkenntnissen anhand obj Maßstäbe unter Anwendung rationaler Methoden (zur Begriffsentwicklung/-differenzierung s *Hüttemann* FS Kessler, 2021, 521). Wissenschaftl Tätigkeit idS ist besonders qualifiziert dadurch, dass sie geeignet ist, eine schwierige Aufgabe nach wissenschaftl Grundsätzen, dh nach streng sachl und obj Gesichtspunkten anhand einer überprüfbaren Methodik zu lösen (BFH VIII R 74/05, BStBl II 09, 238: abl für Promotionsberater); dies setzt nicht notwendigerweise, aber doch zumeist ein Hochschulstudium voraus (BFH IV R 48/99, BStBl II 01, 241; *Kempermann* FR 01, 305). Wissenschaftl tätig ist nicht nur, wer schöpferische oder forschende Arbeit leistet **(reine Wissenschaft),** sondern auch, wer die Anwendbarkeit wissenschaftl Forschungsergebnisse auf konkrete Vorgänge untersucht **(angewandte Wissenschaft).** Stets ist erforderl, dass grds Fragen oder konkrete Vorgänge methodisch nach streng sachl Gesichtspunkten in ihren Ursachen erforscht und in einen Verständniszusammenhang gebracht werden. Dazu gehört, dass die Tätigkeit von der fachspezifischen Methodik her nachprüfbar und nachvollziehbar ist (BFH VIII R 24/14, BStBl II 17, 908 mwN).

63 **a) Berufsausübung.** Die Ausübung eines Berufes, der eine wissenschaftl Vorbildung erfordert, ist nur dann wissenschaftl Tätigkeit, wenn auch die Berufsausübung als solche auf wissenschaftl Grundsätzen beruht. Daher ist die Berufsausübung der Ärzte, RA, WP oder Wirtschaftsberater nicht ohne Weiteres wissenschaftl Tätigkeit

(BFH IV B 133/99, BFH/NV 00, 1460; einschr für „wissenschaftl 2 A-Mitarbeiter" BFH I B 176/09, BFH/NV 11, 255). Die Erstellung **einzelner Gutachten** auf wissenschaftl Grundlage durch den Angehörigen eines Katalogberufes gehört nicht zu dessen lfd praktischer Berufsausübung, sondern ist davon getrennt zu beurteilende wissenschaftl Tätigkeit (BFH IV R 48/99, BStBl II 01, 241; BFH IV R 64/91, BFH/NV 93, 360; auch → Rn. 87, 155 unter „Sachverständiger"; „Herausgeber"). Nebenberufl selbständige wissenschaftl Tätigkeit wird häufig ausgeübt als Gutachter-, Prüfungs- und Lehrtätigkeit (→ Rn. 10); zu Einzelfällen → Rn. 155. Bei kfm Ausrichtung kann eine wissenschaftl Tätigkeit nicht von der gewerbl getrennt werden (→ Rn. 155 „Ärztepropagandist"). Die **wirtschaftl Verwertung** der wissenschaftl Tätigkeit (zB Produktion auf Grund eines Forschungsergebnisses) gehört nicht mehr zur wissenschaftl Tätigkeit (BFH IV R 152/73, BStBl II 78, 545).

b) Erfinder. Sie sind idR wissenschaftl tätig (BFH IV R 152/73, BStBl II 78, 64
545; iEinz *Bleschick* EFG 17, 290). Zur Abgrenzung von sog Zufallserfindungen (sofort verwertungsreife Idee) s BFH IV R 29/97, BStBl II 98, 567; BFH XI R 26/02, BStBl II 04, 218; FG Mster EFG 11, 1877 rkr (Geschmacksmuster); FG D'dorf EFG 17, 288, rkr und BFH VIII B 73/23, BFH/NV 24, 1411 (nachhaltige Erfindertätigkeit aufgrund Verbesserungen im Patentanmeldeverfahren; iEinz *Gehm* EStB 25, 249; *Marx* ua DB 17, 2313). Zur Gewinnerzielungsabsicht s BFH XI S 7/04, BFH/NV 05, 1556; zu gemeinschaftl Erfindung s BFH IV R 53/00, BFH/NV 01, 1547: GbR-Vermögen. Die wissenschaftl Erfindertätigkeit umfasst grds auch die Lizenzvergabe (BFH IV R 14/00, BStBl II 01, 798) und den Patentverkauf (FG Mster BB 11, 623); gewerbl ist jedoch die Herstellung/Veräußerung des Erfindungsgegenstandes (auch → Rn. 50) oder dessen Zugehörigkeit zum notwendigen/gewillkürten BV eines GewBetr (BFH IV R 80/94, BStBl II 95, 776) sowie die Überlassung von Patenten/ungeschützten Erfindungen iRe BetrAufsp (→ § 15 Rn. 808). Liegt *keine* BetrAufsp vor, ist die Beteiligung an der „verwertenden" GmbH freiberufl BV (BFH IV R 14/00, BStBl II 01, 798). Die steuerl Vergünstigungen freier Erfinder sind ab 1989 weggefallen (→ 29. Aufl 2010, § 18 Rn. 275).

3. Künstlerische Tätigkeit. – a) Kunstbegriff. Einen allg Begriff des Kunst 66
gibt es nicht (BFH IV R 64/79, BStBl II 83, 7). Das Wesentliche der künstlerischen Betätigung ist die freie, schöpferische Gestaltung, in der Eindrücke, Erfahrungen und Erlebnisse durch das Medium einer bestimmten Formensprache zu unmittelbarer Anschauung gebracht werden (BVerfG 1 BvR 816/82, BVerfGE 67, 213 (226)). Die künstlerische Tätigkeit – formal gegliedert in Musik, Literatur, darstellende und bildende Kunst – ist nicht nur durch das Ineinandergreifen bewusster und unbewusster Vorgänge (vgl BFH IX B 4/98, BFH/NV 98, 957 mit Abgrenzung zur Naturwissenschaft), sondern auch durch das Vollbringen einer **eigenschöpferischen Leistung** gekennzeichnet, in der die **individuelle** Anschauungsweise und **Gestaltungskraft** zum Ausdruck kommt und die über eine hinreichende Beherrschung der Technik hinaus grds eine künstlerische **Gestaltungshöhe** erreicht (BFH XI R 71/97, BFH/NV 99, 460; VerfBeschwerde BVerfG 2 BvR 2262/98, StEd 02, 760: Nichtannahme ohne Begr; *Gerstenberg* FR 15, 984); zur Kritik → Rn. 67. Dabei ist zw **zweckfreier Kunst** und **Gebrauchskunst** zu unterscheiden. Haben die Arbeitsergebnisse der Berufstätigkeit keinen Gebrauchszweck **(freie Kunst),** wie diejenigen der Maler, Musiker oder Komponisten, so kann auf die Feststellung der ausreichenden künstlerischen Gestaltungshöhe verzichtet werden, wenn den Werken nach der allg Verkehrsauffassung das Prädikat des Künstlerischen nicht abgesprochen werden kann und die Arbeiten ausschließl auf die Hervorbringung einer ästhetischen Wirkung gerichtet sind (bej bei Schiffsminiaturen FG Hmb EFG 01, 1452); die Bestätigung als Kunst kann auch daraus abgeleitet werden, dass die Arbeitsergebnisse (Bilder, Schlager) bei einem nicht nur kleinen Käuferkreis Anklang gefunden haben (BFH IV R 9/77, BStBl II 81, 21). Auch **reproduzierende** Tätigkeit (Musiker) kann künstlerisch sein (vgl RFH RStBl 39, 963; *OFD Ffm* DStR 00, 1143: Organist),

ebenso ein „Tanz-/Unterhaltungsorchester" (BFH IV R 64/79, BStBl II 83, 7; ausführl *Wolf* FR 02, 202), Karnevalskapelle (*Joisten ua* FR 13, 57) oder Statist (BFH XI R 21/06, BStBl II 07, 702 zu § 3 Nr 26). Weitere Einzelfälle → Rn. 155.

67 **aa) Abgrenzung.** Andere künstlerische Tätigkeiten, deren Arbeitsergebnisse einen **praktischen Nützlichkeits-(Gebrauchs-)Zweck** haben (zB Gebrauchs-/Modegraphiker, Werbefotografen, Redner), fallen dann unter § 18 I Nr 1, wenn sie auf einer eigenschöpferischen Leistung beruhen, dh auf Leistungen, in denen sich eine individuelle Anschauungsweise/besondere Gestaltungsweise widerspiegeln und die Arbeitsergebnisse eine gewisse künstlerische **Gestaltungshöhe** erreichen (BFH IV R 9/77, BStBl II 81, 21; glA *Osterloh-Konrad* Kunst und Recht 16, 189). **AA** *Heuer* (DStR 83, 638) mit der zutr Erwägung, es sei wertungswidersprüchl, bei einem Teil der künstlerischen Tätigkeit die Zuordnung zur freiberufl Tätigkeit an die Erfüllung bestimmter Qualitätsanforderungen zu binden; dies geschehe insb bei schriftstellerischer Tätigkeit nicht; ebenso *Kempermann* (FR 92, 250 (252)): eigenschöpferische Leistung erforderl und ausreichend (**aA** BFH IV B 200/04, BStBl II 06, 709; FG Ddorf EFG 07, 197). Ein **gewerbl Verwendungszweck** und bestimmungsgemäße Verwendung schließen die Annahme einer künstlerischen Tätigkeit nicht aus, wenn der **Kunstwert den Gebrauchswert übersteigt** (BFH VIII R 76/75, BStBl II 77, 474: Werbefotograf; BFH I R 1/66, BStBl II 69, 138: Entwürfe von Modellkleidern; FG Hmb EFG 91, 124: Fachbuch-Illustrator). Bei der Beurteilung ist auf die Tätigkeit im ganzen VZ abzustellen (BFH IV 560/56 U, BStBl III 58, 182); beim Übergang zu einer gewerbl Tätigkeit ist auch eine sich über mehrere VZ erstreckende Entwicklungstendenz zu berücksichtigen (BFH IV R 92/67, BStBl II 70, 86). Eine einheitl zu beurteilende gewerbl Tätigkeit liegt vor bei **Serienprodukten des Künstlers** oder eigenem Vertrieb der Serienprodukte. Eine getrennte Beurteilung der künstlerischen und gewerbl Tätigkeit ist nicht mögl (vgl BFH IV R 15/73, BStBl II 79, 236; auch → § 15 Rn. 97 ff).

70 **bb) Gutachten; Sachverständige.** Ob Gebrauchskunst, Kunsthandwerk, Kunstgewerbe noch Kunst ist, kann nur anhand besonderer Sachkunde beurteilt werden. Dazu ist regelmäßig die Einholung von Sachverständigengutachten erforderl. Dafür sind bei den OFD Gutachterausschüsse eingerichtet (*OFD Erf* DStR 99, 1989), deren gutachterl Äußerungen das FG bei Beantwortung der Frage, ob eine künstlerische Tätigkeit vorliegt, aber nicht binden (BFH VIII R 76/75, BStBl II 77, 474; krit BSG DStR 99, 1413; zur Vorlage von Gutachten durch den StPfl vgl *FB Brem* DStR 02, 544). Das FG kann auch andere Sachverständige hören (BFH XI B 61/98, BFH/NV 00, 446). Die Gutachten haben allein die Aufgabe, dem Gericht zu einer eigenen Überzeugung zu verhelfen (§ 96 FGO; BFH IV R 15/90, BStBl II 91, 889). Dabei darf es zwar auch eigene Sachkenntnis verwerten; will das FG in Grenzfällen aber ohne Sachverständigengutachten entscheiden, muss dies für die Beteiligten erkennbar sein und die eigene Sachkunde im Urt dargelegt werden (BFH IV B 200/04, BStBl II 06, 709; FG Ddorf EFG 07, 197). Zum ggf erforderl Beweisantrag s BFH VIII B 30/20, BFH/NV 21, 789.

71 **cc) Mitarbeiter.** Auch die künstlerische Tätigkeit setzt bei der Beschäftigung qualifizierter Mitarbeiter **leitende** und **eigenverantwortl** Tätigkeit voraus (→ Rn. 23 ff). Da aber darüber hinaus eine **eigenschöpferische** Leistung vorausgesetzt ist (→ Rn. 66, 677), ist es erforderl, dass der StPfl an allen künstlerisch relevanten Tätigkeiten bei der Herstellung des Werkes selbst mitwirkt und entscheidenden Einfluss auf die Gestaltung ausübt (vern BFH VIII R 32/75, BStBl II 81, 170: Filmherstellung; FG RhPf EFG 08, 1292: Radio-Werbespot; bej FG Köln DStRE 07, 1312: EDV-gestützte *Werbegraphik-Druck*).

72 **dd) Verkauf.** Teil der einheitl künstlerischen Tätigkeit ist auch der Verkauf der Kunstwerke; zum „Marktauftritt des Künstlers" kann auch der Rückkauf von Bildern gehören (zutr FG Mchn EFG 10, 2087, rkr: Reputationserhalt). Zum Verkauf von

Non-Fungible Token durch Künstler s aber ausführl *Frick* FR 23, 343 (grds gewerbl) sowie → § 15 Rn. 150 „Kryptowährung").

ee) Schauspieler. Setzen sie ihre Bekanntheit zur **Produktwerbung** ein, erzielen insoweit gewerbl Einkünfte (BFH IV R 102/90, BStBl II 92, 413; BFH IV R 1/97, BFH/NV 99, 465; BFH I B 99/98, BFH/NV 99, 1280). Zur Abgrenzung zu **nichtselbständiger Arbeit** → § 19 Rn. 35 „Filmschauspieler", „Künstler". Wegen weiterer künstlerischer Tätigkeiten s ABC → Rn. 155. 73

ff) Tod des Künstlers. → Rn. 256 ff (keine Betriebsaufgabe, Kunstwerke bleiben BV, Verwertungsentgelte sind freiberufl BE). 74

b) Gewinnerzielungsabsicht. Die Abgrenzung ggü der **Liebhaberei** unterliegt zwar den allg Merkmalen (→ Rn. 5; BFH GrS 4/82, BStBl II 84, 751; ThürFG EFG 14, 264; fehlende Vermarktung); gleichwohl ist sie bei künstlerischen Tätigkeiten schwierig, weil Neigung und Berufsausübung sich besonders eng berühren, andere Tätigkeiten idR einen erhebl Kapitaleinsatz verlangen und häufig positive Einkünfte erst nach längerer Anlaufzeit erzielt werden (uU mehr als 10 Jahre; BFH IV R 84/82, BStBl II 85, 515; NdsFG EFG 04, 111). Zu den Indizien der Gewinnerzielungsabsicht s BFH XI R 46/01, BStBl II 03, 602; *OFD Köln* FR 84, 561 *Kußmaul ua* BB 19, 2007; krit *Gommers* DB 19, 270. Erzielt der Künstler aus seiner Tätigkeit steigende Einnahmen, kann nicht davon ausgegangen werden, ein Totalgewinn sei nicht erzielbar (BFH XI R 46/01, BStBl II 03, 602); zum Wechsel von Gewinn- und Verlustphasen s BFH VI R 104/86, BFH/NV 89, 696. Gewinnerzielungsabsicht kann auch aufgrund des Zusammentreffens von selbständiger und nichtselbständiger künstlerischer Arbeit vorliegen (BFH IV B 157/04, BFH/NV 06, 1459). Steht fest, dass ein **Totalgewinn** nicht zu erzielen ist, sind von dieser Feststellung an Verluste keine negativen Einkünfte mehr, es sei denn, der StPfl geht zu einer gewinnbringenden Tätigkeit über oder stellt die verlustbringende Tätigkeit ein (BFH IV R 139/81, BStBl II 85, 205; FG Mchn EFG 04, 802; → § 15 Rn. 29 ff). Verluste aus künstlerischer Tätigkeit können WK sein, sofern sie das berufl Fortkommen in der nichtselbständigen Tätigkeit fördern (BFH VI R 122/92, BStBl II 94, 510; zur Abgrenzung s FG Ddorf EFG 94, 514). 75

4. Schriftstellerische Tätigkeit. – a) Grundsätze. Sie liegt vor, wenn in selbständiger Gestaltung *eigene Gedanken* schriftl (RFH RStBl 43, 421) für die Öffentlichkeit niedergelegt werden (BFH I R 183/79, BStBl II 82, 22); es ist nicht erforderl, dass das Geschriebene wissenschaftl oder künstlerischen Inhalt hat (→ Rn. 155 zu Werbeschriftsteller; BFH IV R 16/97, BStBl II 99, 215: PC-Lernprogramm; BFH IV R 4/01, BStBl II 02, 475; FG Brem EFG 03, 1384: Anleitung technischer Geräte; NdsFG EFG 04, 567 zu *analytischem* Parlamentsstenograph; SchlHFG EFG 07, 524, rkr: Internet-Börsenbrief; *Trachte ua* BB 01, 909: E-Handbuch; zur Trennbarkeit aber → Rn. 50; BFH IV R 74/00, BStBl II 03, 27). „Schriftl" bedeutet im Gegensatz zu mündl Vortrag oder Rede – abruf- und lesbare – Fixierung auf körperl Medium (Papier; Diskette etc); Bestimmung für die „Öffentlichkeit" erfordert keinen bestimmten Vertriebsweg (zB Buchhandel), sondern ledigl die Verfügbarkeit für zahlenmäßig nicht bestimmbaren Personenkreis (BFH IV R 16/97, BStBl II 99, 215: bej für Firmenangehörige; *MK* DStR 99, 107). Das Vorliegen schriftstellerischer Tätigkeit ist bei Auftragsarbeiten für einen anderen Schriftsteller umstritten (vgl *HHR/Brandt* § 18 Rn. 113). ME kommt es nicht darauf an, ob die Auftragsarbeiten vom Auftraggeber vor der Veröffentlichung überarbeitet werden, sofern die darin niedergelegten Gedanken wenigstens teilweise in den veröffentlichten Text übernommen werden (glA FG Hmb EFG 01, 907: Überarbeiten von Drehbüchern); anders wenn ledigl vorbereitende Arbeit geleistet wird, zB Sammeln von Material, Lesen von Korrekturen. 77

b) Einzelfragen. Schriftsteller im **Selbstverlag** ist Gewerbetreibender (BFH IV B 15/00, BFH/NV 01, 1280). Zweifelhaft ist aber, ob schriftstellerische Einkünfte 78 auch erzielt, wer ein ihm *übertragenes* Urheberrecht durch entgeltl **Überlassung** an einen Verlag zur Veröffentlichung nutzt (so → 17. Aufl 1998, § 18 Rn. 78, arg BFH IV 93/62 U, BStBl III 64, 206; abl zR *BH/Valta* § 18 Rn. 102: § 21 I Nr 3), oder wer **Handschriften eines Schriftstellers ohne** das dazugehörige **Urheberrecht** veräußert (abl RFH RStBl 42, 1073 sowie → 17. Aufl 1998, § 18 Rn. 18; **aA** *BH/Valta* § 18 Rn. 102: BV, Veräußerung oder Entnahme). – Zur **Gewinnerzielungsabsicht** s BFH IV R 84/82, BStBl II 85, 515: auch bei nebenberufl Schriftstellern sind zwar längere Anlaufphasen unschädl; nicht jedoch, wenn von Anfang an keine Ertragsaussicht besteht (FG RhPf DStRE 14, 1296; anders mE, wenn Schriftsteller vermögenslos und ohne nennenswerte weitere Einkünfte; glA *BH/Valta* § 18 Rn. 42, 45) oder ein „Erwerbswille" fehlt (FG RhPf DStRE 20, 391, rkr). Zu gescheitertem Buchprojekt s BFH IV B 200/02, BFH/NV 03, 625; zu schriftstellerischen Verlusten als WK bei § 19 → Rn. 110 „Liebhaberei".

83 **5. Unterrichtende Tätigkeit; erzieherische Tätigkeit. – a) Unterricht.** Dies ist die Vermittlung von Wissen, Fähigkeiten, Fertigkeiten und Einstellungen durch Lehrer an Schüler in organisierter und institutionalisierter Form (BFH VIII R 10/17, BStBl II 21, 387 mwN; FG Mchn EFG 00, 130: bej für Koreferent). Zur Wissensvermittlung durch PC-Programme s *Wendt* FR 99, 128 (130). Auf den **Gegenstand** des Unterrichts kommt es nicht an (BFH IV R 130/79, BStBl II 82, 589): zB Reiten, Tanzen (FG Ddorf EFG 07, 689: incl individuelles Fitnesstraining; auch → Rn. 29), Gymnastik, Fußball (BFH IV R 131/92, BFH/NV 94, 93), Kfz-Fahren (zur USt s BFH V R 7/19, DStR 19, 1748); „Unternehmensführung" (FG Nbg DStRE 03, 586, fragl); nicht aber Unterricht an Tieren (RStBl 41, 678; BFH VIII R 11/15, BStBl II 17, 911). Der Unterrichtscharakter muss durchgängig gewahrt sein, punktuelle Anleitung genügt nicht (BFH IV R 35/95, BStBl II 96, 573: Fitnessstudio). Erforderlich ist ein schulmäßiges (allgemeingültiges) Programm eines bestimmten Fachgebiets; dies schließt Individualunterricht nicht aus, Vermittlung eines „Know-how-Mix" ist jedoch nicht unterrichtend, sondern beratend (BFH XI R 2/95, BStBl II 97, 687); anders uU bei Sprachheilpädagoge (BFH IV R 49/01, BStBl II 03, 721; → Rn. 130, 155 „Logopäde"). Unterricht kann auch untrennbarer Teil einer gewerbl Tätigkeit sein (BFH I R 114/85, BStBl II 89, 965 zu II 4; BFH VIII B 44/18, BFH/NV 19, 108: Produktschulung; auch → Rn. 107).

84 **b) Erziehung. – aa) Grundsätze.** Sie ist die planmäßige Tätigkeit zur körperl, geistigen und sittl Formung junger Menschen zu tüchtigen und mündigen Menschen (BFH VIII R 11/15, BStBl II 17, 911). Dabei wird unter Mündigkeit die Fähigkeit verstanden, selbständig und verantwortl die Aufgaben des Lebens zu bewältigen (BFH II R 107/68, BStBl II 75, 389); erforderl ist die **Formung** der **gesamten Persönlichkeit** (FG Köln EFG 19, 1989, rkr: therapeutische Kinder-/Jugendhilfe), nicht nur die Schulung in Teilbereichen zwischenmenschl Beziehungen (BFH XI R 2/95, BStBl II 97, 687: Managementberatung; BFH VIII R 10/17, BStBl II 21, 387: Wiedereingliederung von Erwachsenen; zu § 18 I Nr 3 → Rn. 141). Vorbildung oder staatl vorgeschriebene Prüfung ist für erzieherische Tätigkeit nicht vorausgesetzt (BFH VIII R 166/73, BStBl II 74, 642); ebenso zu Kindertagespflege NdsFG DStRE 07, 832 (auch → Rn. 155). Zur Eigenverantwortlichkeit → Rn. 29; zur **Gewinnerzielungsabsicht** s BFH XI S 10/00, BFH/NV 01, 1024. Zu **§ 3 Nr 26** → § 3 Rn. 92.

85 **bb) Einzelfragen.** Der Betrieb einer Unterrichtsanstalt **(Schule)** ist eine freiberufl Tätigkeit, wenn der Inhaber über entspr Fachkenntnisse verfügt und in der Schule leitend und eigenverantwortl tätig wird (BFH IV R 130/79, BStBl II 82, 589; auch → Rn. 23 ff). Ist der Schule ein **Internat** angeschlossen und wird aus der Beherbergung und Beköstigung der Schüler besonderer Gewinn erstrebt, liegt gewerbl Tätigkeit vor (BFH VI 301/62 U, BStBl III 64, 630; auch → Rn. 155 „Kinderheim"). Einen GewBetr bildet auch ein **Kindererholungsheim,** wenn die Unterbringung,

Verköstigung und allg Betreuung der Kinder nicht nur als Hilfsmittel einer erzieherischen Tätigkeit (dazu BFH IV R 4/02, BStBl II 04, 129 betr häusl Erziehungshilfe; FG Hmb EFG 15, 912: Kindertagesstätte; zutr; auch →Rn. 50), sondern als Haupttätigkeiten des Heiminhabers anzusehen sind (BFH III R 198/81, BFH/NV 86, 358).

6. Heilberufe. – a) Ärzte; Fachärzte; Zahnärzte; Tierärzte. – aa) Grundsätze. Einkünfte aus freiberufl Tätigkeit erzielt der Arzt durch die selbständige Ausübung der **Heilkunde.** Grds ist jede Handlung, die der Prophylaxe, (Labor-)Diagnose (*OFD Hann* DB 99, 1981; zu Mammographie s *Gragert ua* NWB F 3, 15083; auch →Rn. 29), Heilung oder Linderung einer Erkrankung zu dienen bestimmt ist, ärztl Tätigkeit (*BMF* DStR 00, 730: Abgabe von Impfstoffen). Dies erfasst zwar nicht die wirtschaftl Krankenhausberatung (BFH XI B 63/98, BFH/NV 00, 424) oder Arbeitssicherheit (BFH IV B 106/03, BFH/NV 05, 1544), wohl aber gutachtl Stellungnahmen über den Gesundheitszustand untersuchter Personen (BFH V R 95/76, BStBl II 77, 879; BFH IV R 187/79, BStBl II 82, 253; zur Abgrenzung s BFH V R 7/05, BStBl II 07, 412; vgl auch →Rn. 130, 155) und bei medizinischer/therapeutischer Indikation auch ästhetische („Schönheits"-)Operationen (BFH V R 16/12, DStR 15, 420 zu USt) sowie die Zahnaufhellung („Bleaching"; BFH V R 60/14, BStBl II 15, 946). Weitergehend *Neugebauer* DB 15, 2041 für *Nicht*-Heilbehandlungen. Zur „reinen" Kryokonservierung s FG Mster EFG 22, 1296, rkr; →Rn. 155. Zur **Selbständigkeit** →Rn. 9, 11. Anders als Notfalldienste (BFH XI R 24/23, DStR 25, 1694) sind Gutachten ohne unmittelbares therapeutisches Ziel (zB Alkohol-/Erwerbsminderungsgutachten) zwar nicht USt-befreit (§ 4 Nr 14 UStG nF; UStR 4.14.1 V), gleichwohl aber idR freiberufl (wissenschaftl; →Rn. 63) iSv § 18 (*kk* KÖSDI 01, 12800). Zur **Abfärbung** gewerbl Einkünfte/Beteiligung Berufsfremder →Rn. 43 ff. Zu neuen **Organisationsformen** (zB integrierte Versorgung) →Rn. 51. 87

bb) Einzelfragen. – (1) Nebentätigkeit. Freiberufl ärztl Tätigkeit kann auch als Nebentätigkeit ausgeübt werden, die zu der Berufsausübung als nichtselbständig tätiger Arzt hinzutritt (→Rn. 7, 9). Auf die Einrichtung einer eigenen Arztpraxis kommt es nicht an (BFH IV R 20/76, BStBl II 77, 31). 88

(2) Vertretung. Bei **vorübergehender** Vertretung eines freiberufl tätigen Arztes ist auch dessen Vertreter grds freiberufl tätig, auch wenn er eine feste Vergütung erhält und sonst nicht selbständig tätig ist (→Rn. 8, 35 f). 89

(3) Honorarverteilung. Zahlungen iRd erweiterten Honorarverteilung oder eines Honorarsonderfonds der kassenärztl Vereinigung sind Einnahmen aus selbständiger Arbeit, auch wenn sie nachträgl an die Witwe des Arztes geleistet werden (BFH IV R 112/71, BStBl II 77, 29; →Rn. 177; →§ 24 Rn. 58). 90

(4) Status; Art der Tätigkeit. Beamtete Ärzte (Medizinalräte, Stabsärzte) oder **Krankenhausärzte** (BFH IV R 241/70, BStBl II 72, 213) erzielen Einkünfte nach § 19 EStG (ArbVerh), sog **Vertragsärzte** hingegen idR freiberufl Einkünfte (EStR 18.1 I); **Ferienhotel-/Schiffsarzt** (*Brunckhorst* EStB 24, 193: idR selbständig), **Krankenhaus-Honorararzt** (BSG B 12 R 11/18 R, DStR 19, 2429: nichtselbständig); **Notarzt** (BSG B 12 R 10/20, BeckRS 2021, 39897; *Lachmann* DStR 22, 1557: nichtselbständig); zu ArbVerh mit **Medizinischem Versorgungszentrum** s *Janson* DStR 20, 475: § 19; Tätigkeit in **Corona-Impfzentren** (*OFD SchlH* DStR 22, 1723: § 19 iVm § 3 Nr 26 und § 3 Nr 26a). Wegen der gemeinschaftl Praxisausübung **(Sozietät)** sowie **Labor- und Apparategemeinschaften** vgl →Rn. 40; zur entgeltl **Medikamentenabgabe** →Rn. 17, 51. Zur **Liebhaberei** BFH IV R 43/02, BStBl II 04, 455; BFH III B 69/12, BFH/NV 13, 1573; FG Ddorf EFG 04, 259. 91

(5) Klinik. Betreibt ein Arzt eine Klinik, werden freiberufl Einkünfte aus ärztl Tätigkeit nicht nur erzielt, wenn aus der Beherbergung/Beköstigung der Patienten 92 kein zusätzl Gewinn erstrebt wird (BFH IV R 43/00, BStBl II 02, 152); darüber hinaus sind bei getrennter Abrechnung nach BFH IV R 48/01, BStBl II 04, 363 auch beide Bereiche zu trennen (mE fragl; **aA** BFH IV 153/64 U, BStBl III 65, 90; vgl auch →Rn. 50; → § 15 Rn. 150 „Klinik"; zur USt s BVerfG 2 BvR 2861/93, BB 00, 183); § 4 Nr 14 UStG nF; *BMF* BStBl I 09, 756. Zur **Eigenverantwortlichkeit** → Rn. 23 ff.

95 **b) Dentisten; Heilpraktiker; Krankengymnasten.** Sie werden auf Grund von Prüfungen, die die Berufsausübung gestatten, tätig (vgl BGBl I 87, 1225: ZahnheilkundeG; RGBl 39, 251: HeilpraktikerG (BGBl I 39, 1084): Masseur- und PhysiotherapeutenG; *OFD Mbg* FR 00, 284). Sie bedürfen der Berufszulassung (Erlaubnis) und unterliegen gesundheitsbehördl Aufsicht (dazu → Rn. 130); vgl auch EU-Anerkennung (BGBl I 07, 2686). Sie werden auf **bestimmten Teilgebieten der Heilkunde** tätig; nicht aber bei sog medizinischem Gerätetraining (*OFD Ffm* DStR 15, 1175). Zur Gewinnerzielungsabsicht s FG Köln EFG 02, 274 (Tierheilpraktiker); zur Eigenverantwortlichkeit → Rn. 29. Zu § 4 Nr. 14 UStG nF s *BMF* BStBl I 09, 756; *BMF* BStBl I 12, 682. **Sofern Waren** oder **Erzeugnisse** (zB Massageöl, Zahnprothesen, Kontaktlinsen, Pflegemittel) über den Rahmen der eigenen Heilbehandlung hinaus an Patienten oder Dritte entgeltl abgegeben werden, liegt gewerbl Tätigkeit vor. Ist diese von der Heilbehandlung nicht trennbar, sind die aus der gesamten Tätigkeit erzielten Einkünfte grds gewerbl Gewinn (vgl → Rn. 44, 51; → § 15 Rn. 97).

97 **7. Rechtsberatende Berufe; wirtschaftsberatende Berufe. – a) Rechtsanwälte; Patentanwälte; Notare.** Sie sind **Organe der Rechtspflege** (vgl § 1 BRAO, § 1 BNotO). Dies trifft auch für EU-Anwälte gem EuRAG (§ 4 BRAO, § 3 Nr 1 StBerG) zu (*Kempermann* FR 04, 227: zumindest ähnl Beruf; BVerfG 1 BvR 1922/05, StEd 05, 655; auch → Rn. 130; zu anderen Anwälten s *Kempermann,* FS Wassermeyer, 333); zur Rechtslage ab 1.8.22 betr BerAusübGes gem BGBl I 21, 2363 → Rn. 41 *(1)/(4).* Der **Rechtsanwalt** berät in Rechtssachen, insb bei Vertragsgestaltungen (nicht aber die Spielervermittlung → Rn. 50; → § 15 Rn. 150), und vertritt seine Mandanten vor Gericht. Zu seinen **freiberufl** Aufgaben (§ 18 I Nr 1) gehören auch die Erstattung von Rechtsgutachten (BFH IV R 111/69, BStBl II 71, 132), die Übernahme eines Schiedsrichteramts (BFH IV 135/58 U, BStBl III 61, 60). Fragl ist, ob dies auch für die in **§ 18 I Nr 3** genannten Tätigkeiten zutrifft. **Bej** RFH RStBl 32, 731: Aufsichtsrat; BFH IV R 125/89, BStBl II 90, 1028: RA/WP/StB als Testamentsvollstrecker (zur USt BFH V R 25/02, BStBl II 03, 734); zR **einschr** jedoch BFH V R 63/86, BFH/NV 91, 632 für RA als **Berufsvormund;** sowie nunmehr **vern** BFH VIII R 50/09, BStBl II 11, 506; VIII R 3/10, BStBl II 11, 498 für StB/RA, der als **Insolvenzverwalter** oder **Zwangsverwalter** tätig wird (Grund: primär kfm ausgerichtete Tätigkeit; ebenso für RA als **Vollstreckungsverwalter** (bereits) BFH XI R 56/00, BStBl II 02, 202; BVerfG 1 BvR 437/02, DStZ 03, 394). Zur Aufgabe der Vervielfältigungstheorie/**Eigenverantwortlichkeitsprüfung** → Rn. 30 ff, 147; *Levedag* DStR 18, 2094: Legal Tech-Dienstleistungen). Zur Baubetreuung (GewBetr) → Rn. 141, 155 „Treuhänder"; zur Inkassotätigkeit → Rn. 155. Soweit hiernach gewerbl Einkünfte vorliegen, wird allg empfohlen, diese in eigenständige PersGes/KapGes auszugliedern (→ Rn. 44, 55, 50). – Zu (interprofessionellen) **Personenzusammenschlüssen** sowie den Rechtsfolgen etwaiger Standeswidrigkeit vgl → Rn. 41, 43. – Zur **Anwalts-GmbH/AG** → Rn. 52 f. – Der **Patentanwalt** übt Rechtsberatung und Prozessvertretung vor dem Bundespatentamt/-gericht auf dem Gebiet des gewerbl Rechtsschutzes aus (zum Patentberichterstatter s BFH I R 23/67, BStBl II 71, 233). – Der **Notar** dient der vorsorgenden Rechtspflege. Er hat ein öffentl Amt inne. Seine Amtshandlungen sind mit öffentl Glauben ausgestattet. RA, Notare und Patentanwälte bedürfen zur Ausübung ihrer Tätigkeit der Zulassung bzw Bestellung (zu EU-Ausländern s EuGH C-47/08, BB 11, 1409). Notare, und zwar sowohl die Nur-Notare als auch die Anwaltsnotare, sind selbständig (freiberufl) tätig.

aa) Arbeitsverhältnis; Syndikusanwalt. Soweit RA zB für Banken/Versicherungen auf Grund eines ArbVerh (dazu BGH NZG 24, 1727) tätig werden, üben sie keine freiberufl Tätigkeit aus (→ Rn. 11; → § 19 Rn. 35). Dasselbe gilt, soweit sie auf Grund eines ArbVerh für berufsständische Vereinigungen oder für Gewerkschaften tätig sind. Wird ihnen jedoch von ihrem ArbG für einzelne Rechtsangelegenheiten ein besonderer Geschäftsbesorgungs-/Vertretungsauftrag erteilt, der gesondert, wenn auch uU pauschal honoriert wird (vgl §§ 46 f BRAO), liegt freiberufl anwaltl Tätigkeit vor (vgl BFH V R 104/79, BStBl II 81, 545). 98

bb) Gewinnerzielungsabsicht. Allgemein → Rn. 5 – Sie ist nach BFH XI R 10/97, BStBl II 98, 663 bei einem **hauptberufl RA** trotz Verluste (rd 1 Mio DM) über 20 Jahre und Vorliegens erhebl sonstiger positiver Einkünfte zu bejahen (zR abl *Alber* FS W. Müller, 2001, 263; vgl BFH X R 62/01, BStBl II 05, 336). Anders aber, wenn Architekt/RA mit geringen freiberufl Einnahmen über weiteres Vermögen/Einkommen verfügt *oder* bei langjährigen Verlusten keine Maßnahmen zur Rentabilitätssteigerung ergreift (BFH VIII B 135/12, BFH/NV 13, 1556; BFH VIII B 50/24, BB 25, 1510). Überholt dürfte damit BFH XI R 10/97 (BStBl II 98, 663) jedenfalls insoweit sein, als danach bei „unwirtschaftl Betriebsführung" ledigl (→ Rn. 75) eine BA-Kürzung gem § 4 Nr 7 in Betracht komme (aber → § 15 Rn. 33). Zur Liebhaberei bei selbständiger **Nebentätigkeit** s BFH IV R 81/99, BStBl II 02, 276: Verlusthinnahme auf Grund Praxisübergabeabsicht an Sohn (*Anm* HFR 01, 979); BFH III B 37/14, BFH/NV 15, 857: Einzelfallprüfung; BFH VIII B 48/23, BFH/NV 24, 114: § 165 AO bei nebenberufl RAin; dazu *Bodden* NWB 24, 2236). Weitergehend *Stöber* FR 17, 801. 99

cc) Art der Tätigkeit. Zur Berufstätigkeit der Notare gehört zwar auch Mittelverwendungskontrolle nach § 23 BNotO (FG Ddorf EFG 06, 963); nicht zur Berufstätigkeit der RA, Notare und anderer freier Berufe (zB StB; *Fehrenbacher* DStR 02, 1017) gehören aber Geschäfte, die die **Vermittlung von Vermögensanlagen** (zB Immobilien, AbschreibungsGes-Anteile) zum Gegenstand haben (BFH IV R 208/85, BFH/NV 91, 435; HessFG EFG 01, 1211, vgl auch → Rn. 50) und **standeswidrige Geldgeschäfte** (zB Darlehens- und Bürgschaftsgewährungen gegen Entgelt; vgl BFH IV R 77/76, BStBl II 82, 340; BFH IV R 80/88, BStBl II 90, 17), da „Geldgeschäfte" entweder zu Einkünften aus KapVerm oder GewBetr (BFH XI R 34/99, BFH/NV 01, 1545; BVerfG 2 BvR 1572/01, DStRE 05, 698: gewerbl Grundstückshandel) führen oder keiner Einkunftsart zugeordnet werden können. Verluste aus derartigen Geschäften mindern daher den Gewinn aus freiberufl Tätigkeit nicht (zu Einzelheiten → Rn. 163). Anders bei Geldgeschäften (zB Darlehen, Bürgschaft) zur Rettung einer aus der Berufstätigkeit entstandenen Forderung (BFH VIII R 236/77, BStBl II 80, 571) oder ohne Entgelt zur Rettung eines Mandats (BFH IV R 80/88, BStBl II 90, 17). Wegen Zugehörigkeit von Beteiligungsrechten zum BV → Rn. 164. – Auch ein **standeswidriges,** aber seiner Art nach berufstypischen Geschäft gehört zur freien Berufstätigkeit (BFH IX R 48/05, BFH/NV 07, 886; *OFD Kobl* DB 06, 73; → Rn. 43). *Beispiele:* Strafverteidigung gegen **Erfolgshonorar** (dazu aber → Rn. 60); rechtswidrige Nötigung des Prozessgegners. – Beteiligt sich der Freiberufler darüber hinaus am Risiko der gerichtl Geltendmachung einer Forderung, kommt es für die Zugehörigkeit des Vorgangs zur freien Berufstätigkeit darauf an, ob überwiegend ein Kreditgeschäft oder typische Berufstätigkeit vorliegt (BFH IV R 77/76, BStBl II 82, 340 mit Anm *Schick* StRK § 4 EStG R 13). Zur **treuhänderischen Tätigkeit** und zur Tätigkeit als Testamentsvollstrecker, Konkursverwalter → Rn. 97, 140, 141 und → Rn. 155 *Treuhänder.* 100

b) Wirtschaftsprüfer; Steuerberater; vereidigte Buchprüfer. Art und Umfang der **typischen** und weiteren berufsrechtl nicht zu beanstandender **Tätigkeiten** sind in der WPO (s zB BVerwG 10 C 24.14, DStR 16, 1629) und im StBerG geregelt. Zur Abgrenzung von wirtschaftsberatender Tätigkeit s BFH V R 120/73, 105

BStBl II 81, 189; V R 103/74, BStBl II 81, 196. Zu EU-**ausl StBerGes** s BFH II R 44/12, IStR 17, 29; BFH VII R 14/20, DStR 21, 943; → Rn. 97); zur Rechtslage ab 1.8.22 betr BerAusübGes gem BGBl I 21, 2363 → Rn. 41 *(1)/(4)*. Zum „Belastingadviseur" → Rn. 155; zu internationalen Sozietäten → Rn. 43. Zur Berufstätigkeit der **steuerberatenden Berufe** (Wirtschaftsprüfer, vereidigte Buchprüfer, Steuerberater, Steuerbevollmächtigte) kann auch die Prüfung der lfd Eintragungen in die Geschäftsbücher, die Prüfung der Inventur, die Durchführung des Hauptabschlusses und die Aufstellung der StErklärungen sowie die **Buchführung für andere Personen** gehören (BFH IV 200/51 U, BStBl III 51, 197). Zur Verwaltung fremden Vermögens s BGH I ZR 182/02, DStR 05, 573; *Feiter* DStR 06, 484 (Testamentsvollstreckung) sowie → Rn. 97, 155. Die nach **Wegfall des Buchführungsprivilegs** der steuerberatenden Berufe (BVerfG 1 BvR 697/77, BStBl II 80, 706) zugelassene selbständige Ausführung der lfd Buchführungsarbeiten durch Personen, die nicht den steuerberatenden Berufen angehören (s *FM NRW* BB 81, 659), ist – mangels § 18 I Nr 3 (→ Rn. 140) – jedoch gewerbl (BFH IV R 10/00, BStBl II 02, 338); zur nichtselbständigen Beschäftigung s BSG B 12 KR 27/19 R, DStRE 22, 765.

107 **c) Beratender Betriebswirt; Volkswirt.** Das Berufsrecht ist gesetzl nicht geregelt; ein typisches Berufsbild gibt es nicht. Die Bezeichnungen können frei geführt werden. Der Beruf des beratenden Volks- und Betriebswirts ist daher grds anhand des Lehrinhaltes beim Studium der Volks- und Betriebswirtschaftslehre an einer Hochschule zu bestimmen. Der beratende Volks- und Betriebswirt muss **Kenntnisse** auf den hauptsächl Bereichen der Betriebswirtschaftslehre erworben haben (Unternehmensführung, Leistungserstellung, Materialwirtschaft, Finanzierung, Vertrieb, Verwaltungs-, Rechnungs- und Personalwesen) und in der Lage sein, diese fachl Breite auch in seiner praktischen Tätigkeit einzusetzen (BFH IV R 70/00, BStBl II 03, 25). **Ausnahme: Dipl-Wirtschaftsingenieur** (Kombination zweier bestimmter Katalogberufe mit entspr technisch-betriebswirtschaftl Ausbildung; BFH IV R 21/02, BStBl II 03, 919; ebenso zu DDR-Studium BFH XI R 3/06, BStBl II 07, 118). Es kommt nicht darauf an, ob die Kenntnisse durch ein abgeschlossenes Hochschulstudium (Diplom; graduierter oder staatl geprüfter Betriebswirt; vgl BFH IV R 51/99, BStBl II 00, 616; BVerfG 1 BvR 2102/00, StEd 01, 307) erworben wurden oder auf Selbststudium beruhen (BFH IV B 68/99, BFH/NV 00, 705). Zum *Nachweis* der autodidaktischen Ausbildung durch praktische Arbeiten oder Wissensprüfung BFH IV R 51/99, BStBl II 00, 616; BFH III B 134/12, BFH/NV 13, 930; → Rn. 129. Eine gewisse Spezialisierung in der **Beratungstätigkeit** ist unschädl, solange diese sich wenigstens auf einen **betriebl Hauptbereich** (s oben) erstreckt (BFH IV B 133/99, BFH/NV 00, 1460; zu ArbN-Beratung s – abl – BFH IV R 59/97, BStBl II 99, 167; auch → Rn. 155 „Personalberater"). Dies gilt auch für Dipl-Wirtschaftsingenieur (BFH IV R 21/02, BStBl II 03, 919; zweifelhaft insoweit BFH XI R 3/06, BStBl II 07, 118; s *Kempermann* FR 07, 184). Bei weitergehender Spezialisierung, zB auf Werbeberatung, liegt gewerbl Tätigkeit vor (BFH VIII R 149/74, BStBl II 78, 565). Überhaupt **keine Beratung** ist die (Konzern-)Geschäftsleitung durch eine HoldingGes (BFH VIII R 73/06, BStBl II 09, 647; FG Ddorf EFG 18, 1287, rkr). Weitere **Rspr-Beispiele für gewerbl Einkünfte:** *Marktforscherberater* (BFH V R 73/83, BStBl II 89, 212; zur wissenschaftl Tätigkeit s BFH IV R 61/92, BFH/NV 94, 89); *Anlage-/Finanz-/Kreditberater* (BFH XI B 28/07, BFH/NV 07, 1883), *Grundstücks-/Mietpreisgutachter* (BFH IV B 18/97, BFH/NV 98, 1206); *Berater für Dienstleistungsproduktion* (BFH IV B 121/98, BFH/NV 00, 457); *Datenschutzbeauftragter* (BFH VIII R 27/17, BStBl II 20, 222); *Personalüberlassung* (BFH VIII R 101/04, BFH/NV 08, 1824); zu *Marketing-/Planungsberater, „Outplacement-Berater", Projektmanager, Politik-, Rundfunk-, Umwelt-* und *Versicherungsberater* → Rn. 155. Die **EDV-Entwicklung** ist eigenständiger Beruf und damit auch bei Dipl-Kfm nicht der Tätigkeit eines beratenden Betriebswirts ähnl (BFH IV R 60–61/94, BStBl II 95, 888; **aA** FG Mchn EFG 06, 41); dies schließt jedoch nicht aus, dass ein EDV-Berater auch als bera-

tender Betriebswirt tätig wird (BFH IV B 56/96, BFH/NV 97, 399; zu PC-Lernprogramm → Rn. 77). Zur ingenieurähnl Tätigkeit → Rn. 155 (EDV-Entwickler).

8. Technische Berufe; Ingenieure; Architekten. Ingenieur ist, wer durch seine Ausbildung in der Lage ist, in einer gewissen fachl Breite und Tiefe technische Werke zu planen und zu konstruieren und die Ausführung des Geplanten leitend anzuordnen und zu überwachen (vgl auch BFH IV R 53/00, BFH/NV 01, 1547: Siedlungswasserwirtschaft). Die **Fachkenntnisse** werden regelmäßig durch ein Hoch- oder Fachschulstudium erworben (BFH VIII R 31/07, BStBl II 10, 466: Berufsakademie). Deshalb ist Ingenieur iSd § 18 I Nr 1, wer nach den landesrechtl Ingenieurgesetzen *auf Grund seiner Ausbildung* berechtigt ist, diese Berufsbezeichnung zu führen. Wer die **Berufsbezeichnung** als „Ingenieur" nach den landesrechtl Ingenieurgesetzen kraft Verleihung oder nach einer Übergangsregelung *ohne* die an sich erforderl Ausbildung führt, ist nicht Ingenieur iSd § 18 I Nr 1 (BFH IV R 156/86, BFH/NV 91, 359). 108

a) Ausbildung. Die erforderl Fachkenntnisse in den Kernbereichen des Ingenieurberufs (dazu BFH IV R 156/86, BFH/NV 91, 359) können auch im **Selbststudium** erworben sein; dann ergibt sich die Notwendigkeit, das Vorhandensein von theoretischen und praktischen Kenntnissen, die denen eines Hoch- oder Fachschulabsolventen entsprechen, festzustellen (BFH IV B 156/99, BFH/NV 01, 593); die **Feststellungslast** trifft den StPfl. In solchen Fällen kann auch ein „ähnl ‚Beruf „ gegeben sein (dazu → Rn. 125 ff). Auch die Aneignung der Kenntnisse durch praktische Berufstätigkeit ist mögl (BFH IV R 73/90, BStBl II 91, 878). Zu beachten ist ferner, dass die Ingenieurgesetze Landesrecht sind und deshalb zur Auslegung des zum Bundesrecht gehörenden § 18 I Nr 1 nur begrenzt herangezogen werden können (vgl dazu auch BFH IV R 65/00, BStBl II 02, 149 betr Fußpfleger). 109

b) Architekten. Die **Berufsbezeichnung Architekt** ist durch die landesrechtl Architektengesetze weitgehend geschützt (vgl BFH VIII R 121/80, BStBl II 82, 492; zur Gewinnerzielungsabsicht s BFH IV R 60/01, BStBl II 03, 85; → Rn. 5, 99). Aufgabe des Architekten ist die gestaltende, technische und wirtschaftl Planung von Bauwerken, ferner die Beratung, Betreuung und Vertretung des Bauherrn in den mit der Planung und Durchführung eines Vorhabens zusammenhängenden Fragen sowie die Überwachung der Ausführung (BFH XI R 3/06, BStBl II 07, 118: Bauleitung durch Wirtschaftsingenieur (dazu → Rn. 107). Auch Aufgaben der Innenraumgestaltung sowie der Garten-, Landes-, Regional- und Bauleitplanung sind architektentypische Tätigkeiten (BFH IV R 86–88/91, BFH/NV 92, 811; auch → Rn. 155). 110

c) Tatsächliche Tätigkeiten. Zusätzl ist erforderl, dass sich die tatsächl ausgeübte Tätigkeit wenigstens auf einen der Hauptbereiche der Ingenieurs-/Architektentätigkeit erstreckt (Planen, Gestalten, Konstruieren und Projektieren von technischen Werken; BFH VIII R 27/17, BStBl II 20, 222: abl bei Datenschutzbeauftragtem). Dies umfasst auch die Überwachung der Herstellung der geplanten Gegenstände (BFH XI R 3/06, BStBl II 07, 118; aber → Rn. 107) sowie Kfz-Prüfungen (BFH VIII R 35/16, BStBl II 19, 580), *nicht* aber die Tätigkeit als Bauunternehmer (BFH XI R 10/06, BStBl II 08, 54) oder Leistungen zur Absatzförderung (Kostenersparnis) des Auftraggebers (BFH IV B 152/96, BFH/NV 98, 312; BFH XI B 57/06, BFH/NV 07, 687); eine erfolgsabhängige Vergütung ist hierfür zwar Indiz, jedoch nicht allein entscheidend (BFH IV B 20/01, BFH/NV 01, 1400 „Stundenhonorar"). Zur Kombination von technisch/wirtschaftl Beratung s FG RhPf DStRE 01, 1339. Zur Rspr bei IT-Ingenieuren → Rn. 155 „EDV-Entwickler". 111

d) Gemischte Tätigkeiten. Werden WG auf eigene Rechnung und Gefahr hergestellt (zB Veräußerung schlüsselfertiger Bauten), ist die gesamte Tätigkeit gewerbl (sog gemischte Tätigkeit; → Rn. 50; → § 15 Rn. 97 ff). – Dagegen sind Grundstückshandel und -vermittlung idR von der freiberufl Tätigkeit getrennt zu beurteilende 112 gewerbl Tätigkeiten (BFH VIII R 60/70, BStBl II 76, 152: selbst bei Architektenbindung; auch → Rn. 100, 155 „Innenarchitekt", → § 15 Rn. 97 ff).

113 **e) Handelschemiker.** Sie erstellen auf wissenschaftl Grundlage Analysen und erforschen Stoffe aller Art und ihr Verhalten (BFH VIII R 18/67, BStBl II 73, 183). Ein Berufsrecht gibt es für Handelschemiker nicht (s auch BFH XI R 5/06, BStBl II 07, 519; → Rn. 127). Probenabnahme und deren Analyse sind nach BFH VIII R 314/82, BFH/NV 87, 156 trennbare Tätigkeiten.

114 **f) Lotsen.** Sie sind rechtsbegründend in § 18 I Nr 1 als freiberufl aufgeführt (BFH IV R 339/84, BStBl II 87, 625).

120 **9. Medienberufe. – a) Journalist.** Diesen Beruf übt aus, wer eine in erster Linie auf Information über gegenwartsbezogene Geschehnisse gerichtete Tätigkeit ausübt, bei der die Sammlung und Verarbeitung von Informationen des Tagesgeschehens, die krit Auseinandersetzung mit diesen und die Stellungnahme zu den Ereignissen auf politischem, gesellschaftl, wirtschaftl oder kulturellem Gebiet das Berufsbild ausmachen (BFH VIII R 149/74, BStBl II 78, 565). Gleichgültig ist, ob der Journalist sich mündl oder schriftl äußert oder welcher Medien (Zeitung, Rundfunk, Film etc) er sich dabei bedient. Seine Arbeit muss sich an die Öffentlichkeit wenden. In der Literatur (*HHR/Brandt* § 18 Rn. 203) wird zu Recht die Begriffsbegrenzung auf zeitbezogene Themen kritisiert (offen in BFH IV R 16/98, BFH/NV 99, 602 betr PR-Berater). **Selbständigkeit** ist jedenfalls zu bejahen, wenn **Urheberrechte** übertragen werden (HessFG EFG 90, 310); zum „freien Mitarbeiter" s BFH V R 37/08, BFH/NV 09, 1749.

122 **b) Bildberichterstattung.** Sie ist journalistische Nachrichtenübermittlung oder -vertiefung durch Bilder oder Filme, die dem Publikum durch Zeitungen, Zeitschriften, Filme oder Fernsehen vermittelt werden (BFH IV R 50/96, BStBl II 98, 441; BFH IV R 1/97, BFH/NV 99, 465; jeweils auch zur gewerbl Fotographie). Dies trifft auch auf Kameramann/Tontechniker zu, wenn das Bildmotiv entspr seinem Nachrichtenwert *eigenverantwortl* ausgewählt wird (BFH XI R 8/00, BStBl II 02, 478). Zur bloßen Zuarbeit s FG Bln EFG 99, 1082.

123 **c) Dolmetscher.** Er vermittelt die sprachl Verständigung zw Menschen, die verschiedene Sprachen sprechen. Der **Übersetzer** überträgt schriftl Gedankenäußerungen von einer in eine andere Sprache. Wegen der Abgrenzung zur schriftstellerischen Tätigkeit s BFH IV R 142/72, BStBl II 76, 192, die nach dem Wegfall des § 34 IV nur noch geringe Bedeutung hat (s Pauschbeträge, → Rn. 216). Zu StBefreiung nach dem Allg Abkommen/Europarat s BFH VIII R 33/19, BStBl II 22, 552: abl bei tageweise beschäftigtem Dolmetscher; auch → Rn. 7).

125 **10. Ähnliche Berufe.** Da eine sprachl (begriffl) Umschreibung der „freiberuflichen Tätigkeit" und der **Katalogberufe** nicht mögl ist (→ Rn. 5, 60), kann für den Ähnlichkeitsvergleich auch nicht auf die Ähnlichkeit einer Berufstätigkeit mit einer beliebigen Auswahl von Katalogberufen als Gruppe abgestellt werden (**keine Gruppenähnlichkeit;** BFH VIII R 24/14, BStBl II 17, 908; *Pfirrmann* FR 14, 162; zur Verfassungsmäßigkeit → Rn. 4); die Aufzählung ungleichartiger Berufe in § 18 I Nr 1 gebietet vielmehr, einen Ähnlichkeitsvergleich mit einem bestimmten Katalogberuf; der zu vergleichende Beruf kann sich mit mehreren Katalogberufen als ähnl erweisen (ausführl BFH VIII R 2/16, BStBl II 19, 528).

126 **a) Vergleichbarkeit.** Der „ähnliche" Beruf muss dem Katalogberuf in wesentl Punkten, dh in Ausbildung und berufl Tätigkeit vergleichbar sein (BFH VIII R 24/14, BStBl II 17, 908). Dabei ist ein wertender Vergleich der einzelnen Berufsmerkmale des Katalogberufes und des als ähnl behaupteten Berufes vorzunehmen, und zwar unter Berücksichtigung des Gesamtbildes der berufl Tätigkeiten (BFH IV R 156/86, BFH/NV 91, 359). Die die Ähnlichkeit begründenden Tätigkeiten müssen iSe

Schwerpunkts andere den Ähnlichkeitsvergleich nicht begründende Tätigkeit überwiegen (BFH IV R 74/00, BStBl II 03, 27). Zu **Ausnahmen** bei Dipl-Wirtschaftsingenieur (Kombination zweier bestimmter Katalogberufe) s BFH IV R 21/02, BStBl II 03, 919; BFH XI R 3/06, BStBl II 07, 118: DDR-Studium; aber → Rn. 107). Sofern für den Katalogberuf eine bestimmte **Ausbildung nicht vorgeschrieben** ist, stellt der BFH allein auf die Berufstätigkeit ab, ohne in den Ähnlichkeitsvergleich weitere Merkmale der Gesamtberufsbilder einzubeziehen (BFH I 415/62 U, BStBl III 65, 692).

b) Ausbildung. Wird für den Katalogberuf eine bestimmte Ausbildung verlangt, 127
muss die Ausbildung für den ähnl Beruf der für den Katalogberuf vergleichbar sein (BFH VIII R 2/16, BStBl II 19, 528; zu Pilot/Ingenieur BFH IV R 94/99, BStBl II 02, 565; zum Hoch-Bautechniker als architektenähnl s BFH IV R 118–119/87, BStBl II 90, 64, einschr BFH XI R 47/98, BStBl II 00, 31; FG Saarl EFG 01, 746: organisatorische Arbeiten nicht architektenähnl; BFH VIII B 88/24, BFH/NV 25, 864: Kfz-Meister iVm Bachelorabschluss nicht ingenieurähnl; ebenso FG LSA EFG 07, 1448 zu Blitzschutz-Sachverständiger; BFH XI R 5/06, BStBl II 07, 519: Umwelt-Auditor dem Handelschemiker ähnl. Zudem muss der ähnl Beruf auf wissenschaftl/künstlerischer Grundlage ausgeübt werden (BFH IV R 75/74, BStBl II 75, 558). Zum Datenschutzbeauftragten → Rn. 155.

aa) Art der Ausbildung. Eine wissenschaftl Ausbildung oder wissenschaftl 128
Kenntnisse setzen nicht unbedingt ein *Studium* an Hochschule, Fachhochschule oder Fachschule voraus. Sie können auch durch Teilnahme an *Fortbildungen,* im *Selbststudium* oder durch die *Berufstätigkeit* erworben werden (BFH VIII R 2/14, BStBl II 17, 882). Die wissenschaftl-theoretischen Kenntnisse müssen aber dem Niveau eines Hochschulabsolventen des Vergleichsberufs entsprechen (zB BFH III R 3/14, BFH/NV 17, 732: Mathematik, Statistik etc bei EDV-Ingenieur).

bb) Beweisanforderungen. Ein Autodidakt, der geltend macht, eine einem Ka- 129
talogberuf ähnl Tätigkeit mit vergleichbaren Kenntnissen auszuüben, hat die ausgeübte Tätigkeit (BFH VIII B 77/12, BFH/NV 13, 217), die Art und Weise des Selbststudiums und der Anwendung des Fachwissens darzulegen (BFH IV B 107/95, BFH/NV 97, 116). Zu deren Beurteilung muss das FG ggf **Sachverständigengutachten** einholen (BFH III B 244/11, BFH/NV 12, 1119: verfgemäß; → Rn. 8). Zur **Wissensprüfung** s BFH VIII R 27/07, HFR 09, 898; zur Ermittlung der Berufscharakteristika s *OFD Mster* DB 02, 1026); ob aufgrund einer erfolgreichen Prüfung der Nachweis hinreichender Kenntnisse in den (früheren) Streitjahren erlaubt ist, muss das FG (als Tatsachengericht) würdigen (BFH VIII R 2/14, BStBl II 17, 882). Nur wenn nach der Art der Tätigkeit ihre Ausübung ohne solche Kenntnisse nicht vorstellbar ist, kann auf weitere Nachweise verzichtet werden (BFH VIII B 264/09, BFH/NV 10, 1300). Zur Würdigung vorgelegter Arbeitsproben s BFH VIII R 4/13, BFH/NV 16, 1275; *Levedag* HFR 16, 1076.

c) Erlaubnisberufe. Nach der durch BFH VIII R 24/14, BStBl II 17, 908 bestä- 130
tigten Rspr ist bei „vorbehaltenen" Tätigkeiten, deren Ausübung ohne staatl Erlaubnis berufsrechtl unzulässig oder mit Strafe bedroht ist, die Annahme eines ähnl Berufes ohne entspr Erlaubnis ausgeschlossen (BFH IV R 43/96, BStBl II 97, 681; FG Köln EFG 06, 511: RA ohne Zulassung; zur behördl Aufsicht vgl BFH IV R 94/99, BStBl II 02, 565: Pilot nicht dem Lotsen ähnl). Zudem liegt ein ähnl Beruf nur bei **staatl Prüfung** oder Anerkennung vor, falls eine solche für den Katalogberuf erforderl ist (BFH IV R 65/00, BStBl II 02, 149: medizinischer Fußpfleger; dazu aber → Rn. 155). Hiervon ist der BFH jedoch im Anschluss an die geänderte Rspr zu § 4 Nr 14 UStG aF (Entlastung des Sozialversicherungsträgers; vgl BVerfG 2 BvR 1264/90, BStBl II 00, 155; BFH VIII R 26/15, BStBl II 19, 776. Heileurythmie/medizinischer Fußpfleger; *BMF* BStBl I 09, 756) für sog **Heilhilfs-/Gesundheitsfachberufe abgerückt.** Da bei Krankengymnasten/Physiotherapeuten (→ Rn. 95) ledigl die Berufs*bezeichnung*

geschützt sei, genüge für die Ähnlichkeit des Vergleichsberufs, wenn mit der Erlaubnis der jeweiligen berufl Organisation Kenntnisse bescheinigt würden, die mit den staatl geregelten Heilhilfsberufen vergleichbar seien; ein ausreichendes Indiz hierfür sei die Kassenzulassung (§ 124 SGB V), iÜ seien deren Erfordernisse mit dem Einzelfall zu vergleichen (BFH IV R 69/00, BStBl II 04, 954; FG Hmb EFG 16, 1119, rkr: jeweils Audio-Psycho-Phonologe/Tomatis-Methode; BFH VIII R 26/15, BStBl II 19, 776: Heileurythmist iVm Integrierter Versorgung; glA EStH 15.6; *BMF* BStBl I 19, 1298. *Überholt* (vgl *MK* DStR 03, 1433) damit BFH IV R 65/00, BStBl II 02, 149; BFH IV R 45/00, BStBl II 03, 21: Fußpfleger/Reflexzonenmasseur; *BMF* IV R 49/01, BStBl II 03, 721: Sprachheilpädagoge). Zu § 4 Nr 14 UStG s *BMF* BStBl I 14, 217. Weitere Einzelfälle/Einzelheiten → Rn. 155. – Schon bisher hat der BFH die Eintragung in die **Architektenliste** für die Ausübung des Architektenberufes nicht verlangt (BFH IV R 75/74, BStBl II 75, 558). – Der Rspr (zu § 18) ist zu folgen, denn für den ähnl Beruf müssen dieselben Schranken wie für das als Maßstab dienende Berufsbild des Katalogberufs gelten. Wegen weiterer Einzelfälle → Rn. 155.

132 **d) Sportler.** Nehmen sie mit einer gewissen **Regelmäßigkeit** an Sportveranstaltungen (zB Wettkämpfen) teil, erzielen sie durch Sportpreise, Startgelder, Erfolgsprämien und Werbeeinnahmen gewerbl Einkünfte, da ihre Tätigkeit sich nicht unter § 18 I Nr 1 oder Nr 3 subsumieren lässt. Vgl → § 15 Rn. 150 *Berufssportler;* BFH I R 44–51/99, BStBl II 02, 271; zu Art 17 OECD-MA s BFH I R 98/15, DStR 18, 449 (Schiedsrichter).

IV. Sonstige selbständige Tätigkeit, § 18 I Nr 2, 3

135 **1. Staatliche Lotterieeinnehmer.** Sie beziehen Einkünfte nach § 18 I Nr 2, wenn ihre Tätigkeit nicht als GewBetr aufzufassen ist. Eine **staatl Lotterie** liegt vor, wenn sie *(1)* vom Staat selbst betrieben wird (Regiebetrieb), *(2)* in Form einer rechtsfähigen Anstalt oder *(3)* in Form einer KapGes (BFH I R 158/81, BStBl II 85, 223). Wird die Lotterie durch eine **KapGes** betrieben, liegt ein GewBetr auch dann vor, wenn sich alle Anteile in der Hand des Staates befinden (BFH GrS 1/62 S, BStBl III 64, 190). Ein **GewBetr** des Lotterieeinnehmers ist zu bejahen, wenn er zum Absatz der Lose einen kfm eingerichteten Geschäftsbetrieb unterhält oder wenn er die Lose iRe anderen von ihm geführten GewBetr absetzt (vgl BFH VIII R 310/83, BStBl II 86, 719; NdsFG EFG 85, 78: Tabak-/Zeitschriftenhandel; **aA** FG Mster EFG 81, 191: Trennung von Fotofachgeschäft und Lottoannahme; mE fragl). Zu **§ 13 GewStDV** s BFH I R 158/81, BStBl II 85, 223; BFH IV R 205/75, BStBl II 76, 576: Lagerlose. – Die Einkünfte der **Bezirksvertreter** einer staatl Lotterie fallen nicht unter § 18 I Nr 2, sondern unterliegen der GewSt, da die Bezirksvertreter keine Lotterieeinnehmer sind (BFH IV R 81/66, BStBl II 72, 801).

140 **2. Sonstige selbständige Arbeit. – a) Begriff.** Das Gesetz erläutert den Begriff nur durch die beispielhafte Aufzählung der Vergütungen für die *Vollstreckung von Testamenten* (auch → § 15 Rn. 141, 301; § 5 II Nr 1 RDG), für *Vermögensverwaltung* und für die *Tätigkeit als Aufsichtsratsmitglied*. Obgleich die Aufzählung keinen abschließenden Charakter hat, waren von § 18 I Nr 3 nach *bisheriger* Rspr (Grundsatz der sog Gruppenähnlichkeit) nur Tätigkeiten iZm **fremden *Vermögens*interesse** erfasst (BFH IV R 1/03, BStBl II 04, 112), zu denen der StPfl unmittelbar berechtigt und verpflichtet ist (BFH IV R 41/03, BStBl II 05, 611: nicht Subunternehmer). Nach **geänderter Rspr** untersteht auch eine Tätigkeit in einem **„fremden Geschäftskreis“** – dh auch die Wahrnehmung fremder *Nichtvermögens*interessen – § 18 I Nr 3 (BFH VIII R 10/09, BStBl II 10, 906; BFH VIII R 14/09, BStBl II 10, 909: betr **Betreuer;** → Rn. 141; krit *Kempermann* FR 10, 1048). Letzteres birgt mE die Gefahr tatbestandl Konturlosigkeit (auch → Rn. 141), der der BFH nunmehr durch Ausgrenzung **„rein beratender** Tätigkeiten“ zu begegnen sucht (ua BFH VIII R 2/16, BStBl II 19, 528 zu Rentenberater).

Beispiele – *(a)* **Vergleichbar** (§ 18 I Nr 3) sind: **Treuhänder** (→ Rn. 155, 97; BFH IV S 7/03, BFH/NV 04, 183: offen bei Abwicklung von Treuhandunternehmen); Beteiligungs-Entscheidungen (WagnisKapGes) → Rn. 280 ff; **Nachlass-, Insolvenz-,** Vergleichs-, Zwangs- oder **Gesamtvollstreckungsverwalter** (BFH VIII R 50/09, BStBl II 11, 506; BFH VIII R 3/10, BStBl II 11, 498; auch bei RA/StB etc; → Rn. 147); **Sachverständige** iSd § 75 KO/§ 5 InsO (BFH IV 404/60 U, BStBl III 61, 306; → Rn. 155); **Verwaltung privater Wagniskapitalfonds** (FG Ddorf EFG 18, 1548: Sondervergütung; mE § 15 I 1 Nr 1; → Rn. 288); **Schiedsrichter** (*Jesch ua* DStZ 10, 252; fragl; aber → Rn. 97, 155); **Hausverwalter** (RFH RStBl 38, 842; BFH I R 123/69, BStBl II 71, 239; **aA** BFH VIII R 67/92, BStBl II 94, 449: GewBetr bei großem Wohnungsbestand und Maklertätigkeit (aber → Rn. 32; zur Trennung von gewerbl Tätigkeiten s BFH IV R 5/98, BFH/NV 99, 1456); **Vormund** und **Pfleger** (auch → Rn. 155 „Familienhelferin"); **Mitglieder von Wahlorganen** (*OFD Ka* DStR 24, 1248 einschl § 3 Nr. 2 S 2); **Betreuer** gem § 1896 BGB aF/§ 1814 BGB nF (zu § 3 Nr 26 → § 3 Rn. 92 ff; *FM Thür* DStR 23, 888); **Verfahrenspfleger** gem FamFG (BFH VIII R 10/09, BStBl II 10, 906; BFH VIII R 14/09, BStBl II 10, 909: *Rspr-Änderung;* → Rn. 140; → 29. Aufl 2010, § 18 Rn. 141; zu § 3 s dort; BFH VIII R 57/09, BStBl II 13, 799); zu § 14 GewO, s BVerwG NJW 13, 2214; zu § 4 Nr 16 aF/nF UStG s *BMF* DStR 13, 2703). – ***(b)* Nicht vergleichbar:** Nach bisheriger Rspr (→ Rn. 140) Stunden-/**Buchhalter** (BFH IV R 10/00, BStBl II 02, 338; BFH VIII B 46/07, BFH/NV 08, 785; → Rn. 105), **Buchmacher** (RFH RStBl 39, 576), **Makler** (RFH RStBl 38, 842 (843)), selbständige **Versicherungsvertreter** (BFH I R 110/76, BStBl II 78, 137), **Bevollmächtigte** eines **Testamentsvollstreckers** (BFH IV R 155/86, BFH/NV 90, 372), **Rentenberater** (→ Rn. 140 aE), **Datenschutzbeauftragter** (BFH VIII R 27/17, BStBl II 20, 222); sozialpädagogische **Wiedereingliederungshilfe** (BFH VIII B 7/23, BFH/NV 24, 915→ Rn. 84). 141

b) Ehrenamt. Anders als die in § 22 Nr 4 genannten Parlamentsabgeordneten (Bund/Länder/EU, → § 22 Rn. 161) üben ehrenamtl Mandatsträger (zB **Kreistagsabgeordnete, Stadt-/Gemeinderäte**) eine selbständige Tätigkeit nach § 18 I Nr 3 aus (BFH VIII R 58/06, BStBl II 09, 405; BFH III B 156/12, BFH/NV 13, 1420); nicht aber ehrenamtl Richter (BFH IX R 10/16, DStR 17, 711; dazu *OFD Ffm,* DStR 18, 2481; **aA** bis → 36. Aufl 2017, § 18 Rn. 144; auch → § 24 Rn. 27). Ehrenamtl **Bürgermeister** mit *Exekutivaufgaben* sind aber ArbN (iEinz → § 19 Rn. 35; SchlHFG EFG 16, 815). Zu den Einnahmen gehören **Sitzungsgelder** und andere Tätigkeitsvergütungen, sofern sie nicht entstandenen Aufwand abzugelten bestimmt sind; ebenso der Wert von Sachleistungen (Gestellung eines Kfz; BFH IV R 41/85, BStBl II 88, 266; zum BA-Abzug → § 19 Rn. 50 „Kraftfahrzeuggestellung"; offen BFH IV R 41/85, BStBl II 88, 266). **Wahlkampfkosten** sind vorweggenommene BA (BFH IV R 15/95, BStBl II 96, 431); sie sind abziehbar, soweit sie zusammen mit den anderen BA erweisl die (zB nach § 3 Nr 12 aF/nF gezahlte und stfreie) Aufwandsentschädigung übersteigen (iEinz *FM Thür* DStR 22, 312). 144

c) Mitarbeit. Auch eine nach § 18 I Nr 3 zu erfassende Tätigkeit wird (vorwiegend) durch die persönl Arbeitsleistung des StPfl bestimmt. Der BFH hat hierzu seine Rspr dahin geändert, dass die für die freie Berufstätigkeit zugelassene unschädl Mitarbeit qualifizierter Hilfskräfte (§ 18 I Nr 1 S 3) auch iRv Einkünften aus sonstiger selbständiger Arbeit entspr gilt; die sog *Vervielfältigungstheorie* ist damit auch für die Berufe gem § 18 I Nr 3 *aufgegeben;* zu Einzelheiten → Rn. 30 ff. 147

3. Aufsichtsratsmitglieder. – a) Begriff. Aufsichtsratsmitglieder iSd § 18 I Nr 3 sind Mitglieder von Organen einer Körperschaft wie Aufsichtsrat, Verwaltungsrat sowie andere Personen, die mit der **Überwachung der Geschäftsführung** beauftragt sind. Letzteres ist weit auszulegen und umfasst zB ungeachtet der Weisungsabhängigkeit die Aufsicht über eine kommunale GmbH (BFH VIII R 9/21, DStR 24, 170 auch zu § 3 Nr 26a), öffentl-rechtl Rundfunk-/Fernsehanstalten (zu § 3 Nr 12 S 2 s *OFD Ffm* DStR 24, 2489), Versicherungsträger (FG Nbg EFG 21, 1717 rkr: ehrenamtl Vorstand gem SGB IV) oder eine Berufsgenossenschaft (BFH VI 167/63 U, BStBl III 66, 153); *nicht* jedoch die bloße Repräsentation (BFH VIII R 159/73, BStBl II 78, 352), die Wahrnehmung der Geschäftsführung oder de- 150 ren Beratung (BFH IV R 1/03, BStBl II 04, 112; zu RA s *Happ* FS Priester, 175). Die geänderte Rspr zum **Unternehmer** iSv § 2 UStG (BFH V R 23/19, BStBl II 21, 542; *BMF* BStBl I 21, 919; *BMF* BStBl I 22, 567; *OFD Ffm* DStR 22, 2318: *FM SchlH* DStR 22, 2376: ArbN bei Festvergütung; dazu *Wäger* FS Kessler, 2021, 399) ist auch angesichts der gesetzl Qualifikation in § 18 I Nr 3 ertragsteuerrechtl nicht maßgebl (BFH VIII B 72/22, BFH/NV 23, 1188). Zur **Vergütung** gehören alle fixen/variablen Vergütungen für die Aufsichtsratstätigkeit (einschließl Sitzungsgelder, Aufwandsentschädigungen, Reisekostenerstattungen) sowie Sachleistungen, zB Kfz-Überlassung, Zurverfügungstellung von Räumen und Personal, soweit diese nicht lediglich zur Ausübung der Aufsichtsratstätigkeit dienen (*OFD Mbg* DStR 08, 405; *OFD Mgb* DB 11, 2118), Aktienoption (BFH VIII R 19/11, BStBl II 13, 689; zu BE/BA bei „Poolung" s *HHR/Brandt* § 18 Rn. 274; zu „D&O"-Versicherung s *FM Nds DStR* 02, 678; *Loritz ua* DStR 12, 2205), nicht hingegen Zahlungen für außerhalb der Überwachungstätigkeit erbrachte gesonderte Leistungen (BFH IV R 1/03, BStBl II 04, 112). – Zu § 3 Nr 12 für Aufsichtsräte der Rundfunkanstalten s *OFD Ffm* DStR 25, 216. Zu § 50a → § 50a Rn. 14 ff; zum EU-Informationsaustausch s § 7 I Nr 2 EUAHiG.

151 **b) Arbeitnehmer-Aufsichtsräte.** Sie haben Einkünfte aus sonstiger selbständiger Tätigkeit (BFH V R 136/71, BStBl II 72, 810). Soweit sie sich vor ihrer Wahl zur Teilabführung der Vergütung für soziale Zwecke der Belegschaft (BFH IV R 81/76, BStBl II 81, 29) oder gewerkschaftl Einrichtungen (FG Bln-Bbg EFG 09, 1286) verpflichten, sind die entspr Beträge BA.

152 **c) Beamte.** Wenn von ihrem Dienstherrn in den Aufsichtsrat entsandt, erzielen sie nach BFH VI 84/55 U, BStBl III 57, 226 ArbLohn (Einzelheiten s *OFD Ffm* DB 13, 2771). Die Beamten haben aber bei ihrer Tätigkeit die Interessen der Ges wahrzunehmen; die Vergütungen sind daher Einkünfte iSv § 18 I Nr 3 (vgl → § 19 Rn. 35 „Aufsichtsratmitglied").

153 **d) Mitunternehmer.** MUer gewerbl PersGes erzielen Sonderbetriebseinnahmen nach § 15 I 1 Nr 2 Hs 2 auch bei rückwirkender Umwandlung (*BMF* BStBl I 25, 92 Rn. 02.36).

4. ABC der selbständigen Arbeit

155 S auch ABC der gewerbl Unternehmen (→ § 15 Rn. 150).

Abfallwirtschaftsberater uU ingenieurähnl (BFH IV R 27/05, BFH/NV 06, 1270).

Altenpflege s „Krankenpflege".

Anlageberater, gewerbl tätig (BFH VIII B 54/12, BFH/NV 13, 1098).

Apotheker, gewerbl tätig (→ § 15 Rn. 150). Zur Verfmäßigkeit ausführl BFH IV B 48/97, BFH/NV 98, 706; Nichtannahmebeschluss BVerfG 5.5.98 – 1 BvR 450/98 nv. Zu § 4 Nr 14 UStG (Heilberufsähnlichkeit bei Impfung/Substitutionsmittelabgabe) s *BMF* BStBl I 21, 380.

Architekt → Rn. 108, 113; → § 15 Rn. 97 ff. Gutachter als Sachverständiger für Gebäude ist freiberufl (BFH IV 6/53 U, BStBl III 54, 147; BFH IV 45/58 U, BStBl III 59, 267). Bau von Architekturmodellen ist weder dem Architekten vergleichbar noch künstlerisch (BFH IV 15/60 U, BStBl III 63, 598); s auch Innenarchitekt.

Ärztepropagandist. Gewerbetreibender, sofern nicht angestellt (BFH IV 329/58 U, BStBl III 61, 315; BFH I R 204/81, BStBl II 85, 15).

Arztvertreter. IdR selbständige (freiberufl) Arbeit (BFH IV 429/52 U, BStBl III 53, 142; → Rn. 35).

Audiopsychophonologe → Rn. 130.

Auditor gewerbl (HessFG DStRE 05, 943, rkr).

Aufsichtsratsmitglied → Rn. 150.

Auktionator. Gewerbetreibender (BFH IV 696/54 U, BStBl III 57, 106).

Aushilfsmusiker eines Symphonieorchesters ohne feste vertragl Bindung ist selbständig und künstlerisch tätig (FG Köln EFG 82, 345). Vgl auch → Rn. 11.

Badeanstalt, medizinische. Regelmäßig GewBetr, wenn nicht Hilfsmittel bei freiem Beruf (BFH IV 60/65, BStBl II 71, 249; *BMF* BStBl I 19, 1298).

Bauingenieur beratender. Grds freiberufl, zur Abgrenzung vom GewBetr s BFH I R 173/66, BStBl II 68, 820.

Bauleiter. Nicht Architekten/Ingenieur ähnl, wenn keine wissenschaftl Ausbildung (BFH VIII R 121/80, BStBl II 82, 492; FG Bln-Bbg EFG 14, 456). S auch „Hochbautechniker".

Bauschätzer (Schadensschätzer), Freiberufl Tätigkeit, da dem Architekten ähnl (BFH IV 45/58 U, BStBl III 59, 267).

Bausparkassen-„Aktionsleiter", der Absatz von Bausparverträgen fördert, ist gewerbl tätig (BFH I R 114/85, BStBl II 89, 965; FG Ddorf DStRE 02, 420).

Baustatiker. Freiberufl Tätigkeit, der des Architekten ähnl (BFH IV R 185/71, BStBl II 76, 380; BFH IV R 146/75, BStBl II 79, 109).

Belastingadviseur(-NL) mangels Kontrolle/Erlaubnis durch Berufsorganisation grds gewerbl (*BMF* DB 98, 1207; → Rn. 43); hieran hat § 3 Nr 4 StBerG (jetzt § 3a) nichts geändert (s § 37a StBerG; BFH X B 92/17, BFH/NV 17, 1463; *OFD Hann* StEd 05, 522; BVerfG 1 BvR 1922/05, StEd 05, 655; zu RA aber → Rn. 97). Offen iRv § 32b BFH I R 66/15, BFH/NV 17, 726.

Beleuchtungskörper. Deren Einzelanfertigung kann künstlerisch sein (BFH IV 43/64, BStBl II 69, 70; auch → Rn. 67).

Beratender Betriebswirt → Rn. 107.

Berater von (Berufs-)Sportlern, gewerbl (BFH IV R 59/97, BStBl II 99, 167).

Bergführer, gewerbl (*HHR/Brandt* § 18 Rn. 600; **aA** *März* DStR 94, 1177).

Berufskammer, zur Mitarbeit → Rn. 170, 216

Betreuer (§ 1896 BGB aF/§ 1814 BGB nF) → Rn. 141, 216.

Bezirksschornsteinfegermeister gewerbl (BFH XI R 53/95, BStBl II 97, 295).

Bezirksvertreter einer staatl Lotterie, → Rn. 135.

Bibliothekar s „Dokumentation".

Bildberichterstatter → Rn. 122 und „Fotograf".

Bildhauer. Künstl Tätigkeit, auch wenn er Modelle und Entwürfe für Serienproduktion herstellt (BFH VII R 16–19/89, BeckRS 1991, 6496).

Biologe. Auch Bestandsaufnahmen können wissenschaftl sein (BFH IV R 64/91, BFH/NV 93, 360).

Blutgruppengutachter, freiberufl – dem Katalogberuf des Arztes ähnl – (BFH IV R 231/82, BFH/NV 87, 367).

Briefmarkenrestaurator. Gewerbetreibender (OFH IV 74/49, StRK § 2 I GewStG R 12).

Büttenredner übt keine künstlerische Tätigkeit aus (BFH IV R 105/85, BStBl II 87, 376; **aA** FG Ddorf EFG 04, 1628; diff *Joisten ua* FR 13, 57 (63)). Zur Darlegung der eigenen Sachkunde s BFH IV B 200/04, BStBl II 06, 709.

Buchhalter (Stundenbuchhalter), gewerbl (→ Rn. 105, 141).

Buchmacher, GewBetr, → Rn. 141.

Bühnenarbeiter nicht künstlerisch (BFH XI R 21/06, BStBl II 07, 702).

Castingdirektor ist uU künstlerisch tätig (FG Mchn EFG 12, 159, rkr, mit Anm *Neu*).

Choreograph, künstlerisch (FG Ddorf DStR 11, 565 betr USt).

Cutter s „Werbefotographie".

Datenschutzbeauftragter, keinem Katalogberuf ähnl (BFH VIII R 27/17, BStBl II 20, 222; auch → Rn. 107, 111, 125, 50).

Designer. Kann freiberufl sein (BFH XI B 118/95, BFH/NV 96, 806); evtl künstlerisch (BFH IV R 61/89, BStBl II 91, 20; FG Köln DStRE 07, 1312, rkr; FG Mster EFG 08, 1975, rkr: Webdesigner; fragl). S auch „Saucen-Designer".

Diätassistent dem Heilberuf ähnl (*BMF* BStBl I 19, 1298); vgl auch EU-Anerkennung gem BGBl I 07, 2686. Zur USt s *BMF* BStBl I 09, 756.

Diplom-Informatiker/Diplom-Mathematiker s „EDV-Entwickler".

Dirigent s „Musiker".

Disability Manager gewerbl (BFH III B 67/12, BFH/NV 13, 920).

Discjockey idR gewerbl; uU aber künstlerisch (FG Ddorf EFG 21, 1727 rkr; *Grams* FR 99, 747).

Dispacheur. Schadensprüfung keine freiberufl Tätigkeit (BFH IV R 109/90, BStBl II 93, 235; BVerfG 2 BvR 460/93, HFR 01, 496). S auch „Sachverständiger".

Dokumentar (Dipl) ist regelmäßig nicht wissenschaftl tätig, anders nur bei fachwissenschaftl Dokumentation (BFH IV R 48/99, BStBl II 01, 241).

Drehbuch-(Co-)Autor („executive producer") kann Schriftsteller sein (FG Hmb EFG 01, 907) s auch „Filmhersteller".

Editieren (Peer-Review-Verfahren) kann wissenschaftl sein (zur Gemeinnützigkeit s BFH V R 37/20, BStBl II 22, 603).

EDV-Entwickler übt eigenständigen und damit keinen dem beratenden Betriebswirt ähnl Beruf aus (→ Rn. 107). Zur *Selbständigkeit* s BFH IV R 60–61/94, BStBl II 95, 888. – Die Entwicklung von **Systemsoftware** ist jedoch **ingenieurähnl** (*Pfirrmann* FR 14, 162; einschr BFH VIII R 17/12, EStB 15, 240: bei leichten/mittelschweren Tätigkeiten). Dies gilt sowohl für den Hochschulabsolventen (Dipl-Informatiker oder vergleichbare Ausbildung; weitergehend FG Bln-Bbg EFG 13, 1060 rkr: Holztechnik-Ingenieur; fragl) als auch für den Autodidakten, der den Nachweis entspr theoretischer Kenntnisse anhand eigener praktischer Arbeiten (BFH XI R 29/06, BStBl II 07, 781; *Kempermann* FR 90, 535 (538): „Kerninformatiker" als Maßstab) oder durch eine Wissensprüfung/Sachverständigengutachten erbringt (→ Rn. 129; BFH III R 3/14, BFH/NV 17, 732). – Nach durch BFH XI R 9/03, BStBl II 04, 989 **geänderter Rspr** (*Kempermann* FR 04, 1290; *Graf* INF 05, 298) gilt *ab VZ 1990* Gleiches für ingenieur-gerecht entwickelte (Planung, Konstruktion, Überwachung), qualifizierte **Anwendersoftware** (keine Trivialprogramme, dazu *OFD Hann* DStR 05, 68; EStR 5.5 I; BFH X R 26/09, BFH/NV 11, 1755), ebenso für **IT-Systemadministration** (BFH VIII R 31/07, BStBl II 10, 467), **IT-Betreuung/Projektleitung** (BFH VIII R 63/06; VIII R 79/06, BStBl II 10, 466), *nicht* jedoch für auf Absatzförderung gerichtete bloße EDV-Beratung (BFH XI R 57/05, BFH/NV 07, 1854; zur Abgrenzung s FG Bln-Bbg EFG 13, 1060; *Pfirrmann* FR 14, 162) oder Software-Implementierung (FG Hmb EFG 16, 206, rkr). Zur theoretischen Ausbildung s BFH XI B 153/05, BFH/NV 06, 2255: Roboterprogramme; BFH III R 3/14, DStRE 17, 1031: Mathematik, Statistik etc. Zur früheren Rspr einschließl Trennung der Tätigkeitsbereiche → 23. Aufl 2004, § 18 Rn. 155 mwN. – Zu ingenieur-mäßiger Software s BFH IV B 49/96, BFH/NV 99, 462; FG BW EFG 01, 1449; FG RhPf EFG 02, 1046; zur schriftstellerischen Tätigkeit vgl → Rn. 77. – Zu § 12 UStG s BFH V R 25/04, BStBl II 05, 419.

Eichaufnehmer s „Schiffssachverständiger".

Elektroanlagenplaner/-techniker. Keine freiberufl Tätigkeit, wenn die für Vergleichbarkeit mit Ingenieur erforderlichen mathematisch-technischen Kenntnisse nicht nachgewiesen sind und keine ausreichende Berufsbreite gegeben ist (BFH I R 113/78; BFH I R 66/78, BStBl II 81, 121; NdsFG EFG 99, 975, rkr).

Energieberater jedenfalls bei erfolgsabhängiger Absatzberatung gewerbl (BFH IV B 20/01, BFH/NV 01, 1400; auch → Rn. 111).

Erbensucher (Genealoge), gewerbl tätig (BFH I 349/61 U, BStBl III 65, 263); s auch zu § 5 I RDG BT-Drs 16/3655, 53.

Ergotherapeut freiberufl (*BMF* BStBl I 19, 1298); vgl auch EU-Anerkennung (BGBl I 07, 2686). Zur USt s *BMF* BStBl I 09, 756.

Erhebungsbeauftragter für StatistikG, s *OFD Nds* BeckVerw 246794.

Ernährungsberater gewerbl (*BMF* BeckVerw 027116: keine Kassenzulassung; auch → Rn. 130); teilweise **aA** zur USt BFH V R 23/04, BFH/NV 05, 2142; *BMF* BStBl I 09, 756.

Erziehungshelferin s „Kindertagespflege; Kindervollzeitpflege".

Fahrlehrer; Fahrschule (grds) unterrichtende Tätigkeit (BFH IV R 18/02, BStBl II 03, 838; → Rn. 83), *wenn* eigenverantwortl (dazu → Rn. 29). Zur USt-Befreiung s BFH V R 38/16, BStBl II 17, 1017 (EuGH C-449/17, DStR 19, 620).

Fakir nicht freiberufl (künstlerisch), sondern gewerbl tätig (BFH I R 96/92, BFH/NV 93, 716).

Familienhelferin s „Kindertagespflege; Kindervollzeitpflege".

Fernsehen. Ansagerin kann künstlerisch tätig sein (FG Bln EFG 67, 432). Kameramann s dort. Keine künstlerische Tätigkeit; Ausarbeitung von Quizfragen, auch nicht Werbesendungssprecher (BFH IV R 112/72, BStBl II 77, 459); Teilnahme an Doku-Format ohne Verfremdung der Person (FG Ddorf EFG 23, 1015, Rev VIII R 10/23).

Filmhersteller; Filmproducer. Nur dann künstlerisch tätig, wenn er an allen Tätigkeiten (zB Drehbuch, Regie, Kameraführung, Schnitte, Vertonung) selbst mitwirkt (BFH VIII R 32/75, BStBl II 81, 170; FG Köln EFG 18, 1212, rkr: Werbefilmproducer). S auch „Drehbuch-(Co-)Autor", „Pornographie".

Finanzanalyst s „Anlageberater".

Finanzberater, gewerbl tätig (BFH I R 300/83, BStBl II 88, 666).

Fitnessstudio, idR gewerbl, nicht freiberufl-unterrichtend (BFH IV R 79/92; BFH IV R 35/95, BStBl II 94, 362; 96, 573); auch → Rn. 83.

Fleischbeschauer. Gewerbetreibender RFH RStBl 38, 429.

Fotograf; Fotoarrangeur. IdR GewBetr; insb Fotodesign kann jedoch künstlerisch tätig sein (BFH VIII R 76/75, BStBl II 77, 474; zu Gemäldefotograf vgl BSG DStR 99, 1329). Diese Abgrenzung ist verfgemäß (BVerfG 1 BvR 242/78, DB 78, 1862). Zu Bildberichterstatter → Rn. 122. Vgl auch „Werbefotographie"; „Pornographie".

Frachtenprüfer. Bei Ähnlichkeit mit Rechtsanwaltstätigkeit freiberufl tätig (FG Bln EFG 70, 343, rkr); mE zweifelhaft, s auch „Dispacheur".

Frauenbeauftragte einer Gemeinde, § 18 I Nr 3 (s *OFD Hann* StEK EStG § 18 Nr 211).

Fremdenführer gewerbl (BFH I R 85/83, BStBl II 86, 851).

Friseur s „Werbefotographie".

Fußpfleger s „Medizinischer Fußpfleger", „Fußreflexzonenmasseur".

Fußreflexzonenmasseur nach BFH IV R 45/00, BStBl II 03, 21 (dazu BVerfG StEd 03, 530) gewerbl; uU jedoch überholt (→ Rn. 130; unklar *BMF* BStBl I 19, 1298). Zur USt s BFH V R 18/02, BStBl II 05, 227; *BMF* BStBl I 09, 756.

Gartenarchitekt. Freiberufl tätig; führt er die geplante Arbeit mit eigenen Arbeitskräften aus, ist er gewerbl tätig (BFH IV 318/59 U, BStBl III 62, 302; BFH VI 304/62 U, BStBl III 63, 537).

Gärtner gewerbl (*Jahn* DB 07, 2613 (2615)).

Geigenbaumeister handwerkl (iErg zutr FG BW EFG 05, 870).

Genealoge s „Erbensucher".

Geschäftsführer einer GmbH ohne Anstellungsvertrag erzielt gewerbl Einkünfte; er ist kein „beratender Betriebswirt" (FG Saarl EFG 92, 70, rkr).

Graphiker (Gebrauchsgraphiker). Kann freiberufl Einkünfte aus künstlerischer Tätigkeit erzielen (BFH V 96/59 S, BStBl III 60, 453; FG Köln DStRE 07, 1312, rkr: Werbegraphiker); zur Illustration von Fachbüchern vgl – weitgehend – FG Hmb EFG 91, 124. Perspektivgraphiker kein Freiberufler (FG Nbg EFG 78, 33, rkr), ebenso Retuscheur und Graphiker (BFH V R 130/84, BFH/NV 90, 232; FG Ddorf EFG 07, 197, rkr); s auch „Layouter", „Textilentwerfer".

Gutachter s „Sachverständiger".

Handaufleger. Gewerbetreibender, nicht den Heilberufen ähnl, da fehlende Ausbildung, vgl → Rn. 18 sowie → Rn. 87 ff, 125 ff.

Handelsvertreter. Gewerbl, auch wenn die Tätigkeit inhaltl teilweise der eines Ingenieurs entspricht, → Rn. 11 mwN.

Hausverwalter. Sonstige selbständige Tätigkeit, sofern nicht wegen umfangreichen Geschäftsbetriebs gewerbl (→ Rn. 141, 32).

Hebamme. Dem Heilberuf ähnl (*BMF* BStBl I 19, 1298; BFH I R 96/66, BStBl III 66, 677; → Rn. 141). Vgl auch EU-Anerkennung gem BGBl I 07, 2686 sowie → Rn. 216 (BA). Zur USt s BMF BStBl 09, 756.

Heileurythmie. Dem Krankengymnasten iSv § 18 I Nr 1 Satz 2 ähnl bei kassenärztl Zulassung *oder* Einbindung in Integrierten Versorgungsvertrag gem §§ 140a ff SGB V (BFH VIII R 26/15, BStBl II 19, 776; glA zu § 4 Nr 14 UStG BFH XI R 3/15, BStBl II 18, 793).

Heilmasseur. Vgl „Masseur".

Hellseher s „Parapsychologe".

Herausgeber einer Fachzeitschrift. Zwar wissenschaftl Tätigkeit, aber uU keine Gewinnerzielungsabsicht, wenn nur auf Kostendeckung ausgerichtet (FG BW BeckRS 2022, 26144: pro bono).

Hochbautechniker übt architektenähnl Tätigkeit aus, wenn die erforderl theoretischen Kenntnisse durch langjährige Berufsausübung erworben wurden (BFH IV R 118–119/87, BStBl II 90, 64, vgl auch BFH IV R 116/90, BStBl II 93, 100; einschr BFH XI R 47/98, BStBl II 00, 31).

Hippotherapie s „Physiotherapeutische Leistungen".

Hufbeschlagschmied gewerbl (FG Hmb EFG 19, 1383).

Hypnosetherapeut s „Psychotherapeut; Psychologe".

Influencer idR gewerbl (*Schmidt ua* DStR 21, 765).

Informationsdienst. Herausgabe eines juristischen Informationsdienstes gewerbl, auch → § 15 Rn. 100; s ferner „Nachschlagewerke".

Inkassotätigkeit eines Rechtsbeistand (dazu BVerfG 1 BvR 423/99 ua, BB 02, 744; §§ 2 II, 10 I 1 Nr 1, 11 RDG iVm § 1 RDG-EG) kann gewerbl sein (BFH III B 246/11, BFH/NV 12, 1959: vollautomatisches „Mengeninkasso"); ebenso bei

StBer-Ges (s BVerfG 1 BvR 2884/13, DStRE 14, 890; BFH VII R 26/10, BStBl II 14, 593; je zu Berufsrecht).

Innenarchitekt. Freiberufl tätig; (RFH RStBl 39, 159); gewerbl ist jedoch die Möbelabsatzförderung (BFH I R 204/81, BStBl II 85, 15; → Rn. 111 mwN).

Insolvenzverwalter § 18 I Nr 3, → Rn. 97, 141; zur Eigenverantwortlichkeit → Rn. 31 f, 147; zu Vorschüssen → Rn. 166.

Instrumentenbauer s „Geigenbaumeister".

Internat → Rn. 84 sowie → § 15 Rn. 150 „Schule".

Interviewer. Bei statistischen Erhebungen sonstige selbständige Tätigkeit *(FM Nds StEK LStDV § 4 Nr 172);* s auch „Erhebungsbeauftragter".

Inventurbüro. GewBetr (BFH IV R 153/73, BStBl II 74, 515).

Journalist. Vgl → Rn. 77, 120. Selbständig (freiberufl), wenn er Urheberrechte an seinen Werken erlangt und diese verwertet (HessFG EFG 90, 310).

Kameramann. Ist bei *eigenverantwortl* Erstellung des Bildmaterials Bildberichterstatter (BFH XI R 8/00, BStBl II 02, 478), auch → Rn. 122. Beim Film mitwirkender Kameramann kann künstlerisch tätig sein (BFH IV R 196/72, BStBl II 74, 383). Zur Selbständigkeit s BFH VI R 19/07, BFH/NV 08, 1485.

Kartograph. Freiberufl (ähnl Dipl-Ing für Kartographie), wenn er Reliefkarten nach einem selbst entwickelten Verfahren aus Vorlagen herstellt und daran Lizenzen vergibt (BFH IV R 80/94, BStBl II 95, 776). Gewerbl tätig, wenn er auch Herstellung und Vertrieb der Karten übernimmt (FG Hmb EFG 71, 39).

Kfz-Sachverständiger als Gutachter für Unfallschäden ist freiberufl tätig, sofern Ingenieur, sonst gewerbl (BFH I R 109/77, BStBl II 81, 118). Das gilt auch für Übergangsingenieure (BFH IV R 156/86, BFH/NV 91, 359), die ohne die erforderl wissenschaftl Ausbildung tätig werden; dazu auch → Rn. 108 ff. Ein von der IHK bestellter oder anerkannter vereidigter Kfz-Sachverständiger ohne Ingenieurstudium ist bei Erstellung von Schadensgutachten gewerbl tätig, bei Erstellung von Gutachten über **Schadensursachen** hingegen freiberufl (ingenieurähnl) tätig, wenn er über die von einem Ingenieur geforderten Fachkenntnisse besitzt und die Ermittlung der Schadensursachen seiner Berufstätigkeit das Gepräge gibt (BFH IV R 116/90, BStBl II 93, 100; *Kempermann* FR 90, 535 (537)). Die erforderl theoretischen Kenntnisse können auch durch praktische Tätigkeit erworben sein (BFH IV R 63/86, BStBl II 89, 198; BFH IV R 73/90, BStBl II 91, 878 (880)).

Kinderheim. Gewerbl, wenn aus Nebenleistungen zur erzieherischen Tätigkeit ebenfalls Gewinn gezogen wird (→ Rn. 84) oder die erzieherische Tätigkeit nicht eigenverantwortl ausgeübt wird (NdsFG EFG 06, 1772).

Kindertagespflege; Kindervollzeitpflege („Familienhelferin, Tagesmutter"). Nicht dem Heilberuf ähnl (BFH V R 7/99, BFH/NV 01, 651 betr § 4 Nr 14 UStG; dazu → Rn. 130), aber erzieherische Tätigkeit (§ 18 I Nr 1) S iEinz *BMF* BStBl I 16, 1236; ab 2023: *BMF* BStBl I 23, 669 (Abgrenzung ggü nichtselbständiger Arbeit; BA, BA-Pauschalen); *BMF* BStBl I 21, 1802 (weitere Betreuungsformen); *Gragert* NWB 16, 3850; *Thönnes ua* NWB 19, 3081; FG Hmb EFG 15, 912 Rn. 85; → 35. Aufl 2016, § 18 Rn. 155). Zur StFreiheit gem § 3 Nr 9, 11, 26 → § 3 Rn. 35, 43. Zur USt s *OFD Mster* DB 09, 1964.

Klavierstimmer gewerbl, da nicht künstlerisch (BFH IV R 145/88, BStBl II 90, 643).

Klinischer Chemiker. Freiberufl, wenn selbständig; vgl *BMF* BStBl I 80, 768. Zur USt s *BMF* BStBl I 09, 756.

Klinische Arzneimittelprüfung durch Krankenschwester ist gewerbl (BFH VIII R 24/14, BFH/NV 17, 1121).

Kompasskompensierer. Freiberufl tätig (BFH IV 84/57 U, BStBl III 58, 3).

Kommunikationsberatung s „Marketingberater".

Konstrukteur *(qualifizierter Bauzeichner),* gewerbl tätig (FG BW EFG 88, 306, rkr). – **Konstrukteur von Bewehrungsplänen** übt keine ingenieurähnl Tätigkeit aus (BFH IV R 154/86, BStBl II 90, 73).

Kosmetikerin. Gewerbl tätig (BFH V R 47/09, BStBl II 11, 195: betr USt).

Krankengymnast → Rn. 95.

Krankenhausberater gewerbl (BFH XI B 63/98, BFH/NV 00, 424: betr Arzt; FG Mchn EFG 05, 382: klinischer Monitor).

Krankenhaushygieneberater s „Krankenpflege".

Krankenpflege (vgl auch KrPflG, BGBl I 03, 1442; AltPflG, BGBl I 00, 1513; BGBl I 03, 1455; BGBl I 07, 2686: EU-Anerkennung). Nach *Maßgabe* der geänderten Rspr zu Heilhilfsberufen (→ Rn. 130) ist häusl Kranken-/Altenpflege freiberufl (*einschließl zusätzl* Grundpflege und hauswirtschaftl Versorgung; § 37 SGB V; **aA** insoweit *BMF* BStBl I 19, 1298), die häusl Pflegehilfe (§ 36 SGB XI) aber – ggf zu trennen (dazu *OFD Kobl* DStR 04, 1339) – gewerbl (BFH VIII B 135/10, BFH/NV 11, 2062; BFH IV R 51/01, BStBl II 04, 509 auch zur Eigenverantwortlichkeit, Rn. 29; zur USt s aber BFH XI R 61/07, BStBl II 09, 68: Haushaltshilfe iSv § 38 SGB V; zu § 4 Nr. 14 UStG nF s *BMF* BStBl I 09, 756; zu § 4 Nr. 16 UStG nF s *BMF* BStBl I 09, 774). Zur Selbständigkeit s BFH V B 22/99, BFH/NV 99, 1391. Krankenhaushygieneberatung durch Kranken(fach)pfleger ist zwar freiberufl (BFH XI R 64/05, BStBl II 07, 177), *nicht* aber von ihm erstellte Pflegeversicherungsgutachten (BFH XI R 30/20, DB 21, 1513 mwN). Pflege durch Nachbarn ist gewerbl (BFH X R 15/11, BFH/NV 13, 1548).

Kreditberater gewerbl tätig (BFH I R 300/83, BStBl II 88, 666).

Kryokonservierung s „Lagerung von Eizellen".

Küchenplaner. Ähnl Innenarchitekten/Ingenieuren (FG Hmb EFG 81, 154).

Kükensortierer. Gewerbl tätig (BFH I 237/54 U, BStBl III 55, 295).

Kulturwissenschaftler je nach Tätigkeit freiberufl oder gewerbl *OFD Mbg* DStR 06, 1891).

Kunstgewerbler und Kunsthandwerker → Rn. 70.

Kurberater gewerbl (BFH VIII B 23/10, BFH/NV 11, 46).

Kursmakler; Kursstellvertreter gewerbl (BFH IV B 102/03, BStBl II 05, 864).

Ladungssachverständiger s „Schiffssachverständiger".

Lagerung von Eizellen („reine" Kryokonservierung) gewerbl (FG Mster EFG 22, 1296, rkr; zur USt-Befreiung s BFH V R 10/20, DStRE 22, 1323).

Layouter kann künstlerisch tätig sein (FG Hmb EFG 93, 386).

Lebensberatung → Medium.

Leichenfrau. Sonstige selbständige Tätigkeit, soweit nicht Vermittlungsleistungen (FG Nbg EFG 59, 54).

Logopäde. Dem Heilberuf ähnl, wenn mit Erlaubnis nach dem LogopädenG (BGBl I 80, 529; BGBl I 07, 2686; EU-Anerkennung) ausgeübt (*BMF* BStBl I 19, 1298). Nach BFH IV R 49/01, BStBl II 03, 721 (BVerfG 1 BvR 2341/95, DStZ 98, 478; *OFD Nds* DB 03, 800 einschließl Rechtslage in Nds ab 1998) ist **Sprachheilpädagoge** aber (vorbehaltl Unterricht) gewerbl tätig; dies dürfte aber durch die geänderte Rspr zu Heilhilfsberufen überholt sein (→ Rn. 130; *MK* DStR 03, 1433; *FG Ddorf* EFG 05, 958, rkr; zu § 27 Ia UStG nF *Widmann* DB 99, 925 (930)). **Logotherapie** s BFH V R 38/04, BStBl II 08, 37. Zur USt s *BMF* BStBl I 09, 756.

Lohnsteuerhilfeverein. Ortsstellenleiter, der als freier Mitarbeiter tätig ist, übt gewerbl Tätigkeit aus (BFH X R 13/86, BFH/NV 89, 498).

Lotse, freiberufl Katalogberuf (§ 18 I Nr 1), bis 1959 gewerbl; Zuschläge für Sonntags-, Feiertags- und Nachtarbeit sind nicht stfrei nach § 3b (BFH IV R 339/84, BStBl II 87, 625; → § 3b Rn. 1).

Lotterieeinnehmer → Rn. 135.

Magier (Zauberkünstler). IdR künstlerisch (FG RhPf EFG 85, 128).

Maler (Kunstmaler). Grds künstlerisch tätig, → Rn. 66 (vgl BFH IV R 9/77, BStBl II 81, 21).

Managementtrainer sowie Marketing- und Unternehmensberater (s auch „Psychologische Beratung") mit einer Ausbildung als Industriekaufmann ist dem beratenden Betriebswirt nicht ähnl (BFH XI B 205/95, BFH/NV 97, 559); vgl aber zu Unterricht → Rn. 84.

Manager eines Künstlers, gewerbl tätig (BFH IV B 2/90, BFH/NV 92, 372).

Marketingberater. Ob er als beratender Betriebswirt (→ Rn. 107) tätig ist, ist Frage des Einzelfalls (BFH IV B 68/99, BFH/NV 00, 705; FG Mster EFG 00, 744). Abl für Kommunikationsberater FG Bln-Bbg EFG 07, 1520, rkr.

Marktforscher. Ist zwar nicht dem beratenden Betriebswirt ähnl (BFH V R 73/83, BStBl II 89, 212; ausführl BFH IV R 27/90, BStBl II 92, 826), jedoch uU wissenschaftl tätig (BFH IV R 61/92, BFH/NV 94, 89); krit *List* BB 93, 1488. Zur USt s *BMF* BStBl I 09, 756.

Markscheider freiberufl tätig (BFH IV R 155/71, BStBl II 75, 290).

Maschinenbautechniker gewerbl, wenn selbständig (HessFG EFG 89, 346).

Masseur. Freiberufl tätig (BFH IV 60/65, BStBl II 71, 249; *BMF* BStBl I 19, 1298; → Rn. 95), sofern nicht Schönheitsmassagen (FG Ddorf EFG 65, 567; s auch „Fußreflexzonenmasseur"). Zu mehreren Betriebsstätten s BFH IV R 11/95, BFH/NV 96, 464 sowie → Rn. 29; s auch „Badeanstalt, medizinische". Zur USt s *BMF* BStBl I 09, 756.

Medikamentenabgabe s „Hausapotheke" sowie → Rn. 51.

Medikamentenerprobung. Gehört zur ärztl Tätigkeit (BFH IV R 202/79, BStBl II 82, 118; FG Brem EFG 77, 18).

Medium zur Lebensberatung gewerbl (FG Hbg DStRE 24, 282, rkr).

Medizinischer Bademeister s „Badeanstalt, medizinische".

Medizinisch-, technische-, diagnostische Assistentin. Freiberufl tätig (BFH IV 459/52 U, BStBl III 53, 269; *BMF* BStBl I 19, 1298; *BMF* BStBl I 09, 756 zu USt).

Medizinischer Fußpfleger. Nach PodG (BGBl I 01, 3320) dem Heilberuf ähnl (*BMF* BStBl I 19, 1298; BGBl I 07, 2686: EU-Anerkennung); Berufsqualifikation bei staatl Prüfung (BFH V R 22/12, BFH/NV 13, 880; *BMF* BStBl I 14, 217); zur uU entbehrl ärztl Verordnung s BFH XI R 13/14, DStRE 15, 422 (USt). Frühere abl Rspr (BFH IV R 65/00, BStBl II 02, 149; BVerfG 1 BvR 408/76, HFR 77, 96) ist überholt (→ Rn. 130; FG Bln-Bbg EFG 04, 937). Fußreflexzonenmasseur s dort.

Meinungsforscher s „Marktforscher".

Moderator. Gewerbl (BFH VIII R 5/12, BStBl II 15, 217) oder künstlerisch/journalistisch (BFH I R 26/10, BFH/NV 11, 2001). S auch „Schauspieler", „Off-Sprecher", „Fernsehen".

Modeschöpfer uU künstlerisch (BFH I R 1/66, BStBl II 69, 138).

Motopädagoge s physiotherapeutische Leistungen.

Musiker. Zu reproduzierenden Musikern → Rn. 66; zur Abgrenzung von nichtselbständiger Arbeit → Rn. 11. Verluste, die durch Konzertreisen eines angestellten Pianisten entstehen, sind WK, wenn die Konzerte zur Verbesserung der Bewerbungschancen um eine Professorenstelle unternommen werden; deshalb scheidet *Liebhaberei* aus (BFH VI R 122/92, BStBl II 94, 510).

Musiktherapeut. Nach BFH V B 78/98, BFH/NV 99, 528; NdsFG DStRE 00, 312 nicht den Heilberufen ähnl (zu § 4 Nr 14 UStG aF); aber → Rn. 130.

Nachschlagewerk. Aufstellen eines Vorschriftensuchregisters ist schriftstellerische Tätigkeit. Hierzu kann zwar auch ein kleinerer Verwertungsbetrieb gehören, nicht jedoch bei umfangreicher Organisation (BFH VIII R 111/71, BStBl II 76, 641: einheitl GewBetr); deshalb betraf BFH IV 270/60 U, BStBl III 62, 131 (Trennung bei Selbstverlag) einen Sonderfall. Auch → Rn. 77, 78.

Netzplantechniker. IdR dem Ingenieur ähnl Beruf (FG Ddorf EFG 87, 368).

Notenschreiber. Gewerbl tätig (FG Hmb EFG 67, 613).

Off-Sprecher kann künstlerisch sein (FG Köln EFG 23, 130, rkr). S auch „Moderator", „Schauspieler", „Fernsehen".

Organist → Rn. 66 aE.

Orgelbauer gewerbl, nicht künstlerisch tätig (FG Mster EFG 93, 679, rkr).

Orthoptist ist freiberufl (*BMF* BStBl I 19, 1298; *BMF* BStBl I 09, 756 zur USt); vgl auch EU-Anerkennung gem BGBl I 07, 2686.

Outplacementberater idR gewerbl (*OFD Ffm* DB 04, 2073).

Parapsychologe, Hellseher. Gewerbl (BFH VIII R 137/75, BStBl II 76, 464; FG Ddorf DStRE 05, 824, rkr); s auch „Rutengänger" und → Rn. 62.

Parlamentsstenograph uU freiberufl (→ Rn. 77).

Patentberichterstatter s BFH I R 23/67, BStBl II 71, 233.

Personalberater; Personenvermittler, jedenfalls bei erfolgsabhängiger Vergütung kein beratender Betriebswirt (BFH IV R 12/02, BFH/NV 04, 168; FG Köln EFG 17, 1681, rkr; auch → Rn. 50). Zum Nachweis von Kenntnissen → Rn. 107.

Personalsachbearbeitung. Selbständig iRv Konkursverfahren ausgeübt, ist gewerbl (BFH IV R 152/86, BStBl II 89, 729).

Pfleger. Sonstige selbständige Tätigkeit, → Rn. 141. S auch *Krankenpflege.*

Pharma-Cosmetologe. Kein Heilberuf (NdsFG EFG 78, 50).

Physiotherapeutische Leistungen freiberufl bei Masseur, medizinischer Bademeister, Krankengymnast (→ Rn. 95), Physiotherapeut (*OFD Mbg* FR 00, 284), Hippotherapeut (BFH XI R 53/06, BStBl II 08, 647) oder Motopädagoge (BFH V R 64/05, BFH/NV 07, 1203). Zu § 4 Nr 14 UStG nF s *BMF* BStBl I 09, 756; *BMF* BStBl I 12, 682; *OFD NRW* DB 14, 2443: ärztl Verordnung.

Pilot, nicht dem Ingenieur/Lotsen ähnl (BFH IV R 94/99, BStBl II 02, 565).

Planungsberater ohne wirtschaftswissenschaftl Studium idR kein beratender Betriebswirt (BFH IV R 51/99, BStBl II 00, 616; BVerfG 1 BvR 2102/00, StEd 01, 307; → Rn. 107).

Podologe s „Medizinischer Fußpfleger".

Politikberater. IdR gewerbl (BFH VIII R 18/11, BStBl II 15, 128; → Rn. 107).

Pornographie. Herstellen pornographischer Filme oder Bilder keine künstlerische, sondern gewerbl Tätigkeit (HessFG EFG 84, 296).

Probennehmer für Erze, Metalle und Hüttenerzeugnisse. Nicht dem Handelschemiker vergleichbar und daher gewerbl (BFH VIII R 18/67, BStBl II 73, 183; FG Ddorf EFG 92, 744, rkr). Ebenso BFH VIII R 314/82, BFH/NV 87, 156 für eine GbR, die Proben nimmt und wissenschaftl Analysen erstellt; trotz Trennbarkeit beider Tätigkeiten insgesamt gewerbl, § 2 II Nr 1 GewStG. Anders für Analysenerstellung, wenn Tätigkeit in einer weiteren GbR ausgeübt wird.

Produzent von Theaterstücken idR gewerbl (FG Mchn EFG 09, 953).

Projektierer s „Elektroanlagenplaner".

Projektmanager gewerbl (NdsFG EFG 01, 1146; auch → Rn. 107).

Promotionsberater gewerbl (BFH VIII R 74/05, BStBl II 09, 238).

Prüfungstätigkeit. Bei staatl Prüfungen Einkünfte aus freiberufl (wissenschaftl) Tätigkeit; → Rn. 18; bei akademischen Prüfungen Einkünfte aus nichtselbständiger Arbeit (BFH VI R 83/66, BStBl II 68, 309; *OFD Nds* DB 78, 2341).

Psychotherapeut; Psychologe, mit ärztl Ausbildung ist freiberufl tätig (BFH IV R 19/81, BStBl II 82, 254). Bei nichtärztl Psychotherapeuten nur, wenn Tätigkeit entweder wissenschaftl, schriftstellerisch, unterrichtend oder erzieherisch oder einem Katalog-Heilberuf (Arzt, Heilpraktiker) ähnl (BFH VIII R 137/75, BStBl II 76, 464 betr Hellseherin); demnach nicht bei Gerichtsgutachten (FG Mster EFG 79, 548), Unternehmensberatung (BFH XI B 2/06, BFH/NV 06, 1831) oder bei Hypnosetherapeut ohne wissenschaftl Ausbildung (BFH XI R 38/98, BFH/NV 00, 839; mE trotz geänderter Rspr zu Heilhilfsberufen zutr). Nach *BMF* liegen freiberufl Einkünfte vor, wenn StPfl Psychologiestudium und Zusatzausbildung eines anerkannten therapeutischen Ausbildungsinstituts abgeschlossen hat (*BMF* StEK § 18 Nr 100); nach UStR 90 III 96 (betr § 4 Nr 14 UStG aF) war es ausreichend, wenn die Patienten von einem weiterhin verantwortl Arzt zugewiesen werden (abl BFH XI R 2/95, BStBl II 97, 687; BFH XI R 38/98, BFH/NV 00, 839; zutr, s oben). Zum PsychThG (BGBl I 98, 1311; BVerfG 1 BvR 1453/99, NJW 00, 1779) s *BMF* BStBl I 19, 1298: Psychologischer und Kinder-/Jugendlichen Psychotherapeut ab VZ 98 dem Heilberuf ähnl; zur EU-Anerkennung s BGBl I 07, 2686; BGBl I 19, 1604. Zur USt → Rn. 130; *BMF* BStBl I 09, 756.

Psychologische Beratung von Managern ist, selbständig ausgeübt, weder unterrichtende (aber → Rn. 84) noch erzieherische freiberufl Tätigkeit, sondern gewerbl (BFH XI R 2/95, BStBl II 97, 687; BFH IV R 59/97, BStBl II 99, 167). Ebenso mE bei Supervision (**aA** zur USt aber BFH XI R 32/21, DStR 22, 2493)). S auch „Managementtrainer"; „Kindertagespflege; Kindervollzeitpflege".

Rätselhersteller schriftstellerisch tätig (FG Ddorf EFG 71, 229, rkr).

Raumgestalter. Wenn Architekten ähnl Tätigkeit, dann freiberufl tätig (FG Hmb EFG 77, 15, rkr).

Rechtsbeistand. Kann freiberufl tätig sein (BFH IV R 19/97, BStBl II 98, 139), nicht jedoch bei Anfertigung von Aktenauszügen für Versicherungsgesellschaften l (BFH I R 147/67, BStBl II 70, 455); zu Inkasso s „Inkassotätigkeit".

Redakteur, technischer, kann Schriftsteller (→ Rn. 77) oder ingenieurähnl sein (BFH IV R 4/01, BStBl II 02, 475).

Regieassistent. Vgl – zum KSVG – BSG B 3 KR 2/98 R, DStR 99, 1328.

Regisseur, ist ausübender Künstler (BFH XI R 44/08, BStBl II 14, 200 betr USt) zur Selbständigkeit s BFH VI R 19/07, BFH/NV 08, 1485.

Reiseleiter. Gewerbl (FG Nbg EFG 63, 63, rkr; **aA** FG Hmb DStRE 05, 1442) s auch „Fremdenführer".

Rentenberater s „Versicherungsberater".

Restaurator. Wissenschaftl, wenn er an Hochschule ausgebildet ist und soweit sich seine Tätigkeit auf das Erstellen von Gutachten oder Veröffentlichungen beschränkt; künstlerisch nur dann, wenn er ein teilweise *lückenhaftes Kunstwerk eigenschöpferisch* wiederherstellt (s einschließl Zusammentreffen mit handwerkl/gewerbl Leistungen BFH IV R 63/02, BStBl II 05, 362; VIII B 204/06, BFH/NV 07, 2264; *Kempermann* FR 05, 497). Zur gewerbl Gebäuderestauration bei Mithilfe angestellter Handwerker (HessFG EFG 84, 260).

Rettungsassistent ist freiberufl (*BMF* BStBl I 19, 1298; *BMF* BStBl I 09, 756 zu USt); vgl auch EU-Anerkennung gem BGBl I 07, 2686.

Rundfunkbeauftragter gewerbl (BVerfG 2 BvR 460/93, FR 01, 367).

Rundfunkberater idR gewerbl (BFH VIII B 103/10, BFH/NV 11, 1133; → Rn. 107).

Rutengänger gewerbl (FG Mchn EFG 06, 1920). S auch „Parapsychologe".

Sachverständiger. Gewerbl, wenn er an seine Marktkenntnisse oder gewerbl oder handwerkl Erfahrungen anknüpft oder wenn kommerzielle Gesichtspunkte in den Vordergrund treten (BFH IV B 18/97, BFH/NV 98, 1206 betr Grundstückwerte/Mietpreise); das gilt selbst dann, wenn einzelne Gutachten dieser Sachverständigen wissenschaftl oder künstlerisch vertiefte Sachkenntnisse aufweisen (BFH IV 6/53 U, BStBl III 54, 147; IV 696, 697/54 U, BStBl III 57, 106; BFH VIII 23/65, BStBl II 71, 749). – Gutachter ist freiberufl tätig, wenn er auf der Grundlage von Disziplinen, die an Hochschulen gelehrt werden, und nach sachl und obj Gesichtspunkten eine qualifizierte Tätigkeit ausübt (BFH IV 6/53 U, BStBl III 54, 147; IV B 95/96, BFH/NV 98, 456 betr Betriebsunterbrechungsschäden); s zur Abgrenzung auch „Kfz-Sachverständiger". Sachverständige zur Ermittlung des Finanzbedarfs der Rundfunkanstalten erzielen Einkünfte nach § 18 I Nr 3 (*OFD Mgb* BeckVerw 231459). Ebenso Grundstücksgutachter nach BauGB-AV (*OFD Ffm* DStR 18, 1719).

Saucendesigner, nicht künstlerisch (BFH IV B 45/96, BFH/NV 98, 956).

Säuglingsheim → Rn. 84.

Schauspieler. IdR nichtselbständig tätig für Fernsehfilm- und Filmproduktion (→ § 19 Rn. 35 „Filmschauspieler", „Künstler"), bei **Werbespots** freiberufl, wenn eine eigenschöpferische Leistung erbracht wird; „Verwendung" der Bekanntheit (BFH IV R 102/90, BStBl II 92, 413) oder das Sprechen von Werbetexten (BFH IV 359/61 U, BStBl III 62, 385) reicht hierfür idR nicht aus (FG Mchn DStRE 04, 754; → Rn. 71). S auch „Moderator", „Off-Sprecher", „Fernsehen".

Schiedsrichter (Sport) gewerbl (BFH I R 98/15, DStR 18, 449).

Schiffsminiaturenherstellung kann künstlerisch sein (FG Hmb EFG 01, 1452).

Schiffssachverständiger, Schiffseichaufnehmer, Ladungssachverständiger. Nach BFH IV R 127/70, BStBl II 71, 319 idR auf Grund Tätigkeit ingenieurähnl. Diese Rspr ist nach Inkrafttreten der Ingenieurgesetze überholt (BFH XI R 82/94, BStBl II 96, 518; vgl auch BFH I 381/60 U, BStBl III 64, 273); hiernach sind Schiffssachverständige freiberufl tätig, soweit sie einem Schiffsbauingenieur vergleichbare Fachkenntnisse besitzen (→ Rn. 126) und überwiegend eine diese Kenntnisse erfordernde Tätigkeit (Gutachten, Interventionsberichte, Besichtigungsberichte) ausüben; überwiegt die Erstellung von Schadens- und Werttaxen sowie Dispachen, ist die Tätigkeit gewerbl.

Schnittmuster. Deren Erstellung ist idR nicht künstlerisch (FG Mchn EFG 12, 2282, rkr).

Schule → Rn. 84 sowie → § 15 Rn. 150.

Selbstverlag s „Nachschlagewerk" sowie → § 15 Rn. 99.

Spielerberater s „Berater von (Berufs-)Sportlern".

Sportler; Sportschule → Rn. 132, 29; zu „Berater von (Berufs-)Sportlern" vgl → Rn. 155.

Sprachheilpädagoge s „Logopäde".

Statist → Rn. 66.

Stipendiat. Zur StBarkeit/StBefreiung von Stipendien → § 3 Rn. 154; *OFD Ffm* DStR 24, 2331.

Stundenbuchhalter s „Buchhalter".

Stuntman idR nicht freiberufl (FG Mchn EFG 04, 333 mwN, rkr).

Supervisor s „Psychologische Beratung".

Synchronsprecher ist freiberufl tätig (BFH IV R 1/77, BStBl II 81, 706; *BMF* BStBl I 81, 634; EStH 15.6).

Tätowierer uU künstlerisch (FG Ddorf EFG 25, 573, rkr).

Tagesmutter. S „Kindertagespflege; Kindervollzeitpflege".

Talkshow. Teilnahme nicht künstlerisch (BFH I B 99/98, BStBl II 00, 254).

Tanz- und Unterhaltungsmusiker → Rn. 66 aE, Tanzlehrer → Rn. 83.

Telekommunikationsberater, gewerbl (NdsFG EFG 03, 1800).

Textilentwerfer. Kann freiberufl tätig sein (FG Ddorf EFG 67, 287), vgl BFH IV 352/60 U, BStBl III 64, 45: Entwerfen von Stilmustern wegen fehlender künstlerischer Gestaltungshöhe als nicht freiberufl angesehen.

Tonstudio. Betreiben eines Tonstudios ist Liebhaberei, wenn daneben ertragbringende Tätigkeit ausgeübt wird, sofern mit Verringerung der Verluste nicht zu rechnen ist (SchlHFG EGF 89, 456, rkr).

Tontechniker. Wer aus musikalischen Darbietungen bestimmtes Klangbild herstellt, ist nach FG Bln EFG 87, 244 künstlerisch tätig; Bildberichterstatter → Rn. 122.

Trainer. Grds – sofern nicht angestellt – unterrichtende Tätigkeit (→ Rn. 83; BFH IV R 131/92, BFH/NV 94, 93; FG Brem BB 23, 2084, rkr; zur Einkünftetrennung → Rn. 50); GewBetr aber bei Unterricht an Tieren (RStBl 41, 678: Trabertrainer).

Trauerredner gewerbl bei Verwendung von Redeschablonen/Gebrauchsreden (SchlHFG EFG 22, 1330, Rev V R 11/22; FG BW EFG 22, 448, rkr); anders bei eigenschöpferischer Gestaltung (BFH V R 61/14, BStBl. II 20, 797). Zu BA/Kleidung → Rn. 190.

Treuhänder. Grds sonstige selbständige Arbeit (§ 18 I Nr 3; → Rn. 141, 147). Zu RA, WP, StB als freiberufl Treuhänder → Rn. 97. Treuhandtätigkeit als **Baubetreuer** ist aber gewerbl (BFH XI R 19/05, BFH/NV 07, 1315; BVerfG 2 BVR 768/90, HFR 92, 23: verfgemäß), weil keine Rechts- oder Steuerberatung stattfindet (auch → Rn. 50). Ist ein StB (RA/WP) für eine Bauherrengemeinschaft als **Treuhänder** tätig, sollen typischen StB-Tätigkeiten uU abgrenzbar sein (BFH IV R 99/93, BStBl II 94, 650). Verwaltet Treuhänder auf Grund eigener Fachkenntnis freiberufl Praxis, dann freiberufl tätig (→ Rn. 36).

Tutor. Sonstige Einkünfte nach § 22 Nr 1 S 3 Buchst b (BFH VIII R 116/75, BStBl II 78, 387; **aA** *Weber-Grellet* DStZ 78, 453: selbständige Arbeit).

Umweltberater nur dann einem beratenden Betriebswirt ähnl, wenn bei ausreichender Vorbildung (→ Rn. 126–129) zumindest ein Hauptbereich der BWL (zB Marketing) den Schwerpunkt der Gesamttätigkeit bildet (BFH XI R 62/04, BFH/NV 06, 505; vgl auch zu schriftstellerischer/wissenschaftl Tätigkeit BFH IV R 74/00, BStBl II 03, 27). Weitergehend BFH XI R 5/06, BStBl II 07, 519: Umwelt-Auditor dem Handelschemiker ähnl (→ Rn. 127); FG RhPf EFG 04, 1835: Umweltmanagement.

Unternehmensberater. Freiberufl wenn beratender Betriebs- oder Volkswirt auf Grund Ausbildung oder Selbststudium (→ Rn. 107, 127). Soweit FG Ddorf (EFG 73, 492) für letzteres eine Marketing-Tätigkeit genügen lässt, ist dies zR auf Kritik gestoßen (*HHR/Brandt* § 18 Rn. 600); zutr deshalb NdsFG EFG 91, 388, rkr (REFA-Technikerausbildung iVm Meisterprüfung nicht ausreichend). Zum Nachweis der Vorbildung – Gutachten/Wissenprüfung – s BFH XI B 29/98, BFH/NV 99, 607; BFH IV R 56/00, BStBl II 02, 768; → Rn. 129. S auch „Marketingberater", „Marktforscher", „Planungsberater".

Verbandsgeschäftsführer. Rechtsanwalt als Verbandsgeschäftsführer → Rn. 98.

Versicherungsberater. Nach BFH IV R 19/97, BStBl II 98, 139 gewerbl; ebenso der Rentenberater (ausführl BFH VIII R 2/16, BStBl II 19, 528; BFH VIII R 26/16, BStBl II 19, 532; *FM SchlH* DStR 16, 2045; auch → Rn. 140 f).

Versicherungsmathematiker. Wissenschaftl Tätigkeit, nicht einem Katalogberuf ähnl (BFH IV 196/62, HFR 65, 265).

Versteigerer gewerbl tätig (BFH IV 317/52 U, BStBl III 53, 175; IV 696/54 U, BStBl III 57, 106) s auch „Auktionator".

Viehkastrierer. Nicht Tierarzt ähnl (BFH I 203/54 U, BStBl III 56, 90).

Viehklauenpfleger. Nicht tierarztähnl (BFH IV 246/63, BStBl II 68, 77).

Visagist kann künstlerische Tätigkeit ausüben (FG Hmb EFG 93, 306).

Vitalogie gewerbl (BFH V R 58/09, BFH/NV 12, 1186).

Wahlhelfer → Rn. 170, 216.

Webdesigner s „Designer".

Weinlabor gewerbl, kein Handelschemiker (FG RhPf EFG 92, 89).

Werbeberater (PR-Berater). Die Tätigkeit ist idR weder künstlerisch (BFH IV 560/56 U, BStBl III 58, 182) noch diejenige eines beratenden Betriebswirts oder diesem Beruf ähnl (BFH VIII R 149/74, BStBl II 78, 565; → Rn. 107). Umfasst sie neben journalistischen Elementen (dazu → Rn. 120) auch organisatorische Aufgaben, ist dies gleichfalls GewBetr (BFH IV R 16/98, BFH/NV 99, 602); vgl aber „Werbeschriftsteller".

Werbedamen. Sie können selbständig tätig sein (GewBetr), wenn sie gelegentl beschäftigt werden (BFH VI R 150–152/82, BStBl II 85, 661).

Werbefotographie. IdR gewerbl (s „Fotograf"; BFH VIII B 96/07, BFH/NV 08, 1472); zur gewerbl Mitwirkung s BFH IV R 1/97, BFH/NV 99, 465; BFH XI R 71/97, BFH/NV 99, 460 (Schauspieler/Friseur; BVerfG 2 BvR 2262/98 juris; 2 BvR 1310/00, StEd 02, 760: verfgemäß); Cutter (FG Hmb EFG 05, 697 rkr).

Werbeschriftsteller(-texter). Schriftsteller, wenn Text Produkt origineller (eigener) Gedankenarbeit (BFH IV 278/56 U, BStBl III 58, 316; FG Nbg EFG 80, 599, rkr; FG RhPf EFG 98, 1584, rkr).

Werbespot. Sprecher idR gewerbl (s „Schauspieler"; → Rn. 71).

Werbeveranstaltung. Mitwirkung eines ehemaligen bekannten Berufssportlers daran ist gewerbl (BFH I R 39/80, BStBl II 83, 182); s auch „Schauspieler".

Wirtschaftsingenieur (Dipl) kann beratender Betriebswirt sein (BFH IV R 21/02, BStBl II 03, 919; → Rn. 107, 126).

Wohnungsverwalter → Rn. 141.

Yogaschule gewerbl (OVG NRW NWB F 1, 269).

Zahnpraktiker. Dentisten ähnl (BFH I 415/62 U, BStBl III 65, 692; *BMF* BStBl I 19, 1298).

Zahntechniker gewerbl (BFH IV B 232/02, BFH/NV 05, 352).

Zollberater. Bei Zulassung als Steuerberater/RA freiberufl (BFH IV R 33/95, BFH/NV 97, 751).

Zolldeklarant gewerbl (BFH IV R 117/87, BStBl II 90, 153).

V. Ermittlung der Einkünfte; laufender Gewinn

156 **1. Gewinnermittlung.** Als Einkünfte aus selbständiger Arbeit ist nach § 2 II Nr 1 der Gewinn anzusetzen, der nach § 4 I unter Beachtung der handelsrechtl GoB (EStR 4.1 V; kein abw Wj, → § 4a Rn. 13; BFH IV R 26/99, BStBl II 00, 498) oder nach § 4 III zu ermitteln ist (zu SBV → § 15 Rn. 641). Das gilt auch für Partnerschaften

iSd PartGG (→ Rn. 41). Dabei ist § 15 I 1 Nr 2 entspr anzuwenden (§ 18 IV 2; → Rn. 39). Die Buchführungsgrenzen des § 141 AO gelten auch dann nicht, wenn ein Laborarzt nur nach EStG Gewerbetreibender ist, nicht aber nach § 1 HGB (FG BW EFG 01, 807). Selbständig Tätige iSv § 18 ermitteln den Gewinn häufig nach § 4 III (zum Wahlrecht s BFH IV R 57/07, BStBl II 09, 659; *OFD Nds* DStR 10, 544). Zu Einzelaufzeichnungspflichten → § 4 Rn. 374/5; EStH 18.2; zu § 22 UStG s UStAE 22). Ein **Wechsel** der Gewinnermittlung (§ 4 III zu § 4 I oder umgekehrt) ist nur zu Beginn eines Wj mögl (BFH XI R 4/04, BStBl II 06, 509). Zudem ist der StPfl *grds* daran gehindert (vgl zB → Rn. 232), innerhalb von 3 Jahren *erneut* die Gewinnermittlungsart zu ändern (BFH IV R 18/00, BStBl II 01, 102; BFH IV R 39/13, BStBl II 17, 154: zu LuF); dies ist auch bei Schätzung (→ Rn. 170) zu beachten (*Kanzler* FR 01, 205). Keine 3-jährige Bindung besteht hingegen für den Fall des *erstmaligen* Wechsels (*Haep* HFR 01, 324). Zum *Qualifikationsirrtum* s BFH VIII R 74/05, BStBl II 09, 238; BFH IV R 39/13, BStBl II 17, 154.

2. Betriebsvermögen. Dasjenige Vermögen, das der Erzielung betriebl (zB freiberufl) Einkünfte dient, ist BV. Auch Gewinnermittlung durch betriebl Überschussrechnung nach § 4 III ändert an der BV-Eigenschaft der zur Erzielung von Einkünften iSd § 18 eingesetzten WG nichts (*Groh* FR 86, 393 (396)). – Werden die Einkünfte von einer **PersGes** (→ Rn. 39 ff) erwirtschaftet, gehört zum BV sowohl das GesVermögen als auch das im Eigentum eines Ges'ters (MUers) stehende Vermögen (**SBV;** s auch § 50d X 7 Nr 2 nF). Zu SBV II (→ § 15 Rn. 517 f) s BFH VIII B 218/08, BFH/NV 10, 1422. 157

a) Gewillkürtes Betriebsvermögen. Nach geänderter **Rspr** kann – unter Berücksichtigung der Eigenart der Einkunftsart (BFH IV R 58/90, BStBl II 91, 798) – nicht nur bei Gewinnermittlung nach § 4 I, sondern auch bei Überschussrechnung nach **§ 4 III** gewillkürtes (Sonder-)BV gebildet werden, *wenn* das WG zu mindestens 10% betriebl genutzt und dessen Zuordnung unmissverständl, zeitnah und unumkehrbar zB im betriebl Bestandsverzeichnis dokumentiert wird (BFH VIII R 11/11, BStBl II 13, 117; *BMF* BStBl I 04, 1064; *Drüen* FR 04, 94; zur privaten Pkw-Nutzung s § 6 I Nr 4 nF). Schon bisher schied gewillkürtes BV bei Übergang zur Gewinnermittlung nach § 4 III oder bei Nutzungsänderung (zB Verpachtung) nicht aus dem BV aus (§ 4 I 3, 4; → § 4 Rn. 651, 322, 360 „Nutzung"). 159

b) Grundstück; Gebäude. Es kann notwendiges (Sonder)BV eines Freiberuflers sein (zB BFH X B 129/11, BFH/NV 13, 37: „Ärztehaus" eines Apothekers) oder – selbst bei Gewinnermittlung nach § 4 III (→ Rn. 159) – zu dessen gewillkürtem (Sonder)BV gehören (zB BFH IV 305/59 U, BStBl III 61, 154; IV R 129/78, BStBl II 81, 618: Praxisverlegung/Betriebserweiterung; zum FördG aF s aber BFH IV R 15/00, BStBl II 02, 429). Zur **stfreien Entnahme** von GuB für die Wohnung des Betriebsinhabers nach § 18 IV 1 iVm § 13 V dort → Rn. 220 ff. – **Lebensversicherungsansprüche,** wenn das Leben eines MUers (Sozius, Partners) versichert wird, sind nicht BV; anders aber, wenn ArbN, Geschäftspartner oder Angehörige versichert werden (→ § 4 Rn. 183 ff; → § 15 Rn. 431, 493). Zu Praxis-AusfallVers → Rn. 190. 161

c) Gold. gold (auch Dentalgold) eines Zahnarztes kann zum notwendigen BV eines Zahnarztes gehören (BFH IV R 29/91, BStBl II 93, 36); Voraussetzung ist, dass bei Erwerb davon ausgegangen werden kann, dass es innerhalb eines überschaubaren Zeitraums (maximal 7 Jahre) im eigenen oder durch Beistellung in einem fremden Labor verarbeitet wird (BFH IV R 101/93, BStBl II 94, 750). PV ist hingegen das in Zahnprothetik nicht verwendete Feingold (BFH IV R 115/84, BStBl II 86, 607). Zum Umtausch von Goldarten → Rn. 171. 162

d) Standesrecht. Verstößt ein Geschäft gegen das freiberufl Berufs-/Standesrecht, folgt daraus noch nicht, dass es in die Gewinnermittlung nicht einzubeziehen 163 ist, solange sich nicht der Charakter der Tätigkeit insgesamt verändert (→ Rn. 100); sog standeswidrige berufsfremde Geldgeschäfte gehören aber nicht zur freiberufl Tätigkeit (BFH IV R 80/88, BStBl II 90, 17). **Darlehen,** Beteiligungserwerb, Bürgschaften (freiberufl, wenn ohne Entgelt zur Erhaltung des Mandats BFH XI B 184/06, BFH/NV 07, 1880), Wertpapiergeschäfte usw betreffen daher idR – Ausnahme: Geschäfte zur Rettung (FG Mchn EFG 88, 295) oder zur Erfüllung von Honorarforderungen (BFH IV R 57/99, BStBl II 01, 546) – **notwendiges PV** (→ Rn. 100; zu PV von PersGes → § 15 Rn. 484). Ausnahmen → Rn. 164.

164 **e) Beteiligung an Kapitalgesellschaft.** Sie gehört zum **notwendigen BV,** wenn sie entweder der Erlangung von Mandaten (FG Mster DStRE 06, 961) oder der Sicherung oder Erfüllung von **Honorareinnahmen** dient (→ Rn. 163) oder wenn der Geschäftsgegenstand der Ges der freiberufl Tätigkeit **nicht wesensfremd** und die Beteiligung eine bestimmbare freiberufl Aktivität ermöglichen oder ergänzen soll (BFH IV R 80/88, BStBl II 90, 17; BFH VIII B 122/07, BFH/NV 08, 1317; zur GmbH-Holding s *CGD* GmbHR 01, 23). Letzteres bestimmt sich danach, ob der Beteiligungserwerb als solcher kein **wirtschaftl Eigengewicht** hat, dh ob er iSe Hilfsgeschäfts ohne Aussicht auf freiberufl Aufträge nicht zustande gekommen wäre und deren Volumen in einem „vernünftigen Verhältnis" zum Kapitaleinsatz steht (BFH IV R 49/00, BStBl II 01, 828; VIII R 19/08, BFH/NV 11, 1311). Wirtschaftl Eigengewicht *abl* BFH VIII R 21/17, BStBl II 21, 609 betr Vorzugserwerb der Managementbeteiligung („sweet/sweat equity"; *Koch-Schulte ua* BB 21, 2839) eines freiberufl Beraters (mE fragl; auch → Rn. 287 f). **Gewillkürtes BV** kann vorliegen, wenn die **Wertpapiere** über Darlehenssicherung hinaus untrennbarer Bestandteil eines Finanzierungskonzepts sind (vgl einschließl zeitnaher Widmung BFH VIII R 1/08, BStBl II 11, 862; BFH VIII R 18/09, BFH/NV 11, 1847; weitergehend FG Hmb EFG 07, 1414; *von Schönberg* HFR 00, 561); nicht jedoch bei bloßer Liquiditätsreserve, auch nicht bei Gesamthandvermögen (zutr NdsFG BB 15, 1520, rkr).

165 **Weitere Beispiele:** BFH IV 109/59, U BStBl III 60, 172: **Kapitalansammlungsvertrag** eines WP und StB ist notwendiges PV; BFH IV R 6/99, BStBl II 00, 297: **Wertpapiere** eines Freiberuflers sind grds notwendiges PV, anders nur, wenn ausschließl Hilfsgeschäft der freiberufl Tätigkeit; BFH I 53/63, BStBl III 66, 218: **Darlehen** eines Wirtschaftsberaters ist notwendiges PV (FG Mchn EFG 12, 1550, rkr: anders, wenn Voraussetzung der freiberufl Tätigkeit); BFH IV R 80/88, BStBl II 90, 17: **Bürgschaft** ist BV nur bei Nachweis der ausschl betriebl Veranlassung der Zusage; BFH IV R 185/71, BStBl II 76, 380: **Beteiligung** eines **Baustatikers** an **GmbH,** deren Tätigkeitsgebiet der freiberufl Tätigkeit nicht wesensfremd ist, kann notwendiges BV sein; BFH IV R 146/75, BStBl II 79, 109: Beteiligung eines freiberufl Baustatikers an WohnungsbauAG ist notwendiges BV; BFH IV R 168/78, BStBl II 82, 345: Beteiligung eines **Architekten** an ausl AG notwendiges BV, wenn sie zur Mitwirkung an der Bebauung eines bestimmten Grundstücks erworben wurde; BFH IV R 14/00, BStBl II 01, 798: Beteiligung eines **Erfinders** (Arzt) an „verwertender" GmbH notwendiges BV (vgl auch → Rn. 64); einschr BFH VIII R 34/07, BStBl II 10, 612: Beteiligung eines **Bildjournalisten** an auch für andere Autoren tätige Vermarktungs-GmbH kein notwendiges BV (mE unzutr; vgl FG BW EFG 08, 784 rkr); BFH IV R 198/83, BStBl II 85, 517: **Beteiligung eines StB** an einer GmbH, die Autowaschstraßen betreut, uU gewillkürtes BV; BFH IV R 57/99, BStBl II 01, 546: Honorarerfüllung durch Anteilserwerb eines StB; BFH IV R 49/00, BStBl II 01, 828: Beteiligung eines Bauingenieurs an MessehotelAG; BFH VIII R 19/08, BFH/NV 11, 1311: Beteiligung eines RA an IT-AG als notwendiges BV/Mandatssicherung; BFH IV R 77/76, BStBl II 82, 340: **Standeswidrig** vereinbartes **Erfolgshonorar** führt zu BE (auch → Rn. 60).

166 **f) Bilanzierung.** Forderungen aus freiberufl Tätigkeit sind bei Gewinnermittlung nach § 4 I zu dem Zeitpunkt zu aktivieren, in dem die Leistung des Freiberuflers erbracht ist (zu § 9 InsVV s *OFD Rhl* DB 11, 847); vor diesem Zeitpunkt empfangene **Vorschüsse** sind zu passivieren (BFH IV 260/64, BStBl II 71, 167). **Urheberrechte** sind BV, wenn sie den Gegenstand der Berufstätigkeit betreffen (BFH IV B 129/91, BFH/NV 93, 471, FG Ddorf EFG 14, 266, rkr); sie sind zu aktivieren, wenn sie entgeltl erworben wurden; zu nachträgl Einkünften aus ihrer Überlassung durch den Er-

ben →Rn. 254, 257. Zu **Erfindungen** →Rn. 64. Ein Aktivierungsverbot besteht für **Versorgungsanwartschaftsrechte,** die ein Freiberufler gem § 17 I 2 BetrAVG erworben hat (→Rn. 175); zu **Pensionszusagen** an MUer vgl →§ 15 Rn. 585, 590.

3. Betriebseinnahmen. Zu den BE (allg →§ 4 Rn. 420, 452: ggf Schätzung; dazu BFH IV B 221/02, BFH/NV 04, 1367) gehören auch das teilweise auf privater Veranlassung beruhende und deshalb **überhöhte Testamentsvollstreckerhonorar** (BFH IV R 125/89, BStBl II 90, 1028; BFH II R 18/03, BStBl II, 05, 489: § 12 Nr 1 gilt nicht für BE), **Tantiemen** aus Zweitverwertungen (BFH VIII B 59/23, BFH/NV 24, 132: ***VG Wort;*** zu § 27a VGG s *FB Hbg* DStR 19, 1154; →Rn. 175), **Wohnungserwerb** anstelle nicht mehr realisierbaren Honorarforderungen (FG BW EFG 81, 75; auch →Rn. 163 ff), Entgelte aus sog **Hilfs-/Nebengeschäften,** sofern diese iZm dem Betrieb stehen (BFH VI B 85/99, BFH/NV 02, 784: nebenberufl Notarzttätigkeit, kein § 3 Nr 26), **Geschenke** eines Patienten/Mandanten (RFH RStBl 36, 139; BFH VIII R 41/14, BFH/NV 17, 1180: SonderBE; →§ 15 Rn. 648), **Trinkgelder** (zB an Musiker; kein § 3 Nr 51), **Sicherheitszahlungen** bei überfälliger Abrechnung (HessFG EFG 91, 67), **Entschädigungen** für Mitarbeit in **Berufskammern,** sofern nicht stfrei (*FM LSA* DStR 23, 2111), **Erfrischungsgelder** an **Wahlhelfer** (*FM LSA* DStR 23, 2112), **Versicherungsleistungen** für spezifische berufl Risiken (vgl →Rn. 161, 190), **Corona-Überbrückungshilfen** (→§ 4 Rn. 460). Zur Veräußerung von betriebl **Pkw** s BFH IV R 90/99, BFH/NV 01, 904. Zu sog **durchlaufenden Posten** (Verklammerung: keine BE/BA) →§ 4 Rn. 404; BFH VIII R 14/17, BStBl II 21, 431 (Wegfall der Verklammerung: BE). 170

a) Metalle. Silber, das ein Arzt anlässl der Entwicklung von Röntgenfilmen gewinnt, ist BV (zu § 4 III s BFH IV R 50/86, BStBl II 86, 907). – **Altgold,** das beim Zahnarzt verbleibt, ist BE (Bewertung zum gemeinen Wert; § 6 IV), jedoch bei Gewinnermittlung nach § 4 III in gleicher Höhe BA (BFH IV R 115/84, BStBl II 86, 607). **Tauscht** der Zahnarzt das Altgold gegen **Feingold** (→Rn. 162), erzielt er erneut eine BE (BFH IV R 115/84, BStBl II 86, 607; *Groh* FR 86, 393); grds keine Gewinnerhöhung jedoch, wenn das Altgold für betriebl Zwecke gegen **Dentalgold** (UV) getauscht wird (s BFH IV R 101/93, BStBl II 94, 750; § 4 III 4 nF). 171

b) Preise. Keine BE ist der **Geldpreis,** mit dem Lebenswerk, Gesamtschaffen oder eine bestimmte Grundhaltung der journalistischen Tätigkeit geehrt werden, da wirtschaftl kein Leistungsentgelt erzielt wird (BFH IV R 184/82, BStBl II 85, 427; →§ 4 Rn. 460 „Preise"; mE unzutr). Weitergehend zu Wissenschafts-/**Habilitationspreis** BFH VI R 12/22, BStBl II 25, 534: nicht steuerbar (ausführl *Thiel* NWB 25, 1502). BE ist aber der bei einem **Wettbewerb** gewonnene Preis, da er wirtschaftl den Charakter eines leistungsbezogenen Entgelts hat (BFH IV R 75/74, BStBl II 75, 558; BFH I R 83/85, BStBl II 89, 650: Förderpreis für gute Meisterprüfung; ebenso Architekten-/Filmpreis: FG Mster EFG 10, 27; FG Bln EFG 85, 335). Der Rspr folgend *BMF* BStBl I 96, 1150. 174

c) Renten. Zahlungen, die einem Freiberufler auf Grund einer Vereinbarung von seinem Mandanten gezahlt werden, sind nach § 18 und nicht nach § 22 Nr 1a zu versteuern (BFH IV R 61/85, BStBl II 87, 597). – **Anwartschaften auf eine Betriebsrente** (§ 1 I, § 17 I 2 BetrAVG), die einem Selbständigen zugesagt worden sind, sind nicht zu aktivieren (BFH I R 44/83, BStBl II 89, 323); die späteren Rentenzahlungen sind Einkünfte iSd § 24 Nr 2 (→§ 24 Rn. 55). Zuschüsse zur Altersversorgung selbständiger Journalisten seitens **VG Wort** sind BE im Zuflussjahr (BFH IV R 13/89, BStBl II 90, 621; →Rn. 170); nicht aber **ArbG-Anteile** zur SozialVers (FG Hmb EFG 10, 139; fragl). 175

d) Kassenärztliche Vereinigung. Die Dezember-**Abschlagzahlungen** die im Januar des Folgejahres zufließen, sind nach § 11 I 2 den Einnahmen des Vorjahres zu- 177 zurechnen (BFH IV R 309/84, BStBl II 87, 16). Zur **Praxisgebühr** (BE) s *BMF* BStBl I 04, 526. – Die Auszahlungskürzungen der kassenärztl Vereinigungen um die Beiträge für **Sozialfonds** gehören nicht zu den BE (BFH IV 4/61 U, BStBl III 64, 329). Die Leistungen aus dem Sozialfonds sind aber BE des Empfängers (BFH IV R 112/71, BStBl II 77, 29; auch →Rn. 90, 254). Zu Rückstellungen wegen Richtgrößenüberschreitung s BFH VIII R 13/12, BStBl II 15, 523.

179 **e) Vorschüsse.** Bei RA, die den Gewinn nach § 4 III ermitteln, gehören Vorschüsse zu den BE, auch wenn sie an andere weitergegeben (BFH IV 179/59 U, BStBl III 63, 132) oder später zurückgezahlt werden müssen (BFH IV R 95/79, BStBl II 82, 15). Ebenso nicht rückzahlbare Autoren-Vorschüsse für GEMA-Zahlungen (BFH VIII R 4/14, BStBl II 17, 310); zu **Vergütungsvorschüssen** des Insolvenzverwalters s *OFD Mster* BB 11, 3058. Zu „Darlehen" bei Musikverlagsvertrag s FG Ddorf EFG 11, 313 (mE fragl). **Honorarrückzahlungen** sind bei Gewinnermittlung nach § 4 III im Jahr der Rückzahlung BA (FG RhPf EFG 88, 421); zu Rückstellungen eines Kassenarztes s BFH XI R 64/04, BStBl II 06, 371. Zu **Entschädigungen** → § 24 Rn. 14 f. Zu **§ 34 II Nr 4** → § 34 Rn. 15.

185 **4. Betriebsausgaben. – a) Grundsätze.** Auch für § 18 gilt der allg Begriff der BA gem § 4 IV (→ § 4 Rn. 470 ff); zu **BA-Pauschbeträgen** → Rn. 216; zur **BA-Schätzung** s BFH VIII R 76/05, BStBl II 08, 937.

190 **b) Einzelfälle.** Kosten für **Arbeitsmittel** sind BA (zu AfA/AfaA betr Meistergeige BFH VI R 185/97, BStBl II 04, 491). Aufwendungen für **Bücher allgemeinbildenden Inhalts** (BFH IV R 70/91, BStBl II 92, 1015) oder **bürgerliche Kleidung** (BFH VIII R 33/18, BStBl II 22, 614: Trauerredner) sind auch bei berufl Verwendung *nicht* abzugsfähig. Beiträge zu **Berufskammern und Berufsverbänden** (zB *CDU-Wirtschaftsrat,* BFH XI R 108/92, BFH/NV 96, 300) sind BA, nicht aber Beiträge zu einer **Krankentagegeldversicherung** ungeachtet dessen, ob eine gesellschaftsvertragl Versicherungspflicht besteht (BFH IV R 32/80, BStBl II 83, 101; FG LSA EFG 08, 31 rkr); ebenso nicht Prämien für **Praxisausfallversicherung,** soweit krankheitsbedingte Arbeitsunfähigkeit versichert wird (BFH VIII R 36/09, StuB 12, 642: BA-Abzug nur für betriebl Unterbrechungsrisiken; zust *Alvermann ua* DStR 10, 91; **aA** *Beiser* DB 09, 2237). Gleiches gilt grds für **Lebensversicherungsprämien;** → Rn. 161. Zu Zahngoldvorräten vgl → Rn. 162, 171. **Umzugskosten** sind BA, wenn zB durch die größere Nähe zur Praxis die Betreuung der Patienten erleichtert wird (BFH IV R 42/86, BStBl II 88, 777); zu **Maklergebühren** und **Möbeleinlagerung** s jedoch BFH IV R 78/99, BStBl II 01, 70. – Zu **Aus- und Fortbildungskosten** s *BMF* BStBl I 10, 721, → § 10 Rn. 120 ff; → § 12 Rn. 32; → § 19 Rn. 60 „Ausbildungskosten"; zur Facharztausbildung des Sohnes s BFH VIII R 49/10, BStBl II 13, 309. Zum BA-Abzug bei (inl/ausl) **Informations- und Kongressreisen** → § 4 Rn. 520 „Informationsreisen"; → § 12 Rn. 8 ff. – Nicht nur Umzugskosten (→ Rn. 190), sondern auch **Mietausfallentschädigungen** einschließl **Prozesskosten** können bei berufl veranlasster Wohnsitzverlegung BA sein (BFH I R 61/93, BStBl II 94, 323). **Reisekosten** einer Malerin sind BA, wenn eine private Veranlassung der Reise ausgeschlossen erscheint (BFH IV R 138/83, BStBl II 87, 208); weitergehend für Sylt-Aufenthalt eines Schriftstellers NdsFG EFG 03, 597. Zur **privaten**/berufl **Kfz-Nutzung/Fahrtenbuch** (§ 6 I Nr 4) → § 6 Rn. 419 ff; zu Fahrten zw **Wohnung** und **Betriebsstätte** (§ 4 V 1 Nr 6) → § 4 Rn. 580 ff; zu § 4 V 1 Nr 7 (Ferrari im BV) s BFH VIII R 20/12, BStBl II 14, 679; zum RA-**Blindenhund** BFH VIII B 86/20, BFH/NV 21, 1068; zu **Übernachtungskosten/Verpflegungsmehraufwand** vgl BFH XI R 59/97, BFH/NV 98, 1216; zum **häusl Arbeitszimmer** (§ 4 V 1 Nr 6b) → § 4 Rn. 590 ff. – Aufwendungen eines Chefarztes mit freiberufl Einkünften für **Weihnachtsgeschenke** an das Krankenhauspersonal sind nur in den Grenzen des § 4 V 1 Nr 1 als BA abziehbar, wenn die Empfänger nicht in einem ArbVerh zu dem Arzt stehen (BFH IV R 186/82, BStBl II 85, 286). Zu „Buchpräsen-

ten" eines Schriftstellers vgl FG Ddorf EFG 02, 1227. **Bewirtungsspesen** unterliegen § 4 V 1 Nr 2 (vgl → § 4 Rn. 540–557; BFH IV R 50/01, BStBl II 04, 502 betr RA). Die Kosten für die **Eröffnung** einer **Arztpraxis** sind BA (FG Mchn DStRE 00, 452); ebenso uU für **Sponsoring** (BFH VIII R 28/17, DStR 20, 2410) und nach SchlHFG EFG 19, 681 für ärztl **Gastprofessur** (fragl). Nicht aber die Kosten für einen **Geburtstagsempfang** (BFH IV R 58/88, BStBl II 92, 524). Zu **„Kanzlei-Herrenabend"** s BFH VIII R 26/14, BStBl II 17, 161. Zur **typisch stillen Beteiligung** von **Angehörigen** (Fremdvergleich) s einschließl Darlehen BFH VIII R 17/19, DStR 22, 407; → § 4 Rn. 520 „Angehörige"; → § 15 Rn. 774; zu berufsrechtl Vorbehalten (zB § 43a BRAO) s *Urbach* BeSt 22, 34. Zum **Ausfall** (privater) **Darlehen** s FG Mster DStRE 19, 1117, rkr.

5. Praxiswert. Dazu **FinVerw:** *BMF* BStBl I 95, 14; *LfSt Nds* DStR 22, 1001: kassenärztl Zulassung. – **a) Wesensmerkmale.** Zum BV gehört unabhängig von der Gewinnermittlungsart (§ 4 I oder § 4 III) auch der (selbst geschaffene und entgeltl erworbene) Praxiswert. Nach BFH I R 52/93, BStBl II 94, 903 zu II 2b ist der Praxiswert als verkehrsfähiges immaterielles WG von der nicht übertragbaren persönl Schaffenskraft (Ruf etc) des Praxisinhabers zu unterscheiden (BFH VIII B 42/10, BFH/NV 11, 1345); er umfasst neben Lage, Qualität der Mitarbeiter und Organisation der Praxis auch den **Mandantenstamm.** Dieser kann jedoch – im Gegensatz zum Praxis- oder Geschäftswert (BFH VIII R 13/93, BStBl II 94, 922 (925)) – unabhängig von den anderen WG des BV übertragen (BFH IV R 33/95, BFH/NV 97, 751; FG Mster EFG 19, 362 rkr) oder auch selbständig verpachtet werden (BFH VIII B 116/10, BFH/NV 11, 1135). Die **Vertragsarztzulassung** (zur AfA → Rn. 202) ist nach BFH VIII R 13/08, BStBl II 11, 875; BFH VIII R 7/14, BStBl II 17, 689 idR untrennbarer Teil der „Praxis als Chancenpaket" und damit des abschreibbaren Praxiswerts; zur Einbringung in Medizinisches Versorgungszentrum-GmbH s zB *Küntzel* DStR 24, 2675. In „Sonderfällen" (zB Verlegung des Vertragsarztsitzes; → 36. Aufl 2017, § 18 Rn. 200) kann die nicht abnutzbare Vertragsarztzulassung (→ Rn. 202) auch isoliert übertragen worden sein (BFH VIII R 56/14, BStBl II 17, 694; BFH VIII R 24/16, BFH/NV 17, 899: Gesamtwürdigung maßgebl; Einzelheiten *LfSt Nds* DStR 22, 1001; *Levedag* NWB 17, 2584). Praxis- und Geschäftswert können **nicht negativ** sein (BFH IV R 70/92, BStBl II 94, 745 zu 4.a; → § 5 Rn. 226). Der Praxiswert bildet häufig die **wesentl Betriebsgrundlage** (BFH I R 109/93, BStBl II 94, 925); ebenso die Vertragsarztzulassung (*Janzen* DStR 20, 475; *LfSt Nds* DStR 22, 1001 zu § 20 UmwStG). Auch → Rn. 223 f. Nur der **entgeltl erworbene (derivative) Praxiswert** ist in der Bilanz mit den AK anzusetzen und nur darauf sind AfA vorzunehmen (§ 5 II analog; BFH VIII R 74/77, BStBl II 80, 244; vgl auch § 248 II HGB, § 141 I 2 AO; zur Einlage s jedoch BFH I R 52/93, BStBl II 94, 903). – **Geschäftswert** ist die über den Substanzwert hinausgehende Gewinnaussicht eines Unternehmens, die, **losgelöst** von der **Person** des Unternehmers, auf Grund besonderer Vorteile des Unternehmens (Ruf des Unternehmens, Organisation usw) höher oder gesicherter als bei anderen Unternehmen gleicher Kapitalausstattung erscheint (BFH IV R 21/75, BStBl II 79, 369; → § 5 Rn. 221). **Praxiswert** ist demggü die über den Substanzwert einer freiberufl Praxis hinausgehende Gewinnaussicht, die sich aus dem Vertrauen der Mandanten/Patienten in die Tüchtigkeit und Leistungsfähigkeit des/der Praxisinhaber(s) ergibt (BFH IV R 33/93, BStBl II 94, 590). Zwar folgt die Abgrenzung der **jeweiligen** gewerbl/freiberufl **Einkunftsart** (FG Mster EFG 15, 15); auch werden die Ertragsaussichten eines erworbenen GewBetr stärker durch die Leistungsfähigkeit der betriebl Organisation (zB Vertriebswege) und (übertragbares) Know-how bestimmt (einschr BFH III R 40/07, BStBl II 10, 609). Gleichwohl sind Geschäfts- und Praxiswert insofern einander ähnl, als sie Aussichten und Chancen widerspiegeln (BFH IV R 29/91, BStBl II 93, 36; → Rn. 256). Dies zeigt sich zB bei Veräußerung von **personenbezogenen GewBetr** (BFH III R 40/07, BStBl II 10, 609; *L. Schmidt* FR 82, 100) und daran, dass sich bei 200

Fortführung einer freiberufl Praxis durch eine nicht (nur) aus Berufsträgern bestehende Erbengemeinschaft der Praxiswert **in einen Geschäftswert verwandelt** (BFH VIII R 13/93, BStBl II 94, 922; FG Mster EFG 15, 15).

202 **b) Abschreibbarkeit; Nutzungsdauer.** Für Wj, die nach 1986 beginnen, gehört der (derivative) Geschäfts- oder **Firmenwert,** zu den abnutzbaren WG (§ 6 I Nr 1) mit einer Nutzungsdauer von 15 Jahren (§ 7 I 3; → § 5 Rn. 227). Schon vor der gesetzl Anerkennung der Abnutzbarkeit hat die Rspr AfA auf derivative Praxiswerte zugelassen (BFH IV R 2–3/79, BStBl II 82, 620), seit BFH IV R 33/93, BStBl II 94, 590 auch für den derivativen Sozietätspraxiswert (→ Rn. 208). Die AfA auf den **Praxiswert** umfassen auch die **Vertragsarztzulassung** (→ Rn. 200; **aA** früher *FinVerw*); wird diese jedoch ausnahmsweise isoliert erworben (Vertragsarztsitzverlegung), sind AfA ausgeschlossen (BFH VIII R 56/14, BStBl II 17, 694; *Levedag* NWB 17, 2584; *Haunhorst* HFR 17, 582; *LfSt Nds* DStR 22, 1001: Ausnahme für Zahnärzte ab 1.4.07). Da die gesetzl Fiktion der **Nutzungsdauer** (15 Jahre) nur für Geschäfts- oder Firmenwerte von GewBetr und luf Betrieben (Wortlaut des § 7 I 3) gilt (*BMF* BStBl I 86, 532), ist die Nutzungsdauer derivativer Praxiswerte im Einzelfall zu schätzen. Sie beträgt regelmäßig 3–5 Jahre für den derivativen **Einzelpraxiswert** (BFH VIII R 7/14, BStBl II 17, 689 Rn. 53: 3 Jahre untere Grenze) und 6–10 Jahre für den derivativen **Sozietätspraxiswert** (BFH IV R 33/93, BStBl II 94, 590; BFH VIII R 33/13, BStBl II 16, 596; *BMF* BStBl I 95, 14; BGH VIII ZR 172/05, DStRE 06, 1488). Praxiswertberechnung s *Wehmeier* NWB 11, 726.

203 Soweit der **Teilwert** eines entgeltl erworbenen Praxiswerts niedriger ist als die AK (vermindert um die jährl AfA), kann dieser angesetzt werden, wenn der StPfl den Gewinn durch Bestandsvergleich (§ 4 I) ermittelt (str, vgl BFH VI R 57/88, BStBl II 92, 401; *BMF* BStBl I 95; 14). Nach der sog **Einheitstheorie** kann bei der TW-Ermittlung der Praxiswert nicht in einen originären und einen derivativen Teil zerlegt werden (vgl zum Geschäftswert → § 6 Rn. 311 ff; → § 5 Rn. 230 f); diese Rspr ist jedoch vom **BFH** mit dem BiRiLiG (BGBl I 85, 2355; → Rn. 202) **aufgegeben** worden (BFH IV R 48/97, BStBl II 98, 775). Demgemäß kann auch bei **Einbringung** einer Praxis in eine **Sozietät** der aufgedeckte Praxiswert ungeachtet dessen abgeschrieben werden, ob es dem hinzutretenden Sozius gelingt, ein eigenes Vertrauensverhältnis zu den Mandanten zu begründen (vgl BFH IV R 33/93, BStBl II 94, 590; → Rn. 208). Ebenso ist die Einbringung eines **Mandantenstammes** zu behandeln (BFH IV R 33/95, BFH/NV 97, 751; → Rn. 200).

208 **6. Einzelfälle. – a) Sozietätspraxiswert.** Bei **Erweiterung** einer Einzelpraxis zur Sozietät oder Aufnahme neuer Partner in eine bereits bestehende Sozietät (dh weitere Mitarbeit der Altsozien) ist der derivative (Sozietäts-)Praxiswert nach der durch BFH IV R 33/93, BStBl II 94, 590 geänderten Rspr grds auf 6–10 Jahre abzuschreiben (→ Rn. 202). Die erweiterte Sozietät darf den **vollen Teilwert** ansetzen, dh auch soweit dieser auf den Veräußernden entfällt (BFH IV R 33/93, BStBl II 94, 590); davon zu unterscheiden ist die Begrenzung des Veräußerungsgewinns nach § 16 II 3 iVm § 18 III 2; → Rn. 264.

209 **b) Anteilsveräußerung.** Der AfA-Zeitraum ist mE dann nach den Grundsätzen zum Sozietätspraxiswert zu bestimmen, wenn mit Rücksicht auf die verbleibenden Sozien das „bisherige persönl Vertrauensverhältnis" (BFH IV R 33/93, BStBl II 94, 590) im Kern fortbesteht (str).

210 Führt der berufsfremde **Erbe** die Praxis allein oder mit anderen Ges'tern fort, wird sie zum GewBetr. Scheidet der Erbe entgeltl aus dem Unternehmen aus und wird die Praxis von den verbleibenden Freiberuflern fortgeführt, verwandelt sich der Geschäftswert zu einem Praxiswert zurück (BFH VIII R 13/93, BStBl II 94, 922), für dessen Abschreibung dann die allg Grundsätze gelten (→ Rn. 202).

c) Einbringung einer Einzelpraxis in GmbH. Schon vor der Änderung des § 6 I (vgl → Rn. 202) wurde entgeltl Erwerb eines Praxiswertes durch die GmbH angenommen und AfA darauf zugelassen (*BMF* BStBl I 79, 481); ebenso BFH I R 52/93, BStBl II 94, 903. Nach BFH VIII R 13/93, BStBl II 94, 922 wandelt sich der Praxiswert in einen **Geschäftswert,** wenn er auf ein gewerbl Unternehmen übergeht; der AfA-Zeitraum müsste sich daher nach § 7 I 3 auf 15 Jahre bestimmen. In BFH I R 52/93, BStBl II 94, 903 wird aber im Hinblick auf die herausgehobene Stellung des übertragenden Ges'ters davon ausgegangen, die Nutzungsdauer sei nach § 7 I 2 zu schätzen. Entspr ist nach *BMF* BStBl I 95, 14 von den für den Erwerb eines Praxiswertes geltenden Grundsätzen auszugehen (→ Rn. 202). 213

d) Erwerb von Anteilen. Erwerb von Anteilen an einer der Art nach freiberufl tätigen KapGes durch einen Freiberufler: Von den AK sind keine AfA zulässig, auch wenn sich im Kaufpreis für die Anteile ein Praxiswert der KapGes niedergeschlagen hat (BFH IV R 144/84, BStBl II 86, 142). 214

e) Verpachtung einer Praxis. Die Geltung der allg Grundsätze zur Verpachtung gewerbl/luf Betriebe (→ § 16 Rn. 166 ff) setzt bei **freiberufl Praxen** voraus, dass der Betrieb verpachtet werden kann (zu StB-Praxis s *Wehmeier* Stbg 11, 272); dies ist zB bei Notaren, Künstlern, Schriftstellern (→ Rn. 260; *HHR/Brandt* § 18 Rn. 22) zu verneinen. Ausgeschlossen ist Betriebsverpachtung ferner bei **Veräußerung** wesentl Betriebsgrundlagen (FG Mster EFG 19, 362 rkr: Praxiswert/Patientenstamm, *Folge:* Betriebsaufgabe; dazu allg BFH I R 42/00, BStBl II 01, 771 betr Geschäftswert). IÜ erkennt die Rspr eine Praxisverpachtung jedenfalls bei **vorübergehender** Überlassung an (BFH IV R 29/91, BStBl II 93, 36; Zahnarztpraxis, 3 Jahre bis zum Erwerb der freiberufl Qualifikation; VIII R 13/93, BStBl II 94, 922; FG Mster BB 21, 2543: StB-Praxis; ebenso EStH 18.3; **aA** *Tiedchen* FR 92, 705: Veräußerung; diff *Zugmaier* FR 98, 597 (600)). **Fragl** ist allerdings, ob dies mit Rücksicht auf die gewöhnl Nutzungsdauer von Praxiswerten (3–5/6–10 Jahre; → Rn. 202) auch für **längerfristige** Verpachtungen gilt (*Korn* KÖSDI 99, 12091 (12102)). Abl FG Saarl EFG 97, 654; *Führer* DStR 95, 785 (792) (verdeckte Veräußerung); bej *HHR/Brandt* § 18 Rn. 22, 390: fortdauernde betriebl Verhaftung der stillen Reserven; Ähnlichkeit mit personenbezogenen GewBetr (→ 17. Aufl 1998, § 18 Rn. 258; → § 16 Rn. 166). Für Letzteres spricht der Hinweis in BFH IV R 29/91, BStBl II 93, 36, dass die pachtweise Nutzung des Klientenstamms in ähnl Weise mögl sei wie bei (personenbezogenen) gewerbl Betrieben (→ Rn. 200); glA BFH I R 134/94, BFH/NV 97, 438 (betr § 8 Nr 7 GewStG aF): Pachtvertrag auf unbestimmte Zeit mit jährl Kündigungsrecht anzuerkennen; ebenso FG Mster DStRE 22, 1292, rkr. Zur **Überlagerung** der Betriebsverpachtung durch **BetrAufsp** → Rn. 55; → § 16 Rn. 183; *Folgen:* kein Wahlrecht zur Betriebsaufgabe; GewSt-Pflicht (iVm § 35). 215

7. Pauschbeträge für Betriebsausgaben. Die *FinVerw* lässt für eine Reihe von Fällen BA-Pauschbeträge zu, die auch von Steuergerichten als Vereinfachungsregelungen zu beachten sind. Sie binden vorbehaltl einer **offensichtl unrichtigen Besteuerung** des Einzelfalls und unterliegen nur eingeschränkter gerichtl Kontrolle (BFH VIII R 29/20, BStBl II 23, 1005); eine Aufwandserstattung durch den Auftraggeber schließt den BA-Abzug aus (BFH VI R 23–24/85, BStBl II 90, 1065). – Freiberufler können auch bei eintägigen Geschäftsreisen Verpflegungsaufwendungen nach den dafür geltenden Verwaltungsregelungen abziehen (BFH III R 222/84, BStBl II 88, 428; → § 4 Rn. 570). **Hauptberufl** (dazu BFH VIII R 29/20, BStBl II 23, 1005) selbständig schriftstellerisch oder journalistisch Tätige können ohne Nachweis 30% der BE, höchstens 3600 € (ab 2023), jährl als BA abziehen (zu Übersetzern → Rn. 123); für **nebenberufl** wissenschaftl, schriftstellerische, künstlerische oder erzieherische Tätigkeit (einschließl der Prüfungstätigkeit) gilt ein Pauschbetrag von 25% der BE, höchstens 900 € (ab 2023); werden höhere BA geltend gemacht, sind diese nachzuweisen (*BMF* DStR 23, 775; zuvor EStH (2022) 18.2). Ehrenamtl Mit- 216 glieder **kommunaler Vertretungen** (→ Rn. 144) können bestimmte Sätze als **Aufwandsentschädigung** absetzen (vgl § 3); ebenso bei **Mitarbeit in Berufskammern** (*FM LSA* DStR 23, 2111), **Wahlhelfer** bezügl **Erfrischungsgelder** (*FM LSA* DStR 23, 2112). Zum Mitglied einer **BT-Enquete-Kommission** s *OFD Bln* FR 99, 829. Zu **Kindertages/-vollzeitpflege** („Tagesmutter") → Rn. 155. Zu **Betreuer** gem § 1896 BGB aF/§ 1814 BGB nF abl *FM Thür* DStR 23, 888; s aber § 3 Nr 26b.

217 **8. Gewinnverteilung bei Personengesellschaften.** Zur Nichtanerkennung **rückwirkender Änderungen** gelten die allg Grundsätze (BFH IV B 35/99, BFH/NV 00, 1185; vgl → § 15 Rn. 452 ff); zu interprofessioneller Zusammenarbeit → Rn. 43. Zu Sonderabreden s *Korn* § 18 Rn. 160; zu Sondervergütungen s *Fittkau ua* Ubg 22, 360. Zu „unberechtigten" Entnahmen des Ges'ters einer PersGes → § 15 Rn. 645, 649.

VI. Veräußerungsgewinne, § 18 III

220 **1. Verhältnis zu anderen Vorschriften.** Nach § 18 III gehört auch der Veräußerungsgewinn zu den Einkünften aus selbständiger Arbeit. Wie bei den Einkünften aus GewBetr ist die Abgrenzung des Veräußerungsgewinns vom lfd Gewinn insb bedeutsam für **Freibetrag** (→ Rn. 264, → § 16 Rn. 572 ff) und für die Tarifermäßigung nach § 34. Die Einschränkung des Tarifprivilegs (§ 16 II 3, III 5; vgl → § 16 Rn. 331 f) gilt gem § 18 III 2 entspr auch für selbständige Einkünfte; auch § 24 III 3 UmwStG ist zu beachten. Zum Feststellungsverfahren → Rn. 268.

221 **2. Veräußerung. – a) Grundsatz.** § 18 III wird nach hM als ledigl klarstellend verstanden (→ § 16 Rn. 3). Veräußerung freiberufl Vermögens ist dessen entgeltl Übertragung auf einen anderen Rechtsträger. Zum Ausscheiden aus PersGes gegen **Sachwertabfindung** → § 16 Rn. 498 ff; *FB Bln* DB 10, 927 (Mandantenstamm); *Potsch* KÖSDI 13, 18225. Nicht § 18 III, sondern § 6 III ist anwendbar, wenn das BV unentgeltl durch **Schenkung** (zB **vorweggenommene Erbfolge**) oder **Erbfall** (§ 1922 BGB) auf eine oder mehrere andere Personen übergeht. Bei vorweggenommener Erbfolge gelten für die freien Berufe die allg Grundsätze (dazu → § 16 Rn. 10 f, 35 ff). Zu Erbfolge/Erbauseinandersetzung → § 16 Rn. 40 ff, 590 ff. Wird der vom Erblasser geschlossene Verkaufsvertrag von den Erben erfüllt, erzielen diese den Veräußerungsgewinn (BFH IV R 1/95, BStBl II 95, 893). Zur sog Fortsetzungsklausel → Rn. 245; → § 16 Rn. 661: Veräußerungsgewinn des Erblassers. Zum **Zeitpunkt** der Veräußerung → § 16 Rn. 231, 435; BFH VIII B 166/07, BFH/NV 08, 1478: Übertragung aller wesentl Grundlagen einschl Patienten-/Mandantenstamm.

223 **b) Wesentliche Grundlagen.** Diese müssen auf den Erwerber übergehen, damit eine begünstigungsfähige Veräußerung iSd § 18 III angenommen werden kann (auch → § 16 Rn. 86). Die wesentl Grundlagen insb der freien Berufstätigkeit bestehen oft nicht in körperl WG (zu Praxisräumen s *OFD Kobl* DB 07, 314; zu Schulungs-Kfz s BFH IV R 18/02, BStBl II 03, 838), sondern in immateriellen WG (**Mandanten-/Patientenstamm, Praxiswert;** BFH I R 109/93, BStBl II 94, 925; FG Mster DStRE 22, 1292, rkr; → Rn. 200 f). Nur wenn diese immateriellen WG **„definitiv"** mitübertragen werden, liegt eine Veräußerung des gesamten der Tätigkeit dienenden Vermögens vor (zutr BFH VIII R 2/15, BStBl II 19, 64). Der Rückbehalt weniger unwesentl Mandate ist unschädl (BFH VIII R 2/15, BStBl II 19, 64; BFH XI R 47/06, BStBl II 08, 106; EStH 18.3 „Veräußerung": **Geringfügigkeitsgrenze,** dh Anteil der zurückbehaltenen Mandate in den letzten 3 Jahren nicht größer als **10%** der Gesamteinnahmen dieser Jahre). ME sind hierbei auch *neu* gewonnene Mandate zu berücksichtigen (glA BFH VIII B 131/19, DStR 20, 486; glA nunmehr *FM SchlH* DStR 20, 1739).

Sonderbetriebsvermögen von MUern einer freiberufl PersGes (zB Praxisgrundstück) kann zu den wesentl Grundlagen gehören (vgl → § 16 Rn. 407), sodass das SBV grds mitveräußert oder in das PV überführt werden muss, damit eine begünstigungsfähige Veräußerung oder Betriebsaufgabe angenommen werden kann (BFH VIII R 76/87, BStBl II 91, 635); nur bei Aufdeckung aller stiller Reserven durch die Veräußerung kommen die steuerl Ermäßigungen gem § 18 III, § 34 in Betracht (BFH VIII R 57/90, BStBl II 94, 607). Bei Veräußerung ab 1.1.02 (mE auch vor § 18 III 2 idF StBeamAusbG (BGBl I 02, 2715; glA BFH VIII B 172/08, BFH/NV 09, 1258; **aA** *Böttner* DB 02, 1798) sind Gewinne aus der Veräußerung von **Teilen von MUer-Anteilen** auch bei kongruenter Übertragung des SBV *lfd Gewinne* (§ 16 I 1 Nr 2, S 2; → § 16 Rn. 415). Zur Ausgliederung von SBV vor Veräußerung des MUeranteils s – einschl sog Gesamtplan-Rspr → § 16 Rn. 410; NdsFG EFG 22, 1833, rkr. 224

c) Zeitweilige Einstellung der Berufstätigkeit. Eine „definitive" Übertragung der wesentl immateriellen Grundlagen der selbständigen Arbeit im Ganzen (→ Rn. 223) erfordert grds, dass die Tätigkeit selbst – wenigstens für eine gewisse Zeit am Ort der bisherigen Tätigkeit (*OFD Kobl* DB 07, 314) – ihr Ende findet. Die Wiederaufnahme der Tätigkeit vor Ablauf einer angemessenen Wartefrist ist auch dann schädl, wenn sie zunächst nicht geplant war (BFH VIII R 2/15, BStBl II 19, 64: Wiedereröffnung nach 22 Monaten; BFH VIII B 131/19, DStR 20, 486: 2–3 Jahre können ausreichen; → Rn. 229). Das gilt auch bei Veräußerung von Teilbetrieben (BFH VIII R 22/09, BStBl II 12, 777) und Sozietätsanteilen (→ Rn. 250, 252). Die BFH-Rspr ist sachgerecht, da die Überleitung der Mandante die wesentl Voraussetzung für die entgeltl Übertragung einer Freiberuflerpraxis ist; zur Einbringung in eine freiberufl PersGes → Rn. 230 ff. 225

aa) Weitere Berufstätigkeit. Die Fortsetzung der Berufstätigkeit als **ArbN** oder **freier Mitarbeiter** (BFH VIII R 2/15, BStBl II 19, 64; ebenso zu § 15 BFH X R 40/07, BStBl II 09, 43; → § 16 Rn. 80 ff; LSG Nds DStR 23, 1200) des Praxiserwerbers steht einer begünstigten Praxisveräußerung nicht entgegen, weil die Berufstätigkeit des Veräußerers nunmehr für Rechnung des Erwerbers ausgeübt wird und dieser somit über Praxiswert/Mandantenstamm verfügt. Zur Abgrenzung ggü ArbN-Stellung s *Stahl* KÖSDI 21, 22328 [11]. 227

bb) Einzelfragen. Zur Gleichartigkeit der Berufstätigkeit (zB bei Wechsel von Allgemein- zu Facharztpraxis), Umfang des örtl Wirkungsbereichs, Wartefrist, vorübergehende Wiederaufnahme nach kurzfristiger Tätigkeitseinstellung s BFH VIII B 131/19, DStR 20, 486; BFH VIII R 2/15, BStBl II 19, 64; BFH IV B 69/04, BFH/NV 06, 298; ausführl *Richter* FS Korn, 131; *Wendt* FR 99, 1120). Zur **Ausnahme** bei geringfügiger Fortsetzung der Berufstätigkeit vgl → Rn. 223. Zur Betriebsaufgabe → Rn. 254. 229

d) Sozietätsgründung; Sozietätserweiterung; Einbringung in Personengesellschaft. Wird der **freiberufl Betrieb** (oder selbständiger Vermögensteil; → Rn. 250) in eine PersGes eingebracht, ist **§ 24 UmwStG** anwendbar (iEinz → § 16 Rn. 511 ff). 230

aa) Wahlrechte. Die Beteiligten können wählen: – ***(1)*** Fortführung der **Buchwerte** durch die PersGes, kein Einbringungsgewinn beim Einbringenden; zu *Gewinnvorabmodell* → § 16 Rn. 511, 515; → § 15 Rn. 443; – ***(2)*** Ansatz der **Teilwerte/gemeinen Werte** durch die PersGes, Realisierung der stillen Reserven durch den Einbringenden und Versteuerung gem § 16 IV, § 34 (zum Zusammentreffen mit Zuzahlungen → Rn. 233; zum Wegfall von Tarifprivileg und Freibetrag bei Einbringung von *Teilen von MUeranteilen* ab 2002 vgl § 24 III UmwStG). **Ab VZ 1994** gilt dies mit der Einschränkung, dass der Veräußerungsgewinn als lfd Gewinn gilt, soweit Einbringender an PersGes beteiligt ist (§ 24 III 3 UmwStG; → Rn. 264; → § 16 231

Rn. 511); – *(3)* Einbringungsgewinn als lfd Gewinn zu versteuern (BFH IV R 98/79, BStBl II 81, 568).

232 **bb) Überschussrechnung, § 4 III.** Die Wahlrechte gelten auch, wenn der Gewinn für den eingebrachten Betrieb (oder Sozietät) nach § 4 III ermittelt wurde. Nach BFH IV R 18/00, BStBl II 01, 102 ist dann aber ein Übergang zur Gewinnermittlung nach § 4 I erforderl (Folge: lfd Übergangsgewinn gem EStR/EStH 4.6; → § 16 Rn. 306), sodass bei der nach der Einbringung mögl Rückkehr zur Gewinnermittlung nach § 4 III Abschläge vorzunehmen sind. Bei Buchwertfortführung kann auf eine Übergangsbilanz indes verzichtet werden (BFH IV R 13/01, BStBl II 02, 287; *FM SchlH* DStR 18, 354; *BMF* BStBl I 25, 92 Rn. 24.03; **aA** (noch) EStR 4.5 VI; krit *Urban* DStR 17, 1248). Honorarforderungen können als eigenes RestBV zurückbehalten (→ § 16 Rn. 106) und sowohl bei Buchwertfortführung (BFH XI R 32/06, BFH/NV 08, 385) als auch bei TW-Ansatz (BFH VIII R 41/09, BStBl II 14, 288: nach § 16 begünstigt) gem Zufluss (§ 4 III) als lfd Gewinn versteuert werden (glA *OFD Nds* DStR 17, 985; *BMF* BStBl I 25, 92 Rn. 20.08; zT überholt *BMF* BStBl I 11, 1314 Tz 24.03, 20.08). Zur *unentgeltl* Aufnahme von Angehörigen s *OFD Ddorf* DStR 99, 1946; → § 16 Rn. 218.

233 **cc) Ausgleichsleistungen.** Hat der neue Ges'ter hingegen Ausgleichsleistungen zu erbringen, unterfällt der hiermit verbundene Veräußerungsgewinn *nicht* den Wahlrechten des *§ 24 UmwStG,* sondern führt ab 1.1.02 durchgängig zum Entstehen eines lfd Veräußerungsgewinns (→ § 16 Rn. 512, 515). Zur Ergänzungsbilanz/-rechnung des Erwerbers s BFH VIII R 13/07, BStBl II 09, 993.

234 **dd) Mitunternehmeranteile.** Zum lfd Gewinn gem §§ 16 I 1 Nr 2, S 2 iVm § 18 III 2 → Rn. 224; → § 16 Rn. 331, 511, 515.

235 **e) Einbringung in eine Kapitalgesellschaft.** Freiberufl BV (Einzelpraxis oder Sozietät) kann im Wege der Sacheinlage gegen Gewährung von Gesellschaftsrechten gem § 20 UmwStG in eine KapGes eingebracht werden (zum Übergang § 4 III, I s *Ehlers* NWB F 3, 12201 (12226)). Die (Freiberufler-)KapGes (dazu → Rn. 52 f) kann die Buchwerte fortführen oder bis zur Grenze der Teilwerte/gemeinen Werte höhere Werte ansetzen (zum Praxiswert → Rn. 213). Werden die Buchwerte nicht fortgeführt, war der sich durch die Sacheinlage ergebende Veräußerungsgewinn nach § 34 I, III ermäßigt zu besteuern, also auch bei Zwischenwerten (vorbehaltl Teileinkünfteverfahren); der Freibetrag nach § 16 IV konnte hingegen nur gewährt werden, wenn die KapGes Teilwerte ansetzt (§ 20 V 2 UmwStG aF). Zur geänderten Rechtslage bei Einbringung ab 1.1.02 (§ 20 V, IV UmwStG aF/SEStEG (BGBl I 06, 2782): § 16 IV, § 34 I, III nur bei Ansatz von TW/gemeinem Wert, nicht bei Einbringung von MUer*teil*anteilen) → § 16 Rn. 29.

240 **f) Erbengemeinschaft; Erbauseinandersetzung. – aa) Allgemeines.** Beim Rechtsübergang infolge Erbfalls ordnet § 6 III die Fortführung der Buchwerte durch den Erblasser sowie § 45 AO die strechtl Gesamtrechtsnachfolge an (→ § 16 Rn. 590). Das gilt grds auch beim Tod eines Freiberuflers (BFH IV B 69/90, BFH/NV 92, 512; → Rn. 221, 256). Anders als die Erbauseinandersetzung mit Spitzenausgleich (→ Rn. 243) sind Erbfallschulden (zB Pflichtteils-, Vermächtnisansprüche) als privat veranlasst zu qualifizieren (→ § 16 Rn. 593).

242 **bb) Einkünftequalifikation.** Der Erbe/die Miterben eines Freiberuflers wird/werden Unternehmer/MUer der Praxis. Bei fehlender Berufsqualifikation des Erben/der Miterben werden gewerbl Einkünfte erzielt; Ausnahme: zeitnahe Erbauseinandersetzung iVm lfd freiberufl Einkünften der übernehmenden (qualifizierten) Miterben. Die Abfärberegelung des § 15 III Nr 1 ist allerdings auf Erbengemeinschaften nicht anwendbar. Zu allem → Rn. 45 f.

cc) Erbauseinandersetzung. Sie ist ertragsteuerrechtl als ein auf Erfüllung gesetzl Ansprüche gerichtetes „unentgeltliches“ Rechtsgeschäft aufzufassen, das grds den **Realteilungsregeln** (einschließl § 16 III 2-5 nF) untersteht (*BMF* BStBl I 06, 253 Tz 10). Auch für Realteilung mit **Spitzenausgleich** (insoweit Anschaffungs-/Veräußerungsgeschäfte) ergeben sich keine Besonderheiten; s deshalb zu allem einschließl Abgrenzung ggü Sachwertabfindung → § 16 Rn. 520 ff, 481 ff. 243

dd) Gesellschaftsanteile. – (1) Fortsetzungsklausel. Wird die Sozietät kraft einer Fortsetzungsklausel von den verbliebenen Sozien fortgeführt, erzielt der Erblasser einen Gewinn aus der Veräußerung seines MUeranteils (Abfindungsanspruch ./. KapKto; BFH IV R 67/98, BStBl II 00, 179: einschließl Übergangsgewinn § 4 III zu § 4 I; → § 16 Rn. 661 ff). 244

(2) Qualifizierte Nachfolgeklausel. Wird die Sozietät auf Grund einer qualifizierten Nachfolgeklausel mit einem oder mehreren Miterben fortgeführt (zur PartnerschaftsGes s § 9 IV PartGG; → Rn. 41 zu *(2)*), erzielen diese – sofern berufsqualifiziert (→ Rn. 242) – von Anfang an freiberufl Einkünfte; etwaiges **SBV** des Erblassers gilt jedoch (anteilig) als von diesem mit dem Tode entnommen (str, → § 16 Rn. 674). Zu Ausweichgestaltungen → § 16 Rn. 675. 245

(3) Einfache Nachfolgeklausel. Werden alle Miterben zufolge einer einfachen Nachfolgeklausel (gewerbl) MUer, gilt das SBV nicht mit dem Erbfall als entnommen. – Zu sog **Eintrittsklauseln** → § 16 Rn. 677 ff. 246

3. Selbständiger Teil des der selbständigen Arbeit dienenden Vermögens. – a) Allgemeine Grundsätze. Es ist nach der Rspr (BFH GrS 2/98, BStBl II 00, 123) unter entspr Heranziehung der Voraussetzungen des (gewerbl) **Teilbetriebs** (vgl § 16 I 1 Nr 1) zu bestimmen, sodass er nur vorliegen kann, wenn eine Organisationseinheit gegeben ist, mit deren Hilfe von der übrigen freiberufl Tätigkeit abgrenzbare freiberufl Leistungen am Markt angeboten (und erbracht) werden (BFH I R 62/93, BStBl II 94, 352; zur Einstellung der Tätigkeit → Rn. 225). Die Personenbezogenheit der selbständigen Arbeit (vgl → Rn. 5) führt dazu, dass Teilbetriebe von der Rspr grds nur anerkannt werden, wenn entweder **(1)** es sich um **verschiedenartige Tätigkeiten** mit **verschiedenen Mandantenkreisen** handelt: RA/Repetitor; RA/StB, *wenn* beide Praxen organisatorisch und hinsichtl der Mandantschaft getrennt sind; FG Ddorf EFG 02, 1174, rkr (RA/Notar); BFH IV R 17/03, BStBl II 05, 208 (Allgemein-/Arbeitsmedizin); SchlHFG EFG 07, 37, rkr (Radiologie/Akupunktur); zu *verneinen* bei Zahnarztpraxis mit Dentallabor (BFH IV R 3/03, BFH/NV 05, 879); Behandlung von Groß- und Kleintieren (BFH IV R 16/91, BStBl II 93, 182); kassenärztl und privaten Patienten/Naturheilverfahren (BFH IV R 28/96, BFH/NV 97, 746; FG Mchn EFG 03, 1012; FG Saarl EFG 06, 887), Schulmedizin und Psychotherapie/Chinesische Medizin (FG Mster EFG 02, 327), Tanzlehrer/Tanzsportlehrer (BFH IV R 32/02, BFH/NV 05, 31), Übertragung von technischem Spezialwissen (BFH XI R 86/94, BStBl II 96, 4), Teil des Mandantenstammes (SchlHFG EFG 98, 741; *Fuhrmann* FR 05, 422) oder **(2)** bei **gleichartiger** Tätigkeit die Teilbereiche mit jeweils eigenem Kundenkreis **organisatorisch** und **räuml getrennt** sind – zB Fahrschulniederlassungen in *zwei* Orten – (BFH IV R 18/02, BStBl II 03, 838; VIII B 202/06, BFH/NV 08, 559; FG Mster EFG 15, 915, rkr: StB-Büros in derselben Stadt sind keine Teilpraxen; auch → Rn. 229). – **(3)** Über diese beiden Fallgruppen hinaus hat der BFH mit Urteil VIII R 22/09, BStBl II 12, 777 eine Teilbetriebsveräußerung auch dann bejaht, wenn ein StB-Praxis als **völlig selbständiger Betrieb erworben** und bis zu ihrem Verkauf im Wesentlichen **unverändert** (keine organisatorische Eingliederung) **fortgeführt** wird; einer räuml Tätigkeitsabgrenzung ggü den anderen Büros des StB bedürfe es dann nicht (umfassende Gesamtwürdigung; *Fuhrmann* NWB 12, 3600; zR krit *Kempermann* FR 13, 80). 250

251 **b) Beteiligung an Kapitalgesellschaft.** Nach § 18 III 2 gilt als Teilbetrieb auch die Beteiligung an einer KapGes, wenn die Beteiligung das gesamte Nennkapital der Gesellschaft umfasst (§ 16 I Nr 1 letzter Hs). Voraussetzung ist, dass die gesamte Beteiligung zum BV eines StPfl oder einer PersGes gehört und die Beteiligung im Laufe eines Wj veräußert wird; weitergehend *HHR/Brandt* § 18 Rn. 366: Tätigkeit der KapGes muss zudem Voraussetzungen des § 18 erfüllen.

252 **4. Anteil des der selbständigen Arbeit dienenden Vermögens.** Die Vorschrift über die Veräußerung eines Anteils am Vermögen ist dem § 16 I 1 Nr 2 nachgebildet; sie betrifft Beteiligungen an PersGes selbständig Tätiger (BFH IV R 88/80, BStBl II 84, 518). – Das Erfordernis *zeitweiliger örtl Tätigkeitseinstellung* (vgl BFH IV R 44/83, BStBl II 86, 335) als Voraussetzung zur Gewährung des Freibetrags (§ 18 III iVm § 16 IV) und des ermäßigten Steuersatzes nach § 34 bei Veräußerung des Anteils (→ Rn. 225, 229) ist auch bei Veräußerung des **gesamten Praxisanteils** (= MUeranteils) zu beachten (BFH IV B 69/04, BFH/NV 06, 298; *Richter* FS Korn, 131 (142)). Wurde hingegen der **Praxisanteil teilweise** veräußert (vgl → Rn. 224, 233), hatte der BFH auf dieses Erfordernis verzichtet (BFH I R 12/94, BStBl II 95, 407; zur geänderten Rechtslage ab **2002** aber → Rn. 224, 233, 234). Der Gewinn aus der Veräußerung eines Anteils des Vermögens ist einheitl und gesondert festzustellen (BFH IV R 107/92, BStBl II 93, 666; auch → Rn. 268).

253 **5. Aufgabe.** Sie ist der Aufgabe des gewerbl Betriebes gleichgestellt (§ 16 III iVm § 18 III 2; BFH I R 99/08, BStBl II 11, 1019). Die Betriebsaufgabe muss binnen eines „kurzen" Zeitraums (→ § 16 Rn. 211) durchgeführt werden. Zur **Realteilung** → § 16 Rn. 520 ff, 590 ff (Erbauseinandersetzung) sowie → § 18 Rn. 243.

254 **a) Tätigkeitsbeendigung.** Der Aufgabetatbestand erfordert, dass der Freiberufler seine (freiberufl) Tätigkeit in dem örtl begrenzten Wirkungskreis der bisherigen Tätigkeit wenigstens für eine gewisse Zeit einstellt (BFH IV R 78/71, BStBl II 75, 661; EStR 18.3 III; → Rn. 223 ff). Zum relevanten Einzugsgebiet → Rn. 229. Zur **Verlegung** einer selbständigen Tätigkeit **ins Ausl** s – einschl § 4 I 4 idF JStG 2010 (BGBl I 10, 1768) – → § 16 Rn. 197. Zur Abgrenzung von (Teil-)Betriebsaufgabe und allmähl Abwicklung bei einem Erfinder s BFH IV R 14/00, BStBl II 01, 798. – Auch **nach** der **Einstellung** der berufl Tätigkeit (= Betriebsaufgabe) können einzelne WG (Forderungen, Verbindlichkeiten) BV bleiben (vgl → Rn. 232), sodass Aufwendungen (Tilgungsleistungen, Zinszahlungen) als BA und Einnahmen (Forderungseingänge auf abgeschriebene Forderungen, Wegfall von Rückstellungen) als BE zu **nachträgl Einkünften iSd § 24 Nr 2** führen (→ Rn. 177: kassenärztl Vereinigung; → § 24 Rn. 69; → § 16 Rn. 348 ff). Betreffen die nachträgl Änderungen den Veräußerungserlös oder die Veräußerungskosten, ergeben sich rückwirkende Änderungen des Veräußerungsgewinns, → Rn. 265, 266; → § 16 Rn. 335 ff.

256 **b) Tod eines Freiberuflers.** Er führt grds **nicht** zur **Betriebsaufgabe** (BFH II R 3/09, BStBl II 10, 749; BFH II R 5/09, BFH/NV 11, 1147), sodass die Erben (→ Rn. 221, 240) lfd betriebl (uU gewerbl) Einkünfte erzielen (BFH VIII R 13/93, BStBl II 94, 922; BFH XI R 86/94, BStBl II 96, 4; zu Fortsetzungsklausel aber → Rn. 244, → § 16 Rn. 661: Veräußerungsgewinn des Erblassers). Keine Betriebsaufgabe ist auch die krankheitsbedingte Weitergabe von Know-how an den einzigen Kunden (BFH XI R 86/94, BStBl II 96, 4: lfd Erbeneinkünfte; krit *Kanzler* FR 96, 35). Zur Erbengemeinschaft/-auseinandersetzung → Rn. 45 ff, 240 ff. Stirbt ein Schriftsteller (Wissenschaftler, Künstler), dessen Betrieb von den Erben nicht fortgeführt werden kann, liegt darin gleichfalls keine Betriebsaufgabe (BFH II R 53/07, BStBl II 09, 852; diff BFH XI R 6/06, BFH/NV 07, 436; **aA** SchlHFG EFG 93, 329); die Erben brauchen deshalb nicht zur Gewinnermittlung nach § 4 I überzugehen (→ Rn. 266). Zu **nachträgl** zufließenden **BE** (Honoraren/Verwertungsentgelten; *GEMA, VG-Wort*) → § 16 Rn. 607; → § 24 Rn. 69. Zu **Testamentsgestaltungen** (zB anteilige Rechteübertragung nach §§ 29, 31 ff UrhG auf Vermächtnisnehmer;

Kürzung um latente Steueranteile) s *Bordewin* FR 96, 583. Lässt der Erbe die Praxis durch einen qualifizierten Freiberufler **verwalten,** erzielt er Einkünfte aus GewBetr (BFH VIII R 13/93, BStBl II 94, 922); ebenso bei Praxisfortführung durch Berufsträger bis Erbe die Berufsqualifikation erlangt (BFH IV R 29/91, BStBl II 93, 36: keine Betriebsaufgabe; EStR 4.3 II 2; auch → Rn. 35, 45 ff). Zu *längerfristigen* **Verpachtungen** → Rn. 215. Zum **Strukturwandel** (Malernachlass in gewerbl Galerie/Museum) s BFH II R 53/07, BStBl II 09, 852.

c) Notare. Da Notare ein öffentl Amt inne haben, das ua durch Tod erlischt (§ 47 BNotO), und Amtsnachfolger von der Landesjustizverwaltung bestellt werden, besteht zwar grds keine Möglichkeit, über den Praxiswert durch Veräußerung (dazu → Rn. 220 ff) zu verfügen. Gleichwohl will der Amtsnachfolger idR die Berufstätigkeit in den Räumen (Übernahme von Büroorganisation, Standort etc) des Vorgängers fortzusetzen. Die Veräußerung der Büroeinrichtung und des übrigen BV ist deshalb als **Betriebsaufgabe** zu behandeln. Die Frist, binnen derer eine Betriebsaufgabe durchgeführt werden muss (→ § 16 Rn. 211), beginnt erst mit der Bestellung des Amtsnachfolgers zu laufen (FG Köln EFG 82, 346). Zum „Teilbetrieb" (RA/Notar) → Rn. 250. **260**

6. Berechnung von Veräußerungsgewinn/Aufgabegewinn/Freibeträgen. Sie ist durch Verweisung auf § 16 II–IV geregelt. Nach § 16 IV (idF des JStG 96) wird unabhängig davon, ob das gesamte § 18 dienende Vermögen, ein selbständiger Teil hiervon (→ Rn. 250) oder ein MUeranteil veräußert/aufgegeben wird – nur noch einmal (im Leben, EStR 16 XIII 5: nicht je Einkunftsart; vgl → § 16 Rn. 581) ein **Freibetrag** (45 000 €; vgl → § 16 Rn. 572) auf widerrufl Antrag (vgl → § 16 Rn. 579) gewährt, der sich um den Betrag ermäßigt, um den der Veräußerungsgewinn 136 000 € übersteigt. Voraussetzung ist, dass der StPfl das 55. Lebensjahr erreicht hat oder im sozialversicherungsrechtl Sinne dauernd berufsunfähig ist (vgl → § 16 Rn. 575). Zur **Fünftelregelung** (§ 34 I) sowie zur **Wiedereinführung eines ermäßigten StSatzes** ab 2001 (§ 34 III) s dort sowie → § 16 Rn. 4. Der **Veräußerungsgewinn** ergibt sich rechnerisch dadurch, dass vom Entgelt das KapKto und die Veräußerungskosten abgezogen werden, der **Betriebsaufgabegewinn** dadurch, dass vom gemeinen Wert der in das PV überführten WG und von den Einzelveräußerungspreisen das KapKto und die Veräußerungskosten abgezogen werden. Zur Berechnung des **Veräußerungsgewinnanteils,** der bei Beteiligung des Veräußernden auf der Erwerberseite gem § 16 II 3, III 5 und § 24 III 3 UmwStG als **lfd Gewinn** gilt, → § 16 Rn. 331 f. **264**

a) Kaufpreisänderung. Wird der Kaufpreis **nachträgl herabgesetzt,** liegt ein rückwirkendes Ereignis vor, das zu einer Ermäßigung der Besteuerung des Veräußerungsgewinns führt (→ § 16 Rn. 335 ff). Ist der Kaufvertrag **nichtig** – zB auf Grund der Abrede über eine durch die Mandanten nicht konsentierte Aktenüberlassung (vgl BGH VIII ZR 94/94, NJW 95, 2026) – und wird er **rückabgewickelt,** entfallen rückwirkend Veräußerung und Gewinnverwirklichung; der bis dahin erzielte Gewinn ist jedoch vom Erwerber zu versteuern (→ § 16 Rn. 145). Ergibt sich nachträgl eine **Erhöhung** des Kaufpreises (zB durch gerichtl Urteil oder Vergleich), so erhöht der Mehrbetrag rückwirkend für das Veräußerungsjahr den Veräußerungsgewinn (BFH IV 311/65, BStBl II 73, 11). Entstehen **Veräußerungskosten** bereits vor dem Jahr der Veräußerung (zB für Rechtsberatung), sind sie im Jahr der Veräußerung bei der Ermittlung des Veräußerungsgewinns abzuziehen (BFH I R 97/92, BStBl II 94, 287). Einzelheiten → § 16 Rn. 335 ff. **265**

b) Überschussrechnung, § 4 III. Ist der lfd Gewinn nach § 4 III ermittelt worden, muss der StPfl zwecks Ermittlung des Betriebsveräußerungs- bzw Aufgabegewinns zur Gewinnermittlung nach § 4 I übergehen (vgl BFH VIII B 42/10, BFH/NV 11, 1345; FG Mchn EFG 03, 1522; EStR 4.5 VI; einschr SächsFG KÖSDI 11, 17458, rkr; zur Einbringung in eine PersGes → Rn. 232; zum Erbfall → Rn. 245); **266**

ein Gewinn, der sich durch den Übergang zur Gewinnermittlung nach § 4 I – etwa durch die Erfassung der Buchwerte des BV – ergibt, gehört nicht zum begünstigungsfähigen Gewinn iSd § 18 III (BFH IV R 151/85, BFH/NV 87, 759); er ist als Einmalbetrag zu erfassen (BFH IV B 69/90, BFH/NV 92, 512: kein Verteilungswahlrecht). Diese Grundsätze gelten bei voll- und teilentgeltl Veräußerungen des ganzen der freiberufl Tätigkeit dienenden Vermögens wie auch bei Anteilsveräußerungen (BFH IV R 12/81, BStBl II 86, 811).

267 **c) Gemischte Schenkungen.** Auch hier ist ein Veräußerungsgewinn nach **§ 34** tarifbegünstigt (BFH IV R 12/81, BStBl II 86, 811; beachte aber § 16 I 1 Nr 2, S 2; → Rn. 224, 234). Der Freibetrag gem § 16 IV ist stets – entspr Höhe des Veräußerungsgewinns vorausgesetzt – in vollem Umfang zu gewähren (→ § 16 Rn. 572).

268 **d) Verfahren.** Bei Veräußerung von MUeranteilen an freiberufl Vermögen wird über Art und die Höhe des Veräußerungsgewinns im **Feststellungsverfahren,** über die Altersgrenze 55 Jahre oder das Vorliegen von Berufsunfähigkeit im sozialversicherungsrechtl Sinne sowie die Frage der Einmalgewährung (→ Rn. 264) im ESt-Veranlagungsverfahren entschieden (→ § 16 Rn. 583).

270 **e) Rente.** Bei Zahlung des Kaufpreises – für den Betrieb oder ein einzelnes im Zusammenhang mit der Aufgabe des Betriebes veräußertes WG (BFH I R 191/79, BStBl II 84, 664) – in der Form einer Rente kann der Veräußerer wählen zw der sofortigen Versteuerung des Kapitalwertes der Rente als Veräußerungsgewinn (die laufenden Rentenzahlungen unterliegen dann nur mit dem Ertragsanteil der Besteuerung, § 22 Nr 1a) oder der Versteuerung der lfd Zahlungen als nachträgl Einkünfte aus selbständiger Arbeit nach Maßgabe des § 24 Nr 2 (→ § 16 Rn. 240 ff). Zu **Betriebsrentenanwartschaften** → Rn. 175.

271 **f) Nachträgliche Einkünfte.** Fallen sie iZm der Praxisveräußerung an, sind sie auch dann im Inl stpfl, wenn der Veräußerer seinen **Wohnsitz** inzwischen **ins Ausl** (Schweiz) verlegt hat (BFH I R 191/79, BStBl II 84, 664).

272 **g) Freibetrag, § 16 IV.** Dauernde Berufsunfähigkeit hat die Rspr auch noch als mögl erachtet, wenn nach der Veräußerung eine wesentl andere Tätigkeit ausgeübt wird, nicht aber wenn an anderem Ort eine ggü der bisherigen Tätigkeit speziellere Tätigkeit desselben Berufs aufgenommen wird (BFH IV R 17/96, BFH/NV 97, 224: Allgemeinmediziner veräußert Praxis wegen Berufsunfähigkeit und eröffnet nach 18 Monaten eine Facharztpraxis; dazu auch → Rn. 229).

VII. Wagniskapital-Gesellschaften; Gewinnvorzug, § 18 I Nr 4

Literatur (Auswahl): (bis 2023 → 43. Aufl, vor Rn. 280). *Sanning ua,* 20 Jahre …, DStR 24, 725; *Philipp ua,* Der Carried …; DStR 24, 2505 (2559); *Levedag,* Die Besteuerung …, FS Wacker, 2025, 116.

Verwaltungsanweisungen: *BMF* BStBl I 04, 40; *BMF* DB 07, 771 (§ 7 S 4 GewStG); *FM Bay* DB 04, 1642; *OFD Mchn/Nbg* DB 05, 77; *OFD Mbg* DStR 06, 1505; *OFD Ffm* DB 07, 22; *OFD Ffm* GmbHR 07, 671; *OFD Rhl* DB 07, 135; *LfSt Bay* DB 08, 2166.

280 **1. Beteiligte; Begriffe.** *Einzelheiten: BMF* BStBl I 04, 40 Rn. 1–5; *Ruthe* StBP 10, 301. Im **Regelfall** erwerben Wagniskapital-GmbH & Co KG (sog Venture Capital/Private Equity Fonds = *Fonds-KG;* Laufzeit 8–12 Jahre) aus Eigenmitteln Anteile an nicht börsennotierten KapGes (PortfolioGes = zumeist Unternehmen mit junger Technologie oder mit Umstrukturierungs-/Nachfolgebedarf), sind in deren Aufsichtsorganen vertreten und veräußern die Anteile nach ca 3–5 Jahren (zB über Börsengang). An der Fonds-KG sind neben der Komplementär-GmbH (Quote idR 0%; lfd entgeltl Geschäftsführung) ganz überwiegend private oder institutionelle Kapitalanleger sowie in geringem Umfang die Initiatoren (sog Sponsoren) entweder unmittelbar oder mittelbar über eine Management-GmbH oder Initiatoren-KG (zB BFH

VIII R 11/16, DStR 19, 1136) beteiligt, denen jedoch an den Fonds-Erträgen (Dividenden, Zinsen, Veräußerungsgewinne) als Entgelt für die ihnen vorbehaltenen Anlageentscheidungen und sonstigen Beiträge (Erfahrungen, Branchenwissen, Kontakte = wirtschaftl Basis des Fonds) eine ggü ihrer Fondsquote erhöhte (kapitaldisproportionale) *erfolgsabhängige* Vergütung zusteht (zB 20% *nach* Rückzahlung des Anlagekapitals zuzügl Mindestverzinsung; *Gewinnvorzug* = sog Carried Interest/„Carry", s BT-Drs 15/3336; § 1 XIX Nr 7 KAGB). Zu den **Regulierungen** (Transparenz) der Private Equity Fonds/-verwalter (AIF/AIFM) durch das **KAGB** (§§ 287 ff, § 261 VII, § 2 IV KAGB) s *Viciano-Gofferje* BB 13, 2506. Frühere Wagniskapitalbeteiligung → Rn. 282.

2. Ertragsteuerrechtliche Grundfragen. – a) Einkunftsart des Fonds. Die Fonds-Beteiligung (GesZweck: Erzielung von Veräußerungsgewinnen; → Rn. 280, 286) fällt nicht unter § 15b nF (BT-Drs 16/107; BT-Drs 16/254 *BMF* BStBl I 07, 542 Tz 12; beachte **ab VZ 2009** AbgeltungsSt, § 32d). Str ist jedoch, ob der **Fonds gewerbl** oder **private Einkünfte** erzielt (allg → § 15 Rn. 90). – ***BMF*** BStBl I 04, 40; *BMF* BStBl I 14, 1258 (1260) hat hierzu einen *Kriterienkatalog* entwickelt (→ Rn. 6 ff; zur gewerbl Geschäftsführung/unternehmerischen Einflussnahme des Fonds/der Initiatoren in/auf PortfolioGes → Rn. 150; BT-Drs 740/13, 59 zu § 11 InvStG 2004; *Seer ua* FS Herzig, 45 (48); *Anzinger ua* FR 09, 1089; *OFD Mgb* DStR 06, 1505; zu Fonds-Bürgschaften s *OFD Ffm* GmbHR 07, 671; zu Verträgen der ZielKapGes und Kreditvergabe s *Elser ua* FR 10, 817; → Rn. 282; zur Abfärbewirkung bei Beteiligung an gewerbl PersGes gem § 15 III Nr 1 aF/nF s *Plewka ua* DB 05, 1076; *Ernst* BB 05, 2213; → § 15 Rn. 189). Der **BFH** hat – ohne Stellungnahme zu den Katalogkriterien – Gewerblichkeit jedenfalls dann angenommen, wenn der Fonds primär auf fremdfinanzierte Vermögensumschichtung gerichtet ist (BFH I R 46/10, BStBl II 14, 764; zutr; → § 15 Rn. 90). 281

b) MoRaKG (BGBl I 08, 1672). Mit Art 1 WKBG (BStBl I 08, 854) sollte ua die bezeichnungsgeschützte WagniskapitalbeteiligungsGes eingeführt und in § 19 WKBG die Anforderung an deren estrechtl vermögensverwaltende Qualifikation geregelt werden. Die Sondervorschrift ist jedoch mangels Genehmigung durch die EU-Kommission **nie in Kraft getreten** (K (2009) 7387, ABl EU 2010 L 6, 32: Verstoß gegen Beihilferecht). Durch das AIFM-StAnpG (BGBl I 13, 4318) wurde das WKBG wegen praktischer Irrelevanz sowie mit Rücksicht auf die Regulierung gem § 337 KAGB mWv 24.12.13 **aufgehoben.** Zu weiteren Einzelheiten des WKBG deshalb bis → 32. Aufl 2013, § 18 Rn. 282; zu §§ 3 Nr 40a, 3c II → Rn. 287. 282

c) Gewinnvorzug. Str ist, ob der Gewinnvorzug der Initiatoren (Ges) als **gesondertes** betriebl **Leistungsentgelt** (§ 15 oder § 18 I Nr 3) auf (verdeckt) schuldrechtl Grundlage (so *BMF* BStBl I 04, 40 Rn. 24 ff, *BMF* BStBl I 06, 632: „Umqualifikation" (jedenfalls) bei privaten Fonds; volle Besteuerung iVm *Übergangsregelung,* dazu → Rn. 289; mE bezügl Veräußerungsgewinne iErg zutr, s – auch zu Bruchteilsbetrachtung und Verteilungsschlüssel – → § 17 Rn. 55, 60) oder entspr der gesellschaftsrechtl Abrede als kapitaldisproportionaler **Anteil** an den (privaten oder gewerbl) **Einkünften des Fonds** zu erfassen ist (so BFH VIII R 3/21, BStBl II 24, 902: obiter dictum; glA SchlHFG IStR 25, 176, Rev I R 24/24: keine gewerbl Gewinne iSv Art 7 DBA-USA; *Levedag* FS Wacker, 2025, 116 mwN). Letzteres ist arg § 39 II Nr 2 AO *mE* nur bei *gewerbl* Fonds (unklar insoweit *BMF* BStBl I 04, 40) sowie bezügl Dividenden/Zinsen *privater* Fonds zutr. – Zu Wandelanleihen s *Weißenbacher* DB 24, 1921; zu **Fonds-KapGes** s *LfSt Bay* 08, 2166. 284

d) § 18 I Nr 4. – aa) Allgemeines. Die Vorschrift kodifiziert die Verwaltungsansicht zur Umqualifikation des Gewinnvorzugs (→ Rn. 284), allerdings nur unter *einschr* Voraussetzungen (BT-Drs 15/3336; zR krit zur Systematik *Bauer ua* DStR 04, 1470; *Altfelder* FR 05, 6 (15); zur Verfmäßigkeit s *HHR/Brandt* § 18 Rn. 279); § 3 Nr 40a gewährt hierfür (als wirtschaftl Kompromiss; rechtspolitisch fragwürdig) in Anlehnung an das Teileinkünfteverfahren eine 40%ige StBefreiung. 285

286 **bb) Tatbestand.** – *(1)* Vermögensverwaltende PersGes oder (Bruchteils-)Gemeinschaft; schädl damit auch gewerbl Infektion oder Prägung des Fonds (§ 15 III Nr 1 und 2 BFH VIII R 11/16, DStR 19, 1136; *Weber-Grellet* DStR 18, 992; s auch unten *(6)*). – ***(2) Gesellschaftszweck.*** Erwerb, Halten und Veräußerung von (einem oder mehreren, auch ausl) KapGes/-Anteilen als Förderkriterium der WagniskapitalG und des Gewinnvorzugs (BT-Drs 15/3336); maßgebl ist GesVertrag und tatsächl Vollzug. Weitergehende Tätigkeiten – auch soweit § 15 III Nr 1 (→ § 15 Rn. 188 f) *nicht* greift – müssen sich auf Hilfsgeschäfte der Beteiligungsverwaltung beschränken (zB Aufsichtsratmandate, kurzfristige Zinsanlage des Einlagekapitals; **aA** *Elser ua* FR 10, 817; *Friedrichs ua* DB 04, 1638; zu Beratungsleistungen der Initiatoren s zu *(6)*). – ***(3) Bezieher des Gewinnvorzugs*** (uU InitiatorenGes iVm Beitrag der Initiatoren, → Rn. 280) muss zumindest mittelbar (BFH VIII R 11/16, DStR 19, 1136) als *Ges'ter/Gemeinschafter* am Fonds kapitalmäßig (aber keine Mindestquote; Geschäftsführung in Komplementär-GmbH unschädl) beteiligt sein (**aA** *Behrens* FR 04, 1211 (1213, 1217)). – ***(4) Gesellschaftsvertragl*** (= Regelfall) ***oder schuldrechtl Leistungsvergütungen*** für die Förderung des Gesetzeszwecks des Fonds (nicht der PortfolioKapGes). – ***(5) Auskehr der Vergütung*** erst *nach* vollständiger Kapitalrückzahlung an Anleger (BT-Drs 15/3336: tragend für steuerl Begünstigung des *Gewinn*vorzugs) erfordert zwar keine Mindestverzinsung, schließt aber jeden vorherigen Abschlag aus (vgl „zurückerhalten *haben*"; **aA** → § 3 Rn. 145); demggü dürften Darlehen an Initiatoren unschädl sein. – ***(6) Nichtanwendung von § 15 III*** gem § 18 Nr 4 Hs 2 erfasst nur die gewerbl oder gewerbl infizierte oder geprägte Initiatoren-PersGes (MUerschaft) als *Empfängerin* des Gewinnvorzugs (→ Rn. 280; BT-Drs 15/3336: stets Isolierung als Einkünfte nach § 18 I Nr 4; BFH VIII R 11/16, DStR 19, 1136; diff *Geerling* DStR 05, 1596), nicht hingegen den gewerbl Einzelbetrieb des Initiators (zB aufgrund von Beratungsleistungen ggü PortfolioKapGes, Einwerben von Anlegern), zu dessen BV der Fondsanteil gehört (**aA** *Friedrichs ua* DB 04, 1638 (1639)); zur FondsGes selbst s zu (1).

287 **cc) Rechtsfolgen nach § 18 I Nr 4.** Der **Gewinnvorzug** erfasst Anteile an allen – auch nicht stbaren oder stbefreiten – Einnahmen des Fonds (Veräußerungserlöse, Dividenden, uU auch Zinsen, → Rn. 286 zu *(2)*); eine liquiditätsmäßige Zuordnung ist deshalb grds entbehrl (BT-Drs 15/3336). Er ist auch bei gewerbl (geprägten oder infizierten) Initiatoren-KG stets als Einkunft nach § 18 I Nr 4 isoliert (keine GewSt) und zu 50% sowie für nach 2008 gegründete Fonds zu **40% stbefreit** (§§ 3 Nr 40a aF/nF; → § 3 Rn. 145). Letzteres auch bei Initiatoren-KapGes (§ 3 Nr 40a; → § 3 Rn. 146; KStR 8.1 I; zu § 8b VII KStG aF s FG Mchn EFG 15, 1470, rkr). **Auszunehmen** sind nach BFH VIII R 21/17, BStBl II 21, 609 indes „beteiligungskongruente" Veräußerungsgewinne der Fonds-Initiatoren (fragl bei Vorzugserwerb; auch → Rn. 284, 164). Für **BA** des Vorzugsempfängers gilt § 3c I bzw. § 3c II (→ § 3c Rn. 11 einschließl fehlender Abstimmung mit § 52 IV; zu BFH IX R 42/08, DStR 09, 1843 s *Bron ua* DStZ 09, 589 (564)); zu seinem **BV** gehört auch der Fonds-Anteil (*Folge:* Fonds-KG = ZebraGes; dazu, einschließl Verfahrensfragen, → § 15 Rn. 200 ff; Gewinnermittlung § 4 I oder III). Die übrigen Fonds-Ges'ter (Kapitalanleger) erzielen um den Gewinnvorzug geminderte (überholt mE *BMF* BStBl I 04, 40 Rn. 24; str) Einkünfte (im PV ab VZ 09 AbgeltungsSt für Dividenden/Veräußerungsgewinne etc). Der Vorschlag des BR, das WK-Abzugsverbot des § 20 IX gesetzl abzusichern, wurde iRd **StÄndG 2025** (BGBl I 25 Nr 363) **nicht** umgesetzt (BT-Drs 21/2470, 9 f, 21). Weitere Einzelheiten (auch zu Dachfonds/betriebl Anlegern) s *OFD Ffm* DB 07, 22; *OFD Rhl* DB 07, 135. Zu **internationalen** Sachverhalten (ausl Beteiligte inl Fonds oder umgekehrt) s zB SchlHFG IStR 25, 176, Rev I R 24/24: keine gewerbl Gewinne iSv Art 7 DBA-USA → Rn. 284; *Töben* ISR 13, 314 (350); *Schnittker ua* IStR 15, 760 (765); *BMF* BStBl I 04, 40 Rn. 19, 23. Zum **Länderbericht** s *Jesch ua* Rechtshandbuch Private Equity, 777 ff. – Zum **INVEST-Erwerbs-/Exitzuschuss** (§ 3 Nr 71 nF) → § 3 Rn. 235.

dd) Rechtsfolgen ***außerhalb*** **§ 18 I Nr 4.** – ***(1)*** Zu beteiligungskongruenten Veräußerungsgewinnen der Fonds-Initiatoren → Rn. 287. – ***(2)*** Bei *gewerbl*/gewerbl geprägten Fonds ist der Gewinnvorzug als disquotaler Gewinnanteil (iVm § 3 Nr 40 Buchst a; § 8b I, II KStG) zu erfassen (BFH VIII R 11/16, DStR 19, 1136; *BMF* BStBl I 19, 40 Rn. 18; BT-Drs 15/3189, 3). – ***(3)*** Erfüllt der *vermögensverwaltende* Fonds *nicht* § 18 I Nr 4 oder gehören die Fonds-Anteile zum BV eines gewerbl Einzelbetriebs des Initiators (→ Rn. 286 zu *(6)*), werden Veräußerungsgewinne (§ 17, § 20 II) mE beteiligungskongruent erzielt (arg § 39 II Nr 2 AO; aber → Rn. 284), der überquotale Gewinnvorzug ist hingegen nach § 15 I 1 Nr 1 (→ Rn. 141; BFH VIII R 11/16, DStR 19, 1136; **aA** FG Ddorf EFG 18, 1848, rkr: § 18 I Nr 3) voll stpfl. Gleiches gilt für gewinnunabhängige Tätigkeitsvergütungen (dazu FG Ddorf EFG 18, 1848, rkr). 288

ee) Zeitliche Anwendung. Während § 18 I Nr 4 (insb Umqualifikation des Gewinnvorzugs) nach § 52 I aF durchgängig ab VZ 04 zu beachten ist, schränkt § 52 IV 8, 9 die Anwendbarkeit von **§ 3 Nr 40a aF** (50%ige StBefreiung; → Rn. 287) auf Neu-Fonds (Gründung ab 1.4.02) *oder* auf Vergütungen iZm Neu-KapGesAnteilen ein (Erwerb ab 8.11.03; „soweit", dh Aufteilung bei gemischten Portfolios). Beachte: uU Rückwirkung für die VZ 2002/2003; mE verfrechtl bedenkl, wenn man *BMF* BStBl I 04, 40 Rn. 24 *nicht* folgt; → Rn. 281. Da diese Stichtage jedoch an den **Vertrauensschutz** des *BMF* BStBl I 04, 40 Rn. 26 anknüpfen, soll dessen Wirkung nach *FM Bay* DB 04, 1642; *OFD Mbg* DStR 06, 1505 erhalten bleiben (dh Nichtbesteuerung des Gewinnvorzugs entspr Praxis im *jeweiligen* Bundesland vor *BMF* BStBl I 04, 40; dazu zB *OFD Ffm* GmbHR 07, 671; *Watrin* BB 04, 1889). Zu **§ 3 Nr 40a nF** (40%ige StBefreiung) → Rn. 287. 289

d) Nichtselbständige Arbeit (§ 2 Absatz 1 Satz 1 Nummer 4)

§ 19 [Einkünfte aus nichtselbständiger Arbeit]

(1) [1]**Zu den Einkünften aus nichtselbständiger Arbeit gehören**

1. **Gehälter, Löhne, Gratifikationen, Tantiemen und andere Bezüge und Vorteile für eine Beschäftigung im öffentlichen oder privaten Dienst;**

1a. **Zuwendungen des Arbeitgebers an seinen Arbeitnehmer und dessen Begleitpersonen anlässlich von Veranstaltungen auf betrieblicher Ebene mit gesellschaftlichem Charakter (Betriebsveranstaltung).** [2]**Zuwendungen im Sinne des Satzes 1 sind alle Aufwendungen des Arbeitgebers einschließlich Umsatzsteuer unabhängig davon, ob sie einzelnen Arbeitnehmern individuell zurechenbar sind oder ob es sich um einen rechnerischen Anteil an den Kosten der Betriebsveranstaltung handelt, die der Arbeitgeber gegenüber Dritten für den äußeren Rahmen der Betriebsveranstaltung aufwendet.** [3]**Soweit solche Zuwendungen den Betrag von 110 Euro je Betriebsveranstaltung und teilnehmenden Arbeitnehmer nicht übersteigen, gehören sie nicht zu den Einkünften aus nichtselbständiger Arbeit, wenn die Teilnahme an der Betriebsveranstaltung allen Angehörigen des Betriebs oder eines Betriebsteils offensteht.** [4]**Satz 3 gilt für bis zu zwei Betriebsveranstaltungen jährlich.** [5]**Die Zuwendungen im Sinne des Satzes 1 sind abweichend von § 8 Absatz 2 mit den anteilig auf den Arbeitnehmer und dessen Begleitpersonen entfallenden Aufwendungen des Arbeitgebers im Sinne des Satzes 2 anzusetzen;**

2. **Wartegelder, Ruhegelder, Witwen- und Waisengelder und andere Bezüge und Vorteile aus früheren Dienstleistungen, auch soweit sie von Arbeitgebern ausgleichspflichtiger Personen an ausgleichsberechtigte Personen infolge einer nach § 10 oder § 14 des Versorgungsausgleichsgesetzes durchgeführten Teilung geleistet werden;**

3. laufende Beiträge und laufende Zuwendungen des Arbeitgebers aus einem bestehenden Dienstverhältnis an einen Pensionsfonds, eine Pensionskasse oder für eine Direktversicherung für eine betriebliche Altersversorgung. [2]Zu den Einkünften aus nichtselbständiger Arbeit gehören auch Sonderzahlungen, die der Arbeitgeber neben den laufenden Beiträgen und Zuwendungen an eine solche Versorgungseinrichtung leistet, mit Ausnahme der Zahlungen des Arbeitgebers

a) zur erstmaligen Bereitstellung der Kapitalausstattung zur Erfüllung der Solvabilitätskapitalanforderung nach den §§ 89, 213, 234g oder 238 des Versicherungsaufsichtsgesetzes,

b) zur Wiederherstellung einer angemessenen Kapitalausstattung nach unvorhersehbaren Verlusten oder zur Finanzierung der Verstärkung der Rechnungsgrundlagen auf Grund einer unvorhersehbaren und nicht nur vorübergehenden Änderung der Verhältnisse, wobei die Sonderzahlungen nicht zu einer Absenkung des laufenden Beitrags führen oder durch die Absenkung des laufenden Beitrags Sonderzahlungen ausgelöst werden dürfen,

c) in der Rentenbezugszeit nach § 236 Absatz 2 des Versicherungsaufsichtsgesetzes oder

d) in Form von Sanierungsgeldern;

Sonderzahlungen des Arbeitgebers sind insbesondere Zahlungen an eine Pensionskasse anlässlich

a) seines Ausscheidens aus einer nicht im Wege der Kapitaldeckung finanzierten betrieblichen Altersversorgung oder

b) des Wechsels von einer nicht im Wege der Kapitaldeckung zu einer anderen nicht im Wege der Kapitaldeckung finanzierten betrieblichen Altersversorgung.

[3]Von Sonderzahlungen im Sinne des Satzes 2 zweiter Halbsatz Buchstabe b ist bei laufenden und wiederkehrenden Zahlungen entsprechend dem periodischen Bedarf nur auszugehen, soweit die Bemessung der Zahlungsverpflichtungen des Arbeitgebers in das Versorgungssystem nach dem Wechsel die Bemessung der Zahlungsverpflichtung zum Zeitpunkt des Wechsels übersteigt. [4]Sanierungsgelder sind Sonderzahlungen des Arbeitgebers an eine Pensionskasse anlässlich der Systemumstellung einer nicht im Wege der Kapitaldeckung finanzierten betrieblichen Altersversorgung auf der Finanzierungs- oder Leistungsseite, die der Finanzierung der zum Zeitpunkt der Umstellung bestehenden Versorgungsverpflichtungen oder Versorgungsanwartschaften dienen; bei laufenden und wiederkehrenden Zahlungen entsprechend dem periodischen Bedarf ist nur von Sanierungsgeldern auszugehen, soweit die Bemessung der Zahlungsverpflichtungen des Arbeitgebers in das Versorgungssystem nach der Systemumstellung die Bemessung der Zahlungsverpflichtung zum Zeitpunkt der Systemumstellung übersteigt.

[2]Es ist gleichgültig, ob es sich um laufende oder um einmalige Bezüge handelt und ob ein Rechtsanspruch auf sie besteht.

(2) **[1]Von Versorgungsbezügen bleiben ein nach einem Prozentsatz ermittelter, auf einen Höchstbetrag begrenzter Betrag (Versorgungsfreibetrag) und ein Zuschlag zum Versorgungsfreibetrag steuerfrei. [2]Versorgungsbezüge sind**

1. das Ruhegehalt, Witwen- oder Waisengeld, der Unterhaltsbeitrag oder ein gleichartiger Bezug

a) auf Grund beamtenrechtlicher oder entsprechender gesetzlicher Vorschriften,

b) nach beamtenrechtlichen Grundsätzen von Körperschaften, Anstalten oder Stiftungen des öffentlichen Rechts oder öffentlich-rechtlichen Verbänden von Körperschaften

oder

2. in anderen Fällen Bezüge und Vorteile aus früheren Dienstleistungen wegen Erreichens einer Altersgrenze, verminderter Erwerbsfähigkeit oder Hinterbliebenenbezüge; Bezüge wegen Erreichens einer Altersgrenze gelten erst dann als Versorgungsbezüge, wenn der Steuerpflichtige das 63. Lebensjahr oder, wenn er schwerbehindert ist, das 60. Lebensjahr vollendet hat.

[3]Der maßgebende Prozentsatz, der Höchstbetrag des Versorgungsfreibetrags und der Zuschlag zum Versorgungsfreibetrag sind der nachstehenden Tabelle zu entnehmen:

Jahr des Versorgungsbeginns	Versorgungsfreibetrag		Zuschlag zum Versorgungsfreibetrag in Euro
	in % der Versorgungsbezüge	Höchstbetrag in Euro	
bis 2005	40,0	3000	900
ab 2006	38,4	2880	864
2007	36,8	2760	828
2008	35,2	2640	792
2009	33,6	2520	756
2010	32,0	2400	720
2011	30,4	2280	684
2012	28,8	2160	648
2013	27,2	2040	612
2014	25,6	1920	576
2015	24,0	1800	540
2016	22,4	1680	504
2017	20,8	1560	468
2018	19,2	1440	432
2019	17,6	1320	396
2020	16,0	1200	360
2021	15,2	1140	342
2022	14,4	1080	324
2023	14,0	1050	315
2024	13,6	1020	306
2025	13,2	990	297
2026	12,8	960	288
2027	12,4	930	279
2028	12,0	900	270
2029	11,6	870	261
2030	11,2	840	252
2031	10,8	810	243
2032	10,4	780	234
2033	10,0	750	225
2034	9,6	720	216
2035	9,2	690	207
2036	8,8	660	198

Jahr des Versorgungs-beginns	Versorgungsfreibetrag		Zuschlag zum Versorgungsfrei-betrag in Euro
	in % der Ver-sorgungsbezüge	Höchstbetrag in Euro	
2037	8,4	630	189
2038	8,0	600	180
2039	7,6	570	171
2040	7,2	540	162
2041	6,8	510	153
2042	6,4	480	144
2043	6,0	450	135
2044	5,6	420	126
2045	5,2	390	117
2046	4,8	360	108
2047	4,4	330	99
2048	4,0	300	90
2049	3,6	270	81
2050	3,2	240	72
2051	2,8	210	63
2052	2,4	180	54
2053	2,0	150	45
2054	1,6	120	36
2055	1,2	90	27
2056	0,8	60	18
2057	0,4	30	9
2058	0,0	0	0

[4]Bemessungsgrundlage für den Versorgungsfreibetrag ist

a) bei Versorgungsbeginn vor 2005
das Zwölffache des Versorgungsbezugs für Januar 2005,

b) bei Versorgungsbeginn ab 2005
das Zwölffache des Versorgungsbezugs für den ersten vollen Monat,

jeweils zuzüglich voraussichtlicher Sonderzahlungen im Kalenderjahr, auf die zu diesem Zeitpunkt ein Rechtsanspruch besteht. [5]Der Zuschlag zum Versorgungsfreibetrag darf nur bis zur Höhe der um den Versorgungsfreibetrag geminderten Bemessungsgrundlage berücksichtigt werden. [6]Bei mehreren Versorgungsbezügen mit unterschiedlichem Bezugsbeginn bestimmen sich der insgesamt berücksichtigungsfähige Höchstbetrag des Versorgungsfreibetrags und der Zuschlag zum Versorgungsfreibetrag nach dem Jahr des Beginns des ersten Versorgungsbezugs. [7]Folgt ein Hinterbliebenenbezug einem Versorgungsbezug, bestimmen sich der Prozentsatz, der Höchstbetrag des Versorgungsfreibetrags und der Zuschlag zum Versorgungsfreibetrag für den Hinterbliebenenbezug nach dem Jahr des Beginns des Versorgungsbezugs. [8]Der nach den Sätzen 3 bis 7 berechnete Versorgungsfreibetrag und Zuschlag zum Versorgungsfreibetrag gelten für die gesamte Laufzeit des Versorgungsbezugs. [9]Regelmäßige Anpassungen des Versorgungsbezugs führen nicht zu einer Neuberechnung. [10]Abweichend hiervon sind der Versorgungsfreibetrag und der Zuschlag zum Versorgungsfreibetrag neu zu

berechnen, wenn sich der Versorgungsbezug wegen Anwendung von Anrechnungs-, Ruhens-, Erhöhungs- oder Kürzungsregelungen erhöht oder vermindert. [11]In diesen Fällen sind die Sätze 3 bis 7 mit dem geänderten Versorgungsbezug als Bemessungsgrundlage im Sinne des Satzes 4 anzuwenden; im Kalenderjahr der Änderung sind der höchste Versorgungsfreibetrag und Zuschlag zum Versorgungsfreibetrag maßgebend. [12]Für jeden vollen Kalendermonat, für den keine Versorgungsbezüge gezahlt werden, ermäßigen sich der Versorgungsfreibetrag und der Zuschlag zum Versorgungsfreibetrag in diesem Kalenderjahr um je ein Zwölftel.

(3) **[1]Die Energiepreispauschale nach dem Versorgungsrechtlichen Energiepreispauschalen-Gewährungsgesetz oder vergleichbare Leistungen zum Ausgleich gestiegener Energiepreise nach Landesrecht sind als Einnahmen nach Absatz 2 zu berücksichtigen. [2]Sie gelten nicht als Sonderzahlung im Sinne von Absatz 2 Satz 4, jedoch als regelmäßige Anpassung des Versorgungsbezugs im Sinne von Absatz 2 Satz 9. [3]Im Lohnsteuerabzugsverfahren sind die Energiepreispauschale und vergleichbare Leistungen bei der Berechnung einer Vorsorgepauschale nach § 39b Absatz 2 Satz 5 Nummer 3 Buchstabe b und c nicht zu berücksichtigen. [4]In den Fällen des Satzes 1 sind die §§ 3 und 24a nicht anzuwenden.**

Lohnsteuer-Durchführungsverordnung:

§ 1 LStDV *Arbeitnehmer, Arbeitgeber*

(1) **[1]Arbeitnehmer sind Personen, die in öffentlichem oder privatem Dienst angestellt oder beschäftigt sind oder waren und die aus diesem Dienstverhältnis oder einem früheren Dienstverhältnis Arbeitslohn beziehen. [2]Arbeitnehmer sind auch die Rechtsnachfolger dieser Personen, soweit sie Arbeitslohn aus dem früheren Dienstverhältnis ihres Rechtsvorgängers beziehen.**

(2) **[1]Ein Dienstverhältnis (Absatz 1) liegt vor, wenn der Angestellte (Beschäftigte) dem Arbeitgeber (öffentliche Körperschaft, Unternehmer, Haushaltsvorstand) seine Arbeitskraft schuldet. [2]Dies ist der Fall, wenn die tätige Person in der Betätigung ihres geschäftlichen Willens unter der Leitung des Arbeitgebers steht oder im geschäftlichen Organismus des Arbeitgebers dessen Weisungen zu folgen verpflichtet ist.**

(3) **Arbeitnehmer ist nicht, wer Lieferungen und sonstige Leistungen innerhalb der von ihm selbständig ausgeübten gewerblichen oder beruflichen Tätigkeit im Inland gegen Entgelt ausführt, soweit es sich um die Entgelte für diese Lieferungen und sonstigen Leistungen handelt.**

§ 2 LStDV *Arbeitslohn*

(1) **[1]Arbeitslohn sind alle Einnahmen, die dem Arbeitnehmer aus dem Dienstverhältnis zufließen. [2]Es ist unerheblich, unter welcher Bezeichnung oder in welcher Form die Einnahmen gewährt werden.**

(2) **Zum Arbeitslohn gehören auch**

1. **Einnahmen im Hinblick auf ein künftiges Dienstverhältnis;**
2. **Einnahmen aus einem früheren Dienstverhältnis, unabhängig davon, ob sie dem zunächst Bezugsberechtigten oder seinem Rechtsnachfolger zufließen. [2]Bezüge, die ganz oder teilweise auf früheren Beitragsleistungen des Bezugsberechtigten oder seines Rechtsvorgängers beruhen, gehören nicht zum Arbeitslohn, es sei denn, daß die Beitragsleistungen Werbungskosten gewesen sind;**
3. **Ausgaben, die ein Arbeitgeber leistet, um einen Arbeitnehmer oder diesem nahestehende Personen für den Fall der Krankheit, des Unfalls, der Invalidität, des**

Alters oder des Todes abzusichern (Zukunftssicherung). [2]Voraussetzung ist, daß der Arbeitnehmer der Zukunftssicherung ausdrücklich oder stillschweigend zustimmt. [3]Ist bei einer Zukunftssicherung für mehrere Arbeitnehmer oder diesen nahestehende Personen in Form einer Gruppenversicherung oder Pauschalversicherung der für den einzelnen Arbeitnehmer geleistete Teil der Ausgaben nicht in anderer Weise zu ermitteln, so sind die Ausgaben nach der Zahl der gesicherten Arbeitnehmer auf diese aufzuteilen. [4]Nicht zum Arbeitslohn gehören Ausgaben, die nur dazu dienen, dem Arbeitgeber die Mittel zur Leistung einer dem Arbeitnehmer zugesagten Versorgung zu verschaffen;

4. **Entschädigungen, die dem Arbeitnehmer oder seinem Rechtsnachfolger als Ersatz für entgangenen oder entgehenden Arbeitslohn oder für die Aufgabe oder Nichtausübung einer Tätigkeit gewährt werden;**
5. **besondere Zuwendungen, die auf Grund des Dienstverhältnisses oder eines früheren Dienstverhältnisses gewährt werden, zum Beispiel Zuschüsse im Krankheitsfall;**
6. **besondere Entlohnungen für Dienste, die über die regelmäßige Arbeitszeit hinaus geleistet werden, wie Entlohnung für Überstunden, Überschichten, Sonntagsarbeit;**
7. **Lohnzuschläge, die wegen der Besonderheit der Arbeit gewährt werden;**
8. **Entschädigungen für Nebenämter und Nebenbeschäftigungen im Rahmen eines Dienstverhältnisses.**

Lohnsteuer-Richtlinien: LStR 19.1–19.9; LStH 19.0–19.9.

Übersicht Rn.

I. Allgemeines

1. Regelungsinhalt. § 19 I regelt, welche Einnahmen zu den Einkünften aus nichtselbständiger Arbeit gehören. Die Vorschrift enthält keine geschlossene Definition der Einkünfte aus nichtselbständiger Arbeit, sondern eine Aufzählung von Einnahmen, die zu Einkünften aus nichtselbständiger Arbeit führen. Dies darf indes nicht darüber hinwegtäuschen, dass § 19 I 1 Nr 1 darauf angelegt ist, grds sämtl „Bezüge und Vorteile, die für eine Beschäftigung" in einem DienstVerh erzielt werden, bei den Einkünften aus nichtselbständiger Arbeit zu erfassen (*KKM* § 19 Rn. B 9). § 19 I 1 Nr 2 ordnet (auch) die Einnahmen aus einem früheren DienstVerh den Einkünften aus nichtselbständiger Arbeit zu. § 19 I 1 Nr 3 S 1 stellt klar, dass bestimmte Zukunftssicherungsleistungen ebenfalls ArbLohn sind. § 19 I 1 Nr 3 S 2 ff ist demggü ein Fremdkörper im EStG, weil durch diese Vorschriften Einnahmen als Einkünfte aus nichtselbständiger Arbeit ledigl fingiert werden, ohne dass dem stpfl ArbN ein Vorteil zufließt. § 19 II regelt den Versorgungsfreibetrag. 1

2. Persönlicher Anwendungsbereich. § 19 gilt für natürl Personen mit Wohnsitz (§ 8 AO) oder gewöhnl Aufenthalt (§ 9 AO) im Inl (§ 1 I) sowie für Personen, die nach § 1 II oder § 1 III unbeschr stpfl sind. Die beschränkt stpfl Einkünfte aus nichtselbständiger Arbeit sind in § 49 I Nr 4 geregelt (→ § 49 Rn. 84 ff). 2

3. Verhältnis zu anderen Steuern, Einkunftsarten und §§ 38 ff. – a) Abgrenzung. Für die Abgrenzung zw § 19 und den *betriebl* Einkunftsarten der §§ 13, 15 und 18 kommt es maßgebl darauf an, ob der StPfl nichtselbständig oder selbständig (am Markt) tätig wird und Einkünfte erzielt. Die betriebl Einkunftsarten erfordern die Selbständigkeit, während die Einkünfte aus § 19 eine nichtselbständige Tätigkeit voraussetzen. Auch Sondervergütungen, die ein (Mit-)Unternehmer aus einem mit der MUerschaft bestehenden DienstVerh bezieht, gehören nach § 15 I 1 Nr 2 S 1 Hs 2 (iVm § 13 VII bzw § 18 IV 2) zu den betriebl Einkunftsarten (→ § 15 Rn. 580 ff; BFH IV R 30/06, BFH/NV 08, 546; BFH IV R 14/06, BStBl II 07, 942). Bei Aus- 3 übung der Option zur KSt können die Ges'ter der OptionsGes jedoch auch Einkünfte aus § 19 erzielen (→ § 15 Rn. 160b; *Wacker/Krüger* ua DStR-Beih 21, 29 ff).

4 **b) Sonstige Rechtsbeziehungen.** Zw ArbN und ArbG können neben dem DienstVerh auch weitere Rechtsbeziehungen bestehen (s *Schneider* DB 06, Beil 6, S 51 ff; *Küttner* „Arbeitsentgelt" Rn. 61 ff). Diese können beim ArbN zB zu Einkünften auf KapVerm, aus VuV oder zu sonstigen Einkünften führen bzw dem nicht stbaren Bereich zuzurechnen sein. Es kommt darauf an, welche Einkunftsart im Vordergrund steht und dadurch die andere Einkunftsart verdrängt (BFH VI R 1/16, BStBl II 17, 273; BFH IX R 43/15, BStBl II 17, 790; BFH VIII R 40/18, BStBl II 24, 384). Maßgebl ist die tatsächl Würdigung aller Umstände des Einzelfalls (BFH VI R 12/08, BStBl II 10, 1069; BFH VI R 69/06, BStBl II 10, 69; BFH VI B 23/07, BFH/NV 07, 1870). Die Subsidiaritätsnorm des § 20 VIII gilt nicht zw den Einkünften aus nichtselbständiger Arbeit und KapVerm. Ein typischer stiller Ges'ter, der vom Inhaber des Handelsgewerbes Vergütungen für eine Arbeitsleistung bezieht, erzielt Einkünfte aus § 19 und nicht aus § 20 I Nr 4, sofern die Arbeitsleistung keine Einlage darstellt (BFH I R 144/79, BStBl II 84, 373; *BH/Geserich* § 19 Rn. 19). Eine kapitalmäßige Beteiligung des ArbN an seinem ArbG kann eine eigenständige Erwerbsgrundlage sein (BFH IX R 111/00, BStBl II 06, 654) und in einem solchen Fall auch zu Einkünften aus KapVerm führen (BFH VIII R 10/22, DStR 25, 456 zu atypischer stiller Gesellschaft). So führt der Veräußerungsgewinn aus einer Kapitalbeteiligung nicht allein deshalb zu ArbLohn, weil die Beteiligung von einem ArbN des Beteiligungsunternehmens gehalten und auch nur dessen ArbN angeboten worden war (BFH VI R 69/06, BStBl II 10, 69; BFH VI R 80/10, BStBl II 11, 948; BFH IX R 43/15, BStBl II 17, 790; BFH VIII R 40/18, DStR 21, 1218; FG BW EFG 17, 1880, rkr; FG Ddorf EFG 21, 206, rkr). Die Beteiligung des ArbN an einem (künftigen) Erlös aus der Veräußerung des Unternehmens des ArbG kann sich aber auch als ArbLohn darstellen (BFH VI R 12/16, BFH/NV 20, 12). Maßgebl ist immer die Veranlassung des Vorteils im Einzelfall, so dass sich Verallgemeinerungen dazu, ob sich eine Management-Beteiligung als Sonderrechtsverhältnis darstellt oder zu ArbLohn führt, grds verbieten (zu weitgehend daher zB *Koch-Schulte/de Toma* DB 21, 2839). Leistet der ArbG Zahlungen für ein im Haus oder in der Wohnung des ArbN gelegenes Büro, das der ArbN für seine Arbeit nutzt, ist die Unterscheidung zw ArbLohn und Einkünften aus VuV danach vorzunehmen, in wessen vorrangigem Interesse die Nutzung des Büros erfolgt. Liegt die Nutzung vorrangig im Interesse des ArbN, sind die Einnahmen als ArbLohn zu erfassen. Indiz hierfür kann zB sein, dass der ArbN noch über einen weiteren Arbeitsplatz im Betrieb verfügt. Wird der Raum jedoch obj nachvollziehbar vor allem im betriebl, über die Entlohnung des ArbN bzw die Erbringung der Arbeitsleistung hinausgehenden Interesse des ArbG genutzt, ist anzunehmen, dass die betr Zahlungen auf einer neben dem DienstVerh gesondert bestehenden Rechtsbeziehung beruhen und damit zu Einkünften aus VuV führen (BFH VI R 25/02, BStBl II 06, 10; BFH VI B 102/07, BFH/NV 09, 148). Darauf kann zB das Bestehen gleichartiger Vertragsverhältnisse mit fremden Dritten hindeuten (BFH VI R 131/00, BStBl II 02, 300). § 22 Nr 1 und Nr 3 sind ggü § 19 subsidiär (→ § 22 Rn. 51, 131).

5 **c) Lohnsteuerabzug.** §§ 38 ff betreffen keine eigene Steuerart, sondern die Vorauszahlungen auf die mit Ablauf des Kj entstehende, auf die Einkünfte aus nichtselbständiger Arbeit entfallende EStSchuld (BFH VI R 208/82, BStBl II 86, 152; BFH VI R 61/09, BStBl II 11, 479; BFH VI R 64/09, BFH/NV 11, 753). Ob überhaupt ArbLohn vorliegt, bestimmt sich nach § 19 und nicht nach §§ 38 ff.

7 **4. Zurechnung der Einkünfte aus nichtselbständiger Arbeit.** Einkünfte aus § 19 I Nr 1 und Nr 3 erzielt derjenige, der seine Arbeitskraft iRe abhängigen Beschäftigungsverhältnisses zur Verfügung stellt. Der Tatbestand der Einkunftserzielung wird wesentl durch die Rechtsbeziehungen zw ArbN und ArbG bestimmt. Da die Betei-

ligung des ArbN am Marktgeschehen höchstpersönl ist, scheidet eine **Verfügung über die „Einkunftsquelle nichtselbständige Arbeit"** in der Weise aus, dass die Arbeit als für einen Dritten geleistet gelten und diesem strechtl das Ergebnis der Tätigkeit zustehen soll (s auch BFH IV R 173/74, BStBl II 76, 643; BFH I R 64/81, BStBl II 85, 330). Treuhandverhältnisse kommen daher iRd § 19 nicht in Betracht (*Lang/Seer* FR 92, 637 (640)). § 19 I Nr 2 erweitert die persönl Zurechnung der Einkünfte aus nichtselbständiger Arbeit auf Rechtsnachfolger (→ Rn. 86 ff).

5. Ermittlung der Einkünfte aus nichtselbständiger Arbeit. Nach § 2 II 8 Nr 2 werden die Einkünfte aus § 19 als Überschuss der Einnahmen (§ 8) über die WK (§ 9) ermittelt. In zeitl Hinsicht erfolgt die Einkünfteermittlung nach dem Zu- und Abflussprinzip (§ 11), wobei gem § 11 I 4 für lfd ArbLohn und für die auf den ArbN abgewälzte pauschale LSt Sonderregelungen gelten (→ § 11 Rn. 32). – Die **Einkunftserzielungsabsicht** kann auch bei den Einkünften aus § 19 fehlen. Dies wird aber nur in extrem gelagerten Sonderfällen der Fall sein (zB vergebl Investition in eine lukrative Arbeitsstelle, BFH VI R 50/06, BStBl II 09, 243, mit Einzelheiten zur Totalüberschussprognose).

II. Tatbestand, § 19 I 1 Nr 1

1. Arbeitslohnbegriff. Zu den Einnahmen aus nichtselbständiger Arbeit gehö- 10 ren Gehälter, Löhne, Gratifikationen, Tantiemen und andere Bezüge und Vorteile für eine Beschäftigung im öffentl oder privaten Dienst. Die Einnahmen bei den Einkünften aus nichtselbständiger Arbeit müssen hiernach für eine Beschäftigung in einem **DienstVerh** geleistet werden. Beteiligte dieses DienstVerh sind **ArbN** und **ArbG.** Der Kreis der stbaren Einnahmen, der **ArbLohn,** ist nach dem Gesetzeswortlaut weit gefasst. Er umfasst grds alle Vorteile, die für die Beschäftigung gewährt werden. Damit sind die wesentl Begriffe angesprochen, die die Einkünfte aus nichtselbständiger Arbeit prägen. Die vielfach geäußerte Kritik an der Gesetzesformulierung (zB *KKM* § 19 Rn. B 12 ff; *Albert/Strohner* DB 02, 2504) ist iErg nicht berechtigt (ebenso zB *KS/Eisgruber* § 19 Rn. 12; *HHR/Lammers* § 19 Rn. 1).

2. Dienstverhältnis; Arbeitsverhältnis. Die Begriffe DienstVerh und ArbVerh 11 sind gleichbedeutend (BFH VI R 58/69, BStBl II 72, 643; *BH/Geserich* § 19 Rn. 56). Eine Definition findet sich in § 1 II LStDV, die nach stRspr eine zutr Auslegung des Gesetzes enthält (zB BFH VI R 81/06, BFH/NV 09, 1311; BFH VI R 4/06, BStBl II 09, 374; BFH VI R 51/05, BStBl II 08, 981). Dies gilt indes lediglich für den Begriffskern, soweit in § 1 II 1 LStDV das Schulden der Arbeitskraft und in § 1 II 2 LStDV die Weisungsgebundenheit des ArbN sowie dessen Eingliederung in den „geschäftl Organismus" des ArbG angesprochen sind (*Lang* DStJG, Bd 9, 25); iÜ löst sich auch der BFH (zu Recht) von der Definition in § 1 II LStDV. Denn der Begriff des DienstVerh lässt sich nicht durch einen abschließenden Katalog notwendiger, aber auch hinreichender Tatbestandsmerkmale bestimmen. Er ist ebenso wie der Begriff des ArbN (→ Rn. 21) ein **Typusbegriff.** Ob ein DienstVerh vorliegt, bestimmt sich danach, ob die dafür als typisch angesehenen, nicht abschließend bestimmten Merkmale in solcher Zahl und Intensität vorhanden sind, dass der Sachverhalt in seinem Gesamtbild dem Typus entspricht. Diese Kriterien gelten ab VZ 22 auch für die Ges'ter einer OptionsGes (s iEinz *Wacker/Krüger ua* DStR-Beih 21, 29 ff). Die Würdigung des Gesamtbilds bedeutet, dass die für und gegen ein DienstVerh sprechenden Merkmale gegeneinander abgewogen werden müssen (BFH VI R 59/91, BStBl II 93, 303; BFH VI R 50/05, BStBl II 08, 868; *HHR/Lammers* § 19 Rn. 53). Nicht ausschlaggebend ist die sozial- und arbeitsrechtl Einordnung (*Baade/Reiserer* DStR 25, 1227). IRd steuerl Beurteilung kann es ledigl als Indiz iRd Gesamtwürdigung gewertet werden, wenn das Arbeits- oder das Sozialrecht ein nichtselbständiges Beschäftigungsverhältnis annimmt (BFH X R 83/96, BStBl II 99, 534; BFH VI R 50/05, BStBl II 08, 868).

12 **a) Entstehung des Dienstverhältnisses.** Ein estl DienstVerh muss nicht durch schriftl Vertrag, sondern kann auch durch Hoheitsakt, mündl Vereinbarungen oder konkludentes Verhalten begründet werden. Die rückwirkende Begründung eines DienstVerh mit steuerl Wirkung ist indes nicht mögl (BFH VI R 50/05, BStBl II 08, 868). Allerdings muss das DienstVerh im Zeitpunkt der Einkünfteerzielung nicht schon oder immer noch bestehen. Es macht keinen Unterschied, ob es sich um ein zukünftiges, gegenwärtiges oder früheres DienstVerh handelt. Selbst wenn der ArbN seine Arbeitskraft nicht mehr schuldet, zB weil er von der Arbeit freigestellt ist, kann ein estl beachtl DienstVerh (noch) vorliegen (*KKM* § 19 Rn. B 64). Unerhebl ist ferner, ob das DienstVerh gegen gesetzl Verbote oder gute Sitten verstößt (§ 40 AO; BFH VI B 86/04, BFH/NV 05, 1061). Für die Besteuerung kommt es auch nicht auf die (zivilrechtl) Wirksamkeit des DienstVerh an, solange die Beteiligten das wirtschaftl Ergebnis eintreten und bestehen lassen (§ 41 I AO; BFH VI R 34/79, BStBl II 82, 502; BFH VI R 32/20, BStBl II 23, 35). Das estl DienstVerh setzt **keine Freiwilligkeit** voraus (*BH/Geserich* § 19 Rn. 59; *KS/Eisgruber* § 19 Rn. 18; s auch FG RhPf EFG 98, 1313, rkr, Freigänger). Auch Zwangsverpflichtete können in abhängiger Stellung gegen Entgelt tätig werden (*Küttner* „Arbeitnehmer (Begriff)" Rn. 27, mwN). Sie nehmen am Marktgeschehen (wenn auch zwangsweise) teil und erzielen durch Einsatz der Arbeitskraft Einnahmen. Deshalb liegt ein strechtl ArbVerh auch dann vor, wenn die Verpflichtung zur Arbeitsleistung – wie Wehrdienstleistende/Strafgefangene – auf hoheitl Zwang beruht. Zahlungen an ehemalige Zwangsarbeiter fließen aber außerhalb der Einkünftetatbestände des EStG zu (*OFD Mchen* DB 00, 398). Auch wenn der Einsatz der Arbeitskraft (in abhängiger Stellung) von sozialen Motiven mitbeeinflusst ist, schließt dies die Annahme eines ArbVerh nicht aus.

14 **b) Abgrenzung zu anderen Beschäftigungsformen.** Bloße Gefälligkeiten, die auf persönl Verbundenheit beruhen (zB im Bereich der Nachbarschaftshilfe) begründen aber noch kein steuerl DienstVerh (*KS/Eisgruber* § 19 Rn. 19). Ähnl Gesichtspunkte greifen in Fällen familiärer Hilfeleistung gegen geringe Belohnung. Hier fehlt es an einer Teilnahme am Marktgeschehen (BFH IX R 88/95, BStBl II 99, 776; BFH IX R 6/10, BStBl II 12, 581). Eine ehrenamtl Tätigkeit schließt die Annahme eines DienstVerh nicht allg aus (→ Rn. 35 „Ehrenamtliche Tätigkeit").

20 **3. Arbeitnehmerbegriff.** § 1 I 1 LStDV beschreibt ArbN als in öffentl oder privatem Dienst angestellte oder beschäftigte Personen, die aus diesem oder einen früheren DienstVerh ArbLohn beziehen. ArbN im strechtl Sinne ist auch der Rechtsnachfolger eines ArbN (§ 1 I 2 LStDV). Als ArbN kommen nur natürl Personen in Betracht. Auf ihre Geschäftsfähigkeit kommt es nicht an.

21 **a) Arbeitnehmerbegriff als Typusbegriff.** Der eigenständige, strechtl ArbN-Begriff ist ebenso wie der des DienstVerh ein Typusbegriff, der sich nicht durch Aufzählung feststehender Merkmale abschließend bestimmen lässt (stRspr, zB BFH VI R 51/05, BStBl II 08, 981; BFH VI R 4/06, BStBl II 09, 374; BFH VIII R 34/08, BFH/NV 11, 585; BFH VI B 150/03, BFH/NV 05, 347; BFH VI B 46/08, BFH/NV 09, 1814; vgl iEinz auch → § 15 Rn. 11 ff mwN). Die Abgrenzung zw selbständiger und nichtselbständiger Arbeit im strechtl Sinn kann nicht generell nach dem Inhalt der geleisteten Tätigkeit oder nach Berufsgruppen vorgenommen werden, sondern erfordert eine einzelfallbezogene Würdigung nach dem **Gesamtbild der Verhältnisse,** wobei die für und gegen ein DienstVerh sprechenden Merkmale gegeneinander abgewogen werden müssen (BFH VI R 77/12, BStBl II 15, 903; BFH VI R 11/07, BStBl II 08, 933; BFH VI R 81/02, BFH/NV 07, 426; zur Bedeutung der tatsächl Verhältnisse bei der Bestimmung der ArbN-Eigenschaft im SV-Recht, *von Medem* DStR 13, 1436, und BSG B 12 KR 25/10 R, DStR 13, 770). Dies gilt ab VZ 22 auch für die Ges'ter einer **OptionsGes** (*Wacker/Krüger ua* DStR-Beih 21, 29 ff). Da es auf das Gesamtbild der Verhältnisse ankommt, kann nicht mit Rücksicht auf das Vorliegen oder Fehlen bestimmter Merkmale die ArbN-Eigenschaft im Ein-

zelfall eindeutig bejaht oder verneint werden. Die Einzelmerkmale sind weder zwingend gleich noch zwingend unterschiedl zu gewichten (BFH XI B 205/07, BFH/NV 08, 1210). Ebenso ist nicht maßgebl, wie die Tätigkeit oder die tätige Person bezeichnet wird (BFH VI R 150–152/82, BStBl II 85, 661). Der arbeits- und sozialversicherungsrechtl Behandlung kommt ebenfalls nur eine Indizwirkung zu (BFH X R 83/96, BStBl II 99, 534; BFH IV R 180/72, BStBl II 76, 292; BFH I R 159/76, BStBl II 79, 182; auch → Rn. 11); der strechtl ArbN-Begriff deckt sich nicht mit dem des Arbeits- oder Sozialrechts (zB BFH VI R 50/05, BStBl II 08, 868; BFH I R 121/76, BStBl II 79, 188; BFH VI R 29/72, BStBl II 75, 520; *Lang* DStJG 9, 24 ff; *Bergkemper* FR 09, 42; *von Bornhaupt* BB 08, 1888; krit *Kloubert* FR 99, 1108). Entscheidungen der SV-Träger zur ArbN-Eigenschaft kommt im Besteuerungsverfahren allenfalls in Bezug auf sozialversicherungsrechtl (Vor)Fragen Bindungswirkung zu (BFH VI B 38/12, BFH/NV 12, 1968). – Zur **Statusfeststellung nach § 7a SGB IV.** Die Tatbestandswirkung von Entscheidungen der Sozialversicherungsträger beschränkt sich auf die sozialversicherungsrechtl Fragestellung (BFH VI B 110/11, BFH/NV 12, 946; BFH VI R 52/08, BStBl II 10, 703).

b) Einzelmerkmale zum Arbeitnehmertypus. BFH VI R 150–152/82, BStBl II 85, 661 nennt beispielhaft 19 Kriterien zur Beurteilung des Gesamtbildes der Verhältnisse. – ***(1)* Arbeitnehmereigenschaft.** Hierfür können insb folgende Merkmale sprechen: kein Unternehmerrisiko, keine Unternehmerinitiative, persönl Abhängigkeit, Weisungsgebundenheit hinsichtl Ort, Zeit und Inhalt der Tätigkeit, Eingliederung in den Betrieb, feste Bezüge, kein Kapitaleinsatz, keine Pflicht zur Beschaffung von Arbeitsmitteln, Schulden der Arbeitskraft und nicht eines Arbeitserfolges, Eingliederung in den Betrieb, Unselbständigkeit in Organisation und Durchführung der Tätigkeit, Notwendigkeit der engen ständigen Zusammenarbeit mit anderen Mitarbeitern, Ausführung von einfachen Tätigkeiten, bei denen eine Weisungsabhängigkeit die Regel ist, feste Arbeitszeiten, zeitl Umfang der Dienstleistungen, Ausübung der Tätigkeit gleichbleibend an einem bestimmten Ort, Urlaubsanspruch, Fortzahlung der Bezüge im Krankheitsfall, Anspruch auf sonstige Sozialleistungen, Überstundenvergütung. Im Einzelfall kann neben den genannten Abgrenzungsmerkmalen für die ArbN-Stellung auch sprechen, wenn das Rechtsverhältnis auf längere Dauer angelegt ist oder wenn bei zeitl nur kurzer Berührung mit dem Betrieb des Auftraggebers wegen der Eigenart der Tätigkeit regelmäßig eine Eingliederung erfolgt (BFH VI R 56/67, BStBl II 69, 71). Die Gestellung von Arbeitskleidung durch den ArbG kann ebenso für nichtselbständige Tätigkeit sprechen wie die persönl Verrichtung der Arbeitsleistung. Fehlt einer Person ein gesetzl Qualifikationsmerkmal für ein selbständiges Tätigwerden, kann hieraus ArbN-Eigenschaft abzuleiten sein (*OFD Ffm* DStR 91, 383; s aber BFH V R 63/94, BStBl II 97, 188). – ***(2)* Selbstständigkeit.** Hierfür sprechen demggü Unternehmerrisiko, Unternehmerinitiative (BFH V R 2/95, BStBl II 96, 493; BFH X R 14/10, BStBl II 12, 511), Selbständigkeit in Organisation und Durchführung der Tätigkeit, eigene Kostentragung, Beschäftigung eigener Arbeitskräfte (BAG 5 AZR 253/00, DB 02, 1610; BAG 5 AZR 770/98, DB 00, 1028; BFH I R 17/78, BStBl II 80, 303), Unterhalten eines eigenen Büros (BFH I 200/59 S, BStBl III 61, 567), geschäftl Kontakt zu mehreren Auftraggebern (BFH V R 115/85, UR 91, 138; BFH VI 87/60 U, BStBl III 62, 69; BFH VI 127/65, BStBl III 68, 430), freie Erledigung der Arbeiten im Verhältnis zum Vertragspartner (OLG Köln DStR 03, 1505), Fehlen einer Urlaubsregelung und einer festen Arbeitszeit (BFH IV R 34/80, BStBl II 84, 654; BFH IV R 131/82, BStBl II 85, 51), nur kurzfristige Berührung mit dem Betrieb des Auftraggebers ohne Eingliederung in den Betrieb oder (im Ausnahmefall) die Art der Tätigkeit (gehobene Tätigkeit), wenn sich daraus ableiten lässt, dass der Erfolg der Tätigkeit wichtiger ist als der Umfang der Arbeitsleistung (BFH IV R 231/69, BStBl II 73, 458; BFH VI 87/60 U, BStBl III 62, 69).

23 *(3)* **Wille der Vertragsparteien.** Er kann als Indiz für oder gegen das Bestehen eines DienstVerh herangezogen werden, wenn er tatsächl durchgeführt worden ist (BFH VIII R 52/77, BStBl II 79, 414; BFH VI R 71/69, BStBl II 72, 617). Sprechen aber gewichtige Gründe zB gegen die Selbstständigkeit, ist ein gegenteiliger Wille der Parteien unbeachtl (FG Hmb EFG 84, 47, sog „selbständiger" Kraftfahrer als ArbN). Entscheidend ist das Gesamtbild der vertragl Vereinbarung und deren Durchführung (BFH I R 121/76, BStBl II 79, 188; BFH VI R 80/74, BStBl II 77, 178; BFH VI R 5/06, BStBl II 09, 931). Dabei kommt es nicht auf das Auftreten nach außen, sondern auf das Innenverhältnis (Verhältnis zum Auftraggeber) an (BFH VIII R 52/77, BStBl II 79, 414; BFH I R 121/76, BStBl II 79, 188). Auch die **Vergütungsart** kann bedeutsam sein (*HHR/Lammers* § 19 Rn. 25). Für die ArbN-Eigenschaft kann eine Vergütung nach Arbeitszeit (zB fester Monats- oder Stundenlohn), für die Selbständigkeit eine Vergütung nach dem Erfolg bzw dem Ergebnis der Leistung sprechen. ArbN-Eigenschaft kann fehlen, wenn die Vergütung die mit der Tätigkeit zusammenhängenden Aufwendungen nur ganz unwesentl übersteigt (BFH VI R 59/91, BStBl II 93, 303, betr Amateursportler; BFH VI R 94/93, BStBl II 94, 944, betr Sanitätshelfer des DRK; BFH VI R 28/73, BStBl II 76, 134, betr ehrenamtl Helfer von Wohlfahrtsverbänden; FG Hmb EFG 00, 13, betr Umzugshilfe) oder wenn **freiwillige Dienste zur Erfüllung von Satzungszielen** eines Vereins erbracht werden (*OFD Mbg* DB 00, 1202 Rettungsschwimmer). Ähnl Gesichtspunkte greifen in Fällen **familiärer Hilfeleistung gegen geringe Belohnung.** Hier fehlt es an einer Teilnahme am Marktgeschehen (BFH IX R 88/95, BStBl II 99, 776).

24 **c) Unternehmerrisiko; Unternehmerinitiative.** Bei der Würdigung des Gesamtbilds der Verhältnisse ist insb das Vorliegen bzw Fehlen der Unternehmerinitiative und des Unternehmerrisikos von Bedeutung (BFH X R 14/10, BStBl II 12, 511; BFH VI R 152/01, BStBl II 06, 94; *KKM* § 19 Rn. B 88 ff). Unternehmerrisiko trägt, wer sich auf eigene Rechnung und Gefahr betätigt und die Höhe der Einnahmen wesentl durch eine Steigerung seiner Arbeitsleistung oder durch die Herbeiführung eines besonderen Erfolges beeinflussen kann (BFH VIII R 52/77, BStBl II 79, 414; BFH VIII R 2/92, BFH/NV 96, 325). Allein die Vereinbarung einer erfolgsbezogenen Entlohnung bedeutet aber noch nicht die Übernahme eines Unternehmerrisikos, solange sich dies ledigl als ArbN-Risiko besonderer Art darstellt (BFH IX B 183/03, BFH/NV 05, 1058; BFH I R 159/76, BStBl II 79, 182; BFH VI R 126/88, BStBl II 93, 155; FG Hmb EFG 92, 279, rkr; s aber BFH I R 121/76, BStBl II 79, 188; BFH X R 83/96, BStBl II 99, 534, Rundfunkermittler). Kennzeichnend für das Unternehmerrisiko ist, dass sich der Erfolg oder Misserfolg unmittelbar im Vermögen des StPfl niederschlägt (BFH VIII R 349/83, BStBl II 92, 330). Dieses Risiko wird idR durch Beteiligung am Gewinn und Verlust sowie an den stillen Reserven des BV einschließl des Geschäftswerts vermittelt (BFH III R 21/02, BStBl II 05, 168; BFH IV R 100/06, BFH/NV 10, 2056). Unternehmerinitiative bedeutet vor allem Teilnahme an unternehmerischen Entscheidungen, wie sie zB Ges'tern oder diesen vergleichbaren Personen als Geschäftsführern, Prokuristen oder anderen leitenden Angestellten obliegen, oder die Möglichkeit zur Ausübung von Ges'terRechten, die den Stimm-, Kontroll- und Widerspruchsrechten eines Kommanditisten angenähert sind, oder die den Kontrollrechten nach § 716 I BGB entsprechen (BFH IV R 63/07, BFH/NV 11, 214).

25 **d) Schulden der Arbeitskraft.** Es gehört nach § 1 II 1 LStDV zum Begriffskern des DienstVerh (→ Rn. 11) und damit auch des estl ArbN-Begriffs. Das Schulden der Arbeitskraft ist vom Schulden des Arbeitserfolges abzugrenzen. Steht das Ableisten einer bestimmten Arbeitszeit, nicht aber die Erzielung eines bestimmten Arbeitserfolges im Vordergrund, spricht dies für die ArbN-Eigenschaft des StPfl (BFH IV R 60–61/94, BStBl II 95, 888). Diese Abgrenzung führt indes nicht immer zu eindeutigen Ergebnissen. Selbständige schulden häufig ebenfalls nur eine Dienstleistung; auch von Selbständigen erwartet der Auftraggeber oftmals eine ganztägige Tä-

tigkeit (s BFH X R 83/96, BStBl II 99, 534), während auch bei ArbN eine Vergütung nach ihrem Arbeitserfolg in Betracht kommt (zB bei Stücklohn). Unerhebl ist, auf welcher Rechtsgrundlage die Arbeitskraft geschuldet wird. Es kommt darauf an, dass die Arbeitsleistung tatsächl erbracht werden soll (*KS/Eisgruber* § 19 Rn. 23). Verzichtet der ArbG auf die Arbeitsleistung (zB im Fall der Freistellung), steht dies der ArbN-Eigenschaft des StPfl nicht entgegen (*BH/Geserich* § 19 Rn. 65). Die Arbeitsleistung kann ausnahmsweise auch in einem Unterlassen bestehen (BFH I R 254/75, BStBl II 78, 195, BFH VI R 230/83, BStBl II 87, 386); sie muss nicht zwingend ggü dem ArbG zu erbringen sein (zB bei ArbN-Überlassung).

e) Weisungsgebundenheit; Eingliederung. Der ArbN steht „unter der Leitung" des ArbG, er hat „dessen Weisungen zu folgen" (§ 1 II 2 LStDV). Der ArbG kann grds Ort, Zeit, Umfang, Art und Weise der Arbeitsleistung bestimmen. Vertragl Vorgaben können für die Bejahung der Weisungsgebundenheit ausreichen (BFH VI R 4/06, BStBl II 09, 374). Die Weisungsgebundenheit kann im Einzelfall unterschiedl ausgeprägt sein; sie kann sich auf den äußeren Rahmen beschränken (zB bei höheren Diensten) oder auch (fast) vollständig fehlen (zB bei Geschäftsführern, Vorständen). Von Bedeutung ist in diesem Zusammenhang insb, ob der Handlungsspielraum dem StPfl vom Dienstberechtigten ledigl eingeräumt ist (Indiz für ArbN-Stellung) oder ob sich der StPfl den Handlungsspielraum selbst verschaffen kann. Auch StPfl, die allein Ges'ter-Geschäftsführer einer KapGes sind, können hiernach ArbN sein (instruktiv EuGH C-355/06, BFH/NV 08, Beil 1, 48; s aber auch BFH VIII R 34/08, BFH/NV 11, 585; BFH VI R 16/03, BFH/NV 06, 544, Beteiligungsquote von mindestens 50% als Indiz für Selbständigkeit; BFH XI R 70/07, BStBl II 08, 912; BFH V R 29/03, BStBl II 05, 730; *BMF* BStBl I 07, 503; *KS/Eisgruber* § 19 Rn. 27). Die Eingliederung in den geschäftl Organismus des ArbG betrifft die Integration des ArbN in die Arbeitsabläufe des Dienstberechtigten. Kennzeichen sind ua der Umfang der Zusammenarbeit mit anderen ArbN, die Beschäftigung zu festen Arbeitszeiten (BFH X R 83/96, BStBl II 99, 534; BFH VIII R 52/77, BStBl II 79, 414), die Dauer der Einbindung in den Betrieb (s BFH V R 2/95, BStBl II 96, 493; BFH VI 183/59 S, BStBl III 62, 37), die Erbringung der Arbeitsleistung an vorgegebenen Tätigkeitsorten und ggf die Beteiligung an betriebl Sozialeinrichtungen. 26

f) Gesamtbild der Verhältnisse; tatrichterliche Würdigung. Die Elemente des ArbN-Typus treten im Einzelfall mehr oder weniger deutl in Erscheinung; einzelne Merkmale können auch ganz fehlen. Die Merkmale sind im Einzelfall zu gewichten und gegeneinander abzuwägen. Diese Aufgabe obliegt in erster Linie dem FG als Tatsacheninstanz (BFH VI R 4/06, BStBl II 09, 374). Die im Wesentlichen auf tatrichterl Gebiet liegende Beurteilung des FG ist revisionsrechtl nur begrenzt überprüfbar (zur Überprüfung des Gesamtbildes durch das Revisionsgericht, s BFH VI R 152/01, BStBl II 06, 94; BFH VI B 46/08, BFH/NV 09, 1814). Bei sorgfältiger Durchführung der Gesamtwürdigung wird eine Revision kaum Erfolg haben. Deshalb kommt dem sorgfältigen und umfassenden Vortrag der Beteiligten vor dem FG besondere Bedeutung zu. 27

g) Gemischte Tätigkeit; Nebentätigkeit; Mehrfacharbeitsverträge. Übt ein StPfl mehrere Tätigkeiten aus, so ist für die steuerl Einordnung jede dieser Tätigkeiten für sich und nach ihren jeweiligen Merkmalen zu beurteilen (BFH VI R 60/73, BStBl II 75, 513; BFH IV R 162/72, BStBl II 76, 291; BFH VIII R 52/77, BStBl II 79, 414; *HHR/Lammers* § 19 Rn. 27 f). Ist ein ArbN nicht nur für seinen ArbG, sondern auch noch **für einen Dritten tätig,** ergeben sich für die steuerl Beurteilung des Rechtsverhältnisses des ArbN zu dem Dritten keine besonderen Probleme; der ArbN kann insoweit entweder als Gewerbetreibender, freiberufl oder als ArbN tätig werden (BFH VI R 60/73, BStBl II 75, 513). Ob die iRd einen Tätigkeit erworbenen Kenntnisse auch bei der anderen Tätigkeit ausgenutzt werden, ist für die steuerl Qualifizierung der anderen Tätigkeit ohne Belang. Insb bei **Mehrfacharbeitsverträgen** 28 in Konzernen ist sorgfältig zu prüfen, ob nicht ein einheitl ArbVerh vorliegt (s *Forchhammer* DStZ 99, 153). Ein einheitl ArbVerh kann auch vorliegen, wenn eine einheitl Beschäftigung ledigl formal in eine Hauptbeschäftigung und eine geringfügige Nebenbeschäftigung (§ 40a) aufgespalten wird.

29 **h) Mehrere Leistungen für einen Arbeitgeber.** Erbringt der ArbN für seinen ArbG noch *weitere Leistungen* gegen Entgelt, ist die Frage, zu welcher Einkunftsart die Einkünfte des ArbN aus dieser Nebentätigkeit gehören, nicht unabhängig von der Haupttätigkeit zu beurteilen (BFH VI R 81/02, BFH/NV 07, 426). Die zutr Einordnung der Nebentätigkeit ist insb für den LStAbzug von Bedeutung; nur wenn die Nebentätigkeit nichtselbständig erbracht wird, ist der ArbG zum LStAbzug verpflichtet (zu ELStAM bei verschiedenen Lohnarten s *BMF* BStBl I 25, 64 Rn. 102 ff). Auch eine für den ArbG ausgeführte Nebentätigkeit kann von dem ArbN selbständig und ohne Zusammenhang mit dem ArbVerh erbracht werden (BFH IV R 126/70, BStBl II 72, 212; BFH VI R 7/69, BStBl II 72, 460; BFH VI R 59/96, BStBl II 97, 254; BFH IX R 1/06, BFH/NV 07, 2263). Hängt die für den ArbG erbrachte Nebentätigkeit aber mit der Ausübung der Haupttätigkeit unmittelbar zusammen (zB Gleichwertigkeit der Tätigkeiten und der organisatorischen Bedingungen, BFH IV R 189/85, BStBl II 87, 783), ist auch die Nebentätigkeit als Teil der nichtselbständigen Haupttätigkeit anzusehen (BFH VI B 75/17, BFH/NV 18, 337). Dies kann selbst dann der Fall sein, wenn die Nebentätigkeit zwar nicht im Arbeitsvertrag ausdrückl vereinbart ist, aber vom ArbG erwartet werden kann, auch wenn sie zusätzl vergütet werden muss (BFH VI R 81/02, BFH/NV 07, 426, Vermittlungstätigkeit von Bankangestellten; s aber auch BFH IX R 1/06, BFH/NV 07, 2263). Ob der ArbN beim ArbG bereits ausgeschieden ist, ist dabei ohne Belang (BFH XI R 32/00, BStBl II 01, 496). Auch eine **freiwillig erbrachte Nebentätigkeit** ist unselbständig, wenn sie mit der Haupttätigkeit so eng zusammenhängt, dass sie als deren Hilfstätigkeit erscheint (BFH IV R 241/70, BStBl II 72, 213) oder sich von der Haupttätigkeit nicht unterscheidet (BFH IV R 162/72, BStBl II 76, 291, Lehrkraft übernimmt neben dem Pflichtunterricht an derselben oder einer benachbarten Schule gleichen Typs freiwillig weitere Unterrichtsstunden). Eine ggü dem ArbG erbrachte Nebentätigkeit kann aber dann als **selbständige Tätigkeit** mit der Folge angesehen werden, dass der ArbN insoweit zB Einkünfte iSd § 18 erzielt, wenn der ArbG dem ArbN ledigl die Möglichkeit bietet, die während der nichtselbständigen Arbeit erworbenen oder die der nichtselbständigen Arbeit dienenden Fähigkeiten außerhalb der vereinbarten Dienstzeit ohne aus dem Arbeitsvertrag sich ergebende Weisungen und Kontrollbefugnisse des ArbG zu verwerten (zB BFH IV R 37/76, BStBl II 80, 321; BFH VI R 7/69, BStBl II 72, 460; BFH IV R 126/70, BStBl II 72, 212; BFH VI 36/55 U, BStBl III 58, 255; *Becker/Figura* BB 12, 3046 (3051) zu Gestaltungsmöglichkeiten im Profisport).

32 **4. Arbeitgeberbegriff.** Die Stellung als (inl) ArbG ist insb für das LSt-Abzugsverfahren von Bedeutung (zum ArbG-Begriff iEinz → § 38 Rn. 2 ff). Der ArbG-Begriff ergibt sich mittelbar aus § 1 II LStDV. ArbG ist hiernach derjenige, dem der ArbN die Arbeitsleistung schuldet, unter dessen Leitung er tätig wird oder dessen Weisung er zu befolgen hat (BFH VI R 84/10, BStBl II 11, 986). Dies ist idR der Vertragspartner des ArbN aus dem Dienstvertrag (BFH VII R 46/02, BStBl II 03, 556), im Fall der ArbN-Überlassung derjenige, der dem ArbN den ArbLohn im eigenen Namen und für eigene Rechnung auszahlt (BFH VI R 84/10, BStBl II 11, 986). IÜ ist für den ArbG-Begriff unerhebl, ob der ArbG den Lohn selbst zahlt (§ 38 I 3). ArbG kann eine natürl oder jur Person des privaten oder öffentl Rechts sowie eine PersGes sein (BFH VI R 41/92, BStBl II 95, 390; BAG 8 AZR 397/07, DStRE 09, 1284; Anm *Arens* DStR 09, 1498, jeweils zur GbR). Der lstrechtl ArbG-Begriff muss nicht dem des Abkommensrechts entsprechen (BFH I R 46/03, BStBl II 05, 547; aber → § 38 Rn. 4). Zur ArbG-Eigenschaft bei Organgesellschaften, innerhalb des Konzerns (BFH I R 64/98, BStBl II 00, 41; BFH VI R 122/00, BStBl II 04, 620;

BFH XI B 27/01, BFH/NV 01, 1551) und iRv Leiharbeitsverhältnissen → § 38 Rn. 5 ff. Auch ein ArbN kann seinerseits ArbG sein (→ Rn. 35 „Arzt"; NdsFG EFG 82, 616, rkr; zum mittelbaren ArbVerh s *BH/Geserich* § 19 Rn. 134).

5. ABC der Arbeitnehmereigenschaft

Vorbemerkung: Die Frage, ob StPfl selbständig, gewerbl oder nichtselbständig tätig sind, ist nicht nach Berufsgruppen, sondern nach dem **Gesamtbild der jeweiligen Verhältnisse** zu beurteilen (→ Rn. 21; BFH IX B 183/03, BFH/NV 05, 1058). Die nachfolgende Zusammenstellung kann deshalb nur Hinweise für die Gesamtwürdigung im Einzelfall enthalten. 35

Amateursportler s BFH VI R 59/91, BStBl II 93, 303; FG Brem EFG 99, 1125; FG Ddorf EFG 01, 136, rkr (Zuwendung durch Vereinsvorstand als Lohn); s auch „Sportler".

Angehörige. Zur Anerkennung von ArbVerh zw nahen Angehörigen → § 12 Rn. 20 ff; BFH VI R 28/18, BStBl II 21, 450; BFH X R 44–45/17, BStBl II 19, 203, zur fremdunübl PKW-Überlassung bei geringfügigem ArbVerh; BFH X R 1/19, BStBl II 21, 283, zu Wertguthabenvereinbarung. Nicht vereinbarte Mehrarbeit steht der Anerkennung des ArbVerh nicht entgegen (BFH X R 31/12, BFH/NV 13, 1968, BFH VI R 28/18, BStBl II 21, 450 auch zu Nachweiserfordernissen), ebenso wenig ein unangemessen hoher ArbLohn (NdsFG EFG 14, 822, rkr), wohl aber fehlende Festlegung der ArbZeit (FG Mster DStRE 19, 793, rkr, zutr). Bei Teilzeitbeschäftigung sind Unklarheiten hinsichtl der Arbeitszeit für die Anerkennung des ArbVerh aber unschädl, wenn die konkrete Arbeitszeit von den berufl Erfordernissen des StPfl abhängt und Unklarheiten deshalb auf die Eigenart des ArbVerh und nicht auf eine unübl Gestaltung zurückzuführen sind (BFH VI R 28/18, BStBl II 21, 450). Üblicherweise iRe ehel Lebensgemeinschaft miterledigte Aufgaben können nicht Gegenstand eines Ehegattenarbeitsverhältnisses sein (NdsFG EFG 01, 1181, rkr; LAG RhPf DB 02, 2050, rkr; s aber BFH IV R 15/98, BFH/NV 99, 919 zu ArbVerh in der LuF). Dies gilt bei einem UnterArbVerh auch, wenn der ArbG zugestimmt hat (FG BW EFG 91, 378, rkr). Die Hauptpflicht aus dem Arbeitsvertrag kann nicht auf Ehegatten übertragen werden (FG Mster EFG 91, 246, rkr); ebenfalls keine Anerkennung, wenn berufl Geheimhaltungspflichten verletzt würden (FG Köln EFG 00, 994, rkr), wenn ein Dritter zu diesen Bedingungen nicht arbeiten würde (FG Nbg DStRE 04, 243, rkr) oder die Entlohnung für einfache Büroarbeiten hauptsächl in der Überlassung eines Pkw zur freien Verfügung besteht (BFH X B 181/13, BFH/NV 14, 523). Zusätzl Leistungen neben der Zahlung des ArbLohns sind gesondert nach Fremdvergleichsgrundsätzen zu prüfen (BFH X R 1/19, BStBl II 21, 283). Bei **Überkreuzarbeitsverhältnissen** (BFH X B 59/97, BFH/NV 98, 448; BFH III B 136/01 juris; NdsFG EFG 95, 62, rkr; FG BW EFG 04, 484, rkr; ThürFG EFG 14, 2123, rkr, Ehegatten; FG Mster EFG 01, 1541, rkr, Brüder; FG RhPf EFG 96, 743, rkr, zw nichtehel Lebensgefährten) oder **Unterarbeitsverhältnis zw ArbN und Kind** (BFH VI R 86/94, BStBl II 95, 394) ist die Entscheidung über die Anerkennung unter Würdigung aller Umstände des Einzelfalls zu treffen; idR wird aber die Fremdüblichkeit fehlen. Geringfügige Hilfeleistungen, die üblicherweise nicht auf arbeitsvertragl Grundlage erbracht werden, können gegen Arbeitsvertrag sprechen (BFH IV R 14/92, BStBl II 94, 298; BFH I B 133/93, BFH/NV 94, 861). Ansonsten kann ein ArbVerh aber nach den allg Grundsätzen anerkannt werden (ausführl BFH VI R 59/06, BStBl II 09, 200; BFH VI R 28/18, BStBl II 21, 450). Die Feststellungslast liegt beim StPfl, wenn er sich auf das Vorliegen eines ArbVerh beruft. Zur Überweisung des Lohns auf ein **Oderkonto** s BVerfG 2 BvR 802/90, BStBl II 96, 34; BVerfG 2 BvR 3027/95, DB 96, 2470; *Pezzer* StbJb 1996/97, 25.

Anwaltsvertreter. Amtl bestellte Vertreter eines RA oder Notars sind idR selbständig (BFH V 174/65, BStBl II 68, 811, Notariatsverweser). Entscheidend sind die

Umstände des Einzelfalles (BAG 5 Sa 326/96, DB 98, 2274). S auch „Urlaubsvertretung". Zu Assessoren, die bei RA mitarbeiten, s „Referendar".

Arzt. Ein Arzt kann seine Leistungen als ArbN oder selbständig erbringen (Gesamtwürdigung maßgebl). Der niedergelassene Arzt in eigener Praxis wird selbständig (§ 18), der angestellte oder beamtete Arzt idR unselbständig tätig. Auch ein angestellter Arzt kann aber neben Einkünften aus § 19 solche aus § 18 erzielen, zB Chefarzt mit eigenem Liquidationsrecht. Bei der Gesamtwürdigung ist ua von Bedeutung, ob die Erbringung der wahlärztl Leistungen zu den ggü dem ArbG vertragl geschuldeten Dienstaufgaben gehört, ob der Arzt hinsichtl der (ambulanten oder stationären) Leistungen in den geschäftl Organismus des ArbG eingebunden ist und inwieweit Unternehmerinitiative und Unternehmerrisiko vorliegen (BFH VI R 152/01, BStBl II 06, 94; BFH VI B 46/08, BFH/NV 09, 1814; FG Mster DStRE 13, 1234, rkr; Prüfungsmerkmale bei der Gesamtwürdigung s FG RhPf DStRE 09, 585, rkr und *OFD Ka* DStR 06, 1041). Zur Einstufung von Betriebsärzten uä s auch LAG Köln DB 99, 2648; zu Notärzten (BSG B 12 R 9/21, BeckRS 2023, 41359; *Brenner/Porten/Rieck* DB 17, 2058; s aber § 23c II SGB IV für den ärztl Notdienst im Rettungsdienst). Honorarärzte in Krankenhäusern sind idR ArbN (BSG B 12 R 11/18 R, DStR 19, 2429), ebenso Ärzte in Impf- und Testzentren (*FM SchlH* DStR 22, 1723). Die Erstellung ärztl Gutachten ist idR eine selbständige Tätigkeit. Werden die Gutachten allerdings iRe ArbVerh erstellt und gelten als solche des ArbG, liegen Einkünfte aus § 19 vor (s BFH IV 88/56 U, BStBl III 56, 187). Behandelt ein angestellter Oberarzt Privatpatienten des Chefarztes in dessen Vertretung, wird er insoweit nichtselbständig in Bezug zum Chefarzt tätig (BFH IV R 241/70, BStBl II 72, 213). ArbG ist insoweit der Chefarzt (**aA** FG BW EFG 78, 462, AdV); er hat also eine Doppelrolle als ArbN und als ArbG (s auch BFH IV R 186/82, BStBl II 85, 286 und „Urlaubsvertretung").

AStA-Mitglieder sind ArbN der Studentenschaft (BFH VI R 51/05, BStBl II 08, 981).

Aufsichtsratsmitglied ist selbständig tätig. Das gilt auch für Beamte und Minister, die in dienstl Eigenschaft dem Aufsichtsrat einer Ges angehören (*BH/Geserich* § 19 Rn. 120 „Aufsichtsratsmitglieder") sowie für ArbN-Vertreter im Aufsichtsrat (BFH V R 136/71, BStBl II 72, 810; BFH IV R 81/76, BStBl II 81, 29). Auch → Rn. 100 „Aufsichtsratvergütung". Die geänderte Rspr zur USt ist ertragsteuerrechtl nicht maßgebl (→ § 18 Rn. 150).

Aushilfstätigkeit. Ein **DienstVerh bejaht** wurde: Schulkinder bei der Erntearbeit (BFH VI 73/58 U, BStBl III 59, 354); Aushilfskräfte im Gaststättengewerbe (BFH VI 34/60, DB 62, 259), im Gartenbau (BFH VI R 83/04, BStBl II 09, 703) und zur Bewachung (BFH VI 43/61, HFR 62, 137); Verladearbeiter (BFH VI R 221/69, BStBl II 74, 301); Servicekräfte zum Einsortieren im Supermarkt (BFH VI R 4/06, BStBl II 09, 374). Ein **Dienstverhältnis verneint** wurde: Sargträger (FG Saarl EFG 96, 98, rkr). IdR überwiegt die Bindung der Aushelfenden an Zeit und Ort der Arbeitsleistung sowie die Tatsache, dass sie nur einfache Arbeiten verrichten und lfd Kontrolle unterliegen, die gegen die Eingliederung sprechende Kürze der jeweiligen Tätigkeit. Gefälligkeitsleistung kann gegen DienstVerh sprechen.

Auszubildende sind ArbN.

Beamtenanwärter sind ArbN (BFH VI R 337/70, BStBl II 72, 261).

Bürgermeister sind ArbN, auch wenn sie ehrenamtl tätig sind (BFH VI R 82/68, BStBl II 71, 353). Entscheidend ist, ob der Bürgermeister nach der Gemeindeordnung (auch) Verwaltungsaufgaben wahrnimmt (dann ArbN; SchlHFG DStRE 16, 1225, rkr) oder (wie nach der GemeindeO NRW aF) nur die politische Spitze der Gemeinde ist (kein ArbN; BFH VI 27/64 U, BStBl III 66, 130; BFH IV R 41/85, BStBl II 88, 266).

Dozent einer Volkshochschule ist im SozialR idR als ArbN anzusehen (BSG 12 BA 3/23 R, BeckRS 2024, 30327). Es kommt aber auch insoweit gerade im StRecht auf die Umstände des Einzelfalls an.

Ehrenamtliche Tätigkeit schließt ein DienstVerh nicht aus; Gleiches gilt für die Geringfügigkeit der Entschädigung, wenn sie über die pauschale Erstattung der Selbstkosten hinausgeht, und die kurze Dauer der Tätigkeit (BFH VI R 28/73, BStBl II 76, 134, ehrenamtl Helfer von Wohlfahrtsverbänden; BFH VI R 94/93, BStBl II 94, 944, Sanitätshelfer des DRK; Überblick s *Myssen* INF 00, 129 f). Zur Einkunftserzielungsabsicht s *FM MV* DB 97, 404. Es ist auch zu prüfen, ob die für ein DienstVerh wesentl Eingliederung vorliegt; daran kann das DienstVerh scheitern (FG Bbg EFG 01, 1280, rkr, Deichläufer im Katastrophenschutz, zweifelhaft). Ehrenamtl Wahlhelfer s *FM Thür* DStR 99, 1317 (ArbN). Ansonsten als ArbN tätige ehrenamtl Richter erzielen mit den Dienstausfallentschädigungen Einkünfte aus §§ 19 I 1 Nr 1, 24 Nr. 1 lit a), die Entschädigungen für Zeitversäumnis sollen demggü nicht stbar sein (BFH IX R 10/16, BFH/NV 17, 680).

Filmbranche. Schauspieler, die an Spielfilmen, Fernsehproduktionen oder am Theater mitwirken, sind idR als ArbN tätig (BFH I R 207/66, BStBl II 72, 88; BFH IV R 1/69, BStBl II 72, 214; *BMF* BStBl I 90, 638; Zweifel bei FG BW DStRE 99, 371, rkr; s auch „Künstler", „Fotomodell"; eine abw Gesamtwürdigung ist mögl; s auch BFH XI B 250/07, BFH/NV 09, 394). Zur Beurteilung sog Ausschließlichkeitsverträge zw Schauspieler und ArbG, der sein Recht auf Dienstleistung des Schauspielers anderen Filmherstellern übertragen kann, s BFH I R 94/69, BStBl II 72, 697; BFH I R 202/67, BStBl II 72, 281). Regisseure und Kameramänner können auch selbständig tätig sein (BFH VI R 19/07, BFH/NV 08, 1485; tatrichterl Gesamtwertung, s FG Hmb EFG 07, 1437).

Fotomodell. Berufsfotomodell ist, insb wenn es kurzfristig zur Produktion von Werbefilmen eingesetzt wird, regelmäßig selbständig (gewerbl) tätig (BFH VI R 5/06, BStBl II 09, 931).

Frachtführer wird idR kein ArbN sein, wenn er Aufträge mit eigenem Fahrzeug auch auf eigene Rechnung für Dritte durchführen darf (BAG 5 AZR 563/97, DB 99, 436; BGH VIII ZB 54/97, DB 99, 151; s hierzu *Linnenkohl* BB 02, 622; s auch „Franchise-Nehmer"). Ein auf dem Fahrzeug des Auftraggebers fahrender und im Tourenplan eingegliederter Fahrer ist demggü regelmäßig ArbN (FG Mster EFG 99, 1046, rkr; BFH V B 129/99, BFH/NV 00, 997).

Franchisenehmer. Zur ArbN-Eigenschaft s *Flohr* DStR 03, 1622; BGH VIII ZB 12/98, DStR 98, 2020, Anm *Eckert* – „Eismann-Fall"; BAG 5 AZB 29/96, DB 97, 2127. Entscheidend sind die Umstände des Einzelfalles: Einschränkungen bei der Gestaltung der Tätigkeit (Arbeitsort, Arbeitszeit, fachl Kontrolle) und unternehmerische Risiken.

GEMA-Außendienstermittler sollen ArbN sein (*OFD Hann* DB 00, 549). Entscheidend ist, ob die Verträge denen der Rundfunkermittler (s dort) vergleichbar sind oder nicht.

Gepäckträger auf Bahnhöfen der Deutschen Bahn sind von FG Mster (EFG 71, 596, rkr) als ArbN (Fehlen eines Unternehmerrisikos) beurteilt worden (**aA** *BH/Geserich* § 19 Rn. 120 „Gepäckträger", mwN).

Gesellschafter einer Kapitalgesellschaft kann als *ArbN,* als *Ges'ter* oder *selbständig* für die Ges tätig werden (zB BFH I R 138/70, BStBl II 72, 949, mwN; BFH VI R 16/03, BFH/NV 06, 544; BFH VI R 52/08, BStBl II 10, 703; vgl auch BAG 5 AZR 612/97, DStR 98, 1645; zur sozialversicherungsrechtl Beurteilung s BSG B 12 KR 13/17 R, NJW 18, 2662; *Uckermann/Drees* DStR 19, 561). Entscheidend ist das Gesamtbild der Verhältnisse (BFH VIII R 34/08, BFH/NV 11, 585). Dies gilt ab VZ 22 auch für die Ges'ter einer **OptionsGes** (*Wacker/Krüger ua* DStR-Beih 21, 29 ff). Die Beteiligungsquote von mindestens 50% kann auch iRd steuerl Beurteilung als Indiz für die Selbständigkeit herangezogen werden (BFH VI R 81/06, BStBl II 12, 262). Es besteht aber keine Bindung an das SV-Recht und Arbeitsrecht, wonach ein Ges'terGeschäftsführer, der mehr als 50% des Stammkapitals innehat, sozialvers und arbeitsrechtl nicht als ArbN gilt (BFH I R 48/16, BFH/NV 17, 1316; BAG 10 AZB 43/14, NZA 14, 1293). Wohl aber sind Entscheidungen des Sozialversicherungsträgers im Besteuerungsverfahren iRd § 3 Nr 62 zu beachten, soweit sie nicht offensichtl rechtswidrig sind (BFH VI R 52/08, BStBl II 10, 703; s auch BFH VI R 16/03, BFH/NV 06, 544; ausführl BFH VI R 81/06, BFH/NV 09, 1311; *Geserich* HFR 09, 867, mit Abgrenzung zum UStRecht; *Bergkemper* FR 09, 1072). Diese Rspr ist str (vgl *Seer* FS Joachim Lang, 2011 S 655 (669 ff) und GmbHR 11, 225).

Gesetzlicher Vertreter einer Kapitalgesellschaft ist in den Organismus der Ges eingegliedert. Er ist regelmäßig ArbN. Dies gilt auch, wenn der frühere Geschäftsführer „ehrenamtl" seine Erfahrungen gegen „Aufwandsvergütung" zur Verfügung stellt (FG RhPf EFG 95, 29, rkr). Dennoch ist zw der Organstellung und dem Anstellungsverhältnis zu unterscheiden (ausführl BFH VIII R 34/08, BFH/NV 11, 585 mwN). S ferner „Ges'ter einer KapGes".

Gutachterausschuss. Mitglieder von Umlegungs- und Gutachterausschüssen sind idR keine ArbN; etwas anderes kann für entsandte oder dort (hauptamtl) beschäftigte Beamte gelten.

Gutachtertätigkeit von Klinikärzten s *FM SchlH* DStR 13, 529.

Handelsvertreter. BFH V R 150/66, BStBl II 70, 474 enthält Abgrenzungsmerkmale, anhand derer die Selbstständigkeit oder Unselbständigkeit des Handelsvertreters beurteilt werden kann. Halten sich die Merkmale für und gegen die Selbstständigkeit die Waage, ist auch der Wille der Vertragspartner zu berücksichtigen, sofern die tatsächl Handhabung dem entspricht (BFH VI 88/60, HFR 62, 312; auch → Rn. 23).

Haushaltshilfe kann ArbN oder selbständig sein (s auch BFH VI R 28/77, BStBl II 79, 326; ThürFG EFG 99, 235, rkr; FG BW EFG 79, 238, rkr). *Au-pair* soll kein ArbN sein (FG Hmb EFG 83, 21, rkr, Einzelfall).

Hausmeister; Hausverwalter kann ArbN sein; nebenberufl tätige Hauswarte können auch selbständig sein (BFH VI 320/63, HFR 65, 373).

Heimarbeiter, Hausgewerbetreibende (§ 2 I und II HAG) und **Zwischenmeister** (§ 2 III HAG) sind selbständig tätig (BFH VI 183/59 S, BStBl III 62, 37, unter I 3), es sei denn, sie tragen kein Unternehmerrisiko und müssen ihre Arbeit persönl verrichten (BFH I R 17/78, BStBl II 80, 303). S auch „Telearbeit".

Journalist kann je nach dem Grad seiner Eingliederung als ArbN oder selbständig tätig sein (s auch BAG 5 AZN 154/98, HFR 00, 1023, Fotoreporter; HessFG EFG 90, 310, rkr, freier Mitarbeiter; FG Mchn BeckRS 2012, 94189, rkr, Moderator; FG Hmb EFG 10, 139, rkr, Rundfunkjournalist).

Kindertagespflege → § 18 Rn. 155 „Kindertagespflege; Kindervollzeitpflege".

Kirche. Pfarrer sind ArbN. Zur strechtl Behandlung von Ordensangehörigen vgl BFH VI 205/64 U, BStBl III 65, 525; BFH VI 174/63 U, BStBl III 65, 522; BFH IV 93/62 U, BStBl III 64, 206; BFH VI 55/61 U, BStBl III 62, 310. Mitglieder von DRK-Schwesternschaften sind ArbN (BFH VI R 115/92, BStBl II 94, 424); Pfarrhaushälterin s FG Mchn EFG 98, 937, rkr (ArbN).

Künstler s „Filmbranche". Bei den zu Gastspielen verpflichteten Künstlern kann für die Selbstständigkeit sprechen, wenn sie eine fertig einstudierte Rolle mitbringen und bei Proben maßgebl Einfluss auf die Art der künstlerischen Darbietung nehmen können (BFH IV R 118/72, BStBl II 73, 636; FG Köln EFG 91, 354, rkr, s aber BFH VI 385/65, BStBl II 71, 22, Sängerin als ArbN).

Lehrtätigkeit wird insb bei Vollzeittätigkeit in ArbN-Stellung ausgeübt, wenn der Schulträger Unterrichtsgegenstand, Zeit und Ort der Tätigkeit bestimmt (BAG

HFR 99, 405; BSG B 12 R 3/20 R, NZS 22, 860; → aber die im SozialR bis 31.12.26 geltende Übergangsregelung § 127 SGB IV). Für die Bewertung nebenberufl Lehrtätigkeit kommt es auf die Umstände des Einzelfalls an (zB Tarifverträge, Urlaubsregelung, Lohnfortzahlung im Krankheitsfall, feste Einbindung in den Lehrplan; s auch BAG 5 AZR 1066/94, DB 97, 47 und BAG 5 AZR 104/95, DB 97, 1037). Als ArbN-Tätigkeit ist die nebenberufl Lehrtätigkeit an Abend- oder Ingenieurschulen bewertet worden (BFH IV R 180/72, BStBl II 76, 292; BFH IV R 35/69, BStBl II 72, 618; BFH VI R 71/69, BStBl II 72, 617). S demggü BFH VI R 90/73, BStBl II 76, 3, hier wurde nur die einzelne Stunde honoriert, kein Anspruch auf Urlaub oder Feiertagsvergütung. Ausführl zum Lehrbeauftragten an einer Fachhochschule als selbständig Tätiger BFH IV R 131/82, BStBl II 85, 51; s auch HessFG EFG 84, 175, rkr. Grund- und Hauptschullehrer mit Nebentätigkeit an einer anderen Grund- und Hauptschule ist auch insoweit ArbN (BFH IV R 162/72, BStBl II 76, 291). Selbstständig ausgeübt wird die Leitung von Referendararbeitsgemeinschaften (BFH IV R 37/76, BStBl II 80, 321) und die Tätigkeit in Prüfungskommissionen (BFH VI 36/55 U, BStBl III 58, 255). Zur Prüfungstätigkeit im Hochschulbereich s BFH IV R 189/85, BStBl II 87, 783 (Unterscheidung danach, ob Staats- oder Hochschulprüfung).

Mannequin kann je nach den Umständen des Einzelfalls selbständig oder nichtselbständig tätig sein (BFH VI R 56/67, BStBl II 69, 71).

Minister sind ArbN (*Stöcker* NJW 00, 609 (611 f)).

Musiker, die nebenberufl in einer Gaststätte spielen, können ArbN des Gastwirts oder des Kapellenleiters sein (BFH VI R 80/74, BStBl II 77, 178, mwN auf die umfangreiche Rspr zur Tätigkeit von Musikern). Spielen die Musiker nur gelegentl (etwa für einen Abend oder ein Wochenende; s HessFG EFG 81, 245, rkr), spricht dies für Selbständigkeit. Haben sich die Musiker untereinander zu einer Gesellschaft zusammengeschlossen, fehlt es an der vertragl Beziehung zw Wirt und Musiker und damit an der ArbN-Eigenschaft der Musiker. Spielen Musiker auf Feiern von Privatpersonen, so sind sie idR nicht ArbN dieser Personen. Vgl auch FG Köln EFG 82, 345, rkr; zur zweiten Besetzung von Orchestermusikern s FG Hmb EFG 95, 1079. Ausführl *Wolf* FR 02, 202.

Nebentätigkeit → Rn. 28, 29. Zur Nebentätigkeit eines Gemeindedirektors als Mitglied einer Schätzungskommission s BFH VI R 7/69, BStBl II 72, 460; zur Nebentätigkeit eines Orchestermusikers s BFH IV R 126/70, BStBl II 72, 212.

Pflegetätigkeit. Pflegende Verwandte oder Nachbarn sind keine ArbN. Es liegt allenfalls eine Tätigkeit iSd § 22 Nr 3 (BFH IX R 88/95, BStBl II 99, 776, regelmäßig nicht stbar) oder eine selbständige Tätigkeit vor (NdsFG DStRE 07, 832, rkr; auch → § 18 Rn. 155 „Kindertagespflege; Kindervollzeitpflege").

Privatunterricht durch Lehrer (Nachhilfestunden) ist regelmäßig selbständige Tätigkeit; anders aber bei Abschluss eines auf längere Dauer ausgelegten Vertragsverhältnisses (BFH VI R 224/66, BStBl II 68, 362, stillschweigend). Angestellte Hauslehrer sind ArbN.

Prospektverteiler s „Zeitungsausträger".

Prostituierte in Bar, Bordell oder Call-Center sowie Darsteller in einer Peep-Show sind regelmäßig ArbN (FG Mchn EFG 08, 687, NZB unbegründet BFH VI B 8/08, BFH/NV 09, 1454; FG Mchn EFG 11, 56, rkr). Sie können je nach Gestaltung des Einzelfalls aber auch selbständig sein (FG Mchn EFG 10, 50, rkr); entscheidend ist die dem FG obliegende Gesamtwürdigung der Verhältnisse. Die Rechtslage ist geklärt (BFH VI B 111/06, BFH/NV 08, 949).

Prüfungstätigkeit s „Lehrtätigkeit".

Rechtsanwalt s „Urlaubsvertreter". Ein Anwalt ist ArbN, wenn er bei Verbänden oder Unternehmen gegen festes Gehalt tätig ist. Ob ein in einer RA-Kanzlei beschäftigter RA selbständiger Unternehmer oder ArbN ist, bestimmt sich nach allg Grundsätzen; die Bezeichnung als „freier Mitarbeiter" ist nicht maßgebl (FG Nbg EFG 94, 544, rkr). Ein angestellter RA kann neben den Einkünften als ArbN auch Einkünfte aus selbständiger Arbeit erzielen (FG Mchn DStRE 13, 340, rkr).

Redakteur in Anstellung kann beim gleichen ArbG durch freiwillige schriftstellerische Tätigkeit Einnahmen aus selbständiger Arbeit beziehen (→ Rn. 29); allg zur Abgrenzung zw ArbVerh und selbständiger Arbeit bei Redakteuren NdsFG DStRE 14, 178, rkr.

Referendar im juristischen Vorbereitungsdienst ist ArbN (BFH VI R 155/80, BStBl II 83, 718, mwN). Wird der Referendar (Assessor) für einen RA von Fall zu Fall (nicht als Stationsreferendar) tätig, so steht er idR insoweit nicht in einem DienstVerh (BFH VI R 228/67, BStBl II 68, 455). Handelt es sich dagegen um eine länger andauernde regelmäßige Tätigkeit, spricht dies für die ArbN-Eigenschaft des Referendars, zB wenn er den RA während dessen Urlaub vertritt (entspr BFH VIII R 52/77, BStBl II 79, 414, Urlaubsvertretung eines Apothekers).

Reiseleiter wird regelmäßig ArbN sein (FG Hmb EFG 88, 120, rkr). Er kann aber auch selbständig tätig sein, insb wenn ihm ein Gestaltungsspielraum bei der Ausgestaltung der Reise eingeräumt ist und ein gewisses Vergütungsrisiko besteht (FG Hmb DStRE 05, 1442).

Rundfunkanstalt. Ob Mitarbeiter von Rundfunkanstalten als ArbN zu qualifizieren sind, richtet sich (unabhängig von Häufigkeit und Dauer des Arbeitseinsatzes, BAG 5 AZR 522/96, BB 98, 1265) nach dem Grad ihrer Eingliederung. Steht zB ein Rundfunksprecher der Anstalt regelmäßig zur Verfügung, ist er auch dann als ArbN zu beurteilen, wenn er von der Anstalt für jeden Einzelfall seiner Mitwirkung als „freier Mitarbeiter" verpflichtet wird (BFH V R 137/73, BStBl II 77, 50; FG RhPf EFG 89, 22, rkr; BAG 5 AZR 92/97, BB 98, 2211). Maßgebl ist aber stets die Gesamtwürdigung im Einzelfall. Diese kann auch zu selbständiger Tätigkeit führen (BAG 5 AZR 191/97, DB 98, 2276). Hierfür kann sprechen, wenn ein freier Mitarbeiter nur für eine Produktion herangezogen wird. Wiederholungshonorare und Erlösbeteiligungen sind kein Lohn (BFH VI R 49/02, BStBl II 06, 917). S auch „Künstler", „Filmbranche", BAG 5 AZR 644/98, DB 00, 1520 und BAG 5 AZR 61/99, BB 01, 888.

Rundfunkermittler ist regelmäßig selbständig tätig (BFH X R 83/96, BStBl II 99, 534; BFH V R 73/01, BStBl II 03, 217, s auch BAG 5 AZR 469/99, BB 99, 1876).

Sargträger können je nach den Umständen des Einzelfalles ArbN des Bestattungsunternehmens oder selbständig sein (s FG Saarl EFG 96, 98, rkr).

Schiedsrichter im Profifussball ist selbständig (BFH I R 98/15, DStR 18, 449).

Schüler. Werden sie iRe eintägigen Schulprojekts entgeltl für einen „guten Zweck" tätig, kann vom LStAbzug abgesehen werden (*FM LSA* DStR 20, 1130). ME liegt hier idR schon kein ArbVerh vor.

Schwarzarbeiter s BFH VI R 60/73, BStBl II 75, 513; FG Ddorf EFG 97, 1117, rkr. Entscheidend sind die Einzelfallumstände. Zur Frage des Brutto-/Nettolohns bei „schwarzen Lohnzahlungen" → § 39b Rn. 13.

Sportler. Stellt ein Sportler seine Arbeitskraft für eine bestimmte Zeit zur Verfügung, ist er idR nichtselbständig (zB Rennfahrer, Fußballspieler). Die Selbstständigkeit fehlt, wenn der Sportler kein Unternehmerrisiko trägt. *Beispiele:* Berufsringer (BFH IV 197/50 U, BStBl III 51, 97); Berufsboxer (BFH IV 77/53 S, BStBl III 55, 100; BFH V 182/58 U, BStBl III 60, 376; BFH I 398/60 U, BStBl III 64, 207; FG LSA DStRE 13, 138, rkr); Sechstagerennfahrer (BFH VI 13/54, BeckRS 1957, 21008973); Catcher (BFH I R 159/76, BStBl II 79, 182); Werks-Motocross-Fahrer (FG Ddorf EFG 91, 192, rkr). Für seine Selbstständigkeit spricht, wenn der Sportler sich nur zum Auftreten bei einzelnen Veranstaltungen verpflichtet. Ebenso, wenn ein Spitzensportler sein Abschiedsspiel mit Unternehmerrisiko selbst organisiert (FG Köln EFG 03, 80, rkr). Auch Trainer sind regelmäßig ArbN des Vereins, es sei denn, sie haben eigene Vertragsbeziehungen zu den zu Trainierenden (ArbG Kempten BB 98, 1007). Einnahmen aus Werbung gehören zu den gewerbl Einnahmen, wenn der Sportler die Werbetätigkeit selbständig ausübt (BFH X R 14/10, BStBl II 12, 511; BFH I R 39/80, BStBl II 83, 182; BFH VIII R 104/85, BStBl II 86, 424; *Becker/Figura* BB 12, 3046; s aber FG Saarl EFG 94, 751; BGH II ZR 298/05, HFR 07, 597; *BMF* DStR 95, 1508; *OFD Ffm* DStR 95, 1567; Ausrüsterverträge s HessFG EFG 01, 683, rkr). Zu Jahresvergütungen aus im Ausl erbrachter sportl werbender Tätigkeit inl Sportler s FG Mster EFG 06, 1177, rkr.

Steuerberater. Freie Mitarbeiter einer Steuerberatergesellschaft, die in deren Namen überwiegend in den Kanzleiräumen arbeiten, sind auch bei überwiegender Vergütung durch Umsatzbeteiligung an den von ihnen bearbeiteten Mandaten abhängig beschäftigt (LSG Bayern DStRE 25, 762, mE strechtl fragl).

Stromableser können ArbN sein (BFH VI R 126/88, BStBl II 93, 155; FG Mchn EFG 04, 1050, rkr; s aber FG Bbg EFG 04, 34, rkr).

Subunternehmer. Monteur, auch wenn er auf Provisionsbasis für einen Auftraggeber tätig ist, ist ArbN, wenn typische Merkmale einer selbständigen Tätigkeit fehlen (FG Hmb EFG 92, 279, rkr); ebenso NdsFG EFG 05, 20, rkr, für Kfz-Mechaniker; HessFG EFG 05, 573, rkr, für Auslieferungsfahrer. Ein (zum Schein) angestellter Kolonnenführer kann aber auch selbständig tätig sein, wenn er Unternehmerrisiko trägt und Unternehmerinitiative entwickeln kann (FG Saarl BeckRS 2005, 26022200, rkr).

Synchronsprecher ist idR selbständig; BFH VI R 212/75, BStBl II 79, 131.

Telearbeit. Bei neuen Heimarbeitskonzepten kann die Eingliederung in den Betrieb gelockert sein. ArbN-Eigenschaft kann aber bejaht werden, wenn eigenes Unternehmerrisiko fehlt.

Telefoninterviewer sind idR ArbN (BFH VI R 11/07, BStBl II 08, 933; BFH VI R 77/12, BStBl II 15, 903; HessFG EFG 18, 1294, rkr), aber maßgebl ist die Gestaltung im Einzelfall.

Trainer in einem Sportverein ist regelmäßig ArbN. Dies kann auch gelten, wenn die Tätigkeit nebenberufl und für nicht mehr als sechs Wochenstunden ausgeübt wird (**aA** HessFG EFG 94, 396, rkr). Der zeitl Umfang der Beschäftigung ist für die Abgrenzung zw selbständiger und unselbständiger Tätigkeit nur ein Indiz unter vielen (→ Rn. 22). S auch „Sportler" und „Lehrtätigkeit".

Treppenhausreinigung durch einen Mieter führt idR nicht zu einem ArbVerh zum Hauseigentümer; gleiches gilt für Grundstückspflege.

Urlaubsvertreter. Weitgehende Entscheidungsbefugnis im fachl Bereich steht der Annahme eines DienstVerh nicht entgegen (BFH IV R 241/70, BStBl II 72, 213). Maßgebend ist das Innenverhältnis zw Vertreter und Vertretenem. Da die Verantwortung für wirtschaftl Belange nicht beim Urlaubsvertreter liegt, dieser auch kein Unternehmerrisiko trägt und er regelmäßig während der Arbeitszeiten anwesend sein muss, ist ein selbständiger Apotheker, der als Urlaubsvertreter eines anderen selbständigen Apothekers gegen Entgelt tätig geworden ist, insoweit als ArbN angesehen worden (BFH VIII R 52/77, BStBl II 79, 414). Diese Grundsätze müssen konsequenterweise auch auf Urlaubsvertretung durch selbständige Ärzte, RA usw angewendet werden (**aA** *Bowitz* StB 15, 185).

Vermittlungstätigkeit von Bankangestellten beim Wertpapierkauf kann zur Haupttätigkeit gehören. Gleiches gilt bei Angestellten eines Reisebüros für den Abschluss von Reisegepäckversicherungen (BFH VI 120/61 U, BStBl III 62, 490). Vermittlung von Sparanlagen durch Sparkassenangestellte s FG RhPf EFG 72, 584, rkr;

FG Nbg EFG 78, 591, rkr. Vermitteln Bankangestellte im Interesse und unter Einschaltung der Bank (zB bei der Provisionsabrechnung) auch Versicherungen, so handelt es sich um eine zur Haupttätigkeit gehörende Leistung (Lohnzahlung durch Dritte; *FSen Brem* DStR 99, 1318, sog *Remunerationen*). Etwas anderes kann gelten, wenn die Vermittlungstätigkeit außerhalb der Arbeitszeit erfolgt und der ArbG nicht in die Rechtsbeziehungen des ArbN zur Versicherungsgesellschaft eingeschaltet ist (s auch LStR 19.4 II und „Nebentätigkeiten", → Rn. 100 „Provisionsnachlass", → Rn. 28, 29). Zu Bausparkassenvertretern s FG Ddorf DStRE 02, 420, rkr.

Wahlbeamte. Hauptberufl kommunale Wahlbeamte sind ArbN; ehrenamtl Wahlbeamte erzielen hingegen Einkünfte iSd § 18 I 3 (BFH IV R 15/95, BStBl II 96, 431).

Zeitungsausträger. Entscheidend ist die tatrichterl Würdigung (BFH VI R 29/68, BStBl II 69, 103 mwN; BFH VI B 150/03, BFH/NV 05, 347), regelmäßig aber ArbN (NdsFG EFG 99, 1015, rkr, einerseits; FG Mster EFG 01, 1200, rkr, andererseits, für Zusteller von Anzeigenblättern). Gleiches gilt für Prospektverteiler (BFH VI B 53/03, BFH/NV 04, 42; BGH 1 StR 478/09, HFR 10, 415). Abonnentenwerbung durch Zeitungsausträger kann selbständige Tätigkeit sein; entscheidend sind die Einzelfallumstände (BFH VI R 59/96, BStBl II 97, 254).

40 **6. Arbeitslohn. – a) Allgemeines.** Nach § 19 I Nr 1 gehören zu den Einnahmen aus nichtselbständiger Arbeit Gehälter, Löhne, Gratifikationen, Tantiemen und andere Bezüge, die für eine Beschäftigung im öffentl oder privaten Dienst gezahlt werden. Nach **stRspr** des BFH rechnen hiernach zum ArbLohn alle Güter in Geld oder Geldeswert, die dem ArbN aus dem DienstVerh für das Zurverfügungstellen seiner individuellen Arbeitskraft zufließen. Vorteile werden „für" eine Beschäftigung gewährt, wenn sie durch das individuelle DienstVerh des ArbN veranlasst sind. Das ist der Fall, wenn der Vorteil mit Rücksicht auf das DienstVerh eingeräumt wird und sich die Leistung iwS als Gegenleistung für das Zurverfügungstellen der individuellen Arbeitskraft des ArbN erweist (grundlegend BFH VI R 75/79, BStBl II 83, 39; BFH VI R 164/79, BStBl II 85, 164, BFH VI R 170/82, BStBl II 85, 529, BFH VI R 82/83, BStBl II 85, 532; BFH VI R 26/82, BStBl II 85, 641; aus neuer Zeit zB BFH X R 29/05, BStBl II 07, 402; BFH VI R 12/08, BStBl 10, 1069; BFH VI R 80/10, BStBl II 11, 948; BFH VI R 10/17, BStBl II 19, 404). Schrifttum und FinVerw haben sich der stRspr angeschlossen. Grundlegend abw dogmatische Ansatzpunkte (→ 31. Aufl 2012, § 19 Rn. 16) werden heute praktisch nicht mehr vertreten.

41 **b) Einnahme.** Eine Einnahme ist jeder einmalige oder lfd erlangte Vorteil, der in Geld oder Geldeswert besteht. Wesensmerkmal einer Einnahme ist, dass es zu einer Bereicherung des ArbN kommt (*Roser/Weinhold/Häsner* DStR 25, 1447). Denn nur dann ist dessen steuerl Leistungsfähigkeit gesteigert. Der **Umfang der Bereicherung** ist für die Beurteilung als Einnahme nicht ausschlaggebend. Daher kann eine Einnahme nicht im Hinblick auf die Geringfügigkeit der Bereicherung verneint werden (*BH/Geserich* § 19 Rn. 164; *Küttner* „Arbeitsentgelt" Rn. 39; str). Erhält der ArbN einen **Geldbetrag,** bereitet die Annahme einer Einnahme keine Schwierigkeiten. Anders kann es bei **sonstigen erlangten Vorteilen** sein. Solche Vorteile sind von vornherein keine Einnahmen, wenn sie nicht in Geldeswert ausgedrückt werden können. Dies gilt zB für die **Ausgestaltung des Arbeitsplatzes** durch Gestellung moderner Maschinen, Büroeinrichtungen, Pausen- und Kantinenräume (sog ideelle Vorteile BFH VI R 75/79, BStBl II 83, 39; *Offerhaus* BB 82, 1061 (1062); auch → Rn. 49). Zu den vorgenannten Einrichtungen zählen aber nicht zB firmeneigene Schwimmbäder, Sportanlagen (zB Tennisplatz, FG Mster EFG 90, 178, rkr; BFH VI R 74/96, BFH/NV 97, 473), Fitnessstudio (BFH VI R 14/18, BStBl II 21, 232; NdsFG DStR 25, 1473, rkr), Kindergärten (BFH VI R 203/83, BStBl II 86, 868; s aber § 3 Nr 33) usw. Die sich aus der kostenlosen oder verbilligten

Benutzung dieser Anlagen ergebenden Vorteile sind in Geldeswert messbar. Es handelt sich um Vorteile, für deren Erhalt am Markt ein Entgelt gezahlt wird; sie stellen damit eine Einnahme aus dem DienstVerh dar.

aa) Ersparnis eigener Aufwendungen. Ein ArbN ist auch dann bereichert, 42
wenn er über den in seinen Konsumbereich gelangten Vorteil nicht weiterverfügen, ihn also nicht in Geld umsetzen kann (*BH/Geserich* § 19 Rn. 163, str). Dies gilt auch für sog Luxuskostenanteile bei Sachzuwendungen (BFH VI R 48/87, BStBl II 90, 711; *von Bornhaupt* FR 90, 621; **aA** *Albert* FR 90, 413). Die Leistungsfähigkeit des ArbN ist dadurch gesteigert, dass er entspr eigene Ausgaben erspart hat (FG Köln EFG 04, 1622, rkr, Raucherentwöhnung). Eine Einnahme kann daher auch im Verzicht des ArbG auf einen ihm gegen den ArbN zustehenden Schadensersatzanspruch bestehen (BFH VI R 145/89, BStBl II 92, 837; BFH VI R 73/05, BStBl II 07, 766; BFH VI R 1/17, DStR 20, 2417; zum Lohnzufluss durch Regressverzicht nach LStHaftung s BFH VI B 41/06, BFH/NV 07, 1122). Unerhebl ist, ob der ArbN die Ausgaben auch getätigt hätte, wenn er den Vorteil nicht kostenlos oder verbilligt hätte in Anspruch nehmen können (BFH VI R 48/87, BStBl II 90, 711; *OFD Ffm* DStR 22, 1818, jeweils zu Incentive-Reisen). Etwas anderes kann in Ausnahmefällen dann angenommen werden, wenn der ArbN sich einem unerwünschten Vorteil nicht entziehen kann (**aufgedrängte Bereicherung;** BFH VI R 75/79, BStBl II 83, 39, Vorsorgeuntersuchungsfall; nicht aber bei Belohnungen, BFH VI R 48/87, BStBl II 90, 711). Eine Bereicherung kann auch dann fehlen, wenn der ArbN für das Empfangene selbst nichts hätte aufwenden müssen (zB Medikamentengestellung bei bestehender KV, die die Medikamente gezahlt hätte; s auch *Offerhaus* BB 82, 1061 (1062); FG Hmb EFG 89, 575, rkr; FG Ddorf EFG 10, 137, rkr). Erst recht liegt keine Einnahme vor, wenn der ArbN die angebotene Sachzuwendung nicht ausnutzt (BFH VI R 23/17, BStBl II 20, 162; BFH VI R 19/05, BStBl II 07, 116; BFH VI R 57/09, BStBl II 11, 359).

**bb) Keine Korrespondenz zwischen Einnahme und Ausgabe; durchlau- 43
fende Gelder.** Für die Frage, ob der ArbN eine Einnahme erlangt hat, kommt es nicht darauf an, ob der ArbG selbst Aufwendungen hatte oder ob er entreichert ist (FG Hmb EFG 93, 155, rkr). Ein Korrespondenzprinzip dahin, dass die Einnahme des ArbN der Aufwendung des ArbG entsprechen muss, gibt es nicht (*Thomas* DStR 96, 1678 (1680)). Ebenso ist unerhebl, ob die Einnahme des ArbN vom ArbG selbst stammt (§ 38 I 3). Auch eine Leistung des ArbG an einen Dritten kann dem ArbN als Einnahme zuzurechnen sein, wenn ein Zusammenhang zw dieser Leistung und dem DienstVerh besteht. – Durchlaufende Gelder, die der ArbN vom ArbG erhält, um sie für ihn auszugeben, führen beim ArbN aber nicht zu einer Bereicherung und sind daher keine Einnahme. Zum Auslagen- und WK-Ersatz → Rn. 65 ff. – Eine Gewinnchance (zB bei einer betriebl Verlosung) stellt für sich ebenfalls noch keine Einnahme dar, wohl aber ein sich aus dieser Chance ergebender Gewinn (→ Rn. 46).

c) Veranlassung durch das Dienstverhältnis. Das für die WK geltende Ver- 45
anlassungsprinzip ist auch auf den ArbLohn anzuwenden. Nach dem Veranlassungsprinzip ist zu bestimmen, ob eine Einnahme „für" die Beschäftigung gewährt wird. ArbLohn setzt deshalb voraus, dass die Einnahme durch das ArbVerh veranlasst ist (zB *HHR/Lammers* § 19 Rn. 52; *BH/Geserich* § 19 Rn. 190; *Lang* DStJG 9, 50 ff (59 ff); und → Rn. 40; krit *Crezelius* DStJG 9, 95 ff). Es muss ein obj Zusammenhang zw Einnahme und DienstVerh bestehen, dh die Zuwendung muss mit Rücksicht auf das DienstVerh (wegen des DienstVerh) eingeräumt sein (*Roser/Weinhold/Häsner* DStR 25, 1447). Der obj Zusammenhang wird durch die subj Vorstellungen des ArbN und vor allem des ArbG erhellt (*Offerhaus* BB 82, 1061 (1063); *HHR/Lammers* § 19 Rn. 54, mit zutr Aufzählung unmaßgebl Beurteilungskriterien). Der ArbG (oder ein Dritter) muss die Zuwendung (subj) iwS als Gegenleistung für das Zurverfügungstellen der individuellen Arbeitskraft des ArbN erbringen. Ob dies zutrifft, kann nur

unter Berücksichtigung aller wesentl Umstände des Einzelfalls beurteilt werden. Hierbei sind insb Zweck der Zuwendung und äußere Umstände wie Anlass, Zuwendungsgegenstand und Begleitumstände eingehend zu würdigen (BFH VI R 170/82, BStBl II 85, 529; BFH VI R 25/05, BStBl II 09, 382; BFH VI R 80/10, BStBl II 11, 948; BFH VI R 67/14, BStBl II 17, 69; BFH VI R 21/22, DStR 25, 145). Nicht entscheidend ist, dass die Leistung des ArbG für eine konkrete (einzelne) Dienstleistung des ArbN erbracht wird (BFH VI R 164/79, BStBl II 85, 164). Der ArbG kann auch ganz auf die Arbeitsleistung des ArbN verzichten, ohne dass dies dem Vorliegen von ArbLohn entgegenstehen muss, sofern die Zahlung durch das ArbVerh veranlasst ist (BFH IX R 44/17, BStBl II 19, 574). Auch dass der ArbG mit der Zuwendung gleichzeitig soziale oder sonstige Ziele verfolgt, lässt die Veranlassung durch das individuelle DienstVerh unberührt (aber → Rn. 50 zum ganz überwiegenden eigenbetriebl Interesse).

46 **aa) Arbeitslohn auch ohne Anspruch auf die Leistung gegen Arbeitgeber.** Für das Vorliegen von ArbLohn kommt es grds nicht darauf an, ob der ArbG aufgrund gesetzl oder (tarif)vertragl Verpflichtung oder sogar freiwillig ohne Rechtspflicht leistet (§ 19 I 2). Besteht ein arbeitsrechtl Anspruch auf die Zuwendung, so ist deren Veranlassung durch das DienstVerh regelmäßig gegeben. Gleiches gilt, wenn die Beteiligten irrig von einem Anspruch ausgehen (entspr BFH VIII R 68/90, BStBl II 93, 825; BFH VIII B 47/01, BFH/NV 02, 780). Ein Rechtsanspruch des ArbN auf die Zuwendung ist aber nicht Voraussetzung für die Annahme von ArbLohn (BFH VI R 58/11, BStBl II 13, 642; FG Köln EFG 14, 843, rkr; *Kruse* StuW 01, 366). Unerhebl ist auch, ob die an der Zuwendung Beteiligten der Auffassung sind, die Zahlung sei eine nicht durch das ArbVerh veranlasste Schenkung. Maßgebl ist vielmehr, ob die Zuwendung obj durch das DienstVerh veranlasst ist (BFH VI B 89/13, BFH/NV 14, 511 und → Rn. 45). Die bei Gelegenheit der Dienstleistung erzielten geldwerten Vorteile sind ebenfalls Einnahmen iSd § 19 (FG RhPf DStZ 92, 55, rkr, Fundgelder in Spielbank, mit abl Anm *Gräfe*). Der Zusammenhang einer Einnahme mit dem DienstVerh kann aber kraft Gesetzes ohne Bedeutung sein, zB im Fall des **ArbN-K'tisten** (→ § 15 Rn. 580 ff). Auch bei versehentl oder rechtsgrundloser Lohnüberzahlung ist die Veranlassung durch das DienstVerh gegeben (BFH VI R 17/03, BStBl II 06, 830; BFH VI R 19/03, BStBl II 06, 832; BFH VI R 13/14, BFH/NV 16, 1368; zur Rückzahlung der Überzahlung in späteren VZ → § 9 Rn. 108). Ebenso ist unerhebl, ob sich die Vorteile auf Haupt- oder Nebenleistungen des ArbN beziehen (BFH VI R 106/84, BStBl II 88, 726, Prämien aus Sicherheitswettbewerben). Auch freiwillige Sonderzuwendungen des ArbG an einzelne ArbN sind Ertrag der Arbeit und damit Lohn. Maßgebl Grund für wegen persönl Ereignisse des ArbN gewährte freiwillige Zusatzvergütungen bleibt das individuelle DienstVerh (s BFH VI R 81/82, BStBl II 86, 95, Kommunion eines Kindes des ArbN). Dies gilt sowohl für Geld- als auch für Sachgeschenke (BFH VI R 26/82, BStBl II 85, 641; BFH VI R 39/08, BStBl II 09, 668), ebenso für **Preisgelder** aus einem Ideenwettbewerb (FG Köln EFG 13, 1405, rkr), einem Wissenschaftspreis (FG Hmb EFG 14, 1790, rkr) oder für eine Dissertation (FG Köln EFG 20, 1237, rkr; krit *Grotherr* DStZ 21, 577). Preisgelder, die ein Hochschullehrer für eine wissenschaftl Arbeit erhält, sind jedoch nicht zwingend durch dessen ArbVerh veranlasst (Tatfrage: so BFH VI R 12/22, DStR 25, 635). **Prämienzahlungen** des ArbG für Versicherungen zugunsten des ArbN sin nur dann Lohn, wenn der ArbN gegen den Versicherer einen eigenen Anspruch erlangt (BFH VI R 42/92, BStBl II 93, 519; BFH VI R 9/05, BStBl II 09, 385; FG Mchn EFG 02, 1524, rkr; weiter → Rn. 55 und → Rn. 100 „Unfallversicherung"). Lohn kann indes ausscheiden, wenn die Versicherungsprämien eine private Zuwendung darstellen (FG RhPf EFG 99, 230, rkr, Ehegatten-DirektVers). Die Veranlassung durch das DienstVerh fehlt in Fällen der **Unterschlagung,** des **Diebstahls** (→ Rn. 100 „Diebstahl") oder wenn sich der ArbN unter Fälschung von Lohndaten Beträge als Gehalt selbst auszahlt (BFH

VI R 38/11, BFH/NV 13, 647). Auch Bestechungsgelder von dritter Seite sind nicht durch die Zurverfügungstellung der individuellen Arbeitskraft veranlasst (BFH IX R 87/95, BStBl II 00, 396; BFH IX R 73/96, BFH/NV 01, 25; BFH IX R 26/14, DStR 15, 2321, Einnahmen iSd § 22 Nr 3). Diese Handlungen sind vielmehr gegen das ArbVerh gerichtet (grds **aA** *Lang* DStJG 9, 52 f).

bb) Verlosung. Der Zusammenhang zw Vorteilsgewährung und DienstVerh ist nicht unterbrochen, wenn der **geldwerte Vorteil** die Folge eines Gewinns bei **einer betriebl Verlosung** ist (ausführl BFH VI R 45/93, BStBl II 94, 254; FG Mster EFG 05, 687, rkr; BFH VI R 69/04, BFH/NV 05, 2016, Verlosung durch einen Kunden des ArbG; s auch BFH X R 25/07, BStBl II 10, 550). Dies gilt auch dann, wenn die Verlosung, an der nur ArbN mit besonderer Zielerfüllung teilnehmen können, gelegentl einer Betriebsveranstaltung durchgeführt wird (BFH VI R 5/94, BFH/NV 94, 857; BFH VI R 88/92, BFH/NV 94, 861). Anders ist die Rechtslage, wenn der ArbG dem ArbN ein *Lotterielos* überlässt (*FM Saarl* DStR 04, 865, Lohn iHd Entgelts für das Los; Losgewinn kein Lohn) oder wenn der ArbN das Los bei einer Betriebsverlosung zu Bedingungen wie bei einer allg Verlosung selbst gekauft hat (BFH X R 8/06, BStBl II 10, 548; zutr Anm *Förster* DStR 09, 249; krit *Wendt* FR 09, 391). 47

cc) Leistungen des Arbeitgebers kraft öffentlich-rechtlicher Verpflichtung. Bei solchen Leistungen ist sorgfältig zu prüfen, ob sie „für eine Beschäftigung" gewährt werden (s *Offerhaus* BB 90, 2017 (2018)). Eine Veranlassung durch das DienstVerh fehlt, wenn der ArbG als Erfüllungsgehilfe des Staates bei den von diesem mit eigenen Mitteln geförderten Zielen erscheint (BFH VI R 18/90, BStBl II 93, 45, Übereignung eines mit Kohlenabgabe geförderten Hauses unter Verkehrswert; BFH VI R 159/99, BStBl II 01, 815, Bundeszuschuss an Bahnversicherung; *Pust* HFR 01, 860); ebenso zB bei gesetzl Mietpreisbeschränkungen (LStR 8.1 VI 9); nicht hingegen bei gesetzl angeordneter verbilligter Überlassung von Belegschaftsaktien nach Privatisierung eines Staatsunternehmens (BFH VI R 19/96, BFH/NV 97, 179) oder bei beamtenrechtl Ausgleichsanspruch für rechtswidrig geleistete Mehrarbeit (BFH IX R 2/16, BStBl II 16, 901). Kein ArbLohn sind ferner Leistungen des ArbG oder Dritter, die sozialpolitischen Zwecken dienen und subventionsartigen Charakter haben (BFH VI R 134/01, BStBl II 05, 569; BFH VI R 74/01, BFH/NV 05, 1301, Leistungen nach dem FELEG; dazu *Bergkemper* FR 05, 899). Auch die Bereicherung des ArbN infolge gesetzl **Beitragslastenverschiebung im SV-Recht,** wonach der ArbN nach einer bestimmten Zeit nicht mehr mit ArbN-Anteilen rückbelastet werden darf, ist nicht „für eine Beschäftigung" erfolgt und daher kein Lohn (BFH VI R 4/87, BStBl II 94, 194 gilt insoweit fort; vgl BFH VI R 54/03, BStBl II 08, 58 betr Nachentrichtung hinterzogener ArbN-Anteile zur Gesamtsozialversicherung bei Schwarzlohnzahlungen als ArbLohn). Zukunftssicherungsleistungen, die der ArbG zugunsten des ArbN erbringt, sind allerdings ArbLohn unabhängig davon, ob der ArbG mit der Zahlung eine eigene gesetzl Verpflichtung erfüllt (BFH VI R 20/17, BStBl II 21, 311, zu Beiträgen nach dem österr BMSVG; FG BW EFG 21, 358, zu Beiträgen zur Schweizer FAR-Stiftung). 48

dd) Ausgestaltung des Arbeitsplatzes. Sie ist keine Gegenleistung für die Zurverfügungstellung der individuellen Arbeitskraft (sofern man nicht schon eine Einnahme verneint, → Rn. 41; zum überwiegenden eigenbetriebl Interesse → Rn. 55). Gleiches gilt für Vorteile, die aus besonderen Arbeitsbedingungen erwachsen, zB aus der dienstl Anwesenheit des Polizisten bei einer Sportveranstaltung, aus der Gestellung von Arbeitsgeräten (zB Gestellung eines Dienstwagens für eine Dienstreise, s *Giloy* BB 86, 40) oder von einfachen Speisen und (Heiß-)Getränken zum sofortigen Verzehr (BFH VI R 36/17, DStR 19, 1961). Ein etwaiger Vorteil stellt sich ledigl als Reflex aus der Arbeitserbringung dar (BFH VI R 112/98, BStBl II 03, 886, Erwerb des Führerscheins Klasse III iRd Polizeiausbildung; *FM Bay* DStR 04, 1217, Feuerwehrleute). Vorsorge für die Unterbringung von an wechselnden auswärtigen Ar- 49 beitsstätten tätigen ArbN kann ebenfalls als eine Art Gestaltung der Arbeitsbedingungen angesehen werden (s für die USt BFH V R 21/92, BStBl II 94, 881; BFH V R 6/04, BFH/NV 06, 2136; aber BFH V R 56/13, BStBl II 22, 33, nicht bei Überlassung einer Wohnung an Geschäftsführer zur doppelten Haushaltsführung; *Jacobs* BB 08, 1545).

50 **ee) Keine Konnexität Werbungskosten/Arbeitslohn.** Dass Aufwendungen des ArbN als WK abzugsfähig sind, muss nicht zwangsläufig bedeuten, dass **spätere Einnahmen aus den dem WK-Abzug zugrunde liegenden Rechtsbeziehungen** als Lohn zu qualifizieren sind (BFH X R 161/88, BStBl II 91, 337 zu Streikunterstützungen).

51 **ff) Aufteilung gemischt veranlasster Einnahmen.** Sind die Einnahmen durch mehrere Umstände (berufl/privat) veranlasst, so kommt – falls ein obj Aufteilungsmaßstab gegeben ist – eine Aufteilung in Betracht. **§ 12 Nr 1** gilt auf der **Einnahmeseite** nicht (gefestigte Rspr s BFH VI R 32/03, BStBl II 06, 30; BFH VI R 48/99, BStBl II 03, 724; BFH VI B 14/10, BFH/NV 11, 24). Nachdem der GrS des BFH das Aufteilungsverbot aufgegeben hat (→ § 12 Rn. 10), können auf der Einnahmen- und Ausgabenseite gleiche Grundsätze zur Anwendung kommen. Fehlt ein Aufteilungsmaßstab oder greifen die jeweiligen Veranlassungsbeiträge so ineinander, dass eine Trennung nicht mögl ist, muss die Zuwendung einheitl beurteilt werden. Es kommt dann auf den wesentl Veranlassungsfaktor an (BFH VI R 7/08, BStBl II 10, 763; *BH/Geserich* § 19 Rn. 194; *Tipke* FR 83, 581). So kann die berufl Veranlassung zB fehlen, wenn der auch zum privaten Bekanntenkreis des ArbG gehörende ArbN ein Geburtstagsgeschenk erhält und andere ArbN derartige Geschenke nicht erhalten. Sind **mehrere Einkunftsarten berührt,** ist die im Vordergrund stehende Einkunftsart maßgebend (BFH VIII R 210/83, BStBl II 90, 532, § 19 zu KapVerm; BFH VI R 25/02, BStBl II 06, 10, § 19 zu VuV). Entscheidend ist die tatrichterl Gesamtwürdigung dazu, welche Einkunftsart im Vordergrund steht (BFH VI B 23/07, BFH/NV 07, 1870; BFH VI B 67/03, BFH/NV 05, 702) bzw ob ein Leistungsaustausch dem stbaren Bereich zuzurechnen ist (BFH VI R 80/10, BStBl II 11, 948).

52 **gg) Abgrenzung zu Leistungen aufgrund sonstiger Rechtsbeziehungen.** Aus den vorstehenden Ausführungen folgt, dass kein ArbLohn vorliegt, wenn eine Zuwendung wegen anderer, nicht auf dem DienstVerh beruhender (Rechts) Beziehungen zw ArbN und ArbG gewährt wird (zB Zinsen aus in Darlehen umgewandelten, stehen gelassenen Lohn; später fällig werdende verzinsl Gratifikation, BFH VIII R 210/83, BStBl II 90, 532; zur Vermietung von Garagen oder Büroräumen an den ArbG, BFH VI R 131/00, BStBl II 02, 300; zur Anbringung von ArbG-Werbung am ArbN-Kfz, BFH VI R 20/20, BStBl II 23, 387; zur Einräumung eines Wohnrechts, BFH VI R 33/97, BStBl II 04, 1076; zu Zinsen aus Mitarbeiterbeteiligungsmodell, BFH VI B 23/07, BFH/NV 07, 1870; zu Aktienoptionen, BFH VI R 80/10, BStBl II 11, 948, insb kein Lohn bei Erwerb zum Marktpreis (BFH VI R 1/21, BStBl II 24, 387; FG Köln EFG 17, 1646, rkr); zum Erwerb von Aktien, BFH VI R 73/12, BFH/NV 14, 1291 und schenkweisen Einräumung von GmbH-Anteilen, BFH VI R 21/22, DStR 25, 145; *Görg* DB 24, 2049; FG Nbg EFG 15, 917, rkr; zum Veräußerungsgewinn aus einer Beteiligung, BFH VI R 69/06, BStBl II 10, 69; BFH VI R 1/21, BStBl II 24, 387; zu Genussrechtsausschüttungen BFH VIII R 44/11, BStBl II 15, 593; HessFG EFG 24, 650, Rev VIII R 14/23; zu Vergütungen aus stiller Beteiligung SächsFG EFG 24, 1923, Rev VIII R 11/23; zum Rückverkauf von Genussrechten BFH VIII R 20/11, BFH/NV 14, 415; zu Exit-Boni FG Mster EFG 15, 385; *Frey/Schmid* DStR 15, 1094; zur Übertragung originärer urheberrechtl Verwertungsrechte, BFH VI R 49/02, BStBl II 06, 917). Entscheidend ist, ob der neben dem ArbVerh bestehenden Sonderrechtsbeziehung eine eigenständige wirtschaftl Bedeutung zukommt (BFH VI R 20/20, BStBl II 23, 387). Umfassend *Schneider* DB 06, Beilage 6 S 51. Die Beteiligung des ArbN an einem

(künftigen) Veräußerungserlös des ArbG-Unternehmens kann sich aber auch als ArbLohn darstellen (BFH VI R 12/16, BFH/NV 20, 12).

55 **d) Überwiegendes eigenbetriebliches Interesse.** ArbLohn ist auch nicht gegeben, wenn und soweit die Zuwendung im ganz überwiegenden eigenbetriebl Interesse des ArbG erfolgt (BFH VI R 75/79, BStBl II 83, 39, Vorsorgeuntersuchung; BFH VI R 94/10, BFH/NV 13, 1846, Betriebsveranstaltungen; zum Begriff „eigenbetriebl Interesse" s auch *Krüger* DStR 13, 2029; *Heger* DB 14, 1277; *Kirchhof* FR 15, 773; BFH VI R 95/92, BStBl II 93, 687, Jahreswagen; BFH VI R 51/08, BStBl II 10, 700, FG Ddorf EFG 21, 1130, rkr, unentgelt Verpflegung; BFH VI R 10/17, BStBl II 20, 404, Sensibilisierungswoche). Das ganz überwiegende eigenbetriebl Interesse des ArbG ist kein negatives Tatbestandsmerkmal des ArbLohn-Begriffs (*BH/Geserich* § 19 Rn. 201; *HHR/Lammers* § 19 Rn. 64). Es grenzt vielmehr Vorteile mit Entlohnungscharakter von solchen Vorteilen ab, die sich ledigl als notwendige Begleiterscheinung betriebsfunktionaler Zielsetzungen erweisen. In seiner neueren Rspr stellt der BFH besonders darauf ab, ob es für die Zuwendung beachtl betriebsfunktionale Gründe gibt. Fehlen sie, liegt ArbLohn nahe (zB BFH VI R 36/12, BStBl II 14, 278, mit Anm *Schneider* HFR 14, 218). IÜ muss sich aufgrund einer Gesamtwürdigung der für die Zuwendung maßgebl Umstände (zB Anlass, Art und Höhe des Vorteils, Auswahl der Begünstigten, freie oder gebundene Verfügbarkeit, Freiwilligkeit oder Zwang zur Annahme, besondere Geeignetheit des Vorteils zur Erreichung des betriebl Zwecks) ergeben, dass der **betriebl Zweck ganz im Vordergrund** steht und ein damit einhergehendes eigenes Interesse des ArbN, den Vorteil zu erlangen, vernachlässigt werden kann. Folgl besteht eine Wechselwirkung zw der Intensität des eigenbetriebl Interesses des ArbG und dem Ausmaß der Bereicherung des ArbN. Je größer der Vorteil für den ArbN ist, desto geringer wiegt das eigenbetriebl Interesse des ArbG (BFH VI R 106/84, BStBl II 88, 726; BFH VI R 51/08, BStBl II 10, 700). Nach BFH VI R 97/86, BStBl II 91, 262 soll dem eigenbetriebl Interesse des ArbG umso größere Bedeutung zukommen, je geringer die Bereicherung des ArbN ist. Dies ist zweifelhaft, zu Recht krit *Gosch* DStR 91, 149, Nichtanwendungserlass *BMF* BStBl I 91, 388). Für die Annahme eines ganz überwiegenden eigenbetriebl Interesses reichen weder ein betriebl Anlass noch eine allg Vorteilhaftigkeit der Zuwendung für den Betrieb des ArbG aus. Zu beachten ist ferner, dass das Veranlassungsprinzip und damit auch die Formel vom ganz überwiegenden eigenbetriebl Interesse dazu dienen, zur Verwirklichung des obj Nettoprinzips stbare Vorteile, die ArbLohn darstellen, vom nicht-stbaren Bereich abzugrenzen (*KKM* § 19 Rn. B 326). Es dürfen nur solche Vorteile als ArbLohn erfasst werden, die in die private Konsumsphäre fließen (*Krüger* DStR 13, 2029; *Kirchhof* FR 15, 773; *Lang* FS Offerhaus S 444; so auch BFH VI R 10/17, BStBl II 20, 404; **aA** *Heger* DB 14, 1277). Dies beachtet die BFH-Rspr teilweise aber nicht hinreichend, soweit die Formel vom überwiegend eigenbetriebl Interesse auch bei Zuwendungen des ArbG in die berufl Sphäre des ArbN verwendet wird. Damit verfehlt sie das Ziel, Zuwendungen in die Berufssphäre von Zuwendungen in die private Konsumsphäre entspr dem Belastungsgrund der ESt sachgerecht abzugrenzen (*Drenseck* FS Lang S 482, zum Merkmal des überwiegend eigenbetriebl Interesses; ferner → Rn. 66 ff zur Problematik des WK-Ersatzes).

56 **aa) Fallgruppen.** Ein ganz überwiegendes eigenbetriebl Interesse des ArbG kommt insb in folgenden **Fallgestaltungen** in Betracht (s auch *HHR/Lammers* § 19 Rn. 65): – **(1) Vorteil für die Belegschaft als Gesamtheit (Beispiele).** Ausgestaltung der Arbeitsplätze, der Sozial- und Kantinenräume, Betriebsveranstaltungen zur Förderung des Betriebsklimas, nicht hingegen die verbilligte Gewährung von Mahlzeiten (BFH VI R 164/79, BStBl II 85, 164). – **(2) Aufgedrängter Vorteil.** Der Vorteil wird dem ArbN aufgedrängt (zB → Rn. 100 „Vorsorgeuntersuchung") und besitzt auch keine Marktgängigkeit (BFH VI R 120/82, BStBl II 85, 718, Erstattung von Mitgliedsbeiträgen für die Mitgliedschaft in einem Industrieclub, wenn der ArbG durch die Mitgliedschaft des ArbN Zugang zu den Räumlichkeiten für betriebl Be-

lange erhält; NdsFG DStRE 08, 564, rkr, Übernahme des Mitgliedsbeitrags in einem Wirtschaftsclub; Lohn hingegen, wenn dem ArbN Vereinsbeiträge erstattet werden und mit der Zuwendung eine Arbeitsleistung entlohnt werden soll, FG Mster EFG 91, 323, rkr; BFH VI R 31/10, BStBl II 13, 700 zu II.4; BFH VI R 69/13, BFH/NV 14, 1834, jeweils Beiträge zu Golfclub). – **(3) Vorteil als von der Entlohnung losgelöste betriebl Maßnahme.** S BFH VI R 65/09, BFH/NV 11, 1938; BFH VI R 78/12, BFH/NV 14, 401; BFH VI R 58/14, BStBl II 16, 621, eigene Haftpflichtversicherung des ArbG; BFH VI R 10/22, BStBl II 24, 527: Einholung von Führungszeugnissen; BFH VI R 28/17, BStBl II 19, 785, Übernahme von StB-Kosten bei Nettolohnvereinbarung und Abtretung des Erstattungsanspruchs, s dazu auch *BMF* BStBl I 20, 483, *OFD NRW* DStR 20, 599; nicht aber unentgeltl Verpflegung von Profisportlern, FG Mchn EFG 13, 1407, rkr; **aA** *Seifert* StuB 13, 665; auch → Rn. 100 „Bewirtung"; Erstattung von Parkgebühren, NdsFG EFG 22, 877, rkr). – **(4) Fortbildung.** Im nahezu ausschließl eigenbetriebl Interesse des ArbG liegen ferner häufig Maßnahmen, die zur Fortbildung der Mitarbeiter ergriffen werden.

57 **bb) Personalrabatt.** Ein überwiegend eigenbetriebl Interesse des ArbG an der Gewährung eines Personalrabatts besteht idR nicht (BFH VI R 178/87, BStBl II 92, 840; BFH VI R 95/92, BStBl II 93, 687). Dies gilt auch für den Belegschaftshandel innerhalb eines Konzerns (BFH IX R 82/98, BStBl II 06, 669). Der Vorteil aus der Gewährung eines Personalrabatts dient vorwiegend der Befriedigung von Konsumbedürfnissen des ArbN und ist damit ArbLohn (*Offerhaus* DStJG 9, 132 ff; *Giloy* DStZ 86, 367); es werden die aus der Berufssphäre in die private Konsumsphäre fließenden Vorteile besteuert (*Lang* FS Offerhaus S 443 f). Daher führt die verbilligte Überlassung hochwertiger Markenkleidung zum Lohnzufluss (BFH VI R 60/02, BStBl II 06, 691; anders BFH VI R 21/05, BStBl II 06, 915, für während der Arbeit zu tragende bürgerl Einheitskleidung, oder wenn Kleidungsstücke mit Firmenkennzeichen getragen werden müssen, jeweils Einzelfallwürdigung). Die verbilligte Überlassung von Jahreswagen ist ein Unterfall des Personalrabatts (ausführl BFH VI R 95/92, BStBl II 93, 687; → Rn. 100 „Jahreswagen"). Es kommt nicht darauf an, ob der ArbG dem ArbN bewusst einen Vorteil zukommen lassen will (BFH VI R 249/71, BStBl II 75, 182). Der Veranlassungszusammenhang zw Personalrabatt und DienstVerh ist nur dann zu verneinen, wenn der Rabatt im normalen Geschäftsverkehr auch jedem anderen Kunden des ArbG eingeräumt wird (BFH VI R 15/86, BStBl II 90, 472; BFH VI R 18/07, BStBl II 10, 67; BFH VI R 62/11, BFH/NV 14, 1431; FG Mster EFG 97, 1511, rkr) oder wenn der ArbN auch an anderer Stelle keinen höheren Preis für die gleichen Waren *des ArbG* zahlen müsste (s auch FG Mchn EFG 02, 617, rkr; und → § 8 Rn. 65 ff). Lohn kann im Einzelfall zu verneinen sein, wenn Waren zu Testzwecken an ArbN überlassen werden (*Albert/Heitmann* DB 85, 2524 (2527); FG Saarl EFG 94, 962, rkr) oder wenn mit dem Erwerb wertmindernde Nachteile in Kauf genommen werden müssen. Hierzu zählen aber weder eine Veräußerungssperre, zB bei Jahreswagen (→ Rn. 100 „Jahreswagen"), noch eine Haltefrist bei Aktien (BFH VI R 67/05, BStBl II 09, 282). ArbLohn liegt auch vor, wenn der ArbG einen ihm eingeräumten Firmen- oder Behördenrabatt an seine ArbN weitergibt (HessFG EFG 98, 465, rkr) oder es sich um Güter handelt, die zum Betriebssortiment des ArbG gehören. Dabei wird ArbLohn auch dann gegeben sein, wenn der ArbN direkt beim Zulieferer des ArbG einkauft und die Vergünstigung die Folge der Beschäftigung bei dem ArbG ist (*Birk* FR 90, 237 (238); **aA** *Albert* DB 92, 1954; NdsFG DStR 90, 82, rkr, Arzneimittelverkauf an Krankenhauspersonal durch Krankenhausapotheke, dagegen zutr BFH VI R 63/97, BStBl II 02, 881, nur Gewährung des Rabattfreibetrags). Zu beachten ist stets, welche Interessen der ArbG mit den rechtl oder wirtschaftl Beziehungen zu dem Dritten verfolgt und ob der ArbG an der Verschaffung des Vorteils durch den Dritten aktiv mitwirkt. Ein starkes eigenwirtschaftl Interesse des Dritten an der Vorteilsgewährung schließt die Annahme von ArbLohn idR aus. Die bloße Mitwirkung des ArbG an der Vorteilsgewährung durch den

Dritten reicht für die Annahme von ArbLohn allein noch nicht aus. Die Abgrenzung im Einzelfall kann schwierig sein. Zur **Rabattgewährung durch Dritte** s auch *BMF* BStBl I 15, 143; *Geserich* NWB 15, 1610; *Wangerofsky* DStR 15, 806; *Roser/Weinhold/Häsner* DStR 25, 1447; FG Hmb DStRE 18, 772, rkr, mE zweifelhafter Grenzfall; BFH VI R 53/18, BFH/NV 22, 587). Auch → Rn. 100 „Rabatte", „Provisionsnachlass" und → Rn. 110 „Personalrabatt"; → § 38 Rn. 5 ff. Zur Vorteilsbesteuerung im Belegschaftsgeschäft von Versicherungen s *Lang* StuW 04, 227. – Zur **Bewertung der Personalrabatte** → § 8 III Rn. 71.

e) Zukunftssicherungsleistungen. Zum ArbLohn können auch Ausgaben gehören, die ein ArbG leistet, um einen ArbN oder diesem nahe stehende Personen für den Fall der Krankheit, des Unfalls, der Invalidität, des Alters oder des Todes abzusichern (→ Rn. 91). Dies gilt auch für Zuschüsse des ArbG zu einer privaten Zusatzkrankenversicherung des ArbN (BFH VI R 16/17, DStR 18, 1910). Die betriebl Altersversorgung kann durch DirektVers, Pensionskasse, Pensionsfonds, Unterstützungskasse oder Direktzusage (zu den unterschiedl Durchführungswegen s *Küttner* „Betriebl Altersversorgung" Rn. 29 ff) mit unterschiedl Rechtsfolgen im Hinblick auf den Zeitpunkt der Lohnbesteuerung der vom ArbG gezahlten Beiträge bzw auf die Besteuerung der späteren Versorgungsleistungen erfolgen (s *HHR/Lammers* § 19 Rn. 114 ff; *Portner* FR 14, 91). Der stbegünstigte Aufbau einer eigenen Altersversorgung wird durch verschiedene Regelungen gefördert (s §§ 3 Nr 63, 4e, 10a, 22 Nr 5, 40b, 79 ff; s auch BFH VI R 57/08, BStBl II 11, 978; *Bergkemper* FR 11, 481; *Niermann* DB 01, 1380). Die ArbLohnqualität von Leistungen, die der ArbG zur Zukunftssicherung des ArbN an einen Dritten (Versicherer) erbringt, hängt davon ab, ob sich der Vorgang wirtschaftl betrachtet so darstellt, als ob der ArbG dem ArbN Mittel zur Verfügung gestellt und der ArbN sie zum Zweck seiner Zukunftssicherung verwendet hat (BFH VI R 36/09, BFH/NV 12, 201). Davon ist auszugehen, wenn dem ArbN gegen die Versorgungseinrichtung, an die der ArbG die Beiträge geleistet hat, ein unentziehbarer Rechtsanspruch auf die Leistung zusteht (BFH VI R 60/96, BStBl II 00, 406; BFH VI R 165/01, BStBl II 05, 890; BFH VI R 9/05, BStBl II 09, 385; FG BW DStRE 22, 1093, rkr, überobligatorische Beiträge zu privatrechtl Schweizer Pensionskasse; s auch *Bergkemper* FR 11, 1043). Erlangt der ArbN einen solchen eigenen Rechtsanspruch, fließt mit der Beitragsleistung ArbLohn grds unabhängig davon zu, ob und in welcher Höhe der ArbN später Versicherungsleistungen erlangt. Die (noch) fehlende Unverfallbarkeit des Leistungsanspruchs nach Wartezeit steht dem Zufluss nicht entgegen (BFH VI R 47/02, BFH/NV 07, 1876, ArbG-Beiträge an Pensionsfonds; verloren gegangene Beiträge sind als negative Einnahmen/WK anzusetzen, s *Paetsch* HFR 07, 984). Die Beitragszahlung muss auch nicht auf dem Arbeitsvertrag beruhen, eine gesetzl Verpflichtung des ArbG zur Beitragszahlung reicht aus (BFH VI R 20/17, BStBl II 21, 311, zu Beiträgen nach dem österreichischen BMSVG). Hiernach sind auch überobligatorische Beiträge des ArbG zu einer schweizerischen öffentl-rechtl Pensionskasse ArbLohn (BFH VI R 46/20, BStBl II 24, 297). Der ArbN kann einen eigenen Anspruch auf die Versicherungsleistung auch dadurch erhalten, dass der ArbG ihm den Anspruch (zB aus einer Rückdeckungsversicherung) abtritt. Spätere Beitragszahlungen des ArbG sind dann ArbLohn (BFH VI R 10/11, BFH/NV 13, 350). Der Zufluss von ArbLohn setzt nicht voraus, dass feststeht, ob der Risikofall überhaupt eintritt und der Versicherer eine Leistung zu erbringen hat. Auch die Art des angewandten Deckungssystems ist für die Qualifizierung der Beiträge als ArbLohn grds nicht von Bedeutung (BFH VI R 8/07, BStBl II 10, 194). Rückdeckung oder Absicherung des ArbG ohne Anspruch des ArbN gegen den Versicherer/die Unterstützungskasse führt hingegen noch nicht zum Lohnzufluss beim ArbN (BFH VI B 155/98, BFH/NV 99, 457; BFH VI R 39/09, BFH/NV 10, 2296). ArbLohn fließt in einem solchen Fall erst im Zeitpunkt der Leistung durch die Versorgungseinrichtung zu (aber → Rn. 88). Freiwillige Zuschüsse des ArbG zur Zukunftssicherung des ArbN sind stpfl Lohn (BFH VI B 237/01, BFH/NV 02, 1029). 60

61 **aa) Fallgruppen.** Auf dieser Grundlage sieht der BFH (lfd) Beiträge, die vom ArbG an eine Versorgungseinrichtung im sog umlagefinanzierten gleitenden Abschnittdeckungsverfahren erbracht werden, idR im Zahlungszeitpunkt als ArbLohn an (BFH VI R 8/07, BStBl II 10, 194). Kein ArbLohn nach § 19 I 1 Nr 1 liegt hingegen vor bei **Sonderzahlungen (Sanierungsgeldern)** iZm der Schließung eines Umlagesystems (BFH VI R 32/04, BStBl II 06, 500; *Bergkemper* HFR 05, 1168 und *ders* FR 05, 1209) oder zur Verbesserung der Kapitalausstattung, wenn die Sonderzahlung wirtschaftl nicht an die Stelle eines eigenen ArbN-Beitrags tritt (BFH VI R 1/11, BFH/NV 13, 1564), bei **Wechsel zu einer anderen Zusatzversorgungskasse** (BFH VI R 148/98, BStBl II 06, 532; BFH VI R 64/05, BFH/NV 06, 1272; *Berkemper* FR 05, 1252), zur langfristigen Kapitalvorsorge (BFH VI R 1/11, BFH/NV 13, 1564), bei **Gegenwertzahlungen** aus Anlass des Ausscheidens aus einem Versorgungssystem (BFH VI R 92/04, BStBl II 06, 528; *Bergkemper* HFR 06, 452; *Scheid* DStZ 05, 372; *Seeger* DB 05, 2771), bei Zuführungen zur Bildung der gesetzl vorgeschriebenen **Solvabilitätsspanne** (BFH VI R 154/99, BStBl II 02, 22) oder bei **VBL-Zuschlägen** wegen Ges'terwechsels (FG Bln EFG 06, 1247, rkr). Diese Zahlungen kann der ArbN nicht als Frucht seiner Arbeitsleistungen betrachten, weil ihm nichts zugewendet wird, was er sich zuvor nicht schon erdient hatte und für dessen Sicherstellung der ArbG die *eigenbetriebl Verantwortung* trägt (*Heuermann* StBP 05, 369). Auch → Rn. 100 „Kirchenbeamte" und zu § 19 I 1 Nr 3 S 2–4 Rn. 92. Zu Änderungsmöglichkeiten eines EStBescheids, in dem die Sonderumlage beim Wechsel der Versorgungskasse als Lohn angesetzt wurde, s BFH VI R 40/08, BStBl II 10, 951.

62 **bb) Austritt des Arbeitgebers aus der Versorgungsanstalt VBL.** Eine Lohnzuwendung liegt auch dann nicht vor, wenn ein aus der VBL ausgetretener ArbG dem ArbN die mit dem Austritt aus der VBL entstandenen rechtl Nachteile ausgleicht (**aA** BFH VI R 16/07, BStBl II 10, 130, entgegen der überzeugenden Entscheidung FG BW EFG 07, 682). Die Rspr des BFH führt dazu, dass die vom ArbN als Anwartschaft bereits erdienten (und versteuerten) Vorteile ein weiteres Mal der Steuer unterliegen. Daran ändert auch die Erwägung nichts, dass bei einer Umstellung des Versorgungswegs ein Finanzierungszusammenhang nur innerhalb des jeweiligen Versorgungswegs gegeben sei. Der Ausgleich des Nachteils wird nicht für eine Arbeitsleistung, sondern (wie in den Fällen der Gegenwertzahlung) „für" den Austritt des ArbG aus der VBL (also aus eigenbetriebl Veranlassung) gezahlt. Nachteile, die ein ArbN infolge Ausscheidens des ArbG aus der VBL dadurch erleidet, dass er Versorgungsansprüche wegen Nichterfüllung der Wartezeit nicht mehr erdienen kann (BFH VI R 5/08, BStBl II 10, 133) oder dass er bei Eintritt des Versicherungsfalles von einem Anspruch auf Versorgungsrente auf einen niedrigeren Anspruch auf Versicherungsrente zurückfällt (BFH VI R 37/08, BStBl II 10, 135), sollen nach der Rspr des BFH strechtl irrelevant sein (zu dieser Rspr *Bergkemper* DB 09, 1797 und *ders* FR 09, 1161). In beiden Fällen haben die früheren Umlagezahlungen indes zu Lohn geführt; die Nachteile, die aus einem eigenbetriebl Verhalten des ArbG erwachsen, sollen nun aber nichts mehr mit der vorgelagerten Besteuerung der früheren Umlagezahlungen zu tun haben.

63 **cc) Besteuerung der Umlagezahlungen und der Übertragung von Versorgungszusagen.** BFH VI R 5/08, BStBl II 10, 133 und BFH VI R 37/08, BStBl II 10, 135 verdeutlichen, dass Bedenken angebracht sind, ob die Umlagezahlungen zu Recht vorgelagert besteuert wurden (s auch NdsFG EFG 07, 1073). Die vor allem historisch zu begründende und aus Rspr-Kontinuität fortgeführte Rspr (BFH VI R 8/07, BStBl II 10, 194; BFH VI R 54/08, BFH/NV 10, 30) vermag allerdings kaum zu überzeugen (ebenso *Bergkemper* FR 11, 1043; *Seeger* DB 05, 1588). Denn die Umlagezahlungen werden dazu eingesetzt, die Rentenansprüche ggü den sich im Ruhestand befindl Bediensteten zu befriedigen (diese sind nachgelagert bereichert). Die aktiven ArbN erhalten demggü nur eine Anwartschaft auf spätere Versorgung.

Sie haben im Zeitpunkt der Umlagezahlung keine individualisierbaren Lohnzuwendungen, was sich auch dann zeigen wird, wenn ein ArbG bei Einwendungen gegen einen Haftungsbescheid die Zuordnung der Vorteile aus der Umlagezahlung auf die einzelnen ArbN verlangt (überzeugend *Bergkemper* FR 09, 963). Die Umlagen sind „systemnützig" wie ArbG-Beiträge zur gesetzl RV (*Hölzer* FR 10, 501; auch → Rn. 100 „Beiträge zur Gesamtsozialversicherung"). – Kein ArbLohn, jedenfalls aber kein Zufluss liegt vor, wenn eine Pensionszusage (hier hat der ArbN noch nichts erdient) vom ArbG abgelöst und *auf Verlangen des ArbN* zur Übernahme der Pensionsverpflichtung an einen Dritten gezahlt wird (BFH VI R 6/02, BStBl II 07, 581; BFH VI R 18/13, BStBl II 17, 730; *Becker/Brunner/Kräh* DStR 16, 1648; *Geserich* NWB 16, 3586; *Ott* DStZ 17, 435; *Oenings/Altenburg* DStR 17, 538; zu praktischen Folgefragen auch iZm einer vGA *Ott* StuB 17, 795). Gleiches gilt, wenn der ArbN iRe Scheidungsfolgenvereinbarung seine Pensionszusage auf den Ehepartner überträgt; ebenso im Fall der Rückübertragung der Pensionszusage auf den ArbN, wenn noch kein fälliger Anspruch bestand (BFH IX R 15/22, BFH/NV 24, 171). ArbLohn ist aber gegeben, wenn der ArbG bei Wechsel des Durchführungswegs der betriebl Altersvorsorge an einen Dritten Leistungen erbringt und sich der Vorgang wirtschaftl so darstellt, als ob der ArbG dem ArbN die Mittel zur Verfügung stellt und der ArbN sie für seine Zukunftssicherung verwendet (BFH VI R 45/18, BStBl II 21, 775 auch zu den Voraussetzungen der StFreiheit nach § 3 Nr 66 iVm § 4e III; *BMF* BStBl I 17, 883).

dd) Eigene Beitragsleistungen des Arbeitnehmers. Kein Zusammenhang zw DienstVerh und Bezügen besteht, wenn die Bezüge ganz oder teilweise auf **früheren Beitragsleistungen des ArbN** beruhen (§ 2 II Nr 2 S 2 LStDV; s auch HessFG EFG 88, 75, rkr). Dies gilt auch, wenn der ArbG in die Auszahlung zB von Versicherungsleistungen eingeschaltet ist (BFH VI R 9/96, BStBl II 98, 581; FG BW DStRE 20, 257, rkr). Denn die ertragbringende Nutzung eigenen Vermögens in Form späterer verzinsl Rückzahlungen fällt nicht unter den Tatbestand des § 19. Daher sind Renten (auch Betriebsrenten) kein ArbLohn, die der ArbN auf Grund eigener Beitragsleistung bezieht (BFH X R 105/95, BStBl II 96, 650, Zusatzrenten der Bahnversicherungsanstalt; ebenso FG Mchn EFG 96, 1221, rkr; aber Versteuerung nach § 22). Eine eigene Beitragsleistung des ArbN liegt auch vor, wenn der ArbG den Betrag geleistet hat und diese Beitragszuwendung durch den ArbG ArbLohn darstellt. Waren die Beitragsleistungen des ArbN aber WK, so zählen die daraus resultierenden Einnahmen zum ArbLohn (§ 2 II Nr 2 LStDV). Dies gilt indes nicht, wenn die Beitragsleistungen ledigl rechtsfehlerhaft als WK abgezogen worden sind. Denn ein fehlerhafter WK-Abzug kann nicht den Tatbestand der Einkünfteerzielung erfüllen. Zum Einkauf eines ArbN in eine Pensionsregelung seines ArbG s BFH X R 36/86, BStBl II 90, 1062; BFH VI R 46/96, BStBl II 97, 127. 64

f) Auslagenersatz. Das sind Beträge, durch die Auslagen des ArbN für den ArbG ersetzt werden (§ 3 Nr 50). Es handelt sich nicht um ArbLohn, da der Entlohnungscharakter fehlt (auch → § 3 Rn. 167). Auslagenersatz liegt vor, wenn der ArbN im ganz überwiegenden Interesse des ArbG Aufwendungen tätigt, die der Arbeitsausführung dienen und die nicht zu einer Bereicherung des ArbN führen (BFH VI R 24/03, BStBl II 06, 473, Kostenersatz aufgrund tarifvertragl Regelung; krit *Thomas* DStR 06, 889; BFH VI R 30/95, BStBl II 95, 906; FG Saarl EFG 14, 1821, rkr, Kostenerstattung für ständig verschleißende Hilfsmittel; glA *Bergkemper* FR 96, 139). Ob der ArbN auf Rechnung des ArbG die Aufwendungen im eigenen oder im fremden Namen tätigt, ist ohne Bedeutung (*Küttner* „Aufwendungsersatz" Rn. 25). Entscheidend für das Vorliegen von Aufwendungsersatz ist, dass das Geschäft, für das der ArbN die Aufwendungen tätigt, so eng mit den betriebl Interessen, dem betriebl Risiko oder dem betriebl Verantwortungsbereich des ArbG verknüpft ist, dass er dem ArbN zum Ersatz verpflichtet ist. Eine solche Verpflichtung kann sich insb aus allg arbeitsrechtl (auch tarifvertragl) oder auftragsrechtl Regeln (§ 670 BGB) ergeben; eine 65 einzelvertragl Regelung wird demggü idR nicht ausreichen. Diese Grundsätze gelten auch für den Reisekostenersatz über die Regelung des § 3 Nr 16 hinaus; der analogen Anwendung des § 3 Nr 16 bedarf es gar nicht erst (so aber *Hagen ua* DB 07, 249). Auch ein *pauschaler Auslagenersatz* ist anzuerkennen, wenn die vereinbarten Beträge nicht wesentl höher als die tatsächl Aufwendungen sind (BFH VI R 30/95, BStBl II 95, 906).

66 **g) Werbungskostenersatz.** Er liegt vor, wenn der ArbG dem ArbN Aufwendungen ersetzt, die ihrer Natur nach WK sind. Die ersetzten Aufwendungen sind anders als beim Auslagenersatz im eigenen Interesse des ArbN angefallen (ausführl *Offerhaus* BB 90, 2017 (2019)). Leistet der ArbG WK-Ersatz, führt dies nach der BFH-Rspr zu stbarem und stpfl ArbLohn, dem in gleicher Höhe ein fiktiver WK-Abzug gegenübersteht (BFH VI R 145/89, BStBl II 92, 837; BFH VI R 73/05, BStBl II 07, 766; BFH VI R 5/18, BStBl II 21, 725). Gleiches gilt, wenn ein Dritter WK-Ersatz aus in der Erwerbssphäre liegenden Gründen leistet (BFH VI R 9/21, BStBl II 24, 718). Aus Vereinfachungsgründen wird eine Saldierung der als ArbLohn steuerbaren Ersatzleistungen des ArbG mit den WK des ArbN vorgenommen. Diese Rechtsfolge tritt auch bei *pauschalem Auslagenersatz* ein, wenn nicht nachgewiesen wird, dass die Ersatzleistung im Großen und Ganzen den tatsächl Aufwendungen entspricht (BFH IV R 4/02, BStBl II 04, 129, geschätzte Aufwendungen sind dann ggf WK).

67 **aa) Steuerfreier Werbungskostenersatz.** Dieser ist nach hM nur noch in den im Gesetz angeordneten Fällen mögl (§ 3 Nr 13, 16, 30, 31, 32; BFH VI R 53/04, BStBl II 07, 536; *BH/Geserich* § 19 Rn. 217; *Offerhaus* BB 88, 1796; *Drenseck* FR 89, 264; *von Bornhaupt* StuW 00, 46; krit *Albert* FR 09, 460 (464)). Die hM ist insoweit zutreffend, als „gesetzlose" Steuerbefreiungen zB durch Verwaltungsregelungen unzulässig sind (s auch BT-Drs 11/2157, 137). Eine andere Frage ist es aber, ob Leistungen des ArbG, die WK des ArbN ersetzen, stets als ArbLohn stbar sind. Mit *Lang* (FS Offerhaus S 44) ist davon auszugehen, dass die steuerl Einordnung von *Sachbezügen als ArbLohn* den Zweck hat, die in die private Konsumsphäre fließenden Vorteile zu besteuern (auch → Rn. 55). **WK-Ersatz** kommt als **Barzuwendung** oder als **Sachzuwendung** in Betracht. Bei einer *Barzuwendung* sind zwei Fallgestaltungen zu unterscheiden: – ***(1)*** Der ArbN trägt zunächst berufl veranlasste Aufwendungen, was bei ihm zu WK führt; diese Aufwendungen werden ihm später vom ArbG ersetzt. Der Geldersatz durch den ArbG gleicht die WK aus und ist ArbLohn. – ***(2)*** Der ArbN erhält von seinem ArbG einen Geldbetrag, mit dem er später anfallende Ausgaben, die zu WK führen, begleichen kann. Auch wenn das hingegebene Geld zur Bezahlung von berufl Ausgaben dienen soll, gehört es zum Vermögen des ArbN und ist zunächst für ihn frei verfügbar; es handelt sich daher um ArbLohn. Die spätere Verausgabung für berufl Zwecke führt zum WK-Abzug. In beiden Fällen der Barzuwendungen ist ArbLohn gegeben. – Erhält der ArbN Sachbezüge, die zu einem privat konsumierbaren Vorteil führen, liegt ebenfalls ArbLohn vor. Dies ist allg Meinung. Fließen die Sachbezüge hingegen in die Berufssphäre und verbrauchen sie sich für die Berufstätigkeit, ergibt sich für den ArbN kein privat konsumierbarer Vorteil, sodass die Annahme von stbarem ArbLohn ausscheidet. Eine Ausnahme ist nur dann gerechtfertigt, wenn sich die Sachzuwendung im berufl Bereich nicht sofort verbraucht, wie es bei der kostenlosen Überlassung eines berufl genutzten WG durch den ArbG an den ArbN der Fall ist. Hier ist die Sachzuwendung als ArbLohn zu erfassen, der im Wege der AfA zum WK-Abzug führt (→ Rn. 69); iEinz *Drenseck* FS Lang S 477.

68 **bb) Werbungskostenersatz für Beitragsleistungen.** Pflichtbeiträge zu einer **Berufskammer,** die vom ArbG für den ArbN gezahlt werden, sind nach der Rspr als Lohn zu qualifizieren und unterliegen dem LStAbzug (BFH VI R 26/06, BStBl II 08, 378; ebenso für verpflichtende **Berufshaftpflichtversicherung** BFH VI R 64/06, BStBl II 07, 892; BFH VI B 4/09, BFH/NV 09, 1431; BFH

VI B 31/11, BFH/NV 11, 1322; *Heger* DB 14, 1277; krit *Peetz* DStZ 11, 413), soweit die Prämienanteile auf die gesetzl Mindestversicherungssumme entfallen, die die angestellten RA wegen ihre Versicherungspflicht benötigen (BFH VI R 12/18, BStBl II 21, 356). Gleiches gilt für Zahlungen des ArbG für einen angestellten RA an den **Anwaltsverein** (BFH VI R 32/08, BStBl II 09, 462; BFH VI R 11/18, BStBl II 21, 352). Demggü liegt kein Lohnzufluss vor, wenn der ArbN durch die Berufshaftpflichtversicherung des ArbG mitversichert ist (BFH VI R 47/14, BStBl II 16, 301; BFH VI R 74/14, BStBl II 16, 303; BFH VI R 58/14, BStBl II 16, 621; *FB Bln* DStR 16, 1266; *Mayer/Gries* NWB 15, 1699; *Schneider* NWB 16, 842). Soweit die Rspr das Vorliegen von ArbLohn für Beitragsleistungen des ArbG an eine Berufshaftpflichtversicherung des ArbN bejaht, überzeugt dies iErg nicht (s auch *Bergkemper* FR 08, 678; NdsFG DStRE 08, 564, rkr; krit auch *Englert* DStR 09, 1010; s dazu *FB Bln* DB 16, 2267). Es wird zu wenig danach gefragt, ob das eigene Interesse des ArbN ein rein berufl – weil der Arbeitsausführung dienend und nicht zur privaten Bereicherung führend – oder ein privates ist (wie zB in BFH IX R 109/00, BStBl II 06, 541, Baumaßnahmen am Haus des ArbN; s *Bergkemper* FR 06, 738). Der BFH wendet den Gedanken des überwiegend eigenbetriebl Interesses insoweit in unzutreffendem Zusammenhang an (→ Rn. 55).

cc) Werbungskostenersatz für Arbeitsmittel. Aus § 9 I 3 Nr 6, der den Abzug 69
von Kosten für Arbeitsmittel oder typische Berufskleidung regelt, folgt nicht, dass der Ersatz dieser WK durch den ArbG als WK-Ersatz zu qualifizieren wäre. Die Bestimmung stellt nur klar, dass die Kosten für den ArbN als WK abzugsfähig sind, falls der ArbG diese WG nicht zur Verfügung stellt oder keinen Ersatz leistet (*Offerhaus* BB 90, 2017 (2020)). Die Saldierung ist auf jeden Fall dann ausgeschlossen, wenn der ArbG dem ArbN Arbeitsmittel zu Eigentum überlässt, bei denen die Nutzungsdauer mehr als ein Jahr beträgt. Hier ist der Wert des Arbeitsmittels als Einnahme zu erfassen, von diesem Wert sind die AfA vorzunehmen (BFH VI R 30/95, BStBl II 95, 906 mwN, Instrumentengeld für die Abnutzung der Instrumente; *Giloy* BB 86, 38 (40); *KKM* § 19 B 234; s auch § 3 Nr 30). Bei Hingabe eines zinslosen verbilligten Darlehens an ArbN zum Kauf eines Arbeitsmittels ist ebenfalls eine Einnahme in Form der Zinsersparnis anzusetzen, der in gleicher Höhe aber ein (fiktiver) WK-Betrag gegenübersteht. Der vom ArbG gewährte Sachbezug kann sich auch als WK iRe anderen Einkunftsart auswirken (→ Rn. 100 „Dienstwohnung"; *Giloy* BB 86, 41).

h) Leistungen durch Dritte (§ 38 I 3) und an Dritte. Zuwendungen durch 70
Dritte sind ArbLohn, wenn sie ein Entgelt „für" eine Leistung bilden, die der ArbN iRd DienstVerh für seinen ArbG erbringt, erbracht hat oder erbringen soll, sie sich für den ArbN als Ertrag seiner individuellen Arbeit für den ArbG darstellen und iZm dem DienstVerh stehen (BFH VI R 41/09, BStBl II 10, 1022; BFH VI R 58/11, BStBl II 13, 642; BFH VI R 67/14, BFH/NV 17, 106; BFH VI R 53/18, BFH/NV 22, 587; *BMF* BStBl I 15, 143; zum sozialrechtl Arbeitsentgelt s BSG DStR 18, 1626). Dies ist zB der Fall, wenn der Dritte Verpflichtungen des früheren ArbG erfüllt (BFH VI R 74/00, BStBl II 03, 496, Zahlungen der Urlaubs- und Lohnausgleichskasse des Baugewerbes; *Pust* HFR 03, 672), ebenso bei Zuwendungen eines Mehrheitsaktionärs an ein Vorstandsmitglied für die erfolgreiche Sanierung des Unternehmens (BFH VIII R 109/76, BStBl II 81, 707), verbilligte Überlassung eines GmbH-Anteils durch einen Ges'ter des ArbG (BFH VI R 8/16, BStBl II 18, 550; nicht aber bei fehlender Veranlassung (BFH VI R 21/22, DStR 25, 145), bei Zuwendung einer Reise durch den Geschäftspartner des ArbG (BFH VI R 10/96, BStBl II 96, 545), bei unentgeltl Wohnungsüberlassung durch Dritte, wenn sich diese als Ertrag der Arbeit erweist (BFH VI R 33/97, BStBl II 04, 1076), bei Preisnachlässen für ArbN von SchwesterGes oder TochterGes (BFH IX R 82/98, BStBl II 06, 669; BFH VI R 32/92, BStBl II 93, 356), bei von Drittem verliehenen, leistungsbezogenen Nachwuchsförderpreis (BFH VI R 39/08, BStBl II 09, 668), oder bei Rabatt für Profifußballspieler beim Neuwagenkauf (FG Mchn EFG 05, 1865, rkr, nicht zweifels-

frei). Lohn ist auch zu bejahen, falls ein ArbN Gutschriften einer Fluggesellschaft aus vom ArbG bezahlten dienstl Flügen zu Privatflügen verwendet (zur Rechtslage bei **Miles & More-Programmen** → § 37a Rn. 5). Unerhebl ist, ob der ArbG von der Vorteilsgewährung durch den Dritten an den ArbN Kenntnis hat (*BH/Geserich* § 19 Rn. 232; *HHR/Lammers* § 19 Rn. 60; ***aA*** FG Mchn EFG 14, 142, rkr; *Albert/Hahn* FR 95, 336). Denn § 38 I 3 hat nur für den LStAbzug Bedeutung, nicht jedoch für die ESt des ArbN. Ein Veranlassungszusammenhang zw ArbVerh und Vorteil kann aber fehlen, wenn der ArbN mit der Annahme des Vorteils gegen seine Dienstpflichten verstößt (zB Annahme von Bestechungsgeld, BFH IX R 87/95, BStBl II 00, 396; oder von Schmiergeld; → Rn. 100 „Schmiergeld") oder er arbeitsvertragl nicht zur Ausübung der vergüteten Leistung verpflichtet ist (FG Mster EFG 15, 989, rkr). Die materiell-rechtl Anforderungen an den Veranlassungszusammenhang und an dessen Feststellung sind bei Drittlohn grds nicht anders zu beurteilen als bei Zuwendungen durch den ArbG (BFH VI R 53/18, BFH/NV 22, 587; *Roser/Weinhold/Häsner* DStR 25, 1447). **Trinkgelder** erfüllen den Lohnbegriff, weil sie wirtschaftl als Frucht der Dienstleistung für den ArbG betrachtet werden. Freiwillige Trinkgelder sind aber stfrei (§ 3 Nr 51). Keine Trinkgelder sind freiwillige Sonderzahlungen der Konzernmutter an ArbN der Konzerntochter; solche Zahlungen stellen vielmehr regulären Lohn dar (BFH VI R 37/05, BStBl II 07, 712; *Bergkemper* FR 07, 977). Gleiches gilt für freiwillige Zahlungen an Krankenhausärzte und Klinikpersonal (FG BW EFG 09, 1286, rkr; FG Hmb EFG 09, 1367, rkr).

71 **aa) Unechte Lohnzahlung eines Dritten.** Eine solche ist anzunehmen, wenn der Dritte ledigl als Leistungsmittler fungiert. Der ArbG muss den von dem Dritten iZm dem DienstVerh geleisteten ArbLohn dann selbst dem LStAbzug unterwerfen. Der den Dritten als Leistungsmittler einsetzende ArbG bleibt der den ArbLohn Zahlende (BFH VI R 123/00, BStBl II 02, 230; BFH VI R 11/03, BStBl II 06, 668; auch → § 38 Rn. 5). Das ist zB der Fall, wenn der Dritte die Stellung einer Kasse des ArbG innehat oder wenn der Dritte im Auftrag des ArbG leistet.

72 **bb) Zuwendungen außerhalb des Dienstverhältnisses.** ArbLohn liegt nicht vor, wenn die Zuwendung wegen anderer Rechtsbeziehungen oder wegen sonstiger, nicht auf dem DienstVerh beruhender Beziehungen zw ArbN und Drittem gewährt wird (BFH VI R 41/09, BStBl II 10, 1022, Gebührenverzicht zugunsten von ArbN eines Vertriebspartners, dazu → Rn. 100 „Provisionsnachlass"; BFH VI R 74/01, BFH/NV 05, 1301, Leistungen des Bundes nach dem FELEG; BFH VI 165/61 U, BStBl III 63, 306, Belohnung durch Berufsgenossenschaft für Verdienste bei der Unfallverhütung; BFH VI R 64/11, DStR 12, 2433, verbilligter Warenbezug von Lieferanten des ArbG; BFH VI R 21/22, DStR 25, 145, Anteilsübertragung zur Sicherung der Unternehmensnachfolge durch Ges'ter). Dies gilt auch bei **Streik- und Aussperrungsunterstützungen** durch die Gewerkschaft (BFH X R 161/88, BStBl II 91, 337, Änderung der Rspr im Hinblick auf § 24; **aA** *Hüttemann* DB 24, 478). Der Umstand, dass der Dritte den Vorteil nur ArbN bestimmter ArbG zuwendet, bedeutet noch nicht automatisch, dass eine Veranlassung des Vorteils durch das DienstVerh gegeben ist (FG Ddorf DStRE 18, 400, rkr, verbilligte Kreuzfahrt für Reisebüromitarbeiter), er ist aber als Indiz für ArbLohn zu berücksichtigen (BFH VI R 53/18, BFH/NV 22, 587). Auch die Mitwirkung des ArbG bei der Drittzuwendung ist ledigl ein Indiz für das Vorliegen von ArbLohn (*Roser/Weinhold/Häsner* DStR 25, 1447). Entscheidend ist der Rechtsgrund für die Zuwendung des Dritten und die Frage, ob der Dritte den Vorteil den ArbN aus eigenwirtschaftl Interessen oder im Interesse des ArbG gewährt (BFH VI R 62/11, BStBl II 15, 191, FG RhPf EFG 21, 100, rkr); die Zuwendung des Dritten muss für den ArbN als Prämie oder Belohnung iRd DienstVerh zu seinem ArbG erscheinen (s auch *Geserich* NWB 12, 4140).

cc) Zahlung an Dritte. Auch die Zahlung des ArbG an Dritte kann bei Lohnverwendungsabrede, Abtretung des Lohnanspruchs oder sonstigem Forderungsübergang als Einnahme des ArbN beurteilt werden (allg Meinung), so zB bei Zahlung auf ausdrückl oder stillschweigende Anweisung durch den ArbN (BFH I R 5/88, BStBl II 91, 308 zu II 2; auch → Rn. 100 „Abtretung einer Gehaltsforderung" und „Gehaltsverzicht"). Ist der ArbG zur Auszahlung des Barlohns wegen Illiquidität nicht fähig und wird stattdessen eine Sache zugewendet, handelt es sich indes nicht um eine Lohnverwendung. Nur wenn zw ArbG und ArbN ein normales Verkaufsgeschäft abgeschlossen wird und der Lohnanspruch des ArbN gegen den ArbG-Anspruch aufgerechnet wird, liegt eine Lohnverwendung vor (→ § 8 Rn. 19). 73

i) Bewertung der Einnahme. → § 8 Rn. 2, 16 ff, 70 ff. 75

j) Zufluss. ArbLohn setzt den Zufluss eines Vorteils voraus (→ § 11 Rn. 15 ff; BFH VI R 60/96, BStBl II 00, 406; *Anm* HFR 99, 716). Das Innehaben eines Anspruchs gegen den ArbG ist noch kein Zufluss (BFH VI R 165/01, BStBl II 05, 890; BFH VI R 124/99, BStBl II 05, 766; BFH X R 29/05, BStBl II 07, 402; BFH VIII R 20/11, BFH/NV 14, 415; *Thomas* DStR 15, 263). Zivilrechtl Verfügungsbeschränkungen stehen dem Zufluss nicht entgegen (auch → § 11 Rn. 19). Zu Vereinbarungen zw ArbG und ArbN über den Auszahlungszeitpunkt → § 11 Rn. 10; *Offerhaus* StuW 06, 317. 76

III. Betriebsveranstaltungen, § 19 I 1 Nr 1a

1. Begriff. Der Gesetzgeber hat **ab VZ 2015** eine gesetzl Regelung zur Besteuerung der Vorteile geschaffen, die ArbN anlässl von Betriebsveranstaltungen gewährt werden (s *BMF* BStBl I 15, 832). Bis einschließl VZ 2014 verbleibt es insoweit bei der durch LStR und Richterrecht geprägten Rechtslage (→ Rn. 100 „Betriebsveranstaltungen"). Der Gesetzgeber reagierte mit § 19 I 1 Nr 1a auf die Rspr, mit der der BFH seine frühere, von der *FinVerw* gebilligte Auffassung zu Umfang und Zurechnung der bei Betriebsveranstaltungen gewährten Vorteile modifiziert hatte (BFH VI R 94/10, BStBl II 15, 186; BFH VI R 7/11, BStBl II 15, 189; BFH VI R 79/10, BFH/NV 13, 637). Die bisherigen Verwaltungsgrundsätze sollen gesetzl festgeschrieben werden. Sie gelten auch insoweit fort, als sie die gesetzl Regelung präzisieren (BT-Drs 18/3017, 47). Die *FinVerw* wendet die BFH-Rspr für Betriebsveranstaltungen bis VZ 2014 an (*BMF* BStBl I 15, 186; *Plenker* DB 15, 2530). Zur Gegenüberstellung der bisherigen Rechtslage und § 19 I 1 Nr 1a s *Eismann* DStR 15, 1429; zu weitergehenden Reformüberlegungen s *Albert* FR 17, 329. Liegen die Voraussetzungen des § 19 I 1 Nr 1a nicht vor, steht dies der Besteuerung des Vorteils nach den allg Grundsätzen des § 19 I 1 Nr 1 nicht entgegen; die Vorschrift ist nur insoweit ein Spezialtatbestand, wie ihre Voraussetzungen erfüllt sind (**aA** *Bleschick* DStR 18, 2322). 77

a) Definition. Betriebsveranstaltungen sind nach § 19 I 1 Nr 1a S 1 Veranstaltungen auf betriebl Ebene mit gesellschaftlichem Charakter (zu Einzelheiten *Geserich* NWB 13, 1477; *Ulbrich* NWB 23, 3178; *BMF* BStBl I 15, 832). Sie zielen darauf ab, den Kontakt der ArbN untereinander und damit das Betriebsklima zu fördern. Hierzu gehören zB Betriebsausflüge, Weihnachts-, Tanz-, Jubiläumsveranstaltungen, Pensionärstreffen, Besichtigungen, Gaststättenbesuch mit Kegelbahnbenutzung, Fahrt mit einem Tanzschiff oder Tanzzug, gemeinsamer Theater- oder Zirkusbesuch mit anschließendem Beisammensein (BFH VI R 21/84, BStBl II 86, 406). Der bloße Besuch einer kulturellen oder sportl Veranstaltung ist indes keine Betriebsveranstaltung (BFH VI R 21/84, BStBl II 86, 406; *Krudewig* GmbH-Steuerpraxis 17, 102). Ein Firmenjubiläum muss nicht unbedingt eine Betriebsveranstaltung, sondern kann allg betriebl sein; dies hängt vom Kreis der Eingeladenen ab (BFH VI R 68/00, BStBl II 06, 440; zur Abgrenzung s auch FG BW EFG 15, 2167; *Weber* NWB 15, 3532; s NdsFG EFG 24, 1940, mE zutreffend, Rev VI R 18/24 zu Vorstandsver- 78 abschiedung). Liegt keine Betriebsveranstaltung vor, besteht auch keine Pauschalierungsmöglichkeit nach § 40 II 1 Nr 2 (BFH VI R 22/06, BStBl II 09, 476).

79 **b) Teilnehmerkreis.** Eine Betriebsveranstaltung ist nach zutr Auffassung nur gegeben, wenn die Teilnahme allen Betriebsangehörigen offensteht (§ 19 I 1 Nr 1a S 3; *LfSt Bay* DB 18, 286); nach Auffassung der *FinVerw,* wenn der Teilnehmerkreis sich überwiegend aus Betriebsangehörigen zusammensetzt (*BMF* BStBl I 15, 832). Nach Meinung des BFH ist das Offenstehen für alle Betriebsangehörigen keine Voraussetzung für das Vorliegen einer Betriebsveranstaltung, so dass auch eine *Weihnachtsfeier* des Vorstands oder von Konzernführungskräften begünstigt ist (BFH VI R 5/22, BStBl II 24, 748; ebenso *Seifert* NWB 17, 18; *Bleschick* DStR 18, 2322; *Lewitzki* FR 25, 742). Dem kann nicht gefolgt werden, da eine solche Veranstaltung nicht „auf betrieblicher Ebene" sondern auf Ebene des Vorstands oder bestimmter Führungskräfte stattfindet (*Krüger* DB 24, 1716). Dieser Auffassung hat sich nun auch der Gesetzgeber für die LStPauschalierung in § 40 II Nr 2 ab dem VZ 2026 angeschlossen (→ § 40 Rn. 14). Die Teilnahme von LeihArbN und ArbN konzernangehöriger Unternehmen ist aber zulässig (*BMF* BStBl I 15, 832). Die Teilnahme einzelner Geschäftsfreunde des ArbG soll dem Charakter der Veranstaltung als Betriebsveranstaltung nicht entgegenstehen (*Plenker* DB 15, 2530). Wie bisher ist eine abteilungsweise durchgeführte Veranstaltung zulässig (BFH VI R 22/06, BStBl II 09, 476; BFH VI R 21/84, BStBl II 86, 406), wie § 19 I 1 Nr 1a S 3 ausdrückl klarstellt; ebenso eine Veranstaltung für den Innendienst eines überregionalen ArbG (FG BW EFG 93, 610, rkr). Das Recht zur Teilnahme darf aber nicht von der Stellung des ArbN, von der Gehaltsgruppe, von der Dauer der Betriebszugehörigkeit oder von besonderen Leistungen abhängig sein (**aA** BFH VI R 5/22, BStBl II 24, 748; zutr dagegen FG Mster EFG 20, 682, rkr; keine „vertikale" Beteiligung). Daher ist eine sog Incentive-Veranstaltung keine Betriebsveranstaltung (BFH VI R 22/06, BStBl II 09, 476). Die Teilnahme von Angehörigen, Lebensgefährten oder sonstigen Gästen des ArbN ist unschädl (BFH VI R 85/90, BStBl II 92, 655). Pensionärstreffen und Jubilarfeiern sind übl Betriebsveranstaltungen.

80 **c) Häufigkeit; Dauer.** Für zwei Betriebsveranstaltungen im Jahr kann der Freibetrag nach S 3 in Anspruch genommen werden (§ 19 I 1 Nr 1a S 4). Dies gilt unabhängig davon, ob die ArbN auch an beiden Veranstaltungen teilnehmen (BFH VI R 68/00, BStBl II 06, 440). Bei mehr als zwei Betriebsveranstaltungen jährl kann der ArbG auswählen, welche Veranstaltungen als Lohnzuwendung ausscheiden sollen (*BMF* BStBl I 15, 832). Auch zweitägige Betriebsausflüge können als Betriebsveranstaltung begünstigt sein, wenn die Voraussetzungen iÜ vorliegen (BFH VI R 151/99, BStBl II 06, 439).

81 **2. Höhe der Zuwendung.** Der Gesetzgeber hat die bisher von der FinVerw mit Billigung der Rspr auf 110 € festgelegte Freigrenze **ab VZ 2015** in einen *Freibetrag* umgestaltet. Der Freibetrag gilt je Veranstaltung und teilnehmendem ArbN (§ 19 I 1 Nr 1a S 3).

82 **a) Berechnung des Freibetrags.** In den Freibetrag sind gem § 19 I 1 Nr 1a S 2 alle Aufwendungen des ArbG für den ArbN und dessen Begleitperson (zB Familienangehörige und Gäste des ArbN, s § 19 I 1 Nr 1a S 5) einzurechnen, ohne dass es darauf ankommt, ob sie einzelnen ArbN individuell zurechenbar sind. Unerhebl ist auch, ob es sich um einen rechnerischen Anteil an den Kosten der Veranstaltung handelt, die der ArbG *ggü Dritten* für den äußeren Rahmen der Veranstaltung aufwendet (*BMF* BStBl I 15, 832). Damit ist der Gesetzgeber der BFH-Rspr entgegengetreten, nach der einerseits Kosten für die Ausgestaltung der Betriebsveranstaltung nicht zu berücksichtigen waren (s BFH VI R 94/10, BStBl II 15, 186; BFH VI R 41/17, BStBl II 20, 531) und andererseits den ArbN der auf Familienangehörige entfallende Aufwand nicht zuzurechnen war (s BFH VI R 7/11, BStBl II 15, 189). Diese BFH-Rspr gilt aber über den VZ 2014 hinaus weiterhin für betriebl Veranstaltungen, die

keine Betriebsveranstaltungen sind (BFH VI R 13/18, BStBl II 21, 395). Stfreie Reisekostenvergütungen sind nicht in die Zuwendungen der Betriebsveranstaltung einzubeziehen (*BMF* BStBl I 15, 832; FG Ddorf EFG 18, 966, rkr).

b) Gestaltungsmöglichkeiten. Der ArbG kann einer Überschreitung des Freibetrags dadurch begegnen, dass die über 110 € hinausgehenden Kosten von den ArbN selbst getragen werden. Der ArbG kann für eine Betriebsveranstaltung auch einen Zuschuss in die Gemeinschaftskasse leisten, der nicht zu ArbLohn führt, sofern der Freibetrag nicht überschritten ist (BFH VI R 157/98, BStBl II 06, 437). Bei einer zweitägigen Betriebsveranstaltung ist unschädl, wenn der ArbG nur für einen Tag die Kosten übernimmt und die Kosten für Übernachtung von den ArbN getragen werden. Die Kombination von Betriebsveranstaltung und -besichtigung beim Hauptkunden des ArbG kann zur Aufteilung der Kosten und damit zur Einhaltung des Freibetrags führen (BFH VI R 118/01, BStBl II 06, 444). Zur Aufteilung der Kosten bei gemischt veranlasster Veranstaltung s BFH VI R 55/07, BStBl II 09, 726; *Bergkemper* HFR 09, 885; *Schneider* BFH/PR 09, 329. Geschenke von bleibendem Wert (= Gesamtwert von mehr als 60 €), die ledigl *bei Gelegenheit* der Betriebsveranstaltung überreicht werden, sind aber wie andere Sonderzuwendungen ArbLohn (BFH VI R 85/90, BStBl II 92, 655); sie sind nicht in die Berechnung der Gesamtkosten aufzunehmen (*BMF* BStBl I 15, 832). Werden Präsente im Wert von bis zu 60 € je ArbN, die aus zwingenden Gründen nicht an der Veranstaltung teilnehmen konnten, nachträgl überreicht, wird man auch insoweit keinen Lohn annehmen müssen; Geldersatz ist aber stets Lohn. 83

3. Bewertung. Bis VZ 2014 war der Wert der dem ArbN durch den ArbG zugewandten Leistungen auch bei Betriebsveranstaltungen nach § 8 II 1 zu bestimmen. Er konnte anhand der Kosten geschätzt werden, die dem ArbG dafür erwachsen waren. **Ab VZ 2015** sind gem § 19 I 1 Nr 1a S 5 die Zuwendungen des ArbG bei Betriebsveranstaltungen zwingend mit den anteilig auf den ArbN und dessen Begleitperson entfallenden Aufwendungen des ArbG anzusetzen. In der Praxis wird sich hierdurch idR keine Änderung ergeben, da die Bewertung des Vorteils anhand der Kosten bereits bisher übl war. Die SvEV findet keine Anwendung (BFH VI R 24/84, BStBl II 87, 355; → § 8 Rn. 61). Die Aufwendungen des ArbG sind auf die anwesenden ArbN, nicht hingegen auf die angemeldeten ArbN aufzuteilen (BFH VI R 31/18, BStBl II 21, 606, VerfBeschw BVerfG 2 BvR 1443/21 nicht angenommen; *BMF* BStBl I 15, 832; **aA** *Seifert* DStZ 16,104; *Bleschick* DStR 18, 2322). Auch dies entspricht der bisherigen Rspr. Nach der *FinVerw* ist die 44 €-Freigrenze des § 8 II 11 (50 € ab VZ 22) auf Zuwendungen anlässl von Betriebsveranstaltungen ebenfalls nicht anwendbar (*BMF* BStBl I 15, 832; ebenso *Plenker* DB 15, 2530; *Seifert* DStZ 16, 104). Gleiches gilt für die Beschränkung des BA-Abzugs in § 4 V 1 Nr 2, da keine Bewirtung aus geschäftl, sondern aus betriebl Anlass vorliegt (*FM SchlH* DB 15, 2845, zutr). 84

IV. Bezüge aus früheren Dienstleistungen, § 19 I 1 Nr 2

1. Begriff Dienstleistungen. Zu den Einkünften aus nichtselbständiger Arbeit gehören auch Bezüge und Vorteile aus früheren Dienstleistungen. Die in § 19 I 1 Nr 2 aufgeführten Wartegelder, Ruhegelder usw sind nur eine beispielhafte Aufzählung solcher Bezüge (*HHR/Lammers* § 19 Rn. 100). § 19 I 1 Nr 2 setzt ebenso wie Nr 1 voraus, dass die Bezüge durch ein DienstVerh veranlasst sind (→ Rn. 45 ff). Ob es sich um Bezüge aus früheren Dienstleistungen oder um Leibrenten handelt, bestimmt sich danach, ob der ArbN zur Erlangung der Bezüge eigenes Vermögen eingesetzt hatte oder nicht (BFH X R 24/15, BStBl II 17, 636, zu Versorgungsleistungen des Europäischen Patentamts; BFH X R 2/20, DStR 22, 726 zur Aufteilung im Schätzungswege; BFH X R 29/05, BStBl II 07, 402 und FG RhPf EFG 18, 106, rkr, zu Ruhegehaltszahlungen der NATO; auch → Rn. 64). Durch als WK abzugsfähige 86

Versorgungszuschläge, die ein Beamter aufwendet, um die Anerkennung ruhegehaltsfähiger Dienstzeiten zu erlangen, erwirbt der Beamte aber kein Rentenrecht; die Versorgungsbezüge sind insgesamt nach § 19 I 1 Nr 2 zu versteuern (BFH X R 39/14, BFH/NV 17, 888). Soweit die Bezüge dem ArbN selbst zufließen, hat § 19 I 1 Nr 2 ledigl klarstellende Bedeutung. Konstitutiv ist die Vorschrift dagegen für den Rechtsnachfolger des ArbN, der, soweit er ArbLohn aus einen früheren DienstVerh seines Rechtsvorgängers bezieht, steuerrechtl ebenfalls als ArbN anzusehen ist (§ 1 I 2 LStDV; auch → Rn. 7). *Rechtsnachfolger* iSd § 1 I 2 LStDV ist jeder Gesamt- oder Einzelrechtsnachfolger (→ § 24 Rn. 66). Einnahmen aus dem ArbVerh des Erblassers, die den Erben zufließen, sind bei diesen als Einkünfte aus nichtselbständiger Arbeit zu versteuern (BFH VI R 157/72, BStBl II 76, 322; BFH VI R 8/19, BFH/NV 21, 1253 zu Sterbegeld nach dem BeamtVG). Die Erben sind insoweit ArbN iSd LStRechts (LStH 19.9). Die Besteuerung der Einnahmen aus früheren DienstVerh richtet sich nach den Merkmalen der Personen, denen sie nun zufließen (ArbN oder Rechtsnachfolger, BFH VI 265/58 U, BStBl III 60, 404; BFH VI R 157/72, BStBl II 76, 322). Der Rechtsgrund für die Leistung kann auch erst nach Beendigung des DienstVerh (auch freiwillig) eintreten (BFH VI 285/64 U, BStBl III 65, 444; BFH X R 7/80, BFH/NV 86, 654). – Zu **§ 34 II Nr 4** iZm Ruhegehaltszahlungen BFH VI R 5/21, BFH/NV 24, 381; → § 34 Rn. 41, 44.

87 **2. Wartegelder; Ruhegelder.** Hierbei handelt es sich um Einnahmen, die durch das DienstVerh veranlasst sind, dem ArbN aber nicht für eine gegenwärtige Tätigkeit zufließen. Zu den Ruhegeldern gehören auch solche, die erst im Zeitpunkt der vertragl vorgesehenen Beendigung des ArbVerh vereinbart oder erhöht werden (BFH XI R 51/00, BStBl II 02, 516).

88 **3. Witwengelder; Waisengelder.** Diese werden auf Grund einer dem verstorbenen ArbN zu Lebzeiten gewährten Versorgungszusage gezahlt. Witwen- und Waisengelder sind ArbLohn der Witwe bzw des Waisen. Zum Witwengeld zählen auch etwaige Kinderzuschläge. Der Witwe noch nicht zugeflossene Witwengelder sind nach ihrem Tode ihren Erben als eigene Einnahme aus nichtselbständiger Arbeit (Rechtsnachfolge des Rechtsnachfolgers des ArbN) entspr den bei ihnen gegebenen Besteuerungsmerkmalen zu erfassen (BFH VI 265/58 U, BStBl III 60, 404; s auch *Giloy* BB 86, 566 (568)).

89 **4. Versorgungsausgleich.** Nach § 19 I 1 Nr 2 sind auch Leistungen iRe Versorgungsausgleichs, die die ausgleichsberechtigte Person aufgrund der Teilung nach § 10 oder § 14 VersAusglG später aus einer Direktzusage oder von einer Unterstützungskasse erhält, Einnahmen iSd § 19 (s BFH IX R 15/22, BFH/NV 24, 171). Die ausgleichsverpflichtete Person hat Einnahmen iSd § 19 nur hinsichtl der verbleibenden Leistungen (s auch § 3 Nr 55a → § 3 Rn. 181 und § 3 Nr 55b → § 3 Rn. 182).

V. Beiträge zur betrieblichen Altersvorsorge, § 19 I 1 Nr 3

91 **1. Laufende Vorsorgebeiträge.** § 19 I 1 Nr 3 S 1 stellt klar, dass lfd Beiträge und lfd Zuwendungen des ArbG aus einem bestehenden DienstVerh an einen Pensionsfonds (§ 1b III 1 BetrAVG, § 236 VAG), eine Pensionskasse (s LStR 40b.1 IV) oder eine DirektVers (s LStR 40b.1 I) für eine betriebl Altersversorgung ArbLohn darstellen. Es handelt sich um Barlohn (FG Hmb EFG 24, 1382, Rev VI R 13/24: keine Pauschalierung gem § 37b). Die Vorschrift ist deklaratorisch, da die genannten Zuwendungen schon nach § 19 I 1 Nr 1 zum ArbLohn gehören (→ Rn. 60). Dies gilt unter Zugrundelegung der von der BFH-Rspr vertretenen Auffassung auch für Umlagen, die der ArbG an eine im Umlageverfahren finanzierte Versorgungseinrichtung leistet (zB BFH VI R 8/07, BStBl II 10, 194; zur Kritik → Rn. 63 aE). § 19 I 1 Nr 3 S 1 ordnet solche Umlagezahlungen an eine Pensionskasse dem ArbLohn zu (*BH/Ge-*

serich § 19 Rn. 296; *Birk/Specker* DB 08, 488; s auch BT-Drs 16/2712, 45; *BMF* BStBl I 21, 1050 Tz 14).

2. Sonderzahlungen an Vorsorgeeinrichtungen. § 19 I 1 Nr 3 S 2 wurde durch das ZK-AnpG (BGBl I 14, 241) geändert. Die Neufassung gilt für alle Zahlungen des ArbG nach dem 30.12.14. Weitere Änderungen erfolgten durch Art 2 VII Nr 4 des Gesetzes zur Modernisierung der Finanzaufsicht über Versicherungen (BGBl I 15, 434) und Art 13 des StÄndG 2015 (BGBl I 15, 1834). Zu § 19 I 1 Nr 3 S 2 aF → 33. Aufl 2014, § 19 Rn. 86. Mit § 19 I 1 Nr 3 S 2–4 will der Gesetzgeber der unter → Rn. 61 dargestellten BFH-Rspr entgegenwirken (s BT-Drs 16/2712, 46). Nach § 19 I 1 Nr 3 S 2 sind alle Sonderzahlungen mit Ausnahme der in Hs 1 Buchst a–d genannten Zahlungen, die der ArbG neben den lfd Beiträgen an eine Versorgungseinrichtung (Pensionsfonds, Pensionskasse, DirektVers) leistet, ArbLohn (*BMF* BStBl I 21, 1050 Tz 15 ff). Dies gilt nach den gesetzl Regelbeispielen insb für Sonderzahlungen des ArbG an eine Pensionskasse anlässl des Ausscheidens aus einer nicht kapitalgedeckten betriebl Altersversorgung (Nr 3 S 2 Hs 2 Buchst a) und für Sonderzahlungen des ArbG iZm dem Wechsel von einer umlagefinanzierten Versorgungseinrichtung in eine andere umlagefinanzierte Versorgungseinrichtung (Nr 3 S 2 Hs 2 Buchst b). Da in diesen Fallgestaltungen nach dem allg Lohnbegriff kein ArbLohn gegeben ist, handelt es sich um eine **gesetzl ArbLohnfiktion** (glA *Birk/Specker* DB 08, 488; *Bergkemper* FR 11, 1043 (1050); **aA** *HHR/Lammers* § 19 Rn. 108 Erweiterung des ArbLohnbegriffs). Von der ArbLohnfiktion ausgenommen sind Zahlungen des ArbG zur *erstmaligen* Erfüllung von Solvabilitätsvorschriften (Nr 3 S 2 Hs 1 Buchst a, BFH VI R 154/99, BStBl II 02, 22 gilt insoweit fort), zur Wiederherstellung einer angemessenen Kapitalausstattung nach unvorhersehbaren Verlusten oder zur Verstärkung der Rechnungsgrundlagen aufgrund einer unvorhersehbaren, nicht nur vorübergehenden Änderung der Verhältnisse, wobei die Sonderzahlungen nicht zur Absenkung der lfd Beiträge führen dürfen (Nr 3 S 2 Hs 1 Buchst b), in der Rentenbezugszeit nach § 236 II VAG (Nr 3 S 2 Hs 1 Buchst c) und in Form von *Sanierungsgeldern* (Nr 3 S 2 Hs 1 Buchst d) anlässl der Systemumstellung von einer umlagefinanzierten auf eine kapitalgedeckte betriebl Altersversorgung (BFH VI R 32/04, BStBl II 06, 500 gilt fort; s auch *BMF* BStBl I 21, 1050 Tz 19). Zur erstmaligen Erfüllung der Solvabilitätsvorschriften gehört auch die auf Neugeschäften oder vertragl vereinbarten lfd Beiträgen beruhende Erhöhung der Solvabilitätsspanne, um eine angemessene Kapitalausstattung zw 100%–115% Bedeckungsgrad zu erreichen (BT-Drs 18/3017, 39). Unvorhersehbare Verluste iSv Nr 3 S 2 Halbsatz 1 Buchst b sind in Anlehnung an § 140 VAG (bis 31.12.15: § 56b I 2 VAG aF) zu verstehen (zB Abschreibungen wegen Einbruch des Kapitalmarkts oder Niedrigzinsumfeld, dazu *OFD NRW* DStR 17, 1212). Gleichgestellt sind vom Unternehmen nicht zu vertretende Finanzierungslücken, die zB auf gestiegener Lebenserwartung oder dem Zinsumfeld beruhen. Abzustellen ist jeweils auf den Zeitpunkt, zu dem die Sonderzahlung des ArbG begründet wird. 92

a) Abgrenzung laufender Zahlungen von Sonderzahlungen. § 19 I Nr 3 S 3, 4 sollen sicherstellen, dass bei lfd Zahlungen, die ArbLohn darstellen (Pauschalierungswahlrecht gem § 40b I; 20%), und bei Sonderzahlungen, die ArbLohnfiktion bedeuten (Pauschalsteuerpflicht mit 15%, § 40b IV), eine Abgrenzung der beiden unterschiedl zu besteuernden Zahlungen des ArbG mögl ist. Damit ist von Sonderzahlungen (Lohnfiktion) nur auszugehen, soweit die neue Bemessung der Zahlungspflichten des ArbG nach dem Wechsel bzw nach der Systemumstellung die frühere Bemessung übersteigt: Lag der vom ArbG zum Umstellungszeitpunkt zu tragende Umlagesatz zB bei 6% und beträgt er nun 7,5%, so ist nur der über die ursprüngl Umlage von 6% hinausgehende Teil von 1,5% des Arbeitsentgelts mit 15% zu besteuern. 93

94 **b) Verfassungswidrigkeit der Arbeitslohnfiktion.** Die ArbLohnfiktion ist verfwidrig (Vorlagebeschluss BFH VI R 49/12, BFH/NV 14, 418; Az BVerfG 2 BvL 7/14; *Glaser* BB 06, 2217; *Birk/Specker* DB 08, 488; s auch *Heger* BB 06, 1598; **aA** FG BW EFG 12, 2006, Rev VI R 49/12; *KKM* § 19 Rn. B 778 ff); dies gilt ebenso für die sachl nicht gerechtfertigte Ausnahmeregelung zugunsten der Sanierungsgelder (*Birk/Specker* DB 08, 488; s auch BT-Drs 16/2712, 46). Bei § 19 I 1 Nr 3 S 2 handelt sich materiell-rechtl nicht um eine Besteuerung des Einkommens. Denn die Besteuerung erfolgt unabhängig von der Steigerung der Leistungsfähigkeit des ArbN (*KS/Eisgruber* § 19 Rn. 76). Die Auffassung, ArbLohn liege im Hinblick darauf vor, dass Ansprüche auf Zukunftssicherungsleistungen zwar nicht erworben, aber gesichert würden (so BT-Drs 16/2712, 45; *KKM* § 19 Rn. B 778), überzeugt nicht (ebenso *Sonnleitner/Engels/Winkelhog* BB 14, 791). Es ist für die Besteuerung von ArbLohn näml grds bedeutungslos, wie sich der ArbG die Mittel zur Finanzierung des ArbLohns verschafft. Die Rechtsbeziehungen, aus denen die Mittel für den ArbLohn stammen, berühren die Besteuerung des ArbLohns nicht (*Seeger* DB 05, 1588). Die Abkopplung der ArbLohnfiktion in § 19 I 1 Nr 3 S 2 von der Steigerung der wirtschaftl Leistungsfähigkeit des ArbN, die mit § 19 eigentl besteuert werden soll, wird durch die in § 40b IV angeordnete **Pflichtsteuerschuld des ArbG** verdeutlicht. Diese ist ebenso wie die Arbeitslohnfiktion verfwidrig (insoweit zutr BFH VI R 49/12, BFH/NV 14, 418; BVerfG 2 BvL 7/14; auch → § 40b Rn. 12). Der ArbG wird als Pflicht-StSchuldner in Anspruch genommen, weil er die Sonderzahlungen letztl ausgelöst hat (BT-Drs 16/2712, 57). Es handelt sich materiell-rechtl um eine **verdeckte Verkehrsteuer** von 15%, die als pauschale ESt getarnt wird. – Die Neuregelung gilt erstmals für Sonderzahlungen, die nach dem Tag des Kabinettsbeschlusses (24.8.06) geleistet werden. Für frühere Zahlungen gelten damit die Grundsätze der BFH-Rspr (also kein ArbLohn). War die Umstellung bereits vor dem Stichtag vereinbart, bedeutet die Besteuerung der nach dem Stichtag geleisteten Sonderzahlungen eine verfwidrige steuerverschärfende Rückwirkung, da hierdurch eine konkret verfestigte Vermögensposition ohne sachl Rechtfertigung nachträgl entwertet wird.

VI. Versorgungsfreibetrag, § 19 II

95 **1. Abschaffung des Freibetrags bis 2058.** Durch das AltEinkG (BGBl I 04, 1427) hat der Gesetzgeber ab 1.1.05 einen Systemwechsel hin zur nachgelagerten Besteuerung vollzogen (→ § 22 Rn. 3 ff). Hiervon ist auch § 19 II betroffen. Der Versorgungsfreibetrag wird nach dem WachstChG (BGBl I 24 Nr 108; Geltung insoweit ab VZ 2023) bis 2058 schrittweise abgeschafft (bis VZ 2023: 2040). Er wird nach den Verhältnissen des Jahres des Versorgungsbeginns ermittelt und wird in dieser Höhe für den ArbN zeitlebens berücksichtigt (sog **Kohortenprinzip**). Hinterbliebene werden in dieselbe Kohorte eingereiht wie der ursprüngl Versorgungsempfänger (§ 19 II 7) Für im Jahr 2058 in den Ruhestand tretende ArbN gibt es den Versorgungsfreibetrag nicht mehr. Bis dahin verringert er sich nach dem Jahr des Versorgungseintritts, wie der Tabelle des § 19 II 3 zu entnehmen ist. Aufgrund des ab VZ 2023 erfolgenden langsameren Anstiegs des Besteuerungsanteils der Renten soll diese Änderung im Bereich der Freibeträge für Versorgungsbezüge nachgezeichnet werden. Beginnend mit dem Jahr 2023 verringert sich der anzuwendende Prozentwert zur Bemessung des Versorgungsfreibetrags nur noch in jährl Schritten von 0,4% (bis VZ 2022: 0,8%). Der Versorgungsfreibetrag kann nur im Jahr des Zuflusses der Versorgungsbezüge gewährt werden (BFH VI R 116/72, BStBl II 74, 680). Zu beachten ist der Versorgungsfreibetrag iRd §§ 9a, 10c II 4, 22 Nr 5 S 11, 24a S 2, 39b II, III, 46 II Nr 3. Auf pauschal versteuerten ArbLohn (§§ 40–40b) wird der Versorgungsfreibetrag nicht angewendet.

2. Versorgungsbezüge, § 19 II 2. Die Besteuerung beamtenrechtl Versorgungsbezüge ist als Übergangsrecht verfgemäß (BFH VI R 67/12, BFH/NV 14, 37). Versorgungsbezüge sind Bezüge und sonstige Vorteile, die auf einem früheren DienstVerh beruhen (also nicht bei anderen Einkunftsarten, BFH XI R 45/05, BFH/NV 07, 880; iEinz LStR 19.8 I). Maßgebl ist, dass der StPfl wegen Erreichens einer Altersgrenze iSv § 19 II 2 von der Verpflichtung zu Dienstleistungen entbunden ist, so dass das Entgelt keine Gegenleistung für Dienste des StPfl darstellt, die im gleichen Zeitraum geschuldet und erbracht werden (BFH VI R 28/11, BStBl II 13, 572; BFH VI R 26/18, BFH/NV 20, 971). Hieran fehlt es bei Bezügen während der Freistellungsphase der Altersteilzeit im Blockmodell (BFH VI R 5/12, BStBl II 13, 611) und bei Leistungen aus einer Direktzusage vor Erreichen der Altersgrenzen in § 19 II 2 Nr 2 (BFH VI R 12/11, BStBl II 13, 576). Fahrvergünstigungen von Ruhestandsbeamten der Bahn sind dagegen Versorgungsbezüge (BFH VI R 26/18, BFH/NV 20, 971). Versorgungsbezüge können auch als Sachbezüge gewährt werden (*BMF* BStBl I 10, 665 Tz 14a); dies hat Auswirkung auf den ArbN-Pauschbetrag (dazu *Gunsenheimer* NWB 10, 3910). Zu den Versorgungsbezügen zählen auch Bezüge eines vom Dienst freigestellten Beamten (BFH VI R 50/07, BStBl II 09, 460, 58 er-Regelung; *Bergkemper* FR 09, 822; BFH VI R 37/70, BStBl II 75, 23, emeritierter Professor; oder eines Angestellten einer öffentl-rechtl Körperschaft, NdsFG EFG 15, 1366, rkr). Zum Versorgungsfreibetrag für Vorruhestandsbeamte s NdsFG EFG 05, 299, rkr. Versorgungsbezüge „nach beamtenrechtl Grundsätzen" in § 19 II 2 Nr 1b liegen vor, wenn dem ArbN nach einer Ruhelohnordnung, Satzung, Dienstordnung, (Tarif-)Vertrag o. Ä. eine lebenslängl Alters- oder Dienstunfähigkeits- und Hinterbliebenenversorgung auf der Grundlage seines Arbeitsentgelts und der Dauer seiner Dienstzeit gewährt wird (BFH VI R 29/18, DStRE 21, 468). Die Versorgung muss einer Beamtenversorgung in wesentl Grundzügen entsprechen. Die Altersgrenze in § 19 II 2 Nr 2 ist **ab VZ 2000** von 62 auf 63 Jahre hochgesetzt worden (Gleichstellung zum öffentl Dienst durch StBereinG 1999 (BGBl I 99, 2601); s BFH VI B 45/07, BFH/NV 08, 60; BFH VI R 12/11, BStBl II 13, 576, verfgemäß). Sie ist auf Versorgungsbezüge nach § 19 II 2 Nr 1a und Nr 1b nicht entspr anwendbar (BFH VI R 29/18, BStBl II 21, 399). Zu von internationalen Organisationen gezahlten Pensionen als Versorgungsbezug s *BMF* BStBl I 22, 36. 96

3. Bemessungsgrundlage, § 19 II 4. Der Versorgungsfreibetrag bemisst sich nach den Bruttobezügen, also ohne Kürzung um etwaige Freibeträge (*HHR/Lammers* § 19 Rn. 161). Zur Berechnung s *Risthaus* DB 04, 1337 f; LStH 19.8. Da der ArbN-Pauschbetrag für Versorgungsbezüge ab 2005 gesenkt worden ist (s § 9a), wird zum Ausgleich neben dem Versorgungsfreibetrag ein Zuschlag gewährt, der ebenfalls je nach dem Zeitpunkt des Versorgungseintritts abgeschmolzen wird (s Tabelle in § 19 II 3). Der Versorgungsfreibetrag und der Zuschlag zum Versorgungsfreibetrag gelten grds für die gesamte Laufzeit des Versorgungsbezugs (§ 19 II 8, II 9). Bezieht der StPfl Versorgungsbezüge aus unterschiedl Quellen, ist der Freibetrag quotal aufzuteilen; dies hat auch Bedeutung für den SA-Abzug (FG Köln EFG 20, 440, rkr, auch → § 10 Rn. 132). Zu einer Neuberechnung führen nur Änderungen des Versorgungsbezugs, die ihre Ursache in der Anwendung von Anrechnungs-, Ruhens-, Erhöhungs- oder Kürzungsregelungen haben (§ 19 II 10; s *BMF* BStBl I 13, 1087 Rn. 173). Zur Gewährung nach interner Teilung iSd § 10 VersAusglG → § 3 Rn. 181. Höhe und Berechnung des Versorgungsfreibetrags sowie des Zuschlages sind als Übergangsrecht verfgemäß (BFH VI R 83/10, BStBl II 13, 573; BFH VI R 12/11, BStBl II 13, 576). 97

VII. Energiepreispauschale, § 19 III

1. Allgemeines. Die Energiepreispauschale iHv **einmalig 300 €** für aktiv erwerbstätige ArbN, die im VZ 22 Einkünfte aus § 19 I 1 Nr 1 erzielen, ist in **§§ 112 ff** 98 geregelt. Gem § 113 nicht anspruchsberechtigte Versorgungsempfänger sollen die Pauschale nach dem **VEPPGewG** (BGBl I 22, 1985) bzw entspr landesrechtl Vorschriften erhalten (s BT-Drs 20/3938). Die Pauschale ist auch für diese Versorgungsempfänger in voller Höhe stpfl. Da es sich um eine Leistung der die Versorgungsbezüge zahlenden Stelle handelt, wird sie den Einkünften aus nichtselbständiger Arbeit als Versorgungsbezug zugeordnet. Die versorgungsrechtl Energiepreispauschale ist damit ebenso wie die Energiepreispauschale nach §§ 112 ff mit dem persönl StSatz zu versteuern (FG Mster EFG 24, 1140, Rev VI R 15/24 zum aktiven ArbN; → § 113 Rn. 2).

99 **2. Versorgungsrechtliche Energiepreispauschale als Versorgungsbezug.** § 19 III 1 ordnet die versorgungsrecht Energiepreispauschale den **Versorgungsbezügen** zu (zu Recht krit *Raff* NWB 23, 2313). Sie ist daher auch in der LSt-Bescheinigung mit den entspr Lohnabzugsbeträgen zu erfassen, wobei eine gesonderte Bescheinigung der ausgezahlten Pauschale für Versorgungsbezieher nach § 41b I 2 mittels eines Großbuchstabens anders als bei der Energiepreispauschale nach §§ 112 ff nicht erforderl ist. Die Pauschale gilt nach § 19 III 2 nicht als Sonderzahlung iSv § 19 II 4, jedoch als Anpassung des Versorgungsbezugs gem § 19 II 9. Auswirkungen auf die Freibeträge für Versorgungsbezüge ergeben sich aufgrund der Pauschale folgl nicht. Sie ist beim LSt-Abzug nicht iRd Berechnung einer Vorsorgepauschale nach § 39b II 5 Nr 3 Buchst b und c zu berücksichtigen (§ 19 III 3), da sie bei den SV-Beiträgen nicht einzubeziehen ist. § 19 III 4 stellt klar, dass § 3 und § 24a auf die Pauschale *nicht* anwendbar sind.

VIII. ABC der Einnahmen

100 **Abfindungen** (Entschädigungen) für vorzeitige Räumung einer Werkswohnung können ArbLohn darstellen (BFH VI R 371/70, BStBl II 74, 512). Abfindungen zur Ablösung eines Wohnrechts (BFH XI R 7/93, BStBl II 94, 185) oder einer Wiedereinstellungszusage (*E. Schmidt* FR 93, 359) sind Lohn. Entschädigungen wegen unfallbedingten Einkommensverlustes s HessFG EFG 88, 573, rkr. Ablösezahlung bei Transfer eines Fußballspielers als dessen Lohn s FG Köln EFG 98, 1586, rkr, s auch „Ausgleichsgelder".

Abtretung einer Gehaltsforderung. Die Abtretung bewirkt nicht, dass nunmehr der Abtretungsempfänger den Tatbestand der Einkunftserzielung verwirklicht (BFH I R 64/81, BStBl II 85, 330). Das Abtretungsentgelt wird idR nicht als Einnahme aus nichtselbständiger Arbeit anzusehen sein (*Giloy* BB 86, 566 (569); *Crezelius* DStJG 9, 105 (106) auch zur Problematik der Lohnzahlung iRe Vertrages zu Gunsten Dritter).

Aktien. – *(1)* Sachbezug. Die unentgeltl oder verbilligte Überlassung von Aktien oder GmbH-Anteilen durch den ArbG an den ArbN oder die unentgeltl Einräumung von Bezugsrechten für junge Aktien stellt ArbLohn iHd Differenz zw dem vom ArbN zu zahlenden Entgelt und dem Börsenkurs der Aktie bzw dem gemeinen Wert der GmbH-Anteile dar, wenn die Zuwendung durch das DienstVerh veranlasst ist (BFH VI R 94/13, BFH/NV 14, 1649; BFH VI R 67/14, BStBl II 17, 69; BFH VI R 8/16, BStBl II 18, 550 ausführl auch zur Bewertung des Vorteils: *Geserich* DStR 18, 2304). Dies gilt auch, wenn eine inl KapGes ihren ArbN Aktien ihrer ausl MutterGes zuwendet (BFH VI R 132/78, BStBl II 81, 577; BFH VI R 19/96, BFH/NV 97, 179; BFH VI R 124/99, BStBl II 05, 766). Eine Veranlassung durch das ArbVerh liegt aber nicht vor, wenn die Überlassung der Aktien auf einem selbständigen Rechtsverhältnis (zB einem GesVerhältnis) beruht, das neben dem ArbVerh besteht (BFH VI R 1/21, BStBl II 24, 387; *Krüger* DB 24, 889; *Redeker/Beutel* DStR 24, 1278). In einem solchen Fall ist nur ein etwaiger marktunübl Überpreis ArbLohn. Überlassung von Gratisaktien als Sachbezug s FG Ddorf EFG 10, 1316; BFH VI R 35/10, BFH/NV 11, 1683; unentgeltl Übertragung von Aktien nach erfolgreicher Sanierung durch früheren Ges'ter als ArbLohn s FG Mchn DStRE 12, 1306; (Rück-)Verkauf von Genussrechten als ArbLohn s BFH VIII R 20/11, BFH/NV 14, 415; BFH VI R 73/86, BStBl II 89, 927). – ***(2)* Zuflusszeitpunkt.** Der geldwerte Vorteil fließt mit Erlangung des wirtschaftl Eigentums an den Aktien zu (BFH VI R 67/14, BStBl II 17, 69, *LfSt RhPf* DStR 25, 2143; zum Übergang des wirtschaftl Eigentums an Anteilen von KapGes s BFH VI R 6/18, BFH/NV 21, 311; zur Bewertung nicht börsennotierter Aktien s BFH VI R 30/07, BStBl II 11, 68; Bewertung einer GmbH-Beteiligung s BFH VI R 8/16, BStBl II 18, 550; zur Unbeachtlichkeit späterer Wertminderungen s BFH VI B 160/10, BFH/NV 11, 1869). Nach BFH VI R 73/12, BStBl II 14, 904 soll es für die Bewertung auf den Zeitpunkt des schuldrechtl Veräußerungsgeschäfts ankommen, da spätere Wertveränderungen nicht mehr durch den ArbG vermittelt würden (ebenso *Geserich* NWB 14, 2156). Dem kann nicht gefolgt werden (ebenso zutr *Thomas* DStR 15, 263). Es ist vielmehr aus systematischen Gründen daran festzuhalten, dass der maßgebl Bewertungszeitpunkt der Zuflusszeitpunkt ist (→ § 8 Rn. 26; ebenso BFH VI R 8/16, BStBl II 18, 550; *Wendt* EFG 14, 1889; *Egermann/Kraft/Schirmer* DStR 24, 1; s auch *Portner* BB 14, 2523). Die gegenteilige Auffassung lässt zudem den Charakter der Aktienüberlassung als Anreizlohn außer Betracht. Zuflusszeitpunkt ist der Tag der Erfüllung des Anspruchs durch den ArbG; dies ist der Tag der Einbuchung in das Depot des ArbN (BFH VI R 25/05, BStBl II 09, 382, unter II. 4.). Verfügungsbeschränkungen können dem Zufluss entgegenstehen, wenn sie die Annahme rechtfertigen, dass der ArbN über die Aktien noch keine Verfügungsmacht erlangt hat (BFH VI R 37/09, BFH/NV 11, 1949, restricted shares; s auch *Heurung ua* DStR 11, 2436; *Weidmann/Curdt* BB 12, 809; *Käshammer/Ramirez* DStR 14, 1419). Sperr-/Haltefristen stehen dem Zufluss aber ebenso wenig entgegen wie die Verschaffung der Verfügungsmacht unter der auflösenden Bedingung einer Rückzahlungsverpflichtung (BFH VI R 67/05, BStBl II 09, 282; BFH VI R 47/88, BStBl II 89, 608, mwN). Sie rechtfertigen auch keine Bewertung unter dem Börsenkurs. Nachzahlungen des ArbN wegen Veräußerung während eines Veräußerungsverbots bedeutet Rückzahlung von ArbLohn. – S zur Sonderregelung des Zuflusses in § 19a I 3, zur uU aufgeschobenen Besteuerung des zugeflossenen Vorteils und zur Höhe der AK der verbilligt eingeräumten Aktien bei § 19a IV (→ § 19a Rn. 6, 13 ff; auch BFH VI R 105/99, BStBl II 01, 689).

Altersteilzeit. Zum Besteuerungsrecht für Bezüge nach dem sog Blockmodell s BFH I R 49/10, BStBl II 11, 446 und zu den Aufstockungsbeträgen (§ 3 Nr. 28) BFH VI R 4/22, DStR 24, 2744. S auch „Arbeitszeitkonten", „Versorgungszusage".

Ankaufsrecht. S „Aktien"; → § 11 Rn. 50 „Option"; *Geserich* DStR-Beih 14, 53; *ders* DStR 18, 2304; *Stenzel* DStR 18, 82; *ders* DStR 18, 139; *Egermann/Kraft/Schirmer* DStR 24, 1. – ***(1)* Sachzuwendung.** Wird dem ArbN iRd DienstVerh ein Recht auf den *späteren* Erwerb von Gegenständen (Aktien, Grundstücken usw) zu einem feststehenden Preis eingeräumt, kommt eine vermögenswerte Sachzuwendung weder bei Einräumung des Ankaufsrechts noch im Zeitpunkt der erstmaligen Ausübbarkeit der Option (BFH VI R 105/99, BStBl II 01, 689), sondern erst im Zeitpunkt der Ausübung des Ankaufsrechts in Betracht, und zwar insoweit, als der Verkehrswert des Gegenstandes den dann feststehenden Preis übersteigt (stRspr seit BFH VI R 278/68, BStBl II 72, 596; BFH VI R 55/73, BStBl II 75, 690). Diese Rspr hat der BFH sowohl für **nicht handelbare Aktienoptionen** (BFH I R 100/98, BStBl II 01, 509; BFH I R 119/98, BStBl II 01, 512; mit Anm *Deutschmann* DStR 01, 938) als auch für **handelbare Optionsrechte** (BFH VI R 25/05, BStBl II 09, 382) bestätigt (s aber *Portner* DStR 10, 1316 für den Fall, dass dem ArbN vom ArbG ein unmittelbarer, unentziehbarer Anspruch gegen einen Dritten eingeräumt wird, zB Überlassung von Optionsrechten, die vom ArbG erworben wurden); zu sog *Virtual Stock Options* s *Schiemzik* NWB 11, 798. Gleiches gilt für **Wandelschuldverschreibungen** (BFH VI R 124/99, BStBl II 05, 766; Anm *Lochmann*

DB 05, 1721; FG Ddorf EFG 06, 1157, rkr) und **Wandeldarlehn** (BFH VI R 10/03, BStBl II 05, 770; BFH VI R 12/08, BStBl II 10, 1069). Es ist aber sorgfältig zu prüfen, ob das Wandeldarlehn/Ankaufsrecht auf der ArbN-Stellung oder einer Sonderrechtsbeziehung beruht (*Schneider* BFH/PR 10, 472). – ***(2)* Veräußerung, Verzicht und Verfall.** Veräußert der ArbN das Optionsrecht/das Wandeldarlehen oder verzichtet er gegen Entgelt auf die Ausübung des Optionsrechts (zB bei fehlgeschlagenem Mitarbeiterbeteiligungsprogramm, SchlHFG EFG 06, 113, rkr; s auch „Verzicht"), kommt es in diesem Zeitpunkt zum Lohnzufluss (BFH VI R 4/05, BStBl II 08, 826; Anm *Schneider* HFR 08, 921; BFH VI R 12/08, BStBl II 10, 1069; FG Hmb DStRE 17, 395, rkr), denn die Veräußerung des Optionsrechts steht der Ausübung des Rechts gleich. Die spätere Ausübung der Option durch den Erwerber ist dem ArbN nicht zuzurechnen. – Kann der ArbN iRe Mitarbeiterbeteiligungsprogramms erworbene Anteile an den ArbG innerhalb einer bestimmten Frist zum Ausgabekurs zurückgeben, obwohl der Wert der Anteile zwischenzeitl unter den Ausgabekurs gefallen ist, fließt dem ArbN im Zeitpunkt der Rückgabe der Anteile ArbLohn iHd der Kursdifferenz zu (BFH VIII R 19/11, BStBl II 13, 689). – Beim Verfall eines Optionsrechts sind die Optionskosten im Verfallsjahr als vergebl WK abziehbar (BFH VI R 36/05, BStBl II 07, 647; *Bergkemper* FR 07, 979). Darf der ArbN trotz Verfallklausel bei Beendigung des ArbVerh Aktien aus einem Optionsprogramm behalten, führt dies nicht zu einem (erneuten) Lohnzufluss (BFH VI R 67/05, BStBl II 09, 282 zu II.1.b). – Die Veräußerung der durch die Ausübung der Option erworbenen Aktien führt zu Einnahmen aus KapVerm (§ 20 II). – ***(3)* Sonstiges.** Zum LStAbzug bei Gewährung der Option durch einen Dritten (zB Konzernmutter) → § 38 Rn. 6. – Zur Tarifvergünstigung → § 34 Rn. 40.

Arbeitgeberanteil zur Gesamtsozialversicherung erfüllt nicht den Lohnbegriff. § 3 Nr 62 hat nur deklaratorische Bedeutung (BFH VI R 178/97, BStBl II 03, 34; BFH VI R 52/08, BStBl II 10, 703; s auch FG Hmb EFG 10, 139, rkr, zum ArbG-Anteil zur SV eines freien Journalisten), weil es sich um eine drittnützige Abgabenlast auf Grund einer eigenen, dem ArbG aus sozialen Gründen auferlegten öffentl Verpflichtung handelt (anders als beim ArbG-Anteil zur SV eines MUers, BFH IV R 14/06, BStBl II 07, 942). Soweit Zuschüsse des ArbG die Beträge des § 3 Nr 62 übersteigen, liegt hingegen stpfl Lohn vor (FG Hmb EFG 93, 56, rkr). **Freiwillige Beiträge** des ArbG zur gesetzl RV sind ebenfalls stpfl ArbLohn; gleiches gilt für Zuschüsse zur Altersversorgung eines nicht zu den versicherungspflichtigen Personen (zB Vorstand einer AG) gehörenden ArbN (BFH VI R 8/11, BStBl II 14, 124, mit Anm *Bergkemper* FR 14, 76; BFH VI R 47/91, BStBl II 93, 169; FG Ddorf EFG 94, 283, rkr; s auch BFH VI B 237/01, BFH/NV 02, 1029); nicht hingegen rechtsirrtüml geleistete „ArbG-Anteile" (BFH VI R 35/89, BStBl II 92, 663; zur Rechtslage bei Rückabwicklung irrtüml erfolgter Zahlungen s *OFD Hann* FR 00, 578). Die Entscheidung des SV-Trägers über sozialversicherungsrechtl Fragestellungen ist im Besteuerungsverfahren zu beachten, soweit sie nicht offensichtl rechtswidrig ist (BFH VI R 52/08, BStBl II 10, 703; *Bergkemper* FR 10, 765; *Schneider* BFH/PR 10, 299). Bei rückwirkender Entlassung des ArbN aus der SV-Pflicht sind die bisher vom ArbG geleisteten Zuschüsse zur KV nachträgl der LSt zu unterwerfen (FG Köln EFG 09, 117, rkr).

Arbeitnehmeranteil zur Gesamtsozialversicherung ist Teil des Bruttolohns (BFH IX R 69/04, BStBl II 07, 579; BFH VI B 146/05, BFH/NV 07, 2283).

Arbeitsmittel, → § 9 Rn. 265 ff; → Rn. 69.

Arbeitszeitkonten. Bei Zeitwertkonten (Wertguthabenvereinbarungen iSv § 7b SGB IV) vereinbaren ArbG und ArbN, dass künftig fällig werdender ArbLohn (auch Einmal- oder Sonderverdienste) der Arbeitszeitphase nicht sofort, sondern später in der Freistellungsphase ausgezahlt wird (*BMF* BStBl I 09, 1286; *BMF* BStBl I 19, 874; zu Flexi-/Gleitzeitkonten s *FM NRW* DB 11, 1833). Strechtl geht es um die Frage des **Zuflusses:** Der zunächst nicht ausgezahlte Lohn fließt erst später bei der Auszahlung in der Freistellungsphase zu und ist dann zu versteuern (BFH VI R 17/16, BStBl II 19, 496). Dies gilt auch bei **Organen von Körperschaften,** die estl als ArbN zu behandeln sind (BFH VI R 17/16, BStBl II 19, 496; BFH VI R 39/17; *BMF* BStBl I 19, 874; FG Bln-Bbg DStRE 19, 353, rkr, zu MinderheitsGes'ter; *Graefe* DStR 17, 2199; *Meurs/Schmidt* FR 22, 759; **aA** *Sterzinger* BB 12, 2728; *Harder-Buschner* NWB 09, 2132). Ist der StPfl nicht beherrschender Ges'ter, kann (nach allg Grds) auch eine vGA in Betracht kommen; beim beherrschenden Ges'ter soll stets eine vGA vorliegen (*BMF* BStBl I 19, 874; s auch BFH I R 26/15, BStBl II 16, 489, mE zweifelhaft; FG Mster EFG 18, 1799, rkr: keine LSt-Haftung, insoweit zutr). Die *FinVerw* will auch bei **befristeten DienstVerh** (wenn das Lohnguthaben innerhalb der vertragl vereinbarten Befristung nicht durch Freistellung ausgeglichen werden kann) einen Zufluss trotz fehlender Auszahlung bereits bei Fälligkeit des ArbLohns unterstellen (*BMF* BStBl I 09, 1286, A.IV.2.a). Dies ist mit dem Zuflussprinzip des § 11 ebenso wenig vereinbar wie die Auffassung, dass bei einer **planwidrigen Verwendung des Zeitwertguthabens** (zB bei vorzeitigem teilweisen Zugriff auf das Zeitwertkonto) das *gesamte* Guthaben zufließen soll (*BMF* BStBl I 09, 1286, C.I, Ausnahme nur bei existenzbedrohender Notlage). Nicht ausgezahlte Gehaltsbestandteile fließen auch nicht allein deshalb zu, weil eine Zeitwertkontengarantie fehlt (BFH VI R 28/21, BFH/NV 23, 1185). Gleiches gilt für Abfindungen anlässl der Beendigung des ArbVerh bei Zuführung zu einem auf die DRV übertragenen Zeitwertkonto, selbst wenn dies sozialversicherungsrechtl unwirksam sein sollte (BFH IX R 25/21, BStBl II 23, 978; s dazu auch *Geserich* FR 23, 936). – Der ArbN kann, ohne dass lohnsteuerl Folgen ausgelöst werden, sein Zeit-/Wertguthaben zu einem neuen ArbG mitnehmen (*BMF* BStBl I 09, 1286) oder ab 1.1.09 auf die DRV Bund überführen (§ 3 Nr 53; dazu *Niermann* DB 09, 139). Das Guthaben auf dem Arbeitszeitkonto kann auch in eine betriebl Altersversorgung umgewandelt werden (zu Vorteilen daraus s *Wellisch/ua* BB 06, 1100; *Wellisch/Machill* StuW 07, 30). Wird bei der Umwandlung die (individuelle, nicht pauschale) LSt erhoben, steht dem ArbN der SA-Abzug/die Altersvorsorgezulage zu (*OFD Bln* DB 02, 973; *Niermann* DB 09, 139 mit Beispielen). Der Einsatz von Guthaben auf dem Arbeitszeitkonto für betriebl Weiterbildung soll nach Meinung der *FinVerw* aber nicht zu WK führen(*OFD NRW* DStR 14, 1286). Wird an den ArbN, der in der Arbeitsphase aufgrund des reduzierten Lohns wirtschaftl vorgeleistet hat, bei vorzeitiger Beendigung des ArbVerh ein Ausgleich für das in der Arbeitsphase angesammelte Wertguthaben gezahlt, fließt der Ausgleich dem ArbN als sonstiger Bezug im Zeitpunkt der Zahlung zu (BFH VI R 26/11, BStBl II 12, 415).

Aufmerksamkeiten sind kein Lohn, wenn sie auch im gesellschaftl Verkehr ausgetauscht zu werden pflegen und von ganz geringem Wert sind. Zur 60 €-Grenze in LStR 19.6 I s *Seifert* DStZ 15, 199 (200); *Niermann* DB 21, 2177. – Nach LStR 19.6 II sollen Getränke und Genussmittel, die der ArbG den ArbN im Betrieb unentgeltl oder verbilligt überlässt, als Aufmerksamkeiten nicht zum Lohn gehören.

Aufsichtsratsvergütungen, die der ArbN-Vertreter an seine Arbeitskollegen weitergibt, sind bei diesen kein ArbLohn (BFH VI R 53/84, BStBl II 87, 822).

Aufstockungszahlungen zum Transferkurzarbeitergeld sind lfd ArbLohn und keine Entschädigung iSd § 24 Nr. 1a (BFH IX R 44/17, BStBl II 19, 574).

Ausgleichsgelder nach dem FELEG sind kein Lohn (BFH VI R 134/01, BStBl II 05, 569; BFH VI R 74/01, BFH/NV 05, 1301).

Auslandsreise, die nicht nur untergeordnete touristische Aspekte aufweist, kann zu Lohn führen (BFH VI R 6/89, BStBl II 93, 640; BFH VI R 32/03, BStBl II 06, 30; BFH VI R 69/02, BFH/NV 07, 708; *OFD Ffm* DStR 22, 1818). Dies kann bei sog **Händler-Incentive-Reisen** für die zur Betreuung abgestellten ArbN anders sein, wenn die Betreuung einer Arbeitsleistung gleichkommt, wozu iEinz darzulegen und zu beweisen ist, worin die Betreuungsleistung bestand und welchen zeitl Umfang sie einnahm (ausführl BFH VI R 65/03, BStBl II 07, 312; BFH VI R 69/02, BFH/NV 07, 708). Auch die dienstl Verpflichtung zur Teilnahme an der Reise muss der ArbN substantiiert darlegen (BFH VI R 53/93, BFH/NV 94, 708; FG BW EFG 05, 1692, rkr, Bankmitarbeiter als Urlaubsbegleiter, Zusammenstellung von Kriterien). Die Mitnahme von Ehegatten kann für den belohnenden Charakter der Reise sprechen (BFH VI R 53/93, BFH/NV 94, 708); dies ist iRd tatrichterl Gesamtwürdigung zu bewerten. Stellt die Reise für den ArbN keine Lohnzuwendung dar, kann aber der auf den mitreisenden Ehepartner entfallende Teil der Kosten zu Lohn führen. Ist von einer Lohnzuwendung auszugehen, wirken sich die vom ArbN anlässl der Vorteilsgewährung tatsächl erbrachten Betreuungsleistungen nicht wertmindernd aus (BFH VI R 24/94, BStBl II 94, 954; offen gelassen in BFH X R 36/03, BFH/NV 05, 682). Es kann aber zu prüfen sein, ob nicht eine *gemischte* Veranlassung der Reise die Aufteilung in Lohn und Nichtlohn rechtfertigt (BFH VI R 32/03, BStBl II 06, 30; BFH VI R 65/03, BStBl II 07, 312; BFH VI B 14/10, BFH/NV 11, 24; *Albert* FR 18, 257); Aufteilungsmaßstab kann sein, in welchem zeitl Umfang die mitreisenden ArbN, gemessen an der normalen Tagesarbeitszeit, tatsächl Betreuungsaufgaben wahrgenommen haben (*Krüger* HFR 07, 332).

BahnCard. Bei Einsatz für Dienstreisen fehlt es am Lohncharakter oder es liegt stfreier Reisekostenersatz bis zu der Höhe vor, bis zu der der ArbG auch ohne BahnCard die Reisekosten ersetzt hätte (*BMF* BStBl I 19, 875; *OFD Ffm* DStR 20, 229; *Plenker* DB 19, 2092 mit vielen Beispielen). Soweit die *FinVerw* bei Prognose einer Teilamortisation oder bei Fehlen einer Amortisationsprognose den Wert der BahnCard zunächst voll als ArbLohn erfassen will (*BMF* BStBl I 19, 875 Rn. 19, 22), ist dem mE nicht zu folgen (krit auch *Hermes* NWB 19, 1838). Zu mögl Steuerbefreiungen nach § 3 Nr 15 ab VZ 2019 → § 3 Rn. 63.

Beihilfen und Unterstützungen → § 3 Rn. 41 ff. Krankheitsbeihilfen erfüllen den Lohnbegriff (§ 2 II Nr 5 LStDV). Dies gilt auch, wenn eine KV ihren ArbN anstelle der Beihilfen Beitragsermäßigungen gewährt (BFH VI R 76/91, BStBl II 96, 239; BFH VI B 176/03, BFH/NV 05, 205); es sei denn, die Ermäßigung wird auch im normalen Geschäftsverkehr gewährt (FG Mster EFG 97, 1182, rkr). Die Kürzung von Beihilfeleistungen durch die **Kostendämpfungspauschale** führt nicht zu negativem ArbLohn.

Bergmannsprämien s BFH VI R 18/08, BStBl II 10, 1072.

Berufskleidung → § 9 Rn. 266 ff und § 3 Rn. 108. Die unentgeltl Überlassung typischer Berufskleidung stellt keinen stpfl Sachbezug dar (FG BW EFG 00, 1113, rkr, Messebekleidung; HessFG EFG 93, 648, rkr, uniformähnl Kleidung des Flugpersonals). Ähnl kann gelten bei Überlassung von Einheitskleidung von geringem Wert im Einzelhandel (BFH VI R 21/05, BStBl II 06, 915). Die Überlassung bürgerl Kleidung als Arbeitskleidung stellt aber einen stpfl Sachbezug dar (*Offerhaus* DStJG 9, 129). Dies gilt erst recht bei Überlassung hochwertiger Markenbekleidung (BFH VI R 60/02, BStBl II 06, 691). Gleiches gilt für Barablösungen.

Bestechungsgeld. Kein ArbLohn, sondern sonstige Einkünfte (§ 22 Nr 3), wenn ein ArbN Geschäfte seines ArbG ohne dessen Wissen zu dessen Nachteil ausführt und hierfür Bestechungsgelder von Dritten erhält (BFH XI B 193/06, BFH/NV 07, 1887; BFH IX R 26/14, BStBl II 15, 1019).

Betriebliche Weiterbildung. Leistungen des ArbG für die betriebl Weiterbildung des ArbN oder für Qualifikations- und Trennungsmaßnahmen iZm Kündigungsvereinbarungen stellen keinen Lohn dar. Dabei ist es gleichgültig, wo die Bildungsmaßnahme stattfindet (LStR 19.7 I 2; s aber auch *FM NRW* BB 08, 1608). Das stets vorhandene Interesse des ArbN an der Verbesserung seiner berufl Fähigkeiten kann allein ein überwiegend betriebl Interesse des ArbG nicht beeinträchtigen (FG Mster EFG 16, 1795, rkr). Denn Vorteile, die einem ArbN aus der betriebl Berufsausbildung erwachsen, führen nicht zu Lohn. BAG 3 AZR 192/07, DB 09, 853 geht ebenfalls davon aus, dass vom ArbG gezahlte Aus- oder Fortbildungskosten der Sache nach eine Investition im Interesse des ArbG sein können. Dem entspricht, dass nach LStR 19.7 I 3, 4 (dazu *Hartmann* DStR 10, 2550 (2556)) bei berufl Fort- und Weiterbildungsmaßnahmen, die für Rechnung des ArbG erfolgen, eine Lohnzuwendung ausscheidet (*BMF* BStBl I 12, 531; FG Mster DStR 18, 266, rkr; einschränkend aber *OFD NRW* DB 17, 2774: ArbLohn bei Kostenübernahme für bestandene Fortbildung, mE unzutr). Auch bei arbeitsvertragl Übernahme der auf Rechnung des ArbN angefallenen Studiengebühren durch den ArbG und Rückzahlungsverpflichtung des ArbN, wenn dieser innerhalb von zwei Jahren nach Studienabschluss das Unternehmen verlässt, verneint *FinVerw* einen Lohnzufluss (*BMF* BStBl I 12, 531). Die Übernahme der Studiengebühren durch den neuen ArbG im Falle eines Arbeitsplatzwechsels soll aber zu ArbLohn führen (*FB Bln* DStR 15, 699). ME scheidet ArbLohn bereits deshalb aus, weil hier kein Wertetransfer in den privaten, sondern in den berufl Bereich des ArbN erfolgt (→ Rn. 55, 67). S auch „Outplacement-Beratung".

Betriebsrenten führen zu Lohn (BFH VI B 72/04, BFH/NV 05, 1998).

Betriebssport → Rn. 41; *Offerhaus* DStJG 9, 128; *Lang* DStJG 9, 67; *Kuhn* BB 16, 1951. Die Anmietung und Überlassung von Tennisplätzen (Einzelsportart) durch den ArbG an seine ArbN führt zu ArbLohn (BFH VI R 44/96, BStBl II 97, 146; krit *von Bornhaupt* DStZ 97, 102). Gleiches gilt, wenn der ArbG mit einem Fitnessstudio vereinbart, dass seine ArbN dort für einen verbilligten Beitrag trainieren können (BFH VI R 14/18, BStBl II 21, 232; NdsFG DStR 25, 1473, rkr; jeweils auch zur Bewertung des Vorteils; *OFD NRW* DStZ 25, 782). Für Mannschaftssportarten hat *OFD Ffm* (FR 96, 649) einen Lohnzufluss verneint (zweifelhaft s *Anm* HFR 97, 164).

Betriebsveranstaltungen → Rn. 77 ff.

Betriebsversammlung. Ersatzleistungen des ArbG nach § 44 BetrVG gehören zum stpfl ArbLohn. Bei Betriebsversammlungen *außerhalb* des Betriebes können für Pkw-Fahrten der ArbN die Kosten iRd LStH 9.5 „Pauschale Km-Sätze" stfrei ersetzt werden.

Bewirtung. Nimmt der ArbN an einer betriebl veranlassten Bewirtung von *Geschäftsfreunden* des ArbG teil, ist der auf den ArbN entfallende Bewirtungsaufwand kein ArbLohn. Eine Bewirtung im Betrieb anlässl unvorhergesehener Überstunden oder anderer außergewöhnl Arbeitseinsätze ist kein Lohn (LStR 19.6 II 2, 60 €). Voraussetzung ist aber, dass die unentgeltl Überlassung des Essens der Beschleunigung des Arbeitsablaufs dient, in den Arbeitsablauf integriert ist, dies für den ArbG von erhebl Wichtigkeit ist und aus der Art des Essens und der Gaststätte (statt Nutzung der vorhandenen Kantine) nicht auf eine Belohnungsabsicht geschlossen werden kann (BFH VI R 51/08, BStBl II 10, 700, mwN, unentgeltl Verpflegung auf einem Flusskreuzfahrtschiff; dazu auch *Schneider* BFH/PR 10, 208; NdsFG DStRE 10, 1162, rkr, gemeinsame Mahlzeiten von Kindern und Betreuern im Kindergarten als Teil der Betreuungsaufgaben; ebenso SchlHFG DStRE 12, 918, rkr; *FM MV* DB 19, 2379, freie Kost und Logis bei 24h-Pflege; FG Hmb EFG 16, 36, rkr, zur Mahlzeitengestellung auf Offshore-Plattform; FG Ddorf EFG 21, 1130, rkr, Verpflegung des Flugpersonals auf Flügen von mehr als 6 Stunden bei kurzen Turn-Around-Zeiten). – Bewirtungskosten aus Anlass der Ehrung eines *einzelnen* Jubilars oder eines ausscheidenden ArbN liegen im überwiegend eigenbetriebl Interesse des ArbG und führen daher nicht zu Lohn (110 €-Grenze, LStR 19.3 II Nr 3; s aber HessFG EFG 96, 274, rkr, Dienstjubiläum eines Bürgermeisters). Richtet der ArbG für ArbN Feiern oder festl Veranstaltungen aus, kommt es dann nicht zum Lohnzufluss, wenn es sich um ein Fest des ArbG (= betriebl Veranstaltung) handelt, was auch bei Überschreiten der Freigrenze von 110 € in LStR 19.3 II Nr 3 der Fall sein kann (Nds FG DB 24, 2056, Rev VI R 18/24); die Tragung der Kosten für Privatfeiern des ArbN führt aber zu

Lohn (instruktiv FG Hmb EFG 04, 193, rkr). S auch *Seifert* NWB 24, 2244, „Geburtstag", „Mahlzeiten".

Büro des Arbeitgebers in der Wohnung des Arbeitnehmers; Kostenbeteiligung des ArbG. Ob die Vermietung eines im Wohnbereich des ArbN gelegenen Zimmers **an den ArbG** mit Rücküberlassung an den ArbN zu ArbLohn oder zu Einkünften aus VuV führt, richtet sich danach, ob sie im vorrangigen Interesse des ArbN (dann ArbLohn) oder des ArbG (dann VuV) liegt (*BMF* BStBl I 19, 461 mit Beisp). Entscheidend ist die Intensität der betriebl Bedürfnisse für die Anmietung des Raumes durch den ArbG (BFH VI R 25/02, BStBl II 06, 10; BFH VI R 82/04, BFH/NV 06, 1076; BFH IX R 72/01, BFH/NV 05, 882; BFH IX R 4/05, BFH/NV 05, 2180; FG BW EFG 06, 1413, rkr). Diese Voraussetzung ist bei **Heimarbeitern** und **Telearbeitsplätzen** zu bejahen. Die Abzugsbeschränkung des § 4 V 1 Nr 6b gilt nicht, wenn der ArbG die auswärtige Betriebsstätte benötigt, zu der er auch Zutritt hat (*BMF* BStBl I 19, 461). In einem solchen Fall handelt es sich um ein Büro des ArbG und nicht um ein häusl Arbeitszimmer des ArbN (BFH VI R 131/00, BStBl II 02, 300; BFH VI R 147/00, BStBl II 03, 519; *Pust* HFR 03, 660, zu weiteren Zweifelsfragen). Hingegen wird bei **pauschalem Bürokostenzuschuss** idR ArbLohn anzunehmen sein. Dies gilt insb für Mietentschädigungen (§ 17 BundesbesoldungsG; BFH VI R 3/04, BStBl II 07, 308). Anders ist die Rechtslage, wenn der ArbG in den Geschäftsräumen keinen oder nur einen eingeschränkten Arbeitsplatz zur Verfügung stellt, sodass der ArbN zu Hause arbeiten muss (**ausgelagerter Arbeitsplatz des ArbG,** s *BMF* BStBl I 19, 461). Die Überschusserzielungsabsicht wird in einem solchen Fall bei den Einkünften aus VuV aber nicht typisierend unterstellt, sondern ist im Einzelfall festzustellen (Änderung der Rspr: BFH IX R 9/17, BStBl II 19, 219). Entgegen BFH IX R 76/01, BFH/NV 06, 1810 ist hier ein ausdrückl Mietvertrag nicht erforderl (zutr *von Bornhaupt* HFR 06, 1082); sein Fehlen ist aber ein Indiz gegen die Erzielung von VuV-Einkünften (s *BMF* BStBl I 19, 461).

Darlehn. Lohnstrechtl Folgen werden erst ausgelöst, wenn der ArbG das Darlehn unverzinsl oder unter dem marktübl Zinssatz an den ArbN gibt (BFH VI R 28/05, BStBl II 06, 781; zur Berechnung des geldwerten Vorteils s *BMF* BStBl I 15, 484; *LfSt Bay* DStR 15, 2020; *Plenker* DB 15, 1310; *Rolfes* StuB 15, 627). *Zinszuschuss* des ArbG zu einem marktübl Darlehn ist stets Lohn (BFH VI R 67/03, BStBl II 06, 914). Nach der *FinVerw* sind Zinsersparnisse bei einer Darlehnssumme bis zu 2600 € kein Lohn (*BMF* BStBl I 15, 484 Tz 4; mE rechtswidrig). Dies hat für Bankangestellte den Vorteil, dass insoweit der Freibetrag nach § 8 III nicht verbraucht wird; das Gleiche gilt für die Freigrenze des § 8 II 11 (*Hartmann* DStR 09, 79 (81)). – Der Erlass der Darlehnsforderung führt regelmäßig zu ArbLohn iHd erlassenen Betrages. – Die Verzinsung rückständigen ArbLohns führt zu Einnahmen aus KapVerm. – Das Darlehn ist vom Vorschuss (ArbLohn) abzugrenzen (*BMF* BStBl I 15, 484 Tz 2, auch → § 11 Rn. 50 „Darlehen").

Diebstahl durch den ArbN führt nicht zu Einnahmen aus nichtselbständiger Arbeit (*Offerhaus* BB 82, 1064); ebenso nicht bei Veruntreuung (FG Mchn EFG 85, 71, rkr; FG Mster EFG 01, 1291, rkr, BFH X R 163–164/87, BStBl II 91, 802, gewerbl Einkünfte). Wohl aber uU der Regressverzicht des ArbG; es sei denn, ArbN ist vermögenslos.

Diebstahlsersatz durch den ArbG für abhandengekommene Gegenstände bei Auswärtstätigkeiten führt nicht zu Lohn, wenn die Gegenstände bei der Auswärtstätigkeit verwendet werden mussten und der Schaden sich als Konkretisierung einer reisespezifischen Gefahr erweist (BFH VI R 21/92, BStBl II 94, 256; auch → § 9 Rn. 80 und *Richter* DStR 94, 1799).

Dienstreiseversicherung. Prämienzahlungen des ArbG sind kein ArbLohn (BFH VI R 3/87, BStBl II 92, 365; *BMF* BStBl I 15, 734).

Dienstwagen s „Kraftfahrzeuggestellung".

Dienstwohnung. Sind Zuwendungen des ArbG oder eines Dritten (BFH VI R 70/02, BFH/NV 07, 425) iZm mit der Beschaffung, Unterhaltung usw einer Wohnung oder eines Hauses (zB unentgeltl oder verbilligte Nutzungsüberlassung, Herrichtung oder Übereignung) durch das DienstVerh veranlasst, gehören sie iHd dem ArbN (oder in dessen Interesse einem Dritten) zufließenden wirtschaftl Vorteils zum stpfl ArbLohn. Auch verbilligte Überlassung einer *Werksdienstwohnung* führt zu ArbLohn (FG RhPf EFG 88, 123, rkr), soweit die Räume nicht im überwiegenden betriebl Interesse des ArbG genutzt werden müssen (Einzelheiten *OFD Köln* DB 90, 2448) oder wenn in erhebl Umfang auch an Nicht-ArbN vergleichbar vermietet wird (BFH VI R 65/09, BFH/NV 11, 1938). Der Zufluss erfolgt bei Überlassung eines Grundstücks mit Erlangung des wirtschaftl Eigentums (BFH VI R 65/84, BFH/NV 88, 86). Nutzt der ArbN eine Wohnung auf Grund eines vom ArbG bestellten Wohn- oder Nießbrauchsrechts, so fließt der geldwerte Vorteil aber nicht bereits bei Bestellung des Rechts, sondern erst im Zeitpunkt der monatl Wohnungsnutzung zu (BFH VI R 33/97, BStBl II 04, 1076, mwN). Gleiches gilt bei verbilligter Vermietung (Bewertung → § 8 Rn. 61). Beachte die Steuerfreiheit des § 3 Nr 59 für besondere Fallgestaltungen.

Directors & Officers (D&O-)Versicherungen, die der ArbG für Vorstandsmitglieder abgeschlossen hat, führen mE nicht zur Lohnzuwendung (*Geserich* DStR 16, 441 (445); *Dreher* DB 01, 996; *Küppers ua* DStR 02, 199; **aA** *Kästner* DStR 01, 195; auch → Rn. 55, 68). *FM Nds* (DStR 02, 678) verneint demggü Lohnzuwendung nur dann (überwiegend eigenbetriebl Interesse), wenn das Management *als Ganzes* versichert ist, die Versicherung Schäden des Unternehmens abdeckt, die Ansprüche aus der Versicherung dem Unternehmen zustehen (dazu BGH IV ZR 304/13, DB 16, 1127; BGH IV ZR 360/15, DB 17, 1079) und der Prämienkalkulation Betriebsdaten des Unternehmens zugrunde liegen. Liegen diese Voraussetzungen nicht vor, so führt die Prämienzahlung nach Ansicht der *FinVerw* (*FM Nds* DStR 02, 678) zu Lohn (WK-Ersatz mit der Verpflichtung zum LStEinbehalt), der bei der Veranlagung der ArbN in gleicher Höhe zum WK-Abzug führt. Zu Praxisfragen der D&O-Versicherung s *Bosse/Queisser* NWB 16, 2881; *Hohenstatt/Naber* DB 10, 2321; *Schüler/Grewe* NWB 10, 2630; *Harzenetter* DStR 10, 653, zum gesetzl Selbstbehalt. – S auch „Vermögenschadenshaftpflichtversicherung".

Erbbaurecht. Bei Bestellung eines Erbbaurechts zu einem unangemessen niedrigen Erbbauzins fließt der Vorteil dem ArbN im Jahr der Bestellung des Erbbaurechts zu (BFH VI R 15/80, BStBl II 83, 642; s auch *Giloy* BB 84, 2181, zugleich zur Frage der Gegenrechnung von WK aus VuV). Dies gilt aber nicht beim Nießbrauch an einer Wohnung (BFH VI R 118/92, BStBl II 93, 686) und auch nicht beim obligatorischen Wohnrecht (BFH VI R 135/84, BStBl II 88, 525, monatl Zufluss; zugleich zur wertmäßigen Berücksichtigung des Wohnrechts bei verbilligter Überlassung des Hauses; s auch „Dienstwohnung"). Die Ablösung eines Wohnrechts durch den ArbG kann zu Lohn führen (BFH XI R 7/93, BStBl II 94, 185). – Üben erst die **Erben des ArbN** das Ankaufsrecht aus, ist ihnen der geldwerte Vorteil zuzurechnen. Tritt der ArbN das Ankaufsrecht ab und übt der Abtretungsempfänger das Ankaufsrecht aus, ist dem ArbN (oder dessen Erben) der geldwerte Zuschuss zuzurechnen; denn der ArbN hat den Tatbestand der Einkunftserzielung erfüllt (nicht zweifelsfrei; s aber auch BFH I R 64/81, BStBl II 85, 330; ferner „Abtretung ..." und „Ankaufsrecht").

Erfindervergütung aus Diensterfindung ist Lohn (BFH I R 70/08, BFH/NV 10, 350), auch wenn sie erst nach Beendigung des ArbVerh für eine Zufallserfindung gezahlt wird (FG Mchen EFG 15, 1527, rkr).

Erschwerniszuschläge sind stpfl ArbLohn; s LStR 19.3 I 2 Nr 1.

Essensfreibetrag. Die verbilligte oder kostenlose Essensgewährung im Betrieb führt zu ArbLohn (BFH VI R 167/81, BFH/NV 86, 303); s aber „Bewirtung". – Gibt der ArbG Kantinenessen auch an NichtArbN zu gleichen Bedingungen ab, kann eine Lohnzuwendung an die ArbN in Form verbilligten Essens zu verneinen sein (*E. Schmidt* BB 85, 1709). Dies gilt aber dann nicht, wenn die NichtArbN nur einen nicht ins Gewicht fallenden Anteil der Essensteilnehmer ausmachen; denn dies ist ein Indiz dafür, dass der ArbG die NichtArbN nur deshalb zum Essen zulässt, um auf diese Weise seinen ArbN stfreie Zuwendungen zukommen zu lassen. – Zur Bewertung → § 8 Rn. 61.

Fahrtkostenerstattung für Fahrten zw Wohnung und erster Tätigkeitsstätte ist Lohnzuwendung (LStR 19.3 III 2 Nr 2). Erstattet der ArbG dem ArbN die Prämien für eine Kaskoversicherung, führt dies zu Lohn, soweit die Prämien auf Privatfahrten und Fahrten zw Wohnung und Tätigkeitsstätte entfällt (BFH VI R 191/87, BStBl II 92, 204). Werden berufl Fahrten nach Pauschbeträgen abgerechnet, kann daneben nicht noch die Vollkaskoprämie stfrei erstattet werden (BFH VI R 178/88, BStBl II 91, 814; BFH VI B 18/00, BFH/NV 00, 1343). Eine vom ArbG abgeschlossene Dienstreise-Kaskoversicherung führt nicht zu Lohn; bei pauschaler Fahrtkostenerstattung sind die Km-Pauschbeträge aber um die anteiligen Kaskoprämien zu kürzen (BFH VI R 3/87, BStBl II 92, 365; s auch *von Bornhaupt* BB 91, 2138 und – teilweise Ablehnung der Rspr – *Thomas* DStR 91, 1369).

Fehlgeldentschädigung. Legt der ArbN Fehlgeldbeträge vor, ist die Erstattung durch den ArbG stfreier Auslagenersatz (§ 3 Nr 50); Fehlgeldbeträge müssen dann aber einzeln abgerechnet werden (BFH VI 68/65, BStBl II 70, 69). – Zur StFreiheit pauschaler Fehlgeldentschädigungen (bis zu 16 € im Monat) im Kassen- und Zähldienst s LStR 19.3 I 2 Nr 4.

Forderungsübergang auf Sozialleistungsträger. Zahlt der frühere ArbG auf Grund des gesetzl Forderungsübergangs gem § 115 I SGB X an den Sozialleistungsträger, so liegt darin ein Lohnzufluss an den ArbN, der nicht nach § 3 Nr 2 stfrei ist (BFH VI R 66/03, BStBl II 08, 375, ausführl; *Bergkemper* FR 08, 431; *Paetsch* HFR 08, 336). Anders ist die Rechtslage, wenn der Insolvenzverwalter an die Bundesagentur für Arbeit leistet; hier fließen dem ArbN nur Leistungen zu, die von § 3 Nr 2 erfasst werden (*OFD Kobl* DStR 08, 2266).

Forderungsverzicht des ArbG ggü ArbN kann im Zeitpunkt des Erlasses ArbLohn sein (BFH VI R 145/89, BStBl II 92, 837; BFH VI R 1/17, BStBl II 21, 103). Dies ist noch nicht der Fall, wenn der ArbG es unterlässt, mit Gegenforderungen ganz oder teilweise aufzurechnen (BFH VI R 173/80, BStBl II 85, 437).

Führerschein. Die Übernahme der Kosten für eine im privaten Alltagsleben nicht übl Fahrzeugklasse kann stfrei ersetzt werden (*LfSt Bay* DB 09, 1902).

Geburtstag. Richtet der ArbG für einen ArbN die Feier zu dessen rundem Geburtstag in den Betriebsräumen aus und lädt der ArbG dazu Kunden, Repräsentanten des öffentl Lebens und Mitarbeiter ein, führt dies nicht zum Lohnzufluss, wenn die Gesamtumstände auf eine betriebl Veranstaltung schließen lassen (ausführl BFH VI R 48/99, BStBl II 03, 724); auch die Teilnahme engster Familienmitglieder des ArbN führt nicht zum Lohn (*Pust* HFR 03, 574, mwN; s auch *Bergkemper* FR 03, 517). Werden zu dieser Feier auch Freunde des ArbN eingeladen, kommt insoweit eine Lohnzuwendung in Betracht (*Pust* HFR 03, 574). Soweit LStR 19.3 II Nr 4 erst Lohn bei Überschreiten der Betragsgrenze von 110 € (einschließl USt) annimmt, gilt diese Grenze nicht für ein Fest des ArbG, bei dem schon dem Grunde nach kein ArbLohn vorliegt (NdsFG EFG 24, 1940, Rev VI R 18/24 zu Amts- und Funktionswechsel, mE zutreffend; zu Gestaltungsberechnungen s *Niermann/Plenker* DB 04, 2118 (2122); *Hartmann* INF 04, 945). Handelt es sich hingegen um eine Geburtstagsfeier des ArbN (zB im Privathaus des ArbN überwiegend mit Freunden; s auch FG Hmb EFG 04, 193, rkr), deren Finanzierung der ArbG übernimmt, so handelt es sich um eine Lohnzuwendung (s auch *Pust* HFR 03, 574). – Auch → § 12 Rn. 15.

Gehaltskürzung nach Dienststrafverfahren mindert den stpfl Lohn; ebenso verwirkter und daher nicht zugeflossener Lohn (BFH VI R 2/66, BStBl II 68, 545).

Nur das gekürzte Gehalt ist ArbLohn (BFH VI 55/64 U, BStBl III 65, 68). Bei Einbehalt eines Teils des Lohns zur Zuführung in eine Versorgungsrückstellung fließt noch kein Lohn zu (BFH VI R 165/01, BStBl II 05, 890; BFH X R 29/05, BStBl II 07, 402).

Gehaltsverzicht führt nicht zu Lohn, wenn er bedingungsfrei ohne Verwendungsauflagen vereinbart worden ist und nicht als Umgehung des beschr Spendenabzugs zu werten ist (BFH VI R 87/92, BStBl II 93, 884; BFH VI R 115/92, BStBl II 94, 424; Anm HFR 94, 394; ferner FG Ddorf EFG 94, 282, rkr und FG Hmb EFG 93, 223, rkr). Letzteres ist dann nicht anzunehmen, wenn der ArbG als Spender auftritt und die Spendenbescheinigung für eigene Zwecke einsetzt (BFH XI R 18/98, BStBl II 99, 98; *Koss* DB 05, 414). Die *FinVerw* lässt ArbLohn-Spenden aus humanitären Gründen in bestimmten Einzelfällen und Krisenlagen für einen jeweils bestimmten Zeitraum stfrei (zB Naturkatastrophen, Corona-Krise, Ukraine-Krieg). Eine dem ArbG wegen dessen *Liquiditätsschwierigkeiten* gestundete Gehaltsforderung führt noch nicht zum Lohnzufluss; daher ist ein späterer Verzicht auf diese Forderung ein steuerneutraler Vorgang (BFH VI R 35/94, BFH/NV 95, 208; FG Bln DStRE 02, 1004, rkr). Gehaltsverzicht zugunsten von Zahlungen in eine Rückdeckungsversicherung des ArbG führt nicht zu Lohn (FG Hmb EFG 03, 1000, rkr). Zum Gehaltsverzicht zugunsten betriebl Altersversorgung ohne eigenen Rechtsanspruch des ArbN s „Versorgungszusage"; zum Verzicht auf Pensionszusagen durch GmbH-Ges'ter s BFH VI R 4/16, DStR 17, 2534, Lohnzufluss bei verdeckter Einlage, wenn auf erdienten und werthaltigen Pensionsanspruch verzichtet wird; *BMF* BStBl I 12, 874. – Auch → § 11 Rn. 50 „Verzicht".

Geldbuße; Geldstrafe; Geldauflage, die der ArbG für den ArbN übernimmt, führt idR zu Lohn (BFH VI R 47/06, BStBl II 09, 151; BFH VI R 36/12, BStBl II 14, 278; FG Köln DStRE 12, 791, rkr; s auch *Englert* DStR 09, 1010). Die Rspr, nach der die Übernahme von Verwarnungsgeldern aus ganz überwiegend eigenbetriebl Interesse (BFH VI R 29/00, BStBl II 05, 367) des ArbG erfolgen kann, hat der BFH aufgegeben (BFH VI R 36/12, BStBl II 14, 278; krit *Prinz* FR 15, 785). ArbN hat keinen zivil-rechtl Anspruch auf Erstattung von Bußgeldern (BAG 8 AZR 465/00, BB 01, 1154). Kein ArbLohn liegt aber vor, wenn die Verwarnungsgelder wegen Falschparkens unmittelbar ggü dem ArbG festgesetzt werden; in diesem Fall kann jedoch der Verzicht des ArbG auf einen Erstattungsanspruch gegen den ArbN zu ArbLohn führen (BFH VI R 1/17, BStBl II 21, 103; *OFD Ffm* DB 21, 1777).

Gelegenheitsgeschenke, die der ArbG dem ArbN zuwendet, sind ArbLohn, wenn sie durch das DienstVerh veranlasst sind (BFH VI R 26/82, BStBl II 85, 641, Lehrabschlussprämie; BFH VI R 81/82, BFH/NV 86, 187, Sonderzuwendung bei Kommunion; BFH VI R 49/87, BFH/NV 91, 22, Zuwendung wegen erfolgreichen Besuchs einer Verwaltungsakademie; zusammenfassend *Offerhaus* DStJG 9, 121 ff). Eine berufl Veranlassung liegt idR nicht vor, wenn die Zuwendung vor allem eine Ehrung der Persönlichkeit darstellt (BFH IV R 184/82, BStBl II 85, 427; BFH VI R 39/08, BStBl II 09, 668). Die *FinVerw* rechnet kleine Aufmerksamkeiten (Blumen, Pralinen, Buch), die den Wert von 60 € nicht überschreiten, nicht zum ArbLohn, wenn sie im gesellschaftl Verkehr üblicherweise aus besonderem Anlass (Geburtstag, Konfirmation des Kindes des ArbN usw) hingegeben werden (LStR 19.6 I).

Gesundheitsfürsorge s „Medikamente"; „Vorsorgeuntersuchung"; → Rn. 56 und LStR 3.11. Übernahme von Kurkosten durch den ArbG ist, sofern die Kur nicht durch eine typische Berufskrankheit veranlasst ist, regelmäßig ArbLohn (BFH VI R 73/83, BStBl II 87, 142; BFH VI R 56/93, BFH/NV 94, 313; BFH VI R 7/08, BStBl II 10, 763). Soweit BFH VI R 7/08, BStBl II 10, 763 meint, eine Kur könne stets nur einheitl beurteilt werden und deshalb eine Aufteilung ablehnt, kann dem nicht gefolgt werden. S zur Einzelbetrachtung iRd § 3 Nr 34 BFH VI R 24/21, BStBl II 24, 557 (→ § 3 Rn. 115). Maßnahmen zur Vermeidung berufsbedingter Krankheiten müssen nicht zu Lohn führen (BFH VI R 177/99, BStBl II 01, 671; *Pust* HFR 01, 1060; BFH VI B 78/06, BFH/NV 07, 1874, Gesundheitsprogramm bei Bildschirmarbeitsplätzen); anders aber bei Raucherentwöhnung (FG Köln EFG 04, 1622, rkr) und bei allg präventiven Gesundheitsvorsorgemaßnahmen des ArbG (sog Sensibilisierungswoche, BFH VI R 10/17, BStBl II 19, 404; Gesundheitstraining, FG Nbg EFG 25, 1287, Rev VI R 9/25). Zur tatrichterl Überzeugungsbildung s BFH VI B 106/08, BFH/NV 09, 1122. S auch § 3 Nr 34.

Grundstück s „Dienstwohnung"; FG Mster EFG 97, 1511, rkr; HessFG EFG 98, 463, rkr. Verbilligte Überlassung eines Fertighauses gegen Erfüllung von Auflagen s FG RhPf EFG 79, 122, rkr. Zum Zuflusszeitpunkt s BFH VI R 155/85, BFH/NV 90, 290; FG BW EFG 03, 1223, wirtschaftl Verfügungsmacht. S auch „Ankaufsrecht".

Haustrunk, der unentgeltl oder verbilligt gewährt wird, führt zu Lohn (BFH VI R 126/87, BStBl II 91, 720).

Homeoffice *s* „Büro des Arbeitgebers ...".

Incentivereisen führen grds zu ArbLohn (*OFD Ffm* DStR 22, 1818). Bei Incentive-Reisen mit **Dienstreiseelementen** kann eine Aufteilung der Kostenteile in Lohn und Nichtlohn nach obj Gesichtspunkten erfolgen (BFH VI R 32/03, BStBl II 06, 30; BFH VI R 49/05, BFH/NV 07, 217). Dies gilt auch bei sog Händlerincentivereisen (BFH VI B 14/10, BFH/NV 11, 24): – *(1)* Zunächst sind Kostenbestandteile, die eindeutig betriebsfunktional sind (zB Kosten für Referenten, Tagungsräume und Tagungsunterlagen; insoweit von vornherein kein Lohn) und Kostenteile, die eindeutig Entlohnungscharakter haben (zB touristisches Programm, Sportprogramm; insoweit von vornherein Lohn), vorab den Bereichen des Nichtlohns bzw des Lohns zuzuordnen. – *(2)* Sodann sind restl gemischte Kostenbestandteile (zB für An- und Abreise, Hotel, Verpflegung, allg Betreuung, Organisation) im Wege sachgerechter Schätzung aufzuteilen – regelmäßig gilt das Verhältnis der Zeitanteile für Dienstreise- bzw Incentiveteile. – *(3)* Schließl sind bei Verpflegungsaufwendungen zur Vermeidung von Wertungswidersprüchen die Höchst- und Pauschbeträge des § 4 V Nr 5 zu beachten. Berufl veranlasste Verpflegungsmehraufwendungen kann der ArbG nur iRd vorgenannten Vorschrift stfrei erstatten (§ 3 Nr 13 und Nr 16). Das bedeutet, dass Verpflegungsaufwendungen des ArbG, die über die Pauschbeträge des § 4 V Nr 5 hinausgehen, insoweit auf jeden Fall Lohn sein müssen. IÜ ist dem Umstand, dass die Reise gemischt veranlasst war, dadurch Rechnung zu tragen, dass die Verpflegungspauschbeträge nur mit dem Prozentsatz berücksichtigt werden (also keine Lohnzuwendung), der nach dem (regelmäßig zeitl bedingten) Aufteilungsmaßstab für die gemischten Kostenbestandteile gilt; dh, bei einem Aufteilungsmaßstab von zB 50% scheidet iHv 50% der Verpflegungspauschbeträge eine Lohnzuwendung aus. Die darüber hinausgehenden vom ArbG getragenen Verpflegungskosten führen zu einer Lohnzuwendung. – Zur krankheitsbedingten Nichtteilnahme am Incentiveprogramm s BFH VI R 7/03, BFH/NV 06, 271. – Die **Bewertung der Einnahmen** kann regelmäßig mit den Kosten des ArbG vorgenommen werden (**aA** *OFD Ffm* DStR 22, 1818); begehrt ein Beteiligter eine abw Wertbestimmung, hat er konkret darzulegen, welches der übl Endpreis am Abgabeort ist (s auch *Albert* DStR 05, 2150). Der tatrichterl Würdigung kommt entscheidende Bedeutung zu; es sind sämtl maßgebl Gesichtspunkte eingehend zu bewerten und zu gewichten (BFH VI R 49/05, BFH/NV 07, 217; *Krüger* HFR 07, 120). Aufwendungen des ArbG bei kurzfristiger Absage einiger ArbN (zB Stornokosten) sind nicht in die Lohnbewertung für die teilnehmenden ArbN einzubeziehen (*Albert* FR 10, 1032 (1036)).

Insolvenz. Zum Charakter der ESt-Schuld aufgrund nach der Insolvenzeröffnung erzielter Einkünfte s BFH VI R 21/10, BStBl II 11, 520, Anm *Schneider* BFH/PR 11, 292. Zur Vorfinanzierung des Insolvenzgeldes und zum Zuflusszeitpunkt s BFH VI R 4/11, BStBl II 12, 596, Anm *Bleschick* HFR 12, 732. Zum WK-

Abzug bei Bezug von stfreiem Insolvenzgeld s BFH VI R 93/98, BStBl II 01, 199. Zum LStErstattungsanspruch als Teil der Insolvenzmasse s BFH VII B 188/09, BFH/NV 10, 1243; BFH VI R 5/23, DStR 26, 215. Die Insolvenzsicherung von Direktzusagen durch Contractual Trust Agreements ist nach § 3 Nr 65 stfrei (ausführl *Niermann* DB 06, 2595; *Ditz/Tcherveniachki* DB 10, 632).

Instrumentengeld ist stpfl ArbLohn, s BFH VI R 30/95, BStBl II 95, 906, auch zur Abgrenzung zum Saitengeld; LStR 3.30; → Rn. 69.

Internetnutzung; Telekommunikation. Die private Nutzung betriebl Internetsysteme (Personalcomputer, Telekommunikationsgeräte wie Handy, Autotelefon, „normale" Telefone, Faxgeräte) durch ArbN führt zwar zum Lohnzufluss, der aber gem § 3 Nr 45 stfrei gestellt ist (BFH VI R 50/20 BStBl II 23, 584). Die Steuerfreiheit gilt ohne Rücksicht auf das Verhältnis von privater und berufl Nutzung; die Privatnutzung muss nicht im Betrieb, sie kann auch in der Wohnung des ArbN erfolgen. Die Steuerfreistellung ist nicht der Höhe nach begrenzt. Voraussetzung ist aber, dass es sich um *Geräte des ArbG* handelt, selbst wenn das Gerät auf den Namen des ArbN angemeldet ist (s auch *Niermann* DB 01, 2415 (2416); *Hartmann* INF 01, 737 (738)). Der Vorteil muss nicht zusätzl zum ohnehin geschuldeten Lohn gewährt werden; auch *Entgeltumwandlungen* sind zulässig (*OFD NRW* DB 15, 2179). Autotelefon im arbeitgebereigenen Kfz s *OFD Ffm* DB 03, 1085. – Schenkweise oder verbilligte Überlassung der Geräte durch den ArbG *zum Eigentum des ArbN* führt zum Lohnzufluss, der gem § 40 II 1 Nr 5 (→ § 40 Rn. 17) pauschal besteuert werden kann. – Nutzt der ArbN *eigene Geräte* auch berufl, kann der berufl Anteil der Gesamtkosten mit 20%, höchstens 20 € monatl vom ArbG als Auslagenersatz stfrei ersetzt werden (LStR 3.50 II 4). Auch → Rn. 110 „Telekommunikationsaufwendungen".

Investivlohn. Zur Lohnbesteuerung bei Investivlohnmodellen mit und ohne Barlohnumwandlung s *Wagner* BB 98, Beil 11, 6, *Heckschen/Glombik* GmbHR 13, 841. Zu weiteren Formen der Mitarbeiterbeteiligung s *von Braunschweig* DB 98, 1831; *Mertes ua* DStR 23, 953. Allerdings führt nicht jeder Vorteil aus einer Mitarbeiterbeteiligung automatisch zu ArbLohn. Besteht zw ArbG und ArbN ein Sonderrechtsverhältnis, das nicht seinerseits aus dem ArbVerh resultiert, sondern unabhängig von diesem besteht und den gesamten Leistungsaustausch der Parteien abbildet, liegt idR kein ArbLohn vor (BFH IX R 43/15, BStBl II 17, 790; FG Ddorf EFG 21, 206, rkr; dazu auch *Koch-Schulte* DB 15, 2166; *Rödding* DStR 17, 437; → Rn. 100 „Ankaufsrecht").

Jahreswagen. Der geldwerte Vorteil aus der verbilligten Überlassung von Jahreswagen ist stpfl Lohn (BFH VI R 95/92, BStBl II 93, 687; BFH VI R 61/93, BFH/NV 94, 855; BFH VI R 18/07, BStBl II 10, 67). Dies gilt auch bei verbilligtem Erwerb im Konzernverbund. Dabei führt die einjährige Veräußerungssperre nicht zum Wertabschlag (BFH VI R 15/86, BStBl II 90, 472). Überlässt der Autohändler einen vom Werk verbilligt gelieferten PKW seinem ArbN zum gleichen Preis, liegt auch darin eine Lohnzuwendung (BFH VI R 43/89, BFH/NV 92, 651).

Jobticket. S „BahnCard"; → § 3 Rn. 63 und zum Zufluss bei Ausgabe von Job-Tickets als Jahreskarte BFH VI R 56/11, BStBl II 13, 382. Kein ArbLohn soll aber vorliegen, wenn die Überlassung des Job-Tickets in erster Linie auf die Beseitigung der Parkplatznot gerichtet ist (HessFG EFG 21, 485, rkr, mE zweifelhaft).

Kassenfehlbeträge, die der ArbG übernimmt, müssen auch bei Überschreiten von 16 €/Monat (s LStR 19.3 I 2 Nr 4) nicht zum Lohn führen (FG Mster EFG 00, 556, rkr).

Kindergarten. Die Zurverfügungstellung von *Betriebskindergärten* und die Gewährung von Zuschüssen zu betriebsfremden Kindergärten sind stbarer ArbLohn (BFH VI R 203/83, BStBl II 86, 868; **aA** *OFD Mster* DB 90, 1212). Dies wirkt sich gem § 3 Nr 33 aber dann nicht aus, wenn die Leistungen zusätzl zum ohnehin geschuldeten Lohn erbracht werden; → § 3 Rn. 112).

Kirchenbeamten wird kein Lohn zugewendet, wenn der ArbG freiwillige Beiträge gem § 171 SGB VI zur gesetzl Rentenversicherung leistet, damit die späteren RV auf die Pensionsverpflichtung angerechnet werden. Die freiwilligen Beiträge erfolgen allein im Interesse des ArbG und sind wirtschaftl wie eine Rückdeckung zu qualifizieren (BFH VI R 38/04, BStBl II 07, 181; Nichtanwendungserlass *BMF* BStBl I 07, 270; auch → Rn. 60 ff). Die späteren Rentenleistungen sind aber wie die Pension vom ArbG der LSt zu unterwerfen.

Kontogebühren. Kostenfreie Kontoführung für Bank-ArbN (FG Mster EFG 97, 608, rkr) führt zu stpfl ArbLohn, sofern bei anderen Kunden des Bank-ArbG Kontoführungsgebühren erhoben werden. Gleiches gilt für Kontoeröffnungsgebühren, die der ArbG ersetzt (LStR 19.3 III 2 Nr 1) und für die Erstattung der Buchungsgebühr für den Lohneingang auf dem Konto des ArbN.

Kraftfahrzeuggestellung. – ***(1)* Unentgeltliche Kfz-Überlassung.** Erfolgt sie durch den ArbG an den ArbN für dessen Privatfahrten führt dies zum Lohnzufluss. Private Nutzung zu privaten Fahrten (§ 8 II 2) ist jede Nutzung außer der betriebl Nutzung für den ArbG (weitergehend NdsFG EFG 12, 1919, mE unzutr, aber bestätigt durch BFH VI R 23/12, BStBl II 13, 920). *Betriebsfunktionale Einsätze* sind keine Privatnutzung durch den ArbN und führen nicht zum Lohn, zB wenn ein Werksdienstwagen zur Heimfahrt als notwendige Nebenfolge sofortiger Einsatzbereitschaft überlassen wird (BFH VI R 195/98, BStBl II 00, 690, vorübergehende Rufbereitschaft; *Pust* HFR 00, 880; NdsFG EFG 07, 1938, rkr, Rettungsdienst *BMF* BStBl I 18, 592 Rn. 5; anders bei ständiger Überlassung, FG BW EFG 98, 811, rkr) oder bei Außendienstmonteuren zur Erhöhung der Nettoarbeitszeit (FG Bln-Bbg DStRE 08, 346, rkr). Bei zur „Sammelbeförderung" überlassenen Kfz s dort. Keine Privatnutzung ist auch die Nutzung für Fahrten zw Wohnung und erster Tätigkeitsstätte (BFH VI R 56/10, BStBl II 12, 362; **aA** *Bilsdorfer* DStR 12, 1477). Eine Privatnutzung liegt aber vor bei (mittägl) Zwischenheimfahrten zw Wohnung und Tätigkeitsstätte (FG BW EFG 12, 604, rkr). – Zur **Bewertung** des geldwerten Vorteils → § 8 Rn. 31 ff. – Wird das Kfz auch iRe anderen Einkunftsart des ArbN (zB VuV oder weiteres ArbVerh) eingesetzt, führt dies nicht neben dem 1%-Wert zu zusätzl Lohn. Auch diese Fahrten sind durch die 1%-Regelung typisierend erfasst (LStR 8.1 IX Nr 1 S 8). Die für die andere Einkunftsart durchgeführten Fahrten führen zu einem WK-Abzug bei dieser Einkunftsart (zB Entfernungspauschale bei einem anderen ArbVerh oder zu schätzende Fahrtkosten bei VuV; s auch *OFD Erf* DStR 99, 593). Die zu Gewinneinkünften ergangene anders lautende Rspr (BFH X R 35/05, BStBl II 07, 445; BFH IV R 59/06, BFH/NV 09, 1617, Entnahmetatbestand) findet zutr keine Anwendung (zur Kritik an dieser Rspr → 29. Aufl 2010, § 19 Rn. 100 „Kraftfahrzeuggestellung"). – Führt die 1%-Methode beim LStAbzug zu einem zu hohen Lohn (geringe Fahrleistung), kann bei der Veranlagung im Wege des Einzelnachweises mit Fahrtenbuch zugunsten des ArbN korrigiert werden. – ***(2)* Parkplatzgestellung; sonstige Vorteile.** Sie führt nicht zu Lohn, wenn sie betriebsfunktional bedingt ist (FG Köln EFG 04, 356, rkr, zutr; andere Tendenz FG Köln EFG 06, 1516, rkr, stpfl ArbLohn, Ausnahme nur bei behinderten ArbN; zust *Apitz* StBP 07, 87; dagegen zu Recht *Zinnkann/Adrian* DB 06, 2256; *OFD Mster* DStR 07, 1677 verneint Lohn bei Parkplatzgestellung und wendet FG Köln EFG 06, 1516 zu Recht nicht an). – Erstattung der Parkkosten an ArbN führt aber zu Lohn (NdsFG EFG 22, 877, rkr) ebenso wie die Erstattung von Parkplatzkosten für ein arbeitnehmereigenes Kfz am Wohnsitz des ArbN (*OFD Ffm* DStR 03, 1207). – Zur Abgrenzung Parkplatz-, Maut-, Fährkosten sowie Kosten eines privaten Fahrradträgers vom Vorteil der Nutzungsüberlassung BFH VIII R 32/20, BStBl II 25, 168; BFH III R 33/24, BStBl II 25, 516; BFH VI R 7/23, DStR 26, 84. – ***(3)* Fahrergestellung.** Stellt der ArbG dem ArbN für Dienstfahrten und für Fahrten zw Wohnung und erster Tätigkeitsstätte einen Fahrer zur Verfügung, ist dies trotz der damit verbundenen Personalüberlassung Arbeitsbedingung und folgl kein Lohn, da der ArbN während der Fahrt bereits Arbeitsleistungen (zB Aktenstudium, Terminvorbereitungen) erbringen soll (glA *Lang* FS Offerhaus 444; *Hilbert/Sperandio* DStR 11, 1121; **aA** BFH VI R 84/95, BStBl II 97, 147; BFH VI R 44/11, BStBl II 14, 589; *BMF* BStBl I 18, 592 Rn. 39). Wenn man demggü Lohn bejaht, führt dies zu einer Erhöhung der Einkünfte, da ein gegenzurechnender WK-Abzug seit Einführung der Entfernungspauschale ausscheidet. Zur Bewertung des Vorteils s BFH VI R 44/11, BStBl II 14, 589; *BMF* BStBl I 18, 592 Rn. 39 ff). Bei Privatnutzung des Kfz führt der Wert der Fahrergestellung aber zu Lohn. – **Sicherheitsausrüstung** des PKW mit Fahrer führt nicht zum Ansatz von Lohn (LStR 8.1 X 2 Nr 4). – ArbG-Aufwendungen für **Kfz-Sicherheitstraining** führen bei Berufskraftfahrern und Außendienstmitarbeitern idR nicht zu Lohn (*OFD Kobl* DB 03, 2570). – ***(4)* Privatnutzungsverbot.** Wenn der ArbN das Kfz nicht für Privatfahrten nutzen darf, scheidet eine Lohnzuwendung aus; es kann dann auch nicht zur Anwendung der 1%-Regelung kommen (→ § 8 Rn. 33, 34). Ob das Kfz privat genutzt werden darf oder nicht (FA trifft insoweit die Feststellungslast), hat das FG aufgrund umfassender Beweiswürdigung zu entscheiden. Dafür gibt es keine Vermutungen, also auch keinen Anscheinsbeweis (BFH VI R 46/08, BStBl II 10, 848). Ist die Privatnutzung gestattet, ist die 1%-Regelung selbst dann anwendbar, wenn der ArbN das Kfz tatsächl nicht privat nutzt (→ § 8 Rn. 33). – Nutzt der ArbN ein DienstKfz unerlaubt, liegt darin kein Lohn, da der ArbG insoweit nichts zugewendet hat. Allerdings hat der ArbG einen zivilrechtl Schadensersatzanspruch; macht er diesen Anspruch gegen den ArbN nicht geltend, kann darin eine Lohnzuwendung iHd eingetretenen Schadens (also nicht etwa Anwendung der 1%-Regelung) liegen. – ***(5)* Abgrenzung Arbeitslohn/verdeckte Gewinnausschüttung.** Nutzt ein **Ges'terGeschäftsführer** ein Fahrzeug privat aufgrund einer im Anstellungsvertrag ausdrückl zugelassenen Nutzungsgestattung, liegt eine Lohnzuwendung und keine vGA vor (BFH VI B 118/08, BStBl II 10, 234; FG Mster EFG 20, 96, rkr). Von einer vGA kann (muss aber nicht stets) im Falle der Überschreitung eines ausdrückl Nutzungsverbots ausgegangen werden (BFH VI R 43/09, BFH/NV 10, 1016; *Schneider* HFR 09, 779; s auch *Gebel/Merz* DStZ 11, 145). Allerdings kann bei einer nachhaltigen „vertragswidrigen" privaten Nutzung des betriebl Kfz der Schluss nahe liegen, dass die Nutzungsbeschränkung oder das Nutzungsverbot nicht ernstl gemeint sind bzw die Kfz-Nutzung auf einer mündl oder konkludent getroffenen Nutzungsvereinbarung beruht. Entscheidend sind die gesamten Umstände des Einzelfalles (BFH VI R 43/09, BFH/NV 10, 1016; BFH VI R 81/06, BFH/NV 09, 1311; *Schneider* BFH/PR 10, 209; *Geserich* HFR 10, 464). Demggü führt die Firmenwagennutzung ohne entspr Gestattung nach der **Rspr des I. Senats** *stets* zu einer vGA (BFH I R 8/06, BFH/NV 08, 1057; BFH I R 83/07, BFH/NV 09, 417; ebenso FG Bln-Bbg DStRE 14, 667, rkr). ME ist die ohne Nutzungsvereinbarung erfolgende ebenso wie die vertragswidrige Nutzung eines Kfz durch den *beherrschenden* Ges'ter-Geschäftsführer idR durch das Beteiligungs- und nicht durch das ArbVerh veranlasst und führt damit zu einer vGA (ebenso *BMF* BStBl I 12, 478; *Krudewig* BB 13, 220 (224); ***aA*** FG Köln EFG 08, 1204, rkr). In allen anderen Fällen (also zB auch bei einem nicht ernstl gemeinten Nutzungsverbot) sollte die Lösung unter ArbLohngesichtspunkten (s oben) gesucht werden. – Liegt eine vGA vor, ist der Vorteil auf der *Ebene der KapGes* nach Fremdvergleichsgrundsätzen und nicht nach der 1%-Regelung zu berechnen (BFH I R 8/06, BFH/NV 08, 1057, einheitl Rspr). Auf der *Ebene des Ges'ters* kommt aber eine inkongruente Bewertung nach der 1%-Regelung in Betracht (FG Bbg EFG 06, 115; *Kohlhepp* DB 08, 1523 (1527); *Zimmermann* EFG 08, 1205; s auch *Pezzer* FR 08, 964; offen gelassen in BFH I R 70/04, BStBl II 05, 882; für den Ansatz identischer Werte auf der Ebene der KapGes und des Ges'ters, FG Saarl EFG 08, 390, rkr).

Kreditkarten. Gebühren, die der ArbG dem ArbN erstattet, sind in voller Höhe estfreier Reisekostenersatz (§ 3 Nr 16), wenn die Kreditkarte ausschließl für dienstl

Belange verwendet wird. Andernfalls kommt anteilige stfreie Erstattung in Betracht (*BMF* DStR 98, 1794; s auch FG Mchn EFG 02, 617, rkr).

Kuren s „Gesundheitsvorsorge".

Lohnersatzleistungen; Lohnnebenkosten sind weitgehend nach § 3 stfrei. Sie sind im Wege des Progressionsvorbehalts zu berücksichtigen (s § 32b und oben „Forderungsübergang …"). Zur Aufbringung dieser Mittel (zB für Urlaubsgeld, Urlaubsabgeltungsansprüche, Winterhilfe usw) haben ArbG in der Baubranche einen bestimmten Teil des Bruttolohns an Sozialkassen abzuführen; dieser Beitragsanteil ist kein Lohn. Erst Zahlungen der Sozialkasse an die ArbN sind Lohnzahlungen Dritter (s § 38 IIIa 1; → § 38 Rn. 16). Zahlungen durch den (letzten) ArbG sind ebenfalls Lohn (*OFD Ffm* DB 04, 407).

Lohnnachzahlung. Zur strechtl Behandlung von Nachzahlungen für frühere Jahre → § 38a Rn. 2. Zur Lohnnachzahlung an die Arbeitsverwaltung bei gesetzl Forderungsübergang gem § 115 SGB X s BFH VI R 66/03, BStBl II 08, 375.

Lohnsteuer, die der ArbG zu Unrecht an das FA abführt, weil kein Lohn gezahlt wurde, ist kein Lohn. Die **aA** in BFH VI R 46/07, BStBl II 10, 72 ist unzutr. BFH VI B 1/20, BFH/NV 21, 13 hat offen gelassen, ob an der in BFH VI R 46/07 vertretenen Ansicht festgehalten werden kann. Sie führt dazu, dass die zu Unrecht abgeführte LSt ihrerseits der ESt unterliegt. Die Rechnung des BFH, die zu Unrecht vom ArbG abgeführte LSt als Lohn anzusetzen, um damit zur Anrechnung der LSt zu kommen, geht nicht auf. Dass der BFH einem Fehler erlegen ist, zeigt auch *Geserich* HFR 09, 1202: „Voraussetzung ist allerdings, dass die LSt auf tatsächl bei der ESt-Veranlagung erfasste Einnahmen entfällt". Die anzurechnende LSt entfällt aber gerade nicht auf die als Lohn angesetzte LSt. Dann hätte der BFH schon den ursprüngl nicht zugeflossenen Lohn bei der Veranlagung ansetzen müssen; denn mit diesem hängt die zu Unrecht abgeführte und nun angerechnete LSt zusammen. Bei der Veranlagung etwas als Lohn anzusetzen, das der ArbN nicht erhalten hat (Folge: Nichtlohn = Lohn), widerspricht §§ 11, 19 (insoweit ist gar keine ESt entstanden) und kann auch nicht auf § 41c III gestützt werden. Die Rspr BFH VI 88/61 U, BStBl III 62, 93 ist zu Unrecht aufgegeben worden. Auch → § 36 Rn. 11.

Lohnsteuernachforderung; Lohnsteuerhaftung. Übernimmt der ArbG nachgeforderte LStBeträge, liegt hierin stpfl ArbLohn. Dies gilt unabhängig davon, ob nachträgl lohnversteuerte Einkünfte tatsächl stpfl waren oder nicht (BFH I R 102/99, BStBl II 01, 195). ArbLohn liegt auch vor, wenn der ArbG den Regressanspruch gegen den ArbN nicht durchsetzt, der sich daraus ergibt, dass der ArbG einen gegen ihn ergangenen LSt-Haftungsbescheid erfüllt, soweit die LSt auf den betreffenden ArbN entfällt (BFH VI B 41/06, BFH/NV 07, 1122). Zur Rechtslage bei sog schwarzen Lohnzahlungen und Übernahme der LSt nach LStAußenprüfung → § 39b Rn. 13.

Medikamente. Medikamentengestellung kann im Einzelfall im überwiegend eigenbetriebl Interesse erfolgen (s auch BFH VI R 242/71, BStBl II 75, 340).

Meisterbonus, der von der öffentl Hand für eine bestandene Meisterprüfung gezahlt wird, ist kein stbarer ArbLohn (FG Mchen DStRE 17, 1160, rkr).

Metergeld im Möbeltransportgewerbe ist stpfl ArbLohn; BFH VI 109/62, U BStBl III 65, 426.

Mietkostenzuschuss ist stets ArbLohn; s auch „Dienstwohnung".

Mitarbeiterbeteiligungen. → „Aktien", „Ankaufsrecht". *LfSt RhPf* DStR 25, 2142. Der verbilligte Erwerb einer Mitarbeiterbeteiligung führt nach allg Grundsätzen zu ArbLohn (BFH VI R 1/21, BStBl II 24, 387. Es gibt insoweit kein Sonderrecht. Zur Einkünftequalifikation s auch *Krüger* DB 24, 889; *Michel/Hernler* BB 09, 193. Die Beteiligung des ArbN an Veräußerungserlösen des ArbG-Unternehmens kann hiernach zu ArbLohn führen (BFH VI R 12/16, BFH/NV 20, 12). Ob Veräußerungsgewinne aus *Economic Value Added-Zertifikaten* (besondere Form von Schuldverschreibungen) zu Lohneinkünften führen, hängt davon ab, ob der Leistungsaustausch den Einkünften aus nichtselbständiger Arbeit zugerechnet werden kann (wofür mE mehr spricht; s auch *Bergkemper* FR 10, 138) oder auf Sonderrechtsbeziehungen beruht (dann Einkünfte aus KapVerm). Dies hängt maßgebl von der Gesamtwürdigung durch das FG ab (BFH VI R 69/06, BStBl II 10, 69; BFH IX R 43/15, BStBl II 17, 790; FG Ddorf EFG 21, 206, rkr; *Mertes ua* DStR 23, 953; *dies* DStR 23, 1450; *Schneider* BFH/PR 09, 459. Für ArbLohn können insb Klauseln sprechen, die den Erwerb der Beteiligung vom Fortbestand des ArbVerh abhängig machen oder ein Verlustrisiko ausschließen. Zur Behandlung lfd Erträge und realisierter Wertveränderungen bei Mitarbeiterbeteiligungen s auch *Marquart* FR 13, 980 (983). Ein Beteiligungsertrag wird nicht schon deshalb zu ArbLohn, weil der ArbN die Beteiligung verbilligt erworben hat. Dem Beteiligungserwerb kann auch eine Schenkung zur Sicherung der Unternehmensnachfolge zugrunde liegen, die kein ArbLohn ist (BFH VI R 21/22, DStR 25, 145; *Görg* DB 24, 2049). Der Erwerb, das Halten und die Erträge aus der Beteiligung sind unabhängig voneinander zu würdigen. Ist der ArbN Inhaber einer echten Beteiligung geworden, steht dies der Besteuerung von (lfd) Erträgen aus der Beteiligung und auch der Besteuerung eines Veräußerungserlöses als ArbLohn grds entgegen (*Krüger* DB 24, 889). Ein lstbarer Vorteil kann dann nur insoweit vorliegen, als der ArbN einen durch das ArbVerh veranlassten marktunübl Überpreis erhält (BFH VI R 1/21, BStBl II 24, 387).

Optionsrecht → „Ankaufsrecht".

Outplacement-Beratung umfasst Beratungs- und Betreuungsleistungen zur berufl Neuorientierung der zur Entlassung anstehenden ArbN. Die Beratung wird idR nicht im ganz überwiegend eigenbetriebl Interesse des ArbG geleistet (FG BW EFG 07, 832, rkr; FG Ddorf EFG 00, 740, rkr; grds ablehnend *OFD NRW* DB 20, 1878 auch zu § 3 Nr 19; **aA** *Grote/Kellersmann* DStR 02, 741). Liegt ArbLohn vor, ist er ab VZ 20 nach § 3 Nr 19 S 3 stfrei, sofern die Leistung keinen überwiegenden Belohnungscharakter hat. IÜ wird oftmals von WK-Ersatz auszugehen sein. Der ArbLohn kann auch als Bestandteil einer Abfindungsvereinbarung der ermäßigten Besteuerung nach § 34 unterliegen (s aber FG Ddorf EFG 00, 740, rkr; *Hartmann* INF 01, 1 (5)). Entsprechen die Maßnahmen dem SGB III, führt der geldwerte Vorteil nicht zu Lohn (LStR 19.7 II 5).

Parkplatzgestellung s „Kraftfahrzeuggestellung".

Prämien, zB in Form kostenloser Reisen bei Verkaufswettbewerben, sind ArbLohn (s „Incentive-Reisen"). Auch die Zuwendung einer Urlaubsreise durch den Geschäftspartner des ArbG an den ArbN kann zu Lohn führen (BFH VI R 10/96, BStBl II 96, 545; s auch BFH VIII R 35/93, BStBl II 96, 273, vom Geschäftspartner veranstaltete Auslandsreise als BE).

Preise sind kein ArbLohn, wenn sie keine Berufsleistungen belohnen, sondern eine Ehrung der Persönlichkeit darstellen (BFH IV R 184/82, BStBl II 85, 427 zu freiberufl Journalisten; s aber FG Bln EFG 85, 335, rkr, Filmpreis) oder nicht für eine Leistung des ArbN ggü seinem ArbG verliehen werden (BFH VI R 12/22, BStBl II 25, 534, Wissenschaftspreis). Sie zählen jedoch zum Lohn, wenn sie leistungsbezogen und Folge der berufl Tätigkeit des ArbN sind (zB Nachwuchsförderpreis BFH VI R 39/08, BStBl II 09, 668; Lehrlingsabschlussprämie BFH VI R 26/82, BStBl II 85, 641; Preis für Meisterprüfung BFH I R 83/85, BStBl II 89, 650; Preis für Habilitation SchlHFG EFG 00, 787, rkr; Preis für Dissertation FG Köln EFG 20, 1237, rkr, krit *Grotherr* DStZ 21, 577; Ideenwettbewerb FG Köln EFG 13, 1405, rkr; s aber FG Nbg EFG 14, 1187, rkr, Preis für medizinische Forschung eines Arztes). Zusammenfassend *BMF* BStBl I 96, 1150; *BMF* BStBl I 03, 76; s auch *Theisen/Raßhofer,* FS Spindler, 819; *Grotherr/Hardeck* StuW 14, 3; *Krumm* FR 15, 639).

Provisionsnachlass → Rn. 57. Bei Eigengeschäften des ArbN ist ein als Vermittlungsprovision bezeichneter Preisnachlass, der gewöhnl Kunden nicht eingeräumt wird, Lohn (BFH VI R 178/87, BStBl II 92, 840; FG Köln EFG 00, 177, rkr). Zu Rabatten bei Gruppen- und Sammelversicherungen s *BMF* DStR 96, 625. Abschlussprovisionen an Bankangestellte bei Eigenversicherungen s *OFD Mster* DB 90, 1212. Verzichtet eine Bausparkasse sowohl bei ArbN ihrer Partnerbanken als auch bei ihren freien Handelsvertretern und deren ArbN sowie den ArbN anderer genossenschaftl organisierter Unternehmen auf die Erhebung von Abschlussgebühren, muss dieser Gebührenvorteil kein ArbLohn sein (genereller Preisnachlass, s BFH VI R 41/09, BStBl II 10, 1022).

Rabatte s „Provisionsnachlass" und → § 8 Rn. 70 ff. Zu Rabatten in der Reisebranche, *Wolf* DStR 15, 1727; FG Ddorf DStRE 18, 400, rkr).

Reisegepäckversicherung. Zur Aufteilung einer vom ArbG für den ArbN abgeschlossenen Versicherung in einen berufl und privaten Anteil s BFH VI R 42/92, BStBl II 93, 519.

Reisekostenerstattung. Der Gesetzgeber geht in § 3 Nr 13, Nr 16 davon aus, dass die Übernahme der Reisekosten durch den ArbG stfreier WK-Ersatz ist, soweit die erstatteten Kosten als WK abziehbar wären (Beweislast beim ArbN, BFH VI B 72/00, BFH/NV 01, 36). Zu Reisekosten kurzfristig in das Inl entsandter ArbN s *Strohner/Rindelaub* DB 11, 1296. – Zu den stfrei erstattungsfähigen Beträgen → § 3 Rn. 54 ff, → Rn. 66 ff. Stfreie Erstattungen stehen dem Abzug von Verpflegungsmehraufwand als WK nur insoweit entgegen, als sie dem StPfl tatsächl ausgezahlt wurden (BFH VI R 11/10, BStBl II 11, 829). Über die gesetzl Pauschbeträge hinaus erstattete Verpflegungsbeträge sind der Lohnbesteuerung zu unterwerfen; es besteht aber die Pauschalierungsmöglichkeit des § 40 II 1 Nr 4 (→ § 40 Rn. 16).

Repräsentation. Übernahme der Kosten für eine im eigenbetriebl Interesse liegende Repräsentation muss nicht zu Lohn führen; entscheidend sind die Verhältnisse des Einzelfalles (BFH VI B 18/99, BFH/NV 01, 1549; FG Hmb EFG 87, 286, rkr und FG Hmb 88, 471, rkr). Der Ersatz von Mitgliedsbeiträgen zu geselligen Vereinen (auch Sportvereinen) durch den ArbG führt idR zu Lohn (BFH VI R 106/88, BStBl II 93, 840; zT **aA** *Lück* DStZ 93, 81).

Rückzahlung von Arbeitslohn. Sie führt zu WK/negativen Einnahmen (dazu → § 9 Rn. 108), wenn die früher empfangene Leistung an den ArbG oder an den lohnzahlenden Dritten zurückfließt (BFH VI R 1/08, BStBl II 10, 1074; BFH VI R 13/14, BFH/NV 16, 1368, auch bei beherrschendem Ges'ter). Dies kann entgegen der BFH-Rspr auch angenommen werden, wenn der ArbG anstelle des geschuldeten Barlohns eine Sachzuwendung leistet, diese der Besteuerung unterworfen wird und der ArbN die Sachzuwendung im Folgejahr wieder herausgeben muss (dazu auch *Schwenke* HFR 10, 1165; *Schneider* BFH/PR 10, 473); eine Lohnverwendung liegt dann nicht vor (→ Rn. 73). Die BFH-Rspr verneint auch eine Rückzahlung von ArbLohn, wenn der ArbG aus der VBL austritt und der ArbN dadurch Versorgungsansprüche nicht mehr erdienen kann oder ihm nur noch niedrigere Ansprüche zustehen (BFH VI R 5/08, BStBl II 10, 133; BFH VI R 37/08, BStBl II 10, 135). Zwar trifft es zu, dass die ArbLohnqualität der Umlagezahlungen nicht von den Rückflüssen aus der Versicherung abhängt (→ Rn. 60). Der BFH berücksichtigt aber nicht hinreichend, dass die Umlagezahlungen vorgelagert besteuert wurden und sich wirtschaftl Ausfälle innerhalb des Versicherungsverhältnisses damit nicht nur auf die private Vermögenssphäre des ArbN beziehen (auch → Rn. 62).

Ruhegelder. Der ArbN-Beitrag nach dem RuhegeldG, der vom ArbG einbehalten und abgeführt wird, ist nicht Teil des ArbLohns (BFH VI R 165/01, BStBl II 05, 890).

Sammelbeförderung zur ersten Tätigkeitsstätte oder Baustelle ist Ausgestaltung des Arbeitsplatzes iSe Arbeitsbedingung und führt nicht zu Lohn; § 3 Nr 32 hat nur deklaratorische Bedeutung. Sammelbeförderung liegt aber nicht vor, wenn der ArbG einem ArbN ein Kfz unentgeltl auch zur Privatnutzung mit der Verpflichtung zur Verfügung stellt, andere ArbN zur ersten Tätigkeitsstätte mit zu befördern, sofern es an einer Vereinbarung zw ArbG und den anderen ArbN über den arbeitstägl Transport zur Tätigkeitsstätte fehlt (BFH VI R 56/07, BStBl II 10, 1067; FG MV EFG 21, 2081); Folge: für den Fahrzeuglenker Lohn, bewertet nach § 8 II 3; Entfernungspauschale als WK für sämtl beförderten ArbN.

Schadensersatz durch den ArbG führt insoweit nicht zu ArbLohn, als er iHd zivilrechtl Schadensersatzanspruchs des ArbN geleistet wird (BFH VI R 34/16, BStBl II 18, 600). Dies gilt auch für Entschädigungszahlungen nach § 15 II AGG (*FB Hbg* DStR 16, 479). Darüber hinausgehende Beträge erfüllen demggü den Lohnbegriff (BFH VI R 57/95, BStBl II 97, 144; krit *Biebelheimer* BB 97, 1446; s aber FG Hmb DStRE 11, 793, rkr, Schadenersatz für zugesagte, aber unterbliebene Beteiligung als ArbLohn, Einzelfall, zweifelhaft). – Der Ersatz für entgehenden/entgangenen ArbLohn durch den ArbG oder durch Dritte (zB Verkehrsunfall) zählt stets zum ArbLohn (§ 24; BFH IX R 33/15, DStR 16, 2706). S auch „Unfallkosten" und → § 9 Rn. 80. Ersatz von Vermögensschäden iZm der Versetzung des ArbN s HessFG EFG 81, 629, rkr; Begr zweifelhaft, iErg aber wohl zutr. Ersatz von am Arbeitsplatz gestohlener Kleidung durch den ArbG als Lohn s FG Köln EFG 91, 193, rkr, unzutr; Entschädigungszahlungen für rechtswidrig geleistete Mehrarbeit s BFH IX R 2/16, BStBl II 16, 901. Keinesfalls zum ArbLohn zählen Einnahmen aus sog Mehrbedarfsrenten (§ 843 I BGB), die nicht estbar sind (zuletzt BFH X R 31/07, BStBl II 09, 651). Verzicht des ArbG auf einen ihm zustehenden Schadensersatzanspruch kann zur Lohnzuwendung führen (BFH VI R 1/17, DStR 20, 2417; BFH VI R 73/05, BStBl II 07, 766). Schadensersatz wegen Nichterfüllung einer Wiedereinstellungsverpflichtung ist (tarifbegünstigte) Einnahme iSd § 24 Nr 1a (BFH XI R 46/04, BStBl II 06, 55).

Schätzung von Arbeitslohn kann zur Anrechnung von (geschätzten) LStAbzugsbeträgen führen (BFH X B 303/95, BFH/NV 96, 606; BFH VII B 205/99, BFH/NV 00, 1080 stets Einzelfall).

Scheckkarte. Die kostenlose oder verbilligte Abgabe von *Scheckkarten* ist ArbLohn (FG Hmb EFG 86, 495, aufgehoben durch BFH VI R 97/86, BStBl II 91, 262 mE unzutr, daher zu Recht Nichtanwendungserlass, *BMF* BStBl I 91, 388).

Schmerzensgeld nach einem Berufsunfall zählt nicht zum stpfl ArbLohn (BFH IV 235/58 U, BStBl III 60, 87). Wegen berufl Rufschädigung soll es ArbLohn sein (FG BW DStRE 00, 123, rkr, mE unzutr).

Schmiergeld ist nicht durch das DienstVerh veranlasst; daher kein stbarer ArbLohn, wohl aber Einnahme iSd § 22 Nr 3. Bei späterer Schadensersatzleistung ggü dem ArbG kommen WK iSd § 22 in Betracht (FG BW EFG 07, 1137, aufgehoben aus anderen Gründen, BFH IX R 14/07, BStBl II 09, 309).

Sicherheitsmaßnahmen des ArbG für abstrakt oder konkret gefährdete ArbN führen idR nicht zum Lohn (*BMF* BStBl I 97, 696, ledigl Billigkeitsregelung; auch → § 12 Rn. 32 „persönl Sicherheit"); anders, wenn das eigenbetriebl Interesse des ArbG nicht im Vordergrund steht (BFH IX R 109/00, BStBl II 06, 541, Sicherheitsmaßnahmen am Haus des ArbN mit erhebl Vorteilen für den ArbN).

Sozialplan. Zahlungen auf Grund eines Sozialplans sind grds ArbLohn (BFH IX R 23/09, BStBl II 11, 218; FG BW EFG 89, 574, rkr).

Sozialversicherungsbeiträge, die für Aushilfskräfte pauschal entrichtet werden, sind nach FG Hmb (EFG 82, 100, rkr) kein stpfl ArbLohn (zweifelnd FG Köln DB 89, 2105, AdV; **aA** FG Nbg EFG 88, 21, rkr; FG Mchn EFG 90, 621, rkr; *Offerhaus* StBP 91, 18). ME kann Lohn iSd § 40a nur der tatsächl ausgezahlte Betrag ohne Berücksichtigung irgendwelcher gesetzl Abzüge (LSt, SV) sein. Andernfalls müsste, da in der Praxis regelmäßig der ArbG die gesetzl Abzüge übernimmt, zur Prüfung, ob die Lohngrenzen auch eingehalten sind, auf einen Bruttolohn hochgerechnet werden. Dies kann der Gesetzgeber nicht gewollt haben (**aA** aber wohl HessFG EFG 94, 394, rkr). Irrt der ArbG über eine Lohnzuwendung, kürzt er deshalb den Barlohn nicht um den gesetzl ArbN-Anteil zur SV und kann er den ArbN wegen des Eintritts der gesetzl Lastenverschiebung nicht mehr in Anspruch nehmen, so liegt darin keine weitere Lohnzuwendung (BFH VI R 4/87, BStBl II 94, 194; Anm HFR 94, 229; anders aber bei Schwarzlohnzahlung, → § 39b Rn. 13; BFH VI R 54/03, BStBl II 08, 58). ArbLohn liegt auch dann nicht vor, wenn die Nachentrichtung von ArbN-Anteilen zur SV durch Summenbescheid nach § 28f II SBG IV erfolgt, da dies nicht zu einem wirtschaftl Vorteil für den ArbN führt (BFH VI R 27/20, BStBl II 23, 1066; *Spatscheck/Mühlbauer/Wuschko* DStR 24, 213, auch zum SozR). S auch „ArbG-Anteil …", „Lohnsteuernachforderung" und → Rn. 48. Zur Rückzahlung von Sozialversicherungsbeiträgen s *OFD Erf* DStR 97, 580.

Sprachkurs. Die Finanzierung von Sprachkursen für ausl ArbN durch ArbG soll nicht zum Lohn führen (FG Mchn EFG 02, 617, rkr). Dies gilt auch für Deutschkurse für Flüchtlinge, wenn der ArbG Deutschkenntnisse in dem vorgesehenen Aufgabengebiet verlangt (*BMF* BStBl I 17, 882). Auch → § 12 Rn. 32 „Sprachkurs".

Stipendien führen grds nicht zu ArbLohn (*Maciejewski* StuW 23, 145 (149)). Werden sie aber an Studenten vergeben, die sich verpflichtet haben, nach Abschluss des Studiums mindestens für einen bestimmten Zeitraum in den öffentl Dienst zu treten, sind sie nicht nach § 3 Nr 11 oder § 3 Nr 44 stfrei (FG Bln-Bbg EFG 22, 1186, Rev VI R 13/22 unzul). Dies gilt auch für Stipendien, die zum Eintritt in den privaten Dienst verpflichten (FG Mster EFG 22, 316, rkr). Stipendien aus öffentl Mitteln ohne (zukünftige) Dienstverpflichtung können gem § 3 Nr 44 stfrei sein, dann allerdings Kürzung der WK nach § 3c (BFH VI R 34/20, BStBl II 23, 142).

Stock Options s „Ankaufsrecht".

Streikgelder → Rn. 72.

Studiengebühren. Die Übernahme der Gebühren für ein berufsbegleitendes Studium des ArbN kann im ganz überwiegenden eigenbetriebl Interesse des ArbG liegen, sodass ArbLohn ausscheidet (*BMF* BStBl I 12, 531).

Tantiemen sind steuerpflichtiger ArbLohn (zum Zufluss → § 11 Rn. 50 „Tantiemen").

Teambildungsmaßnahmen. Ob diese zu einer Lohnzuwendung führen, hängt von dem eigenbetriebl Interesse des ArbG und dem Freizeitwert der Maßnahmen für die ArbN ab (Überblick *Albert* FR 03, 1153).

Telefonanschluss s „Internetnutzung Telekommunikation".

Trennungsgeld für Auslandsbeamte zum Ausgleich der durch die Beibehaltung des Familienhaushalts im Inl entstehenden Kosten ist (ggf stfreier) ArbLohn (FG Ddorf EFG 80, 585; s auch BFH VI R 226/80, BStBl II 87, 385).

Umzugskostenerstattung stellt keinen Lohn dar, wenn der Umzug die Folge einer angeordneten Versetzung war. Etwas anderes kann gelten, wenn der Umzug die Folge der auswärtigen Arbeitsaufnahme bei einem *neuen* ArbG ist (Lohn, der aber nach § 3 Nr 13, Nr 16 stfrei gestellt ist).

Unfallkosten. Ersatzleistungen des ArbG zur Beseitigung von Unfallschäden am eigenen Kfz des ArbN können, wenn sich der Unfall auf einer dienstl veranlassten Fahrt ereignet hat, als Auslagenersatz schon nicht stbar bzw als Reisekosten iSd § 3 Nr 13, Nr 16 stfrei sein.

Unfallverhütung. Prämien hierfür sind ArbLohn (BFH VI R 106/84, BStBl II 88, 726).

Unfallversicherung. – ***(1)* Vom Arbeitnehmer abgeschlossene Versicherungen.** Leistungen, die der ArbN aus einer von ihm selbst abgeschlossenen Unfallversicherung erhält, sind Einnahmen aus nichtselbständiger Arbeit, soweit sie dazu dienen, Einnahmeausfälle auszugleichen (*v Bornhaupt* BB 09, 763; s aber BFH VI R 9/96, BStBl II 98, 581; BFH VI B 113/05, BFH/NV 06, 1093). Insoweit können auch die Versicherungsbeiträge als WK abgezogen werden (→ Rn. 110 „Versicherungsbeiträge"). – ***(2)* Vom Arbeitgeber abgeschlossene Versicherungen.** Beiträge des ArbG zu einer Unfallversicherung zum Schutz seiner ArbN bei Produktionsgefahren und bei Kfz-Unfällen auf betriebsbedingten Fahrten sind kein ArbLohn, wenn den ArbN aus den Versicherungen keine eigenen unentziehbaren Rechtsansprüche erwachsen (BFH VI R 9/05, BStBl II 09, 385; BFH VI R 60/96, BStBl II 00, 406, **Gruppenunfallversicherung;** BFH VI R 66/97, BStBl II 00, 408; BFH VI R 24/10, BFH/NV 11, 1418; BFH VI B 125/06, BFH/NV 07, 2099 zu **Gruppenkrankenversicherung;** zur Umsetzung dieser Rspr s *BMF* BStBl I 09, 1275). Haben die ArbN einen *eigenen* durchsetzbaren Anspruch gegen den Versicherer (also Lohn: BFH X R 31/08, BFH/NV 09, 1625, Schweizer KV; BFH VI R 15/08, BFH/NV 11, 39, Schweizer Invalidenversicherung; FG BW EFG 21, 358, ArbG-Beiträge zur Schweizer FAR-Stiftung), so liegt Lohn nur hinsichtl der Absicherung des privaten, nicht auch hinsichtl des berufl Risikos vor (*OFD Erf* DStR 93, 1449 und *BMF* BStBl I 09, 1275 auch zum Aufteilungsmaßstab; FG Mster EFG 96, 275, rkr, Gruppenunfallversicherung). – Die im **Schadensfall** aufgrund des Versicherungsverhältnisses an den ArbN gezahlten Leistungen (sei es direkt durch die Versicherung oder über den ArbG) führen nicht zum Lohn, da diese Leistungen nicht für die Beschäftigung, sondern als Ausgleich für eine Minderung wirtschaftl Leistungsfähigkeit (Invalidität, Körperschäden, Schmerzensgeld, Todesfallentschädigung, Krankheitskosten) gewährt werden. Die Erlangung von Versicherungsleistungen aus dem Schadensfall bedeutet wirtschaftl die Verfügung über den in den Beitragszahlungen durch den ArbG liegenden Vorteil. Die früher seit Beginn des DienstVerh durch den ArbG geleisteten Versicherungsbeiträge fließen im Zeitpunkt der Versicherungsleistung dem ArbN als Lohn zu, wobei der Vorteil in den zugewendeten Beiträgen, allerdings der Höhe nach begrenzt auf die an den ArbN erbrachten Versicherungsleistungen, zu sehen ist. Der auf das Risiko berufl Unfälle entfallende Teil der Versicherungsprämien wird vom BFH als stpfl WK-Ersatz angesehen, dem insoweit aber ein fiktiver WK-Abzug ggü steht. Dabei kann idR davon ausgegangen werden, dass die Beiträge hälftig auf das Risiko privater und berufl Unfälle entfallen (ausführl BFH VI R 9/05, BStBl II 09, 385; *Bode* FR 09, 771, für Sachlohn; *Bergkemper* FR 09, 676, für Barlohn; die Rspr abl *Thomas* DStR 09, 2349; krit *Breinersdorfer* DB 09, 1264, wegen mögl Auswirkungen auf die betriebl Altersversorgung; s auch *Otto* DStR 09, 1022). Die *FinVerw* wendet die Rspr an (*BMF* BStBl I 09, 1275; dazu *Niermann* DB 09, 2516; *Harder-Buschner* NWB 10, 262). ME führt der WK-Ersatz nicht zu Lohn; Lohn ist nur gegeben, soweit die Beiträge *private* Risiken abdecken (auch → Rn. 67). – Ist bei einer früheren Versicherungsleistung ArbLohn angenommen worden, sind die bis dahin vom ArbG geleisteten und zu verrechnenden Versicherungsprämien nicht erneut bei einem weiteren Versicherungsfall als Lohn zu erfassen; bei einer späteren Versicherungsleistung sind nur die seit dem vergangenen Versicherungsfall vom ArbG entrichteten Prämien zu berücksichtigen (BFH VI R 3/08, BFH/NV 09, 907; *BMF* BStBl I 09, 1275 Tz 2.1.2 mit Beisp). – Falls die als Lohn anzusetzenden Prämien mehr als 12 Monate abdecken, stellt sich die Frage der Tarifbegünstigung des § 34. – ***(3)* Einzelfälle. Tagegelder** sind nach BFH VI R 216/72, BStBl II 76, 694 stpfl ArbLohn, da sie Einnahmeausfälle ausgleichen sollen. Ob daran festgehalten werden kann, ist angesichts von BFH VI R 9/05, BStBl II 09, 385 fragl; s auch BFH VI R 30/04, BFH/NV 08, 550, Krankentagegeld aus Schweizer Betriebskrankenkasse; *Schneider* HFR 08, 687). Kein ArbLohn und keine Entschädigung iSv § 24 Nr 1 Buchst a sind Leistungen aus einer betriebl **Autoinsassen-Todesfall-Versicherung** (BFH III R 135/79, BStBl II 82, 496; krit HFR 82, 410). Ob eine Leistung der Versicherung an den ArbN allein deshalb als Lohn zu qualifizieren ist, weil die Versicherungsprämien als WK abgezogen worden sind, ist noch offen (s aber

§ 2 II Nr 2 Satz 2 LStDV); die Rspr sieht hier zutr keinen allg Grundsatz (BFH IX R 333/87, BStBl II 94, 12, zu VuV; BFH IV R 61/97, BStBl II 98, 621 zu § 18; BFH X R 161/88, BStBl II 91, 337, Streikgelder; s auch *Drenseck* FR 93, 505).

Unterhaltszuschüsse an Beamtenanwärter sind stpfl ArbLohn (BFH VI R 337/70, BStBl II 72, 261, Finanzanwärter; BFH VI R 58/69, BStBl II 72, 643, Referendare). Das Gleiche gilt für Vergütungen in einem privatrechtl Ausbildungsdienstverhältnis (BFH VI R 93/80, BStBl II 85, 644).

Unterschlagung s „Diebstahl".

Urheberrechtliche Entschädigungen führen idR nicht zu ArbLohn (BFH VI R 49/02, BStBl II 06, 917 mwN zu Wiederholungshonoraren/Erlösbeteiligungen für Hörfunk- und Fernsehproduktionen).

Urlaubsgelder und Entschädigungen für nicht genommenen Urlaub sind stets stpfl ArbLohn (BFH VI R 74/00, BStBl II 03, 496; FG Hmb DStRE 19, 1071, rkr); s auch „Lohnersatzleistung".

Verbesserungsvorschläge. Prämien für Verbesserungsvorschläge sind ArbLohn, da eine vom ArbG erwünschte Leistung des ArbN honoriert wird (FG BW EFG 93, 446, rkr).

Vermächtnis. Zahlungen auf Grund Vermächtnis des verstorbenen ArbG an langjährig bei ihm beschäftigte ArbN sind nicht durch das individuelle DienstVerh veranlasst und damit kein ArbLohn (BFH IV R 119/84, BStBl II 86, 609).

Vermögensbeteiligung der ArbN s § 19a und § 3 Nr 39.

Vermögensschadenhaftpflichtversicherung des ArbG zugunsten des Schadensersatzrisikos von Führungskräften liegt mE im eigenbetriebl Interesse und führt nicht zu ArbLohn (glA FG Mchn EFG 02, 1524, rkr). S auch „D&O-Versicherungen" und → Rn. 55.

Versicherung. Erstattung der Vollkaskoprämie s „Kfz-Gestellung". S auch „Dienstreiseversicherung", „Unfallversicherung", „Vermögensschadenhaftpflichtversicherung", „Reisegepäckversicherung", und → Rn. 60 ff.

Versorgungszusage. Wird statt eines lfd Gehalts eine Versorgungszusage vereinbart, kann es am gegenwärtigen Zufluss fehlen. Dies gilt bei **ArbN-finanzierter Altersvorsorge** durch Herabsetzung des gegenwärtigen Gehalts zugunsten einer wertgleichen Pensionszusage (s auch BFH VI R 39/09, BFH/NV 10, 2296; BFH X R 29/05, BStBl II 07, 402 zu II. 2.c, ee; FG Ddorf EFG 08, 1290, rkr; sog Deferred Compensation = aufgeschobene Vergütung). Der Vorteil liegt in der Senkung der gegenwärtigen Spitzenbesteuerung und der späteren Versteuerung der Versorgungsbezüge bei niedrigerem Steuersatz. Die *FinVerw* erkennt Verzicht auf noch nicht entstandene Lohnansprüche (künftiger Lohn, für den noch keine Arbeit geleistet worden ist) zugunsten einer betriebl Altersversorgung iSd BetrAVG an (*BMF* BStBl I 13, 1087; *Kirschenmann* BB 11, 1687; *Niermann* DB 00, 347; *Pröpper* DB 03, 174). Bei Verzicht auf Gehalt zugunsten von Zahlungen des ArbG an eine Unterstützungskasse, die dem ArbN keinen Rechtsanspruch einräumt, liegt noch kein Lohnzufluss vor (BFH VI B 155/98, BFH/NV 99, 457). Die späteren Zahlungen aus der Zusage sind dann aber in voller Höhe Lohn. Ob eine zum Zufluss von ArbLohn führende Lohnverwendungsabrede oder ein ArbLohnverzicht zugunsten künftiger Versorgungsleistungen vorliegt, richtet sich iÜ nach den vertragl Vereinbarungen und deren Durchführung im Einzelfall. Maßgebl ist, ob der ArbG dem ArbN bei wirtschaftl Betrachtung Beträge zur Verfügung stellt, die der ArbN zum Erwerb einer Zukunftssicherung verwendet, die dem ArbN eigene Ansprüche einräumt (s FG Mster EFG 15, 2073, rkr). S auch „Arbeitszeitkonten", „Gehaltsverzicht" und → Rn. 60 ff.

Verwarnungsgelder des ArbN, die der ArbG übernimmt (zB bei Verkehrsübertretung), sind grds Lohn (BFH VI R 36/12, BStBl II 14, 278; *Schneider* NWB 14, 441; **aA** noch BFH VI R 29/00, BStBl II 05, 367).

Verzicht eines ArbN auf Rechte aus dem ArbVerh gegen Entschädigung führt zu ArbLohn (BFH VI R 4/05, BStBl II 08, 826).

VIP-Logen. ArbN-Überlassung führt zu Lohn (*BMF* BStBl I 15, 468). S § 37b.

Vorsorgeuntersuchung. BFH VI R 75/79, BStBl II 83, 39; Lohn wird verneint auch bei anonymisierter Auswertung der Untersuchungsergebnisse von FG Ddorf EFG 10, 137, rkr, zutr; auch → Rn. 55, 56. Allg gesundheitspräventive Maßnahmen des ArbG sind aber grds ArbLohn (FG Ddorf DStRE 14, 656, rkr; BFH VI R 10/17, BStBl II 19, 404).

Wohnungsüberlassung s „Dienstwohnung".

Zeugengebühr ist stpfl ArbLohn, soweit durch sie Verdienstausfall ausgeglichen werden soll (§ 24).

Zinsen auf stehen gelassenen ArbLohn oder nicht ausgezahlte Tantiemen zählen zu Einnahmen aus KapVerm (BFH VIII R 39/79, BStBl II 82, 113; BFH VIII R 210/83, BStBl II 90, 532). Einnahmen iSd § 19 können vorliegen, wenn das ArbVerh ggü dem Darlehen im Vordergrund steht (BFH VI B 23/07, BFH/NV 07, 1870, Zinsen aus ArbN-Beteiligungsmodell; FG Köln EFG 04, 654, rkr, mwN, Verzinsung von Arbeitszeitkonten). Gleiches muss auch für Verzugszinsen gelten. – Gewährt ein Kreditinstitut seinen ArbN *Vorzugszinsen* auf (Spar)Einlagen, die betriebsfremde Bankkunden nicht erhalten, fallen iHd Normalzinses Einnahmen aus KapVerm und iHd Überzinses solche aus nichtselbständiger Arbeit an.

Zinsersparnisse s „Darlehen".

IX. ABC der Werbungskosten

Arbeitnehmervertreter. Aufwendungen eines ArbN iZm seiner ehrenamtl Tätigkeit für die Gewerkschaft können WK sein, selbst wenn der ArbN nur noch Versorgungsbezüge erhält (BFH VI R 17/21, BFH/NV 23, 1439). Dies gilt jedenfalls dann, wenn die Aktivitäten geeignet sind, die berufl oder sozialen Rahmenbedingungen der Mitglieder zu sichern (ausführl HessFG EFG 94, 919, rkr), und gewerkschaftl Richtlinien entsprechen (vgl FG Bln-Bbg EFG 09, 1286, rkr, insoweit nicht zwingend). Zu den als WK abzugsfähigen Aufwendungen können auch Fahrtkosten und Verpflegungsmehraufwendungen gehören; ebenso Werbegeschenke vor Personalratswahl (FG Bbg EFG 07, 1323, rkr). Zu Aufwendungen eines ArbN-Vertreters im Aufsichtsrat als BA bei Verpflichtungserklärung vor der Wahl s BFH IV R 81/76, BStBl II 81, 29 (krit *Felix* BB 82, 2171); diese Rspr gilt auch für nichtselbständige Organmitglieder (*OFD Ffm* DB 95, 1310). Kein WK-Abzug bei streikbedingten Aufwendungen (BFH X R 161/88, BStBl II 91, 337). 110

Arbeitsplatzsicherung. Zinsaufwendungen für den (erzwungenen) Kauf von ArbG-Aktien sind idR keine WK aus § 19 (BFH IX R 111/00, BStBl II 06, 654; BFH IX R 80/01, BFH/NV 06, 1817). Gleiches gilt für Aufwendungen für einen fehlgeschlagenen Beteiligungserwerb (BFH VI R 1/16, BFH/NV 17, 1496). Ein WK-Abzug bei § 19 ist nur möglich, wenn der Aufwand/Beteiligungsverlust nicht auf der Nutzung der Beteiligung zur Erzielung von Einkünften aus KapVerm oder auf sonstigen Gewinnerwartungen beruht, sondern ausnahmsweise berufl veranlasst ist (NdsFG DStR 12, 729, rkr). S auch „Bürgschaft", „Darlehen", „Stammkapital".

Berufskrankheit. Aufwendungen zur Beseitigung der durch eine typische Berufskrankheit (§ 9 SGB VII) erwachsenen Gesundheitsschäden können WK sein (zB BFH VI 150/64 U, BStBl III 65, 358; FG Köln EFG 04, 1622, rkr). Herzinfarkt ist keine typische Berufskrankheit (BFH IV R 59/68, BStBl II 69, 179); ebenso nicht Gelenkarthrose (FG Bln EFG 92, 322, rkr). Eine Berufskrankheit wird auch bei psychischen Erkrankungen (burn-out) idR verneint (s BFH VI R 36/13, BFH/NV 16, 194). Krankheitskosten, die auf Mobbing von Vorgesetzten beruhen, sollen aber als WK abziehbar sein (FG RhPf DStRE 14, 1217). Aufwendungen einer Berufsmusikerin für Dispokinesesitzungen zur Behandlung motorischer und psychosomatischer Spielprobleme können WK sein (BFH VI R 37/12, BStBl II 13, 815). Kurkosten müssen der Heilung, Linderung oder Vorbeugung einer typischen Berufskrankheit dienen (BFH VI R 96/88, BFH/NV 93, 19). Unfallkosten auf Fahrt zum Arzt wegen Berufskrankheit s HessFG EFG 88, 556, rkr, zutr anerkannt. S auch „Unfallkosten" und → Rn. 100 „Gesundheitsfürsorge".

Berufsverband. Beiträge hierzu s § 9 I 3 Nr 3. Sonstige nicht unter § 9 I 3 Nr 3 fallende Aufwendungen können nach § 9 I 1 als WK abzugsfähig sein, wenn sie der Förderung berufl Interessen dienen. S auch „Arbeitnehmervertreter".

Betriebsausflug. Aufwendungen des ArbN für einen Betriebsausflug sollen nicht als WK abzugsfähig sein (FG Ddorf EFG 04, 645, rkr; anders für den organisierenden ArbN).

Betriebssport ist freiwillig, kein WK-Abzug; anders für den im Auftrag des ArbG organisierenden ArbN (*OFD Ddorf* DStR 88, 685). Tennis als Dienstsport eines Polizeibeamten, WK anerkannt von FG Saarl EFG 91, 377, rkr (zweifelhaft, s *Richter* DStR 91, 1519; **aA** FG Mster EFG 94, 238, rkr). Auch → Rn. 100 „Betriebssport".

Bewirtung. Eigene Aufwendungen des ArbN für die Bewirtung von **Geschäftsfreunden des ArbG** sind regelmäßig WK (bei Erstattung der Kosten durch den ArbG s § 3 Nr 50). Erfolgsabhängige Entlohnung spricht als Indiz für die berufl Veranlassung der Bewirtung (BFH VI R 33/07, BStBl II 09, 11); aber auch bei festen Bezügen kann sich der berufl Charakter der Bewirtung aus anderen Umständen (zB Arbeitsplatzsicherung durch Kundenbindung) ergeben (BFH VI R 78/04, BStBl II 07, 721; BFH VI R 68/06, BFH/NV 08, 1316; *Bergkemper* HFR 08, 929). Die berufl Umstände sind nachzuweisen (BFH VI R 77/04, BFH/NV 07, 1643). – Kosten für die **Abschiedsfeier aus dem aktiven Beruf** können ebenfalls WK sein (BFH VI R 52/03, BStBl II 07, 317; BFH VI B 95/09, BFH/NV 10, 875; FG Hmb EFG 09, 1633; FG Mchn DStRE 10, 719, rkr; → § 12 Rn. 16). Gleiches gilt für die Bewirtung von Kollegen anlässl der **Entlassung aus dem DienstVerh** (HessFG EFG 13, 1583, rkr), eines **ArbG-Wechsels** (FG Mster EFG 15, 1522, rkr), für **Jubiläumsfeiern** mit Mitarbeitern (BFH VI R 25/03, BStBl II 07, 459, Gartenfest mit 300 Mitarbeitern; **Dienstjubiläum** (BFH VI R 24/15, BStBl II 16, 744; anders zum 25-jährigen Priesterjubiläum, BFH VI R 35/11, BFH/NV 14, 500), für **Weihnachtsfeiern** (BFH VI R 12/07, BFH/NV 08, 1997), für **Jahresabschlussfeiern** (BFH VI R 7/07, BFH/NV 09, 11; FG RhPf DStRE 09, 1042, rkr), für **Versetzungsfeier** (FG Mchn DStRE 10, 719, rkr) für **Habilitationsfeier** (BFH VI R 52/15, BFH/NV 17, 151). Diese Bewirtungen und sonstigen Betriebsfeste haben regelmäßig berufl Charakter (Dank an die Mitarbeiter für geleistete Arbeit, Motivationsförderung, betriebl Zusammenhalt usw). Ob die Aufwendungen berufl oder privat veranlasst sind, ist stets das Ergebnis tatrichterl Würdigung der gesamten Umstände des Einzelfalls (*Geserich* NWB 16, 2500). Aufwendungen für eine **Geburtstagsfeier** sind idR nicht als WK abziehbar; die Gesamtwürdigung kann ausnahmsweise auch zu einem anderen Ergebnis führen, insb wenn die Feier nicht in erster Linie der Ehrung des Jubilars, sondern der Pflege des Betriebsklimas dient und sämtl Kollegen eingeladen sind (BFH VI R 7/16, BStBl II 17, 409; *Niermann* DB 17, 577). Berufl Veranlassung verneint: FG Köln EFG 12, 590, rkr, für Feier anlässl der Überreichung einer Festschrift an Hochschullehrer; berufl Veranlassung bejaht: ThürFG EFG 14, 1290, rkr, für Mitarbeitermotivationsskifreizeit eines angestellten Chefarztes). Bei einer **gemischt berufl und privat veranlassten Feier** sind die Aufwendungen aufzuteilen. Soweit sie auf Gäste aus dem berufl Umfeld entfallen, können sie als WK abgezogen werden, wenn die Einladung dieser Gäste berufl veranlasst ist. Hiervon kann insb auszugehen sein, wenn die Einladung nach abstrakten berufsbezogenen Kriterien erfolgt (BFH VI R 46/14, BFH/NV 15, 1720; *Krüger* DStR 15, 2820; s auch *Renner* DStZ 16, 121; krit *Holzner* SteuK 16, 197). Bei Bewirtung von

Kunden (nicht aber bei Bewirtung von Kollegen) ist § 4 V 1 Nr 2 zu beachten (zB BFH VI R 33/07, BStBl II 09, 11; auch → § 9 Rn. 323).

Bücher können ebenso wie Zeitschriften Arbeitsmittel sein. Die Aufwendungen sind als WK abziehbar, wenn die Literatur ausschließl oder weitaus überwiegend berufl genutzt wird; bei gemischter Nutzung kommt Aufteilung in Betracht (BFH VI R 53/09, BStBl II 11, 723).

Bürgerliche Kleidung. Aufwendungen hierfür sind auch nach Aufgabe des Aufteilungs- und Abzugsverbots nicht (teilweise) als WK abziehbar (BFH VI B 40/13, BFH/NV 14, 335; FG Hmb EFG 14, 1377, rkr; FG Mchen DStRE 15, 1482, rkr). Dies gilt auch für Sportbekleidung eines Profisportlers (FG RhPf DStRE 15, 1100, rkr) und die Kleidung eines Trauerredners (BFH VIII R 33/18, BStBl II 22, 614).

Bürgschaft. Die Inanspruchnahme aus einer Bürgschaft, die der ArbN für seinen ArbG zur Erhaltung des DienstVerh übernommen hat (entscheidend ist der Zeitpunkt der Bürgschaftsübernahme, BFH IV R 42/96, BFH/NV 97, 837), kann zu WK führen (s auch Schneider NWB 16, 480; *Bruschke* DStZ 16, 623). Das Gleiche gilt, wenn sich ein ArbN im Hinblick auf seine künftige berufl Tätigkeit verbürgt (BFH VI R 165/78, BStBl II 80, 395), ein GmbH-Geschäftsführer sich für einen Auftraggeber seines ArbG verbürgt (FG Mchn EFG 16, 282, rkr) oder Lieferantenforderungen begleicht (FG Mster EFG 82, 291, rkr). Die Inanspruchnahme des ArbN aus der Bürgschaft führt auch dann zu WK, wenn Bürgschaftsprovisionen vereinbart waren (**aA** *Giloy* DStZ 89, 471 (472)). – Bei einem Ges'terGeschäftsführer einer GmbH stellt sich stets die Frage, ob die Sicherheitsgestellung nicht gesellschaftsrechtl veranlasst ist und zu nachträgl AK der Beteiligung führt (BFH VIII R 9/98, BStBl II 99, 817; BFH IX R 16/10, BFH/NV 11, 778), wofür eine Beteiligung in nicht nur unbedeutendem Umfang spricht (BFH VI B 65/16, BFH/NV 17, 734; BFH VI B 44/07, BFH/NV 07, 1655, mwN); eine mittelbare Beteiligung kann ausnahmsweise ausreichen (BFH VI R 58/13, BStBl II 16, 305). Die Beteiligungshöhe ist neben anderen Umständen ein – wesentl – Indiz für den maßgebl Veranlassungszusammenhang (BFH IX B 169/03, BFH/NV 05, 1057; BFH VI R 77/14, BStBl II 16, 60). Inanspruchnahme aus Bürgschaft, die im Hinblick auf geplante aber nicht verwirklichte wesentl Beteiligung eingegangen wurde, führt mE zu fehlgeschlagenen AK, die wie vergebl WK abziehbar sind (**aA** FG Mchn EFG 09, 565; BFH IX B 221/08, BFH/NV 09, 1265 zu Darlehensverlust). Nach der BFH-Rspr kommt in einem solchen Fall ein Abzug bei § 17 nicht in Betracht, wohl aber bei § 19 (BFH VI R 97/10, BStBl II 12, 343).

Darlehen. Der Verlust einer normalverzinsl Darlehensforderung ggü dem ArbG kann WK sein, wenn das Darlehen zur Arbeitsplatzsicherung hingegeben worden ist und der ArbN das Risiko eines Darlehensverlustes bewusst auf sich genommen hat, was dann angenommen werden kann, wenn ein Außenstehender (Bank) das Darlehen unter diesen Bedingungen nicht mehr gewährt (BFH VI R 38/91, BStBl II 93, 663; BFH VI R 75/06, BStBl II 10, 48; BFH VI R 57/13, DStR 14, 1658) oder nicht weiter belassen hätte (*Söffing* FR 93, 605). Auch Darlehensverzicht kann zum WK-Abzug führen; dies kann auch bei einer gesellschaftsrechtl Beteiligung der Fall sein (BFH VI R 34/08, BFH/NV 11, 680; *Schneider* NWB 11, 604; *Demuth* BB 11, 677). Risiko des Forderungsverlusts und zukünftige Verdienstmöglichkeiten müssen in einem angemessenen Verhältnis zueinander stehen (BFH VI R 33/96, BFH/NV 97, 400; Anm *MIT* DStR 97, 1160; s auch *Bruschke* DStZ 16, 623); dabei sind mE die ArbVerh zu verbundenen Unternehmen oder zum Ges'terGeschäftsführer in die Gesamtbetrachtung einzubeziehen (s BFH VI R 75/06, BStBl II 10, 48; *Bode* FR 08, 777). Vor Darlehensgewährung sollte sich der ArbN Nachweismittel dafür beschaffen, dass zB eine Bank dieses Darlehen nicht gegeben hätte, da der ArbN für der berufl Veranlassung der Darlehenshingabe die Feststellungslast trägt (BFH VI R 75/06, BStBl II 10, 48; Anm HFR 93, 506). Die Nichtgewährung des Darlehens durch Dritte ist aber nicht notwendige Voraussetzung für den WK-Abzug, sondern (nur) Indiz für die berufl Veranlassung (BFH VI R 57/13, BFH/NV 14, 1614) Der Abzug erfolgt in dem Jahr, in dem die Wertlosigkeit der Forderung erkennbar wird (BFH VI R 51/85, BStBl II 89, 382, aE). Gehen später wider Erwarten auf die „abgeschriebene" Forderung Zahlungen ein, handelt es sich um Einnahmen iSd § 19 (→ § 9 Rn. 112; *Degen* DStR 96, 1749 (1754)). Zum Verlust eines partiarischen Darlehens s FG RhPf EFG 97, 1384, rkr; zum Verlust einer stillen Beteiligung s „stille Gesellschaft"; zum Verlust von Genussrechtskapital s BFH VI R 57/13, BFH/NV 14, 1614. – Beim Ges'terGeschäftsführer sind Darlehensverluste grds keine WK bei § 19 (BFH VIII R 16/88, BStBl II 92, 902; SchlHFG EFG 05, 1535, rkr, mwN; zu Darlehensverlust bei beabsichtigter KG-Beteiligung s BFH III R 38/03, BFH/NV 05, 202); ebenso bei Darlehensverlusten eines angestellten Angehörigen eines Alleinges'ters (FG Mchn EFG 09, 565; BFH IX B 221/08, BFH/NV 09, 1265). Dies gilt auch nach Aufhebung des Eigenkapitalersatzrechts, sodass ein WK-Abzug bei § 19 grds ausscheiden wird (s BFH VI R 1/16, BFH/NV 17, 1496). Ein gesellschaftsrechtl oder privates Näheverhältnis verdrängt einen berufl Veranlassungszusammenhang indes nicht, soweit das Einstehen des Geschäftsführers für Verbindlichkeiten des ArbG auf seiner berufl Tätigkeit und nicht auf der Ges'terstellung bzw. der privaten Beziehung zum ArbG beruht (BFH VI R 55/14, BFH/NV 15, 1556). – S auch „Arbeitsplatzsicherung", „Bürgschaft", „Kaution" und „Stammkapital". – Die Rückzahlung eines **(BAföG-)Darlehens** führt nicht zum WK-Abzug (BFH VI R 41/05, BFH/NV 08, 1136) und zwar unabhängig vom Zeitpunkt der Rückzahlung (insoweit unzutr Formulierung des BFH).

Deutschkurs → § 12 Rn. 32 „Sprachkurs".

Diebstahlsverluste → § 9 Rn. 83.

Disziplinarverfahren. Aufwendungen für Gerichts- und Anwaltskosten können WK sein, wenn der dienst(straf-)rechtl Vorwurf zu dienst- oder arbeitsrechtl Sanktionen (zB Gehaltskürzung, Entfernung aus dem Dienst) führen kann (BFH VIII R 34/93, BStBl II 95, 457; BFH VI R 16/21, BStBl II 24, 442 zu Wehrdisziplinarverfahren).

Doktortitel. Kosten eines Promotionsstudiums können berufl veranlasst und damit als WK abziehbar sein (BFH VI R 96/01, BStBl II 04, 891; *BMF* BStBl I 10, 721 Rn. 26). Ein WK-Abzug scheidet aber beim Kauf eines Doktortitels aus (BFH VI B 158/03, BFH/NV 04, 1406) oder wenn die entgeltl Vermittlung einer Promotionsmöglichkeit (nach Landesrecht) strafbar ist (FG Mchn EFG 20, 1495).

Ehrenamt. Steht eine ehrenamtl Tätigkeit mit dem Beruf in enger Beziehung und fördert sie das berufl Fortkommen, ist WK-Abzug gegeben (FG BW EFG 93, 712, rkr; auch → § 9 Rn. 174).

Einbürgerungskosten → § 12 Rn. 32 „Einbürgerungskosten".

Einsatzwechseltätigkeit. Das Reisekostenrecht ist ab VZ 2014 grundlegend neu konzipiert worden. Zum neuen Reisekostenrecht → § 9 Rn. 180 ff und → Rn. 302 ff. Zur Rechtslage bis einschließl VZ 2013 → 38. Aufl 2019, § 19 Rn. 110 „Einsatzwechseltätigkeit".

Emeritierter Hochschulprofessor hat regelmäßig keinen WK-Abzug iRd ohne Entgelt ausgeübten weiteren Forschungstätigkeit. Übt er aber auf Ersuchen der Universität die Lehrtätigkeit weiter aus, können die damit zusammenhängenden Aufwendungen jedenfalls im Erlasswege berücksichtigt werden (BFH VI R 24/93, BStBl II 94, 238). Auch → § 9 Rn. 99.

EU-Bedienstete können keine WK für von der ESt freigestellte Bezüge abziehen (HessFG EFG 11, 647, rkr).

Fahrtätigkeit. Zur Rechtslage vor der Reform des Reisekostenrechts bis VZ 2013 → 38. Aufl 2019, § 19 Rn. 110 „Fahrtätigkeit".

Fehlgelder. Wird der ArbN mit Fehlgeldern belastet, entstehen für ihn in dieser Höhe WK.

Fernsprechgebühren s „Telekommunikationskosten".

Freigänger. Haftkosten sind keine WK (FG Bln EFG 89, 170, rkr).

Führerschein. Aufwendungen zur Erlangung des Führerscheins können nur WK sein, wenn der Erwerb des Führerscheins unmittelbare Voraussetzung zur Berufsausübung ist, wie zB für einen LKW- oder Taxi-Fahrer (BFH VI 251/63 U, BStBl III 64, 431; BFH IV R 119/66, BStBl II 69, 433; FG Mster EFG 98, 941, rkr; ausnahmsweise auch Klasse III s SchlHFG EFG 92, 511, rkr) oder bei einem Busführerschein (FG BW EFG 07, 179, rkr), sonst nicht (BFH VI B 188/04, BFH/NV 05, 890; BFH VI B 29/05, BFH/NV 05, 1801).

Geburtstag s „Bewirtung".

Geschenke an Arbeitskollegen berühren grds die private Lebensführung; Aufwendungen hierfür sind idR nicht als WK abzugsfähig (BFH VI R 182/81, BStBl II 84, 557). Etwas anders kann gelten bei Geschenken von Personalratsvorsitzenden bei besonderen Anlässen (BFH VI R 91/04, BFH/NV 08, 767) oder von Vorgesetzten anlässl von Jubiläen, Verabschiedungen, Krankenbesuchen (**aA** aber BFH IV R 186/82, BStBl II 85, 286, Geschenke eines Chefarztes an Krankenhauspersonal, zweifelhaft; FG Brem EFG 08, 1281, rkr, zweifelhaft, Geschenke durch Schulleiter; s auch „Bewirtung"). Geschenke an Geschäftsfreunde oder an deren Mitarbeiter → § 9 Rn. 322 und FG Köln EFG 25, 920, rkr. Geschenke an den ArbG können WK sein, nicht aber bei Geschenken unter Behördenleitern (BFH VI R 67/93, BStBl II 95, 273). Bei Geschenken an Kollegen gilt § 4 V 1 Nr 1 nicht.

Gewerkschaft s „ArbN-Vertreter".

Habilitationskosten eines wissenschaftl Assistenten sind WK (BFH VI R 25/67, BStBl III 67, 778; HessFG DStZ 88, 75, rkr; **aA** FG Brem EFG 95, 11, rkr, unzutr). S auch „Promotionskosten".

Haftung eines GmbH-Geschäftsführers nach § 69 AO für Steuerschulden kann zu WK führen (ebenso FG LSA EFG 13, 1651, rkr, zur Haftung des Geschäftsführers einer Ltd). Dies gilt auch soweit für eigene LSt oder für KSt, die eigene KapEinkünfte betrifft, gehaftet wird (BFH VI R 19/20, BStBl II 22, 633). S auch „Bürgschaft", „Stammkapital" und „Schadensersatz".

Haushälterin. Aufwendungen hierfür sind keine WK, BFH VIII R 198/81, BStBl II 83, 297.

Heimarbeiter s LStR 9.13.

Hörgerät. Aufwendungen hierfür können nur dann als WK abzugsfähig sein, wenn die Hörschwäche die Folge einer typischen Berufskrankheit oder die Folge eines betriebl Unfalls ist. IÜ kommt nur ein Abzug als agB in Betracht (s BFH IV 345/53 U, BStBl III 54, 174; BFH VI B 275/00, BFH/NV 03, 1052).

Insolvenzverfahren. Verfahrenskosten einschließl der Vergütung des Insolvenzverwalters können, soweit sie anteilig auf Schulden aus der ArbN-Tätigkeit entfallen, als WK abziehbar sein (*Vorbeck/Benedikt* DStR 25, 2633; **aA** BFH VI R 47/13, BStBl II 17, 276).

Jagdschein. Eine Jägerprüfung führt nur dann zu WK, wenn der Jagdschein unmittelbare Voraussetzung für die berufl Tätigkeit ist (FG Mster EFG 19, 338, rkr).

Kaution. Hat der ArbN dem ArbG zur Erlangung des Arbeitsplatzes eine zinslose Kaution gegeben, führt der Verlust dieser Kaution zu WK (BFH VI R 51/85, BStBl II 89, 382; s auch BFH VI R 75/06, BStBl II 10, 48). Gleiches kann für ein Schuldanerkenntnis gelten, wenn die anerkannte Schuld in wirtschaftl Zusammenhang mit dem Beruf steht (BFH VI R 36/01, BFH/NV 06, 33). S auch „Arbeitsplatzsicherung".

Klassenfahrt. Aufwendungen des Lehrers sind WK (FG Köln EFG 82, 560, rkr); auch bei Auslandsfahrt (FG BW EFG 85, 16, rkr) und Schüleraustausch. Nicht aber Aufwendungen für seine Ehefrau als Begleitperson (FG Saarl EFG 92, 442, rkr, mwN). Ebenso nicht bei Vorbereitung der Klassenfahrt auf allgemeintouristischer Reise (BFH VI R 81/00, BFH/NV 05, 42). S auch „Studienreisen".

Kontogebühren sind insoweit WK, als sie auf dienstl Kontobewegungen entfallen (BFH VI R 63/80, BStBl II 84, 560); dies gilt bei Auslandsbediensteten auch für Auslandsüberweisungen (BFH VI R 77/94, BFH/NV 96, 541, auch zu § 3c).

Konzertbesuche einer Musiklehrerin sind idR auch privat veranlasst; Aufwendungen hierfür können allenfalls in besonderen Ausnahmefällen als WK abzugsfähig sein (BFH VI R 76/68, BStBl II 71, 368; ebenso FG BW EFG 16, 627, rkr, zu Aufwendungen einer Kunstlehrerin für Ausstellungsbesuche).

Kraftfahrzeugkosten. Fahrten zw Wohnung und erster Tätigkeitsstätte, zw verschiedenen Betriebsstätten des ArbG, bei sonstigen berufl veranlassten Fahrten und bei doppelter Haushaltsführung → § 9 Rn. 180 ff, 210 ff, 248 ff. Zur Rechtslage bis einschl VZ 2013 → 39. Aufl 2020, § 19 Rn. 110 „Kraftfahrzeugkosten".

Kreditkarten. Gebühren können entspr dem berufl Einsatz der Kreditkarte als WK abziehbar sein.

Kundschaftstrinken. Aufwendungen hierfür können WK sein (entspr FG RhPf EFG 01, 420, rkr; BFH I B 157/02, BFH/NV 03, 1314).

Neurolinguistisches Programmieren (NLP). Aufwendungen für NLP-Kurse können berufl veranlasst sein; private Anwendungsmöglichkeiten der in den Kursen vermittelten Lehrinhalte sind unbeachtl, wenn sie sich zwangsläufig aus den im berufl Interesse gewonnenen Kenntnissen/Fähigkeiten ergeben (BFH VI R 44/04, BStBl II 09, 106; FG Mchn EFG 04, 488, rkr; FG Nbg DStRE 01, 1334, rkr).

Pay-TV-Aufwendungen können bei Profisportlern WK sein, wenn die Berichterstattung für die berufl Tätigkeit verwendet wird (Tatfrage), BFH VI R 24/16, BStBl II 19, 376, FG Ddorf EFG 20, 90, rkr, zum Torwarttrainer.

Personalrabatt. Der Umstand, dass die Einräumung eines Personalrabatts als Lohn zu beurteilen ist, führt nicht zum Abzug der Finanzierungskosten (Zinsen) für die Anschaffung des WG (zB Jahreswagen) als WK; denn die Zinsen sind nicht zur Erlangung des stpfl Vorteils aufgewendet worden (FG RhPf EFG 96, 913, rkr).

Pfarrer im Ruhestand. WK-Abzug s FG RhPf DStRE 07, 1147, rkr (abgel).

Promotionskosten s „Doktortitel".

Prozesskosten → § 4 Rn. 520 „Rechtsverfolgungskosten". WK-Abzug von Strafverteidigerkosten setzt voraus, dass die dem ArbN vorgeworfene Tat berufl veranlasst war (BFH XI R 35/01, BFH/NV 02, 1441; BFH VI R 42/04, BStBl II 08, 223; BFH VI R 75/10, BFH/NV 11, 2040; BFH VI B 88/21, BFH/NV 22, 722; *Bergkemper* FR 08, 235). Eine berufl Veranlassung liegt vor, wenn die Tat in Ausübung und nicht nur gelegentl der Berufstätigkeit begangen wird; die Handlung muss iRd berufl Aufgabenerfüllung liegen (BFH VIII R 43/14, BFH/NV 17, 569) was aber nicht der Fall ist bei bewusster Schädigung des ArbG oder wenn der Stpfl sich oder einen Dritten bewusst bereichert hat (BFH VI B 88/21, BFH/NV 22, 722; FG RhPf EFG 10, 1491, rkr) oder bei fahrlässiger Tötung wegen überhöhter Geschwindigkeit auf einer Dienstreise (FG RhPf DStRE 17, 905, rkr). Der bloße Vorwurf reicht insoweit zum Ausschluss des WK-Abzugs aber nicht aus (FG Ddorf EFG 24, 1208, rkr). Zu den berufl Tätigkeiten kann auch die Abgabe von StErklärungen gehören, zB LSt-Anmeldung durch Vorstand einer AG, nicht aber private ESt-Erklärung (HessFG EFG 14, 984, rkr). Handelt es sich um eine allg Straftat, scheidet ein WK-Abzug selbst dann aus, wenn der StPfl letztl das Ziel verfolgt, die Entfernung aus dem Dienst rückgängig zu machen, Gehaltskürzungen zu vermeiden (BFH VI B 109/03, BFH/NV 04, 42) oder eine dienstrechtl vorgeschriebene Zuverlässigkeitsprüfung zu verhindern (FG Hmb DStRE 12, 271, rkr). Bei einer Verurteilung scheidet ein WK-Abzug aus; bei einem Freispruch sind die den StPfl treffenden Verteidigungskosten als WK abziehbar (*Degel/Haase* DStR 05, 1260). Reisekosten zum Prozess s FG Köln EFG 85, 342, rkr (zutr, aber Einzelfall). Aufwendungen im Disziplinarverfahren s FG Saarl EFG 93, 648, rkr, im Wehrdisziplinarverfahren s BFH VI R 16/21, BStBl II 24, 442. Nach BFH VI R 23/10, BStBl II 12, 829 soll idR eine Vermutung dafür sprechen, dass Aufwendungen bei bürgerl-rechtl oder arbeitsrechtl Streitigkeiten, die das ArbVerh betreffen, berufl veranlasst sind. Entsprechendes soll für Zahlungen auf einen in einem solchen Verfahren geschlossenen Vergleich gelten. Diese Rspr ist zweifelhaft, soweit der BFH eine Vermutung für die berufl Veranlassung der Aufwendungen postuliert. Maßgebl für die berufl Veranlassung ist stets die Würdigung aller Umstände des Einzelfalls.

Psycho-Physiognomik. Aufwendungen für den Seminarbesuch über Psycho-Physiognomik sind idR nicht berufl veranlasst (FG RhPf DStRE 14, 457, rkr).

Reisekosten. Das Reisekostenrecht ist ab VZ 2014 grundlegend neu konzipiert worden. Zum neuen Reisekostenrecht → § 9 Rn. 210 ff und 302 ff. Zur Rechtslage bis einschließl VZ 2013 → 39. Aufl 2020, Rn. 110 „Reisekosten".

Reisepass. Kosten für Reisepass/Passbilder sind WK, wenn sie für berufl Reisen erforderl sind und keine private Verwendung erfolgt (FG Saarl EFG 14, 828, rkr).

Repräsentationsaufwendungen sind regelmäßig Kosten der privaten Lebensführung. S auch „Bewirtung", „Geschenke". Zur Abkommandierung von Soldaten zu gesellschaftl Veranstaltungen s FG RhPf EFG 88, 115, rkr.

Schadensersatz. Ist die Ersatzpflicht durch das DienstVerh veranlasst, sind die Schadenersatzleistungen als WK abzugsfähig (zB Beschädigung einer Maschine, Verkehrsunfall auf berufl veranlasster Fahrt). Entscheidend ist, ob die den Schadensersatz verursachende Handlung noch iRd berufl Aufgabenerfüllung liegt oder auf privaten Gründen beruht (BFH VI R 27/15, DStRE 17, 207). Entspr BFH GrS 2–3/77, BStBl II 78, 105 ist in Fällen, in denen ein Verstoß gegen Dienstvorschriften zu einem Schaden führt, zu beachten, ob das zu dem Schaden führende Verhalten des ArbN in nicht unbedeutendem Maße von privaten Gründen (mit)getragen wurde. Wollte sich der ArbN zu Unrecht auf Kosten des ArbG bereichern (zB Unterschlagung), wollte er ihn bewusst schädigen (zB vorsätzl Beschädigung oder Betrug) oder wollte er einem Bekannten oder Familienangehörigen pflichtwidrig auf Kosten des ArbG einen Vorteil verschaffen, sind die Aufwendungen zur Beseitigung des dem ArbG entstandenen Schadens keine WK (BFH VI R 121/84, BFH/NV 88, 353; s aber BFH VI R 23/10, BStBl II 12, 829, Bestechlichkeit und Geheimnisverrat, zweifelhaft, s „Prozesskosten"). Anders aber, wenn der ArbN Schmiergelder an Kunden des ArbG gezahlt hat und später vom ArbG auf Schadensersatz in Anspruch genommen wird; iÜ kommt es auf die Schwere des Verschuldens des ArbN nicht an (BFH VI R 30/77, BStBl II 81, 362). Zum Abzugsverbot für Unfallkosten, die durch die private Mitveranlassung einer Berufsreise ausgelöst werden, s BFH IV R 26/04, BStBl II 06, 182. Schadensersatz des GmbH-Geschäftsführers wegen Nichtabführung von Krankenkassenbeiträgen s BFH VI 45/60 U, BStBl III 61, 20; wegen Verletzung eines Konkurrenzverbots s HessFG EFG 96, 363, rkr. S auch „Haftung".

Schmiergelder s BFH VI R 67/86, BFH/NV 91, 151; FG Köln EFG 25, 920, rkr; „Geschenke"; → § 4 Rn. 520.

Schuldanerkenntnis. Ein WK-Abzug hängt davon ab, ob die anerkannte Schuld mit dem Beruf oder der Einkunftserzielung zusammenhängt (BFH VI R 36/01, BFH/NV 06, 33).

Sozialversicherungspflicht. Kosten für Anfrageverfahren (sog Statusfeststellungsverfahren) nach § 7a SBG IV sind WK (BFH VI R 25/09, BStBl II 10, 851).

Stammkapital. Aufwendungen eines Ges'terGeschäftsführers zur Erhöhung des Stammkapitals und dessen Verlust können kaum WK aus nichtselbständiger Arbeit sein (BFH VI R 3/92, BStBl II 94, 242; BFH VI B 99/06, BFH/NV 07, 1297; Aktienbeteiligung an Start-up-Unternehmen s FG Bln-Bbg EFG 09, 327 iVm BFH VI B 126/08, BFH/NV 09, 1267); auch nicht, wenn die Beteiligung an der GmbH Voraussetzung für die Anstellung als Geschäftsführer gewesen ist (BFH VI R 1/16, BFH/NV 17, 1496; BFH VI R 64/94, BStBl II 95, 644; s *Anm* HFR 95, 505) oder die Beteiligung bei Ausscheiden als Partner und damit wegen Beendigung des ArbVerh veräußert werden musste (BFH VI R 24/08, BStBl II 10, 198; *Geserich* HFR 10, 120, gesellschaftsrechtl veranlasster Verlust); es sei denn, der Veräußerungspreis lag wegen besonderer Bedingungen des ArbVertrags unter dem Verkehrswert (*Bergkemper* FR 10, 242). Ein Veräußerungsverlust aus einer ArbG-Beteiligung führt grds aber nicht zu WK (BFH VI B 132/15, BFH/NV 16, 926). Zur Beurteilung der Verlustübernahme eines zu 20% beteiligten Ges'terGeschäftsführers s BFH VI R 125/88, BStBl II 93, 111. Zur Übernahme sonstiger Verbindlichkeiten (Hinterziehungszinsen) s BFH VIII R 83/91, BFH/NV 93, 644; s aber auch „Bürgschaft" und „Darlehen".

Steuerberaterkosten → § 4 Rn. 520 „Rechtsverfolgungskosten" und *Darmstadt* DStR 21, 2496. StBKosten (auch Unfallkosten auf der Fahrt zum StB, s BFH X R 35/86, BStBl II 89, 967) sind WK, soweit sie mit der Ermittlung der Einkünfte zusammenhängen (*BMF* BStBl I 08, 256 zur Aufteilung in abziehbare/nicht abziehbare StB-Kosten). Soweit Kosten nicht mit der Einkunftsermittlung zusammenhängen (SA, agB, Tariffragen usw), gehören sie zu den nicht abziehbaren Kosten der Lebensführung.

Stille Gesellschaft. Der Verlust der iRd Begründung einer stillen Beteiligung an den ArbG geleisteten Einlagezahlung ist als WK abzugsfähig, wenn er durch das DienstVerh veranlasst ist und nicht auf der Nutzung der Beteiligung als Kapitalertragsquelle oder auf etwaigen Gewinnerwartungen beruht (NdsFG EFG 11, 1148, rkr, zutr, mit Anm *Wagner* EFG 11, 1153; *Hoffmann* GmbH-StB 11, 287).

Strafen s „Prozesskosten"; → § 4 Rn. 520 „Strafen", „Rechtsverfolgungskosten".

Studienreisen → § 4 Rn. 520 „Informationsreisen"; → § 12 Rn. 32 „Sprachkurs…" und „Studienreisen"; *OFD Ffm* DStR 01, 1073 (zum berufl Anlass bei Fachtagungen und Studienreisen). Es ist zu beachten, dass das Aufteilungsverbot nicht mehr gilt (BFH GrS 1/06, BStBl II 10, 672). Daher kommt auch ein teilweiser WK-Abzug in Betracht (*Schwenke* FR 11, 1051). – ***(1)* Berufl Veranlassung.** Ob und inwieweit Aufwendungen für eine Reise berufl veranlasst sind, hängt von den Gründen ab, aus denen der StPfl die Reise oder verschiedene Teile der Reise unternimmt. Die Gründe für die Reise sind anhand der Gesamtumstände des Einzelfalls zu ermitteln. Lassen sich keine Gründe feststellen, die eine berufl Veranlassung belegen, gehen entspr Zweifel zu Lasten des StPfl. Für die berufl Veranlassung genügt es idR nicht, dass die Reise der allg wirtschaftl Bildung dient. Berufl (mit)veranlasst ist eine Reise erst, wenn das Programm auf die **besonderen berufl Bedürfnisse** der Teilnehmer zugeschnitten ist (BFH GrS 8/77, BStBl II 79, 213 zu C. II.1; daran hat BFH GrS 1/06, BStBl II 10, 672 grds festgehalten; ebenso BFH VI R 3/11, BStBl II 12, 416). Ein berufl Anlass kann auch vorliegen, wenn die Organisation und Durchführung der Reise zu den **Dienstaufgaben** der ArbN gehört (BFH VI R 37/15, BStBl II 17, 526; BFH VI R 22/01, BStBl II 03, 369, Anm *Pust* HFR 03, 126; BFH VI R 63/01, BFH/NV 06, 728) oder der StPfl als Referent auftritt (BFH VIII R 296/81, BStBl II 85, 325, *Anm* HFR 85, 312; FG Ddorf FG 93, 11, rkr), sofern nicht andere Umstände wiederum auf eine private Mitveranlassung schließen lassen (BFH IV R 39/96, BStBl II 97, 357; *Anm* HFR 97, 476; zust *MK* DStR 97, 607; krit *Gosch* StBP 97, 190; BFH VI R 10/97, BFH/NV 98, 157). Gleiches kann für **Reiseleiter** gelten (BFH VI R 94/90, BStBl II 93, 674; BFH VI B 292/99, BFH/NV 01, 903; FG BW EFG 05, 859, rkr); auch bei Vorbesichtigungen (FG Mster EFG 93, 142, rkr); ebenso für den die Klassenfahrt vorbereitenden Lehrer, aber nicht, wenn dies auf einer allgemein-touristisch geprägten Reise geschieht (BFH VI R 81/00, BFH/NV 05, 42). Die Mitnahme des Ehegatten muss der berufl Anerkennung der Reise nicht entgegenstehen (FG Hmb EFG 93, 506, rkr, stets Einzelfallprüfung; Anm *Rößler* DStZ 94, 159). – Die Gewährung eines Zuschusses oder von Sonderurlaub durch den ArbG beweist nicht, dass die Reise ganz überwiegend berufl veranlasst war (BFH VI B 197/04, BFH/NV 05, 1231). **Teilnahmezwang** bei Fortbildungsmaßnahmen kann aber zum WK-Abzug führen (BFH VI R 93/00, BFH/NV 02, 1444; angeordnete Studienfahrt mit Teilnahmezwang iRe Ausbildungsarbeitsverhältnisses s BFH VI R 93/90, BStBl II 92, 531; BFH VI R 9/90, BFH/NV 92, 514; FG Saarl EFG 97, 61, rkr; anders außerhalb eines Ausbildungsdienstverhältnisses s HessFG EFG 92, 734, rkr). Von Bedeutung kann auch sein, ob Reisetage wie Arbeitstage mit berufl Tätigkeit ausgefüllt sind (BFH IV R 72/89, BStBl II 91, 92; BFH VI B 104/96, BFH/NV 97, 108; *OFD Bln* FR 96, 429 f, 6–8 Stunden-Tag). – ***(2)* Beispiele.** Japanreise von Richtern (BFH VI R 64/91, BStBl II 93, 612, abgelehnt); Saharareise eines Geographie-Professors (BFH VI R 71/78, BStBl II 82, 69, *Anm* HFR 82, 54, abgelehnt); Ungarn-Reise eines Geographie-Professors ohne entspr Forschungsauftrag, anschließende Semestervorlesungen bzw Fachveröffentlichungen (BFH VI R 51/88, BStBl II 91, 575, abgelehnt); Canada- oder Amerikagruppenreise von Lehrern (BFH VI R 72/95, BFH/NV 97, 476; FG MV EFG 95, 1049, rkr, jeweils abgelehnt); Auslandsgruppenreise eines Rechtsreferendars in EU-Nachbarstaat (BFH VI R 29/92, BFH/NV 93, 653, abgelehnt); Studienreise eines wissenschaftl Mitarbeiters beim BGH nach Budapest und in die Schweiz (NdsFG EFG 02, 1586, rkr, abgelehnt); Reise eines Studienrats für Geographie und Biologie nach Ostafrika (BFH VI R 289/66, BStBl III 67, 776, abgelehnt); Reise einer Geographielehrerin nach Peru (FG Bln EFG 86, 228, rkr, anerkannt) oder nach China (BFH VI R 62/86, BFH/NV 90, 28, abgelehnt); Kunstreise eines Kunsterziehers (FG Nbg EFG 88, 357, rkr, abgelehnt); Sprachkurs im Ausl (BFH VI R 12/10, BStBl II 11, 796, Aufteilung der Reisekosten); Gruppenreise eines Religionslehrers zu den biblischen Stätten des Vorderen Orients/Israels (BFH VI B 110/04, BFH/NV 05, 339, abgelehnt; FG Mster DStRE 22, 772, rkr, abgelehnt); Romreise eines Pfarrers (BFH VI R 42/09, BFH/NV 11, 893, anerkannt, wenn Reise zu den Dienstaufgaben gehört; FG Mster EFG 91, 724, rkr, abgelehnt); Indienreise einer Pastorin (BFH VI R 39/96, BFH/NV 97, 469, abgelehnt); Türkeireise einer Lehrerin (BFH VI R 9/89, BFH/NV 92, 730, abgelehnt); Biologielehrer in Naturschutzgebiet (FG Hmb EFG 92, 324, rkr, anerkannt); Reisen von ArbN, bei denen verwandtschaftl Beziehungen zum ArbG hineinspielen (BFH VIII R 187/71, BStBl II 74, 200, abgelehnt); Auslandsreisen (Forschungsaufenthalt) eines Hochschulprofessors (FG Brem EFG 94, 650, rkr; NdsFG EFG 80, 595, rkr, anerkannt); Auslandsreise zur Erholung und Lehrbücheranfertigung (BFH VIII R 51/10, BStBl II 13, 808, abgelehnt). Ärztekurs in Wintersportort → § 12 Rn. 32 „Sportmedizin".

Telekommunikationsaufwendungen (Internet, Telefon, Handy), die berufl veranlasst sind, können als WK abgezogen werden. Bei Nachweis für einen repräsentativen Zeitraum von drei Monaten können die Werte für den gesamten VZ zugrunde gelegt werden. Fallen solche berufl Aufwendungen erfahrungsgemäß an, kann ohne Einzelnachweis monatl bis zu 20% der Rechnung des Telekommunikationsvertragspartners, höchstens 20 € als WK anerkannt werden (LStR 9.1 V 4).

Umzugskosten. – ***(1)* Berufliche Veranlassung.** Umzugskosten können nur dann als WK abgezogen werden, wenn feststeht, dass der Umzug nahezu ausschließl berufl veranlasst war und private Gründe keine oder nur eine ganz untergeordnete Rolle gespielt haben (iEinz s *Pondelik* SteuK 16, 224). Eine berufl Veranlassung ist gegeben, wenn der Umzug aus Anlass der **erstmaligen Aufnahme einer berufl Tätigkeit** erfolgt (s aber Sonderfall FG Ddorf EFG 00, 485, rkr) oder die Folge eines **Arbeitsplatzwechsels** ist (Wechsel des ArbG oder Wechsel der Betriebsstätte desselben ArbG; auch wenn der Umzug dabei in das neu gebaute eigene Haus erfolgt, FG RhPf EFG 83, 111, rkr; FG BW EFG 85, 444, rkr; **aA** FG Ddorf EFG 83, 166, rkr; auch bei Rückversetzung auf Wunsch des ArbN, NdsFG EFG 94, 786, rkr) *und* die Zeitspanne für die tägl Fahrten zw Wohnung und erster Tätigkeitsstätte erhebl vermindert wird (BFH VI R 72/72, BStBl II 75, 327; BFH VI R 162/74, BStBl II 77, 117). Dabei kommt es nicht entscheidend darauf an, ob der Umzug in einen anderen Ort erfolgt. Entscheidend ist die erhebl Verminderung der Fahrzeit; dies ist eine Frage tatrichterl Würdigung (BFH VI B 28/03, BFH/NV 03, 1183; BFH VI B 22/12, BFH/NV 13, 198). Umzugskosten eines StPfl, der zur Wiederaufnahme seiner Berufstätigkeit aus dem **Ausl** in das Inl zurückzieht, sind ebenfalls berufl veranlasst (NdsFG EFG 12, 1634, rkr). Unabhängig von der Verkürzung der Fahrzeit ist ein Umzug berufl veranlasst, wenn eine Dienstwohnung bezogen (zB bei Bereitschaftsdienst, Hausmeister, Pförtner) oder geräumt werden musste (s BFH VI R 162/74, BStBl II 77, 117; zB anlässl Beendigung des Dienstes, FG Saarl EFG 87, 347, rkr; s aber FG Saarl EFG 89, 281, rkr; FG Ddorf EFG 79, 383, rkr). Allein der Bezug einer Dienstwohnung ohne Weisung des ArbG reicht für die Annahme einer berufl Veranlassung indes nicht aus; ebenso nicht bei Umzug aus privaten Gründen und voraussichtl späterer Versetzung (FG BW EFG 06, 178, rkr). – Der Umzug kann auch **ohne Arbeitsplatzwechsel** berufl veranlasst sein, wenn er unmittelbar erfolgt, um die Fahrzeit zur Arbeitsstätte wesentl zu verkürzen oder die Fahrt sonst wesentl zu erleichtern (BFH VI R 95/81, BStBl II 83, 16), zB weil die bisherige Fahrt zur Arbeitsstätte zu beschwerl geworden ist, die Fahrt oder die Arbeitsbedingungen durch den Umzug wesentl verbessert werden (s Anm HFR 83, 11; BFH IV R 42/86, BStBl II 88, 777; FG RhPf EFG 95, 515, rkr) oder Umsteigen auf öffentl Verkehrsmittel Zeitersparnis (FG BW EFG 93, 715, rkr) oder den Fußweg ermöglicht (FG RhPf EFG 95, 1048, rkr; FG Köln EFG 16, 991, rkr). Dies hängt von der tatrichterl Würdigung im Einzelfall ab (BFH X B 80/99, BFH/NV 00, 945; FG Hmb DStRE 09, 783, rkr, Berechnung mittels Routenplaner). – Wenn infolge des Umzugs eine arbeitstägl **Fahrzeitverkürzung von mindestens einer Stunde** eintritt, treten mit dem Umzug verbundene private Begleitumstände idR in den Hintergrund (BFH VI B 85/08, BFH/NV 09, 171). Unschädl ist dann auch, dass der Umzug aus Anlass der Eheschließung von getrennten Wohnorten oder aus Anlass der Scheidung oder Trennung der Eheleute erfolgte (BFH VI R 175/99, BStBl II 01, 585; *Fröschl* HFR 01, 965, mit zahlreichen Hinw). Unschädl ist ferner der gemeinsame Umzug von Eheleuten aus Anlass der Geburt eines Kindes (BFH VI R 189/97, BStBl II 02, 56). Beim Umzug nach Eheschließung von getrennten Wohnungen aus ist die Wegezeitverkürzung für jeden Ehegatten gesondert zu ermitteln (BFH VI R 175/99, BStBl II 01, 585, Subjektbezogenheit der Einkünfteermittlung). Umzugsbedingte Veränderungen der Fahrzeiten beiderseits berufstätiger Ehegatten sind weder zu addieren noch zu saldieren; ist die Fahrzeitverkürzung für einen Ehegatten erreicht, ist der Umzug *insgesamt* als berufsbedingt anzusehen; daher sind die gesamten Umzugskosten der Eheleute abziehbar (BFH IX R 79/01, BStBl II 06, 598; BFH VI R 56/02, BFH/NV 06, 1650; krit *Paus* DStZ 06, 518). – Allein der Umstand, dass die neue Wohnung die Einrichtung eines Arbeitszimmers ermöglicht, macht den Umzug aber nicht berufl veranlasst (BFH VI R 132/88, BStBl II 93, 610; BFH VI R 3/23, BStBl II 25, 650, FG Mster EFG 25, 1220, **aA** mit beachtl Gründen FG Hmb EFG 23, 819 (zust Anm *Grotherr* FR 23, 869) aufgehoben durch BFH VI R 3/23, BStBl II 25, 650; krit dazu auch *Morawitz* FR 25, 559, der einen teilw WK-Abzug im Verhältnis der qm des Arbeitszimmers zur Gesamtfläche befürwortet). Bei **Wegverlegung** des Wohnsitzes vom Arbeitsort ist der Umzug privat veranlasst (BFH IX R 108/00, BFH/NV 06, 1273). Zur Anerkennung eines Umzugs an den Arbeitsort nach vorausgegangenem Wegzug oder eines Umzugs erst viele Jahre nach der Arbeitsaufnahme s BFH VI R 129/86, BStBl II 89, 917 (krit *Rößler* DStZ 90, 284). – Bei einem privat veranlassten Umzug sind die durch die Beförderung der Arbeitszimmereinrichtung entstandenen Mehraufwendungen nicht als WK abzugsfähig (BFH VI R 102/88, BStBl II 89, 972; BFH

VI B 190/00, BFH/NV 01, 1025). – Bei einem **Umzug in Etappen** endet die berufl Veranlassung des Umzugs grds mit dem Einzug in die erste Wohnung am neuen Arbeitsort; der weitere Umzug in die endgültige Bleibe (eigenes Haus) ist privat veranlasst, sodass Kosten für diesen zweiten Umzug und für Zwischenlagerung der Möbel nicht als WK abziehbar sind (BFH IV R 78/99, BStBl II 01, 70; FG RhPf EFG 01, 432, rkr). Ausnahmen sind nur in besonders gelagerten Fällen unfreiwilligen Bezuges einer ausgesprochenen Behelfsunterkunft denkbar. – Zum Abzug der bei Begründung oder Beendigung einer **doppelten Haushaltsführung** anfallenden Umzugskosten → § 9 Rn. 255. – Auch der **Rückumzug** eines ausl ArbN ins Heimatland nach Beendigung der *befristeten* inl Tätigkeit ist berufl veranlasst (BFH VI R 11/92, BStBl II 93, 722; krit *MIT* DStR 97, 323). Dies gilt aber nicht bei Rückumzug nach Eintritt in den Ruhestand (BFH VI R 65/94, BStBl II 97, 207) oder bei Beendigung der Erwerbstätigkeit (FG Ddorf EFG 98, 642, rkr) bzw politischer Aktivitäten (BFH XI B 42/98, BFH/NV 00, 37); ebenfalls nicht bei Umzug ins Ausl wegen dortiger Arbeitsaufnahme (BFH I R 59/05, BStBl II 07, 756). Zum Inl-Umzug eines *vorübergehend* im Inl tätigen ausl ArbN s *OFD Kobl* DStR 96, 1286 und FG Hmb EFG 98, 1387, rkr. – ***(2)* Kosten.** Ist der Umzug berufl veranlasst, werden nach LStR 9.9 II die Kosten bis zur Höhe der Beträge anerkannt, die ein vergleichbarer Bundesbeamter nach dem BUKG und der AUV ohne die Pauschalen gem §§ 19, 21 AUV erhalten würde; § 13 II Nr 4 BUKG und § 18 IV AUV sind iRd WK nicht anzuwenden (für Umzüge ab 1.3.18, 1.4.19 und 1.3.20 BStBl I 18, 1027, ab 1.6.20 BStBl I 20, 544, ab 1.4.21 und 1.4.22 BStBl I 21, 1021, ab 1.3.24 BStBl I 24, 84; Vorjahre → 40. Aufl 2021, § 19 Rn. 110 „Umzugskosten"). Einzelnachweis verdrängt die Pauschalbeträge (LStR 9.9 II 7). Eine Prüfung der einzelnen Umzugskosten unter dem Gesichtspunkt des § 12 Nr 1 soll nur bei Geltendmachung höherer tatsächl Kosten erfolgen (LStR 9.9 II 6); der allg WK-Begriff muss aber stets erfüllt sein (BFH VI B 198/00, BFH/NV 01, 778). Die Umzugskostenpauschale nach § 10 I, II BUKG kann unabhängig von der Höhe der tatsächl Umzugskosten abgezogen werden; die tatsächl Kosten können dann aber nicht zusätzl geltend gemacht werden (FG MV EFG 20, 1491, rkr). Zu den Umzugskosten können auch umzugsbedingt geleistete **doppelte Mietzahlungen** gehören (BFH VI R 2/11, BStBl II 12, 104). **Maklerkosten** für den Verkauf eines Hauses sind als Veräußerungskosten keine als Umzugskosten abziehbare WK (BFH VI R 147/99, BStBl II 00, 476); auch nicht als sog Mietentschädigung (FG Köln EFG 09, 460, rkr); sie können sich allenfalls iRd § 23 auswirken. Maklerkosten für den Erwerb einer Wohnung sind AK und zählen damit nicht zu den WK (BFH IV R 27/94, BStBl II 95, 895; BFH VI R 188/97, BStBl II 00, 586). Anderes gilt aber bei Maklerkosten für die *Anmietung* einer Wohnung, auch bei erfolgloser Wohnungssuche (FG Ddorf EFG 94, 652, rkr). Aufwendungen für Einrichtungsgegenstände oder Renovierung der neuen Wohnung sind nicht abzugsfähig (BFH VI R 188/98, BStBl II 03, 314); daran hat sich auch nach dem Beschluss BFH GrS 1/06, BStBl II 10, 672 nichts geändert (BFH X B 153/11, BFH/NV 12, 1956). Gleiches gilt für Überführung von Freizeitgegenständen (FG BW EFG 99, 768, rkr). – Bei Umzug eines Ausländers in die Bundesrepublik können die Umzugsauslagen iHd sich aus § 18 AUV ergebenden Pauschbeträge geschätzt werden). Kosten für Sonderbekleidung infolge des mit dem Umzug verbundenen Klimawechsels sind nicht abzugsfähig (BFH VI R 55/89, BStBl II 93, 192; BFH VI R 67/92, BStBl II 95, 17; *OFD Nds* DB 01, 304). – Bei **Rückgängigmachung der Versetzung** sind die dem ArbN durch die Aufgabe der Umzugsabsicht entstandenen vergebl Aufwendungen als WK abziehbar (BFH VI R 17/96, BStBl II 00, 584; *Fröschl* HFR 01, 19); gleiches gilt bei Rückgängigmachung eines Auslandseinsatzes (BFH VI R 139/00, BFH/NV 01, 1379). Abziehbar sind auch die Zahlungen zur vorzeitigen Auflösung des bisherigen Mietvertrages (BFH I R 61/93, BStBl II 94, 323, Mietausfallentschädigung und Prozesskosten). Eine Vertragsstrafe wegen Aufgabe eines Bauvorhabens im Hinblick auf die Versetzung dürfte hiernach ebenfalls als WK abzugsfähig sein (**aA** noch FG RhPf EFG 96, 646, rkr). Ein WK-Abzug bei den

Einkünften aus § 19 ist aber ausgeschlossen, wenn Verluste beim (Wieder-)Verkauf des Hauses entstehen (BFH VI R 28/97, BStBl II 00, 474); auch soweit sie anteilig auf ein häusl Arbeitszimmer entfallen (FG Hmb EFG 06, 1571, BFH XI B 83/06, BFH/NV 07, 896); Abzug aber ggf im Rahmen des § 23 (BFH IX R 35/01, BStBl II 05, 26). Nicht abziehbar sind die mietvertragl Aufwendungen für die neue Wohnung (FG BW EFG 81, 231, rkr). Dies gilt auch bei einem Umzug in Etappen (ThürFG DStRE 17, 519, rkr, zutr). Mietwert der eigenen früheren Wohnung kann ebenfalls nicht als WK abgezogen werden (FG BW EFG 91, 20, rkr); wohl aber lfd Kosten einer leer stehenden Eigentumswohnung am früheren Wohnort, solange die Wohnung nicht verkauft werden kann (FG RhPf EFG 96, 975, rkr, nicht zweifelsfrei, sofern der Verkauf an den Preisvorstellungen des StPfl scheitert). – Auch → § 12 Rn. 25 „Wohnungskosten". – Waren Umzugskosten nicht als WK geltend gemacht worden, weil mit Erstattung durch den ArbG zu rechnen war, bleibt die Erstattung aber aus, so soll bestandskräftiger Bescheid nicht mehr geändert werden dürfen (FG Mchn EFG 93, 236, rkr). – Erstattungen des ArbG für ArbN im öffentl Dienst s § 3 Nr 13, für private ArbN s § 3 Nr 16. Aus Gleichbehandlungsgründen sind die aus privaten Kassen gezahlten Umzugskostenvergütungen im gleichen Umfang stfrei wie die aus öffentl Kassen gezahlten Vergütungen (BFH VI R 162/78, BStBl II 82, 595).

Unfallkosten. – ***(1)* Beruflich veranlasste Fahrten.** Kosten, die dem ArbN als Folge eines auf einer berufl veranlassten Fahrt verursachten Unfalls entstehen (Eigen- oder Fremdschaden), sind als WK abzugsfähig (BFH VI R 254/68, BStBl II 70, 662). Zu der Frage, welchen Einfluss das Verschulden oder ein etwaiger Alkoholgenuss des ArbN auf die Abzugsfähigkeit der Aufwendungen hat, → § 9 Rn. 92. Zu Unfällen auf Fahrten zw Wohnung und erster Tätigkeitsstätte → § 9 Rn. 291. Ein Unfall ist nicht berufl veranlasst, wenn er sich auf einer vor Antritt einer Dienstreise zur Überprüfung der Verkehrssicherheit des Kfz durchgeführten Inspektionsfahrt ereignet (BFH VI R 133/76, BStBl II 78, 457). Ein Unfall auf einer **privat veranlassten Umwegstrecke** ist nicht berufl veranlasst (BFH IV R 353/84, BFH/NV 91, 512; FG Saarl EFG 90, 303, rkr; BFH VI R 94/95, BStBl II 96, 375, Umweg zum Kindergarten; BFH VI R 69/95, BFH/NV 96, 538, Umweg zum Einkaufen, s aber BFH VI R 48/81, BStBl II 85, 10 wegen Umweg zum Tanken); auch nicht bei Mitnahme eines Kollegen aus reiner Gefälligkeit. Nach FG Hmb EFG 84, 25, rkr, keine WK bei Unfall auf der Heimfahrt von einer Betriebsfeier (nicht zweifelsfrei; *Seitrich* DStZ 85, 350; s FG Mchn EFG 84, 451, rkr, Fahrt eines Soldaten von einem Regimentsball) oder bei einem Unfall auf der Fahrt zur Betriebssportveranstaltung (FG Bln EFG 87, 400, rkr). Ein Unfall auf der Fahrt zu einer Betriebsveranstaltung ist aber berufl veranlasst (BFH VI R 54/94, BFH/NV 95, 668). Wesentl ist stets der Anlass der unfallträchtigen Fahrt (*Seitrich* DStZ 85, 354; krit zur BFH-Rspr *Richter* DStR 86, 24 und *Richter* DStR 97, 229, Fallgruppen). – ***(2)* Abzugsfähige Kosten.** Dies sind die für die Beseitigung des Schadens aufgewendeten Beträge in vollem Umfang. Es ist also keine Aufteilung der Aufwendungen im Verhältnis der privaten und dienstl Nutzung vorzunehmen (BFH VI R 156/77, BStBl II 80, 71; BFH VI R 25/80, BStBl II 82, 442). Ersatzleistungen Dritter (auch aus der Kaskoversicherung) sind anzurechnen (FG RhPf DStRE 08, 1498; → § 9 Rn. 112). Zur steuerl Behandlung von Unfallkostenersatz durch den ArbG s *Offerhaus* BB 91, 257. Zur Frage der Anrechnung eines Wiederbeschaffungszuschlags auf die Kasko-Selbstbeteiligung s FG Nbg EFG 85, 445, rkr. Auch Aufwendungen zur Beseitigung eines Schadens an der Garage des ArbN können WK sein (BFH VI R 239/74, BStBl II 78, 381). Zur Übernahme eines Schadens, um den Schadensfreiheitsrabatt nicht zu verlieren, → § 9 Rn. 116. Zum Kausalzusammenhang zw Unfall und -folgekosten s *Seitrich* FR 84, 141. – Lässt der ArbN das bei einer berufl Fahrt beschädigte Kfz nicht reparieren, so kann die durch den Unfall herbeigeführte AfaA als WK berücksichtigt werden. Sie bemisst sich iHd Differenz zw steuerl „Buchwert" (AK abzügl fiktiver AfA) und dem Wert des Kfz nach dem Unfall (BFH IV R 25/94, BStBl II 95, 318); dieses zu Gewinneinkünften ergangene Urt gilt allg (BFH VIII R 33/09, DStR 12, 2423; *Flies* DStR 96, 89 (92 f)). Neben Reparaturkosten können AfaA als WK abzugsfähig sein, sofern die Reparatur den Schaden nur teilweise behebt und eine Wertminderung auf Grund technischer Mängel fortbesteht (BFH VI R 7/92, BStBl II 94, 235), und dem Buchwert kein höherer Verkaufspreis des Kfz ggü steht (BFH VIII R 33/09, DStR 12, 2423). Nach Ablauf der Nutzungsdauer scheidet eine AfaA aus (BFH VIII R 33/09, DStR 12, 2423; FG Mchn EFG 98, 1083, rkr). Bei einem reparierten Kfz kann ein sog **merkantiler Minderwert** nicht als WK abgesetzt werden (BFH VI R 57/88, BStBl II 92, 401). Kreditzinsen für private Pkw-Neuanschaffung nach Unfall auf einer Betriebsfahrt sind keine WK (BFH VI R 192/79, BStBl II 83, 17); wohl aber für Reparaturdarlehen.

Vermögensverluste sind (nur) dann als WK zu berücksichtigen, wenn die Gründe hierfür in der Berufssphäre liegen (BFH VI B 7/13, BFH/NV 13, 1922; BFH VI B 132/15, BFH/NV 16, 926, dazu auch *Kramer* DStR 17, 366). S auch „Darlehen"; „Unfallkosten"; → § 9 Rn. 79 ff. Verlust eines Reisekostenzuschusses als WK s FG Köln EFG 81, 128, rkr. Verlust eines Arbeitsmittels durch Diebstahl als WK s BFH VI R 185/97, BStBl II 04, 491.

Verpflegungsmehraufwendungen. → § 9 Rn. 310 ff.

Versicherungsbeiträge. Wird durch eine Versicherung nicht nur ein berufsbedingtes Risiko abgesichert, sondern erstreckt sich der Versicherungsschutz auch auf Risiken des privaten Lebensbereichs, sind die Versicherungsbeiträge insoweit nicht als WK abzugsfähig (BFH VI B 64/04, BFH/NV 05, 1796, Berufsunfähigkeitsversicherung); iÜ kommt Abzug in Betracht, soweit die Prämie aufteilbar ist. Dies ist bei einer Berufsunfähigkeitsversicherung indes nicht der Fall, weil sie nur das private Risiko der Sicherung des Lebensunterhalts abdeckt (BFH VI B 20/13, BFH/NV 14, 327; NdsFG EFG 22, 665, rkr, FG Ddorf EFG 21, 446, rkr, Sportunfähigkeitsversicherung). Beschränkt sich die Versicherung auf Risiken, die ihre Ursache in der Berufstätigkeit des ArbN haben, können die Beiträge in voller Höhe als WK abzugsfähig sein (BFH VI R 87/73, BStBl II 76, 599; s auch BFH IV R 32/80, BStBl II 83, 101, Krankentagegeldversicherung; BFH VI B 176/86, BFH/NV 88, 640, kombinierte Berufs-/Privatunfallversicherung; dazu *BMF* BStBl I 09, 1275; BFH X R 21/07, BFH/NV 10, 192, Praxisausfallversicherung). Auch Beiträge zur *Arbeits-Rechtsschutzversicherung* können als WK abzugsfähig sein (BFH VI R 97/94, BFH/NV 97, 346, zur Aufteilung der Prämie bei kombinierter Rechtsschutzversicherung s *BMF* DStR 98, 1357). Es gelten insoweit die gleichen Grundsätze wie beim Abzug von Prämien für eine Reisegepäckversicherung (BFH VI R 42/92, BStBl II 93, 519).

Vertragsstrafen, zB aus der Verletzung eines Konkurrenzverbotes, können WK sein, ebenso, wenn der ArbN eine Vertragsstrafe zu zahlen hat, weil er ein vereinbartes ArbVerh nicht angetreten hat, um zB ein anderweitiges günstigeres Angebot anzunehmen (BFH I R 34/05, BFH/NV 06, 1068; *Dendl* DStR 00, 1253, Rückzahlung von Studienkosten). Gleiches gilt, wenn der ArbN Lohnteile an den früheren ArbG zurückzahlen muss, die dieser während der Ausbildung des ArbN iRe Ausbildungsverhältnisses getragen hatte. Übernimmt der neue ArbG diese Kosten, liegt insoweit Lohn vor (weitere Einzelheiten *Loy* DB 92, 2109). Wenn dem ArbN eine Ausbildung gegen die Verpflichtung ermöglicht wird, nach Abschluss der Ausbildung in die Dienste des Leistenden zu treten und bei Verletzung dieser Verpflichtung neben der Rückzahlung eines Ausbildungsdarlehens auch ein Zuschlag zu leisten ist, mit dem nicht überwiegend ein Druck zur Einhaltung der vorvertragl Pflichten ausgeübt werden soll, sondern mit dem Vorteile abgegolten werden sollen, die der ArbN iRd Ausbildung in Anspruch genommen hatte (zB Studienplatz aus Kontingent des zukünftigen ArbG), ist auch diese Zahlung als WK abziehbar (BFH VI R 5/03, BStBl II 07, 4), soweit nicht das Abzugsverbot in § 9 VI eingreift.

Wahlkampfkosten (auch vergebl) für die Wahl in ein kommunales Amt können WK sein (BFH VI R 198/71, BStBl II 74, 407; BFH IV R 15/95, BStBl II 96, 431; *Anm* HFR 96, 651; *OFD Mchn* DB 96, 2309; zum WK-Abzug bei ehrenamtl Stadtratsmandat). Die Verwendung der Urlaubszeit zur Führung eines Wahlkampfes ist aber kein als WK abzugsfähiger Aufwand (FG Mchn EFG 81, 622, rkr). Aufwendungen für den Erwerb eines BT-Mandats führen auch dann nicht zu WK aus nichtselbständiger Arbeit, wenn die Kandidatur auf Verlangen des ArbG erfolgte (FG Köln EFG 89, 170, rkr; → § 22 Rn. 163). Aufwendungen für ein Wahlprüfungsverfahren eines LT-Abgeordneten sollen aber als WK abzugsfähig sein (FG Bbg DStRE 13, 65, rkr).

Winterbeschäftigungsumlage führt bei Beteiligung der ArbN zu WK (*OFD Mster* DB 07, 1613).

Zweitwohnungssteuer auf die Innehabung einer iRd berufsbedingten doppelten Haushaltsführung gehaltenen Wohnung eines verheirateten StPfl ist verfwidrig (BVerfG 1 BvR 1232/00 ua, HFR 06, 80; *Meier* DStR 06, 14; einschr FG Hmb EFG 14, 1054, rkr, zweifelhaft). Soweit Alleinstehende herangezogen werden (verfgemäß BVerfG 1 BvR 529/09, HFR 10, 648 (651); BFH II R 5/08, BStBl II 10, 889; BFH II R 67/08, BFH/NV 11, 1463; s auch *Kanzler* NWB 11, 1459), kann die Steuer als WK abgezogen werden (zB bei Studenten als Berufsausbildungskosten oder bei doppelter Haushaltsführung).

§ 19a Sondervorschrift für Einkünfte aus nichtselbständiger Arbeit bei Vermögensbeteiligungen

(1) [1]**Werden einem Arbeitnehmer von seinem Arbeitgeber oder einem Gesellschafter seines Arbeitgebers zusätzlich zum ohnehin geschuldeten Arbeitslohn Vermögensbeteiligungen im Sinne des § 2 Absatz 1 Nummer 1 Buchstabe a, b und f bis l und Absatz 2 bis 5 des Fünften Vermögensbildungsgesetzes an dem Unternehmen des Arbeitgebers unentgeltlich oder verbilligt übertragen, so unterliegt der Vorteil im Sinne des § 19 Absatz 1 Satz 1 Nummer 1 im Kalenderjahr der Übertragung nicht der Besteuerung.** [2]**Dies gilt auch, wenn die Vermögensbeteiligungen mittelbar über Personengesellschaften gehalten werden.** [3]**Als Unternehmen des Arbeitgebers im Sinne des Satzes 1 gilt auch ein Unternehmen im Sinne des § 18 des Aktiengesetzes, wenn die Schwellenwerte des Absatzes 3 in Bezug auf die Gesamtheit aller Konzernunternehmen nicht überschritten werden und die Gründung keines Konzernunternehmens mehr als 20 Jahre zurückliegt.** [4]**Ein Vorteil im Sinne des Satz 1 gilt in diesem Fall auch dann als zugeflossen, wenn es dem Arbeitnehmer rechtlich unmöglich ist, über die Vermögensbeteiligung zu verfügen.** [5]**Bei der Ermittlung des Vorteils im Sinne des Satzes 1 ist der Freibetrag nach § 3 Nummer 39 abzuziehen, wenn die Voraussetzungen vorliegen.** [6]**Ein nicht besteuerter Vorteil im Sinne des Satzes 1 ist bei der Berechnung der Vorsorgepauschale (§ 39b Absatz 2 Satz 5 Nummer 3) einzubeziehen.** [7]**Die Anschaffungskosten sind mit dem gemeinen Wert der Vermögensbeteiligung anzusetzen.**

(2) [1]**Die vorläufige Nichtbesteuerung nach Absatz 1 kann im Lohnsteuerabzugsverfahren nur mit Zustimmung des Arbeitnehmers angewendet werden.** [2]**Eine Nachholung der vorläufigen Nichtbesteuerung im Rahmen der Veranlagung zur Einkommensteuer ist ausgeschlossen.**

(3) [1]**Absatz 1 ist nur anzuwenden, wenn das Unternehmen des Arbeitgebers im Zeitpunkt der Übertragung der Vermögensbeteiligung betreffend den Jahresumsatz und die Jahresbilanzsumme das Doppelte und betreffend die Anzahl der beschäftigten Personen das Vierfache der in Artikel 2 Absatz 1 des Anhangs der Empfehlung der Kommission vom 6. Mai 2003 betreffend die Definition der Kleinstunternehmen sowie der kleinen und mittleren Unternehmen (ABl. L 124 vom 20. 5. 2003, S. 36) in der jeweils geltenden Fassung genannten Schwellenwerte**

nicht überschreitet oder in einem der sechs vorangegangenen Kalenderjahre nicht überschritten hat und seine Gründung nicht mehr als 20 Jahre zurückliegt. [2]Die Ermittlung der Schwellenwerte nach Satz 1 erfolgt gemäß der Artikel 4 und 5 des Anhangs der Empfehlung.

(4) **[1]Der nach Absatz 1 nicht besteuerte Arbeitslohn unterliegt erst dann der Besteuerung nach § 19 und dem Lohnsteuerabzug als sonstiger Bezug, wenn**

1. **die Vermögensbeteiligung ganz oder teilweise entgeltlich oder unentgeltlich übertragen wird, insbesondere auch in den Fällen des § 17 Absatz 4 und des § 20 Absatz 2 Satz 2 oder bei Einlagen in ein Betriebsvermögen,**
2. **seit der Übertragung der Vermögensbeteiligung 15 Jahre vergangen sind oder**
3. **das Dienstverhältnis zu dem bisherigen Arbeitgeber beendet wird. [2]Übernimmt der Arbeitgeber in diesem Fall die Lohnsteuer, ist der übernommene Abzugsbetrag nicht Teil des zu besteuernden Arbeitslohns.**

[2]In den Fällen des Satzes 1 ist für die zu besteuernden Arbeitslöhne § 34 Absatz 1 entsprechend anzuwenden, wenn seit der Übertragung der Vermögensbeteiligung mindestens drei Jahre vergangen sind. [3]Die nach Satz 1 zu besteuernden Arbeitslöhne sind bei der Berechnung der Vorsorgepauschale (§ 39b Absatz 2 Satz 5 Nummer 3) nicht einzubeziehen. [4]Ist in den Fällen des Satzes 1 der gemeine Wert der Vermögensbeteiligung abzüglich geleisteter Zuzahlungen des Arbeitnehmers bei der verbilligten Übertragung niedriger als der nach Absatz 1 nicht besteuerte Arbeitslohn, so unterliegt nur der gemeine Wert der Vermögensbeteiligung abzüglich geleisteter Zuzahlungen der Besteuerung; in den Fällen des Satzes 1 Nummer 3 tritt bei einem Rückerwerb der Vermögensbeteiligung durch den Arbeitgeber, einen Gesellschafter des Arbeitgebers oder ein Unternehmen im Sinne des § 18 des Aktiengesetzes an die Stelle des gemeinen Werts die vom Arbeitgeber gewährte Vergütung. [5]In den Fällen des Satzes 4 gilt neben den geleisteten Zuzahlungen nur der tatsächlich besteuerte Arbeitslohn als Anschaffungskosten im Sinne der §§ 17 und 20. [6]Die Sätze 4 und 5 sind nicht anzuwenden, soweit die Wertminderung nicht betrieblich veranlasst ist oder diese auf einer gesellschaftsrechtlichen Maßnahme, insbesondere einer Ausschüttung oder Einlagerückgewähr, beruht.

(4a) **[1]Absatz 4 Satz 1 Nummer 2 und 3 ist nicht anzuwenden, wenn der Arbeitgeber spätestens mit der dem betreffenden Ereignis folgenden Lohnsteuer-Anmeldung unwiderruflich erklärt, bei Eintritt des in Absatz 4 Satz 1 Nummer 1 genannten Ereignisses für die betreffende Lohnsteuer zu haften (§ 42d), ohne sich der Haftung durch eine Anzeige nach § 38 Absatz 4 Satz 2 in Verbindung mit § 42d Absatz 2 entziehen zu können. [2]Eine Haftungsinanspruchnahme erfordert dann keine weitere Ermessensprüfung mehr.**

(5) **Das Betriebsstättenfinanzamt hat nach der Übertragung einer Vermögensbeteiligung im Rahmen einer Anrufungsauskunft (§ 42e) den vom Arbeitgeber nicht besteuerten Vorteil im Sinne des Absatzes 1 zu bestätigen.**

(6) **[1]Der nach Absatz 1 nicht besteuerte gemeine Wert der Vermögensbeteiligung und die übrigen Angaben des nach den vorstehenden Absätzen durchgeführten Besteuerungsverfahrens sind vom Arbeitgeber im Lohnkonto aufzuzeichnen. [2]Die Aufbewahrungsfrist nach § 41 Absatz 1 Satz 9 endet insoweit nicht vor Ablauf von sechs Jahren nach der Besteuerung im Sinne des Absatzes 4 Satz 1.**

Verwaltungsanweisungen: *BMF* BStBl I 21, 2308; *BMF* BStBl I 24, 946.

Übersicht Rn.

1 **1. Überblick. § 19a aF** wurde für VZ ab 2009 aufgehoben. Zur Rechtsentwicklung des § 19a aF bis 2008 → 27. Aufl 2008, § 19a Rn. 1 und zuletzt → 40. Aufl 2021, § 19 Rn. 1. **Seit 1.1.09** erfolgte die Förderung der Vermögensbeteiligung von ArbN nur durch **§ 3 Nr 39** (→ § 3 Rn. 132; *Egermann/Kraft/Schirmer* DStR 24, 1).

2 Mit dem **FoStoG** (BGBl I 21, 1498) wurde § 19a zum 1.7.21 **wieder neu eingeführt** und zum 1.1.24 durch das **ZuFinG** (BGBl I 23 Nr 354) erneut geändert. Hierdurch will der Gesetzgeber die Mitarbeiterbeteiligung bei sog Startup-Unternehmen, Kleinstunternehmen sowie kleinen und mittleren Unternehmen fördern (BT-Drs 19/27631, 109). Zur Vermeidung eines sog „dry income" soll es nicht bereits im Zeitpunkt der Übertragung der Beteiligung zur Versteuerung von ArbLohn kommen. Diese erfolgt erst später, idR mit der Veräußerung der Beteiligung, spätestens nach 15 Jahren (bis VZ 2023: 12 Jahren) oder bei einem ArbG-Wechsel. IU gelten die allg Grundsätze. Mit Übertragung der Beteiligung geht diese in das PV des ArbN über. Die Besteuerung von Ausschüttungen, Zinsen usw sowie von Veräußerungsgewinnen und -verlusten richtet sich dann nach § 20 bzw bei wesentl Beteiligungen nach § 17. Mit dem **JStG 2024** (BGBl I 24, 387) hat der Gesetzgeber in § 19a I 3 rückwirkend zum 1.1.24 eine *Konzernklausel* eingefügt.

3 **2. Besteuerungsaufschub, § 19a I 1. – a) Begünstigte Arbeitnehmer.** § 19a gilt für alle beschr und unbeschr stpfl ArbN (→ § 19 Rn. 21 ff). Diese müssen in einem gegenwärtigen ArbVerh (→ § 19 Rn. 11) stehen, da die Beteiligung dem ArbN von „seinem" ArbG oder ab VZ 2024 auch von einem Ges'ter „seines" ArbG übertragen werden muss. Dies kann auch iRd Abwicklung eines ArbVerh für eine tatsächl erbrachte Arbeitsleistung geschehen. Unschädl ist ferner, wenn das ArbVerh zB wegen Mutterschutz, Elternzeit, Abordnung ins Ausl oder in der Freistellungsphase der Altersteilzeit lediglich ruht (*BMF* BStBl I 24, 946 Rn. 2). Der Bezug von Versorgungsbezügen aus einem ehemaligen ArbVerh reicht indessen nicht aus. Als ArbG gilt ab VZ 2024 nach § 19a I 3 auch ein Unternehmen iSd § 18 AktG, wenn die Schwellenwerte des § 19a I 3 in Bezug auf die Gesamtheit aller Konzernunternehmen nicht überschritten werden und die Gründung keines Konzernunternehmens mehr als 20 Jahre zurückliegt (BT-Drs 20/12780, 119). Umfasst sind sämtl in einem Unterordnungs- oder Gleichordnungskonzern zusammengefasste Unternehmen (*Fahsel/Bergan* NWB 25, 2068).

4 **b) Übertragung einer begünstigten Vermögensbeteiligung.** Begünstigt sind die in § 19a I 1 abschließend aufgezählten Beteiligungen iSv § 2 I Nr 1 Buchst a, b und f bis l und II–V 5. VermBG (s iEinz *BH/Treiber* § 2 5. VermBG Rn. 35 ff; *BMF* BStBl I 24, 929 Rn. 16 ff). Sonstige Vermögensbeteiligungen und Anlageformen werden nicht gefördert. Das gilt auch für sog „virtuelle" Beteiligungen.

Begünstigt sind die in § 19a I 1 genannten Beteiligungen, wenn sie am Unternehmen des lstrechtl ArbG bestehen. Die Begünstigung tritt nach § 19a I 2 auch ein, wenn die Beteiligung mittelbar über eine PersGes gehalten wird. Ein Unternehmen des ArbG idS ist nach der Änderung des § 19a I 3 idF JStG 2024 (BGBl I 24, 387) auch ein Konzernunternehmen, wenn die Schwellenwerte des Abs 3 für die Gesamtheit aller Konzernunternehmen nicht überschritten werden und die Gründung keines Konzernunternehmens mehr als 20 Jahre zurückliegt (BT-Drs 20/12780, 119). Die Schwellenwerte des Abs 3 müssen nach dem Gesetzeswortlaut aber nur für das Unternehmen des ArbG erfüllt sein, wenn der ArbN unmittelbar an diesem beteiligt wird (zutr *Bergan/Läsch* DStR 24, 2721 (2725)). § 19a IV 4 regelte bereits zuvor die Vorteilsbewertung beim Rückerwerb der Vermögensbeteiligung auch durch ein Unternehmen iSv § 18 AktG. 5

Es ist **für VZ vor 2024** str, ob die Beteiligung an einer KonzernGes einer Beteiligung am ArbG-Unternehmen gleich steht (*vern BMF* BStBl I 24, 946 Rn. 34; BT-Drs 19/26361, 5; *bej* → 43. Aufl. 2024, § 19a Rn. 4 mwN).

Der ArbG kann sich zur Übertragung der Beteiligung auch Dritter bedienen, die in seinem Auftrag tätig werden (**aA** *Fahsel/Bergan* FR 21, 729). Übertragung ist der Erwerb wirtschaftl Eigentums. Dieser wird **ab VZ 2024** durch § 19a I 4 idF ZuFinG (BGBl I 23 Nr 354) bei Fehlen der wirtschaftl Verfügungsmacht fingiert (dazu *BMF* BStBl I 24, 946 Rn. 35.1 ff mit Beispiel), um insb den Erwerb vinkulierter Anteile ebenfalls zu fördern, wobei es in Bezug auf die Vinkulierung der Neuregelung nicht bedurft hätte (zutr *Bergan/Fahsel* NWB 23, 3453; *Ismer/Piotrowski/Reinwald* DStR 24, 265). Ein Nachteil kann dem ArbN wegen des Zustimmungserfordernisses (§ 19a II) durch die Zuflussfiktion nicht entstehen. Der Vermögensvorteil muss dem ArbN außerdem zusätzl zum ohnehin geschuldeten ArbLohn (§ 8 IV, → § 8 Rn. 80 ff) durch das DienstVerh veranlasst (→ § 19 Rn. 40 ff) zugewandt werden. 6

c) Freibetrag und Vorsorgepauschale, § 19a I 5, 6. Liegen die Voraussetzungen der Steuerbefreiung nach § 3 Nr 39 vor (→ § 3 Rn. 132 ff), ist der Freibetrag bei der Ermittlung des Vorteils abzuziehen (§ 19a I 5). § 19a betrifft somit nur den über den Freibetrag nach § 3 Nr 39 hinausgehenden Vorteil. – Die gem § 19a I 1 zunächst nicht besteuerten Vorteile unterliegen der SV-Pflicht (§ 1 I 1 Nr 1 Hs 2 SvEV). Nach § 19a I 6 sind sie daher bei der Berechnung der Vorsorgepauschale zu berücksichtigen. Im Zeitpunkt der Besteuerung nach § 19a IV fallen demggü keine SV-Beiträge mehr an; der dann zu besteuernde Vorteil ist dementsprechend nicht (nochmals) in die Vorsorgepauschale einzubeziehen (§ 19a IV 3, → Rn. 13). 7

d) Bewertung, § 19a I 7. Die AK der Beteiligung sind mit dem gemeinen Wert (§ 9 II BewG; § 11 BewG für Wertpapiere und Anteile an KapGes) anzusetzen (→ § 6 Rn. 235; BFH VI R 8/16, BStBl II 18, 550; *BMF* BStBl I 24, 946 Rn. 18 ff). Die Bewertung hat zum Zeitpunkt der Übertragung der Vermögensbeteiligung, also beim Zufluss des Vorteils zu erfolgen (BFH VI R 67/14, BStBl II 17, 69, auch → § 19 Rn. 100 „Ankaufsrecht" – Zuflusszeitpunkt; *BH/Baldauf* § 19a Rn. 126). Zuzahlungen des ArbN sind vorteilsmindernd zu berücksichtigen. Trotz der scheinbar eindeutigen gesetzl Vorgaben wird gerade die Bewertung der Beteiligung in der Praxis besondere Probleme aufwerfen und zu Streitigkeiten mit der *FinVerw* führen, die sich auch iRe Anrufungsauskunft nach § 19a V (→ Rn. 19) nicht leicht lösen lassen. So kann bei Startup-Unternehmen das vereinfachte Ertragswertverfahren nach § 11 II 2 BewG iVm §§ 199–203 BewG mangels Finanzhistorie oft nicht angewendet werden. Gleiches gilt für andere übl Bewertungsmethoden (s *Westermann/Thor* FR 21, 198). 8

e) Rechtsfolgen. Der geltwerte Vorteil aus der unentgeltl oder verbilligten Übertragung unterliegt im Kj der Übertragung nicht der Besteuerung. Der Vorteil besteht nicht in der übertragenen Beteiligung selbst, sondern in der Verbilligung, dem Preisnachlass (BFH VI R 1/21, BStBl II 24, 387; BFH VI R 8/16, BStBl II 18, 9

550). Die StFreistellung ist nicht endgültig. Der Vorteil unterliegt in den abschließend aufgeführten Fällen des § 19a IV der nachträgl Besteuerung (→ § 19a Rn. 13 ff). Zur Besteuerung der Verbilligung bei nicht geförderten Beteiligungen (→ Rn. 4) → § 19 Rn. 100 „Mitarbeiterbeteiligungen", „Aktien", „Ankaufrecht".

10 **3. Zustimmung des Arbeitnehmers beim Lohnsteuerabzug, § 19a II.** Der ArbN muss im LStAbzugsverfahren zustimmen, dh spätestens bis zur Übermittlung oder Ausschreibung des LStBescheinigung (§ 41c III 1). Eine Nachholung im Veranlagungsverfahren ist ausdrückl ausgeschlossen (§ 19a II 2). Die Zustimmung ist ggü der ArbG zu erklären. Eine bestimmte Form ist nicht vorgeschrieben, Textform aber empfehlenswert (*BeckOK EStG* § 19a Rn. 195). In den Grenzen des § 41c III 1 kann der ArbN die einmal erteilte Zustimmung auch widerrufen (ebenso *Fahsel/Bergan* FR 21, 729).

11 **4. Anforderungen an das Arbeitgeberunternehmen, § 19a III.** Das Unternehmen des lstrechtl ArbG darf bis VZ 2023 im Zeitpunkt der Übertragung (→ Rn. 4) der Vermögensbeteiligung oder (alternativ) im vorangegangenen Kj die Schwellenwerte für Kleinstunternehmen bzw für kleine und mittlere Unternehmen (KMU) nicht überschritten haben, **ab VZ 2024** sind hinsichtl Jahresumsatz und Bilanzsumme die doppelten und hinsichtl der Anzahl der ArbN die vierfachen KMU-Schwellenwerte maßgebl (§ 19a III 1). Bei der Überprüfung der Schwellenwerte ist stets auf den gesamten Konzern abzustellen unabhängig davon, an welchem Konzernunternehmen die Beteiligung begründet wird (**aA** *Fahsel/Bergan* NWB 25, 2068). Für KMU gelten folgende Werte: weniger als 250 ArbN, Jahresumsatz höchstens 50 Mio €, Jahresbilanzsumme höchstens 43 Mio €. Die Förderung kann gewährt werden, wenn die Schwellenwerte im Zeitpunkt der Übertragung der Vermögensbeteiligung oder in einem der sechs (bis VZ 2023: zwei) vorangegangenen Kalenderjahre nicht überschritten wurden. Der Status eines KMU ging nach Auffassung der *FinVerw* erst verloren (oder wurde erworben), wenn es in zwei aufeinanderfolgenden Geschäftsjahren zu einer Über- oder Unterschreitung kam (*BMF* BStBl I 21, 2308 Rn. 42). Dies war bis VZ 2023 durch den Gesetzeswortlaut nicht gedeckt (zutr *Zapf* FR 22, 437; *Bleschick* EStB 22, 27). § 19a III 2 verweist **ab VZ 2024** für die Ermittlung der Schwellenwerte auch auf Art. 4 und Art. 5 des Anhangs der Kommissionsempfehlung, wodurch die bisherige Verwaltungsauffassung gesetzl festgeschrieben wird (*BMF* BStBl I 24, 946 Rn. 42). – Die Gründung des Unternehmens darf außerdem nicht mehr als 20 (bis VZ 2023: 12) Jahre vor der Übertragung der Vermögensbeteiligung erfolgt sein (§ 19a III 1 Hs 2). Der Zeitpunkt der Unternehmensgründung richtet sich nach der jeweiligen Rechtsform. Im Hinblick auf den Förderzweck setzt die Gründung ferner die Ingangsetzung des Geschäftsbetriebs voraus (ebenso *BH/Baldauf* § 19a Rn. 96; *Fahsel/Bergan* FR 21, 729; *Ostermann* DStR 21, 689). Andernfalls würden sich bei den von Startup-Unternehmen häufig verwendeten Vorrats- oder Mantelgesellschaften erhebl Nachteile bei der Förderung von Mitarbeiterbeteiligungen ergeben.

13 **5. Nachholung der Besteuerung bei begünstigten Beteiligungen. – a) Allgemeines, § 19a IV 1–3.** Abs 4 regelt abschließend den Besteuerungszeitpunkt (*BMF* BStBl I 24, 946 Rn. 43). Der ArbG muss bei Vorliegen eines der in § 19a IV 1 Nr 1–3 genannten Fälle den LStAbzug vornehmen. Der ArbLohn ist aber nicht bei der Vorsorgepauschale zu berücksichtigen (§ 19a IV 3, → Rn. 7). Sind seit der Übertragung der Vermögensbeteiligung mindestens drei Jahre vergangen, ist der als sonstiger Bezug zu erfassende ArbLohn nach der sog Fünftelregelung ermäßigt zu besteuern (§ 19a IV 2). Auf die weiteren Voraussetzungen der Fünftelregelung in § 34 I kommt es insoweit im LSt-Abzugsverfahren nicht an (*BMF* BStBl I 24, 946 Rn. 43). Die Tarifermäßigung kann nach § 19a IV 2 idF WachstChG (BGBl I 24 Nr 108) ab 2025 nur noch im Veranlagungsverfahren geltend gemacht werden. Eine LStPauschalierung nach § 40 I Nr 1 ist mögl (→ § 40 Rn. 4, 6). Aus dem abschließenden Charakter der Regelung des § 19a IV folgt, dass sonstige Umstände (zB Beendigung der un-

beschr StPfl, fiktive Veräußerung iRd Wegzugbesteuerung) allein nicht zur Nachholung der Besteuerung führen.

b) Übertragung der Beteiligung, § 19a IV 1 Nr 1. Die Besteuerung tritt ein, wenn die Vermögensbeteiligung ganz oder teilweise entgeltl oder unentgeltl übertragen wird, der StPfl also das wirtschaftl Eigentum an der Beteiligung überträgt. Die Vorschrift nennt hierzu Beispiele. Die Aufzählung ist nicht abschließend (*BeckOK EStG* § 19a Rn. 232). Auch die Einlage in ein BV (→ § 4 Rn. 220 ff) löst die Besteuerung aus. Gleiches gilt bei einer Verschmelzung oder Umwandlung, da diese ertragsteuerrechtl eine Veräußerung ist, zB § 13 UmwStG (*Fahsel/Bergan* FR 21, 729). Abzustellen ist dabei auf die einzelne Vermögensbeteiligung (zB Aktie, GmbH-Anteil), wobei vorbehaltl eines anderen Nachweises die Fifo-Methode angewandt werden kann (*Niermann* DB 24, 2045). Anders als es der Gesetzeswortlaut nahelegen könnte, führt die teilweise Übertragung der Beteiligung nur insoweit zur Nachholung der Besteuerung, als die Beteiligung übertragen wurde (*BMF* BStBl I 24, 946 Rn. 45 f mit Beispiel). Nur insoweit unterliegt der nach § 19a I zunächst nicht versteuerte ArbLohn dann der Besteuerung (*BH/Baldauf* § 19a Rn. 132). Ob dem StPfl aus der Übertragung liquide Mittel zufließen, ist für die Nachholung der Besteuerung unerhebl (*Westermann/Thor* FR 21, 198). Die Übertragung der Beteiligung kann neben der Besteuerung nach § 19a IV auch eine Besteuerung nach § 17 oder § 20 auslösen. 14

c) Besteuerung durch Zeitablauf, § 19a IV 1 Nr 2. Der Besteuerungsaufschub endet, wenn seit der Übertragung der Vermögensbeteiligung auf den ArbN 15 (bis VZ 23: 12) Jahre vergangen sind. An weitere Voraussetzungen ist die Nachholung der Besteuerung nicht geknüpft. Der LStAbzug ist in dem Voranmeldungszeitraum vorzunehmen, in den der Fristablauf fällt. Auch insoweit ist auf die einzelne Beteiligung abzustellen. 15

d) Beendigung des Dienstverhältnisses, § 19a IV 1 Nr 3. Sie löst ebenfalls die Nachversteuerung aus. Ein Betriebsübergang iSv § 613a BGB reicht hierfür aber nicht (*BMF* BStBl I 24, 946 Rn. 47), da er nicht zu einer Beendigung des DienstVerh führt (BFH XI R 85/96, BStBl II 97, 666; allg zur Beendigung des DienstVerh BFH IX R 23/09, BStBl II 11, 218). § 19a IV 1 Nr 3 erschwert den ArbG-Wechsel (*Möllmann/Zantopp* DStR 20, 2817). Einen gewissen Ausgleich schafft § 19a IV 1 Nr 3 S 2, der den Vorteil des ArbN aus der Übernahme der LSt (und der Annexsteuern) durch den ArbG stfrei stellt (krit *Ismer/Piotrowski/Reinwald* DStR 24, 265). Aus der Regelung, die nur für die Nachversteuerung gem § 19a IV 1 Nr 3 gilt, ergibt sich aber keine Verpflichtung des ArbG zur Übernahme der LSt (BT-Drs 19/28868, 127; *Fahsel/Bergan* FR 21, 729). Auch hinsichtl der Vorteilsbewertung gilt nach § 19a IV 4 Hs 2 bei Beendigung des DienstVerh eine Besonderheit. Im Falle des Rückerwerbs der Anteile bei Verlassen des Unternehmens (sog *Leaver-Events*) ist nur die tatsächl an den ArbN gezahlte Vergütung maßgebl ist; diese spiegelt idR nicht den Verkehrswert wider. 16

e) Wertminderungen, § 19a IV 4–6. Es soll verhindern, dass der ArbN einen Vorteil versteuern muss, der im Zeitpunkt der Nachholung der Besteuerung nicht mehr vorhanden ist. Die Bewertung der Vermögensbeteiligung nach § 19a I erfolgt zum Übertragungszeitpunkt (→ Rn. 6). Ist der gemeine Wert der Beteiligung abzügl geleisteter Zuzahlungen bei Nachholung der Besteuerung unter den nach § 19a I nicht besteuerten ArbLohn gesunken (Verlustfall), wird gem § 19a IV 4 Hs 1 nur der niedrigere gemeine Wert abzügl der Zuzahlungen bei der Nachversteuerung angesetzt (*BMF* BStBl I 24, 946 Rn. 49 f Beispiele C–F). Die Vorschrift ist systemfremd, da Wertminderungen im PV beim ArbLohn iRd § 19a berücksichtigt werden (zu § 19a IV 4 Hs 2 → Rn. 16). Ist bei Nachholung der Besteuerung der gemeine Wert der Beteiligung abzügl geleisteter Zuzahlungen negativ, soll der Verlust nicht als negativer ArbLohn, sondern ausschließl bei § 17 bzw § 20 berücksichtigt werden (*BMF* BStBl I 24, 946 Rn. 50 Beispiel F; *BeckOK EStG* § 19a Rn. 269; *Fahsel/Bergan* FR 21, 729). Dementsprechend ist im Verlustfall nach § 19a IV 5 neben den vom 17

ArbN bei der Übertragung geleisteten Zuzahlungen nur der tatsächl besteuerte Arb-Lohn als AK iSv § 17 und § 20 anzusetzen (*BMF* BStBl I 24, 946 Rn. 50 Beispiele C und E; *BH/Baldauf* § 19a Rn. 180; → § 17 Rn. 10, 176). – § 19a IV 4–5 sind nicht anzuwenden, soweit die Wertminderung nicht betriebl veranlasst ist oder auf einer gesellschaftsrechtl Maßnahme, insbesondere einer (offenen oder verdeckten) Ausschüttung oder Einlagerückgewähr, beruht (§ 19a IV 6). Hierdurch soll Wertminderungen, die bewusst zur Steuerersparnis herbeigeführt wurden, der Boden entzogen werden. Eine nicht betriebl veranlasste Wertminderung iSv § 19a IV 6 wird idR aus der Sphäre der ArbG herrühren; sie kann aber auch auf einem Verhalten des ArbN beruhen und auch dann vorliegen, wenn der ArbN zu der Wertminderung keinen Beitrag geleistet hat (ebenso *BeckOK EStG* § 19a Rn. 272; **aA** *Hefner/Ostermann* DStR 21, 689).

18 **6. Lohnsteuerhaftung des Arbeitgebers, § 19a IVa.** In den Fällen des § 19a IV 1 Nr 2 oder Nr 3 kann es zu einer Besteuerung kommen, ohne dass dem ArbN liquide Mittel zur Steuerzahlung zufließen (sog *dry income*). Dies macht den Beteiligungserwerb für den ArbN potenziell unattraktiv. Um dies zu verhindern, eröffnet der durch das **ZuFinG** (BGBl I 23 Nr 354) neu eingefügte § 19a IVa die Möglichkeit, die **Besteuerung** nach § 19a IV 1 Nr 2 und Nr 3 **zu verhindern,** wenn der ArbG in der LSt-Anmeldung unwiderrufl erklärt, dass er die Haftung für die einzubehaltende und abzuführende LSt übernimmt. § 19a IVa meint mit der dem Ereignis folgenden LSt-Anmeldung diejenige, in der die Nachversteuerung ohne die Haftungsübernahme sonst zu erfolgen hätte (*BMF* BStBl I 24, 946 Rn. 51.1; *Bergan/Fahsel* NWB 23, 3453). Dann löst erst der spätere Tatbestand des § 19a IV 1 Nr 1 die Besteuerung aus, ohne dass eine haftungsbefreiende Anzeige des ArbG noch mögl ist. Unerhebl ist auch, ob das ArbVerh im Zeitpunkt der Übertragung noch besteht (*Niermann* DB 24, 2045). Die Haftungsinanspruchnahme des ArbG erfordert hier auch keine weitere Ermessensprüfung. Das Betriebsstätten-FA kann, insb wenn auf den ArbN als StSchuldner nicht mehr zugegriffen werden kann, unmittelbar den ArbG als Haftungsschuldner in Anspruch nehmen.

19 **7. Anrufungsauskunft, § 19a V.** ArbG und ArbN können durch Einholung einer **Anrufungsauskunft gem § 42e** Rechtssicherheit über die Höhe des nach § 19a I nicht besteuerten Vorteils erhalten. Ein solches Vorgehen ist sinnvoll, um zeitnah mögl Streitigkeiten iZm der Vorteilsbewertung zu klären. Denn diese ist iRd bei der ggf erst zwölf bzw fünfzehn Jahre später durchzuführenden Besteuerung mit noch größeren Unsicherheiten und Schwierigkeiten behaftet, als sie bei Startup-Unternehmen ohnehin zu bewältigen sind (→ Rn. 6). Rechtswirkungen entfaltet die Anrufungsauskunft aber nur im LStAbzugsverfahren (→ § 42e Rn. 8 ff). Bei der Veranlagung sind weder ArbN noch Wohnsitz-FA an die Auskunft gebunden. Die Auskunft nach § 19a V ist abweichend von § 42e erst nach der Übertragung der Vermögensbeteiligung zulässig. Sie beschränkt sich zudem auf die Bestätigung der Vorteilshöhe durch das Betriebsstätten-FA. Der Antragstellende hat dem FA hierzu einen bestimmten Wert und die Grundlagen der Wertermittlung darzulegen (*BMF* BStBl I 24, 946 Rn. 52; *Fahsel/Bergan* FR 21, 729). Eine eigene Wertermittlung muss das Betriebsstätten-FA gem § 19a V nicht vornehmen. Die Vorschrift schließt einen Rückgriff auf eine Anrufungsauskunft nach allg Grundsätzen gem § 42e aber nicht aus (*BeckOK EStG* § 19a Rn. 281).

21 **8. Aufzeichnung im Lohnkonto, § 19a VI.** Wird von der **vorläufigen Nichtbesteuerung** des Vorteils nach § 19a I Gebrauch gemacht, ist der nicht besteuerte gemeine Wert der Vermögensbeteiligung im Lohnkonto aufzuzeichnen. Gleiches gilt für die übrigen Angaben des nach § 19a I–V durchgeführten Besteuerungsverfahrens. Dies betrifft insbesondere die Art der Vermögensbeteiligung, den Übertragungszeitpunkt, eine etwaige Zuzahlung und die Steuerfreistellung nach § 3 Nr 39. Außerdem verlängert sich die im LSt-Abzugsverfahren maßgebl Aufbewahrungsfrist. Sie endet

nicht vor Ablauf von sechs Jahren nach der Besteuerung des Vorteils gem § 19a IV 1 Nr 1–3. Hierdurch soll dem Betriebsstätten-FA ausreichend Zeit verschafft werden, die zutreffende steuerl Behandlung zu prüfen (BT-Drs. 19/27631, 111).

e) Kapitalvermögen (§ 2 Absatz 1 Satz 1 Nummer 5)

§ 20 [Einkünfte aus Kapitalvermögen]

(1) Zu den Einkünften aus Kapitalvermögen gehören

1. Gewinnanteile (Dividenden) und sonstige Bezüge aus Aktien, Genussrechten, mit denen das Recht am Gewinn und Liquidationserlös einer Kapitalgesellschaft verbunden ist, aus Anteilen an Gesellschaften mit beschränkter Haftung, an Genossenschaften sowie an einer optierenden Gesellschaft im Sinne des § 1a des Körperschaftsteuergesetzes. [2]Zu den sonstigen Bezügen gehören auch verdeckte Gewinnausschüttungen. [3]Die Bezüge gehören nicht zu den Einnahmen, soweit sie aus Ausschüttungen einer Körperschaft stammen, für die Beträge aus dem steuerlichen Einlagekonto im Sinne des § 27 des Körperschaftsteuergesetzes als verwendet gelten. [4]Als sonstige Bezüge gelten auch Einnahmen, die anstelle der Bezüge im Sinne des Satzes 1 von einem anderen als dem Anteilseigner nach Absatz 5 bezogen werden, wenn die Aktien mit Dividendenberechtigung erworben, aber ohne Dividendenanspruch geliefert werden;

2. Bezüge, die nach der Auflösung einer Körperschaft oder Personenvereinigung im Sinne der Nummer 1 anfallen und die nicht in der Rückzahlung von Nennkapital bestehen; Nummer 1 Satz 3 gilt entsprechend. [2]Gleiches gilt für Bezüge, die auf Grund einer Kapitalherabsetzung oder nach der Auflösung einer unbeschränkt steuerpflichtigen Körperschaft oder Personenvereinigung im Sinne der Nummer 1 anfallen und die als Gewinnausschüttung im Sinne des § 28 Absatz 2 Satz 2 und 4 des Körperschaftsteuergesetzes gelten;

3. Investmenterträge nach § 16 des Investmentsteuergesetzes;

3a. Spezial-Investmenterträge nach § 34 des Investmentsteuergesetzes;

4. Einnahmen aus der Beteiligung an einem Handelsgewerbe als stiller Gesellschafter und aus partiarischen Darlehen, es sei denn, dass der Gesellschafter oder Darlehensgeber als Mitunternehmer anzusehen ist. [2]Auf Anteile des stillen Gesellschafters am Verlust des Betriebes sind § 15 Absatz 4 Satz 6 bis 8 und § 15a sinngemäß anzuwenden;

5. Zinsen aus Hypotheken und Grundschulden und Renten aus Rentenschulden. [2]Bei Tilgungshypotheken und Tilgungsgrundschulden ist nur der Teil der Zahlungen anzusetzen, der als Zins auf den jeweiligen Kapitalrest entfällt;

6. der Unterschiedsbetrag zwischen der Versicherungsleistung und der Summe der auf sie entrichteten Beiträge (Erträge) im Erlebensfall oder bei Rückkauf des Vertrags bei Rentenversicherungen mit Kapitalwahlrecht, soweit nicht die lebenslange Rentenzahlung gewählt und erbracht wird, und bei Kapitalversicherungen mit Sparanteil, wenn der Vertrag nach dem 31. Dezember 2004 abgeschlossen worden ist. [2]Wird die Versicherungsleistung nach Vollendung des 60. Lebensjahres des Steuerpflichtigen und nach Ablauf von zwölf Jahren seit dem Vertragsabschluss ausgezahlt, ist die Hälfte des Unterschiedsbetrags anzusetzen. [3]Bei entgeltlichem Erwerb des Anspruchs auf die Versicherungsleistung treten die Anschaffungskosten an die Stelle der vor dem Erwerb entrichteten Beiträge. [4]Die Sätze 1 bis 3 sind auf Erträge aus fondsgebundenen Lebensversicherungen, auf Erträge im Erlebensfall bei Rentenversicherungen ohne Kapitalwahlrecht, soweit keine lebenslange Rentenzahlung vereinbart und erbracht wird, und auf Erträge bei Rückkauf des Vertrages bei Rentenversicherungen ohne Kapitalwahlrecht entsprechend an-

zuwenden. [5]Ist in einem Versicherungsvertrag eine gesonderte Verwaltung von speziell für diesen Vertrag zusammengestellten Kapitalanlagen vereinbart, die nicht auf öffentlich vertriebene Investmentfondsanteile oder Anlagen, die die Entwicklung eines veröffentlichten Indexes abbilden, beschränkt ist, und kann der wirtschaftlich Berechtigte unmittelbar oder mittelbar über die Veräußerung der Vermögensgegenstände und die Wiederanlage der Erlöse bestimmen (vermögensverwaltender Versicherungsvertrag), sind die dem Versicherungsunternehmen zufließenden Erträge dem wirtschaftlich Berechtigten aus dem Versicherungsvertrag zuzurechnen; Sätze 1 bis 4 sind nicht anzuwenden. [6]Satz 2 ist nicht anzuwenden, wenn

a) in einem Kapitallebensversicherungsvertrag mit vereinbarter laufender Beitragszahlung in mindestens gleichbleibender Höhe bis zum Zeitpunkt des Erlebensfalls die vereinbarte Leistung bei Eintritt des versicherten Risikos weniger als 50 Prozent der Summe der für die gesamte Vertragsdauer zu zahlenden Beiträge beträgt und

b) bei einem Kapitallebensversicherungsvertrag die vereinbarte Leistung bei Eintritt des versicherten Risikos das Deckungskapital oder den Zeitwert der Versicherung spätestens fünf Jahre nach Vertragsabschluss nicht um mindestens 10 Prozent des Deckungskapitals, des Zeitwerts oder der Summe der gezahlten Beiträge übersteigt. [2]Dieser Prozentsatz darf bis zum Ende der Vertragslaufzeit in jährlich gleichen Schritten auf Null sinken.

[7]Hat der Steuerpflichtige Ansprüche aus einem von einer anderen Person abgeschlossenen Vertrag entgeltlich erworben, gehört zu den Einkünften aus Kapitalvermögen auch der Unterschiedsbetrag zwischen der Versicherungsleistung bei Eintritt eines versicherten Risikos und den Aufwendungen für den Erwerb und Erhalt des Versicherungsanspruches; insoweit findet Satz 2 keine Anwendung. [8]Satz 7 gilt nicht, wenn die versicherte Person den Versicherungsanspruch von einem Dritten erwirbt oder aus anderen Rechtsverhältnissen entstandene Abfindungs- und Ausgleichsansprüche arbeitsrechtlicher, erbrechtlicher oder familienrechtlicher Art durch Übertragung von Ansprüchen aus Versicherungsverträgen erfüllt werden. [9]Bei fondsgebundenen Lebensversicherungen sind 15 Prozent des Unterschiedsbetrages steuerfrei oder dürfen nicht bei der Ermittlung der Einkünfte abgezogen werden, soweit der Unterschiedsbetrag aus Investmenterträgen stammt;

7. Erträge aus sonstigen Kapitalforderungen jeder Art, wenn die Rückzahlung des Kapitalvermögens oder ein Entgelt für die Überlassung des Kapitalvermögens zur Nutzung zugesagt oder geleistet worden ist, auch wenn die Höhe der Rückzahlung oder des Entgelts von einem ungewissen Ereignis abhängt. [2]Dies gilt unabhängig von der Bezeichnung und der zivilrechtlichen Ausgestaltung der Kapitalanlage. [3]Erstattungszinsen im Sinne des § 233a der Abgabenordnung sind Erträge im Sinne des Satzes 1;
8. Diskontbeträge von Wechseln und Anweisungen einschließlich der Schatzwechsel;
9. Einnahmen aus Leistungen einer nicht von der Körperschaftsteuer befreiten Körperschaft, Personenvereinigung oder Vermögensmasse im Sinne des § 1 Absatz 1 Nummer 3 bis 5 des Körperschaftsteuergesetzes, die Gewinnausschüttungen im Sinne der Nummer 1 wirtschaftlich vergleichbar sind, soweit sie nicht bereits zu den Einnahmen im Sinne der Nummer 1 gehören; Nummer 1 Satz 2, 3 und Nummer 2 gelten entsprechend. [2]Satz 1 ist auf Leistungen von vergleichbaren Körperschaften, Personenvereinigungen oder Vermögensmassen, die weder Sitz noch Geschäftsleitung im Inland haben, entsprechend anzuwenden;
10. a) Leistungen eines nicht von der Körperschaftsteuer befreiten Betriebs gewerblicher Art im Sinne des § 4 des Körperschaftsteuergesetzes mit eigener Rechtspersönlichkeit, die zu mit Gewinnausschüttungen im Sinne

der Nummer 1 Satz 1 wirtschaftlich vergleichbaren Einnahmen führen; Nummer 1 Satz 2, 3 und Nummer 2 gelten entsprechend;

b) der nicht den Rücklagen zugeführte Gewinn und verdeckte Gewinnausschüttungen eines nicht von der Körperschaftsteuer befreiten Betriebs gewerblicher Art im Sinne des § 4 des Körperschaftsteuergesetzes ohne eigene Rechtspersönlichkeit, der den Gewinn durch Betriebsvermögensvergleich ermittelt oder Umsätze einschließlich der steuerfreien Umsätze, ausgenommen die Umsätze nach § 4 Nummer 8 bis 10 des Umsatzsteuergesetzes, von mehr als 350 000 Euro im Kalenderjahr oder einen Gewinn von mehr als 30 000 Euro im Wirtschaftsjahr hat, sowie der Gewinn im Sinne des § 22 Absatz 4 des Umwandlungssteuergesetzes. [2]Die Auflösung der Rücklagen zu Zwecken außerhalb des Betriebs gewerblicher Art führt zu einem Gewinn im Sinne des Satzes 1; in Fällen der Einbringung nach dem Sechsten und des Formwechsels nach dem Achten Teil des Umwandlungssteuergesetzes gelten die Rücklagen als aufgelöst. [3]Bei dem Geschäft der Veranstaltung von Werbesendungen der inländischen öffentlich-rechtlichen Rundfunkanstalten gelten drei Viertel des Einkommens im Sinne des § 8 Absatz 1 Satz 3 des Körperschaftsteuergesetzes als Gewinn im Sinne des Satzes 1. [4]Die Sätze 1 und 2 sind bei wirtschaftlichen Geschäftsbetrieben der von der Körperschaftsteuer befreiten Körperschaften, Personenvereinigungen oder Vermögensmassen entsprechend anzuwenden. [5]Nummer 1 Satz 3 gilt entsprechend;

11. Stillhalterprämien, die für die Einräumung von Optionen vereinnahmt werden; schließt der Stillhalter ein Glattstellungsgeschäft ab, sind die im Glattstellungsgeschäft gezahlten Prämien zum Zeitpunkt der Zahlung als negative Einnahmen zu berücksichtigen.

(2) [1]Zu den Einkünften aus Kapitalvermögen gehören auch

1. der Gewinn aus der Veräußerung von Anteilen an einer Körperschaft im Sinne des Absatzes 1 Nummer 1. [2]Anteile an einer Körperschaft sind auch Genussrechte im Sinne des Absatzes 1 Nummer 1, den Anteilen im Sinne des Absatzes 1 Nummer 1 ähnliche Beteiligungen und Anwartschaften auf Anteile im Sinne des Absatzes 1 Nummer 1;

2. der Gewinn aus der Veräußerung

a) von Dividendenscheinen und sonstigen Ansprüchen durch den Inhaber des Stammrechts, wenn die dazugehörigen Aktien oder sonstigen Anteile nicht mitveräußert werden. [2]Soweit eine Besteuerung nach Satz 1 erfolgt ist, tritt diese insoweit an die Stelle der Besteuerung nach Absatz 1;

b) von Zinsscheinen und Zinsforderungen durch den Inhaber oder ehemaligen Inhaber der Schuldverschreibung, wenn die dazugehörigen Schuldverschreibungen nicht mitveräußert werden. [2]Entsprechendes gilt für die Einlösung von Zinsscheinen und Zinsforderungen durch den ehemaligen Inhaber der Schuldverschreibung.

[2]Satz 1 gilt sinngemäß für die Einnahmen aus der Abtretung von Dividenden- oder Zinsansprüchen oder sonstigen Ansprüchen im Sinne des Satzes 1, wenn die dazugehörigen Anteilsrechte oder Schuldverschreibungen nicht in einzelnen Wertpapieren verbrieft sind. [3]Satz 2 gilt auch bei der Abtretung von Zinsansprüchen aus Schuldbuchforderungen, die in ein öffentliches Schuldbuch eingetragen sind;

3. der Gewinn

a) bei Termingeschäften, durch die der Steuerpflichtige einen Differenzausgleich oder einen durch den Wert einer veränderlichen Bezugsgröße bestimmten Geldbetrag oder Vorteil erlangt;

b) aus der Veräußerung eines als Termingeschäft ausgestalteten Finanzinstruments;

4. **der Gewinn aus der Veräußerung von Wirtschaftsgütern, die Erträge im Sinne des Absatzes 1 Nummer 4 erzielen;**
5. **der Gewinn aus der Übertragung von Rechten im Sinne des Absatzes 1 Nummer 5;**
6. **der Gewinn aus der Veräußerung von Ansprüchen auf eine Versicherungsleistung im Sinne des Absatzes 1 Nummer 6. [2]Das Versicherungsunternehmen hat nach Kenntniserlangung von einer Veräußerung unverzüglich Mitteilung an das für den Steuerpflichtigen zuständige Finanzamt zu machen und auf Verlangen des Steuerpflichtigen eine Bescheinigung über die Höhe der entrichteten Beiträge im Zeitpunkt der Veräußerung zu erteilen;**
7. **der Gewinn aus der Veräußerung von sonstigen Kapitalforderungen jeder Art im Sinne des Absatzes 1 Nummer 7;**
8. **der Gewinn aus der Übertragung oder Aufgabe einer die Einnahmen im Sinne des Absatzes 1 Nummer 9 vermittelnden Rechtsposition.**

[2]Als Veräußerung im Sinne des Satzes 1 gilt auch die Einlösung, Rückzahlung, Abtretung oder verdeckte Einlage in eine Kapitalgesellschaft; in den Fällen von Satz 1 Nummer 4 gilt auch die Vereinnahmung eines Auseinandersetzungsguthabens als Veräußerung. [3]Die Anschaffung oder Veräußerung einer unmittelbaren oder mittelbaren Beteiligung an einer Personengesellschaft gilt als Anschaffung oder Veräußerung der anteiligen Wirtschaftsgüter. [4]Wird ein Zinsschein oder eine Zinsforderung vom Stammrecht abgetrennt, gilt dies als Veräußerung der Schuldverschreibung und als Anschaffung der durch die Trennung entstandenen Wirtschaftsgüter. [5]Eine Trennung gilt als vollzogen, wenn dem Inhaber der Schuldverschreibung die Wertpapierkennnummern für die durch die Trennung entstandenen Wirtschaftsgüter zugehen.

(3) **[1]Zu den Einkünften aus Kapitalvermögen gehören auch besondere Entgelte oder Vorteile, die neben den in den Absätzen 1 und 2 bezeichneten Einnahmen oder an deren Stelle gewährt werden. [2]Besondere Entgelte oder Vorteile nach Satz 1 liegen auch vor, wenn Bestandsprovisionen, Verwaltungsentgelte oder sonstige Aufwendungen durch den Schuldner der Kapitalerträge nach Absatz 1 oder 2 oder durch einen Dritten erstattet werden.**

(3a) **[1]Korrekturen im Sinne des § 43a Absatz 3 Satz 7 sind erst zu dem dort genannten Zeitpunkt zu berücksichtigen. [2]Weist der Steuerpflichtige durch eine Bescheinigung der auszahlenden Stelle nach, dass sie die Korrektur nicht vorgenommen hat und auch nicht vornehmen wird, kann der Steuerpflichtige die Korrektur nach § 32d Absatz 4 und 6 geltend machen.**

(4) **[1]Gewinn im Sinne des Absatzes 2 ist der Unterschied zwischen den Einnahmen aus der Veräußerung nach Abzug der Aufwendungen, die im unmittelbaren sachlichen Zusammenhang mit dem Veräußerungsgeschäft stehen, und den Anschaffungskosten; bei nicht in Euro getätigten Geschäften sind die Einnahmen im Zeitpunkt der Veräußerung und die Anschaffungskosten im Zeitpunkt der Anschaffung in Euro umzurechnen. [2]In den Fällen der verdeckten Einlage tritt an die Stelle der Einnahmen aus der Veräußerung der Wirtschaftsgüter ihr gemeiner Wert; der Gewinn ist für das Kalenderjahr der verdeckten Einlage anzusetzen. [3]Ist ein Wirtschaftsgut im Sinne des Absatzes 2 in das Privatvermögen durch Entnahme oder Betriebsaufgabe überführt worden, tritt an die Stelle der Anschaffungskosten der nach § 6 Absatz 1 Nummer 4 oder § 16 Absatz 3 angesetzte Wert. [4]In den Fällen des Absatzes 2 Satz 1 Nummer 6 gelten die entrichteten Beiträge im Sinne des Absatzes 1 Nummer 6 Satz 1 als Anschaffungskosten; ist ein entgeltlicher Erwerb vorausgegangen, gelten auch die nach dem Erwerb entrichteten Beiträge als Anschaffungskosten. [5]Gewinn bei einem Termingeschäft ist der Differenzausgleich oder der durch den Wert einer veränderlichen Bezugsgröße bestimmte Geldbetrag oder Vorteil abzüglich der Aufwendungen, die im unmittelbaren sachlichen Zusammenhang mit dem Termingeschäft stehen. [6]Bei unent-**

geltlichem Erwerb sind dem Einzelrechtsnachfolger für Zwecke dieser Vorschrift die Anschaffung, die Überführung des Wirtschaftsguts in das Privatvermögen, der Erwerb eines Rechts aus Termingeschäften oder die Beiträge im Sinne des Absatzes 1 Nummer 6 Satz 1 durch den Rechtsvorgänger zuzurechnen. [7]Bei vertretbaren Wertpapieren, die einem Verwahrer zur Sammelverwahrung im Sinne des § 5 des Depotgesetzes in der Fassung der Bekanntmachung vom 11. Januar 1995 (BGBl. I S. 34), das zuletzt durch Artikel 4 des Gesetzes vom 5. April 2004 (BGBl. I S. 502) geändert worden ist, in der jeweils geltenden Fassung anvertraut worden sind, ist zu unterstellen, dass die zuerst angeschafften Wertpapiere zuerst veräußert wurden. [8]Ist ein Zinsschein oder eine Zinsforderung vom Stammrecht abgetrennt worden, gilt als Veräußerungserlös der Schuldverschreibung deren gemeiner Wert zum Zeitpunkt der Trennung. [9]Für die Ermittlung der Anschaffungskosten ist der Wert nach Satz 8 entsprechend dem gemeinen Wert der neuen Wirtschaftsgüter aufzuteilen.

(4a) **[1]Werden Anteile an einer Körperschaft, Vermögensmasse oder Personenvereinigung gegen Anteile an einer anderen Körperschaft, Vermögensmasse oder Personenvereinigung getauscht und wird der Tausch auf Grund gesellschaftsrechtlicher Maßnahmen vollzogen, die von den beteiligten Unternehmen ausgehen, treten abweichend von Absatz 2 Satz 1 und den §§ 13 und 21 des Umwandlungssteuergesetzes die übernommenen Anteile steuerlich an die Stelle der bisherigen Anteile, wenn das Recht der Bundesrepublik Deutschland hinsichtlich der Besteuerung des Gewinns aus der Veräußerung der erhaltenen Anteile nicht ausgeschlossen oder beschränkt ist oder die Mitgliedstaaten der Europäischen Union bei einer Verschmelzung Artikel 8 der Richtlinie 2009/133/EG des Rates vom 19. Oktober 2009 über das gemeinsame Steuersystem für Fusionen, Spaltungen, Abspaltungen, die Einbringung von Unternehmensteilen und den Austausch von Anteilen, die Gesellschaften verschiedener Mitgliedstaaten betreffen, sowie für die Verlegung des Sitzes einer Europäischen Gesellschaft oder einer Europäischen Genossenschaft von einem Mitgliedstaat in einen anderen Mitgliedstaat (ABl. L 310 vom 25.11.2009, S. 34) in der jeweils geltenden Fassung anzuwenden haben; in diesem Fall ist der Gewinn aus einer späteren Veräußerung der erworbenen Anteile ungeachtet der Bestimmungen eines Abkommens zur Vermeidung der Doppelbesteuerung in der gleichen Art und Weise zu besteuern, wie die Veräußerung der Anteile an der übertragenden Körperschaft zu besteuern wäre, und § 15 Absatz 1a Satz 2 entsprechend anzuwenden. [2]Erhält der Steuerpflichtige in den Fällen des Satzes 1 zusätzlich zu den Anteilen eine Gegenleistung, gilt diese als Ertrag im Sinne des Absatzes 1 Nummer 1. [3]Besitzt bei sonstigen Kapitalforderungen im Sinne des Absatzes 1 Nummer 7 der Inhaber das Recht, bei Fälligkeit anstelle der Zahlung eines Geldbetrags vom Emittenten die Lieferung von Wertpapieren im Sinne des Absatzes 1 Nummer 1 zu verlangen oder besitzt der Emittent das Recht, bei Fälligkeit dem Inhaber anstelle der Zahlung eines Geldbetrags solche Wertpapiere anzudienen und macht der Inhaber der Forderung oder der Emittent von diesem Recht Gebrauch, ist abweichend von Absatz 4 Satz 1 das Entgelt für den Erwerb der Forderung als Veräußerungspreis der Forderung und als Anschaffungskosten der erhaltenen Wertpapiere anzusetzen; Satz 2 gilt entsprechend. [4]Werden Bezugsrechte veräußert oder ausgeübt, die nach § 186 des Aktiengesetzes, § 55 des Gesetzes betreffend die Gesellschaften mit beschränkter Haftung oder eines vergleichbaren ausländischen Rechts einen Anspruch auf Abschluss eines Zeichnungsvertrags begründen, wird der Teil der Anschaffungskosten der Altanteile, der auf das Bezugsrecht entfällt, bei der Ermittlung des Gewinns nach Absatz 4 Satz 1 mit 0 Euro angesetzt. [5]Werden einem Steuerpflichtigen von einer Körperschaft, Personenvereinigung oder Vermögensmasse, die weder Geschäftsleitung noch Sitz im Inland hat, Anteile zugeteilt, ohne dass der Steuerpflichtige eine Gegenleistung zu erbringen hat, sind sowohl der Ertrag als**

auch die Anschaffungskosten der erhaltenen Anteile mit 0 Euro anzusetzen, wenn die Voraussetzungen der Sätze 3, 4 und 7 nicht vorliegen; die Anschaffungskosten der die Zuteilung begründenden Anteile bleiben unverändert. [6]Soweit es auf die steuerliche Wirksamkeit einer Kapitalmaßnahme im Sinne der vorstehenden Sätze 1 bis 5 ankommt, ist auf den Zeitpunkt der Einbuchung in das Depot des Steuerpflichtigen abzustellen. [7]Geht Vermögen einer Körperschaft durch Abspaltung auf andere Körperschaften über, gelten abweichend von Satz 5 und § 15 des Umwandlungssteuergesetzes die Sätze 1 und 2 entsprechend.

(5) **[1]Einkünfte aus Kapitalvermögen im Sinne des Absatzes 1 Nummer 1 und 2 erzielt der Anteilseigner. [2]Anteilseigner ist derjenige, dem nach § 39 der Abgabenordnung die Anteile an dem Kapitalvermögen im Sinne des Absatzes 1 Nummer 1 im Zeitpunkt des Gewinnverteilungsbeschlusses zuzurechnen sind. [3]Sind einem Nießbraucher oder Pfandgläubiger die Einnahmen im Sinne des Absatzes 1 Nummer 1 oder 2 zuzurechnen, gilt er als Anteilseigner.**

(6) **[1]Verluste aus Kapitalvermögen dürfen nicht mit Einkünften aus anderen Einkunftsarten ausgeglichen werden; sie dürfen auch nicht nach § 10d abgezogen werden. [2]Die Verluste mindern jedoch die Einkünfte, die der Steuerpflichtige in den folgenden Veranlagungszeiträumen aus Kapitalvermögen erzielt. [3]§ 10d Absatz 4 ist sinngemäß anzuwenden; im Fall von zusammenveranlagten Ehegatten erfolgt ein gemeinsamer Verlustausgleich vor der Verlustfeststellung. [4]Verluste aus Kapitalvermögen im Sinne des Absatzes 2 Satz 1 Nummer 1 Satz 1, die aus der Veräußerung von Aktien entstehen, dürfen nur mit Gewinnen aus Kapitalvermögen im Sinne des Absatzes 2 Satz 1 Nummer 1 Satz 1, die aus der Veräußerung von Aktien entstehen, ausgeglichen werden; die Sätze 2 und 3 gelten sinngemäß. [5]Verluste aus Kapitalvermögen, die der Kapitalertragsteuer unterliegen, dürfen nur verrechnet werden oder mindern die Einkünfte, die der Steuerpflichtige in den folgenden Veranlagungszeiträumen aus Kapitalvermögen erzielt, wenn eine Bescheinigung im Sinne des § 43a Absatz 3 Satz 4 vorliegt.**

(7) **[1]§ 15b ist sinngemäß anzuwenden. [2]Ein vorgefertigtes Konzept im Sinne des § 15b Absatz 2 Satz 2 liegt auch vor, wenn die positiven Einkünfte nicht der tariflichen Einkommensteuer unterliegen.**

(8) **[1]Soweit Einkünfte der in den Absätzen 1, 2 und 3 bezeichneten Art zu den Einkünften aus Land- und Forstwirtschaft, aus Gewerbebetrieb, aus selbständiger Arbeit oder aus Vermietung und Verpachtung gehören, sind sie diesen Einkünften zuzurechnen. [2]Absatz 4a findet insoweit keine Anwendung.**

(9) **[1]Bei der Ermittlung der Einkünfte aus Kapitalvermögen ist als Werbungskosten ein Betrag von 1000 Euro abzuziehen (Sparer-Pauschbetrag); der Abzug der tatsächlichen Werbungskosten ist ausgeschlossen. [2]Ehegatten, die zusammen veranlagt werden, wird ein gemeinsamer Sparer-Pauschbetrag von 2000 Euro gewährt. [3]Der gemeinsame Sparer-Pauschbetrag ist bei der Einkunftsermittlung bei jedem Ehegatten je zur Hälfte abzuziehen; sind die Kapitalerträge eines Ehegatten niedriger als 1000 Euro, so ist der anteilige Sparer-Pauschbetrag insoweit, als er die Kapitalerträge dieses Ehegatten übersteigt, bei dem anderen Ehegatten abzuziehen. [4]Der Sparer-Pauschbetrag und der gemeinsame Sparer-Pauschbetrag dürfen nicht höher sein als die nach Maßgabe des Absatzes 6 verrechneten Kapitalerträge.**

Einkommensteuer-Richtlinien: EStR 20.1, 20.2; EStH 20.1, 20.2. **Verwaltungsanweisungen:** *BMF* BStBl I 19, 97 (Betriebe gewerbl Art); *BMF* BStBl I 19, 527 (InvStG; mit Ergänzungen); *BMF* BStBl I 21, 2212 (Option gem § 1a KStG); *BMF* BStBl I 21, 995 (Cum/Cum); *BMF* BStBl I 21, 1002 (Wertpapierleihe); *BMF* BStBl I 22, 943 (Abspaltung; § 20 IVa); *BMF* BStBl I 22, 647 (Einlagenrückgewähr); *BMF* BStBl I 22, 897 (Ges'terDarlehen ua; § 17 IIa/§ 20 II Nr 7); *BMF* BStBl I 23, 672 (Genussrechte); *BMF* BStBl I 23, SonderNr 1, 2 (AEAStG); *BMF* BStBl I 24, 721 (Einlagekonto Stiftung); *BMF* BStBl I 24,

1246 (Inkongruente Gewinnausschüttungen); *BMF* BStBl I 25, 658 (Kryptowerte); *BMF* BStBl I 25, 1330 (Anwendungsschreiben AbgeltungSt).

Übersicht Rn.

I. Anwendungsbereich und Grundlagen

1 **1. Überblick.** Zu den KapEinkünften (§ 2 I Nr 5) gehören gem § 20 I–III lfd KapErträge (§ 20 I) sowie Gewinne aus Veräußerungen und gleichgestellten Vorgängen (§ 20 II 1, 2). Für KapErträge aus Veräußerungen iSd § 20 II 1, 2 ist der Gewinn/Verlust nach § 20 IV zu ermitteln. § 20 IVa enthält § 20 II, IV ergänzende Regelungen für bestimmte gesellschaftsrechtl Kapitalmaßnahmen. Zu den lfd KapEinkünften (§ 20 I) und Gewinnen iSd § 20 II, IV gehören auch besondere Entgelte/Vorteile iSd § 20 III. § 20 V regelt die Zurechnung von KapitalErträgen aus § 20 I Nr 1, Nr 2. § 20 VI beschränkt die Verlustverrechnung für negative KapErträge mit positiven Einkünften anderer Einkunftsarten und innerhalb der KapEinkünfte. § 20 IX setzt § 2 II 2 um. Von abgeltend besteuerten KapErträgen gibt es keinen WK-Abzug (§ 9), sondern ist nur der Sparer-Pauschbetrag abzugsfähig (Ausnahmen: § 20 I Nr 11 Hs 2; Veräußerungskosten gem § 20 IV). § 20 IIIa regelt das Verhältnis zw einer Korrektur des abgeltenden KapESt-Abzugs und der Veranlagung der Einkünfte. Gem § 20 VII ist § 15b für KapEinkünfte, die iRe StStundungsmodells erzielt werden, entspr anzuwenden. § 20 VIII regelt die Subsidiarität von KapErträgen gem § 20 I–III ggü an-

deren Einkünften. § 56 VI InvStG gewährt einen Freibetrag iHv 100 000 € für die Veräußerung von Altinvestmentanteilen.

2. Persönlicher Geltungsbereich des § 20. – a) Natürliche Personen. § 20 gilt für KapEinkünfte, die von *unbeschr stpfl* natürl Personen mit Beteiligungen/Kapitalanlagen *im PV* erzielt werden. Zur *vermögensverwaltenden PersGes* s § 20 II 3. Für *beschr StPfl* bestimmt sich die StBarkeit inl KapErträge nach § 49 I Nr 5 (→ § 49 Rn. 96 ff); zur Abgeltung des StAbzugs gem § 50 II 1 → § 50 Rn. 26 ff, s aber § 50 II 2 Nr 6. Unionsrechtl Bedenken bestehen im Hinblick auf die fehlende Veranlagungsmöglichkeit nicht (FG Saarl EFG 23,1388, rkr: kein Abzug des Sparer-Pauschbetrags gem § 20 IX; keine Günstigerprüfung gem § 32d VI; FG Köln EFG 23, 1542, rkr: kein Nachteil bei StAbzug mit DBA-Ermäßigung iHv 15%). 2

b) Körperschaften. – aa) Inländische Körperschaftsteuersubjekte iSd § 1 I Nr 1–3, Nr. 6; § 1a KStG. Diese *unbeschr stpfl KSt-Subjekte* (inl Sitz oder Geschäftsleitung)/Betriebe gewerbl Art erzielen gem § 8 II KStG ausschließl Einkünfte iSd § 15 II. Hierzu gehören auch OptionsGes (§ 1a KStG; *BMF* BStBl I 21, 2212 Rn. 50 ff). 3

bb) Inländische Körperschaftsteuersubjekte iSd § 1 I Nr 4, 5 KStG. – *(1)* Nicht gem § 5 KStG steuerbefreite Körperschaftsteuersubjekte. – *(aa)* Steuerpflicht der Kapitalerträge. Diese unbeschr stpfl KSt-Subjekte können KapEinkünfte gem § 20 I–III erzielen (zB inl Stiftungen, s R 8.2 KStR). Die KapErträge gehen in das KSt-Einkommen ein (Nichtgeltung des § 2 Vb, s § 8 X 1 KStG), auf das der allg KSt-Tarif (23 I KStG) angewendet wird. Der StAbzug hat keine Abgeltungswirkung (*Ausnahmen:* § 32 I Nr 2 KStG für beschr stpfl KSt-Subjekte; § 32 III KStG bei der Wertpapierleihe uä). – ***(bb)* § 8 X 2, Alt 1 KStG.** Das Verlustverrechnungsverbot (§ 20 VI) und das WK-Abzugsverbot (§ 20 IX) sind iRd kstl Einkommensermittlung zwar grds anzuwenden (§ 8 I 1 KStG). Sind für KapErträge iSd § 20 I Nr 4, Nr 7 und § 20 II Nr 4, Nr 7 aber die Voraussetzungen des *§ 32d II Nr 1 Buchst a–c* erfüllt (→ § 32d Rn. 5 ff; idR Buchst b), sind §§ 20 VI, IX nicht anzuwenden (Rückausnahme, s § 8 X 2, Hs 2), dh iRd kstl Einkommensermittlung dann volle Verrechenbarkeit mit den anderen kstpfl Einkünften und voller WK-Abzug. – ***(cc)* Beteiligungserträge; Beteiligungsaufwendungen, § 8 X 2, Alt 2.** Wird vom KSt-Subjekt für Beteiligungserträge (§ 20 I Nr 1, Nr 2, Nr 9, → § 32d Rn. 17) der *Antrag gem § 32d II Nr 3 gestellt* (nur bei unmittelbarer Beteiligung iHv mindestens 25% denkbar; zur Antragstellung → § 32d Rn. 19), sind bei der kstl Einkommensermittlung (s § 8 X 2 Hs 2 KStG) § 20 VI und § 20 IX nicht zu beachten. Die Beteiligungsbezüge sind dann außer Ansatz zu lassen (§ 8b I KStG), § 8b V KStG fingiert iHv 5% des Bezugs nicht abzugsfähige WK. Die tatsächl Beteiligungsaufwendungen (WK) sind abzugsfähig; negative Beteiligungseinkünfte aufgrund eines WK-Überschusses sind mit den anderen kstpfl Einkünften verrechenbar. Kann der Antrag *gem § 32d II Nr 3 nicht gestellt werden* (zB Streubesitz < 10%, § 8b IV KStG), schließt § 20 IX (Nichtgeltung des § 8b V KStG, s § 8b IV 7 KStG) für die Beteiligungsaufwendungen den WK-Abzug aus (glA FG Hmb EFG 25, 1627, rkr). – ***(dd)* Veräußerungen.** Ein stbarer Gewinn kann gem § 17 oder § 20 II Nr 1 erzielt werden. § 8b II KStG findet grds Anwendung, falls insb § 8b VII KStG nicht greift (BFH I R 46/20, BStBl II 25, 91). Im Verlustfall schließt § 8b III 3 KStG iRd kstl Einkommensermittlung den Abzug aus. § 20 VI 2, 4 sind nicht relevant. – ***(2)* Nach § 5 KStG steuerbefreite Körperschaftsteuersubjekte** iSd § 1 I Nr 4, Nr 5 KStG (insb gemeinnützige iSd § 5 I Nr 9 S 1 KStG) erzielen außerhalb eines wirtschaftl Geschäftsbetriebs KapErträge iSd § 20. Diese sind, soweit sie dem StAbzug (§ 43 I) unterliegen, partiell stpfl und werden abgeltend besteuert (§§ 5 II Nr 1, 32 II Nr 1 KStG). S §§ 44a IV Nr 1, VII Nr 1, VIII; X und § 44b zur teilw und vollständigen Abstandnahme/Erstattung vom StAbzug. 4

5 **cc) Beschränkt steuerpflichtige Körperschaftsteuersubjekte iSd § 1 I Nr 1–6 KStG.** Solche KSt-Subjekte ohne inl Sitz und Geschäftsleitung (§ 2 Nr 2 KStG) können gem § 49 I Nr 5 iVm § 20 stpfl inl KapEinkünfte erzielen, da § 8 II KStG für sie nicht gilt. Der KapEStAbzug ist abgeltend (§ 32 I Nr 2 KStG iVm § 50 V 1); zu Beteiligungserträgen → § 43b Rn. 1, 3.

6 **c) Investmentfonds.** KapErträge iSd § 20 auf der Fondseingangsseite können gem § 6 III–V InvStG stbar sein und auf der Fondsebene einer Vorbelastung mit KSt/SolZ unterliegen (→ Rn. 79). Fehlt diese Vorbelastung, können sie bis zur Ausschüttung unbelastet thesauriert werden (sog Fondsprivileg); thesaurierte Erträge sind beim Anleger mit der Vorabpauschale (§ 18 InvStG) belastet. Zum KapEStAbzug ggü Fonds → § 43 Rn. 36; zu ausl Fonds → § 43b Rn. 3.

8 **3. Besteuerung der Kapitaleinkünfte im System der Abgeltungsteuer. – a) Abgeltende Schedulenbesteuerung; Verfassungsmäßigkeit; Missbrauch. – *(1)* Grundprinzip.** § 2 Vb nimmt *KapErträge* iSd § 20 I–III gem „§ 32d I *und* § 43 V", die unter die Abgeltungswirkung des KapESt-Abzugs fallen (iEinz → § 43 Rn. 30 ff), auch zur Vermeidung einer Doppelerfassung materiell aus den Größen gem § 2 II–V, aus dem zu versteuernden Einkommen und aus der tarifl Besteuerung (§ 32a) heraus (auch → § 2 Rn. 64; BFH VI R 17/23, BFH/NV 25, 1630). Für abgeltend besteuerte KapErträge gelten eine besondere Brutto-Einkünfteermittlung (s § 2 II 2 iVm § 20 IX: kein WK-Abzug, nur Abzug des Sparerpauschbetrags; § 20 VI: Verlustverrechnungsverbote) und der gesonderte Tarif des § 32d I. Die abgeltend besteuerten KapErträge müssen nicht gem § 25 I Hs 2 in der Anlage KAP erklärt werden. Diese scheduläre und abgeltende Endbesteuerung der KapErträge bildet das Grundkonzept. Nach § 43a III sind iRd StAbzugs die § 20 VI (aber ohne § 20 VI 5, 6!), § 20 IX, die KiSt und die Anrechnung ausl Steuern zu berücksichtigen; zudem kommt außerhalb der Veranlagung die Abstandnahme (§ 44a) und Erstattung der KapESt (§ 44b) in Betracht. Zur Korrektur des abgeltenden StAbzugs s § 43a III 7 (→ § 43 Rn. 9 f) und § 20 IIIa (→ § 20 Rn. 193). Soweit der KapESt-Einbehalt in § 43 *nicht oder nicht vollständig* stattfindet oder anderweitig, sind die KapErträge gem § 32d III 1, 3 (iVm § 46) zu erklären und zum gesonderten Tarif gem § 32d I zu veranlagen (→ § 32d Rn. 23). – ***(2)* Verfassungsmäßigkeit.** Die scheduläre und abgeltende Besteuerung der Bruttoeinnahmen iRd § 20 (zum Nominalbetrag; ohne Abschlag für Inflationswirkungen) unter Einbeziehung sämtl Substanzgewinne zu einem ggü § 32a niedrigeren Definitiv-StSatz ist mE verfgem („Vorschlag" in BVerfG 2 BvR 1493/89, BStBl II 91, 654 unter C.II.4b; **aA** NdsFG EFG 22, 1101 [Vorlagebeschluss], aufgehoben durch NdsFG BB 22, 1942). Zweifel bestehen nur hinsichtl der Ausgestaltung im Binnensystem (→ Rn. 240); s auch BFH IX B 117/22, BFH/NV 23, 1228. – ***(3)* Missbrauch.** Das gezielte Ausnutzen der StSatzspreizung ist idR kein Missbrauch iSd § 42 AO, sondern Inanspruchnahme eines gesetzl vorgesehenen StVorteils (→ § 32d Rn. 12; → Rn. 251).

9 **b) Gesetzlicher Ausschluss von Kapitaleinkünften aus der Schedule; Antragsveranlagung von Kapitaleinkünften. – aa) Veranlagung zum Regelsteuersatz.** KapEinkünfte des PV, die gem § 32d II Nr 1–4 kraft Gesetzes oder auf Antrag aus dem gesonderten Tarif (§ 32d I) ausgeschlossen sind, sind gem § 25 I Hs 2 zu erklären, zu ermitteln (s § 32d II 2: Nichtgeltung der § 20 VI, IX) und als tarifl Einkünfte (§ 32a) zu veranlagen. Der KapESt-Abzug ist nicht abgeltend (§ 43 V 2); die KapESt ist anzurechnen (§ 36 II Nr 2 iVm § 45a). Gleiches (keine Abgeltungswirkung des KapESt-Abzugs gem § 43 IV, V 2 und Anrechnung gem § 36 II Nr 2) gilt für KapErträge, die nach § 20 VIII zu anderen Einkunftsarten gehören.

10 **bb) Antragsveranlagung von Kapitaleinkünften.** Die Veranlagung abgeltend besteuerter KapErträge iRd gesonderten Tarifs gem § 32d I kann gem § 32d IV (Überprüfung des StEinbehalts) und die Veranlagung zum Tarif gem § 32a nach § 32d VI (Günstigerprüfung) beantragt werden. S iEinz → § 32d Rn. 24, 28.

c) Zuschlagsteuern; Verschiedenes. Zur Erhebung von SolZ und KiSt iRd KapESt-Abzugs → § 43 Rn. 2, → § 43a Rn. 1 und iRe Veranlagung gem § 32d III, IV → § 32d Rn. 2–4. Der Ausschluss abgeltend besteuerter *inl KapEinkünfte* aus dem zu versteuernden Einkommen (§ 2 Vb) gilt nicht iRd Wesentlichkeitsgrenzen des § 1 III 1, 3 (BFH I R 18/14, BStBl II 16, 201; → § 1 Rn. 55). Für Zwecke außersteuerl Normen sind abgeltend besteuerte KapErträge zu berücksichtigen (§ 2 Va). Zu § 147a I 1 AO s BFH VIII B 67/17, DStR 18, 522. 11

d) Grenzüberschreitende Kapitalerträge. Ausl KapErträge eines inl StPfl sind bei fehlendem abgeltenden KapESt-Abzug gem § 32d III 1 zu erklären (Anlage AUS) und gem § 32d III 2 zum gesonderten Tarif (§ 32d I) zu veranlagen. Die ausl QuellenSt wird dann nach § 32d V angerechnet; ansonsten Besteuerung und Anrechnung iRd StAbzugs (§ 43a III 1). Zur abgeltenden Besteuerung inl KapErträge beschr StPfl s → Rn. 2. 12

4. Einkünfteerzielung; Einkünfteerzielungsabsicht. – a) Einkünfteerzielungstatbestand. – aa) Kapitalerträge. *Laufende KapErträge* iSd § 2 I „erzielt" derjenige, der KapVerm gegen Entgelt zur Nutzung überlässt. KapErträge iRd *§ 20 I* sind alle vom Vertragspartner oder einem Dritten vereinnahmten Vermögensmehrungen iSd § 8 I (§ 20 III), die bei wirtschaftl Betrachtung Entgelt für die Kapitalüberlassung sind (BFH VIII R 8/20, DStR 24, 232). KapErträge iSd *§ 20 II* sind Substanzgewinne/-verluste aus den im Katalog der Regelung genannten KapAnlagen (umfassende Wertzuwachsbesteuerung, → Rn. 145). – Gegenstand der Einkünfteerzielung gem § 20 I, II (das jeweilige „KapVermögen") ist *innerhalb und außerhalb der abgeltend besteuerten KapErträge* jede einzelne KapAnlage (hM; BFH VIII R 8/98, BFH/NV 00, 825; BFH VIII R 37/12, BFH/NV 14, 1883). Mehrere KapAnlagen können *im PV* idR nicht als wirtschaftl Einheit und zu „einer" KapAnlage zusammengefasst werden; im umgekehrten Fall sind einheitl KapAnlagen grds auch nicht zu zerlegen (s zutr *Haisch/Helios* Rechtshandbuch Finanzinstrumente § 6 Rn. 11 ff; BFH IX R 2/02, BStBl II 03, 752; BFH IX R 38/11, BStBl II 13, 1021, BFH VIII R 28/11, BStBl II 15, 276; FG Mchn EFG 21, 198, rkr zu gegenläufigen Hebelprodukten; zu sog Kopplungsgeschäften von Spezialfonds zweifelhaft FG Köln EFG 22, 426, Rev VIII R 24/21). § 20 I Nr 11 bezieht das Glattstellungsgeschäft in die Einkünfteermittlung des Stillhalters ein (→ Rn. 142). 14

Zu **§ 42 AO** bei gegenläufigen Geschäften s BFH VIII R 28/20, DStR 24, 2108: kein Missbrauch; zur gezielten Verlustrealisation → Rn. 147. **Spezielle Missbrauchsvorschriften** enthalten § 20 VII iVm § 15b (→ Rn. 250) und zur Anrechnung der KapESt § 36a, § 50j. Die speziellen Missbrauchsvorschriften verdrängen § 42 AO nicht. Deren Wertungen sind iRd Auslegung jedoch zu berücksichtigen (BFH I R 8/19, IStR 24, 549; BFH VIII R 15/19, BStBl II 23, 632; BFH VIII R 30/20, BStBl II 23, 638, jeweils zum Bondstripping). Zum Ganzen *Jachmann-Michel* DB 24, 817 ff, *dies* DB 25, 1318. 15

bb) Zurechnung der Kapitalerträge und Kapitalanlagen. – *(1)* Spezielle Zurechnungsregeln enthalten *§ 20 I Nr 6 S 5* für KapErträge, die iRe LV-Mantels erzielt werden, *§ 20 II 3* für KapErträge iZm einer vermögensverwaltenden PersGes und *§ 20 V* für Bezüge/vGA aus Beteiligungen (→ § 20 Rn. 110, 230). Zur gerichtl Überzeugungsbildung bei der Zurechnung eines KapStamms iRe Schätzung gem § 162 AO s BFH VIII R 51/14, BFH/NV 18, 5; BFH VIII R 23/16, BFH/NV 20, 853. – ***(2)* § 20 I.** *Laufende KapErträge* sind idR demjenigen zuzurechnen, der nach dem zugrundeliegenden Rechtsverhältnis im Entstehungszeitpunkt der Erträge zivilrechtl Gläubiger der KapAnlage ist (§ 39 I AO). Fallen zivilrechtl und wirtschaftl Eigentum auseinander, sind die lfd KapErträge vorrangig dem wirtschaftl Eigentümer zuzurechnen (§ 39 II 2 Nr 1 S 1 AO). *Wirtschaftl Eigentum* ist idR anzunehmen, wenn nach dem Gesamtbild der Verhältnisse im Einzelfall die Chancen auf eine Wertsteigerung und das Risiko einer Wertminderung der KapAnlage (Kursrisiko) nicht beim 16 zivilrechtl Eigentümer, sondern bei einer anderen Person liegen (sog Ausschließungsmacht), die die rechtl und tatsächl Dispositionsbefugnis über das zugrunde liegende Rechtsverhältnis hat und in der Lage ist, die Modalitäten der KapAnlage zu verändern oder die Leistungen durch Zurückziehen des KapVerm zu verweigern (sog positive Dispositionsmacht iSe Sachherrschaft). S zum Ganzen BFH I R 69/89, BStBl II 91, 38; BFH VIII R 14/10, BFH/NV 11, 1512; BFH IX R 11/10, BFH/NV 11, 2023, jeweils zur Zurechnung von Zinsen auf Eigenkonten kraft widerlegbarer Vermutung; zum Sperrkonto BFH VIII R 10/08, BStBl II 12, 315; zu Aktien bei § 20 V). Die Gläubigerstellung aufgrund einer *Abtretung* der Einnahmen ohne Übergang der Dispositionsbefugnis genügt für das wirtschaftl Eigentum nicht (BFH IV R 71/99, BFH/NV 01, 1251; → § 8 Rn. 11). Bei wirtschaftl Verfügungsmacht des *Stifters* über die von der Stiftung gehaltenen KapAnlagen sind deren KapErträge gem § 39 II AO unmittelbar dem Stifter zuzurechnen (BFH I R 84/09, BStBl II 14, 361; BFH I R 2/16, BStBl II 18, 567); ansonsten wird ihm das Einkommen einer ausl Familienstiftung ggf nach § 15 AStG (*BMF* BStBl I 23, SonderNr 1, 2 Rn. 775 ff; zur Ausnahme gem § 15 VI BFH IX R 32/22, IStR 25, 399) hinzugerechnet. – ***(2)* § 20 II.** KapErträge aus der Veräußerung der KapAnlage gem § 20 II 1, II 2 werden vom rechtl und wirtschaftl Eigentümer, bei Auseinanderfallen vom wirtschaftl Eigentümer der KapAnlage erzielt (§ 39 I, II Nr 1 S 1 AO; auch → § 17 Rn. 54 ff; zum Begriff oben *(2)*).

17 **cc) Einzelfragen.** – ***(1)* Treuhand.** Ein Treugeber erzielt KapErträge gem § 2 I, wenn nach der Treuhandvereinbarung die mit der rechtl Inhaberstellung verbundene Verfügungsmacht des Treuhänders über die KapAnlage im Innenverhältnis zugunsten des Treugebers derart eingeschränkt ist, dass das rechtl Eigentum bzw die Inhaberschaft als „leere Hülle" erscheint (§ 39 II Nr 1 S 2 AO; BFH I R 12/09, BStBl II 10, 590; auch → § 17 Rn. 58 zu § 159 AO). Zur Treugeberstellung bei der doppelnützigen Treuhand iRe CTA-Struktur BFH I R 19/18, DStRK 22, 1904; zu einem Verein als Treuhänder FG Mster DStZ 22, 509. Zur Sicherungsabtretung s BFH I R 112/97, BStBl II 99, 123; → Rn. 237. – ***(2)* Nießbrauch.** Der reine Bezug eines Kapitalertrags genügt für die Einkünfteerzielung des Nießbrauchers nicht. Dem Nießbraucher muss hierfür die Dispositionsbefugnis über das KapVerm zustehen, sonst werden die an ihn ausgezahlten KapErträge wie bei einer Vorausabtretung vom (neuen) Inhaber der Kapitalanlage erzielt (BFH VIII R 146/73, BStBl II 77, 115; BFH I R 69/89, BStBl II 91, 38, BFH IV R 71/99, BFH/NV 01, 1251; FG Mster EFG 14, 270, rkr). Zu **Dividenden/Wertpapieren** s § 20 V 3 (→ Rn. 238). Zur **Ablösung** → § 17 Rn. 60; → § 23 Rn. 50).

18 **dd) Angehörigenfälle.** – ***(1)* Angehörigenverträge.** S zu den allg Voraussetzungen der steuerl Anerkennung bei → § 12 Rn. 20 ff. – ***(2)* Übertragung der Einkunftsquelle.** Erforderl ist die Übertragung der Tätigkeit (→ § 2 Rn. 54; → § 8 Rn. 11), dh der Angehörige muss die Verfügungsmacht über die KapErträge und die Dispositionsbefugnis über die KapAnlage wie in → Rn. 16 erlangen; sonst erzielt weiterhin der Übertragende (zB Eltern) die KapErträge (BFH VIII R 170/83, BStBl II 90, 539; BFH VIII R 170/74, BStBl II 77, 206; BFH VIII R 19/98, BFH/NV 99, 1325; BFH VIII B 25/14, BFH/NV 16, 1021; zum Nießbrauch → Rn. 17). – ***(3)* Formale Vermögensverschiebungen.** Wird Geld geschenkt und anschließend gegenläufig (zB als Darlehen/Einlage iRe typisch stillen Beteiligung mit Verlustbeteiligung) an den Schenker (oder an eine PersGes, an der er als MUer beteiligt ist) zurückgewährt, kann der KapÜberlassung die Anerkennung zu versagen sein (s zu den Kriterien *BMF* BStBl I 11, 37 Rn. 11–13, 15; BFH IV R 58/99, BStBl II 01, 393; BFH VIII R 46/00, BStBl II 02, 685). Ohne steuerl Anerkennung erzielt der Schenker der Mittel die KapErträge (BFH VIII R 65/93, BStBl II 95, 264).

19 **ee) Rechtsnachfolge.** – ***(1)* Anteilsübertragung.** Bei KapErträgen gem § 20 I Nr 1, Nr 2 enthält § 20 V (→ Rn. 233) spezielle Regelungen iZm einer Anteilsüber-

tragung. – *(2)* **Entgeltliche Übertragung der Einkunftsquelle.** KapErträge, die als Entgelt für eine KapÜberlassung auf Zeit erzielt werden, sind bei *entgeltl Übertragung* der KapAnlage grds besitzanteilig aufzuteilen. Der Veräußerer/Übertragende erzielt die KapErträge grds bis zur Übergabe, sie sind idR Teil des Veräußerungspreises (s BFH VIII R 31/15, BStBl II 19, 577 zu Stückzinsen); der Erwerber erzielt insoweit negative Einnahmen (zum Erwerber s BFH VIII R 36/98, BStBl II 99, 769). Anders ist dies beim Erwerb von LV-Ansprüchen: s § 20 I Nr 6 S 3, S 7, S 8 (zur früheren Rechtslage BFH VIII R 46/09, BStBl II 11, 920). – *(3)* **Unentgeltliche Übertragung der Einkunftsquelle.** Bei der Schenkung von KapVermögen *(Einzelrechtsnachfolge)* erzielt der Beschenkte als neuer Gläubiger die KapErträge nur, wenn ihm die Dispositionsbefugnis über die KapAnlage iSd → Rn. 16 übertragen wird (BFH VIII R 14/10, BFH/NV 11, 1512). Bei der *Gesamtrechtsnachfolge* wird dem Erben entspr § 24 Nr 2 EStG; § 45 AO die Verwirklichung des Einkünfteerzielungstatbestands durch den Rechtsvorgänger zugerechnet (BFH VIII R 76/70, BStBl II 72, 55; → § 8 Rn. 12). – Der unentgeltl (Einzel-, Gesamtrechts-)Nachfolger übernimmt die AK und Rechtsstellung des Übertragenden (iEinz § 20 IV 6).

b) Einkünfteerzielungsabsicht. – *(1)* **Einzelbetrachtung.** Die Einkünfteerzielungsabsicht ist grds Voraussetzung der StBarkeit negativer KapErträge und für die jeweilige KapAnlage nach deren Typik zu ermitteln. Sie erfordert die aus obj Umständen abzuleitende Absicht, während der voraussichtl Haltedauer der KapAnlage einen (Total-)Überschuss der (stpfl) KapErträge über die WK zu erzielen; die Haltedauer eines Rechtsnachfolgers ist nur einzubeziehen, wenn dies wirtschaftl geboten ist (s zum Ganzen BFH VIII R 37/12, BFH/NV 14, 1883; BFH I R 2/16, BStBl II 18, 567, jeweils mwN). – *(2)* **Vermutung.** Da abgeltend besteuerte KapErträge gem § 20 I, III dem WK-Abzugsverbot (§ 2 II 2 iVm § 20 IX) und der beschr Verlustverrechnung (§ 20 VI) unterliegen (→ Rn. 8), wird die Einkünfteerzielungsabsicht widerlegbar vermutet. Die Vermutung ist erst widerlegt, wenn ein positives Ergebnis aus der KapAnlage in Form lfd KapErträge (§ 20 I) oder von Gewinnen gem § 20 II *von vornherein* als ausgeschlossen erscheint (BFH VIII R 38/15, BStBl II 17, 1040; BFH VIII R 25/14, BStBl II 17, 1038; *BMF* BStBl I 25, 1330 Rn. 125). Korrespondieren den Einnahmen gem § 20 IX nicht abzugsfähige WK, liegt die Absicht vor (unzutr FG Mster EFG 22, 1818, rkr zum refinanzierten Angehörigendarlehen, allenfalls fehlende Fremdüblichkeit)). Die Vermutung gilt nach BFH VIII R 15/19, BStBl II 23, 632 auch für gem § 32d II tarifl zu besteuernde negative KapErträge, für die § 20 VI, § 20 IX nicht gelten (§ 32d II 2). – *(3)* **Veräußerungsverluste.** Bei § 20 II fehlt die im Zeitpunkt der Veräußerung zu prüfende Absicht nicht allein deshalb, weil als letzter Akt der Einkünfteerzielung ein Verlust realisiert wird. Liegt der Veräußerung ein nach der KapÜberlassung gefasster Beschluss zugrunde, zB eine geänderte Investitionsplanung oder die Verlustminimierung („Ausstieg"), ist die Einkünfteerzielungsabsicht gegeben (BFH VIII R 38/15, BStBl II 17, 1040). – Bei Aufspaltung einer einheitl KapAnlage *(Bondstripping)* setzt sich die Vermutung für die zuvor einheitl KapAnlage nach der Aufspaltung iRe Gesamtbetrachtung grds fort (BFH VIII R 36/19, BFH/NV 23, 808). – Bei verzinsl *Ges'terDarlehen* ist die Einkünfteerzielungsabsicht für einen Ausfallverlust und Abtretungsverlust (wertloser Darlehensteil iRe Ges'ter-Verzichts → Rn. 184) gem § 20 II Nr 7 bei *vor der Krise* ausgereichten Darlehen (krisenbestimmten Darlehen; Finanzplandarlehen, stehen gelassenen Darlehen) zu vermuten (BFH IX R 2/22, DStR 23, 1882). Wird das Darlehen vom Ges'ter erst *in der Krise* gewährt, ist die Einkünfteerzielungsabsicht aus einer Gesamtbetrachtung der iZm mit Beteiligung erzielbaren Vorteile (künftige KapErträge gem § 20 I Nr 1; Wertsteigerungen gem § 20 II Nr 1) abzuleiten; die Absicht fehlt nur, wenn die Vorteilserzielung insges objektiv ausgeschlossen ist (BFH VIII R 8/22, DStR 25, 256; *BMF* BStBl I 22, 897 Rn. 22 f: Einbeziehung künftigen ArbLohns). Gleiches gilt bei *Ges'ter-Rückgriffsansprüchen* aus einer unentgeltl Bürgschaft (BFH IX R 2/22, DStR 23,1882 mit Anm *Levedag* GmbHR 23,1220 und für eine unent- 20 geltl Drittbürgschaft (BFH VIII R 3/23, BStBl II 25, 739). – Für Darlehen eines mittelbaren Ges'ters an nachgeschaltete KapGes iRe Beteiligungskette kann die Vermutung nicht auf die Gesamtbetrachtung gestützt werden. Es kommt allein auf die Ausgestaltung der Finanzierungshilfe an (zutr FG Ddorf EFG 25, 249, Rev VIII R 32/24).

22 **5. Besteuerungszeitpunkt. – a) Zufluss; Abfluss. – *(1)* Grundsatz.** Der KapErtrag (§ 20 I, II) muss zufließen (§ 11 I). Der Zufluss tritt mit Erlangung der wirtschaftl Verfügungsmacht über die Bar- oder Sacheinnahme, auch durch Gutschrift oder Novation ein (BFH VIII R 10/08, BStBl II 12, 315; BFH VIII R 25/12, BStBl II 14, 461); die wiederangelegten KapErträge erhöhen die AK der (Einlage)Forderung. – Zur Vorausverfügung s BFH VIII R 15/13, BStBl II 15, 468. – Das Nichtgeltendmachen eines fälligen Anspruchs oder dessen Stundung begründen grds keinen Zufluss (BFH VIII R 40/13, BStBl II 16, 342); auch nicht eine aufschiebend bedingte Gutschrift (BFH VIII R 18/20, BStBl II 23, 961: Bonuszinsen). IEinz → § 11 Rn. 50 „Gutschrift", „Schuldumwandlung", „Schneeballsysteme", „Überweisungen", „Verzicht". – Bei *Verlusten gem § 20 II, IV* ist der Realisationszeitpunkt maßgebl. – ***(2)* Beherrschender Gesellschafter.** (Nur) für ihn tritt der Zufluss schuldrechtl Vergütungen ohne Auszahlung bei *Fälligkeit* ein, wenn die KapGes zahlungsfähig ist, ihr kein Leistungsverweigerungsrecht zusteht und die Vergütung ihr Einkommen gemindert hat. Dies gilt auch bei Zinsen gem § 20 I Nr 7 (BFH VIII R 13/06, BFH/NV 07, 2249; EStH 20.2). Ein Rangrücktritt hindert den Zufluss vor Insolvenzreife nicht (SächsFG EFG 25, 947, rkr). Wenn die Fälligkeit noch nicht fälliger Zinsen hinausgeschoben wird, auch wenn dies durch das GesVerh veranlasst ist, fließen diese nicht zu (BFH VIII R 30/23, DStR 25, 827). –Der Zufluss bei Fälligkeit gilt (ohne Einkommensminderung bei der KapGes gem § 8 III 1, 2 KStG) auch für *vGA gem § 20 I Nr 1 S 2,* die auf Leistungsentgelten beruhen (BFH VIII R 9/03, BFH/NV 05, 526; BFH VIII B 46/12, BFH/NV 12, 597; zu anderen vGA → Rn. 47). – Bezüge gem *§ 20 I Nr 1 S 1* fließen mit dem Entstehen des Ausschüttungsanspruchs, dh bei Beschlussfassung über die Gewinnverwendung unabhängig von deren Fälligkeit zu, es sei denn, die *Satzung* bestimmt eine abw Fälligkeit (BFH VIII R 24/98, BStBl II 99, 223; BFH VIII R 2/12, BStBl II 15, 333; zur KapESt → § 44 Rn. 6). Dies gilt entspr bei Ausschüttungen ausl KapGes s BFH I R 22/14, BStBl II 17, 336, BFH VIII R 32/19, BStBl II 23, 101; auch → § 11 Rn. 50 „Ausschüttungen einer KapGes". – ***(3)* Nicht beherrschender Gesellschafter.** Maßgebl sind die allg Voraussetzungen gem § 11 I (BFH VIII R 18/19, BFH/NV 23, 116); – ***(4)* § 20 I Nr 4.** → Rn. 93; – ***(5)* InvStG.** S § 18 III zur Vorabpauschale.

23 **b) Rückzahlung von Einnahmen und Werbungskosten.** Die (von vornherein/später) geschuldete Rückzahlung der KapErträge steht deren Zufluss nicht entgegen (→ § 11 Rn. 18, 19 mwN). – Deren Rückzahlung ist erst bei Abfluss eine negative Einnahme (→ § 8 Rn. 9; → § 9 Rn. 108; → § 4 Rn. 475; bei § 20 I Nr 7 S 3 → Rn. 120). – Zur Rückgewähr von vGA → Rn. 48. – Die *Erstattung von WK* beseitigt nicht rückwirkend den Abfluss, sondern ist stpfl Einnahme (→ § 11 Rn. 38; Ausnahme: rückvergütete Bearbeitungsgebühren und erstattete Rechtsverfolgungskosten s *BMF* BStBl I 25, 1330 Rn. 83a; auch → Rn. 115).

II. Laufende Kapitalerträge, § 20 I

28 **1. Beteiligungsbezüge, § 20 I Nr 1 S 1. – a) Veranlassung des Bezugs durch die Gesellschafterstellung. – *(1)* Gesellschaften; Beteiligungen.** § 20 I Nr 1 enthält eine Aufzählung der in Betracht kommenden leistenden inl Körperschaften und Beteiligungsrechte, auf denen der Bezug beruhen muss. Es zählen hierzu zivilrechtl *KapGes* iSd § 1 I Nr 1 (ua AG, KGaA, GmbH), *OptionsGes* iSd § 1a KStG und *Genossenschaften* iSd § 1 I Nr 2 KStG. Die Bezüge müssen nach der gesetzl Aufzählung beruhen auf *(1)* Aktien, *(2)* beteiligungsähnl Genussrechten, *(3)* Anteilen an

GmbH, UG, und *(4)* Beteiligungen an OptionsGes iSd § 1a KStG. Leistungen aus OptionsGes müssen durch das Gesellschaftsverhältnis veranlasst sein (§ 1a III 2 Nr 1 KStG; *Wacker/Krüger ua* DStR-Beih 21, 19). – Die Ausgestaltung der Anteile ist unerhebl (zB als Vorzugsanteil, s *Häuselmann,* Hybride Finanzinstrumente, S 382; BFH VIII R 23/21, DStR 24, 2809). – ***(2)* Andere Gesellschaften.** Der Katalog der nach Nr 1 stbaren Bezüge ist *nicht* abschließend (BFH VIII R 74/93, BStBl II 95, 315; str). Entscheidend für die StBarkeit eines Bezugs nach Abs. 1 S 1 Nr 1 ist, ob das leistende StSubjekt eine körperschaftl Struktur hat, die Beteiligung des Ges'ters/Berechtigten eine Beteiligung an den Leistungen und an der Substanz (iRd Liquidation) vermittelt und ob die Leistung durch das MitgliedschaftsVerh veranlasst ist (s BFH I R 73/94, BStBl II 95, 552; BFH VIII R 72/79, BStBl II 83, 128, BFH VIII R 70/02, BStBl II 05, 468; → § 17 Rn 44 ff auch zur geplanten Ges mit gebundenem Vermögen). – ***(3)* Ausländische Gesellschaften.** → Rn. 30.

b) Steuerbare Bezüge aus Kapitalgesellschaften. – aa) Inländische Kapitalgesellschaft. Nach § 20 I Nr 1 stbare Bezüge aus *inl KapGes* sind Gewinnanteile und sonstige Bezüge aufgrund der in → Rn. 28 genannten Beteiligungsrechte. – **Security-Token** (tokenisierte Anteile) sind vergleichbare Mitgliedschaftsrechte (*BMF* BStBl I 25, 658 Rn. 2, 81 ff). – Unter § 20 I Nr 1 fallen auch offene und verdeckte Ausschüttungen (s BFH I R 10/13, BStBl II 16, 298; BFH VIII R 23/21, DStR 24, 2809) aus stbefreiten **Genossenschaften** (§ 5 I Nr 14 KStG), aber nicht Rückvergütungen (BA nach § 22 KStG; auch → § 17 Rn. 251). 29

bb) Ausländische Kapitalgesellschaft. – *(1)* Reiner Auslandsfall. Ausl Gebilde und Anteile/Berechtigungen (EU, EWR, Drittstaaten) sind nach dem sog **doppelten Typenvergleich** in ihrer konkreten Ausgestaltung (Realtypus) mit dem Idealtypus inl KapGes zu vergleichen und müssen diesem im Wesentl entspr (BFH I R 12/18, BStBl II 21, 875; BFH I R 34/08, BStBl II 09, 263). IEinz → § 17 Rn. 48. – **Einzelfälle:** *BMF* BStBl I 25, 1330, Rn. 1–3; S-Corporation s BFH I R 42/15, IStR 18, 388; US-LLC BFH I B 76/20 (AdV), DStR 21, 2389; französische SICAV BFH I R 52/11, BStBl II 14, 240; luxemburgische SICAV BFH I R 61/17, BFH/NV 21, 1387; FG Mchn EFG 25, 998, Rev I R 25/24). Bezüge aus *ausl OptionsGes* fallen unter § 1a III 2 Nr 1 KStG (iEinz *Wacker/Krüger ua* DStR-Beih 21, 35). – Gleichgestellte Beteiligungen sind Hinterlegungsscheine über inl Aktien in Form von ADRs; EDRs, IDRs, GDRs; RPS (FG Ddorf DStRE 14, 924; *BMF* BStBl I 13, 718; *BMF* BStBl I 18, 1400; *Valbuena* DStR 24, 2305). – ***(2)* Doppelansässigkeit.** → § 17 Rn. 49. 30

cc) Gewinnanteile und sonstige Bezüge. – *(1)* Grundlagen. Nach Abs 1 Nr 1 S 1 sind stbar ausgeschüttete Gewinnanteile und sonstige Bezüge von der KapGes. Es darf sich nicht um bei der KapGes abziehbare BA handeln (§ 8 III 1 KStG). Nicht hierzu gehören thesaurierte Gewinnanteile und Leistungen, die zu einer AK-Minderung der Beteiligung führen (zur Nennkapital- und Einlagenrückgewähr → Rn. 65 ff). Unerhebl ist, ob für die von der Ges ausgeschütteten Beträge der Gewinn (als lfd Gewinn einschließl Gewinnvortrag, gesetzl und andere Gewinnrücklagen, §§ 58 ff, §§ 148 ff AktG; § 29, § 46 Nr 1 GmbHG; § 270, § 272 HGB) oder die Vermögenssubstanz der Ges (als Substanzausschüttung) verwendet wird. Im Zweifel liegt ein Bezug nach Abs 1 S 1 Nr 1 vor (BFH I R 117/08, BFH/NV 11, 669; BFH VIII R 47/13, BStBl II 22, 263; *BMF* BStBl I 25, 1330 Rn. 1) oder wird er ggf gem § 27 VIII 9 KStG fingiert. Zur Abgrenzung von Bezügen gem § 20 I Nr 2 (→ Rn. 72). – Zur **Zurechnung** s § 20 V (→ Rn. 233). – ***(2)* Offene Gewinnausschüttungen** erfordern einen Gewinnverwendungsbeschluss iZm der Feststellung des Jahresabschlusses, damit ein Ausschüttungsanspruch des Ges'ters entsteht (§ 58, § 174 AktG; §§ 29, 46 Nr 1 GmbHG). Sie sind grds quotal zuzurechnen (zB § 29 III 1 GmbHG). Gewinne können auch **„disquotal"** (abw von den Beteiligungsverhältnissen) *verwendet* werden (Teilthesaurierung einzelner Ges'ter), dann entstehen nur für die 31 begünstigten Ges'ter Ausschüttungsansprüche und stbare Gewinnanteile iSd Abs 1 S 1 Nr 1 (BFH VIII R 25/19, BStBl II 24, 688). – Ausgeschüttete Gewinne können ferner *disquotal verteilt* werden, wenn dem ein zivilrechtl wirksamer *Gewinnverteilungsbeschluss* zugrunde liegt (zur satzungsgem Ausschüttung nach § 29 III 2 GmbHG; § 60 I, III AktG s BFH IV R 28/11, BFH/NV 15, 495; zu punktuellen satzungsdurchbrechenden Beschlüssen ohne Dauerwirkung BFH VIII R 20/20, BStBl II 24, 697). Die Bezüge sind nur den begünstigten Ges'tern zuzurechnen; der nicht begünstigte Ges'ter erzielt keine KapErträge (Abs 5 S 2; → Rn. 233). Der BFH lehnt einen *Gestaltungsmissbrauch* (§ 42 AO) idR ab (BFH VIII R 20/20, BStBl II 24, 697). Das *BMF* hat sich dem angeschlossen (*BMF* BStBl I 24, 1246). Zu den Gründen disquotaler Verteilung, Verwendung *Schiffers ua* GmbHR 24, 745; krit zum AG-Ausschluss lt BMF *Broemel ua* DStR 25, 17; zum Ganzen, auch zum SchenkungStRecht *Fuhrmann* KÖSDI 24, 23997 ff; – ***(3)* Vorabausschüttungen; sonstige Ausschüttungen.** Vorabausschüttungen auf den noch nicht festgestellten Gewinn sind gem Nr 1 stbar (BFH VIII R 2/12, BStBl II 15, 333; BFH VIII R 20/20, BStBl II 24, 697). Eine spätere Rückzahlung des Ges'ters stellt StBarkeit und Zufluss nicht in Frage (→ Rn. 23). Auch eine zivilrechtl wirksam beschlossene ergebnisunabhängige Ausschüttung („Entnahme") fällt unter Abs 1 S 1 Nr 1. Nicht abschließend geklärt ist die Behandlung von Dividendengarantiezahlungen (dazu *Scheuch* FR 2025, 169; *Koßmann/Pfleger,* DStR 25, 1606). – Zur Auszahlung einer KapRücklage FG Mchn BeckRS 2024, 50330, Rev VIII R 10/25. – ***(4)* Bezüge aus OptionsGes, § 1a II 3 Nr 1 KStG.** Gewinnanteile sind ab VZ 2024 nur die nach der Gewinnverteilung der PersGes tatsächl ausgezahlten Beträge (§ 1a III 5 KStG nF), ebenso Tätigkeitsvergütungen iRe Gewinnvorabs (iEinz *BMF* BStBl I 21, 2212 Rn. 72 ff; zu den Zweifelsfragen *Wacker/Krüger ua* DStR-Beih 21, 23).

32 **c) Bezüge aus Genussrechten.** Genussrechte iSd Nr 1 sind nur **beteiligungsähnl (verbriefte und unverbriefte) Genussrechte** (BFH VIII R 73/03, BStBl II 05, 861; BFH VIII R 3/05, BStBl II 08, 852; BFH I R 27/12, BStBl II 13, 682). Dies sind Forderungen (§ 221 III AktG), bei denen gegen die Kapitalüberlassung dem Inhaber *kumulativ* eine Beteiligung am Gewinn [zB Anknüpfung an Jahresüberschuss oder Gewinn; eine Verlustbeteiligung ist unerhebl] *und* am Liquidations(mehr)erlös (sog Genussrechtstest gem § 8 III 2 Hs 2 KStG), aber keine Mitverwaltungsrechte gewähren (BFH VIII R 3/05, BStBl II 08, 852). Die Beteiligung am Liquidations(mehr)erlös verlangt grds eine Beteiligung an den stillen Reserven, *nicht* maßgebl sind die Gewinnabhängigkeit der Ausschüttung, die Stellung des Inhabers als Allein-ges'ter, eine lange Laufzeit des Genussrechts oder ein Wandlungsrecht des Inhabers zum Erwerb von Anteilen, selbst wenn dessen Ausübung wahrscheinl ist oder der Nachrang der Rückzahlung des Genussrechtskapitals (BFH I R 44/17, DStR 20, 1307; BFH VIII R 73/03, BStBl II 05, 861; *BMF* BStBl I 23, 672, Rn. 1, 29 ff; *Marx* DStZ 23, 494; → § 17 Rn. 46). Die Ausschüttungen dürfen das Einkommen der KapGes nicht mindern (§ 8 III 2 KStG). – Zinsen aus **obligatorischen Genussrechten** (*BMF* BStBl I 23, 672, Rn. 1 ff) fallen unter § 20 I Nr 7, § 43 I Nr 2, iRd beschr StPflicht unter § 49 I Nr 5 Buchst c bb. Zu ArbN-Genussrechten → Rn. 260.

33 **d) Kapitalerhöhung aus Gesellschaftsmitteln.** Hierunter fallen die Erhöhung (Aufstockung) des Nennbetrags der Altanteile und die Ausgabe neuer Geschäftsanteile aus GesMitteln. Der aus den Rücklagen der Ges stammende KapErhöhungsbetrag steht den Ges'tern beteiligungsproportional zu (§ 212 AktG; § 57d; § 57j GmbHG). Die neuen Anteile werden anders als bei einer Erhöhung gegen Einlagen ohne ein vorgeschaltetes Bezugsrecht zugeteilt. Sind die Vorgaben der § 1, § 7 I KapErhStG erfüllt, führt die Zuteilung der Neuanteile nicht zu stbaren KapErträgen gem § 20 I Nr 1 S 1. Die AK der Altanteile sind aufzuteilen (§ 3 KapErhStG, BFH IX R 26/08, BStBl II 09, 658; nicht bei Genossenschaften BFH IX R 19/21, BStBl II 24, 43; auch → § 17 Rn. 171). Außerhalb dieser Regelungen (zB bei Umwandlung des Gewinnvortrags ohne vorherige Rücklagenbildung s FG RhPf BeckRS 2016, 142703, rkr) stbare Ausschüttung und Anschaffung der Neuanteile

zum jeweiligen Kurs, bei ausl Ges s § 20 IVa 5 (*BMF* BStBl I 25, 1330, Rn. 91, → Rn. 223). Zur KapHerabsetzung s bei § 20 I Nr 2 (→ Rn. 74).

e) Rechtsfolgen; speziellere Regelungen. – aa) Rechtsfolgen. Bezüge iSd § 20 I Nr 1 sind alle Zuwendungen in Geld oder Sacheinnahmen in Geldeswert (§ 8 I, zu Wahldividenden s *Schmidtmann* DB 17, 2695) sowie sonstige Vorteile (§ 20 III), die dem Ges'ter von der Körperschaft selbst oder von einem Dritten (§ 20 III, → Rn. 190) zufließen. Zur Bewertung einer **Sachausschüttung** s BFH I R 34/15, BFH/NV 19, 77: grds gemeiner Wert; zu Ausnahmen s bei § 20 IVa 2–7; zur KapESt → § 44 Rn. 13 f. – Die Einnahme ist im Fall der Einlagenrückgewähr nicht stbar (→ Rn. 68) – Bezüge gem Abs 1 S 1 unterliegen *im PV* dem gesonderten Tarif (§ 32d I), es sei denn, sie sind kraft Antrags (§ 32d II Nr 3) oder kraft Gesetzes (§ 32d II Nr 4) tarifl KapErträge. S zum WK-Abzug bei Abs 9 und bei § 32d II 2. – *Im BV* werden gem Abs 8 S 1 betriebl KapErträge erzielt, die bei natürl Personen gem § 3 Nr 40 S 1 Buchst d (→ § 3 Rn. 142, auch zur GewSt) zu 40% und bei KapGes gem § 8b I, V KStG (Fiktion nichtabzugsfähiger BA iHv 5%, ggf mit Rückausnahmen in § 8b IV, VII, VIII KStG) iErg zu 95% stfrei sind. Die tatsächl BA sind bei natürl Personen zu 60% (§ 3c II 1) und bei KapGes voll abzugsfähig. – Bezüge iSd Nr 1 unterliegen gem § 43 I 1 Nr 1, Nr 1a iVm § 20 III, § 43a I Nr 1 dem KapESt-Abzug. Zu Bezügen bei beschr StPfl s § 43b, § 44a IX. – *Abkommensrechtl* gilt nach den DBA idR ein eigenständiger Dividendenbegriff. Es steht idR dem Wohnsitz- und dem Quellenstaat ein Besteuerungsrecht zu (s Art 10 I–III OECD MA; zum Schachtelprivileg s Art 10 V OECD-MA). 34

bb) Speziellere Regelungen. – ***(1)*** **§ 20.** Einnahmen aus Leistungen inl, ausl *KSt-Subjekte iSd § 1 I Nr 4, Nr 5 KStG* sind nach Abs 1 Nr 9 stpfl; Leistungen von *Investmentfonds* fallen unter Abs 1 Nr 3, Nr 3a (→ Rn. 80 ff). Der Gewinntransfer eines *Betriebs gewerbl Art, wirtschaftl Geschäftsbetriebs* (§ 1 I Nr 6 KStG) an die Trägerkörperschaft ist als „fiktive Ausschüttung" nach § 20 I Nr 10 stbar (→ Rn. 135). – ***(2)*** **§ 7 UmwStG.** Bei Verschmelzung/Formwechsel von KapGes in PersGes gem §§ 3 ff UmwStG gelten die offenen Rücklagen zum steuerl Übertragungsstichtag (§ 2 UmwStG) als ausgeschüttete Einnahmen iSd § 20 I Nr 1 (auch bei Rückoption einer OptionsGes gem § 1a IV KStG). Für Anteile, auf die die Einlagefiktion des § 5 UmwStG anzuwenden ist, ist die Ausschüttung gem *§ 20 VIII 1* bei der aufnehmenden PersGes ein betriebl Bezug (→ § 3 Rn. 136 *(7)*; BFH IV R 1/17, BStBl II 19, 501). § 5 II UmwStG ist für Übertragungsstichtage nach dem 5. 12. 24 (§ 27 Abs. 21 UmwStG nF) auf sämtl stverstrickten Anteile an KapGes im PV erweitert worden (BT-Drs 20/12870, 154). Bei Beteiligungen < 1% im PV betrifft die Fiktion also Anteile iSd § 17 I 4, VI (wie vorher) und (neu) nach dem 31. 12. 08 erworbene Anteile iSd § 20 II Nr 1 (*BMF* BStBl I 25, 92 Rn. 05.05; 07.07; sowie Rn. 18.04 zur GewSt zu § 5 II iVm § 18 II 2 UmwStG). – ***(3)*** **REITG.** Die REIT-AG ist von der KSt und GewSt befreit (§ 16–§ 18 REITG; *BMF* BStBl I 07, 527; zu Ausnahmen s § 1 II REITG, dann StPfl gem § 1 KStG). S zu den Ausschüttungen § 19 I REITG. – ***(4)*** **AStG.** Der Hinzurechnungsbetrag (§ 10 II AStG) wird im PV den Einkünften gem Abs 1 Nr 1 gesetzl zugewiesen und tarifl besteuert (*BMF* BStBl I 23, SonderNr 1, 2 Rn. 524 f; → § 32d Rn. 22). Bezüge aus ZwischenGes unterliegen § 32d I (ggf gekürzt gem § 11 I 1 Hs 2 AStG, *BMF*, Rn. 611, 616, 629). – ***(5)*** **Organschaft.** Ausgleichszahlungen der OrganGes (§ 16 KStG) gehören zu den Bezügen gem § 20 I Nr 1. Gewinnabführungen sind keine Ausschüttungen (→ § 3 Rn. 136 *(4)*; 143). 35

2. Verdeckte Gewinnausschüttungen, § 20 I Nr 1 S 2

Verwaltungsanweisungen: *BMF* BStBl I 02, 603 (Korrektur von vGA); *BMF* BStBl I 02, 972 (Angemessenheit von Ges'terGeschäftsführervergütungen, durch BFH I R 46/01, BStBl II 04, 132 und BFH I R 24/02, BStBl II 04, 136 zT überholt), *BMF* BStBl I 04, 1045 (Überversorgung); *BMF* BStBl I 17, 1293 (Versorgungsleistungen); *BMF* BStBl I 12, 478 (private Pkw-Nutzung); KStR 8.5–8.8.

37 **a) Grundlagen. – aa) Regelungsinhalt.** Gem Abs 1 Nr 1 S 2 sind KapErträge aus vGA auf Ebene des Ges'ters stbar. Eine vGA beim Ges'ter iSd Vorschrift liegt nach ständiger BFH-Rspr vor, wenn die KapGes ihm außerhalb der gesellschaftsrechtl Gewinnverteilung einen Vorteil zuwendet, diese Zuwendung ihren Anlass im GesVerhältnis hat und die Einnahme zufließt (vgl zB BFH VIII R 54/05, BStBl II 07, 830; BFH III R 9/03, BStBl II 05, 160; BFH VIII R 54/10, BFH/NV 14, 1501; BFH VIII R 38/14, BFH/NV 18, 1141). vGA sind auch iRd § 20 I Nr 9 und § 20 I Nr 10 Buchst a und b stbar.

38 **bb) Verdeckte Gewinnausschüttungen auf Ebene des Körperschaftsteuersubjekts.** Die vGA wird in § 8 III 2 KStG nicht gesetzl definiert, sondern nur hinsichtl der Einkommenskorrektur als Rechtsfolge geregelt. Wesen der vGA ist, Vermögensvorteile, die den Ges'tern „verdeckt" in einer Form zugeführt werden, in der sie nicht als Ausschüttung erscheinen, als solche zu erfassen. Entscheidend ist, ob Leistungen an den Ges'ter aus betriebl Gründen oder mit Rücksicht auf das GesVerhältnis (societatis causa) gewährt werden (BFH I R 247/81, BStBl II 86, 195; BFH II R 6/12, BStBl II 13, 930). Auf Ebene des KSt-Subjekts muss durch einen bestimmten Geschäftsvorfall **eine Vermögensminderung oder verhinderte Vermögensmehrung** eintreten, die durch das GesVerhältnis veranlasst ist und sich (erfolgswirksam) auf die Höhe des Unterschiedsbetrags iSd § 4 I 1 auswirkt (bei nicht buchführungspfl KSt-Subjekten ist auf die Einkünfte abzustellen) und nicht auf einem den gesellschaftsrechtl Vorschriften entspr Gewinnverteilungsbeschluss beruht; die Minderung des Unterschiedsbetrags muss zudem obj geeignet sein (sog Vorteilsgeneigtheit), beim Ges'ter einen Bezug iSd § 20 I Nr 1 S 2 auszulösen (allg Ansicht, s BFH I R 2/02, BStBl II 04, 131; BFH I R 12/15, BStBl II 17, 217; BFH I R 2/21, DStR 24, 1474: Aufwandstragung statt des Ges'ters; KStR 8.5). Zur verhinderten Vermögensmehrung bzw -minderung iZm *Geschäftsgeheimnissen und Geschäftschancen* s *Fischer* DStR 23, 1225; BFH I R 40/95, BStBl II 97, 118; NdsFG EFG 23, 538, Rev I R 43/23. – **Rechtsfolge** der vGA ist die *Gewinnerhöhung außerhalb der Bilanz* und damit die Korrektur des kstl Einkommens (BFH I R 137/93, BStBl II 02, 366; zur erforderl zweistufigen Prüfung der Minderung des Unterschiedsbetrags s BFH I R 21/03, BStBl II 05, 841; zur Technik *BMF* BStBl I 02, 603; krit *Briese* DStR 23, 801 (803)).

39 **cc) Verhältnis von § 8 III 2 KStG und § 20 I Nr 1 S 2. – *(1)* Keine tatbestandliche Korrespondenz.** Eine Korrespondenz zw beiden Tatbeständen idS, dass der Nachteil iRd Einkommenskorrektur auf Ebene des KSt-Subjekts eine materielle Voraussetzung für die StBarkeit der Einnahme beim Ges'ter darstellt, besteht nicht. Es handelt sich bei der vGA auf Ebene des KSt-Subjekts und des Ges'ters um voneinander unabhängige Beurteilungsebenen: Der obj vorteilsgeneigte Betrag iSd § 8 III 2 KStG muss sich beim Ges'ter weder zeitl noch betragsmäßig korrespondierend in einem konkreten Vorteilszufluss auswirken, um beim KSt-Subjekt das Einkommen erhöhen zu dürfen; auf Ebene des Ges'ters ist die Einnahme stbar, wenn ihm ein messbarer Vorteil (§ 8 I) in Geld oder Geldeswert zufließt (s BFH VIII B 15/22, BFH/NV 23, 964 mwN; *Gosch KStG* § 8 KStG Rn. 170; *BH/Rengers* § 8 KStG Rn. 230 ff). Bei Hinzuschätzung von BE auf Ebene der KapGes muss es zB überhaupt nicht zur vGA beim Ges'ter kommen (BFH VIII R 38/14, BFH/NV 18, 1141; FG Ddorf DStRE 25, 833, nkr). Merkmal beider Regelungen ist die erforderl *Veranlassung* (nicht Verursachung) durch das Gesellschaftsverh, welche in den verschiedenen Ausprägungen für beherrschende, nicht beherrschende Ges'ter (→ Rn. 44 f) nach denselben Kriterien zu beurteilen ist (BFH VIII R 4/01, BFH/NV 05, 105). Über Grund und Höhe einer vGA haben das KSt-FA und ESt-FA somit jeweils selbständig zu entscheiden. – ***(2)* Begünstigung.** Für die Besteuerung der Einnahme aus der vGA nur iHv 60% im Teileinkünfteverfahren gem § 3 Nr 40 S 1 Buchst d S 1, 2 (→ § 3 Rn. 143), iRd gesonderten Tarifs gem § 32d I iVm II Nr 4 (→ § 32d Rn. 21) sowie für die Freistellung gem § 8b I 2–4 KStG beim Ges'ter darf die vGA das Einkommen

des leistenden KSt-Subjekts nicht gemindert haben (s iEinz *Gosch KStG* § 8 KStG Rn. 194a; *ders* § 8b KStG Rn. 144–149 f; *BH/Rengers* § 8b KStG Rn. 140–145). *Ausnahmen* bestehen bei sog mittelbaren vGA, wenn die Veranlagung der nahestehenden Person (des Vorteilsempfängers) nicht mehr änderbar ist (§ 3 Nr 40 S 1 Buchst d S 3, § 32d II Nr 4 EStG; § 8b I 4 KStG). – ***(3)* Verfahrensrechtliche Korrespondenz, § 32a KStG.** § 32a KStG ist eine eigenständige Änderungsnorm. Der KSt- und der ESt-Bescheid stehen nicht im Verh von Grundlagen- und Folgebescheid iSd § 171 X, § 175 I 1 Nr 1 AO (s iEinz BFH VIII R 55/10, BFH/NV 12, 269; BFH VIII R 30/12, BStBl II 15, 858); s aber zur Heilung bei unzutr Korrekturreihenfolge BFH VIII R 2/17, BStBl II 20, 679 und zur Ablaufhemmung gem § 32a I 2 KStG BFH VIII R 38/14, BFH/NV 18, 1141; FG Bbg BeckRS 2024, 37174, rkr; zur verfassungskonformen Auslegung BVerfG BeckRS 2023, 42095). – ***(4)* § 166 AO.** Unzutr ist FG RhPf EFG 20, 423, rkr, nach dem die Nichtanfechtung eines KSt-Bescheids, in dem vGA erfasst ist, für einen Ges'terGeschäftsführer zum Einwendungsausschluss iRd ESt-Festsetzung führt. Die fehlende tatbestandl Korrespondenz iRd vGA (s oben *(1)*) steht dem entgegen (zutr *Binnewies* GmbHR 20, 721).

b) Persönlicher Anwendungsbereich. Leistende KSt-Subjekte können wie bei § 20 Nr 1 S 1 inl, ausl KapGes, auch OptionsGes iSd § 1a KStG (*BMF* BStBl I 21, 2212 Rn. 53, 69) und andere KSt-Subjekte sein (→ Rn. 29). Ges'ter können inl und ausl natürl Personen, MUerschaften oder KSt-Subjekte sein. Es muss grds ein GesVerhältnis oder ein mitgliedschaftl, mitgliedschaftsähnl Verhältnis zum KSt-Subjekt bestehen (KStH 8.5 mwN). 41

c) Voraussetzungen der verdeckten Gewinnausschüttung beim Gesellschafter im Einzelnen. – aa) Vorteilsgewährung; Vorteilsverbrauch. In der Grundform der vGA wird dem Ges'ter der Vorteil selbst gewährt. Dieser muss eine Einnahme iSd § 8 I (Geld/Geldeswert) in seinem Verfügungsbereich erhalten (Zufluss). Den Einnahmen aus der vGA können beim Ges'ter Aufwendungen ggüstehen (WK, zB in Form sog Zuführungskosten BGH 1 StR 399/20, NZWiSt 22, 204; s aber § 20 IX) und die Einnahme kann in Form von WK bei einer anderen Einkunftsart oder durch eine verdeckte Einlage verbraucht werden (→ Rn. 43 mwN). 42

bb) Vorteilsgewährung an eine nahe stehende Person. – *(1)* Mittelbare Vorteilszuwendung. Eine mittelbare vGA kann bewirkt werden, indem von der KapGes einer dem Ges'ter nahestehenden Person ein Vorteil gewährt wird; ein eigenes vermögensmäßiges Ges'terInteresse an der Zuwendung ist unerhebl; die stbare Einnahme erzielt der Ges'ter (zu § 8 III 2 KStG s BFH I R 139/94, BStBl II 97, 301 und KStH 8.5 III; zu § 20 I Nr 1 S 2 BFH VIII R 4/01, BFH/NV 05, 105; BFH VIII R 24/03, BFH/NV 05, 1266; BFH VIII R 54/05, BStBl II 07, 830; BFH VIII R 19/07, BFH/NV 11, 449; BFH VIII R 32/14, BFH/NV 17, 1174). Die Verausgabung der Einnahme beim Ges'ter in der weiteren Folge kann eine estl unbeachtl Einkommensverwendung sein (s die zitierte Rspr) oder zu einem sog Vorteilsverbrauch in Form von WK/BA (BFH GrS 2/86, BStBl II 88, 348) bei anderen Einkünften oder zu Einlagen (nachträgl AK) führen. Problematisch sind die Tatbestandsverwirklichung und (quotale) Einkünfteerzielung, wenn auch die nahe stehende Person Ges'ter der gewährenden KapGes ist; die volle VGA-Zurechnung bei einem Ges'ters ist aber mögl, wenn der Dritte mehreren Ges'tern nahe steht (BFH VIII R 32/14, BFH/NV 17, 1174). Beim *Dritten* können die Zuwendungen nach dem zugrundeliegenden Rechtsverhältnis zum Ges'ter zu einer Schenkung (→ Rn. 52 zur SchenkungSt), Einlage und ggf zu Einkünften führen. – ***(2)* Begriff des Nahestehens.** Nahe stehend sind nicht nur Angehörige iSv § 15 AO; es genügen Beziehungen jeder Art, die auf die außerbetriebl Veranlassung der Zuwendung durch die KapGes schließen lassen; sie können familienrechtl, schuldrechtl, gesellschaftsrechtl, wirtschaftl oder tatsächl Art sein (BFH I R 139/94, BStBl II 97, 301; BFH VIII R 70/04, BFH/NV 06, 722); zur Tante FG Mster DStRK 20, 185, rkr; (zB 43 auch nichtehel Partner, s BFH I B 2/15, BFH/NV 16, 424), Schwester-GmbH (FG Nbg EFG 10, 641, rkr), eine gemeinnützige Stiftung (BFH I R 16/18, BStBl II 22, 119), bei mittelbarer Anteilseignerstellung (BFH VIII R 22/11, BStBl II 15, 687; BFH IV R 7/13, BStBl II 16, 219). Bei Leistungen der KapGes an Personen, die einem beherrschenden Ges'ter nahe stehen, müssen die strengen Voraussetzungen des formellen Fremdvergleichs zw dem Dritten und der KapGes (→ Rn. 45) eingehalten werden, sonst vGA (KStH 8.5 mwN). – ***(3)* Anscheinsbeweis.** Der *„Anschein des Nahe-Stehens"* und die hierzu von der Rspr anerkannte *widerlegbare Vermutung* der Veranlassung der Vorteilsgewährung durch das GesVerhältnis kann erschüttert werden, zB durch den Umstand, dass die Zuwendung an den Dritten auf einer vom GesVerhältnis unabhängigen Ursache beruht (zB BFH VIII R 24/03, BFH/NV 05, 1266; BFH VIII R 54/05, BStBl II 07, 830; BFH VIII R 19/07, BFH/NV 11, 449): Keine vGA (iSd § 20 I Nr 1 S 2) liegt daher vor, wenn ein Geschäftsführer, der mit dem Ges'ter verwandt ist, widerrechtl und ohne dessen Wissen Geld entnimmt (BFH VIII R 34/06, BFH/NV 07, 2291). – ***(4)* Ketten-vGA; Dreieckssachverhalte.** Zum Nahestehen aufgrund einer gesellschaftsrechtl Beziehung s BFH I R 61/07, BStBl II 11, 62; BFH I R 45/11, BStBl II 13, 771; KStH 8.5 III mwN. Die Gewährung eines Vorteils der Enkel-KapGes nicht an die unmittelbare Mutter-KapGes, sondern an eine KapGes, die in der Beteiligungskette darüber steht, ist eine vGA an eine dem Ges'ter nahestehende Person. Die vGA wandert durch die Kette nach oben [auf den Zwischenebenen gedankl jeweils Vereinnahmung der vGA samt Freistellung gem § 8b I KStG und aufgrund der „Weitergabe" BA mit Korrektur gem § 8b III 2 KStG] bis zum letzten Ges'ter (BFH I R 247/81, BStBl II 86, 195; zur vGA in einer Organschaftskette s BFH I R 32/06, BStBl II 07, 961; zur hM s *Gosch KStG* § 8 KStG Rn. 239 ff). Diese Sichtweise wird in den Gesetzesmaterialien zu § 27 VI 3 vom Gesetzgeber als allg Verständnis bezeichnet gelegt (BT-Drs 20/12870, 138) –. Zu sog *Dreieckssachverhalten* [Zuwendungen an SchwesterGes] s BFH GrS 2/86, BStBl II 88, 348: Gewährt eine TochterKapGes ihrer SchwesterGes einen Nutzungsvorteil oder wendet sie ihr ein WG zu, fließt der gemeinsamen MutterGes eine vGA zu, der jedoch ein gleich hoher Aufwand in Form von WK/BA oder einer verdeckten Einlage in die begünstigte TochterGes gegenüberstehen kann, s *Gosch KStG* § 8 KStG Rn. 125 (ABC der verdeckten Einlagen „Dreiecksverhältnis"); *Gosch KStG* § 8 KStG Rn. 235 ff; zu § 8b III 5 KStG beim Einlagenempfänger BFH I R 94/15, DStR 18, 2251; FG Bln-Bbg DStRE 23, 923, rkr; **aA** *BMF* BStBl I 20, 1226).

Einzelfälle: Zur Zuwendung von Gewinnanteilen an eine SchwesterGes im Wege des Nießbrauchs s BFH VIII R 29/18, BStBl II 22, 544. – Kreditzahlungen (BFH I R 61/07, BStBl II 11, 62) und Mietzahlungen (BFH I R 19/07, BStBl II 11, 60) für SchwesterGes können vGA sein, auch die Verschonung der SchwesterGes (FG Köln EFG 13, 231, rkr). S zur Angemessenheit von Darlehenszinsen im Konzern BFH I R 4/17, BStBl II 23,678; BFH I R 62/17, BStBl II 23,723; BFH I R 27/20, BStBl II 23,840. – S zur Abspaltung BFH IV R 29/15, BFH/NV 17, 1466. – Zur Duldung von Parallelimporten im Konzern BFH I R 41/21, BStBl II 25, 577. – Zum Verh der vGA zu § 1 AStG als Einkünftekorrekturnorm (BFH I R 45/22, IStR 25, 780) s BFH I R 40/19, BStBl II 24, 670; BFH I R 54/19, BFH/NV 24, 206: Subsidiarität von § 1 AStG.

44 **cc) Veranlassung durch das Gesellschaftsverhältnis beim nicht beherrschenden Gesellschafter.** – ***(1)* Fremdvergleich.** Entscheidendes Merkmal der vGA und Bindeglied zw § 8 III 2 KStG und § 20 I Nr 1 S 2 ist die gesellschaftl *Veranlassung* der Vermögensminderung oder verhinderten Vermögensmehrung. Gesellschaftl veranlasst ist auf Grundlage des erforderl *Fremdvergleichs* (ausführl *Gosch KStG* § 8 KStG Rn. 284 ff) *bei beiden Regelungen* ein Vorteil, den ein ordentl und gewissenhafter Geschäftsleiter einem Nicht-Ges'ter unter sonst gleichen Umständen nicht zugewendet hätte. Wegen des grds obj Maßstabs ist ein subj „Ausschüttungsbewusstsein" der Organe grds nicht erforderl; subj Entschuldigungsgründe, die zu einem fehlenden Zuwendungsbewusstsein führen, können aber berücksichtigt werden (grundlegend BFH I R 9/20, BStBl II 24, 523). Es ist für den Fremdvergleich nicht nur auf die Interessen

der KapGes aus dem Blickwinkel eines ordentl und gewissenhaften Geschäftsleiters abzustellen. Die gesellschaftl Veranlassung kann auch darin liegen, dass ein fremder Dritter anstelle des Ges'ters ein für ihn nachteiliges und einseitig die KapGes begünstigendes Geschäft nicht abgeschlossen hätte (BFH I R 28/13, BStBl II 14, 726; BFH VIII R 17/23, DStR 25, 2592: **doppelter Fremdvergleich**). Diese Voraussetzungen sind anhand der Verhältnisse *im Zeitpunkt des Vertragsabschlusses* zu beurteilen (auch → Rn. 47 zum früheren/künftigen Ges'ter); der Maßstab des Verhaltens eines ordentl und gewissenhaften Geschäftsführers wird durch die Kriterien der *Angemessenheit, Üblichkeit, Ernstlichkeit* der Vereinbarung ergänzt (*Gosch KStG* § 8 KStG Rn. 300 ff, 345 ff, 370). – ***(2)* Angemessenheit.** Sie verlangt, dass sich Leistung und Gegenleistung entsprechen; der Maßstab ist nicht faktisch, sondern normativ (wertend), zB der ordentl und gewissenhafte Geschäftsleiter, der sich an das Gesetz, die GoB, ggf auch dispositive Regelungen hält; es können aber auch ökonomische und betriebswirtschaftl Erwägungen angestellt werden. Zur Angemessenheit der Ausstattung eines Ges'tergeschäftsführers ist bei Prüfung einer bestimmten Vergütungskomponente auch die Höhe der Gesamtvergütung einzubeziehen (→ Rn. 56). Die Anforderungen steigen mit dem Grad der Einflussmöglichkeit des Ges'ters, da bei nicht beherrschenden Ges'tern die Angemessenheit wegen des natürl Interessengegensatzes zur Ges und zu den übrigen Ges'ter idR sichergestellt ist. – ***(3)* Üblichkeit.** Sie stellt auf die *faktischen* Verhältnisse iRe (internen und externen) Betriebsvergleich bei der KapGes ab (BFH I B 96/13, BFH/NV 15, 237). – ***(4)* Ernstlichkeit.** Die Beteiligten müssen das Vereinbarte tatsächl durchführen. – ***(5)* Gemischte Veranlassung.** → Rn. 61. – ***(6)* AG.** Für vGA an den Vorstand einer AG (zugleich Minderheitsaktionär) bedarf es einer einseitigen Ausrichtung des Aufsichtsrats an den Interessen des begünstigten Vorstands (BFH I R 36/22, BStBl II 25, 332; FG Ddorf EFG 24, 1227, rkr).

dd) Veranlassung durch das Gesellschaftsverhältnis beim beherrschenden Gesellschafter. – ***(1)* Beherrschung.** Sie liegt stets vor, wenn der Ges'ter über die einfache Stimmenmehrheit in der Ges'terversammlung auf Grund einer Beteiligung von mehr als 50% verfügt (BFH VIII R 9/03, BFH/NV 05, 526; s auch KStR 8.5 II). GesAnteile von MinderheitsGes'tern und Angehörigen-Ges'tern werden zusammengerechnet, wenn gleichgelagerte Interessen bestehen (BFH I R 52/96, BFH/NV 97, 808, BFH I B 12/09, BFH/NV 10, 66; FG Hmb DStRE 15, 597, rkr). Zur **AG** s BFH I R 93/01, BFH/NV 03, 946; FG Bln-Bbg DStRE 12, 1133, rkr. Maßgebend ist die Beteiligung im Zeitpunkt der Vereinbarung bzw ohne Vereinbarung im Zeitpunkt der tatsächl Zuwendung (BFH I R 139/94, BStBl II 97, 301; zur nachträgl vGA FG Mchn EFG 17, 1815, rkr). – ***(2)* Fremdvergleich.** Neben dem materiellen Fremdvergleich (→ Rn. 44) ist der formelle Fremdvergleich nach den allg Indizien (zivilrechtl Wirksamkeit, keine Rückwirkung fremdübl Inhalt und Durchführung einer Vereinbarung s → Rn. 23, 45; → § 2 Rn. 56 zu Angehörigenverträgen) vorzunehmen. Ein Defizit führt nicht stets zur Annahme einer vGA, ist aber als Indiz in die Gesamtwürdigung der gesellschaftl Veranlassung einzubeziehen (vgl BFH I R 89/04, BStBl II 08, 523; BFH I B 68/11, BFH/NV 12, 612; FG Hmb EFG 14, 577, rkr). Der formelle Fremdvergleich ist ebenfalls anhand der Verhältnisse *im Zeitpunkt des Vertragsabschlusses* vorzunehmen (*Gosch KStG* § 8 KStG Rn. 370 f mwN). 45

***(3)* Einzelfragen:** – ***(a)* Vorherige klare und eindeutige Vereinbarung** in der bürgerlrechtl vorgeschriebenen Form (BFH VIII R 9/03, BFH/NV 05, 526). Entscheidend ist letztl, dass der Vereinbarungsinhalt (ohne Berechnungsspielräume) unveränderbar feststeht. Es gilt ein grds **Nachzahlungs- und Rückwirkungsverbot** (s KStH 8.5 III mwN und zB BFH I R 74/15, BFH/NV 18, 836). Dieses Rückwirkungsverbot (→ § 2 Rn. 41 f) gilt auch bei – verzichtbarem – Rechtsanspruch (BFH I R 63/82, BStBl II 88, 590) und bei Leistung an eine nahe stehende Person. Es genügt als Rechtsgrundlage ein gesetzl Anspruch des Ges'ters auf die Vergütung (BFH I R 65/96, BStBl II 98, 402; BFH VIII R 11/12, BStBl II 15, 638), nicht aber eine unverbindl Gewohnheitsrechtsübung (FG Hmb EFG 00, 146, rkr). Eine Umsatzpacht kann schädl sein (FG Bln-Bbg EFG 14, 784, rkr), ebenso ein Entscheidungsvorbehalt der Ges'terversammlung (BFH I R 21/90, BStBl II 92, 851; FG Bln-Bbg DStRE 15, 1296, rkr zur nachträgl

Tantiememinderung). – Zur **mündl Vereinbarung** bei übl Reisekostenerstattung s NdsFG EFG 00, 235, rkr; zur Abänderbarkeit bei gewillkürter Schriftform s BFH I R 115/95, BStBl II 97, 138. – Zum **Mindestregelungsinhalt** vgl BFH I R 142–143/85, BStBl II 89, 636. – Zu **fehlenden Nebenabreden** s BFH I R 74/15, BFH/NV 18, 836. – Zur **Auslegung** und **Beseitigung einer Unklarheit** ex nunc BFH I R 90/85, BStBl II 89, 800; BFH I R 96/97, BFH/NV 98, 1375; BFH I R 20/98, BStBl II 01, 612 und *BMF* BStBl I 01, 594. – ***(b)* Tatsächliche Durchführung** der Vereinbarung ist erforderl (BFH I R 32/04, BFH/NV 05, 1374); bei teilw Durchführung ggf teilw Anerkennung (BFH I R 44/00, BFH/NV 02, 543). Ein **Forderungsverzicht** stellt die fremdübl Durchführung nicht automatisch in Frage (s BFH I R 11/94, BStBl II 94, 952). **Monatl Gehaltsverzichte** können aber zur vGA führen (FG Hmb EFG 16, 753, rkr). S zur Durchführung von Dauerschuldverhältnissen BFH I R 18/91, BStBl II 93, 139, NdsFG EFG 95, 284, rkr. – ***(c)* Zivilrechtliche Wirksamkeit.** Zur **GmbH-Zuständigkeit** für Vertragsänderungen s BGH II ZR 452/17, DStR 18, 1929 und KStH 8.5 I. – Zum **Selbstkontrahierungsverbot** gem § 181 BGB BFH I B 189/93, BFH/NV 94, 661; BFH I R 64/94, BStBl II 96, 246, BFH I R 71/95, BStBl II 99, 35 (Eintragung im HR ist notwendig) und KStH 8.5. Der Vertragsschluss vor notarieller Beurkundung der Gründung einer UG geht ins Leere (FG Mchn EFG 17, 1826, rkr). – Zur **zivilrechtl nichtigen Vereinbarung** von Fremdleistungen (ArbN-Überlassung durch Angehörigen-Ges) s FG Ddorf EFG 23,1162, rkr.

46 **ee) Fehlender Ausschüttungsbeschluss; Rechtshandlung der Gesellschaftsorgane.** – ***(1)* Fehlender Ausschüttungsbeschluss.** Wird der Vorteil iRe offenen Ausschüttung gewährt, ist Raum für eine vGA erst, wenn der Gewinnverwendungs- und ggf Gewinnverteilungsbeschluss nichtig sind. Ist der Beschluss zivilrechtl wirksam, sind die Ausschüttungsbeträge dem Empfänger gem Abs 1 Nr 1 S 1 iVm Abs 5 S 1 zuzurechnen (zur inkongruenten Gewinnausschüttung → Rn. 31, 233). – ***(2)* Beruhen auf Organhandlung.** Eine vGA erfordert, dass die Vermögensminderung, verhinderte Vermögensmehrung auf die Handlung eines Organs der KapGes zurückgeführt werden kann; verlangt aber keine bewusste Willensbildung der Organe der KapGes über die Zuwendung des Vorteils (BFH I R 41/86, BStBl II 89, 1029; BFH I R 32/88, BStBl II 91, 484: auch kompetenzwidrige Handlungen). Widerrechtl (strafbare) Handlungen des Ges'tergeschäftsführers und der Ges'ter können eine vGA auslösen (BFH I R 41/86, BStBl II 89, 1029; BFH I R 14/92, BStBl II 93, 351; BFH I R 17/92, BStBl II 93, 352 zu Unterschlagungen durch Minderheits-Ges'ter; zu eigenmächtigen Geldentnahmen nahestehender Personen s BFH VIII R 22/11, BStBl II 15, 687; FG Bln-Bbg EFG 15, 1643, rkr; zu Korruptionsfällen *Jasper* DStR 22, 2233). Die private Einlösung von GmbH-Schecks durch Ges'ter und die unterlassene Weiterleitung vom Ges'ter vereinnahmter Kundengelder an die KapGes kann eine vGA sein (BFH VIII R 45/11, BFH/NV 15, 683; BFH VIII R 11/12, GmbHR 15, 996). – ***(3)* Buchungsfehler; Irrtum.** Dieser ist keine Organhandlung (BFH III R 43/00, BStBl II 03, 149; FG Mster DStRE 17, 1504); zum Irrtum BFH I R 9/20, BStBl II 24, 523.

47 **ff) Zufluss.** – ***(1)* Allgemeines.** Der Zufluss beim Ges'ter für die vGA gem § 20 I Nr 1 S 2 muss nicht dem Zeitpunkt der Einkommenskorrektur bei der KapGes gem § 8 III 2 KStG entspr (iEinz → Rn. 56 ff). Die vGA ist *im PV* beim Ges'ter zu erfassen, wenn ihm die Einnahme gem § 11 *zufließt.* Bei „gewerbl vGA" (→ Rn. 52) ist die jeweilige Gewinnermittlungsart maßgebl (zum aufschiebend bedingten Anspruch s BFH X R 42/08, BStBl II 12, 188). Bei *ratenweiser Tilgung eines überhöhten Kaufpreises* fließt die vGA erst nach Überschreiten des fremdübl Kaufpreises zu (BFH I R 32/98, BStBl II 99, 369; s auch zutr FG Mster EFG 18, 976). S zum Erlass BFH VIII R 290/84, BFH/NV 91, 191; FG Nbg EFG 17, 1440, rkr. – ***(2)* Beherrschender Gesellschafter.** → Rn. 23 und BFH VIII B 46/11, BFH/NV 12, 597; BFH VI B 3/19, BFH/NV 22, 9: Zufluss bei Fälligkeit der vGA- Forderung gegen die KapGes oder bei Gutschrift auf dem Verrechnungskonto. – ***(3)* Noch-nicht-Gesellschafter; Nicht-mehr-Gesellschafter.** Die Veranlassung durch das GesVerhältnis verlangt grds eine Ges'terstellung bei Abschluss des der vGA zugrunde liegenden

schuldrecht Geschäfts; auch der Fremdvergleich ist anhand der Verhältnisse zu diesem Zeitpunkt durchzuführen. Es sind aber auch vGA stbar, die einem *Nichtmehr-Ges'ter* bei Erfüllung eines durch das GesVerhältnis veranlassten Geschäfts zufließen. Gleichermaßen kann eine Veranlassung durch ein künftiges GesVerhältnis bei einem *Noch-Nicht-Ges'ter* gegeben sein (BFH VIII R 74/84, BStBl II 89, 419). Der Nicht-Ges'ter ist sonst ggf eine nahe stehende Person (vertiefend *Gosch KStG* § 8 KStG Rn. 211); mE unzutr FG Mchn EFG 17, 1815, rkr zu einem Darlehensverzicht der Ges nach Ausscheiden des Ges'ters.

gg) Keine Rückgängigmachung. Durch eine Schadenersatzverpflichtung des Ges'ters oder Rückgewähransprüche der Ges (BFH VIII R 4/01, BFH/NV 05, 105; BFH VIII R 59/97, BStBl II 01, 226), einen anderweitigen Ausgleichsanspruch (BFH VIII R 45/11, BFH/NV 15, 683), die Aufhebung des Geschäftsvorfalls (s zur Tantiememinderung BFH I R 51/92, BStBl II 93, 635; zur Anteilsübertragung FG Nbg EFG 17, 1440, rkr) oder durch Verzicht des Ges'ters (BFH I R 38/05, BFH/NV 06, 1515) sowie durch eine Rückzahlung des Vorteils an die Ges wird die vGA nicht vermieden oder rückwirkend beseitigt. Bei Veräußerung eines Vorkaufsrechts (vGA) kann sie nicht durch die spätere fremdübl Veräußerung des Grundstücks rückwirkend entfallen (BFH VIII R 19/23, DStR 26, 98). Die Zuwendung an die Ges nach der vGA ist ggf eine (verdeckte) Einlage, keine negative Einnahme (BFH VIII R 10/07, BFH/NV 09, 1815; zu einer Ausnahme FG Mchn DStRE 13, 147, rkr). Dies gilt iRd § 8 III 2 KStG und des § 20 I Nr 1 S 2 (BFH VIII R 59/97, BStBl II 01, 226). IEinz *Gosch KStG* § 8 KStG Rn. 260 ff; *BH/Rengers* § 8 KStG Rn. 282 ff. 48

hh) Feststellungslast (objektive Beweislast). Das FA trägt auf Ebene des Ges'ters die Darlegungs- und Feststellungslast für die vGA (s BFH VIII R 54/10, BFH/NV 14, 1501). In Schätzungsfällen besteht eine Mitwirkungspflicht des Ges'ters, den Verbleib der hinzugeschätzten BE aufzuklären; er trägt das Risiko der Nichtaufklärbarkeit (BFH III R 25/05, BFH/NV 06, 1747; BFH VIII R 38/14, BFH/NV 18, 1141). Der beherrschende Ges'ter hat die erforderl im Vorhinein abgeschlossene fremdübl Vereinbarung (→ Rn. 43) nachzuweisen (KStH 8.6). Zum Anscheinsbeweis bei mittelbaren vGA → Rn. 43. Zur str prozessualen Einordnung der Fremdvergleichsprüfung iRd § 118 FGO zutr → § 2 Rn. 23; *Gosch KStG* § 8 KStG Rn. 289. 49

d) Bewertung der verdeckten Gewinnausschüttung. Auf Ebene der *KapGes* ist iRd § 8 III 2 KStG die Vermögensminderung, verhinderte Vermögensmehrung aus dem Blickwinkel des Ges iHd gemeinen Werts gem § 9 BewG oder der erzielbaren Vergütung (übl Endpreis einschließl USt, s KStR 8.6) anzusetzen. Beim *Ges'ter* als natürl Person ist iRd § 20 I Nr 1 S 2 die Höhe der Einnahme aus § 8 I, II abzuleiten. Zw der Bewertung der vGA gem § 20 I Nr 1 S 2 und der vGA gem § 8 III 2 KStG besteht keine Wertverknüpfung (ausführl *Brühl/Weiss* Ubg 17, 510 (514 ff). 50

e) Rechtsfolgen. – aa) Umsetzung. Bei *Verneinung* einer vGA treten für eine vereinbarte schuldrechtl Vergütung die allg Rechtsfolgen bei der Ges und beim Ges'ter ein (zB BA bei der Ges, Einkünfte nach § 15, § 18, § 19, § 20 I Nr 4, Nr 7, § 21 des Ges'ters). – Bei *Bejahung* der vGA ist das Einkommen bei der KapGes zu korrigieren und die im PV die Einnahme gem § 20 I Nr 1 S 2 beim Ges'ter bei Zufluss zu besteuern (→ Rn. 47). Die frühere Umdeutung des Vorgangs nach der Fiktionstheorie in ein „angemessenes" Rechtsverhältnis mit höherer Vermögensmehrung bei der KapGes und einer Ausschüttung des vGA-Betrags an den Ges'ter hat BFH GrS 2/86, BStBl II 88, 348 aufgegeben. – Eine vGA durch Sachzuwendung eines WG ist beim Ges'ter keine Anschaffung, sondern ein unentgeltl Erwerb (→ § 23 Rn. 43). – Wird für die vGA das **Einlagekonto** iSd § 27 KStG iVm Abs 1 Nr 1 S 3 verwendet, sind die Einnahmen beim Ges'ter nicht stbar (→ Rn. 66 f). Die Einnahmen aus einer unmittelbaren und mittelbaren vGA (→ Rn. 42) erzielt gem Abs 5 der (unmittelbare) 51

Anteilseigner (→ Rn. 234). – **Verfahrensrechtl** sind gem § 32a I KStG beim Ges'ter und ggf einem den Vorteil empfangenden Dritten die Folgerungen zu ziehen (→ Rn. 39).

52 **bb) Besteuerungsfolgen iEinz.** – ***(1)*** **Privatvermögen (natürliche Personen).** vGA sind idR mangels abgeltenden StAbzugs gem § 32d III in der Anlage KAP zu erklären (zum Strafrecht s unten *(8)*). Stellt der Ges'ter rechtzeitig oder vorsorgl einen Antrag gem § 32d II Nr 3 (BFH VIII R 20/16, BStBl II 19, 586; → § 32d Rn. 19), erfasst dieser die vGA und führt zur tarifl Besteuerung, ggf iRd Teileinkünfteverfahrens (s § 3 Nr 40 S 1 Buchst d). Ein Antrag auf Günstigerprüfung (§ 32d VI) kann dies wegen § 3 Nr 40 S 2 nicht bewirken (→ § 32d Rn. 30). *Ohne Antrag* fällt die vGA gem § 32d II Nr 4 unter den gesonderten StSatz (§ 32d I), wenn das Einkommen bei der KapGes korrigiert wurde oder eine Korrektur beim Dritten bei mittelbarer vGA unmögl ist (→ Rn. 39). S zur vermögensverwaltenden PersGes als Anteilseigner BFH VIII R 22/11, BStBl II 15, 687. – ***(2)*** **BV (natürliche Personen).** vGA, die im BV/SonderBV natürl Personen und MUerschaften erzielt werden, sind gem § 20 VIII 1 betriebl KapErträge, die nach § 3 Nr 40 S 1 Buchst d anteilig (40%) stfrei sind, wenn das Einkommen der KapGes korrigiert wurde (→ § 3 Rn. 143 und oben → Rn. 39). Zu vGA bei GmbH & Co KG, GmbH & atypisch Still s BFH I R 78–80/05, GmbHR 07, 608; BFH IV R 5/12, BStBl II 15, 935; BFH IV R 7/13, BStBl II 16, 219; BFH IV R 11/18, BStBl II 20, 641; SächsFG EFG 21, 268, rkr; *Briese* DStR 15, 1945). Die vGA ist in die gesonderte und einheitl Gewinnfeststellung einzubeziehen (BFH I R 51/14, BStBl II 17, 185); vGA gehen mit dem stpfl Teil (s § 7 S 4 GewStG) in den Gewebeertrag ein und sind ggf gem § 9 Nr 2a GewStG zu kürzen (BFH I R 16/04, BStBl II 05, 297). – ***(3)*** **Kapitalgesellschaft.** vGA, die von KapGes erzielt werden, fallen unter § 8b I, IV, V KStG (→ Rn. 39 zu den Begünstigungsvoraussetzungen). Zu Dauerverlustbetrieben s § 8 VII KStG (→ Rn. 61). Zu vGA im Konzern s → Rn. 43. – ***(4)*** **Umsatzsteuer.** Löst eine vGA als stbare ustl Leistung der KapGes an den Ges'ter oder Dritten USt (ggf Ansatz der Mindestbemessungsgrundlage gem § 10 V UStG) aus oder hat sie eine nicht abziehbare Vorsteuer zur Folge, ist diese iRd Gewinnermittlung der KapGes nicht gem § 10 Nr 2 KStG hinzuzurechnen (KStR 8.6); s zum Ganzen *Sterzinger* Ubg 18, 220. – ***(5)*** **Kapitalertragsteuer.** S zur StPflicht § 43 I Nr 1 iVm I 3; zur Entstehung § 44 I 2; zur Übernahme, Haftung → § 44 Rn. 20. Die KapGes (Schuldnerin) muss grds die vGA anmelden und bescheinigen (§ 45a). – ***(6)*** **Schenkungsteuer.** Weder Zuwendungen eines Vermögensvorteils der KapGes an den Ges'ter (BFH II R 6/12, BStBl II 13, 930; *GLE* DStR 18, 1178 Rn. 2.6.1, ErbStR E 7.5) noch an einen nahe stehenden Dritten sind Zuwendungen der Ges an den Ges'ter gem § 7 I, § 15 IV ErbStG; allenfalls können schenkungstbare Zuwendungen des Ges'ters an den Dritten vorliegen (BFH II R 54/15, BStBl II 18, 292, BFH II R 42/16, BStBl II 18, 299; BFH II R 32/16, BStBl II 18, 296; *Loose* DB 18, 2327 (2328); abw *GLE* DStR 18, 1178 Rn. 2.6.2: „idR" Zuwendung des Ges an Dritten). Zu verbleibenden Fragen s *Kotzenberg/Lorenz* DStR 18, 1346 (1349 ff.). S auch BFH II R 44/13, BStBl II 15, 249 zum verbilligten Verkauf an Ges'ter. – Zur Schenkung durch den Verzicht auf Regressansprüche iZm einer vGA FG RhPf EFG 22, 278, rkr. – ***(7)*** **Gemeinnützigkeit.** Aberkennung aufgrund von vGA s BFH I R 59/09, BStBl II 12, 226; BFH V R 5/17, BStBl II 21, 55; *Maciejewski* StuW 24, 158. – ***(8)*** **Strafrecht.** vGA sind nicht immer strafbar (Ausnahme: Unterschlagung/Untreue). Entscheidend ist, ob in der StErklärung zur vGA unrichtige, unvollständige Angaben gemacht oder pflichtwidrig unterlassen werden (s *Beyer* NWB 16, 1894 (1895); *Heuel/Matthey* AO-StB 18, 54 ff (89 ff)). Hinterzogen sein können auf Ebene des KSt-Subjekts KSt, GewSt, USt, KapESt und auf Ebene des Ges'ters ESt/KSt.

56 **f) Anwendungsfälle der verdeckten Gewinnausschüttung.** Zu vGA-ABC auf Ebene der KapGes s unter KStH 8.5 V sowie bei *Gosch KStG* § 8 KStG Rn. 550; *BH/Rengers* § 8 KStG Rn. 480 ff; *RHN* § 8 KStG Rn. 407 ff und die folgenden Anwendungsfälle. – **aa) Geschäfts-**

führervergütungen. – ***(1)* Angemessenheit der Gesamtausstattung.** S *BMF* BStBl I 02, 972. Die Angemessenheit sämtl Vergütungskomponenten bestimmt sich nach Art und Umfang der Tätigkeit, den Ertragsaussichten, der Eigenkapitalverzinsung und einem internen/externen Fremdvergleich. Nach der ständigen BFH-Rspr (vgl BFH I R 38/02, BStBl II 04, 139; BFH I R 5/10, GmbHR 12, 223) ist iRe Einzelfallschätzung eine Bandbreite festzulegen, dh vGA bei Überschreiten des oberen Rahmens (im wesentl Tatfrage gem § 118 FGO); bei zwei Geschäftsführern Verdoppelung des angemessenen Betrags und 25%-Abschlag; 30%-Abschlag bei drei Geschäftsführern (FG Saarl EFG 11, 1541, rkr; ferner BFH I B 111/10, BFH/NV 11, 1396). Zu Gehaltsstrukturuntersuchungen s BFH I B 34/01, BFH/NV 02, 1174 mwN. Zum formellen Fremdvergleich bei *einer ausl KapGes* s BFH I R 48/16, BFH/NV 17, 1316. S auch *Wacker/Krüger ua* DStR-Beih 21, 1 (31) zur OptionsGes. – ***(2)* Durchführung.** Zum fortlaufenden Gehaltsverzicht s FG Hmb EFG 16, 272, rkr. – ***(3)* Gehaltskomponenten.** Die einzelnen Gehaltskomponenten sind im ersten Schritt isoliert auf ihre Veranlassung durch das GesVerhältnis zu prüfen und danach die Gesamtausstattung (s zur Vorgehensweise *BMF* BStBl I 02, 972 Rn. 5 ff). – ***(4)* Entgeltkomponenten iEinz.** Bei **Überstundenvergütungen** (BFH I R 111/03, BFH/NV 04, 1605) und bei Zuschlägen für **Sonn- und Feiertagsarbeit** iSd § 3b (→ § 3b Rn. 1) grds vGA; Ausnahmen bei besonderen Umständen. Zur Gutschrift auf **Arbeitszeit-/Wertguthabenkonto** als vGA s → § 3 Rn. 175 sowie → § 3 Rn. 175: grds vGA (Ausnahme HessFG EFG 22, 179, rkr). Zur **Urlaubsabgeltung** s KStH 8.5 IV. Die Weiterleitung erstatteter **ArbG-Beiträge** an Ehegatten-ArbN muss keine vGA sein (BFH VIII R 21/12, BStBl II 15, 638; → § 3 Rn. 201). – ***(5)* Pkw-Überlassung; andere Verkehrsmittel.** S *BMF* BStBl I 12, 478. VGA sind die – ***(a)*** nicht geregelte, verbotswidrige private Pkw-Nutzung (BFH I R 83/07, BFH/NV 09, 417; BFH I R 8/06, BStBl II 12, 260; BFH VI R 43/09, BStBl II 12, 266), die – ***(b)*** Überlassung zur ausschließl Privatnutzung und die – ***(c)*** nicht ausdrückl geregelte private Pkw-Mitbenutzung durch den beherrschenden Ges'tergeschäftsführer (FG Ddorf EFG 25, 1443, rkr), sowie die – ***(d)*** private Flugzeugnutzung (BFH I R 47/10, BFH/NV 11, 1019; zum Verh zu § 4 V S 1 Nr 7 FG Kln EFG 25, 858, Rev IX R 6/25; FG Ddorf EFG 25, 1166, rkr; → Rn 61). – Die Feststellungslast für die *tatsächl* Nutzung des Pkw trägt das FA (zum Anscheinsbeweis s FG Kln EFG 23,797, rkr; FG Mster EFG 23, 1482, Rev I R 33/23); anders als iRd Arblohns genügt nicht die Nutzungsmöglichkeit (→ § 8 Rn. 33, 3). Die vGA ist auf einer Kostenbasis, nicht nach der 1%-Regelung zu ermitteln (BFH I R 8/06, BStBl II 12, 260 und die zitierte FG-Rspr).

bb) Tantiemen. Tantiemen (s KStH 8.8; *BMF* BStBl I 02, 219) sind gesellschafts- und gesellschafterbezogen zu prüfen – ***(1)* Gesellschafterbetrachtung.** Tantiemen (variable Gehaltsbestandteile) dürfen „idR" nicht mehr als *25% der Gesamtbezüge* eines Ges'terGeschäftsführers betragen; bei höherem Anteil Einzelfallwürdigung (BFH I R 46/01, BStBl II 04, 132: vGA nicht schon deshalb, weil die Vergütung zu mehr als 25%. aus variablen Anteilen besteht; aber Beachtung „besonderer Umstände"; ebenso BFH I R 24/02, BStBl II 04, 136). – Sog **Festtantiemen** sind einzubeziehen (BFH I R 72/05, BFH/NV 06, 1711). Die Branchenüblichkeit kann nur als Indiz gewertet werden (BFH I R 38/02, BStBl II 04, 139); absolute Planungssicherheit gibt es nicht. Zur Abschätzung der zu erwartenden Gesamtvergütung sollte bei Festlegung einer **Gewinntantieme** eine Ergebnisprognose vorgenommen werden; entscheidend sind die Aussichten im Zeitpunkt der Vereinbarung, spätere Erkenntnisse sind nicht maßgebend. Bei absehbaren Gewinnsprüngen kann die Begrenzung der gewinnabhängigen Vergütung auf einen Höchstbetrag geboten sein. – ***(2)* Gesellschaftsbetrachtung.** Die insgesamt gezahlte Jahrestantieme darf *50% des Bruttojahresgewinns* der Ges vor Abzug der Steuern und der Tantieme nicht überschreiten (BFH I R 24/02, BStBl II 04, 136; FG Mchn DStRE 15, 1236, rkr); Sonder-AfA dürfen sich nicht nachteilig auswirken (BFH I R 72/05, BFH/NV 06, 1711). – ***(3)* Gewinntantiemen.** S BFH I R 73/06, BStBl II 08, 314 (auch zu Verlustvorträgen der Ges, diese mindern den angemessenen Tantiemebetrag). Eine sog *Negativtantieme* ist zul (FG BW EFG 15, 2215, rkr). – ***(5)* Umsatztantiemen** sind idR unzul (BFH I R 10/04, BFH/NV 05, 2058; BFH I R 108/05, BFH/NV 07, 107; BFH I B 70/10, BFH/NV 11, 301; **aA** FG BW EFG 15, 2213, rkr; zu ausnahmsweisen Anerkennung FG Bln-Bbg EFG 14, 1332, rkr; *Bruschke* DStZ 14, 856). – ***(6)* AG.** Für Gewinn- und Umsatztantiemen für einen Vorstand (zugleich Minderheitsaktionär) s BFH I R 36/22, BStBl II 25, 332. – ***(7)* Nur Tantieme.** Sie bildet ein Indiz für eine gesellschaftl Veranlassung; besondere Umstände (zB Tätigkeitsanteil von nur 10%) können sie aber rechtfertigen (BFH I R 27/99, BStBl II 02, 111; *BMF* BStBl I 02, 219: ausnahmsweise Anerkennung). – ***(8)*** Zur **verspäteten, unterbleibenden Auszahlung** und Zweifeln an der tatsächl Durchführung s FG Köln EFG 14, 1610, rkr; BFH VI R 20/22, DStR 24, 1537; Anm *Kolbe,* StuB 24, 735 ff. 57

58 **cc) Pensionszusagen; Versorgungszusagen.** – ***(1)* Betriebliche Veranlassung** der Zuführung zur Rückstellung; Betriebsausgabe für Altersvorsorgebeiträge der Kapitalgesellschaft. Die sog *Zweistufigkeit* ist zu beachten, dh es gibt eine Prüfungsrangfolge zw den bilanzsteuerl Voraussetzungen des BA-Abzugs iRd § 4d, § 6a auf der ersten Stufe und den vGA-Korrekturen erst auf der zweiten Stufe. Die vGA kommt erst in Betracht, wenn ein bilanzieller BA-Abzug zul ist (s *BMF* BStBl I 02, 603). – Zur Rückstellungsbildung für *Pensionszusagen* gem § 6a → § 6a Rn. 17 ff. IRd vGA sind je nach Beteiligungsquote die Voraussetzungen des Fremdvergleichs (Angemessenheit, dh Überversorgung, Gesamtausstattung), Ernsthaftigkeit (Versorgungseintrittsalter und Erdienbarkeit: mindestens 10 Jahre, Probezeit, Durchführung) und ggf der formale Fremdvergleich zu prüfen (KStR/KStH 8.5 und 8.7; *BMF* BStBl I 05, 875; *BMF* BStBl I 16, 1427 zum Versorgungseintrittsalter; zur (fehlenden) Eindeutigkeit s BFH XI R 48/17, BStBl II 19, 763; BFH I R 29/21, BStB II 24, 733). – Zur *Unterstützungskassenzusage* iSd § 4d für den Ges'terGeschäftsführer s BFH I R 33/15, BStBl II 17, 66. – Beiträge zu einer *Rückdeckungsversicherung* sind für die VGA-Prüfung bei der Gesellschaft eigenständig zu beurteilen (BFH I R 2/02, BStBl II 04, 131; KStH 8.7). – ***(2)* Überversorgung.** Versorgungsanwartschaften (Zusage iHd fiktiven Jahresnettoprämie *und* gesetzl Rentenanwartschaft) in Form von *Festzusagen* dürfen am Bilanzstichtag grds 75% der Aktivbezüge (tatsächl Arbeitsentgelt des Wj) nicht übersteigen (BFH I R 56/11, BStBl II 12, 665; *BMF* BStBl I 04, 1045; BFH I R 4/15, BStBl II 17, 678); zur Prognose der künftigen Rente FG Nbg EFG 22, 958, rkr); keine Anknüpfung an künftige gewinnabhängige Bezüge (BFH I R 31/09, DStR 10, 691; zur BetrAufsp s BFH I R 78/08, BStBl II 13, 41). – Zur Verzinsung einer ArbG-finanzierten Zusage s FG Nbg EFG 23,1025, Rev I R 4/23: Zins > LV Garantiezins kann zulässig sein. – Zur dauerhaften Gehaltsabsenkung und der auf den „future service" entfallenden Anwartschaft s die zitierte Rspr; zur Teilzeit samt Erhöhung der Anwartschaft s SchlHFG EFG 17, 1457, nachgehend BFH I R 56/17, DStR 21,716 und zur nur vorübergehenden Herabsetzung der Aktivbezüge BFH I R 56/11, BStBl II 12, 665. Die Überversorgungsgrundsätze gelten *nicht bei endgehaltsabhängigen Zusagen* (BFH I R 91/15, BFH/NV 18, 16). – ***(3)* Nur-Pensionszusage.** Sie ist idR gesellschaftl veranlasst (BFH I R 78/08, BStBl II 13, 41; *BMF* BStBl I 13, 35 (→ § 6a Rn. 21). – ***(4)* Erdienbarkeit.** Bei Erteilung einer Zusage, Änderung einer Zusage muss der Erdienungszeitraum zw Zusagezeitpunkt und Leistungsbeginn iHv 10 Jahren idR eingehalten werden, s allg BFH I R 17/14, BStBl II 15, 1022, *BMF* BStBl I 13, 58; *BMF* BStBl I 16, 1427. Bei iRe Entgeltumwandlung eigenfinanzierten Zusagen ist nach BFH I R 89/15, BStBl II 19, 70 keine Erdienung erforderl (auch nicht bei Wechsel des Durchführungswegs), ebenso FG Ddorf EFG 22, 127, Rev I R 50/22; vertiefend *Dommermuth ua* NWB 23, 134). – ***(5)* Weiterarbeit.** Eine Zusage, nach der das Ausscheiden aus dem ArbVerh keine Voraussetzung für den Bezug der Leistung ist, ist deshalb in der Anwartschaftsphase keine vGA bei der Ges. Bei fortgeführter Tätigkeit nach Erreichen des Versorgungseintrittsalters muss das Gehalt auf eine *bezogene* Pension angerechnet werden (s BFH I R 12/07, BStBl II 15, 409; BFH I R 60/12, BStBl II 15, 413; *BMF* BStBl I 17, 1293, sonst vGA, ggf nicht bei Beratervertrag ohne Geschäftsführertätigkeit). Die Weiterarbeit mit reduziertem Gehalt kann die vGA vermeiden (BFH I R 41/19, DStR 23, 1307). – S auch FG Köln EFG 17, 1537, rkr zur ledigl barwerterhaltenden Anpassung der Zusage. – ***(6)* Verzicht, Übertragung der Zusage;** Abfindung. – *(a) Verzicht; Abfindung.* Diese kann bei Veranlassung durch das GesVerh (Prüfung iRd doppelten Fremdvergleichs) beim Ges'ter-Geschäftsführer zum Zufluss von ArbLohn samt verdeckter Einlage iHd werthaltigen Teils der Zusage und zur vGA für die Abfindung führen. Auf Ebene der KapGes sind die Gewinnerhöhung durch Ausbuchung der Rückstellung/RückdeckungsV und der Abfluss der Abfindung geschäftsvorfallbezogen einzeln zu beurteilen (BFH I R 89/12, BStBl II 14, 729; FG Ddorf EFG 25, 1032, rkr; zur Bewertung von verdeckter Einlage/vGA *Ott* DStZ 26, 19 (21 f)). Eine sog Spontanabfindung indiziert die gesellschaftl Veranlassung (BFH I R 28/13, BStBl II 14, 726). Zum isolierten Verzicht BFH VI R 4/16, BStBl II 18, 208; FG Köln EFG 24, 1899, rkr: vGA wegen Verstoß gegen § 3 BetrAVG. – *(b) betriebliche Veranlassung.* Sind Abfindung/Verzicht betriebl veranlasst (zB sanierungsbedingt), fließt nur ArbLohn iHd Abfindung zu (BFH VIII R 17/23, DStR 25, 2952). – *(c) Übertragung.* S zum Zufluss von ArbLohn und zur vGA → § 3 Rn. 180 (zu § 3 Nr 55); HessFG EFG 19, 1926, rkr; FG BW EFG 25, 312, Rev VIII R 19/24; – ***(7)* Korrekturtechnik.** S *BMF* BStBl I 02, 603, Rn. 22 ff zur vGA in der Anwartschaftsphase [außerbilanzielle Hinzurechnung der RSt]; Rn. 30 ff zu vGA in der Leistungsphase [Umqualifizierung der Versorgungsleistung in vGA; Abfluss gem § 27 KStG].

59 **dd) Darlehen.** – ***(1)* Darlehensgewährung, Darlehensausfall als vGA.** Die vGA kann bei Darlehensgewährung an einen nicht solventen Ges'ter oder später bei Wegfall der Rückzahlungsverpflichtung, Ausfall entstehen. Die Frage des Zeitpunkts der vGA ist auch bei nicht fremdübl Vereinbarungen nicht abschließend geklärt (BFH I R 37/12, BFH/NV 13, 1628; BFH

IX R 28/14, DStR 15, 2489; FG Ddorf BeckRS 2022, 56529, Rev VIII R 10/24; zum Ges'ter-Kontokorrent FG Köln EFG 25, 78, rkr). Die Rückzahlungs- und Zinsforderung sind iRd geschäftsvorfallbezogenen Betrachtung getrennt zu betrachten (BFH I R 5/14, BStBl II 16, 491). Ist schon die Darlehensgewährung durch das GesVerhältnis veranlasst und in diesem Zeitpunkt vGA, bildet die Valuta den Vorteil; ist nur die verbilligte Nutzung des Kapitals so veranlasst, ist der entgangene Zins vGA. Zum Fremdvergleich ist auf die Vereinbarungen zum Inhalt, insb den banaübl Soll-Zinssatz (bei Refinanzierung mindestens in dieser Höhe; bei vorhandener Liquidität Mittelwert zw Soll-, Habenzinsen) und auf einen angemessenem Risikoaufschlag, die Besicherung, die Konditionen einer alternativen Geldanlage sowie auf die tatsächl Durchführung abzustellen (BFH I R 35/89, BFH/NV 91, 389; BFH I R 93/93, BStBl II 94, 725; BFH X R 26/11, BStBl II 14, 374;). – Bei un- und niedrigverzinsl Darlehen an den beherrschenden Ges'ter, auch auf dem Ges'terVerrechnungskonto sind grds die Preisvergleichsmethode und die Margenteilung sachgerechte Methoden iRd Fremdvergleichs (BFH I R 27/20, BStBl II 23,840); zu Konzerndarlehen s → Rn. 43 mwN. Zu Darlehen an eine nahe stehende Person als vGA s FG BW EFG 15, 841, rkr; FG Mchn BeckRS 2018, 17790; FG Mster EFG 19, 1328, rkr. – ***(2)* Verzicht der Kapitalgesellschaft auf Rückzahlung, Uneinbringlichkeit, Teilwert-AfA.** Verzichtet die Ges ggü dem zahlungsunfähigen Ges'ter auf den Rückzahlungsanspruch (statt zu stunden), kann dies zur vGA führen; ebenso der Darlehensausfall oder die TW-AfA (BFH I R 6/89, BStBl II 90, 795; I R 45/06, BFH/NV 07, 1710; BFH I R 61/07, BStBl II 11, 62; FG Mchn EFG 17, 1815, rkr). S auch *Haase/Geils* DStR 18, 445. – ***(3)* VGA durch Forderungsverzicht gegen Besserungsschein; Tilgung nach Forderungs- und Anteilskauf.** BA aus der Wiedereinbuchung der Schuld im Besserungsfall können auf Ebene *der Ges ausnahmsweise* eine vGA-Korrektur auslösen (BFH I R 46/16, BFH/NV 18, 893); grds nach BFH I R 23/11, DStR 12, 2058 aber keine gesellschaftl Veranlassung der Schuld. Zur vGA *beim Ges'ter* durch Tilgung nach Erwerb einer wertgeminderten Forderung iZm Anteilen s BFH IV R 3/00, BStBl II 01, 520; BFH VIII R 21/15, BFH/NV 19, 542. – *(4)* Zum **Rückkauf von Wandelanleihen,** um die Verwässerung von Altanteilen zu begrenzen, s FG Mchn EFG 23, 1581, Rev I R 48/23.

ee) Veräußerung; Anschaffung. – ***(1)* Veräußerung eines Wirtschaftsguts des Anlagevermögens an Gesellschafter *unter* Wert.** Die verhinderte Vermögensmehrung führt bei KapGes zur vGA gem § 8 III 2 KStG iHd Differenz zw vereinbartem und angemessenen Kaufpreis; beim Ges'ter gem § 20 I Nr 1 S 2 Zufluss iHd Vorteils und AK nur iHd geleisteten Kaufpreises. – ***(2)* Veräußerung von Anlagevermögen an Gesellschaft *über* Wert.** Der Anschaffungsvorgang ist bei der KapGes eigentl erfolgsneutral, dh keine Minderung des Unterschiedsbetrags gem § 4 I, diese tritt erst aufgrund überhöhter AfA auf. Gleichwohl entfaltet die vGA bei der KapGes ausnahmsweise eine innerbilanzielle Vorwirkung: Ansatz der AK bei der Ges nur in angemessener Höhe; diese ist zugleich AfA-Bemessungsgrundlage und iHd unangemessenen Teils des Kaufpreises BA, die außerbilanziell als vGA hinzuzurechnen ist. Daneben erzielt der Ges'ter iHd überhöhten Kaufpreises eine vGA. Diese Behandlung ist str (s BFH I R 9/81, BFH/NV 86, 116; *BMF* BStBl I 02, 603 Rn. 42; *Kohlhepp* DB 18, 2521 (2527)). S zum zwischenzeitl Erwerb eines wertlosen Vorkaufsrechts vom Ges'ter BFH VIII R 19/23, DStR 26, 98. – ***(3)* Erwerb einer Sachgesamtheit.** Bei Erwerb eines Betriebs vom Ges'ter durch die KapGes ist der gemeine Wert iSd § 9, § 11 BewG nach einem fremdübl Ertragswertverfahren (zB IDW S 1) iRe einer Bandbreite zu ermitteln (FG Mster EFG 18, 976, rkr). – *(4)* Zum Erwerb von **UV** s KStH 8.5; zur USt → Rn. 52. – ***(5)* Kapitalmaßnahmen.** – Zum unentgeltl Verzicht auf ein Bezugsrecht BFH I R 9/20, BStBl II 24, 523; zur unentgeltl Übertragung eigener Anteile von der Ges auf den Ges'ter BFH VIII B 33/24, BFH/NV 25, 1026; nachgehend FG Mster EFG 26, 193, Rev VIII R 21/25. 60

ff) Unterhalt von Wirtschaftsgütern; Übernahme von Aufwendungen durch die Kapitalgesellschaft im Gesellschafterinteresse. – ***(1)* Liebhaberei.** Das Unterhalten eines Betriebs ohne Gewinnerzielungsabsicht (zu kommunalen Dauerverlustbetrieben BFH I R 32/06, BStBl II 07, 961; *Gosch KStG* § 8 KStG Rn. 1040; s auch § 20 I Nr 10 EStG; § 8 VII KStG), der Unterhalt eines verlustbringenden WG aufgrund des Ges'terinteresses durch die KapGes führen wegen der fehlenden außerbetriebl Sphäre der Ges zu BA bei dieser und bei Veranlassung durch das GesVerhältnis zur vGA (BFH I R 54/95, DStR 97, 492 zu WG: vGA iHd unterbliebenen Verlustausgleichs zzgl eines Gewinnaufschlags). Die WG gehören trotz gesellschaftl (mit)veranlasster Anschaffung zum BV der Ges (s zB FG Mchn EFG 18, 1388 zu PKW). – ***(2)* Gemischte Veranlassung von Aufwendungen.** Bei gemischter Veranlassung von Aufwendungen iSd § 12 Nr 1 S 2 durch das GesVerhältnis (privater Anlass) und betriebl Umstände ist auch im VGA-Bereich aufzuteilen (*FM SchlH* DStR 11, 314: Übertragung von BFH GrS 1/06, BStBl II 10, 61

672 und BFH I R 86/04, BStBl II 05, 666); zu Geburtstagsfeier s FG Bln-Bbg EFG 11, 2012, rkr. Zur Übernahme von *Privatreise-Kosten* s FG Mchn DStRE 16, 347, rkr; FG Nbg DStRE 21, 927, rkr: Ausschluss von § 37b. Zum eV BFH I R 48/13, BStBl II 15, 713. – ***(3)* Verhältnis zu § 4 V.** Bei gleichen Rechtsfolgen besteht zw einer Korrektur des Einkommens der KapGes gem **§ 4 V EStG und § 8 III 2 KStG** kein Rangverhältnis, dh der Rechtsanwender kann auf Ebene der KapGes wählen, welche Vorschrift er für die Gewinnkorrektur heranzieht (BFH I R 27–29/05, BFH/NV 07, 1230; zu einer Abschiedsfeier FG Nbg DStRE 23, 1282); dies schließt wegen der Eigenständigkeit des § 20 I Nr 1 S 2 (→ Rn. 39) eine vGA beim Ges'ter aber nicht aus. Zu **Korruptionsfällen** (§ 4 V 1 Nr 10 S 1) → § 4 Rn. 642; *Jasper* DStR 22, 2333; *Binnewies* ua GmbHR 23, 1289 (1303). – ***(4)* Dauerhafte Wohnhausüberlassung; Vermietung** zu nicht kostendeckendem Preis an den Ges'ter ist vGA (BFH I R 8/15, BStBl II 17, 214; BFH I R 12/15, BStBl II 17, 217; BFH I R 71/15, BFH/NV 17, 60; zum marktübl Preis ohne Aufschlag NdsFG EFG 25, 892, Rev I R 21/24; FG Ddorf EFG 24, 1227, rkr); grdsBewertung des Vorteils mit der Kostenmiete nach der II. BerechnungsVO. Die unentgeltl Ges'terNutzung der Immobilie einer ausl Ges des StPfl ist auch vGA (BFH I R 109/10, BStBl II 13, 1024; FG Ddorf EFG 25, 1695, rkr). Eine Nutzungsmöglichkeit ohne tatsächl Nutzung genügt für die VGA aber nicht. Die vGA kann nach dem tatsächl Nutzungsumfang unterschiedl zu bewerten sein (BFH VIII R 4/21, IStR 25, 21); zum StrafR *Spatscheck/Spilker* DStR 22, 183). – ***(5)* Gästehäuser; Segelyachten; Oldtimer.** vGA beim Ges'ter und Einkommenskorrektur auf Ebene der KapGes gem § 4 V EStG oder § 8 III 2 KStG (BFH I R 27–29/05, DStRE 07, 946; FG Bbg EFG 24, 242, rkr). – ***(6)* Spenden.** Zu § 9 I Nr 2 KStG s BFH I R 16/18, BStBl II 22, 119; zu den Indizien FG Ddorf GmbHR 23, 1283, rkr. – ***(7)* Risikogeschäfte.** S BFH I R 106/99, BStBl II 03, 487; BFH I R 60/16, BStBl II 18, 637 (zu § 15 IV 3).

65 **3. Verwendung des Einlagekontos iSd § 27 KStG, § 20 I Nr 1 S 3. – a) Funktion im Grundfall.** Das steuerl Einlagekonto **unbeschr stpfl KapGes (§ 27 I KStG)** als „Gesellschaftskonto" dient dazu, auf der Ges'ter-Ebene die Auskehrung von Einlagen zu identifizieren und von stpfl Gewinnausschüttungen/vGA zu separieren. Hierzu werden die *nicht in das Nennkapital geleisteten (verdeckten) Einlagen* auf einem besonderen, jährl um Zu- und Abgänge fortzuschreibenden Konto erfasst und gem § 27 II KStG gesondert festgestellt (anfechtbar nur durch die KapGes, s BFH I R 53/19, BStBl II 23, 504). Die Bezüge sind bei Verwendung des Einlagekontos gem § 20 I Nr 1 S 3 beim Ges'ter (im BV und PV) nicht stbar (→ Rn. 68). – Auch unbeschr stpfl OptionsGes iSd § 1a KStG haben gem § 27 I KStG ein Einlagenkonto zu führen (*BMF* BStBl I 21, 2212 Rn. 41 ff, 71, 78 zum Ges'ter; s iEinz *Wacker/Krüger ua* DStR-Beih 21, 20 (24); *Cloppenburg* Ubg 23, 487). – Zur Einlagenrückgewähr gem § 27 VII KStG iVm § 20 I Nr 9 und iVm § 20 I Nr 10 → Rn. 131, 137. – Zu § 28 KStG iVm § 20 I Nr 2 → Rn. 74. – Zur Funktion bei **Ausschüttungen ausl Gesellschaften** → Rn. 67.

66 **b) Verwendung des Einlagekontos. – aa) Inlandsgesellschaften. – *(1)* Bezüge.** Nr 1 S 3 erfasst Bezüge gem Nr 1 S 1, 2 und Nr 2. – ***(2)* Einlagenrückgewähr.** Nr 1 S 3 knüpft tatbestandl an die im Bescheid nach § 27 II KStG ausgewiesenen Bestände des steuerl Einlagekontos an (BFH I R 51/09, BStBl II 14 II, 937; BFH VIII R 50/11, BFH/NV 15, 1603; BFH I R 70/13, BStBl II 17, 101). Die Verwendung von Beträgen aus dem Einlagekonto bestimmt sich auf Grundlage der Verwendungsfiktion des § 27 I 3–5 KStG nach den Verhältnissen bei der KapGes. Eine *Verwendung* des Einlagekontos liegt vor, soweit die Leistungen der KapGes im Wj das Nennkapital und den zum Ende des Vorjahrs festgestellten ausschüttbaren Gewinn iSd § 27 I 5, 6 KStG (*BMF* BStBl I 03, 366 Rn. 14; BFH I R 67/07, BStBl II 10, 57) übersteigen. Danach gilt der ausschüttbare Gewinn zum Ende des Vorjahres (positiver Bestand) als zuerst ausgeschüttet; erst diesen übersteigende Leistungen der KapGes werden aus dem Einlagekonto finanziert. Leistungen desselben Wj können bei nicht ausreichendem ausschüttbarem Gewinn nicht durch Einlagen desselben Wj finanziert werden (BFH I R 35/11, BStBl II 13, 560: auch kein Direktzugriff auf das Einlagekonto mehr). Zur Zuordnung der Rückgewähr bei disquotalen Einlagen s *Ott* DStR 21, 897 ff; → § 17 Rn. 230). – ***(3)* Bescheid gem § 27 II KStG; Bescheinigung gem § 27 III KStG; Fiktion des § 27 V KStG.** Die im Feststellungsbescheid

gem § 27 II ggü einer inl KapGes festgestellte Verwendung des ausschüttbaren Gewinns ist für den Ges'ter iRd Nr 1 S 3 materiell-rechtl bindend. Er kann iRd Veranlagung nicht einwenden, das steuerl Einlagekonto sei im Feststellungsbescheid gem § 27 II KStG unzutr ausgewiesen (BFH I R 30/16, BStBl II 19, 283; BFH I R 70/13, BStBl II 17, 101; KStH 27). Sind Leistungen der KapGes als Abgang vom steuerl Einlagekonto zu berücksichtigen, hat die KapGes dies den Ges'tern gem § 27 III KStG zu bescheinigen. Bei **zu niedriger Bescheinigung** der Einlagenrückgewähr ist keine Korrektur mögl (§ 27 V 1, 3 KStG; BFH I R 10/09, BStBl II 09, 974; BFH I R 3/14, BStBl II 15, 816). Wird die Bescheinigung bis zum Tag der Bekanntgabe der erstmaligen Feststellung gem § 27 II KStG nicht oder verspätet erteilt, gilt der Betrag der Einlagenrückgewähr als mit 0 € bescheinigt (§ 27 V 2 KStG) und ist entspr festzustellen. Eine Berichtigung des Bescheids gem § 27 II KStG oder die erstmalige Erteilung einer StBescheinigung iSd § 27 III KStG sind ab dem Bekanntgabetag gem § 27 V 3 KStG unzul; dies gilt auch bei einer erst nachträgl erkannten Leistung (BFH I R 3/14, BStBl II 15, 816; BFH I R 30/16, BStBl II 19, 283; zur nachträgl erkannten vGA BFH I B 3/20, BFH/NV 21, 648). IErg sind die ausgekehrten Beträge in den Fällen des § 27 V 1, 2 KStG stpfl KapErträge (BFH VIII R 14/18, BStBl II 22, 643). – **§ 27 II 3 KStG idF JStG 2024** (BGBl I 24 Nr 387) versagt ab VZ 2025 eine Anfangsfeststellung bei Gründung der KapGes iRe Umwandlung (BT-Drs 20/12780, 138), dh keine Verwendung im ersten Wj mögl. – Zur **fehlerhaft bescheinigten überhöhten Verwendung** s § 27 V 4 ff KStG, BFH VIII R 35/20, BStBl II 25, 132; → § 44 Rn. 15). – Zur **Rettung nicht festgestellter Einlagen** mittels einer Erhöhung/Herabsetzung des Nennkapitals BFH VIII R 41/23, DStR 25, 1203.

bb) Auslandsgesellschaften. – ***(1)*** **EU-Gesellschaften.** Bei EU-KapGes verlangt § 27 VIII KStG eine punktuelle Feststellung der Einlagenrückgewähr auf Grundlage der Verwendungsfiktion in § 27 I 3–5 KStG. Unterbleibt die Feststellung, fingiert § 27 VIII 9 KStG ab VZ 23 stpfl KapErträge des Ges'ters bei sämtl Auskehrungen, einschließl der Nennkapitalrückzahlungen. Es ist unionsrechtl bedenkl, dass der Ges'ter nicht den individuellen Nachweis der nicht stbaren Nennkapital- oder Einlagenrückgewähr führen kann (BFH VIII R 14/20, DStR 21, 2396; zur Substantiierungslast BFH VIII R 18/17, DStR 21, 279). – ***(2)*** Bei **Drittstaaten-KapGes** und **EWR-Ges** gelten seit VZ 2023 (§ 34 X KStG) dieselben Regeln wie für EU-KapGes, dh ohne gesonderte Feststellung Fiktion von KapErträgen iSd § 20 I Nr 1 gem § 27 VIII 9 KStG einschließl Nennkapitalrückzahlungen und sämtl anderer Auskehrungen (BT-Drs 20/4729, 159 f). S iEinz *Ostermann/Kluck* Ubg 23, 363 ff, *Pohl* NWB 23, 600; *Dremel/Moritz* DStR 23, 1497; zu unionsrechtl Bedenken *Reichwein* DStZ 23, 453. – ***(3)*** **Rechtslage bis VZ 2022.** → 43. Aufl. 2024, § 20 Rn. 67 mwN; FG Köln EFG 24, 1794, Rev VIII R 16/24 (wohl durch § 29 VI 2 KStG nF ab VZ 2025 überholt); NdsFG EFG 25, 1436, Rev VIII R 13/25. 67

cc) Rechtsfolgen. – ***(1)*** **Keine Einnahme.** Bei einer Einlagenrückgewähr erzielt der Ges'ter keine stbare Einnahme gem § 20 I Nr 1, Nr 2; es sind die AK der Anteile zu mindern (s BFH I R 24/12, BStBl II 13, 484). Übersteigt die Einlagenrückgewähr die AK der Beteiligung, begründet dies iRd § 20 II Nr 1 keine Veräußerung (*BMF* BStBl I 25, 1330, Rn. 92; BFH VIII R 44/96, BStBl II 99, 698: ggf negative AK). Anders ist dies iRd § 17 IV (s → § 17 Rn. 215) und bei BV-Anteilen (→ § 3 Rn. 139). – ***(2)*** **Kapitalertragsteuer.** Wird KapESt trotz Einlagenrückgewähr einbehalten, kann der StEntrichtungspflichtige gem § 44b V 1 die KapESt erstatten oder der Ges'ter die KapESt iRd Veranlagung anrechnen (§ 36; ggf iVm Antrag gem § 32d IV). – Die KapESt für eine Ausschüttung, bei der irrtüml eine Einlagenrückgewähr angenommen wird, entsteht gem § 44 I 2, II mit dem Zufluss. – Zur Haftung der KapGes bei einer überhöht bescheinigten Einlagenrückgewähr → § 44 Rn. 15; zur Haftung bei nicht erteilter Bescheinigung iVm § 27 V 2 KStG (BFH VIII R 14/18, BStBl II 22, 643). 68

70 **4. Dividendenkompensationszahlungen, § 20 I Nr 1 S 4.** – ***(1)*** **Cum/Ex-Sachverhalte.** Der (Leer-)Käufer, der eine börsl gehandelte Aktie mit Ausschüttungsberechtigung („cum") erwirbt, aber zum Dividendenstichtag nicht im Depot hat und nach dem Stichtag ohne die Berechtigung („ex") erhält, bekommt durch die Wertpapiersammelbank iRd Dividendenregulierung eine Gutschrift iHd Nettodividende („Ersatzdividende"), die dem (Leer-)Verkäufer belastet wird. Die Kompensationszahlung „anstelle der Dividende" ist gem Abs 1 Nr 1 S 4 stbar (zum beschr StPfl s § 49 I Nr 5 Buchst a bb, cc, → § 49 Rn. 97) und unterliegt dem KapESt-Einbehalt (§ 43 I Nr 1, Nr 1a). – ***(2)*** **Voraussetzungen.** Die KapErträge aus der Dividende iSd Abs 1 Nr 1 S 1 sind dem zivilrechtl Aktieninhaber im Zeitpunkt des Gewinnverteilungsbeschlusses zuzurechnen (§ 20 V 2, → Rn. 237). Der Kompensationsberechtigte muss bei Bezug der Zahlung (oder später) zivilrechtl oder wirtschaftl Eigentümer der Anteile iSd § 20 V S 1, 2 EStG werden, was der BFH iRv sog modellhaften Gesamtvertragskonzepten *verneint* (BFH I R 22/20, BStBl II 22, 324). – ***(3)*** Für die **Anrechnung der KapESt** sind der Bezug der Kompensationszahlung als Anteilseigner iSd § 20 V, der tatsächl Einbehalt der KapESt für diese Zahlung durch die depotführende Stelle (§ 44 I 4 Nr 3, Ia) und eine StBescheinigung (§ 45a) erforderl. Zur Rechtslage bis 2012 → 42. Aufl. 2023, § 20 Rn. 70; FG Hmb BB 23, 2719, nachgehend BFH VIII B 17/24, DStR 25, 1930, auch zur Rücknahme der Anrechnungsverfügung gem § 130 II AO und Zahlungsverjährung gem § 228 AO. – ***(4)*** **Cum/Cum-Sachverhalte.** Kompensationszahlungen an den Verleiher fallen nicht unter Abs 1 Nr 1 S 4. → § 36a Rn. 5.

72 **5. Bezüge bei Auflösung und Kapitalherabsetzung, § 20 I Nr 2.** – **a) Zivilrechtliche Anknüpfung.** Die *Auflösung* der Ges iSd Abs 1 Nr 2 S 1 meint deren Abwicklung und ggf Vermögensverteilung (§§ 262 ff, 271 AktG; §§ 60 ff, 72 GmbHG) einschließl der Rückzahlung des *Nennkapitals* und der sonstigen Rücklagen (auch → § 17 Rn. 216). – Eine *Kapitalherabsetzung* iSd Abs 1 Nr 2 S 2 meint die Herabsetzung und Auskehrung des *Nennkapitals* (§§ 222 ff AktG, §§ 58 ff GmbHG). Nennkapital ist das gesellschaftsrechtl gebundene Eigenkapital der Ges, dh das Stammkapital einer GmbH (§ 5 GmbHG) sowie das Grundkapital einer AG/KGaA (§ 6 AktG). Zu den Begriffen auch → § 17 Rn. 226. – Abs 1 Nr 2 gilt für Bezüge aus inl, ausl KSt-Subjekten (KapGes, Körperschaften, Personenvereinigungen iSd § 1 I Nr 4, Nr 5 KStG iVm § 20 I Nr 9 und Trägerkörperschaften von Betrieb gewerbl Art iSd § 20 I Nr 10). Zu ausl Bezügen → Rn. 75. Zu § 32d → § 32d Rn. 17.

73 **b) Gewinnanteile ab der Auflösung, § 20 I Nr 2 S 1.** – ***(1)*** **Gewinnanteil.** Ausschüttungen von (ggf thesaurierten) Gewinnen, die vor der Auflösung der Ges erzielt wurden und nach der Auflösung verteilt werden, fallen unter Abs 1 Nr 1 (BFH I R 15/98, BFH/NV 99, 829; *BMF* BStBl I 03, 434, Rn. 10; FG Köln EFG 23, 711, Rev VIII R 8/24). Nr 2 S 1 Hs 1 betrifft damit Auskehrungen nach der Auflösung entstandener Gewinne sowie Abschlusszahlungen; Liquidationsraten, Vorabliquidationsraten. – S zum Sperrjahr für sämtl Auskehrungen § 73 GmbHG. – ***(2)*** **Nennkapital.** Die Rückzahlung fällt nicht unter Nr 2 (s zur Abgrenzung von § 27, § 28 KStG BFH I R 31/13, BStBl II 16, 411), sondern mindert die AK (→ Rn. 74). – ***(3)*** **Einlagekonto.** Bei dessen Verwendung (Nr 2 S 1 Hs 2 iVm Abs 1 S 1 Nr 1 S 3) ist der Bezug nicht gem Nr 2 S 1 stbar. Es sind die AK zu mindern; ggf entstehen negative AK (→ Rn. 68, 74). Bezüge gem § 20 I Nr 1, Nr 2 iRd Auflösung gehen nicht in das Entgelt gem § 17 II, IV 1 ein (→ § 17 Rn. 207).

74 **c) Bezüge aufgrund einer Kapitalherabsetzung, § 20 I Nr 2 S 2, Alt 1, 2.** – ***(1)*** **Voraussetzungen.** – ***(a)*** Die Herabsetzung des Nennkapitals iRd *Auflösung* eines unbeschr stpfl KSt-Subjekts (entspr Anwendung iRd § 20 I Nr 9, Nr 10) muss in beiden Alt des Nr 2 S 2 zur tatsächl Auskehrung des Herabsetzungs-, Auskehrungsbetrags an den Ges'ter und zur Verwendung des Einlagekontos nach § 28 II 2, 4 KStG führen (→ § 17 Rn. 212 f, 226). – ***(b)*** KapErträge gem **Nr 2 S 1, Alt 1** entste-

hen, soweit der nach einer KapErhöhung aus GesMitteln gebildete Sonderausweis iSd § 28 I 3 KStG gem § 28 II 2 KStG mit dem Herabsetzungs- oder Auskehrungsbetrag zu verrechnen ist (insoweit keine AK-Minderung, *BMF* BStBl I 25, 1330 Rn. 92). Soweit das den Sonderausweis übersteigende (bei dessen Fehlen das gesamte) Nennkapital unter zeitgl Erhöhung und Minderung des Einlagekontos ausgekehrt wird (§ 28 II 1 Hs 1; § 28 II 3 KStG), entsteht kein stpfl KapErtrag und werden nur die AK der Anteile gemindert – ***(c)* Nr 2 S 2, Alt 2** betrifft den Fall, dass der den Sonderausweis übersteigende Herabsetzungs- und Auskehrungsbetrag ein gemindertes Einlagekonto ausgleichen muss, insoweit entsteht ein stpfl KapErtrag (§ 28 II 4 KStG). – ***(2)* Rechtsfolgen.** Soweit das ausgekehrte Nennkapital die AK der Anteile übersteigt, löst dies keine Anteilsveräußerung gem § 20 II Nr 1, sondern negative AK aus (*BMF* BStBl I 25, 1330, Rn. 92; anders § 17 IV → § 17 Rn. 212, 228). Zu § 32d → § 32d Rn. 17.

d) Auslandsgesellschaften. – ***(1)* Nr 2 S 1** gilt auch, wenn ein ausl KSt-Subjekt und die Bezüge iRd Auflösung nach dem doppeltem Typenvergleich (→ Rn. 30) denen im Inlandsfall vergleichbar sind. – ***(2)* Nennkapitalherabsetzung; Auskehrung, Nr 2 S 2.** Seit dem VZ 23 erfasst die Fiktion stbarer KapErträge gem § 27 VIII 9 KStG auch Nennkapitalrückzahlungen iRd Auflösung sämtl ausl Ges (zuvor BFH I R 1/91, BStBl II 93, 189; BFH I R 8/19, IStR 24, 549; FG Ddorf DStRE 19, 809, rkr), falls eine gesonderte Feststellung iSd § 27 VIII KStG unterbleibt (iEinz → Rn. 67 mwN). § 7 II KapErhG wurde aufgehoben (§ 8a III KapErhG). – ***(3)* Rechtslage bis Ende VZ 2022** → 42. Aufl 2023, § 20 Rn. 75; zu ggf negativen AK → Rn. 74. 75

6. Investmenterträge aus Publikumsfonds, § 20 I Nr 3. *BMF* BStBl I 19, 527 mit Fortschreibungen. – **a) Investmentfonds.** § 1 II 1 InvStG knüpft zwar an die aufsichtsrechtl rechtsformübergreifende Definition in § 1 I KAGB an, verlangt aber eine autonome steuerl Prüfung (BT-Drs 21/2507, 186 f). § 1 II 2 idF des **StoFöG** (BGBl I 26, Nr. 33) schließt eine unterschiedl Qualifikation im Aufsichtsrecht und iRd § 1 InvStG bei aktiver (sogar ausschließl) unternehmerischer Bewirtschaftung des Fondsvermögens aus. Str bleibt, welche Einflussnahmen des Anlegers auf die Anlageentscheidungen für die Qualifikation als steuerl Investmentvermögen schädl sind (s zum InvStG 2004 BFH VIII R 18/22, DStR 25, 217; zum InvStG 2018 FG Mchn EFG 25, 503, rkr; *Stadler/Johann* BB 25, 2273). § 1 II 4 InvStG fingiert weitere Rechtsgebilde als „steuerliche" Investmentfonds. PersGes/REITs sind grds ausgenommen (§ 1 III InvStG). Spezial-Investmentfonds (§ 26 InvStG; nur maximal 100 Anleger; keine natürl Personen mit Anteil im PV, grds auch nicht über eine PersGes gem § 26 Nr. 8 InvStG) unterliegen besonderen Regeln. Den Statuswechsel eines Publikumsfonds in einen Spezialfonds schließt § 24 InvStG grds aus. 77

b) Intransparenz des Fonds. – aa) Persönliche und sachliche Steuerpflicht des Fonds. Investmentfonds iRd § 1 InvStG (→ Rn. 77) können Ges, Fonds in Vertragsform, auch Teilfonds sein. Nach § 6 I InvStG sind *inl Investmentfonds* (§ 2 II InvStG) Zweckvermögen und gelten *ausl Investmentfonds* (§ 2 III InvStG) als Vermögensmassen mit beschr stpfl inl Einkünften iSd § 2 I Nr 1 KStG. Die Fonds sind persönl gem § 1 I Nr 5 KStG kstpfl und grds gem § 6 II 1 InvStG stbefreit (anders im InvStG 2004 s BFH I R 1/20, BStBl II 25, 193). In verschiedenen sachl Rückausnahmen werden aber bestimmte Erträge stbar gestellt (§ 6 II 2 InvStG → Rn 79). Gem § 8 – § 14 InvStG können die stbaren Erträge iSd § 6 II 2 InvStG iRd KSt für bestimmte Anleger zT oder insges wiederum stfrei sein. Zur **KSt-Veranlagung** des Fonds s § 4 InvStG. Zur **GewSt** s § 15 InvStG. 78

bb) Besteuerung der Fondseingangsseite bei Publikumsfonds. Die sachl StPfl von Erträgen beim Fonds gem § 6 II 2 iVm § 6 III–V InvStG betrifft die inl Beteiligungseinnahmen, inl Immobilienerträge (VuV-Erträge/Veräußerungsgewinne) und sonstigen inl Einkünfte iSd § 49 I (umfangreiche Änderungen im **StoFöG** 79

BGBl I 26 Nr. 33, insbes für über eine PersGes erzielte Erträge, BT-Drs 21/2507, 188 ff). Diese sind beim Fonds (→ Rn. 78) mit KSt/SolZ von idR 15% bei inl Beteiligungseinnahmen (→ § 43 Rn. 36); 15,825% bei inl Immobilienerträgen/sonstigen inl Einkünften kstpflichtig. Andere inl Erträge und sämtl ausl Erträge des Fonds sind nicht stbar und nicht mit KSt vorbelastet.

80 **c) Besteuerung des inländischen Anlegers eines Publikumsfonds, § 20 I Nr 3. – aa) Bezüge gem § 16 InvStG.** – ***(1)* Besteuerungsrahmen.** Investmenterträge im PV gem § 20 I Nr 3 EStG iVm § 16 InvStG unterliegen dem gesonderten Tarif des § 32d I sowie grds der abgeltenden Besteuerung (s § 43 I Nr 5, Nr 9, § 44 I 4 Nr 4, Ib). Zu beschr stpfl Anlegern eines inl Fonds → Rn. 83. – ***(2)* Investmenterträge, § 16 I InvStG.** Die stpfl Erträge aus inl/ausl Publikums-Investmentfonds umfassen *Ausschüttungen* (§ 16 I Nr 1 InvStG), *Vorabpauschalen* gem § 16 I Nr 2 InvStG und *Veräußerungsgewinne* gem § 2 XIII, § 16 I Nr 3 iVm § 19, § 22 InvStG. – ***(3)* Ausschüttungen, § 16 I Nr 1, § 17.** S zum Begriff § 2 XI InvStG. Hierunter fallen Auszahlungen, die Gutschrift mit Wiederanlage, Substanzausschüttungen und Liquidationserträge. Nicht stbar sind gem § 17 I 1 iVm III InvStG Kapitalrückzahlungen iRd Abwicklung (Rücknahmepreis < fortzuführender AK der Anteile). Die bislang zul fünfjährige Abwicklungsphase für solche Kapitalrückzahlungen wird rückwirkend auf 10 Jahre verlängert (§ 17 I 4 InvStG idF JStG 2024, BGBl I 24 Nr 387; BT-Drs 20/12870, 145) – ***(4)* Vorabpauschalen, § 18 InvStG** sind fiktive Mindestausschüttungen bei thesaurierenden Fonds (grds Ermittlung gem § 18 I InvStG: tatsächl Ausschüttungen des Fonds < Basisertrag im jeweiligen Wj; Basisertrag = Rücknahmepreis zu Beginn des Wj × 70% des Basiszinses). Für den VZ 2024 beträgt der Basiszinssatz 2,29% (*BMF* DStR 24, 33); für den VZ 2025 2,53% (*BMF* DStR 25, 165), für 2026 3,20% (*BMF* DStR 26, 106). Den Zufluss fingiert § 18 III InvStG zum ersten Werktag des Folgejahres (für VZ 2025 am 2. 1. 26); bei unterjährigem Anteilserwerb Zwölftelung; im Veräußerungsjahr unterbleibt der Ansatz. S auch → § 43a Rn. 3; → § 44 Rn. 12. – ***(5)* Anteilsveräußerungen, § 19 I, II; § 22 InvStG.** – ***(a)* Echte Veräußerungen.** Umfasst sind Veräußerung, Rückgabe, Abtretung, die Entnahme des Investmentanteils (zum Begriff s § 2 IV InvStG) aus dem BV, dessen verdeckte Einlage in eine KapGes. § 20 IVa ist nicht entspr anzuwenden (§ 19 I 2 InvStG). – ***(b)* Fiktive Veräußerungen.** Gem *§ 19 II 1 InvStG* gelten die Anteile als veräußert, wenn der Fonds nicht mehr unter das InvStG fällt. Fiktive Anteilsveräußerungen werden ausgelöst gem *§ 22 I 1 2 InvStG* bei Änderung; Entfallen der Teilfreistellungsvoraussetzungen sowie gem *§ 22 I 2 InvStG* idF JStG 2024 (BGBl I 24 Nr 387) bei unterbleibender Nachweisführung iSd § 20 IV 1 InvStG nF (ab VZ 2025, § 57 X Nr 2 InvStG nF; → Rn. 82 *(4)*). – ***(c)* Gewinnermittlung.** S § 19 I 1 InvStG: entspr § 20 IV 1 EStG (Entgelt ./. Veräußerungskosten ./. AK; FIFO-Methode gem § 20 IV 7 EStG). Der Gewinn ist gem § 19 I 3, 4 InvStG um die ungekürzten Vorabpauschalen während der Besitzzeit zu mindern. – Ein Gewinn ist gem § 2 XIV InvStG auch der Verlust. – Bei fiktiver Veräußerung gem § 19 I 2 InvStG ist Entgelt der gemeine Wert; in den Fällen des § 22 I grds der Rücknahmepreis (iEinz § 22 II InvStG; zum Zufluss § 22 III InvStG).

81 **Schrifttum:** *Frey/Schober* DStR 24, 2732; *Kühn ua* DStR 25, 307; *Auer* IStR 25, 692.

(6)* Vermögenszuwachsbesteuerung, § 19 III InvStG.** – ***(a)* Normzweck.** Investmentanteile fallen nicht unter § 17 EStG und § 6 AStG (→ § 17 Rn. 10, 17). Um Umgehungen zu vermeiden, hat der Gesetzgeber in § 19 III, § 45 V InvStG idF JStG 2024 (BGBl I 24 Nr 387) ab VZ 2025 (§ 57 X Nr 7, Nr 8 InvStG nF) eine § 6 AStG nachgebildete Wegzugsbesteuerung für bestimmte Investmentanteile eingeführt (BT-Drs 20/13419, 244 f); zur Vereinbarkeit mit dem Unionsrecht → § 17 Rn. 17. – ***(b)* Anteile, § 19 III 2 Nr 2 InvStG.** Der Anteil iSd § 2 IV InvStG kann an einem inl oder ausl Fonds in der Vertrags- oder GesForm (§ 1 II InvStG) bestehen; unerhebl ist, wo er verwahrt wird. – Betroffen sind gem *§ 19 III 2 Nr 2 Buchst a InvStG* innerhalb der letzten fünf Jahre vor der Veräußerung im PV unmittelbar oder mittelbar (über eine vermögensverwaltende PersGes, Gemeinschaft) erworbene, gehaltene Anteile iHv mindestens 1% der ausgegebenen Investmentanteile eines Fonds. Gem § 19 III 1 InvStG iVm § 17 I 4 EStG sind auch unentgeltl von einem relevant beteiligten Rechtsvorgänger erworbene Anteile < 1% nach dem Erwerb innerhalb der Fünfjahresfrist erfasst: für die AK gilt § 17 II 5 EStG entspr. – Ferner sind gem *§ 19 III 2 Nr 2 Buchst b InvStG* unmittelbar oder mittelbar gehaltene Beteiligungen < 1% betroffen, wenn die AK der kumulierten Anteile an einem Fonds mindestens *500 000 €* betragen (zur Auslegung BT-Drs 20/13419, 245 f. – ***(c) **Sonstige Voraussetzungen.** Der Anleger muss eine unbeschr stpfl Person iSd § 6 II AStG sein (§ 19 III 1, III 3 InvStG). Die steuerauslösenden Vorgänge entspr § 6 I 1 Nr 1–3 AStG, die Besteuerungszeitpunkte § 6 I 2 Nr 1 3 AStG (§ 19 III 1, 2 InvStG; → § 17 Rn. 17). Es muss im VZ der Tatbestandsverwirklichung aus den echten (§ 19 I InvStG) und fiktiven Veräußerungen (§§ 19 I 2, § 19 II, § 22) ein positiver Gewinn entstehen (§ 19 III Nr 1; BT-Drs 20/13419, 245). – ***(d)*** **Rechtsfolgen.** Die Anteile gelten als zum gemeinen Wert veräußert. Ferner wird ein etwaiger Übergangsgewinn aus dem Systemwechsel (§ 56 InvStG) nachbesteuert (→ Rn. 83 *(2)*). KapESt wird gem § 19 III 5 InvStG auf der Fondsebene nicht erhoben (Erklärungspflicht des Anlegers). – Die Fälligkeits- und Rückkehrreglungen (samt Rückausnahmen) in § 6 III, IV AStG sind entspr anzuwenden (§ 19 III 3 InvStG; zur Einlagenauskehr s § 19 III 4 InvStG; → § 17 Rn. 17). – ***(e)*** **Zuzug:** § 17 II 3, 4 (→ § 17 Rn. 137) gelten entspr (§ 19 III 3 InvStG).

bb) Teilfreistellung, § 20 InvStG. – ***(1)*** **Pauschalierende Entlastung.** Der 82
KSt/SolZ-Vorbelastung und Nichtanrechenbarkeit ausl QuellenSt beim inl Anleger eines *inl/ausl Investmentfonds* und die Nichtanwendung der § 3 Nr 40 EStG/§ 8b KStG iVm § 16 III InvStG auf die Fondserträge beim betriebl inl Anleger wird durch pauschalierende Teilfreistellungen der KapErträge iSd § 20 I Nr 3, Nr 3a Rechnung getragen. Entlastet werden auch die auf der Fondseingangsseite nicht mit KSt/SolZ vorbelasteten Fondserträge und Substanzausschüttungen). Die Teilfreistellung ist auf positive und negative Investmenterträge anzuwenden (BFH VIII R 15/22, DStR 26, 275). – ***(2)*** **Höhe der Teilfreistellung.** Diese knüpft an den Status des inl/ausl Fonds als *Aktien-* (§ 2 VI InvStG), *Immobilien-* (§ 2 IX InvStG), *Mischfonds* (§ 2 VII InvStG) oder *sonstiger Fonds* (keine Teilfreistellung) an (fortlaufende Investition der Anlagesumme laut Anlagebedingungen zu mindestens 51% bzw bei Mischfonds iHv 25% in die prägenden WG). Bei *Aktienfonds* werden Erträge für natürl Personen im PV zu 30%/natürl Personen im BV zu 60%; für KSt-Subjekte zu 80%, – bei *Mischfonds* iHv 15%/30%/40%, – bei *inl Immobilienfonds* einheitl iHv 60% und bei ausl *Immobilienfonds* einheitl iHv 80% entlastet. – ***(3)*** **Nachweisführung, § 20 IV InvStG.** Maßgebl für die Gewährung der Teilfreistellung sind grds die Anlagebedingungen des Fonds. Sind diese nicht eindeutig, kann der Anleger in der Veranlagung den Nachweis führen, dass der Fonds einer Kategorie mit höherer Teilfreistellung zuzuordnen ist. Gem **§ 20 IV, IVa InvStG** werden ab VZ 2025 (§ 57 X Nr 2 InvStG) die Anforderungen für die Nachweisführung auf den gesamten Besitzzeitraum des Anlegers erweitert, wenn nach dem Nachweis einer höheren Teilfreistellung in einem späteren VZ ein Veräußerungsverlust (Bagatellgrenze 500 €) erzielt wird (iEinz § 20 IV 1–4 InvStG nF: Nachweise zur Fondsausgestaltung für den gesamten Besitzzeitraum; Steuerbescheinigungspflicht; Erklärungs- und Veranlagungspflicht). Das FA kann bei fehlender Mitwirkung nur den höchsten nachgewiesenen Satz anwenden (§ 20 IVa 5 InvStG). Es hat ein eigenes (gegenläufiges) Nachweisrecht zu dem des Anteilseigners (§ 20 IVa). – Bei nicht geführtem Nachweis fiktive Veräußerung gem § 22 I 2 InvStG (→ Rn. 81 *(4)*). S BT-Drs 20/12870, 145 ff. – ***(4)*** **Aufwendungen.** § 21 InvStG ist eine Sonderregelung zu § 3c I. Aufwendungen im wirtschaftl Zusammenhang mit teilfreigestellten Investmenterträgen sind *im BV* anteilig nicht abziehbar, soweit die Erträge freigestellt sind (*Technik:* außerbilanzielle Hinzurechnung). *Im PV* verdrängt § 21 InvStG das Abzugsverbot gem § 20 IX nicht. IErg sind WK iZm mit teilfreigestellten Investment-

erträgen daher nur iRd Sparerpauschbetrags steuerwirksam. Veräußerungskosten des Anlegers gem § 19 I 1 InvStG iVm § 20 IV unterliegen nicht § 20 IX, sind im PV aber gem § 21 InvStG zu kürzen. – ***(5)* Veranlagung; Kapitalertragsteuer.** Die Teilfreistellung ist iRd KapESt-Abzugs (§ 43a II 1) und der Veranlagung anzuwenden. S aber § 43a II 1 Hs 2 und II 2 Nr 1: die KapESt-Bemessungsgrundlage berücksichtigt nur die Teilfreistellung des privaten Anlegers (→ § 43a Rn. 3). Bei *privaten Anlegern* ist daher uU (§ 43 V 1) keine Veranlagung erforderl, aber gem § 32d IV (zB Nachweis einer höheren Teilfreistellung) oder § 32d VI mögl; § 32d III 1 ist bei Erträgen aus ausl Fonds zu beachten. Bei *betriebl Erträgen* ist der Anleger gem § 43 V 2 ohnehin zu veranlagen. – ***(6)* Andere Entlastungen.** Für nach dem 31.12.04 abgeschlossene *fondsgebundene LV/RV* gewährt § 20 I Nr 6 S 9 eine 15%-StBefreiung des stpfl Unterschiedsbetrags, soweit dieser auf nach dem 1.1.18 zu mit KSt/SolZ vorbelasteten Investmenterträgen beruht (s iEinz *BMF* BStBl I 17, 1314; § 22 Nr 5 S 15).

83 **cc) Freibetrag gem § 56 VI InvStG; Übergang vom InvStG aF.** – ***(1)* Altanteile.** Bei vor dem 1.1.09 erworbenen Altanteilen sind gem § 56 VI 1 InvStG positive/negative Wertveränderungen für den Zeitraum vom 1.1.09 bis 31.12.17 iRe Veräußerung nicht stbar (Nr 1), ab dem 1.1.18 eintretende Wertveränderungen sind stpfl (Nr 2), aber nach Teilfreistellung (→ Rn. 81) ist noch ein Freibetrag iHv 100 000 € anzuwenden. S vertiefend *Delp* DB 17, 447 (452 ff); *Denker/Gummels* GStB 21, 145. Der verbleibende Freibetrag ist gesondert festzustellen (§ 56 VI 3 ff InvStG). – Zur Besteuerung von **Alterträgen aus ausl thesaurierenden Fonds** (§ 56 VII–X) → 41. Aufl 2022, § 20 Rn. 82. – ***(2)* Übergang ins InvStG 2018.** § 56 III, IV InvStG 2018 fingieren eine Anteilsveräußerung zum letzten Rücknahmepreis am 31.12.17 gemäß § 8 InvStG 2004. Diese Veräußerung wird aber erst im Zeitpunkt einer späteren tätsächl oder anderweitig fingierten Anteilsveräußerung gem § 19, § 56 IIIa InvStG 2018 besteuert. Zum 1.1.18 gelten die Anteile zu diesem Preis als neu angeschafft. Der Gewinn/Verlust aus der tatsächl Veräußerung iRd InvStG 2018 ist mit den AK aus der fiktiven Neuanschaffung zu ermitteln; auf das Ergebnis ist die Teilfreistellung anzuwenden (→ Rn. 80–82, iEinz *BMF* BStBl I 19, 527, Rn. 56.27 ff, 56.46 ff, 56.62 ff). Der Gewinn/Verlust zum 31.12.17 und der Gewinn/Verlust iRd InvStG 2018 sind nebeneinander zu veranlagen. BFH VIII R 15/22, DStR 26, 275; BFH VIII R 22/23 BeckRS 2025, 38874 sehen die Übergangsregelung als grds verfgem an. Der BFH beschr aber die Wirkung der Teilfreistellung für Privatanleger iRd Veranlagung (§ 32d IV). Es sind bei Ermittlung des Gewinns/Verlusts iRd InvStG 2018 die historischen AK voll abzugsfähig, soweit die fingierten AK zum 1.1.18 die historischen AK übersteigen und „unrealisierte Gewinnüberhänge" darauf beruhen.

84 **d) Beschränkt steuerpflichtige Anleger.** Investmenterträge des *ausl Anlegers* eines inl Fonds sind nicht gem § 49 I Nr 5 S 1 Buchst b stbar. Er erhält keine Teilfreistellung; die KSt/SolZ-Vorbelastung und aus ausl QuellenSt auf der Fondseingangsseite wirkt definitiv.

7. Investmenterträge aus Spezialfonds, § 20 I Nr 3a

85 S *BMF* BStBl I 21, 156. – **a) Besteuerung von Spezial-Investmentfonds.** Inl/ausl Spezialfonds sind unter dem InvStG 2018 **Zweckvermögen** gem § 1 I Nr 5 KStG/beschr stpfl KSt-Subjekte gem § 2 I Nr 1 KStG; sie sind aber **von der GewSt befreit** (§ 29 IV InvStG). In das stpfl Einkommen gehen grds die in § 6 II–V InvStG genannten inl Einnahmen ein (§ 29 I InvStG). Spezial-Investmentfonds werden idR für inl Beteiligungseinnahmen iSd § 6 III InvStG/inl sonstige Einkünfte (§ 6 V InvStG) gem § 30 InvStG und für inl Immobilienerträge iSd § 6 IV InvStG gem § 33 InvStG die sog *Transparenzoption* (§ 30 I, § 33 InvStG) ausüben, um die KSt-Vorbelastung des Fonds auszuschließen. Inl Beteiligungseinnahmen/sonstige inl Einkünfte gem § 6 III, V InvStG sind in diesem Fall unmittelbar den Anlegern „am Fonds vorbei" materiell-rechtl iHd Bruttoeinnahmen zuzurechnen (§ 30 I 2 InvStG; der Anleger ist auch Schuldner der KapESt, s → § 43 Rn. 36; Bescheinigungspflicht des Fonds). Inl Immobilienerträge kann der Fonds, soweit sie in die Ausschüttungen/ausschüttungsgleichen Erträge (§ 35, § 36 InvStG) eingehen, dem KapESt-Abzug unterwerfen, der aber nicht abgeltend ist (§ 33 I, II 3 InvStG). Bei *Nichtausübung* der Transparenzoptionen bleibt es bei der KSt-Pflicht des Fonds mit Vorbelastung der inl Erträge gem § 6 III–V InvStG auf der Fondsebene. Zur gesonderten und einheitl Feststellung s § 51 InvStG.

86 **b) Besteuerung der Anleger.** – ***(1)* Inländer.** Erträge aus einem inl/ausl Spezial-Investmentfonds sind gem § 20 I Nr 3a EStG iVm § 34 InvStG (mit oder ohne Ausübung der Trans-

parenzoption) in Form von *Ausschüttungen* (§ 35 InvStG), *ausschüttungsgleichen Erträgen* (§ 36 InvStG) und als *Anteilsveräußerungsgewinne* (§ 49 InvStG) **ohne Abzug der Teilfreistellung** stpfl. IdR wird es sich um betriebl Erträge des Anlegers (§ 20 VIII) handeln. – **§ 49 V InvStG** etabliert ab VZ 2025 eine Wegzugsbesteuerung entspr § 6 AStG für Spezialfondsanteile im PV (→ ähnl Rn. 81; zu erfassen iRd Feststellung gem § 51 InvStG; kein Kapitalertragsteuerabzug, Zufluss ausschüttungsgleicher Erträge s *Frey/Schober* DStR 24, 2732 (2737); BT-Drs 20/13419, 246 f)). – ***(2)* Beschränkt steuerpflichtige Anleger.** Deren Erträge iSd § 20 I Nr 3a aus *inl Spezialfonds* sind grds nicht stbar (Ausnahmen: zur Ausübung der Transparenzoption für sonstige inl Einkünfte ohne StAbzug s § 33 V 2 InvStG und für Immobilienerträge s § 33 II 4 Nr 1, III InvStG).

8. Stille Gesellschaft; partiarisches Darlehen, § 20 I Nr 4. – a) Stille Gesellschaft, § 20 I Nr 4 S 1, Alt 1. – aa) Voraussetzungen. Hierunter fällt der **„typische" stille Ges'ter** iSv § 230 ff HGB. Dieser beteiligt sich mit seiner Einlage kapitalmäßig am Handelsgewerbe eines Dritten (des Geschäftsinhabers, zB Einzelunternehmen, PersGes, KapGes), wodurch aufgrund der gemeinschaftl Zweckverfolgung eine InnenGes entsteht, an deren Gewinn und Verlust er beteiligt ist (BFH VIII R 3/05, BStBl II 08, 852; BFH IV R 83/06, BStBl II 09, 798; BFH I R 78/09, BFH/NV 11, 12; EStH 20.2). Die BFH-Rspr qualifiziert Kapitalanlagen idF inl und ausl Schneeballsysteme immer wieder als typisch stille Beteiligung (zB BFH VIII R 41/13, BFH/NV 15, 187; BFH VIII R 13/14, BFH/NV 18, 27 mwN). – § 20 I Nr 4 S 1 gilt nicht für den atypisch stillen Ges'ter („es sei denn"). Zu den Anforderungen an die MUer stellung und zur Feststellungspflicht iEinz → § 15 Rn. 341 ff; 365 ff; BFH VIII R 46/18, BStBl II 21, 614; *Blaurock* Stille Gesellschaft-HdB § 20 Rn. 20.92 ff. – Zu stillen ArbN-Beteiligungen → § 20 Rn. 260; zur Abgrenzung vom Genussrecht *BMF* BStBl I 23, 672 Rn. 2. 90

bb) Anerkennungsfragen. – ***(1)* Stille Familiengesellschaft.** S zur steuerl Anerkennung BFH IV R 83/06, BStBl II 09, 798. Vgl auch → § 12 Rn. 20 ff; *Blaurock* Stille Gesellschaft-HdB § 21 Rn. 21.27 ff. – ***(2)* GmbH & typisch still.** Die typisch stille Beteiligung eines *nicht beherrschenden KapGes'ters* wird grds anerkannt. Für den *beherrschenden Ges'ter* ist die steuerl Anerkennung besonders zu prüfen (*Kriterien:* vor Beginn abgeschlossene inhaltl klare und fremdübl Vereinbarung, die zivilrechtl wirksam ist und durchgeführt wird. Beim *beherrschendem Ges'terGeschäftsführer* wird regelmäßig eine atypisch stille Beteiligung begründet (BFH VIII R 237/80, BStBl II 83, 563; BFH VIII R 62/97, BFH/NV 99, 773: sog Gesamtbildbetrachtung; s aber auch BFH IV R 41/14, BStBl II 17, 1133 s *Blaurock* Stille Gesellschaft-HdB § 20 Rn. 20.80 ff, § 21 Rn. 21.76 ff). 91

cc) Geschäftsinhaber. Einlagen des typisch Stillen und partiarische Darlehen in das BV sind bei ihm Fremdkapital und je nach Gewinnermittlungsart auszuweisen. Der Gewinnanteil des Stillen zählt zu den BA; ggf Hinzurechnung beim Gewerbeertrag gem § 8 Nr 1 Buchst c GewStG. Zur Angemessenheit der Gewinnverteilung nach Höhe der erbrachten Einlage und Verlusttragung s BFH IV R 19/20, BFH/NV 23, 1062 mwN; iEinz *Blaurock* Stille Gesellschaft-HdB § 22 Rn. 22.140 ff. 92

dd) Gewinnanteile des Stillen. – ***(1)* Gewinnanteile.** Ausführl *Blaurock* Stille Gesellschaft-HdB § 13 Rn. 13.52 f, § 22 Rn. 22.148 ff; Rn. 22.152 ff. Der Gewinnanteil ist gem § 232 I HGB iRd Jahresabschlusses zur ermitteln, dem stillen Ges'ter gutzuschreiben und als Verbindlichkeit des Inhabers auszuweisen (zum MoPeG *Mock* GmbHR 23,1066 (1023)). *Im PV* erlangt der Stille die wirtschaftl Verfügungsmacht iSd § 11 zB durch diese *Gutschrift* (BFH VIII R 57/95, BStBl II 97, 755) oder iRe *Novation:* Erhöhung der Einlage entgegen § 232 III HGB; Stehen lassen als Darlehen. Im *BV* sind die Gewinne BE/SonderBE (s BFH I R 62/08, BStBl II 12, 745; → § 5 Rn. 270 „Stille Beteiligung": phasengleiche Aktivierung zum Gj-Ende des Geschäftsinhabers); zur stillen Beteiligung als SonderBV I s BFH IV R 20/20, BStBl II 23, 857. – ***(2)* Rechtsfolgen.** Die Erträge gem Abs 1 Nr 4 unterliegen grds § 32d I, es sei denn, § 32d II Nr 1 Buchst b greift (→ § 32d Rn. 10 ff). Schuldzinsen zur Ein- 93 lagenfinanzierung sind WK (BFH VIII B 105/06, BFH/NV 07, 1118); für sie greift grds § 20 IX. Zum grds abgeltenden KapEStAbzug s § 43 I Nr 3; § 44 III zum Zeitpunkt).

94 **ee) Verluste des Stillen, § 20 I Nr 4 S 2.**

Schrifttum: *Urban* Ubg 18, 199; *Blaurock* Stille Gesellschaft-HdB § 22 Rn. 22.208 ff.

***(1)* HGB.** Verlustanteile sind dem Stillen idR bis zur Höhe der Einlage (§ 232 II 1 HGB) mindernd zuzuweisen; ihn trifft grds keine Nachschusspflicht. Zum negativen Einlagekonto → Rn. 95. – ***(2)* Abfluss, § 11.** Die Verluste fließen *im PV* erst ab, wenn der Verlustanteil des stillen Ges'ters berechnet und der Jahresabschluss des Geschäftsinhabers festgestellt worden ist (BFH VIII R 21/06, BStBl II 08, 126 mwN; BFH VIII R 5/11, BFH/NV 14, 1193). Hinzukommen muss idR, dass die Verlustanteile von der Einlage des stillen Ges'ters abgebucht worden sind (BFH VIII R 36/01, BStBl II 02, 858), grds auch bei Auflösung der Ges und im Insolvenzfall (Bilanz des Verwalters, vgl BFH VIII R 73/95, BFH/NV 98, 300); eine Schätzung durch das FA ist aber mögl (BFH VIII R 25/96, BStBl II 97, 724). – ***(3)* Negative Einnahme.** Die unter Berücksichtigung der § 15a, § 15b zuzurechnenden Verluste (→ Rn. 95) sind dem Grunde nach WK. Nach hM ist der Verlustanteil aber aufgrund einer teleologischen Reduktion des § 20 IX eine negative Einnahme iSv § 20 I Nr 4 (*BMF* BStBl I 25, 1330 Rn. 4; **aA** *Urban* Ubg 18, 199 (202, 206 f)); dies kann mE aber nicht gelten, wenn es sich um tarifl Verluste handelt (§ 32d II Nr 1 Buchst b iVm § 32d II 2). – ***(4)* Betriebsvermögen.** Im *BV* sind die Verluste BA und von der (aktivierten) Einlageforderung abzusetzen (BFH I R 62/08, BStBl II 12, 745); ggf TW-AfA (→ § 5 Rn. 270 „Stille Beteiligung").

95 **ff) Sinngemäße Anwendung der § 15a, § 15 IV 6.**

Schrifttum: *Blaurock* Stille Gesellschaft-HdB § 22 Rn. 22.213 ff; krit *Urban* Ubg 18, 199, 200; auch → § 15a Rn. 132; → § 21 Rn. 151.

***(1)* HGB.** Das Einlagekonto ist um spätere Einlagen sowie um positive Einkünfte der Vorjahre zu erhöhen und um Entnahmen und negative Einkünfte des Vorjahres zu vermindern (BFH VIII R 21/06, BStBl II 08, 126). Nimmt der Stille entgegen § 232 II 1 HGB über seine Einlage hinaus am Verlust teil, entsteht für ihn beim Geschäftsinhaber ein negatives Einlagekonto (Verlustsonderkonto oder Merkposten), das durch künftige Gewinne auszugleichen ist (§ 232 II 2 Hs 2 HGB); Gewinne werden dem Stillen bis dahin nicht ausgezahlt. Dieses Konto ist kein echtes negatives KapKto des Stillen, wird einem solchen steuerl aber gleichgestellt (BFH VIII R 36/01, BStBl II 02, 858, *Groh* DB 04, 668). Das Einlagekonto des Stillen kann iRe Einkonten- oder Mehrkontenmodells ausgestaltet sein (s BFH VIII R 5/11, BFH/NV 14, 1193; sog variables Einlagekonto, s *Blaurock* Stille Gesellschaft-HdB § 7 Rn. 7.78). Beim Geschäftsinhaber entsteht kein sonstiger Vermögensgegenstand (FG Mchn EFG 24, 1595, Rev IX R 32/24). – ***(2)* Negatives Einlagekonto im Privatvermögen.** Verlustanteile, die die Einlage übersteigen, belasten den Stillen mangels Nachschusspflicht nicht, er kann sie daher nicht als negative Einnahmen (→ Rn. 94) abziehen. Während der *Auszahlungssperre* sind künftige Gewinne (§ 232 II 2 Hs 2 HGB) mit dem negativen Einlagekonto zu verrechnen und solange nicht gem Abs 1 S 4 stbar (BFH VIII R 36/01, BStBl II 02, 858; *BH/Ratschow* § 20 Rn. 233 f). – Die nicht mehr verrechenbaren Verluste gehen mit Beendigung der Beteiligung unter. – ***(3)* Negatives Einlagekonto im Betriebsvermögen.** Abs 4 S 2 iVm § 15a sind sinngem auch für in einem BV des Stillen zu erfassende Verlustanteile (BA) maßgebl, dh kein weiterer BA-Abzug nach Minderung des Buchwerts der Einlageforderung auf Null (*Kessler/Reitsam* DStR 03, 315 (316); **aA** *Urban* Ubg 18, 199 (208): fehlende Rechtsgrundlage). – ***(4)* Gesonderte Feststellung.** Ledigl verrechenbare Verluste iSd § 15a I sind gesondert festzustellen (§ 15a IV, s BFH VIII R 36/01, BStBl II 02, 858). § 15a III findet bei der Rückzahlung der Einlage des Stillen (Einlagenminderung) entspr Anwendung. Die „Entnahme" iSv § 15a III ist iHd verrechenbaren Verlustanteile zu versteuern (iEinz *Blaurock* Stille Gesellschaft-HdB, § 22 Rn. 22.219 ff). – ***(5)* Sinngemäße Anwendung des § 15 IV 6.** S BFH I R 62/08, BStBl II 12, 745; FG Mchn EFG 25, 563, Rev IX R 32/24; → § 15 Rn. 906 ff.

b) Partiarisches Darlehen, § 20 I Nr 4 S 1, Alt 2. Als Gegenleistung für die KapÜberlassung wird dem Geber eine Erfolgsbeteiligung (gewinn-, umsatzabhängig) am Unternehmen oder aus einem bestimmten Geschäft eingeräumt; erforderl ist auch ein KapRückzahlungsanspruch. Zur Abgrenzung zum Genussrecht *BMF* BStBl I 23, 672, Rn. 3. Im Vergleich zur typisch stillen Beteiligung fehlt es an der gemeinschaftl Zweckverfolgung, daher ist auch keine Verlustzuweisung mögl (BFH IV R 25/12, BStBl II 15, 772; BFH X R 10/16, BStBl II 18, 630; zur KapESt BFH I R 61/99, BStBl II 01, 67; BFH I R 78/09, BFH/NV 11, 12). Zum Zufluss im PV → Rn. 93. 96

9. Zinsen aus Grundpfandrechten, § 20 I Nr 5. § 20 I Nr 5 betrifft die Besteuerung beim Zinsempfänger, der zumeist gewerbl Einkünfte bezieht (§ 20 VIII). – *(1)* Nach S 1 sind Zinsen aus Hypothek (nach hM nur Verkehrshypothek) gem § 1113 BGB, Grundschuld gem § 1191 BGB, Renten aus Rentenschuld gem § 1199 BGB, uU auch aus Verwertung einer Grundschuld im Zeitpunkt des Zuschlags (BFH VIII R 28/09, BStBl II 12, 496; EStH 20.2) stbar. Die dingl Sicherung steht dem Charakter als Nutzungsentgelt nicht entgegen. – *(2)* S 2 erfasst bei Tilgungshypotheken/-grundschulden den Zins. 99

10. Erträge aus Lebens- und Rentenversicherungen, § 20 I Nr 6

Verwaltung: EStH 20.2; *BMF* BStBl I 79, 592; *BMF* BStBl I 02, 827 zu SA-Abzug; *BMF* BStBl I 04, 1096 (AltEinkG); *BMF* BStBl I 06, 92 (für Neuverträge); *BMF* BStBl I 09, 1172 (Neufassung und Ergänzung); *BMF* BStBl I 17, 1314 (§ 20 I Nr 6 S 9); *BMF* DStR 11, 2001 (Anhebung der Altersgrenzen); *BMF* BStBl I 25, 1330 Rn. 5.

a) Altversicherungen. – aa) Fortgeltung von § 20 I Nr 6 aF. Für vor dem 1.1.05 abgeschlossene Verträge (s zum Abschlusszeitpunkt *BMF* BStBl I 09, 1172 Rn. 88 f) gilt die Altregelung des § 20 I Nr 6 zum 31.12.04 fort, wenn vor diesem Zeitpunkt auch Beiträge gezahlt wurden (§ 52 XXVIII 5). Dies gilt sowohl hinsichtl der tatbestandl Anforderungen als auch der Freistellung des Unterschiedsbetrags gem § 20 I Nr 6 S 2 aF. 102

bb) Steuerbare Kapitalerträge. – *(1)* Laufende Kapitalerträge. Dies sind bei Altversicherungen gem Nr 6 S 1 die rechnungsmäßigen Zinsen (Verzinsung des Deckungskapitals) und außerrechnungsmäßigen Zinsen (Mehrertrag aus Anlagen) aus den Sparanteilen (zu den Begriffen s *BMF* BStBl I 79, 592), die iRd Versicherungsleistung ausgezahlt werden. Gleichgestellt sind KapErträge aus den Sparanteilen bei fondsgebundenen Versicherungen (§ 20 I Nr 6 S 5 aF, *BMF* BStBl I 79 Rn. 11; *BMF* BStBl I 09, 1172 Rn. 31); Wertveränderungen, Kursverluste des Anlagestocks sind iRe Rückkaufs aber nicht stbar (BFH VIII R 25/16, BStBl II 19, 698). Zum **Zufluss** s BFH VIII R 66/13, BStBl II 17, 626 bei Neubestimmung der Fälligkeit; zum Verzicht auf Teilzahlungsansprüche s BFH VIII R 15/13, BStBl II 15, 468 – ***(2)* Veräußerungsgewinne; Veräußerungsverluste.** Die Vermögenssubstanz eines Altvertrags kann beim *Veräußerer* erst ab dem VZ 2009 bei der Veräußerung der Ansprüche gem § 20 II Nr 6 iVm § 52 X 5 Hs 2 zu stbaren Gewinnen und Verlusten führen (→ Rn. 178; BFH VIII R 38/15, BStBl II 17, 1040 zu einem Verlustfall; BFH VIII B 40/13, BFH/NV 14, 40). Gem § 20 I Nr 6 S 3 ist auf Ebene *des Erwerbers* idR die StBefreiung gem S 2 ausgeschlossen (→ Rn. 104). – ***(3)* Versicherungen auf den Erlebens- oder Todesfall.** § 20 I Nr 6 S 1 und 2 unterscheiden zw Versicherungen mit stbaren und stpfl KapErträgen und dem jeweiligen Auszahlungsereignis. – ***(aa)* Versicherungen.** Zum Begriff s BFH VI R 164/86, BStBl II 91, 189. Die StBefreiung des S 2 knüpft an „Versicherungen iSd § 10 I Nr. 2 Buchst b aF" mit *lfd Beiträgen* und einer mindestens fünfjährigen Beitragszahlung an, die als SA abziehbar sind (s zu den Anforderungen *BMF* BStBl I 02, 827; BFH VIII R 4/18, DStR 21, 2341). 103

Diese Versicherungen sind durch die Absicherung eines biometrischen Risikos gekennzeichnet; ausreichend war zur Risikotragung, wenn ein Mindesttodesfallschutz iHv 60% der eingezahlten Beitragssumme vereinbart wurde (*BMF* BStBl I 02, 827 Tz. 23, 29; zu den wechselnden Anforderungen FG Köln EFG 16, 26, nachgehend BFH VIII R 36/15, BStBl II 19, 399). Zur Auslegung des Verweises iRd Nr 6 S 2 auf § 10 I Nr 2 Buchst b iS einer Typusanknüpfung s iÜ BFH VIII R 7/09, BFH/NV 12, 564; BFH VIII R 31/10, BStBl II 16, 653; zur StBefreiung *für fondsgebundene LV* bei einer Mindestlaufzeit von 12 Jahren und bei *ausl Versicherungen* s BFH VIII R 47/01, BStBl II 06, 365; BFH VIII R 31/10, BStBl II 16, 653. Klassisch erfasst die StBefreiung damit ua *RV ohne Kapitalwahlrecht, RV mit Kapitalwahlrecht gegen lfd Beitragszahlung,* wenn das Kapitalwahlrecht nicht vor Ablauf von 12 Jahren seit Vertragsabschluss ausgeübt werden kann, sowie *Kapitalversicherungen gegen lfd Beitragszahlung mit Sparanteil* mit einer Mindestlaufzeit von 12 Jahren (*BMF* BStBl I 79, 592 Rn. 1.2). – ***(bb)* Auszahlungsereignis.** Auszahlungen im Versicherungsfall (versichertes Hauptrisiko) und bei Verrechnung von Zinsen mit Beiträgen desselben Vertrags sind ohne Beachtung der Mindestlaufzeit stfrei. Auszahlungen von Zinsen aufgrund eines Rückkaufs oder einer Vertragsauflösung sind nur stfrei, wenn die Mindestlaufzeit von 12 Jahren eingehalten ist (*BMF* BStBl I 79, 592 Rn. 1.3).

104 **cc) Einschränkungen der Steuerbefreiung nach Satz 2.** – ***(1)* Vertragsanpassung.** Die StBefreiung gem Satz 2 greift nicht, wenn ein Altvertrag wegen einer schädl Vertragsanpassung vor Ablauf der Zwölfjahresfrist als Neuvertrag zu behandeln ist. Folge: partiellen StPflicht der Erträge (s BFH VIII R 66/13, BStBl II 17, 626: Änderung bei den prägenden Merkmalen, dh Laufzeit, Versicherungssumme, Versicherungsprämie und Prämienzahlungsdauer erforderl, s iEinz *BMF* BStBl I 09, 1172 Rn. 92 ff und *BMF* BStBl I 02, 827 Rn. 34 ff). – ***(2)* Rückausnahmen nach Nr 6 S 3.** Der Erwerb einer Alt-LV führt für den Erwerber idR zur Versagung des SA-Abzugs gem § 10 I Nr 2 Buchst b S 5 aF und zum Ausfall der StBefreiung gem Nr 6 S 2 (*BMF* BStBl I 02, 827 Rn. 2; *BMF* BStBl I 09, 1172 Rn. 64b). – ***(3)* Rückausnahme nach Nr 6 S 4 aF („Finanzierungsversicherungen").** Zur schädl Sicherungsabtretung von Ansprüchen s *Welker* NWB 18, 1247 (1251 ff); FG Ddorf EFG 25, 915, rkr; *BMF* BStBl I 00, 1118; BFH VIII R 3/15, BStBl II 19, 235: unschädl Gewährung eines zinslosen Darlehens. Zur Umschuldung s BFH VIII R 30/09, BStBl II 14, 153; BFH VIII R 49/09, BStBl II 14, 156; BFH VIII R 6/18, BStBl II 21, 764; – ***(4)* Gesonderte Feststellung der Zinsen.** S § 9 VO zu § 180 II AO. Zur Bindungswirkung s FG Mster EFG 24, 262, Rev VIII R 1/24.

105 **dd) Auszahlung.** – ***(1)* Steuerfreie Auszahlung.** Zinsen aus begünstigten Altverträgen sind bei Einhaltung der 12-jährigen Haltedauer im Erlebensfall und bei Rückkauf gem § 20 I Nr 6 S 2 aF stfrei (sog Kapitallebensversicherungsprivileg). Rentenzahlungen aus einer *begünstigten RV mit lfd Beitragszahlung* und *Kapitalwahlrecht* waren nach BFH VIII R 4/18, DStR 21, 2341 auch mit dem Zinsanteil als Kap-Erträge gem § 20 I Nr 6 S 2 stfrei, soweit die Summe der ausgezahlten Rentenbeträge das in der Ansparzeit angesammelte Kapitalguthaben einschließl der Überschussanteile nicht übersteigt (**aA** *BMF* BStBl I 79, 592 Rn. 10.1: stpfl Ertragsanteil gem § 22 Nr 1 S 3 Buchst a bb; glA *Briese* FR 23, 112). In **§ 52 XXVIII 5 idF JStG 2024** (BGBl I 24 Nr 387) hat der Gesetzgeber rückwirkend die Auffassung des *BMF* für alle offenen Fälle (auch bei Verrentung einer KapitalVers mit Sparanteil) kodifiziert. Ob aufgrund des BFH-Urteils ein geschütztes Vertrauen der StPfl entstanden ist, ist mE zweifelhaft (s BVerfG 2 BvL 1/11, DStR 21, 1153: mE zusätzl besondere Umstände erforderl; *vern* SchlHFG BeckRS 2025, 33450, Rev VIII R 19/25; FG Bln-Bbg EFG 26, 13, nrkr). – Zu Auszahlungen aus dem Überobligatorium schweizer Pensionskassen s → § 3 Rn. 202; zu § 22 Nr 5 iZm betriebl DirektVers BFH X R 44/18, BFH/NV 21, 1175; → § 20 Rn. 261. – ***(2)* Steuerpflicht der Zinsen.** Zinsen aus *LV mit Kapitalwahlrecht* gegen *Einmalbetrag* sowie aus Versicherungen gegen *lfd Beitrags-*

leistungen, bei denen im Fall des Rückkaufs, Erlebensfalls die vertragl Mindestlaufzeit nicht eingehalten wurde oder die Fälle des S 3, 4 vorliegen, sind in VZ ab 2009 gem Nr 6 S 1 aF stpfl KapErträge, die unter § 32d I fallen; dann gilt auch § 20 IX für Refinanzierungsaufwand (BFH VIII R 7/15, BStBl II 19, 231; BFH VIII R 30/17, BSBl II 21, 927). – Erträge *aus nicht begünstigten Alt-RV* (mit Kapitalwahlrecht gegen Einmalbetrag) unterfallen nur § 22 Nr 1 (BFH VIII R 29/00, BStBl II 06, 223; BFH X R 64/01, BStBl II 06, 245; BFH X R 18/11, BStBl II 14, 15). S auch § 43 I 1 Nr 4.

b) Neuverträge. – aa) Versicherungen iSd Regelung. – ***(1)*** **Versicherungscharakter.** Bei Neuverträgen muss ein biometrisches Risiko gegen Beitragszahlungen mit Sparanteil (Abgrenzung zu Kapitalisierungsgeschäften und zu reinen Risikoversicherungen, s *BMF* BStBl I 09, 1172 Rn. 4, 7: Besteuerung der Leistungen gem § 20 I Nr 7, § 22 Nr 1) abgesichert werden und eine nennenswerte Risikotragung des Versicherungsunternehmens vorliegen. Letztere soll fehlen, wenn im Versicherungsfall nur eine Leistung der angesammelten und verzinsten Sparanteile zuzügl einer Überschussbeteiligung vereinbart ist; ausreichend ist eine garantierte Beitragsrückzahlung iSd Versicherungsaufsichtsrechts (*BMF* BStBl I 09, 1172 Rn. 3; FG Köln EFG 16, 26, nachgehend BFH VIII R 36/15, BStBl II 19, 399). § 20 I Nr 6 S 6 definiert weitere Voraussetzungen zum Mindesttodesfallschutz für die hälftige Befreiung des Unterschiedsbetrags. – ***(2)*** **Erfasste Formen.** § 20 I Nr 6 umfasst KapErträge aus – ***(aa)*** **Rentenversicherung mit Kapitalwahlrecht** („Rentenfaktor" erforderl; *BMF* BStBl I 09, 1172 Rn. 3a–3c), soweit *nicht* die *lebenslange Rentenzahlung* gewählt, sondern die Auszahlung gewählt wird (sonst § 22 Nr 1 S 3 Buchst a bb, dh Ertragsanteil, → § 22 Rn. 91; *BMF* BStBl I 09, 1172 Rn. 19). Zu RV mit anderen Laufzeiten s *BMF* BStBl I 09, 1172 Rn. 20. – ***(bb)*** **Rentenversicherung ohne Kapitalwahlrecht** iSd Abs 1 Nr 6 S 4 unterliegen Abs 1 Nr 6, wenn im *Erlebensfall* keine lebenslange Rentenzahlung vereinbart/erbracht wird sowie bei Auszahlung iZm einem Rückkauf. – ***(cc)*** Zur nach dem 31.12.04 abgeschlossenen gemischten **Kapitalversicherung mit Sparanteil** s *BMF* BStBl I 09, 1172 Rn. 24, 28, 29 (bei Ausübung eines Rentenwahlrechts greift § 22 Nr 1 S 3), auch zB *Sterbegeldversicherung* mit Sparanteil (BFH VIII R 25/14, BStBl II 17, 1038) Zur Kapitalauszahlung bei Eintritt eines versicherten Nebenrisikos s *BMF* BStBl I 09, 1172 Rn. 36, 37): § 20 I Nr 6. – ***(dd)*** **Erträge aus Unfallversicherungen** mit garantierter Beitragsrückzahlung (*BMF* BStBl I 09, 1172 Rn. 1, 27). – ***(ee)*** **Erträge auf fondsgebundenen Lebensversicherung** iSd § 20 I Nr 6 S 4 (Neuverträge, Anlage typischerweise in Investmentanteilen; *BMF* BStBl I 09, 1172 Rn. 31 f); der Wechsel der Anlagestrategie (Shiften, Switchen) führt nicht als Disposition zum Zufluss (s aber S 5 und zu Abgrenzungsfragen bei ausl fondsgebundenen Versicherungen *Welker* ErbStB 15, 15 ff). – ***(3)*** **Ausländische Versicherungen.** Diese müssen inl Neuverträgen vergleichbar sein (BFH VIII R 47/01, BStBl II 06, 365; BFH VIII R 15/13, BStBl II 15, 468). 106

bb) Auszahlungsereignis. Bei Eintritt des versicherten (biometrischen) Hauptrisikos (Langlebigkeit/Tod), dh *im Versicherungsfall,* ist die Versicherungssumme nicht stbar (*BMF* BStBl I 09, 1172 Rn. 40). Die Auszahlung im **Erlebensfall** oder bei **Rückkauf/Vertragsauflösung** ist stpfl, s BFH VIII R 25/14, BStBl II 17, 1038; *BMF* BStBl I 09, 1172 Rn. 41 ff. 107

cc) Bemessungsgrundlage. – ***(1)*** **Voller Unterschiedsbetrag.** Es wird bei Neuverträgen im Erlebensfall/bei Rückkauf statt der Zinsen aus Sparanteilen der **Unterschiedsbetrag** zw der Versicherungsleistung (Summe der Sparanteile, Verzinsung, Überschüsse) und den geleisteten Beiträgen (alle Zahlungen iZm dem Versicherungsvertrag) als Ertrag besteuert: Abschaffung des LV-Steuerprivilegs); iEinz s *BMF* BStBl I 09, 1172 Rn. 54 ff sowie Rn. 61, 64 zur *(Teil-)Auszahlung* zum Ende der Ansparphase. Der Unterschiedsbetrag kann auch negativ sein (zB bei frühzeitigem Rückkauf); zur Einkünfteerzielungsabsicht → Rn. 20. – ***(2)*** **Hälftiger Unter-** 108

schiedsbetrag, § 20 I Nr 6 S 2, 6. – ***(aa)* Steuerfreistellung.** Nach § 20 I Nr 6 S 2 ist bei stpfl Kapitalerträgen gem § 20 I Nr 6 S 1 uU nur die Hälfte des Unterschiedsbetrags anzusetzen (keine echte, sondern technische StBefreiung laut *BMF* BStBl I 09, 1172 Rn. 81). Dies gilt für sog Altersvorsorgeverträge, wenn die Versicherungsleistung nach *Vollendung des 60. Lebensjahres* und *nach Ablauf von 12 Jahren* nach Vertragsabschluss ausgezahlt wird (also für Auszahlungen ab 2017). – Für Vertragsabschlüsse ab 2012 ist das *62. Lebensjahr* maßgebl (§ 52 XXVIII 7, *BMF* BStBl I 09, 1172 Rn. 65 f; *BMF* DStR 11, 2001; *BMF* BStBl I 12, 238). – ***(bb)* Mindestvertragsdauer.** S zu Unterbrechungen (zB wegen „Elternzeit" *BMF* BStBl I 09, 1172 Rn. 72 ff) und zu (wesentl) *Vertragsänderungen BMF* BStBl I 09, 1172 Rn. 67: Neubeginn der Mindestvertragsdauer von 12 Jahren; das gilt nicht bei Tarifumstellung (*OFD NRW* DB 16, 2267). S auch *Welker* EStB 17, 412. – ***(cc)* Mindesttodesfallschutz.** Gem *§ 20 I Nr 6 S 6 Buchst a* muss bei Kapital-LV mit vereinbarter *lfd Beitragsleistung* die Todesfallsumme mindestens 50% der Beiträge betragen (50%-Regel); bei sonstigen Kapital-LV (auch Einmalbeitrag) verlangt *Abs 1 S 6 Buchst b* eine Todesfallsumme iHv 110% des Deckungskapitals/Zeitwerts/der geleisteten Beiträge (10%-Regel); Geltung für nach dem 31.3.09 abgeschlossene LV-Verträge (§ 52 XXVIII 8; zum Ganzen s *BMF* BStBl I 09, 1172 Rn. 78a ff).

109 **c) Besteuerungsfolgen bei Neuverträgen. – aa) Geltungsbereich von § 32d I.** Erfolgt keine hälftige Besteuerung der Erträge gem S 2, unterliegt der Ertrag dem gesonderten Tarif gem § 32d I. WK fallen unter § 20 IX (*BMF* BStBl I 09, 1172 Rn. 81, 81a). Bei Befreiung des hälftigen Unterschiedsbetrags ist der stpfl Teil gem § 32d II Nr 2 ein tarifl KapErtrag (→ § 32d Rn. 16). Zur *Abtretung* des Anspruchs bei Auszahlung s *Welker* NWB 17, 1247 (1252). – **Subsidiarität:** Zu DirektVers iRd betriebl Altersvorsorge ggü § 22 Nr 5 → § 22 Rn. 173; → § 20 Rn. 261; BFH X R 21/16, BStBl II 19, 157; BFH X R 44/18, BFH/NV 21, 1175). Bei Verrechnung des Anspruchs gem § 89b HGB mit LV-Ansprüchen hat § 20 I Nr 6 Vorrang (BFH III R 41/14, BStBl II 17, 630).

110 **bb) Sonderfragen.** – ***(1)* Erwerb von Lebensversicherungen. § 20 I Nr 6 S 3, S 7, 8** verhindert eine Übermaßbesteuerung beim entgeltl Erwerber von Versicherungsansprüchen. Dessen AK übersteigen idR die bis zum Erwerbszeitpunkt entrichteten Beiträge. Nach S 3 hat der Erwerber nur die Erträge zu versteuern, die in der Zeit entstanden sind, in der er Inhaber des Versicherungsanspruchs war (*BMF* BStBl I 09, 1172 Rn. 64a und Rn. 64b zu vor dem 1.1.05 abgeschlossenen Verträgen). Die beim Veräußerer des Anspruchs aufgelaufenen Erträge werden durch die Neuregelung in Abs 2 Nr 6 erfasst (→ Rn. 177). – **§ 20 I Nr 6 S 7** (zur Geltung § 52 XXVIII 7) schließt die hälftige Befreiung des Unterschiedsbetrags beim Erwerber von LV, RV und Risikoversicherungen generell aus. Der (volle) Unterschiedsbetrag ist auch *im Versicherungsfall* (sonst nicht stbar; → Rn. 107) stpfl (zur Begr BT-Drs 18/1529, 52 f; *Paintner* DStR 14, 1621). Eine Rückausnahme gilt nach S 8, wenn die versicherte Person selbst den Anspruch erwirbt sowie bei Erfüllung bestimmter Abfindungs- und Ausgleichsansprüche. – ***(2)* Entlastung fondsgebundener Lebensversicherungen, § 20 I Nr 6 S 9.** Bei → Rn. 82 *(6)* und § 22 Nr 5 S 15. – ***(3)* Vermögensverwaltende Versicherungsverträge.** Nach **§ 20 I Nr 6 S 5** werden nach dem 31.12.08 zufließende KapErträge aus KapAnlagen, die iRe vermögensverwaltenden Versicherungsvertrags gehalten werden, dem Versicherungsnehmer im Entstehungsjahr auch ohne Liquiditätszufluss (!) unmittelbar zugerechnet; der LV-Mantel wird durchbrochen, auch die Befreiung gem Nr 6 S 2 greift nicht mehr. S 5 verlangt für den Vertrag speziell zusammengestellte KapAnlagen, die nicht auf öffentl vertriebene Investmentfondsanteile beschr sind und die Befugnis des StPfl, über die Wiederanlage bestimmen zu können; die Wahlmöglichkeit zw verschiedenen Anlagestrategien genügt nicht (BFH VIII R 36/15, BStBl II 19, 399; FG Ddorf EFG 19, 1291, rkr).

114 **11. Erträge aus sonstigen Kapitalforderungen, § 20 I Nr 7. – a) Anwendungsbereich.** § 20 I Nr 7 regelt als Grund- und Auffangtatbestand die StPfl von lfd inl und ausl KapErträgen *im PV,* die *iZm einer KapÜberlassung* erzielt werden und deren StBarkeit sich nicht aus einem anderen Tatbestand iSd § 20 I Nr 1 bis Nr 6 oder Nr 8, Nr 9 ergibt (BFH VIII R 35/14, BStBl II 15, 834). Gem § 20 II Nr 7 iVm

§ 20 II 1, 2 sind auch Substanzgewinne/-verluste aus der Veräußerung, Abtretung, Einlösung oder Rückzahlung stbar. Zur Einkünfteerzielungsabsicht → Rn. 20. Lfd KapErträge gem Abs 1 Nr 7 können dem gesonderten Tarif gem § 32d I oder bei Ausschluss gem § 32d II Nr 1 Buchst a–c der tarifl Besteuerung gem § 32a unterliegen. Zur Subsidiarität s Abs 8 (→ Rn. 252 ff).

b) Sonstige Kapitalforderungen jeder Art, § 20 I Nr 7 S 1, 2. – aa) Begriff. 115
Hierunter fallen alle *auf eine Geldleistung* (in Form eines gesetzl Zahlungsmittels) gerichteten Forderungen ohne Rücksicht auf die Dauer der KapÜberlassung oder den Rechtsgrund des Anspruchs (vertragl oder gesetzl, öffentl- oder privatrechtl; s auch BFH VIII R 40/13, BStBl II 16, 342 zur testamentarisch angeordneten Verzinsung). Darf eine auf Geld gerichtete Forderung durch Wahl des Gläubigers oder Emittenten auch durch Lieferung eines Sachwerts erfüllt werden oder ist diese Erfüllungsvariante iRe vertragl Bedingung vorgesehen, handelt es sich um eine Kapitalforderung, nicht um einen Sachlieferungsanspruch. Die Lieferung des Sachwerts zur Erfüllung ist dann eine Einlösung gem § 20 II 2 (BFH VIII R 5/24, BStBl II 25, 905; BFH VIII R 28/20, DStR 24, 2108 zu § 20 IVa; → § 44 Rn. 13 f). Elektronische Schuldverschreibungen und tokenisierte Forderungen fallen auch unter § 20 I Nr 7 (*BMF* BStBl I 25, 658 Rn. 77, 85). – Keine Kapitalforderungen sind Ansprüche, die *ausschließl* auf die Lieferung anderer WG (zB Edelmetalle) gerichtet sind (→ § 23 Rn. 24).

bb) Einzelfälle von Kapitalforderungen. Schuldverschreibungen (Pfandbriefe, Industrieobligationen; Bundesschatzbrief A); – **Anleihen** mit schwankenden Zinsen (Kombizins-, step-up-, Gleitzins-Index-, Options-, Floater, Warrants, Stufenzinsanleihen); ebenso **Nachranganleihen, Hybridanleihen** ohne Laufzeit und **Herabschreibungsanleihen** (zum Ganzen *Häuselmann,* Hybride Finanzinstrumente, S 318, 336, 350; Veräußerung; Ausfall fallen unter § 20 II Nr 7, → Rn. 146 ff). – **Festverzinsl Forderungen; Ges'terdarlehen** (*BMF* BStBl I 25, 1330 Rn. 58); Darlehen auf Verrechnungskonten (zB BFH I R 27/20, BStBl II, 23,840) – Schuldrechtl **Genussrechte,** s BFH VIII R 14/23, DStR 26, 142; *BMF* BStBl I 23, 672; zu beteiligungsähnl Genussrechten → Rn. 32; – **Gewinnobligationen** (= verbriefte Teilschuldverschreibung iSd § 43 I 1 Nr 2) und **Gewinnschuldverschreibungen** (§ 221 I 1 AktG); – **Optionsanleihen:** getrennte Betrachtung von Anleihe (§ 20 I Nr 7) und Optionsschein (§ 20 II Nr 7): kein Fall des § 20 IVa 4 (*BMF* BStBl I 25, 1330 Rn. 6–8). – **Optionsscheine** sind Kap-Forderungen, *nicht Termingeschäfte* (offen noch BFH VIII R 1/17, BStBl II 21,144; nunmehr *BMF* BStBl I 25, 1330 Rn. 8, auch bei Knock-Out); – **Zertifikate,** auch bei Anbindung an einen Basiswert (ungeachtet der Hebelwirkung, bei unendl Laufzeit; auflösenden Bedingungen, zB KnockOut-Schwelle); kein Termingeschäft gem Abs 2 Nr 3, da keine herausgeschobenen Erfüllung (BFH IV R 54/11, BStBl II 15, 483 zu Indexzertifikat; BFH VIII R 79/03, DStR 07, 286; *Cornelius/Hoffmann* ErbStB 20, 225 (227); *BMF* BStBl I 25, 1330 Rn. 8a). – **Wandelanleihen:** Die Zinsen fallen unter § 20 I Nr 7. 116

c) Kapitalerträge. – aa) Entgelt für eine Kapitalüberlassung. – *(1)* Entgelt; Veranlassung. Nr 7 besteuert das lfd *Entgelt für eine KapÜberlassung.* Der Veranlassungszusammenhang ist weit; stbar sind auch die unter § 20 III fallenden Einnahmen (→ Rn. 190). Der Rückfluss des ausgereichten Kapitalstamms iRd Rückzahlung, Einlösung fällt unter § 20 II 2 (→ Rn. 148, 149). Gem Nr 7 S 2 ist jedes wirtschaftl Nutzungsentgelt unabhängig von Bezeichnung, Ausgestaltung, Zahlungsart und Berechnungsgrundlage (Vorwegzahlung, rechnerische Einbeziehung in KapRückzahlung, Berechnung nach ungewissem Ereignis; lfd oder einmalig, zB beim Disagio) und unabhängig von der zivilrechtl Wirksamkeit des Vertrages stbar. Das Entgelt kann gem **§ 20 I Nr 7 S 1 Hs 1** erzielt werden: – ***(a)* iRe Kapitalrückzahlung.** Die Rückzahlung betrifft zwar die Substanz des KapStamms (§ 20 II 2), es sind aber iZm dieser gewährte lfde Erträge stbar, wenn die Rückzahlung des KapVerm (teilweise) *zugesagt* war oder bei fehlender Zusage die Rückzahlung *tatsächl erfolgt.* – ***(b)* iRe Vergütung,** die zugesagt ist und geleistet wird. – ***(c)* iRe tasächl gewährten Vergütung,** wenn nach den Ausgabebedingungen eines Finanzprodukts die KapRückzahlung und ein Entgelt dem Grunde und der Höhe nach unsicher sind (s aber BFH VIII R 7/16, BStBl II 19, 610: keine StBarkeit lfd Erträge bei Erwerb vor dem 117

15.3.07; *BMF* BStBl I 25, 1330 Rn. 48, 105). Unerhebl ist, ob die *Höhe* der Rückzahlung oder des Entgelts **von einem ungewissen Ereignis** abhängt **(§ 20 I Nr 7 S 1 Hs 2).** – S zur Zurechnung der Erträge → Rn. 16; zum Zufluss gem § 11 → Rn. 22.

118 *(2)* **Kapitalüberlassung.** Die KapÜberlassung kann freiwillig und rechtl erzwungen sein (s Nr 7 S 3 zu *Erstattungszinsen;* zu *Verzugszinsen* BFH VIII R 3/09, BStBl II 12, 254; BFH VIII R 79/91, BStBl II 95, 121; zu *Prozesszinsen* BFH VIII R 32/20, BStBl II 25, 168; zu Zinsen auf Rentennachzahlung BFH VIII R 18/12, BStBl II 16, 523; EStH 20.2). An einer *KapÜberlassung* und einem „hierfür" erzielten Entgelt fehlt es, wenn nur das Absicherungspotenzial des Kapitalstamms für eine Sicherheitengestellung Dritter entgeltl genutzt oder Kapital bereit gestellt, aber nicht abgerufen wird (BFH VIII R 7/23, BStBl II 25, 410: § 22 Nr 3). – Auch das Entgelt für ein Sachdarlehen fällt mangels KapÜberlassung nicht unter § 20 I Nr 7, sondern § 22 Nr 3 (str zum *Liquidity Mining,* FG Kln BeckRS 2025, 38323, Rev VIII R 22/25; *Kamchen* DStR 24, 857).

Einzelfälle. – **Zinsen** als laufzeitabhängige Nutzungsvergütungen für die KapÜberlassung (s BFH VIII R 14/93, BFH/NV 95, 377) sind der Grundfall. Zu negativen Einlagenzinsen → Rn. 267. Guthabenzinsen aus Bausparverträgen sind gem *BMF* BStBl I 25, 1330 Rn. 126 uU nicht stbar; zu aufschiebend bedingt gutgeschriebenen Bonuszinsen s BFH VIII R 18/20, BStBl II 23, 961. – Zu Zinsen iZm **öffentl-rechtl Entschädigungen** s § 3 Nr 7 → § 3 Rn. 30; zu einem rückwirkend gewährten „Zins" BFH VIII R 36/23, BFH/NV 25, 682: Schadensersatz. – **Scheinerträge** aus einem Schneeballsystem können KapErträge iSd Nr 7 sein (BFH VIII R 38/13, BStBl II 14, 698; BFH VIII R 13/16, BFH/NV 18, 189; BFH VIII R 7/17, BStBl II 21, 468; FG Ddorf DStRE 25, 567, rk; zum Zufluss → Rn. 22); – Erträge iSd § 20 I Nr 7 sind auch lfd Auszahlungen aus einem **Vollrisiko-Zertifikat,** davon sind Teilrückzahlungen gem § 20 II Nr 7 anhand der Emissionsbedingungen abzugrenzen (BFH VIII R 16/16, BStBl II 20, 254; *BMF* BStBl I 25, 1330 Rn. 8a) – **Nutzungsersatz nach Kreditwiderruf:** Der Ausgleich der gezogenen Nutzungen bei Rückabwicklung widerrufener Verbraucherkreditverträge (vor Geltung von § 357a BGB) begründete bei ausschließl Rückabwicklung der Hauptpflichten für den Kreditnehmer keine stbaren KapErträge (BFH VIII R 16/22, BStBl II 24, 35; BFH VIII R 7/22, BStBl II 24, 353); zur Erweiterung auf andere Formen des Nutzungsersatzes *BMF* BStBl I 25, 1330, Rn. 8b.

119 **bb) Steuerpflichtige Zinsanteile im Privatvermögen.** – *(1)* **Renten.** Zu Zinsanteilen iSd § 20 I Nr 7 in RV-Leistungen → Rn. 106; für Leibrenten § 22 Nr 1 S 3. – *„Gegenleistungsrenten"* (→ § 23 Rn. 87; §§ 16, 17 → § 17 Rn. 129, 130) sind beim Veräußerer/Käufer ab der ersten Zahlung über die gesamte Laufzeit hinweg in einen Ertrags-/Zinsanteil und einen Tilgungsanteil (jährl Barwertminderung des Kaufpreises; zur Ermittlung s § 13, § 14 BewG) aufzuteilen (zu *Veräußerungszeitrenten* BFH VIII R 3/17, BStBl II 20, 813; zu betriebl Renten BFH X R 12/17, BStBl II 20, 262; zu *Veräußerungsleibrenten* s BFH X R 32–33/01, BStBl II 11, 675; BFH IX R 11/19, BStBl II 22, 228; → § 22 Rn. 72, 76,77,84, 90 f.) – *Versorgungsleistungen* iRd Vermögensübergabe gem § 22 Nr 1a enthalten keinen Zinsanteil (→ § 10 Rn. 112). – *(2)* **Kaufpreisraten.** Diese sind grds ab der ersten Rate in einen Tilgungsanteil (jährl Barwertminderung des Kaufpreises) und den vereinbarten Zinsanteil zu zerlegen (BFH VIII R 163/71, BStBl II 75, 451); bei fehlender Vereinbarung gem § 12 III BewG aufzuteilen (Fälligkeit länger als ein Jahr; Zinsfuß 5,5; Ausnahme: BFH VIII R 41/82, BStBl II 84, 550: keine feststehende Fälligkeit). Restzweifel bleiben iZm § 23 (→ § 23 Rn. 85; unstr ist die Abzinsung bei §§ 16, 17 → § 17 Rn. 129, 130, 155–157; auch zur Aufteilung beim Erwerber). – *(3)* **Gestundete Kapitalforderungen.** Bei Vereinbarung eines Stundungszinses sind Barwert und Zins in den Teilzahlungen abzugrenzen. Ansonsten ist der Barwert gem § 12 III BewG zu ermitteln (BFH VIII R 67/95, BFH/NV 97, 175). – *(4)* **Streitfragen.** Weder ein vertragl Ausschluss der Verzinsung noch eine vorhandene Wertsicherungsklausel schließen die Abzinsung und Existenz des Zinsanteils aus. Er ist Entgelt für die Gestattung zur späteren Zahlung (BFH VIII R 67/95, BFH/NV 97, 175; FG

Köln EFG 23, 682, Rev VIII R 1/23; **aA** SchlHFG EFG 24, 2046, Rev VIII R 30/24). Eine KapForderung, deren Höhe erst nachträgl iRe schiedsgerichtl Vergleichs unter Zinsverzicht festgelegt und erfüllt wurde, ist nach BFH VIII R 39/13, BFH/NV 16, 1430 aber keine unverzinsl gestundete Forderung. – Der gesetzl Zinsfuß 5,5% in § 12 III, § 13 BewG umfasst eine Zinskomponente und einen mittleren Risikoaufschlag. Er ist auch iRd Niedrigzinsphasen bislang als verfgemäß beurteilt worden (BFH VIII R 3/17, BStBl II 20, 813; HessFG EFG 23, 829, Rev VIII R 6/23, str). – Eine *Doppelbelastung mit ErbSt* kann mE nicht eintreten. Ein gem § 7 I ErbStG iVm § 15 BewG stbarer Nutzungsvorteil aufgrund eines verbilligten/untgeltl Darlehens verlangt neben der Stundung die Hingabe der Valuta an den Schuldner zur Nutzung (BFH II R 20/22, BStBl II 25, 498). Der Gläubiger erleidet zwar einen Vermögensnachteil wegen der späteren Verfügbarkeit des Erfüllungsbetrags; es fehlt aber die für die ErbSt erforderl Hingabe der Valuta an den Schuldner (**aA** BFH VIII B 70/09, DStRE 12, 154; → § 35b Rn. 5). – ***(5)* Erbrechtliche Ansprüche.** Verzinsl gestundete erbrechtl Forderungen enthalten Zinsanteile (BFH VIII R 22/17, BStBl II 20, 92 zur Abfindung für einen Pflichtteilsverzicht; BFH VIII R 40/13, BStBl II 16, 342 zum Vermächtnisanspruch). Anders ist dies bei einer Abfindung in Gestalt wiederkehrender Leistungen oder einer gestundeten Einmalzahlung für einen lebzeitigen Erb- und Pflichtteilsverzicht (BFH VIII R 57/10, BStBl II 14, 56; BFH VIII R 43/06, BStBl II 10, 818; BFH X R 132/95, BStBl II 00, 208), da hier die Forderung iHd Nennwerts nicht einkommenstbar vereinnahmt wird (str, s HessFG EFG 23, 829, Rev VIII R 6/23).

d) Erstattungszinsen, § 20 I Nr 7 S 3. Sie sind nach S 3 (entgegen BFH VIII R 33/07, BStBl II 11, 503) stpfl (zur Neuregelung für Zinszeiträume ab 2019 s § 233a iVm § 238 AO; *BMF* BStBl I 22, 1217 und *BMF* BStBl I 22, 1462). Auch Erstattungszinsen zur KSt sind stpfl (BFH I B 97/11, BStBl II 12, 697). Die echte Rückwirkung bei Einführung ist verfgemäß (BFH VIII R 1/11, BFH/NV 14, 830; BFH I R 34/13, BFH/NV 15, 167; BVerfG 2 BvR 482/14, DStR 23, 1769). – Über die Einordnung von Zinsen als Erstattungs- oder als Prozesszinsen wird nicht durch den AO-Zinsbescheid, sondern iRd ESt-Veranlagung entschieden (BFH VIII R 10/20, DStR 24, 1300). – Bei Refinanzierung einer später herabgesetzten ESt-Nachforderung ist für die Zinsen § 20 IX anzuwenden (zuvor BFH VIII R 53/14, BStBl II 18, 687). – Voraussetzung für negative Einnahmen bei Rückzahlung nach geänderter Zinsfestsetzung (§ 233a V AO) sind ein übereinstimmender Unterschiedsbetrag und Verzinsungszeitraum (BFH VIII R 8/21, BStBl II 23, 1043). Zur Kürzung der Erstattungs- um Nachzahlungszinsen s FG Mchn DStRE 21, 1224, rkr. 120

12. Diskontbeträge von Wechseln uÄ, § 20 I Nr 8. Zu den **Begriffen** s Art 1 WechselG und § 783 BGB. Der Diskontierung von Wechseln liegt ein Kreditgeschäft zugrunde; als Diskontgeber treten idR Banken auf. § 20 I Nr 8 erfasst Diskontabschläge *vor* Fälligkeit. Zinsen iSv Art 5 WechselG fallen unter § 20 I Nr 7; Bilanzierung s BFH I R 92/94, BStBl II 95, 594. Keine KapESt (idR gewerbl Einkünfte). 125

13. Bezüge von Körperschaftsteuersubjekten iSv § 1 I Nr 3–5 KStG, § 20 I Nr 9. – a) Steuerbarkeit; Abgrenzung. § 20 I Nr 9 enthält anders als Abs 1 Nr 10 keine Fiktion von Ausschüttungen an den „Als-ob-Anteilseigner", sondern verlangt einen wirtschaftl Vergleich der Leistungen („Als-ob-Ausschüttungen") mit Gewinnausschüttungen und vGA (iEinz → Rn. 131). Zudem ist der Gewinn aus der Übertragung der Rechtsposition gem § 20 II Nr 8 stpfl. 129

b) Leistungen inländischer Körperschaftsteuersubjekte, § 20 I Nr 9 S 1. – aa) Vorrang von § 22. § 22 Nr 1 S 2 Hs 2 Buchst a enthält eine vorrangige Regelung für wiederkehrende Zuwendungen gem § 5 KStG stbefreiter *gemeinnütziger* Stiftungen (zu Leibrenten s BFH X R 41/12, DStR 14, 2115: Ertragsanteil; zu ungleichmäßigen gedeckelten Leistungen BFH X B 153/19, BFH/NV 20, 1257, dazu krit *Orth* ZStV 21, 60 (63)). Gem Abs 1 Nr 9 S 1 sind Leistungen von *nicht stbefreiten KSt-* 130

Subjekten iSv § 1 I Nr 3–5 KStG in Fom ausschüttungsähnl Zuwendungen, iRe vGA und iRe Vorgangs nach § 20 I Nr 2 stpfl; § 22 Nr 1 ist bei wiederkehrenden Destinatärszahlungen ggü Abs 1 Nr 9 subsidiär (→ § 22 Rn. 68). S auch § 3 Nr 40 Buchst i (→ § 3 Rn. 144).

131 **bb) Inländische Stiftungen; Familienstiftungen.** – ***(1)* Vermögensmassen.** Hierzu gehören rechtsfähige (§ 1 I Nr 4 KStG) und nichtrechtsfähige Stiftungen (§ 1 I Nr 5 KStG; vgl BFH I R 102/10, BStBl II 14, 484: zu Stiftungen, die Familienfideikommisse ersetzen, s *Jauch* DStR 21, 2946), aber zB auch VVAG, rechtsfähige/nicht rechtsfähige Vereine. – ***(2)* Vergleichbare Einnahmen aus Leistungen.** KapErträge gem Nr 9 S 1 HS 1, die nicht schon unter Abs 1 Nr 1 fallen, können iZm Stiftungen alle einmaligen und wiederkehrenden Leistungen sein, die an den Stifter, die Destinatäre (zB Angehörigen, Abkömmlinge) und die Anfallberechtigten vor der Auflösung (dazu → Rn. 132 *(4)*) ausgekehrt werden. Nach BFH I R 98/09, BStBl II 11, 417; BFH VIII R 25/21, BStBl II 25, 441 handelt es sich um vergleichbare Leistungen, wenn der Empfänger auf das Ausschüttungsverhalten der Stiftung Einfluss nehmen kann oder ihm die Leistung nach der Stiftungssatzung ohne Gegenleistung zusteht und gewährt wird (**glA** *BMF* BStBl I 06, 417; EStH 20.2 „Stiftung"; zT krit *Kraft* FR 25, 125 (130)). – KapESt ist von inl Stiftungen einzubehalten (§ 43 I Nr 7a, § 44 I 3 iVm *BMF* BStBl I 24, 721: ausschließl stpfl Bezüge). – **VGA.** Es muss sich um eine nicht satzungsmäßе Zuwendung an den Stifter/Destinatär oder zB ein Vereinsmitglied/Dritten handeln (*BeckOK EStG* § 20 Rn. 1087).

132 ***(3)* Einlagenrückgewähr bei Stiftungen.** Für inl Stiftungen ist kein Einlagekonto zu führen, da § 27 VII KStG „Vermögensmassen" nicht erwähnt (BFH I R 42/19, BStBl II 24, 381; *BMF* BStBl I 24, 721). Eine fehlende StBarkeit des Bezugs gem § 20 I Nr 1 S 3 iVm Abs 9 S 1 kann und muss iRd Veranlagung des Empfängers mittels Antrags gem § 32d IV, VI geltend gemacht werden. Hier ist mE die Verwendungsreihenfolge gem § 27 I S 3 KStG sinngemäß zu beachten (zur Vertiefung *Orth* DB 24, 1771 (1775); *ders.* ZStV 25, 3; *Doege/Hahn* NWB 24, 160). – ***(4)* Erträge aus Teilauflösungen, Auflösungen; Abs 1 Nr 9 HS 2 iVm Nr 2.** Den Erträgen iSd Abs 1 Nr 2 vergleichbare, dh iRe KapHerabsetzung oder iRe Stiftungsauflösung ausgekehrte Bezüge (→ Rn. 134), sind seit VZ 2007 stpfl (s *BMF* BStBl I 06, 417; BFH VIII R 30/15, BFH/NV 18, 857 zur Zeit davor). – ***(5)* Doppelbelastung mit Einkommen-, Erbschaftsteuer.** Nach BFH II R 31/19, BStBl II 22, 497 bestehen keine grds Bedenken gegen eine doppelte Besteuerung (jedenfalls kein Vorrang der ESt). Für *satzungsmäßige lfd Zuwendungen* greift aber schon § 7 I Nr 1 ErbStG nicht (BFH II B 40/14, BFH/NV 14, 1554), hier gilt nur § 20 I Nr 9 S 1 HS 1. Ungeklärt ist die Behandlung *nicht satzungsmäßiger Zuwendungen* (mE entweder nur vGA gem § 20 I Nr 9 EStG oder nur § 7 I Nr 1 ErbStG; s *Fischer* FR 17, 897 (899 f.)).

133 **c) Leistungen ausländischer Körperschaftsteuersubjekte, § 20 I Nr 9 S 2.** Bei *ausl Familienstiftungen/intransparenten Trusts* (s *Kraft* Ubg 25, 17) werden die Einkünfte auf Ebene des ausl Gebildes vorrangig unter den Voraussetzungen des **§ 15 AStG** dem Stifter ua *hinzugerechnet* und gem § 15 VIII 2 Hs 2 AStG einheitl als Erträge iSd Abs 1 Nr 9 qualifiziert, die tarifl zu besteuern sind, wenn sie bei Direktbezug keine KapErträge wären (→ § 32d Rn. 22; *BMF* BStBl I 23, SonderNr 1, 2, Rn. 838 f). Zur Auslegung von § 15 AStG s *BMF* BStBl I 23, SonderNr 1, 2, Rn. 770–872; zur Anfallberechtigung und unionsrechtskonformen Anwendung des § 15 VI AStG auch auf Drittstaatenstiftungen BFH IX R 32/22, IStR 25, 399. – Satzungsmäßige und nicht satzungsmäßige *Zuwendungen* fallen grds unter Abs 1 Nr 9 S 2 (BFH VIII R 25/21, BStBl II 25, 442; HessFG EFG 21, 1540, rkr); es sei denn, sie wurden schon hinzugerechnet (§ 15 XI AStG). Eine Einlagenrückgewähr gem § 20 I Nr 1 S 3 ist iRd Abs 9 S 2 mögl und iRd Veranlagung des Empfängers geltend zu machen (→ Rn. 131). – Zuwendungen einer ausl *Stiftung* sind *auch* gem § 7 I 1 Nr 1 ErbStG stbar, wenn sie eindeutig gegen den Satzungszweck verstoßen; bei Auskeh-

rung an einen Zwischenberechtigten iSd § 7 I Nr 9 S 2 ErbStG benötigt dieser einen rechtl verfestigten Titel (BFH II R 6/16, BStBl II 20, 61; zu Rentenleistungen der Stiftung BFH II R 50/22, BStBl II 25, 561; *Orth* ZStV 25, 132). – Zu Leistungen eines *(Nachlass)Trusts* s BFH II R 31/19, BStBl II 22, 497 mwN; BFH II R 40/18, DStR 22, 299. – S zum Ganzen *Lüdicke* BB 25, 1815 ff; *Richter/Feldner* FS Töben, 249 ff.

Die iRd **Auflösung** ausgekehrten thesaurierten KapErträge sind gem Abs 1 Nr 9 S 2 iVm Abs 1 Nr 2 stpfl Wertsteigerungen, die vor Einführung der Norm bis zum 8.12.10 stfrei realisiert werden konnten, sind iRe verfassungskonformen teleologischen Reduktion auszunehmen. S FG Mster EFG 23, 1079, rkr zu (US-Trust auch zur Doppelbelastung mit ErbSt gem § 7 I Nr 9 S 2 Hs 2 ErbStG). 134

14. Gewinntransfer von Betrieben gewerblicher Art, § 20 I Nr 10. *BMF* BStBl I 19, 97 mit Änderung durch *BMF* BStBl I 22, 645; *BMF* BStBl I 16, 685 (wirtschaftl Geschäftsbetrieb). Zum Überblick s *Bott/Gastl* DStZ 22, 751. – **a) Ausschüttungsbelastung.** Durch die KSt-Besteuerung des Betriebs gewerbl Art gem § 1 I Nr 6 iVm § 4 KStG/der wirtschaftl Geschäftsbetriebe und die Nachbelastung der Leistungen/des Gewinntransfers bei der Trägerkörperschaft soll eine ähnl kumulierte Belastung wie bei einem Anteilseigner und dessen KapGes erreicht werden (BFH I R 105/05, BStBl II 07, 841; BFH I R 18/07, BStBl II 08, 573; BFH I R 52/13, BStBl II 16, 172). KSt-Subjekt ist die Trägerkörperschaft (BFH I R 7/71, BStBl II 74, 391); der abgeltende KapESt-Abzug für die „Ausschüttung" gem § 20 I Nr 10 iVm § 2 Nr 2, § 32 I Nr 2 KStG iHv 15% trifft sie ebenfalls (→ § 43 Rn. 11; zu § 44 VI → § 44 Rn. 22 ff; bei wirtschaftl Geschäftsbetrieben gemeinnütziger KSt-Subjekte volle Abstandnahme, § 44a VII I Nr 1). Zu gem § 5 I Nr 8 KStG stbefreiten Betrieben gewerbl Art s BFH VIII R 2/18, BStBl II 22, 685. S zum Unionsrecht BFH I R 18/19, DStR 19, 2296; BFH V R 50/20, BStBl II 24, 693. 135

b) Betriebe gewerblicher Art mit Rechtspersönlichkeit, § 20 I Nr 10 Buchst a. S iEinz *BMF* BStBl I 19, 97 Rn. 5 ff; KStR 4.1 I. Sachl erfasst Nr 10 Buchst a alle Einnahmen aus Leistungen der stpfl Betriebe gewerbl Art (von juristischen Personen döR) *mit eigener Rechtspersönlichkeit* (idR Eigengesellschaften) an ihre Trägerkörperschaften, die ausschüttungsähnl Leistungen und keine Rückzahlungen aus dem Einlagenkonto iSv § 27 KStG iVm § 20 I Nr 1 S 3 EStG sind (*BMF* BStBl I 19, 97 Rn. 8). Abs 1 Nr 1 S 2 (vGA), und Nr 2 (Auflösung) gelten ebenfalls entspr. S auch § 8 VIII KStG (keine KapESt auf vGA bei dauerdefizitärer Eigengesellschaft BFH VIII R 44/15, BStBl II 21, 321). 136

c) Betriebe gewerblicher Art ohne eigene Rechtspersönlichkeit; wirtschaftliche Geschäftsbetriebe, § 20 I Nr 10 Buchst b. – aa) Regie- und Eigenbetriebe. – ***(1)* Begriff.** S iEinz BFH I R 108/09, BStBl II 13, 328; BFH I R 18/07, BStBl II 08, 573; *BMF* BStBl I 19, 97 Rn. 17. Die Beteiligung einer juristischen Person döR an einer PersGes ist ein Regiebetrieb (BFH VIII R 43/15, BFH/NV 19, 1414). Gleichgestellt werden gem S 5 die wirtschaftl Geschäftsbetriebe (§ 14 AO) der gem § 5 KStG stbefreiten KSt-Subjekte (*BMF* BStBl I 19, 97 Rn. 16 f; *BMF* BStBl I 16, 200 und *BMF* BStBl I 16, 685). Betriebe gewerbl Art und wirtschaftl Geschäftsbetriebe müssen die in Nr 10 Buchst b S 1 genannten Anforderungen (Gewinnermittlung durch BV-Vergleich oder EÜR, bei letzterer mit den gesetzl Gewinn- und Umsatzgrenzen) erfüllen (s iEinz *BMF* BStBl I 19, 97 Rn. 16 ff; zu Geschäftsbetrieben s Buchst b S 4 und *BMF* BStBl I 16, 685). – ***(2)* Umfang der steuerpflichtigen Leistungen.** Nr 10 Buchst b S 1 enthält für **nicht den Rücklagen zugeführte Gewinne** (→ Rn. 138) eine *Ausschüttungsfiktion* (BFH I R 108/09, BStBl II 13, 328). Stpfl sind auch **vGA** (insb aufgrund dauerdefizitärer Betriebe), **Gewinne gem § 22 IV UmwStG** (Veräußerung erhaltener Anteile für Einbringung des Betriebs gewerbl Art gem § 20 I UmwStG, [*Schiffers* DStZ 24, 694 (699)] und **Gewinne aus der Auflösung von Rücklagen** für 137

Zwecke *außerhalb* des Betrieb gewerbl Art (S 2 Hs 1); bei Einbringung und Formwechsel gelten die Rücklagen als aufgelöst **(Buchst b S 2 Hs 2).** – Die Veräußerung, Weitereinbringung; verdeckte Einlage einbringungsgeborener Anteile iSd § 21 UmwStG aF löst ab VZ 2025 (Streichung S 6; iEinz → § 17 Rn. 245 ff), keine Gewinnentstehung iSd § Nr 10 Buchst b mehr aus (glA *Schiffers* DStZ 24, 694 (704)). – Bei Verwendung des steuerl **Einlagekontos** (**Buchst b S 5** iVm § 20 I Nr 1 S 3 und § 27 VII KStG) ist die Leistung nicht stbar. Zur fortlaufenden Führung des Einlagekontos s BFH I R 12/17, BStBl II 22, 269 (zur Umsetzung bei Regiebetrieben *BMF* BStBl I 22, 645 Rn. 38, 43 ff); zum Ansatz sog Neurücklagen statt des ausschüttbaren Gewinns iSd § 27 I 3 KStG s *BMF* BStBl I 19, 97 Rn. 42; zur phasenkongruenten Verlusteinlage s BFH I R 77/11, BStBl II 15, 161; BFH I R 18/07, BStBl 08, 573; zur Feststellungslast einer Einlagenrückgewähr s FG Ddorf EFG 21, 1027, rkr). – **Verwendungsfiktion:** Ob der Regiebetrieb zur Vermeidung der Fiktion gem § 27 V 2 KStG (→ Rn 69) eine Bescheinigung gem § 27 III KStG erstellen muss (Eigenbescheinigung der Trägerkörperschaft „an sich"), ist str (*bej* FG Ddorf EFG 20, 1340, rkr [Rev VIII R 22/20 zurückgenommen]; *BMF* BStBl I 22, 645, Rn. 42; **aA** – mE zutr – *Bott/Gastl* DStZ 22, 751 (761 f)). Jedenfalls muss diese bei vGA aufgrund einer dauerdefizitären Tätigkeit keinen Zahltag ausweisen (nur der 31.12. denkbar, zutr ThürFG EFG 24, 491, Rev VIII R 39/23). – Verfahrensrechtl ist über diese Fragen iRd Feststellung des Einlagekontos zu streiten. – ***(3)* Zeitpunkt der Ausschüttung.** Die Ausschüttungsfiktion *für Regiebetriebe* mit dem Entstehen des Gewinns des Betriebs gewerbl Art greift phasenkongruent am Ende desselben Wj, da Einnahmen und Ausgaben unmittelbar durch den Haushalt der Trägerkörperschaft fließen (BFH I R 105/05, BStBl II 07, 841). Für *Eigenbetriebe* kommt es zur Ausschüttung des Gewinns idR im Folgejahr, da das zuständige Gremium dessen Vereinnahmung im Haushalt beschließen muss (BFH I R 108/09, BStBl II 13, 328; BFH I R 18/07, BStBl II 08, 573). Zum Entstehen der KapESt-Schuld s § 44 VI 2. – ***(4)* Gewinnbegriff.** Gewinn gem Nr 10 Buchst b ist der Betrag, der dem handelsrechtl Jahresüberschuss (§ 275 HGB) einer gedachten KapGes entspricht (BFH I R 77/11, BStBl II 15, 161; *BMF* BStBl I 19, 87 Rn. 25 ff, Rn. 31). Sondervergütungen sind einzubeziehen (BFH I R 52/13, BStBl II 16, 172); zum Betrieb gewerbl Art und Höhe des Gewinns bei dauerdefizitären Tätigkeiten iZm Beteiligung an einer MUerschaft (s zur Querverbund-KG s BFH VIII R 43/15, BFH/NV 19, 1414; zur Organträger-KG BFH I R 16/19, BStBl II 23, 1096; zur gewerbl geprägten PersGes BFH I R 83/15, BStBl II 18,495). – Ein kstl Verlustvortrag mindert die Bemessungsgrundlage für Abs 1 Nr 10 nicht (BFH I R 18/07, BStBl II 08, 573; auch FG Bln-Bbg EFG 18, 850, aus verfahrensrechtl Gründen gegenstandslos, s BFH VIII R 1/18, BStBl II 21, 655). – Für **Rundfunk-Werbesendungen** wird der Gewinn bei Überschreiten bestimmter Grenzen (S 1) fingiert (¾ des Einkommens iSv § 8 I 2 KStG; **Buchst b S 3**).

138 **bb) Einstellung des Gewinns in eine Rücklage.** Ausgenommen sind bei *Regiebetrieben* und *wirtschaftl Geschäftsbetrieben* gem Nr 10 Buchst b S 1 Gewinne, die Rücklagen für betriebl Zwecke zul zugeführt werden sowie die Auflösung solcher Rücklagen zu außerbetriebl Zwecken (Umkehrschluss aus **Buchst b S 2;** s iEinz BFH VIII R 15/16, BStBl II 19, 101; BFH VIII R 42/15, BStBl II 19, 96; *BMF* BStBl I 19, 97 Rn. 35). Es reicht für die Zuführung jedes „Stehenlassen" der handelsrechtl Gewinne als Eigenkapital aus, sofern anhand obj Umstände nachvollzogen werden kann, dass die entspr Mittel weiterhin als Eigenkapital zur Verfügung stehen sollen (iEinz *Bott/Gastl* DStZ 22, 751 (754 f); FG MV EFG 21, 1640, rkr: Beschluss Gemeindevertretung).

141 **15. Stillhalterprämien, § 20 I Nr 11. – a) Begriff, § 20 I Nr 11 Hs 1.** Inhalt eines Optionsgeschäftes ist Erwerb oder Veräußerung des Rechts, die bestimmte Menge eines Basiswertes (insb Aktien, Indizes oder festverzinsl Wertpapieren) nach

den Bedingungen der Option zu einem im Voraus vereinbarten Preis (Basispreis) entweder vom Stillhalter zu kaufen oder an ihn zu verkaufen oder stattdessen die Auszahlung der Kursdifferenz (Barausgleich) verlangen zu können. Es handelt sich um die Gegenleistung des Optionsinhabers für die vom Stillhalter vertragl eingegangene Bindung und dessen Risiko, aus der Option in Anspruch genommen zu werden (BFH IX R 46/12, BFH/NV 14, 1025; BFH VIII R 55/13, BStBl II 17, 264). Nr 11 besteuert die Einnahmen aus den Stillhalterprämien.

b) Glattstellung, § 20 I Nr 11 Hs 2. – ***(1)*** **Tatbestand; Rechtsfolgen.** Einnahmen aus der Stillhalterprämie mindern sich um die im Glattstellungsgeschäft vom Stillhalter (auch periodenübergreifend) gezahlten Prämien, wobei auch ein stbarer Verlust entstehen kann. Das WK-Abzugsverbot des § 20 IX greift hier nicht (BFH VIII R 27/21, BStBl II 24, 872). Glattstellungsprämien sind *ab VZ 2024* im Zeitpunkt der Zahlung (Abfluss, § 11 II) negative Einnahmen (BT-Drs 20/12870, 122 f), dh kein Rückbezug mehr (*BMF* BStBl I 25, 1330 Rn. 25, 33: auch iRd KapESt-Einbehalts; *Frey/Schober* DStR 24, 2732 (2733); zur Rechtslage bis Ende VZ 2023 BFH VIII R 27/21, BStBl II 24, 872; *Levedag* RdF 22, 315). – ***(2)*** **Begriffe.** Die *Glattstellung* liegt vor, wenn der Stillhalter iRe „Gegengeschäfts" eine Option der gleichen Serie (an der EUREX) unter *Closing*-Vermerk kauft, wie er sie zuvor verkauft hat; zivilrechtl erlöschen hierdurch die wechselseitigen Pflichten. Ein vom Stillhalter zu leistender *Barausgleich* [Kursdifferenz] fällt nicht unter Abs 1 Nr 11, Hs 2, sondern als Verlust aus einem Termingeschäft unter § 20 II 1 Nr 3, § 20 VI 5 (BFH VIII R 55/13, BStBl II 17, 264). 142

III. Substanzgewinne und Substanzverluste, § 20 II

1. Steuerbarkeit; Überblick. Zu den Einkünften aus KapVerm gehören seit dem VZ 2009 gem Abs 2 S 1, 2, Abs 4 (mit Vorrang ggü § 23) auch Substanzgewinne und -verluste aus nach dem 31.12.08 erworbenen und begründeten KapAnlagen im *PV* (zum Übergangsrecht → Rn 184). Wegen des Wortlauts waren früher zahlreiche Auslegungsfragen zu § 20 II 1, 2 zum Umfang der Stbarkeit aufgeworfen. Durch Einfügung der Regelungen in Abs 6 S 5, 6 aF hatte der Gesetzgeber die Auslegung des BFH zur erforderl gleichheitsgerechten Ausgestaltung des Besteuerungstatbestands (s BFH VIII R 13/15, BStBl II 20, 831; BFH VIII R 34/16, BStBl II 20, 836; BFH VIII R 37/15, BStBl II 19, 507; BFH VIII R 20/18, BStBl II 21, 378) auf der *Tatbestandsseite* anerkannt und deren Folgen durch *Verlustverrechnungsbeschränkungen* begrenzt. Die *FinVerw* folgt der Auslegung der Rspr auch nach Streichung von Abs 6 S 5, 6 im JStG 2024 (BGBl I 24 Nr 387) weiterhin (*BMF* BStBl I 25, 1330 Rn. 59–71). – Auch iRd § 20 II ist die Einkünfteerzielungsabsicht zu vermuten (→ Rn. 20). – KapErträge gem Abs 2 S 1, 2 fallen grds unter den gesonderten Tarif gem § 32d I, zu den Ausnahmen s § 32d II Nr 1 Buchst a–c; zur Veranlagung von Gewinnen, Verlusten iSd § 20 gem § 32d III, IV, VI s auch dort. – Zum KapESt-Abzug s → § 43 Rn. 11; → § 43a Rn. 6. 145

2. Realisationstatbestände, § 20 II 1, 2. – a) Veräußerung, § 20 II 1; Abtretung, § 20 II 2. – ***(1)*** **Veräußerung** ist die Übertragung des (zumindest) wirtschaftl Eigentums einer KapAnlage auf eine andere Person (Rechtsträgerwechsel erforderl) gegen Entgelt (BFH VIII R 32/16, BStBl II 19, 221; *BMF* BStBl I 25, 1330 Rn. 59, 64–71). – Hierunter **fallen auch** die Übertragung einer obj wertlosen KapAnlage ohne Entgelt, der Tausch und ggf die Enteignung (zweifelhaft FG Ddorf DStR 19, 153, rkr), der Entzug von KapAnlagen durch Einziehung, Zwangsverwertung, Zwangsumtausch gegen den Willen des StPfl sowie der Verfall eines Wertpapiers aufgrund einer auflösenden Bedingung (zB Knock-Out-Schwelle), dessen Ausbuchung aus dem Depot (→ Rn 183 ff). – Die Übertragung der **KapAnlage auf eine gewerbl PersGes** kann eine Veräußerung sein (→ § 17 Rn. 37); zur Veräußerung/Einbringung iZm einer **vermögensverwaltenden PersGes** s § 20 II 3(→ Rn. 153 ff). – 146

(2) **Abtretung** gem Abs 2 S 2 ist die entgeltl Übertragung von Forderungen und Rechten; spezieller sind § 20 II Nr 2 Buchst a, b. – ***(3)*** **Unentgeltl Depotübertragungen mit Gläubigerwechsel** werden iRd StAbzugs gem § 43 I 4 als Veräußerungen fingiert (→ § 43 Rn. 15 f).

147 Eine Veräußerung darf zielgerichtet zur Verlustrealisation („Ausstieg") eingesetzt werden (BFH VIII R 32/16, BStBl II 19, 221 zum Entgelt iHd Transaktionskosten; zum Überkreuzverkauf s BFH VIII R 9/17, BStBl II 21, 385; jeweils kein Missbrauch gem § 42 AO). Auch → Rn. 15.

148 **b) Weitere Realisationstatbestände, § 20 II 2.** Der Veräußerung gleichgestellt sind die Rückzahlung von KapVerm, Einlösung und die verdeckte Einlage in eine KapGes. – **aa) Rückzahlung; Ausfall.** Stbar sind gem Abs 2 Nr 7 iVm Abs 2 S 2 **Gewinne** aus *Rückzahlungen* auf KapForderungen iSd Abs 1 Nr 7, die den Nennwert übersteigen oder aus Währungsgewinnen resultieren (→ Rn. 186). Dies gilt auch für die *Einziehung* einer unter dem Nennwert erworbenen Forderung (BFH VIII R 1/19, BStBl II 23, 252) und für Auf- und Abzinsungspapiere (*BMF* BStBl I 25, 1330 Rn. 55 zu Zero Bonds); zu lang laufenden variabel verzinsl Anleihen BFH VIII R 23/20, 480, BStBl II 23, 480. – Auch **Verluste** aus dem ganzen, teilw *Ausfall* einer KapForderung sind stbar (BFH VIII R 13/15, BStBl II 20, 831; *BMF* BStBl I 25, 1330 Rn. 60). – Der Gewinn ist gem § 20 IV zu ermitteln. IEinz § 20 II Nr 7 (→ Rn. 183); zu § 20 VIII → Rn. 256 ff.

149 **bb) Einlösung.** Die Einlösung einer iRe Wertpapiers verbrieften KapForderung iSd Abs 1 Nr 7 ist gem Abs 2 S 2 stbar. Hierbei wird die Forderung des Gläubigers (vorzeitig/verspätet/wie vereinbart) zum Endtermin Zug um Zug gegen Rückgabe der Urkunde an den Schuldner erfüllt. Unter die Einlösung fallen auch der Umtausch in andere Wertpapiere aufgrund eines Gläubiger- oder Emittentenwahlrechts (BFH VIII R 28/20, DStR 24, 2108 zur umgekehrten Umtauschanleihe) sowie die Erfüllung der KapForderung durch einen Sachgegenstand auf Verlangen des Gläubigers/Emittenten oder iRe vertragl Bedingung (BFH VIII R 5/24, BStBl II 25, 905; → Rn. 115). Die Einlösung und Wandlung iRe Aktienanleihe ist hingegen eine Anschaffung der Aktien (BT-Drs. 16/10189, 50). S auch Abs 4a S 3 (→ Rn. 217).

150 **cc) Verdeckte Einlagen.** § 20 II 2 fingiert eine verdeckte Einlage **in eine aufnehmende KapGes** als Veräußerung der eingelegten KapAnlage (weitere Folge: nachträgl AK auf die Beteiligung an der KapGes führt; Erhöhung des Einlagekontos → § 17 Rn. 183 ff; → § 6 Rn. 861, 871, 877). – Zum *Forderungsverzicht* als verdeckte Einlage → Rn. 184. – Zur Abgrenzung eines einlagefähigen Zinsanspruchs (WG) von reinen Nutzungsvorteilen s BFH I R 24/20, BStBl II 23, 845 – **Verdeckte Einlagen** von KapAnlagen iSv § 20 II in das (Sonder)BV eines Einzelunternehmens/PersGes fallen nicht unter § 20 II 2 und sind auch keine Veräußerungen iSd § 20 II 1 (TW-Ansatz im BV gem § 6 I Nr 5, → § 6 Rn. 591, 618, 621; zu wertgeminderten Forderungen insb BFH X R 8/16, BStBl II 18, 426; *BMF* BStBl I 25, 1330 Rn. 71; s auch die Sonderregelung in § 22 II 3 InvStG).

153 **3. Erzielen von Kapitalerträgen durch eine vermögensverwaltende Personengesellschaft, § 20 II 3. – a) Anschaffungs- und Veräußerungsfiktion; Bruchsteilbetrachtung.** § 20 II 3 fingiert wie § 23 I 4 für den **entgeltl Erwerb** des Anteils an einer vermögensverwaltenden PersGes (mE trotz fehlender Erwähnung auch für die Gesamthandsgemeinschaften) die Anschaffung der anteiligen WG der PersGes durch den Erwerber und die anteilige Veräußerung der vorhandenen WG durch die bisherigen Ges'ter. Umgekehrt gilt dies für Anteilsveräußerungen entspr. Die Anschaffung, Veräußerung treten aber nur ein, soweit sich für den jeweiligen Ges'ter auf Grundlage der Bruchteilsbetrachtung die Zuordnung am WG erhöht oder mindert. Unter § 20 II 3 fallen danach der Eintritt in die PersGes gegen Einlage, Einbringungen, der Austritt gegen Abfindungen in Geld, die echte Realteilung sowie die unechte Realteilung (Austritt gegen Sachwertabfindung). IEinz zutr *BMF* BStBl I

25, 1330, Rn. 72–82. Stbare Veräußerungen gem § 20 II iVm § 20 II 3 können gemeinschaftl, in sog Mischfällen und rein gesellschafterbezogen verwirklicht werden (→ § 23 Rn. 44, 45, 52 – 54). **Nur der Ges'ter erzielt** aber die Einkünfte gem § 20 II.

b) Einzelfragen zu Veräußerungsgewinnen. Gemeinschaftl auf Ebene der PersGes vereinnahmte Veräußerungsgewinne können kapital-disproportional verteilt werden (BFH VIII R 3/21, BStBl II 24, 902). Der Gewinn/Verlust für die Ges'ter wird von der FinVerw idR nur *nachrichtl* für den ESt-Bescheid gesondert und einheitl festgestellt (*BMF* BStBl I 25, 1330, Rn. 75, 82, 287, 290, 294). Bei gemeinschaftl Verwirklichung ist eine gem § 182 I AO bindende Feststellung grds mögl, aber nur auszuwerten, falls eine Veranlagung durchzuführen ist oder nach § 32d IV, VI beantragt wird (BFH VIII R 34/16, BStBl II 20, 836). Beim Mischfall darf keine bindende Feststellung gem § 182 I AO erfolgen (BFH VIII R 39/15, BStBl II 19, 239: Erklärungspflicht des Ges'ters gem § 32d III). Auch → § 17 Rn. 12. 154

c) Laufende Erträge. Lfd KapErträge iSd § 20 I aus KapAnlagen der PersGes/Gemeinschaft als Einkünfteerzielungssubjekt werden gemeinschaftl erzielt, verteilt sowie gesondert und einheitl festgestellt (*BMF* BStBl I 25, 1330 Rn. 72, 287); str bei fehlendem StEinbehalt s FG Mster, EFG 25, 934, Rev VIII R 7/25. – Bei einem Ges'terDarlehen existieren Darlehen/Zinsen/WK steuerl nur, soweit es auf die MitGes'ter entfällt; aus Sicht des Gebers ist es eine „Einlage" (BFH I R 19/21, BStBl II 25, 501). Es handelt sich um eine stneutrale Einzahlung (zutr *Mayer/Stein/Dorn* DStR 25, 2703 (2704)), die weder die AK noch den für § 20 II 3 maßgebl Bruchteil des Gebers erhöht. – Im Fall des Nießbrauchs am Anteil muss der Nießbraucher für die Einkünfteerzielung die Grundlagengeschäfte der PersGes beherrschen (BFH IX R 4/20, BStBl II 23, 389; → Rn. 16; zu Wertpapierdepots (auch iRe GbR) *Strauch* DStR 24, 393; *Pauli* WM 24, 1896). 155

4. Gewinne aus der Veräußerung von Anteilen an einer Körperschaft iSd § 20 I Nr 1, II 1 Nr 1. – a) Anwendungsbereich. Nr 1 ist auf Gewinne aus der Veräußerung von Anteilen, die nach dem 31. 12. 08 erworben werden, anzuwenden (§ 52 XXVIII 11). Erfasst sind Anteile an inl und ausl KapGes iSd § 20 I Nr 1 (zu REIT-Anteilen s § 19 II REITG; zu OptionsGes s *BMF* BStBl I 21, 2212 Rn. 62) und beteiligungsähnl Genussrechte (→ Rn. 32). – Zur Gewinnermittlung s § 20 IV und bei § 20 IVa – § 17 hat gem Abs 8 S 1 Vorrang, wenn Anteile iSd § 17 < 1% unter § 17 I 4, VI fallen (→ § 17 Rn. 95, 245 ff). 156

b) Einzelfälle: Zum Veräußerungsbegriff s → Rn. 146. **Veräußerungen** sind auch der Squeeze Out von Minderheitsaktionären, der Anteilstausch, die Einziehung von Aktien durch die KapGes (s BFH IX R 57/13, BFH/NV 15, 1364 zu US-Fall) und die Veräußerung *eigener Anteile* an die KapGes (BFH IX R 7/17, BStBl II 19, 213). S iEinz *BMF* BStBl I 25, 1330 Rn. 63–70. – **Keine Veräußerungen** mangels Tauschvorgangs sind grds der *Aktiensplit,* die *Aktienzusammenfassung,* der *Gattungswechsel* von Aktien und der *Umtausch von Hinterlegungsscheinen* in Aktien, auch nicht die Umwandlung von Vorzugs- in Stammaktien (*BMF* BStBl I 25, 1330 Rn. 67, 68, 88, 89). – **Veräußerungen iRd Abs 2 Nr 1** *analog* (kein Rechtsträgerwechsel!) sind – die **Einziehung** von Aktien gem § 237 III Nr 2 AktG, deren **Entzug durch eine KapHerabsetzung** auf Null gem § 225a InsO (BFH VIII R 34/16, BStBl II 20, 836) und die **Ausbuchung** wertloser Anteilen aus dem Depot (BFH VIII R 20/18, BStBl II 21, 378; zu russischen ADR *Valbuena* DStR 24, 2305), auch iZm der **Liquidation, Insolvenz einer KapGes** (glA *BMF* BStBl I 25, 1330 Rn. 59, 63). Mit der Ausbuchung verliert der StPfl den Zugriff auf die KapAnlage. – **Gratisaktien.** Zur KapErhöhung aus GesMitteln → Rn. 33. Nur die Veräußerung des Zuteilungsrechts oder der Anteile ist stpfl (*BMF* BStBl I 25, 1330 Rn. 90; auch → Rn. 219 f). 157

160 **5. Isolierte Veräußerung von Dividenden- und Zinsscheinen, § 20 II 1 Nr 2 Buchst a, b. – a) Veräußerung von Dividendenscheinen, § 20 II 1 Nr 2 Buchst a 1. – *(1)* Surrogationsbesteuerung.** Veräußert der Inhaber des Stammrechts isoliert einen Dividendenschein oder -anspruch (ohne Verbriefung), veräußert die Beteiligung (zB Aktie) aber nicht mit, kann dies gem *Abs 2 Nr 2 S 2 Buchst a* zu einem stpfl KapErtrag führen; die Abtrennung (Stripping) selbst ist nicht stbar. Abs 2 S 1 Nr 2 Buchst a S 1 besteuert den Gewinn aus der Übertragung des Anspruchs *für den Veräußerer.* Dies bewirkt eine Einmalbesteuerung: Der künftige Dividendenertrag wird in das Entgelt eingepreist und iRd Veräußerungsgewinn erfasst. Nach *Buchst a Satz 2* kann die spätere Ausschüttung iSd § 20 I Nr 1 beim Veräußerer, der die Dividendeneinkünfte gem § 20 V als rechtl/wirtschaftl Eigentümer der Anteile (→ Rn. 231) erzielt, nicht mehr besteuert werden (gesetzl Surrogation). Der Erwerber erhält die Dividende zwar ausgezahlt, erzielt aber die Einkünfte nicht (BFH I 250/64, BStBl II 69, 188). – ***(2)* Voraussetzungen.** S 2 greift nur für die Übertragung eines *vor dem Gewinnverwendungsbeschluss der KapGes* veräußerten künftigen Ausschüttungsanspruchs. Zudem muss die Besteuerung des Veräußerungserlöses tatsächl erfolgt sein, dh einer StFestsetzung unterliegen. Zum KapESt-Einbehalt → § 43 Rn. 11 und zur Beschränkung der KapESt-Anrechnung bei § 45 S 1, 2. – Zu *Abs 2 Nr 2 S 2 Buchst a aF* s BFH VIII R 21/19, BStBl II 23, 567; *BMF* BStBl I 23, 794.

162 **b) Veräußerung von Zinsansprüchen, § 20 II Nr 2 Buchst b, § 20 II 4, 5, § 20 IV 8, 9. – *(1)* Anwendungsbereich.** Gem *Abs 2 S 1 Nr 2 Buchst b S 1* ist die isolierte Veräußerung von Zinsscheinen- und -forderungen durch den derzeitigen oder ehemaligen Inhaber stbar, wenn die zugrunde liegende Schuldverschreibung (das Stammrecht) nicht mitveräußert wird. Dies gilt auch für die Endeinlösung durch den ehemaligen Inhaber (S 2) und bei der Abtretung von Zinsanspr aus in einem öffentl Schuldbuch eingetragen Forderungen (S 3). – ***(2)* Trennung von Schuldverschreibung und Zinsansprüchen.** § 20 II 4 iVm § 20 IV 8 fingiert im Zeitpunkt der Trennung eine Veräußerung der Schuldverschreibung gem § 20 II Nr 7 zum gemeinen (inneren) Wert (s *BMF* BStBl I 16, 1245; krit *Mandler* RdF 17, 243). Zum Besteuerungszeitpunkt s § 20 II 5. Der Anleihemantel und die Zinsstrips werden zum Veräußerungspreis angeschafft, die AK sind gem § 20 IV 8 entspr des Verhältnisses der gemeinen Werte aufzuteilen. – ***(3)* Veräußerung der Zinsstrips.** Zur Ermittlung des Gewinns gem S 1 ist gem § 20 IV 1 auf die bei der Trennung entstandenen AK abzustellen. Es wird gem S 1 der Zinsertrag vorgelagert besteuert, die anschließende Einziehung des Zinsanspr ist nicht stbar. Dies gilt aber nur, wenn die Zinsstrips *vor Fälligkeit* des Zinses veräußert wird, ansonsten erzielt der Stammrechtsinhaber auch den Zins (§ 20 I Nr 7). S auch § 45 S 1, 3. – ***(4)* Anleihemantel.** Ein Gewinn/Verlust kann durch Veräußerung, Einziehung entstehen (§ 20 II 1, 2). – ***(5)* Altfälle.** S BFH VIII R 15/19; BStBl II 23, 632 → 44. Aufl 2025, § 20 Rn. 162.

6. Gewinne aus Termingeschäften, § 20 II 1 Nr 3

Schrifttum: *Drüen* BB 21, 1175

165 **a) Allgemeines. Nr 3** umfasst zwei Tatbestände der Besteuerung des Gewinns und des Verlusts aus einem Termingeschäft (BFH VIII R 55/13, BStBl II 17, 264). *Buchst a* besteuert den Differenzausgleich oder Vorteil/Geldbetrag, der durch die Wertveränderung einer Bezugsgröße erlangt wird und *Buchst b* den Gewinn aus der Veräußerung eines als Termingeschäft ausgestalteten Finanzinstruments. Nach Abs 4 S 5 können bei Ermittlung des Gewinns Aufwendungen im unmittelbaren Zm dem Termingeschäft abgezogen werden. Dazu gehören die AK der entspr Schuldverschreibung, aber auch ein vom StPfl gezahlter Differenzausgleich. Die Verlustverrechnungsbeschränkung in § 20 VI 5 ist rückwirkend aufgehoben worden (→ Rn. 246).

166 **b) Termingeschäfte nach § 20 II Nr 3 Buchst a.** Termingeschäfte sind anknüpfend an die Definition in § 2 III Nr 1 WpHG Geschäfte, die anders als *Kassa-*

geschäfte (Abschluss und Erfüllung sofort; innerhalb von zwei Bankarbeitstagen, s BFH IV R 53/11, BStBl II 15, 483; BFH I R 60/16, BStBl II 18, 637) zeitl verzögert zu erfüllen sind und deren Wert sich unmittelbar oder mittelbar vom Preis oder Maß eines Basiswertes ableitet, dessen Veräußerung oder Erwerb zum Termin zugesagt wird; entweder in Gestalt eines Fest- oder Optionsgeschäfts (BFH VIII R 4/15, BStBl II 15, 835; BFH IX R 13/14, BStBl II 15, 827; BFH I R 60/16, BStBl II 18, 637; ebenso *BMF* BStBl I 25, 1330 Rn. 9; s auch FG Bln-Bbg 1 K 1142/19, nv, rkr). – Termingeschäfte sind von der Einziehung, dem Verfall sonstiger KapForderungen iSd Abs 1 Nr 7 nach dem äußeren Merkmal der „verzögerten Erfüllung" abzugrenzen; die Risiken aus Hebelwirkung und Totalverlust sind keine konstitutiven Merkmale (glA *Cornelius/Hoffmann* ErbStB 20, 225 (229); s iEinz *Drüen* BB 21, 1175 (1177)). – *BMF* BStBl I 25, 1330 Rn. 8, 8a, 9 ordnet auf dieser Grundlage zutr Optionsscheine und Zertifikate als verbriefte KapForderungen ein. BFH VIII R 1/17, BStBl II 21, 144; BFH VIII R 37/15, BStBl II 19, 507 haben dies offengelassen. Auch → Rn. 117. – Ein unter **Buchst a** fallendes Termingeschäft idS muss zudem auf einen *Differenzausgleich,* aber nicht auf die physische Lieferung des Basiswerts gerichtet sein (s BFH VIII R 35/15, BStBl II 18, 189). Der *Differenzausgleich/Barausgleich* bezeichnen den Ausgleich zw dem vereinbarten Basispreis und dem Kurswert/Marktpreis des Basiswerts zum Stichtag; dieser muss von vornherein vereinbart worden sein (s zum wirtschaftl Verständnis des Differenzausgleichs bei Abschluss eines Eröffnungs- (Leerverkaufs) und eines Gegengeschäfts BFH VIII R 35/15, BStBl II 18, 189; *BMF* BStBl I 25, 1330 Rn. 25–30, zur Abgrenzung von der *Glattstellung* § 20 Rn. 142; *BMF* BStBl I 25, 1330 Rn. 33). – *Futures/Forwards* sind als Festgeschäfte ausgestaltete Termingeschäfte, die im Fall des Differenzausgleichs unter Abs 2 Nr 3 Buchst a fallen (*BMF* BStBl I 25, 1330 Rn. 36 f).- Ein *Geldbetrag/Vorteil* iSd Buchst a, Alt 2 ist eine zusätzl, zum Differenzausgleich oder an dessen Stelle gewährte Leistung. – Mit dem Merkmal, dass der Gewinn *„bei"* Termingeschäften und weil der Differenzbetrag ledigl aufgrund des Geschäfts *erlangt* worden sein muss, erfasst Buchst a auch Verluste aus dem *Verfall der Rechtsposition* oder iZm dem Eintritt einer auflösenden Bedingung oder der Ausbuchung als wertlose KapAnlage (zB *Knock Out-Produkt*), wenn die übrigen Voraussetzungen des Termingeschäfts erfüllt sind (BFH VIII R 37/15, BStBl II 19, 507; *BMF* BStBl I 25, 1330 Rn. 63; zu Optionen s BFH IX R 48/14, BStBl II 16, 456, BFH VIII R 55/13, BStBl II 17, 264).

c) Termingeschäfte nach § 20 II Nr 3 Buchst b. Buchst b erfasst weitergehend sämtl als Termingeschäfte ausgestalteten Finanzinstrumente (zB Termingeschäfte mit tatsächl Glattstellung, dh eine Partei wartet die Fälligkeit des Termingeschäfts nicht ab, sondern schließt vorher ein gegenläufiges identisches Geschäft ab, das die Position neutralisiert; s dazu auch zu § 20 I Nr 11 Hs 2). Dies erfasst auch Optionen, die auf die physische Lieferung des Basiswerts gerichtet sind. – Stbar sind die Veräußerung, Glattstellung des Finanzinstruments. – Neben dem Gewinn „aus der Veräußerung" eines Finanzinstruments fällt unter *Buchst b* auch dessen vom Wortlaut nicht erfasster Verfall (→ Rn. 166). 167

d) Anwendungsfälle der Buchst a, b. S *BMF* BStBl I 25, 1330 Rn. 9 ff. Zu den Termingeschäften gehören danach insb ***(1)*** **Swaps/Forwards** (Austausch unterschiedl Zahlungsmodalitäten, zB in Bezug auf Zinsen, Währungen; BFH IV R 20/13, BStBl II 16, 739 [zu § 15 IV 3]; BFH I R 25/14, BStBl II 18, 124 [zu § 15 IV 3]; *BMF* BStBl I 25, 1330 Rn. 45 ff; *Frey/Schober* DStR 21, 2674 (2677)), – ***(2)*** **Devisentermingeschäfte, Futures:** s *BMF* BStBl I 22, 742 Rn. 36 ff; zu Crypto Futures *Gawenko,* DStR 25, 801. – ***(3)*** **Hebelzertifikate:** sind mangels zeitl verzögerter Erfüllung keine Termingeschäfte (s auch zur früheren Rechtslage BFH IX B 154/10, BStBl II 12, 454), ebenso nicht – ***(4)*** **Optionsscheine** (→ Rn. 166, 184). – ***(5)*** **Contracts for Difference:** BFH VIII B 113/23 (AdV), DStR 24, 1476. 168

169 **e) Optionen.** – ***(1)* Begriff.** Die Option ist ein bedingtes Termingeschäft. Bei Optionsanleihen kommt es zum Erwerb von Schuldverschreibung und Option s BFH I R 102/00, BStBl II 01, 710; BFH VIII R 9/02, BStBl II 03, 883. – ***(2)* Grundfälle.** *(a)* Kauf einer Kaufoption („long call"); – *(b)* Kauf einer Verkaufsoption („long put"); – *(c)* Verkauf einer Kaufoption („short-call"); – *(d)* Verkauf einer Verkaufsoption („short put"). Zu Zinsabgrenzungsvereinbarungen s *BMF* BStBl I 25, 1330 Rn. 40 ff.

170 ***(3)* Übersicht.** S *BMF* BStBl I 25, 1330 Rn. 11 ff, 21 ff

Verkauf-/ Kaufoption (Put/Call)	**Steuerliche Behandlung beim Optionsinhaber**	**Steuerliche Behandlung beim Stillhalter**
Optionsprämie	Anschaffungskosten für das WG (Ver-)Kaufoption (*BMF* BStBl I 25, 1330 Rn. 21, 28)	Stpfl Einnahme nach § 20 I Nr 11 (→ Rn. 141; *BMF* BStBl I 25, 1330 Rn. 25).
Ausübung (Lieferung des Basiswerts)	*Kaufoption:* Die gezahlte Optionsprämie und die Nebenkosten erhöhen die AK für den erworbenen Basiswert (BFH XI R 44/17, BStBl II 20, 44; *BMF* BStBl I 25, 1330 Rn. 22). Bei Veräußerung des Basiswerts innerhalb eines Jahres nach greift § 23 I 1 Nr 2.	Bei Kaufoption Lieferung des Basiswerts gegen Entgelt (*BMF* BStBl I 25, 1330 Rn. 26: Optionsprämie ist nicht iRd § 20 IV anzusetzen). Bei Verkaufsoption Erwerb des Basiswerts (ggf AK gem § 20 IV, s *BMF* BStBl I 25, 1330, Rn. 33: die Optionsprämie ist nicht Teil der AK bei späterer Veräußerung des Basiswerts).
	Verkaufsoption: Optionsinhaber verwirklicht § 20 II 1 Nr 3 Buchst a; die gezahlte Optionsprämie und Veräußerungsnebenkosten sind abziehbar (*BMF* BStBl I 25, 1330 Rn. 29).	
Veräußerung/ Glattstellung	Veräußerung, rechtl Glattstellung mit zivilrechtl Erlöschen sind stpfl nach § 20 II 1 Nr 3 Buchst b (*BMF* BStBl I 25, 1330 Rn. 24, 31); gezahlte Stillhalterprämie gehört zu den AK (§ 20 IV 1).	Minderung der Stillhalterprämie (§ 20 I Nr 11 Hs 2) bei Glattstellung (→ Rn. 142).
Verfall	Der Verfall einer Verkaufs-; Kaufoption ist stbar (→ Rn. 146; BFH IX R 48/14, BStBl II 16, 456; s iEinz *BMF* BStBl I 25, 1330, Rn. 27, 32).	Der Verfall der Option hat beim Stillhalter keine (weitere) Auswirkung.
Barausgleich (Cash-Settlement)	Stpfl Termingeschäft nach § 20 II 1 Nr 3 Buchst a; gezahlte Optionsprämie und AK-Nebenkosten sind gem § 20 IV 5 abziehbar (*BMF* BStBl I 25, 1330 Rn. 30).	Gezahlter Barausgleich führt zu Verlust gem § 20 II Nr 3 Buchst a (BFH VIII R 55/13, BStBl II 17, 264; *BMF* BStBl I 25, 1330, Rn. 26, 34).

172 **7. Veräußerung von Wirtschaftsgütern, die Erträge iSd § 20 I Nr 4 erzielen, § 20 II 1 Nr 4. – a) Überblick.** Nr 4 iVm II 1 erfasst bei *nach dem 31. 12. 08 begründeten* (§ 52 XXVIII 13) partiarischen Darlehen und typisch stillen Beteiligungen die Gewinne aus der *Veräußerung* der Forderung (zur atypisch stillen Beteiligung s → § 16 Rn. 420 ff). Stbar sind Erträge: – ***(1)*** die aus der entgeltl Abtretung von Forderungen aus einem partiarischen Darlehen oder bei Beendigung der Laufzeit erzielt werden, und – ***(2)*** die Veräußerung einer typischen stillen Beteiligung an GesFremde (§ 20 II Nr 4) sowie kraft gesetzl Fiktion die Vereinnahmung des Auseinanderset-

zungsguthabens iRd Auflösung (§ 20 II 2, Hs 2). – Stbar ist gem Abs 2 S 2 Hs 2 auch ein Verlust aufgrund eines ganz teilw oder ganz uneinbringl Auseinandersetzungsguthabens iRd Auflösung (*Blaurock* Stille Gesellschaft-HdB § 22 Rn. 22.22.186 ff). – Ein Veräußerungsgewinn/-verlust iSd Abs 2 Nr 4 unterliegt grds § 32d I, ist aber in den Fällen der § 32d II Nr 1 Buchst b tarifl zu besteuern (→ § 32d Rn. 10). Ein KapESt-Abzug findet nicht statt, dh Erklärungspflicht (§ 32d III).

b) Gewinnermittlung bei der stillen Beteiligung. – ***(1)*** **Abgrenzung Entgelt/Gewinn.** Thesaurierte und nach Abs 1 Nr 4 versteuerte Gewinne, die iRe Veräußerung vom Erwerber „mitbezahlt" werden, sind iRd Abs 2 Nr 4 nicht als Entgelt anzusetzen; anders aber für unversteuerte Gewinne (*Blaurock* Stille Gesellschaft-HdB § 22 Rn. 22.184 f); Gleiches gilt für die lfd Erträge des Wj der Veräußerung (BFH I R 98/76, BStBl II 81, 465; *BH/Ratschow* § 20 Rn. 214). Ansonsten ist der Entgeltbegriff weit (FG Köln, EFG 23, 1329, rkr). – ***(2)*** **Frühere Verluste.** Wurden einem Stillen mit Einkünften *im PV* während der Beteiligung iRd § 15a Verluste zugewiesen, die handelsrechtl von der Einlage abgesetzt und steuerl als negative Einnahmen behandelt wurden (→ Rn. 94, 95), sind diese nach *BMF* BStBl I 25, 1330 Rn. 4 dem Gewinn hinzurechnen. Die gem § 15a nur verrechenbaren Verluste beeinflussen den Gewinn, Verlust des Stillen nicht (*Blaurock* Stille Gesellschaft-HdB § 22 Rn. 22.217 ff; *Korn* DStR 25, 376 ff, auch zum Inhaber). 173

8. Gewinn aus der Übertragung von Grundpfandrechten iSd § 20 I 1 Nr 5, II 1 Nr 5. Der Gewinn aus der Übertragung von Hypotheken, Grundschulden sowie Rentenschulden (Rechte iSd I Nr 5) ist stbar. – Zur zeitl Anwendung s § 52 XXVIII 13 (nach dem 31.12.08 erworbene Rechte). 175

9. Gewinn aus der Veräußerung von Versicherungsansprüchen iSv § 20 I 1 Nr 6, II 1 Nr 6. 177

	Neuvertrag (Abschluss ab 2005)	**Altvertrag** (Abschluss vor 2005)
Veräußerung ab 1.1.09	Gewinn grds stpfl, Anwendung von § 32d I (nicht II Nr 2!), § 20 VI	Gewinn nur stpfl, sofern Rückkauf durch VersGes stpfl wäre; dann Anwendung von § 32d I, § 20 VI

Schrifttum: Graßl/Früchtl BB 20, 2646 ff.

a) Altverträge. Gem § 52 XXVIII 14 Hs 2 sind die Gewinne aus der Veräußerung von Ansprüchen aus vor dem 1. 1. 05 abgeschlossenen Altverträgen (→ Rn. 102) gem Abs 2 Nr 6 stpfl, wenn die Erträge nach § 20 I Nr 6 in der am 31. 12. 04 geltenden Fassung zum Veräußerungszeitpunkt bei einem hypothetischen Rückkauf (zB bei Nichteinhaltung der 12-Jahresfrist) stpfl wären (→ Rn. 105). Gem Abs 4 S 1, 4 ist der volle Gewinn/Verlust aus der Veräußerung stpfl, dh nicht nur die Zinsen gem Abs 1 Nr 6 S 1 aF, die im Fall des Rückkaufs stpfl wären (BFH VIII R 38/15, BStBl II 17, 1040 zu einem Verlustfall; zu einem Gewinnfall FG Mster EFG 16, 30 – aus verfahrensrechtl Gründen von BFH VIII R 39/15, BStBl II 19, 239 aufgehoben). Ob die volle StPflicht des Gewinns eine verfrechtl unzul Rückwirkung bewirkt, ist str (vern FG Mster EFG 19, 1307, rkr) – Zur Einkünfteerzielungsabsicht des Verkäufers → Rn. 20. 178

b) Neuverträge. Gem Abs 2 Nr 6 S 1 ist der Gewinn aus der Veräußerung von Ansprüchen auf eine Versicherungsleistung iSd I Nr 6 bei nach dem 31. 12. 04 abgeschlossenen Neuverträgen (→ Rn. 106) stets stpfl (§ 52 XXVIII 14 Hs 1). Er ist nach Abs 4 S 1, S 4 zu ermitteln. Die vom Veräußerer entrichteten Beiträge gelten als AK; übersteigen sie das Entgelt, entsteht ein Verlust. Zu den Rechtsfolgen → Rn. 177. – Beim Zweiterwerber bestehen die AK aus dem gezahlten Veräuße- 179 rungspreis und den *von ihm* entrichteten AK (§ 20 IV Hs 2). Zu weiteren Folgen beim Erwerber s § 20 I Nr 6 S 3, 7 und S 8 (→ Rn. 110).

180 **c) Benachrichtigung.** Abs 2 Nr 6 S 2 regelt für Neu- und Altverträge die Informationspflichten der Versicherung ggü der zuständigen Finanzbehörde und eine Bescheinigungspflicht ggü dem StPfl über die Höhe der entrichteten Beiträge (s BT-Drs 16/5491, 18).

182 **10. Gewinn aus der Veräußerung sonstiger Kapitalforderungen jeder Art iSd § 20 I Nr 7, § 20 II 1 Nr 7. – a) Auffangtatbestand.** Stbar sind gem **Abs 2 Nr 7** – die *Veräußerung/Abtretung* (→ Rn. 146) einer sonstigen KapForderung iSd Abs 1 Nr 7 (→ Rn. 115), und gem **Abs 2 S 2** KapErträge iZm deren *Rückzahlung, Ausfall* bei *Uneinbringlichkeit* sowie – bei verbrieften Forderungen deren *Einlösung* und *Depotausbuchung* und schließl deren *verdeckte Einlage in eine KapGes* (→ Rn. 146–150). Sonderregelungen enthält § 20 IVa S 3 (→ Rn. 217). – KapErträge gem Abs 2 Nr 7 unterliegen grds dem gesonderten Tarif (§ 32d I), Verluste den Verrechnungsregeln des § 20 VI; Ausnahme: tarifl Besteuerung wegen § 32d II Nr 1 Buchst a–c (→ § 32d Rn. 14).

183 **b) Anwendungsfälle. – aa) Private Kapitalforderungen.** Die Stbarkeit gem Abs 2 Nr 7 iVm Abs 2 S 2 setzt eine nach dem 31.12.08 begründete private KapForderung voraus (BFH VIII R 25/23, BStBl II 24, 691; *BMF* BStBl I 25, 1330 Rn. 58, 60). Maßgebl Zeitpunkt ist der Zufluss des Entgelts, für den Ausfall die *Uneinbringlichkeit* der Forderung. Letzteres meint nach *BMF* BStBl I 25, 1330, Rn. 60, dass „keine gesetzl gebilligte Durchsetzungsmöglichkeit" mehr besteht (iEinz Abschluss des Insolvenzverfahrens des Schuldners; vorher, wenn das Insolvenzverfahren mangels Masse nicht eröffnet oder die Masseunzulänglichkeit angezeigt wird; glA iErg BFH VIII R 13/15, BStBl II 20, 831; BFH VIII R 28/18, BStBl II 21, 911). – Ein *Forderungsverzicht* ist im Verzichtszeitpunkt stbar (*BMF* BStBl I 25, 1330 Rn. 61).

184 **bb) Gesellschafterdarlehen an und Bürgschaften für eine Kapitalgesellschaft. – *(1)* Ausfall.** Er ist für nach dem 31.12.08 ausgereichte Darlehen (BFH X R 9/17, BStBl II 21, 418; BFH IX R 5/20, BStBl II 21, 600; BFH VIII R 25/23, BStBl II 24, 691) und solche Bürgenregressforderungen (BFH IX R 2/22, DStR 23, 1882) bei Uneinbringlichkeit als Rückzahlungsverlust stbar (zur Einkünfteerzielungsabsicht → Rn. 20). In den VZ bis Ende 2023 handelt es sich ggf um einen tarifl Verlust (→ § 32d Rn. 11), ab VZ 2024 fällt der Verlust unter § 20 VI 2. Es muss für den Ausfall endgültig feststehen, dass die KapGes keine (weiteren) Zahlungen mehr leisten wird (BFH IX R 5/20, BStBl II 21, 600, *BMF* BStBl I 22, 897 Rn. 24). Dies ist bei insolvenzfreier Auflösung der KapGes idR erst bei Liquidationsabschluss der Fall (Ausnahme: besondere Umstände, Masseunzulänglichkeit; → Rn 183). – Beim ausgefallenen Bürgenregressanspruch gilt dies entspr. Wird der StPfl als Bürge überquotal in Anspruch genommen, realisiert sich der Verlust iHd quotalen Teils wie beim Darlehen, iHd überquotalen Teils erst, wenn der Ausgleichsanspruch gegen die Mitbürgen ausfällt (BFH IX R 2/22, DStR 23, 1882; Anm *Levedag* GmbHR 23, 1220). Zur Erfassung des Ausfallbetrags als nachträgl AK bei § 17 gem § 20 VIII 1 → § 17 Rn. 189–192 und zur Subsidiarität → Rn. 256 ff. – ***(2)* Forderungsverzicht.** – ***(a)* Unbedingter Verzicht.** Bei *Verzicht* auf eine nach dem 31.12.08 begründete Ges'terForderung (BFH IX R 9/18, BStBl II 20, 490) sind nach BFH VIII R 8/22, DStR 25, 256 mwN; *BMF* BStBl I 22, 897 Rn. 5, 11 ff, 18, 25, *BMF* BStBl I 25, 1330 Rn. 61 der werthaltige und der nicht werthaltige Teil im Verzichtszeitpunkt zu unterscheiden. Die *verdeckte Einlage* gem Abs 2 S 2 erfasst nur den werthaltigen Teil. Zur Ermittlung des Einlagegewinns gem § 20 II Nr 7 iVm Abs 4 S 2 sind vom werthaltigen Teil AK in derselben Höhe abzuziehen (dh beim selbst ausgereichten Darlehen Einlagegewinn = Null). Der im Verzichtszeitpunkt nicht werthaltige Teil führt zu einem stbaren *Abtretungsverlust gem § 20 II 2,* wenn der Ges'ter das Darlehen ausgereicht und AK getragen hat (BFH VIII R 8/22, DStR 25, 256; zur Ausnahme

BFH VIII R 18/16, BStBl II 20, 833). Dieser Verlust ist ab VZ 2024 stets gem Abs 6 S 2 nur beschr verrechenbar (bis Ende VZ 2023 konnte er tarifl sein, *BMF* BStBl I 22, 897 Rn. 18, 25; → § 32d Rn. 11). IRd § 17 IIa 3 können ebenso nachträgl AK auf die Beteiligung entstehen. Zum werthaltigen Teil im Verzichtszeitpunkt s § 17 IIa S 3 Nr 1 (→ § 17 Rn. 185, auch zum Einlagekonto iSv § 27 KStG); beim nicht werthaltigen Teil kann § 17 IIa 3 Nr 2 für einen *zw Krise und Verzicht* eintretenden Wertverlust greifen (glA *BMF* BStBl I 22, 897 Rn. 18, 25; → § 17 Rn. 189, 190; zur Subsidiarität gem § 20 II iVm § 20 VIII → Rn. 258). – ***(b)* Besserungsschein.** S BFH VIII R 8/22, DStR 25, 256; *BMF* BStBl I 25, 1330 Rn. 61. – *Verzicht*szeitpunkt: Zum werthaltigen Teil und Abtretungsverlust wie *(2) (a)*. – *Besserungsfall:* Nach dem *BMF* führt das Wiederaufleben der Forderung iHd vormals wertlosen Teils zu Einkünften gem § 20 II Nr 7, die anschließende Tilgung ist neutral. ME wurden die AK der Forderung durch den Verzicht verbraucht und die AK der auflebenden Forderung betragen Null, sodass der Ges'ter erst bei Tilgung insoweit einen Rückzahlungsgewinn gem § 20 II 2 erzielt (glA *Ott* DStZ 25, 748 (753 f)); hinsichtl des ursprüngl werthaltigen Teils Rückabwicklung der Einlage (→ § 17 Rn. 185, 196) und stneutrales Wiederaufleben der AK der Forderung. – ***(3)* Rangrücktritt:** grds weder Ausfall noch Verzicht; greift aber das Passivierungsverbot (§ 5 IIa) Behandlung wie bei der verdeckten Einlage für den werthaltigen Teil (→ § 17 Rn. 184). – ***(4)* Veräußerung des Ges'terDarlehens** an die KapGes oder einen Dritten: nur § 20 II 2 Nr 7 (*BMF* BStBl I 22, 897 Rn. 19; FG Köln, EFG 24, 205, rkr).

cc) Finanzprodukte. – ***(1)* Übergangsrecht.** S § 52 XXVIII 15, 16 zu KapErträgen aus vor dem 1.1.09 erworbenen Finanzinnovationen (zu Einzelfragen BFH VIII R 7/16, BStBl II 19, 610; BFH VIII R 16/16, BStBl II 20, 254; BFH VIII R 23/20, BStBl II 23, 480, auch zur Rückwirkung). – ***(2)* Zertifikate.** Abs 2 S 1 Nr 7 erfasst insb die Gewinne/Verluste aus der Veräußerung/Einlösung von Zertifikaten, auch aus Hebel-, Vollrisiko- und KnockOut -Produkten (→ Rn. 117; → Rn. 168) einschließl des Totalausfalls bei Beendigung/Ausbuchung (*BMF* BStBl I 22, 742 Rn. 8a, 63, 118: Einlösung zu Null, ebenso BFH VIII R 37/15, BStBl II 19, 507; FG Mchn EFG 21, 198, rkr). Bei Vollrisikozertifikaten ist abzugrenzen, ob Zahlungen Laufzeitentgelt iSd Abs 1 Nr 7 oder Teilrückzahlungen iSd Abs 2 Nr 7 sind (*BMF* BStBl I 22, 742 Rn. 8a). – ***(3)* Optionsscheine.** Diese sind idR verbriefte Kapforderungen iSd § 20 I Nr 7 (auch → Rn. 166). Ihr Verfall fällt dann unter § 20 II Nr 7 und Abs 6 S 6 (*BMF* BStBl I 22, 742 Rn. 8, 118), noch offen zum Optionsschein mit Stopp-Loss-Schwelle s BFH VIII R 1/17, BStBl II 21, 144. – ***(4)* Umtausch von Kapitalanlagen.** Stbar kann auch der (Zwangs-)Tausch von Finanzprodukten sein (BFH VIII R 54/12, BStBl II 15, 693; BFH VIII R 7/16, BStBl II 19, 610; FG Ddorf EFG 25, 25, rkr: Argentinien-Anleihen; FG RhPf EFG 21, 1292, rkr bei Griechenland-Anleihen; zu Russland ADRs *Valbuena* DStR 24, 2305. – ***(5)* Stückzinsen.** Dies sind bis zum Zeitraum der Veräußerung aufgelaufene Zinsen (Definition § 20 II 1 Nr 3 aF), die der Käufer einer Anleihe an den Verkäufer zahlt. Sie gehören beim *Verkäufer* zum Veräußerungsentgelt (Abs 2 Nr 7, Abs 4); ob sie gesondert ausgewiesen sind, ist unerhebl. Beim *Erwerber* sind sie bei gesondertem Ausweis im VZ des Abflusses negative Einnahmen iSd Abs 1 Nr 7 (in den Verlustverrechnungstopf einzustellen); ohne gesonderten Ausweis („flat") gehören sie zu den AK der Forderung (s *BMF* BStBl I 22, 742 Rn. 49 ff; BFH VIII R 31/15, BStBl II 19, 577). – ***(6)* Barwert.** Wird eine KapForderung zum Barwert erworben (= AK) und iHd Nennwerts erfüllt, geht der Zinsanteil im Rückzahlungsgewinn gem § 20 II 2 auf (BFH VIII R 1/19, BStBl II 23, 252). 185

dd) Währungsgewinne. S § 20 IV 1 Hs 2 (→ Rn. 203) zur Umrechnung der relevanten Größen. Währungsgewinne sind damit grds Bestandteil des Gewinns gem § 20 II, IV. *BMF* BStBl I 22, 742 Rn. 131, *BMF* BStBl I 23, 1671, Rn. 325 (Anwendung bei erstmaliger Anschaffung ab 1.1.25) nimmt dies jetzt auch iRd *Veräußerung* (Abtretung; Rückzahlung zum ausl Nennwert; Tausch in andere Fremdwährung 186 oder andere WG [BFH IX R 11/13, BStBl II 14, 385]) iZm einer **KapForderung** auf einem verzinsl Fremdwährungskonto an (*Ausnahmen:* Zahlungsverkehrskonten; Prolongation tägl fälliger Forderungen). Jede Einzahlung, Zinsgutschrift auf einem solchen Konto ist insoweit eine neue Anschaffung einer KapForderung. Der geänderten Auslegung des *BMF* ist mE zuzustimmen. Der Währungsgewinn ist (auch) bei unverbrieften KapForderungen Teil der iRv § 20 II stbaren Wertveränderungen der KapForderung (→ Rn. 145). BFH VIII R 58/07, BStBl II 11, 491 ist überholt (**aA** *Hofmann* RdF 23, 129; krit *Delp* DB 23, 2975 ff). Zu § 23 → § 23 Rn. 27.

187 **11. Gewinn aus der Übertragung oder Aufgabe von Einnahmen iSd § 20 I Nr 9 vermittelnden Rechtsposition, § 20 II 1 Nr 8.** Vermögensmehrungen/-minderungen, die einem StPfl durch sein Ausscheiden als Mitglied oder Ges'ter einer Körperschaft iSd § 1 I Nr 3–5 KStG (zB VVaG, Verein, Stiftung) oder durch Übertragung der Mitglieds- oder Ges'terstellung auf Dritte zufließen, sind stbar. Die Regelung soll eine „Lücke" bei Veräußerungsgewinnen iZm den in § 1 I Nr 3–5 KStG genannten Körperschaften verhindern (BR-Drs 220/07, 90); zur Anwendung § 52 XXVIII 13.

IV. Besondere Entgelte oder Vorteile, § 20 III

190 **§ 20 III 1** enthält keinen selbständigen Besteuerungstatbestand, sondern nur eine Klarstellung des weiten Umfangs der Einnahmen nach § 20 I, II. Voraussetzung ist, dass die Vorteilsgewährung durch die Einkünfteerzielung iRd § 20 veranlasst ist (BFH VIII R 70/02, BStBl II 05, 468; BFH VIII B 29/07, BFH/NV 09, 574). Nach S 1 sind unabhängig von der Bezeichnung *Entgelte und Vorteile* KapErträge, die Einnahmencharakter gem § 8 I, II haben und *an die Stelle oder neben* die eigentl Einnahmen gem § 20 I, II treten. **§ 20 III 2 nF** enthält ab VZ 2024 Regelbeispiele zu *Bestandsprovisionen, Verwaltungsentgelten oder sonstigen Aufwendungen,* die durch den *Schuldner der KapErträge* gewährt oder durch einen *Dritten* erstattet werden.

Einzelfragen: Unter Abs 3 fallen weitergegebene Bestandsprovisionen unter dem InvStG 2018 (zuvor offengelassen in BFH VIII R 8/20, BStBl II 25,305; BT-Drs 20/13419, 225 f); Entschädigungszahlungen für Beratungsfehler (HessFG EFG 21, 1987, rkr) Nutzungsentgeltminderungen iZm ausschüttungslosen Genossenschaftsanteilen (BFH VIII R 23/21, DStR 24, 2809); nicht aber Sachzuwendungen iRd Kundenpflege (BFH VI R 10/21, BStBl II 23, 1105) und erstattete Rechtsverfolgungskosten (BFH IX R 18/20, BStBl II 23,173). S iEinz *BMF* BStBl I 25, 1330 Rn. 83, 83a, 84.

V. Vorrangige Korrektur nach § 43a III 7, § 20 IIIa

193 **1. Regelungszweck.** § 20 IIIa ergänzt das Korrekturverfahren in § 43a III 7, dem die auszahlenden Stellen unterliegen (§ 43a III, IV; → § 43a Rn. 9). Sie haben den KapESt-Abzug *nach Maßgabe der Verwaltungsauffassung* durchzuführen (§ 44 I 3; → § 44 Rn. 4, 16) und Fehler ab Kenntnisnahme *nur mit Wirkung für die Zukunft* zu korrigieren (§ 43a III 7), dh die ursprüngl KapESt-Anmeldung wird grds nicht geändert; eine rückwirkende Korrektur des StAbzugs kommt nur ausnahmsweise in Betracht (s auch bei § 44b V 1; *BMF* BStBl I 22, 742 Rn. 241). § 20 IIIa 1, 2 sollen anknüpfend daran unabgestimmte (doppelte) Korrekturen iRd StAbzugs und der Veranlagung verhindern.

194 **2. Überprüfbarkeit eines korrigierten Steuerabzugs in der Veranlagung, § 20 IIIa 1. – a) Korrekturen iSd § 43a III 7.** Dies sind Korrekturen bei *Änderung der Bemessungsgrundlage* des KapErtrags und *des zu erhebenden Abzugsbetrags* (auch iZm *Anrechnungsbeträgen* iSd § 32d V) ggü den dem ursprüngl StAbzug zugrundeliegenden Annahmen (s *BMF* BStBl I 25, 1330 Rn. 241: auch Fälle der nicht erkannten Einlagenrückgewähr; Ausnahmen → Rn. 241). Sie können auf einer *geänderten rechtl Verwaltungsauffassung* zur Behandlung eines KapErtrags (Aufhebung/Änderung eines

BMF-Schreibens) und auf *nachträgl erkannten tatsächl Änderungen* (zB der Höhe des KapErtrags) beruhen (s *Anemüller* EStB 17, 158 (161)). Auch → Rn. 200.

b) Korrekturumfang; Korrekturtechnik. Zu korrigieren sind nach § 43a III 7 nur Fehler, die im Zeitpunkt der Kenntnisnahme materiell-rechtl noch relevant sind (sog *Deltakorrekturen*). Technisch wird die Korrektur gem S 7 *punktuell* für den jeweiligen KapErtrag iRd StAbzugs durch den Ansatz – gegenläufiger negativer Beträge (zB Einbuchung in Verlustverrechnungstopf), – positiver Beträge iHd der jeweiligen Fehlerdifferenz iRd künftigen StAbzugs, – im Wege des Vortrags überzahlter KapESt; der Nacherhebung von KapESt, – ggf eine Korrektur der AK (zB iRd §§ 20 II, IV, IVa) – oder durch den Ansatz negativer anrechenbarer; und negativer angerechneter ausl QuellenSt umgesetzt (*BMF* BStBl I 25, 1330 Rn. 241–241c mit Beispielen, *Levedag* RdF 23, 188). 197

c) Veranlagung. Gem § 20 IIIa 1 kann eine durchgeführte Korrektur des StAbzugs durch einen Antrag gem §§ 32d IV, VI in der Veranlagung *des VZ der Korrektur* überprüft werden. Für den VZ, in dem der Fehler iRd StAbzugs eingetreten ist (zB VZ *des Zu-/Abflusses* des KapErtrags) kann der Fehler in der Veranlagung nicht korrigiert werden, da S 1 die korrigierte Besteuerungsgrundlage materiell-rechtl dem VZ der Kenntnisnahme zuordnet (str, BFH VII R 65/18, BFH/NV 22, 1284 für einen Abrechnungsbescheid). 198

3. Absehen der auszahlenden Stelle von der Korrektur nach Kenntnisnahme, § 20 IIIa 2. – a) Bescheinigungspflicht. Korrigiert die auszahlende Stelle einen der Deltakorrektur zugängl fehlerhaften KapESt-Abzug (→ Rn. 194) nach Kenntnisnahme *nicht* und erteilt sie dem StPfl darüber eine Bescheinigung gem Satz 2, kann der Fehler durch einen Antrag des StPfl gem § 32d IV, uU auch § 32d VI iRd Veranlagung korrigiert werden. Der Antrag ist aber *für den VZ des Zu-/Abflusses* des KapErtrags zu stellen, da dessen materielle Zuordnung zum VZ der Kenntnisnahme gem S 1 in diesem Fall nicht greift (*Anemüller* EStB 17, 158 (159); **aA** FG RhPf EFG 21, 1797, rkr). Der StPfl sollte auch ohne die Bescheinigung nach S 2 zur Wahrung seiner Rechtsposition iRd ESt-Erklärung fristwahrend Anträge nach § 32d IV stellen. Ohne die Bescheinigung iSd Satz 2 kommt es zu einem Schwebezustand, weil der KapESt-Abzug iRd EStVeranlagung erst überprüft werden darf, sobald die auszahlende Stelle zu erkennen gibt, dass sie nicht korrigieren wird; ggf kann § 163 AO für nicht mehr änderbare ESt-Bescheide anzuwenden sein (*BMF* BStBl I 16, 1000). S auch *BMF* BStBl I 22, 943 zu § 20 IVa 7. 199

b) Ausnahmen. Ist für den Fehler iRd StAbzugs eine Deltakorrektur gem § 43a III 7 **nicht zulässig** (→ Rn. 194), kann der KapESt-Abzug iRd Veranlagung nach § 32d IV, III 2 für den VZ des Zu-/Abflusses ohne eine Bescheinigung nach S 2 überprüft werden. Hierunter fallen zB die Korrektur einer unrichtigen Ersatzbemessungsgrundlage gem § 43a III (außer bei Leerverkäufen) oder ein *EuGH-/BVerfG-/BFH-*Urteil, das der iRd KapEStAbzugs gem § 44 I 3 angewandten Verwaltungsauffassung widerspricht (s *BMF* BStBl I 25, 1330 Rn. 241a, 241b; FG RhPf EFG 21, 1297, rkr). – **Verlustberücksichtigung.** Ist ein Verlust iRd des KapESt-Abzugs aufgrund der BMF-Auffassung gem § 44 I 3 mangels StBarkeit nicht angesetzt worden und der Deltakorrektur zugängl, bedarf es iRd Veranlagung gem § 32d IV iVm III 2 idR keiner Bescheinigung iSd § 20 VI 7 (→ Rn. 249), unklar ist aber, wann eine Bescheinigung nach Abs 3a S 2 erforderl ist. Nach zutr hM ist die Bescheinigung nach Abs 3a S 2 für die Veranlagung des Verlusts im Entstehungsjahr entbehrl, wenn die Verlustberücksichtigung eine StErstattung auslöst und das Einstellen des Verlusts in einen Verlusttopf (→ § 43a Rn. 7) im Zeitpunkt der Kenntnisnahme iRd StAbzugs (zB gem § 20 VI 4) keine solche Wirkung hätte (*Jachmann-Michel* DB 18, 2777 (2781)); nicht geklärt in *BMF* BStBl I 25, 1330, Rn. 241 ff. 200

VI. Ermittlung eines Gewinns oder Verlusts, § 20 IV

203 **1. Gewinnbegriff, § 20 IV 1. – a) Grundregel, § 20 IV 1.** Abs 4 regelt die Gewinnermittlung für die Veräußerungsfälle des Abs 2. **§ 20 IV 1 Hs 1** definiert in Anlehnung an § 17, § 23 als Gewinn die Differenz zw den Einnahmen, AK und den Veräußerungskosten. Der Unterschiedsbetrag kann positiv oder negativ sein. Maßgebl Realisationszeitpunkt ist der Abschluss des schuldrechtl Vertrags (*BMF* BStBl I 25, 1330 Rn. 85: auch Stichtag für die Währungsumrechnung von Entgelt/AK; s auch bei → § 23 Rn. 63 ff).

204 **b) Abzugsposten.** Der Begriff der **AK** ist grds für alle Einkunftsarten einheitl iSd § 255 HGB zu bestimmen (→ § 6 Rn. 31). S IEinz → § 6 Rn. 31 ff (mit ABC → § 6 Rn. 140). Gem **§ 20 IV 1 Hs 2** sind bei **Fremdwährungsgeschäften** die Einnahmen und die AK jeweils in Euro anzusetzen (nach dem Devisenbriefkurs; *BMF* DStR 08, 1236; Zeitbezugsverfahren; *BMF* BStBl I 25, 1330 Rn. 85). Zu den **Veräußerungskosten** s zur grds einheitl Auslegung im BV/PV → § 17 Rn. 132 ff. § 20 IV 1 HS 1 ist enger, da ein unmittelbarer sachl Zusammenhang der Aufwendungen mit dem Veräußerungsgeschäft erforderl ist. Die Aufwendungen müssen ihr auslösendes Moment in der Veräußerung haben (offen gelassen in BFH IX R 12/24, DStR 25, 2769).

Einzelfragen zu AK/Kosten: S *BMF* BStBl I 25, 1330 Rn. 61 zur Anleihenrestrukturierung und Rn. 85 ff, insbes zu zu den AK iZm Optionen → Rn. 169, ArbN-Stock Options → Rn. 261, dem sog Transaktionskostenanteil in Gebühren → Rn 268. – Die Einzahlung eines Betrags auf ein verzinsl Fremdwährungskonto ist eine Anschaffung der Forderung (→ Rn. 186). – Die AK von Anteilen können aufgrund einer Nennkapitalherabsetzung, Einlagenrückgewähr gemindert sein (→ Rn. 67, 68, 74, 75; auch → § 17 Rn. 215). – Zur Abspaltung von AK auf Bezugsrechte und von Bezugsrechten auf neue Anteile iRv KapErhöhungen gegen Einlage → Rn. 219, 220 und § 20 IV 4 → Rn. 220; zur KapErhöhung aus GesMitteln → Rn. 33 und zu Bonusanteilen § 20 IVa 5 → Rn 223. – Über dem Nennwert eines Wertpapieres liegende Aufwendungen können AK sein (BFH VIII B 5/14, BFH/NV 15, 1387). – Zum Tausch eines schuldrechtl Genussrechts s FG Mster DStRE 22, 724; zu Griechenlandanleihen s FG RhPf EFG 21, 1292, rkr. –

205 **2. Einzelregelungen in § 20 IV 2–9.** Nach **§ 20 IV 2** ist bei einer **verdeckten Einlage** anstelle der Einnahmen der gemeine Wert anzusetzen (wie bei § 17 II 2). Auch → Rn. 184. – Bei der Veräußerung eines WG, das aus einem BV/SonderBV **entnommen** und durch eine Betriebsaufgabe in das PV überführt wird, tritt an die Stelle der AK der bei der Entnahme oder bei der Betriebsaufgabe tatsächl iRd StFestsetzung angesetzte Wert (auch → § 23 Rn. 72), so dass § 20 ledigl die im PV entstanden Wertzuwächse erfasst **(§ 20 IV 3);** allerdings ist dies keine Anschaffung idS, wenn es sich um vor dem 1.1.09 im BV erworbene Aktien handelt (FG Mster EFG 20, 927, rkr). – Bei Veräußerung eines Leistungsanspruchs aus einer **Lebens-/Rentenversicherung iSd § 20 I Nr 6** sind AK die vor der Veräußerung entrichteten Beiträge. Wurde der LV/RV-Anspruch entgeltl erworben (§ 20 I Nr 6 S 3, → Rn. 110), gelten das Entgelt und die nach dem Erwerb entrichteten Beiträge als AK, sodass nur die in der Besitzzeit des Veräußerers entstandenen Erträge und nicht die Beitragsleistung besteuert wird **(§ 20 IV 4).** – Bei einem **Termingeschäft** iSd § 20 II 1 Nr 3 Buchst a mindern zur Wahrung des Nettoprinzips (Ausnahme von der Bruttobesteuerung!) die im unmittelbaren sachl Zusammenhang mit dem Termingeschäft anfallenden Aufwendungen den Gewinn **(§ 20 IV 5).** S 5 erfasst aber nicht Veräußerungsgeschäfte iSd § 20 II 1 Nr 3 Buchst b (Gewinnermittlung nach Abs 4 S 1, → Rn. 167 ff). – Bei **unentgeltl Erwerb** von KapVermögen sind dem Einzelrechtsnachfolger die **in § 20 IV 6 genannten Besteuerungsmerkmale** des Rechtsvorgängers zuzurechnen Bei der Gesamtrechtsnachfolge gilt dies ohnehin (→ § 23 Rn. 37 ff). – Bei Wertpapieren in der Girosammelverwahrung findet die **Fifo-Methode** Anwendung **(§ 20 IV 7),** s *BMF* BStBl I 25, 1330 Rn. 97 ff zu

Streifbandverwahrung und Unterdepots (zB zur Abgrenzung vor dem 1.1.09 erworbener Aktien). – **§ 20 IV 8, 9** ergänzen § 20 II Nr 2 Buchst b; § 20 II 4, 5 (iEinz → Rn. 162).

VII. Inländische und ausländische Kapitalmaßnahmen, § 20 IVa

1. Allgemeines. – a) Regelungszusammenhang. § 20 IVa steht iZm § 43 ff. *Inl und ausl Kapitalmaßnahmen,* die in Abs 4a geregelt und grds als Veräußerungen gem § 20 II 1, 2 stbar und sind, sollen iRd KapESt-Abzugs *von Kleinanlegern* ohne aufwändige Ermittlungen abgewickelt werden können; insb bei unbaren Transaktionen soll die Anforderungen der Mittel für den KapESt-Abzug gem § 44 I 7,9 beim StPfl vermieden werden (BFH VIII R 54/14, BStBl II 18, 262). § 20 IVa enthält zu diesem Zweck materiell-rechtl (auch für das Veranlagungsverfahren!) wirkende Vereinfachungsregelungen, zB werden KapMaßnahmen als nicht stbar (§ 20 IVa 1) oder Barkomponenten statt als Veräußerungsentgelt als fiktive Barausschüttung (§ 20 IVa 2) behandelt. In der Praxis gibt das *BMF* für bedeutende Fälle idR die Behandlung für den KapESt-Abzug vor, an die das depotführende Institut gem § 44 I 3 gebunden ist; bei später geänderter VerwAuffassung ist eine Deltakorrektur gem § 43a III 7 iVm § 20 IIIa mit Wirkung nur für die Zukunft durchzuführen (→ Rn. 193 ff). 209

b) Persönlicher/sachlicher Anwendungsbereich. § 20 IVa gilt für StPfl mit Anteilen an inl oder ausl Körperschaften iSd § 20 II Nr 1 im PV (Ausnahme Investmentfonds. Erfasst werden auch vor dem 31.12.08 erworbene Anteile S *BMF* BStBl I 25, 1330, Rn. 100. StPfl mit Anteilen gem § 17 fallen gem § 20 VIII 2 nicht unter § 20 IVa (→ Rn. 255). 210

c) Besteuerungszeitpunkt. § 20 IVa 6 enthält eine Vereinfachungsregel zum steuerl relevanten Zeitpunkt für sämtl KapMaßnahmen iSd § 20 IVa 1–5. Für die steuerl Wirksamkeit der Maßnahme (Tatbestandsverwirklichung) ist stets auf den Zeitpunkt der Einbuchung neuer Anteile im Depot des StPfl abzustellen. 211

2. Anteilstausch und bestimmte Umwandlungen, § 20 IVa 1. – a) Anteilstausch. Abs 4 S 1 gilt für sämtl Fälle des *Anteilstauschs,* wenn dieser durch *gesellschaftsrechtl Maßnahmen der beteiligten Unternehmen* (zB ein Übernahmeangebot) veranlasst ist. Neu ist, dass *BMF* BStBl I 25, 1330, Rn. 100 neben Aufspaltungen, Verschmelzungen einen qualifizierten Anteilstausch und eine unter § 1 I Nr 1, III Nr 5 UmwStG fallende Maßnahme verlangt [Ausschluss insbes der Einbringung depotverwahrter Anteile in KapGes/OptionsGes]; zutr krit *Lüken/Braun* DStR 25, 2753 ff. Die Voraussetzungen gem § 21 UmwStG müssen lt dem Gesetzeswortlaut iÜ nicht erfüllt sein; der Wertansatz der eingebrachten Anteile bei der aufnehmenden KapGes ist unerhebl (*BMF* BStBl I 25, 92 Rn. 21.02). Bei Einbuchung in das Depot (§ 20 IVa 6) muss ein *inl Besteuerungsrecht* für die erhaltenen Anteile bestehen; hiervon dürfen die auszahlenden Stellen iRd KapESt-Abzugs (*BMF* BStBl I 25, 1330 Rn. 102), nicht aber der StPfl ausgehen (ggf Erklärungspflicht für einen stpfl Tausch gem § 32d III 1!). *Rechtsfolge* des S 1 ist, dass der Tausch für *die hingegebenen Anteile* nicht zu einem stbaren KapErtrag iSd § 20 I Nr 1, II Nr 1 führt und die *erhaltenen Anteile* hinsichtl der AK in deren Fußstapfen treten. Hierdurch geht der Status eingebrachter *Altanteile,* vor dem 1.1.09 erworben zu sein, auf die erhaltenen Anteile über (zutr *BMF* BStBl I 25, 1330, Rn. 100; s auch BFH VIII R 10/13, BStBl II 17, 262). Aufgrund von Transaktionskosten kann kein Veräußerungsverlust entstehen; diese sind nachträgl AK auf die erhaltenen Anteile (s *BMF* BStBl I 25, 1330, Rn. 100). Bei Veräußerung der erhaltenen Anteile ist der Gewinn ungeachtet eines entgegenstehenden DBAs im Inl nach § 20 II Nr 1 stpfl. – Zum Anteilstausch **außerhalb gesellschaftsrechtl Maßnahmen** → § 20 Rn. 146, 157; *BMF* BStBl I 25, 1330 Rn. 64 ff. 212

213 **b) Umwandlungen.** § 20 IVa 1 regelt für Kleinanleger auch die Folgen inl und ausl *Verschmelzungen* und von *Aufspaltungen* iSd § 15 UmwStG von KapGes. Die sonstigen Vorgaben für stneutrale Umwandlungen (das Teilbetriebserfordernis gem § 15 I UmwStG) müssen nicht eingehalten werden; die Rechtsfolgen der § 13 I, II UmwStG (Veräußerungs- und Anschaffungsfiktion der Anteile an der übertragenden/übernehmenden KapGes sowie Ansatz des Buchwerts für die Anteile an der übernehmenden KapGes auf Antrag) werden zT verdrängt. S *BMF* BStBl I 25, 92 Rn. 13.01, 15.12; zur Abspaltung Abs 4a S 7. Es gelten die bei → Rn. 212 dargestellten *Anforderungen* des § 20 IVa 1 entspr und ohne Antrag dessen *Rechtsfolgen* (keine Veräußerung; Fußstapfentheorie für die AK der erhaltenen Anteile und Statusübergang als Altanteil; Besteuerung bei späterer Veräußerung ungeachtet eines DBA; zum Umtauschverhältnis für AK *BMF* BStBl I 25, 1330 Rn. 101).

215 **3. Barkomponente bei Anteilstausch; Umwandlungen, § 20 IVa 2.** Abs. 4a S 2 findet auf inl und ausl Maßnahmen Anwendung. Beim Anteilstausch und bei Umwandlungen iSd § 20 IVa 1 **mit zusätzl Barkomponente** wird letztere als Einnahme iSd § 20 I Nr 1 S 1 fingiert, obwohl es sich aus Sicht des StPfl um eine Veräußerung der hingegebenen Anteile gegen ein Mischentgelt handelt. Daneben treten beim StPfl die Rechtsfolgen des § 20 IVa 1 ein: Die AK der hingegebenen Anteile bilden die AK der erhaltenen Anteile; bei späterer Veräußerung ist der gesamte Gewinn gem § 20 IV stpfl. S nunmehr im In- und Auslandsfall *BMF* BStBl I 25, 1330, Rn. 100a: Nichtanwendung von Abs. 4a S 2 bei Barkomponente > 10% des Börsenkurses der erhaltenen Anteile; keine Anwendung des § 20 IVa 2 bei einem Tausch von Altanteilen, die zum 1. 1. 09 stentstrickt waren (glA BFH VIII R 10/13, BStBl II 17, 262). – Greift Abs 4a S 2 iVm § 13 II UmwStG nicht, ist ein Veräußerungsgewinn iSd § 20 II Nr 1 (Mischentgelt = (Anteile + Zuzahlung) ./. AK) zu besteuern (BFH VIII R 44/18, BStBl II 22, 636; *BMF* BStBl I 25, 1330, Rn. 100a).

217 **4. Wandlung in Wertpapiere bei sonstigen Kapitalforderungen, § 20 IVa 3.** Abs 4a S 3 gilt **seit dem VZ 2021** (§ 52 XXVIII 19) nur noch für eingewandelte Anteile gem § 20 I Nr 1, nicht mehr für sämtl Wertpapiere. Unter S 3 fallen insbes Anleihen iSd § 20 I Nr 7, bei denen in den Anleihebedingungen ein Wandlungsrecht des Gläubigers (StPfl) in Anteile des Emittenten iSd § 20 I Nr 1 (zB Aktien; s auch *BMF* BStBl I 25, 1330 Rn. 103 ff) gewährt oder bei Fälligkeit an Stelle der Rückzahlung des Anleihebetrags die Lieferung einer vorher festgelegten Anzahl von Anteilen vom Emittenten verlangt werden kann oder wenn der Emittent das Recht hat, solche Anteile anzudienen. Dies ist zB bei Wandelanleihen iSv § 221 I AktG (deklaratorisch, → Rn. 149), Umtausch- oder Hochzinsanleihen, Vollrisikozertifikaten mit Andienungsrecht; nicht aber Optionsanleihen, bei denen das Wandlungsrecht getrennt ist (auch → Rn 117) der Fall. An dem erforderl Wahl- und Andienungsrecht des Gläubigers/Emittenten zum Fälligkeitszeitpunkt fehlt es aber, wenn schon in den Bedingungen die Lieferung der Anteile (auch iRe aufschiebenden Bedingung) zwingend vorgegeben ist (BFH VIII R 9/22, BStBl II 25, 899). Die **Ausübung des Wandlungs-, Umtauschs- oder Andienungsrechts** durch den StPfl oder den Emittenten bewirkt, dass – *(a)* die AK der Anleihe als deren Veräußerungspreis gelten (dh Gewinn gem § 20 II Nr 7; § 20 IV = 0); – *(b)* die eingewandelten Anteile angeschafft werden und – *(c)* die AK der Anleihe als AK der eingewandelten Anteile gelten. – Bei einer **zusätzl Barkomponente des Emittenten** (zB iZm Aktienbruchteilen) ist die Zahlung gem Abs 4a S 3, Hs 2 iVm S 2 („entspr Anwendung") beim StPfl ein KapErtrag iSd § 20 I Nr 7 (*BMF* BStBl I 22, 742, Rn. 104 ff). – Werden andere Wertpapiere als Anteile iSd § 20 I Nr 1 geliefert, ist der Vorgang lt BMF ein Tausch (*BMF* BStBl I 25, 1330 Rn. 64 ff iVm 107a); mE Einlösung (BFH VIII R 28/20, DStR 24, 2108; → Rn. 149).

219 **5. Ausübung; Veräußerung von Bezugsrechten, § 20 IVa 4. – a) Kapitalerhöhung gegen Einlage.** § 20 IV 4 findet nur auf Bezugsrechte iRe **KapErhö-**

hung gegen Einlagen Anwendung. Die Bezugsrechte müssen solche iSd § 186 AktG, § 55 GmbHG (aufgrund einer KapErhöhung gegen Einlagen) oder vergleichbare ausl Rechte sein. Das Bezugsrecht entsteht durch den Erhöhungsbeschluss samt Anspruch auf Abschluss eines Zeichnungsvertrags. Die AK der Altanteile sind nach der Gesamtwertmethode um die AK der Bezugsrechte zu kürzen (BFH IX R 9/00, BStBl II 03, 712; BFH VIII R 54/14, BStBl II 18, 262). Übt der StPfl das Bezugsrecht aus, wird dieses gegen die jungen Aktien getauscht, sodass die AK des Bezugsrechts auf die neuen Anteile übergehen (BFH IX R 36/01, BStBl II 06, 12). Abs 4 S 4 enthält hierzu Ausnahmeregelungen. Auf die KapErhöhung aus GesMitteln findet die Regelung keine Anwendung (→ Rn. 33). Auch → § 17 Rn. 50.

b) Regelung des Abs 4 S 4. – ***(1)*** **Entstehen des Bezugsrechts.** Abs 4a S 4 regelt abw von den allg Grundsätzen (→ Rn. 219), dass der Wert des Bezugsrechts bei *Entstehung* Null beträgt, dh aus den AK der Altanteile keine Abspaltung auf die AK des Bezugsrechts stattfindet. – ***(2)*** **Ausübung des Bezugsrechts.** Abw von der Grundregel (→ Rn. 219) ist die Ausübung des Bezugsrechts nach S 4 nicht als stbarer Tausch des Bezugsrechts gegen die junge Aktie anzusehen, sondern es geht stneutral in den neuen Anteilen auf (BFH VIII R 54/14, BStBl II 18, 262; *BMF* BStBl I 25, 1330 Rn. 108–110). – ***(a)*** **AK bei steuerverstrickten Altanteilen.** Der Wert des Bezugsrechts ist bei der Berechnung der AK der jungen Aktien nach S 4 mit 0 € zu berücksichtigen, wenn das Bezugsrecht auf Anteilen beruht, *die nach dem 31. 12. 08 erworben wurden.* Die AK der Altanteile bleiben also von der KapErhöhung unberührt. Die AK der Altanteile und die AK der neuen Aktien wirken sich jeweils erst bei Veräußerung der Anteile aus (*BMF* BStBl I 25, 1330 Rn. 110 mit Beispiel). – ***(b)*** **AK bei steuerentstrickten Altanteilen.** S 4 gilt nicht bei Ermittlung des Veräußerungsgewinns einer Aktie (§ 20 IV 1), die durch die Ausübung eines Bezugsrechts erworben wurde, das von einer vor dem 1. 1. 09 erworbenen und bereits stentstrickten Aktie abgespalten wurde. Hier ist der Kurswert des Bezugsrechts bei Einbuchung zu ermitteln und den AK zuzuschlagen um eine rückwirkende StVerstrickung zu vermeiden (BFH VIII R 54/14, BStBl II 18, 262; *BMF* BStBl I 25, 1330 Rn. 110). – ***(3)*** **Veräußerung des Bezugsrechts.** Bei Entstehung des Bezugsrechts ergeben sich nach S 4 dieselben Folgen, dh die AK des Bezugsrechts betragen Null und die gesamte Differenz zum Veräußerungsentgelt ist nach § 20 II Nr 1 S 2 iVm IV 1 stpfl. Das Anschaffungsdatum der Altanteile geht auf das Bezugsrecht über (zutr *BMF* BStBl I 25, 1330 Rn. 109). 220

6. Zuteilung von Anteilen, § 20 IVa 5. S 5 ist auf *Auslandsfälle* beschränkt. Die Einbuchung (§ 20 IVa 6) zugeteilter **Bonusanteile** iRe Sachausschüttung ist grds gem § 20 I Nr 1 S 1 stpfl (BFH VIII R 70/02, BStBl II 05, 468). Zuteilungen führen nach S 5 abw davon nicht einem KapErtrag, aber zu AK der erhaltenen Anteile iHv 0 €, wenn – *(1)* die Anteile von einem ausl KSt-Subjekt (EU-/EWR-/Drittstaat), – *(2)* ohne Gegenleistung (auch nicht iRe KapErhöhung aus GesMitteln gem § 1, § 7 KapErhG, → Rn. 33) gewährt werden, – *(3)* kein Fall des Abs 4a S 3, 4, 7 vorliegt (S 5 ist ggü diesen subsidiär; → Rn. 227; s zu Ausnahmen und der sofortigen Einlösung von zugeteilten Anteilen *BMF* BStBl I 25, 1330 Rn. 111 f, 117) und – *(4)* die die Zuteilung begründenden Anteile nach dem 31. 12. 08 angeschafft wurden (§ 52 XXVIII 9); deren AK bleiben gem S 5 Hs 2 unverändert. In **Inlandsfällen** ist die Zuteilung außerhalb des Abs 4a S 7 als Sachausschüttung iHd Börsenwerts (gemeinen Werts) am Zuteilungstag stpfl; dem entspr die AK der zugeteilten Anteile (*BMF* BStBl I 25, 1330 Rn. 112). 223

7. Abspaltungen und andere Vorgänge, § 20 IVa 7. – a) Abspaltungsbegriff; Rechtsfolgen. – ***(1)*** **Anwendungsfälle.** Das Merkmal *Abspaltung* (zur Aufnahme; Neugründung; auch als Aufwärts-; Abwärtsabspaltung) kann bei inl Abspaltungen iSd § 123 II UmwG und vergleichbaren ausl Vorgängen (EU- und Drittstaatenfälle) erfüllt sein. – ***(a)*** **Inlandsfall.** Es ist im *Inlandsfall* erfüllt, wenn Ver- 225 mögen eines Rechtsträgers ganz oder teilw auf einen oder mehrere übernehmende Rechtsträger übertragen wird und die Anteilsinhaber des übertragenden Rechtsträgers als Gegenleistung Anteile am übernehmenden Rechtsträger erhalten. Das übertragene Vermögen kann auch in Anteilen an einer Tochter-Ges bestehen *(Spin-Off)*. – ***(b)*** **Auslandsfall.** *BMF* BStBl I 25, 1330, Rn. 115 verweist für die Vergleichbarkeit auf die Kriterien in *BMF* BStBl I 25, 92 Rn. 01.36 [UmwStE 2025] und enthält einen Indizienkatalog. Es genügt grds, wenn die Vermögenswerte in einem „einheitl zeitl und sachl Zusammenhang" mit der und gegen die Übertragung von Anteilen an der übernehmenden Gesellschaft übertragen werden; auf den Übergang des Vermögens iRe partiellen Gesamtrechtsnachfolge kommt es nicht an (glA BFH VIII R 9/19, BStBl II 22, 359; BFH VIII R 15/20, BStBl II 22, 363). Zum Spin-Off →Rn. 227.

226 ***(2)*** **Rechtsfolgen.** Nach Abs 4a S 7 gelten für Abspaltungen *abw von Abs 4a S 5 und § 15 UmwStG* die S 1, 2 entspr. Greift S 7, **gilt** unabhängig davon, – *(a)* ob nach § 13 I UmwStG oder den allg Regeln die Anteile an der übertragenden Ges zum gemeinen Wert des erhaltenen Anteils als veräußert und die Anteile an der übernehmenden KapGes zu diesem Wert als angeschafft gelten, und – *(b)* ob die Voraussetzungen des § 15 UmwStG erfüllt sind, – **die Fußstapfentheorie:** die Anteile an der übernehmenden KapGes treten an die Stelle der Anteile an der übertragenden KapGes (auch Statusübergang für vor dem 1.1.09 erworbene Altanteile). Ein stpfl KapErtrag (§ 20 I Nr 1; § 20 II Nr 1) entsteht nicht. Die AK der bereits gehaltenen Anteile an der übertragenden KapGes sind auf diese und die erhaltenen Anteile aufzuteilen. – ***(3)*** **Korrektur** früherer Fehler nur iRd Veranlagung (nicht iRd § 43a III 7): Verh der Schlusskurse der Alt- und Neuanteile am 1. Handelstag als Aufteilungsmaßstab (s *BMF* BStBl I 22, 943).

227 **b) Nichteingreifen des Abs. 4a Satz 7.** Sind die Voraussetzungen des Abs 4a S 7 insbes bei einem *ausl Spin Off* in Form der Ausschüttung von Anteilen an einer ausl TochterKapGes an den inl Aktionär der ausl Mutter-AG nicht erfüllt, ist nach *BMF* BStBl I 25, 1330, Rn. 113 *Abs 4a S 5* grds anwendbar. Der *inl Spin-Off* außerhalb des Abs 4a S 7 ist eine Sachausschüttung, die iRe Einlagenrückgewähr nicht stbar sein kann (*BMF* BStBl I 25, 1330 Rn. 113). Zur Durchsetzung ist ggf ein Antrag gem § 32d IV zu stellen (→Rn. 67).

VIII. Zurechnung bei Ausschüttungen, § 20 V

230 **1. Zurechnung von Beteiligungserträgen beim Anteilseigner, § 20 V 1, 2. – a) Regelungsinhalt.** Abs 5 regelt, dass der Anteilseigner bestimmte KapErträge als Einkünfte erzielt (§ 2 I). Dieser ist auch maßgebl **Gläubiger** iRd KapESt und des § 50c (BFH I R 22/20, BStBl II 22, 324). S 1, 2 gelten für Bezüge iSd § 20 I Nr 1 S 1–4 und iSd Nr 2, nicht aber iRd § 20 I Nr 9. S 3 stellt uU Nießbraucher und Pfandgläubiger dem Anteilseigner gleich. Zur anderen KapErträgen →Rn. 16.

231 **b) Anteilseignerbegriff, § 20 V 2. Anteilseigner** ist gem Abs 5 S 2 derjenige, dem die Beteiligung an einem unter **Abs 1 Nr 1** fallenden KSt-Subjekt (→Rn. 29 f) im Zeitpunkt des Gewinnverteilungsbeschlusses als *zivilrechtl* Eigentümer (§ 39 I AO) oder als *wirtschaftl Eigentümer* (§ 39 II Nr 1 S 1 AO; s →Rn. 235) zuzurechnen ist. Abs 5 S 2 verknüpft die Zurechnung der lfd Beteiligungserträge mit den nur für die Zurechnung von WG geltenden Regelungen in § 39 AO (→§ 17 Rn. 54 f). – Erträge iSd **Abs 1 Nr 2** (→Rn. 72 ff) sind gem Abs 5 S 2 dem Anteilseigner bei Beschluss der Ausschüttung iRd Auflösung oder Kapitalherabsetzung zuzurechnen (glA *BeckOK EStG* § 20 Rn. 402 f).

232 **c) Gewinnverteilungsbeschluss.** Der KapErtrag wird nach S 2 von den Anteilseignern im Zeitpunkt des *Gewinnverteilungsbeschlusses* erzielt. Wird nur ein *Gewinnverwendungsbeschluss* gefasst, weil der Gewinn entspr gesetzl Regelungen (zB § 29 III 1

GmbHG) quotal verteilt wird; ist dieser für S 2 maßgebl. Erforderl für die Anwendung des Abs 5 S 2 ist, dass der entspr Beschluss zivilrechtl wirksam ist (zur inkongruenten *Gewinnverwendung* BFH VIII R 25/19, BStBl II 24, 631; → § 20 Rn. 31; zur inkongruenten *Verteilung* → Rn. 233) und zur vGA → Rn. 234.

d) Einzelfragen bei offenen Gewinnausschüttungen, § 20 I Nr 1 S 1. – 233
***(1)* Anteilsübertragung.** Wird eine Beteiligung *unentgeltl* oder *entgeltl* übertragen und *danach eine Ausschüttung beschlossen,* erzielt gem § 20 V 1, 2 zwingend der Anteilseigner (→ Rn. 231) *im Zeitpunkt des Gewinnverteilungsbeschlusses* die KapErträge. Die steuerl Zurechnung folgt damit nicht § 101 I Nr 2 BGB, der Gewinnanteile für ein abgelaufenes Geschäftsjahr unabhängig vom Zeitpunkt der Beschlussfassung dem ausscheidenden Ges'ter zuordnet (BGH II ZR 45/94, DStR 95, 537; BGH VIII ZR 349/03, DStR 04, 1713; *Hermes* NZG 24, 871 (873)). Eine anlässl der Übertragung getroffene Vereinbarung über die Zuordnung der Ausschüttung zw Veräußerer/Schenker und Erwerber/Beschenktem ist ggü § 20 V 2 unerhebl (s BFH VIII R 49/98, BStBl II 00, 341; BFH VIII R 24/99, BFH/NV 00, 707; zur abw Vereinbarung BFH I R 111/00, BFH/NV 02, 628). Sind nach Abs 5 S 2 die Beteiligungserträge dem *Erwerber, Übernehmer* zuzurechnen und hat er diese an den Veräußerer/Schenker weiterzuleiten, handelt es sich estl um eine Kaufpreisvereinbarung: Beim Veräußerer erhöht der empfangene Betrag das Entgelt iSd § 17 II; beim Erwerber führt die „weitergeleitete Dividende" zu nachträgl AK auf die Beteiligung (*Hermes* NZG 24, 871 (874)); gewollte unentgeltl Anteilsübertragungen werden hierdurch zu teilentgeltl Übertragungen. Weder Entgelt gem § 17 II noch Gegenleistung des Beschenkten sind hingegen KapErträge, die dem Übertragenden aufgrund einer Vorabgewinnverteilung zuzurechnen sind (BFH IX R 35/16, BFH/NV 18, 936; → § 17 Rn. 114). – Unter **engen Voraussetzungen** (Einstimmigkeit; kein Missbrauch) kann ein (auch iRd Anteilsübertragungsvertrags) vor Ablauf des Geschäftsjahrs und vor Feststellung des Jahresgewinns gefasster **„Vorab-Gewinnverteilungsbeschluss"** die Zurechnung beim Veräußerer begründen (BFH IX R 35/16, BFH/NV 18, 936; *Schießl* jurisPR-SteuerR 34/2018 Anm. 3). Zur disquotalen Ausschüttung vor der Veräußerung s FG Köln, EFG 16, 1875, rkr [nachgehend BFH VIII R 28/16, BFH/NV 21, 932]; BFH IV R 28/11, BFH/NV 15, 495. Zu weiteren *Gestaltungen Hermes* NZG 24, 871 (874 ff). – ***(2)* Inkongruente Ausschüttungen.** Diese werden von der Rspr und vom BMF nunmehr weitgehend anerkannt und die Einkünfte entspr V 2 zugerechnet. → § 20 Rn. 31 mwN. Bei satzungswidriger disquotaler Verteilung ist der Verteilungsbeschluss aber *nichtig* und unbeachtl, wenn der Beschluss eine sog Dauerwirkung entfaltet (dann vGA).

e) Zurechnung bei verdeckten Gewinnausschüttungen, § 20 I Nr 1 S 2. 234
§ 20 V 2 gilt sinngem für Bezüge aus einer vGA. Die Einnahmen sind dem unmittelbaren Ges'ter (nicht einem mittelbaren Ges'ter, s BFH VIII R 22/11, BStBl II 15, 687) als zivilrechtl Eigentümer oder wirtschaftl Eigentümer der Beteiligung zuzurechnen (BFH VIII R 10/10, BStBl II 13, 862 zum Treugeber). Dies gilt auch, wenn die vGA auf einer Vorteilszuwendung an eine dem Anteilseigner nahe stehende Person beruht (BFH VIII R 54/05, BStBl II 07, 830).

f) Wirtschaftliches Eigentum. – aa) Begriff. Grds ist die Beteiligung dem 235
zivilrechtl Inhaber zuzurechnen (§ 39 I AO), dem folgt gem Abs 5 S 2 die Zurechnung der Ausschüttung. Die Zurechnung der Ausschüttung aufgrund des wirtschaftl Eigentums an der Beteiligung (§ 39 II Nr 1 S 1 AO) setzt eine Rechtsposition voraus, die dem StPfl nach dem Gesamtbild der Verh ggü dem zivilrechtl Inhaber eine Ausschließungsmacht und eine Dispositionsbefugnis über die Anteile vermittelt (BFH I R 22/20, BStBl II 22, 324; → § 17 Rn. 56).

bb) Fallgruppen. – *(1)* Unterbeteiligung, Treuhand. Der sog atypisch Un- 236
terbeteiligte ist wirtschaftl Eigentümer des Anteils und Anteilseigner (BFH VIII R 34/01, BStBl II 05, 857; *Blaurock* Stille Gesellschaft-HdB § 31 Rn. 31.61).

Zum Unter-Unterbeteiligten s BFH I R 36/19, BFH/NV 23, 557). – Zur gesonderten und einheitl Feststellung iRe Unterbeteiligung FG Hmbg EFG 25, 145, Rev VIII R 33/24. – Bei *treuhänderisch* gehaltenen Beteiligungen ist idR der Treugeber wirtschaftl Eigentümer der Beteiligung und Anteilseigner (BFH I R 69/97, BStBl II 99, 514; → § 17 Rn. 58 f). –

237 ***(2)* Aktientransaktionen um den Dividendenstichtag.** – *(a) CumCum; Wertpapierleihe:* Das zivilrechtl Eigentum an den verliehenen Anteilen geht auf den Entleiher über (BFH I R 40/17, BStBl II 23, 127). Es bleibt (ausnahmsweise) beim Verleiher, wenn der Entleiher nur eine formale zivilrechtl Rechtsposition erhält (BFH I R 88/13, BStBl II 16, 961: modellhaftes Gesamtvertragskonzept; zur atypischen Sicherungsabtretung von Anteilen BFH I R 3/21, DStRE 25, 610); ebenso bei wechselseitiger Wertpapierüberlassung (HessFG EFG 20, 1160, rkr). *BMF* BStBl I 21, 995 und *BMF* BStBl I 21, 1002 kehren dieses Regel-AusnahmeVerh mE unzutr um (iEinz → § 36a Rn. 5 mwN). – *(b) CumEx; Leerverkäufe.* S für börsl und außerbörsl Übertragungen ausführl BFH I R 22/20, BStBl II 22, 324 (Relativierung von BFH I R 29/97, BStBl II 00, 527; Bestätigung von BFH I R 2/12, DStR 14, 2012 zum modellhaften Gesamtvertragskonzept). Erforderl für das wirtschaftl Eigentum ist eine nicht entziehbare Rechtsposition mit Übergang der wesentl Mitgliedschaftsrechte und der Kurschancen, -risiken. Die Dividende (Abs 1 Nr 1) ist dem StPfl zuzurechnen, der im Zeitpunkt des Verteilungsbeschlusses (Dividendenstichtags) rechtl Eigentümer (bei Girosammelverwahrung erst mit Gutschrift der Mitberechtigung im Depot des Anteilseigners) oder wirtschaftl Eigentümer der Aktien ist. Es kann zeitpunktbezogen, dh am Dividendenstichtag, nur jeweils einen rechtl oder wirtschaftl Eigentümer geben. IRd *Leerkaufs* verfügt der Leerkäufer am Stichtag idR weder über rechtl noch wirtschaftl Eigentum (HessFG EFG 17, 761, rkr) – Für die Zurechnung einer Kompensationszahlung iSd *Abs 1 Nr 1 S 4* (→ Rn. 70) muss der Bezieher rechtl oder wirtschaftl Eigentum an den Aktien im Zeitpunkt der Gutschrift in seinem Depot sein oder jedenfalls danach werden.

2. Zurechnung beim Nießbraucher und Pfandgläubiger, § 20 V 3

Schrifttum: *Frank* MittBayNot 10, 96; *Stein* DStR 25, 1177; *Fischer* DStR 25, 1392; *Meinert* GmbHR 25, 1233; zu Wertpapierdepots → Rn. 153.

238 **§ 20 V 3** fingiert den Nießbraucher und Pfandgläubiger als Anteilseigner iSd S 2, wenn ihnen „die Einnahmen zuzurechnen sind". S 3 ordnet also nicht an, dass Nießbraucher/Pfandgläubiger die erhaltenen Erträge erzielen, sondern verlangt eine anderweitige Grundlage für die Zurechnung. – ***(1)* Nießbrauch.** Ein Nießbrauch in seinen verschiedenen Ausprägungen kann nur am Gewinnanteil oder am Anteil selbst bestehen. Umfasst er nur den *Gewinnanteil,* ist Einkünfteerzieler der Anteilseigner (BFH VIII R 146/73, BStBl II 77, 115; → Rn. 17). Besteht er am *Anteil,* ist der Nießbraucher nicht zivilrechtl Ges'ter der KapGes und nicht Anteilseigner iSd S 1 iVm § 39 I AO (→ Rn. 231). Er hat nach dem gesetzl Grundmodell nach wohl hM gem § 1068 II, § 1030 I BGB iVm. §§ 99 II, § 100, § 101 Nr 2 BGB Anspruch auf den *beschlossenen Gewinnanteil/Dividenden,* nicht aber auf die Ausübung von Mitverwaltungsrechten (insbes Stimmrechten); Wertsteigerungen des Anteils/Kursgewinne stehen ihm grds nicht zu. *Bisher* war für eine Zurechnung der Dividenden beim Nießbraucher iRd S 3 erforderl, dass er aufgrund dispositiver Regelungen zusätzl über Mitverwaltungsrechte (zB Stimmrechte; Stimmrechtsvollmachten) verfügt und er Einfluss auf die Geschicke der KapGes nehmen konnte, sodass ihm insoweit eine Dispositionsmöglichkeit über den Anteil zusteht (BFH VIII R 29/18, BStBl II 22, 544 mwN); für den *Übergang* des Anteils auf den Nießbraucher als wirtschaftl Eigentümer verlangt BFH IX R 51/10, BStBl II 12, 308, dass der Nießbraucher alle mit dem Anteil verbundenen wesentl Vermögens- und Verwaltungsrechte mit Durchsetzungsmacht erlangt. Nunmehr ist nach BFH IX R 14/24, DStR 25, 1084; *BMF* BStBl I 25, 1330, Rn 117a für den *Übergang des Anteils* und die Zurechnung der *Ausschüttung*

neben den gesteigerten Verwaltungsrechten zusätzlich erforderl, dass der Nießbraucher wirtschaftl Eigentümer des Anteils iSd S 2 sein, also Wertrisiken tragen und an Wertsteigerungen des Anteils (→ Rn. 235, 237) teilhaben muss. Die Auslegung ist mE abzulehnen (krit auch das obige Schrifttum und → § 24 Rn. 29). S 3 wird seiner Funktion beraubt, eine Zurechnung der Ausschüttung zum Nießbraucher außerhalb des S 2 zu ermögl. Der Gesetzgeber verlangt mE für eine Zurechnung keine Stellung des Nießbrauchers als wirtschaftl Eigentümer, zumal sich der Nießbrauch auf substanzbezogene Vermögensrechte konzeptionell nicht erstreckt. In der Praxis wird idR der zivilrechtl *Anteilseigner* die Einkünfte aus der an den Nießbraucher ausgezahlten Dividende erzielen. Zur StBescheinigung; KapESt s *BMF* BStBl I 25, 1330, Rn. 117a iVm 152 ff; *BMF* BStBl I 25, 1388. – ***(2)*** **Pfandgläubiger.** Gleiches gilt sinngem für den *Pfandgläubiger* (§ 1277 BGB). Das Pfandrecht am Anteil erstreckt sich grds nicht auf Mitgliedschafts- und Gewinnbezugsrechte. Werden diese mitverpfändet (*Bruhns* GmbHR 06, 587 (588 f)) und ist die Rechtsposition des Pfandgläubigers atypisch stark ausgestaltet (BGH II ZR 251/91, DStR 92, 1480; auch → § 17 Rn. 59), greift grds S 3. Allerdings dürfte es auch insoweit an der lt *FinVerw* zusätzl erforderl Wertpartizipation fehlen.

IX. Verrechnung von Kapitalvermögensverlusten, § 20 VI

1. Verlustverrechnungsverbote inner- und außerhalb der Schedule. – **a) Überblick.** § 20 VI ist wie § 20 IX ein Kernbestandteil der Bruttobesteuerung der abgeltend zu besteuerten KapErträge. Er enthielt bis Ende VZ 2023 ein allgemeines (Abs 6 S 1) und spezielle Ausgleichs- und Verrechnungsverbote (Abs 6 S 2, S 4–6). § 20 VI 5, 6 aF hat der Gesetzgeber iRd **JStG 2024** (BGBl I 24 Nr 387) mit Rückwirkung auf den Inkrafttretenszeitpunkt für alle offenen Fälle aufgehoben (§ 52 XXVIII 25, 26). IRd § 20 VI gibt es nur den Verlustvortrag, ein *Verlustrücktrag* ist nicht vorgesehen. – Abs 6 ist nicht anzuwenden, wenn die Verluste gem § 32d II Nr 1 S 1 iVm S 2, § 32d II Nr 3 S 2 negative tarifl KapErträge (→ § 32d Rn. 11, 14) oder gem Abs 8 S 1 einer anderen Einkunftsart zuzuordnen sind. Für *tarifl Verluste* aus § 20 gilt § 10d samt des Vor- und Rücktrags (BFH IX R 5/20, BStBl II 21, 600). – § 20 VI 2, 4 sind auch iRd StAbzugs (§ 43a III 3, → § 43a Rn. 7) anzuwenden. Die Verrechnung iRd StAbzugs auf der Depotebene ist nur zeitl vorrangig und nicht endgültig (BFH VIII R 23/15, BStBl II 19, 54; *BMF* BStBl I 23, 1471, Rn. 118; iEinz → Rn. 243 ff). 239

b) Verfassungsmäßigkeit; Unionsrecht. Nach Aufhebung von § 20 VI 5, 6 aF (zu den Bedenken BFH VIII B 113/23 (AdV), BStBl II 24, 637) unterliegt weiterhin § 20 VI 4 im Hinblick auf Art 3 I GG **erhebl verfassungsrechtl Bedenken** (s BFH VIII R 11/18, BStBl II 21, 562 [Vorlage], anh BVerfG 2 BvL 3/21). Allerdings hat das BVerfG jüngst die Mindestgewinnbesteuerung iRd KStG gebilligt (BVerfG 2 BvL 19/14, DStR 25, 2000). StBescheide unter Anwendung des § 20 VI 4 sind gem § 165 AO vorläufig zu erlassen (*BMF* BStBl I 25, 1178; s auch § 43 V 4 → § 43 Rn. 37; zum Transport des Aktienverlustverrechnungstopfes in die Veranlagung → Rn. 249). – Die Einbeziehung ausl positiver KapErträge in die Verrechnung mit der Folge des Entstehens von Anrechnungsüberhängen ausl QuellenSt ist **unionsrechtskonform** (BFH VIII R 22/18, BStBl II 23, 68; *BMF* BStBl I 25, 1330, Rn.122). 240

2. Vertikales Verrechnungsverbot, § 20 VI 1. Verluste gem § 20 I, II dürfen **gem Abs 6 S 1 Hs 1** im Verlustentstehungsjahr nicht mit positiven tarifl Einkünften aus *anderen Einkunftsarten* (vertikal) ausgeglichen werden. Sie können auch iRd Vortrags gem § 10d im Folgejahr nicht mit solchen Einkünften verrechnet werden **(Abs 6 S 1 Hs 2).** – § 20 VI ist auch iRd Günstigerprüfung gem § 32d VI zu beachten, dh eine Hinzurechnung negativer KapErträge zu den übrigen Einkünften ist nicht mögl. Abs 6 S 1 sperrt aber **nicht** im Wege der Günstigerprüfung (§ 32d VI 241

→ § 32d Rn. 29) – *(1)* die Verrechnung tarifl *Verluste* aus anderen Einkunftsarten mit *positiven KapEinkünften* iSd § 32d I; auch nicht iRd Verlustvortrags (BFH VIII R 5/15, BStBl II 18, 66) – und *(2)* von Verlusten gem § 20 I, II iVm § 32d I (ohne die Verluste gem § 20 VI 4–6) mit gem § 32d II tarifl positiven KapEinkünften aus § 20 I, II (BFH VIII R 11/14, BStBl II 17, 443; *BMF* BStBl I 25, 1330 Rn. 119a; ausgeschlossen ist die Verrechnung iRe vermögensverwaltenden PersGes *BMF* BStBl I 20, 919, Rn. 9 f). – Zu Altverlusten aus § 23 bis Ende VZ 2013 → 39. Aufl 2020, § 20 Rn. 242; → 37. Aufl 2018, § 20 Rn. 187.

3. Verlustkategorien und horizontale Verrechnung in der Schedule

242

Abs 6 S 4	Aktienveräußerungsverluste sind bei Verlustentstehung und Verlustvortrag nur mit Aktienveräußerungsgewinnen verrechenbar; Verluste aus der Übertragung wertloser Aktien ohne Entgelt, Ausbuchungs-, Ausfallverluste von Aktien (Insolvenz; Liquidation) fallen wieder unter Abs 6 S 4 (*BMF* BStBl I 25, 1330; → Rn. 157).
Abs 6 S 2	Lfd Verluste gem § 20 I und sonstige Verluste gem § 20 II **aus anderen KapAnlagen** sind im VZ der Verlustentstehung und iRd Verlustvortrags ohne Begrenzung mit sämtl KapErträgen auszugleichen. → Rn. 243.

243 **4. Allgemeine Verluste; Verlustvortrag, § 20 VI 2, 3.** – ***(1)* Allgemeines.** Verluste gem § 20 I, II, die dem gesonderten Tarif (§ 32d I) unterliegen, können jeweils *nach Anwendung des spezielleren Ausgleichs- und Verrechnungsverbots* für Aktien in § 20 VI 4 gem **Abs 6 S 2** der Höhe nach unbeschr mit sämtl verbleibenden positiven Erträgen gem § 20 I, II (auch mit *Gewinnen* aus Aktienveräußerungen) im VZ der Entstehung und in den Folgejahren verrechnet werden. – ***(2)* Reihenfolge.** S *BMF* BStBl I 25, 1330 Rn. 118: zunächst **Ausgleich** neu entstandener Verluste nach Abs 6 S 4 mit Aktienveräußerungsgewinnen desselben Jahres, dann **Ausgleich** der allg Verluste aus Abs 6 S 2 mit den verbleibenden positiven KapErträgen gem Abs 6 S 2. Danach ist ein **Verlustabzug** von festgestellten Vorjahresverlusten in dieser Reihenfolge zul (→ Rn. 244 *(3)*). – IRd **StAbzugs** sind Abs 6 S 4, 2 ebenso anzuwenden (→ § 43a Rn. 7).

244 **5. Sinngemäße Anwendung von § 10d IV, § 20 VI 3, 4.** – ***(1)* Bindung, § 10d IV.** Für die gesonderte Feststellung von unter Abs 6 fallenden Verlusten iRd Veranlagung ist § 10d iRd jeweiligen Verlustkategorie (Abs 2 S 2; Abs 6 S 4) *sinngemäß* anzuwenden. Wird der Verlust nicht im ESt-Bescheid berücksichtigt, entfaltet der ESt-Bescheid eine negative Bindungswirkung für die Verlustfeststellung. Um diese zu verhindern, ist der ESt-Bescheid zwingend anzufechten. Ist der Verlust im ESt-Bescheid berücksichtigt und nur die Höhe str, entfaltet der ESt-Bescheid positive Bindungswirkung und ist die Verlustfeststellung anzufechten (BFH IX R 3/19, BStBl II 21, 859). Ist die Anfechtung des ESt-Bescheids ohne Berücksichtigung des Verlusts unterblieben, muss der bestandskräftige ESt-Bescheid nach der AO geändert werden können. Greift § 10d IV 5 in sinngem Anwendung, ist der Verlust unmittelbar iRd Verlustfeststellung zu berücksichtigen (BFH VIII R 40/15, BStBl II 17, 1049, auch zur Beschwer; FG RhPf EFG 21, 1297, rkr; iEinz → § 10d Rn. 43 ff). Gem S 4 Hs 2 ist ab VZ 2022 ergänzend zu § 43a III 2 eine **ehegattenübergreifende Verrechnung** mögl, der verbleibende Betrag ist festzustellen (für die VZ davor vern BFH VIII R 22/18, BStBl II 23, 68). – ***(2)* Einzelfragen:** Über die StBarkeit eines iRd StAbzugs nicht berücksichtigten Verlusts ist zwingend mittels eines Antrags gem § 32d IV iRd StFestsetzung nach § 32d III 2 zu entscheiden (→ § 32d Rn. 24). Ist der Verlust stbar, kann er sich aber mangels gleichartiger Gewinne im VZ der Entstehung wegen Abs 6 S 4 nicht stmindernd auswirken, genügt es für die erforderl sinngem Berücksichtigung im ESt-Bescheid iSd § 10d IV 4 Hs 1 wenn der Verlust im ESt-Bescheid ausgewiesen wird (ähnl BFH IX R 29/19, BFH/NV 22, 62 zu § 23; iErg

zutr NdsFG EFG 20, 569, rkr zu § 129 AO). – *(3)* **Verlustabzug.** Nach dem Verlustausgleich (→Rn. 243 *(2)*) sind von verbleibenden positiven Erträgen der jeweiligen Kategorie die entspr Vorträge (Abs 6 S 3 iVm S 4) abzuziehen (*BMF* BStBl I 25, 1330, Rn. 118). Vorgetragene Aktienveräußerungsverluste *(Abs 6 S 4)* können in unbeschr Höhe von gleichartigen Gewinnen abgezogenen werden. Vorgetragene allg Verluste *(Abs 6 S 2)* können ebenso unbeschr von allen verbleibenden positiven KapErträgen gem § 20 I, II abgezogen werden.

6. Aktienveräußerungsverluste, § 20 VI 4. § 20 VI 4 gilt für Aktienveräußerungsverluste (zur Verfassungsmäßigkeit →Rn 240). Nach Streichung von Abs 6 S 6 gehören zu diesen jetzt auch wieder *Ausbuchungsverluste* und *Verluste aus der entschädigungslosen Einziehung einer Aktie iRe KapHerabsetzung (Verfallsverluste).* Diese Verluste sind -wie die Veräußerung einer obj wertlosen Aktie an einen Dritten gegen ein (symbolisches) Entgelt- materiell-rechtl Veräußerungsverluste (zum Veräußerungsbegriff →Rn. 147, 157, *BMF* BStBl I 25, 1330 Rn. 63). Da die gesetzl Zuweisung der Verluste iRd Abs 6 S 6 aF entfallen ist, fallen sie jetzt unter Abs 6 S 4 (zutr *BMF* BStBl I 25, 1330, Rn. 118; **aA** *Frey/Schober* DStR 24, 2732 (2733): Verluste iSd § 20 VI 2). Sie sind nunmehr iRd des StAbzugs im Aktienverlusttopf zu erfassen (→§ 43a Rn. 7). Allerdings dürfen Verfallsverluste nach *BMF* BStBl I 25, 1330, Rn. 118 vor dem 1.1.26 **zur Vereinfachung** als allg Verluste iRd Veranlagung und des StAbzugs behandelt werden. – Gem **Abs 6 S 4, Hs 1** dürfen Aktienveräußerungsverluste im VZ der *Entstehung* iRd Veranlagung und iRd KapEStAbzugs gem § 43a III 2 (spezieller Aktien-Verlustverrechnungstopf) ledigl mit gleichartigen Gewinnen ausgeglichen werden (*BMF* BStBl I 25, 1330 Rn. 228; →Rn 242). Das Verrechnungsverbot gilt auch für die Veranlagung und iRd *Verlustvortrags* (§ 10d iVm **§ 20 VI 4 Hs 2**). – ADRs (ua, →Rn. 31) werden wie Aktien behandelt (*BMF* BStBl I 25, 1330 Rn. 68, 123). Nicht ausgeglichene Veräußerungsgewinne *aus Aktien* sind nach *BMF* BStBl I 25, 1330 Rn. 228 iRd StAbzugs mit allg Verlusten zu verrechnen. Gewinne und -verluste *aus Teil- und Bezugsrechten* (→Rn. 33, 220) fallen nicht unter § 20 VI 4 (*BMF* BStBl I 25, 1330 Rn. 228). Zur Auslegung der Norm s auch BFH VIII R 11/18, BStBl II 21, 562. 245

7. Streichung der Regelungen in § 20 VI 5, 6 aF. Die Regelungen sind in allen offenen Fällen **in der Veranlagung** nicht mehr anzuwenden. Sie waren **iRd Steuerabzugs** gem § 43a III 2 Hs 1 ohnehin nicht anzuwenden (*BMF* BStBl I 23, 1471 Rn. 118; →§ 43a Rn. 7). Es handelt sich jetzt um allg Verluste (→Rn. 243): Positive Einkünfte *aus Termingeschäften* gem § 20 II Nr 3 (→Rn. 165) und aus *Stillhalterprämien* gem § 20 I Nr 11 sind mit anderen negativen KapErträgen verrechenbar (Ausnahme: Aktienveräußerungsverluste). – Negative Einkünfte *aus Termingeschäften* sind im Entstehungsjahr mit den übrigen positiven KapErträgen – ggf Aktiengewinnen – auszugleichen. *Positive KapErträge* gem § 20 VI 6 aF (zur →43. Aufl. § 20 Rn. 247 f), die keine Aktienveräußerungsgewinne (dann vorrangig § 20 VI 4, →Rn. 245) sind ebenfalls gem § 20 VI 2 verrechenbar. Gleiches gilt für solche *negativen KapErträge,* die keine Aktienveräußerungsverluste sind (→Rn. 245); insb für Forderungsausfallverluste aus Ges'erdarlehen (→Rn. 184, 257). – Im **StAbzug** (§ 43a III 7 →§ 43a Rn. 7) sind diese Verluste durch die Depotbanken erst ab dem 1.1.26 in die Verlusttöpfe einzustellen (BT-Drs 20/13419, 234; Nichtbeanstandungsregelungen in *BMF* BStBl I 25, 1330, Rn. 225). Danach weisen StBescheinigungen (§ 45a) für die VZ vor 2026 je nach Umstellungszeitpunkt der Depotbank ggf noch Verluste gem Abs 6 S 5, S 6 aF aus (iEinz *Ronig* NWB 25, 2112 (2118 f)). 246

Im **Verlustentstehungsjahr** können für die VZ vor 2026 *bei offener Veranlagung* (Erstveranlagung, Vorbehalt der Nachprüfung [§ 164 AO], Einspruch- und Klageverfahren) die bislang Abs 6 S 5, 6 aF zugeordneten Verluste iRd Veranlagung wie in →Rn. 243, 246 dargestellt mit anderen positiven KapErträgen ausgeglichen werden (glA BT-Drs 20/13419, 234). Für Verluste iSd Abs 6 S 5, 6 aF, die auf der Depotebene erzielt wurden, ist dafür **keine Bescheinigung nach Abs 5 S 5 nF zu beantragen** 247

(→ Rn. 249), wenn die Depotbanken von der Nichtbeanstandungsregelung Gebrauch machen, weil Bescheinigungen dann automatisch auszustellen sind (*BMF* BStBl I 22, 742, Rn. 233; *Ronig* NWB 25, 2112 (21118)). Bei *formell bestandskräftiger Veranlagung* des Entstehungsjahrs greift allein aufgrund der Aufhebung des Abs 6 S 5, 6 mE aber keine AO-Korrekturvorschrift (auch nicht § 175 I 1 Nr 2 AO, vgl BFH X R 5/88, BStBl II 91, 55). Trotz der mutmaßl Verfassungswidrigkeit der Regelungen kommt ein Verlustausgleich iRd Billigkeit gem § 163, 227 AO nicht in Betracht (*Klein* § 163 AO Rn. 40). S auch *Frey/Schober* DStR 24, 2732 (2733). Hier ist iRd Verlustvortrags anzusetzen (→ Rn. 248).

248 Durch die Streichung der Abs 6 S 5, 6 aF sind auch die Rechtsgrundlagen für die **gesonderte Feststellung** dieser Verlustarten (sinngemäße Anwendung von § 10d IV) entfallen. Noch nicht bestandskräftige Verlustfeststellungen gem Abs 6 S 5, 6 aF sind aufzuheben; bei bestandskräftigen Verlustfeststellungen ist eine Fortschreibung auf den 31.12. des nächsten VZ nicht mehr mögl (Abs 6 S 3 aF iVm § 10d IV 2). Rechtsfolge ist gem § 20 VI 2 (→ Rn. 244), dass die zum letzten 31.12. bestandskräftig festgestellten (ursprüngl nicht ausgeglichenen) Verluste im nächsten und den folgenden VZ als allg Verluste zur Verlustverrechnung mit anderen KapErträgen zur Verfügung stehen (BT-Drs 20/13419, 234; glA *Frey/Schober* DStR 24, 2732 (2733); *Ronig,* NWB 25, 2112 (2118)). Ist eine Verrechnung im ersten VZ nach Aufhebung der letzten Verlustfeststellung nicht mögl, sind die Verluste mE als allg Verluste gem § 20 VI 2 iVm § 10d IV 2 auf den nächsten 31.12 festzustellen. Zur Vereinfachungsregelung für Verfallsverluste aus Aktien → Rn. 245.

249 **8. Bescheinigungspflicht, § 20 VI 5; Steuerbescheinigung, § 45a.** – ***(1)* Verlustbescheinigung.** Verluste iSd § 20 I, II (auch aus Aktienveräußerungen), die *tatsächl* dem inl KapESt-Abzug unterlegen haben (→ § 43 Rn. 32), dürfen nach § 20 VI 1, 2, 4 iRd Veranlagung nur ausgeglichen und vorgetragen werden, wenn der StPfl eine **fristgerecht zu beantragende Bescheinigung** (15.12. des Kj) gem § 43a III 4 vorlegt. Bei deren Ausstellung schließt die auszahlende Stelle den entspr Verrechnungstopf für den StAbzug (§ 43a III 2), um eine Doppelberücksichtigung der Verluste iRd StAbzugs und der Veranlagung zu verhindern. Die Bescheinigung ist entbehrl, wenn eine doppelte Verlustberücksichtigung ausgeschlossen ist (BFH VIII R 55/13, BStBl II 17, 264; BFH VIII R 23/15, BStBl II 19, 54; zu Aktien BFH VIII R 32/16, BStBl II 19, 221; zur einheitl und gesonderten Feststellung von Aktienverlusten BFH VIII R 34/16, BStBl II 20, 836) und in den Fällen der Abs 6 S 5 und 6 aF (→ Rn. 247). Zur Bescheinigung gem § 20 IIIa → Rn. 199. – ***(2)* Steuerbescheinigung.** S *BMF* BStBl I 25, 1330 Rn. 119; *Ronig* NWB 25, 2112 (2118).

X. Eingeschränkte Verlustberücksichtigung gem § 15b (§ 20 VII)

250 **1. Singgemäße Anwendung der §§ 15b, 20 VII 1.** Abs 7 S 1 enthält eine **Rechtsgrundverweisung** auf das Merkmal *„Steuerstundungsmodell"* in § 15b und soll über § 20 VI hinaus den Abzug modellhafter negativer Einkünfte aus § 20 unterbinden (BFH VIII R 57/14, BStBl II 17, 1144; BFH VIII R 10/19, BStBl II 23, 872). S iÜ (auch zur verfahrensrechtl Vorgreiflichkeit der Verlustfeststellung gem § 15b IV) BFH VIII R 74/13, BStBl II 16, 388; BFH VIII R 7/13, BStBl II 17, 700 und → § 15b Rn. 21. Wegen § 20 IX, der die Verlustentstehung durch den WK-Abzug ausschließt, hat *S 1* für schedulär zu besteuernde KapErträge geringe praktische Bedeutung. *S 1* gilt aber auch für modellhafte, gem § 32d II tarifl zu besteuernde negative KapErträge (zB WK iZm tarifl KapErträgen gem § 20 I Nr 6, s zB BFH VIII R 7/15, BStBl II 19, 231). Zur Rückwirkung bei Einführung s BFH VIII R 16/18, BStBl II 21, 814. S auch *Jachmann-Michel* DB 24, 817 (828).

251 **2. Ausnutzung der Tarifspreizung, § 20 VII 2.** Ein vorgefertigtes Konzept liegt gem S 2 auch vor, wenn positive Einkünfte aus KapV *nicht der tarifl ESt* unterliegen. Die Regelung sollte Modelle unterbinden, die *„um den 31. 12. 08 herum"* den WK-Abzug in den tarifl Bereich (§ 32a) und positive Einkünfte aus der KapAnlage in den gesonderten Tarif gem § 32d verlagerten. S 2

fingiert in diesem Fall ein vorgefertigtes Konzept iSd § 15b II 2 (str, vern BFH VIII R 57/14, BStBl II 17, 1144 für negative Zwischengewinne bei gleichzeitig erzielten positiven Investmenterträgen). S 2 dürfte heute kaum noch einen Anwendungsbereich haben.

XI. Subsidiarität, § 20 VIII

1. Vorrangige Zuordnung von Kapitalerträgen zu anderen Einkunftsarten, § 20 VIII. Es müssen positive/negative KapErträge gem § 20 I–III erzielt worden sein, anschließend ist deren Subsidiarität zu prüfen. § 20 VIII 1 hat für die Tatbestandsverwirklichung iRd anderen Einkunftsart keine Bedeutung. Bei dieser müssen stbare Einkünfte entstehen, die nach deren Ermittlungsregeln die positiven, negativen KapErträge iSd § 20 (auch BA/WK-Überhänge) umfassen. S zB für die Prüfung der Veranlassung von (gemischten) Aufwendungen → § 9 Rn. 120: idR Aufteilung; auch → § 9 Rn. 147 ff zu Schuldzinsen. Dies gilt auch für gem § 32d II tarifl zu besteuernde KapErträge. – Im Verhältnis zu den **Gewinneinkünften** beruht die Subsidiarität entweder darauf, dass die KapAnlage Bestandteil des BV/SonderBV und deshalb die KapErträge BE/SBE sind (→ Rn. 255) oder die KapErträge kraft Gesetzes in Gewinneinkünfte umqualifiziert werden (s zu PersGes § 15 III Nr 1, Nr 2; zur KapGes § 8 II KStG, → Rn. 4). – *§ 17* ist für Anteilsverkäufe uä die ggü § 20 II Nr 1 speziellere Norm; für Substanzverluste aus Ges'terforderungen enthält § 17 IIa eine gesetzl Zuweisung zu den AK der Beteiligung (→ Rn. 257 ff). – Im Verhältnis **zu § 21** ist entscheidend, ob die Einnahmen/WK ihren wirtschaftl Schwerpunkt iRd § 20 I–III oder des § 21 haben (BFH VIII R 260/82, BStBl II 86, 557; → § 21 Rn. 165; zu Zinssatzswaps ua BFH VIII R 26/21, BStBl II 25, 153; *BMF* BStBl I 25, 1330, Rn. 124). 252

2. Nichtgeltung des § 20 IVa, § 20 VIII 2. § 20 IVa ist bei den dort genannten Kapitalmaßnahmen gem S 2 nicht anzuwenden, wenn die grds entstehenden KapErträge zu einer betriebl Einkunftsart gehören (BFH VIII R 28/20, DStR 24, 2108). § 20 IVa ist damit insb bei § 17-Anteilen nicht anzuwenden. 253

3. Rechtsfolgen. Bei vorrangiger Zuordnung der positiven, negativen KapErträge zu einer anderen Einkunftsart gem Abs 8 S 1 sind die Einkünfte nach deren Regeln (zB der maßgebl Gewinnermittlungsart; ohne § 20 VI, § 20 IX) zu ermitteln und tarifl zu besteuern. Zum KapEStAbzug s § 43 IV, V 2. 254

4. Ausgewählte Einzelfragen. – a) Konkurrenz zu § 13, § 15; § 18. – *(1)* Wertpapierhandel; Forderungskauf; Lebensversicherungskauf. Zum Handel mit KapAnlagen als Gewerbebetrieb → § 15 Rn. 46, iEinz zum *An- und Verkauf von Wertpapieren* § 15 Rn. 91; zum Forderungserwerb, -einzug und *„gebrauchten Lebensversicherung"* → § 15 Rn. 92. Zur Beteiligungsentwicklung und -veräußerung durch *Private Equity Fonds* s BFH I R 46/10, BStBl II 14, 746; zT abw *BMF* BStBl I 04, 40; zum Ganzen *Schnittker/Steinbiß* FR 16, 1069. – ***(2)* Beteiligungen; Darlehen im Betriebsvermögen.** Zu Beteiligungen an KapGes als notwendiges/gewillkürtes BV → § 4 Rn. 162 ff; zu Beteiligungen an KapGes im BV/SonderBV einer PersGes → § 15 Rn. 517 f, 714. – Die *Darlehensfinanzierung* von KapGes ist auch in erhebl Umfang nicht gewerbl (BFH X R 9/17, BStBl II 21, 418). – Auch → § 4 Rn. 134 ff, → § 15 Rn. 873 (BetrAufsp) und zu MUerdarlehen → § 15 Rn. 540 ff. Zu Finanzgeschäften im BV → § 4 Rn. 170, bei einer PersGes → § 15 Rn. 492 und § 15 IV. – zu GewSt-Zinsen BFH IV R 16/23, BeckRS 2025, 39388. – Zu BA aufgrund eines Zinsswaps BFH VI R 11/22, BStBl II 25, 730. – ***(3)* § 18.** S BFH VIII R 21/17, BStBl II 21, 609 sowie → § 18 Rn. 163 f. 255

b) Konkurrenz zu § 17. – aa) Veräußerungstatbestände. § 17 I (auch § 17 I 2), IV, V haben bei relevanter Beteiligung für Anteilsveräußerungen und die verdeckte Einlage von Anteilen in KapGes Vorrang ggü § 20 II 1 Nr 1 und § 20 II 2. 256

Dies gilt auch für Anteile iSd § 17 I 4 und § 17 VI (< 1%; → § 20 Rn. 156). S zum Vorrang von § 20 I Nr 2 bei § 17 IV 3 (→ § 17 Rn. 207 ff).

257 **bb) Substanzverluste gem § 20 II Nr 7.** – ***(1)*** **Keine Überschneidungsbereiche.** Subsidiaritätsfragen stellen sich (nur), wenn § 17 IIa und § 20 II Nr 7 denselben Verlust tatbestandl erfassen. Keine Überschneidungen bestehen aus Sicht des § 20 II Nr 7 insb bei vor dem 1.1.09 ausgereichten Darlehen, die auch für *vor dem Inkrafttreten* des § 17 IIa ausgereichte Darlehen aber unter § 17 IIa fallen können (BFH IX R 21/22, BStBl II 24, 169; *BMF* BStBl I 22, 897 Rn. 23). § 17 IIa ist nicht und ggf nur § 20 II Nr 7 anwendbar bei betriebl veranlassten Darlehen (kein Fall des § 17 IIa 4), ein Ges'ter zu weniger als 1% beteiligt ist, ein NichtGes'ter (auch der mittelbare Ges'ter) das Darlehen ausgereicht hat, die Beteiligung veräußert wird, bevor der Verlust entsteht oder die Forderung veräußert wird (glA *BMF* BStBl I 22, 897 Rn. 10, 19). – ***(2)*** **Ausfall eines Gesellschafterdarlehens.** – ***(aa)*** **§ 20 II Nr 7.** Ein Ausfallverlust gem § 20 II Nr 7 iVm § 20 II 2 entsteht bei Uneinbringlichkeit gem § 20 IV 1 grds iHd Nennwerts des Ausfallbetrags (iEinz → Rn. 182–184) – ***(bb)*** **§ 17 IIa.** Ein Überschneidungsbereich besteht insbes bei *in der Krise gewährten Darlehen, krisenbestimmten Darlehen* und *Finanzplandarlehen,* die iRd § 17 IIa 3 Nr 2 grds mit dem Nennwert in die nachträgl AK eingehen (→ § 17 Rn. 188, 189, 194; zutr *BMF* BStBl I 22, 897 Rn. 11 ff, 21). Darlehen, die in der Krise *stehen gelassen werden,* können nur mit dem TW im Zeitpunkt der Krise nachträgl AK sein, ist dieser null, also gar nicht (→ § 17 Rn 190; zutr *BMF* BStBl I 22, 897 Rn. 16 f, 24). – ***(cc)*** **Subsidiarität** Bei Überschneidung ist die Zuordnung zu den nachträgl AK der Beteiligung gem § 17 IIa iVm Abs 8 S 1 VZ-übergreifend materiell-rechtl vorrangig (→ § 17 Rn. 195). In zeitl Hinsicht ist ein Abzug des Ausfallverlusts gem § 20 II Nr 7 jedoch nicht gesperrt, wenn dieser in einem VZ vor einem Vorgang gem § 17 I, IV, V realisiert wird. Wird ein Vorgang gem § 17 I, IV, V später verwirklicht, sind die nachträgl AK anzusetzen und ist der Abzug gem § 20 II Nr 7 im früheren VZ zu korrigieren. Letzteres setzt aber voraus, dass eine Korrekturvorschrift (§§ 164, 165, 172 ff AO) greift (anders zT *BMF* BStBl I 22, 897 Rn. 21, 32: Nichtbeanstandung des früheren Abzugs iRd § 20 II, aber kein Abzug bei § 17; Rn. 33; bei Antrag gem § 52 XXVa 2 Änderung Veranlagung zu § 20 gem § 174 II AO).

258 ***(3)*** **Verzicht auf das Gesellschafterdarlehen.** – ***(a)*** **Werthaltiger Teil:** IRd verdeckten Einlage gem § 20 II 2, § 20 II Nr 7 beträgt der Einlagegewinn gem § 20 IV 2 idR Null (→ Rn. 184), dh es greift im Verzichtszeitpunkt nur § 17 IIa 3 Nr 1 (*BMF* BStBl I 22, 897 Rn. 21, 25; → § 17 Rn. 184, 190). – ***(b)*** **Nicht werthaltiger Teil.** Ein Abtretungsverlust gem § 20 II Nr 7; II 2 umfasst idR den nicht erfüllten Teil der Forderung iHd Nennbetrags im Verzichtszeitpunkt (→ Rn. 184). Bei Realisation eines Vorgangs gem § 17 I, IV, V gehört dieser Verlust beim *Krisendarlehen, krisenbestimmten Darlehen, Finanzplandarlehen* vorrangig auch zu den nachträgl AK der Beteiligung (§ 17 IIa 3 Nr 2). Beim *stehen gelassenen Darlehen* fällt nur die Wertminderung zw dem TW der Forderung bei Kriseneintritt und dem Verzichtszeitpunkt unter § 17 IIa 3 Nr 2. Der Wertverlust zw dem nicht erfüllten wertlosen Nennbetrag und dem TW bei Kriseneintritt fällt nur unter § 20 II Nr 7. Ist der TW bei Kriseneintritt Null, greift also nur § 20 II Nr 7 iVm § 20 VI (→ § 17 Rn. 184, 190; zutr *BMF* BStBl I 22, 897, Rn. 18, 25, 27 ff). – ***(c)*** **Subsidiarität.** Soweit ein Verlust unter § 20 II Nr 7 und § 17 IIa S 3 Nr 2 fällt, darf der Verlust gem § 20 II Nr 7 im VZ des Verzichts abgezogen werden, es sei denn, der Realisationstatbestand gem § 17 I, IV V ist auch schon verwirklicht ist (BFH VIII R 8/22, DStR 25, 256 mit Anm *Levedag* GmbHR 25, 373). Wird in einem späteren VZ der Realisationsvorgang gem § 17 I, IV, V verwirklicht, ist die Zuordnung zu den nachträgl AK gem Abs 8 S 1 materiell-rechtlich vorrangig. Dem Ges'ter kann der rechtl zutr Ansatz bei § 17 IIa im späteren VZ nicht versagt werden, wenn in einem früheren VZ ein Verlust ebenfalls zutr gem § 20 II Nr 7, II 2 abgezogen wurde. Die Veranlagung für den früheren VZ ist zu ändern. Bei Bestandskraft bedarf es einer Korrekturvorschrift (→ Rn 257; → § 17 Rn. 195). – ***(c)*** **Rangrück-**

tritt. Ein Rangrücktritt mit Passivierungsverbot gem § 5 IIa ist nur für den werthaltigen Teil wie eine verdeckte Einlage zu behandeln; der wertlose Teil fällt weder unter § 20 II Nr 7 noch § 17 IIa (→ Rn. 184; → § 17 Rn. 185).

(4) **Rückgriffsansprüche, § 17 IIa 3 Nr 3.** Ausfall, Verzicht des Regressanspruchs des Ges'ter-Bürgen führen zu stbaren Verlusten gem § 20 II Nr 7, § 20 IV (→ Rn. 184; BFH IX R 2/22, DStR 23, 1882). Zu § 17 → § 17 Rn. 192 f. Zur Subsidiarität wie → Rn. 257, 258. 259

5. Konkurrenz zu nicht in § 20 VIII 1 genannten Einkünften. – a) Einkünfte nach § 19. Im Verhältnis zu den Einkünften **gem § 19** ist die Abgrenzung nach der Wesensart der Einkunftsarten zu treffen. Maßgebl ist, welche Einkunftsart im Vordergrund steht (BFH VIII R 210/83, BStBl II 90, 532). Nur § 19 greift, wenn dem ArbN die KapAnlage/Beteiligung unentgeltl/verbilligt gewährt wird. ArbLohn ist die Verbilligung, nicht die Beteiligung. Grds nur § 20 I–III greifen für lfd Vergütungen und Veräußerungsgewinne, wenn die Einkünfte auf der KapAnlage/Beteiligung als Sonderrechtsverhältnis beruhen, dieses einen eigenen wirtschaftl Gehalt hat und fremdübl durchgeführt wird (*Krüger* DB 24, 859; BFH VI R 1/21, BStBl II 24, 387: Ausnahme. nicht marktübl Veräußerungspreis). – **Einzelfälle:** – *(1) Beteiligung des ArbN am ArbG:* S zu § 3 Nr 39 bei → § 3 Rn. 132 und → § 19 Rn. 100 „Aktien", „Ankaufsrecht", „Mitarbeiterbeteiligung". – ArbLohn aufgrund einer verbilligter Gewährung wird aufgeschoben besteuert (§ 19a IV 1 Nr 1–3, IV 2–5): Der bei *positiver* Wertentwicklung als ArbLohn nachversteuerte geldwerte Vorteil (→ § 19a Rn. 13 ff), geht in die AK iSd § 20 IV, § 17 II ein. § 20 II Nr 1, § 17 erfassen nur weitere Wertsteigerungen. Bei *negativer Wertentwicklung* sind gem § 19a IV 5 (→ § 19a Rn. 17) die AK aus dem tatsächl nachbesteuerten ArbLohn (gemeiner Wert bei Veräußerung) abzuleiten (*BMF* BStBl I 25, 1330 Rn. 87). – *(2) Genussrechte; stille Beteiligungen.* Zur Abgrenzung zu atypisch stillen Beteiligungen BFH VIII R 10/22, DStR 25, 456. Lfd Vergütungen aus typisch stillen Beteiligungen (BFH VIII R 11–12/23, BeckRS 2025, 38045) und Genussrechtszinsen unterliegen nur § 20 I Nr 7 (BFH VIII R 14/23, DStR 26, 142). – *(3) Darlehen des ArbN an den ArbG.* Zur Abgrenzung zum ArbLohn s BFH VIII R 5/17, BStBl II 20, 807; zum Ausfallverlust als WK → § 19 Rn. 110 „Bürgschaft", „Darlehen". 260

b) Sonstige Einkünfte. Einkünfte gem **§ 23 I** sind nachrangig (§ 23 II). § 23 I greift aber für die Veräußerung von Kryptowährungen sowie bei (un)verbrieften Gold-Sachlieferungsansprüchen (nicht aber bei Anteilen an ETF-Goldfonds, s BFH VIII R 7/17, BStBl II 21, 9; BFH VIII R 15/18, BStBl II 21, 913; → § 23 Rn. 24). – Bei Einziehung von Fremdwährungsguthaben aus verzinsl Guthabenkonten erfasst § 20 II Nr 7, II 2 auch den Währungsgewinn (*BMF* BStBl I 25, 1330 Rn. 132; → § 23 Rn. 27; → Rn. 186); zur Vermietung nicht existenter Container FG Mster EFG 25, 1072, rkr; FG BW EFG 24, 384, rkr; FG Mchn EFG 24, 1488m Rev III R 23/24; → § 23 Rn. 61. – Zum Verhältnis von **§ 20 I Nr 6 zu § 22 Nr 1** → Rn. 106; → § 22 Rn. 8 und zu **§ 22 Nr 5** → § 22 Rn. 173; BFH X R 44/18, BFH/NV 21, 1175; – von **§ 20 I Nr 7 zu § 22 Nr 1** → § 20 Rn. 115, 119; EStR 20.2; – von **§ 20 I Nr 9 zu § 22 Nr 1** → § 20 Rn. 131. Zum Verhältnis zu **§ 22 Nr 3** → Rn 118; → § 22 Rn. 131 f. 261

XII. Sparer-Pauschbetrag, § 20 IX

1. Umsetzung der Bruttobesteuerung. § 20 IX Hs 2 iVm § 2 II 2 schließen den Abzug der tatsächl WK von KapErträgen aus, die gem § 2 Vb schedulär besteuert werden, stattdessen ist der Sparer-Pauschbetrag „als WK" abzuziehen. § 20 IX ist ein zentraler Bestandteil der abgeltenden Bruttobesteuerung der KapErträge; die Einkünfteerzielungsabsicht ist auch deshalb zu vermuten (→ Rn. 20). – § 20 IX ist verfgemäß (BFH VIII R 53/12, BStBl II 14, 975; BFH VIII R 34/13, BStBl II 15, 387; BFH VIII B 79/24, BFH/NV 25, 677; BVerfG 2 BvR 878/15, StEd 16, 246). Zur 264

stichtagsbezogenen Anwendung auf sämtl nach dem 31.12.08 abgeflossenen WK s BFH VIII R 12/14, BStBl II 16, 199; FG Köln EFG 21, 839, rkr. – § 20 IX ist iRd StAbzugs (→ § 43a Rn. 7; → § 44a Rn. 3), iRe Veranlagung gem § 32d III, IV und bei erfolgreicher Günstigerprüfung gem § 32d VI (BFH VIII R 34/13, BStBl II 15, 387) anzuwenden.

265 **2. Gesetzlicher Ausschluss des § 20 IX.** § 32d II 2 sperrt die Anwendung des Abs 9 bei Ausschluss von KapErträgen iSd § 20 I Nr 4, Nr 7 und § 20 II Nr 4, Nr 7 aus dem gesonderten Tarif (→ § 32d Rn. 9, 14). Werden diese KapErträge tarifl besteuert, sind WK nach allg Grundsätzen abzugsfähig (§ 9); bei fehlenden tatsächl WK kann kein Sparer-Pauschbetrag abgezogen werden (BFH VIII R 11/14, BStBl II 17, 443). – Bei KapErträgen nach § 20 I Nr 1 S 1, 2 ist Abs 9 bei Option zum Teileinkünfteverfahren (§ 32d II Nr 3 S 2, → § 32d Rn. 20) nicht anzuwenden. – Hat der StPfl KapErträge, für die § 32d I gilt und tarifl zu besteuernde LV-Leistungen (§ 32d II Nr 2, → § 32d Rn. 16) erzielt, ist der Sparer-Pauschbetrag vorrangig von letzteren abzuziehen (*BMF* BStBl I 25, 1330, Rn. 129). – Auch → Rn. 2 zur beschr Steuerpflicht und → Rn. 4 zu § 8 X 2 KStG.

266 **3. Abzug nur eines Sparer-Pauschbetrags, § 20 IX 1–3. – a) Begriff.** Bei Ermittlung der KapEinkünfte ist der Sparer-Pauschbetrag iHv 1000 €, bei Ehegatten iHv 2 000 € (Änderung durch das JStG 2022, BGBl I 22, 2294 ab VZ 2023) abzuziehen. IRd Zusammenveranlagung von Ehegatten kann der die KapErträge übersteigende Sparer-Pauschbetrag bei dem anderen Ehegatten abgezogen werden (§ 20 IX 2, 3).

267 **b) Abzugsverbot für Werbungskosten.** § 20 IX 1 sperrt nur den Abzug von Aufwendungen, die WK sind. Hierunter fallen nicht AK und Veräußerungskosten (s zu diesen § 20 IV 1). S auch die Sonderregelungen in § 20 Nr 11 (→ Rn. 142) und § 20 IV 5 (→ Rn. 205). – Zudem modifiziert § 20 IX die Zuordnung von WK bei einer gemischten Veranlassung nicht (BFH VIII R 7/15, BStBl II 19, 231; BFH VIII R 30/17, BStBl II 21, 917; → § 9 Rn. 11, 40 ff, 54). *BMF* BStBl I 25, 1330, Rn. 129a stellt negative Einlagenzinsen den WK iSd Abs 9 gleich (aber Saldierung bei Staffelzinsen); aA – mE zutr – *Jachmann-Michel* StuW 18, 9 (20): negative Einnahme iSd § 20 I Nr 7.

268 **c) Einzelfälle. – *(1)* Verlustzuweisung an den typisch still Beteiligten.** Trotz des WK-Charakters wendet *BMF* BStBl I 25, 1330 Rn. 4 nicht Abs 9 an, sondern erfasst den Verlust (in den Grenzen der § 15a, § 15b) als negative Einnahme iRd § 20 I Nr 4 (→ Rn. 94). – ***(2)* Beteiligungsaufwendungen.** WK iZm KapErträgen gem § 20 I Nr 1 S 1 oder Nr 2 fallen unter Abs 9. Dies betrifft idR Schuldzinsen iRv Finanzierungsdarlehen für originäre oder nachträgl AK der Beteiligung (auch *nachträgl,* vgl BFH VIII R 37/23, BStBl II 24, 2045). Bei Option gem § 32d II Nr 3 können WK iHv 60% abgezogen werden (§ 32d II 2, § 3c II 1), diese ist bei vorweggenommenen WK vor Zurechnung der Beteiligungaber nicht mögl (iEinz → § 32d Rn. 18–20). Gleiches gilt für Aufwendungen iZm Bezügen aus AStG-ZwischenGes (→ Rn. 35; *BMF* BStBl I 23, SonderNr 1, 2 Rn. 616, 629). – ***(3)* Aufwendungen bei Gesellschafterdarlehen; Bürgschaft.** Refinanzierungszinsen iZm einem verzinsl Ges'terdarlehen an eine KapGes sind grds durch die erstrebten Zinsen iSd § 20 I Nr 7 (BFH X R 9/17, BStBl II 21, 418) veranlasst. Hier greift Abs 9, es sei denn, die Zinsen sind tarifl KapErträge ((§ 32d II 2 iVm § 32d II Nr 1 Buchst b; → § 32d Rn. 9, 11). Refinanzierungszinsen iZm unentgeltl Ges'terdarlehen sind durch die Bezüge gem § 20 I Nr 1 S 1 veranlasste WK (BFH VIII R 35/99, BStBl II 01, 698). Bei Refinanzierungszinsen für ein verzinsl Ges'terDarlehen verlagert sich beim *Verzicht* (mit/ohne Besserungsschein) der Zusammenhang hin zu den Beteiligungserträgen. Abs 9 greift in beiden Fällen, wenn kein Antrag gem § 32d II Nr 3 gestellt wird (BFH VIII R 19/16, BStBl II 19, 34 auch zum Eintritt des Besserungsfalls). Refinanzierungszinsen iZm einer Bürgschaftsinanspruchnahme sind nach BFH VIII B 4/22, BFH/NV 23, 545 WK für die

AK des Regressanspruchs, die vorbehaltl § 32d II 2 unter Abs 9 fallen. – ***(4)* Vermögensverwaltung.** lEinz BFH VIII B 79/24, BFH/NV 25, 677; *BMF* BStBl I 25, 1330, Rn 93 bis 95 zu Transaktionskosten; iÜ greift Abs 9.

4. Abzug nur von positiven Kapitalerträgen, § 20 IX 4. Der Sparer-Pauschbetrag kann nur abgezogen werden, wenn nach Anwendung der § 20 VI 4–6 **positive KapErträge** verbleiben. Durch ihn können weder negative KapEinkünfte entstehen noch sich erhöhen (BFH VIII R 11/14, BStBl II 17, 443; *BMF* BStBl I 25, 1330 Rn. 119b; BT-Drs 16/5491, 18 mit Beisp zu § 20 VI 4). 269

f) Vermietung und Verpachtung (§ 2 Absatz 1 Satz 1 Nummer 6)

§ 21 [Einkünfte aus Vermietung und Verpachtung]

(1) [1]**Einkünfte aus Vermietung und Verpachtung sind**

1. **Einkünfte aus Vermietung und Verpachtung von unbeweglichem Vermögen, insbesondere von Grundstücken, Gebäuden, Gebäudeteilen, Schiffen, die in ein Schiffsregister eingetragen sind, und Rechten, die den Vorschriften des bürgerlichen Rechts über Grundstücke unterliegen (z. B. Erbbaurecht, Mineralgewinnungsrecht);**
2. **Einkünfte aus Vermietung und Verpachtung von Sachinbegriffen, insbesondere von beweglichem Betriebsvermögen;**
3. **Einkünfte aus zeitlich begrenzter Überlassung von Rechten, insbesondere von schriftstellerischen, künstlerischen und gewerblichen Urheberrechten, von gewerblichen Erfahrungen und von Gerechtigkeiten und Gefällen;**
4. **Einkünfte aus der Veräußerung von Miet- und Pachtzinsforderungen, auch dann, wenn die Einkünfte im Veräußerungspreis von Grundstücken enthalten sind und die Miet- oder Pachtzinsen sich auf einen Zeitraum beziehen, in dem der Veräußerer noch Besitzer war.**

[2]**§§ 15a und 15b sind sinngemäß anzuwenden.**

(2) [1]**Beträgt das Entgelt für die Überlassung einer Wohnung zu Wohnzwecken weniger als 50 Prozent der ortsüblichen Marktmiete, so ist die Nutzungsüberlassung in einen entgeltlichen und einen unentgeltlichen Teil aufzuteilen.** [2]**Beträgt das Entgelt bei auf Dauer angelegter Wohnungsvermietung mindestens 66 Prozent der ortsüblichen Miete, gilt die Wohnungsvermietung als entgeltlich.**

(3) **Einkünfte der in den Absätzen 1 und 2 bezeichneten Art sind Einkünften aus anderen Einkunftsarten zuzurechnen, soweit sie zu diesen gehören.**

Einkommensteuer-Durchführungsverordnung:

§ 82b EStDV *Behandlung größeren Erhaltungsaufwands bei Wohngebäuden*

(1) [1]**Der Steuerpflichtige kann größere Aufwendungen für die Erhaltung von Gebäuden, die im Zeitpunkt der Leistung des Erhaltungsaufwands nicht zu einem Betriebsvermögen gehören und überwiegend Wohnzwecken dienen, abweichend von § 11 Abs. 2 des Gesetzes auf zwei bis fünf Jahre gleichmäßig verteilen.** [2]**Ein Gebäude dient überwiegend Wohnzwecken, wenn die Grundfläche der Wohnzwecken dienenden Räume des Gebäudes mehr als die Hälfte der gesamten Nutzfläche beträgt.** [3]**Zum Gebäude gehörende Garagen sind ohne Rücksicht auf ihre tatsächliche Nutzung als Wohnzwecken dienend zu behandeln, soweit in ihnen nicht mehr als ein Personenkraftwagen für jede in dem Gebäude befindliche Wohnung untergestellt werden kann.** [4]**Räume für die Unterstellung weiterer Kraftwagen sind stets als nicht Wohnzwecken dienend zu behandeln.**

(2) [1]**Wird das Gebäude während des Verteilungszeitraums veräußert, ist der noch nicht berücksichtigte Teil des Erhaltungsaufwands im Jahr der Veräußerung als Werbungskosten abzusetzen.** [2]**Das Gleiche gilt, wenn ein Gebäude in ein Betriebsvermögen eingebracht oder nicht mehr zur Einkunftserzielung genutzt wird.**

(3) **Steht das Gebäude im Eigentum mehrerer Personen, so ist der in Absatz 1 bezeichnete Erhaltungsaufwand von allen Eigentümern auf den gleichen Zeitraum zu verteilen.**

Einkommensteuer-Richtlinien: EStR 21.1–21.7, EStH 21.1–21.7.

Übersicht Rn.

I. Gemeinsame Voraussetzungen

1 **1. Allgemeines.** Die Einkünfte aus VuV werden als Überschuss der Einnahmen über die WK ermittelt (§ 2 II 1 Nr 2). Für den zeitl Ansatz der Einnahmen und WK

gilt das Zu- und Abflussprinzip (§ 11). Die Einkünfte unterliegen dem Regeltarif (BFH IX B 117/22, BFH/NV 23, 1228: kein Anspruch auf Anwendung des 25%-Tarifs des § 32d).

2. Ausland. Beschr StPfl erzielen Einkünfte aus VuV, wenn das zur Nutzung überlassene WG im Inl belegen, in ein inl Register eingetragen oder in einer inl Betriebsstätte oder Einrichtung verwertet wird (§ 49 I Nr 6; → § 49 Rn. 109 ff). – **Ausl Grundbesitz.** Das Besteuerungsrecht wird durch DBA idR dem **Belegenheitsstaat** zugewiesen; diese Einkünfte sind dann in Deutschland stfrei (Freistellungsmethode, ggf Progressionsvorbehalt, s BFH IX R 143/83, BStBl II 86, 287: Großbritannien; FG RhPf EFG 10, 1614, rkr: Frankreich; BFH I B 83/14, BFH/NV 16, 375: Österreich). Einige DBA sehen aber ledigl **Anrechnung** der ausl Steuer auf die dt ESt vor (Becker/Urbahns INF 99, 427 (429)), zB **Spanien** (BFH IX R 72/85, BFH/NV 91, 369; *OFD Ffm* DStR 12, 1345), **Schweiz** (BFH I R 63/88, BFH/NV 90, 705). 2

3. Begriff Vermietung und Verpachtung. Im Kern setzt die VuV iSd § 21 eine **Nutzungsüberlassung** voraus (→ Rn. 5 ff), die grds **zeitl beschränkt** sein muss (→ Rn. 16). Zu Besonderheiten bei **Bodenschätzen** → Rn. 18. 4

a) Nutzungsüberlassung. – aa) Schuldrechtlicher Vertrag. Grundlage der Nutzungsüberlassung ist typischerweise ein Miet- oder Pachtvertrag. Auch Leasingverträge sind denkbar; idR werden Leasingeinnahmen aber zu anderen Einkunftsarten gehören (die meisten Leasinggeber sind gewerbl tätig; das Verleasen *bewegl* Gegenstände des PV fällt unter § 22 Nr 3). Zwar sind die §§ 535 ff, 581 ff BGB Ausgangspunkt für die Zuordnung zur Einkunftsart VuV. In Grenzfällen ist für die Rspr aber nicht die zivilrechtl Bezeichnung, sondern der **wirtschaftl Gehalt der Verträge** maßgebl. Daher ist der estl Begriff der VuV weiter als der zivilrechtl (BFH VIII R 78/70, BStBl II 74, 130: VuV trotz zivilrechtl Übereignung, zwischenzeitl Bodenschatzausbeute und anschließender Rückübereignung des GuB, ausführl → Rn. 19; BFH VI R 145/99, BStBl II 02, 829: Zahlung des ArbG an den ArbN für die Unterstellung seines auch privat genutzten Dienstwagens in der Garage des ArbN; BFH IX R 43/03, BStBl II 04, 507: Gestattung der Anbringung von Verankerungen zwecks Bebauung eines Nachbargrundstücks). Dies ist verfrechtl unbedenkl (BVerfG 1 BvR 883/86, DB 87, 2287). 5

bb) Dingliche Rechtsverhältnisse. – (1) Erbbaurecht. Der Erbbauzins ist beim Erbbaurechtsbesteller als Entgelt für die Nutzungsüberlassung des Grundstücks Einnahme aus VuV (BFH IX R 17/04, BStBl II 07, 112). Soweit der GuB allerdings bereits bebaut war und das Gebäude in das Eigentum des Erbbauberechtigten übergeht, wird idR ein Teil des Erbbauzinses als (nichtsteuerbares) Veräußerungsentgelt für das Gebäude anzusehen sein (BFH VIII R 102/78, BStBl II 82, 533 unter I.2.). Zur Behandlung von Vorauszahlungen auf den Erbbauzins (insb Übernahme von Erschließungskosten) sowie zu zahlreichen weiteren Einzelfragen iZm Erbbaurechten → § 6 Rn. 90. – **(2) Nießbrauch.** Das Entgelt für die Bestellung fällt ebenfalls unter § 21 (BFH VIII R 54/74, BStBl II 79, 332; → Rn. 71 ff). Gleiches gilt für **dingl Wohnrechte** oder Grunddienstbarkeiten. 7

cc) Zwangsweise Nutzungsüberlassungen. Zwang steht der Erfassung der Entschädigung bei den Einkünften aus VuV nicht entgegen (BFH VI 216/61 U, BStBl III 63, 380: Beschlagnahme für die Wohnungseinweisung von Obdachlosen; BFH IX R 19/90, BStBl II 94, 640: öffentl-rechtl Besitzeinweisung). 8

dd) Selbstnutzung einer Wohnung. Dies erfüllt nicht den Tatbestand der Einkunftserzielung. – **(1) Gemeinschaftliche Nutzung durch den Steuerpflichtigen und eine andere haushaltszugehörige Person.** Dies steht der Selbstnutzung gleich. Auch wenn der StPfl hierfür Zahlungen erhält, führen diese nicht zu Einkünften aus VuV, zB „Vermietung" an den **Ehegatten** (BFH IV B 53/98, BFH/NV 99, 1078), an die **Lebensgefährtin** (BFH IX R 122/86, BStBl II 91, 171; 10

BFH IX R 100/93, BStBl II 96, 359; BFH IX B 55/01, BFH/NV 02, 345; BFH IX B 115/04, BFH/NV 05, 703: auch bei zwei abgeschlossenen Wohnungen im selben Haus), an ein **haushaltszugehöriges Kind** (BFH IX R 39/99, BStBl II 00, 224 unter 4.; BFH IX R 16/04, BFH/NV 05, 1008 unter II.2.), „Vermietung" einzelner Räume im selbstbewohnten Haus an die **Eltern** (BFH IX B 112/03, BFH/NV 04, 1262), „Vermietung" eines nicht abgeschlossenen Raums an den **pflegebedürftigen Vater** (BFH IX B 50/07, BFH/NV 07, 1875). Dabei stellt ein gemeinsamer Wohnungszugang in Zweifelsfällen ein bedeutsames (aber nicht zwingendes) Beweisanzeichen für das Bestehen einer Haushaltsgemeinschaft dar (BFH IX B 90/11, BFH/NV 12, 234 Rn. 8 mwN). Gleiches gilt für die fehlende Abgeschlossenheit der „vermieteten" Wohnung (BFH IX B 172/02, BStBl II 03, 301: die an die Kinder überlassenen Räume haben keine Kochgelegenheit) und die Mitbenutzung von Durchgängen (BFH IX R 25/02, BFH/NV 04, 38: Zugang zur vermieteten Wohnung nur über die Küche der Vermieterwohnung mögl; BFH IX R 7/98, BFH/NV 04, 1270 unter II.3.: Zugang nur über den Flur im Wohnbereich der Vermieterwohnung).

11 **(2) Vermietung einzelner Räume an Haushaltsfremde.** Werden einzelne Räume der iÜ selbstgenutzten Wohnung an *nicht* haushaltszugehörige Personen zur *alleinigen* Benutzung vermietet, fallen die Einnahmen unter § 21 (zB BFH IX R 11/07, BFH/NV 08, 1462 unter II.2.b: Messezimmer; *Kußmaul/Kloster* DStR 16, 1280: **„Airbnb"** und ähnl Vermittlungsplattformen). – **Werbungskosten.** Stehen derartige Räume zw zwei Vermietungen vorübergehend leer und werden sie in dieser Zeit *nicht* selbstgenutzt, bleiben die auf diese Räume entfallenden WK abziehbar (BFH IX R 19/11, BStBl II 13, 376). Aufwendungen für gemeinschaftl genutzte Räume sind nach Köpfen aufzuteilen (BFH IX R 49/08, BStBl II 10, 122; BFH IX R 19/11, BStBl II 13, 376 Rn. 13). – **Bagatell-Freigrenze.** In Fällen mit Einnahmen (nicht: Einkünften) von höchstens 520 € im VZ sieht die FinVerw von der Besteuerung ab (EStR 21.2 I). Im Entwurf des WachstChG (BR-Drs 588/23) war vorgesehen, dass jährl Einnahmen bis 1000 € stfrei bleiben sollten (§ 3 Nr 73); dies ist aber nicht Gesetz geworden.

13 **ee) Wohnungsüberlassung zwischen geschiedenen Ehegatten bei Unterhaltsvereinbarung.** Dies fällt nicht unter § 21 (BFH IX R 264/87, BStBl II 92, 1009; BFH X R 33/20, BStBl II 23, 237 Rn. 17; ebenso BFH IX B 165/05, BFH/NV 06, 738 für unentgeltl Überlassung an ein unterhaltsberechtigtes Kind). Es gibt aber verschiedene Möglichkeiten, gleichwohl iErg den idR gewünschten WK-Abzug zu erreichen: Zum einen kommt der SA-Abzug nach § 10 Ia Nr 1 (Realsplitting) in Betracht. Ferner haben die geschiedenen Ehegatten die Möglichkeit, einen ausdrückl Mietvertrag abzuschließen (BFH IX R 13/92, BStBl II 96, 214: kein § 42 AO). Außerdem können sie in einer Zugewinnausgleichsvereinbarung einen bestimmten Ausgleichsbetrag festlegen, der aber nicht ausgezahlt, sondern „abgewohnt" wird. Der Zugewinnausgleichsverpflichtete (Eigentümer der Wohnung) erzielt dann Einkünfte aus VuV (BFH IX R 34/04, BFH/NV 06, 1280; ausführl *BH/Schallmoser* § 21 Rn. 102).

14 **ff) Einnahmen ohne Nutzungsüberlassung.** Einnahmen fallen trotz bestehenden Zusammenhangs mit einem Grundstück nicht unter § 21, wenn sie nicht für eine Nutzungsüberlassung (zumindest im wirtschaftl Sinne) gezahlt werden. Allerdings kann § 22 Nr 3 erfüllt sein, wenn es sich nicht um einen veräußerungsähnl Vorgang handelt (→ § 22 Rn. 130 ff).

Keine Einnahmen aus VuV (s auch die Beispiele in → Rn. 16): Entschädigung für die Erlaubnis der Mitbenutzung einer **Giebelmauer** (*HHR/Pfirrmann* § 21 Rn. 86 „Giebelmauer" mwN); Entschädigung für faktische **Bausperre** durch eine Gemeinde (BFH VIII R 306/81, BStBl II 86, 252; BFH IX R 116/82, BFH/NV 88, 433); Entgelt für die Verpflichtung, das Grundstück nicht in einer bestimmten Weise zu nutzen (BFH VI 82/63 U, BStBl III 65, 361:

Warenhaus; allerdings § 22 Nr 3); Entgelt für **Verzicht auf Einwendungen** gegen Nachbarbebauung (BFH VIII R 83/79, BStBl II 83, 404; BFH X R 42/91, BStBl II 95, 57; BFH IX B 85/03, BFH/NV 04, 41; BFH IX R 36/07, BFH/NV 08, 1657; allerdings § 22 Nr 3); ähnl bei Verzicht auf ein dingl Recht, das die Bebaubarkeit des Nachbargrundstücks einschränkt (BFH IX R 96/97, BStBl II 01, 391: nicht stbar); Entgelt für **Vorkaufsrecht** (BFH X R 42/91, BStBl II 95, 57: § 22 Nr 3; auch → § 22 Rn. 150 „Vorkaufsrecht"; das Entgelt für ein Vormietrecht wäre aber Einnahme aus VuV); Entgelt für die *dauerhafte* Überspannung durch eine **Hochspannungsleitung,** und zwar sowohl bei direkter Überspannung des Grundstücks (BFH IX R 31/16, BStBl II 18, 759: als veräußerungsähnl Vorgang auch kein § 22 Nr 3) als auch dann, wenn das Grundstück nur im Schutzstreifen einer benachbarten Leitung liegt (BFH X R 64/92, BStBl II 95, 640: Entgelt nicht für eine Nutzungsüberlassung, sondern für die Hinnahme eines teilweisen Nutzungsverbots); jedoch VuV, wenn das Überspannungsrecht zeitl befristet ist (BFH IX R 19/90, BStBl II 94, 640). – **Entschädigungen** fallen nur unter § 21, wenn sie für eine (ggf entgehende) Nutzungsüberlassung gezahlt werden (zB Entschädigung bei verspäteter Rückgabe der Mietsache nach § 546a BGB, Zahlung einer Mietausfallversicherung), nicht aber bei Vermögenseinbußen (zB BFH IX R 333/87, BStBl II 94, 12; BFH IX R 36/86, BFH/NV 93, 472 und BFH IX R 1/14, BStBl II 15, 493: Zahlung einer Feuerversicherung nur insoweit stbar, als sie WK (AfaA, Abrisskosten) ersetzt, sonst nicht; FG Mchn EFG 04, 1120, rkr: Entschädigung für Lärm-/Abgaseinwirkungen einer neuen Straße).

Einnahmen aus VuV. Duldung von Verankerungen auf dem eigenen Grundstück für Bauarbeiten auf dem Nachbargrundstück (BFH IX R 43/03, BStBl II 04, 507).

b) Zeitliche Begrenzung der Nutzungsüberlassung. Für Miet- und Pachtverträge ist eine solche zeitl Begrenzung typisch. Sie ist im Regelfall erforderl, damit die Einnahmen aus dem Rechtsverhältnis von § 21 erfasst werden (Abgrenzung zur endgültigen Veräußerung, die im PV grds nicht steuerbar ist bzw ausnahmsweise unter § 23 fällt). In Grenzfällen zieht die Rspr aber weniger das Kriterium der vertragl Befristung der Nutzungsüberlassung heran, sondern unterscheidet danach, ob bei wirtschaftl Betrachtung noch **kein endgültiger Verlust der Herrschaftsgewalt über das überlassene WG** eintritt. 16

Beispiele: Trotz einer gewissen Nähe zur (Teil-)Veräußerung hat die Rspr einen endgültigen Verlust der Herrschaftsgewalt verneint (dh **VuV bejaht**) bei dauerhafter Übernahme der Verpflichtung samt Baulast, dem Nachbarn einen Kfz-Stellplatz zu überlassen (BFH VIII R 167/71, BStBl II 76, 62); Baulast oder Dienstbarkeit zur Duldung einer Ferngasleitung samt Nutzungsüberlassung (BFH IV R 96/78, BStBl II 82, 643: Aufteilung in Bodenwertentschädigung und Nutzungsvergütung, zu LuF), Kanalleitung (BFH XI R 20/96, BFH/NV 97, 336), Deichanlage (FG Bln-Bbg EFG 14, 1674, rkr); Überlassung unterirdischer Hohlräume zur Einlagerung von Öl, Gas usw, wenn ein Rückübertragungsanspruch für den Fall der Nichtausübung des Rechts besteht (BFH IV R 19/79, BStBl II 83, 203); anders bei dauerhafter Übertragung des Hohlraums ohne Rückübertragungsanspruch (BFH IX R 25/13, BStBl II 14, 566); Überbaurente nach § 912 BGB (*HHR/Pfirrmann* § 21 Rn. 86 „Überbaurente"). Diese Rspr ist trotz der neuen, zu einer Hochspannungsleitung ergangenen Entscheidung (BFH IX R 31/16, BStBl II 18, 759) nicht überholt, zumal der IX. Senat bei den anderen Senaten, die die früheren Entscheidungen getroffen haben, weder wegen einer RsprÄnderung angefragt hat noch sich von dieser Rspr abgrenzt. Auch die Einmalzahlung für die Zurverfügungstellung eines Grundstücks als **Ausgleichsfläche** nach dem BNatSchG für die (begrenzte) Zeit des Betriebs einer Windenergieanlage fällt unter § 21, selbst wenn der Eigentümer die Fläche zugleich an einen Dritten zur eingeschränkten luf Nutzung verpachten darf (BFH IX R 3/18, BFH/NV 18, 1266; ebenso für sonstige Ausgleichsfläche BFH IX R 18/22, BStBl II 24, 402 Rn. 11 ff., Anm. *Trossen* DStR 24, 547; auch → § 13 Rn. 251; allg zu Entschädigungen für naturschutzrechtl Ausgleichsflächen *Fuchs/Lieber* FR 05, 285).

VuV verneint. Hingegen wurde endgültiger Herrschaftsverlust angenommen bei Einräumung einer Dienstbarkeit zur Errichtung massiver U-Bahn-Bauwerke unter dem Grundstück (BFH VIII R 7/74, BStBl II 77, 796) und bei der Gestattung des dauerhaften Einbringens umfangreicher Verpressmittel und -anker in das eigene Grundstück aufgrund von Baumaßnahmen auf dem Nachbargrundstück (FG Mchn EFG 22, 246, rkr).

c) Besonderheiten bei Ausbeute von Bodenschätzen. Die folgenden Erläut beziehen sich auf Bodenschätze, die zum **PV** gehören. Dies ist (abgesehen von ge- 18 werbl Abbauunternehmern) in der Praxis der Regelfall, und zwar auch dann, wenn der GuB iÜ zu einem luf BV gehört (→ § 5 Rn. 270 „Bodenschätze" (2) mwN; zur **AfA/AfS** → § 7 Rn. 221 ff). Dabei gilt die folgende **Differenzierung zw Vermögens- und Nutzungsebene:** Die **Nutzungsüberlassung** eines Grundstücks zum Bodenschatzabbau führt zu Einkünften aus VuV (→ Rn. 19), die (endgültige) **Veräußerung** des Grundstücks zu nichtsteuerbarem Veräußerungserlös (→ Rn. 20). Zu beiden Rechtssätzen gibt es aber Ausnahmen.

19 **aa) Ausbeutevertrag.** Die zeitl begrenzte Überlassung eines bodenschatzführenden Grundstücks gegen Entgelt an einen Dritten, der den Bodenschatz auf eigene Rechnung ausbeuten darf, führt zu Einkünften aus VuV (BFH IX R 60/82, BFH/NV 85, 74; BFH IX R 45/91, BStBl II 94, 840; BFH GrS 1/05, BStBl II 07, 508 unter C.II.2.c dd mwN). Dies gilt auch, soweit das Entgelt in einer Einmalzahlung besteht (RFH RStBl 38, 870) oder sich nicht nach der Vertragslaufzeit, sondern der Ausbeutemenge richtet (BFH IV 159/58 U, BStBl III 59, 294). Das StRecht folgt damit dem Zivilrecht, das derartige Verträge als Pachtverträge ansieht (BGH V ZR 189/83, BGHZ 93, 142; BGH V ZR 444/98, WM 00, 536). Dies ist verfgem (BVerfG 1 BvR 114/75, HFR 78, 251; BVerfG 1 BvR 482/86, HFR 88, 178; BVerfG 1 BvR 583/86, NJW 93, 1189). – **Ausnahmsweise** kann ein Ausbeutevertrag aber als **Kaufvertrag über die Bodensubstanz** angesehen werden (Folge: keine Steuerbarkeit des Entgelts). Dies setzt voraus, dass Gegenstand des Vertrags nach seinem wirtschaftl Gehalt die Übertragung einer fest begrenzten Menge an Bodensubstanz ist (BFH IX R 64/98, BFH/NV 03, 1175 mwN). Trotz formaler Vereinbarung einer solchen (Kauf-)Vertragsklausel kann die Würdigung des wirtschaftl Gehalts der Vereinbarung aber zur Einordnung als Nutzungsüberlassung führen (zutr BFH IX R 6/12, BFH/NV 13, 907 iVm Vorinstanz SchlHFG EFG 12, 840: umfangreiche Rekultivierungspflicht und weitere kaufvertragsuntypische Nebenpflichten des „Bodenschatzkäufers").

20 **bb) Kaufvertrag über das Grundstück.** Die hierfür erhaltene Gegenleistung ist grds nicht stbar (BFH X R 10/07, BFH/NV 10, 184 unter II.2.; ebenso für einen Kaufvertrag über eine Salzabbaugerechtigkeit BFH IX R 25/13, BStBl II 14, 566). Ist der Kaufvertrag jedoch mit einer **Rückübertragungspflicht** nach Beendigung der Ausbeute gekoppelt, muss das Vertragswerk bei wirtschaftl Betrachtung als zeitl begrenzter Pachtvertrag beurteilt werden (mE zutr BFH VIII R 78/70, BStBl II 74, 130; BFH IX R 60/82, BFH/NV 85, 74).

24 **4. Einkunftserzielungsabsicht (Liebhaberei).** – **a) Prüfungssystematik.** Abw von den allg Grundsätzen zur Einkunftserzielungsabsicht (→ § 2 Rn. 23), die eine einzelfallbezogene Betrachtung erfordern, typisiert der BFH bei VuV sehr stark. So ist die Einkunftserzielungsabsicht bei einer **auf Dauer angelegten Vermietung einer Wohnung** unwiderlegl zu **vermuten** (→ Rn. 27). – Damit darf eine Prüfung der Einkunftserzielungsabsicht nur dann noch überhaupt vorgenommen werden, wenn die unter § 21 fallende Betätigung entweder **keine auf Dauer angelegte Wohnungsvermietung** ist (Fallgruppe 1) oder es sich um eine **atypische Fallkonstellation** handelt, bei der trotz einer auf Dauer angelegten Wohnungsvermietung die Vermutung nicht anwendbar ist (Fallgruppe 2). Zur Fallgruppe 1 (keine auf Dauer angelegte Wohnungsvermietung) gehört die Vermietung von Objekten, die keine Wohnungen sind (zB Gewerbeobjekte, unbebaute Grundstücke; → Rn. 30), aber auch die Vermietung einer Wohnung in Kenntnis einer baldigen Selbstnutzung oder Veräußerung (→ Rn. 31 ff). Die Fallgruppe 2 (zwar dauerhafte Wohnungsvermietung, aber atypische Fallkonstellation) gilt zB bei teilweise selbstgenutzten Ferienwohnungen (→ Rn. 37 ff), verbilligter Überlassung (→ Rn. 46) oder Vermietung besonders aufwändiger Wohnungen (→ Rn. 47). Hier rechtfertigt sich die Prüfung der Einkunftserzielungsabsicht durch die Berührung der Privatsphäre (zutr *Willenkemper* EFG 07, 517; vollständig gegen die Prüfung von Einkunftserzielungsabsicht aber *Leis-*

ner-Egensperger DStZ 10, 790; hiergegen wiederum zutr Heuermann DStZ 10, 825). – Sofern danach ausnahmsweise die Einkunftserzielungsabsicht zu prüfen ist, gelten auch bei der **Aufstellung der Überschussprognose** Besonderheiten im Vergleich zu den allg Grundsätzen (→ Rn. 51 ff). – **Gewerbl Vermietung.** Bei § 15 gelten die allg Regeln zur Feststellung der Einkunftserzielungsabsicht auch dann, wenn es um eine Vermietungstätigkeit geht (zu vermieteten Ferienwohnungen des BV → Rn. 44). Die nachfolgend dargestellte typisierende Rspr gilt daher nur, wenn eine Vermietungstätigkeit zu Einkünften aus VuV führt. – **Leerstehende Objekte.** Zum WK-Abzug → Rn. 128 ff.

b) Objektbezogenheit der Prüfung. Sowohl die Prüfung, ob die Vermutungswirkung eingreift, als auch eine ggf durchzuführende Überschussprognose ist objektbezogen (dh für jedes einzelne Vermietungsobjekt gesondert) vorzunehmen (BFH IX B 97/03, BFH/NV 04, 196 unter II.1.b: eine Doppelhaushälfte wird unbefristet vermietet, die andere kurz nach Erwerb selbstgenutzt; BFH IX R 67/07, BStBl II 09, 370: getrennte Betrachtung trotz eines einheitl Mietvertrags über ein bebautes und ein unbebautes Grundstück; BFH IX R 39/08, BStBl II 09, 776: nur ein *Teil* eines Grundstücks wird vermietet; BFH IX R 12/07, BFH/NV 08, 1484 unter II.2.d und BFH IX R 37/17, BFH/NV 19, 390 Rn. 16: mehrere Ferienwohnungen im selben Gebäude; BFH IX R 54/08, BStBl II 10, 124, Anm *Kanzler* FR 10, 173: Differenzierung nach den einzelnen Etagen eines Wohn- und Geschäftshauses; BFH IX R 37/12, BStBl II 15, 631 Rn. 12: Grundstück mit verpachteter Gaststätte einerseits und Ferienwohnungen andererseits). 25

c) Änderung der Vermietungsform. Hier ist grds eine neue Betrachtung nach Maßgabe der neuen Vermietungsform vorzunehmen (BFH IX R 37/17, BFH/NV 19, 390 Rn. 23). Geht der StPfl wegen der Höhe der WK-Überschüsse, die in der teilweise selbstgenutzten Ferienwohnung entstehen, bereits nach wenigen Jahren zur Dauervermietung über, ist die Einkunftserzielungsabsicht allerdings auch für die Vorjahre *nicht* zu prüfen (BFH IX R 63/01, BFH/NV 03, 454 unter II.2.b; → Rn. 54). 26

d) Grundsatz bei auf Dauer angelegter Vermietung einer Wohnung. Hier ist die Einkunftserzielungsabsicht zu vermuten (stRspr seit BFH IX R 80/94, BStBl II 98, 771). Der BFH leitet dies daraus ab, dass der Gesetzgeber Wohnungsvermietungen trotz Kenntnis davon, dass damit allenfalls erst nach sehr langer Zeit eine lfd Rendite zu erwirtschaften ist, uneingeschränkt unter § 21 I 1 Nr 1 fallen lässt. Es handelt sich (sofern kein atypischer Fall vorliegt, → Rn. 36 ff) um eine **unwiderlegl Vermutung:** Nach der Rspr ist „ohne Prüfung" von der Einkunftserzielungsabsicht auszugehen (BFH IX R 97/00, BStBl II 02, 726 unter II.1.b; BFH IX R 33/19, BStBl II 20, 548 Rn. 31); dem hat sich auch die *Fin Verw* angeschlossen (*BMF* BStBl I 04, 933 Rn. 1). Es bleibt auch dann bei der unwiderlegl Vermutung der Einkunftserzielungsabsicht, wenn die Wohnung an Angehörige vermietet wird (zu verbilligten Vermietungen aber → Rn. 46), Mietverträge mündl geschlossen werden (BFH IX R 35/05, BFH/NV 06, 1648), die Mieteinnahmen selbst bei Herausrechnung von AfA und Schuldzinsen nicht einmal die lfd Aufwendungen decken (BFH IX R 57/02, BStBl II 05, 388; vgl hierzu die Sachverhaltsdarstellung der Vorinstanz FG Köln EFG 03, 91), oder die Finanzierung durch LV erfolgt, mit denen zunächst tilgungsfreie Darlehen abgelöst werden sollen, sodass bis zur Tilgung hohe Schuldzinsen anfallen und rechnerisch kein Überschuss erzielbar ist (BFH IX R 10/04, BStBl II 05, 692 unter II.1.b: marktgängige Finanzierung; BFH IX R 18/18, BFH/NV 20, 9 Rn. 22; hierzu ausführl *Credo* DStZ 05, 741; zu Finanzierungen, bei denen der Schuldenstand planmäßig ansteigt, aber → Rn. 49). – Damit gibt es **im Normalfall der Wohnraumvermietung keine Liebhaberei.** In den letzten Jahren ist die praktische Bedeutung dieser Problematik angesichts des äußerst niedrigen Zinsniveaus stark zurückgegangen, nimmt mit den ab 2022 gestiegenen Zinsen aber wieder zu. 27

Stellungnahme. Zwar darf die Rspr keine (echten) unwiderlegl Vermutungen aufstellen; dies ist allein dem Gesetzgeber vorbehalten (BFH IV R 58/99, BStBl II 01, 393 unter 3.; BFH IX R 39/97, BStBl II 03, 569 unter II.3.b cc). Die dargestellte Rspr des IX. Senats des BFH wahrt iErg aber diese Grenze, indem sie atypische Fälle von der Vermutungswirkung ausnimmt (→ Rn. 36 ff). Die Vermutung gilt also nur für den *Regelfall.* Damit hält sich diese Rspr noch im Rahmen zulässiger Typisierung (krit allerdings *Credo* BB 05, 1819; *Stein* DStZ 09, 768; *Stein* DStZ 11, 442 (448 ff); *Stein* DStZ 13, 33). Sie ist zwar relativ großzügig, führt aber zu einer deutl Vereinfachung und damit zu einem Gewinn an Rechtssicherheit. Dies zeigt schon die stark zurückgegangene Zahl der Streitverfahren in diesem Bereich. Mittlerweile hat sich auch der Gesetzgeber die dargestellte Rspr ausdrückl zu eigen gemacht (BT-Drs 17/5125, 38, zur Änderung des Abs 2; so auch *Heuermann* DStR 11, 2082 (2084)).

29 **e) Einzelfallprüfung der Einkunftserzielungsabsicht.** Dies ist immer dann erforderl, wenn nicht der (Regel-)Fall einer auf Dauer angelegten Wohnungsvermietung gegeben ist.

30 **aa) Vermietung anderer Objekte als Wohnungen. – (1) Unbebaute Grundstücke.** Hier ist eine Überschussprognose vorzunehmen (BFH IX B 2/03, BStBl II 03, 479; BFH IX R 67/07, BStBl II 09, 370; *Günther* EStB 16, 186; zum Abzug vorweggenommener WK → Rn. 129 (2)). – **(2) Gewerbeobjekte.** Hierunter fallen alle Immobilien, die nicht Wohnzwecken dienen (BFH IX R 18/18, BFH/NV 20, 9 Rn. 14). Die Einkunftserzielungsabsicht ist festzustellen (BFH IX R 49/09, BStBl II 10, 1038 Rn. 19 f; BFH III R 27/12, BStBl II 14, 372 Rn. 14: Vermietung einer Reit- und Mehrzweckhalle; BFH IX R 31/14, BFH/NV 16, 188: Vermietung eines landwirtschaftl Anwesens zur Pensionspferdehaltung; BFH IX R 9/17, BStBl II 19, 219 Rn. 15: Vermietung von Räumen der iÜ selbstgenutzten Wohnung an den ArbG als Homeoffice [auch → Rn. 164]; BFH IX B 18/21, BFH/NV 22, 720 Rn. 6; anders jedoch BFH IX R 39/08, BStBl II 09, 776: keine Prognose erforderl bei Vermietung von Scheunen zum Unterstellen von Pferden und Wohnmobilen, mE unzutr). – Diese Rspr gilt zugunsten des *Vermieters* eines Wohnobjekts auch dann, wenn der *Mieter* es nicht zu Wohnzwecken nutzt (BFH IX R 49/09, BStBl II 10, 1038), zB bei Vermietung eines Appartements an ein Hotel zur gewerbl Weitervermietung (unklar BFH IX R 18/18, BFH/NV 20, 9). Wenn demggü ein ganzer Hotelkomplex verpachtet wird, handelt es sich um ein Gewerbeobjekt (BFH IX R 16/18, BFH/NV 19, 804 Rn. 22). – **(3) Sachinbegriffe iSd § 21 I 1 Nr 2.** S BFH IX R 51/07, BFH/NV 09, 157 (bewegl Anlagevermögen einer Arztpraxis).

31 **bb) Nicht auf Dauer angelegte Wohnungsvermietung.** Hier kann die Einkunftserzielungsabsicht ebenfalls nicht vermutet werden (ausführl und teilweise krit *Stein* StBP 22, 67). Entscheidend ist, dass der StPfl schon bei Beginn der Vermietung deren baldige Beendigung ernsthaft in Betracht gezogen hat. Hingegen ist es unschädl, wenn der StPfl aufgrund eines nachträgl Entschlusses auf die zwischenzeitl erkannte Unwirtschaftlichkeit der Vermietung reagiert (BFH IX B 100/13, BFH/NV 14, 516 Rn. 7). – Ist die Überschussprognose für die Dauer des begrenzten Vermietungszeitraums zwar positiv, können die Mieteinnahmen aber tatsächl nicht realisiert werden, bleiben die WK abziehbar (zutr FG Mster EFG 12, 1147, rkr: Mietbetrug).

32 **(1) Fallgruppen. – (a) Veräußerungsabsicht bei Mietvertragsschluss.** Die Einkunftserzielungsabsicht ist zu prüfen, wenn bei Abschluss des Mietvertrags über ein gerade erst errichtetes oder erworbenes Objekt die Absicht besteht, es anschließend zu veräußern (BFH IX R 70/98, BFH/NV 02, 635: ausdrückl Klausel im Mietvertrag; BFH IX B 180/09, BFH/NV 10, 883: auch wenn die Mietdauer bis zum Verkauf immerhin 12 Jahre betragen soll; BFH IX B 46/08, BStBl II 08, 815: Immobilienfonds, der das Objekt ausweisl der von Beginn an bestehenden Verträge nach 20 Jahren veräußern will; nicht jedoch, wenn der Fonds unbefristet vermieten will und nach 20 Jahren ledigl dessen Liquidation vertragl mögl ist, s FG Hmb EFG 10, 842, rkr). Unschädl ist aber der allg Vorbehalt, das Grundstück bei geänderten äußeren Umständen zu veräußern (BFH IX R 11/02, BFH/NV 03, 155 unter II.2.b). –

(b) Selbstnutzungsabsicht. Hier gilt dasselbe (BFH IX R 57/00, BStBl II 03, 695; BFH IX R 7/06, BFH/NV 07, 1847: jeweils ausdrückl Mietvertragsklauseln; BFH IX R 55/02, BFH/NV 04, 484: der StPfl erklärt, die Wohnung ab seiner Pensionierung in neun Jahren selbst nutzen zu wollen). Ledigl „indifferente" Überlegungen zu einer evtl späteren Selbstnutzung schaden aber nicht, wenn der Mietvertrag dazu nichts enthält (BFH IX R 63/07, BFH/NV 08, 1323 unter II.2.a; BFH IX R 54/07, BFH/NV 09, 150 unter II.2.b). Die Prüfung ist auch dann vorzunehmen, wenn der StPfl vereinbart, die Wohnung seinen Eltern zunächst 10 Jahre entgeltl und anschließend auf deren Lebenszeit (statistische Lebenserwartung noch 25 Jahre) unentgeltl zu überlassen, weil dies der Selbstnutzung gleichsteht (zutr BFH IX R 8/17, BFH/NV 19, 386). – **(c) Objekt mit zeitlich begrenzter Verfügbarkeit.** Dies ist zB gegeben, wenn der StPfl ein Gebäude, an dem ihm nur für 10 Jahre ein Erbbaurecht bestellt ist, vermietet (BFH IX R 24/07, BStBl II 10, 127 unter II.2.a) oder im Fall einer Untervermietung, wenn der Hauptmietvertrag jederzeit gekündigt werden kann (FG Bln-Bbg EFG 10, 1128, rkr). – **(d) Rechtsnachfolge.** Der WK-Abzug entfällt auch dann, wenn der StPfl als Erwerber in einen vom Veräußerer wegen Selbstnutzungsabsicht befristeten Mietvertrag eintritt und in dem kurzen Zeitraum bis zur Selbstnutzung nur WK-Überschüsse erzielt (BFH IX R 13/12, BStBl II 13, 533).

(2) Indiz für fehlende Dauervermietungsabsicht. – (a) Fünf-Jahres-Frist. 33
Auch wenn beim Abschluss des Mietvertrags noch keine derartigen Beweisanzeichen für eine von Anfang an bestehende zeitl Begrenzung der Vermietungsabsicht erkennbar sind, ist die für Einkunftserzielungsabsicht sprechende Regelvermutung gleichwohl nicht anzuwenden, wenn der StPfl das Objekt in engem zeitl Zusammenhang mit der Anschaffung/Herstellung (idR **bis fünf Jahre) tatsächl veräußert** oder **zur Selbstnutzung übergeht** (BFH IX R 47/99, BStBl II 03, 580; BFH IX R 99/00, BFH/NV 02, 1563; BFH IX R 18/04, BFH/NV 06, 1078; *BMF* BStBl I 04, 933 Rn. 7–10; die Fünf-Jahres-Frist ist der Rspr zum gewerbl Grundstückshandel entlehnt). Dies soll auch dann gelten, wenn der StPfl an eine gewerbl PersGes veräußert, an der er mehrheitl beteiligt ist (BFH IX R 50/10, BStBl II 11, 704); mE unzutr, weil die Merkmale einer gewerbl PersGes dem Ges'ter zugerechnet werden und die Einkunftserzielungsabsicht einkunftsartübergreifend zu beurteilen ist (→ Rn. 57; **aA** *Heuermann* StBP 11, 207). Für vermögensverwaltende PersGes wäre ohnehin anders zu entscheiden. Eine **unentgeltl Übertragung** innerhalb der Fünf-Jahres-Frist spricht mE ebenfalls gegen die Dauervermietungsabsicht (FG Ddorf EFG 08, 377, rkr: Beteiligung an Immobilienfonds-KG; NdsFG EFG 20, 1077, rkr; anders für die sofortige Übertragung des soeben fertiggestellten Objekts unter Vorbehalt eines auf fünf Jahre befristeten Nießbrauchs jedoch FG Mster EFG 17, 407, rkr, mE zweifelhaft). – **(b) Widerlegung der Indizwirkung.** Dies ist mögl (BFH IX R 33/01, BFH/NV 02, 1565: Nachweis, dass der Verkaufsentschluss erst nach dem Mietvertrag gefasst wurde; BFH IX R 18/00, BFH/NV 03, 749 unter II.2.b: Verkauf nach knapp vier Jahren wegen Trennung der Eheleute; BFH IX R 54/07, BFH/NV 09, 150 unter II.2.c: Selbstnutzung aufgrund nachträgl eingetretener schwerer Erkrankung des Ehegatten). Umgekehrt kann aber im Einzelfall auch eine kurz *nach* Ablauf der Fünf-Jahres-Frist durchgeführte Veräußerung Indizwirkung entfalten (BFH IX R 48/02, BFH/NV 04, 170: 5 Jahre 8 Monate; BFH IX B 139/05, BFH/NV 07, 1084). Ein Zwischenraum von 12 Jahren begründet aber keine Indizwirkung mehr (BFH IX R 74/00, BFH/NV 03, 752 unter II.3.). Je kürzer der Zeitabstand, desto stärker die Indizwirkung (BFH IX B 161/06, BFH/NV 07, 1477). Allein der Abschluss eines befristeten Mietvertrags (BFH IX R 1/04, BStBl II 05, 211, der Mietvertrag wurde hier allerdings nach Fristablauf fortgesetzt; BFH IX R 63/07, BFH/NV 08, 1323 unter II.2.a) oder eine nur kurz lfd Fremdfinanzierung stellen aber keine Indizien gegen eine auf Dauer angelegte Vermietung dar (**aA** *BMF* BStBl I 04, 933 Rn. 6).

34 **(3) Mietkaufmodelle.** In der älteren Rspr sind vor allem Mietkaufmodelle (BFH IX R 111/86, BStBl II 87, 668) sowie **Rückkauf- oder Weiterverkaufsgarantien** (BFH IX R 71/93, BStBl II 95, 116; zu Immobilienfonds BFH IX R 19/04, BFH/NV 06, 1637) zum Anlass genommen worden, eine genaue Überschussprognose vorzunehmen. Diese Modelle haben wegen der vorstehend dargestellten Rspr heute in der Praxis allerdings keine Bedeutung mehr (glA *Spindler* DB 07, 185 (187)).

36 **f) Atypische Fallkonstellationen trotz dauerhafter Wohnungsvermietung.** Hier spricht selbst dann keine Vermutung für die Einkunftserzielungsabsicht, wenn es sich um eine dauerhafte Wohnungsvermietung handelt, da Typisierungen, die von der Rspr (nicht vom Gesetzgeber) vorgenommen werden, immer nur für den typischen Fall gelten (zutr *Heuermann* DStR 11, 2082 (2083)). Neben den nachfolgend dargestellten Fallgruppen kommt zB die Vermietung durch eine PersGes ausschließl an Ges'ter und deren nahe Angehörige zu Selbstkosten in Betracht (mE zutr FG Nbg EFG 20, 843, rkr).

37 **aa) Ferienwohnungen.** Ausführl *FM Nds* DStR 10, 1842; *Ritzrow* EStB 10, 19 (64); *Thiele* FR 17, 904; *M. Neufang* StB 17, 248; *Köster* FR 24, 1076. Es ist zu unterscheiden zw auch selbstgenutzten (→ Rn. 38 ff) und ausschließl vermieteten Ferienwohnungen (→ Rn. 42 ff). Die zu Ferienwohnungen entwickelten Grundsätze gelten auch für die Zwischenvermietung eines Appartements an eine BetreiberGes zu einer erfolgsabhängigen Miete (BFH IX R 18/18, BFH/NV 20, 9 Rn. 15).

38 **(1) Zugleich selbstgenutzte und vermietete Ferienwohnungen.** Die Einkunftserzielungsabsicht ist konkret zu prüfen, weil eine derartige gemischte Nutzung nicht den typischen unter § 21 fallenden Sachverhalt darstellt (BFH IX R 97/00, BStBl II 02, 726 unter II.1.c) und die WK-Überschüsse hier auch aus privaten Gründen in Kauf genommen werden. Diese Grundsätze gelten daher auch für kurzfristig vermietete **Messezimmer** in der selbstgenutzten Wohnung (zutr BFH IX R 11/07, BFH/NV 08, 1462 unter II.2.b).

39 **(a) Selbstnutzung.** Dies umfasst die Nutzung der Wohnung zu eigenen Wohn-/Ferienzwecken, aber auch ihre *unentgeltl* Überlassung an Dritte (BFH IX R 2/99, BFH/NV 02, 771). Es genügt, dass der StPfl sich im Vertrag mit einer Vermietungsorganisation eine Selbstnutzung *vorbehält;* eine tatsächl Selbstnutzung ist nicht erforderl (BFH IX B 15/02, BFH/NV 02, 1300; BFH IX B 140/03, BFH/NV 04, 957; BFH IX B 143/05, BFH/NV 06, 1281). Auch kommt es nicht darauf an, ob eine Selbstnutzung nach dem Vermittlungsvertrag nur zu unattraktiven Zeiten zulässig ist (BFH IX R 26/11, BStBl II 13, 613). – Kurzfristige Aufenthalte zur Vornahme von **Reparaturen** oder anlässl eines Mieterwechsels sind keine Selbstnutzung (BFH IX R 97/00, BStBl II 02, 726 unter II.1.b). Hält der StPfl sich zu solchen Zwecken aber mehrere Tage in der Ferienwohnung auf oder wird er durch Familienangehörige begleitet, ist dies zumindest erläuterungsbedürftig (*BMF* BStBl I 04, 933 Rn. 19). – **Feststellungslast für das Fehlen einer Selbstnutzung.** Sie liegt beim StPfl (BFH IX R 97/00, BStBl II 02, 726 unter II.1.b; zu Indizien *gegen* Selbstnutzung s *BMF* BStBl I 04, 933 Rn. 17); widersprüchl Einlassungen gehen zu seinen Lasten (BFH IX R 12/07, BFH/NV 08, 1484 unter II.2.b). Die Festsetzung oder Nichtfestsetzung von ZweitwohnungSt ist zwar Indiz, allein aber kein Beweis für oder gegen Selbstnutzung (BFH IX R 85/00, BFH/NV 02, 767 unter II.2.; BFH IX R 26/02, BFH/NV 05, 688 unter II.4.a).

40 **(b) Abziehbare Werbungskosten.** In voller Höhe abziehbar sind die ausschließl durch die Vermietung veranlassten Aufwendungen (zB Reinigung nach Vermietung, Werbung). Die übrigen Aufwendungen sind nach dem Verhältnis zw Vermietungs- und Selbstnutzungstagen aufzuteilen (ausführl BFH IX R 97/00, BStBl II 02, 726 unter II.1.e aa, bb; BFH IX R 26/11, BStBl II 13, 613 Rn. 13); dieser Aufteilungsmaßstab behandelt **Leerstandszeiten** daher als „neutral". Aufteilbar soll neben AfA,

Schuldzinsen und lfd Kosten auch die ZweitwohnungSt sein (BFH IX R 58/01, BStBl II 03, 287; mE unzutr, weil diese ausschließl durch die Selbstnutzung veranlasst ist). Kann der konkrete Umfang der (als solcher feststehenden) Selbstnutzung nicht festgestellt werden, sind die Aufwendungen für Leerstandszeiten zu 50% als WK abziehbar (BFH IX R 97/00, BStBl II 02, 726 unter II.1.e bb (4)).

(2) Ausschließlich zur Vermietung bereitgehaltene Ferienwohnungen. – 42 **(a) Grundsatz bei Wohnungen im Privatvermögen.** Hier gilt die Vermutung der Einkunftserzielungsabsicht (BFH IX R 37/98, BStBl II 01, 705 unter II.3.; BFH IX R 97/00, BStBl II 02, 726; BFH IX R 18/02, BStBl II 03, 914; *BMF* BStBl I 04, 933 Rn. 16); und zwar auch bei jahrelangen hohen WK-Überschüssen (BFH IX R 15/06, BStBl II 07, 256 unter II.1.). Es kommt nicht darauf an, ob die Wohnung in Eigenregie oder durch eine Organisation vermietet wird. Diese Rspr steht allerdings in einer gewissen Diskrepanz dazu, dass bei Objekten, die nicht Wohnzwecken dienen, die Einkunftserzielungsabsicht nicht zu vermuten ist (→ Rn. 30 *(2)*) und der BFH die Vermietung an kurzfristig wechselnde Feriengäste nicht als Wohnnutzung ansieht (zu § 7c aF BFH IX R 52/98, BFH/NV 02, 325).

(b) Ausnahme bei nicht selbstgenutzten Ferienwohnungen des Privatver- 43 **mögens.** Die Einkunftserzielungsabsicht ist gleichwohl zu prüfen, wenn über einen längeren Zeitraum (BFH IX R 33/19, BStBl II 20, 548 Rn. 26) die **ortsübl Vermietungszeit um mindestens 25 % unterschritten** wird, ohne dass Vermietungshindernisse (BFH IX B 109/05, BFH/NV 06, 719: zB Renovierung, höhere Gewalt) gegeben sind (BFH IX R 57/02, BStBl II 05, 388 unter II.2.c). Denn in einem solchen (nicht marktübl) Verhalten liegt wieder ein atypischer Sachverhalt, der die Typisierung (Vermutung der Einkunftserzielungsabsicht) ausschließt. Hintergrund dieser Ausnahme dürfte auch sein, dass in derartigen Fällen eine Selbstnutzung eben doch naheliegt, aber nicht nachgewiesen werden kann (*Hoffmann* EFG 07, 125). – Maßgebl sind **repräsentative statistische Daten** für den jeweiligen Ort (ggf Zusammenfassung mehrerer Feriengemeinden), nicht aber Vergleichswohnungen im selben Gebäude (BFH IX R 12/07, BFH/NV 08, 1484 unter II.2.c) oder einzelne andere Wohnungen (BFH IX R 39/07, BStBl II 09, 138 unter II.1.c). Statistische Daten zur Bettenauslastung können genügen (BFH IX R 33/19, BStBl II 20, 548 Rn. 29; Einzelfragen s NdsFG EFG 21, 545, rkr). Die Feststellungslast für die ortsübl Vermietungszeiten liegt beim StPfl (BFH IX R 39/07, BStBl II 09, 138 unter II.1.b). Zur Prüfung ist die durchschnittl Auslastung über 3–5 Jahre heranzuziehen (BFH IX R 23/24, BStBl II 25, 997 Rn. 17 ff: auch Zeiträume nach dem Streitjahr; zR teilw krit Kanzler FR 26, 85: man muss sich festlegen, ob nun ein Zeitraum von 3 oder von 5 Jahren maßgebl sein soll, weil unterschiedl Zeiträume zu unterschiedl Ergebnissen führen können). – Eine Überschussprognose ist ebenfalls erforderl, wenn ortsübl Vermietungszeiten nicht festgestellt werden können (BFH IX R 23/16, BFH/NV 17, 897 Rn. 20; BFH IX R 37/17, BFH/NV 19, 390 Rn. 25) oder eine **Vermietung nur während eines Teils des Jahres** vorgesehen ist (BFH IX R 30/08, BFH/NV 10, 850: es fehle hier an einer auf Dauer angelegten Vermietung; mE anders, sofern ein derartiges Vermieterverhalten ortsübl ist).

(c) Ferienwohnung im Betriebsvermögen. Bei gewerbl Vermietung gelten 44 diese Grundsätze nicht (BFH VIII B 67, 68/04, BFH/NV 05, 2181; BFH X B 146/05, BFH/NV 07, 1125 unter 3.b; BFH IV R 6/05, BFH/NV 07, 1492 unter II.1.c). Die Einkunftserzielungsabsicht ist dann nach den für § 15 geltenden Regeln (→ § 15 Rn. 24 ff) im Einzelfall zu prüfen. Deshalb ist die Klärung der Einkunftsart stets vorrangig. – Systematisch ist diese Differenzierung wenig überzeugend und kann nur damit erklärt werden, dass andere BFH-Senate Bedenken gegen die sehr stark typisierende Rspr des IX. Senats haben.

bb) Verbilligte Überlassung einer Wohnung. Dies stellt ebenfalls einen Um- 46 stand dar, der vom übl Verhalten der Marktteilnehmer abweicht. Aufgrund § 21 II 2 wird bei einer auf Dauer angelegten Wohnungsvermietung allerdings die obj Entgeltlichkeit unterstellt („gilt als entgeltl"), wenn das **Entgelt mindestens 66% der ortsübl Miete** beträgt (ausführl → Rn. 158 ff). Eine Kürzung des WK-Abzugs unterbleibt. – Liegt das Entgelt unterhalb von 50% der ortsübl Miete, ist zwar (bei vollem Ansatz der tatsächl Einnahmen) der WK-Abzug anteilig zu kürzen (§ 21 II 1). Auch in diesen Fällen ist aber die Einkunftserzielungsabsicht bei einer typischen Dauervermietung unwiderlegl zu vermuten. Hierfür hat sich der Gesetzgeber die bisherige Rspr ausdrückl zu eigen gemacht (BT-Drs 17/5125, 38). Damit ist die Einkunftserzielungsabsicht nur dann noch zu prüfen, wenn die Miete zw 50 und 66% der Marktmiete liegt.

47 **cc) Vermietung besonders aufwändig gestalteter Objekte.** Eine Überschussprognose ist erforderl, wenn die Marktmiete den Wohnwert eines solchen Objekts offensichtl nicht angemessen widerspiegelt (BFH IX R 30/03, BStBl II 05, 386 unter II.2.b). Denn derartige Objekte werden **üblicherweise nicht fremdvermietet.** Ob ein solches Objekt gegeben ist, richtet sich nach den Kriterien, die für den Ansatz der Kostenmiete iRd früheren Nutzungswertbesteuerung selbstgenutzter Wohnungen entwickelt worden sind (BFH IX R 30/03, BStBl II 05, 386 unter II.2.b unter Verweis auf BFH IX R 35/92, BStBl II 95, 98 und *BMF* BStBl I 95, 150: zB Schwimmhalle, ao Grundstücksgröße in hochpreisigen Gebieten, aufwändige Gestaltung der Außenanlagen; s auch *OFD Mchn/OFD Nbg* DStR 05, 1645; *OFD Ddorf/OFD Mster* FR 05, 958). Dies gilt insb bei einer Wohnfläche über 250 qm (BFH IX B 36/07, BFH/NV 08, 1149 unter 2.c; BFH IX R 17/21, BStBl II 24, 35: selbst wenn die in § 21 II 2 genannte Grenze von 66% der ortsübl Miete überschritten ist). – Allein der Umstand, dass es sich um **historische Bausubstanz** handelt, soll zur Widerlegung der Vermutung der Einkunftserzielungsabsicht aber nicht ausreichen (BFH IX R 10/04, BStBl II 05, 692 unter II.1.c: alte Mühle als „typisches Liebhaberobjekt"; BFH IX R 3/05, BFH/NV 06, 525 unter II.1.b: historisches Gutshaus mit Park), weil sonst ein Wertungswiderspruch zu § 7i einträte (ausdrückl gesetzgeberische Entscheidung, derartige Vermietungen durch hohe Denkmal-AfA zu fördern). ME ist dies nicht zwingend, da die erhöhte AfA bei der Überschussprognose ohnehin außer Betracht bleibt (→ Rn. 55) und § 10g ausdrückl vorsieht, dass die Vermietung von Baudenkmalen auch ohne Einkunftserzielungsabsicht estl subventioniert wird (→ § 10g Rn. 1).

49 **dd) Finanzierungskonzepte, die steigende Schuldenstände vorsehen.** Solche Konzepte sind unübl, sodass die Vermutung der Einkunftserzielungsabsicht nicht gilt (BFH IX R 7/07, BStBl II 07, 873, Anm *Thürmer* DStR 07, 1764: die Schuldzinsen werden ebenfalls fremdfinanziert, zudem besteht keinerlei erkennbares Finanzierungskonzept). Eine Finanzierung, die auf einem Darlehen basiert, das bis zur späteren Ablösung durch eine LV tilgungsfrei ist, ist hingegen kein außergewöhnl Umstand (→ Rn. 27). Dies soll selbst dann gelten, wenn bis zur (planmäßigen) Ablösung durch die LV auch die Schuldzinsen den Darlehensstand erhöhen (BFH IX R 15/04, BStBl II 05, 754; mE nur dann zutr, wenn die Ablösung deutl früher als das Laufzeitende übl Immobilienfinanzierungen geplant ist und auch tatsächl erfolgt); die Schuldzinsen für die Finanzierung der LV-Beiträge sind ebenfalls abziehbar (BFH IX R 62/07, BStBl II 09, 459).

51 **g) Vornahme der Überschussprognose.** Falls die in → Rn. 27 dargestellte, für den typischen Fall der Wohnungsvermietung geltende unwiderlegl Vermutung der Einkunftserzielungsabsicht ausnahmsweise nicht anwendbar ist, ist die Überschussprognose nach den folgenden Grundsätzen vorzunehmen (ausführl *Stein* StBP 20, 8): – **aa) Rein objektive Prognose.** Die Überschussprognose ist bei VuV rein obj. Die Einkunftserzielungsabsicht fehlt bereits dann, wenn im maßgebl Zeitraum kein Totalüberschuss zu erwarten ist. Hingegen ist (anders als bei der Gewinnerzielungsabsicht iSd § 15) nicht zusätzl erforderl, dass der StPfl die WK-Überschüsse subj aus Gründen der Lebensführung in Kauf nimmt (BFH IX R 24/07, BStBl II 10, 127 unter II.1.a; BFH IX R 23/16, BFH/NV 17, 897 Rn. 21 f).

bb) Prognosezeitraum. Dieser beträgt **grds 30 Jahre** (BFH IX R 97/00, BStBl II 02, 726 unter II.1.e cc; BFH IX R 17/21, BStBl II 24, 35 Rn. 31; *BMF* BStBl I 04, 933 Rn. 34), was der übl Gesamtdauer von Immobilienfinanzierungen entspricht. Der 30-Jahres-Zeitraum gilt auch bei unbebauten Grundstücken (BFH IX R 9/06, BStBl II 08, 515). – Ist jedoch eine Überschussprognose vorzunehmen, weil die **Vermietung nicht auf Dauer angelegt** ist (→ Rn. 31 ff), umfasst der Prognosezeitraum nur die Zeit zw Anschaffung/Herstellung einerseits und Beendigung der Einkunftserzielung (zB Veräußerung/Selbstnutzung) andererseits (BFH IX R 84/97, BFH/NV 02, 769 unter II.2.; BFH IX R 57/00, BStBl II 03, 695 unter II.3.a; BFH IX R 8/17, BFH/NV 19, 386 Rn. 15). Bei einer **geänderten Vermietungsart** soll sogar nur die Zeit zw dieser Änderung und der Beendigung der Vermietung maßgebl sein (obiter dictum in BFH IX R 23/24, BStBl II 25, 997 Rn. 25: Übergang von Dauervermietung zur ausschließl fremdvermieteten Ferienwohnung, anschließend Verkauf; mE zweifelhaft, weil es sich um dieselbe Einkunftsquelle handelt). Aufgrund der in den ersten Jahren übl WK-Überschüsse dürfte daher die Einkunftserzielungsabsicht in dieser Fallgruppe idR zu verneinen sein. Zur subjektübergreifenden Prognose s *Stöber* FR 17, 801. 52

cc) Maßgaben für die anzusetzenden Einnahmen und Werbungskosten. – **(1) Höhe der künftigen Einnahmen/Werbungskosten.** Sie sind grds nach dem **Durchschnitt der letzten fünf VZ** zu schätzen (BFH IX R 97/00, BStBl II 02, 726 unter II.1.e dd). Obj Umstände für künftige Änderungen können aber berücksichtigt werden (zB planmäßiges Sinken der Zinsbelastung; Umfinanzierung); dabei ist die Sicht des Schlusses des jeweiligen streitigen VZ maßgebend (BFH IX B 114/17, BFH/NV 18, 1088 Rn. 7; BFH IX R 17/21, BStBl II 24, 35 Rn. 32 f). Künftige inflationsbedingte Erhöhungen sind nicht zu berücksichtigen (so ausdrückl BFH IX R 97/00, BStBl II 02, 726 unter II.1.e dd); bei „hinreichenden Anhaltspunkten" für künftige Einnahmensteigerungen soll aber eine Anpassung an die „allgemeine Preisentwicklung" mögl sein (so in einem obiter dictum BFH IX R 26/11, BStBl II 13, 613 Rn. 13) Letzteres ist mE nur dann zutr, wenn *konkrete* Anhaltspunkte für eine künftige Mietsteigerung gegeben sind (ähnl nunmehr BFH IX R 31/14, BFH/NV 16, 188 Rn. 18), wofür aber die vom BFH hier zugelassene Anknüpfung an die „Entwicklung in der Vergangenheit" gerade nicht ausreicht, zumal dies eine Kumulation mit dem 10%-Sicherheitszuschlag zu den Einnahmen darstellen würde. Umgekehrt sind (wie bei jeder Überschussprognose) Überschüsse, die erst in ferner Zukunft anfallen, nicht abzuzinsen. – Aus den tatsächl Kosten der ersten fünf Jahre sind **unvorhergesehene Mehrkosten** zwar nicht auszuscheiden (BFH IX B 162/05, BFH/NV 07, 878: historisches Gebäude); der StPfl kann aber darlegen, wie er auf die Mehrkosten reagiert hat. Hat der StPfl auf zu hohe WK-Überschüsse reagiert, ist ein Fünf-Jahres-Zeitraum maßgebl, der mit dem ersten Jahr der Umstellung der Bewirtschaftung beginnt (BFH IX R 97/00, BStBl II 02, 726 unter II.1.g; BFH IX R 34/97, BFH/NV 02, 768 unter II.2.). Ist der StPfl allerdings als Reaktion auf die Verluste noch in zeitl Zusammenhang zum Erwerb des Objekts zur typischen Dauervermietung einer Wohnung übergegangen, kann die Notwendigkeit einer Überschussprognose *von Beginn an* entfallen (→ Rn. 26). – Ob es zu einem Totalüberschuss kommt, hängt in der Praxis (bei Darlehensverträgen, die außerhalb der von 2012 bis 2021 bestehenden Niedrigzinsphase geschlossen wurden) im Wesentl von der Höhe der **Schuldzinsen** ab. Hier besteht daher die Möglichkeit, über eine schnellere Tilgung die Überschussprognose zu beeinflussen. – **Instandhaltungsaufwendungen** können iHd Höchstbeträge nach § 28 der II. BerechnungsVO geschätzt werden (BFH IX R 97/00, BStBl II 02, 726 unter II.1.e ee). 54

(2) AfA. Gebäude-AfA sind in der Prognoserechnung grds nach § 7 IV anzusetzen. AfA für Einrichtungsgegenstände richten sich nach der amtl AfA-Tabelle für das Gastgewerbe (BFH IX R 97/00, BStBl II 02, 726 unter II.1.e ee). – **Sonder-AfA** bleiben ebenso wie erhöhte und degressive AfA grds auch dann außer Betracht, 55 wenn der StPfl sie tatsächl in Anspruch nimmt (BFH IX R 80/94, BStBl II 98, 771 unter II.2.e; BMF BStBl I 04, 933 Rn. 34). – **Ausnahme für Sonder-AfA.** Bei einer wegen **befristeter Vermietungstätigkeit** erforderl Prognose (→ Rn. 31) ist wie folgt zu differenzieren: Die Sonder-AfA ist nicht in die Prognose einzubeziehen (was zugunsten des StPfl wirkt), wenn die begünstigten Aufwendungen (einschließl der RestwertAfA!) innerhalb der begrenzten Mietdauer *vollständig* abgeschrieben werden können (BFH IX R 24/07, BStBl II 10, 127 unter II.1.c: Zweck des FördG). Kommt es hingegen innerhalb des begrenzten Prognosehorizonts nicht zu einem vollständigen Verbrauch der Bemessungsgrundlage, ist die SonderAfA einzubeziehen (BFH IX R 57/00, BStBl II 03, 695 unter II.3.a; BFH IX B 172/04, BFH/NV 06, 720).

56 **(3) Sicherheitszuschläge, Sicherheitsabschläge.** Der IX. Senat will hier bei den Einnahmen einen Sicherheitszuschlag von 10% und bei den WK einen Sicherheitsabschlag von ebenfalls 10% vornehmen (BFH IX R 97/00, BStBl II 02, 726 unter II.1.f; *BMF* BStBl I 04, 933 Rn. 34). Dies ist mE nicht gerechtfertigt und weicht von den Grundsätzen ab, die für sonstige Überschuss- und Totalgewinnprognosen im EStRecht gelten. Der Satz von 2 × 10% ist zudem deutl zu hoch und verkehrt daher die meisten negativen Prognosen in ihr Gegenteil (krit auch *Wüllenkemper* EFG 10, 1045; *Stein* StBP 20, 8 (9)). Die übrigen Senate des BFH lehnen eine Übernahme dieser Grundsätze für die anderen Einkunftsarten daher zR ab (für die – strukturell vergleichbare – Überschussprognose bei Leibrenten zB BFH X R 25/01, BStBl II 06, 228, Anm *Kulosa* HFR 05, 103).

57 **(4) Nichtsteuerbare Veräußerungsgewinne.** Diese bleiben für die Prognose außer Betracht (BFH GrS 4/82, BStBl II 84, 751 unter C.IV.3.c aa (2); BFH IX R 80/94, BStBl II 98, 771 unter II.2.a). Sollte jedoch im Einzelfall ein stpfl Gewinn nach § 23 (Zehn-Jahres-Frist) anfallen, ist dieser entgegen der Ansicht der *FinVerw* (*BMF* BStBl I 04, 933 Rn. 34) mE einzubeziehen (glA *KS/Mellinghoff* § 21 Rn. 18; *BH/Schallmoser* § 21 Rn. 168; *Pezzer* StuW 00, 457 (466); *Thürmer* DB 02, 444 (449); *Heuermann* StuW 03, 101 (112) und *ders* DStZ 04, 9 (13)). Denn allein die Aufspaltung eines Vorgangs in verschiedene Einkunftsarten darf die Überschussprognose nicht beeinflussen (glA zu § 18/§ 19 BFH XI R 46/01, BStBl II 03, 602 unter II.3.).

61 **5. Zurechnung der Einkünfte. – a) Grundsatz: Auftreten als Vermieter nach außen.** Einkünfte aus VuV sind demjenigen zuzurechnen, der den Tatbestand der Einkunftserzielung erfüllt. Dies ist derjenige, der die rechtl oder tatsächl Macht hat, eines der in § 21 genannten WG anderen entgeltl auf Zeit zur Nutzung zu überlassen und **Träger der Rechte und Pflichten eines Vermieters** (Verpächters) aus dem Rechtsverhältnis ist (BFH IX R 52/83, BStBl II 86, 605; BFH IX R 83/00, BStBl II 04, 898 unter II.2.a aa). Entscheidend ist für die Einkünftezurechnung unter fremden Dritten grds nur das **Außenverhältnis** zum Mieter/Pächter (BFH IX R 22/04, BFH/NV 06, 2046; BFH IV R 10/18, BStBl II 23, 729 Rn. 26; BFH IX R 2/21, BFH/NV 22, 228 Rn. 21). Nicht maßgebl ist hingegen, wer Eigentümer des überlassenen WG ist (BFH IX R 17/88, BFH/NV 93, 227; BFH IX R 10/13, BFH/NV 14, 836; zB bei Untervermietung/Nießbrauch) oder ob der Vermieter zu seinem Handeln überhaupt berechtigt ist. – **Wohnrecht.** Mieteinkünfte sind grds dem Wohnberechtigten zuzurechnen, sofern dieser vermietet. Vermietet jedoch der Eigentümer trotz bestehenden Wohnrechts im eigenen Namen, steht es der Zurechnung an ihn nicht entgegen, wenn das Wohnrecht nicht ausgeübt wird und nur noch der Sicherung dienen soll (BFH IX R 13/05, BFH/NV 07, 406).

62 **b) Treuhand. Allgemeine Grundsätze.** Eine Zurechnung an den Treugeber setzt voraus, dass der Treuhänder ausschließl auf Rechnung und Gefahr des Treugebers handelt und dieser eine beherrschende Stellung einnimmt. Er muss Weisungen für die Ausgestaltung des Mietverhältnisses nicht nur geben können, sondern auch

tatsächl geben. Demggü sind die Einkünfte dem Treuhänder zuzurechnen, wenn dieser ein eigenes wirtschaftl Interesse an der Treuhandstellung hat (zum Ganzen BFH IX R 269/87, BStBl II 94, 615 unter I.2.b; BFH IV R 10/18, BStBl II 23, 739 Rn. 31; BFH IX R 4/20, BStBl II 23, 389 Rn. 22). In dieser Fallgruppe (Treuhand-, Mehrpersonenverhältnisse und vergleichbare Konstellationen) kommt es daher nicht allein darauf an, wer nach außen als Vermieter auftritt, sondern auch auf das Innenverhältnis zw Treuhänder und Treugeber (BFH IX R 2/21, BFH/NV 22, 228 Rn. 21). – **Einzelfälle.** Bei einem Immobilienfonds, der nicht selbst Eigentümer der Grundstücke ist, sondern die Vermietung durch einen Treuhand-Eigentümer durchführen lässt, sind die Einkünfte nicht den FondsGes'tern zuzurechnen (BFH IX R 269/87, BStBl II 94, 615; ausführl und tendenziell großzügiger *BMF* BStBl I 94, 604). Die treuhänderische Vermietung einer Ferienwohnung durch eine vom Eigentümer gegründete, allein als Vermieter auftretende GmbH ist dem Eigentümer zuzurechnen (BFH IX R 21/15, BFH/NV 16, 1695). Ist nach einem Erbfall anfängl unklar, wer Erbe ist, und kehrt der zunächst als Vermieter Auftretende die vereinnahmten Mieten nach Klärung der Lage an den wahren Berechtigten aus, sind die Einkünfte von Beginn an dem wahren Berechtigten zuzurechnen (BFH IX R 26/99, BFH/NV 04, 476 unter II.4.a: Behandlung wie Treuhand).

c) Vertreter kraft Amtes. Zwangsverwaltung. Die Einkünfte sind nicht dem Verwalter, sondern dem Eigentümer zuzurechnen (BFH IX R 53/98, BFH/NV 02, 1152; BFH IX R 23/14, BStBl II 17, 367 Rn. 15). Die anteilige ESt auf die Mieteinkünfte muss aber der Zwangsverwalter entrichten (BFH IX R 23/14, BStBl II 17, 367 Rn. 20 ff; Einzelregelungen in *BMF* BStBl I 17, 718). Auch bei **Insolvenzverwaltung** (BFH IX R 21/17, BStBl II 19, 481 Rn. 14), **Testamentsvollstreckung** (zu § 15 BFH IV R 76/05, BStBl II 08, 858) und **Nachlasspflegschaft** sind die Einkünfte dem Eigentümer zuzurechnen. 63

d) Unterbeteiligungen an Personengesellschaften. Für die Zurechnung ist das Auftreten nach außen maßgebl (BFH IX R 155/89, BStBl II 92, 459; BFH IX R 30/94, BStBl II 97, 406; BFH IX R 4/20, BStBl II 23, 389 Rn. 27). Daher können Einkünfte aus VuV durch Unterbeteiligungen nur verlagert werden, wenn der Unterbeteiligte nach außen in Erscheinung tritt (was idR aber nicht gewollt sein wird). 64

e) Personenmehrheiten. – aa) Voraussetzungen für eine gemeinsame Einkunftserzielung. Auch hier müssen die Ges'ter (Gemeinschafter) *gemeinsam* Träger der Rechte und Pflichten aus dem Mietverhältnis sein (BFH IX R 17/95, BStBl II 99, 360; BFH IX R 83/95, BFHE 190, 82). Allein die Stellung als Miteigentümer führt daher noch nicht zur Zurechnung anteiliger Einkünfte, wenn nach außen nur ein *anderer* Miteigentümer auftritt (BFH IX R 17/99, BFH/NV 03, 1045; BFH IX R 55/08, BFH/NV 10, 863). Auch ein internes Einverständnis mit dem Alleinhandeln des anderen reicht nicht aus; wohl aber ein Handeln als mittelbarer oder verdeckter Stellvertreter, sofern der Handelnde die Mietverträge mit Wissen und Wollen des Nichthandelnden abschließt und auf gemeinsame Rechnung tätig wird (BFH IX R 55/99, BFH/NV 02, 1556; zu einem solchen Fall FG Mchn EFG 06, 1887, best BFH IX B 137/06, BeckRS 2007, 25011541; mE sind die Abgrenzungskriterien hier aber unklar, weil der Nichthandelnde gerade *nicht* nach außen auftritt). – Fehlt es an diesen Merkmalen, sind die Einkünfte allein demjenigen zuzurechnen, der nach außen auftritt. Sofern dieser nicht auch die gesamten AK/HK getragen hat (zu diesem Kriterium → § 7 Rn. 56), kann dadurch die auf andere Ges'ter entfallende AfA steuerl verloren gehen (hierauf ist vor allem iZm der Trennung von Eheleuten zu achten)! Handelt nach außen hin eine KG, sind die Einkünfte auch dann allen Ges'tern zuzurechnen, wenn der Komplementär weder eine Einlage geleistet hat noch am Vermögen beteiligt ist (BFH IX R 103/85, BStBl II 87, 707). – Eine **Eigentümergemeinschaft nach dem WEG** ist nicht Einkunftserzielerin; 65

vielmehr sind dies die einzelnen Wohnungseigentümer jeweils für sich (BFH IX R 56/08, BStBl II 10, 202). Zu **Mietpools** s *Kranenberg* EStB 17, 238.

66 **bb) Einkünfteermittlung.** Die Einkünfte werden auf der Ebene der Personenmehrheit (PersGes, Bruchteilsgemeinschaft) ermittelt (gesonderte und einheitl Feststellung). Bei PersGes muss die **Einkunftserzielungsabsicht** (sofern diese nicht zu vermuten ist, dazu → Rn. 24 ff) sowohl auf der Ebene der PersGes als auch beim einzelnen Ges'ter gegeben sein (BFH IX R 76/07, BFH/NV 09, 1268 unter II.1. mwN).

67 **(1) Verteilung gemeinschaftlich erzielter Einkünfte.** Grds sind §§ 743, 748 BGB maßgebl, also die zivilrechtl Eigentumsverhältnisse. Die Ges'ter bzw Miteigentümer können aber abw Vereinbarungen treffen, die steuerl zugrunde zu legen sind, wenn sie ihren Grund im Gemeinschaftsverhältnis haben, dh nicht privat veranlasst sind (zum Ganzen BFH IX R 245/87, BStBl II 92, 890; BFH IX R 83/95, BFHE 190, 82 unter 2.; BFH IX R 18/07, BFH/NV 09, 1247). Die **AfA** kann aber nicht abw von der Tragung der AK/HK zugerechnet werden (BFH VIII R 168/73, BStBl II 78, 674 unter 2.). Eine **ungeteilte Erbengemeinschaft** kann ebenfalls Einkünfte aus VuV erzielen, die nach dem Verhältnis der Erbteile auf die Miterben verteilt werden (*BMF* BStBl I 06, 253 Rn. 6). Zur Erbauseinandersetzung → § 16 Rn. 625.

68 **(2) Persönlich durch einen Gesellschafter getragene Aufwendungen.** Sie können als **SonderWK** festzustellen sein. Trägt ein Ges'ter ohne bes Vereinbarung Aufwendungen über seinen Anteil hinaus, steht ihm grds ein Ausgleichsanspruch zu; an der steuerl Zurechnung nach Maßgabe des Miteigentumsanteils ändert sich daher nichts (BFH IX B 61/04, BFH/NV 05, 41). Derartige Aufwendungen sind aber ausnahmsweise dem sie tragenden Ges'ter allein zuzurechnen, wenn er weder eine Zuwendung an die MitGes'ter beabsichtigt noch ein durchsetzbarer Ausgleichsanspruch besteht (BFH IX R 59/01, BStBl II 05, 454: gilt auch zw nahen Angehörigen). Wenn er die Aufwendungen aus privaten Gründen trägt, sind sie nicht abziehbar (BFH IX R 19/14, BFH/NV 16, 380 Rn. 14; *Böwing-Schmalenbrock* NWB 19, 3370). Bei Aufwendungen anlässl der Beendigung der gemeinsamen Einkunftserzielung ist abzugrenzen, ob es sich um nachträgl SonderWK iRd der Gemeinschaft oder aber um vorweggenommene WK für eine künftige Einkunftserzielung in eigener Person handelt (BFH IX R 25/08, BFH/NV 09, 748).

69 **cc) Rechtsverhältnisse zwischen Gesellschafter und Personengesellschaft.** – **(1) Nutzungsüberlassung an die Personengesellschaft.** Anders als bei § 15 I 1 Nr 2 gibt es bei VuV **kein „SBV"**. Vermietet der Ges'ter der PersGes (Gemeinschaft) ein Grundstück, sind ihm diese Einkünfte daher *persönl* zuzurechnen, dh nicht in die Feststellungserklärung der PersGes einzubeziehen (BFH VIII R 194/78, BStBl II 81, 510 unter 1.d). Gleiches gilt für Darlehen, die der Ges'ter der PersGes gewährt. – **(2) Nutzungsüberlassung an einen Gesellschafter.** Vermietet eine PersGes/Gemeinschaft eine Wohnung (entgeltl) an einen Ges'ter/Miteigentümer und die übrigen Wohnungen an Dritte, erzielt der die Wohnung selbst nutzende Ges'ter daraus keine Einkünfte aus VuV; ledigl die anderen Ges'ter erzielen (anteilig) Einkünfte. In jedem Fall lässt die Überlassung dieser Wohnung an einen der Ges'ter die Zurechnung der Einkünfte aus den *übrigen* Wohnungen nach dem Verhältnis der Beteiligungen unberührt (zum Ganzen BFH IX R 49/02, BStBl II 04, 929; BFH IX R 42/01, BFH/NV 05, 168; BFH IX R 14/04, BFH/NV 06, 2053; *OFD Ddorf* DB 05, 581; ausführl und mit Beispielen *LfSt Bay* DStR 06, 2212 sowie *Paus* EStB 07, 298; *Paus* INF 07, 68). Zivilrechtl wird auf eine solche Nutzungsüberlassung hingegen Mietrecht angewendet (BGH VIII ZR 176/17, NJW 18, 2472 Rn. 21 ff). – Beschränkt sich eine Zwei-Personen-GbR auf die Nutzungsüberlassung an einen ihrer Ges'ter (ohne Vermietung an Dritte), ist keine einheitl und gesonderte Feststellung vorzunehmen, weil nur der andere Ges'ter überhaupt Einkünfte erzielt (BFH IX R 83/00, BStBl II 04, 898; BFH IX B 37/21, BFH/NV 22, 115 Rn. 5). Anders ist dies aber, wenn Mieter ihrerseits eine *PersGes* ist, der einer der Ges'ter angehört (BFH

IX R 72/07, BStBl II 09, 231). – **(3) „Verkauf" von Wirtschaftsgütern des Gesellschafters an eine vermögensverwaltende PersGes.** Im Umfang der eigenen Beteiligung handelt es sich nicht um ein Veräußerungsgeschäft (Bruchteilsbetrachtung); der PersGes entstehen insoweit also keine AK (BFH IX R 18/06, BStBl II 08, 679; auch → § 6 Rn. 43).

f) Zurechnung bei Nießbrauch und anderen Nutzungsrechten. Ausführl *Meyer/Hartmann* INF 06, 789; *Korn* KÖSDI 23, 23090; *Günther* EStB 23, 230. Die praktische Bedeutung von Nießbrauchsgestaltungen ist in letzter Zeit allerdings tendenziell zurückgegangen. – **aa) Überblick.** Auch hier sind die Einkünfte demjenigen zuzurechnen, der den Tatbestand der Einkunftsart VuV verwirklicht, also im Außenverhältnis Träger der Rechte und Pflichten eines Vermieters ist (allg hierzu → Rn. 61; ausführl zum Ganzen Nießbrauchserlass *BMF* BStBl I 13, 1184). In seiner **neueren Rspr** fordert der BFH für die Zurechnung an den Nießbraucher in erster Linie, dass dieser die *nach* der Nießbrauchsbestellung zustande gekommenen Mietverträge im eigenen Namen abschließt (BFH IX R 4/20, BStBl II 23, 389 Rn. 21). Bei bereits bestehenden Mietverträgen ist eine Umschreibung auf den Nießbraucher oder zumindest eine Information des Mieters erforderl (nicht ganz eindeutig BFH IX R 8/22, BFH/NV 23, 1308 Rn. 18); zumindest bei Bestellung eines Nießbrauchs zugunsten naher Angehöriger ist dies aber dringend anzuraten (im Hinblick auf die tatsächl Durchführung). – **Wohnraummiete.** Der Nießbraucher tritt bereits kraft Gesetzes in einen bestehenden Mietvertrag ein (§ 567 iVm § 566 BGB), sodass ein rechtsgeschäftl Übergang der Vermieterstellung nicht erforderl ist. – **Quotennießbrauch.** Dies will der BFH anerkennen, wenn der Nießbraucher die nach Bestellung des Nießbrauchs zustande gekommenen Mietverträge zusammen mit dem Eigentümer abschließt (BFH IX R 4/20, BStBl II 23, 389 Rn. 21; im konkreten Fall war dies nicht entscheidungserhebl). – **Ertragsnießbrauch.** Eine ledigl rein rechnungsmäßige Beteiligung des Nießbrauchers an den Erträgen des Mietobjekts genügt allerdings nicht (BFH IX B 56/12, BFH/NV 12, 1959; BFH X R 30/20, BStBl II 22, 161 Rn. 14). – Zu unterscheiden ist der **entgeltl bestellte Nießbrauch** (→ Rn. 73), der unentgeltl **Zuwendungsnießbrauch** (→ Rn. 74), der **Vorbehaltsnießbrauch** (→ Rn. 75) und der Nießbrauch an einem **PersGesAnteil** (→ Rn. 76). Dem (dingl) Nießbrauch gleichgestellt sind **schuldrechtl Nutzungsrechte** (→ Rn. 77). 71

bb) Nießbrauch zugunsten naher Angehöriger. Bei diesem in der Praxis häufigen Fall sind die für Angehörigenverträge geltenden besonderen steuerl Anforderungen zu beachten (zu Angehörigen-Mietverträgen → Rn. 81 ff, allg zu Angehörigenverträgen → § 12 Rn. 20 ff). Will ein Eigentümer durch Bestellung eines Nießbrauchs (oder eines schuldrechtl Nutzungsrechts) die Einkünfte aus dem WG auf ein Familienmitglied mit geringerem Steuersatz verlagern, beachtet er aber die hierfür geltenden Voraussetzungen nicht (zB zivilrechtl Wirksamkeit, Fremdvergleich, tatsächl Durchführung), sind die Einkünfte weiterhin ihm zuzurechnen (zB BFH IX R 11/97, BFH/NV 01, 586: bis zur Volljährigkeit befristete leihweise Nutzungsüberlassung einer vermieteten Wohnung an den gerade geborenen Sohn). Der BFH will es aber auch zw Eltern und Kindern zulassen, dass ein ausdrückl bis zur Volljährigkeit befristeter Nießbrauch oder ein anderes Nutzungsrecht konkludent verlängert wird (BFH IX R 69/04, BStBl II 07, 579 unter II.1.a; BFH IX R 2/21, BFH/NV 22, 228; mE zweifelhaft). 72

cc) Entgeltlich bestellter Nießbrauch. Der Eigentümer des WG erzielt Einkünfte aus der Nießbrauchsbestellung und kann (weiterhin) AfA von den AK/HK des WG vornehmen (BFH IX R 1/22, BFH/NV 24, 173 Rn. 24). Der Nießbraucher erzielt Einkünfte aus der Verwendung des WG und kann AfA auf die AK des Nießbrauchsrechts vornehmen (ausführl → § 7 Rn. 69 ff). 73

dd) Unentgeltlich bestellter Zuwendungsnießbrauch. Hier erzielt allein der Nießbraucher Einkünfte. **AfA** stehen allerdings weder dem Eigentümer des WG 74 (mangels Einkunftserzielung) noch dem Zuwendungsnießbraucher (mangels Tragung der AK/HK) zu (→ § 7 Rn. 102). Gleiches gilt beim Bruttonießbrauch für sonstige vom Eigentümer getragene Kosten (BFH VIII R 128/78, BStBl II 81, 299 unter 2.). Daher ist der Zuwendungsnießbrauch aus steuerl Sicht idR nicht empfehlenswert. Er kann allerdings für die befristete Übertragung einer Einkunftsquelle (etwa für die Zeit eines Studiums des Kindes) sinnvoll sein (Ausnutzung des Grundfreibetrags und des geringeren Steuersatzes des Kindes; Abziehbarkeit der Ausbildungskosten als SA beim Kind). – **Steuerliche Anerkennung der Einkünfteverlagerung.** Eine freie Widerrufsmöglichkeit des Nießbrauchs schadet auch zw Eltern und ihren minderjährigen Kindern nicht, sofern sorgfältig darauf geachtet wird, dass nach außen im Namen der Kinder gehandelt wird (BFH IX R 54/00, BFH/NV 04, 1079). Gestaltungsmissbrauch ist anzunehmen, wenn das minderjährige Kind als Zuwendungsnießbraucher das Grundstück sogleich wieder an die Eltern zurückvermietet (BFH IV R 36/90, BStBl II 91, 205). Dies gilt allerdings nicht, wenn Mieter eine von den Eltern beherrschte GmbH ist (BFH IX R 8/22, BFH/NV 23, 1308 Rn. 29; dazu *Götz* DStZ 24, 48) oder das dem einen Elternteil gehörende Objekt bereits an den anderen Elternteil vermietet war, bevor der Nießbrauch zugunsten des Kindes begründet wurde (zutr FG BW EFG 17, 965, rkr). – **Vermächtnisnießbrauch.** Es gelten dieselben Regeln wie für den Zuwendungsnießbrauch.

75 **ee) Vorbehaltsnießbrauch.** S auch *Paus* EStB 19, 387. – **(1) Nießbraucher.** Hat sich der frühere Eigentümer des WG bei dessen unentgeltl Übertragung den Nießbrauch vorbehalten, erzielt er weiterhin die Einkünfte; auch stehen ihm unverändert die AfA zu (hierzu ausführl → § 7 Rn. 60). – **(2) Neuer Eigentümer.** Er erzielt während des Bestehens des Nießbrauchs keine Einkünfte. Ausnahmsweise kann er aber Aufwendungen als vorab entstandene WK abziehen, wenn er diese im eigenen Interesse als zukünftiger Nutzer des WG getätigt hat und der Nießbrauch in naher Zukunft aufgehoben werden soll (BFH IX R 3/07, BFH/NV 09, 1251); nicht aber, wenn das Ende der Nießbrauchsbelastung nicht absehbar ist (BFH IX R 20/17, BFH/NV 19, 540 Rn. 13; ebenso zum Wohnungsrecht BFH IX B 27/22, BFH/NV 22, 1286).

76 **ff) Nießbrauch an einem Anteil an einer Personengesellschaft.** Die Zurechnung der Einkünfte an den Nießbraucher setzt voraus, dass diesem kraft des Nießbrauchs eine Stellung eingeräumt ist, die der eines Ges'ters im Wesentl entspricht (BFH IX R 4/20, BStBl II 23, 389 Rn. 26). Dies gilt auch bei einem Quotennießbrauch an einem PersGesAnteil (zutr BFH IX R 4/20, BStBl II 23, 389 Rn. 32 ff: nicht bei fehlendem Recht zur Mitwirkung an den Grundlagengeschäften der PersGes; teilw krit *Schothöfer* DStR 23, 1695). Allein der Nießbrauch an einem „Gewinnstammrecht" genügt jedenfalls nicht (BFH IX R 78/88, BStBl II 91, 809).

77 **gg) Schuldrechtliche Nutzungsrechte.** – **(1) Grundsätzlich Gleichbehandlung mit Nießbrauch.** Die Zurechnung von Einkünften an einen Nutzungsberechtigten setzt nicht zwingend ein *dingl* Nutzungsrecht (Eintragung eines Nießbrauchs in das Grundbuch) voraus. Vielmehr kann durch rein schuldrechtl Nutzungsrechte grds dasselbe steuerl Ergebnis erzielt werden (*BMF* BStBl I 13, 1184 Rn. 6 ff). Dies gilt auch im Verhältnis zw Eltern und ihren minderjährigen Kindern (BFH IX R 52/83, BStBl II 86, 605). – **(2) Ausdrückliche Mietvertragsübernahme erforderl.** § 567 BGB (Eintritt des Nießbrauchers in bestehende Wohnraummietverträge; → Rn. 71) ist bei schuldrechtl Berechtigtenwechsel nicht anwendbar. Daher tritt ein schuldrechtl Berechtigter nur durch rechtsgeschäftl Vertragsübernahme (dh unter Mitwirkung der Mieter) in die Stellung des Vermieters ein (BFH IX R 22/04, BFH/NV 06, 2046: nicht eingetragener Nießbrauch; BFH IX R 24/11, BFH/NV 13, 1228 Rn. 10). – **(3) Zuwendung eines schuldrechtlichen Nutzungsrechts an Angehörige.** Dies ermöglicht (ebenso wie ein Zuwendungsnießbrauch, → Rn. 74) eine (ggf zeitl begrenzte) Einkünfteverlagerung. Ob bei

unentgeltl zugewendeten Nutzungsrechten zw Angehörigen – entspr der Rspr zu § 21 II in der bis 1986 geltenden Fassung – eine „gesicherte Rechtsposition" erforderl ist, hat der BFH ausdrückl offen gelassen (BFH IX R 24/11, BFH/NV 13, 1228 Rn. 12). Die von der *FinVerw* in diesen Fällen bisher geforderte vertragl Mindestlaufzeit des Nutzungsrechts von einem Jahr (so noch *BMF* BStBl I 98, 914 Rn. 7, offener nunmehr *BMF* BStBl I 13, 1184 Rn. 7) hat jedenfalls keine Rechtsgrundlage (zutr BFH IX R 24/11, BFH/NV 13, 1228 Rn. 12). ME ist ohnehin entscheidend, dass sich aus den Gesamtumständen die Ernsthaftigkeit der Zuwendung des Nutzungsrechts entnehmen lässt.

hh) Ablösung von Nutzungsrechten. Die Zahlung, die ein Nießbraucher für den Verzicht auf sein Recht erhält, ist Einnahme aus VuV (BFH IX R 4/24, DStR 25, 2831: § 24 Nr 1 Buchst a). Dies ist zwar für den dort entschiedenen Fall zutr, aber dann problematisch, wenn der Nießbraucher zuvor Eigentümer des Grundstücks war und der Verzicht auf den Nießbrauch nur den zweiten Akt einer zeitl gestreckten Veräußerung darstellt. Ausführl → § 6 Rn. 140 „Abfindungen"; *BMF* BStBl I 13, 1184 Rn. 55–67 mwN auf die Rspr. Zur Ermittlung der AfA-Reihen s *LfSt Bay* DStR 11, 312 (dagegen ausführl *Meyer/Ball* DStR 11, 1211). 78

6. Mietverträge zwischen Angehörigen. Allg zu Angehörigenverträgen ausführl → § 12 Rn. 20 ff; zu Angehörigen-Mietverträgen *Krauß* DStZ 17, 476; *M. Neufang* StB 18, 261; zu Besonderheiten beim Nießbrauch → Rn. 71 ff. – Die stRspr legt Verträge zw nahen Angehörigen (zum Begriff → § 12 Rn. 23) der Besteuerung grds nur dann zugrunde, wenn sie zivilrechtl wirksam abgeschlossen sind (→ Rn. 84), der Vertragsinhalt dem zw Fremden Üblichen entspricht (→ Rn. 86 ff) und auch tatsächl durchgeführt wird (→ Rn. 95). Diese Kriterien haben nur indizielle Bedeutung; es handelt sich nicht etwa um starre Tatbestandsmerkmale. Entscheidend ist immer die Gesamtwürdigung der Umstände des Einzelfalls (→ § 12 Rn. 22), sodass nicht jede Abweichung vom Üblichen die steuerl Anerkennung des Vertrages ausschließt und Defizite in dem einen Bereich durch Erfüllung des Fremdvergleichs in anderen Bereichen kompensiert werden können. 81

a) Zivilrechtliche Wirksamkeit. Ein Formmangel stellt vor allem bei klarer Zivilrechtslage ein starkes Indiz gegen die steuerl Anerkennung dar (BFH IX R 45/06, BStBl II 11, 20; *BMF* BStBl I 11, 37 Rn. 2; jeweils betr Darlehensvertrag). Zwingend ist dies aber nicht (zu Darlehensverträgen BFH IX R 4/04, BStBl II 07, 294: zügige Heilung des Formmangels nach dessen Erkennen ist positiv zu würdigen). – **aa) Schriftform.** Nach Auffassung des IX. Senats soll es nicht schaden, wenn ein Angehörigen-Mietvertrag nur mündl abgeschlossen wird, da die Schriftform zivilrechtl nicht erforderl sei (BFH IX R 80/97, BFH/NV 00, 429; BFH IX R 8/07, BFH/NV 08, 350 unter II.2.). ME ist dies nicht ganz zweifelsfrei, da aus § 550 BGB folgt, dass der Gesetzgeber die Schriftform als Regelfall ansieht und an ihre Nichtbeachtung besondere Rechtsfolgen knüpft (s *Grüneberg* § 550 BGB Rn. 1). Jedenfalls aus Beweisgründen empfiehlt sich in der Praxis dringend die Schriftform (so auch BFH IX R 68/97, BFH/NV 01, 1551). – **bb) Notarielle Beurkundung.** In Einzelfällen kann selbst ihr Fehlen (sofern eine Beurkundung iZm Mietverträgen ausnahmsweise erforderl ist) unschädl sein (BFH IX R 57/96, BStBl II 98, 108: ein nach DDR-Recht vereinbartes Wohnungsrecht kann nach dem komplexen Übergangsrecht des Einigungsvertrags nur durch notarielle Beurkundung aufgehoben werden, was die Parteien übersehen). – **cc) Ergänzungspfleger.** Er ist zivilrechtl erforderl, wenn minderjährige Kinder beim Vertragsschluss durch ihre Eltern vertreten werden und der andere Vertragspartner ebenfalls ein Elternteil (§ 181 BGB), dessen Ehegatte oder ein Verwandter in gerader Linie ist (§§ 1629 II, 1795 I BGB). Ist das Erfordernis eines Ergänzungspflegers bereits zivilrechtl zweifelhaft, kann dem StPfl ein etwaiger Formmangel jedenfalls dann nicht angelastet werden, wenn er den Mangel unverzügl nach Kenntnisnahme nachträgl heilt und der Mietvertrag iÜ ernstl ver- 84 einbart und durchgeführt wird (BFH VIII R 29/97, BStBl II 00, 386 unter 2.: Vertrag mit FamilienPersGes). – **dd) Mieterschutzvorschriften.** Eine (zivilrechtl unwirksame) Mieterhöhung über die Kappungsgrenze des § 558 III BGB hinaus (20/15%) steht auch zw nahen Angehörigen der Anerkennung des Mietverhältnisses nicht entgegen (*OFD Mster* DStR 04, 957).

86 **b) Fremdvergleich hinsichtlich des Vertragsinhalts. – aa) Klarheit und Eindeutigkeit der Vereinbarung. – (1) Hauptpflichten.** Die mietvertragl Hauptpflichten (Nutzungsüberlassung einer konkret bestimmten Mietsache/Höhe der Miete) müssen eindeutig geregelt sein (BFH IX R 38/97, BStBl II 98, 106 unter 2.). Daran fehlt es, wenn unklar bleibt, ob die im Vertrag genannte Miete die Nebenkosten enthält oder nicht (BFH IX B 50/04, BFH/NV 04, 1531; FG Mchn EFG 98, 1127, rkr; in beiden Fällen sprachen allerdings noch weitere Umstände gegen die Fremdüblichkeit), oder wenn als „Miete" die Überlassung eines „Geschäftswagens" vereinbart ist, ohne dessen Typ zu bezeichnen (BFH VIII R 33/11, BFH/NV 14, 151). Allein der Umstand, dass ein zur Wohnung gehörender Spitzboden im Mietvertrag nicht ausdrückl erwähnt wird, steht der Anerkennung aber nicht entgegen (zutr FG Bln-Bbg DStRE 23, 408, rkr). – **(2) Nebenpflichten.** Das Fehlen einer Umlagevereinbarung über die Nebenkosten steht der Anerkennung allein noch nicht entgegen, weil dann die gesetzl Regelung gilt, wonach der Vermieter die Nebenkosten trägt, und diese Regelung für sich genommen klar (wenn auch eher unübl) ist; dieser Umstand ist aber iRd Gesamtwürdigung zu berücksichtigen (BFH IX R 30/96, BStBl II 98, 349; BFH IX R 6/97, BFH/NV 01, 305 unter II.2.a). Allerdings können **mehrere Unklarheiten bei Nebenpflichten,** die für sich allein noch nicht zur Versagung der Anerkennung führen würden, in ihrer Summe den Schluss zulassen, dass keine ernsthafte Vereinbarung gewollt war (BFH IX R 68/97, BFH/NV 01, 1551). – **(3) Konkretisierung unklarer Vereinbarungen durch spätere eindeutige tatsächliche Übung.** Auch wenn eine Vereinbarung ursprüngl unklar war, ist sie stl anzuerkennen, wenn ihr Inhalt durch die spätere eindeutige tatsächl Übung konkretisiert wird (BFH IX R 68/99, BStBl II 02, 699 unter II.1.c unter Bezug auf gleichlautende Rspr zur vGA; BFH IX R 8/07, BFH/NV 08, 350 unter II.1.b).

87 **bb) Ernstlichkeit der Vereinbarung.** Daran fehlt es, wenn ein Scheingeschäft vorliegt (→ Rn. 87) oder gegenläufige Zahlungspflichten begründet werden (→ Rn. 88, zu Ausnahmen → Rn. 91 f). – **(1) Scheingeschäft (§ 41 II AO).** Dies ist der Fall, wenn der Vermieter dem Mieter die Miete im Vorhinein zur Verfügung stellt oder sie alsbald zurückzahlt, ohne dazu rechtl (zB wegen Unterhaltsbedürftigkeit; → Rn. 91) verpflichtet zu sein (BFH IX R 23/94, BStBl II 97, 655; BFH IX R 7/98, BFH/NV 04, 1270 unter II.1. mwN; FG Ddorf EFG 10, 1415, rkr: Vermietung von Praxisräumen zw Ehegatten, wobei der Vermieter-Ehegatte dem einkommenslosen Mieter-Ehegatten die erforderl Geldbeträge zur Verfügung stellt). Eine solche Rückzahlung darf auch ohne förml Nachweis unterstellt werden, wenn der Angehörigen-Mieter seine Hauptwohnung an einem weit entfernten Ort unterhält, vom Vermieter nur eine Zweitwohnung anmietet und ihm nach Abzug der Miete kaum das Existenzminimum für seinen Lebensunterhalt verbleiben würde (BFH IX R 23/94, BStBl II 97, 655 unter 2.b). Kein Scheingeschäft soll aber vorliegen, wenn der Rückfluss der Mietzahlungen an den Mieter von einem Konto erfolgt, das beide Eheleute aus ihren jeweiligen Einnahmen sowie aus aufgelösten Geldanlagen speisen, selbst wenn das Konto nur auf den Namen des Vermieter-Ehegatten lautet (BFH VIII R 23/23, BFH/NV 25, 1283 Rn. 33 f).

88 **(2) Gestaltungsmissbrauch (§ 42 AO).** Ausführl auch *BH/Schallmoser* § 21 Rn. 136 ff; *Günther* EStB 19, 64. – Es ist rechtsmissbräuchl, wenn die Parteien durch zivilrechtl mögl Gestaltungen zwar **wechselseitige Zahlungspflichten begründen,** damit ihre jeweilige Position aber weder tatsächl noch wirtschaftl verändern

(BFH IX R 97, 98/90, BStBl II 94, 738: Ehegatten vermieten einander zur Erlangung des VorStAbzugs wechselseitig ihre Arztpraxen unmittelbar nach deren Errichtung; BFH IX R 17/07, BStBl II 08, 502 unter II.1.a: wechselseitige Darlehensgewährung; BFH IX B 43/07, BFH/NV 08, 811: **Überkreuzvermietung** zur Erlangung von SonderAfA nach dem FördG; FG Mster DStRE 11, 213, rkr: Eltern und deren Kind übertragen einander nach Ablauf der § 10e-Frist die jeweils selbstgenutzte Eigentumswohnung, anschließend werden die Objekte wechselseitig vermietet; BFH IX R 18/12, BFH/NV 13, 1094: Eltern vermieten zwei Wohnungen eines 8-Familien-Hauses an ihre Kinder; eine dritte Wohnung in diesem Haus vermieten die Kinder an ihre Eltern; ausführl *Hofheinz* HFR 13, 785; BFH IX R 2/13, BStBl II 14, 527: die beiden Ges'ter einer Grundstücks-GbR vermieten die ihnen zur Alleinnutzung zugewiesenen Grundstücksteile jeweils an den anderen Ges'ter).

(3) Weitere Fälle fehlender Ernstlichkeit. Vermietung einer Einliegerwohnung an die im selben Ort wohnenden Eltern des StPfl, die dort dessen Kinder betreuen sollen (BFH IX R 33/89, BStBl II 92, 549); ggf anders aber bei Vermietung an die Eltern für Besuchsaufenthalte, wenn auf eine Trennung der Wohnsphären geachtet wird (BFH IX R 121/92, BFH/NV 95, 112). 89

(4) Ausnahmen von der Nichtanerkennung gegenläufiger Zahlungen. In den nachfolgend (→ Rn. 91–93) dargestellten Ausnahmefällen sind gegenläufige Zahlungen ausnahmsweise unschädl. Allerdings müssen die sonstigen Voraussetzungen für die Anerkennung von Angehörigenverträgen sowie die Einkunftserzielungsabsicht stets noch geprüft werden (zutr *OFD Ffm* DB 01, 2629). 90

(a) Unterhaltsleistungen. Nicht als Hin- und Herzahlen ist es anzusehen, wenn der Angehörige die Miete aus Unterhaltsleistungen zahlt, die er vom Vermieter erhalten hat (BFH IX R 13/92, BStBl II 96, 214: Vermietung an unterhaltsberechtigten geschiedenen Ehegatten; BFH IX R 85/93, BStBl II 97, 52 unter 1.b: unterhaltsberechtigter Elternteil; BFH IX R 8/07, BFH/NV 08, 350 unter II.1.b: unterhaltsberechtigtes Kind). Dies gilt selbst dann, wenn der unterhaltspflichtige Vermieter die Miete von vornherein von seinen Unterhaltsleistungen einbehält (BFH IX R 30/98, BStBl II 00, 223; BFH IX R 39/99, BStBl II 00, 224 unter 2.; krit Anm *P. Fischer* FR 00, 206 und *Gosch* StBP 00, 94) oder dem unterhaltsberechtigten Mieter zuvor einen Geldbetrag geschenkt hat, aus dem dieser dann die Miete begleicht (BFH IX R 26/01, BFH/NV 04, 1378); ausführl zu diesen Modellen *Thürmer* DB 03, 1012. Es muss aber ein eindeutiger Mietvertrag abgeschlossen werden; die ausdrückl *unentgeltl* Überlassung führt nicht zum Abzug von WK aus VuV (BFH IX B 165/05, BFH/NV 06, 738). Auch darf der unterhaltsberechtigte Mieter nicht zum Haushalt des Vermieters gehören (→ Rn. 10). 91

(b) Stuttgarter Modell. Vereinbarungen sind nach der Rspr (BFH IX R 12/01, BStBl II 04, 643; dem folgend *OFD Mster* DB 04, 2242) nicht schon deshalb missbräuchl, weil der bisherige Eigentümer das Objekt zunächst gegen wiederkehrende Leistungen auf sein Kind überträgt (bei Vertragsschluss vor 2008 Abziehbarkeit der wiederkehrenden Leistungen beim Kind nach § 10 I Nr 1a aF) und dann rückanmietet (Abziehbarkeit der WK-Überschüsse aus der Vermietung beim Kind). Dies eröffnet insb bei Notwendigkeit größerer Erhaltungsaufwendungen lukrative Gestaltungsmöglichkeiten (s *Busch/Trompeter* FR 05, 633; *Mayer/Geck* DStR 05, 1425 und *dies* DStR 05, 1471; zu den damit verbundenen zivilrechtl Risiken aber *P. Fischer* FR 04, 716 mwN). Begründet wird dies damit, dass hier nur eines der Geschäfte auf der Nutzungsebene stattfindet, das andere aber auf der Vermögensebene (*Heuermann* StuW 04, 124). In diesen Fällen steht die Mietvertragsanerkennung auch nicht die parallele Existenz eines Wohnungsrechts entgegen (BFH IX R 44/98, BFH/NV 04, 1265), das aber nicht unentgeltl sein darf. Missbräuchl ist es, wenn ein unentgeltl Wohnrecht gegen dauernde Last aufgehoben wird und in Höhe desselben Betrags eine Miete vereinbart wird (BFH IX R 56/03, BStBl II 04, 648). – Weil für ab 2008 geschlossene Verträge kein SA-Abzug mehr mögl ist, hat die Bedeutung dieser Gestaltungen abgenommen. 92

93 **(c) Weitere zulässige Gestaltungen.** Der StPfl vermietet ein Haus an seine Eltern; zugleich überlassen diese ihm das Nachbarhaus *unentgeltl* (BFH IX R 5/00, BStBl II 03, 509: keine gegenseitigen Zahlungspflichten; dazu *Heuermann* BB 03, 1465). Gleiches gilt, wenn einer der Mietverträge bereits seit längerer Zeit besteht und erst später der Vermieter eine andere, in seinem Eigentum stehende Wohnung an den StPfl überträgt und rückanmietet (BFH IX R 54/93, BStBl II 96, 158), oder wenn der StPfl das Objekt von einem Angehörigen erwirbt, an diesen zurückvermietet, der Kaufpreis als Darlehen gewährt wird und Miet-/Zinszahlungen dieselbe Höhe haben (FG BW EFG 05, 1943, rkr: keine wechselseitige Vermietung).

94 **cc) Fremdüblichkeit des Vertragsinhalts.** Auch der Vertragsinhalt muss im Wesentlichen dem zw Fremden Üblichen entsprechen. Je mehr Unüblichkeiten zusammentreffen, desto eher spricht dies gegen die Anerkennung. Ist ein abgrenzbarer Teil des Entgelts unübl, ist nur dieser Teil der Besteuerung nicht zugrunde zu legen; iÜ bleibt der Vertrag aber steuerl zu beachten (BFH VIII R 29/97, BStBl II 00, 386 unter 3.: Pachtvertrag zw Kind und FamilienPersGes, wobei das lfd Entgelt angemessen ist, nicht jedoch der Verzicht der PersGes auf einen Wertausgleich für vorgenommene Einbauten). – **(1) Einzelfälle unübliche Inhalte.** Den Eltern wird eine Wohnung im ansonsten vom Vermieter selbstgenutzten Zweifamilienhaus auf Lebenszeit vermietet; zugleich wird der Vater als Hausmeister für das Zweifamilienhaus angestellt (BFH IX R 30/01, BFH/NV 03, 465). Die Miete soll nicht ausbezahlt, sondern durch Verrechnung mit ratenweisen Rückforderungsansprüchen aus einer (als frei widerrufl ausgestalteten) Schenkung des Mieters entrichtet werden (BFH IX R 8/16, BStBl II 17, 273). – **(2) Einzelfälle nicht zu beanstandende Inhalte.** Die Vereinbarung einer „Warmmiete“ (Verzicht auf Abrechnung von Nebenkosten) ist jedenfalls bei der Zimmervermietung an Studierende nicht unübl (BFH IX R 39/99, BStBl II 00, 224 unter 1.). Eine zugunsten des Angehörigen verbilligte Miete ist in den Fremdvergleich nicht einzubeziehen, sondern iRd Einkunftserzielungsabsicht (→ Rn. 46) zu prüfen (BFH IX R 8/07, BFH/NV 08, 350 unter II.1.b). Wenn eine Änderung der Mietfläche nicht schriftlich fixiert wird, ist dies allein noch kein Grund für die Nichtanerkennung, aber iRd Gesamtwürdigung zu berücksichtigen (BFH VIII R 23/23, BFH/NV 25, 1283 Rn. 46).

95 **c) Tatsächliche Durchführung gemäß der Vereinbarung.** Auch bei tatsächl Durchführung ist entscheidend auf die **Hauptpflichten** (Nutzungsüberlassung/ Mietzahlung) abzustellen. Am Fehlen der erforderl **Nutzungsüberlassung** scheitern zB Gestaltungen, in denen Vermieter und Mieter eine Haushaltsgemeinschaft bilden (→ Rn. 10 mwN).

96 **aa) Mietzahlung. – (1) Nichtzahlung.** Ein Mietverhältnis ist nicht anzuerkennen, wenn Mietzahlungen gar nicht feststellbar sind (BFH IX R 26/12, BFH/NV 14, 529) oder die erste Miete 10 Monate nach Mietbeginn geleistet wird (BFH IX R 306/87, BStBl II 92, 75), die Mietzahlungen schon in den ersten Monaten des Mietverhältnisses verspätet erfolgen und dann ganz eingestellt werden (BFH IX R 70/10, BFH/NV 13, 1067 Rn. 17) oder wenn erst nach mehrjähriger Nichtzahlung der Miete geltend gemacht wird, eine frühere Kaufpreisminderung solle als Mietvorauszahlung gelten (BFH IX B 152/01, BFH/NV 02, 1157). Problematisch sind auch Mietzahlungen, die in ihrer Höhe stark schwanken und von den Vereinbarungen abweichen, selbst wenn dies mit Zahlungsschwierigkeiten des Mieters begründet wird (BFH IX R 38/97, BStBl II 98, 106 unter 3.). Sind die Mieter die Eltern des StPfl, werden diese in ein Pflegeheim eingewiesen und können infolgedessen die Miete nicht mehr zahlen, muss der StPfl nach einem langjährigen beanstandungsfreien Mietverhältnis nicht zwingend die erste Möglichkeit zur fristlosen Kündigung wahrnehmen; vielmehr würde auch ein fremder Vermieter die Möglichkeit einer einvernehml Abwicklung des Mietverhältnisses suchen (zutr BFH IX R 42/15, BFH/NV 17, 1422 Rn. 21 ff: Abwicklungszeitraum etwa 6 Monate).

(2) Barzahlungen. Zweifel an der tatsächl Durchführung der Mietzahlungspflicht können sich bei angebl Barzahlung trotz größerer räuml Entfernung zw den Wohnsitzen von Mieter und Vermieter ergeben (BFH IX B 94/02, BFH/NV 03, 617). Eine unregelmäßige Bargeld-Mietzahlung kann iRe Gesamtwürdigung aber dann als unschädl angesehen werden, wenn der nur zeitweilig in der Wohnung anwesende Angehörigen-Mieter die Zahlungen *vorschüssig* leistet (BFH IX R 69/94, BStBl II 97, 196 unter 2.b); auf nachschüssige Zahlungen ist diese Großzügigkeit mE nicht übertragbar. Leistet der Mieter (in Ausbildung befindl Sohn der Vermieter) die als Miete vereinbarten Barzahlungen nicht, führt auch eine zwei Jahre später erklärte rückwirkende Aufrechnung mit Unterhaltsansprüchen nicht zur Anerkennung des Mietverhältnisses (FG Mchn DStRE 12, 826, rkr). Sind regelmäßige Barzahlungen tatsächl nachgewiesen, steht das Fehlen von Quittungen der Anerkennung nicht entgegen (FG Ddorf EFG 98, 1012, rkr). – **(3) Unüblichkeiten bei Bankzahlungen.** Allein der Umstand, dass der Mieter die Miete auf ein *eigenes* Bankkonto (mit Verfügungsbefugnis des Vermieters), auf ein Oder-Konto oder auf ein Konto des Vermieters, über das auch der Mieter verfügungsbefugt ist, überweist, schließt die tatsächl Durchführung zwar nicht aus (zu ArbVerh BVerfG 2 BvR 802/90, BStBl II 96, 34); dies darf aber iRd Gesamtwürdigung berücksichtigt werden (BFH IX B 186/01, BFH/NV 02, 1155). Wird Banküberweisung vereinbart, aber nicht durchgeführt, sondern nachträgl eine Verrechnung der Miete mit Barunterhalt behauptet, ist das Mietverhältnis nicht anzuerkennen (BFH IX R 28/15, BFH/NV 16, 1006). – **(4) Mieterhöhungen.** Wird eine Wertsicherungsklausel vereinbart, aber fast 19 Jahre lang nicht durchgeführt, ist ihre rückwirkende Vollziehung nicht anzuerkennen (BFH III R 70/05, BFH/NV 08, 1139).

bb) Abweichungen vom Vertrag bei den Nebenkosten. Sie stehen der Anerkennung für sich genommen nicht entgegen, sind aber iRd Gesamtwürdigung zu berücksichtigen (BFH IX R 30/96, BStBl II 98, 349; BFH IX R 73/97, BFH/NV 01, 594; hier zusätzl noch Barzahlung statt der vereinbarten Banküberweisung). Werden die Hauptpflichten aber vertragsgemäß erfüllt, spricht dies für die Anerkennung (BFH VIII R 23/23, BFH/NV 25, 1283 Rn. 44: unterbliebene Jahresabrechnung der Nebenkosten). Zudem ist zu berücksichtigen, dass es im Bereich der Nebenkosten bei privaten Vermietern auch ggü Fremden häufig zu Ungenauigkeiten kommt. 97

II. Einkünftetatbestände, § 21 I 1 Nr 1–4

1. Vermietung und Verpachtung von unbeweglichem Vermögen, § 21 I 1 Nr 1. – Begriff der VuV. Erforderl ist grds eine zeitl begrenzte Nutzungsüberlassung (ausführl → Rn. 4 ff; zu Besonderheiten bei der Ausbeutung von Bodenschätzen → Rn. 18). – **Unbewegl Vermögen.** Hierauf beschränkt sich Nr 1. Die VuV von bewegl WG fällt im PV unter § 22 Nr 3, bei gewerbl Vermietung unter § 15. Die VuV von Sachinbegriffen (bewegl WG) wird allerdings von § 21 I 1 Nr 2 erfasst (→ Rn. 102). Unter den Begriff des unbewegl Vermögens fallen laut der *beispielhaften* Aufzählung in Nr 1 vor allem (unbebaute) **Grundstücke, Gebäude** und **Gebäudeteile** (zB einzelne Wohnungen); auch die Vermietung von Fassaden- oder Dachteilen (zB für Werbezwecke oder die Erzeugung von Solarstrom durch *Dritte*) sowie die Vermietung von Dachflächen für **Mobilfunkstationen** (zutr FG Saarl EFG 10, 140, rkr: es handelt sich nicht um eine Entschädigung für angebl Strahlenbelastung, die nicht stbar wäre). – **Im Schiffsregister eingetragene Schiffe.** Sie sind ebenfalls in Nr 1 genannt (BFH X B 82/99, BFH/NV 00, 1186; BFH X B 118/99, BFH/NV 00, 1333: bei Segelyachten aber häufig Liebhaberei). Die VuV *nicht* eingetragener Schiffe fällt hingegen unter § 22 Nr 3. – Den eingetragenen Schiffen gleichgestellt sind **Flugzeuge,** die in die Luftfahrzeugrolle eingetragen sind (BFH IX R 71/96, BStBl II 00, 467). Ihre Vermietung fällt jedoch unter § 15, wenn sie mit der späteren Veräußerung aufgrund eines einheitl Geschäftskonzepts verklammert ist (BFH IV R 49/04, BStBl II 09, 289). – **Grundstücksgleiche Rechte.** Ihre VuV führt ebenfalls zu Einnahmen iSd Nr 1. Neben den im Gesetz ausdrückl genannten Rechten (Erbbau-/Mineralgewinnungsrecht) fallen hierunter zB Berg-, Fischerei-, Apothekenrechte, soweit sie nicht iRe GewBetr verpachtet werden. 101

102 **2. Vermietung und Verpachtung von Sachinbegriffen, § 21 I 1 Nr 2.** Ein Sachinbegriff ist gegeben, wenn **mehrere WG** funktionell und technisch so aufeinander abgestimmt sind, dass sie eine wirtschaftl Einheit bilden (aber ihre zivilrechtl und steuerl Selbständigkeit behalten, auch zB für die AfA). – **Beispiele.** Das bewegl BV bei Verpachtung eines aufgegebenen GewBetr; die Möbel einer möbliert vermieteten Wohnung (BFH IX R 73/01, BFH/NV 05, 192 unter II.1.); Großrechenanlagen (*Kantenwein/Melcher* FR 85, 233 (235)); das gesamte Inventar einer Bibliothek, eines Archivs (BGH VI ZR 53/79, BGHZ 76, 219 unter B.II.3.) oder einer anderen Sammlung. Ein (ggf zusammengesetztes) WG, das nach der Verkehrsanschauung eine *einheitl Sache* bildet, ist hingegen kein Sachinbegriff (zB FG Nbg EFG 94, 970, rkr: Heißluftballon). – **Andere Einkunftsarten.** Die VuV *einzelner* bewegl WG (zB Wohnmobil, Segelboot) fällt unter § 22 Nr 3 (→ § 22 Rn. 130 ff). Häufig wird die Vermietung bewegl WG (einzelner WG oder Sachgesamtheiten) aber iRe GewBetr erfolgen.

103 **3. Zeitlich begrenzte Überlassung von Rechten, § 21 I 1 Nr 3. – a) Anwendungsbereich.** Der Tatbestand erfasst ua schriftstellerische, künstlerische und gewerbl **Urheberrechte** (zum Begriff s auch § 73a II EStDV), **gewerbl Erfahrungen** (Spezialwissen, das gesetzl nicht geschützt ist) sowie **Gerechtigkeiten** (zB Gewerbeberechtigungen wie Apothekenrechte) und **Gefälle** (Art 164 EGBGB: vor allem Rechte zum Sammeln von Naturalien). Da die gesetzl Aufzählung nur beispielhaft ist, ist auch eine Schadensersatzzahlung für die Verletzung eines **Gebrauchsmusters** erfasst (FG Mster EFG 14, 356, rkr). Darüber hinaus fällt die Überlassung von eigenen **Persönlichkeitsrechten** (Recht am eigenen Bild oder Namen; zB bei Werbeverträgen von Prominenten) unter Nr 3 (BFH I R 19/06, BStBl II 10, 398 unter II.1.b cc aaa), nicht aber die Erbringung von Dienstleistungen (zB Promotionsauftritte, Pflicht zum Tragen von Kleidungsstücken mit Werbeaufdrucken, Erstellung von Gastkolumnen; s BFH I R 19/06, BStBl II 10, 398 unter II.1.b cc bbb), auch nicht das „Ausleihen" von Fußballspielern (BFH I R 86/07, BStBl II 10, 120; *BMF* BStBl I 10, 617). Erfasst sind sowohl schuldrechtl als auch dingl Nutzungsrechte (BFH I B 11/82, BStBl II 83, 367 unter 3.).

104 **b) Zeitlich begrenzte Überlassung.** Die endgültige Übertragung des Rechts fällt nicht unter Nr 3 (es handelt sich um ein Veräußerungsentgelt, das im PV nicht stbar ist). Für eine zeitl Begrenzung genügt es aber bereits, wenn bei Vertragsschluss noch ungewiss ist, ob und wann die Überlassung endet (BFH I R 54/75, BStBl II 78, 355; BFH IX R 57/99, BFH/NV 03, 1311 unter II.1.a aa). Dies kann bereits bei Vereinbarung einer auflösenden Bedingung oder bei Anwendbarkeit eines gesetzl Rückrufsrechts der Fall sein (BFH I B 11/82, BStBl II 83, 367 unter 3.), und zwar selbst dann, wenn nur der Nutzungsberechtigte die Voraussetzungen für den Rückfall herbeiführen kann (BFH IX R 57/99, BFH/NV 03, 1311 unter II.1.a aa).

106 **c) Bedeutung.** Bei **unbeschr StPfl** ist die Bedeutung der Nr 3 begrenzt, weil idR andere Einkunftsarten vorrangig sein werden (§§ 15, 18 bei Überlassung der Rechte an *eigenen* Erfindungen bzw geistigen Leistungen). Nr 3 ist hier hauptsächl bei Überlassung solcher Rechte anwendbar, die der StPfl ihrerseits von einem *Dritten* erworben hat und dann weiter überlässt (zu einem solchen Fall BFH I R 41/92, BStBl II 93, 407 unter II.B.2.c). – Bei **beschr StPfl** hat Nr 3 hingegen größere Bedeutung, weil § 49 I Nr 6 die Verwertung von Rechten in einer inl Betriebsstätte den inl Einkünften zurechnet und wegen § 49 II der Vorrang der betriebl Einkunftsarten insoweit nicht gilt (ausführl, auch zur Abgrenzung zur Veräußerung, → § 49 Rn. 109 ff mwN).

107 **4. Veräußerung von Miet- und Pachtzinsforderungen, § 21 I 1 Nr 4.** Der Tatbestand erfasst solche Forderungen, die in einer Vermietungs-/Verpachtungstätigkeit iSd Nr 1–3 entstanden sind, aber mangels Zuflusses noch nicht zu stpfl Einnahmen geführt haben. Er dient der Vermeidung von Umgehungen und gilt ausdrückl

auch dann, wenn die Einkünfte aus dem Forderungsverkauf mit im Veräußerungspreis für ein Grundstück enthalten sind. Voraussetzung ist, dass die Forderung im Zeitpunkt der Veräußerung bereits entstanden ist (BFH I R 199/84, BStBl II 86, 794 unter 1.8).

III. Einnahmen und Werbungskosten

1. Einnahmen aus Vermietung und Verpachtung. Zur Behandlung von **Zuschüssen** → § 6 Rn. 71 ff, zu erstatteter **USt** → Rn. 117 „Umsatzsteuer". **Einmalzahlungen,** die für eine Nutzungsüberlassung von mehr als fünf Jahren im Voraus geleistet werden, können (Wahlrecht) gleichmäßig auf den Zeitraum verteilt werden, für den sie geleistet werden (§ 11 I 3; → § 11 Rn. 30). 111

a) Einnahmen aus Betriebskosten. Zahlt der Mieter Betriebskosten (zB Heizung, Strom, Wasser, Müllabfuhr) an den Vermieter (dh nicht direkt an einen Versorgungsbetrieb), gehören sie zu den Mieteinnahmen (BFH IX R 69/98, BStBl II 00, 197; BFH IX R 9/03, BStBl II 04, 225). Entspr Vermieteraufwendungen sind im Abflusszeitpunkt WK. Für Betriebskosten gilt daher das **Bruttoprinzip.** 112

b) Übernahme sonstiger Kosten. Ist vereinbart, dass der Mieter anstelle oder neben der Miete Kosten *unmittelbar* zu tragen hat, die mit dem Objekt zusammenhängen (zB Reparaturen, Schuldzinsen), sind entspr Zahlungen des Mieters Einnahmen des Vermieters aus VuV, die bei ihm zugleich wieder als WK abfließen (BFH IX R 20/84, BFH/NV 89, 160; ebenso zur Kostenbeteiligung eines Pächters an Großreparaturen BFH IV B 22/94, BFH/NV 95, 591; zu fiktiven Einnahmen und WK aus einem zinslosen Mieterdarlehen BFH IX R 47/89, BFH/NV 95, 294). Die Übernahme von Erhaltungsaufwand durch den Mieter braucht aus Vereinfachungsgründen nicht berücksichtigt zu werden (EStR 21.5 III 6). 113

c) Mietereinbauten; Gebäude auf fremdem Grund und Boden. Ist der Mieter zur Vornahme werterhöhender Aufwendungen/Einbauten verpflichtet oder berechtigt, spricht zunächst eine tatsächl Vermutung dafür, dass er daran wirtschaftl Eigentum erwirbt (BFH IX R 54/99, BFH/NV 04, 1088). Dann erzielt der Vermieter erst im Zeitpunkt der Rückgabe der Sache Einnahmen aus VuV iHd dann noch vorhandenen Werts der Einbauten; anschließend kann der Vermieter AfA von den nachträgl HK vornehmen (BFH VI 244/60, HFR 62, 161; BFH IX R 170/85, BStBl II 90, 310). Hat der Mieter seine Einbaupflicht nicht erfüllt, stellt eine entspr Ersatzzahlung an den Vermieter ebenfalls eine Einnahme dar (BFH VI R 316/66, BStBl II 69, 184). Wird der Vermieter hingegen sofort auch wirtschaftl Eigentümer der Einbauten, fließt ihm deren Wert bereits mit der Errichtung zu (ausführl BFH VIII R 30/82, BStBl II 83, 755). 114

d) ABC der Einnahmen

Abstandszahlung des Mieters. Bei vorzeitiger Entlassung aus dem Mietverhältnis oder Nichtantritt eines Mietverhältnisses wird sie zwar nicht für eine Nutzungsüberlassung gezahlt, gehört beim Vermieter aber als „Entschädigung für entgehende Einnahmen" (§ 24 Nr 1 Buchst a) zu den VuV-Einkünften und kann nach § 34 tarifbegünstigt sein (BFH VIII R 17/86, BStBl II 91, 76; BFH IX R 67/02, BFH/NV 05, 1044). Gleiches gilt für die Abstandszahlung des Eigentümers an den Hauptmieter für die vorzeitige Auflösung des Hauptmietverhältnisses, die für den Hauptmieter zum Verlust des (wirtschaftl günstigen) Untermietverhältnisses führt (BFH IX R 10/03, BFH/NV 05, 843). Zu weiteren Abstandszahlungen des Vermieters → § 6 Rn. 140 „Abfindungen". 117

Angehörige → Rn. 81 ff.

Arbeitnehmer-Wohnung. Überlässt ein ArbG dem ArbN neben dem Barlohn auch eine Wohnung seines PV ohne gesondert berechnetes Entgelt, erzielt er gleichwohl Einkünfte aus VuV. Die Höhe der Mieteinnahme entspricht dem anteiligen Wert der Arbeitsleistung des ArbN (BFH VIII R 3/97, BStBl II 99, 213), der wiederum aus dem ortsübl Mietwert abzuleiten ist. Für Wohnungen des BV des ArbG gilt diese Fiktion hingegen nicht.

Baukostenzuschüsse → § 6 Rn. 71 ff.

Bausparguthabenzinsen → Rn. 165.

Bausperre → Rn. 14.

Beschlagnahme → Rn. 8.

Dienstbarkeit → Rn. 14.

Disagio. Die Übernahme von Verbindlichkeiten durch den Käufer eines Objekts führt beim Veräußerer auch hinsichtl des noch nicht „verbrauchten" Disagios nicht zu Einnahmen aus VuV (BFH IX R 44/01, BFH/NV 05, 188: keine Erstattung von Aufwendungen, sondern Veräußerungsentgelt).

Entschädigungen → Rn. 14.

Erbbaurecht. Zur Behandlung der Einnahmen → Rn. 7; zu zahlreichen weiteren Problemen → § 6 Rn. 89 mwN.

Erhaltungsrücklage. Zu Guthabenzinsen → Rn. 165; zum WK-Abzug der Zuführungsbeträge → Rn. 148.

Erstattung von WK → Rn. 121 und → § 9 Rn. 112 ff.

Grunddienstbarkeit → Rn. 14.

Kaufpreisminderung wegen eines unentgeltl Nutzungsrechts, das noch bis einige Zeit nach Erwerb des Grundstücks läuft, ist keine Einnahme aus VuV (BFH IX R 72/88, BFH/NV 94, 163).

Kaufpreisraten. Langfristige *zinslose* Stundung eines Kaufpreises führt beim Erwerber zur Abzinsung des Kaufpreises und damit zu geringeren AK (→ § 7 Rn. 106 mwN). Beim Veräußerer sind die Zinsanteile Einnahmen aus KapVerm (BFH VIII R 163/71, BStBl II 75, 431; BFH VIII B 74/92, BFH/NV 93, 521); dies ist verfgemäß (BVerfG 2 BvR 335/93, HFR 93, 542).

Kaution. Auch wenn der Vermieter die Mietkaution (entgegen § 551 III 3 BGB) nicht von seinem eigenen Vermögen getrennt anlegt, stellt sie zunächst keine Einnahme aus VuV dar (zutr FG Mster EFG 20, 1230 zu 1., insoweit nachgehend von BFH IX R 11/20, BFH/NV 22, 104 nicht beanstandet). Auch die Zinsen sind estl dem Mieter zuzurechnen. Erst soweit der Vermieter die Kaution nach Ende des Mietverhältnisses wegen eines Schadensersatzanspruchs einbehält, handelt es sich um Einnahmen aus VuV; die damit finanzierten Reparaturkosten sind WK.

Kostenübernahme/Mietereinbauten → Rn. 113 f.

Nebenkosten → Rn. 112.

Nießbrauch → Rn. 71 ff.

Restitution nach § 7 VermG → 35. Aufl 2016, § 21 Rn. 62.

Rückabwicklung eines Kaufvertrages nach Erzielung von VuV-Einkünften s *LfSt Bay* DB 08, 2110: Rückerstattung Kaufpreis = estrechtl neutral, Erstattung der WK = Einnahmen aus VuV, Gegenrechnung mit vereinnahmten Mieten = negative Einnahmen aus VuV, Verzinsung Kaufpreis = Einnahmen aus KapVerm.

Sachleistungen anstelle von Barmiete sind VuV-Einnahmen (Bewertung s § 8 II), sofern sie ihre Grundlage im Nutzungsverhältnis haben. Dies gilt zB, wenn das Entgelt für Nutzungsüberlassung in der Gewährung eines zinslosen Darlehens durch den Mieter besteht (BFH IX R 47/89, BFH/NV 95, 294: Mieteinnahmen iHd übl Zinsen, korrespondierend Abfluss fiktiver Schuldzinsen als WK).

Schadensersatzzahlungen können Einnahmen aus VuV sein (ausführl *HHR/Pfirrmann* § 21 Rn. 85). Dies gilt vor allem dann, wenn sie durch das Nutzungsverhältnis veranlasst sind (zB BFH VI 264/65, BStBl III 66, 395: Entgelt wegen übermäßiger Beanspruchung der Mietsache; BFH VI R 119/66, BStBl II 68, 309: Zahlung des Mieters für unterlassene Schönheitsreparaturen; BFH VI R 316/66, BStBl II 69, 184: Pächter zahlt für die Nichterfüllung seiner vertragl Pflicht zur Unterhaltung des Pachtgegenstands). Gleiches gilt, wenn die Zahlung WK ersetzen soll (BFH I R 166/69, BStBl II 71, 624: Erstattung von Bereitstellungszinsen, die anfallen, weil der Mieter verspätet auszieht; BFH IX R 189/85, BStBl II 94, 11: Zahlung einer Feuerversicherung, die AfaA oder Abbruchkosten ersetzen soll). Keine Einnahmen sind hingegen Zahlungen für Substanzschäden, sofern sie keine AfaA ausgleichen (zB FG Ddorf EFG 92, 338, rkr: Schäden durch Bauarbeiten auf dem Nachbargrundstück; FG Mchn EFG 04, 1120. rkr: Entschädigung für Lärm- und Abgasimmissionen einer neugebauten Straße). – Wenn der pauschale Verzicht einer Bank auf einen erheblichen Teil des Finanzierungsdarlehens für den Kauf einer **„Schrottimmoblie"** dahingehend zu würdigen ist, dass damit nicht der vom StPfl geltend gemachte Schadensersatzanspruch erfüllt werden sollte, soll der Darlehensverzicht weder Einnahmen aus VuV noch eine Kürzung der AfA-Bemessungsgrundlage ab dem Folgejahr bewirken (BFH IX R 32/19, BStBl II 23, 169; mE kann diese Entscheidung nicht verallgemeinert werden, da die Würdigung des FG eher lebensfremd anmutet, der BFH sich aber gleichwohl an sie gebunden angesehen hat). – Die Erstattung der Einlage durch einen **geschlossenen Immobilienfonds** (PersGes) infolge begründeter Schadensersatzansprüche stellt einen Vorgang auf der Vermögensebene dar, der nicht zu Einnahmen aus VuV führt (BFH IX R 18/20, BStBl II 23, 173 Rn. 30 ff).

Umlagen → Rn. 112.

Umsatzsteuer. Bei ustpfl Vermietung gehört die in den Mietzahlungen enthaltene USt zu den estpfl Einnahmen. Gezahlte VorStBeträge auf Eingangsleistungen sind WK; dies gilt auch dann, wenn die Eingangsleistungen AK/HK darstellen (§ 9b I). Diese WK sind estl stets im Zeitpunkt des *Abflusses* der VorStBeträge geltend zu machen, und zwar auch dann, wenn die ustl Voraussetzungen für den VorStAbzug (zB Erhalt einer ordnungsgemäßen Rechnung, Ausübung der Option) erst später erfüllt werden. Abziehbare VorSt aus AK/HK, die entgegen § 9b I nicht im Jahr ihres Abflusses als WK abgezogen worden ist, kann nicht in einem späteren Jahr estl geltend gemacht werden (BFH XI R 49/05, BStBl II 06, 712). – Die an das FA abgeführte USt-Zahllast ist WK, und zwar auch, soweit sie auf einer Berichtigung des VorSt-Abzugs (§ 15a UStG) infolge der *Veräußerung* des Grundstücks beruht (BFH IX R 55/90, BStBl II 93, 17; BFH IX R 105/89, BStBl II 93, 656: es handelt sich nicht etwa um estl unbeachtl Veräußerungskosten). USt-Erstattungen des FA sind im Zuflusszeitpunkt Einnahmen (BFH VIII R 6/79, BStBl II 82, 755); dies gilt mE auch dann, wenn die Erstattung später an das FA zurückzuzahlen ist (glA *HHR/Pfirrmann* § 21 Rn. 100 „Umsatzsteuer"; **aA** BFH IX R 12/89, BStBl II 91, 759: AdV-Gewährung; *OFD Köln* FR 93, 66). – Ist die VorSt aus AK/HK ustl nicht abziehbar (gleich aus welchem Grund), gehört sie zu den AK/HK (BFH VIII R 60/14, BFH/NV 16, 1455).

Versicherungsentschädigung → Rn. 14.

Vertragsstrafe eines Architekten/Bauunternehmers wegen verspäteter Fertigstellung eines Mietwohngebäudes ist nicht etwa AK-Minderung, sondern VuV-Einnahme, weil dadurch entgangene Mieteinnahmen ausgeglichen werden sollen.

Verzicht auf Mieteinnahmen oder Mieterhöhung kann nicht als Einnahme aus VuV fingiert werden (BFH IX B 24/12, BFH/NV 12, 1970: bei der Prüfung der Einkunftserzielungsabsicht sind keine fiktiven höheren Einnahmen zu berücksichtigen, wenn diese zwar erzielt werden *könnten,* wegen einer verbilligten Vermietung an Angehörige aber tatsächl nicht erzielt werden).

Verzugszinsen gehören zu Einnahmen aus VuV (→ Rn. 165).

Wohnrecht. Entgelt für Einräumung ist Einnahme aus VuV (zum entgeltl eingeräumten Nießbrauch → Rn. 73). Verpflichtet sich der Erwerber eines unbebauten Grundstücks, hierauf ein Gebäude zu errichten und dem Veräußerer an einer der neuen Wohnungen ein unentgeltl lebenslanges dingl Wohnrecht zu bestellen, ist der Wert des Grundstücks allerdings nicht als Einnahme anzusetzen; vielmehr handelt es sich um einen Anschaffungsvorgang (BFH IX R 265/87, BStBl II 92, 718; BFH IX R 63/98, BFH/NV 01, 1257; *BMF* BStBl I 06, 392; *BMF* BStBl I 13, 1184 Rn. 33).

Zuschüsse (→ § 6 Rn. 71 ff). Eine Zahlung, die eine Immobilienfonds-KG von einem zur Initiatorengruppe gehörenden Bauunternehmen zur Überbrückung von Mietausfällen erhält, ist auch dann sofort als Einnahme zu behandeln, wenn sie bei Erzielung künftiger Mieten, die die Prospekt-Prognose übersteigen, rückzahlbar ist (BFH IX R 56/13, BStBl II 17, 253; auch → § 6 Rn. 76 mwN).

121 **2. Werbungskosten.** Allgemeines zu WK → § 9 Rn. 1 ff. Zu Schuldzinsen (§ 9 I 3 Nr 1) ausführl → § 9 Rn. 131 ff; zu öffentl Abgaben (§ 9 I 3 Nr 2) → § 9 Rn. 170 ff. – **Spätere Erstattung von WK.** Dies führt zu stpfl Einnahmen im Erstattungsjahr (BFH IX R 41/93, BStBl II 95, 704; BFH IX R 23/99, BFH/NV 00, 831 unter 1.a; auch → § 9 Rn. 112 mwN). Eine Ersatzzahlung für Bergbauschäden am Gebäude soll nur dann zu berücksichtigen sein, wenn sie ganz bestimmten Reparaturkosten als WK zuzuordnen ist (BFH IX R 11/20, BFH/NV 22, 104 Rn. 33 ff; mE unzutr, weil die Ersatzzahlung nichts anderes als Kostenersatz sein kann und die Reparatur auch später vorgenommen werden kann).

122 **a) Anschaffungskosten/Herstellungskosten.** Sie wirken sich bei den Einkünften aus VuV im Wege der AfA (§ 9 I 3 Nr 7) aus. Ausführl zu **AK** → § 6 Rn. 31 ff (mit ABC in → § 6 Rn. 140); ausführl zu **HK** → § 6 Rn. 151 ff (zu GebäudeHK → § 6 Rn. 161–189, 211–217 mit ABC in → § 6 Rn. 220); dort auch die Abgrenzung zum **Erhaltungsaufwand.** Zu **anschaffungsnahen HK** (§ 6 I Nr 1a) → § 6 Rn. 381 ff.

124 **b) Verteilung größeren Erhaltungsaufwands, § 82b EStDV. – aa) Voraussetzungen.** Zum Begriff des **Erhaltungsaufwands** → § 6 Rn. 188 mwN. Welche Aufwendungen als **„größer"** anzusehen sein sollen, wird im Gesetz nicht konkretisiert. Die Rspr ist hier großzügig (BFH IX R 66/91, BStBl II 93, 591: bejaht beim Einbau von zwei Fenstern für insgesamt 1440 DM). Mehrere kleinere Erhaltungsaufwendungen können zu einem größeren Betrag zusammengefasst werden. – Ferner darf das betroffene Gebäude **nicht zu einem BV gehören** und muss **überwiegend Wohnzwecken dienen.** Dies ist der Fall, wenn die Grundfläche der Wohnzwecken dienenden Räume mehr als die Hälfte der gesamten Nutzfläche beträgt (Abs 1 S 2; zur Zuordnung von Garagen s Abs 1 S 3, 4; näher zum Begriff der Wohnzwecke → 27. Aufl 2008, § 7 Rn. 171). Die Rspr verlangt eine *dauerhafte* Wohnnutzung, woran es bei Vermietung an wechselnde Feriengäste fehlt (BFH IX R 75/99, BFH/NV 01, 429; mE nicht zwingend). – Der weitere Abzug bleibt auch dann mögl, wenn das Gebäude in späteren Jahren des Verteilungszeitraums nicht mehr überwiegend Wohnzwecken dient.

125 **bb) Rechtsfolgen. – (1) Wahlrecht.** Der StPfl kann die größeren Erhaltungsaufwendungen abw vom Abflussprinzip auf 2–5 Jahre *gleichmäßig* (BFH IX B 64/19, BFH/NV 20, 224 Rn. 8) verteilen. Dies dient der besseren Ausnutzung der Tarifprogression. Maßgebl ist der Zeitpunkt der Zahlung der Aufwendungen; für größere Aufwendungen, die in Teilbeträgen vor wie nach dem Jahreswechsel bezahlt werden, gelten daher zwei Verteilungszeiträume.

(2) Veräußerung des Gebäudes während des Verteilungszeitraums (§ 82b II EStDV). Der noch nicht berücksichtigte Teil des Erhaltungsaufwands ist in diesem Jahr in voller Höhe als WK abzuziehen. Gleiches gilt bei Einlage in ein BV oder Beendigung der Einkunftserzielung. – **Gesamtrechtsnachfolge.** Der BFH lässt in seiner neuen Rspr keine Fortführung des Abzugs durch den Erben zu, sondern wendet § 82b II EStDV analog an. Danach ist der noch nicht berücksichtigte Teil des Erhaltungsaufwands im Todesjahr in voller Höhe beim Erblasser abzuziehen (BFH IX R 31/19, BStBl II 21, 474; ebenso schon in einem obiter dictum BFH IX S 17/17, BFH/NV 17, 1603 Rn. 32 f). Die *FinVerw* hatte zuvor die Gegenauffassung vertreten (EStR 21.1 VI 2), wendet die neue BFH-Rspr aber an. – **Unentgeltliche Übertragung während des Verteilungszeitraums.** Hier gibt es noch keine BFH-Rspr. ME wird man aber § 82b II EStDV ebenfalls analog anwenden können. Die *FinVerw* hält allerdings noch daran fest, dass der unentgeltl Einzelrechtsnachfolger die Abzugsbeträge fortführen kann (EStR 21.1 VI 2; mE durch die neuere Rspr überholt). – **Vorbehaltsnießbrauch.** Wenn der Nießbraucher die Aufwendungen getragen hat und der Nießbrauch während des Verteilungszeitraums endet, sodass die künftigen Nutzungen vom Eigentümer gezogen werden, kann dieser den noch nicht verteilten Betrag nicht abziehen; allerdings ist dieser Restbetrag dann beim Nießbraucher in einer Summe abzuziehen (zur Beendigung durch den Tod des Nießbrauchers BFH IX S 17/17, BFH/NV 17, 1603 Rn. 21 ff; BFH IX R 22/17, BFH/NV 18, 824; zur vorzeitigen vertragl Beendigung des Nießbrauchs FG Mster EFG 16, 896, rkr; krit *Paus* EStB 18, 104). – **Kürzung des WK-Abzugs nach § 21 II.** Hier ist mE ebenfalls der Grundgedanke des § 82b II EStDV anzuwenden. Wenn im Jahr der Zahlung der verteilungsfähigen Erhaltungsaufwendungen noch ein 100%-Abzug der WK mögl war und in einem späteren Jahr des Verteilungszeitraums die Voraussetzungen des § 21 II eintreten, bleiben die (Alt-)Aufwendungen zu 100% abziehbar. 126

(3) Nachholung von Abzugsbeträgen. Über den Zweck der Progressionsglättung hinaus räumt die Rspr den StPfl die Möglichkeit ein, durch § 82b EStDV den Abzug von Erhaltungsaufwendungen, die im Entstehungsjahr versehentl nicht geltend gemacht worden waren, in den Folgejahren noch anteilig nachzuholen (BFH IX R 152/89, BStBl II 93, 589: Bestandskraft des Vorjahrs; BFH IX R 99/89, BStBl II 93, 593: Festsetzungsverjährung des Vorjahrs; BFH IX B 64/19, BFH/NV 20, 224 Rn. 6 f: nur *anteilige* Nachholung mögl). Bei bestandskräftiger *Schätzung* des Entstehungsjahrs gilt dies aber nicht (BFH IX B 43/97, BFH/NV 97, 843). Die Vorschrift ermöglicht zudem (sowohl für den StPfl als auch für das FA) hinsichtl der noch nicht berücksichtigten Teilbeträge eine nachträgl Änderung der Entscheidung, ob bestimmte Aufwendungen HK oder Erhaltungsaufwand sind (BFH IX R 49/94, BFH/NV 97, 390). Nach bestandskräftigem *vollem* WK-Abzug im Entstehungsjahr ist eine Wahlrechtsausübung aber nicht mehr mögl (BFH IX B 50/06, BFH/NV 07, 1135). 127

c) Vorab entstandene Werbungskosten bei leerstehenden Objekten. 128

Ausführl Darstellungen: *Stein* DStR 09, 1079; *Günther* EStB 09, 318; *Schallmoser* DStR 13, 501; *Schallmoser* SteuK 13, 353; *Sterzinger* EStB 19, 146; *Stein* StBP 19, 100.

aa) Endgültiger Entschluss zur Einkunftserzielung im Zeitpunkt des Entstehens der Aufwendungen. Dies ist Hauptvoraussetzung für den Abzug vorab entstandener WK (allg dazu → § 9 Rn. 94 ff). Bei Personenmehrheiten kommt es auf den Entschluss der PersGes/Gemeinschaft an (BFH IX R 45/15, BFH/NV 17, 1036 Rn. 19). Es bleibt auch dann beim WK-Abzug, wenn dieser Entschluss später aufgegeben wird (BFH IX R 55/02, BFH/NV 04, 484). Die Entscheidung hängt sehr von den Umständen des Einzelfalls, den vorhandenen Beweismitteln und dem Sachvortrag des StPfl ab; die Rspr ist tendenziell großzügig und berücksichtigt auch die tatsächl Entwicklung nach dem VZ (BFH IX R 89/00, BFH/NV 04, 1381). – **Prü-**

fungssystematik. Grundlegend für den Maßstab, der an das Vorbringen des StPfl anzulegen ist, ist die Unterscheidung zw Objekten, die noch niemals vermietet wurden (dann gelten strengere Anforderungen, weil die Einkunftserzielungsabsicht erst noch vom StPfl darzulegen ist, → Rn. 129), und solchen Objekten, die zuvor bereits vermietet worden sind, aber aktuell leerstehen (dann ist die Betrachtung großzügiger, weil der Entschluss zur Einkunftserzielung feststeht; es ist nur noch zu prüfen, ob dieser Entschluss später weggefallen ist; zu dieser Fallgruppe ausführl → Rn. 134 ff). – Auch diese Prüfung ist **objektbezogen** vorzunehmen (BFH IX R 18/08, BFH/NV 09, 1627: differenzierte Beurteilung bei drei Wohnungen im selben Haus geboten; zur objektbezogenen Prüfung der Einkunftserzielungsabsicht → Rn. 25).

129 **bb) Objekte, die zuvor niemals vermietet waren. – (1) Fehlende Einkunftserzielungsabsicht.** Dies gilt bei **Selbstnutzungsabsicht** (BFH X R 106/94, BStBl II 98, 15 unter II.2.b), **Veräußerungsabsicht** (BFH IX R 56/01, BFH/NV 05, 37: auch wenn der Verkauf später nicht vollzogen wird; BFH I R 55/19, BStBl II 2023, 898 Rn. 29: wenn im Streitjahr ausschließlich Verkaufsinserate getätigt werden und Vermietungsbemühungen nicht nachweisbar sind, darf auch dann fehlende Einkunftserzielungsabsicht angenommen werden, wenn das Objekt in einem Folgejahr tatsächlich vermietet wird; zu Veräußerungskosten *nach* vorangegangener Vermietung → Rn. 141 ff) und beim jahrelangen **Leerstehenlassen** einer *neu errichteten* oder *zuvor selbstgenutzten* Wohnung ohne ernsthafte und nachhaltige Vermietungsbemühungen (BFH IX R 5/86, BStBl II 90, 1030). Anders als beim Leerstand nach vorangegangener Vermietung, wo eine daneben bestehende Veräußerungsabsicht nicht schadet (→ Rn. 135), steht eine solche Veräußerungsabsicht hier dem WK-Abzug entgegen, weil dies zeigt, dass der StPfl noch nicht *endgültig* zur Vermietung entschlossen ist (BFH IX R 1/07, BStBl II 09, 848; BFH IX R 7/10, BStBl II 13, 436 Rn. 17). Erst recht gilt dies, wenn das Objekt im maßgebl Zeitraum „behelfsmäßig und zur Gewährleistung der Sicherheit" selbstgenutzt wird (BFH IX R 21/12, BFH/NV 13, 1778). Wandelt sich die ursprüngl Selbstnutzungsabsicht des StPfl während der Bauphase in eine Vermietungsabsicht, können die WK ab diesem Zeitpunkt abgezogen werden (**aA** FG Köln EFG 13, 355, rkr: Rückwirkung auf den Baubeginn). Dies gilt jedoch nicht, wenn zu diesem Zeitpunkt nahezu sicher ist, dass die Investition scheitern wird (zutr BFH IX R 1/15, BFH/NV 16, 1261). – **(2) Unbebaute Grundstücke.** Für neu erworbenen GuB, der mit einem zu vermietenden Gebäude bebaut werden soll, gelten dieselben Grundsätze (BFH IX R 30/89, BStBl II 91, 761: WK-Abzug bei brachliegendem Bauerwartungsland auch dann, wenn das Verfahren der Baureifmachung acht Jahre dauert; FG Mchn DStRE 10, 1233, rkr: kein WK-Abzug, wenn über sechs Jahre keine konkreten Planungen, sondern nur gelegentl Sondierungen für eine mögl Vermietung oder Bebauung vorgenommen werden; FG Nbg DStRE 22, 454: kein WK-Abzug bei 17 Jahren Brachliegen). WK sind abziehbar, wenn der StPfl sich endgültig entschlossen hat, Einkünfte (zB durch Bebauung und Vermietung) zu erzielen (BFH IX R 9/15, BStBl II 16, 335 Rn. 20 ff; dort auch zu entspr Indizien). – **(3) Nachlasspflegschaft.** Hier kommt es auf die Einkunftserzielungsabsicht desjenigen an, der sich im Nachhinein als der Erbe (und damit Einkunftserzieler) erweist, nicht aber auf die Absicht des Nachlasspflegers (BFH IX R 46/06, BFH/NV 08, 1479). – **(4) Vergebliche Aufwendungen.** → § 6 Rn. 207 ff mwN (insb verlorene Vorauszahlungen während der Herstellungsphase, Schadensersatzzahlungen wegen Nichterfüllung des Kaufvertrags nach Scheitern der Finanzierung). Leitgedanke hierfür ist, dass der durch die ursprüngl Absicht zur Einkunftserzielung begründete Veranlassungszusammenhang fortwirkt, solange er nicht durch eine der Vermögenssphäre zuzuordnende neue Veranlassung (zB Selbstnutzung, nicht stbare Veräußerung) überlagert wird (BFH IX R 45/05, BStBl II 06, 803). Vergebl Aufwendungen auf den GuB sind allerdings nicht abziehbar (BFH IX R 37/09, BFH/NV 11, 36). – **(5) Instandsetzungskosten während einer Selbstnutzung.** Entstehen diese Kos-

ten im Hinblick auf eine demnächst beabsichtigte Vermietung, typisiert die Rspr ebenso wie beim umgekehrten Fall der Instandsetzung *nach* Vermietung (dazu → Rn. 146): Kosten, die noch während der Selbstnutzung entstehen, sind keine WK (BFH IX R 51/08, BFH/NV 09, 1259; *Pezzer* DStR 10, 93 (95)).

(6) Einzelfälle kein Werbungskostenabzug bei Leerstand vor erstmaliger Vermietung. Bei fünfjährigem Leerstand nach vorangegangener Selbstnutzung reichen ein einziges Inserat und eine einzige Besichtigung im Jahr für einen WK-Abzug auch dann nicht aus, wenn das Objekt im Folgejahr tatsächl vermietet wird (BFH IX R 1/07, BStBl II 09, 848). Dies gilt erst recht, wenn die langjährig renovierte Wohnung nach Schaltung einiger weniger Inserate nicht vermietet, sondern selbstgenutzt wird (BFH IX R 27/14, BStBl II 16, 144 Rn. 47; ThürFG EFG 11, 796, rkr). Weitere Einzelfälle: Nach Erwerb 8 Jahre Leerstand wegen Renovierung, danach sollen Vermietungen nur im Bekanntenkreis erfolgen (BFH IX B 102/05, BFH/NV 07, 32); nach Erwerb 11 Jahre Leerstand wegen langsamer Renovierung in Eigenleistung, danach Vermietung an den Sohn (NdsFG EFG 10, 1199, rkr); nach Erwerb 12 Jahre Leerstand wegen Renovierung (BFH IX B 117/10, BFH/NV 11, 598); bei einem Leerstand von 20 Jahren nach Erwerb ist auch ohne Verkaufsbemühungen von fehlender Einkunftserzielungsabsicht auszugehen (BFH X R 30/07, BFH/NV 11, 215 Rn. 56); zu Nachweisproblemen s *Stein* DStR 09, 1079. – **Ausreichend** ist allerdings eine Kontaktaufnahme auf nahezu sämtl Mietgesuche in einem lokalen Anzeigenblatt, wenn die Wohnung nach 3,5 Jahren tatsächl vermietet wird (BFH IX R 68/10, BStBl II 13, 367).

cc) Objekte, die nach vorangegangener Vermietung leerstehen. Es gelten im Ausgangspunkt zwar dieselben rechtl Grundsätze; das Regel-Ausnahme-Verhältnis stellt sich im Vergleich zu noch niemals vermieteten Objekten aber gerade umgekehrt dar: Der Entschluss zur Erzielung von VuV-Einkünften muss endgültig gefasst sein (was in diesen Fällen aufgrund vorangegangener Vermietung feststeht, sodass eine Indizwirkung zugunsten des StPfl besteht, s BFH IX R 3/10, BStBl II 11, 166 Rn. 17) und darf später nicht weggefallen sein (BFH XI R 8/02, BFH/NV 03, 1315; BFH IX R 14/12, BStBl II 13, 279 Rn. 12). 134

(1) Ernsthafte und nachhaltige Vermietungsbemühungen. Dies stellt das entscheidende Indiz dar (zB Werbemaßnahmen; nach Erfolglosigkeit von Eigenbemühungen ggf auch Einschaltung eines Maklers; s BFH IX R 14/12, BStBl II 13, 279 Rn. 13 f; *BMF* BStBl I 04, 933 Rn. 26; weitere Einzelheiten → Rn. 137 (e)). Für die Ernsthaftigkeit der Bemühungen trägt der StPfl die **Feststellungslast** (BFH IX R 102/00, BStBl II 03, 940; BFH IX R 14/12, BStBl II 13, 279 Rn. 16); Beweisvorsorge ist also dringend anzuraten (s die Empfehlungen bei *Stein* DStR 09, 1079). Die Absicht, das leerstehende Gebäude abzureißen und das Grundstück neu zu bebauen, steht dem WK-Abzug nicht entgegen (BFH IX R 50/07, BFH/NV 08, 1111 unter II.2.). Der WK-Abzug bleibt in dieser Fallgruppe (anders als bei vorher nicht vermieteten Objekten, → Rn. 129 *(1)*) auch dann bestehen, wenn der StPfl *neben* der Vermietungsabsicht **auch mit Veräußerungsabsicht handelt** (BFH IX R 102/00, BStBl II 03, 940; BFH IX R 30/00, BFH/NV 04, 1382; betr Immobilienfonds BFH IX R 47/05, BFH/NV 07, 658), sofern die Veräußerungsabsicht nicht vorrangig ist (zu einem solchen Fall zutr BFH IX R 9/12, BFH/NV 13, 718). Abziehbar sollen auch WK für Wohnungen sein, die zuvor vermietet waren, aber wegen einer behördl Nutzungsuntersagung dauerhaft leerstehen müssen (FG Bln-Bbg EFG 08, 1371, rkr: der StPfl erwirbt ein Objekt mit fünf Wohnungen, von denen drei nicht genehmigt sind; mE zweifelhaft, wenn die dauerhaft fehlende Vermietbarkeit feststeht). 135

(2) Grenzen des Werbungskostenabzugs. Besteht für das Objekt aufgrund seiner ungünstigen baul Gestaltung kein Markt, sodass es nicht vermietbar ist, muss der StPfl zielgerichtet darauf hinwirken, uU auch durch **baul Umgestaltungen** einen vermietbaren Zustand zu erreichen. Bleibt er untätig, spricht dies für den Wegfall der Einkunftserzielungsabsicht (BFH IX R 54/08, BStBl II 10, 124; BFH IX R 49/09, BStBl II 10, 1038 unter II.1.a). Wird eine früher vermietete Wohnung mit einer 136 noch nie vermieteten Wohnung zusammengefasst und steht das Gesamtobjekt leer, entfällt die Indizwirkung der früheren Vermietung (BFH IX R 3/10, BStBl II 11, 166 Rn. 21); es gelten dann die Grundsätze lt → Rn. 129. Gleiches gilt, wenn zuvor vermietete Kleinwohnungen durch Entkernung zu größeren Einheiten zusammengelegt werden und dann jahrelang leerstehen (BFH IX R 46/13, BFH/NV 15, 668 Rn. 22). Mit zunehmendem Zeitablauf verliert die Indizwirkung der früheren Vermietung zudem an Gewicht (zutr *Heine* HFR 11, 15). – Ist der **Vermietungsentschluss endgültig aufgegeben** (was sich spätestens am Abschluss eines bindenden Verkaufsvertrages dokumentiert), setzt ein erneuter WK-Abzug (zB nach Scheitern des Verkaufs) die Erfüllung der strengeren Anforderungen lt → Rn. 129 voraus, dh die Fassung eines endgültigen Entschlusses zur Vermietung (BFH IX R 56/01, BFH/NV 05, 37; BFH IX R 48/04, BFH/NV 05, 1299). Nach Wegfall der Einkunftserzielungsabsicht ist auch ein Abzug von Schuldzinsen (anders als im BV) nicht mehr mögl (BFH IX R 37/12, BStBl II 15, 631 Rn. 20).

137 **(3) Einzelfälle: kein Werbungskostenabzug bei Leerstand nach vorangegangener Vermietung. – (a) Unrealistische Vermietungswünsche.** Der StPfl will eine in einem reinen Wohngebiet liegende Wohnung ausschließl an GewBetr vermieten, obwohl der Bebauungsplan dies ausschließt (HessFG DStRE 10, 1485, rkr); 30-jähriger Teil-Leerstand eines Gewerbeobjekts, das ohne Einbau eines bisher fehlenden Aufzugs nicht vermietbar ist (BFH IX R 54/08, BStBl II 10, 124). – **(b) Langdauernde Renovierung in Eigenleistung.** Der StPfl darf das Tempo von Renovierungsarbeiten zwar selbst bestimmen und diese auch dann in Eigenleistung vornehmen, wenn dies die Dauer der Arbeiten erhebl verlängert (BFH IX R 30/05, BFH/NV 08, 202 unter II.2.a). Bei einer Renovierungsdauer von mehr als 10 Jahren ist der WK-Abzug aber idR zu versagen (BFH IX R 3/10, BStBl II 11, 166 Rn. 24; BFH IX R 27/14, BStBl II 16, 144 Rn. 47, ausführl Anm *Heuermann* StBP 11, 27); ebenso bei neunjähriger völliger Untätigkeit nach Renovierungsbeginn (BFH IX R 46/13, BFH/NV 15, 668 Rn. 25). – **(c) Wohnung im ansonsten selbstgenutzten Haus.** Bei 10-jährigem Leerstand einer Wohnung in einem iÜ selbstgenutzten Zweifamilienhaus ist das FA selbst bei Vorlage (geringfügiger) Inserate nicht zur Berücksichtigung der WK-Überschüsse verpflichtet, wenn angesichts der starken Wohnungsnachfrage am Ort der Wohnung die Vermutung besteht, dass der StPfl die Inserate nur zum Schein geschaltet hat (BFH VIII R 51/09, BFH/NV 13, 365). Wird nach längerem Leerstand ein Teil der leerstehenden Wohnung für eigene gewerbl Zwecke des im selben Gebäude wohnenden StPfl mitgenutzt, kann dies negative Indizwirkung für die Einkunftserzielungsabsicht bei VuV haben (BFH IX R 38/12, BStBl II 13, 1013). Ohne derartige konkrete Feststellungen misst der BFH aber allein dem Umstand, dass sich die Wohnung im ansonsten selbstgenutzten Haus befindet, keine negative Indizwirkung bei (BFH IX R 68/10, BStBl II 13, 367 Rn. 18). – **(d) Selbstnutzung nach hochpreisiger Modernisierung.** Auch wenn eine Wohnung zunächst vermietet worden ist, kann die Vermietungsabsicht sofort mit Auszug des letzten Mieters entfallen, wenn die Wohnung anschließend sehr hochwertig modernisiert und danach selbstgenutzt wird. Sofern der StPfl für die Zwischenzeit Vermietungsbemühungen nachweist, dürfen diese allerdings nur dann unberücksichtigt bleiben, wenn sie obj zum Schein unternommen wurden (BFH IX R 15/12, BFH/NV 13, 720: Indizien sind auch Art, Umfang und Abfolge der Renovierungsarbeiten; FG Hmb EFG 11, 2076, rkr: Grenzfall, aber mE zutr entschieden; FG Hmb DStRE 12, 1305, rkr: keine Scheinhandlung bei Beauftragung eines Maklers, Aufstellung eines Vermietungsschildes und Durchführung von Besichtigungsterminen). Eine solche Gestaltung kann sehr lukrativ sein, weil die hohen Modernisierungskosten als WK abgezogen werden können. – **(e) Zu geringe Vermietungsbemühungen.** Zwar steht es dem StPfl frei, die Art und Weise der Werbung selbst zu bestimmen, sodass auch die ausschließl Kontaktaufnahme auf Mietinserate und ergänzende „Mundpropaganda" ausreichen kann (BFH IX R 68/10, BStBl II 13, 367 Rn. 17: tatsächl Vermietungserfolg in strukturschwachem Gebiet nach 3½ Jahren). Nach 7-jährigem Leerstand reicht aber allein die Vorlage einer großen Zahl an Inseraten nicht aus; der StPfl muss in einem derartigen Fall auch andere Vermietungsversuche unternehmen (zB Einschaltung eines Maklers, Zugeständnisse bei der Höhe der geforderten Miete, Abstriche bei den als Mieter akzeptablen Personen; BFH IX R 14/12, BStBl II 13, 279 Rn. 21, allerdings betr Wohnung im ansonsten selbstgenutzten Haus und damit mE ohnehin Nähe zur Privatsphäre). Sind so gut wie keine ernsthaften Vermietungsbemühungen feststellbar und steht die Wohnung tatsächl mehrere Jahre leer, kann der WK-Abzug bereits im ersten Jahr nach Auszug des letzten Mieters entfallen (BFH IX R 39/11, BFH/NV 13, 540: Inserate werden erst nach be-

reits 6-jährigem Leerstand geschaltet, für die Zeit davor werden nur mündl Vermietungsversuche behauptet, auch hier allerdings Wohnung im ansonsten selbstgenutzten Haus; NdsFG EFG 07, 1770, rkr: eine Wohnung wird nach dreijährigem Leerstand ohne konsequente Vermietungsbemühungen an den GewBetr des Ehegatten vermietet; FG BW EFG 11, 2073, rkr: Wohnung im selbstgenutzten Haus, die nach Auszug des letzten Mieters saniert und anschließend ohne anzuerkennendes Mietverhältnis an ein Kind überlassen wird). Bei 10-jährigem Leerstand reichen zwei Inserate pro Jahr auch ohne eine Nähe zur Privatsphäre nicht aus (zutr FG Mchn EFG 09, 250, rkr). – **(f) Besonders lang andauernder Leerstand.** Ausnahmsweise kann auch allein die Länge des Leerstandszeitraums (ohne Zutun oder Verschulden des StPfl) zum Wegfall der Einkunftserzielungsabsicht führen. Voraussetzung ist, dass das betriebsbereite Objekt wegen fehlender Marktgängigkeit oder struktureller Vermietungshindernisse in absehbarer Zeit nicht wieder vermietet werden kann (BFH IX R 14/12, BStBl II 13, 279 Rn. 12; BFH IX R 48/12, BStBl II 13, 693: 18-jähriger Leerstand einer sanierungsbedürftigen Stadtvilla in einem Ort in den neuen Bundesländern mit 50% Leerstandsquote; BFH IX R 17/16, BStBl II 17, 633, Anm *Trossen* HFR 17, 505: 14-jähriger Leerstand einer unbewohnbaren Wohnung in einer Wohnanlage mit sanierungsunwilligen Eigentümern, hier Verneinung der Einkunftserzielungsabsicht ab dem 7. Jahr; zutr anders aber bei neunjährigem Leerstand und umfassenden Sanierungsbemühungen des Eigentümers FG Ddorf EFG 16, 1879, rkr). In der neueren Rspr nimmt der BFH hierfür wohl typisierend einen Zeitraum von **mindestens 10 Jahren** an (BFH IX R 9/15, BStBl II 16, 335 Rn. 32 mwN). – **(g) Unbewohnbares Objekt.** Ist das Gebäude wegen seines desolaten Zustands unvermietbar und unternimmt der StPfl nichts zur Beseitigung dieses Zustands, fehlt es ebenfalls an der Einkunftserzielungsabsicht (FG Mster EFG 14, 635, rkr).

d) Nachträgliche Werbungskosten. Durch die Veräußerung des Objekts ver- 141
anlasste Kosten können nicht abgezogen werden (BFH IX R 13/87, BStBl II 90, 775), und zwar auch dann nicht, wenn die Veräußerung letztl scheitert (BFH IX R 8/12, BStBl II 12, 781). Dies gilt insb für Aufwendungen, die der Rückabwicklung einer Beteiligung dienen sollen (mE zutr HessFG EFG 17, 1165, von BFH IX R 13/17, BFH/NV 19, 397 aus verfahrensrechtl Gründen aufgehoben), sowie für die GrESt, die bei Übertragung des Grundstücks unter Nießbrauchsvorbehalt entsteht (FG BW EFG 20, 1406, rkr). – Die **lfd Kosten während des bestehenden Mietverhältnisses** können hingegen trotz des Veräußerungsentschlusses weiterhin abgezogen werden, und zwar auch dann, wenn der Mieter keine Miete mehr zahlt (BFH IX R 42/15, BFH/NV 17, 1422 Rn. 14; hier waren die Mieter zwar nahe Angehörige; diese standen aber unter Betreuung, sodass ihre Geldmittel fremdverwaltet wurden). – Zu **Abrisskosten** und **AfaA** bei fehlender Vermietbarkeit des Gebäudes → § 7 Rn. 188.

aa) Vorfälligkeitsentschädigung. Sie ist beim Verkauf des Objekts nicht ab- 142
ziehbar (BFH IX R 8/85, BStBl II 90, 464; BFH IX B 136/03, BFH/NV 05, 43; BFH IX B 166/07, BFH/NV 08, 567; auch → § 9 Rn. 137). Dies gilt auch dann, wenn der Resterlös aus der Veräußerung zur Finanzierung eines neuen VuV-Objekts verwendet wird (BFH IX R 42/13, BStBl II 15, 633; dazu *Trossen* NWB 14, 2316; ebenso zu § 20 BFH VIII R 34/04, BStBl II 06, 265). Die anderslautende frühere Rspr (BFH IX R 34/01, BFH/NV 04, 1091) ist ausdrückl aufgegeben, wird von der *FinVerw* bei Veräußerungen vor dem 27.7.15 aber noch angewendet (*BMF* BStBl I 15, 581 Tz 2). – Demggü sollen Kosten für den **Veräußerungsmakler** insoweit WK sein, als der Veräußerungserlös zur Finanzierung eines anderen VuV-Objekts eingesetzt wird (BFH IX R 22/13, BFH/NV 14, 1195; mE nicht zwingend); dies gilt aber natürl nicht, wenn das veräußerte Objekt gar nicht zur Einkunftserzielung genutzt wurde (BFH IX R 22/18, BFH/NV 20, 194). Eine **Zahlung für die Entlassung aus der Darlehenshaftung** soll abziehbar sein, wenn ein Ges'ter einer Immobilien-GbR sie im Vorfeld der Veräußerung einer notleidenden Immobilie leistet (BFH IX R 12/12, BFH/NV 14, 834; mE unzutr, da es sich wirtschaftl um eine teilweise Darlehenstilgung handelt). – Eine Vorfälligkeitsentschädigung, die bei **fortbestehender Vermietung** gezahlt wird, um das Darlehen vorzeitig abzulösen, ist WK (BFH VIII R 34/04, BStBl II 06, 265 unter II.2.a), und zwar auch dann, wenn

das Grundpfandrecht an einem dritten (nicht vermieteten) Objekt besteht, das verkauft werden soll (zutr NdsFG EFG 25, 241, rkr).

143 **bb) Räumungskosten.** Sie gehören zu den nicht abziehbaren Veräußerungskosten, wenn das Grundstück geräumt übergeben werden soll (BFH IX R 151/86, BFH/NV 89, 485: Abfindung an Mieter; BFH IX R 16/11, BFH/NV 12, 1108: Beseitigung eines Öltanks; BFH IX R 21/11, BFH/NV 13, 22: Schadensersatz wegen einer Zwangsversteigerung, die mutwillig herbeigeführt wird, um einen für den Mieter günstigen Mietvertrag beenden zu können; HessFG DStRE 07, 24, rkr: Zwangsräumung eines Mieters). Kosten einer **Teilungsversteigerung** werden nicht deshalb zu WK, weil der betreibende StPfl das Objekt hypothetisch auch selbst erwerben könnte (BFH IX R 41/12, BStBl II 13, 536).

144 **cc) Schuldzinsen.** Sie sind auch nach Veräußerung des Objekts insoweit weiterhin abziehbar, als der Veräußerungserlös nicht ausreicht, um das Darlehen zu tilgen (zu Veräußerungen innerhalb der 10-Jahres-Frist des § 23 BFH IX R 67/10, BStBl II 13, 275; zu Veräußerungen außerhalb der 10-Jahres-Frist BFH IX R 45/13, BStBl II 15, 635; BFH IX R 40/14, BStBl II 16, 78; *BMF* BStBl I 15, 581 Tz 1; ausführl → § 9 Rn. 147 ff und *BH/Schallmoser* § 21 Rn. 276 ff).

146 **dd) Renovierungskosten.** Fallen in der Übergangszeit zw einem Mietverhältnis und einer anschließenden Veräußerung oder Selbstnutzung Renovierungskosten (auch Erhaltungsaufwendungen) an, typisiert die Rspr stark. Maßgebl ist der **Zeitpunkt der Entstehung der Kosten:** Renovierungskosten, die noch während der Laufzeit des letzten Mietverhältnisses anfallen, sind grds WK, auch wenn bereits Selbstnutzungs- oder Veräußerungsabsicht bestand (BFH IX R 15/96, BStBl II 01, 787; ebenso für Kosten eines Gutachtens über den Umfang einer durch Mieter verursachten Schadstoffbelastung BFH IX R 2/05, BStBl II 07, 941; anders jedoch BFH IX R 34/03, BStBl II 05, 343 und BFH IX R 80/07, BFH/NV 09, 1414 für Fälle, in denen die Instandsetzung Vertragspflicht des Veräußerers aus dem Verkaufsvertrag war); die noch während des auslaufenden Mietverhältnisses vorgenommene Beschaffung von Material für eine anschließend durchgeführte Renovierung vor Selbstnutzung führt allerdings nicht zu WK (zutr FG Hmb EFG 22, 838, rkr). Kosten, die nach dem Auszug der letzten Mieter anfallen, werden hingegen typisierend der Privatsphäre zugerechnet (BFH IX R 81/93, BFH/NV 96, 533; BFH IX R 16/99, BFH/NV 03, 1043). Eine Ausnahme gilt hier nur für die Beseitigung mutwilliger Beschädigungen, die der Mieter verursacht hat, sowie für Kosten, die aus einer einbehaltenen Mietkaution finanziert werden (BFH IX R 48/96, BStBl II 01, 784 zu II.2.b). – Für **Abfindungen an Mieter** im Vorfeld einer **Selbstnutzung** gilt diese Typisierung nicht. Diese sind daher auch dann keine WK, wenn sie noch während der Laufzeit des Mietvertrags gezahlt werden (zutr BFH IX R 38/03, BStBl II 05, 760).

e) ABC der Werbungskosten

148 S auch die Ausführungen zu AK und HK in → § 6 Rn. 31 ff.

Abbruchkosten → § 6 Rn. 214 ff.

Ablösezahlungen für eine Stellplatzverpflichtung zählen zu den HK eines zu errichtenden Gebäudes (→ § 6 Rn. 212 mwN).

Abstandszahlungen des Eigentümers für die vorzeitige Räumung des Objekts durch Mieter oder andere Nutzungsberechtigte sowie Abfindungen für Nachbarrechte können AK, HK oder sofort WK sein (ausführl → § 6 Rn. 140 „Abfindungen" mwN).

Angehörige → Rn. 81 ff.

Ankaufrecht. Eine Zahlung für die mehrjährige Bindung des Verkäufers an sein Angebot zum Verkauf eines Grundstücks soll zu sofort abziehbaren BA/WK beim

Erwerber führen (BFH X R 136/87, BStBl II 92, 70). ME liegt darin ein Widerspruch zur Behandlung von Optionen (→ § 6 Rn. 140 „Optionen").

Arbeitszimmer. Über § 9 V 1 gelten die Beschränkungen des § 4 V 1 Nr 6b entspr (FG Mster EFG 01, 739, rkr; ausführl → § 4 Rn. 590 ff). Auch die Tagespauschale des § 4 V 1 Nr 6c ist anwendbar.

Ausgleichsbeiträge nach § 154 BauGB (Sanierungsgebiete) und § 8 BNatSchG → § 6 Rn. 60.

Außenanlagen → § 6 Rn. 213; zur AfA → § 7 Rn. 39.

Bausparvertrag. Abschlussgebühren sind WK bei VuV, wenn der Abschluss des Bausparvertrages in einem engen wirtschaftl (nicht zwingend auch zeitl, s BFH VIII R 130/79, BStBl II 83, 554) Zusammenhang mit dem Erwerb oder der Errichtung eines VuV-Objekts (BFH VIII R 163/81, BStBl II 83, 355; BFH VIII R 45/85, BStBl II 90, 975) oder der Ablösung eines Herstellungs-/Anschaffungsdarlehens steht (BFH IX R 12/00, BStBl II 03, 398). Jedoch AK, wenn der Bausparvertrag zu Handelszwecken abgeschlossen wird (BFH I R 218/82, BStBl II 87, 14). Zur Behandlung der Guthabenzinsen → Rn. 165.

Beiträge zur Errichtung öffentl Anlagen (Straßen, Kanalisation, Versorgungsanschlüsse) → § 6 Rn. 59 ff.

Betriebskosten (zB Heizung, Wasser, Müllabfuhr, Kanalisation, Straßenreinigung, Schornsteinfeger usw) sind beim Vermietungsobjekt WK. Werden diese Kosten umgelegt, zählen die Umlagen zu den Einnahmen aus VuV (→ Rn. 112).

Dingl Belastung. Zahlungen zur Befreiung eines Grundstücks von einer dingl Belastung sind AK (→ § 6 Rn. 86 mwN).

Einbauküche. Es handelt sich grds um ein selbständiges WG mit einer Nutzungsdauer von 10 Jahren. Die vollständige Erneuerung einer Einbauküche führt zu HK, nicht zu Erhaltungsaufwand (→ § 6 Rn. 213 mwN und BFH IX R 14/15, BStBl II 17, 437).

Entfernungspauschale s „Reisekosten".

Erbauseinandersetzung. Hier können AK anfallen (s Übbl → § 6 Rn. 130 ff; ausführl → § 16 Rn. 608 ff); sämtl mit diesen AK zusammenhängenden Schuldzinsen sind damit als WK abzugsfähig. Soweit Zinsen aber mit der Finanzierung von Verbindlichkeiten zusammenhängen, die nicht zu AK führen (zB Pflichtteilsverbindlichkeiten, Vermächtnisschulden), scheidet ein WK-Abzug aus.

Erbbaurecht ausführl → § 5 Rn. 270 „Erbbaurecht" und → § 6 Rn. 89 ff.

Erhaltungsrücklage bei Eigentümergemeinschaften nach dem WEG. – **(1) Zeitpunkt der Berücksichtigung.** – ***(a)* Fortbestehende Auffassung von Rspr und FinVerw.** Zwar sind die Beiträge beim Eigentümer bereits mit der Zahlung in die Rücklage abgeflossen. Ein WK-Abzug ist aber erst mögl, wenn der Verwalter Beträge aus der Rücklage tatsächl zur Bezahlung von Aufwendungen zur Einkunftserzielung verwendet (BFH IX R 119/83, BStBl II 88, 577: bei Verwendung für HK nur Abzug von AfA; BFH IX B 144/05, BFH/NV 06, 291: noch nicht vom Verwalter verausgabte Sonderumlage). Diese Grundsätze gelten auch im BV; hier sind Einzahlungen in die Rücklage daher zu aktivieren (BFH I R 94/10, BStBl II 12, 244; ebenso zur Rechtslage ab 1.7.07 FG Köln EFG 23, 1770, Rev IV R 19/23; zust auch für die Rechtslage ab 1.12.20 *Behrens* BB 23, 2610; **aA** *Ctibor* DB 24, 276). War die Zuführung zur Rücklage unzutr als WK abgezogen worden, kommt ein erneuter WK-Abzug bei Begleichung der Reparaturkosten nicht in Betracht, da der Aufwand steuerl bereits verbraucht ist. Bei Veruntreuung der Rücklage durch den Verwalter sind WK im Zeitpunkt der Kenntnisnahme von diesem Vorgang abgeflossen (FG RhPf EFG 13, 609, rkr; mE nicht zwingend, aber aus Vereinfachungsgründen vertretbar). – ***(b)* Rechtslage ab 1.7.07.** Zwischenzeitl wurde der Eigentümergemeinschaft durch Anfügung der § 10 VI, VII WEG und die BGH-Rspr eine Teilrechtsfähigkeit zuerkannt. Dies hat aber nichts an der estl Behandlung der Abflussproblematik geändert, weil der estl Abzug unabhängig von der zivilrechtl Ausgestaltung der Gemeinschaft ist und vor allem im Zeitpunkt der Einzahlung in die Rücklage vollkommen unklar ist, ob die Mittel später für Erhaltungsaufwand oder nachträgl HK verwendet werden (BFH IX B 124/08, BFH/NV 09, 571; BFH IX B 131/12, BFH/NV 13, 32; *Neufang/Eckhardt* StB 14, 186; krit *Sauren* DStR 06, 2161, *Grürmann* DStR 09, 2087; anders zur zivilrechtl orientierten GrESt jedoch BFH II R 49/17, BStBl II 21, 339). – ***(c)* Rechtslage ab 1.12.20.** Seitdem ist die Eigentümergemeinschaft voll rechtsfähig (§ 9a WEG). Gleichwohl hat der BFH die Argumente zur Rechtslage ab 1.7.07 zutr auch auf die aktuelle Rechtslage übertragen, sodass ein WK-Abzug weiterhin erst bei tatsächl Verausgabung der Rücklage mögl ist (BFH IX R 19/24, BStBl II 25, 291). – **(2) Eigentümerwechsel.** Der auf die Rücklage entfallende Teil des Kaufpreises für die Eigentumswohnung führt beim neuen Eigentümer nicht zu AK der Wohnung (*OFD Ffm* DStR 23, 281; EStH 7.3 „AK", wobei sich die *FinVerw* dabei auf die Entscheidung BFH II R 20/89, BStBl II 92, 152 beruft, die zur GrESt auf der Grundlage der bis 2007 geltenden Rechtslage ergangen ist, für die ab 1.7.07 geltende Rechtslage zur GrESt aber durch BFH II R 49/17, BStBl II 21, 339 aufgegeben wurde). Allerdings kann der neue Eigentümer aus der Rücklage verausgabte Beträge als WK abziehen, obwohl der Voreigentümer die Rücklage gespeist hatte. Wirtschaftl ist dieses Ergebnis zutr, weil der Käufer das in der Rücklage vorhandene Guthaben durch Zahlung eines höheren Kaufpreises abgegolten hat (so auch BFH IX B 124/08, BFH/NV 09, 571). – **(3) Verfahren.** Die Einkünfte aus dem gemeinschaftl Eigentum können nach der VO zu § 180 II AO gesondert und einheitl festgestellt werden, was aber im Ermessen des FA liegt (BFH IX R 119/83, BStBl II 88, 577 unter 1.).

Erschließungskosten → § 6 Rn. 59 ff.

Fremdwährungsdarlehen. Höhere Tilgungsleistungen infolge einer Wechselkursänderung (zB bei Darlehen in Schweizer Franken) sind keine WK, sondern betreffen die Vermögensebene (BFH IX B 85/15, BFH/NV 16, 917; BFH IX B 42/16, BFH/NV 17, 287). Auch Schuldzinsen für ein Darlehen zur Finanzierung des Kursverlusts sind keine WK (BFH IX R 36/17, BStBl II 19, 606).

Gartenanlage ist ein selbständiges WG mit eigener AfA (→ § 6 Rn. 213 mwN).

Gutachten zur Feststellung der vom Mieter verursachten Beschädigungen des Gebäudes oder des Bodens führt zu WK (BFH IX R 2/05, BStBl II 07, 941).

Inserate, um Mieter (nicht aber Käufer) zu finden, führen zu WK.

Instandhaltungsrücklage. s „Erhaltungsrücklage".

Katastrophenschäden. Die *FinVerw* gewährt bei katastrophenbedingter Neuerrichtung von VuV-Objekten auf Antrag Sonder-AfA im Jahr der Fertigstellung und in den beiden Folgejahren bis zu 30% der HK neben der Normal-AfA (zB *FM Bay* DStR 13, 1288 Tz 4.3; zu agB → § 33 Rn. 90 „Katastrophenschaden").

Kontoführungsgebühren sind als WK abzugsfähig, soweit sie auf mit dem Objekt zusammenhängende Kontobewegungen entfallen (Mieten, Rechnungsbegleichung; zu ArbN s BFH VI R 63/80, BStBl II 84, 560).

Maklerprovisionen für Vermittlung eines Mieters sind WK; Käuferprovisionen sind AK.

Mietausfallversicherung. Beiträge dazu sind WK.

Notbedarf für einen Schenker führt für den mit einem VuV-Objekt Beschenkten nicht zum WK-Abzug (BFH IX R 13/97, BStBl II 01, 342; offen gelassen, ob eine Zahlung zur Abwendung der Rückgabe des Grundstücks nachträgl AK darstellen kann, was mE zu bejahen ist).

Prozesskosten teilen stets das Schicksal der Beträge, um die gestritten wird. – ***(1)* Werbungskosten.** Prozesse zur Erlangung von Einnahmen (zB der Vermieter klagt rückständige Mieten ein) oder wegen Aufwendungen, die WK sind, zB Erhaltungsaufwendungen oder Finanzierungskosten (BFH IV 385/58, BStBl III 66, 541; BFH IX R 47/08, BFH/NV 10, 396). Dies gilt auch für einen Räumungsprozess bei beabsichtigter Wiedervermietung; allerdings nicht, wenn dieser der mieterfreien Veräußerung des Objekts dienen soll (BFH IX R 151/86, BFH/NV 89, 485). – ***(2)* Anschaffungskosten.** Prozesskosten, die durch die Anschaffung des Objekts veranlasst sind (BFH IX R 7/14, BFH/NV 15, 327: Kosten für die Abwehr der Inanspruchnahme eines unbebauten Grundstücks für den Straßenbau sind AK des GuB; FG RhPf EFG 95, 564, rkr: ebenso für Prozesskosten wegen des Bebauungsplans für ein unbebautes Grundstück). – ***(3)* Herstellungskosten.** Dies erfordert einen Zusammenhang mit der Herstellung des Objekts (näher → § 6 Rn. 210 mwN). Ausnahmsweise können allerdings Prozesskosten zur Abwehr nachträgl HK (Abwehrkosten) sofort WK sein (zutr FG RhPf EFG 91, 466: Kosten zur Abwehr eines vom Nachbarn ausgesprochenen Verbots der Nutzung seiner Entwässerungsleitung, obwohl die Errichtung einer eigenen Versorgungsleitung zu HK führen würde). – ***(4)* Kein Abzug.** Aufwendungen auf der Vermögensebene, zB Prozesskosten für die erfolglose Abwehr eines auf groben Undank gestützten Rückforderungsanspruchs des Schenkers des Objekts (BFH IX R 19/19, BStBl II 20, 452: kein Zusammenhang mit der Einkunftserzielung, sondern mit dem Vermögen), oder eines Grundbuchberichtigungsanspruchs (FG Mster EFG 21, 1295, rkr) sowie für das Begehren auf Rückabwicklung einer wirtschaftl enttäuschenden Beteiligung an einem Immobilienfonds (BFH IX R 18/20, BStBl II 23, 173); Abwehr eines Überbaus (BFH VIII B 157/19, BFH/NV 21, 10 Rn. 9). – ***(5)* Sonstiges.** Kosten eines Folgeprozesses um die Anwaltskosten des ersten Rechtsstreits teilen das Schicksal der Kosten des Erstprozesses (BFH VIII R 102/79, BStBl II 84, 314 unter 4.).

Ratenkauf. Zur Ermittlung der AK und Finanzierungskosten (Aufteilung in Tilgungs- und Zinsanteil) → § 6 Rn. 81 f.

Räumungskosten zur Freimachung eines Gebäudes oder Grundstücks sind wie Abfindungen zu behandeln (→ § 6 Rn. 140 „Abfindungen").

Reisekosten (Fahrtkosten, Mehraufwand für Verpflegung, Übernachtungskosten, sonstige Kosten) können als WK bei den Einkünften aus VuV abgezogen werden. Für Fahrten zw der eigenen Wohnung und einem vermieteten Objekt gilt die **Entfernungspauschale,** wenn sich an dem Objekt der ortsgebundene Mittelpunkt der Vermietungstätigkeit befindet (§ 9 III ordnet die entspr Anwendung der unmittelbar nur für ArbN geltenden Vorschrift des § 9 I 3 Nr 4 auch auf VuV an). Dies ist zB der Fall, wenn der StPfl das Objekt an 165 Tagen im Jahr aufsucht, um dort Arbeiten vorzunehmen (BFH IX R 18/15, BStBl II 16, 532), ebenso bei 83 Tagen angebl Betreuung einer Ferienwohnung (FG Mster EFG 25, 1282, rkr: hier vermutl eher durch Selbstnutzung veranlasst). – Reisekosten, die iRd **Anschaffung/Herstellung** eines Objekts anfallen, sind allerdings AK/HK (→ § 6 Rn. 54 (5), → § 6 Rn. 212); wird das Objekt nicht erworben, handelt es sich wiederum um WK.

Risikolebensversicherung. Beiträge sind keine WK, und zwar auch dann nicht, wenn die finanzierende Bank auf der Absicherung bestanden hat (BFH IX R 35/14, BStBl II 16, 210).

Schönheitsreparaturen, die der Vermieter in der vermieteten Wohnung durchführen lässt, führen zu WK (BFH VI R 119/66, BStBl II 68, 309).

Schuldzinsen ausführl → § 9 Rn. 131 ff; zu Zinsswap → Rn. 165.

Selbstgenutzte Wohnung. Mietzahlungen für die zu eigenen Wohnzwecken genutzte Wohnung sind auch dann keine WK, wenn sie anfallen, weil ein im Eigentum des StPfl stehendes, zuvor selbstgenutztes Objekt nunmehr vermietet wird (zutr BFH IX R 24/13, BFH/NV 14, 1197).

Stellplatzverpflichtung → § 6 Rn. 212.

Steuerberaterkosten für die Ermittlung der Einkünfte aus VuV sind WK (BFH VI 207/62 S, BStBl III 65, 410).

Testamentsvollstrecker. Seine Vergütung sind WK, wenn ein VuV-Objekt von ihm dauerhaft verwaltet wird; nicht jedoch, wenn die Testamentsvollstreckung auf Auseinandersetzung angelegt ist. Befinden sich neben Immobilien auch andere WG im Nachlass und richtet sich die Verwaltervergütung nach dem Nachlasswert, ist sie auf VuV und andere Einkunftsarten nach dem Verhältnis der aktuellen Verkehrswerte des Vermögens aufzuteilen (zum Ganzen BFH IX R 32/16, BStBl II 18, 191).

Umsatzsteuer → Rn. 117 „Umsatzsteuer".

Versicherungsbeiträge → § 9 Rn. 173.

Vorfälligkeitsentschädigung → Rn. 142.

Vorsteuer → Rn. 117 „Umsatzsteuer".

Zinsswap → Rn. 165.

Zweitwohnungsteuer bei gemischt genutzter Ferienwohnung → Rn. 40 mwN.

IV. Ergänzende Regelungen, § 21 I 2, II, III

151 **1. Sinngemäße Anwendung des § 15a (§ 21 I 2).** Ausführl *BMF* BStBl I 20, 919; *Holste genannt Göcke* DStR 16, 1246. – **a) Zweck des Verweises.** Er soll sicherstellen, dass WK-Überschüsse aus einer Beteiligung an einer vermögensverwaltenden KG (Einkünfte aus VuV) hinsichtl ihrer Ausgleichs- und Abzugsfähigkeit (§ 2 III, § 10d) ebenso behandelt werden wie Verluste aus einer Beteiligung an einer gewerbl tätigen KG (BT-Drs 8/4157 und 8/3648). § 15a bewirkt, dass über die tatsächl geleistete Einlage hinausgehende Verluste nur mit künftig anfallenden Überschüssen verrechnet werden dürfen. Ein Verlustanteil kann daher erst in dem VZ berücksichtigt werden, in dem er den Ges'ter bei wieder anfallenden Gewinnen wirtschaftl belastet, also nicht während des Bestehens eines negativen KapKto. Fehlt der KG die Überschusserzielungsabsicht, scheitert ein Abzug von WK-Überschüssen schon aus diesem Grund (*Groh* DB 84, 2428).

152 **b) Anwendungsfragen.** Unklarheiten folgen daraus, dass § 21 für eine Überschusseinkunftsart auf eine Regelung verweist, die die Ermittlung der Einkünfte durch Betriebsvermögensvergleich voraussetzt, und demgemäß viele der in § 15a verwendeten zentralen Begriffe (zB Entnahme, Einlage, KapKto, SBV) nicht ohne Weiteres auf VuV übertragbar sind. Daher ist es geboten, (nur) für Zwecke der Ermittlung der Grenze, von der ab das Verlustausgleichsverbot eingreift, ein **fiktives steuerl Kapitalkonto** zu führen (*Herrmann* StuW 89, 106 f). Begriff und Umfang dieses KapKtos müssen so weit wie mögl den zu § 15a entwickelten Grundsätzen entsprechen (dazu → § 15a Rn. 41 ff). Das KapKto jedes Ges'ters ist selbständig zu ermitteln. Ausgangspunkt sind die von ihm geleisteten Einlagen, die um spätere Einlagen sowie um positive Einkünfte der Vorjahre zu erhöhen und um die Entnahmen und negativen Einkünfte der Vorjahre zu vermindern sind (ausführl BFH IX R 72/92, BStBl II 97, 250 mwN; BFH IX R 52/13, BStBl II 15, 263 Rn. 13). Für einen Anteilserwerber bewirkt allein die Übernahme eines negativen KapKto des veräußernden Ges'ters keine Erhöhung des Verlustausgleichsvolumens; AK entstehen ihm hieraus erst dann, wenn er das negative KapKto mit künftigen Überschussanteilen auffüllt (BFH IX R 16/16, BFH/NV 17, 1306). – **Einkunftsartenübergreifende Betrachtung.** Bei einer Ges, die auch Einkünfte aus KapVerm erzielt, sind diese Einkünfte zur Berechnung des Ausgleichsvolumens einzubeziehen. Ebenso ist ein festgestellter verrechenbarer Verlust, der aus den VuV-Einkünften einer Immobilien-KG stammt, mit späteren positiven Einkünften der KG aus einer stpfl Veräußerung des Grundstücks (§ 23) zu verrechnen. Dies verwirklicht die vom Gesetzgeber beabsichtigte Gleichstellung der vermögensverwaltenden KG mit der gewerbl KG, die stets nur eine ein-

zige Einkunftsart kennt (zutr BFH IX R 52/13, BStBl II 15, 263). Nicht steuerbare Veräußerungsgewinne sind zwar nicht als Einkünfte zu berücksichtigen (FG RhPf EFG 20, 1309, rkr); es kann sich mE aber um eine Einlage handeln, die das KapKto erhöht. – § 15a ist **keine Gewinnermittlungsvorschrift,** sondern trifft nur eine Regelung bezügl der Abzugs- und Ausgleichsfähigkeit von Verlusten (FG RhPf EFG 05, 1038, NZB VIII B 87/05 unzul). Es bleibt daher dabei, dass auch eine KG, die Einkünfte aus § 21 erzielt, diese als Überschuss der Einnahmen über die WK ermitteln muss, selbst wenn sie eine HB aufstellt.

2. Sinngemäße Anwendung des § 15b. → § 15b Rn. 1 ff und *BMF* BStBl I 07, 542. – Erfasst werden nur **modellhafte Gestaltungen.** Ein Bauherr, der unter Inanspruchnahme eines Architekten und von Bauhandwerkern ein Mietobjekt erstellt, ist daher im Ausgleich seiner Verluste nicht beschränkt. Gleiches gilt grds für den Erwerb einer Immobilie mit **Modernisierungszusage.** Denn die Übereignung eines nach einem bestimmten Plan modernisierten Gebäudes ist nur *eine* einheitl Leistung (*Beck* DStR 06, 63). Bei umfangreichem Nebenleistungskatalog, der wegen der hierfür in Rechnung gestellten „weichen Kosten" zu hohem sofortigen WK-Abzug führen soll, kann jedoch eine modellhafte Gestaltung gegeben sein (*BMF* BStBl I 07, 542 Rn. 8, 9). – **Mietenpools** sind unschädl, da diese nicht die Investitionsphase, sondern die anschließende Vermietungsphase betreffen; daher ist auch die Vereinbarung späterer Hausverwaltung nicht schädl (*Beck* DStR 06, 63). 155

3. Verbilligte Überlassung zu Wohnzwecken, § 21 II

Grundlegend: *Müller* Einnahmeverzicht im EStRecht – insb durch verbilligte Wohnungsüberlassung an nahe Angehörige, Diss Mster/Ffm, 2009.

a) Überblick. Die Nutzungsüberlassung einer *Wohnung* zu *Wohnzwecken* (→ Rn. 159) ist in einen entgeltl und einen unentgeltl Teil aufzuteilen, wenn das Entgelt weniger als 50% (bis VZ 2020: 66%) der ortsübl Marktmiete (→ Rn. 160) beträgt. – **Miethöhe weniger als 50% der Marktmiete.** Hier ist zwar einerseits die obj Entgeltlichkeit zu unterstellen (dies beruht auf der bisherigen Rspr, die der Gesetzgeber ausdrückl in seinen Willen aufgenommen hat, vgl BT-Drs 17/5125, 38), andererseits aber der WK-Abzug anteilig zu kürzen. Die (unübl niedrigen) Einnahmen sind in voller Höhe anzusetzen, die WK aber nur iHd Teils abzuziehen, der dem Verhältnis zw Entgelt und ortsübl Miete entspricht. Dies gilt auch für vorab entstandene WK (zutr FG Nbg EFG 17, 568, rkr). Zum Verhältnis zu § 82b EStDV → Rn. 126. – **Miethöhe mindestens 66% der Marktmiete.** Handelt es sich um eine auf Dauer angelegte Wohnungsvermietung, ist sowohl die obj Entgeltlichkeit zu unterstellen (dies folgt ausdrückl aus Abs 2 S 2; dieser Schwellenwert ist auch mit Wirkung ab VZ 2021 nicht verändert worden) als auch der ungekürzte WK-Abzug zu gewähren (dies folgt aus Abs 2 S 1). Gerade bei Vermietungen an Angehörige eröffnet dies gesicherte StSparmöglichkeiten (*Stein* DStZ 12, 19 (23): zusätzl Freibetrag iHv ⅓ der Marktmiete), insb wenn umfassende Renovierungen anstehen. In Fällen, in denen es sich um eine atypische Wohnungsvermietung handelt, ist die Einkunftserzielungsabsicht aber weiterhin konkret zu prüfen (BFH IX R 17/21, BStBl II 24, 35 Rn. 20: übergroße Wohnfläche). – **Miethöhe mindestens 50%, aber weniger als 66% der Marktmiete.** Hier ist zwar (anders als bis VZ 2020) der WK-Abzug nicht zu kürzen, wohl aber die Einkunftserzielungsabsicht zu prüfen (zutr *OFD Ffm* BeckVerw 643058). Bei positiver Überschussprognose sind sämtl WK abziehbar. Bei negativer Prognose ist entspr der zur Rechtslage bis VZ 2011 ergangenen Rspr (BFH IX R 48/01, BStBl II 03, 646) eine Aufteilung vorzunehmen: Die auf den unentgeltl Teil der Nutzungsüberlassung entfallenden WK sind nicht abziehbar; für den entgeltl Teil ist hingegen die Einkunftserzielungsabsicht zu unterstellen (zum Ganzen ausführl BT-Drs 19/22850, 89). – **Verfassungsmäßigkeit dieser Begünstigung.** Sie widerspricht dem Rechtsgedanken des § 3c und wird in der Rspr der für § 21 nicht zuständigen BFH-Senate krit gesehen (BFH IV R 49/97, BStBl II 99, 652 unter 3.b). Der 158 zuständige IX. Senat hält die Vorschrift aber für verfgemäß (BFH IX R 48/01, BStBl II 03, 646 unter II.1.a cc; BFH IX B 102/08, BFH/NV 09, 146 unter 1.b; glA *Heidner* DStZ 21, 454).

159 **b) Voraussetzungen.** – **aa) Überlassung von Wohnungen zu Wohnzwecken.** Hierauf ist die begünstigende Wirkung des Abs 2 beschränkt. Sie gilt allerdings tatbestandl nicht nur für **Mietverhältnisse zw nahen Angehörigen,** sondern auch zw fremden Dritten (BFH IX R 88/94, BStBl II 97, 605 unter 1.a). – **Vermietung anderer Objekte als Wohnungen.** Hier ist Abs 2 nicht anwendbar (BFH IX R 30/17, BStBl II 19, 200 Rn. 15: Gewerbeobjekt). Der BFH geht typisierend von einem Schwellenwert von 75% der ortsübl Marktmiete aus (BFH IX R 30/17, BStBl II 19, 200 Rn. 14). Anders als bei Wohnungen (dazu → Rn. 160 (1)) sind hier nicht die Bruttomieten, sondern die Nettokaltmieten miteinander zu vergleichen (BFH IX R 30/17, BStBl II 19, 200 Rn. 15). Dabei kann die Marktmiete nicht anhand der ertragsorientierten Pachtwertermittlung (EOP) festgestellt werden. Maßgebl sind die konkreten örtl Verhältnisse (BFH IX R 30/17, BStBl II 19, 200 Rn. 19). – **Vermietung iRd Gewinneinkünfte.** Auch hier ist § 21 II nicht anwendbar; der Ansatz einer Nutzungsentnahme erfordert aber private Gründe für die Verbilligung (BFH X R 57/93, BFHE 185, 230 unter B.II.6.; BFH IV R 49/97, BStBl II 99, 652 unter 3.b).

160 **bb) Ortsübliche Marktmiete.** S ausführl *Söffing* DStZ 05, 369. – **(1) Betriebskosten.** Die Marktmiete umfasst bei Wohnungen nach Auffassung von Rspr und *FinVerw* auch die nach der BetriebskostenVO umlagefähigen Betriebskosten (EStR 21.3; BFH IX R 44/15, BStBl II 16, 835). Dies soll selbst dann gelten, wenn Teile dieser Kosten nicht an den Vermieter, sondern direkt an ein Versorgungsunternehmen gezahlt werden (BFH IX R 7/20, BStBl II 21, 479 Rn. 21; mE sehr großzügig). Für die StPfl ist dies günstig, weil diese Kosten im Verhältnis zur Nettomiete durchaus hoch sein können, aber auch bei verbilligter Vermietung idR voll vom Mieter gezahlt werden. Zwingend ist diese Auslegung allerdings nicht, da der Begriff der „ortsübl Vergleichsmiete" (§ 558 BGB) nur die Kaltmiete meint. – **(2) Mietspiegel.** Dieser ist (sofern vorhanden) für die Ermittlung der Marktmiete maßgebl, und zwar auch dann, wenn der StPfl eine Vergleichswohnung im selben Gebäude zu einem höheren Preis an einen fremden Dritten vermietet (BFH IX R 7/20, BStBl II 21, 479, Anm *Schießl* HFR 21, 565: gilt für qualifizierte und einfache Mietspiegel). Dabei kann zugunsten des StPfl der untere Rand einer ausgewiesenen **Preisspanne** angesetzt werden (BFH IX R 10/05, BStBl II 06, 71; BFH IX R 7/20, BStBl II 21, 479 Rn. 14; *LfSt Bay* DStR 08, 406; *Heuermann* DStR 11, 2082 (2085)). Bei einem **Einfamilienhaus** kommt ein Zuschlag zu einem auf Mehrfamilienhäuser zugeschnittenen Mietspiegelwert in Betracht (BFH IX R 7/20, BStBl II 21, 479 Rn. 15). Bei **Möblierung** (insb Einbauküche) ist ein Zuschlag vorzunehmen, dessen Höhe aus den Verhältnissen am örtl Mietmarkt (ggf im Mietspiegel ausgewiesener Zuschlag) abzuleiten ist, nicht aber aus der AfA des Vermieters (BFH IX R 14/17, BStBl II 18, 522). – **(3) Kein Mietspiegel vorhanden.** Hier will die *FinVerw* vom „ortsübl Mittelwert einer vergleichbaren Wohnung" ausgehen (*LfSt Bay* DStR 08, 406). Abgesehen davon, dass dies bereits sprachl schief ist, weil die Heranziehung nur *einer* Wohnung nicht zu einem „Mittelwert" führen kann, muss es der StPfl aufgrund seines Anspruchs auf rechtl Gehör im Einzelfall überprüfen können, wenn die *FinVerw* sich auf eigene Listen mit Vergleichswohnungen beruft. Die Rspr zieht hier (entspr der Regelung in § 558a BGB) mindestens drei Vergleichswohnungen, eine Auskunft aus einer Mietdatenbank oder ein (teures) Sachverständigengutachten heran (BFH IX R 7/20, BStBl II 21, 479 Rn. 16; s auch *OFD Ffm* BeckVerw 643058). – **(4) Vergleich mit der vereinbarten Miete.** Der Marktmiete ist das vereinbarte Entgelt für die Wohnraummiete ggü zu stellen; die *tatsächl gezahlte* Miete ist grds nicht maßgebl (BFH IX R 88/94, BStBl II 97, 605 unter 1.a); mE aber anders, wenn die Nichtzahlung auf dem privaten Verhältnis zw Mieter und Vermieter beruht. Ein befristeter

Mieterlass aufgrund einer Notlage des Mieters infolge der Covid-19-Pandemie ist unschädl und stellt auch die Einkunftserzielungsabsicht nicht in Frage (*OFD NRW* DStR 21, 292; *Nacke* NWB 21, 907). – **(5) Mieterhöhung.** Eine rückwirkende Erhöhung kann die Anwendung des Abs 2 für die Vergangenheit nicht ausschließen (FG Bln-Bbg EFG 97, 1514, rkr; FG Hmb EFG 99, 27, rkr). Eine Vereinbarung, wonach die Miete immer 66% der ortsübl Miete betragen soll, wäre zivilrechtl unwirksam, weil § 557b BGB Indexmieten ausschließl bei Anknüpfung an den Lebenshaltungspreisindex zulässt. Damit wäre eine solche Vereinbarung jedenfalls zw Angehörigen auch der Besteuerung nicht zugrunde zu legen.

4. Subsidiarität der Einkunftsart, § 21 III. § 21 ist ggü anderen Einkunftsarten nachrangig. Dies gilt jedoch nicht im Verhältnis zu § 20 (s § 20 VIII und → Rn. 165) und § 22 Nr 1, 3, die speziellere Subsidiaritätsklauseln enthalten. 162

a) Verhältnis zu Gewinneinkunftsarten. In der Konkurrenz zu § 13 geht es vor allem um die Ausbeute von Bodenschätzen, die grds im PV stattfindet und daher zu § 21 gehört (→ Rn. 18). – Für das Verhältnis zu § 15 ist entscheidend, ob das vermietete Objekt zu einem gewerbl BV gehört (dann § 15, sonst § 21; ausführl zur Abgrenzung → § 15 Rn. 46 ff). 163

b) Verhältnis zu § 19. Hier geht es vor allem um die **Vermietung eines Raums der Privatwohnung des ArbN an den ArbG.** Das hierfür vom ArbG zu entrichtende Entgelt stellt ArbLohn dar, wenn die Nutzung der Räume in erster Linie den Interessen des ArbN dient (zB Nutzung eines zusätzl häusl Arbeitsplatzes/**„Homeoffice"**). Hingegen fallen die Einnahmen unter § 21, wenn der Raum vor allem im Interesse des ArbG genutzt wird und dieses Interesse obj erkennbar über die Entlohnung des ArbN hinausgeht (BFH VI R 25/02, BStBl II 06, 10; BFH IX R 4/05, BFH/NV 05, 2180; BFH IX R 9/17, BStBl II 19, 219 Rn. 17). Die *FinVerw* sieht Letzteres (beispielhaft, nicht abschließend) als gegeben an, wenn dem ArbN keine Räume im Betrieb zur Verfügung stehen, der ArbG für die Unterbringung von ArbN auch Räume von fremden Dritten anmietet und über die Nutzungsbedingungen eine ausdrückl schriftl Vereinbarung besteht (*BMF* BStBl I 19, 461). Auch der IX. Senat fordert eine solche ausdrückl Nutzungsvereinbarung, weil es sonst an der erforderl Schaffung eines vom ArbVerh unabhängigen Rechtsverhältnisses fehle (BFH IX R 76/01, BFH/NV 06, 1810); ob der VI. Senat dem folgen würde, ist bisher unklar (s auch *v Bornhaupt* HFR 06, 1082). – **Folge der Zuordnung zu § 21** ist, dass die Abzugsbeschränkung für **häusl ArbZimmer** nicht gilt; der StPfl kann die gesamten Aufwendungen für den vermieteten Raum als WK zu VuV abziehen (so auch *BMF* BStBl I 19, 461; zu Einzelheiten *Ballof* EStB 06, 301). In welchem Umfang auch die Kosten für die „Gemeinschaftsflächen" geltend gemacht werden können, ist noch nicht geklärt (s BFH IX B 131/11, BFH/NV 12, 415: jedenfalls eindeutige vertragl Regelung erforderl). Da die Räume vom Mieter allerdings zu gewerbl Zwecken genutzt werden, kann die Einkunftserzielungsabsicht nicht vermutet werden, sondern ist positiv festzustellen (BFH IX R 9/17, BStBl II 19, 219; *BMF* BStBl I 19, 461 mit Übergangsregelung für vor 2019 abgeschlossene Mietverträge; ausführl → Rn. 30); die bisher gegenteilige Rspr des VI. Senats wurde aufgegeben. – Auf die Vermietung eines Raums in der **Privatwohnung eines Gewerbetreibenden** an seinen Auftraggeber sind diese Grundsätze nicht übertragbar; die „Mieteinnahmen" fallen dann stets unter § 15 (BFH X R 18/12, BStBl II 17, 450 Rn. 22 ff). 164

c) Verhältnis zu § 20. Hier stellt sich das Problem, dass sowohl § 20 (in Abs 8) als auch § 21 (in Abs 3) jeweils Subsidiaritätsklauseln enthalten. In der Rspr findet sich mitunter die Aussage, die (konkretere/speziellere) Klausel des § 20 VIII setze sich ggü der allgemeinen des § 21 III durch, sodass die Zuweisung zu § 21 vorrangig sei (BFH IX R 57/89, BFH/NV 95, 106; BFH VIII R 26/21, BStBl II 25, 153 Rn. 23). Letztl entscheidet die Rspr aber danach, wo im Einzelfall der Schwerpunkt 165 der wirtschaftl Veranlassung liegt (grundlegend *Stuhldreier* Zuordnung von Zinseinnahmen zu Einkünften, Diss 1996).

Einzelfälle Zuordnung zu § 21. Verzugszinsen, zB bei verspäteter Mietzahlung, da sie wirtschaftl mit den Mieteinnahmen in Zusammenhang stehen. – **Bausparguthabenzinsen** sind bei engem Zusammenhang mit der Erzielung von Mieteinnahmen Einnahmen aus VuV (BFH VIII R 188/79, BStBl II 83, 172: Guthabenzinsen während der Zwischenfinanzierung eines Bausparvertrags, die die Zuteilung des für die Immobilienfinanzierung einzusetzenden Bauspardarlehens beschleunigen soll; BFH VIII R 198/81, BStBl II 83, 297; krit *KKM* § 21 Rn. D 18). Dies soll stets gelten, wenn die Abschlussgebühr wegen des engen Zusammenhangs zur Finanzierung von Mietobjekten als WK bei § 21 abziehbar ist (BFH VIII R 163/81, BStBl II 83, 355), umgekehrt jedoch nicht, wenn der eine Ehegatte die VuV-Einkünfte erzielt und der andere den Bausparvertrag bespart (BFH VIII B 41/95, BFH/NV 96, 745). – Dies gilt ebenso für Zinsen aus der **zwischenzeitl Anlage eines VuV-Darlehens** (zB für baldige Reparaturen, bevorstehende Ablösung eines höher verzinsl Darlehens) bzw einer Liquiditätsreserve (FG Bln-Bbg EFG 15, 815, rkr). – **Zinsswap.** Lfd Zahlungen zur Absicherung des Zinsänderungsrisikos sind WK bei VuV (BFH VIII R 26/21, BStBl II 25, 153 Rn. 17). Demggü sind Mehrkosten infolge einer Fremdwährungsaufwertung *nicht* bei § 21 abziehbar (BFH IX R 15/21, BStBl II 23, 1103: Aufwand der Vermögensebene); ebenso eine Ausgleichszahlung für die vorzeitige Beendigung eines Zinsswap (BFH VIII R 26/21, BStBl II 25, 153 Rn. 24 ff: eingeschränkt ausgleichsfähiger Verlust aus einem Termingeschäft nach § 20 II 1 Nr. 3). Bis 2008 fielen Swapzahlungen hingegen auch dann unter § 23 aF, wenn sie in Zusammenhang mit einer VuV-Finanzierung standen (BFH IX R 13/14, BStBl II 15, 827).

Einzelfälle Zuordnung zu § 20. Zinsen aus einer **Erhaltungsrücklage.** – Einkünfte aus **Optionsgeschäften** fallen auch dann unter § 20, wenn die für diese Geschäfte eingesetzten Mittel aus Mieteinnahmen stammen und die Erlöse in Mietobjekte reinvestiert werden sollen (BFH IX R 42/05, BStBl II 08, 26: Begründung einer neuen Einkunftsquelle, mit Abgrenzung zur oben dargestellten Rspr zu Bausparzinsen).

g) Sonstige Einkünfte (§ 2 Absatz 1 Satz 1 Nummer 7)

§ 22 Arten der sonstigen Einkünfte

Sonstige Einkünfte sind

1. **Einkünfte aus wiederkehrenden Bezügen, soweit sie nicht zu den in § 2 Absatz 1 Nummer 1 bis 6 bezeichneten Einkunftsarten gehören; § 15b ist sinngemäß anzuwenden. [2]Werden die Bezüge freiwillig oder auf Grund einer freiwillig begründeten Rechtspflicht oder einer gesetzlich unterhaltsberechtigten Person gewährt, so sind sie nicht dem Empfänger zuzurechnen; dem Empfänger sind dagegen zuzurechnen**
   a) **Bezüge, die von einer Körperschaft, Personenvereinigung oder Vermögensmasse außerhalb der Erfüllung steuerbegünstigter Zwecke im Sinne der §§ 52 bis 54 der Abgabenordnung gewährt werden, und**
   b) **Bezüge im Sinne des § 1 der Verordnung über die Steuerbegünstigung von Stiftungen, die an die Stelle von Familienfideikommissen getreten sind, in der im Bundesgesetzblatt Teil III, Gliederungsnummer 611-4-3, veröffentlichten bereinigten Fassung.**

   [3]Zu den in Satz 1 bezeichneten Einkünften gehören auch
   a) **Leibrenten und andere Leistungen,**
      aa) **die aus den gesetzlichen Rentenversicherungen, der landwirtschaftlichen Alterskasse, den berufsständischen Versorgungseinrichtungen und aus Rentenversicherungen im Sinne des § 10 Absatz 1 Nummer 2 Buchstabe b erbracht werden, soweit sie jeweils der Besteuerung unterliegen. [2]Bemessungsgrundlage für den der Besteuerung unterliegenden Anteil ist der Jahresbetrag der Rente. [3]Der der Besteuerung unterliegende Anteil ist nach dem Jahr des Rentenbeginns und dem in**

diesem Jahr maßgebenden Prozentsatz aus der nachstehenden Tabelle zu entnehmen:

Jahr des Rentenbeginns	Besteuerungsanteil in %
bis 2005	50,0
ab 2006	52,0
2007	54,0
2008	56,0
2009	58,0
2010	60,0
2011	62,0
2012	64,0
2013	66,0
2014	68,0
2015	70,0
2016	72,0
2017	74,0
2018	76,0
2019	78,0
2020	80,0
2021	81,0
2022	82,0
2023	82,5
2024	83,0
2025	83,5
2026	84,0
2027	84,5
2028	85,0
2029	85,5
2030	86,0
2031	86,5
2032	87,0
2033	87,5
2034	88,0
2035	88,5
2036	89,0
2037	89,5
2038	90,0
2039	90,5
2040	91,0
2041	91,5
2042	92,0

Jahr des Rentenbeginns	Besteuerungsanteil in %
2043	92,5
2044	93,0
2045	93,5
2046	94,0
2047	94,5
2048	95,0
2049	95,5
2050	96,0
2051	96,5
2052	97,0
2053	97,5
2054	98,0
2055	98,5
2056	99,0
2057	99,5
2058	100,0

[4]Der Unterschiedsbetrag zwischen dem Jahresbetrag der Rente und dem der Besteuerung unterliegenden Anteil der Rente ist der steuerfreie Teil der Rente. [5]Dieser gilt ab dem Jahr, das dem Jahr des Rentenbeginns folgt, für die gesamte Laufzeit des Rentenbezugs. [6]Abweichend hiervon ist der steuerfreie Teil der Rente bei einer Veränderung des Jahresbetrags der Rente in dem Verhältnis anzupassen, in dem der veränderte Jahresbetrag der Rente zum Jahresbetrag der Rente steht, der der Ermittlung des steuerfreien Teils der Rente zugrunde liegt. [7]Regelmäßige Anpassungen des Jahresbetrags der Rente führen nicht zu einer Neuberechnung und bleiben bei einer Neuberechnung außer Betracht. [8]Folgen nach dem 31. Dezember 2004 Renten aus derselben Versicherung einander nach, gilt für die spätere Rente Satz 3 mit der Maßgabe, dass sich der Prozentsatz nach dem Jahr richtet, das sich ergibt, wenn die Laufzeit der vorhergehenden Renten von dem Jahr des Beginns der späteren Rente abgezogen wird; der Prozentsatz kann jedoch nicht niedriger bemessen werden als der für das Jahr 2005. [9]Verstirbt der Rentenempfänger, ist ihm die Rente für den Sterbemonat noch zuzurechnen;

bb) die nicht solche im Sinne des Doppelbuchstaben aa sind und bei denen in den einzelnen Bezügen Einkünfte aus Erträgen des Rentenrechts enthalten sind. [2]Dies gilt auf Antrag auch für Leibrenten und andere Leistungen, soweit diese auf bis zum 31. Dezember 2004 geleisteten Beiträgen beruhen, welche oberhalb des Betrags des Höchstbeitrags zur gesetzlichen Rentenversicherung gezahlt wurden; der Steuerpflichtige muss nachweisen, dass der Betrag des Höchstbeitrags mindestens zehn Jahre überschritten wurde; soweit hiervon im Versorgungsausgleich übertragene Rentenanwartschaften betroffen sind, gilt § 4 Absatz 1 und 2 des Versorgungsausgleichsgesetzes entsprechend. [3]Als Ertrag des Rentenrechts gilt für die gesamte Dauer des Rentenbezugs der Unterschiedsbetrag zwischen dem Jahresbetrag der Rente und dem Betrag, der sich bei gleichmäßiger Verteilung des Kapitalwerts der Rente auf

ihre voraussichtliche Laufzeit ergibt; dabei ist der Kapitalwert nach dieser Laufzeit zu berechnen. [4]Der Ertrag des Rentenrechts (Ertragsanteil) ist aus der nachstehenden Tabelle zu entnehmen:

Bei Beginn der Rente vollendetes Lebensjahr des Rentenberechtigten	Ertragsanteil in %	Bei Beginn der Rente vollendetes Lebensjahr des Rentenberechtigten	Ertragsanteil in %
0 bis 1	59	51 bis 52	29
2 bis 3	58	53	28
4 bis 5	57	54	27
6 bis 8	56	55 bis 56	26
9 bis 10	55	57	25
11 bis 12	54	58	24
13 bis 14	53	59	23
15 bis 16	52	60 bis 61	22
17 bis 18	51	62	21
19 bis 20	50	63	20
21 bis 22	49	64	19
23 bis 24	48	65 bis 66	18
25 bis 26	47	67	17
27	46	68	16
28 bis 29	45	69 bis 70	15
30 bis 31	44	71	14
32	43	72 bis 73	13
33 bis 34	42	74	12
35	41	75	11
36 bis 37	40	76 bis 77	10
38	39	78 bis 79	9
39 bis 40	38	80	8
41	37	81 bis 82	7
42	36	83 bis 84	6
43 bis 44	35	85 bis 87	5
45	34	88 bis 91	5
46 bis 47	33	92 bis 93	3
48	32	94 bis 96	2
49	31	ab 97	1
50	30		

[5]Die Ermittlung des Ertrags aus Leibrenten, die vor dem 1. Januar 1955 zu laufen begonnen haben, und aus Renten, deren Dauer von der Lebenszeit mehrerer Personen oder einer anderen Person als des Rentenberechtigten abhängt, sowie aus Leibrenten, die auf eine bestimmte Zeit beschränkt sind, wird durch eine Rechtsverordnung bestimmt. [6]Doppelbuchstabe aa Satz 9 gilt entsprechend;

b) Einkünfte aus Zuschüssen und sonstigen Vorteilen, die als wiederkehrende Bezüge gewährt werden;

c) die Energiepreispauschale nach dem Rentenbeziehende-Energiepreispauschalengesetz;

1a. Einkünfte aus Leistungen und Zahlungen nach § 10 Absatz 1a, soweit für diese die Voraussetzungen für den Sonderausgabenabzug beim Leistungs- oder Zahlungsverpflichteten nach § 10 Absatz 1a erfüllt sind;

1b., 1c. *(aufgehoben)*

2. Einkünfte aus privaten Veräußerungsgeschäften im Sinne des § 23;

3. Einkünfte aus Leistungen, soweit sie weder zu anderen Einkunftsarten (§ 2 Absatz 1 Satz 1 Nummer 1 bis 6) noch zu den Einkünften im Sinne der Nummern 1, 1a, 2 oder 4 gehören, z. B. Einkünfte aus gelegentlichen Vermittlungen und aus der Vermietung beweglicher Gegenstände. [2]Solche Einkünfte sind nicht einkommensteuerpflichtig, wenn sie weniger als 256 Euro im Kalenderjahr betragen haben. [3]Übersteigen die Werbungskosten die Einnahmen, so darf der übersteigende Betrag bei Ermittlung des Einkommens nicht ausgeglichen werden; er darf auch nicht nach § 10d abgezogen werden. [4]Die Verluste mindern jedoch nach Maßgabe des § 10d die Einkünfte, die der Steuerpflichtige in dem unmittelbar vorangegangenen Veranlagungszeitraum oder in den folgenden Veranlagungszeiträumen aus Leistungen im Sinne des Satzes 1 erzielt hat oder erzielt; § 10d Absatz 4 gilt entsprechend;

4. Entschädigungen, Amtszulagen, Zuschüsse zu Kranken- und Pflegeversicherungsbeiträgen, Übergangsgelder, Überbrückungsgelder, Sterbegelder, Versorgungsabfindungen, Versorgungsbezüge, die auf Grund des Abgeordnetengesetzes oder des Europaabgeordnetengesetzes, sowie vergleichbare Bezüge, die auf Grund der entsprechenden Gesetze der Länder gezahlt werden, und die Entschädigungen, das Übergangsgeld, das Ruhegehalt und die Hinterbliebenenversorgung, die auf Grund des Abgeordnetenstatuts des Europäischen Parlaments von der Europäischen Union gezahlt werden. [2]Werden zur Abgeltung des durch das Mandat veranlassten Aufwandes Aufwandsentschädigungen gezahlt, so dürfen die durch das Mandat veranlassten Aufwendungen nicht als Werbungskosten abgezogen werden. [3]Wahlkampfkosten zur Erlangung eines Mandats im Bundestag, im Europäischen Parlament oder im Parlament eines Landes dürfen nicht als Werbungskosten abgezogen werden. [4]Es gelten entsprechend

a) für Nachversicherungsbeiträge auf Grund gesetzlicher Verpflichtung nach den Abgeordnetengesetzen im Sinne des Satzes 1 und für Zuschüsse zu Kranken- und Pflegeversicherungsbeiträgen § 3 Nummer 62,

b) für Versorgungsbezüge § 19 Absatz 2 nur bezüglich des Versorgungsfreibetrags; beim Zusammentreffen mit Versorgungsbezügen im Sinne des § 19 Absatz 2 Satz 2 bleibt jedoch insgesamt höchstens ein Betrag in Höhe des Versorgungsfreibetrags nach § 19 Absatz 2 Satz 3 im Veranlagungszeitraum steuerfrei,

c) für das Übergangsgeld, das in einer Summe gezahlt wird, und für die Versorgungsabfindung § 34 Absatz 1,

d) für die Gemeinschaftssteuer, die auf die Entschädigungen, das Übergangsgeld, das Ruhegehalt und die Hinterbliebenenversorgung auf Grund des Abgeordnetenstatuts des Europäischen Parlaments von der Europäischen Union erhoben wird, § 34c Absatz 1; dabei sind die im ersten Halbsatz genannten Einkünfte für die entsprechende Anwendung des § 34c Absatz 1 wie ausländische Einkünfte und die Gemeinschaftssteuer wie eine der deutschen Einkommensteuer entsprechende ausländische Steuer zu behandeln;

5. Leistungen aus Altersvorsorgeverträgen, Pensionsfonds, Pensionskassen und Direktversicherungen. [2]Soweit die Leistungen nicht auf Beiträgen, auf die § 3

Nummer 63, 63a, § 10a, Abschnitt XI oder Abschnitt XII angewendet wurden, nicht auf Zulagen im Sinne des Abschnitts XI, nicht auf Zahlungen im Sinne des § 92a Absatz 2 Satz 4 Nummer 1 und des § 92a Absatz 3 Satz 9 Nummer 2, nicht auf steuerfreien Leistungen nach § 3 Nummer 66, nicht auf Ansprüchen beruhen, die durch steuerfreie Zuwendungen nach § 3 Nummer 56 oder die durch die nach § 3 Nummer 55b Satz 1 oder § 3 Nummer 55c steuerfreie Leistung aus einem neu begründeten Anrecht erworben wurden, und nicht auf Beiträgen in eine ausländische Versorgungseinrichtung beruhen, für die bei der deutschen Besteuerung oder der Besteuerung in einem anderen Staat eine vergleichbare steuerliche Freistellung oder Begünstigung gewährt wurde,

a) ist bei lebenslangen Renten sowie bei Berufsunfähigkeits-, Erwerbsminderungs- und Hinterbliebenenrenten Nummer 1 Satz 3 Buchstabe a entsprechend anzuwenden,

b) ist bei Leistungen aus Versicherungsverträgen, Pensionsfonds, Pensionskassen und Direktversicherungen, die nicht solche nach Buchstabe a sind, § 20 Absatz 1 Nummer 6 in der jeweils für den Vertrag geltenden Fassung entsprechend anzuwenden,

c) unterliegt bei anderen Leistungen der Unterschiedsbetrag zwischen der Leistung und der Summe der auf sie entrichteten Beiträge der Besteuerung; § 20 Absatz 1 Nummer 6 Satz 2 gilt entsprechend.

[3]In den Fällen des § 93 Absatz 1 Satz 1 und 2 gilt das ausgezahlte geförderte Altersvorsorgevermögen nach Abzug der Zulagen im Sinne des Abschnitts XI als Leistung im Sinne des Satzes 2. [4]Als Leistung im Sinne des Satzes 1 gilt auch der Verminderungsbetrag nach § 92a Absatz 2 Satz 5 und der Auflösungsbetrag nach § 92a Absatz 3 Satz 5. [5]Der Auflösungsbetrag nach § 92a Absatz 2 Satz 6 wird zu 70 Prozent als Leistung nach Satz 1 erfasst. [6]Tritt nach dem Beginn der Auszahlungsphase zu Lebzeiten des Zulageberechtigten der Fall des § 92a Absatz 3 Satz 1 ein, dann ist

a) innerhalb eines Zeitraums bis zum zehnten Jahr nach dem Beginn der Auszahlungsphase das Eineinhalbfache,

b) innerhalb eines Zeitraums zwischen dem zehnten und 20. Jahr nach dem Beginn der Auszahlungsphase das Einfache

des nach Satz 5 noch nicht erfassten Auflösungsbetrags als Leistung nach Satz 1 zu erfassen; § 92a Absatz 3 Satz 9 gilt entsprechend mit der Maßgabe, dass als noch nicht zurückgeführter Betrag im Wohnförderkonto der noch nicht erfasste Auflösungsbetrag gilt. [7]Bei erstmaligem Bezug von Leistungen, in den Fällen des § 93 Absatz 1 sowie bei Änderung der im Kalenderjahr auszuzahlenden Leistung hat der Anbieter (§ 80) nach Ablauf des Kalenderjahres dem Steuerpflichtigen nach amtlich vorgeschriebenem Muster den Betrag der im abgelaufenen Kalenderjahr zugeflossenen Leistungen im Sinne der Sätze 1 bis 3 je gesondert mitzuteilen; mit Einverständnis des Steuerpflichtigen kann die Mitteilung elektronisch bereitgestellt werden. [8]Werden dem Steuerpflichtigen Abschluss- und Vertriebskosten eines Altersvorsorgevertrages erstattet, gilt der Erstattungsbetrag als Leistung im Sinne des Satzes 1. [9]In den Fällen des § 3 Nummer 55a richtet sich die Zuordnung zu Satz 1 oder Satz 2 bei der ausgleichsberechtigten Person danach, wie eine nur auf die Ehezeit bezogene Zuordnung der sich aus dem übertragenen Anrecht ergebenden Leistung zu Satz 1 oder Satz 2 bei der ausgleichspflichtigen Person im Zeitpunkt der Übertragung ohne die Teilung vorzunehmen gewesen wäre. [10]Dies gilt sinngemäß in den Fällen des § 3 Nummer 55 und 55e. [11]Wird eine Versorgungsverpflichtung nach § 3 Nummer 66 auf einen Pensionsfonds übertragen und hat der Steuerpflichtige bereits vor dieser Übertragung Leistungen auf Grund dieser Versorgungsverpflichtung erhalten, so sind insoweit auf die Leistungen aus dem Pensionsfonds im Sinne des Satzes 1 die Beträge nach § 9a Satz 1 Nummer 1 und § 19 Absatz 2 entsprechend anzuwenden; § 9a Satz 1

Nummer 3 ist nicht anzuwenden. [12]Wird auf Grund einer internen Teilung nach § 10 des Versorgungsausgleichsgesetzes oder einer externen Teilung nach § 14 des Versorgungsausgleichsgesetzes ein Anrecht zugunsten der ausgleichsberechtigten Person begründet, so gilt dieser Vertrag insoweit zu dem gleichen Zeitpunkt als abgeschlossen wie der Vertrag der ausgleichspflichtigen Person, wenn die aus dem Vertrag der ausgleichspflichtigen Person ausgezahlten Leistungen zu einer Besteuerung nach Satz 2 führen. [13]Für Leistungen aus Altersvorsorgeverträgen nach § 93 Absatz 3 ist § 34 Absatz 1 entsprechend anzuwenden. [14]§ 20 Absatz 1 Nummer 6 Satz 9 in der ab dem 27. Juli 2016 geltenden Fassung findet keine Anwendung. [15]Nummer 1 Satz 3 Buchstabe a Doppelbuchstabe aa Satz 9 gilt entsprechend.

Einkommensteuer-Durchführungsverordnung:

§ 55 EStDV *Ermittlung des Ertrags aus Leibrenten in besonderen Fällen*

(1) **Der Ertrag des Rentenrechts ist in den folgenden Fällen auf Grund der in § 22 Nr. 1 Satz 3 Buchstabe a Doppelbuchstabe bb des Gesetzes aufgeführten Tabelle zu ermitteln:**

1. **bei Leibrenten, die vor dem 1. Januar 1955 zu laufen begonnen haben. [2]Dabei ist das vor dem 1. Januar 1955 vollendete Lebensjahr des Rentenberechtigten maßgebend;**
2. **bei Leibrenten, deren Dauer von der Lebenszeit einer anderen Person als des Rentenberechtigten abhängt. [2]Dabei ist das bei Beginn der Rente, im Fall der Nummer 1 das vor dem 1. Januar 1955 vollendete Lebensjahr dieser Person maßgebend;**
3. **bei Leibrenten, deren Dauer von der Lebenszeit mehrerer Personen abhängt. [2]Dabei ist das bei Beginn der Rente, im Fall der Nummer 1 das vor dem 1. Januar 1955 vollendete Lebensjahr der ältesten Person maßgebend, wenn das Rentenrecht mit dem Tod des zuerst Sterbenden erlischt, und das Lebensjahr der jüngsten Person, wenn das Rentenrecht mit dem Tod des zuletzt Sterbenden erlischt.**

(2) **[1]Der Ertrag der Leibrenten, die auf eine bestimmte Zeit beschränkt sind (abgekürzte Leibrenten), ist nach der Lebenserwartung unter Berücksichtigung der zeitlichen Begrenzung zu ermitteln. [2]Der Ertragsanteil ist aus der nachstehenden Tabelle zu entnehmen. [3]Absatz 1 ist entsprechend anzuwenden.**

Beschränkung der Laufzeit der Rente auf ... Jahre ab Beginn des Rentenbezugs (ab 1. Januar 1955, falls die Rente vor diesem Zeitpunkt zu laufen begonnen hat)	Der Ertragsanteil beträgt vorbehaltlich der Spalte 3 ... Prozent	Der Ertragsanteil ist der Tabelle in § 22 Nr. 1 Satz 3 Buchstabe a Doppelbuchstabe bb des Gesetzes zu entnehmen, wenn der Rentenberechtigte zu Beginn des Rentenbezugs (vor dem 1. Januar 1955, falls die Rente vor diesem Zeitpunkt zu laufen begonnen hat) das ... te Lebensjahr vollendet hatte
1	2	3
1	0	entfällt
2	1	entfällt
3	2	97
4	4	92
5	5	88

Beschränkung der Laufzeit der Rente auf ... Jahre ab Beginn des Rentenbezugs (ab 1. Januar 1955, falls die Rente vor diesem Zeitpunkt zu laufen begonnen hat)	Der Ertragsanteil beträgt vorbehaltlich der Spalte 3 ... Prozent	Der Ertragsanteil ist der Tabelle in § 22 Nr. 1 Satz 3 Buchstabe a Doppelbuchstabe bb des Gesetzes zu entnehmen, wenn der Rentenberechtigte zu Beginn des Rentenbezugs (vor dem 1. Januar 1955, falls die Rente vor diesem Zeitpunkt zu laufen begonnen hat) das ... te Lebensjahr vollendet hatte
1	2	3
6	7	83
7	8	81
8	9	80
9	10	78
10	12	75
11	13	74
12	14	72
13	15	71
14–15	16	69
16–17	18	67
18	19	65
19	20	64
20	21	63
21	22	62
22	23	60
23	24	59
24	25	58
25	26	57
26	27	55
27	28	54
28	29	53
29–30	30	51
31	31	50
32	32	49
33	33	48
34	34	46
35–36	35	45
37	36	43
38	37	42
39	38	41
40–41	39	39
42	40	38
43–44	41	36

Beschränkung der Laufzeit der Rente auf … Jahre ab Beginn des Rentenbezugs (ab 1. Januar 1955, falls die Rente vor diesem Zeitpunkt zu laufen begonnen hat)	Der Ertragsanteil beträgt vorbehaltlich der Spalte 3 … Prozent	Der Ertragsanteil ist der Tabelle in § 22 Nr. 1 Satz 3 Buchstabe a Doppelbuchstabe bb des Gesetzes zu entnehmen, wenn der Rentenberechtigte zu Beginn des Rentenbezugs (vor dem 1. Januar 1955, falls die Rente vor diesem Zeitpunkt zu laufen begonnen hat) das … te Lebensjahr vollendet hatte
1	2	3
45	42	35
46–47	43	33
48	44	32
49–50	45	30
51–52	46	28
53	47	27
54–55	48	25
56–57	49	23
58–59	50	21
60–61	51	19
62–63	52	17
64–65	53	15
66–67	54	13
68–69	55	11
70–71	56	9
72–74	57	6
75–76	58	4
77–79	59	2
ab 80	Der Ertragsanteil ist immer der Tabelle in § 22 Nr. 1 Satz 3 Buchstabe a Doppelbuchstabe bb des Gesetzes zu entnehmen.	

Einkommensteuer-Richtlinien: EStR 22.1–22.10, EStH 22.1–22.10. – **Verwaltungsanweisungen:** *BMF* BStBl I 18, 147; ersetzt durch *BMF* BStBl I 21, 1050 (Förderung der betriebl Altersversorgung); *BMF* BStBl I 23, 1726 (Steuerl Förderung der privaten Altersvorsorge; ersetzt *BMF* BStBl I 18, 93); inhaltsgleich *OFD Ffm* BeckVerw 629100 (zu § 22 Nr 5); *BMF* BStBl I 25, 654, 656 (Auswertung von BVerfG 2 BvR 1140/21, FR 24,126 und Aufhebung des entspr Vorläufigkeitsvermerks).

Übersicht

Schrifttum: *KKM/Wernsmann/Neudenberger,* § 22 Rn. A 1 ff; *Myßen/Adam/Gragert/Voigt/Wißborn,* Renten, Raten, Dauernde Lasten, 17. Aufl, 2021 (zit *Myßen/Adam ua*); *Weber-Grellet,* … Das Problem der sog Doppelbesteuerung, FR 22, 869, FR 24, 129; *G. Kirchhof* und *Kube,* Gutachten zur Doppelbesteuerung von Renten (im Auftrag des BMF 10.3.25; abrufbar auf BMF-Webseite).

I. Grundaussage

1. Besteuerungsgegenstand. – a) Tatbestände und Steuerbarkeit. Die §§ 22, 23 enthalten eine abschließende Aufzählung weiterer – subsidiärer – Besteuerungstatbestände und zwar: – ***(1)* Wiederkehrende Bezüge,** insb Leibrenten aus Al- 1 tersRV (§ 22 Nr 1 S 3 Buchst a aa), Erträge aus (nicht begünstigten) Rentenrechten (§ 22 Nr 1 S 3 Buchst a bb) mit dem Ertragsanteil, Erträge aus Realsplitting (§ 22 Nr 1a iVm § 10 Ia Nr 1), Einkünfte aus Versorgungsleistungen (Vermögensübergabe; § 22 Nr 1a iVm § 10 Ia Nr 2), Einkünfte aus Zahlungen aus dem Versorgungsausgleich (§ 22 Nr 1a iVm § 10 Ia Nr 3, 4). – ***(2)* Einkünfte aus privaten Veräußerungsgeschäften** iSd § 23 (§ 22 Nr 2). – ***(3)* Einkünfte aus sonstigen Leistungen,** zB Einkünfte aus gelegentl Vermittlungen und aus der Vermietung bewegl Gegenstände (§ 22 Nr 3). – ***(4)* Abgeordnetenbezüge** (§ 22 Nr 4). – ***(5)* Leistungen aus Altersvorsorgeverträgen** und aus betriebl Altersversorgung (§ 22 Nr 5). – Zusammengefasst werden also von § 22 erfasst: Rentenbezüge, Transferbezüge (nach Maßgabe des Korrespondenzprinzips) und Leistungsbezüge (Veräußerungserlöse, sonstige Leistungen; Abgeordnetentätigkeit).

Das **gemeinsame Band** (und die Besteuerungslegitimation) aller Einkunftstatbestände des EStG ist die **Leistung;** das EStG besteuert das Entgelt für Leistungen. Diese Aussage gilt für alle Einkunftsarten, auch für Renten und für „sonstige Leistungen". Renteneinkünfte sind daher (nur) **stbar,** wenn sie auf **Leistungen** beruhen (→ § 2 Rn. 3); die äußere Form der Wiederholung ist nicht maßgebl (*Weber-Grellet* FR 15, 48; BFH X R 6/19, BStBl II 21, 557 Rn. 19 [teleologische Reduktion]).

2 **b) Einkunftserzielungsabsicht.** Auch § 22 verlangt (bei WK-Überschuss) nach der BFH-Rspr eine Einkunftserzielungsabsicht in Gestalt eines Total-Überschusses (BFH X R 18/11, BStBl II 14, 15; *KKM* § 22 Rn. B 85); voraussichtl Einnahmen des überlebenden Ehegatten sind einzubeziehen (BFH X R 29/02, DStR 05, 326); Kündigungsmöglichkeit des Rentenversicherers allein nicht schädl (BFH X R 2/07, BFH/NV 10, 1251); zu fremdfinanzierter Rente → Rn. 91. Ein weiteres subj Element wie bei der Liebhaberei (→ § 15 Rn. 24 f) wird nicht verlangt (*Weber-Grellet* DStR 12, 1253).

3 **2. Übersicht über die Rentenbesteuerung. – a) Neuregelung.** Die Besteuerung der Renten ist durch das AltEinkG (BGBl I 04, 1427) neu geregelt worden (*Weber-Grellet* LdR 6/153 A III); die **Neuregelung** ist **seit dem 1.1.05** in Kraft (zur Entwicklung des StAufkommens s BT-Drs 20/14338, 19 f). Anlass waren Entscheidungen des BVerfG, die die ungleichmäßige Besteuerung von Alterseinkünften gerügt hatten. Zugrunde liegt dem AltEinkG das **„Drei-Schichten-Modell"** (auch „Drei-Säulen-Modell") der Rürup-Kommission (BFH X R 2/20, BSBl II 24, 894; *KKM* § 22 Rn. B 156; zum Reformbedarf *Schlegel ua* BetrAV 25, 185 ff): – ***1. Schicht:*** Basisversorgung (Versorgung durch gesetzl RV, durch die landwirtschaftl Alterskassen, die berufsständischen Versorgungseinrichtungen und die kapitalgedeckte Altersversorgung in Gestalt einer privaten Basis-Rente, die sog. Rürup-Rente) – im Grundsatz Vollbesteuerung. – ***2. Schicht:*** Zusatzversorgung (betriebl Altersvorsorge und Riester-Rente) – im Grundsatz Vollbesteuerung. – ***3. Schicht:*** Kapitalanlageprodukte (können, müssen aber nicht der Alterssicherung dienen) – im Grundsatz Ertragsanteilsbesteuerung. – Neuerdings wird – zR – wieder die gesetzl RV präferiert (*Fachinger* Sozialer Fortschritt 67 (2018), 929 (946)); iEinz → 39. Aufl 2020, § 22 Rn. 3.

Ab 2005 wurde – bei steuerl begünstigten Renten – der Besteuerungsanteil zunächst auf 50% festgesetzt (Erfassung der Rückzahlung des stfreien ArbG-Anteils). Bis zum Jahr 2020 wurde der Besteuerungsanteil jährlich um 2% erhöht, ab 2021 um 1% und nach dem **WachstChG** (BGBl I 24 Nr 108) ab 2023 um 0,5%, so dass die volle Steuerbarkeit erst im Jahr 2058 erreicht wird; → Rn. 90). Der Besteuerungsanteil bleibt nach dem sog. Kohortenprinzip unverändert (*KKM* § 22 Rn. B 196). Der stfreie Anteil wird festgeschrieben, Erhöhungen entfallen auf den steuerbaren Anteil (§ 22 Nr 1 S 3 Buchst a aa S 3 und 5). Erfasst werden grds alle Zahlungen aus der jeweiligen Versicherung, soweit sie nicht ausdrückl stfrei gestellt worden sind (dazu *BMF* BStBl I 21, 1831 Rn. 197). Der Abzug der entspr Aufwendungen ist beschränkt (§ 10 III 1), ab 2005 zunächst 60%; dieser Anteil stieg jedes Jahr bis zum Kj

2022 um je 2%; ab dem Kj 2023 beträgt er (zur Vermeidung einer sog Doppelbesteuerung) 100% (§ 10 III 6 idF JStG 2022, BGBl I 22, 2294; → Rn. 89). – **Rentenbeiträge** sind SA, keine WK (→ Rn. 88). – Entspr wurde der Vorwegabzug von Vorsorgeaufwendungen durch Selbständige ab 2011 sukzessive abgebaut (§ 10 IVa).

b) Grundsätze der Rentenbesteuerung nach dem AltEinkG. – aa) Grundsatz der nachgelagerten Vollbesteuerung. Das **AltEinkG** (BGBl I 04, 1427) beruht auf dem Prinzip der nachgelagerten Besteuerung, dem die Annahme einer „intertemporalen Korrespondenz" zugrunde liegt. Die Einzahlungen in die Rente sind sofort abziehbar, die Auszahlungen werden später bei Zufluss besteuert; steuerl sind also – entspr der Funktion von Altersrenten – die Einzahlungsphase und die Auszahlungsphase getrennt. – Dem Grundsatz nach ordnet der Gesetzgeber die Rentenbezüge als „normale" Einkunftsart ein (Grundsatz der vollen nachgelagerten Besteuerung). Prinzipiell sind alle „Erwerbsaufwendungen" vorab abzuziehen (s aber § 10 III; → Rn. 88); die „Rentenerwerbsaufwendungen" („Doppelnatur"; ähnl bei Ausbildungskosten, BVerfG 2 BvL 22/14, DStR 20, 93) hat der Gesetzgeber als SA eingeordnet und der Höhe nach begrenzt. Alle Auszahlungen auf die Rente sind als Einnahmen zu erfassen, auch einmalige Kapitalauszahlungen als „andere Leistungen" (§ 22 Nr 1 S 3 Buchst a; s *KKM* § 22 Rn. B 150). Dementspr lässt die ***Kapitalisierung von Rentenansprüchen*** deren StBarkeit nicht entfallen (BFH X R 3/12, BStBl II 14, 58; BFH X R 24/18, BFH/NV 19, 1337; *Myßen/Adam ua* [vor → Rn. 1] Rn. 1275; → Rn. 6, 41, 92, 94, 172); ***Beispiel:*** (Vergleichsweise) Ablösung einer Berufsunfähigkeitsrente: Ertragsanteil (→ Rn. 51, 94), evtl § 34 (→ § 34 Rn. 45); die früheren LV-Privilegierungen und die Sonderregelungen des § 22 Nr 5 sind nicht (entspr) anwendbar. 4

bb) Grundsatz der Besteuerung nach Maßgabe der Vorbelastung. Vollbesteuerung erfolgt nur, wenn die entspr Aufwendungen in der Aufbauphase steuerl entlastet wurden; in der Aufbauphase nicht steuerl begünstigte (also aus dem versteuerten Einkommen finanzierte) Renten, die auf ungeförderten Beiträgen beruhen, werden weiterhin nur mit dem **Ertragsanteil** erfasst, also keine nachgelagerte Vollbesteuerung, sondern Besteuerung nur des Ertragsanteils (Verbot der doppelten Besteuerung; BFH X R 20/19, DStRE 21, 773; VerfBeschw nicht angenommen; BVerfG 2 BvR 1143/21, BeckRS 2023, 35761). Die Ertragsanteilsbesteuerung nach § 22 Nr 1 S 3 Buchst a bb kommt insb für Renten in Betracht, deren Beiträge nicht nach § 10 I Nr 2 S 1 Buchst b abgezogen werden konnten, zB Leistungen aus umlagefinanzierten Versorgungseinrichtungen (→ Rn. 94). 5

cc) Altersvorsorge; betriebliche Altersversorgung. In zu § 22 Nr 1 S 3 Buchst a vergleichbarer Weise regelt § 22 Nr 5 die Besteuerung von Leistungen aus Altersvorsorgeverträgen und aus betriebl Altersversorgung: Beruhen die Leistungen (zB in Zusammenhang mit einer Riesterrente oder mit Leistungen iRd betriebl Altersvorsorge) auf entlasteten bzw geförderten Beiträgen, werden die Renten nach § 22 Nr 5 S 1 voll besteuert (→ Rn. 170 ff). – Beruhen die Leistungen hingegen auf nicht geförderten Beiträgen, ist nach § 22 Nr 5 S 2 die Besteuerung abw vom Grundsatz der vollen nachgelagerten Besteuerung nach der Art der Leistung vorzunehmen. Nach der Ergänzung des § 22 Nr 5 S 2 durch **JStG 2024** (BGBl I 24 Nr. 387) führt nicht nur eine Steuerbefreiung von Beiträgen bei der deutschen Besteuerung, sondern auch eine vergleichbare steuerl Freistellung oder Begünstigung von Beiträgen bei einer ausl Besteuerung zu Leistungen iSd § 22 Nr 5 S 1 (RegEntw BR-Drs 369/24, 143; BFH X R 29/18, BStBl II 21, 675; *Thalmeir* IStR 25, 851; → Rn. 170). Soweit die Leistungen nicht auf Beiträgen nach § 3 Nr 55b, Nr 55c, Nr 63, § 10a oder Abschnitt XI beruhen, ist – *(1)* gem § 22 Nr 5 S 2 Buchst a bei lebenslangen Renten sowie bei Berufsunfähigkeits-, Erwerbsminderungs- und Hinterbliebenenrenten Nr 1 S 3 Buchst a [wohl Doppelbuchst bb; BFH X R 43/11, DStRE 16, 79 Rn. 41] entspr anzuwenden, ist – *(2)* gem § 22 Nr 5 S 2 Buchst b bei Leistungen aus Versiche- 6 rungsverträgen, Pensionsfonds, Pensionskassen und Direktversicherungen, die nicht solche nach Buchst a sind (also Kapitalauszahlungen), § 20 I Nr 6 entspr (in vollem Umfang, auch S 2) anzuwenden (BFH X R 39/15, BStBl II 18, 579), und ist – *(3)* gem § 22 Nr 5 S 2 Buchst c bei anderen Leistungen (wohl variable Leistungen, Teilauszahlungen, zB Überschussbeteiligung) der Unterschiedsbetrag zw der Leistung und der Summe der auf sie entrichteten Beiträge zu besteuern (§ 20 I Nr 6 S 2 gilt entspr). In welchem Umfang die Leistungen in der Auszahlungsphase besteuert werden, richtet sich demnach danach, ob die in der Ansparphase eingezahlten Beiträge in vollem Umfang, teilweise oder gar nicht gefördert worden sind; ggf sind die entspr Leistungen aufzuteilen.

7 **dd) Systematisch unterschiedlicher Ansatz.** Während Nr 5 an die konkrete Vorbelastung (Beitragsentlastung bzw -belastung) anknüpft und ggf eine Aufteilung verlangt, stellt Nr 1 typisierend auf die Art der Rente ab; nur für 10 Jahre lang geleistete Überbeiträge erlaubt § 22 Nr 1 S 3 Buchst a bb (ausnahmsweise) die Differenzierung nach ent- und belasteten Beiträgen: Im Bereich der **Basisversorgung** wird die Entlastung unterstellt, sodass die generelle Vollbesteuerung legitimiert ist; im Bereich der **Zusatzversorgung** wird hingegen konkret darauf abgestellt, ob die Zuflüsse auf entlasteten Beiträgen beruhen. – Das bedeutet, dass alle Renten, die die Voraussetzungen des § 22 Nr 1 S 3 Buchst a aa erfüllen, unabhängig von ihrer Vorbelastung voll (und nicht nur mit dem Ertragsanteil) zu besteuern sind.

8 **3. Subsidiarität.** Bestimmte wiederkehrende Einnahmen werden vorrangig nach § 2 I Nr 1–6 besteuert (BFH VIII R 4/18, DStR 21, 2341), zB alle betriebl wiederkehrenden Bezüge (vgl → § 4 Rn. 75, 410; → § 16 Rn. 244; *Weber-Grellet* LdR 6/153 C). § 22 tritt hinter alle anderen Einkunftsarten zurück, so Nr 1 S 1 (→ Rn. 50 ff), Nr 3 S 1 (→ Rn. 131), Nr 2 iVm § 23 (→ § 23 Rn. 1), auch bei Besteuerung über § 24 Nr 2 (SchlHFG EFG 14, 1191).

9 **4. Abschließende Aufzählung.** § 22 enthält eine abschließende Aufzählung der „sonstigen" Besteuerungstatbestände, die jedoch ihrerseits nur beispielhaft ausgefüllt sind (vgl Gesetzeswortlaut § 22 Nr 1 S 3 „auch", Nr 3 „zB").

10 **5. Verfassungsmäßigkeit.** Der BFH hat in zahlreichen Entscheidungen die Verfassungsmäßigkeit der Regelungen bejaht (vgl statt vieler BFH X B 84/19, BFH/NV 21, 1199; *KKM* § 22 Rn. B 210); das BVerfG hat entspr VerfBeschw zurückgewiesen: iEinz (auch zum vermeintl Verbot der doppelten Besteuerung) → Rn. 89.

II. Private wiederkehrende Bezüge; Arten und Begriffe

Schrifttum: vor → Rn. 1.

11 **1. Wiederkehrende Bezüge (Oberbegriff). – a) Bezüge.** Das sind Einnahmen in Geld oder Geldeswert einschließl Zuschüssen und sonstigen Vorteilen (§ 22 Nr 1 S 3 Buchst b; → Rn. 99; EStH 22.1). Zu unterscheiden sind Renten (→ Rn. 20), dauernde Lasten (→ Rn. 47) und (Kaufpreis-)Raten (→ Rn. 14). Die Steuerbarkeit wiederkehrender Bezüge folgt nicht aus ihrer äußeren Form (→ Rn. 1); die regelmäßige Wiederkehr von Bezügen (etwa von Ehegatten-Unterhaltszahlungen) als solche reicht nicht aus (BFH X R 18/03, BStBl II 04, 1047).

12 **b) Vermögenswerte Zuflüsse.** Solche sind zB: Geld, freie Kost und Wohnung (dazu → Rn. 48), Strom, Wasser, Heizung, Kleidung, Übernahme der KV, der Steuern und sonstiger Aufwendungen. Zu Altenteilsleistu ngen → Rn. 105; zu Grabpflegekosten s BFH XI R 10/85, BFH/NV 92, 295; zu Wohnungsinstandhaltung s BFH X B 198/97, BFH/NV 98, 1467; zu Schuldzinsen s – zR abl – BFH X R 120/98, DStR 02, 77. Die **eigene Arbeitsleistung** zählt mangels Aufwendungen nicht dazu, sodass wiederkehrende persönl Dienstleistungen des Verpflichteten

nicht erfasst werden (BFH XI R 9/84, BStBl II 91, 794: kapitalisierte Pflegeverpflichtung keine AK). Anders aber bei Gestellung einer fremden Arbeitskraft (glA BFH X R 35/89, BStBl II 92, 552). – Die **Bewertung** der Sachbezüge erfolgt grds durch Schätzung der tatsächl Werte (§ 8 II; vgl auch → § 10 Rn. 119; ältere Rspr → 34. Aufl 2015, § 22 Rn. 12).

c) Wiederkehrend. Das sind Bezüge, die auf Grund eines einheitl Entschlusses oder eines einheitl Rechtsgrundes wiederholt (dh wohl entspr → § 11 Rn. 25 mehr als einmal, str) mit einer gewissen Regelmäßigkeit erbracht werden (zB BFH VIII R 79/91, BStBl II 95, 121; *Myßen/Adam ua* [→ vor Rn. 1] Rn. 56 f). Auch einmalige Zahlungen (iRe Rente) können erfasst werden (BFH VIII R 38/10, BStBl II 16, 657 – „Schweizer Vorbezug"; → Rn. 92). – Weitere Voraussetzungen bestehen nicht (*HHR/Schüler-Täsch* § 22 Rn. 90), also nicht: *(1)* Mindestdauer (BFH IX R 35/13, BStBl II 15, 795; *Myßen/Adam ua* [→ vor Rn. 1] Rn. 18), *(2)* Leistungsverpflichtung (Einschränkung: § 22 Nr 1 S 2, § 12 Nr 2, → Rn. 66, und § 9 I Nr 1, § 10 Ia Nr 2), *(3)* Gleichmäßigkeit der Leistungen (Ausnahme: Renten, → Rn. 23), *(4)* Stammrecht. 13

d) Nicht wiederkehrend. Das sind einmalige Leistungen (wie Liquidationszahlungen; BFH VIII R 30/15, BFH/NV 18, 857). Ebenso sind Kaufpreisraten (bei fest vereinbartem, aber gestundeten Kaufpreis; EStR 22.1 I; → Rn. 71; → § 10 Rn. 120) und andere (berechenbare) Kapitalzahlungen/-rückzahlungen im „Vermögensbereich", die in wiederkehrende Leistungen zerlegt („gestreckt") werden, *keine* wiederkehrenden Bezüge in diesem Sinne (→ Rn. 71 ff, BFH X R 39/98, BStBl II 02, 246; *Myßen/Adam ua* [→ vor Rn. 1] Rn. 46), also nicht nach § 22 stbar, der Zinsanteil ggf nach § 20 I Nr 7. 14

Beispiele: – *(1) Raten- oder rentenweise Auszahlung einer Erbschaft oder sonstiger Vermögensansprüche* (BFH X R 187/87, BStBl II 93, 298) oder Verzicht auf Erb-, Pflichtteils- oder Vermächtnisansprüche gegen Ratenzahlung (BFH VIII R 43/06, BStBl II 10, 818). – *(2) LV-Leistungen* → Rn. 51. – *(3) Entgeltl Wohnrechtserwerb* s BFH X R 11/84, BStBl II 90, 13. – *(4) Stipendien* führen grds nicht zu wiederkehrenden Bezügen (auch → Rn. 51, 133, 150). – Weitere Beispiele → 39. Aufl 2020, § 22 Rn. 14.

e) Übertragung/Veräußerung von Wirtschaftsgütern und Vermögen. Bei der entgeltl Übertragung von PV sind die wiederkehrenden Leistungen von Beginn an in eine Vermögensumschichtung (Tilgungsanteil, Barwert) und in einen Zinsanteil aufzuteilen (*HHR/Schüler-Täsch* § 22 Rn. 116; → Rn. 70; zu Raten-/Rentenverkauf in § 23-Fällen → § 23 Rn. 93, 94). Bei Veräußerung von (stbarem) BV ist Sofort- oder Zuflussbesteuerung mögl (BFH X R 12/17, DStR 20, 435; EStH 11 XVI; *HHR/Schüler-Täsch* § 22 Rn. 117). Zur Vermögensübergabe gegen Versorgungsleistungen → Rn. 105. 15

2. Renten. – a) Begriff. Renten sind wiederkehrende gleichmäßige aleatorische Leistungen, die Geld oder vertretbare Sachen zum Gegenstand haben und sich auf einen „besonderen Verpflichtungsgrund" (§ 9 I Nr 1, § 10 Ia Nr 2) bzw auf ein „Rentenrecht" (§ 22 Nr 1 S 3 Buchst a bb) zurückführen lassen (*Meyering* StuB 08, 675), zB Gesetz, VA, Vertrag, letztwillige Anordnung. – Bei Renten steht – im Unterschied zu Raten (Teilzahlungen eines gestundeten Kaufpreises) – wegen ihres **aleatorischen Charakters** (ganz bei der Leibrente, partiell bei der Zeitrente) der insgesamt zu entrichtende Betrag nicht fest. Nach hM müssen Renten eine bestimmte Mindestlaufzeit aufweisen (mE zweifelhaft, da das Zeitmoment irrelevant ist); diese liegt, soweit nicht eine Leibrente auf Lebenszeit läuft, idR bei 10 Jahren (vgl zu sog Zeitrenten BFH VI 12/62 U, BStBl III 63, 563; aber auch → Rn. 40; zu dauernden Lasten nach § 10 Ia Nr 2 BFH VI 102/64, HFR 65, 504). Ob entgeltl oder unentgeltl, sollte (früher) unerhebl sein (BFH VI 284/58 U, BStBl III 59, 463); mE ist das (heute) nicht der Fall (→ Rn. 1, 50). Zur Abkürzung einer Leibrente → Rn. 43, zur Verlängerung → Rn. 46. – **Schriftform** nach § 761 BGB (Leibrente) oder notarielle 20

Beurkundung nach § 518 BGB (Schenkung) sind für das StRecht unbeachtl (§ 41 AO; **aA** BFH VI 12/62 U, BStBl III 63, 563). – Renten iSd § 22 sind in erster Linie (auch abgekürzte und verlängerte; → Rn. 100, 102) **Leibrenten.** Bei (veräußerungs- oder darlehensähnl) sog **„Veräußerungsrenten/Gegenleistungsrenten"** (auch Veräußerungszeitrenten) wie auch bei anderen wiederkehrenden Leistungen (*Myßen/Adam ua* [→ vor Rn. 1] Rn. 588 f) ist ggf ein stbarer Zinsanteil herauszurechnen (BFH VIII R 3/17, BStBl II 20, 813). Renteneinkünfte auch bei Finanzierung der Rente durch Dritte; keine mittelbare Rentenschenkung (FG Bln-Bbg EFG 09, 749). Versehentl (ohne Rechtsgrund) erhaltene Leistungen (zB vor/über Laufzeit) sind kein Fall einer freiwilligen Leistung (→ Rn. 66) und daher stbar (BFH X B 140/20, BFHNV 21, 1347).

Die zivilrechtl Voraussetzung eines einheitl **Rentenstammrechts** (*Grüneberg* § 759 BGB Rn. 7) ist strechtl eher unbedeutend (BFH X R 15/85, BFH/NV 90, 227). Die unterschiedl Behandlung von Renten und dauernden Lasten beruht vorrangig auf dem Umstand, dass bei ungleichmäßigen Leistungen ein einheitl Zinsanteil nicht berechnet werden kann und damit auch eine Ausgrenzung des vermögensumschichtenden Teils nicht mögl ist.

Beispiele: Vertragl Rentenansprüche (Hausverkauf, LV, schenkweise eingeräumter Versorgungsanspruch). – Einheitl **private Berufsunfähigkeitsrente** trotz fortlaufender Gesundheitsprüfung (BFH X R 17/04, BFH/NV 05, 1259). – **Testamentarische** Ansprüche (BFH VI R 168/73, BStBl II 75, 882). – **Gesetzl** Ansprüche können nach neuerer Rspr unabhängig von der Begründung eines Rentenstammrechts unter § 22 fallen, wenn sie ihren Rechtsgrund in Leistungen des StPfl haben (wie etwa **Sozialversicherungsrenten mit Hinterbliebenenrenten;** → Rn. 42); vgl BFH X R 1/99, BFH/NV 02, 1436.

21 **b) Rentenarten.** Ab 2005 sind **drei Gruppen** zu unterscheiden: – ***(1)* Leibrenten aus gesetzl RV,** aus luf Alterskassen, aus berufsständischen Versorgungseinrichtungen und Leistungen aus kapitalgedeckter betriebl Altersversorgung (sog Rürup-Rente), → Rn. 91; – ***(2)* Leistungen aus Altersvorsorgeverträgen,** zB Riester-Rente; zertifizierter Altersvorsorgevertrag (LV, Investmentfonds-, Banksparpläne), → Rn. 170; – ***(3)* sonstige Leibrenten,** insb Leibrenten, zB umlagefinanzierte VBL-Renten; private RV; → Rn. 94. – **Schadenersatzrenten** zum Ausgleich vermehrter Bedürfnisse (BFH X R 31/07, BStBl II 09, 651) und **Schmerzensgeldrenten** sind nicht stbar (→ Rn. 52; *Myßen/Adam ua* [→ vor Rn. 1] Rn. 2361 f). Renten aus der gesetzl Unfallversicherung (zB Berufsgenossenschaftsrente), Kriegs- und Schwerbeschädigtenrenten, Wiedergutmachungsrenten sind stfrei. – Zur **Betriebsveräußerungsrente** → Rn. 72, zu **betriebl Versorgungsrenten** → Rn. 52. Zur Problematik **grenzüberschreitender betriebl Alterseinkünfte** *Richter* IStR 08, 546; *Weber-Grellet* LdR 6/153 A III 3 f; *Förster* IStR 17, 461.

22 **c) Inhalt der Verpflichtung.** Rentenerträge müssen fortlaufend in Gestalt gleichmäßiger Leistungen von Geld oder vertretbaren Sachen wiederkehren (zB BFH X R 1/00, BFH/NV 02, 1438); Wohnrecht kann daher keine Rente sein.

23 **d) Gleichmäßigkeit der Leistungen. – aa) Grundsatz.** Nur der Höhe nach gleich bleibende und in gleichmäßigen Zeitabständen zu erbringende Leistungen sind Renten. Maßgebl ist nicht die tatsächl Zahlung, sondern die Fälligkeit nach dem zugrunde liegenden Rechtsverhältnis, zB Monatsraten von gleichbleibend 100 €, die auch später keiner grundlegenden Änderung unterliegen dürfen. Das wird idR bei Geldleistungen und weniger bei Naturalleistungen in Betracht kommen, nicht bei der Höhe nach schwankenden fondsgebundenen „Renten" (so *Goverts/Schubert* DB 06, 1978). Die Rente kann für die Zukunft in eine dauernde Last umgewandelt werden (BFH X R 135/98, BStBl II 04, 824).

24 **bb) Unschädliche Änderungsmöglichkeiten.** Die Entstehung oder der Fortbestand der Rente kann – im Gegensatz zu den Einzelleistungen – von besonderen Bedingungen abhängig gemacht werden (ältere Rspr → 34. Aufl 2015, § 22 Rn. 24).

cc) Wertsicherungsklauseln. Der Rentencharakter und die Gleichmäßigkeit des inneren Wertes der Rente werden nicht in Frage gestellt (BFH VI R 375/69, BStBl II 73, 680; *BMF* BStBl I 04, 922 Rn. 48); so können die einzelnen Zahlungen an die Entwicklung der allg Lebenshaltungskosten (BFH VIII R 69/78, BStBl II 80, 501), an die Gehaltsentwicklung bestimmter Berufsgruppen oder Personen (zB BFH X R 85/94, BStBl II 97, 284) oder an die Anpassung der SV-Renten (BFH VI R 118/79, BStBl II 81, 265) geknüpft werden. 25

Preisklauseln in Verträgen über wiederkehrende Zahlungen sind unter bestimmten Voraussetzungen zul (iEinz § 3 PreisklauselG). Die Anpassung von SV-R ist ebenfalls unschädl (BFH VI R 118/79, BStBl II 81, 265). Unvorhergesehene Unregelmäßigkeiten in der Zahlweise müssen den Rentencharakter nicht in Frage stellen (zB bei Nachzahlungen; BFH VIII R 184/72, BStBl II 76, 452; → Rn. 90).

dd) Schädliche Abhängigkeiten. Keine Rente (sondern dauernde Last; → Rn. 47, 81) liegt vor bei *(1)* Abhängigkeit der Leistungen von variablen Bemessungsgrößen wie Umsatz oder Gewinn, Pacht- oder Mieteinnahmen (BFH IX R 46/88, BStBl II 95, 169; BFH X B 153/19, BFH/NV 20, 1257 – zu Destinatszahlungen), *(2)* bei sonstigen bedingten Einzelleistungen, die von außerhalb des Rentenvertrages liegenden Umständen abhängen (ältere Rspr → 34. Aufl 2015, § 22 Rn. 26). 26

ee) Abänderungsmöglichkeit nach § 323 ZPO. Nach BFH GrS 1/00, BStBl II 04, 95 ist die Bezugnahme auf § 323 ZPO unschädl (BFH X B 162/06, BFH/NV 07, 1501). Die Änderungsmöglichkeit kann sich auch aus dem Vertragsinhalt, zB der **Rechtsnatur eines Versorgungsvertrages nach Vermögensübergabe** ergeben (BFH X B 75/12, BFH/NV 13, 1574; dazu → Rn. 105); zur Abänderung bei Heimunterbringung und bei eigenen Pflegeleistungen s BFH X R 8/14, BStBl II 17, 512; BFH X R 31/20, BStBl II 22, 165). 27

e) Möglichkeit der Aufspaltung wiederkehrender Bezüge. Diese besteht bei trennbaren Einzelleistungen (BFH IX R 16/83, BFH/NV 88, 294; ältere Rspr → 41. Aufl 2022, § 22 Rn. 30). Nur **geringfügige Taschengeldnebenleistungen** bis 50 € monatl zieht die Rspr zu den dauernden Lasten (BFH GrS 1/90, BStBl II 92, 78 zu C I 4c). Die Aufteilung einer Versorgungsrente in eine Veräußerungs- und eine Unterhaltsrente lehnt die Rspr dagegen grds ab (→ Rn. 70 ff). Bei Vermögensübergabe gegen Versorgungsleistungen (zB Altenteil) grds keine Aufspaltung – voller Abzug/Besteuerung als dauernde Last, auch iHd Geldanteils; bei **teilentgeltl Vermögensübertragungen** ist Aufteilung mögl (*BMF* BStBl I 04, 922 Rn. 50). 30

3. Zeitrente. IdR keine Rente, da der Wagnischarakter fehlt (BFH VIII R 3/17, BStBl II 20, 813); es handelt sich um wiederkehrende Bezüge, die nicht auf Lebenszeit, sondern auf festgelegte Dauer zu entrichten sind (*Meyering* StuB 08, 675); sie werden daher wie Kaufpreisraten besteuert (*Worgulla* ErbStB 07, 137; → Rn. 14). Zur Abgrenzung von abgekürzten Leibrenten s EStH 22.4; BFH VI 284/58 U, BStBl III 59, 463; → Rn. 43, 100, von verlängerten Leibrenten → Rn. 46, zur Besteuerung → Rn. 84 f. – Wahlrecht zur Sofortbesteuerung nach EStR 16 XI (*Brandenberg* NWB 3, 14089). 40

4. Leibrente. – a) Allgemeines. Keine Definition im EStG oder BGB. Ihr besonderer Charakter (Versorgung des Empfängers) liegt darin, dass sie auf die unbekannte Lebenszeit eines Menschen, meist des Empfängers (vgl aber § 55 I Nr 2, 3 EStDV), zugesagt wird (vgl BFH GrS 1/90, BStBl II 92, 78; EStR 22.3; *Myßen/Adam ua* [→ vor Rn. 1] Rn. 1418 f; *KKM* § 22 Rn. B 140 f); Mindestlaufzeit von 10 Jahren mE nicht notwendig (zu den weiteren Voraussetzungen → Rn. 20). Nebenbestimmungen zur Verkürzung oder Verlängerung der Laufzeit sind mögl (→ Rn. 43–46); zur Bedeutung der „Gegenleistung“ → Rn. 70 f. – § 22 Nr 1 S 3 Buchst a erfasst auch **„andere Leistungen“** (auf Veranlassung des FinA, BT-Drs 41

15/3004, 19), Teilkapitalisierungen (BFH X R 3/12, BStBl II 14, 58, aber ggf § 34; BFH X R 11/12, BFH/NV 14, 328), Sterbegelder (BFH X R 13/14, BFH/NV 17, 445; s auch § 22 Nr 4), auch Erstattung von RV-Beiträgen, aber ggf stfrei gem § 3 Nr 3 Buchst b (BFH X R 35/18, BStBl II 21, 750). – Nicht erfasst werden Rentennachzahlungszinsen (Vorrang des § 20; BFH VIII R 18/12, BStBl II 16, 523; *BMF* BStBl I 16, 645; → § 20 Rn. 115), nicht zusätzl Auszahlung aus Kapitalversorgung, da nicht Teil der Basisversorgung (BFH X R 39/15, BStBl II 18, 579). § 34 ist nicht anzuwenden, wenn die ursprüngl Versorgungsregelung bereits ein Kapitalwahlrecht enthielt (BFH X R 23/15, BStBl II 17, 347; FG Mster BetrAV 23, 706, Rev X R 25/23; krit *Briese* DStR 17, 2347).

42 **b) Einzelfälle.** § 22 Nr 1 erfasst alle beim Empfänger in den privaten Bereich fallenden Leibrenten, entgeltl und unentgeltl erworbene, gesetzl, testamentarische und vertragl, öffentl-rechtl und privatrechtl Versorgungs- und Veräußerungsrenten sowie einzelne Schadensrenten (→ Rn. 51); Nr 1 erfasst auch **Erwerbsminderungsrenten** und Hinterbliebenenrenten, die bisher nach § 55 II EStDV besteuert wurden; Grund ist die steuerl Entlastung der Beiträge (BFH X B 48/11, BFH/NV 13, 532; BR-Drs 2/04, 68; *Weber-Grellet* DStR 12, 1253). – Die Leistung kann beim Geber auch in den Bereich anderer Einkünfte fallen. Die rückwirkende Anrechnung einer Unfallrente führt zur Kürzung einer Witwenrente (FG Ddorf EFG 23, 1236, rkr).

Beispiele: SV-Renten, Hinterbliebenenrenten, Altersruhegeld, Bundesbahnrenten, Rente aus privater LV oder Unfallversicherung, DDR-Renten (iEinz → 41. Aufl 2022, § 22 Rn. 42).

43 **5. Abgekürzte Leibrente, § 22 Nr 1 S 3 Buchst a bb S 5; § 55 II EStDV. Begriff:** Rente auf Lebenszeit, höchstens aber auf eine bestimmte Zahl von Jahren (BFH X R 35/11, BStBl II 14, 557; EStR 22.4 V; *KKM* § 22 Rn. B 256). Die Laufzeit muss nicht mindestens 10 Jahre betragen (BFH X R 97/89, BStBl II 91, 686). **Rechtsfolgen** → Rn. 100; Abgrenzung zu Zeitrente → Rn. 40. – Die **Erwerbsunfähigkeitsrente/Erwerbsminderungsrente** (aus der gesetzl RV) wird von § 22 Nr 1 S 3 Buchst a aa erfasst (BFH X R 18/16, DStRE 18, 1168); zur Fortsetzung (als Altersrente) *BMF* BStBl I 13, 1087 Rn. 224; zur Nachzahlung → Rn. 90. – Beispiele → 39. Aufl 2020, § 22 Rn. 44.

46 **6. Verlängerte Leibrente.** Bei einer lebensländl Rente mit Mindestlaufzeit ist die Rente an die Erben zu zahlen, wenn der Berechtigte vorher stirbt (*HHR/Schüler-Täsch* § 22 Rn. 228, 231; *KKM* § 22 Rn. B 257). Diese häufig iVm Vermögensübertragungen gewählte Rentenform hat Ähnlichkeit mit Kaufpreisraten. Besteuerung → Rn. 102.

47 **7. Dauernde Lasten (Bezüge). – a) Ungleichmäßige Leistungen.** Das sind (rentenähnl) wiederkehrende Leistungen, die sich ebenfalls auf einen besonderen Verpflichtungsgrund zurückführen lassen (im EStG nur noch in § 9 I Nr 1 erwähnt), die aber **ungleichmäßig** oder abänderbar sind (BFH X R 8/14, BStBl II 17, 512; BFH X R 3/21, BFH/NV 24, 320; *Myßen/Adam ua* [→ vor Rn. 1] Rn. 568; → Rn. 26) und/oder deren Leistungsinhalt nicht zwingend in Geld oder vertretbaren Sachen besteht,; zur Besteuerung → Rn. 81. Nach § 10 Ia Nr 2 spielt die Abgrenzung von dauernder Last und Rente (iZm Versorgungsleistungen) keine Rolle mehr (*Weber-Grellet* FR 24, 437; *Zapf* jurisPR-StR 10/24 Anm 2; wNachw → 43. Aufl 2024, § 22 Rn. 47).

48 **b) Wohnrecht.** Eine unentgeltl Wohnungsüberlassung zur Nutzung kann grds Gegenstand einer dauernden Last sein (s auch BFH X R 50/98, BFH/NV 00, 1089; *OFD Nbg* DStR 98, 1427; *OFD Mster* DB 02, 177 zu Erhaltungsaufwand). Der Besteller muss dafür nach hM ein steuerl nicht dem Empfänger zuzurechnendes Nutzungsrecht wiederkehrend zuwenden (*Beispiel:* Altenteilslasten, s BFH X R 91/92, BStBl II 95, 836); zu beachten sind die Einschränkungen der §§ 12 Nr 2, 22 Nr 1 S 2

(dazu →Rn. 66, zB Überlassung an Kinder); zum Abzug →§ 10 Rn. 119, 120 „Wohnrecht".

III. Besteuerung privater wiederkehrender Bezüge, § 22 Nr 1, Nr 1a

1. Grundsätze. – a) Steuerbarkeit. Renten sind mE nur stbar, wenn sie auf **Leistungen** beruhen (so auch *Hüttemann* DB 24, 478 (484); →Rn. 1); diese Anknüpfung gilt auch für § 22 Nr 1 und Nr 5 (*Weber-Grellet* DStR 12, 1253 (1258); *Weber-Grellet* LdR 6/153 A II). Durch das AltEinkG (BGBl I 04, 1427) ist die Altersrentenbesteuerung neu geregelt worden; zugrunde liegt dem AltEinkG das „Drei-Schichten-Modell" der Rürup-Kommission (*Eichenhofer* Sozialer Fortschritt Bd. 67 (2018), 909). Das AltEinkG beruht auf dem Prinzip der nachgelagerten Besteuerung, dem die Annahme einer „intertemporalen Korrespondenz" zugrunde liegt. Zweites tragendes Prinzip ist die Besteuerung der Renten nach Maßgabe der Vorbelastung (→Rn. 51). Die Übergangs-Neuregelung verstößt nicht gegen VerfRecht (iEinz →Rn. 10, 89). 50

b) Systematisierung. Nur durch Leistungen erworbene Renten sind stbar (→Rn. 50); die äußere Form der Wiederkehr ist nicht entscheidend. Der Umfang der Erfassung (Voll- oder Ertragsanteilsbesteuerung) ist abhängig von der Vorbelastung bzw. Förderung der Beiträge während der Aufbauphase. Danach gilt: – ***(1)* Prototyp:** Rente aus gesetzl RV. – Auch der – in der Vergangenheit zeitl begrenzt mögl – freiwillige Eintritt in die Pflichtversicherung bei der BfA führt zur Besteuerung als Leibrente aus gesetzl RV mit dem entspr Besteuerungsanteil (→Rn. 3). – ***(2)* Rürup-Rente:** stbar, Besteuerungsanteil (§ 22 Nr 1 S 3 Buchst a aa). – ***(3)* Gegenleistungsrente** (Rente zB gegen Geld oder Grundstück): stbar, Ertragsanteil; – ***(4)* Private Unterhaltsrente:** nicht stbar (keine Leistung), nicht absetzbar. – ***(5)* Private Rente aus Versicherungsvertrag:** grds stbar, Ertragsanteil; ggf für Altverträge aber § 20 I Nr 6 aF (BFH VIII R 4/18, DStR 21, 2341; krit *Briese* FR 23, 112); Einkünfte iSd § 22 Nr 1 S 1 Hs 1 sind insb ggü Einkünften aus KapVerm iSd § 20 I Nr 6 aF, die zu den Einkünften nach § 2 I Nr 5 zählen, subsidiär (BFH VIII R 4/18, DStR 21, 2341). – ***(6)* LV-Rente:** Renten aus LV sind, da sie auf vertragl Leistungen beruhen, stbar, werden aber nur mit dem Ertragsanteil erfasst; das ist systemgerecht, da ein SA-Abzug nur noch bei Risiko-Todesfallversicherungen mögl ist; das für bis 2004 abgeschlossene Verträge geltende LV-Privileg ist entfallen. Altverträge sind weiterhin nur nach § 20 I Nr 6 aF zu besteuern (BFH X R 39/15, BStBl II 18, 579). – ***(7)* Schadenersatzrente:** mE abhängig vom Rechtsgrund. Rente aus einer privaten Unfallversicherung stbar; nicht stbar hingegen ist eine **Schadenersatzrente** wegen Tötung des Ehegatten. – ***(8)* Erziehungsrente** (der gesetzl RV): stbar, Besteuerungsanteil (BFH X R 35/11, BStBl II 14, 557; *Schuster* jurisPR-StR 47/13 Anm 3). – ***(9)* Mindestzeitrente:** Leibrente mit Mindestzeit: Leibrente oder Kaufpreisrate, abhängig von der Laufzeit, ggf Ertragsanteil (*HHR/Schüler-Täsch* § 22 Rn. 228). – ***(10)*** Rente aus gesetzl RV wegen **verminderter Erwerbsfähigkeit:** stbar, Besteuerungsanteil. ***(11)* Hinterbliebenenrente** ist stbar. Besteuerungsanteil; § 46 SGB VI, trotz Unterhaltsersatzfunktion (BFH X B 91/16, BFH/NV 17, 287). – ***(12)* Private Berufsunfähigkeitsrente:** stbar, Ertragsanteil (FG Nds EFG 23, 1376, rkr). Im Geltungsbereich des AltEinkG ab dem Jahr 2005 geleistete Zahlungen sind nicht deshalb stfrei, weil die Versicherung wegen der Berufsunfähigkeit als Bestandteil einer vor dem 1.1.05 abgeschlossenen Kapital-LV mit einer Mindestlaufzeit von 12 Jahren abgeschlossen worden ist. – ***(13)* Mehrbedarfsrente,** die andere steuerbare Einkünfte ersetzt: stbar, mit Ertragsanteil. – ***(14)* Monatl gezahltes Stipendium:** nur stbar, wenn für Gegenleistung gewährt (so auch BFH X R 6/19, BStBl II 21, 557 Rn. 19 [„Gastarztstipendium"]; BFH X R 21/20, BFH/NV 23, 417 [Promotionsstipendium]; evtl auch § 19-Einkünfte (FG Mchn DStRE 23, 146, rkr). – Zu § 22 Nr 3 →Rn. 133, 150). – ***(15)*** Regelmäßige Zahlungen für **Erbteilsverzicht/Pflicht-** 51

teilsverzicht sind nicht stbar. – ***(16)* Versorgungsausgleich:** Nach der an das VersAusglG angepassten Fassung des § 22 Nr 1a sind Einkünfte aus Ausgleichszahlungen iRd Versorgungsausgleichs zu erfassen, soweit bei der ausgleichspflichtigen Person die Voraussetzungen für den SA-Abzug nach § 10 Ia Nr 3, 4 erfüllt sind (→ Rn. 115).

52 **c) Einzelfälle aus der Rechtsprechung.** – ***(1)* Leibrenten** iSd § 22 Nr 1 S 3 Buchst a aa waren bis 2004 mit ihrem Ertragsanteil zu besteuern (korrespondierend mit WK/SA; BFH X B 57/10, BFH/NV 11, 1128), ab 2005 mit dem Besteuerungsanteil (→ Rn. 90), der von 50 bis auf 100% im Jahr 2058 steigt. – *BMF* BStBl I 08, 390 Rn. 90 ff unterscheidet Leistungen aus **gesetzl RV,** aus **landwirtschaftl Alterskassen,** aus **berufsständischen Versorgungseinrichtungen** und aus RV iSd **§ 10 I Nr 2b** (zB Rürup-Rente; *BMF* BStBl I 08, 390 Rn. 100 f). Zu stfreien Leistungen *BMF* BStBl I 08, 390 Rn. 92 f, 99 f; dazu *BMF* BStBl I 21, 1831 Rn. 197. – *(2)* Die Besteuerung von Leistungen aus **Altersvorsorgeverträgen** (§ 22 Nr 5) hängt von dem Umfang der Förderung ab (→ Rn. 170 f). – *(3)* Sonstige Renten iSd § 22 Nr 1 S 3 Buchst a bb) (keine abzugsbegünstigte Altersvorsorge; → Rn. 94) und abgekürzte Leibrenten (§ 55 II EStDV) werden weiterhin mit ihrem Ertragsanteil erfasst (→ Rn. 94; keine AbgeltungSt); der Kapitalanteil ist ledigl Vermögensrückzahlung; *BMF* BStBl I 08, 390 Rn. 107 f; so auch *LfSt Bay* DStR 08, 2110 zu (Sofort-)Rente mit fondsgebundener Kapitalanlage. – ***(4)* Versorgungsrente:** – ***(a)* Betriebl Versorgungsrenten** (iRe Fürsorge wegen früherer betriebl Tätigkeit) werden (in voller Höhe) nach § 24 Nr 2 erfasst (BFH III R 49/13, BStBl II 17, 37; *Myßen/Adam ua* [vor → Rn. 1] Rn. 971; *Weber-Grellet* LdR 6/153 C III); – ***(b)* außerbetriebl/private Versorgungsrente** (dazu BFH VI R 43/16, BFH/NV 19, 1335; *Myßen/Adam ua* [vor → Rn. 1] Rn. 958; Rechtsfolge: Ansatz des Ertragsanteils (BFH IV R 71/82, nv). – ***(5)* Reine Unterhaltsrente** (Differenzierung zw Versorgung und Unterhalt; zB für behindertes Kind, auch bei Verzicht auf Pflichtteilsansprüche): nicht stbar (weder Ertrag noch Zins; BFH VIII R 43/06, BStBl II 10, 818); ebenso **Schmerzensgeldrenten.** – ***(6)* Erziehungsrente** (nach § 47 SGB VI) aus gesetzl RV stbar mit Besteuerungsanteil (BFH X R 35/11, BStBl II 14, 557); – *(7)* Rente für **Vermögensübertragung:** nach § 22 Nr 1 S 3 Buchst a aa, → Rn. 105; → § 10 Rn. 111. – ***(8)* Veräußerungsrenten/Gegenleistungsrenten** auf Zeit („Zeitrenten") als Veräußerungsleibrente (*HHR/Schüler-Täsch* § 22 Rn. 105, 116; *KS/Bleschick* § 22 Rn. 4) oder als Kaufpreisraten (→ Rn. 14, 20, 40, 70 f, 97): Der Empfänger der Bezüge (Veräußerer) besteuert den Zinsanteil nach § 22 Nr 1; der Zahler (Erwerber) kann ggf den Zinsanteil absetzen, als WK nach § 9 I Nr 1 S 2 oder als BA (im Umfang der Barwertminderung, EStR 4.5 IV 2, 3; BFH X R 32–33/01, BStBl II 11, 675); vgl → Rn. 77, 87; der Barwert (Gesamtwert dieser Raten abzügl Zinsanteil) bildet die AK. – Zur Betriebsveräußerungsrente → Rn. 72. – ***(9)* Dauernde Lasten** (nach Maßgabe des Korrespondenzprinzips) in voller Höhe (→ Rn. 47, 81). – *(10)* Abfindungszahlung (→ Rn. 60). – Zu WK → Rn. 124, 174; instruktiv BFH X R 2/06, BStBl II 08, 99.

53 **d) Geltungsbereich des § 22 Nr 1.** – ***(1)* Keine betrieblichen Bezüge.** Nur private Bezüge fallen unter § 22. Die Ermittlung und Besteuerung betriebl veranlasster wiederkehrender Bezüge richtet sich nach §§ 4 ff, §§ 13 ff und ggf nach § 16 (→ § 16 Rn. 240 f). – ***(2)* Verhältnis zu § 19.** Leistungen aus einer Versorgungseinrichtung sind dann kein ArbLohn, wenn die Beiträge als ArbLohn versteuert worden waren (BFH X R 105/95, BStBl II 96, 650).

58 **e) Steuerfreie Bezüge *(Beispiele)*.** § 3 Nr 1 Rente aus gesetzl Unfall- und Krankenversicherung (BFH X R 31/08, BFH/NV 09, 1625); § 3 Nr 7–9 – Versorgungs-, LAG- oder Wiedergutmachungsrente; § 3 Nr 11 – öffentl Ausbildungsbeihilfen (zB nach BAföG, AFG, AufstiegsfördG); § 3 Nr 24 – KiGeld; § 3 Nr 58 – Wohngeld; § 3 Nr 67 – Erziehungsgeld (dazu *BMF* BStBl I 21, 1831 Rn. 197). Zur Frage der Stbarkeit → Rn. 51.

59 **f) Zeitpunkt.** Maßgebl ist der **Zufluss** (§ 11 I; Einzelfälle → § 11 Rn. 50). § 11 I 2 kann einschlägig sein. – Zur Bemessung des Ertrags- bzw des stfreien Anteils (→ Rn. 93) ist auf die Entstehung des Rentenanspruchs abzustellen (BFH VIII R 184/72, BStBl II 1976, 452).

60 **g) Ablösung wiederkehrender Bezüge.** Der Abfindungsbetrag fällt nicht – auch nicht über § 24 Nr 1a – unter § 22 Nr 1, wenn er bei ursprüngl einmaliger Zahlung nicht stbar gewesen wäre, vgl → Rn. 14, 51; → § 3 Rn. 23; evtl aber § 20 II 2

(„Einlösung"); → § 20 Rn. 149. – Zur Ablösung einer Rentenverpflichtung BFH X R 2/06, BStBl II 08, 99.

Beispiel: Fällt eine LV-Rente unter § 22 (→ Rn. 51), ist ihre Ablösung in einem Betrag ggf nach § 20 zu erfassen (→ § 20 Rn. 105).

2. Bezüge nach § 22 Nr 1 S 1 und S 2. – a) Wiederkehrende Bezüge, § 22 Nr 1 S 1. Besteuerung wiederkehrender Bezüge im Privatbereich beim Empfänger der Leistungen gem § 22 Nr 1 (→ Rn. 88 f); Abzug von Renten und dauernden Lasten beim Geber, je nach wirtschaftl Zusammenhang als BA (§ 4 IV), WK (§ 9 I Nr 1) oder SA (§ 10 Ia Nr 2). § 15b ist entspr anwendbar (§ 22 Nr 1 S 1 Hs 2). 65

b) Freiwillige und andere nicht steuerbare Bezüge, § 22 Nr 1 S 2 Hs 1. Insb Unterhaltsbezüge iSv § 12 Nr 2 (*HHR/Schüler-Täsch* § 22 Rn. 122 f; *KKM* § 22 Rn. B 110 f; *Myßen/Adam ua* [vor → Rn. 1] Rn. 101 f) sind nicht dem Empfänger zuzurechnen, wenn die Bezüge freiwillig oder auf Grund einer freiwillig begründeten Rechtspflicht gezahlt werden (BFH VIII R 57/10, BStBl II 14, 56 bei monatl Zahlungen für Verzicht auf Erb-/Pflichtteilsrechte; → Rn. 14, 51: keine Leistung); mE Korrespondenz zu § 12 Nr 2 (→ § 12 Rn. 34 f). – Die **Vermächtnisrente** (auch nach Pflichtteilsverzicht) enthält keinen Zinsanteil und ist nicht stbar (BFH VIII R 35/07, BFH/NV 10, 1793; BFH X R 30/20, BStBl II 22, 161 betrifft § 22 Nr 1a; → Rn. 105, auf der anderen Seite kein SA-Abzug (FG Mchn EFG 12, 833). – Nicht stbar ist das Schweizer Geburtengeld, auch § 32b nicht anwendbar (BFH X R 31/08, BFH/NV 09, 1625). 66

c) Bezüge von Körperschaften, § 22 Nr 1 S 2 Hs 2. Der Sache nach handelt es sich um Ausschüttungen bzw ausschüttungsähnl Vorgänge, nicht um Leibrenten (daher eher zu § 20 gehörig). Leistungen einer *kst-befreiten* Körperschaft werden voll als Bezüge des Empfängers erfasst (§ 3 Nr 40i greift insoweit nicht; *KKM* § 22 Rn. B 125 f; *Myßen/Adam ua* [→ Rn. 1] Rn. 116 f); für eine Anwendung des § 22 Nr 1 S 3 Buchst a bb ist mE kein Raum (**aA** BFH X R 41/12, DStR 14, 2115; wN → 39. Aufl 2020, § 22 Rn. 68). – Entspr Leistungen einer *stpfl* Körperschaft (mE eigentl kein Fall des § 22 Nr 1 S 2 Hs 2) unterliegen (bei dieser) der KSt; daher sind diese Bezüge beim Empfänger mE nur zu 60% zu besteuern (§ 3 Nr 40i; *HHR/Intemann* § 3 Nr 40 Rn. 160; mE eher ein Fall des § 20 I Nr 9; → § 20 Rn. 129). – Zur Besteuerung sog *Destinatszahlungen* BFH X R 31/13, BStBl II 15, 540, BFH X B 153/19, BFH/NV 20, 1257; *Orth* ZStV 21, 60). 68

3. Veräußerungsrente. – a) Bedeutung. Der Tatbestand der Veräußerung ist relevant für *(1)* die steuerl Beurteilung als Veräußerungs-, Versorgungs- bzw Unterhaltsleistungen, *(2)* die Zurechnung (Einschränkung der Abziehbarkeit nach § 10 Ia Nr 2 durch § 12 Nr 2 und der Besteuerung nach § 22 Nr 1 S 1 durch S 2; → § 12 Rn. 34) und *(3)* die Höhe (dauernde Last oder Leibrente, § 9 I Nr 1, § 10 Ia Nr 2, § 22 Nr 1a; → Rn. 47). 70

b) Veräußerungen. – aa) Voraussetzungen. Veräußerungen sind entgeltl Übertragungen, bei denen sich Leistung und Gegenleistung entsprechen, zB bei Abstandszahlungen oder Ratenzahlungen (→ Rn. 14) an den Vermögensübergeber, bei Ausgleichszahlungen oder Gleichstellungsgeldern an Dritte sowie bei Übernahme von Verbindlichkeiten (→ § 16 Rn. 57; *BMF* BStBl I 93, 80, *BMF* BStBl I 04, 922 Rn. 50 ff und BFH GrS 4–6/89, BStBl II 90, 847 zu C II 3 zur Abgrenzung zu BV), auch solche bei Verrentung eines Kaufpreises (BFH X R 12/01, BStBl II 04, 211) und bei Erbverzicht gegen feste wiederkehrende Leistungen (BFH X R 132/95, BStBl II 00, 82; → Rn. 14). – Die Rspr prüft in erster Linie nach den getroffenen Vereinbarungen, ob der Gedanke des **Leistungsaustauschs** (Veräußerung, Leistung um der Gegenleistung willen, Vermutung bei Fremden oder der private Versorgungs-/Unterhaltsgedanke im Vordergrund steht (BFH X R 2/06, BStBl II 08, 99). 71

Versorgungsleistungen (→ Rn. 105) oder **Vorbehalt von Nutzungsrechten** auf Lebenszeit des Übergebers sind **kein Veräußerungsentgelt.** Umgekehrt liegt nach BFH X R 39/98, BStBl II 02, 246 bei Veräußerungsraten und Leibrenten mit Höchst- oder Mindestlaufzeit ohne Rücksicht auf Wertgleichheit grds Veräußerung vor (also keine wiederkehrenden Bezüge und kein SA-Abzug). **Ausnahme:** Versorgungsleistungen, wenn sich der Versorgungszweck aus besonderen Umständen ergibt, zB die Höchst- oder Mindestlaufzeit der Lebenserwartung entspricht.

Fall (BFH X R 55/99, BStBl II 04, 706): Erwirbt ein StPfl von seinem 85-jährigen Vater ein Grundstück und ist – neben typischen Altenteilsleistungen – „als Gegenleistung" ein „restl Kaufpreis" über 122 500 DM in monatl Raten von 500 DM zu zahlen, der beim Tode des Vaters dem StPfl als schenkweise zugewendet gilt, ist Unentgeltlichkeit und damit eine private Versorgungsrente zu vermuten.

72 **bb) Rechtsfolgen.** Beim **Veräußerer** entsteht uU ein Veräußerungsgewinn (im PV zB nach §§ 17, 23); Besteuerung eines Raten-Zinsanteils als KapEinkünfte (§ 20 I Nr 7, ggf § 20 III, → Rn. 76 zur Höhe). Übersteigende wiederkehrende Bezüge sind weder SA noch wiederkehrende Bezüge nach § 22 Nr 1 (§ 12 Nr 2; *BMF* BStBl I 04, 922 Rn. 50). – Der **Erwerber** hat AK iHd Baranteils seiner Zahlungen und kann nur noch einen Zinsanteil im Einkünftebereich als BA (§ 4 IV; EStR 4.5 IV 2, 3) bzw als WK (§ 9 I Nr 1 S 2) abziehen (s *BMF* BStBl I 04, 922 Rn. 50 ff; zur Zerlegung einer dauernden Last iSv § 9 I Nr 1 ohne Wertverrechnung mit AK-Teil s BFH IX R 110/90, BStBl II 95, 47; im Privatbereich kein SA-Abzug (BFH X R 32–33/01, BStBl II 11, 675). – Die sog **Wertverrechnungslehre** (Steuerbarkeit nach Übersteigen des Werts der Gegenleistung) ist obsolet (BFH X R 39/98, BStBl II 02, 246 zu II.5.c; *Weber-Grellet* Stbg 98, 14). Bei **Betriebsveräußerungsrente** hat der StPfl ein Wahlrecht (nachträgl Einkünfte nach Überschreiten des KapKtos oder Besteuerung des Veräußerungsgewinns und des Ertragsanteils hinsichtl der lfd Rentenzahlungen; BFH XI B 56/06, BFH/NV 07, 1306; *Myßen/Adam ua* [vor → Rn. 1] Rn. 635; → Rn. 85; EStR 16 XI; → § 16 Rn. 244 ff; zu § 17 → § 17 Rn. 174). Keine nachträgl Änderung der AK (BFH IX R 46/88, BStBl II 95, 169).

76 **c) Zerlegung des Entgelts in Kapitalanteil und Zinsanteil.** Alle (entgeltl) Vermögensumschichtungen (auch in Leibrentenform vereinbarte wiederkehrende Leistungen; mit Ausnahme der Vermögensübergabe gegen Versorgungsleistungen iSv → Rn. 105) sind von Beginn an in einen steuerneutralen Kapitalanteil und einen Zinsanteil, der grds weder als SA noch als Zins abziehbar ist, aufzuteilen (BFH X R 39/98, BStBl II 02, 246; → § 10 Rn. 120 „Gegenleistung" mwN; *Myßen/Adam ua* [vor → Rn. 1] Rn. 556); Besteuerung nach § 20 I Nr 7, nicht nach § 22 Nr 1; ebenso wiederkehrende Pflichtteilsbezüge (BFH X R 132/95, BStBl II 00, 82). **Zinsanteil** grds 5,5% (BFH X R 34/89, BStBl II 96, 663; uU vereinfachte Berechnung wie § 22 Nr 1 S 3 Buchst a, s BFH X R 1–2/90, BStBl II 96, 680). Damit entfällt die anschließende Besteuerung nach § 22 Nr 1.

Fall (BFH X R 39/98, BStBl II 02, 246): Erwerb eines Grundstücks; Gegenleistung Barzahlung iHv 440 000 sowie Leibrente iHv monatl 1500 DM: Der Ertragsanteil der Leibrente, die als Gegenleistung für den Erwerb eines nicht ertragbringenden WG gezahlt wird, ist als pauschalierter privater Zinsanteil keine SA iSd § 10. – Zu Bedenken gegen diese Einschränkung → § 10 Rn. 120 „Gegenleistung", → § 12 Rn. 35. Die **FinVerw** hat sich der Rspr angeschlossen (*BMF* BStBl I 04, 922 Rn. 57).

77 **d) Veräußerungen bei Vermögensnachfolge.** – ***(1)*** **Vorweggenommene Erbfolge** (BFH GrS 1/90, BStBl II 92, 78, BFH GrS 4–6/89, BStBl II 90, 847). Vom Vermögensübernehmer zugesagte Versorgungsleistungen sind kein Veräußerungsentgelt und **keine AK.** Hingegen führen sog Gleichstellungsgelder zu Veräußerungsentgelt und zu **AK** (BFH X B 24/13, BFH/NV 14, 845). Zum Veräußerungsentgelt und zu den AK gehören auch die Übernahme von Verbindlichkeiten und die Zusage einer Abstandszahlung. – ***(2)*** **Erbauseinandersetzung** (BFH GrS 2/89, BStBl II 90, 837). Abfindungszahlungen eines Erben iRd Erbauseinandersetzung und Aufwendungen für den Erwerb des Erbteils eines Miterben führen beim Leistenden grds zu AK und beim weichenden Miterben zu Veräußerungserlös. – ***(3)*** **Vermächtniserfüllung** (BFH IX R 104/90, BFH/NV 95, 384): keine AK. – ***(4)*** **Schenkungsversprechen** (BFH X R 2/06, BStBl II 08, 99): wie erbrechtl Verpflichtungen; keine AK und auch keine Veräuße-

rungskosten. – *(5)* **Hausübertragung gegen Rente** (BFH X R 32–33/01, BStBl II 11, 675; vom Ehemann auf -frau): Beim Mann § 22 Nr 1 S 3 Buchst a bb; bei Frau: AK iHd Barwerts der Rente; Ertragsanteil der Leibrente insoweit BA, als er anteilig auf das Arbeitszimmer entfällt; kein SA Abzug.

4. Besteuerung dauernder Lasten. Sofern sie keine Renten sind (→ Rn. 20, 26, 47): Beim Geber BA, WK oder SA in voller Höhe. Beim Empfänger Besteuerung nach § 22 Nr 1 in voller Höhe. *Ausnahme:* § 12 Nr 2, § 22 Nr 1 S 2 (→ Rn. 66). Vgl auch ABC bei → § 10 Rn. 120, zu Veräußerungsgeschäften → Rn. 70 ff, zu Versorgungsleistungen gegen Vermögensübergabe → Rn. 105; zur Umwandlung einer dauernden Last in eine Leibrente BFH X B 69/10, BFH/NV 11, 1330. **81**

Einzelfälle: – *(1)* Beerdigungs-/Grabkosten keine dauernde Last beim Alleinerben (BFH X R 32/09, BStBl II 11, 162). – *(2)* Beerdigungs-/Grabkosten sind dauernde Last beim Vermögensübernehmer, wenn ein Dritter Erbe ist (BFH X R 17/09, BStBl II 10, 544). – *(3)* Keine dauernde Last ist das Entgelt für Nutzungsüberlassung (BFH X R 32–33/01, BStBl II 11, 675). – *(4)* Aufwendungen für die Erneuerung eines Tanklagers kann der Vermögensübernehmer ggf als dauernde Last abziehen (BFH X R 32/02, BFH/NV 04, 1248), ebenso die Instandhaltungskosten der Wohnung (BFH X R 50/98, BFH/NV 00, 1089). – *(5)* Erfüllung von Pflichtteilsrechten keine dauernde Last (BFH X R 3/95, BFH/NV 00, 414).

5. Besteuerung von Zeitrenten. Begriff → Rn. 40. **82**

a) Entgeltliche „Zeitrenten". *Beispiel:* feste Gegenleistung für die Hingabe eines WG. Die Rspr behandelt die Zeitrente im Privatbereich grds ohne Rücksicht auf die Laufzeit nicht als wiederkehrende Bezüge, sondern als **Kaufpreisraten** (BFH X R 44/93, BStBl II 96, 676; *BMF* BStBl I 04, 922 Rn. 58 ff; auch → Rn. 14, 71 ff). – **Mindestzeitrente** (Veräußerung eines Grundstücks zum Preis von 100 T + monatl Leibrente von 500, mindestens für 10 Jahre): Gleichstellung mit Leibrente („verlängerte Leibrente"), wenn die durchschnittl Lebensdauer die Mindestlaufdauer übersteigt (BFH IX R 56/07, BStBl II 10, 24: „Überwiegen der Wagniskomponente"). **84**

aa) Empfänger der Bezüge. Er besteuert als Veräußerer den Zinsanteil nach § 20 I Nr 7 (BFH VIII R 3/17, BStBl II 20, 813; → Rn. 76; → § 20 Rn. 114 ff); daneben kann im PV ausgehend vom Barwert der Kapitalforderung ein Veräußerungsgewinn/-verlust nach §§ 17, 23 anfallen. **85**

bb) Geber. Er kann im privaten Einkünftebereich (zB Hausverkauf) den Zinsanteil als WK absetzen (§ 9 I Nr 1); der Barwert (Gesamtwert der Raten abzügl Zinsanteil) bildet die AK, die sich uU über die AfA nach § 9 I Nr 7 steuerl auswirken können. **86**

b) Unentgeltliche „Zeitrenten". Ob sie § 22 Nr 1 unterliegen (EStH 22.1, 22.3: in voller Höhe) und als SA nach § 10 Ia abziehbar sind, ist str (vgl → Rn. 1, 40; → § 10 Rn. 120). **87**

6. Besteuerung von Leibrenten und Altersbezügen, § 22 Nr 1 S 3 Buchst a aa (Basisversorgung)

Schrifttum: *Myßen/Adam ua* [vor → Rn. 1] Rn. 1235 ff; *Rügamer,* Verfwidrige doppelte Besteuerung …, 2022. –*Weber-Grellet,* … Das Problem der sog Doppelbesteuerung, FR 22, 869; *ders.* FR 24, 129; wNachw → 44. Aufl 2025, vor § 22 Rn. 88.

Verwaltung: EStR 22.3; *BMF* BStBl I 08, 390 Rn. 88–159 (AltEinkG); *BMF* BStBl I 25, 654 (zur Doppelbesteuerung).

a) Nachgelagerte Besteuerung. – aa) Systematik. § 22 Nr 1 S 3 Buchst a aa idF AltEinkG (BGBl I 04, 1427) erfasst Renten, die auf steuerl entlasteten Beiträgen beruhen, prinzipiell **in voller Höhe** (Jahresbetrag; *BMF* BStBl I 13, 1087 Rn. 217), andere Renten (Buchst bb) weiterhin mit dem (geänderten) **Ertragsanteil** (*BMF* BStBl I 13, 1087 Rn. 212 f). Die Neuregelung beruht auf zwei Prinzipien, dem **88**

Grundsatz der nachgelagerten Vollbesteuerung (→Rn. 4) und dem Grundsatz der Besteuerung nach Maßgabe der Vorbelastung (→Rn. 5). Altersrenten bilden einen selbständigen Steuertatbestand (nicht mehr nur eine besondere Form der KapEinkünfte).

Nach dem Prinzip der nachgelagerten Besteuerung, das die fragl Renten in den Einkunftsbereich überführt, sind Auszahlungen in voller Höhe Einnahmen; Einzahlungen (Versicherungsbeiträge) sind im Prinzip (vorweggenommene) WK, aber weiterhin dem SA-Bereich (zB § 10 III, § 10a) zugeordnet (*Weber-Grellet* DStR 04, 1721: Doppelnatur; BFH X R 4/19, DStR 22, 473; →Rn. 124; *KKM* § 10 E 265, E 276 (eigentl WK). **Rentenbeiträge** können daher nicht als (vorweggenommene) WK abgezogen werden (BFH X B 51/11, BFH/NV 12, 1442); nach Ergehen von BVerfG 2 BvR 290/10, BStBl II 16, 801 wurden entspr Einsprüche durch AllgemeinVfg zurückgewiesen (*GLE* BStBl I 16, 1404). – Zur alten Rechtslage (bis 2004) BFH X R 45/02, BStBl II 07, 574; auch BFH X R 15/07, BStBl II 09, 710; zum WK-Abzug iÜ →Rn. 124.

§ 22 Nr 1 S 3 Buchst a aa erfasst alle Leistungen unabhängig davon, ob sie als Rente oder Teilrente (z. B. Altersrente, Erwerbsminderungsrente, Hinterbliebenenrente, Witwen- oder Witwerrente, Waisenrente oder Erziehungsrente) oder als einmalige Leistung (zB Sterbegeld oder Abfindung von Kleinbetragsrenten) ausgezahlt werden (*BMF* BStBl I 13, 1087 Rn. 195; *BMF* BStBl I 14, 70 Rn. 204; nach *BMF* BStBl I 22, 203 ggf vorläufige Festsetzung); Steigerungsbeträge aus der Höherversicherung der gesetzl RV und Rentenanpassungen sind als akzessorische Leistungen voll (und nicht nur mit dem Ertragsanteil) zu besteuern (BFH X R 20/19, DStRE 21, 773). KV-Zuschüsse werden nicht erfasst (§ 3 Nr 14).

89 **bb) Verfassungsmäßigkeit. BVerfG** (2 BvR 2683/11, BStBl II 16, 310; BVerfG 2 BvR 323/10, DStR 16, 1731; BVerfG 2 BvR 1140/21, FR 24, 126; BVerfG 2 BvR 1143/21, BeckRS 2023, 35761) und **BFH** (X B 168/14, BFH/NV 15, 1369; BFH X R 2/15, BStBl II 16, 733) halten die Neuregelung (auch die Übergangsregelung) grds für verfgemäß (auch →Rn. 10; weitere Nachw →34. Aufl 2015, § 22 Rn. 91); allerdings sah der X. BFH-Senat im Hinblick auf den steigenden Besteuerungsanteil die Gefahr eines Hineinwachsens in die **„doppelte Besteuerung“** (BFH X R 33/19, DStR 21, 1291 [VerfBeschw nicht angenommen, BVerfG 2 BvR 1140/21, FR 24, 126; *Reddig* DB 21, 1496). Nach BVerfG 2 BvR 1143/21, BeckRS 2023, 35761 ist (nur) eine „strukturelle“ Nicht-Doppelbesteuerung geboten, so dass die Diskussion um die Verfassungsmäßigkeit der Rentenbesteuerung beendet sein dürfte.

Unklar waren mE bisher die **dogmatischen Grundlagen** des Verbots der doppelten Besteuerung (zweifelnd auch *Kulosa* HFR 21, 657). Nunmehr hat das BVerfG klargestellt, dass das sog **Doppelbesteuerungsverbot** nicht einzelfallbezogen **zu verstehen** sei. Der Gesetzgeber habe nur dazu angehalten werden sollen, eine *strukturelle* doppelte Besteuerung von ganzen Rentnergruppen bzw -jahrgängen zu verhindern, nicht aber eine doppelte Besteuerung in jedem individuellen Fall. Das BVerfG interpretiert seine früheren Äußerungen als Ausdruck einer strukturellen Betrachtungsweise (BVerfG 2 BvR 1143/21, BeckRS 2023, 35761; dazu iEinz *Weber-Grellet* FR 24, 129; Gutachten von *G. Kirchhof/Kube,* vor Rn. 1). Nunmehr ist klargestellt, dass das (vermeintl) Problem der sog. Doppelbesteuerung das Verhältnis von abziehbaren Aufwendungen und steuerbaren Einnahmen betrifft, es geht um die Berechtigung und Legitimität von Abzugsbeschränkungen. Strukturell wäre es sicher unzulässig, alle Einnahmen zu erfassen und die Ausgaben unberücksichtigt zu lassen; indes sind die Regelungen des AltEinkG (BGBl I 04, 1427), auch die Übergangsregelungen, so angelegt, dass eine sog. Doppelbesteuerung nicht eintreten kann. Der Ausgangspunkt war zutreffend gewählt (der Sachverständigenrat hatte sogar einen Einstieg in die Vollbesteuerung mit einem Anteil von 65% für gerechtfertigt gehalten), und auch das weitere Hineinwachsen in die Vollbesteuerung bis 2040 (jetzt bis 2058) ist nicht zu beanstanden.

90 **cc) Besteuerungsanteil.** Der Besteuerungsanteil beträgt bei Rentenbeginn bis zum Jahr 2005 50% (BFH X R 1/09, BFH/NV 10, 1803; BFH X B 113/11, BFH/NV 13, 929), auch bei Erwerbsminderungsrente (BFH X R 19/09, BFH/NV 11, 1489); er steigt bis 2020 um 2% jährl, ab 2020 um 1% und ab 2023 um 0,5% (§ 22 Nr 1 S 3 Buchst a aa **S 3**). Zur **Vermeidung einer Doppelbesteuerung** (→Rn. 89) ist nach dem **WachstChG** (BGBl I 24 Nr 108) die Tabelle des 22

Nr 1 S 3 Buchst a aa **S 3** verlängert worden. Der im Jahr 2005 begonnene Übergangszeitraum zur vollständigen nachgelagerten Besteuerung von Renten aus der Basisversorgung reicht jetzt **bis zum Jahr 2058** (Nach BVerfG 2 BvR 1143/21, FR 24, 126 war mE eine Verlängerung nicht mehr erforderl; → Rn. 89). Die Rente beginnt bei aufgeschobener Altersrente mit Aufnahme der Zahlungen (BFH X R 29/20, DStR 22, 2477; s auch § 22a I 1 Nr 3).

Beispiel: Bei Eintritt in den Ruhestand im Jahr 2018 beträgt der Besteuerungsanteil 76% (§ 22 Nr 1 S 3 Buchst a aa S 3). – Nach § 10 III 4, 6 sind im Jahr 2018 max 86% von 20 000 € (= 17 200 €) der Einzahlungen abziehbar (→ § 10 Rn. 158).

Nach 2004 ausgezahlte **Rentennachzahlungen,** die Zeiträume vor dem 1.1.05 betreffen, sind nach neuem Recht zu besteuern (BFH X R 17/10, BFH/NV 11, 1501); entscheidend ist der Auszahlungszeitpunkt (FG Bln-Bbg EFG 19, 355; *OFD Ffm* BeckVerw 260073); Begrenzung des Abzugs gem § 10 III verstößt nicht gegen das obj Nettoprinzip (*Weber-Grellet* FR 16, 85).

b) Rentenarten. § 22 Nr 1 S 3 Buchst a aa erfasst sämtl Renten – ***(1)*** aus gesetzl RV (*BMF* BStBl I 13, 1087 Rn. 196 ff; auch bei freiwilligen Beiträgen; BFH X R 52/08, BFH/NV 10, 1253), – ***(2)*** aus landwirtschaftl Alterskassen (*BMF* BStBl I 13, 1087 Rn. 200, 201; zur Verfmäßigkeit (vor AltEinkG, BGBl I 04, 1427) BFH X R 29/07, BFH/NV 08, 1834), – ***(3)*** aus berufsständischen Versorgungseinrichtungen (zB Versorgungswerke der Apothekerkammern; *BMF* BStBl I 13, 1087 Rn. 202 ff, – ***(4)*** vergleichbare Renten aus privaten Versicherungen iSd § 10 I Nr 2 Buchst b (kapitalgedeckte Altersversorgung; *BMF* BStBl I 13, 1087 Rn. 206 ff; sog **Rürup-Rente** [Basis-Rente; *KKM* § 22 Rn. B 186 f]; dazu BFH X R 37/08, BStBl II 11, 628; keine Zulagen wie bei Riester-Rente, aber teilweise steuerl Absetzbarkeit der Beiträge), auch Renten wegen verminderter Erwerbsfähigkeit und Hinterbliebenenrenten (*BMF* BStBl I 13, 1087 Rn. 195), auch unselbständige Teile und einmalige Leistungen (*BMF* BStBl I 13, 1087 Rn. 200; *BMF* BStBl I 14, 70 Rn. 204). – Zu den Anforderungen an die **Rürup-Rente** (Basisrentenprodukt; insb für Selbständige) iEinz *BMF* BStBl I 13, 1087 Rn. 206 ff (insb eigene Beiträge, Rentenzahlungen, keine schädl Absicherungen – 50%-Grenze). – Zur **fremdfinanzierten Leibrente** („Rüruprente auf Pump"; Problem: Einkunftserzielungsabsicht; Umfang des WK-Abzugs) vgl *Paus* DStZ 05, 554. 91

c) Ausländische Renten; Renten im Ausland. – ***(1)*** **Grundsatz.** Unbeschr StPfl haben Renten ausl RV im Inl zu versteuern; ob die Rente nach § 22 Nr 1 S 3 Buchst a aa oder bb zu erfassen ist, richtet sich nach allg Regeln (→ Rn. 51; zur Rentenbesteuerung „mobiler ArbN" s *Janker/Kelwing* BetrAV 15, 33; Förster IStR 17, 461). **DBA** können (vorrangige) Sonderregelungen enthalten (zB Kassen-, Förderstaatsprinzip; *Förster* FS Wassermeyer 2015, 399; *Ruiner* StuB 26, 64) zum DBA-Türkei *BMF* IStR 15, 107; zum DBA-Kanada BFH I R 9/16, DStR 18, 1002; zum DBA-Portugal BFH X R 1/24, BB 25, 2850; *Nöcker* jurisPR-StR 4/26 Anm 1). Eine an einen dt Staatsangehörigen mit Wohnsitz in Italien gezahlte Altersversorgung (SV-Leibrente) unterliegt nach dem sog Kassenstaatsprinzip der dt ESt (BFH I R 17/19, DStR 23, 555; s auch BFH I R 45/19, BFH/NV 23, 947 – franz Grenzgänger). – ***(2)*** **Sog Auslandsrentner.** Diese können zur Sicherung des Grundfreibetrags und zur Wahrung etwa der Riester-Vorteile ggf gem § 1 III einen Antrag auf unbeschr StPfl stellen. – Renten (an nicht im Inl ansässige StPfl) sollen im **Förderstaat** erfasst werden (§ 49 I Nr 7; iEinz → 41. Aufl 2022, § 22 Rn. 92), aber abhängig vom jew DBA. – Unter § 22 Nr 1 S 3 Buchst a aa (entspr § 10 I Nr 3a) fällt auch niederländisches Arbeitslosengeld (BFH I R 18/13, DStRE 15, 257). – Zu Auszahlungen aus **US-Pensionsplänen** s Rn. 170 92

(3) **Besteuerung von Ruhestandszahlungen von internationalen Organisationen** (häufig Versorgungsbezüge iSd § 19 II; iEinz *BMF* BStBl I 13, 1087 Rn. 168, 199 idF *BMF* BStBl I 22, 36): **ESA** (BFH X B 89/18, BFH/NV 20, 345); **EUMETSAT** (*BMF* BStBl I 16,

1433); **Europäisches Patentamt** (BFH X R 24/15, BStBl II 17, 636); **NATO** (BFH X B 192/12, BFH/NV 14, 337); **NATO/OECD pp** (*BMF* BStBl I 15, 475; *OFD Ffm* IStR 15, 290); **UN** (BFH X R 50/14, BStBl II 17, 1187), ggf Aufteilung (BFH X R 2/20, BSBl II 24, 894; s aber § 3 Nr 55e). – ***(4)* Schweizer Renten.** Schweizer Altersrente unterfällt (wegen eigener Beiträge) nicht dem Kassenstaatsprinzip (BFH I R 83/11, BFH/NV 16, 553; allg *Miessl* Besteuerung von Grenzgängern … 2. Aufl 2022, 221 f; *KKM* § 22 Rn. B 170) und ist in Deutschland zu versteuern (BFH X R 10/15, BStBl II 17, 1251). Grds ist zw öffentl-rechtl und privatrechtl Kassen, zw obligatorischen und überobligatorischen Leistungen sowie zw laufenden und Einmalzahlungen zu unterscheiden (*Werth* IStR 15, 900). – Das ***BMF*** unterscheidet zw staatl Vorsorge (Säule I), berufl Vorsorge (Säule II) und privater Vorsorge (Säule III). Säule I ist nach Buchst a aa zu besteuern, Säule III nach Buchst a bb, bei Säule II ist zw Obligatorium (= Buchst a aa; auch Kapitalabfindung) und Überobligatorium (= Buchst a bb; Kapitalabfindung nach § 20 I Nr 6) zu unterscheiden (*BMF* BStBl I 18, 270; BFH X R 10/15, BStBl II 17, 1251; *Schustek* DStR 25, 1905). – ME ist die Einordnung von der Art der Zahlung abhängig (wie etwa auch bei § 22 Nr 5; → Rn. 172); bei der Einordnung der einzelnen BFH-Entscheidungen sind die konkreten Konstellationen von besonderer Bedeutung (BFH X R 43/11, DStRE 16, 79; wN → 41. Aufl 2022, § 22 Rn. 92).

93 **d) Steuerfreier Teil der Rente.** Dieser ergibt sich in der Übergangszeit als Unterschiedsbetrag zw dem Jahresbetrag der Rente und dem der Besteuerung unterliegenden Teil der Rente (Festschreibung ab 2006); er bleibt für die gesamte Laufzeit der Rente unverändert; maßgebl ist das dem Rentenbeginn folgende Jahr (§ 22 Nr 1 S 3 Buchst a aa **S 4, 5;** BT-Drs 15/2150, 40, 41; BFH X R 53/13, BFH/NV 16, 549). Rentenerhöhungen sind daher voll stpfl; (FG BW EFG 12, 123). Der stfreie Teil der Rente bezieht sich nur auf den Rentenanteil, der nachgelagert zu besteuern ist, nicht auf den gesamten Rentenbezug (BFH X R 24/20, BStBl II 23, 953; *Reddig* HFR 23, 666; zur Berechnung auch *BMF* BStBl I 13, 1087 Rn. 219 f).

Beispiel: A geht im September 2015 in Rente. Diese beträgt monatl 3000 €. Zum 1.1.16 wird die Rente auf 3100 € und zum 1.1.17 auf 3200 € erhöht. **Steuerlast 2015:** 4 × 3000 € = 12 000 € × 70% Besteuerungsanteil = 8400 €; abzügl WK-Pauschale (§ 9a I Nr 3) 102 €; zu versteuern 8298 €. – **Steuerlast 2016:** 12 × 3100 € = 37 200 €; Besteuerungsanteil 37 200 € × 70% = 26 040 € (demnach konstant stfreier Teil für die Folgejahre 11 160; = 37 200 × 30%); abzügl WK-Pauschale 102 €; zu versteuern 25 938 €. – **Steuerlast 2017:** 12 × 3200 € = 38 400 €, abzügl konstant stfreier Teil 11 160 €, abzügl WK-Pauschale 102 €; zu versteuern 27 138 €.

Bei regelmäßigen Anpassungen bleibt der stfreie Anteil unverändert (§ 22 Nr 1 S 3 Buchst a aa **S 7;** BFH X B 113/11, BFH/NV 13, 929; *BMF* BStBl I 13, 1087 Rn. 217, 223), auch bei Anpassung von Ost- an Westrenten (BFH X R 12/18, BStBl II 20, 386). – Wird der Jahresbetrag aus anderen Gründen (zB Wechsel zw Teil- und Vollrente; Währungsschwankungen bei ausl Rente, schwankende Bemessungsgrundlage; nachträgl Gewährung der sog Mütterrente; Änderungen des anzurechnenden Einkommens) verändert, ist eine entspr verhältnismäßige Anpassung (Erhöhung oder Kürzung) vorzunehmen (§ 22 Nr 1 S 3 Buchst a aa **S 6;** BFH X R 24/20, BStBl II 23, 953; *Reddig* HFR 23, 666; FG Bln-Bbg EFG 25, 704, Rev X R 4/25). Einzubeziehen ist auch der Steigerungsbetrag aus einer Höherversicherung (BFH X R 20/19, DStRE 21, 773).

Beispiel: Rentenbeginn 2006; Rente 2007 10 000 €; Besteuerungsanteil 5200 €; der stfreie Anteil der Rente beträgt 4800 €, der sich auch bei Rentenerhöhungen nicht verändert. Die Rente wird ab Dezember 2010 auf 15 000 € angehoben (Wechsel zur Vollrente). Der neue stfreie Anteil errechnet sich wie folgt: Neuer stfreier Anteil = alter stfreier Anteil × 15 000 € ÷ 10 000; = 7200 €. Der neue stfreie Anteil ist ab 2011 maßgebl.

Folgen mehrere Renten aus derselben Versicherung nach, ist für die neue Rente der stfreie Teil neu zu berechnen; allerdings richtet sich der Prozentsatz nicht nach dem Jahr des Rentenbeginns, sondern ist um die Jahre der Laufzeit der früheren Rente (zB Erwerbsminderungsrente) zu vermindern (§ 22 Nr 1 S 3 Buchst a aa **S 8;** BT-Drs 15/2150, 41; *BMF* BStBl I 13, 1087 Rn. 224 f).

Beispiel: wie zuvor; im Jahr 2011 folgt eine neue Rente mit einem Jahresbetrag von 10 000 €. Der Besteuerungsanteil beträgt nicht 62%, sondern ergibt sich nach dem Anteil des Jahres 2006 (2011 ./. 5 Jahre Laufzeit von Rente 1).

Verstirbt der Rentenempfänger, ist ihm die Rente für den Sterbemonat noch zuzurechnen (§ 22 Nr 1 S 3 Buchst a aa **S 9**).

7. Andere Renteneinkünfte, § 22 I Nr 1 S 3 Buchst a bb (keine Basisversorgung). – a) Renten aufgrund nicht entlasteter Beiträge, § 22 Nr 1 S 3 Buchst a bb. Die Vorschrift erfasst Renten, die nicht unter Buchst a aa fallen und die Erträge des Rentenrechts enthalten, typischerweise private RV, die die Voraussetzungen des § 10 I Nr 2 Buchst b nicht erfüllen (BFH X R 20/19, DStRE 21, 773); das sind solche, die auf Einzahlungen beruhen, die aus versteuertem Einkommen erbracht wurden (BFH III R 23/22, BStBl II 23, 714 Rn. 25). – Erwerbsminderungsrenten der gesetzl RV werden daher von Buchst a bb nicht erfasst (BFH X R 54/09, BStBl II 11, 910). Renten, die **nicht** der **abzugsbegünstigten Altersvorsorge** zuzuordnen sind (zB kapitalisierbare Leibrenten-, private RV; → Rn. 91), werden also weiterhin nur mit dem (neuen) **Ertragsanteil** besteuert (§ 22 Nr 1 S 3 Buchst a bb; BFH X R 8/14, BStBl II 17, 512; *BMF* BStBl I 13, 1087 Rn. 212 ff; EStR 22.4; *KKM* § 22 Rn. B 240 f), da die entspr Rentenbeiträge nicht als Vorsorgeaufwendungen abgezogen werden konnten (BT-Drs 15/2150, 41; BR-Drs 2/04, 70 f), zB Renten aus vor 2005 abgeschlossenen privaten Verträgen, LV-Renten, die nicht § 10 I Nr 2 Buchst b erfüllen, entspr Berufsunfähigkeitsrenten (BFH X B 241/10, BFH/NV 12, 31), Veräußerungsleibrenten, Vermögensübergabe-Renten; Betriebsrente aus (lohn-)versteuerten Beiträgen, Garantierente (einschließl Überschussbeteiligung) aus privater RV (BFH X R 20/19, DStRE 21, 773; EStH 22.4). 94

Einzelfälle: VdBS-Rente (BFH X R 18/10, BStBl II 14, 25); **VBL-Rente** (NdsFG DStRE 14, 650). – ME sind VBL-Renten und GRV-Renten zwei verschiedene Renten (nicht ganz eindeutig BFH X B 12/13, BFH/NV 14, 874). – Zu ausl Renten → Rn. 92.

b) Überbeiträge. Mit dem Ertragsanteil sind – wegen der Gefahr der doppelten Besteuerung (BFH X R 52/08, BFH/NV 10, 1253) – auf Antrag auch solche Renten zu besteuern, für die in der Zeit bis zum 31.12.04 mehr als die Höchstbeträge zur gesetzl RV aufgewendet wurden („Luxusbestandsrenten, zB bei sehr hohen Beiträgen an ein berufsständisches Versorgungswerk, FinA BT-Drs 15/3004, 13). § 22 Nr 1 S 3 Buchst a bb **S 2** (**Öffnungsklausel;** *BMF* BStBl I 13, 1087 Rn. 238–269; *KKM* § 22 Rn. B 260 f) ist verfgemäß (iEinz [auch zur Aufteilung – „soweit"] BFH X R 33/15, BStBl II 18, 62). Die Öffnungsklausel ist nur auf Antrag anzuwenden (BFH X R 20/19, DStRE 21, 773); zum Verfahren (Bescheinigung der Versorgungsträger) *BMF* BStBl I 08, 390 Rn. 159; zur Zuordnung der Beiträge s BFH X R 40/13, BFH/NV 16, 388; BFH X R 24/20, BStBl II 23, 953 (vorrangige Zuordnung der Beiträge zur gesetzl RV); zur Berechnung bei Beiträgen an mehrere Versorgungsträger BFH X R 12/14, BFH/NV 17, 1485. – Für die (verfrechtl nicht zu beanstandende) **Zehn-Jahres-Frist** gilt nicht das sog In-Prinzip (BFH X R 58/08, BStBl II 11, 579; *BMF* BStBl I 13, 1087 Rn. 238–269); maßgebl ist die sachl Zuordnung, also die Mehrzahlungen laut Beitragsbescheid („quasi-Für-Prinzip"; BFH X B 135/20, BFH/NV 22, 580). Fiktive Beiträge (auf Grund einer Beamtenversorgung) sind nicht einzubeziehen (BFH X R 29/09, BStBl II 11, 591; SchlHFG EFG 12, 695). Maßgebl Höchstbetrag ist der zur RV-West (*BMF* BStBl I 13, 1087 Rn. 241); nach dem Wortlaut besteht keine Beschränkung auf die Zahlungen an die RV-West, evtl nach dem Zweck (FG LSA EFG 08, 1707). Als Ertragsanteil gilt der Unterschiedsbetrag zw dem Jahresbetrag der Rente und dem gleichmäßig verteilten Kapitalwert. Der niedrigere Diskontierungsfaktor unterstellt einen KapErtrag von 3%/pa (*Nüssgens* INF 04, 535; BR-Drs 2/04, 71); der Ertragsanteil ist der Tabelle des § 22 Nr 1 S 3 Buchst a bb **S 3, 4** zu entnehmen (FG Ddorf DStRE 25, 385, rkr). 95

Beispiel: Beginnt die Rente im 45. Lebensjahr des Berechtigten, beträgt der Ertragsanteil 34%, beginnt die Rente erst im 80. Lebensjahr, beträgt der Ertragsanteil nur 8%, da der rückzuzahlende Kapitalanteil ungleich höher ist.

96 **c) Ermittlung des Ertragsanteils.** Der Ertragsanteil wird *einmalig* zum Zeitpunkt des Beginns der jeweiligen Rente ermittelt und in den Folgejahren unverändert bis zum Ende der Zahlungen fortgeführt. – Erhöhungen der Rentenzahlungen bei geplanter Überschussbeteiligung (Bonusrente) sind Erträge dieser Rente (BFH X R 47/09, BStBl II 13, 158: kein neuer Ertragsanteil; EStR 22.4 I 2). – Geschiedene trifft eine Auskunftspflicht nach § 22 Nr 1 S 3 Buchst a bb S 2).

97 **d) Weitere Einzelheiten. – aa) Besteuerung des Rentenzahlers.** Beim Geber ist gem § 9 I 3 Nr 1 S 2 die Leibrente nur mit dem Ertragsanteil (Zinsanteil) abziehbar (verfgemäß; → Rn. 89).

98 **bb) Veräußerungsgewinn nach § 23.** Bei Veräußerung eines WG gegen Leibrente wird die Differenz zw Rentenzahlungen und Zinsanteil als Veräußerungspreis angesetzt (s *BMF* BStBl I 04, 922 Rn. 56 f).

99 **cc) Besteuerung von wiederkehrenden Zuschüssen und sonstigen Vorteilen, Energiepreispauschale, § 22 Nr 1 S 3 Buchst b, c. § 22 Nr 1 S 3 Buchst b** soll ledigl den Anwendungsbereich der Nr 1 klarstellen (*KKM* § 22 Rn. B 280). Da allein die äußere Form der Wiederkehr zur Besteuerung nicht ausreicht, dürfte der Anwendungsbereich der Regelung eher gering sein; unentgeltl Studien- und Ausbildungsbeihilfen werden mE jedenfalls nicht erfasst (so auch *BH/Nacke* § 22 Rn. 133).

Gem **§ 22 Nr 1 S 3 Buchst c idF JStG 2022** (BGBl I 22, 2294) unterliegt die Energiepreispauschale nach dem Rentenbeziehende-EnergiepreispauschalenG – RentEPPG, BGBl I 22, 1985 **(sog Energiepreispauschale II)** für Rentner (und Versorgungsbeziehende, § 19 III) der Besteuerung. Da es sich um eine Auszahlung durch die DRV bzw die landwirtschaftl Alterskasse handelt, soll diese als Einnahme iSd § 22 Nr 1 S 3 gelten (mE unsystematisch, keine Gegenleistung, Auszahlung nicht entscheidend; krit auch *Raff* NWB 23, 2313; anh Verfahren: FG MV 3 K 231/23, openJur 22, 18314); sie unterliegt jedoch weder der Kohorten- noch der Ertragsanteilsbesteuerung, sondern wird mit dem **individuellen Steuersatz** versteuert (FinA BT-Drs 20/4729, 149).

100 **8. Abgekürzte und verlängerte Leibrenten. – a) Abgekürzte Leibrenten.** Zu Begriff und Voraussetzungen → Rn. 43; *BMF* BStBl I 13, 1087 Rn. 214, 237; EStR 22.4 V). Bei Gegenleistung idR Veräußerungsvorgang (→ Rn. 71). IÜ Besteuerung nach § 22/§ 55 II EStDV, soweit keine Unterhaltsleistungen vorliegen (FG Nds EFG 23, 1376, rkr; auch → Rn. 51). Die geänderte **Tabelle** des **§ 55 II EStDV** (ab 1.1.05, auch für „Altrenten") stellt die nach der zeitl Begrenzung (Spalten 1, 2) und der Lebenserwartung (Spalte 3 iVm § 22 Nr 1 S 3 Buchst a bb) ermittelten Ertragsanteile ggü. Anzusetzen ist jeweils der niedrigere Prozentsatz (vgl Spalte 3).

Beispiel: Rente auf Lebenszeit, höchstens auf 15 Jahre. Ertragsanteil Spalte 2: 16%. Bei Lebensalter zu Rentenbeginn von 69 Jahren (oder älter) ergibt sich ein Ertragsanteil von 15% (oder weniger) nach Spalte 3 iVm § 22 Nr 1 S 3 Buchst a bb), maßgebl also 15%; bei Lebensalter von 68 Jahren (oder jünger) ein solcher von 16% (nach § 55 II EStDV).

Beträgt die Laufzeit einer abgekürzten Leibrente nicht volle Jahre, ist sie nach EStR 22.4 IV aus Vereinfachungsgründen zugunsten des StPfl auf volle Jahre abzurunden. Zu **Laufzeitänderung/Gesamtlaufzeit** (zB bei Berufs-/Erwerbsunfähigkeitsrente) vgl BFH X R 97/89, BStBl II 91, 686; zu Überleitung von DDR-Invalidenrente s BFH X R 40/98, BStBl II 02, 6.

102 **b) Verlängerte Leibrenten.** Zu Begriff → Rn. 46. Keine gesetzl Regelung. Aufteilung in eine Zeit- und eine Leibrente scheidet aus. Bei längerer Mindestdauer keine Leibrente (→ Rn. 90), sondern Zeitrente bzw Kaufpreis in Raten (BFH

X R 58/92, BStBl II 96, 672; *BMF* BStBl I 04, 922 Rn. 59; → Rn. 71). Nach BFH X R 75/97, BStBl II 02, 650 gilt dasselbe bei Mindestrente trotz höherer Lebenserwartung (glA *BMF* BStBl I 04, 922 Rn. 59).

9. Realsplitting, § 22 Nr 1a iVm § 10 Ia Nr 1. Begriff und Einzelheiten → § 10 Rn. 102. Es handelt sich um eine betragsmäßig begrenzte Zurechnungsregelung für Unterhaltsleistungen geschiedener oder getrennt lebender Ehegatten (Ausnahme zu § 22 Nr 1 S 2, § 12 Nr 2), die wiederkehrend oder einmalig erbracht werden können; auch ggf für WK-Abzug relevant (BFH X R 7/20, DStR 24, 478). Die Regelungen des § 10 Ia Nr 1 und des § 22 Nr 1a beruhen auf dem **Korrespondenzprinzip** (FinA BT-Drs 18/3441, 56); verfahrensrechtl sind die Regelungen aber voneinander unabhängig; die Stbarkeit beim Empfänger hängt nicht davon ab, ob und inwieweit der SA-Abzug beim Geber tatsächl zu einer StMinderung geführt hat (BFH X R 49/07, BFH/NV 10, 1790; *OFD Kobl* DStR 03, 1396). Wegen Einzelheiten (auch zur Entstehung) wird auf → § 10 Rn. 102 ff und → 39. Aufl 2020, § 22 Rn. 103 verwiesen. 103

10. Vermögensübergabe gegen (private) Versorgungsleistung, § 22 Nr 1a iVm § 10 Ia Nr 2. Erfasst werden Einkünfte aus Versorgungsleistungen (zur Abgrenzung Rente/dauernde Last → Rn. 27). Die am Modell der Hof- und Betriebsübergabe (Art 96 EGBGB: Altenteilsvertrag) entwickelte Übergabe sog existenzsichernden und zur generationenübergreifenden Nachfolge („Weiterführung im Nachfolgeverbund) geeigneten Vermögens gegen nicht kfm abgewogene Versorgungsleistungen führt beim Übergeber in vollem Umfang zu wiederkehrenden Bezügen (§ 22 Nr 1) und korrespondierend beim Übernehmer zum SA-Abzug (§ 10 Ia Nr 2; *KKM* § 22 Rn. C 42). Ein **Nacherbe** kann zum Generationennachfolge-Verbund gehören (BFH X R 30/20, BStBl II 22, 161), auch ein Onkel (FG Mchn EFG 14, 534). Wegen der Einzelheiten wird auf → § 10 Rn. 111 ff verwiesen sowie auf → 33. Aufl 2014, § 22 Rn. 105 f. – Die Versorgungsleistung, die von einem EU-beschr StPfl bezogen wird, soll nicht stpfl sein (*BMF* BStBl I 15, 1088, Reaktion auf EuGH C-559/13, DStR 15, 474 – *Grünewald*). 105

11. Ausgleichszahlungen bei Versorgungsausgleich, § 22 Nr 1a iVm § 10 Ia Nr 3, 4. Erfasst werden Versorgungsausgleichsleistungen (*KKM* § 22 Rn. C 35 f). Der Gesetzgeber hat die Regelungen zum Abzug von Ausgleichszahlungen iRe Versorgungsausgleichs neu geordnet (ab VZ 2015). Die steuerl Regelungen zur internen und externen Teilung sind inhaltl unverändert nunmehr in § 10 Ia Nr 4 enthalten; § 10 Ia Nr 3 ist ein neuer Abzugstatbestand für Ausgleichszahlungen zur Vermeidung des Versorgungsausgleichs nach einer Ehescheidung bzw der Auflösung einer Lebenspartnerschaft (§ 6 I 2 Nr 2 VersAusglG; §§ 1408 II, 1587 BGB), der eine steuerl Gleichbehandlung aller Ausgleichszahlungen bezweckt (FinA BT-Drs 18/3441, 56). – Wegen der Einzelheiten wird auf → § 10 Rn. 126 ff verwiesen sowie auf → 33. Aufl 2014, § 22 Rn. 115 f. 115

12. Werbungskosten; Freibeträge. Zum WK-Begriff → § 9 Rn. 10 ff.

(1) **Altes Recht (für VZ vor 2005).** Die Aufwendungen zum Erwerb der Rentenanwartschaft (Renteneinzahlungen) waren bis dato keine WK, da sie zum steuerl irrelevanten Vermögensbereich gehörten (iEinz → 31. Aufl 2012, § 22 Rn. 124); auch **keine AfA** auf das – nicht abnutzbare – **Rentenstammrecht.** 123

(2) **Allgemeine Grundsätze.** Aufwendungen zum Erwerb und zur Finanzierung von wiederkehrenden Bezügen können, sofern das Gesetz keine besondere Regelung trifft (zB § 10 III, § 10a), WK sein. – *(3)* **Zuordnung zu Sonderausgaben.** Bei **nachgelagerter Besteuerung** (§ 22 Nr 1 S 3 Buchst a aa; § 22 Nr 5) sind die entspr Beiträge der Sache nach WK, die der Gesetzgeber aber nach wie vor dem SA-Bereich (zB § 10 III, § 10a) zugeordnet hat (BVerfG 2 BvR 290/10, BStBl II 16, 801; BFH X B 166/05, BStBl II 06, 420). – **RV-Beiträge** (einschließl Nach- und Sonderzahlungen) sind daher nicht als WK, sondern (begrenzt) als **SA** abziehbar (§ 10 III; BFH 124

X R 4/19, DStR 22, 85); zu Versorgungsausgleich vgl → § 10 Rn. 126 f. – ***(4)* Nebenkosten.** Auch (Neben-)Kosten der **Begründung** des „Rentenstammrechts" sind entspr den allg Grundsätzen zuzuordnen, zB Eintragungskosten, Notarkosten, **Provisionen** (BFH VIII R 29/00, BStBl II 06, 223). – **Gebühren für Kombiprodukte** sind aufzuteilen (BFH X R 34/04, BFH/NV 07, 682; BFH VIII R 30/17, DStRE 21, 720). – ***(5)* Rechtsverfolgungskosten (Prozesskosten).** Diese können durch die Erwerbung von Einnahmen veranlasst sein (§ 9 I 1: WK), etwa die Kosten eines Zivilprozesses über eine Erhöhung nach § 323 ZPO oder Beratungskosten wegen der gesetzl RV (ohne Kürzung auf Ertragsanteil, *BMF* BStBl I 98, 126; NdsFG EFG 13, 1834) oder Gewerkschaftsbeiträge (*OFD Ffm* DB 02, 2409); vgl → § 4 Rn. 520 „Rechtsverfolgungskosten".

125 ***(6)* Finanzierungskosten.** Diese sind WK, soweit sie auf die eigene Rente entfallen (BFH X R 15/05, BStBl II 07, 390: kein Drittaufwand); ggf aufzuteilen (BFH VIII R 30/17, DStRE 21, 720). **Schuldzinsen** bei § 22 Nr 1 sind WK (keine AK; Sonderfall BFH X R 54/99, BFH/NV 05, 677 betr „Verbund-Renten-Plan"). BFH X R 37/86, BStBl II 91, 398 berücksichtigt Kreditzinsen zur Nachentrichtung freiwilliger Angestelltenversicherungsbeiträge in voller Höhe als vorweggenommene WK; ebenso bei Leibrenten *OFD Ffm* DB 02, 2409; BFH VIII R 29/00, BStBl II 06, 223. Die später erzielbaren Einnahmen müssen die Zinsen nominal übersteigen (s BFH X R 151/97, BFH/NV 00, 1097). Zu weiteren Einzelheiten → 39. Aufl 2020, § 22 Rn. 125. – ***(7)* Werbungskosten-Pauschbetrag.** Dieser ist nach § 9a I 1 Nr 3 (102 € pro Person, auch bei Ehegatten) beschränkt auf Einkünfte iSv § 22 Nr 1, 1a und 5 (→ § 9a Rn. 6). Zur Nichtgewährung des **Sparer-Freibetrags** bei privaten Leibrenten s BFH X R 32–33/01, BStBl II 11, 675; *KKM* § 22 Rn. B 307 (vgl zu § 22 Nr 5 auch → Rn. 171), bei SV-Renten ebenfalls nicht (BFH X R 1/00, BFH/NV 02, 1438).

IV. Einkünfte aus Leistungen, § 22 Nr 3

Schrifttum (Auswahl): *Krey,* Besteuerung sonstiger Leistungen, Diss 2011; *Kubicki,* Die Dogmatik des § 22 Nr 3 …, Diss 2011; *Wenck,* Einkünfte nach § 22 Nr 3, 2016. – *Becker* StuW 1936 Sp 1669 ff; *Ismer* Glück im Spiel – Pech für die Dogmatik? FR 07, 235; *Marx,* Das Markteinkommenskonzept … – Zur Steuerbarkeit von Preisgeldern …, DStZ 14, 282; *Fischer,* Glück oder Leistung? …, BB 19, 2071; *Hüttemann,* Arbeitskampf und Steuerrecht, DB 24, 478.

130 **1. Funktion.** § 22 Nr 3 ist die allgemeinste Einkunftsart und damit die „estrechtl Grundnorm" (*HHR/Schüler-Täsch* § 22 Rn. 7; auch → Rn. 1). Prinzipiell werden – bis auf nicht stbare Veräußerungen – alle Leistungsentgelte erfasst; besteuert werden (ESt- und auch USt-rechtl) Entgelte für Leistungen. § 22 Nr 3 falsifiziert die sog Markteinkommenstheorie und ist **verfassungsgemäß** (BVerfG 1 BvR 587/86, DStZ/E 86, 334).

131 **2. Leistung. – a) Begriff.** § 22 Nr 3 erfasst nach (zutr) BFH-Rspr entgeltl Leistungen im Privatbereich, die keine (§ 17, § 20 II, § 23 zugeordneten) Veräußerungen und auch nicht veräußerungsähnl sind (BFH IX R 65/10, BFH/NV 13, 1085; EStH 22.8; *KKM* § 22 Rn. E 41 f); daher keine Erfassung der Ausgleichszahlung wegen der Entwertung einer zwischenzeitl veräußerten Kapitalbeteiligung und keine Erfassung des Entgelts für die endgültige Aufgabe der Substanz eines WG (BFH IX R 46/15, BFH/NV 17, 1030; NdsFG DStRE 22, 661, rkr). Die Gegenleistung muss durch das Verhalten des StPfl „ausgelöst" sein (BFH IX R 35/13, BStBl II 15, 795); ein synallagmatisches Verhältnis iSe Austauschvertrags ist nicht erforderl (BFH IX R 32/19, BStBl II 23, 169; BFH VI R 12/22, BStBl II 25, 534). – § 22 Nr 3 ist subsidiär ggü anderen Einkunftsarten (→ Rn. 1) und ggü den anderen Tatbeständen des § 22 (*Weber-Grellet* FR 22, 694; → Rn. 134). – Einkunftserzielungsabsicht ist notwendig (→ Rn. 2, 146; ferner *KKM* § 22 Rn. E 93; abl *Falkner* DStR 10, 788). Nach den Beispielen in Nr 3 S 1 (gelegentl Vermittlung, Vermietung bewegl Sachen) und in Ab-

grenzung zu § 15 sind nachhaltige Tätigkeit und Beteiligung am allg wirtschaftl Verkehr nicht erforderl; eine entgeltl selbständige Betätigung kann genügen (so auch *Kubicki* vor → Rn. 130, 98). Es ist irrelevant, ob sich der StPfl eine ständige Erwerbsquelle erschließen will (BFH X R 8/21, BStBl II 23, 811; zu Online-Pokerspiel). Die Rückabwicklung eines Geschäfts ist mE das Gegenteil einer Leistung; der VIII. BFH-Senat argumentiert mE zu Unrecht mit der (nicht berührten) „Erwerbssphäre" (→ Rn. 150 „Rückabwicklung").

b) Bestimmte Leistungen. Die Leistung selbst braucht nicht wirtschaftl Art zu sein (→ Rn. 150 „Prostitution"). Sie kann im **Tätigkeitsbereich** (→ Rn. 150 „Tätigkeitsvergütungen") oder im **Nutzungsbereich** (im Bereich der Nutzung des Vermögens liegen (→ Rn. 136, 150); im Unterschied dazu sind Leistungen, die (als Veräußerungen) den (privaten) **Vermögensbereich** berühren, ausgenommen (zB BFH IX R 31/16, BStBl II 18, 759; → Rn. 150 „Veräußerung"). Der für die Besteuerung nach § 22 Nr 3 auszuklammernde Vermögensbereich ist nicht auf echte Veräußerungsvorgänge beschränkt (BFH VIII R 117/75, BStBl II 77, 27). Tatsächl Leistungserbringung oder gar Leistungserfolg sind nicht erforderl; es genügt das Versprechen bzw Inaussichtstellen einer Leistung derart, dass *dafür* (→ Rn. 133) ein Entgelt gezahlt wird, weil der *Zahlende* mit einer Leistung rechnet (zB Zahlung für fingierte oder absprachemäßig unterlassene Leistung, Erfolgszahlung für nur vorgespielte Leistung oder betrügerische Nichtleistung; BFH IX R 39/01, BStBl II 04, 1072). – Leistung kann uU auch in Verzicht/Duldung bestehen (BFH VIII R 2/20, BFH/NV 24, 9). 132

c) Verhältnis Leistung/Entgelt. Die Zahlung muss als wirtschaftl Gegenleistung durch die Leistung veranlasst sein (BFH IX R 46/09, BStBl II 12, 310), aber nicht unbedingt auf Grund eines gegenseitigen Vertrages (BFH IX R 74/98, BFH/NV 02, 643). § 22 Nr 3 erfasst auch Entgelt für **verbotene Leistung** (§ 40 AO; → Rn. 150 „Schmier- und Bestechungsgeld"), nicht aber (mE) einseitige Förderung („altruistisches" Stipendium; BFH IX R 33/18, BStBl II 21, 488; → Rn. 51). Freiwilligkeit der Leistung ist nicht notwendig. *Beispiel:* Entschädigung für Beschlagnahme und Gebrauch eines WG (s BFH VI 216/61 U, BStBl III 63, 380 mit Abgrenzung; BFH X R 45/91, BFH/NV 95, 387). 133

Entschädigungen für **hoheitl Eingriffe** in das Eigentumsrecht fallen demnach (auch bei Mitwirkung der StPfl) nicht unter § 22 Nr 3 (BFH X R 64/92, BStBl II 95, 640; FG Bln-Bbg EFG 14, 1674). Auch die mehr oder weniger zufällige Zahlung gelegentl einer aus rechtl, staatspolitischen, moralischen, sportl, spielerischen oder sonstigen nicht wirtschaftl Gründen erbrachten Leistung wird nicht besteuert (*Beispiel:* Entschädigung für Zeitversäumnis eines ehrenamtl Richters; BFH IX R 10/16, BStBl II 18, 571), ebenso nicht die **Aneignung ohne Wissen und Willen** des Berechtigten (Veruntreuung, Diebstahl, Unterschlagung oä, s BGH 3 StR 10/90, HFR 90, 521. Der Entgeltcharakter fehlt auch bei Kartenspiel mit eher symbolischem Geldeinsatz. – Stbar sind aber etwa Tagegeldzahlungen an ehrenamtl Verbandsmitglieder (*BMF* FR 96, 328) oder an Wasserwacht-Rettungsschwimmer (*OFD* Nds BeckVerw 287968), Pflegegeld bei familiärer Verpflichtung (→ Rn. 150), Erbeinsetzung für gelegentl Hilfeleistung, Spendensammeltätigkeit; auch → Rn. 150 „Belohnungen", „Entschädigung", „Preise", „Risikogeschäfte", „Spielgewinne", „Vermittlung", „Verzicht".

d) Zeitliche Voraussetzungen. Dauer und Häufigkeit der Leistungen sind iRd § 22 Nr 3 EStG ohne Bedeutung. Erfasst wird nicht nur gelegentl oder auch nur einmaliges, sondern auch sich wiederholendes, regelmäßig erbrachtes oder auf (eine gewisse) Dauer oder Wiederholung angelegtes Verhalten (BFH IX R 35/13, BStBl II 15, 795; mE ggf Vorrang des § 22 Nr 1 S 1 Hs 1; → Rn. 65, 131). 134

3. Abgrenzung zum Vermögensbereich. – a) Grundsatz. Leistungen, die (als Veräußerungen) den (privaten) Vermögensbereich berühren, werden nicht von § 22 Nr 3 erfasst (→ Rn. 132; „Veräußerungsvorgänge"). Entscheidend ist, ob das Entgelt als Ausgleich für den endgültigen Verlust eines WG in seiner Substanz (§ 23) oder für die Gebrauchsüberlassung zur Nutzung, den Verzicht auf eine Nutzungs- 136 möglichkeit oder deren Beschränkung etwa durch die „Belastung“ (→ Rn. 150) gezahlt wird, während der Vermögenswert, aus dem die Nutzungen fließen, in seiner Substanz erhalten bleibt (§ 22 Nr 3 oder § 21), vgl BFH IX R 31/16, BStBl II 18, 759. Die Abgrenzung erfolgt nach der Art des WG und dem wirtschaftl Gehalt der Vereinbarung. Die zivilrechtl Form der Vereinbarung ist nicht entscheidend. Die Fälle des Verlustes des wirtschaftl Eigentums an WG des PV hat der BFH stets von der Zurechnung des Entgelts zu den Einkünften iSv § 21 und § 22 Nr 3 ausgenommen (BFH IX R 31/16, BStBl II 18, 759).

137 **b) Übertragung von Vermögenswerten.** Die **Rspr** geht davon aus, dass beim Eigentümer grds nur der Eigentumsverlust in den Vermögensbereich fällt (BFH VIII R 7/74, BStBl II 77, 796; zu U-Bahn), nicht dagegen sonstige Wertminderungen durch „Belastung“, „Verzicht“ auf eine Nutzung, Bestellung eines „Vorkaufsrechts“ oder einer Lizenz (s Stichworte → Rn. 150, auch „Patente“ unter b).

139 **c) Nutzungsüberlassung.** Diese verlangt begriffl eine zeitl Begrenzung (vgl zB § 21 I Nr 3; auch → § 49 Rn. 113). Die Rspr dehnt Nutzungsverhältnisse allg aus auf langfristige, ja selbst zeitl unbegrenzte oder dauernde Gebrauchsüberlassungen, *soweit* deren tatsächl Dauer ungewiss ist und die Rückübertragung nicht aus rechtl (Vereinbarung) oder tatsächl Gründen (Wertverzehr) endgültig ausgeschlossen ist. Die zeitl Begrenzung des Rechts durch Gesetz (zB § 10 PatG) oder Vertrag steht der Annahme eines WG und damit der Weiterübertragung im Vermögensbereich nicht entgegen (str). Reine Verwertungsrechte sind selbständige WG, deren Wertverzehr während der Nutzungsdauer die Annahme eines Nutzungsrechts ausschließt (Veräußerung); anders soll es bei Grundstücksausbeuteverträgen sein, bei denen der Wert des Grundstücks ohne Bodenschatz erhalten bleibt; s Beispiele → Rn. 150 „Belastungen“, „Mieterabfindung“ und „Patente“ unter b).

140 **d) Aufteilung; Änderung.** Wird ein Entgelt teils für Vermögensverluste, teils als Nutzungsentschädigung gezahlt, ist es – ggf im Schätzungswege – aufzuteilen (→ Rn. 150 „Mieterabfindung“; BFH IX R 65/10, BFH/NV 13, 1085). Die nachträgl Anrechnung eines Nutzungsentgelts auf Kaufpreis kann zu rückwirkendem Wegfall des § 22 Nr 3 führen (BFH X R 42/91, BStBl II 95, 57).

142 **4. Art des Leistungsentgelts.** Dieses kann in Geld oder Sachwerten bestehen. Höhe und wirtschaftl Zusammenhang mit der Leistung (vgl → Rn. 133) sind unabhängig von der Bezeichnung nach den Umständen des Einzelfalles zu ermitteln. Das Entgelt kann einmalig und wiederkehrend erbracht werden (soweit es nicht unter § 22 I Nr 1 fällt; → Rn. 134), vgl BFH X R 91/90, BStBl II 92, 1017.

143 **5. Zeitpunkt der Versteuerung.** Für Einnahmen und WK ist grds der Zeitpunkt der Zahlung maßgebend (§ 11). Das führt bei *einmaligen* Leistungen iZm dem Verlustausgleich nach § 22 Nr 3 S 3, 4 (→ Rn. 146) zu einem nach dem Gesetz kaum lösbaren Konflikt, der durch die Freigrenze (→ Rn. 147) noch verstärkt wird; der Abzug von in früheren oder späteren Jahren hierbei anfallenden WK darf daran nicht scheitern (BFH IX R 33/07, BFH/NV 09, 1253; BFH I R 38/12, BFH/NV 16, 378). – **Vorab entstandene WK** sind entgegen § 11 II nicht im Jahr der Zahlung abziehbar (zunächst Ausschluss durch § 22 Nr 3 S 3). Sie mindern nach zutr hM die im Zuflusszeitpunkt zu versteuernden Einnahmen für die einmalige Leistung iSv § 22 Nr 3 (*BH/Nacke* § 22 Rn. 172). Dies soll nach BFH X S 22/96, BFH/NV 98, 703 auch für bereits jetzt feststehende, später zu leistende **negative Einnahmen** (Rückzahlungen) und **nachträgl WK** gelten (str wegen § 11 II), auch für unvorhergesehene spätere WK (kein Abzug im Zahlungsjahr – Berichtigung im Zuflussjahr nach § 175 I 1 Nr 2 AO). Anders aber BFH IX R 73/96, BFH/NV 01, 25 bei **nachträgl Rückzahlungsverpflichtung** für *regelmäßig erhaltene* Bestechungsgelder: Abzug gem § 11 II erst im Zahlungsjahr (zust *Fischer* FR 00, 775). Die Problematik ist durch die Verlustvortragsmöglichkeit in § 22 Nr 3 S 4 entschärft (→ Rn. 146).

6. Werbungskosten. – *(1)* **Begriff Werbungskosten.** → § 9 Rn. 2. Abziehbar sind nur durch Einnahmen veranlasste Aufwendungen (vgl BFH X R 58/91, BStBl II 94, 516 mit fragl Aufteilung, s *Paus* FR 94, 741). Die Rückzahlung von Bestechungsgeldern (→ Rn. 150) führt zu WK, nicht aber deren Weiterleitung an den Geschädigten zur Wiedergutmachung (BFH IX R 26/14, BStBl II 15, 1019; krit *Bode* FR 15, 1146). – *(2)* **Pauschbetrag** sieht das Gesetz nicht vor. – *(3)* **Vermögensverluste** im privaten Bereich sind grds keine WK (FG BW EFG 11, 513); Ausnahmen: § 9 I Nr 7 iVm § 7 – AfA – oder Verluste iZm der Erzielung von Einkünften (vgl BFH III R 35/22, DStR 25, 21), → § 9 Rn. 77 f, → § 11 Rn. 50 „Verlust"). Dies gilt mE auch für „Risikogeschäfte" (str, unter → Rn. 150). 145

7. Verlustausgleich, § 22 Nr 3 S 3, 4. Ab 1999 aus Leistungen entstandene Verluste sind nur mit denselben Einkünften (auch aus anderen „Einkunftsquellen" iSv § 22 Nr 3; nicht mit Einkünften nach § 23 I 1 Nr 4 aF; BFH IX R 46/12, BFH/NV 14, 1025; *KKM* § 22 Rn. E 126) im lfd VZ (S 3) oder nach Maßgabe des § 10d (S 4) ausgleichbar; § 10d IV idF JStG 2007 (gesonderte Feststellung) gilt entspr (soweit am 1.1.07 Feststellungsfrist noch nicht abgelaufen); die Regelung ist verfgemäß (BFH IX R 26/14, BStBl II 15, 1019). Im Einzelfall wird der Abzug jedoch oft daran scheitern, dass bei gelegentl Vermietung die **Einkünfteerzielungsabsicht** (→ Rn. 131) fehlt (so auch BVerfG 2 BvR 1818/91, DStZ 98, 910; BFH X B 82/99, BFH/NV 00, 1186; FG Mster DStRE 22, 1358, rkr). Vgl zur Problematik auch → § 23 Rn. 91 f. – Zum Abzug von Altverlusten aus **Stillhaltergeschäften** (letztmals bis VZ 2013) → 43. Aufl 2024, § 22 Rn. 146. 146

8. Freigrenze, § 22 Nr 3 S 2. Erreichen oder übersteigen die Einkünfte den Betrag von 256 €, sind sie voll zu versteuern. Nach wohl hM sind Einkünfte aus mehreren Leistungsgeschäften iSv § 22 Nr 3 zu addieren bzw zu saldieren (*KKM* § 22 Rn. E 110). 147

9. ABC der sonstigen Leistungen. S auch EStH 22.8.

Abtretung eines Anspruchs aus Mietverhältnis (BFH IX R 10/11, BFH/NV 13, 715). 150

Andienungsrecht wie Vorkaufsrecht (s dort; BFH VI R 4/05, BStBl II 08, 826).

Auskehrung bei Stiftungsauflösung kein Leistungsentgelt (BFH VIII R 30/15, BFH/NV 18, 857).

Auslobung s „Belohnungen".

Avalprovisionen für (Bank-) Bürgschaft (auch für Dritte) sind stbar, nach § 22 Nr 3 oder ggf nach § 22 Nr 1 (BFH IX R 35/13, BStBl II 15, 795; *Tauser/Keller* BB 15, 2135); ähnl Provision für Verpfändung eines Bankguthabens (BFH VIII R 7/23, BStBl II 25, 410).

Belastungen. – *(1)* **Beispiele für von § 22 Nr 3 erfasste Belastungen im Nutzungsbereich** (auch → Rn. 136, 137): Nutzung einer Kiesgrube (BFH GrS 1/05, BStBl II 07, 508); Nutzung eines Quellengrundstücks als unbefristetes *Wasserentnahmerecht* (BFH VI 331/64, BStBl II 68, 30); Ausbeutevertrag ausnahmsweise Kaufvertrag (BFH IX R 64/98, BFH/NV 03, 1175); weitere Beispiele → 27. Aufl 2008, § 22 Rn. 150. – Sonstige Belastungen s „Patent", „Risikogeschäfte", „Verzicht" unter a), „Vorkaufsrecht". – *(2)* **Beispiele für (nicht stbare) Belastungen im Vermögensbereich** s „Veräußerung", „Verzicht".

Belohnungen können unter § 22 Nr 3 fallen, wenn sie als Gegenleistung für eine Leistung (→ Rn. 131 f) gezahlt werden. Nicht stbar sind Belohnungen für Hinweise zur Ergreifung eines Straftäters auf Grund zufälliger Wahrnehmungen, *Finderlohn* oä; Leistungen, bei denen die Leistungsverpflichtung unabhängig von der Gegenleistung besteht (§ 965 BGB). Anders kann es sein, wenn zeit- und kostenaufwändige Nachforschungen angestellt werden (Polizeispitzel, § 15 oder § 22 Nr 3). Ebenso im Falle der *Auslobung* (§ 657 BGB), da hier die Belohnung für eine bestimmte Handlung versprochen wird.

Berufsaktionär. Die iZm entspr Aktivitäten erzielten Einnahmen fallen zumindest unter § 22 Nr 3.

Beschlagnahme → Rn. 133.

Bestechungsgelder s „Schmiergelder".

Bindungsentschädigung ist stbar (HessFG EFG 10, 863); nicht veräußerungsähnl (→ Rn. 131).

Blockchain-Erstellung und Verwendung von Kryptowerten (Token) kann sonstige Leistung sein (*BMF* BStBl I 25, 658 Rn. 45; → § 5 Rn. 113; FG Nbg DStR 25, 1622, rkr).

Break-Fee ist kein Leistungsentgelt, da keine Möglichkeit der Leistungsbeeinflussung besteht (BFH IX R 18/17, BStBl II 18, 531); mE reicht bereits Stillhalten (→ Rn. 131).

Bürgschaft s „Risikogeschäfte".

Darlehen. Vermittlungsgebühr und Entgelt für Sachdarlehen: uU § 22 Nr 3.

Diebstahlserträge → Rn. 133 (kein § 22 Nr 3).

Differenzgeschäfte/Devisentermingeschäfte. Private Erträge waren bisher mangels Leistungsaustausch nicht stbar (BFH VIII R 5/02, BStBl II 05, 739); nunmehr → § 20 Rn. 165 ff.

Dingliche Belastung eines Grundstück (zB durch Grundschuld) gegen Entgelt ist mE Ausfluss des Eigentumsrechts im Nutzungsbereich (wie Vorkaufsrecht; s dort); also § 22 Nr 3.

Dirnenlohn s „Prostitution" und „Zuhälterei".

Duldung s „Belastungen", „Verzicht" und → Rn. 131.

Energiepreispauschale ist bei Anspruchsberechtigten mit Einkünften aus nichtselbständiger Arbeit stets nach § 19 I 1 Nr 1 zu erfassen (§ 119 I), bei Berechtigten mit Einkünften aus §§ 13, 15, 18 nach § 22 Nr 3 (§ 119 II); zR krit *Kanzler* FR 22, 641; *Raff* NWB 23, 2313). – Zur Besteuerung der Rentner nach § 22 Nr 1 S 3 Buchst c → Rn. 99.

Enteignung/enteignungsgleiche Eingriffe. Sie fallen auch bei formaler Zustimmung nicht unter § 22 Nr 3 (→ Rn. 133, BFH X R 64/92, BStBl II 95, 640).

Entschädigung/Schadenersatz für Eingriffe in das Eigentumsrecht fallen nicht unter § 22 Nr 3 (→ Rn. 133; FG Mchn EFG 04, 1120 und FG Ddorf 7 K 3460/14 E, zu Entschädigung wegen Verkehrs-/Fluglärms: ‚veräußerungsähnl', mE keine Leistung; → Rn. 131); wohl aber Entschädigung für naturschutzrechtl Ausgleichsflächen („Nicht-Nutzungsentschädigung" (FG Mster EFG 09, 577; **aA** *Fuchs/Lieber* FR 05, 285); ebenso Nutzungsentschädigungen (→ Rn. 140); s „Verzicht". – Ersatz für Wertverlust/Beschädigung durch angrenzende Bebauung ist mE nicht stbar (**aA** BFH IX R 36/07, BFH/NV 08, 1657); zum WK-Abzug → Rn. 145. – Entschädigung an ehrenamtl Richter für Zeitverlust nicht stbar, anders für Verdienstausfall (BFH IX R 10/16, BStBl II 18, 571; → Rn. 131). – Eine einmalige Entschädigung für Gestattung der Überspannung eines Grundstücks soll nicht stbar sein, da nicht Nutzung (keine Leistung), sondern dingl Belastung vergütet wird (BFH IX R 31/16, BStBl II 18, 759; → Rn. 136). – Ebenso werden Entschädigungen für Heimerziehungsopfer (*OFD Rhl* BeckVerw 263747) oder für andere Verletzungen persönl Art nicht von § 22 Nr 3 erfasst. – Keine StBarkeit (nach § 24 Nr 1a) einer als „Verdienstausfall" bezeichneten Versicherungsleistung bei einem 12-jährigen Verkehrsunfallopfer (BFH IX R 15/19, DStR 20, 2368).

Erfolgsbeteiligung am Prozessausgang (BFH IX R 47/07, BFH/NV 08, 2001; NdsFG EFG 06, 272); erfüllt § 22 Nr 3; mE mit Normzweck (→ Rn. 131) vereinbar.

Erpressung. Das kassierte Lösegeld fällt unter § 22 Nr 3 (FG Mster EFG 66, 409). Rückzahlung → Rn. 143.

Finderlohn s „Belohnungen".

Fußballschiedsrichter erbringen sonstige Leistungen (*OFD Ffm* BeckVerw 260180).

Gas-/Wärmepreisbremse. Die Entlastung nach § 123 (*„Dezember-Hilfe"*) wurde (subsidiär) von § 22 Nr 3 erfasst; die §§ 123 bis 126 sind durch Art 19 KrZwFördG (BGBl I 23 Nr 411) aufgehoben worden.

Grundschuldrealisierung durch Versteigerung nicht stbar (BFH VIII R 28/09, BStBl II 12, 496).

Informationsweitergabe fällt unter § 22 Nr 3 (BFH IX R 53/02, BStBl II 05, 167; FG Nbg EFG 16, 198); auch Whistleblower-Prämie (BFH IX B 22/16, BFH/NV 16, 1013).

Kaufvertrag als Nutzungsüberlassung s unter „Belastungen".

Kick-Back-Zahlungen (Provisions-Beteiligung) sind Bestechungsgelder (BGH 5 StR 299/03, BFH/NV-Beilage 05, 127; iEinz *Witte/Hillebrand* DStR 09, 1759).

Know-how s „Patente" und → Rn. 136 f; → § 49 Rn. 125 (zu § 49 I Nr 9).

Kryptokunst (als non fungible token) ggfs Leistung iSd § 22 Nr 3 (*Frick* FR 23, 343; → § 5 Rn. 270).

Leihgeschäfte sind bei Entgelt „Vermietung" oder „Darlehen".

Lösegeld s „Erpressung".

Lotteriegewinne s „Spielgewinne".

Meisterbriefüberlassung gegen Entgelt (FG Mster EFG 13, 1345).

Mieterabfindungen. Die Aufgabe des Mietrechts liegt beim Mieter grds im nicht stbaren Vermögensbereich (BFH IX R 89/95, BFH/NV 00, 423; → Rn. 137). Das schließt nicht aus, dass Mieter stpfl Abfindungen beziehen, zB für Weitervermittlung der Wohnung, Vorschlag eines Nach-Mieters oder Ausfall von Einnahmen (s „Verzicht").

Mitnahmevergütung. Die Vergütung für die Mitnahme im PKW fällt unter § 22 Nr 3 (BFH X R 58/91, BStBl II 94, 516 mit fragl WK-Aufteilung, s *Paus* FR 94, 741; *Schmidt-Liebig* FR 95, 100 zu gelegentl entgeltl Mitnahme).

Nachteilsausgleich muss ggf für Gegenleistung gezahlt worden sein (BFH IX R 28/16, BStBl II 18, 86).

Nießbrauch. Ablösungszahlungen liegen im Vermögensbereich (s *BMF* BStBl I 13, 1184 Rn. 58 und 64; so iErg auch BFH IX R 14/24, BFH/NV 25, 862); s auch „Verzicht".

Nutzungsersatz aus Vertragsrückabwicklung (Verbraucherdarlehen) kein Fall des § 22 Nr 3 (BFH VIII R 7/21, BStBl II 24, 353); s auch „Entschädigung".

Option s „Risikogeschäfte", „Vorkaufsrecht", „Differenzgeschäfte"; → § 20 Rn. 165.

Patente (uä Schutzrechte). – **a) Veräußerung** (soweit rechtl mögl) liegt im Vermögensbereich (BFH IX R 32/04, BStBl II 07, 44). Jedes Patent ist ein selbständig veräußerbares WG (BFH XI R 26/02, BStBl II 04, 218). Veräußerung durch den freiberufl Erfinder selbst fällt unter § 18 (vgl BFH IV 291/64, BStBl III 67, 310). Alleinvertriebsrecht s BFH I R 130/84, BStBl II 89, 101. – **b) Bestellung von Verwertungsrechten** liegt idR im Nutzungsbereich (s § 21 I Nr 3, § 49 I Nr 6, 9).

Beispiele: *Lizenzen* (BFH III B 9/87, BStBl II 88, 537 mwN), *Verlagsrechte* (BFH I R 163/77, BStBl II 79, 757), *Warenzeichenrechte* bzw ab 1995 Markenrechte (BGBl I 95, 3082). **Ausnahmen:** Vermögensübertragung mit Ausschluss der Rückübertragung (→ Rn. 139); Erschöpfung des wirtschaftl Werts während der Nutzungsdauer (vgl „Belastungen" und → Rn. 136 f).

Pensionsgeschäfte im Privatbereich (zB mit Edelmetallen) führen als Sachdarlehen beim Pensionsgeber zu sonstigen (einaktig zu ermittelnden) Einkünften (BFH IX R 20/19, BStBl II 21, 687).

Pfandflaschen s „Tätigkeitsvergütungen".

Pflegegeld, das nicht nach § 3 Nr 1a, Nr 11 stfrei ist, kann nach § 15, § 18 oder § 19 stpfl sein. Gelegentl Pflegeleistungen werden idR nicht um des Entgelts willen, sondern aus sittl Verpflichtung erbracht und sind dann nicht nach § 22 Nr 3 stpfl (BFH IX R 88/95, BStBl II 99, 776; fragl ob mit BFH IX R 13/02, BStBl II 05, 44 vereinbar. S auch § 3 Nr 36 „Pflegeversicherung"); zu (Kinder-)Tagespflege *BMF* BStBl I 08, 17.

Pflichtteilsverzicht. Zahlungen der Eltern an Kind sind (wegen Veräußerungsähnlichkeit: Aufgabe einer Rechtsposition) nicht stbar (BFH VIII R 43/06, BStBl II 10, 818).

Preise (s auch „Belohnung" und → Rn. 133). – ***(1)* Grundsatz.** Preise können in den Einkünftebereich fallen, wenn sie nicht als persönl Ehrung in Anerkennung des Lebenswerkes oder einer bestimmten Forschungstätigkeit, sondern für eine konkrete Einzelleistung, wie zB die Herstellung eines Films, verliehen werden (*Marx* DStZ 14, 282, unter IV.1.: „marktmäßige Austauschbeziehung"). Vielfach hat das Entgelt Nähe zu einer anderen Einkunftsart (vgl → § 4 Rn. 460 „Preise"; FG Nbg EFG 14, 1187: § 19). – ***(2)* Sportliche Veranstaltungen.** Gewinnpreise sind bei Amateuren idR nicht stbar (vgl → § 19 Rn. 35, → § 49 Rn. 39; *Enneking/Denk* DStR 96, 450; Fußballer s *BMF* DStR 92, 682 und *FM LSA* DStR 92, 822). Bei hohen Gewinnchancen und Wiederholungsabsicht kann eine wirtschaftl Leistung iSv → Rn. 132 anzunehmen sein. – ***(3)* Wissenschaftliche Preise** sind ArbLohn nur iZm für den ArbG erbrachten Leistungen und sonstige Leistungen nur, wenn sie „um des Entgelts willen" erbracht werden (BFH VI R 12/22, BStBl II 25, 534; diff *Krumm* FR 15, 639). – ***(4)* Gelegentliche Teilnahme an Rundfunk-/Fernsehquiz** ist keine Leistung iSv § 22 Nr 3 (*Moser* FR 19, 508; *Fischer* BB 19, 2071). Anders verhält es sich – ***(a)*** bei Entgelt für schauspielerische Leistung (BFH IX R 39/06, BStBl II 08, 469 – Fernseh-Preisgelder; einschr *BMF* BStBl I 08, 645); – ***(b)*** bei Dauerpräsenz (zB „Big Brother", „Die Farm"; BFH IX R 6/10, BStBl II 12, 581; BFH IX B 22/14, BFH/NV 14, 1540; → Rn. 131) oder – ***(c)*** bei „Helfer-Dokus" (Renovierungsleistungen iRd der Fernsehshow „Zuhause im Glück"; FG Köln EFG 19, 895). – ***(5)* Gewinne aus Preisausschreiben** sind idR kein Entgelt für eine Leistung. Ausnahme: Entwurf eines Markenzeichens, eines Werbeslogans, einer Filmmusik; zu (betriebl) Losgewinnen s BFH X R 25/07, BStBl II 10, 550. – ***(6)* Leistungen,** die ein **Schutzrecht** begründen, können unter § 22 Nr 3 fallen.

Probandenhonorare beruhen auf Leistungen (FG RhPf EFG 21, 1103).

Prostitution. Dirnenlohn fällt unter § 15 (BFH GrS 1/12, BStBl II 13, 441). Das schließt unselbständige Tätigkeit in Bordellen oÄ nicht aus. Auch → § 15 Rn. 45.

Provisionen s „Vermittlung".

Prozesskostenbeteiligung kann bei Prozesserfolg zum Empfang einer sonstigen Leistung führen (BFH IX R 33/07, BFH/NV 09, 1253).

Rechtsverzicht. Entschädigung für einen Rechtsverzicht im Rahmen einer Vergleichsvereinbarung führt beim Verzichtenden regelmäßig nicht zu stbaren Einkünften, wenn sie nicht als Ergebnis einer Erwerbstätigkeit anzusehen ist (BFH VIII R 3/22, BFH/NV 24, 1147, Rn. 21)); → Rn. 150 „Verzicht").

Renovierungsleistungen s „Preise".

Rettungsdienste → Rn. 133; *OFD Nds* BeckVerw 287968 (Wasserwacht: § 22 Nr 3).

Reugeld wegen Rücktritts vom Vertrag kein § 22 Nr 3 (BFH IX R 32/04, BStBl II 07, 44; s „Vorkaufsrecht"); bloße Folgevereinbarung eines nicht stbaren Grundstückskaufs.

Risikogeschäfte gegen Entgelt. – ***(1)*** **Besteuerung des Entgelts** ist umstritten. Die Verwaltung wendet § 22 Nr 3 an (zB *BMF* BStBl I 01, 986); die Rspr hat das zR bestätigt. *Beispiele:* Option aus Börsentermingeschäften (BFH IX R 46/12, BFH/NV 14, 1025); Grundstückbelastung mit Hypothek für fremde Schuld: Der StPfl nimmt das Verlustrisiko um des Entgelts willen (durch Vermögensnutzung) in Kauf (vgl auch BFH I R 61/96, BStBl II 98, 270; s „Dingliche Belastung"). Hier liegt der Unterschied zum „Spiel-, Wett-, Lotteriegewinn". – Weitere Beispiele → 27. Aufl 2008, § 22 Rn. 150 und → 36. Aufl 2017, § 22 Rn. 150). – ***(2)*** **Vermögensverluste** sind idR keine WK (→ Rn. 145). Dieser Grundsatz wird folgerichtig auf Risikogeschäfte angewandt (zu Optionsverlusten BFH X R 197/87, BStBl II 91, 300; *BMF* BStBl I 01, 986 Rn. 25, 27; zu Bürgschaftsverlusten FG Bln EFG 01, 821).

Rückabwicklung. Der Annahme eines stbaren Leistungsaustauschs iSd § 22 Nr. 3 steht entgegen, dass die bei der gebotenen Einheitsbetrachtung aus der Rückabwicklung des Darlehensvertrags vereinnahmten Einzelleistungen nicht in der Erwerbssphäre angefallen sind (BFH VIII R 7/21, BStBl II 24, 353; BFH VIII R 16/22, BStBl II 24, 357); mE keine Leistung.

Schadenersatz s „Entschädigung".

Schenkungen iRe Schenkkreises können unter § 22 Nr 3 fallen (FG Mster EFG 10, 1691).

Schmiergelder/Bestechungsgelder (auch für illegales Tun oder Unterlassen) können unter § 22 Nr 3 fallen (BFH IX R 26/14, BStBl II 15, 1019 mwN; § 40 AO). Zu Rückzahlung → Rn. 143, zu Weiterleitung an Geschädigten → Rn. 145.

Schöffenentschädigung nicht stbar (*Pfab/Schießl* FR 11, 795).

Spielgewinne (auch Sport-, Wett-, Lotteriegewinne) werden grds nicht besteuert, da es am Verhältnis Leistung/Gegenleistung fehlt (→ Rn. 133); nicht stbare Glücksspiele sind von uU stbaren Geschicklichkeitsspielen abzugrenzen (*Kanzler* FR 23, 1035); Berufs- und Falschspielern nutzen ihre Geschicklichkeit; Gewinne aus Online-Pokerspiel können daher (zB nach §§ 15, 22 Nr 3) stbar sein (BFH X R 8/21, BStBl II 23, 811; BFH X R 26/21, BFH/NV 25, 1168; → Rn. 131). – S „Preise", „Risikogeschäfte", „Differenzgeschäft".

Stillhalterprämien → § 20 Rn. 141. – Zur Besteuerung nach altem Recht FG Hmb EFG 09, 34; BFH I R 38/12, BFH/NV 16, 378.

Stipendien. Der Bezug ist (bei fehlender Gegenleistung) grds nicht nach § 22 Nr 3 stbar (*Heigl* Stipendien im ESt-Recht, 2025 S. 305; *Reddig* HFR 23,577; → Rn. 133); so auch BFH IX R 33/18, BStBl II 21, 488 („Thüringen-Stipendium" und BFH X R 21/20 BFH/NV 23,417 (Promotionsstipendium), anders bei „Berliner-Lehramtsstipendium" (FG Bln-Bbg EFG 22, 1186, rkr).

Streikunterstützung ist nicht nach § 22 Nr 3 stbar (BFH X R 161/88, BStBl II 91, 337, zR **aA** *Hüttemann* DB 24, 478); zu § 22 Nr 1 → Rn. 50 f.

Tätigkeitsvergütungen (→ Rn. 132). § 22 Nr 3 erfasst zB das Entgelt für den gelegentl Auftritt eines *Amateurmusikers,* die Veröffentlichung eines *Reiseberichtes* oder von Memoiren, für ein Privatinterview (einschließl „Verzicht"), Tätigkeit als vermeintl Hoferbe (BFH VI R 50/05, BStBl II 08, 868); eine sonst nicht stpfl *Werbetätigkeit,* die *Beihilfe* zu einer Straftat, Abgeordnetenbezüge über § 22 Nr 4 hinaus (→ Rn. 162), Schiedsrichterspesen (*OFD Bln* FR 96, 433), Turnierrichter (FG Nbg EFG 15, 1425), Testhonorare. ME keine Leistung ist die Teilnahme an einer Qualifizierungsmaßnahme (**aA** ThürFG EFG 06, 1493), die entspr Alimentation keine Vergütung. Vgl „Belohnung", „Erpressung", „Mitnahmevergütung", „Preise", „Prostitution"; „Schmiergelder", „Vermittlung", „Verzicht", „Weitergabe", „Zuhälterei". Zu *Betreuerentschädigung* gem § 1835a BGB aF s *OFD Nds* BeckVerw 252504; → § 18 Rn. 141.

Telefonsex s „Prostitution" (idR § 15).

Testamentsvollstreckung. Die nur gelegentl oder einmalige Testamentsvollstreckung, die nicht unter § 18 I Nr 3 fällt (→ § 18 Rn. 140), dürfte unter § 22 Nr 3 fallen (→ Rn. 131, 134; BFH XI B 64/05, BFH/NV 06, 1331; *Feiter* DStR 06, 484).

Tipps s „Informationsweitergabe".

Unterlassung s „Belastungen", „Verzicht" und → Rn. 131.

Unterschlagung; Untreue. Nicht § 22 Nr 3, → Rn. 133.

Veräußerungsvorgänge. § 22 Nr 3 erfasst weder Veräußerungen noch veräußerungsähnl Vorgänge. Die entgeltl Übertragung eines WG auf eine dritte Person fällt unter § 22 Nr 2, 23 (BFH IX R 20/05, BFH/NV 06, 1079; → Rn. 132, 136, → § 23 Rn. 12); **veräußerungsähnl Vorgänge** sind Vermögenseinbußen, die nicht im Nutzungsbereich liegen und bei denen kein WG auf Dritte übertragen wird (BFH IX R 46/15, BFH/NV 17, 1030).

Beispiele: Entschädigung für *Vermögensverluste* und lfd *Aufwendungen* (s „Mieterabfindung", „Verzicht" unter (3); entgeltl Erbverzicht (s BFH X R 132/95, BStBl II 00, 82); Verzicht auf Anteilsübertragung (BFH IX R 35/12, BStBl II 13, 578). – Zustimmung eines GbR-Ges'ters zur Veräußerung keine sonstige Leistung (BFH IX R 19/07, BFH/NV 08, 1820).

Vermietung beweglicher Gegenstände fällt im PV grds nicht unter § 21, sondern unter § 22 Nr 3. *Beispiel:* Vermietung des Privat-PKW/Wohnwagens für Urlaubsfahrten (BFH XI R 44/95, BStBl II 98, 774); Wohnmobilvermietung (BFH IX R 60/03, BFH/NV 05, 327); „Container-Leasing" (FG BW EFG 10, 486; *OFD Ffm* BeckVerw 150296; *LFD Thür* DStR 12, 970; s auch BFH III R 35/22, DStR 25, 21; FG Mster EFG 25, 1072, rkr; keine AfA bei Nichtexistenz); Blockheizkraftwerk (FG Nbg EFG 22, 937, rkr). ***Ausnahmen*** (außer § 15): § 21 I Nr 1 erfasst nicht nur im Schiffsregister erfasste Schiffe, sondern auch in Luftfahrzeugrolle eingetragene Flugzeuge (BFH IX R 71/96, BStBl II 00, 467).

Vermittlungsprovisionen fallen unter § 22 Nr 3, zB gelegentl Vermittlung einer Wohnung, eines Auftrags, einer Mitgliedschaft (BFH IX R 1/06, BFH/NV 07, 2263) oder eines „Darlehens", Grundstückskaufs, Anteilsveräußerung, abhängig von eigenständiger Bedeutung (BFH IX R 97/07, BFH/NV 09, 9). Auch Provisionen für **eigene Vertragsabschlüsse** als Versicherungsvertreter („Eigenprovision") werden von § 22 Nr 3 erfasst (BFH X R 94/96, BStBl II 98, 619). Nicht erfasst wird mangels Vermittlungstätigkeit die an den Versicherungsnehmer selbst „weitergeleitete Provision" (BFH IX R 23/03, BStBl II 06, 248) oder der (als Provision deklarierte) AK-Rückfluss (BFH IX R 46/03, BStBl II 04, 1046). – Zu kreuzweiser Vermittlung als sonstige Leistung BFH IX R 25/05, BFH/NV 07, 657; ähnl zu ringweiser Vermittlung BFH IX R 29/08, BFH/NV 10, 195 (kein WK-Abzug der weitergeleiteten Provision; Einkommensverwendung). – Bei ringweiser **Vermittlung** von LV ist die vereinnahmte Provision nicht um den weitergeleiteten Betrag als WK zu mindern (BFH IX R 29/08, BFH/NV 10, 195).

Vermögensverluste s „Risikogeschäfte" und → Rn. 145.

Verpfändung eines Bankguthabens s „Avalprovision".

Vertragsrückabwicklung s Rückabwicklung.

Verzicht. – ***(1)*** **Nach § 22 Nr 3 steuerbare Einkünfte im Nutzungsbereich** bei Verzicht auf: – *Nachbarrechte* (BFH X R 124/94, BStBl II 98, 133; zur Abgrenzung vom Vermögensverlust s BFH IX R 96/97, BStBl II 01, 391); – *Mindestabstand des Nachbargebäudes von der Grundstücksgrenze* (BFH VIII R 97/73, BStBl II 77, 26). –

Der Verzicht auf Wohnnutzung soll veräußerungsähnl sein (FG Mchn EFG 07, 1603; mE nicht zwingend), ebenso wohl der Verzicht auf Vorbehaltsnießbrauch (BFH IX R 14/24, BFH/NV 25, 862). – ***(2)* Im Tätigkeitsbereich** kann Verzichtsentgelt unter § 22 Nr 3 fallen, zB Verzicht auf Ausübung einer bestimmten Tätigkeit, eines Wettbewerbs oÄ (BFH IX R 65/10, BFH/NV 13, 1085: Verzicht auf *„Stören eines Börsengangs"*); auf Energieeinspeisung (BFH VIII R 2/20, BFH/NV 24,9), auf Fortführung einer Klage (FG Köln EFG 15, 1540 – „räuberischer Aktionär"; BFH IX R 44/14, BStBl II 18, 323 – Berufskläger); *Poolvereinbarung* (BFH IX R 46/15, BFH/NV 17, 1030). → Rn. 150 „Rechtsverzicht". – ***(3)* Im Vermögensbereich** ist das Entgelt für den Verzicht nicht stbar. Beispiele: Verzicht auf *Wohnrecht* (BFH I 343/62, HFR 65, 539), auf *Verkaufsrecht,* auf *Rückkaufsanspruch* (BFH VIII R 72/76, BStBl II 79, 298), auf *Darlehensrückzahlung* (BFH IX R 32/19, BStBl II 23,169), auf *Erbrecht* oder erbrechtl Zahlungsansprüche (BFH X R 132/95, BStBl II 00, 82), auf *Nachbarrechte* (BFH IX R 63/02, BStBl II 04, 874), auf *Nießbrauchsrecht* (FG Mstr EFG 24, 392; aufgehoben durch BFH IX R 4/24, DStR 25, 2831 [m Anm *Trossen* DStR 25, 2835]: Vorrang des § 24 Nr 1 Buchst a). – *Weitere Beispiele* → 41. Aufl 2022, § 22 Rn. 150 „Verzicht".

Vorkaufsrecht. – ***(1)* Entgelt für Bestellung** ist Ausfluss des Eigentumsrechts im Nutzungsbereich; § 22 Nr 3 ist unabhängig davon anzuwenden, ob das Recht ausgeübt wird (BFH I R 290/81, BStBl II 85, 264; *Heuer* StuW 92, 313). Wird das Entgelt auf späteren Kaufpreis angerechnet, entfällt § 22 Nr 3 rückwirkend (BFH X R 42/91, BStBl II 95, 57: § 175 I 1 Nr 2 AO). – ***(2)* Verzicht auf Übertragung** des erworbenen Rechts gegen Entgelt liegt im Vermögensbereich, da sich der Vermögenswert auf das Vorkaufsrecht beschränkt (BFH VIII R 72/76, BStBl II 79, 298).

Wertpapierleihgebühren stellt der Verleiher in Rechnung (→ § 5 Rn. 270); subsidiär § 22 Nr 3.

Wettbewerbsabrede kann (bei eigenständiger Bedeutung) sonstige Leistung sein (BFH X R 61/06, BFH/NV 08, 1491); Wettbewerbsverbot s „Verzicht" unter b) (uU § 22 Nr 3).

Wettgewinne s „Spielgewinne".

Zufallserfindung. Das entspr Entgelt beruht mE auf keiner Leistung iSd § 22 Nr 3 (→ Rn. 131). – Der Erlös aus der Veräußerung einer Zufallserfindung ist ebenfalls nicht nach § 22 Nr 2 oder Nr 3 stbar (BFH XI R 26/02, BStBl II 04, 218; ferner *Marx* DB 17, 2313).

Zusage zu weiterer Mitarbeit soll keine Leistung sein, zumindest wenn „unverbrieft" (BFH VIII B 26/06, BFH/NV 07, 1113).

V. Abgeordnetenbezüge, § 22 Nr 4

Schrifttum: *Stalbold* Die stfreie Kostenpauschale …, 2004. – *Drysch,* Die stfreie Kostenpauschale …, DStR 08, 1217; *Desens,* Steuerprivilegien für Abgeordnete verfassungsrechtl nicht angreifbar? DStR 09, 727.

1. Ursprung. Die Vorschrift geht auf das *„Diäten-Urt"* des BVerfG zurück (BVerfG 2 BvR 193/74, BVerfGE 40, 296; *KKM* § 22 Rn. F 10). Die Regelung ist nicht verfwidrig (*KKM* § 22 Rn. F 41); keine Übertragung auf andere StPfl (BVerfG 2 BvR 2227/08, DStRE 10, 1058; BFH X R 43/05, BFH/NV 11, 772; NdsFG EFG 19, 912). 160

2. Persönlicher Geltungsbereich. Erfasst werden **Bundestagsabgeordnete, Landtagsabgeordnete,** Abgeordnete des **Europaparlaments;** nicht hingegen **ehrenamtl Mitglieder kommunaler Vertretungen** (sie erzielen selbständige Einkünfte iSv § 18 I Nr 3, vgl zu Bürgermeister in NRW BFH IV R 41/85, BStBl II 88, 266; auch → Rn. 163) sowie **kommunale Wahlbeamte,** wie Land- 161 räte, Bürgermeister als Verwaltungsspitze, berufsmäßige Gemeinderatsmitglieder (ArbN). Zu stfreien Aufwandsentschädigungen und Reisekostenvergütungen dieser Personen s § 3 Nr 12, 13.

162 **3. Sachlicher Geltungsbereich.** Nur die nach einem **Abgeordnetengesetz** iSv → Rn. 161 gezahlten Bezüge (iEinz Nr 4 S 1) sind Einkünfte iSv § 22 (FG Köln EFG 01, 497). Nach diesen Gesetzen gezahlte Aufwandsentschädigungen sind gem § 3 Nr 12 stfrei. Die Besteuerung der übrigen Einkünfte eines Abgeordneten (als Beamter, Rechtsanwalt oÄ) ändert sich nicht. Sonstige iZm der parlamentarischen Tätigkeit gezahlte Bezüge können unter § 22 Nr 1 S 1, S 3 Buchst a oder Nr 3 fallen (allg *Lohr* DStR 97, 1230; glA FG Bln DStRE 02, 1168: zusätzl Funktionsentgelt; zur Abfindung beim Ausscheiden; *OFD Hann* FR 94, 376 – und BVerfG 1 BvR 224/89, HFR 93, 127 – zu § 34 III; *BMF* DB 05, 1658 zu EU-Parlamentarier-Altersversorgung). Wahlkampfzuschüsse sind nicht stbar (glA *Bö* FR 83, 115). – Auf Versorgungsbezüge wird der Versorgungsfreibetrag gewährt (§ 19 II; § 22 Nr 4 S 4 Buchst b); weiterhin statuiert Nr 4 S 4 die entspr Geltung von § 3 Nr 62, § 34 I, § 34c I.

163 **4. Werbungskosten.** § 22 Nr 4 S 2 schließt – über § 3c hinausgehend – *alle* durch das Mandat veranlassten Aufwendungen vom Abzug als WK aus (BFH IV R 41/85, BStBl II 88, 266; NdsFG EFG 01, 1048). **Partei- und Fraktionsbeiträge** sind SA, § 10b II, keine WK (BFH IX R 255/87, BStBl II 88, 435; BVerfG 1 BvR 614/18, HFR 88, 532). **Wahlkampfkosten** sind gem S 3 nicht als WK absetzbar (BFH X B 212/92, BFH/NV 94, 175); das gilt auch für eine erfolglose Bewerbung oder für Nachrücker (BFH IX R 32/17, BStBl II 20, 389). Für hauptamtl kommunale Wahlbeamte (→ Rn. 161) gilt BFH VI R 198/71, BStBl II 74, 407 weiter (WK/BA trotz § 12, so BFH IV R 15/95, BStBl II 96, 431). – Aufwendungen für Durchführung des Wahlprüfungsverfahrens sind WK (FG Bln-Bbg EFG 12, 1725).

164 **5. Anwendbare Vorschriften.** § 22 Nr 4 S 4 soll die Besteuerung der Abgeordnetenbezüge der des ArbLohns anpassen: **Buchst a** lässt ab 1987 die gesamten gesetzl SV-Nachversicherungsbeiträge, ab 1995 auch Pflegeversicherungszuschüsse stfrei (§ 3 Nr 62). Änderungen ab 1993 bei der Vorwegabzugskürzung; § 10c ist nicht anwendbar. – **Buchst b** stellt sicher, dass nur der Versorgungsfreibetrag nach Maßgabe des § 19 II 3 berücksichtigt wird (BT-Drs 15/2150, 42). – Nach **Buchst c** ist auf Übergangsgeld/Versorgungsabfindung § 34 I anwendbar. – **Buchst d** enthält die aufgrund des Abgeordnetenstatuts des Europäischen Parlaments erforderl Regelungen für Bezüge aus dem Haushalt der EU und zur Anrechnung der von der EU auf diese Einkünfte erhobenen GemeinschaftsSt (FinA BT-Drs 16/11108, 21).

VI. Leistungen aus Altersvorsorgeverträgen und betriebliche Altersversorgung, § 22 Nr 5

Schrifttum: *Myßen/Adam ua* [vor → Rn. 1] Rn. 1621 ff. – *Weber-Grellet,* Rentenbesteuerung im Lichte der neueren BFH-Rspr, DStR 12, 1253; *Jörißen,* Die Besteuerung von Leistungen aus der privaten Altersvorsorge und der betriebl Altersversorgung nach § 22 Nr 5 EStG, StBW 15, 382.

Verwaltung (ab 2012): *BMF* BStBl I 12, 238 (Anhebung der Altersgrenzen); *BMF* BStBl I 12, 311 (Aufteilung von Leistungen); *BMF* BStBl I 19, 978 (Mitteilung); *BMF* BStBl I 23, 1726 (Steuerl Förderung der privaten Altersvorsorge; ersetzt *BMF* BStBl I 18, 93).

170 **1. Allgemeines.** – ***(1)*** **Überblick; Systematik.** Der (durch das JStG 2007, BGBl I 06, 2878 neu gefasste) **§ 22 Nr 5** bestimmt die volle **nachgelagerte Besteuerung** für Leistungen der sog **externen betriebl Altersversorgung** (*Weber-Grellet* LdR 6/153 A III 3 und B VII; *KKM* § 22 Rn. G 45), also ***(a)*** bei (begünstigten) Leistungen aus Altersvorsorgeverträgen iSd § 82 („Riester-Rente") und ***(b)*** bei Leistungen (Betriebsrenten) aus Pensionsfonds (§ 4e), Pensionskassen (§ 4c) und DirektVers

(§ 4b); diese korrespondiert mit der **steuerl Abziehbarkeit** der Beiträge, Zahlungen, Erträge und Wertsteigerungen in der Ansparphase (zum Prinzip → Rn. 1; *Niermann/Risthaus* DB Beil 4/08, 55 f), auch bei privater Fortführung (*BMF* BStBl I 23, 1726 Rn. 128 f); zum Aufbau der Regelung *Myßen/Adam ua* [vor → Rn. 1] Rn. 1646. Durch § 22 Nr 5 S 2 idF **JStG 2024** (BGBl I 24 Nr 387) wird klargestellt, dass nicht nur eine Steuerbefreiung von Beiträgen bei der deutschen Besteuerung, sondern auch eine vergleichbare steuerl Freistellung oder Begünstigung von Beiträgen bei einer ausl Besteuerung zu Leistungen iSd § 22 Nr 5 S 1 führt (BFH X R 29/18, BStBl II 21, 675; BFH X R 23/22, DStR 25, 2955 zu „401(k) pension plan – USA"; *Reddig* HFR 21, 645; iEinz *Scheller* in *Briese/Horlemann* AuV 334.2.1; *Thalmeir* IStR 25, 851). Die Leistungen werden nach Nr 5 S 1 (erst) in der Auszahlungsphase besteuert (BFH X R 41/13, BStBl II 16, 525; *BMF* BStBl I 23, 1726 Rn. 128; *Myßen* DB 15, 2967); es sei denn, das Altersvorsorgevermögen wurde schädl verwendet (*BMF* BStBl I 23, 1726 Rn. 197). Der Umfang der Besteuerung der Leistungen in der Auszahlungsphase richtet sich danach, ob und inwieweit die Beiträge in der Ansparphase stfrei gestellt (§ 3 Nr 63 und 66) oder nach § 10a oder §§ 79 ff (SA-Abzug und Altersvorsorgezulage) gefördert oder durch stfreie Zuwendungen nach § 3 Nr 56 erworben waren (*BMF* BStBl I 23, 1726 Rn. 131). – Waren die Beiträge **nicht begünstigt,** gilt Nr 5 S 2 (→ Rn. 172; *KKM* § 22 Rn. G 52 und G 65 f). – Liegen den Leistungen geförderte und nicht geförderte Beiträge zugrunde, ist aufzuteilen (*BMF* BStBl I 12, 311; *Weber-Grellet* DStR 12, 1253). – Die Übertragung von Altersvorsorgevermögen auf einen anderen Altersvorsorgevertrag führt grds zu stpfl Zufluss (*BMF* BStBl I 23, 1726 Rn. 151 ff mit Ausnahmen). – ***(2)* Abschließende Regelung.** § 22 Nr 5 ist ggü anderen Vorschriften **lex specialis** für Leistungen aus Altersvorsorgeverträgen sowie für Leistungen aus Pensionsfonds, Pensionskassen und DirektVers; die AbgeltungSt findet keine Anwendung (*BMF* BStBl I 23, 1726 Rn. 128), also Vorrang ggü § 20 I Nr 6, §§ des InvStG. In der Ansparphase findet kein Zufluss statt (daher auch kein Sparer-Pauschbetrag, § 20 IX); ledigl der WK-Pauschbetrag nach § 9a I 1 Nr 3 kommt einmal zum Ansatz. – **Kein KapEStAbzug** nach §§ 43 ff: In der Ansparphase keine KapErträge, in der Auszahlungsphase Vorrang des § 22 Nr 5 (*BMF* BStBl I 23, 1726 Rn. 128). – ***(3)* Verfassungsmäßigkeit.** Die nachgelagerte Besteuerung des § 22 Nr 5 basiert auf dem Grundsatz der Besteuerung nach der Leistungsfähigkeit (*Weber-Grellet* DStR 12, 1253); Ent- und Belastung sind aufeinander abgestimmt (→ Rn. 5, 172). – ***(4)* Verlustausgleich.** Negative Einkünfte nach § 22 Nr 5 können mit anderen Einkünften iSd § 22 und positiven Einkünften anderer Einkunftsarten verrechnet werden (*BMF* BStBl I 23, 1726 Rn. 131). – ***(5)* Einmalzahlungen.** Eine Kapitalabfindung für eine Kleinbetragsrente aus Altersvorsorgeverträgen fällt unter Nr 5 S 1 (BFH X R 39/17, BStBl II 20, 217). – Bei Leistungen in Form von Teilbzw. Einmalkapitalauszahlungen handelt es sich nicht um ao Einkünfte iSd § 34 II (vgl BFH X R 23/15, BStBl II 17, 347; FG Mster BetrAV 23, 706, Rev X R 25/23).

2. Einzelheiten, § 22 Nr 5 S 1–15. – a) Erfasste Leistungen (S 1). Satz 1 erfasst die Leistungen aus Altersvorsorgeverträgen (iSd § 82), aus Pensionsfonds, Pensionskassen und DirektVers **in voller Höhe.** Erfasst werden auch Bonuszahlungen (*BMF* BStBl I 23, 1726 Rn. 193), gem § 3 Nr 56 geförderte Leistungen (*BMF* BStBl I 23, 1726 Rn. 131), Sterbegeld (BFH X R 38/18, BFH/NV 20, 673; FG Ddorf EFG 22, 1762, rkr); auch Auszahlung des Rückkaufwerts, ggf § 34 (bei außerordentl (atypischer) (Einmal-)Zahlung; BFH X R 24/19, BStBl II 21, 141; BFH X R 7/19, BFH/NV 21, 298). – Für die Einordnung nach § 22 Nr 5 ist unerhebl, ob es sich um Leistungen aus kapitalgedeckten oder umlagefinanzierten Versorgungseinrichtungen handelt (BT-Drs 16/2712, 50) oder ob der Vertrag ganz oder teilweise privat fortgeführt wurde (zB § 1b V 1 Nr 2, § 2 II BetrAVG). Entscheidend ist die tatsächl Freistellung der früheren Beitragsleistungen (BFH X R 23/15, BStBl II 17, 347: BFH X B 102/22, BFH/NV 23, 824). – Nicht erfasst werden Rückzahlungen an den ArbG (*LfSt Bay* DStZ 08, 194: BE). 171

172 **b) Abweichungen vom Grundsatz der (vollen) nachgelagerten Besteuerung, § 22 Nr 5 S 2 Buchst a–c.** *Soweit* die Leistungen auf **nicht geförderten** Beiträgen (dazu *BMF* BStBl I 23, 1726 Rn. 136 f) beruhen, gilt Folgendes (s auch *HHR/Schüler-Täsch* § 22 Rn. 471 f): – ***(1)* Renten.** Leistungen in Form einer lebenslangen Rente oder eine Berufsunfähigkeits-, Erwerbsminderungs- und Hinterbliebenenrente werden grds (nur) mit dem (neuen) Ertragsanteil (§ 22 Nr 1 S 3 Buchst a bb) erfasst (ThürFG EFG 17, 1784; *HHR/Schüler-Täsch* § 22 Rn. 194 f; *Rürup/Myßen* vor § 10a Rn. 1, 224; *Heubeck/Seybold* DB 07, 592); das gilt auch für eine Unfallrente (*BMF* BStBl I 09, 1275). – ***(2)* Kapitalauszahlungen.** Bei anderen Leistungen aus Versicherungsverträgen, Pensionsfonds, Pensionskassen und DirektVers treten die Rechtsfolgen des **§ 20 I Nr 6** in der jeweils bei Vertragsschluss geltenden Fassung ein (Rechtsfolgenverweisung; FG Mchn DStRE 17, 135). – ***(3)* Sonstige Fälle.** In allen anderen Fällen (Altersvorsorgeverträge ohne Versicherungsverträge; daher auch keine Anwendung von § 20 I Nr 6 S 1; zB Teilkapitalauszahlung aus Altersvorsorgevertrag in der Form eines zertifizierten Bank-/Fondssparplans oder Bausparvertrags) ist der Unterschiedsbetrag zw der Leistung und der Summe der Beiträge zu erfassen, ggf hälftig (§ 20 I Nr 6 S 2). – ***(4)* Altersvorsorgevermögen, § 22 Nr 5 S 3.** Die schädl Verwendung (auch bei Beendigung der Zulageberechtigung; *BMF* BStBl I 23, 1726 Rn. 197 f, 227) von gefördertem Altersvorsorgevermögen wird wie eine Leistung aus ungeförderten Beiträgen nach S 2 behandelt; daneben sind die Zulagen und die StErmäßigungen zurückzuzahlen (*BMF* BStBl I 23, 1726 Rn. 218 f). Vom ausgezahlten Vermögen sind die Eigenbeträge und die Altersvorsorgezulagen abzuziehen (BT-Drs 16/2712, 51; *BMF* BStBl I 23, 1726 Rn. 227 f). – Bei nachträgl Änderungen der Vertragsbedingungen gilt das Altersvorsorgevermögen als zugeflossen (*BMF* BStBl I 23, 1726 Rn. 190).

173 **Im Einzelnen** (nach *BMF* BStBl I 23, 1726 Rn. 128 ff): der Umfang der Besteuerung in der Auszahlungsphase bestimmt sich danach, inwieweit die Beiträge in der Ansparphase tatsächl stfrei gestellt waren (nach § 3 Nr 56, 63, 66, nach § 10a, nach Abschn XI; zur Abgrenzung geförderter und nicht geförderter Beiträge *BMF* BStBl I 23, 1726 Rn. 133 f mit Erläut):

***(1)* § 22 Nr 5 S 1.** Leistungen aus Altersvorsorgevertrag iSd § 82, Pensionsfonds, Pensionskasse oder DirektVers, soweit die Leistungen auf gefördertem Kapital beruhen. Die bescheinigten Leistungen unterliegen in vollem Umfang der Besteuerung. Dazu gehören auch Zinsen aus Direktversicherungen (BFH X R 44/18, BFH/NV 21, 1175).

***(2)* § 22 Nr 5 S 1 iVm § 52 XXXIVc aF (in Nr 1 nicht enthalten).** Leistungen aus einem Pensionsfonds, wenn lfd Versorgungsleistungen auf Grund einer Versorgungszusage in Form einer Direktzusage oder aus einer Unterstützungskasse bezogen wurden und die Ansprüche stfrei nach § 3 Nr 66 auf einen Pensionsfonds übertragen wurden. Die bescheinigten Leistungen unterliegen in vollem Umfang der Besteuerung. Das FA gewährt jedoch einen Pauschbetrag für WK nach § 9a S 1 Nr 1 sowie ggf den Versorgungsfreibetrag und den Zuschlag zum Versorgungsfreibetrag nach § 19 II, soweit diese nicht anderweitig aufgebraucht sind (*BMF* BStBl I 23, 1726 Rn. 359).

***(3)* § 22 Nr 5 S 2 Buchst a iVm § 22 Nr 1 S 3 Buchst a aa.** Leistungen aus Pensionsfonds, Pensionskasse oder DirektVers, soweit sie auf nicht gefördertem Kapital beruhen. Die der Leistung zu Grunde liegende Versorgungszusage wurde nach dem 31.12.04 erteilt (Neuzusage) und die Voraussetzungen des § 10 I Nr 2 Buchst b werden erfüllt. Die Besteuerung erfolgt nach § 22 Nr 5 S 2 Buchst a iVm § 22 Nr 1 S 3 Buchst a aa.

***(4)* § 22 Nr 5 S 2 Buchst a iVm § 22 Nr 1 S 3 Buchst a bb.** Lebenslange Leibrente aus einem Altersvorsorgevertrag iSd § 82, einem Pensionsfonds, einer Pensionskasse oder einer DirektVers, soweit sie auf nicht gefördertem Kapital beruht (*BMF* BStBl I 21, 1050, Rn. 148 ff; *BMF* BStBl I 23, 1726 Rn. 128, 132). Bei der betriebl Altersversorgung wurde die der Leibrente zu Grunde liegende Versorgungszusage vor dem 1.1.05 erteilt (Altzusage; § 10 I Nr 3 Buchst b) oder die Voraussetzungen des § 10 I Nr 2 Buchst b werden nicht erfüllt. Die Rente unterliegt der Besteuerung mit dem Ertragsanteil (§ 22 Nr 5 S 2 Buchst a iVm § 22 Nr 1 S 3 Buchst a bb); zur Änderung der Altersgrenze *BMF* BStBl I 21, 1050 Rn. 3; *BMF* BStBl I 23, 1726 Rn. 23.

***(5)* § 22 Nr 5 S 2 Buchst a iVm § 22 Nr 1 S 3 Buchst a bb S 5 EStG iVm § 55 II EStDV.** Abgekürzte Leibrente (Berufsunfähigkeits-, Erwerbsminderungs- und Hinterbliebenenrente; *BMF* BStBl I 21, 1050 Rn. 55) aus einem Altersvorsorgevertrag iSd § 82, einem Pensionsfonds, einer Pensionskasse oder einer DirektVers, soweit sie auf nicht gefördertem Kapital beruht. Bei der betriebl Altersversorgung wurde die der abgekürzten Leibrente zu Grunde liegende Versorgungszusage vor dem 1.1.05 erteilt (Altzusage; § 10 I Nr 3 Buchst b) oder die Voraussetzungen des § 10 I Nr 2 Buchst b werden nicht erfüllt. Die abgekürzte Leibrente unterliegt der Besteuerung mit dem Ertragsanteil, der sich aus der Tabelle in § 55 II EStDV ergibt.

(6) **§ 22 Nr 5 S 2 Buchst b iVm § 20 I Nr 6 ggf iVm § 52 XXXVI 5 aF.** Andere Leistungen (insb Kapitalauszahlungen) aus einem Altersvorsorgevertrag iSd § 82, einem Pensionsfonds, einer Pensionskasse oder einer DirektVers (Versicherungsvertrag), soweit sie (ausschließl) auf nicht gefördertem Kapital beruhen (BFH X R 29/18, BStBl II 21, 675; BFH X R 23/22, DStR 25, 2955 zu „401(k) pension plan – USA"; *BMF* BStBl I 23, 1726 Rn. 150; *Myßen/Adam ua* [vor → Rn. 1] Rn. 1906). Wenn der Versicherungsvertrag, der die Voraussetzungen des § 10 I Nr 2 Buchst b in der am 31.12.04 geltenden Fassung erfüllt, vor dem 1.1.05 abgeschlossen wurde und die Auszahlung vor Ablauf von 12 Jahren seit Vertragsabschluss erfolgt, ist eine stfreie Auszahlung mögl (BFH X R 21/16, BStBl II 19, 157). Wenn der Versicherungsvertrag nach dem 31.12.04 abgeschlossen wurde, enthält die Mitteilung den Unterschiedsbetrag zw der Versicherungsleistung und der Summe der auf sie entrichteten Beiträge oder – wenn die Auszahlung erst nach Vollendung des 60. Lebensjahrs erfolgt und der Vertrag im Zeitpunkt der Auszahlung mindestens 12 Jahre bestanden hat – die Hälfte dieses Unterschiedsbetrags. Der bescheinigte Betrag unterliegt in diesem Umfang der Besteuerung.

(7) **§ 22 Nr 5 S 2 Buchst c.** Besteuert werden die auf nicht gefördertem Kapital beruhenden Leistungen, die nicht bereits nach § 22 Nr 5 S 2 Buchst a oder b erfasst werden (zB Leistungen, die auf ungefördertem Kapital beruhen, aus zertifizierten Bank- oder Investmentfondssparplänen; *BMF* BStBl I 23, 1726 Rn. 150). Hierbei ist der Unterschiedsbetrag zw den Leistungen und der Summe der auf sie entrichteten Beiträge anzusetzen. Wenn älter als 60 Jahre und bestand des Vertrags mehr als 12 Jahre, wie ***(6)***.

(8) **§ 22 Nr 5 S 3 (Altersvorsorgevermögen).** S *BMF* BStBl I 23, 1726 Rn. 227 f; *(a)* iVm S 2 Buchst a iVm § 22 Nr 1 S 3 Buchst a bb; *(b)* iVm S 2 Buchst a iVm § 22 Nr 1 S 3 Buchst a bb S 5 iVm § 55 II EStDV; *(c)* iVm S 2 Buchst b iVm § 20 I Nr 6 ggf iVm § 52 XXXVI 5 aF; *(d)* iVm S 2 Buchst c: Das ausgezahlte geförderte Altersvorsorgevermögen (Kapital, das auf nach § 10a oder Abschnitt XI geförderten Altersvorsorgebeiträgen und den gewährten Altersvorsorgezulagen beruht) wurde steuerschädl iSd § 93 I 1 und 2 verwendet. In welchem Umfang eine Besteuerung erfolgt, richtet sich in Anwendung des § 22 Nr 5 S 2 nach der Art der ausgezahlten Leistung; s oben (4)–(7). Als Leistung iSd § 22 Nr 5 S 2 gilt das ausgezahlte geförderte Altersvorsorgevermögen nach Abzug der Zulagen iSd Abschnitts XI.

(9) **§ 22 Nr 5 S 4.** Wird beim sog **Zwischenentnahmemodell** (*BMF* BStBl I 23, 1726 Rn. 180; *KKM* § 22 Rn. G 80; *Myßen/Adam ua* [vor → Rn. 1] Rn. 1934) der Altersvorsorge-Eigenheimbetrag verspätet zurückgezahlt oder die eigene Wohnnutzung aufgegeben, liegt eine steuerschädl Verwendung nach § 92a III oder IV 1 und 2 vor, wenn die Nutzung zu eigenen Wohnzwecken vor der vollständigen Rückzahlung des Altersvorsorge-Eigenheimbetrags endet oder wenn ein Zahlungsrückstand von mehr als 12 Monaten eingetreten ist. Der bescheinigte Betrag setzt sich zusammen aus den Zuwächsen (zB Zinserträge und Kursgewinne), die in dem bei der stschädl Verwendung noch ausstehenden Rückzahlungsbetrag enthalten sind (§ 22 Nr 5 S 4 Hs 1) und dem Vorteil, der sich durch die zinslose Nutzung des noch nicht zurückgezahlten Altersvorsorge-Eigenheimbetrags ergibt. Dieser Vorteil wird mit 5% (Zins und Zinseszins) für jedes volle Kj der Nutzung berechnet (§ 22 Nr 5 S 4 Hs 2). Der bescheinigte Betrag unterliegt in diesem Umfang der Besteuerung (IEinz *BMF* BStBl I 23, 1726 Rn. 180).

(10) **§ 22 Nr 5 S 5, 6 (Wohn-Riester).** Das ist ein staatl Kredit mit jährl Teilauszahlung und Rückzahlung durch Steuern (Förderung der selbstgenutzten Immobilie als Altersvorsorge; iEinz *Dommermuth* DStR 10, 1816); **Besteuerung des Wohnförderungskontos (§ 92a II)** nach **§ 22 Nr 5 S 5, 6** (zum „Wohn-Riester" *Myßen/Adam ua* [vor → Rn. 1] Rn. 1919 f). Das im Wohneigentum gebundene steuerl geförderte **Altersvorsorgekapital** wird nach § 22 Nr 5 nachgelagert besteuert und zu diesem Zweck in einem Wohnförderkonto erfasst (*BMF* BStBl I 23, 1726 Rn. 169 ff); Verwendung (Entnahme) des geförderten Kapitals für Wohnung, § 92a: *(a)* Der StPfl kann das Wohnförderkonto in der Auszahlungsphase planmäßig verteilt versteuern; *(b)* er hat auch die Möglichkeit einer einmaligen Besteuerung (§ 22 Nr 5 S 5; Ansatz des Werts des Wohnförderkontos nur zu 70% bei der Ermittlung des zvE; *BMF* BStBl I 23, 1726 Rn. 182). – *(c)* Falls die Begünstigungsvoraussetzungen (zB die Selbstnutzung) vorzeitig entfallen, ist der noch nicht erfasste Auflösungsbetrag *(aa)* mit dem 1½-fachen (bei Wegfall bis zum 10. Jahr; BT-Drs 16/9670, 6) oder *(bb)* mit dem 1-fachen (bei Wegfall zw dem 10 und dem 20. Jahr zu versteuern („Strafsteuer"); § 22 Nr 5 S 6 (*BMF* BStBl I 23, 1726 Rn. 183). – Keine Erfassung wegen Tod des Zulageberechtigten (JStG 2010; BR-Drs 318/10, 80).

Beispiel: Ein 42-jähriger Riester-Sparer entnimmt im Jahr 2020 20 000 €. Im Jahr 2040 (mit 62 Jahren) muss er das Geld zzgl 2% Zinsen versteuern; das Wohngeldkonto beträgt 29 718. – ***Lösung:*** *(1)* in (23) Jahresraten (ab 2040 bis zum Alter von 85; § 92a II) à 1292 jährl oder – *(2)* Sofortversteuerung von 20 802 (70% von 29 718 (= 20 000 Entnahme + 9718 Zinsen); weitere Beispiele *BMF* BStBl I 23, 1726 Rn. 174 ff).

(11) **§ 22 Nr 5 S 7.** S 7 regelt Mitteilungspflichten des Anbieters über den erstmaligen Leistungsbezug nach S 1 und 2, über Änderungen des Leistungsbetrags im Vergleich zum Vorjahr, über den Bezug von Leistungen nach S 3 und 4. Die (ggf auch elektronische) Mitteilung muss (ab 2007) die zugeflossene Leistung den Sätzen 1–3 zuteilen (IEinz *BMF* BStBl I 23, 1726 Rn. 195; *BMF* BStBl I 19, 978 – Muster). – ***(12)*** Zur bisherigen Mindestentnahmegrenze → 33. Aufl 2014, § 22 Rn. 128. – ***(13)*** **§ 22 Nr 5 S 8.** S 8 stellt (zur Vermeidung von Verwerfungen im Förderverfahren) die Besteuerung der **Provisionserstattung** (ab VZ 2009) beim Anleger als Einkunft nach § 22 Nr 5 sicher (BT-Drs 16/10189, 68/69; *HHR/Schüler-Täsch* § 22 Rn. 515; *BMF* BStBl I 23, 1726 Rn. 192). – ***(14)*** **Einzelheiten.** § 22 Nr 5 S 9 (JStG 10, BR-Drs 318/10, 80) regelt den Verteilungsschlüssel bei VersAusgleich; entspr Anwendung bei § 3 Nr 55, 55e (S 10). § 22 Nr 5 S 11 regelt die Anwendung der §§ 9a, 19 II bei Übertragung auf Pensionsfonds (*BMF* BStBl I 21, 1050 Rn. 160; allg → Rn. 174), § 22 Nr 5 S 12 den Zeitpunkt des Vertragsabschlusses bei Teilung (zuvor § 52 XXXIVc, XXXVIII 4). – ***(15)*** Nach § 22 Nr 5 S 13 ist die Fünftel-Regelung auf § 93 III – Leistungen (Kleinbetragsrenten) anwendbar (*BMF* BStBl I 23, 1726 Rn. 131; *Plenker* DB 17, 1545; zur alten Rechtslage BFH X R 39/17, BStBl II 20, 217). – ***(16)*** § 22 Nr 5 S 14 (gestrichen durch JStG 2024) stellte Leistungen ausl Vorsorgeeinrichtungen gleich (*Plenker* DB 17, 1545; *Myßen/Adam ua* [vor → Rn. 1] Rn. 1646). Durch die Ergänzung des S 2 um vergleichbare steuerl Freistellungen oder Begünstigungen von Beiträgen in der Ansparphase konnte S 14 entfallen (JStG 2024, BGBl 24 I Nr 387; BR-Drs 369/24, 144). – ***(17)*** Mit § 22 Nr 5 S 15 soll eine doppelte StFreistellung vermieden werden (Teilfreistellung nach § 20 I Nr 6 S 9 nur, wenn auf Fondsebene besteuert wurde; *Myßen/Adam ua* [vor → Rn. 1] Rn. 1646, 1988; *HHR/Schüler-Täsch* § 22 Rn. 545).

174 **3. Werbungskosten; Werbungskosten-Pauschbetrag, § 9a I 1 Nr 3.** Die Beiträge können (im Hinblick auf die anderweitige Förderung) in der Ansparphase nicht als WK abgezogen werden (→ Rn. 170). Schuldzinsen zur Finanzierung der Beiträge können ggf WK sein (→ Rn. 125). – Für als sonstige Bezüge zu versteuernden Leistungen nach § 22 Nr 5 wird ein WK-Pauschbetrag nach § 9a I 1 Nr 3 gewährt, *nicht* hingegen der Pauschbetrag gem § 9a I 1 Nr 1 oder der Versorgungsfreibetrag nach § 19 II. Dies gilt grds auch in Fällen der Übernahme von Direktzusagen durch Pensionsfonds gem § 3 Nr 66. Die aus den Altersvorsorgebeiträgen geleisteten Aufwendungen eines Altersvorsorgevertrags (zB Abschluss-, Verwaltungskosten, Depotgebühren) mindern das Altersvorsorgevermögen und können **nicht zusätzl** als vorweggenommene WK geltend gemacht werden (*BMF* BStBl I 23, 1726 Rn. 194).

§ 22a Rentenbezugsmitteilungen an die zentrale Stelle

(1) [1]**Nach Maßgabe des § 93c der Abgabenordnung haben die Träger der gesetzlichen Rentenversicherung, die landwirtschaftliche Alterskasse, die berufsständischen Versorgungseinrichtungen, die Pensionskassen, die Pensionsfonds, die Versicherungsunternehmen, die Unternehmen, die Verträge im Sinne des § 10 Absatz 1 Nummer 2 Buchstabe b anbieten, und die Anbieter im Sinne des § 80 als mitteilungspflichtige Stellen der zentralen Stelle (§ 81) unter Beachtung der im Bundessteuerblatt veröffentlichten Auslegungsvorschriften der Finanzverwaltung folgende Daten zu übermitteln (Rentenbezugsmitteilung):**

1. **die in § 93c Absatz 1 Nummer 2 Buchstabe c der Abgabenordnung genannten Daten mit der Maßgabe, dass der Leistungsempfänger als Steuerpflichtiger gilt.** [2]**Eine inländische Anschrift des Leistungsempfängers ist nicht zu übermitteln.** [3]**Ist der mitteilungspflichtigen Stelle eine ausländische Anschrift des Leistungsempfängers bekannt, ist diese anzugeben.** [4]**In diesen Fällen ist auch die Staatsangehörigkeit des Leistungsempfängers, soweit bekannt, mitzuteilen;**

2. je gesondert den Betrag der Leibrenten und anderen Leistungen im Sinne des § 22 Nummer 1 Satz 3 Buchstabe a Doppelbuchstabe aa und bb Satz 4 sowie Doppelbuchstabe bb Satz 5 in Verbindung mit § 55 Absatz 2 der Einkommensteuer-Durchführungsverordnung sowie im Sinne des § 22 Nummer 5 Satz 1 bis 3.. ²Der im Betrag der Rente enthaltene Teil, der ausschließlich auf einer Anpassung der Rente beruht, ist gesondert mitzuteilen;
3. Zeitpunkt des Beginns und des Endes des jeweiligen Leistungsbezugs; folgen nach dem 31. Dezember 2004 Renten aus derselben Versicherung einander nach, so ist auch die Laufzeit der vorhergehenden Renten mitzuteilen;
4. die Beiträge im Sinne des § 10 Absatz 1 Nummer 3 Buchstabe a Satz 1 und 2 und Buchstabe b, soweit diese von der mitteilungspflichtigen Stelle an die Träger der gesetzlichen Kranken- und Pflegeversicherung abgeführt werden;
5. die dem Leistungsempfänger zustehenden Beitragszuschüsse nach § 106 des Sechsten Buches Sozialgesetzbuch;
6. ab dem 1. Januar 2017 ein gesondertes Merkmal und ab dem 1. Januar 2019 zwei gesonderte Merkmale für Verträge, auf denen gefördertes Altersvorsorgevermögen gebildet wurde; die zentrale Stelle ist in diesen Fällen berechtigt, die Daten dieser Rentenbezugsmitteilung im Zulagekonto zu speichern und zu verarbeiten;
7. ab dem 1. Januar 2019 die gesonderte Kennzeichnung einer Leistung aus einem Altersvorsorgevertrag nach § 93 Absatz 3;
8. ab dem 1. Januar 2022 die durch Steuerabzug gemäß § 50a Absatz 7 einbehaltenen Beträge.

²Die Träger der gesetzlichen Rentenversicherung und die landwirtschaftliche Alterskasse haben gesondert neben der nach Satz 1 zu übermittelnden Rentenbezugsmitteilung für Leistungsempfänger im Sinne des § 1 Absatz 2 des Rentenbeziehende-Energiepreispauschalengesetzes einmalig eine Rentenbezugsmitteilung nach Maßgabe des § 93c der Abgabenordnung mit den Daten nach Satz 1 Nummer 1 und 3 sowie den Betrag der Leistung nach § 1 Absatz 1 des Rentenbeziehende-Energiepreispauschalengesetzes zu übermitteln. ³§ 72a Absatz 4 und § 93c Absatz 1 Nummer 3 der Abgabenordnung finden keine Anwendung.

(2) **¹Der Leistungsempfänger hat der mitteilungspflichtigen Stelle seine Identifikationsnummer sowie den Tag seiner Geburt mitzuteilen. ²Teilt der Leistungsempfänger die Identifikationsnummer der mitteilungspflichtigen Stelle trotz Aufforderung nicht mit, übermittelt das Bundeszentralamt für Steuern der mitteilungspflichtigen Stelle auf deren Anfrage die Identifikationsnummer des Leistungsempfängers sowie, falls es sich bei der mitteilungspflichtigen Stelle um einen Träger der gesetzlichen Sozialversicherung handelt, auch den beim Bundeszentralamt für Steuern gespeicherten Tag der Geburt des Leistungsempfängers (§ 139b Absatz 3 Nummer 8 der Abgabenordnung), wenn dieser von dem in der Anfrage übermittelten Tag der Geburt abweicht und für die weitere Datenübermittlung benötigt wird; weitere Daten dürfen nicht übermittelt werden. ³In der Anfrage dürfen nur die in § 139b Absatz 3 der Abgabenordnung genannten Daten des Leistungsempfängers angegeben werden, soweit sie der mitteilungspflichtigen Stelle bekannt sind. ⁴Die Anfrage der mitteilungspflichtigen Stelle und die Antwort des Bundeszentralamtes für Steuern sind nach amtlich vorgeschriebenem Datensatz durch Datenfernübertragung über die zentrale Stelle zu übermitteln. ⁵Die zentrale Stelle führt eine ausschließlich automatisierte Prüfung der ihr übermittelten Daten daraufhin durch, ob sie vollständig und schlüssig sind und ob das vorgeschriebene Datenformat verwendet worden ist. ⁶Sie speichert die Daten des Leistungsempfängers nur für Zwecke dieser Prüfung bis zur Übermittlung an das Bundeszentralamt für Steuern oder an die mitteilungspflichtige Stelle. ⁷Die Daten sind für die Übermittlung zwischen der zentralen Stelle und dem Bundeszentralamt für Steuern zu verschlüsseln. ⁸Die mitteilungspflichtige Stelle darf die Iden-**

tifikationsnummer sowie einen nach Satz 2 mitgeteilten Tag der Geburt nur verarbeiten, soweit dies für die Erfüllung der Mitteilungspflicht nach Absatz 1 Satz 1 erforderlich ist. [9]§ 93c der Abgabenordnung ist für das Verfahren nach den Sätzen 1 bis 8 nicht anzuwenden. ***[10]Die Sätze 1 bis 9 gelten ab dem 1. Januar 2027 für die mitteilungspflichtige Stelle nach Absatz 1 mit der Maßgabe, dass diese die Identifikationsnummer ihrer Versicherten oder ihrer Kunden zur Durchführung des Rentenübersichtsgesetzes bereits vor dem Leistungsbezug erheben können; in diesen Fällen teilt das Bundeszentralamt für Steuern der mitteilungspflichtigen Stelle auf deren Anfrage die Identifikationsnummer des Versicherten oder des Kunden nur mit, wenn die von der anfragenden Stelle übermittelten Daten mit den nach § 139b Absatz 3 der Abgabenordnung beim Bundeszentralamt für Steuern gespeicherten Daten im maschinellen Datenabgleich übereinstimmen.*** **[ab 1.1.2027: [10]Die Sätze 2 bis 9 gelten ab dem 1. Januar 2027 für die mitteilungspflichtige Stelle nach Absatz 1 mit der Maßgabe, dass diese ohne eine vorherige Aufforderung an den Versicherten oder den Kunden deren Identifikationsnummer zur Durchführung des Rentenübersichtsgesetzes bereits vor dem Leistungsbezug erheben kann; in diesen Fällen teilt das Bundeszentralamt für Steuern der mitteilungspflichtigen Stelle auf deren Anfrage die Identifikationsnummer des Versicherten oder des Kunden nur mit, wenn die von der anfragenden Stelle übermittelten Daten mit den nach § 139b Absatz 3 der Abgabenordnung beim Bundeszentralamt für Steuern gespeicherten Daten im maschinellen Datenabgleich übereinstimmen.] [11]Wird im Rahmen einer Registermodernisierung ein gesondertes Erhebungsverfahren für die Erhebung der Identifikationsnummer eingerichtet, ist abweichend von Satz 10 das neu eingerichtete Erhebungsverfahren zu nutzen. [ab 1.1.2027: [12]Vor einer Anfrage nach Satz 2 kann die mitteilungspflichtige Stelle abweichend von Satz 1 und 2 ohne eine vorherige Aufforderung an den Leistungsempfänger dessen Identifikationsnummer beim Bundeszentralamt für Steuern anfordern; das Bundeszentralamt für Steuern teilt in diesem Fall die Identifikationsnummer nur mit, wenn die von der mitteilungspflichtigen Stelle übermittelten Daten mit den nach § 139b Absatz 3 der Abgabenordnung beim Bundeszentralamt für Steuern gespeicherten Daten im maschinellen Datenabgleich übereinstimmen.]**

(3) **Die mitteilungspflichtige Stelle hat den Leistungsempfänger jeweils darüber zu unterrichten, dass die Leistung der zentralen Stelle mitgeteilt wird.**

(4) *(aufgehoben)*

(5) **[1]Wird eine Rentenbezugsmitteilung nicht innerhalb der in § 93c Absatz 1 Nummer 1 der Abgabenordnung genannten Frist übermittelt, so ist für jeden angefangenen Monat, in dem die Rentenbezugsmitteilung noch aussteht, ein Betrag in Höhe von 10 Euro für jede ausstehende Rentenbezugsmitteilung an die zentrale Stelle zu entrichten (Verspätungsgeld). [2]Die Erhebung erfolgt durch die zentrale Stelle im Rahmen ihrer Prüfung nach § 93c Absatz 4 der Abgabenordnung. [3]Von der Erhebung ist abzusehen, soweit die Fristüberschreitung auf Gründen beruht, die die mitteilungspflichtige Stelle nicht zu vertreten hat. [4]Das Handeln eines gesetzlichen Vertreters oder eines Erfüllungsgehilfen steht dem eigenen Handeln gleich. [5]Das von einer mitteilungspflichtigen Stelle zu entrichtende Verspätungsgeld darf 50 000 Euro für alle für einen Veranlagungszeitraum zu übermittelnden Rentenbezugsmitteilungen nicht übersteigen.**

(6) **Die zentrale Stelle ist berechtigt, in den in § 151b Absatz 3 Satz 2 des Sechsten Buches Sozialgesetzbuch genannten Fällen die Rentenbezugsmitteilung an die Träger der gesetzlichen Rentenversicherung zu übermitteln.**

Einkommensteuer-Richtlinien: EStH 22a.

Schrifttum: *KKM/Rügamer* § 22a Rn. A 1 ff; *Killat-Risthaus* DB 10, 2304.

Verwaltungsanweisungen: *BMF* BStBl I 11, 1223 (Rentenbezugsmitteilungsverfahren); *BMF* BStBl I 23, 1726 Rn. 195.

1. Überblick. § 22a wurde durch das **AltEinkG** (BGBl I 04, 1427) in das EStG eingefügt und durch ModBestVerfG BGBl I 16, 1679 und BetrRentStG BGBl I 17, 3214 an § 93c AO angepasst HHR/*Hamacher* § 22a Rn. 17). Die Regelung soll eine gleichmäßige und effektive Erfassung von Rentenzahlungen sicherstellen (*KKM* § 22a Rn. A 2). Beteiligte des Meldeverfahrens sind die Versorgungsträger (mitteilungspflichtige Stellen), die zentrale Stelle (als Empfänger der Mitteilung; § 81: DRV Bund) und der Leistungsempfänger (der Rentner). 1

2. Meldung durch Versorgungsträger, § 22a I. Die Träger der jeweiligen Einrichtung haben der zentralen Stelle (**§ 81;** DRV Bund) eine förml Rentenbezugsmitteilung zu übermitteln (BT-Drs 15/2150, 42), deren Inhalt sich aus den einzelnen Nr des Abs 1 ergibt (IEinz *BMF* BStBl I 11, 1223 (1240); *BMF* BStBl I 23, 1726 Rn. 195; *HHR/Hamacher* § 22a Rn. 11). Die bisher nach § 22a I 1 Nr 1 als zu übermittelnde Angaben aufgeführte steuerl IdNr sowie der Familienname, der Vorname und das Geburtsdatum werden durch § 93c I Nr 2 Buchst c AO „vor die Klammer" gezogen (BT-Drs 18/7457, 103 f). Die *zentrale Stelle* ihrerseits ist (ab 1.1.21) berechtigt, in den in § 151b III 2 SGB VI genannten Fällen die Mitteilung an die Träger der gesetzl RV zu übermitteln (§ 22a VI). – Zu § 22a I 2 idF JStG 2022, BGBl I 22, 2294 (Energiepreispauschale) → 44. Aufl 2025, § 22a Rn. 2. 2

3. Mitteilungen des Leistungsempfängers, § 22a II. Der Leistungsempfänger hat der mitteilungspflichtigen Stelle seine **Identifikations-Nr** sowie den Tag seiner Geburt mitzuteilen. Die weiteren Sätze des Abs 2 regeln das Verfahren, wenn der Leistungsempfänger seiner Verpflichtung nicht nachkommt. § 22a II 10 idF JStG 2024 (BGBl I 24 Nr 387) enthält eine Erweiterung des vollmaschinellen Erhebungsverfahrens (BRegEntw, BR-Drs 369/24, 144); nach § 22a II 12 kann (ab 1.1.27) die mitteilungspflichtige Stelle direkt beim BZSt anfordern. 3

4. Unterrichtung des Leistungsempfängers, § 22a III. Die mitteilungspflichtige Stelle hat den Leistungsempfänger über die Mitteilung an die zentrale Stelle zu unterrichten. 4

5. Verspätungsgeld, § 22a V. Bei **nicht fristgerechter Meldung** (§ 93c I Nr 1 AO) kann für jede ausstehende Mitteilung ein Verspätungsgeld iHv 10 € festgesetzt werden. Die Regelung ist verfgemäß (BFH X R 32/17, BStBl II 19, 438 ua). Der Verschuldensmaßstab ist objektiv-abstrakt (BFH X R 29/16, BStBl II 19, 425; *Förster* HFR 19, 785). Von der Erhebung des Verspätungsgeldes ist – ggf anteilig – abzusehen, soweit ein Mitteilungspflichtiger erst durch einen Hinweis der zentralen Stelle (§ 81) von seiner Pflichtverletzung Kenntnis erlangt hat (BFH X R 10/19, BStBl II 22, 45). Die fristgerechte, aber inhaltl fehlerhafte Übermittlung von Rentenbezugsmitteilungen an die zentrale Stelle rechtfertigt nicht die Festsetzung eines Verspätungsgeldes, sofern die Mitteilungen für die *FinVerw* zum Zwecke der Besteuerung der Alterseinkünfte verarbeitungsfähig sind (BFH X R 8/19, BStBl II 21, 521). 5

§ 23 Private Veräußerungsgeschäfte

(1) [1]**Private Veräußerungsgeschäfte (§ 22 Nummer 2) sind**

1. **Veräußerungsgeschäfte bei Grundstücken und Rechten, die den Vorschriften des bürgerlichen Rechts über Grundstücke unterliegen (z. B. Erbbaurecht, Mineralgewinnungsrecht), bei denen der Zeitraum zwischen Anschaffung und Veräußerung nicht mehr als zehn Jahre beträgt. [2]Gebäude und Außenanlagen sind einzubeziehen, soweit sie innerhalb dieses Zeitraums errichtet, ausgebaut oder erweitert werden; dies gilt entsprechend für Gebäudeteile, die selbständige unbewegliche Wirtschaftsgüter sind, sowie für Eigentumswohnungen und im Teileigentum stehende Räume. [3]Ausgenommen sind Wirtschaftsgüter, die im Zeitraum zwischen Anschaffung oder Fertigstellung und Veräußerung**

ausschließlich zu eigenen Wohnzwecken oder im Jahr der Veräußerung und in den beiden vorangegangenen Jahren zu eigenen Wohnzwecken genutzt wurden;

2. Veräußerungsgeschäfte bei anderen Wirtschaftsgütern, bei denen der Zeitraum zwischen Anschaffung und Veräußerung nicht mehr als ein Jahr beträgt. [2]Ausgenommen sind Veräußerungen von Gegenständen des täglichen Gebrauchs. [3]Bei Anschaffung und Veräußerung mehrerer gleichartiger Fremdwährungsbeträge ist zu unterstellen, dass die zuerst angeschafften Beträge zuerst veräußert wurden. [4]Bei Wirtschaftsgütern im Sinne von Satz 1, aus deren Nutzung als Einkunftsquelle zumindest in einem Kalenderjahr Einkünfte erzielt werden, erhöht sich der Zeitraum auf zehn Jahre;

3. Veräußerungsgeschäfte, bei denen die Veräußerung der Wirtschaftsgüter früher erfolgt als der Erwerb.

[2]Als Anschaffung gilt auch die Überführung eines Wirtschaftsguts in das Privatvermögen des Steuerpflichtigen durch Entnahme oder Betriebsaufgabe. [3]Bei unentgeltlichem Erwerb ist dem Einzelrechtsnachfolger für Zwecke dieser Vorschrift die Anschaffung oder die Überführung des Wirtschaftsguts in das Privatvermögen durch den Rechtsvorgänger zuzurechnen. [4]Die Anschaffung oder Veräußerung einer unmittelbaren oder mittelbaren Beteiligung an einer Personengesellschaft oder Gesamthandsgemeinschaft gilt als Anschaffung oder Veräußerung der anteiligen Wirtschaftsgüter. [5]Als Veräußerung im Sinne des Satzes 1 Nummer 1 gilt auch

1. die Einlage eines Wirtschaftsguts in das Betriebsvermögen, wenn die Veräußerung aus dem Betriebsvermögen innerhalb eines Zeitraums von zehn Jahren seit Anschaffung des Wirtschaftsguts erfolgt, und

2. die verdeckte Einlage in eine Kapitalgesellschaft.

(2) **Einkünfte aus privaten Veräußerungsgeschäften der in Absatz 1 bezeichneten Art sind den Einkünften aus anderen Einkunftsarten zuzurechnen, soweit sie zu diesen gehören.**

(3) **[1]Gewinn oder Verlust aus Veräußerungsgeschäften nach Absatz 1 ist der Unterschied zwischen Veräußerungspreis einerseits und den Anschaffungs- oder Herstellungskosten und den Werbungskosten andererseits. [2]In den Fällen des Absatzes 1 Satz 5 Nummer 1 tritt an die Stelle des Veräußerungspreises der für den Zeitpunkt der Einlage nach § 6 Absatz 1 Nummer 5 angesetzte Wert, in den Fällen des Absatzes 1 Satz 5 Nummer 2 der gemeine Wert. [3]In den Fällen des Absatzes 1 Satz 2 tritt an die Stelle der Anschaffungs- oder Herstellungskosten der nach § 6 Absatz 1 Nummer 4 oder § 16 Absatz 3 angesetzte Wert. [4]Die Anschaffungs- oder Herstellungskosten mindern sich um Absetzungen für Abnutzung, erhöhte Absetzungen und Sonderabschreibungen, soweit sie bei der Ermittlung der Einkünfte im Sinne des § 2 Absatz 1 Satz 1 Nummer 4 bis 7 abgezogen worden sind. [5]Gewinne bleiben steuerfrei, wenn der aus den privaten Veräußerungsgeschäften erzielte Gesamtgewinn im Kalenderjahr weniger als 1000 Euro betragen hat. [6]In den Fällen des Absatzes 1 Satz 5 Nummer 1 sind Gewinne oder Verluste für das Kalenderjahr, in dem der Preis für die Veräußerung aus dem Betriebsvermögen zugeflossen ist, in den Fällen des Absatzes 1 Satz 5 Nummer 2 für das Kalenderjahr der verdeckten Einlage anzusetzen. [7]Verluste dürfen nur bis zur Höhe des Gewinns, den der Steuerpflichtige im gleichen Kalenderjahr aus privaten Veräußerungsgeschäften erzielt hat, ausgeglichen werden; sie dürfen nicht nach § 10d abgezogen werden. [8]Die Verluste mindern jedoch nach Maßgabe des § 10d die Einkünfte, die der Steuerpflichtige in dem unmittelbar vorangegangenen Veranlagungszeitraum oder in den folgenden Veranlagungszeiträumen aus privaten Veräußerungsgeschäften nach Absatz 1 erzielt hat oder erzielt; § 10d Absatz 4 gilt entsprechend.**

Einkommensteuer-Richtlinien: EStH 23 – **Verwaltungsanweisungen:** *BMF* BStBl I 00, 1382 geändert durch *BMF* BStBl I 07, 262; *BMF* BStBl I 19, 888 (Anwendungsschreiben); *BMF* BStBl I 20, 576 (eigene Wohnzwecke); *BMF* BStBl I 11, 713 (Einlage in Gesamthand); *BMF* BStBl I 11, 14; *BMF* BStBl I 15, 464 (Umsetzung BVerfG); *OFD Ffm* DStR 15, 2554 (vermögensverwaltende PersGes); *BMF* BStBl I 25, 1330 (AbgeltungSt); *BMF* BStBl I 25, 658 (Kryptowerte); *BMF* BStBl I 25, 1419 (§ 7b).

Übersicht Rn.

I. Allgemeines

1. Private Veräußerungsgewinne bestimmter Wirtschaftsgüter. – a) Überblick. § 23 galt bis zu den Änderungen durch das **WachstChG** (BGBl I 24 Nr 108) und das **JStG 2024** (BGBl I 24 Nr 387) seit dem VZ 2009 in unveränderter Fassung (zu früheren Fassungen → 34. Aufl 2015, § 23 Rn. 4). **Zweck** des § 23 ist, die durch eine Veräußerung bestimmter WG des PV innerhalb der gesetzl Fristen realisierten Wertveränderungen der ESt zu unterwerfen (BFH IX R 36/09, BStBl II 10, 792). Im Unterschied zum betriebl Bereich werden private Veräußerungsgewinne in §§ 17, 20 II, 23 nur ausnahmsweise besteuert (s BFH VIII R 9/18, BStBl II 20, 845; BFH VIII R 15/17, BStBl II 20, 841; → § 2 Rn. 3, 14, 27, 28). **§ 23 I** enthält einen gestreckten Besteuerungstatbestand aus der Anschaffung bestimmter WG des PV als fristauslösendem Umstand und deren Veräußerung als Realisationsakt, der innerhalb der gesetzl Fristen liegen muss. **§ 23 II** enthält eine Subsidiaritätsklausel (→ Rn. 65). **§ 23 III** regelt Gewinnermittlung, Freigrenze und Verlustausgleich und -verrechnung. – Eine tarifl Begünstigung des Gewinns sieht das EStG nicht vor (FG BW BeckRS 2025, 25035 zu § 34). 1

b) Einkünfteerzielungsabsicht. Sie ist objektiviert zu bestimmen und wird bei einer Veräußerung innerhalb der gesetzl Frist vermutet (BFH IX R 8/12, BStBl II 12, 781; BFH IX R 29/06, BStBl II 09, 296; *BH/Ratschow* § 23 Rn. 13: *BeckOK EStG* § 23 Rn. 121 f; auch → Rn. 57). Art und Motive der Veräußerung sowie eine Spekulationsabsicht sind irrelevant (BFH X R 66/92 BFH/NV 95, 391). Dass der Stpfl durch die Wahl des Veräußerungszeitpunkts über die StBarkeit disponieren kann, wird durch die Verlustausgleichs- und -verrechnungsbeschränkungen in Abs 3 S 7, 8 kompensiert (→ Rn. 91). 2

2. Persönlicher und sachlicher Geltungsbereich. – *(1)* **Natürliche Personen.** Erfasst werden bei **unbeschr StPfl** Veräußerungen inl und ausl WG (BFH IX B 54/15, BFH/NV 16, 194; BFH VI 67/58 U, BStBl III 59, 346). IdR (DBA- 3

Fall) hat der ausl Belegenheitsstaat das Besteuerungsrecht und greift § 32b I 1 Nr 3 (FG Bln-Bbg BeckRS 2025, 36352, rkr, auch zur DBA-Rückfallklausel); zur Gewinnermittlung → Rn. 79, zu ausl Verlusten → Rn. 91. Die Veräußerung inl Grundstücke und grundstücksgleicher Rechte ist **beschr stpfl** (§ 49 I Nr 8, → § 49 Rn. 120). – ***(2)* Körperschaften; Vermögensmassen.** Körperschaften iSd § 1 I Nr 4, 5 KStG können Einkünfte aus § 23 erzielen (KStR 8.1 I, II). – Gem § 6 IV 1 Nr 2 InvStG 2018 gehören zu den stbaren Immobilienerträgen inl Investmentfonds Gewinne gem § 23 I 1 Nr 1; ebenso bei Spezialfonds (§ 33 I, II InvStG 2018).

4 **3. Gestreckter Tatbestand.** Anders als bei anderen Veräußerungstatbeständen des EStG ist bei § 23 die Anschaffung nicht nur für die Höhe der AK iRd Gewinnermittlung bedeutsam. Sie löst vielmehr den Fristlauf für die StBarkeit aus. Die Fristeinhaltung muss neben der Veräußerung als gleichermaßen erforderl Element des gesetzl Tatbestands feststehen (keine Fiktion, BFH X R 49/90, BStBl II 94, 591; Feststellungslast FA). Grds muss **Personenidentität** bei Anschaffung und Veräußerung bestehen. Zur Veräußerung nach unentgeltl Rechtsnachfolge → Rn. 37, 40; zur Bruchteilsbetrachtung bei PersGes, Gemeinschaften → Rn. 44 ff, 52 ff.

6 **4. Verfassungsmäßigkeit. – a) Veräußerungsfristen.** Die gesetzl Fristen haben sich für Veräußerungen **ab 1. 1. 99** rückwirkend (unabhängig von ihrem vorherigen Ablauf) wesentl verlängert. Das Vertrauen des StPfl in die Fortgeltung der bei Anschaffung des WG geltenden Frist ggü einer Verlängerung der Frist ist während einer noch bestehenden Verstrickung nicht verfrechtl geschützt (*BeckOK EStG* § 23 Rn. 46; *BH/Ratschow* § 23 Rn. 19; zu Reformoptionen mit Übergang zur Vollbesteuerung *Hey* FR 23, 141 (144)). Die derzeitige zehnjährige Veräußerungsfrist bei Grundstücken (→ Rn. 20) ist verfgemäß (BVerfG 2 BvL 14/02, BStBl II 11, 76; *HHR/Hentschel* § 23 Rn. 10). Zur Wiederverstrickung s *Wagner* DB 22, 761.

Zur Umsetzung von BVerfG 2 BvL 14/02, 2 BvL 2/04, 2 BvL 13/05, BStBl II 11, 76 durch Verschonung von Wertsteigerungen, die **bis zur Verkündung des StEntlG 1999** (BGBl I 99, 402) **am 31. 3. 99** entstanden waren und bis zum Zeitpunkt der Verkündung stfrei realisiert wurden oder stfrei hätten realisiert werden können → 43. Aufl 2024, § 23 Rn. 6 mwN; → 39. Aufl 2020, § 23 Rn. 9). Zur Verfassungsmäßigkeit der Verlängerung auf 10 Jahre, wenn die frühere Zwei-Jahres-Frist noch nicht abgelaufen war s BFH IX B 116/03, BStBl II 04, 1000; BFH IX B 72/09, BFH/NV 10, 932 (nicht verfwidrig).

7 **b) Sonstige Fragen. – aa) Strukturelles Erhebungsdefizit.** Ab VZ 1999 ist § 23 I verfgemäß (BFH IX R 10/18, BStBl II 20, 258; iEinz *HHR/Hentschel* § 23 Rn. 12; *BH/Ratschow* § 23 Rn. 23; *BeckOK EStG* § 23 Rn. 49). S BVerfG 2 BvL 17/02, BStBl II 05, 56 zu den VZ 1997/1998.). Zu Kryptowerten zutr BFH IX R 3/22, BStBl II 23, 571 (Payment Token); FG Nbg EFG 25, 1058, rkr (Stablecoins).

8 **bb) Gegenstand der Besteuerung; Verlustverrechnung. – *(1)* Tatbestand.** § 23 ist hinsichtl des gegenwärtigen Besteuerungsumfangs, der nicht sämtl WG des PV umfasst, verfgem. Zur Auslegung der Rückausnahme in § 23 I 1 Nr 1 S 3 s BFH IX R 11/21, BStBl II 23, 642 (Art 6 GG nicht verletzt). – Die Einfügung des Merkmals „Gesamthandsgemeinschaften" in § 23 I 4 nF (anzuwenden in allen offenen Fällen, s § 52 XXXI 7 idF JStG 2024, BGBl I 24 Nr 387) kann in Fällen, in denen nach BFH IX R 13/22, DStR 24, 22 gestaltet wurde, zwar eine echte Rückwirkung entfalten. Der Gesetzgeber verletzt aber kein geschütztes Vertrauen, da er rückwirkend die Rechtslage festschreibt, die vor der Rspr-Änderung der gefestigten und einheitl Rechtspraxis entsprach (BVerfG 1 BvR 1138/06, BVerfGK 14, 338). – ***(2)* Verlustverrechnung.** § 23 III 7, 8 sind verfgem, da der StPfl über die StBarkeit disponieren kann (glA *BH/Ratschow* § 23 Rn. 14, 24, 234; *BeckOK EStG* § 23 Rn. 40 ff, 50 ff).

II. Veräußerungsgeschäfte, § 23 I

1. Grundtatbestand. **§ 23** findet – außerhalb des § 17 und des § 20 II (→ Rn. 1) – grds Anwendung auf **alle WG des PV** (abnutzbare wie nicht abnutzbare) mit oder ohne Einsatz für die laufende Einkünfteerzielung. Der Begriff **WG** in § 23 wird im selben Sinne gebraucht wie bei den anderen Einkunftsarten (BFH VIII R 72/76, BStBl II 79, 298; → § 5 Rn. 94). Ausdrückl aufgeführt sind **Grundstücke,** Grundstücksrechte (Nr 1) und **andere WG** (Nr 2). Ausgenommen sind gem **§ 23 I 1 Nr 1 S 3** zu eigenen Wohnzwecken genutzte Wohnungen, Gebäude (→ Rn. 15 ff) und **gem § 23 I 1 Nr 2 S 2** Gegenstände des tägl Gebrauchs (→ Rn. 23). Zur **Anschaffung** → Rn. 31 ff; zum **Veräußerungsbegriff** → Rn. 48 ff sowie zur **Nämlichkeit** → Rn. 13, 22. Unterhalb der **Freigrenze** (Abs 3 S 5, → Rn. 82) sind Gewinne eines VZ nicht stbar. 10

2. Wirtschaftsgüter, § 23 I 1 Nr 1–3. – a) Grundstücke und grundstücksgleiche Rechte (§ 23 I 1 Nr 1). – aa) Begriffe. Grundstücke iSd Abs 1 S 1 Nr 1 S 1 sind im Bestandsverzeichnis eines Grundbuchs gesondert aufgeführte Teilflächen, deren Veräußerung zivilrechtl möglich ist; einbezogen werden unbebaute und bebaute Grundstücke (BFH X R 22/21, BStBl II 23, 108 mwN). – **GuB** und **Gebäude** sind estl zwar grds verschiedene WG (→ § 5 Rn. 133). § 23 I 1 behandelt im Zeitpunkt der Anschaffung vorhandene Gebäude aber als wesentl Bestandteil des GuB (§ 94 BGB) und Teil des Grundstücks iSd Nr 1 (nicht als Gebäude auf fremden Grund und Boden); ebenso vorhandene **Außenanlagen** (Begriff → § 7 Rn. 39). Zu zw Anschaffung und Veräußerung hergestellten Gebäuden und Außenanlagen s § 23 I Nr 1 S 2 (→ Rn. 14). – Ein Gebäude, das zivilrechtl nicht wesentl Bestandteil des Grundstücks ist (zB ein Mobilheim), ist kein WG iSd Nr 1, sondern der Nr 2; als bewertungsrechtl Gebäude ist es aber kein WG des tägl Gebrauchs (BFH X R 22/21, BStBl II 23, 108). – Zum **Anteil an einer vermögensverwaltenden PersGes/Gemeinschaft** → Rn. 13. – Seit 1.1.24 besteht bei Anschaffung/Veräußerung von Grundstücken für **GbRs** ein Registrierungszwang als eGbR (BGH V ZB 17/24, DStR 25, 2326). 11

Grundstücksgleiche Rechte sind das Erbbaurecht nach dem ErbbauRG (zum erforderl entgeltl Erwerb BFH IX R 25/15, BStBl II 18, 518), das Mineralgewinnungsrecht, das Wohnungs- und Teileigentum (BFH VI R 67/66, BStBl III 67, 685) sowie die nach Landesrecht als Immobiliarrechte ausgestalteten Rechte. Hingegen gehören *nicht* dazu sonstige dingl Rechte wie Dienstbarkeiten einschließl Nießbrauch (BFH IX R 4/24, DStR 25, 2831: WG), Dauerwohnungsrecht (§ 31 WEG), das Vorkaufsrecht, Reallasten, Hypotheken sowie Grund- und Rentenschulden (BFH IX R 22/21, BStBl II 23, 108 mwN; BFH VIII R 28/09, BStBl II 12, 496). 12

Bodenschätze sind weder Teil des Bodens (Grundstücks) noch Mineralgewinnungsrechte iSd Abs 1 S 1 Nr 1; → Rn. 15 f), sondern andere WG iSd Abs. 1 S1 Nr 2 (BFH VIII R 148/78, BStBl II 81, 794; **aA** FG Mchn EFG 07, 188), etwa ein Kiesvorkommen (BFH GrS 1/05, BStBl II 07, 508) oder das Salzabbaurecht (BFH IX R 25/13, BStBl II 14, 566).

bb) Nämlichkeit bei Grundstücken. Es genügt eine **wirtschaftl Teilidentität** nach wertender Betrachtung (Gleichartigkeit, Funktionsgleichheit, Gleichwertigkeit, vgl BFH IX R 14/22, BStBl II 24, 256 – auch zur Teilung). S zur Parzellierung BFH VIII R 116/82, BStBl II 84, 26. Die wirtschaftl Identität kann bei einer Umgestaltung entfallen (BFH X R 4/84, BStBl II 89, 652). **Restitutionsanspruchs-Erwerb** und die entspr Grundstückanschaffung sind gleichzustellen (BFH IX R 41/09, BFH/NV 10, 1271). – Zur Nämlichkeit zw Grundstück und nachträgl bestelltem Erbbaurecht s BFH IX R 25/15, BStBl II 18, 518; BFH IX R 31/12, BStBl II 13, 1011. – Der **Anteil an einer vermögensverwaltenden PersGes/Gemeinschaft** ist gem § 39 II Nr 2 AO, § 23 I 4 nF (→ Rn. 8) kein eigenständiges WG iSd § 23, sondern dem Grundstück der Ges/Gemeinschaft nämlich (BFH IX R 22/19, BStBl II 23, 186). BFH IX R 13/22, DStR 24, 22 für Erbengemeinschaften ist überholt. 13

14 **cc) Nach der Anschaffung errichtete Gebäude(-teile) und Außenanlagen, § 23 I 1 Nr 1 S 2.** Ab **VZ 1999** werden in Reaktion auf die Rspr-Änderung seit BFH VIII R 202/72, BStBl II 77, 384 zur Vermeidung von Besteuerungslücken zw Anschaffung und Veräußerung errichtete (selbst hergestellte) **Gebäude(-teile)** in den Veräußerungsgewinn für das Grundstück oder einbezogen (s *BMF* BStBl I 00, 1383, Rn. 9). Die Gebäude/Außenanlagen sind ungeachtet dessen, ob sie bei Anschaffung vorhanden sind oder danach errichtet werden, keine eigenständigen WG iRd Abs 1 S 1 Nr 1, sondern nur „Bewertungsfaktoren" iRd Bemessungsgrundlage der Grundstücksveräußerung (*HHR/Hentschel* § 23 Rn. 122; *BeckOK EStG* § 23 Rn. 165; *BH/Ratschow* § 23 Rn. 43). Die (Neu-)Herstellung hat daher keinen Einfluss auf die Veräußerungsfrist (*Mirbach* DStR 19, 2341 (2347); *BeckOK EStG* § 23 Rn. 170, 175; *BH/Ratschow* § 23 Rn. 43, 46). – § 23 I 2 gilt auch für Gebäude, die Bestandteile eines grundstücksgleichen Rechts sind. – Zur Gewinnermittlung → Rn. 69.

Str ist, ob die Gebäudeherstellung in die Berechnung des Veräußerungsgewinns eines **Erbbaurechts** (zur Einordnung des Gebäudes als dessen wesentl Bestandteil s § 12 ErbbauRG) einzubeziehen ist (s bej *BMF* BStBl I 00, 1383 Rn. 14 f; auch BFH IX R 73/92, BStBl II 95, 374; zur Diskussion *BH/Ratschow* § 23 Rn. 49).

15 **dd) Ausnahmen bei selbst genutztem Wohneigentum, § 23 I 1 Nr 1 S 3.** *Sachl* muss das bebaute Grundstück zum Bewohnen bestimmt und geeignet sein, dh Menschen auf Dauer Aufenthalt und Unterkunft ermöglichen (zutr *BMF* BStBl I 00, 1383 Rn. 20: keine unbebauten Grundstücke). Eine baurechtswidrige Dauernutzung ist unschädl (BFH IX R 5/21, BStBl II 22, 403). – Private **Arbeitszimmer** dienen Wohnzwecken (BFH IX R 27/19, BStBl II 21, 680); mE ebenso eigenbetriebl genutzte Räume iSd § 8 EStDV. Auch → Rn. 19.

16 **Eigene Wohnzwecke.** – ***(1)*** **Nutzungsanforderungen.** Der StPfl muss das veräußerte WG (Grundstück samt Gebäude/Gebäudeteil) *persönl* als (rechtl oder wirtschaftl) (Mit-)*Eigentümer* nutzen (BFH IX R 18/03, BFH/NV 06, 936); die vorangegangene Nutzung als Mieter reicht nicht (vgl BFH IX R 1/01, BFH/NV 03, 1171), auch nicht die gelegentl besuchsweise oder auf wenige Nächte beschr Nutzung (BFH IX R 6/18, BFH/NV 18, 1227). Eine *zeitweilige* Nutzung genügt, wenn die Wohnung iÜ zur Nutzung zur Verfügung steht. Ein StPfl kann daher grds mehrere Wohnungen gleichzeitig zu eigenen Wohnzwecken nutzen, wenn diese Nutzung jeweils auf Dauer angelegt ist, zB bei Zweitwohnungen oder nicht zur Vermietung bestimmte Ferienwohnungen (BFH IX R 37/16, BStBl II 17, 1192). – ***(2)*** **Nutzungsüberlassung.** Der StPfl muss das Grundstück bei einer entgeltl (Mieter) oder unentgeltl (Familienangehörigen) Überlassung an oder Mitbenutzung von Dritte(n) auch selbst nutzen (BFH IX R 11/21, BStBl II 23,642; BFH IX R 27/19 BStBl II, 21, 680; *BMF* BStBl I 00, 1383, Rn. 22). Die Überlassung *an ein (erwachsenes) kindergeldberechtigtes Kind* iSd § 32 ohne gleichzeitige Nutzung durch den StPfl wird typisierend der Eigennutzung gleichgestellt. Mit Ablauf der Kindergeldberechtigung entfällt die Eigennutzung aber auch bei fortbestehender Unterhaltspflicht (BFH IX R 28/21, DStR 22, 2430; *BMF* BStBl I 00, 1383 Rn. 23). Die Überlassung an ein Kind iSd § 32 und einen (ehemaligen; Noch-)Ehegatten ist (selbst bei dessen Miteigentum) weder ganz noch teilw eine Eigennutzung des StPfl (BFH IX R 11/21, BStBl II 23, 642; BFH IX R 10/22, DStRE 24, 606), ebenso nicht die Überlassung an die (Schwieger)Mutter oder die Eltern (BFH IX R 13/23, BStBl II 24, 173; BFH IX B 71/25, BFH/NV 26, 9). – ***(3)*** **Gesellschaft.** Ferienwohnungen einer PersGes sind (anteilige) WG der Ges'ter. Diese müssen die Voraussetzungen von *(1)* erfüllen. Bei fehlender Eigennutzung einzelner Ges'ter ist der gesamte Gewinn stbar (→ Rn. 19 *(3)*; zutr *van de Loo/Krause* DStR 24, 2208 (2212)).

17 **Ausschließlichkeit, Nr 1 S 3, Alt. 1.** Der Zeitraum der ausschließl Wohnnutzung wird nicht gesetzl bestimmt. Er kann kürzer oder länger als nach Alt 2 sein. Die Ausschließlichkeit verlangt eine ununterbrochene zeitl Nutzung zu eigenen Wohnzwecken zw Anschaffung/Fertigstellung und Veräußerung (s zum unschädl Leerstand

BMF BStBl I 00, 1383 Rn. 25). Nicht sämtl Zimmer/Gebäudeteile müssen aber entspr genutzt werden (BFH IX R 27/19, BStBl II 21, 680; auch zur Erleichterung der Wohnsitzaufgabe als Normzweck). Fehlt es an der räuml vollständigen eigenen Wohnnutzung, ist für die StBarkeit ggf aufzuteilen (→ Rn. 19 *(2)*).

18 **„Dreijahresnutzung", Nr 1 S 3, Alt 2.** Die Ausschließlichkeit der Wohnnutzung ist hier nicht erforderl (BFH IX R 27/19, BStBl II 21, 680; **aA** *BMF* BStBl I 00, 1383 Rn. 25). Im zweiten der Veräußerung vorangegangenen Jahr reicht eine teilweise Eigennutzung aus, sodass iErg ein (zusammenhängender) Zeitraum von einem Jahr und 2 Tagen die StBarkeit ausschließt (BFH IX R 37/16, BStBl II 17, 1192; BFH IX B 16/22, BFH/NV 22, 1179). Eine (teilweise, auch nachlaufende) Vermietung im Jahr der Veräußerung ist unschädl (BFH IX R 10/19, BStBl II 20, 310; *BMF* BStBl I 20, 576). Zur Aufteilung bei nur teilw räuml Eigennutzung → Rn. 19 *(2)*.

19 **Rechtsfolgen.** – ***(1)* Nichtsteuerbarkeit.** Greift S 3 Alt 1 oder Alt 2, ist der Gewinn auch bei Unterschreiten der allg Zehnjahresfrist (→ Rn. 21) nicht stbar. Dies gilt auch für den auf den GuB entfallenden Teil. Die Veräußerung eines parzellierten Gartenflurstücks eines weiterhin selbstgenutzten Wohngrundstücks ist aber stpfl (BFH IX R 14/22, BStBl II 24, 256); ebenso die eines unbebauten Nachbargrundstücks (BFH IX R 48/10, BStBl II 11, 868; *BMF* BStBl I 00, 1383 Rn. 17). – ***(2)* Anteilige Steuerbarkeit.** Eine räuml oder zeitl Bagatellgrenze für die Nutzungsüberlassung des Gebäude(teil)s an Dritte besteht nicht. Es ist bei einer *räuml* abgrenzbaren schädl Fremdnutzung aufzuteilen; Maßstab für die Ermittlung des stbaren Teils des Gewinns ist das Verh der Wohnflächen zueinander (BFH IX R 20/21, BStBl II 23, 234; *BMF* BStBl I 00, 1383 Rn. 16). – ***(3)* Volle Steuerbarkeit.** Keine Aufteilung des Gewinns (weder zeitanteilig, personenbezogen; auch kein vorrangiger Verbrauch des eigenen Miteigentumsanteils durch Selbstnutzung) ist bei fehlender Eigennutzung, schädl Fremdnutzung des gesamten Grundstücks/der Wohnung mögl (BFH IX R 28/21, DStR 22, 2430; BFH IX R 11/21, BStBl II 23, 642; auch → Rn. 16).

20 **ee) Veräußerungsfrist, § 23 I 1 Nr 1 und S 5.** Die Veräußerung von **Grundstücken** und **Grundstücksrechten** ist nur stbar, wenn die Frist zw Anschaffung im PV (oder Entnahme aus BV, → Rn. 34) und Veräußerung im PV oder BV oder verdeckter Einlage in eine KapGes (→ Rn. 52) nicht **mehr als *zehn* Jahre** beträgt. Zur **taggenauen Fristenberechnung** s § 108 AO, § 187 I, § 188 II, III BGB. Grds maßgebend ist die Abgabe der übereinstimmenden Willenserklärungen aufgrund der **obligatorischen Verträge,** denn hierdurch wird der Vertrag bindend (stRspr; BFH IX R 23/13, BStBl II 15, 487; BFH IX R 10/20, BStBl II 21, 758 mwN), auch bei formunwirksamem, aber vollzogenem Vertrag (BFH X R 49/91, BStBl II 94, 687; § 41 AO). Ein **aufschiebend bedingtes Rechtsgeschäft** (§ 158 I BGB) ist mit dem Abschluss bindend. Der Bedingungseintritt außerhalb der Veräußerungsfrist ist unerhebl, es sei denn die Bedingung betrifft die Willenserklärungen/Vertragsgestaltung (BFH IX R 23/13, BStBl II 15, 487). Gleiches gilt für die **Genehmigungserteilung** Dritter (BFH IX R 10/20, BStBl II 21, 758).

21 **b) Andere Wirtschaftsgüter (§ 23 I 1 Nr 2). – aa) Grundtatbestand; Frist.** In den Fällen der Veräußerung **anderer WG** als derer der Nr 1 ist die Veräußerung stbar, wenn der Zeitraum zw Anschaffung und Veräußerung **nicht mehr als *ein* Jahr** beträgt (Ausnahme → Rn. 23). Das erworbene WG muss mit dem veräußerten WG wirtschaftl identisch sein (BFH IX R 41/10, BFH/NV 11, 1850; BFH IX R 70/96, BStBl II 00, 262; auch → Rn. 13).

22 **bb) Wirtschaftsgut.** Der Begriff entspricht dem des handelsrechtl Vermögensgegenstands iSe wirtschaftl Betrachtung und umfasst neben Gegenständen iSd BGB wie Sachen, Rechten auch tatsächl Zustände, konkrete Möglichkeiten, Vorteile, deren Erlangung der StPfl sich etwas kosten lässt, wenn sie nach der Verkehrsanschauung

bewertbar sind, einen Nutzen für mehrere Wirtschaftsjahre erbringen und übertragen werden können. Für die Zurechnung genügt eine faktische, nicht notwendig zivilrechtl fundierte Herrschaftsmacht (BFH IX R 3/22, BStBl II 23, 571, auch zur Auslegung des § 39 I AO).

Beispiele: Schmuck, Kunstgegenstände (Antiquitäten, Gemälde), private Pkw, Briefmarken, Münzen uÄ, grds auch Internet-Domain (FG Köln EFG 10, 1216), Wertpapiere außerhalb des § 20 II, zB Eintrittskarten (BFH IX R 10/18, BStBl II 20, 258), mobile bewertungsrechtl Gebäude (BFH IX R 22/21, BStBl II 23, 108). Zu **Patenten** s BFH I R 20/74, BStBl II 76, 666). Auch → Rn. 24 ff; zum **Nießbrauchsrecht** BFH IX R 4/24, DStR 25, 2831. – Zum **Anteil an einer PersGes, Gemeinschaft** → Rn. 13. – Im früheren S 1 der Nr 2 wurde insb die Veräußerung von **Wertpapieren** erfasst, nunmehr greift idR § 20 II Nr 1 (→ 40. Aufl 2021, § 23 Rn. 22 mwN; → 39. Aufl 2020, § 17 Rn. 66; → § 20 Rn. 80 ff).

23 **cc) Gegenstände des täglichen Gebrauchs.** Nicht stbar ist die Veräußerung von **WG des tägl Gebrauchs** (§ 23 I Nr 2 S 2). Das sind WG, die bei obj Betrachtung Gebrauchsgegenstände sind, dem Wertverzehr unterliegen und/oder kein Wertsteigerungspotential haben; die tägl Nutzung ist nicht erforderl (BFH IX R 10/18, BStBl II 20, 258). – **Beispiele:** (abnutzbare) Möbel, Wohnungsinventar, Hausrat, Fahrräder, Lebensmittel (FG Mster DStRE 21, 594); Gebrauchtfahrzeuge (BT-Drs 17/2249, 54; zu Elektrofahrzeugen s *Heine* NWB 22, 3014); *vern* zB für Eintrittskarten mit Wertsteigerungspotenzial BFH IX R 10/18, BStBl II 20, 258 (krit *Anzinger* FR 20, 518); für ein sog Mobilheim (BFH IX R 22/21, BStBl II 23, 108); str für Wohnmobil der Luxusklasse (SächsFG EFG 25, 1229, Rev IX R 4/25).

24 **dd) Edelmetalle; Sachlieferungsansprüche.** Edelmetallbestände (BFH IX R 62/10, BStBl II 12, 564; *HHR/Hentschel* § 23 Rn. 141) und verbriefte Sachlieferungsansprüche darauf sind WG gem § 23 I 1 Nr 2, keine KapForderungen nach § 20 I Nr 7 (→ § 20 Rn. 115, 261; BFH VIII R 35/14, BStBl II 15, 834; BFH VIII R 7/17, BStBl II 21, 9). Kein solcher Sachlieferungsanspruch, sondern eine KapForderung besteht aber, wenn ein auf Geld gerichteter Anspruch wahlweise durch eine Goldlieferung erfüllt werden darf oder iRe Bedingung so erfüllt werden muss (BFH VIII R 5/24, DStR 25, 2361).

ee) Kryptowährungen; Token.

Schrifttum zum neuen BMF-Schreiben: *Arendt,* DStR 25, 1323; *Richter/Acker,* FR 25,665; *Himmer/Korff,* RdF 25, 263; *Rasch/Leherpeur,* ISR 25, 273; *Valbuena,* DStR 25, 2455.

25 ***(1)* Kryptowerte.** *BMF* BStBl I 25, 658 wendet § 23 nunmehr zutr auf **Kryptowährungen** (BFH IX R 3/22, BStBl II 23, 571) und **andere Kryptowerte** (FG Nbg EFG 25,1058 rkr: Payment Token) an. – ***(a)* Wirtschaftsgut.** Einheiten einer Kryptowährung (zB Bitcoin; Ether, sog Currency Token) sowie Payment, Utility Token als Datenblöcke iRe *blockchain* (zu den Begriffen *BMF* BStBl I 25, 668, Rn 1 bis 4) sind nach *BMF* und Rspr WG iSd Nr 2 (s *BMF* BStBl I 22, 668 Rn. 31 f), die dem StPfl (Inhaber des *private key*) aufgrund seiner Verfügungsmacht als wirtschaftl Eigentümer zuzurechnen sind. – ***(b)* Anschaffung.** Das *Mining/Forging* iRd privaten Vermögensverwaltung ist laut *BMF* BStBl I 25, 658 Rn. 33 f fristauslösende Anschaffung, nicht Herstellung des WG. Einnahmen in Form weiterer Kryptowerte aus der Blockerstellung/virtueller Transaktionsentgelte fallen unter § 22 Nr 3 (*BMF* BStBl I 25, 658, Rn. 33 f, 45 bis 47). *Neu* ist die Unterscheidung zw dem aktiven (lt *BMF* idR gewerbl) und passiven *Staking* im PV, das im sog *Claiming*-Zeitpunkt (Einbuchung in der wallet), sonst fiktiv zum Ende des VZ (*BMF* BStBl I 25, 658 Rn. 13, 48a) zu Einnahmen gem § 22 Nr 3 führen soll. Einnahmen gem § 22 Nr 3 können auch für das *Lending,* Betreiben eines *Masternodes* oder iRe *Airdrops* erzielt werden (*BMF* BStBl I 25, 658 Rn. 50, 65, 70 ff). Die gem § 22 Nr 3 zu besteuernden neuen virtuellen Einheiten sind im Zeitpunkt der Erzielung iHd sog. Markt- oder Tageskurses zu bewerten (*BMF* BStBl I 25, 658, Rn. 43; 91); zu diesem Preis werden sie auch fristauslösend

iSv § 23 angeschafft (*BMF* BStBl I 25, 658, Rn. 33, 47, 50,75). Wird eine *blockchain* geteilt *(Hard Fork),* gehen Anschaffungszeitpunkt und AK anteilig über (*BMF* BStBl I 25, 658, Rn. 68). – ***(c)* Veräußerung** gem Abs. 1 S 1 Nr 2 ist der Tausch einer virtuellen Einheit gegen eine gesetzl Währung oder eine Einheit eines anderen Kryptowerts innerhalb der Jahresfrist. S iEinz *BMF* BStBl I 25, 658 Rn. 4, 53 bis 63. – ***(d)* Token.** Zu *Utility-* und *Security-*Token s *BMF* BStBl I 25, 658 Rn. 2 ff, 77 ff. Gewinne können je nach Ausgestaltung unter Abs 1 S 1 Nr 2, ggf § 20 II Nr 1, Nr 7 fallen; zum sog *Liquidity Mining* (*Kamchen* DStR 24, 857). Sog Non-Fungible Tokens *(NFT)* sind mE grds WG iSd Nr 2 (dazu *Klieber* DB 25, 2868 ff), fallen aber nicht unter *BMF* BStBl I 25, 658, Rn. 5.

***(2)* Deklaration.** *BMF* BStBl I 25, 658, Rn 87–92, 102–106 enthalten erweiterte Vorgaben zu Nachweismitteln und Aufzeichnungspflichten (§ 147a AO). S dazu *Sanning* DB 25, 824. Zur Selbstanzeige s *Feldle* DStR 25, 1192; zu den Kosten *Görlich/Ordinius* EStB 25, 345. 26

ff) Fremdwährungsguthaben. Die Veräußerung eines **Fremdwährungsguthabens** (Abtretung an Dritten) fällt unter Nr 2 (BFH IX R 74/96, BStBl II 00, 469). Die Aufnahme eines **Fremdwährungsdarlehens** ist keine Anschaffung (BFH VIII R 58/07, BStBl II 11, 491); erforderl ist der entgeltl Erwerb von einem Dritten (BFH IX R 11/13, BStBl II 14, 385). Zur Ermittlung des Kursgewinns nach der **Fifo-Methode** s § 23 I 1 Nr 2 S 3, dh die zuerst angeschafften Fremdwährungsbeträge gelten als zuerst veräußert. Zum Vorrang von § 20 iZm Fremdwährungsguthaben auf verzinsl Guthabenkonten s *BMF* BStBl I 25, 130 Rn. 131; → § 20 Rn. 186. 27

c) Zur Einkünfteerzielung genutzte Wirtschaftsgüter (§ 23 I 1 Nr 2 S 4). Zur Vermeidung von StSparmodellen wurde für diese WG die Veräußerungsfrist auf zehn Jahre verlängert (Anwendung gem § 52 XXXI 2 für Geschäfte nach 31.12.08; *HHR/Hentschel* § 23 Rn. 165); keine Anwendung auf Fremdwährungsguthaben (*LfSt Bay* BeckVerw 332490). Nach *BMF* BStBl I 22, 668, Rn. 63 findet die Regelung auf Kryptowährungen/Token keine Anwendung. 28

d) Veräußerung des Wirtschaftsguts vor Erwerb (§ 23 I 1 Nr 3). Die Regelung ist durch das BEPS-UmsG (BGBl I 16, 3000) erneut in das EStG aufgenommen worden, da § 20 II Nr 3 nicht Termingeschäfte abdeckt, die auf die physische Lieferung eines WG gerichtet sind (→ § 20 Rn. 166 f). Nr 3 erfasst insb Baisse-Spekulationen (Leerverkäufe) von Devisen (FG Mchn EFG 25, 1507, rkr; BFH VIII R 35/15, BStBl II 18, 189) und Edelmetallen (BT-Drs 18/9956, 10, mit Beisp; *HHR/Hentschel* § 23 Rn. 170). Auf Haltefristen kommt es hier nicht an. 29

e) Termingeschäfte (§ 23 I 1 Nr 4 aF). Nr 4 erfasste Gewinne aus Termingeschäften (zum Begriff s BFH I R 25/14, BStBl II 18, 124). Die Regelung wurde **gestrichen,** da die Besteuerung dieser Geschäfte nunmehr unter § 20 II Nr 3 fällt (→ § 20 Rn. 165 ff). → 42. Aufl 2023, § 23 Rn. 30 mwN. 30

3. Anschaffung und gleichgestellte Vorgänge, § 23 I 2–4. – a) Definition. Die **„Anschaffung“** ist das fristauslösendes Ereignis iRd gestreckten Tatbestands (→ Rn. 4). Die Begriffe **Anschaffung/AK** sind wie iSd § 6 EStG und § 255 I HGB auszulegen (BFH IX R 25/15, BStBl II 18, 518: entgeltl Übertragung auf einen Dritten; ausführl → § 6 Rn. 31 ff). Sie muss **willentl iRe wirtschaftl Betätigung** erfolgen (BFH IX R 28/18, BStBl II 19, 701; BFH IX R 6/24, BStBl II, 25, 350). Das Entgelt kann in Geld oder einer geldwerten Gegenleistung bestehen (EStH 23, Tauschgegenstand, Arbeits- oder Dienstleistung, zu Kryptowerten → Rn. 25). Zudem muss die Anschaffung iRe **marktoffenen Vorgangs** geschehen (BFH IX R 20/19, BStBl II 21, 687). Bei einem **teilentgeltl** Erwerb Anschaffung iHd entgeltl Teils, für den unentgeltl Teil Zurechnung der Anschaffung mit Fortführung der AK (Abs 1 S 3); daher laufen für das WG auch zwei Veräußerungsfristen (*BMF* BStBl I 07, 269 Rn. 14). Zur teilentgeltl Veräußerung → Rn. 66. 31

32 **b) Einzelfragen.** – ***(1)* Anschaffungen:** *Entgeltl* willentl Erwerb eines WG als (rechtl oder wirtschaftl) Eigentümer von einem Dritten; auch iRe Kaufoption (→ § 20 Rn. 169) oder durch Zwangsversteigerung (BFH IX R 6/24, BStBl II 25, 350; → § 6 Rn. 140 „Zwangsversteigerung"). – ***(2)* Keine Anschaffungen:** – ***(a)* der Erwerb kraft Gesetzes** oder Hoheitsaktes ohne maßgebl Einfluss des StPfl (BFH IX R 36/09, BStBl II 10, 792; BFH IX R 28/18, BStBl II 19, 791); – ***(b)* der unentgeltl Erwerb** (§ 23 I 3, → Rn. 37 ff); – ***(c)* die isolierte Herstellung** (BFH X R 55/01, BFH/NV 05, 517; zu Gebäuden s § 23 I 1 Nr 1 S 2, → Rn. 14; zum sog Mining → Rn. 25 – ***(d)*** die erstmalige **Bestellung eines Erbbaurechts** (BFH IX R 25/15, BStBl II 18, 518; *BH/Ratschow* § 23 Rn. 60; anders bei Erwerb → § 6 Rn. 89 ff); – ***(e)*** der Erwerb eines WG mit **übergehenden dingl Lasten, Nutzungsrechten** ist **insoweit** unentgeltl; *anders* (AK) aber, wenn die Übernahme eine Gegenleistung ist oder das Recht entgeltl abgelöst wird (zum Nießbrauch → Rn. 38; iÜ → § 6 Rn. 84 ff, → § 6 Rn. 140 „Abfindungen"). – ***(f)*** das **Entstehen neuer WG** (Kalb, Fohlen; BFH III R 143/93, BStBl II 97, 575) – ***(3)* Substanzabspaltungen.** → § 6 Rn. 37.

33 **c) Maßgebender Zeitpunkt.** Maßgebend beim Kauf ist der **Zeitpunkt des schuldrechtl Verpflichtungsgeschäftes,** nicht des dingl Rechtsgeschäftes, es sei denn, das wirtschaftl Eigentum geht zuvor über (zB BFH IX R 1/01, BFH/NV 03, 1171; BFH IX R 45/99, BStBl II 02, 10; *HHR/Hentschel* § 23 Rn. 51; *BH/Ratschow* § 23 Rn. 97; → § 6 Rn. 35, 57). IRd Zwangsversteigerung ist die Abgabe des Meistgebots relevant (BFH IX R 6/24, BStBl II 25, 350). Beim Erwerberbenennungsrecht liegen Anschaffung und Fristbeginn im Zeitpunkt der Selbstbenennung (BFH IX R 12/20, BStBl II 22, 400).

34 **d) Entnahme als Anschaffung, § 23 I 2. Entnahmen** *gelten* gem Abs 1 S 2 als Anschaffung (*BMF* BStBl I 00, 1383 Rn. 33). Dies sichert die Besteuerung von Wertsteigerungen bei Veräußerung nach einer Entnahme und gewährleistet ggf die „Entnahmewertkorrektur". Abs 1 S 2 findet keine Anwendung iZm gewerbl Grundstückshandel (BFH X R 26/17, BFH/NV 18, 1255). Als Anschaffung gilt auch die **Betriebsaufgabe** („Totalentnahme"). Anzusetzen ist anstelle der AK/HK nach § 23 III 3 der nach § 6 I Nr 4 oder § 16 III angesetzte Wert (iEinz → Rn. 72). – Zu Entnahmen *vor 1999* s BFH IX R 27/06, BFH/NV 07, 227.

35 **e) Wirtschaftlich vollzogene Anschaffung/Veräußerung.** Eine Anschaffung/Veräußerung liegt bei besonderen Umständen ausnahmsweise vor, wenn die Vertragspartner noch innerhalb der Frist Verhältnisse schaffen, die bei wirtschaftl Betrachtung einer Übertragung gleichstehen und dem Erwerber das wirtschaftl Eigentum verschaffen. Die dingl Übereignung – durch dieselbe Person – muss nachfolgen (BFH X R 88/95, BStBl II 98, 343; *BH/Ratschow* § 23 Rn. 153 f).

Beispiele: Unvollständig beurkundeter *Grundstückskaufvertrag* (BFH X R 49/91, BStBl II 94, 687); *Vorvertrag* (FG Köln EFG 06, 499, rkr); zum bindenden Angebot BFH VI R 166/67, BStBl II 70, 806; zu weiteren besonderen Umständen BFH VI 147/65, BStBl III 67, 73; BFH VIII R 63/68, BStBl II 74, 606; weitere Beispiele → 36. Aufl 2017, § 23 Rn. 37

37 **f) Unentgeltlicher Erwerb, § 23 I 3. – aa) Grundsatz.** Dem **unentgeltl Einzel- und Gesamtrechtsnachfolger** werden gem Abs 1 S 3 die Anschaffung des Rechtsvorgängers für die Fristberechnung und dessen AK für die Gewinnermittlung zugerechnet (keine Anschaffung → § 6 Rn. 42). Es handelt sich auch um eine spezielle Missbrauchsvorschrift (zur Übertragung auf Kinder vor der Veräußerung BFH IX R 8/20, BStBl II 21, 743, auch zu § 42 AO).

38 **bb) Schenkung; Vorweggenommene Erbfolge.** – ***(1)* Schenkung; Nutzungsrechte.** Die Schenkung des WG ist unentgeltl iSd Abs 1 S 3. Ebenso unentgeltl sind die Schenkung gegen Einräumung eines Wohnrechts für den Schenker (BFH IX R 8/18, BStBl II 20, 122) und die mittelbare Grundstücksschenkung

(→ § 6 Rn. 134). – ***(2)* Versorgungsleistungen.** S iEinz BFH IX R 11/19, BStBl II 22, 228; → § 10 Rn. 111 ff; → § 6 Rn. 135. – ***(3)* Teilentgelte.** Ausführl → § 6 Rn. 790 ff: Abstands-, Ausgleichszahlungen und Gleichstellungsgelder des Übernehmers sowie die Übernahme von Verbindlichkeiten iRe **gemischten (Auflagen-) Schenkung** führen zu partiellen (ggf teilentgeltl) Veräußerungs- und Anschaffungsvorgängen (→ § 6 Rn. 135, 137; *BMF* BStBl I 93, 80 Rn. 7 ff; → Rn. 31). Die Übernahme einer dingl Belastung (Grundschuld) ohne Pflicht zur Tilgung des zugrundeliegenden Darlehens ist kein Entgelt (BFH IX R 8/18, BStBl II 20, 122). – ***(4)* Nießbrauch.** Der Erhalt des WG unter Nießbrauchsbestellung (Vorbehalts- und Zuwendungsnießbrauch) ist für den neuen Eigentümer grds unentgeltl (BFH XI R 5/83, BStBl II 91, 793; BFH VIII R 124/76, BStBl II 82, 376). Die entgeltl Ablöse des Nießbrauchs zeitigt für ihn nachträgl AK (*BMF* BStBl I 13, 1184, Rn. 40, 55 bis 59). Bleibt der Vorbehaltsnießbraucher nach der zivilrechtl Schenkung wirtschaftl Eigentümer des WG, fehlt es bis zum Wegfall des Nießbrauchs an einer Übertragung (vgl BFH IX R 5/24, DStR 24, 2682). Zur Ablösung beim Nießbraucher → Rn. 50.

cc) Erbfall. Die **Gesamtrechtsnachfolge** des Erben ist keine Anschaffung (§ 1922 BGB; vgl BFH GrS 2/89, BStBl II 90, 837; → § 6 Rn. 131; → § 16 Rn. 590 ff). 40

dd) Erbauseinandersetzung. Ausführl → § 6 Rn. 131, 132, 137; → § 16 Rn. 625 ff; *BMF* BStBl I 06, 253. BFH GrS 2/89, BStBl II 90, 837 **unterscheidet zw Erbfall und Erbauseinandersetzung** (im BV wie im PV). Bei Realteilung des Nachlasses ohne Ausgleichszahlung erwirbt jeder Miterbe unentgeltl vom Erblasser (keine Anschaffung, → Rn. 40). Soweit ein Miterbe für die Zuteilung von WG einen Ausgleich leistet, Schulden übernimmt und er mehr erlangt, als seinem Erbanteil *wertmäßig* entspricht, erwirbt er das WG teilentgeltl oder vollentgeltl (Anschaffung/Veräußerung auch iSv § 23). – Die Erfüllung von **Vermächtnis-/Erbersatzschulden** ist grds unentgeltl (BFH IX R 63/10 BStBl II 11, 873, auch zur teilentgeltl Anschaffung iRe Kaufrechtsvermächtnisses). – Die Erfüllung von **Pflichtteilsschulden** durch ein WG ist grds unentgeltl; für den Berechtigten kann aber ggf eine Anschaffung und für den Erben eine Veräußerung vorliegen (BFH III R 38/00, BStBl II 05, 554). – Der entgeltl **Erwerb eines Miterbenanteils** ist gem § 39 II 2 Nr 2 AO, § 23 I 4 eine Anschaffung der WG der Erbengemeinschaft (BFH IX R 13/22, DStR 24, 22 ist überholt, → Rn. 8, 13). – Der Zuschlag iRd **Teilungsversteigerung** ist grds eine Anschaffung; nicht aber, soweit der Miterbe den ihm vorher zuzurechnenden Anteil des WG erwirbt (BFH XI R 3/85, BStBl II 92, 797). 41

ee) Zugewinnausgleich; erbrechtliche Ansprüche. Die Übernahme eines WG iRd Erfüllung des **Zugewinnausgleichsanspruchs** ist eine Anschaffung; die nachfolgende Veräußerung ist innerhalb der Frist stbar (BFH X R 48/99, BStBl II 03, 282; *OFD Mchn* DStR 01,1298; → § 6 Rn. 140 „Zugewinnausgleichszahlung"; zur Rückabwicklung → Rn. 51). S zur Erfüllung eines **erbrechtl Anspruchs unter Miterben** ebenso FG Ddorf EFG 25, 1066, rkr (zweifelhaft; mE iHd Erbquote wie → Rn. 41; iÜ unentgeltl Zuwendung des Miterben). 42

g) Gesellschaftsrechtliche Anschaffungsvorgänge. – ***(1)*** Zu **Anteilen an KapGes** s vorrangig bei § 17 (→ § 17 Rn. 177 ff); § 20 IV, IVa (→ § 20 Rn. 209 ff) und → § 6 Rn. 140 „Beteiligung an Kapitalgesellschaft"; – ***(2)* WG-Übertragungen** von der **KapGes** in das PV des Ges'ters durch eine **vGA** sind keine Anschaffung (*BH/Ratschow* § 23 Rn. 169; **aA** *HHR/Hentschel* § 23 Rn. 276); offene Sachausschüttungen sind Anschaffungen (Verrechnung mit dem Auszahlungsanspruch). – ***(3)* Fremdübl Veräußerung** von WG einer **gewerbl PersGes** in das PV des Ges'ters ist Anschaffung (→ § 15 Rn. 575); zur **Entnahme des WG** → Rn. 34. – ***(4)* Vermögensverwaltende Gesellschaft; Gemeinschaft.** → Rn. 44 ff. 43

44 **h) Erwerb einer Beteiligung an einer vermögensverwaltenden Personengesellschaften und an einer Gesamthandsgemeinschaft, § 23 I 4, Alt 1. – aa) Anschaffungsfiktion; Bruchteilsbetrachtung.** – ***(1)* Anschaffungsfiktion.** § 23 I 4 Alt 1 fingiert aufgrund des un- und mittelbaren **entgeltl Anteilserwerbs** (Gesellschafts-, Bruchteils-, oder Miterbenanteil) an vermögensverwaltenden PersGes und Gesamthandsgemeinschaften die **Anschaffung** aller anteiligen WG durch den Ges'ter/Gesamthänder. Nach BFH IX R 22/19, BStBl II 23, 186; BFH IX R 1/22, DStR 24, 92 setzt § 23 I 4, Alt 1 eine Gegenleistung des Erwerbers an den Veräußerer voraus, die auch in der wirtschaftl Übernahme der Gesellschaftsschulden liegen kann (→ Rn. 46 f). § 23 I 4, Alt 1 erfasst neben vollentgeltl auch teilentgeltl Anteilserwerbe. – ***(2)* Gebilde.** Neben der rechtsfähigen PersGes sind Anteilserwerbe an Gesamthandsgemeinschaften (Erben-, Güter-, Bruchteilsgemeinschaft (→ Rn. 8, 13) erfasst. – ***(3)* Bruchteilsbetrachtung.** Keine Anschaffung/AK liegen aber trotz entgeltl Übertragung und zivilrechtl Rechtsträgerwechsel vor, soweit gem § 39 II Nr 2 AO der Anteil des StPfl am WG in der PersGes/Gemeinschaft erhalten bleibt (→ § 6 Rn. 43 *(2); Dorn ua,* DStR 25, 1969 (1970)). – ***(4)* Sukzessiver Erwerb.** Jeder Hinzuerwerb eines Teilanteils löst eine weitere Anschaffung der anteiligen WG mit eigenständigen AK und neuem Fristlauf aus (BFH IX R 1/22, DStR 24, 92; *Kohlhaas* StBg 24, 281 (284); *Steck* Stbg 23, 55 (56)); *Dorn ua,* DStR 25, 1969 (1974)). – ***(5)* Anschaffungszeitpunkt.** Hier gilt → Rn. 33 entspr. Für eine im GesVertrag vereinbarte Ausschluss- und Abfindungsklausel vern FG Mchn BeckRS 2025, 31987, Rev IX R 22/25 einen aufschiebend bedingten Anwachsungserwerb beim Vertragsschluss und stellt auf den Vollzug ab. – ***(6)* Veräußerungsfrist.** Sie beginnt und läuft für jeden Ges'ter/Gesamthänder und für die jeweils anteilig (hinzu)erworbenen WG individuell (zur Veräußerung → Rn. 53 f; zur str „Verwendungsreihenfolge" → Rn. 70).

45 **bb) Anteilserwerbe.** Hierunter fällt als Grundfall der **Erwerb** eines Anteils oder Teilanteils (→ § 6 Rn. 43 *(1)*). Erfasst sind insbes auch – der Hinzuerwerb der MitGes'ter **iRe entgeltl Anwachsung** bei Ausscheiden eines Ges'ters (BFH IX R 24/18, BStBl II 20, 225; ebenso NdsFG EFG 23,1537, rkr zur disquotalen Anwachsung); – der **Eintritt eines Ges'ters** gegen Einlage in das GesVermögen. – Die **Einbringung** eines WG gegen Gewährung eines Anteils ist keine Veräußerung für den Einbringenden, soweit er quotal am WG beteiligt bleibt. Die MitGes'ter schaffen den auf sie übergehenden Anteil des eingebrachten WG an, der Einbringende anteilig die übrigen WG der PersGes. Bei wechselseitigen Einbringungen verschiedener WG durch mehrere Ges'ter daher jeweils Veräußerung/Anschaffung, soweit sich der persönl Anteil eines Ges'ters an einem anderen WG erhöht (BFH IX R 18/06, BStBl II 08, 679; BFH IX R 36/16, BFH/NV 18, 215; *BMF* BStBl I 00, 1383 Rn. 8; → § 6 Rn. 43 *(2); Dorn ua* DStR 25, 1969 (1970 f)). – Bei **Veräußerung des WG an die PersGes durch einen Ges'ter** oder dem Erwerb iZm der **Teilungsversteigerung** einer GbR (FG Köln EFG 04, 1181, rkr) ist für den Veräußerer iHd eigenen Anteils keine, für die MitGes'ter anteilig eine Anschaffung gegeben. – Zur **Realteilung** → Rn. 54.

46 **cc) Unentgeltlicher Erwerb.** Der Erwerber hat die AK des Übertragenden für die dem Anteil zuzurechnenden anteiligen WG der PersGes, Gemeinschaft fortzuführen (§ 23 I 3). Vorhandene Gesellschaftsschulden führen auch bei gesellschaftsrechtl Haftungseintritt mangels einer Gegenleistung (→ Rn. 44, 47) zum unentgeltl Erwerb (BFH IX R 22/19, BStBl II 23, 186, Rn. 23; *BeckOK EStG* § 23 Rn. 245; *Ratschow* HFR 22, 1016 (1017); *Stein ua* DStR 25, 2041 (2044 f). – Ein unentgeltl Erwerb der MitGes'ter ist auch die **Einlage** eines WG durch einen anderen Ges'ter (auch iRd § 2a iVm § 7 ErbStG BFH II R 18/23, DStR 25, 2481: Familienheim).

47 **dd) Höhe der Anschaffungskosten.** Zu den gem Abs 1 S 4 iVm Abs 3 relevanten AK gehört die **Gegenleistung** des Erwerbers (Kaufpreis). GesSchulden sind nur AK, wenn die „Übernahme" der Verbindlichkeit wirtschaftl betrachtet eine Gegen-

leistung des Erwerbers ist. Dies kann sich ergeben aufgrund einer niedrigeren Gegenleistung (Erwerber vergütet nur den schuldenfreien Teil der WG; iÜ trägt er die Schulden der PersGes mit) oder zB durch eine Einlage-, Freistellungsverpflichtung ggü der PersGes (*Ratschow* HFR 22, 1016 (1017)). Auch übernommene persönl Schulden des Veräußerers und ein übernommenes negatives KapKto zählen ggf zu den AK (BFH IX R 38/17, BStBl II 21, 202; BFH IX R 44/14 BStBl II 18, 323). Zur Zuordnung, gesonderten Erfassung der AK in einer Ergänzungsrechnung, neuen AfA-Reihen → § 6 Rn. 43 *(1);* BFH IX R 22/19, BStBl II 23, 186; BFH IX R 38/17, BStBl II 21, 202; *Stein ua* DStR 25, 2041 ff. Die AfA-Bemessungsgrundlage und die AK der anteiligen WG gem § 23 I 4 können mE auseinanderfallen, weil für die AfA nur „übernommene Schulden" relevant sind, die die AK der PersGes/Gemeinschaft für die miterworbenen WG finanziert haben (BFH IX R 22/19, BStBl II 23, 186; auch § 23 III 4, → Rn. 80).

4. Veräußerung, § 23 I 1, 4, 5. – a) Begriff. Die **Veräußerung** (Abs 1 S 1) ist neben der Anschaffung unentbehrl Besteuerungsmerkmal des gestreckten Tatbestands (→ Rn. 4). Eine Veräußerung ist die (marktoffene) entgeltl Übertragung des angeschafften (näml) WG auf einen Dritten (BFH IX R 25/15, BStBl II 18, 518; EStH 23). Die Übertragung des wirtschaftl Eigentums genügt. – Zu den **subj Voraussetzungen** → Rn. 2, 57. – Zur teilentgeltl Veräußerung → Rn. 65. – Eine Rückübertragung kann Veräußerung oder nicht stbare Rückabwicklung der Anschaffung sein (→ Rn. 51). – Maßgebl Veräußerungszeitpunkt ist das schuldrechtl Geschäft (BFH IX R 18/13, BStBl II 14, 826; → Rn. 33; 35). 48

b) Anwendungsfälle. – aa) Veräußerungen. Kaufvertrag, Tausch, Verpflichtung zur Abtretung eines Rechts (BFH VIII R 30/74, BStBl II 77, 827); Baulandumlegung (HessFG EFG 09, 109); nicht aber Zwangsumlegung (→ Rn. 58); – Die Veräußerung eines **Grundstücks mit fortbestehendem Nießbrauch** ist ebenso stbar (RFH RStBl 28, 330; *Kessler/Mirbach* DStR 15, 926). – Veräußerungen sind auch – die **Erfüllung des Zugewinnausgleichsanspruchs** durch ein WG (→ Rn. 42, 51); der **Verkauf und Wiederkauf des WG** (BFH IX R 55/07, BFH/NV 10, 387; s auch FG Hmb EFG 04, 1775; SchlHFG DStRE 06, 1462). – Die **Einbringung von WG des PV** gegen Gewährung von GesRechten in eine **KapGes** (offene Sacheinlage, → § 6 Rn. 855; zur verdeckten Einlage → § 6 Rn. 864: § 23 I 5 Nr 2) oder in eine **gewerbl PersGes** (BFH IV R 2/20, BStBl II 23, 999; *BMF* BStBl I 11, 713; iEinz → § 6 Rn. 598 ff); zur **vermögensverwaltenden PersGes** → Rn 45. – Zu **Kryptowerten** → Rn. 25 f. 49

bb) Keine Veräußerungen. Zerstörung oder **Verlust** eines WG, **Forderungseinziehung** (BFH IX R 12/18, BStBl II 20, 94; heute § 20 II 1 Nr 7 iVm S 2; → § 20 Rn. 183); – der entgeltl **Verzicht auf Abwehrrechte** (BFH IX R 63/02, BStBl II 04, 874); – die **Einlösung** einer (Xetra-Gold-)Inhaberschuldverschreibung: Erfüllung des Sachleistungsanspruchs (BFH IX R 33/17, BStBl II 18, 525). – die Übertragung, Rückübertragung iRe **Edelmetall-Pensionsgeschäfts** (BFH IX R 20/19, BStBl II 21, 687: Einheitsbetrachtung). – Die **Ablösung des Nießbrauchs** ist für den **Nießbraucher** keine Veräußerung des Rechts, aber nach BFH IX R 4/24, DStR 25, 2831 gem § 24 Nr 1 Buchst a stbar, wenn er wirtschaftl Eigentümer und Vermieter des Grundstücks (→ § 21 Rn. 71 ff) ist (→ § 24 Rn. 31; überholt Gestaltungen wie bei *Kessler/Mirbach* DStR 15, 926); auch → § 10 Rn. 114. 50

c) Rückabwicklung und Rückveräußerung. – ***(1)*** **Abgrenzung.** Die Übertragung des WG vom Erwerber an den Veräußerer kann eine nicht Rückabwicklung der ursprüngl Anschaffung und dann keine stbare marktoffene Veräußerung sein (BFH IX R 21/14, BFH/NV 15, 1567; BFH IX R 18/20, BStBl II 23, 173: Erstattung KG-Einlage) oder ein stbarer Rückverkauf sein. Von einer stbaren Rückveräußerung des WG kann aber insbes bei über die reine Rückabwicklung hinausgehenden Vereinbarungen auszugehen sein (BFH IX R 27/15, BStBl II 18, 335). Für einen stbaren Rückverkauf müssen sämtl Voraussetzungen des § 23 I erfüllt sein (BFH IX R 26/16, BStBl II 18, 341). – ***(2)*** **Einzelfälle.** Irreparable Vertragsstörungen: keine Rückveräußerung (BFH IX R 47/04, BStBl II 07, 162), ebenso bei Rückübertragung nach gescheiterter Veräußerung (BFH IX R 8/12, BStBl II 12, 781; 51

EStH 23); zum stbaren Rückverkauf nach Rücktritt FG Mster EFG 13, 356, rkr; zur Güterstandsschaukel *Reich ua* ZEV 25, 713; *Lorenz ua* DStR 25, 2815; zur Vertragswiederholung BFH X R 88/95, BStBl II 98, 343. – Zu erstatteten WK → § 21 Rn. 121.

52 **d) Veräußerung des Anteils an einer vermögensverwaltenden Personengesellschaft oder Gesamthandsgemeinschaft, § 23 I 4, Alt 2.** Gem § 23 I 4, Alt 2 gilt als Veräußerung von WG iSd Abs 1 S 1 die unmittelbare oder mittelbare Veräußerung des Anteils an einer vermögensverwaltenden PersGes, Gesamthandsgemeinschaft durch den Ges'ter. Die Übertragung muss entgeltl/teilentgeltl sein und es muss sich der Anteil des Veräußerers am WG iRd Bruchteilsbetrachtung vermindern (iEinz → Rn. 44, 45; zur grds unentgeltl Erbauseinandersetzung → Rn. 41). Zur Gewinnermittlung → Rn. 71.

53 **Stbare Veräußerungen** von WG können innerhalb der Frist bei Anschaffung und Veräußerung des Anteils *durch den Ges'ter,* iRd sog. *Mischfälle* und bei Anschaffung/Veräußerung *nur durch die PersGes/Gemeinschaft* auftreten. Der Gewinn ist idR im ESt-Bescheid zu veranlagen (BFH IX R 9/13, BStBl II 16, 515; BFH IX R 10/15, BFH/NV 16, 529; zur Ausnahme unten *(c)*).

Veräußerungen sind für den jeweiligen Ges'ter daher – *(a)* die *Veräußerung* des Anteils (BFH IX R 9/13, BStBl II 16, 515) nach eigener Anschaffung oder Anschaffung des WG durch die PersGes, Gemeinschaft und das ebensolche *Ausscheiden* des Gesters gegen Abfindung (BFH IX R 24/18, BStBl II 20, 225);– *(b)* die Veräußerung des WG durch die PersGes, Gemeinschaft nach dem Anteilserwerb oder einer entgeltl Anwachsung (NdsFG EFG 23,1537, rkr; FG Mchn BeckRS 2025, 31987, Rev IX R 22/25). S iEinz *OFD Ffm* DStR 15, 2554, Rn. 1.2; *BeckOK EStG* § 23 Rn. 244.1 ff. – *(c)* Wenn die *PersGes/Gemeinschaft das WG anschafft und veräußert,* werden die Einkünfte auf dieser Ebene gemeinschaftl erzielt, soweit der Ges'terBestand bei Erwerb und Veräußerung übereinstimmt. Der Gewinn wird dann iHd Kapitalanteile (BFH IX R 24/18, BStBl II 20, 225) oder ggf disproportional zugerechnet (BFH VIII R 3/21, BStBl II 24, 902; FG Köln EFG 21, 1480, rkr). Er ist einheitl und gesondert festzustellen (§ 179 II AO).

54 Die **echte** und unechte **Realteilung** einer vermögensverwaltenden PersGes sind entgeltl Anteilsaufgaben iSv § 23 I 4, Alt 2, da der Abfindungsanspruch jedes Ges'ters durch ein WG und ggf zusätzl Leistungen erfüllt wird. Nach zutr hM (*Stein ua* DStR 25, 2041 (2045 ff); zur *FinVerw* → § 20 Rn. 155) löst die **echte Realteilung** eine fiktive Veräußerung der zurückgelassenen WG für alle Realteiler aus (wechselseitiger Tausch wie → Rn. 45 zur Einbringung). Sie ist für den jeweiligen Realteiler stbar, soweit sie für ihn innerhalb der Frist seit Anschaffung der zurückgelassenen WG stattfindet und ihm das WG anteilig zuzurechnen war; das erhaltene WG schafft der Realteiler an, soweit es ihm vorher nicht zuzurechnen war. Ebenso ist die **unechte Realteilung** zu behandeln. Hier veräußert der Realteiler fiktiv die anteiligen zurückbleibenden WG (insoweit Anschaffung der MitGes'ter); das zugeteilte WG veräußern die MitGes'ter und schafft der Realteiler anteilig an. Eine stneutrale Realteilung mit Fortführung der AK für das übernommene WG (sinngemäße Anwendung der Grundsätze zur Erbauseinandersetzung in → Rn. 41) scheidet mE letztl aus, da § 23 I 4, Alt 2 nF für sämtl entgeltl Anteilsveräußerungen und mE auch Aufgaben des Ges'ters eine anteilige Veräußerung der WG fingiert und § 23 keine dem § 16 III 3 entspr Rückausnahme enthält.

55 **e) Veräußerungsfiktion für Einlagen, § 23 I 5.** Abs 1 S 5 greift **nur** für nach dem 31. 12. 99 eingelegte WG iSd Abs 1 S 1 Nr 1 **(Grundstücke/entspr Rechte).** Stbar sind – ***(1)* Einlagen als fiktive Veräußerungen.** Bei **Abs 1 S 5 Nr 1** ist nach Einlage in ein (Sonder)BV (§ 6 I Nr 5) die spätere **Veräußerung** *dieses WG* aus dem BV innerhalb von zehn Jahren seit Anschaffung des WG im PV stbar. Eine zwischenzeitl Entnahme/Wiedereinlage beeinflusst die Berechnung der Zehnjahresfrist „seit Anschaffung im PV" nicht. Zur Veräußerung *aus dem BV* s zutr *BMF* BStBl I 00, 1383 Rn. 4 (an Dritte; iRd (Teil-)Betriebsaufgabe; mE auch bei Entstrickung; Übertragung iSd § 6 V S 3; Einbringung zum Buchwert gem § 20, § 24 UmwStG). – Die

Veräußerung im PV nach Entnahme ins PV fällt nicht unter Nr 1 (*BMF* BStBl I 00, 1383 Rn. 5, 35). – ***(2)* Verdeckte Einlagen, Abs 1 S 5 Nr 2.** S zum Begriff → Rn. 49 mwN; zur Gewinnermittlung → Rn. 74.

5. Subjektive Voraussetzungen. – a) Veräußerungsmotiv. Eine Veräußerungsabsicht ist **unerhebl** (→ Rn. 2, auch zur Einkünfteerzielungsabsicht). Auch Veräußerungen aus **wirtschaftl Zwang, zur Abwendung der Versteigerung** sind stbar (BFH IX R 11/21 BStBl II 23, 642; *BH/Ratschow* § 23 Rn. 146). 57

Beispiele: Zwangsversteigerung (kaufähnl wegen Abwendungsbefugnis gem § 30a ZVG, auch iRd Insolvenz, s BFH IX R 6/24, BStBl II 25, 350 – ESt ist ggf gem § 55 I Nr. 1 Alt 2 InsO Masseschuld; außerhalb Insolvenz ebenso lt NdsFG EFG 25, 1227, Rev VIII R 25/24); **Pfandveräußerung, Aktienumtausch** wegen Verstaatlichung (FG Mster EFG 16, 486; ähnl FG Ddorf DStRK 19, 98); **Veräußerung wegen** Krankheit (BFH VI R 319/67, BStBl II 69, 705), Zahlungsunfähigkeit; Versetzung oä.

b) Ausnahmen bei Zwangstausch; Enteignung. Die zwangsweise Ersatzbeschaffung (Surrogation) behandelt die Rspr ausnahmsweise nicht als Veräußerung und Neuanschaffung, dh die ursprüngl Veräußerungsfrist läuft weiter; die AK des *ersetzten* WG sind maßgebl. Erforderl sind ein zeitl und sachl Zusammenhang beider Teilakte derart, dass die WG art-/wert-/funktionsähnl sind und der Zwang zur Ersatzbeschaffung (BFH X R 3/92, DStR 95, 1301). Keine Anschaffung/Veräußerung daher idR bei Austausch (Surrogation) im **Umlegungsverfahren** (BFH IX R 36/09, BStBl II 10, 792; BFH VI R 22/20, BStBl II 23, 384), beim **Landtausch** nach FlurbG (BFH VI R 25/17, BFH/NV 20, 276) und bei **Enteignungen** (BFH IX R 28/18, BStBl II 19, 701; EStH 23 „Enteignung"; → Rn. 31). 58

III. Subsidiarität, § 23 II

Einkünfte iSd § 23 I sind vorrangig anderen Einkunftsarten zuzurechnen, wenn sie zu diesen gehören. Die Veräußerung von WG des BV führt zu BE iRd Gewinnermittlung nach §§ 4 I, § 4 III, § 5 I (BFH IX R 20/05, BFH/NV 06, 1079); ggf kann ein Gewinn iZm mehreren Einkunftsarten aufzuteilen sein (BFH VIII R 29/01, BFH/NV 07, 689); zu **Kryptowerten** im BV → Rn. 25 und iEinz *BMF* BStBl I 25, 658. 60

Einzelfragen: Veräußerungsgewinne aus Anteilen an KapGes ua (§ 1 I Nr 1, Nr 2 KStG) fallen nur noch unter § 17 und § 20 II Nr 1; aus anderen KapAnlagen unter § 20 I Nr 3 und § 20 II, jeweils ohne Haltefristen (→ § 20 Rn. 145). – Zum **gewerbl Grundstückshandel** → § 15 Rn. 47 ff; zum **An- und Verkauf bewegl (ggf vermieteter) WG** → § 15 Rn. 86 (auch zur sog Verklammerungs-Rspr); str ist die Anwendung von § 23 bei Veräußerung nicht existenter Container (FG Mchn EFG 24, 1488, Rev III R 23/24; FG Mster EFG 25, 1072, rkr); zur **Nießbrauchsablösung** → Rn. 50; → § 24 Rn. 31. 61

IV. Gewinn- und Einkünfteermittlung, § 23 III

1. Gewinnermittlung, § 23 III 1–5. – a) Grundsatz, § 23 III 1. Gewinn/Verlust des StPfl ist die Differenz zw Veräußerungspreis und AK/HK/WK (§ 23 III 1); § 23 III 2–5 enthalten Sondervorschriften. Die gezielte Verlustrealisierung (Verkauf mit Wiederkauf) ist grds kein Missbrauch (BFH IX R 40/09, BStBl II 11, 427; auch → Rn. 49). 63

b) Veräußerungspreis. – aa) Gegenleistung; Aufteilung. – *(1)* Veräußerungspreis iSd Abs 3 S 1 ist jede Gegenleistung, die der Veräußerer in Geld oder Geldeswert „für" das WG, ggf noch nachträgl, erhält (BFH IX R 44/14, BStBl II 18, 323, auch zur Aufteilung bei mehreren Veranlassungen). Der Preis ist bei Tatbestandsverwirklichung (→ Rn. 48) zu bestimmen, unabhängig davon, wann und auf welche 64

Weise er zu entrichten ist; maßgebl ist der „tatsächl Preis“ (BFH IX R 18/16, BStBl II 17, 676). Auch für § 23 als punktuellen Besteuerungstatbestand ist dies grds der *Nennbetrag* der Kaufpreisforderung (→ § 17 Rn. 120); bei wiederkehrenden Leistungen der Barwert → § 17 Rn. 129 und → Rn. 85, 87; zu nachträgl, rückwirkenden Preisänderungen → § 17 Rn. 122). Der **Besteuerungszeitpunkt** des Gewinns/Verlusts richtet sich aber nach dem Zufluss (→ Rn. 84). Beim **Tausch** bemisst sich der *Preis* (abw vom Tausch im BV und abw von den AK) nach dem gemeinen Wert der *empfangenen* Gegenleistung und nicht des hingegebenen WG.

65 ***(2)* Aufteilung von Preis und AK.** Bei **teilentgeltl Veräußerung** sind strikt (auch bei Entgelt < AK) der Veräußerungspreis und AK/AfA in einen entgeltl und unentgeltl Teil [Verhältnis Entgelt zum Verkehrswert] aufzuteilen (BFH IX R 17/24, BStBl II 25, 550, auch zum Verhältnis zur SchenkungSt; → § 6 Rn. 790 ff). Die Aufteilung ist **auch erforderl** – *(a)* bei teilw nicht stbarer Veräußerung, → Rn. 19; *BMF* BStBl I 00, 1383 Rn. 30; – *(b)* ggf beim Rückverkauf (maßgebl ist der Grundstückswert, s BFH IX R 44/14, BStBl II 18, 323; BFH IX R 27/15, BStBl II 18, 348).

66 ***(3)* Einzelfälle.** Zum Preis gehören können zB ein Darlehensverzicht iRe Rückkaufs (BFH IX R 26/16, BStBl II 18, 348); übernommene Schulden des Erwerbers (auch → Rn. 47 zu § 23 I 4); ein Schuldenerlass (HessFG EFG 11, 52); der Verzicht auf Nachbarrechte (BFH IX R 63/02, BStBl II 04, 874; EStH 23). Soweit Gegenleistung eine Einmalbeitragszahlung in eine Sofort-RV für den Veräußerer ist, ist Preis der Nennbetrag des Beitrags, nicht der Barwert der Renten (FG BW EFG 18, 1707, rkr). – **Nicht** zum Veräußerungspreis gehören zB erstattete Finanzierungsaufwendungen (BFH IX R 51/03, BFH/NV 05, 1262), Schadenersatzleistungen eines Dritten (BFH IX R 8/15, BStBl II 17, 316), Vergütungen für andere Leistungen iRe Vergleichs (→ Rn. 64).

67 **(bb) Einlagen (§ 23 III 2).** Bei Grundstückseinlagen in das BV (Abs 5 Nr 1; → Rn. 55) ist der im BV nach § 6 I Nr 5 tatsächl angesetzte Einlagewert maßgebl (grds TW); bei verdeckten Einlagen in KapGes (Abs 5 Nr 2) ist wie in § 17 II 2 der gemeine Wert anzusetzen (s auch § 6 VI, → § 6 Rn. 861 ff).

69 **c) Abzug der Anschaffungs- und Herstellungskosten. – aa) Begriffe; Einzelfälle.** Zum Begriff der AK und den Anschaffungsvorgängen → Rn. 31 ff iVm → § 6 Rn. 31 ff. **HK** sind nur nachträgl HK für ein zuvor *angeschafftes* WG (§ 255 II HGB): Gem § 23 I Nr 1 S 2 iVm § 23 III 1 sind die HK eines innerhalb von 10 Jahren seit Anschaffung des Grundstücks neu hergestellten Gebäudes in die Berechnung des Grundstückveräußerungsgewinns einzubeziehen; die HK sind den AK hinzuzuschlagen und um gem § 23 III 4 um die **AfA** zu mindern (→ Rn. 14). – Nach **teilentgeltl Erwerb** des Veräußerers (→ Rn 31) sind vom Veräußerungspreis die AK iHd entgeltl und die fortgeführten AK für den unentgeltl erworbenen Teil abzuziehen (BFH IX R 63/10, BStBl II 11, 873; *BMF* BStBl I 00, 1383 Rn. 30).

70 **bb) Vermögensverwaltende Personengesellschaft; Gesamthandsgemeinschaft.** Soweit der *Ges'ter, Gemeinschafter* stbar veräußert (→ Rn. 53 f), sind die selbst getragenen oder zuzurechnenden AK für das WG (→ Rn. 47) dem Veräußerungspreis gegenüberzustellen (BFH IX R 44/14, BStBl II 18, 323). Bei Veräußerung sukzessiv erworbener Anteile (→ Rn. 44) sind die nicht fristgerecht (= nicht stbar) veräußerten Teile des WG und AK auszuscheiden; für die stbar veräußerten Teile bestimmen sich die AK mE nach Durchschnittswerten (vgl BFH X R 49/90, BStBl II 94, 591; **aA** *Steck* Stbg 22, 55; *Dorn ua* DStR 25, 1969 (1973 f): Reihenfolgebestimmung mit abzugrenzenden AK). – Bei *gemeinschaftl Veräußerung* (→ Rn. 53) sind vom Entgelt die AK auf Ebene der PersGes abzuziehen (BFH IX R 44/14, BStBl II 18, 323).

71 Erstattungen, die dem Vermögensbereich zuzuordnen sind, mindern die AK/HK des WG (BFH IX R 32/19, BStBl II 23, 169). – Die Erstattung der Einlage mindert nicht die AK/HK der PersGes, sondern nur die AK des Ges'ters. Es kann mangels

Rechtsgrundlage in § 23 III aber kein stpfl Rückabwicklungsgewinn entstehen (BFH IX R 18/20, BStBl II 23, 173).

cc) Anschaffungskosten bei Entnahme oder Betriebsaufgabe, § 23 III 3. Anstelle der AK ist grds der **Teilwert** nach § 6 I Nr 4 bzw nach § 16 III 7 der gemeine Wert anzusetzen (*BMF* BStBl I 00, 1383, Rn. 33). Maßgebl Wert ist derjenige, der der StFestsetzung tatsächl zugrunde gelegt wurde; dies gilt auch bei fehlerhaft zu hohem oder zu niedrigem Ansatz, bei gänzl fehlender steuerl Erfassung der Entnahme ist der Buchwert im BV heranzuziehen (BFH IX R 3/21, BStBl II 22, 406; zur Entprägung BFH IX R 18/24, DStR 25, 1927). Zu § 13 IV → § 13 Rn. 102; NdsFG EFG 19, 1283, rkr; *BMF* BStBl I 19, 888. 72

dd) Anschaffungskosten bei fiktiver Veräußerung, § 23 V. Zu den stbaren Vorgängen → Rn. 55. Bei **§ 23 Abs. 5 Nr 1** ist der Gewinn grds aus der Differenz von Einlagewert ./. AK (und etwaigen WK) zu ermitteln; daneben entstehen ggf BE für die im BV aufgedeckten stillen Reserven (BFH IX R 66/10, BStBl II 13, 1002; *BMF* BStBl I 00, 1383, Rn. 35); – Bei **§ 23 Abs 5 Nr 2** gelten die allg Grundsätze der verdeckten Einlage (→ § 6 Rn. 864). Der Gewinn ergibt sich aus dem gemeinen Wert des WG abzügl der AK/WK (ähnl § 17 I 2; → § 17 Rn. 92). 74

d) Werbungskosten. WK iSd § 23 III 1 sind (neben den Veräußerungskosten) alle vor und zw Anschaffung und Veräußerung angefallenen (hierdurch veranlassten) und abgeflossenen Aufwendungen, sofern sie nicht zu den AK/HK oder WK bei einer anderen Einkunftsart gehören (BFH IX R 8/18, BStBl II 20, 122; EStH 23; *BH/Ratschow* § 23 Rn. 195; *BeckOK EStG* § 23 Rn. 304 ff). Zum maßgebl Zeitpunkt → Rn. 84. 76

Beispiele für WK: S auch EStH 23. **Aufwendungen** für Makler, Notar, Grundbucheintragungen; Bauvertrags-Abstandszahlungen; WK zw Vermietung und Veräußerung. **Schuldzinsen** können WK darstellen (BFH VIII R 281/83, BStBl II 1989, 16; zum ggf vorrangigen Abzug nachträgl Schuldzinsen nach Verkauf → § 21 Rn. 144; zur Verwendung des Veräußerungserlöses zur Schuldentilgung BFH IX R 8/18, BStBl II 20, 122; ebenso **Vorfälligkeitsentschädigungen** (BFH IX R 42/13, BFH/NV 14, 1254). Zu werterhöhenden **Abbruchkosten** und Aufwendungen für ein Sanierungskonzept s FG Ddorf EFG 21, 743, rkr. – **Keine WK** sind Aufwendungen für ein anderes WG/neues Gebäude (BFH X R 65/95, BStBl II 97, 603, auch zu werterhöhenden Planungskosten); Verluste aus der Ablösung einer Finanzierungs-LV (FG Bln-Bbg ErbStB 21, 330, rkr). – Zu **Kosten iRd (Treuhand-, Regel-)Insolvenzverfahrens** BFH IX R 29/23, BStBl II 25, 277.

e) Abschreibungen auf das Wirtschaftsgut, § 23 III 4. – *(1)* **Überblick.** Für nach dem 31.7.95 angeschaffte WG mindern sich gem Abs 3 S 4 die AK/HK um AfA jeder Art (AfA, SonderAfA), soweit die AfA tatsächl bei der Ermittlung anderer Einkünfte iSd § 2 I 1 Nr 4–7 abgezogen wurden (*BMF* BStBl I 00, 1383 Rn. 38). 78

(2) **Grundstücke.** Die AK/HK mindern sich auch um die auf ein **häusl Arbeitszimmer** entfallende AfA; anders wenn die Aufwendungen nach § 4 V Nr 6b, § 9 V nicht oder nur begrenzt abziehbar waren (*BMF* BStBl I 00, 1383 Rn. 39; s auch BFH VIII R 9/18, BStBl II 20, 845; BFH VIII R 15/17, BStBl II 20, 841: keine analoge Anwendung im BV). Bei Inanspruchnahme einer SonderAfA gem **§ 7b** sind die AK iRd § 23 III 4 zu mindern (→ § 7b Rn. 18; *BMF* BStBl I 25, 1419, Rn. 71 ff). – Wurde AfA bei der Ermittlung **ausl VuV-Einkünfte gem § 32b I Nr 3 abgezogen,** sind mE die AK/HK auch gem Abs 3 S 4 zu mindern (glA *Haug* IStR 21, 215; ebenso iErg bei § 7b → § 7b Rn. 18; *BMF* BStBl I 25, 1419, Rn. 75); anders ggf bei Veräußerung durch einen inl Spezialfonds (BFH VIII R 37/16, BStBl II 21, 95; HessFG IStR 23, 255, rkr). 79

(3) **Vermögensverwaltende Personengesellschaft; Gesamthand.** S BFH IX R 44/14, BStBl II 18, 323: Abzuziehen ist bei Tatbestandsverwirklichung des Ges'ters die AfA des Ges'ters (→ Rn. 47), bei gemeinschaftl Tatbestandsverwirklichung die AfA der PersGes, Gemeinschaft (→ Rn. 53). 80

82 **2. Freigrenze, § 23 III 5.** Der **Gewinn** iSv § 23 III 5 ist der Saldo aller miteinander verrechneten Veräußerungsgewinne des VZ. Gesamtgewinne von unter 1000 € im VZ (Erhöhung ab VZ 2024: Art 2 Nr 5 iVm Art 34 IV WachstChG BGBl I 24 Nr 108) bleiben iRd Freigrenze stfrei. Sie ist auf das *Kj* bezogen und wird für einen in Raten zufließenden Veräußerungsgewinn uU *mehrfach* gewährt (**aA** *BH/Ratschow* § 23 Rn. 230). Bei zusammenveranlagten **Ehegatten** steht die Freigrenze jedem nur für die eigenen Gesamtgewinne zu; positive Einkünfte über die Freigrenze hinaus sind nicht mit entspr Verlusten des anderen Ehegatten auszugleichen (*BMF* BStBl I 00, 1383 Rn. 41; *BH/Ratschow* § 23 Rn. 229, str; **aA** *HHR/Hentschel* § 23 Rn. 316). Auch → Rn. 93.

84 **3. Besteuerungszeitpunkte, § 23 III 6. – a) Zufluss-/Abflussprinzip. – *(1)* Grundsatz.** Wann der Gewinn iSd § 23 III 1-4 realisiert wird, ist nach dem Zufluss iSd § 11 unter (ggf anteiligem) Abzug der AK/HK/WK zu beurteilen (BFH VIII R 76/69, BStBl II 74, 540; BFH IX R 57/08, BStBl II 10, 607; zur Einbeziehung eines vor der Veräußerung erhaltenen Vorteils HessFG EFG 11, 52). **WK** (→ Rn. 76) sind unabhängig von § 11 II bei Zufluss des Erlöses (ggf anteilig) abzuziehen (BFH X R 6/91, BStBl II 91, 916; BFH X R 91/90, BStBl II 92, 1017; EStH 23). – ***(2)* Ausnahmen.** – *(a)* Bei **Einlage in BV** ist die Besteuerung nach **§ 23 I 5 Nr 1** abhängig von der Veräußerung im BV; daher Besteuerung der Einlage erst bei Zufluss des Veräußerungspreises im BV (§ 23 III 6 Hs 1; *BMF* BStBl I 00, 1383, Rn. 36 f). – *(b)* Bei **verdeckter Einlage in KapGes (§ 23 I 5 Nr 2)** ist der Zeitpunkt der Einlage maßgebl **(§ 23 III S 6, Hs 2).**

85 **b) Ratenverkauf; Stundung. Maßgebl Preis** iSv § 23 III 1 ist mE nicht der Nennwert der Forderung, sondern der Barwert der Teilzahlungen (ggf Aufteilung gem iHv § 12 III BewG); dieser wird iHd der jährl Barwertminderung mit den AK verrechnet, daneben fließt von Beginn ein Zinsanteil iSv § 20 I Nr 7 zu (BFH VIII R 163/71, BStBl II 75, 431; BFH VIII B 115/13, BFH/NV 15, 200). Allerdings bleiben Restzweifel, da BFH IX R 18/16, BStBl II 17, 676 auf die Nominalbeträge (nicht Barwerte) abgestellt hat. Der Gewinn wird nach Überschreiten der AK/HK/WK (→ Rn. 69, 76, 78) realisiert (→ Rn. 84). Ist der Gesamterlös < AK/HK/WK, entsteht der Verlust ratierl (BFH IX R 18/16, BStBl II 17, 676: quotale Verrechnung von Teilerlös und AK/HK/WK nach dem Verhältnis Teilerlös/Gesamterlös).

87 **c) Verkauf gegen Leibrente; Veräußerungsrente.** Bei *Leibrenten* sind die einzelnen Zahlungen von Beginn in einen Kapital- und einen Ertragsanteil zu zerlegen. Der Kapitalanteil der Renten (§ 14 BewG) bildet den Preis iSv § 23 III 1 (→ Rn. 64) und ist mit den AK/HK/WK zu verrechnen; der Ertragsanteil fällt unter § 22 (*BMF* BStBl I 10, 227 Rn. 73 ff, → § 22 Rn. 71 ff mwN). – Eine Übertragung gegen *Versorgungsleistungen* ist beim Veräußerer mE ebenso zu behandeln (zum Erwerber BFH IX R 11/19, BStBl II 22, 228). – Bei *Veräußerungszeitrenten* ist Preis iSv § 23 III 1 der Barwert (§ 13 BewG). Der Tilgungsanteil (jährl Barwertminderung) ist mit den AK/HK/WK zu verrechnen; der Zinsanteil fällt unter § 20 I Nr 7 (BFH VIII R 3/17, BStBl II 20, 813; *BMF* BStBl I 10, 227 Rn. 77 ff, → § 22 Rn. 72). Zur Realisation → Rn. 85.

91 **4. Verlustausgleich und -verrechnung, § 23 III 7, 8. – a) Beschränkungen. – *(1)* Einkünfteermittlung.** Ehegatten können Veräußerungsgewinne des einen mit Veräußerungsverlusten des anderen ausgleichen (FG Köln EFG 12, 1741; BFH VIII R 55/13, BStBl II 17, 264). – VuV-Verluste einer vermögensverwaltenden PersGes können entspr § 15a mit § 23-Gewinnen verrechnet werden (BFH IX R 52/13, BStBl II 15, 263). – ***(2)* Besonderheiten.** Finale Veräußerungsverluste aus Drittstaaten und der EU-/EWR sind in die inl Bemessungsgrundlage einzubeziehen (idR iRd § 32b iVm DBA; keine Beschränkung durch § 2a [→ § 2a Rn. 33] und § 32b I 2, 3, [→ § 32b Rn. 17 f]; *Kollruss* IStR 25, 542 (547)), wobei aber § 23 III 7 ff auch iRd

§ 32b für die Einkünfteermittlung und die Feststellungsobliegenheit gelten (FG Ddorf EFG 22, 1169, rkr).

b) Verlustausgleich, § 23 III 7. Verluste aus privaten Veräußerungsgeschäften sind im selben VZ *nur* mit entspr „Gewinnen" ausgleichsfähig. Der beschr Verlustausgleich ist verfgemäß (BFH IX R 11/14, BFH/NV 16, 1691; → Rn. 8). Zu **§ 23 III 9, III 10 aF** → 44. Aufl 2024, § 23 Rn. 94. 92

c) Verlustverrechnung, § 23 III 8. Eine **gesonderte Verlustfeststellung** ist nach § 10d IV grds ab 2007 geboten (iEinz → 43. Aufl 2024, § 23 Rz 93; BFH X B 171/14, BFH/NV 15, 1243). Gem § 23 III 8 Hs 2 gilt § 10d IV 4 entspr, dh die Veräußerungsverluste müssen dem ESt-Bescheid des Entstehungsjahrs zugrunde liegen und zwar auch dann, wenn keine Gewinne in demselben VZ verrechnet werden können (BFH IX R 29/19, BStBl II 23, 562: Quasi-Bindungswirkung). – Mögl sind der Verlustrücktrag und Verlustvortrag (§ 23 III 8, Hs 1). – Der Abzug gem Abs. 3 S 8 iVm § 10d erfolgt vom Gesamtbetrag der Einkünfte (FG Bln-Bbg DStRE 12, 216; offen gelassen in BFH III R 66/11, BFH/NV 13, 529). – Die Freigrenze des § 23 III 5 ist *vor* dem Verlustrücktrag nach § 23 III 8 iVm § 10d zu berücksichtigen; der Verlustrücktrag mindert also nicht den für die Bestimmung der Freigrenze maßgebl Betrag (BFH IX R 27/04, BStBl II 05, 433; *BH/Ratschow* § 23 Rn. 228). 93

h) Gemeinsame Vorschriften

§ 24 Entschädigungen, Nutzungsvergütungen u. Ä.

Zu den Einkünften im Sinne des § 2 Absatz 1 gehören auch

1. Entschädigungen, die gewährt worden sind
   a) als Ersatz für entgangene oder entgehende Einnahmen oder
   b) für die Aufgabe oder Nichtausübung einer Tätigkeit, für die Aufgabe einer Gewinnbeteiligung oder einer Anwartschaft auf eine solche;
   c) als Ausgleichszahlungen an Handelsvertreter nach § 89b des Handelsgesetzbuchs;

2. Einkünfte aus einer ehemaligen Tätigkeit im Sinne des § 2 Absatz 1 Satz 1 Nummer 1 bis 4 oder aus einem früheren Rechtsverhältnis im Sinne des § 2 Absatz 1 Satz 1 Nummer 5 bis 7, und zwar auch dann, wenn sie dem Steuerpflichtigen als Rechtsnachfolger zufließen;

3. Nutzungsvergütungen für die Inanspruchnahme von Grundstücken für öffentliche Zwecke sowie Zinsen auf solche Nutzungsvergütungen und auf Entschädigungen, die mit der Inanspruchnahme von Grundstücken für öffentliche Zwecke zusammenhängen.

Einkommensteuer-Richtlinien: EStR 24.1, 24.2; EStH 24.1, 24.2 – **Verwaltungsanweisungen:** *BMF* BStBl I 13, 1326; *BMF* BStBl I 16, 277.

Übersicht Rn.

I. Allgemeines

1 **1. Systematik.** § 24 regelt die Besteuerung bestimmter Einnahmen beim Empfänger; für die Bilanzierung und steuerl Behandlung beim Verpflichteten bzw Leistenden ist die Vorschrift ohne Bedeutung. Wegen der unterschiedl Tarifermäßigungen nach § 34 I und III kann es auf die Abgrenzung Veräußerungsgewinne (§ 34 II Nr 1)/Entschädigungen (§ 34 II Nr 2) ankommen (vgl → Rn. 42).

2 **2. Einkunftsart.** § 24 stellt die StPfl der dort aufgezählten Entschädigungen positiv klar und bestimmt nach § 2 I 2 zugleich deren Zuordnung zur im Einzelfall einschlägigen Einkunftsart. Aus dem Wort „auch" in § 24 folgt, dass die in der Vorschrift genannten Einnahmen **keine neue selbständige Einkunftsart** bilden (zu § 24 Nr 2 → Rn. 50 ff). Demgemäß muss die Entschädigung nach § 24 Nr. 1a zu den stpflichtigen Einkünften des § 2 I gehören (iEinz BFH IX R 15/19, BStBl II 21, 901; BFH X R 48/14, BStBl II 17, 383; BFH IX R 5/24, DStR 24, 2682); iRv Nr 1 Buchst b ist eine Zuordnung zu verschiedenen Einkunftsarten (einschließl § 22 Nr 3) ausreichend (BFH IX R 86/95, BStBl II 99, 590: Wettbewerbsverbot; → Rn. 39). Ersatzleistungen für den Verlust (zB aufgrund DBA) **nichtsteuerbarer Einkünfte** (BFH VIII R 79/91, BStBl II 95, 121: Mehrbedarfsrenten nach § 843 BGB) oder den „Verlust des Erwerbslebens" (BFH IX R 15/19, BStBl II 21, 901) fallen nicht unter den Entschädigungsbegriff.

3 **3. Außerordentliche Einkünfte.** Die Entschädigung soll nicht unter weitergehenderen Voraussetzungen den Einkünften zugerechnet werden als die entgangene oder entgehende Einnahme, an deren Stelle sie tritt (vgl BFH VIII R 306/81, BStBl II 86, 252 zur Enteignungsentschädigung für PV). Einkünfte, die unter § 24 fallen, bilden eine **besondere Art von Einkünften innerhalb der Einkunftsart,** zu der sie gehören (BFH IV 223/58 S, BStBl III 60, 72). Dadurch fungiert § 24 als eine **Vorschaltbestimmung zu § 34 II,** die es ermöglicht, die in § 24 Nr 1, Nr 3 aufgeführten (ao) Einkünfte nach einem ermäßigten StSatz zu besteuern, sofern die weiteren Tatbestandsmerkmale des § 34 II Nr 2 (zusammengeballter Zufluss; → Rn. 12) und Nr 3 (Nachzahlung für mehr als drei Jahre) erfüllt sind.

II. Entschädigungen, § 24 Nr 1

4 **1. Entschädigungsbegriff. – a) Allgemeines.** Der Begriff der Entschädigung, den § 24 Nr 1 für die Buchst a und b verwendet, ist im Gesetz nicht umschrieben. Er ist dem allg Sprachgebrauch, dem Sinnzusammenhang der Norm und ihrem Zweck zu entnehmen. Der Begriff der Entschädigung wird für alle Fälle des § 24 Nr 1 dahingehend aufgefasst, dass der StPfl die Ersatzleistung als *Ausgleich für einen Schaden* in Gestalt des *Verlustes* oder der *Verringerung von Einnahmen* oder einer *Einnahmemöglichkeit* erhält, also für eine Beeinträchtigung seiner Rechtsgüter (BFH X R 12/13, BFH/NV 16, 898 mwN). Allein darin liegt der Schaden; daher ist unerhebl, wenn das schädigende Ereignis zugleich anderweitige Vorteile für den StPfl auslöst; ein Vorteilsausgleich ist nicht vorzunehmen (BFH IV R 12/06, DStR 09, 846). Für Nr 1 Buchst c ergibt sich die Rechtsfolge aus der Verweisung auf § 89b HGB. Entschädigung iSd § 24 Nr 1 ist **Schadenersatz** nur, wenn er wegen Verletzung der Erwerbsgrundlage geleistet wird **(Kompensation für weggefallene oder verschlechterte**

Einnahmeposition); Schadenersatz wegen anderer Rechtsgüter (Gesundheit, Leben, Eigentum) ist nicht stbar; das gilt auch für Ersatzleistungen gem § 15 II AGG (*Cornelius ua* BB 07, 496). – Zur **Inlandszuordnung** → § 49 Nr 4d.

5 **b) Unterschiedliche Anforderungen § 24 Nr 1 Buchst a, Nr 1 Buchst b.** Die tatbestandl Differenzierung des Entschädigungsbegriffs beruht nach der Rspr auf dem unterschiedl Gesetzeswortlaut. Bei Nr 1 Buchst a muss nach *bisheriger* Rspr (→ Rn. 6) Ersatz für **unfreiwillige Einnahmeverluste** erlangt sein, während es bei Nr 1 Buchst b auf die Unfreiwilligkeit nicht ankommt, sondern allein auf einen **Ersatz für Einnahmeverluste** wegen Aufgabe oder Nichtausübung einer Tätigkeit (BFH VI R 28/84, BStBl II 87, 106). Ein weiterer Unterschied ergibt sich daraus, dass bei Nr 1 Buchst a – anders als bei Nr 1 Buchst b – für die Entschädigungsleistung eine **neue Rechts-/Billigkeitsgrundlage** begründet worden sein muss (→ Rn. 6 ff). Zur Zusammenballung → Rn. 12.

6 **2. Entschädigungen nach § 24 Nr 1 Buchst a. – a) Grundsätze – geänderte Rechtsprechung.** Nr 1 Buchst a ist auch bei Gewinneinkunftsarten anwendbar (zur Rechtsentwicklung → 36. Aufl 2017, § 24 Rn. 6). Die Entschädigung muss den **Ersatz von Einnahmen** ausgleichen; nicht erfasst wird der Ausgleich von Ausgaben (BFH IX R 5/23, DStR 25, 28; BFH IX R 58/10, BStBl II 12, 286; *Bode* FR 12, 371; *L. Fischer* HFR 12, 285: anders bei *pauschalem* Einnahmenersatz; mE fragl; vgl → Rn. 17; auch → Rn. 15, 31). Abl deshalb für **Corona-Hilfen** *FM SchlH* DStR 21, 2909: Aufwandszuschuss; zweifelnd *Dellner* NWB 21, 3372: Bindung an Umsatzrückgang; offen FG Mster EFG 23, 1068, rkr, s auch → Rn. 36 sowie → § 34 Rn. 18. Der Anwendung von § 24 Nr 1 Buchst a steht nicht entgegen, dass der StPfl insofern an der Entstehung des Schadens in Gestalt des Einnahmeausfalls mitwirkt, als er **Vereinbarungen** (zB Prozessvergleich) über eine Ausgleichsleistung und deren Höhe trifft. Vorausgesetzt wird nach **bisheriger Rspr** aber, dass der StPfl dabei unter einem nicht unerhebl rechtl, wirtschaftl oder tatsächl Druck handelt, sich also in einer nicht von ihm, sondern vom Leistenden herbeigeführten **Druck-/Zwangslage** befindet (zB BFH X R 12/13, BFH/NV 16, 898). **Änderung der Rspr** (vgl *Hüttemann* DB 24, 478): Zunächst ist der **X. BFH-Senat** bei Abfindungen für den Versorgungsausgleich von dem Erfordernis der Zwangslage **abgerückt,** zudem hat er erwogen, auf dieses Merkmal **iRv § 24 Nr 1 Buchst a** (*anders* als *iRv § 34*) generell zu verzichten (BFH X R 48/14, BStBl II 17, 383: Gesetzeswortlaut und SuZ). Dem hat sich der **IX. BFH-Senat geöffnet** und angenommen, bei gütlicher Einigung mit dem ArbG reiche eine „konfligierende Interessenlage" aus (BFH IX R 28/11, BStBl II 12, 569 betr Abfindung für Erfindervergütungen; EStH 24.1) sowie des Weiteren iSe pragmatischen Lösung unterhalb der Schwelle tatsächl Vermutungen (dazu *Ratschow* BFH/PR 18, 242) erkannt, dass bei einvernehml Auflösung des ArbVerh Feststellungen zur ArbN-Zwangslage aufgrund der erbrachten ArbG-Abfindung „regelmäßig entbehrlich" seien (BFH IX R 16/17, BStBl II 18, 709; auch → Rn. 16); schließl hat der IX. Senat nunmehr unter Zustimmung des **III., IV. und X. Senats** entschieden, für den **Entschädigungsbegriff** des § 24 Nr 1 Buchst a und damit bezügl der Stbarkeit der jew Leistung **durchgängig** auf das Merkmal der Druck-/Zwangslage zu **verzichten** (BFH IX R 4/24, DStR 25, 2831: Surrogationsgedanke maßgebl), **nicht** jedoch (s. o.) für die Prüfung der **Außerordentlichkeit** iSv **§ 34** (→ § 34 Rn. 12 ff). Erforderl für § 24 Nr 1 Buchst a ist aber weiterhin, dass es sich um einen nicht zur lfd Einkünfteerzielung gehörenden **außergewöhnl Vorgang** handelt (vgl BFH XI R 51/00, BStBl II 02, 516; → Rn. 14; krit *Zeising* BB 21, 1303). Keine Entschädigung iSd Nr 1 Buchst a sind Leistungen, die als **Erfüllung** durch Aliud-Leistung oder **Schadenersatz wegen Nichterfüllung** eines schuldrechtl Vertrages erlangt werden (→ Rn. 8; BFH XI R 51/00, BStBl II 02, 516: Auflösung des ArbVerh durch den ArbG wegen Übernahme eines politischen Amtes; BFH IV R 23/02, BStBl II 04, 876: Abfindung eines Drehbuchautors). Die Entschädigung nach Nr 1 Buchst a setzt mithin voraus, dass diese auf einer **neuen Rechts-**

und Billigkeitsgrundlage beruht (→Rn. 20; BFH IX R 67/02, BFH/NV 05, 1044). Zw Schadensentstehung und Entschädigung muss ein **unmittelbarer Zusammenhang** bestehen (BFH VIII R 17/86, BStBl II 91, 76; BFH XI R 10/92, BStBl II 93, 497); die Entschädigung muss dem (teilweisen) Ausgleich des Schadens (Einnahmeausfall) dienen; sie darf nicht aus anderen Gründen gezahlt werden (BFH IX R 45/91, BStBl II 94, 840). Ein unmittelbarer Zusammenhang ist aber auch dann zu bejahen, wenn der StB/RA aufgrund einer Falschberatung eine entgangene Mehrentschädigung auszugleichen hat (Nds FG EFG 12, 1666, rkr; auch →Rn. 10). **Soziale Zusatzleistungen** ändern den Charakter der Hauptleistung als Entschädigung nicht (BFH XI R 11/04, BFH/NV 05, 1772; FG Mster EFG 14, 356, rkr). Wird teils eine Erfüllungsleistung (zB Gehalts- oder Tantiemenachzahlung) und teils Entschädigung als Gesamtleistung (zB **Pauschalabfindung** aller Ansprüche) erbracht, ist diese ggf im Schätzungswege **aufzuteilen** (→Rn. 17; BFH XI B 99/98, BFH/NV 00, 712).

b) Beendigung der alten Rechtsgrundlage; Abgrenzung. Die Begründung einer neuen Rechts- oder Billigkeitsgrundlage heißt, dass die bisherige „Einkunftsquelle" weggefallen sein muss (BFH XI R 54/00, BStBl II 02, 181: keine Entschädigung bei Ausgleichszahlung für Fortsetzung des ArbVerh gem **§ 613a BGB** mit einem anderen ArbG; BFH XI R 8/05 BFH/NV 06, 1071; NdsFG EFG 24, 1301 rkr: ebenso nicht bei (Rück-)Wechsel zu früherem ArbG). Das bedeutet aber nicht, dass zB ein zu Grunde liegendes ArbVerh in vollem Umfange beendet werden muss (ausführl BFH IX R 3/09, BStBl II 10, 1030; BFH IX R 12/17, BFH/NV 18, 715; →Rn. 27 „Änderung des Arbeitsvertrages"). Erfüllung bereits verdienter Ansprüche ist für den Empfänger keine Entschädigung. Ebenfalls nicht Leistungen, die vereinbart werden, weil ein Anstellungsvertrag nicht verlängert wird (BFH IX R 84/07, BFH/NV 09, 130). Soweit noch nicht entstandene Ansprüche/Anwartschaften abgegolten werden, liegt bei Beendigung des bisherigen Rechtsverhältnisses regelmäßig eine Entschädigung vor. Ebenso bei Schadensersatz an abberufenen Bankvorstand (BFH IX R 33/15, BStBl II 17, 158). Abfindungen für den Wegfall der zugesagten **betriebl Altersversorgung** sind deshalb grds Entschädigungen iSd § 24 Nr 1 Buchst a; ebenso Spezialeinlagen in ausl Pensionskasse iZm vorzeitigem Ruhestand (BFH X R 10/15, BStBl II 17, 1251). Keine Entschädigung iSd § 24 Nr 1 Buchst a ist dagegen die Zahlung des **Rückkaufswert** eines **Pensionsanspruchs** aufgrund Kündigung durch ArbN (BFH X R 7/19, BFH/NV 21, 298) oder die Abfindung des (künftiges) **Tantiemeanspruchs** bei uneingeschränkter Fortsetzung des ArbVerh (BFH XI R 50/99, BStBl II 02, 347), was aber nicht der Fall ist wenn der vormalige Ges'tergeschäftsführer noch als angestellter Berater tätig wird (BFH XI R 4/02, BStBl II 03, 748). Unschädl ist, dass die Entschädigung bereits – zB für den Teil ao Kündigung seitens des ArbG – im **Anstellungsvertrag** vereinbart ist (BFH XI R 9/02, BStBl II 04, 349; *BMF* BStBl I 13, 1326 zu I.3). 7

c) Erfüllung; Ersatzleistung; Abgrenzung. Ein Schaden tritt ein, wenn sich die wirtschaftl Lage des StPfl durch den Fortfall einer „Einkunftsquelle" (vgl →§ 2 Rn. 3, 54) oder die anderweitige Beeinträchtigung der Ertragsgrundlage obj verschlechtert (BFH VI 381/65, BStBl III 67, 2; BFH IV R 43/74, BStBl II 79, 9 zu 1c/bb). Folglich sind Zahlungen in Erfüllung eines **fortbestehenden Anspruchs** keine Entschädigung iSd § 24 Nr 1 Buchst a (BFH XI R 17/02, BStBl II 04, 264 mwN zu Arbeitslohn/Entschädigung; zu **Übergangszahlungen** s BFH IX R 55/05, BFH/NV 08, 1666). Um eine Entschädigung handelt es sich daher auch nicht, wenn sich nur die **Zahlungsmodalität** geändert hat, zB Ausgleichszahlung für Wegfall übertarifl Zulagen (BFH XI B 45/04, BFH/NV 05, 1812; aber zur Abfindung für eine Umsetzung auf eine niedriger bezahlte Arbeitsstelle als Entschädigung nach § 24 Nr 1 Buchst b unter →Rn. 40), Kapitalisierung von Gehaltsansprüchen (BFH VI R 168/83, BFH/NV 87, 574). Ebenso nicht Zahlungen auf Grund eines Vergleichs über ein streitiges Rechtsverhältnis (BFH VIII R 183/73, BStBl II 75, 634); diff BFH I R 84/92, BFH/NV 94, 23 für Ab- 8 findung von **Lizenzansprüchen;** anders BFH III R 22/14, BFH/NV 16, 26 für Pacht*entschädigung;* BFH VIII R 2/13, DStR 15, 2375: Entschädigung für öffentl Förderansprüche; zutr).

9 **d) Neue Rechtsgrundlage.** Als solche kommen in Betracht: Vertrag (BFH VI R 86/77, BStBl II 80, 393), insb Prozessvergleich (BFH III R 22/14, BFH/NV 16, 26, Betriebsvereinbarungen (Sozialpläne; auch → Rn. 15, 39 Wettbewerbsverbot), Rationalisierungsschutzabkommen und arbeitsgerichtl Urteile. Als Billigkeitsgrundlage können eine sittl Verpflichtung, der Grundsatz von Treu und Glauben (§ 242 BGB) oder die arbeitsrechtl Fürsorgepflicht des ArbG dienen (*von Schilling* FR 78, 584).

10 **e) Drittleistungen.** Entschädigungen iSd § 24 Nr 1 können auch von Dritten geleistet werden (BFH IX R 5/23, DStR 25, 28 mwN); **Streikunterstützung** durch Gewerkschaft (→ Rn. 27); Abfindung der Pensionsansprüche des Ges'tergeschäftsführers durch Käufer der Anteile einer GmbH (BFH IX R 64/01, BFH/NV 05, 191); Zuwendungen eines Aktionärs an AG-Vorstandsmitglied (BFH VIII R 109/76, BStBl II 81, 707); **Aufwandsentschädigung** für Berufsverbandspräsidenten (BFH III R 241/84, BStBl II 88, 615); Ersatz des StB/RA für wegen Falschberatung entgangene Mehrentschädigung (NdsFG EFG 12, 1666, rkr; → Rn. 6).

11 **3. Höhe.** Die Entschädigung braucht nicht allein in Geld, sondern kann auch in *Sachleistungen* bestehen (BFH IV R 12/06, DStR 09, 846). Der Höhe nach ist die Entschädigung nicht auf einen angemessenen oder billigen Betrag begrenzt (BFH VI R 67/74, BStBl II 76, 490); uU kann es gerechtfertigt sein, auch dann noch eine Entschädigung anzunehmen, wenn sie höher ist als die entspr entgehende oder entgangene Einnahme, zB wenn der Verlust sozialer Besitzstände mit abgegolten werden soll. Bei der Frage der Angemessenheit der Entschädigung kommt es nicht darauf an, inwieweit es dem entschädigten StPfl gelungen ist, zB bei vorzeitigem Ausscheiden aus dem ArbVerh, anderweitig Einnahmen zu erzielen. Es ist Sache des ArbG, im Wege des Vorteilsausgleichs diesem Umstand Rechnung zu tragen (BFH VI R 142/72, BStBl II 74, 714).

12 **4. Zusammenballung.** Für die Frage, ob die Entschädigungen iSd § 24 Nr 1 dem **ermäßigten Steuersatz (§ 34 EStG)** unterliegen, kommt es entscheidend darauf an, dass es sich um eine Zusammenballung von Einnahmen handelt, die sich bei normalem Ablauf auf mehrere Jahre verteilt hätten; → § 34 Rn. 15 ff.

13 **5. Abzugsfähige Aufwendungen; Ermittlung.** Aus der Zugehörigkeit zu den Einkünften (→ Rn. 2 f) folgt, dass die um BA/WK geminderten Beträge anzusetzen sind (BFH III R 186/81, BFH/NV 86, 400). BA/WK sind im Jahr ihrer Entstehung (Abfluss/Passivierung) abzuziehen. In dem VZ, in dem die Einkünfte iSd § 24 versteuert werden, wird der besondere StSatz des § 34 I ledigl auf die um die früheren Abzüge verminderten Entschädigungen etc angewendet; der darüber hinausgehende Einkunftsbetrag unterliegt dem allg, nicht dem ermäßigten StSatz (BFH IV R 5/03, BStBl II 05, 215). Werden iZm der Begründung der Entschädigungsverpflichtung WG veräußert, gehören die **Veräußerungskosten** zu den abzuziehenden Aufwendungen (zB Maklerprovision, Grundbuch-/Notarkosten, GrESt). Dazu gehört aber nicht die rechnerisch auf die Entschädigung entfallende GewSt (BFH IV R 236/80, BStBl II 84, 347; mE fragl; **aA** → 30. Aufl 2011, § 24 Rn. 13).

14 **6. Entschädigungen bei Gewinneinkünften; § 24 Nr 1 Buchst a. – a) Einkunftsarten.** Entschädigungen als Ersatz für entgangene/entgehende Einnahmen können grds bei allen Einkunftsarten, also auch bei den Gewinneinkünften des § 2 II in Betracht kommen (→ Rn. 6). Nicht hierzu zählen aber Zuflüsse, die sich aus zur lfd Einkünfteerzielung gehörenden Geschäftsvorfällen ergeben, wie zB Schadenersatz wegen Nichterfüllung oder Erfüllung durch Aliud-Leistung (→ Rn. 6). Welche *Hilfs-*

geschäfte zur lfd Geschäftstätigkeit gehören, lässt sich nicht abstrakt, sondern nur nach den Umständen des Einzelfalles entscheiden (BFH III R 241/84, BStBl II 88, 615: abl für Verbandstätigkeit). Da Gewerbetreibende und Freiberufler – anders als nichtselbständig Tätige – eine Vielzahl einkunftsveranlasster Verträge (Geschäftsbeziehungen) unterhalten, gehört auch deren kündigungsbedingte Entschädigung idR zur lfd Geschäftstätigkeit (Einzelfälle → Rn. 15). Entschädigungen iSv § 24 Nr 1 Buchst a sind deshalb bei Gewinneinkünften nur zu bejahen, wenn weitere außergewöhnl über die Vertragskündigung hinausgehende Umstände vorliegen. Letzteres hat der BFH VIII R 48/09, BStBl II 13, 155 (mE zutr) bei Entschädigung eines RA-Beratervertrag angenommen, der arbeitnehmerähnl ausgestaltet und für den RA eine wesentl Erwerbsquelle war (auch → Rn. 15 „Beratervertrag"). – Die Leistung muss bestimmt sein, einen aus der Sphäre des Ersatzleistenden herrührenden Schaden auszugleichen (→ Rn. 17). Das ist der Fall, wenn der StPfl für ein zum (luf) BV gehörendes Grundstück bei einem Sandausbeutevertrag neben dem Förderzins auch Ersatzleistungen für konkrete Schäden wie zB für Ertragsausfall oder Verletzung der Mutterbodenoberfläche (BFH IX R 45/91, BStBl II 94, 840) oder Aussolung von Salzstöcken (BFH IV R 19/79, BStBl II 83, 203) erhält. Ebenso bei Abgeltung zukünftiger Provisionskürzung (BFH X R 12/13, BFH/NV 16, 898; → Rn. 15 „Handelsvertreter"). Zur **lfd Geschäftstätigkeit** gehören: Einkommensergänzung für Notare (FG LSA EFG 15, 31, rkr), Beendigung eines Sukzessivlieferungsvertrags (BFH IV R 19/96, BFH/NV 99, 308); Entgelt für Veräußerung eines Zuckerrübenlieferrechts (BFH IV R 64/00, BStBl II 02, 658); Ausgleichszahlung zur Abwicklung eines Werkvertrages (BFH IV B 31/01, BFH/NV 02, 776); Vertragsstrafe für Nichtaufnahme einer Bürogemeinschaft (Hess FG EFG 13, 37); Änderung eines Drehbuch-Autorenvertrags von Sendevergütung in „buy-out"-Vergütung (BFH IV R 23/02, BStBl II 04, 876). Zu **Coronahilfen** → Rn. 6, 15; → § 34 Rn. 18).

b) ABC der Entschädigungen bei Gewinneinkünften

Architektenhonorar. Erhält ein Architekt anstelle seiner vertragl Honorar- 15
ansprüche eine Ausgleichszahlung, weil ein von ihm geplantes Bauprojekt nicht durchgeführt wird, ist die Entschädigung keine Ersatzleistung für entgangene/entgehende Einnahmen. Die Abwicklung eines Architektenvertrages gehört unmittelbar zu den sich auf die Berufstätigkeit eines Architekten beziehenden Geschäften (BFH IV R 149/77, BStBl II 79, 66). Auch das um ersparte Aufwendungen gekürzte Honorar ist keine Entschädigung (BFH IV R 228/83, BStBl II 87, 25). Vgl FG Hmb EFG 71, 285, rkr: Abfindung einer Architektenbindung; FG Bln EFG 77, 371: Entschädigung für die Nicht-Ausübung oder Übertragung einer Baubetreuung; s auch *Beratervertrag* und *Rahmenvertrag*.

Aufwandsentschädigung s „Kammerpräsident".

Bauunternehmer. Abfindung für Nichtdurchführung eines Bauauftrags an Bauunternehmer ist keine Entschädigung (BFH IV R 153/77, BStBl II 79, 69).

Beförderungszuschuss für Schülerbeförderung durch einen Linienbusunternehmer: keine Entschädigung iSd Nr 1 Buchst a (BFH IV R 109/84, BStBl II 86, 806).

Beratervertrag. Seine Beendigung gehört grds zur lfd Geschäftstätigkeit (→ Rn. 14). Anders aber, wenn nach unberechtigter Kündigung durch Auftraggeber ein RA-Beratervertrag entschädigt wird, der *arbeitnehmerähnl* ausgestaltet (feste Vergütung, Kündigungsschutz etc) und für den RA eine (*nicht:* „die") *wesentl Erwerbsquelle* war; Letzteres setzt weder einen festen Umsatzanteil noch einen Umsatzeinbruch nach Kündigung voraus (BFH VIII R 48/09, BStBl II 13, 155; zutr). S auch „Rahmenvertrag"; „Architektenhonorar"; → § 34 Rn. 12–14.

Betriebsverlegung → Rn. 38.

„Buy-out"-Vergütungen, die ein **Drehbuchautor** auf Druck seines Auftraggebers anstelle von Sendevergütungen erhält, sind Erfüllungsleistungen und keine Entschädigung (BFH IV R 23/02, BStBl II 04, 876; vgl → Rn. 6).

Corona-Hilfen → Rn. 6, 36 und → § 34 Rn. 18.

Erstattung von Betriebsausgaben ist keine Entschädigung iSd § 24 Nr 1, da dies zu den lfd Geschäftsvorfällen gehört (→ Rn. 14); glA BFH IV B 151/01, BFH/NV 03, 1040 für Erstattung zu viel gezahlter **Milchabgabe** nach der Milch-Garantiemengen-VO. S auch BFH IX R 58/10, BStBl II 12, 286 (→ Rn. 6).

Ertragsausfall. Ersatz des Ertragsausfalls und anderer konkreter Schäden im (landwirtschaftl) BV ist Entschädigung iSd § 24 Nr 1 Buchst a (BFH IV R 19/79, BStBl II 83, 203 (208), auch → Rn. 14 und „Land- und Forstwirtschaft").

Handelsvertreter. Ausgleichszahlungen nach § 89b HGB sind Teil des gewstpfl Gewinns (zu § 24 Nr 1 Buchst c → Rn. 44). Eine Entschädigung aus dem Verlust der Rechte aus § 87 II HGB (Bezirksprovision, Kundenschutz) kann eine Entschädigung iSd § 24 Nr 1 Buchst a sein (BFH I 235/63, BStBl III 66, 624); ebenso Ausgleich für künftige Provisionskürzungen (BFH X R 12/13, BFH/NV 16, 898; auch → Rn. 44); nicht aber Leistungen aus LV (BFH III R 41/14, BFH/NV 17, 803). Wird der **Bezirk,** in dem ein **Versicherungsvertreter** tätig werden darf, eingeschränkt und erhält er hierfür eine Entschädigung, ist diese gem § 24 Nr 1 Buchst b begünstigungsfähig, soweit sie für die Nicht-Ausübung der Tätigkeit außerhalb des verkleinerten Bezirks gezahlt wird (BFH XI R 7/00, BStBl II 01, 541).

Land- und Forstwirtschaft. Entschädigungen für die Inanspruchnahme von luf Grundbesitz für den Bau und Betrieb von **Hochspannungsleitungen** können als Entschädigungszahlungen für entgehende Einnahmen iSd Nr 1 Buchst a angesehen werden (*OFD Mster* StEK EStG § 24 Nr 36). Eine bergbaurechtl sog **Schieflagenentschädigung,** die als Ausgleich für die Wertminderung eines zum luf BV gehörenden Wohnhauses gezahlt wird, fällt nach BFH IV R 91/96, BFH/NV 99, 40 entgegen FG Mster EFG 97, 289 nicht unter § 24 Nr 1 Buchst a, weil kein Einnahmeausfall, sondern Wertverlust abgegolten werde; Ergebnis im Streitfall zutr, weil sich andernfalls eine Doppelbegünstigung wegen der Möglichkeit der **TW-AfA** gem § 6 I Nr 1 S 1 ergeben hätte (vgl → Rn. 42); s auch „Ertragsausfall"; „Lieferrecht"; → § 13 Rn. 165.

Lieferrecht → Rn. 14.

Marken. Nach dem MarkenG sind die früheren Warenzeichen, jetzt Marken (vgl § 157 MarkenG). Erhält ein StPfl für den Verzicht auf seinen Widerspruch gegen die Eintragung eines seinem Warenzeichen ähnl Warenzeichens in die Warenzeichenrolle eine Zahlung, liegt keine Entschädigung iSd § 24 Nr 1 Buchst a oder b vor, sondern **sonstige Einkünfte (§ 22 Nr 3)** (BFH VIII R 34/78, BStBl II 80, 114). Auch nach der Änderung der Rspr durch BFH XI R 43/94, BStBl II 96, 516 (→ Rn. 6) wäre nicht von einer Entschädigung auszugehen, weil die Zahlung Gegenleistung für die Zulassung von Wettbewerb und damit typische BE ist (→ Rn. 14).

Oberflächenentschädigung → Rn. 14.

Omnibusunternehmer. Eine Entschädigung, die ein Omnibusunternehmer dafür erhält, dass er unter dem Druck der wirtschaftl Verhältnisse (s aber → Rn. 6) den Betrieb von Omnibuslinien aufgibt, ist Entschädigung (BFH I 84/63 U, BStBl III 65, 480).

Pachtabstandszahlungen, die als Ausgleich für die vorzeitige Aufhebung eines langfristigen Pachtvertrages erlangt werden, gehören zu den Entschädigungen nach § 24 Nr 1 Buchst a (BFH I R 151/78, BStBl II 82, 566).

Pensionsabfindung. s → Rn. 16 ff.

Produktionseinstellung. Die für die freiwillige Einstellung eines nicht mehr rentablen Produktionszweigs von einem Konkurrenzunternehmen gezahlte Abfindung ist nach BFH IV 22/64, BStBl II 69, 69 keine Entschädigung. Fragl, nachdem BFH IV R 43/74, BStBl II 79, 9 (→ Rn. 6) nicht mehr darauf abstellt, ob der Schaden gegen den Willen des StPfl eingetreten ist, und die Rspr generell auf das Merkmal der Drucklage verzichtet (→ Rn. 6).

Prozesszinsen s „Verzugszinsen".

Rahmenvertrag, durch den sich ein **RA** für die Zusage der Übertragung aller bei einem Mandanten anfallenden Beitreibungssachen seinerseits verpflichtet, nicht beitreibbare erstattungsfähige Honorarforderungen dem Mandanten ggü nicht geltend zu machen, gehört zu den die Berufstätigkeit des RA betr Geschäften. Kündigt der Mandant einen solchen Vertrag und fällt infolgedessen die Verpflichtung weg, die Gebühren nicht geltend zu machen, liegt in der Zahlung der Gebühren für alle bei Vertragsbeendigung noch lfd Beitreibungssachen innerhalb kurzer Zeit keine Entschädigung (BFH IV R 14/78, BStBl II 79, 71). S auch „Architektenhonorar"; „Beratervertrag".

Sukzessivlieferungsvertrag. Schadenersatz wegen Nichterfüllung keine Entschädigung iSd § 24 Nr 1 Buchst a (BFH IV R 126/85, BStBl II 90, 155).

Versicherungsvertreter s „Handelsvertreter".

Versorgungsrente. Zur Ablösung → Rn. 6, 16–25.

Vertragsstrafe → Rn. 7, 14, 36.

Verzugszinsen. Keine Entschädigung iSd § 24 Nr 1 Buchst a, da Entgelt für erzwungene Kapitalüberlassung (BFH VI R 88/91, BFH/NV 93, 165 mwN).

Warenzeichen s „Marken".

Wettbewerbsverbot. Das Entgelt für die selbständige Verpflichtung zur Unterlassung von Wettbewerb ist Entschädigung, obwohl als Entgelt für eine vertragl Hauptleistung Einnahme nach § 22 Nr 3 (BFH XI R 43/94, BStBl II 96, 516; auch → Rn. 39).

Zeitschriftengroßhändler. Eine Zahlung zum Ausgleich des unterschiedl Umsatzvolumens im Zuge einer sog Gebietsbereinigung zw zwei Zeitschriftengroßhändlern kann eine Entschädigung iSd § 24 Nr 1 Buchst a sein (BFH III R 186/81, BFH/NV 86, 400, vgl auch „Konkurrenzverzicht" und → Rn. 39).

7. Entschädigungen bei nichtselbständiger Tätigkeit; § 24 Nr 1 Buchst a. 16
– a) Entlassungsentschädigungen (Einzelfälle). *BMF* BStBl I 13, 1326 (geändert durch *BMF* BStBl I 16, 277). Grds gelten die allg Voraussetzungen des § 24 (→ Rn. 4–6). § 24 Nr 1 Buchst a setzt nicht die vollständige **Beendigung des ArbVerh** (→ Rn. 27 „Arbeitsvertragsänderung"), jedoch den **Zufluss** der Entschädigung voraus (jew *vern* BFH IX R 25/21, BStBl II 23, 978 betr Wertguthaben; BFH IX B 131/10, BFH/NV 11, 784 Umwandlung einer Versorgungszusage). Der ArbN darf an der Auflösung des ArbVerh mitwirken (zB durch Abschluss eines **Vergleichs;** → Rn. 9); auch ist es für § 24 Nr 1 Buchst a entgegen der bisherigen Rspr (dazu die Nachweise in → 44. Aufl. 2025, § 24 Rn. 16) nach der geänderten Ansicht des **BFH nicht (mehr) erforderl** dass der ArbN bei der Auflösung des Dienst- oder ArbeitsVerh unter einem nicht unerhebl **rechtl, wirtschaftl oder tatsächl Druck** (Zwangslage) gestanden hat; nicht hiervon berührt ist indes die Frage der Außerordentlichkeit der Entschädigung iSv § 34 (iEinz → Rn. 6; → § 34 Rn. 12 ff). Zum **zusammengeballten Zufluss** der Entschädigung → Rn. 12; → § 34 Rn. 15 ff; zum Ausgleich von Verdienstausfall bei **Unfallschäden** → § 34 Rn. 17. Sozial motivierte (zB auf einem **Sozialplan** beruhende) spätere Nachzahlungen sind unschädl (→ Rn. 6, 7; → § 34 Rn. 19); ebenso Fehlerkorrekturen (BFH XI R 22/03, BFH/NV 04, 1226: nachträgl Berücksichtigung der Altersversorgung). Zur Vereinbarung **mehrerer Entschädigungen** anlässlich der Beendigung des ArbVerh → Rn. 17.

17 **aa) Schadenausgleich.** Die Entschädigung muss dazu bestimmt sein, den Schaden auszugleichen, der durch den Wegfall erlittener oder zu erwartender Ausfälle an **stbaren und stpfl Einnahmen** eintritt (BFH IX R 28/16, BStBl II 18, 86). Dies ist iRd **modifizierten Nettolohnvereinbarung** auch bzgl der Erstattung der ESt-Last aus der Entschädigung zu bej (BFH IX R 5/23, DStR 25, 28; auch → § 34 Rn. 17, 40, 44); *nicht* hingegen bei Ausgleich für stfreie Sozialleistungen/Arbeitslosengeld (BFH IX R 25/17, BStBl II 20, 186; → Rn. 2, 5) oder (idR) bei „Ausgleich für **Verdienstausfall**" im Kindesalter (BFH IX R 15/19, BStBl II 21, 901; → 39. Aufl 2020, § 24 Rn. 17). Keine Entschädigung iSd § 24 Nr 1 Buchst a ist ferner die **Erfüllung** von bis zur rechtswirksamen Auflösung des ArbVerh **entstandenen Ansprüchen** auf Gehalt, Tantieme, Weihnachts-/Urlaubsgeld (→ Rn. 6, 7, 8), unabhängig davon, ob die Ansprüche fällig sind (BFH VI R 61/84, BFH/NV 87, 498). Enthält eine **Pauschalabfindung** Erfüllungsleistungen (zB Gehalt-/Tantiemenachzahlung) und Entschädigung als Gesamtleistung, ist sie im Schätzungswege aufzuteilen (BFH XI B 99/98, BFH/NV 00, 712). Werden anlässl der Beendigung eines ArbVerh **mehrere Entschädigungen** vereinbart, sind diese zwar grds einheitl zu beurteilen. Der Einheitlichkeitsgrundsatz wird jedoch durchbrochen (*Schießl* HFR 18, 34) und es ist auch hier eine uU schätzweise Aufteilung geboten, wenn die Ersatzleistungen nicht nur den Wegfall von Einnahmen, sondern auch **sonstige Nachteile** iZm der Auflösung des ArbVerh (Rufschädigung etc) ausgleichen (BFH IX R 28/16, BStBl II 18, 86). Ebenso bei Abfindung von Gesundheitsschäden eines Arbeitsunfalls und Schmerzensgeld, wofür als „indiziell" (Tatsachenwürdigung durch FG!) und Abgrenzung ggü **„Scheinabreden"** die Verdopplung der übl Entschädigung für entgangene Einnahmen spricht (BFH IX R 34/16, BStBl II 18, 582).

18 **bb) Dauer des Arbeitsverhältnisses.** Bedeutsam ist der **Zeitpunkt,** zu dem das ArbVerh zivilrechtl endet. Mit dem Wirksamwerden der Auflösung des ArbVerh **endet** das Recht des ArbN auf **Entlohnung,** so dass darüber hinaus gezahlte Beträge keine Abgeltung bereits vertragl erlangter Ansprüche sein können (BFH VI R 165/77, BStBl II 80, 205). Kann ein ArbVerh nur unter Einhaltung der gesetzl Kündigungsfrist gekündigt werden, ist bei **vorzeitiger einvernehml Beendigung** des ArbVerh die Vereinbarung einer Entschädigung iSd § 24 Nr 1 Buchst a zum Ausgleich der Ansprüche des ArbN für die Zeit bis zum Ablauf der Kündigungsfrist mögl. – Bei **Fortsetzung des bisherigen ArbVerh,** wenn auch in veränderter Form zB gem § 613a BGB (→ Rn. 7), sind Abfindungen oder andere Zahlungen des ArbG grds keine Entschädigung iSd § 24 Nr 1 Buchst a (BFH XI B 23/07, BFH/NV 08, 376), so zB das Entgelt für die **Herabsetzung einer Pensionszusage,** während das ArbVerh fortbesteht (BFH XI B 182/03, BFH/NV 05, 1283). Management-buy-out ist keine Fortsetzung des ArbVerh (→ Rn. 27).

20 **cc) Arbeitsplatzwechsel; Pensionsabfindung.** Wechselt ein ArbN sein ArbVerh und entschädigt ihn der neue ArbG für den Verlust seiner Pensionsanwartschaftsrechte aus dem früheren ArbVerh, fließt ihm der Entschädigungsbetrag als Einnahme aus dem neuen ArbVerh zu (BFH XI R 33/91, BStBl II 93, 447). Ähnl können **Aufstockungsbeträgen** für **Transferkurzarbeiter** als *lfd* ArbLohn iZm dem TransferArbV zu qualifizieren sein (BFH IX R 44/17, BStBl II 19, 574). Kann eine ArbN nach **Eheschließung** das ArbVerh nicht fortsetzen, weil sie zur Herstellung der ehel Lebensgemeinschaft ihren Wohnsitz verlegt, ist die Kündigung durch die ArbN, nicht durch den ArbG veranlasst (BFH X R 46/86, BStBl II 90, 1020; BFH XI R 7/90, BFH/NV 92, 305).

22 **dd) Änderungskündigung.** Einmalige Leistungen des ArbG an einen ArbN aus Anlass einer Änderungskündigung können Entschädigungen iSd § 24 Nr 1 Buchst a sein. Zahlungen nach dem **Altersteilzeitgesetz** (§ 3 I Nr 1 Buchst a, b AFG) sind nach § 3 Nr 28 steuerfrei, aber keine Entschädigungen iSd § 24; dasselbe gilt für das **Übergangsgeld** gem § 62 III Nr 2 Buchst b BAT (BFH X R 45/86, BFH/NV 91,

88). – Neben einer Entschädigung iSd § 24 Nr 1 Buchst a können in späteren VZ weitere Leistungen erbracht werden (zB aus Fürsorgegesichtspunkten), so dass die Zahlungen jeweils selbständig zu beurteilen sein können (BFH XI B 108/97, BFH/NV 98, 1082; *BMF* BStBl I 13, 1326).

ee) Grundstückserwerb. Übernimmt der ArbN vom ArbG unter Verzicht auf Sachbezüge und Ruhegehalt ein Grundstück, erhält er keine Entschädigung iSd § 24 Nr 1 Buchst a. 23

b) Kapitalisierung von Altersversorgungsansprüchen. Sie kann Entschädigung iSd § 24 Nr 1 Buchst a bedeuten. Entspr der allg Voraussetzung für die Annahme einer Entschädigung (außergewöhnl Vorgang; vgl → Rn. 5 ff) muss die Kapitalisierung auf einem **Wegfall der bisherigen Rechtsgrundlage** beruhen (BFH X R 7/19, BFH/NV 21, 298: abl bei Kündigung; → Rn. 6 f). Auch bei der Abfindung von Ansprüchen auf betriebl Altersversorgung dürfte indes das Erfordernis der **Zwangslage** des ArbN, zB wegen drohender Zahlungsunfähigkeit **(Insolvenz)** des ArbG oder Verlust des Arbeitsplatzes, entfallen sein (→ Rn. 6; zur Abgrenzung → § 34 Rn. 12, 14). 24

aa) Vertragliches Wahlrecht. Macht der ArbG macht bei der **Liquidation** seines Unternehmens von dem im Versorgungsvertrag eingeräumten Recht Gebrauch, lfd Ruhegehaltsbezüge durch Kapitalisierung abzulösen (BFH VI R 63/75, BStBl II 78, 375) oder werden die Ruhegehaltsbezüge auf Grund eines **Wahlrechts des ArbN** kapitalisiert (BFH VI 256/60 U, BStBl III 62, 87; BFH X R 7/19, BFH/NV 21, 298), so fehlt es an der Voraussetzung, dass die Entschädigung auf einer anderen Rechts- oder Billigkeitsgrundlage beruhen muss (→ Rn. 6 f). Wird der ArbN ohne Rechtsanspruch auf seinen Wunsch (dh ohne Zwangslage) abgefunden, schließt dies nach der geänderten Rspr zwar nicht mehr die Entschädigung aus; wohl aber § 34 II Nr. 2 aus (→ Rn. 6); zu § 32 II Nr 4 → § 34 Rn. 45). 25

bb) Beispiele. *Hinweis:* Die nachfolgende Rspr zum Merkmal der **Zwangslage** vor der **geänderter BFH-Rspr** betr den **Verzicht** auf dieses Merkmal für den **Entschädigungsbegriff** (Nr 1a) ergangen. Die Urteile sind **insoweit überholt** (→ Rn. 6); **anders** hingegen iRv **§ 34** → Rn. 12, 14. 26

Abfindung, die der **Pensionssicherungsverein** gem § 8 II BetrAVG bei **Konkurs** eines ArbG anstelle einer Betriebspension zahlt (BFH XI R 8/93, BStBl II 94, 167); Abfindung von Versorgungsansprüchen eines Ges'terGeschäftsführers bei **drohender Insolvenz** des ArbG (BFH IV B 55/95, BFH/NV 96, 737) oder bei Gelegenheit der **Veräußerung** von **GmbH-GesAnteilen,** wenn der Käufer es ablehnt, die Pensionsverpflichtung zu übernehmen (BFH XI R 53/01, BStBl II 03, 177; BFH XI R 4/02, BStBl II 03, 748; BFH IX R 64/01, BFH/NV 05, 191 mwN); Abfindung, die der Betriebsleiter zahlt, wenn der ArbN, durch den Tod des bisherigen Ges'terGeschäftsführers MehrheitsGes'ter der ArbG-Ges geworden ist und der Betriebsleiter, der fachl allein in der Lage ist, den Betrieb fortzuführen, auf dem Ausscheiden des ArbN und Übernahme der Beteiligung besteht; Abfindung einer **Pensionsanwartschaft** bei der vom **ArbG veranlassten Beendigung des ArbVerh** (BFH XI R 51/00, BStBl II 02, 516 mwN); eine nach Eintritt des Schadens (= vertragl Beendigung des ArbVerh auf Druck des ArbG und Begründung von Ausgleichsansprüchen) getroffene Vereinbarung einer **Kapitalabfindung** an Stelle von Einzelzahlungen steht der Annahme einer Entschädigung nicht entgegen (BFH XI R 12/00, BFH/NV 03, 1630); das gilt auch, wenn dem ArbG das Recht zur Abfindung von Pensionsansprüche im Falle **ao Kündigungen** schon nach dem Anstellungsvertrag zustand (**Kapitalwahlrecht;** → Rn. 6, 25). Abgeltung von **Pensionsanwartschaften,** die durch die Aufhebung des DienstVerh wegfallen (BFH I R 198/72, BStBl II 74, 486; BFH VI R 86/77, BStBl II 80, 393; BFH IV B 55/95, BFH/NV 96, 737;anders BFH VI R 4/85, BFH/NV 90, 429: Entschädigung verneint wegen fehlenden Drucks des ArbG bzw fehlender Gefährdung des Anspruchs). Eine vom ArbN nicht zu vertretende Zwangslage liegt auch vor, wenn der Arbeitsplatz aus **Rationalisierungsgründen** wegfällt und ein Umzug zu einem entfernt liegenden, vom ArbG angebotenen Arbeitsplatz unzumutbar ist (BFH VI R 161/76, BStBl II 77, 718; BFH VI R 135/84, BStBl II 88, 525).

c) ABC der Entschädigungsleistungen an Arbeitnehmer

27 **Abfindung für Beendigung des Arbeitsverhältnisses.** Übt eine Stewardess eine ihr nach dem Arbeitsvertrag zustehende Option, mit Erreichen eines bestimmten Lebensalters aus dem ArbVerh gegen Zahlung einer Abfindung auszuscheiden, bei Erreichen der Altersgrenze aus, fällt die Abfindung unter § 24 Nr 1 Buchst b (BFH VI R 28/84, BStBl II 87, 106; → Rn. 55 ff). Wird die Abfindung vom neuen ArbG geleistet, fällt sie nicht unter § 24 Nr 1 Buchst a (BFH XI R 33/91, BStBl II 93, 447). Wird eine Entschädigung für den Arbeitsplatzverlust gezahlt und zusätzl ein Zuschuss zum Arbeitslosengeld, ändern solche **sozialen Zusatzleistungen** nicht den Charakter der Hauptleistung als Entschädigung (BFH XI R 43/99, BFH/NV 02, 717; BFH XI R 22/03, BFH/NV 04, 1226; s auch *Zusatzleistungen, Urlaub* und → Rn. 6); Zum Grundsatz einheitl Beurteilung und Durchbrechungen → Rn. 17.

Abfindung von Ruhegehaltsansprüchen. Entspr den allg Grundsätzen (→ Rn. 6 f) kann auch die Abfindung von Einzelansprüchen Entschädigung iSd § 24 Nr 1 Buchst a sein (BFH IX R 12/17, BFH/NV 18, 715. **Wechselprämie** bei Übergang von beamtenrechtl Altersversorgung zu beitragsfinanzierter Rente; s auch „ArbVÄnderung"); **aA** zuvor BFH XI B 182/03, BFH/NV 05, 1283: nicht bei fortbestehendem ArbVerh.

Abgeltung von Arbeitnehmererfindervergütungen ist auch dann Entschädigung, wenn der ArbN dem Verlangen des ArbG auf Abfindung nachgibt (BFH IX R 28/11, BStBl II 12, 569; EStH 24.1; s zum Merkmal der Zwangslage aber → Rn. 6).

Altersrente. Die Nachzahlung einer Altersrente aus der Bundesversicherungsanstalt für Angestellte ist keine Entschädigung iSd § 24 Nr 1 Buchst a (BFH VI R 177/68, BStBl II 70, 784).

Anteilsveräußerung. → Rn. 26.

Arbeitsvertragsänderung. Teilabfindung wegen unbefristeter Reduzierung der Wochenarbeitszeit ist eine Entschädigung iSv § 24 Nr 1 Buchst a, wenn der ArbN bei der Vertragsänderung unter rechtl, wirtschaftl oder tatsächl Druck gehandelt hat (BFH IX R 3/09, BStBl II 10, 1030; *Heuermann* HFR 10, 27); zum Merkmal der Zwangslage s aber → Rn. 6.

Ausgleichszahlungen. Wird eine Zahlung vom bisherigen ArbG für das Unterlassen der Abwerbung von ArbN versprochen, ist eine Ausgleichszahlung des neuen ArbG als Ersatz für die nicht erlangte Leistung des bisherigen ArbG keine Entschädigung (BFH XI B 40/04, BFH/NV 06, 274). Wird hingegen die vertragl Zusage auf Wiedereinstellung nicht eingehalten, ist eine dafür erlangte Ausgleichszahlung Entschädigung iSd § 24 Nr 1 Buchst a (BFH XI R 46/04, BStBl II 06, 55).

Aussperrungsunterstützungen s „Streikunterstützungen".

Beförderung. Entschädigung eines Beamten wegen pflichtwidrig unterlassener Beförderung ist nach § 24 Nr 1 Buchst a zu beurteilen (FG Köln EFG 89, 640).

Betriebsveräußerung. Die erforderl Beendigung des bisherigen ArbVerh tritt nicht ein, wenn das ArbVerh gem § 613a BGB nach Betriebsveräußerung oder gesellschaftsrechtl Ausgliederung (Umwandlung, Spaltung) mit einem neuen ArbG fortgesetzt wird (BFH XI R 1/99, BFH/NV 00, 1195); vgl „Konzern".

Dienstwohnung. Die einmalige Zahlung eines Entgelts an einen ArbN für die Nicht-Gewährung einer ihm vertragl zustehenden Dienstwohnung kann eine Entschädigung sein (BFH VI 206/63, juris).

Ehrenamtl Richter erhalten keinen ArbLohn, aber eine Entschädigung, die – soweit sie auf den Verdienstausfall und nicht auf Zeitversäumnis entfällt – nach § 24 Nr 1 Buchst a steuerbar ist (BFH IX R 10/16, DStR 17, 711 zu § 19; **aA** → 36. Aufl 2017, § 24 Rn. 27; auch → § 18 Rn. 144).

Gehaltsnachzahlung an einen im Wiederaufnahmeverfahren freigesprochenen Beamten ist eine Entschädigung (FG Mchn EFG 73, 268, rkr). Dasselbe gilt für **Schadenersatz** wegen pflichtwidriger Nichtbeförderung eines Beamten (FG Köln EFG 89, 640, rkr). Keine Entschädigung ist die Lohnnachzahlung nach einem Arbeitsgerichtsprozess (BFH XI R 52/88, BStBl II 93, 507); auch → Rn. 8. Wird anlässl der vertragl Beendigung eines ArbVerh eine „Entschädigung" vereinbart, ist diese nicht nach § 24 Nr 1 Buchst a begünstigt, wenn damit **bereits erdiente Tantiemeansprüche** abgegolten werden, auf die ein Erfüllungsanspruch bestand (BFH XI R 33/06, BFH/NV 08, 361).

Gesellschafter-Geschäftsführer Vgl → Rn. 24–26. Ein Ges'tergeschäftsführer, dem eine Pensionszusage gem § 6a erteilt worden ist, wird idR keinen Käufer für die GesAnteile finden, der bereit ist, die Versorgungsverpflichtung zu übernehmen. Er befindet sich, wenn er die Anteile veräußern will oder muss in der Zwangslage, keinen – auch nach Verrechnung des TW der Verpflichtung – angemessenen Preis erzielen zu können. Deshalb wertet die Rspr den Verzicht auf die Versorgungsansprüche gegen Abfindung als Entschädigung iSd § 24 Nr 1 Buchst a (BFH XI R 4/02, BStBl II 03, 748; zum Merkmal der Zwangslage s aber → Rn. 6). – Eine Abfindung für die Auflösung des Anstellungsvertrages mit einer Komplementär-GmbH kann eine Entschädigung iSd § 24 Nr 1 Buchst a auch dann sein, wenn die GmbH Ges'ter-Geschäftsführerin einer **MUerschaft** ist, an der der Geschäftsführer minderheitsbeteiligt ist (BFH IV R 94/06, BFH/NV 09, 1877; mE unzutr; → § 15 Rn. 584; *OFD Ffm* DStR 16, 2856); offen ist, wie der Fall eines unmittelbar bei der MUerschaft beschäftigten MUers zu beurteilen ist (*Wendt* BFH/PR 09, 462).

Insassenunfallversicherung. Zahlungen zum Ausgleich des Personenschadens, die auf Grund einer für einen betriebl Pkw abgeschlossenen Insassen-Unfallversicherung an die Erben eines tödl verunglückten ArbN geleistet werden, sind keine Entschädigung iSd § 24 Nr 1 Buchst a, sondern stfrei (BFH III R 135/79, BStBl II 82, 496); anders **Tagegelder,** die Einnahmeausfälle ausgleichen sollen (BFH VI R 216/72, BStBl II 76, 694).

Konzern. Wird ein ArbN auf Veranlassung der KonzernmutterGes zu einer anderen KonzernGes versetzt und wird er ArbN dieser Ges, hängt die Frage, ob damit sein (bisheriges) ArbVerh endet (→ Rn. 7) und Sonderzahlungen als Abfindungen iSd § 24 Nr 1 Buchst a zu qualifizieren sind, davon ab, ob die wesentl Arbeitsbedingungen unverändert geblieben sind (BFH XI R 1/99, BFH/NV 00, 1195; BFH XI B 27/01, BFH/NV 01, 1551; auch → Rn. 18, 20, 26 mwN). Erhebl Druck auf den ArbN (s aber → Rn. 6) kann vorliegen, wenn der ArbN seiner **Versetzung im Betrieb** (uU nach Änderungskündigung oder deren Androhung) oder seiner **Umsetzung im Konzern** (unter formeller Beendigung seines ArbVerh und Begründung eines neuen ArbVerh zu der anderen KonzernGes) zustimmt, auch wenn nach den Umständen wirtschaftl von einer Fortsetzung des ArbVerh auszugehen ist (bej BFH XI R 1/99, BFH/NV 00, 1195; Umstände des Einzelfalles entscheidend: BFH XI B 27/01, BFH/NV 01, 1551; vgl *BdF* BB 86, 512; *Seitrich* BB 87, 378).

Kündigung. Abfindungsvereinbarung anlässl Kündigung des ArbVerh durch den ArbG, auf Grund derer dem ArbN der Kapitalwert eines Nutzungsrechts an einer Dienstwohnung als Entschädigung zufließt, die er vom ArbG kauft (BFH VI R 135/84, BStBl II 88, 525). Anders wenn nach Kündigung seitens ArbG durch Prozessvergleich vor dem **Arbeitsgericht** die Verpflichtung zur Zahlung einer früher zugesagten Rente bestätigt wird (NdsFG EFG 91, 453). Bei Kündigung durch den ArbN keine Entschädigung, wenn der neue ArbG die Entschädigung mit der Verpflichtung zur Beteiligung an einer ArbN-GmbH verbindet, auch wenn Rechte aus § 616a BGB abgefunden werden sollen (BFH XI R 18/05, BFH/NV 07, 2104; → Rn. 7, 24 ff).

Management-buy-out. Ein in diesem Zusammenhang ausgesprochener Darlehnsverzicht des früheren ArbG ist Entschädigung iSd § 24 Nr 1 Buchst a, wenn der ArbN die Tätigkeit für den bisherigen ArbG einstellt und dessen Geschäftsbetrieb erwirbt (BFH XI R 52/05, BFH/NV 07, 1857).

Optionsfristverlängerung iRd Aufhebungsvertrages ist keine Entschädigung (FG Hmb DStRE 09, 912).

Pensionsabfindung ist bei Kündigung des ArbVerh durch den ArbN keine Entschädigung nach § 24 Nr 1 Buchst a, wenn die Kündigung auf der privat (durch die Eheschließung) veranlassten Wohnsitzverlegung beruht (BFH X R 46/86, BStBl II 90, 1020; zum Merkmal der Zwangslage s aber → Rn. 6). Zur Abfindung von Pensionsansprüchen auf Veranlassung des ArbG → Rn. 7, 24 ff.

Streikunterstützungen sollen nach BFH X R 161/88, BStBl II 91, 337 nicht der ESt unterliegen (→ § 19 Rn. 100; **aA** – zutr – *Hüttemann* DB 24, 478; zu § 34 II Nr 2 aber → § 34 Rn. 15 ff).

Unfallentschädigung des ArbN kann § 24 Nr 1 Buchst a sein (NdsFG EFG 12, 1666, rkr; dazu → Rn. 9 f; auch → Rn. 32).

Urlaub. Erhält der StPfl aus Anlass der Beendigung seines ArbVerh eine Abfindung, mit der auch Urlaubsansprüche abgegolten werden, ist nach FG Köln (EFG 00, 173) eine einheitl Entschädigung iSd § 24 Nr 1 Buchst a anzunehmen, wenn der StPfl dem zustimmt, um eine fristlose Kündigung zu vermeiden. Dem ist mE nicht zuzustimmen; vielmehr liegt, soweit die Abfindung rechnerisch auf die Urlaubsansprüche entfällt, lfd Arbeitsentgelt vor (→ Rn. 7 und unter „Abfindung").

Verkaufsprämie Eine Ausgleichszahlung aus Anlass der – *vertragl zugelassenen* – Einschränkung der Verkaufsprämie eines Gebietsverkaufsleiters ist keine (begünstigungsfähige) Entschädigung iSd § 24 Nr 1 Buchst a (FG BW EFG 88, 177, rkr).

Wahlrecht des Leistungsempfängers schließt die Annahme einer Entschädigung iSd § 24 Nr 1 Buchst a aus; → Rn. 26.

Zusatzleistungen, soziale (auch → Rn. 6). Werden neben einer Entschädigung soziale Zusatzleistungen gewährt, ändert dies an dem Charakter der Hauptleistung als Entschädigung nichts (BFH XI R 23/02, BFH/NV 03, 1489: nachträgl **Jubiläumszuwendung;** BFH XI R 1/02, BFH/NV 03, 769: nachträgl PKW-Überlassung), sofern diese nicht die Entschädigung betragsmäßig annähernd erreichen (BFH XI R 2/01, BFH/NV 02, 715). Entschädigung, aber kein ermäßigter Steuersatz nach § 34 I, wenn **Vorruhestandsgelder** über mehr als einen VZ hinaus gezahlt werden (BFH XI R 55/03, BStBl II 04, 1055). Unschädl für Vorliegen einer Entschädigung ist die auf Grund **Sozialplans** sich ergebende spätere Erhöhung der Entschädigung (BFH XI R 33/02, BStBl II 04, 715) oder **Fehlerkorrekturen** (BFH XI R 22/03, BFH/NV 04, 1226; vgl auch → Rn. 16 mwN; → § 34 Rn. 19).

28 **8. Entschädigungen bei anderen Einkunftsarten; § 24 Nr 1 Buchst a. – a) Kapitalvermögen. – aa) Grundsatz.** Im Bereich des § 20 sind steuerbegünstigte Entschädigungen selten. Die Rspr hat sich im Wesentlichen mit der Frage befasst, ob die Nachzahlung unterlassener Zinszahlungen für einen längeren Zeitraum (BFH VIII R 64/78, BStBl II 81, 6) oder Verzugszinsen, soweit sie die gesetzl Verzugszinsen übersteigen (BFH VIII R 39/79, BStBl II 82, 113), als Entschädigungen iSd § 24 Nr 1 Buchst a zu behandeln sind. Beides hat der BFH verneint.

29 **bb) Einzelfälle.** Nach BFH VIII R 64/78, BStBl II 81, 6 handelt es sich bei der **Nachzahlung unterlassener Zinszahlungen** für einen längeren Zeitraum nicht um eine Entschädigung, da Zahlungen, die bürgerl-rechtl Erfüllungsleistungen eines Rechtsverhältnisses sind, nicht zu den Entschädigungen als Ersatz für entgehende oder entgangene Einnahmen rechnen. Das gilt auch für den Fall, dass die Hauptleistung stfrei ist (zB nach § 3 Nr 8). Gleiches gilt für **Verzugszinsen,** unabhängig da-

von, ob sie über die gesetzl Verzugszinsen (§ 288 I BGB; § 352 I HGB) hinausgehen (BFH VIII R 79/91, BStBl II 95, 121) und für **Prozesszinsen wegen StErstattungsforderung** (BFH VI R 88/91, BFH/NV 93, 165). Zahlt eine **GmbH** einem ihrer **Ges'ter** einen Betrag zur Abgeltung von der Höhe nach noch nicht festgestellten Gewinnansprüchen, gehört der Betrag zu den Einnahmen aus KapVerm (RFH RStBl 29, 610). Scheidet ein (typischer) **stiller Ges'ter** unter erhebl wirtschaftl Druck des Unternehmers aus einer HandelsGes aus, kann ein über den Betrag der stillen Einlage hinausgehender Abfindungsbetrag Entschädigung iSd § 24 Nr 1 Buchst a sein; ebenso bei Kündigung von Genussrechten (BFH VIII R 4/12, BStBl II 15, 647; zum Merkmal der Zwangslage s aber → Rn. 6). Kein erhebl wirtschaftl Druck (s aber → Rn. 6), sondern Handeln aus eigenem Antrieb ist gegeben, wenn der stille Ges'ter ausscheidet, weil ihm die Geschäftsführung zu riskant erscheint (BFH VIII R 126/82, BStBl II 84, 580 zu 3/a. **Freiaktien** sind zwar Einkünfte aus KapVerm, aber keine Entschädigung für früher nicht ausgeschüttete Gewinnanteile (RFH RStBl 40, 570). **Keine** Einkünfte aus KapVerm und damit auch keine Entschädigung soll die **Ablösung des Nießbrauchs** an **GmbH-Anteilen** sein, wenn der Nießbraucher **nicht** wirtschaftl Eigentümer der Anteils bleibt/ist (so BFH IX R 5/24, DStR 24, 2682). **Kritik:** mE fingiert – entgegen IX. Senat (glA nunmehr auch *BMF* BStBl I 25, 1330, Rn. 117a) – § 20 V 3 den Vorbehaltsnießbraucher als Anteilseigner (iEinz → § 20 Rn. 238; *Meinert* GmbHR 25, 1233; *Stein* DStR 25, 1177). Folgt man hingegen dem IX. Senat/BMF, ist mE ausnahmsweise (zum Grundsatz s BFH XI R 5/83 BStBl II 91, 793), dh aufgrund des Verlusts der Vermögenssubstanz *und* der ertragsteuerrechtl Einkunftszurechnung (dazu BFH VIII R 124/76, BStBl II 82, 378), im Nießbrauchsvorbehalt ein **(Teil-)Entgelt** für die Übertragung des wirtschaftl Eigentums iVm einer Gewinnrealisierung entspr dem Dividendenanfall einschl etwaiger Leistungen zur Nießbrauchsablösung zu sehen (dazu → § 16 Rn. 250).

b) Vermietung und Verpachtung. Abstandszahlungen eines (künftigen) Mieters für die Entlassung aus einem Mietvorvertrag sind Entschädigungen iSd § 24 Nr 1 Buchst a (BFH VIII R 17/86, BStBl II 91, 76; IX R 32/90, BFH/NV 94, 308); desgleichen Abfindungszahlungen des Eigentümers an den Mieter zwecks anderweitiger Vermietung (BFH IX R 10/03, BFH/NV 05, 843; IX R 67/02, BFH/NV 05, 1044) sowie (grds) der **entgeltl Verzicht** auf den **Nießbrauch** an einem **vermieteten Grundstück** (iEinz BFH IX R 4/24, DStR 25, 2831 = **Änderung der Rspr;** zutr; **aA** noch *BMF* BStBl I 13, 1184, Rn. 58, 60, 65; zum Merkmal der Zwangslage → Rn. 6; zum Verzicht auf Nießbrauch an **KapGes-Anteil** → Rn. 29). Ebenso **Versicherungsleistungen** für Mietausfall infolge Zerstörung eines Gebäudes durch Brand (BFH IX R 36/86, BFH/NV 93, 472). Anders als Zahlungen iZm der Beendigung eines Pachtvertrags (HessFG EFG 24, 1137, Rev IX R 9/24) sind **Pachtnachzahlungen** für mehrere Jahre keine Entschädigung iSd § 24 Nr 1 Buchst a (FG Hmb EFG 83, 235; auch → Rn. 8). Ersatz für entgangene Mieteinnahmen, der nach dem **Vermögensgesetz** als Teil der Entschädigung für Vermögensverluste gewährt wird, ist Entschädigung iSd Nr 1 Buchst a (BFH IX R 66/03, BStBl II 05, 480); so auch bei Vermietung eines Grundstücks durch FinVerw bei unklarer Vermögenslage und Auskehrung der Mieterträge nach Klärung der Rechtslage (BFH IX B 5/07, BFH/NV 07, 1628). Keine Entschädigung bei Ausgleich von VorSt-Rückzahlung, BFH IX R 58/10, BStBl II 12, 286 (auch → Rn. 6, 15 „Erstattung von BA"). 31

c) Renten; Altersvorsorgeverträge; Versorgungsausgleich. Eine **Rente,** die die **Witwe** oder die sonstigen Hinterbliebenen erhalten, stellt keinen Ersatz für das Einkommen des Mannes aus der Ausübung seines Berufes dar. Die Hinterbliebenen haben kein eigenes Einkommen aus berufl Tätigkeit gehabt, das zu ersetzen ist (BFH IV 335/65, BStBl III 66, 458). Werden die Hinterbliebenen dafür entschädigt, dass sie ihren „Ernährer" durch einen **Unfall** verloren haben, soll die Entschädigung stfrei 32 sein, wenn sie in einer Summe oder als Abfindung für eine Rente gezahlt wird (so RFH RStBl 37, 110). **Mehrbedarfsrenten** § 843 I BGB sind nicht stbar sind und fallen deshalb nicht unter § 24 (BFH VIII R 79/91, BStBl II 95, 121). Das gilt auch für Schadenersatzrenten nach § 844 II BGB. Dem steht auch nicht entgegen, dass der Verpflichtete berechtigt sein konnte, seine Zahlungen nach § 10 I Nr 1a (aF) als dauernde Last abzuziehen. Da § 24 Nr 1 Buchst a nur Einkünfte erfasst, die einen Ersatz für andere stpfl Einkünfte darstellen, muss auch die Ersatzleistung, selbst wenn sie in wiederkehrenden Leistungen erbracht wird, stfrei bleiben, wenn die Grundleistung nicht stpfl ist (BFH VIII R 79/91, BStBl II 95, 121 zu II 1c). Dasselbe dürfte für die nach § 845 BGB zu zahlenden Renten gelten, die nicht an die Stelle finanzieller Unterhaltsleistungen, sondern gesetzl geschuldeter Arbeitsleistungen treten. Abfindung von **Altersvorsorgeverträgen** sind keine Entschädigungen, aber ab 2018 nach § 32 II Nr 4 begünstigt (iEinz → § 93 Rn. 4). Abfindungszahlungen zum Ausschluss des **Versorgungsausgleichs** können ab 2015 mit Rücksicht auf die StPfl gem § 22 Nr 1a (→ § 22 Rn. 115) zu Entschädigungen führen (*Förster* BFH/PR 17, 188); zur differenzierten Rechtslage bis 2014 (Splitting/Quasi-Splittung/schuldrechtl Ausgleich) s iEinz BFH X R 48/14, BStBl II 17, 383; zum Merkmal der Zwangslage → Rn. 6. Nicht aber die wirtschaftl/entgeltl Rückübertragung eines **internen** Versorgungsausgleichsanspruchs vor dessen Fälligkeit (BFH IX R 15/22, BFH/NV 24, 171; vgl. auch § 3 Nr 55a).

34 **d) Aufwandsentschädigung; Verdienstausfallentschädigung.** Im Gegensatz zur Aufwandsentschädigung ist eine Verdienstausfallentschädigung, die einem ehrenamtl tätigen Gemeindebürger (Stadtrat) für die Nachteile gewährt wird, die durch die Teilnahme an Sitzungen usw entstehen und die entweder nur durch das Nachholen versäumter Arbeit oder durch das Heranziehen einer Hilfskraft ausgeglichen werden können, nicht stfrei. Sie ist der Einkunftsart zuzurechnen, bei der der Verdienstausfall eingetreten ist (FG Nbg EFG 81, 89). Sie fällt auch unter § 24 Nr 1 Buchst a; jedoch ist § 34 I nur anwendbar, wenn eine Zusammenballung vorliegt (→ § 34 Rn. 12 ff). Weitere Erläuterungen → § 3 Rn. 1 ff.

35 **9. Entschädigungen nach § 24 Nr 1 Buchst b. – a) Gewinnbeteiligung; Anwartschaft.** Nr 1 Buchst b setzt die Aufgabe bzw die Nicht-Ausübung einer Tätigkeit voraus. Eine Tätigkeit wird „aufgegeben", wenn sie endgültig nicht mehr ausgeübt wird, dh wenn sie (zeitweilig) ruht (BFH VI R 67/74, BStBl II 76, 490). Tatbestandsalternative ist die Aufgabe einer Gewinnbeteiligung bzw einer Anwartschaft auf eine Gewinnbeteiligung. In Betracht kommen ledigl gesellschaftsrechtl Gewinnbeteiligungen, nicht auch solche auf schuldrechtl Grundlage (so BFH XI R 50/99, BStBl II 02, 347; BFH IX R 14/24, DStR 25, 1084 → Rn. 41, 42 sowie → Rn. 29, 54); eine MUerschaft ist aber nicht erforderl (BFH XI R 50/99, BStBl II 02, 347).

36 **b) Zweckrichtung.** Für eine Entschädigung iSd Nr 1 Buchst b kommt es darauf an, dass die nach der Vorschrift **tatbestandl Einkünfteausfälle** (→ Rn. 35: Tätigkeitsaufgabe etc) eintreten *und* **dafür,** also **zweckgerichtet** (*HHR/Horn* § 24 Rn. 48: final) ein Ausgleich geleistet wird. Dies ist bei einer Vertragsstrafe für eine verhinderte Bürogemeinschaft zu verneinen (HessFG EFG 13, 37). Abl auch für **Corona-Hilfen** *FM SchlH* DStR 21, 2909 (auch → Rn. 6; → § 34 Rn. 18). Die Entschädigungspflicht beruht idR auf einem Vertrag zw StPfl und Zahlendem. Weil die Entschädigung nach Nr 1 Buchst b als Ersatz **„für"** entgehende oder entgangene Einnahmen geleistet werden müssen, gelten – anders als für Nr 1 Buchst a – die Erfordernisse unfreiwilliger oder erzwungener Entstehung des Entschädigungsanspruchs und einer *neuen* Rechts- oder Billigkeitsgrundlage (→ Rn. 6 ff) nicht (BFH XI R 10/92, BStBl II 93, 497). Es kommt auch nicht darauf an, ob die Entschädigung sich derselben Einkunftsart zuordnen lässt, wie die früheren Einkünfte (zB für ein selbständiges Wettbewerbsverbot → Rn. 39). Für

die **Abgrenzung** zw § 24 Nr 1 Buchst a und 1b besteht keine klare Trennungslinie (BFH IV R 43/74, BStBl II 79, 9); s *Gosch* StBP 96, 275; *Weber-Grellet* DStR 96, 1993, jeweils mwN.

38 **c) Betriebsverlegung.** Eine bloße Betriebsverlegung ist keine Einstellung der Tätigkeit (BFH IV 365/62 U, BStBl III 65, 12); eine Zahlung wegen zeitweiliger Nichtnutzbarkeit des Kundenstamms kann aber Entschädigung iSd Nr 1 Buchst a sein (vgl BFH VIII R 159/83, BFH/NV 88, 227).

39 **d) Wettbewerbsverbot.** Eine Abfindung, die durch Ausübung einer im ArbVertrag begründeten Option zur Vertragsbeendigung entsteht und mit einem Wettbewerbsverbot verbunden ist, ist Entschädigung nach Nr 1 Buchst b (BFH VI R 28/84, BStBl II 87, 106); ebenso BFH VI R 230/83, BStBl II 87, 386 für ein im ArbVertrag begründetes Wettbewerbsverbot, für das nach Beendigung des ArbVerh eine **Karenzentschädigung** gezahlt wird. Auch Entgelte für vertragl begründete umfassende, also eine selbständige Unterlassungspflicht begründende Wettbewerbsverbote, die zu Einkünften iSd § 22 Nr 3 führen, sind Entschädigungen iSd Nr 1 Buchst b (BFH IX R 86/95, BStBl II 99, 590; BFH IX R 76/99, BFH/NV 03, 1161; *Weber-Grellet* DStR 96, 1993; *Hutter* DStZ 96, 641; *Gosch* StBP 96, 275); das Erfordernis zeitl Begrenzung des Wettbewerbsverbots, auf das der BFH mit abstellt, ist mE verfehlt. Zum Wettbewerbsverbot bei Betriebsveräußerung → Rn. 42.

40 **e) Tätigkeitseinstellung des Arbeitnehmers (vgl → Rn. 35).** Der Leistende muss ein Interesse an der Unterlassung der (bisherigen) Einkünfteerzielungstätigkeit des Empfängers haben (BFH XI R 21/88, BFH/NV 92, 646). Eine Abfindung für die **Aufgabe** einer **Tätigkeit** liegt deshalb dann vor, wenn es dem ArbG nicht nur auf die Beendigung des ArbVerh (dazu FG Mchn DStRE 14, 1180, rkr), sondern – zB aus Wettbewerbsgründen – darauf ankommt, dass der ArbN seine Tätigkeit überhaupt aufgibt; *Beispiel:* Abfindung nach dem Tarifvertrag für frühzeitiges Ausscheiden aus dem Dienst (BFH VI R 28/84, BStBl II 87, 106). Die Aufnahme einer Tätigkeit für einen anderen ArbG ist strechtl unschädl. Abfindungen, die ArbN auf Grund **rationalisierungsbedingter Umsetzung** auf Arbeitsplätze mit geringer entlohnter Tätigkeit innerhalb des Betriebs gezahlt werden, können Entschädigungen iSd Nr 1 Buchst b sein (vgl auch → Rn. 26 aE).

41 **f) Kapitalvermögen.** Eine Zahlung für die **Aufgabe einer (typischen) stillen Beteiligung** ist Entschädigung iSd Nr 1 Buchst b, wenn dem Unternehmer ggü dem stillen Ges'ter kein Kündigungs- oder Auflösungsrecht zustand und die Zahlung nicht der Abgeltung anderer Forderungen des stillen Ges'ters galt (BFH VIII R 126/82, BStBl II 84, 580 zu 3. b); ebenso BFH VIII B 156/94, BFH/NV 96, 125 zur Abfindung einer ererbten stillen Beteiligung. **Anders** hingegen bei Ablösung eines **Nießbrauchs** am **GmbH-Anteil** (BFH IX R 14/24, DStR 25, 1084: keine gesellschaftsrechtl Beteiligung; → Rn. 35); s zum Vorbehaltsnießbrauch aber → Rn. 29, 54).

42 **g) Abgrenzung von Veräußerungsgewinnen.** Bei den **unternehmerischen Einkünften** haben die Vorschriften der §§ 14, 16, 17 und 18 III Vorrang vor § 24 Nr 1 (BFH IV 360/60 U, BStBl III 62, 220). Daher handelt es sich nicht um eine Entschädigung für die Aufgabe einer Tätigkeit, wenn ein ausscheidender Ges'ter einer PersGes eine sein KapKto übersteigende Abfindung mit der Maßgabe erhält, innerhalb eines bestimmten Zeitraums jeden Wettbewerb zu unterlassen (RFH RStBl 32, 681), weil insoweit idR § 16 eingreift (vgl → § 16 Rn. 276). Das Entgelt für **Konkurrenzverzicht** oder **Wettbewerbsverbot** kann aber dann als eine Entschädigung iSd § 24 Nr 1 Buchst b mit dem ermäßigten Steuersatz versteuert werden, wenn es dazu bestimmt ist, den Verlust zu erwartender Einnahmen auszugleichen (→ Rn. 39; s auch BFH VIII R 38/72, BStBl II 77, 198). Dies kann wegen der

unterschiedl Rechtsfolgen, die sich nach § 34 I, III ergeben können, bedeutsam sein. Keine Entschädigung ist das Entgelt für die Veräußerung eines **Milchlieferungsrechts** (BFH IV B 91/06, BFH/NV 07, 1853); anders mE die Milchaufgabevergütung, wenn die Milchproduktion aufgegeben wird (vgl BFH IV R 42/99, BStBl II 03, 67 zu 3).

43 **h) Übergangsgelder.** Gelder, die dem Angehörigen eines freien Berufs bei Beendigung eines Ehrenamtes in einer Standesorganisation als Ausgleich für die (noch) fortwirkenden Beeinträchtigung seiner Praxis durch die ehrenamtl Tätigkeit gezahlt werden, fallen unter § 24 Nr 1 Buchst b (*Balmes* INF 85, 177).

44 **10. Ausgleichszahlungen an Handelsvertreter, § 24 Nr 1 Buchst c.** Ausgleichszahlungen nach § 89b HGB aF/nF (dazu → Rn. 45) gehören beim Empfänger zum lfd, der GewSt unterliegenden Gewinn (nicht zum Veräußerungsgewinn iSd § 16), auch wenn ihre Gewährung mit der Aufgabe des Betriebs oder der Beendigung der Tätigkeit zusammenfällt BFH IV R 37/08, BFH/NV 11, 1120: Versicherungsvertreter; BFH X B 142/15, BFH/NV 16, 1030: § 89b HGB; dazu → Rn. 45; → § 16 Rn. 310; **aA** zu § 89b HGB nF *Daragan* DStR 21, 1735); andere Abfindungen können Entschädigungen nach § 24 Nr 1 Buchst a oder b sein (vgl → Rn. 15 *Handelsvertreter*). § 24 Nr 1 Buchst c hat deshalb allein die Bedeutung, die Anwendbarkeit eines ermäßigten EStTarifs (§ 34 II Nr 2) zu ermöglichen. Vorabentschädigungen/Vorauszahlungen für Ausgleichsansprüche gem § 89b HGB (dazu *Hopt* HGB § 89b Rn. 70) sind mangels zusammengeballten Zuflusses nicht nach § 34 tarifbegünstigt (BFH X R 12/13, BFH/NV 16, 898; auch → Rn. 15). Auch die Entschädigung gem § 24 Nr 1 Buchst c unterfällt nur bei Zahlung in einem Betrag § 34 I (→ Rn. 12; → § 34 Rn. 17 ff). Um eine Ausgleichszahlung iSv § 24 Nr 1 Buchst c handelt es sich nur dann, wenn die Zahlung ihre **Rechtsgrundlage** in § 89b HGB oder seiner analogen Anwendung (BFH VIII R 21/97, BStBl II 00, 220) hat.

45 **a) § 89 HGB – Anspruch.** Er setzt voraus, dass der Unternehmer nach Ende des Vertretervertrages aus der Geschäftsverbindung mit vom Handelsvertreter geworbenen neuen Kunden erhebl Vorteile hat (§ 89 I 1 Nr 1 HGB). Nach der ausdrückl Regelung in § 89b I 1 Nr 2 HGB aF musste der Handelsvertreter infolge der Vertragsauflösung **Provisionen verlieren.** Aufgrund der Änderung des § 89b HGB (Anpassung an EU-Handelsvertreterrichtlinie) ist diese Voraussetzung (nur noch) ein hervorgehobener Aspekt der Billigkeitsprüfung gem § 89 I 1 Nr 2 HGB nF (s iEinz *MünchKommHGB* § 89b Rn. 92 ff; *Daragan* DStR 21, 1735; → Rn. 44). Die (Vermittlungs-/Abschluss-)Provisionen müssen ihre Grundlage haben in älteren (in der Vertragszeit zustande gekommenen) Abschlüssen oder in künftigen Abschlüssen mit von dem Handelsvertreter geworbenen Kunden. Nicht dazu gehören Provisionen für andere Tätigkeiten, zB Inkasso, Bestandspflege und Verwaltung. – § 24 Nr 1 Buchst c greift auch bei **analoger Anwendung** des § 89b HGB ein (BFH VIII R 21/97, BStBl II 00, 220). Gem § 89b V HGB gilt dies auch für **Versicherungsvertreter** (BFH IV R 37/08, BFH/NV 11, 1120) und – arg: § 92 V HGB – auch für **Bausparkassenvertreter,** für Ausgleichszahlungen, die ein **Kommissionsagent** oder ein **Eigenhändler** erhält (BFH IV R 76/70, BStBl II 74, 295). Die Voraussetzungen des § 24 Nr 1 Buchst c sind auch gegeben, wenn der Ausgleichsanspruch auf einer dem § 89b HGB entspr Vorschrift **ausl Rechts** beruht (FG Ddorf EFG 97, 668) oder wenn **Kfz-Vertragshändler** analog § 89b HGB eine Ausgleichszahlung erhält (BFH VIII R 21/97, BStBl II 00, 220). Um eine begünstigte Ausgleichszahlung iSd § 89b HGB handelt es sich nicht, wenn ein Nachfolgevertreter auf Grund eines selbständigen Vertrages mit seinem Vorgänger dessen Handelsvertretung oder Teile davon gegen Zahlung einer bestimmten Geldsumme erwirbt (BFH X R 86/91, BFH/NV 93, 412). Leistet ein Unternehmer dem ausscheidenden Handelsvertreter eine Zahlung, die der Entschädigung für den Verlust aus Rechten gem § 87 II HGB (Bezirksprovision, Kundenkreis) dient, dann ist das gleichfalls keine Aus-

gleichszahlung, kann aber nach § 24 Nr 1 Buchst a begünstigt sein (→ Rn. 15 „Handelsvertreter").

b) Wettbewerbsverbot. Eine Ausgleichszahlung nach Nr 1 Buchst c liegt auch dann nicht vor, wenn der Unternehmer dem Handelsvertreter für ein Wettbewerbsverbot (§ 90a HGB) eine Entschädigung zahlt. Diese fällt allerdings unter § 24 Nr 1 Buchst b (→ Rn. 39; BFH XI R 43/94, BStBl II 96, 516). 47

c) Betriebliche Altersversorgung. Wird einem Handelsvertreter betriebl Altersversorgung in Gestalt einer Betriebsrente gewährt (vgl § 17 I 2 BetrAVG), liegen insoweit grds nachträgl Einkünfte iSd § 24 Nr 2 vor, soweit dadurch der Ausgleichsanspruch entfällt (vgl § 89b I Nr 2 HGB); so BFH IV R 174/73, BStBl II 76, 487; auch → Rn. 75; zweifelnd *Blencke* StRK Anm EStG § 24 Nr 2 R 11. Zur Ermittlung des Betrages einer Entschädigung iSd § 24 Nr 1 Buchst c sind die mit der Entschädigung in unmittelbarem Zusammenhang stehenden **BA/WK** abzuziehen; dazu → Rn. 13. 48

III. Nachträgliche Einkünfte, § 24 Nr 2

1. Zweck der Vorschrift. § 24 Nr 2 schließt es aus, von der Besteuerung abzusehen, weil eine Einkünfteerzielungstätigkeit aufgegeben oder ein Rechtsverhältnis, das der Einkünfteerzielung diente, beendet ist und Einnahmen erst nachträgl eingehen; insofern grenzt die Vorschrift die sachl StPfl ab. 50

a) Konstitutive Wirkung. Für nachträgl Einkünfte begründet § 24 Nr 2 ferner die **subj StPfl des Rechtsnachfolgers** (dazu → Rn. 66 ff). Zum Ausschluss der *Verlustverrechnung* → Rn. 52. Grds schuldet ESt nur, wer den gesetzl Einkünfteerzielungstatbestand verwirklicht hat (→ § 2 Rn. 18 f). Stirbt der StPfl, bevor ihm die Einnahmen, die mit einer Tätigkeit oder auf Grund eines Rechtsverhältnisses erzielt werden sollten, zugeflossen sind (§ 11 I 1, also in den Fällen des § 2 I Nr 4–7 und des § 2 I Nr 1–3 bei Gewinnermittlung nach § 4 III oder § 13a VI), hat er den Tatbestand (noch) nicht verwirklicht. Fließen die Einnahmen aus der ehem Tätigkeit oder dem früheren Rechtsverhältnis dem Rechtsnachfolger (→ Rn. 68 ff) des Verstorbenen zu, hat auch er den Tatbestand der Einkünfteerzielung nicht verwirklicht. Diese **Besteuerungslücke** schließt § 24 Nr 2 dadurch, dass die Verwirklichung von Tatbestandsmerkmalen durch den Rechtsvorgänger dem Rechtsnachfolger zugerechnet wird (BFH GrS 2/04, BStBl II 08, 608: „Tatbestandsverklammerung"; *Heinicke* DStJG 10 [1987], 102; enger FG Köln EFG 15, 1923, rkr, → Rn. 69); dadurch unterscheidet sich § 24 Nr 2 von § 45 AO, der Entstehung der StSchuld in der Person des Rechtsvorgängers voraussetzt. Fließt dem Erben der Veräußerungserlös aus der vom Erblasser als MUer durch Ges'terBeschluss mitveranlassten Anteilsveräußerung zu, ist der Erbe zwar StSchuldner iSd § 24 Nr 2, es handelt sich aber bei der darauf entfallenden Steuer um eine **Erbfallschuld** des Erblassers, so dass die Begrenzung der **Erbenhaftung** nicht ausgeschlossen ist (BFH VII R 118/95, BStBl II 98, 705). 51

b) Ergänzungsfunktion. Sie bedeutet, dass § 24 Nr 2 **subsidiär** gilt im Verhältnis zu den allg Grundsätzen der Tatbestandsverwirklichung als Voraussetzung der Entstehung der ESt (vgl → § 2 Rn. 18), des Rückwirkungsverbots (→ § 2 Rn. 41) und der Unbeachtlichkeit der Einkommensverwendung für die Besteuerung (§ 12); vgl *Heinicke* DStJG 10 (1987), 108 (109). BFH GrS 2/04, BStBl II 08, 608 beschränkt § 24 Nr 2 auf Fälle der gespaltenen Tatbestandsverwirklichung (→ Rn. 51) und **verneint** eine analoge Anwendung auch für den **Verlustübergang im Erbfall.** Dies ist mE vor allem wegen des Bruchs mit einer jahrzehntelangen Rspr, also deren Stetigkeit, zu kritisieren. Zu weiteren Kritikpunkten → § 10d Rn. 14 sowie → 30. Aufl 2011, § 24 Rn. 52 (indirekte Diskriminierung älterer Menschen in ihrer Berufswahl/-ausübung). Zu § 15a aber → § 15a Rn. 168 und → § 16 Rn. 590. 52

53 **2. Einkünfte aus ehemaliger Tätigkeit.** Sie sind bzgl der in § 2 I Nr 1–4 genannten Einkunftsarten mögl. Es besteht Identität mit der Einkunftsart, zu der die aufgegebene Tätigkeit gehörte. Einkünfte aus einer ehem Tätigkeit liegen dann vor, wenn die Einkünfte in wirtschaftl Zusammenhang mit der ehem Tätigkeit stehen, insb ein Entgelt für die iRd ehem Tätigkeit von dem StPfl erbrachten Leistungen darstellen (BFH IV R 174/73, BStBl II 76, 487). Hierzu können als nachträgl BE auch nach BetrAufgabe/-veräußerung **zurückbehaltene** (Honorar-)**Forderungen** gehören (iEinz → § 16 Rn. 106, → § 18 Rn. 232). Nachträgl Zahlungen unter Ges'tern oder deren Rechtsnachfolgern für eine in vorangegangenen Jahren **unrichtige Gewinnverteilung** können auch dann Einkünfte aus ehem gewerbl Tätigkeit sein, wenn der StAnspruch für den ursprüngl Gewinnanteil verjährt ist (FG BW EFG 72, 171).

54 **a) Betriebsveräußerung – Anteilsveräußerung.** Vermindert sich nach Betriebsaufgabe/-veräußerung eine **Verbindlichkeit,** für die während des Bestehens des Betriebs als Rückstellung bilanziert wurde, erhöht der Minderungsbetrag nachträgl den Veräußerungsgewinn (BFH GrS 2/92, BStBl II 93, 897). Entsprechendes gilt, wenn der **Veräußerungspreis** sich nachträgl ändert. Der Veräußerungsgewinn ist neu zu ermitteln und ggf die Veranlagung des Jahres der Betriebsaufgabe/-veräußerung nach § 175 I 1 Nr 2 AO zu ändern. IEinz → § 16 Rn. 335 ff. Wird allerdings für den Gewinn aus der Veräußerung eines Betriebes/MUeranteils eine **§ 6b**-Rücklage gebildet, führt deren spätere Auflösung zu (nicht tarifbegünstigten) nachträgl Einkünften gem § 24 Nr 2 (BFH X R 14/21, BStBl II 24, 48; BFH IV R 150/78, BStBl II 82, 348). – **Anders** soll dies hingegen sein, wenn der im Zuge der **unentgeltl** Übertragung eines **GmbH-Anteils vorbehaltene Nießbrauch** später **abgelöst** wird (so BFH IX R 5/24, DStR 24, 2682; dazu iEinz → Rn. 29).

55 **b) Renten.** Erhält ein früherer RA eine **betriebl Versorgungsrente,** liegen insoweit nachträgl Einkünfte iSd § 18 vor (→ Rn. 53; BFH XI R 60/03, BeckRS 2006, 25010407); ebenso bei Knappschaftsärzten (FG Ddorf DStRE 25, 809, Rev VIII R 34/24). Wird bei der Auflösung eines Handelsvertreterverhältnisses hinsichtl der bereits vermittelten, aber noch nicht ausgeführten Geschäfte vereinbart, dass der Provisionsanspruch geteilt wird und der **Handelsvertreter** seinen Anteil bei Ausführung des Geschäfts erhält, hat er den Betrag bei Zufluss als nachträgl lfd BE zu versteuern, also keine Aktivierung iVm Besteuerung nach §§ 16, 34 (SchlHFG EFG 80, 394; → Rn. 69). **Versorgungsanwartschaftsrechte** (§ 17 I 2 BetrAVG) eines Handelsvertreters dürfen nicht aktiviert werden; die Versorgungsleistungen sind lfd nachträgl Einkünfte (BFH I R 44/83, BStBl II 89, 323; ThürFG DStRE 18, 1345, rkr; auch → Rn. 69), nicht aber Leistungen aus LV (BFH III R 41/14, BFH/NV 17, 803). – Bezüge aus **betriebl Hinterbliebenenversorgung** (MUer einer PersGes) sind Sondervergütungen iSd § 15 I Nr 2 (→ § 15 Rn. 585). Scheidet ein Ges'ter aus einer **PersGes** gegen Abfindung aus und besteht Streit über die Höhe der Abfindung, führt auf vergleichsweiser Beilegung des Streits beruhende nachträgl **Erhöhung der Abfindung** nicht zu nachträgl Einkünften, sondern ist Teil des Veräußerungsgewinns (BFH GrS 2/92, BStBl II 93, 897; *Bordewin* FR 94, 555; → Rn. 54). – Wird einem RA für seine **Beratungstätigkeit** eine bis zu seinem bzw seiner Ehefrau Tod zu zahlende **Leibrente** zugesagt, gehören die einzelnen Zahlungen zu nachträgl freiberufl Einkünften (BFH IV R 61/85, BStBl II 87, 597).

57 **c) Art des Entgelts.** Wird ein Betrieb gegen **lfd Bezüge** veräußert, stellen diese lfd Bezüge nachträgl Einkünfte iSd § 24 Nr 2 dar. Wird dagegen ein Betrieb gegen **festen Kaufpreis** und **Leibrente** veräußert, wird nach bisheriger Rspr für den durch den festen Kaufpreis realisierten Veräußerungsgewinn die Tarifvergünstigung des § 34 gewährt. Dem Veräußerer steht ein Wahlrecht hinsichtl der Besteuerung bei Veräuße-

rung gegen lfd Bezüge zu (iEinz → § 16 Rn. 240 ff; BFH X R 6/20, BStBl II 23, 112).

58 **d) Erweiterte Honorarverteilung.** Bezüge eines **Kassenarztes** aus erweiterter Honorarverteilung der kassenärztl Vereinigung gehören zu den nachträgl Einkünften aus selbständiger Arbeit, auch wenn der Arzt als Kassenarzt nicht mehr tätig ist (BFH IV R 112/71, BStBl II 77, 29; SchlHFG EFG 14, 1191, rkr).

60 **e) Arbeitnehmer. Rechtsnachfolger** von ArbN gelten selbst als ArbN, soweit sie Bezüge aus dem früheren DienstVerh ihres Rechtsvorgängers erhalten (§ 19 I Nr 2, II). Auch → § 19 Rn. 50 „Früheres DienstVerh". Einkünfte aus einem **ehemaligen ArbVerh** liegen nicht vor, wenn der ArbG zur Abgeltung von Gehaltsansprüchen eine Forderung an Zahlung Statt (§ 364 BGB) mit der Folge des Erlöschens des Schuldverhältnisses an den ArbN abtritt. Wenn der ArbN später mehr als den für die abgetretene Forderung angesetzten Wert erhält, ist das auf die Höhe des ArbLohnes ohne Einfluss. Hierbei handelt es sich um einen Vorgang im Bereich des Vermögens des ArbN (BFH VI 137/65, BStBl III 66, 394). Wird dem ArbN von seinem ArbG ein **Optionsrecht** auf spätere Zahlungen eingeräumt, das beim Tode des ArbN auf seine **Witwe** übergehen soll, ist die Witwe Rechtsnachfolgerin hinsichtl der Optionsberechtigung, auch wenn sie nicht Erbin des ArbN wird; auch wenn sie das Optionsrecht den Erben zur Ausübung abtritt, hat sie den Zufluss gem § 24 Nr 2, § 19 I Nr 3 EStG, § 1 I 2 LStDV zu versteuern (*Heinicke* DStJG 10 [1987], unter III 5 Fn 43, 63).

63 **3. Einkünfte aus ehemaligem Rechtsverhältnis. – a) Grundsätze.** Sie betreffen die in § 2 I Nr 5–7 genannten Einkunftsarten, vor allem Einkünfte aus früheren Miet- oder Pachtverhältnissen oder einem früher vorhandenen KapVerm.

64 **b) Einzelfälle.** Die isolierte **Abtretung von Mietforderungen** ändert nichts daran, dass der Zedent (Abtretende) diese als Einkünfte bezieht, wenn sie dem Zessionar (Abtretungsempfänger) zufließen (→ Rn. 66; s auch § 21 I Nr 4 für im Veräußerungserlös enthaltene Mietzinsforderungen; BFH I R 190/81, BStBl II 86, 815). Anders kann dies zu beurteilen sein, wenn die Abtretung mit der Übertragung des zur Erzielung von Einkünften nach § 20 eingesetzten **KapVerm** einhergeht. Insoweit ist (zB bei Aktien) § 20 V zu beachten; hierzu sowie zur Frage, ob iÜ die KapEinkünfte besitzanteilig zuzurechnen sind → § 20 Rn. 166 ff.

66 **4. Zufluss beim Rechtsnachfolger.** § 24 Nr 2 findet auch Anwendung, wenn die unter → Rn. 53–64 genannten Einkünfte einem Rechtsnachfolger zufließen (→ Rn. 51). Rechtsnachfolger ist jeder Gesamt- und Einzelrechtsnachfolger (Erbe, Zessionar, Berechtigter aus einem Vertrag zu Gunsten Dritter, FG Hmb EFG 92, 265; BFH VIII B 111/93, BStBl II 94, 455; BFH X R 14/94, BStBl II 96, 287), dem die Einkünfte (Einnahmen) nach dem Tode des bisherigen StPfl zufließen (zum Zufluss → § 8 Rn. 7, 8); Rechtsnachfolger iSd § 24 Nr 2 ist nicht, wem Einnahmen kraft – entgeltl oder unentgeltl – Rechtsgeschäfts unter Lebenden während der Lebenszeit des früheren Rechtsinhabers zufließen. Weitergehend BFH IV R 174/73, BStBl II 76, 487; BFH VIII R 160/81, BStBl II 82, 540 zu 4b: Auch während der Lebenszeit des Veräußernden können einzelne Übertragungen (Abtretung, Vertrag zu Gunsten Dritter) für die Zeit vor Übertragung – gleichsam rückwirkend – Erträge dem Erwerber als Rechtsnachfolger zugerechnet werden; → Rn. 64.

67 **a) Abgrenzung.** Die Einbeziehung des Zuflusses an den Rechtsnachfolger in § 24 Nr 2 (→ Rn. 51) ändert nichts daran, dass der StPfl sich zu seinen Lebzeiten nicht durch vertragl Gestaltungen seiner StPfl entziehen kann. Deshalb machen Rechtserwerbe unter Lebenden den Erwerber nicht zum Rechtsnachfolger des Veräußerers, soweit der Erwerb bereits vor dem Veräußerungsakt begründete StAnsprüche betrifft (→ Rn. 51, 52 sowie *Heinicke* DStJG 10 [1987], unter III 5, 6).

68 **b) Rechtsfolge.** Dem Rechtsnachfolger zufließende nachträgl Einkünfte sind ihm als **eigene Einkünfte** zuzurechnen, dh sie gehen in den Gesamtbetrag der von ihm erzielten Einkünfte ein; die vom Rechtsvorgänger (zB Erblasser) erzielten Einkünfte werden nicht nachträgl erhöht (*Stadie* Persönl Zurechnung, 75 f mwN). Hinsichtl der Bestimmung der Einkunftsart ist auf die Verhältnisse des Rechtsvorgängers abzustellen (BFH X R 14/94, BStBl II 96, 287). Der Tod eines Unternehmers hat nicht zur Folge, dass das BV bei seinen Erben in das PV übergeht (s § 6 III; BFH IV R 29/91, BStBl II 93, 36).

69 **c) Einzelfälle. Veräußert** der Erbe die vom Erblasser als freiberufl Erfinder entwickelten **Patente** gegen Leibrente, ist die Rente, soweit sie den Buchwert der Patente übersteigt, als lfd Betriebseinnahme (§§ 18 I, 24 Nr 2), nicht aber als private Veräußerungsrente nur mit dem Ertragsanteil zu versteuern. Etwas anderes gilt nur, wenn die Patente durch Entnahme vor der Veräußerung in das PV überführt worden waren. Veräußert der Erbe WG des ererbten BV, erzielt er gleichfalls Einkünfte der näml Einkunftsart, also bei Verkauf von **Bildern,** die ein künstlerisch tätiger Maler geschaffen hat, solche iSd §§ 18, 24 Nr 2 (BFH IV R 16/92, BStBl II 93, 716). Zu den nachträgl Einnahmen gehören auch die nach dem Tode eines Freiberuflers eingehenden **Honorare/Gewinnanteile** (RFH VI A 1862/29, RStBl 30, 269; RFH 1958/29, RStBl 30, 581; FG Ddorf EFG 14, 266 rkr: entgeltl Übertragung/Verzicht auf Urheberrechte); ebenso Verwertungsentgelte zB von der **GEMA** oder der **VG-Wort** (BFH IV R 62/93, BStBl II 95, 413). Insgesamt **aA** aber FG Köln EFG 15, 1923, rkr: § 18 nur, wenn Einkünfte ledigl nach Erbfall zufließen, § 15 hingegen bei eigener Erfüllungsleistung/Verwertungshandlung der Erben (glA FG Hmb EFG 22, 1279, rkr betr Entschädigung für geerbte Urheberrechte).

72 **5. Nachträgliche Betriebsausgaben/Werbungskosten. – a) Grundsätze.** Unter § 24 Nr 2 fallen nicht nur Einnahmen, sondern auch nachträgl anfallende BA/WK (auch → § 4 Rn. 486 ff; → § 9 Rn. 40 ff). Nachträgl Veränderungen, die sich dadurch ergeben, dass der Veräußerungs-/Aufgabegewinn zu hoch oder zu niedrig ermittelt worden sind, werden als rückwirkende Ereignisse aufgefasst, die eine Änderung des Gewinns iSd § 16 und der diesbezügl Bescheide rechtfertigen (→ Rn. 54 f; → § 16 Rn. 335 ff). Sind Verbindlichkeiten in die **Schätzung des Gewinns** eines früheren Wj eingegangen, ist ihr Abzug als BA nach Einstellung des Betriebs im Jahr der Zahlung ausgeschlossen (BFH X B 168/95, BFH/NV 97, 348). Zu „nachträgl" BV (Forderungen, Verbindlichkeiten, schwebende Geschäfte) nach Betriebsaufgabe → § 16 Rn. 348 ff. Insb auf „zurückbehaltene", ehemals betriebl veranlasste Schulden gezahlte **Zinsen** können **als nachträgl BA** abzugsfähig sein (auch → Rn. 73). Das gilt im Falle der **Betriebsaufgabe/-veräußerung,** soweit die Schulden nicht aus dem Erlös des verwerteten BV und durch Einsatz zurückbehaltener WG getilgt werden konnten, weil dann der betriebl Zusammenhang zur Entstehung der Schuld (noch) nicht gelöst ist (BFH X R 15/04, BStBl II 07, 642). Das gilt für **SonderBV** nur soweit, als den MUer auch die Verbindlichkeiten (nur) persönl trafen (BFH X R 60/99, BFH/NV 03, 900). Wird ein WG des (ehemaligen) SonderBV nach Betriebsbeendigung durch Vermietung genutzt, sind Schuldzinsen aus vormaligen Betriebsschulden, für die der (ehemalige) MUer als **Bürge** haftet nachträgl BA iSd § 24 Nr 2, auch wenn eine Umschuldung vorgenommen wurde (BFH X R 60/99, BFH/NV 03, 900). Bei **Einbringung** eines **Einzelunternehmens** in eine PersGes ergeben sich aus § 24 Nr 2 keine Einschränkungen des Schuldzinsenabzugs, weil die Tätigkeit des bisherigen Einzelunternehmers nicht beendet wird (BFH XI R 26/98, BFH/NV 00, 11; → Rn. 73). Zu nachträgl Gewinn/Verlusten nach Übergang zu einem sog **Liebhabereibetrieb** → § 16 Rn. 156, 356; hierzu gehören nach der Rspr auch Kreditzinsen, wenn die auf die Betriebszeit entfallenden Kredite aus Betriebsmitteln (einschließl evtl Veräußerungserlöse) nicht beglichen werden konnten (BFH XI R 58/04, BFH/NV 07, 434). Zu BA *nach* **unentgeltl Betriebsübertragung** gem § 6 III → § 16 Rn. 38.

b) Einzelfragen. Bestehen hinsichtl des Verwertungserlöses **Auszahlungshindernisse** oder hinsichtl des zurückbehaltenen Aktivvermögens **Verwertungshindernisse,** gehören die wegen der deshalb **verzögerten Tilgung** der Schulden entstehenden **Zinsen** ebenfalls zu den nachträgl BA (BFH X R 15/04, BStBl II 07, 642: Unterbleibt bei Betriebsaufgabe Veräußerung des Wohnhauses zwecks Schuldentilgung für betriebl Räume, soll kein obj Verwertungshindernis vorliegen; mE fragl). Das gilt auch, wenn bei Betriebsveräußerung der Rentenberechtigte der Ablösung einer bei Betriebserwerb begründeten **Rentenverpflichtung** nicht zustimmt, so dass der Zinsanteil (= Rentenzahlungen minus Barwertminderung) BA bleibt (BFH XI R 46/98, BStBl II 00, 120). Auch im Falle der **Betriebsveräußerung** (BFH III R 87/96, BStBl II 99, 313), der **Veräußerung eines PersGes-Anteils** (BFH VII K 8/84, BStBl II 85, 323) oder der **Einbringung** eines Einzelunternehmens gegen Gewährung von GesRechten in eine GmbH unter Zurückbehaltung betriebl Verbindlichkeiten (BFH VIII R 5/96, BStBl II 99, 209) sind die Zinsen für die verbliebenen Verbindlichkeiten abzugsfähig. Zu weiteren Einzelfragen → § 16 Rn. 349. Nachträgl WK aus **VuV** liegen auch vor, wenn das Besitzunternehmen einer **BetrAufsp** nach Betriebsaufgabe der BetriebsGes deren Verbindlichkeiten, zu deren Besicherung Grundpfandrechte auf Grundstücken des Besitzunternehmens eingetragen sind, nach **Umschuldung** iRe nunmehr aufgenommenen Vermietungstätigkeit Zins- und Tilgungsleistungen erbringt (BFH X R 104/98, BFH/NV 02, 163). Keine nachträgl BA sind nach BFH XI R 98/96, BStBl II 98, 144 **Schuldzinsen** für einen sich bei der **Übertragung eines Betriebes** ergebenden Ausgleichsbetrag zu Lasten des Übertragenden, weil die Verbindlichkeit nicht während der Inhaberzeit des Übertragenden begründet wurde, sondern anlässl der Veräußerung entstanden sei. Wird die Entstehung der Ausgleichsschuld in einem solchen Fall dadurch vermieden, dass bei der Zurückbehaltung des Grundstücks die für dessen Anschaffung eingegangenen Kreditverpflichtungen gleichfalls zurückbehalten werden und wird das Grundstück durch Vermietung genutzt, so bleiben die Schuldzinsen abzugsfähig, weil sich für den StPfl wirtschaftl nichts Wesentliches ändert (BFH X R 96/95, BStBl II 99, 353). Der (ehem) Ges'ter einer **liquidierten PersGes** kann Zinsen für Verbindlichkeiten der PersGes und solche, die mit seinem (ehem) **SonderBV** wirtschaftl zusammenhängen, als nachträgl BA abziehen, wenn und soweit die Zinsverbindlichkeiten in der Liquidationsbilanz nicht berücksichtigt sind; da ihm sein SonderBV bei der Liquidation der PersGes zurückzugeben ist, darf er die Zinsen für Ges-Verbindlichkeiten, deren Tilgung für den Ges'ter BA wären, auch abziehen, wenn er die WG seines SonderBV zur Tilgung der Schuld nicht einsetzt (BFH VIII R 18/92, BStBl II 96, 291). Zum BA-Abzug für Zinsen nach **Insolvenzeröffnung** s BFH X R 25/12, BStBl II 16, 391. 73

c) Überschusseinkünfte. Dazu, ob Aufwendungen, die nach Aufgabe der auf Einkunftserzielung gerichteten Tätigkeit entstehen, als **nachträgl WK** zu berücksichtigen sind, → § 9 Rn. 99. Zu Einkünften aus **KapVerm** → § 20 Rn. 26; → § 32d Rn. 9. Zur **Umwidmung** von Darlehen → § 9 Rn. 147. 75

IV. Nutzungsvergütungen für Inanspruchnahme von Grundstücken zu öffentlichen Zwecken, § 24 Nr 3

1. Allgemeines. Die Vorschrift erweitert nicht die Steuerbarkeit (FG Bln-Bbg DStRE 15, 850 rkr, mwN), sondern grenzt die Entschädigungen und Vergütungen nebst zugehöriger Zinsen aus der entspr Einkunftsart aus, um insoweit die ermäßigte Besteuerung nach § 34 I zu ermöglichen. Nutzungsvergütung idS ist auch eine auf Grund eines Besitzeinweisungsbeschlusses zu leistende Entschädigung für Eigentumsbeschränkungen (BFH IX R 19/90, BStBl II 94, 640). 80

2. Inanspruchnahme. Der Begriff der Inanspruchnahme für öffentl Zwecke ist nicht eng auszulegen. Ein formelles **Enteignungsverfahren** ist nicht Voraussetzung. 81

Grunderwerb kann sich auch durch einen Kaufvertrag vollziehen. Es muss nur feststehen, dass der **Erwerb öffentl Zwecken** dient (BFH VI 366/65, BStBl III 66, 460; IV R 143/82, BStBl II 85, 463: Nutzungsvergütung für die Abtretung von Straßenland) und für den Abschluss des Vertrages, dass einseitiges hoheitl Handeln oder zumindest hoheitl Druck maßgebl war (BFH VIII R 22/95, BStBl II 98, 560). Die vom Zeitpunkt der vorzeitigen Besitzeinweisung an zu zahlenden Zinsen für eine **Enteignungsentschädigung** gehören zu den KapVerm-Einkünften, wenn der Enteignungsberechtigte zu diesem Zeitpunkt wirtschaftl Eigentum am Grundstück erlangt (BFH VIII R 120/76, BStBl II 80, 570).

§ 24a Altersentlastungsbetrag

[1]Der Altersentlastungsbetrag ist bis zu einem Höchstbetrag im Kalenderjahr ein nach einem Prozentsatz ermittelter Betrag des Arbeitslohns und der positiven Summe der Einkünfte, die nicht solche aus nichtselbständiger Arbeit sind. [2]Bei der Bemessung des Betrags bleiben außer Betracht:

1. **Versorgungsbezüge im Sinne des § 19 Absatz 2;**
2. **Einkünfte aus Leibrenten im Sinne des § 22 Nummer 1 Satz 3 Buchstabe a;**
3. **Einkünfte im Sinne des § 22 Nummer 4 Satz 4 Buchstabe b;**
4. **Einkünfte im Sinne des § 22 Nummer 5 Satz 1, soweit § 22 Nummer 5 Satz 11 anzuwenden ist;**
5. **Einkünfte im Sinne des § 22 Nummer 5 Satz 2 Buchstabe a.**

[3]Der Altersentlastungsbetrag wird einem Steuerpflichtigen gewährt, der vor dem Beginn des Kalenderjahres, in dem er sein Einkommen bezogen hat, das 64. Lebensjahr vollendet hatte. [4]Im Fall der Zusammenveranlagung von Ehegatten zur Einkommensteuer sind die Sätze 1 bis 3 für jeden Ehegatten gesondert anzuwenden. [5]Der maßgebende Prozentsatz und der Höchstbetrag des Altersentlastungsbetrags sind der nachstehenden Tabelle zu entnehmen:

Das auf die Vollendung des 64. Lebensjahres folgende Kalenderjahr	Altersentlastungsbetrag in % der Einkünfte	Altersentlastungsbetrag Höchstbetrag in Euro
2005	40,0	1900
2006	38,4	1824
2007	36,8	1748
2008	35,2	1672
2009	33,6	1596
2010	32,0	1520
2011	30,4	1444
2012	28,8	1368
2013	27,2	1292
2014	25,6	1216
2015	24,0	1140
2016	22,4	1064
2017	20,8	988
2018	19,2	912
2019	17,6	836
2020	16,0	760
2021	15,2	722

Das auf die Vollendung des 64. Lebensjahres folgende Kalenderjahr	Altersentlastungsbetrag in % der Einkünfte	Höchstbetrag in Euro
2022	14,4	684
2023	14,0	665
2024	13,6	646
2025	13,2	627
2026	12,8	608
2027	12,4	589
2028	12,0	570
2029	11,6	551
2030	11,2	532
2031	10,8	513
2032	10,4	494
2033	10,0	475
2034	9,6	456
2035	9,2	437
2036	8,8	418
2037	8,4	399
2038	8,0	380
2039	7,6	361
2040	7,2	342
2041	6,8	323
2042	6,4	304
2043	6,0	285
2044	5,6	266
2045	5,2	247
2046	4,8	228
2047	4,4	209
2048	4,0	190
2049	3,6	171
2050	3,2	152
2051	2,8	133
2052	2,4	114
2053	2,0	95
2054	1,6	76
2055	1,2	57
2056	0,8	38
2057	0,4	19
2058	0,0	0

Einkommensteuer-/Lohnsteuer-Richtlinien: EStR 24a; EStH 24a, LStH 24a.

1 **1. Allgemeines. Normzweck:** Der Altersentlastungsbetrag soll bei der Besteuerung *solcher* Einkünfte einen **Ausgleich** schaffen, die *nicht* wie zB Versorgungsbezüge (§ 19 II), Leibrenten (§ 22 Nr 1 S 3 Buchst a) und Versorgungsbezüge der Abgeordneten (§ 22 Nr 4 S 4 Buchst b) begünstigt sind. Daher sind die vorbezeichneten Bezüge zur Vermeidung einer doppelten Begünstigung nicht in die Bemessungsgrundlage zur Berechnung des Altersentlastungsbetrages einzubeziehen (S 2). Zum Progressionsvorbehalt s BFH I R 179/86, BStBl II 90, 906. Trotz Kritik an der Berechtigung des Altersentlastungsbetrags (*Seer* StuW 96, 323 (332)), ist er sowohl mit dem GG als auch mit EU-Recht vereinbar (BFH III B 74/17, BFH/NV 18, 1273). – **Rechtsentwicklung:** Der Altersentlastungsbetrag sollte in den Jahren 2005 bis 2040 abgeschmolzen werden. Mit dem **WachstChG** (BGBl I 24 Nr 108) wurden indes beginnend ab **2023** im Gleichklang mit der gemilderten Leibrentenbesteuerung (§ 22 Nr 1 S 3 Buchst a aa nF) und der Anpassung des Versorgungsfreibetrags (§ 19 II 3 nF) auch die jährl Verringerungsschritte gem Tabelle zu § 24a S 5 (nF) abgesenkt (prozentual um jew 0,4%, bisher: 0,8%; Höchstbeträge um jeweils 19 €, bisher: 38 €) und der Abschmelzungszeitraum **bis 2058** (bisher: 2040) verlängert. Vgl zum LSt-Abzug § 52 XXVIa nF. – **Systematik:** Da die Einkünfte gem § 24a erhebl schwanken, wird im Gegensatz zur Abschmelzung des Vorsorgefreibetrages (§ 19 II) kein zeitlebens feststehender Betrag ermittelt. Der Prozentsatz sowie der Höchstbetrag stehen aber zeitlebens fest; maßgebend ist das dem Jahr der Vollendung des 64. Lebensjahres folgende Jahr. Die Werte sind der (neu gefassten; s. o.) Tabelle des § 24a zu entnehmen.

2 **2. Anwendungsbereich.** § 24a gilt ab VZ 2009 auch für **beschr StPfl** (§ 50 I 3). Ein am 1.1. geborener StPfl vollendet das Lebensjahr bereits mit Ablauf des 31.12. (§§ 187 II 2, 188 II BGB). Im Fall der **Zusammenveranlagung** ist der Altersentlastungsbetrag nur demjenigen Ehegatten für seine eigenen Einkünfte zu gewähren, der die Voraussetzungen hierfür erfüllt (S 4); Gleiches gilt für LPart (§ 2 VIII). Die Berechnung ist für jeden Ehegatten/LPart gesondert durchzuführen. Durch entspr ernstl gewollte und tatsächl durchgeführte Vereinbarungen können Ehegatten/LPart die volle Ausnutzung des Altersentlastungsbetrages erreichen (*Bockholt* DB 77, 1773; s FG Nbg EFG 80, 339: Kapitaleinkünften bei Zugewinngemeinschaft; BFH X R 48/92, BStBl II 94, 107: Hofübergabe gegen wiederkehrende Bezüge an beide Ehegatten). Bei **Insolvenz** des Stpfl ist der Altersentlastungsbetrag entspr den Einkünften der einzelnen Vermögensbereiche (einschl Masseverbindlichkeiten) zu berücksichtigen (iEinz BFH VIII R 19/18, BStBl II 21, 819).

3 **3. Bemessungsgrundlage.** Hierzu gehören der ArbLohn (außer § 19 II) zuzügl der positiven Summe der Einkünfte (außer § 22 Nr 1 S 3 Buchst a, § 22 Nr 4 S 4 Buchst b, § 22 Nr 5 S 1 iVm S 11), die nicht zu den Einkünften aus nicht selbständiger Arbeit zählen. Der Altersentlastungsbetrag betrug bis VZ 2004 40% der Bemessungsgrundlage, höchstens 1908 € im Kj. Ab 2005 s Tabelle des § 24a.

4 **a) Arbeitslohn.** Es wird aus Vereinfachungsgründen nicht an die Einkünfte aus nicht selbständiger Arbeit, sondern an den ArbLohn angeknüpft (*Richter* FR 75, 189); dies ist der BruttoArbLohn ohne Abzug irgendwelcher WK oder Freibeträge. Bei der Nettolohnvereinbarung (→ § 39b Rn. 10 ff) ist daher auf den Bruttobetrag hochzurechnen. Nach zutr hM gehören stfreie Zuwendungen nicht zum ArbLohn iSd § 24a (*HHR/Bleschick* § 24a Rn. 16). Auch pauschal versteuerter ArbLohn (§§ 40–40b) bleibt außer Ansatz (*HHR/Bleschick* § 24a Rn. 16). Negative Einnahmen mindern den ArbLohn nur dann, wenn es sich um zurückgezahlten ArbLohn des lfd Kj handelt. Bezieht sich die Rückzahlung dagegen auf ArbLohn früherer Jahre, so wird die Bemessungsgrundlage nicht berührt (glA *HHR/Bleschick* § 24a Rn. 16 mwN).

5 **b) Andere Einkünfte.** Die zweite Komponente der Bemessungsgrundlage ist die **positive Summe** der anderen Einkünfte. Es heißt im Gesetz nicht die Summe der

positiven anderen Einkünfte; daher werden die positiven Einkünfte mit den negativen verrechnet (FG RhPf EFG 77, 426). Eine positive Summe erhöht die Komponente zu → Rn. 4; eine negative Summe bewirkt nicht etwa eine Minderung dieser Komponente. Es sind die Einkünfte (nicht der Gesamtbetrag der Einkünfte) zu ermitteln. Dies hat zur Folge, dass Freibeträge, die erst nach der Ermittlung der Einkünfte zu berücksichtigen sind (§ 13 III), die Bemessungsgrundlage nicht mindern (*HHR/Bleschick* § 24a Rn. 20). Aus diesem Grund sind auch tarifbegünstigte Einkünfte iSd § 34 in die Bemessungsgrundlage einzubeziehen (BFH IV R 68/04, BFH/NV 06, 723). Zur Ermittlung der positiven Summe der anderen Einkünfte während der Geltung des § 2 III idF StEntlG 1999 ff (BGBl I 99, 402) s BFH III R 83/04, BStBl II 06, 511.

c) Abgrenzungen. Steuerfreie Veräußerungsgewinne sind bei der Ermittlung der Einkünfte abzuziehen (BFH VIII R 147/71, BStBl II 76, 360); sie mindern daher ebenso wie stfreier ArbLohn die Bemessungsgrundlage. Das Gleiche galt für den **Sparer-Freibetrag** (§ 20 IV; HessFG EFG 85, 72) und muss für den Sparer-Pauschbetrag (§ 20 IX) gelten, soweit dieser sich bei in die Veranlagung einzubeziehende KapEinkünfte auswirkt. Letzteres ist für die nach den §§ 32d, 43 V abgegoltenen KapErträge zu verneinen (§ 2 Vb; BFH III B 51/16, BFH/NV 17, 1163 mwN; EStR 24a I 2). Zur Anrechnung des WK-Pauschbetrages bei Einkünften aus § 22 s EStR 24a I 3. Nicht zur Bemessungsgrundlage gehören Einkünfte, die nicht zur Veranlagung führen, weil sie **unter 410 €** liegen (§ 46 II Nr 1). Der **Verlustabzug** (§ 10d) berührt, da er sich nicht bei der Einkünfteermittlung auswirkt (§ 2 IV), die Bemessungsgrundlage nicht; anders jedoch bei Verlustverrechnung nach § 23 III 8, § 15 IV 2, 7, § 15a II, § 15b I 2 (FG Bln-Bbg EFG 11, 2164). 6

4. Verhältnis zu anderen Vorschriften. Zur Berücksichtigung des Altersentlastungsbetrages bei Anwendung anderer Vorschriften s EStR 24a II. Der Altersentlastungsbetrag wird bei der Ermittlung des Gesamtbetrages der Einkünfte von der Summe der Einkünfte abgezogen. Hat ein StPfl neben anderen auch tarifbegünstigte Einkünfte iSd § 34, wirkt der Abzug des Altersentlastungsbetrages sich nur soweit mindernd auf die tarifbegünstigten Einkünfte aus, als er die anderen Einkünfte übersteigt. Sind die anderen Einkünfte ausschließl nach § 24a S 2 außer Betracht bleibende Versorgungsbezüge oder Einkünfte, wirkt sich der Abzug des Altersentlastungsbetrages ebenfalls zunächst auf diese Einkünfte aus, so dass die Tarifbegünstigung soweit wie möglich zum Zuge kommt (*HHR/Bleschick* § 24a Rn. 8). Zur Minderung des GdE gem § 10d s einschl Verfahrensfragen → § 10d Rn. 18, 42 ff 7

§ 24b Entlastungsbetrag für Alleinerziehende

(1) [1]**Allein stehende Steuerpflichtige können einen Entlastungsbetrag von der Summe der Einkünfte abziehen, wenn zu ihrem Haushalt mindestens ein Kind gehört, für das ihnen ein Freibetrag nach § 32 Absatz 6 oder Kindergeld zusteht.** [2]**Die Zugehörigkeit zum Haushalt ist anzunehmen, wenn das Kind in der Wohnung des allein stehenden Steuerpflichtigen gemeldet ist.** [3]**Ist das Kind bei mehreren Steuerpflichtigen gemeldet, steht der Entlastungsbetrag nach Satz 1 demjenigen Alleinstehenden zu, der die Voraussetzungen auf Auszahlung des Kindergeldes nach § 64 Absatz 2 Satz 1 erfüllt oder erfüllen würde in Fällen, in denen nur ein Anspruch auf einen Freibetrag nach § 32 Absatz 6 besteht.** [4]**Voraussetzung für die Berücksichtigung ist die Identifizierung des Kindes durch die an dieses Kind vergebene Identifikationsnummer (§ 139b der Abgabenordnung).** [5]**Ist das Kind nicht nach einem Steuergesetz steuerpflichtig (§ 139a Absatz 2 der Abgabenordnung), ist es in anderer geeigneter Weise zu identifizieren.** [6]**Die nachträgliche Vergabe der Identifikationsnummer wirkt auf Monate zurück, in denen die Voraussetzungen der Sätze 1 bis 3 vorliegen.**

(2) [1]**Gehört zum Haushalt des allein stehenden Steuerpflichtigen ein Kind im Sinne des Absatzes 1, beträgt der Entlastungsbetrag im Kalenderjahr 4260 Euro.** [2]**Für jedes weitere Kind im Sinne des Absatzes 1 erhöht sich der Betrag nach Satz 1 um 240 Euro je weiterem Kind.**

(3) [1]**Allein stehend im Sinne des Absatzes 1 sind Steuerpflichtige, die nicht die Voraussetzungen für die Anwendung des Splitting-Verfahrens (§ 26 Absatz 1) erfüllen oder verwitwet sind und keine Haushaltsgemeinschaft mit einer anderen volljährigen Person bilden, es sei denn, für diese steht ihnen ein Freibetrag nach § 32 Absatz 6 oder Kindergeld zu oder es handelt sich um ein Kind im Sinne des § 63 Absatz 1 Satz 1, das einen Dienst nach § 32 Absatz 5 Satz 1 Nummer 1 und 2 leistet oder eine Tätigkeit nach § 32 Absatz 5 Satz 1 Nummer 3 ausübt.** [2]**Ist die andere Person mit Haupt- oder Nebenwohnsitz in der Wohnung des Steuerpflichtigen gemeldet, wird vermutet, dass sie mit dem Steuerpflichtigen gemeinsam wirtschaftet (Haushaltsgemeinschaft).** [3]**Diese Vermutung ist widerlegbar, es sei denn, der Steuerpflichtige und die andere Person leben in einer eheähnlichen oder lebenspartnerschaftsähnlichen Gemeinschaft.**

(4) **Für jeden vollen Kalendermonat, in dem die Voraussetzungen des Absatzes 1 nicht vorgelegen haben, ermäßigt sich der Entlastungsbetrag nach Absatz 2 um ein Zwölftel.**

Einkommensteuer-/Lohnsteuer-Richtlinien: EStH 24b; LStH 24b – **Verwaltungsanweisungen:** *BMF* BStBl I 22, 1634 (Anwendungsschreiben).

Übersicht Rn.

1 **1. Allgemeines. – a) Bedeutung; Aufbau.** Der Entlastungsbetrag für Alleinerziehende ist ein steuerl Freibetrag, der von der Summe der Einkünfte (§ 2 III) abgezogen wird. Er soll die typischerweise höheren Lebensführungskosten alleinstehender StPfl berücksichtigen, die einen gemeinsamen Haushalt *nur mit ihren Kindern* führen (BT-Drs 15/1751, 6). Es handelt sich um eine **Sozialzwecknorm** (→ Rn. 3), die den abgeschafften Haushaltsfreibetrag (§ 32 VII aF) ersetzt. – **§ 24b I** enthält neben Tatbestand und Rechtsfolge des Entlastungsbetrags eine Fiktion für die Zuordnung von Kindern. **§ 24b II** legt die Höhe fest. **§ 24b III** definiert das Tatbestandsmerkmal „allein stehend". Gem **§ 24b IV** erfolgt die Berücksichtigung monatsweise. – Die Einordnung als Sozialzwecknorm ist insoweit problematisch, als der bewirkte StVorteil mit dem persönl StSatz steigt und somit besser Verdienende stärker entlastet.

2 **b) Persönlicher Anwendungsbereich.** § 24b gilt für unbeschr (§ 1 I, II) und fiktiv unbeschr StPfl (§ 1 III), s § 50 I 3 (krit *Korn* § 24b Rn. 15; *Paus* EStB 14, 100).

3 **c) Neuere Rechtsentwicklung.** → 44. Aufl 2025, § 24b Rn. 3.

4 **d) Verfassungsmäßigkeit.** Die Regelung verstößt weder gegen **Art 3 I GG** noch gegen **Art 6 I GG** (BVerfG 2 BvR 310/07, BStBl II 09, 884, mwN; BFH III R 4/05, BStBl II 07, 637; *BH/Selder* § 24b Rn. 3; krit: *Kanzler* FR 20, 657 (661 f); *Schulenburg* DStZ 07, 428). Soweit der BFH verfrechtl Zweifel geäußert hatte, wenn **Zusammenveranlagte** wie Alleinerziehende ein Kind betreuen, ist das BVerfG dem nicht gefolgt (BVerfG 2 BvR 310/07, BStBl II 09, 884 zu II.2.a.bb: Typisierungsbefugnis des Gesetzgebers – Beschwerde zum EGMR unzul). – Allein-

erziehende haben keinen Anspruch auf den **Splittingtarif** (verfgemäß → § 32a Rn. 9 aE).

Alleinstehende mit Kindern (Anteil: ca ⅕ aller Haushalte) tragen statistisch ein besonders hohes Armutsrisiko (s BReg, 10. Familienbericht, BT-Drs 20/14510, 19). Es ist daher **dem Grunde nach** gerechtfertigt, sie stärker zu entlasten. Der Einwand, Alleinerziehende würden ohnehin wegen des Grund- und anderer Freibeträge steuerl nicht belastet, verfängt nicht; denn § 24b will nicht das Existenzminimum sichern, sondern Mehraufwand berücksichtigen (BT-Drs 15/3339, 11 f). **Der Höhe nach** ist der Gesetzgeber nicht an die Vorgaben gebunden, die für das Existenzminimum und die entspr Freibeträge gelten. Es handelt sich um eine Stützungsmaßnahme *außerhalb des subj Nettoprinzips,* hinsichtl derer der Gesetzgeber weitgehende **Gestaltungsfreiheit** hat (vgl → § 31 Rn. 8 mwN; BFH III B 68/12, BFH/NV 13, 362; s auch BFH III R 36/14, BFH/NV 16, 545: kein Anspruch auf höhere Entlastung; *Ross* DStZ 04, 437; **aA** *v Proff zu Irnich* DStR 04, 1904; *Broer* DStZ 12, 792).

e) Verhältnis zu anderen Vorschriften. Der Entlastungsbetrag wird neben den Freibeträgen für Kinder **(§ 32)** bzw KiGeld (vgl zB BFH IX R 1/15, BFH/NV 16, 1261) oder anderen kinderbedingten Entlastungen wie **§ 33b V** (Pauschbetrag für behinderte Kinder) und **§ 10 I Nr 5, 8** gewährt. Zu **§ 10d** → § 10d Rn. 18 *(2).* Zum Bezug von Elterngeld s **§ 4 VI 1 Nr 1 BEEG** und *Borth* FamRZ 15, 1079. Zum **LStAbzug** → Rn. 26. 5

2. Entlastungsbetrag, § 24b I. An drei Tatbestandsmerkmale knüpft der Entlastungsbetrag an: **„Allein stehend"**, mindestens ein **Kind** und **Haushaltszugehörigkeit** des Kindes. Der Begriff „allein stehend" wird in § 24b III definiert (→ Rn. 16 ff). Der StPfl muss nicht erwerbstätig sein. Der Entlastungsbetrag wird auf **Antrag** gewährt (s § 24 I 1 „kann"; zutr *Kanzler* FR 20, 657 (660 f)). 7

a) Zu berücksichtigende Kinder. Mindestens *ein* Kind muss der StPfl haben, für das ihm ein Freibetrag nach § 32 VI oder KiGeld (§ 63) zusteht. Es muss sich gem § 24b I 1 weder um ein Kind iSd § 32 I handeln, noch um ein Kind unter 18 Jahren. Daher können auch volljährige Kinder und neben leibl Kindern auch Stief-/Adoptiv-/Pflege-/Enkelkinder (wegen § 32 VI 7) berücksichtigt werden. 8

b) Haushaltszugehörigkeit des Kindes. Der StPfl muss einen **Haushalt** führen, dessen Kosten er (im Wesentlichen) trägt. Beiträge des Kindes sind grds unschädl (vgl FG Hmb EFG 07, 414, bestätigt durch BFH III R 104/06, BFH/NV 08, 545; s auch BT-Drs 15/3339, 11: Typisierung). Zur Verfmäßigkeit des Kriteriums „Haushaltszugehörigkeit" s iÜ BFH III R 9/22, BStBl II 23, 861 (zu § 10 I Nr 5, VerfBeschw BVerfG 2 BvR 1041/23). 9

aa) Obhut. Das Kind muss sich in der Obhut des StPfl befinden (Versorgung, Pflege, Erziehung etc, vgl *BMF* BStBl I 22, 1634 Rn. 18: Verantwortung für das materielle und immaterielle Wohl des Kindes). Sorgerecht wird nicht vorausgesetzt, ebenso wenig Meldung beim StPfl (aber → Rn. 12). Auswärtige Unterbringung (zB Internat, Heim) schließt Haushaltszugehörigkeit *nicht* aus, solange das Kind nicht persönl und finanziell unabhängig auf Dauer einen *eigenen* Haushalt führt oder in Wohngemeinschaft mit anderen Personen lebt (vgl auch BFH X R 24/99, BStBl II 02, 244; *BMF* BStBl I 22, 1634 Rn. 18). 10

bb) Vermutungsregelung, § 24b I 2. Die Haushaltszugehörigkeit ist gem § 24b I 2 (ohne weitere Prüfung durch das FA) anzunehmen, wenn das Kind beim StPfl gemeldet ist. Meldung mit dem Hauptwohnsitz wird nicht (mehr) verlangt; Nebenwohnsitz genügt (s auch FG Bln-Bbg EFG 08, 1959, rkr). Es handelt sich um eine **unwiderlegbare Vermutung** zugunsten des StPfl (s BFH III R 9/13, BStBl II 15, 926 mwN: Typisierungsbefugnis des Gesetzgebers, Verstoß gegen Melderecht unbeachtl; zust *BMF* BStBl I 22, 1634 Rn. 18). 11

cc) Konkurrenzklausel, § 24b I 3. Ist das Kind bei mehreren StPfl gemeldet, wird der Entlastungsbetrag gleichwohl **nur einmal** gewährt (BFH III R 1/22, 12

BStBl II 24, 865: *keine* Aufteilung, verfgemäß). Er steht gem § 24b I 3 dem Elternteil zu, der das Kind iSd § 64 II 1 in seinen Haushalt aufgenommen hat; dass der Betreffende KiGeld erhält, wird nicht vorausgesetzt (vgl BFH III R 79/08, BStBl II 11, 30). Bei **mehrfacher** (Meldung *und*) **Haushaltsaufnahme** ist der Entlastungsbetrag grds dem Elternteil zu gewähren, der ihn beantragt hat (tatbestandl Voraussetzungen der §§ 24b I 3, 64 II 1 sind erfüllt; so iErg auch BFH III R 79/08, BStBl II 11, 30 mwN, mit Ausnahme bei Berücksichtigung nach § 38b I 2 Nr 2; zust *BMF* BStBl I 22, 1634 Rn. 19). – Wird das Kind nach dem sog **paritätischen Wechselmodell** in annähernd gleichem Umfang von beiden Eltern betreut, können diese entspr § 64 II 2 wählen, wem der Entlastungsbetrag zustehen soll. Treffen sie keine Wahl, steht der Entlastungsbetrag dem Elternteil zu, an den das Kindergeld gezahlt wird (BFH III R 1/22, BStBl II 24, 865 Rn. 26). **Gestaltungen** zur Ausnutzung eines Progressionsgefälles sollten iRe unterhaltsrechtlichen Gesamtausgleichs geregelt werden (*Kanzler* FamRB 25, 70).

13 **dd) Identifizierung des Kindes, § 24b I 4–6.** Der Entlastungsbetrag wird mit Wirkung ab VZ 2015 grds nur noch nach Identifizierung des Kindes durch Angabe der IdNr (§ 139b AO) gewährt (§ 24b I 4 – Ausschluss von Doppelberücksichtigung, s BT-Drs 18/5244, 29). In Zweifelsfällen muss das FA die IdNr beim BZSt abfragen (Untersuchungsgrundsatz, s § 88 I 1 AO; vgl auch *BH/Selder* § 63 Rn. 37 ff; krit *HHR/Krömker* § 24b Rn. 12: überflüssige Regelung, keine materielle Anspruchsvoraussetzung). – Ist noch keine IdNr vergeben worden, erfolgt die Identifizierung gem § 24b I 5 auf andere Weise (ausl Geburtsurkunde, Ausweis oÄ). Wird die IdNr nachträgl vergeben, egal aus welchem Grund, wirkt dies auf Vormonate zurück (§ 24b I 6).

14 **c) Rechtsfolge.** Der Entlastungsbetrag wird von der Summe der Einkünfte abgezogen (§ 2 III) und kann nicht übertragen werden. Die Gewährung setzt *nicht* voraus, dass konkrete (Mehr-)Aufwendungen entstanden sind bzw nachgewiesen werden; denn es wird ein (nur) **typisierter Mehraufwand** abgegolten (→ Rn. 4).

15 **3. Höhe, § 24b II.** Der Entlastungsbetrag beträgt bei einem Kind **4260 €** (seit dem 1.1.23, → Rn. 3; VZ 2020–2022: 4008 €); er erhöht sich für jedes weitere Kind um 240 €. Es handelt sich um Jahresbeträge, die ggf ermäßigt werden (→ Rn. 25).

16 **4. Begriff „allein stehend", § 24b III.** Nach der Legaldefinition des § 24b III 1 ist ein StPfl „allein stehend", wenn er nicht die Voraussetzungen des Ehegatten-Splitting gem § 26 I erfüllt (*Ausnahme:* Verwitwete) *und* nicht in Haushaltsgemeinschaft mit einer anderen volljährigen Person lebt (*Ausnahme:* Personen, die bei ihm steuerl als Kind berücksichtigt werden).

17 **a) Kein Ehegatten-Splitting, § 24b III 1.** Gem § 24b III 1 darf der StPfl die in § 26 I genannten *Voraussetzungen* für die Anwendung des Splitting-Verfahrens nicht erfüllen. Daraus folgt mE zweierlei: Es kommt nicht darauf an, ob der StPfl auch tatsächl nach dem Splitting-Tarif besteuert wird; und da es für die Anwendung des Splitting-Verfahrens genügt, dass die in § 26 I genannten Voraussetzungen zu einem beliebigen Zeitpunkt des VZ (sämtl) vorgelegen haben (→ § 26 Rn. 6), genügt dies ebenso, um die Anwendung des § 24b auszuschließen.

18 **aa) Begünstigte Steuerpflichtige.** Somit kommt der Entlastungsbetrag grds nur StPfl zu, die unverheiratet/unverpartnert sind, die zwar verheiratet/verpartnert sind, aber dauernd von ihrem Ehegatten/Lebenspartner getrennt leben, oder deren Ehegatte/Lebenspartner nicht unbeschr stpfl ist, wobei die jeweilige Voraussetzung für den **gesamten VZ** vorgelegen haben muss. Ausgeschlossen sind hingegen StPfl, die für den betr VZ nach dem Splitting-Verfahren veranlagt werden oder werden könnten. Das müsste grds auch für StPfl gelten, die (erst) im Laufe des VZ heiraten oder eine Lebenspartnerschaft begründen, und ebenso für StPfl, denen nach einer Schei-

dung im Laufe des VZ die Veranlagungswahlrechte des § 26 I und damit der Splittingtarif (noch) zur Verfügung stehen (→ § 32a Rn. 15). Allerdings gewährt die Rspr für das **Jahr der Eheschließung oder Trennung** den Entlastungsbetrag *zeitanteilig,* soweit die übrigen Voraussetzungen des § 24b erfüllt sind (BFH III R 17/20, BStBl II 22, 797; BFH III R 57/20, BStBl II 22, 799; ebenso *BMF* BStBl I 22, 1634 Rn. 5 und Rn. 25a ff); und auch iRd LSt-Abzug ist gem § 39a I 1 Nr 9 eine *zeitanteilige* Berücksichtigung vorgesehen (*BMF* BStBl I 25, 64 Rn. 20).

bb) Verwitwetensplitting. Bei dessen Anwendung (→ § 32a Rn. 14) ist der Entlastungsbetrag ebenfalls zu gewähren, für das Todesjahr des Ehegatten/Lebenspartners nach § 24b IV ggf anteilig (ab Todesmonat; s auch *BMF* BStBl I 22, 1634 Rn. 25c). Zum LStAbzug → Rn. 26. 19

b) Haushaltsgemeinschaft, § 24b III 2. Eine Haushaltsgemeinschaft mit anderen *volljährigen* Personen steht der Gewährung des Entlastungsbetrags grds entgegen. Definiert wird „Haushaltsgemeinschaft" in § 24b III 2 als **gemeinsames Wirtschaften.** Auf die Dauer des Zusammenlebens kommt es nicht an. Gleichwohl ist der nicht nur vorübergehende Aufenthalt in der Wohnung des StPfl (nur) ein Indiz für gemeinsames Wirtschaften. Im Zweifel muss die betr Person als Zeuge vernommen werden (BFH X B 72/23, BFH/NV 25, 387: von Amts wegen). Vorübergehende außerhäusl Aufenthalte wegen Krankheit, Urlaub uÄ heben eine Haushaltsgemeinschaft nicht auf (vgl *BMF* BStBl I 22, 1634 Rn. 10). 20

Die Aufnahme (volljähriger) **Flüchtlinge aus der Ukraine** soll zT aus Billigkeitsgründen nicht als schädl Haushaltsgemeinschaft gewertet werden; dagegen haben alleinerziehende Flüchtlinge, die mit der sie aufnehmenden Person eine Haushaltsgemeinschaft iSv § 24b III 2 bilden, keinen Anspruch auf den Entlastungsbetrag (s *FM SchlH* DStR 22, 1438). Die **Vermietung** eines Zimmers an einen volljährigen Flüchtling schließt § 24b nicht notwendig aus (FG Bln-Bbg EFG 23, 751 rkr; s auch *Gehm* EStB 23, 198 (201)).

aa) Finanzielle oder tatsächliche Beteiligung am Haushalt. Vor allem **ehe- und lebenspartnerschaftsähnl Lebensgemeinschaften** sollen damit ausgeschlossen werden, da für diese eine finanzielle oder tatsächl Beteiligung des Partners am Haushalt typisch ist (auch → Rn. 23). Schädl kann jedoch ebenso eine Wohngemeinschaft des StPfl **mit anderen Verwandten** (zB Eltern oder Geschwistern) oder **sonstigen Personen** sein. Objektiv unbillig ist es aber, wenn Alleinerziehenden der Entlastungsbetrag wegen Haushaltsgemeinschaft mit **pflegebedürftigen Angehörigen** versagt wird (s auch BFH III R 26/10, BStBl II 12, 815). 21

Dieser Auffassung ist grds auch die **FinVerw,** die jedoch voraussetzt, dass – ***(1)*** der Angehörige aufgrund seiner Pflegebedürftigkeit (Pflegegrade 1–5 oder Blindheit) gehindert ist, sich *tatsächl* am Haushalt zu beteiligen, und – ***(2)*** eine *finanzielle* Beteiligung am Haushalt daran scheitert, dass die Mittel des Angehörigen den Betrag des § 33a I 1 nicht übersteigen und kein oder nur geringes Vermögen iSv § 33a I vorhanden ist (*BMF* BStBl I 22, 1634 Rn. 13). Die FinVerw lässt damit mE den **pflegerischen Mehraufwand** außer Betracht, der dazu führen kann, dass selbst bei Überschreiten dieser Grenze eine ausgewogene Teilhabe am gemeinsamen Wirtschaften nicht mögl ist (vgl auch → § 32 Rn. 48 ff).

Nach der Begründung des Finanzausschusses (BT-Drs 15/3339, 12) sollen ferner **Wohngemeinschaften mit Studierenden** (WG) schädl sein. Dies setzt aber nach Sinn und Zweck des Entlastungsbetrags ein gemeinsames Wirtschaften in *allen* Bereichen voraus (Unterkunft und Verpflegung), also eine ausgewogene Beteiligung, nicht nur einen rechnerischen Abgleich (glA *Littmann* § 24b Rn. 149 und *Korn* § 24b Rn. 28). Nach *BMF* BStBl I 22, 1634 Rn. 9 genügt bereits ein gemeinsamer Teilbereich wie zB die gemeinsame Nutzung eines Kühlschranks (mE zu eng).

bb) Volljährige Kinder. Unschädl ist nach § 24b III 1 letzter Hs eine Haushaltsgemeinschaft mit volljährigen Kindern, für die dem StPfl ein **Freibetrag** nach § 32 VI oder **Kindergeld** zusteht; es genügt der Kinder- *oder* der Betreuungsfrei- 22 betrag (vgl → § 32 Rn. 83). Unschädl ist auch gewesen, wenn zum Haushalt Kinder iSd § 63 I 1 gehörten, die im maßgebl Zeitraum einen Dienst nach § 32 V 1 geleistet haben (Grundwehr-/Zivildienst etc, → 38. Aufl 2019, § 32 Rn. 68 ff). In allen anderen Fällen schließt eine Haushaltsgemeinschaft mit volljährigen Kindern den Entlastungsbetrag aus (verfgemäß, s BFH III R 104/06, BFH/NV 08, 545, VerfBeschw BVerfG 2 BvR 266/08 nicht angenommen).

23 **cc) Vermutungsregelung.** Gemeinsames Wirtschaften wird nach **§ 24b III 2** vermutet, wenn die andere Person mit Haupt- oder Nebenwohnsitz in der Wohnung des StPfl gemeldet ist (kann aber auch ohne Meldung aus anderen Gründen angenommen werden, → Rn. 20). Es handelt sich um eine **widerlegbare Vermutung;** den Gesetzesmaterialien zufolge soll es idR genügen, wenn der StPfl glaubhaft macht oder versichert, dass keine Haushaltsgemeinschaft besteht (BT-Drs 15/3339, 12). Allerdings setzt gemeinsames Wirtschaften iSv § 24b III 2 nicht voraus, dass die andere volljährige Person zu den Kosten des gemeinsamen Haushalts beiträgt; eine Entlastung durch tatsächl Hilfe und Zusammenarbeit im Haushalt genügt (so BFH III R 26/10, BStBl II 12, 815; zur Kritik → 39. Aufl 2020, § 24b Rn. 23). – Leben der StPfl und die andere Person in einer **ehe- oder lebenspartnerschaftsähnl Gemeinschaft,** handelt es sich nach **§ 24b III 3** um eine *unwiderlegbare* Vermutung.

Eine ehe-/lebenspartnerschaftsähnl Gemeinschaft ist eine Lebensgemeinschaft zw zwei Personen, die auf Dauer angelegt ist, keine weitere Lebensgemeinschaft gleicher Art zulässt und sich durch innere Bindungen auszeichnet, die ein gegenseitiges Einstehen der Partner füreinander begründen und damit über die Beziehung in einer reinen Haushalts- und Wirtschaftsgemeinschaft hinausgehen (vgl BVerfG 1 BvL 8/87, NJW 93, 643). Als Indiz für eine solche Gemeinschaft gelten (ua): dauerhaftes Zusammenleben (mehr als ein Jahr), Versorgung gemeinsamer Kinder oder Angehöriger im selben Haushalt, gemeinsame Kontoführung, Antrag nach § 33a I für den Lebenspartner etc (s *BMF* BStBl I 22, 1634 Rn. 12).

25 **5. Ermäßigung des Entlastungsbetrags, § 24b IV.** Der Entlastungsbetrag (§ 24b II) wird für jeden vollen Kalendermonat, in dem die Voraussetzungen des § 24b I (zB wegen einer schädl Haushaltsgemeinschaft) nicht vorgelegen haben, um ein Zwölftel (355 €) gekürzt (Monatsprinzip). Kürzungsmonate sind nur Kalendermonate, in denen an *keinem* Tag die Voraussetzungen des § 24b I vorgelegen haben; „angebrochene" Kalendermonate lösen keine Kürzung aus.

Gekürzt wird tatsächl nicht in jedem Fall „der Entlastungsbetrag" iSv § 24b II 1, sondern ggf **nur der Erhöhungsbetrag** iSv § 24b II 2, etwa bei Haushaltszugehörigkeit eines Kindes während des gesamten Kj und eines zweiten Kindes für 6 Monate (dann: 4260 € + 120 €; vgl auch *BMF* BStBl I 22, 1634 Rn. 24).

26 **6. Lohnsteuer, Verfahren.** § 24b wird im **LStAbzug** durch Eintrag der **LStKlasse II** berücksichtigt (§ 38b I 2 Nr 2, § 39b II 5 Nr 4: automatisch für *ein* Kind; § 39a I 1 Nr 4a: auf Antrag für weitere Kinder, gem § 39a I 3 für jeweils 2 Kj; s auch *Seifert* Stbg 15, 389; *ders* DStZ 16, 36 (37 f)). Ändern sich die Verhältnisse, muss der StPfl auch die Eintragung umgehend ändern lassen (§ 39 V 1). Der ArbG darf den LStJA nicht durchführen, § 42b I 3 Nr 3. Bei Trennung (§ 39a I 1 Nr 9) oder Tod kann eine **zeitanteilige Berücksichtigung** beantragt werden (*BMF* BStBl I 25, 64 Rn. 20 f). – Für **Verwitwete** (→ Rn. 19) wird ein Freibetrag eingetragen (§ 39a I 1 Nr 8, II 4); → § 39a Rn. 8. – Zur **nachträgl Berücksichtigung** nach § 173 I Nr 2 AO s BFH III R 12/12, BStBl II 16, 512. Zur **Nachforderung** von LSt s EStR 41c.3.

III. Veranlagung

§25 Veranlagungszeitraum, Steuererklärungspflicht

(1) **Die Einkommensteuer wird nach Ablauf des Kalenderjahres (Veranlagungszeitraum) nach dem Einkommen veranlagt, das der Steuerpflichtige in diesem Veranlagungszeitraum bezogen hat, soweit nicht nach §43 Absatz 5 und §46 eine Veranlagung unterbleibt.**

(2) *(weggefallen)*

(3) [1]**Die steuerpflichtige Person hat für den Veranlagungszeitraum eine eigenhändig unterschriebene Einkommensteuererklärung abzugeben.** [2]**Wählen Ehegatten die Zusammenveranlagung (§26b), haben sie eine gemeinsame Steuererklärung abzugeben, die von beiden eigenhändig zu unterschreiben ist.**

(4) [1]**Die Erklärung nach Absatz 3 ist nach amtlich vorgeschriebenem Datensatz durch Datenfernübertragung zu übermitteln, wenn Einkünfte nach §2 Absatz 1 Satz 1 Nummer 1 bis 3 erzielt werden und es sich nicht um einen der Veranlagungsfälle gemäß §46 Absatz 2 Nummer 2 bis 8 handelt.** [2]**Auf Antrag kann die Finanzbehörde zur Vermeidung unbilliger Härten auf eine Übermittlung durch Datenfernübertragung verzichten.**

Einkommensteuer-Durchführungsverordnung:

§56 EStDV *Steuererklärungspflicht*

[1]**Unbeschränkt Steuerpflichtige haben eine jährliche Einkommensteuererklärung für das abgelaufene Kalenderjahr (Veranlagungszeitraum) in den folgenden Fällen abzugeben:**

1. **Ehegatten, bei denen im Veranlagungszeitraum die Voraussetzungen des §26 Abs. 1 des Gesetzes vorgelegen haben und von denen keiner die Einzelveranlagung nach §26a des Gesetzes wählt,**
   a) **wenn keiner der Ehegatten Einkünfte aus nichtselbständiger Arbeit, von denen ein Steuerabzug vorgenommen worden ist, bezogen und der Gesamtbetrag der Einkünfte mehr als das Zweifache des Grundfreibetrages nach §32a Absatz 1 Satz 2 Nummer 1 des Gesetzes in der jeweils geltenden Fassung betragen hat,**
   b) **wenn mindestens einer der Ehegatten Einkünfte aus nichtselbständiger Arbeit, von denen ein Steuerabzug vorgenommen worden ist, bezogen hat und eine Veranlagung nach §46 Abs. 2 Nr. 1 bis 7 des Gesetzes in Betracht kommt;**
   c) ***(aufgehoben)***
2. **Personen, bei denen im Veranlagungszeitraum die Voraussetzungen des §26 Abs. 1 des Gesetzes nicht vorgelegen haben,**
   a) **wenn der Gesamtbetrag der Einkünfte den Grundfreibetrag nach §32a Absatz 1 Satz 2 Nummer 1 des Gesetzes in der jeweils geltenden Fassung überstiegen hat und darin keine Einkünfte aus nichtselbständiger Arbeit, von denen ein Steuerabzug vorgenommen worden ist, enthalten sind,**
   b) **wenn in dem Gesamtbetrag der Einkünfte Einkünfte aus nichtselbständiger Arbeit, von denen ein Steuerabzug vorgenommen worden ist, enthalten sind und eine Veranlagung nach §46 Abs. 2 Nr. 1 bis 6 und 7 Buchstabe b des Gesetzes in Betracht kommt.**
   c) ***(aufgehoben)***

[2]**Eine Steuererklärung ist außerdem abzugeben, wenn zum Schluss des vorangegangenen Veranlagungszeitraums ein verbleibender Verlustabzug oder ein**

nachversteuerungspflichtiger Betrag im Sinne von § 34a Absatz 3 Satz 3 des Gesetzes festgestellt worden ist.

§ 60 EStDV *Unterlagen zur Steuererklärung*

(1) [1]**Der Steuererklärung ist eine Abschrift der Bilanz, der Gewinn- und Verlustrechnung jeweils einschließlich der unverdichteten Kontennachweise mit Kontensalden sowie der Anlagenspiegel und das diesem zugrundeliegende Anlagenverzeichnis, im Fall der Eröffnung des Betriebs auch eine Abschrift der Eröffnungsbilanz beizufügen, wenn der Gewinn nach § 4 Absatz 1, § 5 oder § 5a des Einkommensteuergesetzes ermittelt und auf eine elektronische Übermittlung nach § 5b Absatz 2 des Einkommensteuergesetzes verzichtet wird.** [2]**Dies gilt auch für solche Bilanzen, die für andere steuerliche Zwecke zu erstellen sind.**

(2) [1]**Enthält die Bilanz Ansätze oder Beträge, die den steuerlichen Vorschriften nicht entsprechen, so sind diese Ansätze oder Beträge durch Zusätze oder Anmerkungen den steuerlichen Vorschriften anzupassen.** [2]**Der Steuerpflichtige kann auch eine den steuerlichen Vorschriften entsprechende Bilanz (Steuerbilanz) beifügen.**

(3) [1]**Liegt ein Anhang, ein Lagebericht, ein Prüfungsbericht oder ein Verzeichnis nach § 5 Absatz 1 Satz 2 des Einkommensteuergesetzes vor, so ist eine Abschrift der Steuererklärung beizufügen.** [2]**Bei der Gewinnermittlung nach § 5a des Gesetzes ist das besondere Verzeichnis nach § 5a Abs. 4 des Gesetzes der Steuererklärung beizufügen.**

(4) [1]**Wird der Gewinn nach § 4 Abs. 3 des Gesetzes durch den Überschuss der Betriebseinnahmen über die Betriebsausgaben ermittelt, ist die Einnahmenüberschussrechnung nach amtlich vorgeschriebenem Datensatz durch Datenfernübertragung zu übermitteln.** [2]**Auf Antrag kann die Finanzbehörde zur Vermeidung unbilliger Härten auf eine elektronische Übermittlung verzichten; in diesem Fall ist der Steuererklärung eine Gewinnermittlung nach amtlich vorgeschriebenem Vordruck beizufügen.** [3]**§ 150 Absatz 8 der Abgabenordnung gilt entsprechend.**

Einkommensteuer-Richtlinien: EStR 25; EStH 25.

I. Überblick zu §§ 25–28

1 Die §§ 25–28 (amtl Überschrift: „Veranlagung") gestalten die in § 2 VII angeordnete Abschnittsbesteuerung (Jährlichkeitsprinzip) näher aus. § 25 I verpflichtet das FA in bestimmten Fällen zur Vornahme von EStVeranlagungen; § 25 III, IV enthalten EStErklärungspflichten für die StPfl. Die §§ 26–26b regeln die Veranlagungsformen und -wahlrechte für Ehegatten. § 28 enthält eine Sondervorschrift für die Einkünftezurechnung bei fortgesetzter Gütergemeinschaft.

II. Veranlagung (§ 25 I)

2 **1. Norminhalt.** Nach § 25 I wird die ESt nach Ablauf des Kj (VZ; → Rn. 3) nach dem Einkommen (genauer: zvE) veranlagt, das der StPfl in diesem VZ bezogen hat (→ Rn. 4), soweit eine Veranlagung nicht aufgrund gesetzl Sonderregelungen unterbleibt (→ Rn. 6). Zum Veranlagungsverfahren → Rn. 8.

3 **2. Veranlagungszeitraum.** VZ ist stets das Kj (die hierzu in § 25 II bis 1995 enthaltenen Ausnahmen sind entfallen); s auch § 2 VII 1, 2. Der **Einkommensermittlungszeitraum** kann aber verkürzt sein, zB bei Tod des StPfl während des VZ (BFH GrS 2/04, BStBl II 08, 608 unter D.III.1.; BFH II R 15/11, BStBl II 12, 790 Rn. 21); ebenso bei Geburt, Ein- oder Auswanderung. Besteht während eines Kj sowohl un-

beschr als auch beschr EStPflicht, sind die während der beschr EStPflicht erzielten *inl* (nicht auch ausl) Einkünfte in eine Veranlagung zur unbeschr EStPflicht einzubeziehen (§ 2 VII 3; → § 2 Rn. 69).

3. Im Veranlagungszeitraum bezogenes Einkommen. Zeitpunkt der Realisierung. Maßgebl sind die für die zeitl Zuordnung geltenden Grundsätze der jeweiligen Einkunfts- und Gewinnermittlungsart (BFH IV R 5/11, BStBl II 14, 972 Rn. 21). Für Überschusseinkünfte und Gewinnermittlung nach § 4 III gilt daher auch für Zwecke des § 25 das Zu- und Abflussprinzip des § 11 (BFH X R 1/10, BStBl II 11, 915 Rn. 16; BFH VI R 13/14, BStBl II 16, 778 Rn. 19); bei Bilanzierung sind die Realisationsgrundsätze anzuwenden. Bei abw Wj ist § 4a II zu beachten (BFH IV R 5/11, BStBl II 14, 972 Rn. 21). – **Ermittlung des Einkommens.** S § 2 II–V (→ § 2 Rn. 58 ff). – **Steuerentstehung.** Zwar entstehen die Ansprüche aus dem StSchuldverhältnis grds, sobald der Tatbestand verwirklicht ist, an den das Gesetz die Leistungspflicht knüpft (§ 38 AO). Die ESt entsteht formal aber grds erst mit Ablauf des VZ (§ 36 I). Von Bedeutung ist dieser Dualismus vor allem für die Frage, ob ein Gesetz eine (verfrechtl ggf unzulässige) Rückwirkung entfaltet (ausführl → § 2 Rn. 41 ff). 4

4. Ausnahmen von der Durchführung einer Veranlagung. § 25 I verweist für das Unterbleiben einer Veranlagung auf §§ 43 V, 46. – **Kapitalerträge.** Nach § 43 V ist für unter § 20 fallende Kapitalerträge, die der KapESt unterlegen haben, die ESt grds mit dem StAbzug abgegolten (Einzelheiten → § 43 Rn. 29 ff). Allein die Erzielung derartiger Kapitalerträge begründet daher keine Veranlagungspflicht. Allerdings können diese Kapitalerträge wahlweise in die Veranlagung einbezogen werden (§ 32d IV, VI). – **Lohnsteuerabzug.** § 46 II macht die Durchführung einer Veranlagung bei StPfl, die ArbLohn mit LStAbzug beziehen, von der Erfüllung zusätzl Voraussetzungen abhängig. Es gibt sowohl Pflichtveranlagungstatbestände (§ 46 II Nr 1–7) als auch eine Veranlagung auf Antrag (§ 46 II Nr 8, 9). Einzelheiten → § 46 Rn. 1 ff. – **Bagatellfälle.** Im Umkehrschluss aus § 56 S 1 EStDV brauchen StPfl, die keinen lstpfl ArbLohn bezogen haben und deren GdE den Grundfreibetrag (zusammenveranlagte Ehegatten: das Doppelte des Grundfreibetrags) nicht übersteigt, keine ESt-Erklärung abzugeben (→ Rn. 12). In diesen Fällen wird daher keine Veranlagung vorgenommen. – **Veranlagung bei beschränkter Steuerpflicht.** Hier hat der StAbzug eine erweiterte Abgeltungswirkung (§ 50 II; → § 50 Rn. 26 ff). 6

5. Veranlagungsverfahren. Liegt kein Ausnahmetatbestand vor, hat der StPfl einen **Anspruch auf Veranlagung,** der im Wege der auf Erlass eines EStBescheids gerichteten Verpflichtungsklage durchgesetzt werden kann. Zuständig ist das in § 19 AO genannte FA (idR Wohnsitz-FA). Im Rahmen der Veranlagung hat das FA die StErklärung (auch zugunsten des StPfl) zu prüfen und den Sachverhalt von Amts wegen zu ermitteln (§§ 85, 88 AO). Nach dem Grundsatz der **Abschnittsbesteuerung** besteht keine Bindung des FA an eine für Vorjahre vertretene Rechtsauffassung (BFH VIII R 11/11, BStBl II 13, 117 Rn. 42 ff). 8

III. Steuererklärungspflicht (§ 25 III, IV)

1. Norminhalt. Zur Abgrenzung des von der StErklärungspflicht betroffenen Personenkreises s § 56 EStDV (→ Rn. 12 ff). Grds ist die EStErklärung in Papierform abzugeben (Abs 3; → Rn. 16); eine freiwillige elektronische Übermittlung ist zulässig (§ 87a III AO). Bezieher von Gewinneinkünften *müssen* die EStErklärung elektronisch übermitteln (Abs 4; → Rn. 18). Zu den beizufügenden Unterlagen s § 60 EStDV (→ Rn. 21). Zur **Antragsveranlagung** (§ 46 II Nr 8) → § 46 Rn. 30 ff. Die EStErklärungspflicht ist verfgem (zu Auskunfts- und Anzeigepflichten BVerfG 2 BvR 1493/89, BVerfGE 84, 239 unter C.II.2.c). – **Regelungen zu Steuererklärungen in der AO.** Zu den **Fristen** für die Abgabe der StErklärung s § 149 II–VI AO (für nicht beratene StPfl grds. 7 Monate nach Ablauf des Kj; für beratene StPfl 11 grds 14 Monate; für die VZ 2020–2023 jeweils Verlängerungen infolge der Covid-19-Pandemie). Zur **Form** → Rn. 16 f und § 150 AO. Bei **Versäumung der Abgabefrist** kann ein Verspätungszuschlag festgesetzt werden (§ 152 AO); die Besteuerungsgrundlagen können geschätzt werden (§ 162 AO) und die Abgabe kann mit Zwangsmitteln durchgesetzt werden (§ 328 ff AO; gem § 393 I 2 AO allerdings nicht während eines StStrafverfahrens). Eine StErklärungspflicht löst zugleich eine **Anlaufhemmung für die Festsetzungsfrist** aus (§ 170 II 1 Nr 1 AO).

12 **2. Betroffener Personenkreis.** Nach dem Wortlaut des § 25 III 1 ist zunächst jeder (unbeschr und beschr) StPfl zur Abgabe einer EStErklärung verpflichtet. § 56 EStDV (Ermächtigungsgrundlage: § 51 I Nr 1 Buchst a) nimmt hiervon aber bestimmte Personengruppen aus (→ Rn. 13 f). Umgekehrt ist zur Abgabe auch verpflichtet, wer hierzu vom FA im Einzelfall aufgefordert wird (§ 149 I 2 AO). – **Verhältnis zur Veranlagung.** Das Bestehen einer StErklärungspflicht ist grds unabhängig von der Pflicht des FA zur Durchführung einer Veranlagung zu beurteilen (BFH VI R 43/15, BStBl II 17, 1046 Rn. 22 f). In der Praxis korrespondieren die Ergebnisse aber in den meisten Fällen.

13 **a) Erleichterungen für unbeschränkt Steuerpflichtige (§ 56 S 1 EStDV).** Unbeschr StPfl (§ 1 I, III, § 1a) müssen eine EStErklärung nur abgeben, wenn bei **Arbeitnehmern** (Bezug von ArbLohn mit LStAbzug) Veranlagungsgründe nach § 46 II Nr 1–7 vorliegen (§ 56 S 1 Nr 1 Buchst b, Nr 2 Buchst b EStDV) oder bei **Nichtarbeitnehmern** der GdE den Grundfreibetrag (bei zusammenveranlagten Ehegatten: den doppelten Grundfreibetrag) übersteigt (§ 56 S 1 Nr 1 Buchst a, Nr 2 Buchst a EStDV). Der Wortlaut des § 56 S 1 Nr 1 EStDV erfasst Ehegatten, die Einzelveranlagung (§ 26a) wählen, nicht. Ob sich eine Erklärungspflicht gleichwohl aus dem Sinnzusammenhang ergibt (so NdsFG EFG 25, 1649, Rev VIII R 5/25), ist mE angesichts des eindeutigen Wortlauts zweifelhaft (zur vor allem wortlautbezogenen Auslegung der Vorschriften über die StErklärungspflicht s auch BFH X R 36/19, BStBl II 21, 841). – Für **beschr StPfl** gelten diese Erleichterungen nicht (s § 50 II und → § 50 Rn. 6, 26 ff).

14 **b) Feststellung eines verbleibenden Verlustabzugs oder nachversteuerungspflichtigen Betrags (§ 56 S 2 EStDV).** Bei Feststellung eines verbleibenden Verlustabzugs ist für das unmittelbare Folgejahr stets eine EStErklärung abzugeben, auch wenn kein anderer Veranlagungsgrund erfüllt ist. Dies dient der jährl Prüfung der Änderung des festzustellenden Verlustabzugs (BR-Drs 257/92, 17). Für spätere VZ ergibt sich hingegen keine StErklärungspflicht, sofern nicht auch dort für das unmittelbar vorangehende Jahr ein Verlustabzug festgestellt wurde (BFH VI R 43/15, BStBl II 17, 1046 Rn. 35). – Dasselbe gilt seit VZ 2024, wenn ein nachversteuerungspflichtiger Betrag iSd § 34a III 3 festgestellt worden ist.

15 **c) Steuererklärungspflicht Dritter. Gesetzliche Vertreter** des StPfl (zB bei minderjährigen Kindern, Betreuten) haben die EStErklärung abzugeben (§ 34 I AO). – **Insolvenzverwalter.** Ihn trifft die Erklärungspflicht für den Schuldner (§ 34 III AO; § 155 I 2 InsO), und zwar auch für VZ vor Eröffnung des Insolvenzverfahrens (BFH VII R 143/92, BStBl II 95, 194 unter 1.a) oder wenn die Masse zur Deckung der StErklärungskosten nicht ausreicht (BFH VII R 143/92, BStBl II 95, 194 unter 2.b). – **Erben.** Sie sind nach dem Tod des StPfl analog § 45 I AO zur Abgabe der EStErklärung verpflichtet.

16 **3. Steuererklärung in Papierform (§ 25 III 1, 2).** Gesetzl Grundsatz ist weiterhin die EStErklärung in Papierform, sofern nicht nach Abs 4 eine Pflicht zur elektronischen Übermittlung besteht oder die Erklärung freiwillig elektronisch übermittelt wird. StErklärung ist eine formalisierte Auskunft des StPfl über stl erhebl Vorgänge oder Zustände (*HHR/Münch* § 25 Rn. 45; ähnl BFH VI R 49/04, BStBl II 06, 808 unter B.IV.2.b aa); sie enthält überwiegend Wissens-, aber auch Willenserklärungen (zB

Anträge, Wahlrechte). – **Amtlich vorgeschriebener Vordruck.** Zu deren Nutzung verpflichtet § 150 I AO bei schriftl StErklärungen. Kopien des amtl Vordrucks reichen aus (BFH VI R 15/02, BStBl II 07, 2). Zur Gestaltung der amtl Vordrucke ist das BMF ermächtigt (§ 51 IV Nr 1 Buchst b; Einzelheiten s *BMF* BStBl I 22, 1334). – **Wahrheitspflicht.** Die Angaben sind wahrheitsgemäß nach bestem Wissen und Gewissen zu machen (§ 150 II AO); unrichtige StErklärungen müssen unverzügl nach Erkennen des Fehlers berichtigt werden (§ 153 AO). – **Eigenhändige Unterschrift des Steuerpflichtigen.** Diese in § 25 III enthaltene Anordnung soll dem StPfl die Bedeutung seiner Angaben in der EStErklärung bewusst machen (BFH X R 84/95, BStBl II 99, 203 unter II.2.b). Ohne eigenhändige Unterschrift hat die EStErklärung keine Rechtswirkung; sie löst einen Verspätungszuschlag aus und wahrt weder die Frist für die Antragsveranlagung nach § 46 II Nr 8 (BFH VI R 45/97, BStBl II 98, 54: verdeckte Stellvertretung nicht zulässig) noch beendet sie die Anlaufhemmung nach § 170 II AO (BFH X R 84/95, BStBl II 99, 203). Die eigenhändige Unterschrift kann nur in engen Ausnahmefällen durch einen Dritten ersetzt werden (§ 150 III AO). – **Zusammenveranlagung.** Beide Ehegatten haben die gemeinsame StErklärung zu unterschreiben (§ 25 III 2). Dann beziehen sich die Erklärungspflichten jedes Ehegatten auch auf die vom anderen Ehegatten verwirklichten Besteuerungsmerkmale (BFH I R 62/95, BStBl II 97, 115; BFH IX R 30/19, BFH/NV 20, 1233 Rn. 22: grobes Verschulden iSd § 173 II AO bei beiden Eheleuten); allerdings keine StHinterziehung durch bloße Unterschrift unter die StErklärung mit falschen Angaben zu den Alleineinkünften des anderen Ehegatten (→ § 26b Rn. 8 „Erhebungsverfahren").

4. Elektronische Steuererklärung (§ 25 IV). – a) Grundregel. § 25 IV 1 ordnet in bestimmten Fällen die elektronische Übermittlung der EStErklärung nach **amtl vorgeschriebenem Datensatz** (Einzelregelungen: § 87b AO) an. Dies ist verfgem (BFH VIII B 43/16, BFH/NV 17, 729 Rn. 9 ff mwN: jedenfalls dann, wenn der StPfl auch USt-Voranmeldungen elektronisch übermitteln muss). Darüber hinaus kann jeder Erklärungspflichtige **freiwillig** die elektronische Übermittlung wählen (§ 87a III AO). – **Voraussetzungen.** Der StPfl muss **Gewinneinkünfte** (§ 2 I 1 Nr 1–3; §§ 13–18) erzielen *und* es darf sich nicht um einen der Veranlagungsfälle gem § 46 II Nr 2–8 handeln. Der letztgenannte Zusatz nimmt zahlreiche Bezieher von Gewinneinkünften, die zugleich ArbN sind, wieder von der Pflicht zur elektronischen EStErklärung aus (BFH X R 36/19, BStBl 21, 841, Anm *Kulosa* HFR 21, 378; zB Ehegatten mit StKlassen III/V oder Faktorverfahren). Gewollt war hier zwar möglicherweise etwas anderes (Ausnahme von der elektronischen EStErklärung nur bei Geringfügigkeit der Gewinneinkünfte, dh Nichterreichen der in § 46 II Nr 1 genannten Grenzen); dies hat im Wortlaut des § 25 IV aber keinen Niederschlag gefunden. Der BR hat im Gesetzgebungsverfahren zum JStG 2022 vorgeschlagen, die Formulierung zu präzisieren (BT-Drs 20/4229, 5); dies ist aber nicht ins Gesetz übernommen worden. – **Rechtsfolge bei Nichtbeachtung.** Wird eine EStErklärung trotz Anwendbarkeit des Abs 4 nicht elektronisch, sondern in Papierform eingereicht, gilt sie als nicht abgegeben (zutr *HHR/Münch* § 25 Rn. 66). – **Zeitlicher Anwendungsbereich.** Abs 4 gilt erstmals für die StErklärungen des VZ 2011 (§ 52 XXXIX EStG 2011). – **Gemeinsame elektronische EStErklärung von Eheleuten.** Auch hier gilt § 25 III 2, dh eine Authentifizierung beider Ehegatten. Das ELSTER-Verfahren der *FinVerw* ermöglicht aber nur die Authentifizierung *eines* der Ehegatten. Dies ist unzureichend und setzt den Gesetzesbefehl nicht um (glA *HHR/Münch* § 25 Rn. 67). 18

b) Ausnahme zur Vermeidung unbilliger Härten (§ 25 IV 2). Auf **Antrag** kann das FA zur Vermeidung unbilliger Härten auf eine elektronische Übermittlung verzichten (§ 25 IV 2). Gem § 150 VIII AO *ist* einem solchen Antrag zu entsprechen (ohne Ermessensspielraum; s BFH VIII R 29/19, BStBl II 21, 290 Rn. 11), wenn die elektronische Übermittlung für den StPfl **wirtschaftl oder persönl unzumutbar** ist, insb bei unzumutbarem finanziellem Aufwand (zB Kleinstbetriebe, s BT-Drs 19

16/10940, 3, 10) oder fehlenden individuellen Kenntnissen. Der Antrag und die Befreiung gelten jeweils nur für einen VZ (BFH VIII R 29/17, BStBl II 21, 288 Rn. 20). – **Einzelfälle.** Der BFH ist bisher sehr großzügig; er hat einen Befreiungsanspruch bejaht bei einem 53-jährigen Physiotherapeuten mit Gewinneinkünften von knapp 15.000 €, der zwar über einen PC, aber nicht über einen Internetzugang verfügte (BFH VIII R 29/19, BStBl II 21, 290), und bei einem 46-jährigen Steuerberater (Verluste aus Liebhaberei) mit zusätzl gewerbl Einkünften von knapp 3.000 € (BFH VIII R 29/17, BStBl II 21, 288). Allein das bei IT-Nutzung immer bestehende Sicherheitsrisiko reicht allerdings für eine Befreiung nicht aus (BFH VIII B 43/16, BFH/NV 17, 729 Rn. 19 mwN). – Bei § 5b ist der BFH hingegen deutl strenger (s BFH XI R 29/20, BStBl II 22, 52).

21 **5. Unterlagen zur Steuererklärung. – a) Unterlagen bei Bilanzierung (§ 60 I–III EStDV).** Bei Bilanzierung ist die Bilanz und GuV grds elektronisch zu übermitteln (§ 5b I). Wenn das FA in Härtefällen auf eine E-Bilanz verzichtet (§ 5b II), bezeichnet § 60 I–III EStDV die der EStErklärung beizufügenden Unterlagen unter weitestgehender Angleichung an die Erfordernisse des § 5b: Einzureichen sind nach § 60 I EStDV die Bilanz und GuV, ab VZ 2025 (7. SteuerVOÄndVO, BGBl I 25 Nr 372) auch unverdichtete Kontennachweise, ab VZ 2028 (§ 84 IIIf EStDV) auch das Anlagenverzeichnis, eine Überleitungsrechnung HB/StBil (§ 60 II EStDV) sowie (falls vorhanden) Anhang, Lagebericht, Prüfungsbericht und ab VZ 2025 auch das Abweichungsverzeichnis HB/StBil nach § 5 I 2 (§ 60 III EStDV), nicht jedoch der Bericht über eine Sonderprüfung der Bankenaufsicht nach dem KWG (zutr FG BaWü EFG 24, 1182, rkr). § 60 II EStDV enthält keine Rechtsgrundlage dafür, einen stl Ausgleichsposten zu bilden, der nicht bereits aufgrund anderer Rechtsvorschriften oder Bilanzierungsregeln vorgesehen ist (zutr BFH IV R 28/20, BStBl II 24, 258 Rn. 47). § 60 EStDV enthält die formellen Anforderungen an die StB. Die (handelsrechtl ggf erforderl) Feststellung des Jahresabschlusses durch eine Ges'terversammlung gehört nicht dazu (BFH I R 98/06, BStBl II 08, 916 unter II.3.).

22 **b) Unterlagen bei Einnahmen-Überschuss-Rechnung (§ 60 IV EStDV).** Auch hier ist die Gewinnermittlung grds elektronisch zu übermitteln (§ 60 IV 1 EStDV); dies ist verfgem (zur Vorläuferregelung, die zur Abgabe einer formalisierten Anlage EÜR in Papierform verpflichtete, BFH X R 18/09, BStBl II 12, 129 Rn. 23 ff). Auf Antrag kann das FA zur Vermeidung unbilliger Härten auf die elektronische Übermittlung verzichten (§ 60 IV 2, 3 EStDV; zu Einzelfragen → Rn. 19); dann ist ein amtl vorgeschriebener Vordruck der Gewinnermittlung einzureichen.

§ 26 Veranlagung von Ehegatten

(1) [1]**Ehegatten können zwischen der Einzelveranlagung (§ 26a) und der Zusammenveranlagung (§ 26b) wählen, wenn**

1. **beide unbeschränkt einkommensteuerpflichtig im Sinne des § 1 Absatz 1 oder 2 oder des § 1a sind,**
2. **sie nicht dauernd getrennt leben und**
3. **bei ihnen die Voraussetzungen aus den Nummern 1 und 2 zu Beginn des Veranlagungszeitraums vorgelegen haben oder im Laufe des Veranlagungszeitraums eingetreten sind.**

[2]**Hat ein Ehegatte in dem Veranlagungszeitraum, in dem seine zuvor bestehende Ehe aufgelöst worden ist, eine neue Ehe geschlossen und liegen bei ihm und dem neuen Ehegatten die Voraussetzungen des Satzes 1 vor, bleibt die zuvor bestehende Ehe für die Anwendung des Satzes 1 unberücksichtigt.**

(2) [1]**Ehegatten werden einzeln veranlagt, wenn einer der Ehegatten die Einzelveranlagung wählt.** [2]**Ehegatten werden zusammen veranlagt, wenn beide Ehegatten die Zusammenveranlagung wählen.** [3]**Die Wahl wird für den betreffenden Ver-**

anlagungszeitraum durch Angabe in der Steuererklärung getroffen. [4]Die Wahl der Veranlagungsart innerhalb eines Veranlagungszeitraums kann nach Eintritt der Unanfechtbarkeit des Steuerbescheids nur noch geändert werden, wenn

1. **ein Steuerbescheid, der die Ehegatten betrifft, aufgehoben, geändert oder berichtigt wird und**
2. **die Änderung der Wahl der Veranlagungsart der zuständigen Finanzbehörde bis zum Eintritt der Unanfechtbarkeit des Änderungs- oder Berichtigungsbescheids schriftlich oder elektronisch mitgeteilt oder zur Niederschrift erklärt worden ist und**
3. **der Unterschiedsbetrag aus der Differenz der festgesetzten Einkommensteuer entsprechend der bisher gewählten Veranlagungsart und der festzusetzenden Einkommensteuer, die sich bei einer geänderten Ausübung der Wahl der Veranlagungsarten ergeben würde, positiv ist. [2]Die Einkommensteuer der einzeln veranlagten Ehegatten ist hierbei zusammenzurechnen.**

(3) **Wird von dem Wahlrecht nach Absatz 2 nicht oder nicht wirksam Gebrauch gemacht, so ist eine Zusammenveranlagung durchzuführen.**

Einkommensteuer-Richtlinien: EStR 26; EStH 26.

Übersicht

I. Überblick zur Ehegattenbesteuerung

1. Wahl der Veranlagungsform. Wenn die Voraussetzungen des § 26 I erfüllt sind (dazu → Rn. 3 ff), können Eheleute zw der Einzelveranlagung und der Zusammenveranlagung wählen (zur Ausübung und Änderung des Wahlrechts → Rn. 18 ff). Umgekehrt ist dann kein Abzug von Unterhaltsleistungen zw den Eheleuten nach § 33a I mögl (BFH GrS 1/87, BStBl II 89, 164 unter C.2.a). Die Wahl der Veranlagungsart ist unabhängig vom Güterstand (dh auch bei Gütertrennung kann Zusammenveranlagung und auch bei Gütergemeinschaft oder Zugewinngemeinschaft Einzelveranlagung gewählt werden). – Zur Ermittlung von Erstattungsansprüchen (§ 37 II AO) bei Einzel- und Zusammenveranlagung s ausführl *BMF* BStBl I 15, 83. Erfüllen Eheleute nicht die Voraussetzungen des § 26 I, ist eine Einzelveranlagung nach § 25 I (zu unterscheiden von § 26a) durchzuführen. 1

2. Einzelveranlagung von Ehegatten (§ 26a). Für jeden Ehegatten wird eine individuelle Veranlagung unter Anwendung des Grundtarifs (§ 32a I) vorgenommen. Dabei werden die Eheleute grds wie Unverheiratete behandelt. Für die Verteilung von SA, agB und bestimmten StErmäßigungen haben die Eheleute ein Wahlrecht (§ 26a II); für den Verlustabzug gelten Sonderregelungen (§ 26a III); Einzelheiten 2

→ § 26a Rn. 1 ff. Die Einzelveranlagung kann bei Verlustabzug (§ 10d), Progressionsvorbehalt (§ 32b) oder dem ermäßigten StSatz bei ao Einkünften (§ 34) im Einzelfall günstiger sein. Der Entlastungsbetrag für Alleinerziehende (§ 24b) kann bei tatsächl zeitweisem Nichtzusammenleben der Eheleute sowohl bei Einzelveranlagung (BFH III R 17/20, BStBl II 22, 797: Jahr der Trennung) als auch bei Zusammenveranlagung (BFH III R 57/20, BStBl II 22, 799: Jahr der Heirat) zeitanteilig in Anspruch genommen werden.

3 **3. Zusammenveranlagung (§ 26b).** Es wird nur eine gemeinsame Veranlagung durchgeführt. Dabei werden die jeweils erzielten Einkünfte addiert und die Eheleute sodann gemeinsam als *ein* StPfl behandelt (Einzelheiten → § 26b Rn. 1 ff). Durch die Anwendung des Splittingtarifs (§ 32a V), der Progressionsunterschiede ausgleicht, ergibt sich bei Eheleuten mit unterschiedl hohen Einkünften idR eine geringere ESt als bei Einzelveranlagungen. In der Praxis entfällt ein großer Teil der StVorteile auf Familien mit Kindern; umgekehrt kann die Arbeitsaufnahme von Zweitverdienern gehemmt werden (zu den ökonomischen und Verteilungswirkungen der Zusammenveranlagung s *Bernhardt/Eichfelder/Selle* DStR 20, 198). Der Splittingtarif kann auch noch in dem Jahr, das dem Todesjahr des anderen Ehegatten folgt, in Anspruch genommen werden, wenn die Eheleute im Zeitpunkt des Todes die Voraussetzungen des § 26 I 1 erfüllt haben (§ 32a VI 1 Nr 1).

II. Voraussetzungen für das Veranlagungswahlrecht (§ 26 I)

4 Eheleute können zw der Einzel- und Zusammenveranlagung wählen, wenn die Ehe rechtsgültig ist (→ Rn. 5), beide Eheleute unbeschr estpfl sind (→ Rn. 8), sie nicht dauernd getrennt leben (→ Rn. 9) und diese Voraussetzungen zu Beginn des VZ vorgelegen haben oder im Laufe des VZ eingetreten sind (→ Rn. 15). Wenn im selben VZ eine frühere Ehe aufgelöst und eine neue Ehe begründet wird, geht die neue Ehe für Zwecke des § 26 vor (→ Rn. 16). – Ausführl auch *Gehm* EStB 25, 338.

5 **1. Gültige Ehe/Lebenspartnerschaft. – a) Begriff der Ehe.** Maßgebl ist das dt Zivilrecht (BFH VI R 16/97, BStBl II 98, 473 unter 2.). Die Ehe muss daher zivilrechtl wirksam (rechtsgültig) geschlossen (§§ 1310 ff BGB) und darf weder aufgehoben (§§ 1313 ff BGB) noch geschieden (§§ 1564 ff BGB) worden sein. – **Zeitpunkt der Beendigung einer Ehe.** Zivilrechtl ist die Rechtskraft des Aufhebungs- oder Scheidungsurteils maßgebl (BFH VI R 396/70, BStBl II 73, 487 unter 1.); bei der Eheauflösung durch Tod der Todestag, bei Verschollenen der Tag der Rechtskraft des Beschlusses über die Todeserklärung (§ 49 AO). – **Nichteheliche Lebensgemeinschaften.** Sie sind von §§ 26 ff *nicht* erfasst (BFH III B 28/13, BFH/NV 14, 1741: auch nicht bei gemeinsamem Wirtschaften oder Unterhaltspflicht nach § 1615l BGB; BFH III B 100/16, BStBl II 17, 903: auch nicht nach Schaffung des LPartG).

6 **b) Gleichgeschlechtliche Ehe. Rechtslage ab 2017.** Die Ehe kann seit 1.10.17 auch von zwei Personen gleichen Geschlechts geschlossen werden (§ 1353 I 1 BGB). Bereits zuvor eingetragene Lebenspartnerschaften können in eine Ehe umgewandelt werden (§ 20a LPartG). Eine solche Umwandlung berechtigte rückwirkend auch bei bestandskräftigen Bescheiden zur erneuten Ausübung des Veranlagungswahlrechts, wenn die Umwandlung bis 31.12.19 vorgenommen und die Bescheidänderung bis 31.12.20 beantragt wurde (so ausdrückl Art 97 § 9 V EGAO). Dies galt auch vor Inkrafttreten des Art 97 § 9 V EGAO (FG Hmb EFG 18, 1518, rkr), aber nicht nach Ende des zeitl Anwendungsbereichs dieser Sonderregelung, die insoweit Sperrwirkung hat (BFH III R 18/23, BeckRS 25, 38864 Rn. 31 ff). Für den Zinslauf nach § 233a IIa AO ist der Zeitpunkt der Umwandlung maßgebl, nicht die Antragstellung (zutr FG Köln EFG 24, 2021, Rev III R 17/24). – **Rechtslage von 2001 bis 2016.** Seit 1.8.01 konnten gleichgeschlechtl Lebenspartner eingetragen werden. Diese waren estl aus verfrechtl Gründen (BVerfG 2 BvR 909/06,

BVerfGE 133, 377) wie Eheleute zu behandeln (§ 2 VIII; → § 2 Rn. 71 ff), wobei die BVerfG-Entscheidung nicht zur rückwirkenden Änderung bestandskräftiger ESt-Bescheide berechtigt (FG Köln EFG 16, 827, rkr). – **Rechtslage bis 2000.** Damals fielen gleichgeschlechtl Lebensgemeinschaften nicht unter §§ 26 ff (BFH III R 14/05, BStBl II 14, 829).

c) Ausländische Ehegatten. – Im Ausland geschlossene Ehen. Für die Beurteilung der zivilrechtl Wirksamkeit der Ehe ist nach dt internationalem Privatrecht (zu dessen Heranziehung iRd §§ 26 ff s BFH VI R 16/97, BStBl II 98, 473 unter 2.) grds das Heimatrecht des Ausländers maßgebl (Art 13 I EGBGB). Bei Staatenlosen gilt das Recht ihres gewöhnl Aufenthalts (Art. 5 II EGBGB). Lässt das anzuwendende Heimatrecht die Ehe mit mehreren Personen gleichzeitig zu, ist auf eine dieser Verbindungen § 26 jedenfalls dann anzuwenden, wenn die „konkurrierenden" Personen nicht unbeschr estpfl sind (BFH VI R 56/82, BStBl II 86, 390: Zusammenveranlagung mit *einer* Person kein Verstoß gegen den ordre public des dt Rechts). Die belgische „cohabitation légale" ist keine Ehe (zutr FG Köln EFG 22, 510, rkr); eine im Alter von 15 Jahren geschlossene Roma-Ehe, die auch vom Heimatstaat Rumänien nicht anerkannt wird, berechtigt nicht zur Zusammenveranlagung (HessFG FamRZ 25, 261, rkr). – **Im Inland geschlossene Ehen.** Hier gilt grds dt Zivilrecht, auch wenn beide Eheleute Ausländer sind (Art. 13 IV 1 EGBGB). Personen mit **doppelter Staatsangehörigkeit** sind für die Bestimmung des anwendbaren Zivilrechts als Deutsche zu behandeln (Art. 5 I 2 EGBGB), so dass für sie ausschließl das dt Eherecht gilt (BFH VI R 16/97, BStBl II 98, 473 unter 1.b). 7

2. Unbeschränkte Steuerpflicht (§ 26 I 1 Nr 1). Beide Eheleute müssen unbeschr estpfl sein. § 26 I 1 Nr 1 benennt die folgenden Tatbestände der unbeschr StPfl: **§ 1 I** (Wohnsitz oder gewöhnl Aufenthalt im Inl; → § 1 Rn. 19 ff), **§ 1 II** (zwar kein inl Wohnsitz oder gewöhnl Aufenthalt, aber Dienstverhältnis zu einer inl juristischen Person des öffentl Rechts; → § 1 Rn. 35 ff) oder **§ 1a** (der nicht unbeschr stpfl Ehegatte eines unbeschr Stpfl mit Staatsangehörigkeit eines EU-/EWR-Staats oder der Schweiz wird auf Antrag ebenfalls als unbeschr stpfl behandelt; → § 1a Rn. 1 ff). Hingegen reicht ein Antrag auf unbeschr StPfl nach § 1 III (Personen mit mindestens 90% inl Einkünften, aber ohne Wohnsitz/gewöhnl Aufenthalt im Inl) für Zwecke des § 26 nach den Gesetzeswortlaut nicht aus. 8

3. Kein dauerndes Getrenntleben (§ 26 I 1 Nr 2). – a) Begriff. Eheleute leben dauernd getrennt, wenn die zum Wesen der Ehe gehörende **Lebensgemeinschaft** (§ 1353 I 2 BGB) nicht mehr besteht, was nach dem Gesamtbild der gegenseitigen Beziehungen zu beurteilen ist (BFH VI R 206/68, BStBl II 72, 173; BFH III R 71/07, BFH/NV 10, 2042 Rn. 10). Ob neben der Lebensgemeinschaft für die estl Prüfung auch eine **Wirtschaftsgemeinschaft** erforderl ist, wovon die ältere Rspr ausging (BFH I R 64/06, BFH/NV 07, 1893 unter II.2.b), ist mE zweifelhaft, da zivilrechtl mit der Ehe kein Zwang zur Wirtschaftsgemeinschaft verbunden ist und eine solche heute auch in intakten Ehen nicht mehr zwingend gelebt wird („getrennte Kassen"; glA FG Mster EFG 17, 573 unter 2.b, rkr). Für den zivilrechtl Begriff des Getrenntlebens stellt § 1567 I BGB ledigl auf die häusl Gemeinschaft und die Lebensgemeinschaft ab. 9

b) Beweisfragen. In der Rspr werden überwiegend die äußeren Umstände herangezogen (BFH VI R 206/68, BStBl II 72, 173; BFH III R 71/07, BFH/NV 10, 2042 Rn. 11), mitunter zusätzl aber auch die (kaum zu ermittelnden) inneren Einstellungen (BFH III B 129/01, BFH/NV 02, 483 unter 2.a). Aus der Stellung des Antrags auf Zusammenveranlagung soll eine Vermutung gegen Getrenntleben folgen, die aber nicht gilt, wenn die Eheleute *räuml* getrennt leben (BFH VI 42/65, BStBl III 67, 84; BFH VI R 206/68, BStBl II 72, 173; EStH 26 „Getrenntleben"). Die vor dem Familiengericht abgegebene Erklärung der Eheleute, sie lebten dauernd getrennt, ist zwar ein wichtiges Indiz auch für die estl Würdigung, jedoch nicht allein 10 entscheidend (BFH VI R 190/82, BStBl II 86, 486; BFH III B 112/02, BFH/NV 04, 210 unter 1.a). Allein ein Zivilurteil, das einen Ehegatten verpflichtet, dem Antrag des anderen auf Zusammenveranlagung zuzustimmen, entbindet FA und FG nicht von der Prüfung der Voraussetzungen des § 26 (BFH III B 204/09, BFH/NV 11, 638 Rn. 6).

11 **c) Räumliche Trennung der Eheleute.** Dieses Indiz ist für die Feststellung des dauernden Getrenntlebens von besonderer Bedeutung (BFH VI R 150/69, BStBl II 73, 640; BFH III R 71/07, BFH/NV 10, 2042 Rn. 11; EStR 26 I 1). Eine Trennung kann auch in derselben Wohnung verwirklicht werden (§ 1567 I 2 BGB; BFH VI R 184/66, BStBl III 67, 110; BFH III B 113/11, BFH/NV 13, 726). Unschädl ist eine räuml Trennung, die auf zwingenden äußeren Umständen beruht (EStR 26 I 2–4: zB Krankheit, Haft, berufl Auslandsaufenthalt; BFH III R 71/07, BFH/NV 10, 2042: längerer Kuraufenthalt eines Ehegatten trotz zuvor bekundeter und anschließend verwirklichter Trennungsabsicht; FG Köln EFG 84, 551, rkr: mehrjähriges Auslandsstudium) oder nur vorübergehend sein soll (BFH VI R 206/68, BStBl II 72, 173). Eine Pflegeheimaufnahme des einen Ehegatten soll selbst dann unschädl sein, wenn der andere Ehegatte eine neue nichtehel Lebensgemeinschaft eingegangen ist, sich aber noch um den im Heim befindl Ehegatten kümmert (NdsFG EFG 15, 1945, rkr; mE zweifelhaft). Trotz räuml Trennung kann aus einer Wirtschaftsgemeinschaft (gemeinsame Planung der Verwendung des Familieneinkommens; Gegensatz sind bloße Unterhaltsleistungen) das Fortbestehen der Lebensgemeinschaft folgen (BFH VI R 206/68, BStBl II 72, 173). Ohne räuml Trennung folgt ein Getrenntleben nicht allein daraus, dass der Ehemann einen weiteren Haushalt mit einer anderen Frau und gemeinsamem Kind führt, dies aber vor seiner Ehefrau geheimhält (BFH IX B 47/97, BFH/NV 98, 585).

12 **d) Versöhnungsversuche.** Nach § 1567 II BGB ist ein kurzzeitiges Zusammenleben, das der Versöhnung dienen soll, im Zivilrecht unschädl für das für eine Scheidung erforderl Getrenntleben. Im EStRecht ist diese Regelung wegen ihrer anders gearteten Zielrichtung nicht anwendbar; ein derartiger Versöhnungsversuch kann daher für eine Zusammenveranlagung ausreichen (BFH VI R 268/94, BFH/NV 98, 163; enger jedoch FG Köln EFG 93, 379, rkr).

13 **e) Prozessuales.** Kann der Sachverhalt nicht anders aufgeklärt werden, sind idR beide Eheleute von Amts wegen zu befragen (BFH III R 90/95, BFH/NV 97, 139; BFH III B 5/06, BFH/NV 07, 458). Hingegen darf das FG die Akten des Scheidungsverfahrens ohne Einverständnis der Eheleute nur ausnahmsweise beiziehen (BFH III R 106/87, BStBl II 91, 806; BFH III B 112/02, BFH/NV 04, 210 unter 1.b). Ist eine volle Überzeugungsbildung nicht mögl, trifft die Eheleute, die sich auf das Vorliegen der Voraussetzungen des § 26 I berufen, die **Feststellungslast** (BFH III R 106/87, BStBl II 91, 806).

15 **4. Zeitpunkt des Vorliegens der Voraussetzungen (§ 26 I 1 Nr 3).** Die in den → Rn. 5–13 genannten Voraussetzungen müssen nach dem Gesetzeswortlaut entweder zu Beginn des VZ vorgelegen haben oder im Laufe des VZ eingetreten sein. IErg genügt es, wenn die Voraussetzungen zu einem beliebigen Zeitpunkt innerhalb des VZ *gleichzeitig* vorgelegen haben.

16 **5. Neue Eheschließung im Veranlagungszeitraum der Auflösung einer früheren Ehe (§ 26 I 2).** Wenn eine früher bestehende Ehe aufgelöst wurde (zB durch Tod oder Scheidung) und ein Ehegatte noch im selben VZ eine neue Ehe schließt, für die die Voraussetzungen des § 26 I 1 vorliegen, gilt das Veranlagungswahlrecht nur für die neue Ehe. Allerdings ist zugunsten des anderen Ehegatten der früheren Ehe für ihn auch bei Einzelveranlagung in diesem VZ nochmals der Splittingtarif anzuwenden, wenn für diese Ehe die Voraussetzungen des § 26 I 1 ebenfalls erfüllt sind (§ 32a VI 1 Nr 2).

III. Ausübung des Veranlagungswahlrechts (§ 26 II, III)

17 Zu unterscheiden ist zw der erstmaligen Wahlrechtsausübung (§ 26 II 1–3, III; s nachfolgend) und der Änderung einer bereits ausgeübten Wahl nach Unanfechtbarkeit des EStBescheids (§ 26 II 4; → Rn. 25 ff).

18 **1. Erstmalige Wahlrechtsausübung (§ 26 II 1–3). – a) Grundsatz. Einzelveranlagung.** Sie wird schon dann durchgeführt, wenn nur *einer* der Ehegatten dies beantragt (§ 26 II 1). Ist dies der Fall, ist auch der andere Ehegatte zu veranlagen, selbst wenn die Voraussetzungen des § 46 II nicht vorliegen (BFH VI R 80/04, BStBl II 07, 11 unter II.1.; EStR 25 I 1). – **Zusammenveranlagung.** Hierfür ist grds die entspr Wahlrechtsausübung durch *beide* Eheleute erforderl (§ 26 II 2). Allerdings wird eine Zusammenveranlagung auch dann durchgeführt, wenn das Recht auf Wahl der Veranlagungsform nicht oder nicht wirksam ausgeübt wird (§ 26 III), zB bei Schätzungsbescheiden wegen Nichtabgabe der EStErklärung. – Die Wahl wird durch Angabe in der EStErklärung getroffen, und zwar für jeden VZ gesondert (§ 26 II 3).

19 **b) Zivilrechtlicher Anspruch auf Zustimmung zur Zusammenveranlagung.** Aus § 1353 I BGB und dem Wesen der Ehe folgt, dass jeder Ehegatte verpflichtet ist, die finanziellen Lasten des anderen Teils nach Möglichkeit zu vermindern, soweit dies ohne Verletzung eigener Interessen mögl ist. Daher ist ein Ehegatte zivilrechtl zur Zustimmung zur Zusammenveranlagung verpflichtet, wenn für ihn hieraus keine stl Nachteile folgen (BGH XII ZR 67/09, NJW 11, 2725 Rn. 15 mwN). – Treten für diesen Ehegatten stl **Nachteile im Vergleich zur Einzelveranlagung** ein, besteht eine Zustimmungspflicht nur, wenn der andere Ehegatte bindend erklärt, die Nachteile auszugleichen (BGH IX ZR 8/06, NJW 07, 2556 unter II.2. mwN). Darüber hinausgehende **Vorteile** muss der die Zusammenveranlagung begehrende Ehegatte hingegen nicht an den anderen Ehegatten (bzw dessen Insolvenzverwalter) auskehren, zB bei Nutzung des Verlustvortrags des anderen Ehegatten (BGH IX ZR 240/07, DStR 11, 277 Rn. 15 ff; BGH XII ZR 67/09, NJW 11, 2725 Rn. 24 ff) oder eine zusätzl Erstattung wegen Wahl der StKlasse V (BGH XII ZR 288/00, NJW 02, 2319; insoweit jedoch anders ab dem VZ der Trennung der Eheleute, s BGH XII ZR 250/04, NJW 07, 2554 unter 5.). Die zivilgerichtl Verurteilung zur Zustimmung wird nach § 894 ZPO vollstreckt (Fiktion der Abgabe der Zustimmung zur Zusammenveranlagung).

20 **c) Einkommensteuerlich unwirksame Wahlrechtsausübung.** Ein einseitiger Antrag eines Ehegatten auf Einzelveranlagung ist unwirksam, wenn dessen **Einkünfte so gering** sind, dass sie keine estl Folgen auslösen (BFH III R 103/87, BStBl II 92, 297; *OFD Ffm* DB 03, 852); dies entspricht dem Rechtsgedanken des Schikaneverbots (§ 226 BGB). In diesen Fällen braucht der durch den Antrag benachteiligte Ehegatte also nicht zivilrechtl gegen den antragstellenden Ehegatten vorgehen, sondern kann die Unwirksamkeit unmittelbar im Besteuerungsverfahren geltend machen. Mindert sich durch den Antrag auf Einzelveranlagung hingegen die vom antragstellenden Ehegatten zu zahlende ESt, ist der Antrag auch dann wirksam, wenn der andere Ehegatte dadurch einen Nachteil erleidet (BFH VI R 139/78, BStBl II 82, 156). – Ein Antrag auf Einzelveranlagung kann **missbräuchl (§ 42 AO)** sein, wenn die Eheleute die StKlassen III/V gewählt haben, der Ehegatte mit StKlasse III den pfändbaren Teil seines Arbeitseinkommens an den anderen Ehegatten abgetreten hat und aufgrund der StKlassenwahl eine hohe EStNachzahlung zu leisten hat, die bei ihm wegen der Abtretung nicht beigetrieben werden kann, und der andere Ehegatte eine entspr EStErstattung erhält (BFH III R 66/98, BFH/NV 05, 186). Zur missbräuchl *geänderten* Wahlrechtsausübung → Rn. 29.

21 **d) Wahlrecht nach dem Tod eines Ehegatten.** Das Wahlrecht geht auf den Erben über, auch wenn Erbe nicht der überlebende Ehegatte ist (BFH VI 175/63 U, BStBl III 65, 86; EStH 26 „Tod eines Ehegatten"). Dies wird damit begründet, dass

das Veranlagungswahlrecht wegen seiner erhebl vermögensrechtl Auswirkungen (gesamtschuldnerische Haftung, Zurechnung von Erstattungsansprüchen) kein höchstpersönl Recht ist. Mehrere Miterben können das Wahlrecht nur einheitl ausüben (BFH XI R 20/97, BFH/NV 98, 701: notwendige Beiladung aller Miterben). – **Fehlende Erklärung des Erben.** Die Regelung, dass bei Nichtausübung des Wahlrechts eine Zusammenveranlagung durchgeführt wird (§ 26 III), gilt zwar grds auch in Erbfällen (BFH IV R 82/84, BStBl II 86, 545 unter 1.a aa). Sie kann aber nur angewendet werden, wenn eindeutig feststeht, dass der Erbe Kenntnis vom Erbfall und den stl Vorgängen hat (BFH VIII R 193/77, BStBl II 80, 188). Wenn der Erbe noch unbekannt ist, kann eine Zusammenveranlagung nur durchgeführt werden, wenn sie den erkennbaren Interessen des Erben entspricht (BFH III R 59/06, BStBl II 07, 770).

22 **e) Wahlrecht bei Insolvenz oder Pfändung.** Im **Insolvenzverfahren** übt der Insolvenzverwalter das (nicht höchstpersönl) Wahlrecht aus (§ 80 I InsO; BGH IX ZR 8/06, NJW 07, 2556 unter II.1.; BFH III R 12/16, BStBl II 18, 789 Rn. 17; BFH VIII R 19/18, BStBl II 21, 819 Rn. 58; *OFD Ffm* DStR 12, 35). Erzielen in einem solchen Fall sowohl der Insolvenzschuldner als auch sein Ehegatte und die Insolvenzmasse Einkünfte, soll die Gesamt-ESt (die auch auf den Einkünften des nicht vom Insolvenzverfahren betroffenen Ehegatten beruht) allein nach dem Verhältnis auf die Masse und die Eheleute aufgeteilt werden, in dem die Einkünfte der Masse und des Schuldners zueinander stehen; die Einkünfte des insolvenzfreien Ehegatten sollen hierbei unberücksichtigt bleiben (BFH VIII R 19/18, BStBl II 21, 819 Rn. 56 ff). ME führt dies zu einer rechnerisch inkonsequenten Aufteilung, die die Insolvenzmasse benachteiligt. Der BFH meint, dies durch einen Antrag auf Aufteilung der Gesamtschuld (§ 268 AO) kompensieren zu können. – Ein Gläubiger, der den ESt-Erstattungsanspruch **gepfändet** hat, ist hingegen weder zur Stellung des Veranlagungsantrags nach § 46 II Nr 8 (→ § 46 Rn. 34 mwN) noch zur Ausübung des Veranlagungswahlrechts berechtigt (BFH VII R 109/98, BStBl II 00, 573).

25 **2. Änderung der Wahlrechtsausübung (§ 26 II 4). – a) Neue Veranlagung.** Weil die Veranlagungsarten wesensverschieden sind, stellt eine geänderte Wahlrechtsausübung keine Anfechtung der bisherigen Festsetzung, sondern ein auf Durchführung einer neuen Veranlagung in geänderter Form gerichtetes **Verpflichtungsbegehren** dar (BFH III R 18/02, BStBl II 04, 980 unter II.1.b). Daher sollen die neuen Bescheide, die aufgrund der geänderten Wahlrechtsausübung ergehen, nicht nach § 68 FGO Gegenstand eines anhängigen Klageverfahrens sein; das Verfahren ist vielmehr beendet (BFH I R 38/20, BStBl II 24, 474; mE zweifelhaft). Allerdings **bleiben die übrigen Besteuerungsgrundlagen unberührt** (BFH III R 18/02, BStBl II 04, 980 unter II.1.b mwN), dh FA und StPfl sind an die nicht von der Wahlrechtsänderung betroffenen Besteuerungsgrundlagen gebunden (BFH III R 60/03, BStBl II 05, 564; BFH III R 15/10, BFH/NV 13, 1071 Rn. 17 ff; insoweit analoge Anwendung des § 351 I AO). Für den neuen Bescheid ggü dem antragstellenden Ehegatten bedarf es keiner Änderungsvorschrift, weil es sich um eine erstmalige Veranlagung in der neuen Form handelt. Eine bestandskräftige StFestsetzung ggü dem anderen Ehegatten ist ggf nach § 175 I 1 Nr 2 AO aufzuheben (BFH III R 22/02, BStBl II 05, 690; BFH III R 20/17, BStBl II 19, 694 Rn. 18). Für Zinsfestsetzungen gilt § 233a IIa, VII AO (BFH III B 50/15, BFH/NV 15, 1670). Wenn ESt und Nachzahlungszinsen, die auf die Einkünfte nur eines der Eheleute entfallen, in einem Zusammenveranlagungsbescheid bisher gegen beide Eheleute festgesetzt wurden und nun eine Einzelveranlagung beantragt wird, ist der Ehegatte, der diese Einkünfte nicht erzielt hat, zwar aus der StFestsetzung, wegen § 233a IIa, VII 2 AO aber nicht aus der Zinsfestsetzung zu entlassen (zutr BFH X R 11/23, DStRE 25, 1515 Rn. 34 ff).

b) Voraussetzungen für die geänderte Wahlrechtsausübung. Bei noch nicht unanfechtbaren Bescheiden kann das Wahlrecht unbeschränkt neu ausgeübt werden. Für unanfechtbare Bescheide, die VZ ab 2013 betreffen, enthält § 26 II 4 hingegen einschr Voraussetzungen für eine Änderung des bereits ausgeübten Wahlrechts, die kumulativ vorliegen müssen. – **aa) Ergehen eines Änderungsbescheids (§ 26 II 4 Nr 1).** Grundvoraussetzung für eine erneute Wahlrechtsausübung ist, dass ein StBescheid, der die Eheleute betrifft, aufgehoben, geändert oder berichtigt wird. Auch rein begünstigende Änderungsbescheide reichen aus, weil die erneute Wahlrechtsausübung keine Anfechtung darstellt und daher die Anfechtungsbeschränkung des § 351 I AO nicht gilt (BFH III R 20/17, BStBl II 19, 694 Rn. 15). Selbst wenn das FA bisher rechtsirrig eine Einzelveranlagung nach § 25 (dh nicht nach § 26a) vorgenommen hat, weil es gar nicht wusste, dass der StPfl verheiratet war, kann nach Ergehen eines Änderungsbescheids das Wahlrecht ausgeübt werden (BFH III R 20/17, BStBl II 19, 694 Rn. 12 f). Hingegen reicht es nicht aus, wenn der bisherige Bescheid unter Vorbehalt der Nachprüfung steht, solange kein Änderungsbescheid ergeht. – Nach dem Gesetzeswortlaut muss der Änderungsbescheid „die Ehegatten" betreffen. ME besteht ein neues Veranlagungswahlrecht aber auch dann, wenn der Änderungsbescheid nur ggü einem der Eheleute ergeht (zB bei bisher vorgenommener Einzelveranlagung; glA BT-Drs 17/6146, 14). 26

bb) Mitteilung an das FA bis zur Unanfechtbarkeit des Änderungsbescheids (§ 26 II 4 Nr 2). Die geänderte Wahl muss dem zuständigen FA bis zum Eintritt der Unanfechtbarkeit des Änderungsbescheids mitgeteilt werden (schriftl, elektronisch oder zur Niederschrift). Damit ist der Eintritt der **formellen Bestandskraft** (idR Ablauf der Einspruchs-/Klagefrist bzw. Abschluss eines Einspruchs-/Klageverfahrens) gemeint. – **Geänderte Wahlrechtsausübung während eines FG-Verfahrens.** In der Rspr heißt es idR, spätester Zeitpunkt sei der Schluss des mündl Verhandlung vor dem FG (BFH III R 40/10, BFH/NV 13, 193 Rn. 16). Dies ist mE unzutr, da die Unanfechtbarkeit erst einen Monat nach Zustellung des Urteils bzw. erst mit Abschluss eines nachfolgenden Rechtsmittelverfahrens eintritt. Bis zu diesem Zeitpunkt kann das Wahlrecht daher noch unbeschr neu ausgeübt werden (s BFH III R 49/00, BStBl II 02, 408: auch nach Schluss der mündl Verhandlung neue Wahlrechtsausübung bis zur Unanfechtbarkeit eines infolge einer tatsächl Verständigung ergangenen Änderungsbescheids). – Davon zu trennen ist die Frage, ob der Anspruch auf Erlass der neuen Bescheide im anhängigen Klage- oder Rechtsmittelverfahren *durchgesetzt* werden kann. Dies ist zu verneinen, weil es sich um eine Klageänderung (§ 67 FGO) in eine Verpflichtungsklage handeln würde, für die ein eigenständiges Antrags- und Einspruchsverfahren erforderl ist (BFH III R 18/02, BStBl II 04, 980 unter II.1.c). Das Begehren muss daher auch während eines anhängigen gerichtl Verfahrens beim FA (nicht beim FG) verfolgt werden. 27

cc) Niedrigere Gesamtsteuer (§ 26 II 4 Nr 3). Die festgesetzte ESt nach der bisherigen Veranlagungsart muss in der Summe höher sein als die sich bei der geänderten Wahl ergebende Summe der ESt. Eine Wahlrechtsänderung ist also nur zulässig, wenn sie bei einer ehegattenübergreifenden Betrachtung zu einer geringeren ESt führt. Ein Wechsel von der (grds günstigeren) Zusammen- zur Einzelveranlagung ist daher nur ausnahmsweise mögl. 28

dd) Missbräuchliche geänderte Wahlrechtsausübung. Im Verhältnis zum FA ist die *einseitige* nachträgl Wahl der Einzelveranlagung auch dann nicht missbräuchl (§ 42 AO), wenn dies beim antragstellenden Ehegatten zu einer Erstattung führt, während die Nachzahlung beim anderen Ehegatten nicht mehr beigetrieben werden kann (BFH III R 40/10, BFH/NV 13, 193 Rn. 19 ff). Eine *gemeinsame* geänderte Wahlrechtsausübung durch beide Eheleute ist grds nicht missbräuchl (BFH III R 18/02, BStBl II 04, 980 unter II.5.; allerdings drohte in diesem Fall kein Schaden für den Fiskus). Angesichts der klaren gesetzl Regelung der Voraussetzungen für 29 eine geänderte Wahlrechtsausübung ab VZ 2013 wird ein Missbrauch mE seitdem kaum noch angenommen werden können.

§ 26a Einzelveranlagung von Ehegatten

(1) [1]**Bei der Einzelveranlagung von Ehegatten sind jedem Ehegatten die von ihm bezogenen Einkünfte zuzurechnen.** [2]**Einkünfte eines Ehegatten sind nicht allein deshalb zum Teil dem anderen Ehegatten zuzurechnen, weil dieser bei der Erzielung der Einkünfte mitgewirkt hat.**

(2) [1]**Sonderausgaben, außergewöhnliche Belastungen und die Steuerermäßigungen nach den §§ 35a und 35c werden demjenigen Ehegatten zugerechnet, der die Aufwendungen wirtschaftlich getragen hat.** [2]**Auf übereinstimmenden Antrag der Ehegatten werden sie jeweils zur Hälfte abgezogen.** [3]**Der Antrag des Ehegatten, der die Aufwendungen wirtschaftlich getragen hat, ist in begründeten Einzelfällen ausreichend.** [4]**§ 26 Absatz 2 Satz 3 gilt entsprechend.**

(3) **Die Anwendung des § 10d für den Fall des Übergangs von der Einzelveranlagung zur Zusammenveranlagung und von der Zusammenveranlagung zur Einzelveranlagung zwischen zwei Veranlagungszeiträumen, wenn bei beiden Ehegatten nicht ausgeglichene Verluste vorliegen, wird durch Rechtsverordnung der Bundesregierung mit Zustimmung des Bundesrates geregelt.**

Einkommensteuer-Durchführungsverordnung

§ 61 EStDV *Antrag auf hälftige Verteilung von Abzugsbeträgen im Fall des § 26a des Gesetzes*

Können die Ehegatten den Antrag nach § 26a Absatz 2 des Gesetzes nicht gemeinsam stellen, weil einer der Ehegatten dazu aus zwingenden Gründen nicht in der Lage ist, kann das Finanzamt den Antrag des anderen Ehegatten als genügend ansehen.

§ 62d EStDV *Anwendung des § 10d des Gesetzes bei der Veranlagung von Ehegatten*

(1) [1]**Im Fall der Einzelveranlagung von Ehegatten (§ 26a des Gesetzes) kann der Steuerpflichtige den Verlustabzug nach § 10d des Gesetzes auch für Verluste derjenigen Veranlagungszeiträume geltend machen, in denen die Ehegatten nach § 26b des Gesetzes zusammen veranlagt worden sind.** [2]**Der Verlustabzug kann in diesem Fall nur für Verluste geltend gemacht werden, die der einzeln veranlagte Ehegatte erlitten hat.**

(2) [1]**Im Fall der Zusammenveranlagung von Ehegatten (§ 26b des Gesetzes) kann der Steuerpflichtige den Verlustabzug nach § 10d des Gesetzes auch für Verluste derjenigen Veranlagungszeiträume geltend machen, in denen die Ehegatten nach § 26a des Gesetzes einzeln veranlagt worden sind.** [2]**Im Fall der Zusammenveranlagung von Ehegatten (§ 26b des Gesetzes) in einem Veranlagungszeitraum, in den negative Einkünfte nach § 10d Abs. 1 des Gesetzes zurückgetragen werden, sind nach Anwendung des § 10d Abs. 1 des Gesetzes verbleibende negative Einkünfte für den Verlustvortrag nach § 10d Abs. 2 des Gesetzes in Veranlagungszeiträume, in denen die Zusammenveranlagung nicht stattfindet, auf die Ehegatten nach dem Verhältnis aufzuteilen, in dem die auf den einzelnen Ehegatten entfallenden Verluste im Veranlagungszeitraum der Verlustentstehung zueinander stehen.**

Einkommensteuer-Richtlinien: EStR 26a; EStH 26a.

1. Wirkung der Einzelveranlagung (§ 26a I). – a) Grundsatz. Die Einzelveranlagung von Ehegatten nach § 26a (die von der Einzelveranlagung Unverheirateter nach § 25 I zu unterscheiden ist) bewirkt grds eine (dem System des EStG entsprechende; s BVerfG 1 BvL 4/54, BVerfGE 6, 55 unter D.I.) **Individualbesteuerung** des einzelnen Ehegatten nach Maßgabe von dessen persönl Einkünften und Abzugsbeträgen. Anzuwenden ist der Grundtarif des § 32a I. Zu den Fallgruppen, in denen die Wahl der Einzelveranlagung vorteilhaft sein kann, → § 26 Rn. 1; zu den Voraussetzungen des Wahlrechts → § 26 Rn. 4; zur Wahlrechtsausübung → § 26 Rn. 18. 1

b) Norminhalt des § 26a I. S 1 ordnet an, dass jedem Ehegatten die von ihm bezogenen **Einkünfte** zuzurechnen sind. Ist ein Ehegatte der Erzieler bestimmter Einkünfte (zB Betriebsinhaber), sind diese ihm auch dann *allein* zuzurechnen, wenn der andere Ehegatte bei deren Erzielung mitgewirkt hat (§ 26a I 2; zB im Betrieb mithelfender Ehegatte). Diese Regelung ist verfgem (BVerfG 1 BvL 23, 34/57, BVerfGE 9, 237). Der Abschluss von Ehegatten-Arbeitsverträgen bleibt natürl mögl (→ § 12 Rn. 20 ff); ggf kann auch eine MUerschaft bestehen (zur Annahme konkludenter MUerschaft in Abhängigkeit von den ehel Güterständen → § 15 Rn. 375). 2

2. Zurechnung von Sonderausgaben, außergewöhnlichen Belastungen und bestimmten Steuerermäßigungen (§ 26a II). – a) Wirtschaftliche Tragung der Aufwendungen (§ 26a II 1). Grds sind SA (§§ 10–10b; mE auch die „wie SA" abziehbaren Beträge nach §§ 10f, 10g), agB (§§ 33–33b) und die StErmäßigungen nach § 35a (haushaltsnahe Dienstleistungen, Handwerker) und § 35c (energetische Maßnahmen) demjenigen Ehegatten zuzurechnen, der die Aufwendungen wirtschaftl getragen hat. Dies entspricht der Individualbesteuerung und dem § 26a zugrunde liegenden Gedanken der getrennten Besteuerung der Eheleute. Für die Ermittlung der zumutbaren Belastung (§ 33 III) ist folgerichtig der Gesamtbetrag der Einkünfte des jeweiligen Ehegatten maßgebl. Die Höchstbeträge des § 35a können von beiden Eheleuten trotz Einzelveranlagung insgesamt nur einmal in Anspruch genommen werden (so zu der bis VZ 2012 geltenden Fassung des § 26a II BFH VI R 60/09, BStBl II 14, 151; mE hat sich daran aber auch ab VZ 2013 nichts geändert, zumal § 35a V 4 diese Rechtsfolge für zwei zusammenlebende Alleinstehende auch weiterhin vorsieht). 3

b) Auf Antrag je hälftiger Abzug (§ 26a II 2–4). – aa) Übereinstimmender Antrag. Die Eheleute können in Bezug auf die in → Rn. 3 genannten Aufwendungen übereinstimmend beantragen, dass diese bei jedem von ihnen zur Hälfte abgezogen werden (§ 26a II 2; Ausnahme vom Grundsatz der Individualbesteuerung). Ein anderer Verteilungsmaßstab ist nicht zulässig. Der Antrag umfasst zwingend die gesamten SA, agB (BFH III R 2/17, BStBl II 18, 468: auch Behinderten-Pauschbeträge nach § 33b; BFH III R 1/11, BStBl II 12, 861: bei der Übertragung des Behinderten-Pauschbetrags eines Kindes nach § 33b V geht die hälftige Aufteilung nach § 26a II 2 der grds freien Aufteilbarkeit nach § 33b V 3 vor) und die genannten StErmäßigungen; die Herausnahme einzelner dieser Abzugsbeträge aus der hälftigen Aufteilung ist nicht mögl. Der Antrag macht die (ggf schwierige) Prüfung, welcher Ehegatte die Aufwendungen wirtschaftl getragen hat, entbehrl (BFH III R 11/18, BFHE 266, 568 Rn. 17). – **Technik der Aufteilung.** Aufzuteilen sind die *Aufwendungen,* nicht die estl Abzugsbeträge. Auch Vorsorgeaufwendungen sind hälftig auf die Eheleute aufzuteilen; eventuelle Höchstbetragsberechnungen und Günstigerprüfungen sind sodann individuell bei jedem Ehegatten vorzunehmen (zutr BFH III R 11/18, BFHE 266, 568; wird von der *FinVerw* noch nicht angewendet). Ebenso sind bei agB nach § 33 die (Brutto-)Aufwendungen hälftig aufzuteilen; die abziehbaren Beträge sind dann vom individuellen Gesamtbetrag der Einkünfte des jeweiligen Ehegatten abhängig (BFH III R 11/18, BFHE 266, 568 Rn. 15). – **Antragstellung.** Dies erfolgt für jeden VZ gesondert in der EStErklärung (§ 26a II 4 iVm § 26 II 3). 4

5 **bb) Antrag durch nur einen Ehegatten.** In „begründeten Einzelfällen" reicht statt eines übereinstimmenden Antrags der Antrag desjenigen Ehegatten, der die Aufwendungen wirtschaftl getragen hat (§ 26a II 3). Da ein solcher Antrag für den anderen Ehegatten (der ansonsten insoweit gar keinen estl Abzug hätte) günstig ist, kann unterstellt werden, dass er nichts gegen die Zuwendung dieses StVorteils hat. – Darüber hinaus sieht § 61 EStDV vor, dass ein Antrag nur *eines* Ehegatten auch dann ausreichend sein kann, wenn der andere Ehegatte aus zwingenden Gründen nicht zur gemeinsamen Antragstellung in der Lage ist. Für diese Regelung lässt sich zwar keine förml Ermächtigungsgrundlage im EStG finden; sie entspricht aber der Billigkeit (so auch BT-Drs 17/5125, 48).

8 **3. Anwendung des § 10d bei Wechsel der Veranlagungsart (§ 26a III/§ 62d EStDV). – a) Ermächtigungsgrundlage überschritten.** § 26a III ermächtigt zum Erlass einer VO für Fälle, in denen beim Wechsel der Veranlagungsart (Übergang von § 26a zu § 26b oder von § 26b zu § 26a) bei *beiden* Eheleuten nicht ausgeglichene Verluste vorliegen. Abweichend von dieser Ermächtigungsgrundlage regelt § 62d EStDV auch (und vor allem) Fälle, in denen nur *ein* Ehegatte Verluste aufweist. Insoweit wird die VO zwar nicht durch die Ermächtigungsgrundlage getragen (glA BFH VIII R 89/00, BStBl II 05, 624 unter II.2.b), stellt aber eine zutr Auslegung des Gesetzes dar. Denn auch bei Zusammenveranlagung ist derjenige Ehegatte, der den Verlust erlitten hat, als Individualperson Träger des Verlustabzugs (BFH VIII R 89/00, BStBl II 05, 624 unter II.2.b bb aaa), so dass jedenfalls § 62d I, II 1 EStDV nur deklaratorischen Charakter hat.

9 **b) Verlustabzug bei Einzelveranlagung (§ 62d I EStDV).** Der einzeln veranlagte StPfl kann auch Verluste (Vor- und Rückträge) aus solchen VZ abziehen, in denen die Eheleute zusammen veranlagt wurden. Er muss sie allerdings persönl erlitten haben. Verluste des anderen Ehegatten kann er nicht auf sich übertragen (Individualbesteuerung). ME gilt diese Handhabung nicht nur bei Einzelveranlagung von Ehegatten nach § 26a (hierauf beschränkt sich der Wortlaut des § 62d EStDV), sondern auch bei der Einzelveranlagung Unverheirateter nach § 25 I (zB Rücktrag von Verlusten aus einem § 26b-VZ in den VZ vor der Heirat; Vortrag von Verlusten der Ehezeit in einen VZ nach der Scheidung).

10 **c) Verlustabzug bei Zusammenveranlagung (§ 62d II EStDV).** Hier können auch Verluste aus VZ abgezogen werden, in denen eine Einzelveranlagung (§ 26a; mE auch § 25 I) stattgefunden hat (§ 62d II 1 EStDV). § 62d II 2 EStDV regelt Fälle, in denen im Verlustentstehungs- und Rücktragsjahr § 26b anzuwenden ist, in späteren Verlustvortragsjahren aber § 26a oder § 25 I. Der verbleibende Verlustvortrag zum Schluss des Verlustentstehungsjahr ist dann in dem Verhältnis auf die Eheleute aufzuteilen, das dem Verhältnis der bei ihnen jeweils entstandenen Verluste entspricht. Der Anwendungsbereich dieser Spezialregelung ist (entspr dem Gesetzeswortlaut) auf Fälle beschränkt, in denen ein Übergang von der Zusammen- auf die Einzelveranlagung stattfindet. Auf Fälle durchgehender Zusammenveranlagung ist die Regelung (Aufteilung des Verlustvortrags) nicht anwendbar (zutr FG Köln EFG 12, 1741, rkr; **aA** wohl EStR 10d VI 5).

§ 26b Zusammenveranlagung von Ehegatten

Bei der Zusammenveranlagung von Ehegatten werden die Einkünfte, die die Ehegatten erzielt haben, zusammengerechnet, den Ehegatten gemeinsam zugerechnet und, soweit nichts anderes vorgeschrieben ist, die Ehegatten sodann gemeinsam als Steuerpflichtiger behandelt.

Einkommensteuer-Richtlinien: EStR 26b; EStH 26b.

1. Norminhalt. § 26b ordnet an, dass auch zusammen veranlagte Eheleute im Bereich der Einkunftserzielung getrennt behandelt werden (→ Rn. 2), dann aber die Einkünfte zusammengerechnet werden (→ Rn. 3) und die Eheleute ab dem Gesamtbetrag der Einkünfte als *ein* StPfl gelten (→ Rn. 4). Dies lässt die subj StPfl jedes einzelnen Ehegatten allerdings unberührt (BFH IX R 14/00, BFH/NV 03, 468 unter II.2.a). § 26b durchbricht den Grundsatz der Individualbesteuerung, um die ehel Wirtschaftsgemeinschaft abzubilden und zu fördern. Ist dies im Einzelfall nicht gewünscht, kann jeder Ehegatte Einzelveranlagung (§ 26a) beantragen. – Zu den **Voraussetzungen** für die Wahl der Zusammenveranlagung → § 26 Rn. 4; zur Ausübung des Veranlagungswahlrechts → § 26 Rn. 18. Folge der Zusammenveranlagung ist die Anwendung des **Splittingtarifs** (§ 32a V), der Progressionsunterschiede zw den Eheleuten ausgleicht und daher grds zu einer niedrigeren Gesamtsteuer führt als zwei Einzelveranlagungen (Ausnahmen → § 26 Rn. 2). § 26b bildet die Zugewinngemeinschaft ab (BFH VI 42/65, BStBl III 67, 84) und geht davon aus, dass zusammenlebende Eheleute eine Gemeinschaft des Erwerbs und Verbrauchs bilden, an der beide Eheleute jeweils zur Hälfte teilhaben; der Splittingtarif schließt die bei einer zwingenden Einzelveranlagung drohende Benachteiligung der Alleinverdienerehe aus und ist daher keine beliebig veränderbare StVergünstigung (so noch BVerfG 1 BvR 620/78, BVerfGE 61, 319 unter C.I.4.a; heute würde dies vom BVerfG evtl anders gesehen). 1

2. Getrennte Ermittlung der Einkünfte. Im Bereich der Einkunftserzielung werden die Eheleute auch bei Zusammenveranlagung getrennt behandelt (s BFH IX R 1/06, BFH/NV 07, 2264 unter II.2.d). Daher können insb **Verträge zw zusammen veranlagten Eheleuten** auch mit estl Wirkung geschlossen werden (→ § 12 Rn. 20 ff). Wenn der eine Ehegatte allerdings im Rahmen eines Ehegatten-Arbeitsverhältnisses Gehaltszahlungen an den anderen Ehegatten erbringt, die dieser versteuern muss, obwohl der zahlende Ehegatte sie wegen fehlender Gewinnerzielungsabsicht nicht abziehen kann, kann ein Billigkeitserlass geboten sein (BFH X R 62/01, BStBl II 05, 336 unter II.3.b). – **Frei- und Pauschbeträge,** die die Einkunftsermittlung betreffen, sind bei jedem Ehegatten gesondert anzuwenden (zB WK-Pauschbetrag nach § 9a; glA zum Freibetrag nach § 18 IV aF BFH IV 239/59 S, BStBl III 61, 466). 2

3. Zusammenrechnung der Einkünfte. Die zunächst getrennt ermittelten Einkünfte der Eheleute sind anschließend zusammenzurechnen. Dies bewirkt einen **Verlustausgleich zw den Eheleuten** (→ § 2 Rn. 58). Auch **negative Einkünfte iSd § 2a** können aufgrund der Zusammenrechnung mit gleichartigen positiven Einkünften des anderen Ehegatten ausgeglichen werden (EStR 2a VII). Gleiches gilt für **Verluste aus gewerbl Tierzucht (§ 15 IV),** die mit entspr Gewinnen des anderen Ehegatten saldiert werden können (BFH IV R 116/87, BStBl II 89, 787). Dies ist mE auf andere Verluste, die Ausgleichsbeschränkungen unterliegen, übertragbar. 3

4. Ab dem Gesamtbetrag der Einkünfte Behandlung als *ein* Steuerpflichtiger. Ab der Ermittlung des Gesamtbetrags der Einkünfte werden die Eheleute „gemeinsam als StPfl" (gemeint: als *ein* StPfl) behandelt, soweit nichts anderes vorgeschrieben ist. Der BFH formuliert, dass die Zusammenrechnung der (zunächst getrennt ermittelten) Einkünfte „noch vor Ermittlung des Gesamtbetrags der Einkünfte" stattfindet (BFH IV R 32/86, BStBl II 88, 827 unter 1.). 4

a) Einzelfälle. – Spendenabzug (§ 10b). Die erforderl wirtschaftl Belastung ist ehegattenübergreifend zu prüfen. So fehlt es an der wirtschaftl Belastung, wenn ein Ehegatte zur Förderung des Denkmalschutzes eine Durchlaufspende an eine öffentliche Stelle leistet, die einem unter Denkmalschutz stehenden Gebäude des anderen Ehegatten zugute kommen soll (BFH X R 191/87, BStBl II 91, 690 unter 3.). Umgekehrt ist ein Abzug mögl, wenn der Ehemann seiner Ehefrau einen Geldbetrag mit der Auflage schenkt, einen Teil davon an einen gemeinnützigen Verein weiterzulei- 5 ten. Zwar fehlt bei der Ehefrau die wirtschaftl Belastung; ihr ist jedoch die wirtschaftl Belastung des Ehemanns zuzurechnen (BFH X R 6/17, BStBl II 19, 318 Rn. 50 ff). – **Verlustabzug (§ 10d).** Ungeachtet von dessen Nichtvererblichkeit ist ein Ausgleich der Verluste des Erblassers mit positiven Einkünften des anderen Ehegatten im Todesjahr und ein Verlustrücktrag zulässig (zutr *FM SchlH* DStR 11, 1427). – **Freibetrag nach § 13 III.** Vor dessen Ermittlung sind die Einkünfte aus LuF beider Eheleute zu saldieren (BFH IV R 32/86, BStBl II 88, 827). – **Progressionsvorbehalt (§ 32b).** Er ist selbst dann anzuwenden, wenn der Ehegatte, der die dem Progressionsvorbehalt unterliegenden Einkünfte aufweist, gar keine stpfl Einkünfte hat (bei isolierter Betrachtung also keine ESt zahlen müsste), wohl aber der andere Ehegatte (BFH I R 121/79, BStBl II 83, 34). – **Steuerermäßigung bei gewerbl Einkünften (§ 35).** Hier werden Gewinne des einen Ehegatten nicht mit Verlusten des anderen verrechnet (zum Wortlaut der ab VZ 2008 geltenden Fassung BFH III R 7/14, BStBl II 16, 871 Rn. 22 ff; anders zum abw Wortlaut bis VZ 2007 BFH III R 69/10, BStBl II 13, 201).

6 **b) Frei-, Pausch- und Höchstbeträge außerhalb der Einkunftserzielung.** IdR ist im EStG ausdrückl angeordnet, dass diese Beträge sich bei zusammen veranlagten Eheleuten entweder **verdoppeln** (zB § 10 III 2, § 10b Ia, II, § 10c S 2, § 10d I 1, § 32 VI 2, § 34g S 2) oder **für jeden Ehegatten gesondert anzuwenden** sind (zB § 10 I Nr 7 S 2, § 10 IV 3, § 10a III, § 24a S 4). – Fehlt eine solche Regelung, ist jeweils durch **Auslegung** zu ermitteln, was gelten soll. So verdoppeln sich die Höchstbeträge der StErmäßigung für haushaltsnahe Dienstleistungen und Handwerkerleistungen (§ 35a) nicht (BFH VI R 60/09, BStBl II 14, 151). Der frühere Spendenhöchstbetrag nach § 10b I 3 aF war hingegen auf jeden Ehegatten gesondert anzuwenden (BFH XI R 76/03, BStBl II 06, 121: sonst Verstoß gegen Art. 6 I GG). Die Veranlagungsgrenze nach § 46 II Nr 1 und die Härteausgleichs-Höchstbeträge nach § 46 III, V verdoppeln sich bei Eheleuten nicht (BFH VI 193/62 U, BStBl III 64, 244). – Zu Freibeträgen iRd Einkunftserzielung → Rn. 2.

8 **5. Verfahrensrechtliche Besonderheiten der Zusammenveranlagung. Steuerbescheide.** Aufgrund der Gesamtschuldnerschaft (§ 44 AO) können gegen die Eheleute zusammengefasste EStBescheide ergehen, auch über stl Nebenleistungen (§ 155 III AO). Ein Verspätungszuschlag kann auch dann gegen beide Eheleute festgesetzt werden, wenn nur einer von ihnen Einkünfte erzielt hat (BFH X R 56/98, BStBl II 01, 60 unter II.5.).

Bekanntgabe. Grds genügt die Bekanntgabe einer Ausfertigung des Zusammenveranlagungsbescheids an die gemeinsame Anschrift der Eheleute (§ 122 VII AO mit Ausnahmen); dies gilt auch für Schätzungsbescheide. Einzelbescheide, in denen der andere Ehegatte nicht genannt ist, sind aber ebenfalls zulässig (BFH IX R 57/98, BFH/NV 00, 678). Außerdem ermöglicht § 122 VI AO die Bekanntgabe eines VA zugleich mit Wirkung für andere Beteiligte, soweit diese einverstanden sind; dieses Einverständnis war früher im StErklärungsformular vorgedruckt; heute aber nicht mehr.

Rechtsbehelfe. Jeder Ehegatte kann die StFestsetzung selbständig (ohne Mitwirkung des anderen) anfechten (BFH VI R 41/05, BFH/NV 08, 1136 unter II.3.). Einspruchs- und Klagebefugnis besteht auch insoweit, als nur die Einkünfte des anderen Ehegatten angegriffen werden (BFH VI R 149/84, BStBl II 87, 852). Eine Hinzuziehung des anderen Ehegatten zum Einspruchsverfahren (§ 360 III AO) oder eine notwendige Beiladung (§ 60 III) soll nicht erforderl sein, da die Entscheidung nicht einheitl ergehen muss (BFH VI R 41/05, BFH/NV 08, 1136 unter II.3.); anders jedoch, wenn Streit darüber besteht, ob Zusammen- oder Einzelveranlagung durchzuführen ist (BFH III S 8/04, BFH/NV 05, 351). Eine Klage des einen Ehegatten bleibt auch dann zulässig, wenn der Bescheid ggü dem anderen Ehegatten bestandskräftig geworden ist (BFH VIII R 16/20, BStBl II 22, 380 Rn. 27 ff). – Sind sowohl Einkünfte des einen als auch des anderen Ehegatten str, darf das FG nicht im Wege des Teilurteils über die Einkünfte des einen Ehegatten entscheiden und die andere Frage vertagen (BFH VI R 148/01, BFH/NV 04, 527).

Korrekturvorschriften. Für Zwecke des § 173 AO gilt bei einer Einzelveranlagung von Eheleuten auch der Inhalt der für andere VZ in derselben Dienststelle geführten Zusammenveranlagungsakten als bekannt (BFH IX R 30/19, BFH/NV 20, 1233 Rn. 20). Steuererhöhende Tatsachen bei dem einen Ehegatten werden mit steuermindernden Tatsachen beim anderen Ehegatten verrechnet, ohne dass es insoweit auf grobes Verschulden ankommt (BFH IX R 13/81, BStBl II 87, 297 unter 3.).

Festsetzungsverjährung. Sie kann (in Abhängigkeit vom jeweiligen Tatbestand der Ablaufhemmung) für jeden Ehegatten gesondert zu prüfen sein (zu § 174 IV AO BFH X R 42/05, BStBl II 07, 220; zu § 171 III AO BFH X R 27/14, BFH/NV 14, 1494). Die StHinterziehung *eines* Ehegatten reicht für die Verlängerung der Festsetzungsfrist (§ 169 II 2 AO) des gesamtschuldnerischen StAnspruchs gegen *beide* Eheleute aber aus (BFH IX B 41/10, BFH/NV 10, 2239 Rn. 3).

Feststellungsverfahren. Erzielen Eheleute gemeinsame Einkünfte (zB als MUer oder Miteigentümer eines vermieteten Objekts), ist grds gleichwohl ein einheitl Feststellungsverfahren (§ 180 I 1 Nr 2 Buchst a AO) durchzuführen (BFH I B 16/71, BStBl II 71, 730: streitige Auswirkungen der Gütergemeinschaft auf ein Ehegatten-Arbeitsverhältnis; BFH X R 64/92, BStBl II 95, 640 unter II.: die StPfl einer von beiden Eheleuten gemeinsam vereinnahmten Zahlung ist str; BFH IV R 44/05, BFH/NV 08, 1156: die Höhe der Einkünfte einer luf Ehegatten-MUerschaft ist str). Dies gilt allerdings nicht in Fällen geringer Bedeutung, insb weil die Höhe des Betrags und die Aufteilung feststehen (§ 180 III 1 Nr 2 AO), was bei Eheleuten häufig der Fall sein wird (BFH VIII R 253/71, BStBl II 76, 305: Einkünfte aus VuV aus einem den Eheleuten gemeinsam gehörenden Mietshaus; BFH IV R 136/83, BStBl II 85, 576: luf MUerschaft von Eheleuten; BFH IV R 6/17, BStBl II 21, 17: Photovoltaikanlage auf dem Dach des selbstgenutzten Wohnhauses).

Erhebungsverfahren. Die Eheleute sind **Gesamtschuldner** (§ 44 AO), schulden also jeweils den *vollen* StBetrag. Die gesamtschuldnerische Haftung erstreckt sich auch auf stl Nebenleistungen. – Im Vollstreckungsverfahren können sie allerdings die **Aufteilung** der Gesamtschuld beantragen (§ 268 AO); dies gilt auch für Säumniszuschläge, Zinsen und Verspätungszuschläge (§ 276 IV AO). Hier ist eine notwendige Hinzuziehung/Beiladung des anderen Ehegatten vorzunehmen (BFH III B 74/02, BFH/NV 03, 195). – Trotz Aufteilung kann ein Ehegatte für StSchulden des anderen Ehegatten **haften** (§ 71 AO), wenn er an dessen StHinterziehung teilnimmt. Allein die Unterschrift unter die gemeinsame EStErklärung in Kenntnis der falsch erklärten Alleineinkünfte des anderen Ehegatten soll aber noch keine Teilnahme sein (BFH IX R 40/00, BStBl II 02, 501); iRd § 173 AO kann grobes Verschulden hinsichtl der Alleineinkünfte des anderen Ehegatten aber zugerechnet werden (→ § 25 Rn. 16). – **Erstattungsansprüche** (§ 37 II AO) sollen Ehegatten nach Köpfen zustehen, unabhängig davon, welcher Ehegatte die Zahlung geleistet hat (BFH VII R 42/10, BStBl II 11, 607).

§§ 26c, 27 *(weggefallen)*

§ 28 Besteuerung bei fortgesetzter Gütergemeinschaft

Bei fortgesetzter Gütergemeinschaft gelten Einkünfte, die in das Gesamtgut fallen, als Einkünfte des überlebenden Ehegatten, wenn dieser unbeschränkt steuerpflichtig ist.

1. Zivilrechtliche Grundlagen. Voraussetzungen. Im Fall der (heute sehr sel- 1
tenen) Gütergemeinschaft (§§ 1415 ff BGB) können die Eheleute durch Ehevertrag vereinbaren, dass die Gütergemeinschaft nach dem Tod eines Ehegatten zwischen dem überlebenden Ehegatten und den gemeinschaftl Abkömmlingen (die nicht notwendig mit den Erben identisch sind) fortgesetzt wird (§ 1483 BGB). Ohne eine ausdrückl ehevertragl Vereinbarung kommt es nicht zur Fortsetzung der Gütergemeinschaft; vielmehr gelten dann die allg erbrechtl Regeln (ggf HöfeO). – **Rechtsfolgen.** Bei Eintritt der fortgesetzten Gütergemeinschaft fällt der Anteil des verstorbenen Ehegatten am Gesamtgut nicht in den Nachlass (§ 1483 I 3 BGB). Der überlebende Ehegatte ist der alleinige Verwalter des Gesamtguts (§ 1487 I BGB). Es handelt sich allerdings weiterhin um eine **Gesamthandsgemeinschaft** (§ 1487 I iVm § 1419 BGB), an der der überlebende Ehegatte und die Abkömmlinge beteiligt

sind. Auch die **Nutznießung** an den Erträgen des Gesamtguts steht den Gesamthändern gemeinschaftl zu, wobei in der Praxis häufig nur der überlebende Ehegatte profitiert. Eine persönl Haftung der Abkömmlinge für Verbindlichkeiten ist ausgeschlossen (§ 1489 III BGB).

2 **2. Steuerrechtliche Zurechnung der Einkünfte aus dem Gesamtgut. – a) Grundsatz des § 28.** Die Regelung bestimmt, dass Einkünfte, die in das Gesamtgut fallen, bei fortgesetzter Gütergemeinschaft als Einkünfte des überlebenden Ehegatten gelten, wenn dieser unbeschr estpfl ist. Es ist also keine einheitl Feststellung der Einkünfte vorzunehmen (BFH IV R 177/69, BStBl II 73, 638). – Dies **bildet die zivilrechtl Lage nicht zutr ab,** da der überlebende Ehegatte zwar der alleinige Verwalter des Gesamtguts ist, ihm aber nicht die alleinige Nutznießung zusteht. Gleichwohl sieht die Rspr die Vorschrift als **verfgem** an und verweist auf die überragende und beherrschende Stellung des überlebenden Ehegatten in der fortgesetzten Gütergemeinschaft (zur bewertungsrechtl Parallelvorschrift BVerfG 1 BvR 210/68, BVerfGE 30, 59; zu § 28 BFH IV R 177/69, BStBl II 73, 638; mE zweifelhaft; kritisch auch *HHR/Münch* § 28 Rn. 4). Wenn allerdings die Einkünfte aufgrund einer förml Vereinbarung tatsächlich nach festen Quoten auf die Gesamthänder verteilt werden, ist § 28 nicht anwendbar; vielmehr sind die Einkünfte dann auch estl nach der Quote zu verteilen (RFH RStBl 37, 96; BFH VI R 238/64, BStBl III 66, 505; diese Rspr ist auch heute noch unverändert anzuwenden, so dass man den unpassenden Rechtsfolgen problemlos entgehen kann).

3 **b) Ausnahmen.** In einigen Fällen gilt § 28 jedoch trotz fortgesetzter Gütergemeinschaft nicht. – ***(1)* Übertragung von Wirtschaftsgütern.** Hier knüpft die estl Behandlung an die zivilrechtl Lage an. Wegen ihrer gesamthänderischen Beteiligung sind die Abkömmlinge auch an einem zum Gesamtgut gehörenden BV beteiligt. Wird daher ein WG des BV auf einen Abkömmling übertragen, handelt es sich nicht um eine Entnahme, weil auch die Abkömmlinge im estl Sinne MUer sind, auch wenn ihnen wegen § 28 keine lfd Einkünfte zugerechnet werden (BFH VI R 238/64, BStBl III 66, 505). Anders aber wohl BFH I R 142/72, BStBl II 75, 437 unter II.1., wo ein an der Gesamthand beteiligter Abkömmling nicht als MUer behandelt wurde, so dass zu seinen Gunsten eine Pensionszusage mit stl Wirkung begründet werden konnte. – ***(2)* Auflösung der fortgesetzten Gütergemeinschaft.** Hier ist § 28 nicht anwendbar. Vielmehr ist ein entstehender Veräußerungs- oder Aufgabegewinn den Gesamthändern entspr ihrer Beteiligungsquote zuzurechnen (BFH IV R 41/91, BStBl II 93, 430 unter 3.). – ***(3)* Keine unbeschränkte Steuerpflicht.** Dann sind die gesetzl Voraussetzungen des § 28 nicht erfüllt; die Einkünfte aus dem Gesamtgut sind dem überlebenden Ehegatten und den Abkömmlingen nach den allg Grundsätzen (Verhältnis der Beteiligungen an der Gesamthand) zuzurechnen.

§§ 29, 30 *(weggefallen)*

IV. Tarif

§ 31 Familienleistungsausgleich

[1]Die steuerliche Freistellung eines Einkommensbetrags in Höhe des Existenzminimums eines Kindes einschließlich der Bedarfe für Betreuung und Erziehung oder Ausbildung wird im gesamten Veranlagungszeitraum entweder durch die Freibeträge nach § 32 Absatz 6 oder durch Kindergeld nach Abschnitt X bewirkt. [2]Soweit das Kindergeld dafür nicht erforderlich ist, dient es der Förderung der Fa-

milie. [3]Im laufenden Kalenderjahr wird Kindergeld als Steuervergütung monatlich gezahlt. [4]Bewirkt der Anspruch auf Kindergeld für den gesamten Veranlagungszeitraum die nach Satz 1 gebotene steuerliche Freistellung nicht vollständig und werden deshalb bei der Veranlagung zur Einkommensteuer die Freibeträge nach § 32 Absatz 6 vom Einkommen abgezogen, erhöht sich die unter Abzug dieser Freibeträge ermittelte tarifliche Einkommensteuer um den Anspruch auf Kindergeld für den gesamten Veranlagungszeitraum; bei nicht zusammenveranlagten Eltern wird der Kindergeldanspruch im Umfang des Kinderfreibetrags angesetzt. [5]Bei der Prüfung der Steuerfreistellung und der Hinzurechnung nach Satz 4 bleibt der Anspruch auf Kindergeld für Kalendermonate unberücksichtigt, in denen durch Bescheid der Familienkasse ein Anspruch auf Kindergeld festgesetzt, aber wegen § 70 Absatz 1 Satz 2 nicht ausgezahlt wurde. [6]Satz 4 gilt entsprechend für mit dem Kindergeld vergleichbare Leistungen nach § 65. [7]Besteht nach ausländischem Recht Anspruch auf Leistungen für Kinder, wird dieser insoweit nicht berücksichtigt, als er das inländische Kindergeld übersteigt.

Einkommensteuer-Richtlinien: EStR 31; EStH 31 – **Verwaltungsanweisungen:** *BZSt* BStBl I 25, 1018 (Dienstanweisung KiGeld – DA-KG, Stand 2025)

Übersicht

1. Allgemeines. – a) Bedeutung; Aufbau. Die steuerl Freistellung des Famili- 1
enexistenzminimums und zwangsläufiger kindbedingter Aufwendungen ist verfrechtl geboten (BVerfG 2 BvL 42/93, BVerfGE 99, 246 zu C.I.5.c.cc; BVerfG 2 BvR 167/02, BVerfGE 112, 164 zu B.I.2.; BVerfG 2 BvL 3/05, DStRE 10, 98). **§ 31 S 1** knüpft an dieses Gebot an und bestimmt, dass die Freistellung des Existenzminimums von Kindern auf zweierlei Art erfolgen kann: durch **Freibeträge** (§ 32 VI) oder durch **Kindergeld** (§§ 62 ff). Wirtschaftl schlechter gestellte Familien sollen zudem durch das KiGeld gefördert werden; das KiGeld erfüllt daher eine Doppelfunktion, es ist familienfördernde **Sozialleistung (§ 31 S 2)** und monatl gezahlte **Steuervergütung (§ 31 S 3).** Bei der EStVeranlagung wird die für den StPfl günstigste Lösung von Amts wegen berücksichtigt **(sog Günstigerprüfung, § 31 S 4 und 5).** Ansprüche auf andere kindbedingte Leistungen nach § 65 oder auf ausl KiGeld werden in die Günstigerprüfung grds einbezogen **(§ 31 S 6 und 7).**

b) Persönlicher Anwendungsbereich. § 31 gilt wie § 32 für unbeschr StPfl (§ 1 2
I–III, → § 32 Rn. 2). Bei Wechsel zw unbeschr/beschr StPfl während des Kj wird nur *eine* Veranlagung durchgeführt (§ 2 VII 3); deshalb ist für diesen VZ auch eine Günstigerprüfung nach § 31 S 4 durchzuführen. Zur Gleichstellung von **LPart** gem § 2 VIII s BFH VI R 76/12, BStBl II 14, 36.

c) Neuere Rechtsentwicklung. Zur Erhöhung des **Kinderfreibetrags** → § 32 3
Rn. 3. S iÜ → 43. Aufl 2024, § 31 Rn. 3, *BH/Selder* § 31 Rn. 10 ff und *HHR/Wendl* § 31 Rn. 4.

d) Verfassungsmäßigkeit. Weder Art 2 I GG noch Art 3 I GG werden dadurch 4
verletzt, dass die **Günstigerprüfung** nach § 31 S 4 idF ab VZ 2004 grds allein darauf abstellt, ob ein *Anspruch* auf KiGeld besteht (BFH III R 50/19, BStBl II 22, 58; aber → Rn. 10 f), unabhängig davon, ob der StPfl tatsächl KiGeld erhalten hat (BFH

V R 59/10, BStBl II 13, 228: Gestaltungsfreiheit des Gesetzgebers; BFH III R 29/12, BFH/NV 13, 723: Obliegenheit des StPfl). Das gilt auch für **paritätische Wechselmodelle** (BFH III R 1/22, BStBl II 24, 865; Begriff → § 24b Rn. 12). Ebenfalls verfgemäß ist, dass die **Vergleichsrechnung bei mehreren Kindern** für jedes Kind gesondert durchgeführt wird (→ Rn. 13), insb bei ao Einkünften nach § 34 I (BFH III R 50/08, BFH/NV 12, 1429). – Zur Frage der Vereinbarkeit der **Ländergruppeneinteilung** mit Unionsrecht → § 32 Rn. 81.

Problematisch an § 31 ist, dass Familien mit Kindern zunächst so besteuert werden, als hätten sie keine Kinder, und dann **KiGeld als Sozialleistung** erhalten (zutr *Tipke,* Steuerrechtsordnung II, 2. Aufl, S 809 f, 823 ff; Tipke/Lang SteuerR § 8 Rn. 94 ff; *D. Felix* DStJG Bd 29, 152 ff; *Jachmann* BB 08, 591 (593); **aA** *HHR/Wendl* § 31 Rn. 10 mwN). BVerfG und BFH halten dies gleichwohl für **verfgemäß** (BVerfG 2 BvR 167/02, BVerfGE 112, 164; BVerfG 2 BvR 1375/03, DStRE 04, 1345; BFH III R 1/09, BStBl II 18, 96, mwN). – Zur **rückwirkenden Auszahlung** von KiGeld gem § 70 I 2 → Rn. 17; zur KiGeld-Berechtigung von **EU-/EWR-Ausländern** → § 62 Rn. 8 f.

5 **e) Verhältnis zu anderen Vorschriften. § 32** (Freibeträge) und **§§ 62 ff** (KiGeld) werden durch § 31 zu *einem* System des Familienleistungsausgleichs verbunden (BVerfG 2 BvL 9/14 ua, NVwZ 22, 1452 Rn. 64: „untrennbarer Zusammenhang"); die Günstigerprüfung nach § 31 S 4 ist der Angelpunkt dieses Systems (BFH III R 50/19, BStBl II 22, 58). Sie bestimmt, welches der beiden Institute letztl zur Anwendung kommt. – Sonderberechnungen und StErmäßigungen nach **§§ 32b II, 34 I, 34b, 34c, 34g** und **§ 35a** müssen ohne die Hinzurechnung von KiGeld nach § 31 S 4 Hs 1 durchgeführt werden (BFH III R 34/19, BStBl II 21, 848); denn das KiGeld erhöht die tarifl ESt (→ Rn. 12). Zur **AbgeltungSt** → Rn. 12. Zu **§ 40** (pauschale LSt) s BFH VI R 48/03, BStBl II 07, 844. Zum **BKGG** → § 62 Rn. 1 (BVerfG 1 BvR 1765/09, HFR 11, 812: unterschiedl Verfahrensregelungen verfgemäß). Zum **Barunterhalt** s § 1612b BGB und BGH XII ZB 565/15, NJW 17, 1676 Rn. 47.

7 **2. Freistellung des Existenzminimums, § 31 S 1.** Die Regelung hat neben § 31 S 4 keinen eigenständigen Gehalt. Sie bekräftigt (nur) programmatisch, dass die Freistellung *entweder* durch den Abzug von Freibeträgen nach § 32 VI *oder* durch die Zahlung von KiGeld nach Abschnitt X (§§ 62 ff) erfolgt. **Vorgaben zur Höhe** des zu berücksichtigenden Existenzminimums enthält § 31 S 1 nicht; diese richtet sich allein nach § 32 (BVerfG 2 BvL 5/00, BVerfGE 110, 412; → § 32 Rn. 3).

8 **3. Förderung der Familie, § 31 S 2.** Ergibt die Günstigerprüfung (§ 31 S 4), dass die estl Wirkung des KiGelds die Wirkung der Freibeträge nach § 32 VI übersteigt, ist das KiGeld (nur) insoweit **Sozialleistung** (sog Förderanteil; vgl auch BFH III R 34/18, BStBl II 21, 20 Rn. 30 mwN; zur Bedeutung *BReg* BT-Drs 16/2213, 9). Es verbleibt dem StPfl zur „Minderung des Familienaufwands" (§ 6 SGB I) und wird *nicht* nach § 31 S 4 Hs 1 der tarifl ESt hinzugerechnet. StPfl, die aufgrund niedrigen Einkommens auch ohne Berücksichtigung der Freibeträge keine ESt zahlen, erhalten KiGeld in voller Höhe als Sozialleistung.

Soweit das KiGeld **Sozialleistung** ist, unterliegt es *nicht* dem Gebot, das Existenzminimum zu sichern (BFH VIII R 92/98, BStBl II 02, 596); es muss weder in einer bestimmten Relation zu den Freibeträgen stehen (BVerfG 2 BvR 1375/03, DStRE 04, 1345) noch in einer bestimmten Höhe gezahlt werden (BVerfG 2 BvL 5/00, BVerfGE 110, 412; BFH III R 55/03, BStBl II 06, 291; NdsFG EFG 07, 1785 mit Anm *Siegers*).

9 **4. Monatliche Steuervergütung, § 31 S 3.** Das KiGeld wird als monatl StVergütung iSd § 37 I AO gezahlt (vgl zB XI R 42/11, BStBl II 14, 840; auch → § 62 Rn. 2). Es ist Vorausleistung auf die Entlastung, die der Ansatz der Freibeträge nach § 32 bei der EStVeranlagung bewirken soll, und demzufolge selbst **nicht steuerbar.**

10 **5. Günstigerprüfung, § 31 S 4 und 5. – a) Überblick.** Ob der Anspruch auf KiGeld (→ Rn. 11) die steuerl Freistellung iSd § 31 S 4 Hs 1 vollständig bewirkt, er-

mittelt das FA von Amts wegen durch eine Vergleichsrechnung (→ Rn. 12), bei mehreren Kindern für jedes Kind gesondert (→ Rn. 13); zum **Prüfungszeitraum** → Rn. 14. Bei Zusammenveranlagung gehen die Freibeträge beider Ehegatten/LPart und der (volle) Anspruch auf KiGeld in *eine* Vergleichsrechnung ein; bei nicht zusammenveranlagten Eltern und in Übertragungsfällen wird der Anspruch auf KiGeld nach der Verteilung der Kinderfreibeträge berücksichtigt (→ Rn. 15).

Sind für ein Kind **Freibeträge** abzuziehen, **ohne** dass ein **Anspruch auf KiGeld** besteht, bleibt es bei der Rechtsfolge des § 32 VI; es wird *keine* Günstigerprüfung durchgeführt (zB: Auslandskinder, vgl BFH III R 32/23, BStBl II 25, 554, Rn. 10 mwN). Entspr gilt im umgekehrten Fall für Eltern, die nicht unbeschr stpfl sind, daher keine Freibeträge erhalten (→ § 32 Rn. 2) und KiGeld nach BKGG beziehen (→ § 62 Rn. 1).

b) Anspruch auf Kindergeld. Maßgebl für die Günstigerprüfung ist seit VZ 2004 der Anspruch des StPfl auf KiGeld nach § 62 (s ausführl BFH III R 50/19, BStBl II 22, 58 Rn. 13 ff: verfgemäß). Es kommt daher grds nicht darauf an, ob KiGeld beantragt wurde, in welcher Höhe, wann oder an wen es gezahlt worden ist, ob es zurückgefordert wurde und ob der Anspruch verfahrensrechtl noch durchgesetzt werden kann (EStR 31 II; vgl auch BFH V R 59/10, BStBl II 13, 228; BFH III R 82/09, BStBl II 13, 226; zum Bezug von Differenz-KiGeld in nur geringer Höhe s FG BW EFG 11, 712, rkr). **Ausnahme:** § 31 S 5 (→ Rn. 17). 11

Da KiGeld von den Familienkassen festgesetzt und gezahlt (§§ 70 ff), die Günstigerprüfung jedoch vom FA durchgeführt wird, sieht EStR 31 IV ein **Abstimmungsverfahren** vor (s DA-KG O 4.3). Eine StFestsetzung soll ggf bis zur Klärung der Streitfrage unter Vorbehalt (§ 164 AO) erfolgen. Der Bescheid der Familienkasse (Festsetzung von KiGeld oder Ablehnung) entfaltet **keine Tatbestandswirkung** (BFH III R 82/09, BStBl II 13, 226).

c) Vergleichsrechnung, § 31 S 4 Hs 1. Zunächst muss die tarifl ESt ermittelt werden, und zwar sowohl bezogen auf das zu versteuernde Einkommen des StPfl als auch bezogen auf das *um die zu berücksichtigenden Freibeträge geminderte* zu versteuernde Einkommen (BFH III R 34/19, BStBl II 21, 848 Rn. 24 f). Die **Differenz** zw beiden StBeträgen ist die „steuerl Wirkung" der Freibeträge iSd § 31 S 4 Hs 1 (s Rechenbeispiel → 39. Aufl 2020, § 31 Rn. 13). – Ist der Differenzbetrag *höher* als der Anspruch des StPfl auf KiGeld, erfolgt die volle gebotene steuerl Freistellung des Existenzminimums (erst) mit der **Veranlagung;** dh die dem StPfl zustehenden Freibeträge werden nach § 32 VI vom Einkommen abgezogen und der Anspruch auf KiGeld wird der ermittelten tarifl ESt hinzugerechnet (§ 2 VI 3). Die Hinzurechnung ist notwendig, weil das jeweilige Kind sonst doppelt berücksichtigt würde. – Ist der Differenzbetrag hingegen *niedriger* als der Anspruch auf KiGeld oder *genauso hoch,* ist die gebotene steuerl Freistellung bereits vollständig **durch das KiGeld bewirkt.** Die Freibeträge nach § 32 VI werden bei der Veranlagung nicht mehr berücksichtigt; die tarifl ESt wird nicht um den Anspruch auf KiGeld erhöht. – In die Vergleichsrechnung für VZ 2020/2021/2022 fließt auch der **Kinderbonus** iHv 300 € (2020), 150 € (2021) und 100 € (2022) mit ein (s § 66 I 4 aF; DA-KG A 30). 12

Kapitalerträge, die (ab VZ 2009) der **AbgeltungSt** (§ 32d I oder § 43 V) unterliegen, bleiben bei Günstigerprüfung unberücksichtigt (§ 2 Vb, → § 2 Rn. 64). Ebenfalls nicht berücksichtigt werden **StErmäßigungen gem § 34c** (BFH III R 34/19, BStBl II 21, 848 Rn. 26).

d) Mehrere Kinder. Die Vergleichsrechnung wird für jedes Kind gesondert durchgeführt, und zwar beginnend mit dem ältesten Kind (Wortlaut des § 32 VI 1: „für *jedes* … Kind"; BFH III R 86/07, BStBl II 11, 259; BFH III R 50/08, BFH/NV 12, 1429: verfgemäß, auch iZm ao Einkünften gem § 34 I; glA EStH 31; krit *Siegel* DStZ 10, 859). Für jedes weitere Kind muss das zu versteuernde Einkommen, das als Ausgangsgröße in die jeweilige Vergleichsrechnung eingeht, (nur dann) um die Freibeträge für das ältere Kind gemindert werden, wenn die vorherige Vergleichsrechnung zum Abzug von Freibeträgen geführt hat. – Berechnungsbeispiel → 39. Aufl 2020, § 31 Rn. 13. 13

14 **e) Jahresprinzip.** Die Günstigerprüfung ist gem § 31 S 1 und S 4 **bezogen auf den gesamten VZ** durchzuführen (seit VZ 2007, → 43. Aufl 2024, § 31 Rn. 14 mwN).

15 **f) Umfang des Kinderfreibetrags, § 31 S 4 Hs 2. – aa) Keine Zusammenveranlagung.** Werden Eltern nicht zusammenveranlagt, erfolgt die Vergleichsrechnung für jeden Elternteil gesondert. Die Freibeträge nach § 32 VI werden in dem Umfang berücksichtigt, in dem sie dem betr Elternteil zustehen; der KiGeld-Anspruch wird „im Umfang des Kinderfreibetrags" berücksichtigt, dh idR **jeweils zur Hälfte** (Halbteilungsgrundsatz als Grundprinzip des Familienleistungsausgleichs, BFH III R 45/06, BFH/NV 09, 556 mwN). Unerhebl ist, welcher Elternteil das KiGeld tatsächl erhalten hat (wegen § 1612b I 2 BGB, s BFH III R 1/22, BStBl II 24, 865 Rn. 35), zumeist der Elternteil, der das Kind in seinen Haushalt aufgenommen hat (§ 64 II 1); ggf das Kind selbst oder ein Sozialhilfeträger (§ 74 I; BFH III R 24/17, BStBl II 18, 721 Rn. 20 mwN). Ein (zivilrechtl) **Verzicht** auf Anrechnung des hälftigen KiGelds auf den Kindesunterhalt wirkt sich auf die Günstigerprüfung nicht aus (BFH VIII R 86/98, BStBl II 05, 332). Es kommt auch nicht darauf an, ob der andere Elternteil seiner zivilrechtl Unterhaltsverpflichtung nachgekommen ist (BFH III R 1/22, BStBl II 24, 865 Rn. 36).

16 **bb) Übertragung von Freibeträgen.** Hat ein Elternteil seinen Kinderfreibetrag auf den anderen Elternteil übertragen (→ § 32 Rn. 83 ff), wird dem anderen Elternteil das gesamte KiGeld für die betr Monate zugerechnet (BFH VIII R 88/98, BStBl II 05, 594). Ist nur der Betreuungsfreibetrag übertragen worden (→ § 32 Rn. 92), bleibt es bei der jeweils hälftigen Zurechnung (hA, *HHR/Wendl* § 31 Rn. 35; *Kinne ua* DStR 17, 2463 (2465)). Der gesamte Anspruch auf KiGeld wird einem Elternteil darüber hinaus in den Fällen des § 32 VI 3 Nr 1 zugerechnet, wenn der andere **Elternteil verstorben** oder **nicht unbeschr estpfl** ist (s BFH III B 26/05, BFH/NV 06, 1089). – Ist der Kinderfreibetrag auf **Stief- oder Großeltern** übertragen worden (→ § 32 Rn. 95), muss für diese eine Günstigerprüfung durchgeführt werden, in die der entspr Anteil des KiGeld-Anspruchs einbezogen wird (s EStR 31 III 1). Beim Übertragenden verbleibt kein Kinderfreibetrag, sodass auch kein Anspruch auf KiGeld verrechnet wird.

17 **g) Nicht ausgezahltes Kindergeld (§ 70 I 2), § 31 S 5.** Ist die rückwirkende Auszahlung von KiGeld gem **§ 70 I 2** auf sechs Monate begrenzt (→ § 70 Rn. 3: Anträge, die nach dem 18.7.19 eingehen; BFH III R 21/21, BStBl II 23, 249: verfgemäß), wird bei der Günstigerprüfung nicht auf den Anspruch auf KiGeld (→ Rn. 11) abgestellt, sondern auf das tatsächl ausgezahlte KiGeld (s BT-Drs 19/10683, 51: vollständige Freistellung des Existenzminimums; BFH III R 27/22, BStBl II 25, 81: keine Übergangsregelung erforderl). Der StPfl, der sich auf diese Regelung beruft, muss dem FA den betr KiGeld-Bescheid oder eine Bescheinigung der Familienkasse nach § 68 III vorlegen. – Zur **Ausschlussfrist** des § 66 III aF → 43. Aufl 2024, § 31 Rn. 11.

18 **6. Vergleichbare Leistungen, § 31 S 6 und 7.** Kindergeldähnl Leistungen iSd **§ 65** einschließl **ausl KiGeld** fließen in die Günstigerprüfung mit ein. Ob eine Leistung kindergeldähnl ist, bestimmt sich nach ihrem Sinn und Zweck (vgl BFH III R 34/18, BStBl II 21, 20 Rn. 27). – Maßgebl ist wiederum nur, ob der StPfl einen *Anspruch* auf die betr Leistung hat (vgl → Rn. 11). Es kommt nicht darauf an, ob ihm das ausl KiGeld zugeflossen ist oder ob es seine zivilrechtl Unterhaltspflicht gemindert hat (BFH III R 86/09, BStBl II 13, 855: Vermeidung einer Doppelberücksichtigung des Kinderexistenzminimums; BFH VIII R 95/02, BFH/NV 03, 1306, VerfBeschw nicht angenommen). – Berücksichtigt werden alle in § 65 genannten Leistungen, auch das sog **Vertrags-KiGeld** (iEinz → § 65 Rn. 3 ff). – Wird nach ausl Recht ein höheres als in § 66 vorgesehenes KiGeld gezahlt, beschränkt sich die Verrechnung auf die Höhe des § 66 (§ 31 S 7).

7. Verfahren. Zur Geltung der AO → § 62 Rn. 4 (anstelle des SGB X; BFH III B 72/11, BFH/NV 12, 379: keine Anwendung sozialrechtl Vertrauensschutzregelungen; vgl auch BFH III R 45/10, BStBl II 13, 1028: Festsetzungsverjährung gem §§ 169 ff AO). Nachträgl Festsetzung und/oder Zahlung von KiGeld durch Familienkasse ist kein rückwirkendes Ereignis iSv § 175 I 1 Nr 2 AO (vgl BFH III R 90/07, BStBl II 11, 543 zu SolZ). – Eltern ohne KiGeldanspruch können KiFreibeträge auf der **LStKarte** eintragen lassen (§ 39a I 1 Nr 6, → § 39a Rn. 6). 19

§ 32 Kinder, Freibeträge für Kinder

(1) **Kinder sind**

1. im ersten Grad mit dem Steuerpflichtigen verwandte Kinder,
2. Pflegekinder (Personen, mit denen der Steuerpflichtige durch ein familienähnliches, auf längere Dauer berechnetes Band verbunden ist, sofern er sie nicht zu Erwerbszwecken in seinen Haushalt aufgenommen hat und das Obhuts- und Pflegeverhältnis zu den Eltern nicht mehr besteht).

(2) [1]**Besteht bei einem angenommenen Kind das Kindschaftsverhältnis zu den leiblichen Eltern weiter, ist es vorrangig als angenommenes Kind zu berücksichtigen.** [2]**Ist ein im ersten Grad mit dem Steuerpflichtigen verwandtes Kind zugleich ein Pflegekind, ist es vorrangig als Pflegekind zu berücksichtigen.**

(3) **Ein Kind wird in dem Kalendermonat, in dem es lebend geboren wurde, und in jedem folgenden Kalendermonat, zu dessen Beginn es das 18. Lebensjahr noch nicht vollendet hat, berücksichtigt.**

(4) [1]**Ein Kind, das das 18. Lebensjahr vollendet hat, wird berücksichtigt, wenn es**

1. noch nicht das 21. Lebensjahr vollendet hat, nicht in einem Beschäftigungsverhältnis steht und bei einer Agentur für Arbeit im Inland als Arbeitsuchender gemeldet ist oder
2. noch nicht das 25. Lebensjahr vollendet hat und
   a) für einen Beruf ausgebildet wird oder
   b) sich in einer Übergangszeit von höchstens vier Monaten befindet, die zwischen zwei Ausbildungsabschnitten oder zwischen einem Ausbildungsabschnitt und der Ableistung des gesetzlichen Wehr- oder Zivildienstes, einer vom Wehr- oder Zivildienst befreienden Tätigkeit als Entwicklungshelfer oder als Dienstleistender im Ausland nach § 14b des Zivildienstgesetzes oder der Ableistung des freiwilligen Wehrdienstes nach § 58b des Soldatengesetzes oder der Ableistung eines freiwilligen Dienstes im Sinne des Buchstaben d liegt, oder
   c) eine Berufsausbildung mangels Ausbildungsplatzes nicht beginnen oder fortsetzen kann oder
   d) einen der folgenden freiwilligen Dienste leistet:
      aa) ein freiwilliges soziales Jahr im Sinne des Jugendfreiwilligendienstegesetzes,
      bb) ein freiwilliges ökologisches Jahr im Sinne des Jugendfreiwilligendienstegesetzes,
      cc) einen Bundesfreiwilligendienst im Sinne des Bundesfreiwilligendienstgesetzes,
      dd) eine Freiwilligentätigkeit im Rahmen des Europäischen Solidaritätskorps im Sinne der Verordnung (EU) 2021/888 des Europäischen Parlaments und des Rates vom 20. Mai 2021 zur Aufstellung des Programms für das Europäische Solidaritätskorps und zur Aufhebung der Verordnungen (EU) 2018/1475 und (EU) Nr. 375/2014 (ABl. L 202 vom 8.6.2021, S. 32),
      ee) einen anderen Dienst im Ausland im Sinne von § 5 des Bundesfreiwilligendienstgesetzes,

ff) einen entwicklungspolitischen Freiwilligendienst „weltwärts" im Sinne der Förderleitlinie des Bundesministeriums für wirtschaftliche Zusammenarbeit und Entwicklung vom 1. Januar 2016,

gg) einen Freiwilligendienst aller Generationen im Sinne von § 2 Absatz 1a des Siebten Buches Sozialgesetzbuch oder

hh) einen Internationalen Jugendfreiwilligendienst im Sinne der Richtlinie des Bundesministeriums für Familie, Senioren, Frauen und Jugend vom 4. Januar 2021 (GMBl S. 77) oder

3. wegen körperlicher, geistiger oder seelischer Behinderung außerstande ist, sich selbst zu unterhalten; Voraussetzung ist, dass die Behinderung vor Vollendung des 25. Lebensjahres eingetreten ist.

[2]Nach Abschluss einer erstmaligen Berufsausbildung oder eines Erststudiums wird ein Kind in den Fällen des Satzes 1 Nummer 2 nur berücksichtigt, wenn das Kind keiner Erwerbstätigkeit nachgeht. [3]Eine Erwerbstätigkeit mit bis zu 20 Stunden regelmäßiger wöchentlicher Arbeitszeit, ein Ausbildungsdienstverhältnis oder ein geringfügiges Beschäftigungsverhältnis im Sinne der §§ 8 und 8a des Vierten Buches Sozialgesetzbuch sind unschädlich.

(5) [1]In den Fällen des Absatzes 4 Satz 1 Nummer 1 oder Nummer 2 Buchstabe a und b wird ein Kind, das

1. den gesetzlichen Grundwehrdienst oder Zivildienst geleistet hat oder
2. sich anstelle des gesetzlichen Grundwehrdienstes freiwillig für die Dauer von nicht mehr als drei Jahren zum Wehrdienst verpflichtet hat, oder
3. eine vom gesetzlichen Grundwehrdienst oder Zivildienst befreiende Tätigkeit als Entwicklungshelfer im Sinne des § 1 Absatz 1 des Entwicklungshelfer-Gesetzes ausgeübt hat,

für einen der Dauer dieser Dienste oder der Tätigkeit entsprechenden Zeitraum, höchstens für die Dauer des inländischen gesetzlichen Grundwehrdienstes oder bei anerkannten Kriegsdienstverweigerern für die Dauer des inländischen gesetzlichen Zivildienstes über das 21. oder 25. Lebensjahr hinaus berücksichtigt. [2]Wird der gesetzliche Grundwehrdienst oder Zivildienst in einem Mitgliedstaat der Europäischen Union oder einem Staat, auf den das Abkommen über den Europäischen Wirtschaftsraum Anwendung findet, geleistet, so ist die Dauer dieses Dienstes maßgebend. [3]Absatz 4 Satz 2 und 3 gilt entsprechend.

(6) [1]Bei der Veranlagung zur Einkommensteuer wird für jedes zu berücksichtigende Kind des Steuerpflichtigen ein Freibetrag von 3414 Euro für das sächliche Existenzminimum des Kindes (Kinderfreibetrag) sowie ein Freibetrag von 1464 Euro für den Betreuungs- und Erziehungs- oder Ausbildungsbedarf des Kindes vom Einkommen abgezogen. [2]Bei Ehegatten, die nach den §§ 26, 26b zusammen zur Einkommensteuer veranlagt werden, verdoppeln sich die Beträge nach Satz 1, wenn das Kind zu beiden Ehegatten in einem Kindschaftsverhältnis steht. [3]Die Beträge nach Satz 2 stehen dem Steuerpflichtigen auch dann zu, wenn

1. der andere Elternteil verstorben oder nicht unbeschränkt einkommensteuerpflichtig ist oder
2. der Steuerpflichtige allein das Kind angenommen hat oder das Kind nur zu ihm in einem Pflegekindschaftsverhältnis steht.

[4]Für ein nicht nach § 1 Absatz 1 oder 2 unbeschränkt einkommensteuerpflichtiges Kind können die Beträge nach den Sätzen 1 bis 3 nur abgezogen werden, soweit sie nach den Verhältnissen seines Wohnsitzstaates notwendig und angemessen sind. [5]Für jeden Kalendermonat, in dem die Voraussetzungen für einen Freibetrag nach den Sätzen 1 bis 4 nicht vorliegen, ermäßigen sich die dort genannten Beträge um ein Zwölftel. [6]Abweichend von Satz 1 wird bei einem unbeschränkt einkommensteuerpflichtigen Elternpaar, bei dem die Voraussetzungen des § 26 Absatz 1 Satz 1 nicht vorliegen, auf Antrag eines Elternteils der dem anderen

Elternteil zustehende Kinderfreibetrag auf ihn übertragen, wenn er, nicht jedoch der andere Elternteil, seiner Unterhaltspflicht gegenüber dem Kind für das Kalenderjahr im Wesentlichen nachkommt oder der andere Elternteil mangels Leistungsfähigkeit nicht unterhaltspflichtig ist; die Übertragung des Kinderfreibetrags führt stets auch zur Übertragung des Freibetrags für den Betreuungs- und Erziehungs- oder Ausbildungsbedarf. [7]Eine Übertragung nach Satz 6 scheidet für Zeiträume aus, für die Unterhaltsleistungen nach dem Unterhaltsvorschussgesetz gezahlt werden. [8]Bei minderjährigen Kindern wird der dem Elternteil, in dessen Wohnung das Kind nicht gemeldet ist, zustehende Freibetrag für den Betreuungs- und Erziehungs- oder Ausbildungsbedarf auf Antrag des anderen Elternteils auf diesen übertragen, wenn bei dem Elternpaar die Voraussetzungen des § 26 Absatz 1 Satz 1 nicht vorliegen. [9]Eine Übertragung nach Satz 8 scheidet aus, wenn der Übertragung widersprochen wird, weil der Elternteil, bei dem das Kind nicht gemeldet ist, Kinderbetreuungskosten trägt oder das Kind regelmäßig in einem nicht unwesentlichen Umfang betreut. [10]Die den Eltern nach den Sätzen 1 bis 9 zustehenden Freibeträge können auf Antrag auch auf einen Stiefelternteil oder Großelternteil übertragen werden, wenn dieser das Kind in seinen Haushalt aufgenommen hat oder dieser einer Unterhaltspflicht gegenüber dem Kind unterliegt. [11]Die Übertragung nach Satz 10 kann auch mit Zustimmung des berechtigten Elternteils erfolgen, die nur für künftige Kalenderjahre widerrufen werden kann. [12]Voraussetzung für die Berücksichtigung des Kinderfreibetrags sowie des Freibetrags für den Betreuungs- und Erziehungs- oder Ausbildungsbedarf des Kindes ist die Identifizierung des Kindes durch die an dieses Kind vergebene Identifikationsnummer (§ 139b der Abgabenordnung). [13]Ist das Kind nicht nach einem Steuergesetz steuerpflichtig (§ 139a Absatz 2 der Abgabenordnung), ist es in anderer geeigneter Weise zu identifizieren. [14]Die nachträgliche Identifizierung oder nachträgliche Vergabe der Identifikationsnummer wirkt auf Monate zurück, in denen die übrigen Voraussetzungen für die Gewährung des Kinderfreibetrags sowie des Freibetrags für den Betreuungs- und Erziehungs- oder Ausbildungsbedarf des Kindes vorliegen.

Einkommensteuer-Richtlinien: EStR 32.1–32.13; EStH 32.1–32.13; LStH 32. – **Verwaltungsanweisungen:** *BZSt* BStBl I 25, 1018 (Dienstanweisung KiGeld – DA-KG, Stand 2025); *BMF* BStBl I 10, 1346 (behinderte Kinder); *BMF* BStBl I 13, 845 (Übertragung der Freibeträge); *BMF* BStBl I 14, 109 (Lebenspartnerschaft und Freibeträge für Kinder).

Übersicht

I. Allgemeines

1 **1. Bedeutung; Aufbau.** § 32 knüpft an § 31 an (→ § 31 Rn. 1) und regelt die estl Freistellung des Familienexistenzminimums durch Freibeträge. Die Vorschrift trägt der geminderten Leistungsfähigkeit von StPfl durch Kinder Rechnung. Sie geht von **typischen Unterhaltssituationen** aus, die tatbestandl abschließend umschrieben werden (minderjährige Kinder, behinderte Kinder, Kinder in der Berufsausbildung etc). – **§ 32 I** definiert den Begriff „Kind". **§ 32 II** gibt vor, wie die Konkurrenz mehrerer Kindschaftsverhältnisse aufzulösen ist. **§ 32 III** behandelt die Berücksichtigung von Kindern bis zur Vollendung des 18. Lebensjahrs. **§ 32 IV und V** benennen die Voraussetzungen, unter denen Kinder über diesen Zeitpunkt hinaus berücksichtigt werden. **§ 32 VI** legt die Höhe der Freibeträge fest und normiert die Möglichkeit ihrer Übertragung.

Die Regelungen zu den Kinderfreibeträgen (§§ 31, 32) und zum KiGeld (§§ 62 ff) sind **„Massenfallrecht".** Auf eine Prüfung, ob dem einzelnen StPfl tatsächl Unterhaltsaufwendungen entstanden sind, verzichtet das Gesetz (BFH III R 24/17, BStBl II 18, 721 Rn. 26). Liegt eine der gesetzl definierten typischen Unterhaltssituationen vor, wird *typisierend* eine **Minderung der Leistungsfähigkeit** des StPfl iSd **subj Nettoprinzips** (→ § 2 Rn. 11) unterstellt mit der Folge, dass ein Anspruch auf estl Berücksichtigung des betr Kindes besteht.

2 **2. Persönlicher Anwendungsbereich.** § 32 gilt für **unbeschr StPfl** (§ 1 I, II) und für **fiktiv unbeschr StPfl,** die einen Antrag gem § 1 III gestellt haben (→ § 1 Rn. 41 ff). Bei **beschr StPfl** schließt § 50 I 3 die Anwendung des § 32 aus. Bei einem Wechsel zw unbeschr/beschr StPfl während des Kj (§ 2 VII 3) werden Freibeträge für die Monate gewährt, in denen zumindest teilweise unbeschr StPfl vorlag (Monatsprinzip, → Rn. 20; BFH V R 43/11, BStBl II 13, 491; EStR 32.3), zB bei Wegzug während des Kj (BFH VIII R 111/01, BFH/NV 04, 331). Unbeschr StPfl des Kindes wird nicht vorausgesetzt (§ 32 VI 4 → Rn. 80 f; BFH XI R 8/15, BStBl II 16, 952); zum KiGeld s § 63 I 6. – Zur Gleichstellung von **Lebenspartnern** gem § 2 VIII s BFH VI R 76/12, BStBl II 14, 36 und *BMF* BStBl I 14, 109.

3. Neuere Rechtsentwicklung. Der Kinderfreibetrag ist angehoben worden: für **VZ 2025** auf 3336 € und für **VZ 2026** auf 3414 € (**SteFeG** BGBl I 24, Nr 449). S iÜ → 44. Aufl 2024, § 32 Rn. 3 und *BH/Selder* § 32 Rn. 4. 3

4. Verfassungsrecht, Unionsrecht. Bezugsgröße für die steuerl Freistellung des Existenzminimums von Kindern ist der im Sozialhilferecht anerkannte **Mindestbedarf;** dieser darf nicht unterschritten werden (BVerfG 2 BvL 5/91, BVerfGE 87, 153 (169); BVerfG 2 BvR 1057/91, BVerfGE 99, 216 (233); BFH X R 20/04, BStBl II 06, 312). Die typisierende Berücksichtigung in Form eines einheitl, altersunabhängigen Durchschnittsbetrags ist zulässig (BVerfG 2 BvL 3/17, FamRZ 24, 1868). Die aktuellen Freibeträge sind verfgemäß (vgl auch 15. Existenzminimumbericht, BT-Drs 20/13550, 11). Die Absenkung der **Altersgrenze** auf 25 Jahre war verfgemäß (→ 43. Aufl 2024, § 32 Rn. 41). – Die Regelung zu **Auslandskindern** in § 32 VI 4 verstößt gegen Unionsrecht (→ Rn. 81). 4

Das BVerfG hat die Vorlage zur Überprüfung des **Kinderfreibetrags für VZ 2014** (NdsFG EFG 17, 668) als unzulässig verworfen, ua mit der Begründung, dass die Existenzminimumberichte der BReg nur unverbindl „Erkenntnisquellen" sind (BVerfG 2 BvL 3/17, FamRZ 24, 1868 Rn. 41; ebenso BFH III R 33/24, BStBl II 25, 516; krit *Haupt* DStR 25, 73; *Haase* Ubg 25, 1). Die FÄ veranlagen weiterhin **vorläufig** (ab VZ 2001); für VZ 2014 kann **AdV** beantragt werden (s *BMF* BStBl I 25, 1178). – S iÜ zur Verfassungsmäßigkeit des Familienleistungsausgleichs ab VZ 2000 → 43. Aufl 2024, § 32 Rn. 4.

5. Verhältnis zu anderen Vorschriften. § 32 I definiert den Begriff „Kind" für das ESt-Recht einschließl des KiGeld-Rechts (§ 63 I 1 Nr 1). An die Rechtsfolgen des § 32 VI (Gewährung von Freibeträgen) knüpfen andere estl Vergünstigungen an (→ 39. Aufl 2020, § 32 Rn. 5 aE). – Ob das Existenzminimum des Kindes durch Freibeträge (§ 32) oder durch KiGeld (§§ 62 ff) berücksichtigt wird, richtet sich nach **§ 31 S 4;** gleichwohl sind zunächst die Voraussetzungen für eine Berücksichtigung nach § 32 I–V zu prüfen (wegen § 63 I 2; iEinz → § 31 Rn. 12 ff). – Unterhaltsleistungen für Kinder, für die kein Kinderfreibetrag gewährt wird, können nach **§ 33a** zu berücksichtigen sein; § 33a I und § 32 schließen einander aus (→ § 33a Rn. 23). – Die Berücksichtigung von Freibeträgen bei den **ZuschlagSt** richtet sich nach **§ 51a II** (BFH III R 90/07, BStBl II 11, 543). Zu KapErträgen, die (ab VZ 2009) der **AbgeltungSt** (§ 32d I oder § 43 V) unterliegen, → Rn. 51 und → § 2 Rn. 64. 5

DA-KG und **DA-FamEStG** sind (ledigl) norminterpretierende VerwVorschriften, die die Gerichte nicht binden (vgl zB BFH XI R 7/12, BStBl II 14, 37, mwN). Sie sind Gegenstand, nicht Maßstab richterl Kontrolle; denn die Konkretisierung unbestimmter Rechtsbegriffe ist grds Sache der Gerichte, die die Rechtsanwendung der Verwaltungsbehörden uneingeschränkt nachzuprüfen haben (vgl BSG B 10 EG 2/22 R, BeckRS 2023, 24617 Rn. 23).

II. Tatbestände des Familienleistungsausgleichs, § 32 I–V

1. Begriff „Kind", § 32 I. – a) Eigene und angenommene Kinder, § 32 I Nr 1. Im ersten Grad verwandte Kinder iSd § 32 I Nr 1 sind leibl Kinder (§§ 1589, 1591 ff BGB) und Adoptivkinder (§§ 1741 ff, 1754 BGB). Stiefkinder und Enkelkinder werden grds nicht berücksichtigt (vgl BFH III R 73/09, BStBl II 12, 463 Rn. 20); doch können die Freibeträge auf einen Stief-/Großelternteil übertragen werden (§ 32 VI 10 und 11, → Rn. 95 ff). 8

aa) Nachweis. Das Kindschaftsverhältnis muss durch **öffentl Urkunden** nachgewiesen werden (zB Lebensbescheinigung, Beleg über Bezug von KiGeld; s FG Mchn EFG 98, 371, rkr; zu Mitwirkungspflichten s FG Mster EFG 08, 764, rkr). Zw nicht-ehel und ehel Kindern wird seit 1.7.98 nicht mehr unterschieden (s *Grüneberg* Einf v § 1591 BGB Rn. 1). Dass der StPfl das Kind in seinen Haushalt aufgenommen oder unterhalten hat, wird (anders als bei Pflegekindern; aber → Rn. 15) nicht vorausgesetzt. Zu Heirat des Kindes → Rn. 24. 9

10 **bb) Zuordnung nach Zivilrecht.** Die Zivilrechtslage ist für die Kinderzuordnung maßgebl, der Rspr zufolge auch **rückwirkend.** Das gilt positiv bei Anerkennung der Vaterschaft durch den wirkl Vater (BFH III R 68/04, BStBl II 08, 350) wie negativ bei erfolgreicher Anfechtung (rückwirkende Beseitigung der kindbedingten Vergünstigungen, NdsFG EFG 04, 164, rkr). Da idR Ersatzansprüche gegen den wirkl Vater des Kindes bestehen (§ 1607 III 2, § 1613 II Nr 2 BGB; vgl BGH XII ZR 144/06, NJW 08, 2433), hat der Scheinvater der Rspr zufolge nicht zwingend einen Anspruch auf Billigkeitsmaßnahmen nach §§ 163, 227 AO (BFH IX B 192/03, BFH/NV 05, 1490); das ist **mE unzutr** (→ 39. Aufl 2020, § 32 Rn. 10 aE; glA *BeckOK EStG* § 32 Rn. 66.2). Zur Alternative einer Berücksichtigung als Pflegekind s FG Mster EFG 08, 764, rkr.

11 **cc) Adoption.** Mit der Annahme eines Minderjährigen erlischt das Verwandtschaftsverhältnis zu den leibl Eltern, bei Annahme des Kindes des Ehegatten/Lebenspartners nur das Verwandtschaftsverhältnis zum anderen Elternteil (§§ 1754, 1755 BGB). Wird ein **Volljähriger** adoptiert, bleibt er mit den leibl Eltern verwandt (§ 1770 II BGB; Ausnahme § 1772 BGB). Eine Doppelberücksichtigung wird nach § 32 II ausgeschlossen (→ Rn. 18).

12 **b) Pflegekinder, § 32 I Nr 2.** Die Vorschrift enthält eine eigenständige Legaldefinition des Begriffs „Pflegekind", die von § 15 I Nr 8 AO abweicht. Die einzelnen Merkmale bedingen sich zT gegenseitig und lassen sich nur schwer voneinander abgrenzen. Gleichwohl handelt es sich um **echte Tatbestandsmerkmale,** nicht nur um erläuternde, beispielhafte Attribute (vgl BFH III R 15/09, BStBl II 12, 739). – Zur Berücksichtigung von **Flüchtlingskindern** als Pflegekinder → Rn. 13 und 14 aE.

13 **aa) Familienähnliches Band.** Das Pflegekind muss wie ein eigenes Kind versorgt und erzogen werden (BFH III R 14/94, BStBl II 95, 582 zu 1.). Es muss in seiner Pflegefamilie eine „natürl Einheit von Versorgung, Erziehung und Heimat" finden (BFH III R 9/19, BFH/NV 21, 4 Rn. 12 mwN: Autoritätsverhältnis mit Aufsichts-, Erziehungs- und Betreuungsmacht der Pflegeeltern, Einbindung in das Familienleben). Pflegegeld ist unschädl (BFH VI R 53/82, BStBl II 86, 14). Aufnahme in **Adoptionsabsicht** genügt idR (EStR 32.2 I 3), ist aber nicht zwingend (BFH III R 95/93, BStBl II 96, 63). Ein **Altersunterschied** wie zw leibl Eltern und Kindern muss nicht bestehen (EStR 32.2 III; DA-KG A 11.3 V). Das Höchstalter des Kindes hängt von dem tatsächl Bedürfnis nach Personensorge im Einzelfall ab (ähnl FG Mster EFG 02, 150, rkr; DA-KG A 11.3 III 1: auch noch kurz vor Eintritt der Volljährigkeit). – Zu **Volljährigen** kann ein Pflegekindschaftsverhältnis idR nur bei Hilflosigkeit oder Behinderung *begründet* werden (BFH III R 15/09, BStBl II 12, 739: Unfähigkeit zur eigenen Lebensgestaltung, Entwicklungsstand dem eines Minderjährigen vergleichbar; BFH III R 53/02, BFH/NV 05, 1547; NdsFG EFG 05, 1786, rkr; einschr – mit guten Gründen und mE zutr – für ein *fast* volljähriges, „entwurzeltes und alleingelassenes" Kind: NdsFG EFG 13, 1859, rkr), es sei denn, die familiäre Beziehung geht auf früheste Kindheit zurück (zB: Onkel und Tante, FG BW EFG 01, 1454, rkr; uU **aA:** DA-KG A 11.3 III 2). Trotz der Behinderung muss aber die Möglichkeit bestehen, auf die zu pflegende Person erzieherisch einzuwirken (BFH III R 15/09, BStBl II 12, 739: sonst nur „Kostgänger"). Dagegen wird ein *bestehendes* Pflegekindschaftsverhältnis durch den Eintritt der Volljährigkeit nicht berührt (zutr FG Köln EFG 08, 1565, rkr). Zw **Geschwistern** ist ein Pflegekindschaftsverhältnis nicht grds ausgeschlossen (zB nach Tod der Eltern), etwa bei entspr Altersunterschied, Erwerbsunfähigkeit oder Behinderung bzw Hilflosigkeit des Pflegebefohlenen (BFH VI R 187/74, BStBl II 77, 832; BFH VIII R 50/03, BStBl II 10, 1052; s aber BFH III R 9/19, BFH/NV 21, 4) oder der Eltern (FG Köln EFG 03, 171, rkr).

Partnerschaftl Beziehung schließt mE Pflegekindschaftsverhältnis aus, da der StPfl den Partner nicht „wie ein eigenes Kind versorgt und erzieht" (daher unzutr: NdsFG EFG 10, 225, aufgehoben durch BFH III R 70/09, BFH/NV 12, 1446). Zu **Flüchtlingskindern** s NdsFG NWB 16, 3507, rkr (mE zutr; auch → Rn. 14 aE und DA-KG A 11.4 III). – Weitere Beispiele → 39. Aufl 2020, § 32 Rn. 13 aE und EStR 32.2 I 1.

bb) Berechnung auf längere Dauer. Die Beziehung muss auch zeitl darauf angelegt sein, familienähnl Bande entstehen zu lassen. Die **Absicht der Pflegeeltern** entscheidet (BFH III R 14/94, BStBl II 95, 582), nicht die tatsächl Dauer (BFH III R 25/15, BFH/NV 18, 546; DA-KG A 11.3 II 2). Unbegrenzte Aufnahme wird nicht verlangt, auch nicht Aufnahme bis zur Volljährigkeit; idR genügen **zwei Jahre** (BFH III R 15/09, BStBl II 12, 739; NdsFG EFG 13, 1859, rkr: bis zum Abschluss der Ausbildung); doch können auch längere Zeiträume erforderl sein (s BFH XI B 120/13, BFH/NV 14, 686) bzw bei kleineren Kindern auch kürzere Zeiträume genügen (FG Bln EFG 06, 1180, rkr; FG Köln EFG 02, 100, rkr – mE zutr; anders noch BFH VI 394/65, BStBl II 68, 674). Eine zwar nicht kalendarisch festgelegte, aber absehbare Beendigung der Pflegekindschaft auf Grund geänderter Verhältnisse ist unschädl (BFH III R 95/93, BStBl II 96, 63). Dagegen begründen kurzzeitige **Übergangslösungen** keine auf Dauer berechnete Beziehung (zB Ferienkinder, Pflege wegen Krankheit der Eltern oder auswärtigen Schulbesuchs). Zu **Bereitschaftspflege** s FG LSA EFG 08, 1895, rkr. 14

Bei **Aufnahme durch Geschwister** wird eine „*familiäres* Band" (nicht nur ein „familienähnliches") idR bereits bestehen, sodass es auf die voraussichtl Dauer der Aufnahme in solchen Fällen mE nicht ankommen kann (iErg zutr daher NdsFG BeckRS 2016, 95688, rkr). Entscheidend ist hier, ob das Obhuts- und Pflegeverhältnis zu den Eltern noch besteht (→ Rn. 16), was mE bei **minderjährigen Flüchtlingskindern,** die ohne ihre Eltern aus Krisen- und Kriegsgebieten geflohen sind, idR zu verneinen sein wird (DA-KG A 11.4 III).

cc) Aufnahme in den Haushalt der Pflegeeltern. Das Tatbestandsmerkmal „familienähnliches Band" soll dies noch nicht beinhalten (BFH GrS 6/70, BStBl II 71, 274). Der BFH-Rspr zufolge muss das Kind in die Familiengemeinschaft mit einem dort begründeten Betreuungs- und Erziehungsverhältnis aufgenommen worden sein (zB BFH III B 96/09, BFH/NV 11, 788 mwN: örtl gebundenes Zusammenleben). Daneben müssen Voraussetzungen materieller Art (Versorgung, Unterhaltsgewährung) und immaterieller Art (Fürsorge, Betreuung) erfüllt sein; diese drei Merkmale können zwar je nach Einzelfall unterschiedl ausgeprägt sein, müssen aber alle vorliegen (BFH III B 96/09, BFH/NV 11, 788). – Das gemeinsame Wohnen unter einem Dach tritt mE bei **Volljährigen,** zu denen ein Pflegekindschaftsverhältnis bereits besteht (vgl → Rn. 13), in den Hintergrund, wenn die Pflegeeltern das Kind weiterhin versorgen und betreuen. Denn auch für Pflegekinder gilt zB § 32 V Nr 3 (Entwicklungshelfer); und auch Pflegekinder können auswärtig untergebracht iSd § 33a II sein (daher mE problematisch: BFH XI R 1/16, BFH/NV 17, 298). 15

Heimunterbringung steht einer Haushaltsaufnahme nicht entgegen (BFH VI B 67/12, BFH/NV 12, 2023, mwN); Internatsaufenthalt ist unschädl (BFH VI R 187/74, BStBl II 77, 832), ebenso mehrmonatiger Aufenthalt bei Großeltern (BFH VI B 13/12, ZSteu 12, R1161), uU auch **eigene Wohnung** in unmittelbarer Nähe bei Versorgung durch den StPfl (ThürFG EFG 08, 460, rkr; ebenso: FG Mchn EFG 13, 910, rkr: bis zur vollstationären Aufnahme des Kindes; Abgrenzung: HessFG EFG 09, 416, rkr; vgl auch BFH III B 86/10, BFH/NV 11, 805; s aber FG Köln EFG 11, 1435, rkr: kein familienähnl Band nach Bezug eigener Wohnung), nicht aber **dauerhafte Unterbringung** in geschlossener Abteilung (FG Mster EFG 96, 922, rkr) oder einem Heim (FG Hmb EFG 06, 1849, rkr).

dd) Personensorge. Es darf kein Obhuts- und Pflegeverhältnis mehr zu den Eltern des Kindes bestehen. Das Personensorgerecht muss tatsächl und kontinuierl von den Pflegeeltern ausgeübt werden, nicht von den leibl Eltern bzw dem betr Elternteil. Daher kann ein **Stiefkind** des StPfl bei gemeinsamem Haushalt mit dem leibl Elternteil nicht als Pflegekind berücksichtigt werden (BFH III R 85/03, BFH/NV 07, 1855; 16

BFH X R 60/91, BStBl II 94, 26); dasselbe gilt für **Kinder der Lebensgefährtin** (BFH III R 24/17, BStBl II 18, 721 Rn. 15). – Endgültige Beendigung der Personensorge ohne Aussicht auf Wiederaufnahme wird nicht vorausgesetzt (BFH III R 14/94, BStBl II 95, 582; NdsFG NWB 16, 3507, rkr: Flüchtlingskinder). **Gelegentl Besuche** und Kontakte der leibl Eltern sind unschädl, wenn unter Berücksichtigung des Kindesalters von den seltenen Besuchen auf die aufgegebene Personensorge geschlossen werden kann (BFH III R 108/89, BStBl II 92, 20; gem BFH III R 14/94, BStBl II 95, 582 ggf auch rückwirkende Beurteilung; mE nicht bei unvorhergesehener Entwicklung). Rechtl **Übertragung der elterl Sorge** ist nicht erforderl (BFH III R 14/94, BStBl II 95, 582), bei Familienpflege iSd §§ 33, 44 SGB VIII aber vielfach gegeben (§ 1630 III BGB); jedenfalls indiziert die Übertragung die tatsächl Ausübung. Dagegen sind Vereinbarungen über den Bezug des KiGelds insoweit ohne Bedeutung (BFH III B 176/11, BFH/NV 12, 1304).

Kein Obhuts- und Pflegeverhältnis zu den leibl Eltern: **dreijähriges Kind,** das von den Eltern weniger als einmal monatl besucht wird (BFH III R 14/94, BStBl II 95, 582); **nicht schulpflichtiges Kind,** wenn der Kontakt seit einem Jahr abgebrochen ist, **bei Schulpflicht** seit zwei Jahren (BFH III R 95/93, BStBl II 96, 63; BFH III B 176/11, BFH/NV 12, 1304: keine Überlagerung durch private Vereinbarung). Bei **fast volljährigem Kind** sollen gelegentl Kontakt (alle zwei Monate) mit dem Vater Pflegekindschaft ausschließen (BFH III R 44/05, HFR 07, 135 mit Anm *Grube;* vgl auch FG Mster EFG 07, 1180, rkr); das NdsFG hat dies mE zutr eingeschränkt: Obhuts- und Pflegeverhältnis ist mehr als nur Kontakt (s NdsFG EFG 13, 1859, rkr). – Leben die Eltern zusammen mit dem Kind **im Haushalt einer anderen Person** (Großeltern, Geschwister, Lebensgefährte), kann zu dieser Person kein Pflegekindschaftsverhältnis begründet werden, soweit die Eltern(-teile) sich regelmäßig, wenn auch in geringem Umfang, um das Kind kümmern (s BFH VI R 94/88, BStBl II 89, 680); das gilt auch bei fehlendem Einkommen und Schulausbildung der Mutter (BFH III R 45/91, BFH/NV 93, 535). Zur Möglichkeit, bei Aufnahme durch Stief- oder Großeltern die Freibeträge gem § 32 VI 10 zu übertragen, → Rn. 95. – **Bejaht** wird Pflegekindschaft bei Unmöglichkeit der Pflege durch Eltern(teil) wegen **eigener Pflegebedürftigkeit** oder **schwerer Erkrankung** (BFH VI R 94/88, BStBl II 89, 680), evtl auch bei beschr Personensorgerecht (BFH VI R 49/88, BFH/NV 90, 95).

17 **ee) Nicht zu Erwerbszwecken.** § 32 I Nr 2 lässt es genügen, dass das Kind nicht zu Erwerbszwecken (sog Kostkind) aufgenommen worden ist. **Kostkinder** werden idR bei mehr als 6 *aufgenommenen* Kindern angenommen (EStR 32.2 I 5). Kinder, die in **Einrichtungen** iSd § 34 SGB VIII untergebracht sind („Kinderhauskinder"), sind Kostkinder (BFH XI R 11/98, BStBl II 99, 133; BFH XI R 9/98, BFH/NV 99, 600). Dagegen sind Kinder, die in **Vollzeitpflege** (§§ 27, 33 SGB VIII) oder über Eingliederungshilfe (§ 35a SGB VIII) in eine Familie aufgenommen werden, Pflegekinder, wenn das Pflegeverhältnis auf Dauer angelegt ist (BFH III R 25/15, BFH/NV 18, 546: idR kein nach marktwirtschaftl Grundsätzen berechnetes Entgelt; Einzelfallprüfung). Der **sozialrechtl Einordnung** der Unterbringung kommt Tatbestandswirkung zu (BFH III R 25/15, BFH/NV 18, 546).

Pflegegeld/Erziehungsbeiträge sind unschädl, soweit sie die landesrechtl festgelegten pauschalen Sätze (§ 39 SGB VIII) nicht erhebl übersteigen (BFH VI R 106/98, BFH/NV 00, 448; BFH III R 92/06, BStBl II 10, 345, VerfBeschw nicht angenommen; NdsFG EFG 13, 1859, rkr). Eine darüber hinausgehende **Erstattung von Personal-/Sachkosten** ist schädl (BFH III R 92/06, BStBl II 10, 345, zu sog Fachfamilie), ebenso ein von leibl Eltern gezahltes höheres Entgelt, das zusätzl die Betreuungsdienste nach marktwirtschaftl Gesichtspunkten entlohnt (BFH III R 108/89, BStBl II 92, 20; ähnl BFH VIII R 77/99, BFH/NV 03, 1294).

18 **2. Konkurrenzen, § 32 II.** Eine Konkurrenz zw leibl Eltern und Adoptiveltern wird zu Gunsten der **Adoptiveltern,** zw leibl oder Adoptiveltern und Pflegeeltern zu Gunsten der **Pflegeeltern** aufgelöst. § 32 II 1 greift nur ein im Fall der Adoption Volljähriger (wegen § 1770 II BGB, → Rn. 11). Vorrangig berücksichtigt wird auch eine Einzelperson, der ggü das Kind Adoptiv-/Pflegekind ist (FG Köln EFG 08, 1565, rkr). – Bei Adoption Minderjähriger (§ 1755 I BGB) kann es wegen des Monatsprinzips (→ Rn. 20) zu einer **Doppelberücksichtigung** im Monat der Adop-

tion kommen, wenn das Kind zu Beginn des Monats noch in einem Kindschaftsverhältnis zu den leibl Eltern und zum Ende des Monats zu den Adoptiveltern stand. Dies ist Folge der gesetzl Typisierung (→ Rn. 1); § 32 II 1 löst diesen Fall nicht und ist auch nicht entspr heranzuziehen (str, glA *HHR/Wendl* § 32 Rn. 63 mwN; auch → Rn. 81). – Im **KiGeld-Recht** findet § 32 II 2 *keine* Anwendung, auch nicht analog (BFH III R 60/12, BStBl II 16, 889).

3. Kinder unter 18 Jahren; Monatsprinzip, § 32 III. – a) Eigenständiger Tatbestand. Kinder unter 18 Jahren, die lebend geboren wurden (EStH 32.3: Personenstandsregister der Standesämter), werden berücksichtigt, ohne dass weitere Voraussetzungen erfüllt sein müssen. Es handelt sich um einen eigenständigen Tatbestand. **Einkünfte und Bezüge** des Kindes sind bis zur Vollendung des 18. Lebensjahres ohne Bedeutung (BFH VI R 162/98, BStBl II 00, 459; krit *Kanzler* FR 01, 921 (932)). Ob das Kind einer Erwerbstätigkeit nachgeht, ist unerhebl; § 32 IV 2 und 3 gelten ausdrückl nur für die Fälle des § 32 IV 1 Nr 2. – **Vermisste Kinder** werden bis zum vollendeten 18. Lebensjahr berücksichtigt (EStR 32.3, DA-KG A 7 III). Unbeschr StPfl des Kindes ist nicht erforderl (zu Auslandskindern: → Rn. 80 f). Zum **Altersnachweis** s BFH III R 62/07, BFH/NV 10, 616: tatsächl Alter maßgebl. 19

b) Monatsprinzip. Die Berücksichtigung erfolgt abw vom Jahressteuerprinzip (§ 2 VII 1) monatsweise, dh von dem Monat an, in dem das Kind geboren wurde, bis zu dem Monat (einschließl), zu dessen Beginn es das 18. Lebensjahr noch nicht vollendet hat. Ein am 1. 5. 05 geborenes Kind wird bis einschließl April 2023 berücksichtigt; ein am 2. 5. 05 geborenes Kind bis einschließl Mai 2023, da es zu Beginn des Monats Mai das 18. Lebensjahr noch nicht vollendet hat (§ 108 I AO iVm §§ 187 II 2, 188 II BGB; BFH V B 147/16, BFH/NV 17, 1052; krit *Steck* NWB 13, 2639: verfwidrige Ungleichbehandlung). Ausdrückl geregelt ist das Monatsprinzip (nur) in § 32 III; es gilt aber ebenso für § 32 IV und V (s auch § 32 VI 5, § 66 II; BFH VIII R 65/99, BStBl II 03, 593). Sind die jeweiligen Voraussetzungen **nur an einem Tag des Monats** erfüllt, ist dieser als **Zählmonat** zu berücksichtigen (vgl BFH III R 51/08, BFH/NV 12, 1765; BFH III R 5/23, BStBl II 24, 365). Bei mehrfachem Wechsel ist ggf Missbrauch zu prüfen. 20

4. Kinder zwischen 18 und 25 Jahren, § 32 IV 1 Nr 1 und 2. – a) Überblick; Nachweise. Kinder, die zu Beginn des jeweiligen Zählmonats das 18., aber noch nicht das 21. Lebensjahr vollendet haben, werden berücksichtigt, wenn sie zumindest an einem Tag des Monats (→ Rn. 20) den Tatbestand des § 32 IV 1 Nr 1 *oder* einen der Tatbestände der Nr 2 erfüllen. Kinder, die das 21., aber noch nicht das 25. Lebensjahr vollendet haben, werden (nur) berücksichtigt, wenn sie zumindest an einem Tag des Monats einen der in § 32 IV 1 Nr 2 genannten Tatbestände erfüllen. Nach Vollendung des 25. Lebensjahrs ist eine Berücksichtigung nur noch iRd § 32 IV 1 Nr 3, V (→ Rn. 45, 74) oder ggf nach § 33a I mögl. – Die anspruchsbegründenden Sachverhaltsumstände sind vom StPfl **vollständig und glaubhaft darzulegen** und in Zweifelsfällen **nachzuweisen,** spätestens bis zum Schluss der mündl Verhandlung vor dem FG. Die Auffassung der FinVerw, dass entspr **schriftl Erklärungen** nur ab dem Zeitpunkt ihres Eingangs bei der Familienkasse gelten (s DA-KG V 6.1 I 8), hat die Rspr zutr unter Hinweis auf den Untersuchungsgrundsatz (§ 88 I, II AO; § 76 I, IV FGO) verworfen (s BFH III R 42/18, BStBl II 19, 769 Rn. 23; BFH III R 17/18, BStBl II 19, 772 Rn. 25). 21

Zur **Absenkung der Altersgrenze** (einschließl Übergangsrecht) → Rn. 41; zur **Typisierungsbefugnis** des Gesetzgebers s BFH III R 41/07, BStBl II 12, 681 (keine verfrechtl Bedenken, keine Analogien). – Zur früheren Rspr, die als zusätzl Tatbestandsmerkmal eine „typische Unterhaltssituation" verlangte, → 29. Aufl 2010, § 32 Rn. 22, und BFH V R 27/14, BStBl II 16, 163 mwN.

22 **b) Arbeitssuche, § 32 IV 1 Nr 1.** Die Regelung gilt für Kinder, die zu Beginn des jeweiligen Zählmonats das 21. Lebensjahr noch nicht vollendet haben. Seit VZ 03 muss das Kind wenigstens an einem Tag des Zählmonats nicht in einem Beschäftigungsverhältnis gestanden haben (→ Rn. 23) und bei einer Agentur für Arbeit im Inl als Arbeitssuchender gemeldet gewesen sein (→ Rn. 24).

Zur Berücksichtigung bei **Erkrankung/Mutterschutz** s DA-KG A 14.2. Zur **fehlenden Arbeitsgenehmigung** eines Ausländers s BFH III R 24/08, BStBl II 12, 210. – Unterhaltsaufwendungen an arbeitslose Kinder *über* 21 können ggf **nach § 33a I** abgezogen werden.

23 **aa) Beschäftigungsverhältnis.** Der Begriff ist sozialrechtl zu verstehen (BFH III R 9/14, BStBl II 15, 653). Ein Kind steht nicht in einem Beschäftigungsverhältnis, wenn es arbeitslos iSd § 138 I Nr 1 iVm III SGB III ist. Unschädl ist eine Tätigkeit von weniger als 15 Stunden wöchentl, auch bei gelegentl Abweichung von geringer Dauer; ebenso eine geringfügige nichtselbständige Beschäftigung iSd §§ 8, 8a SGB IV (DA-KG A 14.1 I 5). Dem BFH zufolge gilt die Einkunftsgrenze gem § 8 SGB IV nicht für selbständige Betätigungen (BFH III R 9/14, BStBl II 15, 653 Rn. 17 f).

24 **bb) Meldung als Arbeitsuchender. – (1) Beginn.** Als Arbeitsuchender ist gemeldet, wer ggü der zuständigen Agentur für Arbeit persönl die Tatsache einer künftigen oder gegenwärtigen Arbeitslosigkeit angezeigt hat (BFH III R 19/15, BStBl II 17, 124 mwN; BFH V R 22/15, BFH/NV 16, 914). Eine entspr Meldung bei einer nach dem SGB II für die Grundsicherung von Arbeitsuchenden zuständigen Stelle steht dem gleich; es ist Aufgabe der zuständigen Stelle, solche Meldungen an die Familienkasse weiterzuleiten (BFH VI R 98/10, BStBl II 13, 443: ARGE; s aber BFH III R 68/10, BStBl II 12, 686: kein sozialrechtl Herstellungs- oder Folgenbeseitigungsanspruch bei fehlendem Hinweis der Familienkasse). Der Registrierung und einer entspr Bescheinigung kommt keine Tatbestandswirkung zu (nur Indiz); entscheidend ist, ob sich das Kind **tatsächl gemeldet** hat (s BFH III R 37/21, BStBl II 24, 649; DA-KG A 14.1 I 2–4). Bei Kindern in EWR-Staaten oder der Schweiz gilt entspr Meldung dort. – Die übrigen Merkmale der Arbeitslosigkeit iSd § 119 I SGB III aF bzw § 138 I und III SGB III (Eigenbemühungen, Verfügbarkeit) müssen nicht mehr vorliegen (BFH III R 19/15, BStBl II 17, 124); sie werden ebenso wie Arbeitsfähigkeit, Arbeitsbereitschaft etc bei Vorliegen der in § 32 IV 1 Nr 1 genannten Voraussetzungen *typisierend* unterstellt (so auch BFH VI R 10/14, BStBl II 15, 940 mwN).

Gem DA-KG A 14.1 II 4 genügt der Nachweis der Arbeitslosigkeit oder des Bezugs von **Arbeitslosengeld** (vgl FG LSA EFG 09, 1763; FG LSA EFG 09, 1756; zu irrtüml erteilter Bescheinigung s FG Saarl EFG 09, 38, rkr); anders bei Bezug von **ALG II** (BFH III R 78/08, BFH/NV 12, 204; BFH III B 187/10, BFH/NV 12, 1104: Betreuung des eigenen Kindes) oder **Verletztengeld** (BFH III R 19/15, BStBl II 17, 124); zu **Erkrankung** s aber auch DA-KG A 14.2 I und Anm *Avvento* HFR 16, 1096. – Zu **privatem Arbeitsvermittler** s FG Bbg EFG 07, 201, rkr.

25 **(2) Ende.** Die Berücksichtigung nach § 32 IV 1 Nr 1 endet, wenn die Agentur für Arbeit das Kind **aus der Vermittlung abmeldet** und dies bekannt gibt; die Bekanntgabe ist allerdings nicht konstitutiv (s BFH XI R 46/14, BFH/NV 15, 1242). Fehlt es an der Bekanntgabe bzw kann diese nicht nachgewiesen werden, muss geprüft werden, ob das arbeitsuchende Kind eine **Pflichtverletzung** begangen hat, welche die Agentur für Arbeit zur Einstellung der Vermittlung *berechtigt;* liegt keine Pflichtverletzung vor, besteht der KiGeld-Anspruch fort, ggf bis zum Erreichen des 21. Lebensjahres (BFH III R 19/12, BStBl II 15, 29 mwN). Weder Löschung der Registrierung noch einvernehml Beendigung eines Berufsberatungstermins führen zum Wegfall der Meldung (BFH III R 37/21, BStBl II 24, 649 Rn. 17 mwN, auch zu den maßgebl Pflichten des Kindes).

c) Berufsausbildung, § 32 IV 1 Nr 2 Buchst a. – aa) Begriff „Berufsausbildung“. In Berufsausbildung befindet sich, wer sein Berufsziel noch nicht erreicht hat, sich aber **ernsthaft und nachhaltig** darauf vorbereitet (stRspr, s BFH III R 43/20, BStBl II 22, 472 Rn. 19; BFH III R 40/21, BStBl II 23, 251). Es handelt sich um einen eigenständigen Begriff, der grds **weit auszulegen** ist (vgl BFH III R 20/15, BStBl II 17, 913 mwN); auf die deutl engeren Begrifflichkeiten des § 32 IV 2 („erstmalige Berufsausbildung“) darf hier nicht zurückgegriffen werden (BFH III R 52/13, BStBl II 15, 152; auch → Rn. 61; ebenso *BMF* BStBl I 16, 226 Rn. 21). Erfasst werden alle Maßnahmen, bei denen Kenntnisse, Fähigkeiten und Erfahrungen erworben werden, die als Grundlage für die Ausübung des angestrebten Berufs geeignet sind (stRspr, BFH III R 25/18, BStBl II 19, 256 Rn. 14 mwN: Ausbildungs-/Studienordnung nicht zwingend erforderl), unabhängig davon, ob es sich um eine **Erst- oder Zweitausbildung** handelt (BFH III R 52/13, BStBl II 15, 152). Ebenfalls erfasst werden Maßnahmen zur weiteren **Qualifizierung** im Anschluss an eine abgeschlossene Ausbildung (BFH III R 80/08, BFH/NV 10, 1431: strengere Anforderungen an den Nachweis), zur **Verbesserung** der berufl Stellung (BFH III R 23/08, BFH/NV 10, 1264 mwN) oder zur Ermöglichung eines **Berufswechsels** (BFH III R 3/08, BFH/NV 10, 1262). Die Abgrenzungskriterien WK/SA sind nicht maßgebl (BFH VIII B 151/03, BFH/NV 04, 929). Die einzelnen Bildungsmaßnahmen müssen weder angemessen noch notwendig sein (vgl auch *Grüneberg* § 1610 BGB Rn. 18 ff; krit *D. Felix* DStJG 29 [2006], 160 ff). Sie müssen aber einen **konkreten Bezug** zum angestrebten Beruf aufweisen, wobei der BFH einen solchen Bezug in bestimmten Fällen grds unterstellt (BFH III R 25/18, BStBl II 19, 256 Rn. 16; → Rn. 27). – Dagegen fällt eine **Beschäftigung *ohne* überwiegenden Ausbildungscharakter** nicht unter § 32 IV 1 Nr 2 Buchst a (BFH III R 18/17, BStBl II 18, 548: Feststellungen des FG maßgebl). 26

(1) Berufsausbildung: Schule (BFH III B 98/12, BFH/NV 13, 192, mwN), zB Grund-, Haupt-, Ober-, Fach- und Hochschule (BFH III R 40/19, BStBl II 21, 864); selbständige Vorbereitung eines Nichtschülers auf ausl Externprüfung (BFH III B 98/12, BFH/NV 13, 192: strenge Anforderung an Nachweis) oder **Abitur** nach Ausbildung im Ausl (BFH III R 26/06, BStBl II 10, 296); **Berufsschule** zur Erfüllung der Schulpflicht (BFH III R 93/08, BStBl II 10, 1060: auch bei weniger als 10 Wochenstunden, ebenso DA-KG A 15.3 III; FG Mchn EFG 10, 1234, rkr); **Fernstudium** (FG Mster BeckRS 2025, 4019); **Praktika,** auch außerhalb eines fest umschriebenen Prüfungsgangs (BFH VI R 16/99, BStBl II 99, 713: Anwaltspraktikum eines Jurastudenten); nicht/gering entlohntes **Volontariat** (BFH VI R 50/98, BStBl II 99, 706; Abgrenzung NdsFG EFG 99, 901, rkr); **Referendariat** (BFH VIII R 20/02, BFH/NV 05, 36); **Promotion** (BFH III R 29/08, BFH/NV 10, 627), auch mit Doktorandenvertrag bei arbeitnehmertypischer Vergütung (BFH VIII R 30/03, BFH/NV 04, 1223); **Sprachkurse im Ausland** mit idR **mindestens 10 Wochenstunden** zB iRe Au-pair-Tätigkeit, ggf auch weniger bei übl Vorbereitung auf anerkannten Abschluss (BFH III R 3/16, BFH/NV 17, 1304 Rn. 16 f mwN; BFH III B 132/15, BFH/NV 16, 1449 mwN; DA-KG A 15.9); **Auslandsaufenthalt** mit Collegebesuch (BFH VI R 4/99, BFH/NV 00, 26; BFH VI R 34/98, BStBl II 99, 705). – **Weitere Beispiele und Nachweise** → 36. Aufl 2017, Rn. 27 und DA-KG A 15.2 ff. 27

(2) Keine Berufsausbildung: nur **(formelle) Immatrikulation** ohne Teilnahme an erforderl Prüfungen (BFH III R 65/18, BFH/NV 20, 765); **Bewerbungstraining** (FG Mchn EFG 07, 1956, rkr, mwN); **Geschichtskurs** (BFH VIII R 83/00, BStBl II 02, 469); **freiwilliges soziales Jahr** (BFH III R 3/03, BStBl II 06, 294; aber → Rn. 40), auch dann nicht, wenn es für den Zugang zu einer Berufsausbildung förderl ist (BFH III R 11/09, BFH/NV 11, 1325); Besuch einer **Missionsschule** (BFH III R 25/18, BStBl II 19, 256; s aber auch FG LSA BeckRS 2024, 44284: „Vollzeit-Bibelunterricht“ anerkannt) oder eines islamischen **Mädchenkollegs** (FG BW EFG 13, 1049: keine Berufsvorbereitung); Programme, die ledigl **allg soziale Kompetenz** fördern (zB „up the people“, FG Mster EFG 03, 783, rkr); „Outback-Farmtraining“ in Australien (BFH III B 74/08, BFH/NV 09, 909). – S iÜ auch DA-KG A 15.2. 28

bb) Mehraktige Ausbildung. Mehrere an sich selbständige Ausbildungsmaßnahmen können *eine* Berufsausbildung iSd Vorschrift sein, wenn sie zeitl und inhaltl so aufeinander abgestimmt sind, dass die Ausbildung nach Erreichen des ersten Ab- 29 schlusses fortgesetzt werden soll und das Berufsziel erst über den weiterführenden Abschluss erreicht werden kann (vgl BFH VI R 9/15, BStBl II 16, 166: Masterstudium nach Bachelor-Abschluss). Maßgebl ist die Vorstellung des Kindes und der Eltern (wegen Art 12 GG); das Berufsziel muss aber im Zweifelsfall von den Eltern nachvollziehbar dargelegt werden (s BFH VI R 9/15, BStBl II 16, 166: obj Beweisanzeichen). Es kommt nicht darauf an, ob das Kind den Beruf später tatsächl auch dauerhaft ausüben will (BFH III R 41/13, BStBl II 14, 717: Reserveoffiziersanwärter). – Zur **Abgrenzung** → Rn. 31.

30 **cc) Ausbildung neben dem Beruf.** Vollzeiterwerbstätigkeit neben einer ernsthaft betriebenen Berufsausbildung ist (seit VZ 2012) nur noch unschädl, wenn es sich um eine **erstmalige Berufsausbildung** handelt (iEinz → Rn. 60 ff). Ist das der Fall, muss die Ausbildung die ausgeübte Berufstätigkeit zeitl nicht überwiegen (BFH III R 3/08, BFH/NV 10, 1262; BFH VI R 33/98, BStBl II 99, 701); überhaupt gibt es **keinen zeitl Mindestumfang** von Ausbildungsmaßnahmen (zutr BFH III R 27/15, BStBl II 17, 278 mwN: berufsbegleitendes Studium mit 5 Semesterwochenstunden, aber ggf strenge Prüfung; FG Mster BeckRS 2025, 4019: Fernstudium). Zu Berufsausbildung und gleichzeitigem **Zivildienst/Wehrdienst** → 43. Aufl 2024, Rn. 30 mwN.

31 **dd) Ausbildung im Beruf.** Findet die Ausbildung iRe Arbeits- oder DienstVerh statt, liegt eine Berufsausbildung iSv § 32 IV 1 Nr 2 Buchst a vor, wenn die **Erlangung berufl Qualifikationen** im Vordergrund steht, nicht die Erbringung von Arbeitsleistungen (BFH III R 40/21, BStBl II 23, 251 Rn. 13 mwN: Gesamtbetrachtung, Abgrenzung zu Referendariat; BFH III R 20/15, BStBl II 17, 913: trotz Monatsprinzip [→ Rn. 20] keine isolierte Betrachtung einzelner Lehrgänge). Bei einem **Ausbildungsdienstverhältnis** ist das stets der Fall (BFH III R 41/20, BFH/NV 22, 1166 Rn. 15: Ausbildungsmaßnahme muss selbst Gegenstand und Ziel des Dienstverhältnisses sein); bei Nachweis der weiteren Ausbildungsabsicht ua auch bei Gesellen, Volontären und ausbildungsdienl Praktika (BFH V R 60/10, BFH/NV 13, 531: keine festen zeitl Mindestanforderungen; einschr für Praktikum *nach* Berufsausbildung: FG Mster EFG 11, 2169, rkr). Zu den **erforderl Feststellungen** s auch BFH III R 37/18, BFH/NV 19, 1103. – Übt dagegen das Kind zunächst den **bereits erlernten Beruf** aus, ohne dass Ausbildungsmaßnahmen im Vordergrund stehen, liegt eine Berufsausbildung auch dann nicht (mehr) vor, wenn die praktische Berufstätigkeit Voraussetzung für den weiteren Ausbildungsabschnitt und damit auch für das tatsächl angestrebte Berufsziel ist (BFH III R 3/18, BFH/NV 19, 1345).

Beispiele – keine Berufsausbildung: Ausbildung zum **Facharzt** nach Medizinstudium (BFH III R 40/21, BStBl II 23, 251); verwendungsbezogene **Lehrgänge** eines Soldaten (BFH III R 20/15, BStBl II 17, 913: Unteroffizier; BFH III R 24/19, BFH/NV 21, 1486: Mannschaftsdienstgrad; Abgrenzung: BFH III R 6/15, BStBl II 16, 281; DA-KG 15.2 S 3). – Zum **Praxisjahr** eines Landwirts, der Agrarbetriebswirt werden will, s BFH III R 41/20, BFH/NV 22, 1166 (zurückverwiesen). – **Weitere Beispiele:** → 39. Aufl 2020, § 32 Rn. 31.

32 **ee) Beginn; Unterbrechung.** Berufsausbildung beginnt mit der tatsächl Aufnahme (BFH III R 40/19, BStBl II 21, 864 Rn. 17: nicht mit der Bewerbung, aber ggf Berücksichtigung nach § 32 IV 1 Nr 2 Buchst c). **Ferien** gehören zur Ausbildungszeit, ebenso **Erkrankung;** Ausnahme: schwerwiegende Krankheit, die ein Erreichen des Ausbildungsziels voraussichtl verhindert (BFH VIII R 47/02, BStBl II 03, 848) oder zum Abbruch der Ausbildung führt (BFH III R 41/19, BStBl II 22, 465). Maßgebl ist die *zu erwartende* **Dauer** der Erkrankung, die idR **sechs Monate** nicht überschreiten darf (BFH III R 43/20, BStBl II 22, 472 Rn. 24 f: Abgrenzung zu Behinderung iSv § 32 IV 1 Nr 3); zur Abgabe **schriftl Absichtserklärungen** und Bescheinigungen nach DA-KG A 17.2 I 5 bzw V 6.1 I 8 → Rn. 21. – Durch **Mutterschaft** wird die Ausbildung bis zum Ablauf des Monats, in dem die Schutzfrist des § 3 MuSchG endet (ggf zuzügl 4-Monatsfrist, → Rn. 34), nicht unterbrochen (BFH

III R 69/04, BFH/NV 06, 2067; DA-KG A 15.11 III; mE zu eng: FG RhPf DStRE 06, 663, rkr). Vom Ende der Schutzfrist an kann eine Übergangszeit (→ Rn. 30) bis zum Semesterbeginn gerechnet werden, wenn das Studium im folgenden Semester fortgesetzt wird (BFH VIII R 56/01, BStBl II 04, 123). Ein Kind befindet sich nicht in Berufsausbildung, wenn es sich wegen **Betreuung des eigenen Kindes** nicht um einen Ausbildungsplatz bemüht (EStR 32.7 IV; ähnl FG Köln EFG 02, 412, rkr) oder die Ausbildung unterbricht (BFH VIII R 47/02, BStBl II 03, 848; BFH III R 79/06, BFH/NV 10, 614, VerfBeschw nicht angenommen). Ein wegen Mutterschaft beurlaubtes Kind muss nach Ablauf der Schutzfrist in den Beurlaubungssemestern seine Prüfungen/Prüfungsvorbereitungen fortsetzen (BFH VIII R 89/01, BFH/NV 02, 1150; BFH VIII R 77/02, BFH/NV 05, 525; Abgrenzung: BFH VIII R 23/02, BStBl II 04, 999). – **Untersuchungshaft** ist als nur vorübergehende Unterbrechung der Ausbildung grds unschädl (BFH III R 69/04, BFH/NV 06, 2067); anders aber uU bei (letztl) dauerhafter Inhaftierung (BFH XI R 50/10, BStBl II 13, 916) bzw wenn das Kind nach beendeter Untersuchungshaft die Ausbildung nicht fortsetzt (BFH III R 16/17, BStBl II 18, 402; zu wiederholter Inhaftierung FG LSA EFG 08, 1393, rkr: schädl).

ff) Ende. Die Berufsausbildung endet, wenn das Kind sein Berufsziel erreicht hat 33
(BFH III R 37/14, BStBl II 16, 55: Abgrenzung bei mehraktiger Ausbildung) oder die Ausbildung nicht mehr ernsthaft betreibt (FG BW EFG 11, 1262: fristlose Kündigung durch ArbG). Erreicht ist das Berufsziel mit **Ablauf der Ausbildungszeit,** wenn diese durch Rechtsvorschrift festgelegt ist (BFH III R 19/16, BStBl II 18, 131), ansonsten mit der regulären **Bekanntgabe der Prüfungsergebnisse** (BFH III R 40/19, BStBl II 21, 864 Rn. 18: formlose Mitteilung genügt nicht; DA-KG 15.10 III 3: offizielle schriftl Mitteilung; DA-KG 15.10 IX 4 f: ggf online), auch bei verspäteter Bekanntgabe (NdsFG EFG 01, 1299, rkr), bei Handwerksberufen mit bestandener Gesellenprüfung, bei anderen Lehrberufen mit der Gehilfenprüfung. Sind **Nachprüfungen** vorgesehen, kommt es auf diese an (offen gelassen von BFH VIII R 90/01, BFH/NV 02, 1023) bzw auf das endgültige Nichtbestehen (HessFG DStRE 06, 1452, rkr), ebenso bei **Wiederholungsprüfung,** auch wenn sie außerhalb des Ausbildungsverhältnisses erfolgt (ernsthafte Prüfungsvorbereitung wird bei Bestehen der Prüfung unterstellt, s BFH III R 85/08, BStBl II 10, 298; BFH III R 70/07, BFH/NV 10, 617). Das Kind kann sich **erneut in Berufsausbildung** begeben, wenn ein gehobener/andersartiger Beruf angestrebt wird (BFH IV 329/64, BStBl II 70, 450) oder außerhalb eines fest umschriebenen Bildungsplans Zusatzkenntnisse erworben (BFH VI R 33/98, BStBl II 99, 701) bzw Fortbildungsmaßnahmen ergriffen werden (BFH VI R 121/98, BStBl II 01, 107; s aber auch FG Mster EFG 11, 2169, rkr: Praktikum nach Grafikdesign-Ausbildung nicht anerkannt). S iÜ auch DA-KG A 15.10 und zur Berufsausbildung **behinderter Kinder** DA-KG A 15.4.

d) Übergangszeiten, § 32 IV 1 Nr 2 Buchst b. – aa) Höchstdauer. Die zeitl 34
Beschränkung auf **vier Monate** ist verfgemäß (BFH III R 5/07, BStBl II 12, 678, mwN; BFH III R 41/07, BStBl II 12, 681). Die vier Monate können auch in **zwei VZ** fallen. Erfasst werden Zeiten zw zwei Ausbildungsabschnitten sowie Zeiten zw einem Ausbildungsabschnitt und der Ableistung des gesetzl Wehr-, Zivil- bzw Ersatzdienstes (bis 2011) oder eines freiwilligen Wehrdienstes nach § 58b SG (jedenfalls ab VZ 2015; wegen § 58f SG aber wohl schon früher, s SchlHFG EFG 15, 734, rkr; FG Mchn EFG 15, 823, rkr). Ob die Ausbildung nach dem Dienst fortgesetzt werden soll, ist unerhebl (BFH III R 23/06, BStBl II 08, 664; **aA** FG BW EFG 06, 56, rkr). – Es zählen nur volle zusammenhängende **Kalendermonate** (BFH VIII R 105/01, BStBl II 03, 847; BFH III R 40/18, BFH/NV 19, 1089 Rn. 19); „angebrochene" Monate werden ohnehin berücksichtigt (Monatsprinzip, → Rn. 20; s DA-KG A 16 I 5: endet ein Ausbildungsabschnitt im Juli, muss der nächste spätestens im Dezember beginnen). Durch **Vollzeiterwerbstätigkeit** wird eine Berücksichtigung nicht aus-

geschlossen (BFH III R 34/09, BStBl II 10, 982; aber → Rn. 60 ff). – Die Übergangszeit beginnt dem BFH zufolge auch dann mit Abschluss des unmittelbar vorangegangenen Ausbildungsabschnitts, wenn das Kind zu diesem Zeitpunkt das **18. Lebensjahr noch nicht vollendet** hat (s BFH III R 54/13, BStBl II 16, 25; **aA** → 34. Aufl 2015, § 32 Rn. 30).

Wehrdienst beginnt mit Dienstantritt (BFH XI R 7/12, BStBl II 14, 37: bei Einberufung im Laufe eines Monats ist für diesen Monat noch KiGeld zu zahlen), Zivildienst mit der Tätigkeitsaufnahme, Berufsausbildung durch Studium mit dem offiziellen Semesterbeginn (HessFG EFG 03, 1483, rkr). Die Ferienzeit zw zwei Ausbildungsabschnitten gehört zur Ausbildung (keine Übergangszeit, → Rn. 28). Zur Berechnung s EStH 32.6.

35 **bb) Fristüberschreitung.** Bei einer Übergangszeit von *mehr* als vier Monaten entfällt die Berücksichtigung vollständig, dh auch für die ersten vier Monate (ausführl BFH III R 41/07, BStBl II 12, 681; ebenso BFH III R 18/17, BStBl II 18, 548; BFH III R 40/19, BStBl II 21, 864 Rn. 28). Es handelt sich um eine *stark typisierende Vorschrift* (BFH III R 57/10, BFH/NV 11, 1316), die bei längeren Unterbrechungen **nicht analog** angewendet werden kann (BFH III R 5/07, BStBl II 12, 678 Rn. 18 ff: keine Regelungslücke), auch nicht bei 16-monatiger Unterbrechung wegen der **Corona-Pandemie** (SchlHFG BeckRS 2024, 13670, Rev III R 20/24, mE zutr). Unerhebl ist, ob der StPfl mit der Fristüberschreitung rechnen musste (FG Mster EFG 11, 1810, rkr) oder ob das Kind hieran eine Schuld trifft (HessFG EFG 98, 104, rkr). Hat sich das Kind während einer Übergangszeit von mehr als vier Monaten **um einen Ausbildungsplatz bemüht** (→ Rn. 31), kommt eine Berücksichtigung nach § 32 IV 1 Nr 2 Buchst c in Betracht.

36 **e) Kein Ausbildungsplatz, § 32 IV 1 Nr 2 Buchst c. – aa) Ausbildungsplatzsuche.** Kinder, die erfolglos einen Ausbildungsplatz suchen, werden so behandelt wie Kinder, die einen Ausbildungsplatz gefunden haben; in beiden Fällen geht das Gesetz typisierend von einer vergleichbaren Unterhaltssituation aus (BT-Drs 10/2884, 102; BFH III R 49/18, BStBl II 21, 390). Das Berufsziel bestimmt sich nach den Vorstellungen der Eltern und des Kindes (BFH III R 43/22, BStBl II 25, 512, Rn. 23 mwN). Die Berücksichtigung ist (anders als bei § 32 IV 1 Nr 2 Buchst b) nicht auf vier Monate beschränkt (BFH III R 23/08, BFH/NV 10, 1264 mwN). Vorausgesetzt wird, dass ***(1.)*** ein **Ausbildungsplatz fehlt** und dass sich das Kind ***(2.)*** um einen solchen **ernsthaft bemüht** (→ Rn. 38), ferner, dass der Ausbildungsplatz ***(3.)*** auch **tatsächl angetreten** werden kann (BFH III R 24/08, BStBl II 12, 210: ausländerrechtl Hindernisse; BFH III R 41/19, BStBl II 22, 465: dauerhafte Erkrankung). Letzteres ist auch dann nicht der Fall, wenn die weitere Ausbildung eine mehrjährige Berufstätigkeit voraussetzt (BFH III R 3/18, BFH/NV 19, 1345). – Kann eine Ausbildung nur zu bestimmten Zeiten begonnen werden (zB Studium), muss sich das Kind für den **nächstmögl Termin** bewerben (BFH III R 70/11, BFH/NV 13, 128; zur Wirkung der Nichtannahme eines angebotenen Ausbildungsplatzes s BFH XI R 14/12, BFH/NV 15, 322). Auf andere Tatbestände wie zB Wehr- oder Ersatzdienst ist § 32 IV 1 Nr 2 Buchst c nicht analog anwendbar (BFH III R 5/07, BStBl II 12, 678: keine planwidrige Unvollständigkeit des Gesetzes; BFH III R 41/07, BStBl II 12, 681). – **Vollzeiterwerbstätigkeit** schließt eine Berücksichtigung nach § 32 IV 1 Nr 2 Buchst c grds nicht aus (BFH III R 34/09, BStBl II 10, 982, Rn. 22; BFH III R 43/22, BStBl II 25, 512, Rn. 36: Soldat auf Zeit), und zwar auch dann nicht, wenn sich ein bereits erwerbstätiges Kind zu einer neuen Berufsausbildung entschließt (BFH III R 9/12, BFH/NV 13, 1079; ebenso für Ableistung eines gesetzl Pflichtdienstes BFH III R 70/11, BFH/NV 13, 128). Das gilt seit **VZ 2012** allerdings nur noch bis zum Abschluss einer Erstausbildung (→ Rn. 60 ff).

37 **bb) Wartezeiten.** Ein Ausbildungsplatz fehlt auch dann, wenn er dem Kind bereits zugesagt worden ist, das Kind ihn aber aus schul-, studien- oder betriebsorganisatorischen Gründen erst später antreten kann (BFH III R 34/09, BStBl II 10, 982

mwN; BFH III R 50/10, BFH/NV 11, 1329), zB wenn es den Semesterbeginn abwarten muss (FG LSA EFG 00, 797, rkr; ähnl FG Bln EFG 01, 1301, rkr). Eine während der Wartezeit aufgenommene Vollzeiterwerbstätigkeit ist unschädl (BFH V R 27/14, BStBl II 16, 163 mwN). Zu Studienplätzen, die durch die **ZVS/SfH** vergeben werden, s FG RhPf DStRE 07, 693 (bestätigt durch BFH III B 33/07, BFH/NV 08, 786).

cc) Ernsthaftes Bemühen. Das Bemühen um einen Ausbildungsplatz muss 38
glaubhaft gemacht und ggf belegt werden (→ Rn. 39); pauschale Angaben genügen nicht (BFH VI R 10/14, BStBl II 15, 940). Ernsthaftes Bemühen **beginnt** (jedenfalls) mit der Bewerbung (BFH III S 9/07, BFH/NV 07, 2114), uU auch schon früher (vgl FG Mchn 9 K 991/07, BeckRS 2007, 26024290). Es wird durch vorübergehende **Krankheit** nicht ausgeschlossen (BFH III R 48/19, BFH/NV 22, 736 Rn. 24 ff, auch zu den erforderl Nachweisen). Das Ende der Erkrankung muss aber absehbar sein (BFH III R 41/19, BStBl II 22, 465; BFH III R 8/20, BFH/NV 22, 617; zweifelhaft: FG Bln-Bbg BeckRS 2024, 42297, Rev III R 9/25). Bei **dauerhafter Erkrankung** ist ggf eine Berücksichtigung nach § 32 IV Nr 3 zu prüfen (wegen § 2 I SGB IX, → Rn. 46; BFH III R 49/18, BStBl II 21, 390: Behinderung idR zu bejahen). – Ein Bemühen ist unbeachtl, wenn das Kind obj die Voraussetzungen für den angestrebten Ausbildungsplatz nicht erfüllt (BFH III R 35/19, BFH/NV 21, 938; BFH III B 52/08, BFH/NV 10, 34: fehlende Arbeitserlaubnis); stellt sich dies erst nach Abschluss eines Beratungsprozesses heraus, entfällt das Bemühen nicht rückwirkend (FG Mster EFG 05, 1058, rkr). – Ernsthaftes Bemühen **endet,** wenn das Kind die Ausbildung verschiebt (BFH VIII R 79/99, BStBl II 03, 843; SchlHFG EFG 04, 1701, rkr; einschr für zusätzl freiwilligen Wehrdienst: BFH III R 77/06, BFH/NV 10, 28; zum maßgebl Zeitpunkt BFH XI R 38/11, BFH/NV 13, 1774) oder ein eigenes Kind zu betreuen hat (BFH III R 83/08, BFH/NV 10, 619, außerhalb des **Mutterschutzes;** während des Mutterschutzes wird das Kind weiterhin berücksichtigt, BFH III R 58/12, BStBl II 14, 834; auch → Rn. 32).

dd) Nachweise. Die ernsthaften Bemühungen des Kindes um einen Ausbil- 39
dungsplatz zum nächstmöglichen Zeitpunkt müssen sich anhand **objektvierbarer Beweisanzeichen** nachweisen lassen (BFH III R 43/22, BStBl II 25, 512, Rn. 28: bloße Behauptung genügt nicht) oder zumindest glaubhaft gemacht werden (s iEinz auch DA-KG A 17.1 II). Die Beweisvorsorgepflicht trifft den StPfl (BFH III R 106/07, BFH/NV 09, 368). Kinder über 18 Jahre sind zur Mitwirkung verpflichtet (§ 68 I 2; BFH III R 41/19, BStBl II 22, 465, Rn. 26). Ggf ist das Kind anzuhören (BFH III R 109/07, BFH/NV 09, 391). Die Würdigung obliegt grds dem FG, das seine Entscheidung allerdings nachvollziehbar begründen muss (BFH III R 43/22, BStBl II 25, 512, Rn. 28).

Meldung als Ausbildungsplatzsuchender bei der **Agentur für Arbeit** ist Indiz für ernsthaftes Bemühen (BFH VI R 10/14, BStBl II 15, 940; zur Wirkung der Meldung s BFH VI R 10/14, BStBl II 15, 940). Die Bestätigung der Agentur ist **kein Grundlagenbescheid,** aber eine öffentl Urkunde mit besonderem Beweiswert (BFH III R 30/08, BStBl II 12, 411: kann widerlegt werden). Eine Meldung als „ratsuchend" genügt nicht (BFH III R 68/10, BStBl II 12, 686). Zum Beweiswert einer für den RV-Träger bestimmten Bescheinigung s BFH III R 58/09, BFH/NV 11, 1127. – Weitere Beispiele → 39. Aufl 2020, § 32 Rn. 39 aE.

f) Freiwillige Dienste, § 32 IV 1 Nr 2 Buchst d. Berücksichtigt werden auch 40
Kinder, die einen der in § 32 IV 1 Nr 2 Buchst d nF ausdrückl genannten Freiwilligendienste ableisten (s iEinz auch DA-KG A 18). Auf andere Dienste ist die Regelung **nicht entspr anwendbar** (s BFH III R 53/13, BStBl II 15, 282: keine planwidrige Lücke, kein Verstoß gegen Art 3 I GG). Wird der Dienst wegen **Krankheit** beendet, endet damit auch der Anspruch auf KiGeld (BFH III R 15/20, BFH/NV 21, 544; Unterschied zu → Rn. 32). – Wer **Träger eines Dienstes** nach dem JFDG sein kann und welche Förmlichkeiten zu berücksichtigen sind, ist in §§ 10, 11 JFDG ge-

regelt (s auch FG Köln EFG 09, 1238, rkr). Dienste iRd EU-Programms setzen eine Genehmigung durch die zuständige Stelle voraus (BFH III R 51/19, BStBl II 21, 23: „Erasmus+"). Zur Anerkennung von Diensten iRd BMZ-Programms „weltwärts" s www.weltwaerts.de. – Die Ableistung der genannten Dienste kann **nicht gleichzeitig als Berufsausbildung iSd § 33a** gewertet werden (BFH III R 3/03, BStBl II 06, 294). Ein Dienst, der die Voraussetzungen des § 32 IV 1 Nr 2 Buchst d nicht erfüllt, kann ggf als **Praktikum** nach § 32 IV 1 Nr 2 Buchst a berücksichtigt werden (DA-KG A 18.1 II 3; BFH III R 78/09, BFH/NV 12, 940).

Kein freiwilliger Dienst iSd § 32 IV 1 Nr 2 Buchst d: ehrenamtl Dienst im **Katastrophenschutz** gem § 13a WPflG (BFH III R 8/17, BStBl II 18, 399); freiwilliger Wehrdienst (BFH III R 43/22, BStBl II 25, 512, Rn. 33: verfrechtl unbedenkl; BFH III R 53/13, BStBl II 15, 282: ggf Berufsausbildung iSd § 32 IV 1 Nr 2 Buchst a); weitere Beispiele → 40. Aufl 2021, § 32 Rn. 40. – Zu sozialen/ökologischen Diensten nach **FSJG** und **FÖJG** → 35. Aufl 2016, § 32 Rn. 34 aE mwN.

45 **5. Kinder mit Behinderung, § 32 IV 1 Nr 3. – a) Behinderung.** Kinder, die aufgrund einer Behinderung außerstande sind, sich selbst zu unterhalten, werden auch über das 25. Lebensjahr hinaus berücksichtigt, ggf bis an ihr Lebensende (s auch *BMF* BStBl I 10, 1346 und *BMF* BStBl I 16, 226 Rn. 5). Ein Kind ist behindert, wenn es körperl, seelische, geistige oder Sinnesbeeinträchtigungen hat, die es in Wechselwirkung mit einstellungs- und umweltbedingten Barrieren an der gleichberechtigten Teilhabe an der Gesellschaft mit hoher Wahrscheinlichkeit **länger als sechs Monate** hindern können; eine **Beeinträchtigung** idS liegt vor, wenn der Körper- und Gesundheitszustand von dem für das Lebensalter typischen Zustand abweicht (vgl § 2 I SGB IX). Diese sozialrechtl Legaldefinition ist wegen der Verknüpfung von ESt und Sozialrecht (vgl § 33b II und III) auch iRd EStG maßgebl (ausführl BFH III R 44/17, BStBl II 20, 558 Rn. 19 ff mwN). Es kommt nicht auf die *festgestellte,* sondern auf die *zu erwartende* Beeinträchtigung an (BFH VI R 31/14, BStBl II 16, 40 Rn. 22). Erforderl ist eine umfassende Prüfung unter Berücksichtigung des sozialen Umfelds des betr Kindes (BFH III R 44/14, BFH/NV 17, 735). Erfasst werden **körperl, geistige *und* seelische** Behinderungen (BFH III R 9/23, BStBl II 25, 927, Rn. 20), angeborene und später zugezogene (zB durch Arbeitsunfall, BFH III R 5/08, BStBl II 12, 891), Suchtkrankheiten wie Drogenabhängigkeit und Alkoholismus (BFH VIII R 62/99, BStBl II 02, 738) sowie Neurosen und Persönlichkeitsstörungen (BFH III R 44/14, BFH/NV 17, 735). Eine nur *drohende* Behinderung genügt nicht (→ Rn. 58).

46 **b) Nachweis.** Der Nachweis (obj Beweislast → Rn. 57) wird idR durch Vorlage eines **Schwerbehindertenausweises** oder einer entspr Bescheinigung geführt (s *BMF* BStBl I 10, 1346; DA-KG A 19.2). Die Bescheinigung bindet das FA. Der Nachweis kann aber auch **in anderer Form** erbracht werden (zutr FG Hmb BeckRS 2023, 35197), zB wenn ein Bescheid fehlt, weil das Kind verstorben ist (BFH V R 39/11, BFH/NV 12, 1584 mwN), oder im Fall einer **seelischen Behinderung** (BFH III R 9/23, BStBl II 25, 927, Rn. 23 ff: ergänzende ärztl Stellungnahme nicht zwingend erforderl, Rückgriff auf § 35a SGB VIII). DA-KG A 19.2 I 2 verzichtet auf den Schwerbehindertenausweis, wenn Zeugnisse des behandelnden Arztes oder Gutachten vorliegen; diese müssen nicht notwendig von einem Amtsarzt stammen, jedoch so aussagekräftig sein, dass sie ggf amtsärztl überprüft werden können (zu Drogenabhängigen s BFH VIII R 62/99, BStBl II 02, 738; zu einer *behaupteten* seelischen Behinderung s BFH III R 47/08, BFH/NV 12, 939: kein Anscheinsbeweis). Das gilt auch bei Kindern in Kranken- oder Pflegeanstalten. Die Bestätigungen gelten **jeweils für 5 Jahre.**

Die Verwertung eines **im sozialgerichtl Verfahren eingeholten Gutachtens** ist zulässig (BFH III S 35/11, BFH/NV 12, 1596; BFH III B 140/11, BFH/NV 13, 38: Zweitgutachten als Ermessensentscheidung). Auch ein **Diplom-Psychologe** kann bei entspr Sachkenntnis als Sachverständiger bestellt werden (BFH III R 9/23, BStBl II 25, 927, Rn. 26 ff: *retrospektives* Gutachten). Zur Heranziehung der **ICD-10** s BFH III R 44/17, BStBl II 20, 558, Rn. 29; zu **„ärztl Befundbericht"** s FG RhPf BeckRS 2011, 94444. – Zur **nachträgl Berücksichtigung** einer zunächst **nicht erkannten Behinderung** s FG Bln-Bbg EFG 17, 1515, rkr, Anm *Weinschütz;* das FG sieht eine Behinderung als „Tatsache" iSd § 173 I Nr 1 AO an (mE zutr; **aA** BFH III R 44/14, BFH/NV 17, 735: Rechtsfrage; s aber BFH III R 9/23, BStBl II 25, 927, Rn. 39: Bindung des BFH an die tatrichterl Beweiswürdigung).

c) Zum Selbstunterhalt außerstande. Ein Kind ist außerstande, sich selbst zu unterhalten, wenn seine eigenen finanziellen Mittel nicht genügen, den sog existenziellen Lebensbedarf zu decken (vgl BFH III R 20/23, BFH/NV 26, 194 Rn. 16). Nur dann erwächst den Eltern zusätzl Aufwand, der ihre Leistungsfähigkeit mindert und den Bezug von KiGeld bzw den Ansatz der Freibeträge nach § 32 VI auch über das 25. Lebensjahr hinaus rechtfertigt (BFH III R 28/15, BStBl II 16, 648). Dass der Sozialleistungsträger die Eltern auf Zahlung eines Unterhaltsbeitrags in Anspruch nimmt, genügt nicht (BFH III R 19/19, BStBl II 22, 469). – Die **Prüfung** erfolgt anhand eines Vergleichs zweier Bezugsgrößen: Der existenzielle Lebensbedarf wird den finanziellen Mitteln des Kindes gegenübergestellt (Vergleichsrechnung → Rn. 54). 47

aa) Existenzieller Lebensbedarf. Der von der Rspr entwickelte Vergleichsmaßstab „existenzieller Lebensbedarf" setzt sich aus einem (Jahres-)Grundbedarf iHd **Grundfreibetrags** (§ 32a I 2; BFH III R 28/15, BStBl II 16, 648; DA-KG A 19.4 II; s auch BFH III R 31/13, BStBl II 15, 1017: Zwölftelung) und einem behinderungsbedingten **Mehrbedarf** zusammen. 48

(1) Mehrbedarf; Mehraufwand. Der Mehrbedarf umfasst alle mit der Behinderung unmittelbar und typischerweise zusammenhängenden agB (→ § 33b Rn. 8), also alle Aufwendungen, die gesunde Kinder nicht haben (BFH III R 19/19, BStBl II 22, 469 Rn. 16; DA-KG A 19.4 IV). Dazu gehören insb Aufwendungen für Hilfen bei den gewöhnl und regelmäßig wiederkehrenden **Verrichtungen des täglichen Lebens** (BFH III R 2/23, BStBl II 24, 908 Rn. 20 mwN: ua für Wäsche, Erholung und „typische Erschwernis"; DA-KG A 19.4 IV: Pflege und erhöhter Wäschebedarf), auch eigene Betreuungsleistungen der Eltern (BFH III R 37/07, BStBl II 09, 928; DA-KG A 19.4 V 3), Kosten einer Begleitperson im Urlaub (BFH III R 58/98, BStBl II 02, 765) und angemessene Mehraufwendungen für Fahrten (BFH VIII R 59/01, BFH/NV 04, 1715; DA-KG A 19.4 V 7). Der Stundensatz für eigene Betreuung beträgt aktuell 10 € (DA-KG A 19.4 V 5). 49

Ob nach SGB II gewährte **Kosten für Unterkunft** (Grundmiete, Heizkosten, Nebenkosten) anteilig berücksichtigt werden können (s dazu FG Nbg 6 K 780/21, nv, Rev III R 11/24), hängt mE davon ab, ob tatsächl ein behinderungsbedingter Mehraufwand vorliegt, der sich zumindest schätzen lässt; mE kann hier auf die Rspr zu § 33 zurückgegriffen werden (→ § 33 Rn. 57 f; BFH VI R 15/23, BStBl II 25, 965, Rn. 29 ff). Dasselbe gilt mE für **Schulgeld** (→ § 33 Rn. 90 „Privatschule"; EStR 33.4 II 2); auch hier muss ein behinderungsbedingter Mehraufwand vorliegen (daher zweifelhaft: FG Bln-Bbg BeckRS 2025, 8608, Rev III R 15/25).

(2) Pauschalierung; Ermittlung; Schätzung. Werden Aufwendungen **nicht iEinz nachgewiesen,** ist von einem typischen Mehrbedarf (→ § 33b Rn. 8) iHd **Behinderten-Pauschbetrags** (§ 33b III) auszugehen (BFH III R 19/19, BStBl II 22, 469 Rn. 16 mwN). Der Ansatz weiterer Aufwendungen ist dann grds ausgeschlossen (BFH VIII R 50/03, BStBl II 10, 1052). Allerdings kann ein über den typischen Mehrbedarf hinausgehender **Sonderbedarf,** angesetzt werden, wenn ein solcher substantiiert dargelegt und glaubhaft gemacht wird (BFH III R 2/23, BStBl II 24, 908 Rn. 24 f mwN: Operationskosten, Heilbehandlungen, Kuren, Arznei-/Arztkosten und Fahrtkosten). Leistungen Dritter sind ggf gegenzurechnen (DA-KG A 19.6; s aber BFH VI R 101/10, BStBl II 15, 651: nicht bei Rückgriff gegen die Eltern). Wird Blindengeld gezahlt, das den Behinderten-Pauschbetrag übersteigt, ist in dieser Höhe ein Mehraufwand anzunehmen, (BFH III R 31/13, BStBl II 15, 1017 Rn. 14 mwN). – Alternativ kann ein Mehrbedarf, der dem Grunde nach feststeht, der Höhe 50 nach **pauschal geschätzt** werden (BFH VI R 101/10, BStBl II 15, 651), zB durch Ansatz der Kosten fremder Dienstleister an Stelle der Hilfeleistungen der Eltern oder behinderungsbedingter Fahrtkosten mit Km-Pauschale (BFH VIII R 50/03, BStBl II 10, 1052; BFH VIII B 239/04, BFH/NV 05, 878). – Der zusätzl Aufwand muss von den Eltern dargetan werden (s NdsFG EFG 04, 905, rkr: großzügiger Maßstab; FG Mchn EFG 12, 2029, rkr: kein Einzelnachweis, keine Aufzeichnungspflichten).

51 **(3) Teilstationäre/vollstationäre Unterbringung.** Bei **teilstationärer** Unterbringung besteht ein Mehrbedarf iHd aufgewendeten Heimkosten (Eingliederungshilfe abzgl Sachbezugswerte). Ein darüber hinaus gehender Mehrbedarf, zB für Pflegeleistungen im häusl Bereich, kann ebenfalls geschätzt werden und ist mindestens iHd gezahlten **Pflegegeldes** zu berücksichtigen (BFH III R 13/21, BStBl II 23, 655 Rn. 13; BFH VIII R 50/03, BStBl II 10, 1052, auch zu weiteren Aufwendungen für Arznei- und Stärkungsmittel, Wäsche, Erholung oder Fahrtkosten; BFH III R 53/10, BStBl II 14, 391 für hilfloses Kind mit eigenem Haushalt; FG Hmb 1 K 50/20, BeckRS 2022, 3800: Berücksichtigung von Blindengeld und Blindenhilfe). – Bei **vollstationärer** Unterbringung umfasst der Mehrbedarf ebenfalls Heim- und Werkstattkosten, idR die geleistete Eingliederungshilfe abzügl Sachbezug für Verpflegung, ohne Kürzung des Sachbezugs der Unterkunft (BFH VI R 89/99, BStBl II 00, 580). – Bei voll- wie bei teilstationärer Unterbringung gelten die Ansätze der Heimkosten als Einzelnachweis der behinderungsbedingten Mehrkosten (BFH VI R 182/98, BStBl II 00, 79). In beiden Fällen ist der zusätzl Ansatz des Behinderten-Pauschbetrags unzul (BFH III R 53/10, BStBl II 14, 391, mwN). – S auch DA-KG A 19.4 VI und VII mit Beispiel.

52 **bb) Finanzielle Mittel des Kindes. – (1) Einkünfte und Bezüge.** Zu berücksichtigen sind grds alle Einkünfte (§ 2 II) und Bezüge des Kindes, die zur Deckung seines Lebensunterhalts geeignet und bestimmt sind und ihm im maßgebl Zeitraum zufließen (BFH III R 20/23, BFH/NV 26, 194, Rn. 17). Erfasst werden neben dem verfügbaren Nettoeinkommen des Kindes (*BMF* BStBl I 16, 226 Rn. 31) sämtl **Leistungen Dritter** (DA-KG A 19.4 II 3 und A 19.6 I 2: nur tatsächl Leistungen), einschließl Unterhaltsleistungen des verheirateten oder geschiedenen Ehegatten/Lebenspartners (Ermittlung: BFH III R 13/21, BStBl II 23, 655 Rn. 18 ff); ggf auch Unterhaltsleistungen des Kindsvaters an die Kindsmutter, für die KiGeld beansprucht wird (BFH III R 11/23, BStBl. II 25, 207, Rn. 46 f: ggf schätzen nach familienrechtl Grundsätzen, Düsseldorfer Tabelle). – Berücksichtigt werden auch **behinderungsbedingte Bezüge,** zB von Dritten ersetzte Heimkosten, Werkstattkosten, Erwerbsunfähigkeitsrente (BFH III R 28/17, BStBl II 21, 807 Rn. 22: teils Einkünfte, teils Bezüge, keine Kürzung), Taschengeld, Werkstattlohn, Krankentagegeld, Eingliederungshilfe und das dem Kind gezahlte **Pflegegeld** (§ 37 SGB XI, BFH III R 13/21, BStBl II 23, 655) sowie der Fahrtkostenersatz, evtl nach Abzug der allg Unterhaltshilfe nach Maßgabe der **SvEV** (vgl BFH VI R 40/98, BStBl II 00, 75) und **Elterngeld** (BFH III R 31/13, BStBl II 15, 1017); ferner **Sozialhilfe,** soweit sie von den Eltern nicht zurückverlangt wird (BFH VI R 101/10, BStBl II 15, 651; BFH VIII R 32/02, BStBl II 04, 588, mit Einzelheiten zur Berechnung; FG Bln-Bbg EFG 11, 1264, rkr) und das Kind nicht zu einem Kostenbeitrag herangezogen wird (BFH III R 13/21, BStBl II 23, 655, Rn. 15); auch **Naturalleistungen** (BFH III R 11/23, BStBl. II 25, 207, Rn. 46 mwN). – Für den Lebensunterhalt geeignet ist ein Zufluss, wenn er entspr verwendet werden kann; wie er tatsächl verwendet wird, ist unerhebl (BFH III R 48/20, BStBl II 22, 444 Rn. 20 f). **Schmerzensgeldrente** (BFH III R 28/15, BStBl II 16, 648 mwN: andere Funktion) und **Opferrente** (BFH III R 7/21, BStBl II 23, 911: Grundrente nach *§ 1 I OEG iVm § 31 BVG* – s ab 2024 §§ 83 ff SGB XIV) werden nicht erfasst, eine von der Mutter abgeschlossene **RV** (Altvertrag) nur mit den Erträgen (BFH III R 48/20, BStBl II 22, 444), ebenso eine auf eigenen Einzahlungen beruhende **Leibrente** (BFH III R 23/22, BStBl II 23, 714: Vermögensumschichtung). – Nicht berücksichtigt werden das **Vermögen**

des Kindes (kein Erwerbsbezug, s BFH III R 23/22, BStBl II 23, 714 Rn. 22 mwN), **Unterhaltsleistungen** des KiGeld-Berechtigten an das Kind und **weitergeleitetes KiGeld** (BFH III R 28/17, BStBl II 21, 807). **ALG II** bzw (seit 1.1.23) **Bürgergeld** bleiben unberücksichtigt, soweit sie sozialrechtl auf andere Mitglieder der Bedarfsgemeinschaft umverteilt werden (BFH III R 20/23, BFH/NV 26, 194, Rn. 30 ff, Anm *Stahmann* HFR 26, 137 (141); zu **Einstiegsgeld** nach § 16b SGB II s BFH III R 35/11, BStBl II 13, 1037. – Diese Grundsätze gelten auch in den Abzweigungsfällen des § 74 I (BFH VIII R 32/02, BStBl II 04, 588).

IErg werden die behinderungsbedingten Bezüge wie Pflegegeld, Blindengeld und Leistungen nach dem SGB XII (früher: BSHG) ***zweimal* (gegenläufig) angesetzt:** einmal beim Lebensbedarf (als *typisierter Mehrbedarf*) und ein weiteres Mal bei den eigenen finanziellen Mitteln des Kindes (vgl zB BFH III R 13/21, BStBl II 23, 655 Rn. 13 f). Das ist sachgerecht, weil diese Bezüge die Unfähigkeit des Kindes zum Selbstunterhalt nicht in Frage stellen, sondern im Gegenteil bestätigen. IdR werden den Eltern des behinderten Kindes auch bei einer Heimunterbringung finanzielle Belastungen verbleiben. Da somit viele behinderungsbedingte Bezüge **auf beiden Seiten der Vergleichsrechnung** berücksichtigt werden, wirken sich iErg vor allem Werkstattlohn, Verpflegung (SvEV), Erwerbsunfähigkeitsrente und Sozialhilfe auf die eigenen finanziellen Mittel aus. – Zum Zufluss nachgezahlter **Grundsicherung** s BFH XI R 51/10, BFH/NV 13, 1088; zur nachträgl **Kostenbeteiligung** durch den Sozialleistungsträger s BFH III R 19/19, BStBl II 22, 469.

(2) Aufwendungen. In Abzug zu bringen sind **BA/WK, SV-Beiträge** und **Steuern** (BFH III R 20/23, BFH/NV 26, 194, Rn. 19); ggf sind die Einkünfte um den (anteiligen) WK-Pauschbetrag (§ 9a) und die Bezüge um eine monatl Kostenpauschale von 15 € zu kürzen (BFH III R 19/19, BStBl II 22, 469 Rn. 19; *BMF* BStBl I 16, 226 Rn. 31), sofern nicht höhere Aufwendungen iZm den zugeflossenen Bezügen nachgewiesen oder glaubhaft gemacht werden (DA-KG A 19.5.2 II). Nicht abgezogen werden dürfen dagegen **Unterhaltsleistungen** des behinderten Kindes an dessen Ehe-/Lebenspartner oder an eigene Kinder (BFH III R 13/21, BStBl II 23, 655, Rn. 27). 53

cc) Vergleichsrechnung (Monatsprinzip). Die Prüfung, ob das Kind zum Selbstunterhalt imstande ist, erfolgt **monatsbezogen** (BFH III R 31/13, BStBl II 15, 1017; DA-KG A 19.4 I 3). Dabei sind Einkünfte und Bezüge grds nach dem Zuflussprinzip (§ 11) zu erfassen, soweit es sich nicht um Gewinneinkünfte handelt (BFH III R 48/20, BStBl II 22, 444 Rn. 35). Ein nicht monatl anfallender behinderungsbedingter Mehrbedarf ist ggf anteilig zu berücksichtigen (BFH III R 19/19, BStBl II 22, 469 Rn. 14 mwN); dasselbe gilt für Sonderzahlungen (Weihnachtsgeld/Urlaubsgeld) und Nachzahlungen (BFH III R 48/20, BStBl II 22, 444 Rn. 37). 54

Vereinfachend gilt: Übersteigen die Einkünfte und Bezüge des Kindes (ohne behinderungsbedingte Bezüge) nicht den Grundfreibetrag des § 32a I 2 (Grundbedarf, → Rn. 40), ist davon auszugehen, dass das Kind außerstande ist, sich selbst zu unterhalten (DA-KG A 19.4 III). – Zur **Ermittlung** s DA-KG A 19.4 mit Berechnungsbeispielen; zur Berücksichtigung verspätet zugeflossener **Nachzahlungen** s BFH III R 35/11, BStBl II 13, 1037.

d) Ursächlichkeit. – aa) Grad der Behinderung (GdB). Dass die Behinderung für die mangelnde Fähigkeit zum Selbstunterhalt ursächl ist, wird bei dem Merkmal **„hilflos" (H)** stets, bei einem **GdB von 50 oder mehr** grds nur bei Hinzutreten besonderer Umstände angenommen; allerdings steigt mit dem GdB die Vermutung für die Ursächlichkeit (vgl BFH III R 46/08, BFH/NV 12, 730). Ein **GdB von weniger als 50** spricht hingegen zunächst grds gegen die Annahme einer Ursächlichkeit (BFH III R 105/07, BStBl II 10, 1057: jeweils *widerlegbare* Vermutungen). Die besonderen Umstände können in der stationären Unterbringung oder in einem verzögerten Abschluss der Ausbildung zu sehen sein oder darin, dass das Kind durch die Behinderung bedingt keine Anstellung findet (BFH VIII R 10/03, BFH/NV 04, 784; SächsFG EFG 05, 391, rkr). S auch DA-KG A 19.3. 55

Keine Ursächlichkeit liegt vor, wenn das behinderte Kind wegen einer strafrechtl Verurteilung in Untersuchungs- oder Strafhaft oder in einem psychiatrischen Krankenhaus untergebracht ist und schon aufgrund der **Freiheitsbeschränkung** keiner Erwerbstätigkeit nachgehen kann (BFH XI R 24/13, BStBl II 14, 1014; BFH III B 47/08, BFH/NV 09, 929; BFH VI B 86/12, BFH/NV 13, 371; ebenso für Maßregelvollzug: FG RhPf EFG 10, 658 rkr). Das gilt allerdings dann wiederum nicht, wenn das Kind *wegen* seiner Behinderung **schuldlos straffällig** geworden ist (BFH III R 42/22, BStBl II 25, 16; DA-KG A 19.3 V; **aA** noch HessFG BeckRS 2022, 32780, rkr).

56 **bb) Mitursächlichkeit.** Sie genügt, muss allerdings erhebl sein (BFH III R 105/07, BStBl II 10, 1057: konkrete Einzelfallbetrachtung; BFH III R 72/06, BFH/NV 09, 1975). Ist sie das nicht, wird das Kind gleichwohl berücksichtigt, wenn die Einkünfte den Lebensbedarf nicht decken (BFH III R 50/07, BStBl II 11, 38; BFH III R 29/09, BStBl II 12, 892). Unmaßgebl ist, ob das Kind trotz Behinderung eine normale Berufsausbildung erhalten hat (BFH VI B 178/01, BFH/NV 02, 843) oder tatsächl einer Erwerbstätigkeit nachgeht (allenfalls Indiz, vgl auch BFH III R 29/09, BStBl II 12, 892, mit Fallgruppenbildung; FG Köln EFG 09, 413, rkr; FG Saarl EFG 10, 657, rkr; zu Ausbildung in einem „Werkerberuf", der nur Tätigkeiten auf einem „Behindertenarbeitsmarkt" ermöglicht s FG Nbg EFG 12, 712, rkr). Dauerhaftes **erfolgloses Bewerben** spricht idR für eine erhebl Mitursächlichkeit (BFH III R 46/08, BFH/NV 12, 730); die (nur) **theoretische Möglichkeit,** eine Erwerbstätigkeit aufzunehmen, ist unschädl (BFH III R 16/07, BFH/NV 09, 1639).

57 **cc) Objektive Beweislast.** Die obj Beweislast trägt der StPfl, der KiGeld beansprucht (BFH III R 9/23, BStBl II 25, 927, Rn. 24 mwN). Ein Anscheinsbeweis genügt nicht (BFH XI R 17/14, BFH/NV 16,190: Sachaufklärungspflicht des Gerichts und Mitwirkungspflicht des StPfl, VerfBeschw nicht angenommen). S auch DA-KG A 19.3 III.

58 **e) Altersgrenze.** Die Behinderung, nicht aber die Unfähigkeit, sich selbst zu unterhalten (BFH III R 61/08, BStBl II 12, 141), muss **vor Vollendung des 25. Lebensjahres** eingetreten sein. Die Altersgrenze ist nicht verlängerbar, auch nicht durch einen abgeleisteten Wehrdienst (BFH III R 86/03, BStBl II 05, 756). Eine „nur" drohende Behinderung genügt nicht (BFH III R 44/17, BStBl II 20, 558: Gendefekt).

Übergangsregelung: Die Altersgrenze von 25 Jahren gilt für Kinder, bei denen die Behinderung nach dem 31.12.06 eingetreten ist. Für Kinder, bei denen die Behinderung vor dem 1.1.07 eingetreten ist, gilt gem § 52 XXXII 1 weiterhin eine Altersgrenze von 27 Jahren.

60 **6. Erwerbstätigkeit, § 32 IV 2, 3. – a) Bis zum Abschluss einer Erstausbildung.** Soweit einer der Tatbestände des § 32 IV 1 Nr 2 Buchst a–d erfüllt ist, bekommt der StPfl für ein Kind, das das 25. Lebensjahr noch nicht vollendet und noch *keine* Erstausbildung abgeschlossen hat, Kinderfreibeträge bzw KiGeld. Ob und in welchem Umfang das Kind in diesem Fall einer **Erwerbstätigkeit** nachgeht, ist **seit VZ 2012 unerhebl,** solange der Umfang der Erwerbstätigkeit nicht die Ernsthaftigkeit der (Erst-)Ausbildung oder der Ausbildungsplatzsuche in Frage stellt (vgl → Rn. 26 und 36). Ebenfalls unerhebl ist, in welcher Höhe dem Kind **Einkünfte und Bezüge** zufließen (DA-KG A 20.2.1 I mit Beispiel). Steuerl begünstigt werden damit auch Ausbildungsgänge, die neben einer (Vollzeit-)Erwerbstätigkeit durchgeführt werden (BT-Drs 17/5125, 41: zB Abendschule oder Fernstudium; BFH III R 42/27, BStBl II 19, 769 Rn. 16).

Anwendungsschreiben: *BMF* BStBl I 16, 226; *Bering/Friedenberger* FR 16, 265. – **Kritik** von *Reiß* FR 11, 462, und *D. Felix* NJW 12, 22 (25): kein Bezug mehr zum gesetzl Ziel der Familienförderung und der Sicherung des Existenzminimums; **aA** *Wendl* FR 14, 167 (auch zu den Unterschieden zur früheren Regelung). S allg *Hey* FR 20, 578 (584).

b) Erwerbstätigkeit nach Abschluss einer Erstausbildung, § 32 IV 2. – **aa) Überblick.** Kinder, die eine erste berufl Ausbildung abgeschlossen haben, werden gem § 32 IV 2 und 3 nur noch dann berücksichtigt, wenn sie entweder überhaupt keiner Erwerbstätigkeit nachgehen (S 2) oder wenn es sich um eine unschädl Tätigkeit handelt (S 3, → Rn. 67). – Die Regelung in § 32 IV 2 knüpft an den **Abschluss** einer erstmaligen Berufsausbildung oder eines Erststudiums an. Die Begriffe sind hier nach Wortlaut und Zielsetzung (zugunsten des StPfl) sehr viel enger auszulegen als das Tatbestandsmerkmal „Berufsausbildung" in § 32 IV 1 Nr 2 Buchst a (→ Rn. 26; BFH III R 43/22, BStBl II 25, 512, Rn. 38 mwN; ebenso: DA-KG A 20.2.1 I 3 ff; *BMF* BStBl I 16, 226 Rn. 12d). – **Monatsprinzip** (→ Rn. 20): Es genügt, wenn die Voraussetzungen für die Berücksichtigung des Kindes an *einem* Tag des Monats erfüllt sind (so auch *BMF* BStBl I 16, 226 Rn. 28). 61

Grundausbildung bei der Bundeswehr ist idR keine Erstausbildung (BFH III R 43/22, BStBl II 25, 512, Rn. 36 ff). Dasselbe gilt für **allgemeine Fortbildungs- und Qualifizierungsmaßnahmen** wie Sprach- oder Computerkurs etc (keine abgeschlossene Berufsausbildung). – § 32 IV 2 gilt *nicht* für **Kinder ohne Beschäftigung** iSv § 32 IV 1 Nr 1 (die ohnehin in keinem Beschäftigungsverhältnis stehen dürfen, → Rn. 25) und **behinderte Kinder** iSd § 32 IV 1 Nr 3 (für die auch § 32 IV 2–10 aF nicht galt).

bb) Erstmalige Berufsausbildung. Eine **Berufsausbildung** idS liegt nur vor, wenn es sich ***(1.)*** um einen öffentl-rechtl geordneten Ausbildungsgang handelt, der ***(2.)*** auf einen Abschluss in Form einer Prüfung ausgerichtet ist und ***(3.)*** dem Kind *alle* notwendigen fachl Fertigkeiten und Kenntnisse vermittelt, die es für die Ausübung des von ihm angestrebten Berufs benötigt (BFH III R 28/19, BStBl II 20, 562 Rn. 12: Gesamtwürdigung). Allerdings müssen nicht sämtl Teilmaßnahmen einer einheitl Erstausbildung öffentl-rechtl geordnet sein (BFH III R 17/18, BStBl II 19, 772 Rn. 27; BFH III R 14/19, BFH/NV 21, 936). – **Erstmalig** ist die Berufsausbildung, wenn ihr weder eine andere abgeschlossene Berufsausbildung noch ein Erststudium vorausgegangen sind. Eine vorherige berufl Tätigkeit *ohne* entspr Ausbildung ist unschädl (s *BMF* BStBl I 16, 226 Rn. 6 f, auch zu Ausbildung im Ausl). 62

Der BFH hatte zunächst dem **Berufsziel des Kindes** einen hohen Stellenwert eingeräumt (s BFH III R 27/15, BStBl II 17, 278 Rn. 16: „weiter Entscheidungsspielraum"; ebenso BFH III R 52/13, BStBl II 15, 152 Rn. 19) und dies verfrechtl begründet (mE zutr, s auch BFH VI R 33/98, BStBl II 99, 701). Diese Rspr hat der BFH ausdrückl wieder aufgegeben (BFH III R 50/20, BStBl II 21, 866 Rn. 19 mwN; iEinz → Rn. 65 ff). – Das **„und"** zw den beiden Tatbestandsmerkmalen ist mit dem AhRLUmsG durch ein **„oder"** ersetzt worden, war aber auch bislang schon iSv „und ebenso" zu verstehen (glA BFH III R 52/13, BStBl II 15, 152, mwN). – **Beispiele** → Rn. 66 und *BMF* BStBl I 16, 226 Rn. 4 f.

cc) Erststudium. Es handelt sich um einen Unterfall des Oberbegriffs „erstmalige Berufsausbildung" (BFH III R 26/18, BStBl II 19, 765; allg → § 9 Rn. 343 und 346; *BMF* BStBl I 16, 226 Rn. 8 ff und 14 ff, auch zu Studienwechsel und -unterbrechung; ferner DA-KG A 20.2.3). Daher ist ein Studium ein Erststudium idS, wenn ihm weder eine andere abgeschlossene Berufsausbildung noch ein anderes abgeschlossenes Studium vorausgegangen sind. – Ein **duales Studium** endet idR erst mit Erreichen des angestrebten akademischen Grades; die integrierte Berufsausbildung ist keine *abgeschlossene* Ausbildung und daher unschädl (s BFH III R 52/13, BStBl II 15, 152). Dasselbe gilt für ein juristisches/pädagogisches Studium, an das sich zeitnah ein **Referendariat** anschließt, ebenso für ein **konsekutives Masterstudium** oder eine **Promotion** (s *BMF* BStBl I 16, 226 Rn. 18 ff). 63

dd) Begriff der Erwerbstätigkeit. Erwerbstätigkeit ist eine entgeltl Tätigkeit, die den Lebensunterhalt des Kindes sicherstellen soll (vgl BFH VI R 143/73, BStBl II 75, 537) und den Einsatz der persönl Arbeitskraft voraussetzt (FG RhPf EFG 14, 930, rkr). Es kann sich um eine luf, eine gewerbl, eine selbständige oder eine nichtselbständige Arbeit handeln. Vermögensverwaltung (Einkünfte aus VuV, KapVerm oder 64

Renten) ist *keine* Erwerbstätigkeit idS. Freiwillige Dienste iSd § 32 IV 1 Nr 2 Buchst d können schon aus systematischen Gründen keine Erwerbstätigkeit sein. S iÜ auch *BMF* BStBl I 16, 226 Rn. 23.

65 **ee) Mehraktige Ausbildung. – (1) Enger sachlicher/zeitlicher Zusammenhang.** Auch eine Ausbildung, die nach Erreichen eines Abschlusses fortgesetzt wird und sich so in mehrere Abschnitte gliedert, kann *eine* Berufsausbildung iSd § 32 IV 2 sein (BFH V R 27/14, BStBl II 16, 163). Allerdings muss sich der erste Abschluss als integrativer Bestandteil einer *einheitl* Ausbildung darstellen (BFH III R 14/15, BStBl II 16, 615). Das ist der Fall, wenn ein enger **sachl Zusammenhang** zw den einzelnen Ausbildungsabschnitten besteht (zB dieselbe Berufssparte oder derselbe Fachbereich; BFH III R 26/18, BStBl II 19, 765: Ausbildungsinhalte entscheidend, nicht Titel/Bezeichnung) und diese in einem engen **zeitl Zusammenhang** durchgeführt werden (BFH III R 18/17, BStBl II 18, 548: nächstmögl Termin, zeitnahe Anmeldung für späteren Termin genügt nicht). Maßgebl ist grds das vom Kind angestrebte Berufsziel (*BMF* BStBl I 16, 226 Rn. 12b), das aber anhand **obj Beweisanzeichen** nach außen hin in Erscheinung getreten sein muss (BFH III R 52/13, BStBl II 15, 152 Rn. 30; auch → Rn. 62). An einer einheitl Ausbildung fehlt es dagegen idR, wenn der zweite Ausbildungsabschnitt eine **berufspraktische Tätigkeit** voraussetzt (BFH III R 14/19, BFH/NV 21, 936; uU einschr: BFH III R 2/19, BStBl II 21, 861 Rn. 20) oder das Kind nach Ende des ersten Ausbildungsabschnitts eine Berufstätigkeit aufnimmt, die nicht nur der zeitl Überbrückung bis zum nächstmögl Beginn des nächsten Ausbildungsabschnitts dient (BFH III R 17/18, BStBl II 19, 772 Rn. 11; s auch Beispiele → Rn. 67).

66 **(2) Schwerpunkt (Gesamtwürdigung).** Übt das Kind zw den beiden Ausbildungsabschnitten oder parallel während des zweiten Ausbildungsabschnitts eine **Erwerbstätigkeit** aus, muss ausgehend von den konkreten Umständen des Falls iRe Gesamtwürdigung festgestellt werden, wo der Schwerpunkt der Tätigkeit liegt: ob es sich noch um eine **einheitl Erstausbildung** mit *daneben* ausgeübter Erwerbstätigkeit handelt oder ob die **Berufstätigkeit die Hauptsache** ist mit ergänzender, *nebensächl* Aus-/Weiterbilddung (s BFH III R 26/18, BStBl II 19, 765; BFH III R 28/19, BStBl II 20, 562). Diese Abgrenzung ist auf den jeweiligen Ausbildungsabschnitt bezogen vorzunehmen, nicht abschnittsübergreifend (BFH III R 41/20, BFH/NV 22, 1166 Rn. 24). – Gesichtspunkte, die dem BFH zufolge in die **Gesamtwürdigung** einfließen (s BFH III R 17/18, BStBl II 19, 772 Rn. 13 ff; BFH III R 26/18, BStBl II 19, 76 Rn. 15 ff): – ***(a)*** **längerfristige Bindung** an einen Arbeitgeber (tendenziell schädl, wenn unbefristet oder jedenfalls mehr als 26 Wochen; bei Befristung bis zum nächsten Ausbildungsabschnitt eher unschädl); – ***(b)*** Umfang der vereinbarten **Arbeitszeit** und zeitl **Verhältnis zur Ausbildung** (Erwerbstätigkeit mit 22 Wochenstunden neben Vollzeitstudium muss nicht schädl sein, auch nicht bei höherer Arbeitsbelastung in ausbildungsfreier Zeit, zB Semesterferien; weitere Ausbildung nur nach Feierabend und an Wochenenden ist im Zweifel eher schädl); – ***(c)*** berufl Tätigkeit auf der Grundlage der durch den ersten Ausbildungsabschnitt **bereits erlangten Qualifikation** (tendenziell schädl); – ***(d)*** und organisatorische **Unterordnung der Erwerbstätigkeit** unter die Ausbildungsmaßnahme (an den Ausbildungsplan „angepasste" Arbeitszeiten). – Diese Kriterien gelten auch dann, wenn sich das Kind nach dem Ende des ersten Ausbildungsabschnitts **umorientiert** und seine Ausbildung anders als ursprüngl geplant fortsetzt (BFH III R 14/18, BStBl II 20, 785). Sie stellen allerdings **keinen abschließenden Katalog** dar (so jetzt BFH III R 22/21, BStBl II 22, 678). Das NdsFG hat diese Grundsätze für den Fall eines fehlenden Ausbildungsplatzes (§ 32 IV 1 Nr 2 Buchst c, hier: Notfallsanitäter) eingeschränkt (NdsFG BeckRS 2023, 49284, Rev III R 13/24); mE in Anbetracht der immerhin vierjährigen Vollzeiterwerbstätigkeit als Rettungssanitäter zweifelhaft.

Auf das **Berufsziel** des Kindes kommt es in diesem Zusammenhang nicht an (nur bei → Rn. 65, s BFH III R 22/21, BStBl II 22, 678). – Soweit die Rspr zunächst eine einheitl Ausbildung nach *weniger strengen Kriterien* angenommen hat (s BFH III R 27/15, BStBl II 17, 278; BFH III R 52/13, BStBl II 15, 152; BFH VI R 9/15, BStBl II 16, 166), hat sich der BFH davon ausdrückl distanziert (BFH III R 26/18, BStBl II 19, 765 Rn. 21; BFH III R 29/19, BFH/NV 20, 881 Rn. 21). – Die Ableistung eines **freiwilligen sozialen Jahres** zw Bachelor- und Masterstudium ist schädl (BFH III R 10/22, BStBl II 24, 267).

(3) Anwendungsfälle. Eine einheitl Ausbildung wird idR verneint, wenn der weitere Ausbildungsabschnitt eine **Berufstätigkeit voraussetzt** (BFH III R 14/15, BStBl II 16, 615: VWA-Studium erst nach einjähriger berufl Tätigkeit; BFH III R 54/18, BFH/NV 19, 1347: dreijährige Berufstätigkeit als Ersatz für fehlende Fachhochschulreife), es sei denn, diese Voraussetzung kann auch durch eine bereits vor oder während des ersten Ausbildungsabschnitts durchgeführte Tätigkeit oder durch eine **untergeordnete Tätigkeit** von weniger als 20 Wochenstunden während des zweiten Ausbildungsabschnitts erfüllt werden (s BFH III R 42/18, BStBl II 19, 769 Rn. 24; BFH III R 50/18, BFH/NV 19, 1092 Rn. 25). Findet die Ausbildung *neben* einer berufl Tätigkeit nur **nach Feierabend und am Wochenende** statt, bildet sie im Zweifel nicht den Schwerpunkt der Tätigkeit (BFH III R 56/18, BFH/NV 19, 918, Klage im 2. Rechtsgang abgewiesen, s FG Ddorf BeckRS 2019, 29821, rkr). **Typische Aushilfs- und Nebenjobs** (zB in der Gastronomie) sind dagegen im Zweifel unschädl. 67

Die Rspr des BFH ist inzwischen eher restriktiv (vgl BFH III R 10/19, BFH/NV 21, 541). In zahlreichen weiteren Verfahren hat der BFH die erstinstanzl Urteile aufgehoben und die Sachen an das FG zurückverwiesen; s iEinz die **Rspr-Übersicht** im 3. Orientierungssatz zu BFH III R 26/18, BStBl II 19, 765, und *Köster* DStZ 19, 613. Besonders häufig betroffene Fallgruppen: Studium nach **Banklehre** und **Verwaltungs-/Steuerfachangestellten,** die eine Ausbildung zum Verwaltungs-/Steuerfachwirt machen (s BFH III R 32/17, BFH/NV 19, 691; BFH III R 8/18, BFH/NV 19, 815; BFH III R 44/18, BFH/NV 19, 913; BFH III R 12/18, BFH/NV 19, 1082; BFH III R 43/17, BFH/NV 19, 1343); Studium nach **kaufmännischer Ausbildung** (BFH III R 52/18, BFH/NV 19, 829; BFH III R 62/18, BFH/NV 20, 879) oder **Meisterausbildung** (BFH III R 18/18, BFH/NV 19, 1087); **Diplom-Finanzwirtin** mit „berufsbegleitendem" Jura-Studium (BFH III R 22/21, BStBl II 22, 678). – Ob bereits eine vierwöchige Ausbildung zum **Rettungshelfer** iRd Bundesfreiwilligendienstes eine erstmalige Berufsausbildung sein kann, erscheint zweifelhaft (so aber FG Mster BeckRS 2024, 16738, Rev III R 22/24); abl für den Fall einer dreimonatigen Schulung zur **Rettungssanitäterin:** FG RhPf EFG 24, 1834, Rev III R 14/24, mE zutr (ähnl FG Mster EFG 25, 23, Rev III R 31/24: Jura-Studium nach viermonatiger Ausbildung, ebenfalls zutr; FG Nbg BeckRS 2023, 2799, Rev III R 12/24; NdsFG BeckRS 2024, 4431, Rev III R 7/24).

c) Unschädliche Erwerbstätigkeit, § 32 IV 3. Der Anspruch auf Freibeträge bzw KiGeld bleibt auch nach Abschluss einer berufl Erstausbildung bestehen, wenn die Erwerbstätigkeit eine regelmäßige **wöchentl Arbeitszeit von bis zu 20 Stunden** nicht überschreitet; maßgebl ist die *durchschnittl* wöchentl Arbeitszeit (zutr *BMF* BStBl I 16, 226 Rn. 24 mit Beispiel; DA-KG A 20.3). Wird die 20-Stunden-Grenze auch nur geringfügig überschritten, kann das Kind nicht berücksichtigt werden (gesetzl Typisierung, kein Billigkeitsspielraum; s auch FG Ddorf EFG 13, 1939, rkr). – Unschädl ist auch ein **Ausbildungsdienstverhältnis,** wenn also die Ausbildung des Kindes Gegenstand und Ziel eines DienstVerh und mithin verpflichtender Gegenstand des ArbVertrags ist (BFH III R 37/14, BStBl II 16, 55, mwN; BFH VI R 14/12, BStBl II 13, 449: DienstVerh muss durch den Ausbildungszweck geprägt sein). – Unschädl ist schließl eine **geringfügige Beschäftigung** iSd §§ 8, 8a SGB IV. Bei Erwerbstätigkeit in ausbildungsfreien Zeiten (zB Semesterferien etc) sollten die Grenzen einer sog kurzfristigen Beschäftigung eingehalten werden (§ 8 I Nr 2 SGB IV: Begrenzung auf längstens zwei Monate oder 50 Tage; *BMF* BStBl I 16, 226 Rn. 26: Einstufung des ArbG maßgebl); innerhalb dieser Grenzen bleibt der 70

Anspruch auf Freibeträge bzw KiGeld auch für die Monate der kurzfristigen Beschäftigung bestehen.

Beispiele – Ausbildungsdienstverhältnis bejaht: Berufsausbildungsverhältnisse gem § 1 III und §§ 4–52 BBiG und ggf auch Praktikum und Volontariat (DA-KG A 20.3.2 I 3); Finanzanwärter, Referendare, Lehramtskandidaten oder Zeitsoldaten während der militärischen Ausbildung oder eines Studiums, sofern dies Bestandteil der Ausbildung ist (vgl BFH VI R 144/83, BStBl II 85, 89 mwN; LStH 9.2). – **Ausbildungsdienstverhältnis verneint:** Tätigkeit als wissenschaftl Mitarbeiter neben Promotion (FG Mster EFG 14, 2051, rkr: bloßes zeitl Nebeneinander von Ausbildung und DienstVerh genügt nicht; s aber auch *BMF* BStBl I 16, 226 Rn. 20a).

74 **7. Grundwehrdienst; Zivildienst, § 32 V.** Zur verlängerten Berücksichtigung von Kindern, die Grundwehrdienst, Zivildienst oÄ geleistet hatten, s § 52 XXXII 2 und → 43. Aufl 2023, § 32 Rn. 74 und ausführl → 38. Aufl 2019, § 32 Rn. 68 ff; DA-KG 2022 (BStBl I 22, 1011) A 21 (mit Beispiel). Welche Bedeutung der **„Neue Wehrdienst"** nach dem WDModG (BGBl I 25 Nr 370) für die estl Berücksichtigung von Kindern (ab Geburtsjahr 2008) haben wird, lässt sich noch nicht absehen; zu freiwilligem Wehrdienst → Rn. 40.

III. Rechtsfolge: Freibeträge, § 32 VI

76 **1. Freibeträge; Abzug vom Einkommen, § 32 VI 1–5.** Die Unterscheidung von zwei Freibeträgen ist historisch bedingt (s *BH/Selder* § 32 Rn. 8 f). Der **Kinderfreibetrag** berücksichtigt das sächl Existenzminimum des Kindes (VZ 2026: 3414 €), der sog **Betreuungsfreibetrag** den darüberhinausgehenden Bedarf für Betreuung, Erziehung, Ausbildung (seit VZ 2021: 1464 €). Beide Freibeträge typisieren den gewöhnl kindbedingten Mehraufwand; auf die tatsächl Aufwendungen des StPfl kommt es nicht an (→ Rn. 1). Es sind **Jahresbeträge** (aber → Rn. 81), die vom Einkommen (§ 2 V) des jeweiligen Elternteils abgezogen werden, wenn dies günstiger ist als der Anspruch auf KiGeld, § 31 S 4 (→ § 31 Rn. 10 ff). – **Atypischer Mehraufwand** (zB behinderungsbedingt) muss zusätzl berücksichtigt werden (vgl BFH VI R 16/10, BStBl II 11, 1012).

77 **a) Einfache Freibeträge, § 32 VI 1.** Grds werden sowohl Kinderfreibetrag als auch Betreuungsfreibetrag **jedem Elternteil für jedes Kind** gewährt, das nach § 32 I–V zu berücksichtigen ist, unabhängig davon, bei welchem Elternteil das Kind lebt bzw gemeldet ist. IErg gilt dies jedoch nur für Eltern, die die Voraussetzungen der Ehegattenbesteuerung (§ 26 I 1) *nicht* erfüllen (dh nicht verheiratete, dauernd getrennt lebende oder geschiedene Eltern), und für Eltern, bei denen eine Zusammenveranlagung gem § 26a (oder § 26c aF) nicht durchgeführt wird.

78 **b) Verdoppelung bei Zusammenveranlagung, § 32 VI 2.** Bei Ehegatten/Lebenspartnern, die nicht dauernd getrennt leben (§ 26 I 1) und zusammen zur ESt veranlagt werden (§ 26b), werden die Freibeträge zusammengefasst; der Ausdruck „verdoppeln" ist mE missverständl. Die Ehegatten/Lebenspartner erhalten im VZ 2026 – gemeinsam – *einen* Kinderfreibetrag von **6828 €** und *einen* Betreuungsfreibetrag von **2928 €,** insgesamt also **9756 €.** Das Kind muss zu beiden Ehegatten/Lebenspartnern in einem Kindschaftsverhältnis iSv § 32 I 1 Nr 1 oder 2 stehen (nicht notwendig in demselben; zu Adoption durch Lebenspartner s *BMF* BStBl I 14, 109).

79 **c) Verdoppelung in sonstigen Fällen, § 32 VI 3.** Ein *einzelner StPfl* erhält doppelte Freibeträge für Kinder iSv § 32 I 1 Nr 1 oder 2 zum einen dann, wenn der andere Elternteil verstorben oder nicht unbeschr stpfl ist (§ 32 VI 3 Nr 1; vgl BFH III R 86/09, BStBl II 13, 855: Mutter lebt in Norwegen). Die Regelung gilt nicht nur für Ehegatten/LPart, sondern allg für Elternteile (s BFH VIII R 110/01, BFH/NV 03, 31). Zum andern werden die Freibeträge verdoppelt, wenn ein StPfl allein das Kind angenommen (→ Rn. 11) oder ein Pflegekindschaftsverhältnis (→ Rn. 12 ff) begründet hat (§ 32 VI 3 Nr 2; s *BMF* BStBl I 14, 109 zu LPart). Dem

gleichgestellt sind nach EStR 32.12 Fälle, in denen der Aufenthalt des anderen Elternteils unbekannt ist oder der Vater eines Kindes nicht festgestellt werden kann (zB nach anonymer Samenspende, s *BMF* BStBl I 14, 109); dasselbe gilt mE, wenn der Vater von der Mutter nicht benannt wird (*OFD Hann* DB 97, 2198; glA *BH/Selder* § 32 Rn. 131; **aA** ThürFG EFG 98, 1414, rkr; *HHR/Wendl* § 32 Rn. 176). Zur Möglichkeit einer **Doppelberücksichtigung** → Rn. 81.

d) Auslandskinder, § 32 VI 4. – aa) Unbeschränkte Steuerpflicht des Kindes. Die Freibeträge sind ggf zu kürzen, wenn das zu berücksichtigende Kind *nicht* nach § 1 I oder II unbeschr stpfl ist, dh wenn es insb weder Wohnsitz (§ 8 AO) noch gewöhnl Aufenthalt (§ 9 AO) im Inl hat. Nach § 1 II unbeschr stpfl sind zB die mit ihren Eltern im Ausl lebenden Diplomatenkinder (→ § 1 Rn. 35). Kinder, die sich **zur Ausbildung ins Ausl** begeben, behalten den inl Wohnsitz in der Wohnung der Eltern bei, wenn sie dort weiterhin über geeignete Räumlichkeiten verfügen und diese mit einer gewissen Regelmäßigkeit auch aufsuchen (BFH III R 11/21, BStBl II 23, 970). Unterschieden wird nach der **Dauer des Auslandsaufenthalts:** Bei Aufenthalten *bis zu einem Jahr* ist es unschädl, wenn das Kind überhaupt nicht nach Hause kommt (BFH III R 12/20, BStBl II 22, 681 Rn. 20). Ist der Aufenthalt im Ausl auf *mehr als ein Jahr* angelegt, muss das Kind den überwiegenden Teil seiner ausbildungsfreien Zeit im Inl verbringen und die Wohnung der Eltern auch tatsächl nutzen (BFH III R 10/14, BStBl II 15, 655, mwN; krit Anm *Dziadkowski* IStR 15, 144 (147)). Nur gelegentl Besuche genügen in diesem Fall nicht (BFH III R 10/14, BStBl II 15, 655: 2–3 Wochen pro Jahr, aber Berücksichtigung von Anwesenheitspflichten). Dass das Kind den *weit* überwiegenden Teil der ausbildungsfreien Zeit im Inland verbringt, wird nicht verlangt (BFH III R 38/14, BStBl II 16, 102: Zusammenschau der tatsächl Umstände). Ob dem StPfl oder dem Kind entspr Heimreisen finanziell mögl sind, ist unerhebl (FG Köln EFG 07, 1174, rkr); auch iÜ kommt es nicht auf subj Momente oder Absichten an (BFH III R 10/14, BStBl II 15, 655). Steht bereits während des lfd Ausbildungs-, Schul- oder Studienjahres fest, dass das Kind nicht mehr als die Hälfte der ausbildungsfreien Zeit in der elterl Wohnung verbringen wird, spricht dies für eine **Aufgabe des inl Wohnsitzes** bereits zu diesem Zeitpunkt, nicht erst zum Ende des jeweiligen Ausbildungsabschnitts (BFH III R 11/21, BStBl II 23, 970, Rn. 25). Fasst das Kind den Entschluss, die ausbildungsfreie Zeit nicht mehr überwiegend in der elterlichen Wohnung zu verbringen, zu Hause, bei seinen Eltern, kommt es auf den tatsächl Auszug bzw die Abreise an (BFH III R 32/23, BStBl II 25, 554, auch zu Übergangszeiten). – Der **Nachweis** der unbeschr StPfl des Kindes obliegt dem StPfl, der die (ungekürzten) Freibeträge in Anspruch nehmen möchte. Die Existenz des Kindes kann durch eine Lebensbescheinigung der ausl Heimatbehörde nachgewiesen werden, bei Kindern über 18 Jahren in Ausbildung durch entspr Schul- oder Studienbescheinigungen oÄ. – Zum **LStAbzug** für Auslandskinder → Rn. 100. Zu Kindern, die **im Ausl geboren** werden, s DA-KG A 23.1 II 3. 80

bb) Ländergruppeneinteilung; Verstoß gegen Unionsrecht. Die Kürzung der Freibeträge gem den Verhältnissen des Wohnsitzstaates richtet sich nach der **Ländergruppeneinteilung des BMF** (ab VZ 2025: *BMF* BStBl I 25, 2039; davor: → 44. Aufl 2025, § 32 Rn. 81). Verfrechtl Bedenken bestehen insoweit nicht (BVerfG 2 BvR 288/92, NJW 93, 3318 zum funktionsgleichen § 33a II aF). Allerdings hat der EuGH für Österreich entschieden, dass eine Kürzung von familienbezogenen Absetzbeträgen **unionsrechtswidrig** ist (EuGH C-328/20, EuZW 22, 806: keine Rechtfertigung durch Kaufkraftunterschiede). Das muss auch iZm § 32 VI 4 (und § 33a I 6, → § 33a Rn. 32) berücksichtigt werden. Daher sind für Kinder mit Wohnsitz in einem EU-/EWR-Mitgliedstaat die **ungekürzten Freibeträge** anzusetzen (so jetzt auch *BMF* BStBl I 25, 2039 Fn 1). 81

e) Ermäßigung der Freibeträge, § 32 VI 5. Obwohl es sich bei den Freibeträgen um Jahresbeträge handelt (→ Rn. 76), werden die Voraussetzungen für ihre Ge- 82 währung monatsweise geprüft und die Freibeträge ggf gekürzt, für jeden Monat um ein Zwölftel. Das ist zB der Fall, wenn ein zunächst unbeschr stpfl Elternteil im Laufe des VZ beschr stpfl wird (BFH VIII R 111/01, BFH/NV 04, 331) oder das Kind seine Ausbildung beendet und erwerbstätig wird. – Auch hier gilt das **Monatsprinzip** (→ Rn. 20); dh eine Kürzung darf nur dann erfolgen, wenn die in § 32 VI 1–4 genannten Voraussetzungen an *keinem* Tag des Monats vorliegen.

Im Fall des § 32 VI 3 Nr 1 kann dies mE zu **Doppelberücksichtigungen** führen, da die Konkurrenzregelung des § 32 II nur für Adoption und Pflegekindschaft gilt, nicht aber für verstorbene oder beschr stpfl gewordene Elternteile (Folge der gesetzl Typisierung, → Rn. 1 und → Rn. 18; str, glA *BeckOK EStG* § 32 Rn. 613.1; **aA** *Heuermann* DStR 00, 1546 (1550)). Leben zB die Eltern dauernd getrennt und ist der Vater vom 10.5. an nur noch beschr stpfl, wird das Kind für diesen Monat beim Vater nach § 32 VI 1 (noch) mit einem Zwölftel der *einfachen* Freibeträge berücksichtigt und bei der Mutter nach § 32 VI 3 Nr 1 (bereits) mit einem Zwölftel der *doppelten* Freibeträge.

83 **2. Übertragung auf den anderen Elternteil, § 32 VI 6–9. – a) Überblick.** Bis VZ 2020 konnte gem § 32 VI 6 der Kinderfreibetrag der Rspr zufolge isoliert übertragen werden, ohne dass der Betreuungsfreibetrag mitübertragen werden musste (vgl BFH III R 61/18, BStBl II 22, 43; BFH III R 25/19, BStBl II 22, 63; BT-Drs 14/6160, 12; Folge: Verdoppelung der sog Kinderadditive bei § 33 III, → 40. Aufl 2021, § 32 Rn. 83; **aA** *BMF* BStBl I 13, 845 Rn. 5). Seit **VZ 2021** führt die Übertragung des Kinderfreibetrags notwendig auch zur Übertragung des Betreuungsfreibetrags (§ 32 VI 6 Hs 2 nF). Bei minderjährigen Kindern kann zudem der Betreuungsfreibetrag isoliert übertragen werden (§ 32 VI 8). – Zum Behinderten-Pauschbetrag → § 33b Rn. 29.

84 **b) Kinderfreibetrag, § 32 VI 6, 7.** Die Übertragung des Kinderfreibetrags setzt voraus, dass die Eltern unbeschr stpfl sind und den Tatbestand der Ehegattenbesteuerung (§ 26 I 1) *nicht* erfüllen. Erfasst werden damit getrennt lebende oder geschiedene Ehegatten/Lebenspartner sowie Eltern nichtehel Kinder, nicht jedoch Ehegatten/Lebenspartner, die nach § 26a (oder § 26c aF) veranlagt werden (da beide Vorschriften ihrerseits an die Voraussetzungen des § 26 I 1 anknüpfen; BFH III R 10/05, BFH/NV 07, 662: verfgemäß). – Der Elternteil, der die Übertragung des (weiteren) Kinderfreibetrags beantragt, muss seiner **Unterhaltspflicht** für das Kj **im Wesentlichen nachgekommen** sein, nicht jedoch der andere Elternteil. Zustimmung des anderen Elternteils ist nicht erforderl. Eine einvernehml Übertragung, ohne Verletzung der Unterhaltspflicht, ist nicht mögl (s BFH III R 34/19, BStBl II 21, 848 Rn. 16).

85 **aa) Unterhalt.** Betreuungs- und Barunterhalt (§ 1606 III BGB) sind gleichwertig; denn sie mindern gleichermaßen die steuerl Leistungsfähigkeit des jeweiligen Elternteils (vgl BVerfG 2 BvR 1057/91, BStBl II 99, 182; BFH VI R 123/95, BFH/NV 98, 568; **aA** wohl *Paus* FR 16, 1130; s auch die Kritik von Tipke/Lang SteuerR § 8 Rn. 94 mwN). **Betreuungsunterhalt** wird durch Erziehung und tatsächl Versorgung des Kindes mit Nahrung, Kleidung, Wohnung, Pflege bei Krankheit etc erbracht, **Barunterhalt** durch Leistung der hierfür erforderl Geldmittel. Die Übertragung des Kinderfreibetrags wird idR wegen Verletzung der Barunterhaltspflicht beantragt. – **Unterhaltsbedürftigkeit des Kindes** wird vorausgesetzt (§ 1602 BGB; BFH III R 57/00, BFH/NV 06, 1815); die Bedürftigkeit ist nicht nach dem Monatsprinzip, sondern für das Kj zu prüfen. – Gem **§ 32 VI 6** hindert mangelnde Leistungsfähigkeit des anderen Elternteils die Übertragung des Kinderfreibetrags nicht (seit VZ 2012, BT-Drs 17/6146, 19: Entlastung nur desjenigen Elternteils, der allein für den Kindesunterhalt aufkommt). Steht der **Mangelfall** gem § 1603 I BGB fest, kann der betr Elternteil die Übertragung nicht durch freiwillige Leistungen verhindern (zutr *BMF* BStBl I 13, 845 Rn. 4); denn es handelt sich um gleichwertige Tatbestandsalternativen. – Gem **§ 32 VI 7** scheidet eine Übertragung *für* Zeiträume

aus, für die Leistungen nach dem UnterhVorschussG gezahlt werden (ohne Rücksicht auf die Höhe der Zahlungen).

bb) Unterhaltspflicht. Umfang und Dauer der Unterhaltspflicht bestimmen sich nach Zivilrecht (s *Grüneberg* § 1610 BGB Rn. 1 ff). Ob die Eltern oder das Kind während des ganzen Kj unbeschr stpfl gewesen sind, ist insoweit ohne Belang (EStR 32.13 III 3). Der Umfang des **Betreuungsunterhalts** richtet sich nach den individuellen Lebensumständen. Die Höhe des **Barunterhalts** kann sich aus Vereinbarungen, Urteilen, Vergleichen etc ergeben (einschr FG Saarl EFG 90, 354, rkr), auch rückwirkend (FG Bbg EFG 01, 1049, rkr). Hilfsweise gelten die Richtsätze der Düsseldorfer Tabelle uä regionaler Tabellen (EStR 32.13 I 2; FG RhPf EFG 98, 1470, rkr). 86

cc) Wesentlicher Unterhaltsbeitrag. – (1) Minderjährige Kinder. Der Elternteil, in dessen Obhut sich das Kind befindet, leistet seinen Unterhalt zu 100% **durch Betreuung** (§ 1606 III 2 BGB; BGH VII ZB 68/21, NJW-RR 23, 784 Rn. 11). Es kommt nicht darauf an, ob dieser Elternteil finanziell leistungsfähig iSd § 1603 BGB ist; idR besteht daher kein Übertragungsrecht des zahlenden Elternteils, auch dann nicht, wenn der betreuende Elternteil Leistungen nach SGB II bezieht (BFH R 18/15, BStBl II 16, 893: kein verfassungsrechtl Anspruch auf zwei Freibeträge; FG Mster EFG 91, 128, rkr, für Heimunterbringung; s auch *Kanzler* DStR 90, 405; krit *Paus* FR 16, 1130). Die Unterhaltspflicht kann auch **durch Dritte** erfüllt werden (*Grüneberg* § 1606 BGB Rn. 8). – Der andere Elternteil leistet den sog **Barunterhalt,** wenn er seiner Verpflichtung mindestens zu 75% nachkommt (relative Grenze, s BFH VI R 148/97, BFH/NV 00, 1194; EStR 32.13 II). Unbeachtl ist, ob es sich um einen verhältnismäßig geringfügigen Beitrag handelt (BFH VI R 129/95, BStBl II 98, 435) oder um einen Beitrag, der niedriger als nach der Düsseldorfer Tabelle festgesetzt wurde (BFH VI R 21/97, BFH/NV 98, 437). – Leben die Eltern in **nichtehel Lebensgemeinschaft** zusammen in einem **gemeinsamen Haushalt,** kann idR davon ausgegangen werden, das grds beide ihrer jeweiligen Unterhaltspflicht nachkommen; das gilt auch dann, wenn einer von beiden nur einen geringen Beitrag zum gemeinsamen Haushaltseinkommen leistet (vgl BFH III R 24/20, BStBl II 22, 409, auch zu Ausnahmen). – **Nicht der Zeitpunkt** der Leistung ist maßgebl, sondern der Zeitraum, *für* den geleistet worden ist; § 11 II gilt nicht, sodass ggf auch Zahlungen nach Ablauf des VZ zu berücksichtigen sind (BFH III R 7/90, BStBl II 93, 397). Reicht die Unterhaltsleistung für mehrere minderjährige Kinder nicht aus, ist von einer gleichmäßigen Verteilung auszugehen (§§ 1603 II 1, 1609 I BGB). Dies gilt mE auch bei abw Tilgungsbestimmung (§ 362 I BGB), weil das nicht bedachte Kind einen Bereicherungsanspruch hätte. Bei Zahlung von Unterhalt für mehrere Jahre gelten die §§ 366, 367 BGB (glA FG BW EFG 94, 839, rkr). 87

(2) Volljährige Kinder. Bei diesen scheidet eine Betreuungspflicht aus; beide Elternteile sind hier grds (entspr ihrer Leistungsfähigkeit) **barunterhaltspflichtig** (s BGH XII ZR 34/00, NJW 02, 2026; *Grüneberg* § 1606 BGB Rn. 11 f). Liegen keine gerichtl oder vertragl Regelungen vor, kann hinsichtl der Höhe aus Vereinfachungsgründen auf die **Düsseldorfer Tabelle** zurückgegriffen werden (vgl FG RhPf EFG 19, 5, bestätigt durch BFH III R 25/19, BStBl II 22, 63). Die Unterhaltspflicht kann iÜ auch durch **Naturalunterhaltsleistungen** erbracht werden (§ 1612 I 2, II BGB; s BFH III R 34/19, BStBl II 21, 848). – Kommt der Elternteil, der das Kind bis zum Eintritt der Volljährigkeit betreut hat, seiner Barunterhaltspflicht nicht nach oder ist er nicht leistungsfähig iSd § 1603 BGB, kann der andere Elternteil die Übertragung des Freibetrags verlangen (anders noch zum alten Recht BFH VI R 124/95, BFH/NV 00, 553). 88

(3) Freistellung von der Unterhaltsverpflichtung. Wird ein Elternteil von dem anderen gegen Entgelt von seiner Unterhaltsverpflichtung freigestellt, leistet er seinen Unterhalt *durch* den anderen Elternteil. Entgeltlichkeit ist bereits dann an- 89 zunehmen, wenn sich die Elternteile in einer Scheidungsfolgenvereinbarung ggf unter Verzicht auf einen genauen Zugewinnausgleich vermögensrechtl auseinandersetzen und dabei auch den Wert der Unterhaltsverpflichtung einbeziehen (BFH III R 137/93, BStBl II 97, 21; BFH VI B 188/96, BFH/NV 99, 172). Der Wille, sich zu vergleichen, spricht für Entgeltlichkeit (BFH III R 57/00, BFH/NV 06, 1815; BFH VIII R 11/04, BFH/NV 05, 343; FG Mster EFG 13, 1917, rkr, zu Vereinbarung über Trennungsunterhalt).

90 **(4) Maßgeblicher Zeitraum.** Ob ein Elternteil im Kj seiner Unterhaltspflicht im Wesentlichen nachgekommen ist, bemisst sich nach dem Zeitraum, für den Unterhalt tatsächl geschuldet wird (EStR 32.13 III 2). Endet die Unterhaltspflicht etwa dadurch, dass das Kind eine Erwerbstätigkeit aufnimmt und nicht mehr bedürftig ist, werden die verbleibenden Monate bei der Ermittlung der 75%-Grenze nicht berücksichtigt (Beispiele s EStH 32.13). Das gleiche gilt, wenn der Unterhaltspflichtige stirbt.

91 **dd) Verfahren.** Nur auf **Antrag** wird der Kinderfreibetrag übertragen. Antragsberechtigt ist der Ehegatte/Lebenspartner, der seiner Unterhaltspflicht nachkommt. Der Antrag ist an das WohnsitzFA zu richten, nicht an die Familienkasse, und kann bis zur Bestandskraft des EStBescheids gestellt und zurückgenommen werden (FG BW EFG 93, 32, rkr; *Paus* DStZ 04, 875). In **strittigen Übertragungsfällen** soll der andere Elternteil gehört (EStR 32.13 IV 5) und ggf nach § 174 IV, V AO hinzugezogen werden (EStR 32.13 IV 9). Im Gerichtsverfahren ist der andere Elternteil nicht notwendig beizuladen (BFH VI B 301/98, BStBl II 01, 729; *Pust* HFR 01, 1084). Fehlerhafte Doppelberücksichtigung kann nach § 174 II AO bereinigt werden (NdsFG EFG 97, 1313, rkr). – Die Entscheidung des FA ist ein eigenständiger VA und muss grds beiden Eltern bekanntgegeben werden (FG Brem EFG 94, 879 (886), rkr; str, **aA** *BH/Selder* § 32 Rn. 142; *ders* jurisPR-SteuerR 46/2016 Anm. 4, unter Berufung auf BFH III R 18/15, BStBl II 16, 893).

92 **c) Betreuungsfreibetrag, § 32 VI 8, 9. – aa) Allgemeines.** Die Übertragung des Betreuungsfreibetrags setzt gem **§ 32 VI 8** voraus, dass das Kind **minderjährig** (→ Rn. 94) und nur in der Wohnung eines Elternteils gemeldet ist (→ Rn. 93) und dass dieser Elternteil die Übertragung **beantragt** (zum Antrag → Rn. 91 und FG BW EFG 11, 1703: rückwirkendes Ereignis iSv § 175 I 1 Nr 2 AO, bestätigt durch BFH VI R 100/10, BFH/NV 13, 909), ferner dass die Eltern den **Tatbestand der Ehegattenbesteuerung** (§ 26 I 1) *nicht* erfüllen. Wie bei § 32 VI 6 Hs 1 ist die Zustimmung des anderen Elternteils nicht erforderl und eine einvernehml Übertragung unabhängig von § 32 VI 8 nicht mögl. – Gem **§ 32 VI 9** kann der andere Elternteil der Übertragung **widersprechen,** wenn er Kinderbetreuungskosten trägt oder das Kind regelmäßig in einem nicht unwesentl Umfang betreut (seit VZ 2012; s BT-Drs 17/6146, 19: hälftige Teilung der Freibeträge, wenn beide Elternteile den Betreuungs- und Erziehungsbedarf des Kindes sicherstellen; BFH III R 42/07, BStBl II 13, 194: veränderte gesellschaftl Realitäten). Eine **regelmäßige Betreuung** liegt jedenfalls vor, wenn die Eltern eines minderjährigen Kindes einen gleichmäßigen Betreuungsrhythmus vereinbaren und diesen auch tatsächl einhalten; als **nicht unwesentl** sieht der BFH bereits einen zeitl Betreuungsanteil von jährl durchschnittl 10% an (BFH III R 2/16, BStBl II 18, 266; zur Berechnung s NdsFG EFG 20, 934 rkr). Auch hier ist eine Betreuung **durch Dritte** (→ Rn. 87) zulässig (s auch FG RhPf EFG 24, 1756, Rev III R 2/24, mE iErg zweifelhaft). – **Widerspruch** iRd Einspruchsverfahrens genügt; im finanzgerichtl Verfahren ist der jeweils andere Elternteil nicht notwendig beizuladen (BFH III R 2/16, BStBl II 18, 266 Rn. 18 f). Zur **Änderung** nach § 174 AO s BFH III R 25/19, BStBl II 22, 63.

Die Gleichwertigkeit von Bar- und Betreuungsunterhalt (→ Rn. 85) gilt auch hier. Die Übernahme von **Kinderbetreuungskosten** (s *BMF* BStBl I 13, 845 Rn. 8: alle Aufwendungen für Betreuung, Erziehung, Ausbildung des Kindes bis zur Vollendung des 18. Lebensjahres, weiter als

§ 10 I Nr 5) berechtigt im Zweifel aber nur dann zum Widerspruch nach § 32 VI 9, wenn dies eine Betreuung des Kindes in vergleichbarem Umfang ermöglicht.

bb) Meldung. Maßgebl ist das **Melderegister** bezogen auf den Tag des Eingangs der melderechtl An- oder Ummeldung (BFH III R 42/07, BStBl II 13, 194: sachl gerechtfertigt); eine nach Ablauf des VZ vorgenommene, nachträgl Meldung wird nicht berücksichtigt (BFH III R 125/93, BStBl II 96, 91). Die Auskunft der Meldebehörde an das FA ist kein VA und damit auch kein Grundlagenbescheid iSv § 171 X AO, der eine Änderung nach § 175 I 1 Nr 1 AO ermöglichen würde (vgl BFH III R 55/01, BFH/NV 05, 1992 zu § 32 VII aF; glA *BeckOK EStG* § 32 Rn. 658; *Littmann* § 32 Rn. 931). 93

cc) Minderjährigkeit. Eine Übertragung kommt nur bei minderjährigen Kindern in Betracht (BFH III R 61/18, BStBl II 22, 43; BFH III R 25/19, BStBl II 22, 63). Vollendet das Kind im VZ das 18. Lebensjahr, scheidet eine Übertragung für die Monate, in denen das Kind an keinem Tag minderjährig gewesen ist, nach EStR 32.13 IV 6 aus (krit *BeckOK EStG* § 32 Rn. 657.1). 94

Soweit **§ 1603 II 2 BGB** volljährige, unverheiratete **Schulkinder unter 21 Jahren,** die im Haushalt des antragsberechtigten Elternteils leben, minderjährigen Kindern gleichstellt, sollte dies mE auch bei § 32 VI 8 berücksichtigt werden; denn die Unterhaltssituation verändert sich in diesem Fall mit Vollendung des 18. Lebensjahres typischerweise nicht.

3. Übertragung auf Stiefeltern/Großeltern, § 32 VI 10, 11. Die Aufnahme eines Kindes durch Stief- oder Großeltern mindert deren Leistungsfähigkeit. Daher können Freibeträge auch in diesem Fall übertragen werden (BT-Drs 13/1558, 156); zum Anspruch auf KiGeld s § 63 I 1 Nr 2 und 3, § 64 II. Das schließt die Übertragung auf einen Lebenspartner als Stiefelternteil ein (§ 2 VIII, vgl auch die Antwort der BReg in BT-Drs 17/14343, 5 und *BMF* BStBl I 14, 109). Außerdem kommt (seit VZ 2012) eine Übertragung auch dann in Betracht, wenn Großeltern mit einer konkreten Unterhaltsverpflichtung belastet sind (BT-Drs 17/6146, 19). Nachweise s *BMF* BStBl I 13, 845 Rn. 14. 95

a) Haushaltsaufnahme. Zum Begriff → Rn. 15. Es kann sich auch um einen gemeinsam mit dem leibl Elternteil geführten Haushalt handeln. Auf die Erfüllung der Unterhaltspflicht (§ 32 VI 6 Hs 1) oder die Meldung des Kindes (§ 32 VI 6 Hs 2) kommt es nicht an. Das gilt gleichermaßen für die Übertragung von Kinder- und Betreuungsfreibeträgen. **Übertragbar** sind **alle Freibeträge,** die „den Eltern nach den Sätzen 1 bis 9" zustehen. Das schließt einerseits eine Übertragung zwischen Stief- und Großelternteilen aus. Andererseits ist die Übertragung nicht auf die Fälle des § 32 VI 6 beschränkt, sondern erfasst auch die (doppelten) Freibeträge nach § 32 VI 2 und 3 (glA *BH/Selder* § 32a Rn. 157). Eine „Kettenübertragung" ist mE dergestalt mögl, dass der nach § 32 VI 6 empfangende Elternteil seinerseits die Freibeträge nach § 32 VI 10 auf Stiefelternteil oder Großeltern überträgt (glA *HHR/Wendl* § 32 Rn. 194). – Nicht erforderl ist eine Übertragung, wenn Stief- oder Großeltern mit der Aufnahme des Kindes **Pflegeeltern** iSd § 32 I Nr 2 werden (→ Rn. 16 aE); denn dann stehen ihnen die Freibeträge aus eigenem Recht zu. Entsprechendes gilt bei **Adoption** eines Kindes (→ Rn. 11). Sollen Freibeträge für ein **Auslandskind** (→ Rn. 80) übertragen werden, müssen Stief- oder Großeltern selbst unbeschr stpfl sein, ggf nach § 1 III. Das Kind der Partnerin einer **gleichgeschlechtl Lebensgemeinschaft** soll nicht Stiefkind der anderen Partnerin sein (BFH VIII R 88/00, BFH/NV 04, 1103, VerfBeschw nicht angenommen, mE zweifelhaft); zur Gleichstellung von **Lebenspartnern** gem § 2 VIII s BFH VI R 76/12, BStBl I 14, 36. Adoption ist mögl (§ 9 VII LPartG; *Bültmann* StuW 04, 131). – Eine **konkrete Unterhaltsverpflichtung** ggü dem Enkelkind besteht nach §§ 1601, 1606 BGB vor allem dann, wenn die Eltern des Kindes selbst nicht leistungsfähig sind (*Grüneberg* § 1601 BGB Rn. 19; *ders* § 1606 BGB Rn. 1 ff). 96

97 **b) Antrag; Anspruch auf Übertragung.** Die Übertragung erfolgt nur auf **Antrag.** Antragsberechtigt ist der aufnehmende bzw unterhaltsleistende Stief- oder Großelternteil, der den Antrag bei dem für ihn zuständigen FA stellen muss. – Mit oder ohne **Zustimmung** des berechtigten Elternteils kann die Übertragung erfolgen (s Wortlaut des § 32 VI 11: „auch"). Stief- oder Großeltern haben daher einen materiell-rechtl Anspruch auf Übertragung der Freibeträge, ggf auch gegen den Willen der Eltern (*HHR/Wendl* § 32 Rn. 194), wenn sie ein Kind aufgenommen haben oder für ein Kind unterhaltspflichtig sind. – Eine nach **§ 32 VI 11** erteilte Zustimmung bindet den berechtigten Elternteil und ist nur für die Zukunft widerrufbar.

99 **4. Identifizierung des Kindes, § 32 VI 12–14.** Seit **VZ 2023** werden auch Kinderfreibetrag und Betreuungsfreibetrag grds nur noch berücksichtigt, wenn das Kind durch Angabe der **Identifikationsnummer** (§ 32 VI 12) oder ggf auf andere Weise identifiziert worden ist (§ 32 VI 13 – Geburtsbescheinigung/-urkunde, amtl Ausweis oÄ; s DA-KG A 22 und A 7 I 6; entspr § 63 I 3–5, → § 63 Rn. 1 mwN). Dies soll eine Doppelberücksichtigung ausschließen (s BT-Drs 20/4229, 21). Eine nachträgl Identifizierung wirkt gem § 32 VI 14 zurück. – Gleichwohl gilt auch hier der **Untersuchungsgrundsatz** (§ 88 I 1 AO); dh, in Zweifelsfällen wird das FA die IdNr selbst beim BZSt abfragen müssen. Ggf kommt eine Berücksichtigung unter Vorbehalt der Nachprüfung (§ 164 AO) in Betracht.

100 **5. Lohnsteuerabzug.** Kinder- und Betreuungsfreibetrag werden für den Abzug von LSt idR nicht mehr berücksichtigt (auch → § 38b Rn. 2; ebenfalls nicht bei § 40, s BFH VI R 48/03, BStBl II 07, 844). Etwas anderes gilt lediglich für **Auslandskinder,** für die kein KiGeld gezahlt wird (§ 39a I Nr 6; auch → § 39a Rn. 6; → § 62 Rn. 8). Darüber hinaus werden die Freibeträge nach § 51a für ZuschlagSt (**KiSt** und **SolZ**) angesetzt, und zwar unabhängig von der Dauer des Berücksichtigungszeitraums mit dem Jahresbetrag (*Plenker* DB 96, 2095).

§ 32a Einkommensteuertarif

(1) [1]**Die tarifliche Einkommensteuer bemisst sich nach dem auf volle Euro abgerundeten zu versteuernden Einkommen.** [2]**Sie beträgt ab dem Veranlagungszeitraum 2026 vorbehaltlich der §§ 32b, 32d, 34, 34a, 34b und 34c jeweils in Euro für zu versteuernde Einkommen**

1. **bis 12 348 Euro (Grundfreibetrag):**
   0;
2. **von 12 349 Euro bis 17 799 Euro:**
   (914,51 · y + 1400) · y;
3. **von 17 800 Euro bis 69 878 Euro:**
   (173,10 · z + 2397) · z + 1034,87;
4. **von 69 879 Euro bis 277 825 Euro:**
   0,42 · x – 11 135,63;
5. **von 277 826 Euro an:**
   0,45 · x – 19 470,38.

[3]**Die Größe „y" ist ein Zehntausendstel des den Grundfreibetrag übersteigenden Teils des auf einen vollen Euro-Betrag abgerundeten zu versteuernden Einkommens.** [4]**Die Größe „z" ist ein Zehntausendstel des 17 799 Euro übersteigenden Teils des auf einen vollen Euro-Betrag abgerundeten zu versteuernden Einkommens.** [5]**Die Größe „x" ist das auf einen vollen Euro-Betrag abgerundete zu versteuernde Einkommen.** [6]**Der sich ergebende Steuerbetrag ist auf den nächsten vollen Euro-Betrag abzurunden.**

(2) bis (4) *(weggefallen)*

(5) **Bei Ehegatten, die nach den §§ 26, 26b zusammen zur Einkommensteuer veranlagt werden, beträgt die tarifliche Einkommensteuer vorbehaltlich der**

§§ 32b, 32d, 34, 34a, 34b und 34c das Zweifache des Steuerbetrags, der sich für die Hälfte ihres gemeinsam zu versteuernden Einkommens nach Absatz 1 ergibt (Splitting-Verfahren).

(6) [1]**Das Verfahren nach Absatz 5 ist auch anzuwenden zur Berechnung der tariflichen Einkommensteuer für das zu versteuernde Einkommen**

1. **bei einem verwitweten Steuerpflichtigen für den Veranlagungszeitraum, der dem Kalenderjahr folgt, in dem der Ehegatte verstorben ist, wenn der Steuerpflichtige und sein verstorbener Ehegatte im Zeitpunkt seines Todes die Voraussetzungen des § 26 Absatz 1 Satz 1 erfüllt haben,**
2. **bei einem Steuerpflichtigen, dessen Ehe in dem Kalenderjahr, in dem er sein Einkommen bezogen hat, aufgelöst worden ist, wenn in diesem Kalenderjahr**
   a) **der Steuerpflichtige und sein bisheriger Ehegatte die Voraussetzungen des § 26 Absatz 1 Satz 1 erfüllt haben,**
   b) **der bisherige Ehegatte wieder geheiratet hat und**
   c) **der bisherige Ehegatte und dessen neuer Ehegatte ebenfalls die Voraussetzungen des § 26 Absatz 1 Satz 1 erfüllen.**

[2]**Voraussetzung für die Anwendung des Satzes 1 ist, dass der Steuerpflichtige nicht nach den §§ 26, 26a einzeln zur Einkommensteuer veranlagt wird.**

Einkommensteuer-Richtlinien: EStH 32a.

1. Allgemeines. – a) Bedeutung; Aufbau. § 32a legt die Höhe des **Grundfreibetrags** fest, mit dem das sächl Existenzminimum des StPfl von der ESt freigestellt wird, und regelt die **Ermittlung der tarifl ESt** ausgehend von der Bemessungsgrundlage des zu versteuernden Einkommens (§ 2 V 1). – **§ 32a I** enthält die Formeln zur Berechnung der tarifl ESt nach dem Grundtarif. **§ 32a V, VI** legen fest, wie und unter welchen Voraussetzungen die tarifl ESt nach dem Splitting-Tarif zu ermitteln ist. 1

b) Persönlicher Anwendungsbereich. Der Tarif des § 32a gilt uneingeschränkt nur für **unbeschr StPfl** (§ 1 I–III, § 1a). Die Veranlagung **beschr StPfl** erfolgt ohne Berücksichtigung des Grundfreibetrags (→ § 50 Rn. 11; BVerfG 2 BvR 1178/07, IStR 10, 327; FG BW EStG 12, 1932, rkr, mwN: vereinbar mit Verfassungs- und Unionsrecht) und des Ehegattensplittings (§§ 26; 50 I 3; s aber EuGH C-425/11, BStBl II 13, 896: Splittingtarif auch für deutschen Grenzgänger mit Wohnsitz in der Schweiz, mit Anm *Sunde* IStR 13, 568; vgl auch → § 25 Rn. 12). Zur Steuerberechnung bei fiktiv unbeschr StPfl → § 1a Rn. 15 ff und zur Ehegattenveranlagung → § 1a Rn. 20 ff mwN. 2

c) Neuere Rechtsentwicklung; zeitlicher Anwendungsbereich. Der Grundfreibetrag ist durch das **SteFeG** (BGBl I 24 Nr 449) angehoben worden: für **VZ 2025** auf 12 096 € und für **VZ 2026** auf 12 348 €. Damit hat der Gesetzgeber die Ergebnisse des 15. Existenzminimumberichts (BT-Drs 20/13550, 11) umgesetzt (→ Rn. 4 aE). Zum Ausgleich der **„kalten Progression"** sind die Tarifeckwerte für VZ 2025 um 2,6% und für VZ 2026 um 2,0% „nach rechts" verschoben worden (vgl BT-Drs 20/14309, 2). 3

d) Verfassungsmäßigkeit. § 32a ist verfgemäß: Die konkrete Ausgestaltung des EStTarifs ist eine politische Entscheidung, die sich weitgehend richterl Kontrolle entzieht (BVerfG 2 BvL 2/99, BVerfGE 116, 164 mwN). Im Hinblick auf die Privatnützigkeit des Einkommens muss nur gewährleistet sein, dass auch im oberen Bereich des Tarifs dem StPfl „nach Abzug der StBelastung ein (absolut und im Vergleich zu anderen Einkommensgruppen betrachtet) hohes, frei verfügbares Einkommen bleibt" (BVerfG 2 BvL 2/99, BVerfGE 116, 164). Dabei wird die Intensität der StBelastung nicht allein durch die Höhe des StSatzes bestimmt, sondern durch das Zusammenspiel von **Steuersatz *und* Bemessungsgrundlage** (BVerfG 4

2 BvR 2194/99, BVerfGE 115, 97). Eine allg verbindl, absolute Belastungsobergrenze in der Nähe einer hälftigen Teilung lässt sich aus Art 14 I 1 GG nicht herleiten (**kein Halbteilungsgrundsatz,** BVerfG 2 BvR 2194/99, BVerfGE 115, 97; so bereits BFH XI R 77/97, BStBl II 99, 771; *Leisner-Ebensperger* DStZ 18, 910 (912 ff); *HHR/Siegel* § 32a Rn. 9 mwN). – Die **Privilegierung von Gewinneinkünften** durch die Tarifbegrenzung des § 32c aF ist verfwidrig gewesen (BVerfG 2 BvL 1/13, DStR 22, 19). – Die **Grundfreibeträge** müssen das Existenzminimum des StPfl und seiner Familie abdecken (BVerfG 2 BvR 5, 8, 14/91, BStBl II 93, 413). Ihre Höhe richtet sich danach, was der Staat Bedürftigen an Sozialhilfe zur Verfügung stellt (auch → § 32 Rn. 4). Eine Toleranzgrenze von 15% ist *nicht* mehr gestattet (BVerfG 2 BvL 42/93, BStBl II 99, 174).

Der **15. Existenzminimumbericht** der BReg (BT-Drs 20/13550, S 11) kommt zu dem Ergebnis, dass das stfrei zu stellende sächl Existenzminimum eines alleinstehenden Erwachsenen 11 940 € (2025) bzw 12 096 € (2026) und das eines Ehepaares 23 208 € (für 2026) beträgt (zur Bedeutung des Berichts s BVerfG 2 BvL 3/17, FamRZ 24, 1868 Rn. 41: unverbindl „Erkenntnisquelle"). Die für 2025 und 2026 geltenden Grundfreibeträge liegen über diesen Beträgen. – Der **Grundfreibetrag für 2024** ist nachträgl angehoben worden (BT-Drs 20/12783: wegen des Anstiegs der sozialrechtl Regelbedarfe). – Zur **Verfassungsmäßigkeit der Grundfreibeträge** für 2023 und 2024 s SchlHFG EFG 24, 1837, Rev III R 26/24; FG Mster BeckRS 2025, 32546, Rev III R 41/25 ua; die FÄ veranlagen insoweit vorläufig (BMF BStBl I 24, 1407. Zu früheren Grundfreibeträgen → 40. Aufl 2021, § 32a Rn. 4 aE. Zur Gleichstellung **eingetragener Lebenspartnerschaften** → Rn. 9 und → § 2 Rn. 71 ff.

5 **e) Verhältnis zu anderen Vorschriften.** Da § 32a an das zu versteuernde Einkommen anknüpft, müssen vor Ermittlung der tarifl ESt zunächst die Bestimmungen zur Ermittlung der Bemessungsgrundlage nach **§§ 32, 33–33b** berücksichtigt werden (§ 2 IV, V); seit VZ 2009 ist **§ 2 Vb** zu beachten (→ § 2 Rn. 64). Durch die besonderen StSätze der **§§ 32b, 32d, 34, 34a, 34b, 34c V** wird § 32a verdrängt (§ 32a I 2), ebenso durch **§§ 50a II;** durch **§ 50 I 2** wird § 32a modifiziert. Die **§§ 32c** (nur VZ 2007 und ab VZ 2016, → § 32c Rn. 2), **34c I, 34g und 35** ermäßigen (ggf) die tarifl ESt, während **§ 31 S 4** sie erhöht; diese Regelungen knüpfen also ihrerseits an die Berechnung nach § 32a an. Zum Verhältnis der §§ 32a, 32b zu § 34 vgl auch BFH VI R 44/07, BStBl II 11, 21.

Zu **§ 10d** s BFH IX B 138/15, BFH/NV 16, 1017, mwN (Verlustvortrag bei Einkommen unterhalb des Grundfreibetrags). Zu **§§ 50, 50a aF** s BFH I R 87/03, BStBl II 08, 22 (VerfBeschw nicht angenommen) und BFH I B 90/08, BFH/NV 09, 393.

8 **2. Aufbau des Tarifs; Bemessungsgrundlage, § 32a I.** Seit VZ 2007 gilt ein linear-progressiver EStTarif mit 5 Tarifzonen: einer **Nullzone** (§ 32a I 2 Nr 1) für Einkommen bis zur Höhe des Grundfreibetrags von 12 348 €, zwei **Progressionszonen** mit linear ansteigendem Grenzsteuersatz für Einkommen von 12 349 bis 17 799 € (§ 32a I 2 Nr 2) und von 17 800 bis 69 878 € (§ 32a I 2 Nr 3) sowie zwei **Proportionalzonen** mit einem konstanten Grenzsteuersatz von 42% für Einkommen von 69 879 € bis 277 825 € (§ 32a I 2 Nr 4) und einem konstanten Grenzsteuersatz von 45% für Einkommen ab 277 826 € (§ 32a I 2 Nr 5). – Ausgangsgröße der Berechnung ist das auf den vollen Eurobetrag abgerundete **zu versteuernde Einkommen** nach § 2 V 1 (§ 32a I 1, 3–5). Der sich ergebende StBetrag ist ebenfalls auf den nächsten vollen Eurobetrag abzurunden (§ 32a I 6).

Der **Grundfreibetrag** ist somit in die Tarifvorschrift „eingearbeitet" (vgl BFH III R 1/09, BStBl II 18, 96: keine sachl StBefreiung; BFH III R 44/20, BStBl II 24, 559). Zu anderen **Tarifmodellen** s *BH/Wagner* § 32a Rn. 4 ff; *Houben/Chirvi* ifst Nr 517, 2017. Zum Anteil der **StPfl mit Grenzsteuersätzen von 42%/45%** am Gesamtsteueraufkommen s BT-Drs 19/16190, 5 und BT-Drs 19/16574, 3 f.

9 **3. Splittingverfahren, § 32a V. – a) Zusammenveranlagung.** Voraussetzung für die Anwendung des Splittingtarifs ist die Zusammenveranlagung nach §§ 26, 26b

(→ § 26 Rn. 4 ff). Der Splittingtarif geht idealtypisch von einer intakten Ehe/Partnerschaft aus, in der beide Ehegatten/Lebenspartner an den Einkünften/Lasten des anderen zur Hälfte teilhaben. Die Sondertarifvorschriften der §§ 32b, 34, 34b und 34c sind auch hier vorrangig zu beachten. Zur rückwirkenden Gleichstellung eingetragener Lebenspartnerschaften → § 2 Rn. 71 ff; zur Änderung bestandskräftiger StBescheide nach § 175 I 1 Nr 2 AO → 42. Aufl 2021, § 32a Rn. 9, und *Kanzler* FR 19, 457. – Keinen Anspruch auf den Splittingtarif haben Partner einer eheähnl, **nicht eingetragenen Lebensgemeinschaft** (→ § 26 Rn. 5 mwN) oder **Alleinerziehende,** auch nicht verwitwete (BFH III R 33/24, BStBl II 25, 516; BFH VIII R 32/20, BStBl II 25, 168, VerfBeschw nicht angenommen; krit *Kanzler* NWB 14, 549; *Haupt* DStRE 17, 346).

Das BVerfG betrachtet Ehegatten und Lebenspartner als **Erwerbsgemeinschaften** (BVerfG 2 BvR 909/06, DStR 13, 1228 Rn. 94 f) und das Ehegattensplitting dementspr nicht als Vergünstigung, sondern wegen der Teilhabe beider Ehegatten/Lebenspartner am Einkommen zutr als Ausformung des Leistungsfähigkeitsprinzips (*Homburg* StuW 00, 261; *Scherf* StuW 00, 269). S auch *Hechtner/Maiterth* StuW 25, 14; weitere Nachweise zur Diskussion um Alternativen → 39. Aufl 2020, § 32a Rn. 10.

c) Berechnung; Wirkung. Im Splitting-Verfahren wird zunächst das **gemeinsam zu versteuernde Einkommen** der Ehegatten/Lebenspartner (§ 26b) halbiert. Sodann wird für diesen Betrag die tarifl ESt nach Maßgabe des § 32a I ermittelt und der sich daraus ergebende StBetrag verdoppelt. Sind die Einkommen beider Ehegatten/Lebenspartner gleich hoch, ergibt sich durch das Splitting-Verfahren kein Vorteil ggü dem regulären Tarif bei getrennter Veranlagung. Bei unterschiedl hohen Einkommen der Ehegatten/Lebenspartner tritt regelmäßig eine StEntlastung ein, die umso größer ist, je weiter die Einkommen beider Ehegatten/Lebenspartner voneinander differieren (→ § 26 Rn. 3). IdR ist die Zusammenveranlagung günstiger als die getrennte (s aber → § 35 Rn. 55). 11

4. Erweiterte Anwendung des Splittingverfahrens, § 32a VI. – a) Verwitwensplitting, § 32a VI 1 Nr 1. Stirbt ein Ehegatte/Lebenspartner, sollen für das Todesjahr und das folgende Jahr die Härten gemildert werden, die in dem Übergang vom Splitting-Verfahren zur Besteuerung nach dem Grundtarif liegen („Gnadensplitting"; krit *HHR/Siegel* § 32a Rn. 32 mwN). Im *Zeitpunkt des Todes* dürfen die Ehegatten/Lebenspartner **nicht getrennt gelebt** haben (BFH VI R 55/97, BStBl II 98, 350). S auch EStH 32a. 14

Es kommt nach dem Wortlaut des § 32a VI 1 Nr 1 nicht darauf an, ob für das Todesjahr Zusammenveranlagung gewählt worden ist. Bei Heirat/Verpartnerung des überlebenden Ehegatten/Lebenspartners im Todesjahr und Scheidung im selben Jahr lebt der Verwitwetenstatus wieder auf (s EStH 32a; BFH VI 78/62 U, BStBl III 65, 590). – Zum Entlastungsbetrag für (verwitwete) **Alleinerziehende** → § 39a Rn. 8.

b) Splitting nach Auflösung der Ehe/Lebenspartnerschaft, § 32a VI 1 Nr 2. Ist eine Ehe/Lebenspartnerschaft aufgelöst worden (Tod, Scheidung, Aufhebung, Nichtigkeitserklärung etc), ist das Splitting-Verfahren unter den in § 32a VI 1 Nr 2 genannten Voraussetzungen im Jahr der Auflösung ebenfalls anzuwenden. 15

c) Einzelveranlagung, § 32a VI 2. Einzelveranlagung nach §§ 26, 26a schließt den Splittingvorteil aus. 16

§ 32b Progressionsvorbehalt

(1) [1]**Hat ein zeitweise oder während des gesamten Veranlagungszeitraums unbeschränkt Steuerpflichtiger oder ein beschränkt Steuerpflichtiger, auf den § 50 Absatz 2 Satz 2 Nummer 4 Anwendung findet,**

1. a) Arbeitslosengeld, Teilarbeitslosengeld, Zuschüsse zum Arbeitsentgelt, Kurzarbeitergeld, Insolvenzgeld, Übergangsgeld, Qualifizierungsgeld nach dem Dritten Buch Sozialgesetzbuch; Insolvenzgeld, das nach § 170 Absatz 1 des Dritten Buches Sozialgesetzbuch einem Dritten zusteht, ist dem Arbeitnehmer zuzurechnen,

b) Krankengeld, Mutterschaftsgeld, Verletztengeld, Übergangsgeld oder vergleichbare Lohnersatzleistungen nach dem Fünften, Sechsten oder Siebten Buch Sozialgesetzbuch, der Reichsversicherungsordnung, dem Gesetz über die Krankenversicherung der Landwirte oder dem Zweiten Gesetz über die Krankenversicherung der Landwirte,

c) Mutterschaftsgeld, Zuschuss zum Mutterschaftsgeld, die Sonderunterstützung nach dem Mutterschutzgesetz sowie den Zuschuss bei Beschäftigungsverboten für die Zeit vor oder nach einer Entbindung sowie für den Entbindungstag während einer Elternzeit nach beamtenrechtlichen Vorschriften,

d) Arbeitslosenbeihilfe nach dem Soldatenversorgungsgesetz,

e) Entschädigungen für Verdienstausfall nach dem Infektionsschutzgesetz vom 20. Juli 2000 (BGBl. I S. 1045),

f) Krankengeld der Sozialen Entschädigung, Übergangsgeld nach dem Vierzehnten Buch Sozialgesetzbuch, Krankengeld der Soldatenentschädigung oder Übergangsgeld nach dem Soldatenentschädigungsgesetz,

g) nach § 3 Nummer 28 steuerfreie Aufstockungsbeträge oder Zuschläge sowie nach § 3 Nummer 28a steuerfreie Zuschüsse,

h) Leistungen an Arbeitnehmerinnen und Arbeitnehmer nach § 5 des Unterhaltssicherungsgesetzes,

i) nach § 3 Nummer 60 steuerfreie Anpassungsgelder,

j) Elterngeld nach dem Bundeselterngeld- und Elternzeitgesetz,

k) nach § 3 Nummer 2 Buchstabe e steuerfreie Leistungen, wenn vergleichbare Leistungen inländischer öffentlicher Kassen nach den Buchstaben a bis j dem Progressionsvorbehalt unterfallen, oder

2. ausländische Einkünfte, die im Veranlagungszeitraum nicht der deutschen Einkommensteuer unterlegen haben; dies gilt nur für Fälle der zeitweisen unbeschränkten Steuerpflicht einschließlich der in § 2 Absatz 7 Satz 3 geregelten Fälle; ausgenommen sind Einkünfte, die nach einem sonstigen zwischenstaatlichen Übereinkommen im Sinne der Nummer 4 steuerfrei sind und die nach diesem Übereinkommen nicht unter dem Vorbehalt der Einbeziehung bei der Berechnung der Einkommensteuer stehen,

3. Einkünfte, die nach einem Abkommen zur Vermeidung der Doppelbesteuerung steuerfrei sind,

4. Einkünfte, die nach einem sonstigen zwischenstaatlichen Übereinkommen unter dem Vorbehalt der Einbeziehung bei der Berechnung der Einkommensteuer steuerfrei sind,

5. Einkünfte, die bei Anwendung von § 1 Absatz 3 oder § 1a oder § 50 Absatz 2 Satz 2 Nummer 4 im Veranlagungszeitraum bei der Ermittlung des zu versteuernden Einkommens unberücksichtigt bleiben, weil sie nicht der deutschen Einkommensteuer oder einem Steuerabzug unterliegen; ausgenommen sind Einkünfte, die nach einem sonstigen zwischenstaatlichen Übereinkommen im Sinne der Nummer 4 steuerfrei sind und die nach diesem Übereinkommen nicht unter dem Vorbehalt der Einbeziehung bei der Berechnung der Einkommensteuer stehen,

bezogen, so ist auf das nach § 32a Absatz 1 zu versteuernde Einkommen ein besonderer Steuersatz anzuwenden. [2]Satz 1 Nummer 3 gilt nicht für Einkünfte

1. aus einer anderen als in einem Drittstaat belegenen land- und forstwirtschaftlichen Betriebsstätte,

2. **aus einer anderen als in einem Drittstaat belegenen gewerblichen Betriebsstätte, die nicht die Voraussetzungen des § 2a Absatz 2 Satz 1 erfüllt,**
3. **aus der Vermietung oder der Verpachtung von unbeweglichem Vermögen oder von Sachinbegriffen, wenn diese in einem anderen Staat als in einem Drittstaat belegen sind, oder**
4. **aus der entgeltlichen Überlassung von Schiffen, sofern diese ausschließlich oder fast ausschließlich in einem anderen als einem Drittstaat eingesetzt worden sind, es sei denn, es handelt sich um Handelsschiffe, die**
   a) **von einem Vercharterer ausgerüstet überlassen oder**
   b) **an in einem anderen als in einem Drittstaat ansässige Ausrüster, die die Voraussetzungen des § 510 Absatz 1 des Handelsgesetzbuchs erfüllen, überlassen oder**
   c) **insgesamt nur vorübergehend an in einem Drittstaat ansässige Ausrüster, die die Voraussetzungen des § 510 Absatz 1 des Handelsgesetzbuchs erfüllen, überlassen**

   worden sind, oder
5. **aus dem Ansatz des niedrigeren Teilwerts oder der Übertragung eines zu einem Betriebsvermögen gehörenden Wirtschaftsguts im Sinne der Nummern 3 und 4.**

[3]**§ 2a Absatz 2a und § 15b sind sinngemäß anzuwenden.**

(1a) **Als unmittelbar von einem unbeschränkt Steuerpflichtigen bezogene ausländische Einkünfte im Sinne des Absatzes 1 Nummer 3 gelten auch die ausländischen Einkünfte, die eine Organgesellschaft im Sinne des § 14 oder des § 17 des Körperschaftsteuergesetzes bezogen hat und die nach einem Abkommen zur Vermeidung der Doppelbesteuerung steuerfrei sind, in dem Verhältnis, in dem dem unbeschränkt Steuerpflichtigen das Einkommen der Organgesellschaft bezogen auf das gesamte Einkommen der Organgesellschaft im Veranlagungszeitraum zugerechnet wird.**

(2) **Der besondere Steuersatz nach Absatz 1 ist der Steuersatz, der sich ergibt, wenn bei der Berechnung der Einkommensteuer das nach § 32a Absatz 1 zu versteuernde Einkommen vermehrt oder vermindert wird um**
1. **im Fall des Absatzes 1 Nummer 1 die Summe der Leistungen nach Abzug des Arbeitnehmer-Pauschbetrags (§ 9a Satz 1 Nummer 1), soweit er nicht bei der Ermittlung der Einkünfte aus nichtselbständiger Arbeit abziehbar ist;**
2. **im Fall des Absatzes 1 Nummer 2 bis 5 die dort bezeichneten Einkünfte, wobei die darin enthaltenen außerordentlichen Einkünfte mit einem Fünftel zu berücksichtigen sind. [2]Bei der Ermittlung der Einkünfte im Fall des Absatzes 1 Nummer 2 bis 5**
   a) **ist der Arbeitnehmer-Pauschbetrag (§ 9a Satz 1 Nummer 1 Buchstabe a) abzuziehen, soweit er nicht bei der Ermittlung der Einkünfte aus nichtselbständiger Arbeit abziehbar ist;**
   b) **sind Werbungskosten nur insoweit abzuziehen, als sie zusammen mit den bei der Ermittlung der Einkünfte aus nichtselbständiger Arbeit abziehbaren Werbungskosten den Arbeitnehmer-Pauschbetrag (§ 9a Satz 1 Nummer 1 Buchstabe a) übersteigen;**
   c) **sind bei Gewinnermittlung nach § 4 Absatz 3 die Anschaffungs- oder Herstellungskosten für Wirtschaftsgüter des Umlaufvermögens im Zeitpunkt des Zuflusses des Veräußerungserlöses oder bei Entnahme im Zeitpunkt der Entnahme als Betriebsausgaben zu berücksichtigen. [2]§ 4 Absatz 3 Satz 5 gilt entsprechend.**

(3) **[1]Nach Maßgabe des § 93c der Abgabenordnung haben die Träger der Sozialleistungen im Sinne des Absatzes 1 Satz 1 Nummer 1 für jeden Leistungsempfänger der für seine Besteuerung nach dem Einkommen zuständigen Finanzbehörde neben den nach § 93c Abs 1 der Abgabenordnung erforderlichen Anga-**

ben die Daten über die im Kalenderjahr gewährten Leistungen sowie die Dauer des Leistungszeitraums zu übermitteln, soweit die Leistungen nicht in der Lohnsteuerbescheinigung anzugeben sind (§ 41b Absatz 1 Satz 2 Nummer 5); § 41b Absatz 2 und § 22a Absatz 2 gelten entsprechend. [2]Die mitteilungspflichtige Stelle hat den Empfänger der Leistungen auf die steuerliche Behandlung dieser Leistungen und seine Steuererklärungspflicht hinzuweisen. [3]In den Fällen des § 170 Absatz 1 des Dritten Buches Sozialgesetzbuch gilt als Empfänger des an Dritte ausgezahlten Insolvenzgeldes der Arbeitnehmer, der seinen Arbeitsentgeltanspruch übertragen hat.

(4) **[1]In den Fällen des Absatzes 3 ist für die Anwendung des § 72a Absatz 4 und des § 93c Absatz 4 Satz 1 der Abgabenordnung das Betriebsstättenfinanzamt des Trägers der jeweiligen Sozialleistungen zuständig. [2]Sind für ihn mehrere Betriebsstättenfinanzämter zuständig oder hat er keine Betriebsstätte im Sinne des § 41 Absatz 2, so ist das Finanzamt zuständig, in dessen Bezirk sich seine Geschäftsleitung nach § 10 der Abgabenordnung im Inland befindet.**

(5) **Die nach Absatz 3 übermittelten Daten können durch das nach Absatz 4 zuständige Finanzamt bei den für die Besteuerung der Leistungsempfänger nach dem Einkommen zuständigen Finanzbehörden abgerufen und zur Anwendung des § 72a Absatz 4 und des § 93c Absatz 4 Satz 1 der Abgabenordnung verarbeitet werden.**

Einkommensteuer/Lohnsteuer-Richtlinien: EStR 32b; EStH 32b; LStH 32b.

Übersicht

I. Allgemeines

1 **1. Sinn und Zweck von § 32b; Tarifprogression.** Die ESt bemisst sich ab einer bestimmten Höhe des zu versteuernden Einkommens (Proportionalzone) nach einem progressiv ansteigenden StTarif (→ § 32a Rn. 8). Bleiben daher stfreie Einkünfte bei der Besteuerung außer Ansatz, bewirkt das zunächst nur den StAusfall für *diese* Einkünfte ohne Auswirkung auf den StSatz der *übrigen* – stpfl – Einkünfte. Nur diese weitere Folge soll über § 32b ausgeschlossen werden, um die Besteuerung nach

Leistungsfähigkeit sicherzustellen. Es erfolgt eine Veranlagung (nur) mit den stpfl Einkünften, bei diesen jedoch nach der prozentualen StBelastung, die sich unter fiktiver Einbeziehung der stfreien Einkünfte ergäbe (BFH I R 151/78, BStBl II 82, 566 mwN) – eine kalte Progression, die den Vorteil des stfreien Zuflusses mindert. Das gilt auch für zu versteuernde Einkommen unter dem **Grundfreibetrag** des § 32a I 2 (keine sachl StBefreiung, BFH III R 50/00, BStBl II 01, 778) und – umgekehrt steuersatzmindernd – für Verluste (→ Rn. 17). Mittelbar belastende Gesamtauswirkungen stehen der Anwendung von § 32b nicht entgegen (vgl zu Kinderbegünstigungen BFH I R 53/20, DStR 24, 414).

2. Allgemeine Verfahrensfragen; Veranlagung. Während der Progressionsvorbehalt früher schon beim LStJA berücksichtigt werden konnte, geschieht dies nun auch bei ArbN ausschließl durch für diese Fälle (über 410 € hinaus) vorgeschriebene **Veranlagung gem § 46 II Nr 1** bzw bei negativem Vorbehalt über einen – nunmehr unbefristeten – Veranlagungsantrag nach **§ 46 II Nr 8.** 3

3. Anwendungsbereich. – a) Persönlicher Anwendungsbereich, § 32b I 1. Der Progressionsvorbehalt gilt für alle im VZ ganz oder zeitweise nach § 1 I–III bzw § 2 VII 3 **unbeschr StPfl** sowie für bestimmte im Inl veranlagte **beschr stpfl ArbN** iSv § 50 II 2 Nr 4 (nicht jedoch für veranlagte beschr stpfl Gewerbetreibende nach § 50 II 2 Nr 1, → Rn. 22). Für **Inlandswohnsitz,** auch in einem Teil des VZ (§ 2 VII 3, → Rn. 14) genügt **Doppelwohnsitz;** Ansässigkeit ist unerhebl (BFH I R 63/00, BStBl II 03, 302 s FG Hbg DStRK 25, 229, NZB VI B 21/25), § 32b gilt grds nicht für **KSt-Pflichtige** (arg: fixer StTarif ohne Progression), wohl aber für inl **PersGes'ter** einer AuslandsGes vom Typ einer dt PersGes (BFH I R 110/05, BStBl II 07, 521). 5

b) Sachlicher und zeitlicher Anwendungsbereich, § 32b I, Ia. § 32b I enthält keinen *allg* Progressionsvorbehalt für alle stfreien Bezüge, sondern bildet nur für die Einbeziehung *dort näher bezeichneter Leistungen/Einkünfte* eine (zT konstitutive) Rechtsgrundlage. Die Vorschrift umfasst mehrere unsystematisch aufgebaute, sich zT überschneidende unterschiedl Fallgruppen: § 32b gilt für einzelne stfreie **Leistungen** iSv § 32b I 1 Nr 1 und für im Inl stfreie, theoretisch auch nur hier nicht stbare **Auslandseinkünfte** iSv § 32b I 1 Nr 2–5. Einnahmen außerhalb des Einkünftebereichs (zB Lottogewinn) werden nicht berücksichtigt. StFreiheit nach § 3 ohne Progressionsvorbehalt nach § 32b I 1 Nr 1 schließt bei DBA-Befreiung auch die Anwendung von § 32b I 1 Nr 2–5 aus – die weitergehende Befreiung geht vor, s zu § 3 Nr 6 BFH I R 152/94, BStBl II 97, 358; zu ausl Drittstaatseinkünften FG BW EFG 22, 1823 mit Anm *Wackerbeck,* RevX R 29/22; → Rn. 38. Bei **Zusammenveranlagung** ist § 32b auf das Gesamteinkommen anzuwenden (BFH I R 121/79, BStBl II 83, 34). Die Berechnung gilt auch für **SolZ** (FG Bln-Bbg EFG 16, 2004, rkr). 7

II. Einzelne Tatbestände, § 32b I 1 Nr 1, 1a

1. Steuerfreie Sozialleistungen, § 32b I 1 Nr 1. – a) Rechtsentwicklung. Zur Sicherstellung der Besteuerung nach der Leistungsfähigkeit (→ Rn. 1) nimmt der Gesetzgeber zunehmend einzelne idR nach § 3 stfreie Sozialleistungen in die StSatzberechnung auf (verfgemäß, BFH VI B 199/04, BFH/NV 05, 2002). 10

b) Leistungen iSv § 32b I 1 Nr 1. § 32b I 1 Nr 1 betrifft nicht alle stfreien Leistungen iSv § 3, gilt vielmehr *abschließend* nur für die hier aufgeführten Sozialgesetztatbestände (sodass etwa Leistungen iSv § 3 Nr 6 oder nach BFH stfreie **Streikunterstützungen** nicht erfasst sind, BFH X R 161/88, BStBl II 91, 337 – Letzteres bedenkl). Die Leistungen sind **„bezogen“,** wenn sie dem StPfl estl als Einnahme zuzurechnen sind (vgl zu Drittleistungen SozVers BFH VI R 9/96, BStBl II 98, 581). Zur Einbeziehung entspr stfreier **ausl Leistungen** vgl BFH I R 3/18, BStBl II 23, 230, → Rn. 12, → § 3 Rn. 21; EStH 32b. 11

12 **Einzelne steuerfreie Leistungen** iSv § 32b I 1, unabhängig von der Einkunftsart (vgl Gesetzeswortlaut und § 3; *BeckOK EStG* § 32b Rn. 26 ff):

§ 32b I 1 Nr 1 Buchst a:

– **Arbeitslosengeld** s §§ 136 ff, 162 SGB III (fragl §§ 19 ff SGB II Arbeitslosengeld II an Bedürftige). VerfMäßigkeit s BFH VI B 96/07, BFH/NV 09, 166.

– **Kurzarbeitergeld** s § 3 Nr 2. **Nicht** einzubeziehen sind *tarifvertragl* Zuzahlungen zum Kurzarbeitergeld (stpfl) und stfreie **Coronazuschüsse** gem § 3 Nr 11a, § 3 Nr 11b (→ § 3 Rn. 48) und Inflationsausgleichsprämien gem § 3 Nr 11c. Die vom BR vorgeschlagene Ausnahme stfreier Coronazuschüsse gem § 3 Nr 28a ist in § 3 Nr 2 nicht umgesetzt worden (s unten Buchst g, → § 3 Rn. 103; *Heurung/Schmidt/Kollmann* DStR 20, 2753).

– **Insolvenzgeld** s §§ 165 ff SGB III, → Rn. 45, auch zu Umfang und Forderungsübergang,

– *[ab 1. 4. 2024]* **Qualifizierungsgeld** *(§ 82a SGB III)*.

– **Übergangsgeld** s §§ 119 ff SGB III; nach EStR 32b I 2 auch solches iSv SGB IX (vgl *HHR/Kuhn/Hagena* § 32b Rn. 70). Dagegen fallen ***Gründungszuschüsse*** (§§ 93 ff SGB III) wie vorher Existenzgründungszuschüsse und Überbrückungsgeld nicht unter § 32b.

§ 32b I 1 Nr 1 Buchst b, c:

– **Lohnersatzleistungen** nach SGB V (KV), SGB VI (RV), SGB VII (Unfallversicherung), nach RVO und KVLG, soweit nach § 3 stfrei. **Krankengeld** als Lohnersatz nur aus *gesetzl* KV, nicht aus privaten KV ua nicht stbaren KV-Leistungen (s BFH III R 36/13, BStBl II 15, 563 mwN, EStR 32b I 3, → 38. Aufl 2019, § 32b Rn. 12 mwN). **Vergleichbare Leistungen** müssen sich aus den zitierten Gesetzen ergeben und vorübergehend ArbLohn ersetzen (zB aus KSVG); vgl auch BFH VI R 109/00, BStBl II 06, 17. Zu entspr **ausl Leistungen** → Rn. 11.

– **Mutterschaftsgeld** s § 3 Nr 1d, § 200 RVO, § 29 KVLG (Buchst b), §§ 13, 14 MuSchG.

§ 32b I 1 Nr 1 Buchst d–f:

– **Arbeitslosenbeihilfe nach SVG** fällt unter **Buchst d** (nicht Überbrückungsbeihilfen nach SVG/ZivildienstG), **Entschädigung für Verdienstausfall gem § 56 InfSG** unter **Buchst e, Krankengeld/Übergangsgeld** nach SGB XIV unter **Buchst f.**

§ 32b I 1 Nr 1 Buchst g–k:

– **Buchst g** erfasst alle nach § 3 Nr 28 und Nr 28a (s oben Buchst a) stfreien **Aufstockungsbeträge** und **Zuschläge** (→ § 3 Rn. 102), **Buchst h Reservedienst-Unterhaltssicherungsleistungen** nach §§ 5, 7, 8 USG (nicht nach § 6 USG – s § 3 Nr 48 – oder § 35 ZDG). **Buchst i** erfasst Anpassungsgelder iSv § 3 Nr 60. **Buchst j:** Anders als vorher das Erziehungsgeld unterliegt nach § 3 Nr 67 Buchst b stfreies **Elterngeld** voll dem Progressionsvorbehalt (→ 39. Aufl 2020, § 32b Rn. 13). **Buchst k:** Folgevorschrift zur „klarstellenden" Einbeziehung von EU-/EWR- und Schweiz-Leistungen in die StFreiheit nach § 3 Nr 2 Buchst e. Zu Besonderheiten der Schweizer gesetzl Unfallversicherung (doppelte Vergleichbarkeitsprüfung) s *Schustek* DStR 25, 1985 (1988); FG BW EFG 24, 926, rkr, und FG BW EFG 25, 229, Rev VI R 26/24, → § 3 Rn. 6.

14 **2. Wechselnde zeitlich begrenzte Steuerpflicht, § 32b I 1 Nr 2.** Die Aufnahme dieses Personenkreises ist eine Folge von **§ 2 VII 3. Im VZ des Wechsels der StPfl** werden nicht mehr zwei, sondern nur noch eine Veranlagung durchgeführt. Die unbeschr stpfl und ggf die nach § 49 beschr stpfl **Inlandseinkünfte** dieses VZ werden zusammengerechnet und bilden die Bemessungsgrundlage für die EStVeranlagung als unbeschr StPfl. Die nicht im Inl stbaren positiven und negativen (→ Rn. 40) **Auslandseinkünfte** iSv § 34d *aus dem Zeitraum der beschr StPfl* bestimmen über den Progressionsvorbehalt den StSatz für die Inlandseinkünfte. BFH I R 63/00, BStBl II 03, 302 legt § 32b I 1 Nr 2 wörtl aus und erfasst alle Fälle der zeitweise unbeschr StPfl, unabhängig von der persönl StPfl in der restl Zeit und der Erzielung sonstiger im Inl stpfl Einkünfte in diesem VZ sowie unabhängig von **DBA-Regelungen,** soweit diese nicht die Anwendung von § 32b *ausdrückl ausschließen*. Die unbeschr und die beschr stpfl Einkünfte werden gesondert nach dt Recht berechnet (vgl → Rn. 37), beschr stpfl Einkünfte also nach §§ 49 ff. Unbeachtl sind die StPfl und die tatsächl Besteuerung im Ausl.

16 **3. Steuerfreiheit nach DBA, § 32b I 1 Nr 3 mit Einschränkungen in § 32b I 2, 3. – a) Anwendungsbereich.** § 32b I 1 Nr 3 betrifft nach DBA stfreie positive wie negative ausl Einkünfte iSv § 2 I, § 34d. Ohne DBA oder bei DBA ohne StBefrei-

ung ist § 32b I 1 Nr 3 nicht anwendbar, auch nicht bei DBA-bestätigender weitergehender **innerstaatl StBefreiung,** die nicht unter § 32b fällt (→ Rn. 7). Ob das Ausl die Einkünfte besteuert oder nicht, ist für § 32b grds unerhebl (s auch BFH I R 14/02, BStBl II 04, 260; s aber § 50d IX); entscheidend ist die Einbeziehung in die stl Bemessungsgrundlage (s zu partieller Nichtbesteuerung durch pauschale WK-Erstattung gem DBA, Freibetragsgewährung oder Verlustverrechnung BFH VI R 29/22, BStBl II 25, 594 mwN; dazu auch BVerfG 2 BvL 21/14, DStR 25, 2647). DBA-Ansässigkeit ist nicht erforderl (BFH I R 17/06, BFH/NV 07, 1638, *OFD Ffm* DB 12, 1955). **Ausl Einkünfte** sind solche iSv § 34d. Dabei ist für jede DBA-Einkunftsquelle auf die jeweilige Katalognummer abzustellen. Str ist, ob Einkünfte aus einzelnen DBA-Quellen weiter zerlegt und unterschiedl behandelt werden können (→ § 34d Rn. 4). **Sonderregelungen** s **Auslandstätigkeitserlass** *BMF* BStBl I 17, 473 Rn. 27, ab 2023 *BMF* BStBl I 22, 997, → § 34c Rn. 23; § 47 II Nr 1 InvStG; → 39. Aufl 2020, § 32b Rn. 16.

b) EU/EWR-Einschränkung, § 32b I 2. 17

Schrifttum: → 39. Aufl 2020, § 32b Rn. 17; *BeckOK EStG* § 32b Rn. 20.1 ff und Rn. 72 ff.

(1) **Rechtsentwicklung.** § 32b I Nr 3 *aF* hatte (nur) *negative* Progressionsvorbehalte ausgeschlossen. Nach Beanstandung durch EuGH C-152/03, DStR 06, 362 – *Ritter-Coulais* im EU-Bereich wurde ab VZ 2008 diese Beschränkung gestrichen. **Rechtsfolge:** grds *positiver und negativer* Progressionsvorbehalt für alle nach § 32b I Nr. 3 stfreien Einkünfte (wie schon bisher für alle anderen Fälle von § 32b I). – ***(2)*** **Ausnahmen, § 32b I 2, 3.** Die Vorschrift betrifft primär die Verlustberücksichtigung über § 32b, die bei **Drittstaaten** bereits als Folge von § 2a für **nicht aktive Verluste** ausgeschlossen ist (→ § 2a Rn. 2). Diese Rechtsfolge wird durch allg Streichung des Progressionsvorbehalts (nur) nach § 32b I 1 ***Nr 3*** entspr für *einzelne* negative wie positive, nach DBA stfreie Einkünfte auf den **EU-/EWR-Bereich** übertragen (s § 32b I S 3 iVm § 2a IIa; zum Verlustabzug im EU-Bereich → § 2a Rn. 7–9). Damit wird § 32b I 1 Nr 3 sachl den Änderungen zum Verlustabzug in § 2a I, II, II a angepasst. Die Rechtsfolge betrifft nur § 32b I 1 **Nr 3,** nicht die übrigen Tatbestände des § 32b I 1 (BFH I R 5/22, BStBl II 25, 737). Weitere Ausnahmen → Rn. 40. – ***(3)*** **Betroffene Einkünfte** sind in **§ 32b I 2** abschließend aufgeführt und schließen den positiven und negativen Progressionsvorbehalt bei Erzielung *im EU/EWR-Raum* für DBA-Fälle iSv § 32b I 1 ***Nr 3*** aus. Für *andere* EU/EWR-Einkünfte (vgl BFH I R 45/19, DStR 23, 1406) und für *alle* Drittstaateneinkünfte gilt der allg Progressionsvorbehalt nach § 32b I 1 Nr 3 fort (zweifelnd *Jesse* FR 20, 1075). Die EU-Beschränkung ist nicht EUwidrig (FG Hmb EFG 14, 1000, rkr; FG Mchn EFG 16, 703, rkr; FG Köln DStRE 22, 321, rkr). Das sollte auch für **finale Verluste** gelten, deren Abzug im Ausland nicht mögl ist, jedenfalls soweit § 32b I 2 nach DBA freigestellte Einkünfte von jedem Progressionsvorbehalt ausschließt (vgl FG BW DStRE 15, 1293, bestätigt durch BFH I B 83/14, BFH/NV 16, 375; str, → § 2a Rn. 9). § 32b I 2 beschränkt sich auf folgende *einzelne* (eher verlustträchtige), nach § 2a I, II nicht abziehbare **Einkünfte:** – **Nr 1 (LuF)** entspr § 2a I Nr 1 (→ § 2a Rn. 11 mwN; BFH I R 68/12, BStBl II 14, 875). – **Nr 2 (gewerbl Betriebsstätten)** entspr § 2a I Nr 2, II 1 (→ § 2a Rn. 12 ff; zu österr Hotelverlusten FG Mchn EFG 16, 703, rkr). Der vom Wortlaut her miss- bzw unverständl und eher überflüssige Verweis auf den nur für aktive Drittstaatenverluste geltenden § 2a II 1 in § 32b I 2 Nr 2 lässt jedoch folgende **Fragen** offen: – ***(1.1)*** Gilt die Ausnahme für Gewinne und Verluste? (wohl zutr, s Gesetzesbegründung BR-Drs 545/08, obwohl § 2a II 1 nur Verluste betrifft; s auch FG Mster EFG 14, 1003, rkr). – ***(1.2)*** Gilt sie für passive und *aktive* Tätigkeiten iSv § 2a II 1? (auch dies zutr: § 2a II 1 nimmt der Art nach bestimmte aktive Tätigkeiten nur vom Verlustabzug aus, behält aber darüber hinaus allg Aktivitätsanforderungen bei; die doppelte Negation in § 32b I 2 – „Satz 1 Nr 3 gilt nicht für Einkünfte …" – und Nr 2 Hs 2 – „nicht die Voraussetzungen des § 2a II 1 erfüllt" – soll daher als Rückausnahme den – negativen und positiven – Vorbehalt für alle die allg Aktivitätsanforderungen erfüllenden EU-Einkünfte beibehalten; so zutr BFH I R 66/15, BFH/NV 17, 726, BFH I R 53/20 DStR 24, 414). – ***(1.3)*** Gilt der negative Vorbehalt für Drittstaatenverluste und Verluste aus EU-Staaten ohne DBA-Aktivitätsklausel fort? (wohl ja, die Verweisung bezieht sich sicher nicht auf den Ausübungsort Drittstaat, sondern auf die dort aufgezählten Tätigkeiten; nach Wortlaut § 32b I 2 Nr 2 würden sonst aktive Drittstaatenverluste günstiger behandelt als solche EU-Verluste). – **Nr 3 (VuV)** entspr § 2a I Nr 6a (→ § 2a Rn. 33; FG Köln EFG 21, 1202, rkr mit Anm *Ruster*). – **Nr 4 (Schiffsüberlassung)** entspr § 2a I Nr 6b (→ § 2a Rn. 34). – **Nr 5 (TW-AfA uä Wertminderungen nach Nr 3, 4)** entspr § 2a I Nr 6c (→ § 2a Rn. 36).

18 **c) Progressionsvorbehalt bei Steuerstundungsmodellen, § 32b I 3.** Die Ausdehnung von § 32b auf nach § 15b nicht abziehbare gewerbl Verluste beruht auf unterschiedl FG-Rspr zum Ausschluss eines negativen Progressionsvorbehalts bei StStundungsmodellen nach **§ 15b** und bei **„Goldgeschäften"** nach § 4 III/§ 32b (→ 38. Aufl 2019, § 32b Rn. 42). Das sollen die Einfügungen von § 15b IIIa, § 32b I 3 sowie § 32b II Nr 2 Buchst c (→ Rn. 42) sicherstellen. → *BeckOK EStG* § 15b Rn. 220. **Zeitl Anwendung:** § 52 XXXIII 2 (→ 39. Aufl 2020, § 32b Rn. 18).

20 **4. Sonstige zwischenstaatliche Übereinkommen, § 32b I 1 Nr 4.** Das sind vor allem Privilegienprotokolle und Sitzstaatabkommen mit internationalen Organisationen oder Übereinkommen zu diplomatischen oder konsularischen Beziehungen (s Übersicht *BMF* BStBl I 13, 404). Die Trennung von § 32b I 1 Nr 3 und Nr 4 soll klarstellen, dass unterschiedl Vorbehalte bestehen. Anders als bei Nr 2 und 3 (s Rspr → Rn. 14, 16) führt die StFreiheit über Nr 4 nur dann zur Einbeziehung stfreier Einkünfte in den Progressionsvorbehalt, wenn das Abkommen dies *ausdrückl vorsieht.* Einzelfälle → 39. Aufl 2020, § 32b Rn. 20.

22 **5. Steuerpflicht nach anderen Vorschriften, § 32b I 1 Nr 5. – a) Betroffener Personenkreis, § 1 III/§ 1a/§ 50 II 2 Nr 4 S 7.** § 32b I 1 Nr 5 erfasst in erster Linie Personen, die keinen Wohnsitz oder gewöhnl Aufenthaltsort im Inl haben, aber mit ihren inl Einkünften als unbeschr stpfl behandelt (Grenzpendler, § 1 III, deren zusammen veranlagte Ehegatten, § 1a) oder als beschr stpfl ArbN auf Antrag mit Grundfreibetrag zur ESt veranlagt werden (§ 50 II 2 Nr 4), und die daneben im Inl nicht stpfl ausl Einkünfte erzielen. Dieser Personenkreis soll hinsichtl des StSatzes nicht besser gestellt werden als StInländer. – **Nicht erfasst** werden dagegen nach wie vor *beschr stpfl NichtEU/EWR-ArbN* und alle *NichtArbN,* die nicht unter § 1 III/§ 50 II 2 Nr 4 S 7 fallen und ohne StAbzug nach § 50 I 1–3 veranlagt werden (zB Gewerbetreibende, Vermieter), sowie solche, die einem StAbzug nach § 50a unterliegen (zB Sportler, Künstler oder StPfl mit KapEinkünften iSv § 49 I Nr 5), auch bei Erstattungsanspruch nach § 50d. Grund: Objektsteuerartige Besteuerung (→ § 49 Rn. 1). Dazu hat sich der EuGH bisher nicht geäußert.

23 **b) Sachlicher Umfang.** § 32b I 1 Nr 5 erfasst primär die hier bezeichneten, im Inl nicht stbaren bzw bei Ermittlung des hier zu versteuernden Einkommens nach DBA oder sonstigen zwischenstaatl Abkommen nicht zu berücksichtigenden **Auslandseinkünfte.** Nach § 32b I 1 Nr 5 gilt dies auch für nach DBA stfreie Inlandseinkünfte, die einem (abgeltenden) inl **StAbzug** unterliegen und daher nicht in eine Veranlagung einbezogen werden. Die missverständl Negation „nicht" bezieht sich offenbar nur auf „der deutschen Einkommensteuer unterliegen" und nicht auf „einem Steuerabzug unterliegen" (s auch BR-Drs 622/06, 18). Berücksichtigung ausl KapEink s BFH I R 3/18, BStBl II 23 230, auch zu stfreiem ausl Krankengeld – str, **aA** *BeckOK EStG* § 32b Rn. 48, 70). **Sonstige stfreie Inlandseinkünfte** (zB nach § 3) sind nur über § 32b I 1 Nr 1, II Nr 1 einzubeziehen (wie → Rn. 16). § 32b I 1 Nr 5 gilt für positive und negative Einkünfte.

c) Nachweise. Auslandseinkünfte der **Grenzpendler** (und deren Ehegatten/Lebenspartner, § 1a I Nr 2) sind über die vorzulegende Bescheinigung bekannt (§ 1 III 5, → § 1 Rn. 57); bei veranlagten EU-ArbN wird idR die StErklärung genügen. 24

6. Steuerfreie Organerträge, § 32b Ia. Organerträge aus Betriebsstätten in DBA-Staaten rechnen nicht zum Gewinn der OrganGes iSv § 14 KStG und sind daher auch nicht dem Organträger als Einkommen zuzurechnen. Ein Anwendungsfall des § 15 Nr 2 KStG (internationales Schachtelprivileg) ist nicht gegeben, da die OrganGes Betriebsstätteneinkünfte und nicht Gewinnanteile aus der ausl Gesellschaftsbeteiligung bezieht. Hätte der Organträger diese stfreien Einkünfte als Einzelunternehmer oder PersGes in einer eigenen Betriebsstätte erzielt, wäre der Progressionsvorbehalt bei ihm zu beachten (bei KapGes als Organträger ohne progressiven StTarif grds nicht). Die Gesetzesänderung ab 1999 soll verhindern, dass diese Folge durch Einschaltung einer OrganGes umgangen wird. Nach § 32b Ia sind solche stfreien Beteiligungserträge der OrganGes einem unbeschr stpfl Organträger für Zwecke des Progressionsvorbehalts als unmittelbar bezogen zuzurechnen, bei PersGes ggf den unbeschr stpfl Ges'tern anteilig. 26

III. Berechnung des besonderen Steuersatzes, § 32b II

1. Allgemeine Berechnungsgrundsätze, § 32b II. – a) Steuersatzberechnung. Es erfolgt eine **Zwei-Stufen-Berechnung** (zu versteuerndes Einkommen für die Veranlagung; Einbeziehung des stfreien Einkommens iSv § 32b I, Ia zur StSatzErmittlung, → Rn. 1). Die Auswirkungen beschränken sich auf die Veranlagung *im jeweiligen VZ* (frühere Schattenveranlagung anderer VZ ist entfallen). Der **Hinweis auf § 32a** in § 32b II soll klarstellen, dass die Berechnung des durchschnittl StSatzes nach der tarifl ESt ohne StErmäßigungen nach §§ 34c–35b erfolgt. 30

b) Steuerfreie Einkünfte und Leistungen. Nach § 32b II ist das zu versteuernde Einkommen rechnerisch zu vermehren oder zu vermindern um stfreie Leistungen (= *Einnahmen*) iSv § 32b I 1 Nr 1 und um (zusammengefasste) stfreie *Einkünfte* nach § 32b I Nr 2–5 (→ Rn. 37). 31

2. Berechnung der Progressionsleistungen, § 32b II Nr 1. – a) Einnahmen. Anders als § 32b I 1 Nr 2–5 stellt Nr 1 nicht auf Einkünfte ab, sondern auf einzelne im Kj zugeflossene **Brutto**-Leistungsbeträge (**§ 11 I,** auch bei Leistungen für in Vorjahren verwirklichte Sachverhalte), die um den ArbN-Pauschbetrag zu kürzen sind (→ Rn. 34). **Keine Kürzung** um an Dritte gezahlte Abtretungsbeträge oder Versichertenanteile (Insolvenzverfahren → Rn. 45). 33

b) Abzüge, § 32b II Nr 1. Von der Summe dieser Bruttobeträge ist – *unabhängig von der Einkunftsart, also auch zB bei Einkünften iSv § 18* – (vgl BT-Drs 11/2157, 150) der nicht bei der Ermittlung von Einkünften aus nichtselbständiger Arbeit abziehbare Teil des **ArbN-Pauschbetrags** iSv § 9a S 1 Nr 1a abzusetzen, keine übersteigenden WK, BA oder sonstigen Abzüge wie SA (BFH X R 15/09 BStBl I 12, 325; str, s *Heuermann* DStR 95, 1662, → 39. Aufl 2020, § 32b Rn. 34). 34

c) Rückzahlung von Leistungen durch Steuerpflichtigen in späterem Veranlagungszeitraum. Bezogene Leistungsbeträge iSv § 32b I 1 Nr 1 sind auch ohne Gleichartigkeit im Kj der Rückzahlung zu kürzen, ggf negativer Progressionsvorbehalt, selbst ohne positive Auswirkung in Vorjahren und ohne negative Auswirkung im Rückzahlungsjahr (EStR 32b III). Das ist nicht zwingend, jedoch bestätigt durch BFH I R 153/94, BStBl II 96, 201. Rückwirkende Rentenbewilligung s EStR 32b IV, BFH X R 46/01, BFH/NV 03, 99. 35

3. Berechnung der Progressionseinkünfte, § 32b II Nr 2. – a) Einkünfte. „Einkünfte" sind solche iSv § 2 II (BFH I B 73/01, BFH/NV 02, 1295), dh im Inl 37 stbare Einnahmen/BE abzügl WK/BA (→ Rn. 41), ohne Abzug von SA (vgl BFH X R 15/09, BStBl II 12, 325 zu § 32b I Nr 1; s auch BFH I R 19/19, BFH/NV 21, 1357, BFH X R 17/22 BFH/NV 23, 1440), ausl ESt (FG Mchn EFG 15, 131, rkr) oder im Inl nicht abziehbarer Verluste (→ Rn. 40). Sie sind ohne ausdrückl abw DBA-Regelungen nach Art, Höhe, persönl und sachl Zurechnung nach **dt Recht** zu ermitteln (also ohne *ausl* StBefreiungen oder WK-Pauschbeträge; zB BFH I R 59/05, BStBl II 07, 756), bei beschr StPfl nach §§ 49 ff (vgl zur Gewinnermittlungsart BFH I R 32/90, BStBl II 92, 94). Ansatz **ausl Versorgungsbezüge** nach DBA s FG Ddorf EFG 24, 1685, rkr, FG Bln-Bbg DStRE 25, 193, Rev X R 10/24. Gewinnermittlungswahlrecht § 4 III 1 und Sperrwirkung durch ausl Bilanzierungspflicht s BFH I R 48/19, DStR 23, 1250. Gewinnaufteilung und BA-Zurechnung bei ausl Betriebsstätten erfolgt nach wirtschaftl Zusammenhang (entspr → § 34d Rn. 4, → § 50 Rn. 29 ff).

38 **b) Steuerfreie Einkünfte.** Die Progressionseinkünfte dürfen keinen Ansatz beim stpfl Einkommen finden (zB nach DBA nur bei Freistellung, nicht bei Anrechnung). Eine gleichzeitige *ausl* StBefreiung steht der Progression grds nicht entgegen (s aber § 50d IX). Es muss ein Fall des § 32b I 1 Nr 2–5 vorliegen, der nicht durch eine gleichzeitige weitergehende StBefreiung nach § 3 (über § 32b I 1 hinaus) oder sonstige inl Vorschriften überlagert sein darf (→ Rn. 7). Der *Abgeltungsteuer* unterliegende **KapEinkünfte** (§ 32d) sind nicht anzusetzen (§ 2 Vb, BFH I R 3/18, BStBl II 23, 230, str, → Rn. 23). WK → Rn. 41.

39 **c) Außerordentliche Einkünfte, § 32b II Nr 2 S 1.** § 32b II Nr 2 S 1 zieht ao Einkünfte iSv § 32b I 1 Nr 2–5, § 34 in Anlehnung an die Verteilung nach § 34 I mit einem Fünftel in den Progressionsvorbehalt ein. Dafür sind iRe „integrierten Steuerberechnung" Progressionseinkünfte bei der StBerechnung nach § 34 I zunächst in voller Höhe anzusetzen (→ § 34 Rn. 56) und erst bei der StSatzberechnung nach § 32b nur zu 1/5 zu berücksichtigen (BFH IX R 93/07, BStBl II 10, 1032; zur Begrenzung bei Verlusten BFH IX R 23/11, BStBl II 13, 370, EStH 34.2, FG Bln-Bbg DStRE 21, 396 mit Beisp, rkr; → 39. Aufl 2020, § 32b Rn. 39). **Verluste** sind entspr § 34 nicht als ao Einkünfte zu fünfteln (BFH I R 34/11, BStBl II 12, 405, str).

40 **d) Verluste; negativer Progressionsvorbehalt.** Einkünfte iSv § 2 können positiv oder negativ sein. Verluste beeinflussen zwar bei Besteuerungsrecht des anderen Staates nicht das zu versteuernde Einkommen. Sie können jedoch im Verlustjahr den StSatz der inl Einkünfte mindern, der auf Grund des (hier negativen) Progressionsvorbehalts bis auf Null sinken kann. **§ 10d** ist nicht anwendbar. Soweit Verluste im Inl nicht abziehbar wären, entfällt auch der negative Progressionsvorbehalt (s zu § 2a FG Ddorf EFG 22, 1169, rkr, zu Problematik § 23 III 7, 8 s *Lamprecht/Bischof* IStR 18, 794). **Missbrauchs-Abzugsbeschränkungen** gem § 32b: – § 32b I 3 (Stundungsmodelle, → Rn. 18); – § 32b II Nr 2 Buchst c („*Goldfälle*", → Rn. 42).

41 **e) Arbeitnehmer-Pauschbetrag/Werbungskostenabzug, § 32b II Nr 2 S 2 Buchst a, b.** Der Ansatz des ArbN-Pauschbetrags § 9a I Nr 1a ersetzt grds den Abzug nachgewiesener oder sonstiger pauschalierter WK (zB nach § 20 IX), und zwar auch bei § 32b II Nr 2, wie bei § 32b II Nr 1 (→ Rn. 34), auf Grund desselben unbeschr Wortlauts *unabhängig von der Art der Einkünfte* (zB auch bei § 15), soweit er nicht daneben inl oder ausl Einkünfte iSv § 19 gemindert hat **(Buchst a),** unabhängig von einem BA-Abzug. WK sind nur abziehbar, soweit sie *insgesamt* den ArbN-Pauschbetrag übersteigen **(Buchst b). § 12** ist zu beachten; ebenso **§ 3c** (wobei allerdings der Ausgabenabzug nicht schon wegen der DBA-StFreiheit entfällt, die zum Gesetzestatbestand gehört). *Vorab entstandene BA/WK* für zukünftige Auslandstätigkeit mindern den StSatz nach § 32b II Nr 2, auch ohne spätere Einkünfte (BFH I R 59/05, BStBl II 07, 756).

f) Ausschluss einzelner Verluste, § 32b II Nr 2 S 2 Buchst c, § 4 III. Die Regelung soll StManipulationen über ausl *„Goldfälle"* nach § 4 III verhindern („double-dip-Effekt"). Das Modell funktionierte so: Im Inl unbeschr StPfl mit hohen Einkünften beteiligen sich an ausl gewerbl geprägter PersGes ohne inl Buchführungspflicht, deren Einkünfte nach DBA im Inl stfrei sind. Die Ges erwirbt WG des UV, die nicht unter die Abzugsbeschränkung des § 4 III 4 fallen und ohne körperl Übergabe übereignet werden (zB Gold, s BFH IV R 50/14, BStBl II 17, 456; zu Buchgold BFH I R 39/21, BFH/NV 25, 937). S *BeckOK EStG* § 15 Rn. 1347 ff. Damit konnten sich Anschaffungsverluste über den negativen Progressionsvorbehalt nach § 11 II sofort voll auf die übrigen stpfl Einkünfte auswirken, anders als später anfallende Gewinne durch Veräußerung, Entnahme, soweit sich der StPfl bereits in der höchsten Progressionsstufe befindet. Um dem zu begegnen erweitert § 32b II Nr 2 S 2 Buchst c den Anwendungsbereich des § 4 III 4, 5 für Zwecke des Progressionsvorbehalts, sodass Anschaffungsverluste auch bei § 32b zunächst nur aufzuzeichnen sind und sich erst bei Veräußerung/Entnahme durch Gewinnverrechnung auswirken. – **Zeitl Anwendung** s § 52 XXXIII 1. 42

IV. Datenfernübertragung von Sozialleistungen, § 32b III–V

1. Bescheinigung der Sozialversicherungsträger, § 32b III. – ***(1)*** **Datenfernübertragung, § 32b III 1.** Seit 2012 erfolgt eine allg Datenfernübertragung aller Angaben iSv § 32b I durch die Bundesagentur für Arbeit oder andere Träger von Sozialleistungen, sofern sich die Daten nicht aus der LSt-Bescheinigung ergeben. *Ab 2018* gelten hierfür die Zentralerfassungsvorschriften des § 93c AO. Zur Nutzung der stl Identifikationsnummer für die elektronische Übermittlung von Daten über Lohnersatzleistungen s *BMF* BStBl I 24, 163. – ***(2)*** **Hinweispflicht, § 32b III 2.** Die mitteilungspflichtige Stelle hat die Empfänger über die steuerl Behandlung und die StErklärungspflicht zu informieren. – ***(3)*** **Insolvenzgeldauszahlung an Dritte, § 32b III 3.** Nach § 170 SGB III (vor 1.4.12: § 183 SGB III) haben inl, durch Insolvenz des ArbG arbeitslos gewordene ArbN Anspruch auf Zahlung des offenen Nettoarbeitslohns (Einnahmen ./. gesetzl Abzüge) durch die Arbeitsverwaltung für einen Zeitraum von 3 Monaten (§§ 165, 166 SGB III). **Insolvenzgeld** wird stfrei gezahlt, unterliegt aber dem Progressionsvorbehalt (§ 32b I 1 Nr 1 Buchst a, EStR 32b II, LStR 3.2). Der ArbN kann den Anspruch vor Antragstellung an Dritte abtreten. Das Insolvenzgeld ist dann an den Dritten auszuzahlen, steuerl jedoch dem ArbN als stpfl Empfänger zuzurechnen (**§ 32b I 1 Buchst a Hs 2,** § 11 I, BFH VI R 4/11, BStBl II 12, 596). 45

2. Zuständigkeit, § 32b IV. § 32b IV regelt die FA-Zuständigkeit für die Meldung § 93c IV 1 AO und die Haftung für entgangene Steuer (§ 72a IV AO). 46

3. Abrufermächtigung, § 32b V. § 32b V berechtigt das nach Abs 4 zuständige FA, die übermittelten Daten beim VeranlagungsFA abzurufen und zu verarbeiten. 47

§ 32c Tarifermäßigung bei Einkünften aus Land- und Forstwirtschaft

(1) [1]**Auf Antrag des Steuerpflichtigen wird nach Ablauf von drei Veranlagungszeiträumen (Betrachtungszeitraum) unter den Voraussetzungen des Absatzes 5 für Einkünfte aus Land- und Forstwirtschaft im Sinne des § 13 eine Tarifermäßigung nach Satz 2 gewährt.** [2]**Ist die Summe der tariflichen Einkommensteuer, die innerhalb des Betrachtungszeitraums auf die steuerpflichtigen Einkünfte aus Land- und Forstwirtschaft im Sinne des § 13 entfällt, höher als die Summe der nach Absatz 2 ermittelten fiktiven tariflichen Einkommensteuer, die innerhalb des Betrachtungszeitraums auf die steuerpflichtigen Einkünfte aus Land- und Forstwirtschaft im Sinne des § 13 entfällt, wird bei der Steuerfestsetzung des letzten Veranlagungszeitraums im Betrachtungszeitraum die tarifliche Einkommen-**

steuer um den Unterschiedsbetrag ermäßigt. [3]Satz 1 gilt nicht, wenn nur in einem Veranlagungszeitraum des Betrachtungszeitraums Einkünfte aus Land- und Forstwirtschaft erzielt werden.

(2) **[1]Die fiktive tarifliche Einkommensteuer, die auf die steuerpflichtigen Einkünfte aus Land- und Forstwirtschaft im Sinne des § 13 entfällt, wird für jeden Veranlagungszeitraum des Betrachtungszeitraums gesondert ermittelt. [2]Dabei treten an die Stelle der tatsächlichen Einkünfte aus Land- und Forstwirtschaft im Sinne des § 13 die nach Satz 3 zu ermittelnden durchschnittlichen Einkünfte. [3]Zur Ermittlung der durchschnittlichen Einkünfte aus Land- und Forstwirtschaft wird die Summe der tatsächlichen Einkünfte aus Land- und Forstwirtschaft der Veranlagungszeiträume eines Betrachtungszeitraums gleichmäßig auf die Veranlagungszeiträume des Betrachtungszeitraums verteilt.**

(3) **[1]Die auf die steuerpflichtigen Einkünfte aus Land- und Forstwirtschaft im Sinne des § 13 entfallende tarifliche Einkommensteuer im Sinne des Absatzes 1 ermittelt sich aus dem Verhältnis der positiven steuerpflichtigen Einkünfte aus Land- und Forstwirtschaft zur Summe der positiven Einkünfte. [2]Entsprechendes gilt bei der Ermittlung der fiktiven tariflichen Einkommensteuer. [3]Bei Ehegatten, die nach den §§ 26, 26b zusammen zur Einkommensteuer veranlagt werden, werden für die Ermittlung der Einkünfte jeder Einkunftsart im Sinne des Satzes 1 die Einkünfte beider Ehegatten zusammengerechnet.**

(4) **Bei der Ermittlung der tatsächlichen und der durchschnittlichen Einkünfte aus Land- und Forstwirtschaft im Sinne der Absätze 2 und 3 bleiben außer Betracht:**

1. **außerordentliche Einkünfte nach § 34 Absatz 2,**
2. **nach § 34a begünstigte nicht entnommene Gewinne sowie**
3. **Einkünfte aus außerordentlichen Holznutzungen im Sinne des § 34b Absatz 1 und 2.**

(5) **[1]Die Inanspruchnahme der Tarifermäßigung ist nur zulässig, wenn**

1. **für negative Einkünfte, die im ersten Veranlagungszeitraum des Betrachtungszeitraums erzielt wurden, kein Verlustrücktrag nach § 10d Absatz 1 Satz 1 oder Satz 2 in den letzten oder den vorletzten Veranlagungszeitraum des vorangegangenen Betrachtungszeitraums vorgenommen wurde,**

1a. **für negative Einkünfte, die im zweiten Veranlagungszeitraum des Betrachtungszeitraums erzielt wurden, kein Verlustrücktrag nach § 10d Absatz 1 Satz 2 in den letzten Veranlagungszeitraum des vorangegangenen Betrachtungszeitraums vorgenommen wurde,**

2. **für negative Einkünfte, die im zweiten und dritten Veranlagungszeitraum des Betrachtungszeitraums erzielt wurden, kein Antrag nach § 10d Absatz 1 Satz 6 gestellt wurde,**
3. **der Steuerpflichtige kein Unternehmer in Schwierigkeiten im Sinne des Teils 1 Kapitel 2 Abschnitt 2.4 Absatz 33 Nummer 63 der Rahmenregelung der Europäischen Union für staatliche Beihilfen im Agrar- und Forstsektor und in ländlichen Gebieten (2022/C 485/01) (ABl. C 485 vom 21.12.2022, S. 1) ist,**
4. **ein Steuerpflichtiger, der zu einer Rückzahlung von Beihilfen auf Grund eines früheren Beschlusses der Europäischen Kommission zur Feststellung der Unzulässigkeit einer Beihilfe und ihrer Unvereinbarkeit mit dem Binnenmarkt verpflichtet worden ist, dieser Rückforderungsanordnung vollständig nachgekommen ist,**
5. **die Beihilfen**
   a) **nicht zur Unterstützung von Fischereitätigkeiten gewährt werden, die mit schweren Verstößen gemäß Artikel 42 der Verordnung (EG) Nr. 1005/2008 des Rates vom 29. September 2008 über ein Gemeinschaftssystem zur Verhinderung, Bekämpfung und Unterbindung der illegalen, nicht gemel-**

deten und unregulierten Fischerei, zur Änderung der Verordnungen (EWG) Nr. 2847/93, (EG) Nr. 1936/2001 und (EG) Nr. 601/2004 und zur Aufhebung der Verordnungen (EG) Nr. 1093/94 und (EG) Nr. 1447/1999 (ABl. L 286 vom 29.10.2008, S. 1) oder Artikel 90 der Verordnung (EG) Nr. 1224/2009 des Rates vom 20. November 2009 zur Einführung einer gemeinschaftlichen Kontrollregelung zur Sicherstellung der Einhaltung der Vorschriften der gemeinsamen Fischereipolitik und zur Änderung der Verordnungen (EG) Nr. 847/96, (EG) Nr. 2371/2002, (EG) Nr. 811/2004, (EG) Nr. 768/2005, (EG) Nr. 2115/2005, (EG) Nr. 2166/2005, (EG) Nr. 388/2006, (EG) Nr. 509/2007, (EG) Nr. 676/2007, (EG) Nr. 1098/2007, (EG) Nr. 1300/2008, (EG) Nr. 1342/2008 sowie zur Aufhebung der Verordnungen (EWG) Nr. 2847/93, (EG) Nr. 1627/94 und (EG) Nr. 1966/2006 (ABl. L 343 vom 22.12.2009, S. 1) verbunden sind und illegale, nicht gemeldete und unregulierte Fischerei (IUU-Fischerei) darstellen oder unterstützen;

b) nicht zur Unterstützung des Betriebs, des Managements oder des Besitzes eines Fischereifahrzeugs gewährt werden, das auf der Unionsliste von IUU-Schiffen gemäß Artikel 40 Absatz 3 der Verordnung (EG) Nr. 1005/2008 geführt wird, oder des Betriebs, des Managements oder des Besitzes eines Schiffs, das unter der Flagge eines Landes fährt, das nach Artikel 33 der genannten Verordnung als nichtkooperierendes Drittland eingestuft wurde;

c) mit einer Einhaltung der Vorschriften der Verordnung (EU) Nr. 1379/2013 des Europäischen Parlaments und des Rates vom 11. Dezember 2013 über die gemeinsame Marktorganisation für Erzeugnisse der Fischerei und der Aquakultur, zur Änderung der Verordnungen (EG) Nr. 1184/2006 und (EG) Nr. 1224/2009 des Rates und zur Aufhebung der Verordnung (EG) Nr. 104/2000 des Rates (ABl. L 354 vom 28.12.2013, S. 1) einhergehen oder

d) nicht mit einer Erhöhung der Fangkapazität oder dem Bau neuer Schiffe einhergehen, die unmittelbar und automatisch zu einem Verstoß des Mitgliedstaats gegen Artikel 22 Absatz 7 der Verordnung (EU) Nr. 1380/2013 des Europäischen Parlaments und des Rates vom 11. Dezember 2013 über die Gemeinsame Fischereipolitik und zur Änderung der Verordnungen (EG) Nr. 1954/2003 und (EG) Nr. 1224/2009 des Rates sowie zur Aufhebung der Verordnungen (EG) Nr. 2371/2002 und (EG) Nr. 639/2004 des Rates und des Beschlusses 2004/585/EG des Rates (ABl. L 354 vom 28.12.2013, S. 22) und die in Anhang II zu der Verordnung (EU) Nr. 1380/2013 festgelegten Obergrenzen für die Fangkapazität führen und

6. ein Steuerpflichtiger mit Einkünften aus Binnenfischerei, Teichwirtschaft oder Fischzucht für Binnenfischerei und Teichwirtschaft versichert, dass er für einen Zeitraum von fünf Jahren nach Bekanntgabe des Einkommensteuerbescheids, mit dem die Tarifermäßigung gewährt wird, die Bestimmungen der Gemeinsamen Fischereipolitik einhalten wird.

[2]Der Steuerpflichtige hat bei der Beantragung der Tarifermäßigung zu erklären, dass die in Satz 1 Nummer 3 bis 6 genannten Voraussetzungen bestehen. [3]Der Steuerpflichtige hat dem zuständigen Finanzamt nach Beantragung der Tarifermäßigung unverzüglich mitzuteilen, wenn eine der in Satz 1 Nummer 3 bis 6 genannten Voraussetzungen nicht mehr vorliegt. [4]Satz 1 Nummer 3 und 4 findet keine Anwendung auf Einkünfte als Landwirt im Sinne des Artikels 211 Absatz 3 der Verordnung (EU) Nr. 1308/2013 des Europäischen Parlaments und des Rates vom 17. Dezember 2013 über eine gemeinsame Marktorganisation für landwirtschaftliche Erzeugnisse und zur Aufhebung der Verordnungen (EWG) Nr. 922/72, (EWG) Nr. 234/79, (EG) Nr. 1037/2001 und (EG) Nr. 1234/2007 (ABl. L 347 vom 20.12.2013, S. 671; L 189 vom 27.6.2014, S. 261; L 130 vom 19.5.2016, S. 18; L 34 vom 9.2.2017, S. 41; L 106 vom 6.4.2020, S. 12), die zuletzt durch die Verordnung (EU) 2024/1143 (ABl. L, 2024/1143, 23.4.2024) geändert worden ist.

(6) [1]**Ist für einen Veranlagungszeitraum, in dem eine Tarifermäßigung nach Absatz 1 gewährt wurde, bereits ein Einkommensteuerbescheid erlassen worden, ist dieser zu ändern, soweit sich in einem Einkommensteuerbescheid des Betrachtungszeitraums Besteuerungsgrundlagen ändern.** [2]**Die Festsetzungsfrist endet insoweit nicht, bevor die Festsetzungsfrist für den Veranlagungszeitraum abgelaufen ist, in dem sich die Besteuerungsgrundlagen geändert haben.** [3]**Die Sätze 1 und 2 gelten in den Fällen des § 36 Absatz 2 Nummer 4 entsprechend für die Anrechnungsverfügung.**

(7) [1]**Wird während eines Zeitraums von fünf Jahren nach Bekanntgabe des Einkommensteuerbescheids, mit dem die Tarifermäßigung für den jeweiligen Betrachtungszeitraum gewährt wird, durch die zuständige Behörde festgestellt, dass die Voraussetzungen im Sinne des Absatz 5 Satz 1 Nummer 5 nicht eingehalten wurden, ist eine Tarifermäßigung im Sinne des Absatzes 1 Satz 2 rückgängig zu machen.** [2]**Diese Nichteinhaltung der Voraussetzung gilt als rückwirkendes Ereignis im Sinne von § 175 Absatz 1 Satz 1 Nummer 2 in Verbindung mit Absatz 2 der Abgabenordnung.** [3]**Der Steuerpflichtige hat eine Nichteinhaltung der Voraussetzungen unverzüglich nach deren Feststellung dem zuständigen Finanzamt anzuzeigen.** [4]**Die Festsetzungsfrist für die Steuer endet nicht vor Ablauf von vier Jahren nach Ablauf des Kalenderjahres, in dem die Finanzbehörde von der Nichteinhaltung der Voraussetzungen nach Satz 1 Kenntnis erlangt hat.**

Verwaltungsanweisungen: *BMF* BStBl I 20, 952, geändert durch *BMF* BStBl I 20, 1217 und *BMF* BStBl I 22, 1302 (umfangreiches Einführungsschreiben zu der von VZ 2016–2022 geltenden Fassung); *BMF* BStBl I 25, 1695 (zu der ab VZ 2023 geltenden Fassung).

1 **1. Überblick. – a) Wirkungsweise.** § 32c begünstigt die Einkünfte aus LuF durch eine Tarifermäßigung (Tarifglättung). Die ESt auf die Einkünfte aus LuF wird auf den Betrag ermäßigt, der sich ergäbe, wenn diese Einkünfte gleichmäßig auf einen Drei-Jahres-Zeitraum verteilt würden. Bei schwankenden Gewinnen wird so die Progressionswirkung abgemildert. – **Persönl Anwendungsbereich.** § 32c gilt zugunsten von unbeschr und beschr StPfl.

2 **b) Zeitlicher Anwendungsbereich.** Die ursprüngl Fassung des § 32c EStG (MarktOrdG, BGBl I 16, 3045) ist niemals in Kraft getreten, weil die EU-Kommission die erforderl beihilferechtl Genehmigung nicht erteilt hat. – Mit dem **„JStG 2019"** (BGBl I 19, 2451) ist § 32c überarbeitet worden und nach Genehmigung durch die EU-Kommission am 30.1.20 in Kraft getreten (BGBl I 20, 597). Gem § 52 XXXIIIa 1 ist § 32c aF erstmals für den VZ 2016 anzuwenden, begünstigt aber rückwirkend bereits die Gewinne der VZ 2014–2016 (§ 52XXXIIIa 2). Die Änderung eines bereits bestandskräftigen ESt-Bescheids für 2016 setzt nach den allg Regeln allerdings eine Korrekturvorschrift voraus (zutr *BMF* BStBl I 20, 952 Rn. 18; NdsFG EFG 22, 941, rkr). Diese Fassung ist letztmals für den VZ 2022 anzuwenden (§ 52 XXXIIIa 4). – Die durch das **Gesetz zur Verlängerung der Tarifermäßigung** (BGBl I 24 Nr 321) geänderte Fassung des § 32c ist für die VZ 2023–2028 anzuwenden (auch → Rn. 5 aE); danach läuft die Regelung aus (§ 52 XXXIIIa 5).

3 **c) Verfassungsmäßigkeit.** Die Begünstigung ist auf die Einkünfte aus LuF beschränkt, obwohl schwankende Einkünfte auch bei mehreren anderen Einkunftsarten übl sind. Diese Ungleichbehandlung bedürfte der Rechtfertigung (zur VerfWidrigkeit einer allein für gewerbl Einkünfte wirkenden Tarifbegrenzung s BVerfG 2 BvL 1/13, BVerfGE 160, 41; auch → § 32a Rn. 3). Der Gesetzgeber hat hierfür nur (sehr pauschal) den „Klimawandel", von dem die LuF in besonderer Weise betroffen sei, sowie eine „dramatische Verschlechterung der Ertragslage im Bereich der Tierhaltung" angeführt (BT-Drs 18/10237, 1, 7; für die Nachfolgeregelung BT-Drs 20/11947, 8, 12). Diese (in keiner Weise durch Fakten konkretisierten) Schlagworte reichen mE zur Rechtfertigung der Ungleichbehandlung nicht aus (glA *Kanzler* DStZ 17, 210

(211)), zumal neuere Untersuchungen zeigen, dass gerade im Bereich der Tierhaltung die höchsten Erträge innerhalb der LuF zu erzielen sind (vgl die Analyse von *Ruß/Kinne/Hüsing* DStR 19, 1704 (1710): Milchviehhaltung). Die Begünstigung ist zudem tatbestandl nicht auf Folgen des Klimawandels und der Tierhaltung beschränkt, sondern erfasst zB auch (und vor allem) Landwirte, die nur deshalb schwankende Gewinne haben, weil sie aus ihrem BV in einem VZ hochpreisiges Bauland verkauft haben, einer Subventionierung aber nicht bedürften. Zudem ist der Gesetzesbegründung eine gewisse Widersprüchlichkeit eigen, da gerade die Tierhaltung zu den Hauptverursachern des Klimawandels gehört. § 32c ist daher **mE verfassungswidrig** (glA ausführl NdsFG EFG 24, 1322 unter I.1., rkr) Dies wurde bereits im Gesetzgebungsverfahren zT so gesehen (BT-Drs 18/10468, 9) und entspricht auch der ganz hM in der Literatur (zB *Wiegand* NWB 17, 649; *Lammers* DStR 17, 1576; *HHR/Wendt* § 32c Rn. 6; *KS/Pfirrmann* § 32c Rn. 1; *KKBMHG* § 32c Rn. 16 ff; *Frotscher/Geurts* § 32c Rn. 13; **aA** hingegen *BH/Nacke* § 32c Rn. 39 ff: nur die Begünstigung von Forst- und Gartenbaubetrieben sei verfrechtl bedenkl). Die Subvention verursacht angesichts ihrer Komplexität einen erhebl Verwaltungsaufwand; die finanzielle Wirkung ist für die Begünstigten nicht vorhersehbar, sodass sie von ihnen auch nicht eingeplant werden kann. Darüber hinaus kann man auch an der Erforderlichkeit der Regelung zweifeln, da bereits § 4a eine Gewinnglättung für LuF bewirkt (zutr *Kanzler* DStZ 17, 210 (212)).

2. Voraussetzungen. Ausführl *Kanzler* NWB 20, 3879. – **a) Begünstigte Einkünfte aus Land- und Forstwirtschaft.** § 32c I 1 benennt „Einkünfte aus LuF iSd § 13". Diese Formulierung lässt offen, ob auch **nach § 13a ermittelte Einkünfte** einzubeziehen sind (mE ja, weil § 13a nur eine Gewinnermittlungs-, aber keine Einkünftequalifizierungsvorschrift ist; glA *KKBMHG* § 32c Rn. 26; *Kanzler* DStZ 17, 210 (212); *HHR/Wendt* § 32c Rn. 15; *Frotscher/Geurts* § 32c Rn. 21). Allerdings kann es bei § 13a aufgrund der Pauschalierung kaum zu Gewinnschwankungen kommen. Der Freibetrag nach § 13 III mindert die Einkünfte nicht, weil er erst von der Summe der Einkünfte abgezogen wird (zutr *BMF* BStBl I 25, 1695 Rn. 30). Die Ergebnisse mehrerer luf Einkunftsquellen sind zu saldieren. – **Nicht nach § 32c begünstigte Einkünfte aus LuF.** § 32c IV nimmt ao Einkünfte iSd § 34 II (zB Veräußerungs-/Aufgabegewinne, Entschädigungen) sowie luf Einkünfte, die bereits nach § 34a oder § 34b I, II begünstigt sind, ausdrückl von der Begünstigung aus. Grund hierfür ist, dass für diese Einkünfte bereits nach den genannten anderweitigen Vorschriften eine StErmäßigung gewährt wird (BT-Drs 19/13436, 127). – **Engere EU-Definition des Landwirts.** Ab 2023 war § 32c vorläufig nur dann anwendbar, wenn die Einkünfte als „Landwirt iSd Art 211 III VO (EU) Nr. 1308/2013" erzielt werden (§ 52 XXXIIIa 6). Dieser Begriff ist enger als der des Land- und Forstwirts nach § 13 und umfasst insb nicht die Forstwirtschaft und Fischerei (BT-Drs 20/11947, 11). Erst nach Genehmigung der Subvention durch die EU-Kommission ist § 32c mit Wirkung ab 18.2.25 (*BMF* BStBl I 25, 682) ohne diese Einschränkung (also auf alle Einkünfte iSd § 13) anwendbar (§ 52 XXXIIIa 7, 8). 5

b) Antrag. § 32c I 1 enthält ein Antragserfordernis, um zu vermeiden, dass es (was nur in seltenen Ausnahmefällen mögl ist) zu einer Mehrsteuer kommt. 6

c) Einkünfte aus Land- und Forstwirtschaft in mehreren Veranlagungszeiträumen. Nach § 32c I 3 wird die Begünstigung nicht gewährt, wenn Einkünfte aus LuF nur in *einem* VZ des dreijährigen Betrachtungszeitraums (→ Rn. 13) erzielt werden. 7

d) Verhältnis zum Verlustrücktrag, § 32c V 1 Nr 1, 1a, 2. Die StErmäßigung setzt im Fall von Verlusten voraus, dass das Wahlrecht zum Verlustrücktrag (§ 10d I) nicht dahingehend ausgeübt wird, dass Verluste in einen früheren Betrachtungszeitraum zurückgetragen werden (§ 32c V 1 Nr 1, 1a), dh zB kein Verlustrücktrag von VZ 2023 oder VZ 2024 in VZ 2022. Der Normzweck erfordert auch ein Verbot des Verlustrücktrags vom ersten VZ des Betrachtungszeitraums in den zweiten VZ des vorangegangenen Betrachtungszeitraums erfordert; eine solche Regelung fehlte aber zunächst und ist erst durch das StÄndG 2025 (BGBl I 25 Nr 363) ab VZ 2026 in 8

Abs 5 Nr 1 eingefügt worden. Umgekehrt darf der StPfl auf einen Verlustrücktrag aus dem zweiten und dritten VZ eines Betrachtungszeitraums nicht verzichten (§ 32c V 1 Nr 2). Dies ist nicht abgestimmt mit dem in § 32c V 1 Nr 1a angeordneten Verbot des Verlustrücktrags vom zweiten VZ des Betrachtungszeitraums in den letzten VZ des vorangegangenen Betrachtungszeitraums; insoweit besteht eine **Normenkollision.** Die (wegen der mehrfachen gesetzgeberischen Versehen nur schwer verständl) Regelung soll bewirken, dass Gewinne und Verluste sich innerhalb des Begünstigungszeitraums vorrangig durch den Verlustrücktrag ausgleichen und § 32c erst danach zur Anwendung kommt.

9 **e) Einhaltung von EU-Recht, § 32c V 1 Nr 3–6.** Nach diesen Regelungen, die für die Erteilung der beihilferechtl Genehmigung durch die EU-Kommission erforderl waren (BT-Drs 19/13436, 127), muss der StPfl bestimmte Wohlverhaltensanforderungen in Bezug auf das EU-Recht erfüllen: Er darf kein „Unternehmer in Schwierigkeiten" sein (Nr 3), muss unzulässige Beihilfen, die er früher erhalten hatte, vollständig zurückgezahlt haben (Nr 4), das EU-Fischereirecht einhalten (Nr 5, wobei Küsten- und Hochseefischerei ohnehin gewerbl Tätigkeiten sind, die nicht durch § 32c begünstigt werden, → § 13 Rn. 51) und muss bei Binnenfischerei und Teichwirtschaft erklären, die Bestimmungen der Gemeinsamen Fischereipolitik einhalten zu wollen (Nr 6). **Ab 2023** gelten Nr 3 und 4 nicht mehr für solche Landwirte, die auch unter den engen Begriff des Landwirts iSd Unionsrechts fallen (Abs 5 S 4); diese Regelungen sind daher im Wesentl nur noch von Forstwirten und Fischern zu beachten (→ Rn. 5 aE).

Kritik: Wie das FA diese äußerst vielschichtigen Anforderungen des EU-Rechts prüfen und die hierfür erforderl Informationen erhalten soll, bleibt unklar. Der Gesetzgeber stellt sich vor, dass der StPfl selbst zu erklären hat, diese Voraussetzungen zu erfüllen (§ 32c V 2). Man darf gespannt sein, ob ein StPfl, der „illegale, nicht gemeldete und unregulierte Fischerei" betreibt (Nr 5), dies dem FA wirkl offenbaren wird. Diese Regelungen wirken in ihrer naiven Hilflosigkeit schon beinahe wieder rührend. Ein dem Gesetzgeber zuzurechnendes strukturelles Vollzugsdefizit liegt hier nicht fern (glA *Kanzler* FR 20, 974 (975)). Jedenfalls ist aber der Grundsatz der Effektivität des Unionsrechts verletzt.

12 **3. Höhe der Steuerermäßigung, § 32c I 2, 3, II, III. – a) Berechnungstechnik.** Die StErmäßigung entspricht der Differenz zw der tatsächl tarifl ESt, die im dreijährigen Betrachtungszeitraum (→ Rn. 13) auf die begünstigten Einkünfte aus LuF (→ Rn. 5) entfällt, und der geglätteten („fiktiven") tarifl ESt auf diese Einkünfte (§ 32c I 2). Diese fiktive ESt wird ermittelt, indem die tatsächl Einkünfte aus LuF gleichmäßig auf die drei VZ des Betrachtungszeitraums verteilt werden (§ 32c II); bei zusammenveranlagten Ehegatten werden zuvor die Einkünfte beider Ehegatten einkunftsartbezogen zusammengerechnet bzw saldiert (§ 32c III 3). Die Glättung soll eine ausgeglichene Besteuerung guter und schlechter Wj bewirken (BT-Drs 18/10237, 11); *Berechnungsbeispiele* bei *Kanzler* DStZ 17, 210 (213) und *Wiegand* NWB 17, 649. Die tarifl ESt ist auch dann maßgebl, wenn sie wegen des Abzugs von Kinderfreibeträgen um das Kindergeld erhöht wird (NdsFG EFG 24, 1322 unter I.2., rkr). – **Negative Einkünfte aus LuF.** In die Vergleichsrechnung werden nur positive Einkünfte aus LuF einbezogen (§ 32c III). Eine Regelung für den Fall, dass die Einkünfte aus LuF in einem VZ des Betrachtungszeitraums negativ sind, fehlt. ME ist dann kein negativer EStBetrag anzusetzen, sondern eine ESt von 0 €. – **Erhöhung der ESt.** Sie ist (anders als nach der ursprüngl, aber nicht in Kraft getretenen Fassung des § 32c) nicht mehr vorgesehen.

13 **b) Betrachtungszeitraum.** Die Einkünfteglättung nach § 32c in der ursprüngl Fassung ist für die festen Dreijahreszeiträume 2014–2016, 2017–2019 und 2020–2022 durchzuführen (§ 52 XXXIIIa 2, 3). Die Neufassung (BGBl I 24 Nr 321) gilt für die Dreijahreszeiträume 2023–2025 und 2026–2028 (§ 52 XXXIIIa 5).

c) Steuervergütung. Sollte der Betrag der StErmäßigung die tarifl ESt des letzten VZ des Betrachtungszeitraums übersteigen, wird der übersteigende Betrag auf die ESt angerechnet (§ 36 II Nr 4). Dadurch kommt es iErg zu einer negativen ESt (StVergütung). Bei den anderen StErmäßigungen (§§ 34c, 34g, 35, 35a) gibt es eine derart erweiterte Begünstigung nicht. 14

4. Verfahrensrecht, § 32c VI, VII. Werden Besteuerungsgrundlagen für ein früheres Jahr des Betrachtungszeitraums geändert, ist auch der Betrag der StErmäßigung im letzten Jahr des Betrachtungszeitraums zu ändern (§ 32c VI 1 mit Ablaufhemmung für die Festsetzungsfrist in § 32c VI 2). In Fällen der StVergütung (→ Rn. 14) ist die Anrechnungsverfügung zu ändern (§ 32c VI 3). – **Rückwirkendes Ereignis.** Nach § 32c VII gilt es als rückwirkendes Ereignis (mit entspr Korrekturmöglichkeit), wenn die zuständige Behörde innerhalb von fünf Jahren bestimmte Verstöße gegen eine EU-VO über den Meeres- und Fischereifonds (s § 32c V 1 Nr 5) feststellt. Bei Verstößen gegen andere Anforderungen des EU-Rechts (zB § 32c V 1 Nr 3, 4, 6) ist Abs 7 hingegen nicht anwendbar. 16

§ 32d Gesonderter Steuertarif für Einkünfte aus Kapitalvermögen

(1) **[1]Die Einkommensteuer für Einkünfte aus Kapitalvermögen, die nicht unter § 20 Absatz 8 fallen, beträgt 25 Prozent. [2]Die Steuer nach Satz 1 vermindert sich um die nach Maßgabe des Absatzes 5 anrechenbaren ausländischen Steuern. [3]Im Fall der Kirchensteuerpflicht ermäßigt sich die Steuer nach den Sätzen 1 und 2 um 25 Prozent der auf die Kapitalerträge entfallenden Kirchensteuer. [4]Die Einkommensteuer beträgt damit**

$$\frac{e - 4q}{4 + k}.$$

[5]Dabei sind „e" die nach den Vorschriften des § 20 ermittelten Einkünfte, „q" die nach Maßgabe des Absatzes 5 anrechenbare ausländische Steuer und „k" der für die Kirchensteuer erhebende Religionsgesellschaft (Religionsgemeinschaft) geltende Kirchensteuersatz.

(2) **Absatz 1 gilt nicht**

1. **für Kapitalerträge im Sinne des § 20 Absatz 1 Nummer 4 und 7 sowie Absatz 2 Satz 1 Nummer 4 und 7,**
   a) **wenn Gläubiger und Schuldner einander nahe stehende Personen sind, soweit die den Kapitalerträgen entsprechenden Aufwendungen beim Schuldner Betriebsausgaben oder Werbungskosten im Zusammenhang mit Einkünften sind, die der inländischen Besteuerung unterliegen und § 20 Absatz 9 Satz 1 zweiter Halbsatz keine Anwendung findet,**
   b) **wenn sie von einer Kapitalgesellschaft oder Genossenschaft an einen Anteilseigner gezahlt werden, der zu mindestens 10 Prozent an der Gesellschaft oder Genossenschaft beteiligt ist, soweit die den Kapitalerträgen entsprechenden Aufwendungen beim Schuldner Betriebsausgaben oder Werbungskosten im Zusammenhang mit Einkünften sind, die der inländischen Besteuerung unterliegen und § 20 Absatz 9 Satz 1 zweiter Halbsatz keine Anwendung findet. [2]Dies gilt auch, wenn der Gläubiger der Kapitalerträge eine dem Anteilseigner nahe stehende Person ist, oder**
   c) **soweit ein Dritter die Kapitalerträge schuldet und diese Kapitalanlage im Zusammenhang mit einer Kapitalüberlassung an einen Betrieb des Gläubigers steht. [2]Dies gilt entsprechend, wenn Kapital überlassen wird**
      aa) **an eine dem Gläubiger der Kapitalerträge nahestehende Person oder**
      bb) **an eine Personengesellschaft, bei der der Gläubiger der Kapitalerträge oder eine diesem nahestehende Person als Mitunternehmer beteiligt ist oder**

cc) an eine Kapitalgesellschaft oder Genossenschaft, an der der Gläubiger der Kapitalerträge oder eine diesem nahestehende Person zu mindestens 10 Prozent beteiligt ist,

sofern der Dritte auf den Gläubiger oder eine diesem nahestehende Person zurückgreifen kann. [3]Ein Zusammenhang ist anzunehmen, wenn die Kapitalanlage und die Kapitalüberlassung auf einem einheitlichen Plan beruhen. [4]Hiervon ist insbesondere dann auszugehen, wenn die Kapitalüberlassung in engem zeitlichen Zusammenhang mit einer Kapitalanlage steht oder die jeweiligen Zinsvereinbarungen miteinander verknüpft sind. [5]Von einem Zusammenhang ist jedoch nicht auszugehen, wenn die Zinsvereinbarungen marktüblich sind oder die Anwendung des Absatzes 1 beim Steuerpflichtigen zu keinem Belastungsvorteil führt. [6]Die Sätze 1 bis 5 gelten sinngemäß, wenn das überlassene Kapital vom Gläubiger der Kapitalerträge für die Erzielung von Einkünften im Sinne des § 2 Absatz 1 Satz 1 Nummer 4, 6 und 7 eingesetzt wird.

[2]Insoweit findet § 20 Absatz 6 und 9 keine Anwendung;

2. für Kapitalerträge im Sinne des § 20 Absatz 1 Nummer 6 Satz 2. [2]Insoweit findet § 20 Absatz 6 keine Anwendung;

3. auf Antrag für Kapitalerträge im Sinne des § 20 Absatz 1 Nummer 1 und 2 aus einer Beteiligung an einer Kapitalgesellschaft, wenn der Steuerpflichtige im Veranlagungszeitraum, für den der Antrag erstmals gestellt wird, unmittelbar oder mittelbar

a) zu mindestens 25 Prozent an der Kapitalgesellschaft beteiligt ist oder

b) zu mindestens 1 Prozent an der Kapitalgesellschaft beteiligt ist und durch eine berufliche Tätigkeit für diese maßgeblichen unternehmerischen Einfluss auf deren wirtschaftliche Tätigkeit nehmen kann.

[2]Insoweit finden § 3 Nummer 40 Satz 2 und § 20 Absatz 6 und 9 keine Anwendung. [3]Der Antrag gilt für die jeweilige Beteiligung erstmals für den Veranlagungszeitraum, für den er gestellt worden ist. [4]Er ist spätestens zusammen mit der Einkommensteuererklärung für den jeweiligen Veranlagungszeitraum zu stellen und gilt, solange er nicht widerrufen wird, auch für die folgenden vier Veranlagungszeiträume, ohne dass die Antragsvoraussetzungen erneut zu belegen sind. [5]Die Widerrufserklärung muss dem Finanzamt spätestens mit der Steuererklärung für den Veranlagungszeitraum zugehen, für den die Sätze 1 bis 4 erstmals nicht mehr angewandt werden sollen. [6]Nach einem Widerruf ist ein erneuter Antrag des Steuerpflichtigen für diese Beteiligung an der Kapitalgesellschaft nicht mehr zulässig;

4. für Bezüge im Sinne des § 20 Absatz 1 Nummer 1 und für Einnahmen im Sinne des § 20 Absatz 1 Nummer 9, soweit sie das Einkommen der leistenden Körperschaft gemindert haben; dies gilt nicht, soweit eine verdeckte Gewinnausschüttung das Einkommen einer dem Steuerpflichtigen nahe stehenden Person erhöht hat und § 32a des Körperschaftsteuergesetzes auf die Veranlagung dieser nahe stehenden Person keine Anwendung findet.

(3) **[1]Steuerpflichtige Kapitalerträge, die nicht der Kapitalertragsteuer unterlegen haben, hat der Steuerpflichtige in seiner Einkommensteuererklärung anzugeben. [2]Für diese Kapitalerträge erhöht sich die tarifliche Einkommensteuer um den nach Absatz 1 ermittelten Betrag. [3]Im Fall des Satzes 1 ist eine Veranlagung ungeachtet von § 46 Absatz 2 durchzuführen.**

(4) **Der Steuerpflichtige kann mit der Einkommensteuererklärung für Kapitalerträge, die der Kapitalertragsteuer unterlegen haben, eine Steuerfestsetzung entsprechend Absatz 3 Satz 2 insbesondere in Fällen eines nicht vollständig ausgeschöpften Sparer-Pauschbetrags, einer Anwendung der Ersatzbemessungsgrundlage nach § 43a Absatz 2 Satz 7, eines noch nicht im Rahmen des § 43a Absatz 3 berücksichtigten Verlusts, eines Verlustvortrags nach § 20 Absatz 6 und**

noch nicht berücksichtigter ausländischer Steuern, zur Überprüfung des Steuereinbehalts dem Grund oder der Höhe nach oder zur Anwendung von Absatz 1 Satz 3 beantragen.

(5) [1]**In den Fällen der Absätze 3 und 4 ist bei unbeschränkt Steuerpflichtigen, die mit ausländischen Kapitalerträgen in dem Staat, aus dem die Kapitalerträge stammen, zu einer der deutschen Einkommensteuer entsprechenden Steuer herangezogen werden, die auf ausländische Kapitalerträge festgesetzte und gezahlte und um einen entstandenen Ermäßigungsanspruch gekürzte ausländische Steuer, jedoch höchstens 25 Prozent ausländische Steuer auf den einzelnen steuerpflichtigen Kapitalertrag, auf die deutsche Steuer anzurechnen.** [2]**Soweit in einem Abkommen zur Vermeidung der Doppelbesteuerung die Anrechnung einer ausländischen Steuer einschließlich einer als gezahlt geltenden Steuer auf die deutsche Steuer vorgesehen ist, gilt Satz 1 entsprechend.** [3]**Die ausländischen Steuern sind nur bis zur Höhe der auf die im jeweiligen Veranlagungszeitraum bezogenen Kapitalerträge im Sinne des Satzes 1 entfallenden deutschen Steuer anzurechnen.**

(6) [1]**Auf Antrag des Steuerpflichtigen werden anstelle der Anwendung der Absätze 1, 3 und 4 die nach § 20 ermittelten Kapitaleinkünfte den Einkünften im Sinne des § 2 hinzugerechnet und der tariflichen Einkommensteuer unterworfen, wenn dies zu einer niedrigeren Einkommensteuer einschließlich Zuschlagsteuern führt (Günstigerprüfung).** [2]**Absatz 5 ist mit der Maßgabe anzuwenden, dass die nach dieser Vorschrift ermittelten ausländischen Steuern auf die zusätzliche tarifliche Einkommensteuer anzurechnen sind, die auf die hinzugerechneten Kapitaleinkünfte entfällt.** [3]**Der Antrag kann für den jeweiligen Veranlagungszeitraum nur einheitlich für sämtliche Kapitalerträge gestellt werden.** [4]**Bei zusammenveranlagten Ehegatten kann der Antrag nur für sämtliche Kapitalerträge beider Ehegatten gestellt werden.**

Einkommensteuer-Richtlinien: EStR 32d; EStH 32d. – **Verwaltungsanweisungen:;** *BMF* BStBl I 22, 897 (Ges'terDarlehen ua, § 17 IIa); *BMF* BStBl I 23, SonderNr 1, 2 (AEAStG); *BMF* BStBl I 24, 1086 (StAbwG); *BMF* BStBl I 25, 1330 (Einzelfragen zur AbgeltungSt) Rn. 132–151

Übersicht Rn.

1. Gesonderter Steuertarif für Kapitaleinkünfte/Kirchensteuer, § 32d I. – a) Besonderer Tarif. Abs 1 S 1 regelt mit dem gesonderten StSatz für KapEinkünfte ein Kernelement der Abgeltungs-ESt. Sind KapEinkünfte schedulär (§ 2 II 2: Bruttobesteuerung; § 2 Vb: Ausschluss aus dem zu versteuernden Einkommen) und abgeltend durch den KapEStAbzug (§ 43 V, → § 43 Rn. 29) zu besteuern, beträgt der StSatz abw von § 32a nur 25% (zur VerfMäßigkeit → § 20 Rn. 8). Bei Veranlagung 1 der KapEinkünfte gem § 32d III 2, § 32d IV ist die AbgeltungsESt iSd § 32d I bei der StFestsetzung gem § 2 VI 1 mit der tarifl ESt zusammenzurechnen. Der gesonderte StSatz gilt nicht für KapEinkünfte, die gem § 20 VIII S 1 vorrangig zu einer anderen Einkunftsart gehören oder KapEinkünfte, die gem § 32d II kraft Gesetzes oder gem § 32d II Nr 3, § 32d VI auf Antrag tarifl zu besteuern sind. Zu beschr StPfl → § 50 Rn. 27, 39; → § 20 Rn. 2; → § 43 Rn. 1.

2 **b) Berechnung der Einkommensteuer nach dem gesonderten Tarif, § 32d I 2–5.** Die Abgeltungs-ESt ist bei Veranlagung der KapEinkünfte, dh in den Fällen des § 32d III und IV, gem Abs 1 S 2 um ausl QuellenSt iSd Abs 5 und um die pauschal zu berücksichtigende KiSt zu mindern (Abs 1 S 3). Sie ist nach der Formel in Abs 1 S 4, 5 zu ermitteln.

3 **c) Kirchensteuer, § 32d I 3.** Die KiSt wäre bei der Veranlagung der KapEinkünfte gem § 32d III, IV grds als SA gem § 10 I Nr 4 abziehbar. Sie wird stattdessen bei Ermittlung der Abgeltungs-ESt pauschal iHv 25% der auf die KapErträge entfallenden KiSt abgezogen (→ § 10 Rn. 61). Dies sichert die Gleichbehandlung mit dem KiSt-Einbehalt gem § 43a I 2 iRd KapEStAbzugs (→ § 43 Rn. 1, 2). Abs 1 S 3 ist verfrechtl unbedenkl (glA *BH/Werth* § 32d Rn. 103). Zur Zwölftelung bei zeitl Inkongruenz von persönl ESt- und KiSt-Pflicht s *BMF* BStBl I 25, 1330 Rn. 133.

4 **d) Steuerermäßigungen; Solidaritätszuschlag.** Zur Nichtberücksichtigung der festgesetzten Abgeltungs-ESt iSd § 32d I bei einzelnen **StErmäßigungen** → § 35 Rn. 5, → § 35a Rn. 30 und → § 35b Rn. 6, 22 (glA *BMF* BStBl I 25, 1330 Rn. 132). – Der **SolZ** wird nicht nur auf die KapESt (→ § 43 Rn. 2; → § 43a Rn. 3: keine Freigrenze iRd StAbzugs ab VZ 21), sondern auch auf die gem § 32d III, IV festgesetzte Abgeltungs-ESt erhoben (§ 3 I Nr 1, § 3 II, § 3 III 2 iVm § 4 SolZG). KapEinkünfte unterliegen dem SolZ nicht, wenn sie gem § 32d VI den tarifl besteuerten Einkünften hinzuzurechnen sind (§ 32d VI) und diese die SolZ-Freigrenze unterschreiten (s iEinz *Broer* DB 19, 2641).

5 **2. Gesetzlicher Ausschluss der Kapitalerträge gem § 20 I, II Nr 4, Nr 7 aus dem gesonderten Tarif, § 32d II Nr 1 Buchst a–c. – a) Kapitalerträge.** Hierunter fallen *lfd Vergütungen* des Gläubigers iRe typisch stillen Ges (§ 20 I Nr 4) und aus sonstigen KapForderungen (§ 20 I Nr 7) im PV. Zu vGA s Abs 2 Nr 4 → Rn. 21. *Substanzgewinne und -verluste* aus Veräußerungen iSd § 20 II, II 2 von Einlage- (§ 20 II Nr 4) und sonstigen Kapitalforderungen (§ 20 II Nr 7) sind auch erfasst. S iEinz → § 20 Rn. 146 ff, 172, 182 ff.

6 **b) Ausschluss bei nahe stehenden Personen, § 32d II Nr 1 Buchst a. – aa) Steuerbarkeit.** Bei KapErträgen aus Angehörigenverträgen ist nach dem Fremdvergleich (BFH X R 26/11, BStBl II 11, 374; *BMF* BStBl I 11, 37; → § 12 Rn. 20 ff; → § 20 Rn. 18) vorrangig zu klären, ob der Empfänger stbare KapEinkünfte erzielt. Danach ist Abs 2 Nr 1 Buchst a zu prüfen (BFH VIII R 44/13, BStBl II 14, 992; BFH VIII R 35/13, BStBl II 14, 990; *Levedag* GmbHR 15, 57 ff).

7 **bb) Voraussetzungen. – *(1)* Näheverhältnis.** Ein Näheverhältnis liegt vor, wenn der Abschluss der stillen Ges/des Darlehens unvermeidbar ist, weil Gläubiger oder Schuldner unmittelbar oder mittelbar (auch faktisch) einem beherrschenden Einfluss des anderen ausgesetzt sind (sog „absolutes Abhängigkeitsverhältnis“, vgl BFH VIII R 9/13, BStBl II 14, 986; BFH X R 9/17, BStBl II 21, 418; *BMF* BStBl I 25, 1330 Rn. 136). – **Fallgruppen:** – *(1)* beherrschender Einfluss zw Gläubiger und Schuldner oder eines Dritten auf beide – *(2)* ein außerhalb der Geschäftsbeziehung begründeter Einfluss zw diesen Personen oder – *(3)* ein wirtschaftl Interesse der Vertragsparteien an der Einkünfteerzielung des jeweils anderen (glA *BMF* BStBl I 25, 1330, Rn. 136).

Einzelfälle: Auch bei Angehörigen iSd § 15 AO und Ehegatten ist ein Abhängigkeitsverhältnis erforderl (BFH VIII R 8/14, BStBl II 15, 397 und die Rspr unter → Rn. 6). – Zum Näheverhältnis zw fremden Dritten s FG Mster EFG 13, 2007, rkr. – Zu Darlehen einer PersGes s BFH VIII R 8/18, HFR 22, 441 mit Anm *Füssenich*): PersGes als Gläubigerin ist selbst die ggf maßgebl nahestehende „Person"; die Zuordnung der KapErträge zu § 32d/§ 32a ist verfahrensrechtl eine eigenständig festzustellende Besteuerungsgrundlage. – Bei Darlehen an eine Schuldner-PersGes muss der Gläubiger zur Beherrschung seinen Willen in deren Ges'terversammlung durchsetzen können, ggf auch über eine Stiftung (BFH VIII R 12/19, BStBl II 22, 260). S auch FG Brem EFG 19, 1393, rkr.

(2) **Korrespondenz.** Für den Ausschluss müssen die den Vergütungen des Gläubigers (natürl Person, PersGes) entspr Aufwendungen als BA/WK beim Schuldner (natürl Personen, vermögensverwaltende PersGes [KapErtrag wäre beim Gläubiger als MUer sonst SBE, vgl → § 20 Rn. 255], Stiftungen [*BMF* BStBl I 25, 1330, Rn. 134]) iSe StSatzspreizung tatsächl inl tarifl Einkünfte mindern (Ausschluss von § 20 IX I Hs 2; nicht bei nur geschuldeten Vergütungen, anders → Rn. 11). Diese Korrespondenz kann nur bei *laufenden Erträgen* bestehen. Der Gläubiger wird tarifl besteuert, wenn der Schuldner mindern kann, sonst greift beim Gläubiger der gesonderte Tarif. Für *Substanzgewinne und -verluste* gem § 20 II Nr 4, II Nr 7 ist diese Korrespondenz ebenso erforderl. Da die Zahlungen des Schuldners erfolgsneutral sind (Tilgungen) oder seine Einkünfte nicht berührt werden (Forderungsverkauf an Dritten; Ausfall), unterliegen Substanzgewinne und -verluste damit ausschließl dem gesonderten Tarif (zutr *BMF* BStBl I 25, 1330, Rn. 135 auch → Rn. 11). 8

cc) Rechtsfolgen. Greift Abs 1 Nr 2 Buchst a, sind die positiven KapErträge gem § 20 I Nr 4, Nr 7 tarifl zu besteuern. Zur Einkünfteermittlung beim Gläubiger s § 32d II 2: statt § 20 IX und § 20 VI sind die allg Regeln (insb § 9, § 10d) anzuwenden. Substanzgewinne- und -verluste unterliegen stets der schedulären Besteuerung (zum Verlust s § 20 VI 2). Zur Erklärungspflicht s § 32d III. 9

c) Ausschluss für Kapitalerträge gem § 20 I, II Nr 4, 7 bei mindestens zu 10% an einer Körperschaft beteiligten Gesellschaftern, § 32d II Nr 1 Buchst b. – aa) Körperschaft; Beteiligungserfordernis, Buchst b S 1. Die den KapErträgen in → Rn. 5 zugrundeliegenden Zahlungen müssen von einer **inl KapGes, OptionsGes** (§ 1a III 2 Nr 3 KStG), **Genossenschaft** (§ 1 I Nr 1, Nr 2, § 1a KStG) oder von einer nach dem Rechtstypenvergleich **vergleichbaren AuslGes** (BFH VIII R 15/21, BStBl II 23, 903) als *Schuldnerin* an den Ges'ter oder eine ihm nahe stehende Person als *Gläubiger* geschuldet werden. Der Ges'ter muss iRd *Nr 2 Buchst b S 1* **unmittelbar** und **zu mindestens 10%** beteiligt sein, der mittelbare Ges'ter wird nicht erfasst (BFH VIII R 27/15, BStBl II 17, 441; *BMF* BStBl I 25, 1330, Rn. 137; → Rn. 13). Eine Beteiligung über eine vermögensverwaltende PersGes ist iHd des jeweiligen Bruchteils eine unmittelbare Beteiligung idS (→ § 17 Rn. 41, 62; *BMF* BStBl I 25, 1330, Rn. 142). – Maßgebl ist die Beteiligung bei Zufluss der KapErträge; bei geschuldetem, nicht gezahltem KapErtrag der 31.12. des VZ (BFH X R 9/17, BStBl II 21, 418). Auf die Beteiligungsgrenze von 10% kommt es iErg aber nur noch für die lfd KapErträge an (→ Rn. 11 *(3)*). – Die **Beteiligungsgrenze** nach S 1, 2 von (nur) 10% ist verfgemäß (BFH VIII R 23/13, BStBl II 14, 884). 10

bb) Zahlung; Abzug bei der Gesellschaft. – *(1)* **Gesellschafterforderungen.** Unter Abs 2 Nr 1 Buchst b fallen lfd Erträge und Substanzgewinne bzw Substanzverluste aus Ges'terFinanzierungshilfen (→ Rn. 5). Zu den praxisrelevanten Substanzverlusten iRd *Abs 2 Nr 1 Buchst b* gehören ua Ausfallverluste aus Ges'terDarlehen an KapGes, aus entspr Bürgenregressansprüchen, der sog Abtretungsverlust aufgrund eines Verzichts (→ § 20 Rn. 184, *BMF* BStBl I 22, 897, Rn. 27 ff), ebenso aus der Einlageforderung des typisch stillen Ges'ters gem § 20 II 2 Hs 2 (→ § 20 Rn. 172). – *(2)* **Zahlung.** Es genügt, wenn die KapErträge/Rückzahlungsbeträge dem Ges'ter 11 vom KStSubjekt (→ Rn. 10) zivilrechtl geschuldet werden (BFH VIII R 19/16, BStBl II 19, 34; BFH X R 9/17, BStBl II 21, 418) oder das KSt-Subjekt mit einer eigenen Forderung aufrechnet (BFH VIII R 27/19, BStBl II 23, 330). – ***(3)* Ausschlussvoraussetzungen, Abs 2 Nr 1 S 1 Hs 2.** Die **lfd KapErträge** werden ab VZ 2024 (zu vorher → Rn 11 *(5)*) aus dem gesonderten Tarif ausgeschlossen, wenn sie *(1)* bei dem KSt-Subjekt BA/WK sind, die – *(2)* inl kstpfl Einkünfte mindern (keine Anwendung von § § 20 IX I Hs 2, s zB § 8 X 2, → § 20 Rn. 4; auch bei inl Betriebsstätte). Für lfde KapErträge **von ausl KSt-Subjekten** greift auch bei einem ausl BA/WK-Abzug mangels Minderung *inl Einkünfte* stets der gesonderte Tarif (BFH VIII R 27/19, BStBl II 23, 330 ist überholt). – Für **Substanzgewinne** (Forderungsveräußerung an KapGes außerhalb der verdeckten Einlage, Drittveräußerung) und **Substanzverluste** von Ges'terforderungen gelten die zusätzl Voraussetzungen (→ Rn. 8) ebenfalls. – ***(4)* Rechtsfolgen.** Greift der Ausschluss, sind *lfd KapErträge* des Ges'ters tarifl zu besteuern; bei Einordnung als vGA hat Abs 2 Nr 4 Vorrang (→ Rn. 21). – *Gewinne/Verluste aus der Veräußerung* der Ges'terforderung gem § 20 II Nr 4; Nr 7 sind mangels eines BA/WK-Abzugs bei der KapGes für das Entgelt (AK) *keine* tarifl KapErträge (*BMF* BStBl I 25, 1330, Rn. 135). – *Substanzverluste* aus einer Ges'terforderung (Ausfallverlust, Abtretungsverlust bei Verzicht, → § 20 Rn. 184) sind ebenfalls mangels BA/WK-Abzugs bei der KapGes *keine* tarifl KapVerluste des Ges'ters. Sie unterliegen bei sämtl Ges'tern (mind 10% und darunter) der Ausgleichs- und Verrechnungsbeschränkung in § 20 VI 2 (§ 20 VI 6 wurde rückwirkend abgeschafft → § 20 Rn. 243, Rn. 246), es sei denn, sie sind gem § 17 IIa 3 Nr 1, 2 iVm § 20 VIII 1 vorrangig nachträgl AK der Beteiligung (iEinz → § 17 Rn. 184, 188 ff, 195; *BMF* BStBl I 22, 897, Rn. 27 ff; zum Vorrang → § 20 Rn. 257 ff). – ***(5)* Rechtslage bis VZ 2023.** Zur tarifl Besteuerung der *lfd KapErträge* und *Substanzverluste* iSd § 20 II Nr 4, II Nr 7 eines zu mind 10% beteiligten Ges'ters [zeitl differenzierend nach Neu- und Altdarlehen iSd § 52 XXXIIIb 2] → 42. Aufl. 2023, § 32d Rn. 11 f.

12 **cc) Missbrauch, § 42 AO.** Abs 2 Nr 1 S 1 Buchst b Hs 2 nF verhindert, dass StPfl Substanzverluste „in den Tarifausschluss hinein" gestalten können, indem sie zB Kap-Forderungen (mit Verlust) an „ihre" GmbHs oder an Dritte veräußern (→ Rn. 11 *(2)*). Für die frühere Fassung mit Geltung nur der 10%-Grenze hat BFH VIII R 15/19, BStBl II 23, 632 (Bondstripping) den Ausschluss aus dem gesonderten Tarif bejaht und § 42 AO verneint (s auch BFH VIII R 28/20, DStR 24, 2108; → § 20 Rn. 15).

13 **dd) Nahe stehende Person, § 32d II Nr 1 Buchst b 2.** Nach S 2 gilt der Ausschluss aus der tarifl Besteuerung auch für KapErträge gem § 20 I Nr 4, I Nr 7, § 20 II Nr 4, II Nr 7, die ein *NichtGes'ter* erzielt, der einem zu mind 10% beteiligten Ges'ter nahe steht. Zum erforderl Abhängigkeitsverhältnis oder wirtschaftl Eigeninteresse → Rn. 7 und BFH VIII R 31/11, BStBl II 14, 995; BFH VIII R 5/17, BStBl II 20, 807. – In einer dreistufigen Struktur (Darlehen des Ges'ters der Ober-KapGes an die Enkel-KapGes) ist der Darlehensgeber eine im Verhältnis zum unmittelbaren Ges'ter der Enkel-KapGes (der ZwischenGes) nahe stehende Person iSd S 2, wenn er die ZwischenGes beherrscht (BFH VIII R 27/15, BStBl II 17, 441; BFH X R 9/17, BStBl II 21, 418), indem er die Stimmenmehrheit in deren Ges'terVersammlung innehat.

14 **ee) Rechtsfolgen bei der nahe stehenden Person.** *Lfd KapErträge* des Dritten sind ab VZ 2024 unter den Voraussetzungen in → Rn. 11 tarifl zu besteuern, wenn ein Näheverhältnis besteht. Substanzgewinne und -verluste des Dritten mit oder ohne Näheverhältnis fallen unter die Ausgleichs- und Verrechnungsbeschränkung in § 20 VI 2 (mangels Ges'terstellung keine AK iSv § 17 IIa 3 mögl; zutr *BMF* BStBl I 22, 897 Rn. 30 f). – Bei tarifl Besteuerung *laufender KapErträge* ist für die Einkünfteermittlung § 32d II 2 anzuwenden (→ Rn. 9). Fehlt es am Näheverhältnis iSd Abs 1 Nr 2 Buchst b (Beteiligung < 10%), kann ein Näheverhätnis des Dritten nicht auf

Abs 1 Nr 2 Buchst a gestützt werden (BFH VIII R 5/17, BStBl II 20, 807; *BMF* BStBl I 25, 1330 Rn. 135).

d) Ausschluss bei Back-to-Back-Finanzierungen, § 32d II Nr 1 Buchst c. 15
Diese Regelung ist eine **spezielle Missbrauchsvorschrift.** Durch Back-to-Back-Finanzierungen sollen KapErträge nicht zu gem § 32d I besteuerten KapErträgen werden (*Schulz/Vogt* DStR 08, 2189 (2194); BT-Drs 16/7036, 18). Bislang sind keine gerichtl Verfahren iZm der Regelung bekannt geworden. Der Ausschluss greift, wenn bei dem StPfl (Gläubiger) und einem Dritten (zB Bank) KapAnlage und -überlassung (für betriebl Zwecke oder solche iSd § 2 I 1 Nr 4, 6 und 7) iSd S 3 im Zusammenhang stehen (*Strahl* KÖSDI 07, 15830 (15840)). Das gilt nach S 2 auch, wenn Kapital überlassen wird – *(aa)* an eine dem StPfl nahe stehende Person, – *(bb)* an eine PersGes, bei der der StPfl (oder eine ihm nahe stehende Person) MUer ist (*Kollruss* GmbHR 07, 1133) und – *(cc)* an eine KapGes, bei der der StPfl (oder eine nahe stehende Person) zu mindestens 10% beteiligt ist. Ein **schädl Zusammenhang (Buchst c S 3)** besteht, wenn Aufnahme und KapAnlage auf einem **einheitl Plan** beruhen, aber nicht bei marktübl Vereinbarungen oder fehlendem Belastungsvorteil (BT-Drs 16/7036, 19). Zur tarifl Besteuerung der KapErträge → Rn. 9.

3. Gesetzlicher Ausschluss bestimmter Lebensversicherungsleistungen aus gesondertem Tarif, § 32d II Nr 2. Leistungen aus *Neuverträgen* (sog Altersvorsorgeverträge), bei denen der KapErtrag gem § 20 I Nr 6 S 2 (sog Unterschiedsbetrag) anteilig stfrei ist (→ § 20 Rn. 108), werden gem *Abs 2 Nr 2 S 1* mit dem stpfl Teil tarifl besteuert. Der KapErtrag unterliegt zunächst dem KapEStAbzug (§ 43 I Nr 4 iVm I 3). Um die StBefreiung zu nutzen, muss der KapErtrag erklärt und ein Antrag gem § 32d IV gestellt werden (→ § 43 Rn. 9, 11). Der stpfl Teil des KapErtrags kann mit tarifl negativen Einkünften verrechnet werden, weil *Abs 2 Nr 2 S 2* die Anwendung des § 20 VI ausschließt. – KapErträge aus anderen *Neu-* und *Altverträgen* gem § 20 I Nr 6 aF (dazu BFH VIII R 7/15, BStBl II 19, 231) und *Veräußerungsgewinne/-verluste* gem § 20 II Nr 6, § 20 IV (→ § 20 Rn. 177 ff) aus Neu- und Altverträgen unterliegen § 32d I und § 20 VI. Ein Antrag gem § 32d VI ist aber mögl. 16

4. Ausschluss von Beteiligungsbezügen aus dem gesonderten Tarif auf Antrag und kraft Gesetzes, § 32d II Nr 3, § 32d IV. – a) Bezüge. Der *Antrag* auf Ausschluss aus dem gesonderten Tarif gem **Abs 2 Nr 3** kann für Bezüge gem § 20 I Nr 1 und Nr 2 **(Ausschüttungen; vGA)** aus inl und ausl KapGes und für solche Bezüge aus OptionsGes iSd § 1a III 2 Nr 2 KStG (*BMF* BStBl I 21, 2212 Rn. 61, 69, 72) gestellt werden iEinz → § 20 Rn. 29 ff, 72 ff). Zum Ausschluss von Bezügen aus einer vGA und von Bezügen gem § 20 I Nr 9 gem § 32d II Nr 4 → Rn. 21. 17

b) Option zum Teileinkünfteverfahren, § 32d II Nr 3. – aa) Antragsberechtigung, § 32d II Nr 3 S 1. – *(1)* Zweck. S 1 Buchst a und b decken typisierend Sachverhalte ab, in denen eine Beteiligung aus unternehmerischen Interesse erworben wird, fremdfinanziert werden muss und § 20 IX zu nicht sachgerechten Ergebnissen führen würde (zB „management buy out"; Anteilserwerb an einer BerufsträgerKapGes, s BFH VIII R 1/15, BStBl II 19, 56). Der Antrag kann aber auch unabhängig von der Fremdfinanzierung einer Beteiligung gestellt werden. – ***(2)* Beteiligung.** Der Antrag muss für *jede* Beteiligung gestellt werden. Die Beteiligung muss in demjenigen VZ, für den ein Erstantrag gestellt wird, zu irgendeinem Zeitpunkt steuerrechtl vorhanden (zum Beteiligungsuntergang s BFH VIII R 48/12, BStBl II 15, 270) und dem StPfl zuzurechnen sein. Es genügt in *Gründungsfällen* das Entstehen der Vorgesellschaft, in *Erwerbsfällen* der Übergang des wirtschaftl Eigentums am Anteil (zutr FG Bln-Bbg EFG 21, 1797, rkr). Beim *Hinzuerwerb* von Anteilen kann der Antrag nur einheitl für die vergrößerte Beteiligung gestellt werden; diese tritt in eine lfd Antragsfrist ein (zutr *BMF* BStBl I 25, 1330, Rn. 140). Eine mittelbare und unmittelbare Beteiligung an derselben KapGes sind zur Ermittlung der Beteiligungshöhe zu addieren; die mittelbare Beteiligung allein genügt nicht (BFH 18

VIII R 1/15, BStBl II 19, 56; BFH VIII R 19/16, BStBl II 19, 34; → § 17 Rn. 62 ff). Unmittelbar ist auch eine Beteiligung über eine vermögensverwaltende PersGes (*BMF* BStBl I 25, 1330, Rn. 142). – ***(3)* S 1 Buchst a.** Zu irgendeinem Zeitpunkt muss im VZ, für den der Erst- oder Wiederholungsantrag (→ Rn. 19) gestellt wird, eine Beteiligung iHv 25% bestehen (*BMF* BStBl I 25, 1330 Rn. 139). Bei OptionsGes iSd § 1a KStG ist mangels eines Grund- und Stammkapitals grds der Stand eines festen Kapitalkontos I maßgebl (*BMF* BStBl I 21, 2212 Rn. 61); zu ausl Ges → § 17 Rn. 44 ff – ***(4)* S 1 Buchst b.** Hier muss im VZ, für den der Antrag gestellt werden soll, zu irgendeinem Zeitpunkt eine Beteiligung iHv 1% bestehen und zusätzl der Ges'ter durch eine berufl (selb- oder unselbständige) Tätigkeit für die KapGes einen maßgebl unternehmerischen Einfluss auf diese ausüben können; auch die Tätigkeit für eine andere KapGes kann uU genügen (*BMF* BStBl I 25, 1330 Rn. 138 f; BFH VIII R 2/21, BStBl II 24, 220; BFH VIII R 1/15, BStBl II 19, 56 zur Organtochter), nicht aber das Tätigwerden zugunsten der KapGes über eine Schwester-PersGes (FG Ddorf EFG 17, 990; FG Ddorf EFG 17, 1275 (beide rkr); *Weiss* GmbHR 18, 867 (872)). – ***(5)* Beteiligungserträge.** Sie müssen abstrakt erzielbar sein (→ Rn 20).

19 **bb) Antragstellung, § 32d II Nr 3 S 3, 4; Widerruf, § 32d II Nr 3 S 5, 6.** – ***(1)* Antragsinhalt.** Der Antrag gem *S 3* muss für KapErträge aus einer bestimmten KapGes und für einen bestimmten VZ (Erstjahr) gestellt werden (zur Auslegung von Erklärungen s BFH VIII B 7/16, BFH/NV 17, 290). Der StPfl kann einen *vorsorgl* Antrag (aber keinen auflösend oder aufschiebend bedingten) Antrag für den Fall stellen, dass positive KapErträge iSd § 20 I Nr 1, Nr 2 oder WK-Überschüsse tatsächl anfallen (BFH VIII R 20/16, BStBl II 19, 586). – ***(2)* Antragsfrist.** Der Antrag kann außer- und innerhalb der EStErklärung des Ges'ters gestellt werden (bei Beteiligung über eine vermögensverwaltende PersGes iRd ESt-Veranlagung – *BMF* BStBl I 25, 1330, Rn. 142). *Satz 4* enthält eine Ausschlussfrist. Der erstmalige, erneute Antrag ist spätestens mit Abgabe der EStErklärung für den ersten VZ, für den er gelten soll, zu stellen (BFH VIII R 50/14, BStBl II 15, 894). Er ist nicht bis zum Eintritt der Bestandskraft (iRv Einspruch/Klage) nachholbar. Eine Wiedereinsetzung in die Frist des S 4 gem § 110 AO ist nur bei StPfl mögl, die bei Erklärungsabgabe nicht fachkundig beraten waren (BFH VIII R 33/15, BStBl II 18, 69). Ebenso *BMF* BStBl I 25, 1330 Rn. 141. Die Frist des S 4 wird auch bei nachträgl erkannten vGA und WK versäumt (BFH VIII R 20/16, BStBl II 19, 586; BFH VIII R 18/19, BFH/NV 23, 116).– ***(3)* Antragsfrist.** Abs 2 Nr 3 S 4 legt einen Fünfjahreszeitraum fest. Nur für das Erstjahr muss ein wirksamer Antrag gestellt werden (→ Rn. 18). Dieser Antrag gilt für das Erstjahr und für die folgenden vier VZ. In den vier Folgejahren sind ein Absinken der Beteiligung, das Ende der berufl Tätigkeit; der Untergang der Beteiligung unschädl (BFH VIII R 2/21, BStBl II 24, 350; BFH VIII R 37/23, BStBl II 24, 745; BFH VIII R 2/24, BFH/NV 24, 1324; ebenso jetzt *BMF* BStBl I 25, 1330 Rn. 139. Nach den fünf Jahren ist ein erneuter Antrag zu stellen. – ***(4)* Widerruf.** Eine Widerrufserklärung muss dem FA gem *S 5* spätestens mit der EStErklärung für den ersten VZ der Nichtgeltung zugehen. Der Widerruf ist auch für das Erstjahr mögl. *BMF* BStBl I 22, 742 Rn. 141 gewährt mE über den Wortlaut hinaus die großzügige Widerrufsmöglichkeit bis zur Bestandskraft des StBescheids und danach iRe verfahrensrechtl Korrekturvorschrift. Ein erneuter Antrag für **dieselbe Beteiligung** ist unzulässig ***(S 6)*.** S zu verfrechtl Bedenken *Heine/Trinks* NWB 24, 776 ff.

20 **cc) Rechtsfolgen, § 32d II Nr 3 S 2, 3.** Abs 2 Nr 3 schließt die KapErträge gem § 20 I Nr 1, Nr 2 aus dem gesonderten Tarif aus. Da gem Abs 2 Nr 3 S 2 der § 3 Nr 40 S 2 nicht gilt, ist das Teileinkünfteverfahren eröffnet (§ 3 Nr 40 S 1 Buchst d; § 3c II 1; § 20 IX ist ausgeschlossen); jedoch muss auch Nr 40 S 1 Buchst d S 2 erfüllt sein (→ § 3 Rn. 135, 143: keine Einkommensminderung bei der KapGes). Der tatsächl Zufluss von KapErträgen ist nicht erforderl, dh § 3c II 1 ist anzuwenden, wenn nur WK anfallen (BFH VIII R 19/16, BStBl II 19, 34; *BMF* BStBl I 25, 1330 Rn. 143). Es muss bei *vorweggenommenen* WK schon beim Abfluss eine Beteiligung

bestehen (→ Rn. 18 *(2)*). *Nachträgl* Schuldzinsen sind während der Geltungsdauer des Antrags nach S 4 zu 60% abzugsfähig (§ 3c II 1), auch wenn die Beteiligung während der Laufzeit untergeht, oder veräußert wird (→ Rn. 19 *(3)*); *BMF* BStBl I 25, 1330 Rn. 139.

21 **c) Gesetzlicher Ausschluss von Beteiligungsbezügen, § 32d II Nr 4.** Bezüge gem **§ 20 I Nr 1** (Ausschüttungen, un- und mittelbare vGA [→ § 20 Rn. 31 ff, 37 ff]) und **gem § 20 I Nr 9** (→ § 20 Rn. 131 ff) sind gem *Abs 2 Nr 4 Hs 1* aus dem gesonderten Tarif ausgeschlossen, soweit sie das Einkommen der leistenden Körperschaft (s § 8 III 1 KStG) mindern. Greift der Ausschluss, sind die KapErträge iHd Bruttoeinnahme *tarifl* zu besteuern. § 3 Nr 40 S 2 sperrt das Teileinkünfteverfahren, da private Erträge vorliegen (→ § 3 Rn. 139). Wird das kstl Einkommen der KapGes nicht gemindert, greift § 32d I. Dies gilt auch für vGA von ausl Körperschaften (FG Ddorf EFG 25, 1695, rkr).– **Mittelbare vGA** unterliegen gem *Abs 2 Nr 4 Hs 2* beim Ges'ter auch ohne Einkommenskorrektur bei der KapGes dem gesonderten Tarif, wenn die vGA das Einkommen der nahe stehenden Person erhöht hat und deren Veranlagung nicht mehr gem § 32a KStG änderbar ist (auch → § 20 Rn. 39).

22 **5. Andere gesetzliche Ausschlüsse von Beteiligungsbezügen.** Hinzurechnungsbeträge sind tarifl zu besteuern (§ 10 II 4 AStG), nicht aber die tatsächl Bezüge (→ § 20 Rn. 35). WK iZm mit der ZwischenGes fallen ohne Antrag gem § 32d II Nr 3 unter § 20 IX (*BMF* BStBl I 23, SonderNr 1, 2, Rn. 524, 532, 616, 629). Für hinzugerechnete Einkünfte aus ausl Familienstiftungen iSd § 15 AStG, die einheitl als Erträge gem § 20 I Nr 9 fingiert werden, gilt § 32d I gem § 15 VIII 2, Hs 2 AStG nur, wenn er bei Direktbezug des Ertrags anwendbar wäre (*BMF* BStBl I 23, SonderNr 1, 2 Rn. 839). § 11 II StAbwG (BGBl I 21, 2056) schließt den gesonderten Tarif für Leistungen von Körperschaften aus nicht kooperativen StHoheitsgebieten aus (*BMF* BStBl I 24, 1086, Rn. 75 (StAbwG); *Maier* DStR 25, 1248 ff).

23 **6. Pflichtveranlagung, § 32d III.** KapErträge iSd § 20, die aus rechtl, tatsächl Gründen nicht oder mit zu geringer Bemessungsgrundlage dem inl KapEStAbzug (§§ 43 ff) unterlegen haben, sind zu erklären **(S 1);** Ausnahme bei Differenz bis 500 € und keiner anderweitigen Pflichtveranlagung wie in S 3 (*BMF* BStBl I 25, 1330, Rn. 144, 183). FG Mster EFG 25, 934, Rev VIII R 7/25 bej bei vermögensverwaltenden PersGes in diesem Fall eine Feststellungspflicht.– **Einzelfälle:** ausl KapErträge; die in → § 43 Rn. 12; → § 43a Rn. 4 genannten Fälle; eine zu hohe Verlustverrechnung iRd StAbzugs ohne § 20 IV 5, 6 aF (→ § 20 Rn. 246, 247); Fälle des § 44 I S 7 ff iZm der Vorabpauschale gem § 18 InvStG 2018 [→ § 44 Rn. 14]; – zu Fremdwährungskonten (→ § 23 Rn. 27; s *Delp* DB 23,2975 ff); – zu weiteren Fällen *Anemüller* ErbStB 20, 233 (235 f.) – Gem **Satz 2** unterliegen die KapErträge auch iRd Veranlagung grds dem gesonderten Tarif (s § 2 VI und → Rn. 1–4); Ausnahme: § 32d II greift. – Bei **ArbN** ist bei fehlendem/zu geringem KapEStAbzug gem **S 3** ungeachtet der 410-€-Grenze in **§ 46 II Nr 1** eine Pflichtveranlagung durchzuführen (zur vorherigen Rechtslage BFH VI R 17/23, DStRE 25, 1429; zu besteuerten KapErträgen → § 46 Rn. 10).

24 **7. Antragsveranlagung, § 32d IV. – a) Voraussetzungen.** Der StPfl kann **(Wahlrecht)** für KapErträge, die dem abgeltenden KapESt-Abzug unterlegen haben (§ 43 V 1, → § 43 Rn. 29 ff), eine Veranlagung beantragen (auch nur punktuell **für bestimmte KapErträge,** s BFH VIII R 17/17, BStBl II 21, 468, anders bei Abs 6 S 3; *BMF* BStBl I 22, 742 Rn. 145). – Die gesonderte/einheitl Feststellung von KapErträgen macht den Antrag in der EStVeranlagung des Ges'ters nicht entbehrl (BFH VIII R 34/16, BStBl II 20, 836). – Das Gesetz nennt als (nicht abschließende) **Regelbeispiele:** – *(1)* einen nicht ausgeschöpften Sparer-Pauschbetrag (auch → § 44a Rn. 3), – *(2)* Depotübertragungen mit zu hoher Ersatzbemessungsgrundlage (§ 43a II 7, → § 43 Rn. 15, 16, → § 43a Rn. 4), – *(3)* die vollständige Verlustberücksichtigung iRd § 20 VI (s zur depotübergreifenden Verrechnung s BFH VIII R 5/15, BStBl II

18, 66, → § 43a Rn. 7), – *(4)* die Anrechnung ausl Steuer gem § 32d V, – *(5)* die Überprüfung des KapESt-Abzugs nach Grund/Höhe (BFH VIII R 20/22, DStR 24, 2170). Hierunter fällt ua, dass ein Verlust gem § 20 II iRd KapEStAbzugs als nicht stbar beurteilt und in der StBescheinigung (§ 45a) nicht ausgewiesen wird. Der StPfl muss den Verlust erklären und den Antrag gem Abs 4 stellen (BFH VIII R 43/18, BFH/NV 20, 687); zu den Bescheinigungen gem § 20 VI 5/§ 20 IIIa → § 20 Rn. 200, 249; iRd Abs 4 ist auch der Nachweis einer Einlagenrückgewähr iZm Stiftungsleistungen (→ § 20 Rn. 132) geltend zu machen. – sowie *(6)* die Prüfung des KiSt-Abzugs gem § 32d I 3 (→ Rn. 3).

25 **b) Rechtsfolgen.** – ***(1)* Veranlagung.** Die KapErträge, für die der Antrag gestellt wird, werden *entspr Abs 3 S 2 iVm § 32d I* zum gesonderten Tarif veranlagt; die erhobene und bescheinigte KapESt wird angerechnet (§ 36 II Nr 2) und iRd § 36 IV 2 erstattet (*BMF* BStBl I 25, 1330, Rn. 145). – ***(2)* Verfahrensrecht.** Das Wahlrecht ist nicht fristgebunden. Ist der EStBescheid des VZ formell bestandskräftig und greift § 164 II AO nicht, kann der Antrag bei einer angestrebten StMinderung nur wirken, wenn daneben eine Korrekturvorschrift gem § 172 ff, § 177 AO greift (s § 351 AO, *BMF* BStBl I 25, 1330, Rn. 145). Die Wahlrechtsausübung selbst ist keine neue Tatsache gem § 173 I AO; die Frage, ob die KapErträge als neue Tatsache zu einer niedrigeren Steuer führen, ist mittels einer Gesamtbetrachtung von ESt/KapESt zu bestimmen (BFH X R 16/17, BStBl II 20, 99; BFH VIII R 10/22, DStR 24, 2170). – Durch die Veranlagung der KapErträge gem § 32d III 2 erledigt sich eine Gläubiger-Drittanfechtung der KapESt-Anmeldung (BFH VIII R 45/15, BStBl II 19, 306, → § 45a Rn. 2).

26 **8. Anrechnung ausländischer Steuer, § 32d V. – a) Spezielle Regelung.** Abs 5 regelt als ggü § 34c (s § 34c I 1 Hs 2, VI 2 Hs 2) speziellere Vorschrift die Berücksichtigung ausl QuellenSt iRd Veranlagung von KapErträgen gem § 32d III oder IV (BFH VIII R 11/14, BStBl II 17, 443; zur Anrechnung iRd KapESt-Abzugs s § 43a III 2 und → § 43a Rn. 5). Zur Herausrechnung ausl KapErträge iRd § 34c I 3 → § 34c Rn. 12; FG Ddorf EFG 24, 303, rkr. Bei Anrechnung aufgrund eines DBA (V 2) bestimmt dieses vorrangig die Anrechnungsberechtigung und die Höhe der anrechenbaren (ggf fiktiven) ausl QuellenSt (FG Mster EFG 23, 841, rkr); falls nicht, füllt Abs 5 S 1 (Rechtsfolgenverweis) die DBA-Anordnung aus. Kann der StPfl im Quellenstaat zw einem unilateralen und einem DBA-Ermäßigungsanspruch wählen, besteht trotz der Anknüpfung in S 2 iVm S 1 an die „entstandene" StErmäßigung für ihn keine Pflicht, die höchste verfügbare QuellenSt-Reduzierung zu wählen (zu Norwegen FG RhPf EFG 21, 1555, rkr; str; → § 34c Rn. 26). Zur QuellenSt-Erhebung bei einer doppelt ansässigen KapGes s FG Mchn EFG 21, 421, rkr. Zur Deltakorrektur s → § 20 Rn. 197 ff.

27 **b) Technik, § 32d V 1, 3.** Die nach Abs 5 S 1 anrechenbare ausl QuellenSt mindert die (nach Verlustverrechnung gem § 20 VI, s BFH VIII R 22/18, BStBl II 23, 68) festzusetzende Abgeltungs-ESt (§ 32d I 2). Zur „entspr" ausl QuellenSt → § 34c Rn. 7. Die QuellenSt muss im Ausl festgesetzt, gezahlt werden und darf nicht mehr um einen entstandenen Ermäßigungsanspruch zu mindern sein (→ Rn. 26). – **Höchstanrechnungsbetrag** (**Abs 5 S 1,** ähnl § 34c I 2) ist die auf den jeweiligen ausl KapErtrag entfallende inl Abgeltungs-ESt gem § 32d I 1 (per-item-limitation; zutr FG Mster EFG 23, 841 zu fiktiver QuellenSt). – **Anrechnungshöchstbetrag** ist der Betrag, der 25% der ausl QuellenSt auf den einzelnen *stpfl* ausl KapErtrag entspricht. Bei anteilig stfreien ausl KapErträgen ist die ausl QuellenSt nur iHv 25% auf den stpfl Teil anrechenbar, bei ausl Investmenterträge der Betrag nach Teilfreistellung (*BMF* BStBl I 25, 1330, Rn. 148). – **Höchstbetragsgrenze** gem **Abs 5 S 3** (ähnl § 34c I 5) ist die festzusetzende ESt iSd § 32d I für die im VZ bezogenen KapErträge. Diese kann bis auf 0 € gemindert werden (BFH VIII R 11/14, BStBl II 17, 443). Ein Anrechnungsüberhang verfällt (BFH VIII R 22/18, BStBl II 23, 68).

9. Günstigerprüfung, §32d VI. – a) Voraussetzungen. Die Hinzurechnung der nach §20 ermittelten KapErträge zu den tarifl besteuerten Einkünften muss ggü einer Belastung mit dem gesonderten Tarif gem §32d I zu einer niedrigeren festzusetzenden ESt (§2 VI) einschließl Zuschlagsteuern führen. Die hinzuzurechnenden KapErträge sind gem §20 VI (→ §20 Rn. 242 ff und §20 IX → §20 Rn. 264 ff) zu ermitteln (BFH VIII R 13/13, BStBl II 15, 393 zum Sparer-Pauschbetrag). Gem Abs 6 S 3 kann der Antrag vom StPfl nur für sämtl KapErträge eines VZ gestellt werden; bei Zusammenveranlagung nur für sämtl KapErträge beider Ehegatten (Abs 6 S 4). Verlust- und StBescheinigungen sind vorzuhalten. Ein erfolgloser Antrag gilt als nicht gestellt. (*BMF* BStBl I 25, 1330 Rn. 150). 28

b) Rechtsfolgen. – ***(1)* Veranlagung.** Greift §32d VI, sind die hinzugerechneten (Brutto-)KapErträge abw von Abs 1, 3, 4 Teil des tarifl zu versteuernden Einkommens. Die KiSt ist als SA abziehbar (*BMF* BStBl I 25, 1330 Rn. 150). Zum Altersentlastungsbetrag s BFH III B 51/16, BFH/NV 17, 1163. Zu §32b s FG Mster EFG 17, 294, rkr. Einbehaltene KapESt wird gem §36 II Nr 2 angerechnet. Ausl QuellenSt kann bis zu der auf die ausl KapErträge entfallenden ESt berücksichtigt werden (VI 2, *BMF* BStBl I 25, 1330 Rn. 151). ***(2)* Verfahrensrecht.** Das Wahlrecht ist nicht fristgebunden und kann bis zur formellen Unanfechtbarkeit des EStBescheids oder iRd §164 II AO wirksam ausgeübt werden (wie Abs 4, → Rn. 25). Bei Ausübung nach formeller Bestandskraft bedarf es wegen §351 AO einer Korrekturvorschrift (§172 ff AO, §177 AO, ggf §10d I 3); glA *BMF* BStBl I 25, 1330 Rn. 149. Zu §173 I AO s BFH VIII R 14/13, BStBl II 15, 806; zu §173 I Nr 1 S 2 AO BFH VIII R 7/18, BStBl II 23, 166: Antrag ist keine neue Tatsache; bei Prüfung einer niedrigeren Steuer Gesamtbetrachtung von ESt, KapESt, anrechenbarer ausl QuellenSt;). Der Erlass eines Änderungsbescheids *kann* ein rückwirkendes Ereignis sein (§175 I Nr 2, II 2 AO), wenn er eine erfolgreiche Günstigerprüfung *erstmals* ermöglicht (BFH VIII R 6/17, BStBl II 21, 92; aber nicht bei Antragsmöglichkeit vor dem Änderungsbescheid BFH VIII R 10/21, BFH/NV 24, 5; *BMF* BStBl I 25, 1330 Rn. 149); allein die Vorlage der StBescheinigung (§45a) genügt mE nicht. – Zur Festsetzungsverjährung bei ArbN iZm dem Antrag gem Abs 6 BFH VI R 17/23, DStRE 25, 1429; → §46 Rn. 10. 29

c) Anwendungsfälle. Eine niedrigere Belastung durch die Hinzurechnung der KapErträge kann zB entstehen, wenn – ***(1)*** Grundfreibetrag, Altersentlastungsbetrag sich auswirken, – ***(2)*** negative KapEinkünfte iSd §32d I mit positiven §20er-Einkünften, die gem §32d II tarifl zu besteuern sind, verrechnet werden können (BFH VIII R 11/14, BStBl II 17, 443), – ***(3)*** negative tarifl Einkünfte, ein tarifl Verlustvortrag gem §10d mit positiven KapEinkünften, die §32d I unterliegen, verrechnet werden können (BFH VIII R 5/15, BStBl II 18, 66, BFH VIII R 20/16, BStBl II 19, 586; *BMF* BStBl 1 25, 1330 Rn. 146; → §20 Rn. 241), – *(4)* ein Spendenvortrag (→ §10b Rn. 28) besteht. – ***(5)*** Der Antrag gem §32d VI löst *nicht* die Anwendung des Teileinkünfteverfahrens aus (BFH VIII R 33/15, BStBl II 18, 69). 30

§33 Außergewöhnliche Belastungen

(1) **Erwachsen einem Steuerpflichtigen zwangsläufig größere Aufwendungen als der überwiegenden Mehrzahl der Steuerpflichtigen gleicher Einkommensverhältnisse, gleicher Vermögensverhältnisse und gleichen Familienstands (außergewöhnliche Belastung), so wird auf Antrag die Einkommensteuer dadurch ermäßigt, dass der Teil der Aufwendungen, der die dem Steuerpflichtigen zumutbare Belastung (Absatz 3) übersteigt, vom Gesamtbetrag der Einkünfte abgezogen wird.**

(2) [1]**Aufwendungen erwachsen dem Steuerpflichtigen zwangsläufig, wenn er sich ihnen aus rechtlichen, tatsächlichen oder sittlichen Gründen nicht entziehen**

kann und soweit die Aufwendungen den Umständen nach notwendig sind und einen angemessenen Betrag nicht übersteigen. [2]Aufwendungen, die zu den Betriebsausgaben, Werbungskosten oder Sonderausgaben gehören, bleiben dabei außer Betracht; das gilt für Aufwendungen im Sinne des § 10 Absatz 1 Nummer 7 und 9 nur insoweit, als sie als Sonderausgaben abgezogen werden können. [3]Aufwendungen, die durch Diätverpflegung entstehen, können nicht als außergewöhnliche Belastung berücksichtigt werden. [4]Aufwendungen für die Führung eines Rechtsstreits (Prozesskosten) sind vom Abzug ausgeschlossen, es sei denn, es handelt sich um Aufwendungen, ohne die der Steuerpflichtige Gefahr liefe, seine Existenzgrundlage zu verlieren und seine lebensnotwendigen Bedürfnisse in dem üblichen Rahmen nicht mehr befriedigen zu können.

(2a) **[1]Abweichend von Absatz 1 wird für Aufwendungen für durch eine Behinderung veranlasste Fahrten nur eine Pauschale gewährt (behinderungsbedingte Fahrtkostenpauschale). [2]Die Pauschale erhalten:**
1. Menschen mit einem Grad der Behinderung von mindestens 80 oder mit einem Grad der Behinderung von mindestens 70 und dem Merkzeichen „G“,
2. Menschen mit dem Merkzeichen „aG“, mit dem Merkzeichen „Bl“, mit dem Merkzeichen „TBl“ oder mit dem Merkzeichen „H“.

[3]Bei Erfüllung der Anspruchsvoraussetzungen nach Satz 2 Nummer 1 beträgt die Pauschale 900 Euro. [4]Bei Erfüllung der Anspruchsvoraussetzungen nach Satz 2 Nummer 2 beträgt die Pauschale 4500 Euro. [5]In diesem Fall kann die Pauschale nach Satz 3 nicht zusätzlich in Anspruch genommen werden. [6]Über die Fahrtkostenpauschale nach Satz 1 hinaus sind keine weiteren behinderungsbedingten Fahrtkosten als außergewöhnliche Belastung nach Absatz 1 berücksichtigungsfähig. [7]Die Pauschale ist bei der Ermittlung des Teils der Aufwendungen im Sinne des Absatzes 1, der die zumutbare Belastung übersteigt, einzubeziehen. [8]Sie kann auch gewährt werden, wenn ein Behinderten-Pauschbetrag nach § 33b Absatz 5 übertragen wurde. [9]§ 33b Absatz 5 ist entsprechend anzuwenden.

(3) **[1]Die zumutbare Belastung beträgt**

bei einem Gesamtbetrag der Einkünfte	**bis 15 340 EUR**	**über 15 340 EUR bis 51 130 EUR**	**über 51 130 EUR**
1. bei Steuerpflichtigen, die keine Kinder haben und bei denen die Einkommensteuer			
a) nach § 32a Absatz 1,	**5**	**6**	**7**
b) nach § 32a Absatz 5 oder 6 (Splitting-Verfahren)	**4**	**5**	**6**
zu berechnen ist;			
2. bei Steuerpflichtigen mit			
a) einem Kind oder zwei Kindern,	**2**	**3**	**4**
b) drei oder mehr Kindern	**1**	**1**	**2**
	Prozent des Gesamtbetrags der Einkünfte.		

[2]Als Kinder des Steuerpflichtigen zählen die, für die er Anspruch auf einen Freibetrag nach § 32 Absatz 6 oder auf Kindergeld hat.

(4) **Die Bundesregierung wird ermächtigt, durch Rechtsverordnung mit Zustimmung des Bundesrates die Einzelheiten des Nachweises von Aufwendungen nach Absatz 1 und der Anspruchsvoraussetzungen nach Absatz 2a zu bestimmen.**

Einkommensteuer-Durchführungsverordnung:

§ 64 EStDV *Nachweis von Krankheitskosten und der Voraussetzungen der behinderungsbedingten Fahrtkostenpauschale*

(1) **Den Nachweis der Zwangsläufigkeit von Aufwendungen im Krankheitsfall hat der Steuerpflichtige zu erbringen:**

1. durch eine Verordnung eines Arztes oder Heilpraktikers für Arznei-, Heil- und Hilfsmittel (§§ 2, 23, 31 bis 33 des Fünften Buches Sozialgesetzbuch);

2. durch ein amtsärztliches Gutachten oder eine ärztliche Bescheinigung eines Medizinischen Dienstes der Krankenversicherung (§ 275 des Fünften Buches Sozialgesetzbuch) für

a) eine Bade- oder Heilkur; bei einer Vorsorgekur ist auch die Gefahr einer durch die Kur abzuwendenden Krankheit, bei einer Klimakur der medizinisch angezeigte Kurort und die voraussichtliche Kurdauer zu bescheinigen,

b) eine psychotherapeutische Behandlung; die Fortführung einer Behandlung nach Ablauf der Bezuschussung durch die Krankenversicherung steht einem Behandlungsbeginn gleich,

c) eine medizinisch erforderliche auswärtige Unterbringung eines an Legasthenie oder einer anderen Behinderung leidenden Kindes des Steuerpflichtigen,

d) die Notwendigkeit der Betreuung des Steuerpflichtigen durch eine Begleitperson, sofern sich diese nicht bereits aus dem Nachweis der Behinderung nach § 65 Absatz 1 Nummer 1 ergibt,

e) medizinische Hilfsmittel, die als allgemeine Gebrauchsgegenstände des täglichen Lebens im Sinne von § 33 Absatz 1 des Fünften Buches Sozialgesetzbuch anzusehen sind,

f) wissenschaftlich nicht anerkannte Behandlungsmethoden, wie z. B. Frisch- und Trockenzellenbehandlungen, Sauerstoff-, Chelat- und Eigenbluttherapie.

[2]Der nach Satz 1 zu erbringende Nachweis muss vor Beginn der Heilmaßnahme oder dem Erwerb des medizinischen Hilfsmittels ausgestellt worden sein;

3. durch eine Bescheinigung des behandelnden Krankenhausarztes für Besuchsfahrten zu einem für längere Zeit in einem Krankenhaus liegenden Ehegatten oder Kind des Steuerpflichtigen, in dem bestätigt wird, dass der Besuch des Steuerpflichtigen zur Heilung oder Linderung einer Krankheit entscheidend beitragen kann.

(2) **Die zuständigen Gesundheitsbehörden haben auf Verlangen des Steuerpflichtigen die für steuerliche Zwecke erforderlichen Gesundheitszeugnisse, Gutachten oder Bescheinigungen auszustellen.**

(3) **Für den Nachweis der Zwangsläufigkeit von behinderungsbedingt entstandenen Aufwendungen und der Anspruchsvoraussetzungen zur behinderungsbedingten Fahrtkostenpauschale ist § 65 anzuwenden.**

Einkommensteuer-/Lohnsteuer-Richtlinien: EStR 33.1–33.4; EStH 33.1–33.4; LStH 33.

Übersicht Rn.

I. Allgemeines

1 **1. Bedeutung.** Während gewöhnl, normale Lebensaufwendungen nach dem EStG durch den Grundfreibetrag (§ 32a I Nr 1), den sog Familienleistungsausgleich (§ 31) und durch SA (§ 10) berücksichtigt werden (BFH VI R 85/13, BStBl II 15, 586), behandelt § 33 darüber hinausgehende zwangsläufige und existenziell notwendige private Aufwendungen, die sich wegen ihrer Außergewöhnlichkeit einer Typisierung entziehen (stRspr, zB BFH VI R 31/14, BStBl II 16, 40 mwN). Damit dient § 33 der Verwirklichung des **subjektiven Nettoprinzips.** Es sollen diejenigen Fälle erfasst werden, in denen das Existenzminimum des StPfl durch außergewöhnl Umstände im Bereich der privaten Lebensführung höher als im Normalfall liegt (*Tipke/Lang* SteuerR Rn. 8.717 ff; BFH X R 43/14, BStBl II 17, 55: Krankheitskosten; BFH VI R 61/12, BStBl II 14, 458: Treppenlift bei Gehbehinderung). Die übl Aufwendungen der Lebensführung hingegen sind vom Anwendungsbereich des § 33 ausgeschlossen (BFH VI R 1/23, BStBl II 25, 348: Fitnessstudio). – § 33 ist trotz seiner Stellung im EStG unter „IV. Tarif" **keine Tarifvorschrift.** Die Regelung ist eher mit den SA verwandt, da eine agB ebenso wie diese vom Gesamtbetrag der Einkünfte abgezogen wird (§ 2 IV).

Bei § 33 geht es um die Erfassung der **subj Leistungsfähigkeit** und letztl um die Frage, ab wann der Einzelne Anspruch auf die Solidarität der staatl Gemeinschaft hat. Ist das allg Lebensrisiko betroffen, hat der StPfl die damit zusammenhängenden Kosten selbst zu tragen (*Rasenack* DB 83, 1272, mit Anleihen an Gedankengänge aus dem zu Art 14 GG entwickelten Entschädigungsrecht). Eine **Einzelfall-Rspr** lässt sich nicht vermeiden (→ Rn. 12). – Die Expertenkommission **„Bürgernahe Einkommensteuer"** hat die besondere Bedeutung von außergewöhnl Belastungen (agB) insb für Rentner und Pensionäre hervorgehoben und weitere Typisierungsmöglichkeiten verneint (Bericht v 12.7.24, S 114 f; zust *Kanzler* FR 24, 729 (733)).

2 **2. Aufbau. § 33 I** definiert den Begriff „außergewöhnliche Belastung" und bestimmt die Rechtsfolge (Abzug vom Gesamtbetrag der Einkünfte). **§ 33 II 1** legt fest, wann Aufwendungen iSd § 33 I „zwangsläufig" sind. **§ 33 II 2–4** schließt bestimmte Aufwendungen, die grds agB sein könnten, vom Abzug aus. **§ 33 IIa** sieht eine Pauschale für behinderungsbedingte Fahrtkosten vor. **§ 33 III** legt die Höhe der vom StPfl nach § 33 I selbst zu tragenden zumutbaren Belastung fest. **§ 33 IV** enthält eine

VO-Ermächtigung für Regelungen zum Nachweis von agB, von der der Gesetzgeber mit **§ 64 EStDV** Gebrauch gemacht hat.

3. Persönlicher Anwendungsbereich. § 33 gilt für **unbeschr StPfl** (§ 1 I–III); beschr StPfl können keine agB geltend machen (§ 50 I 3). Zur Berücksichtigung von agB bei **Ehegatten** → Rn. 19. 3

4. Neuere Rechtsentwicklung. Seit 1.1.26 gilt gem § 64 III idF des **JStG 2024** (BGBl I 24 Nr 387) das elektronische Übermittlungsverfahren nach **§ 65 EStDV** auch für behinderungsbedingte Aufwendungen iSv § 33 I und IIa (s auch BT-Drs 20/13419, 238 f). S iÜ → 43. Aufl 2024, § 33 Rn. 4; *HHR/Modrzejewski* § 33 Rn. 2; *BH/Baldauf* § 33 Rn. 2 ff. 4

5. Verfassungsrecht; Unionsrecht. Die Regelung ist **verfgemäß** und verstößt insb nicht gegen **Art 3 GG.** Dies haben BVerfG und BFH wiederholt zu Einzelfragen festgestellt (BFH VI R 63/08, BStBl II 10, 341: Studiengebühren; BFH VI R 74/10, BStBl II 12, 577: Nachweis von Krankheitskosten; *HHR/Modrzejewski* § 33 Rn. 10 mwN). Auch der Ansatz einer **zumutbaren Belastung** ist der BFH-Rspr zufolge dem Grunde nach verfrechtl nicht zu beanstanden (→ Rn. 70; zur Höhe → Rn. 73). Ebenfalls verfgemäß ist Fahrtkostenpauschale in § 33 IIa (Sozialzwecknorm, zutr *HHR/Modrzejewski* § 33 Rn. 216). – Der Ausschluss beschr StPfl (§ 50 I 3) verstößt **nicht gegen Unionsrecht,** da die Berücksichtigung persönl Verhältnisse nach allg Verständnis grds Aufgabe des Wohnsitzstaates ist (→ § 50 Rn. 13 mwN). 5

6. Verhältnis zu anderen Vorschriften. Zu **§§ 4, 9 und 10** → Rn. 60. **§ 10d** gilt nicht für agB, was bei hohen Schäden (zB Flutkatastrophe), die über den Gesamtbetrag der Einkünfte hinausgehen, zum Verlust von Abzugsmöglichkeiten führt (s BFH IX B 191/09, BFH/NV 10, 1270); eine Korrektur durch **Billigkeitsmaßnahmen** lehnt die Rspr ab (→ Rn. 22). – **§ 12** kann der Anwendung der §§ 33–33b nicht entgegenstehen (Wortlaut des § 12, → § 12 Rn. 5). – In sachl Hinsicht ist § 33 durch **§ 33a IV** für typische Unterhaltsleistungen (dazu BFH III R 42/99, BStBl II 02, 473) **eingeschränkt** (→ Rn. 90 „Unterhalt" und → § 33a Rn. 56; *BMF* BStBl I 02, 1389 zur Abgrenzung von typischem Unterhalt und anderen agB). – Zum **Konkurrenzverhältnis** zw § 33 und **§ 33b** → § 33b Rn. 4 und BFH VI R 7/09, BStBl II 10, 280. Zu **§ 35a** → § 35a Rn. 25 und BFH VI R 46/18, BStBl II 21, 476 mit Anm *Kanzler* FR 21, 496 (498). 6

II. Außergewöhnliche Belastung, § 33 I

1. Aufwendungen. Aufwendungen sind grds alle **Ausgaben,** die in Geld oder Geldeswert bestehen und aus dem Vermögen des StPfl abfließen (vgl BFH GrS 1/89, BStBl II 90, 830; BFH VI R 41/18, BStBl II 22, 321 Rn. 26 mwN). Ausgaben sind nur bewusste und gewollte Vermögensverwendungen (BFH III B 37/05, BFH/NV 06, 2057 mwN). Es kann sich um Geldausgaben oder um eine Zuwendung von Sachwerten handeln (BFH III R 26/89, BFH/NV 91, 669; Bewertung entspr § 8 II). Im Fall einer **vGA** kann grds auch fiktiver Aufwand als agB berücksichtigt werden (BFH VI R 15/23, BStBl II 25, 965: ersparter Mietaufwand bei unentgeltl Überlassung an Ges'ter). – **Keine Ausgaben** sind **entgangene Einnahmen** (BFH III B 26/95, BFH/NV 96, 128: Verdienstausfall; BFH VI B 43/09, BFH/NV 10, 852: Mieteinnahmen), selbst erbrachte Pflegeleistungen (FG Mster EFG 15, 1198, rkr) oder reine **Vermögensverluste,** die ohne den Willen des StPfl eintreten (zB durch Diebstahl, Brand, Unfall; krit *Jakob/Jüptner* StuW 83, 208 Fn 28; **aA** *Seitrich* BB 90, 470: Einbeziehung unfreiwilliger Verluste). Von den Vermögensverlusten sind die **Schadensbeseitigungskosten** zu unterscheiden (BFH III R 27/92, BStBl II 95, 104: Wasserschaden im Haus; → Rn. 15). – Weitere **Beispiele** → 40. Aufl 2021, § 33 Rn. 8 aE. 8

9 **2. Außergewöhnlichkeit. – a) Definition.** Gem § 33 I liegt Außergewöhnlichkeit vor, wenn dem betroffenen StPfl „größere Aufwendungen als der überwiegenden Mehrzahl der StPfl gleicher Einkommens- und Vermögensverhältnisse und gleichen Familienstands" entstehen (ausführl *KKM* § 33 Rn. B 155 ff). Es muss also ein Vergleich angestellt werden und das Ergebnis dieses Vergleichs muss sein, dass den StPfl höhere Aufwendungen treffen als bestimmte andere StPfl. – Einen Sonderfall bilden **Krankheitskosten;** bei diesen werden Außergewöhnlichkeit und Zwangsläufigkeit unwiderlegl vermutet (stRspr, → Rn. 40 ff).

10 **aa) Vergleich.** Aufwendungen sind außergewöhnl, wenn andere StPfl, die in Bezug auf Einkommen, Vermögen und Familie in ähnl Verhältnissen leben, nicht oder nicht in gleicher Höhe davon betroffen sind (BFH VI R 41/18, BStBl II 22, 321 Rn. 31: Überschuldung/Insolvenz nicht außergewöhnl). Dabei sind Belastete mit Unbelasteten zu vergleichen, nicht Belastete mit anderen ähnl Belasteten (zutr *HHR/Modrzejewski* § 33 Rn. 51). Aufwendungen, die alle treffen, insb die **übl Aufwendungen der Lebensführung,** sind aus dem Anwendungsbereich des § 33 ausgeschlossen (BFH VI R 74/10, BStBl II 12, 577 Rn. 13; BFH VI R 62/08, BStBl II 10, 965: existenzieller Wohnbedarf). Da **globale Katastrophen** (Pandemie, Klimawandel, Reaktorunfall etc) nahezu alle StPfl treffen, wird es auch insoweit idR an der Außergewöhnlichkeit fehlen (→ Rn. 90 „Corona"; *Kanzler* FR 93, 698).

11 **bb) Keine bestimmte Höhe.** Durch das Tatbestandsmerkmal **„größere"** soll nicht ausgedrückt werden, dass es auf eine bestimmte Höhe der Aufwendungen ankommt (zutr *Tipke* StuW 74, 340 (347)). Es genügt vielmehr, dass die Aufwendungen des betroffenen StPfl über dem liegen, was die überwiegende Mehrzahl der in die Vergleichsgruppe einzubeziehenden StPfl tragen muss (s zB BFH III R 11/91, BStBl II 92, 821 mwN).

12 **b) Auslösendes Ereignis.** In der Rspr findet sich immer wieder die Formulierung, Aufwendungen seien außergewöhnl, wenn sie „nicht nur ihrer Höhe, sondern auch **ihrer Art und dem Grunde nach** außerhalb des Üblichen liegen" (zB BFH VI R 22/16, BStBl II 18, 179 Rn. 10: Heimunterbringung; BFH VI R 55/15, BFH/NV 17, 1028 Rn. 10). Dieser Ansatz ist zutr; denn Aufwendungen sind stets die Folge eines Ereignisses, sodass es kaum denkbar ist, sie ohne Rückgriff auf das auslösende Ereignis als außergewöhnl zu charakterisieren (zB BFH III R 56/04, BFH/NV 08, 937: dioxinbelastetes Grundstück). Es muss daher in jedem Einzelfall eine **soziale Wertung** dahingehend vorgenommen werden, ob die Aufwendungen und das sie auslösende Ereignis außerhalb der **normalen Lebensführung** liegen, sodass nach Sinn und Zweck des § 33 eine steuermindernde Berücksichtigung angemessen erscheint. Diese soziale Wertung muss sich den sich stets verändernden sozialen Verhältnissen anpassen. Eine **kasuistische Rspr** ist daher unvermeidbar (auch → Rn. 90 „ABC").

13 **3. Belastung des Steuerpflichtigen. – a) „Erwachsen".** Die Aufwendungen müssen dem StPfl „erwachsen", dh er muss wirtschaftl mit ihnen belastet sein. Auf die **Herkunft** der Mittel kommt es nicht an. Die früher in Rspr und Literatur vertretene Auffassung, dass unter § 33 nur Aufwendungen fallen konnten, die aus dem Einkommen bestritten wurden, ist durch BFH III R 27/92, BStBl II 95, 104 zutr aufgegeben worden (*Sunder-Plassmann* DStR 93, 1164 f; *Brockmeyer* DStZ 98, 216). Unerhebl ist auch, ob der Stpfl über eigenes Vermögen verfügt oder ob er Geld von einem Dritten geschenkt erhalten hat (*HHR/Modrzejewski* § 33 Rn. 46). § 33 III ist mE in Bezug auf die finanziellen Verhältnisse des StPfl abschließend.

14 **b) Gegenwertlehre.** Umstr ist die Anwendung der sog Gegenwertlehre. Nach früher wohl hM und (jedenfalls bis 2012, → Rn. 16) stRspr des BFH können Aufwendungen nicht als agB berücksichtigt werden, wenn der StPfl einen Gegenwert oder einen nicht nur vorübergehenden Vorteil erlangt hat (s BFH III R 10/04,

BFH/NV 06, 931 mwN; *Brockmeyer* DStZ 98, 215). Das BVerfG hat dies ausdrückl gebilligt (BVerfG 1 BvR 512/65, BStBl III 67, 106). Allerdings lässt sich dem Gesetz eine solche Einschränkung nicht entnehmen (so die zutr Kritik von *HHR/Modrzejewski* § 33 Rn. 39; *KKM* § 33 B 34–38; *Eschenbach* DStZ 08, 133).

aa) Ausnahmen. Auf die Gegenwertlehre wird ohnehin nicht zurückgegriffen bei Aufwendungen für **anerkannte medizinische Hilfsmittel,** die nur dem Kranken dienen (BFH III R 54/90, BStBl II 91, 920; Anm *Kanzler* FR 91, 727; nicht bei Gegenständen der allg Lebensführung, BFH III R 74/87, BStBl II 92, 290), ebenso bei der Wiederbeschaffung von **Hausrat und Kleidung,** wenn der Verlust auf einem unabwendbaren Ereignis beruht (gegen dieses Merkmal zutr *HHR/Modrzejewski* § 33 Rn. 74) und wenn Gegenstände angeschafft worden sind, die üblicherweise angemessen und notwendig sind (zuletzt BFH III R 8/95, BStBl II 99, 766 mwN; weitere Beispiele → 36. Aufl 2017, § 33 Rn. 11). – Eine weitere Ausnahme gilt für sog **verlorenen Aufwand,** bei dem der StPfl einen endgültigen Verlust aufgrund eines außergewöhnl Ereignisses in einem existenziell wichtigen Bereich ausgleichen muss (BFH III R 27/92, BStBl II 95, 104: Wasserschaden am selbst bewohnten Einfamilienhaus). Es dürfen hier allerdings keine Anhaltspunkte für ein eigenes (ursächl) Verschulden (→ Rn. 28) des StPfl erkennbar sein und auch keine realisierbaren Ersatzansprüche gegen Dritte bestehen. Zudem sind bei Schäden an Vermögensgegenständen Wertverbesserungen im Wege des **Vorteilsausgleichs** anzurechnen (s BFH III R 27/92, BStBl II 95, 104: Tapeten in einem elf Jahre alten Haus; BFH VI R 16/09, BStBl II 11, 966: Ermittlung durch FG). Weitere **Beispiele** → 40. Aufl 2021, § 33 Rn. 15 aE. 15

bb) Rechtsprechungswandel. Zwar hat der seit 2009 für agB grds (wieder) allein zuständige VI. Senat des BFH die Gegenwertlehre nicht ausdrückl aufgegeben, aber doch in ihrer **Bedeutung stark eingeschränkt:** Auf die Erlangung eines Gegenwertes kommt es jedenfalls dann nicht mehr an, wenn die betroffenen Aufwendungen „stark unter dem Gebot der sich aus der Situation ergebenden Zwangsläufigkeit" stehen (BFH VI R 7/09, BStBl II 10, 280). So begründet etwa der **behindertengerechte Umbau** eines Hauses „keinen über den individuellen Nutzungsvorteil hinausgehenden Gegenwert" (BFH VI R 16/10, BStBl II 11, 1012 Rn. 14 f, ausdrückl in Abkehr von BFH III R 209/94, BStBl II 97, 491; BFH VI B 35/11, BFH/NV 11, 1691). IÜ muss sich der StPfl nur einen „realen", also *bezifferbaren* Gegenwert anrechnen lassen, der ggf durch einen Sachverständigen festzustellen ist (BFH VI R 7/09, BStBl II 10, 280; *Kanzler* NWB 10, 9). – **Seit 2012** taucht die Gegenwertlehre in der BFH-Rspr nicht mehr auf (s aber NdsFG BeckRS 2024, 49260, rkr). 16

Diese Entwicklung ist zu begrüßen. Es wäre aber aus Gründen der **Rechtsklarheit** wünschenswert, wenn der BFH die Gegenwertlehre *ausdrückl aufgeben* würde. Die Formel von der „sich aus der Situation ergebenden Zwangsläufigkeit" (BFH VI R 7/09, BStBl II 10, 280) oder der „aus tatsächl Gründen bestehenden Zwangslage" (BFH VI R 21/11, BStBl II 12, 574) ist ohnehin eine **Leerformel,** da die Zwangsläufigkeit der Aufwendungen zu den tatbestandl Voraussetzungen des § 33 gehört.

c) Ersatzleistungen. – aa) Veranlagungszeitraum der Verausgabung. Legt der StPfl eine Ausgabe ledigl vor und erhält er sie von dritter Seite ersetzt (zB KV, Beihilfe, Schadensersatz nach Unfall), ist er nur *vorübergehend* belastet. Nach Sinn und Zweck des § 33 sind aber nur solche Aufwendungen abzugsfähig, die den StPfl *endgültig* belasten, sog **Belastungsprinzip.** Soweit der StPfl von dritter Seite einen Aufwendungsersatz erhält, scheidet daher nach zutr hM ein Abzug als agB aus (stRspr, s BFH VI B 106/17, BFH/NV 18, 716; BFH III R 8/95, BStBl II 99, 766 mwN; *Brockmeyer* DStZ 98, 215). Das gilt allerdings nur dann, wenn die Erstattung nicht zu stpfl Einnahmen führt (BFH VI R 33/20, BStBl II 23, 1031 mwN; **aA** *HHR/Modrzejewski* § 33 Rn. 42 mwN). Außerdem müssen Ersatzleistung und Auf- 17 wand **auf dem näml Ereignis** beruhen; anzurechnen sind nur Vorteile in Geld oder Geldeswert, die der StPfl erhält, um die entstandenen außergewöhnl Aufwendungen auszugleichen (BFH VI R 8/10, BStBl II 11, 701 mwN).

Beispiele: Anrechnung von **Pflegegeld** aus einer ergänzenden Pflege-KV auf die Pflegekosten (BFH VI R 8/10, BStBl II 11, 701). Leistungen aus einer ***Kranken*tagegeld-Versicherung** sind *nicht* auf die Krankheitskosten anzurechnen (Ausgleich für Verdienstausfall); Leistungen aus einer ***Krankenhaus*tagegeld-Versicherung** sind dagegen auf die Krankenhauskosten (aber nicht zB auf Kosten für eine ambulante Behandlung) anzurechnen (BFH VI R 242/69, BStBl II 72, 177). *Keine* Anrechnung von estpfl **Sterbegeld** auf Beerdigungskosten (BFH VI R 33/20, BStBl II 23, 1031). S iÜ → 40. Aufl 2021, § 33 Rn. 17 aE.

18 **bb) Vorangehende oder spätere Veranlagungszeiträume.** Str ist, ob eine **Vorteilsanrechnung** auch vorzunehmen ist, wenn der Ersatz von Aufwendungen bereits in einem vorangegangenen VZ geleistet worden ist bzw erst in einem späteren VZ geleistet wird. Nach hM sind auch in diesen Fällen die zufließenden Ersatzleistungen auf die Aufwendungen anzurechnen, da das Abflussprinzip des § 11 II *insoweit* (→ Rn. 20) durch das für § 33 geltende **Belastungsprinzip** überlagert wird (BFH VI R 11/16, BStBl II 18, 469 Rn. 53 ff: nachträgl Leistung der Krankenkasse, keine Minderung um Kosten des finanzgerichtl Verfahrens). Eine Abzinsung von Erstattungsleistungen oder Ausgabenrückflüssen kommt nicht in Betracht (FG Mster EFG 87, 186, rkr). – Ist die Erstattung bei Durchführung der Veranlagung bereits erfolgt, bestehen bezügl der Vorteilsanrechnung keine verfahrensmäßigen Schwierigkeiten. Steht die Erstattung noch aus und ist sie der Höhe nach ungewiss, empfiehlt es sich, die Höhe der Erstattung zu **schätzen** und den StBescheid unter dem **Vorbehalt der Nachprüfung** bzw vorläufig zu erlassen (§§ 164, 165 AO, s *Seitrich* FR 84, 525 f; FG Mster EFG 87, 186, rkr, Lösegeldrückfluss). – Ist der StBescheid ohne Vorbehalt der Nachprüfung ergangen und stellt sich später heraus, dass die Erstattung bei der Besteuerung unzutr geschätzt worden ist, kann der Bescheid nach **§ 175 I 1 Nr 2 AO** geändert werden (FG Köln EFG 88, 422 mwN, rkr; *BH/Baldauf* § 33 Rn. 46). Das Gleiche gilt, wenn der StPfl bei Erlass des Bescheids nicht mit einer Erstattung gerechnet hat und der volle Ausgabenbetrag als agB abgesetzt worden ist, und ebenso, wenn eine agB im Hinblick auf eine sicher erwartete Erstattung nicht abgesetzt worden ist, die Erstattung im Folgejahr aber ausbleibt. In all diesen Fällen ist die Erstattung oder deren Ausbleiben ein Ereignis, das sich estl auf die Belastung des früheren VZ auswirkt.

19 **4. Rechtsfolge. – a) Abzug.** Der als agB zu berücksichtigende Betrag (Aufwand iSd § 33 I abzügl zumutbarer Belastung gem § 33 III) wird vom Gesamtbetrag der Einkünfte (§ 2 IV) abgezogen. Liegen die Voraussetzungen des § 33 vor, hat der StPfl einen **Rechtsanspruch** auf die StErmäßigung („wird … ermäßigt", keine Ermessensentscheidung). Die Entscheidung des FA unterliegt in vollem Umfang der Überprüfung durch das FG. – Bei zusammenveranlagten **Ehegatten** erfolgt der Abzug vom gemeinsamen Gesamtbetrag der Einkünfte; welcher Ehegatte die Aufwendungen getragen hat, ist unerhebl (BFH VI R 11/09, BStBl II 11, 119 Rn. 23). Zu getrennter Veranlagung → § 26a Rn. 3. – Zu ESt-Vorauszahlungen (§ 37 III 4) → § 37 Rn. 23; zum LSt-Abzug (§ 39a II 4) → § 39a Rn. 4.

20 **b) Zeitpunkt. – aa) Abflussprinzip.** Der Abzug der agB erfolgt im **VZ der Verausgabung;** auch § 33 fällt unter das Abflussprinzip, § 11 II (BFH VI R 36/15, BStBl II 17, 979). Das Belastungsprinzip (→ Rn. 17 f) beeinflusst nur die Höhe des Abzugsbetrags, nicht den Abzugszeitpunkt (BFH VI R 67/79, BStBl II 82, 744). Das gilt auch dann, wenn die Aufwendungen aus einem **Darlehen** bestritten werden (BFH VI R 41/05, BFH/NV 08, 1136 mwN). – Konsequenterweise sind **Vorschüsse und Nachzahlungen** ebenfalls grds im VZ der Leistung zu berücksichtigen (Problem: zweimaliger Ansatz einer zumutbaren Belastung; s *HHR/Modrzejewski* § 33 Rn. 56: grob unbillig; mE Korrektur über §§ 163, 227 AO). Werden aber Vorauszah-

lungen auf agB *freiwillig* geleistet, um die StProgression zu mildern, kann dies **missbräuchl** sein (FG Mchn EFG 14, 1683, rkr: Vorauszahlung von Krankheitskosten für mehrere Jahre zur Kompensation einer Abfindung).

bb) Keine Verteilung auf mehrere Jahre. Die von den FÄ zeitweise vertretene Auffassung, dass die Aufwendungen ggf über einen längeren Zeitraum (Nutzungsdauer) zu verteilen sind, hat der BFH abgelehnt (BFH VI R 7/09, BStBl II 10, 280). Das gilt allerdings zum Nachteil des StPfl auch dann, wenn sich die agB in dem VZ, in dem sie geleistet worden ist, nicht bzw nicht vollständig auswirkt, weil der **Gesamtbetrag der Einkünfte zu gering** ist. Es ist *nicht* mögl, die agB bzw den Restbetrag in einen anderen VZ zu übertragen oder auf mehrere VZ zu verteilen; weder § 82b EStDV noch § 7 oder § 10d sind anwendbar und können, da es an einer Gesetzeslücke fehlt, auch nicht analog herangezogen werden (BFH VI R 36/15, BStBl II 17, 979; eine Analogie für SA allerdings bejahend: BFH VI R 113/92, BStBl II 93, 676; iErg wohl ebenso *Brandis* DStR 18, 2298). 21

cc) Keine Billigkeitsmaßnahmen. Ebenso hat der BFH eine abweichende StFestsetzung aus Billigkeitsgründen gem **§ 163 AO** abgelehnt: Der Umstand, dass agB, die den Gesamtbetrag der Einkünfte überschreiten, unberücksichtigt blieben, sei der estl Systematik geschuldet, insb der Ermittlung des zu versteuernden Einkommens gem § 2 (BFH VI R 36/15, BStBl II 17, 979 Rn. 24, VerfBeschw nicht angenommen). 22

Kritik: Gerade der Umstand, dass die estl Regelungen zu diesem Ergebnis führen und somit zwangsläufige Mehraufwendungen für den existenznotwendigen Grundbedarf entgegen der Wertung des § 33 iErg unberücksichtigt bleiben, spricht mE dafür, in solchen Fällen auf § 163 AO zurückzugreifen. Das hat der BFH ursprüngl auch so gesehen (BFH VI R 7/09, BStBl II 10, 280 Rn. 20: „Wahlrecht" zur Verteilung der Aufwendungen; ebenso: FG Saarl EFG 13, 1927, rkr: Verteilung auf bis zu 5 Jahre; s iÜ auch BFH III R 191/90, BStBl II 92, 293; **aA** *HHR/Modrzejewski* § 33 Rn. 57; *BeckOK EStG* § 33 Rn. 57; *BH/Baldauf* § 33 Rn. 44).

c) Antrag. Der Abzug erfolgt auf Antrag des StPfl (oder seines Erben). Der Antrag kann noch vor dem FG bis zum Schluss der mündl Verhandlung gestellt oder zurückgenommen werden, allerdings nicht mehr im Revisionsverfahren (BFH I R 120/91, BStBl II 93, 738). Erkennen FA oder FG, dass der StPfl eine agB beantragen könnte, haben sie darauf hinzuweisen (Fürsorgepflicht, § 89 AO und § 76 II FGO; s allg BFH X B 16/02, BFH/NV 03, 1212). – Die **Nachholung** eines Antrags ist zunächst bloße Verfahrenshandlung, keine Tatsache iSd § 173 I Nr 2 AO, die zu einer Aufhebung oder Änderung eines bestandskräftigen, nicht unter dem Vorbehalt der Nachprüfung stehenden Bescheids führen kann. Wohl aber ist der dem Antrag zugrunde liegende Sachverhalt eine Tatsache iSd § 173 I Nr 2 AO (ausführl BFH III R 24/02, BStBl II 04, 394 mwN; BFH VI R 58/07, BStBl II 10, 531: keine Änderung, wenn StB Krankheitskosten vergisst). 23

III. Zwangsläufigkeit, § 33 II 1

1. Begriff. Die außergewöhnl Aufwendungen müssen dem Grunde und der Höhe nach zwangsläufig sein. Dem **Grunde** nach sind sie zwangsläufig, wenn der StPfl sich ihnen aus rechtl, tatsächl oder sittl Gründen nicht entziehen kann (→ Rn. 26 ff). Der **Höhe** nach sind die Aufwendung zwangsläufig, wenn sie notwendig und angemessen sind (→ Rn. 39). Zu Besonderheiten bei **Krankheitskosten** → Rn. 40 ff. Zu den unterschiedl Anforderungen an die Zwangsläufigkeit in § 33 II und **§ 33b VI** s BFH III R 265/94, BStBl II 97, 558 und *Anm* HFR 97, 577. 25

2. Nicht-Entziehen-Können. – a) Maßstab. Die Gründe, die zu einer Belastung des StPfl geführt haben, müssen „von außen auf die Entschließung des StPfl in einer Weise einwirken, dass er ihnen nicht ausweichen kann" (stRspr, BFH VI R 25/20, BStBl II 23, 372 Rn. 15 mwN). Abzustellen ist auf die **obj Zwangsläu-** 26

figkeit; es genügt nicht, dass sich der StPfl *subj* verpflichtet gefühlt hat, obwohl er es nach der Verkehrsanschauung nicht gewesen ist (BFH III R 59/97, BStBl II 98, 605 mwN). Liegt aber ein **entschuldbarer Irrtum** vor und ist der StPfl von einem Sachverhalt ausgegangen, bei dessen Vorliegen Aufwendungen zwangsläufig gewesen wären, kann eine Anwendung des § 33 in Betracht kommen (*HHR/Modrzejewski* § 33 Rn. 177; zur Anerkennung agB in einer „notstandsähnl Zwangslage" s BFH VI R 11/09, BStBl II 11, 119). Im Fall eines **vermeidbaren Irrtums** gilt dies nicht (iErg daher zutr FG Mster EFG 25, 1429: Opfer eines „Schockanrufs", Rev VI R 14/25). – Bei Fällen mit **Auslandsbezug** wird sich die Frage, ob eine rechtl Verpflichtung vorliegt, nach deutschem IPR richten. Geht es um sittl Verpflichtungen, ist ggf darauf abzustellen, woran sich der ausl StPfl sittl gebunden fühlt, es sei denn, die Anschauung ist mit der inl Rechtsordnung nicht zu vereinbaren (s auch *Kanzler* FR 93, 694; **aA** *HHR/Modrzejewski* § 33 Rn. 178). Ob hierbei auf § 33a I 6 Hs 2 zurückgegriffen werden kann (so FG Mster EFG 95, 529, rkr; *BH/Baldauf* § 33 Rn. 91), erscheint fragl (vgl BFH VI R 61/08, BStBl II 10, 621, Rn. 14: kein Rückgriff auf die „Sondervorschrift" des § 33a I 3 aF, jetzt: § 33a I 4).

Letztl ist auch hier stets danach zu fragen, ob das **auslösende Ereignis,** dessen unmittelbare Folge die Aufwendungen oder die Verpflichtung zur Bestreitung der Aufwendungen sind, für den StPfl zwangsläufig war (*Jakob/Jüptner* StuW 83, 209 ff (212): Abstellen auf die „wesentl Ursache", die zu den Aufwendungen führt; BFH VI R 47/13, BStBl II 17, 276 Rn. 17; BFH VI R 17/14, BStBl II 15, 800).

27 **b) Verhalten des Steuerpflichtigen. – aa) Freie Entscheidung.** An der Zwangsläufigkeit fehlt es, wenn sich der StPfl bewusst und auf Grund freier Entscheidung in eine bestimmte Situation begeben und damit die maßgebl Ursache für die geltend gemachten Aufwendungen selbst gesetzt hat (BFH III R 68/03, BStBl II 05, 566). Regelmäßig ist dies auch beim Abschluss von Verträgen und den damit uU verbundenen nachteiligen Folgen der Fall (vgl BFH VI R 47/13, BStBl II 17, 276). Zum *Sonderfall* einer Erkrankung des Partners → Rn. 40.

Beispiele - keine agB: Kosten einer **künstl Befruchtung** nach vorangegangener *freiwilliger* Sterilisation (BFH III R 68/03, BStBl II 05, 566); Kosten einer **Geschlechtsumwandlung** in Thailand trotz Zusage der Kostenübernahme durch Krankenkasse (FG Mchn EFG 22, 43, rkr). → Rn. 90 „Baumangel", „Betrugsverluste" und „Insolvenz".

28 **bb) Verschulden.** Zwangsläufigkeit ist zu verneinen, wenn der StPfl durch **schuldhaftes, sozial inadäquates Verhalten** selbst die Ursache für die Aufwendungen gesetzt hat und wenn sich diese bei sozial adäquatem Verhalten hätten vermeiden lassen (ähnl auch *Littmann* § 33 Rn. 141; krit zur Sozialadäquanz und zur Berücksichtigung mögl Alternativverhaltens *Jakob/Jüptner* StuW 83, 210 (241 f)).

29 **(1) Vorsatz; Fahrlässigkeit. Vorsatz und grobe Fahrlässigkeit** schließen Zwangsläufigkeit stets aus (BFH VI 272/61 S, BStBl III 63, 499), **leichte Fahrlässigkeit** hingegen nicht (grds BFH VI R 41/79, BStBl II 82, 749; krit *Jakob/Jüptner* StuW 83, 211 Fn 44); uU kann auch auf die im Zivilrecht entwickelten Grundsätze „gefahrgeneigter Arbeit" zurückgegriffen werden (s *Brockmeyer* DStZ 98, 218). Zu Nachweisfragen s *Sunder-Plassmann* DStZ 95, 194.

30 **(2) Straftat; Sittenwidrigkeit.** Strafbares oder sittenwidriges Tun ist nicht zwangsläufig; damit zusammenhängende Aufwendungen sind somit nicht abzugsfähig. Auch **Geldstrafen** und **Geldbußen** können nicht gem § 33 berücksichtigt werden. Eine Ausnahme wird man mit FG Brem (EFG 80, 183, rkr) zulassen können, wenn und soweit eine von einem ausl Gericht verhängte Geldstrafe nach deutschem Rechtsempfinden als offensichtl Unrecht erscheint.

31 **cc) Verzicht.** Verzichtet der StPfl auf die **Geltendmachung eines Ersatzanspruchs** (zB ggü der privaten KV wegen Beitragsrückerstattung, s zutr NdsFG EFG 19, 712 mwN, rkr), sind die Aufwendungen nicht mehr zwangsläufig, es sei

denn, die Geltendmachung des Ersatzanspruchs ist unzumutbar. Ggü der Krankenkasse sind die Kosten schriftl geltend zu machen (BFH III R 91/89, BStBl II 92, 137, mE hätte zurückverwiesen werden müssen; zu Recht krit *Richter* DStR 92, 136; BFH III R 48/93, BFH/NV 95, 24: Beihilfeanspruch muss geltend gemacht werden). Die Geltendmachung des Ersatzanspruchs kann unzumutbar sein, wenn nachteilige Auswirkungen auf das Fortkommen des StPfl zu befürchten sind; gerichtl Verfolgung des Anspruchs ist wegen des Prozessrisikos wohl nicht zu verlangen (s auch *Anm* HFR 92, 237).

dd) Abschluss einer Versicherung. Die Zwangsläufigkeit entfällt nicht schon 32
dadurch, dass der StPfl Aufwendungen durch den Abschluss einer Versicherung hätte abwälzen können. Der Verzicht auf den Abschluss einer Versicherung ist grds nicht sozial inadäquat. Etwas anderes gilt nach stRspr allerdings für Schäden an eigenen Vermögensgegenständen (Haus, Hausrat), wenn der StPfl eine **übl und zumutbare** Versicherung nicht abgeschlossen hat (ausführl BFH III R 36/01, BStBl II 04, 47 mwN; ebenso *BMF* BStBl I 02, 960, nicht aber für Elementarversicherung; zutr krit *HHR/Modrzejewski* § 33 Rn. 185a). Übl sind jedenfalls Feuer-, Sturm- und Hausratversicherung (zu Reisegepäckversicherung s FG BW EFG 08, 379, rkr; ausführl auch *Steinhauff* HFR 04, 122). Zu beachten ist, dass auch bei Unterversicherung die Zwangsläufigkeit ausscheiden kann. Auch → Rn. 90 „Schadensersatz".

c) Aufwendungen zu Gunsten Dritter. Bei Aufwendungen zu Gunsten Drit- 33
ter muss geprüft werden, ob die unterstützte Person über eigenes, nicht nur geringfügiges Vermögen verfügt. Ist das der Fall, sind die Aufwendungen des StPfl idR nicht zwangsläufig (s BFH III R 25/01, BStBl II 03, 299 mwN). Volljährige Kinder sind grds verpflichtet, auch den **Vermögensstamm** einzusetzen (Umkehrschluss aus § 1602 BGB); doch kann dies im Einzelfall unzumutbar sein (s BFH VI R 61/08, BStBl II 10, 621: maßvolle Altersvorsorge eines volljährigen behinderten Kindes). – Allg ist auch zu fragen, ob der Dritte die Aufwendungen nicht durch **Kreditfinanzierung** selbst hätte aufbringen können (BFH III R 209/81, BStBl II 87, 432) oder durch **Beleihung** seines Vermögens (FG Hmb EFG 98, 663, rkr; HessFG EFG 02, 833, rkr; einschr BFH III R 97/06, BFH/NV 09, 728). – Hat der Dritte die Aufwendungen durch **eigenes Verhalten** verursacht und stünde dies einer Anwendung des § 33 in seiner Person entgegen, soll die zwangsläufige Übernahme der Aufwendungen durch den StPfl gleichwohl mögl sein (BFH III R 145/85, BStBl II 90, 895, unter II, mwN).

Für den entschiedenen Fall mag dies iErg zutr sein; zu bedenken ist aber, dass das eigene Verhalten des Dritten derart **sozialwidrig** sein kann, dass eine Unterstützung durch den StPfl nicht mehr erwartet werden kann. Ist eine **frühere Vermögensübertragung** durch den Dritten an den StPfl ursächl für die Unterstützungsbedürftigkeit, ist die Unterstützung durch den StPfl schon aus diesem Grund nicht zwangsläufig (BFH VI B 146/08, BFH/NV 10, 637; ausführl BFH III R 38/95, BStBl II 97, 387, *Anm* HFR 97, 485; *Dürr* INF 97, 353; *Paus* BB 97, 2559).

3. Rechtliche Gründe. Rechtl Gründe können sich aus Gesetz, Verwaltungsakt 34
oder Vertrag ergeben. Es ist aber stets zu untersuchen, ob die rechtl Verpflichtung nicht Folge eines vorhergehenden Verhaltens des StPfl ist. Die rechtl Gründe dürfen vom StPfl nicht selbst gesetzt sein (BFH III R 178/80, BStBl II 86, 745). Ist das vorhergehende Verhalten des StPfl selbst nicht zwangsläufig, kann die sich hieraus ergebende rechtl (gesetzl oder vertragl) Verpflichtung nicht zu einer agB des StPfl führen (zB BFH VI R 47/13, BStBl II 17, 276: Treuhändervergütung im Insolvenzverfahren; auch → Rn. 17). Verpflichtungen auf Grund **rechtsgeschäftl Vereinbarung** können daher für sich allein eine Zwangsläufigkeit nicht begründen; es muss aus anderen Gründen eine Zwangsläufigkeit zu gerade dieser Verpflichtung hinzutreten (BFH III R 59/97, BStBl II 98, 605: abl für Kapitalabfindung von Unterhaltszahlungen nach Vergleich).

35 **4. Tatsächliche Gründe.** Zu den tatsächl Gründen gehören unabwendbare Ereignisse wie zB Katastrophen, Krieg, Vertreibung, nicht selbst verschuldeter Unfall, Krankheit (Sonderfall, → Rn. 40 ff), Tod und Erpressung. Es wird sich regelmäßig um Aufwendungen des StPfl **für sich selbst** handeln. Ob die Unterstützung dritter Personen aus tatsächl Gründen zwangsläufig sein kann, ist zweifelhaft; es kommt insoweit wohl nur eine Zwangsläufigkeit aus rechtl oder sittl Gründen in Betracht (offen gelassen in BFH III R 205/82, BStBl II 90, 294; **aA** BFH VI R 271/68, BStBl II 71, 628, Unterhalt und Berufsausbildung für Lebensretter – eigentl handelte sich nicht um tatsächl, sondern um sittl Gründe; krit auch *Jakob/Jüptner* StuW 83, 212; *KKM* § 33 Rn. B 90).

36 **5. Sittliche Gründe. – a) Vergleichbare Zwangslage.** Eine Zwangsläufigkeit aus sittl Gründen setzt voraus, dass sich der StPfl nach allgemeiner Anschauung („Urteil aller billig und gerecht denkenden Menschen") zu der fragl Leistung verpflichtet halten durfte (BFH VI R 51/09, BStBl II 10, 794 mwN). Dabei reicht es nicht aus, dass die Leistung menschl verständl ist; vielmehr muss die Sittenordnung das Handeln gebieten (BFH III R 23/02, BStBl II 04, 267 mwN). Allein das subj Gefühl, verpflichtet zu sein, genügt nicht (glA *HHR/Modrzejewski* § 33 Rn. 190 ff). – Die sittl Verpflichtung muss den StPfl individuell oder aber eine kleine Minderheit der StPfl treffen; sie muss einer Rechtspflicht gleichkommen oder zumindest ähnl sein (ausführl BFH III R 265/94, BStBl II 97, 558).

Die **allg sittl Verpflichtung,** in Not geratenen Mitbürgern zu helfen, begründet keine Zwangsläufigkeit iSd § 33 (BFH VI 320/65, BStBl III 66, 534; FG Köln EFG 85, 122, rkr, fremde Familie in Indien). Das Gleiche gilt für **Anstandspflichten, Übungen und Sitten** (BFH VI R 76/66, BStBl III 67, 364, Trauerkleidung; BFH VI 303/57 U, BStBl III 58, 296, Kosten einer Hochzeitsfeier).

37 **b) Angehörige; nahestehende Personen.** Sittl Verpflichtungen sind insb zwischen Familienangehörigen bedeutsam, die gegenseitig nicht gesetzl unterhaltsverpflichtet sind (zB Geschwister). Voraussetzung für eine sittl Verpflichtung ist aber, dass der Angehörige sich in einer **akuten Notlage** befindet (*Littmann* § 33 Rn. 175). Solange der Angehörige gegen andere Personen Unterhaltsansprüche geltend machen kann, fehlt es an der Zwangsläufigkeit (HessFG EFG 94, 526, rkr). Scheiden bei einem rechtl geregelten Unterhaltsverhältnis rechtl Gründe für die Zwangsläufigkeit aus, sollen regelmäßig auch sittl Gründe nicht in Betracht kommen (FG Hmb EFG 90, 634, rkr); dies ist nicht zweifelsfrei, denn BFH III R 145/85, BStBl II 90, 895 (zu II.) lässt die Frage der rechtl Gründe dahingestellt und bejaht sittl Gründe.

Beispiele: → Rn. 90 „Besuchsreisen" (Abgrenzung). Zu **typischen Unterhaltsleistungen** → Rn. 90 „Unterhalt" (§ 33a IV schließt § 33 aus); zur Übernahme von Krankheitskosten für minderjähriges **Pflegekind** durch Pflegeeltern s FG Mster EFG 17, 576, rkr (mE zutr), und durch Neffen für (vermögende) **Tante** s FG Mchn BeckRS 2022, 50682, rkr. – Weitere Beispiele → 39. Aufl 2020, § 33 Rn. 37.

38 **c) Dritte.** Auch ggü **Nicht-Angehörigen** kann sich eine sittl Verpflichtung zur Unterstützung ergeben. Da jedoch die allg sittl Verpflichtung zur Hilfe in Notfällen nicht ausreicht (vgl *OFD Ffm* FR 95, 592, Aufnahme von Personen aus Katastrophen- oder Kriegsgebieten), muss zwischen dem StPfl und dem Nicht-Angehörigen ein besonderes Pflichtverhältnis vorliegen, auf Grund dessen die Notlage eine Hilfe gerade des StPfl erfordert (*HHR/Modrzejewski* § 33 Rn. 190b; BFH IV 342/53 U, BStBl III 54, 188, langjährige arbeitsunfähige Hausgehilfin; auch → Rn. 90 „Nachlassverbindlichkeiten"). Sind gesetzl unterhaltsverpflichtete Personen vorhanden, ist die Unterstützung durch einen nicht unterhaltsverpflichteten StPfl nur bei Vorliegen besonderer Umstände aus sittl Gründen zwangsläufig.

39 **6. Notwendigkeit; Angemessenheit.** Sind Aufwendungen dem Grunde nach zwangsläufig, kommt ein Abzug als agB nur insoweit in Betracht, als sie den Um-

ständen nach notwendig sind und einen angemessenen Betrag nicht übersteigen. Dh, sie müssen auch nach **Art und Höhe** zwangsläufig sein. – **Notwendig** sind die Aufwendungen, wenn kein günstigeres bzw weniger aufwendiges Mittel zur Verfügung steht. Ob das der Fall ist, muss unter Berücksichtigung der Umstände des jeweiligen Falls beurteilt werden. So kann es zB bei der Unterstützung einer dritten Person unter dem Gesichtspunkt der Notwendigkeit ausreichen, ihr mit einem Darlehen über die Not zu helfen, anstatt ihr den Unterstützungsbetrag zu schenken (BFH III R 262/83, BStBl II 89, 280; → Rn. 22). – Sind die Aufwendungen dem Grunde nach zwangsläufig und der Art nach notwendig, dürfen sie einen **angemessenen Betrag** nicht übersteigen; ggf ist nur der angemessene Teil des Betrags abzugsfähig (BFH VI R 16/10, BStBl II 11, 1012 Rn. 16: behinderungsbedingter Umbau). Die Angemessenheit ist nach obj Merkmalen zu bestimmen, und zwar für besserverdienende StPfl in gleicher Weise wie für Normalverdiener (FG Nbg EFG 84, 178, rkr). – Zu **Krankheitskosten** → Rn. 41.

7. Sonderfall: Krankheit und Behinderung. – a) Tatsächliche Zwangsläufigkeit. Bei typischen und unmittelbaren Krankheitskosten wird nach stRspr nicht nur die Außergewöhnlichkeit der Aufwendungen unwiderlegl vermutet (→ Rn. 9), sondern auch deren **Zwangsläufigkeit aus tatsächl Gründen unterstellt** (zB BFH VI R 39/20, BStBl II 23, 854; BFH VI R 11/16, BStBl II 18, 469). Dadurch soll ein unzumutbares Eindringen in die Privatsphäre des StPfl vermieden werden (BFH VI R 27/13, BStBl II 14, 824 mwN; krit *BeckOK EStG* § 33 Rn. 136.3, mE zutr). **Krankheitskosten** idS sind Aufwendungen, die einem obj regelwidrigen Körperzustand geschuldet sind (BFH VI R 29/21, BStBl II 23, 1110 Rn. 12 mwN). Auf Art und Ursache der Erkrankung kommt es nicht an (BFH VI R 47/15, BStBl II 18, 350). Berücksichtigt werden alle Aufwendungen, die der Heilung einer Krankheit dienen (zB Medikamente, Operation) oder eine Krankheit erträgl machen (BFH VIII R 52/13, BStBl II 17, 949 Rn. 52) bzw einen körperl Mangel ausgleichen sollen (BFH VI R 34/15, BStBl II 18, 344: künstl Befruchtung). Ein **Verschulden** des StPfl ist hier unerhebl (BFH VI R 77/78, BStBl II 81, 711; → Rn. 28 f). Auf ErstattungsRL der Krankenkassen oder Beihilfevorschriften kommt es nicht an (zutr FG Bln-Bbg EFG 08, 544, rkr; s auch BFH VI R 39/20, BStBl II 23, 854). Die den Aufwendungen zugrunde liegenden Maßnahmen müssen aber mit der innerstaatl Rechtsordnung in Einklang stehen (BFH VI R 29/21, BStBl II 23, 1110 Rn. 22: Leihmutter; → Rn. 55). Zur Bedeutung des gewählten **Versicherungstarifs** s BFH X R 31/19, BStBl II 22, 106 Rn. 24 mwN. – Auch Aufwendungen, die infolge einer **Behinderung** (→ Rn. 56 ff) entstehen, sind aus tatsächl Gründen zwangsläufig (vgl BFH VI R 7/09, BStBl II 10, 280 Rn. 15). – **Abgrenzung:** Bei Aufwendungen für typische **Berufskrankheiten** uä ist vorrangig ein Abzug als BA/WK zu prüfen (§ 33 II 2, BFH VI R 36/13, BFH/NV 16, 194); auch → § 4 Rn. 520 „Krankheitskosten" und → § 19 Rn. 110 „Berufskrankheit". – Zum **förml Nachweis der Aufwendungen** gem § 64 EStDV → Rn. 76 ff. Zur Anrechnung von **Leistungen Dritter** → Rn. 17 f; zum **Verzicht** auf Ersatzansprüche → Rn. 31. 40

Soweit die Rspr Aufwendungen als agB anerkennt, die einer **gesunden StPfl** entstanden sind, die sich wegen Erkrankung ihres Partners einer Behandlung iZm einer künstl Befruchtung unterzogen hat (BFH VI R 2/22, BStBl II 24, 514), stellt dies einen *Sonderfall* dar. Zwar hat der BFH das Problem, dass die entstandenen Kosten auf einer freien Entscheidung der StPfl (ihrem Kinderwunsch) beruhen, nicht thematisiert (anders als in BFH VI R 29/21, BStBl II 23, 1110 Rn. 20 f: „Bereich … gestaltbarer Lebensführung"). Die Zwangsläufigkeit wird hier aber unterstellt (BFH VI R 2/22, BStBl II 24, 514 Rn. 19: untrennbarer biologischer Zusammenhang), weil es sich um eine durch die Krankheit des Partners medizinisch indizierte Maßnahme handelt (vgl auch BVerwG VI C 8.77, BVerwGE 65, 87: Beihilfe für die Behandlung des Ehemanns der Erkrankten; ähnl auch BGH IV ZR 25/03, NJW 04, 1658).

b) Notwendigkeit; Angemessenheit. Auch hinsichtl Notwendigkeit und Angemessenheit der Aufwendungen wird bei Krankheitskosten kein strenger Maßstab 41 angelegt. Sie sind nach der Rspr nur dann nicht mehr gegeben, wenn ein für jedermann **offensichtl Missverhältnis** zw dem erforderl und dem tatsächl Aufwand vorliegt (BFH VI R 20/12, BStBl II 14, 456 mwN: Größe des Appartements in Pflegeheim; FG Ddorf EFG 16, 911, rkr: Ermittlung der „übl Heimunterbringungskosten"; ähnl FG BW EFG 16, 1258, rkr: häusl Pflege; zu Kosten eines behindertengerechten Umbaus/Neubaus → Rn. 57).

Fahrtkosten (zB zum Arzt, → Rn. 44) können mE auch dann **in voller Höhe** zu berücksichtigen sein, wenn bei Benutzung öffentl Verkehrsmittel geringere Kosten entstanden wären, dies aber nicht zumutbar gewesen wäre; das gilt mE auch im Nahverkehrsbereich (tendenziell **aA** BFH III R 5/98, BStBl II 99, 227 zu II.2.c mwN).

42 **c) Einzelne Fallgruppen. – aa) Heilbehandlung.** Aufwendungen für die eigentl Heilbehandlung werden ohne Weiteres als agB berücksichtigt (s BFH VI R 27/13, BStBl II 14, 824 mwN). Dass sie dem Grunde und der Höhe nach zwangsläufig sind, wird **typisierend unterstellt,** wenn sie nach allg Erkenntnis medizinisch indiziert sind (BFH VI R 39/20, BStBl II 23, 854 Rn. 13 mwN: „Erkenntnisse und Erfahrungen der Heilkunde" und „Grundsätze eines gewissenhaften Arztes"; BFH VI R 20/12, BStBl II 14, 456: „adäquater Zusammenhang" und „nicht außerhalb des Üblichen").

43 **(1) Abgrenzung.** Eine Heilbehandlung idS liegt nicht nur dann vor, wenn die ärztl Tätigkeit darauf gerichtet ist, die Ursachen der Erkrankung zu beseitigen; es genügt, dass die Krankheitsfolgen abgeschwächt (zB Linderung von Schmerzen und Beschwerde) oder körperl Mängel „umgangen" oder kompensiert werden (s BFH VI R 43/10, BStBl II 11, 414; BFH VI R 47/15, BStBl II 18, 350 Rn. 15). Dagegen bleiben Aufwendungen für Maßnahmen, die typischerweise ledigl der Vorbeugung oder Erhaltung der Gesundheit dienen, als Kosten der allg Lebensführung (→ Rn. 10) grds unberücksichtigt (BFH VI R 1/23, BStBl II 25, 348: Mitgliedschaft in Fitnessstudio, auch nicht zur Ermöglichung der Teilnahme an einem dort angebotenen ärztl verordneten „Funktionstraining"; FG Mster BeckRS 2022, 4215, rkr: Rückentraining); nur in besonders gelagerten Fällen können solche Aufwendungen zu agB führen.

44 **(2) Aufwendungen.** Zu berücksichtigen sind Aufwendungen für: **Arzt und Heilpraktiker** (grds freie Arztwahl unabhängig davon, ob die Krankenkasse erstattet, FG Mchn EFG 00, 433, rkr; FG Mster EFG 05, 608, rkr; zur Angemessenheit der Kosten bei Heilpraktikerbehandlung s FG Köln EFG 05, 1938, rkr); **Arznei-, Heil- und Hilfsmittel** (Nachweis: § 64 I Nr 1 EStDV und ggf Nr 2 Buchst e, → Rn. 77 ff) wie zB Brillen, Bruchbänder, Krankenfahrstuhl, Zahnprothesen (unabhängig vom Material, FG Bln EFG 81, 293, rkr) und Zahnimplantate (FG Bln-Bbg EFG 08, 544, rkr), sonstige Prothesen und Hörgeräte; **Fahrtkosten** zur Krankenbehandlung (ausführl BFH III R 5/98, BStBl II 99, 227, auch zu Leerfahrten); **Praxisgebühr** (offen gelassen in BFH X R 41/11, BStBl II 12, 821; s aber *OFD Ffm* DB 04, 2782); Kosten der **eigenen häusl Pflege** (FG BW EFG 16, 1258, rkr: Grundpflege voll abziehbar, hauswirtschaftl Versorgung nur begrenzt; zur Pflege eines nahen Angehörigen s *BMF* BStBl I 02, 1389). Der **Selbstbehalt** bei einer privaten KV kann nur dann als agB berücksichtigt werden, wenn er die zumutbare Belastung (→ Rn. 70 f) übersteigt (BFH X R 43/14, BStBl II 17, 55).

Ob **Adipositas** (Fettleibigkeit) eine Krankheit ist und damit zusammenhängende Aufwendungen abgezogen werden können, ist Tatfrage (BFH III B 37/06, BFH/NV 07, 1865; SchlHFG EFG 13, 1846, rkr). Kosten einer **Liposuktion** können jedenfalls **ab VZ 2016** berücksichtigt werden, auch ohne vorheriges amtsärztl Gutachten etc (BFH VI R 39/20, BStBl II 23, 854 Rn. 25: eigentl schon ab VZ 2015; BFH VI R 36/20, BFH/NV 24, 7; BFH VI R 18/21, BFH/NV 24, 8). – Zu **Geschlechtsumwandlung** nach entspr medizinischer Indikation s FG Mchn EFG 22, 43, rkr. – **Nicht anerkannt:** (vorsorgl) Aufwendungen zur *Vermeidung* einer seelischen Behinderung (BFH VI R 45/14, BFH/NV 16, 393: § 12 Nr 1); „Essen auf Rädern" für einen kranken StPfl (FG Mster DStRE 24, 515, rkr: allgemeine Lebenshaltungskosten); Aufwendungen für Lebensmittel bei Bulimie (FG Mster EFG 19, 623, rkr).

(3) Therapie. Aufwendungen zur Behandlung von **Legasthenie** (Lese- und Rechtschreibschwäche) können als Krankheitskosten abzugsfähig sein, wenn der Zustand krankheitsbedingt ist und die Aufwendungen zum Zweck der Heilung oder Linderung getätigt werden; das schließt ggf die Kosten einer auswärtigen Internatsunterbringung mit ein (BFH VI R 17/09, BStBl II 11, 969 mwN, mit Abgrenzung zu § 10 I Nr 9 und § 33a). Das Gleiche gilt für die Kosten einer **logopädischen Therapie** (BFH III R 118/95, BFH/NV 97, 337; s aber FG Köln EFG 12, 1754, rkr: abl für Besuch einer Logopädieschule *ohne* Therapie). – Zum **förml Nachweis** bei auswärtiger Unterbringung eines Kindes gem § 64 I Nr 2 Buchst c EStDV → Rn. 81 (auch FG Mster EFG 12, 702, rkr: andere Nachweise nicht anerkannt). 45

***Physio*therapeutische Maßnahmen** fallen unter § 64 I Nr 1 EStDV, nicht unter § 64 I Nr 2 Buchst b EStDV. Für Delfintherapie bei einem autistischen Kind (FG Ddorf EFG 06, 415, rkr; BFH III B 205/06, BFH/NV 08, 368) oÄ gilt § 64 I Nr 2 Buchst f EStDV.

(4) Wissenschaftlich nicht anerkannte Heilmethoden. Aufwendungen für wissenschaftl nicht anerkannte Heilmethoden können eine agB sein (BFH VI R 49/10, BFH/NV 12, 33: Sauerstofftherapie und Wasserionisierung). Auch hier ist ein qualifizierter Nachweis erforderl (§ 64 I Nr 2 Buchst f EStDV; → Rn. 84), auch im Fall **notstandsähnl Zwangslagen** bei fortgeschrittener schwerer Erkrankung (BFH VI R 11/16, BStBl II 18, 469: Reikibehandlung; BFH VI R 11/09, BStBl II 11, 119: immunbiologische Krebsabwehrtherapie; krit *Paus* DStZ 11, 150). 46

bb) Heilkuren. Aufwendungen für Heilkuren sind als agB zu berücksichtigen, wenn die Kur aufgrund einer **Erkrankung** medizinisch angezeigt ist (BFH VI R 88/10, BFH/NV 12, 35: Kind mit Asthma und Neurodermitis; BFH VI R 49/10, BFH/NV 12, 33: alternative Behandlungsmethoden). – **Nachweis** gem § 64 I Nr 2 Buchst a EStDV → Rn. 79. 47

(1) Abgrenzung. Nicht mehr erforderl ist nach der Rspr, dass die Kur zur Heilung und Linderung einer Krankheit notwendig sein muss und dass eine andere Behandlung nicht oder kaum Erfolg versprechend erscheinen darf (BFH VI R 88/10, BFH/NV 12, 35). Dass auch **Badekuren** und ebenso **Vorsorge- und Klimakuren** bei entspr Indikation (und entspr Nachweis) zu einer agB führen können, folgt mE auch aus § 64 I Nr 2 Buchst a EStDV. Nach wie vor sind aber die Kosten abzugrenzen von Aufwendungen für Erholungsreisen, auch wenn diese der Gesundheit und der Erhaltung der Arbeitskraft dienen (BFH VI R 96/88, BFH/NV 93, 19, Kneippkur). – Der StPfl muss am Kurort idR unter durchgehender (FG Brem EFG 93, 32, rkr) ärztl Aufsicht stehen (BFH III R 95/85, BStBl II 88, 275 mwN); Ausnahme uU bei Klimakuren (BFH III R 64/85, BFH/NV 88, 149; FG Mster EFG 22, 692, rkr; s aber FG Ddorf EFG 92, 341, rkr). 48

Gegen eine Heilkur und für einen **Erholungsurlaub** kann der *äußere Ablauf* der Reise sprechen, zB: gesamte Familie ist anwesend oder die Reise wird normalerweise von Reisebüros für Erholungssuchende vermittelt (abl BFH VI R 256/69, BStBl II 72, 534: Reise nach Mallorca bei Heuschnupfen; FG BW EFG 96, 379, rkr). – Kosten einer **Kur im Ausl** sind idR nur iHd Kosten einer entspr Kur im Inl angemessen (EStR 3.4 III 1); etwas anderes mag gelten, wenn es zwingende medizinische Gründe für eine Kur an einem bestimmten Ort gibt.

(2) Kinder. Die Kosten des Kuraufenthalts von Kindern werden nach der Rspr grds nur dann als agB anerkannt, wenn das Kind während der Kur in einer Kurklinik untergebracht wurde oder nachgewiesen wird, dass und warum der Kurerfolg ausnahmsweise auch bei einer anderweitigen Unterbringung erreicht werden kann; im letztgenannten Fall ist bei minderjährigen Kindern die Notwendigkeit einer Begleitperson offenkundig (BFH VI R 88/10, BFH/NV 12, 35). 49

(3) Aufwendungen. Die Kosten von **Arzt- und Kurmitteln** sind in der tatsächl entstandenen Höhe, Unterkunftskosten bei Hotel oder Privatquartier in angemessener Höhe abzugsfähig. Abzugsfähig sind auch die Kosten der **Hin- und Rückfahrt** 50 iHd Kosten für öffentl Verkehrsmittel (so BFH III R 102/89, BStBl II 91, 763, aE; aber → Rn. 41 aE; NdsFG EFG 91, 194, rkr, Unfallkosten). **Verpflegungskosten** werden in tatsächl Höhe abzügl einer Haushaltsersparnis iHv ⅕ anerkannt (EStR 33.4 III 2; BFH III R 102/89, BStBl II 91, 763, aE). Die Notwendigkeit einer **Begleitperson** war auch früher schon durch ärztl Attest nachzuweisen, außer bei offenkundiger Notwendigkeit (BFH III R 35/97, BStBl II 98, 298; BFH VI R 88/10, BFH/NV 12, 35: bei minderjährigen Kindern idR zu bejahen); s jetzt § 64 I Nr 2 Buchst d EStDV (→ Rn. 82) und für **Besuchsfahrten** § 64 I Nr 3 (→ Rn. 85). Anrechnung von **Ersatzleistungen** und Geltendmachung von Ersatzansprüchen → Rn. 31. – Keine agB sind Trinkgelder (→ Rn. 90 „Trinkgelder").

51 **cc) Heimunterbringung.** Aufwendungen für die **krankheitsbedingte** Unterbringung in einem Alten- oder Pflegeheim gehören zu den Krankheitskosten. Auch sie erwachsen dem StPfl aus tatsächl Gründen zwangsläufig und sind entspr als agB zu berücksichtigen (stRspr, s BFH VI R 22/16, BStBl II 18, 179 mwN; ausführl *Kanzler* NWB 20, 1921). Erforderl ist nur, dass die Aufwendungen mit der Krankheit bzw mit der zu ihrer Heilung oder Linderung notwendigen Behandlung in einem adäquaten Zusammenhang stehen und nicht außerhalb des Üblichen liegen (BFH VI R 40/20, BStBl II 23, 1107). – Für eine *altersbedingte* Heimunterbringung gilt das nicht (→ Rn. 90 „Altersheim"). Zu **behinderungsbedingter** Heimunterbringung → Rn. 58; zu Unterbringung hochbegabter Kinder → Rn. 90 **„Internat".**

Besondere normative Anforderungen sind an das Heim nicht zu stellen (BFH VI R 40/20, BStBl II 23, 1107, zu § 1 und § 15 HeimG und landesrechtl Regelungen). Ein Heimaufenthalt kann auch dann krankheitsbedingt sein, wenn **keine zusätzl Pflegekosten** entstanden sind und **kein Merkzeichen „H"/„Bl"** im Schwerbehindertenausweis festgestellt ist (Rspr-Änderung, s BFH VI R 38/09, BStBl II 11, 1010; entgegen BFH III R 12/07, BFH/NV 09, 1102). Zu **Demenz** als Krankheit s NdsFG EFG 18, 124, rkr.

52 **(1) Aufwendungen.** Nur die ggü der normalen Lebensführung entstehenden Mehrkosten können als agB berücksichtigt werden. Bei nicht nur vorübergehender Unterbringung sind die Kosten daher idR um eine **Haushaltsersparnis** zu kürzen (BFH VI R 51/09, BStBl II 10, 794 mwN). Diese kann auf den jeweiligen **Höchstbetrag des § 33a I** geschätzt werden (BFH VI R 22/16, BStBl II 18, 179 mwN; keine zusätzl Gewährung des Pauschbetrags nach § 33a III 2 Nr 2 aF, s BFH VI R 20/12, BStBl II 14, 456). Der Abzug einer Haushaltsersparnis kann unterbleiben, wenn der StPfl seinen **Haushalt beibehält,** ohne dass ihm dies vorgeworfen werden kann (BFH VI R 51/09, BStBl II 10, 794 mwN; FG Mchn EFG 17, 1799, rkr: Berücksichtigung übl Kündigungsfristen; FG RhPf DStRE 13, 1429, rkr: kein Ansatz der Mietzahlungen als agB). Bei Heimunterbringung von **Ehegatten/ Lebenspartnern** ist dem BFH zufolge auch dann ein *doppelter* Höchstbetrag gem § 33a I anzusetzen, wenn die Ehegatten/Lebenspartner bislang zusammengelebt haben (BFH VI R 22/16, BStBl II 18, 179; Kritik → 36. Aufl 2017, § 33 Rn. 35 „Altersheim"). – **Pflegegeld** aus einer ergänzenden Pflege-KV ist auf die geltend gemachten Pflegekosten anzurechnen (BFH VI R 8/10, BStBl II 11, 701; zur Pflegezulage gem § 35 BVG s BFH III R 15/00, BStBl II 03, 70, Anm *Hettler* HFR 02, 890). – Aufwendungen des **nicht pflegebedürftigen StPfl,** der mit seinem pflegebedürftigen Ehegatten/Lebenspartner in ein Heim zieht, sind nicht zwangsläufig (BFH VI R 51/09, BStBl II 10, 794 – mE zweifelhaft: nimmt man das Ehegelübde ernst, müsste man von Zwangsläufigkeit iSe sittl Verpflichtung ausgehen).

53 **(2) Spätere Erkrankung.** Wird der StPfl (erst) während einer altersbedingten Unterbringung krank oder pflegebedürftig (auch Altersgebrechen), können jedenfalls die *dadurch* veranlassten Krankheits-/Pflegekosten agB sein, wenn sie gesondert in Rechnung gestellt werden und von den normalen Unterbringungskosten abgrenzbar sind (BFH III R 39/05, BStBl II 07, 764 mwN, Anm *Dürr* BFH-PR 07, 377; BFH III R 64/06, BFH/NV 08, 200; BFH III R 12/07, BFH/NV 09, 1102). Nicht be-

rücksichtigt wurden zunächst die normalen Unterbringungskosten sowie von allen Heimbewohnern zu entrichtende Pauschalentgelte für Pflegeleistungen im Krankheitsfall (BFH III R 15/00, BStBl II 03, 70 mwN; s aber *BMF* BStBl I 03, 89: Berücksichtigung von Unterbringungskosten ab Feststellung mindestens der Pflegestufe I [jetzt Pflegegrad]; FG Mchn EFG 05, 442, rkr: ärztl Attest genügt). Allerdings hat der BFH später offengelassen, ob daran festzuhalten ist (s BFH VI R 51/09, BStBl II 10, 794 Rn. 17). Zutr wäre es mE, diesen Fall ebenso zu behandeln wie in → Rn. 52 dargestellt; also: Ansatz der Unterbringungskosten abzügl der Haushaltsersparnis.

(3) Angehörige. Aufwendungen für die krankheitsbedingte Unterbringung eines Angehörigen in einem Pflegeheim sind **agB** (BFH III R 80/97, BStBl II 00, 294: auch Pflegekosten einschließl der Mehrkosten der krankheitsbedingten Unterbringung; BFH VI R 14/10, BStBl II 12, 876; zum Ansatz einer Haushaltsersparnis: FG Köln EFG 17, 837, rkr). Altersbedingte Heimunterbringung eines Angehörigen wird grds nach § 33a I berücksichtigt (typische Unterhaltskosten, → § 33a Rn. 9; BFH VI B 82/12, BFH/NV 13, 525, VerfBeschw nicht angenommen). Zur Berechnung der abziehbaren Aufwendungen s *BMF* BStBl I 02, 1389 (mit Berechnungsbeispielen zum Zusammenspiel zw § 33a I und § 33). 54

dd) Künstliche Befruchtung. Empfängnisunfähigkeit einer Frau und Zeugungsunfähigkeit eines Mannes sind Krankheiten (BFH VI R 47/15, BStBl II 18, 350: Frau; BFH VI R 34/15, BStBl II 18, 344: Mann; einschr bei altersbedingter Unfruchtbarkeit: FG Bln-Bbg EFG 19, 106, rkr). Aufwendungen für eine künstl Befruchtung werden daher als agB berücksichtigt, wenn die Befruchtung in Übereinstimmung mit **innerstaatl Recht** (insb EmbryonenschutzG) und mit den Richtlinien der **ärztl Berufsordnung** vorgenommen worden ist (BFH VI R 34/15, BStBl II 18, 344). Das gilt unabhängig vom Familienstand des StPfl und auch für Frauen, die in einer **gleichgeschlechtl Partnerschaft** leben (BFH VI R 47/15, BStBl II 18, 350; BFH VI R 2/17, BFH/NV 18, 194) oder **keine Angaben** zu ihrem Beziehungsstatus machen (FG Mster EFG 20, 1420, rkr, mE zutr; **aA** wohl ThürFG EFG 17, 1343, rkr, allerdings fehlen mE Feststellungen zu Krankheit/Zwangsläufigkeit). Berücksichtigt werden alle Aufwendungen, die der Beseitigung der Empfängnis- bzw Zeugungsunfähigkeit dienen (BFH VI R 47/15, BStBl II 18, 350 Rn. 25: keine Aufteilung). Dass zunächst die KV auf Erstattung der Aufwendungen verklagt wird, verlangt die Rspr nicht (BFH III R 30/07, BFH/NV 08, 1309). Kosten einer **Kryokonservierung** können Krankheitskosten sein (BSG B 1 KR 28/23 R, BSGE 138, 262) und folgl zu einer agB führen (aber nicht vorsorgl, s unten). – Zur Rspr-Entwicklung s auch *Teller* DStR 18, 2318. 55

Beispiele – *agB (grds) anerkannt:* heterologe künstl Befruchtung bei einer empfängnisunfähigen Frau (BFH VI R 47/15, BStBl II 18, 350: in Dänemark) und bei organisch bedingter Sterilität des Ehemannes (BFH VI R 43/10, BStBl II 11, 414); homologe künstl Befruchtung bei chromosomalen Zeugungsrisiken des Partners (BFH VI R 2/22, BStBl II 24, 514: ungewöhnl, weil die StPfl selbst nicht krank war, → Rn. 27); intrazytoplasmische Spermieninjektion in Österreich (ICSI, s BFH VI R 34/15, BStBl II 18, 344); Kosten für das Einfrieren des Spermas des Ehemanns (FG Mchn EFG 02, 1042, rkr). ***– agB nicht anerkannt:*** Eizellenspende durch Schwester (BFH VI R 34/19, BFH/NV 22, 585 ua); Leihmutterschaft/Ersatzmutterschaft (BFH VI R 29/21, BStBl II 23, 1110, Anm *Kanzler* FR 24, 139); nach vorangegangener *freiwilliger* Sterilisation (BFH III R 68/03, BStBl II 05, 566; auch → Rn. 27); vorsorgl Entnahme und Lagerung von Eizellen, auch nicht bei diagnostiziertem PCO-Syndrom (SchlHFG EFG 25, 1215, rkr: *„social freezing"*).

ee) Behinderung. Für den Begriff „Behinderung" gilt auch iRd EStG die Legaldefinition des § 2 I SGB IX (→ § 32 Rn. 39; ausführl BFH VI R 31/14, BStBl II 16, 40 mwN). Das Übereinkommen über die Rechte von Menschen mit Behinderungen (BGBl II 08, 1420) rechtfertigt es nicht, geringere Anforderungen an den Begriff der Zwangsläufigkeit zu stellen (BFH VI R 25/20, BStBl II 23, 372 Rn. 19). Zur Be- 56 rücksichtigung der Kosten einer Haushaltshilfe nach § 35a s NdsFG EFG 13, 1341, rkr.

57 **(1) Baumaßnahmen; Umbaumaßnahmen.** Der behindertengerechte **Umbau** oder **Neubau** einer Wohnung/eines Hauses kann zu agB führen (BFH VI R 15/23, BStBl II 25, 965, Rn. 28 ff mwN), ohne dass sich der StPfl eine Wertsteigerung als „Gegenwert" anrechnen lassen muss (→ Rn. 16; BFH VI R 16/10, BStBl II 11, 1012; *Loschelder* EStB 10, 255). Welche baulichen Maßnahmen durch die Behinderung veranlasst sind und welche Kosten darauf entfallen, muss das FG ggf durch ein Sachverständigengutachten ermitteln lassen (BFH VI R 16/10, BStBl II 11, 1012). Berücksichtigt werden (höchstens) die Kosten einer **Herstellung in „konventioneller (Standard-)Bauweise"**; diese sind notfalls zu schätzen (BFH VI R 15/23, BStBl II 25, 965, Rn. 32 ff: bei Bandbreite Ansatz des oberen Rahmenwertes). Zum **Nachweis** der Zwangsläufigkeit der Aufwendungen s EStR 33.4 V. Keine **Verteilung des Aufwands** auf mehrere Jahre → Rn. 21 f. Ersparte Mietaufwendungen (vGA) können zu agB führen (→ Rn. 8).

Beispiele – ***anerkannt:*** Verbindungsbau mit Pflegebad, aber begrenzt auf die Kosten einer Herstellung in „konventioneller Bauweise" (BFH VI R 15/23, BStBl II 25, 965, Rn. 33 ff); behindertengerechter Anbau (BFH VI R 16/10, BStBl II 11, 1012); Rollstuhlrampe, Badvergrößerung, Umbau des Schlafzimmers und Türverbreiterungen wegen Behinderung nach Schlaganfall (BFH VI R 7/09, BStBl II 10, 280); Treppenlift bei Gehbehinderung (BFH VI R 14/11, BFH/NV 12, 39) oder nach unfallbedingter Querschnittslähmung des volljährigen Kindes (BFH III R 97/06, BFH/NV 09, 728). – ***Nicht anerkannt:*** Mehrkosten für ein größeres Grundstück (BFH VI R 42/13, BStBl II 14, 931: keine Zwangsläufigkeit); Umbau einer Motoryacht (BFH VI R 30/14, BStBl II 15, 775: keine behindertengerechte Ausgestaltung des existenziell wichtigen Wohnumfelds); Gartenumbau (BFH VI R 25/20, BStBl II 23, 372); Anschaffung eines Liegefahrrads (FG Bln-Bbg EFG 22, 1746, rkr).

58 **(2) Heimunterbringung.** Kosten für die behinderungsbedingte Heimunterbringung können agB sein (BFH VI R 14/09, BStBl II 11, 1011: sozialtherapeutische Einrichtung; BFH III R 24/01, BStBl II 02, 567: betreute Wohngemeinschaft; BFH VI R 40/20, BStBl II 23, 1107: selbstverantwortete Wohngruppe; → Rn. 52 aE). IdR genügt ein **ärztl Gutachten** über die Notwendigkeit der Unterbringung (BFH VI R 14/09, BStBl II 11, 1011); das Erfordernis eines vorab erstellten **amtsärztl Attestes** gem § 64 I 1 Nr 2 Buchst c gilt nur bei auswärtiger Unterbringung eines Kindes des StPfl (→ Rn. 81). Die Zwangsläufigkeit der Unterbringung galt zudem bislang als nachgewiesen, wenn die Kosten vom Sozialhilfeträger übernommen wurden; dies wird im Zweifel auch weiterhin gelten. Zum Ansatz einer **Haushaltsersparnis** → Rn. 52 (s aber FG Köln EFG 15, 1096 mwN: kein Ansatz bei nur vorübergehender Unterbringung, mE zutr). Daneben kommt der **Pauschbetrag nach § 33b III 3** *nicht* zum Abzug (BFH III R 38/02, BStBl II 05, 271). Zu Unterbringung in einem **Internat** bei Hochbegabung → Rn. 90 „Internat".

59 **(3) Fahrtkosten.** Die Berücksichtigung behinderungsbedingter Fahrtkosten erfolgt mit Wirkung ab VZ 2021 durch eine gesetzl **Pauschale** (§ 33 IIa, → Rn. 65 ff; zu den Hintergründen *Kanzler* FR 20, 808 (809)). Zu den bis VZ 2020 geltenden Regelungen → 39. Aufl 2020, § 33 Rn. 59 ff; BFH III R 2/23, BStBl II 24, 908 (Ansatz von Fahrtkosten neben dem Pauschbetrag des § 33b I); BFH VI R 28/16, BFH/NV 19, 265 (Kleinbus, Umbau); FG Bln-Bbg EFG 22, 1746, rkr (Kastenwagen).

IV. Ausgeschlossene Aufwendungen, § 33 II 2–4

60 **1. Betriebsausgaben, Werbungskosten, Sonderausgaben, § 33 II 2.** Aufwendungen, die ihrer Natur nach BA, WK oder SA sind, können nicht als agB berücksichtigt werden. Nach zutr hM bleiben diese Aufwendungen als agB auch insoweit außer Betracht, als sie sich estl als BA, WK oder SA *nicht* auswirken (zB wegen

Abzugsverbot/Abzugsbeschränkung; s BFH X R 5/17, BStBl II 18, 230 Rn. 24: nicht als SA abziehbare KV-Beiträge, VerfBeschw nicht angenommen; BFH X R 10/20, BStBl II 25, 919: Beiträge zu privater PflV). Hier kann allenfalls ein Erlass nach § 163 AO in Betracht kommen (s BFH III R 191/90, BStBl II 92, 293; *Sunder-Plassmann* DStR 92, 1302; aber → Rn. 22). – § 33 II 2 soll auch bei Aufwendungen des einen **Ehegatten/Lebenspartners** für den anderen gelten, in dessen Person die Verpflichtung betriebl/berufl veranlasst ist (BFH VIII R 12/66, BStBl II 72, 757 mwN; mE zutr die Kritik von *HHR/Modrzejewski* § 33 Rn. 132: idR sittl Verpflichtung ohne berufl/betriebl Veranlassung), nicht aber bei Aufwendungen der Eltern für ihre Kinder (FG RhPf EFG 82, 28, rkr). Offen ist, ob § 33 II 2 auch für Leistungen gilt, die der Art nach SA einer dritten Person sind, die der StPfl für diese im abgekürzten Zahlungsweg leistet (BFH III R 42/99, BStBl II 02, 473, Nachzahlungen zur RV; dazu *Hettler* HFR 02, 703). Durch Antrag auf Realsplitting (§ 10 Ia Nr 1) werden die gesamten Unterhaltsleistungen zu SA umqualifiziert und sind damit auch über den Höchstbetrag (13 805 €) hinaus nicht als agB abziehbar (BFH III R 23/98, BStBl II 01, 338, auch bei Nachzahlungen für frühere Jahre; evtl aber auch hier Billigkeitsmaßnahmen; krit *Paus* DStZ 01, 591; *Kanzler* FR 01, 435). – Für **Berufsausbildungskosten** (§ 10 I Nr 7) und für **Schulgeldzahlungen** (§ 10 I Nr 9; bedeutsam für krankheitsbedingte Internatsunterbringung, → Rn. 45 und → Rn. 90 „Internat“) gilt das Abzugsverbot *nur der Höhe nach.*

2. Diätverpflegung, § 33 II 3. Das Abzugsverbot für Diätverpflegung gilt ausnahmslos, auch dann, wenn die Aufwendungen mit einer Krankheit im Zusammenhang stehen und die Diätverpflegung eine medikamentöse Behandlung ersetzt (ausführl BFH III R 48/04, BStBl II 07, 880: Zöliakie, VerfBeschw nicht angenommen; BFH VI R 48/18, BFH/NV 22, 120, VerfBeschw BVerfG nicht angenommen; FG Mchn EFG 24, 1919, Rev VI R 23/24 Krebserkrankung). Zur Abgrenzung Arzneimittel/Diätverpflegung s BFH VI R 89/13, BStBl II 15, 703. 61

3. Prozesskosten, § 33 II 4. – a) Abzugsverbot. Seit **VZ 2013** unterliegen Aufwendungen für die **Führung eines Rechtsstreits** einem generellen Abzugsverbot. Das Verbot gilt nicht nur für den Zivilprozess (insb Scheidung), sondern für **jedes gerichtliche Verfahren,** auch für Verfahren vor den Straf-, Verwaltungs- und Finanzgerichten (BFH VI R 9/16, BStBl II 17, 988 mwN; → Rn. 90 „Ehescheidung“; **aA:** *Urban* FR 16, 217; *Kanzler* FR 14, 209: Zweifel an VerfMäßigkeit). Ausgeschlossen sind auch Prozesskosten, die der StPfl für einen Dritten übernommen hat (BFH VI R 29/20, BStBl II 22, 766: Sohn). – Erfasst werden alle Aufwendungen, die unmittelbar mit dem gerichtl Verfahren zusammenhängen, also Gerichtskosten nach dem GKG und außergerichtl Kosten (Anwaltsgebühren, Parteiauslagen, Reisekosten etc), aber auch alle weiteren Aufwendungen, die unmittelbar der Vorbereitung und Durchführung eines Rechtsstreits dienen (ausführl *HHR/Modrzejewski* § 33 Rn. 210 f). 62

Prozesskosten, die **BA/WK** sind, fallen von vornherein nicht unter § 33 (→ Rn. 60) und damit auch nicht unter das Abzugsverbot. Dies ist also immer vorrangig zu prüfen, vor allem auch dann, wenn es um den Verlust der Erwerbsgrundlage geht (BFH VI R 14/13, BFH/NV 16, 1142 Rn. 21). – Zur **Rechtslage bis einschließl VZ 2012** → 36. Aufl 2017, § 33 Rn. 35 „Prozesskosten“; BFH VIII R 43/14, BFH/NV 17, 569 (Strafverteidigungskosten, § 153a StPO), BFH VI R 63/14, BFH/NV 17, 14 (familienrechtl Streitigkeit, Ehescheidung), BFH VI R 11/16, BStBl II 18, 469 (finanzgerichtl Verfahren).

b) Ausnahme. Das Abzugsverbot gilt nicht für Rechtsstreitigkeiten, ohne die der StPfl Gefahr liefe, seine **Existenzgrundlage** zu verlieren *und* seine **lebensnotwendigen Bedürfnisse** im übl Rahmen nicht mehr befriedigen zu können. „Existenzgrundlage“ idS ist nur die materielle Lebensgrundlage des StPfl; nicht darunter fallen immaterielle, psychische/seelische oder ideelle „Existenzgrundlagen“ (BFH VI R 9/16, BStBl II 17, 988; bestätigt durch BFH VI R 15/18, BStBl II 21, 83; 63

Kanzler FR 14, 209 (216); *Hettler* DStR 18, 2307; krit *Klamet* DStR 20, 2278). – Sind Prozesskosten ausnahmsweise als agB abziehbar, aber **nur zum Teil,** ist der abziehbare Teil der Aufwendungen mit Hilfe der Streitwerte der Klageanträge zu ermitteln (BFH VI R 7/14, BStBl II 18, 742).

Beispiele – ***Ausnahme vom Abzugsverbot:*** Anwaltskosten eines **Unfallopfers** mit irreversiblen körperl und geistigen Schäden (BFH IX R 15/19, BStBl II 21, 901 Rn. 20; BFH VI R 14/13, BFH/NV 16, 1142 Rn. 21: Abgrenzung zum WK-Abzug für Verdienstausfall); Verlust des **Wohnhauses** durch Hochwasserschaden (BFH VI R 40/13, BFH/NV 16, 908) oder durch Bergschaden (BFH VI R 62/13, BFH/NV 16, 1436). – ***Keine Existenzgefährdung:*** Kosten eines **Scheidungsverfahrens** → Rn. 90 „Ehescheidung"; elterl **Umgangsrecht** mit Kind (BFH VI R 15/18, BStBl II 21, 83: Rückführung des Kindes aus dem Ausl; BFH VI R 27/18, BStBl II 21, 86); Rechtsstreit mit **Jugendamt** (FG LSA EFG 23, 925 rkr); Übernahme der Kosten des **Strafverfahrens durch Eltern** (BFH VI R 29/20, BStBl II 22, 766); Aufwendungen zur Geltendmachung von **Schmerzensgeldansprüchen** (BFH VI R 7/14, BStBl II 18, 742); **Vaterschaftstest** (BFH III R 24/03, BStBl II 04, 726); **Erbstreitigkeit** (BFH IX R 45/15, BFH/NV 17, 1036); Rückabwicklung von **Online-Glücksspielverträgen** (FG Nds EFG 25, 1745, Rev VI R 10/25). – Soweit es sich um ältere Entscheidungen handelt, hat der BFH in seinem Urteil zu § 33 II 4 (BFH VI R 9/16, BStBl II 17, 988) ausdrückl auf diese Bezug genommen. – ***Zweifelhaft:*** NdsFG EFG 24, 1890 (Rev VI R 22/24), da der StPfl *bewusst und freiwillig* den später streitigen **Übergabe- und Altenteilvertrag** geschlossen hat (→ Rn. 27); auf ein Verschulden kommt es insoweit, anders als das NdsFG offenbar meint, nicht an (eigene Fallgruppe, → Rn. 28).

V. Behinderungsbedingte Fahrtkosten, § 33 IIa

65 **1. Fahrtkostenpauschale, § 33 IIa 1 und 2.** Mit Wirkung **ab VZ 2021** (§ 52 XXXIIIc → Rn. 59) werden alle behinderungsbedingten Fahrtkosten nur noch (→ Rn. 67) durch eine Pauschale abgegolten (s BT-Drs 19/21985, 15 f: erleichterter Nachweis für den StPfl, Entlastung der FÄ). Nachgewiesen werden müssen der behördl festgestellte Grad der Behinderung (GdB, § 152 SGB IX) und/oder das jeweilige Merkzeichen (§ 3 SchwbAwV); der **Nachweis** richtet sich nach § 65 EStDV (§ 33 IV iVm § 64 III EStDV; → § 33b Rn. 42 ff). Ist dieser Nachweis erbracht, werden mE Außergewöhnlichkeit (§ 33 I) und Zwangsläufigkeit (§ 33 II 1) von Fahrtkosten in der gesetzl vorgesehenen Höhe typisierend unterstellt; dh, es muss insb auch nicht nachgewiesen werden, dass bzw in welcher Höhe behinderungsbedingte Fahrtkosten tatsächl entstanden sind (vgl BT-Drs 19/21985, 16). – Wie bei § 33 I erfolgt die Berücksichtigung auf **Antrag** des StPfl (→ Rn. 23) und ebenso besteht ein **Rechtsanspruch** auf die Berücksichtigung der Pauschale (→ Rn. 19). Eine Anwendung auf frühere VZ kommt nicht in Betracht (so zutr BFH III R 2/23, BStBl II 24, 908; s auch FG MV 2 K 68/22, Rev III R 7/25).

66 **2. Höhe, § 33 IIa 3–5.** Die Pauschale orientiert sich an den bislang geltenden Höchstbeträgen. Sie beträgt **900 €** bei einem GdB von mindestens 80 oder einem GdB von mindestens 70 *und* Merkzeichen „G" (§ 33 IIa 3) und **4500 €** für StPfl mit einer außergewöhnlichen Gehbehinderung sowie für Blinde, Taubblinde und Hilflose (Merkzeichen „aG", „Bl", „TBl" und „H", § 33 IIa 4). Erfüllt der StPfl die tatbestandl Voraussetzung von § 33 IIa 2 Nr 1 *und* 2, wird nur *ein* Pauschbetrag iHv 4500 € gewährt (§ 33 IIa 5); das gilt mE auch dann, wenn sich der festgestellte GdB bzw das Merkzeichen im Laufe des VZ ändert. – Es handelt sich jeweils um **Jahresbeträge,** da § 33 IIa weder eine Kürzungsregelung wie § 33a III 1 noch eine entspr Verweisung enthält; eine monatsweise Prüfung widerspräche auch dem Vereinfachungszweck der Regelung (Typisierung, → Rn. 65). Daher erhält der StPfl auch dann die volle Pauschale, wenn der GdB bzw das Merkzeichen erst im Lauf des VZ festgestellt werden (vgl → § 33b Rn. 13, auch zum **sozialrechtl Feststellungsverfahren**).

67 **3. Abgeltungswirkung, § 33 IIa 6.** Mit der Pauschalierung sind alle behinderungsbedingten Fahrtkosten abgegolten, unabhängig von dem verwendeten Trans-

portmittel (eigenes Kfz, Taxi, ÖPNV, Bahn, Flugzeug); die Berücksichtigung darüber hinausgehender Aufwendungen ist damit ausgeschlossen (§ 33 IIa 6). Die Abgeltungswirkung erfasst aber nur **behinderungsbedingte Mehraufwendungen;** reguläre betriebl/berufl veranlasste Fahrtkosten sind unabhängig von der Pauschale des § 33 IIa als BA/WK zu berücksichtigen (§ 33 II 2). Die Abgeltungswirkung erfasst zudem **nur Fahrtkosten;** das schließt den Ansatz weiterer agB nicht aus (zB behindertengerechte Kfz-Umrüstung, s *Kanzler* FR 20, 808 (811) mwN, und Unfallkosten s *Kanzler* NWB 21, 898 (900); **aA** *BH/Baldauf* § 33 Rn. 130). – Da Fahrtkosten nicht zum typischen Mehraufwand iSv § 33b I gehören (→ § 33b Rn. 9), kann die Pauschale nach § 33 IIa neben dem **Behinderten-Pauschbetrag** nach § 33b I–III geltend gemacht werden (zu § 33b auch → Rn. 69). Zum Ansatz weiterer behinderungsbedingter Fahrtkosten der Eltern s *Kanzler* NWB 21, 898 (903).

4. Zumutbare Belastung, § 33 IIa 7. Die pauschalierten Fahrtkosten unterliegen gem § 33 IIa 7 zusammen mit allen übrigen agB dem Abzug einer zumutbaren Belastung gem § 33 III (→ Rn. 70 f). Das wird in vielen Fällen iErg einem Abzugsverbot gleichkommen, insb auch im Zusammenspiel mit der Abgeltungswirkung des § 33 IIa 6 (krit *Kanzler* NWB 21, 898 f: ggf VerfBeschw, mwN). 68

5. Übertragung, Behinderten-Pauschbetrag, § 33 IIa 8 und 9. Der StPfl kann die Fahrtkostenpauschale gem § 33 IIa 8 auch geltend machen, wenn er den Behinderten-Pauschbetrag nach § 33b I–III auf einen nach § 33b V Berechtigten übertragen hat (idR die Eltern, → § 33b Rn. 24 ff); dh, die Fahrtkostenpauschale muss nicht zwingend zusammen mit dem Behinderten-Pauschbetrag übertragen werden. – Ungeachtet dessen kann gem § 33 IIa 9 auch die Fahrkostenpauschale entspr § 33b V auf eine der dort genannten Personen übertragen werden (→ § 33b Rn. 26). Dass eine solche Übertragung ihrerseits eine Übertragung des Behinderten-Pauschbetrags voraussetzen würde, lässt sich der Regelung mE nicht entnehmen (so auch *Kanzler* FR 20, 808 (812): Rechtsgrundverweisung, auch zum Hintergrund der Regelung). 69

VI. Zumutbare Belastung, § 33 III

1. Beschränkung des Abzugs. Der StPfl muss entspr seiner steuerl Leistungsfähigkeit einen Teil der Belastung selbst tragen. Nur der Betrag der agB, der die nach § 33 III zu ermittelnde zumutbare Belastung übersteigt, darf gem § 33 I vom Gesamtbetrag der Einkünfte abgezogen werden (→ Rn. 17). Die Beschränkung ist **nach stRspr verfgemäß,** soweit es sich nicht um Aufwendungen für Leistungen handelt, die Sozialhilfeempfängern allgemein ohne weitere Gegenleistung gewährt werden, und sofern dem StPfl ein verfügbares Einkommen verbleibt, das über dem Regelsatz für das Existenzminimum liegt (BFH VI R 32/13, BStBl II 16, 151, ausführl und mwN, VerfBeschw nicht angenommen; BFH VIII R 52/13, BStBl II 17, 949 mwN, VerfBeschw nicht angenommen). Auch die Nichtberücksichtigung von **Altersvorsorgeaufwendungen** bei der Ermittlung der zumutbaren Belastung ändert daran nichts (BFH VI R 75/14, BStBl II 17, 684: keine verfwidrige Benachteiligung von rentenversicherungspflichtigen ArbN, VerfBeschw nicht angenommen). Das gilt auch für eine Berücksichtigung der zumutbaren Belastung bei **Krankheitskosten** (stRspr, s BFH VI R 48/18, BFH/NV 22, 120 Rn. 16 mwN, VerfBeschw nicht angenommen). 70

S auch BFH X R 43/14, BStBl II 17, 55: Selbstbehalt bei **privater KV;** BFH VI R 18/19, BFH/NV 22, 13: keine verfwidrige Benachteiligung **nicht beihilfeberechtigter StPfl** (VerfBeschw nicht angenommen). – Allerdings ist die **BVerfG-Rspr,** auf die sich der BFH zur Begründung seiner Auffassung bezieht, ihrerseits **nicht konsistent** (s *Loschelder* StuW 18, 136 (143 ff): Verletzung des Gebots horizontaler StGerechtigkeit, mwN in Fn 77; krit auch *Karrenbrock/Petrak* DStR 16, 47; *Haupt* DStR 16, 902). – Für eine Reform: *HHR/Modrzejewski* § 33 Rn. 228.

71 **2. Berechnung. – a) Bemessungsgrundlage.** Ausgangsgröße für die Ermittlung der zumutbaren Belastung ist der nach § 2 III zu ermittelnde (→ § 2 Rn. 58 f) **Gesamtbetrag der Einkünfte.** Stfreie Einnahmen und stfreie Veräußerungsgewinne erhöhen die Bemessungsgrundlage nicht (BFH VIII R 147/71, BStBl II 76, 360). Auch stfreie, aber dem Progressionsvorbehalt (§ 32b) unterliegende ausl Einkünfte bleiben außer Ansatz (BFH VI R 105/75, BStBl II 78, 9). KapErträge, die (ab VZ 2009) der AbgeltungSt (§ 32d I oder § 43 V) unterliegen (→ § 2 Rn. 64), flossen bis VZ 2011 in die Bemessung mit ein (vor Wegfall des § 2 Vb 2 aF).

Bei **Zusammenveranlagung** wird die zumutbare Belastung ausgehend vom Gesamtbetrag der Einkünfte beider Ehegatten ermittelt. Bei **getrennter Veranlagung** richtet sich die Ermittlung der zumutbaren Belastung nach § 26a II 1 (→ § 26a Rn. 3).

72 **b) Maßgeblicher Prozentsatz; Staffelung. – aa) Drei Einkünfte-Stufen.** Die zumutbare Belastung unterscheidet drei Einkünfte-Stufen: bis 15 340 €, bis 51 130 € und über 51 130 €. Sie beträgt abhängig von Familienstand und Kinderzahl **zw 1% und 7%** des Gesamtbetrags der Einkünfte. Die Zurechnung von **Kindern** knüpft an den Anspruch auf einen Freibetrag nach § 32 VI oder KiGeld an (§ 33 III 2).

73 **bb) Staffelung.** Dem BFH zufolge wird nur der Teil des Gesamtbetrags der Einkünfte, der den jeweiligen in § 33 III 1 genannten Grenzbetrag übersteigt, mit dem jeweils höheren Prozentsatz belastet (BFH VI R 75/14, BStBl II 17, 684 Rn. 15 ff, VerfBeschw nicht angenommen, Anm *Loschelder* NJW 17, 1504; BFH X R 33/15, BStBl II 18, 62). Auf diese Weise sollen Belastungssprünge vermieden werden, die sich bei der bislang übl Berechnung ergeben haben (s *Bareis* DStR 17, 823 (829); *Kosfeld* FR 13, 359). Für StPfl mit einem Gesamtbetrag der Einkünfte von mehr als 15 340 € führt das zu einer geringeren Belastung. – **Berechnungsbeispiel und Kritik** → 39. Aufl 2020, § 33 Rn. 74 (fehlende gesetzl Grundlage; glA *BeckOK EStG* § 33 Rn. 243; zweifelnd auch *HHR/Modrzejewski* § 33 Rn. 233).

VII. Nachweis von Aufwendungen, § 33 IV

75 **1. Ermächtigungsgrundlage.** Mit **StVerG 2011** (BGBl I 11, 2131) ist die BReg ermächtigt worden, durch **Rechtsverordnung** die Einzelheiten des Nachweises von Aufwendungen nach § 33 I zu bestimmen. Entspr Regelungen finden sich (nur) für **Krankheitskosten** in **§ 64 EStDV,** der in allen noch offenen Fällen anzuwenden ist (§ 84 IIIf EStDV aF).

Zum **Hintergrund** der Regelung → 36. Aufl 2017, § 33 Rn. 30. – Zur **Kritik** in Bezug auf die **rückwirkende Anwendung** des § 64 EStDV in allen noch offenen Verfahren s *Kanzler* NWB 11, 2425, und → 31. Aufl 2012, § 33 Rn. 34. Der BFH hat jedoch wiederholt entschieden, dass die rückwirkende Verordnung **hinreichend bestimmt und verfgemäß** ist (BFH VI R 11/16, BStBl II 18, 469 Rn. 34 ff mwN; krit dagegen *Bilsdorfer* NJW 12, 3264; *Haupt* DStR 12, 1541). Dies wird im Zweifel auch für die Zeit zw Rspr-Änderung und Inkrafttreten der Regelung gelten (vgl BFH VIII R 52/13, BStBl II 17, 949, VerfBeschw nicht angenommen; *HHR/Modrzejewski* § 33 Rn. 242 aE; *Schmitz-Herscheidt* NWB 12, 2924).

76 **2. Nachweise. – a) Bedeutung; Reichweite.** Die Regelung stellt unterschiedl Nachweiserfordernisse für Krankheitskosten auf. Der Nachweis muss **zwingend** in der jeweils vorgeschriebenen Form erbracht werden. Fehlt der Nachweis, können die Aufwendungen nicht berücksichtigt werden (BFH VI R 74/10, BStBl II 12, 577: Kuraufenthalt, Medikamente etc; FG Bln-Bbg EFG 25, 704, rkr: „Therapiefahrten"; FG Hmb EFG 12, 1671, rkr: Badekur). Das gilt auch bei **schweren Krankheiten** mit nur noch begrenzter Lebenserwartung (BFH VI R 11/16, BStBl II 18, 469; BFH VIII R 52/13, BStBl II 17, 949, VerfBeschw nicht angenommen). Die **vereinfachenden Verwaltungsregelungen** in EStR 33.4 I für Dauererkrankungen, Sehhilfen und Augen-Laser-OP etc sollen aber weiterhin anwendbar sein (vgl

BT-Drs 17/6272, 10). – § 64 EStDV ist **abschließend** und kann auf Aufwendungen, die *nicht* durch Krankheit verursacht sind, nicht übertragen werden (BFH VI R 21/11, BStBl II 12, 574: Gebäudesanierung wegen Schadstoffbelastung; *Geserich* DStR 12, 1490 (1493)); in solchen Fällen gelten die allg Grundsätze der **freien Beweiswürdigung** (BFH VI R 47/10, BStBl II 12, 570 Rn. 16 f). – Die zuständigen **Gesundheitsbehörden** sind zur Ausstellung entspr Nachweise verpflichtet (§ 64 II EStDV; → Rn. 78).

b) Arzneimittel, Heilmittel, Hilfsmittel, § 64 I Nr 1 EStDV. Für Arznei-, Heil- und Hilfsmittel genügt die Verordnung eines Arztes oder Heilpraktikers iSd §§ 2, 23, 31–33 SGB V. Verordnung idS ist ein formalisierter Nachweis, der für **jedes einzelne Präparat** geführt werden muss; eine lediglich pauschale Bescheinigung genügt nicht (BFH VIII R 52/13, BStBl II 17, 949: offengelassen, ob es sich um ein „Rezept" handeln muss; FG Köln EFG 19, 1451, rkr: allg ärztl Empfehlung genügt nicht). Die Verordnung kann auch nachträgl ausgestellt worden sein; § 64 I Nr 2 S 2 EStDV gilt nicht für § 64 I Nr 1 EStDV. Allerdings muss sich auch eine nachträgl Verordnung konkret auf die einzelnen Medikamente beziehen (BFH VI R 11/16, BStBl II 18, 469 Rn. 26). Zu **E-Rezept** s *BMF* BStBl I 24, 1429. 77

Für **nicht zugelassene Arzneimittel** gilt § 64 Nr 2 Buchst f (→ Rn. 84); zu sog **Off-Label-Use** s FG LSA BeckRS 2025, 22066, Rev VI R 12/25 (mE unzutr, da ärztl Verordnung vorlag und das FG ohne Sachverständigengutachten nicht von Off-Label-Use hätte ausgehen dürfen). Erleichterter Nachweis bei **andauernder Erkrankung** s EStR 33.4 I 3.

c) Qualifizierter Nachweis, § 64 I Nr 2 EStDV. – aa) Form; Zeitpunkt. Muss der Nachweis durch **amtsärztl Gutachten** oder durch eine ärztl Bescheinigung eines **Medizinischen Dienstes der KV** (§ 275 SGB V) erbracht werden, scheiden anderweitige Nachweise oder bloße Glaubhaftmachung aus (BFH VI R 85/13, BStBl II 15, 586; BFH VI R 45/14, BFH/NV 16, 393: Gutachten einer Diplom-Psychologin; FG Mster EFG 12, 702, rkr, zu diversen Gutachten und Bescheinigungen; *Geserich* DStR 12, 1490 (1493): Erschütterung des Beweiswerts eines amtsärztl Gutachtens und erneute Begutachtung). – Die jeweiligen Nachweise müssen **vorab erstellt** worden sein (§ 64 I Nr 2 S 2 EStDV). Soweit allerdings die zuständigen Gesundheitsbehörden aufgrund der **Corona-Pandemie** die nach § 64 EStDV erforderl Nachweise nicht bzw nicht rechtzeitig ausgestellt haben, sollten mE auch nachträgl ausgestellte Nachweise berücksichtigt werden (ggf StBescheid nach § 164 I 1 AO). – Die Aufzählung in § 64 I Nr 2 EStDV ist ebenfalls **abschließend** (BFH VI R 61/12, BStBl II 14, 458: wortgetreue Auslegung, keine teleologische Extension; zu häusl Pflege s FG BW EFG 16, 1258, rkr; **aA** offenbar FG Ddorf EFG 17, 992, rkr). 78

bb) Einzelne Fallgruppen. – (1) Badekuren/Heilkuren (Nr 2 Buchst a). Eine Bescheinigung für eine Inlandkur reicht nicht für eine Kur im Ausland (FG BW EFG 97, 172, rkr). Die Angabe „in tropischem Klima" genügt nicht als Bescheinigung eines medizinisch angezeigten Kurorts (FG Mster EFG 22, 692, rkr). Die Nachweiserleichterung gem EStR 33.4 I 7 gilt nach wie vor. IÜ → Rn. 47. 79

(2) Psychotherapeutische Behandlung (Nr 2 Buchst b). Beratungs-/Schulungskosten der (Pflege-)Eltern fallen nicht unter § 64 I Nr 2 Buchst b EStDV; es genügt eine nachträgl amtsärztl Bescheinigung (FG Mster EFG 17, 576, rkr, mE zutr). 80

(3) Legasthenie; Behinderung (Nr 2 Buchst c). Die Regelung gilt nur für die auswärtige Unterbringung eines Kindes und nur wegen Behinderung und Legasthenie. Sie kann mE **nicht allg auf Krankheiten** ausgedehnt werden (so aber FG Ddorf EFG 17, 992 Rn. 37 ff, rkr; mE unter Missachtung von BFH VI R 61/12, BStBl II 14, 458). – Zum Begriff „Behinderung" → Rn. 56. Zu Kindern/Jugendlichen, die Eingliederungshilfe nach § 35a I SGB VIII erhalten, und zur Feststellung einer 81 seelischer Behinderung s BFH VI R 61/12, BStBl II 14, 458; zu ADHS s BFH VI R 85/13, BStBl II 15, 586. – IÜ → Rn. 45.

82 **(4) Begleitperson (Nr 2 Buchst d).** Bei minderjährigen Kindern ist die Notwendigkeit einer Begleitperson offenkundig (BFH VI R 88/10, BFH/NV 12, 35); iÜ → Rn. 50.

83 **(5) Hilfsmittel (Nr 2 Buchst e).** Zur Unterscheidung zw Hilfsmitteln im engeren und weiteren Sinne gem § 64 I Nr 2 Buchst e EStDV iVm § 33 I SGB V s BFH VI R 61/12, BStBl II 14, 458 (Treppenlift ist kein Gebrauchsgegenstand des tägl Lebens; **aA** FG Bln-Bbg EFG 15, 923, rkr: Definition des BFH zu eng). Zu Liegefahrrad s FG Bln-Bbg EFG 22, 1746, rkr.

84 **(6) Wissenschaftlich nicht anerkannte Behandlungsmethoden (Nr 2 Buchst f).** Eine Behandlungsmethode ist wissenschaftl anerkannt, wenn sie von „der großen Mehrheit der einschlägigen Fachleute" befürwortet wird und wenn Konsens hinsichtl ihrer Zweckmäßigkeit besteht (BFH VI R 39/20, BStBl II 23, 854 Rn. 16; BFH VI R 11/16, BStBl II 18, 469 Rn. 31); maßgebl ist der **Zeitpunkt der Behandlung** (s BFH VI R 68/14, BStBl II 15, 803 mwN). Die Feststellung obliegt dem FG; es kann sich auf allg zugängl Fachgutachten stützen, auf von anderen Gerichten herangezogene Gutachten (Hinweispflicht; vgl auch FG BW EFG 17, 1954, rkr) und ggf auf Sachverständigengutachten (BFH VI R 68/14, BStBl II 15, 803 Rn. 16). Diese Grundsätze gelten auch bei schweren Krankheiten (BFH VI B 120/17, BFH/NV 19, 109 mwN; auch → Rn. 76). Dass eine neue Behandlungsmethode zum **„Leistungskatalog"** der gesetzl Krankenkassen zählt, wird nicht vorausgesetzt (BFH VI R 39/20, BStBl II 23, 854).

Zu **Liposuktion** → Rn. 44 aE. **Heileurythmie** hat BFH VI R 27/13, BStBl II 14, 824 mwN, als „besondere Therapierichtung" iSd § 2 I 2 SGB V anerkannt (FG RhPf EFG 14, 279, rkr: gilt nicht für Bioresonanztherapie; ebenso: FG Köln EFG 18, 1904, rkr).

85 **d) Besuchsfahrten, § 64 I Nr 3 EStDV.** Zunächst → Rn. 90 „Besuchsreisen" und BFH VI R 20/11, BFH/NV 12, 38 (Abgrenzung). Die Bescheinigung kann auch nachträgl erstellt worden sein; § 64 I Nr 2 S 2 EStDV gilt nicht für § 64 I Nr 3 EStDV.

86 **e) Behinderungsbedingte Aufwendungen, § 64 III EStDV.** Der Nachweis iZm der Fahrtkostenpauschale (§ 33 IIa) richtet sich nach § 65 EStDV; das gilt **seit 1.1.2026** auch für den Nachweis der Zwangsläufigkeit behinderungsbedingt entstandener Aufwendungen (iEinz → § 33b Rn. 42 ff). Beides setzt seit 1.1.2026 ein **elektronisches Übermittlungsverfahren** voraus (s auch BT-Drs 20/13419, 238 f).

VIII. ABC der außergewöhnlichen Belastungen

90 **Abfindungen** bei **Vermögensauseinandersetzung** (zB Erbauseinandersetzung oder nach Ehescheidung) sind keine agB (BFH X R 23/08, BFH/NV 10, 1807 mwN; BFH VI B 167/09, BStBl II 10, 747: unabhängig von den Vermögensverhältnissen; BFH III R 11/93, BStBl II 94, 240: keine Aufwendungen; BFH III R 59/97, BStBl II 98, 605: nicht zwangsläufig); s auch „Versorgungsausgleich". – Abfindung an den **Vormieter** kann nur dann agB sein, wenn der Wohnungswechsel wegen Krankheit zwangsläufig war (BFH VI 102/65 U, BStBl III 66, 113). Abfindungen der Mieter durch Hauseigentümer, der die Wohnung selbst nutzen will, ist idR keine agB (→ Rn. 23).

Abgaben (öffentl-rechtl) treffen in der einen oder anderen Form nahezu jeden Bürger; sie sind nicht außergewöhnlich.

Adoption. Der Entschluss, ein Kind zu adoptieren, beruht nach stRspr immer, auch bei sog primärer Sterilität, auf einer **freien Willensentscheidung** des StPfl.

Aufwendungen, die damit zusammenhängen, sind daher nicht zwangsläufig. Sie können, anders als die Kosten einer künstl Befruchtung (→ Rn. 55), auch nicht als Krankheitskosten berücksichtigt werden (BFH VI R 60/11, BStBl II 15, 695 mwN, VerfBeschw nicht angenommen; FG Mster EFG 24, 1678 rkr; **aA** *Endert* DStR 15, 2472: Zwangsläufigkeit aus tatsächl Gründen; zur Kritik → 39. Aufl 2020, § 33 Rn. 90 „Adoption").

Allergiker. Kosten für ein Bettsystem können agB sein, Kosten eines Staubsaugers mit besonderem Filter nicht (FG Köln EFG 03, 1701, rkr). S auch „Umweltbeeinträchtigungen".

Altersheim. Aufwendungen des StPfl für seine **altersbedingte Unterbringung** in einem Alters-/Pflegeheim oÄ sind nicht außergewöhnl. Es handelt sich um typische Kosten der Lebensführung, die durch den Grundfreibetrag abgegolten sind (BFH VI R 51/09, BStBl II 10, 794 mwN). Zur Berücksichtigung als haushaltsnahe Dienstleistung → § 35a Rn. 12; zur Berücksichtigung als Unterhaltsleistung → § 33a Rn. 9. – Zu **krankheitsbedingter Heimunterbringung** → Rn. 51.

Angehörige. Berücksichtigung übl Unterhaltsleistungen richtet sich nach § 33a I. Andere Unterstützungsleistungen (insb Krankheitskosten) können unter § 33 fallen (→ Rn. 37 und → Rn. 54; vgl auch → § 33a Rn. 9; ferner „Ausbildung", „Besuchsreisen", „Ehegatten/Lebenspartner", „Kinder"). Nicht zwangsläufig ist Unterhalt an zukünftige Schwiegertochter (BFH III R 44/89, BFH/NV 92, 27).

Arbeitslosigkeit s „Schuldentilgung".

Asylberechtigter. Sog „Nachfluchtgründe" erwachsen nicht zwangsläufig (BFH III R 69/87, BStBl II 91, 755). S auch „Hausrat".

Ausbildung. S „Studium"; → § 32 Rn. 26 ff und → § 33a Rn. 11. – Die Berufsausbildung beruht regelmäßig auf der freien Entschließung des StPfl, sodass Aufwendungen nicht zwangsläufig sind (BFH III R 126/86, BStBl II 90, 738 mwN), erst recht dann nicht, wenn die bisherige Ausbildung zur Existenzsicherung ausreicht (BFH VI R 345/69, BStBl II 73, 478). – Die Finanzierung der Ausbildung **eigener Kinder** ist nicht außergewöhnl (BFH X R 32/15, BFH/NV 18, 414: typischer Ausbildungsunterhalt iSv § 1610 BGB). Bei **anderen Personen** (zB Neffe, s FG Köln EFG 89, 61, rkr; Onkel, s FG BW DStRE 98, 589, rkr) fehlt es idR an der Zwangsläufigkeit. Weitere Beispiele → 39. Aufl 2020, § 33 Rn. 90 „Ausbildung".

Aussteuer. Aufwendungen hierfür sind weder aus rechtl noch aus sittl Gründen zwangsläufig, auch dann nicht, wenn die Eltern ihrer Tochter keine Berufsausbildung gewährt haben (BFH III R 141/86, BStBl II 87, 779; zu mögl Ausnahmen s *Anm* HFR 87, 613).

Auswanderung. Die durch eine Auswanderung verursachten Kosten sind grds nicht zwangsläufig. Das Gleiche gilt für Kosten für eine nachträgl Legalisierung einer nicht genehmigten Auswanderung (BFH VI R 42/75, BStBl II 78, 147; FG BW EFG 93, 656, rkr; Ausnahme FG Nbg EFG 82, 247, rkr). Ausnahmsweise können die Kosten zur Erlangung einer Ausreiseerlaubnis dann zwangsläufig sein, wenn der Ausreisende unter erhebl Repressalien zu leiden hat (FG BW EFG 92, 271, rkr; FG RhPf EFG 94, 930, bestätigt). S auch „Fluchthilfe".

Badekur → Rn. 47 ff.

Baumangel. Keine agB, auch nicht bei Gesundheitsgefährdung und/oder Insolvenz des Bauunternehmers (stRspr, zB BFH VI R 44/15, BFH/NV 17, 12; BFH VI R 80/14, BFH/NV 16, 1266 mwN; BFH VI R 38/14, BFH/NV 16, 902; FG Bln-Bbg DStRK 21, 186, rkr; krit *Loschelder* EStB 09, 211; zur Abgrenzung vgl BFH VI R 21/11, BStBl II 12, 574 Rn. 16). S auch „Umweltbeeinträchtigung".

Beerdigungskosten (Erwerb und Herrichtung der Grabstätte, Sarg, Kränze, Transport, Gebühren usw) können als agB nur abgezogen werden, soweit sie nicht aus dem Nachlass oder durch sonstige im Zusammenhang mit dem Tod zugeflossene

Geldleistungen gedeckt sind (BFH VI R 33/20, BStBl II 23, 1031 Rn. 11 mwN); *Ausnahme:* der Zufluss wird beim Empfänger als stpfl Einnahme erfasst (→ Rn. 17). Das gilt auch bei vorweggenommener Erbfolge (s FG Mchn EFG 99, 703, rkr; FG Mster EFG 99, 608, rkr). Ist der **Nachlass überschuldet,** kann der Erbe die Erbschaft ausschlagen, sodass ihn keine rechtl Verpflichtung zur Begleichung der Beerdigungskosten trifft. Es kann allenfalls eine **sittl Verpflichtung** zu ihrer Übernahme bestehen (s BFH III R 208/82, BStBl II 87, 715, ausführl), insb bei nahen Angehörigen; aber auch hier nur dann, wenn die Aufwendungen den Verkehrswert des Nachlasses übersteigen (BFH VI R 11/16, BStBl II 18, 469 Rn. 46). Eine **rechtl Verpflichtung,** die Kosten der Beerdigung (also nur die unmittelbaren Bestattungskosten, s *Anm* HFR 88, 212) zu tragen, kann sich aus § 1615 II BGB für den Unterhaltspflichtigen ergeben. Zu den (ggf) abziehbaren Beerdigungskosten gehören auch die **Überführungskosten** (FG Ddorf DStRE 00, 858, rkr, Mutter des StPfl). Bzgl der Höhe der Aufwendungen ist stets die **Angemessenheit** zu prüfen (BFH VI R 37/76, BStBl II 79, 558; FG Bln EFG 82, 467, rkr); diese richtet sich nach der Lebensstellung des Verstorbenen. Der *FinVerw* zufolge sollen 7500 € angemessen sein (seit VZ 1999, *OFD Berlin* ZEV 04, 459; *LfSt Bay* DStR 17, 1034; s auch FG Köln EFG 11, 242, rkr). Dies ist nur ein Richtwert; mE ist inzwischen ein Wert von 10 000 bis 12 000 € realistisch. – S iÜ „Bestattungsvorsorge", „Nachlassverbindlichkeiten".

Aufwendungen für behördl angeordnete **Instandsetzung eines Familiengrabs** sind keine agB (BFH VI R 48/17, BFH/NV 20, 190). – Den **Nicht-Erben** trifft idR keine sittl Pflicht, die Beerdigungskosten zu tragen (FG Köln EFG 92, 252, rkr; Ausnahmefall: FG Saarl EFG 97, 78, rkr, vermögenslose Schwester). – *Weitere Beispiele* → 35. Aufl 2016, § 33 Rn. 35 „Beerdigungskosten".

Behinderung → Rn. 40 und → Rn. 56 ff.

Berufsausbildung s „Ausbildung".

Bestattungsvorsorge ist weder außergewöhnl noch zwangsläufig (FG Mster DStRK 25, 231, rkr). S auch „Beerdigungskosten".

Besuchsreisen zu auswärts wohnenden Angehörigen sind grds durch Familienleistungsausgleich und Grundfreibetrag abgegolten (BFH IX B 21/21, BFH/NV 22, 810 mwN; → Rn. 37: keine sittl Verpflichtung). Nur ausnahmsweise können sie als zwangsläufig und außergewöhnl angesehen werden, zB bei Fahrten, die über die Anzahl normaler Besuchsfahrten hinausgehen und zur **Krankenbetreuung** erforderl sind (s BFH VI R 20/11, BFH/NV 12, 38; BFH III R 60/88, BStBl II 90, 958; BFH III R 27/02, BFH/NV 05, 1248). Bei der Gesamtbewertung sind ua der erforderl Umfang der Pflegeleistungen und die Höhe der Aufwendungen zu berücksichtigen (ausführl BFH III R 265/94, BStBl II 97, 558).

Zu **Nachweisen** gem § 64 I Nr 3 EStDV → Rn. 85. Zur Sachaufklärungspflicht des FG bei nicht aussagekräftigem ärztl Attest: BFH VI B 97/10, BFH/NV 11, 640. S iÜ auch „Fahrtkosten". *Weitere Beispiele* → 35. Aufl 2016, § 33 Rn. 35 „Besuchsreisen".

Betreuungskosten. Zu unterscheiden ist zw Personensorge (ggf agB) und Vermögenssorge (idR BA/WK, s *OFD Mchn* DB 97, 1205). Zur Vergütung für „Vormundschaft" s dort; s iÜ auch „Ehrenamt".

Betrugsverluste sind nicht zwangsläufig (→ Rn. 27 und 34) und daher keine agB, zB beim Kauf eines Einfamilienhauses (BFH III R 12/92, BStBl II 95, 774; BFH VI B 120/15, BFH/NV 16, 1160) oder bei Veruntreuung durch RA (BFH VI B 18/09, BFH/NV 10, 206).

Bürgschaft. Aufwendungen aus der Inanspruchnahme einer Bürgschaft können nur dann als zwangsläufig angesehen werden, wenn die Übernahme der Bürgschaft selbst zwangsläufig (BFH IV 602/53 U, BStBl III 54, 357; BFH VI 80/55 U, BStBl III 57, 385) und nicht anfechtbar war (HessFG EFG 88, 568, rkr). Leistungen aus freiwillig übernommenen Bürgschaften sind niemals zwangsläufig; auch nicht bei

Bürgschaft für betriebl Schulden des Ehegatten (FG Mster EFG 76, 927, rkr; FG Köln EFG 95, 719, rkr). Dass die Übernahme der Bürgschaft menschl verständl ist, reicht zur Annahme einer sittl Verpflichtung nicht aus (BFH VI R 142/75, BStBl II 78, 147; BFH IV 287/60 U, BStBl III 64, 299; BFH VI 306/60 U, BStBl III 62, 63). S auch „Schuldentilgung".

Corona. Aufwendungen für **Raumlüfter** (FG Köln EFG 25, 186, rkr) oder **Masken und Tests** sind in der Pandemie nicht außergewöhnl (→ Rn. 10 aE; glA *Rüsch* FR 21, 377). Kosten, die aufgrund von **Reisebeschränkungen** oder iZm der **Rückholaktion** des Auswärtigen Amtes (Kostenersatz gem §§ 5 V, 6 II 1 KonsG) entstanden sind, können nur dann zu agB führen, wenn die Reise selbst zwangsläufig und notwendig iSv § 33 II 1 gewesen ist (s auch „Urlaub"); bei berufl Dienstreise liegen dagegen BA/WK vor (§ 33 II 2: keine agB). – Zu den **nach § 64 EStDV erforderl Nachweisen** → Rn. 78.

Darlehen. Darlehensverluste sind idR keine agB (FG BW EFG 97, 409, rkr; FG Nbg DStRE 07, 89, rkr, BAföG; Mchn EFG 08, 455, rkr, Schulden nach Arbeitslosigkeit). Das gilt auch für Umschuldung eines Erwerbsdarlehens (BFH III R 54/03, BFH/NV 05, 1529, freie Entscheidung zur Lebensführung und -gestaltung). Zum Verzicht auf Darlehensforderung → Rn. 8. Zum Abzugszeitpunkt bei Zahlung einer agB durch Darlehen → Rn. 20. S auch „Schuldentilgung".

Denkmalschutz s §§ 10f und 10g.

Detektivkosten s „Personenschutz".

Diätkosten. § 33 II 3, → Rn. 66.

Diebstahl → Rn. 8. Aufwendungen zur Diebstahlsicherung sind nicht abziehbar (FG Hmb EFG 98, 1335, rkr).

Doktortitel. Kosten zur Erlangung des Titels sind keine agB (BFH VI R 297/66, BStBl III 67, 789), auch nicht bei nochmaliger Promotion eines Ausländers (FG Ddorf EFG 78, 422, rkr). Auch → § 19 Rn. 110 „Doktortitel".

Doppelte Haushaltsführung s zunächst § 33 II 2 (→ Rn. 60). Müssen Ehegatten/Lebenspartner aus gesundheitl Gründen einen doppelten Haushalt führen, kann die Zwangsläufigkeit in Ausnahmefällen bejaht werden (*BH/Baldauf* § 33 Rn. 280 „Doppelte Haushaltsführung"; s aber BFH VI R 167/79, BStBl II 82, 297 zu III 1; zweifelnd *Anm* HFR 88, 214). Leben Ehegatten/Lebenspartner dauernd getrennt, sind die Aufwendungen des StPfl für seinen eigenen Haushalt typische, nicht von § 33 erfasste Lebenshaltungskosten; Aufwendungen für den Haushalt des getrenntlebenden Ehegatten/Lebenspartners sind ggf über § 33a I zu erfassen (s aber auch BFH VI 14/54 U, BStBl III 58, 329). Kosten für den Unterhalt einer **Zweitwohnung** sind regelmäßig nicht zwangsläufig (FG Bln-Bbg EFG 22, 1751, rkr; FG Hmb EFG 74, 310, rkr), auch nicht wegen Krankheit des Kindes (FG Nbg EFG 92, 399, rkr).

Eheähnliche Lebensgemeinschaft → § 33a Rn. 20 und „Lebensgemeinschaft".

Ehegatten; Lebenspartner. S auch „Ehescheidung" und „Hochzeit". Zur Berücksichtigung von agB bei Ehegatten → Rn. 19; zur Ermittlung der zumutbaren Belastung → Rn. 71; zu Unterhaltsleistungen → § 33a Rn. 19.

Ehescheidung. Mit Wirkung **ab VZ 2013** sind Scheidungskosten **nicht mehr als agB** zu berücksichtigen (§ 33 II 4; → Rn. 63); das gilt ausnahmslos für *alle* Kosten des Scheidungsverfahrens (BFH VI R 9/16, BStBl II 17, 988 mwN; FG Mster EFG 24, 1972, rkr: nachehel Unterhalt einer berufstätigen StPfl, Anm *Kanzler* FR 17, 1109; zu Hintergrund und Konsequenzen *Urban* NJW 17, 3189; *Kanzler* FR 14, 209; *Heim* DStZ 14, 165; **aA** *Bleschick* FR 13, 932 (936); *Nieuwenhuis* DStR 14, 1701; *Gerauer* NWB 14, 2621). – Die **Anschaffung von Möbeln** nach einer Scheidung ist keine agB (BFH VI B 18/16, BFH/NV 16, 1708).

Zur Rechtslage **bis einschließl VZ 2012** → 36. Aufl 2017, § 33 Rn. 35 „Ehescheidung" und BFH VI R 63/14, BFH/NV 17, 14 (Zugewinnausgleich, Nutzungsentschädigung, Pfändung und Grundbucheintragung); BFH VI R 49/15, BFH/NV 17, 895 (Kindesunterhalt und nachehel Unterhalt).

Ehrenamt. Die Übernahme ist nie zwangsläufig (FG RhPf EFG 68, 66, rkr; zu ehrenamtl Betreuung eines Familienmitglieds s FG Bln-Bbg EFG 08, 1380, rkr, und HessFG FamRZ 11, 1764).

Einbürgerungskosten erwachsen idR nicht zwangsläufig (FG BW EFG 83, 163, rkr). S auch „Auswanderung" und → § 12 Rn. 32 „Einbürgerungskosten".

Entbindungskosten s „Geburt".

Entführung s „Lösegeld".

Erholungsreise → Rn. 48.

Erpressungsgeld kann als agB abziehbar sein, aber nicht, wenn der StPfl den Erpressungsgrund zurechenbar selbst gelegt hat (BFH III R 31/02, BStBl II 04, 867). S auch „Lösegeld" und „Personenschutz"; zu Irrtum → Rn. 26.

Fahrstuhl → Rn. 44 und 57.

Fahrtkosten. Zu Fahrkosten **Behinderter** → Rn. 59 und → Rn. 65 ff. Im Allgemeinen sind Fahrtkosten (soweit sie nicht ohnehin zu BA oder WK gehören, § 33 II 2) nicht zwangsläufig; s auch „Besuchsreisen". – Zu **Mittagsheimfahrten** s BFH VI R 30/73, BStBl II 75, 738 mwN (nicht zwangsläufig).

Fitnessstudio → Rn. 43.

Fluchthilfe. Aufwendungen für die Flucht eines **Angehörigen** aus einem anderen Staat sind nur dann zwangsläufig, wenn für den Angehörigen unmittelbare Gefahr für Leib, Freiheit und Leben droht (HessFG EFG 78, 431, rkr; FG Ddorf EFG 79, 335, rkr; FG Bln EFG 79, 180, rkr: Anerkennung als politischer Flüchtling). Die freigekaufte Person darf sich nicht leichtfertig in Gefahr begeben haben (HessFG EFG 91, 195 rkr). Grds kann erwartet werden, dass der geflohene Angehörige nach Arbeitsaufnahme im Inl die Gelder zurückzahlt (§ 670 BGB; FG BW EFG 89, 350, rkr; FG Mster EFG 84, 287, bestätigt: Ansatz allenfalls der Zinsaufwendungen; *KKM* § 33 Rn. C 63 „Fluchthilfe"; **aA** *HHR/Modrzejewski* § 33 Rn. 72). Bei **Nicht-Angehörigen** sind Unterstützungsleistungen für eine aus einem Bürgerkriegsland geflohene befreundete Person idR nicht zwangsläufig (NdsFG EFG 96, 763, rkr). S auch „Auswanderung".

Geburt. Entbindungskosten (Arzt, Hebamme, Krankenhaus, Arznei) sind wie Krankheitskosten abzugsfähig. Sämtl sonstigen Kosten für Umstandskleidung oder für das Kind, zB Erstlingsausstattung für erstes oder weitere Kinder (BFH VI 168/63 U, BStBl III 64, 302) oder Zwillinge (BFH VI R 125/69, BStBl II 70, 242), sind nicht abzugsfähig (Abgeltung durch Kindergeld und Freibeträge); dasselbe gilt für die Beschaffung einer größeren Wohnung. Die Einlagerung von Nabelschnurblut ist nicht zwangsläufig (BFH III B 112/06, BFH/NV 08, 355).

Geldstrafen/Geldbußen sind nicht abzugsfähig (ausführl *HHR/Modrzejewski* § 33 Rn. 135; s aber *KKM* § 33 Rn. C 29). Ausnahmefall: FG Brem EFG 80, 183, rkr. Auch → Rn. 20 und „Prozesskosten".

Gesundheitsgefährdung s „Umweltbeeinträchtigung".

Gesundheitsvorsorge → Rn. 43.

Haartransplantation. Kosten hierfür und für Haartoupet sind idR nicht abziehbar (FG BW EFG 98, 1589, rkr; NdsFG EFG 00, 496, rkr).

Haus. Abriss eines einsturzgefährdeten Hauses wegen Verletzung der Instandhaltungspflicht sind keine agB (FG Hmb EFG 20, 580, rkr); s auch „Baumangel" und „Umweltbeeinträchtigung".

Haushaltshilfe → § 35a Rn. 7 und hier: „Kinder".

Häusliche Pflege s „Pflege".

Hausrat. Aufwendungen für die Anschaffung von Hausrat und Kleidung (BFH VI R 237/71, BStBl II 74, 745, Geschirrspülmaschine) sind idR nicht als agB abzugsfähig, auch nicht bei erstmaliger Einrichtung einer Wohnung (BFH IV 243/52 U, BStBl III 53, 126; BFH VI 23/65 S, BStBl III 65, 441; BVerfG in BStBl III 67, 106). Die Rspr ist iErg zutr, die Begründung (Gegenwertlehre) allerdings zweifelhaft (→ Rn. 14 ff; *Jakob/Jüptner* StuW 83, 208 f). Wiederbeschaffung von Hausrat nach einer Scheidung ist ebenfalls nicht begünstigt (s „Ehescheidung"). – Ist notwendiger Hausrat infolge **unabwendbarer Ereignisse** (Krieg, Naturkatastrophe, Brand, politische Verfolgung uä) verloren gegangen, können die Kosten der Wiederbeschaffung eine agB begründen (BFH III R 248/83, BStBl II 88, 814, Spätaussiedler; BFH III R 69/87, BStBl II 91, 755 mwN; auch → Rn. 10 und „Hochwasser"; weitere Beispiele → 39. Aufl 2020, § 33 Rn. 90 „Hausrat"). Zu den Obergrenzen für die Prüfung der Angemessenheit s HessFG EFG 96, 762, rkr. Leistungen aus einer **Hausratversicherung** sind gegenzurechnen (BFH III R 8/95, BStBl II 99, 766; auch → Rn. 21 zum Abschluss von Versicherungen), ebenso Entschädigungen und Beihilfen aus öffentl Mitteln (FG BW EFG 98, 1334, rkr). – S auch „Asylberechtigter", „Auswanderung", „Katastrophenschaden" und „Umweltbeeinträchtigungen".

Heimunterbringung wegen Krankheit → Rn. 51 ff, wegen Behinderung → Rn. 58; zu altersbedingter Unterbringung s „Altersheim".

Heizkosten für Baudenkmal sind keine agB (FG Mster EFG 10, 703, rkr).

Hochwasser. Aufwendungen für die Wiederbeschaffung von Hausrat und Kleidung und die Beseitigung von Schäden an der eigenen Wohnung bzw dem eigenen Haus sind als agB zu berücksichtigen (→ Rn. 15; EStR 33.2; s auch „Hausrat" und „Kleidung"); das Fehlen einer sog Elementarschadensversicherung ist unschädl (keine allg zugängl und übl Versicherungsmöglichkeit iSv EStR 33.2 Nr. 7; *FM NRW* FR 21, 855 Rn. 4.5; *BMF* BStBl I 13, 769, VI., zu Hochwasser 2013; auch → Rn. 32; *Mirbach/Mirbach* DStZ 21, 838 (845)).

Hochzeit. Aufwendungen für eine Hochzeitsfeier sind nicht abzugsfähig (BFH VI 303/57 U, BStBl III 58, 296), auch nicht dann, wenn der Ehegatte/Lebenspartner aus dem Ausl stammt und zusätzl Kosten anfallen (BFH III R 11/91, BStBl II 92, 821: Reise nach Moskau; FG Bln-Bbg EFG 12, 2287: Anreise aus Kanada), ebenso wenig Aufwendungen für Geschenke oder Reisen zur Feier eines Dritten. Das Gleiche gilt für Verlobungsgeschenke (BFH VI R 51/66, BStBl III 67, 758).

Insolvenz. Kosten eines Insolvenzverfahrens sind nicht außergewöhnl (BFH IX R 29/23, BStBl II 25, 277); eine Differenzierung danach, ob der StPfl die maßgebl Ursache für seine Zahlungsschwierigkeiten selbst gesetzt hat (so noch BFH VI R 47/13, BStBl II 17, 276), hat der BFH abgelehnt (BFH VI R 41/18, BStBl II 22, 321 Rn. 31 ff: kein gesellschaftl Randphänomen). Auch die **erneute Zahlung** einer Forderung zur Abwendung eines Insolvenzverfahrens nach Veruntreuung der zunächst erbrachten Zahlung durch RA ist keine agB (BFH VI B 18/09, BFH/NV 10, 206). IÜ → § 19 Rn. 110 „Insolvenzverfahren".

Integrationskurs s „Sprachkurse".

Internat. S auch § 33a II, IV; → Rn. 58. Kosten der Unterbringung eines körperl und geistig gesunden Kindes in einem Internat fallen nicht unter § 33 (BFH X R 48/09, BStBl II 12, 200). Das gilt auch für schwer erziehbares Kind, da soziale oder pädagogische Gründe für den Internatsbesuch nicht genügen (BFH IX R 52/03, BFH/NV 06, 281; BFH III B 169/03, BFH/NV 05, 699), ebenso bei Hochbegabung (BFH X R 48/09, BStBl II 12, 200; BFH X R 43/10, BFH/NV 12, 1947; FG Mster DStRE 2024, 797, rkr; FG Mster EFG 03, 1084, rkr) und auch dann, wenn es darum geht, ein Kind aus der heimischen Drogenszene zu entfernen (FG

Brem EFG 94, 525, rkr; da Drogenabhängigkeit eine Behinderung darstellt [→ § 33b Rn. 13], wären die Aufwendungen bei Vorliegen eines entspr *vorab* erstellten amtsärztl Attestes uU zu berücksichtigen gewesen). – Eine agB liegt vor, wenn die Internatsunterbringung wegen **Krankheit** des Kindes medizinisch indiziert ist (BFH VI R 37/10, BStBl II 13, 783). Zum **Nachweis** der medizinischen Indikation gem § 64 I 1 Nr 2 Buchst c EStDV → Rn. 34. – Aufwendungen einer minderjährigen Halbwaise für die eigene Internatsunterbringung sind nicht zwangsläufig (BFH III R 126/86, BStBl II 90, 738; zu Internatsunterbringung eines Vollwaisen s *Anm* HFR 90, 628). S iÜ auch „Kinder" und „Therapie".

Kaskoversicherung s „Versicherung".

Katastrophenschaden → Rn. 10 sowie „Hausrat", „Hochwasser", „Umweltbeeinträchtigung" und → § 21 Rn. 148 „Katastrophenschäden". Sturmschaden an Grundstücksmauer führt zu keiner agB (FG RhPf DStRE 08, 86). Umfassend *Grube* DStZ 00, 469.

Kinder. Zu Unterhalt, Berufsausbildung, Betreuung s § 10 I Nr 5 und 9 und § 33a I und II; ferner → Rn. 45 (Therapie), → Rn. 49 (Heilkuren) und → Rn. 90 „Ausbildung", „Besuchsreisen" „Geburt", „Internat", „Privatschule". Neben den nach § 33a I–III abzugsfähigen Aufwendungen werden Kosten der auswärtigen Unterbringung eines Kindes nach § 33 nur berücksichtigt, wenn die Unterbringung (im Heim oder bei Verwandten) wegen **Krankheit** oder körperl bzw geistiger Gebrechen notwendig ist (BFH X R 48/09, BStBl II 12, 200; BFH VI R 125/74, BStBl II 75, 607; BFH VI 215/63 U, BStBl III 65, 169). Nachweis: § 64 I 1 Nr 3 EStDV. – Aufwendungen für **Besuchsfahrten** zur Pflege des Eltern-Kind-Verhältnisses sind auch nach Wegfall des § 33a Ia nicht außergewöhnl und keine agB (BFH III R 208/94, BStBl II 97, 54; BFH VI R 115/96, BFH/NV 01, 1110, VerfBeschw nicht angenommen, NVwZ-RR 04, 2; anders BFH III R 141/95, BFH/NV 04, 1635: offen gelassen, VerfBeschw nicht angenommen), auch nicht zur Ausübung der gesetzl **Umgangsverpflichtung gem § 1684 I BGB** (BFH VI B 111/11, BFH/NV 12, 1434: kein „Gleichklang" von StRecht und Sozialhilferecht; BFH III R 28/05, BStBl II 08, 287: trotz besonders hoher Besuchsaufwendungen; BFH III R 30/06, BFH/NV 08, 539, Flugkosten nach Spanien; NdsFG EFG 19, 344, rkr: Übernahme der Kosten durch den anderen Elternteil) und auch nicht bei Verhaltensauffälligkeit des Kindes (NdsFG EFG 95, 122, rkr).

Kleidung. Ausgaben für Neuanschaffung oder Änderung bürgerl Kleidung sind grds nicht außergewöhnl, da es sich idR nicht um unmittelbare Krankheits-, sondern um Folgekosten handelt (zB BFH VI 203/61 U, BStBl III 63, 381, Mehraufwand wegen Körpergröße; FG Mchn EFG 00, 872, rkr, nach Geschlechtsumwandlung; FG Mchn EFG 06, 119, bestätigt durch BFH III R 63/06, BFH/NV 08, 544, Bekleidung, Schuhe und Perücke bei Transsexualität; BFH III B 63, 64/85, BFH/NV 88, 438, Aufwendungen nach Krebserkrankung). S aber „Hochwasser".

Klimakur → Rn. 48 und 79.

Kosmetische Operation ist nur dann zwangsläufig, wenn sie zB infolge psychischer Erkrankung unumgängl ist (FG BW EFG 79, 125, rkr; FG Köln EFG 97, 16, rkr); zum Nachweis → Rn. 29 ff (s auch BFH III B 57/06, BFH/NV 07, 438, Fettabsaugung; zu **Liposuktion** → Rn. 44).

Kraftfahrzeugkosten s „Fahrtkosten" und „Unfall".

Krankenversicherungsbeiträge. § 33 II 2. Die vom StPfl an die geschiedene Ehefrau erstatteten Krankenversicherungsbeiträge sind Unterhaltsaufwendungen, dh keine agB (BFH VI R 206/70, BStBl II 74, 86).

Krankheitskosten → Rn. 40 ff.

Kryokonservierung → Rn. 55.

Künstliche Befruchtung → Rn. 55.

Kuren → Rn. 47 ff.

Lärmschutz. Einbau von Schalldämmfenstern ist keine agB (BFH VI R 62/74, BStBl II 76, 194); auch → Rn. 9 f, 14 f.

Lebensgemeinschaft. Zur gesetzl Gleichstellung von Lebenspartnern s § 2 VIII. Allein das Bestehen einer nichtehel Lebensgemeinschaft (auch bei Verlobten, BFH III R 3/97, BFH/NV 00, 560) führt nicht zur Zwangsläufigkeit der Unterhaltsleistungen für den anderen Partner aus sittl Gründen; es müssen andere gewichtige Umstände (zB Pflegedienste, Betreuung gemeinsamer Kinder, Schwangerschaft) hinzutreten. Die Bedürftigkeit muss gemeinschaftsbedingt sein (BFH III R 102/87, BStBl II 90, 886 mwN; BFH III R 52/89, BFH/NV 91, 814; BFH III R 3/99, BFH/NV 01, 1233). Unterhaltsaufwendungen für den arbeitslosen Partner einer nichtehel Lebensgemeinschaft können dann als agB abzugsfähig sein, wenn wegen des anzurechnenden Einkommens des StPfl keine Arbeitslosenhilfe gezahlt wird (BFH III R 38/92, BStBl II 94, 442); soweit Kürzungen der Arbeitslosenhilfe ausgeglichen wird, sind Zahlungen idR nicht unangemessen (BFH III R 62/93, BStBl II 94, 897).

Lebensmittel → Rn. 66 (Diätverpflegung, Zöliakie) und FG Mster EFG 19, 623, rkr (Bulimie).

Legasthenie → Rn. 45.

Lernmittel. Aufwendungen sind nicht außergewöhnl und werden zudem durch Freibeträge nach § 32 VI und KiGeld bzw § 33a I, II (s § 33a IV) berücksichtigt.

Logopädische Therapie → Rn. 45.

Lösegeld. Zahlungen sind weder als BA noch als WK, wohl aber als agB abzugsfähig (BFH III R 27/92, BStBl II 95, 104 (107)), ohne dass § 160 AO der Anerkennung entgegensteht (glA *HHR/Modrzejewski* § 33 Rn. 311 „Lösegeldzahlungen"; auch → § 4 Rn. 520). Lösegeldrückflüsse in späteren Jahren mindern idR die agB des Jahres der Lösegeldzahlung (Belastungsprinzip, → Rn. 12; FG Mster EFG 87, 186, rkr). S auch „Detektivkosten", „Erpressungsgeld" und „Personenschutz"; zu Irrtum → Rn. 26.

Makler. Gebühren für eine Wohnungsvermittlung können eine agB darstellen, wenn der Umzug zwangsläufig ist; s „Umzug".

Miete. Zusätzl Mietzahlungen nach Zwangsräumung des eigenen Hauses wegen Einsturzgefahr können als verlorener Aufwand zu einer agB führen (BFH VI R 62/08, BStBl II 10, 965, auch zur Dauer). Entgangene Mieteinnahmen sind hingegen keine Aufwendungen und daher keine agB (BFH VI B 43/09, BFH/NV 10, 852; auch → Rn. 6).

Nachhilfestunden → § 10 Rn. 94 und → § 35a Rn. 5; iRd § 33 kein Abzug, es sei denn, ausnahmsweise als Krankheitskosten.

Nachlassverbindlichkeiten s „Beerdigung" und „Erbausgleich". Ein Abzug als agB kommt grds nur in Betracht, wenn die Zahlungen nicht aus dem Nachlass geleistet werden können *und* Zwangsläufigkeit in der Person des Erben begründet ist (NdsFG EFG 82, 349, rkr). Dies kann der Fall sein, wenn der Sohn als Alleinerbe Nachlassverbindlichkeiten erfüllt, die auf existentiellen Bedürfnissen der in Armut verstorbenen Eltern beruhen oder mit deren Tod zusammenhängen, zB Aufwendungen für Miete, Strom, Telefon, nicht aber für die Rückzahlung von Renten/Pensionen (BFH III R 208/82, BStBl II 87, 715). Eine in der Person des Erblassers begründete Zwangsläufigkeit reicht ansonsten nicht aus; anderes gilt auch nicht, wenn der Erbe der überlebende Ehegatte ist (BFH III R 86/95, BFH/NV 96, 807, Zinsen für kreditfinanzierte Krankheitskosten). Kosten für Ergänzungspfleger bei Erbauseinandersetzung sind nicht abziehbar (BFH III R 39/97, BStBl II 00, 69).

Partnerschaftsvertrag s „Lebensgemeinschaft" und → § 33a Rn. 20 f.

Persönlichkeitsentwicklung. Aufwendungen hierfür sind grds keine agB; ggf muss geprüft werden, ob Krankheitskosten vorliegen.

Personenschutz. Aufwendungen können als agB zu berücksichtigen sein (FG Mster EFG 18, 560, rkr; HessFG EFG 89, 576, rkr: Detektiv); aber nicht, wenn der StPfl den Grund für die Notwendigkeit des Personenschutzes zurechenbar selbst gelegt hat (BFH III R 31/02, BStBl II 04, 867, zu Erpressung).

Pflege → Rn. 44 und 54.

Pflegeheim → Rn. 51 und „Altersheim".

Pilgerfahrt ist nicht sittl zwangsläufig (→ Rn. 36).

Politische Tätigkeit ist nicht zwangsläufig.

Privatschule. Es handelt sich um typische Kosten der Berufsausbildung (§ 33a I, II), die nicht nach § 33 abzugsfähig sind (BFH III R 28/05, BStBl II 08, 287; FG Köln EFG 22, 1827, rkr). Etwas anderes kann nur gelten, wenn es sich um unmittelbare Krankheitskosten handelt (ausführl BFH III B 216/96, BStBl II 97, 752 mwN; s auch FG Köln EFG 98, 318, rkr). Vgl auch „Internat", „Legasthenie" und EStR 33.4 II.

Promotion s „Doktortitel".

Prozesskosten. → Rn. 67 und „Ehescheidung"; zur Rechtslage bis einschließl VZ 2012 → 36. Aufl 2017, § 33 Rn. 35 „Prozesskosten".

Reisekosten s „Besuchsreisen" und „Urlaub".

Rentenversicherung s zunächst § 33 II 2. Bei Nachzahlungen zur Rentenversicherung der Eltern scheidet eine sittl Verpflichtung jedenfalls dann aus, wenn der Elternteil bereits Rentenansprüche in einer Höhe besitzt, die den Unterhalt sowohl gegenwärtig als voraussichtl auch in Zukunft gesichert erscheinen lässt (BFH III R 42/99, BStBl II 02, 473; *Hettler* HFR 02, 703).

Rückentraining → Rn. 43.

Sanierungsaufwand s „Umweltbeeinträchtigungen".

Schadensersatz s auch „Unfall" und → Rn. 18 (Verschuldensgrad). Die Ersatzleistungen aus einem vorsätzl oder grob fahrlässig (zB Trunkenheitsfahrt) verursachten Schaden (Deliktshaftung) sind nicht zwangsläufig. In Fällen der **Gefährdungshaftung** ist auch bei schuldlosem Verhalten des StPfl die Zwangsläufigkeit zu verneinen; denn der StPfl nimmt in diesen Fällen (zB Tierhalterhaftung) ein Risiko freiwillig in Kauf (glA *BH/Baldauf* § 33 Rn. 100; **aA** *HHR/Modrzejewski* § 33 Rn. 188). IÜ wird man die Zwangsläufigkeit hier auch dann verneinen müssen, wenn der StPfl den Abschluss von Haftpflichtversicherungen unterlassen hat, selbst wenn der StPfl dem Gefährdungstatbestand nicht ausweichen konnte (zT **aA** HessFG EFG 76, 338, rkr; zweifelnd *Sunder-Plassmann* DStR 93, 1165). Auch die Kosten der Reparatur eines auf einer Privatfahrt unverschuldet beschädigten geliehenen Pkw sind nicht abzugsfähig (BFH VI R 143/71, BStBl II 74, 105); Ausnahme: die Fahrt selbst war zwangsläufig (FG Ddorf EFG 80, 284, rkr; *Jakob/Jüptner* StuW 83, 212). Erfüllung von Schadensersatzansprüchen durch die Eltern für ihre Kinder führt nicht zum Abzug (FG Bbg EFG 98, 317, rkr). Schadensersatz nach Wirtshausgerangel s HessFG EFG 01, 1051, rkr (iErg zutr.).

Schadstoffbelastung s „Umweltbeeinträchtigungen".

Schalldämmfenster s „Lärmschutz".

Scheidung s „Ehescheidung".

Schuldentilgung. Das Eingehen einer Schuld stellt noch keine agB dar (keine Aufwendungen, → Rn. 6). Fremdfinanzierte Aufwendungen, die ihrer Art nach eine agB darstellen, sind nicht erst im Jahr der Tilgung der Schuld, sondern bereits **im VZ der Verausgabung** zu berücksichtigen (BFH III B 155/96, BFH/NV 98, 850; BFH III R 60/88, BStBl II 90, 958 mwN; auch → Rn. 5). War dagegen schon die Schuldaufnahme nicht zwangsläufig, ist die Tilgung auch dann keine agB, wenn der StPfl infolge Verschlechterung seiner Vermögensverhältnisse durch die Tilgungsleistungen in Schwierigkeiten gerät (BFH VI 80/55 U, BStBl III 57, 385; hier kann uU ausnahmsweise ein Erlass gem §§ 163, 227 AO geboten sein). Gleiches gilt für Vorfälligkeitsentschädigungen (BFH III R 54/03, BFH/NV 05, 1529) und allg für Rückabwicklung von Verträgen (BFH III R 12/04, BFH/NV 05, 1287). Tilgungsleistungen auf betriebl oder berufl veranlasste Schulden können wegen § 33 II 2 nicht als agB abgezogen werden. – S iÜ auch „Bürgschaft", „Schuldzinsen", „Insolvenzverfahren". – Weitere Beispiele → 35. Aufl 2016, § 33 Rn. 35 „Schuldentilgung".

Schuldzinsen können eine agB darstellen, wenn die Schuldaufnahme (s oben, „Schuldentilgung") zwangsläufig war (BFH III R 60/88, BStBl II 90, 958).

Schule s „Internat" und „Privatschule".

Schwangerschaft. Aufwendungen für Schwangerschaftsverhütung sind nicht außergewöhnl (FG RhPf EFG 00, 434, rkr). Medizinische oder soziale Indikation, die eine Zwangslage voraussetzt, kann zur Anwendung des § 33 führen (enger wohl FG Bln EFG 91, 129, rkr). Zu künstlicher Befruchtung → Rn. 55.

Sport → Rn. 43.

Sprachkurse. Aufwendungen sind idR keine agB; etwas anderes kann für **Integrationskurse** bei entspr Nachweis gelten, s EStR 33.4 VI.

Steuerberatungskosten sind keine agB (BFH X R 10/08, BStBl II 10, 617; BFH X R 10/10, BFH/NV 11, 977).

Strafen → Rn. 20 und „Geldstrafe" sowie „Prozesskosten".

Strafgefangener. Unterstützungsleistung an einsitzenden Sohn kann als agB abgezogen werden (BFH III R 305/84, BStBl II 89, 233). S auch „Besuchsreisen".

Studium s auch „Ausbildung". Studiengebühren sind für die Eltern keine agB (BFH VI R 63/08, BStBl II 10, 341). Kosten eines Auslandsstudiums sind durch § 33a II abgegolten (HessFG EFG 81, 294, rkr) und iÜ auch bei Numerus-clausus-Fächern nicht zwangsläufig (BFH III B 165/86, BFH/NV 87, 501). Prozesskosten zur Zulassung zum Studium s „Prozesskosten". Tilgung eines BAföG-Darlehens → Rn. 5.

Straßenausbau; Straßenerneuerung. Beiträge sind keine agB (NdsFG BeckRS 2024, 49260, rkr: Folge des Grundstückserwerbs; mE fehlt es an der Außergewöhnlichkeit).

Sturmschaden s „Katastrophenschaden".

Therapie → Rn. 45.

Tierhaltung ist idR nicht zwangsläufig (FG Ddorf EFG 98, 950, rkr mwN: Reitpferd). Schadensaufwendungen sind auch dann nicht abzugsfähig, wenn die Tierhaltung zwar zwangsläufig war, der StPfl aber keine Versicherung abgeschlossen hat (glA *BH/Baldauf* § 33 Rn. 296 „Tierhalterhaftung"; **aA** HessFG EFG 76, 338, rkr), oder wenn schon die Übernahme der Tieraufsicht nicht zwangsläufig war (HessFG EFG 84, 402, rkr). S auch „Schadensersatz".

Todesfall s „Beerdigung".

Trickbetrug (Schockanruf) → Rn. 26.

Trinkgelder sind in keinem Fall abziehbar (BFH VI R 74/10, BStBl II 12, 577, Kuraufenthalt; BFH III R 32/01, BStBl II 04, 270; *BMF* BStBl I 04, 527).

Umweltbeeinträchtigung. Kosten der **Beseitigung** sind *außergewöhnl,* wenn ***(1)*** den StPfl kein Verschulden an der Beeinträchtigung trifft, ***(2)*** die Beeinträchtigung im Falle eines Grundstückserwerbs zunächst nicht erkennbar war, ***(3)*** realisierbare Ersatzansprüche gegen Dritte nicht bestehen und es sich ***(4)*** nicht um übl Instandsetzungs- und Modernisierungsmaßnahmen oder dem gewöhnl Wertverzehr geschuldete Baumaßnahmen handelt (BFH VI R 21/11, BStBl II 12, 574 Rn. 15; EStH 33.1–33.4 „Sanierung"). Die Aufwendungen sind *zwangsläufig,* wenn der StPfl entweder rechtl verpflichtet ist, die Beeinträchtigung zu beseitigen, oder eine Gesundheitsbeeinträchtigung konkret zu befürchten ist und eine Sanierung unerlässl erscheint; hinsichtl des **Nachweises** gelten die allg Beweisregeln (BFH VI R 47/10, BStBl II 12, 570 Rn. 16 f: Gesundheitsgefährdung durch Asbest; auch → Rn. 30). § 64 EStDV nF greift mE nicht ein (BFH VI R 21/11, BStBl II 12, 574: Gebäudesanierung betrifft nicht allg Gebrauchsgegenstand des tägl Lebens iSd § 64 I Nr 2 S 1 Buchst e EStDV iVm § 33 I SGB V; *Geserich* DStR 12, 1490 (1493)). Die Beweislast trifft den StPfl; ein vom ihm vorgelegtes Gutachten oder Attest ist als Privatgutachten zu behandeln (BFH VI R 21/11, BStBl II 12, 574). Zur Notwendigkeit, im finanzgerichtl Verfahren einen **Sachverständigen** hinzuzuziehen, s BFH VI R 47/10, BStBl II 12, 570 (Rn. 19 f). Ggf sind auch Finanzierungskosten zu berücksichtigen (vgl *Kanzler* FR 12, 1133, auch zu der Möglichkeit, angefallene Aufwendungen auf mehrere Jahre zu verteilen; s dazu auch FG Saarl EFG 13, 1927, rkr). – Unerlässl ist die Beseitigung vor allem dann, wenn sie die Wohnung, das Wohnhaus oder auch das Hausgrundstück des StPfl betrifft (s iEinz BFH III R 56/04, BFH/NV 08, 937; BFH VI R 40/13, BFH/NV 16, 908). Eine ordnungsgemäße Entsorgung ist nachzuweisen. Wertverbesserungen sind im Wege des Vorteilsausgleichs (→ Rn. 10) anzurechnen. S iÜ auch **„Hochwasser"**. – An der Außergewöhnlichkeit kann es fehlen, wenn die Beeinträchtigung auf einen **Baumangel** zurückgeht (BFH III R 6/01, BStBl II 02, 240; zur Abgrenzung s BFH VI R 21/11, BStBl II 12, 574 Rn. 16; vgl auch „Baumangel"). – S iÜ *Bleschick* NWB 12, 2294 (auch zum Nebeneinander von agB und haushaltsnahen Dienstleistungen gem § 35a); *Hettler* DB 02, 1848.

Beispiele: Dioxinbelastetes Grundstück (BFH III R 56/04, BFH/NV 08, 937: agB, auch wenn sich die Grenzwertüberschreitung erst nachträgl herausgestellt hat); **Asbestsanierung** (BFH III R 6/01, BStBl II 02, 240; s aber auch BFH VI R 47/10, BStBl II 12, 570 zum Nachweis einer *konkreten* Gesundheitsgefährdung) bzw **asbesthaltige Heizung** (BFH III B 11/06, BFH/NV 07, 1108); **„Echter Hausschwamm"** (BFH VI R 70/10, BStBl II 12, 572: abziehbar). – Weitere Beispiele s unten, **„Wildtierschäden"** und → 39. Aufl 2020, § 33 Rn. 90 „Umweltbeeinträchtigung".

Umzug. Privat veranlasste (§ 33 II 2) Umzugskosten sind typische Kosten der Lebensführung, die unabhängig von der Art der Wohnungskündigung nicht als agB abzugsfähig sind (BFH VI B 66/08, BFH/NV 09, 149 mwN); sie können ausnahmsweise als agB anerkannt werden, wenn der Umzug wegen einer **Krankheit** zwingend erforderl ist (BFH VI 102/65 U, BStBl III 66, 113; FG Ddorf DStRE 00, 243, rkr; FG RhPf EFG 04, 319, rkr, aber nicht für Ausstattungskosten). S iÜ auch „Doppelte Haushaltsführung" und → § 19 Rn. 60 „Umzugskosten".

Unfall. Aufwendungen zur Beseitigung eigener gesundheitl Schäden sind als Krankheitskosten abzugsfähig (→ Rn. 40 ff). Schäden am Pkw begründen idR keine agB (stRspr, s BFH III B 164/05, BFZ/NV 06, 1468 mwN; *Ausnahme:* StPfl mit starker Gehbehinderung, s BFH III R 30/88, BStBl II 92, 179). Weitere Beispiele → 39. Aufl 2020, § 33 Rn. 90 „Unfall". S iÜ auch „Schadensersatz".

Unterhalt. Typische Unterhaltsleistungen (Wohnung, Lebensmittel, Versicherung etc) sind jenseits des Ehegattensplittings (betragsmäßig begrenzt) grds nur iRd § 33a I und in Wege des Realsplittings gem § 10 Ia Nr 1 abzugsfähig (→ § 33a Rn. 56, → § 10 Rn. 131); ein Rückgriff auf § 33 ist damit ausgeschlossen (BFH VI R 40/19, BStBl II 23, 229 Rn. 25 mwN), auch bei Nachzahlung für Vorjahre und Kapitalabfindungen (BFH III R 57/05, BStBl II 09, 365; BFH III B 73/06, BFH/NV 08, 22: kein Billigkeitserlass). Nach § 33a I sind Unterhaltsaufwendungen nur abziehbar, wenn der Empfänger nach inl Recht gesetzl unterhaltsberechtigt ist; für Unterhalt an andere Personen kann ein Abzug nicht aus § 33 abgeleitet werden (BFH III R 53/98, BFH/NV 03, 20; BFH III R 57/99, BStBl II 03, 187; BFH VI

S 14/03, BFH/NV 05, 1067, Geschwister, krit *Paus* DStZ 03, 461). Vgl auch „Ablösung" und „Kinder"; iÜ → § 33a Rn. 9, *Hettler* DB 03, 356.

Urlaub ist nicht zwangsläufig; ebenso nicht Mehrkosten für den Rückflug, weil der Veranstalter in Konkurs gefallen ist oder weil bestimmte Flugrouten ausfallen (NdsFG EFG 94, 248, rkr). Kosten des Urlaubs mit behinderten Kindern bzw Ehegatten/Lebenspartnern sind keine agB, wenn sich der Urlaub im Wesentlichen nicht von einem übl Urlaub unterscheidet (BFH III R 22/04, BFH/NV 06, 1265: Campingurlaub).

Verlobung s „Hochzeit".

Vermögensverlust s „Darlehen", „Hausrat" und → Rn. 6, 10.

Verschuldung s „Schuldentilgung".

Versicherung. Versicherungsbeiträge sind grds nicht als agB abzugsfähig. Atypische Lebenssachverhalte können allenfalls über Billigkeitsmaßnahmen (§§ 163, 227 AO) berücksichtigt werden (BFH III R 191/90, BStBl II 92, 293). Zur Obliegenheit, agB durch Versicherungsabschluss zu vermeiden, → Rn. 21, iÜ „Schadensersatz".

Versorgungsausgleich. Zahlungen zwecks Versorgungsausgleichs dienen der Vermögensauseinandersetzung (s „Abfindungen"), nicht der Abgeltung normaler Unterhaltsansprüche; sie sind nicht nach § 33 abzugsfähig (BFH X R 23/08, BFH/NV 10, 1807; ausführl *HHR/Modrzejewski* § 33 Rn. 150 f). Das gilt auch für Zahlungen zur Begründung einer Rentenanwartschaft als Versorgungsausgleich (FG Köln EFG 96, 1153, rkr). IÜ → § 33a Rn. 56.

Veruntreuung s „Betrugsverluste".

Vormundschaft. Kosten für Vormundschaft zur Vermögenssorge sind als BA/WK, nicht aber als agB abziehbar (BFH III R 39/97, BStBl II 00, 69).

Wehrdienst. Zahlungen zur Abgeltung des (ausl) Wehrdienstes sind nicht als agB abzugsfähig (BFH VI R 45/84, BStBl II 86, 459).

Wiederbeschaffung s „Hausrat".

Wildtierschäden sind bereits dem Grunde nach nicht außergewöhnl (BFH VI R 42/18, BStBl II 21, 146: „Biberschaden"; FG Hmb EFG 20, 837, rkr: Marderbefall).

Wohnungskosten s „Abfindung", „Hausrat", „Makler", „Miete", „Umzug". Eine Fehlbelegungsabgabe führt nicht zu agB (FG Köln EFG 02, 1446, rkr).

Zweitwohnung s „Doppelte Haushaltsführung".

Zwilling s „Geburt".

§ 33a Außergewöhnliche Belastung in besonderen Fällen

(1) [1]**Erwachsen einem Steuerpflichtigen Aufwendungen für den Unterhalt und eine etwaige Berufsausbildung einer dem Steuerpflichtigen oder seinem Ehegatten gegenüber gesetzlich unterhaltsberechtigten Person, so wird auf Antrag die Einkommensteuer dadurch ermäßigt, dass die Aufwendungen bis zur Höhe des Grundfreibetrags nach § 32a Absatz 1 Satz 2 Nummer 1 im Kalenderjahr vom Gesamtbetrag der Einkünfte abgezogen werden.** [2]**Der Höchstbetrag nach Satz 1 erhöht sich um den Betrag der im jeweiligen Veranlagungszeitraum nach § 10 Absatz 1 Nummer 3 für die Absicherung der unterhaltsberechtigten Person aufgewandten Beiträge; dies gilt nicht für Kranken- und Pflegeversicherungsbeiträge, die bereits nach § 10 Absatz 1 Nummer 3 Satz 1 anzusetzen sind.** [3]**Der gesetzlich unterhaltsberechtigten Person gleichgestellt ist eine Person, wenn bei ihr zum Unterhalt bestimmte inländische öffentliche Mittel mit Rücksicht auf die Unterhaltsleistungen des Steuerpflichtigen gekürzt werden.** [4]**Voraussetzung ist, dass weder der Steuerpflichtige noch eine andere Person Anspruch auf einen Freibetrag nach**

§ 32 Absatz 6 oder auf Kindergeld für die unterhaltene Person hat und die unterhaltene Person kein oder nur ein geringes Vermögen besitzt; ein angemessenes Hausgrundstück im Sinne von § 90 Absatz 2 Nummer 8 des Zwölften Buches Sozialgesetzbuch bleibt unberücksichtigt. [5]Hat die unterhaltene Person andere Einkünfte oder Bezüge, so vermindert sich die Summe der nach Satz 1 und Satz 2 ermittelten Beträge um den Betrag, um den diese Einkünfte und Bezüge den Betrag von 624 Euro im Kalenderjahr übersteigen, sowie um die von der unterhaltenen Person als Ausbildungshilfe aus öffentlichen Mitteln oder von Förderungseinrichtungen, die hierfür öffentliche Mittel erhalten, bezogenen Zuschüsse; zu den Bezügen gehören auch steuerfreie Gewinne nach den §§ 14, 16 Absatz 4, § 17 Absatz 3 und § 18 Absatz 3, die nach § 19 Absatz 2 steuerfrei bleibenden Einkünfte sowie Sonderabschreibungen und erhöhte Absetzungen, soweit sie die höchstmöglichen Absetzungen für Abnutzung nach § 7 übersteigen. [6]Ist die unterhaltene Person nicht unbeschränkt einkommensteuerpflichtig, so können die Aufwendungen nur abgezogen werden, soweit sie nach den Verhältnissen des Wohnsitzstaates der unterhaltenen Person notwendig und angemessen sind, höchstens jedoch der Betrag, der sich nach den Sätzen 1 bis 5 ergibt; ob der Steuerpflichtige zum Unterhalt gesetzlich verpflichtet ist, ist nach inländischen Maßstäben zu beurteilen. [7]Werden die Aufwendungen für eine unterhaltene Person von mehreren Steuerpflichtigen getragen, so wird bei jedem der Teil des sich hiernach ergebenden Betrags abgezogen, der seinem Anteil am Gesamtbetrag der Leistungen entspricht. [8]Nicht auf Euro lautende Beträge sind entsprechend dem für Ende September des Jahres vor dem Veranlagungszeitraum von der Europäischen Zentralbank bekannt gegebenen Referenzkurs umzurechnen. [9]Voraussetzung für den Abzug der Aufwendungen ist die Angabe der erteilten Identifikationsnummer (§ 139b der Abgabenordnung) der unterhaltenen Person in der Steuererklärung des Unterhaltsleistenden, wenn die unterhaltene Person der unbeschränkten oder beschränkten Steuerpflicht unterliegt. [10]Die unterhaltene Person ist für diese Zwecke verpflichtet, dem Unterhaltsleistenden ihre erteilte Identifikationsnummer (§ 139b der Abgabenordnung) mitzuteilen. [11]Kommt die unterhaltene Person dieser Verpflichtung nicht nach, ist der Unterhaltsleistende berechtigt, bei der für ihn zuständigen Finanzbehörde die Identifikationsnummer der unterhaltenen Person zu erfragen. [12]Voraussetzung für den Abzug der Aufwendungen nach Satz 1 ist, dass bei Geldzuwendungen die Zahlung der Unterhaltsleistungen durch Überweisung auf das Konto der unterhaltenen Person erfolgt ist.

(2) **[1]Zur Abgeltung des Sonderbedarfs eines sich in Berufsausbildung befindenden, auswärtig untergebrachten, volljährigen Kindes, für das Anspruch auf einen Freibetrag nach § 32 Absatz 6 oder Kindergeld besteht, kann der Steuerpflichtige einen Freibetrag in Höhe von 1200 Euro je Kalenderjahr vom Gesamtbetrag der Einkünfte abziehen. [2]Für ein nicht unbeschränkt einkommensteuerpflichtiges Kind mindert sich der vorstehende Betrag nach Maßgabe des Absatzes 1 Satz 6. [3]Erfüllen mehrere Steuerpflichtige für dasselbe Kind die Voraussetzungen nach Satz 1, so kann der Freibetrag insgesamt nur einmal abgezogen werden. [4]Jedem Elternteil steht grundsätzlich die Hälfte des Abzugsbetrags nach den Sätzen 1 und 2 zu. [5]Auf gemeinsamen Antrag der Eltern ist eine andere Aufteilung möglich.**

(3) **[1]Für jeden vollen Kalendermonat, in dem die in den Absätzen 1 und 2 bezeichneten Voraussetzungen nicht vorgelegen haben, ermäßigen sich die dort bezeichneten Beträge um je ein Zwölftel; der sich daraus ergebende Betrag ist auf den nächsten vollen Euro-Betrag aufzurunden. [2]Eigene Einkünfte und Bezüge der nach Absatz 1 unterhaltenen Person, die auf diese Kalendermonate entfallen, vermindern den nach Satz 1 ermäßigten Höchstbetrag nicht. [3]Als Ausbildungshilfe bezogene Zuschüsse der nach Absatz 1 unterhaltenen Person mindern nur den zeitanteiligen Höchstbetrag der Kalendermonate, für die sie bestimmt sind.**

(4) **In den Fällen der Absätze 1 und 2 kann wegen der in diesen Vorschriften bezeichneten Aufwendungen der Steuerpflichtige eine Steuerermäßigung nach § 33 nicht in Anspruch nehmen.**

Einkommensteuer-/Lohnsteuer-Richtlinien: EStR 33a.1–33a.3/EStH 33a.1–33a.3/LStH 33a. – **Verwaltungsanweisungen:** *BMF* BStBl I 25, 1772 (allg Hinweise; bis VZ 2024: *BMF* BStBl I 22, 617); *BMF* BStBl I 25, 1779 (Unterhalt an Personen im Ausl; bis VZ 2024: *BMF* BStBl I 22, 623); *BMF* BStBl I 15, 474 (Unterhalt an Personen mit Erlaubnis nach § 23 AufenthG).

Übersicht

I. Allgemeines

1. Bedeutung; Aufbau. § 33a regelt typisierend und abschließend die Berücksichtigung bestimmter, besonders häufig vorkommender Aufwendungen als agB. 1
Dass es sich (gleichwohl) um *außergewöhnl* Aufwendungen handelt, wird vom Gesetz unterstellt. Die Vorschrift dient der Verwirklichung des **subjektiven Nettoprinzips.** Sie behandelt Aufwendungen, die dem StPfl zwangsläufig zur Abdeckung des Existenzminimums anderer Personen erwachsen und weder über den Familienleistungsausgleich noch über die Ehegattenveranlagung berücksichtigt werden, zutr als nicht verfügbares und daher nicht dem StZugriff unterliegendes Einkommen. Die Aufwendungen werden, anders als nach § 33, ohne Anrechnung einer zumutbaren Eigenbelastung vom Gesamtbetrag der Einkünfte abgezogen (§ 2 IV). – Die Vorschrift enthält zwei eigenständige Tatbestände: **§ 33a I** betrifft den Abzug von Aufwendungen für den **Unterhalt** und die **Berufsausbildung** eines Dritten, für den *kein* Anspruch auf Kinderfreibeträge oder KiGeld besteht. **§ 33a II** berücksichtigt *zusätzl* zu Kinderfreibeträgen oder KiGeld den Sonderbedarf, der durch die **auswärtige Unterbringung** eines volljährigen, in der Berufsausbildung befindlichen Kindes

entsteht (Freibetrag: 1200 €). **§ 33a III** legt fest, dass das Vorliegen der tatbestandl Voraussetzungen in beiden Fällen monatsweise geprüft werden muss. **§ 33a IV** schließt eine Berücksichtigung der jeweiligen Aufwendungen nach § 33 aus.

§ 33a II ist ggü 33a I *lex specialis,* soweit es um Aufwendungen für die Berufsausbildung eines Kindes geht (BFH III B 180/96, BFH/NV 98, 960 mwN). Dies gilt aber nur, sofern § 33a II tatbestandl erfüllt ist. Ansonsten ist der Abzug nach Maßgabe des § 33a I 1 mögl.

2 **2. Persönlicher Anwendungsbereich.** § 33a I und II setzen **unbeschr StPfl** gem § 1 I, II oder III voraus; auf **beschr StPfl** sind die Regelungen nicht anwendbar (§ 50 I 4).

3 **3. Neuere Rechtsentwicklung.** Mit dem **JStG 2024** (BGBl I 24 Nr 387) ist § 33a I 12 angefügt worden; danach können seit VZ 2025 (Art 56 VII JStG 2024) keine Bargeldzahlungen mehr als Unterhalt nach § 33a I geltend gemacht werden (→ Rn. 41). – S iÜ → 43. Aufl 2021, § 33a Rn. 2 und *HHR/Musil* § 33a Rn. 2.

4 **4. Verfassungsrecht; Unionsrecht.** Nach BVerfG 1 BvR 1474/88 (DStRE 97, 152) müssen zwangsläufige **Unterhaltsleistungen** mindestens iHd Existenzminimums berücksichtigt werden; dieser Anforderung wird § 33a I 1, der sich am Grundfreibetrag (§ 32a I) orientiert, gerecht. Ob die Grundfreibeträge für 2023 und 2024 verfgemäß sind, wird geprüft (→ § 32a Rn. 4 aE; s auch *Seifert* NWB 25, 20: im Zweifel Einspruch einlegen). Dass Unterhalt für in Ausbildung befindl Kinder, die die Altersgrenze des § 32 IV 1 Nr 2 überschritten haben, nur nach § 33a I berücksichtigt wird, ist verfgemäß (BFH III R 35/09, BStBl II 11, 176 mwN, VerfBeschw nicht angenommen; krit *Horlemann* DStR 11, 503). – Die Regelung zu **Auslandskindern** in § 33a I 6 hingegen verstößt gegen Unionsrecht (→ Rn. 32).

Aufwendungen für die **Berufsausbildung** von Kindern müssen nicht iHd tatsächl Aufwands berücksichtigt werden (BVerfG 2 BvR 660/05, NJW 06, 1866 mwN; BFH III B 56/07, BFH/NV 08, 951); seit VZ 2002 erfolgt die Berücksichtigung vor allem durch den Betreuungsfreibetrag (→ § 32 Rn. 76). Dagegen deckt § 33a II nur den **Sonderbedarf** der auswärtigen Unterbringung eines volljährigen Kindes. Beide Vorschriften müssen *im Zusammenhang* gesehen werden (BFH VI R 63/08, BStBl II 10, 341; BFH III R 15/20, BFH/NV 21, 544 Rn. 23 mwN; krit *Hölscheidt* NWB 11, 1782). Die **Beschränkung auf volljährige Kinder** ist ebenfalls verfgemäß (s FG RhPf EFG 18, 1269 mwN, rkr).

5 **5. Verhältnis zu anderen Vorschriften.** § 33a schließt **§ 33** aus (§ 33a IV, → Rn. 56). – Bestehen für den Unterhaltenen Ansprüche auf Freibeträge gem **§ 32 VI** oder auf KiGeld **(§§ 62 ff),** können die Aufwendungen nicht nach § 33a I berücksichtigt werden (§ 33a I 4, → Rn. 23); dagegen kommt § 33a II (immer nur) *neben* diesen Vorschriften zur Anwendung (→ Rn. 45). – Aufwendungen, die **BA, WK** oder **SA** sind, bleiben außer Betracht; § 33 II 2 gilt auch für § 33a. – **Ehegattenveranlagung** nach §§ 25 ff, 32a V verdrängt § 33a I, auch bei Wahl der getrennten Veranlagung (Prinzip der Wirtschafts- und Verbrauchsgemeinschaft; BFH GrS 1/87, BStBl II 89, 164; BFH III B 129/11, BFH/NV 12, 1452), auch im Jahr der Trennung (BFH III R 166/86, BStBl II 89, 658). – Unterhaltsleistungen an den **geschiedenen** oder **dauernd getrennt** lebenden Ehegatten/Lebenspartner können nach § 33a I berücksichtigt werden, wenn nicht der Abzug als SA (begrenztes Realsplitting, § 10 Ia Nr 1, → § 10 Rn. 102 ff) beantragt wird oder aber der Ehegatte/Lebenspartner nicht zustimmt (vgl BFH X R 49/07, BFH/NV 10, 1790).

Der Abzug als SA wirkt sich für den StPfl günstiger aus, da der Abzugsbetrag höher ist (13 805 €) und eine Anrechnung von Einkünften und Bezügen sowie eine Berücksichtigung von Vermögen des unterstützten Ehegatten/Lebenspartner unterbleiben. Ist der unterstützte Ehegatte/Lebenspartner **nicht unbeschr stpfl** und greift auch die Fiktion des § 1a I Nr 1 nicht ein, kommt nur § 33a I in Betracht (BFH IX R 4/83, BStBl II 86, 603); dies ist verfgemäß (BVerfG 1 BvR 840/86, HFR 88, 35).

6. Verfahren. Nur auf **Antrag** werden die Abzugsbeträge des § 33a gewährt (BFH III R 24/02, BStBl II 04, 394: ggf konkludent). Für § 33a I ist dies explizit in Satz 1 geregelt; für § 33a II („kann … abziehen") ergibt sich das aus dem Regelungszusammenhang. Antragstellung ist auch nach Bestandskraft des StBescheids mögl (BFH III R 24/87, BStBl II 92, 65), wenn der Bescheid noch geändert werden kann. 6

S aber BFH III R 107/06, BFH/NV 09, 545: keine Änderung nach § 173 I Nr 2 AO, wenn der StPfl rechtsirrtüml keine Angaben zu Unterhaltsaufwendungen macht; großzügiger FG Brem EFG 18, 1086, rkr. S ferner FG Köln EFG 07, 427, rkr: nachträgl Änderung der KiGeldfestsetzung ist kein rückwirkendes Ereignis iSd § 175 I 1 Nr 2 AO. – Zur LSt s LStR 39a.1 II Nr 4 und 39a.3 III.

II. Unterhalt und Berufsausbildung, § 33a I

1. Grundtatbestand; Höchstbetrag, § 33a I 1. – a) Überblick. Der sachl Anwendungsbereich des § 33a I erstreckt sich gleichermaßen auf Aufwendungen für den **Unterhalt** und solche für die **Berufsausbildung** eines Dritten; es genügt, wenn eine der beiden Alternativen gegeben ist („und" iSv „und ebenso"). Dass die Aufwendungen außergewöhnl sind, wird typisierend unterstellt (→ Rn. 1); ebenfalls unterstellt wird Zwangsläufigkeit (vgl § 33 II), wenn eine „gesetzl Unterhaltsberechtigung" besteht (→ Rn. 12 ff). – Zum **Monatsprinzip** → Rn. 53. 7

b) Aufwendungsbegriff. Aufwendungen sind bewusste und gewollte Vermögensverwendungen (→ § 33 Rn. 8) in Form von **Geld** oder **Sachwerten** (Unterkunft, Verpflegung, Hausrat etc). Maßgebl ist der Zeitpunkt des Abflusses (§ 11 II). Sachaufwendungen sind entspr § 15 II BewG mit den übl Mittelpreisen des Verbrauchsorts anzusetzen (zB ortsübl Mietzins bei unentgeltl Wohnungsüberlassung zu Unterhaltszwecken, s BFH IX R 74/90, BFH/NV 94, 474; BFH VI R 29/09, BStBl II 11, 116). Wird der Dritte in den eigenen Haushalt aufgenommen, unterstellt die FinVerw **ohne weiteren Nachweis** Leistungen iHd Höchstbetrags (EStR 33a.1 I 5). Auswärtige Unterbringung (zB Studium) beendet eine bestehende Haushaltsaufnahme idR nicht (s *BMF* BStBl I 25, 1772 Rn. 1). – Die Aufwendungen müssen dem StPfl **„erwachsen"**, dh er muss damit belastet sein. Daran fehlt es, wenn das Geld zurückgezahlt bzw der Sachwert zurückgegeben wird. Bestandskräftige Bescheide sind ggf nach **§ 175 I 1 Nr 2 AO** zu ändern (→ § 33 Rn. 18). – *Beispiele* → 39. Aufl 2020, § 33a Rn. 8. 8

c) Unterhalt. – aa) Typische Unterhaltsaufwendungen. Die Typisierung (→ Rn. 1) erfasst nur die **Mehrbelastung,** die durch den ***regelmäßigen*** **Grundbedarf eines Dritten** entsteht. Daher fallen nur typische Unterhaltsaufwendungen unter § 33a I (BFH VI R 35/16, BStBl II 18, 643 Rn. 15), insb Aufwendungen für Ernährung, Kleidung, Wohnung, Hausrat und notwendige Versicherungen (BFH III R 57/05, BStBl II 09, 365). Der Unterhaltsbegriff des § 33a I ist damit enger als der des § 1610 II BGB, der auch sonstige, besondere Unterhaltsaufwendungen wie Krankheits- und Pflegekosten einschließt (BFH VI R 14/10, BStBl II 12, 876 mwN; *HHR/Musil* § 33a Rn. 28: Parallele zur zivilrechtl Unterscheidung von lfd Unterhalt und Sonderbedarf, zB gem § 1613 II BGB). Diese (teleologische) Beschränkung des sachl Anwendungsbereichs ist für den StPfl von Vorteil; denn **atypische Unterhaltsaufwendungen** können gem § 33 ggf *zusätzl* zu den typischen Aufwendungen des § 33a als agB geltend gemacht werden (s BFH VI R 14/10, BStBl II 12, 876: keine Aufteilung). – Die **Abgrenzung** zw typischen und atypischen Unterhaltsaufwendungen richtet sich nach Anlass und Zweck der jeweiligen Leistung. Unerhebl ist, ob der StPfl die Aufwendungen freiwillig oder unfreiwillig übernimmt und ob mit den Zuwendungen ein einfacher Lebensstil oder gehobene Ansprüche finanziert werden (BFH III R 57/05, BStBl II 09, 365: Kapitalabfindung; BFH III B 209/90, BFH/NV 91, 308). 9

Beispiele – ***Typische Unterhaltsaufwendungen:*** unentgeltl Wohnungsüberlassung als geldwerte Sachleistung (BFH XI R 42/04, BFH/NV 07, 1283); KV-Beiträge (stRspr, s BFH III B 5/98, BFH/NV 98, 1352 mwN); Kindergarten-/Schul-/Studiengebühren (BFH VI R 63/08, BStBl II 10, 341); altersbedingte Heimunterbringung (BFH VI R 14/10, BStBl II 12, 876 mwN). – ***Keine typischen Unterhaltsaufwendungen:*** Krankheitskosten (BFH III R 111/86, BStBl II 91, 62); Unterbringung in einem Heim wegen Krankheit/Pflegebedürftigkeit (BFH VI R 14/10, BStBl II 12, 876). – Bei *Krankheit* (ggf neben Pflegebedürftigkeit) als Grund für die **Heimunterbringung** gibt die Rspr unter Ansatz einer Haushaltsersparnis der Berücksichtigung nach § 33 den Vorrang.

10 **bb) Zeitliche Zuordnung.** Typischer Unterhalt ist **laufender Unterhalt;** dh er muss dem Unterhaltenen grds in dem Zeitraum, für den er gezahlt wird, tatsächl zur Deckung seines Bedarfs zur Verfügung stehen. Es kommt zwar einerseits nicht darauf an, ob die Aufwendungen regelmäßig oder einmalig anfallen und ob sie für den aktuellen Bedarf oder zur Abgeltung eines künftigen Bedarfs bestimmt sind (BFH VI R 35/16, BStBl II 18, 643 Rn. 14 mwN: ein- oder zweimalige Leistung im Jahr). Andererseits können Unterhaltsleistungen nach der Rspr idR nicht auf Monate ***vor* dem Zahlungsmonat** zurückbezogen werden (BFH VI R 40/09, BStBl II 11, 164; BFH III R 63/89, BFH/NV 92, 101; *BMF* BStBl I 25, 1779 Rn. 26), ausgenommen nachweisl fremdfinanzierter Unterhalt (BFH III R 49/03, BStBl II 05, 483; BFH VI R 35/16, BStBl II 18, 643 Rn. 16: Abtragung von Schulden). Wird zB erst im Laufe des Jahres eine Zahlung geleistet, die den Unterhalt für das gesamte Jahr abdecken soll, kommt es grds zu einer **Kürzung** des anrechenbaren Höchstbetrags gem § 33a III (BFH VI R 40/09, BStBl II 11, 164; auch → Rn. 53 ff). Ansonsten können auch gelegentl Zahlungen begriffl als Unterhaltszahlungen angesehen werden (BFH VI R 140/80, BStBl II 81, 713). – Zahlungen, die auch **für das Folgejahr** geleistet werden, werden von der Rspr unter Berufung auf das Prinzip der Abschnittsbesteuerung im VZ der Leistung nur anteilig und im folgenden VZ überhaupt nicht berücksichtigt (stRspr, s BFH VI R 35/16, BStBl II 18, 643 mwN; *BMF* BStBl I 25, 1772 Rn. 14, und *BMF* BStBl I 25, 1779 Rn. 27 und 29 zu maßgebl Zeitpunkt).

Kritik: Die für das Folgejahr geleisteten Zahlungen sind mE zu berücksichtigen; denn das Prinzip der **Abschnittsbesteuerung** dient nur der zeitl Zuordnung des Aufwands beim StPfl (→ § 33 Rn. 20), nicht aber beim Unterhaltsempfänger (iErg glA *HHR/Musil* § 33a Rn. 29; *BeckOK EStG* § 33a Rn. 67). Die sich aus der Rspr ergebenden Härten werden allerdings durch die **Vereinfachungsregelungen** der FinVerw abgemildert; s *BMF* BStBl I 25, 1779 Rn. 28 mit Beispiel 7–10 (BFH VI R 16/09, BStBl II 11, 966 Rn. 24: Selbstbindung der Verwaltung).

11 **d) Berufsausbildung.** Jede ernstl betriebene Vorbereitung auf einen neuen Beruf ist Berufsausbildung (wie bei § 32 IV 1; iEinz → § 32 Rn. 26 ff). Die Kosten können nicht in typische, nur von § 33a erfasste, und atypische aufgeteilt werden, die nach § 33 abzugsfähig wären (BFH III R 6/99, BStBl II 02, 198). Im Unterschied zu Unterhaltszahlungen können Ausbildungsaufwendungen im Kj auf Monate vor der Zahlung zurückbezogen werden (FG BW EFG 93, 658, rkr). – Aufwendungen für eine zweite Berufsausbildung sind (anders als bei der ersten) nicht ohne Weiteres zwangsläufig (FG Mster EFG 02, 1306, rkr mwN; FG RhPf DStRE 02, 11, rkr); anders uU aber bei Berufsausbildung nach Abbruch einer vorhergehenden Berufsausbildung (FG Hmb EFG 83, 127, rkr) oder mE dann, wenn ein bestimmtes Ausbildungsziel nachvollziehbar in mehreren Schritten angestrebt wird (auch → § 32 Rn. 29). Die zeitweise Unterbrechung der Berufsausbildung ist unschädl (FG Nbg EFG 91, 686, rkr; auch → Rn. 46 und → § 32 Rn. 32).

12 **e) Gesetzlich unterhaltsberechtigte Person. – aa) Maßgeblichkeit des Zivilrechts.** Ob eine Person ggü dem StPfl gesetzl unterhaltsberechtigt ist, richtet sich nach Zivilrecht (§§ 1601 ff BGB). Es genügt nicht, dass eine gesetzl Unterhaltsverpflichtung nur dem Grunde nach besteht (abstrakte Betrachtungsweise, so iErg noch BFH III R 26/05, BStBl II 07, 108; → 29. Aufl 2010, § 33a Rn. 19). Vielmehr muss zusätzl die **konkrete Bedürftigkeit** der unterhaltenen Person nachgewiesen werden (BFH VI R 29/09, BStBl II 11, 116; *Geserich* DStR 11, 294; *Loschelder* EStB

11, 151; → Rn. 14 und 40; s aber *BMF* BStBl I 25, 1772 Rn. 9: Verwaltungsvereinfachung); das gilt auch für inl Sachverhalte (BFH III R 48/08, BStBl II 11, 975). Weitere Voraussetzungen sind die eigene **Leistungsfähigkeit** des StPfl (→ Rn. 16) und das **Fehlen vorrangiger Unterhaltsverpflichtungen** Dritter (→ Rn. 17). Lediglich auf die konkrete Höhe des betr Unterhaltsanspruchs kommt es nicht an (BFH VI R 29/09, BStBl II 11, 116).

13 **bb) Unterhaltspflichten.** Unterhaltsverpflichtet müssen der StPfl *oder* sein Ehegatte/Lebenspartner sein. Maßgebl ist der **zivilrechtl Bestand** eines Eheverhältnisses bzw einer Lebenspartnerschaft; die estl Voraussetzungen für eine Ehegattenveranlagung (vgl § 26 I 1) müssen nicht vorliegen (BFH VI R 13/10, BStBl II 11, 965: Unterhaltszahlung an Schwiegermutter bei Getrenntleben; Anm *Kanzler* FR 12, 92). – Unterhaltspflichten bestehen zw **Ehegatten/Lebenspartnern** (§§ 1360 ff BGB und § 5 LPartG; aber → Rn. 4: Vorrang der Ehegattenveranlagung) und ggü **Verwandten in gerader Linie** (zB Kinder, Enkelkinder, Eltern, Großeltern, §§ 1601, 1589 BGB), auch bei Adoption (§ 1754 I BGB). Eine Unterhaltspflicht des Kindsvaters ggü der Mutter des nichtehel Kindes und umgekehrt folgt aus § 1615l BGB (zur Rangfolge s BFH III R 30/02, BStBl II 04, 943). – **Keine Unterhaltspflichten** bestehen ggü Verwandten in der Seitenlinie (zB Geschwister, Tante, Onkel etc; BFH VI R 21/21, BStBl II 24, 594 Rn. 11 mwN), Stiefkindern/-eltern und Verschwägerten (§ 1590 BGB). Unterhaltszahlungen aufgrund **tatsächl oder sittl Verpflichtung** berechtigen (abgesehen von § 33a I 3) nicht zum Abzug nach § 33a I (BFH VI R 2/19, BStBl II 21, 572 Rn. 16 ff). – Zur Berücksichtigung gleichgestellter Personen: → Rn. 20 ff. Zur Bestimmung der Unterhaltspflicht nach inl Maßstäben: → Rn. 33.

14 **cc) Bedürftigkeit des Unterhaltenen. – (1) Konkrete Betrachtungsweise.** Der Unterhaltene muss grds außerstande sein, sich selbst zu unterhalten (§ 1602 BGB). Zivilrechtl setzt das **Vermögenslosigkeit** und **fehlendes Einkommen** voraus. Spezielle Regelungen enthalten § 33a I 4 und 5 (→ Rn. 24 ff), die aber nach BFH-Rspr die zivilrechtl Bestimmungen nur ergänzen, nicht ersetzen (BFH VI R 29/09, BStBl II 11, 116). Daher ist zusätzl zu prüfen, ob eine sog **Erwerbsobliegenheit** besteht. IdR muss jeder Volljährige, der nicht in Ausbildung ist, für seinen Lebensbedarf selbst aufkommen (Prinzip der Eigenverantwortung, s BFH VI R 5/14, BStBl II 16, 148). Wer die *Möglichkeit* hat, Einkünfte zu erzielen, ist nicht bedürftig. **Ausnahmen** gelten bei besonderen Umständen wie Krankheit, Behinderung, Alter (Regelaltersgrenze/Staffelung – bei Geburt vor 1947: 65 Jahre; bei Geburt ab 1964: 67 Jahre), Erziehung oder Betreuung von Kindern unter 6 Jahren, Studium und Berufsausbildung, Pflege behinderter Angehöriger (*BMF* BStBl I 25, 1779 Rn. 11 f., auch zu Früh-Rentenbezug), mE auch bei Angehörigen in Kriegs- und Katastrophengebieten, schließl bei Arbeitslosigkeit trotz ernsthafter Bemühung um eine Beschäftigung (BFH VI R 29/09, BStBl II 11, 116 Rn. 11). Die obj Beweislast trägt der StPfl (BFH VI R 42/15, BStBl II 18, 13). Es werden nur **tatsächl Hinderungsgründe** berücksichtigt; Bereitstehen für *eventuelle* Pflegeeinsätze bei behinderten Angehörigen („Pflege auf Abruf") genügt nicht (BFH VI R 5/14, BStBl II 16, 148). – Dagegen kommt es bei Unterhaltszahlungen an den (im Ausl) haushaltsführenden **Ehegatten/Lebenspartner** in einer intakten Ehe auf dessen Bedürftigkeit nicht an; insb besteht hier **keine Erwerbsobliegenheit** (ehel Rollenverteilung). Ausnahme: in Notfällen, wenn die Arbeitskraft des anderen Ehegatten/Lebenspartners zur Deckung des Familienunterhalts nicht ausreicht (s BFH VI R 5/09, BStBl II 11, 115 mwN).

15 **(2) Arbeitslosigkeit; Landwirtschaft.** Zivilrechtl müssen bei Arbeitslosigkeit notfalls auch *berufsfremde* und *einfachste* Arbeiten angenommen werden, bei Ausbildung ggf auch Nebentätigkeiten; bei langanhaltender Arbeitslosigkeit ist einem Erwachsenen *jeder* Ortswechsel und *jedwede* Arbeit zumutbar (s iEinz *Grüneberg* § 1602 Rn. 5). Das gilt auch für § 33a: Erwerbsbemühungen sind nachzuweisen; an-

dernfalls sind die **erzielbaren Einkünfte** zu berücksichtigen, ggf im Schätzungswege (BFH VI R 5/14, BStBl II 16, 148 Rn. 26 f). – Bei landwirtschaftl tätigen (ausl) Angehörigen wird zudem *widerlegbar* vermutet, dass diese (ggf einschließl ihrer Kinder etc) nicht bedürftig sind, soweit Landwirtschaft in einem für das jeweilige Land übl Umfang und Rahmen betrieben wird (BFH VI R 29/09, BStBl II 11, 116 Rn. 16; BFH VI R 40/09, BStBl II 2011, 164; und BFH III R 206/82, BStBl II 87, 599). – **Kritik** → 39. Aufl 2020, § 33a Rn. 15.

16 **dd) Leistungsfähigkeit des Steuerpflichtigen.** Allg Voraussetzung jeder Unterhaltsverpflichtung ist die eigene Leistungsfähigkeit (§ 1603 BGB, s BFH III R 23/07, BStBl II 09, 363). Nur insoweit ist der StPfl unterhaltspflichtig, als ihm genügend Mittel zum Bestreiten des eigenen Lebensbedarfs (ggf einschließl seiner Familie) verbleiben, sog **Opfergrenze** (BFH III R 26/05, BStBl II 07, 108; BFH III R 214/94, BStBl II 98, 292 mwN; s iEinz auch *BMF* BStBl I 25, 1772 Rn. 22 ff mit Beispiel). Die Opfergrenze gilt wegen der vorrangigen Unterhaltsberechtigung **nicht für Leistungen an Ehegatten/Lebenspartner** und **minderjährige Kinder** (BFH VI R 21/15, BStBl II 16, 742; BFH 64/08, BStBl II 10, 343: sozialrechtl Bedarfsgemeinschaft, Aufteilung nach Köpfen), gleichermaßen nicht für Leistungen an die mit dem StPfl in Haushaltsgemeinschaft lebende **mittellose Lebenspartnerin** (BFH III R 23/07, BStBl II 09, 363) und an die durch § 1615l BGB gleichgestellte **nichtehel Kindesmutter** (BFH VI R 64/08, BStBl II 10, 343, auch zum Mindestunterhaltsbedarf eines zum Haushalt gehörenden unterhaltsberechtigten Kindes). – **Berechnung:** Die Opfergrenze ermittelt sich nach einem bestimmten %-Satz des **Nettoeinkommens** im Unterstützungszeitraum (BFH VI R 34/12, BStBl II 14, 619); sie beträgt dem BMF zufolge 1% je volle 500 € Nettoeinkommen, höchstens 50% (s *BMF* BStBl I 25, 1772 Rn. 23 mit Beispiel). Diese Höchstgrenze ist zu kürzen um je 5 Prozentpunkte für den Ehegatten/Lebenspartner und für jedes Kind, für das ein Kinderfreibetrag, KiGeld oÄ gewährt wird, höchstens um 25 Prozentpunkte. Die Rspr hat diese Vorgehensweise akzeptiert; allerdings ist auch insoweit das Monatsprinzip (→ Rn. 53) zu berücksichtigen (BFH VI R 15/16, BStBl II 17, 454 Rn. 13 f: ggf anteilige Verringerung des Kürzungsbetrags). Für Kinder den gleichen %-Satz anzuwenden wie für Erwachsene, entspricht BFH III R 39/92, BStBl II 94, 731. – Bei der Ermittlung des Nettoeinkommens sind **alle stpfl und stfreien Einnahmen** (zB KiGeld, Kinderbonus und vergleichbare Leistungen, ArbN-Zulagen nach § 13 5. VermBG) sowie etwaige StErstattungen anzusetzen (BFH VI R 34/12, BStBl II 14, 619). Davon abzuziehen sind die gesetzl Lohnabzüge (LSt, KiSt, Sozialabgaben) und WK (ggf einschließl Mehraufwendungen für doppelte Haushaltsführung). Das gilt auch für den Fall, dass **beide Ehegatten** Einkünfte bezogen haben und nicht dauernd getrennt leben (BFH III R 246/83, BStBl II 87, 130). – Bei **Selbständigen** ist auf der Grundlage eines Dreijahreszeitraums ein **Durchschnittseinkommen** zu ermitteln (BFH VI R 31/11, BStBl II 12, 769; ggf unter Berücksichtigung der drei dem Unterhaltszeitraum vorausgegangenen Kj, vgl Anm *Kanzler* FR 12, 967 unter Hinweis auf BGH XII ZR 217/01, NJW-RR 04, 1227). **StVoraus- und -nachzahlungen** sind grds in dem Jahr zu berücksichtigen, in dem sie geleistet wurden (BFH VI R 31/11, BStBl II 12, 769); bei erhebl Nachzahlungen für mehrere Jahre ist ein Durchschnittsbetrag zu ermitteln und vom Durchschnittseinkommen abzuziehen (BFH VI R 21/15, BStBl II 16, 742). Steuerrechtl **zulässige Gewinnminderungen** sind zu **korrigieren,** soweit tatsächl keine Mittel abgeflossen sind (BFH VI R 34/12, BStBl II 14, 619: Investitionsabzugsbetrag gem § 7g; *BMF* BStBl I 25, 1772 Rn. 18). – Der Saldo zw Sparbuchabhebungen und -einzahlungen sowie Mittel aus einer Kreditaufnahme erhöhen das Nettoeinkommen iSd Opfergrenze jedenfalls dann nicht, wenn es sich um StPfl mit nur geringem Vermögen handelt (BFH III R 19/85, BStBl II 87, 127; *Anm* HFR 87, 128). Der FinVerw folgend setzt BFH III R 214/94, BStBl II 98, 292 den **ArbN-Pauschbetrag** nach § 9a Nr 1 für die Opfergrenze auch dann an, wenn der StPfl tatsächl keine WK hat.

ee) Unterhaltsverpflichtungen Dritter. Sind andere Personen vorrangig unterhaltsverpflichtet (zB §§ 1606, 1608 BGB), entfällt die Unterhaltsverpflichtung des StPfl (BFH VI R 29/09, BStBl II 11, 116). Im Falle anteiliger Mitverpflichtung (zB § 1606 III BGB) wird die Unterhaltspflicht des StPfl entspr reduziert; doch dürfte dies, da es auf die konkrete Höhe des jeweiligen Unterhaltsanspruchs nicht ankommen soll (→ Rn. 13), nur dann von Bedeutung sein, wenn der Mit-Verpflichtete auch tatsächl Unterhalt leistet (§ 33a I 7, → Rn. 34). 17

f) Rechtsfolge. Die Unterhaltsleistungen werden auf Antrag (→ Rn. 5) bis zur Höhe des Grundfreibetrags (§ 32a I 2 Nr 1, dynamische Verweisung) vom Gesamtbetrag der Einkünfte abgezogen (§ 2 IV). Ein Verlustabzug nach § 10d ist vorrangig vorzunehmen (§ 10d I 1, → § 10d Rn. 17). Eine zumutbare Belastung iSd § 33 III wird nicht angerechnet (BFH VI R 16/09, BStBl II 11, 966). Auf den Abzug besteht ein **Rechtsanspruch** („wird ... ermäßigt"). 18

2. Erhöhung durch Versicherungsbeiträge, § 33a I 2. Hat der StPfl für die unterhaltene Person **Kranken- und Pflegeversicherungsbeiträge iSv § 10 I Nr 3** aufgewandt, erhöht sich der Höchstbetrag entspr (vgl BVerfG 2 BvL 1/06, NJW 08, 1868). Ob der StPfl selbst die Beiträge zahlt (aufgrund eigener Verpflichtung oder im abgekürzten Zahlungsweg) oder ob er der unterstützten Person das Geld zur Zahlung eigener Beiträge überlässt, ist nach dem Gesetzeswortlaut unerhebl (so auch *Myßen/Wolter* NWB 09, 3900 (3904) mit Beispielen). Eine Erhöhung tritt nur dann ein, wenn die Beiträge beim StPfl nicht bereits als SA zu berücksichtigen sind (Satz 2 Hs 2; keine Doppelberücksichtigung, vgl BT-Drs 16/12254, 26). 19

3. Gleichgestellte Personen, § 33a I 3. Unterhaltsleistungen an sonstige Personen können abgezogen werden, *wenn* aufgrund der Zahlungen zum Unterhalt bestimmte **öffentl Mittel gekürzt** werden (bis VZ 2000: „soweit"; BFH III R 11/03, BStBl II 04, 1051). Nach geltendem Recht kommt es also nur noch auf die Kürzung als solche an, nicht auf die Höhe (einheitl Höchstbeträge für Leistungen an Unterhaltsberechtigte und Gleichgestellte). Es genügt, dass die unterhaltene Person **wegen der Unterhaltsleistungen** keinen Anspruch auf Sozialleistungen hat (BFH VI R 16/16, BStBl II 17, 890 mwN; BFH VI R 2/19, BStBl II 21, 572 Rn. 15: Bezug von BAföG). – Erfasst werden insb Leistungen an Verwandte und Verschwägerte, die mit dem StPfl in Haushaltsgemeinschaft leben, oder an Partner einer ehe-/lebenspartnerschaftsähnl Gemeinschaft (BFH VI R 16/16, BStBl II 17, 890 mwN). Die Frage, ob die einem gesetzl Unterhaltsberechtigten gleichgestellte Person im zivilrechtl Sinne bedürftig ist, stellt sich in solchen Fällen nicht (BFH VI R 16/16, BStBl II 17, 890 Rn. 18: keine Anrechnung fiktiver Einkünfte; Anm *Geserich* HFR 17, 725 (727)). 20

Unterhaltsleistungen an Personen mit einer **Aufenthaltserlaubnis nach § 23 AufenthG** können dem BMF zufolge unabhängig von einer gesetzl Unterhaltsverpflichtung berücksichtigt werden, wenn der StPfl eine Verpflichtungserklärung nach § 68 AufenthG abgegeben hat und sämtl Unterhaltskosten übernimmt (s *BMF* BStBl I 15, 474). Ob es sich hierbei um eine **gesetzeswidrige Billigkeitsmaßnahme** handelt, hat der BFH offengelassen; er hat aber deutl gemacht, dass dies jedenfalls nicht auf eine Duldung gem § 60a AufenthG oder ein Schengen-Visum übertragen werden kann (BFH VI R 40/19, BStBl II 23, 229 Rn. 20 ff).

a) Gekürzte öffentliche Mittel. Zum Unterhalt bestimmte öffentl Mittel sind vor allem: Grundsicherung für Arbeitssuchende nach SGB II wie **Arbeitslosengeld II** bzw **Bürgergeld, Sozialgeld** und ebenso **Sozialhilfe.** Die Kürzung dieser Mittel nach Sozialrecht beruht auf der Vermutung, dass Hilfebedürftige auch jenseits gesetzl Unterhaltsverpflichtungen von Personen unterstützt werden, mit denen sie eine Bedarfsgemeinschaft bilden (§ 7 III SGB II), in Haushaltsgemeinschaft (vgl § 9 V SGB II) oder ehe-/lebenspartnerschaftsähnl Gemeinschaft leben (§ 20 SGB XII; BFH VI R 16/16, BStBl II 17, 890 mwN). An diesen Umstand (Zwangslage) knüpft die Berücksichtigung der jeweiligen Unterhaltsleistungen als agB nach § 33a I 3 an 21 (s auch *BMF* BStBl I 25, 1772 Rn. 2 und 6). – Erfasst werden auch Fälle, in denen wegen Drittleistungen kein Anspruch auf staatl Fürsorgeleistungen besteht und ein entspr **Antrag nicht gestellt** worden ist (s BR-Drs 399/01, 44; BFH III R 23/07, BStBl II 09, 363), weil zB ein unterhaltener ausl Lebenspartner damit rechnen muss, bei Inanspruchnahme von Sozialhilfe keine Aufenthaltsgenehmigung zu erhalten und ausgewiesen zu werden (BFH III R 23/05, BStBl II 07, 41).

22 **b) Prüfung von Amts wegen.** Den Kürzungstatbestand haben die FÄ zu prüfen, und zwar nur dem Grunde nach (→ Rn. 20) und nach sozialrechtl Kriterien (*BMF* BStBl I 25, 1772 Rn. 2 aE). Eine Kürzungsbescheinigung der zuständigen Behörde muss bei ehe-/lebenspartnerschaftsähnl Lebensgemeinschaften sowie bei Haushaltsgemeinschaft mit Verwandten/Verschwägerten nicht vorgelegt werden. Die unterstützte Person hat aber darzutun, dass sie in Lebens-/Haushaltsgemeinschaft mit dem StPfl lebt, über welche Einkünfte oder Bezüge und über welches Vermögen sie verfügt und ggf dass bzw warum sie keinen Antrag gestellt und keine zum Unterhalt bestimmten öffentl Mittel erhalten hat (*BMF* BStBl I 25, 1772 Rn. 7). Die Beweiserleichterung in EStR 33a.1 I 5 (→ Rn. 38) und die sog Opfergrenze (→ Rn. 16) gelten auch hier (*BMF* BStBl I 25, 1772 Rn. 9).

23 **4. Kein Freibetrag oder Kindergeld, § 33a I 4 Hs 1.** Weder der unterstützende StPfl noch andere Personen dürfen für den Unterstützten **Anspruch** auf einen Freibetrag nach § 32 VI bzw KiGeld haben (Ausschluss einer doppelten estl Berücksichtigung des Grundbedarfs des Unterhaltenen; BFH VI B 120/11, BFH/NV 12, 1438 Rn. 8 mwN: verfgemäß). Schädl sind auch nach ausl Recht gezahlte kindergeldähnl Leistungen iSd § 65 I (BFH III R 32/02, BStBl II 04, 275; vgl → § 31 Rn. 18). Da für KiGeld und Freibeträge nach § 32 VI das Monatsprinzip gilt (→ § 32 Rn. 20) und § 33a ebenfalls diesem folgt (§ 33a III), müssen diese Voraussetzungen ggf **monatsbezogen geprüft** werden, zB dann, wenn das Kind (erst) im Laufe des VZ die Altersgrenze von 18 Jahren überschreitet (BFH III B 43/05, BFH/NV 06, 2056: Wehrdienst). Ob der Anspruch geltend gemacht wird bzw sich estl auswirkt, ist unerhebl (BFH III R 66/90, BStBl II 92, 900). – Auf § 33 ist § 33a I 4 Hs 1 nicht anwendbar (BFH VI B 120/11, BFH/NV 12, 1438 Rn. 10: Sonderbestimmung).

24 **5. Eigenes Vermögen des Unterstützten, § 33a I 4 Hs 2.** Hat der Unterhaltene eigenes Vermögen, ist er nicht bedürftig (keine Zwangsläufigkeit, gesetzl Typisierung, s BFH VI R 65/08, BStBl II 10, 628 mwN). Unschädl Vermögen nehmen Rspr (BFH VI R 21/21, BStBl II 24, 594 Rn. 14 mwN) und FinVerw (EStR 33a.1 II) bis zu einem Wert von **15 500 €** an (sog Schonvermögen). *Kritik* daran, dass der Wert seit 1975 (damals: 30 000 DM) nicht erhöht worden ist, hat der BFH zurückgewiesen, da (bzw solange) der Betrag immer noch deutl über dem geltenden Grundfreibetrag liegt und so das Existenzminimum des Unterhaltenen sichert (BFH VI R 21/21, BStBl II 24, 594 Rn. 16: jedenfalls für VZ 2019). – Unabhängig von der Anlageart kommt es auf den **Verkehrswert** des Vermögens an (BFH VI R 65/08, BStBl II 10, 628), auch bei Hausgrundstücken und Wohnraum etc (BFH VI R 35/09, BStBl II 11, 267 mwN). Entgegen diesem Urteil bleibt allerdings gem § 33a I 4 Hs 2 ein **angemessenes Hausgrundstück** iSv § 90 II Nr 8 SGB XII, das der Unterhaltsempfänger allein oder zusammen mit Angehörigen bewohnt, unberücksichtigt (BR-Drs 302/12, S 36: Anwendung der im Sozialrecht geltenden Verschonungsregelung; s EStR 33a.1 II). – Maßgebl ist das **Nettovermögen** des Unterhaltenen; dh Schulden mindern das Vermögen (BFH VI R 65/08, BStBl II 10, 628 mwN; zu Schulden des Unterstützten ggü den eigenen Eltern s FG Ddorf EFG 14, 2041, rkr: nicht anerkannt), ebenso Nießbrauchsvorbehalt und (wirksame) Verfügungsbeschränkungen/-verbote (BFH III R 48/05, BStBl II 09, 361; BFH VI B 53/17, BFH/NV 18, 338 mwN). Angesparte bzw noch nicht verbrauchte **Unterhaltszahlungen** dienen der Deckung des Lebensbedarfs und werden erst nach Ablauf des Kj ihres Zuflusses zu schädl Vermögen iSd § 33a I 4; dh, im lfd Kj sind sie

nicht in die Berechnung des schädl Vermögens einzubeziehen (BFH VI R 21/21, BStBl II 24, 594 Rn. 23 f).

Das anzusetzende Schonvermögen mindert sich ggf nach der **Ländergruppeneinteilung** (→ Rn. 32; s BFH VI R 35/09, BStBl II 11, 267; BFH VI R 40/09, BStBl II 2011, 164). – **Ertragloses Vermögen** ist zu berücksichtigen, selbst wenn es als Rücklage für künftigen Unterhalt gedacht ist (BFH III R 68/96, BStBl II 98, 241; FG Hmb EFG 08, 686, rkr). Zur Bedeutung von **Bodenrichtwerten** s BFH VI R 65/08, BStBl II 10, 628.

6. Anrechnung eigener Einkünfte und Bezüge, § 33a I 5. Der Höchstbetrag (→ Rn. 18; ggf zuzügl KV- und PflV-Beiträge, → Rn. 19) wird um den Betrag gekürzt, um den die eigenen Einkünfte und Bezüge des Unterhaltenen **624 €** im Kj übersteigen, sog **anrechnungsfreier Betrag.** Dieser Betrag war jedenfalls in VZ 94–97 verfgemäß (BFH X R 61/01, BStBl II 08, 16). Beispielrechnung s EStH 33a.1. 25

a) Einkünfte. Der Begriff entspricht der Legaldefinition des § 2 II 1 (BFH VI R 45/13, BStBl II 15, 928, mwN: einheitl Auslegung, VerfBeschw nicht angenommen). Dh einerseits, Einkünfte können auch negativ sein (Folge: Verrechnung, s BFH VI R 45/20, BStBl II 23, 23 Rn. 16); andererseits mindern Verlustabzüge nach § 10d, SA und agB die Einkünfte des Unterhaltsempfängers nicht (BFH VI R 45/13, BStBl II 15, 928 Rn. 13). Seit VZ 2010 sind auch keine weiteren Abzüge vorzunehmen; dies gilt insb auch für Pflichtbeiträge des Unterhaltsempfängers zur gesetzl SV, also gesetzl geschuldete Beiträge zu RV und ArblV sowie für Beiträge zur gesetzl KV und PflV, soweit diese nicht über § 33a I 2 berücksichtigt werden (BFH VI R 66/13, BFH/NV 15, 1569 mwN). 26

b) Bezüge. – aa) Begriff. Erfasst werden alle Einnahmen in Geld oder Geldeswert, die nicht stbar oder aber (zB nach §§ 3, 3b) stfrei sind und daher iRd estrechtl Einkünfteermittlung nicht erfasst werden, sofern sie zur Bestreitung des Unterhalts bestimmt oder geeignet sind (BFH VI R 60/08, BFH/NV 09, 1418 mwN). Die letztgenannte Voraussetzung wird man mE auch nach Streichung der Verweisung auf § 32 IV 2 aF ab VZ 2010 (→ Rn. 26) aus dem Sinn und Zweck der Regelung herauslesen können (glA *HHR/Musil* § 33a Rn. 96; *BeckOK EStG* § 33a Rn. 216; offen gelassen in BFH VI R 57/15, BStBl II 17, 194; **aA** wohl *KS/Mellinghoff* § 33a Rn. 21). So sind etwa zweckgebundene Bezüge, die dem Unterhaltsberechtigten für seinen übl Lebensunterhalt tatsächl nicht zur Verfügung stehen und seine wirtschaftl Leistungsfähigkeit nicht erhöhen, nach wie vor nicht anzurechnen (vgl zum alten Recht BFH III R 28/99, BStBl II 02, 753 mwN). – Die in § 33a I 5 Hs 2 genannten Freibeträge, stfreien Einkünfte und Absetzungen sind gem § 33a I 5 Hs 2 als Bezüge zu werten (→ 32. Aufl 2013, § 32 Rn. 54). 27

(1) Bezüge iSd § 33a I. Elterngeld nach BEEG (BFH VI R 57/15, BStBl II 17, 194: vollumfängl; FG Mster EFG 16, 542, rkr); Vorrangige **Unterhaltsansprüche** gegen Dritte (BFH III R 48/05, BStBl II 09, 361 mwN); nach **DBA** stfreie Einkünfte; **Lohnersatzleistungen** (Arbeitslosengeld/-hilfe, Kranken-/Mutterschaftsgeld); pauschal versteuerter ArbLohn (BFH III R 131/85, BStBl II 90, 885). – **Altersbezüge** (Rente, Pension) sind in vollem Umfang anzurechnen: der Ertragsanteil zählt zu den Einkünften, der Kapitalanteil zählt zu den Bezügen (BFH VI R 60/08, BFH/NV 09, 1418 mwN; ohne Kürzung durch Versorgungsfreibetrag des § 19 II, s BFH III R 175/86, BStBl II 88, 939). **Ausbildungsbeihilfen** aus öffentl Mitteln sind nach § 33a I 5 ohne Freibetrag anzurechnen. Das gilt für **BAföG** (BFH VI R 45/20, BStBl II 23, 23 Rn. 19) und mE auch für ausl Ausbildungsbeihilfen (**aA** FG RhPf EFG 99, 1284, rkr; *HHR/Musil* § 33a Rn. 97). Wegen der gesonderten Anrechnung ist bei Ausbildungsbeihilfen **keine Saldierung** mit negativen Einkünften oder Bezügen mögl (BFH VI R 45/20, BStBl II 23, 23 Rn. 24 mwN; krit zur gesetzl Regelung: *Kanzler* FR 22, 1084 (1087)). – Weitere Beispiele → 39. Aufl 2020, § 33a Rn. 28. 28

(2) Keine Bezüge iSd § 33a I. Tatsächl Aufwand abgeltende stfreie Einnahmen nach § 3 Nr 12, 13, 26 (*FM Nds* DB 90, 152); Sozialhilfeleistungen für Krankheit, Pflege und Mehrbedarf 29

(BFH III R 253/83, BStBl II 88, 830); Telefonhilfe (BFH III R 175/86, BStBl II 88, 939 – allerdings ausdrückl offen gelassen von BFH VI R 60/08, BFH/NV 09, 1418; EStH 33a.1); Erziehungsgeld nach dem BErzGG (BFH III R 37/93, BStBl II 95, 527, jetzt BEEG).

30 **bb) Abzüge.** Zu kürzen sind die Bezüge des § 33a I 5 aus Vereinfachungsgründen um 180 € pro Kj (*BMF* BStBl I 25, 1772 Rn. 33; EStR 33a.1 III 5), wenn nicht höhere Aufwendungen nachgewiesen oder glaubhaft gemacht werden, die in wirtschaftl Zusammenhang mit der Erzielung der Bezüge stehen (zB Rechtsstreitkosten oder Kontoführungskosten; s aber auch HessFG EFG 94, 105, rkr). Pauschbeträge nach § 33b können nicht abgezogen werden (FG Mster EFG 89, 183, rkr); eine Kürzung der anrechenbaren Einkünfte/Bezüge wegen zwangsläufiger Kosten der Lebensführung infolge Krankheit oder Behinderung des Empfängers findet nicht statt (BFH III R 111/86, BStBl II 91, 62). Dagegen ist bei Kürzung von Sozialhilfe für die Haushaltsgemeinschaft wegen einer Rente eines ihrer Mitglieder bei den Einkünften des unterstützten Rentenempfängers nur die verminderte Rente anzusetzen (BFH III R 28/99, BStBl II 02, 753).

31 **c) Berechnung.** Bei der Ermittlung der gegenzurechnenden Einkünfte und Bezüge ist jede unterstützte Person für sich zu beurteilen. Für mittelbar unterstützte Kinder der unmittelbar unterstützten Person kann nicht zusätzlich ein Grenzbetrag von jeweils 624 € angesetzt werden (BFH III R 66/90, BStBl II 92, 900: keine „Mehrfachberücksichtigung"). Andererseits sind Einkünfte von berufstätigen Kindern nicht dem Elternteil zuzurechnen, mit dem sie in einem Haushalt leben (BFH VI 308/60 U, BStBl III 61, 311). – Hat der Unterhaltsempfänger ein eigenes Kind, sind seine Einkünfte und Bezüge nur dann um **Unterhaltszahlungen** zu kürzen, wenn eine gesetzl Pflicht zu entspr Zahlungen besteht (Barunterhaltsverpflichtung, vgl BFH VI B 136/11, BFH/NV 12, 1429). – Ist der **Unterhaltsempfänger verheiratet/verpartnert,** sind bei der Berechnung seiner Einkünfte und Bezüge in intakter Ehe/Lebenspartnerschaft die Einkünfte der Ehegatten/Lebenspartner zusammenzuzählen und danach zu halbieren (BFH III R 28/02, BFH/NV 04, 1631; BFH VI B 18/11, BFH/NV 11, 2062). Dabei ist von einem Zufluss iHd Nettoeinkommens auszugehen (BFH III R 28/91, BFH/NV 93, 598), und zwar auch dann, wenn die Unterhaltspflicht nur im Verhältnis zu einem der beiden Ehegatten/Lebenspartner besteht; der als agB abziehbare Betrag ergibt sich bei entspr hohen Zahlungen aus der Differenz zw den gegenzurechnenden Einkünften oder Bezügen und dem Höchstbetrag (vgl BFH III R 25/03, BFH/NV 05, 523; *BMF* BStBl I 25, 1779 Rn. 32 mit Beispiel). – **Unerhebl** ist, ob der Unterstützte in der **Verfügungsbefugnis** über die Einkünfte oder die zur Bestreitung des Unterhalts bestimmten oder geeigneten Bezüge beschränkt ist (BFH III R 111/86, BStBl II 91, 62; einschr für altes Recht BFH III R 28/02, BFH/NV 04, 1631; FG Ddorf EFG 09, 1116, rkr). Das gilt auch für Renteneinkünfte, die vom Sozialamt einbehalten werden (BFH VI R 60/08, BFH/NV 09, 1418).

32 **7. Im Ausland lebende Angehörige, § 33a I 6. – a) Ausländische Verhältnisse.** Für nicht unbeschr stpfl unterstützte Personen sind nach § 33a I 6 die Beträge des § 33a I 1 und 5 (ebenso: § 33a II 3; aber: keine Kürzung für § 33a I 2) nach den Verhältnissen des Wohnsitzstaates (Durchschnittslöhne) zu kürzen. Dies gilt auch bei höherer Unterhaltsverpflichtung (relatives Existenzminimum, BFH III B 71/95, BFH/NV 97, 398); die in S 1 und 5 genannten Beträge dürfen aber nicht überschritten werden (§ 33a I 6). Auf die *konkreten* Lebenshaltungskosten am Wohnort des Unterhaltenen kommt es nicht an (BFH I R 60/05, BStBl II 07, 106; BFH VI R 28/10, BStBl II 11, 283). Halten sich Angehörige besuchsweise beim StPfl im Inl auf, können Unterhaltsaufwendungen je Tag mit 1/30 des Monatsbetrags angesetzt werden (BFH III R 10/02, BStBl II 03, 714; EStH 33a.1). – Die Kürzung der Freibeträge richtet sich nach der **Ländergruppeneinteilung** des *BMF* (ab VZ 2025: *BMF* BStBl I 25, 2039; davor: → 44. Aufl 2025, § 33a Rn. 32). Diese verstößt allerdings ge-

gen Unionsrecht (→ § 32 Rn 81) und ist in **EU-/EWR-Fällen** nicht anwendbar (so jetzt auch *BMF* BStBl I 25, 2039 Fn 1). – Zu **Nachweisen** → Rn. 39 ff.

33 **b) Inländische Maßstäbe.** Die Unterhaltspflicht bestimmt sich der Rspr zufolge nach inl Maßstäben (BFH III R 8/01, BStBl II 02, 760; BFH III R 53/98, BFH/NV 03, 20); nach ausl Recht bestehende Unterhaltspflichten begründen auch dann keine Zwangsläufigkeit iSv § 33a I, wenn die Unterhaltspflicht nach internationalem Privatrecht im Inl verbindl ist (BFH VI R 13/10, BStBl II 11, 965; BFH VI S 14/03, BFH/NV 05, 1067: Unterhalt an im Ausl lebende Brüder). Dies soll verfgemäß und unionsrechtskonform sein (BVerfG 2 BvR 1683/02, HFR 05, 777; str, zutr **aA** *Paus* DStZ 03, 306; *Tipke/Lang* SteuerR § 8 Rn 738; *KKM* § 33a Rn. A 107 f, B 78 ff mwN; s dagegen auch BFH VI R 16/97, BStBl II 98, 473). Zu Mehr-Ehe s BFH VI R 56/82, BStBl II 86, 390 (offengelassen; **aA** FG Mster EFG 93, 380, rkr).

34 **8. Mehrere Unterhaltsleistende, § 33a I 7.** Werden die Aufwendungen für die unterhaltene Person von mehreren StPfl getragen (Tatfrage), ist der Höchstbetrag entspr dem Anteil am Gesamtbetrag der Leistungen aufzuteilen. Die Verpflichtungen nach § 33a I 1 und 3 werden dabei gleichbehandelt. Zur Kürzung kommt es nach Sinn und Zweck der Regelung aber nur, wenn alle StPfl die Voraussetzungen für eine Berücksichtigung von Aufwendungen nach § 33a I erfüllen (BFH III R 212/81, BStBl II 86, 805); dh, auch in Bezug auf die weitere Person müssen die tatbestandl Voraussetzungen des § 33a I 1 oder 3 vorliegen (BFH VI R 43/17, BStBl II 21, 209 Rn. 14 mwN). Ob auch alle Unterhaltsleistenden die getragenen Aufwendungen estl geltend machen, ist dagegen unerhebl (vgl FG Mster EFG 15, 453, rkr; *HHR/Musil* § 33a Rn. 113). – Unterhaltsbeiträge von Personen, die die tatbestandl Voraussetzungen des § 33a I 1 oder 3 *nicht* erfüllten, sind gleichwohl nach § 33a I 5 als Bezüge zu berücksichtigen mit der Folge, dass der Unterhaltshöchstbetrag entspr zu mindern ist (BFH VI R 43/17, BStBl II 21, 209 Rn. 15; → Rn. 27 f). – S auch *BMF* BStBl I 25, 1779 Rn. 23 mit *Beispiel.*

35 **9. Mehrere Unterhaltene. – a) Getrennt ermittelte Abzugsbeträge.** Für jeden Unterhaltenen, der die Voraussetzungen des § 33a I erfüllt, wird ein eigener Freibetrag gewährt. Der abzugsfähige Betrag und die anrechenbaren Einkünfte/Bezüge sind für jede unterhaltene Person getrennt zu ermitteln, auch dann, wenn mehrere vom StPfl unterhaltene Personen in einem **gemeinsamen Haushalt** wohnen (aber für Ehegatten/Lebenspartner, → Rn. 31). Grds unerhebl ist, an welchen Angehörigen welche Teilbeträge überwiesen worden sind (BFH VI R 29/09, BStBl II 11, 116). Die Leistungen sind zusammenzurechnen und idR nach Köpfen aufzuteilen (vgl BFH III R 49/03, BStBl II 05, 483; BFH III R 39/92, BStBl II 94, 731; s *Geserich* DStR 11, 294); dabei sind ggf auch unterhaltene Personen einzubeziehen, die nicht unterhaltsberechtigt sind (BFH III R 28/99, BStBl II 02, 753). S auch *BMF* BStBl I 25, 1779 Rn. 20 mit *Beispiel.* – Gehören zu der Haushaltsgemeinschaft auch Kinder, für die der StPfl **KiGeld** bezogen hat, können allg Unterhaltsleistungen für andere Personen der Hausgemeinschaft nur insoweit angenommen werden, als die Zahlungen des StPfl insgesamt den Betrag des empfangenen KiGelds übersteigen (BFH III R 261/83, BStBl II 89, 278).

36 **b) Opfergrenze.** Übersteigt der einer Haushaltsgemeinschaft einheitl zur Verfügung gestellte Betrag den nach der Opfergrenze für den eigenen bzw den Unterhalt der Kinder und des Ehegatten/Lebenspartners zurückzubehaltenden Betrag (→ Rn. 23; BFH III R 149/85, BFH/NV 90, 225), ist nur der danach verwendbare Teil der Gesamtzahlung auf die nicht privilegierten Empfänger der Haushaltsgemeinschaft (zB Eltern) aufzuteilen (BFH III R 258/83, BStBl II 89, 1009).

38 **10. Fremdwährungen, § 33a I 8.** Nicht auf Euro lautender Beträge sind nach dem **EZB-Referenzkurs** für Ende September des Vorjahres des maßgebl VZ umzurechnen (www.bundesbank.de, unter: Statistiken – Wechselkurse).

39 **11. Nachweise, § 33a I 9–12. – a) Objektive Beweislast.** Die StVergünstigungen des § 33a I können nur in Anspruch genommen werden, wenn ihre Voraussetzungen im Einzelfall nachgewiesen oder glaubhaft gemacht werden (Beweiserleichterung bei Haushaltszugehörigkeit s EStR 33a.1 I 5: Aufwand = Höchstbetrag; → Rn. 8). Die obj Beweislast/Feststellungslast für die die StErmäßigung begründenden Tatsachen trägt der StPfl (BFH III R 49/03, BStBl II 05, 483). Bei **Unterhaltsleistungen ins Ausl** bestehen gem § 90 II AO erhöhte Mitwirkungs- und Beweisvorsorgepflichten (BFH VI R 32/14, BFH/NV 15, 1248 mwN; *BMF* BStBl I 25, 1779 Rn. 3 f). Insb muss für die im Ausl unterhaltene Person der sog **Bedürftigkeitsnachweis** geführt werden (→ Rn. 42).

40 **b) Identifizierung der unterhaltenen Person, § 33a I 9–11.** Die Regelungen zur Angabe der **Identifikationsnummer** (§ 139b AO) in **§ 33a I 9–11** dienen der Missbrauchsvermeidung (s BT-Drs 18/1529, 65). Sie gelten seit VZ 2015. Betroffen sind nur Unterhaltsleistungen an Personen, die selbst unbeschr oder beschr stpfl sind (§ 1). Für Unterhaltsempfänger, die nicht im Inl stpfl sind, gelten die allg Mitwirkungs- und Beweisvorsorgepflichten.

41 **c) Geldzuwendungen, § 33a I 12. Seit VZ 2025** werden Unterhaltsaufwendungen nach § 33a I 1, die in Geld geleistet werden, grds nur noch dann berücksichtigt, wenn die Zahlung auf ein **Konto der unterhaltenen Person** überwiesen wird. Erfasst werden gleichermaßen einmalige und lfd Unterhaltszahlungen, Zahlungen im Inl und ins Ausl. Barzahlungen sind damit vom Abzug ausgeschlossen; sie werden auch bei Mitnahme von Bargeld durch den StPfl auf sog Familienheimfahrten nicht mehr berücksichtigt. Ebenfalls unberücksichtigt bleiben Überweisungen auf Konten Dritter und Bargeldtransfers durch Mittelspersonen (BR-Drs 369/24, 45 f: Missbrauchsvermeidung und Reduzierung des Prüfaufwands, Anpassung an § 10 I Nr 5 S 4 und § 35a V 3; krit *Seifert* NWB 25, 20). Eine Ausnahme gilt dem *BMF* zufolge für **typische Unterhaltsaufwendungen** (zB Miete), die direkt auf das Konto eines Dritten überwiesen werden, wenn das Bestehen der Verbindlichkeit nachgewiesen wird (zB durch Vorlage des Mietvertrags, s *BMF* BStBl I 25, 1772 Rn. 37 i. V. m. *BMF* BStBl I 25, 1779 Rn. 16: „abgekürzter Zahlungsweg"). Zahlungen über Zahlungsdienstleister werden ebenfalls berücksichtigt, wenn sie sich eindeutig einem Bankkonto der/des Unterhaltenen zuordnen lassen (*BMF* BStBl I 25, 1779 Rn. 18 f). Die Kosten der Überweisung sind keine Unterhaltsaufwendungen (zutr *BMF* BStBl I 25, 1779 Rn. 14). **Billigkeitsregelungen** durch VO sollen mögl bleiben (zB im Fall von Krieg, BT-Drs 20/13419, 235 f). – § 33a I 12 gilt nur für Geldleistungen. Unterhalt durch **Natural- und Sachleistungen** (→ Rn. 8) kann weiterhin geltend gemacht werden. Insb gilt auch weiterhin die Nachweiserleichterung für unterhaltsberechtigte Person, die zum Haushalt des Stpfl gehören (EStR 33a.1 I 5). – Zur Rechtslage **bis VZ 2024** → 43. Aufl 2024, § 33a Rn. 38, 41 f.; *BMF* BStBl I 22, 623 Rn. 15.

42 **d) Bedürftigkeitsnachweis.** Ausl StPfl, die Angehörige im Heimatland unterstützen, haben amtl, ins Deutsche übersetzte Bescheinigungen vorzulegen (HessFG EFG 99, 1284, rkr). Diese sollen konkrete Angaben zur Person und zur Bedürftigkeit des Unterhaltsempfängers enthalten: Name, Alter, Anschrift, Beruf, Verwandtschaftsverhältnis zum StPfl, Art und Umfang der eigenen Einnahmen und des eigenen Vermögens, Unterhaltspflicht anderer Personen und Höhe ihrer Unterstützung bzw Gründe für die unterlassene Unterstützung, ab wann und aus welchen Gründen der Unterstützte nicht selbst für seinen Unterhalt aufkommen konnte (*BMF* BStBl I 25, 1779 Rn. 6; FG BW EFG 94, 106, rkr). Dem BFH zufolge hat das *BMF* damit den Rechtsbegriff der „erforderl Beweismittel" iSd § 90 II AO zutr, aber nicht abschließend konkretisiert (BFH III R 49/03, BStBl II 05, 483). Bei widersprüchl Angaben entfällt die Glaubwürdigkeit der Bescheinigung (BFH VI R 16/09, BStBl II 11, 966, auch zur Beweiswürdigung durch das FG, insb zur Verwertung statistischer Daten).

Auf www.formulare-bfinv.de sind **zweisprachige Unterhaltserklärungen** in den gängigsten Sprachen hinterlegt (unter: *Formularcenter, Formulare A–Z, U, Unterhaltserklärungen zweisprachig*). Die Bescheinigungen sind vollständig und detailliert auszufüllen (BFH III R 49/03, BStBl II 05, 483: zumutbare Anforderung; *BMF* BStBl I 25, 1779 Rn. 7: ggf Nachweis durch andere Dokumente). **Unterlagen und Belege** sind beizufügen (Steuer-/Rentenbescheide, Verdienstbescheinigung etc, s *BMF* BStBl I 25, 1779 Rn. 6). Zu Beweiserleichterungen bei der Beschaffung amtl Bescheinigungen aus **Krisengebieten** s *BMF* BStBl I 25, 1779 Rn. 4 (Beweisnotstand). – Zu *Beispielen* aus der Rspr → 39. Aufl 2020, § 33a Rn. 40 aE.

III. Auswärtig untergebrachte Kinder, § 33a II

1. Volljähriges Kind in Berufsausbildung, § 33a II 1. – a) Ausbildungsfreibetrag. Der sog Ausbildungsfreibetrag berücksichtigt einen *typisierten* Mehrbedarf: Ist ein volljähriges, in der Berufsausbildung befindl Kind auswärtig untergebracht, kommt es auf einen *tatsächl* (Mehr-)Aufwand nicht an (kein Aufwandsnachweis erforderl). Die Gründe der auswärtigen Unterbringung sind unerhebl; insb muss diese nicht durch die Berufsausbildung veranlasst sein. Zwangsläufigkeit der auswärtigen Unterbringung wird vom Gesetz ebenso unterstellt wie Zwangsläufigkeit der Berufsausbildung. – Für **jedes Kind,** das die Voraussetzungen des § 33a II 1 erfüllt, wird ein eigener Freibetrag gewährt. Zur Nicht-Berücksichtigung **minderjähriger Kinder** → Rn. 3. 44

b) Berücksichtigungsfähige Kinder. Der StPfl muss Anspruch auf einen Freibetrag nach § 32 VI *oder* auf KiGeld für ein **volljähriges Kind** haben (→ § 32 Rn. 21 ff). Es muss sich weder um ein eigenes Kind des StPfl iSd § 32 I (→ § 32 Rn. 8) handeln noch müssen die genannten Voraussetzungen kumulativ erfüllt sein. Es genügt, wenn dem StPfl entweder der Kinder- oder der Betreuungsfreibetrag zusteht (ggf auch ohne KiGeld); die Übertragung nur eines Freibetrags auf den anderen Elternteil ist insoweit unschädl (seit VZ 2021 aber → § 32 Rn. 83). Ferner begünstigt § 33a II auch Groß- und Stiefeltern, wenn auf sie ein Freibetrag gem § 32 VI 10 übertragen wurde oder ihnen gem § 63 I Nr 2 bzw 3 KiGeld zusteht (vgl *Ross* DStZ 97, 140). Ob sich der Freibetrag des § 32 VI auswirkt oder das KiGeld tatsächl gezahlt worden ist, ist unmaßgebl („Anspruch auf …", vgl → § 31 Rn. 11). Da sowohl für § 32 VI als auch für § 33a II das Monatsprinzip gilt, müssen diese Voraussetzungen monatsweise erfüllt sein (→ Rn. 55). 45

c) Berufsausbildung. Begriff: → Rn. 11 und → § 32 Rn. 26 ff; auch hier gelten dieselben Grundsätze wie bei § 32 IV 1 (BFH III R 3/03, BStBl II 06, 294; → § 32 Rn. 26 ff); insb ist ein freiwilliges soziales Jahr keine Berufsausbildung (BFH VI B 1/14, BFH/NV 15, 332 mwN). Unterrichts- und vorlesungsfreie Zeiten rechnen zu den Ausbildungszeiten (BFH III R 7/93, BStBl II 97, 30), ebenso unvermeidl **Unterbrechungszeiten:** Urlaub, Krankheit, Zeiten zw aufeinander aufbauenden Ausbildungen wie zB Schulausbildung und Studium (HessFG EFG 97, 889, rkr) und sonstige zwangsläufige Wartezeiten, die auf keinen geänderten Ausbildungsplan schließen lassen (BFH III R 207/94, BStBl II 97, 430). 46

d) Auswärtige Unterbringung. Jede Unterbringung **außerhalb des elterl Haushalts** ist eine „auswärtige Unterbringung", in einer weiteren Wohnung des StPfl (BFH X R 94/91, BStBl II 94, 544) oder des Kindes, auch am selben Ort (FG Ddorf EFG 93, 663, rkr; BFH VI R 174/72, BStBl II 75, 488; BFH X R 24/99, BStBl II 02, 244), oder in einer Ganztagspflegestelle (BFH VI R 203/68, BStBl II 71, 627). Entscheidend ist für § 33a II, ob das Kind noch am hauswirtschaftl Leben des elterl Haushalts teilnimmt oder nicht, wie zB bei räuml Selbstständigkeit des Kindes (BFH VI R 47/79, BStBl II 83, 109) und hauswirtschaftl Ausgliederung (BFH III R 259/83, BStBl II 88, 138; FG Hmb EFG 82, 248, rkr). Leben die Eltern dauernd getrennt oder sind sie geschieden und lebt das Kind im Haushalt eines Elternteils, ist es auch aus Sicht des anderen Elternteils nicht auswärtig untergebracht (BFH III R 48/87, BFH/NV 88, 778). Dies gilt auch bei Aufenthalt in einem ausl 47

Familienhaushalt (BFH III R 107/88, BStBl II 90, 898). – Die auswärtige Unterbringung erfordert eine **gewisse Dauer;** sie muss darauf angelegt sein, die räuml Selbstständigkeit des Kindes während der Ausbildung oder eines bestimmten Ausbildungsabschnitts zu gewährleisten (glA EStR 33a.2 II). – Der Freibetrag wird **ab dem Monat** gewährt, in dem eine auswärtige Unterbringung beginnt (FG BW EFG 88, 313, rkr). – Weitere **Beispiele** → 39. Aufl 2020, § 33a Rn. 47.

48 **e) Rechtsfolge.** Der **Freibetrag von 1200 € je Kj** (bis VZ 2022: 924 €) wird auf Antrag (→ Rn. 5) vom Gesamtbetrag der Einkünfte abgezogen (§ 2 IV). Auf den Abzug besteht ein **Rechtsanspruch** („wird … ermäßigt"). Ein Verlustabzug nach § 10d ist vorrangig vorzunehmen (→ § 10d Rn. 17). – Der Freibetrag wird für alle Monate gewährt, in denen das auswärtig untergebrachte Kind bereits 18 Jahre alt ist (→ Rn. 53). Ein am 1. des Monats geborenes Kind vollendet das 18. Lebensjahr mit Ablauf des Vormonats (§§ 187 II, 188 II BGB; s *Grüneberg* § 187 Rn. 3); für den Vormonat ist also gem § 33a III 1 ebenfalls der Freibetrag zu gewähren.

51 **2. Im Ausland lebende Kinder, § 33a II 2.** Ist das volljährige Kind nicht unbeschr estpfl, mindern sich die in § 33a II 1 und 2 genannten Beträge entspr § 33a I 6 gem der **Ländergruppeneinteilung** (→ Rn. 32: unionsrechtswidrig). Verlegt ein Auslandskind im Laufe des Jahres seinen Wohnsitz ins Inl oder umgekehrt (BFH VI R 107/99, BStBl II 01, 294), so wird (nur) der Teil des Ausbildungsfreibetrags, der auf die Ausbildungszeit im Ausl entfällt, entspr gekürzt.

52 **3. Mehrere Unterstützende; Aufteilung, § 33a II 3–5.** Der Ausbildungsfreibetrag wird auch dann insgesamt **nur einmal** gewährt, wenn *mehrere* Personen für dasselbe Kind die Voraussetzungen des § 33a II 1 erfüllen. Verheiratete zusammenlebende Eltern (§ 26 I 1) erhalten den Freibetrag daher auch bei **Zusammenveranlagung** nur einmal (keine Verdoppelung wie bei § 32 VI 2). Bei **getrennter Veranlagung** gilt § 26a II (→ § 26a Rn. 3). Wegen dieser Spezialvorschrift regelt § 33a II 4 mE nur noch die Aufteilung des Freibetrags bei **geschiedenen/dauernd getrennt lebenden Eltern** sowie **Eltern unehel Kinder:** Grundsatz ist die Halbteilung; einvernehml ist aber jede andere Aufteilung zulässig (§ 33a II 5; wie bei § 26a II 1). Eine solche kann auch zivilrechtl beansprucht werden, wenn der abgebende Elternteil dadurch keine estl Nachteile erleidet (s BFH III B 90/05, BFH/NV 07, 1119). Scheidet ein Elternteil wegen der Übertragung oder des Verlusts aller Freibeträge des § 32 VI und des KiGelds aus, erfüllt er nicht (mehr) die Voraussetzungen des § 33a II 1, sodass kein Fall des § 33a II 3 vorliegt; der andere Elternteil erhält den vollen Ausbildungsfreibetrag. – Befinden sich **mehrere Kinder** in Ausbildung, kann der Ausbildungsfreibetrag für jedes Kind gesondert übertragen oder beibehalten werden. – **Verfahrensrecht**l s § 61 EStDV und AEAO Vor §§ 172–177 Nr 8. – Zu der bis VZ 2020 bestehenden Möglichkeit einer eigenständigen Übertragung des Betreuungsfreibetrags → 43. Aufl 2024, § 33a Rn. 52 aE.

IV. Zeitanteilige Kürzung der Beträge, § 33a III

53 **1. Monatsprinzip, § 33a III 1.** Für *alle* in § 33a I und II genannten Beträge gilt abweichend vom Jahressteuerprinzip (§ 2 VII 1) das Monatsprinzip (vgl → § 32 Rn. 20). Dies betrifft den Höchstbetrag gem § 33a I 1, den Freibetrag gem § 33a II 1 und die anrechnungsfreien Beträge gem § 33a I 5 und II 2 (vgl BFH III B 185/94, BFH/NV 95, 971). Eine Kürzung nach § 33a III 1 tritt nur für Monate ein, in denen **an keinem Tag** die Voraussetzungen des § 33a I–III erfüllt gewesen sind; dh Wechselmonate sind keine Kürzungsmonate (so iErg auch BFH VI R 21/21, BStBl II 24, 594 Rn. 19). Eine nach § 33a III 1 gebotene Kürzung kann nicht durch Antragsbeschränkung vermieden werden (FG Mster EFG 93, 662, rkr). – Das Monatsprinzip greift auch dann ein, wenn der StPfl nicht für alle Monate Unterhalt leistet (s *BMF* BStBl I 25, 1779 Rn. 24 mit *Beispiel*). Dasselbe gilt, wenn der StPfl nur für einen Teil

des Kj unbeschr stpfl ist. Ändern sich die Verhältnisse während des Monats, sodass (zB wegen der Ländergruppeneinteilung, → Rn. 32) für einen Monat unterschiedl hohe Beträge gelten, ist zugunsten des StPfl der jeweils höhere Betrag anzusetzen (EStR 33a.3 I).

2. Eigene Einkünfte und Bezüge, § 33a III 2. Kommt es zu einer zeitanteiligen Kürzung nach § 33a III 1, bleiben eigene Einkünfte/Bezüge des Unterhaltenen bzw des Kindes, die auf Kürzungsmonate entfallen, bei der Minderung nach § 33a I 5 unberücksichtigt. „Entfallen" meint **wirtschaftl Zuordnung** (BFH III R 48/89, BStBl II 91, 716; → 32. Aufl 2013, § 32 Rn. 61, mit Beispielen). Die FinVerw rechnet eigene Einkünfte des Unterstützten nach § 19, § 22 und Bezüge nach dem Verhältnis der im jeweiligen Zeitraum zugeflossenen Beträge zu (unter entspr Berücksichtigung von Erwerbsaufwendungen); andere Einkünfte werden mit je 1/12 pro Monat berücksichtigt (EStR 33a.3 II). Diese vereinfachende Regelung kommt aber nur dann zur Geltung, wenn bzw soweit der StPfl nicht eine anderweitige wirtschaftl Zuordnung nachweist (glA FG BW EFG 94, 1052, rkr). – Einkünfte/Bezüge, die **außerhalb des Ausbildungs-/Unterstützungszeitraums** anfallen, sind ohnehin unschädl und bleiben unberücksichtigt. Zum Begriff „Ausbildungszeitraum" → Rn. 46. 54

3. Ausbildungshilfen, § 33a III 3. Ausbildungshilfen gem § 33a I 5 mindern die zeitanteiligen Höchstbeträge nur bezogen auf diejenigen Kalendermonate, für die sie gezahlt worden sind. Diese Regelung wirkt sich zum einen dann zugunsten des StPfl aus, wenn ein zeitl begrenzter Ausbildungszuschuss erst im Laufe des Kj gewährt wird oder ausläuft. Zum andern greift sie ein, wenn der Unterstützte während des Kj unterschiedl hohe Zuschüsse erhält, zB weil er einen Teil seiner Ausbildungszeit im Ausl verbringt (s BFH III R 5/05, BStBl II 08, 354). 55

V. Abgrenzung zu § 33, § 33a IV

1. Vorrang des § 33a. Im Verhältnis zu § 33 regeln § 33a I und II den Abzug von typischen (übl) Unterhaltsaufwendungen und von Berufsausbildungskosten abschließend (vgl BFH VI R 63/08, BStBl II 10, 341). Für diese Aufwendungen kann daher weder anstelle noch über den Rahmen des § 33a hinaus eine StErmäßigung nach § 33 in Anspruch genommen werden (vgl BFH X R 48/09, BStBl II 12, 200). Dies ist verfgemäß (s BFH III R 8/91, BStBl II 93, 278). § 33a IV bedeutet also nicht, dass im Umkehrschluss die Aufwendungen für den Unterhalt oder die Berufsausbildung nach § 33 zu beurteilen sind, wenn sie für Nicht-Unterhaltsberechtigte erfolgen (glA BFH III R 8/01, BStBl II 02, 760) oder wenn Unterhaltsleistungen aus anderen Gründen nicht nach § 33a abziehbar sind. Ausnahmen gelten bei anderweitig verursachten (zB behinderungsbedingten) Mehrkosten (BFH III R 6/99, BStBl II 02, 198). – **§ 33a I 4** ist auf § 33 nicht anwendbar (BFH VI R 61/08, BStBl II 10, 621). 56

2. Ablösung künftiger Unterhaltsleistungen. Kapitalabfindungen zur freiwilligen Ablösung künftiger Unterhaltsleistungen sind grds übl Unterhaltszahlungen, die nicht nach § 33, sondern gem § 33a nur mit einem Jahresabzugsbetrag berücksichtigt werden, weil es für die Zusammenballung an der Zwangsläufigkeit fehlt (BFH VI R 47/69, BStBl II 71, 325). Das gilt der Rspr zufolge auch dann, wenn es sich um eine unfreiwillige Ablösung handelt (BFH III R 57/05, BStBl II 09, 365: Anspruch nach § 1585 II BGB). Für eine **Nachzahlung** soll es idR an der Zwangsläufigkeit der Höhe nach fehlen, wenn der Zahlende die Zusammenballung durch Zahlungseinstellung etc verursacht hat (BFH III R 59/97, BStBl II 98, 605; BFH III B 73/06, BFH/NV 08, 22: kein Billigkeitserlass; s aber zur Abgrenzung zutr FG BW EFG 86, 124, rkr, betr BAföG-Rückzahlung). Wird für die Unterhalts(nach)zahlung Realsplitting nach **§ 10 Ia Nr 1** beantragt, werden die Zahlungen auch über den Höchstbetrag hinaus zu SA umqualifiziert, sodass §§ 33, 33a nicht anwendbar sind (BFH III R 23/98, BStBl II 01, 338). Keine Unterhaltsleistungen, sondern eine Ver- 57 mögensumschichtung ist im Versorgungsausgleich zu sehen (BFH X R 128/90, BStBl II 93, 867).

§ 33b Pauschbeträge für Menschen mit Behinderungen, Hinterbliebene und Pflegepersonen

(1) [1]**Wegen der Aufwendungen für die Hilfe bei den gewöhnlichen und regelmäßig wiederkehrenden Verrichtungen des täglichen Lebens, für die Pflege sowie für einen erhöhten Wäschebedarf können Menschen mit Behinderungen unter den Voraussetzungen des Absatzes 2 anstelle einer Steuerermäßigung nach § 33 einen Pauschbetrag nach Absatz 3 geltend machen (Behinderten-Pauschbetrag).** [2]**Das Wahlrecht kann für die genannten Aufwendungen im jeweiligen Veranlagungszeitraum nur einheitlich ausgeübt werden.**

(2) **Einen Pauschbetrag erhalten Menschen, deren Grad der Behinderung auf mindestens 20 festgestellt ist, sowie Menschen, die hilflos im Sinne des Absatzes 3 Satz 4 sind.**

(3) [1]**Die Höhe des Pauschbetrags nach Satz 2 richtet sich nach dem dauernden Grad der Behinderung.** [2]**Als Pauschbetrag werden gewährt bei einem Grad der Behinderung von mindestens:**

20	**384 Euro,**
30	**620 Euro,**
40	**860 Euro,**
50	**1140 Euro,**
60	**1440 Euro,**
70	**1780 Euro,**
80	**2120 Euro,**
90	**2460 Euro,**
100	**2840 Euro.**

[3]**Menschen, die hilflos im Sinne des Satzes 4 sind, Blinde und Taubblinde erhalten einen Pauschbetrag von 7400 Euro; in diesem Fall kann der Pauschbetrag nach Satz 2 nicht zusätzlich in Anspruch genommen werden.** [4]**Hilflos ist eine Person, wenn sie für eine Reihe von häufig und regelmäßig wiederkehrenden Verrichtungen zur Sicherung ihrer persönlichen Existenz im Ablauf eines jeden Tages fremder Hilfe dauernd bedarf.** [5]**Diese Voraussetzungen sind auch erfüllt, wenn die Hilfe in Form einer Überwachung oder einer Anleitung zu den in Satz 4 genannten Verrichtungen erforderlich ist oder wenn die Hilfe zwar nicht dauernd geleistet werden muss, jedoch eine ständige Bereitschaft zur Hilfeleistung erforderlich ist.**

(4) [1]**Personen, denen laufende Hinterbliebenenbezüge bewilligt worden sind, erhalten auf Antrag einen Pauschbetrag von 370 Euro (Hinterbliebenen-Pauschbetrag), wenn die Hinterbliebenenbezüge geleistet werden**

1. **nach dem Vierzehnten Buch Sozialgesetzbuch oder einem anderen Gesetz, das die Vorschriften des Vierzehnten Buches Sozialgesetzbuch über Hinterbliebenenbezüge für entsprechend anwendbar erklärt, oder**
2. **nach den Vorschriften über die gesetzliche Unfallversicherung oder**
3. **nach den beamtenrechtlichen Vorschriften an Hinterbliebene eines an den Folgen eines Dienstunfalls verstorbenen Beamten oder**
4. **nach den Vorschriften des Bundesentschädigungsgesetzes über die Entschädigung für Schäden an Leben, Körper oder Gesundheit oder**
5. **nach den Vorschriften den Soldatenentschädigungsgesetzes.**

[2]**Der Pauschbetrag wird auch dann gewährt, wenn das Recht auf die Bezüge ruht oder der Anspruch auf die Bezüge durch Zahlung eines Kapitals abgefunden worden ist.**

(5) [1]**Steht der Behinderten-Pauschbetrag oder der Hinterbliebenen-Pauschbetrag einem Kind zu, für das der Steuerpflichtige Anspruch auf einen Freibetrag nach § 32 Absatz 6 oder auf Kindergeld hat, so wird der Pauschbetrag auf Antrag auf den Steuerpflichtigen übertragen, wenn ihn das Kind nicht in Anspruch nimmt. [2]Dabei ist der Pauschbetrag grundsätzlich auf beide Elternteile je zur Hälfte aufzuteilen, es sei denn, der Kinderfreibetrag wurde auf den anderen Elternteil übertragen. [3]Auf gemeinsamen Antrag der Eltern ist eine andere Aufteilung möglich. [4]In diesen Fällen besteht für Aufwendungen, für die der Behinderten-Pauschbetrag gilt, kein Anspruch auf eine Steuerermäßigung nach § 33. [5]Voraussetzung für die Übertragung nach Satz 1 ist die Angabe der erteilten Identifikationsnummer (§ 139b der Abgabenordnung) des Kindes in der Einkommensteuererklärung des Steuerpflichtigen.**

(6) [1]**Wegen der außergewöhnlichen Belastungen, die einem Steuerpflichtigen durch die Pflege einer Person erwachsen, kann er anstelle einer Steuerermäßigung nach § 33 einen Pauschbetrag geltend machen (Pflege-Pauschbetrag), wenn er dafür keine Einnahmen im Kalenderjahr erhält und der Steuerpflichtige die Pflege entweder in seiner Wohnung oder in der Wohnung des Pflegebedürftigen persönlich durchführt und diese Wohnung in einem Mitgliedstaat der Europäischen Union oder in einem Staat gelegen ist, auf den das Abkommen über den Europäischen Wirtschaftsraum anzuwenden ist. [2]Zu den Einnahmen nach Satz 1 zählt unabhängig von der Verwendung nicht das von den Eltern eines Kindes mit Behinderungen für dieses Kind empfangene Pflegegeld. [3]Als Pflege-Pauschbetrag wird gewährt:**

1.	**bei Pflegegrad 2**	**600 Euro,**
2.	**bei Pflegegrad 3**	**1100 Euro,**
3.	**bei Pflegegrad 4 oder 5**	**1800 Euro.**

[4]**Ein Pflege-Pauschbetrag nach Satz 3 Nummer 3 wird auch gewährt, wenn die gepflegte Person hilflos im Sinne des § 33b Absatz 3 Satz 4 ist. [5]Bei erstmaliger Feststellung, Änderung oder Wegfall des Pflegegrads im Laufe des Kalenderjahres ist der Pflege-Pauschbetrag nach dem höchsten Grad zu gewähren, der im Kalenderjahr festgestellt war. [6]Gleiches gilt, wenn die Person die Voraussetzungen nach Satz 4 erfüllt. [7]Sind die Voraussetzungen nach Satz 4 erfüllt, kann der Pauschbetrag nach Satz 3 Nummer 1 und 2 nicht zusätzlich in Anspruch genommen werden. [8]Voraussetzung für die Gewährung des Pflege-Pauschbetrags ist die Angabe der erteilten Identifikationsnummer (§ 139b der Abgabenordnung) der gepflegten Person in der Einkommensteuererklärung des Steuerpflichtigen. [9]Wird ein Pflegebedürftiger von mehreren Steuerpflichtigen im Veranlagungszeitraum gepflegt, wird der Pflege-Pauschbetrag nach der Zahl der Pflegepersonen, bei denen die Voraussetzungen der Sätze 1 bis 4 vorliegen, geteilt.**

(7) [1]**Die Bundesregierung wird ermächtigt, durch Rechtsverordnung mit Zustimmung des Bundesrates zu bestimmen, wie nachzuweisen ist, dass die Voraussetzungen für die Inanspruchnahme der Pauschbeträge vorliegen. [2]Dabei ist der Nachweis vorrangig durch elektronische Mitteilungsverfahren zu führen.**

(8) **Die Vorschrift des § 33b Absatz 6 ist ab Ende des Kalenderjahres 2026 zu evaluieren.**

Einkommensteuer-Durchführungsverordnung:

§ 65 EStDV *Nachweis der Behinderung und des Pflegegrads*

(1) **Den Nachweis einer Behinderung hat der Steuerpflichtige zu erbringen:**

1. bei einer Behinderung, deren Grad auf mindestens 50 festgestellt ist, durch Vorlage eines Ausweises nach dem Neunten Buch Sozialgesetzbuch oder eines

Bescheides der nach § 152 Absatz 1 des Neunten Buches Sozialgesetzbuch zuständigen Behörde,

2. bei einer Behinderung, deren Grad auf weniger als 50, aber mindestens 20 festgestellt ist,
   a) durch eine Bescheinigung oder einen Bescheid der nach § 152 Absatz 1 des Neunten Buches Sozialgesetzbuch zuständigen Behörde oder,
   b) wenn ihm wegen seiner Behinderung nach den gesetzlichen Vorschriften Renten oder andere laufende Bezüge zustehen, durch den Rentenbescheid oder den die anderen laufenden Bezüge nachweisenden Bescheid.

(2) [1]**Die gesundheitlichen Merkmale „blind" und „hilflos" hat der Steuerpflichtige durch einen Ausweis nach dem Neunten Buch Sozialgesetzbuch, der mit den Merkzeichen „Bl" oder „H" gekennzeichnet ist, oder durch einen Bescheid der nach § 152 Absatz 1 des Neunten Buches Sozialgesetzbuch zuständigen Behörde, der die entsprechenden Feststellungen enthält, nachzuweisen.** [2]**Dem Merkzeichen „H" steht die Einstufung als pflegebedürftige Person mit schwersten Beeinträchtigungen der Selbständigkeit oder der Fähigkeiten in die Pflegegrade 4 oder 5 nach dem Elften Buch Sozialgesetzbuch, dem Zwölften Buch Sozialgesetzbuch oder diesen entsprechenden gesetzlichen Bestimmungen gleich.**

(2a) **Den Nachweis der Einstufung in einen Pflegegrad nach dem Elften Buch Sozialgesetzbuch, dem Zwölften Buch Sozialgesetzbuch oder diesen entsprechenden gesetzlichen Bestimmungen hat der Steuerpflichtige durch Vorlage des entsprechenden Bescheides nachzuweisen.**

(3) [1]**Die Gewährung des Behinderten-Pauschbetrags setzt voraus, dass der Antragsteller Inhaber gültiger Unterlagen nach den Absätzen 1 und 2 ist.** [2]**Bei erstmaliger Geltendmachung des Pauschbetrags oder bei Änderung der Verhältnisse hat der Steuerpflichtige die Unterlagen nach den Absätzen 1 und 2 zusammen mit seiner Steuererklärung oder seinem Antrag auf Lohnsteuerermäßigung, ansonsten auf Anforderung des Finanzamts vorzulegen.**

(3a) [1]**Die Berücksichtigung des Behinderten-Pauschbetrags aufgrund der nach § 152 Absatz 1 des Neunten Buches Sozialgesetzbuch festgestellten Behinderung setzt voraus, dass die für die Feststellung einer Behinderung zuständige Stelle als mitteilungspflichtige Stelle ihre Feststellungen zur Behinderung nach den Absätzen 1 und 2 auf Antrag der Person, für die die Feststellungen getroffen werden (betroffene Person), nach Maßgabe des § 93c der Abgabenordnung an die für die Besteuerung der betroffenen Person zuständige Finanzbehörde übermittelt hat.** [2]**Satz 1 gilt auch, wenn die Feststellung einer Behinderung nach den Absätzen 1 und 2 geändert wird.** [3]**Abweichend von § 93c Absatz 1 Nummer 1 der Abgabenordnung hat die mitteilungspflichtige Stelle ihre Feststellungen zur Behinderung nach den Absätzen 1 und 2 unverzüglich zu übermitteln.** [4]**Neben den nach § 93c Absatz 1 der Abgabenordnung zu übermittelnden Daten sind zusätzlich folgende Daten zu übermitteln:**

1. der Grad der Behinderung,

2. die Feststellung weiterer gesundheitlicher Merkmale, die mit dem folgenden Merkzeichen gekennzeichnet sind:
   a) G (erheblich gehbehindert),
   b) aG (außergewöhnlich gehbehindert),
   c) B (ständige Begleitung notwendig),
   d) H (hilflos),
   e) Bl (blind),
   f) TBl (taubblind),

3. das Datum des Eingangs des Antrags auf Feststellung einer Behinderung,

4. das Datum des Bescheides über die jeweilige Feststellung einer Behinderung,

5. die Dauer der Gültigkeit der jeweiligen Feststellung einer Behinderung nach Nummer 1 und 2.

[5]Die betroffene Person hat der mitteilungspflichtigen Stelle zu diesem Zweck ihre Identifikationsnummer (§ 139b der Abgabenordnung) mitzuteilen. [6]Ist in Härtefällen der mitteilungspflichtigen Stelle die Identifikationsnummer nicht bekannt, kann sie diese beim Bundeszentralamt für Steuern anfragen. [7]In der Anfrage dürfen nur die in § 139b Absatz 3 der Abgabenordnung genannten Daten der betroffenen Person angegeben werden, die der mitteilungspflichtigen Stelle bekannt sind. [8]Das Bundeszentralamt für Steuern teilt der mitteilungspflichtigen Stelle die Identifikationsnummer mit, sofern die übermittelten Daten mit den nach § 139b Absatz 3 der Abgabenordnung beim Bundeszentralamt für Steuern gespeicherten Daten übereinstimmen. [9]Die mitteilungspflichtige Stelle darf die Identifikationsnummer nur verarbeiten, soweit dies für die Erfüllung der Übermittlung erforderlich ist. [10]§ 72a Absatz 4, § 93c Absatz 1 Nummer 3 und Absatz 4 sowie § 203a der Abgabenordnung finden keine Anwendung. [11]Die betroffene Person kann ihren Antrag nach Satz 1 gegenüber der mitteilungspflichtigen Stelle mit Wirkung für die Zukunft widerrufen; die mitteilungspflichtige Stelle hat dies der für die Besteuerung der betroffenen Person zuständigen Finanzbehörde nach Maßgabe des § 93c der Abgabenordnung unter Angabe des Datums des Eingangs des Widerrufs unverzüglich mitzuteilen. [12]Ab dem Veranlagungszeitraum, der dem Veranlagungszeitraum des Widerrufs folgt, liegen die Voraussetzungen zur Berücksichtigung des Behinderten-Pauschbetrags nicht mehr vor.

(4) **[1]Ist der Mensch mit Behinderungen verstorben und kann sein Rechtsnachfolger die Unterlagen nach den Absätzen 1 und 2 nicht vorlegen, so genügt zum Nachweis eine gutachtliche Stellungnahme der nach § 152 Absatz 1 des Neunten Buches Sozialgesetzbuch zuständigen Behörde. [2]Diese Stellungnahme hat die Finanzbehörde einzuholen.**

Einkommensteuer-/Lohnsteuer-Richtlinien: EStR 33b; EStH 33b; LStH 33b.

Übersicht

I. Allgemeines

1 **1. Bedeutung; Aufbau.** § 33b sieht für bestimmte agB Pauschbeträge vor, die das Besteuerungsverfahren **vereinfachen** sollen (zulässige Typisierung im Bereich des subj Nettoprinzips). Der Behindertenpauschbetrag (§ 33b III) wird inzwischen jährl von mehr als 4,5 Mio StPfl in Anspruch genommen (s BT-Drs 19/22675, 9 f). – **§ 33b I–III** regeln die pauschale Berücksichtigung lfd typischer Mehraufwendungen bei Behinderungen. **§ 33b IV** enthält einen Pauschbetrag für die Bezieher von Hinterbliebenenbezügen (Billigkeitsregelung). Gem **§ 33b V** können beide Pauschbeträge auf Dritte übertragen werden. **§ 33b VI** sieht einen weiteren Pauschbetrag für den Fall der persönl Pflege hilfloser Personen vor. **§ 33b VII** ermächtigt die BReg, die Voraussetzungen des Nachweises durch RechtsVO zu regeln; hiervon hat die BReg mit **§ 65 EStDV** Gebrauch gemacht. **§ 33b VIII** sieht eine Evaluation der Regelung vor. – Liegen die Voraussetzungen für **mehrere Pauschbeträge** vor (zB für Behinderung und für Hinterbliebene), sind diese nebeneinander zu gewähren (EStR 33b I).

2 **2. Neuere Rechtsentwicklung.** Mit dem **JStG 2024** (BGBl I 24 Nr 387) ist die Ermächtigungsnorm des **§ 33b VII** ergänzt und sind die Regelungen über das elektronische Mitteilungsverfahren zum Nachweis der Behinderung und des Pflegegrades in **§ 65 IIIa EStDV** neu gefasst worden (→ Rn. 42), letzteres mit Wirkung (erst) **ab 1.1.26** (§ 84 IIIg 2 EStDV). Durch **§ 84 IIIg EStDV** ist zudem der sachl Anwendungsbereich von § 65 I Nr 1 und 2 Buchst a, II 1 und III EStDV eingeschränkt worden, ebenfalls mit Wirkung (erst) **ab 1.1.26** (Art 56 VII JStG 2024; → Rn. 44a). – S iÜ zur Rechtsentwicklung → 43. Aufl 2024, § 33b Rn. 2; *BH/Baldauf* § 33b Rn. 2.

3 **3. Verfassungsmäßigkeit.** Die Bestimmung ist verfgemäß, da StPfl mit Behinderungen, die die Voraussetzungen der Pauschalierung nicht erfüllen, ihre tatsächl Aufwendungen als agB nach § 33 geltend machen können (BFH VI R 27/18, BStBl II 21, 86 Rn. 50). Dementsprechend hatte das BVerfG hinsichtl der **Höhe des Behindertenpauschbetrags** keinen Anpassungsbedarf gesehen, obwohl der Betrag von 1975 bis zu seiner Verdoppelung ab VZ 2021 unverändert geblieben war (BVerfG 2 BvR 1372/95, DStZ 96, 112, betr 1988–1990; BFH III B 84/01, BFH/NV 03, 1164, betr 1998, VerfBeschw nicht angenommen).

4 **4. Verhältnis zu anderen Vorschriften.** Der StPfl kann Aufwendungen, die von § 33b erfasst werden, einzeln nachweisen und, anstatt die Pauschalierung zu wählen, nach **§ 33** geltend machen (Wahlrecht); Aufwendungen, die nicht von der Pauschalierung erfasst werden (→ Rn. 8 f), können zusätzl, neben den Pauschbeträgen geltend gemacht werden. **§ 33a** ist neben § 33b mögl, ebenso **§ 35a II** neben § 33b VI (so zutr *Plenker* DB 10, 365; vgl → § 35a Rn. 11); § 33b I schließt § 35a II aus (keine Doppelberücksichtigung, → § 35a Rn. 25; BFH VI R 12/12, BStBl II 14, 970; *BMF* BStBl I 16, 1213 Rn. 33). IRd Verlustabzugs nach **§ 10d** werden die Pauschbeträge nicht berücksichtigt (vgl → § 33 Rn. 6). IEinz auch → Rn. 8 ff, 32 und 41; zu Gestaltungsmöglichkeiten: *KKM* § 33b A 70 ff.

6 **5. Persönlicher Anwendungsbereich.** Die Pauschbeträge gelten für unbeschr StPfl (§ 1 I, II) und für Grenzpendler (§ 1 III), gem § 50 I 3 aber *nicht* für beschr StPfl (BFH III R 15/04, BStBl II 05, 828). – Bei getrennter Veranlagung ist eine hälftige Übertragung gem § 26a II 2 zulässig (BFH III R 2/17, BStBl II 18, 468; → § 26a Rn. 4).

II. Zu berücksichtigende Pauschbeträge

8 **1. Behinderten-Pauschbetrag. – a) Typischer Mehraufwand, § 33b I.** Mit dem Pauschbetrag sollen nur bestimmte, mit der Behinderung typischerweise zusammenhängende Mehraufwendungen des StPfl ohne die nach § 33 erforderl Einzel-

nachweise abgegolten werden. Entstehen daneben weitere Kosten, können diese unter den Voraussetzungen des § 33 *neben* dem Pauschbetrag geltend gemacht werden (vgl auch BFH VI R 7/09, BStBl II 10, 280: behindertengerechter Hausumbau). – Der Mehraufwand wird bei Nachweis einer entspr Behinderung (→ Rn. 12 ff) **typisierend unterstellt;** ein *tatsächl* entstandener Mehraufwand muss nicht nachgewiesen werden (BFH VI R 107/76, BStBl II 79, 260: Vereinfachungszweck der Regelung; BT-Drs 19/21985, 16 f).

aa) Abgrenzung, § 33b I 1. – (1) Umfang. Die Pauschalierung deckt nur Aufwendungen für Hilfe bei den gewöhnl und regelmäßig wiederkehrenden Verrichtungen des tägl Lebens, für Pflege und für erhöhten Wäschebedarf ab. Sonstige Aufwendungen werden von der Typisierung nicht erfasst und sind durch § 33b nicht abgegolten, auch wenn sie mit der Behinderung zusammenhängen (vgl BR-Drs 544/07, 71: zB Aufwendungen für Heilbehandlungen, Kuren, Arzneimittel und bestimmte Kfz-Kosten etc; EStR 33b I; krit *Best* DStZ 11, 719). Das gilt auch für behinderungsbedingte Fahrtkosten nach § 33 IIa (→ § 33 Rn. 67). – **Beispiele** → 39. Aufl 2020, § 33b Rn. 9 aE. 9

(2) Wahlrecht. Der StPfl kann auf die Anwendung des § 33b verzichten und Aufwendungen im Rahmen des § 33 einzeln nachweisen oder glaubhaft machen (BFH III R 16/89, BStBl II 95, 408). Sinnvoll ist dies, wenn die unter § 33b I 1 fallenden Aufwendungen die Pauschalen des § 33b III übersteigen (Nachteil: Ansatz der zumutbaren Belastung, § 33 III). Das Wahlrecht gilt auch für den erhöhten Pauschbetrag nach § 33b III 3 (vgl BFH VI R 106/78, BStBl II 81, 130). 10

bb) Einheitliche Ausübung, § 33b I 2. Verzichtet der StPfl auf die Pauschalierung, so gilt dies bezogen auf den jeweiligen VZ für alle mit dem Pauschbetrag abgegoltenen Aufwendungen (vgl BFH VI B 20/11, BFH/NV 11, 1863). Ein Teilverzicht ist nicht möglich. Der StPfl kann also nicht zB Pflegekosten iRd § 33 geltend machen und hinsichtl des erhöhten Wäschebedarfs den Pauschbetrag beanspruchen (vgl auch BR-Drs 544/07, 71). Allerdings kann das Wahlrecht in jedem VZ erneut ausgeübt werden. 11

b) Anspruchsberechtigung, § 33b II. – aa) Grad der Behinderung (GdB); Hilflosigkeit. Die Pauschalierung knüpft **seit VZ 2021** (→ Rn. 2) nur noch an den GdB des StPfl und an den Begriff der Hilflosigkeit (§ 33b III 3) bzw an weitere gesundheitl Merkmale an (s § 33b III 4). Was eine Behinderung ist, richtet sich nach der sozialrechtl Legaldefinition des § 2 I SGB IX (iEinz → § 32 Rn. 46). Allerdings kommt es iRd § 33b allein auf den tatsächl **festgestellten GdB** an (→ Rn. 14; FG Mchn EFG 18, 1960, bestätigt durch BFH VI R 27/18, BStBl II 21, 86) bzw die **festgestellten gesundheitl Merkmale** (hilflos etc, → Rn. 15). Mindestvoraussetzung ist ein GdB von 20. – Zum **Nachweis** → Rn. 42 ff. Zur Rechtslage **bis VZ 2020** → 39. Aufl 2020, § 33b Rn. 12 ff. 12

bb) Verfahren. Das sozialrechtl **Feststellungsverfahren** wird auf Antrag des StPfl gem § 152 I 1 SGB IX von den nach dem BVG zuständigen Behörden durchgeführt (idR Versorgungsämter). Die Feststellung umfasst auch die gesundheitl Merkmale iSv § 33b III (s § 152 IV SGB IX). Eine rückwirkende Feststellung setzt ein **„besonderes Interesse"** voraus (§ 152 I 2 SGB IX); die beabsichtigte Beanspruchung von StVorteilen kann ein solches Interesse begründen (BSG B 9 SB 1/11 R, BeckRS 2012, 68057), solange die estl Festsetzungsfrist noch nicht abgelaufen ist (LSG BW L 6 SB 4715/17, BeckRS 2019, 2922). Für Rechtsstreitigkeiten sind (nur) insoweit die **Sozialgerichte** zuständig; s auch *Kainz* NZS 19, 921 mwN. – Wird der dauernde GdB nach **Bestandskraft des EStBescheids** mit Wirkung für die Vergangenheit geändert oder erstmals festgesetzt, ist der EStBescheid gem § 175 I 1 Nr 1 AO zu ändern. Denn der Bescheid, der den GdB festsetzt, ist **Grundlagenbescheid** iSv § 171 X AO (BFH III R 35/87, BStBl II 91, 717); § 175 II 2 AO ist nicht anwendbar 13

(*TK* § 175 AO Rn. 48). Die Änderung ist unabhängig davon vorzunehmen, ob der StPfl für das Jahr des bestandskräftigen EStBescheids bereits einen Antrag nach § 33b gestellt hatte oder ob bei StFestsetzung bereits ein Grundlagenbescheid vorlag. – Zum erforderl **Nachweis** → Rn. 42 ff.

14 **c) Anspruchshöhe, § 33b III. – aa) Staffelung nach dem Grad der Behinderung (GdB), § 33b III 1 und 2.** Die Pauschbeträge sind nach dem dauernden GdB des StPfl gestaffelt; die Staffelung ist dem Grunde und der Höhe nach verfkonform (zu § 33b III aF: BFH VI R 158/90, BFH/NV 98, 441). Die Stufen sind **seit VZ 2021** an das Sozialrecht angepasst worden (§ 152 I 4, 5 SGB IX: Zehnergrade, mindestens GdB von 20); die bislang geltenden Beträge sind verdoppelt worden. – **Dauernd** ist ein GdB, wenn er für mehr als sechs Monate bestanden hat (BFH VI R 164/80, BStBl II 85, 129). Das ergibt sich aber bereits aus § 2 I SGB IX und ist iRd Feststellungsverfahrens (→ Rn. 13) zu berücksichtigen; dem Begriff „dauernd" kommt daher mE in § 33b III wegen des Vereinfachungszwecks der Pauschalierung (→ Rn. 8 aE) *keine* eigenständige Bedeutung zu. – Es handelt sich um **Jahresbeträge,** die (anders als nach § 33a III) auch dann vollständig beansprucht werden können, wenn die Voraussetzungen nicht während des ganzen Kj vorgelegen haben (keine zeitanteilige Kürzung, vgl BFH VI R 107/76, BStBl II 79, 260). Ändert sich der GdB im Laufe des Kj, richtet sich der Pauschbetrag nach dem im Kj festgestellten höchsten Grad. Treffen bei einem StPfl mehrere Arten von Behinderung zusammen, ist gleichwohl **nur ein Pauschbetrag** zu gewähren, der sich ebenfalls **nach dem höchsten GdB** richtet.

15 **bb) Gesundheitliche Merkmale, § 33b III 3–5.** Einen **erhöhten Pauschbetrag iHv 7400 €** erhalten Hilflose, Blinde und Taubblinde gem § 33b III 3 Hs 1 (zu den Merkmalen s auch § 3 SchwbAwV). Der erhöhte Pauschbetrag schließt gem § 33b III 3 Hs 2 die Inanspruchnahme eines Pauschbetrags nach § 33b III 2 aus, auch wenn ein entspr GdB festgestellt worden ist.

16 **(1) Blind; Taubblind.** Blind iSd § 33b III 3 ist ein StPfl nicht nur dann, wenn er überhaupt nichts mehr sieht, sondern bei einer Sehschärfe von 1/50 oder weniger (§ 72 V SGB XII, § 3 I Nr 3 SchwbAwV). Taubblind ist, wer wegen Störung der Hörfunktion mindestens einen GdB von 70 und wegen Störung des Sehvermögens einen GdB von 100 hat (§ 3 I Nr 8 SchwbAwV). Gehörlose können den erhöhten Pauschbetrag nicht beanspruchen (FG Bln EFG 87, 248, rkr).

17 **(2) Hilflos.** Zu den **regelmäßig wiederkehrenden Verrichtungen** des tägl Lebens iSv **§ 33b III 4,** für die fremde Hilfe erforderl sein muss, gehören Körperpflege (Waschen, Duschen, Baden etc), Ernährung, Mobilität (Aufstehen und Zu-Bett-Gehen, An- und Auskleiden etc) und hauswirtschaftl Versorgung (Einkaufen, Kochen, Wohnungsreinigung etc; s iEinz BFH VI R 52/17, BStBl II 20, 97 Rn. 15, unter Hinweis auf § 14 SGB XI), ferner Verrichtungen, die der psychischen Erholung, geistigen Anregung und der Kommunikation dienen (insb Sehen, Hören, Sprechen und Fähigkeit zu Interaktionen – vgl LSG Nds BeckRS 2019, 9143 mwN: idR Betreuungsaufwand von mindestens **2 Stunden tägl** für mindestens **drei alltägl Verrichtungen;** krit *Kube* NZS 04, 458; *KKM* § 33b E 16 ff). Behinderung bzw Feststellung eines GdB wird nicht vorausgesetzt (BT-Drs 19/21985, 19 aE: Hilflosigkeit kann grds auch unterhalb der Pflegegrade 4 und 5 vorliegen). – Gem **§ 33b III 5** genügt auch die Notwendigkeit der Überwachung, der Anleitung oder ständigen Bereitschaft zur Hilfeleistung. – Diese Beurteilungsmaßstäbe haben sich durch die Neuregelungen der §§ 14, 15 SGB XI bzw § 72 SGB XIV **ab 1. 1. 24** nicht geändert (LSG BaWü L 6 SB 1577/23, BeckRS 2023, 2754).

Ein **Kleinkind** ist nur dann hilflos iSd § 33b III, wenn eine *besondere* Pflegebedürftigkeit vorliegt, die die bei Kindern derselben Altersstufe regelmäßig bestehende Hilflosigkeit dauernd wesentl übersteigt; dies muss nachgewiesen werden (BFH VI R 107/76, BStBl II 79, 260).

2. Hinterbliebenen-Pauschbetrag, § 33b IV. Begünstigt sind nur Hinterbliebene, denen auf Grund der in § 33b IV 1 genannten Gesetze (EStH 33b) Hinterbliebenenbezüge bewilligt worden sind; nach § 33b IV 2 genügen auch ruhende oder abgefundene Bezüge. Die Bezüge sind dem Grunde nach durch amtl Unterlagen (zB Rentenbescheid) nachzuweisen (§ 65 III EStDV). Der Pauschbetrag ist personenbezogen; Berücksichtigung bei Zusammenveranlagung → § 33 Rn. 19 mwN. 22

3. Übertragung der Pauschbeträge, § 33b V. – a) Pauschbetrag des Kindes, § 33b V 1. Pauschbeträge nach § 33b I–IV können übertragen werden, wenn sie einem Kind zustehen und das Kind sie nicht selbst in Anspruch nimmt. Das Kind muss seinerseits *alle* Voraussetzungen für die Inanspruchnahme des jeweiligen Pauschbetrags erfüllen und insb selbst unbeschr stpfl bzw als unbeschr stpfl zu behandeln sein (→ Rn. 6; vgl BFH III R 15/04, BStBl II 05, 828). Lebt das Kind in einem EU-/EWR-Mitgliedstaat ist das unionsrechtl problematisch (→ § 33a Rn. 32 mwN; *KKM* § 33b Rn. D 9; *BeckOK EStG* § 33b Rn. 126; s auch BFH I R 6/91, BStBl II 97, 20: Grenzpendler). 24

aa) Übertragungsempfänger. Empfänger kann nur ein StPfl sein, der seinerseits unbeschr stpfl ist (gem § 1 I–III, → Rn. 6) und dem für das betr Kind ein Anspruch auf einen Freibetrag nach § 32 VI oder KiGeld zusteht. Demnach muss es sich nicht notwendig um die leibl Eltern oder Adoptiveltern des Kindes handeln; auch auf Groß- oder Stiefeltern(teile) können die Pauschbeträge übertragen werden (vgl § 32 VI 10, → § 32 Rn. 95 f). 25

bb) Antragsrecht. Die Übertragung erfolgt auf Antrag. Dabei kann es sich nur um den Antrag des StPfl handeln; denn die Interessen des Kindes werden ausreichend dadurch geschützt, dass eine Übertragung tatbestandl nur zulässig ist, wenn das Kind die Pauschbeträge selbst nicht in Anspruch nimmt. Macht das Kind die Aufwendungen als agB nach § 33 geltend, ist der Ansatz der Pauschbeträge bereits nach § 33b I 1 ausgeschlossen. Dem Anspruch des Kindes kommt also in jedem Fall Vorrang zu (so iErg auch *Kanzler* NWB 20, 2000 (2005)). Ob das Kind einer Übertragung (ausdrückl/konkludent) zustimmt bzw nicht widerspricht, muss daher mE nicht zusätzl geprüft werden (**aA** *KKM* § 33b D 3; *BH/Baldauf* § 33b Rn. 86; *HHR/Schüler-Täsch* § 33b Rn. 72; zu einer entspr Anwendung von § 10 Ia Nr 1 S 4 und 5 s *Kanzler* NWB 21, 840 (845)). 26

cc) Rechtsfolge. Der Pauschbetrag kann **nur vollständig** vom Kind auf eine andere Person übertragen werden, nicht teilweise. Er kann auch nicht von den Eltern auf ein Kind übertragen werden (FG Mster EFG 90, 111, rkr; ähnl auch BFH III B 43/87, HFR 89, 429, zu § 33b V aF). Die Regelung gilt zudem ausdrückl nur für den Behinderten- und den Hinterbliebenen-Pauschbetrag bzw (mit Wirkung ab VZ 2021) auch für die Fahrtkostenpauschale des § 33 IIa (→ § 33 Rn. 69). Auf andere Pauschbeträge bzw auf vergleichbare Fälle der Übernahme pauschal berücksichtigter Aufwendungen durch Dritte kann sie **nicht entspr angewendet** werden (BFH III R 15/04, BStBl II 05, 828). 27

b) Konkurrenz mehrerer Elternteile, § 33b V 2–4. Eine Konkurrenzsituation kann nur dann entstehen, wenn die Eltern nicht zusammenveranlagt werden, da sie andernfalls als *ein* StPfl behandelt werden (§ 26b). Betroffen sind somit grds Eltern, die nach § 26a veranlagt werden, sowie Eltern, die die Voraussetzungen des § 26 nicht erfüllen, weil sie getrennt leben, unverheiratet oder geschieden sind. Beide Eltern müssen einen Antrag auf Übertragung gestellt haben; denn grds kann jeder Elternteil (unabhängig vom anderen) anstelle des anteiligen Pauschbetrags den Abzug der ihm tatsächl entstandenen Aufwendungen nach § 33 wählen. 28

aa) Aufteilung. Grundregel ist die **hälftige Aufteilung** des Pauschbetrags auf beide Elternteile (§ 33b V 2). Das setzt allerdings voraus, dass der Kinderfreibetrag nicht auf den anderen Elternteil übertragen worden ist (vgl BT-Drs 17/6146, 19; 29

BMF BStBl I 13, 845). – Seit VZ 2000 können die Eltern gem § 33b V 3 gemeinsam eine **anderweitige Aufteilung** beantragen (verfahrensrechtl s AEAO Vor §§ 172–177, Nr 8; FG Saarl EFG 03, 1449, rkr). – Bei **getrennter Veranlagung** werden agB gem § 26a II grds bei dem Elternteil berücksichtigt, der sie wirtschaftl getragen hat; § 26a II verdrängt § 33b V 2 (BFH III R 1/11, BStBl II 12, 861; BFH III R 2/17, BStBl II 18, 468; → § 26a Rn. 4, auch zur Möglichkeit einer insges hälftigen Aufteilung von SA und agB).

30 **bb) Rechtsfolge.** Auch bei abw Aufteilung nach § 33b V 3 besteht **keine Möglichkeit,** die Aufwendungen **nach § 33** geltend zu machen (§ 33b V 4). – Im LStErmäßigungsverfahren (§ 39a I Nr 4) und bei Festsetzung der ESt-Vorauszahlungen ist eine andere Aufteilung der Pauschbeträge zu berücksichtigen. Zur Veranlagung bei Bezug von Einkünften aus nichtselbständiger Arbeit → § 46 Rn. 21.

31 **c) Identifikationsnummer, § 33b V 5.** Die seit VZ 2021 erforderl Angabe der IdNr (§ 139b AO) dient der Vermeidung von Mehrfachberücksichtigungen (BT-Drs 19/21985, 17 f). Bei Unkenntnis kann § 10 Ia 8 und 9 entspr herangezogen werden (s *Kanzler* NWB 21, 840 (845)).

32 **d) Verhältnis zu anderen Vorschriften.** Aufwendungen des StPfl für das behinderte Kind, die nicht durch den Pauschbetrag abgegolten sind (→ Rn. 8 f), können gem § 33, § 33a und § 35a *neben* dem übertragenen Pauschbetrag geltend gemacht werden (BFH VI R 61/08, BStBl II 10, 621: Heimunterbringung; BFH VI R 158/72, BStBl II 75, 825: Kfz-Kosten; SchlHFG EFG 81, 132, rkr, Freibetrag für auswärtige Unterbringung zur Berufsausbildung gem § 33a II 1; *BMF* BStBl I 16, 1213 Rn. 33; EStR 33b II). Wird der erhöhte Pauschbetrag für ein **hilfloses Kind** auf den StPfl übertragen, kann er daneben nicht mehr die Kosten für die Unterbringung in einer Heil- und Pflegeanstalt nach § 33 geltend machen (BFH VI R 291/67, BStBl II 68, 647).

33 **4. Pflege-Pauschbetrag, § 33b VI. – a) Bedeutung.** Der Pflege-Pauschbetrag soll die Versorgung Pflegebedürftiger in ihrer gewohnten Umgebung fördern. Zu diesem Zweck unterstellt das Gesetz Aufwendungen der Pflegeperson, die nicht nach § 33 iEinz nachgewiesen oder glaubhaft gemacht werden müssen (Wahlrecht, → Rn. 39); dh, sie können ohne Aufzeichnungen und Belege (pauschal) geltend gemacht werden (BFH VI R 52/17, BStBl II 20, 97 Rn. 14). Dies gilt **seit VZ 2021** bereits **ab Pflegegrad 2** (unabhängig von einer Einstufung als „hilflos", s BT-Drs 19/21985, 18); zur bis VZ 2020 geltenden Regelung → 39. Aufl 2020, § 33b Rn. 33 ff. – Die Pflege-Pauschbeträge nach § 33b VI 3 sind **Jahresbeträge** (→ Rn. 14; **aA** FG BW EFG 98, 1334, rkr). Zu den Anforderungen an die **Darlegung** des StPfl s BFH VI B 1/22, BFH/NV 22, 1293.

34 **b) Versorgung Pflegebedürftiger, § 33b VI 1 und 2. – aa) Persönliche Pflege.** Die Pflege muss durch den StPfl selbst erfolgen, der sich jedoch der Mithilfe anderer Personen bedienen darf (zB ambulante Pflegekraft); auch ist es unschädl, wenn der Pflegebedürftige zusätzl eine angestellte Hilfe hat (zu § 35a → Rn. 4). Anleitende Unterstützungsleistungen gehören auch zur Pflege (s BT-Drs 19/21985, 148). – Eine **Mindestpflegedauer** bestimmt das Gesetz nicht. Aus dem Erfordernis der Pflege eines ständig auf fremde Hilfe angewiesenen Pflegebedürftigen folgt aber mE, dass die Pflegeperson insoweit planmäßig den Ersatz einer Dritthilfe (nicht Kosten) in nicht nur untergeordnetem Umfang bewirken soll. Ob es für den gesamten VZ dazu kommt, ist nicht entscheidend. Als nicht ledigl untergeordnet (**mehr als 10%** – FG Ddorf EFG 18, 567, mit Anm *Kühnen,* allerdings offen gelassen im Folgeurteil BFH VI R 52/17, BStBl II 20, 97; glA SächsFG EFG 24, 1394 rkr; **aA** *BH/Baldauf* § 33b Rn. 126) ist zB die Pflege eines Kindes an den Wochenenden durch die Eltern anzusehen, auch wenn sich das Kind während der Woche in einem Heim befindet (FG Mchn EFG 95, 722, rkr; *Kanzler* FR 92, 669 (674)).

bb) Häusliche Pflege. Die Pflege muss entweder in der **Wohnung** des Pflegebedürftigen oder in der Wohnung des StPfl erfolgen, der den Pflege-Pauschbetrag geltend macht. Der Wohnungsbegriff ist dem Gesetzeszweck entspr grds weit aufzufassen (*Kanzler* FR 92, 669; zu Grenzfällen s *Kanzler* FR 20, 808 (815)) iSe Bleibe, eines Zimmers in einer anderen Wohnung, auch einer „Wohnung" im Altenheim (glA SächsFG EFG 24, 1394 rkr; *KKM* § 33b Rn. E 5 f; enger: *BH/Baldauf* § 33b Rn. 122); es soll ledigl sichergestellt werden, dass die persönl (häusl) Pflege begünstigt wird, nicht der Krankenbesuch. Ob bei **Heimunterbringung** überhaupt ein Pflege-Pauschbetrag iSv § 33b VI EStG geltend gemacht werden kann, hat der BFH offengelassen (BFH VI R 52/17, BStBl II 20, 97). – Die Wohnung muss sich im Inl oder in einem **EU-/EWR-Mitgliedstaat** befinden. 35

cc) Keine Einnahmen. Nach § 33b VI 1 letzter Hs darf der StPfl **für die Pflege** keine Einnahmen (§ 8) im Kj erhalten. Einnahmen idS sind grds sämtl dem StPfl iZm der Pflege zufließenden Einnahmen, unabhängig von der Höhe und davon, ob es sich um eine (ggf stfreie, § 3 Nr 36) Pflegevergütung oder um Aufwendungsersatz handelt (BFH VI R 52/17, BStBl II 20, 97; BFH III R 42/00, BStBl II 02, 417; *BMF* BStBl I 16, 1213 Rn. 43, Beispiel 6). Ausnahme: Beiträge zu RV, KV und PflV des StPfl, die die Pflegekasse übernimmt (EStR 33b VII). Eine Aufwandsentschädigung gem **§ 1835a BGB** ist keine Einnahme idS, da sie nicht für die Pflege, sondern für die Betreuung (§§ 1896 ff BGB) geleistet wird (BFH VI R 52/17, BStBl II 20, 97 Rn. 13). Unschädl ist eine Weiterleitung des Pflegegeldes an die Pflegeperson, wenn diese die Mittel ledigl treuhänderisch verwaltet und deren tatsächl Verwendung für den Pflegebedürftigen nachweist (BFH III R 98/06, BFH/NV 09, 131 mwN; EStH 33b). Wird das **Pflegegeld** iSd § 3 Nr 36 an **Eltern eines behinderten Kindes** gezahlt, handelt es sich gem § 33b VI 2 idF des StÄndG 2003 (BGBl I, 2645) von vornherein nicht um schädl Einnahmen (BT-Drs 15/1945, 9). 36

dd) Zwangsläufigkeit. Wegen der Einordnung des Aufwands als agB und der Bezugnahme auf § 33 in § 33b VI 1 verlangt die Rspr, dass es sich um zwangsläufige Aufwendungen handeln muss (BFH III R 4/95, BStBl II 97, 199; krit *KKM* § 33b Rn. E 7 f); jedoch sollen hieran wegen der Zielsetzung der Pauschalierung (→ Rn. 34) keine allzu hohen Anforderungen gestellt werden (BFH III B 85/04, BFH/NV 05, 1048). Zwangsläufigkeit ist bei **Angehörigen** in Form sittl Verpflichtung stets gegeben, wird aber auch indiziert, wenn Aufwendungen und **Pflege durch Dritte** geleistet werden, die zu dem Pflegebedürftigen in einer sonstigen *engen persönl Beziehung* stehen (BFH VI R 52/17, BStBl II 20, 97 Rn. 21), zB bei Nachbarschaftshilfe. 37

Beispiele – Zwangsläufigkeit verneint: Ehrenamtl Pflege eines Aids-Kranken (BFH III R 4/95, BStBl II 97, 199); Pflege durch amtl bestellten Betreuer (BFH VI R 52/17, BStBl II 20, 97: da Betreuung keine Pflege iSv § 33b VI sei und eine enge persönl Beziehung weder festgestellt noch behauptet wurde; zutr dagegen die Kritik von *Kanzler* FR 20, 229 (231)).

c) Höhe des Pflege-Pauschbetrags, § 33b VI 3–7. Der frühere Pflege-Pauschbetrag von 924 € ist **seit VZ 2021** (§ 52 XXXIIIc) durch einen **dreifach gestuften Pauschbetrag** (600 €/1100 €/1800 €) abgelöst worden. Die jeweilige Höhe ist abhängig von der Feststellung des Pflegegrades (§§ 14, 15 SGB XI); diese erfolgt auf Antrag (§ 33 I SGB XI) durch Bescheid der Pflegekassen nach Begutachtung der zu pflegenden Person durch den medizinischen Dienst der KV oder einen beauftragten Gutachter (§ 18 SGB XI; *Richter* NJW 16, 598 mwN). – Die niedrigste Stufe wird bereits für den Pflegegrad 2 gewährt. **Hilflosigkeit** (§ 33b III 4, → Rn. 17) wird nicht mehr vorausgesetzt, ist aber gem § 33b VI 4 den Pflegegraden 4 und 5 gleichgestellt und führt zum Ansatz des **Höchstbetrags (1800 €).** – Wie bei § 33b III (→ Rn. 14) wird nur *ein* Pauschbetrag gewährt, der sich nach dem jeweils höchsten im Kj festgestellten Pflegegrad bemisst, auch wenn dieser im Verlauf des Jahres wieder wegfällt (§ 33b VI 5). Bei Hilflosigkeit gilt das gleichermaßen (§ 33b VI 6 und 7). – Pflegt ein 38

StPfl **mehrere Pflegebedürftige** persönl, kann er entspr mehrere Pauschbeträge geltend machen.

39 **d) Identifikationsnummer, § 33b VI 8.** Auch die Inanspruchnahme des Pflege-Pauschbetrags setzt seit VZ 2021 die Angabe der IdNr (§ 139b AO) des Pflegebedürftigen zur Vermeidung von Mehrfachberücksichtigungen voraus (→ Rn. 31, auch zu entspr Anwendung von § 10 Ia 8 und 9).

40 **e) Mehrere Pflegepersonen, § 33b VI 9.** Bei Pflege durch mehrere Personen (gleichzeitig oder nacheinander) ist der jeweilige Pauschbetrag **nach Köpfen aufzuteilen** (BFH III R 34/07, BFH/NV 08, 1827). Das gilt unabhängig davon, ob sich der (anteilige) Pauschbetrag bei den einzelnen Personen estl auswirkt (BFH III VI R 102/96, BStBl II 98, 20) bzw ob diese den Pauschbetrag geltend machen (BFH III R 34/07, BFH/NV 08, 1827). Weitergeleitetes Pflegegeld oder sonstige **Einnahmen** sind auch in diesem Fall schädl (→ Rn. 36). Erhält jedoch nur *ein* StPfl schädl Einnahmen, steht der Pauschbetrag in voller Höhe der anderen Pflegeperson zu (vgl BFH III R 98/06, BFH/NV 09, 131); die Beweislast trifft den StPfl (BFH III B 89/07, BFH/NV 08, 1328).

41 **f) Konkurrenz.** Der Pauschbetrag soll Aufwendungen abgelten, die der Pflegeperson **infolge der Pflegetätigkeit** erwachsen; weitere Aufwendungen, die nicht infolge der Pflegetätigkeit erwachsen sind, können nach §§ 33 I, 33a neben § 33b VI abgezogen werden (zB Kosten der Unterbringung in einer Tagesstätte während der Arbeits-/Urlaubszeit der Pflegeperson; BFH VI R 7/09, BStBl II 10, 280; BFH VI R 16/10, BStBl II 11, 1012). – Bei Nachweis der von § 33b VI erfassten Aufwendungen kann anstelle des Pauschbetrags der Abzug nach § 33 I gewählt werden. Dabei gelten die regulären (im Verhältnis zu → Rn. 35 strengeren) Anforderungen an den Nachweis der Zwangsläufigkeit gem § 33 II (FG Brem EFG 05, 365, rkr). – Der Pauschbetrag nach § 33b VI kann neben einem gem § 33b V übertragenen Pauschbetrag nach § 33b III abgezogen werden (FG Nbg EFG 94, 333, rkr; EStR 33b VI); denn die Übertragung nach § 33b V hängt nicht davon ab, wer die Aufwendungen trägt. Der Abzug nach § 33b VI ist auch mögl, wenn ein **Ehegatte/Lebenspartner** den anderen pflegt und dieser den Behinderten-Pauschbetrag nach § 33b III in Anspruch nimmt. Die dem Pflegebedürftigen zustehenden Beträge (§§ 33 I, 33a III, 33b) werden nicht beeinträchtigt (**aA** zu § 33a III 2: *Kanzler* FR 92, 669). Zum Verhältnis § 33b VI/§ 33 s BFH III R 265/94, BStBl II 97, 558.

42 **5. Nachweise, § 33b VII. – a) Zwingende Vorgaben, § 65 EStDV.** Der Nachweis der Behinderung kann grds nur nach den Vorgaben des § 65 EStDV erbracht werden (BFH VI B 143/14, BFH/NV 15, 975 Rn. 4 mwN; EStH 33b). Der StPfl muss sich den Nachweis selbst beschaffen; das FA muss ihn ggf unterstützen (FG Hmb EFG 82, 412, rkr). Zum **Nachweis nach Tod** des Behinderten s § 65 IV EStDV, FG Hmb EFG 02, 280, rkr. – Gem § 65 III EStDV hat der StPfl die Nachweise dem FA mit der StErklärung oder dem LStErmäßigungsantrag vorzulegen. Die zuständigen Behörden haben auf Verlangen des StPfl die für estl Zwecke erforderl Bescheinigungen auszustellen (auch → Rn. 13). Eine **gutachterl Stellungnahme** ist ausreichend, wenn durch das förml Nachweisverfahren das Wohl des Kindes gefährdet würde (vgl → § 32 Rn. 47). – Mit dem StVerfModG (BGBl I 16, 1679) ist § 65 III EStDV geändert und ein neuer Abs 3a eingefügt worden. Die Nachweise müssen nur noch bei **erstmaliger Geltendmachung** des Pauschbetrags und ansonsten auf Anforderung vorgelegt werden. Die Regelungen zur **elektronischen Übermittlung** der erforderl Feststellungen, mit denen eine maschinelle Bearbeitung ermöglicht werden soll, sind zum 1.1.2026 in Kraft getreten (§ 84 IIIg 2 EStDV, → Rn 44).

Ein in einem **EU/EWR-Staat** ansässiges Kind (→ Rn. 1) bzw sein Erziehungsberechtigter kann sich an das zuständige Auslandsversorgungsamt wenden und nach Vorlage von Befunden einen Feststellungsbescheid über den GdB erlangen (*BMF* BStBl I 97, 1016; EStH 33b). Zur Bedeutung der **„Anhaltspunkte für ärztl Gutachtertätigkeit"** als antizipiertes Sachverständigengutachten und ab 2009 den **„Versorgungsmedizinischen Grundsätzen"** s LSG BW L 6 VH 3682/20, BeckRS 2022, 8027; *KKM* § 33b Rn. A 57.

b) Bindungswirkung. An den Inhalt der Bescheinigungen der zuständigen Behörden sind FA und FG gebunden (BFH III R 244/83, BStBl II 88, 436; AEAO zu § 175, 1.1; BSG B 13 R 15/15 R, NZS 17, 753 Rn. 40: besondere Kompetenz der Versorgungsverwaltung, Schutz des Betroffenen; *BH/Baldauf* § 33b Rn. 61; ähnl auch BFH VII R 4/19, HFR 22, 1076; **aA** FG Bln EFG 84, 359: freie Beweiswürdigung, mE unzutr). Dass FA muss eine Bescheinigung, die bereits *vor* Erlass des StBescheids erteilt wurde, auch dann gem **§ 175 I 1 Nr 1 AO** berücksichtigen, wenn der StPfl die Gewährung des Pauschbetrags erst nach Eintritt der Bestandskraft des StBescheids stellt (BFH III R 204/81, BStBl II 86, 245; ebenso zu § 33b VI: FG Ddorf BeckRS 2025, 32543, Rev VI R 19/25). Ein durch bestandskräftige Neufeststellung herabgesetzter GdB auf den Neufeststellungszeitpunkt ist für die Besteuerung bindend, auch wenn der Schwerbehindertenausweis bis zur Bestandskraft fortgilt (s BFH III R 167/86, BStBl II 90, 60). 43

c) Form des Nachweises. – ***(1)* Behinderung, § 65 I EStDV.** Bei einem **GdB von mindestens 50** Nachweis durch Vorlage des Ausweises nach § 152 V iVm § 2 II SGB IX oder eines Bescheids der nach § 152 I SGB IX zuständigen Behörde (→ Rn. 13); bei einem **GdB von mindestens 20** durch Vorlage eines Bescheids nach § 152 I SGB IX oder einer entspr Bescheinigung (§ 152 II SGB IX); alternativ durch Rentenbescheid etc (§ 65 I Nr 2 Buchst b EStDV – entspr der früheren VerwPraxis, *BMF* BStBl I 21, 300). Kein hinreichender Nachweis: auf Berufsunfähigkeit gestützter Rentenbescheid (BFH VI R 199/67, BStBl II 68, 606; NdsFG EFG 05, 1774, rkr). – ***(2)* Gesundheitliche Merkmale, § 65 II EStDV.** Zu den einzelnen Merkmalen → Rn. 15 ff. Nachweis durch Vorlage eines Ausweises nach § 152 V SGB IX mit dem entspr Merkzeichen (§ 3 SchwbAwV) oder eines Bescheides der nach § 152 I SGB IX zuständigen Behörde (BFH III B 109/00, BFH/NV 01, 1116); ggf gem § 65 II 2 EStDV Nachweis der Einstufung als Schwerstpflegebedürftiger in die Pflegegrade 4 und 5 (s *(3)*). – ***(3)* Pflegegrade, § 65 IIa EStDV.** Vorlage eines Bescheides über die Feststellung des jeweiligen Pflegegrades nach SGB XI, dem SGB XII oder entspr gesetzl Bestimmungen (auch → Rn. 38). – ***(4)* Elektronische Datenübermittlung, § 65 III, IIIa EStDV.** Die Gewährung des Behinderten-Pauschbetrags setzt **seit 1.1.26** (§ 84 IIIg 2 EStDV) bei Neufeststellungen und Änderung einer Behinderung zwingend eine elektronische Datenübermittlung der zuständigen Stellen an das zuständige FA voraus. Die Übermittlung ist nur auf **Antrag** der betroffenen (behinderten) Person zulässig und hat unverzügl zu erfolgen (s iEinz BR-Drs 369/24, 55 f). 44

Bereits ausgestellte Ausweise und Bescheide werden weiterhin berücksichtigt, wenn sich die Feststellungen nicht vor Ablauf der Gültigkeit ändern (§ 84 IIIg 3 EStDV). § 65 I Nr 1 und 2 Buchst a und II 1 EStDV gelten nur noch iZm § 64 III EStDV (§ 84 IIIg 4 EStDV); § 65 III EStDV gilt nur noch iZm § 65 I Nr 2 Buchst b EStDV (§ 84 IIIg 5 EStDV) und der Übertragung des Behinderten-Pauschbetrags nach § 33b V 1 bei Auslandskindern (§ 32 VI 13 – s § 84 IIIg 4 EStDV).

6. Evaluation, § 33b VIII. Die vorgesehene Evaluation des § 33b VI **ab Ende 2026** soll den Gesetzesmaterialien zufolge durch das BMF unter Beteiligung des Bundesministeriums für Gesundheit möglichst bis zum 31.12.27 durchgeführt werden (s BT-Drs 19/21985, 18 f; krit *Hey* FR 21, 293). 45

§ 34 Außerordentliche Einkünfte

(1) [1]**Sind in dem zu versteuernden Einkommen außerordentliche Einkünfte enthalten, so ist die auf alle im Veranlagungszeitraum bezogenen außerordentlichen Einkünfte entfallende Einkommensteuer nach den Sätzen 2 bis 4 zu berechnen.** [2]**Die für die außerordentlichen Einkünfte anzusetzende Einkommen-**

steuer beträgt das Fünffache des Unterschiedsbetrags zwischen der Einkommensteuer für das um diese Einkünfte verminderte zu versteuernde Einkommen (verbleibendes zu versteuerndes Einkommen) und der Einkommensteuer für das verbleibende zu versteuernde Einkommen zuzüglich eines Fünftels dieser Einkünfte. [3]Ist das verbleibende zu versteuernde Einkommen negativ und das zu versteuernde Einkommen positiv, so beträgt die Einkommensteuer das Fünffache der auf ein Fünftel des zu versteuernden Einkommens entfallenden Einkommensteuer. [4]Die Sätze 1 bis 3 gelten nicht für außerordentliche Einkünfte im Sinne des Absatzes 2 Nummer 1, wenn der Steuerpflichtige auf diese Einkünfte ganz oder teilweise § 6b oder § 6c anwendet.

(2) **Als außerordentliche Einkünfte kommen nur in Betracht:**

1. **Veräußerungsgewinne im Sinne der §§ 14, 14a Absatz 1, der §§ 16 und 18 Absatz 3 mit Ausnahme des steuerpflichtigen Teils der Veräußerungsgewinne, die nach § 3 Nummer 40 Buchstabe b in Verbindung mit § 3c Absatz 2 teilweise steuerbefreit sind;**
2. **Entschädigungen im Sinne des § 24 Nummer 1;**
3. **Nutzungsvergütungen und Zinsen im Sinne des § 24 Nummer 3, soweit sie für einen Zeitraum von mehr als drei Jahren nachgezahlt werden;**
4. **Vergütungen für mehrjährige Tätigkeiten; mehrjährig ist eine Tätigkeit, soweit sie sich über mindestens zwei Veranlagungszeiträume erstreckt und einen Zeitraum von mehr als zwölf Monaten umfasst.**
5. ***(aufgehoben)***

(3) **[1]Sind in dem zu versteuernden Einkommen außerordentliche Einkünfte im Sinne des Absatzes 2 Nummer 1 enthalten, so kann auf Antrag abweichend von Absatz 1 die auf den Teil dieser außerordentlichen Einkünfte, der den Betrag von insgesamt 5 Millionen Euro nicht übersteigt, entfallende Einkommensteuer nach einem ermäßigten Steuersatz bemessen werden, wenn der Steuerpflichtige das 55. Lebensjahr vollendet hat oder wenn er im sozialversicherungsrechtlichen Sinne dauernd berufsunfähig ist. [2]Der ermäßigte Steuersatz beträgt 56 Prozent des durchschnittlichen Steuersatzes, der sich ergäbe, wenn die tarifliche Einkommensteuer nach dem gesamten zu versteuernden Einkommen zuzüglich der dem Progressionsvorbehalt unterliegenden Einkünfte zu bemessen wäre, mindestens jedoch 14 Prozent. [3]Auf das um die in Satz 1 genannten Einkünfte verminderte zu versteuernde Einkommen (verbleibendes zu versteuerndes Einkommen) sind vorbehaltlich des Absatzes 1 die allgemeinen Tarifvorschriften anzuwenden. [4]Die Ermäßigung nach den Sätzen 1 bis 3 kann der Steuerpflichtige nur einmal im Leben in Anspruch nehmen. [5]Erzielt der Steuerpflichtige in einem Veranlagungszeitraum mehr als einen Veräußerungs- oder Aufgabegewinn im Sinne des Satzes 1, kann er die Ermäßigung nach den Sätzen 1 bis 3 nur für einen Veräußerungs- oder Aufgabegewinn beantragen. [6]Absatz 1 Satz 4 ist entsprechend anzuwenden.**

Einkommensteuer-/Lohnsteuer-Richtlinien: EStR 34.1–34.5; EStH 34.1–34.5; LStH 34 – **Verwaltungsanweisungen:** *BMF* BStBl I 13, 1326 iVm *BMF* BStBl I 16, 277.

Übersicht Rn.

Schrifttum: Bis 2007 → 29. Aufl 2010, § 34 vor Rn. 1; *Siegel* Zur Konstruktion eines verfmäßigen § 34 EStG, DStR 07, 978; *ders* Verfwidrige Wirkungen der §§ 34 und 32b EStG, FR 10, 445; *Hechtner ua* Grenzsteuersätze im Tarifgeflecht der §§ 32a, 32b und 34 I EStG …, DStR 10, 1593.

I. Zweck; Rechtsentwicklung; Verfassungsfragen

1. Zweck. Zur Einkommensbesteuerung werden lfd und einmalige Einkünfte zusammengerechnet und grds einem einheitl Steuersatz unterworfen. Dies kann zu Härten führen, wenn lfd bezogene Einkünfte (zB aus nicht selbständiger Arbeit) mit ao, nicht regelmäßig erzielbaren Einkünften (zB Veräußerungsgewinne; Einkünfte oder Vergütungen für mehrere Jahre, die in einer Summe zufließen) in einem VZ zusammentreffen (§ 34 II; Veräußerungsgewinne) und dadurch auch die lfd Einkünfte von der durch die ao Einkünfte ausgelösten Progressionswirkung erfasst und entspr höher besteuert werden, ohne dass eine nachhaltige Erhöhung der Leistungsfähigkeit eingetreten ist (BFH X R 9/12, BFH/NV 13, 1918). Hinzu kommt, dass die Veräußerungsgewinne, die bei der Veräußerung oder Aufgabe eines (gewerbl, luf, frei- 1 berufl) Betriebes entstehen, häufig auf der Aufdeckung stiller Reserven beruhen, die während eines längeren Zeitraumes angesammelt worden sind (so insb der Geschäftswert). Es kann deshalb unbillig sein, einmalig auftretende ao Einkünfte einer erhöhten Steuerbelastung zu unterwerfen (vgl *Juchum* DB 00, 343). Um die **Progressionswirkung** zu mildern, gestattet § 34 die Besteuerung mit ermäßigtem Steuersatz. § 34 I, III sind daher **Tarifvorschriften,** die keine neue Einkunftsart schaffen, sondern voraussetzen, dass die ao Einkünfte unter eine der Einkunftsarten des § 2 I fallen.

2 **2. Rechtsentwicklung.** Zu den **Änderungen ab VZ 1989, ab VZ 1990 und ab VZ 1999** → 27. Aufl 2008, § 34 Rn. 3, 4; Stichworte: Veränderte Höchstgrenzen für die Versteuerung ao Einkünfte (BFH IX R 81/06, BStBl II 12, 658; grds kein Vertrauensschutz); allg Einführung der Fünftel-Regelung; Wegfall der Besteuerung der Veräußerungsgewinne mit einem ermäßigten Steuersatz für **VZ 1999 und VZ 2000** (*OFD Rhl* DStR 11, 1667: uU Vertrauensschutz); Wiedereinführung **ab VZ 2001;** Einführung eines unwiderrufl Antrages und dessen Wegfall. Die Aufzählung vermittelt ein Bild gesetzgeberischer Orientierungslosigkeit. Die *jetzige* Regelung gilt ab 2001 mit den nachfolgend erläuterten Änderungen. Durch StVereinfG 2011 (BGBl I 11, 2131) wurde § 34 II Nr 5 (Holznutzungen) aufgehoben und die entspr Tarifbegünstigung ausschließl und abschließend in **§ 34b** geregelt.

3 **3. Verfassungsfragen.** Der Wegfall des „halben" Steuersatzes zu Gunsten der sog Fünftelregelung durch das StEntlG 1999 ff (BGBl I 99, 402) war **verfwidrig,** soweit die Entschädigung noch vor Verkündung des Gesetzes am 31.3.99 zugeflossen war. Bei späterem Zufluss war das Vertrauen des StPfl dann nicht geschützt, wenn die Entschädigung nach Einbringung der Neuregelung in den BT (9.11.98) vereinbart (ebenso zu Kanzleiverkauf FG Hmb DStRE 12, 1440) *oder* aber die Vereinbarung bereits in 1997 oder früher getroffen worden war. IÜ stellt es keinen Rechtsmissbrauch dar, wenn StPfl darum bemüht sind, Vorteile geltenden Rechts mit Blick auf mögl Nachteile einer drohenden Gesetzesänderung noch schnell zu nutzen (ausführl BVerfG 2 BvL 1/03 ua, DStR 10, 1736). Die Aussetzung der Besteuerungsmöglichkeit mit dem „halben" Steuersatz und deren Wiedereinführung ab VZ 2001 war hingegen **verfgemäß** (BFH VIII R 109/03, BFH/NV 10, 1266; IV R 37/08, BFH/NV 11, 1120; BFH III R 9/20, BStBl II 23, 75); Gleiches gilt für die Beschränkung auf Veräußerungsgewinne gem § 34 II Nr 1 (BFH IX B 83/12, BFH/NV 13, 31; BFH IX R 56/09, BStBl II 11, 409). Verfgemäß ist bei zutr Gesamtbetrachtung aller Einkünfte ferner die Fünftelregelung selbst (BFH IX B 74/15, BFH/NV 16, 193; FG BW EFG 15. 415, rkr; **aA** *Bareis* FR 15, 577; *Siegel* DB 15, 1419).

II. Außerordentliche Einkünfte, § 34 II

4 **1. Anwendungsbereich; Realisationszeitpunkt. – a) Allgemeines.** Die Tarifvergünstigung des § 34 kann nicht nur von unbeschr StPfl, sondern auch von **beschr StPfl** in Anspruch genommen werden (zur Rechtsentwicklung – einschließl § 52 XLVII aF betr EG-/EWR-Staatsangehörige – → § 50 Rn. 19 sowie → 30. Aufl 2011, § 34 Rn. 4). – Die ermäßigten StSätze stehen jedem StPfl (→ § 26a Rn. 3; → § 26b Rn. 2) bis zur Begünstigungsgrenze zu, also auch für jeden der beiden **Ehegatten bei Zusammenveranlagung,** da § 34 an die von dem jeweiligen StPfl erzielten und gesondert zu ermittelnden Einkünfte anknüpft. – Auch den **Erben** steht die Vergünstigung des § 34 zu, wenn bei ihnen zB der Veräußerungsgewinn anfällt, wobei Erben die persönl Voraussetzungen des Erblassers zuzurechnen sind; dies gilt auch, wenn die Erben den Betrieb nicht fortführen, sondern ihn sofort abwickeln; denn dann erzielen die Erben den Veräußerungsgewinn aus einer ehemaligen Tätigkeit des Erblassers (*KKM* § 34 Rn. C 54, 55, mwN). – § 34 ist auf **kstpfl** Personen **nicht** anwendbar (BFH IV R 93/89, BStBl II 91, 455), auch wenn der Sache nach ein Betriebsveräußerungs-/Betriebsaufgabegewinn vorliegt.

5 **b) Einzelfragen.** Die Steuersatzermäßigung gem § 34 III kann für Veräußerungsgewinne auf **Antrag** gewährt werden, die ab 1.1.01 realisiert werden

(→ Rn. 25); maßgebl ist der Zeitpunkt des Übergangs des **wirtschaftl Eigentums** auf den Erwerber; dafür ist das Zustandekommen des Verpflichtungsgeschäfts (zB Kaufvertrag) allein nicht maßgebend (vgl § 39 AO). Von jedem StPfl kann die Steuersatzermäßigung nach § 34 III 4 nur „einmal im Leben" in Anspruch genommen werden. Nach § 34 III 5 werden dabei mehrere in einem VZ erzielte Veräußerungsgewinne gesondert betrachtet, sodass § 34 III nur für einen von ihnen in Anspruch genommen werden kann (→ Rn. 55). Steuerermäßigungen nach § 34 für VZ vor 2001 werden nicht angerechnet (§ 52 XLVII aF). Die **Tarifglättung** gem § 34 I kann in jedem VZ erneut in Anspruch genommen werden, in dem der StPfl ao Einkünfte iSd § 34 II erzielt hat.

2. Bedeutung der Einkunftsart; Verluste. Nur für die in § 34 II genannten Einkünfte können die Tarifermäßigungen gem § 34 I oder gem § 34 III (2001) angewendet werden; liegen keine solchen Einkünfte vor, ist die Anwendung eines ermäßigten Tarifs ausgeschlossen (BFH VII B 114/91, BFH/NV 93, 165). **Verluste** (zB Veräußerungsverluste; BFH I R 34/11, BStBl II 12, 405) unterliegen naturgemäß keiner begünstigten Besteuerung; sie sind aber iRd Verlustausgleichs zu berücksichtigen (→ Rn. 58). – § 34 gilt grds für sämtl Einkunftsarten (EStR 34.1. I); für Vergütungen aus mehrjähriger Tätigkeit (§ 34 II Nr 4) bei Gewinneinkünften s EStH 34.4. Allerdings kann § 34 nicht zur Anwendung kommen, sofern sich andernfalls eine **Doppelbegünstigung** ergäbe, zB wenn § 24 Nr 1 mit der Möglichkeit der Teilwertabschreibung zusammentrifft (vgl → § 24 Rn. 15 LuF). 6

3. Abgrenzbarkeit außerordentliche/laufende Einkünfte. Werden Einkünfte erzielt, die als ao Einkünfte „in Betracht kommen", sind sie mit den lfd (nicht ao) Einkünften zu ermitteln, sofern nicht, wie zB für Veräußerungsgewinne, ihre gesonderte Ermittlung gesetzl vorgeschrieben ist (vgl § 16 II). Die Begünstigung ao Einkünfte erfordert daher ihre Abgrenzung von lfd erzielten Einkünften derselben Einkunftsart, insb derselben „Einkunftsquelle". Insofern handelt es sich bei ao Einkünften um eine **besondere Art von Einkünften iRe Einkunftsart** (BFH IV R 23/93, BStBl II 95, 467). Die Abgrenzbarkeit ggü den aus lfd (übl) Vorgängen erzielten Einkünften ergibt sich daraus, dass die in § 34 II aufgezählten (mögl) Arten ao Einkünfte jeweils nur unter besonderen Voraussetzungen angenommen werden können (BFH X R 52/90, BStBl II 94, 838, Veräußerung; Beendigung des ArbVerh → § 24 Rn. 7, → Rn. 27 Kündigung; vgl iÜ → § 24 Rn. 3–10). 10

4. Außerordentlichkeit der begünstigten Einkünfte. – a) Grundsätze. Nach § 34 II kommen als ao Einkünfte nur die in der Vorschrift genannten Veräußerungsgewinne (mithin nicht solche iSv § 17), Entschädigungen, Nutzungsvergütungen und Zinsen „in Betracht"; nicht hingegen nachträgl Einkünfte gem § 24 Nr 2. Deshalb ist im Einzelfall zu prüfen, ob die in § 34 II **aufgeführten Einkünfte** als **außerordentliche** zu qualifizieren sind. Diese Prüfung bezieht sich **erstens** sich darauf, ob die (Teil-)Einkünfte des § 34 II tatsächl in einem VZ zur ESt heranzuziehen sind, ob also ein **„zusammengeballter Zufluss"** vorliegt, der geeignet ist, iZm der Progressionswirkung des Tarifs eine höhere steuerl Belastung auszulösen. Unerhebl ist allerdings, ob bei Verteilung der Einkünfte auf mehrere Jahre tatsächl eine niedrigere StBelastung eingetreten wäre. (→ Rn. 15). Str ist, ob (mE zutr; glA Nds FG EFG 22, 1833, rkr) die Zusammenballung der Einkünfte auch zum Tatbestand des § 16 gehört (→ § 16 Rn. 4). **Zweitens** hat der BFH zwischenzeitl entschieden, dass das Merkmal der **Zwangslage** zwar nicht mehr für den Entschädigungsbegriff gem § 24 Nr 1a, jedoch (iErg) **weiterhin** für die **Außerordentlichkeit** der Einkünfte gem § 34 zu fordern ist (iEinz BFH IX R 4/24, DStR 25, 2831; → § 24 Rn. 6). 12

b) Abgrenzungen. Auch bei der **Einbringung** eines (Teil-)Betriebs oder eines MUeranteils in eine PersGes nach § 24 I UmwStG ist Voraussetzung für die ermäßigte Besteuerung des Einbringungsgewinns, dass alle stillen Reserven aufgedeckt worden sind (§ 24 III 2 UmwStG; BFH XI B 194/01, BFH/NV 03, 1420). Zutr ver- 13 neint BFH I R 183/94, BStBl II 96, 342 die Anwendbarkeit des § 34 I aF für einen Veräußerungsgewinn iSd § 20 V 1 UmwStG 1977 bei Zurückbehaltung von **SBV** im Rahmen einer **BetrAufsp.** Gleiches gilt, wenn zum **SBV gehörende Grundstücke** anlässl der Veräußerung eines KG-Anteils vom Veräußernden unter **Fortführung der Buchwerte** in einen anderen ihm gehörenden Betrieb überführt werden (BFH VIII R 76/87, BStBl II 91, 635; ebenso BFH VIII R 39/92, BStBl II 96, 409 zur Zurückbehaltung von Grundstücken.

14 **5. Zwangslage.** Das Merkmal ist zwar nach geänderter BFH-Rspr **nicht** mehr für den Begriff der **Entschädigung, weiterhin** aber für deren **Außerordentlichkeit** iSv **§ 34** zu prüfen → Rn. 12; → § 24 Rn. 6. Danach darf der **ArbN** an der Auflösung des ArbVerh mitwirken (zB durch Abschluss eines **Vergleichs**); erforderl ist aber, dass der ArbN bei der einverständl Auflösung des Dienst- oder ArbeitsVerh unter einem **nicht unerhebl rechtl, wirtschaftl oder tatsächl Druck** gestanden hat. Dies ist anzunehmen, wenn der ArbG die Auflösung oder Einschränkung des DienstVerh – zB durch Kündigung – „veranlasst" hat, auch wenn die Entschädigung für diesen Fall bereits im Anstellungsvertrag vereinbart war (→ § 24 Rn. 7). Anderes gilt, wenn der ArbN das ArbVerh selbst beendet (FG Mchn DStRE 14, 1180; NdsFG EFG 18, 644 rkr) oder ihm ein **Wahlrecht** auf Barwertzahlung statt lfd Bezüge eingeräumt ist und bei der Entscheidung für die Abfindung vom ArbG kein erhebl Druck ausgeübt wird (BFH XI R 12/00, BFH/NV 03, 1630; → § 24 Rn. 6, 24, 25). Der ArbG muss also für die Auflösung oder Einschränkung des DienstVerh die entscheidenden Ursachen gesetzt haben, wobei dem ArbN im Hinblick auf dieses Verhalten eine weitere Zusammenarbeit mit dem ArbG nicht mehr zumutbar ist. Für eine Veranlassung durch den ArbG ist es nicht ausreichend, wenn der ArbN das ArbVerh kündigt, um zu erreichen, dass es als Teilzeit-ArbVerh fortgeführt wird, er aber nur eine Entschädigung erlangt (BFH XI R 7/90, BFH/NV 92, 305). – Bei Abfindung von Ansprüchen auf **betriebl Altersversorgung** (s zunächst → § 24 Rn. 6, 16, 24) ist von einer Zwangslage des ArbN idR bei drohender Zahlungsunfähigkeit (Insolvenz) des ArbG oder Verlust des Arbeitsplatzes auszugehen. Gleiches gilt, wenn die (ohne vertragl Wahlrecht) die Altersvorsorgeansprüchen auf Wunsch des ArbG wegen einer bevorstehenden Liquidation des Unternehmens kapitalisiert werden (BFH VI R 86/77, BStBl II 80, 393; s auch BFH XI R 21/88, BFH/NV 92, 646). Weitere Bsp → § 24 Rn. 26.

15 **6. Zusammenballung der Einkünfte.** S *BMF* BStBl I 13, 1326 iVm *BMF* BStBl I 16, 277. § 34 I bezweckt, erhöhte StBelastungen infolge Zusammenballung *nur* (BFH I R 57/79, BStBl II 83, 312) der in § 34 II genannten Arten von Einkünften abzumildern (BFH XI R 46/97, BStBl II 98, 787), ohne dass es allerdings darauf ankommt, ob durch die zusammengeballte Erfassung von Einnahmen tatsächl ein höherer StSatz **(Progressionswirkung)** zur Anwendung kommen würde als bei verteilter Erfassung in mehreren VZ (BFH IX R 33/13, BFH/NV 14, 1358). Daher ist die Gewährung der Tarifermäßigung grds davon abhängig, ob die begünstigungsfähigen Einkünfte steuerl jeweils **in einem VZ** zu erfassen sind (sog **Zusammenballung;** Entlassungsentschädigung s BFH XI B 169/06, BFH/NV 07, 1648; Entschädigung zur Ablösung eines **Pacht-/Mietrechts** s BFH IX R 67/02, BFH/NV 05, 1044; Entschädigung für ein **Wettbewerbsverbot** s BFH XI R 43/94, BStBl II 96, 516; → § 24 Rn. 39; Genussrechtsabfindung: BFH IV R 4/12, BStBl II, 15, 647). Ausreichend ist, wenn die zunächst in Teilbeträgen zahlbare Entschädigung nachträgl, aber in dem VZ, in dem die ursprüngl Vereinbarung abgeschlossen wurde, vertragl zu einer einheitl Entschädigung zusammengefasst wird (BFH XI R 12/00, BStBl II 04, 449). Gleiches gilt, wenn Entschädigung und anzurechnender **Vorschuss** im selben VZ zufließen (BFH IX R 11/17, BStBl II 18, 706). Einer Zusammenballung steht nicht entgegen, wenn für die Folgejahre aufgrund eines eigenständigen Beratervertrages Zahlungen fließen, da diese die zukünftig Beratungsleistungen, nicht aber den Schaden aus der Aufhebung des Anstellungsvertrages ausgleichen (BFH IV R 94/06,

DStRE 09, 1237). Bei einem zeitl Abstand der Entschädigungszahlungen von 6 Jahren (mE: mehr als 5 Jahren = Glättungszeitraum gem § 34 I; *Schießl* HFR 18, 220) liegen auch bei näml Schadensereignis **selbständig** zu beurteilende **Entschädigungen** vor (BFH IX R 11/17, BStBl II 18, 706).

a) Abgrenzungen. Bei der Frage, ob zusammengeballter **Zufluss in *einem* VZ** vorliegt, ist allein auf die stpfl Einkünfte abzustellen; nichtsteuerbare Einkünfte bleiben außer Betracht (BFH XI R 44/91, BStBl II 93, 52). Liegt zwar ein Zufluss in einem Kj vor, tritt aber infolge Verteilung auf zwei VZ (§ 4a II Nr 1) die Progressionswirkung nicht (in vollem Umfang) ein, kann die Tarifermäßigung nicht in Anspruch genommen werden (BFH IV 210/61, BStBl II 68, 411). Wird in einem Jahr ein Entschädigungsbetrag gezahlt, der dazu bestimmt ist, entgangene Einnahmen ledigl eines Jahres abzugelten, so ist der ermäßigte Steuersatz nur anzuwenden, wenn die Entschädigung im Jahr ihrer steuerl Erfassung mit anderen erhebl lfd Einkünften des StPfl zusammentrifft (BFH XI R 71/94, BFH/NV 96, 204; SchlHFG EFG 13, 688). 16

b) Entschädigungen. Wird eine Entschädigung iSd § 24 Nr 1a nach Beendigung eines ArbVerh zum einen durch **Fortzahlung der lfd Bezüge** für eine bestimmte Zeit des Beendigungsjahres gewährt und zum anderen im Folgejahr eine Entschädigung für den Verlust des Arbeitsplatzes geleistet, kommt die Tarifermäßigung nicht zum Zuge (BFH XI R 19/00, BFH/NV 01, 431); ebenso bei monatlichen Renten und Einmalabfindung für nachvertragl Geheimhaltung (FG Köln EFG 13, 865). Anders aber, wenn aufgrund des Zusammentreffens von ArbVerh-Abfindung und stpfl Rentenzahlungen in einem VZ der bisherige stpfl Lohn überschritten wird (BFH IX R 16/17, BStBl II 18, 709). Nicht tarifbegünstigt sind Vorabentschädigungen auf einen künftigen Abfindungsanspruch (BFH I R 250/83, BStBl II 88, 936). Wird eine **Entlassungsentschädigung** (dazu *Geserich* DB 16, 1953) für einen Teil des Jahres in diesem VZ geleistet und erzielt der StPfl im selben VZ aus einem neuen ArbVerh Einkünfte, sodass sich zusammen höhere Einkünfte als bei Fortsetzung des ursprüngl ArbVerh ergeben, liegt eine Zusammenballung von Einkünften vor (BFH XI R 13/97, BStBl II 97, 753); das ist aber nicht der Fall, wenn sich keine höheren Einkünfte als bei Fortsetzung des Vertragsverhältnisses ergeben (BFH XI R 46/97, BStBl II 98, 787; BFH IX R 33/13, BFH/NV 14, 1358); dabei kommt es idR nur auf die Lohneinkünfte des betr Jahres und nicht des Vorjahres an (BFH IX R 85/07, BFH/NV 09, 558); insb, wenn die Einnahmesituation des Vorjahres durch besondere Verhältnisse geprägt war; FG können auch iRd tatrichterl Gesamtwürdigung die Verhältnisse mehrerer Vorjahre einbeziehen (BFH IX R 31/09, BStBl II 11, 28). Daher sind auch negative Einkünfte aus einem vom ArbN aufgenommenen GewBetr nicht in die Berechnung einzubeziehen (ThürFG EFG 10, 1789; s aber Beitrittsaufforderung BFH IX R 9/10, BFH/NV 11, 1320). S insgesamt mit Beispiel *BMF* BStBl I 13, 1326 Rn. 9 ff; SächsFG EFG 13, 1992, rkr: Berücksichtigung von Arbeitslosengeld. Werden aus **sozialen** Gründen **Entschädigungszusatzleistungen** in späteren Jahren vom ArbG erbracht, verliert eine zuvor gezahlte Entlassungsentschädigung dadurch noch nicht ihren Charakter als Entschädigung iSd § 24 Nr 1a; diese Milderung der gesetzl Abgrenzung leitet der BFH zutr aus dem verfrechtl **Verhältnismäßigkeitsgrundsatz** ab (Überbrückung der Arbeitslosigkeit BFH XI R 43/99, BFH/NV 02, 717; späterer günstigerer Sozialplan BFH XI R 33/02, BStBl II 04, 715; Zuzahlung zum Arbeitslosengeld BFH XI R 11/04, BFH/NV 05, 1772), zumal das Erfordernis der Zusammenballung kein gesetzl Tatbestandsmerkmal ist; s iEinz *BMF* BStBl I 13, 1326 Rn. 14. Daher ist auch unschädl, wenn zu einer Hauptentschädigungsleistung eine in einem **anderen VZ** zufließende **minimale Teilleistung** hinzukommt (BFH IX R 11/09, BStBl II 11, 27). Hiervon geht *BMF* BStBl I 13, 1326 iVm *BMF* BStBl I 16, 277 Rn. 8 nunmehr zwecks Vereinfachung bei Zahlungen bis **10 %** der Hauptleistung oder (darüber hinaus) im Einklang mit BFH IX R 46/14, BStBl II 16, 214 dann aus, wenn die Teilleistung **geringer** als **StEntlastung** der Hauptleistung ist (dazu *Ratschow* BFH/PR 16, 36). Anders 17 aber, wenn eine **Gesamtabfindung/einheitl Entschädigung** vertragsgemäß auf **zwei VZ** aufgeteilt wird (BFH IX R 10/21, DStRE 23, 786: Startprämie/Sozialplan-/zusätzl Abfindung); ThürFG EFG 12, 1068; BFH IX R 29/14, BFH/NV 15, 1354: auch bei Insolvenz des ArbG; BFH IX R 5/23, DStR 25, 28; BFH IX R 26/23, BeckRS 2024, 37379 betr Verdienstausfallentschädigung gem modifizierten Nettolohnvereinbarung → Rn. 40, 44; → § 24 Rn. 17), die Zusatzzahlungen annähernd die Höhe der Entschädigung erreichen (BFH XI R 2/01, BFH/NV 02, 715; vgl → § 24 Rn. 6), bei Abfindung zuzügl bis zum Ende des Folgejahrs gewährter Sachleistungen (BFH XI R 23/03, BFH/NV 04, 1227) oder bei Abfindungen in **drei VZ** (BFH X R 6/10 BStBl II 23, 112; BFH VI R 19/21, HFR 23, 581). Wird als Ersatz für die wegen **Unfalls** entgangenen Einnahmen für jeweils mehrere Jahre unterschiedl Zeiträume betr je eine Entschädigung vereinbart, steht der Anwendung des § 34 nicht entgegen, wenn die Zahlungen der Summe der Entschädigungen nicht in einem Jahr erfolgen (BFH XI R 40/02, BStBl II 04, 716). Gehen in die Entschädigung aus einem **Vergleich** in demselben Jahr vorab vereinnahmte **Abschlagzahlungen** ein, sind auch diese begünstigt (BFH IX R II/17, DB 18, 163). Ist die Zahlung einer Entschädigung iSd § 24 Nr 1 in einem bestimmten VZ vereinbart, gehen die Zahlungen aber aus Gründen, die der Empfänger nicht zu vertreten hat (Notlage; Zahlungsschwierigkeiten des Zahlungsverpflichteten), in verschiedenen VZ ein, ist ihm gleichwohl die Tarifermäßigung, und zwar in beiden VZ, zu gewähren (BFH VI 87/55 U, BStBl III 57, 104; vgl auch BFH XI R 67/92, BFH/NV 94, 224; *BMF* BStBl I 13, 1326 iVm *BMF* BStBl I 16, 277). Der Annahme einer Zusammenballung steht auch nicht entgegen, wenn einem ArbN neben Entschädigung in Geld noch für drei Monate die weitere Benutzung seines bisherigen Dienstwagens gestattet wird, soweit der Wert der PKW-Nutzung im Verhältnis zur Abfindungssumme äußerst geringfügig ist. Diese ausnahmsweise Ausdehnung des Anwendungsbereiches des § 34 I ist durch den **Billigkeitscharakter** der Vorschrift gedeckt. Zu Berechnungsfehlern und Nachzahlungen aufgrund Rechtstreits s *BMF* BStBl I 13, 1326 Rn. 18 f.

18 **c) Bilanzierung.** Werden Einkünfte iSd § 34 II wegen Gewinnermittlung nach **§ 4 I, § 5** in einem Jahr versteuert, ist die Tarifermäßigung nach § 34 I auch zu gewähren, wenn sie in mehreren Jahren infolge Stundung (Ratenzahlung) zufließen (BFH XI B 56/06, BFH/NV 07, 1306; → § 16 Rn. 232; BFH XI B 93/00, BFH/NV 01, 1020: anders aber bei **Einnahmeüberschussrechnung** des Empfängers). Nicht jedoch für **Corona-Hilfen** (dazu zunächst → § 24 Rn. 6, 36), da jahresbezogener Zuschuss; somit keine Zusammenballung von Einkünften/keine erhöhte StBelastung (zutr BFH X B 27/25, BeckRS 2025, 34719; FG Mster EFG 23, 1068; *FM SchlH* DStR 21, 2909; *Dellner* NWB 21, 3372: uU Billigkeit).

19 **d) Nachträgliche Änderungen.** Die Tarifermäßigung ist zu gewähren, wenn sich die Höhe des Veräußerungsgewinns **nachträgl erhöht** (zB nach Streit zw Veräußerer und Erwerber über die Bewertung des veräußerten BV; → § 24 Rn. 54, 72). Nicht mehr zum begünstigten Veräußerungsgewinn gehören nachträgl Abfindungen, die für nach der Veräußerung eingetretene Wertsteigerungen des veräußerten BV gezahlt werden; es liegen vielmehr nachträgl Einkünfte iSd **§ 24 Nr 2** vor, die nicht unter § 34 II fallen (FG Mchn EFG 85, 299).

20 **e) Leibrentenwahlrecht.** Wird ein Betrieb oder iRe BetrAufgabe ein EinzelWG (BFH X R 6/20 BStBl II 23, 112) gegen wiederkehrende Bezüge (zB **Leibrenten**) veräußert, hat der StPfl ein Wahlrecht, ob er den Veräußerungsgewinn (Barwert der Leibrente abzügl Buchwert des KapKtos und Veräußerungskosten) sofort versteuert und dafür die Tarifbegünstigung nach § 34 I, III in Anspruch nimmt oder ob er die einzelnen Rentenzahlungen nach § 24 Nr 2, sobald und soweit diese insgesamt den Buchwert iSd § 16 II 2 zuzügl der Veräußerungskosten übersteigen, als nachträgl lfd Einkünfte versteuert. IEinz → § 16 Rn. 240 ff.

7. Veräußerungsgewinne, § 34 II Nr 1, III. – a) Zweck; Inkrafttreten; Veräußerungsgewinne iSd § 17. Die Neufassung von § 34 II Nr 1, III gilt erstmals für Veräußerungen ab 2001 (§ 52 XLVII aF), geändert ab 2004 dahin, dass nicht mehr der halbe Durchschnittssteuersatz, sondern 56% desselben maßgebend sind. § 34 ist zu einer **Sozialzwecknorm** umgestaltet worden (BFH X B 28/02, BFH/NV 03, 471). Der Umfang der begünstigungsfähigen Veräußerungsgewinne wurde durch § 34 II Nr 1 demgemäß eingeschränkt. Ausgenommen sind **Veräußerungsgewinne iSd § 17,** was weder europarechts- noch verfwidrig ist (BFH IX R 56/09, BStBl II 11, 409). Soweit Anteile an **KapGes** (einschl Anteile an **OptionsGes** iSv § 1a KStG; → Rn. 26, → § 15 Rn. 160a) zum **BV** eines Personenunternehmens gehören, ist der auf sie entfallende Anteil am Veräußerungsgewinn des Personenunternehmens Teil des begünstigungsfähigen Veräußerungsgewinns, wenn nicht die Ausnahmeregelung des § 34 II Nr 1 eingreift und die Gewinne dem **Halb-/Teileinkünfteverfahren** unterliegen (*Hagen ua* DB 01, 397 (401)). Ausgenommen ist hiernach der stpfl Teil von Veräußerungsgewinnen iSd §§ 14, 14a I, 16 und 18 III, die nach § 3 Nr 40 Buchst b iVm § 3c teilweise steuerbefreit sind (→ Rn. 28). Hierdurch wird, da die Veräußerungsgewinne teilweise stfrei bleiben, eine doppelte Begünstigung vermieden. Ferner wurden zwecks Vermeidung von Missbräuchen weitere einschr Voraussetzungen in § 34 III eingefügt (Mindestalter; einmalige Inanspruchnahme; Betragsgrenze). § 34 II Nr 1 aF galt bei Veräußerung von Anteilen an KapGes, wenn die KapGes ein dem Kj entspr Wj hatte, noch für Veräußerungen im Jahr 2001. Hatte die KapGes ein abw Wj, galt § 34 II Nr 1 aF für Veräußerungen, die in das abw Wj 01/02 fielen (→ 34. Aufl 2015, § 34 Rn. 25). 25

b) Begünstigte Veräußerungsgewinne. Begünstigt werden Gewinne aus der Veräußerung/Aufgabe (einschließl Realteilung einer PersGes vgl BFH IV B 102/05, BFH/NV 07, 902; einschr BFH VIII R 24/15, BStBl II 20, 251; dazu → § 16 Rn. 548) von **Betrieben, Teilbetrieben, MUeranteilen** gem §§ 14, 14a I, III (→ Rn. 32), §§ 16, 18 III (zur Veräußerung des Teils eines MUeranteils → § 16 Rn. 415 f) sowie der Einbringung von BV und GesAnteilen (→ Rn. 28) und einbringungsgeborener Anteile (§ 21 I 2 UmwStG 1995). Nicht dazu gehört aber der nach § 2a III 3 hinzuzurechnende Gewinn aus der Veräußerung einer ausl **Betriebsstätte** (BFH IV R 128/86, BStBl II 89, 543; BFH III R 93/88, BFH/NV 90, 282). **Veräußerung eines MUeranteils** bezügl einer KG I ist auch dann tarifbegünstigt, wenn gleichzeitig MUeranteile der KG I an der OberGes KG III zu Buchwerten in das Gesamthandsvermögen einer KG III ausgegliedert werden (BFH IV R 49/08, BStBl II 10, 726; dazu → § 16 Rn. 365). **Kein** begünstigungsfähiger Veräußerungsgewinn ist der Gewinn aus der Veräußerung von zum UV gehörenden Grundstücken eines gewerbl Grundstückshandels (→ § 16 Rn. 327); ebenso der Anteil an einer OptionsGes gem § 1a KStG (→ Rn. 25; → § 15 Rn. 160a). **Verluste** sind iRd Verlustausgleichs zu berücksichtigen (→ Rn. 5, 58). 26

c) Gewinnübertragung nach §§ 6b, 6c. Wendet der StPfl auf einen Veräußerungsgewinn – auch nur teilweise – § 6b oder § 6c an, sind die Ermäßigungen nach § 34 I oder III nicht zu gewähren (§ 34 III 6 iVm I 4; BFH XI R 16/05, BFH/NV 07, 1293; BFH X R 14/21, BStBl II 24, 48). Ausnahmen: – ***(1)*** Rücklage nach § 6b X für Gewinne aus (KapGes-)Anteilsveräußerungen, die aufgrund des Teileinkünfteverfahrens ohnehin nicht zu den ao Einkünften gehören (arg § 34 II Nr 1; zutr FG Mster EFG 16, 20); – ***(2)*** Rücklage für stille Reserven nicht wesentl Betriebsgrundlagen (→ § 16 Rn. 91). 27

d) Ausschluss teilweise steuerbefreiter Gewinnbestandteile; Aufteilung, § 34 II Nr 1. Nach Nr 1 ist die Ermäßigung für den stpfl Teil von Veräußerungsgewinnen ausgeschlossen, *soweit* für diese die teilweise Steuerbefreiung nach § 3 Nr 40 Buchst b eingreift **(Teileinkünfteverfahren);** wegen des Zwecks → Rn. 25. Von der aus § 3 Nr 40 Buchst b sich ergebenden Einschränkung sind zB folgende Ver- 28 äußerungsgewinne betroffen: – *(1)* Soweit zu dem veräußerten BV Anteile an Körperschaften gehörten, deren Leistungen beim Empfänger zu Einnahmen iSd § 20 I Nr 1 führen. – *(2)* Aus der Veräußerung einer 100%igen Beteiligung an einer KapGes (vgl § 16 I Nr 1 S 2). – *(3)* Veräußerung von einbringungsgeborenen Anteilen an KapGes (vgl § 21 I UmwStG 1995); zweifelhaft ist, ob § 3 Nr 40 Buchst b und damit auch die Einschränkung des § 34 II Nr 1 in den Fällen des § 21 II UmwStG 1995 eingreift, weil § 3 Nr 40 Buchst b nur von Veräußerungen spricht. Wegen der Rechtsfolgenverweisung auf § 21 I UmwStG 1995 müssen diese Fälle unter § 3 Nr 40 Buchst b gerechnet werden, sodass die Einschränkung des § 34 II Nr 1 eingreift. – *(4)* Aus **Realteilungen,** soweit sich im BV Beteiligungen an KapGes befinden. – *(5)* Einbringungen eines Betriebs, Teilbetriebs, MUerAnteils gem §§ 20, 24 UmwStG, Verschmelzung oder Spaltung einer PersGes, soweit sich im BV Anteile an KapGes befinden. – *(6)* Auch luf und freiberufl Veräußerungsgewinne können wegen der Verweisung in § 14, § 18 III auf § 16 und der sich daraus ergebenden entsprechenden Anwendbarkeit des § 3 Nr 40 Buchst b unter die Einschränkung des § 34 II Nr 1 fallen, soweit zu dem veräußerten BV Anteile an KapGes gehörten.

29 e) **Teileinkünfteverfahren.** Bei eine Veräußerungsgewinn (§ 16), der sowohl dem Teileinkünfteverfahren unterliegende als auch in voller Höhe zu besteuernde Gewinne enthält, ist der Kaufpreis aufzuteilen (s dazu FG Köln EFG 12, 63; → § 15 Rn. 462) und der Freibetrag gem § 16 IV zur Ermittlung der nach § 34 I, III ermäßigt zu besteuernden Gewinne vorrangig mit den dem Teileinkünfteverfahren unterliegenden Gewinnen zu verrechnen (Meistbegünstigung → § 16 Rn. 582).

32 **8. Einkünfte aus Land- und Forstwirtschaft.** IRd LuF werden auch Gewinne aus der Veräußerung oder Aufgabe eines (Teil-)Betriebs begünstigt, nicht aber Einzelveräußerungsgewinne. Zu Einzelheiten s § 14. Wegen Veräußerungsgewinnen bei gewerbl Tierzucht und gewerbl Tierhaltung → Rn. 51.

35 **9. Begünstigte Entschädigungen, § 34 II Nr 2.** Hierzu gehören – **zusammengeballten Zufluss** vorausgesetzt – Ersatzleistungen für entgangene oder entgehende Einnahmen (§ 24 Nr 1a), für die Aufgabe oder Nicht-Ausübung einer Tätigkeit (zB Wettbewerbsunterlassung), für die Aufgabe einer Gewinnbeteiligung oder einer Anwartschaft auf eine solche (§ 24 Nr 1b) und Ausgleichszahlungen an Handelsvertreter nach § 89b HGB (§ 24 Nr 1c), nicht aber nachträgl Einkünfte iSd § 24 Nr 2 (FG Mchn EFG 85, 299). Die Erfüllung der Tatbestände des § 24 Nr 1 ist Voraussetzung für die Anwendbarkeit des § 34 I. Wegen der Voraussetzungen, unter denen Entschädigungen nach § 24 Nr 1a–Nr 1c anzunehmen sind, daher → § 24 Rn. 1 ff sowie mit Rücksicht auf das Erfordernis der **Zwangslage** → Rn. 14. Begünstigungsfähige Entschädigungen können sowohl im Bereich der **Gewinneinkünfte** als auch der übrigen Einkünfte erzielt werden. Die **Höhe einer Entschädigung** iSd § 24 Nr 1, auf die der ermäßigte Steuersatz des § 34 I anzuwenden ist, ergibt sich durch Abzug der mit der Entschädigung im unmittelbaren Zusammenhang stehenden BA/WK von dem vereinbarten bzw geleisteten Entschädigungsbetrag (BFH IV R 262/69, BStBl II 70, 421).

36 **10. Nutzungsvergütungen; Zinsen, § 34 II Nr 3.** Soweit sie für einen Zeitraum von **mehr als drei Jahren nachgezahlt** werden, gehören ebenfalls zu den begünstigungsfähigen ao Einkünften. Nachzahlungen sind in vollem Umfang begünstigt, also nicht nur, soweit sie auf den drei Jahre übersteigenden Zeitraum entfallen (BFH IV R 143/82, BStBl II 85, 463). Nutzungsvergütungen für künftige Nutzungen sind nicht begünstigt (BFH IX R 19/90, BStBl II 94, 640).

37 **11. Vergütungen für mehrjährige Tätigkeit, § 34 II Nr 4. – a) Überblick.** Zur Rechtsentwicklung → 27. Aufl 2008, § 34 Rn. 37; BFH X R 10/12, BStBl II 14, 668. – Die Vorschrift, die der bei geballtem Zufluss progressionsbedingten steuerl Mehrbelastung begegnen will, ist **verfgemäß** (BFH VI R 104/92, BStBl II 93, 795;

Nds FG EFG 23, 928 rkr). Eine bewusste Vorteilszuwendung seitens des Leistenden ist nicht Voraussetzung für die Anwendung der Vorschrift (BFH VI R 176/80, BStBl II 83, 642: nicht erkannte Unter-Preislieferung). Auch ein Rechtsanspruch braucht nicht zu bestehen (BFH VI R 258/68, BStBl II 71, 802).

b) Einkunftsarten. Nach der jüngeren Rspr ist § 34 II Nr 4 auch für bilanzierende **Gewinnbetriebe** (§ 2 I Nr 1–3) anwendbar (s iEinz einschließl Kritik → Rn. 46). Hauptsächl Anwendungsgebiet des § 34 II Nr 4 sind jedoch die Einkünfte aus **nichtselbständiger Arbeit** (EStR 34.4 II; → Rn. 44). Die Norm fand auf Einkünfte aus **VuV** bei Nachzahlung von Nutzungsvergütungen (BFH VI 216/61 U, BStBl III 63, 380; FG Saarl EFG 93, 236) und aus **KapVerm** bei nachträgl Eingang von Zinsen für mehrere Jahre (BFH VI 142/65, BStBl III 66, 462) keine Anwendung. Dies ist fragl, da sich auch hier ein Progressionsanstieg ergeben kann (s BFH VI R 69/06, BStBl II 10, 69 für Zertifikate). Zudem bejaht die Rspr nunmehr § 34 II Nr 4 auch bezügl Erstattungszinsen (§ 233a AO), wenn den StErstattungsansprüchen eine mehrjährige Tätigkeit zugrunde liegt (BFH X R 2/22, BStBl II 24, 630; überholt BFH VIII R 36/10, BStBl II 14, 168; s auch → Rn. 40), nachdem sie zuvor bereits bei der Abfindung von Kleinbetragsrenten (§ 93 III) sowie vor Geltung von § 22 Nr 5 S 13 für mögl erachtet hatte (BFH X R 7/18, BStBl II 19, 583; BFH X R 39/17, BStBl II 20, 217 iEinz → § 93 Rn. 4). Zur Nachzahlung von Leibrenten → Rn. 44; zur Auszahlung des Rückkaufwerts von Pensionsansprüchen → Rn. 45. Eine (nachträgl gezahlte) Vergütung für mehrjährige Tätigkeit unterscheidet sich von den Entschädigungen nach § 24 Nr 1a und 1b dadurch, dass letztere dazu dienen, einen eingetretenen oder drohenden Schaden aus dem Wegfall von Einkünften auszugleichen (zu Nr 1a: BFH VI R 107/77, BStBl II 79, 176 zu Nr 1b: BFH VI R 67/74, BStBl II 76, 490). 38

c) Vergütung für mehrjährige Tätigkeit. – aa) Grundsätze. Beides ist Voraussetzung der ermäßigten Besteuerung. Zur **Vergütung** gehören nach BFH X R 10/12, BStBl II 14, 668 (betr erstattete USt) nicht nur Leistungsentgelte, sondern alle iRd jeweiligen Einkunftsart erzielten wirtschaftl Vorteile (BFH VIII B 49/18, BFH/NV 19, 17; **aA** BFH VIII R 36/10, BStBl II 14, 168 betr Erstattungszinsen). Eine **mehrjährige Tätigkeit** § 34 II Nr 4 Hs 2 (anwendbar ab VZ 07) ist von der **Nichtausübung** einer Tätigkeit abzugrenzen (BFH IX R 5/23, DStR 25, 28 betr Verdienstausfall) und erfordert eine Dauer von mehr als zwölf Monaten, die sich auf wenigstens zwei VZ erstreckt (**aA** aber überholt BFH VI R 46/99, BStBl II 05, 289); zudem muss die Vergütung mit dem Tätigkeitszeitraum (mindestens 13 Monate) „zweckbestimmt verknüpft" sein (BFH VI R 10/18, BFH/NV 22, 325). Erforderl ist zudem, dass StPfl in den Jahren, auf die die Einkünfte verteilt werden, mit Einkünfteerzielungsabsicht tätig gewesen war (BFH I R 98/92, BFH/NV 94, 775). Auch eine bloße **Nachzahlung** verdienter Vergütungen reicht deshalb zur Annahme einer Vergütung für mehrjährige Tätigkeit aus, wenn der Nachzahlungszeitraum sich auf zwei Kj (VZ) erstreckt und länger als zwölf Monate gedauert hat (BFH VIII R 37/14, BStBl II 17, 258: Honorarnachzahlung; glA *FB Hbg* DStR 17, 1765). Nicht ausreichend ist eine *allein* aus anderem Anlass gewährte Zuwendung nach mehrjähriger Tätigkeit (zB **Firmenjubiläum**); wird die Zuwendung aber auch nach der Dauer der Betriebszugehörigkeit bemessen, kann *insoweit* ein Entgelt für mehrjährige Tätigkeit gegeben sein (BFH VI R 43/86, BStBl II 87, 820). Keine Zahlung für mehrjährige Tätigkeit ist die Prämie für einen betriebl **Verbesserungsvorschlag,** wenn sie nach künftigen Vorteilen des ArbG bemessen ist (BFH VI R 53/14, BStBl II 17, 322). Wird eine Tantieme für ein **vom Kj abw Wj** gezahlt, soll die Ermäßigung nach BFH VI 211/65, BStBl III 66, 545 im Hinblick auf den Zweck des § 34 II Nr 4 nicht zum Zuge kommen; diese Einschränkung gilt jedenfalls dann nicht, wenn die Nachzahlung Entgelt für einen Zeitraum von mehr als zwölf Monaten ist (s jetzt § 34 II Nr 4 Hs 2). Auch Wertzuflüsse auf Grund der Ausübung von **Optionen** (zB auf Bezug von **Aktien**) sind grds Vergütungen für 40 mehrjährige Tätigkeit, wenn der Bezugszeitpunkt entspr aufgeschoben ist, weil mit der Option idR ein längerfristiger Leistungsanreiz ausgelöst werden soll (BFH I R 100/98, BStBl II 01, 509; BFH VI R 62/05, BStBl II 08, 294; FG Hmb EFG 09, 115). Dabei sind die Optionsrechte, wenn sie zB Jahr für Jahr neu eingeräumt werden, gesondert zu betrachten, sodass der Mindestzeitraum von zwölf Monaten für jede Optionsmöglichkeit gesondert erfüllt sein muss. Das ArbVerh muss nach Einräumung des Optionsrechts noch wenigstens zwölf Monate bestanden haben (BFH VI R 62/05, BStBl II 08, 294; BFH VI R 70/06, BFH/NV 08, 1828), es sei denn, die Rechte sind auch für frühere Arbeitsleistungen eingeräumt worden (BFH VI R 136/01, BStBl II 07, 456); es kommt aber nicht darauf an, ob das ArbVerh bei späterer Optionsausübung noch besteht (BFH I R 100/98, BStBl II 01, 509). Zur Frage der Zusammenballung bei Ausübung von Optionen → Rn. 42. Auch Arb-Lohnzufluss im **Schadensfall** aus einer vom ArbG finanzierten **Unfallversicherung** kann als Vergütung für mehrjährige Tätigkeit anzusehen sein (BFH VI R 9/05, BStBl II 09, 385), sofern die als Lohn zufließenden Beiträge einen Zeitraum von mehr als 12 Monaten betreffen.

41 **bb) Arbeitnehmer.** Bei Einkünften aus nicht selbständiger Arbeit muss die Zahlung auf einem ArbVerh beruhen und für mehrere Jahre geleistet werden (zB nachgezahlte **Überstundenvergütungen;** BFH VI R 23/19, BStBl II 22, 442). Unerhebl ist ob der Empfänger tatsächl eine Arbeitsleistung erbringt (BFH VI R 66/67, BStBl II 70, 683: **Vorauszahlung** von ArbLohn bei Arbeitsvertragsauflösung). Begünstigt sind auch Gehaltsnachzahlungen in Fällen **unwirksamer Kündigung** des ArbVerh durch den ArbG (BFH VI R 104/92, BStBl II 93, 795) sowie Nachzahlungen aus der betriebl **Altersversorgung** (Betriebsrenten); Gleiches gilt wenn Versorgungskapital der Witwe des ArbN ausbezahlt wird (FG Mchn EFG 15, 1200). Unerhebl ist, ob der StPfl auf die Zahlungen einen Rechtsanspruch hat, sofern diese nur auf dem ArbVerh beruhen und für ihre Erbringung wirtschaftl vernünftige Gründe bestehen; diese können auch in der ArbG-Sphäre liegen (BFH VI R 44/13, BStBl II 15, 890). Deshalb sind auch Zahlungen auf freiwillig vereinbarter Abfindung von **Pensionsanwartschaften** begünstigt, selbst wenn sie an den neuen ArbG zwecks Übernahme der Pensionsverpflichtung geleistet werden (BFH VI R 6/02, BStBl II 07, 581).

42 **d) Zeitpunkt der Zahlung.** Aus dem Zweck des § 34 II Nr 4, die Progressionswirkung des EStTarifs zu mildern (→ Rn. 37), folgt, dass die Vorschrift grds nur anzuwenden ist, wenn die **Zahlung** für die mehrjährige Tätigkeit **in einem VZ** geleistet wird. Eine Gehaltszahlung für frühere Jahre ist nach § 38a I 3 im Zuflussjahr zu versteuern (BFH VI R 104/92, BStBl II 93, 795); zu Fälligkeitsabreden s BFH IX R 1/09, BStBl II 10, 746. Unschädl ist es, wenn Zahlungen *innerhalb eines VZ* in mehreren Teilbeträgen erbracht werden (BFH VI R 338/67, BStBl II 70, 639). Ausnahmsweise kann die Zahlung in **zwei VZ** zufließen, wenn dies zur Wahrung des Verhältnismäßigkeitsgrundsatzes oder aus sozialen Gründen geboten ist (iEinz → Rn. 17; BFH VI R 19/21, HFR 23, 581). Bei Zahlung in **drei VZ** (zB eine jeweils nachträgl ausgezahlte Tantieme) kann § 34 II Nr 4 (grds) nicht angewendet werden (BFH VI R 19/21, HFR 23, 581: Pensionsabfindungen; zur Nachzahlung von Tantiemen für mehrere Jahre in einem Jahr s aber BFH VI R 338/67, BStBl II 70, 639). **Optionen** (zB auf Bezug von Aktien) sind nach BFH **Anreizlohn** und nicht ledigl Erfolgsvergütung (Tantieme), sodass auch bei nur teilweiser Optionsausübung jeweils ein im Voraus gezahltes Entgelt für mehrjährige Tätigkeit gegeben ist (BFH VI R 59/05, BFH/NV 08, 779); es steht der StVergünstigung nicht entgegen, dass das Optionsrecht nicht in vollem Umfang in einem VZ ausgeübt wird. Der BFH leitet die **notwendige Zusammenballung** allein aus dem Ablauf der Jahresfrist im Hinblick auf die **Laufzeit der Aktienoption** und die **Dauer der Beschäftigung** des ArbN beim ArbG ab (= Laufzeit der Optionen und Beschäftigung mehr als zwölf Monate; *Paetsch* HFR 08, 351); daher ist es schädl, wenn der ArbN unmittelbar nach

Einräumung der Option ausscheidet und das Optionsrecht bis zu seiner Ausübung fortbesteht, weil sich hier kein Anknüpfungspunkt mehr für eine mehrjährige Beschäftigung findet.

e) Einzelheiten zu nichtselbständiger Arbeit. Die Anwendung des § 34 II Nr 4 setzt bei Einkünften aus nichtselbständiger Arbeit **keine** von der Haupttätigkeit **abgrenzbare Sondertätigkeit** voraus (BFH VI R 258/68, BStBl II 71, 802; EStR 34.4 II). Begünstigt ist, wenn Arbeitslohn **VZ-übergreifend** für *mehr* als *12 Monate* geleistet (BFH VI R 44/13, BStBl II 15, 890) oder beim Ausscheiden aus dem ArbVerh vom ArbG ein Betrag gezahlt wird, dessen Höhe von der Dauer der Betriebszugehörigkeit abhängt (BFH VI R 106/79, BStBl II 83, 575). Auch auf **Nachzahlung** von **Ruhegehaltsbezügen** (BFH VI 155/56 U, BStBl III 58, 169), **nachträgl** Zahlungen von **Leibrenten** iSd § 22 Nr 1 sowie auf die fiktiv zugeflossene **Pensionsanwartschaft** bei gesellschaftsvertragl veranlasstem (Teil-)**Verzicht** (BFH VI R 4/16, BStBl II 18, 208) ist § 34 II Nr 4 anwendbar (auch → Rn. 42). Nicht aber auf Abfindungen für vorzeitiges Ausscheiden aus dem Dienst, die aber nach § 24 Nr 1b, § 34 I, II Nr 2 begünstigt sein können (BFH VI R 28/84, BStBl II 87, 106); ebenso mangels Tätigkeit nicht auf Verdienstausfallentschädigungen (BFH IX R 5/23, DStR 25, 28 s Rn. 17; → § 24 Rn. 17). § 34 II Nr 4 ist auch auf sonstige Geschenke **(Sonderzuwendungen)** des ArbG (BFH VI R 176/80, BStBl II 83, 642) anzuwenden, sofern es sich dabei nicht um lfd Arbeitsentgelt handelt. Vergütungen eines ArbN, die wegen des Rechtsübergangs der **ArbN-Erfindung** nach § 7 I ArbNEerfG an den ArbN gezahlt werden (§ 9 ArbNEerfG), sind keine Vergütungen für mehrjährige Tätigkeit (BFH VI R 43/00, BFH/NV 05, 888; aber → § 24 Rn. 6, 27). Zu **Bonusvereinbarung** s (abl) FG Nbg EFG 17, 1590, rkr. 44

f) Einzelheiten zu Renten; Abfindungen; Altersvorsorge. Grds sind auch nachträgl Zahlungen von Leibrenten iSd § 22 Nr 1 nach § 34 II Nr 4 begünstigt (EStH 34.4). Das gilt nach BFH X R 3/12, BStBl II 14, 58 auch für Kapitalabfindung betr das Deckungskapital einer berufsständischen Einrichtung aufgrund Beiträge *vor* dem 1.1.05 (Inkrafttreten AltEinkG, BGBl I 04, 1427; Arg: „atypische/auslaufende, dh eng begrenzte Ausnahme"). Nicht jedoch bei Bezug in mehreren VZ (BFH X B 155/18, BFH/NV 20, 18) oder die Teilkapitalisierung eines einheitl Ruhegehaltsanspruchs iVm lfd monatl Zahlungen (BFH VI R 5/21, BFH/NV 24, 382; zur Trennung mehrerer Versorgungsansprüche s BFH IX R 3/20, BStBl II 21, 692). An der „Außerordentlichkeit" **(Atypik)** fehlt es ferner, wenn das Deckungskapital *auch* Beiträge ab 2005 umfasst und das Kapitalwahlrecht von Anfang an bestand (BFH X R 23/15, BStBl II 17, 347; FG Mster EFG 21, 214 rkr; ähnl NdsFG EFG 17, 1444 rkr; zutr; → 35. Aufl 2016, § 34 Rn. 45 mwN; aA *Dommermuth* NWB 17, 1574). Zur Abfindung Kleinbetragsrenten nach § 93 III iVm § 22 Nr 5 S 13 → § 93 Rn. 4; BFH X R 39/17, BStBl II 20, 217; zu kündigungsbedingten Auszahlung des Rückkaufswerts s BFH X R 24/19, BStBl II 21, 141; BFH X R 7/19, BFH/NV 21, 298; dazu FG Hmb EFG 22, 166, rkr: „Atypik nicht feststellbar". 45

g) Einzelheiten zu Gewinneinkünften, insbesondere selbständiger Arbeit. 46
Obgleich § 34 II Nr 4 nicht darauf zielt, allg die nachteiligen Folgen temporär schwankender Einkünfte auszugleichen, und auch die lfd Gewinneinkünfte dem Regelsteuersatz zu unterwerfen sind (zutr BFH III R 84/11, BStBl II 18, 696), ist die Norm nach der jüngeren (nicht einheitl) Rspr fallgruppenbezogen anwendbar. Bei **Überschussrechnung** (§ 4 III; vgl BFH IV R 57/05, BStBl II 07, 180; *OFD NRW* DB 14, 2018), wenn *(1)* der StPfl sich während mehrerer Kj *ausschließl* einer bestimmten Aufgabe gewidmet und die Vergütung in einem VZ erhält oder *(2)* eine sich über mehrere Kj erstreckende *abgrenzbare Sondertätigkeit,* in einem VZ entlohnt wird oder *(3)* eine *mehrjährige Tätigkeit* nachträgl *nach Beilegung eines Rechtsstreits vergütet wird.* Zur Zuflussballung s BFH VIII R 37/14, BStBl II 17, 258 Rn. 15 abl zur Pauschgebühr gem § 51 RVG: BFH VIII B 121/19, BFH/NV 20, 506. Darüber hinaus haben BFH

X R 10/12, BStBl II 14, 668; BFH III R 5/12, BStBl II 15, 220 auch bei **Bilanzierenden** (§§ 4, 5) eine Vergütung für mehrjährige Tätigkeit im Fall der Nachaktivierung von USt-Erstattungsansprüchen bejaht, die auf einer grundlegenden EU-rechtl Neubeurteilung beruhten (**aA** → 33. Aufl 2014, § 34 Rn. 46). Letzteres (Verzicht auf Sondertätigkeit) überschreitet mE nicht nur den Gesetzeszweck (s oben), sondern ist kaum praktikabel abgrenzbar. Gegenbeispiele: kein § 34 II Nr 4 s BFH III R 84/11, BStBl II 18, 696: Honorar für mehrjähriges Mandat; BFH VIII R 1/12, DStZ 15, 137: Erfolgshonorar iVm 12-jährigem Restitutionsverfahren; BFH VIII B 49/18, BFH/NV 19, 17: Veräußerungsgewinn iZm betriebl „Alt"-Grundbesitz; ebenso mE bei Nachforderungen einer BP oder Erstattungszinsen iZm betriebl Einkünften (→ Rn. 38), auch wenn hierüber rechtl Streit bestand.

50 **12. Ermittlung der begünstigten Einkünfte. – a) Freibeträge.** Veräußerungsgewinne iSd § 34 II Nr 1 gehen iHd des Freibetrags (§ 16 IV, § 14, § 18 III; dazu → § 16 Rn. 572 f) nicht in den Verlustausgleich (→ Rn. 51) ein. Der Freibetrag nach § 13 III ist zunächst von lfd, nicht tarifbegünstigten Einkünften aus LuF abzuziehen, wenn neben diesen tarifbegünstigte Einkünfte aus LuF vorliegen.

51 **b) Verlustausgleich.** Auch begünstigungsfähige ao Einkünfte unterliegen dem Verlustausgleich; soweit dieser stattfindet, entfällt die Möglichkeit der Anwendung des ermäßigten Steuersatzes (BFH IV B 120/95, BFH/NV 97, 223); es besteht also nicht die Möglichkeit den Verlustausgleich zu vermeiden; zur Berechnung s EStR 34.1. Nicht in den Verlustausgleich einzubeziehen sind die – ab 2009 – der **AbgeltungsSt** unterliegende KapEinkünfte, ferner für nicht mehr vererbbare Verluste BFH GrS 2/04, BStBl II 08, 608 sowie → § 10d Rn. 14. Von VZ 1999 bis VZ 2003 sind die sich aus § 2 III (→ § 2 Rn. 61), § 2b (bis 2005) und § 15b (ab 10./11.11.05 → § 15b Rn. 1) ergebenden Verlustverrechnungsbeschränkungen zu beachten, sodass der horizontale Verlustausgleich auch die begünstigungsfähigen ao Einkünfte umfasst, aber mit ihnen erst nachrangig nach voll stpfl Einkünften vorzunehmen ist (BFH X B 53/05, BFH/NV 06, 1463 mwN; EStR 34.1 III; *Schynol* DStR 00, 1590; *Freyer/Schult* DStR 01, 71; **aA** *Jahndorf ua* FR 00, 433; vgl auch *Lemm* DStZ 02, 35; vgl *Korezkij* DStR 03, 319 (321) mwN). Vorrang haben § 2a I, § 2b, § 15 IV. Wenn beschr ausgleichsfähige Verluste zB aus **gewerbl Tierzucht/Tierhaltung** mit Veräußerungsgewinnen aus gewerbl Tierzucht/Tierhaltung zusammentreffen, kann gem § 15 IV nur der sich nach Ausgleich oder Verrechnung mit derartigen Verlusten ergebende Veräußerungsgewinn tarifbegünstigt versteuert werden. Ebenso ist dies, wenn Verluste, die gem § 15a nur eingeschränkt verrechenbar sind, mit zugehörigen Veräußerungsgewinnen zusammentreffen (BFH IV R 23/93, BStBl II 95, 467). Entsprechendes gilt für Verluste iSd § 15b. Treffen unterschiedl tarifbegünstigte Einkünfte zusammen, sind die Einkünfte, die einem höheren Steuersatz unterliegen, zuerst mit Verlusten auszugleichen.

52 **c) Sonderausgaben; außergewöhnliche Belastungen.** Verbleiben nach dem Verlustausgleich positive voll stpfl Einkünfte neben den tarifbegünstigten Einkünften, sind SA grds (zuerst) von den dem vollen EStTarif unterliegenden Einkünften abzuziehen. Demgemäß sind der Altersentlastungsbetrag (§ 24a), die SA (§§ 10–10b), der Haushaltsfreibetrag (§ 32 VII aF – bis 2003), die agB (§§ 33–33b) und die sonstigen vom Einkommen abzuziehenden Beträge zunächst von den voll stpfl und sodann von den am höchsten zu besteuernden ao Einkünften abzuziehen (vgl EStR 34.1 I; *Korn* KÖSDI 88, 7433; **aA** *Puhl* DB 88, 1919). Nicht zulässig ist, das auf den VZ entfallende Fünftel um den Betrag beschr abziehbarer SA zu kürzen, der sich bei der Berechnung der ESt für das verbleibende zu versteuernde Einkommen nicht ausgewirkt hat (BFH X R 15/06, BFH/NV 09, 138).

III. Ermäßigter Steuersatz, § 34 I, III

1. Alternative Tarifermäßigung; Wahlrecht; Antrag; Objektgrenze. Außerordentl Einkünfte iSd § 34 II werden gem § 34 I ermäßigt besteuert. Für ao Einkünfte iSd § 34 II Nr 1 wird gem § 34 III alternativ einmal im Leben (Objektgrenze) ab VZ 2004 **56% des durchschnittl Steuersatzes** angewendet. Nur dafür ist ein Antrag erforderl (§ 34 III 1, 5; zur Rechtsentwicklung → Rn. 2). Die Anträge nach § 34 III können nachgeholt, geändert oder zurückgenommen werden. Die Wahlmöglichkeit besteht bis zur Bestandskraft des Bescheids oder – im Falle der Anfechtung – bis zum Schluss der mündl Verhandlung vor dem FG; insofern gilt nichts anderes als für vergleichbare Gestaltungsrechte des materiellen Rechts wie zB das Veranlagungswahlrecht nach §§ 26 ff. Eine Änd der Wahlentscheidung ist nach Bestandskraft grds ausgeschlossen (iEinz BFH X R 56/13, BStBl II 16, 967; BFH III R 25/22, BStBl II 23, 823). Da es sich bei § 34 III um eine sachl Steuerermäßigung handelt, kann auch der Erbe des StPfl den Antrag stellen. Der **Objektverbrauch** tritt allerdings – vorbehaltl Treu und Glauben – auch dann ein, wenn § 34 III zu Unrecht gewährt worden ist (→ § 16 Rn. 578; BFH VIII R 2/19, BStBl II 22, 169; zur Hinweispflicht des StBeraters s *Hölscheidt ua* NWB 24, 2709). Soweit die Voraussetzungen für die Anwendung des § 34 I, III nebeneinander vorliegen (→ Rn. 6; also für § 34 III auch ein Antrag), führt das FA bei der Steuerberechnung eine Vorteilsberechnung durch (EStR 34.1 I 4); zur Veranlagungsart s *Müller ua* FR 19, 698. Sind mehrere Veräußerungsgewinne zu versteuern, so kommt nur für einen davon die Anwendung des § 34 III in Betracht (§ 34 III 5). Der StPfl hat ein Wahlrecht, auf welchen Veräußerungsgewinn § 34 III angewendet werden soll (§ 34 III 5). 55

2. Tarifglättung, § 34 I; Fünftelregelung. Soweit kein Antrag erforderl oder – soweit erforderl – gestellt ist, wird zunächst der Steuerbetrag für das um die nach § 34 I ermäßigt zu versteuernden Einkünfte verminderte zu versteuernde Einkommen ermittelt. Lfd negative Einkünfte sind vorrangig mit lfd positiven Einkünften zu verrechnen; erst danach ist eine Verrechnung mit den ermäßigt zu besteuernden Einkünften zulässig (BFH X B 53/05, BFH/NV 06, 1463; BFH X R 46/02, BFH/NV 04, 1643). Sodann wird der für ein Fünftel der ao Einkünfte, ohne Abzug des Altersentlastungsbetrags (BFH IV R 68/04, BFH/NV 06, 723) zusammen mit dem übrigen zu versteuernden Einkommen der sich ergebende Steuerbetrag ermittelt. Die Differenz der Steuerbeträge wird verfünffacht und dem zuerst ermittelten Steuerbetrag hinzugerechnet. Dies ergibt die tarifl ESt. Zu Berechnungsbeispielen s EStH 34.2. § 34 I 3 stellt die ermäßigte Besteuerung ao Einkünfte auch für den Fall sicher, dass das **verbleibende** zu versteuernde **Einkommen negativ,** aber das zu versteuernde Einkommen positiv ist, letzteres also allein auf den ao Einkünften beruht. In diesem Falle ist die Steuerermäßigung nach § 34 I durch Verfünffachung der auf ein Fünftel des zu versteuernden Einkommens sich ergebenden ESt zu ermitteln (vgl EStH 34.2 *Bsp 2*). *Lemm* (DStZ 02, 35) weist darauf hin, dass sich gleichheitswidrige Ergebnisse ergeben, je nach dem, ob das gesamte zu versteuernde Einkommen höher (dann überhöhte Steuer) oder niedriger ist (dann teilweise Nicht-Besteuerung des Veräußerungsgewinns) als das „gesamte zu versteuernde Einkommen"; eingehend *Eggesiecker ua* DStR 07, 1281. § 34 I enthält – anders als § 34 III (→ Rn. 58) – keine ausdrückl Regelung zur Anwendung von **Progressionsvorbehalten.** Der Progressionsanstieg gem § 32b ist in die Ermittlung des Steuersatzes nach § 34 I einzubeziehen (vgl BFH XI B 140/02, BFH/NV 03, 772); str ist, wie dabei vorzugehen ist. Nach BFH VI R 44/07, BStBl II 11, 21 ist bei Zusammentreffen von Vergütungen für mehrjährige Tätigkeit mit stfreien Einkünften iSd § 32b die Steuerberechnung für die **außerordentlichen Einkünfte** nach § 34 I 3 vorzunehmen. Der Progressionsvorbehalt nach § 32b ist grds neben der Tarifermäßigung des § 34 I anwendbar (BFH VI R 66/03, BStBl II 08, 375; nunmehr gefolgt von BFH 56

IX R 93/07, BStBl II 10, 1032; *Jachmann* DB 10, 86). Der BFH kommt zu dem Ergebnis, dass in diesen Fällen eine **integrierte Steuerberechnung** vorzunehmen ist, und zwar dergestalt, dass die Progressionseinkünfte bei der Steuerberechnung nach § 34 I steuersatzerhöhend berücksichtigt werden (BFH IX R 23/11, BStBl II 13, 370). Übersteigen die der Tarifermäßigung unterliegenden ao Einkünfte das zu versteuernde Einkommen, so sind die Progressionseinkünfte hierbei nur insoweit zu berücksichtigen, als sich nach einer Verrechnung mit dem negativen verbleibenden zu versteuernden Einkommen ein positiver Differenzbetrag ergibt (so auch EStH 34.2 Bsp). Die Einwände von *Siegel/Korezkij* (DStR 05, 577 (578)) berücksichtigt der BFH durch Heranziehung des **Meistbegünstigungsprinzips** (BFH VI R 66/03, BStBl II 08, 375; FG Bln-Bbg DStRE 21, 396 rkr). S weiterhin *Siegel* FR 10, 445; *Hechtner/Siegel* DStR 10, 1593. Für VZ 2007 kann das Zusammenspiel der §§ 34 I und 32c zu einer höheren Steuerlast führen, als eine Berücksichtigung derselben Einkünfte als lfd Gewinneinkünfte ergibt (Korrektur durch *OFD Mster* DStR 10, 2517); § 32c (VZ 2007) wird hingegen durch § 34 III insgesamt ausgeschlossen (BFH X R 9/12, BFH/NV 13, 1918; *OFD Mster* DStR 10, 2517). Zur Verfassungsmäßigkeit → Rn. 2. Zum **Billigkeitserlass** s BFH IX B 86/15, BFH/NV 16, 179: KiSt-Erstattung.

58 **3. Ermäßigter Steuersatz für Veräußerungsgewinne/Aufgabegewinne, § 34 II Nr 1, III. – a) Steuersätze.** Der ermäßigte StSatz kann auch bei einer **Betriebsaufgabe,** die sich über zwei VZ erstreckt, für beide Jahre zu gewähren sein (→ § 16 Rn. 236). Er beträgt ab VZ 2004 56% des Durchschnittssteuersatzes unter Einbeziehung von **Progressionsvorbehalten** (§ 32a; § 32b; vgl BFH XI B 140/02, BFH/NV 03, 772). Die Einbeziehung aller dem Progressionsvorbehalt unterliegenden nicht stbaren Einkünfte (§ 32b) hat nur geringe praktische Bedeutung (*Herzig/Schiffers* DB 89, 2441). Ergeben sich neben Veräußerungsgewinnen auch Veräußerungsverluste in verschiedenen Betriebsteilen oder Teilbetrieben, sind diese vor Anwendung des ermäßigten Steuersatzes zu saldieren (BFH VIII B 90/00, BFH/NV 01, 1279; BFH I R 34/11, BStBl II 12, 405). Die fallenden StSätze der Jahre bis 2005 sind zu beachten (s § 32a). Zu dem ermäßigten Steuersatz kommt der SolZ hinzu, der sich wegen der Anknüpfung an die ESt entsprechend ermäßigt. Auch die **GewStAnrechnung** gem § 35 EStG iVm § 7 I 2 GewStG ist einzubeziehen. Es ist ein **Mindeststeuersatz** zu beachten; dieser beträgt für 2001/2002/2003 19,9%, für 2004 16% (Art 29 I HBeglG 2004, BGBl I 03, 3076), ab 2005 15% (§ 52 XLVII 6 aF) sowie ab 2009: 14% (zur rückwirkenden Anpassung des § 34 III 2 s § 52 XLVII 7 idF JStG 2010, BGBl I 10, 1768). – Die Mindeststeuersätze sind systematisch verfehlt, weil sie nicht nur zu einer zeitl Verlagerung der Besteuerung bzw der Verlustverrechnung führen, sondern weil auch in Fällen, in denen nur der Veräußerungsgewinn zu versteuern ist, der Grundfreibetrag nicht in vollem Umfang gewährt wird (s *Hagen ua* DB 01, 397 (404)).

59 **b) Wechselseitige Berücksichtigung der Tarifermäßigungen, § 34 I, III.** § 34 I, III beeinflussen wechselseitig den Steuersatz, der sich bei ihrer Anwendung für den jeweiligen Teilbetrag des zu versteuernden Einkommens ergibt. Deshalb ist eine komplizierte Verhältnisrechnung vorzunehmen. Die *FinVerw* nimmt hinsichtl der Frage, ob die Anwendung des § 34 I, III oder eine Kombination aus beiden zu dem günstigsten Ergebnis führt, programmgesteuerte Vergleichsberechnungen vor, wenn für die Anwendung des § 34 III ein entspr Antrag gestellt ist.

60 **c) Betragsgrenze.** Der ermäßigte Steuersatz wird nur bis zu einem Betrag des Veräußerungsgewinns von 5 Mio € (ab 2002) gewährt. Die Betragsgrenze gilt insgesamt auch, wenn der Betriebsaufgabegewinn in zwei VZ erzielt und besteuert wird (*BMF* DStR 06, 37). Ein darüber hinausgehender Gewinn unterliegt dem vollen Steuersatz, sofern nicht anderweitige Steuersatzermäßigungen (zB § 34b) oder Steuerbefreiungen (zB § 16 IV) eingreifen.

d) Altersgrenze; Berufsunfähigkeit. Erforderl ist, dass der StPfl entweder – *(1)* das **55. Lebensjahr** vollendet hat oder – *(2)* im *sozialversicherungsrechtl* Sinne **dauernd berufsunfähig** ist (§ 34 III 1). Ebenso wie iRv § 16 IV 1 bedeutet dies, dass die Merkmale – gleich der früheren Rechtslage – spätestens im Zeitpunkt der Veräußerung (Erfüllungsgeschäft) oder des Endes der Betriebsaufgabe erfüllt sein müssen (BFH X R 12/07, BStBl II 08, 193; *BMF* BStBl I 06, 7; **aA** bis → 30. Aufl 2011, § 34 Rn. 61: Ablauf des VZ/Kj maßgebl). Zu Einzelheiten → § 16 Rn. 575; BFH X R 10/21, BStBl II 23, 807 (allg Beweisregeln; missverständl EStR 16.14 iVm EStR 34.5 III). 61

4. Verwaltungsverfahren. – a) Veranlagung; Gewinnfeststellung. Über die Gewährung der Tarifermäßigungen ist grds im ESt-Veranlagungsverfahren zu entscheiden. Gehören Einkünfte zum Gewinn einer PersGes, ist im **Gewinnfeststellungsverfahren** (§§ 179, 180 AO) zu befinden, ob es sich um ao, nach § 34 I, III begünstigungsfähige Einkünfte handelt, wie hoch diese sind und welchem der MUer sie zuzurechnen sind (BFH VIII R 149/86, BStBl II 92, 817). 65

b) Lohnsteuer. § 39b III 9 enthält eine dem § 34 I 2 entspr Regelung. Stattdessen oder daneben kann ein **Antrag auf Veranlagung** zwecks Abrechnung der LSt nach § 46 II Nr 8 gestellt werden. Von Vergütungen aus **mehrjähriger Tätigkeit** (§ 34 II Nr 4) kann die LSt nach § 39b III 9 ermäßigt einbehalten werden. Der StPfl kann (§ 46 II Nr 8) wählen, ob er es bei der pauschalen Begünstigung beim LStAbzug bewenden lässt oder ob die Begünstigungsvorschrift des § 34 I im Veranlagungsverfahren angewendet wird. 66

§ 34a Begünstigung der nicht entnommenen Gewinne

(1) [1]**Sind in dem zu versteuernden Einkommen nicht entnommene Gewinne aus Land- und Forstwirtschaft, Gewerbebetrieb oder selbständiger Arbeit (§ 2 Absatz 1 Satz 1 Nummer 1 bis 3) nach Absatz 2 enthalten, ist die Einkommensteuer für diese Gewinne auf Antrag des Steuerpflichtigen ganz oder teilweise mit einem Steuersatz von**

1. 28,25 Prozent für Veranlagungszeiträume bis 2027,
2. 27 Prozent für die Veranlagungszeiträume 2028 und 2029,
3. 26 Prozent für die Veranlagungszeiträume 2030 und 2031 und
4. 25 Prozent für Veranlagungszeiträume ab 2032

zu berechnen; dies gilt nicht, soweit für die Gewinne der Freibetrag nach § 16 Absatz 4 oder die Steuerermäßigung nach § 34 Absatz 3 in Anspruch genommen wird oder es sich um Gewinne nach § 18 Absatz 1 Nummer 4 handelt. [2]**Der Antrag nach Satz 1 ist für jeden Betrieb oder Mitunternehmeranteil für jeden Veranlagungszeitraum gesondert bei dem für die Einkommensbesteuerung zuständigen Finanzamt zu stellen.** [3]**§ 233a Absatz 2a der Abgabenordnung ist entsprechend anzuwenden.** [4]**Bei Mitunternehmeranteilen kann der Steuerpflichtige den Antrag nur stellen, wenn sein Anteil am nach § 4 Absatz 1 Satz 1 oder § 5 ermittelten Gewinn mehr als 10 Prozent beträgt oder 10 000 Euro übersteigt.** [5]**Der Antrag kann bis zur Unanfechtbarkeit des Einkommensteuerbescheids für den nächsten Veranlagungszeitraum vom Steuerpflichtigen ganz oder teilweise zurückgenommen werden; der Einkommensteuerbescheid ist entsprechend zu ändern.** [6]**Die Festsetzungsfrist endet insoweit nicht, bevor die Festsetzungsfrist für den nächsten Veranlagungszeitraum abgelaufen ist.**

(2) [1]**Der nicht entnommene Gewinn des Betriebs oder Mitunternehmeranteils ist der nach § 4 Absatz 1 Satz 1 oder § 5 ermittelte Gewinn vermindert um den positiven Saldo der Entnahmen und Einlagen des Wirtschaftsjahres vermehrt um die Gewerbesteuer des Wirtschaftsjahres.** [2]**Entnahmen für die Zahlung der Einkommensteuer nach Absatz 1 Satz 1 und des darauf entfallenden Solidaritäts-**

zuschlages bleiben außer Ansatz. [3]Entnahmen gelten vorrangig bis zur Höhe der Einkommensteuer im Sinne des Absatzes 1 Satz 1 und des darauf entfallenden Solidaritätszuschlages als zur Zahlung dieser Beträge verwendet.

(3) **[1]Der Begünstigungsbetrag ist der im Veranlagungszeitraum nach Absatz 1 Satz 1 auf Antrag begünstigte Gewinn. [2]Der Begünstigungsbetrag des Veranlagungszeitraums, vermindert um die darauf entfallende Steuerbelastung nach Absatz 1 und den darauf entfallenden Solidaritätszuschlag, vermehrt um den nachversteuerungspflichtigen Betrag des Vorjahres und den auf diesen Betrieb oder Mitunternehmeranteil nach Absatz 5 übertragenen nachversteuerungspflichtigen Betrag, vermindert um den Nachversteuerungsbetrag im Sinne des Absatzes 4 und den auf einen anderen Betrieb oder Mitunternehmeranteil nach Absatz 5 übertragenen nachversteuerungspflichtigen Betrag, ist der nachversteuerungspflichtige Betrag des Betriebs oder Mitunternehmeranteils zum Ende des Veranlagungszeitraums. [3]Dieser ist für jeden Betrieb oder Mitunternehmeranteil jährlich gesondert festzustellen.**

(4) **[1]Übersteigt der positive Saldo der Entnahmen und Einlagen des Wirtschaftsjahres bei einem Betrieb oder Mitunternehmeranteil den nach § 4 Absatz 1 Satz 1 oder § 5 ermittelten Gewinn (Nachversteuerungsbetrag), ist vorbehaltlich Absatz 5 eine Nachversteuerung durchzuführen, soweit zum Ende des vorangegangenen Veranlagungszeitraums ein nachversteuerungspflichtiger Betrag nach Absatz 3 festgestellt wurde. [2]Die Einkommensteuer auf den Nachversteuerungsbetrag beträgt 25 Prozent. [3]Der Nachversteuerungsbetrag ist um die Beträge, die für die Erbschaftsteuer (Schenkungsteuer) anlässlich der Übertragung des Betriebs oder Mitunternehmeranteils entnommen wurden, zu vermindern.**

(5) **[1]Die Übertragung oder Überführung eines Wirtschaftsguts nach § 6 Absatz 5 Satz 1 bis 3 führt unter den Voraussetzungen des Absatzes 4 zur Nachversteuerung. [2]Eine Nachversteuerung findet nicht statt, wenn der Steuerpflichtige beantragt, den nachversteuerungspflichtigen Betrag in Höhe des Buchwerts des übertragenen oder überführten Wirtschaftsguts, höchstens jedoch in Höhe des Nachversteuerungsbetrags, den die Übertragung oder Überführung des Wirtschaftsguts ausgelöst hätte, auf den anderen Betrieb oder Mitunternehmeranteil zu übertragen.**

(6) **[1]Eine Nachversteuerung des nachversteuerungspflichtigen Betrags nach Absatz 4 ist durchzuführen**

1. **in den Fällen der Betriebsveräußerung oder -aufgabe im Sinne der §§ 14, 16 Absatz 1 und 3 sowie des § 18 Absatz 3;**
2. **in den Fällen der Einbringung eines Betriebs oder Mitunternehmeranteils in eine Kapitalgesellschaft oder eine Genossenschaft sowie in den Fällen des Formwechsels einer Personengesellschaft in eine Kapitalgesellschaft oder Genossenschaft;**
3. **in den Fällen der unentgeltlichen Übertragung eines Betriebs oder Mitunternehmeranteils nach § 6 Absatz 3, wenn die Übertragung an eine Körperschaft, Personenvereinigung oder Vermögensmasse erfolgt. [2]Ein Fall der unentgeltlichen Übertragung liegt auch vor, wenn der Mitunternehmer ausscheidet und sein Anteil dem übrigen Mitunternehmer oder den übrigen Mitunternehmern unentgeltlich anwächst. [3]Dies gilt entsprechend für eine unentgeltliche Übertragung auf eine Mitunternehmerschaft, soweit der Betrieb oder der Mitunternehmeranteil einer Körperschaft, Personenvereinigung oder Vermögensmasse als Mitunternehmer zuzurechnen ist;**
4. **wenn der Gewinn nicht mehr nach § 4 Absatz 1 Satz 1 oder § 5 ermittelt wird oder**
5. **wenn der Steuerpflichtige dies beantragt.**

[2]Eine anteilige Nachversteuerung des nachversteuerungspflichtigen Betrags ist durchzuführen

1. **in den Fällen der entgeltlichen Aufnahme eines Mitunternehmers in ein bestehendes Einzelunternehmen oder der Veräußerung eines Teils eines Mitunternehmeranteils;**
2. **in den Fällen der Einbringung eines Teilbetriebs oder eines Teils eines Mitunternehmeranteils in eine Kapitalgesellschaft oder Genossenschaft;**
3. **in den Fällen der unentgeltlichen Übertragung eines Teilbetriebs oder Teils eines Mitunternehmeranteils oder der unentgeltlichen Aufnahme eines Mitunternehmers in ein bestehendes Einzelunternehmen, wenn die Übertragung an eine Körperschaft, Personenvereinigung oder Vermögensmasse erfolgt. [2]Ein Fall der unentgeltlichen Übertragung liegt auch vor, wenn der Teil des Mitunternehmeranteils dem übrigen Mitunternehmer oder den übrigen Mitunternehmern unentgeltlich anwächst. [3]Dies gilt entsprechend für eine unentgeltliche Übertragung auf eine Mitunternehmerschaft, soweit der übertragene Teil des Betriebs oder des Teils eines Mitunternehmeranteils einer Körperschaft, Personenvereinigung oder Vermögensmasse als Mitunternehmer zuzurechnen ist.**

[3]Absatz 7 Satz 3 gilt sinngemäß. [4]In den Fällen von Satz 1 Nummer 1 bis 3 und Satz 2 ist die nach Absatz 4 geschuldete Einkommensteuer auf Antrag des Steuerpflichtigen oder seines Rechtsnachfolgers in regelmäßigen Teilbeträgen für einen Zeitraum von höchstens zehn Jahren seit Eintritt der ersten Fälligkeit zinslos zu stunden, wenn ihre alsbaldige Einziehung mit erheblichen Härten für den Steuerpflichtigen verbunden wäre.

(7) **[1]In den Fällen der unentgeltlichen Übertragung eines Betriebs oder Mitunternehmeranteils nach § 6 Absatz 3 hat der Rechtsnachfolger den nachversteuerungspflichtigen Betrag des Rechtsvorgängers fortzuführen; Absatz 6 Satz 1 Nummer 3 und Satz 2 Nummer 3 bleiben unberührt. [2]Bei unentgeltlicher Aufnahme einer natürlichen Person in ein bestehendes Einzelunternehmen oder unentgeltlicher Übertragung eines Teils eines Mitunternehmeranteils auf eine natürliche Person hat der Rechtsnachfolger den nachversteuerungspflichtigen Betrag anteilig fortzuführen. [3]Maßgeblich ist der Anteil des übertragenen Betriebsvermögens an dem Betriebsvermögen des Rechtsvorgängers vor der Übertragung. [4]In den Fällen der Einbringung eines Betriebs oder Mitunternehmeranteils zu Buchwerten nach § 24 des Umwandlungssteuergesetzes geht der für den eingebrachten Betrieb oder Mitunternehmeranteil festgestellte nachversteuerungspflichtige Betrag auf den neuen Mitunternehmeranteil über. [5]Bei Einbringung eines Teils eines Mitunternehmeranteils zu Buchwerten nach § 24 des Umwandlungssteuergesetzes geht der nachversteuerungspflichtige Betrag anteilig auf den neuen Mitunternehmeranteil über; Satz 3 gilt entsprechend.**

(8) **Negative Einkünfte dürfen nicht mit ermäßigt besteuerten Gewinnen im Sinne von Absatz 1 Satz 1 ausgeglichen werden; sie dürfen insoweit auch nicht nach § 10d abgezogen werden.**

(9) **[1]Zuständig für den Erlass der Feststellungsbescheide über den nachversteuerungspflichtigen Betrag ist das für die Einkommensbesteuerung zuständige Finanzamt. [2]Die Feststellungsbescheide können nur insoweit angegriffen werden, als sich der nachversteuerungspflichtige Betrag gegenüber dem nachversteuerungspflichtigen Betrag des Vorjahres verändert hat. [3]Die gesonderten Feststellungen nach Satz 1 können mit dem Einkommensteuerbescheid verbunden werden.**

(10) **[1]Sind Einkünfte aus Land- und Forstwirtschaft, Gewerbebetrieb oder selbständiger Arbeit nach § 180 Absatz 1 Satz 1 Nummer 2 Buchstabe a oder b der Abgabenordnung gesondert festzustellen, können auch die Höhe der Entnahmen**

und Einlagen sowie weitere nach den Absätzen 1 bis 7 erforderliche Besteuerungsgrundlagen gesondert festgestellt werden. [2]Zuständig für die gesonderten Feststellungen nach Satz 1 ist das Finanzamt, das für die gesonderte Feststellung nach § 180 Absatz 1 Satz 1 Nummer 2 der Abgabenordnung zuständig ist. [3]Die gesonderten Feststellungen nach Satz 1 können mit der Feststellung nach § 180 Absatz 1 Satz 1 Nummer 2 der Abgabenordnung verbunden werden. [4]Die Feststellungsfrist für die gesonderte Feststellung nach Satz 1 endet nicht vor Ablauf der Feststellungsfrist für die Feststellung nach § 180 Absatz 1 Satz 1 Nummer 2 der Abgabenordnung.

(11) **[1]Der Bescheid über die gesonderte Feststellung des nachversteuerungspflichtigen Betrags ist zu erlassen, aufzuheben oder zu ändern, soweit der Steuerpflichtige einen Antrag nach Absatz 1 stellt oder diesen ganz oder teilweise zurücknimmt und sich die Besteuerungsgrundlagen im Einkommensteuerbescheid ändern. [2]Dies gilt entsprechend, wenn der Erlass, die Aufhebung oder Änderung des Einkommensteuerbescheids mangels steuerlicher Auswirkung unterbleibt. [3]Die Feststellungsfrist endet nicht, bevor die Festsetzungsfrist für den Veranlagungszeitraum abgelaufen ist, auf dessen Schluss der nachversteuerungspflichtige Betrag und das nachversteuerungsfreie Entnahmevolumen des Betriebs oder Mitunternehmeranteils gesondert festzustellen sind. [4]Der Einkommensteuerbescheid ist zu erlassen, aufzuheben oder zu ändern, soweit der Steuerpflichtige einen Antrag nach Absatz 1 stellt oder diesen ganz oder teilweise zurücknimmt und sich die gesonderte Feststellung des nachversteuerungspflichtigen Betrags ändert. [5]Für die Festsetzungsfrist gilt Satz 3 sinngemäß.**

Einkommensteuer-Richtlinien: EStH 34a. – **Verwaltungsanweisungen:** bis 2023 *BMF* BStBl I 08, 838; ab 2024 (WachstChG, BGBl I 24 Nr 108) *BMF* BStBl I 25, 671 mit Übergangsregelungen in Rn. 60 f; *OFD Ffm* DStR 14, 803 (Erbfall)).

Übersicht Rn.

Schrifttum (ab 2023/WachstChG, BGBl I 24 Nr 108): Literatur bis 2022 → 43. Aufl 2024, § 34a vor Rn. 1; *Ley,* § 34a EStG idF…, DStR 23, 2025; *Cordes ua,* Update …, FR 24, 401; *Müller ua,* Zur Vorteilhaftigkeit …, Ubg 24, 452; *Scheffold ua,* Thesaurierungsbegünstigung.., DStR 25, 1433; *Gragert,* Reform …, NWB 25, 1383.

Hinweis: Die Kommentierung folgt der ab **VZ 2024 geltenden Gesetzesfassung** gem. **WachstChG** (BGBl I 24 Nr 108 → Rn. 5) sowie dem hierzu ergangenen *BMF* BStBl I 25, 671. Dies gilt auch für die Satzzählung; nur die **inhaltlichen** Neuregelungen des WachstChG wurden mit dem Zusatz „nF" versehen. Zur Fassung bis 2023 → 43. Aufl 2024, § 34a Rn. 1 ff.

I. Allgemeines

1. Zweck; Rechtsentwicklung. – a) Regelungszusammenhang – UntStRefG 2008. § 34a ist Teil der Unternehmenssteuerreform 2008 mit dem einerseits die **Thesaurierungsbelastung** bei **KapGes** (KSt, GewSt, SolZ) im Interesse der „internationalen Wettbewerbsfähigkeit" und der „Signalwirkung für (ausl) Investoren" (BT-Drs 16/4841, 29 f) deutl auf 29,83% (→ Rn. 2) gesenkt worden ist. Andererseits hat das UntStRefG 2008 (BGBl I 07, 1912) systematisch daran festgehalten, dass die von Einzelbetrieben/MUerschaften erzielten Gewinne beim Einzelunternehmer/MUer nach dem **Transparenzprinzip** dem progressiven Tarif des § 32a estpfl sind (keine einheitl Unternehmenssteuer; → § 15 Rn. 160; *Wacker* DStR 19, 585). Da eine StBelastung von 29,83% nach der GesetzesBegr (BT-Drs 16/4841, BT-Drs 31, 62) vom ganz überwiegenden Teil der Personenunternehmen/r nicht erreicht werde, bestehe zwar keine Notwendigkeit zu einer allg Senkung des ESt-Satzes; jedoch müsse „ertragstarken und im internationalen Wettbewerb (stehenden) Personenunternehmen" das Recht eingeräumt werden, von der Regelbesteuerung thesaurierter Gewinne (→ Rn. 2) abzusehen und deren StBelastung durch die Gewährung **zweier linearer Sondertarife** (28,25%ige Thesaurierungsbelastung; 25%igen Nachsteuer; → Rn. 3) derjenigen von KapGes einschl ihrer Ges'ter anzunähern und hierdurch die EK- und Investitionsbasis der Personenunternehmen zu stärken. Zum **WachstChG** (BGBl I 24 Nr 108) → Rn. 5. 1

b) Vergleich: ESt-Regelbesteuerung – KSt/KapGes (Rechtslage bis 2023). Die Gewinne von **KapGes** unterliegen ab VZ 2008 – aufgrund der Absenkung der KSt auf 15% (§ 23 I; früher: 25%; zur weiteren Senkung gem **InvBoosterG**, BGBl I 25 Nr 161 ab VZ 2028 → Rn. 5) sowie der GewSt-Messzahl auf 3,5% (§ 11 II GewStG; früher 5%) – bei einem GewSt-Hebesatz von 400% einer **Thesaurierungsbelastung** von nur rund **29,83 %** (früher: 38,65%). Gleiches gilt ab 2022 für **OptionsGes** gem § 1a KStG (→ § 15 Rn. 160a); → Rn 3, 8, 77. Wird der verbleibende Gewinn (70,17%) ins **PV** ausgeschüttet, tritt – ohne Berücksichtigung von KiSt – auf Ges'terebene eine StBelastung von 18,5% hinzu (= 70,17% × 26,37% [*AbgeltungsSt* + grds SolZ]; → Rn. 6); Gesamtbelastung (bei Ausschüttung) mithin: **48,33 %.** Werden die Anteile im **BV** gehalten (zB BetrAufsp), greift ab VZ 2009 das 60%-*Teileinkünfteverfahren* (§§ 3 Nr 40, 3c II), sodass bei einem individuellem ESt-Satz von 45% (42%; jeweils zuzügl SolZ; → Rn. 6) und Geltung des gewstl Schachtel- 2 privilegs (§ 8 Nr 5, § 9 Nr 2a GewStG) die Ausschüttungsbelastung 19,98% (18,65%) beträgt – und damit zusammen mit der Thesaurierungsbesteuerung (29,83%) eine Gesamtbelastung von **49,81%** (48,48%) eintritt. – Die **Regelbelastung natürl Personen** beläuft sich – einschließl SolZ, GewSt und voller GewSt-Anrechnung gem § 35 (→ § 35 Rn. 2) jedoch ohne KiSt – sowohl für thesaurierte als auch für entnommene Gewinne (Transparenz, → Rn. 1) bei einem ESt-Satz von 45% (42%) ab VZ 2021 auf **46,71%** (43,54%). Zu VZ bis 2020 → 39. Aufl 2020, § 34a Rn. 3. Dies liegt zwar unterhalb der StBelastung ausgeschütteter Dividenden, benachteiligt jedoch die Personenunternehmer ggü dem geminderten Thesaurierungssatz von KapGes (29,83%) in signifikanter Weise.

3 **c) ESt-Tarifermäßigung für nicht entnommenen Gewinn.** Zur Beseitigung der unterschiedl Thesaurierungsbelastung (Regelbesteuerung bei PersGes und KapGes; → Rn. 2) gewährt § 34a auf Antrag für den vom Unternehmer/MUer nicht entnommenen Gewinn eine Tarifermäßigung (proportionaler Sonder-EStSatz: 28,25% zuzügl SolZ). **GesetzesBegr/UntStRefG 2008** (BT-Drs 16/4841, 32): Bei späterer Entnahme entfalle der Begünstigungsgrund, sodass auf den nachsteuerpflichtigen Betrag eine gleichfalls proportionale Nachsteuer iHv 25% zuzügl SolZ erhoben werde und die Gesamtbelastung derjenigen von KapGes (einschließl Dividenden; → Rn. 2) entspreche. Der Gesetzgeber hat sich damit grds für das sog Tarif-Modell (sog **T-Modell;** dazu *Wissenschaftl Beirat* BB 05, 1653) entschieden, das einerseits durch eine *unternehmerbezogene* Begünstigung des ESt-Satzes gekennzeichnet ist, andererseits nicht sämtl betriebl Einkünfte zusammenfasst, sondern an den *einzelnen Betrieb/MUeranteil* anknüpft. Zum Verlustausgleich aber → Rn. 36. Zur **Option gem § 1a KStG** → Rn. 8.

4 **d) Kritik.** Abgesehen davon, dass jeder Belastungsvergleich die konkreten Einzelfallumstände zu berücksichtigen hat, sind vor allem gegen die typisierenden Prämissen des Gesetzgebers zR **Einwände** erhoben worden, nämlich ***(1)*** Kein Sondertarif (29,8%), sondern **Regelbesteuerung** (individueller ESt-Satz; zB 45%) für den mit **GewSt** belasteten Teil des Gewinns (s einschl § 34a II nF → Rn. 5, 25), so dass die Thesaurierungsbelastung diejenige von KapGes (29,83%) überschreite, sowie ***(2)*** der Anstieg der StBelastung durch unvermeidl **Steuerentnahmen** (Rn. 5; s auch § 37 III 5: Sondertarif bleibt bei ESt-Vorauszahlungen außer Ansatz; zB *Dörfler ua* DStR 07, 649; *Kleineidam ua* DB 07, 409) sowie **sonstige Entnahmen** (privater Lebensbedarf; zu Entnahmen von stfreien Gewinnen und sog Altkapital → Rn. 62 f). ***(3)*** Zur weitergehenden Kritik → 43. Aufl 2024, § 34a Rn. 5.

5 **e) Reformen ab 2024 – WachstChG/InvBoosterG. aa**) Durch das **WachStChG** (BGBl I 24 Nr 108) wurde mit Wirkung bereits **ab VZ 2024** (§ 52 XXXIV nF) zum einen der Kritik des Schrifttums (→ Rn. 4) zT entsprochen und das „Thesaurierungsvolumen zur Entlastung des standorttreuen Mittelstands" angehoben, zum anderen aber § 34a auch zur „Verhinderung von Missbräuchen" geändert. IEinz betreffen diese heterogene Gesetzeskorrekturen folgende Regelungen: – ***(1)*** **Erhöhung** des **nicht entnommenen** und damit des potentiell begünstigungsfähigen **Gewinns** um die **GewSt** des jew Wj und um **Entnahmen** für die **ESt**-Zahlungen gem **§ 34a I 1** (einschl SolZ) iVm einer Entnahme-Verwendungsfiktion zugunsten von ESt/SolZ (§ 34a II 1–3 nF); – ***(2)*** Verzögerter Beginn des **Zinslaufs** bei nachträgl § 34a-Antrag entspr § 233a IIa AO (§ 34a I 3 nF); – ***(3)*** ***Nachversteuerung:*** – ***(a)*** Gleichstellung von **unentgeltl Anwachsungserwerb** mit unentgeltlicher Übertragung des **ganzen MU-Anteilsübertragung** an KSt-Subjekte (Nachversteuerung gem § 34a VI 1 Nr 3 Satz 2 nF); – ***(b)*** **quotaler Übergang** des **nachversteuerungspflichtigen Betrags** bei unentgeltlicher Übertragung von Teil-MUeranteilen auf natürl Person oder deren unentgeltliche Aufnahme in ein Einzelunternehmen (§ 34a VII 2–3 nF); – ***(c)*** **anteilige Nachversteuerung** bei **Veräußerung** eines **Teil-**MUeranteils, entgeltl Aufnahme eines MUers in ein EinzelU oder Einbringung eines MUer-Teilanteils in KapGes/Genossenschaft (§ 34a VI 2 Nr 1 und 2 nF) oder **unent-**

geltl Übertragung von Teilbetrieben, MUer-Teilanteilen/einschl Anwachsungserwerb von KSt-Subjekten oder *deren* unentgeltl Aufnahme in EinzelU oder *deren* mittelbare Begünstigung iRe unentgeltl Übertragung von Teilen eines Betriebs/MUeranteils auf eine PersGes (§ 34a VI 2 Nr 3 nF); – ***(4)*** **Änderung des ESt-Bescheid** bei geänderter Feststellung des nachversteuerungspflichtigen Betrags (§ 34a XI 4, 5 nF); – *(5)* Zur ESt-Erklärungspflicht gem **§ 56 Satz 2 EStDV** nF → Rn. 90. – *(5)* **Hinweise:** – ***(a)*** Folge des Thesaurierungstarifs für die GewSt und Entnahmen für Zwecke der ThesaurierungSt gem § 34a I 1 (einschl SolZ) ist, dass der **nachversteuerungspflichtige Betrag** den **tatsächlich thesaurierten Gewinn** übersteigt (zur Nachversteuerung → Rn. 62 f.). Hieran zeigt sich zugleich, dass die Reform des WachstChG (BGBl I 24 Nr 108) das grds Ziel des § 34a EStG (Begünstigung des nicht entnommenen Gewinns) überschreitet (*Ley* DStR 23, 2025). – ***(b)*** Die noch im **RefEntwurf** des WachstChG enthaltenen Vorschläge eines „nachversteuerungsfreien Entnahmebetrags" sowie der Aufhebung von § 37 III 5 (keine Berücksichtigung von § 34a im Vorauszahlungsverfahren) waren bereits nicht mehr Teil des Gesetzentwurfs der BReg. – **bb**) Nach dem **InvBoosterG** (BGBl I 25 Nr 161) wird – korrespondierend zu Absenkung des KSt-Tarifs (bis 2027: 15%; danach jährl Senkung um 1 Prozentpunkt; somit ab VZ 2032 auf 10%) – mit dem „Ziel einer Belastungsneutralität zw PersUnternehmen und KapGes" (BT-Drs 21/323, 22 f) und unter Berücksichtigung von § 37 III 5 (s. o.) **ab VZ 2028** auch der **Thesaurierungssatz** (aktuell 28,25%) in **drei** Stufen **reduziert:** 27% (VZ 2028/2029), 26% (VZ 2030/2031) und 25% (ab VZ 2032).

f) Belastungsvergleich (ab VZ 2024 bis VZ 2026). – ***(1)*** **Vorabhinweise:** Zu VZ bis 2023 → 44. Aufl 2024, § 34a Rn. 6. Die Absenkung des Thesaurierungssatzes ab **2028** durch das InvBoosterG (BGBl I 25 Nr 161) wird in dieser 45. Auflage **noch nicht** berücksichtigt (dazu zB *Müller ua* Ubg 26, 47). – ***(2)*** **Typisierende Annahmen** ab **2024/2025: ESt-GrenzStSatz** von **30%** entspricht zvE von rd 33.700/67.400 € [2024]/rd 34.500/69.000 € [2025] (Grund-/Splittingtarif), SolZ mithin 0 €. Im Bereich des GrenzStSatzes ab 42% (zvE: von rd 66.761/133.522 € [2024]/rd 68.481/136.962 € [2025]; **45%** (ab 277.826/555.652 € [2024]/[2025]) wird der SolZ aus Gründen der Vereinfachung durchgängig mit 5,5% angesetzt; GewSt-Hebesatz: 400%). Ab **2024** wird der § 34a-Gewinn weder um die GewSt (→ Rn. 25; zur ESt-Anrechnung gem § 35 → § 35 Rn. 2) noch um die ESt-Zahlungen gem. § 34a I 1 (einschl SolZ) gemindert. Im Interesse der Vergleichbarkeit wird von einer **100%igen Begünstigung** des Gewinns gem § 34a, d. h. davon ausgegangen, dass dieser ledigl für Zwecke der ESt/SolZ entnommen wurde (→ Rn. 4, 5). Hieraus ergeben sich die **Prozentsätze** (ESt/KSt; SolZ; ohne KiSt) gem Schaubild, die je nach den sonstigen Entnahmen der individuellen Anpassung bedürfen. Zum Verhältnis von nachversteuerungspflichtigem Betrag und tatsächlich thesauriertem Gewinn → Rn. 5 zu bb; → Rn. 62, 63. 6

	KapGes Abgeltungsteuer	**KapGes** 60%-Teileinkünfteverfahren	**PersGes** Regelbesteuerung *unabhängig* von Entnahmen	**PersGes** Sondertarif gem § 34a – *Keine* Entnahmen; Ausnahmen: ESt, SolZ
Thesaurierung				
KapGes/KSt	29,83	29,83		
ESt-GrenzStSatz				
45%			46,71	29,03*
42%			43,54	29,03
30% – kein SolZ			30,00	28,25

	KapGes Abgeltungsteuer	**KapGes** 60%-Teileinkünfteverfahren	**PersGes** Regelbesteuerung *unabhängig* von Entnahmen	**PersGes** Sondertarif gem § 34a – *Keine* Entnahmen; Ausnahmen: ESt, SolZ
Ausschüttung – Nachversteuerung/Entnahme				
ESt-GrenzStSatz				
45%	18,50	19,98		18,51*
42%	18,50	18,65		18,51
30% – kein SolZ	17,54	12,63		17,93
Summe (ESt/KSt/SolZ)				
ESt-GrenzStSatz				
45%	48,33	49,81	46,71	47,54
42%	48,33	48,48	43,54	47,54
30% – kein SolZ	47,37	42,46	30,00	46,18

* Während in die Thesaurierungsbelastung ledigl der tatsächl unter Berücksichtigung der ESt-Entlastung angefallene SolZ eingeht (gleiches gilt für Zwecke des § 34a II 2, 3 nF: „Zahlung der ESt"), ist der nachversteuerungspflichtige Betrag um den *rechnerisch* auf die SonderESt gem § 34a I 1 entfallenden SolZ zu kürzen (iEinz → Rn. 30, 50, 52 [Bsp], 64).

7 **g) Wahlrechtsparameter; § 34a versus Regelbesteuerung.** Aus dem Schaubild (→ Rn. 6), lässt sich unmittelbar ableiten, dass bei **hohen individuellen ESt-GrenzStSätzen** die Thesaurierungsbelastung gem § 34a (29,03%), sieht man von niedrigen GewSt-Hebesätzen (dazu *Cordes ua* Ubg 24, 401) sowie der erweiterter GewSt-Kürzung gem § 9 Nr. 1 Satz 2 GewStG ab, selbst diejenige von **KapGes** (29,83%) unterschreitet und der Gesamtvergleich ggü dem KSt-Regime auch unter Berücksichtigung der proportionalen Nachsteuer – jedenfalls bei der AbgeltungsSt unterliegenden Dividenden – zugunsten von § 34a EStG ausfällt. Anders ist dies hingegen im Vergleich von **ESt-RegelBSt** (→ Rn. 3) und **§ 34a** bei ESt-GrenzStSätzen von deutlich weniger als 40%; dem ohnehin nur geringeren Thesaurierungsvorteil steht dann eine (potentiell) erhebl Nachsteuerlast ggü, die nur durch den Zinsvorteil aufgrund vorübergehend ersparter ErtragSt im Falle langer und nicht selten schwer prognostizierbarer Thesaurierungszeiträume aufgewogen werden kann. Insoweit entbindet auch § 34a idF WachstChG (BGBl I 24 Nr 108) nicht von einer **sorgfältigen Einzelfallprüfung,** bei der allerdings auch das Recht zur Antragsrücknahme (§ 34a I 5; → Rn. 41) sowie der Umstand zu berücksichtigen ist, dass die Bescheide nicht selten unter dem Vorbehalt der Nachprüfung (§ 164 AO) ergehen. Zu **gesellschaftsvertragl** Regelungen (zB Optionspflichtklauseln) s *Levedag* GmbHR 09, 13; zu **internationalen** Sachverhalten (Anrechnungsüberhänge) s zB *Kessler ua* Ubg 08, 741. Zur **praktischen Akzeptanz** von § 34a aF s *Wacker* DStR 19, 585 (590); *Brähler ua* StuW 12, 119.

8 **h) Option gem § 1a KStG.** Zunächst → § 15 Rn. 160a ff. Bei wirksamer Option unterliegen die zivilrechtl fortbestehende PersGes – einschl der für KapGes geltenden Thesaurierungsbelastung – und die Ges'ter der Ausschüttungsbelastung gem AbgeltungsSt oder Teileinkünfteverfahren (→ Rn. 2, 6). Angesichts des **Systemwechsels** bedarf die Option indes über den bloßen StSatzvergleich hinaus der sorgfältigen Rechtsfolgenabschätzung (s *Wacker/Krüger ua* DStR-Beih 21, 42; zur **Nachversteuerung** gem § 34a VI 1, 2 nF → Rn. 75, 77). Zur „Kombination" von KSt-Option und § 34a → § 15 Rn. 160a.

2. Überblick; Binnensystematik. Gegenstand des antragsabhängigen ESt-Sondertarifs (BT-Drs 16/4841, 62: betriebs- und personenbezogene Vergünstigung) ist – ausgehend von der Gewinnermittlung nach § 4 I 1, § 5 – der vom StPfl nicht entnommene Gewinn des *einzelnen* Betriebs/MUeranteils (zu doppelstöckigen PersGes → Rn. 22), soweit er im zu versteuernden Einkommen enthalten ist (§ 34a I, II) mit der Folge der betriebs-/mitunternehmeranteilsbezogenen gesonderten Feststellung eines nachversteuerungspflichtigen Betrags (§ 34a III, IX). Übersteigen in den Folgejahren die Entnahmen die Summe aus Gewinn und Einlagen, löst dies grds eine Nachversteuerung aus (Ausnahmen: § 34a II 2 nF: Entnahmen für Zwecke der ESt/SolZ; § 34a IV 3, V: Entnahme für Zwecke der ErbSt/SchenkSt; Buchwertentnahme gem § 6 V iVm Übertragung des nachversteuerungspflichtigen Betrags). Unabhängig von Entnahmen ist eine Nachversteuerung zB bei Veräußerung/Aufgabe des Betriebs/MUeranteils oder Einbringung in KapGes durchzuführen (§ 34a VI nF; zur Höhe des nachversteuerungspflichtigen Betrags → Rn. 62; uU Stundung), nicht jedoch bei Buchwert-Einbringung in PersGes (§ 34a VII 4/5 nF). Bei unentgeltl Betriebs-/MUeranteils-Übertragung (§ 6 III) führt der Rechtsnachfolger den nachversteuerungspflichtigen Betrag ggf anteilig fort (§ 34a VII 1-3 nF). 10

3. Verhältnis zu anderen Vorschriften. – ***(1)*** Anspruchsberechtigt können auch **beschr StPfl** (→ Rn. 38), Gegenstand der Begünstigung können auch nicht entnommene Gewinne *ausl* Betriebe, Betriebsstätten und MUeranteile sein (zu DBA-Qualifikationskonflikten bei ausl PersGes s *Goebel ua* IStR 07, 877; zu § 34c I 2 → Rn. 50, 64). Zu Implikationen ausl steuerbefreiter Gewinne auf den nicht entnommenen Gewinn → Rn. 26; zu Entnahmen/Einlagen → Rn. 33. – ***(2)*** Der nach § 34a II begünstigungs*fähige* nicht entnommene Gewinn unterliegt dem vorrangigen **Verlustausgleich** (s einschließl Verlustabzug gem § 10d I 2 Rn. 36); ausgeschlossen ist aber ein (Verlust-)Ausgleich von Nachversteuerungsbetrag und negativen Einkünften des Nachsteuerjahrs (→ Rn. 64). – ***(3)*** § 34a I (Sondertarif) geht dem **Regeltarif** vor (§ 32a I 2, V). – ***(4)*** § 34a schließt **§ 32c** aus (vgl. § 32c IV 1 Nr 2; *BMF* BStBl I 25, 1695 Rn. 29; s auch → Rn. 22 zur Nachsteuerversteuerung). – ***(5)*** Nicht ausgeschlossen ist hingegen **§ 35** (GewSt-Anrechnung; **aA** Vorschlag des *Wissenschaftl Beirats* BB 05, 1653 (1654)), § 34a mindert jedoch die tarifl ESt gem § 35 I 1, 4 (*BMF* BStBl I 09, 440 Rn. 15; → § 35 Rn. 5; zur Nachversteuerung → Rn. 64). – ***(6)*** Die Steuerermäßigung nach § 34a – mutmaßl einschließl Nachsteuer – bleibt bei den **ESt-Vorauszahlungen** unberücksichtigt (§ 37 III 5; BT-Drs 16/4841, 65: Begünstigungsumfang erst nach Ablauf des VZ bestimmbar; Antrag deshalb regelmäßig erst bei Abgabe der ESt; zutr *Thiel ua* DB 07, 1099 (1104): fiskalische Gründe; zum WachstChG (BGBl I 24 Nr 108) → Rn. 5 zu bb); ebenso für den hierauf entfallenden **SolZ** (§ 1 IV, § 3 I Nr 2 SolZG). 11

4. Verfassungsfragen. Verfrechtl unbedenkl ist die Konzentration der Begünstigung auf **ertragstarke** Personenunternehmen (beachte auch § 7g). Dies gilt mit Rücksicht auf die Annäherung zur Ertragsteuerbelastung der von KapGes thesaurierten Gewinne (→ Rn. 6) auch, soweit die Personenunternehmen nicht im internationalen Wettbewerb stehen (→ Rn. 1 ff); die zT gegenläufigen Wirkungen sind durch die Einschätzungsprärogative des Gesetzgebers (s BVerfG 2 BvL 2/99, BVerfGE 116, 164) gedeckt (zu vorsorgl Entnahmen/**zwingender Nachversteuerung** s zutr SchlHFG EFG 20, 209, rkr; → Rn. 63; **aA** *Wilk* DStZ 07, 216: Verstoß gegen Leistungsfähigkeitsprinzip). Im Gegensatz zur Exemtion pauschaler Gewinnermittlungen (§§ 5a, 13a), entbehrt mE der vom Gesetzgeber (vgl BT-Drs 16/4841, 63) nicht begründete Ausschluss der nach **§ 4 III** ermittelten Gewinne eines hinreichenden sachl Grundsatz (arg.: § 4 IVa S 6 iVm allg Grundsätzen der Feststellungslast; *BH/Ratschow* § 34a Rn. 8; *Dörfler ua* DStR 07, 645; **aA** *Gragert ua* NWB 14621; *Wissenschaftl Beirat* BB 05, 1653). Zweifelhaft ist ferner die Restriktion des **§ 34a I 4** (bei **MUern** Gewinnanteil von mehr als 10% oder mehr als 10 000 €; → Rn. 39). Die hierfür gegebene Begründung (BT-Drs 16/4841, 63: Verwaltungsvereinfachung; Ausschluss von 12

Minimalbeteiligungen an als nicht begünstigt zu klassifizierenden PublikumsGes; zust *Gragert ua* NWB F 3, 14621 (14624)) ist kaum tragfähig, da es Einzelunternehmern freisteht, den Antrag gem § 34a I ohne Wahrung einer Bagatellgrenze zu beschränken (→ Rn. 39). Auch wird nicht erläutert, weshalb Ges'ter von PublikumsGes außerhalb des Gesetzeszwecks stehen sollen.

13 **5. Zeitlicher Anwendungsbereich.** § 34a war erstmals für den **VZ 2008** anzuwenden (§ 52 XXXIV 1) und damit bei Gewerbetreibenden mit vom Kj abw Wj bereits für den Gewinn des Wj 07/08 (→ Rn. 28). Die hiermit verbundene Rückwirkung ist begünstigend und deshalb unbedenkl. Zu Altkapital → Rn. 63. Zur Nachversteuerung gem § 34a VI 1 Nr 3 iVm VII 1 (idF SchädlStPraktG, BGBl I 17, 2074) → Rn. 79. Zum Feststellungsverfahren § 34a X → Rn. 95. Die aktuelle Fassung gem **WachstChG** (BGBl I 24 Nr 108) ist ab **VZ 2024** anwendbar (§ 52 XXXIV 3 nF; → Rn. 5, vor 1).

14 **6. Reformvorschläge.** Zum WachstChG (BGBl I 24 Nr 108) → Rn. 5; zu weitergehenden Vorschlägen s *Ley,* DStR 23, 2025. Zur Expertenkommission s *van Lishaut* FR 24, 825.

II. Tatbestand der Begünstigung

20 **1. Gewinne iSv § 4 I 1, § 5.** Der Sondertarif wird nur denjenigen StPfl gewährt, die als Einzelunternehmer, MUer oder persönl haftende Ges'ter einer KGaA (§ 15 I 1 Nr 1–3; *BMF* BStBl I 25, 671 Rn. 1, 2; *Gragert ua* NWB F 3, 14621/32) durch **BV-Vergleich** (§§ 4 I 1, 5) ermittelte Gewinne oder Gewinnanteile – nicht Verluste oder Verlustanteile (auch → Rn. 62 betr Nachversteuerung – erzielen (§ 34a I 1, 4, II). Erfasst werden hiernach **betriebl Einkünfte** (GewBetr, LuF, selbständige Arbeit; nicht jedoch Gewinne nach § 17, *BH/Ratschow* § 34a Rn. 16), *ausgenommen* Gewinnermittlung nach §§ 5a, 13a oder nach § 4 III (aber → Rn. 12), demnach ebenfalls nicht Übergangsgewinne gem EStR 4.6. Bei betriebl Beteiligungen an UnterPersGes soll es nach *BMF* BStBl I 25, 671 Rn. 23 ausreichen, dass in den Bestandsvergleich der OberPersGes auch die Gewinnanteile aus der UnterPersGes eingehen (*Gragert ua* NWF F 3, 15251 (15260); mE nur bei vermögensverwaltenden UnterPersGes zutr; iÜ → Rn. 22). Zu den nach §§ 4 I 1, 5 ermittelten Gewinnen können bei unbeschr StPfl auch **ausl betriebl Einkünfte** gehören (iEinz *HHR/Reddig* § 4 Rn. 8; zu DBA-Freistellung sowie zu beschr StPfl → Rn. 23, 38, 50; zur Anrechnung → Rn. 50). Ebenso die in HB/StB des **Organträgers** (natürl Person; PersGes) ausgewiesene *zivilrechtl* Gewinnabführung der OrganGes (*BMF* BStBl I 25, 671 Rn. 12; BFH I R 240/72, BStBl II 75, 126: *außerbilanzielle* Kürzung iVm mit Zurechnung nach § 14 KStG; KStR 14.6 I; *Pohl* DB 08, 84); zu Minderabführungen → Rn. 25; zu § 19 KStG → Rn. 35.

21 **a) Betriebsbezogene/anteilsbezogene Betrachtung.** Anknüpfungspunkt ist (grds) der für den einzelnen Betrieb oder MUeranteil bestimmte Gewinn (BT-Drs 16/4841, 62). Dies entspricht bei Einzelunternehmen der Rspr zu § 4 IVa (BFH X R 6/18, BStBl II 21, 77) mit der Folge, dass zwar ein Betrieb auch bei Vorliegen **mehrerer Teilbetriebe** eine Beurteilungseinheit bildet. Nach dem sog engen Betriebsbegriff sind aber selbst **mehrere Einzelbetriebe** der näml Einkunftsart jeweils eigenständig zu beurteilen (s zu § 4 IVa *Wacker* HFR 07, 1091 (1094); *Niehus ua* DStZ 09, 14 (16); glA BFH VI R 23/23, DStR 26, 147). Demgemäß ist auch bei Beteiligung des StPfl an mehreren *(Schwester-)PersGes* der **einzelne MUeranteil** Gegenstand der § 34a-Begünstigung (vgl § 34a I 2); zu § 34a I 4 → Rn. 40.

22 **aa) Ausnahme bei doppelstöckigen/mehrstöckigen Personengesellschaften.** Die FinVerw (*BMF,* BStBl I 25, 671Rn. 23 mit Bsp iVm Rn. 12) geht von nur einem **einheitl begünstigten Gewinn des OberGes'ters** aus, der neben seinem Gewinnanteil an der OberPersGes (*einschließl* deren Beteiligung an der UnterPersGes)

auch die Sonderbetriebsergebnisse nach § 15 I 1 Nr 2 S 2 (zB Darlehen OberGes'ter an UnterPersGes) umfasse, sodass Vermögenstransfers zw den PersGes das Begünstigungsvolumen nicht beeinflussen und zu den Entnahmen iSv § 34a nur solche aus dem Betrieb der OberPersGes sowie aus dem SBV des OberGes'ters einschließl § 15 I 1 Nr 2 S 2 gehören (glA *Gragert* NWB F 3, 14621 (14632); *Rogall* DStR 08, 429 (432); *Niehus ua* DStZ 09, 14 (23); **diff** *Thiel ua* DB 07, 1099 (1104); *Ley/Brandenberg* FR 07, 1085 (1089); *Ley* FS Herzig, S 469 (483): OberGes'ter hat MUeranteil ***(1)*** an OberPersGes einschließl deren Beteiligung an UnterPersGes *und* ***(2)*** an UnterPersGes gem § 15 I 1 Nr 2 S 2). Hierauf aufbauend müssen auch MUeranteile **im BV von Einzelbetrieben** wie Teilbetriebe behandelt werden (**aA** bezügl Veräußerung aber *OFD Kobl* DStR 07, 992; s auch *OFD Ffm* DB 08, 265; dazu → § 16 Rn. 384, 576). Zum Erfordernis der Gewinnermittlung durch Bestandsvergleich s *BMF* BStBl I 25, 671Rn. 17.

Stellungnahme: Trotz BFH IV R 23/93, BStBl II 95, 467 (Gewinn der UnterPersGes = Teil des StB-Gewinns der OberPersGes; → § 15 Rn. 622, 613, 253) und trotz BFH IV R 40/22, BStBl II 25, 603 (Einheitlichkeit der Anteilsveräußerung betr ESt/GewSt; mE unzutr → § 15 Rn. 253, 471; → § 16 Rn. 384) erfordert § 34a – ebenso wie zB § 4 IVa (*BMF* BStBl I 18, 1207 Rn. 8; → § 15 Rn. 430) und § 15a (BFH IV R 67/00, BStBl II 10, 157; BFH IV R 40/22, BStBl II 25, 603 → § 15a Rn. 33, 169; auch → § 15 Rn. 471 betr Ergänzungsbilanzen) – mE die **Trennung der Beteiligungsstufen** (OberPersGes ist MUerin der UnterPersGes; selbständige Feststellungsverfahren) und damit der **Gewinnermittlungskreise** (Gewinn der UnterPersGes einschließl Ergänzungs-/Sonderbilanzen der OberPers*Ges* und § 15 I 1 Nr 2 S 2 einerseits sowie „originärer" Gewinn der OberPersGes einschließl Ergänzungs-/Sonderbilanzen der OberPers-*Ges'ter* andererseits); *arg.:* Wortlaut und muer/anteilsbezogene Systematik; zweckentsprechende (vgl → Rn. 1 ff) kongruente Entlastung zum gedachten Parallelfall gestufter KapGes-Beteiligungen iVm § 8b KStG (bei OberKapGes 95%ige Steuerfreiheit der Dividenden aus UnterKapGes; Ausnahme: § 8b IV KSt; grds kein Verlusttransfer); Gleichbehandlung mit SchwesterPersGes (→ Rn. 21). Demgemäß sind dem Ober-PersGes'ter zwei MUeranteile zuzurechnen (*MUeranteil 1:* über OberPersGes vermittelter MUeranteil an UnterPersGes einschließl § 15 I Nr 2 S 2; *MUeranteil 2:* Anteil am originären Gewinn der OberPersGes einschließl SBV). Bei dreistöckigen Strukturen etc ist entspr zu vervielfachen.

bb) Divergierende Folgen *(Auswahl).* – ***(1)*** Zur Gewinnermittlung nach §§ 4 I, 5 (Bestandsvergleich) → Rn. 20; *BMF* BStBl I 25, 671 Rn. 17. – ***(2)* § 34a I 4** (dazu → Rn. 40) ist auf beiden Stufen eigenständig – bei UnterPersGes einschließl § 15 I 1 Nr 2 S 2 – zu prüfen (**aA** mutmaßl *BMF* BStBl I 25, 671 Rn. 23 iVm 9). – ***(3)*** Für beide Gewinnermittlungskreise/MUeranteile sind die nachversteuerungspflichtigen Beträge selbständig festzustellen (§ 34a III; → Rn. 91). – ***(4)*** Sowohl ausgleichsfähige als auch nur verrechenbare **Verluste** aus der Beteiligung an der inl/ausl UnterPersGes mindern nicht den auf die OberPersG'ter entfallenden Anteil am originären Gewinn der OberPersGes iSv § 34a. *Beispiel:* § 15a-Verlust der UnterPersGes: 100; Gewinn der OberPersGes nach §§ 4 I 1, 5 *(a) ohne* Beteiligungsverlust: 200 (= mE Gewinn iSv § 34a), *(b) mit* Beteiligungsverlust: 100 ([= 200 – 100] = mutmaßl Gewinn iSv § 34a gem *BMF* BStBl I 25, 671 Rn. 23; *Ley/Brandenberg* FR 07, 1085 (1092)). – ***(5)*** **Gewinne** aus der UnterPersGes sind – soweit Teil des zu versteuernden Einkommens der Ges'ter der OberPersGes – auch dann nach § 34a begünstigt, wenn die OberPersGes originär Verluste erzielt (**aA** mutmaßl *BMF* BStBl I 25, 671 Rn. 23). – ***(6)*** Umgekehrt sind zB nach DBA **steuerbefreite** Gewinne der UnterPersGes vom nicht entnommenen Gewinn der OberPersGes ausgenommen (**aA** *Thiel ua* DB 07, 1099 (1105); *B. Fischer* FS Schaumburg, S 319 (330); *Ley/Brandenberg* FR 07, 1085 (1092)). – ***(7)*** **Vermögenstransfers** von UnterPersGes zu OberPersGes führen auch iSv § 34a II zu Entnahmen(UnterPersGes)/Einlagen (OberPersGes); ggf ist der festgestellte nachversteuerungspflichtige Betrag auf den MUeranteil an der OberPersGes zu übertragen (§ 34a V iVm § 6 V; s – auch zu Geld – → Rn. 66 ff; *BMF* BStBl I 25, 671 Rn. 23; → Rn. 22; zu *ausl* PersGes → Rn. 33). – ***(8)*** **Veräußerung** des Anteils an UnterPersGes (oder Einbringung in KapGes) löst – ohne 23

§ 34a V – Nachversteuerung aus (§ 34a VI Nr 1, 2; **aA** *BMF* BStBl I 25, 671 Rn. 5; BT-Drs 16/4841, 63; *Ley* FS Schaumburg, S 423 (441); *Schaumburg/Rödder* UntSt-Reform 2008, 441). – *(9)* Zur **Einbringung** von MUerAnteilen in **PersGes** → Rn. 78.

24 **b) Nach § 4 I 1 oder § 5 ermittelter Gewinn, § 34a I 1, II.** Gewinn in diesem Sinne ist der Unterschiedsbetrag zw dem BV am Schluss des Wj und demjenigen am Ende des vorangegangenen Wj, vermehrt um den Wert der Entnahmen und vermindert um den Wert der Einlagen (glA BFH IV R 13/17, BStBl II 19, 754). – **aa) Mitunternehmeranteile.** Maßgebl ist der Anteil am Gesamtgewinn der MUerschaft (glA BFH IV R 13/17, BStBl II 19, 754; dazu → § 15 Rn. 400 f, 475), dh der Anteil am Gesellschaftsgewinn einschließl Korrekturen durch positive/negative Ergänzungsbilanzen (zu deren Auswirkungen s *Ley* KÖSDI 07, 15737 (15752)) zuzügl/abzügl Sonderbetriebsergebnisse zuzügl/abzügl Entnahmen und Einlagen beider Bereiche (*BMF* BStBl I 25, 671 Rn. 2, 22). Zu Entnahmen/Einlagen → Rn. 32.

25 **bb) Außerbilanzielle Korrekturen. Grundsatz:** Solche Korrekturen sind (grds) nicht anzusetzen (iEinz BFH IV R 13/17, BStBl II 19, 754; zutr; ebenso zu § 7g FG BW EFG 23, 1373, Rev X R 14/23): Der Gewinn (iSv § 4 I 1 oder § 5) ist damit einerseits um betriebl veranlasste, jedoch **nicht** als **BA abziehbare** Aufwendungen **gemindert,** sodass diese – obgleich sie aufgrund der außerbilanziellen Hinzurechnung Teil des im zu versteuernden Einkommen enthalten Gewinns sind – nicht in den begünstigungsfähigen Gewinn nach § 34a I, III eingehen (*BMF* BStBl I 25, 671 Rn. 18 mit Bsp; BT-Drs 16/4841, 63: „tatsächlich verausgabt und damit nicht entnahme-/begünstigungsfähig"; FG Mster EFG 14, 1201: verfgemäß; zutr). **Beispiele** (*Grützner* StuB 07, 445 (446)): § 3c I, II; § 4 IVa; § 4 V; § 4 Va; § 4h, § 15 IV EStG, §§ 1, 10 AStG (vgl *BMF* BStBl I 21, 1098 Rn. 1.4, 4.4. – Verwaltungsgrundsätze Verrechnungspreise; BFH I R 118/04, BStBl II 06, 537). **Ausnahme:** Nach § 34a II nF ist ab **VZ 2024** (→ Rn. 5) – im Gegensatz zu den Vorjahren (FG Mster EFG 14, 1201; → 43. Aufl 2024, § 34a Rn. 25) – der Gewinn um die **GewSt** (vgl § 4 Vb) zu vermehren mit der Folge eines erhöhten Thesaurierungsvolumens (→ Rn. 6); Begr: GewSt = öffentl Abgabe, keine Ausdehnung auf andere außerbilanzielle Korrekturen (BRDrs 433/23, 138). Maßgebl „GewSt des Wj", dies meint mE nicht nur die im jew Wj „gezahlte" GewSt (so BR-Drs 433/23, 138), soweit sie – ggf. auch für frühere EZ (auch vor VZ 2024; arg: Wortlaut von § 34 XXXIV 3 nF) – auf die jew begünstigungsfähige betriebl Einheit (Einzelbetrieb, MUeranteil → Rn. 21) entfällt; einzubeziehen sind mE insoweit auch die ab VZ 2024 zu passivierenden GewSt-Rückstellungen (vgl EStR 5.7 I; glA *BMF* BStBl I 25, 671 Rn. 15; *Gragert* NWB 25, 1383; krit *Wohltmann* NWB 26, 178). Zur Nachversteuerung → Rn. 62. – Teil des begünstigungsfähigen Gewinns sind mE ferner **organschaftl** (dazu → Rn. 20, 35) **Minderabführungen** (§ 14 IV KStG aF/bis **2021:** „Ausgleichsposten in der StBil"; dazu → § 16 Rn. 135; auch KStR 14.8 I aF/nF; *Wacker* FR 08, 605 (609); *von Freeden ua,* FR 09, 785; *BMF* BStBl I 25, 671 Rn. 12); die fehlende Erhöhung des Organträger/EK bis 2021 (BFH I R 65/11, BStBl II 13, 555) war unerhebl. Zu Minderabführungen als Teil des StB-Gewinns ab **2022** gem § 14 IV KStG nF/**Einlagelösung** s *BMF* BStBl I 22, 1412. Gleiches gilt für **Übernahmegewinne,** auch soweit sie nach § 4 V UmwStG um Bezüge iSv § 7 UmwStG gemindert werden (BFH IV R 13/17, BStBl II 19, 754; *Ley* Ubg 08, 13 (17); ebenso *BMF* BStBl I 25, 671 Rn. 12: anders aber bei Übergangsgewinn).

26 **cc) Betriebsmehrungen.** Der Gewinn (iSv § 4 I 1, § 5) umfasst andererseits auch stfreie BV-Mehrungen. *Beispiele:* § 3 Nr 40; § 3 Nr 40a (aber → Rn. 35), § 3 Nr 70; §§ 15 IV, 15a II (Verlustverrechnung); § 12 InvZulG. Gleiches gilt für steuerbefreite ausl **Betriebsstätteneinkünfte** (*BMF* BStBl I 25, 671 Rn. 20; BTDrs 16/4841, 63; *Wissenschaftl Beirat* BB 05, 1653 (1656)); sie sind Teil des BV-Vergleichs gem § 4 I 1, § 5 (BFH I R 117/87, BStBl II 90, 57; *BMF* BStBl I 99, 1076 zu 1.1.4.2; zu ausl Pers-

Ges s BFH I R 32/90, BStBl II 92, 94; *BMF* BStBl I 25, 671 Rn. 20, 40 ff; **aA** *Thiel ua* DB 07, 1099 (1102)), *nicht* jedoch bei Beteiligung *beschr* StPfl an ausl PersGes mit inl Betriebsstätten (*BMF* BStBl I 25, 671 Rn. 3; *Schultes-Schnitzlein* ua NWB F 3, 14683 (14692); vgl auch BFH I R 95/96, BStBl II 98, 260: Einkünfteermittlung nur für stbare Einkünfte; zu inl PersGes s *Wassermeyer,* Betriebsstättenhandbuch, S 344, 361: Ermittlung des Gesamtgewinns nach dt Steuerrecht, wenn auch Steuerinländer beteiligt; zu Entnahmen/Einlagen → Rn. 33). Zu EU-rechtl Bedenken s *Wacker* FR 08, 605 (609); *Kessler ua* Ubg 08, 741 (745); zu ausl/inl **UnterPersGes** → Rn. 22. **Folgen** ua sind: – ***(1)*** Gleichen stfreie BV-Vermehrungen die nicht abziehbaren BA aus, kann – vorbehaltl eines positiven Entnahme-/Einlagen-Saldos – der gesamte im zu versteuernden Einkommen enthaltene Gewinn nach § 34a I begünstigt sein (Kompensationseffekt; *Ley* KÖSDI 07, 15737 (15746); *Meyer ua* Ubg 08, 733 (735)). – ***(2)*** Bis zur Höhe stfreier BV-Mehrungen mindert ein positiver Saldo von Entnahmen/Einlagen zwar den nicht entnommenen Gewinn (§ 34a II; *BMF* BStBl I 25, 671 Rn. 19 mit Beispiel: Fiktion der vorrangigen Entnahme), nicht jedoch den im zu versteuernden Einkommen enthaltenen (begünstigungsfähigen) Gewinn iSv § 34a I (→ Rn. 35). Zu Nachversteuerung → Rn. 62 f.

c) Zeitliche Zuordnung; abweichendes Wirtschaftsjahr. Der Gewinn nach § 4 I 1 (oder § 5) wird grds für das Kj ermittelt und veranlagt (§§ 2 VII 2, 25 I). Weicht bei einem Gewerbetreibenden (Einzelunternehmer; PersGes) das Wj vom Kj ab, gilt der Gewinn – und damit auch der hieraus abzuleitende nicht entnommene und im zu versteuernden Einkommen enthaltene begünstigungsfähige Gewinn (→ Rn. 35) – in dem Kj bezogen, in dem das **Wj endet** (§ 4a II Nr 2). Demgemäß konnte § 34a auch bereits für den (gesamten) Gewinn des Wj 07/08 beansprucht werden (§ 52 XXXIV; → Rn. 13; *BMF* BStBl I 25, 671 Rn. 21). Bei LuF mit abw Wj ist hingegen aufzuteilen (§ 4a II Nr 1; *BMF* BStBl I 25, 671 Rn. 21: einschließl Entnahmen/Einlagen). Werden in einem VZ die Gewinne/Verluste **mehrerer (Rumpf-)Wj** erfasst (zB abw Wj: Wj 08/09; RumpfWj 09; → § 4 Rn. 23) und ergeben sich für beide Wj nicht entnommene Gewinne iSv § 34a II, sind diese – soweit im zu versteuernden Einkommen des VZ (Wj 09) enthalten – Gegenstand des beliebig begrenzbaren Antrags nach § 34a I (Begünstigungsbetrag) sowie des hieraus abzuleitenden – jedoch jährl gesondert festzustellenden – nachversteuerungspflichtigen Betrags (§ 34a III 1–3). Treffen hingegen nicht entnommener Gewinn = Begünstigungsbetrag (Wj 23/24) und Nachversteuerungsbetrag gem § 34a IV (Rumpf-Wj 24) zusammen, ist nach dem Gesetzeswortlaut (mE jedoch korrigierende Auslegung) der Anfall einer Nachsteuer daran gebunden, dass zum Ende des vorangegangenen VZ (31.12. 23) ein nachversteuerungspflichtiger Betrag festgestellt wurde (§ 34a IV 1, letzter Hs); fehlt es hieran, wäre gleichwohl – wiederum nach dem Gesetzeswortlaut (§ 34a III 2) – der nachversteuerungspflichtige Betrag um den (nicht belasteten) Nachversteuerungsbetrag zu kürzen (**aA** *Meyer ua* Ubg 08, 733 (736): Zusammenfassung beider Wj). 28

2. Nicht entnommener Gewinn, § 34a II nF. – a) Bilanzielle Differenzgröße – Ausnahmen ab VZ 2024: GewSt/ESt-Entnahmen. – (aa) Grundsatz/GewSt-Ausnahme ab VZ 2024. Nicht entnommener Gewinn ist grds der um den positiven Saldo von Entnahmen und Einlagen verminderte Gewinn iSv § 4 I 1 oder § 5 (§ 34a II); dieser ist jedoch ab VZ 2024 um die **gezahlte/passivierte GewSt** zu erhöhen (→ Rn. 25). Da der Gewinn iSv § 4 I 1 (oder § 5) bereits um die Entnahmen erhöht und um die Einlagen gemindert wurde (→ Rn. 24), ist zur Bestimmung des nicht entnommenen Gewinns nur ein positiver Saldo Entnahme/Einlage-Saldo abzusetzen (*BMF* BStBl I 25, 671 Rn. 15: „maximaler Begünstigungsbetrag"). Übersteigen oder erreichen hingegen die Einlagen die Entnahmen (negativer/ausgeglichener Saldo), bedarf es keiner Korrektur, dh der nicht entnommene Gewinn entspricht dem Gewinn iSv § 4 I 1 (= betriebl veranlasste BV-Mehrung des Wj, ab VZ 2024 zuzügl GewSt (s. o.); ebenso zu Saldo aus gezahlter/erstat- 30 teter GewSt *Gragert* NWB 25, 1383 (1386); zu Einlagen iZm § 34a V aber → Rn. 71. Der nicht entnommene Gewinn ist somit grds eine *rechnerische* Differenz, der die gesetzl Wertung zugrunde liegt, dass *(1)* Entnahmen und Einlage des Wj zu saldieren sind; *(2)* die *Gewinne des lfd Wj (a)* bei Entnahmen bis zur Höhe der Einlagen thesauriert und *(b)* bei einem positiven Entnahme-/Einlage-Saldo ggü den Gewinnen der Vorjahre vorrangig entnommen werden (*Thiel ua* DB 07, 1099 (1100)). Zu Altkapital → Rn. 62 f. – **(bb) Ausnahme für EStEntnahmen:** ab **VZ 2024** bleiben **gem § 34a II 2 nF** bei der Bestimmung des nicht entnommenen Gewinns (s zu aa) „**Zahlungen der ESt** gem. § 34a I 1 sowie der **darauf entfallende SolZ** außer Ansatz" (→ Rn. 5). Dh: die für den jew Betrieb/MUeranteil gezahlte Sonder-ESt (§ 34a I 1: 28,25%) mindert, obgleich insoweit (im Gegensatz zur GewSt) Entnahmen vorliegen, nicht den Entnahmen/Einlagen-Saldo und damit auch nicht die Bemessungsgrundlage des Sondertarifs mit der Folge, dass sich das Thesaurierungsvolumen erhöht (BR-Drs. 433/23, 138). In diesem betriebs-/anteilsbezogen Umfang ist – ab VZ 2024 – auch die Sonder-ESt für die Vorjahre (vor VZ 2024) zu berücksichtigen (vgl zum Vorauszahlungsverfahren → Rn. 11). Beachte: die nach § 34a II 2 nF zu eliminierenden SonderESt-Entnahmen beeinflussen ihrerseits den nicht entnommenen Gewinn (§ 34a II 1 nF) und damit wieder die hierauf entfallende Sonder-ESt gem § 34a II 2 nF (In-Sich-Rechnung). Dies bedingt – ungeachtet dessen, dass § 34a II 2 nF an die Zahlung der Sonder-ESt anknüpft – grds eine Näherungsrechnung, wenn neben den SonderESt-Entnahmen weitere Entnahmen anfallen, die den nicht entnommenen Gewinn mindern; *BMF* BStBl I 25, 671 Rn. 16 mit Bsp begegnet dem mit einer den Stpfl begünstigenden Vereinfachung, die – lediglich begrenzt durch einen positiven Entnahme-/Einlagesaldo – auf die „**fiktive ESt** gem § 34a I 1" bezogen auf den **maximal möglichen Begünstigungsbetrag** abstellt (dazu *Gragert* NWB 25, 1383 (1386)); *Wohltmann* NWB 26, 178). Demgemäß wird auch der „darauf" entfallende **SolZ** rein rechnerisch bestimmt (d. h. 5,5% x 28,25% = ca. 1,55%; *Scheffold ua* DStR 25, 1433; zur Kritik → 44. Aufl. 2025, § 34a Rn. 30); zum nachsteuerpflichtigen Betrag → Rn. 52, 64) Nicht zu berücksichtigen ist aber – ohne Begründung! – die KiSt; ebenso nicht die ErbSt/SchSt gem § 34a IV 3. Darüber hinaus **gelten** nach **§ 34a II 3 nF** Entnahmen **vorrangig** als für die in § 34a II 2 nF genannte SonderESt zuzügl SolZ **verwendet.** Die gesetzl **Fiktion** will den Stpfl vom Nachweis der Verwendung seiner Entnahmen entbinden (BR-Drs 433/23); sie unterliegt demnach keinem Missbrauchsvorbehalt und greift mithin auch dann, wenn nach dem tatsächl Geschehensablauf eine Verwendung iSv § 34a II 2 nF ausgeschlossen ist.

31 **b) Betriebsbezogene Einlagen/Entnahmen.** Einlagen/Entnahmen sind bei Einzelunternehmen betriebsbezogen (→ Rn. 21) zu erfassen (s zu § 4 IVa *BMF* BStBl I 18, 1207 Rn. 10; glA BFH VI R 23/23, DStR 26, 147; ebenso mutmaßl *BMF* BStBl I 25, 671 Rn. 43; → Rn. 33; zu § 34a V → Rn. 71) und – ebenso wie iRd BV-Vergleichs (§§ 4 I 1, 5) – nach § 6 I Nr 4, 5 zu bewerten (*BMF* BStBl I 25, 671 Rn. 13); Gleiches gilt in Fällen der Buchwertfortführung nach § 6 V 1–3 (zur Nachversteuerung aber → Rn. 66 ff). Auch Entnahmen zur Tilgung der ErbSt/SchenkSt (§ 12 Nr 3) sind anzusetzen (*BMF* BStBl I 25, 671 Rn. 34; zur Nachversteuerung aber → Rn. 65).

32 **c) Mitunternehmeranteilsbezogene Einlagen/Entnahmen.** Bei MUern ist eine Entnahme mitunternehmer-anteilsbezogen (→ Rn. 21–23) zu bejahen, wenn WG (oder Nutzungen) aus dem Gesamthandsvermögen oder dem SBV entweder in das PV oder in ein anderes BV oder in ein SBV des MUers bei einer anderen MUerschaft übertragen oder überführt werden. *Beispiele:* Auszahlung von Sondervergütungen (Dienstleistungs-/Nutzungsentgelt) auf privates Bankkonto = Entnahme aus SBV (*BMF* BStBl I 25, 671 Rn. 22; zur Willkürung des Guthabens s *Ley* KÖSDI 07, 15737 (15753); *dies.* FR 07, 1085 (1096)); *Gegenbeispiel ab VZ 2024:* kein Ansatz von Geld-Entnahmen zur Tilgung der sondertarifl ESt einschl SolZ (§ 34a II 2 nF; → Rn. 30, 5). – Die umgekehrten Vorgänge lösen eine Einlage aus (zB Ges'ter-

darlehen oder Vermietung eines Grundstücks an PersGes = Einlage in das SBV). Auch hier kommt es auf die Buchwertfortführung nach § 6 V 2, 3 nicht an (zur Nachversteuerung aber → Rn. 66 ff, 71). – Gleiches gilt, wenn ein WG vom SBV der MUers 1 in das SBV des MUers 2 bei der näml MUerschaft unentgeltl übertragen wird (§ 6 V 3 Nr 3; Entnahme des MUers 1; Einlage des MUers 2). – Werden hingegen WG zu Lasten des KapKtos von MUer 1 in dessen SBV bei der MUerschaft übertragen (§ 6 V 3 Nr 2), lässt dies die Höhe seines nicht entnommenen Gewinns unberührt (Entnahme und Einlage gleichen einander aus; ebenso zu § 4 IVa *BMF* BStBl I 18, 1207 Rn. 36); Entsprechendes gilt für den umgekehrten Vorgang (Einbringung von SBV in das Gesamthandsvermögen), *soweit* die Einlage dem Kapital des Einbringenden gutgeschrieben wird (*Niehus ua* DStZ 09, 14); uU weitergehend *BMF* BStBl I 25, 671 Rn. 22. – Zu MUeranteilen im BV (zB doppel-/mehrstöckigen PersGes) → Rn. 22.

d) Entstrickungstatbestände. Nach dem Wortlaut von § 34a II 1 gehören – vorbehaltl § 34a II 2, 3 nF (→ Rn. 30) – auch die Entstrickungstatbestände nach § 4 I 3 iVm 4 (idF JStG 2010, BGBl I 10, 1768) zu den (gesetzl fingierten) **Entnahmen** (→ § 16 Rn. 197). Hiervon geht auch *BMF* BStBl I 25, 671 Rn. 40 ff bei Überführung/Übertragung von WG **zw inl und ausl Betrieben** oder **PersGes** aus (*Niehus ua* DStZ 09, 14 (18); zum WG-Transfer zw inl Betrieben/PersGes → Rn. 31 f; zu doppelstöckigen PersGes aber → Rn. 22). Abzugrenzen sind **ausl Betriebsstätten** inl Einzelbetriebe (oder PersGes). Da sie in die Gewinnermittlung nach § 4 I 1, § 5 einzubeziehen sind (→ Rn. 26), sieht *BMF* BStBl I 25, 671 Rn. 41 ff bei *unbeschr* StPfl von einem Entnahmeansatz ab (glA *Thiel ua* DB 07, 1099 (1105); *Kessler ua* Ubg 08, 741 (743); einschr *Schultes-Schnitzlein* NWB F 3, 14683 (14692 f): Kompensation von Entnahme/Einlage iVm Gewinnrealisierung); *nicht* jedoch bei *beschr* StPfl (*BMF* BStBl I 25, 671 Rn. Rn. 42, 44 f → Rn. 26; zur Rücklage nach § 4g s *Ley/Brandenberg* FR 07, 1085 (1094); zu EU-rechtl Bedenken s *Wacker* FR 08, 605 (609)). Dementsprechend löst die Überführung von WG aus ausl Betriebsstätten in das inl Stammhaus (Verstrickungstatbestände gem § 4 I 8 iVm § 6 I Nr. 5a) bei unbeschr StPfl keine Einlage iSv § 34a aus. Entnahmen iSv § 34a II 1 liegen aber vor, wenn das überführte WG aus der ausl Betriebsstätte entnommen wird. 33

3. Im zu versteuernden Einkommen enthaltener Gewinn, § 34a I 1; Verlustausgleich/Verlustabzug, § 34a VIII; § 10d I 2. – a) Begünstigungsfähiger Gewinn. Die Tarifermäßigung kann höchstens iHd nicht entnommenen Gewinns (→ Rn. 30) beansprucht werden; sie wird zudem grds nicht auf den Teil des betriebl Gewinns gewährt, der auf nicht abziehbare BA entfällt. Zu **Ausnahmen** ab VZ 2024 betr **GewSt** sowie zu Entnahmen für Zahlung der **SonderESt** einschl SolZ → Rn. 30, 5. Darüber hinaus ist eine **doppelte Begrenzung** und zudem der vorrangige Verlustausgleich (→ Rn. 36) zu beachten. – ***(1)*** Der nicht entnommene Gewinn ist zum einen nur insoweit begünstigt, als er im **zu versteuernden Einkommen enthalten** ist (§ 34a I 1 Hs 1), dh stfreie BV-Mehrungen (Teil des nicht entnommenen Gewinns) sind nicht Gegenstand der Begünstigung (→ Rn. 26 einschließl mögl Kompensationseffekte). – ***(2)*** Zum anderen sind aus dem im zu versteuernden Einkommen enthaltenen nicht entnommenen Gewinn bestimmte **Gewinnanteile** zur Verhinderung von **Doppelbegünstigungen** (BT-Drs 16/4841, 63) **herauszurechnen** (§ 34a I 1 Hs 2). – ***(a)*** Nicht begünstigungsfähig sind nach dem Gesetzeswortlaut *(aa)* Gewinne iSd **§ 18 I 4** („carried interest"; vgl § 3 Nr 40a; krit *Gragert ua* NWB F 3, 14621 (14623)) und *(bb)* „Gewinne, soweit … **§ 16 IV** oder die Steuerermäßigung nach **§ 34 III** in Anspruch genommen wird". – Nach ihrem Wortlaut („soweit") geht die Regelung zu *(bb)* zum einen insofern ins Leere, als der nach § 16 IV steuerbefreite Veräußerungsgewinn nicht Teil des zu versteuernden Einkommens ist; zum anderen vermag sie die Begünstigung eines Veräußerungsgewinns nicht auszuschließen, „soweit" er die Höchstgrenze des § 34 III (5 Mio €) überschreitet (*Ley* FS Herzig, 469 (476)). Demggü schließt *BMF* BStBl I 25, 671 Rn. 4, 6 (glA uU BT- 35

Drs 16/4841, 29 f) auch diesen Teil des Veräußerungsgewinns von § 34a I aus und erstreckt die Ausschlusstatbestände darüber hinaus – gleichfalls ohne Rechtsgrundlage – auch auf *Veräußerungs*gewinne nach § 3 Nr 40 S 1 Buchst b (Teileinkünfteverfahren) sowie auf alle tarifermäßigten Gewinne (zB § 34b; insoweit glA *Ley* Ubg 08, 13 (14)). – ***(b)*** Ungeachtet dieser nur vom Gesetzgeber (iRe *konzeptionellen* Ergänzung) zu legitimierenden Anliegen der FinVerw ist mE aber bereits *de le lata* zu beachten, dass die Steuersatz-Ermäßigung *betriebs- bzw MUeranteilsbezogen* gewährt wird (dazu → Rn. 21) und damit grds jede Veräußerung eines Betriebs oder MUeranteils – ungeachtet der Verwendung des Erlöses und ungeachtet der Tarifbegünstigung des Veräußerungsgewinns – von § 34a ausgeschlossen ist (s Nachversteuerung gem § 34a VI 1 Nr 1; → Rn. 76; **aA** *BMF* BStBl I 25, 671 Rn. 5 betr Veräußerung von MUeranteilen im BV – zB bei doppelstöckiger PersGes; vgl dazu → Rn. 22): – *Ausnahmen* (mE): nicht nach § 16 IV, § 34 III begünstigte Veräußerung von Teilbetrieben (einschließl 100%iger KapGes-Beteiligung; **aA** *BMF* BStBl I 25, 671 Rn. 4) oder von Teil-MUeranteilen, die zu einem BV gehören, jeweils ohne Entnahme des Erlöses aus dem Betrieb, dh iVm betriebs-/anteilbezogener Reinvestition (insoweit glA *BMF* BStBl I 25, 671 Rn. 5; BT-Drs 16/4841, 29 f); zu § 34a VI 2 Nr 1 nF → Rn. 75, 83. – ***(c)*** Zu den begünstigten Gewinnanteilen gehören grds auch die dem **Organträger** (natürl Person einschließl Beteiligung an PersGes) zugerechneten Gewinne der OrganGes (§ 14 KStG; → Rn. 20; zu Minderabführungen aber → Rn. 25). § 19 II KStG (gleichartige Tarifvorschriften; dazu BFH III R 19/02, BStBl II 04, 515) steht § 34a nicht entgegen (*Schaumburg/Rödder* UntStReform 2008, 419 Fn 24; *Pohl* DB 08, 84).

36 **b) Verlustausgleich; Verlustabzug. – aa) Verlustausgleich.** Trotz § 34a VIII Hs 1 sind auch die begünstigungs*fähigen* Gewinne dem Verlustausgleich unterworfen (§ 2 III). Sie gehen insoweit nicht in das zu versteuernde Einkommen ein (§ 34a I 1 iVm § 2 V) und werden unter gleichzeitigem Ausschluss eines Verlustvortrags nicht besteuert (ausführl BFH X R 65/14, BStBl II 17, 958; *Wacker* FR 08, 605 (606); glA *BMF* BStBl I 25, 671 Rn. 1). Verbleibt nach Verlustausgleich und Abzug der weiteren Beträge gem § 2 III–V ein positiver Gesamtbetrag der Einkünfte, sind negative Einkünfte vorrangig mit den nicht nach § 34a begünstigten positiven Einkünften (zB entnommenen Gewinne) zu verrechnen (vgl zB BFH X R 25/04, BStBl II 07, 694 zu § 35 aF: Meistbegünstigungsprinzip; glA *Niehus ua* FR 16, 366; **aA** *Wendt* DStR 09, 406).

37 **bb) Verlustabzug. – *(1)* Rücktrag.** Wurde in 01 (positiver Gesamtbetrag der Einkünfte) § 34a zB iHv 100 in Anspruch genommen, sperrt § 10d I 3 *insoweit* den Rücktrag eines in 02 erzielten Verlusts (negativer Gesamtbetrag der Einkünfte) mit der Folge eines entspr Verlustvortrags (so zutr BT-Drs 16/4841, 54, 64 trotz missverständl Wortlaut von § 34a VIII Hs 2; s iEinz *Wacker* FR 08, 605 f; s auch BFH X R 65/14, BStBl II 17, 958; **aA** *BMF* BStBl I 25, 671 Rn. 1); der StPfl kann jedoch den Antrag nach § 34a I 5 für 01 ganz oder teilweise zurücknehmen und hierdurch den Verlustrücktrag aus 02 erreichen (*Folge:* keine Besteuerung des nicht entnommenen Gewinns in 01). – ***(2)* Vortrag.** § 34a VIII Hs 2 soll zum Erhalt von § 34a in 02 Verlustvortrag aus 01 ausschließen (*Wendt* DStR 09, 406; mE unzutr). – **cc**) Zu § 34a III (**Nachversteuerungsbetrag;** kein Verlustausgleich) → Rn. 64.

38 **4. Steuerpflichtige, § 34a I 1.** StPfl iSv § 34a I 1 sind nur natürl Personen, die der ESt unterliegen. Demgemäß auch beschr ESt-Pflichtige (Umkehrschluss aus § 50 I), wenn und soweit in ihrem zu versteuernden Einkommen gem § 49 nicht entnommene Gewinne iSv § 4 I 1, § 5 enthalten sind (§ 34a I 1; ab VZ 2024 iVm § 34a II nF; *BMF* BStBl I 25, 671 Rn. 1; *Schultes-Schnitzlein ua* NWB F 3, 14683 (14692); *Bäumer* DStR 07, 2089 (2093); vgl dazu auch → Rn. 11; zu Einlagen und Entnahmen → Rn. 33).

5. Wahlrecht, § 34a I. – a) Einzelbetrieb. Das Wahlrecht ist vom StPfl (→ Rn. 38) iRd Veranlagung zur ESt (→ Rn. 90 ff) für jeden Einzelbetrieb (→ Rn. 21) und für jeden VZ gesondert auszuüben (§ 34a I 2). Der zur Wahlrechtsausübung erforderl Antrag kann rechtl Wirkung nur bis zur Höhe des begünstigungsfähigen Gewinns (→ Rn. 35) des jeweiligen Einzelbetriebs entfalten; der Antrag kann aber auch in beliebiger Weise begrenzt werden (§ 34a I 1: „ganz oder teilweise"; glA *BMF* BStBl I 25, 671 Rn. 7, 8). Zu den Wahlrechtsparametern → Rn. 6, 7. 39

b) Mitunternehmeranteil. Gleiches gilt grds auch für MUer (§ 34a I 2, 4: gesondertes und betragsmäßig variables Wahlrecht jeweils bezogen auf den einzelnen MUeranteil iRd ESt-Veranlagung; also *nicht* im Feststellungsverfahren). Das Wahlrecht kann von den MUern jeweils eigenständig ausgeübt werden (*BMF* BStBl I 25, 671 Rn. 9: keine „einheitl Antragstellung"; ebenso Vorschlag *Wissenschaftl Beirat* BB 05, 1653 (1659)). Allerdings wird zusätzl gefordert, dass der Anteil des MUers an dem nach § 4 I 1 oder § 5 ermittelten Gewinn (einschließl Vorabgewinne, Ergänzungs-/Sonderbilanzen; jedoch ohne außerbilanzielle Korrekturen) – also eine Größe, die mit dem einheitl und gesondert festgestellten Gewinnanteil nicht übereinstimmen muss – entweder **mehr als 10 %** beträgt oder **10 000 €** übersteigt (§ 34a I 4; *BMF* BStBl I 25, 671 Rn. 7, 9 mit Beispiel; *Ley/Brandenberg* FR 07, 1085 (1088): Wj-bezogene Prüfung; nach dem Gesetzeswortlaut *ohne* ggf anteilige Hinzurechnung der GewSt gem § 34a II 1 nF/2024). Dies soll der Vereinfachung sowie dem Ausschluss der Beteiligung an PublikumsGes mit minimaler Ausprägung der MUerinitiative dienen (zB Medienfonds, Windkraftfonds; BT-Drs 16/4841, 63; zur Verfmäßigkeit → Rn. 12). Zu MUeranteilen im BV (zB doppelstöckigen PersGes) → Rn. 22, 23. 40

c) Zeitliche Grenzen; Antragsänderung; Antragsrücknahme. – ***(1)*** Der Antrag unterliegt keiner Frist. Er kann deshalb grds bis zur **Unanfechtbarkeit** des ESt-Bescheids gestellt werden (vgl § 172 I 1 Nr 2a, 2 AO; BFH X R 56/13, BStBl II 16, 967); bei Klagen bis zum Abschluss des FG-Verfahrens (zB BFH IV R 6/07, BFH/NV 09, 1989). Ist der nicht angefochtene ESt-Bescheid unter dem Vorbehalt der Nachprüfung ergangen (keine materielle Bestandskraft; s BFH II R 48/81, BStBl II 83, 164), kann er (zB zur Milderung eines BP-Mehrergebnisses) bis zum Ablauf der Festsetzungsfrist auch zur Berücksichtigung eines Antrags gem § 34a geändert werden (§ 164 II AO; *BMF* BStBl I 25, 671 Rn. 10; *BH/Ratschow* § 34a Rn. 22). Ab **VZ 2024** ist hierbei allerdings § 34a I 3 nF zu beachten, nach dem zur Vermeidung hoher Erstattungszinsen bei nachträgl Antragstellung (BR-Drs 433/23, 138: „Gestaltungsmöglichkeiten") die Regelung des **§ 233a II AO** zum verzögerten Zinslauf entspr anzuwenden ist; maßgebl ist demnach mE der Zeitpunkt der Antragstellung (glA *BMF* BStBl I 25, 671 Rn.11). Darüber hinaus: wird der ESt-Bescheid – außerhalb von § 164 AO – zB gem § 173 I Nr 1 AO geändert, sind die Korrekturgrenzen gem §§ 177, 351 I AO zu beachten (*Bäumer* DStR 07, 2089 (2093); **aA** *Englisch* FR 15, 533). – ***(2)*** Die Grenzen zu a) gelten grds auch für die **Änderung** oder **Rücknahme** (vgl BFH IX R 72/06, BStBl II 09, 639; **aA** *Bäumer* DStR 07, 2089 (2093): arg § 175 I 1 Nr 2 AO) eines zunächst gestellten Antrags. Darüber hinaus gestattet § 34a I 5 Hs 1 zur „Vermeidung unbilliger Härten" (zB bei unvorhergesehenen Verlusten; BT-Drs 6/4841, 63 krit *BH/Ratschow* § 34a Rn. 23), dass der StPfl den Antrag (zB für VZ 01) bis zur Unanfechtbarkeit (= formelle Bestandskraft, s oben (1); fragl bei eingeschränkter Anfechtbarkeit gem §§ 172 ff, 351 AO; abl *BH/Ratschow* § 34a Rn. 22 mwN) der *nächsten* ESt-Veranlagung (VZ 02) ganz oder teilweise zurücknimmt (nicht also: erstmaliger Antrag oder Antragserweiterung für 01; → Rn. 39). Die Antragsrücknahme begründete bereits vor VZ 2024 ein rückwirkendes Ereignis (§ 175 I 1 Nr 2 AO) mit der Folge eines verzögerten Zinslaufs (§ 233a IIa AO; *Gragert* ua NWB F 3, 15251 (15257)); die Regelungen des § 34a I 5 Hs 2 und I 6 (eigenständige Korrekturvorschrift iVm besonderer Ablaufhemmung; BT-Drs 16/11108; BT-Drs 16/10494, 9) stehen dem nicht entgegen (*BMF* BStBl I 25, 671 Rn.11; vgl zB *TK* § 233a AO Rn. 64: materiell-rechtl Begriff des rückwirkenden Ereignisses). 41

III. Rechtsfolgen

50 **1. Begünstigungsbetrag; Sondertarif, § 34a I 1, III 1.** Begünstigungsbetrag ist der Teil des begünstigungsfähigen Gewinns (→ Rn. 35), für den der StPfl wirksam den Antrag (→ Rn. 39 f) auf Sondertarifierung gestellt hat. Er ist maW deren Bemessungsgrundlage (*BMF* BStBl I 25, 671 Rn. 26). Der Sondertarif (§ 34a I 1 iVm § 32a I 2, V 2; BT-Drs 16/5491, 19) beläuft sich auf 28,25% zuzügl SolZ; letztere beträgt zwar grds 5,5% der SonderESt (zur Tarifabsenkung ab VZ 2028 → Rn. 5), er ist jedoch unter Berücksichtigung der Entlastung gem § 35 zu ermitteln (→ Rn. 6, 30; zum nachversteuerungspflichtigen Betrag aber → Rn. 52). Zur Ermäßigung für ausl Steuern auf im Inl stpfl ausl Gewinne (zB ausl Betriebsstätten-Einkünfte) s § 34c I 2; zur Antragsbegrenzung s *Kessler ua* Ubg 08, 741 (742); zu DBA-Qualifikationskonflikten s *Goebel ua* IStR 07, 877; *B. Fischer* FS Schaumburg, S 319 (340). Der verbleibende Gewinn unterliegt dem Regeltarif (§ 32a I 2) oder eigenständigen Milderungen (zu Ausschlusstatbeständen aber → Rn. 35). Der nach § 34a begünstigte Gewinn geht nicht in die Steuersatzbestimmung gem § 32a (betr die übrigen Gewinnanteile/Einkünfte) oder gem § 34 I (EStR 34.2 II 2) ein (zum Verhältnis § 34a/§ 34b zu § 34 I s *BMF* BStBl I 25, 671 Rn. 6: Wahlrecht; str, s *Bäumer* DStR 07, 2089 (2092); *Ley/Brandenberg* FR 07, 1090). Sind für eine Veranlagung § 34 III (zB Veräußerung von Betrieb 1) *und* § 34a (betr Betrieb 2) anzuwenden, ist der Sondertarif (§ 34a I 1) bei der Bemessung des durchschnittl Steuersatzes gem § 34 III 2 anzusetzen (**aA** *Schmidtmann* DStR 10, 2418, auch → Rn. 64).

51 **2. Nachversteuerungspflichtiger Betrag des Veranlagungszeitraums, § 34a III 2, 3.** Aus dem Begünstigungsbetrag ist – wiederum betriebs- bzw mitunternehmer-anteilsbezogen (§ 34a III 3) – der nachversteuerungspflichtige Betrag (§ 34a III 2) des *StPfl* abzuleiten (arg § 34a VII). Er ist jährl gesondert festzustellen (→ Rn. 91) und bildet zugleich die maximale Bemessungsgrundlage zur Bestimmung der späteren Nachsteuer iHv § 25% (zuzügl SolZ; → Rn. 64). Bei mehreren Betrieben/MUeranteilen können somit mehrere – gesondert zu ermittelnde und fortzuentwickelnde – nachversteuerungspflichtige Beträge des StPfl festzustellen sein.

52 **a) Grundsatz.** Der nachversteuerungspflichtige Betrag ist – parallel zu KapGes (*Wissenschaftl Beirat* BB 05, 1653 (1655); *Thiel ua* DB 07, 1099 (1103)) – die **Differenz** von Begünstigungsbetrag (= der auf Antrag begünstigte im zu versteuernden Einkommen enthaltene Gewinn; → Rn. 50) einerseits und ESt-Belastung nach § 34a I sowie dem *darauf* entfallendem SolZ (§ 34a II 2; mithin: 28,25% + 1,55% [= 5,5% × 28,25%]; insgesamt somit 29,80%; → Rn. 6) andererseits. Angesetzt wird damit bei GewSt-Pflicht nicht der tatsächl (nach Abzug der GewSt-Anrechnung gem § 35) erhobene, sondern ein fiktiv höherer SolZ (*Ley* KÖSDI 07, 15737 (15747)). Nicht abgezogen werden jedoch die KiSt (*BMF* BStBl I 25, 671 Rn. 27) sowie angefallene Nebenleistungen (zB Zinsen, Säumniszuschläge; BT-Drs 16/4841, 63 f).

Beispiel: Gewinn: 100; GewSt: 14 [3,5 × 400%]; maximaler Begünstigungsbetrag (Entnahmen nur für Sonder ESt/SolZ): 100; ESt-**Belastung** nach § 34a zuzügl SolZ/GewSt: **29,03** = 28,25 × 100 = 28,25% abzügl 14 (GewSt iVm § 35) = 14, 25; zuzügl **0,78** (SolZ; **5,5% × 14,25**) zuzügl 14 (GewSt). Der **nachversteuerungspflichtige Betrag** beläuft sich hingegen nicht auf 70,97 (100 abzügl 29,03), sondern lediglich auf **70,20** (= 100 abzügl 28,25 abzügl **1,55** (Sol; **5,5% auf 28,25**) → Rn. 50, 64, 6).

53 **b) Hinzurechnungen; Abrechnungen.** Der nachversteuerungspflichtige Betrag ist nach § 34a III 2 (vgl *BMF* BStBl I 25, 671 Rn. 28) zum einen zu **erhöhen** um *(1)* den zum Ende des vorangegangenen VZ (Vorjahr) für den einzelnen Betrieb (MUeranteil) festgestellten nachversteuerungspflichtigen Betrag, *(2)* den auf den Betrieb (MUeranteil) nach § 34a V (Buchwertfortführung gem § 6 V 1–3) übertragenen Betrag sowie *(3)* um den nach § 34a VII übernommenen nachversteuerungspflichtigen Betrag. Er ist zum anderen zu **mindern** um *(1)* den Nachversteuerungsbetrag

gem § 34a IV-VI und *(2)* den auf einen anderen Betrieb (MUeranteil) nach § 34a V übertragenen Betrag sowie *(3)* um den nach § 34a VII abgegebenen nachversteuerungspflichtigen Betrag.

IV. Nachversteuerung

1. Allgemeines. § 34a unterscheidet die Nachversteuerung aufgrund von – 60
(1) Entnahmen (§ 34a IV; abgemildert für Entnahmen zur Tilgung von ErbSt/SchenkSt gem § 34a IV 3 und bei Buchwertübertragung von WG gem § 34a V) sowie – *(2)* sonstiger Nachversteuerungstatbestände (§ 34a VI nF; zB Betriebs- oder MUeranteilsveräußerung). Die hierdurch ausgelöste Nachsteuer, die *neben* die Besteuerung der im VZ der Nachversteuerung anzusetzenden Gewinne tritt, beträgt – entspr der ESt-Belastung privater Dividendenerträge ab 2009 (§ 32d) – gleichbleibend 26,37% (ESt: 25% + SolZ: 1,37; § 34a IV 2 EStG iVm § 1 II SolZG; BFH IX R 34/18, BStBl II 21, 455; zu VZ ab 2021 ff. → Rn. 6) ggf zuzügl KiSt (s auch *BMF* BStBl I 25, 671 Rn. 31 mit Bsp).

2. Nachversteuerung bei Entnahmen, § 34a IV, V. – a) Grundsatz, § 34a IV 61
1, 2. Übersteigt bei betriebs-/mitunternehmeranteilsbezogener Betrachtung der positive Saldo von Entnahmen/Einlagen des Wj den nach § 4 I 1 oder § 5 ermittelten Gewinn (**Nachversteuerungsbetrag** gem § 34a IV 1 = Bemessungsgrundlage der Nachsteuer, § 34a IV 2), ist vorbehaltl dessen Minderung um Entnahmen zur Begleichung von ErbSt/SchenkSt (§ 34a IV 3; → Rn. 65) und vorbehaltl § 34a V (Übertragung des nachversteuerungspflichtigen Betrags; dazu → Rn. 66 ff) eine Nachversteuerung bis zur Höhe des zum Ende des vorangegangenen VZ festgestellten nachversteuerungspflichtigen Betrags (§ 34a IV 1 iVm III; → Rn. 51) durchzuführen. Zur Rechtslage ab **VZ 2024** bezügl GewSt und Entnahme für ESt/SolZ → Rn. 62.

aa) Tatbestandsmerkmale. – ***(1)* Grundsatz.** Die Tatbestände „nach § 4 I 1 62
oder § 5 ermittelter Gewinn", „Entnahmen" iRv § 34a IV (Nachversteuerungsbetrag) **entsprechen** systematisch denen des **§ 34a I, II** (nicht entnommener Gewinn; → Rn. 31–33; glA *BH/Ratschow* § 34a Rn. 58, 59a: begünstigungsfähiger Betrag und Nachversteuerung schließen einander aus). Demgemäß sind **mE** ab **VZ 2024** auch die **GewSt-Hinzurechnung** gem § 34a II 1 nF sowie die Kürzung der **Entnahmen für ESt-Zahlungen** einschl SolZ gem § 34a I iVm § 34a II 2, 3 nF bei der Bestimmung des Nachversteuerungsbetrags ungeachtet der nicht angepassten Fassung des § 34a IV zu berücksichtigen (**aA** aber *BMF* BStBl I 25, 671 Rn. 32 Bsp 11) – ***(2)* Weitere Einzelheiten.** – **Verluste** (= entnahmeunabhängige EK-Minderung; vgl *Thiel ua* DB 07, 1099 (1101)) gehören auch iRv § 34a IV nicht zu den Gewinnen (*BMF* BStBl I 25, 671 Rn. 31; zu § 34a II → Rn. 20); der Nachversteuerungsbetrag entspricht damit in Verlustjahren dem ggf analog § 34a II korrigierten (s zu *(1)*) positiven Entnahme/Einlage-Saldo. – **Nicht abziehbare BA** mindern den Gewinn iSv § 4 I 1, § 5 (zu § 34a II → Rn. 25) mit der Folge, dass sie – obwohl im zu versteuernden Einkommen enthalten – nicht mehr zur Vermeidung der Nachversteuerung aufgrund eines positiven Entnahme/Einlage-Saldos gegengerechnet werden können (zutr *BMF* BStBl I 25, 671 Rn. 32 Bsp 10); zur Hinzurechnung der GewSt ab VZ 2024 s zu *(1)*. – Umgekehrt erhöhen **stfreie Gewinne,** obwohl nicht Teil des zu versteuernden Einkommens, den Gewinn iSv § 4 I 1, § 5 I und vermindern damit den Nachversteuerungsbetrag („Entnahme-Puffer"; zu § 34a II → Rn. 26). – Zu **MUeranteilen** im BV (zB doppelstöckige PersGes) → Rn. 22 f. – Zu den **Ent- und Verstrickungstatbeständen** nach § 4 I 3 und 7 → Rn. 33. – ***(3)* Entnahmezuordnung.** Nach Abzug der Zahlung für ESt/SolZ gem § 34a II 2, 3 (s zu *(1)*) liegt dem Gesetz im Hinblick auf die Zuordnung von Entnahmen zu den Bestandteilen des (nicht gegliederten) EK folgende (betriebs- bzw mitunternehmeranteilsbezogene) *gedankl* **Reihung** zugrunde (vgl auch *BMF* BStBl I 25, 671 Rn. 33 „Verwendungs"reihenfolge): – *(aa)* Entnahmen sind mit den Einlagen des näml Wj zu

saldieren; – *(bb)* ein hiernach sich ergebender Entnahmeüberhang (positiver Entnahme/Einlage-Saldo) ist zunächst (BT-Drs 16/4841, 63: „vorrangig") mit den im Wj erzielten stfreien BV-Mehrungen und erst dann – *(cc)* mit dem – mE um die GewSt gem § 34a II 1 erhöhten (s aber zu *(1)*) – stpfl Gewinn (nicht Verlust, s zu *(2)*) zu verrechnen; – *(dd)* anschließend Verrechnung mit dem auf das Ende des Vorjahres festgestellten nachversteuerungspflichtigen Betrag, der seinerseits aus dem Begünstigungsbetrag (Bemessungsgrundlage des Sondertarifs gem § 34a I, II) abgeleitet wurde; Schritt (dd) löst damit grds die Nachsteuer aus; – *(ee)* Verrechnung mit den stfreien oder stpfl, aber nicht nach § 34a I, II begünstigten BV-Mehrungen der Vorjahre.

63 **bb) Konsequenzen.** – ***(1)* Nachversteuerungsbetrag.** Da der Gewinn iSv § 4 I 1 (§ 5) durch Entnahmen erhöht und durch Einlagen gemindert wird (Hinzu-/Abrechnung zum/vom Unterschiedsbetrag), kann sich ein Nachversteuerungsbetrag (Entnahme/Einlage-Saldo übersteigt den Gewinn; → Rn. 61) nur ergeben, wenn der **Unterschiedsbetrag negativ** ist (dh das BV sich ggü demjenigen zum Ende der Vorperiode gemindert hat; *Thiel ua* DB 07, 1099 (1101)). Dieser ist mE allerdings ab **VZ 2024** um die GewSt-Hinzurechnung sowie die Eliminierung der ESt-/SolZ-Zahlungen gem § 34a II nF zu bereinigen (s aber → Rn. 62 zu *(1)*). – ***(2)* Einschlusseffekt.** Da ein Überhang des positiven Entnahme-/Einlage-Saldos über den Gewinn iSv § 4 I 1 (einschließl steuerbefreiter Gewinne) **vorrangig** dem nachversteuerungspflichtigen Betrag zugeordnet wird, kann das übrige nicht nach § 34a begünstigte EK erst nach Durchführung der Nachversteuerung entnommen werden. Der hiermit verbundene Einschluss-Effekt ist zwar verfrechtl nicht zu bestanden (zutr SchlHFG EFG 20, 209 Rn. 2, rkr); er ist aber nicht nur ein Übergangs-, sondern ein praktisches Dauerproblem des § 34a. Er betrifft nicht nur das in Wj vor erstmaliger Anwendung gebildete thesaurierte **Altkapital** (*Thiel* DB 07, 1099 (1100)), sondern auch die in Wj der Inanspruchnahme von § 34a thesaurierten stpfl und stfreien Gewinne (*Hey* DStR 07, 925 (929): Auslandsgewinne), für die der **Sondertarif nicht** beantragt wird (bzw werden kann), sowie schließl auch die nicht entnommenen Gewinne in **Interimsperioden** (zB Wj 02–04) zw der Anwendung von § 34a (zB Wj 01) und einer späteren Entnahme mit Anfall des Nachversteuerungsbetrag (zB Wj 05), dh die Entscheidung zugunsten von § 34a löst – entgegen der Erwartung des Gesetzesgebers (BT-Drs 16/4841, 62: „nachhaltige Senkung der Fremdkapitalquote"; → Rn. 1) – den Zwang aus, das EK bis zur Grenze der Nachversteuerung zu mindern; zur vorrangigen Entnahmefiktion zugunsten von ESt/SolZ iSv § 34a I iVm II 2, 3 nF s zu *(1)*. – ***(3)* Gestaltungserwägungen.** S insb im Hinblick auf die Entnahme von Altkapital (Wj 2007 bzw Wj 2006/2007) einschließl ihrer steuerl (zB für § 4 IVa, § 15a EStG; § 13a ErbStG) und außersteuerl Folgewirkungen – zB Entnahme/spätere Wiedereinlage; Einlagen in SchwesterKapGes oder betriebl/vermögensverwaltende SchwesterPersGes; fremdübl Darlehensrückgewähr von betriebl SchwesterPersGes an UrsprungsGes; nicht fremdübl Darlehen an Ges'ter – *Thiel ua* DB 07, 1105; *Ley* KÖSDI 07, 15737 (15755).

64 **b) Rechtsfolgen, § 34a IV 2.** Der Nachversteuerungsbetrag ist – begrenzt auf den betriebs-/mitunternehmeranteilsbezogen festgestellten nachversteuerungspflichtigen Betrag (→ Rn. 51; zu Rumpf-Wj → Rn. 28) – Bemessungsgrundlage der gleichbleibenden (konstanten) **Nachsteuer** iHv 26,37% (einschließl SolZ; → Rn. 60; zum SolZ ab VZ 2021 → Rn. 6). Er ist nicht Teil des Gewinns und kann damit auch nicht der GewSt unterliegen (§ 7 GewStG). Trotz fehlender gesetzl Regelung (vgl § 2 VI) ist angesichts des Wortlauts von § 34a IV 2 („ESt auf Nachversteuerungsbetrag") und des systematischen Zusammenhangs zur geminderten Thesaurierungsbelastung (§ 34a I) für im zu versteuernden Einkommen enthaltene und *nach* Durchführung eines Verlustausgleichs verbleibende Gewinne (→ Rn. 36) ein **(Verlust-)Ausgleich** mit negativen Einkünften *des Nachsteuerjahrs* – anders als nach § 32d IV – **ausgeschlossen** (*Thiel ua* DB 07, 1099 (1103); insoweit zutr *Bäumer*

DStR 07, 2080 (2091); krit *Hey* DStR 07, 925 (929)). Dh: der Nachversteuerungsbetrag ist **nicht Teil des zu versteuernden Einkommens** (*Kessler ua* Ubg 08, 741; unklar § 32a I 2; § 34a VIII – ohnehin missglückt (→ Rn. 36) – trifft hierzu keine Aussage). Deshalb scheidet auch eine Anrechnung nach § 34c I 2 (→ Rn. 50) aus (*Bäumer* DStR 07, 2089 (2092); **aA** *Ley/Brandenberg* FR 07, 1085 (1101); *Goebel ua* IStR 07, 877: DBA-Qualifikationskonflikt). Auch für Zwecke des § 35 (GewSt-Anrechnung) erhöht sich iSv § 35 I ledigl die tarifl ESt, nicht jedoch die im zu versteuernden Einkommen enthaltenen gewerbl Einkünfte (*BMF* BStBl I 09, 440 Rn. 5; → § 35 Rn. 5; nicht eindeutig *Ley/Brandenberg* FR 07, 1085 (1101); *Gragert* NWB F 3, 14621 (14649)). – Treffen Nachsteuer und **§ 34 III** im VZ zusammen, ist der Nachversteuerungsbetrag nicht bei der Ermittlung des durchschnittl Steuersatzes zu berücksichtigen (insoweit glA *Schmidtmann* DStR 10, 2418; auch → Rn. 50 aE). – Der Nachversteuerungsbetrag mindert den gesondert festzustellenden nachversteuerungspflichtigen Betrag (§ 34a III 2; → Rn. 53).

c) Ausnahmen, § 34a IV 3, V. – aa) Erbschaft-/Schenkungsteuer, § 34a IV 3. Der Nachversteuerungsbetrag ist nach § 34a IV 3 um die Beträge, die für die ErbSt/SchenkSt anlässl der Übertragung des Betriebs oder MUeranteils entnommen wurden, zu mindern (s auch *Wissenschaftl Beirat* BB 05, 1653 (1655)). Nach dem Wortlaut („anlässlich") ist ein wirtschaftl Zusammenhang zw Entnahme und Steuertilgung ausreichend, eine unmittelbare Tilgungsverwendung der entnommenen Mittel mithin nicht erforderl (ohne Aussage *BMF* BStBl I 25, 671 Rn. 34 f). – Die nachversteuerungsunschädl Entnahme ist auf ErbSt/SchenkSt anlässl der Übertragung „des Betriebs/MUeranteils" begrenzt (*BMF* BStBl I 25, 671 Rn. 34 Aufteilung nach Bemessungsgrundlage, mE zweifelhaft; *Ley/Brandenberg* FR 07, 1085 (1101): nicht Teilbetriebe, Teil-MUeranteile). Bei Übertragung von zwei (oder mehreren) Betrieben (MUeranteilen) soll deshalb nach *BMF* BStBl I 25, 671 Rn. 35 die Entnahme aus Betrieb 1 nicht begünstigt sein, soweit sie für die Tilgung der auf Betrieb 2 entfallenden ErbSt/SchenkSt verwendet wird (fragl; zur Vermeidung des Erfordernisses einer steuerkongruenten Verteilung des EK ist mE der Rechtsgedanke des § 34a V entspr anzuwenden; zu Geldentnahmen aber → Rn. 67). Wird die ErbSt/SchenkSt aus Entnahmen und privaten Mitteln getilgt, gelten zunächst die entnommenen Beträge als begünstigt verwendet (*BMF* BStBl I 25, 671 Rn. 35 mit Beispiel; zutr: Meistbegünstigung); mE sind jedoch **vorrangig** die Entnahmen gem **§ 34a II 2, 3 nF** (dazu aber → Rn. 62 zu *(1)*) zu eliminieren. – Die **Rechtsfolge** beschränkt sich auf die Kürzung des Nachversteuerungsbetrags und damit die Vermeidung der Nachsteuer aufgrund der Entnahme für Zwecke der ErbSt/SchenkSt. Nicht gemindert wird hingegen der nachversteuerungspflichtige Betrag, dh nur Nachversteuerungsaufschub (*BMF* BStBl I 25, 671Rn. 35; *Gragert ua* NWB F 3, 14621 (14639); *BH/Ratschow* § 34a Rn. 36, 42; nicht eindeutig BT-Drs 16/4841, 64. „Nachversteuerung nicht durchzuführen"). ErbSt/SchenkSt-Entnahmen sind ferner bei der Bestimmung des nicht entnommenen Gewinns anzusetzen (→ Rn. 31). Zu § 13a ErbStG aF s BFH II R 63/08, BStBl II 10, 305. 65

bb) Buchwertübertragung, § 34a V. § 34a V 1 stellt klar (glA *Niehus ua* DStZ 09, 14 (16)), dass eine Nachversteuerung unter den Voraussetzungen des § 34a IV auch durch die Buchwertübertragung/-überführung von WG nach § 6 V 1–3 ausgelöst werden kann. Nach § 34a V 2 findet aber eine Nachversteuerung nicht statt, wenn der StPfl beantragt, den nachversteuerungspflichtigen Betrag iHd Buchwerts der übertragenen oder überführten WG, höchstens jedoch iHd Nachversteuerungsbetrags, den die Übertragung oder Überführung ausgelöst hätte, auf den anderen Betrieb oder MUeranteil zu übertragen (BT-Drs 16/4841, 64: Nachversteuerung aufgrund weiterer betriebl Nutzung nicht gerechtfertigt; ledigl „buchungstechnische Behandlung als Entnahme"). 66

67 **(1) Tatbestand, § 34a V 2 iVm 1. – (a) Entnahme.** Die Regelungen sind angesichts ihrer Anbindung an § 34a IV nicht anwendbar, wenn der WG-Transfer **keine** Entnahme auslöst. Der Entnahmebegriff ist damit zwar auch iRv § 34a V aus der Sicht des abgebenden Betriebs/MUeranteils, dh betriebs-/mitunternehmeranteilsbezogen auszulegen (→ Rn. 21) und somit zB erfüllt, wenn SBV des MUers 1 nach § 6 V 3 Nr 3 unentgeltl in das SBV des MUers 2 bei der näml MUerschaft übertragen wird, nicht jedoch, soweit WG des SBV in das Gesamthandsvermögens der MUerschaft zugunsten des KapKtos des Einbringenden übertragen werden (oder umgekehrt; *Gragert ua* NWB F 3, 14621 (14641); *Ley* Ubg 08, 214 (215); auch → Rn. 32). Der Frage, ob ein Übertragungsvorgang beim aufnehmenden Rechtsträger als Einlage (→ Rn. 71) oder tauschähnl Geschäft zu qualifizieren ist (zB Einbringung von WG des Betriebs 1 in das Gesamthandsvermögen bei MUerschaft 2 gegen Gewährung von GesRechten, kommt keine Bedeutung zu (glA *Niehus ua* DStZ 09, 14 (19)). Entgegen der bisherigen Ansicht der FinVerw (s *BMF* BStBl I 11, 1279 Rn. 18 ff) fällt auch die Übertragung von WG zw den Gesamthandsvermögen von **SchwesterPersGes** unter § 6 V 3 (iVm § 34a V); zur Neufassung → § 6 Rn. 805 ff. Nach *BMF* BStBl I 25, 671 Rn. 23 (dazu aber → Rn. 22) sind MUeranteile, die zu einem BV gehören (zB **doppelstöckige PersGes**), nicht als selbständige Einheiten zu behandeln mit der Folge, dass WG-Transfers *innerhalb* dieses einheitl Vermögenskreises (zB Gutschrift einer Einlage der OberPersGes auf *ihrem* KapKto bei der UnterPersGes) keine Entnahmen/Einlagen auslösen und damit auch nicht § 34a IV, V (Nachversteuerung) unterstehen können. Gleiches gilt grds bei Überführung eines WG in **ausl Betriebsstätten** (→ Rn. 33). – *Entgegen BMF* BStBl I 25, 671 Rn. 37 (dazu *Gragert* NWB 25, 1383 (1389)) gehören nicht nur Wertpapiere und auf Geld gerichtete Forderungen (Bankguthaben), sondern auch **Bargeld** zu den WG iSv § 34a II, IV, V 1 (iVm §§ 4, 6 V) und damit auch zu den nach § 34a V 2 übertrag-/überführbaren WG (glA *Niehus ua* DStZ 09, 14 (19); *Ley/Brandenberg* FR 07, 1085 (1103); offen BFH VI R 23/23, DStR 26, 147; vgl auch die nicht umgesetzte BR-Initiative/JStG 2009 BT-Drs 16/10494, 8); *allg* Ausnahme uU: nur kurzfristiger Verbleib im aufnehmenden Betrieb (vgl zB BFH XI R 48/00, BFH/NV 03, 895).

68 **(b) Betrieb; Mitunternehmeranteil.** Die Übertragung (§ 34a V 2) setzt nicht voraus, dass ggü dem StPfl bereits für den **aufnehmenden** Betrieb/MUeranteil ein Nachversteuerungsbetrag festgestellt wurde. Erforderl ist aber, dass zum Ende des Wj der WG-Überführung/Übertragung ein abstrakt begünstigungsfähiger Betrieb/MUeranteil iSv § 34a I, II vorliegt (Gewinnermittlung nach § 4 I 1/§ 5). – **(c) Buchwertfortführung.** Vorausgesetzt ist nicht nur eine **Entnahme** nach § 34a IV iVm § 6 V 1–3 (→ Rn. 67), sondern auch eine solche zu Buchwerten (§ 34a V 1, 2). Letzteres ist nicht (mehr) gegeben, wenn in Fällen der WG-Übertragung (§ 6 V 3) gegen die *Sperrfristen* gem § 6 V 4, 6 verstoßen wird und deshalb rückwirkend der Teilwert anzusetzen ist (glA *BMF* BStBl I 25, 671 Rn. 38; **aA** zB *Niehus ua* DStZ 09, 14 (21)). Bereits ergangene Feststellungsbescheide (abgebender/aufnehmender Betrieb/MUeranteil) – einschließl derjenigen für die VZ zw Entnahme und Sperrfristverletzung sind – ebenso wie bereits ergangene ESt-Bescheide – zu ändern (ggf nach § 175 I 1 Nr 2 AO). – **(d) Nachversteuerung.** Die WG-Übertragung/Überführung („§ 6 V-Entnehmen") muss zu einer Nachversteuerung gem § 34a IV führen (§ 34a V 1); nur dann kann sie nach Maßgabe der weiteren Voraussetzungen und Rechtsfolgen iSv § 34a V 2 „nicht stattfinden". Die Vorschrift ordnet keine Verwendungsreihenfolge für den Sachverhalt an, dass § **6 V-Entnahmen** und **sonstige Entnahmen zusammentreffen.** Die Lücke ist iSd **Meistbegünstigungsprinzips** (→ Rn. 36) zu schließen (vgl die auch insoweit nicht umgesetzte BR-Initiative/JStG 2009 BT-Drs 16/10494, § 8: Vorrang der sonstigen Einnahmen); **vorrangig** sind allerdings ab VZ 2024 die Entnahmen zur **Zahlung von ESt/SolZ iSv § 34a I** auszuscheiden (§ 34a II 2/3; dazu → Rn. 62 zu *(1)*). Aus diesen Vorgaben kann allerdings keine allg gültige Reihung abgeleitet werden; viel-

mehr bedarf es einer **einzelfallbezogenen** Beurteilung, die sich mE in Fallgruppen gliedern lässt.

Fallgruppe 1: Ist der **Nachversteuerungsbetrag** (Entnahmen [mit Ausnahme der Zahlung von ESt/SolZ iSv § 34a I→Rn. 62] abzügl Einlagen und Gewinn [nicht Verluste, →Rn. 62]) **Bemessungsgrundlage der Nachsteuer,** weil er den festgestellten nachversteuerungspflichtigen Betrag (§ 34a III) *nicht* übersteigt, sind die **sonstigen Entnahmen vorrangig** mit den Gewinnen und Einlagen zu verrechnen (insoweit glA *BMF* BStBl I 25, 671 Rn. 39 mit Bsp). Dies gilt unabhängig von dem Verhältnis der § 6 V-Entnahmen zu den sonstigen Entnahmen (nachfolgend Bsp 1). Auch kommt es nicht darauf an, ob die § 6 V-Entnahmen den Nachversteuerungsbetrag überschreiten (s Bsp 2).

Beispiel 1: Gewinn zuzügl Einlagen 50; § 6 V-Entnahme 60; sonstige Entnahmen [ab VZ 2024 mit Ausnahme der Zahlung von ESt/SolZ iSv § 34a I →Rn. 62] 90; Nachversteuerungsbetrag somit 100 = nachversteuerungspflichtiger Betrag am Ende des Vorjahrs. Die vorrangige Verrechnung der sonstigen Entnahmen (90) mit der Summe aus Gewinn und Einlagen (50) führt zu einem Nachversteuerungsbetrag (= nachversteuerungspflichtigen Betrag) iHv 40; der auf die § 6 V-Entnahmen entfallende Teil des Nachversteuerungsbetrags (= des nachversteuerungspflichtigen Betrags = 60) kann in *vollem* Umfang gem § 34a V 2 übertragen und somit von der Nachsteuer ausgenommen werden. Würden hingegen – umgekehrt (dh entgegen dem Grundsatz der Meistbegünstigung) – vorrangig die § 6 V-Entnahmen angesetzt, entfielen die gesamten sonstigen und nicht nach § 34a IV 2 privilegierten Entnahmen (90) auf den Nachversteuerungsbetrag (= nachversteuerungspflichtigen Betrag).

Beispiel 2: Gewinn zuzügl Einlagen 210; § 6 V-Entnahme 150; sonstige Entnahmen [ab VZ 2024 mit Ausnahme der Zahlung von ESt/SolZ iSv § 34a I →Rn. 62] 160; Nachversteuerungsbetrag somit 100 = nachversteuerungspflichtiger Betrag am Ende des Vorjahrs. Wird der Gewinn zuzügl Einlagen (210) vorrangig mit den sonstigen Entnahmen (160) verrechnet, entfällt der (potentielle) Nachversteuerungsbetrag (100) in vollem Umfang auf die § 6 V-Entnahmen (150).

Hinweis: Ledigl für den mutmaßl selten anzutreffenden Sachverhalt, dass im VZ der Nachversteuerung *nur Entnahmen* (also keine Einlagen, kein Gewinn; zur Nichtberücksichtigung von Verlusten →Rn. 62) anfallen, ist unter der Prämisse von Fallgruppe 1 die gedankl Reihung von § 6 V-Entnahmen und sonstigen Entnahmen ohne Bedeutung.

Fallgruppe 2: Ist der **Nachversteuerungsbetrag** (Entnahmen [ab VZ 2024 mit Ausnahme der Zahlung von ESt/SolZ iSv § 34a I →Rn. 62] abzügl Einlagen und Gewinn [nicht Verluste, →Rn. 62]) **größer** als der festgestellte **nachversteuerungspflichtige Betrag** und somit letzterer Betrag **Bemessungsgrundlage der Nachsteuer,** erweist sich – im Gegensatz zu Fallgruppe 1 – die **vorrangige** Verrechnung der **§ 6 V-Entnahmen** als für Zwecke des § 34a V nicht nur dann als begünstigend, wenn im VZ der Nachsteuer keine Einlagen und keine Gewinne anfallen (dazu nachfolgend Beispiel 4). Gleiches gilt weitergehend, wenn der § 6 V-Buchwert *(a)* die Summe aus Gewinn und Einlagen überschreitet und *(b)* der hiernach auf den nachversteuerungspflichtigen Betrag entfallende Teil des § 6 V-Buchwerts (= potentieller Übertrag nach § 34a V 2) die (positive) Differenz übersteigt, die sich ergäbe, wenn vom nachversteuerungspflichtigen Betrag zuzügl der Summe aus Gewinn und Einlagen die sonstigen Entnahmen vorrangig abgezogen würden. *Entgegen BMF* BStBl I 25, 671 Rn. 39 mit Beispiel ist auch in dieser Konstellation nach dem Meistbegünstigungsprinzip zu verfahren.

Beispiel 3: Gewinn zzgl Einlagen 90; § 6 V-Entnahme 130; sonstige Entnahmen [ab VZ 2024 mit Ausnahme der Zahlung von ESt/SolZ iSv § 34a I →Rn. 62] 120; Nachversteuerungsbetrag somit 160; nachversteuerungspflichtiger Betrag am Ende des Vorjahrs (aber nur) 50. Würde der Gewinn zuzügl Einlagen (90) vorrangig mit den sonstigen Entnahmen (120) verrechnet (so *BMF*), ergäbe sich eine NachSt auf 30 (120 – 90); der nachversteuerungspflichtige Betrag wäre nur noch iHv 20 (= 50 – 30) übertragbar. Geht man aber (zutr; s oben) von der vorrangigen Verrechnung von § 6 V-Entnahmen (130) und Gewinnen zzgl Einlagen (90) aus, ist der potentiell nachversteuerungspflichtige Betrag iHv 40 (= 130 – 90) auf Antrag zu übertragen und die NachSt auf nur 10 (= 50 – 40) zu erheben.

Beispiel 4: (nach *BMF* BStBl I 25, 671 Rn. 39) Gewinn und Einlagen jeweils 0; § 6 V-Entnahme 130; sonstigen Entnahmen [ab VZ 2024 mit Ausnahme der Zahlung von ESt/SolZ iSv § 34a I →Rn. 62] 120; nachversteuerungspflichtiger Betrag am Ende des Vorjahrs 100. Nach dem Meistbegünstigungsprinzip muss bei Antrag gem § 34a V 2 die § 6 V – Entnahme (130) unter Ausschluss einer Nachsteuer vorrangig angesetzt werden (**aA** *BMF* BStBl I 25, 671 Rn. 39). Weitere Folge: Übertragung des gesamten nachversteuerungspflichtigen Betrags. Auch dies ergibt sich aber nicht aus § 34a V 2, der die Übertragung „in" Höhe des (gemeint: bis zur Grenze des) § 6 V-Buchwerts (130), beschränkt auf den durch § 6 V ausgelösten *Nachversteuerungsbetrag* (gleichfalls 130; vgl. § 34a IV 1 Hs 1) anordnet (vgl die auch insoweit nicht umgesetzte BR-Initiative/JStG 2009 BT-Drs 16/10494, 8).

70 **(e) Antrag.** Er kann nicht auf einen Teil des nach § 34a V 2 übertragbaren nachversteuerungspflichtigen Betrags beschränkt werden (*BH/Ratschow* § 34a Rn. 65). Der Antrag ist weder formgebunden noch fristgebunden und kann deshalb bis zur Bestandskraft des ESt-Bescheids gestellt und zurückgenommen werden (*BH/Ratschow* § 34a Rn. 65), bei Einspruch und Klage bis zum Abschluss der FG-Verfahrens (→Rn. 41). Zum Feststellungsverfahren →Rn. 91.

71 **(2) Rechtsfolgen.** Übertragung des *nachversteuerungspflichtigen* Betrags (§ 34a III 2, IV 1) bis zur Höhe des Buchwerts des/der nach § 6 V 1–3 zu Buchwerten übertragenen oder überführten WG, begrenzt auf die Höhe des Nachversteuerungsbetrags, den die Übertragung oder Überführung dieses/r WG ausgelöst hätte. Zu diesen Schranken sowie zur Bestimmung des nachversteuerungspflichtigen Betrags nach dem Grundsatz der Meistbegünstigung →Rn. 68 mit Beispielen. – In der näml Höhe wird die Bemessungsgrundlage für die Nachsteuer betr den abgebenden Betrieb/MUeranteil gemindert. – Der übertragene Betrag erhöht zugleich den für den aufnehmenden Betrieb/MUeranteil zum Ende des VZ festzustellenden nachversteuerungspflichtigen Betrag (§ 34a III 2, 3). Ggf ist erstmals ein solcher Feststellungsbescheid zu erlassen (→Rn. 68, 91 f). Fragl ist allerdings, ob beim aufnehmenden Betrieb *auch* iHd übertragenen nachversteuerungspflichtigen Betrags eine *Einlage* anzusetzen ist und damit jegl Nachversteuerung vermieden werden kann. ME ist dies nach Sinn und Zweck von § 34a V zu *verneinen* (**aA** offenbar nicht umgesetzte BR-Initiative/JStG 2009 BT-Drs 16/10494, 9; *Pohl* BB 08, 1536 (1537); *Niehus ua* DStZ 09, 14 (17)).

75 **3. Entnahmeunabhängige Nachversteuerungstatbestände, § 34a VI iVm § 34a VII 4/5. – a) Allgemeines.** Ab VZ 2024 enthält § 34 VI nF **zwei Fallgruppen** der – nicht an das Vorliegen von Entnahmen gebundenen – Nachversteuerung des nachversteuerungspflichtigen Betrags, nämlich die **vollständige Nachversteuerung** gem **§ 34a VI 1 nF (Fallgruppe 1)** untergliedert in 5 Einzelfälle sowie die **anteilige Nachsteuerung** gem **§ 34a VI 2 nF (Fallgruppe 2)** mit 3 Einzelfällen, ergänzt durch § 34a VI 3. Die spezielle Stundungsregelung in § 34a VI 4 gilt mit Ausnahme von § 34a VI 1 Nr 4 und 5 (aber →Rn. 82) – für beide Fallgruppen. – Zu **Fallgruppe 1:** § 34a VI 1 Nr 1, 2 findet seine Rechtfertigung darin, dass die personellen Voraussetzungen des § 34a entfallen (BR-Drs 220/07, 13: Wechsel des Besteuerungssubjekts/-systems), dh der StPfl, der die Thesaurierungsbegünstigung in Anspruch genommen hat, entweder aufgrund der Betriebsveräußerung/-aufgabe (§ 34 VI 1 Nr 1) oder durch die Einbringung von Betrieben/MUeranteilen in KapGes/Genossenschaft (§ 34a VI 1 Nr 2: einschließl Formwechsel) nicht mehr Inhaber des Betriebs ist. Dem ist nach § 34a VI 1 Nr 3 iVm § 52 XXXIV 2 (SchädlStPraktG, BGBl I 17, 2074) die unentgeltl Übertragung auf der KSt unterliegende StPfl gleichgestellt. Die Regelung wurde ab VZ 2024 durch WachstChG um einen § 34a VI 1 Nr 3 S 2 nF klarstellend für Sachverhalte des unentgeltl Anwachsungserwerbs ergänzt (BR-Drs 433/23, 138). § 34a VI 1 Nr 4 sieht die Nachversteuerung ferner bei Übergang von der bisherigen Gewinnermittlung durch BV-Vergleich zu einer anderen Gewinnermittlungsart (§ 13a, § 5a, § 4 III) vor. Des Weiteren kann gem § 34a VI 1 Nr 5 der StPfl die Nachversteuerung beantragen. **– Zu Fallgruppe 2:** Die anteilige Nachversteuerung gem § 34a VI 2 nF wurde mit Wirkung ab VZ 2024 durch das WachstChG (BGBl I 24 Nr 108) eingeführt (§ 52 XXXIV 3 nF). Sie umfasst (*BMF* BStBl I 25, 671 Rn. 53) die Veräußerung eines MUerteilanteils sowie die unentgelt-

liche Aufnahme eines MUers in ein Einzelunternehmern (Nr 1), die Einbringung von Teilbetrieben und MUerteilanteilen in eine KapGes/Genossenschaft (Nr 2) sowie die unentgeltl Übertragung von Teilbetrieben und MUerteilanteilen auf der KSt unterliegende StPfl (Nr 3).

b) Vollständige Nachversteuerung, § 34a VI 1 – Fallgruppe 1. – aa) Veräußerung; Aufgabe § 34a VI 1 Nr 1. Zu den „Fällen der Betriebsveräußerung/-aufgabe" (§ 34a VI 1 Nr 1 iVm §§ 16 I, III, 14, 18 III) gehört – gem *BMF* BStBl I 25, 671 Rn. 5 *vorbehaltl* seiner Zugehörigkeit zum BV (zB doppelstöckige PersGes; aber → Rn. 22) – auch die Veräußerung/Aufgabe des **gesamten MUeranteils** (§ 16 I 1 Nr 2, III 1; BT-Drs 16/4841, 64; BT-Drs 16/5491, 20; *BMF* BStBl I 25, 671 Rn. 48; **aA** *Ley* KÖSDI 07, 15750) – ungeachtet dessen, ob ein Veräußerungs-/Aufgabegewinn nach §§ 16 IV, 34 III begünstigt ist (glA *Ley* KÖSDI 07, 15737 (15750)), nach Ansicht der *FinVerw* jedoch bis einschl **VZ 2023 nicht** die Veräußerung von **Teil-MUeranteilen** (s § 16 I 2; *BMF* BStBl I 08, 838 Rn. 42: Nachversteuerung beim StPfl weiterhin „möglich"; *Gragert ua* NWB F 3 14621 (14644); mE unzutr; s auch zu Nr 3 → Rn. 79) unberührt blieb/bleibt die Nachversteuerung aufgrund von Entnahmen (§ 34a IV). Zur Rechtslage **ab VZ 2024** aber → Rn. 75, 83; *BMF* BStBl I 25, 671 Rn. 53). – Aus den näml Gründen, aber wiederum entgegen dem Gesetzeswortlaut (§ 34a VI 1 Nr 1 iVm § 16 I 1 Nr 1, III 1; auch → § 16 Rn. 220 f), sollte – wiederum vorbehaltl § 34a IV – nach dem Willen des Gesetzesgebers (vgl gescheiterter BR-Antrag, BR-Drs 220/07, 12 f) auch die Veräußerung/Aufgabe von **Teilbetrieben** ausgenommen sein (*BMF* BStBl I 08, 838 Rn. 42; Ausnahme: Realteilung). Dies mag der Vereinfachung dienen (*Gragert ua* NWB F 3, 14644), eröffnet jedoch erhebl Gestaltungsspielräume, denen auch durch das WachstChG (BGBl I 24 Nr 108) *nicht* begegnet wurde, insb ist § 34a VI 2 Nr 1 nF nicht einschlägig (glA *BMF* BStBl I 25, 671 Rn. 53). – Keine Veräußerung von Betrieben/MUeranteilen ist deren Übertragung gegen **Versorgungsleistungen** gem § 10 I Nr 1a sowie gegen Entgelt bis zur Höhe des KapKtos (**gemischte Schenkung;** *Einheitstheorie*). Aufgrund der Buchwertfortführung gem § 6 III (→ § 16 Rn. 66) untersteht der Vorgang § 34a VII (Übergang des nachversteuerungspflichtigen Betrags; zum Übergang auf juristische Personen; → Rn. 79). § 34a VI 1 Nr 1 ist hingegen zu bejahen, wenn der Betrieb/MUeranteil vollentgeltl mit Verlust veräußert wird; auch kommt es bei **Realteilung** einer MUerschaft (Aufgabe des Betriebs/MUeranteils; → § 16 Rn. 530 f) grds nicht darauf an, ob sie zu Buchwerten vollzogen wird (§ 16 III 2; glA *BMF* BStBl I 25, 671 Rn. 48; **aA** *Niehus ua* DStZ 09, 14 (23)); zur Zuweisung von Teilbetrieben etc aber (einschließl Erbauseinandersetzung) → Rn. 87. 76

bb) Einbringung; Umwandlung (§ 34a VI 1 Nr 2, VII 4, 5). – (1) Einbringung; Umwandlung in KapGes/OptionsGes/Genossenschaft. Aufgrund der personellen Zuordnung des nachversteuerungspflichtigen Betrags löst der Wechsel des Besteuerungsregimes – dh die Einbringung des Betriebs oder gesamten MUeranteils in eine KapGes/Genossenschaft (§ 20 UmwStG) sowie der Formwechsel in solche Rechtsträger (§ 25 UmwStG) – die Nachversteuerung aus (vgl auch BT-Drs 16/5491, 20; krit *Niehus ua* DStZ 09, 14 (26); *Ley* KÖSDI 07, 15750: „Umwandlungsbremse"), ungeachtet dessen, ob die Umwandlung zu Buch-, Zwischen- oder gemeinen Werten vollzogen wird. Gleiches gilt bei **Option gem § 1a KStG** (→ § 15 Rn. 160a; *BMF* BStBl I 25, 671 Rn. 49; *BMF* BStBl I 21, 2212 Rn. 48; *Wacker/Krüger ua* DStR-Beih 21, 3 (14); krit *Lehr* DB 23, 1369). Einschr bei offener/verdeckter Einlage von MUeranteilen und Zugehörigkeit der KapGesAnteile zum bisherigen Betrieb *Bindl* DB 08, 949 (953); *Ley* Ubg 08, 214 (218); weitergehend *Schiffers* FS Herzig, 823 (828). Nach der Rechtslage bis **VZ 2023** sollte – gleich der Behandlung von Veräußerungstatbeständen außerhalb des UmwStG – aber die Einbringung von **Teilbetrieben** oder **Teilen von MUeranteilen** – gleichfalls unabhängig vom Wertansatz – nicht erfasst sein (*BMF* BStBl I 08, 838 Rn. 43; hierzu auch 77

→ Rn. 76; unberührt blieb allerdings eine Nachversteuerung nach § 34a IV (zB KapGes-Anteile werden PV). S ab **2024** § 34a VI 2 Nr 2 nF → Rn. 75, 83.

78 **(2) Einbringung in Personengesellschaft – § 34a VII 4, 5.** – ***(a)*** Wird ein **Betrieb** oder **gesamter MUeranteil** in eine PersGes gem § 24 UmwStG zu **Buchwerten** eingebracht, geht der festgestellte nachversteuerungspflichtige Betrag auf den „neuen MUeranteil über" (§ 34a VII 4) mit der Folge, dass der Feststellungsbescheid (§ 34a III 2, 3) bezügl des eingebrachten Betriebs/MUeranteils aufzuheben und bezügl des erhaltenen MUeranteils an der aufnehmenden PersGes ein Feststellungsbescheid zu erlassen oder zu ändern ist. Die Regelung durchbricht damit die Nachversteuerung aufgrund Veräußerung (§ 34a VI 1 Nr 1) mit Rücksicht darauf, dass der nachversteuerungspflichtige Betrag dem näml StPfl zugeordnet bleibt und ledigl der Gegenstand der Begünstigung ausgetauscht wird. Dieser Befund ist einerseits (rechtspolitisch) kaum geeignet, die gesetzl erforderl Buchwertverknüpfung zu rechtfertigen (krit *Bindl* DB 08, 949 (953); *Niehus ua* DStZ 09, 14 (27); s auch nachfolgend zu *(c)*); andererseits kann durch § 34a VII 4 – außerhalb der Gesamtplan-Rspr – ein nicht unerhebl Entnahmepotential für die anderen MUer (betr aufnehmende PersGes) geschaffen werden. – ***(b)*** **Nicht** erfasst wird die Einbringung von Betrieben/MUeranteilen zum **gemeinen Wert** (oder Zwischenwert; *BMF* BStBl I 25, 671 Rn. 55: Nachversteuerung aufgrund Einbringung = Veräußerung iSv § 34a VI 1 Nr 1; grds zutr, s aber zu *(c)*). Ebenso nach Ansicht der FinVerw bis **VZ 2023** nicht die Einbringung von **Teilbetrieben/MUer*teil*anteilen** (*BMF* BStBl I 08, 838 Rn. 47: nachversteuerungspflichtiger Betrag verbleibt gleich der Veräußerung/unentgeltl Übertragung beim StPfl; s auch hierzu zu *(c)*. Hiervon ist ab **VZ 2024** der Wortlaut von § 34a VII 5 nF nur für die Einbringung eines **MUerteilanteils** iS eines anteiligen Übergangs abgerückt (→ Rn. 76). Fragl war bis VZ 2023 ferner die **unentgeltl Aufnahme von Angehörigen** in ein bestehendes Einzelunternehmen (§ 6 III 1 Hs 2 ggf iVm S 2; → 43. Aufl, § 34a Rn. 78); der Sachverhalt wird ab **VZ 2024** von § 34a VII 2 nF erfasst (*BMF* BStBl I 25, 671 Rn. 57). Zu Zuzahlungsfällen (andere MUer der aufnehmenden PersGes leisten Ausgleichszahlungen an den Einbringenden) → § 16 Rn. 511 ff. – ***(c)*** Nicht angesprochen wird in *BMF* BStBl I 25, 671 Rn. 57 die Konstellation, dass der Betrieb (oder MUeranteil) einer (Ober-)PersGes in eine **Unter-PersGes** eingebracht wird (Entstehen einer doppel-/dreistöckigen PersGes). Folgt man den Grundsätzen von *BMF* BStBl I 25, 671 Rn. 23, muss ein Übergang des nachversteuerungspflichtigen Betrags *ungeachtet* des Wertansatzes ausgeschlossen sein (fortdauernde Zuordnung des nachversteuerungspflichtigen Betrags zum (einheitl) MUeranteil an der OberPersGes auch bei Ansatz des gemeinen Werts; ähnl *Ley* KÖSDI 07, 15751). *ME* geht hingegen der nachversteuerungspflichtige Betrag – entspr der betriebs-/mueranteilsbezogenen Systematik (iEinz → Rn. 23) und damit abw vom Wortlaut des § 34a VII 4 nF = 2 aF (teleologische Extension) – nicht nur bei Buchwerteinbringung, sondern auch bei Ansatz eines Zwischenwerts oder des gemeinen Werts auf den erlangten MUeranteil (betr UnterPersGes) über. Gleiches muss gelten, wenn der Teilbetrieb eines Einzelunternehmens in eine PersGes eingebracht wird *und* der erhaltene MUeranteil zum BV des Einzelbetriebs gehört (s aber zu *(b)*).

79 **cc) Unentgeltlicher Übertragung an Körperschaftsteuerpflichtige (§ 34a VI 1 Nr 3).** Nach früherer Rechtslage unterfiel die unentgeltl Übertragung von Betrieben/MUeranteilen auf **juristische Personen** (zB Stiftungen) nicht der Nachversteuerung (BFH III R 49/17, BStBl II 19, 655: keine Analogie zu § 34a VI 1 Nr 2 aF; zutr; Nachversteuerung bei Stiftung aber ungeklärt; abl *OFD Ffm* DStR 19, 2085; → 36. Aufl 2017, § 34a Rn. 85 mwN). Mit der durch das **SchädlStPraktG** (BGBl I 17, 2074) für den Übergang des wirtschaftl Eigentums nach dem 5. 7. 17 eingeführten Nr 3 (iVm 52 XXXIV 2) löst nun – über die Einbringungen nach Nr 2 hinaus – auch die *unentgeltl* Übertragung (→ Rn. 85) von Betrieben oder MUeranteilen (mE einschl MUer*teil*anteilen; zu Nr 1 aber → Rn. 76; s ab VZ 2024 § 34a VI 2 Nr 2

nF→Rn. 83) auf der KSt unterliegenden StPfl iSv § 1 I KStG (einschließl Stiftungen) die Nachversteuerung aus (BT-Drs 18/12128: Wechsel des Besteuerungsregimes). Gleiches gilt bei *unentgeltl* Übertragung auf eine MUerschaft (zB PersGes), *soweit* KSt-Pflichtige an der aufnehmenden MUerschaft beteiligt sind (Nr. 3 S 3; bis VZ 2023 S 2). Durch das WachstChG (BGBl I 24 Nr 108) wurde die Regelung durch § 34a VI 1 Nr. 3 S 2 nF mE deklaratorisch ergänzt: Einbeziehung des unentgeltl Anwachsungserwerbs (vgl § 712 BGB nF); mE einschl Gesamtrechtsnachfolge aufgrund Anteilsvereinigung (*BMF* BStBl I 25, 671 Rn. 50 iVm 60). *Weitere Folgen:* uU Stundung gem § 34a VI 4; kein Übergang des nachversteuerungspflichtigen Betrags (§ 34a VII 1 Hs 2). Erfüllt die Übertragung nicht § 6 III, bleibt die Nachversteuerung nach § 34a VI 1 Nr 1 unberührt (zB Übertragung des MUeranteils an gewerbl geprägter KG auf steuerbefreite Stiftung; dazu *BMF* BStBl I 19, 1291 Rn. 5; **aA** *kk* KÖSDI 19, 21305).

dd) Kein Betriebsvermögensvergleich, § 34a VI 1 Nr 4. Die aufgrund des 80
Übergangs vom BV-Vergleich (§ 4 I 1, § 5) zu einer anderen Gewinnermittlungsart (§ 13a, § 5a, § 4 III, dazu auch →Rn. 20, 12) angeordnete Nachversteuerung dient nach der Gesetzesbegründung der „Verhinderung von Umgehungsgestaltungen" (BT-Drs 16/4841, 64; *Gragert ua* NWB F 3, 14644: Entnahmeaufschub bis zum Wechsel der Gewinnermittlungsart). Nicht hierunter fällt die Schätzung des Gewinns (**aA** *Gützner* StuB 07, 445 (450)).

ee) Antrag, § 34a VI 1 Nr 5. Das Recht, die Nachversteuerung des nachver- 81
steuerungspflichtigen Betrags – oder eines Teils hiervon (*BMF* BStBl I 25, 671 Rn. 52; zutr) – zu beantragen (S 1 Nr 5), soll nach BT-Drs 16/4841, 64 zB die Möglichkeit geben, bei unentgeltl Betriebsübertragung den Rechtsnachfolger (auch →Rn. 79, 85) von der Nachsteuer zu entlasten. Der nicht formgebundene Antrag kann bis zur Bestandskraft des ESt-Bescheids (bei Klage bis zum Abschluss des FG-Verfahrens) und in Erbfällen auch von den Gesamtrechtsnachfolgern gestellt werden (§ 45 AO; unklar *BMF* BStBl I 25, 671 Rn. 52); *Folge:* Erhöhung der Nachlassverbindlichkeit (§ 10 V Nr 1, VI ErbStG; BFH II R 15/11, BStBl II 12, 790; *OFD Nds* DStR 12, 2440; *Gragert ua* NWB F 3, 14646).

ff) Rechtsfolgen; Stundung, § 34a VI 1, 4. Die ESt erhöht sich um 25% des 82
zum Ende des Vorjahres festgestellten nachversteuerungspflichtigen Betrags (zu Rechtslage ab 2024 →Rn. 62; *Ley/Brandenberg* FR 07, 1085 (1106): uU erhöht um antragsgemäß begünstigte lfd Gewinne des Veräußerungsjahrs) und Aufhebung oder Änderung (zu S 1 Nr 4 →Rn. 80) des Feststellungsbescheids gem § 34a III 2, 3 iVm IV, VI 1 Nr 1–5. Auf Antrag des StPfl oder seines Rechtsnachfolgers (§ 45 AO) ist nach § 34a VI 4 in den Fällen von S 1 Nr 1–3 die nach § 34a IV geschuldete ESt (nicht die ESt auf den Veräußerungs-/Einbringungs- oder Aufgabegewinn) in regelmäßigen (= gleichmäßigen?) Teilbeträgen zinslos für einen Zeitraum von höchstens 10 Jahren zu stunden, wenn ihre alsbaldige Einziehung mit erhebl Härten für den StPfl (= auch seines Rechtsnachfolgers?) verbunden wäre. § 34a VI 4 ist nicht nur bezügl der Frage der Sicherheitsleistung unbestimmt (ohne Aussage *BMF* BStBl I 25, 671 Rn. 54); er verweist zudem mit Rücksicht auf das Vorliegen einer erhebl (= nicht unerhebl) Härte auf § 222 AO (*BMF* BStBl I 25, 671 Rn. 54) mit der Folge, dass die Ermessensentscheidung des FA auch insoweit nur eingeschränkt gerichtl überprüfbar ist (vgl § 102 FGO). Darüber hinaus schließt § 34a VI 4 die Stundung gem § 222 AO in den Fällen der Nachversteuerung nach § 34a VI 1 Nr 4 und 5 nicht aus (*BMF* BStBl I 25, 671 Rn. 54); gleiches gilt für den SolZ.

c) Anteilige Nachversteuerung, § 34a VI 2 nF – Fallgruppe 2. – aa) Tat- 83
bestände. Die Regelungen des § 34a VI 2 nF (Fallgruppe 2) gelten ab **VZ 2024** →Rn. 75; *BMF* BStBl I 25, 671 Rn. 53 iVm 61. – § 34a VI 2 **Nr 1** betrifft die Veräußerung eines MUerteilanteils sowie die unentgeltliche Aufnahme eines MUers in ein Einzelunternehmern, *nicht* jedoch die Veräußerung von Teilbetrieben

→ Rn. 76. – § 34a VI 2 **Nr 2** betrifft die Einbringung von Teilbetrieben und MUerteilanteilen in eine KapGes/Genossenschaft und soll ab VZ 2024 rechtsbegründend wirken (dazu → Rn. 77; zur Einbringung in PersGes → Rn. 78). – § 34a VI 2 **Nr 3** betrifft die unentgeltl Übertragung von Teilbetrieben und MUerteilanteilen auf der KSt unterliegende StPfl. Dies schließt nach Nr. 3 S 2, 3 die Aufnahme KSt-Pflichtiger in ein Einzelunternehmen, deren unentgeltl Anwachsungserwerbs sowie die unentgeltl Übertagung auf eine MUerschaft unter muerschaftl Beteiligung von der KSt unterliegenden StPfl ein (*BMF* BStBl I 25, 671 Rn. 53). Zur Frage der rechtsgründenden oder nur deklaratorischen Bedeutung → Rn. 79.

84 **bb) Rechtsfolgen, Stundung § 34a VI 2–4. §** 34a VI 3 verweist zur Bestimmung des anteilig nachzuversteuernden Betrags (dazu ab VZ 2024 → Rn. 62) auf § 34a VII 3, nach dem auf den Anteil des übertragenen BV an dem BV des Rechtsvorgängers vor der Übertragung abzustellen ist. Nach der Gesetzesbegründung soll das „Verhältnis des gesamten KapKto zum veräußerten Teil des KapKto" maßgebl sein (BR-Drs. 433/23, 139); diese dürfte bei MUerschaften nicht nur alle KapKto (einschl Sonder-/ErgBilanz), sondern auch die übertragenen Darlehenskonto erfassen (vgl *BMF* BStBl I 25, 671 Rn. 53). Zur Stundung → Rn. 82.

85 **4. Fortführung des nachversteuerungspflichtigen Betrags; unentgeltliche Rechtsnachfolge, § 34a VII. – a) Unentgeltliche Übertragung ganzer Betriebe, § 34a VII 1.** Wird der der Betrieb oder (gesamte) MUeranteil unentgeltl nach § 6 III 1, 3 übertragen (Schenkung, Erbfall), hat (kein Wahlrecht) der Rechtsnachfolger den nachversteuerungspflichtigen Betrag fortzuführen (bei Miterben anteilig). Dh, von einer Nachversteuerung beim Übertragenden ist abzusehen, der ihm ggü ergangene Feststellungsbescheid (§ 34a III 2, 3) ist aufzuheben; für den Übernehmer (bei mehreren Miterben jeweils einzeln) ist erstmals (bezügl des erhaltenen Betriebs/MUeranteils) ein Feststellungsbescheid zu erlassen (*Ausnahme:* Antrag nach § 34a VI 1 Nr 5, → Rn. 81). Voraussetzung hierfür ist die Übertragung auf eine ESt-Pflichtige Person; nicht begünstigt nach § 34a VII 1 Hs 2 iVm VI 1 Nr 3 ist der Übergang auf der KSt unterliegende StPfl (→ Rn. 79). Die Regelung durchbricht auch iR dieses eingeschränkten Anwendungsbereichs die personengebundene Konzeption des § 34a (*Gragert ua* NWB F 3, 14646: „unsystematisch"); ob sie dadurch gerechtfertigt ist, dass der nicht entnommene Gewinn (§ 34a II) im Betrieb verbleibt, ist mit Rücksicht auf die Nachversteuerungstatbestände in § 34a VI (→ Rn. 75 ff) zweifelhaft. Die latente ESt-Last (Nachversteuerung) ist weder Betriebsschuld noch Nachlassverbindlichkeit (BFH VIII R 33/91, BStBl II 92, 781; *Ley* KÖSDI 07, 15737 (15751)). Die Vorschrift kann auch die Übertragung von Betrieben/MUeranteilen gegen Versorgungsleistungen sowie gegen Teilentgelt erfassen (→ Rn. 76). Zum Buchwerterfordernis und etwaiger Aufteilung zw Rechtsvorgänger und -nachfolger s *BMF* BStBl I 25, 671 Rn. 55 f.

86 **b) Unentgeltliche Übertragung von Teilbetrieben; Mitunternehmerteilanteilen, § 34a VII 2, 3 nF.** Nach der Rechtslage bis **VZ 2023** verblieb der nachversteuerungspflichtige Betrag im Falle der unentgeltl Aufnahme einer nat Person in ein Einzelunternehmen (vgl → Rn. 78) sowie bei unentgeltl Übertragung von Teilbetrieben/MUer*teil*anteilen auf eine natürl Person (vgl § 6 III 1, 2) beim Übertragenden (*BMF* BStBl I 08, 838 Rn. 47; *Ley* KÖSDI 07, 15751; **aA** *Cordes* WPg 07, 526 (529): analog § 34a V; mE nicht tragfähig: Buchwertübertragung gem § 6 III ist keine Entnahme). Angesichts der Missbrauchsanfälligkeit dieser Rechtslage (Rückbehalt eines Zwerganteils verhinderte die Nachversteuerung trotz hoher Entnahmen des Rechtsnachfolgers; vgl. BR-Drs 433/23, 139 f), ordnet § 34a VII 2, 3 nF ab **VZ 2024** für die vorgenannten Sachverhalt (Ausnahme: Teilbetriebsübertragung; vgl. auch → Rn. 76, 83) den quotalen Übergang des nachversteuerungspflichtigen Betrags nach Maßgabe des „Anteils des übertragenen BV an dem BV des Rechtsvorgängers vor der Übertragung" an. Auch hierbei sollen alle KapKto des Rechtsvorgängers ein-

zubeziehen sein (BR-Drs 433/23, 140; zu § 34a VI 3 → Rn. 84). Einzelheiten s *BMF* BStBl I 25, 671 Rn. 57 f, 61.

87 **c) Realteilung; Erbauseinandersetzung.** In diesen Fällen (zum Erbfall → Rn. 85) unter Zuweisung von *Betrieben* oder *MUeranteilen,* ab VZ 2024 auch Zuweisung von MUerteilanteilen (→ Rn. 86; → § 16 Rn. 535, 614, 639) verdrängt mE § 34a VII 1 und 2 nF einen etwaigen Aufgabetatbestand (§ 34a VI 1 Nr 1; dazu → Rn. 76; fragl Zuweisung von Teilbetrieben; vgl auch → Rn. 83, 86); *Folge:* (anteilige) Fortführung des nachversteuerungspflichtigen Betrags, soweit keine Ausgleichszahlungen geleistet werden (dazu → § 16 Rn. 620, 639). Gleiches gilt bei einfacher **Nachfolgeklausel** (→ § 16 Rn. 665); bei qualifizierter Nachfolge geht der nachversteuerungspflichtige Betrag – vorbehaltl einer Entnahme des Erblassers (vgl → § 16 Rn. 672 ff) – insgesamt auf den Qualifizierten über.

88 **d) Einbringung nach § 24 UmwStG, § 34a VII 4, 5 nF.** Dazu einschl der Rechtsänderungen **ab VZ 2024** → Rn. 78.

V. Verfahrensfragen

90 **1. Zuständigkeit; Einkommensteuerveranlagung.** Der Antrag auf Sondertarifierung ist (betriebs-/mitunternehmeranteilsbezogen) bei dem für ESt zuständigen FA (§ 19 AO; regelmäßig WohnsitzFA) zu stellen (§ 34a I 2; vgl auch *Wissenschaftl Beirat* BB 05, 1653 (1655); zur Antragsfrist einschließl Rücknahme → Rn. 41). Dieses hat auch über die Nachversteuerung (§ 34a IV–VII; ggf iVm mit Übertragung des nachversteuerungspflichtigen Betrags; zu Einspruch/Klage s §§ 357 II 1, 367 AO; §§ 57 Nr 2, 63 FGO) sowie den Feststellungsbescheid nach § 34a III, IX, XI zu entscheiden (→ Rn. 91), *nicht* jedoch über denjenigen nach § 34a X (→ Rn. 95; zur Aufteilung der Entscheidungskompetenzen/Bindungswirkungen → Rn. 99). Zur Sicherstellung der Nachversteuerung sieht § 56 S 2 EStDV nF (→ Rn. 5) die Pflicht zur Abgabe einer ESt-Erklärung vor, wenn zum Ende des vorangegangenen VZ ein nachversteuerungspflichtiger Betrag festgestellt wurde (BR-Drs 433/23, 159).

91 **2. Feststellung des nachversteuerungspflichtigen Betrags, § 34a IX, XI.** – **a) Gesonderte Feststellung.** Nach § 34a IX 1 hat das für die **ESt** zuständige **FA** (§ 19 AO; HessFG EFG 23, 1011, rkr; → Rn. 90) – ähnl § 15a IV (*Wissenschaftl Beirat* BB 05, 1653 (1656)) – den **nachversteuerungspflichtigen Betrag** jährl gesondert festzustellen (§ 34a III 3; zu RumpfWj → Rn. 28). Bei mehreren Betrieben/MUeranteilen müssen mehrere gesonderte Feststellungsbescheide ergehen (zu MUeranteil im BV aber → Rn. 22 f). Die in § 34a IX 3 vorgesehene förml **Verbindung** von Feststellungs- und ESt-Bescheid ändert nichts an der Selbständigkeit der VA (vgl zB BFH VIII R 29/98, BStBl II 99, 592 betr § 15a IV 5). Insb erlangt der Feststellungsbescheid nach § 34a III 3 für den ESt-Bescheid **keine Grundlagenfunktion** (§§ 179 I, 182 AO; *Bodden* FR 11, 829 (835); zu § 34a IV 1 letzter Hs aber → Rn. 93).

92 **b) Bescheidanfechtung.** Beide Bescheide sind deshalb auch gesondert anzufechten. – ***(1)*** Wird nur der **ESt-Bescheid** mit dem Ziel **angefochten,** den Sondertarif zu gewähren oder den Begünstigungsbetrag zu erhöhen, kann im Falle des Erfolgs der Bescheid zur Feststellung des nachversteuerungspflichtigen Betrags zwar nicht nach § 175 I AO, jedoch nach **§ 174 IV AO** erstmals erlassen oder geändert werden. Gleiches gilt, wenn zB auf Einspruch/Klage eine im ESt-Bescheid angesetzte Nachsteuer aufgrund der Buchwertübertragung/-überführung von WG nach §§ 34a V, § 6 V gemindert wird oder unterbleibt (Änderung/erstmaliger Erlass der Feststellungsbescheide für abgebenden *und* aufnehmenden Betrieb). – ***(2)*** Darüber hinaus ist nach **§ 34a XI 1, 2** (iVm § 52 XXXIV) bei (erstmaligem) **Antrag** auf Sondertarif, Antragsänderung/-rücknahme (§ 34a I 5) der Feststellungsbescheid (§ 34a III 3) selbst

dann anzupassen, wenn die Antragskorrektur keine Änderung des ESt-Bescheids auslöst. Zudem sieht **§ 34a XI 3** eine gesonderte Ablaufhemmung (BT-Drs 16/11108) vor: Ablauf der Feststellungsfrist nicht vor Ablauf der ESt-Festsetzungsfrist des VZ (s auch § 34a I 6; dazu → Rn. 41), auf dessen Schluss der nachversteuerungspflichtige Betrag festzustellen ist. – ***(3)*** Schließl stellt **§ 34a XI 4, 5 idF WachstChG** (BGBl I 24 Nr 108) ab VZ 2024 (→ Rn. 5) – in umgekehrter Richtung – sicher, dass dann, wenn die Feststellung des nachversteuerungspflichtigen Betrags aufgrund eines (erstmaligem) Antrags oder einer Antragsänderung/-rücknahme geändert wird, der ESt-Bescheid auch bei dessen Bestandskraft angepasst wird. Die sinngem Anwendung von § 34a XI 3 (iVm 5) nF bedeutet, dass ESt-Festsetzungsfrist nicht vor der Frist für den auf den Ablauf des jew VZ feststellenden nachversteuerungspflichtigen Betrag (→ Rn. 91) endet.

93 **c) Anfechtungsumfang.** Nach § 34a IX 2 kann der Feststellungsbescheid gem § 34a III 3 nur insoweit angegriffen werden, als sich der nachversteuerungspflichtige Betrag ggü dem Vorjahr verändert hat (vgl hierzu § 34a III 2; → Rn. 53). Der Feststellungsbescheid zum 31.12.01 ist somit zum einen als Grundlagenbescheid für den Bescheid zum 31.12.02 bindend (§§ 182, 175 I 1 Nr 1 AO; zum str Verhältnis zu § 351 AO s betr § 15a IV 4 – *HHR/Lüdemann* § 15a Rn. 174). Zum anderen entfaltet er im Hinblick auf die Höchstgrenze der Nachversteuerung des Folgejahres (§ 34a IV 1 letzter Hs) Bindungswirkung.

95 **3. Gesonderte Feststellung der Besteuerungsgrundlagen, § 34a X.** § 34a hatte zunächst *nur* eine Feststellung des nachversteuerungspflichtigen Betrags (§ 34a III 3) vorgesehen mit der Folge, dass das hierfür (sowie für die Gewährung des Sondertarifs) zuständige WohnsitzFA (→ Rn. 90 f) „auf Antrag des StPfl" (so Entwurf BMF-Schr Rn. 40) in Form eines unverbindl sog **Mitteilungsverfahrens** von dem für die Einkünftefeststellung (§ 180 I Nr 2 AO) zuständigen FA über die für § 34a erforderl Besteuerungsgrundlagen unterrichtet werden sollte. Dies war insb wegen der mangelnden Sachnähe des WohnsitzFA sowie der fehlenden Bindungswirkung zu kritisieren (iEinz → 27. Aufl 2008, § 34a Rn. 91 f).

96 **a) Gesonderte Feststellung.** Mit dem JStG 2009 (BGBl I 08, 2794) wurde deshalb – im Grundsatz zR – ein gesondertes Feststellungsverfahrens bzgl der für die „Tarifermittlung nach den Abs 1 bis 7 erforderl Besteuerungsgrundlagen" eingeführt (§ 34a X 1 iVm § 52 XXXIV). Zuständig hierfür ist nach § 34a X 2 nicht das WohnsitzFA (§ 19 AO → Rn. 90), sondern das BetriebsFA/LageFA/TätigkeitsFA (§ 18 AO). § 34a X wurde mit dem ModBestVerfG (BGBl I 16, 1679) ledigl redaktionell an § 180 AO angepasst (BT-Drs 18/7457).

97 **b) Tatbestand.** Gesonderte Gewinnfeststellung nach § 180 I 1 Nr 2a AO (Einkünftebeteiligung *mehrerer* Personen) oder nach Nr 2b (Auseinanderfallen der Zuständigkeiten gem § 18 und § 19 AO). Der Erlass des Feststellungsbescheids gem § 34a X steht im pflichtgemäßen Ermessen des nach § 18 AO zuständigen FA (zB BetriebsFA, → Rn. 96); d. h. es handelt sich um eine Kann-Vorschrift (vgl zB § 180 II, III AO). Der Bescheid soll zur Vermeidung von unnötigem Bürokratieaufwand nur *anlassbezogen* ergehen, zB bei Antrag des StPfl (an WohnsitzFA) auf Sondertarif (BT-Drs 16/1108); ebenso mE, wenn für das Vorjahr ein nachversteuerungspflichtiger Betrag festgestellt wurde (BT-Drs 16/10494; *Bodden* FR 11, 829 (836)). Zur Ermittlungspflicht des FG s BFH VI R 23/23, DStR 26, 147.

98 **c) Rechtsfolgen.** Der Bescheid nach § 34a X zielt auf die (ledigl) *gesonderte* Feststellung der *individuellen* Voraussetzungen der Tarifermäßigung. Demgemäß ist auch *nur* der individuelle Adressat des Bescheids (StPfl/einzelne MUer) rechtsbehelfsbefugt; § 352 AO, § 48 FGO gelten mangels einheitl Feststellung nicht (BFH IV R 27/16, BStBl II 20, 11). – Gegenstand des Feststellungsbescheids sind die Entnahmen/Einlagen sowie die für die Tarifermittlung (§ 34a I–VII) erforderl Besteue-

rungsgrundlagen (BFH IV R 13/17, BStBl II 19, 754: „Bruttofeststellung"; zutr); Folge: die Kürzung der Entnahmen für ESt-Zwecke (§ 34a II 2, 3) wird erst iRd ESt-Veranlagung ermittelt. Nach BT-Drs 16/11108 gehören hierzu zB die stfreien Gewinne, nicht abziehbare BA; mE darüber hinaus auch die zunächst für das Mitteilungsverfahren (→ Rn. 95) vorgesehenen weiteren Merkmale (zB Gewinn/Verlustanteile; Entnahmen/Buchwerte gem § 34a V 2; Nachversteuerungstatbestände gem § 34a VI, VII). Aber → Rn. 99. – Der Feststellungsbescheid gem § 34a X ist ggü dem (einheitl *oder* nur gesonderten) Feststellungsbescheid nach § 180 I 1 Nr 2a und Nr 2b AO ein eigenständiger Bescheid, der ledigl förml mit diesem verbunden werden kann (§ 34a X 3; BFH IV R 27/16, BStBl II 20, 11). – Sein Erlass unterliegt aber einer besonderen Ablaufhemmung, die an die Feststellungsfrist für die Bescheide gem § 180 I 1 Nr 2a und Nr 2b AO gebunden ist. Dies schließt jedoch mE § 181 V AO (uU iVm § 179 III AO: Ergänzungsbescheid/Bescheid nach Ablauf der Feststellungsfrist) nicht aus.

d) Konkurrenzen. Ein Feststellungsbescheid gem **§ 180 I 1 Nr 2 AO** (zB festgestellter Gewinnanteil eines MUers) – ***Stufe 1*** – ist gem § 182 I AO bindender **Grundlagenbescheid** für den Feststellungsbescheid nach **§ 34a X** – ***Stufe 2*** – und dieser wiederum Grundlagenbescheid sowohl für die Festsetzung der ESt (→ Rn. 90) als auch die Feststellung des nachversteuerungspflichtigen Betrags (§ 34a III 3; IX, XI; → Rn. 91 ff) – ***Stufe 3*** – (glA BFH IV R 27/16, BStBl II 20, 11). Bei erstmaligem Erlass oder Änderung der Bescheide auf den Stufen 1 oder 2 sind die jeweiligen Folgebescheide anzupassen (§ 175 I 1 Nr 1 AO). – **Kritik:** Die Trennung der Stufen 1 und 2 ist nicht recht verständl, weil auch iRd § 180 I 1 Nr 2 AO-Bescheide (Stufe 1) individuelle (den einzelnen Beteiligten betreffende) Feststellungen zu treffen sind (s einschließl Nr 2b *HHS* § 180 Rn. 244, 407). – **De lege lata** (Trennung) entsteht damit die Frage, welcher Bescheid zur Entscheidung welcher Streitfragen angefochten werden muss. Zu berücksichtigen ist hierbei, dass nicht nur den ausdrückl Feststellungen gem § 180 I 1 Nr 2a und Nr 2b (zB Höhe des Gewinns; einschließl *Entnahme*gewinne) Bindungswirkung für den Bescheid nach § 34a X zukommt. Gleiches gilt nach der Rspr (s mit Abgrenzungen BFH VIII R 11/02, BStBl II 06, 253) für die den Feststellungen gem § 180 I 1 Nr 2a und Nr 2b AO *vorgreifl* (tatsächl und rechtl) *Umstände* (zB Höhe des Gewinnanteils aufgrund nicht abziehbarer BA, stfreie Gewinne), sodass auch hierauf gerichtete Streitigkeiten mE auf Stufe 1 (iVm einer etwaigen Folgeanpassung auf der Stufen 2 und 3) auszutragen sind. Bis zur richterl Klärung der Entscheidungskompetenzen ist der Praxis anzuraten, *beide* Stufen anzufechten; das Gericht wird dann ggf das Verfahren bezügl Stufe 2 (§ 34a X) bis zur Entscheidung über den Bescheid nach § 180 I 1 Nr 2a und Nr 2b AO (Stufe 1) aussetzen (§ 74 FGO; glA *Bodden* FR 11, 829 (834)). 99

§ 34b Steuersätze bei Einkünften aus außerordentlichen Holznutzungen

(1) **Außerordentliche Holznutzungen sind**

1. **Holznutzungen, die aus volks- oder staatswirtschaftlichen Gründen erfolgt sind. [2]Sie liegen nur insoweit vor, als sie durch gesetzlichen oder behördlichen Zwang veranlasst sind;**
2. **Holznutzungen infolge höherer Gewalt (Kalamitätsnutzungen). [2]Sie sind durch Eis-, Schnee-, Windbruch oder Windwurf, Erdbeben, Bergrutsch, Insektenfraß, Brand oder durch Naturereignisse mit vergleichbaren Folgen verursacht. [3]Hierzu gehören nicht die Schäden, die in der Forstwirtschaft regelmäßig entstehen.**

(2) **[1]Zur Ermittlung der Einkünfte aus außerordentlichen Holznutzungen sind von den Einnahmen sämtlicher Holznutzungen die damit in sachlichem Zusammenhang stehenden Betriebsausgaben abzuziehen. [2]Das nach Satz 1 ermittelte Ergebnis ist auf die ordentlichen und außerordentlichen Holznutzungsarten aufzu-**

teilen, *in dem*[1] die außerordentlichen Holznutzungen zur gesamten Holznutzung ins Verhältnis gesetzt *wird*[2]. [3]Bei einer Gewinnermittlung durch Betriebsvermögensvergleich sind die im Wirtschaftsjahr veräußerten Holzmengen maßgebend. [4]Bei einer Gewinnermittlung nach den Grundsätzen des § 4 Absatz 3 ist von den Holzmengen auszugehen, die den im Wirtschaftsjahr zugeflossenen Einnahmen zugrunde liegen. [5]Die Sätze 1 bis 4 gelten für entnommenes Holz entsprechend.

(3) **Die Einkommensteuer bemisst sich für die Einkünfte aus außerordentlichen Holznutzungen im Sinne des Absatzes 1**

1. **nach der Hälfte des durchschnittlichen Steuersatzes, der sich ergäbe, wenn die tarifliche Einkommensteuer nach dem gesamten zu versteuernden Einkommen zuzüglich der dem Progressionsvorbehalt unterliegenden Einkünfte zu bemessen wäre;**
2. **nach dem halben Steuersatz der Nummer 1, soweit sie den Nutzungssatz (§ 68 der Einkommensteuer-Durchführungsverordnung) übersteigen.**

(4) **Einkünfte aus außerordentlichen Holznutzungen sind nur anzuerkennen, wenn**

1. **das im Wirtschaftsjahr veräußerte oder entnommene Holz mengenmäßig getrennt nach ordentlichen und außerordentlichen Holznutzungen nachgewiesen wird und**
2. **Schäden infolge höherer Gewalt unverzüglich nach Feststellung des Schadensfalls der zuständigen Finanzbehörde mitgeteilt und nach der Aufarbeitung mengenmäßig nachgewiesen werden.**

(5) **Die Bundesregierung wird ermächtigt, durch Rechtsverordnung mit Zustimmung des Bundesrates**

1. **die Steuersätze abweichend von Absatz 3 für ein Wirtschaftsjahr aus sachlichen Billigkeitsgründen zu regeln,**
2. **die Anwendung des § 4a des Forstschäden-Ausgleichsgesetzes für ein Wirtschaftsjahr aus sachlichen Billigkeitsgründen zu regeln,**

wenn besondere Schadensereignisse nach Absatz 1 Nummer 2 vorliegen und eine Einschlagsbeschränkung (§ 1 Absatz 1 des Forstschäden-Ausgleichsgesetzes) nicht angeordnet wurde.

Einkommensteuer-Durchführungsverordnung:

§ 68 EStDV *Nutzungssatz, Betriebsgutachten, Betriebswerk*

(1) **[1]Der Nutzungssatz muss periodisch für zehn Jahre durch die Finanzbehörde festgesetzt werden. [2]Er muss den Holznutzungen entsprechen, die unter Berücksichtigung der vollen Ertragsfähigkeit des Waldes in Kubikmetern im Festmaß (Erntefestmeter Derbholz ohne Rinde) nachhaltig erzielbar sind.**

(2) **[1]Der Festsetzung des Nutzungssatzes ist ein amtlich anerkanntes Betriebsgutachten oder ein Betriebswerk zugrunde zu legen, das auf den Anfang des Wirtschaftsjahres aufzustellen ist, von dem an die Periode von zehn Jahren beginnt. [2]Es soll innerhalb eines Jahres nach diesem Stichtag der Finanzbehörde übermittelt werden. [3]Sofern der Zeitraum, für den es aufgestellt wurde, nicht unmittelbar an den vorherigen Zeitraum der Nutzungssatzfestsetzung anschließt, muss es spätestens auf den Anfang des Wirtschaftsjahrs des Schadensereignisses aufgestellt sein.**

(3) **[1]Ein Betriebsgutachten im Sinne des Absatzes 2 ist amtlich anerkannt, wenn die Anerkennung von einer Behörde oder einer Körperschaft des öffent-**

---

[1] *Red. Anm: richtig wohl „indem“.*
[2] *Red. Anm: richtig wohl „werden“.*

lichen Rechts des Landes, in dem der forstwirtschaftliche Betrieb liegt, ausgesprochen wird. [2]Die Länder bestimmen, welche Behörden oder Körperschaften des öffentlichen Rechts diese Anerkennung auszusprechen haben.

Einkommensteuer-Richtlinien: EStR 34b.1–34b.8; EStH 34b.1–34b.7.

Übersicht Rn.

1. Anwendungsbereich. § 34b dient (durch seine erhebl StSatzErmäßigung) der Entlastung der Forstwirte von übermäßiger Progression auf die – in dieser Einkunftsart häufigen und nicht immer planbaren – zusammengeballten Nutzungen. Die Vorschrift gilt **unabhängig von der Einkunftsart,** ist also nicht auf Einkünfte aus LuF beschränkt, sondern kommt auch GewBetr zugute (zB gewerbl geprägte PersGes mit Forstbetrieb, s BFH IV 262/59 S, BStBl III 60, 486; BFH VI R 12/21, BStBl II 23, 850 Rn. 22). Auf **KStSubjekte** ist sie zwar nicht unmittelbar anwendbar; die *FinVerw* sieht bei Kalamitätsnutzungen in Härtefällen jedoch eine KStErmäßigung aus Billigkeitsgründen vor (KStR 23; zR krit *HHR/Stalbold* § 34b Rn. 4; *BH/Nacke* § 34b Rn. 5: keine Notwendigkeit wegen fehlender Progression im KStRecht). Zudem gilt § 34b **unabhängig von der Gewinnermittlungsart.** – Zu den **Besonderheiten der Gewinnermittlung bei Forstbetrieben** ausführl → § 13 Rn. 14 ff; zum FSchAusglG → § 13 Rn. 20 f. Das Wj der Holznutzung (Trennung vom GuB und Übergang des Holzes ins UV; bei Kalamitätsholz hingegen erst der Zeitpunkt der Aufarbeitung) kann vom Wj der Gewinnrealisierung (bei § 4 I Veräußerung des Holzes, bei § 4 III Zufluss des Veräußerungserlöses, → § 13 Rn. 15 *(3)*) verschieden sein. Daher können die StErmäßigungen des § 34b für eine einzige ao Holznutzung ggf in mehreren VZ in Anspruch genommen werden (ebenso *HHR/Stalbold* § 34b Rn. 9). – **Beschr StPfl** können die SonderStSätze im selben Umfang in Anspruch nehmen wie unbeschr StPfl (§ 50 I enthält keine Einschränkung). – Werden die Einkünfte aus LuF gesondert festgestellt, ist über die Anwendung des § 34b bereits bei der gesonderten Feststellung zu entscheiden (zutr BFH VI R 12/21, BStBl II 23, 850). 1

2. Außerordentliche Einkünfte aus Holznutzungen, § 34b I. Die Vorschrift begünstigt nur Holznutzungen aus volks- oder staatswirtschaftl Gründen (→ Rn. 4) und Holznutzungen infolge höherer Gewalt (→ Rn. 6). Bis VZ 2011 waren auch Holznutzungen aus privatwirtschaftl Gründen begünstigt (Einzelheiten dazu → 33. Aufl 2014, § 34b Rn. 8). 3

a) Holznutzungen aus wirtschaftlichen Gründen, § 34b I Nr 1. Sie müssen durch gesetzl oder behördl Zwang veranlasst sein (zB Enteignung, den Umständen nach drohende Enteignung, behördl angeordnete Überhiebe; vgl EStR 34b.2 III). Nutzungen infolge militärischer Übungen sind als Kalamitätsnutzungen nach Nr 2 (stärker) begünstigt (→ Rn. 6). – **Verkauf eines Waldgrundstücks.** Auch darin kann eine Holznutzung liegen (glA *HHR/Stalbold* § 34b Rn. 8; *Frotscher/Geurts* § 34b Rn. 20; **aA** aber EStR 34b.2 I 4 und BT-Drs 17/5125, 43; offen gelassen von BFH IV R 180/77, BStBl II 82, 158); dies ist insb bei Verkäufen zur Abwendung einer drohenden Enteignung von Bedeutung. Sofern dieses Grundstück einen Teilbetrieb darstellt (dazu → § 14 Rn. 7), konkurrieren die Steuerermäßigungen des § 34b mit denen des § 34; es ist die dem StPfl günstigere Regelung anzuwenden (glA *HHR/Stalbold* § 34b Rn. 5). 4

6 **b) Holznutzungen infolge höherer Gewalt; Kalamitätsnutzungen, § 34b I Nr 2. – aa) Naturereignisse.** Dies ist der Hauptanwendungsfall der Nr 2 (zB Bruch, Insektenfraß, Brand; vgl die (nicht abschließende) Aufzählung in § 34b I Nr 2 S 2). Zum Begriff der höheren Gewalt → § 6 Rz 104. Weitere, im Gesetz nicht ausdrückl erwähnte Fälle höherer (Natur-)Gewalt sind zB Rotfäule (BFH IV 422/60 S, BStBl III 64, 119), Schwamm (BFH IV 401/58 S, BStBl III 62, 28) und andere infektiöse Holzkrankheiten, soweit sie das als übl anzusehende Maß übersteigen (→ Rn. 9), sowie Dürre. – Zur Anwendung der Begünstigungen des **Forstschäden-Ausgleichsgesetzes** (BGBl I 85, 1756) bei höherer Gewalt → § 13 Rn. 20 f.

7 **bb) Schäden infolge menschlicher Einwirkung.** Sie gelten (über den Wortlaut des Gesetzes hinaus, aber in Übereinstimmung mit dem Gesetzeszweck) ebenfalls als höhere Gewalt. In Betracht kommen zB **Immissionsschäden** („saurer Regen", s *Schindler* StBP 85, 109 (111); *Voß* StBP 97, 187 mwN) oder Spätschäden aus Kriegsfolgen (*Schindler* StBP 85, 109 (110)). Auch vorzeitige Nutzungen infolge militärischer Übungen gelten als Kalamitätsnutzungen; für Entschädigungen kann eine RfE gebildet werden (EStR 34b.2 V; Näheres → § 6 Rn. 101 ff).

8 **cc) Kalamitätsfolgehiebe.** Dabei handelt es sich um Einschläge von Restbeständen, die zwar selbst nicht von der Kalamität betroffen sind, aber für sich allein nicht mehr langfristig überlebensfähig sind. Sie sind nur dann begünstigt, wenn sie nicht in die planmäßige Nutzung der Folgejahre einbezogen werden können (BFH I 138/60 S, BStBl III 61, 276 unter IV.2.; s auch *Voß/Steinle* INF 94, 235).

9 **dd) In der Forstwirtschaft regelmäßig entstehende Schäden.** Sie sind vom Anwendungsbereich der Nr 2 ausgenommen (S 3). Hierzu gehören Schadensfälle an *einzelnen* Bäumen, zB durch Dürrholz oder Blitzschlag (EStR 34b.2 IV 4).

Rotfäule. Für diese recht häufige Pilzkrankheit an Fichten (die idR erst nach dem Fällen des Baumes feststellbar ist) hat die *FinVerw* typisierende Regelungen für die von der Rspr (BFH IV 422/60 S, BStBl III 64, 119) geforderte Abgrenzung zw regelmäßigen und ao Schäden aufgestellt: Für Wj, die nach dem 31.12.18 beginnen, ist ein Rotfäuleanteil bis zu 50% der eingeschlagenen Fichtenstämme noch als „regelmäßig" anzusehen; nur der übersteigende Teil gilt als ao Holznutzung (*BMF* BStBl I 18, 1214 mit weiteren Einzelheiten). Zu früheren Wj → 44. Aufl 2025, § 34b Rn. 9.

11 **3. Ermittlung der begünstigten Einkünfte, § 34b II.** Zunächst sind die (Netto-)Einkünfte aus Holznutzungen zu ermitteln, indem von den Einnahmen aus sämtl Holznutzungen (unabhängig davon, ob es sich um ordentl oder ao Nutzungen handelt) alle BA, die mit den Holznutzungen in Zusammenhang stehen, abgezogen werden (§ 34b II 1). Diese Nettoeinkünfte sind dann auf die ao (tarifbegünstigten) und die ordentl (nicht begünstigten) Holznutzungen nach dem Verhältnis der iRd jeweiligen Nutzung im Wj veräußerten Holzmengen zu verteilen (§ 34b II 2, 3; s auch *Wiegand* NWB 11, 3606 (3608) mit Beisp). Bei Gewinnermittlung nach § 4 III sind nicht die im Wj veräußerten Holzmengen maßgebl, sondern diejenigen, denen die im Wj zugeflossenen Einnahmen entsprechen.

15 **4. Steuersätze, § 34b III.** Sämtl ao Holznutzungen sind tarifbegünstigt, auch soweit sie innerhalb des Nutzungssatzes liegen (zR krit zum erhebl Umfang der Begünstigung *Reimer* FR 11, 929 (934)). Zu den begünstigten Einnahmen gehören auch Versicherungsleistungen für Naturkatastrophen (*FM NRW* DStR 21, 1762 Tz 4.2.3.1). Eine **Untergrenze für den StSatz** ist (anders als in § 34 III 2) nicht vorgesehen (krit dazu *BH/Nacke* § 34b Rn. 2). Zum Umfang der begünstigten Einkünfte beim **Zusammentreffen mit anderen tarifbegünstigten Einkünften** s EStR 34b.5 II.

16 **a) Halber Steuersatz, § 34b III Nr 1.** Grds unterliegen die (nach Abs 2 ermittelten) ao Holznutzungen der Hälfte des durchschnittl StSatzes, der sich für das *gesamte* zvE (einschließl der ao Holznutzungen) ergeben würde. Die Ermittlung eines

Nutzungssatzes bzw die Aufstellung eines Betriebswerks oder -gutachtens ist für die Inanspruchnahme dieser Begünstigung nicht erforderl.

b) Viertelsteuersatz, § 34b III Nr 2. Stellt der StPfl freiwillig ein **Betriebswerk oder -gutachten** auf, unterliegen die Einkünfte aus ao Holznutzungen nur einem Viertel des durchschnittl StSatzes, soweit sie den Nutzungssatz, der sich aus dem Betriebswerk/-gutachten ergibt (→ Rn. 24), übersteigen. Maßgebl ist der Nutzungssatz für den gesamten Betrieb, nicht nur für die Schadflächen (NdsFG EFG 21, 1644 zu I.2., rkr). Im Wj einer **Einschlagsbeschränkung** gilt dieser Viertelsteuersatz einheitl für *sämtl* Kalamitätsnutzungen, und zwar auch für solche *innerhalb* des Nutzungssatzes (§ 5 I ForstschädAusglG; ausführl → § 13 Rn. 21). 17

5. Gemeinsame Voraussetzungen, § 34b IV. Diese müssen für die Anerkennung ao Einkünfte aus Holznutzungen stets erfüllt sein. – **a) Mengenmäßiger Nachweis.** Die in einem Wj erzielten verschiedenen Nutzungen müssen – getrennt nach ordentl und ao Nutzungen – mengenmäßig nachgewiesen werden (§ 34b IV Nr 1). Nach EStR 34b.2 III genügt dabei eine Trennung zw den Kalamitätsnutzungen und den übrigen Nutzungen. Bei buchführenden Betrieben kann dies idR anhand der Aufzeichnungen geschehen. Bei nicht buchführenden Betrieben (Gewinnermittlung nach § 4 III oder § 13a VI 1 Nr 1) müssen für das Jahr, in dem begünstigte Holznutzungen eintreten, Aufzeichnungen über die Mengen der einzelnen Holznutzungsarten geführt werden. Sofern das Holz über staatl Forstämter verwertet wird, kann der Nachweis durch Vorlage der Abrechnungen des Forstamtes erbracht werden, wenn sie die erforderl Mengenangaben enthalten. 21

b) Unverzügliche Schadensmeldung an Finanzamt. Schäden infolge höherer Gewalt (dh nur Kalamitätsnutzungen, nicht auch ao Nutzungen aus wirtschaftl Gründen) müssen unverzügl nach ihrer Feststellung der zuständigen Finanzbehörde mitgeteilt werden (§ 34b IV Nr 2). Dies soll eine forstfachl Prüfung von Entstehung und Umfang der Schäden ermöglichen (BT-Drs 17/5125, 43). Die *FinVerw* sieht eine Meldung innerhalb von drei Monaten noch als „unverzügl" an, sofern sie bis zum Beginn der Aufarbeitung erfolgt (*OFD Mbg* BeckVerw 089537 ESt-Kartei ST § 34b Karte 1). Das Ausmaß des Schadens kann zu diesem Zeitpunkt idR nur geschätzt werden. Stellt sich später heraus, dass der Schaden erhebl größer ist (die *FinVerw* geht im amtl Vordruck von einer 20%-Grenze aus), ist unverzügl nachzumelden (NdsFG EFG 21, 1644, rkr). Das Ergebnis dieser forstfachl Prüfung ist kein VA; eventuelle Einwände sind daher im Verfahren gegen den StBescheid zu klären (BFH VI R 12/21, BStBl II 23, 850 Rn. 23). 22

c) Nutzungssatz, § 68 EStDV. Will der StPfl den Viertel-Steuersatz nach § 34b III Nr 2 erlangen, setzt dies die Festsetzung eines zehnjährigen Nutzungssatzes durch die FinVerw voraus (§ 68 I 1 EStDV). Grundlage hierfür ist ein amtl anerkanntes Betriebsgutachten oder ein Betriebswerk (§ 68 II EStDV; Einzelfragen s EStR 34b.6; ausführl *BMF* BStBl I 17, 783). Für die Anwendung des halben Steuersatzes nach § 34b III Nr 1 sind diese Nachweise hingegen nicht erforderl. – Der Nutzungssatz entspricht den bei voller Ertragsfähigkeit des Waldes nachhaltig erzielbaren Nutzungen (§ 68 I 2 EStDV; zu der dort verwendeten Definition s BR-Drs 201/16, 14), hingegen nicht unbedingt dem tatsächl Hiebsatz, den der StPfl anwenden will (zutr EStR 34b.4 IV 3). Eine Einschlagsbeschränkung nach § 1 ForstschädAusglG mindert den maßgebenden Nutzungssatz nicht (glA *HHR/Stalbold* § 34b Rn. 26). – Das Betriebsgutachten/-werk ist auf den **Beginn einer Periode von zehn Jahren** aufzustellen (§ 68 II 1 EStDV). Es *soll* innerhalb eines Jahres nach diesem Stichtag der FinVerw übermittelt werden (§ 68 II 2 EStDV); für die bis VZ 2011 geltende Rechtslage hatte die Rspr zugelassen, dass das Gutachten bis zum Schluss der mündl Verhandlung vor dem FG nachgereicht werden kann (BFH IV 49/59 U, BStBl III 62, 34). 24

25 **aa) Betriebswerk.** Es handelt sich um die Zusammenfassung aller Schriften und Karten, in denen das Ergebnis einer Forsteinrichtung hinsichtl Zustandserfassung und Planung wiedergegeben wird (Regelfall bei größeren Betrieben). Diese periodische forstl Betriebsplanung steuert die Nachhaltigkeit der Holznutzung (s *Wittwer* FR 08, 617 (618)).

26 **bb) Betriebsgutachten.** Sie kommen eher bei kleineren Betrieben in Betracht (zu derartigen Gutachten s *Voß* StBP 03, 137). Zur **amtl Anerkennung** von Betriebsgutachten s § 68 III EStDV; Betriebs*werke* bedürfen der amtl Anerkennung hingegen nicht. Trotz amtl Anerkennung ist das FA an die im Betriebsgutachten enthaltenen Feststellungen der Forstbehörde nicht gebunden (kein „Grundlagenbescheid"), sondern kann insb den Nutzungssatz selbst überprüfen (BFH IV 185/60 U, BStBl III 64, 322; EStR 34b.4 IV 5). Dabei bleibt es auch nach der ab VZ 2012 geltenden Rechtslage.

27 **cc) Kleinbetriebe.** Betriebe mit weniger als 50 ha forstwirtschaftl Fläche können aus Vereinfachungsgründen auch ohne Betriebsgutachten/-werk einen Nutzungssatz von 5 fm ohne Rinde je ha anwenden (EStR 34b.6 III). Abgesehen von dieser Vereinfachungsregelung stellt § 68 EStDV an Nachhalts- und aussetzende Betriebe identische Anforderungen (so ausdrückl auch *BMF* BStBl I 12, 594).

29 **6. Zusätzliche Begünstigungen durch Verordnung, § 34b V.** Durch VO darf die BReg zusätzl Begünstigungen gewähren, wenn „besondere Schadensereignisse nach Abs 1 Nr 2" (dh höhere Gewalt) vorliegen, gleichwohl aber keine Einschlagsbeschränkung nach § 1 I ForstschädAusglG (dazu → § 13 Rn. 20) angeordnet worden ist. In diesen Fällen können die StSätze für ein Wj aus sachl Billigkeitsgründen abw von Abs 3 geregelt werden; außerdem kann § 4a ForstschädAusglG (Absehen von der Aktivierung unverkauften Kalamitätsholzes; → § 13 Rn. 21) für anwendbar erklärt werden. – Für die **Forstschäden des Kj 2018** hat das BMF abw von Abs 5 ledigl durch einfaches BMF-Schreiben (nicht durch VO) Erleichterungen angeordnet (s *BMF* BStBl I 19, 463: Aktivierungsverzicht, Viertel-StSatz).

Kritik: Ob für diese Sonderregelung wirkl eine Notwendigkeit besteht, ist mE sehr zweifelhaft, da bereits § 1 ForstschädAusglG eine Vorgehensweise ermöglicht, die den – bei Schadensereignissen übl – regionalen Unterschieden gerecht wird. Zudem dürfte Abs 5 nicht den **Anforderungen des Art 80 GG** genügen, da das Ausmaß der Ermächtigung (insb der Umfang der Begünstigung) nicht hinreichend bestimmt ist (glA *BH/Nacke* § 34b Rn. 2). Erst recht bedenkl ist, wenn die in Abs 5 vorgesehenen Begünstigungen durch einfaches BMF-Schreiben angeordnet werden, da der Gesetzgeber hier ausdrückl eine VO vorgesehen hat.

V. Steuerermäßigungen

1. Steuerermäßigung bei ausländischen Einkünften

§ 34c [Steuerermäßigung bei ausländischen Einkünften]

(1) [1]**Bei unbeschränkt Steuerpflichtigen, die mit ausländischen Einkünften in dem Staat, aus dem die Einkünfte stammen, zu einer der deutschen Einkommensteuer entsprechenden Steuer herangezogen werden, ist die festgesetzte und gezahlte und um einen entstandenen Ermäßigungsanspruch gekürzte ausländische Steuer auf die deutsche Einkommensteuer anzurechnen, die auf die Einkünfte aus diesem Staat entfällt; das gilt nicht für Einkünfte aus Kapitalvermögen, auf die § 32d Absatz 1 und 3 bis 6 anzuwenden ist.** [2]**Die auf die ausländischen Einkünfte nach Satz 1 erster Halbsatz entfallende deutsche Einkommensteuer ist in**

der Weise zu ermitteln, dass der sich bei der Veranlagung des zu versteuernden Einkommens, einschließlich der ausländischen Einkünfte, nach den §§ 32a, 32b, 34, 34a und 34b ergebende durchschnittliche Steuersatz auf die ausländischen Einkünfte anzuwenden ist. [3]Bei der Ermittlung des zu versteuernden Einkommens und der ausländischen Einkünfte sind die Einkünfte nach Satz 1 zweiter Halbsatz nicht zu berücksichtigen; bei der Ermittlung der ausländischen Einkünfte sind die ausländischen Einkünfte nicht zu berücksichtigen, die in dem Staat, aus dem sie stammen, nach dessen Recht nicht besteuert werden. [4]Gehören ausländische Einkünfte der in § 34d Nummer 3, 4, 6, 7 und 8 Buchstabe c genannten Art zum Gewinn eines inländischen Betriebes, sind bei ihrer Ermittlung Betriebsausgaben und Betriebsvermögensminderungen abzuziehen, die mit den diesen Einkünften zugrunde liegenden Einnahmen in wirtschaftlichem Zusammenhang stehen. [5]Die ausländischen Steuern sind nur insoweit anzurechnen, als sie auf die im Veranlagungszeitraum bezogenen Einkünfte entfallen.

(2) **Statt der Anrechnung (Absatz 1) ist die ausländische Steuer auf Antrag bei der Ermittlung der Einkünfte abzuziehen, soweit sie auf ausländische Einkünfte entfällt, die nicht steuerfrei sind.**

(3) **Bei unbeschränkt Steuerpflichtigen, bei denen eine ausländische Steuer vom Einkommen nach Absatz 1 nicht angerechnet werden kann, weil die Steuer nicht der deutschen Einkommensteuer entspricht oder nicht in dem Staat erhoben wird, aus dem die Einkünfte stammen, oder weil keine ausländischen Einkünfte vorliegen, ist die festgesetzte und gezahlte und um einen entstandenen Ermäßigungsanspruch gekürzte ausländische Steuer bei der Ermittlung der Einkünfte abzuziehen, soweit sie auf Einkünfte entfällt, die der deutschen Einkommensteuer unterliegen.**

(4) *(weggefallen)*

(5) **Die obersten Finanzbehörden der Länder oder die von ihnen beauftragten Finanzbehörden können mit Zustimmung des Bundesministeriums der Finanzen die auf ausländische Einkünfte entfallende deutsche Einkommensteuer ganz oder zum Teil erlassen oder in einem Pauschbetrag festsetzen, wenn es aus volkswirtschaftlichen Gründen zweckmäßig ist oder die Anwendung des Absatzes 1 besonders schwierig ist.**

(6) **[1]Die Absätze 1 bis 3 sind vorbehaltlich der Sätze 2 bis 6 nicht anzuwenden, wenn die Einkünfte aus einem ausländischen Staat stammen, mit dem ein Abkommen zur Vermeidung der Doppelbesteuerung besteht. [2]Soweit in einem Abkommen zur Vermeidung der Doppelbesteuerung die Anrechnung einer ausländischen Steuer auf die deutsche Einkommensteuer vorgesehen ist, sind Absatz 1 Satz 2 bis 5 und Absatz 2 entsprechend auf die nach dem Abkommen anzurechnende und um einen entstandenen Ermäßigungsanspruch gekürzte ausländische Steuer anzuwenden; das gilt nicht für Einkünfte, auf die § 32d Absatz 1 und 3 bis 6 anzuwenden ist; bei nach dem Abkommen als gezahlt geltenden ausländischen Steuerbeträgen sind Absatz 1 Satz 3 und Absatz 2 nicht anzuwenden. [3]Absatz 1 Satz 3 gilt auch dann entsprechend, wenn die Einkünfte in dem ausländischen Staat nach dem Abkommen zur Vermeidung der Doppelbesteuerung mit diesem Staat nicht besteuert werden können. [4]Bezieht sich ein Abkommen zur Vermeidung der Doppelbesteuerung nicht auf eine Steuer vom Einkommen dieses Staates, so sind die Absätze 1 und 2 entsprechend anzuwenden. [5]In den Fällen des § 50d Absatz 9 sind die Absätze 1 bis 3 und Satz 6 entsprechend anzuwenden. [6]Absatz 3 ist anzuwenden, wenn der Staat, mit dem ein Abkommen zur Vermeidung der Doppelbesteuerung besteht, Einkünfte besteuert, die nicht aus diesem Staat stammen, es sei denn, die Besteuerung hat ihre Ursache in einer Gestaltung, für die wirtschaftliche oder sonst beachtliche Gründe fehlen, oder das Abkommen gestattet dem Staat die Besteuerung dieser Einkünfte.**

(7) **Durch Rechtsverordnung können Vorschriften erlassen werden über**

1. **die Anrechnung ausländischer Steuern, wenn die ausländischen Einkünfte aus mehreren fremden Staaten stammen,**
2. **den Nachweis über die Höhe der festgesetzten und gezahlten ausländischen Steuern,**
3. **die Berücksichtigung ausländischer Steuern, die nachträglich erhoben oder zurückgezahlt werden.**

Einkommensteuer-Durchführungsverordnung:

§ 68a EStDV *Einkünfte aus mehreren ausländischen Staaten*

[1]Die für die Einkünfte aus einem ausländischen Staat festgesetzte und gezahlte und um einen entstandenen Ermäßigungsanspruch gekürzte ausländische Steuer ist nur bis zur Höhe der deutschen Steuer anzurechnen, die auf die Einkünfte aus diesem ausländischen Staat entfällt. [2]Stammen die Einkünfte aus mehreren ausländischen Staaten, so sind die Höchstbeträge der anrechenbaren ausländischen Steuern für jeden einzelnen ausländischen Staat gesondert zu berechnen.

§ 68b EStDV *Nachweis über die Höhe der ausländischen Einkünfte und Steuern*

[1]Der Steuerpflichtige hat den Nachweis über die Höhe der ausländischen Einkünfte und über die Festsetzung und Zahlung der ausländischen Steuern durch Vorlage entsprechender Urkunden (z. B. Steuerbescheid, Quittung über die Zahlung) zu führen. [2]Sind diese Urkunden in einer fremden Sprache abgefasst, so kann eine beglaubigte Übersetzung in die deutsche Sprache verlangt werden.

Einkommensteuer-Richtlinien: EStR 34c; EStH 34c.

Übersicht

1 **1. Zweck der Vorschrift.** § 34c ist eine Tarifvorschrift, die – wie § 36 II für inl Steuern – die Anrechnung bzw den Abzug *eigener ausl* ESt ermöglicht. Die unbeschr StPfl erfasst grds auch ausl Einkünfte (Welteinkommen, → § 1 Rn. 2). Soweit dieselben Einkünfte *auch* im Ausl der ESt unterliegen, wird die – ungewollte – Doppelbesteuerung idR durch DBA ausgeschlossen (→ § 1 Rn. 80). § 34c soll verbleibende Lücken schließen, wenn kein DBA besteht oder ein DBA zB wegen Begriffskollisionen diesen Zweck nicht erfüllt. § 34c VI regelt die *Methode* der in DBA vorgesehenen Anrechnung. Da sich die Anrechnung nach § 34c I nur auswirkt, soweit überhaupt dt ESt anfällt, ermöglichen § 34c II, III andernfalls den Abzug bei der Ermittlung der *Einkünfte,* § 34c V uU den Erlass bzw die Pauschalierung dt ESt.

2 **2. Zeitlicher Anwendungsbereich.** → 39. Aufl 2020, § 34c Rn. 2 mwN.

3 **3. Persönlicher Anwendungsbereich, § 34c I 1. – a) Natürliche Personen.** § 34c betrifft alle **unbeschr StPfl** iSv § 1 I, III und ist nicht auf einzelne Einkunftsarten begrenzt. Nach § 50 III, IV sind § 34c I–III eingeschränkt auf **beschr StPfl** iSv

→ § 1 IV, 49 entspr anzuwenden. Sonstige Besteuerungsmerkmale wie Staatsangehörigkeit oder Gewährleistung der Gegenseitigkeit bestehen nicht mehr. **Ehegatten** s EStR 34c III VI, VII; **Rechtsmissbrauch** → Rn. 5, 13, 30.

b) Gesellschaften. Bei **PersGes** ist nicht auf den Sitz der Ges, sondern auf die Wohnsitze der Ges'ter abzustellen. AuslGes ist als PersGes zu qualifizieren, wenn sie bei einem Typenvergleich nach dt Recht inl PersGes entspricht. Vgl → § 15 Rn. 173; *BMF* BStBl I 14, 1258 (DBA und PersGes). **KapGes** s § 26 KStG, → § 17 Rn. 48. **EuGH** C-208/00, IStR 02, 809 – *NCC/Überseering* – hat bei Zuzug im EU-Bereich eine Abkehr von der **Sitztheorie** zu Gunsten der **Gründungstheorie** einleitet (vgl zum „Typenvergleich" BFH I B 76/20, DStR 21, 2389; *Martini* IStR 21, 37, IStR 22, 457; *Beiser* IStR 22, 426; *Raquet* IStR 25, 90; → 38. Aufl 2019, § 34c Rn. 4). 4

c) Personenidentität. § 34c setzt für die StPfl im Inl und im Ausl Subjektidentität voraus; hieran scheitert die Anrechnung bei einer nach § 42 AO im Inl rechtsmissbräuchl Gründung einer KapGes im Ausl (→ Rn. 13). Zur Zurechnung von **Betriebsstätteneinkünften** → § 50 Rn. 29 ff. 5

4. Sachlicher Anwendungsbereich, § 34c I. – a) Grundvoraussetzung:. Doppelbelastung *derselben* ausl Einkünfte mit dt ESt und entspr ausl Steuer. Dabei muss ESt auf die Anrechnungseinkünfte anfallen (s Wortlaut § 34c I 1 Hs 1; grds nicht bei **inl StFreiheit**); Teilsteuerfreiheit nach **§ 3 Nr 40** → Rn. 12. Eine Erhöhung des StSatzes auf *sonstige* Einkünfte auf Grund der Anrechnungseinkünfte über **§ 32b** führt nicht zu einer Besteuerung *dieser sonstigen* Einkünfte im Inl (→ § 32b Rn. 1), somit keine Anrechnung nach § 34c (vgl FG Mchn EFG 01, 1133, rkr). Zum Begriff **Ausland** und zu den nach § 34c begünstigten Einkünften → Rn. 11, → § 34d Rn. 2. **Sonderregelungen:** Einkünfte ohne Anrechnungsmöglichkeit können uU um ausl ESt ermäßigt werden (wahlweise zu Abs 1 nach **§ 34c II,** → Rn. 15, oder ersatzweise nach **§ 34c III,** → Rn. 20). Auf in *Investmenterträgen* enthaltene ausl Einkünfte ist § 34c entspr anzuwenden (§ 47 InvStG 2018); ebenso auf Anrechnung von Hinzurechnungsbeträgen nach § 3 Nr 41 EStG/§ 12 AStG. Zur entspr Anwendung auf *Gemeinschaftssteuer der EU* und Sonderregelung für *KapEinkünfte mit AbgeltungSt* → Rn. 12. Vereinfachte grenzüberschreitende Erstattung verbleibender **Quellensteuer** s FASTER-RL (EU) 2025/50, ABl EU v. 10.1.25; *Tschatsch/Schuska* FR 25, 677. 6

b) Entsprechende Steuern. Eine ausl Steuer entspricht der inl ESt, wenn sie – rechtmäßig – direkt auf die Besteuerung *dieser* Einkünfte gerichtet ist. Die Art der ausl StErhebung ist ohne Bedeutung (Veranlagung, StAbzug – keine Anrechnung bei inl Pauschalierung, § 34c V, → Rn. 23). Die *BMF*-Aufstellung in **Anlage zu EStR 34c** ist nicht abschließend, nicht bindend und nicht anfechtbar; nicht aufgeführte Steuern können anrechenbar sein, wenn nachgewiesen wird, dass sie wie die ESt dieselben Einkünfte bei demselben StPfl betreffen (zB *BMF* BStBl I 21, 2168). Bei sonstigen auf das Einkommen erhobenen Steuern ist der Abzug nach § 34c III zu prüfen. Die Einkünfte müssen in *dem* ausl Staat erzielt sein, in dem sie besteuert wurden (§ 34c I 1, § 68a EStDV zu Aufteilung bei mehreren Staaten); Einkünfte aus Drittstaaten sind uU nach § 34c III begünstigt (→ Rn. 20). Zu EU-Abgeordneten und KapEinkünften → Rn. 12. **Zeitpunkt:** Die Anrechnung erfolgt unabhängig vom VZ der Zahlung im Ausl im VZ der Besteuerung im Inl **(§ 34c I 5).** Die ausl Steuern müssen im Zeitpunkt der inl Veranlagung **festgesetzt** (dazu BFH I R 9/90, BStBl II 92, 607; Nachweis → Rn. 33) und **gezahlt** sein (s BFH I R10/18, BFH/NV 23,24) – egal für welchen VZ – und dürfen keinem Vergütungs-, Erstattungs- oä Ermäßigungs*anspruch* unterliegen (§ 34c I, III; vgl auch → Rn. 26; § 68a EStDV). Ggf ist die Veranlagung später zu ändern (§ 34c VII Nr 3, → Rn. 34). Zur fiktiven StAnrechnung s § 34c VI 2, → Rn. 26. **Aufteilung** ggf nach wirtschaftl Zusammenhang (s zu BA-Aufteilung **§ 34c I 4,** → Rn. 11). **Währungsschwankun-** 7

gen: Kursumrechnung nach dem von der EZB tägl festgesetzten Kurs (EStR 34c I mit Vereinfachungsregelung – USt-Monatskurse). Betriebsstättengewinne → Rn. 5.

10 **5. Anrechnungsverfahren, § 34c I. – a) Grundsatz, § 34c I 1.** Grundvoraussetzungen → Rn. 6, 7. Ohne abw Antrag wird – höchstens, → Rn. 14 – die ausl Tarif-ESt auf die inl ESt angerechnet, die – einzelstaatsbezogenen – auf diese Auslandseinkünfte entfällt. Bei der Anrechnung sind alle doppelt erfassten ausl Einkünfte iSv § 34d zu berücksichtigen (BFH I R 57/94, BStBl II 96, 261). Die **EU-Rechtsmäßigkeit** der **„per-country-limitation"** auf einen Staat gem § 34c I 1 EStG/ § 68a EStDV ist str (s *BeckOK* EStG § 34c Rn. 15 ff mwN), aber durch BFH I R 71/10, BStBl II 15, 361 bestätigt. Zur Ermittlung der dt ESt auf die ausl Einkünfte sind diese ins Verhältnis zum zu versteuernden Einkommen zu setzen (→ Rn. 13).

11 **b) Ermittlung der deutschen Einkommensteuer auf Auslandseinkünfte, § 34c I 2, 3, 4. – aa) Ausländische Einkünfte.** Das sind solche iSv § 2 I/§ 34d und DBA. Dabei ist für jede DBA-Einkunftsquelle auf die jeweilige Katalognummer in § 34d abzustellen. Str ist, ob Einkünfte aus einzelnen Quellen weiter zerlegt, atomisiert und unterschiedl behandelt werden können (→ § 34d Rn. 4; → § 50d Rn. 52), wobei unterschiedl Bemessungsgrundlagen einer Anrechnung nicht entgegen stehen (s BFH I R 66/92, BStBl II 94, 727). Sie müssen (auch) *nach EStG* stbar und stpfl sein (→ Rn. 6). Art und Höhe sind nach dt Recht zu ermitteln. Berechnungsarten auf Grund von im Ausl nicht maßgebl Besteuerungsgrundlagen (zB § 13a) sind nicht anwendbar (s BFH IX R 143/83, BStBl II 86, 287). § 2a und § 15a sind zu beachten. Für den **Abzug von BA/WK** gilt grds das Veranlassungsprinzip der § 4 IV, § 9. Abw von § 3c I war nach BFH I R 15/99, BStBl II 00, 577 – und ist jetzt bei nicht in § 34c I 4 aufgeführten Einkünften – ein *unmittelbarer* Zusammenhang mit den Auslandseinkünften erforderl. Seit 2003 erweitert **§ 34c I 4** den Abzug/die Anrechnungskürzung bei *Einkünften iSv § 34d Nr 3, 4, 6, 7, 8c* auf *mittelbar in wirtschaftl Zusammenhang* zu den *Einnahmen* stehenden **BA/BV-Minderungen** (zB Refinanzierungszinsen iZm ausl Portfolioanlagen, anteilige Gemeinkosten, TW-AfA usw; vgl BFH I R 61/14, BStBl II 17, 48, eng zu Aufteilung und Reduzierung auf entspr § 4 IV durch ausl Einkünfte veranlasste Aufwendungen, auch zu EU-Rechtmäßigkeit; zu TW-AfA s BFH I R 37/16, BStBl II 19, 73; abl zu BA in anderen Wj BFH I R 14/19, BStBl II 24, 179; *Bärsch/Barbu* IStR 23, 141; *Becker* DB 23, 610, → 40. Aufl 2021, § 34c Rn. 11 mwN). Die Einkünfte iSv § 34d sind nicht nach Einkunftsarten aufzuteilen (BFH I R 57/94, BStBl II 96, 261, → § 34d Rn. 4).

12 **bb) Besonderheiten; Ausnahmen. – *(1)* Ausländische DBA-Einkünfte, § 34c I 3 Hs 2.** Die tatsächl **Besteuerung im Ausland** war früher irrelevant (BFH I R 57/94, BStBl II 96, 261). Ab 2003 ist diese Besteuerungslücke durch § 34c I 3 Hs 2 geschlossen: Können ausl Einkünfte nach dem Recht des ausl Staates, aus dem sie *stammen,* oder nach DBA (s § 34c VI 3) dort nicht besteuert werden, sind sie bei der Ermittlung der ausl Einkünfte nach § 34c I 2 nicht mehr anzusetzen. § 34c soll nur eine Doppelbesteuerung vermeiden (→ Rn. 6 und BFH I R 76/09, BStBl II 12, 276 zu DBA-widriger Besteuerung in der Schweiz). Dies gilt nicht, wenn die Besteuerung im Ausl rechtl mögl ist, jedoch aus anderen Gründen im Einzelfall unterbleibt (zB fiktive Steuer, § 34c VI 2, → Rn. 26; vgl auch § 50d IX, → Rn. 29). Nachweise → Rn. 33. Zusammenrechnung bei Zusammenveranlagung s EStR 34c III, VII. – ***(2)* Einbeziehung von EU-Gemeinschaftsteuer, § 22 Nr 4d.** EU-Einkünfte werden *wie* ausl Einkünfte behandelt, die EU-Steuer wie ausl Steuer (vgl FG Mchn EFG 15, 131, rkr). – ***(3)* Ausländische Kapitaleinkünfte, § 34c I 1 Hs 2, I 3 Hs 1, VI 2 Hs 2.** Unterliegen diese (ohne „per-country-limitation") der AbgeltungSt nach § 32d V, VI 2, sind sie nach § 34c nicht anzusetzen (und wie die darauf entfallende QuellenSt aus der Formelberechnung nach § 34c I 2 auszunehmen; *OFD Ffm* IStR 12, 440, FG Nbg DStRE 23, 648, rkr). Bei anteiliger StBefreiung nach **§ 3**

Nr 40 keine Anrechnung ausl ESt nach § 34c I, VI, aber anteilige Kürzung nach § 34c II (vgl EStR 34c II 3, III 5, IV 8). Änderung der Anrechnung *spanischer* QuellenSt ab 2015 s *BMF* BStBl I 15, 253. Anrechnung ausl QuellenSt im **BV** s *Eberl* FR 14, 835. – ***(4)* Pauschaliert besteuerte Einkünfte, § 34c V.** Sie sind ebenso wie die darauf entfallende PauschalSt nicht anzurechnen (→ Rn. 23).

cc) Ermittlung der deutschen Einkommensteuer, § 34c I 2. Anzurechnen ist der Teil der auf ausl Einkünfte aus *einem* Staat in *einem VZ* ohne StAbzug entfallenden dt ESt. Der dafür maßgebl durchschnittl StSatz wird nicht mehr durch eine Verhältnisrechnung ermittelt. Vielmehr wird der Besteuerung/Anrechnung der ausl Einkünfte der unter Berücksichtigung von §§ 32a, 32b, 34, 34a, 34b für die *gesamten* inl und ausl Einkünfte aus einem Staat ermittelte StSatz zu Grunde gelegt. Die Gesetzesänderung ab 2015 geht auf EU-Widrigkeit der früheren Regelung zurück, die bei der Berechnung auf das Verhältnis der Auslandseinkünfte zur *Summe der Einkünfte* abgestellt hatte ohne Berücksichtigung weiterer steuerrechtl abzugsfähiger personen-/familienbezogener Positionen (SA, agB und persönl Umstände, Grundfreibetrag, vgl § 2 III–V; zu Kindergeld BFH III R 34/19, BStBl II 21, 848). Zu **EU-Rechtsmäßigkeit** s EuGH C-168/11, BStBl II 15, 431- *Beker;* BFH I R 71/10, BStBl II 15, 361, bestätigt durch BFH I R 10/18, BFH/NV 23,24; → 39. Aufl 2020, § 34c Rn. 13 mwN, auch zu Lücken der Gleichstellung. Bei § 34c I 2 sind alle (ausl) Einkünfte anzusetzen, die tatsächl der dt ESt unterliegen (s zu Organschaftseinkünften § 26 KStG, FG BW EFG 22, 1311, rkr). **§ 2a** ist zu beachten (EStR 34c III 8). § 34c entfällt bei **Gestaltungsmissbrauch** über ausl BasisGes (BFH I R 73/14, BStBl II 16, 887; → 39. Aufl 2020, § 34c Rn. 13). **Ehegatteneinkünfte** → Rn. 18; **Körperschaften** s § 26 KStG; zu ausl Dividendenbesteuerung nach EU-Mutter-Tochter-RL 2911/96/EU (ABl EU 2011 L 345 S. 8) s EuGH C-92/24 DStRE 25, 1303 – *Banca Mediolanum SpA*. S auch § 47 InvStG. 13

c) Begrenzung der Steueranrechnung, § 34c I 5. Die gezahlte ausl Steuer muss sachl und zeitl auf die im VZ bezogenen und besteuerten Einkünfte entfallen. Die Zahlung kann auch vorher erfolgt sein (→ Rn. 7). Grds erfolgt keine Kürzung bei höherer ausl Bemessungsgrundlage (BFH I R 66/92, BStBl II 94, 727). **Höchstbetragsgrenze** ist die tarifl ESt (Anrechnung „*auf* die dt ESt"), also keine Anrechnung bei ESt 0 und keine inl StErstattung (→ Rn. 26). Verhältnismäßige **Aufteilung** bei unterschiedl Besteuerung BFH I R 8/20, BStBl II 24, 264. **Obergrenze** ist die tarifl ESt auf die stpfl Einkünfte, die nicht solche aus KapVerm sind (§ 34c I 1, vgl FG Ddorf EFG 24, 302, rkr) 14

6. Wahlrecht, § 34c II. – a) Grundsatz. *Ohne Antrag* von Amts wegen Anrechnung nach § 34c I bzw Abzug nach § 34c III, wenn die Voraussetzungen § 34c I nicht vorliegen. *Wahlweise* ist die ausl Steuer auf **Antrag** nach § 34c II bei der **Ermittlung der Einkünfte** abzuziehen, unabhängig von einer Anrechnungsmöglichkeit nach DBA (EStR 34c V). Dafür müssen die Voraussetzungen des § 34c I vorliegen (sonst nur § 34c III): Ausl Steuer kann nur angerechnet werden, wenn die entspr Einkünfte in die inl Besteuerungsgrundlage eingehen (ausdrückl Ausnahme stfreier Einkünfte). Anders als bei § 34c I vermindert sich nicht die Steuer, sondern deren Bemessungsgrundlage. Vor- und Nachteile → Rn. 16. § 34c II bei GewSt einer Organschaft s BFH I R 16/20, BStBl II 25, 301. 15

b) Unterschiedliche Auswirkungen von § 34c I, II. Der Abzugsmethode ist vor allem bei geringer inl ESt (zB ESt 0 durch Inlandsverluste) oder hoher AuslandSt (zB bei hohen QuellenSt auf Bruttokapitalerträge) der Vorzug zu geben. Überhang der Auslandsteuern über die inl ESt kann nach § 34c I nicht ausgeglichen werden, wohl aber bei § 34c II iRd Inlandseinkünfte. Zur Bedeutung für fiktive StAnrechnung s § 34c VI 2, → Rn. 26. 16

c) Höhe. Höchstgrenze bilden die inländischen stpfl Einkünfte. 17

18 **d) Verfahren.** Das Wahlrecht ist für jeden VZ einheitl für alle Einkünfte aus *einem* Staat auszuüben (§ 34c I 1 EStG; EStR 34c IV 1, 6). Für mehrere Staaten bestehen unterschiedl Wahlmöglichkeiten (vgl § 34c VII EStG, § 68a EStDV). **Antrag** → Rn. 31. **Ehegatten/LPart** und Beteiligte an einem **Feststellungsverfahren** haben unterschiedl Wahlrechte (EStR 34c IV 2, 5).

20 **7. Abzugsverfahren, § 34c III.** Wenn die Voraussetzungen der Abs 1 und 2 *nicht vorliegen,* wird die ausl ESt auch ohne Antrag unter bestimmten Voraussetzungen bei der Einkünfteermittlung abgezogen. *Beispiele:* Einkünfte aus Drittstaaten bei mehrfachem Wohnsitz; Einkünfte, die nach dt Recht als inl, nach ausl Recht als ausl qualifiziert werden (zB Liefergewinne aus Montagen im Ausl). Die Ausdehnung von § 34c III durch BFH I R 38/97, BStBl II 98, 471 auf **DBAwidrige Auslandsbesteuerung** von Drittstaateneinkünften ist ab VZ 2000 eingeschränkt durch **§ 34c VI 6** (→ Rn. 30); § 34c enthält keinen allg Grundsatz der Anrechnung jegl Doppelsteuer. S aber zum **„stammen"** von Drittstaateneinkünften BFH I R 76/09, BStBl II 12, 276 (DBA Schweiz). – **Höhe:** Abziehbar ist die tatsächl gezahlte, um entstandene Ermäßigungsansprüche gekürzte ausl Steuer auf auch im Inl stbare und stpfl Einkünfte als Höchstgrenze, ohne „per-country-limitation".

23 **8. Steuererlass, § 34c V.** § 34c V enthält eine Rechtsgrundlage für den StErlass oder die Pauschalierung der dt ESt im Erlasswege (bestätigt durch BVerfG 2 BvL 2/75, BStBl II 78, 548) mit Zuständigkeitsregelung und Delegationsmöglichkeit (wie § 50 IV). Die Vorschrift gilt bei Doppelbesteuerung derselben Einkünfte, nicht bei Hinzurechnung gem § 12 AStG (BFH I R 197/84, BStBl II 88, 983) und nicht bei Freistellung in DBA (BFH I R 180/87, BFH/NV 92, 248). § 34c V trägt ua den ***Auslandstätigkeitserlass*** (*BMF* BStBl I 83, 470, ab 2023 *BMF* BStBl I 22, 997; zu ArbLohnaufteilung *BMF* BStBl I 24, 1306; s auch HessFG DStRE 19, 1072, rkr – nur **ArbN** –; EuGH C-544/11, BStBl II 13, 847 – *Petersen;* BFH I B 18/21, DStR 22, 648 – Sanierung von Bauwerken jeder Art –; FG Bln-Bbg DStRE 16, 193, rkr und FG Köln EFG 18, 2017, Rev I R 20/18 mit Vorlage an EuGH DStRE 22, 146 – und Bestätigung der Rechtslage durch EuGH C-15/22, DStRE 23, 1297 – *RF* -Fortführung des Verfahrens unter BFH I R 51/23- zu Grenzen bei EU-Entwicklungshilfe –; BFH I R 7/18, BStBl II 21, 211 zu Antragsfrist; FG Köln EFG 20, 1621, rkr zur Tatbestandsermessensentscheidung) und den ***Pauschalierungserlass*** (*BMF* BStBl I 84, 252 mit Beispielen BStBl I 94, 97), jeweils ohne abschließende Regelung der Pauschalierungsmöglichkeiten nach § 34c V (BFH VIII R 297/82, BStBl II 88, 139). Die pauschalierten Einkünfte sind im Inl stfrei; die Pauschalierung ersetzt die Anrechnung (Pauschalierungserlass *BMF* BStBl I 84, 252 Tz 8). Zu **EU-Bedenken** gegen die Beschränkung der StFreiheit nach Auslandstätigkeitserlass auf *inl ArbG* s EuGH C-544/11, BStBl II 13, 847 – *Petersen;* → 39. Aufl 2020, § 34c Rn. 23; *BH/Wagner* § 34c Rn. 14c mwN; ab 2023 Erweiterung auf **EU-ArbG** (*BMF* BStBl I 22, 997).

25 **9. Bedeutung von DBA, § 34c VI.** Regelungsmöglichkeiten eines DBA → § 1 Rn. 80. – **a) Grundsatz, § 34c VI 1.** § 34c gilt nur dann *unmittelbar,* wenn **kein DBA** besteht. Bei DBA mit Zuteilung und **Freistellung** von ausl Einkünften ist § 34c I–III nicht anwendbar, wenn die Einkünfte tatsächl aus dem ausl DBAStaat **stammen;** dafür Progressionsvorbehalt § 32b. § 2a ist zu beachten (s EStR 34c III 8). Einbeziehung von § 34c VI 6 → Rn. 30. **Sonderfälle** → Rn. 26 ff.

26 **b) DBA-Anrechnung, § 34c VI 2. –** ***(1)*** **Grundsatz, Hs 1.** Bei DBA mit Anrechnung von Steuern sind § 34c I 2–5 und § 34c II auf den anzurechnenden Teil entspr anzuwenden, soweit das DBA dies nicht ausschließt. **Abzugsbetragshöhe** und **Abzugszeitpunkt:** Anzurechnen ist – höchstens – die im VZ auf diese ausl Einkünfte erhobene Steuer (BFH I R 51/89, BStBl II 91, 922, FG Köln EFG 00, 567, rkr), grds ohne Kürzung bei niedrigerer Bemessung nach EStG (BFH I R 66/92, BStBl II 94, 727). Hs 1 idF JStG 2019 (BGBl I 19, 2451) stellt klar, dass entspr § 34c

I 1; § 34c III auch in DBA-Fällen nur im Quellenstaat rechtmäßig erhobene und *keinem Ermäßigungsanspruch unterliegende* ausl Steuer auf die ESt angerechnet werden kann. – **Obergrenzen** sind die auf diese Einkünfte entfallende dt ESt (§ 34c entfällt bei im Inl stfreien Einkünften und bei ESt 0, vgl BFH I S 10/03, BFH/NV 04, 525) sowie die nach DBA zulässige QuellenSt, unabhängig vom Bestehen eines ausl Erstattungsanspruchs (§ 34c I 3; BFH I R 75/08, BFH/NV 10, 1820; → Rn. 20; § 68a EStDV). – ***(2)* Ausnahmen.** – **Hs 2** nimmt ausl **KapEinkünfte,** die der AbgeltungSt gem § 32d unterliegen, von der Anrechnung aus (vgl → Rn. 12). Dagegen keine Anrechnungsbeschränkung bei nach § 3 Nr 40 begünstigten Einkünften (Teileinkünfteverfahren, → Rn. 12). – **Hs 3** beschränkt den Abzug **fiktiver Steuern** auf die Anrechnung nach Abs 1 ohne Einschränkung durch § 34c I 3 (fiktive Anrechnung nicht voll erhobener QuellenSt ist idR in DBA mit sog Entwicklungsländern für Dividenden, Zinsen, Lizenzgebühren vorgesehen).

c) Anrechnungsausschluss bei DBA-Freistellung, § 34c VI 3. § 34c VI 3 erstreckt den Ausschluss nach § 34c I 3 ab 2003 auf DBA-Freistellungsfälle, auch wenn die Einkünfte im Ausl stpfl wären, aber nach DBA dort nicht besteuert werden dürfen. Diese Rechtsfolge ergibt sich idR bereits unmittelbar aus § 34c I 3. 27

d) Anrechnung ohne DBA-Regelung, § 34c VI 4. Bei DBA ohne Regelung für bestimmte Einkünfte sind § 34c I und II entspr anzuwenden (zB USA GemeindeESt, s *FM SchlH* DStR 11, 1621). Voraussetzung ist jedoch eine Doppelbesteuerung nach DBA. 28

e) Unilaterale Switch-over-Klauseln, § 34c VI 5. § 50d IX erlaubt bei DBA-widriger Freistellung oder Niedrigbesteuerung im Ausl trotz ausl Besteuerungsrechts uU die Besteuerung im Inl trotz DBA-Freistellung (→ § 50d Rn. 48; *BMF* BStBl I 14, 1258 Rn 4.1.3.3.2). § 34c VI 5 stellt folgerichtig sicher, dass dann etwaige AuslandSt gem § 34c I–III, VI 6 anzurechnen sind, um Doppelbesteuerungen zu vermeiden, wie § 50d IX rückwirkend. 29

f) Drittstaateneinkünfte, § 34c VI 6. Die Regelung war die Reaktion auf BFH I R 39/02, BStBl II 03, 869, s auch FG Hmb EFG 13, 1671, rkr. Die Anwendung des **§ 34c III** (nicht § 34c I, II, s § 34c VI 1) auf Fälle, in denen der DBA-Staat aus Drittstaaten (iSd DBA) stammende Einkünfte besteuert, wird zwar grds bestätigt, jedoch in zweifacher Hinsicht eingeschränkt: **Abs 3 ist nicht anzuwenden,** wenn – ***(1)*** die Besteuerung ihre Ursache in einer rechtsmissbräuchl Gestaltung des StPfl hat (ähnl § 50d III, → § 50d Rn. 45, zu „künstl" WS-Verlegung BFH I R 67/16, BFH/NV 19, 394) oder – ***(2)*** das DBA die Besteuerung gestattet (um Doppelanrechnungen auszuschließen). 30

10. Verfahrensfragen, § 34c VII EStG mit §§ 68a, 68b EStDV. – a) Antrag. Das Gesetz verlangt einen Antrag nur für Abs 2 (→ Rn. 15 ff). Der Antrag kann form- und fristlos bis zur Bestandskraft des StBescheids nachgeholt werden (EStR 34c IV 7). 31

b) Veranlagung. Grds erfolgen Anrechnung und Abzug im Veranlagungs- bzw im Feststellungsverfahren (BFH X R 35/88, BStBl II 92, 187; zu Feststellung EStR 34c IV). Keine Berücksichtigung ausl Steuern beim LStAbzug; ArbN müssen daher zur Anwendung des § 34c eine Veranlagung beantragen (§ 46 II Nr 8). Häufig wird jedoch für im Ausl erbrachte Tätigkeit im Inl keine LSt einbehalten (vgl DBA-Regelungen, Auslandstätigkeitserlass → Rn. 23). **Aufteilung** bei Einkünften aus mehreren ausl Staaten s **§ 34c VII Nr 1 EStG, § 68a EStDV,** auch innerhalb der **EU,** str, → Rn. 10. 32

c) Nachweis, § 34c VII Nr 2 EStG, § 68b EStDV. Der StPfl hat Festsetzung und Zahlung der ausl Steuern idR durch Vorlage deutschsprachiger Urkunden zu belegen (vgl BFH I R 10/18, BFHNV 23,24, IStR 23, 68). 33

34 **d) Berichtigung, § 34c VII Nr 3.** Änderungen sind dem FA mitzuteilen (§ 153 II AO). Bei nachträgl Festsetzung, Änderung oder Erstattung ausl Steuern ist der StBescheid zu berichtigen (§ 175 I 1 Nr 2, II AO; § 34c VII Nr 3 ist dadurch gegenstandslos, § 68c EStDV aF als überflüssig aufgehoben).

35 **e) Rechtsbehelf.** Einspruch gegen ESt- bzw Feststellungsbescheid (§ 347 AO). Anrechnung und Abzug sind zwar Bestandteile der StFestsetzung. Änderung und Anfechtbarkeit des Änderungsbescheides sowie Wahlrechtsänderungen beschränken sich jedoch – iRv § 177 AO – auf die Folgeänderung (§ 351 I AO).

§ 34d Ausländische Einkünfte

Ausländische Einkünfte im Sinne des § 34c Absatz 1 bis 5 sind

1. **Einkünfte aus einer in einem ausländischen Staat betriebenen Land- und Forstwirtschaft (§§ 13 und 14) und Einkünfte der in den Nummern 3, 4, 6, 7 und 8 Buchstabe c genannten Art, soweit sie zu den Einkünften aus Land- und Forstwirtschaft gehören;**
2. **Einkünfte aus Gewerbebetrieb (§§ 15 und 16),**
   a) **die durch eine in einem ausländischen Staat belegene Betriebsstätte oder durch einen in einem ausländischen Staat tätigen ständigen Vertreter erzielt werden, und Einkünfte der in den Nummern 3, 4, 6, 7 und 8 Buchstabe c genannten Art, soweit sie zu den Einkünften aus Gewerbebetrieb gehören,**
   b) **die aus Bürgschafts- und Avalprovisionen erzielt werden, wenn der Schuldner Wohnsitz, Geschäftsleitung oder Sitz in einem ausländischen Staat hat, oder**
   c) **die durch den Betrieb eigener oder gecharterter Seeschiffe oder Luftfahrzeuge aus Beförderungen zwischen ausländischen oder von ausländischen zu inländischen Häfen erzielt werden, einschließlich der Einkünfte aus anderen mit solchen Beförderungen zusammenhängenden, sich auf das Ausland erstreckenden Beförderungsleistungen;**
3. **Einkünfte aus selbständiger Arbeit (§ 18), die in einem ausländischen Staat ausgeübt oder verwertet wird oder worden ist, und Einkünfte der in den Nummern 4, 6, 7 und 8 Buchstabe c genannten Art, soweit sie zu den Einkünften aus selbständiger Arbeit gehören;**
4. **Einkünfte aus der Veräußerung von**
   a) **Wirtschaftsgütern, die zum Anlagevermögen eines Betriebs gehören, wenn die Wirtschaftsgüter in einem ausländischen Staat belegen sind,**
   b) **Anteilen an Kapitalgesellschaften,**
      aa) **wenn die Gesellschaft Geschäftsleitung oder Sitz in einem ausländischen Staat hat oder**
      bb) **deren Anteilswert zu irgendeinem Zeitpunkt während der 365 Tage vor der Veräußerung unmittelbar oder mittelbar zu mehr als 50 Prozent auf in einem ausländischen Staat belegenen unbeweglichen Vermögen beruhte und die Anteile dem Veräußerer zu diesem Zeitpunkt zuzurechnen waren; für die Ermittlung dieser Quote sind die aktiven Wirtschaftsgüter des Betriebsvermögens mit den Buchwerten, die zu diesem Zeitpunkt anzusetzen gewesen wären, zugrunde zu legen;**
5. **Einkünfte aus nichtselbständiger Arbeit (§ 19), die in einem ausländischen Staat ausgeübt oder, ohne im Inland ausgeübt zu werden oder worden zu sein, in einem ausländischen Staat verwertet wird oder worden ist, und Einkünfte, die von ausländischen öffentlichen Kassen mit Rücksicht auf ein gegenwärtiges oder früheres Dienstverhältnis gewährt werden. [2]Einkünfte, die von inländischen öffentlichen Kassen einschließlich der Kassen der Deutschen Bundesbahn und der Deutschen Bundesbank mit Rücksicht auf ein gegenwärtiges oder früheres Dienstverhältnis gewährt werden, gelten auch dann als inländi-**

sche Einkünfte, wenn die Tätigkeit in einem ausländischen Staat ausgeübt wird oder worden ist;

6. **Einkünfte aus Kapitalvermögen (§ 20), wenn der Schuldner Wohnsitz, Geschäftsleitung oder Sitz in einem ausländischen Staat hat oder das Kapitalvermögen durch ausländischen Grundbesitz gesichert ist;**
7. **Einkünfte aus Vermietung und Verpachtung (§ 21), soweit das unbewegliche Vermögen oder die Sachinbegriffe in einem ausländischen Staat belegen oder die Rechte zur Nutzung in einem ausländischen Staat überlassen worden sind. [2]Bei unbeweglichem Vermögen, das zum Anlagevermögen eines Betriebs gehört, gelten als Einkünfte im Sinne dieser Nummer auch Wertveränderungen von Wirtschaftsgütern, die mit diesem Vermögen in wirtschaftlichem Zusammenhang stehen;**
8. **sonstige Einkünfte im Sinne des § 22, wenn**
   a) **der zur Leistung der wiederkehrenden Bezüge Verpflichtete Wohnsitz, Geschäftsleitung oder Sitz in einem ausländischen Staat hat,**
   b) **bei privaten Veräußerungsgeschäften die veräußerten Wirtschaftsgüter in einem ausländischen Staat belegen sind,**
   c) **bei Einkünften aus Leistungen einschließlich der Einkünfte aus Leistungen im Sinne des § 49 Absatz 1 Nummer 9 der zur Vergütung der Leistung Verpflichtete Wohnsitz, Geschäftsleitung oder Sitz in einem ausländischen Staat hat.**

Einkommensteuer-Richtlinien: EStH 34d.

1. Gesetzeszweck. § 34d bestimmt abschließend die ausl Einkünfte, die eine Tarifermäßigung nach § 34c (und § 50 III EStG; § 26 KStG) begründen. 1

2. Ausland. Dies ist jedes Hoheitsgebiet, das nach dt EStRecht nicht zum Inl zählt (zu Inl → § 1 Rn. 30, auch zur Ausdehnung des Inlandsbegriffs gem § 1 I 2 auf küstennahe Meeresgebiete). Hoheitsfreie Zonen liegen nicht in einem „ausl Staat" (s zu Antarktis/Auslandstätigkeitserlass BFH VI R 185/87, BStBl II 91, 926; das gilt auch für § 34d). Die Einkünfte müssen – isoliert gesehen – ausl iSv § 34d sein (BFH I R 178/94, BStBl II 97, 657; umgekehrt → § 49 Rn. 10 ff sowie zur Auslandszuweisung weiterer BA und BV-Minderungen ab VZ 2003 über diese Rspr hinaus durch **§ 34c I 4** → § 34c Rn. 11). Nach **§ 34c I 3 Hs 2** müssen sie auch dort der Besteuerung unterliegen (→ § 34c Rn. 12). Liegen keine ausl Einkünfte idS vor, kann ein Abzug nach § 34c III in Frage kommen (→ § 34c Rn. 20). 2

3. Steuertatbestände, § 34d Nr 1–8. § 34d knüpft – mit Abweichungen durch die Anpassung an ausl Besteuerungstatbestände und gesonderte Erfassung von Veräußerungstatbeständen – an die in §§ 13 ff und 49 aufgeführten Steuertatbestände an. Wegen der Grundbegriffe wird daher auf die dortigen Erläut verwiesen (→ § 49 Rn. 10 ff). **Änderungen durch „JStG 2018"** (BGBl I 18, 2338): **Nr 4 Buchst b bb** korrespondiert mit der Änderung von § 49 I Nr 2 Buchst e cc für Fälle der Anrechnung ausl Steuern, wenn kein DBA besteht (→ § 49 Rn. 51), **Nr 7 S 2** mit der Ausdehnung des Umfangs inl BV in § 49 I Nr 2 Buchst f S 5 auf damit in wirtschaftl Zusammenhang stehende WG (→ § 49 Rn. 60). Zu missbräuchl Gründung einer ausl KapGes (§ 42 AO) → § 34c Rn. 30. Zu **EU-Abgeordnetenentschädigungen** s § 22 Nr 4 S 4; → § 34c Rn. 12. 3

4. Art und Höhe der Einkünfte. Diese richten sich nach dt StRecht. Vgl → § 34c Rn. 11. Grds ist auf die einzelnen DBA-Katalognummern abzustellen. Der Umfang einer **DBA-StFreiheit** ist primär nicht nach EStG, sondern eigenständig nach DBA auszulegen (vgl *Schulz-Trieglaff* IStR 18, 341; BFH I R 44/16, BStBl II 23, 430). Danach ist auch zu entscheiden, ob Einkünfte aus einzelnen im Inl stfreien DBA-Quellen weiter zerlegt, atomisiert und unterschiedl behandelt werden können, ob zB im Ausl stfreie Einkunftsteile von grds dort stpfl „Betriebsstätteneinkünften" 4 aufgrund von ausl Besteuerungsregeln/Subject-to-tax-Klauseln nach § 50d IX, X im Inl besteuert werden können (zB Ausklammerung einzelner im Ausl stfreier oder niedriger besteuerter KapEinkünfte einer dort stpfl Betriebsstätte oder im Ausl stfreier Arbeitslohnteile – so offenbar *BMF* BStBl I 13, 980 Tz 2b (unter Aufhebung älterer abw *BMF*-Schrb in Tz 5); **aA** wohl zutr zu DBA-Klauseln *Lüdicke* IStR 13, 721 mwN; BFH I R 127/95, BStBl II 98, 58; s auch BFH I R 61/14, BStBl II 17, 48 und BFH I R 68/14, BStBl II 16, 90, Anm *Loll* IStR 16, 540, BFH I R 42/20 BStBl II 26, 13, auch zu „Betriebsstättenmodell" statt „Ausübungsmodell", *Sprang* NWB 16, 3012; FG Mchn EFG 17, 1244, rkr; → § 50d Rn. 52, auch zu Neuregelung ab 2017 in § 50d IX 4; bedenkl, wenn eine Betriebsstätte überwiegend oder gar ausschließl solche stfreien KapEinkünfte erzielt).

§ 34e *(aufgehoben);* **§ 34f** *(gegenstandslos)*

2b. Steuerermäßigung bei Zuwendungen an politische Parteien und an unabhängige Wählervereinigungen

§ 34g [Steuerermäßigung bei Zuwendungen an politische Parteien und an unabhängige Wählervereinigungen]

[1]Die tarifliche Einkommensteuer, vermindert um die sonstigen Steuerermäßigungen mit Ausnahme des § 34f Absatz 3, ermäßigt sich bei Zuwendungen an
1. politische Parteien im Sinne des § 2 des Parteiengesetzes, sofern die jeweilige Partei nicht gemäß § 18 Absatz 7 des Parteiengesetzes von der staatlichen Teilfinanzierung ausgeschlossen ist, und
2. Vereine ohne Parteicharakter, wenn
a) der Zweck des Vereins ausschließlich darauf gerichtet ist, durch Teilnahme mit eigenen Wahlvorschlägen an Wahlen auf Bundes-, Landes- oder Kommunalebene bei der politischen Willensbildung mitzuwirken, und
b) der Verein auf Bundes-, Landes- oder Kommunalebene bei der jeweils letzten Wahl wenigstens ein Mandat errungen oder der zuständigen Wahlbehörde oder dem zuständigen Wahlorgan angezeigt hat, dass er mit eigenen Wahlvorschlägen auf Bundes-, Landes- oder Kommunalebene an der jeweils nächsten Wahl teilnehmen will.

[2]Nimmt der Verein an der jeweils nächsten Wahl nicht teil, wird die Ermäßigung nur für die bis zum Wahltag an ihn geleisteten Beiträge und Spenden gewährt. [3]Die Ermäßigung für Beiträge und Spenden an den Verein wird erst wieder gewährt, wenn er sich mit eigenen Wahlvorschlägen an einer Wahl beteiligt hat. [4]Die Ermäßigung wird in diesem Fall nur für Beiträge und Spenden gewährt, die nach Beginn des Jahres, in dem die Wahl stattfindet, geleistet werden.

| **[2]Die Ermäßigung beträgt 50 Prozent der Ausgaben, höchstens jeweils 1650 Euro für Ausgaben nach den Nummern 1 und 2, im Fall der Zusammenveranlagung | von Ehegatten höchstens jeweils 3300 Euro. [3]§ 10b Absatz 3 und 4 gilt entsprechend.**

Einkommensteuer-/Lohnsteuer-Richtlinien: EStH 34g; LStH 34g.

1 **1. Allgemeines.** Die StErmäßigung des § 34g als Kürzung der tarifl ESt neben und vorrangig vor dem SA-Abzug entspricht der Tendenz, Abzüge bei den Besteuerungsgrundlagen wegen der unterschiedl StAuswirkung durch (einheitl) Tarifabzüge zu ersetzen. Sie gilt nur im Veranlagungsverfahren (vgl § 39a I). § 34g hat wohl grds die **Verfassungsmäßigkeit** des Parteispendenabzugs abgesichert; vgl BFH

X R 190/87, BStBl II 90, 158 zu kommunaler Wählervereinigung (dazu → § 10b Rn. 18).

2. Anwendungsbereich. – *(1)* **Zuwendungen, § 34g S 1, 3.** Entspr § 10b I, II, III sind Mitgliedsbeiträge und Spenden begünstigt. Die Nichteinhaltung der Melde- und Abführungspflicht nach § 25 ParteiG stellt den Abzug nach § 10b, § 34g nicht in Frage. Der StPfl muss die Zahlung an begünstigte Empfänger jedoch glaubhaft machen, bis 300 € durch Zahlungsnachweis, darüber hinaus durch **Zuwendungsbestätigung** des Empfängers auf amtl Vordruck, s § 50 I, IV Nr 2c, VI EStDV. Ein ausdrückl **Antrag § 34g** ist nicht erforderl; es genügt zB, wenn der StPfl SA iSv § 10b geltend macht. – *(2)* **Begünstigte Zahlungsempfänger, § 34g S 1.** § 34g S 1 Nr 2 S 1 erweitert den Empfängerkreis von früher nur politischen Parteien und deren Gebietsverbänden iSv § 2 ParteiG (S 1 Nr 1) um bestimmte eingetragene oder nicht eingetragene Vereine ohne Parteicharakter iSv § 1 I Nr 4, 5 KStG. Darunter – nicht unter § 10b – fallen unabhängige, meist kommunale Wählervereinigungen, freie Wählergemeinschaften, Rathausparteien uä Vereine (→ Rn. 5 ff). Spenden an (über) Parteimitglieder sind nur bei Weiterleitung an die zuständigen Parteigremien abziehbar. § 51 III AO (Beschränkungen bei extremistischen Körperschaften) betrifft nur die Förderung nach §§ 51 ff AO, nicht die parteipolitische Förderung. **Ab 2017** können jedoch verfassungsfeindl Parteien von der staatl Teilfinanzierung ausgeschlossen werden (§ 34g Satz 1 Nr 1, § 10b II 1 EStG, § 50 IV 1 Nr 2 Buchst c EStDV; vgl → § 10b Rn. 37). – *(3)* **Begünstigte Wahlen.** Alle demokratischen Volkswahlen iSv Art 20 II, 28 GG zur Ausübung der Staatsgewalt (Bundestag, Landtage, Selbstverwaltungsgremien der Landkreise und Kommunen), nicht sonstige wie zB Ausländerbeiratswahlen. 2

3. Besondere Voraussetzungen, § 34g S 1 Nr 2. Der Abzug von Zuwendungen an *Vereine ohne Parteicharakter* (→ Rn. 2) ist eingeschränkt. – *(1)* **Zweckbestimmung, § 34g 1 Nr 2 S 1 Buchst a.** Satzungsmäßiger Vereinszweck muss ausschließl die Mitwirkung bei der politischen Willensbildung sein (Ausschluss von Mischvereinen ua gemeinnützigen Vereinen mit anderen Zielen). Großzügig ist EStH 34g zu tatsächl geselligen Veranstaltungen und bei nicht überwiegender wirtschaftl Betätigung (unschädl). – *(2)* **Wahlbeteiligung, § 34g 1 Nr 2 S 1 Buchst b.** Zusätzl Voraussetzung ist: – *(a)* **Erfolgreiche Wahlteilnahme** an der letzten Wahl (mindestens 1 Mandat; dann Ermäßigung ohne weitere Voraussetzungen bis zur nächsten Wahl dieser Art), *oder* – *(b)* **Anzeige der Beteiligung an der nächsten Wahl, § 34g 1 Nr 2 S 2.** Diese ermöglicht nach erfolgloser Wahlbeteiligung oder bei Neugründung die Ermäßigung bis zur Wahl, unabhängig von der tatsächl Teilnahme. Anzeige ohne Form und Frist bei der Wahlbehörde, ab Wahltag bis Meldefrist für nächste Wahl, spätestens Ende des Begünstigungsjahres. – *(c)* **Ausschlüsse, § 34g S 1 Nr 2 S 3, 4.** Nimmt der Verein anzeigewidrig nicht an der nächsten Wahl teil (*BMF* BStBl I 89, 239 Tz 4, 5), ist *dieser* Verein für die ganze folgende Wahlperiode bis zum Beginn des Jahres, in dem er sich tatsächl an einer Wahl beteiligt, von der Ermäßigung ausgeschlossen (uU Neugründung mögl). 3

4. Person des Zahlenden. § 34g betrifft wie § 10b unbeschr und beschr stpfl natürl Personen einschließl Ges'ter einer **PersGes** (Zuteilung auf Grundlage der Gewinnfeststellung gem § 180 I Nr 2 Buchst a AO bei deren Veranlagung → *BH/Brandl* § 34g Rz 10), nicht KapGes (s § 9 Nr 3 KStG). Bei zusammenveranlagten **Ehegatten/Lebenspartnern** Verdoppelung des Höchstbetrages; bei Einzelveranlagung Ermäßigung jeweils für eigene Ausgaben. 4

5. Höhe, § 34g S 1, 2, 3. Bis zum absoluten **Höchstbetrag** von zunächst 825 € – ab 2026 (StÄndG 2025, BGBl I 25 Nr 363): **1650 €** –, bei Zusammenveranlagung 1650 € – ab 2026 (StÄndG 2025): **3300 €** – sind – progressionsunabhängig – die tatsächl Ausgaben zur Hälfte *von der tarifl ESt* abziehbar, bei Zahlung an verschiedene Empfänger iSv § 34g S 1 Nr 1 und 2 ggf mehrfach („jeweils" in § 34g **S 2**). Weitere Obergrenze ist die tarifl ESt (§§ 2 V, 32a), abzügl sonstiger StErmäßigungen iSv 5

§§ 34c–35b, mit Ausnahme von § 34f III (**S 1** Einleitungssatz). Für **Sachspenden** und **Aufwandsspenden** gilt § 10b III (**S 3,** ohne Nutzungen und Leistungen, → § 10b Rn. 2 ff). – **Verhältnis zu § 10b:** SA iSv § 10b II sind nur Parteizuwendungen (nicht solche an sonstige Wählervereinigungen, → Rn. 1 und → § 10b Rn. 18) über die **verdoppelten** in Anspruch genommenen Höchstbeträge des § 34g hinaus (*für* Ausgaben in dieser Höhe ist die Zahlung nach zutr hM für die StErmäßigung nach § 34g **verbraucht iSv § 10b II 2**); → § 10b Rn. 38.

6 **6. Vertrauensschutz; Haftung, § 34g S 3.** Bösgläubige Spender genießen keinen Vertrauensschutz. Für StAusfälle verantwortl Personen haften ggf entspr § 10b IV. Vgl iEinz → § 10b Rn. 56 ff.

7 **7. Rechtsbehelfe.** Die Ermäßigung ist als Teil des EStBescheides mit diesem durch Einspruch anfechtbar.

3. Steuerermäßigung bei Einkünften aus Gewerbebetrieb

§ 35 [Steuerermäßigung bei Einkünften aus Gewerbebetrieb]

(1) **[1]Die tarifliche Einkommensteuer, vermindert um die sonstigen Steuerermäßigungen mit Ausnahme der §§ 34f, 34g, 35a und 35c, ermäßigt sich, soweit sie anteilig auf im zu versteuernden Einkommen enthaltene gewerbliche Einkünfte entfällt (Ermäßigungshöchstbetrag),**

1. bei Einkünften aus gewerblichen Unternehmen im Sinne des § 15 Absatz 1 Satz 1 Nummer 1
um das Vierfache des jeweils für den dem Veranlagungszeitraum entsprechenden Erhebungszeitraum nach § 14 des Gewerbesteuergesetzes für das Unternehmen festgesetzten Steuermessbetrags (Gewerbesteuer-Messbetrag); Absatz 2 Satz 5 ist entsprechend anzuwenden;

2. bei Einkünften aus Gewerbebetrieb als Mitunternehmer im Sinne des § 15 Absatz 1 Satz 1 Nummer 2 oder als persönlich haftender Gesellschafter einer Kommanditgesellschaft auf Aktien im Sinne des § 15 Absatz 1 Satz 1 Nummer 3
um das Vierfache des jeweils für den dem Veranlagungszeitraum entsprechenden Erhebungszeitraum festgesetzten anteiligen Gewerbesteuer-Messbetrags.

[2]Der Ermäßigungshöchstbetrag ist wie folgt zu ermitteln:

$$\frac{\text{Summe der positiven gewerblichen Einkünfte}}{\text{Summe aller positiven Einkünfte}} \cdot \text{geminderte tarifliche Steuer}$$

[3]Gewerbliche Einkünfte im Sinne der Sätze 1 und 2 sind die der Gewerbesteuer unterliegenden Gewinne und Gewinnanteile, soweit sie nicht nach anderen Vorschriften von der Steuerermäßigung nach § 35 ausgenommen sind. [4]Geminderte tarifliche Steuer ist die tarifliche Steuer nach Abzug von Beträgen auf Grund der Anwendung zwischenstaatlicher Abkommen und nach Anrechnung der ausländischen Steuern nach § 32d Absatz 6 Satz 2, § 34c Absatz 1 und 6 dieses Gesetzes und § 12 des Außensteuergesetzes. [5]Der Abzug des Steuerermäßigungsbetrags ist auf die tatsächlich zu zahlende Gewerbesteuer beschränkt.

(2) **[1]Bei Mitunternehmerschaften im Sinne des § 15 Absatz 1 Satz 1 Nummer 2 oder bei Kommanditgesellschaften auf Aktien im Sinne des § 15 Absatz 1 Satz 1 Nummer 3 ist der Betrag des Gewerbesteuer-Messbetrags, die tatsächlich zu zahlende Gewerbesteuer und der auf die einzelnen Mitunternehmer oder auf die persönlich haftenden Gesellschafter entfallende Anteil gesondert und einheitlich festzustellen. [2]Der Anteil eines Mitunternehmers am Gewerbesteuer-Messbetrag**

richtet sich nach seinem Anteil am Gewinn der Mitunternehmerschaft nach Maßgabe des allgemeinen Gewinnverteilungsschlüssels; Vorabgewinnanteile sind nicht zu berücksichtigen. [3]Wenn auf Grund der Bestimmungen in einem Abkommen zur Vermeidung der Doppelbesteuerung bei der Festsetzung des Gewerbesteuer-Messbetrags für eine Mitunternehmerschaft nur der auf einen Teil der Mitunternehmer entfallende anteilige Gewerbeertrag berücksichtigt wird, ist der Gewerbesteuer-Messbetrag nach Maßgabe des allgemeinen Gewinnverteilungsschlüssels in voller Höhe auf diese Mitunternehmer entsprechend ihrer Anteile am Gewerbeertrag der Mitunternehmerschaft aufzuteilen. [4]Der anteilige Gewerbesteuer-Messbetrag ist als Prozentsatz mit zwei Nachkommastellen gerundet zu ermitteln. [5]Bei der Feststellung nach Satz 1 sind anteilige Gewerbesteuer-Messbeträge, die aus einer Beteiligung an einer Mitunternehmerschaft stammen, einzubeziehen.

(3) **[1]Zuständig für die gesonderte Feststellung nach Absatz 2 ist das für die gesonderte Feststellung der Einkünfte zuständige Finanzamt. [2]Für die Ermittlung der Steuerermäßigung nach Absatz 1 sind die Festsetzung des Gewerbesteuer-Messbetrags, die Feststellung des Anteils an dem festzusetzenden Gewerbesteuer-Messbetrag nach Absatz 2 Satz 1 und die Festsetzung der Gewerbesteuer Grundlagenbescheide. [3]Für die Ermittlung des anteiligen Gewerbesteuer-Messbetrags nach Absatz 2 sind die Festsetzung des Gewerbesteuer-Messbetrags und die Festsetzung des anteiligen Gewerbesteuer-Messbetrags aus der Beteiligung an einer Mitunternehmerschaft Grundlagenbescheide.**

(4) **Für die Aufteilung und die Feststellung der tatsächlich zu zahlenden Gewerbesteuer bei Mitunternehmerschaften im Sinne des § 15 Absatz 1 Satz 1 Nummer 2 und bei Kommanditgesellschaften auf Aktien im Sinne des § 15 Absatz 1 Satz 1 Nummer 3 gelten die Absätze 2 und 3 entsprechend.**

Einkommensteuer-Richtlinien: EStH 35 – **Verwaltungsanweisungen:** *BMF* BStBl I 16, 1187; *BMF* BStBl I 19, 459.

Übersicht Rn.

Schrifttum (Auswahl): *Schiffers,* Aktualisiertes BMF-Schreiben …, DStZ 16, 956; *Gragert,* StErmäßigung gem § 35 EStG, NWB 16, 3924; *Dreßler ua,* Chancen … bei unterjährigem Ges'terwechsel, DStR 17, 625; *Schrade,* GewSt bei unterjähriger Veräußerung …, FR 17, 862; *Böwing-Schmalenbrock,* Betriebsbezogene Höchstbetragsberechnung …, DStZ 18, 83; *Richter ua,* Die GewSt-Anrechnung …, DB 18, 2196; *Weiss,* Zur Anwendung …, StuB 19, 507; *Dreßler,* Neues BMF-Schreiben –, DStR 19, 1078 *U. Förster,* Problembereiche …, DB 21, 303, *dies.,* Anrechnung …, FS Kessler, 2021, 267.

I. Allgemeines

1 **1. Regelungsinhalt; Überblick.** Nach § 35 I wird die auf gewerbl Einkünfte entfallende **ESt** durch **pauschalierte Anrechnung** der GewSt **gemindert** (ab VZ 2020 das Vierfache GewSt-Messbetrags; → Rn. 2). Begünstigt sind damit Einzelunternehmer, persönl haftende Ges'ter von KGaA und MUer, nicht aber KapGes/ OptionsGes gem § 1a KStG (→ Rn. 3). Bei MUerschaften und KGaA ist ein für die ESt-Veranlagung bindendes Feststellungsverfahren durchzuführen (§ 35 II–IV).

2 **2. Zweck.** § 35 zielt zum einen auf eine Angleichung der Ertragsteuerbelastung gewerbl und nicht gewerbl Unternehmer. Die Doppelbelastung gewerbl Einkünfte (ESt/GewSt) wird aber nur **typisierend gemindert,** insb die GewSt nicht durchgängig in vollem Umfang auf die ESt angerechnet oder gar vergütet (BFH X R 32/06, BStBl II 09, 7). Zum anderen will die ESt-Entlastung gem § 35 einen Ausgleich für den geminderten KSt-Satz (aktuell: 15%) schaffen (BFH IV R 3/10, BStBl II 12, 14; BR-Drs 90/00; *Wacker* JbFfSt 12/13, 482 f). Zu Verfassungsfragen → Rn. 7. Nach der Reform durch das UntStRefG 2008 (BGBl I 07, 1912; dazu → Rn. 4) belief sich das **maximale Anrechnungsvolumen** (→ Rn. 12) auf das 3,8-fache (= Anrechnungsfaktor) des GewSt-Messbetrags; damit entsprach die ESt-Ermäßigung (einschließl SolZ) einer GewSt-Belastung auf der Basis eines GewSt-Hebesatz von etwa 400% (iEinz → 39. Aufl 2020, § 35 Rn. 2; BFH II R 64/15, BStBl II 19, 289). Mit Rücksicht auf den Anstieg der durchschnittlichen GewSt-Hebesätze ist das potentielle Anrechnungsvolumen durch das **CoronaStHG II** (BGBl I 20, 1512) ab dem **VZ 2020** auf das **Vierfache des GewSt-Messbetrags** erhöht worden (§§ 35, 52 XXXVa), so dass sich der neutrale GewSt-Hebesatz auf etwa 422% beläuft (BT-Drs 19/20058; *Hechtner* NWB 20, 2060; zum Einfluss des SolZ s *Lenz* DStR 21, 2857). Dies gilt zwar auch bei niedrigeren Hebesätzen, zu beachten sind aber die **Anrechnungsbegrenzungen** (Ermäßigungshöchstbetrag; tatsächl GewSt; → Rn. 35, 41).

3 **3. Anwendungsbereich.** – ***(1)*** **Persönlich.** § 35 erfasst unbeschr und beschr (einschließl § 2 AStG; *Weiss* EStB 15, 365 (366)) estpfl **natürl Personen,** die gewerbl Einkünfte erzielen (→ Rn. 1), **nicht** aber KSt-Subjekte, zB KapGes (→ Rn. 1 f; BFH

IV R 5/08, BStBl II 10, 912; BVerfG 1 BvR 1236/11, BStBl II 18, 303 Rn. 31; BT-Drs 14/2683, 116) einschl OptionsGes gem § 1a KStG (*BMF* BStBl I 21, 2212 Rn. 85; → § 15 Rn. 160a), auch nicht als persönl haftende Ges'terin einer KGaA. Unbeschr estpfl Stifter/Bezugsberechtigte einer ausl Familienstiftung mit inl GewBetr/MUerstellung waren bisher nicht begünstigt (FG D'dorf EFG 15, 1374, rkr); ab VZ 2013 ist dies wegen § 15 VIII AStG (KapEinkünfte) fragl (auch → § 15 Rn. 257). – ***(2)* Zeitlich.** § 35 war erstmals für den VZ 2001 anzuwenden, auch wenn ein abw Wj bestand und in 2001 endete (*BMF* BStBl I 16, 1187 Rn. 1). Zur Rechtsentwicklung → Rn. 4; zum Übergang von § 32c auf § 35 → 24. Aufl 2005, § 35 Rn. 3; BVerfG 2 BvL 1/13, DStR 22, 19.

4. Rechtsentwicklung. Die aktuelle Fassung geht auf das **UntStRefG 2008** (BGBl I 07, 1912) zurück, nach dem ab **VZ 2008** zum Ausgleich für die Absenkung des KSt-Satzes auf 15% sowie das BA-Abzugsverbot gem § 4 Vb (GewSt) der Anrechnungsfaktor auf 3,8 (§ 35 I 1; zuvor: 1,8) erhöht (BFH IV R 8/13, BStBl II 15, 1046; vgl auch § 52 La 2 idF JStG 2009: keine Anhebung für vor dem 1. 1. 08 endende EZ; *BMF* BStBl I 16, 1187 Rn. 2; zu mehrstufigen PersGes s *BMF* BStBl I 09, 440 Rn. 2, 3) und die ESt-Ermäßigung auf die tatsächl zu zahlende GewSt beschränkt wurde. Mit dem JStG 2008 (BGBl I 08, 2794) ist § 35 I um Regelungen zu den begünstigten gewerbl Einkünften sowie zum sog Ermäßigungshöchstbetrag ergänzt worden. Zu weiteren Änderungen (JStG 2009, BGBl I 08, 2794/AmtshilfeRLUmsG, BGBl I 13, 1809) s den lfd Text; zur **Anhebung** des Anrechnungsvolumens ab **VZ 2020** (**Vierfache** des GewSt-Messbetrags) durch das CoronaStHG II (BGBl. I 20, 1512) → Rn. 2. 4

5. Regelungszusammenhang. – a) Tarifvorschrift; Verhältnis zu anderen Ermäßigungen; Anrechnungen. § 35 gehört zu den StErmäßigungen des Abschnitts V des EStG und knüpft an die tarifl ESt (§§ 32a, 32b, 32c) an, die jedoch vor der GewSt-Anrechnung mit der Folge einer geringeren Ermäßigungshöchstbetrags (§ 35 I 1, 2; → Rn. 35) zunächst zu kürzen ist (Abs 1, 4: „geminderte tarifl (E)St"). Vorrang haben die Kürzungen gem §§ 34, 34a, 34b und 35b. Ein Kumulationsverbot im Verhältnis zu § 34 besteht aber nicht (glA *Korezkij* DStR 01, 1642 (1644); ähnl zu § 32c aF BFH XI R 15/03, BStBl II 04, 718). Gemäß § 35 I 1 sind nur die §§ 34f, 34g, 35a (iVm § 52 La idF JStG 2009, BGBl I 08, 2794; BT-Drs 16/11108: wegen § 35a I 1 nur klarstellend; **aA** → 27. Aufl 2008, § 35 Rn. 4 f; s auch BFH X R 1/07, BStBl II 08, 520) und § 35c (idF KlimaSG, BGBl I 19, 2886) nachrangig (*BMF* BStBl I 16, 1187 Rn. 4). – Vorrang ggü § 35 haben ferner die StAnrechnungen bei **ausl Einkünften** gem § 34c I, VI sowie § 12 AStG (iVm § 35 I 4 idF JStG 2008, BGBl I 07, 3150; → Rn. 3; *BMF* BStBl I 16, 1187 Rn. 4); zudem wurde durch das AmtshilfeRLUmsG (BGBl I 13, 1809) § 35 I 4 iSe Vorrangs der Anrechnungsbeträge nach § 32d VI 2 ab VZ 2013 (**aA** zuvor *OFD Mster* DB 11, 2407) ergänzt (BT-Drs 17/13033: bisher unterbliebene Folgeänderung zur AbgeltungSt; allg Vorrang jedweder ausl StAnrechnung). – Ggü § 35 vorrangig sind (mE wie bisher) auch ausl Steuern, die nach zwischenstaatl Abkommen anzurechnen sind (zB Schlussprotokoll zu Art 23 DBA-Belgien, BGBl II 03, 1615; FinA, BT-Drs 16/7036, 21) – Der antragsgebundene Sonder-StSatz für nicht entnommene Gewinne **(§ 34a)** schließt § 35 nicht aus (glA *Förster* DB 07, 760; *Schiffers* DStR 08, 1805 (1806)). Auch die nach § 34a begünstigungsfähigen Gewinne sind aber dem Verlustausgleich unterworfen (→ § 34a Rn. 36; zu § 35 I 2 → Rn. 39). Der Nachversteuerungsbetrag nach Abs 4 ist kein Gewinnanteil, der nach § 7 GewStG der GewSt unterliegt (→ § 34a Rn. 64). Allerdings erhöht sich im Jahr der Nachversteuerung die tarifl ESt als Ausgangsgröße für den Ermäßigungshöchstbetrag (*BMF* BStBl I 16, 1187 Rn. 15). 5

b) Verhältnis zu anderen Vorschriften und Steuern. Der Kürzungsbetrag (ab VZ 20 das Vierfache des anteiligen GewSt-Messbetrags) darf maximal nur iHd ESt abgezogen werden, die auf die entspr gewerbl Einkünfte entfällt (Ermäßigungs- 6 höchstbetrag; →Rn. 35); deshalb wird das Entlastungspotential des § 35 durch den **Verlustausgleich** (BFH X R 32/06, BStBl II 09, 7), **SA,** Verlustabzug/-vorträge und **agB** gemindert (→Rn. 35). Andererseits sind aber sowohl der *GewSt-Messbetrag* als auch die *gewerbl Einkünfte* iSv § 35 I 3) betriebs-/unternehmensbezogen zu ermitteln. Zum horizontalen Verlustausgleich →Rn. 14 ff, 37 ff; der GewSt-Messbetrag wird durch den Verlustvortrag nach **§ 10a GewStG** beeinflusst (→Rn. 24). Der **Tonnagegewinn** ist gem § 5a V 2 nicht nach § 35 begünstigt; ebenso sind Veräußerungs-/Aufgabegewinne nach Umwandlung von KapGes/OptionsGes gem § 1a KStG (→Rn. 1, 3) in PersGes gem **§ 18 III 3 UmwStG aF = § 18 III 4 UmwStG idF JStG 2024** (BGBl I 24 Nr 387) auszunehmen (zu beidem →Rn. 23). § 35 wirkt nicht für die **KiSt** (§ 51a II 3), wohl aber für den **SolZ** (§ 3 II SolZG; *BMF* BStBl I 16, 1187 Rn. 3; BFH II R 64/15, BStBl II 19, 289; BFH II R 63/15, BStBl II 21, 184; verfgemäß).

7 **6. Verfassungsmäßigkeit.** Finanzverfassungsrechtl Bedenken bestehen mE nicht: § 35 schafft weder die GewSt ab, noch wird sie ausgehöhlt. Die Ertragsverteilung des Art 106 GG verbietet nicht, den Anteil der Länder/Gemeinden an der ESt zu mindern (BR-Drs 90/00, 141; vgl auch BFH X R 32/06, BStBl II 09, 7). – Der **Mindesthebesatz** (§ 16 IV 2 GewStG: 200%) ist verfgemäß (→Rn. 24). – Auch der Grundsatz der **Widerspruchsfreiheit** der Rechtsordnung wird durch die Anrechnung nicht berührt (BVerfG 2 BvL 2/99, BVerfGE 116, 164 zu § 32c aF). – § 35 verletzt ferner nicht den **Gleichheitssatz.** Ggü nicht begünstigten Einkünften natürl Personen ist die Vorschrift durch das Ziel gerechtfertigt, die Doppelbelastung der gewerbl Einkünfte mit ESt und GewSt zu mindern (BVerfG 1 BvL 2/04, BVerfGE 120, 1 zu § 35 s BFH, II R 64/15, BStBl II 19, 289). Im Verhältnis zu KapGes (einschl OptionsGes gem § 1a KStG; vgl →Rn. 1, 3) schafft die Anrechnung einen Ausgleich zum niedrigen KSt-Thesaurierungssatz (BFH II R 52/10, BStBl II 12, 43; BFH X R 32/06, BStBl II 09, 7). Die Nichtbegünstigung von KapEinkünften eines KapGes'ters ist mit Rücksicht auf das Trennungsprinzip (Anteilseigner und KapGes sind verschiedene StSubjekte mit jeweils eigener steuerl Leistungsfähigkeit; dazu BFH X R 32/06, BStBl II 09, 7) nicht zu beanstanden (BFH I R 21/12, BStBl II 14, 531; BVerfG 2 BvL 2/99, BVerfGE 116, 164 zu § 32c aF). Soweit Bedenken wegen etwaiger **Wirkungsunschärfen** der Entlastung erhoben werden, liegen diese mE innerhalb der **Typisierungsbefugnis** des Gesetzgebers (BFH X R 32/06, BStBl II 09, 7; zu § 32c aF s BVerfG 2 BvL 2/99, BVerfGE 116, 164). Dies gilt für die fehlende Entlastung bei Hebesätzen über 400% (→Rn. 2; BVerfG 1 BvL 2/04, BVerfGE 120, 1 auch zu § 35), für GewSt-Belastungen aufgrund der Hinzurechnungen nach § 8 GewStG (→Rn. 36, 55), die mangels gewerbl estl Einkünfte von § 35 nicht ausgeglichen werden, und ebenso für Abzugstatbestände (zB **Verlustabzug;** →Rn. 2, 6), die eine estl Belastung der gewerbl Einkünfte entfallen lassen (BFH X R 32/06, BStBl II 09, 7; BFH X R 55/06, BFH/NV 09, 379: keine Doppelbelastung; keine GewSt-Vollvergütung; kein Vortrag eines **Anrechnungsüberhangs;** BVerfG 2 BvR 2523/08, nv; BVerfG 2 BvR 1540/08, nv: Nichtannahme; →Rn. 36). Auch bestehen keine verfrechtl Bedenken, dass MUer nur nach Maßgabe des allg GuV-Schlüssels (keine Berücksichtigung von Vorabgewinnen/Sondervergütungen; →Rn. 25), dh gleichfalls nicht punktgenau entlastet werden (BFH IV B 114/11, BFH/NV 12, 1440). **Überentlastungen** sind jedenfalls ab VZ 08 (tatsächl GewSt-Last als Anrechnungsgrenze) grds ausgeschlossen; bis VZ 07 dürfte es sich um typisierend hinzunehmende Ausnahmefälle handeln. Zum SolZ s BFH II R 64/15, BStBl II 19, 289; BFH II R 63/15, BStBl II 21, 184.

II. Tatbestandsmerkmale

10 **1. Gewerbliche Einkünfte.** § 35 begünstigt Einkünfte (Gewinne) aus gewerbl Einzelunternehmen iSv § 15 I 1 Nr 1, darüber hinaus auch Einkünfte (Gewinn-

anteile) aus GewBetr als MUer iSv § 15 I 1 Nr 2. Aus dem Bezug auf § 15 folgt, dass sämtl dort zu erfassenden gewerbl Einkünfte iRv § 35 unter der weiteren Voraussetzung ihrer gewstl Belastung begünstigt sind. Dazu gehören neben originären gewerbl Einkünften (einschließl atypisch stille Ges, Unterbeteiligung, Erben- oder Bruchteilsgemeinschaft) zB auch Einkünfte aus Besitzunternehmen iRd BetrAufsp (auch soweit der Ges'ter der BesitzPersGes nicht an der BetriebsGes beteiligt ist; str), aus einer gewerbl Beteiligung an einer ZebraGes (auch → § 15 Rn. 201, → § 35 Rn. 63), aus gewerbl Beteiligung kraft Abfärbung oder Prägung (§ 15 III Nr 1 und 2), idR jedoch nicht Einkünfte aus Verpachtungsbetrieb (→ Rn. 18, → § 15 Rn. 186). Zum persönl haftenden Ges'ter einer KGaA → Rn. 22, 32.

2. Entlastungssystematik. Nach § 35 I ergibt sich ab VZ 2020 (→ Rn. 2) das sog *potentielle Anrechnungsvolumen* für Einzelunternehmern aus dem Vierfachen des GewSt-Messbetrags, für MUer und persönl haftende Ges'ter einer KGaA aus dem entspr Anteil am GewSt-Messbetrag (§ 35 I 1 Nr 1, 2). Dieser maximale Anrechnungsbetrag wird *begrenzt* ***(1)*** auf den Anteil der (ggf geminderten) tarifl ESt, der auf die gewerbl Einkünfte einfällt (§ 35 I 1; *Ermäßigungshöchstbetrag*), und ***(2)*** auf die *tatsächl zu zahlende GewSt* (§ 35 I 5). 11

3. Potentielles Anrechnungsvolumen, § 35 I 1 Nr 1 und 2, Satz 3. Der Begriff (BFH X R 32/06, BStBl II 09, 7) kennzeichnet das maximale Anrechnungsvolumen auf der Grundlage der GewSt-Messbeträge. Es wird für Einkünfte aus gewerbl Einzelunternehmen (§ 35 I 1 Nr 1 iVm § 15 I 1 Nr 1), aus GewBetr als MUer und als persönl haftender Ges'ter einer KGaA (§ 35 I 1 Nr 2 iVm § 15 I 1 Nr 2, 3) ermittelt und setzt demnach gewerbl Einkünfte iSv § 35 I 1, 3 voraus. Für die Höhe des Anrechnungsvolumens ist der festgesetzte GewSt-Messbetrag bindender Grundlagenbescheid. Materiell stimmt der Messbetrag iSv § 35 I 1 Nr 1, 2 mit demjenigen des § 14 GewStG überein. 12

a) Begünstigte Einkünfte iSv 35 I 3. Nach § 35 I 3 idF JStG 2008 (BGBl I 08, 3150) sind gewerbl Einkünfte die der GewSt unterliegenden Gewinne/Gewinnanteile, soweit sie nicht nach anderen Vorschriften von der StErmäßigung des § 35 ausgenommen sind. Das Erfordernis der tatsächl GewSt-Belastung war auch nach altem Recht zu beachten (FG Ddorf EFG 07, 685, rkr; → 29. Aufl 2010, § 35 Rn. 5 f, str). **Negative Einkünfte** → Rn. 15. 13

aa) Grundsätze. – (1) Unternehmensbezogene Ermittlung; Addition. Da das potentielle Anrechnungsvolumen auf dem festgesetzten GewSt-Messbetrag fußt und dieser für das gewerbl Unternehmen betriebs-/unternehmensbezogen zu ermitteln ist, müssen **(Schritt 1)** auch die der GewSt unterliegenden Gewinne/Gewinnanteile (§ 35 I 3) für das **einzelne gewerbl Unternehmen** bestimmt werden (*BMF* BStBl I 16, 1187 Rn. 9). Gleiches gilt für **mehrstöckige MUerschaften** (*BMF* BStBl I 16, 1187 Rn. 25 f); dazu auch → Rn. 26, 41. IRd ESt Veranlagung werden die für die einzelnen Unternehmen ermittelten (positiven) Messbeträge/Messbetragsanteile addiert **(Schritt 2).** Zu Verlusten Verluste → Rn. 15; zum Ermäßigungshöchstbetrag → Rn. 35, 37; zur tatsächl GewSt-Last → Rn. 41. 14

(2) Verluste. Da nach Ansicht des BFH die positiven und negativen gewerbl Einkünfte zur Bestimmung des Ermäßigungshöchstbetrags personenbezogen zu verrechnen sind (horizontaler Verlustausgleich) und die Verwaltung sich dem angeschlossen hat (s einschließl Übergangregelung bis 2015 → Rn. 37 ff), sind nach *BMF* BStBl I 16, 1187 Rn. 9 die (positiven) GewStMessbeträge zur Ermittlung des Anrechnungsvolumens auch dann zusammenzurechnen (→ Rn. 14: „Schritt 2"), soweit diese sich erst aufgrund gewstl Hinzurechnungen (§ 8 GewStG) ergeben, dh einen negativen Gewerbeertrag (§ 7 GewStG) überkompensieren (*U. Förster* DB 16, 2866). Gleiches gilt bei mehrstöckigen PersGes (→ Rn. 26). Zur Gegenansicht (Wortlaut; Zusammentreffen von gewst-belasteten und estpfl Gewinnen) → 35. Aufl 2016, § 35 15

Rn. 15 mwN. Zum Ermäßigungshöchstbetrag → Rn. 39. Zur organschaftl Zurechnung → Rn. 54.

16 **(3) Unternehmensbezogene Reichweite.** Ein Betrieb („Unternehmen") kann insgesamt nicht der GewSt unterliegen oder nur im Hinblick auf Teile des Gewinns von der GewSt befreit sein. In ersterem Fall ist die Anrechnung ausgeschlossen, im zweiten Fall ist nur der GewSt-Messbetrag gemindert und demgemäß iRd Ermäßigungshöchstbetrags nur der gewstpfl Gewinn anzusetzen (→ Rn. 38). Zur Kürzung nach § 9 GewStG → Rn. 18. Zum umgekehrten Fall (gewst-belastete, aber *estfreie* Einkunftsteile zB nach dem Teileinkünfteverfahren) → Rn. 36.

17 **(4) Steuerschuldnerschaft.** Gewinne unterliegen grds auch dann der GewSt, wenn für die unmittelbar der natürl Person zugeordneten gewerbl Einkünfte die **GewSt** von einem **Dritten getragen** wird (BVerfG 2 BvL 2/99, DStR 06, 1316 Rn. 97). Dies trifft zu für MUerschaften (PersGes), die als solche Schuldner der GewSt sind, ferner für die (§ 8 Nr 4 GewStG; zur KGaA → Rn. 22, 32). Zu der OrganGes nachgeordneten PersGes aber → Rn. 54.

18 **bb) Einzelfälle.** – ***(1)*** **Laufende Gewinne.** In erster Linie handelt es sich bei den begünstigten Einkünften um solche nach **§ 15,** nicht jedoch, wenn sie außerhalb der werbenden Tätigkeit anfallen (zB Vorbereitungsphase, ruhende GewBetr, Verpachtungsbetriebe). Ebenso nicht Einkünfte aus **gewst-befreiten** Betrieben (§ 3 Nr 7, 13, 20 GewStG, § 13 GewStDV; zu § 32c BFH IV R 24/00, BStBl II 01, 486). Zur teilweisen GewSt-Freiheit → Rn. 16. – ***(2)*** **Gewerbesteuerliche Kürzungen.** Gewinne können gewstl nach § 9 GewStG (§ 9 Nr 1 S 2 und 3, Nr 2a, Nr 3, 5, 7 und 8 GewStG) sowie nach § 9 Nr 2 GewStG, soweit sie auf ausl Betriebsstätten entfallen, zu kürzen sein, gleichwohl aber estl bei den Einkünften erfasst werden (nicht bei DBA-Freistellung). Nach § 35 I 3 müssen die Gewinne und Gewinnanteile der GewSt unterliegen. Dies entspricht den in § 32c II aF verwendeten Begriffen. Da aber – im Gegensatz zu § 32c aF – § 35 I 3 die Kürzungen nach § 9 GewStG nicht erwähnt und auch im JStG 2008 (BGBl I 08, 3150) keine Ergänzung vorgenommen worden ist, wird zT vertreten, dass die Kürzungen nach § 9 GewStG die gewerbl Einkünfte nicht mindern (*Levedag* GmbHR 19, 699; *KS/Schindler* § 35 Rn. 12 mwN; → 32. Aufl 2013, § 35 Rn. 18). ME ist dies angesichts des Zwecks von § 35 I 3 (Begünstigung der tatsächl gewst-belasteten Einkünfte) zweifelhaft. Die FinVerw hat sich noch nicht ausdrückl geäußert; allerdings spricht *BMF* BStBl I 16, 1187 Rn. 14 nicht mehr von dem Grunde nach gewstpfl, sondern schlicht von gewstpfl Einkünften (vgl auch *Korezkij* DStR 07, 2103). – ***(3)*** **Veräußerungsgewinne.** Keine gewerbl Einkünfte sind die nicht mit GewSt belasteten Gewinne aus der Veräußerung/Aufgabe von Betrieben/Teilbetrieben/MUeranteilen **(§ 16)** oder anlässl der Beendigung der sachl GewSt-Pflicht ggf iVm Übergang einer neuen Tätigkeit (BFH IV R 6/19, BStBl II 23, 756; dazu iEinz *Oppel* FR 638; *Wacker* FR 23, 725). Gleiches gilt für Veräußerungsgewinne gem **§ 17 EStG** sowie § 22 I, § 24 II **UmwStG** und für gewstfreie Übernahmegewinne nach § 18 II UmwStG; zu § 18 III UmwStG (Anrechnungsverbot → Rn. 23). **Ausnahmen:** Gewstpfl und damit begünstigt sind aber: – ***(a)*** die Veräußerung einer 100%igen Beteiligung an KapGes (oder an OptionsGes gem § 1a KStG; → Rn. 1, 3), wenn sie nicht iZm einer Betriebsaufgabe/-veräußerung steht (*BMF* BStBl I 16, 1187 Rn. 14). – ***(b)*** Teilanteilsveräußerungen gem § 16 I 2 EStG (*BMF* BStBl I 16, 1187 Rn. 14). – ***(c)*** Gewinne aus Veräußerungen „an sich selbst" gem § 16 II 3 EStG und § 24 III 3 UmwStG (BFH VIII R 7/01, BStBl II 04, 754). – ***(d)*** Veräußerungsgewinne nach § 7 S 2 GewStG (→ Rn. 20). – ***(e)*** Übernahmefolgegewinne (§§ 6, 18 I UmwStG; *BMF* BStBl I 25, 92 Rn. 6.02).

20 **cc) Besonderheiten bei Mitunternehmerschaften.** Nach **§ 7 I 2 GewStG** unterliegen ab EZ 2002 auch die Gewinne aus der Veräußerung von betriebl Einheiten insoweit der GewSt, als sie *nicht* auf eine natürl Person als *unmittelbar* beteiligten MUer entfallen. Hierzu gehört auch die Veräußerung des Anteils der Ober-

PersGes an der UnterPersGes; der nur mittelbar beteiligte MUer wird nach § 35 entlastet und damit das BetriebsFA der Feststellung der mittelbar Beteiligter enthoben (BFH IV R 29/07, BStBl II 11, 511; *BMF* BStBl I 16, 1187 Rn. 14; BVerfG 1 BvR 1236/11, BStBl II 18, 303; BFH IV R 39/10, DB 18, 2477: verfgemäß). Zur Aufteilung des GewSt-Messbetrags nach allg GuV-Schlüssel der UnterGes (§ 35 II 2) → Rn. 25 ff; *BMF* BStBl I 16, 1187 Rn. 33.

dd) KGaA, § 35 I 1 Nr 2. Mit dem Hinweis auf den persönl haftenden Ges'ter einer KGaA iSv § 15 I 1 Nr 3 lässt § 35 I 1 Nr 2 es genügen, dass die KGaA die GewSt für dessen Gewinnanteile und Geschäftsführervergütungen des persönl haftenden Ges'ters einer KGaA trägt (Einmalbelastung mit GewSt iVm personenübergreifende Entlastung; → Rn. 17). Der auf natürl Personen beschränkten Begünstigung (→ Rn. 1, 2) liegt zugrunde, dass nach § 8 Nr 4 GewStG, der mit § 9 I Nr 1 KStG korrespondiert, die nicht auf das Kommanditkapital entfallenden Gewinnanteile und Geschäftsführervergütungen des persönl haftenden Ges'ters dem Gewerbeertrag der KGaA hinzuzurechnen sind (BFH I R 32/86, BStBl II 91, 253) und § 9 Nr 2b GewStG die mögl GewSt-Belastung eines gewerbl Geschäftsführers beseitigt. Allerdings erfasst § 15 I 1 Nr 3 auch sonstige Sondervergütungen (für Darlehensgewährung oder Nutzungsüberlassung von WG; → § 15 Rn. 891), die aber im Grundsatz nicht der GewSt bei der KGaA unterliegen. Sie gehören deshalb auch nicht zu gewerbl Einkünften iSv § 35 I 1 Nr 2 iVm S 3. Nach der Rspr zu § 32c aF ändert hieran auch die Hinzurechnung der Entgelte gem § 8 Nr 1 GewStG (zB Schuldzinsen) bei der KGaA nichts (BFH X R 6/05, BStBl II 08, 363). Ob dies auch iRv § 35 gilt (so → 32. Aufl 2013, § 35 Rn. 22), erscheint aber mit Rücksicht auf die geänderte Gesetzeslage zweifelhaft (s auch *Ritzer ua* DStR 02, 1785 (1788)). Zur **Aufteilung** des GewSt-Messbetrags → Rn. 32. 22

b) Ausgenommene Gewinne; Gewinnanteile. Der **Tonnagegewinn** ist zwar mit GewSt belastet (§ 7 S 3 GewStG), jedoch nach § 5a V 2 nicht nach § 35 begünstigt. Zu Einzelheiten (Mischfälle) s *BMF* BStBl I 23, 1486 Rn. 35; *U. Förster* DB 16, 2866; BFH IV R 27/11, BStBl II, 15, 278: kein Meistbegünstigung bezügl Freibetrag gem § 11 GewStG (zutr). Ausgenommen sind ferner gewstpfl Veräußerungs-/Aufgabegewinne gem **§ 18 III UmwStG** (§ 16 → Rn. 17 einschl **§ 18 III 3 UmwStG nF** (= idF JStG 2024 BGBl I 24 Nr 387): Ergänzung um Veräußerung/Aufgabe mittelbarer PersGes-Beteiligungen innerhalb der fünfjährigen Sperrfrist nach Umwandlung einer KapGes (einschl OptionsGes gem § 1a KStG; → Rn. 1, 3). Bereits der Sinn dieser Sondernorm (Umgehungsschutz gegen gewstfreie Liquidation von KapGes) schließt die Anrechnung gem § 35 aus (BFH IV R 5/08, BStBl II 10, 912: § 18 III 3 UmwStG aF (= § 18 III 4 UmwStG nF) ist nur deklaratorisch). *Ausnahme:* Veräußerung nach Umwandlung einer OrganGes in PersGes iVm Organträger-PersGes (BFH IV R 27/12, BStBl II 15, 837; *Schießl* HFR 15, 859; *BMF* BStBl I 16, 1187 Rn. 13, 14). Der Tatbestand von § 18 III 1, 2 UmwStG kann – anders als derjenige von § 18 III 3 UmwStG nF – zugleich unter § 7 S 2 GewStG fallen. Ungeachtet des tatbestandl Vorrangs von § 7 S 2 GewStG schließt § 18 III 4 UmwStG nF die Anrechnung gem § 35 aus (BFH IV R 27/12, BStBl II 15, 837; *BMF* BStBl I 25, 92 Rn. 18.09). Demgemäß ist weder danach zu differenzieren, ob eine natürl Person unmittelbar oder mittelbar beteiligt ist (*Füger* DStR 02, 1021), noch, ob die Anteilsveräußerung zugleich § 7 S 2 GewStG unterfällt (BFH IV R 27/12, BStBl II 15, 837). Gleiches gilt iErg für Teilanteilsveräußerungen (BFH IV R 6/13, BStBl II 16, 725). § 18 III 3 UmwStG aF/§ 18 III 4 UmwStG nF erfordert eine Kürzung des anrechnungsfähigen GewSt-Messbetrags und der gewerbl Einkünfte iRd Ermäßigungshöchstbetrages (→ Rn. 37; *BMF* BStBl I 16, 1187; **aA** *Korezkij* BB 02, 2099) in dem Verhältnis, in dem der von § 18 III 1-3 UmwStG betroffene Gewinn-(Anteil) zum gesamten gewstpfl Gewinn steht (BFH IV R 27/12, BStBl II 15, 837). Bei MUerschaften ist das Kürzungspotential allen MUern nach dem Gewinnverteilungsschlüssel zuzurech- 23 nen. Zum Ansatz als Veräußerungskosten → § 16 Rn. 302. Zu zivilrechtl Abreden → Rn. 25. Zum Feststellungsverfahren → Rn. 61.

24 **c) Festgesetzter Gewerbesteuermessbetrag; Mindesthebesatz; abweichendes Wirtschaftsjahr.** – ***(1)* Verfahrensrechtliche Bindung.** Der GewSt-Messbescheid ist bindender Grundlagenbescheid für das potentielle Anrechnungsvolumens (§ 35 III 2 iVm I 1 Nr 1 und 2 EStG; § 175 I 1 Nr 1 AO). Materiell stimmt der Messbetrag iSv § 35 I 1 Nr 1, 2 mit demjenigen des § 14 GewStG überein; er wird durch den Verlustvortrag gem § 10a GewStG gemindert. – ***(2)* Gewstl Niedrigbesteuerung.** § 35 I wurde durch das StVergAbG für den VZ 03 dahin ergänzt (I 2, 3), dass die StErmäßigung nach § 35 I 1 bei niedrigen GewSt-Belastung nicht zu gewähren war (dazu → 22. Aufl 2003, § 35 Rn. 56). *Ab VZ 04* wurde die Regelung als für Gestaltungen anfällig aufgehoben. Die Ertragsverlagerung in Niedrighebesatzgemeinden soll nun durch den Mindesthebesatz von 200% (§ 16 IV 2 GewStG; BVerfG DB 10, 542; verfgemäß) eingeschränkt werden. – ***(3)* Abweichendes Wj.** § 35 knüpft an das Kj an (§ 2 VII). Bei abw Wj gilt der gewerbl Gewinn nach § 4a II Nr 2 in dem Kj bezogen, in dem das Wj endet. Für die GewSt gilt nach § 10 II GewStG Entsprechendes (*BMF* BStBl I 16, 1187 Rn. 7). Zum Wechsel der sachl GewSt-Pflicht → Rn. 50 ff. Zur Sonderregelung nach § 52 La idF JStG 2009 → Rn. 45.

25 **d) Aufteilung des Gewerbesteuermessbetrags, § 35 I 1 Nr 2 iVm § 35 II 2–4. – aa) Personengesellschaften als Mitunternehmerschaften.** Der GewSt-Messbetrag ist nach dem allg Gewinnverteilungsschlüssel aufzuteilen (§ 35 II 2 Hs 1); der Anteil ist ggf nach dem auf 2 Kommastellen gerundeten Prozentsatz zu ermitteln (§ 35 II 4). Maßgebl ist grds die **handelsrechtl Gewinnverteilung** (→ § 15 Rn. 443 ff) und damit idR das Verhältnis der Festkapitalien (*Ritzer ua* DStR 02, 1785); hierbei sind fixe Begrenzungen des Gewinnteils zu berücksichtigen (BFH IV R 43/11, BStBl II 14, 695; *Karl* BB 12, 368; zutr). Maßgebl ist die handelsrechtl Abrede jedoch nur in der Form, in der sie steuerl anerkannt wird (*BMF* BStBl I 16, 1187 Rn. 20 f). Auf das Handelsrecht allein kann schon deshalb nicht abgestellt werden, weil ansonsten auch Ges berücksichtigt werden müssten, die als MUerschaften nicht anerkannt werden (zu FamilienGes → § 15 Rn. 342 ff, 776; zum mitunternehmerischen Nießbraucher s *von Oertzen ua* Ubg 12, 285 (290)). **Nicht** berücksichtigt werden **Vorabgewinnanteile** (§ 35 II 2 Hs 2; FG Ddorf, EFG 23, 1776, rkr; *Korezkij* BB 01, 389 (390): auch wenn sie den estl Gewinn aufbrauchen), Sondervergütungen (§ 15 I 1 Nr 2 S 1; BFH IV B 136/07, BFH/NV 09, 597; *Groh* DStZ 01, 358; zur Abgrenzung s BFH VIII R 30/99, BStBl II 01, 621) und sonstige gewinnwirksame Vorgänge im Bereich des SBV (einschließl vGA; → § 15 Rn. 724) oder der Ergänzungsbilanz. Gleiches für ausnahmsweise gewstpfl Veräußerungsgewinne (*BMF* BStBl I 16, 1187 Rn. 23; → Rn. 18, 20; zum Ausscheiden von Ges'tern auch → Rn. 52). Grund: die allein maßgebl Gewinnverteilung bezieht sich nur auf die StB der MUerschaft (1. Stufe, → § 15 Rn. 401); Abhilfe kann die Ausgliederung von SBV in eine Auffang-PersGes schaffen (*Ritzer* ua DStR 02, 1785 (1786)). Soweit nach *BMF* BStBl I 09, 440 Rn. 23 **gewinnabhängige Vorabgewinnanteile** (zB Tantiemen) Bestandteil des Gewinnverteilungsschlüssels sein sollten, ist der BFH dem unter Hinweis auf Wortlaut/Entstehungsgeschichte (s *Söffing* DB 00, 688) zR nicht gefolgt (BFH IV B 109/08, BStBl II 10, 116; BFH IV B 114/11, BFH/NV 12, 1440: verfgemäß; ebenso *BMF* BStBl I 16, 1187 Rn. 22; *BMF* BStBl I 10, 43: Übergangsregelung; zu vertragl Ausgleichsklauseln s FN-IdW Beil 8/11 Tz 20); **aA** aber zu persönl haftenden Ges'ter einer **KGaA** BFH I R 54/20, DStR 24, 988; → Rn. 32. In die Aufteilung nach dem Gewinnverteilungsschlüssel sind auch Ges einzubeziehen – wie zB **KapGes** (einschl OptionsGes gem § 1a KStG; → Rn. 1, 3) –, für die § 35 nicht in Betracht kommt (*BMF* BStBl I 16, 1187 Rn. 24 zum Feststellungsverfahren → Rn. 61 ff). *Ausnahme:* Wird aufgrund eines DBA bei der Festsetzung des GewSt-Messbetrags nur der auf einen Teil der MUer entfallende Gewerbeertrag berücksichtigt, ist nach § 35 II 3 der GewSt-Messbetrag „nach Maßgabe des allg Gewinnvertei-

lungsschlüssels in voller Höhe auf diese MUer entspr ihrer Anteile am Gewerbeertrag der MUerschaft aufzuteilen". Aufteilungsmaßstab ist demnach der individuelle Gewinnanteil des unbeschr stpfl MUers im Verhältnis zur Summe der Gewinnanteile aller unbeschr stpfl MUer. IdR sind im Ausl ansässige MUer einer inl MUerschaft aber beschr stpfl (BFH I R 5/82, BStBl II 83, 771).

bb) Mehrstöckige Mitunternehmerschaften. Ist eine PersGes an einer ande- 26
ren beteiligt, werden nach BFH-Rspr der OberGes die Gewinnanteile als MUerin der UnterGes zugerechnet (mE OberGes = Verbund der OberGes'ter; → § 15 Rn. 253, 612). Die Sondervergütungen des über die OberGes und damit mittelbar iSd § 15 I 1 Nr 2 S 2 an der UnterGes Beteiligten bleiben außer Ansatz (→ Rn. 25); für den mittelbar Beteiligten ist bei der UnterGes kein anteiliger GewSt-Messbetrag festzustellen. Das Beteiligungsergebnis für die OberGes erhöht zunächst auch den Gewerbeertrag der OberGes, wird allerdings nach § 9 Nr 2 GewStG wieder gekürzt und gewstl bei der UnterGes erfasst. Für Zwecke des § 35 I 1 Nr 2 wird aber der anteilige GewSt-Messbetrag auf den mittelbar als natürl Person beteiligten MUer „durchgereicht". Dazu werden in die gesonderte Feststellung für die OberGes (§ 35 II 1) nach § 35 II 5 die bei der UnterPersGes getroffenen Feststellungen (GewSt-Messbetrag, Anteil der OberGes entspr dem Gewinnverteilungsschlüssel bei der UnterGes) einbezogen und dieser zusammen mit dem eigenen Messbetrag der OberGes nach deren Gewinnverteilungsschüssel auf die OberGes'ter verteilt. Da nach Ansicht des BFH die positiven und negativen gewerbl Einkünfte zur Bestimmung des Ermäßigungshöchstbetrags personenbezogen zu verrechnen sind (horizontaler Verlustausgleich) und die Verwaltung sich dem angeschlossen hat (s einschließl Übergangregelung bis 2015 → Rn. 37 ff), sind nach *BMF* BStBl I 16, 1187 Rn. 25; *BMF* BStBl I 19, 459 Rn. 25 die (positiven) GewStMessbeträge zur Ermittlung des Anrechnungsvolumens aus Ober- und UnterGes auch dann zusammenzurechnen (→ Rn. 14: „Schritt 2"), soweit diese sich erst aufgrund gewstl Hinzurechnungen (§ 8 GewStG) ergeben, dh einen negativen Gewerbeertrag (§ 7 GewStG) überkompensieren (*U. Förster* DB 16, 2866; → § 35 Rn. 15). Zur betriebsbezogenen Ermittlung der tatsächl GewStG (§ 35 I 5) → Rn. 41, 62. Zur Veräußerung betriebl Einheiten bei → Rn. 20, 28.

cc) Inkongruente Entlastung; Anrechnungsüberhänge. – (1) Sonder- 27
betriebsvermögen; Sondervergütungen. Da die PersGes gewstl Steuerschuldnerin auch für Gewerbeerträge aus dem SBV (Tätigkeitsvergütungen etc) ist (§ 5 I 3 GewStG), die GewSt-Messbeträge jedoch nach dem Gewinnverteilungsschlüssel zugeordnet werden, erhält nicht immer der estl zB wegen der Vorgänge im SBV mehrbelastete MUer einen entspr Anteil am GewSt-Messbetrag zugewiesen.

Beispiel: AB-OHG erzielt einen gewerbl Gewinn von 50 000 €. Der Ges'ter A hat SonderBE iHv 10 000 €. Gewerbl Gewinn und Gewerbeertrag der MUerschaft beläuft sich auf 60 000 €. Der Gesellschaftsvertrag sieht hälftige Gewinnverteilung vor. Der GewSt-Messbetrag wird hälftig aufgeteilt, obwohl A gewerbl Einkünfte iHv insgesamt 35 000 € erzielt.

Stellungnahme: ME können die Ges'ter die Rechtsfolge der anteiligen Zurechnung des anteiligen GewSt-Messbetrags nach dem allg Gewinnverteilungsschlüssel nicht abändern (glA *Brinkmann ua* DStR 03, 93; *BMF* BStBl I 16, 1187 Rn. 22; krit → 28. Aufl 2009, § 35 Rn. 23). Mit der typisierenden (vereinfachenden) Regelung in § 35 II 2 hat es der Gesetzgeber bewusst unterlassen, bei der Aufteilung des GewSt-Messbetrags zu berücksichtigen, wer von den MUern die jeweilige GewSt verursacht oder trägt (zur VerfMäßigkeit → Rn. 2, 7). Die Ges'ter können aber die der UrsprungsGes überlassenen WG in **SchwesterPersGes** ausgliedern (*Herzig ua* DB 00, 1728; → Rn. 55) oder **zivilrechtl** die estl Mehrentlastung des anderen MUers als Vorteil gegenrechnen (zu Ausgleichsabreden s FN-IdW Beil 8/11 Tz 20), wie auch umgekehrt die internen Anteile an der GewSt-Schuld (iEinz *Schrade* FR 17, 862 (864)). Dazu ist erforderl, dass der Anteil an der GewSt durch die dem Ges'ter zugeordneten positiven Gewerbeertragsanteile ermittelt wird, dh unter Einschluss positiver Erträge des SBV. Die zivilrechtl Ausgleichsansprüche sind dann um die persönl StErmäßigung nach § 35 zu vermindern (zu Klauseln s *Ottersbach* DStR 02, 2023; *Dreßler ua* DStR 17, 625 (630)).

28 **(2) Veräußerungsgewinne nach § 7 I 2 GewStG.** Da ab EZ 2002 auch die Gewinne aus der Veräußerung von betriebl Einheiten (MUeranteilen etc) insoweit gewstpfl, als sie nicht auf eine *natürl* Person als *unmittelbar* beteiligten MUer entfallen, kann die StErmäßigung nach der allg Gewinnverteilungsabrede der UnterGes (§ 35 II 2), die den Veräußerungsgewinn nicht berücksichtigt (→Rn. 52: Ges'ter-Wechsel), zu Anrechnungsdefiziten/-überhängen (*Ritzer ua* DStR 02, 1785 (1790)), aber auch dazu führen, dass § 35 für die als natürl Personen beteiligten MUer selbst dann zum Tragen kommt, wenn eine KapGes (oder OptionsGes gem § 1a KStG; →Rn. 1, 3) ihren MUeranteil nach § 7 S 2 GewStG gewstpfl veräußert (s iEinz *BMF* BStBl I 16, 1187 Rn. 33; *Schiffers* DStZ 16, 956 (961); *Gragert* NWB 16, 3924 (3928)). Auch hier wird vertreten, dass von dem allg Gewinnverteilungsschlüssel abw Abreden iRv § 35 beachtl seien (*Bechler ua* DB 02, 2238 (2241)); dazu aber →Rn. 27, 52. – **(3) Kapitalgesellschaftsanteil-Veräußerung.** Bei einem aus dem Gesamthandsvermögen einer MUerschaft veräußerten Anteil an einer KapGes (oder OptionsGes gem § 1a KStG; →Rn. 1, 3) ergeben sich MUer-bezogene Gewerbeertragsminderungen nach § 7 I 4 GewStG iVm § 8b VI KStG für die beteiligte KapGes/OptionsGes, weil § 8 Nr 5 GewStG auf Veräußerungserlöse nicht anzuwenden ist (so *Benz* DB 02, Beil 1, 22; BT-Drs 15/4050, 72). Auch hier wird mE zu Unrecht vertreten (→Rn. 27), eine veranlassungsbezogene Gewinnvereinbarung als allg Gewinnverteilung iSv § 35 II 2 anzusehen (*Bechler ua* DB 02, 2238).

29 **dd) Andere Mitunternehmerschaften.** Solche Verbindungen – zB atypische stille Ges, mitunternehmerische Bruchteils-/Erbengemeinschaft oder Unterbeteiligung – weisen zwar Besonderheiten hinsichtl der gewstl StSchuldnerschaft, der Gewinnverteilung und der Struktur des BV auf. Sie sind aber gleichwohl den Regeln des § 35 II zu unterwerfen; ebenso hinsichtl der gesonderten Feststellungen der GewSt-Messbeträge und ihrer Aufteilung (dazu →Rn. 61).

30 **(1) Typisch stille Gesellschaft.** Die Verhältnisse liegen ähnl wie bei einer KG (→§ 15 Rn. 347). GewSt-Schuldner ist aber der Geschäftsinhaber. Zur Aufnahme eines Stillen →Rn. 52. Zur Gewinnverteilung allg →§ 15 Rn. 449, 776; zu § 35 II 2 s BFH IV R 8/09, BStBl II 12, 183. Zu SBV →§ 15 Rn. 348.

31 **(2) Weitere Einzelfälle.** Der Gewinn der **Erbengemeinschaften,** mitunternehmerischer **Bruchteilsgemeinschaften** wird idR nach Maßgabe der Anteile verteilt (§§ 743 I, 2038 II BGB). Bei **Gütergemeinschaften** ist idR von einer hälftigen Gewinnzurechnung auszugehen (→§ 15 Rn. 377). Die Beteiligten sind gewstl Gesamtschuldner. Bei einer überquotalen Inanspruchnahme ist gleichwohl der anteilige GewSt-Messbetrag anzurechnen. Zu zivilrechtl Abreden →Rn. 27.

32 **ee) KGaA.** Zunächst →Rn. 22. Maßgebl für den Anteil des persönl haftenden Ges'ters am GewSt-Messbetrag der KGaA ist das Verhältnis seines aus dem Gewinnverteilungsschlüssel folgenden Gewinnanteils (ohne den auf die Kommanditaktien entfallenden Anteil) zum Gesamtgewinn der KGaA (*BMF* BStBl I 16, 1187 Rn. 27). Unberücksichtigt bleiben auch hier neben SBV-Vorgängen nicht nur gewinnunabhängige, sondern auch gewinngebundene Tätigkeitsvergütungen (*BMF* BStBl I 16, 1187; →Rn. 25; **aA** aber BFH I R 54/20, DStR 24, 988:"rechtsformspezifische Auslegung"; unzutr).

35 **4. Ermäßigungshöchstbetrag, § 35 I 1–3. – a) Allgemeines; Systematik.** Das aus dem GewSt-Messbetrag abgeleitete potentielle (maximale) Anrechnungsvolumen (→Rn. 12) wird durch den sog Ermäßigungshöchstbetrag begrenzt, nach dem die Anrechnung auf den Teil der – ggf durch vorrangige Ermäßigungen/Anrechnungen geminderten (→Rn. 5) – tarifl ESt beschränkt ist, der auf die im zu versteuernden Einkommen enthaltenen gewerbl Einkünfte entfällt (§ 35 I 1). Das Gesetz bringt damit zum Ausdruck, dass die typisierende EStErmäßigung nicht nur die

gewstl, sondern auch die estl Belastung der gewerbl Einkünfte erfordert. Zur Verhältnisrechnung → Rn. 39.

36 **b) Minderung der Einkommensteuer. – aa) Einkommensteuerbefreiungen; Teileinkünfteverfahren.** Die gewerbl Einkünfte und damit die anteilige ESt werden zB durch das auch für gewerbl Betriebe geltende Teileinkünfteverfahren (§ 3 Nr 40) gemindert. Wird dies gewstl durch Hinzurechnung nach § 8 Nr 5 GewStG wieder neutralisiert, ist der (gewstl) Anrechnungsüberhang auch hier nicht zu beanstanden (→ Rn. 7). Ein Vor- oder Rücktrag ist nicht zulässig (→ Rn. 7). Auslandsdividenden, die ebenfalls vom Teileinkünfteverfahren betroffenen sind, werden unter den Voraussetzungen des § 9 Nr 7 GewStG (iVm § 8 Nr 5 GewStG) gekürzt. Sind diese nicht erfüllt und kommt es im ersten Schritt zur Hinzurechnung nach § 8 Nr 5 GewStG, ist die Kürzung nach § 9 Nr 8 GewStG, zu prüfen (*Fischer* DStR 02, 610 (615)).

37 **bb) Verluste; sonstige Minderungen des zu versteuernden Einkommens.** Zwar werden die positiven/negativen GewErträge verschiedener Unternehmen des StPfl iRd potentiellen Anrechnungsvolumens nicht saldiert (→ Rn. 14, 15); gleichwohl entfällt nach den Regeln des Ermäßigungshöchstbetrags die StErmäßigung in dem Maße, in dem das zu versteuernde Einkommen und damit die ESt aufgrund negativer gewerbl oder negativer anderer Einkünfte gemindert wird. Gleiches gilt für sonstige Abzugsbeträge nach § 2 III–V (zB Verlustabzug, SA, agB; → Rn. 6).

38 **cc) Begünstigte gewerbliche Einkünfte.** Der Begriff der nach § 35 I 1 iVm 3 begünstigten gewerbl Einkünfte erfordert auch iRd Ermäßigungshöchstbetrags deren StPfl nach EStG und GewSt. Zu Einzelheiten – einschließl der unternehmensbezogenen Ermittlung – → Rn. 13 ff. Zur Organschaft aber → Rn. 54.

39 **c) Verhältnisrechnung.** Der Ermäßigungshöchstbetrag ist – bei Vorliegen eines positiven zu versteuernden Einkommens (→ Rn. 36) – aufgrund einer Verhältnisrechnung zu bestimmen, die in § 35 I 2 geregelt ist.

Beispiel: Ein zusammenveranlagtes Ehepaar erzielt folgende Einkünfte:

	M (Ehemann)	F (Ehefrau)
Einkünfte nach § 15		
– als Einzelunternehmer/in	60 000 €	50 000 €
– als MUer	– 10 000 €	– 75 000 €
Einkünfte nach § 16		– 10 000 €
Einkünfte nach § 21	25 000 €	
Summe der Einkünfte		40 000 €

(1) Bis **VZ 2007** war nach BFH X R 25/04, BStBl II 07, 694 zunächst der *horizontale* Verlustausgleich (→ § 2 Rn. 57; BFH III R 69/10, BStBl II 13, 201: aufgrund Zusammenveranlagung „*Ehegatten-übergreifend*") durchzuführen, sodass sich die gewerbl Einkünfte auf 25 000 € beliefen. Der sich anschließende *vertikale* Ausgleich von Verlusten aus nichtprivilegierten Einkünften, auch des zusammenveranlagten Ehegatten, unterlag dem **Meistbegünstigungsprinzip, sodass** Verluste vorrangig mit den iSd § 35 nicht gewerbl (nicht privilegierten) Einkünften zu verrechnen waren. Folge: Verrechnung des § 16-Verlusts (10 000 €) mit den VuV-Einkünften. **Gewerbl Quote** mithin: **62,5 %** (entspricht 25 000 €/40 000 €) Das *BMF* hatte dem zugestimmt (*BMF* BStBl I 07, 701 Rn. 12).

(2) Ab **VZ 2008** gilt nach § 35 I 2 folgende Formel:

$$\frac{\text{Summe der positiven gewerbl Einkünfte}}{\text{Summe aller positiven Einkünfte}} \times \text{geminderte tarifl Steuer}$$

(a) Zwar bedeutet der Begriff der geminderten tarifl Steuer keine Änderung (→ Rn. 5). Auch sollte der horizontale Verlustausgleich (Verrechnung der gewerbl Gewinne und Verluste gem § 15; auch bei Ehegatten; s zu *(1)*) nicht angetastet werden (zust NdsFG EFG 13, 1849, rkr). *Geändert* werden sollte nach dem FinA (BT-Drs 16/7036) aber der sog **vertikale Verlustausgleich,** sodass die Verluste aus nicht privilegierten Einkünften wieder verhältnismäßig auch mit gewerbl Einkünften iSv § 35 verrechnet werden, wie dies die FinVerw ursprüngl vertreten hatte (*BMF* BStBl I 07, 108 Rn. 13). Zum Teil wird § 35 I 2 in diesem Sinne ausgelegt mit der Folge, dass

sich im Beispiel (zu versteuerndes Einkommen: 40 000 €) gewerbl Einkünfte iHv 20 000 € (50 000 € – 25 000 € [horizontaler Verlustausgleich] – 5000 € [anteiliger vertikaler Ausgleich]) ergeben und die **gewerbl Quote 50%** beträgt (zB *Hechtner* BB 09, 1556 (1557); → 32. Aufl 2013, § 35 Rn. 39). – ***(b)*** Richtigerweise (so ab → 33. Aufl 2014, § 35 Rn. 39) scheidet hingegen aufgrund des missglückten Gesetzeswortlautes („Summe der *positiven* … Einkünfte", Summe aller *positiven* Einkünfte) iRd Verhältnisrechnung (zum zu versteuernden Einkommen aber → Rn. 35 f) *jegl* Verlustausgleich aus und damit sind grds nur positive Einkünfte anzusetzen (glA *früher* auch *BMF* BStBl I 09, 440 Rn. 16 ff); ebenso bei mehrstöckigen PersGes (Ausnahme: § 20; *BMF* BStBl I 09, 440 Vereinfachung). Im Beispiel würde sich hiernach eine gewerbl Quote iHv **81,48%** (entspricht 110 000 €/135 000 €) ergeben, ungeachtet dessen, dass auch diese Auslegung das gesetzgeberische Anliegen verfehlt. – ***(c)*** **Demgegenüber** ist nach **BFH** III R 7/14, BStBl II 16, 871 ein *horizontaler Verlustausgleich* vorzunehmen, allerdings nur bezügl der jeweiligen Einkünfte des *jeweiligen Ehegatten/Lebenspartners* (hier gewerbl Einkünfte des M: 60 000 € – 10 000 € = 50 000 €; der F: 50 000 € – 75 0000 € = – 25 000 €). Letzteres gilt auch bei Zusammenveranlagung (arg: Individualbesteuerung; anders zu *(1)* betr Rechtslage bis 2007), sodass der gewerbl Verlust der F nicht mit dem gewerbl Gewinn von M zu verrechnen ist. Auch iÜ sind negative Einkünfte (F: – 10 000 €) aus der Berechnung ausklammern *(kein vertikaler Verlustausgleich)*. Die gewerbl Quote beträgt demnach **66,67%** (entspricht 50 000 €/75 000 €). Dem hat sich nunmehr das ***BMF*** **angeschlossen** (s iEinz – unterschiedl Einkunftsbegriffe; gesetzl Verlustverrechnungssperren; Übergangsregelung bis 2015 – *BMF* BStBl I 16, 1187 Rn. 16 ff, 34; *Schiffers* DStZ 16, 956; *U. Förster* FS Kessler, 267 (270); *Gragert* NWB 16, 3924; *Staaden* DStR 17, 184).

41 **5. Tatsächlich zu zahlende Gewerbesteuer.** Nach § 35 I 5 ist ab VZ 2008 der Abzug der StErmäßigung auf die tatsächl zu zahlende GewSt beschränkt; dies kann die Entlastung über den Ermäßigungshöchstbetrag hinaus begrenzen (→ Rn. 11). Die GewSt-Festsetzung durch die Gemeinde ist insoweit Grundlagenbescheid (§ 35 III 2). Der gewstl begründete absolute Höchstbetrag ist *betriebsbezogen* (dazu auch → Rn. 14) zu bestimmen; Gleiches gilt bei mehrstöckigen PersGes und SchwesterPersGes (ausführl BFH X R 62/14, BStBl II 19, 244; BFH X R 12/15, BStBl II 19, 249; ebenso nunmehr *BMF* BStBl I 19, 459 Rn. 25 ff mit Beispiel und Übergangregelung bis VZ 2019; *Levedag* DB 17, 2448; *Böwing-Schmalenbrock* DStZ 18, 83; **aA** *Cordes* DStR 10, 1416: gesellschafterbezogen). Zum Feststellungsverfahren → Rn. 60 f. Die *FinVerw* veranlagt zunächst nach den bestehenden GewSt-Hebesätzen und berichtigt dann ggf – auch bei Billigkeitsmaßnahmen (§§ 163, 227 AO) – nach § 175 I 1 Nr 1u 2 AO (*BMF* BStBl I 16, 1187 Rn. 6; zutr). Bei MUerschaften. ist auch die tatsächl zu zahlende GewSt nach dem allg Gewinnverteilungsschlüssel (→ Rn. 24 ff) aufzuteilen (§ 35 II 2 iVm IV), obwohl diese ab VZ 2008 nicht den Gewinn mindert (§ 4 Vb nF; → § 4 Rn. 618). Zur früheren Rechtslage → 26. Aufl 2007, § 35 Rn. 5 f.

III. Rechtsfolgen

45 **1. Allgemeines.** § 35 ermäßigt als Tarifvorschrift (→ Rn. 5) die ESt. Ab VZ 2020 ist die ESt – vorbehaltl der Begrenzungen durch den Ermäßigungshöchstbetrag und die zu zahlenden GewSt – um das Vierfache (zuvor 3,8-fache) des festgesetzten GewSt-Messbetrag zu vermindern (→ Rn. 4).

Beispiel: Bei einem Gewerbeertrag von 120 000 € nach außerbilanzieller Hinzurechnung der GewSt beträgt der GewSt-Messbetrag 3342 €. Bei einem Hebesatz von 420 ergeben sich 3342 € × 420% = 14 037 € als tatsächl geschuldete GewSt (absolute Höchstgrenze). Die relative Belastungsgrenze (anteilige ESt) beträgt bei einer Summe aller positiven Einkünfte von 150 000 €, einem zu versteuernden Einkommen von 140 000 € sowie einer tarifl ESt nach Splittingtabelle von 40 872 €: 120 000 × 40 872/150 000 (vgl → Rn. 39) = 32 697 €. Die ESt-Ermäßigung von 4,0 × 3342 € = 13 368 € ist niedriger als die anteilige ESt von 32 697 € (relativer Höchstbetrag). Sie unterschreitet auch die tatsächl zu zahlenden GewSt von 14 037 € (absoluter Höchstbetrag).

46 **2. Anrechnungsüberhänge.** Zu sog Anrechnungsüberhängen (dh nicht ausgenutzten gewst Anrechnungsvolumina) aufgrund von gewstl Hinzurechnung, der muerschaftl Gewinnverteilung, ESt-Befreiungen oder sonstigen Minderungen des zu versteuernden Einkommens → Rn. 27, 36. Der rechtspolitischen Forderung nach

einem Anrechnungsvortrag (*Siegel* BB 01, 701) ist der FinA nicht gefolgt (BT-Drs 14/7344, 12); verfrechtl ist dies unbedenkl (→ Rn. 7, 36).

IV. Sonderfälle

1. Anteilige Gewerbesteuermessbeträge; gewerbliche Einkünfte. – a) Partielle Begrenzungen der Gewerbesteuerpflicht. Ist ein Unternehmen nur teilweise gewstpfl, zB wegen einer partiellen GewStFreiheit nach § 3 GewStG, lässt dies zwar die Betriebseinheit unberührt. Gemindert werden jedoch nicht nur GewSt-Messbetrag und tatsächl zu zahlende GewSt (§ 35 I 5), sondern auch die gewerbl Einkünfte (§ 35 I 3) und damit auch der Entlastungshöchstbetrag (§ 35 I 1, 2). Gleiches gilt, wenn im Kj (VZ, EZ gem § 10 GewStG) Beginn und Ende der gewerbl Tätigkeit estl und gewstl voneinander abweichen (zB wegen gewstl Vorlaufverluste; → Rn. 18) oder wenn die GewStPfl nicht ledigl iSv § 2 IV GewStG unterbrochen wird, sondern wie zB bei einer Betriebsverpachtung endet, der Betrieb aber estl mangels Aufgabeerklärung fortbesteht (vgl § 14 S 3 GewStG: abgekürzter EZ). Wird nach Beendigung der bisherigen gewerbl Tätigkeit im lfd Kj ein neuer Betrieb gegründet, sind die Voraussetzungen des § 35 I *betriebsbezogen* zu ermitteln. IEinz bezügl GewSt-Messbetrag → Rn. 14, 15, 24; bezügl Anrechnungsgrenzen (Ermäßigungshöchstbetrag und zu zahlende GewSt) → Rn. 37 ff; 41. Der Begünstigung der gewerbl Einkünfte beider Betriebe (Unternehmen) steht nicht entgegen, dass ein estl VZ mit zwei abgekürzten EZ korrespondiert. 50

b) Umwandlungen. Besteht die GewSt-Pflicht für das Unternehmen fort, obwohl der gewstl StSchuldner wechselt (zB **Betriebseinbringung** in PersGes), ergehen mehrere den StSchuldnerwechsel berücksichtigende GewSt-Messbescheide (GewStR 11.1; *BMF* BStBl I 16. 1187 Rn. 29 f: Aufteilung des einheitl GewSt-Messbetrags). Damit stehen auch hier gem der betriebs-/unternehmensbezogenen Betrachtung den gewerbl Einkünften als Einzelunternehmer und PersGes'ter jeweils getrennte GewSt-Messbetragsanteile ggü (zu den Folgen → Rn. 50; *BMF* BStBl I 16, 1187). – Die **Verschmelzung** (oder **Formwechsel**) einer PersGes in KapGes führt zum StSchuldnerwechsel und damit zu einem abgekürzten EZ, für den ein entspr geminderter GewSt-Messbetrag festzusetzen ist; hiermit korrespondiert die estl Gewinnermittlung (gewerbl Einkünfte iSv § 35 I 3). Entspr gilt für **OptionsGes gem § 1a KStG** (→ Rn. 1, 3; *BMF* BStBl I 21, 2212 Rn. 85; *Wacker/Krüger ua* DStR-Beih 21, 22). – Der **rechtsformwahrende** (homogene) **Formwechsel** bedeutet dagegen weder einen Wechsel der sachl GewSt-Pflicht noch des gewstl StSchuldners. 51

c) Ausscheiden eines Gesellschafters aus Personengesellschaft; Gesellschafterwechsel. Der auf den Ausscheidenden entfallende Teil des GewSt-Messbetrags iSv § 35 II 1 ist nach dem **allg Gewinnverteilungsschlüssel** (§ 35 II 2) zu bestimmen. Maßgebl sind **mE** die Verhältnisse während des **gesamten** Kj (EZ). Dh ist A zu 50% am Gewinn beteiligt und scheidet er zum 30.6 aus, sind ihm 25% des für das Kj (EZ) ermittelten Messbetrags zuzuweisen; ebenso *bisher BMF* BStBl I 09, 440 Rn. 30 (Abschichtungsbilanz); dies entspricht auch dem Anteil des A an den gewerbl Einkünften (§ 16 II 2; → § 15 Rn. 452, 453); **aA** aber **BFH** IV R 5/14, BStBl II 16, 875; BFH IV R 48/12, BFH/NV 16, 1024: GewSt-Messbetrag ist nur auf die Ges'ter/MUer der PersGes am **Ende** des gewstrechtl **EZ** aufzuteilen. Dem hat sich trotz der Kritik (zB *Schrade* FR 17, 862 (870); 1398; *Schiffers* DStZ 16, 956 (960): im Gegensatz zum Einzelunternehmer keine Entlastung des MUeranteilsveräußerers gem § 35) die **Verwaltung** mit Übergangsregelung bis VZ 2017 **angeschlossen** (*BMF* BStBl I 16, 1187 Rn. 28, 23, 34; *Gragert* NWB 16, 3924: auch bei Erbfolge). Bei **abweichendem Wj** hat der BFH seine Rspr dahin fortentwickelt, dass auf die Beteiligungsverhältnisse zu **dessen Ende** abzustellen ist (BFH IV R 21/22 BStBl II 25, 727 einschl Erbfall). Zu etwaigen zT umstr **Ausweichgestaltungen** (zB Veräußerung zum Ende des EZ; Veräußerung aller MUeranteile; MUeranteilseinbringung der verbliebenen Ges'ter; vorgelagerte lfd Gewinne) s *Schrade* FR 17, 862 52

(872 ff); Carlé KÖSDI 19, 21365; *U. Förster* DB 21, 303. Unberührt hiervon bleibt, dass der Aufteilungsmaßstab des allg Gewinnverteilungsschlüssels (s oben) weder durch den Veräußerungs-/Aufgabegewinn noch durch gesellschaftsvertragl Ausgleichsklauseln (dazu zB *Schrade* FR 17, 862; *Glaeser ua* BB 17, 987: Einlage des Veräußerers) beeinflusst wird (→ Rn. 28 mwN; zutr BFH IV R 5/14, BStBl II 16, 875; *BMF* BStBl I 16, 1187; zu Veräußerungskosten iSv § 16 II 1 dort → § Rn. 302).

54 **2. Organschaft.** Für die im Organkreis verbundenen Betriebe gilt zwar der Grundsatz der getrennten Gewerbeertragsermittlung. GewStl werden aber die OrganGes als Betriebsstätten des Organträgers behandelt (§ 2 II 2 GewStG), so dass die Gewerbeerträge (grds) *wie* in einem einheitl Betrieb zusammen zu rechnen sind (GewStR 7.1 V). *Folge:* Die betriebsbezogene Gewinnermittlung (→ Rn. 14 f) wird zugunsten eines horizontalen Verlustausgleichs durchbrochen und hierdurch sowohl die auf die gewerbl Einkünfte entfallende ESt als auch der GewSt-Messbetrag gemindert. Umgekehrt werden auch positive GewStMessbeträge der OrganGes – ggf über zwischengeschaltete Organträger-PersGes – auf die natürl Person durchgereicht (BFH IV R 27/12, BStBl II 15, 837 Rn. 23). **Anders** ist dies aber nach BFH IV R 3/10, BStBl II 12, 14 zu beurteilen, *soweit* die **OrganGes** (KapGes) **MUerin** einer PersGes (zB KG, atypisch stille Beteiligung) ist. *Begründung:* OrganGes entfalte abschirmende Wirkung, § 32 II 5 sei mangels MUerstellung des Organträgers (PersGes oder natürl Person) nicht einschlägig (glA zB *KS/Schindler* § 35 Rn. 31); sachl Billigkeitsgründe lägen nicht vor (BFH IV R 42/09, BFH/NV 12, 236). Die Rspr ist verfehlt: entspr dem weitgefassten Wortlaut des § 35 I, II 5 sowie dem Zweck der Vorschrift ist die Entlastung geboten; die Differenzierung zw dem eigenen Betrieb der OrganGes und deren mitunternehmerschaftl Beteiligung ist nicht überzeugend (iEinz *Wacker* JbFSt 12/13, 489 ff; → 30. Aufl 2011, § 35 Rn. 54). Zu Ausweichstrategien s *Kollruss* DStR 07, 378: hybride KGaA; *Prinz ua* StuB 12, 20: Umstrukturierung. Zum tatbestandl anders gefassten **§ 32c aF** s BFH I B 179/10, BFH/NV 11, 2052.

55 **3. Gestaltungen.** – ***(1)*** Sie zielen zum einen darauf sog **Anrechnungsüberhänge** (→ Rn. 15, 27 ff, 36, 46) zu verhindern, zB Vermeidung des Verlustausgleichs/-rücktrags bei Ehegatten durch die Wahl der **Einzelveranlagung** (§ 26a). – ***(2)*** Bei MUerschaften wird für den Fall inkongruenter Entlastungen (zB wegen SBV) die Nutzungsüberlassung durch **SchwesterPersGes** empfohlen (→ Rn. 25). – ***(3)*** In Fällen der **gewstl Hinzurechnung** nach § 8 Nr 1 Buchst d und e GewStG stellt sich die *umgekehrte BetrAufsp* (→ § 15 Rn. 803) günstiger dar als die klassische, weil sich der GewSt-Messbetrag der BetriebsPersGes erhöht und nicht der Messbetrag der BesitzKapGes (*Kessler ua* BB 01, 17 (24); *dies* DStR 01, 869; FG Ddorf EFG 07, 685). Ebenso bei (Besitz-)OptionsGes gem § 1a KStG (→ Rn. 1, 3; → § 15 Rn. 803a). – ***(4)*** Eine Kombination des StSatzes für thesaurierte **KapGes-Gewinne** und § 35 weist die Rechtsform der atypisch GmbH & Still auf. – ***(5)*** Gewerbl **Abfärbung** (§ 15 III Nr 1) kann sich iRv § 35 als günstig erweisen (*Höck* FR 01, 683).

V. Verfahren

60 **1. Einzelunternehmer.** Die StErmäßigung nach § 35 wird iRd ESt-Veranlagung gewährt. Bei Einzelunternehmern ist sowohl der GewSt-Messbescheid für den GewSt-Messbetrag als auch der GewSt-Bescheid für die tatsächl zu zahlende GewSt (§ 35 I 5) bindender Grundlagenbescheid (§§ 182 I, 175 I 1 Nr 1, 171 X AO iVm § 35 III 2). Zur unterbliebenen GewSt-Festsetzung → Rn. 61. Im Falle einer gesonderten Feststellung § 180 I 1 Nr 2b AO (BetriebsFA ist nicht WohnsitzFA) sind auch die gewerbl Einkünfte iSv § 35 I 3 mit bindender Wirkung für die ESt-Veranlagung festzustellen (glA *BMF* BStBl I 16, 1187 Rn. 32). Bei Änderung des ESt-Bescheids oder der gesonderten Feststellung ist der GewSt-Messbescheid ggf nach § 35b GewStG anzupassen. Zur Zugehörigkeit von MUeranteilen zum BV/SBV → Rn. 63.

2. Mitunternehmerschaften; KGaA. – a) Allgemeines. Nach § 35 II 1, IV werden bei MUerschaften (einschließl InnenGes) und KGaA der GewSt-Messbetrag (BFH I R 54/20, DStR 24, 988; auch → Rn. 32), die tatsächl zu zahlende GewSt sowie die auf die MUer/persönl haftenden Ges'ter entfallenden Anteile wiederum für den ESt-Bescheid bindend gesondert und einheitl festgestellt (Grundlagenbescheid; → Rn. 60; zum Aufteilungsmaßstab → Rn. 25), nicht aber der individuelle StErmäßigungsbetrag. Die Feststellungen nach § 35 II, IV EStG und nach § 180 I 1 Nr 2a AO sind zwar eigenständig, können aber verfahrensrechtl miteinander verbunden werden (BFH IV R 8/09, BStBl II 12, 183); zuständig ist jeweils das BetriebsFA (§ 18 I Nr 2 AO). Die Feststellungen gem § 35 II 2, IV sind auch ggü den nicht nach § 35 I begünstigten MUer (zB KapGes; OptionsGes gem § 1a KStG; → Rn. 1, 3) zu treffen, allerdings entfällt insoweit die Bindungswirkung nach § 35 III 2 (BFH IV R 8/09, BStBl II 12, 183; *BMF* BStBl I 16, 1187 Rn. 24). GewSt-Messbescheid und der GewSt-Bescheid sind **Grundlagenbescheide** für die Feststellungen nach § 35 II 1, IV (GewSt-Messbetrag, zu zahlende GewSt und Anteilen hieran; § 35 III 3 Hs 1, IV); gleichwohl kann eine Anpassung nach § 175 AO ausgeschlossen sein, wenn die zunächst nur geschätzte GewSt (§§ 155 II, 162 V AO) später nicht festgesetzt wird (BFH IV R 12/19, HFR 22, 331 mit Anm *Stutzmann;* Ausweg: §§ 164, 165 AO). In dem Verfahren nach § 35 II 2 ist zudem über den sachl Begünstigungsausschluss gem § 18 III 3 UmwStG aF/§ 18 III 4 UmwStG nF (Kürzung des Messbetrags) mit Bindungswirkung für die ESt zu entscheiden (→ Rn. 23; BFH IV R 30/13, DStR 15, 2660; BFH IV R 27/11, BStBl II 15, 278 betr § 5a). Die Feststellung der gewerbl Einkünfte iSv § 35 I 3 ist aber dem Feststellungsverfahren nach § 180 I 1 Nr 2b AO vorbehalten (→ Rn. 60). 61

b) Mehrstöckige Mitunternehmerschaften. Die § 35-Merkmale der UnterGes werden auf die Ges'ter der OberGes („SchlussGes") durchgereicht; iEinz → Rn. 26. Dem entspricht, dass die Feststellungen gem § 35 II 2, IV auf der Stufe der jeweiligen UnterPersGes für die jeweilige OberGes Grundlagenbescheide gem § 182 AO sind. Letzteres betrifft die Feststellungen (missverständl § 35 III 3 Hs 2: „Festsetzung") zum Anteil der OberGes am GewSt-Messbetrag der UnterPersGes und – ab VZ 08 – mE auch an der von der UnterPersGes tatsächl zu zahlenden GewSt (§ 35 II 1/5, III 3, IV). Beide Feststellungen sind in das Feststellungsverfahren der OberGes „einzubeziehen" (§ 35 II 5, IV). Allerdings sind die Messbeträge und GewSt-Zahlungen der jeweiligen PersGes nach BFH X R 12/15, BStBl II 19, 249 zwar *materiell-rechtlich* betriebsbezogen zu bestimmen (zutr; → Rn. 41), *verfahrensrechtl* aber *bei der SchlussGes (OberGes)* nicht getrennt, sondern nur zusammengefasst (dh als einheitl Betrag) festzustellen (mE fragl, s oben), sodass iRd ESt-Veranlagung wiederum eine *materiell-rechtliche* (dh betriebsbezogene, s oben) Aufspaltung geboten ist (glA *BMF* BStBl I 19, 459 Rn 25 ff: nachrichtl, dh *nicht* bindende Mitteilungen; dazu *Weiss* StuB 19, 507; *Böwing-Schmalenbrock* DStZ 18, 83). Anderes (verfahrensrechtl Bindung) dürfte aber für die gestuften Feststellungen der gewerbl Einkünfte gem § 35 I 3 EStG iVm § 180 I 1 Nr 2b AO (→ Rn. 61) gelten. 62

3. Sonderfragen. Gehören **MUeranteile zum SBV** (→ § 15 Rn. 507), gelten die Grundsätze zu → Rn. 62 entspr. Gehören MUeranteile zum BV eines **Einzelunternehmens,** ordnet § 35 I 1 Nr 1 letzter Hs die entspr Geltung von § 35 II 5 an. Die dort bestimmte „Einbeziehung des GewSt-Messbetrags" dürfte ins Leere gehen, weil für den Einzelunternehmer keine Feststellungen nach § 35 II 1 zu treffen sind. Auch erscheint fragl, ob § 35 I 1 Nr 1 letzter Hs für Fälle greifen kann, in denen (wie zB bei Arbeitsgemeinschaften, § 2a GewStG) der Gewerbeertrag mehreren gewstl Schuldner zuzuordnen ist (so bis → 32. Aufl 2013, § 35 Rn. 63). Jedenfalls ist für **ZebraGes** (→ § 15 Rn. 201 ff) kein Verfahren nach § 35 II 1 durchzuführen. Sind an der ZebraGes gewerbl PersGes beteiligt, sind in deren Feststellungsverfahren (einschließl § 35 II 1) auch die Ergebnisse aus der Beteiligung an der ZebraGes einzubeziehen. Zu **Organschaften** → Rn. 54. 63

4. Steuerermäßigung bei Aufwendungen für haushaltsnahe Beschäftigungsverhältnisse und für die Inanspruchnahme haushaltsnaher Dienstleistungen

§ 35a Steuerermäßigung bei Aufwendungen für haushaltsnahe Beschäftigungsverhältnisse, haushaltsnahe Dienstleistungen und Handwerkerleistungen

(1) **Für haushaltsnahe Beschäftigungsverhältnisse, bei denen es sich um eine geringfügige Beschäftigung im Sinne des § 8a des Vierten Buches Sozialgesetzbuch handelt, ermäßigt sich die tarifliche Einkommensteuer, vermindert um die sonstigen Steuerermäßigungen, auf Antrag um 20 Prozent, höchstens 510 Euro, der Aufwendungen des Steuerpflichtigen.**

(2) **[1]Für andere als in Absatz 1 aufgeführte haushaltsnahe Beschäftigungsverhältnisse oder für die Inanspruchnahme von haushaltsnahen Dienstleistungen, die nicht Dienstleistungen nach Absatz 3 sind, ermäßigt sich die tarifliche Einkommensteuer, vermindert um die sonstigen Steuerermäßigungen, auf Antrag um 20 Prozent, höchstens 4000 Euro, der Aufwendungen des Steuerpflichtigen. [2]Die Steuerermäßigung kann auch in Anspruch genommen werden für die Inanspruchnahme von Pflege- und Betreuungsleistungen sowie für Aufwendungen, die einem Steuerpflichtigen wegen der Unterbringung in einem Heim oder zur dauernden Pflege erwachsen, soweit darin Kosten für Dienstleistungen enthalten sind, die mit denen einer Hilfe im Haushalt vergleichbar sind.**

(3) **[1]Für die Inanspruchnahme von Handwerkerleistungen für Renovierungs-, Erhaltungs- und Modernisierungsmaßnahmen ermäßigt sich die tarifliche Einkommensteuer, vermindert um die sonstigen Steuerermäßigungen, auf Antrag um 20 Prozent der Aufwendungen des Steuerpflichtigen, höchstens jedoch um 1200 Euro. [2]Dies gilt nicht für öffentlich geförderte Maßnahmen, für die zinsverbilligte Darlehen oder steuerfreie Zuschüsse in Anspruch genommen werden.**

(4) **[1]Die Steuerermäßigung nach den Absätzen 1 bis 3 kann nur in Anspruch genommen werden, wenn das Beschäftigungsverhältnis, die Dienstleistung oder die Handwerkerleistung in einem in der Europäischen Union oder dem Europäischen Wirtschaftsraum liegenden Haushalt des Steuerpflichtigen oder – bei Pflege- und Betreuungsleistungen – der gepflegten oder betreuten Person ausgeübt oder erbracht wird. [2]In den Fällen des Absatzes 2 Satz 2 zweiter Halbsatz ist Voraussetzung, dass das Heim oder der Ort der dauernden Pflege in der Europäischen Union oder dem Europäischen Wirtschaftsraum liegt.**

(5) **[1]Die Steuerermäßigungen nach den Absätzen 1 bis 3 können nur in Anspruch genommen werden, soweit die Aufwendungen nicht Betriebsausgaben oder Werbungskosten darstellen und soweit sie nicht als Sonderausgaben oder außergewöhnliche Belastungen berücksichtigt worden sind; für Aufwendungen, die dem Grunde nach unter § 10 Absatz 1 Nummer 5 fallen, ist eine Inanspruchnahme ebenfalls ausgeschlossen. [2]Der Abzug von der tariflichen Einkommensteuer nach den Absätzen 2 und 3 gilt nur für Arbeitskosten. [3]Voraussetzung für die Inanspruchnahme der Steuerermäßigungen nach den Absätzen 2 und 3 ist, dass der Steuerpflichtige für die Aufwendungen eine Rechnung erhalten hat und die Zahlung auf das Konto des Erbringers der Leistung erfolgt ist. [4]Leben zwei Alleinstehende in einem Haushalt zusammen, können sie die Höchstbeträge nach den Absätzen 1 bis 3 insgesamt jeweils nur einmal in Anspruch nehmen.**

Einkommensteuer-/Lohnsteuer-Richtlinien: EStH 35a; LStH 35a – **Verwaltungsanweisungen:** *BMF* BStBl I 16, 1213, ergänzt durch *BMF* BStBl I 21, 1494).

Übersicht

1. Inhalt und Bedeutung. – a) Regelungszweck und zeitlicher Anwendungsbereich. § 35a gewährt für bestimmte haushaltsnahe Dienstleistungen auf Antrag eine StErmäßigung durch Abzüge von der tarifl ESt. Die Vorschrift soll der Bekämpfung der Schwarzarbeit dienen und Anreiz für legale Beschäftigungsverhältnisse im Privathaushalt geben (BT-Drs 15/91, 19). 1

b) Übersicht zu haushaltsnahen Dienstleistungen 2

Begünstigte Leistungen im Haushalt	Steuerermäßigung
Geringfügige Beschäftigungsverhältnisse (ArbLohn bis **603 €** (bis 31. 12. 24: 538 €, bis 31. 12. 25: 556 €) – monatl, Teilnahme am Haushaltsscheckverfahren)	*20% der Aufwendungen;* Höchstbetrag 510 € bei Aufwendungen von 2550 € (Abs 1)
Sonstige Beschäftigungsverhältnisse (sozialversicherungspflichtig), Dienstleistungen, Pflege- und Betreuungsleistungen; Heim- und Pflegeunterbringung (soweit mit Haushaltshilfe vergleichbar)	*20% der Arbeitskosten;* Höchstbetrag 4000 € bei Aufwendungen von 20 000 € (Abs 2)
Handwerkerleistungen (nicht öffentl geförderte Renovierungs-, Erhaltungs- und Modernisierungsmaßnahmen)	*20% der Arbeitskosten;* Höchstbetrag 1200 € bei Aufwendungen von 6000 € (Abs 3)

Die **maximale Begünstigung** aus § 35a beläuft sich somit auf insgesamt 5710 € bei Aufwendungen von 28 550 €.

2. Geringfügige haushaltsnahe Beschäftigungsverhältnisse, § 35a I. – a) Beschäftigungsverhältnis. § 35a I setzt ein ArbVerh voraus (→ § 19 Rn. 11 ff). Die bloße Vermittlung einer Haushaltshilfe ist kein ArbVerh und daher nicht begünstigt (FG Köln EFG 16, 621, rkr). Das ArbVerh muss steuerl anzuerkennen sein, sodass ArbVerh zw Ehegatten, Lebenspartnern und haushaltsangehörigen Kindern bezügl die zivilrechtl Pflicht zur Mithilfe im Haushalt ausscheiden. 5

b) Geringfügigkeit. Es muss sich um eine geringfügige Beschäftigung iSv § 8a SGB IV handeln. Eine solche liegt nur vor, wenn der StPfl (= ArbG) am **Haushaltsscheckverfahren** teilnimmt (*BMF* BStBl I 16, 1213 Rn. 6; NdsFG EFG 13, 1341, rkr; Auskunft unter *www.minijob-zentrale.de*). Auch Wohnungseigentümer können für geringfügige Beschäftigungsverhältnisse in ihrem Privathaushalt die StErmäßigung nach § 35a I in Anspruch nehmen. Wohnungseigentümergemeinschaften als solche und Vermieter können iRd Vermietertätigkeit hingegen nicht am Haushaltsscheckverfahren teilnehmen (*BMF* BStBl I 16, 1213 Rn. 7; *Richter* DStR 13, 1135). Von ihnen eingegangene Beschäftigungsverhältnisse sind daher nicht nach § 35a I, sondern allenfalls nach § 35a II begünstigt. 6

7 **c) Haushaltsnähe.** Eine Beschäftigung ist haushaltsnah, wenn sie einen engen Bezug zu einem Haushalt aufweist (BFH VI R 28/08, BStBl II 10, 166; *BMF* BStBl I 16, 1213 Rn. 1). Unter dem Begriff des Haushalts ist die Wirtschaftsführung mehrerer (in einer Familie oder ähnl Gemeinschaft) zusammenlebender Personen oder einer einzelnen Person zu verstehen (BFH VI R 28/08, BStBl II 10, 166). Haushaltsnah ist eine Dienstleistung darüber hinaus nur, wenn sie in dessen räuml Bereich erbracht wird (FG Mster EFG 24, 809, rkr; dazu auch → Rn. 21). Das Wirtschaften im Haushalt umfasst Tätigkeiten, die gewöhnl durch Mitglieder des Haushalts für den Haushalt oder die anderen Haushaltsmitglieder erbracht werden (s § 8a Satz 2 SGB IV; BFH VI R 77/05, BStBl II 07, 760). Haushaltsnah sind insb Einkaufen von Verbrauchsgütern, Kochen, Backen, Nähen, Wäschepflege, Reinigung der Räume und Fenster, hauswirtschaftl geprägte Gartenpflege, Umzugsdienstleistungen, Pflege, Versorgung, Betreuung von Kranken sowie alten und pflegebedürftigen Personen und der zum Haushalt gehörenden Kinder und Haustiere (BFH VI R 13/15, BFH/NV 16, 115; FG Mster EFG 12, 1674, rkr; BFH VI B 25/17, BFH/NV 18, 39: Ausführen eines in den Haushalt des StPfl aufgenommenen Hundes; weitere Beispiele s *BMF* BStBl I 16, 1213, Anlage 1). Nicht haushaltsnah sind zB die Unterrichtung von Kindern, sportl und andere Freizeitbetätigungen (*BMF* BStBl I 16, 1213 Rn. 5), tierärztl Leistungen für Haustiere (FG Nbg EFG 13, 224, rkr) und Maklerleistungen (HessFG DStRE 17, 1220, rkr). Hier fehlt der Bezug zur Hauswirtschaft. Das Gleiche gilt für personenbezogene Dienstleistungen (zB Friseur, Fußpflege, s *Nolte* NWB 14, 508 (511)), soweit sie nicht zu den Pflegeleistungen gehören und nach § 35a II gefördert sind (*BMF* BStBl I 16, 1213 Rn. 12). Handwerkl Leistungen sind ebenfalls nicht haushaltsnah; sie sind nur nach § 35a III begünstigt (BFH VI R 4/09, BStBl II 11, 909).

8 **d) Höhe der Steuerermäßigung.** Sie beträgt 20% der Aufwendungen (einschließl LSt und Sozialabgaben, *BMF* BStBl I 16, 1213 Rn. 36), höchstens 510 €. Ergibt sich keine tarifl ESt, geht die Begünstigung ins Leere. Es gibt weder einen **Rücktrag** noch **Vortrag** nicht ausgenutzter StErmäßigungsbeträge (BFH X R 11/21, BStBl II 25, 655), noch eine StErstattung in Form einer **negativen ESt** (BFH VI R 44/08, BStBl II 09, 411; *BMF* BStBl I 16, 1213 Rn. 56). – Nach BFH X R 11/21, BStBl II 25, 655 ist die StErmäßigung gem § 35a vor der Hinzurechnung der Altersvorsorgezulage vorzunehmen. Ferner hat der BFH entschieden, dass die StErmäßigung nach § 34f vor der des § 35a zu berücksichtigen ist (BFH X R 1/07, BStBl II 08, 520). Hierdurch geht der Rücktrag/Vortrag iSd § 34f III 3, 4 verloren. Das Urteil wird dem Begünstigungszweck der StErmäßigungen nicht gerecht (zutr daher SächsFG EFG 07, 933).

10 **3. Andere haushaltsnahe Beschäftigungsverhältnisse; Pflegeleistungen; Betreuungsleistungen, § 35a II. – a) Andere haushaltsnahe Beschäftigungs- und Dienstverhältnisse, § 35a II 1.** Die Vorschrift begünstigt haushaltsnahe Beschäftigungsverhältnisse und Dienstleistungen, die weder unter § 35a I noch unter § 35a III fallen. Der Begriff des Beschäftigungsverhältnisses iSv § 35a II 1 umfasst unabhängig von der zivilrechtl Einordnung alle auf vertragl Grundlage erbrachten haushaltsnahen Dienstleistungen (*BH/Einsfelder* § 35a Rn. 22 f). Dazu gehören hauswirtschaftl Verrichtungen, die gewöhnl durch Mitglieder des privaten Haushalts oder entspr Beschäftigte erledigt werden (BFH VI R 4/18, BStBl II 21, 669; BFH VI R 24/20, BStBl II 23, 906). Anders als ein Beschäftigungsverhältnis setzt die Inanspruchnahme haushaltsnaher Dienstleistungen keinen Anspruch des StPfl gegen den Leistungserbringer voraus (BFH VI R 24/20, BStBl II 23, 906 insb zu Mietern und Wohnungseigentümern). Zw Ehegatten, LPart sowie Eltern und im Haushalt lebenden Kinder kann wegen der familienrechtl Verpflichtungen idR kein haushaltsnahes DienstVerh begründet werden (*Nolte* NWB 14, 508 (512)). Das Beschäftigungsverhältnis darf auch keines iSv § 8a SGB IV sein (dazu → Rn. 6). § 35a II 1 gilt also für normale sozialversicherungspflichtige ArbVerh und für solche, bei denen eine

Teilnahme am Haushaltsscheckverfahren nicht mögl ist. Zum Beschäftigungsverhältnis auch →Rn. 5, zur Haushaltsnähe →Rn. 7. Für alle handwerkl Leistungen gilt ab VZ 2006 ausschließl § 35a III (BFH VI R 4/09, BStBl II 11, 909).

11 **b) Pflegeleistungen; Betreuungsleistungen, § 35a II 2 Alt 1.** Die Aufwendungen für solche Leistungen (insb Körperpflege, Ernährung, Mobilität, hauswirtschaftl Versorgung, s iEinz BFH VI R 2/20, DStR 22, 1416) sind unabhängig vom Grad der Pflegebedürftigkeit begünstigt. Es reicht aus, wenn Dienstleistungen zur Grundpflege oder zur Betreuung in Anspruch genommen werden. Zweckgebundene Pflege- und Betreuungsleistungen der Pflegeversicherung sind anzurechnen (*BMF* BStBl I 16, 1213 Rn. 42). Anspruchsberechtigt kann auch ein Angehöriger der gepflegten/betreuten Person sein, wenn diese in dessen oder in ihrem eigenen Haushalt gepflegt/betreut wird (BFH VI R 2/20, DStR 22, 1416; FG Mster EFG 23, 98, rkr; *BMF* BStBl I 16, 1213 Rn. 10, 43, Beispiel 6). Der Begünstigung steht ferner nicht entgegen, wenn ein Angehöriger den Pflege-Pauschbetrag nach § 33b VI in Anspruch nimmt (*Plenker* DB 10, 365, str). Nimmt der Sozialhilfeträger den StPfl wegen der dem Pflegebedürftigen gewährten Sozialhilfe im Wege des Rückgriffs in Anspruch, kommt die StErmäßigung indes nicht in Betracht, weil es an einer Zahlung an den Erbringer der Pflegeleistung fehlt (FG BW EFG 15, 730, rkr).

12 **c) Heimunterbringung und dauernde Pflege, § 35a II 2 Alt 2.** Die StErmäßigung kann der StPfl nur wegen seiner eigenen Heimunterbringung/dauernden Pflege beanspruchen. StPfl, die für die Heimkosten anderer Personen aufkommen, können für diese Aufwendungen § 35 II 2 Alt 2 nicht in Anspruch nehmen (BFH VI R 19/17, BStBl II 19, 445). Auch diese Vorschrift setzt einen Haushalt des StPfl gem Abs 4 voraus (dazu →Rn. 20, ebenso HessFG EFG 17, 1349, rkr; **aA** *BMF* BStBl I 16, 1213 Rn. 14, eigener Haushalt im Heim nicht erforderl). Das Pflegeheim selbst ist kein solcher Haushalt (*Frotscher/Geurts* § 35a Rn. 55, str). Allerdings kann ein StPfl auch in einem Wohnstift einen eigenen Haushalt führen. Trifft dies zu, kann die StErmäßigung auch für Dienstleistungen in Anspruch genommen werden, die auf Gemeinschaftsräume entfallen (BFH VI R 28/08, BStBl II 10, 166). Begünstigt sind aber stets nur die Teile der Unterbringungskosten, die *Dienstleistungen* abgelten, die mit denen *einer Hilfe im Haushalt vergleichbar sind* (iEinz s *Plenker/Schaffhausen* DB 09, 191 (194); *Czisz/Krane* DStR 14, 873 (875, 877)). Zur Anrechnung von Leistungen der Pflegeversicherung s *BMF* BStBl I 16, 1213 Rn. 42.

13 **d) Höhe der Steuerermäßigung.** Sie beträgt 20% der begünstigten Aufwendungen, höchstens 4000 € (auch →Rn. 8, 26).

15 **4. Handwerkerleistungen, § 35a III. – a) Begriffsbestimmung.** Die Vorschrift erfasst grds alle handwerkl Tätigkeiten einschließl einfacher handwerkl Verrichtungen (BFH VI R 4/09, BStBl II 11, 909). Handwerkl Tätigkeiten sind nur nach § 35a III begünstigt; für sie kommt eine StErmäßigung nach § 35a I oder § 35a II nicht in Betracht (BFH VI R 61/10, BStBl II 12, 232). Handwerkerleistungen liegen vor, wenn sie zum Kernbereich eines handwerkl Berufs gehören (*HHR/Apitz* § 35a Rn. 21). Begünstigt sind zB der Austausch von Bodenbelägen, Türen und Fenstern oder deren Reparatur, das Streichen oder Tapezieren, aber auch Garten- und Wegebauarbeiten (*BMF* BStBl I 16, 1213 Anlage 1) sowie die Wartung von technischen Anlagen (zB Heizung). Die Eintragung des beauftragten Unternehmens in die Handwerksrolle ist nicht erforderl. Begünstigt sind auch Prüftätigkeiten, wenn sie von Handwerkern ausgeführt werden (zB Messungen durch Schornsteinfeger, Dichtigkeitsprüfung der Abwasserleitung, BFH VI R 1/13, BStBl II 15, 481; *BMF* BStBl I 16, 1213 Rn. 20), nicht aber Sachverständigen-, Architekten- oder Statikerleistungen, auch wenn sie für die Durchführung von Handwerkerleistungen erforderlich sind (BFH VI R 29/19, BStBl II 22, 320; SächsFG EFG 17, 654, rkr; FG Bln-Bbg DStRE 18, 911, rkr). Die Leistungen müssen tatsächl erbrachte (dazu *OFD NRW* DStR 17, 264; FG Ddorf DStRE 25, 593, rkr) Renovierungs-, Erhaltungs-/Moder-

nisierungsmaßnahmen betreffen, die in einem Haushalt des StPfl erbracht werden (BFH VI R 4/09, BStBl II 11, 909; zur Inanspruchnahme von Handwerkerleistungen durch Mieter und Wohnungseigentümer s BFH VI R 24/20, DStR 23, 1520). Bloße Kostenvoranschläge reichen daher grds nicht aus (FG Ddorf DStRE 25, 593, rkr). Handwerkl Tätigkeiten iRe Neubaumaßnahme, die erst der Errichtung eines Haushalts dienen, sind folgl nicht begünstigt (s *Czisz/Krane* DStR 14, 873 mit Beispielen auch zur Berechnung der abziehbaren Aufwendungen; *Bruschke* DStZ 15, 313). Ob die Aufwendungen Herstellungsaufwand darstellen, ist demggü unerhebl (BFH VI R 61/10, BStBl II 12, 232; *A. Schmidt* NWB 13, 2572; **aA** *Frotscher/Geurts* § 35a Rn. 70; *Paus* FR 12, 154; FG RhPf EFG 13, 127, rkr, Begünstigung abgelehnt für Wintergartenanbau, mE zweifelhaft). **Ausgeschlossen** ist die StVergünstigung für nach dem 31. 12. 10 erbrachte Leistungen bei öffentl Förderung iSv § 35a III 2. Baukindergeld ist keine öffentl Förderung (*FM SchlH* DStR 19, 1470).

16 **b) Höhe der Steuerermäßigung.** Sie beträgt 20% der begünstigten Aufwendungen, höchstens 1200 € (auch → Rn. 8, 26). Auftraggeber von Handwerkerleistungen kann auch eine Wohnungseigentümergemeinschaft sein; jedem Wohnungseigentümer steht die StErmäßigung für seinen Haushalt iHd Höchstbetrags ungekürzt zu (FG BW EFG 13, 525, rkr).

20 **5. Haushalt als Ort der Leistung, § 35a IV. – a) Gegenwärtiger Haushalt.** Die Leistung muss im Haushalt des StPfl oder der gepflegten bzw betreuten Person erbracht werden. Unter einem Haushalt ist hier die Wirtschaftsführung mehrerer (in einer Familie) zusammenlebender Personen oder einer einzelnen Person zu verstehen, wobei die Wohnung der räumliche Bereich ist, in dem sich der Haushalt entfaltet. Der StPfl kann auch in unentgelt überlassenen Räumlichkeiten einen Haushalt führen (BFH VI R 23/21, BFH/NV 23, 955). Der Haushalt muss sich im Inl, in der EU oder im EWR befinden. In den Fällen des § 35a II 2 Alt 2 (→ Rn. 12) muss das Heim oder der Ort der dauernden Pflege im Inl, in der EU oder im EWR liegen. Diese Begrenzung ist nach Ansicht des FG Köln europarechtswidrig, da sie einen Haushalt in der Schweiz unter Verstoß gegen das FZA von der Begünstigung ausschließt (FG Köln DStR 25, 1077, Az EuGH C-22/25). Zu Beschäftigungsverhältnissen in einem nicht inl Haushalt s *BMF* BStBl I 16, 1213 Rn. 8. Es muss sich um einen gegenwärtigen, nicht um einen künftigen Haushalt handeln (FG Mster EFG 10, 1385, rkr). Leistungen, die erst der Errichtung eines Haushalts dienen, sind folgl nicht begünstigt (BFH VI R 61/10, BStBl II 12, 232). Zu Kosten iZm Wohnungswechsel s aber *BMF* BStBl I 16, 1213 Rn. 3: hiernach gehört mit Beginn des Mietvertrags bzw Übergang des wirtschaftl Eigentums auch die Wohnung, in die der StPfl in engem zeitl Zusammenhang einzieht, bereits zu dessen gegenwärtigem Haushalt, sodass auch Leistungen in diesem Haushalt begünstigt sind (zB Handwerkerleistungen zur Renovierung vor Einzug; teilw **aA** FG Bln-Bbg DStRE 18, 1038, rkr: kein Abzug bei Bauleistungen iZm mit Neubau selbst nach Einzug, mE zweifelhaft). Ein vorübergehend ruhender Haushalt genügt (NdsFG EFG 06, 417, rkr); nicht aber eine (endgültig) beendete oder bevorstehende Haushaltsführung (HessFG EFG 11, 529, rkr). Bei Vorhandensein mehrerer Wohnungen ist die StErmäßigung nur einmal bis zu den jeweiligen Höchstbeträgen zu gewähren (BFH VI R 60/09, BStBl II 14, 151, zutr).

21 **b) Räumlicher Haushaltsbereich.** Der Leistungsort befindet sich im Haushalt, wenn die Leistung in dessen räuml Bereich erbracht wird (BFH VI R 61/10, BStBl II 12, 232). Der Begriff des Haushalts ist räuml-funktional auszulegen (BFH VI B 25/17, BFH/NV 18, 39). Zum Haushalt gehören die private Wohnung nebst Zubehörräumen und Garten, ebenso die eigengenutzte Zweit-, Wochenend- oder Ferienwohnung und die einem nach § 32 zu berücksichtigenden Kind überlassene Wohnung (*BMF* BStBl I 16, 1213 Rn. 1); jedenfalls bei einer Dachgeschosswohnung auch das Hausdach (s BFH VI R 23/21, BFH/NV 23, 955). Zum räuml Haushalts-

bereich bei digitalen Dienstleistungen (smart home) s *Heine* NWB 17, 2031. Bei einem Wohnstift zählen auch die Gemeinschaftsflächen zum räuml Bereich des Haushalts (BFH VI R 28/08, BStBl II 10, 166). Leistungen außerhalb des Haushalts sind demggü nicht begünstigt, selbst wenn sie für den Haushalt erbracht werden (zB Tagesmutter: BFH III R 80/09, BStBl II 12, 816; Anschluss an eine Notrufzentrale: BFH VI R 7/21, BFH/NV 23, 891 mit Abgrenzung zu BFH VI R 18/14, BStBl II 16, 272; „Essen auf Rädern": FG Mster EFG 12, 126, rkr; Zubereitung des Essens in zentraler Küche eines Wohnstifts: FG BW EFG 12, 1266, rkr, **aA** FG BW EFG 13, 125, rkr; in einer Werkstatt erbrachte Arbeitsleistungen: BFH VI R 4/18, BStBl II 21, 669, BFH VI R 7/18, BFH/NV 21, 180; FG Mchn EFG 19, 540, rkr, FG RhPf EFG 16, 1350, rkr, FG Nbg EFG 17, 1447, rkr, *Schlenk* DStR 18, 2122; Textilreinigung in Reinigungsfirma: FG Nbg DStRE 06, 599, rkr; Grabpflege: NdsFG EFG 09, 761, rkr; PKW-Reparatur: ThürFG EFG 20, 1619; Müllabfuhr: FG Köln EFG 11, 978, rkr; Hundebetreuung beim Dienstleister: FG Mster EFG 12, 1674, rkr). Zum räuml Bereich des Haushalts rechnen auch Flächen vor der Wohnung, zB Grundstückswege und öffentl Gehwege vor dem Haus, nicht aber die Fahrbahn der öffentl Straße (BFH VI R 4/18, BStBl II 21, 669). Leistungen, die öffentl Flächen betreffen, werden folgl im Haushalt erbracht, wenn sie in unmittelbarem räuml Zusammenhang zum Haushalt durchgeführt werden und dem Haushalt dienen (BFH VI R 56/12, BStBl II 14, 882 Hausanschluss an zentrale Wasserversorgung; BFH VI R 55/12, BStBl II 14, 880, Schneeräumen auf öffentl Gehwegen; BFH VI R 4/18, BStBl II 21, 669, Gehwegreinigung). Dies gilt aber nicht für die Erschließung einer öffentl Straße (BFH VI R 50/17, BStBl II 22, 18; *BMF* BStBl I 21, 1494; **aA** FG Bln-Bbg DStRE 16, 273, rkr; *Koss* BB 17, 2209; *Düll ua* DStR 19, 1677), die Neuverlegung einer Mischwasserleitung als Teil des öffentl Sammelnetzes (BFH VI R 18/16, BStBl II 18, 641) und für Ausbaubeiträge für Gehwege/Straßenbeleuchtung (FG RhPf DStRE 18, 1487, rkr).

6. Konkurrenzen; abziehbare Aufwendungen; Nachweis, § 35a V. – a) Ausschluss der Steuerermäßigung, § 35a V 1. Soweit Aufwendungen **BA** oder **WK** darstellen (zB Reinigung der Wohnung bei doppelter Haushaltsführung) oder als **SA** oder **agB** berücksichtigt worden sind, ist die StErmäßigung ausgeschlossen. Da der Ausschluss nur eingreift, „soweit" ein vorrangiger Abzug zu berücksichtigen ist, sind gemischte Aufwendungen (wie Reinigung der Wohnung und häusl Arbeitszimmer) im Wege sachgerechter Schätzung aufzuteilen und entspr zB als WK und nach § 35a I abziehbar (*BMF* BStBl I 16, 1213 Rn. 31). Ein unbedingter Antrag auf Steuerermäßigung nach § 35a III kann auch in einem Antrag nach § 35c liegen (BFH IX R 31/23, BStBl II 24,869). Die Steuerermäßigung nach § 35c ist aber gemäß § 35c III 2 **subsidiär** ggü der Steuerermäßigung nach § 35a, so dass sich der StPfl entscheiden muss, welche Steuerermäßigung er in Anspruch nimmt. Für den Teil der Aufwendungen, der iRd zumutbaren Belastung gem § 33 III nicht als agB berücksichtigt wird, kann der StPfl § 35a in Anspruch nehmen (BFH VI R 46/18, BStBl II 21, 476). Dabei sind Aufwendungen, die sowohl als agB als auch nach § 35a berücksichtigt werden können, vorrangig der zumutbaren Belastung zuzuordnen (*BMF* BStBl I 16, 1213 Rn. 32). IÜ hat der StPfl ein **Wahlrecht,** ob er die Berücksichtigung von Aufwendungen nach § 33 oder nach § 35a geltend macht (ebenso *Frotscher/Geurts* § 35a Rn. 89, 89; *BH/Einsfelder* § 35a Rn. 54; *Paus* EStB 04, 201 (204); *Rosenke* EFG 13, 1342; **aA** *HHR/Apitz* § 35a Rn. 24; NdsFG EFG 13, 1341, rkr). Denn § 35a V 1 schließt den Abzug nur aus, soweit die Aufwendungen als agB „berücksichtigt worden sind". Die Wahl für § 33 ist ab einer Grenzsteuerbelastung von 20% günstiger (*Plenker* DB 10, 365). Fallen **Kinderbetreuungskosten** dem Grunde nach unter § 10 I Nr 5, scheidet ein Abzug nach § 35a auch insoweit aus, als die Höchstbeträge der genannten Vorschrift überschritten werden (*BMF* BStBl I 16, 1213 Rn. 34). Zur Aufteilung der Aufwendungen bei Aufnahme eines Au-pair auf Kinderbetreuung und Hausarbeit s *BMF* BStBl I 16, 1213 Rn. 35. – Die Inanspruch- 25 nahme des **Behinderten-Pauschbetrags** (§ 33b I 1 iVm III 2 oder III 3) schließt die Berücksichtigung der Pflegeaufwendungen nach § 35a II aus, da ansonsten Aufwendungen, die durch den Pauschbetrag abgegolten werden sollen, nochmals über § 35a Berücksichtigung fänden (BFH VI R 12/12, BFH/NV 14, 1927; *OFD NRW* DB 14, 745; *Heß/Görn* DStR 07, 1804 (1807)). Dies gilt indes nicht im Fall der Übertragung des Behinderten-Pauschbetrags nach § 33b V, wenn der StPfl für Pflege- und Betreuungsaufwendungen aufkommt (*BMF* BStBl I 14, 75 Rn. 33; *Czisz/Krane* DStR 14, 873 (878)). Zum Pflege-Pauschbetrag nach § 33b VI → Rn. 11. – Zum Verh **zu § 35c** s § 35c III 2: Vorrang des § 35a (BFH IX R 31/23, BStBl II 24, 869).

26 **b) Abzug der Arbeitskosten, § 35a V 2.** Begünstigt sind nur Arbeitskosten einschl darauf entfallender LSt und SV-Beiträge. Materialkosten und Kosten für Waren sind nicht begünstigt (Ausnahme bei Kosten für Verbrauchsmittel wie Schmier-, Reinigungs- oder Spülmittel sowie Maschinen- und Fahrtkosten, *BMF* BStBl I 14, 75 Rn. 39). Versicherungsleistungen sind anzurechnen (*BMF* BStBl I 16, 1213 Rn. 41–43 auch zur Anrechnung von Leistungen aus der PflV; zu künftigen Ersatzleistungen nach Ablauf des VZ, s *Nolte* NWB 14, 508 (519)).

27 **c) Rechnung; Zahlung, § 35a V 3.** Der StPfl muss eine Rechnung erhalten haben. Aus ihr müssen sich die wesentl Grundlagen der Leistungsbeziehung entnehmen lassen. Dies beinhaltet den Leistungserbringer als Rechnungsaussteller, den Leistungsempfänger, Art, Zeitpunkt und Inhalt der Leistung sowie das dafür vom StPfl geschuldeten Entgelt (BFH VI R 28/08, BStBl II 10, 166). Eine nicht vom Leistungserbringer angeforderte und vom Empfänger ohne Rechnung geleistete Vorauszahlung vor der Leistung ist nicht begünstigt (FG Ddorf EFG 24, 1760, rkr: für Anzahlungen aber denkbar). Der Anteil der berücksichtigungsfähigen Arbeitskosten muss sich aus der Rechnung ermitteln lassen (FG Köln EFG 06, 503, rkr); eine prozentuale Aufteilung des Rechnungsbetrages in Arbeits-/Materialkosten ist zulässig (*BMF* BStBl I 16, 1213 Rn. 40). Die *FinVerw* lässt von § 35a V 3 bei Wohnungseigentümern und Mietern sowie bei ArbN, denen eine Dienstwohnung zur Verfügung gestellt wird, Ausnahmen zu (*BMF* BStBl I 16, 1213 Rn. 45, 47, 48; *Nolte* NWB 14, 507 (516)), da diese StPflicht idR nicht selbst über eine Rechnung verfügen und ihre Zahlung auch nicht unmittelbar an den Leistenden erfolgt. Dies hat der BFH bestätigt (BFH VI R 24/20, BStBl II 23, 906). Nach NdsFG (DStRE 13, 1478, rkr) soll auch ein Altenteiler die StErmäßigung ohne Rechnung auf seinen Namen in Anspruch nehmen können, soweit Handwerkerleistungen auf seinen Haushalt entfallen und in der Person des die Leistung erbringenden Altenteilsverpflichteten die Voraussetzungen der StErmäßigung vorliegen. Pauschale Zahlungen des Mieters an Vermieter für Schönheitsreparaturen sind indes nicht begünstigt, wenn sie unabhängig von der tatsächl Durchführung solcher Reparaturen erfolgen (BFH VI R 18/10, BStBl II 13, 14). Eine Abrechnung nach öffentl-rechtl Kriterien insb durch VA soll ebenfalls nicht begünstigt sein (*BMF* BStBl I 16, 1213 Rn. 22, mE zweifelhaft). – Die Zahlung muss auf das **Bankkonto** des Leistenden erfolgen (FG BW EFG 15, 730, rkr). Abbuchung von einen Ges'ter-Verrechnungskonto reicht nicht (BFH VI R 23/20, BStBl II 22, 666); der Einzug der Forderung durch ein Inkassobüro/ein Factoring-Unternehmen steht der StErmäßigung aber nicht entgegen (*OFD NRW* DB 14, 745). Barzahlungen sind für haushaltsnahe Dienstleistungen und Handwerkerleistungen indes ausgeschlossen (BFH VI R 14/08, BStBl II 09, 307; BFH VI B 31/13, BFH/NV 13, 1786), für haushaltsnahe Beschäftigungsverhältnisse nach Abs 1 dagegen zulässig (*BMF* BStBl I 16, 1213 Rn. 37). Verlangt der Leistende zunächst eine Baranzahlung und wird später nach Rechnungsstellung der Restbetrag auf das Konto des Leistenden überwiesen, ist somit nur der Restbetrag begünstigt. – Durch die Neuformulierung des § 35a V 3 im JStG 2024 (BGBl I 24 Nr 387; Art 4 Nr 9 iVm Art 56 VII) sind das Vorliegen der Rechnung und die unbare Zahlung auf das Konto des Leistungserbringers ab VZ 2025 Voraussetzung für die StErmäßigungen gem Abs 2 und 3 (BT-Drs 20/13419, 236: gegen BFH VI R 2/20, DStR 22, 1416 zu § 35a II 2 Alt 1).

28 **d) Abzugszeitpunkt.** Die StErmäßigung kann entspr § 11 II im **VZ der Zahlung** in Anspruch genommen werden (*BMF* BStBl I 16, 1213 Rn. 44). Bei Wohnungseigentümern und Mietern werden die Aufwendungen zT durch Vorauszahlungen und zT durch Nachzahlungen aufgrund der Jahresabrechnung geleistet. Hier lässt die *FinVerw* bei wiederkehrenden Aufwendungen abw von § 11 zu, dass die gesamten Aufwendungen entweder im VZ der Vorauszahlungen oder insgesamt im VZ der Jahresabrechnung geltend gemacht werden (*BMF* BStBl I 16, 1213 Rn. 47–48; s auch *Heß/Görn* DStR 07, 1804 (1806); zu Änderungen bei nachträgl Vorlage der Jahresabrechnung s *OFD Mster* DStR 08, 254). Macht ein Wohnungseigentümer/Mieter Aufwendungen, die aus geleisteten Vorauszahlungen erbracht wurden, im Zahlungsjahr geltend, steht ihm die StErmäßigung bereits im VZ der Zahlung zu; er muss nicht bis zum VZ der Jahresabrechnung warten (FG BW EFG 13, 525, rkr).

29 **e) Haushaltsgemeinschaft, § 35a V 4.** Alleinstehende und Partner einer nichtehel Lebensgemeinschaft, die gemeinsam in einem Haushalt leben, können die Höchstbeträge nach § 35a I–III jeweils nur einmal in Anspruch nehmen **(Höchstbetragsgemeinschaft).** Beansprucht also der eine § 35a I, kann der andere § 35a II wählen, oder die Höchstbeträge werden aufgeteilt. Der Gesetzgeber geht davon aus, dass sich die Alleinstehenden/Partner einigen. Kommt es nicht dazu und ist keine der Veranlagungen bestandskräftig, ist der gemeinsam beanspruchte Höchstbetrag entspr § 26a II 4 hälftig aufzuteilen. Zusammen zur ESt veranlagte Ehegatten und eingetragene Lebenspartner bilden nicht nur eine Höchstbetragsgemeinschaft, sondern sind auch hinsichtl der Aufwendungen einheitl zu behandeln (§ 2 VIII; *BMF* BStBl I 16, 1213 Rn. 53 mit Rechnungsbeispielen). Im Falle der getrennten Veranlagung gilt § 26a II 4.

30 **7. Verfahren.** Die StErmäßigungen gem § 35a I–III, die von der tarifl ESt ohne AbgeltungsSt nach § 32d I abgezogen werden können (BFH VI R 54/17, BStBl II 20, 544), werden nur auf Antrag gewährt, der bis zur Bestandskraft der StFestsetzung gestellt werden kann (BFH IX R 31/23, BStBl II 24, 869). Im LStAbzug kann auf Antrag ein Freibetrag gem § 39a I Nr 5c iHd Vierfachen der StErmäßigung nach § 35a berücksichtigt werden. Bei der Festsetzung der Vorauszahlungen nach § 37 ist die StErmäßigung ebenfalls anzusetzen.

5. Steuerermäßigung bei Belastung mit Erbschaftsteuer

§ 35b Steuerermäßigung bei Belastung mit Erbschaftsteuer

[1]Sind bei der Ermittlung des Einkommens Einkünfte berücksichtigt worden, die im Veranlagungszeitraum oder in den vorangegangenen vier Veranlagungszeiträumen als Erwerb von Todes wegen der Erbschaftsteuer unterlegen haben, so wird auf Antrag die um sonstige Steuerermäßigungen gekürzte tarifliche Einkommensteuer, die auf diese Einkünfte entfällt, um den in Satz 2 bestimmten Prozentsatz ermäßigt. [2]Der Prozentsatz bestimmt sich nach dem Verhältnis, in dem die festgesetzte Erbschaftsteuer zu dem Betrag steht, der sich ergibt, wenn dem steuerpflichtigen Erwerb (§ 10 Absatz 1 des Erbschaftsteuer- und Schenkungsteuergesetzes) die Freibeträge nach den §§ 16 und 17 und der steuerfreie Betrag nach § 5 des Erbschaftsteuer- und Schenkungsteuergesetzes hinzugerechnet werden.

Übersicht Rn.

I. Überblick und Voraussetzungen

1 **1. Überblick. – a) Zweck der Regelung.** In bestimmten Fällen können Einkünfte mit ESt *und* mit ErbSt belastet sein. Dies betrifft zum einen Forderungen, die dem Erblasser noch nicht zugeflossen waren, wenn die ESt nach dem Zuflussprinzip ermittelt wird; ferner der ESt unterliegende, aber vom Erblasser noch nicht realisierte Wertsteigerungen (zu diesen Anwendungsfällen des § 35b ausführl →Rn. 18 f). Bei der ErbSt wird hierfür kein Ausgleich gewährt (→Rn. 2). Bei der ESt bewirkt § 35b einen gewissen Ausgleich, indem die ESt, die auf die doppelt erfassten Einkünfte entfällt, sich um den Betrag ermäßigt, der näherungsweise der fiktiven ErbSt auf diesen ESt-Betrag entspricht (→Rn. 21 ff). – **Praktische Bedeutung der Vorschrift.** Sie ist nach den Reformen der letzten Zeit (BV-Begünstigung bei der ErbSt, AbgeltungSt bei der ESt) **sehr gering** geworden, weil die klassischen Anwendungsfälle des § 35b nicht mehr zu einer Doppelbelastung iSd restriktiven Gesetzesfassung führen (→Rn. 18 f). Aus diesem Grund und wegen der Komplexität der Regelung hat der BRH zR die Streichung empfohlen (BT-Drs 20/14000). – **Zeitl Anwendungsbereich und Vorläuferregelungen.** →38. Aufl 2019, § 35b Rn. 3.

2 **b) Erbschaftsteuerliche Rechtslage.** Beruhen ESt-Schulden auf Einkünften, die noch dem Erblasser zuzurechnen waren, werden diese **ESt-Schulden des Erblassers** aber erst nach dessen Tod vom Erben bezahlt, sind sie **als Nachlassverbindlichkeiten bei der ErbSt** abziehbar (§ 10 V ErbStG; zB BFH II R 51/14, BStBl II 18, 194 Rn. 23: QuellenSt auf die ua vom Erblasser erzielten Einkünfte aus KapVerm, die bei Auszahlung einer LV-Summe an den Erben abgezogen wird). Insoweit kann es daher nicht zu Doppelbelastungen kommen. – Sind hingegen **Einkünfte dem Erben zuzurechnen,** obwohl sie wirtschaftl auf Tätigkeiten des Erblassers beruhen (zB weil sie erst nach dessen Tod zufließen), schuldet nicht der Erblasser, sondern der Erbe die entstehende ESt. Diese fällt daher nicht in den Nachlass und kann bei der ErbSt nicht abgezogen werden. Gleichwohl hat der Sachverhalt, der später zu estpfl Einkünften führt (zB noch nicht zugeflossene Forderung; im BV vorhandene stille Reserven), auch die ErbSt erhöht. Der Gesetzgeber hat diese Doppelbelastung bewusst in Kauf genommen (BT-Drs 7/2180, 21); der für die ErbSt zuständige II. Senat des BFH lehnt es in stRspr ab, hierfür bei der ErbSt-Festsetzung einen Ausgleich zu gewähren (BFH II R 58/67, BStBl II 77, 420: betriebl Versorgungsrente zugunsten der Witwe, die bei der ErbSt mit ihrem Kapitalwert anzusetzen ist; BFH II R 190/81, BStBl II 87, 175 unter II.1.d: noch nicht zugeflossene Erbbauzinsen, die bei der ErbSt mit ihrem Kapitalwert anzusetzen sind; BFH II R 23/09, BStBl II 10, 641, Anm *Leipold* HFR 10, 834: entstandene, aber noch nicht zugeflossene Zinsansprüche im PV). Dies ist **verfgem** (ausführl BVerfG 1 BvR 1432/10, HFR 15, 695; dazu *Birnbaum* BB 15, 2141; krit *Friz* DStR 15, 2409). – **Bei der ESt** ist die **ErbSt grds nicht abziehbar,** da es sich um eine Personensteuer iSd § 12 Nr 3 handelt (→§ 12 Rn. 39). Auch der früher zugelassene Abzug der nach § 23 ErbStG verrenteten ErbSt auf den Kapitalwert von Renten oder wiederkehrenden Nutzungen oder Leistungen nach

§ 10 I Nr 1a aF ist spätestens seit der Neufassung dieses Tatbestands ab VZ 2008 nicht mehr mögl (→ 33. Aufl 2014, § 35b Rn. 16).

4 **c) Persönlicher Anwendungsbereich.** § 35b ist nur auf natürl Personen anzuwenden, nicht auf KSt-Subjekte (BFH I R 78/94, BStBl II 95, 207 unter II.4.; BFH I R 50/16, BStBl II 17, 324 Rn. 19: Erbschaft zugunsten GmbH, die mit ErbSt/KSt belastet wird; krit *Mellinghoff* DStJG 22 (1999), 127 (150); *KKM* § 35b Rn. A 74).

5 **2. Voraussetzungen. – a) Doppelbelastung der Einkünfte mit Einkommen- und Erbschaftsteuer.** Nach dem Wortlaut des S 1 müssen die Einkünfte zum einen „bei der Ermittlung des Einkommens berücksichtigt worden" sein (zu den estl Voraussetzungen → Rn. 6); zum anderen müssen sie „im VZ oder in den vorangegangenen vier VZ als Erwerb von Todes wegen der ErbSt unterlegen haben" (zu den erbstl Voraussetzungen → Rn. 8).

6 **aa) Berücksichtigung der Einkünfte bei der Ermittlung des einkommensteuerpflichtigen Einkommens.** Dies ist der Fall, wenn die Einkünfte das Einkommen iSd § 2 IV erhöht haben, dh sie müssen im Gesamtbetrag der Einkünfte enthalten sein. – **(1) Steuerfreie Einkünfte.** Eine Doppelbelastung kann nicht eintreten. Hierzu gehören sowohl die in § 3 genannten Einkünfte als auch nach einem DBA stfreie Auslandseinkünfte. Allein deren Einfluss auf die Höhe des EStSatzes (Progressionsvorbehalt nach § 32b) führt nicht zur Anwendung des § 35b, weil der Gesetzeswortlaut eine Berücksichtigung bei der Ermittlung des *Einkommens* voraussetzt. ME ist dies europarechtl ebenso zulässig wie die in den DBA gewählte Regelungstechnik (Zweifel jedoch bei *HHR/Wulbusch* § 35b Rn. 7). – **(2) Abgeltungsteuer.** Einnahmen aus KapVerm, die der AbgeltungSt unterliegen, lösen keine StErmäßigung nach § 35b aus, weil diese sich nur auf die *tarifl* ESt bezieht (zutr *BMF* BStBl I 16, 85 Rn. 132; FG Mster EFG 21, 957, rkr; ebenso zum insoweit gleichlautenden § 35a BFH VI R 54/17, BStBl II 20, 544). Dies gilt sowohl für lfd Einnahmen aus § 20 I als auch für Veräußerungsgewinne nach § 20 II (zu einem solchen Fall FG Mster EFG 21, 957, rkr; die Veräußerungsgewinne wurden dort unzutr als „Stückzinsen" bezeichnet). Der StPfl kann allerdings beantragen, diese Einkünfte der tarifl ESt zu unterwerfen (§ 32d VI); dann sind sie im Einkommen enthalten, sodass § 35b anwendbar ist (wegen dieses Wahlrechts bestehen mE keine verfrechtl Bedenken gegen die grds Nichtanwendung des § 35b bei der AbgeltungSt). Demggü reicht der Antrag nach § 32d IV (Einbeziehung in die EStVeranlagung, aber weiterhin Anwendung des StSatzes von 25%) oder die Erklärung von nicht der AbgeltungSt unterliegenden KapEinkünften nach § 32d III nicht aus, weil die KapErträge dann weiterhin nach § 32d I behandelt werden und nicht in das Einkommen einzubeziehen sind (so ausdrückl § 2 Vb; **aA** *Gauß/Schwarz* BB 09, 1387 (1389)). – **(3) Verlustausgleich.** Sind (positive) Einkünfte durch negative Einkünfte derselben Einkunftsart ausgeglichen worden, ergibt sich insgesamt aber noch ein positives Einkommen, sind die erstgenannten Einkünfte im Einkommen enthalten (glA *HHR/Wulbusch* § 35b Rn. 25). – **(4) Einkommensteuerpflicht beim Erben.** § 35b ist nur anwendbar, wenn die Einkünfte beim *Erben* (bzw Vermächtnisnehmer, Pflichtteilsberechtigten) der ESt unterliegen; nicht aber, wenn sie noch vom *Erblasser* zu versteuern sind (BFH IV R 66/92, BStBl II 94, 227: Ausscheiden eines MUers durch Tod, sodass der Veräußerungsgewinn estl noch dem Erblasser zuzurechnen ist, dazu → § 16 Rn. 661).

8 **bb) Belastung mit Erbschaftsteuer.** In § 35b heißt es, dass die **„Einkünfte … der ErbSt unterlegen"** haben müssen. – **(1) Wortlaut.** Terminologisch ist dies unzutr, da nicht „Einkünfte" der ErbSt unterliegen, sondern die „Bereicherung des Erwerbers" (§ 10 I 1 ErbStG) Gegenstand der ErbSt ist. Als Bereicherung gilt der Wert des gesamten Vermögensanfalls, soweit dieser der ErbSt unterliegt, abzügl der Nachlassverbindlichkeiten (§ 10 I 2 ErbStG). Damit unterliegen letztl **einzelne WG** der ErbSt, nicht aber Einkünfte (so auch BFH I R 79/94, BStBl II 95, 321). § 35b bezieht

sich daher auf WG, die der ErbSt unterlegen haben und danach beim *Erben* durch Transformation in Geld (zB Einziehung einer Forderung, Veräußerung eines WG mit stillen Reserven) oder durch Überführung ins PV (zB Entnahme, Betriebsaufgabe) mit ihrer *Substanz* zu Einkünften führen (ähnl BFH IX R 23/17, BStBl II 18, 593 Rn. 21). – **(2) Erträge, die auf die Zeit nach dem Tod des Erblassers entfallen.** Diese haben nicht der ErbSt unterlegen; § 35b ist daher nicht anwendbar (*Beispiel:* Todesfall am 30.6.; am 31.12. fließen dem Erben aus einer geerbten Forderung Zinseinnahmen für die Zeit vom 1.1. bis 31.12. zu. – Die wirtschaftl auf die Zeit bis zum 30.6. entfallende Zinsforderung hat der ErbSt unterlegen und fällt unter § 35b, die Zinsen für die Zeit ab 1.7. nicht). Gleiches gilt für stille Reserven eines nach dem Erbfall veräußerten WG, soweit sie erst nach dem Erwerb entstanden sind. – **Ertragswertverfahren.** Erträge, die rechtl und wirtschaftl die Zeit *nach* dem Erbfall betreffen, haben auch dann nicht iSd § 35b „der ErbSt unterlegen", wenn der erbstl Wertansatz rechentechnisch durch **Kapitalisierung der künftig zu erwartenden Erträge des WG** ermittelt worden ist (zutr BFH I R 79/94, BStBl II 95, 321: vererbt wird ein Urheberrecht, das mit seinem Ertragswert bewertet wird). Gleiches gilt bei Anwendung des erbstl Ertragswertverfahrens für BV und Anteile an KapGes (teilweise **aA** *Littmann* § 35b Rn. 30 und *HHR/Wulbusch* § 35b Rn. 28: nur dann keine Anwendung des § 35b, wenn das erbstl Bewertungsverfahren die latente ESt-Belastung berücksichtigt, was bei IDW S 1 und beim vereinfachten Ertragswertverfahren nach §§ 199 ff BewG aber der Fall ist). – **(3) Erbschaftsteuerlicher Stichtagswert.** Er richtet sich gem § 11 ErbStG nach dem BewG. Danach ist grds der **gemeine Wert** der erworbenen Vermögensgegenstände maßgebl (allg § 9 I BewG; für Anteile an KapGes § 11 II 1 BewG; für BV § 109 I BewG; für Grundvermögen § 177 BewG). KapForderungen sind gem § 12 I BewG mit dem Nennwert anzusetzen. – **(4) Erbschaftsteuerliche Begünstigungen.** Die Rspr nimmt eine **konkrete Betrachtungsweise** vor, um den erhebl erbstl Begünstigungen für bestimmte Vermögensarten (zB BV, Anteile an KapGes, Immobilien) Rechnung zu tragen: Ist das WG nicht mit seinem vollen Wert in die erbstl Bemessungsgrundlage eingegangen, wird zur Ermittlung der EStErmäßigung nicht der *tatsächl* Veräußerungsgewinn angesetzt, sondern der Betrag, der sich ergeben würde, wenn nur der erbstl Wert des WG als Veräußerungspreis erzielt worden wäre (ausführl BFH X R 72/89, BStBl II 91, 350; diese Berechnungsweise lag aber schon BFH IV R 226/85, BStBl II 88, 832 zugrunde). ME ist dies zutr, um Überbegünstigungen zu vermeiden (auch → Rn. 23; glA *Hechtner* BB 09, 486 (487); *HHR/Wulbusch* § 35b Rn. 28; *KKM* § 35b Rn. B 30; **aA** *Maßbaum* BB 92, 606 (609); *Ley* KÖSDI 94, 9866 (9870)). Auch die **persönl Freibeträge des ErbStG** sind hier (ggf anteilig) abzuziehen (s näher BFH IX R 23/17, BStBl II 18, 593 Rn. 24 ff).

Beispiel: A erbt von seinem Vater BV (ErbSt-Wert 5 Mio €). Kurz nach dem Erbfall veräußert er ein betriebl WG (keine wesentl Betriebsgrundlage) für 300 000 € (Buchwert 200 000 €). – ***Lösung:*** Die tatsächl estl „Einkünfte" aus der Veräußerung betragen 100 000 €. Weil aber 85% des BV von der ErbSt befreit war (§ 13a I 1 ErbStG), hat der tatsächl Wert des veräußerten WG (300 000 €) nur iHv 45 000 € der ErbSt unterlegen. Dieser Betrag liegt unterhalb des estl Buchwerts, sodass insoweit keine ESt angefallen ist. § 35b ist daher nicht anwendbar.

9 **(5) Festsetzung von Erbschaftsteuer.** Die förml Festsetzung ist für die Anwendung des § 35b erforderl (Wortlaut des S 2; glA *Maßbaum* BB 92, 606 (608)). Ist noch offen, ob ErbSt festgesetzt wird, kann (zunächst) keine EStErmäßigung gewährt werden. Hingegen setzt § 35b weder die Bestandskraft des ErbSt-Bescheids noch die Zahlung der ErbSt voraus. Der Erlass, die Aufhebung oder Änderung eines ErbSt-Bescheids führt als rückwirkendes Ereignis auch nach Eintritt der Bestandskraft zur Änderung des ESt-Bescheids, in dem die StErmäßigung zu berücksichtigen ist (§ 175 I 1 Nr 2 AO; glA *KKM* § 35b Rn. A 83; **aA** *BH/Schallmoser* § 35b Rn. 10; *Bordewin/Brandt* § 35b Rn. 15: Grundlagenbescheid iSd § 175 I 1 Nr 1 AO; hierfür fehlt es aber an der gesetzl Anordnung einer Bindungswirkung).

(6) Ausländische Erbschaftsteuer. Eine solche Belastung ist mE ebenfalls zu berücksichtigen (*Littmann* § 35b Rn. 25; *Maßbaum* BB 92, 606 (610); *Ley* KÖSDI 94, 9866 (9871); glA für die Vorläufervorschrift des § 16 V aF BFH I R 126/73, BStBl II 75, 110; **aA** *BH/Schallmoser* § 35b Rn. 41; *KKM* § 35b Rn. B 21 sowie für die Vorläufervorschrift des § 35 aF auch HessFG EFG 82, 570, rkr). Dem steht die Bezugnahme des § 35b S 2 auf bestimmte Freibeträge des *dt* ErbStG nicht entgegen, da die dort angeordnete Berechnungstechnik ebenfalls auf ausl ErbSt-Systeme übertragen werden kann. Voraussetzung ist allerdings, dass die ausl ErbSt latente EStBelastungen ebenfalls nicht berücksichtigt. Die Gleichbehandlung ausl ErbSt ist mE auch europarechtl geboten. Soweit allerdings ausl ErbSt nach § 21 ErbStG auf die dt ErbSt angerechnet wird, ist der Erwerb mit *dt* ErbSt belastet, sodass sich kein Auslandsproblem stellt. 10

(7) Personelle Identität des Steuerpflichtigen nicht erforderlich. Zur Vorläufervorschrift des § 16 V aF hatte der BFH entschieden, dass der StPfl, der mit der ErbSt belastet war, identisch mit demjenigen sein musste, der später mit der ESt belastet war (BFH IV R 179/73, BStBl II 77, 609). Eine EStErmäßigung war daher ausgeschlossen, wenn das ererbte WG vor der Realisierung der stillen Reserven (und der damit verbundenen EStPflicht) durch Schenkung oder einen weiteren Erbfall auf einen Dritten übertragen wurde, bei dem dann die ESt entstand. § 16 V aF setzte allerdings (anders als die Nachfolgevorschrift des § 35 aF und der heute geltende § 35b) voraus, dass „der StPfl" einen später veräußerten Betrieb erworben und infolge des Erwerbs ErbSt entrichtet hatte. Gleichwohl forderte die *FinVerw* auch für die (mit § 35b insoweit wortgleiche) Regelung des § 35 aF die personelle Identität (letztmals H 213e EStH 1998 „Frühere Erbfälle"). ME ist dies unzutr; weder dem Wortlaut noch dem Zweck des § 35b lässt sich das Erfordernis einer personellen Identität entnehmen (glA *HHR/Wulbusch* § 35b Rn. 30; *BH/Schallmoser* § 35b Rn. 26; *KKM* § 35b Rn. B 51; *Bordewin/Brandt* § 35b Rn. 53; *Maßbaum* BB 92, 606 (610); *Dautzenberg/Heyeres* StuW 92, 302 (305); *Herzig/Joisten/Vossel* DB 09, 584 (587)). 11

b) Fünfjähriger Begünstigungszeitraum. Die EStErmäßigung wird nur für Einkünfte gewährt, die im selben VZ, in dem die EStSchuld beim Erben entsteht, oder in den vorangegangenen vier VZ der ErbSt unterlegen haben. – **Zweck dieser Einschränkung.** Sie beruht darauf, dass die eine Fallgruppe der Doppelbelastung (Einziehung von Forderungen des Erblassers) nach fünf Jahren im Wesentl abgewickelt sein wird, und es in der anderen Fallgruppe (Realisierung von stillen Reserven, die der Erblasser gelegt hat) mit zunehmendem Zeitablauf immer schwieriger wird, die im Veräußerungszeitpunkt bestehenden stillen Reserven der Besitzzeit des Erblassers bzw des Erben zuzuordnen (*Klotz* DStZ/A 74, 347 (349)). Diese Praktikabilitätserwägungen können die zeitl Begrenzung verfrechtl rechtfertigen (zutr BFH X R 20/21, BStBl II 24, 470 Rn. 35). Die Frist gilt auch dann, wenn der Erbe schuldlos an der estl Realisierung gehindert war, zB wegen schwieriger Erbenermittlung (BFH X R 20/21, BStBl II 24, 470 Rn. 33). – **Beginn der Fünf-Jahres-Frist.** Der ErbSt haben die „Einkünfte" zu dem Zeitpunkt unterlegen, in dem die ErbSt-Schuld rechtl entstanden ist (BFH X R 20/21, BStBl II 24, 470 Rn. 17). Das ist beim Erwerb von Todes wegen idR der Zeitpunkt des Todes des Erblassers (§ 9 I Nr 1 ErbStG mit Ausnahmen). Der fünf VZ umfassende Begünstigungszeitraum beginnt mit dem VZ, in den der Zeitpunkt der Entstehung der ErbSt fällt. Nicht entscheidend ist, wann die ErbSt festgesetzt oder entrichtet worden ist. – **Rückwirkende Nachversteuerung (§ 13a VI ErbStG).** Wählt der Erwerber erbstl die 100%-Begünstigung für BV mit der 7-jährigen Haltefrist des § 13a X ErbStG und veräußert er den Betrieb oder wesentl Betriebsgrundlagen im 6. oder 7. Jahr, löst diese Handlung zugleich einen estl Veräußerungsgewinn und die erbstl Nachversteuerung aus. Wegen Ablaufs der Fünf-Jahres-Frist des § 35b ist aber keine EStErmäßigung mehr mögl (krit daher *Herzig/Joisten/Vossel* DB 09, 584 (588); *Hechtner* BB 09, 486 (487)). – **Abweichendes Wirtschaftsjahr.** Hier kann wegen der zeitl Verschiebung der estl Erfassung die Anwendung des § 35b ggf auch dann ausscheiden, wenn zw Tod des Erblassers und Gewinnrealisierung weniger als fünf Jahre liegen. 12

Beispiel: Wj 1.7. bis 30.6.; Erbfall eines WG mit stillen Reserven 1.11.17; Veräußerung des WG 1.7.21. Der Gewinn aus der Veräußerung entsteht im Wj 2021/22 und unterliegt im VZ 2022 der ESt. Obwohl zw Erbfall und Veräußerung weniger als vier Jahre liegen, ist der Gewinn nicht nach § 35b begünstigt, weil die stillen Reserven bereits im VZ 2017 der ErbSt unterlegen haben, also früher als in den vier vor dem VZ 2022 liegenden VZ.

13 **c) Beschränkung auf Erwerbe von Todes wegen.** Hierzu gehören gem § 3 ErbStG Erwerbe durch Erbanfall, Vermächtnis, Pflichtteilsanspruch oder Schenkung auf den Todesfall, ferner der Vermögensübergang auf eine vom Erblasser angeordnete Stiftung. Erwerbe, die auf den weiteren ErbSt-Tatbeständen beruhen (§ 1 I Nr 2–4 ErbStG: **Schenkungen unter Lebenden,** Zweckzuwendungen, Vermögen von Familienstiftungen in Zeitabständen von 30 Jahren), führen auch dann nicht zur Anwendung des § 35b, wenn der Erwerb zugleich als Einkünfte der ESt unterliegt. Diese Differenzierung (die die vorweggenommene Erbfolge benachteiligt) ist verfrechtl noch gerechtfertigt, weil bei Schenkungen wesentl größere StGestaltungsspielräume bestehen als bei Erbfällen (zB rechtzeitiger Wechsel zum BV-Vergleich oder Hebung stiller Reserven noch durch den Schenker; glA iErg BFH IX R 23/17, BStBl II 18, 593 Rn. 22). Wird zB eine Beteiligung veräußert, die teilweise durch (Vor-)Schenkung und teilweise durch Erbfall erworben wurde, ist § 35b nur auf den Gewinn aus der Veräußerung der ererbten Anteile anzuwenden (BFH IX R 23/17, BStBl II 18, 593 Rn. 23).

15 **d) Antrag.** Die Anwendung des § 35b setzt einen Antrag des StPfl voraus. Dieser ist aber nicht an eine bestimmte Form gebunden. Es genügt, wenn der StPfl die entspr Zeile der EStErklärung ausfüllt. Der Antrag kann bis zum Schluss der mündl Verhandlung vor dem FG gestellt werden.

18 **3. Hauptanwendungsfälle. – a) Einkommensteuerbare, vom Erblasser noch nicht realisierte Wertsteigerungen.** Dies betrifft Gewinne aus einer erst vom Erben durchgeführten **Betriebsveräußerung oder -aufgabe** (§ 16 I, III), aus der **Veräußerung oder Entnahme** einzelner **WG des BV,** aus der Veräußerung von Beteiligungen iSd **§ 17** (BFH IV R 226/85, BStBl II 88, 832 unter II.) sowie von WG iSd **§ 20 II** und **§ 23.** Gleiches gilt für die Auflösung **stiller Reserven,** die in stfreien Rücklagen (§ 6b) bzw dem Investitionsabzugsbetrag (§ 7g) verkörpert sind (glA zur früheren Preissteigerungsrücklage FG Hmb EFG 84, 505, rkr). – Eine Doppelbelastung (und damit die Anwendung des § 35b) setzt allerdings voraus, dass die stillen Reserven sowohl im Zeitpunkt des Erbfalls als auch im Zeitpunkt der späteren Gewinnrealisierung durch den Erben vorhanden waren. – Die **praktische Bedeutung dieser Fallgruppe** ist seit den letzten estl und erbstl Reformen allerdings sehr gering geworden: Weil BV, Anteile an KapGes und Immobilien erbstl stark begünstigt werden, wird sich aufgrund der bei § 35b vorzunehmenden konkreten Betrachtungsweise für diese WG häufig gar kein EStErmäßigungsbetrag mehr ergeben (→ Rn. 8 unter (4)). Für die Realisierung stiller Reserven aus KapVerm gilt die AbgeltungSt, so dass § 35b ebenfalls nicht anwendbar ist (→ Rn. 6). – Ob Doppelbelastungen, die in Fällen der **Thesaurierungsbegünstigung (§ 34a)** entstehen können, unter § 35b fallen, ist zweifelhaft (vgl *Herzig/Joisten/Vossel* DB 09, 584 (585) mwN; vern *KKM* § 35b Rn. A 30).

19 **b) Dem Erblasser noch nicht zugeflossene Forderungen.** Hier kommt es zu Doppelbelastungen, wenn sich bei der ESt die zeitl Zuordnung von Einnahmen nach dem **Zuflussprinzip** des § 11 richtet (dh im BV bei Gewinnermittlung nach § 4 III sowie bei allen Überschusseinkunftsarten): Da beim Erblasser kein Zufluss mehr stattgefunden hatte, unterliegt der Zufluss beim *Erben* der ESt (ggf als nachträgl Einkünfte iSd § 24 Nr 2). Demggü unterliegen der ErbSt nicht nur die bereits dem Erblasser zugeflossenen Geldbeträge, sondern auch alle noch nicht zugeflossenen Kapitalforderungen (§ 10 I 2, § 12 I ErbStG, § 12 I BewG). Die Forderung wird daher sowohl von der ErbSt als auch von der ESt in vollem Umfang erfasst. – Wäre sie hingegen

noch dem Erblasser zugeflossen, hätte dieser darauf zwar die volle ESt bezahlen müssen; dieser ESt-Betrag wäre aber nicht mehr in seinem Vermögen vorhanden gewesen, sodass die ErbSt entspr geringer ausgefallen wäre (sofern die für den Erblasser entstandene ESt erst vom Erben bezahlt worden wäre, hätte sie als Nachlassverbindlichkeit die ErbSt gemindert, was zum selben Ergebnis geführt hätte). – Typische Fälle sind die **Honorarforderungen von Freiberuflern** (mit Gewinnermittlung nach § 4 III) oder der Zufluss von wirtschaftl noch auf die Zeit vor dem Tod des Erblassers entfallenden **Zins- oder Mieteinnahmen** sowie **Gewinnausschüttungen.** – Sind Gegenstand der ErbSt hingegen **wiederkehrende Leistungen in schwankender Höhe,** wird eine Doppelbelastung schon dadurch vermieden, dass der ErbSt nur deren Kapitalwert, der ESt aber nur deren Zinsanteil unterliegt (BFH X R 187/87, BStBl II 93, 298); der Anwendung des § 35b bedarf es hier nicht. – **Hinterbliebenenbezüge,** die auf gesetzl Vorschriften beruhen (zB Renten, Beamtenpensionen), unterliegen nicht der ErbSt (Umkehrschluss aus § 3 I Nr 4 ErbStG, der nur *vertragl* Ansprüche erfasst). Wenn der Hinterbliebene auf solche Bezüge ESt zu entrichten hat, stellt dies daher keine Doppelbelastung dar. – Auch in dieser Fallgruppe ist die **praktische Bedeutung aber gering** geworden: Noch nicht zugeflossene Forderungen des BV werden häufig wegen der erbstl Begünstigungen faktisch nicht der ErbSt unterliegen; Zinsforderungen des PV fallen estl unter die AbgeltungSt und scheiden daher aus dem Anwendungsbereich des § 35b aus (→ Rn. 6 (2)).

II. Rechtsfolgen

1. Keine Vollanrechnung. § 35b gewährt keinen vollen Ausgleich der tatsächl ErbStBelastung. Ziel der Regelung ist es vielmehr, denjenigen Betrag von der ESt abzuziehen, um den die ErbStBelastung niedriger gewesen wäre, wenn dort die latente EStBelastung hätte abgezogen werden können (*Herzig/Joisten/Vossel* DB 09, 584 (588); *Maßbaum* BB 92, 606 (611)). Dies wäre einfacher im ErbStRecht zu verwirklichen gewesen; der Gesetzgeber hat sich aber entschieden, das dortige strenge Stichtagsprinzip nicht zu durchbrechen. – In einem **1. Schritt** wird der ESt-Betrag ermittelt, der durch die doppelt belasteten Einkünfte hervorgerufen worden ist (§ 35b S 1; dazu → Rn. 22). Im **2. Schritt** wird der Prozentsatz für die EStErmäßigung ermittelt; dieser entspricht der durchschnittl ErbSt-Belastung auf den Gesamterwerb (§ 35b S 2; → Rn. 23). Die **Höhe der StErmäßigung** ergibt sich schließl daraus, dass der im ersten Schritt ermittelte EStBetrag um den im zweiten Schritt ermittelten Prozentsatz gekürzt wird. 21

2. Einkommensteuerbetrag und anzuwendende Steuerermäßigung. Zur Ermittlung dieses Betrags ist nach dem Wortlaut des § 35b S 1 zunächst die sich insgesamt ergebende tarifl ESt um sämtl andere StErmäßigungen (§§ 34a–35a, 35c) zu kürzen. § 35b ist daher im Ablauf der EStBerechnung als letzte der StErmäßigungen zu prüfen. Der so gekürzte EStBetrag ist in dem Verhältnis aufzuteilen, in dem die auch mit ErbSt belasteten Einkünfte zur **Summe der Einkünfte** stehen (BFH IX R 23/17, BStBl II 18, 593 Rn. 29; wegen der zu § 34c I 1 parallelen Formulierung ist nicht der Gesamtbetrag der Einkünfte maßgebl). Der sich danach ergebende EStBetrag ist derjenige, der auf die mit ErbSt belasteten Einkünfte entfällt, und Basis für die weiteren Berechnungsschritte. 22

3. Prozentsatz der Einkommensteuerermäßigung. Hierfür ist gem § 35b S 2 das Verhältnis zw der festgesetzten ErbSt (→ Rn. 24) und dem sog Gesamterwerb (→ Rn. 25) maßgebl. Der danach ermittelte Prozentsatz ist nicht mit dem tatsächl ErbStSatz iSd § 19 ErbStG identisch, sondern entspricht dem DurchschnittsErbStSatz auf einen Betrag, der zw dem (niedrigeren) stpfl Erwerb und dem (höheren) wirtschaftl Wert des insgesamt übergegangenen Vermögens liegt. 23

24 **a) Festzusetzende ErbSt.** Hierzu gehört auch die nach § 23 ErbStG in jährl **Raten** zu entrichtende Steuer. **Ausl ErbSt** ist mE ebenfalls zu berücksichtigen, soweit sie nicht bereits nach § 21 ErbStG angerechnet worden ist (→ Rn. 10).

25 **b) Gesamterwerb.** Er ergibt sich nach dem klaren Gesetzeswortlaut, wenn dem stpfl Erwerb (§ 10 I 1 ErbStG) die **Freibeträge nach §§ 16, 17 ErbStG** (persönl Freibetrag, besonderer Versorgungsfreibetrag) und der stfreie Betrag nach § 5 ErbStG (tatsächl Zugewinn bei Zugewinngemeinschaft) hinzugerechnet werden (krit *Paus* NWB 19, 104). Dies führt zu einer erhebl Minderung der EStErmäßigung, sodass nicht der volle Betrag der Doppelbelastung ausgeglichen wird (Zahlenbeispiel bei *Herzig/Joisten/Vossel* DB 09, 584 (589)). – **Vorerwerbe iSd § 14 ErbStG.** Die persönl Freibeträge werden aufgrund des klaren Gesetzeswortlauts hier auch dann in *voller* Höhe hinzugerechnet, wenn sie teilweise durch Vorerwerbe verbraucht wurden. Ist das veräußerte WG allerdings teilweise durch Vorschenkung und teilweise durch Erbfall erworben worden und deshalb nur der letztgenannte Teil des WG begünstigt (→ Rn. 13), ist der persönl Freibetrag auf die Vorschenkung und den Erwerb durch Erbfall aufzuteilen (BFH IX R 23/17, BStBl II 18, 593 Rn. 33 f). – **Freibeträge nach §§ 13–13d ErbStG.** Diese uU sehr hohen Freibeträge (zB für Hausrat, Familienheim, BV, Immobilien) werden nicht hinzugerechnet. Dies wird von Teilen der Literatur als Verstoß gegen das Gebot der Folgerichtigkeit kritisiert (zB *Lang* StuW 74, 293 (317) Fn 244; *Maßbaum* BB 92, 606 (612)). Weil aber die Rspr eine konkrete Berechnungsweise vornimmt (→ Rn. 8 unter (4)), ist für Einkünfte aus solchen WG, die wegen der genannten Freibeträge nicht mit ErbSt belastet worden sind, die StErmäßigung nach § 35b letztl nicht zu gewähren; dieses Ergebnis ist folgerichtig.

27 **4. Berechnungsbeispiel.** A erbt von seinem Vater Immobilien des PV (ErbSt-Wert 900 000 €). Kurz nach dem Erbfall zieht er eine rückständige Mietforderung iHv 100 000 € ein. Die Summe der Einkünfte des A möge 200 000 € betragen, die tarifl ESt 60 000 €.

Ermittlung des ESt-Betrags für die StErmäßigung: Die Einkünfte aus der Einziehung der Mietforderung betragen 100 000 €. Der ErbSt hat allerdings nur ein um den anteiligen persönl Freibetrag nach § 16 ErbStG (in diesem Beispiel 10% von 400 000 € = 40 000 €; siehe unten) geminderter Betrag unterlegen, also 60 000 € (→ Rn. 8 (4)). Nur in diesem Umfang haben die Einkünfte sowohl der ESt als auch der ErbSt unterlegen. Dies entspricht im Beispiel 30% der Summe der Einkünfte. Daher sind 30% der tarifl ESt, dh 20 000 €, begünstigt.

Ermittlung des Prozentsatzes der ESt-Ermäßigung:

ErbSt-Wert der Immobilien	900 000 €
zzgl Wertansatz der Mietforderung	100 000 €
Summe	1 000 000 €
Freibetrag (§ 16 ErbStG)	./. 400 000 €
erbstpfl Erwerb	600 000 €
ErbSt (15%)	90 000 €
Verhältnis der ErbSt (90 000 €) zum Gesamterwerb (600 000 € + 400 000 €)	9%

Ermittlung der Höhe der ESt-Ermäßigung: Von der tarifl ESt ist nach § 35b ein Betrag iHv 9% von 20 000 € abzuziehen, dh 1800 €. Tatsächl hatte die Mietforderung die ErbSt aber um 15 000 € (15% von 100 000 €) erhöht, so dass in diesem (durchaus repräsentativen) Beispiel nur ca ⅛ der Doppelbelastung ausgeglichen wird.

6. Steuerermäßigung für energetische Maßnahmen bei zu eigenen Wohnzwecken genutzten Gebäuden[1]

§ 35c Steuerermäßigung für energetische Maßnahmen bei zu eigenen Wohnzwecken genutzten Gebäuden

(1) [1]**Für energetische Maßnahmen an einem in der Europäischen Union oder dem Europäischen Wirtschaftsraum belegenen zu eigenen Wohnzwecken genutzten eigenen Gebäude (begünstigtes Objekt) ermäßigt sich auf Antrag die tarifliche Einkommensteuer, vermindert um die sonstigen Steuerermäßigungen, im Kalenderjahr des Abschlusses der energetischen Maßnahme und im nächsten Kalenderjahr um je 7 Prozent der Aufwendungen des Steuerpflichtigen, höchstens jedoch um je 14 000 Euro und im übernächsten Kalenderjahr um 6 Prozent der Aufwendungen des Steuerpflichtigen, höchstens jedoch um 12 000 Euro für das begünstigte Objekt. [2]Voraussetzung ist, dass das begünstigte Objekt bei der Durchführung der energetischen Maßnahme älter als zehn Jahre ist; maßgebend hierfür ist der Beginn der Herstellung. [3]Energetische Maßnahmen im Sinne des Satzes 1 sind:**

1. Wärmedämmung von Wänden,
2. Wärmedämmung von Dachflächen,
3. Wärmedämmung von Geschossdecken,
4. Erneuerung der Fenster oder Außentüren,
5. Erneuerung oder Einbau einer Lüftungsanlage,
6. Erneuerung der Heizungsanlage,
7. Einbau von digitalen Systemen zur energetischen Betriebs- und Verbrauchsoptimierung und
8. Optimierung bestehender Heizungsanlagen, sofern diese älter als zwei Jahre sind.

[4]**Zu den Aufwendungen für energetische Maßnahmen gehören auch die Kosten für die Erteilung der Bescheinigung nach Satz 7 sowie die Kosten für Energieberater, die vom Bundesamt für Wirtschaft und Ausfuhrkontrolle (BAFA) als fachlich qualifiziert zum Förderprogramm „Energieberatung für Wohngebäude (Vor-Ort-Beratung, individueller Sanierungsfahrplan)" zugelassen sind, wenn der Energieberater durch den Steuerpflichtigen mit der planerischen Begleitung oder Beaufsichtigung der energetischen Maßnahmen nach Satz 3 beauftragt worden ist; die tarifliche Einkommensteuer vermindert sich abweichend von Satz 1 um 50 Prozent der Aufwendungen für den Energieberater. [5]Die Förderung kann für mehrere Einzelmaßnahmen an einem begünstigten Objekt in Anspruch genommen werden; je begünstigtes Objekt beträgt der Höchstbetrag der Steuerermäßigung 40 000 Euro. [6]Voraussetzung für die Förderung ist, dass die jeweilige energetische Maßnahme von einem Fachunternehmen ausgeführt wurde und die Anforderungen aus der Rechtsverordnung nach Absatz 7 erfüllt sind. [7]Die Steuerermäßigungen können nur in Anspruch genommen werden, wenn durch eine nach amtlich vorgeschriebenem Muster erstellte Bescheinigung des ausführenden Fachunternehmens nachgewiesen wird, dass die Voraussetzungen der Sätze 1 bis 3 und die Anforderungen aus der Rechtsverordnung nach Absatz 7 dem Grunde und der Höhe nach erfüllt sind.**

(2) [1]**Die Steuerermäßigung nach Absatz 1 kann nur in Anspruch genommen werden, wenn der Steuerpflichtige das Gebäude im jeweiligen Kalenderjahr aus-**

---

[1] S auch **ESanMV** (BGBl I 20, 3 →Rn. 1) zur Bestimmung von Mindestanforderungen für energetische Maßnahmen bei zu eigenen Wohnzwecken genutzten Gebäuden nach § 35c iVm § 35c VII.

schließlich zu eigenen Wohnzwecken nutzt. [2]Eine Nutzung zu eigenen Wohnzwecken liegt auch vor, wenn Teile einer zu eigenen Wohnzwecken genutzten Wohnung anderen Personen unentgeltlich zu Wohnzwecken überlassen werden.

(3) **[1]Der Steuerpflichtige kann die Steuerermäßigung nach Absatz 1 nicht in Anspruch nehmen, soweit die Aufwendungen als Betriebsausgaben, Werbungskosten, Sonderausgaben oder außergewöhnliche Belastungen berücksichtigt worden sind. [2]Die Steuerermäßigung nach Absatz 1 ist ebenfalls nicht zu gewähren, wenn für die energetischen Maßnahmen eine Steuerbegünstigung nach § 10f oder eine Steuerermäßigung nach § 35a in Anspruch genommen wird oder es sich um eine öffentlich geförderte Maßnahme handelt, für die zinsverbilligte Darlehen oder steuerfreie Zuschüsse in Anspruch genommen werden.**

(4) **Voraussetzung für die Inanspruchnahme der Steuermäßigung für energetische Maßnahmen ist, dass**
1. **der Steuerpflichtige für die Aufwendungen eine Rechnung erhalten hat, die die förderungsfähigen energetischen Maßnahmen, die Arbeitsleistung des Fachunternehmens und die Adresse des begünstigten Objekts ausweisen, und die in deutscher Sprache ausgefertigt ist und**
2. **die Zahlung auf das Konto des Erbringers der Leistung erfolgt ist.**

(5) **Die Absätze 1 bis 4 sind auf Gebäudeteile, die selbständige unbewegliche Wirtschaftsgüter sind, und auf Eigentumswohnungen entsprechend anzuwenden.**

(6) **[1]Steht das Eigentum am begünstigten Objekt mehreren Personen zu, können die Steuerermäßigungen nach Absatz 1 für das begünstigte Objekt insgesamt nur einmal in Anspruch genommen werden. [2]Die der Steuerermäßigung nach Absatz 1 zugrunde liegenden Aufwendungen können einheitlich und gesondert festgestellt werden. [3]Die für die gesonderte Feststellung von Einkünften nach § 180 Absatz 1 Nummer 2a der Abgabenordnung geltenden Vorschriften sind entsprechend anzuwenden.**

(7) **Die Bundesregierung wird ermächtigt, durch Rechtsverordnung mit Zustimmung des Bundestages und des Bundesrates die Mindestanforderungen für die energetischen Maßnahmen nach Absatz 1 Satz 3 sowie die Anforderungen an ein Fachunternehmen nach Absatz 1 Satz 6 festzulegen.**

Verwaltungsanweisungen: *BMF* BStBl I 25, 1609 (Einzelfragen) mit Anlage; *BMF* BStBl I 25, 39 (Muster Fachunternehmerbescheinigung).

Schrifttum: *Bleschick,* Förderung …, EStB 25, 461 (Teil I), EStB 26, 22 (Teil II); *Neufang,* Steuerermäßigung … StB 25, 207.

I. Überblick

1 **1. Regelungsinhalt.** § 35c enthält eine StErmäßigung für Aufwendungen iZm energetischen Sanierungsmaßnahmen an zu **eigenen Wohnzwecken** genutzten Gebäude und gem Abs 5 an ebenso genutzten Wohnungen (Gebäudeteilen) und Eigentumswohnungen. Abs 1–4 regeln die Voraussetzungen, die Ermittlung, den Abzug des Ermäßigungsbetrags und Abs 6 die Anwendung bei Mit-, Teil- und Wohneigentum. Abs 7 enthält die VO-Ermächtigung für die **ESanMV** (BGBl I 20, 3; zuletzt geändert durch 3. ÄndVO BGBl I 24 Nr 341 für VZ 2025). § 35c dient der Gleichstellung mit Aufwendungen für energetische Maßnahmen bei Gebäuden iRd Einkunftserzielung, die als AK/HK (AfA), BA/WK abzugsfähig sind (*Neufang* StB 25, 207).

2 **2. Zeitliche Anwendung, § 52 XXXVa.** § 35c ist gem § 52 XXXVa für Maßnahmen anwendbar, bei denen der Beginn (§ 52 XXXVa **1**) nach dem 31.12.19 liegt und die vor dem 1.1.30 beendet werden. Gem § 52 XXXV **2** ist der **Beginn** von den baurechtl Genehmigungsanforderungen und Anzeigepflichten für die jeweilige Maß-

nahme abhängig (bei Genehmigungsbedürftigkeit: Bauantrag; bei Anzeigepflicht Eingang der Anzeige bei der zuständigen Baubehörde; bei verfahrensfreien Vorhaben: Beginn der *Bauausführung,* nicht Planungs- und Beratungsleistungen (*BMF* BStBl I 25, 1609 Rn. 23–25, 80).

3. Persönlicher Anwendungsbereich. Die StErmäßigung kann von veranlagten unbeschr StPfl (natürl Personen) beantragt werden. – Zur Geltendmachung der StErmäßigung iRd LSt-Abzugs → § 39a Rn. 5 und *BMF* BStBl I 25, 1609 Rn. 82. – Für beschr StPfl ist § 35c gem § 50 I 4 ausgeschlossen (auch → § 50 Rn. 20). 3

II. Begünstigungsvoraussetzungen, § 35c I–III

1. Begünstigte Objekte, § 35c I 1. § 35c liegt eine *personen-* und *objektbezogene* Betrachtungsweise zugrunde (iEinz *BMF* BStBl I 25, 1609 Rn. 28: StErmäßigung bis zur Höhe von 40 000 € kann von jeder berechtigten Person für jedes Objekt beansprucht werden; zum Miteigentum → Rn 16). – Die geförderten Maßnahmen müssen an im Inl und in der EU, im EWR belegenen **eigenen Gebäuden** sowie gem Abs 5 an ebensolchen Wohnungen, Gebäudeteilen und Eigentumswohnungen einschließl der Zubehörräume durchgeführt werden (*BMF* BStBl I 25, 1609 Rn. 1 bis 4, 34: Begriffskonkretisierungen; neu ist die Förderfähigkeit der *Wohnraumerweiterung* bei einem iÜ zeitl begünstigten Objekt, zB Gaube). – Berechtigter der StErmäßigung für das *eigene Objekt* ist der zivilrechtl (Mit)Eigentümer, abw davon der wirtschaftl Eigentümer (zB nach Gefahrübergang; Bauten auf fremden Grund, nicht bei dingl Nutzungsrechten, Nießbrauch – *BMF* BStBl I 25, 1609 Rn. 5–10). – Es muss gem **Abs 1 S 2** bei *Beginn* der Sanierungsmaßnahme (→ Rn. 2) *älter als 10 Jahre* sein; dies ist rückwärtsgerichtet und taggenau nach dem *Beginn der Herstellung* zu bestimmen (iEinz *BMF* BStBl I 21, 103 Rn. 22–25). 5

2. Aufwendungen für begünstigte Maßnahmen, § 35c I 2–6 und Bescheinigung, § 35c I 7. – ***(1)*** **Förderfähige Aufwendungen.** Die Aufwendungen müssen für einzelne oder mehrere parallel oder nacheinander ausgeführte begünstigte energetische Maßnahmen iSd abschließenden Katalogs in § 35c I S 3 Nr 1 bis Nr 8 (BT-Drs 19/14338, 22) am begünstigten Objekt getätigt werden und *unmittelbar* auf der fachgerechten Durchführung durch das Fachunternehmen beruhen. S iEinz *BMF* BStBl I 25, 1609, Rn. 43–52, 60–66: hierzu gehören auch Kosten für Umfeldmaßnahmen (*BMF* BStBl I 25, 1609 Rn. 60 ff), nicht aber (*BMF* BStBl I 25, 1609 Rn. 49) für Eigenleistungen des StPfl und die in *BMF* BStBl I 25, 1609 Rn 65 f genannten Kosten. Die *Anlage* zum BMF-Schreiben enthält eine maßnahmenbezogene nicht abschließende Auflistung förder- und nicht förderfähiger Aufwendungen. – *Zeitl* müssen die Aufwendungen während der *Eigennutzung* oder einer gleichgestellten Phase anfallen (→ Rn. 10). – ***(2)*** **Energieberatung.** Gem Abs 1 S 4 Hs 2 sind auch die Aufwendungen für einen qualifizierten Energieberater und für die Bescheinigung gem Abs 1 S 7 begünstigt; dessen Beauftragung ist aber nicht Voraussetzung der StErmäßigung. Die Aufwendungen sind unabhängig vom Abfluss nur im Jahr des Abschlusses der Maßnahme (VZ zu Beginn des Abzugszeitraums → Rn 13) zu 50% (nicht 20%) iRd (Gesamt-)Objekthöchstbetrags iHv 40 000 € **(Abs 1 S 5 Hs 1)** und der jährl Teilhöchstbeträge (→ Rn. 14) zu berücksichtigen (*BMF* BStBl I 21, 103 Rn. 53–59 mit Anforderungsprofil und Beispiel). Die Kosten können mE abw von der Sichtweise des *BMF* auf den Dreijahreszeitraum verteilt werden (zutr *Urban* FR 21, 359 (372); *Steck* Stbg 21, 145 (153)). – ***(3)*** **Doppelförderung.** Das Verbot (→ Rn 11) gilt für beide Aufwandskategorien. – ***(4)*** **Bescheinigung.** Die Maßnahmen müssen den technischen Anforderungen der ESanMV in der jeweils gültigen Fassung (→ Rn 1; Abs 1 S 6 iVm Abs 7) genügen. Die Bescheinigung des Fachunternehmens (zwingend auf amtl Vordruck, derzeit nach *BMF* BStBl I 25, 39) weist die Konformität der Maßnahme nach. Die Bescheinigung ist gem **Abs 1 S 7** materielle 6

Voraussetzung für den Abzug des StErmäßigungsbetrags (*BMF* BStBl I 25, 1609 Rn. 48, 73).

7 **3. Nutzung zu eigenen Wohnzwecken, § 35c II. – a) Anforderungen.** – ***(1)* Eigene Wohnzwecke; Eigentum.** Der StPfl muss das **eigene** begünstigte Objekt (→ Rn. 5) **zu eigenen Wohnzwecken** während der Durchführung der Maßnahmen *und* während des dreijährigen Abzugszeitraums (→ Rn. 13) nutzen (*BMF* BStBl I 25, 1609, Rn. 21). Eine gelegentl aber durchgehende Eigennutzung genügt (ebenso Ferienwohnung; doppelte Haushaltsführung – *BMF* BStBl I 25, 1609, Rn. 11) – ***(2)* Begriff; Ausschließlichkeit.** Unter die ausschließl Eigennutzung fällt das Bewohnen durch den StPfl (mit Familie) oder die unentgeltl Überlassung des gesamten Objekts an Kinder iSd § 32 IV, für die ein KiGeld-Anspruch besteht; die Überlassung des gesamten Objekts an andere familienangehörige Dritte genügt nicht (*BMF* BStBl I 25, 1609 Rn. 13). – Nach **Abs 2 S 2** kann eine *Wohnung* vom StPfl zu eigenen Wohnzwecken genutzt und in *Teilen* anderen Personen *unentgeltl* zu Wohnzwecken überlassen werden (s *BMF* BStBl I 25, 1609 Rn. 16, 18, 19: auch zu Nutzungsrechten; Bagatellgrenze bei Vermietung iHv 520 €). – ***(2)* Beginn; Ende.** Die Eigennutzung beginnt grds mit dem Tag des Einzugs, kann aber auch davor liegen, etwa während des Leerstands vor dem beabsichtigten Einzug; jedoch nicht während einer reinen Vorhaltephase (iEinz *BMF* BStBl I 25, 1609 Rn. 12, 20). – Bei Beendigung der Nutzung im letzten VZ des Abzugseitraums (Auszug; Veräußerung) kann die StErmäßigung in diesem VZ noch genutzt werden (*BMF* BStBl I 25, 1609 Rn. 21).

8 **b) Zuordnung; Aufteilung.** – ***(1)* Wohnungen.** Das Ausschließlichkeitsgebot der Nutzung der Wohnung zu eigenen Wohnzwecken durch die gemischte Nutzung von Wohnungsteilen (bei schädl unentgeltl Überlassung; bei schädl entgeltl Überlassung iRv VuV und zur eigenen Einkünfteerzielung; raumweise fehlende Eigennutzung) lässt nicht die gesamte Förderfähigkeit entfallen (s zB Abs 3: „soweit" WK/BA), führt aber zur Aufteilung in begünstigte und nicht begünstigte Aufwendungen. Aufwendungen für die begünstigte(n) Maßnahme(n) sind in diesem Fall vorrangig bestimmten Räumen direkt zuzuordnen. Aufwendungen, die als allg Gebäudekosten über den Flächenanteil, zB einem häusl Arbeitszimmer zuzuordnen sind (BFH VIII R 16/15, BStBl II 19, 510), sind grds BA/WK und keine begünstigten Aufwendungen iSd § 35c (*BMF* BStBl I 25, 1609, Rn. 14: Begrenzung trotz des Abzugsverbots gem § 4 V 1 Nr 6b, mE zweifelhaft; *BMF* BStBl I 25, 1609, Rn. 15: zu globalen Aufwendungen). – ***(2)* Gebäudeteile.** Bei gemischt genutzten eigenständigen *Gebäudeteilen* **(Abs 5)** kann der zu Wohnzwecken genutzte Gebäudeteil voll gefördert werden (40 000 €); die Aufwendungen aus einer Maßnahme für das *Gesamtgebäude* sind jedoch ebenfalls aufzuteilen (Ausnahme: Dachsanierung samt Installation einer Photovoltaikanlage, IEinz *BMF* BStBl I 21, 103 Rn. 17, 34, 41; dazu *Stirner/Rösch* DStR 21, 1685).

9 **4. Rechnungserteilung; Zahlung, § 35c IV.** Weitere formelle und materielle Voraussetzungen sind das Erteilen einer *Rechnung,* die den Anforderungen gem Abs 4 Nr 1 genügt *und* die nachzuweisende *Zahlung.* Diese muss laut *BMF* nicht vom Konto des Stpfl erfolgen (*BMF* BStBl I 25, 1609 Rn. 78); echter Drittaufwand (→ § 2 Rn. 20 f) genügt jedoch nicht. *BMF* BStBl I 25, 1609, Rn 76 lassen weitere elektronischen Zahlungsformen außerhalb der Barzahlung zu.

10 **5. Ausschluss einer Doppelförderung, § 35c III.** § 35c unterscheidet nicht danach, ob die förderfähigen Aufwendungen AK, HK, BA, WK (auch AfA) sind. Lediglich ein tätsächl anderweitiger Abzug ist gem Abs 3 schädl, denn gem **Satz 1** darf *insoweit* keine StErmäßigung gem § 35c beansprucht werden. Mangels der Einkünfteerzielung mit dem begünstigten Objekt kommt dieser aber nur ausnahmsweise in Betracht (zB bei Wohnung iRe doppelten Haushaltsführung, s *BMF* BStBl I 25, 1609 Rn. 67). – Gem **Satz 2** ist die StErmäßigung auch bei Förderung der Maßnahme

iRd SA gem § 10f, die StErmäßigung gem § 35a, gem § 92a I 1 Nr 3, über verbilligte Darlehen/Zuschüsse (idR KfW), nicht aber im Fall des Baukindergelds und des § 33a ausgeschlossen (s iEinz *BMF* BStBl I 25, 1609 Rn. 67–72; *Bleschick* EStB 26, 22 (24)).

III. Geltendmachung und Abzug des Ermäßigungsbetrags

1. Antrag, § 35c I 1; Abzugszeitraum. Der StErmäßigungsbetrag ist ist für jedes begünstigte Objekt und die begünstigte Maßnahme anhand der ggf aufzuteilenden förderfähigen Aufwendungen zu ermitteln. Der Antrag ist iRd ESt-Veranlagung für den VZ des *Abschlusses der jeweiligen Maßnahme* (→ Rn. 7) zu stellen, dh wenn die Arbeiten erledigt sind, die Rechnung erteilt und bezahlt ist. Bei Ratenzahlung kann die StErmäßigung erst nach Zahlung der letzten Rate für diesen VZ beantragt werden, auch wenn die Maßnahme technisch in einem früheren VZ abgeschlossen wurde (BFH IX R 31/23, BStBl II 24, 869; *BMF* BStBl I 25, 1609, Rn. 80: „Abschluss“ erst mit Gesamtzahlung). Der Antrag ist nicht fristgebunden. Er kann bis zur materiellen Bestandskraft des ESt-Bescheids für den relevanten VZ gestellt werden (zutr *BMF* BStBl I 25, 1609 Rn. 83). – Die rechtzeitige erste Antragstellung begründet mE den Anspruch auf Gewährung der StErmäßigung für alle VZ des dreijährigen Abzugszeitraums (→ Rn. 15 zur Kürzung von Überhängen). 12

Auch während des Abzugszeitraums muss das begünstigte eigene Objekt zu eigenen Wohnzwecken genutzt werden (→ Rn. 5, 7). Wird das begünstigte Objekt entgeltl oder unentgelt auf eine andere Person übertragen, die das Objekt zu eigenen Wohnzwecken nutzt, kann dieser Rechtsnachfolger die StErmäßigung nur für selbst getragene Aufwendungen nutzen; davon abw soll der Erbe in die „Abzugsposition“ des Erblassers eintreten können (insoweit Billigkeitsregelungen s *BMF* BStBl I 25, 1609 Rn. 30, 38–40; glA *Urban* FR 21, 359 (369)). Zu Miteigentümern → Rn. 16. 13

2. Abzug des Ermäßigungsbetrags von einer modifizierten tariflichen Einkommensteuer. – a) Berechnung und Höhe des Ermäßigungsbetrags. – *(1)* Objektbezogener Höchstbetrag. Gefördert werden je Objekt und je StPfl bis zu 20% der begünstigten Aufwendungen des StPfl, beschr auf 40 000 € (Abs 1 S 5 Hs 2), dh maximal Aufwendungen iHv 200 000 € je Objekt (s iEinz *BMF* BStBl I 25, 1609 Rn. 25) – Werden Maßnahmen an verschiedenen begünstigten Objekten zeitgleich oder überschneidend ausgeführt, sind die Ermäßigungsbeträge objektbezogen zu ermitteln; die jährl Höchstbeträge je Objekt innerhalb des Förderzeitraums sind einzuhalten; Mehrbeträge verfallen (*BMF* BStBl I 25, 1609 Rn. 32). – ***(2)* Förderzeitraum.** Der Ermäßigungsbetrag je Objekt ist zutr nach *BMF* BStBl I 25, 1609, Rn. 31 (mit Beispiel) bis zu den Jahreshöchstbeträgen zu verteilen (Abs 1 S 1: im Abschlussjahr der Maßnahme 7% der Aufwendungen, höchstens 14 000 €; im 1. Folgejahr: 7%, max 14 000 €; im 2. Folgejahr: 7%, höchstens 12 000 €). 14

b) Abzugsreihenfolge; Überhang. Der Ermäßigungsbetrag gem § 35c ist von der *tarifl ESt* iSd § 2 V, *vermindert um die sonstigen StErmäßigungen* (§ 34c, § 34g, § 34f, § 35, § 35a) abzuziehen; die StErmäßigung gem § 35b erst danach (→ § 35b Rn. 22). – Die Abgeltungs-ESt gem § 32d I erhöht bei gem § 32d III, IV veranlagten KapErträgen das Abzugsvolumen nicht (auch → § 32d Rn. 4); anders ist dies bei erfolgreicher Günstigerprüfung gem § 32d VI. – Während des Förderzeitraums (→ Rn. 13) muss der StPfl in jedem VZ über einen positiven Ausgangsbetrag (tarifl ESt ./. sonstige StErmäßigungen) verfügen (FG Hmb BeckRS 2024, 26707, rkr). Ein **„Überhang“** des Ermäßigungsbetrags in einem VZ des Abzugszeitraums verfällt, mindert aber nicht den (Gesamt)Höchstbetrag dieses Objekts (zutr *BMF* BStBl I 25, 1609 Rn. 26). Neu und mE zutr wendet *BMF* BStBl I 25, 1609, Rn. 27 bei überhöhter (bestandskräftiger) Teilermäßigung in einem VZ die Teilermäßigung im folgenden VZ, spätestens im letzten VZ des Abzugszeitraums an. 15

16 **3. Miteigentümer; Feststellung, § 35c VI.** Miteigentümer/WEG-Mitglieder können die StErmäßigung für ein begünstigtes Objekt insgesamt nur einmal in Anspruch nehmen, dh der Höchstbetrag iHv 40 000 € gilt unabhängig von der Eigentümeranzahl **(§ 35c VI 1).** Die Aufwendungen/der Ermäßigungsbetrag sind grds nicht nach der tatsächl Aufwandstragung, sondern anhand der Miteigentumsanteile aufzuteilen (s iEinz *BMF* BStBl I 25, 1609 Rn. 33; Billigkeitsregelung in *BMF* BStBl I 25, 1609 Rn. 35 zum Nicht-WEG-Fall; *BMF* BStBl I 25, 1609 Rn. 42 zur WEG). – Auch bei Miteigentümern stellen sich nach den Wohn- und Nutzungszusammenhängen Zuordnungs- und Aufteilungsfragen für die förderfähigen Aufwendungen (→ Rn. 7, 8, dazu *BMF* BStBl I 25,1609 Rn. 34); ferner muss der jeweilige StPfl während des Abzugszeitraums Miteigentümer sein und zu eigenen Wohnzwecken nutzen. *BMF* BStBl I 25, 1609 Rn. 36 f gewährt bei Scheidung und bei Veräußerung dem weichenden Miteigentümer die anteilige StErmäßigung noch im VZ des Auszugs und dem im Objekt verbleibenden Miteigentümer den weiteren Abzug. – Gem **§ 35c VI 2, 3** *können* begünstigte *Aufwendungen,* die mehreren StPfl als Miteigentümern zuzurechnen sind, gesondert/einheitl festgestellt werden (außer § 180 III 1 Nr 2 AO greift) – *BMF* BStBl I 25, 1609 Rn. 84). ME muss dies (kein Ermessen) wegen der Bezugnahme in S 3 auf § 180 I Nr 2 Buchst a AO geschehen. Der StErmäßigungsbetrag ist vom Miteigentümer iRd ESt-Veranlagung zu beantragen (→ Rn. 13; *BMF* BStBl I 25, 39 Rn. 20 ff, auch zur Bescheinigung bei WEG).

VI. Steuererhebung

1. Erhebung der Einkommensteuer

§ 36 Entstehung und Tilgung der Einkommensteuer

(1) **Die Einkommensteuer entsteht, soweit in diesem Gesetz nichts anderes bestimmt ist, mit Ablauf des Veranlagungszeitraums.**

(2) **Auf die Einkommensteuer werden angerechnet:**

1. die für den Veranlagungszeitraum entrichteten Einkommensteuer-Vorauszahlungen (§ 37);

2. die durch Steuerabzug erhobene Einkommensteuer, soweit sie entfällt auf

a) die bei der Veranlagung erfassten Einkünfte oder

b) die nach § 3 Nummer 40 dieses Gesetzes, nach § 8b Absatz 1, 2 und 6 Satz 2 des Körperschaftsteuergesetzes oder nach einem Abkommen zur Vermeidung der Doppelbesteuerung bei der Ermittlung des Einkommens außer Ansatz bleibenden Bezüge

und keine Erstattung beantragt oder durchgeführt worden ist. [2]Die durch Steuerabzug erhobene Einkommensteuer wird nicht angerechnet, wenn die in § 45a Absatz 2 oder Absatz 3 bezeichnete Bescheinigung nicht vorgelegt worden ist oder die Angaben gemäß § 45a Absatz 2a nicht übermittelt worden sind. [3]Soweit der Steuerpflichtige einen Antrag nach § 32d Absatz 4 oder Absatz 6 stellt, ist es für die Anrechnung ausreichend, wenn die Bescheinigung auf Verlangen des Finanzamts vorgelegt wird. [4]In den Fällen des § 8b Absatz 6 Satz 2 des Körperschaftsteuergesetzes ist es für die Anrechnung ausreichend, wenn die Bescheinigung nach § 45a Absatz 2 und 3 vorgelegt wird, die dem Gläubiger der Kapitalerträge ausgestellt worden ist. [5]In den Fällen des § 2 Absatz 7 Satz 3 ist auch die durch Steuerabzug im Kalenderjahr des Wechsels von der unbeschränkten zur beschränkten Einkommensteuerpflicht erhobene Einkommensteuer anzurechnen, die auf Einkünfte entfällt, die weder der un-

beschränkten noch der beschränkten Steuerpflicht unterliegen; § 37 Absatz 2 der Abgabenordnung findet insoweit keine Anwendung;
3. **die nach § 10 des Forschungszulagengesetzes festgesetzte Forschungszulage. [2]Das gilt auch für die gesondert und einheitlich festgestellte Forschungszulage;**
4. **in den Fällen des § 32c Absatz 1 Satz 2 der nicht zum Abzug gebrachte Unterschiedsbetrag, wenn dieser höher ist als die tarifliche Einkommensteuer des letzten Veranlagungszeitraums im Betrachtungszeitraum.**

(3) **[1]Die Steuerbeträge nach Absatz 2 Nummer 2 sind auf volle Euro aufzurunden. [2]Bei den durch Steuerabzug erhobenen Steuern ist jeweils die Summe der Beträge einer einzelnen Abzugsteuer aufzurunden.**

(4) **[1]Wenn sich nach der Abrechnung ein Überschuss zuungunsten des Steuerpflichtigen ergibt, hat der Steuerpflichtige (Steuerschuldner) diesen Betrag, soweit er den fällig gewordenen, aber nicht entrichteten Einkommensteuer-Vorauszahlungen entspricht, sofort, im Übrigen innerhalb eines Monats nach Bekanntgabe des Steuerbescheids zu entrichten (Abschlusszahlung). [2]Wenn sich nach der Abrechnung ein Überschuss zugunsten des Steuerpflichtigen ergibt, wird dieser dem Steuerpflichtigen nach Bekanntgabe des Steuerbescheids ausgezahlt. [3]Bei Ehegatten, die nach den §§ 26, 26b zusammen zur Einkommensteuer veranlagt worden sind, wirkt die Auszahlung an einen Ehegatten auch für und gegen den anderen Ehegatten.**

(5) **[1]Die festgesetzte Steuer, die auf den Aufgabegewinn nach § 16 Absatz 3a und den durch den Wechsel der Gewinnermittlungsart erzielten Gewinn entfällt, kann auf Antrag des Steuerpflichtigen in fünf gleichen Jahresraten entrichtet werden, wenn die Wirtschaftsgüter einem Betriebsvermögen des Steuerpflichtigen in einem anderen Mitgliedstaat der Europäischen Union oder des Europäischen Wirtschaftsraums zuzuordnen sind, sofern durch diese Staaten Amtshilfe entsprechend oder im Sinne der Amtshilferichtlinie gemäß § 2 Absatz 11 des EU-Amtshilfegesetzes und gegenseitige Unterstützung bei der Beitreibung im Sinne der Beitreibungsrichtlinie einschließlich der in diesem Zusammenhang anzuwendenden Durchführungsbestimmungen in den für den jeweiligen Veranlagungszeitraum geltenden Fassungen oder eines entsprechenden Nachfolgerechtsakts geleistet werden. [2]Die erste Jahresrate ist innerhalb eines Monats nach Bekanntgabe des Steuerbescheids zu entrichten; die übrigen Jahresraten sind jeweils am 31. Juli der Folgejahre fällig. [3]Die Jahresraten sind nicht zu verzinsen; sie sollen in der Regel nur gegen Sicherheitsleistung gewährt werden. [4]Die noch nicht entrichtete Steuer wird innerhalb eines Monats nach Eintritt eines der nachfolgenden Ereignisse fällig,**
1. **soweit ein Wirtschaftsgut im Sinne des Satzes 1 veräußert, entnommen, in andere als die in Satz 1 genannten Staaten verlagert oder verdeckt in eine Kapitalgesellschaft eingelegt wird,**
2. **wenn der Betrieb oder Teilbetrieb während dieses Zeitraums eingestellt, veräußert oder in andere als die in Satz 1 genannten Staaten verlegt wird,**
3. **wenn der Steuerpflichtige aus der inländischen unbeschränkten Steuerpflicht oder der unbeschränkten Steuerpflicht in den in Satz 1 genannten Staaten ausscheidet oder in einem anderen als den in Satz 1 genannten Staaten ansässig wird,**
4. **wenn der Steuerpflichtige Insolvenz anmeldet oder abgewickelt wird oder**
5. **wenn der Steuerpflichtige seinen Verpflichtungen im Zusammenhang mit den Ratenzahlungen nicht nachkommt und über einen angemessenen Zeitraum, der zwölf Monate nicht überschreiten darf, keine Abhilfe für seine Situation schafft; Satz 2 bleibt unberührt.**

[5]Ändert sich die festgesetzte Steuer, sind die Jahresraten entsprechend anzupassen. [6]Der Steuerpflichtige hat der zuständigen Finanzbehörde jährlich mit der

Steuererklärung oder, sofern keine Pflicht zur Abgabe einer Steuererklärung besteht, zum 31. Juli anzuzeigen, ob die Voraussetzungen für die Ratenzahlung weiterhin erfüllt sind; kommt er dieser Anzeigepflicht oder seinen sonstigen Mitwirkungspflichten im Sinne des § 90 der Abgabenordnung nicht nach, werden die noch nicht entrichteten Jahresraten rückwirkend zum 1. August des vorangegangenen Jahres fällig, frühestens aber einen Monat nach Bekanntgabe des Steuerbescheids. [7]Unbeschadet des Satzes 6 hat der Steuerpflichtige den Eintritt eines Ereignisses nach Satz 4 der zuständigen Finanzbehörde unverzüglich anzuzeigen. [8]Unterliegt der Steuerpflichtige einer Erklärungspflicht, kann die Anzeige auf Grund eines Ereignisses nach Satz 4 Nummer 1 abweichend von der in Satz 7 genannten Frist mit der nächsten Steuererklärung erfolgen.

Einkommensteuer-Richtlinien: *EStR 36; EStH 36* – **Verwaltungsanweisungen:** *BMF* BStBl I 15, 83 (Erstattungsanspruch).

Übersicht

1 **1. Allgemeines. – a) Bedeutung, Aufbau.** Die ESt ist gem § 2 VII 1 eine **Jahressteuer;** die Grundlagen für ihre Festsetzung werden gem § 2 VII 2 jeweils für ein Kj ermittelt (→ § 2 Rn. 69). An diese Regelungen knüpft § 36 systematisch an. – Gem **§ 36 I** entsteht die ESt grds mit Ablauf des VZ. Gem **§ 36 II, III** sind ESt-Vorauszahlungen und die durch StAbzug erhobene ESt anzurechnen. **§ 36 IV** regelt Nachzahlung und Erstattung. **§ 36 V** eröffnet die Möglichkeit, die (ua) durch Entstrickung gem § 16 IIIa entstandene ESt über fünf Jahre hinweg zu tilgen.

2 **b) Persönlicher Anwendungsbereich.** Die Regelung gilt für unbeschr und grds auch für beschr StPfl, wenn diese zur ESt veranlagt werden (→ § 50 Rn. 6, 28 ff).

3 **c) Neuere Rechtsentwicklung.** Mit dem **WachstChG** (BGBl I 24 Nr 108) ist der sachl Anwendungsbereich des § 36 II 1 Nr 2 Buchst b auf Einkünfte erweitert worden, die nach einem DBA bei der Ermittlung des Einkommens außer Ansatz bleiben (→ Rn. 16). – S iÜ → 43. Aufl 2024, § 36 Rn. 3.

4 **d) Verfassungsrecht; Unionsrecht. § 36 I-IV** sind verfgemäß. Insbes hat die „Doppelbelegung" von § 36 II Nr 3 im VZ 2020 keinen Verstoß gegen den Gesetzesvorbehalt (Art 20 III GG) begründet (→ 39. Aufl 2020, § 36 Rn. 20: beide Regelungen haben Bestand; glA *HHR/Lammers* § 36 Rn. 4). **§ 36 V** ist **rückwirkend** in allen Fällen anzuwenden, in denen § 16 IIIa anzuwenden ist (§ 52 Ld 3 aF). Geht man mit der wohl hA davon aus, dass dies hinsichtl § 16 IIIa unproblematisch ist (s *HHR/Kulosa* § 16 Rn. 620 mwN; *BH/Schallmoser* § 16 Rn. 495), ergeben sich auch für § 36 V keine Bedenken (vgl auch zu § 4 I 3: BFH I R 5/24 (I R 99/15), DStR 25, 1737: verfrechtl unbedenkl). – Zweifel an der **EU-Konformität** von § 36 V aF bestehen nach EuGH C-164/12, DStR 14, 193 – *DMC* und EuGH C-657/13, DStR 15, 1166 – *Verder Lab Tec* wohl nicht mehr (vgl auch zu § 4 I 3: BFH I R 5/24 (I R 99/15), DStR 25, 1737: kein Verstoß gegen die Niederlassungsfreiheit; zu § 6b s BFH VI R 84/14, BStBl II 18, 171; zu § 20 UmwStG 1995 s BFH I B 66/15, BFH/NV 15, 1708); zur Auswirkung von EuGH C-371/10, DStR 11, 2334 – *National Grid indus* s *Prinz* GmbHR 12, 195; *Mitschke* DStR 12, 629; *ders* IStR 13, 393; *Kessler/Philipp* DStR 12, 267. IÜ auch → § 4g Rn. 1.

e) Verhältnis zu anderen Vorschriften. An die Entstehung der ESt knüpfen an: §§ 170 I, 169 AO (Festsetzungsfrist, Verjährung), § 45 I AO (Gesamtrechtsnachfolge), §§ 48, 69 ff, 192 AO (Haftung), § 233a II 1 AO (Nachforderungszinsen), § 324 AO (Arrest). 5

Einfluss ausl ESt auf **Pfändungsfreigrenzen** s EuGH C-224/02, IStR 05, 62 – *Pusa.* Zu **ErbSt** s BFH II R 15/11, BStBl II 12, 790; FG Mster EFG 17, 1746, rkr. Zur entspr Anwendung nach **DBA CHE** s *BMF* BStBl I 18, 270.

2. Entstehung der Einkommensteuer, § 36 I. Die ESt entsteht gem § 36 I (iVm mit § 38 AO) grds **mit Ablauf des VZ.** Gemeint ist die festzusetzende ESt iSv § 2 VI 1. VZ ist gem § 25 I das Kj, in dem der StPfl die jeweiligen Einkünfte erzielt hat (→ § 25 Rn. 3). – **Abweichende Regelungen** („entsteht, soweit …") enthalten § 37 I 2 für EStVorauszahlungen, § 38 II 2 für LSt, § 44 I 2 für KapESt und § 50a V 1 EStG iVm § 73c EStDV für die AbzugSt bei beschr StPfl. Zur Fälligkeit der BauabzugSt s § 48a I 2 EStG; zur KSt s § 30 KStG. – Von Bedeutung ist der Entstehungszeitpunkt ua auch für die Frage, ob einer neuen bzw geänderten gesetzl Regelung **Rückwirkung** zukommt (zB BFH VIII R 16/18, BStBl II 21, 814 Rn. 27); iEinz → § 2 Rn. 41 ff. 8

Abgrenzungen: Zu unterscheiden von der Entstehung der ESt sind die **StFestsetzung,** die nur den StZahlungsanspruch, die Fälligkeit betrifft (zB §§ 36 IV 1, 37 I 1, IV 2, 41a, 44 I 5, 50a V 2), und die Entstehung des **StErstattungsanspruchs** (§ 37 II AO – zB §§ 36 IV 2, 44b, 50d I 2; → Rn. 26).

3. Anrechnung auf Einkommensteuer, § 36 II. – a) Eigene Vorauszahlungen. Auf die ESt des StPfl angerechnet werden grds nur Vorauszahlungen (→ § 37 Rn. 1), die er selbst oder ein Dritter für ihn an das FA gezahlt hat. Überzahlte Beträge werden entweder bei der Veranlagung angerechnet oder erstattet (Antragsveranlagung s § 46 II Nr 8). In Fällen der **Steuerfreiheit, Abgeltung** (s § 43 V, § 50 II 1) oder **Pauschalierung** (§§ 40–40b) werden keine Einkünfte angesetzt; folglich (Wortlaut § 36 II Nr 2) kann auch keine Anrechnung erfolgen (auch → Rn. 11). Dasselbe gilt, wenn die mit StAbzug belasteten Einkünfte bei der Veranlagung (rechtmäßig oder rechtswidrig) nicht berücksichtigt worden sind (BFH VII R 65/18, BFH/NV 22, 1284, Rn. 24; verfahrensrechtl Folge → Rn. 38). 9

Zur Anrechnung freiwilliger Zahlungen gem § 233a VIII s NdsFG EFG 24, 1812, Rev VIII R 20/24; *Seer* DB 22, 1795 (1797). – Zum sog **„Düsseldorfer Verfahren"** (Club-Betreiber führt Beträge als ESt-Vorauszahlung für selbständige Prostituierte an FA ab) s BFH VII R 50/14, BStBl II 16, 730. – Nach **Insolvenzeröffnung** geleistete ESt-Vorauszahlungen dürfen nicht auf Insolvenzforderungen des FA angerechnet werden (BFH VII R 27/14, BStBl II 15, 993; BFH VIII B 143/14, BFH/NV 16, 40; s auch *TK* § 226 AO Rn. 43a; krit *Anzinger* EWiR 15, 419). – Der **SolZ** wird bereits im Vorauszahlungs- und Abzugsverfahren erhoben und auf später festgesetzte SolZ angerechnet (§ 3 I SolZG). – Keine Anrechnung von **GewSt** (BFH X R 55/06, BFH/NV 09, 379). – Die **einheitl Feststellung** von Anrechnungsbeträgen erfolgt nach § 180 V Nr 2 AO (*Klein* § 180 Rn. 57).

b) Einzelfälle nach § 36 II Nr 1, 2. – aa) Einkommensteuervorauszahlungen. → § 37 Rn. 1. 10

bb) Lohnsteuer. Durch StAbzug „erhoben" ist die ESt grds dann, wenn sie als LSt vom ArbG **ordnungsgemäß einbehalten** worden ist (BFH VI R 67/90, BStBl II 94, 182). Dass sie uU ohne Wissen des StPfl nicht an das FA abgeführt wird, ändert daran nichts (§ 38 I, → § 42d Rn. 19 zu LSt; zu Nettolohnvereinbarung → § 39b Rn. 12; zu KapESt → Rn. 12; zu Abrechnungsverfahren BFH VI R 91/93, BFH/NV 94, 862; iÜ auch BFH I R 10/18, BFH/NV 23, 24 Rn. 18 f.); anders aber bei positiver Kenntnis des StPfl (ohne Abführung keine Anrechnung, s BFH VII R 51/98, BFH/NV 00, 46). Ebenfalls durch StAbzug „erhoben" ist die ESt, wenn der ArbG als Abzugsverpflichteter durch **Haftungsbescheid** (§ 42d III) in Anspruch genommen wird (BFH X R 16/21, BStBl II 24, 58). – LSt wird nach 11

§ 36 II Nr 2 Buchst a grds nur angerechnet, soweit sie auf tatsächl (zu Recht oder nicht) bei der Veranlagung **erfasste Einnahmen** entfällt (hM, s BFH VII B 70/10, BFH/NV 10, 2274; BFH VII R 69/99, BStBl II 01, 353; BFH VII R 28/12, BFH/NV 14, 339; Probleme s *Leu* DStZ 96, *Heuermann* DB 96, 1052 und *ders* DB 97, 400); **aA** zu LStAbzug trotz Ende der unbeschr StPfl: BFH VII R 3/00, BStBl II 00, 581 (fragl, ob nicht ein Erstattungsfall vorlag, → § 50d Rn. 35, → § 50a Rn. 41, BFH I R 64/95, NJW 96, 2815; *Wassermeyer* IStR 00, 688; *Gosch* StBP 00, 374). Die **rechtl Qualifikation der Einkünfte** sollte nicht maßgebl sein, soweit die „Anrechnungseinkünfte" überhaupt erfasst sind, etwa durch Schätzung Gewerbegewinn statt ArbLohn (mE LStAnrechnung für diese Tätigkeitseinkünfte). Außerdem darf nicht die Erstattung beantragt oder durchgeführt sein. Zur Bedeutung der LStBescheinigung s BFH VII B 9/11, BFH/NV 11, 2042 mwN: keine Bindung des FA (nur widerlegbare Vermutung). Zu **Nettolohnvereinbarung** → § 39b Rn. 13. – Bei **LStAbzug ohne Einkünftebesteuerung** (ArbG führt versehentl LSt ab) besteht nur Erstattungsanspruch des ArbG (BFH VII B 155/99, BFH/NV 00, 547; BFH VI 88/61 U, BStBl III 62, 93).

Diese Rspr hat BFH VI R 46/07, BStBl II 10, 72 zu Unrecht und in Divergenz zum VII. Senat aufgegeben (zur Fehlerhaftigkeit dieses Vorgehens auch → § 19 Rn. 100 „Lohnsteuer"; einschr BFH VI B 1/20, BFH/NV 21, 13, mit Anm *Krüger* HFR 21, 117). – Trotz abw Wortlaut sind Einkünfte auch bei **Aufzehrung durch Freibeträge** oder **Ausgleich durch Verluste** *„erfasst"* (hM, auch bei Nacherklärung, s *OFD Rostock* DStR 99, 1989, und *OFD Mchn* DStR 03, 30, zutr nach Sinn des Abzugs- und Anrechnungsverfahrens); nicht aber dann, wenn sie verschwiegen wurden (BFH VII B 42/09, BFH/NV 09, 1988).

12 **cc) Kapitalertragsteuer.** Wahlweise Anrechnung gem § 36 II Nr 2 Buchst a (*BMF* BStBl I 25, 1330 Rn. 145) oder Erstattung gem §§ 44a IX, 44b bzw DBA, soweit die Steuer nicht abgegolten ist (→ § 43 Rn. 3 und 29 ff; s auch § 20 IV REITG). Bei der Veranlagung **„erfasst"** sind die Einkünfte, wenn die betr KapErträge zur Besteuerungsgrundlage (§ 157 II AO) geworden sind (BFH VII R 65/18, BFH/NV 22, 1284, auch zur zeitl Zuordnung; BFH VIII R 20/22, BFH/NV 24, 1321). Einbehaltene KapESt ist auch dann erhoben, wenn sie nicht an das FA abgeführt worden ist (BFH VIII R 17/17, BStBl II 21, 468 Rn. 29; wie LSt → Rn. 11). – **Anrechnung** ist **ausgeschlossen:** wenn die mit dem StAbzug belasteten Einkünfte bei der Veranlagung (rechtmäßig oder rechtswidrig) nicht berücksichtigt worden sind (BFH VII R 65/18, BFH/NV 22, 1284, Rn. 24); wenn keine Bescheinigung vorliegt (s § 45a II, IIa, III; s BFH VIII R 28/07, BStBl II 09, 842); wenn keine KapESt erhoben worden ist (BGH 1 StR 519/20, DStR 21, 2453; BGH 1 StR 187/23, NStZ-RR 2023, 387); bei Nachversteuerung infolge **Amnestieerklärung** nach StraBEG (s BFH IX R 23/19, BStBl II 20, 631; FG Hmb EFG 07, 1556, rkr, und FG Köln EFG 07, 934, rkr; **aA** *Milatz/Tempich* DB 05, 2103; *Randt/Schauf* DStR 06, 537). Anrechnung von Steuern auf Auslandszinsen s §§ 45e, 50b (ferner FG Hmb IStR 12, 274). Zu § 7 VII InvStG 2004 s FG Mchn EFG 15, 226, rkr.

Zur wirtschaftl **Zurechnung von Aktien** s *BMF* BStBl I 21, 1002 Rn. 13. Zu sog **Cum/Ex-Geschäften** → § 43 Rn. 5; BGH 1 StR 519/20, DStR 21, 2453; BFH I R 22/20, BStBl II 22, 324; HessFG EFG 21, 1400 rkr, und Nachweise in → 39. Aufl 2020, § 36 Rn. 12 aE; zu sog **Cum/Cum-Geschäften** → § 36a Rn. 1 ff.

13 **dd) Beschränkte Steuerpflicht.** Grds Abgeltung durch StAbzug gem § 50 II 1, evtl Erstattung nach § 50 II 3 oder DBA (→ § 50 Rn. 40, → § 50c Rn. 24 ff). **EG-/EU-Problematik** ist gelöst durch § 50 II 2, 7, § 50a III, IV (JStG 2009, BGBl I 08, 2794). Grenzpendler iSv § 1 III, § 1a sind wie andere unbeschr StPfl abzugsberechtigt (→ Rn. 5). Zu Wechsel zw beschr und unbeschr EStPfl → Rn. 19.

14 **ee) Steuerabzug bei Bauleistungen.** § 48c enthält eine besondere Reihenfolge der Anrechnung von Abzugsbeträgen bei dem Bauleistenden (*nach* LSt, Vorauszah-

lungen auf ESt/KSt, ESt-/KSt-Erstattung; vgl *BMF* BStBl I 22, 1229 Rn. 86 ff; zu Problemen s *Diebold* DStZ 02, 471; *ders* DStR 02, 1336; *ders* DB 03, 1134).

ff) Teileinkünfteverfahren. § 36 II Nr 2 S 1 Hs 2 Buchst b soll sicherstellen, dass bei Weiterausschüttung von nach § 8b KStG ganz oder nach § 3 Nr 40 anteilig stfreien Dividendenerträgen die einbehaltene KapESt nicht definitiv wird (unabhängig von der StFreiheit ist die KapESt nach § 43 I 3 voll einzubehalten und beim Anteilseigner voll anzurechnen). Zum Begriff „Erstattung" s BFH I R 54/09, BFH/NV 11, 641; BFH VII R 49/13, BFH/NV 15, 1683. 15

gg) DBA. Einkünfte, die aufgrund eines DBA bei der Ermittlung des Einkommens außer Ansatz bleiben, aber gleichwohl durch einbehaltene StAbzugsbeträge belastet sind, werden **seit VZ 2024** bei der Veranlagung durch Anrechnung dieser Beträge wieder entlastet. Dies betrifft vor allem unbeschr StPfl (antragsberechtigt nach § 50c III: nur beschr stpfl Gläubiger, → § 50c Rn. 24), die KapErträge über eine **ausl Betriebsstätte** beziehen, und entspricht der bisherigen Verwaltungspraxis (BT-Drs 20/9396, 21). 16

c) Abzugsbescheinigung, § 36 II Nr 2 S 2–4. Die **Bescheinigung nach § 45a** ist im Original vorzulegen (EStR 36); sie ist materiell-rechtl Voraussetzung der Anrechnung (s BFH VIII R 28/07, BStBl II 09, 842; FG Mster EFG 16, 1136, rkr). Ob mit ihr der Nachweis geführt werden kann, dass die KapESt auch tatsächl erhoben wurde (→ Rn. 9), ist str (abl HessFG EFG 16, 761 mwN, rkr: keine Vollbeweisfunktion, mE zutr; glA *BH/Ettlich* § 36 Rn. 153 mwN; **aA** *Müller/Schade* BB 17, 1239 (1248) mwN). – In Fällen des § 32d IV, VI wird nach § 36 II Nr 2 S 3 auf die Vorlage von StBescheinigungen verzichtet; auf Verlangen müssen sie aber vorgelegt werden (*BMF* BStBl I 25, 1330 Rn. 150). § 36 II Nr 2 S 4 enthält eine Sonderregelung für § 8b VI 2 KStG. – Zur Datenübermittlung nach **§ 45a IIa** (ab 1.1.25) → § 45a Rn. 5. 18

d) Wechsel von unbeschränkter zu beschränkter Steuerpflicht, § 36 II Nr 2 S 5. Die während der beschr EStPfl erzielten inl Einkünfte sind gem § 2 VII 3 in eine Veranlagung zur unbeschr EStPfl einzubeziehen (→ § 1 Rn. 77, → § 2 Rn. 69; zum Ausschluss der Abgeltungswirkung → § 50 Rn. 33). Auf die ESt angerechnet werden in diesem Fall gem § 36 II Nr 2 S 5 auch StAbzugsbeträge, die auf stfreie Einkünfte entfallen (s auch BT-Drs 19/22850, 92). Die Regelung gilt für KapErträge, die nach dem 31.12.20 zufließen (§ 52 XXXVb 1). Zuständig: **WohnsitzFA** des StPfl (wegen § 2 VII 3; *BMF* BStBl I 25, 1330 Rn. 307). Eine Erstattung nach § 37 II AO ist ausgeschlossen (§ 36 II Nr 2 S 5 Hs 2). 19

e) Forschungszulage, § 36 II Nr 3. Sie wird gem § 10 I 1 FZulG in einem eigenen Bescheid festgesetzt und ist gem § 10 I 2 FZulG **bei der „nächsten erstmaligen" ESt-/KSt-Festsetzung** vollständig auf die festgesetzte Steuer anzurechnen (BT-Drs 19/14875, 39: „möglichst frühzeitige Anrechnung"); s iEinz *BMF* BStBl I 23, 364 Rn. 261 ff. Ob eine Auszahlung tatsächl als **StErstattung** zu werten ist (§ 10 I 3 FZulG, gem BT-Drs 19/25160, 230 keine Einnahme) ist str (**aA** → § 4 Rn. 460 „Zulagen/Zuschüsse" mwN). – Bei **MUerschaft** (§ 15 I 1 Nr 2): gesonderte und einheitl Feststellung gem § 10 II FZulG (s *BMF* BStBl I 23, 364 Rn. 265). 20

Grund für die **Ausgestaltung als Steuererstattung** sind die beihilferechtl Vorgaben der Allgemeinen Gruppenfreistellungsverordnung (AGVO – VO 651/2014 der EU-Kommission, s BT-Drs 19/14875, 32). – S iÜ auch *Kessler/Spychalski* DStR 19, 2602.

f) Tarifglättung gem § 32c I 2, § 36 II Nr 4. Zur Anrechnung einer Negativ-Einkommensteuer bei Einkünften aus LuF ab VZ 2016 (verlängert bis VZ 2028) → § 32c Rn. 14 und *BMF* BStBl I 20, 952 Rn. 29, 31 (keine Erstattung von SolZ und KiSt). 21

4. Aufrunden, § 36 III. Die Regelung gilt (zugunsten des StPfl) nur für die StAbzugsbeträge des § 36 II Nr 2 (S 1) und für die Summe der Beträge der einzelnen 23

Abzugsteuern (S 2). Vorauszahlungen werden in § 36 III nicht genannt und sind daher auch nicht aufzurunden.

24 **5. Abrechnung, § 36 IV. – a) Fälligkeit der Abschlusszahlung, § 36 IV 1.** Fälligkeit (Abgrenzung zur Entstehung der Steuer → Rn. 2) tritt grds 1 Monat nach Bekanntgabe des Bescheides (§ 122 II AO; Fristberechnung: § 108 AO) ein, soweit in der Anrechnungsverfügung eine Abschlusszahlung ausgewiesen ist (BFH VII R 32, 33/99, BStBl II 01, 133). **Ausnahme:** Eine vorher fällige **Vorauszahlung (§ 37 I 1)** ist sofort zu entrichten (BFH VIII B 31/80, BStBl II 81, 767).

Beispiel: Versendung der Bescheide am 2.4., Fiktion der Bekanntgabe am 5.4. (soweit kein Wochenende oder Feiertag); Fristablauf grds mit dem 5.5. (auch Ablauftag der Einspruchsfrist, § 355 I AO). Bei Zahlungseingang nach dem 5.5.: Säumniszuschläge, § 240 AO.

26 **b) Erstattungsanspruch, § 36 IV 2, 3.** Entsteht durch Überzahlung mit Ablauf des VZ (BFH VII R 116/94, BStBl II 96, 557, auch zu Abtretung) und wird bei Bekanntgabe des Bescheides fällig (str, BFH VII R 86/88, BStBl II 90, 523; BFH VII B 82/01, BFH/NV 02, 471 mwN). Keine Erstattung vor (ohne) Veranlagung (NdsFG EFG 94, 302, rkr). Keine Erstattung ausl QuellenSt ohne DBA-Sonderregelung (FG Brem EFG 03, 1707, rkr). Zum unberechtigten LStAbzug → Rn. 11. **Anspruchsberechtigt** für Erstattung und Anrechnung (→ Rn. 5) ist der, für dessen Rechnung die Steuer abgezogen wurde (BFH VII R 35/06, BStBl II 07, 742). Das gilt grds auch bei **Ehegatten/LPart** (§ 37 II AO, BFH VII R 42/10, BStBl II 11, 607 mwN). Allerdings wirkt gem § 36 IV 3 die Auszahlung an einen Ehegatten/LPart bei Zusammenveranlagung auch für und gegen den anderen. **Ausnahmen:** ***(a)*** FA erkennt oder musste erkennen, dass der andere Ehegatte/LPart mit dieser Verfahrensweise aus beachtl Gründen nicht einverstanden ist (BFH VII R 2/89, BStBl II 90, 719); ***(b)*** die Auszahlung ist iRe inzwischen aufgehobenen getrennten Veranlagung erfolgt (BFH VII B 47/15, BFH/NV 16, 1428); zu weiteren Besonderheiten und Grenzen → 40. Aufl 2021, § 36 Rn. 28. – S iÜ *BMF* BStBl I 15, 83, Anm 2; ferner *Baum* NWB 13, 834.

Verzinsung stets ab 15 Monate nach Ablauf des Entstehungsjahres (§ 233a AO, § 15 IV EGAO). Der Anspruch **verjährt** nach 5 Jahren (§ 228 AO; s auch FG Hmb EFG 16, 1845). **AdV** → Rn. 34. Zur zivilrechtl Bewertung in der **Insolvenz** s BGH II ZR 62/15, DStR 16, 1273, und BGH IX ZR 64/21, DStR 22, 665, mit Anm *Ahrens* EWiR 22, 217.

28 **6. Finale Betriebsaufgabe, § 36 V. – a) Ratenzahlung, § 36 V 1.** Im Fall der sog finalen Betriebsaufgabe gem § 16 IIIa (Verlegung eines Betriebs/Teilbetriebs in einen anderen EU-/EWR-Staat; → § 16 Rn. 196 f) kann **auf Antrag** des StPfl die festgesetzte Steuer, die auf den Aufgabegewinn und den durch den Wechsel der Gewinnermittlungsart erzielten Gewinn entfällt, **in fünf gleichen Jahresraten** entrichtet werden. Eine Antragsfrist ist nicht vorgesehen. Zur **Berechnung** des in Raten zu zahlenden Betrags ist von der festgesetzten Steuer diejenige Steuer abzuziehen, die sich ergeben würde, wenn der Aufgabegewinn und der Übergangsgewinn unberücksichtigt blieben. Über den Antrag entscheidet das FA; die Entscheidung ist **VA** und kann angefochten werden, sowohl im Fall der Gewährung von Ratenzahlung (zB falsche Berechnung) als auch bei Versagung (str, glA *BH/Ettlich* § 36 Rn. 61; **aA** *HHR/Lammers* § 36 Rn. 68). – Voraussetzung für die ratierliche Besteuerung ist, dass die WG einem BV des StPfl in einem anderen **EU-/EWR-Staat** zuzuordnen sind (tatsächl-funktional, vgl BFH I R 112/94, BStBl II 96, 563; glA *Beinert/Benecke* FR 10, 1009 (1011); *HHR/Lammers* § 36 Rn. 66; **aA** *KS/Gosch* § 36 Rn. 28) und dass dieser Staat **Amtshilfe** nach der AmtshilfeRL gem § 2 XI des EU-AmtshilfeG und Unterstützung iSd BeitrRL leistet (einschließl Durchführungsbestimmungen; s *BMF* BStBl I 19, 480; *Klein* AO § 117 Rn. 55 ff und 150 ff). – Die Regelung ist durch das **ATAD-UmsG** (BGBl I 21, 2035) neu gefasst worden (→ Rn. 30; Hintergrund und Quellen: → § 4k Rn. 1 aE), entspricht aber in Bezug auf § 36 V 1 der bis-

herigen Regelung. Zur **rückwirkenden Anwendung** der bisherigen Regelung und zur **EU-Konformität** → Rn. 4.

Eine **Besteuerung nicht realisierter Gewinne** ist in der ATAD ausdrückl vorgesehen (s Art 5 ATAD und Erwägungsgrund (10) RL (EU) 2016/1164); zur unionsrechtl Zulässigkeit → § 4 Rn. 243.

b) Fälligkeit; (keine) Zinsen; Sicherheit, § 36 V 2 und 3. Die erste Jahresrate wird innerhalb eines Monats nach Bekanntgabe (§ 122 II AO; Fristberechnung: § 108 AO) des Bescheids über die festgesetzte Steuer iSv § 36 V 1 fällig, die übrigen vier Jahresraten jeweils am 31.7. der Folgejahre (bis VZ 2020: 31.5.). –Die Jahresraten sind weiterhin **nicht zu verzinsen** (§ 36 V 3 Hs 1), obwohl Art 5 III 1 ATAD dies zugelassen hätte. Ratenzahlung soll gem § 36 V 3 Hs 2 idR **nur noch gegen Sicherheitsleistung** (§ 241 AO) gewährt werden (Grund: kein unmittelbarer Zugriff der Zwangsvollstreckung im Ausl). Die gesetzl Vorgabe („sollen idR") räumt dem FA ein sog gelenktes oder **intendiertes Ermessen** ein; dh, eine Stundung ohne Sicherheitsleistung kommt grds nur bei Vorliegenden besonderer Gründe in Betracht (vgl BFH XI R 41/18, BStBl II 23, 288 Rn. 51 mwN). 29

Gem Art 5 III (2) ATAD kann der Zahlungsaufschub nur dann von einer Sicherheitsleistung des StPfl abhängige gemacht werden, wenn ein **„nachweisl und tatsächl Risiko"** besteht, dass die Steuer nicht eingezogen werden kann. Das muss das FA mE bei der Ermessensausübung im Anwendungsbereich der ATAD berücksichtigen; denn auch das FA ist zur **RL-konformen Auslegung** verpflichtet (→ § 4k Rn. 6; ausführl *HHR/Lammers* § 36 Rn. 70; *Desens* FR 22, 681 (687); **aA** *BH/Ettlich* § 36 Rn. 271a).

c) Beendigung des Zahlungsaufschubs, § 36 V 4. Die Regelungen zur Beendigung des Zahlungsaufschubs sind entspr Art 5 IV ATAD verschärft worden (mit Verweisungen in § 4g II 2). Tritt eine der in § 36 V 4 genannten Bedingungen ein, ist die noch ausstehende Steuer einen Monat nach dem betr Ereignis fällig. 30

- **V 4 Nr 1:** Veräußerung, Entnahme oder Verlagerung eines WG iSv § 36 V 1 in einen anderen als die dort genannten Staaten oder verdeckte Einlage in eine KapGes. Die Rechtsfolge des § 36 V 4 bezieht sich mE nur auf die Steuer, die auf das betr WG entfällt (Verhältnismäßigkeit; s auch *HHR/Lammers* § 36 Rn. 71).
- **V 4 Nr 2:** Einstellung, Veräußerung oder Verlegung des Betriebs/Teilbetriebs in einen anderen als die in § 36 V 1 genannten Staaten. Nach dem mE eindeutigen Wortlaut der Regelung löst erst ein Handeln des StPfl (Sitzverlegung) die negative Folge der vorzeitigen Fälligkeit der noch ausstehenden Steuer aus; anders als bei § 6 I 2 Nr 4 AStG, § 4 I 3 EStG und § 12 I KStG gibt es hier keine „passive Entstrickung" (vgl *BMF* BStBl I 18, 1104). Daher ist auch der **Brexit** kein „schädl Ereignis" iSd § 36 V 4 aF gewesen. Entspr hat der Gesetzgeber (anders als etwa bei § 4g) darauf verzichtet, die Regelung mit dem Brexit-StBeglG anzupassen (s BT-Drs 19/7377, 15; ebenso *Bron* BB 19, 664 (666)).
- **V 4 Nr 3:** Ausscheiden des StPfl aus der inl unbeschr StPfl oder der unbeschr StPfl in einem der in § 36 V 1 genannten Staaten oder Begründung der Ansässigkeit in einem anderen als den dort genannten Staaten.
- **V 5 Nr 4:** StPfl meldet Insolvenz an (Antragstellung maßgebl, nicht Eröffnungsbeschluss) oder wird abgewickelt (Beschlussfassung der Ges'ter). Der Antrag eines Gläubigers (§ 13 I 2 InsO) führt der gesetzl Regelung zufolge nicht zur Fälligkeit der noch ausstehenden Steuer; insoweit kommt es allein auf § 36 V 5 Nr 5 an.
- **V 5 Nr 5:** StPfl kommt seiner Zahlungsverpflichtung gem § 36 V 2 nicht nach und schafft keine Abhilfe in angemessener Zeit (maximal 12 Monate). An der Fälligkeit der weiteren Raten ändert das gem § 36 V 5 Nr 5 Hs 2 nichts (dies gilt nach Inhalt und Systematik nur für § 36 V 5 Nr 5 Hs 1).

Die Fälligkeit der noch ausstehenden Steuer ist gesetzl vorgegeben; eine Änderung des StBescheids ist nicht erforderl. Gleichwohl wird man mE aus Gründen der Rechtssicherheit eine **Entscheidung des FA** in Form eines (ggf deklaratorischen → Rn. 36) VA verlangen müssen (glA *KKM* § 36 Rn. I 20g). Das gilt insb für § 36 V Nr 5: was innerhalb des 12-Monats-Zeitraums eine „angemessene Zeit" ist, steht nicht im Belieben des StPfl; das FA muss eine – gericht überprüfbare – Wertung vornehmen und das Ergebnis dem StPfl mitteilen.

31 **d) Anpassung der Jahresraten, § 36 V 5.** Ändert sich die festgesetzte Steuer, sind die Jahresraten anzupassen. Die zu diesem Zeitpunkt noch nicht fälligen Vorauszahlungen sind mE durch Anpassungsbescheid (VA, → Rn. 28) so festzusetzen, dass sie insgesamt mit den schon fällig gewesenen Zahlungen der festgesetzten (angepassten) Steuer iSv § 36 V 1 entsprechen (wie bei § 37 IV, → § 37 Rn. 18). Eine Erstattung bei Herabsetzung der Raten ist nicht vorgesehen.

32 **e) Anzeigepflichten, § 36 V 6–8.** Mit Wirkung **ab VZ 2021** sind dem StPfl jährl Anzeigepflichten auferlegt worden (mit der nächsten StErklärung, ansonsten zum 31.7.). Ein Verstoß gegen diese Pflichten oder gegen sonstige Mitwirkungspflichten iSv § 90 AO (insb § 90 II AO: Auslandsbezug) führt zur Fälligkeit der noch nicht entrichteten Steuer iSv § 36 V 1, und zwar rückwirkend zum 1.8. des Vorjahres, frühestens aber einen Monat nach Bekanntgabe des StBescheids, mit dem die Steuer iSv § 36 V 1 festgesetzt worden ist. Dies gilt mE, soweit die Anzeigepflichten nur einzelne WG betreffen, nur hinsichtl der auf das betr WG entfallenden Steuer.

36 **7. Verfahren. – a) Anrechnung. – aa) Selbständige Verfügung.** Die Anrechnung nach § 36 erfolgt (anders als bei § 34c) nicht im Verfahren der StFestsetzung, sondern der **Steuererhebung,** und zwar durch einen vom StBescheid getrennten VA, wenn auch mit deklaratorischer Wirkung (s BFH I R 2/12, DStR 14, 2012; BFH VII R 55/10, BStBl II 12, 220; BFH VIII R 28/07, BStBl II 09, 842 mwN; § 233a V 1 Hs 2 AO). Die **Bindungswirkung** (Änderung nur nach §§ 130, 131 AO) gilt nach Auffassung des für AO-Fragen zuständigen VII. Senats entgegen I. Senat auch für spätere **Abrechnungsbescheide** iSv § 218 II AO (BFH VII R 35/06, BStBl II 07, 742 mwN – keine entscheidungserhebl Abweichung vom I. Senat; zur **Verjährung** vgl BFH VII R 33/06, BStBl II 08, 504; BFH VII R 51/08, BStBl II 10, 382; ferner BFH VII R 3/10, BFH/NV 11, 750; BFH VII R 55/10, BStBl II 12, 220: Rückzahlungsanspruch des FA). Denn die sich aus § 36 II ergebende Verknüpfung von StFestsetzung und StErhebung bewirkt, dass dem StBescheid für die ihm folgenden Anrechnungsverfügungen bzw Abrechnungsbescheide eine ähnl bindende Wirkung wie einem Grundlagenbescheid zukommt (BFH VIII B 17/24, BFH/NV 25, 1273, Rn. 11).

37 **bb) Berichtigung.** Die unterbliebene Anrechnung kann fünf Jahre lang nachgeholt werden (§ 228 AO; s auch BFH VIII R 1/07, BStBl II 08, 659). Die Berichtigungsmöglichkeit einer fehlerhaften Anrechnung hängt ab von der Annahme eines selbständigen VA (→ Rn. 36). ME kann die zu niedrige Anrechnung nach § 130 I AO ohne Einschränkung korrigiert werden (vgl – auch zu Grenze der Zahlungsverjährung – BFH VII R 33/06, BStBl II 08, 504; *OFD Hann* DStR 08, 1333), die überhöhte Anrechnung – außer § 129 AO – nur eingeschränkt nach § 130 II AO (glA BFH VII R 35/06, BStBl II 07, 742 mwN mit weiter Auslegung von § 130 II AO; *OFD Mchn* DStR 03, 30, *OFD Ffm* DStR 06, 848, und *OFD Hann* DStR 08, 1333, auch zu § 173 AO – aber → Rn. 36). – Bei einer **geänderten StFestsetzung** ist auch die mit dem Änderungsbescheid verbundene Anrechnungsverfügung anzupassen; die Zahlungsverjährung (§ 228 AO) für den gesamten StAnspruch beginnt von neuem (s BFH VII R 68/11, BStBl II 16, 115: neue Frist nach § 228 AO, mit Anm *H. Schmitt;* bestätigt durch BFH VII R 18/18, BFH/NV 19, 107; ebenso BFH VIII B 17/24, BFH/NV 25, 1273; s auch § 229 I 3 AO). Zum Widerruf einer Anrechnungsverfügung nach Änderung des EStBescheids wegen Festsetzungsverjährung s BFH VII R 43/07, BStBl II 09, 344.

38 **b) Rechtsbehelfe.** Bei fehlerhafter Anrechnung mE Anfechtung dieses VA durch Einspruch (→ Rn. 36, 37). IÜ kann der StPfl (alternativ, s FG Mster EFG 91, 587, rkr) einen Erstattungsanspruch nach § 37 II AO geltend machen (s § 44b V zu KapESt) bzw **Abrechnungsbescheid** iSv § 218 AO beantragen (→ Rn. 36; zum Inhalt BFH VII R 142/84, BFH/NV 90, 69); bei Ablehnung Einspruch (§ 347 I Nr 1 AO) oder Sprungklage (BFH I R 62/81, BStBl II 86, 565). An der **verfahrensrechtl**

Vorrangigkeit des Abrechnungsverfahrens hat sich durch BFH VII R 100/96, BStBl II 97, 787 nichts geändert (BFH VII R 35/06, BStBl II 07, 742; BFH I B 79/06, BFH/NV 07, 207). – Die Anfechtung des **StBescheids** mit dem Ziel der Festsetzung einer höheren ESt ist zulässig, wenn es dem StPfl darum geht, auf diese Weise die begehrte Anrechnung zu erreichen (BFH VI R 46/07, BStBl II 10, 72; FG Hmb BeckRS 2023, 38531, NZB VIII B 17/24).

c) Aussetzung der Vollziehung. AdV des EStBescheids führt grds dazu, dass die StFestsetzung in dem Sinne suspendiert ist, dass sich kein Beteiligter darauf berufen kann; von den Wirkungen darf kein Gebrauch gemacht werden (vgl BFH VII R 58/94, BStBl II 96, 55). Eine Erstattung von geleisteten Vorauszahlungen oder durch StAbzug erhobene LSt, KapESt und AbzugSt nach § 50a sowie anzurechnende KSt ist allerdings nach § 361 II 4 AO ausgeschlossen (Hintergrund und Kritik → 37. Aufl 2018, § 36 Rn. 34). Die Wirkung der AdV ist daher, soweit die AdV dieser Abzugsbeträge nicht zur **Abwendung wesentl Nachteile** nötig erscheint, auf den Nachzahlungsbetrag beschränkt (s *Klein* AO § 361 Rn. 40 ff; ausführl *Birkenfeld* DStZ 99, 349; großzügige Auslegung durch BFH IX B 177/02, BStBl II 04, 367). IdR wird aber ein **Herabsetzungsantrag** Erfolg haben. Zur **Grenze** s NdsFG EFG 98, 772, rkr; FG Mchn EFG 98, 1479, rkr, und im Anschluss daran das FA (*Hinweis* in FG Mchn EFG 98, 1479: AdV auch iHd zurückgeforderten Anrechnungs-Erstattungsbetrags nach Bescheidänderung). 39

§ 36a Beschränkung der Anrechenbarkeit der Kapitalertragsteuer

(1) [1]**Ungeachtet eines Abkommens zur Vermeidung der Doppelbesteuerung setzt bei Kapitalerträgen im Sinne des § 43 Absatz 1 Satz 1 Nummer 1a die volle Anrechnung der durch Steuerabzug erhobenen Einkommensteuer ferner voraus, dass der Steuerpflichtige hinsichtlich der diesen Kapitalerträgen zugrunde liegenden Anteile oder Genussscheine**

1. **während der Mindesthaltedauer nach Absatz 2 ununterbrochen wirtschaftlicher Eigentümer ist,**
2. **während der Mindesthaltedauer nach Absatz 2 ununterbrochen das Mindestwertänderungsrisiko nach Absatz 3 trägt und**
3. **nicht verpflichtet ist, die Kapitalerträge ganz oder überwiegend, unmittelbar oder mittelbar anderen Personen zu vergüten.**

[2]**Fehlen die Voraussetzungen des Satzes 1, so sind drei Fünftel der Kapitalertragsteuer nicht anzurechnen.** [3]**Die nach den Sätzen 1 und 2 nicht angerechnete Kapitalertragsteuer ist auf Antrag bei der Ermittlung der Einkünfte abzuziehen.** [4]**Die Sätze 1 bis 3 gelten entsprechend für Anteile oder Genussscheine, die zu inländischen Kapitalerträgen im Sinne des § 43 Absatz 3 Satz 1 führen und einer Wertpapiersammelbank im Ausland zur Verwahrung anvertraut sind.**

(2) [1]**Die Mindesthaltedauer umfasst 45 Tage und muss innerhalb eines Zeitraums von 45 Tagen vor und 45 Tagen nach der Fälligkeit der Kapitalerträge erreicht werden.** [2]**Bei Anschaffungen und Veräußerungen ist zu unterstellen, dass die zuerst angeschafften Anteile oder Genussscheine zuerst veräußert wurden.**

(3) [1]**Der Steuerpflichtige muss unter Berücksichtigung von gegenläufigen Ansprüchen und Ansprüchen nahe stehender Personen das Risiko aus einem sinkenden Wert der Anteile oder Genussscheine im Umfang von mindestens 70 Prozent tragen (Mindestwertänderungsrisiko).** [2]**Kein hinreichendes Mindestwertänderungsrisiko liegt insbesondere dann vor, wenn der Steuerpflichtige oder eine ihm nahe stehende Person Kurssicherungsgeschäfte abgeschlossen hat, die das Wertänderungsrisiko der Anteile oder Genussscheine unmittelbar oder mittelbar um mehr als 30 Prozent mindern.**

(4) [1]**Einkommen- oder körperschaftsteuerpflichtige Personen, bei denen insbesondere auf Grund einer Steuerbefreiung kein Steuerabzug vorgenommen oder denen ein Steuerabzug erstattet wurde und die die Voraussetzungen für eine Anrechenbarkeit der Kapitalertragsteuer nach den Absätzen 1 bis 3 nicht erfüllen, haben**

1. dies gegenüber ihrem zuständigen Finanzamt anzuzeigen,
2. Kapitalertragsteuer in Höhe von 15 Prozent der Kapitalerträge im Sinne des § 43 Absatz 1 Satz 1 Nummer 1a und des Absatzes 1 Satz 4 nach amtlich vorgeschriebenem Vordruck auf elektronischem Weg anzumelden und
3. die angemeldete Steuer zu entrichten.

[2]**Die Anzeige, Anmeldung und Entrichtung hat bei Steuerpflichtigen, die ihren Gewinn durch Betriebsvermögensvergleich ermitteln, bis zum 10. Tag des auf den Ablauf des Wirtschaftsjahres folgenden Monats und bei anderen Steuerpflichtigen bis zum 10. Tag des auf den Ablauf des Kalenderjahres folgenden Monats zu erfolgen.**

(5) **Die Absätze 1 bis 4 sind nicht anzuwenden, wenn**

1. die Kapitalerträge im Sinne des § 43 Absatz 1 Satz 1 Nummer 1a und des Absatzes 1 Satz 4 im Veranlagungszeitraum nicht mehr als 20 000 Euro betragen oder
2. der Steuerpflichtige bei Zufluss der Kapitalerträge im Sinne des § 43 Absatz 1 Satz 1 Nummer 1a und des Absatzes 1 Satz 4 seit mindestens einem Jahr ununterbrochen wirtschaftlicher Eigentümer der Aktien oder Genussscheine ist; Absatz 2 Satz 2 gilt entsprechend.

(6) [1]**Der Treuhänder und der Treugeber gelten für die Zwecke der vorstehenden Absätze als eine Person, wenn Kapitalerträge im Sinne des § 43 Absatz 1 Satz 1 Nummer 1a und des Absatzes 1 Satz 4 einem Treuhandvermögen zuzurechnen sind, welches ausschließlich der Erfüllung von Altersvorsorgeverpflichtungen dient und dem Zugriff übriger Gläubiger entzogen ist.** [2]**Entsprechendes gilt für Versicherungsunternehmen und Versicherungsnehmer im Rahmen von fondsgebundenen Lebensversicherungen, wenn die Leistungen aus dem Vertrag an den Wert eines internen Fonds im Sinne des § 124 Absatz 2 Satz 2 Nummer 1 des Versicherungsaufsichtsgesetzes gebunden sind.**

(7) **§ 42 der Abgabenordnung bleibt unberührt.**

Verwaltungsanweisungen: *BMF* BStBl I 17, 726 (Ergänzung in BMF BStBl I 18, 308) – Anwendungsfragen zu § 36a; *BMF* BStBl I 21, 995 (CumCum-Transaktionen). *BMF* BStBl I 21, 1002 (wirtschaftl Zurechnung strukturierte Wertpapiergeschäfte)

Schrifttum: *Wingler,* Das Missbrauchsurteil nach § 42 AO…, Ubg 23, 412; *Altvater,* Steuerliche Privilegierungen…; RdF 23, 194; *Lotzgeselle,* Cum-Cum-Aktiengeschäfte, DB 24, 279 ff; *Spengel,* Effektivere Bekämpfung…, DB 25, 1234;; *Drüen,* Grundlagen…, Ubg 25, 496; 551; 635 (= Teil 1–3); *Jachmann ua,* Wirtschaftliches Eigentum, Ubg 25, 298; *Behnes/Hoene,* Cum/Cum…, BB 25, 2583.

1 **1. Allgemeines. – a) Regelungszwecke; Überblick.** § 36a I 1 stellt neben § 45 und § 36 II Nr 2 ergänzende Voraussetzungen für die KapEStAnrechnung auf. – **Fallgruppe 1** betrifft Gestaltungen, in denen beschr/unbeschr StPfl, für ihre KapErträge aus (idR) sammelverwahrten Aktien gem § 43 I 1 Nr 1a iVm § 20 I Nr 1 S 1, S 4 einem abgeltenden KapESt-Abzug iHv 25% (§ 43 V, § 32 I KStG) unterliegen würden. Die Aktien werden auf einen gem § 36 II Nr 2 zur Anrechnung berechtigten inl StPfl (im Folgenden: Zwischenerwerber) übertragen, an den die KapErträge ausgeschüttet werden. Dieser rechnet die gem § 45a bescheinigte KapESt gem § 36 an und überträgt die Aktien zurück (Dividendenstripping in Form sog „Cum/Cum-Gestaltungen"; zudem existierten Gestaltungen, die heute durch § 8b X KStG bekämpft werden (vgl BT-Drs 18/8045, 133). § 36a I stellt auf Ebene des inl Zwischen-

erwerbers zusätzl Voraussetzungen für die Anrechnung auf (BT-Drs 18/8739, 112). Abs 1 S 1 idF des WachstChG (BGBl I 24 Nr 108) versagt die Anrechnung der KapESt aufgrund eines DBA, wenn der inl Zwischenerwerber die Voraussetzungen in Abs 1 S 1 Nr 1–3 nicht erfüllt (BT-Drs 20/9396, 21; zutr *BeckOK EStG* § 36a Rn. 43a: offenes treaty ovrride). – Zur Vereinbarkeit mit dem Verfassungs- und Unionsrecht s *BeckOK EStG* § 36a Rn. 13 ff. – In **Fallgruppe 2** beinhaltet § 36a IV für dieselben KapErträge wie in Abs 1 S 1 eine Anzeige-, Anmelde- und Nachzahlungspflicht von KapESt für StPfl, ggü denen aufgrund einer sachl/persönl StBefreiung beim Dividendenbezug keine KapESt einbehalten (§ 44a; → § 44a Rn. 18) oder denen die KapESt erstattet (§ 44b) worden ist. – **Ausnahme:** S § 36a V für beide Fallgruppen (→ Rn. 13).

b) Anwendungsbereich. – ***(1)* Zeitlich.** § 36a I 1 ist auf ab dem 1. 1. 16 zufließende KapErträge anzuwenden (§ 52a XXXV 1; s *BMF* BStBl I 17, 726 Rn. 132). Abs 4 in der jetzigen Form gilt gem § 52 XXXV**b** 2 (laut BGBl: § 52 XXXV**a** 2, mE ein Redaktionsversehen!) für im VZ 2019 zugeflossene KapErträge (glA *BeckOK EStG* § 36a Rn. 29). Abs 1 S 1 nF gilt ab dem VZ 2024 (WachstChG BGBl I 24 Nr 108: Art 3 Nr 8, Art 35 I iVm § 52 I). – ***(2)* Persönlich; Sachlich.** § 36a gilt für alle beschr/unbeschr StPfl iSd EStG und für KSt-Subjekte, bei denen KapErträge iSd § 43 I Nr 1a veranlagt werden (auch für inl Betriebsstätten gem § 50 II 2 Nr 1). Er ist iRd KapESt-Abzugs nicht anzuwenden (*BMF* BStBl I 17, 726 Rn. 122), allerdings verweist § 44b II auf § 36a EStG. § 8 IV, § 10 I Nr 2 InvStG verweisen auf § 36a; ähnl sind § 6 III 1 Nr 2, § 31 III 1 Nr 2 InvStG. – ***(3)* Abgrenzung zu § 50j.** § 50j erfasst Fälle, in denen beschr StPfl für Dividenden iSd § 43 I 1 Nr 1a die Freistellung von inl QuellenSt/ein inl QuellenSt-Abzug < 25% vermittelt wird. 2

2. Zusätzliche Voraussetzungen der Kapitalertragsteueranrechnung in Fallgruppe 1. – a) Kapitalerträge iSd § 43 I 1 Nr 1a iVm § 36a I 1, 4. Dies sind gem Abs 1 S 1 iVm § 43 I 1 Nr 1a Ausschüttungen und sonstige Bezüge gem § 20 I Nr 1 S 2, S 4 aus bei der inl Wertpapiersammelbank (Clearstream Banking AG) sammelverwahrten (vgl § 2, § 5 DepotG) *Aktien* (*BMF* BStBl I 17, 726 Rn. 85–87), *Hinterlegungsscheinen* (zB ADRs) und *Genussscheinen* (nicht Genussrechten). Dies gilt nunmehr auch für entspr Wertpapiere eines elektronischen Wertpapierregisters nach dem eWpG (*BeckOK EStG* § 36a Rn. 70). Nach FG Hmb (EFG 24, 825, rkr) führen „abgesetzte Bestände" nicht zur Einordnung als KapErträge gem § 43 I Nr 1. – Abs 1 4 erweitert S 1 auf Fälle, in denen Aktien, Genussscheine inl Emittenten bei einem ausl Zentralverwahrer zu inl Kapitalerträgen führen (s § 43 III). 3

b) Anrechnungsvoraussetzungen. – aa) Veranlagung und Einkünftezurechnung. – *(1)* Veranlagung der Kapitalerträge. Die KapErträge iSd § 43 I 1 Nr 1a müssen beim Zwischenerwerber veranlagt werden, dh es darf für sie kein abgeltender KapESt-Abzug (vgl § 43 V 1, 2; zu beschr StPfl s § 50 II 1 EStG ggf iVm § 32 II 1 Nr 2 KStG; zu stbefreiten Körperschaften iSd § 5 KStG s § 5 II Nr 1, § 32 II 1 Nr 1 KStG) stattfinden. Der StPfl muss gem § 36 II 2 ff eine Bescheinigung (§ 45a II, III) vorlegen (→ § 36 Rn. 12). – ***(2)* Wirtschaftliches Eigentum.** In der *Fallgruppe 1* (→ Rn. 1) sind denkbare Übertragungswege auf den und vom Zwischenerwerber der Ver- und Rückkauf der Aktien (Kassageschäfte) mit Dividendenberechtigung („cum"), Wertpapierdarlehen, Wertpapierpensionsgeschäfte und die strukturierte Wertpapierleihe (s iEinz *BMF* BStBl I 21, 986; *BMF* BStBl I 21, 1002). Der Zwischenerwerber wird deren rechtl Eigentümer, er muss gem § 36 II Nr 2 (→ § 36 Rn. 9) für die Einkünftezurechnung und Anrechnungsberechtigung im Zeitpunkt des Gewinnverwendungsbeschlusses aber auch deren wirtschaftl Eigentümer sein (vgl § 20 V S 2, → § 20 Rn. 231) und dann zusätzl § 36a I – III erfüllen. 4

Nach *BMF* BStBl I 21, 995 Rn. 18, 19 und *BMF* BStBl I 21, 1002 Rn. 11–13, 18 soll der Zwischenerwerber (Entleiher/Erwerber) idR nicht wirtschaftl Eigentümer 5 werden. Nur der Verleiher/Verkäufer als wirtschaftl Eigentümer erziele die KapErträge. Der Auffassung des **BMF** ist **nicht beizupflichten.**

Ob der Verleiher gem § 39 II Nr 1 AO wirtschaftl Eigentümer bleibt, hängt davon ab, ob ihm nach dem Eigentumsübergang die Ausschließungs- und eine Dispositionsmacht hinsichtl der Aktien zusteht. Dies bestimmt sich vorrangig danach, ob der Verleiher oder der Entleiher obj die Kurschancen und -risiken trägt, wobei ein übl jederzeitiges Kündigungsrecht des Verleihers mit kurzer Frist, die Rückübertragungs- und Kompensationsverpflichtung des Entleihers und die ggf eingeschr Möglichkeit der Stimmrechtsausübung dem Übergang des rechtl und wirtschaftl Eigentums auf den Entleiher grds nicht entgegenstehen; die faktische Wahrnehmung der zustehenden Rechte ist unerhebl (→ § 20 Rn. 231 *(3)*), S zum wirtschaftl Eigentum iEinz BFH I R 22/20, BStBl II 22, 324; zur Wertpapierleihe BFH I R 40/17, BStBl II 23, 127; NdsFG EFG 25, 1656, rkr; zum atypischen Sicherungseigentum BFH I R 3/21, DStRE 25, 610. Das wirtschaftl Eigentum verbleibt mE nur in Ausnahmefällen beim Verleiher (BFH I R 88/13, BStBl II 16, 961 zu einer rein formalen zivilrechtl Rechtsposition des Entleihers iRe Gesamtvertragskonzepts). Damit ist mit dem weit überwiegenden Schrifttum die generelle Ablehnung wirtschaftl Eigentums beim Entleiher durch das *BMF* nicht vereinbar (glA zB *Drüen* Ubg 25, 635 ff; *Jachmann-Michel* Ubg 25, 298 (303 ff); *Behnes/Hoene* BB 25, 2583 (2586 f); zweifelnd *BeckOK EStG* § 36a Rn. 25.2.-25.4; **aA** *Wingler* Ubg 23, 412 (423 ff); *Lotzgeselle,* DB 24, 279 (283); *Spengel* DB 25, 1234 ff. Zu § 42 AO → Rn. 15.

6 **bb) Zusätzliche Anrechnungsvoraussetzungen.** – ***(1)* Mindesthaltedauer und Mindestzeitraum (§ 36a I 1 Nr 1, Nr 2).** Der Zwischenerwerber muss ununterbrochen wirtschaftl Eigentümer der Aktien, Genussscheine während des Mindesthaltezeitraumes sein, dh 45 Tage vor und nach Fälligkeit der Ausschüttung (§ 36a II). Er muss während der Mindesthaltedauer zudem ununterbrochen das Mindestwertänderungsrisiko tragen (§ 36a III). → Rn. 8. – ***(2)* Keine Vergütungspflicht, § 36a I 1 Nr 3.** Schädl ist eine *vertragl Verpflichtung* des StPfl, die erhaltenen KapErträge (nicht den Anrechnungsvorteil) ganz oder überwiegend (zu mehr als 50%) an andere Personen iRe Vergütung weiterzureichen. Eine schädl *unmittelbare* Vergütungspflicht ist zB bei Durchleitung der gesamten KapErträge und bei Ausgleichszahlungen, Leihgebühren anzunehmen (s *BMF* BStBl I 17, 726 Rn 83). Eine schädl *mittelbare* Vergütungspflicht liegt zB vor, wenn die KapErträge im Rückkaufpreis, im Optionspreis oder iRe Derivats eingepreist werden oder durch Swaps, Repo (Buy and Sell Back)-Geschäfte erfolgt (vgl BT-Drs 18/8739, 113). S vertiefend *BeckOK EStG* § 36a Rn. 95 ff – ***(3)* Feststellungslast.** Sie trifft für die Voraussetzungen der Abs 1–3 den Zwischenerwerber iRd Steuererklärung (*BeckOK EStG* § 36a Rn. 266).

7 **c) Rechtsfolgen, § 36a I 2, 3.** – ***(1)* Kürzung der anrechenbaren KSt (S 2).** Sind dem Zwischenerwerber die KapErträge zwar gem § 20 V zuzurechnen (→ Rn. 12), aber die Voraussetzungen gem § 36a I 1 nicht erfüllt, sind ³⁄₅ der KapESt (= 15% des KapErtrags) nicht anrechenbar (§ 36a I 2; *BMF* BStBl I 17, 726 Rn. 104 ff). ²⁄₅ der KapESt (entspricht 10% der KapErträge) und der vom Wortlaut des § 36a nicht erfasste SolZ sind anzurechnen (*BMF* BStBl I 17, 726 Rn. 104), um eine Benachteiligung ggü beschr StPfl mit einem DBA-QuellenSteuersatz von 15% auszuschließen. Sind die KapErträge dem Zwischenerwerber gem § 20 V nicht zuzurechnen, ist die Anrechnung in voller Höhe ausgeschlossen (→ Rn. 12). – ***(2)* Abzug nicht angerechneter Kapitalertragsteuer (S 3).** Auf *Antrag* darf gem S 3 die nach S 2 nicht anrechenbare KapESt als BA/WK abgezogen werden; § 20 IX gilt nicht. S 2 setzt keine Antragsfrist, dh es gelten die Grenzen der Bestandskraft (zur Änderung des StBescheids s *BeckOK EStG* § 36a Rn. 113–117).

Beispiel: Wird auf eine Brutto-Dividende von 100 € KapESt iHv 25 € erhoben und nach § 36a I 1 ein Betrag von 15 € nicht angerechnet, hat der StPfl nach Abzug der nicht anrechenbaren KapESt als BA/WK KapErträge iHv 85 € zu versteuern.

***(3)* Wirkung.** Greift die Anrechnungsbeschränkung gem § 36a, erzielt der Zwischenerwerber idR einen kstl Verlust, da er zwar die Nettodividende, ein Entgelt und 2/5 der anrechenbaren KapESt vereinnahmt, sowie 3/5 der KapESt als BA abziehen kann, er jedoch dem Übertragenden iRd Kompensation die Bruttodividende und ein Überlassungsentgelt schuldet.

d) Natürliche Personen. S *BMF* BStBl I 21, 995. Bei natürl Personen mit Aktien im PV kann § 36a zwar iRd § 32d IV, § 32d VI greifen, nach *BMF* BStBl I 17, 726 Tz 131 ist idR aber von der Prüfung abzusehen (glA *BeckOK EStG* § 36a Rn. 57: Billigkeitsregelung). 8

3. Mindesthaltedauerzeitraum; Mindestzeitraum, § 36a II. – *(1)* **91-Tageszeitraum.** → Rn. 6. Die Mindesthaltedauer darf jeweils 45 Tage (nicht Handelstage) vor und nach der *Fälligkeit* der Ausschüttung nicht unterschreiten (Gesamtzeitraum also idR 91 Tage); Erwerbs- und Veräußerungstag zählen nicht mit. – *(2)* **Fristbeginn.** Gem § 58 IV 1 AktG am 3. Handelstag nach HV-Beschluss; laut *BMF* BStBl I 17, 726 Rn. 4 aber auch Berechnung ab 1. Handelstag zulässig; bei früherem Erwerb des wirtschaftl Eigentums dennoch Beginn erst am 45. Tag vor Fälligkeit. – *(3)* **Fristende.** Die Haltedauer verlängert sich laut *BMF* BStBl I 17, 726 Rn. 8 bei Fristende an Sonnabenden, Sonntagen, gesetzl Feiertagen gem § 108 III AO bis zum nächsten Werktag (mE unzutr, weil Abs 2 insgesamt nicht auf Handelstage abstellt, str). § 36a II 2 legt als Verwendungsreihenfolge für Anschaffungen/Veräußerungen die *FIFO-Methode* fest. 9

4. Mindestwertveränderungsrisiko, § 36a III. S → Rn. 6. Abs 3 konkretisiert das vom StPfl ununterbrochen zu tragende Wertänderungsrisiko von mindestens 70% (Kursminderungsrisiko) für die Aktien/Genussscheine (*BMF* BStBl I 17, 726 Rn 9–82). Verbleibt es beim früheren Eigentümer oder wird es an Dritte weitergereicht, wird die Anrechnung versagt. Schädl sind insb „gegenläufige Ansprüche“ zB durch Kurssicherungs- oder Termingeschäfte des StPfl oder mit einer nahe stehenden Person (*BMF* BStBl I 17, 726 Rn. 64–82; *Niederwettberg ua,* FR 20, 74 ff). Schädl sind auch die unmittelbare (zu den mögl Instrumenten s *BMF* BStBl I 18, 308) und die mittelbare Absicherung des Risikos (Macro-Hedging; *BMF* BStBl I 17, 726 Rn 58, 59, auch Kurssicherungsgeschäfte über Wert-/Preisindizes). 10

5. Anzeige-/Anmelde-/Nachzahlungspflicht in Fallgruppe 2, § 36a IV. – **a) Regelungsinhalt.** Abs 4 betrifft der ESt/KSt unterliegende StPfl, deren KapErträge iSd § 43 I Nr 1a (→ Rn. 2) – *(1)* aufgrund einer persönl/sachl StBefreiung keinem StAbzug unterlegen haben (Abstandnahme) oder denen – *(2)* die KapESt erstattet wurde. Die im Gesetz genannten Gründe für Abstandnahme und Erstattung sind nicht abschließend („insbesondere“). Zur **Ausnahme** gem § 36a V → Rn. 13. Der StPfl unterliegt dann innerhalb der Frist des Abs 4 S 2 einer Anzeigepflicht (Abs 4 S 1 Nr 1), wenn die Voraussetzungen gem Abs 1–3 nicht erfüllt sind. Gem Abs 4a S 1 Nr 2 ist die KapESt iHv 15% der KapErträge **elektronisch anzumelden** (§ 168 AO) **und zu entrichten.** Gem Abs 4 S 2 ist bei StPfl mit Gewinnermittlung gem § 4 I, § 5 I Fristablauf am 10. des dem Ende des Wj folgenden Monats (bei Wj = Kj); bei anderen StPfl stets am 10.1. Zu **Form** und **Inhalt** der Anzeige *BMF* BStBl I 18, 308 Rn. 114. 11

b) Anwendungsfälle. Bei **gemeinnützigen Körperschaften** (insb Stiftungen) iSd § 5 I Nr 9 KStG wird die KapESt seit dem VZ 19 gem § 44a X 1 Nr 3 grds iHv ⅗ (= 15% des KapErtrags) einbehalten, soweit der Freibetrag iHv 20 000 € je VZ überschritten wird und wenn die Aktien nicht ununterbrochen seit einem Jahr gehalten wurden. Die KapESt-Erstattung ist gem § 44b II zu beantragen; hierfür müssen die Voraussetzungen gem § 36a I–III erfüllt sein (s *Kraus* npoR 19, 257 (259 f); *Schüller* DB 23, 2724). – Zur Abstandnahme aufgrund NV-Bescheinigungen **bei Kirchen** *LfSt Bayern* BeckVerw 633628. – Bei **Dauerüberzahlern** kann es für KapErträge iSd Ab 1 S 1 (→ Rn. 3) gem § 44b II iVm § 44a X 1 Nr 2 aF (→ § 44a Rn. 11) nicht mehr zur Abstandnahme kommen (*BMF* BStBl I 21, 995 Rn. 35). 12

13 **6. Ausnahmen, § 36a V.** § 36a I–IV sind nicht anzuwenden, wenn die Kap-Erträge (→ Rn. 2) insgesamt nicht mehr als 20 000 € (Freigrenze) im VZ betragen (Kleinanleger-Privileg, Nr 1) *oder* wenn der StPfl bei Zufluss der KapErträge mindestens 1 Jahr wirtschaftl Eigentümer war (Nr 5 S 2 Hs 1; Langfristanlage; *BMF* BStBl I 17, 726 Tz 89–102; zu Sonderfragen s *BeckOK EStG* § 36a Rn. 229 ff). Die FIFO-Verwendungsreihenfolge gilt auch für die Jahresfristberechnung (Nr 5, Hs 2).

14 **7. Treuhänder und Treugeber als eine Person, § 36a VI.** Für die KapESt-Anrechnung werden in Pensionstreuhandfällen Treugeber und Treuhänder als eine Person behandelt (*BMF* BStBl I 17, 726 Tz 88). Gem Abs 6 S 2 gilt dies auch, wenn Versicherungsunternehmen für fondsgebundene Versicherungsverträge interne Fonds bilden.

15 **8. Geltung des § 42 AO, 36a VII; Berichtigungspflicht, § 153 AO.** – ***(1)*** **§ 42 AO neben § 36a.** § 36a ist eine spezielle Missbrauchsregelung; gem Abs 7 bleibt § 42 AO daneben anwendbar. Vorrangig ist die Prüfung des wirtschaftl Eigentums (s *BMF* BStBl I 21, 1002: Stufe 1, danach des § 42 AO: Stufe 2, *BMF* BStBl I 21, 995 Rn. 17; → Rn. 5). Die Vorgaben des § 36a strahlen mE nur auf die heutige Angemessenheitsprüfung iRd § 42 AO aus (BFH I R 2/18, BStBl II 21, 580; *Lotzgeselle* DB 24, 279 (285)). – ***(2)*** **Berichtigungspflicht, § 153 AO.** *BMF* BStBl I 21, 995 Rn. 39 nimmt aufgrund der geänderten Auslegung zum wirtschaftl Eigentum (→ Rn. 5) für Altfälle (→ Rn 16) *in allen offenen Fällen* eine Anzeige- und Berichtigungspflicht des Zwischenerwerbers an. Die „Unrichtigkeit" muss aber für die der StErklärung des Zwischenerwerbers zugrunde gelegten erhebl Tatsachen bestehen. Sie ist je nach Abgabezeitpunkt und Stand der Rspr iRe Einzelfallprüfung zu beurteilen (zutr *Moritz* DB 21, 2785 (2791); *Haselmann/Holle* DStR 21, 2425 (2427 ff)). – ***(3)*** **Korrekturen.** KSt-Bescheide des Zwischenerwerbers können uU gem § 173 I Nr 1 AO geändert, die Anrechnungsverfügung gem § 130 II, § 131 2 Nr 3AO zurückgenommen werden. Zu Rückforderungen gem § 37 II AO s *Bindl/Haisch* DStR 21, 1520.

16 **Altfälle vor 2016:** Aus der späteren Einführung der § 36a EStG, § 8b X KStG lässt sich vor deren Geltung weder ein Rückschluss auf die Angemessenheit iSv § 42 AO noch eine Sperrwirkung für dessen Anwendung ableiten (BFH I R 3/21, DStRE 25, 610; NdsFG EFG 25,1556, rkr). – Zum gesetzl nicht vorgesehenen steuerl Vorteil ist zu beachten, dass § 36 keine zeitraumbezogenen Anrechnungsvoraussetzungen enthielt (*Drüen* Ubg 25, 551 ff). Bezog der Zwischenerwerber beim Gewinnverteilungsbeschluss gem § 20 V die KapErträge zu Recht, war er grds gem § 36 auch anrechnungsberechtigt. Für StAusländer als Verleiher ist mE iRd Vorteilsbetrachtung die fragl Unionsrechtskonformität des abgeltenden KapESt-Einbehalts in § 32 I Nr 2 KStG (→ § 43b Rn. 3) in die Würdigung einzubeziehen; beim Direktbezug hätten viele Verleiher die KapESt auf Antrag erstattet erhalten (zutr *Behnes/Hoene* BB 25, 2583 (2588)). – Str ist iÜ, welches angemessene Ergebnis im Fall des Missbrauchs gem § 42 I 3 AO zu besteuern wäre (dazu *Behnes/Hoene* BB 25, 2583 (2591); NdsFG EFG 25,1556, rkr; sehr weitgehend *BMF* BStBl I 21, 995, Rn.16; HessFG EFG 20, 1160, rkr: vollständige Eliminierung der Transaktion). – **Zum Strafrecht** OLG Ffm 3 Ws 231/24, NZWiSt 25, 111.

§ 37 Einkommensteuer-Vorauszahlung

(1) [1]**Der Steuerpflichtige hat am 10. März, 10. Juni, 10. September und 10. Dezember Vorauszahlungen auf die Einkommensteuer zu entrichten, die er für den laufenden Veranlagungszeitraum voraussichtlich schulden wird.** [2]**Die Einkommensteuer-Vorauszahlung entsteht jeweils mit Beginn des Kalendervierteljahres, in dem die Vorauszahlungen zu entrichten sind, oder, wenn die Steuerpflicht erst im Laufe des Kalendervierteljahres begründet wird, mit Begründung der Steuerpflicht.**

(2) *(weggefallen)*

(3) [1]**Das Finanzamt setzt die Vorauszahlungen durch Vorauszahlungsbescheid fest.** [2]**Die Vorauszahlungen bemessen sich grundsätzlich nach der Einkommen-**

steuer, die sich nach Anrechnung der Steuerabzugsbeträge (§ 36 Absatz 2 Nummer 2) bei der letzten Veranlagung ergeben hat. [3]Das Finanzamt kann bis zum Ablauf des auf den Veranlagungszeitraum folgenden 15. Kalendermonats[1] die Vorauszahlungen an die Einkommensteuer anpassen, die sich für den Veranlagungszeitraum voraussichtlich ergeben wird; dieser Zeitraum verlängert sich auf 23 Monate[1], wenn die Einkünfte aus Land- und Forstwirtschaft bei der erstmaligen Steuerfestsetzung die anderen Einkünfte voraussichtlich überwiegen werden. [4]Bei der Anwendung der Sätze 2 und 3 bleiben Aufwendungen im Sinne des § 10 Absatz 1 Nummer 4, 5, 7 und 9 sowie Absatz 1a, der §§ 10b und 33 sowie die abziehbaren Beträge nach § 33a, wenn die Aufwendungen und abziehbaren Beträge insgesamt 600 Euro nicht übersteigen, außer Ansatz. [5]Die Steuerermäßigung nach § 34a bleibt außer Ansatz. [6]Bei der Anwendung der Sätze 2 und 3 bleibt der Sonderausgabenabzug nach § 10a Absatz 1 außer Ansatz. [7]Außer Ansatz bleiben bis zur Anschaffung oder Fertigstellung der Objekte im Sinne des § 10e Absatz 1 und 2 und § 10h auch die Aufwendungen, die nach § 10e Absatz 6 und § 10h Satz 3 wie Sonderausgaben abgezogen werden; Entsprechendes gilt auch für Aufwendungen, die nach § 10i für nach dem Eigenheimzulagengesetz begünstigte Objekte wie Sonderausgaben abgezogen werden. [8]Negative Einkünfte aus der Vermietung oder Verpachtung eines Gebäudes im Sinne des § 21 Absatz 1 Satz 1 Nummer 1 werden bei der Festsetzung der Vorauszahlungen nur für Kalenderjahre berücksichtigt, die nach der Anschaffung oder Fertigstellung dieses Gebäudes beginnen. [9]Wird ein Gebäude vor dem Kalenderjahr seiner Fertigstellung angeschafft, tritt an die Stelle der Anschaffung die Fertigstellung. [10]Satz 8 gilt nicht für negative Einkünfte aus der Vermietung oder Verpachtung eines Gebäudes, für das Sonderabschreibungen nach § 7b dieses Gesetzes oder erhöhte Absetzungen nach den §§ 14a, 14c oder 14d des Berlinförderungsgesetzes in Anspruch genommen werden. [11]Satz 8 gilt für negative Einkünfte aus der Vermietung oder Verpachtung eines anderen Vermögensgegenstands im Sinne des § 21 Absatz 1 Satz 1 Nummer 1 bis 3 entsprechend mit der Maßgabe, dass an die Stelle der Anschaffung oder Fertigstellung die Aufnahme der Nutzung durch den Steuerpflichtigen tritt. [12]In den Fällen des § 31, in denen die gebotene steuerliche Freistellung eines Einkommensbetrags in Höhe des Existenzminimums eines Kindes durch das Kindergeld nicht in vollem Umfang bewirkt wird, bleiben bei der Anwendung der Sätze 2 und 3 Freibeträge nach § 32 Absatz 6 und zu verrechnendes Kindergeld außer Ansatz.

(4) **[1]Bei einer nachträglichen Erhöhung der Vorauszahlungen ist die letzte Vorauszahlung für den Veranlagungszeitraum anzupassen. [2]Der Erhöhungsbetrag ist innerhalb eines Monats nach Bekanntgabe des Vorauszahlungsbescheids zu entrichten.**

(5) **[1]Vorauszahlungen sind nur festzusetzen, wenn sie mindestens 400 Euro im Kalenderjahr und mindestens 100 Euro für einen Vorauszahlungszeitpunkt betragen. [2]Festgesetzte Vorauszahlungen sind nur zu erhöhen, wenn sich der Erhöhungsbetrag im Fall des Absatzes 3 Satz 2 bis 5 für einen Vorauszahlungszeitpunkt auf mindestens 100 Euro, im Fall des Absatzes 4 auf mindestens 5000 Euro beläuft.**

(6) *(aufgehoben)*

Einkommensteuer-Richtlinien: EStR 37; EStH 37.

Übersicht Rn.

[1] Zur Verlängerung der Fristen gem § 52 XXXVd → Rn. 19.

1 **1. Allgemeines. – a) Bedeutung; Aufbau.** Gem § 36 I entsteht die ESt grds mit Ablauf des VZ (§ 25 I: Kj, → § 36 Rn. 1). Hierzu enthält § 37 I eine Ausnahme: Vorauszahlungen zur ESt entstehen mit **Beginn des laufenden Kalendervierteljahres** und sind vierteljährl bereits im VZ zu entrichten. Dies dient der Sicherung eines stetigen StAufkommens und der StGerechtigkeit (→ Rn. 4). Die geleisteten Vorauszahlungen werden auf die ESt **angerechnet** (→ § 36 Rn. 9). – **§ 37 I** regelt Fälligkeit und Entstehung der Vorauszahlungsschuld, **§ 37 III** ihre Festsetzung und Anpassung. **§ 37 IV** enthält Sonderregelungen für eine nachträgl Erhöhung der Vorauszahlungen. **§ 37 V** bestimmt Mindestbeträge für die Festsetzung und Erhöhung von Vorauszahlungen.

2 **b) Anwendungsbereich.** § 37 gilt gleichermaßen für unbeschr und beschr StPfl; er gilt über die ESt hinaus über § 51a auch für SolZ und KiSt und über § 31 I KStG für die KSt.

3 **c) Neuere Rechtsentwicklung.** → 43. Aufl 2024, § 37 Rn. 3.

4 **d) Verfassungsrecht.** Das geltende Vorauszahlungssystem ist verfgemäß (BFH VIII R 11/09, BStBl II 12, 329). Es dient der Sicherung eines stetigen StAufkommens (BFH VII R 42/10, BStBl II 11, 607, mwN) und nähert die Besteuerung der Bezieher von Gewinneinkünften der Besteuerung von StPfl an, die ihre Steuer durch StAbzug (LSt, KapESt) vorauszahlen (Art 3 GG; s BFH X R 30/21, BStBl II 24, 215: verfgemäß wegen Möglichkeit der Anpassung, § 37 III 3; BFH VI B 38/67, BStBl III 67, 659).

5 **e) Verhältnis zu anderen Vorschriften.** § 37 I setzt für ESt-Vorauszahlungen einen von **§ 36 I** abweichenden, früheren Entstehungszeitpunkt fest. – **LSt** ist bei Bemessung der Vorauszahlungen zu berücksichtigen (§ 37 III 2). Die beiden Erhebungsformen schließen einander nicht aus; für ArbN, deren Lohn dem LStAbzug unterliegt, können auch Vorauszahlungen festgesetzt werden (BFH VI R 182/97, BStBl II 05, 358; FG Ddorf DStRE 05, 696, rkr).

6 **2. Entrichtung; Entstehung, § 37 I. – a) Entrichtung der Vorauszahlungen, § 37 I 1.** Die Vorauszahlungstermine 10.3., 10.6., 10.9. und 10.12. sind gesetzl vorgegeben; abweichende Vorauszahlungstermine (§ 37 II aF) werden seit 2009 nicht mehr festgesetzt.

7 **aa) Fälligkeit.** Sie kann erst nach Entstehen der Vorauszahlungsschuld (§ 37 I 2, → Rn. 9) eintreten und setzt das Ergehen eines Vorauszahlungsbescheids voraus (§ 37 III 1, → Rn. 12; ebenso: *KS/Avvento* § 37 Rn. 26; **aA** *HHR/Schmidt* § 37 Rn. 25: Bescheid ist konstitutiv für Fälligkeit *und* Entstehung).

Beispiele: Wird die StPfl am 11. Juni begründet, kann eine an diesem Tag entstehende Vorauszahlungsschuld erst zum 10. September angefordert werden. Dagegen ist es für eine am 1. April entstandene Vorauszahlungsschuld ohne Bedeutung, wenn der StPfl danach (zB am 1. Juni) stirbt. Die Vorauszahlungen zum 10. Juni sind vom Erben für den verstorbenen StPfl zu entrichten. Spätere Vorauszahlungen müssen gegen Erben persönl durch eigene Vorauszahlungsbescheide festgesetzt werden; der an den Erblasser gerichtete Vorauszahlungsbescheid verliert seine Wirksamkeit (wohl **aA** FG Mster EFG 17, 1746, rkr).

8 **bb) Säumnis; Stundung.** Bei nicht rechtzeitiger Zahlung sind **Säumniszuschläge** verwirkt (§ 240 AO); Säumnis von bis zu 3 Tagen ist unschädl (§ 240 III AO). Säumniszuschläge bleiben gem § 240 I 4 AO auch dann verwirkt, wenn die Vorauszahlungen im Rechtsbehelfsverfahren herabgesetzt oder später an die zu er-

wartende niedrigere Jahressteuer angepasst werden (s auch BFH X R 30/21, BStBl II 24, 215 Rn. 45 f; *TK* § 240 AO Rn. 43 mwN; BFH GrS 1/75, BStBl II 76, 262, und BFH VI R 152/70, BStBl II 76, 739 sind durch § 240 I 4 AO überholt). – Die Vorauszahlungsschuld kann gestundet werden (§ 222 AO; s auch BFH IV R 161/81, BStBl II 85, 449); zur Verrechnungsstundung s BFH II R 71/94, BFH/NV 96, 873. **Stundungszinsen** auf Vorauszahlungen sind herabzusetzen, wenn die spätere ESt-Veranlagung zu einer niedrigeren ESt führt (FG Köln EFG 96, 575, rkr).

b) Entstehung der Vorauszahlungsschuld, § 37 I 2. Die Vorauszahlungsschuld entsteht dem Grunde nach regelmäßig am 1. Januar, 1. April, 1. Juli und 1. Oktober (nicht der Höhe nach, s *TK* § 38 AO Rn. 18; *Kruse* FS K. Tipke S 285). Wird die obj oder subj StPfl erst im Laufe eines Kalendervierteljahres begründet, entsteht sie zu diesem Zeitpunkt (*HHR/Schmidt* § 37 Rn. 15). 9

3. Festsetzung; Anpassung, § 37 III. – a) Vorauszahlungsbescheid, § 37 III 1. ESt-Vorauszahlungen sind Steuern iSv § 3 I AO (BFH VII R 74/96, BStBl II 97, 600). Der Vorauszahlungsbescheid ist ein StBescheid unter Vorbehalt der Nachprüfung (§ 164 I 2 AO). Er wird idR mit dem EStBescheid für eines der Vorjahre verbunden; es handelt sich aber um zwei verschiedene Bescheide (wichtig für Rechtsbehelfe, → Rn. 40). – Zur Anpassung der Vorauszahlungen wegen **gestiegener Energiekosten (Ukraine-Krieg)** → 44. Aufl 2025, § 37 Rn. 22. 12

aa) Wirksamkeit. Der Vorauszahlungsbescheid bleibt solange **wirksam,** bis er aufgehoben wird oder ein (Jahres-)EStBescheid ergeht. In diesem Fall erledigt sich der Vorauszahlungsbescheid „auf andere Weise" iSv § 124 II AO (s BFH VII R 42/10, BStBl II 11, 607, mwN; BFH I R 43/12, BFH/NV 15, 306). Das gilt auch dann, wenn der EStBescheid erst nach Eintritt der Festsetzungsverjährung ergeht; auch nach Aufhebung des Jahressteuerbescheids erlangt der erledigte Vorauszahlungsbescheid seine Rechtswirkungen nicht mehr zurück, sodass mit Aufhebung des Jahressteuerbescheids die Vorauszahlungen wegen eingetretener Festsetzungsverjährung zu erstatten sind (FG BW DStRE 05, 474, rkr). 13

bb) Bedeutung. Die Vorauszahlungsschuld ist eine durch Festsetzung der ESt auflösend bedingte StSchuld (BFH VII R 42/10, BStBl II 11, 607; ausführl *KKM* § 37 Rn. A 10 f; ebenso *TK* § 38 AO Rn. 19). Zwar erlischt sie bereits mit Ablauf des VZ, *soweit* keine EStSchuld entstanden ist; daher entsteht ein etwaiger Erstattungsanspruch, der abgetreten und gepfändet werden kann, bereits mit Ablauf des VZ und nicht erst mit Festsetzung der Jahressteuerschuld (s BFH VII R 86/88, BStBl II 90, 523; BFH VII R 109/93, BFH/NV 94, 839; *TK* § 37 AO Rn. 45). Doch solange der **Vorauszahlungsbescheid wirksam** ist, kann eine Erstattung überzahlter Vorauszahlungen nicht verlangt werden. Seine Wirksamkeit verliert der Vorauszahlungsbescheid aber nur durch ausdrückl Aufhebung oder durch Erlass des Jahressteuerbescheids (→ Rn. 13). – Nach **Ergehen des Jahressteuerbescheids** kann der Vorauszahlungsbescheid nicht mehr vollzogen werden (*KKM* § 37 Rn. A 14); denn der Jahressteuerbescheid nimmt den Vorauszahlungsbescheid in seinen Regelungsgehalt auf (BFH VII R 42/10, BStBl II 11, 607). – Ebenso kann ein Vorauszahlungsbescheid nach Eintritt der **Verjährung der EStJahresschuld** nicht mehr vollzogen werden (*KKM* § 37 Rn. A 16). Hat der StPfl allerdings bereits gezahlt, wird der Vorauszahlungsbescheid durch den Verjährungseintritt nicht unwirksam; er wird vielmehr zum endgültigen Bescheid (§ 164 IV 1 AO; str, wie hier: *HHS* § 37 AO Rn. 49; *TK* § 37 AO Rn. 45; *BH/Ettlich* § 37 Rn. 102; **aA** NdsFG EFG 10, 538 mwN, rkr; *Koops/Scharfenberg* DStR 95, 552; *HHR/Schmidt* § 37 Rn. 30 mwN). Die über den materiellen StAnspruch hinaus geleisteten Vorauszahlungen können wegen der formellen Bescheidlage allenfalls im **Billigkeitswege** erstattet werden (*TK* § 37 AO Rn. 45; **aA** *KKM* § 37 Rn. A 19). 14

15 **b) Bemessung, § 37 III 2. – aa) Prognose.** Bemessungsgrundlage für die Vorauszahlungen ist die für den laufenden VZ voraussichtl anfallende EStSchuld. Die konkrete Höhe der Vorauszahlungen richtet sich grds, wenn keine anderen Anhaltspunkte vorliegen, nach der EStSchuld, die sich **aus der letzten Veranlagung** nach Anrechnung von StAbzugsbeträgen ergeben hat. Kann der StPfl glaubhaft machen, dass die EStSchuld des Vorauszahlungsjahres niedriger sein wird, gilt die niedrigere voraussichtl EStSchuld als Bemessungsgrundlage für die Vorauszahlungen. Andernfalls ist die letzte Veranlagung so lange Bemessungsgrundlage, bis die ESt durch einen neuen Bescheid oder eine Rechtsbehelfsentscheidung geändert oder die ESt für ein nachfolgendes Kj festgesetzt wird.

Zur **Hinterziehung** von ESt-Vorauszahlungen durch unrichtige Angaben in der Jahressteuererklärung s BFH VII R 74/96, BStBl II 97, 600, und FG Mster EFG 16, 965, rkr. **Hinterziehungszinsen** für Vorauszahlungen *neben* Hinterziehungszinsen zur ESt sind zulässig, wenn sich die Zinsläufe nicht überschneiden (BFH VIII R 18/18, BStBl II 22, 239). – Die Festsetzung **negativer ESt-Vorauszahlungen** ist unzulässig, auch wenn damit LSt-Überzahlungen ausgeglichen werden sollen (BFH VI R 18/15, BStBl II 16, 898); das LSt-Ermäßigungsverfahren (§ 39a) enthält hierzu eine abschließende Regelung (FG BW EFG 76, 342, rkr; BVerfG 1 BvR 815/76, HFR 77, 255; ferner NdsFG EFG 94, 302, rkr).

16 **bb) Gleichmäßige Verteilung.** Die vier Vorauszahlungen sind, wenn sie vor dem 10.3. festgesetzt worden sind und keine Anpassung im lfd Kj erfolgt (→ Rn. 18), mit jeweils einem Viertel der voraussichtl Jahressteuerschuld anzusetzen. Das gilt auch dann, wenn der StPfl im Wesentlichen **saisonale Einnahmen** erzielt (ausführl: BFH VIII R 11/09, BStBl II 12, 329). Hier kann evtl durch Stundung geholfen werden (dagegen NdsFG EFG 82, 571, rkr).

17 **c) Anpassung von Vorauszahlungen, § 37 III 3. – aa) Von Amts wegen und auf Antrag.** Ergeben sich im Nachhinein Anhaltspunkte für eine höhere oder niedrigere voraussichtl EStSchuld des betr Kj, zB durch geänderte StBescheide für den vorangegangenen VZ oder aus anderen Umständen (Umsatzeinbruch etc), kann das **FA** bereits festgesetzte Vorauszahlungen anpassen (gegen automatische Anpassung *KKM* § 37 Rn. A 25); das ist die Grundaussage des § 37 III 3. Da der Vorauszahlungsbescheid ein StBescheid unter Vorbehalt der Nachprüfung ist (§ 164 I 2 AO, → Rn. 12), kann gem § 164 II 2 AO auch der **StPfl** eine Anpassung beantragen (zB zur Vermeidung von Nachzahlungszinsen, § 233a; zur freiwilligen Zahlungen ohne Anpassung gem § 233a VIII AO s FG NdsFG EFG 24, 1812, Rev VIII R 20/24; *Seer* DB 22, 1795 (1797)). Beantragt er eine Herabsetzung, muss er die Gesamtsituation darlegen, nicht nur die für ihn günstigen Umstände (FG Mster EFG 93, 236, rkr; BFH XI R 17/18, BStBl II 19, 647; zur Glaubhaftmachung s *HHR/Schmidt* § 37 Rn. 42). – Nach Ablauf der **Frist** des § 37 III 3 kommt eine Anpassung grds nicht mehr in Betracht, auch nicht, wenn der StPfl selbst eine Anhebung der Vorauszahlungen beantragt (BFH X R 65/96, BFH/NV 02, 1567: allenfalls nach Treu und Glauben). – Zur Berücksichtigung der **Forschungszulage** s § 10 IIa FZulG.

18 **bb) Noch nicht fällige Vorauszahlungen.** Zum Zeitpunkt der Anpassung noch nicht fällige Vorauszahlungen sind so festzusetzen, dass sie insgesamt mit den schon fällig gewesenen Zahlungen der voraussichtl EStSchuld entsprechen. Die **Monatsfrist** des § 37 IV 2 soll nach wohl überwiegender Auffassung bei kurzfristiger Erhöhung noch ausstehender Vorauszahlungen nicht gelten (BFH IV R 241/80, BStBl II 82, 105; *BH/Ettlich* § 37 Rn. 146; EStH 37; zutr **aA** *HHR/Schmidt* § 37 Rn. 50: analoge Anwendung des § 37 IV 2; *Friedrich* FR 81, 609; ausführl *Diebold* FR 92, 708). Folgt man dem BFH, hat der StPfl aber einen Anspruch auf **zinslose Stundung,** sodass die Vorauszahlung nicht vor Ablauf eines Monats nach Bekanntgabe des geänderten neuen Vorauszahlungsbescheids fällig wird; das gilt allerdings nicht, wenn die Anpassung auf einer erklärungsgemäß durchgeführten Veranlagung

für ein Vorjahr beruht (BFH IV R 241/80, BStBl II 82, 105; *KKM* § 37 Rn. B 13). – Zu den **Wertgrenzen** des § 37 V → Rn. 36.

cc) Bereits fällige Vorauszahlungen. – (1) Erhöhung. Ohne Zustimmung des StPfl dürfen bereits fällig gewordene Vorauszahlungen im lfd Kj nicht nachträgl erhöht werden. Das gilt allerdings nicht für die **Vorauszahlung zum 10. Dezember.** Diese kann gem § 37 III 3 bis zum Ablauf des auf den VZ folgenden 15./23. Kalendermonats (vgl § 233a AO) mit einer Zahlungsfrist von einem Monat nachträgl erhöht werden. Auch hier sind die Wertgrenzen des § 37 V zu berücksichtigen (→ Rn. 36). Zu den verlängerten Fristen für **VZ 2019–2024** (§ 52 XXXVd) → 44. Aufl 2025, § 37 Rn. 19. – Ein Vorauszahlungsbescheid kann auch noch erteilt oder eine Vorauszahlung angepasst werden, wenn bereits die EStErklärung für den abgelaufenen VZ eingereicht wurde (BFH VIII B 69/75, BStBl II 77, 33). 19

(2) Herabsetzung. Eine nachträgl Herabsetzung bereits fällig gewordener Vorauszahlungen ist ohne Einschränkung möglich (dazu *KKM* § 37 Rn. E 7), und zwar auch noch im folgenden VZ für das vergangene Kj. § 37 III 3 spricht nur allg von Anpassung; § 37 IV 1 ist eine Sonderregelung nur für die heraufsetzende Anpassung, aus der nicht das Verbot einer herabsetzenden Anpassung abgeleitet werden kann (glA *HHR/Schmidt* § 37 Rn. 51 f; *BH/Ettlich* § 37 Rn. 151: Ermessensreduzierung auf Null, wenn die bereits geleisteten Vorauszahlungen die zu erwartende ESt-Schuld übersteigen). 20

Zur Anpassung der Vorauszahlungen im Hinblick auf einen **Verlustrücktrag** s *Orth* FR 83, 545 und FR 84, 241 ff (unter Berücksichtigung des § 37 III 7–11; hierzu auch mit zT **aA** *Horlemann* BB 84, 1217).

dd) Keine Berichtigungspflicht. Der StPfl ist nicht verpflichtet, eine Erhöhung der Vorauszahlung zu beantragen, wenn er erkennt, dass die EStSchuld voraussichtl höher als die Summe der Vorauszahlungen sein wird oder wenn sich nach einer Herabsetzung die Verhältnisse steuererhöhend entwickelt haben (*FM SchlH* DStR 94, 1085); das FA ist im Einzelfall zu Nachforschungen berechtigt. Unrichtige Auskünfte hat der StPfl zu berichtigen (FG Ddorf EFG 89, 491, rkr). 21

ee) Entscheidung des Finanzamts. Nach hM soll die Entscheidung des FA über die Anpassung der Vorauszahlungen eine **Ermessensentscheidung** sein (BFH IV R 81/79, BStBl II 82, 446, auch für die erstmalige Festsetzung; BFH IV R 241/80, BStBl II 82, 105; BFH I R 21/74, BStBl II 76, 389; BFH I 65/64, BStBl III 66, 605; HessFG EFG 81, 632, rkr; FG Hmb EFG 11, 1425), soweit es um Zweifelsfragen bei der Ermittlung der Besteuerungsgrundlagen geht (BFH IX B 121/84, BStBl II 86, 749). Das FA soll nicht ermessensfehlerhaft handeln, wenn es der im Zeitpunkt der Vorauszahlungsentscheidung allg vertretenen Rechtsauffassung folgt. Diese Auffassung ist **zweifelhaft** (überzeugend gegen BFH: *KKM* § 37 Rn. D 143; *HHR/Schmidt* § 37 Rn. 41, 43). Den Belangen der StPfl wird man nur gerecht, wenn das FG den Vorauszahlungsbescheid entspr den zu § 69 FGO entwickelten Grundsätzen überprüfen kann. Um keine Ermessensentscheidung handelt es sich aber jedenfalls, soweit es um die Auslegung des § 37 selbst geht (BFH IX B 121/84, BStBl II 86, 749). Ein auf der Annahme der Zusammenveranlagung beruhender Vorauszahlungsbescheid soll rechtmäßig bleiben, wenn im Klageverfahren erstmals angekündigt wird, die getrennte Veranlagung zu wählen (NdsFG EFG 10, 1021, rkr). 22

d) Außer Ansatz bleibende Beträge, § 37 III 4–12. – aa) Sonderausgaben; außergewöhnliche Belastungen; nicht entnommene Gewinne, § 37 III 4–7. Bei der Bemessung und Anpassung der Vorauszahlungen bleiben gem **§ 37 III 4** die dort genannten SA und agB unberücksichtigt, wenn sie *insgesamt* **600 €** nicht übersteigen (Ermittlung → § 39a Rn. 11; Einzelveranlagung von Ehegatten: s EStR 37). Vorsorgeaufwendungen iSd § 10 I Nr 2 (Versicherungsbeiträge) werden nicht ge- 23 nannt; sie können daher iRd Höchstbeträge (§ 10 III) berücksichtigt werden (anders als bei § 39a, → § 39a Rn. 4; glA *BH/Ettlich* § 37 Rn. 18). – Auch die Begünstigung nicht entnommener Gewinne (§ 34a) bleibt gem **§ 37 III 5** im Vorauszahlungsverfahren außer Ansatz. Dasselbe gilt gem **§ 37 III 6** für SA nach § 10a. Die in **§ 37 III 7** genannten Vorschriften (§ 10e VI, § 10h S 3 und § 10i) haben keine aktuelle Bedeutung mehr, → 23. Aufl 2004, § 37 Rn. 15.

24 **bb) Verluste aus Vermietung und Verpachtung, § 37 III 8–11. – (1) Bedeutung.** Negative Einkünfte (Verluste) aus VuV eines Gebäudes iSd § 21 I Nr 1 oder eines anderen Vermögensgegenstands iSd § 21 I Nr 1–3 können **während der Bauphase** bis einschließl des Jahres der Fertigstellung oder der Anschaffung bzw des Jahres der Aufnahme der Nutzung nicht *im Vorauszahlungsverfahren* steuermindernd berücksichtigt werden (verfgemäß BFH VI B 154/93, BStBl II 94, 567, AdV; HessFG BB 95, 2626, rkr, mit abl Anm *Zärban;* **aA** auch *Paus* FR 95, 14). Grund: Einschränkung der **Vorfinanzierung von Eigenkapitalleistungen** über ersparte EStVorauszahlungen (BT-Drs 10/336 S 37 – vor allem bei „Bauherrenmodellen"; dazu auch → 39. Aufl 2020, § 37 Rn. 24 aE mwN; BFH IX R 17/06, BStBl II 07, 627: kein Erlass von Säumniszuschlägen).

25 **(2) Sachlicher Anwendungsbereich.** Unter die Regelung fallen nur Objekte, die iRd **Einkünfte aus VuV iSv § 21 I 1 Nr 1** vermietet oder verpachtet werden. Gehört ein für die Vermietung vorgesehenes Objekt zum BV (GewBetr, selbständige Arbeit, LuF), sind die während der Bauphase anfallenden Verluste in vollem Umfang bei der Festsetzung der Vorauszahlungen zu berücksichtigen (ganz hM). Damit sind auch *gewerbl* Bauherren- oder Erwerbermodelle von der Einschränkung nicht erfasst (s aber § 15b).

26 **(3) Gebäude, § 37 III 8 und 9.** Bei Gebäuden, die vermietet/verpachtet werden sollen, können die Verluste gem **§ 37 III 8** erstmals bei den Vorauszahlungen des Jahres angesetzt werden, das dem Jahr der Fertigstellung (Abschluss der wesentl Baumaßnahmen, → § 6 Rn. 156) oder Anschaffung (→ § 6 Rn. 35) folgt. – Beim Erwerb unfertiger Gebäude tritt gem **§ 37 III 9** an die Stelle der Anschaffung die Fertigstellung. Erwerb eines fertigen Gebäudes in der Absicht, die Wohnungen in Eigentumswohnungen umzuwandeln, ist aber nicht Anschaffung „unfertiger" Eigentumswohnungen. In Fällen des Erwerbs und nachfolgender Altbausanierung ist die Anschaffung maßgebl, wenn ein bewohnbares Gebäude angeschafft worden ist (*KKM* § 37 Rn. D 71).

27 **(4) Sonderabschreibung; BerlinFG, § 37 III 10.** § 37 III 8 gilt nicht für negative Einkünfte aus VuV eines Gebäudes, für das SonderAfA nach **§ 7b** in Anspruch genommen worden ist (s BT-Drs 19/4949, 15: weiterer Investitionsanreiz; Berücksichtigung bei der LSt-Ermäßigung: § 39a I 1 Nr 5 Buchst b). Die Verweisung auf **§§ 14a, 14c, 14d BerlinFG** ist obsolet (ausgelaufenes Recht, → 27. Aufl 2008, § 37 Rn. 14).

28 **(5) Andere Vermögensgegenstände, § 37 III 11.** Andere Vermögensgegenständen iSv § 21 I 1 Nr 1–3 (→ § 21 Rn. 101) sind insb **Grundstücke** (Grund und Boden) und **Gebäudeteile,** also auch **Eigentumswohnungen** (str, glA *BH/Ettlich* § 37 Rn. 170; **aA** *HHR/Schmidt* § 37 Rn. 79 „Wohneigentum"; *KS/Avvento* § 37 Rn. 21). Gebäudeteile können auch entstehen bei abschnittsweiser Errichtung eines Gebäudes und bei **Ausbauten/Erweiterungen** (*Puhl* DB 84, 12). Nach *HHR/Schmidt* § 37 Rn. 79 zählen Gebäudeteile, Ausbauten und Erweiterungen zu den Gebäuden. Bei diesen anderen Vermögensgegenständen können die Verluste erstmals bei den Vorauszahlungen desjenigen Jahres angesetzt werden, das dem Jahr der **Aufnahme der Nutzung** durch den StPfl folgt. Der StPfl hat mE dann die Nutzung aufgenommen, wenn er den zur VuV bereits geeigneten Vermögensgegenstand ernstl zur VuV anbietet (zB Fälle vergebl Vermietungsbemühungen bei Eigentumswohnungen; *HHR/Schmidt* § 37 Rn. 89; so wohl auch *Altehoefer/ua* DStZ 84,

18). Die Aufnahme der Nutzung durch den Mieter oder Pächter ist nicht erforderl (*HHR/Schmidt* § 37 Rn. 89; so aber *Bordewin* FR 84, 64; *Puhl* DB 84, 14). – Bei **Gebäudeteilen (zB Eigentumswohnungen)** kommt es auf die Aufnahme der Nutzung nicht an, wenn das gesamte Gebäude fertiggestellt ist (glA *Puhl* DB 84, 14; **aA** *Bordewin* FR 84, 64; *KS/Avvento* § 37 Rn. 21). – Bei **Grund und Boden** ist die Aufnahme der Nutzung nicht im Baubeginn zu sehen; erforderl ist Aufnahme der Nutzung zur VuV (*HHR/Schmidt* § 37 Rn. 89; *KKM* § 37 Rn. D 39).

cc) Kinderentlastung, § 37 III 12. Höhere StEntlastungen, die sich auf Grund der Gewährung von Kinder- und Betreuungsfreibeträgen (§ 32 VI) anstelle des KiGelds ergeben (§ 31 S 4), werden erst im Veranlagungsverfahren berücksichtigt. 29

4. Nachträgliche Erhöhung, § 37 IV. Dass eine nachträgl Erhöhung bereits fällig gewordener Vorauszahlungen (befristet) zulässig ist, ergibt sich aus § 37 III 3 (→ Rn. 19). In diesem Fall gilt gem § 37 IV die erhöhte Vorauszahlungsschuld als am 1.10. entstanden (glA, aber krit *HHR/Schmidt* § 37 Rn. 100; **aA** *KKM* § 37 Rn. B 8) und ist innerhalb eines Monats nach Bekanntgabe des (geänderten) Vorauszahlungsbescheids zu entrichten. 35

5. Mindestbeträge für Festsetzung und Anpassung, § 37 V. Vorauszahlungen dürfen nur unter Berücksichtigung der in § 37 V genannten Mindestbeträge festgesetzt (400 € im Kj und 100 € im Vierteljahr) und angepasst werden (grds 100 €). Eine nachträgl Erhöhung bereits fällig gewordener Vorauszahlungen (§ 37 IV) ist nur zulässig, wenn sich die Erhöhung auf mindestens 5000 € beläuft (seit 2009). Das soll auch dann gelten, wenn sich eine Erhöhung letztl zugunsten des StPfl auswirkt (BFH III R 243/94, BFH/NV 99, 288: Nachzahlungszinsen; **aA** *von Bornhaupt* DStZ 99, 148). 36

6. Rechtsbehelfe. – a) Vorauszahlungsbescheid. Gegen erstmalige Vorauszahlungsbescheide, Anpassungsbescheide und die Herabsetzung ablehnende Bescheide ist der **Einspruch** gegeben. Der Einspruch gegen den EStBescheid erstreckt sich nicht ohne Weiteres auf den mitergangenen Vorauszahlungsbescheid. Ein Antrag auf Anpassung der EStVorauszahlungen kann uU in einen Einspruch gegen den bereits ergangenen EStBescheid umgedeutet werden (FG Köln EFG 02, 1140, rkr). Die Tilgung der Vorauszahlungsschuld kann nur im **Abrechnungsverfahren** gem § 218 II AO geltend gemacht werden. – Bei Anfechtung eines Vorauszahlungsbescheids kann vorläufiger Rechtsschutz durch **AdV des Vorauszahlungsbescheids** gewährt werden (BFH I B 3/78, BStBl II 79, 46, stillschweigend; Anm *Hein* BB 80, 1099; FG Ddorf EFG 76, 350 rkr; FG Bln EFG 78, 438 rkr). Zu Aussetzungszinsen s FG Köln EFG 93, 281, rkr. Hat das FA eine **herabsetzende Anpassung der Vorauszahlungen abgelehnt,** soll gegen diese angefochtene Entscheidung nach § 114 FGO vorläufiger Rechtsschutz gewährt werden, der aber nur in einer vorläufigen Stundung, nicht dagegen in einer Herabsetzung der Vorauszahlungen bestehen kann (BFH I B 7/75, BStBl II 75, 778; zum Anordnungsgrund s BFH VIII B 115/82, BStBl II 84, 492; krit *KKM* § 37 Rn. A 65). Diese Rspr ist mE überholt; auch in diesem Fall kann AdV gewährt werden (wie bisher aber BFH I B 187/90, BStBl II 91, 643; Zweifel in *Anm* HFR 91, 541). – Ein **ESt-Vorauszahlungsbescheid erledigt** sich mit Ergehen des EStBescheids (→ Rn. 13). Ein Rechtsstreit ist damit in der Hauptsache erledigt. Gleiches gilt für KiSt-Anmeldung/KiSt-Bescheid (BFH I R 44/96, BStBl II 98, 207). – Ist ein Klageverfahren anhängig, wird der EStBescheid Verfahrensgegenstand (BFH X R 15/07, BStBl II 09, 710); zur Zulässigkeit einer Fortsetzungsfeststellungsklage s BFH X B 58/13, BFH/NV 14, 361. – Eine im Vorauszahlungsverfahren ergangene gerichtl Entscheidung ist im späteren Veranlagungsverfahren nicht bindend (BFH IV E 2/80, BStBl II 80, 520 unter Nr 3). 40

41 **b) Aussetzung der Vollziehung des Einkommensteuerbescheids.** Gemäß **§ 361 II AO/§ 69 II FGO** ist eine AdV auf die festgesetzte ESt beschränkt, vermindert um die anzurechnenden StAbzugsbeträge, die anzurechnende KSt und die festgesetzten Vorauszahlungen (auf Zahlung kommt es nicht an). Damit führt die AdV idR nicht mehr zur vorläufigen Erstattung, es sei denn, dem StPfl drohen **wesentl Nachteile** (s AEAO zu § 361, Tz 4.6.1, mit Beispielen; *Suhrbier-Hahn* DStR 98, 1705). Geht man davon aus, dass die Entscheidung des FA über die Anpassung der Vorauszahlungen eine Ermessensentscheidung ist (dazu → Rn. 6), kann dies gegen **Art 19 IV GG** verstoßen (zutr die Kritik von *Woerner* BB 96, 2649; verfrechtl Bedenken *Siegert* DStZ 97, 222 ff); mE zu Unrecht bejahen BFH I B 49/99, BStBl II 00, 57 und BFH X B 99/99, BStBl II 00, 559 die VerfMäßigkeit (sogar bei früherer Aussetzung der Vollziehung der Vorauszahlungen; zust *KS/Avvento* § 37 Rn. 30; **aA** NdsFG DStRE 00, 274, rkr: verfkonforme Auslegung; ebenso *TK* § 69 FGO Rn. 183; *Leonard* DB 99, 2280). S aber BFH V R 42/08, BStBl II 10, 955: **Erlass von Säumniszuschlägen** (*TK* § 361 AO Rn. 13).

§ 37a Pauschalierung der Einkommensteuer durch Dritte

(1) [1]**Das Finanzamt kann auf Antrag zulassen, dass das Unternehmen, das Sachprämien im Sinne des § 3 Nummer 38 gewährt, die Einkommensteuer für den Teil der Prämien, der nicht steuerfrei ist, pauschal erhebt.** [2]**Bemessungsgrundlage der pauschalen Einkommensteuer ist der gesamte Wert der Prämien, die den im Inland ansässigen Steuerpflichtigen zufließen.** [3]**Der Pauschsteuersatz beträgt 2,25 Prozent.**

(2) [1]**Auf die pauschale Einkommensteuer ist § 40 Absatz 3 und 4 sinngemäß anzuwenden.** [2]**Das Unternehmen hat die Prämienempfänger von der Steuerübernahme zu unterrichten.**

(3) [1]**Über den Antrag entscheidet das Betriebsstättenfinanzamt des Unternehmens (§ 41a Absatz 1 Satz 1 Nummer 1).** [2]**Hat das Unternehmen mehrere Betriebsstättenfinanzämter, so ist das Finanzamt der Betriebsstätte zuständig, in der die für die pauschale Besteuerung maßgebenden Prämien ermittelt werden.** [3]**Die Genehmigung zur Pauschalierung wird mit Wirkung für die Zukunft erteilt und kann zeitlich befristet werden; sie erstreckt sich auf alle im Geltungszeitraum ausgeschütteten Prämien.**

(4) **Die pauschale Einkommensteuer gilt als Lohnsteuer und ist von dem Unternehmen in der Lohnsteuer-Anmeldung der Betriebsstätte im Sinne des Absatzes 3 anzumelden und spätestens am zehnten Tag nach Ablauf des für die Betriebsstätte maßgebenden Lohnsteuer-Anmeldungszeitraums an das Betriebsstättenfinanzamt abzuführen.**

Lohnsteuer-Richtlinien: LStH 37a.

1 **1. Allgemeines.** Die Regelung über die StFreiheit privater Sachprämien aus Kundenbindungsprogrammen in § 3 Nr 38 (→ § 3 Rn. 129) wird durch § 37a (bestätigt durch BGBl I 11, 554) ergänzt: Das Unternehmen, das die Sachprämie (Freiflüge, Freiübernachtungen als BE oder Lohn) gewährt, übernimmt die darauf entfallende ESt in Form einer pauschalen Steuer. Damit soll erreicht werden, dass der Kunde, der die Sachprämie erhält, diese in seiner StErklärung nicht angeben muss und damit aus den Kundenbindungsprogrammen steuerl nicht behelligt wird.

Zu unionsrechtl Bedenken s *BeckOK EStG* § 37a Rn. 20; *KKM* § 37a Rn. A 42 ff, mwN. Zu **SolZ und KiSt** → § 51a Rn. 4 (auch → § 40 Rn. 3; *HHR/Wagner* § 40 Rn. 65; *Giloy* BB 98, 720; *GLE* BStBl I 16, 773: Wahl zw vereinfachtem Verfahren und Nachweisverfahren); seit 2009 ist die SV-Pflicht entfallen (§ 1 S 1 Nr 13 SvEV). Zu unionsrechtl Fragen s *Robisch* DStR 11, 9.

2. Bonusmeilen; Bonuspunkte. – a) Gewinneinkünfte. Werden einem Unternehmer für eine betriebl veranlasste Flugreise/Hotelübernachtung sog Bonusmeilen oder Bonuspunkte gutgeschrieben, ist der Aufwand für den Flug/die Hotelübernachtung in voller Höhe BA (unabhängig von der Gewinnermittlungsart). Die gutgeschriebenen Bonuspunkte, die aus dieser BA resultieren, sind iHd Wertes (tarifmäßige Flugpreise, gutgeschriebene Hotelübernachtung etc) zu erfassen (für bilanzierende StPfl: **Aktivierung** der Forderung aus dem Bonusprogramm; zT **aA** *HHR/Bleschick* § 37a Rn. 7; *KKM* § 37a Rn. A 14). Werden die Bonuspunkte später für eine *betriebl* Reise eingesetzt, ist der Wert der als Ertrag erfassten Bonuspunkte nun als **BA** abzusetzen; der Einsatz der Bonuspunkte für *private* Zwecke (zB Ferienreise) ist als **Entnahme** zu erfassen (idS zutr *FB Bln* DB 95, 1310; *HHR/Bleschick* § 37a Rn. 7). Verfallen Bonuspunkte, ergibt sich ein außerordentl Verlust. – Bei **4 III-Rechnung** kann es erst im Augenblick der Gewährung der Sachprämie zu BE kommen, wenn die Bonuspunkte für *private* Zwecke verwendet werden. Bei *betriebl* Verwendung der Bonuspunkte ist der Vorgang gewinnneutral (s auch HessFG EFG 21, 1885 rkr). 3

b) Einkünfte aus nichtselbständiger Arbeit. – aa) Zahlung durch Arbeitnehmer. Die Behandlung erfolgt entspr der Überschussrechnung bei Gewinneinkünften (→ Rn. 3): Die **Zahlung** des berufl veranlassten Fluges/der Hotelübernachtung führt in voller Höhe zu WK. Werden die Bonuspunkte später für **berufl Zwecke** eingesetzt, steht einer fiktiven Einnahme iHd Wertes der Bonuspunkte ein fiktiver WK-Abzug ggü, sodass der Vorgang steuerneutral ist; denn die spätere *berufl* Reise unter Einsatz der Bonuspunkte ist durch die früheren berufl Reisen (mit-)finanziert und durch einen WK-Abzug berücksichtigt worden. Werden die Bonuspunkte hingegen für **private Zwecke** verwendet (zB Ferienreise), ist der Wert der Reise als Einnahme iSd § 19 zu erfassen (zum Zufluss s *Thomas* DStR 97, 306); es gilt hier der Gedanke der *zurückgezahlten WK* (auch → § 9 Rn. 112; glA *KKM* § 37a Rn. A 15; **aA** *HHR/Bleschick* § 37a Rn. 7 mwN). 4

bb) Zahlung durch Arbeitgeber. Zahlt der ArbG die Reisekosten oder erstattet er dem ArbN die verauslagten Reisekosten **(Auslagenersatz),** ist der spätere Einsatz der Bonuspunkte für eine Dienstreise steuerneutral (keine Einnahme iSv § 19, da die Bonuspunkte für berufl Zwecke verwendet werden). Werden vom ArbG finanzierte Bonuspunkte für **private Zwecke** des ArbN (zB Ferienreise) eingesetzt, liegt eine Lohnzuwendung des ArbG in Form des Verzichts auf eine dienstl Verwendung der Bonuspunkte vor (*KKM* § 37a Rn. A 16; *HHR/Bleschick* § 37a Rn. 7; zweifelnd *Thomas* DStR 97, 308); denn diese Bonuspunkte stehen arbeitsrechtl dem ArbG zu (BAG 9 AZR 500/05, DB 06, 2068; *Kock* DB 07, 462). Die Frage nach der Lohnzuwendung durch Dritte ist mE schon vom Ansatzpunkt her verfehlt (glA *Giloy* BB 98, 718; **aA** *Strömer* BB 93, 705; *Heinze* DB 96, 2490; s auch *von Bornhaupt* FR 93, 326). 5

cc) Private Bonuspunkte. Bonuspunkte aus *privat* veranlassten Reisen führen bei privater Verwendung weder zu BE noch zu Lohn. Werden solche Bonuspunkte für betriebl/berufl Reisen eingesetzt, ergibt sich iHd Wertes der Bonuspunkte ein BA-/WK-Abzug (glA *KKM* § 37a Rn. A 13). 6

3. Verfahren. Die Pauschalierung erfolgt auf Antrag (§ 40 IV: LSt-Anmeldung, → § 40 Rn. 31) des die Sachprämie gewährenden Unternehmens. Der Besteuerung sollen nur die tatsächl in Anspruch genommenen Prämien und nicht bereits die Gutschriften unterliegen (*FM Hess* DStR 97, 1166; *FM NRW* DStR 98, 1217). Das BetriebsstättenFA (§ 37a III iVm § 41 I Nr 1) trifft eine **Ermessensentscheidung,** bei der das Ermessen idR auf Null reduziert ist. Die für die Zukunft auszusprechende Genehmigung (Grundlagenbescheid, s *Thomas* DStR 97, 305 (307); *KS/Avvento* § 37a Rn. 7; **aA** *BH/Ettlich* § 37a Rn. 16; *KKM* § 37a Rn. B 9; *HHR/Bleschick* § 37a Rn. 17) erstreckt sich auf alle ausgeschütteten Prämien; das Unternehmen muss *sämtl* Sachprämien an Inländer (*Giloy* BB 98, 719) in die Pauschalbesteuerung einbeziehen. – Die *pauschale Steuer* soll die stpfl Teile der Sachprämien erfassen. Bemessungs- 7 grundlage ist aber (dadurch erklärt sich der niedrige StSatz von 2,25 %) der *gesamte* Wert der Sachprämien, gleichgültig ob die Sachprämien stbar/stpfl sind (s dazu die Begründung in BT-Drs 3/5952, 48; *Giloy* BB 98, 717; verfassungsrechtl Bedenken bei *KKM* § 37a Rn. A 37).

8 **4. Rechtscharakter der Pauschalsteuer.** Die Pauschalsteuer gilt als LSt, auch wenn sie für Unternehmer übernommen wird. Sie ist in die LStAnmeldung des Unternehmens mit aufzunehmen. **Steuerschuldner** ist das Unternehmen, welches die Sachprämie gewährt. Gegen dieses ist ggf ein Pauschalierungs-StBescheid (nicht Haftungsbescheid) zu erlassen. – Es handelt sich wohl *nicht* um eine UnternehmenSt eigener Art (str, s *HHR/Bleschick* § 37a Rn. 3 mwN; **aA** *KKM* § 37a Rn. A 20), sondern um die **ESt des Prämienempfängers,** die ledigl vom Unternehmer übernommen wird (s auch Wortlaut des § 37a II 2; vgl iÜ BFH IV R 13/14, BStBl II 17, 892 Rn. 22 zu § 37b). – Die pauschal besteuerte Sachprämie und die pauschale Steuer bleiben bei der Veranlagung des Kunden außer Betracht. Das Unternehmen muss die Kunden von der StÜbernahme unterrichten. Solange und soweit sie nicht unterrichtet werden, müssen die Kunden die Sachprämien in ihrer StErklärung angeben; daher empfiehlt es sich, die Mitteilungen aufzubewahren.

§ 37b Pauschalierung der Einkommensteuer bei Sachzuwendungen

(1) [1]**Steuerpflichtige können die Einkommensteuer einheitlich für alle innerhalb eines Wirtschaftsjahres gewährten**

1. betrieblich veranlassten Zuwendungen, die zusätzlich zur ohnehin vereinbarten Leistung oder Gegenleistung erbracht werden, und
2. Geschenke im Sinne des § 4 Absatz 5 Satz 1 Nummer 1,

die nicht in Geld bestehen, mit einem Pauschsteuersatz von 30 Prozent erheben. [2]**Bemessungsgrundlage der pauschalen Einkommensteuer sind die Aufwendungen des Steuerpflichtigen einschließlich Umsatzsteuer; bei Zuwendungen an Arbeitnehmer verbundener Unternehmen ist Bemessungsgrundlage mindestens der sich nach § 8 Absatz 3 Satz 1 ergebende Wert.** [3]**Die Pauschalierung ist ausgeschlossen,**

1. soweit die Aufwendungen je Empfänger und Wirtschaftsjahr oder
2. wenn die Aufwendungen für die einzelne Zuwendung

den Betrag von 10 000 Euro übersteigen.

(2) [1]**Absatz 1 gilt auch für betrieblich veranlasste Zuwendungen an Arbeitnehmer des Steuerpflichtigen, soweit sie nicht in Geld bestehen und zusätzlich zum ohnehin geschuldeten Arbeitslohn erbracht werden.** [2]**In den Fällen des § 8 Absatz 2 Satz 2 bis 10, Absatz 3, § 40 Absatz 2 sowie in Fällen, in denen Vermögensbeteiligungen überlassen werden, ist Absatz 1 nicht anzuwenden; Entsprechendes gilt, soweit die Zuwendungen nach § 40 Absatz 1 pauschaliert worden sind.** [3]**§ 37a Absatz 1 bleibt unberührt.**

(3) [1]**Die pauschal besteuerten Sachzuwendungen bleiben bei der Ermittlung der Einkünfte des Empfängers außer Ansatz.** [2]**Auf die pauschale Einkommensteuer ist § 40 Absatz 3 und 4 sinngemäß anzuwenden.** [3]**Der Steuerpflichtige hat den Empfänger von der Steuerübernahme zu unterrichten.**

(4) [1]**Die pauschale Einkommensteuer gilt als Lohnsteuer und ist von dem die Sachzuwendung gewährenden Steuerpflichtigen in der Lohnsteuer-Anmeldung der Betriebsstätte nach § 41 Absatz 2 anzumelden und spätestens am zehnten Tag nach Ablauf des für die Betriebsstätte maßgebenden Lohnsteuer-Anmeldungszeitraums an das Betriebsstättenfinanzamt abzuführen.** [2]**Hat der Steuerpflichtige mehrere Betriebsstätten im Sinne des Satzes 1, so ist das Finanzamt der Betriebs-**

stätte zuständig, in der die für die pauschale Besteuerung maßgebenden Sachbezüge ermittelt werden.

Einkommensteuer-/Lohnsteuer-Richtlinien: EStR 37b; EStH 37b; LStH 37b. – **Verwaltungsanweisungen:** *BMF* BStBl I 15, 468 (Anwendungsschreiben – gilt in allen noch offenen Verfahren), geändert durch *BMF* BStBl I 18, 814; *GLE* BStBl I 16, 773.

Übersicht

1. Allgemeines. – a) Gegenstand; Bedeutung. § 37b ermöglicht (seit 2007) dem zuwendenden StPfl, die ESt/KSt auf Sachzuwendungen an NichtArbN (§ 37 I) und eigene ArbN (§ 37 II) pauschal mit **30%** (zuzügl KiSt, s *GLE* BStBl I 16, 773, und SolZ) des Zuwendungswerts zu erheben. Damit wird die steuerl Erfassung des geldwerten Vorteils beim Zuwendungsempfänger abgegolten; der Zuwendende wird StPfl iSd § 33 AO dieser pauschalen Steuer. Im Interesse der Rechtssicherheit ist der Zuwendungsempfänger von der Pauschalierung zu unterrichten (→ Rn. 14). – Die **Bedeutung** des § 37b erschöpft sich darin, dass die für die Zuwendungsempfänger estpfl Sachzuwendungen nun durch eine vom Zuwendenden zu tragende pauschale Steuer mit befreiender Wirkung für die Zuwendungsempfänger abgegolten wird (s auch *Hey* FR 20, 1 (4)). Es handelt sich um eine optionale („können") **besondere pauschalierende Form der ESt** (BFH VI R 25/16, BStBl II 18, 389 mwN: Wortlaut des § 37b, Systematik). § 37b begründet keine weitere Einkunftsart (BFH VI R 10/21, BStBl II 23, 1105; BFH VI R 15/21, BStBl II 24, 361) und auch keine UnternehmensSt (BFH IV R 13/14, BStBl II 17, 892 Rn. 21 ff: kein Abzug als BA; auch → § 4 Rn. 537). – Zu Zuwendungen durch **Kommunen** s *BMF* BStBl I 15, 468 Rn. 1 und *Mohr* DStZ 15, 588. 1

Hintergrund. Werden zur Pflege des Rufs des Unternehmens, der Geschäftsbeziehungen, des Arbeitsklimas oder zur Belohnung bzw zum Anreiz für erbrachte/zu erbringende Leistungen Sachzuwendungen hingegeben (zB Incentive-Reisen, Einladungen zu sportl oder kulturellen Veranstaltungen, Sachgeschenke aller Art), sind diese idR als **stpfl Einnahmen** bei der Veranlagung des Zuwendungsempfängers steuererhöhend zu erfassen (BE beim Geschäftsfreund oder Kunden, Drittlohn beim ArbN des Geschäftsfreundes, ArbLohn bei eigenen ArbN). In der Praxis waren sich die Zuwendungsempfänger oft nicht im Klaren über die steuerrechtl Bedeutung der Vorgänge. Eine Mitteilung des Zuwendenden an die Zuwendungsempfänger über deren steuerl Pflichten und über den Wert der Zuwendungen würde die beabsichtigte Imagepflege uU ins Gegenteil verkehren (BFH IV R 13/14, BStBl II 17, 892 Rn. 20: „vergiftetes" Geschenk).

b) Persönlicher/sachlicher Anwendungsbereich. Die Regelung gilt für sämtl **inl und ausl StPfl,** unabhängig von Rechtsform und StPflichtigkeit (*BMF* BStBl I 15, 468 Rn. 1), also auch für ArbN, die eigene Unter-ArbN beschäftigen oder in eigener Regie Sachzuwendungen an Kunden des ArbG tätigen. – Pauschalierungsfähig sind **nur Sachzuwendungen;** Barzuwendungen sind stets vom Empfänger zu versteuern (zur Abgrenzung → § 8 Rn. 17). Zur Behandlung von **Geldkarten** als Barlohn gem § 8 I 2 → § 8 Rn. 4 f und *BMF* BStBl I 22, 242 (zum Hintergrund: *Kanzler* FR 19, 957: „Prepaid-Karten-Modell"; *Herold* GStB 22, 419). – Da § 37b **keine eigene Einkunftsart** begründet (→ Rn. 1), werden nur Sachzuwendungen erfasst, die beim Empfänger zu (unbeschr oder beschr) **estpfl Einkünften** führen (BFH VI R 25/16, BStBl II 18, 389; BFH VI R 47/12, BStBl II 15, 490; *BMF* BStBl I 15, 468 Rn. 13 f, mit Vereinfachungsregelungen; *Mohr* DStZ 15, 588 (594); *Niermann* DB 15, 1242 II.3.g). Zuwendungen, die diese Voraussetzung nicht erfüllen, sind nicht stpfl, sodass es auch keiner pauschalen Besteuerung bedarf. In Zweifelsfäl- 2 len sollte eine (kostenfreie) **Anrufungsauskunft gem § 42e** eingeholt werden (→ § 42e Rn. 6).

Beispiele – keine StPfl/keine Pauschalierung: Schifffahrt mit Menü und Weinprobe sowie Golfturnier eines Kreditinstituts als Werbemaßnahme (BFH VI R 10/21, BStBl II 23, 1105; *Kanzler* FR 21, 1191); Naturalrabatte und „Punkte und Prämien" an **Privatkunden im Einzelhandel,** Blumen an Vermieter und Präsentkorb an Kapitalanleger (s *Geserich* DStR 14, 561 (563); *Schneider* NWB 14, 341 (350); einschr *Niermann* DB 15, 1242 II.1.g); Satz Winterreifen beim (privaten) Autokauf (*Kohlhaas/Neumann* Stbg 14, 395 (397)); Zuwendungen an nicht der inl ESt unterliegende **Ausländer** (s BFH VI R 57/11, BStBl II 15, 457). – Weitere Nachweise: → 43. Aufl 2024, § 37b Rn. 2 aE.

4 **2. Zuwendungen und Geschenke an Dritte, § 37b I. – a) Zuwendungen, § 37b I 1 Nr 1.** Zuwendungen iSd § 37b I 1 Nr 1 müssen betriebl veranlasst sein und zusätzl zur ohnehin vereinbarten Leistung erbracht werden. Zu Sachzuwendungen an ausl ArbN, die **keiner Besteuerung im Inl** unterliegen → Rn. 2.

5 **aa) Betriebliche Veranlassung.** Zuwendungen sind betriebl veranlasst, wenn sie als **Belohnung** für ein bestimmtes Verhalten des Zuwendungsempfängers gewährt werden (zB Gewinne aus Händlerwettbewerben, Incentive-Reisen für erfolgreiche Zielerfüllung usw). Es handelt sich um ein eigenständiges Tatbestandsmerkmal, das zunächst voraussetzt, dass der Zuwendende überhaupt einen Betrieb unterhält (BFH VI R 47/12, BStBl II 15, 490: private Zahlung für Jubiläumsfeier einer AG durch Ges'ter). – Zuwendungen aus **gesellschaftsrechtl Veranlassung** (vGA) können nicht nach § 37b pauschaliert werden (*BMF* BStBl I 15, 468 Rn. 9). Zuwendungen aus ausschließl **privaten Gründen** sind beim Empfänger nicht estpfl (s *Rätke* NWB 15, 549 mit Beispielen; evtl schenkungsteuerrechtl Folgen).

6 **bb) Zusätzliche Leistung.** Die Sachzuwendung muss *zusätzl* zur ohnehin vereinbarten Leistung oder Gegenleistung des StPfl iRe **synallagmatischen Leistungsaustauschs** erbracht werden; das ist nicht der Fall, wenn eine Zuwendung die *allein* geschuldete Leistung ist (zB Prämie für einen Verkaufserfolg durch Dritte, s BFH VI R 25/16, BStBl II 18, 389: dass die Empfänger „zusätzl" ArbLohn von *ihrem* ArbG erhalten, genügt nicht; Anm *Kanzler* FR 18, 708 (710)). Ebenfalls ausgeschlossen sind Entgeltumwandlungen, Sachzuwendungen, die als Teil des Entgelts vereinbart wurden, und Leistungen, die (nur) zur Anbahnung einer vertragl Beziehung erbracht werden (s BFH VI R 47/12, BStBl II 15, 490; *BMF* BStBl I 15, 468 Rn. 9a).

7 **cc) Anwendungsfälle. – (1) Bewirtungsaufwendungen.** Da ertragsteuerl Folgen nur ausgelöst werden, wenn die Sachzuwendung beim Empfänger zu einer stpfl Einnahme führt, lässt § 37b bisher bestehende Verwaltungsregelungen unberührt, wonach Bewirtungsaufwendungen anlässl von Geschäftsessen oder aus besonderem Anlass nicht zu stpfl Einnahmen führen (EStR 4.7 (3); LStR 8.1 (8); s *BMF* BStBl I 15, 468 Rn. 9c, 10, 18: bis zu 60 €; *OFD NRW* FR 17, 1115; *Niermann* DB 15, 1242 II.3.b).

Die FinVerw wendet die **Aufteilungsgrundsätze aus dem VIP-Logen-Schrb** (BStBl I 05, 845, Rn. 14 und 19) mit 40% für Werbung (= keine Zuwendung), mit 30% für Bewirtung (= keine Zuwendung) und mit 30% für Geschenk (= StPfl Zuwendung) an (*BMF* BStBl I 15, 468 Rn. 15 *Hartmann* DStR 08, 1418 Tz 2.1). Die Aufteilung ist in dieser Allgemeinheit zweifelhaft (→ Rn. 14).

8 **(2) Incentive-Reisen.** Wird dem Kunden iRe Händlerwettbewerbs eine Incentive-Reise zugewendet, sind sämtl Elemente dieser Reise zugewendet; sie führen zu einer Bereicherung des Empfängers, sodass der Wert der Reise mit allen Elementen der Pauschalsteuer unterliegt (*Hartmann* DStR 08, 1418, 2.1; diff *Niermann* DB 15, 1242 II.3.c; *ders* DB 17, 868). Der Zuwendende hat vollen BA-Abzug.

b) Geschenke, § 37b I 1 Nr 2. Geschenke sind die in § 4 V 1 Nr 1 genannten Zuwendungen, also auch diejenigen bis zur Freigrenze von 35 € (BFH VI R 52/11, BStBl II 15, 455; *Hartmann* DStR 08, 1418 (1420); **aA** *HHR/Lingemann* § 37b Rn. 14 mwN). Zugaben iSv § 1 I ZugabeVO sind keine Geschenke (BFH I R 99/09, DStRE 11, 466). Die Pauschalierung nach § 37b setzt nicht voraus, dass die Aufwendungen vom Zuwendenden als BA abgezogen werden können (FG Bln-Bbg EFG 19, 1565 mwN, rkr). Es muss sich allerdings um **betriebl veranlasste** Geschenke handeln (→ § 4 Rn. 536). 9

aa) Abgrenzung zu Zuwendungen iSd Nr 1. Im Gegensatz zu den in S 1 Nr 1 erwähnten betriebl veranlassten Zuwendungen dienen Geschenke generell dazu, die allg Geschäftsbeziehungen erst anzuknüpfen, zu erhalten oder zu verbessern. Die **Unterscheidung** zw betriebl veranlasster Zuwendung und Geschenk hat zwar für die Pauschalierung nach § 37b keine Bedeutung; der Wert *beider* Zuwendungen kann pauschal besteuert werden. Die Unterscheidung hat aber **Bedeutung für den BA-Abzug** des Zuwendenden. Die Aufwendungen für die betriebl veranlassten Sachzuwendungen und die PauschalSt sind als BA abziehbar, während Aufwendungen für Geschenke an Personen, die nicht eigene ArbN des Zuwendenden sind, bei Überschreiten der Freigrenze von 35 € nicht abziehbar sind (§ 4 V 1 Nr 1); das gilt auch für die **Pauschalsteuer,** denn diese ist Teil der Zuwendung an den Zuwendungsempfänger und damit **ebenfalls Teil des Geschenks** (BFH IV R 13/14, BStBl II 17, 892, → Rn. 13; *BMF* BStBl I 15, 468 Rn. 26; *Niermann* DB 15, 1242, II.3.f; **aA** *Kohlhaas* FR 12, 950: PauschalSt ist *immer* abzugsfähige BA; ebenso *Hilbert ua* BB 14, 919 (925 f)). Die FinVerw wendet aber weiterhin die **Vereinfachungsregelung** in *BMF* BStBl I 15, 468 Rn. 25, an und bezieht die pauschale Steuer nicht in die 35 €-Grenze mit ein (s BFH IV R 13/14, BStBl II 17, 892, Fn 1). 10

bb) Anwendungsfälle. – (1) Einladungen. Geschenke sind auch **Einladungen** zu sportl oder kulturellen Veranstaltungen (= kein BA-Abzug), es sei denn, die Einladungen sind an die Erfüllung bestimmter Zielvorgaben des Zuwendenden geknüpft; denn dann handelt es sich um betriebl veranlasste Zuwendungen iSd § 37b I 1 Nr 1 (= BA-Abzug). Keine Einladung liegt vor, soweit der Aufwand des StPfl auf nicht besuchte Veranstaltungen oder auf Leerplätze entfällt; denn insoweit wird niemandem ein Vorteil zugewendet (BFH VI R 15/21, BStBl II 24, 361: VIP-Logen, → Rn. 14). 11

(2) Streuwerbeartikel und geringwertige Warenproben. Dem **BMF** zufolge handelt es sich nicht um stbare Zugaben; Folge: keine Pauschalierung nach § 37b (*BMF* BStBl I 15, 468 Rn. 10; *Mohr* DStZ 15, 588 (592); *Niermann* DB 15, 1242 II.3.e; *Weber* NWB 15, 2136 (2143)). Der **BFH** hat dem widersprochen (BFH VI R 52/11, BStBl II 15, 455: keine rechtl Grundlage; krit *Rätke* NWB 15, 549 (552 f): „praxisfern"); vor Gericht hätte diese Wertgrenze also keinen Bestand. Das BMF bleibt aber bei seiner Auffassung (*BMF* BStBl I 15, 468 Rn. 10). 12

c) Zuwendungsempfänger. Empfänger der Zuwendung sind alle Personen (außer Privatkunden, → Rn. 2), denen im Hinblick auf betriebl Interessen oder Belange die Sachzuwendung als konkrete Belohnung/konkreter Anreiz gewährt wird *(betriebl veranlasste Zuwendung)* oder die eine Zuwendung im Hinblick auf allg betriebl Klima/Kontaktpflege erhalten *(Geschenk):* Geschäftsfreunde/Kunden, ArbN der Geschäftsfreunde/Kunden, Politiker. Zuwendungen an Familienangehörige der vorgenannten Personen sind Teil der Zuwendung an die vorgenannten Personen (str, s *HHR/Lingemann* § 37b Rn. 12 mwN). 13

d) Bemessungsgrundlage, § 37b I 2. Die pauschale ESt bemisst sich nach den **Aufwendungen des Zuwendenden** einschließl USt. Die Regelung enthält eine eigenständige Bemessungsgrundlage (BFH VI R 15/21, BStBl II 24, 361); sie verdrängt in ihrem Anwendungsbereich § 8 II 1 EStG (BFH VI R 13/18, BStBl II 21, 14

395). Das gilt auch für Betriebsveranstaltungen (BFH VI R 13/18, BStBl II 21, 395: ggf Schätzung; FG Bln-Bbg EFG 19, 1565 mwN, rkr: VIP-Logen, Geschenke iSv § 4 V 1 Nr 1) und bei Herstellung des Zuwendungsgegenstands durch den Zuwendenden (*Niermann* DB 15, 1242 (1246)). Bei einer **Gesamtleistung** ist der auf die jeweilige Zuwendung entfallende Anteil anzusetzen, ggf durch Schätzung (BFH VI R 15/21, BStBl II 24, 361 Rn. 20). Es kommt nicht darauf an, ob einzelne Aufwendungen, die der zu bewertenden Zuwendung direkt zurechenbar sind, ihrerseits (isoliert betrachtet) zu einem Vorteil des Zuwendungsempfängers führen würden (BFH VI R 13/18, BStBl II 21, 395: Kosten einer Eventagentur; BFH VI R 4/19, BFH/NV 21, 302: Aufwendungen für den „äußeren Rahmen" einer Veranstaltung). Die **Einbeziehung der USt** in die Bemessungsgrundlage ist sachgerecht, da die Pauschalierung die Besteuerung des Endverbrauchs abgilt. – Bei Sachzuwendungen an **ArbN eines verbundenen Unternehmens** ist der Wert des § 8 III anzusetzen. Damit soll verhindert werden, dass diese ArbN bessergestellt sind als die eigenen ArbN des zuwendenden Herstellerunternehmens, bei denen im Normalfall (Ausnahme → § 8 Rn. 70) die Besteuerung nach § 8 III gilt (*Niermann* DB 08, 1231 III. 4; krit *Urban* DStR 07, 306 f). *BMF* BStBl I 15, 468 Rn. 5 erlaubt bei ArbN verbundener Unternehmen auch individuelle Besteuerung (s auch *Niermann* DB 15, 1242 (1244, 1246); *Weber* NWB 15, 2136 (2147)) und Pauschalierung durch ArbG (*BMF* BStBl I 15, 468 Rn. 11; *Mohr* DStZ 15, 588 (593): Handlungsspielraum).

Ob die vom BMF vorgesehene Aufteilung von **Aufwendungen für VIP-Logen** (*BMF* BStBl I 05, 845) iZm § 37b entspr angewendet werden kann (so *BMF* BStBl I 15, 468 Rn. 15), hat der BFH offen gelassen; er hat allerdings die vom FG vorgenommen Aufteilung (FG Bln-Bbg EFG 21, 1636), die sich an das BMF-Schreiben angelehnt und einen Werbeanteil von 40% aus der Zuwendung herausgerechnet hat (allerdings bei VIP-Loge ohne Bewirtung), als wirtschaftl mögl angesehen und iErg bestätigt (BFH VI R 15/21, BStBl II 24, 361 Rn. 39, mit Anm *Kanzler* FR 24, 572). Findet eine **Bewirtung** statt, so ist diese jedenfalls Teil der Zuwendung (BFH VI R 52/11, BStBl II 15, 455 Rn. 16; **aA** *Rätke* NWB 15, 549 (553)).

15 **e) Höchstgrenzen, § 37 I 3.** Die Regelung soll bei hohen Sachzuwendungen eine Besteuerung mit dem individuellen Steuersatz des Empfängers bei diesem gewährleisten. Daher ist die Pauschalierung bei einer Zuwendung insg ausgeschlossen, wenn die Aufwendung (einschließl USt) für die *einzelne Zuwendung* den Betrag von 10 000 € übersteigt (**Luxusgeschenke;** *Freigrenze,* § 37b I 3 Nr 2: „wenn"; *BMF* BStBl I 15, 468 Rn. 21). IÜ kommt eine Pauschalierung nicht in Betracht, *soweit mehrere Aufwendungen zusammen* je Empfänger und Wj den Betrag von 10 000 € (einschließl USt) übersteigen (*Freibetrag,* § 37b I 3 Nr 1: „soweit"); hier ist die Pauschalierung ausgeschlossen hinsichtl des den Betrag von 10 000 € übersteigenden Teils. **Zuzahlungen des Empfängers** mindern den Wert der Zuwendung (*BMF* BStBl I 15, 468 Rn. 9c, 21: nicht bei Zuzahlungen Dritter).

Beispiel: Erhält der Zuwendungsempfänger eine einzelne Sachzuwendung im Wert von 12 000 € sowie weitere Sachzuwendungen von insgesamt 15 000 €, scheidet eine Pauschalierung der Einzelaufwendung iHv 12 000 € insgesamt aus, während hinsichtl der weiteren Einzelzuwendungen eine Pauschalierung bis zum Betrag von 10 000 € mögl ist; der darüber hinausgehende Betrag von 5000 € kann nicht pauschaliert werden.

16 **f) Einheitliche Pauschalierung.** Der Zuwendende *kann* (Wahlrecht, → Rn. 13) für die Pauschalierung der Sachzuwendungen optieren. Tut er dies, muss er für *alle* betriebl veranlassten Sachzuwendungen und *alle* Geschenke, die innerhalb eines Wj erbracht werden, einheitl pauschalieren (BFH VI R 14/18, BStBl II 21, 232; FG Bln-Bbg EFG 19, 1565 mwN, rkr; diff für ausl Betriebsstätten inl Unternehmen: *Niermann* DB 17, 868). Der Zuwendende hat somit im jeweiligen Wj nur die Wahl zw dem **völligen Verzicht** auf Pauschalierung (Rechtsfolge: der Wert der Sachzuwendungen ist bei den Veranlagungen der Zuwendungsempfänger als BE/Drittlohn zu erfassen, → Rn. 1 aE; evtl Kontrollmitteilungen des FA) und der **Pauschalierung**

hinsichtl sämtl Sachzuwendungen/Geschenke an die Empfänger des § 37b I (Ausnahme nur bei Luxuszuwendungen, → Rn. 8).

In diese Pauschalierung sind nach *BMF* BStBl I 15, 468 Rn. 34 (glA *Niermann* DB 08, 1231 II. 2) auch solche Sachzuwendungen einzubeziehen, die unter **BA-Abzugsverbote** wie zB § 4 V 1 Nr 10 (rechtswidrige Handlungen, zB Bestechung; s dazu *Preising/Kiesel* DStR 07, 1108) oder § 160 AO (Nichtbenennung der Zuwendungsempfänger) fallen. Dies ist nicht zweifelsfrei, weil das BA-Abzugsverbot bereits eine Versteuerung der Aufwendungen durch den Zuwendenden bedeutet; dann ist aber kein Grund für die Pauschalierung nach § 37b ersichtl.

3. Sachzuwendungen an eigene Arbeitnehmer, § 37b II. – a) Abgrenzung. 20
Während Abs 1 die Sachzuwendungen an sämtl Personen regelt, die keine ArbN des Zuwendenden sind, betrifft Abs 2 nur die Zuwendungen des ArbG an seine *eigenen ArbN;* Zuwendungen an ArbN der Geschäftskunden werden bereits von § 37b I erfasst (*Niermann* DB 08, 1231 II. 3). – Es gelten die obigen Ausführungen zur Bemessungsgrundlage (→ Rn. 14) und zu den Höchstgrenzen (→ Rn. 15). – Auch das Gebot der **einheitlichen Pauschalierung** (→ Rn. 9) gilt innerhalb des jeweiligen Empfängerkreises (dem *BMF* zufolge auch bei abw Wj bezogen auf das Kj, s *BMF* BStBl I 15, 468 Rn. 4; *Mohr* DStZ 15, 588 (589 f)). Wird also die Sachzuwendung an einen eigenen ArbN pauschaliert, gilt dies für *sämtl* Sachzuwendungen an *sämtl* eigenen ArbN (*BMF* BStBl I 15, 468 Rn. 4: alle lohnsteuerl Betriebsstätten iSd § 41 II). – Wegen der unterschiedl Gegebenheiten in den beiden Empfängerkreisen (s zB die zahlreichen Pauschalierungsausschlüsse bei eigenen ArbN, → Rn. 12, oder die unterschiedl ertragsteuerl Folgen bei Geschenken, → Rn. 5, 11) gibt es **kein empfängerkreisübergreifendes Pauschalierungsgebot;** vielmehr ist jeweils nur innerhalb des jeweiligen Empfängerkreises einheitl zu verfahren (BFH VI R 14/18, BStBl II 21, 232 Rn. 18 mwN: „Firmenfitness-Programm"; *BMF* BStBl I 15, 468 Rn. 4).

b) Sachzuwendungen; Geschenke. Bei Zuwendungen des ArbG an die eige- 21
nen ArbN spielt die Unterscheidung zw betriebl veranlassten Sachzuwendungen und Geschenken keine Rolle. Jede durch das Arbeitsverhältnis veranlasste Zuwendung ist ArbLohn (→ § 19 Rn. 40) und ohne Einschränkungen als **BA des ArbG** abzusetzen; denn § 4 V 1 Nr 1 gilt nicht für Geschenke an eigene ArbN. Damit ist auch die PauschalSt, falls nach § 37b pauschaliert wird, ohne Einschränkung als BA abziehbar. – Es muss sich allerdings um einen **Sachbezug** handeln; Geldzuwendung werden gem § 37b II 1 nicht erfasst (zur Abgrenzung bei Beiträgen zu einem Pensionsfonds s FG Hmb EFG 24, 1382, Rev VI R 13/24). Auch die **Lohnumwandlung** von Barlohn in Sachlohn ist bei § 37b II zur Vermeidung ungerechtfertigter StVorteile ausgeschlossen (§ 37b II 1; zur Auslegung des Tatbestandsmerkmals „zusätzl zum ohnehin geschuldeten ArbLohn" → § 8 Rn. 80 ff; *BMF* BStBl I 15, 468 Rn. 9b). – Da § 37b **keinen neuen Einkünftetatbestand** schafft (→ Rn. 1), können nur Sachzuwendungen der Pauschalierung unterliegen, die **stpfl ArbLohn** darstellen (BFH VI R 15/21, BStBl II 24, 361: kein ArbLohn bei Betreuung von Geschäftspartnern des ArbG in VIP-Logen, eigenbetriebl Interesse; ebenso BFH VI R 78/12, BStBl II 15, 495: Regattabegleitfahrt; *Geserich* DStR 14, 561; s aber auch BFH IV R 25/09, BStBl II 12, 824; *Reese/Kahnwald* BB 13, 1634). Die Sachzuwendung ist stets darauf zu untersuchen, ob sie überhaupt den ArbLohnbegriff erfüllt, und wenn ja, ob der ArbLohn stpfl ist. Insb bei der Vorteilsbewertung von Incentivereisen mit Dienstreiseelementen müssen die Kostenteile in Lohn und Nichtlohn aufgeteilt werden (dazu → § 19 Rn. 100 „Prämien"); nur hinsichtl der Lohnteile kann es zur Pauschalierung nach § 37b kommen (so auch *BMF* BStBl I 15, 468 Rn. 13 f: Aufzeichnungspflicht und ggf Benennung, § 160 AO; krit *Bechthold* BB 15, 2266).

Beispiele: Abschluss einer freiwilligen **Unfallversicherung** (zu den Voraussetzungen s *BMF* BStBl I 22, 242 Rn. 7); Überlassung von **Elektro-Fahrrädern** (*BMF* BStBl I 17, 1546; *Seifert* DStZ 18, 145 (157)), aber nicht bei Geldleistung für/nach Anschaffung (s *BMF* BStBl I 22, 242 Rn. 22). – Zu **betriebl Gesundheitsförderung** (§ 3 Nr 34) s FG Nbg EFG 25, 1287, Rev VI R 9/25. Zur Behandlung von **Fahrkosten-Zuschüssen des ArbG** im öffentl Personenfern-/

-nahverkehr iSd § 3 Nr 15 s *BMF* BStBl I 19, 875 Rn. 43 (Fortführung der Pauschalierung bis 31.12.19 wird nicht beanstandet; zutr *Plenker* DB 19, 2092 (2099): allenfalls wegen des bürokratischen Aufwands gerechtfertigt).

22 **c) Pauschalierungsausschluss, § 37b II 2, 3.** Für die Besteuerung von Sachzuwendungen an eigene ArbN gibt es seit langem gesetzl Regelungen, die sich bewährt haben; hier besteht für die Pauschalierung nach § 37b von vornherein kein Bedürfnis. Daher schließt das Gesetz in folgenden Fällen eine Pauschalierung aus: Bei **Firmenwagenbesteuerung** (§ 8 II 2–5), bei **amtl Sachbezügen** (§ 8 II 6–8; FG LSA EFG 20, 1122, rkr: Restaurantschecks), bei **ArbG-Rabatten** (§ 8 III; s *BMF* BStBl I 15, 468 Rn. 3: auch bei Bewertung nach § 8 II; *Mohr* DStZ 15, 588), bei Überlassung von **Vermögensbeteiligungen** (→ § 19a Rn. 2 ff), bei **Sachprämien** im Rahmen von Kundenbindungsprogrammen (§ 37a; dies gilt auch im Rahmen des Abs 1), bei der Pauschalbesteuerung von **Mahlzeiten im Betrieb** (§ 40 II 1 Nr 1), bei **Betriebsveranstaltungen** (§ 40 II 1 Nr 2: hier kann es zur Anwendung des § 37b kommen bei Hingabe von Sachgeschenken *gelegentl* der Betriebsveranstaltung oder wenn es sich gar nicht um eine Betriebsveranstaltung iSd § 40 II 1 Nr 2 handelt, → § 40 Rn. 13), bei **Erholungsbeihilfen** (§ 40 II 1 Nr 3), bei **Verpflegungsmehraufwendungen** anlässl Auswärtstätigkeit über die gesetzl Pauschbeträge hinaus (§ 40 II 1 Nr 4), bei Überlassung von **Telekommunikationseinrichtungen** (§ 40 II 1 Nr 5) sowie bei **Beförderung der ArbN** zw Wohnung und Arbeitsstätte (§ 40 II 2). – Der weitere **Ausschlusstatbestand des § 40 I 1** soll sicherstellen, dass das Gebot einheitl Pauschalierung nach § 37b nicht störend in bereits nach § 40 I 1 pauschal besteuerte Sachzuwendungen eingreift und bei Feststellung weiterer Sachzuwendungen zB iRe LStAußenprüfung nur auf die neuen Tatbestände § 37b Anwendung finden kann (*BMF* BStBl I 15, 468 Rn. 22).

Konsequent ist, dass **§ 8 II 11** nicht als Ausschlusstatbestand aufgenommen worden ist; denn bei Einhaltung der monatl Freigrenze von 44 € liegt bereits keine stpfl Lohnzuwendung vor (BFH VI R 14/18, BStBl II 21, 232; *BMF* BStBl I 15, 468 Rn. 17; zu Gestaltungsmöglichkeiten bei geringwertigen Sachzuwendungen s *Niermann* DB 15, 1242 II.3.j). Dasselbe gilt ab VZ 2015 für (stfreie) Zuwendungen bis zu 110 € je ArbN bei bis zu zwei **Betriebsveranstaltungen** jährl (§ 19 I 1 Nr 1a; s *BMF* BStBl I 15, 468, III.3; *Niermann* DB 15, 1242, II.4.c; → § 19 Rn. 77). – Zur Mahlzeitengestellung iRv Auswärtstätigkeit, bei außergewöhnl Arbeitseinsätzen oder bei Aufmerksamkeiten (LStR 19.6 I) ist bei Überschreitung der 60 €-Freigrenze (LStR 8.1 VIII Nr 2) nach § 37b zu pauschalieren (*BMF* BStBl I 15, 468 Rn. 18, 19; *Niermann* DB 15, 1242 II.3. k; *Geserich* DStR 561, 564: Blumen, Genussmittel, Bücher, Tonträger).

23 **4. Rechtsfolgen der Pauschalierung, § 37b III. – a) Wahlrecht, § 37b III 1 und 2.** Die Regelung gewährt dem Zuwendenden ein Pauschalierungswahlrecht (vgl BFH VI R 54/15, BStBl II 16, 1010). Macht er davon Gebrauch, hat er die Pauschalsteuer (Entstehungszeitpunkt = Zufluss) zu übernehmen; er wird **Steuerschuldner.** Gleichzeitig wird der Zuwendungsempfänger von seiner ESt-Schuld befreit (vgl BFH IV R 13/14, BStBl II 17, 892 Rn. 15); die Sachzuwendungen und die Pauschalsteuer bleiben bei seiner Einkünfteermittlung außer Ansatz (gilt auch für GewSt, KSt des Empfängers). Die Ausübung des Pauschalierungswahlrechts hat **rechtsgestaltenden Charakter.** Wegen § 40 III ist die Abwälzung der Pauschalsteuer auf den ArbN mögl (*Niermann* DB 15, 1242 II.8). – Die **Ausübung des Wahlrechts** geschieht, da die Pauschalsteuer als LSt gilt, durch Abgabe der LStAnmeldung (vgl BFH VI R 54/15, BStBl II 16, 1010; *BMF* BStBl I 15, 468 Rn. 7, 8), in der die pauschale LSt angegeben wird (§ 40 IV, → § 40 Rn. 31); also grds spätestens bis zum 28.2. des Folgejahres, aber auch noch durch Änderung einer materiell noch nicht bestandskräftigen LSt-Anmeldung (§ 168 S 1 iVm § 164 II 1 AO) und somit **auch iRe LSt-Außenprüfung** (BFH VI R 14/18, BStBl II 21, 232: nicht formlos). Das gilt mE für beide Empfängerkreise (*Rätke* NWB 15, 549: „Wahl zw Pest und Colera“; einschr *BMF* BStBl I 15, 468 Rn. 8a; *Niermann* DB 15, 1242 (1243); *Mohr* DStZ 15, 588). Mit der erstmaligen Pauschalierung sind alle im Wj vorangegangenen Sachzu-

wendungen/Geschenke nachträgl in die Pauschalierung einzubeziehen, alle nachfolgenden Sachzuwendungen/Geschenke sind ebenfalls pauschalierungspflichtig. – Der Zuwendende kann die **Pauschalierung widerrufen** (so auch BFH VI R 54/15, BStBl II 16, 1010; ferner *Urban* DStZ 08, 309; *BH/Ettlich* §37b Rn. 91; **aA** *BMF* BStBl I 15, 468 Rn. 4; *Hartmann* DStR 08, 1418 (1422); *Niermann* DB 15, 1242 II.2. c). Der Widerruf erfolgt durch Abgabe einer **geänderten LSt-Anmeldung** (zu §175 I 1 Nr 2 AO s BFH VI R 54/15, BStBl II 16, 1010 Rn. 25; *Niermann* DB 2017, 868). Er ist nur wirksam, wenn er dem Zuwendungsempfänger auch **mitgeteilt** wird (BFH VI R 54/15, BStBl II 16, 1010; auch →Rn. 14); daher wird es in der Praxis kaum zu einem Widerruf kommen. – Die Pauschalierung führt nur hinsichtl eigener ArbN und ArbN von verbundenen Unternehmen zur **SV-Pflicht** (§1 S 1 Nr 14 SvEV; ab 2009). – Zur Behandlung eines **Nachforderungsbescheids** als Sammelbescheid s FG Bln-Bbg EFG 19, 1565 mwN, rkr.

b) Unterrichtungspflichten des Zuwendenden, §37b III 3. Der Zuwendende hat den Zuwendungsempfänger über die Pauschalierung zu unterrichten. Dazu reicht eine formlose Mitteilung aus, dass hinsichtlich der Sachzuwendung bzw des Geschenks die Steuerübernahme durch den Zuwendenden erfolgt ist; weitere Einzelheiten (zB über die Höhe der Zuwendung) müssen nicht mitgeteilt werden (*Niermann* DB 15, 1242 II.6). 24

5. Anmeldung; Abführung der Pauschalsteuer, §37b IV. S *Niermann* DB 15, 1242 II.2.c und II.8. 25

2. Steuerabzug vom Arbeitslohn (Lohnsteuer)

§38 Erhebung der Lohnsteuer

(1) [1]**Bei Einkünften aus nichtselbständiger Arbeit wird die Einkommensteuer durch Abzug vom Arbeitslohn erhoben (Lohnsteuer), soweit der Arbeitslohn von einem Arbeitgeber gezahlt wird, der**

1. **im Inland einen Wohnsitz, seinen gewöhnlichen Aufenthalt, seine Geschäftsleitung, seinen Sitz, eine Betriebsstätte oder einen ständigen Vertreter im Sinne der §§8 bis 13 der Abgabenordnung hat (inländischer Arbeitgeber) oder**
2. **einem Dritten (Entleiher) Arbeitnehmer gewerbsmäßig zur Arbeitsleistung im Inland überlässt, ohne inländischer Arbeitgeber zu sein (ausländischer Verleiher).**

[2]**In den Fällen der internationalen Arbeitnehmerentsendung ist das nach Satz 1 Nummer 1 in Deutschland ansässige aufnehmende Unternehmen inländischer Arbeitgeber, wenn es den Arbeitslohn für die ihm geleistete Arbeit wirtschaftlich trägt oder nach dem Fremdvergleichsgrundsatz hätte tragen müssen; Voraussetzung hierfür ist nicht, dass das Unternehmen dem Arbeitnehmer den Arbeitslohn im eigenen Namen und für eigene Rechnung auszahlt.** [3]**Der Lohnsteuer unterliegt auch der im Rahmen des Dienstverhältnisses von einem Dritten gewährte Arbeitslohn, wenn der Arbeitgeber weiß oder erkennen kann, dass derartige Vergütungen erbracht werden; dies ist insbesondere anzunehmen, wenn Arbeitgeber und Dritter verbundene Unternehmen im Sinne von §15 des Aktiengesetzes sind.**

(2) [1]**Der Arbeitnehmer ist Schuldner der Lohnsteuer.** [2]**Die Lohnsteuer entsteht in dem Zeitpunkt, in dem der Arbeitslohn dem Arbeitnehmer zufließt.**

(3) [1]**Der Arbeitgeber hat die Lohnsteuer für Rechnung des Arbeitnehmers bei jeder Lohnzahlung vom Arbeitslohn einzubehalten.** [2]**Bei juristischen Personen des öffentlichen Rechts hat die öffentliche Kasse, die den Arbeitslohn zahlt, die Pflichten des Arbeitgebers.** [3]**In den Fällen der nach §7f Absatz 1 Satz 1 Nummer 2**

des Vierten Buches Sozialgesetzbuch an die Deutsche Rentenversicherung Bund übertragenen Wertguthaben hat die Deutsche Rentenversicherung Bund bei Inanspruchnahme des Wertguthabens die Pflichten des Arbeitgebers.

(3a) **[1]Soweit sich aus einem Dienstverhältnis oder einem früheren Dienstverhältnis tarifvertragliche Ansprüche des Arbeitnehmers auf Arbeitslohn unmittelbar gegen einen Dritten mit Wohnsitz, Geschäftsleitung oder Sitz im Inland richten und von diesem durch die Zahlung von Geld erfüllt werden, hat der Dritte die Pflichten des Arbeitgebers. [2]In anderen Fällen kann das Finanzamt zulassen, dass ein Dritter mit Wohnsitz, Geschäftsleitung oder Sitz im Inland die Pflichten des Arbeitgebers im eigenen Namen erfüllt. [3]Voraussetzung ist, dass der Dritte**
1. sich hierzu gegenüber dem Arbeitgeber verpflichtet hat,
2. den Lohn auszahlt oder er nur Arbeitgeberpflichten für von ihm vermittelte Arbeitnehmer übernimmt und
3. die Steuererhebung nicht beeinträchtigt wird.

[4]Die Zustimmung erteilt das Betriebsstättenfinanzamt des Dritten auf dessen Antrag im Einvernehmen mit dem Betriebsstättenfinanzamt des Arbeitgebers; sie darf mit Nebenbestimmungen versehen werden, die die ordnungsgemäße Steuererhebung sicherstellen und die Überprüfung des Lohnsteuerabzugs nach § 42f erleichtern sollen. [5]Die Zustimmung kann mit Wirkung für die Zukunft widerrufen werden. [6]In den Fällen der Sätze 1 und 2 sind die das Lohnsteuerverfahren betreffenden Vorschriften mit der Maßgabe anzuwenden, dass an die Stelle des Arbeitgebers der Dritte tritt; der Arbeitgeber ist von seinen Pflichten befreit, soweit der Dritte diese Pflichten erfüllt hat. [7]Erfüllt der Dritte die Pflichten des Arbeitgebers, kann er den Arbeitslohn, der einem Arbeitnehmer in demselben Lohnabrechnungszeitraum aus mehreren Dienstverhältnissen zufließt, für die Lohnsteuerermittlung und in der Lohnsteuerbescheinigung zusammenrechnen.

(4) **[1]Wenn der vom Arbeitgeber geschuldete Barlohn zur Deckung der Lohnsteuer nicht ausreicht, hat der Arbeitnehmer dem Arbeitgeber den Fehlbetrag zur Verfügung zu stellen oder der Arbeitgeber einen entsprechenden Teil der anderen Bezüge des Arbeitnehmers zurückzubehalten. [2]Soweit der Arbeitnehmer seiner Verpflichtung nicht nachkommt und der Arbeitgeber den Fehlbetrag nicht durch Zurückbehaltung von anderen Bezügen des Arbeitnehmers aufbringen kann, hat der Arbeitgeber dies dem Betriebsstättenfinanzamt (§ 41a Absatz 1 Satz 1 Nummer 1) anzuzeigen. [3]Der Arbeitnehmer hat dem Arbeitgeber die von einem Dritten gewährten Bezüge (Absatz 1 Satz 3) am Ende des jeweiligen Lohnzahlungszeitraums anzugeben; wenn der Arbeitnehmer keine Angabe oder eine erkennbar unrichtige Angabe macht, hat der Arbeitgeber dies dem Betriebsstättenfinanzamt anzuzeigen. [4]Das Finanzamt hat die zu wenig erhobene Lohnsteuer vom Arbeitnehmer nachzufordern.**

Lohnsteuer-Richtlinien: LStR 38.1–38.5; LStH 38.1–38.4.

Schrifttum: (Auswahl ab 2012) *Drüen* Die Indienstnahme Privater für den Vollzug von Steuergesetzen, 2012; *Heuermann* Entrichtungspflicht – Steuerpflicht – Grundpflicht?, FR 13, 354; *Buse* Die Festsetzung und Verjährung der LSt, DB 16, 1712; *Barth* Drittarbeitslohn aus Sonderrechtsbeziehungen zw ArbN und Dritten im Steuerrecht und SV-Recht, DStR 16, 2907; *Drüen,* Verfahrensverschränkungen und Rechtsschutzfolgen im Lohnsteuerverfahren (Teil I und II), FR 19, 1019 und FR 19, 1075; *Heuermann,* Aporien im Entrichtungsdreieck bei der KapESt, DStR 24, 2401.

I. Allgemeines, § 38 I

1 **1. Rechtscharakter der Lohnsteuer.** Das LStVerfahren ist ein reines Vorauszahlungsverfahren. Die im Laufe des Kj einzubehaltende und abzuführende LSt ist keine besondere Steuerart, sondern die **Vorauszahlung** auf die mit Ablauf des Kj entste-

hende und auf die Einkünfte aus nichtselbständiger Arbeit entfallende EStSchuld (BFH VI R 64/09, BFH/NV 11, 753; BFH VI R 50/12, BFH/NV 14, 426; BSG B 10 EG 3/19 R, DStR 20, 2204; *Drenseck* StuW 00, 452 (453); *Heuermann* FR 13, 354). Die LSt wird iRe nach § 46 II durchzuführenden Veranlagung auf die ESt angerechnet (§ 36 II Nr 2, → § 36 Rn. 11). Kommt ausnahmsweise keine Veranlagung in Betracht, gilt die auf die Einkünfte aus nichtselbständiger Arbeit entfallende EStSchuld allerdings durch den LStAbzug als abgegolten (§ 46 IV, → § 46 Rn. 2). – Der ArbG als Dritter ist insoweit in das LStVerfahren einbezogen, als er die Besteuerungsgrundlagen ermitteln, die LSt berechnen, einbehalten und abführen muss (BFH VI R 182/97, BStBl II 05, 358); LSt und Entrichtungspflicht verhalten sich synchron (*Heuermann* DStR 24, 2401). Der ArbG hat dabei als durch Gesetz Beauftragter sowohl für das FA als auch für seinen ArbN tätig zu werden; er wird nicht etwa als Beliehener hoheitl tätig (*Heuermann* StuW 99, 349 (351 ff); *Lang* RdA 99, 64 (67); **aA** *Kloubert* DStR 00, 231 (232), mwN; zum Verhältnis ArbG-Fiskus s auch *BH/Wagner* § 42d Rn. 19 ff). Die Rechtsbeziehungen des ArbG zum FA sind öffentl-rechtl, während seine Rechtsbeziehungen zum ArbN dem Zivilrecht angehören (zur Regresspflicht des ArbN bei zu geringem LSt-Einbehalt s LAG BaWü DStR 23, 1019, rkr). Unterlaufen dem ArbG beim LStAbzug Fehler, haftet er uU ggü dem FA (§ 42d). Er kann sich aber auch ggü dem ArbN schadensersatzpflichtig machen (BAG 5 AZR 725/07, NZA 08, 884; BFH VI R 57/95, BStBl II 97, 144; **aA** *KKM* § 38 Rn. A 39 ff). Der Erfüllungseinwand des ArbG ggü dem ArbN bei Abzug und Abführung der LSt gilt grds nur für den abzurechnenden Lohnzahlungszeitraum und den vorherigen (BAG 5 AZR 266/16, DStR 17, 1125). – Der lstrechtl ArbLohnbegriff entspricht § 19 (→ § 19 Rn. 40 ff). Stfreier ArbLohn unterliegt nicht dem LStAbzug (BFH VI R 18/11, BStBl II 12, 291). Zum pauschal besteuerten ArbLohn → § 40 Rn. 1.

2. Inländischer Arbeitgeber, § 38 I 1 Nr 1. Der im EStG nicht definierte lstrechtl ArbG-Begriff wird aus den in § 1 LStDV enthaltenen Begriffen ArbN und DienstVerh abgeleitet (→ § 19 Rn. 32). ArbG ist, wer (mindestens) eine Person in einem ArbVerh als ArbN beschäftigt (*zivilrechtl ArbG-Begriff*, BFH VI R 84/10, BStBl II 11, 986; FG Mchen DStRE 18, 468; *Grüneberg* vor § 611 BGB Rn. 6). ArbG können natürl und juristische Personen des privaten sowie döR und nicht rechtsfähige Personenzusammenschlüsse sein (zu ArbGEigenschaft einer GbR → § 19 Rn. 32). ArbG ist auch derjenige, der an einen ehem ArbN oder dessen Rechtsnachfolger Bezüge aus dem früheren DienstVerh zahlt. Selbst ein ArbN kann seinerseits ArbG sein (→ § 19 Rn. 32). Bei **verbundenen Unternehmen** ist nicht jede Ges Arbeitgeber des für verschiedene Ges tätigen ArbN, sondern nur diejenige, von der er angestellt ist und entlohnt wird. So ist eine GmbH & Co KG nicht ArbG des Geschäftsführers der Komplementär-GmbH (FG Hmb EFG 05, 1268). In Fällen der **Organschaft** ist idR die **OrganGes** selbst ArbG der Personen, zu denen sie zivilrechtl ein ArbVerh unterhält. Fehlt ein zivilrechtl ArbVerh zur UnterGes, ist diese auch lstrechtl nicht ArbG des (von der OberGes) entsandten Geschäftsführers (FG Mchn DStRE 18, 468; zutr). Ein Organträger kann grds für die LStSchulden der ArbN der OrganGes (TochterGes) nicht in Anspruch genommen werden (BFH IX R 82/98, BStBl II 06, 669; ab VZ 2004 aber → Rn. 3, 6). Wird ein ArbN der OberGes iRd ArbVerh vorübergehend zu einer TochterGes entsandt, wird diese nicht ArbG. Eine konzerninterne ArbN-Entsendung kann nur dann zu einem Wechsel der ArbG-Stellung führen, wenn der betr ArbN nicht nur in dem betr Unternehmen, sondern auch für dieses tätig wird (BFH I R 46/03, BStBl II 05, 547, mit Abgrenzung zu BFH VI R 122/00, BStBl II 04, 620; aber → Rn. 4, 6; *Weber* BB 05, 1485); wenn also zw entsandtem ArbN und der TochterGes (auch nur konkludent) ein ArbVerh begründet wird (*Bergkemper* HFR 06, 883). – In Fällen der **ArbN-Überlassung** ist derjenige als ArbG anzusehen, der dem ArbN den Lohn im eigenen Namen und für eigene Rechnung (unmittelbar) auszahlt (BFH I R 64/98, BStBl II 00, 41). Dies ist 2 idR der Verleiher (*Eismann* DStR 11, 2381 (2382)). – Ein ArbN kann zu mehreren ArbG in lohnsteuerrechtl anzuerkennenden ArbVerh stehen, instruktiv FG BW EFG 10, 1037. Erklärt der Insolvenzverwalter die Freigabe des Geschäftsbetriebes, ist der Betriebsinhaber ArbG und zum LStAbzug verpflichtet (NdsFG EFG 07, 1272).

Einbehaltungspflichtig ist nur der inl ArbG, also der ArbG, der im Inl einen Wohnsitz (§ 8 AO), seinen gewöhnl Aufenthalt (§ 9 AO), seine Geschäftsleitung (§ 10 AO), seinen Sitz (§ 11 AO), eine Betriebsstätte (§ 12 AO) oder einen ständigen Vertreter (§ 13 AO) hat. Der Betriebsstättenbegriff des § 41 II 2 ist für die Bestimmung des inl ArbG nicht maßgebend; durch ihn werden nur der Ort der Aufzeichnungspflichten des inl ArbG und die Zuständigkeit des FA bestimmt (allg Meinung).

3 **3. Ausländischer Verleiher, § 38 I 1 Nr 2.** Ergänzend zu § 38 I 1 Nr 1 haben **ausl ArbN-Verleiher,** sofern sie ArbG der verliehenen ArbN sind, für ihre im Inl verliehenen ArbN LSt einzubehalten und abzuführen (andere ausl ArbG sind von dieser Regelung nicht betroffen). Für im Inl ansässige ArbN des ausl Verleihers ist ebenfalls LSt einzubehalten. ArbN-Verleih ist auch innerhalb des Konzerns mögl (BFH I R 64/98, BStBl II 00, 41). Diese Regelung ist mit EU-Recht vereinbar (FG BW EFG 94, 891). Keine Verpflichtung zum LStAbzug besteht indes, wenn Deutschland gar kein Besteuerungsrecht für den ArbLohn zusteht, zB bei im Ausl ansässigen, aber im Inl eingesetzten ArbN, wenn sich der LeihArbN im Laufe des Kj nicht länger als insgesamt 183 Tage im Inl aufgehalten hat (BFH I R 96/01, BFH/NV 03, 1152). Der LStAbzug darf in diesem Fall auch dann unterbleiben, wenn keine Freistellungsmitteilung gem § 39 IV Nr 5 vorliegt (BFH I R 50/85, BStBl II 89, 755; **aA** *HHR/Strohner* § 38 Rn. 30). Die Einbehaltungspflicht greift nur im Falle *gewerbsmäßiger ArbN-Überlassung* ein. Gewerbsmäßig ist eine ArbN-Überlassung, wenn sie nicht nur gelegentl, sondern auf Dauer und mit dem Ziel, wirtschaftl Vorteile zu erlangen, betrieben wird (*BH/Wackerbeck* § 38 Rn. 81; *HHR/Strohner* § 38 Rn. 31). **Nicht darunter fallen:** Gelegentl Ausleihen von ArbN zw selbständigen Betrieben zur Deckung eines kurzfristigen Personalmehrbedarfs; Entsendung des ArbN in eine andere Betriebsstätte; Freistellung oder Abordnung zu Arbeitsgemeinschaften (hierzu auch *Weisemann* BB 89, 907); Überlassung des ArbN als Nebenleistung, zB im Falle der Vermietung einer Maschine mit Bedienungspersonal; Subunternehmerverhältnisse; werkvertragl Rechtsbeziehungen (*Stenslik/Heine* DStR 13, 2179 (2185)). – Ausführl zur steuerl Behandlung des **ArbLohns nach DBA** s *BMF* BStBl I 23, 2179; *BMF* BStBl I 24, 1308. – Zur **Haftung des Entleihers** s § 42d VI–VIII.

4 **4. Grenzüberschreitende Arbeitnehmer-Entsendung, § 38 I 2.** § 38 I 2 schließt bei **grenzüberschreitender ArbN-Entsendung** ins Inl eine Lücke beim LStAbzug: Werden von ausl Unternehmen ArbN ins Inl entsendet, gilt das im Inl ansässige, die ArbN aufnehmende Unternehmen als inl ArbG, wenn es den ArbLohn für die ihm geleistete Arbeit *wirtschaftl* trägt; ein „Tragenmüssen" reichte bis einschl VZ 19 nicht aus (FG Mchen DStRE 18, 468; *Hilbert ua* DStR 13, 2433). Dabei kommt es abw vom zivilrechtl ArbG-Begriff (→ Rn. 2) nicht darauf an, dass das inl Unternehmen dem ArbN den ArbLohn in eigenem Namen und für eigene Rechnung auszahlt. Der Gesetzgeber hat insoweit den **abkommensrechtl wirtschaftl ArbG-Begriff** zugrunde gelegt (dazu BFH VI R 25/22, DStR 25, 1122: keine ArbG-Eigenschaft einer ausl Betriebsstätte; BFH I R 64/98, BStBl II 00, 41; *BMF* BStBl I 14, 1467; *Hilbert/Nowotnick* DStR 17, 922). Wirtschaftl ArbG ist, der den ArbLohn für die ihm geleistete Arbeit wirtschaftl trägt, in dessen Interesse der Einsatz des ArbN erfolgt und in dessen Unternehmen der ArbN eingebunden und dessen Weisungen der ArbN unterworfen ist (BFH VI R 22/19, BStBl II 22, 562). Das wirtschaftl Tragen des ArbLohns richtet sich nach dem wirtschaftl Gehalt der zugrunde liegenden Vereinbarungen und deren tatsächl Durchführung (BFH I R 46/03, BStBl II 05, 547; BFH VI R 22/19, BStBl II 22, 562). Nicht ausreichend ist, wenn das inl dem ausl Unternehmen für eine Personalgestellung eine Vergütung zahlt, ohne dass eine Verbindung zum ArbLohn des entsandten ArbN hergestellt wird und

der ArbLohn nur kalkulatorischer Preisbestandteil ist (FG Mster EFG 23, 895, rkr). Ab VZ 2020 reicht es aus, dass der inl ArbG den ArbLohn nach dem Fremdvergleichsgrundsatz hätte tragen müssen. Hiernach besteht die Pflicht zum LSt-Abzug auch dann, wenn tatsächl kein finanzieller Ausgleich an das ausl Unternehmen gezahlt wird, aber unter fremden Dritten ein Ausgleich vereinbart worden wäre. Maßgebl ist, in wessen Interesse die ArbN-Entsendung vorrangig liegt (*Hick* DB 19, 2100). Die Regelung soll bei multinationalen Konzernen die Umgehung der inl LSt-Abzugspflicht durch Verzicht auf einen Ausgleichsanspruch verhindern. Das nach § 38 I 2 als inl ArbG geltende aufnehmende Unternehmen ist zum LStAbzug verpflichtet (*BMF* BStBl I 04, 173 Tz III.1). Auch wenn das ausl Unternehmen die Löhne an die im Inl entsendeten ArbN zahlt, ist das inl Unternehmen, das wegen der Rückbelastung die Löhne wirtschaftl trägt, zum LStAbzug insoweit verpflichtet, als die Weiterbelastung des ArbLohns reicht (*Niermann/Plenker* DB 03, 2724, unter 4). Da die LSt in dem Zeitpunkt entsteht, in dem der Lohn dem ArbN zufließt (§ 38 II 2), ist dies für den LStAbzug durch das inl Unternehmen auch dann entscheidend, wenn die Weiterbelastung durch den ausl Unternehmer erst später (zB vierteljährl) erfolgt (LStR 38.3 V 4; *Niermann/Plenker* DB 04, 2118 (2122); *Hartmann* INF 04, 903 (907)). § 38 I 2 greift aber nicht bei echten *Dienst- oder Werkverträgen* ein, da dort von vornherein keine LSt anfällt, und nicht bei *Umlagen,* die das ausl Unternehmen leistet (*Hofmann/Schubert* BB 04, 1477); ebenso nicht in Fällen ausl ArbN-Verleiher (§ 38 I 1 Nr 2; hier aber ggf Haftung des Entleihers).

5. Lohnzahlung durch Dritte. Zu unterscheiden ist zw unechter und echter Lohnzahlung durch Dritte. § 38 I 3, IV 3 regelt nur letztere. Eine Ausdehnung des ArbLohnbegriffs ist mit § 38 I 3, IV 3 nicht verbunden; die Vorschrift regelt nur die LStAbzugspflicht. – **a) Unechte Lohnzahlung durch Dritte.** Eine solche liegt vor, wenn der Dritte ledigl als Zahlstelle in die Zahlung des ArbLohns eingeschaltet ist, der Dritte also im Auftrag des ArbG und damit als dessen Leistungsmittler die Lohnzuwendung vornimmt (BFH VI R 123/00, BStBl II 02, 230; BFH VI R 74/00, BStBl II 03, 496). Zahlender und LStAbzugsverpflichteter ist in diesem Falle der ArbG. Hier bestehen keine Besonderheiten (s LStR 38.4 I). **Beispiele:** Ein ArbN einer OrganGes erhält den Lohn von der OberGes ausgezahlt; Zahlungen von Unterstützungsleistungen oder Erholungsbeihilfen durch selbständige Unterstützungskassen, denen die Mittel vom ArbG zur Verfügung gestellt werden (BFH VI 233/56 S, BStBl III 58, 268; BFH VI 249/60 U, BStBl III 61, 167; auch → § 19 Rn. 100 „Lohnersatzleistungen"; *Portner* FR 14, 91); Verzicht des ArbG auf Vermittlungsprovisionen zugunsten eines verbilligten Bezugs von Leistungen durch die ArbN vom Vertragspartner (BFH VI R 123/00, BStBl II 02, 230; dazu auch *MIT* DStR 01, 1659; s auch *Lang* StuW 04, 227). – Lohnzahlungen bei einem **verdeckten ArbVerh** sind dem wirkl ArbG zuzurechnen (BFH VII R 51/98, BFH/NV 00, 46). 5

b) Echte Lohnzahlung durch Dritte, § 38 I 3, IV 3. Ist der zahlende Dritte nicht ledigl als Zahlstelle des ArbG anzusehen, liegt eine echte Lohnzahlung durch Dritte vor (auch → § 19 Rn. 70). Gleichwohl bleibt der ArbG nach § 38 I 3 und IV 3 hinsichtl des iRd DienstVerh von einem Dritten gewährten ArbLohns zum LStAbzug auch dann verpflichtet, wenn er *weiß* (positive Kenntnis) oder *erkennen kann,* dass derartige Lohnzuwendungen erbracht werden. Das Gesetz hat dadurch die Abzugspflicht von der *Herrschaftssphäre* des ArbG abgekoppelt und auf die *unsichere Erkennbarkeitssphäre* des ArbG ausgedehnt (*Drüen* FR 04, 1134 (1147)). Sind ArbG und Dritter **konzernverbundene Unternehmen** (§ 15 AktG), unterstellt § 38 I 3 Hs 2 (widerlegbar; *Gersch* FR 04, 938 (940)) die Kenntnis des ArbG mit der Rechtsfolge der LStAbzugspflicht (Konzernverantwortung, *Drüen* FR 04, 1134 (1146); *Drüen* DStJG 31, 185 f). Diese Unterstellung kann kaum gelten bei Leistungen innerhalb des Konzerns mit Verschwiegenheitspflicht des ArbN ggü jedermann (s *Leuner/Dumser* DStR 06, 2017). Ein typischer Fall ist die **erlaubte ArbN-Überlassung,** wenn der Entleiher zB Teile des ArbLohns an die ArbN des Verleihers zahlt (s auch *Eismann* 6

DStR 11, 2381). Hierzu gehören auch geldwerte Vorteile, die der LeihArbN durch den Zugang zu Gemeinschaftseinrichtungen und -diensten des Entleihers erhält (LStR 38.4 II 1). Der Verleiher bleibt ArbG, er ist zur Abführung der LSt verpflichtet und haftet auch (BFH VI 158/65, BStBl II 68, 84; BFH V 191/64, BStBl II 68, 791). – **§ 38 IV 3** soll die Anordnung in **§ 38 I 2** flankieren: Dem ArbN wird die Pflicht auferlegt, die von dem Dritten empfangenen Bezüge am Ende des jeweiligen Lohnzahlungszeitraums dem ArbG anzugeben (§ 38 IV 3). Erfüllt der ArbN seine Anmeldepflicht, hat der ArbG diese Drittbezüge dem LStAbzug zu unterwerfen. Macht der ArbN keine Angaben, soll für den ArbG eine Anzeigepflicht ggü dem BetriebsstättenFA darüber bestehen, dass der ArbN keine oder eine erkennbar unrichtige Angabe gemacht hat (§ 38 IV 3, zur Frage der StHinterziehung durch den ArbN bei Nichtangabe des Drittlohns ggü dem ArbG, mE zR abl *Wobst* DStR 16, 2693; *ders* DStR 17, 2203; **aA** *Ebner* DStR 17, 1424; *ders* DStR 17, 2205).

7 **Stellungnahme:** Die gesetzl Regelung in § 38 I 3 und IV 3 ist in der Praxis kaum durchführbar (glA *Albert* DB 04, 1958; *BH/Wackerbeck* § 38 Rn. 94; *BeckOK EStG* § 38 Rn. 50.1; s auch Auflistung der Schwierigkeiten bei *Eismann* DStR 04, 1585; *Eismann* DStR 11, 2381; *Lucas/Hilbert* NWB 12, 886 zu diesbezügl Problemen bei ArbN-Überlassung; **aA** *HHR/Strohner* § 38 Rn. 40). Sanktionen hieraus ggü dem ArbG wären idR ermessenswidrig (**aA** ohne nähere Begr zur Ermessensausübung FG Mchn EFG 12, 456; dieses Urt ist auch im Hinblick auf die Annahme von ArbLohn und das „Erkennen können“ der Drittzuwendung unzutr, daher zu Recht aufgehoben durch BFH VI R 62/11, BFH/NV 14, 1431). – Im Einzelnen: Wenn der ArbG in eine konkrete Drittzuwendung eingebunden ist, weiß er von ihr und hat sie dem LStAbzug zu unterwerfen; insoweit bestehen keine Besonderheiten. Ist der ArbG nicht in eine konkrete Drittzuwendung eingebunden, **weiß** er aber von ihr, besteht eine LStAbzugsverpflichtung, wenn der ArbN dem ArbG diese Drittzuwendung bis zum Ende des jeweiligen Lohnzahlungszeitraums anzeigt; macht der ArbN keine Angabe (Steuerverkürzung, § 370 AO), ist der ArbG dem BetriebsstättenFA ggü anzeigepflichtig. – Wann der ArbG eine Drittzuwendung **„erkennen kann“,** ist kaum justitiabel (*Roser/Weinhold/Häsner* DStR 25, 1447 (1452); *Albert* FR 09, 857 (859); **aA** *Hettler* HFR 14, 794: ArbG muss die Möglichkeit haben zu erkennen, dass Dritte ArbLohn zahlen, was in erster Linie eine vom FG zu beantwortende Tatfrage sei; vgl iÜ § 25d UStG, wo von „kennen müssen“ die Rede ist). Das FA ist beweispflichtig. Das „Kennenkönnen“ muss sich auf eine konkrete Drittzuwendung innerhalb eines bestimmten Lohnzahlungszeitraums beziehen (FG Mchn EFG 09, 1749, aus anderen Gründen bestätigt, BFH VI R 41/09, BStBl II 10, 1022; s aber *ge* DStRE 10, 1004). Dieses Tatbestandsmerkmal wird allenfalls erfüllt sein, wenn der ArbG in sachwidriger Weise die Augen vor einer konkreten Drittleistung verschlossen hat, um der positiven Kenntnis auszuweichen, zB wenn das Drittentgelt die wesentl oder alleinige Entlohnung des ArbN darstellt (FG Mster EFG 03, 1549). Hier muss der ArbG seiner Anzeigepflicht gem § 38 IV 3 nachkommen. – IÜ dürfte § 38 I 3, IV 3 selbst für konzernverbundene Unternehmen keine Ausdehnung der lstrechtl ArbG-Pflichten bedeuten; denn es gibt keine gesetzl Pflicht, sich Kenntnis davon zu verschaffen, welche Vorteile im Konzernverbund tatsächl gewährt werden (**aA** *van Lishaut* FR 04, 203 II. 5, 6; *Niermann/Plenker* DB 03, 2724 (2725)). Ein Auskunftsanspruch der Konzerntochter ggü ausl MutterGes, ob zB ArbN im Inl Aktionsoptionsrechte eingeräumt wurden, ist nicht ersichtl. Zur ArbN-Überlassung im Konzern, s auch BAG 7 AZR 32/10, DB 11, 1528, unter II.2.

II. Steuerschuldner, § 38 II 1; Entstehung der Lohnsteuer, § 38 II 2

10 **1. Steuerschuldner.** Schuldner der LSt ist der ArbN als der Einkommensbezieher (§ 38 II 1; zum ArbN-Begriff → § 19 Rn. 4 ff). Dies gilt auch im Fall der **Nettolohnvereinbarung** (vgl → § 39b Rn. 12 ff). Ist der ArbLohn **pauschaliert** besteuert (§§ 40–40b), ist Steuerschuldner der ArbG (§§ 40 III, 40a IV, 40b III).

11 **2. Entstehung der Lohnsteuer.** Die LSt entsteht in dem Zeitpunkt, in dem der stpfl ArbLohn dem ArbN iSd § 11 I 1 zufließt (§ 38 II 2). Es handelt sich um die Regelung des Entstehungszeitpunkts der auf den ArbLohn entfallenden **Vorauszahlungsschuld.** Mit Ablauf des Kj entsteht die Jahreseinkommensteuerschuld der ArbN (§ 36). Von der Entstehung der LSt ist deren Abführung durch den ArbG zu

unterscheiden (§ 41a). Zum Erlöschen durch Zahlung, Aufrechnung und Verjährung (§ 170 II Nr 1 AO) s *KKM* § 38 Rn. C 6 ff: LSt erlischt nicht bereits im Zeitpunkt der Einbehaltung durch den ArbG, sondern erst im Zeitpunkt der Abführung an das FA (ebenso *Völlmeke* DB 94, 1746 (1748); **aA** *Heuermann* DB 94, 2411). Zur Verjährung → § 40 Rn. 10.

III. Einbehaltungspflichten, § 38 III, IIIa

1. Einbehaltungspflicht des Arbeitgebers, § 38 III. § 38 III ist verfgemäß 13 (BFH VI 270/62 U, BStBl III 63, 468; BVerfG 1 BvR 477/67, DB 64, 204; vgl auch *Drüen* FR 04, 1134; *Drüen* Die Indienstnahme Privater, S 149 ff, Bestandsaufnahme der Rspr). Die Einbehaltungspflicht sowie die Anmeldungs- und Abführungspflichten, die in § 41 geregelt sind, sind öffentl-rechtl Verpflichtungen, die durch Vereinbarungen zwischen ArbN und ArbG nicht außer Kraft gesetzt werden können. Die Einbehaltungspflicht gilt für jede Lohnzahlung, also auch für Vorschüsse, Abschlagszahlungen, ArbLohnpfändungen und bei Verurteilung zur Zahlung von ArbLohn. Eine Lohnzahlung ist erfolgt, wenn dem ArbN der ArbLohn zugeflossen ist, er also über den ArbLohn wirtschaftl verfügen kann. Bei Abschlagszahlungen kann die Einbehaltung der LSt bis zur Lohnabrechnung hinausgeschoben werden (§ 39b V). Die Verpflichtungen des ArbG beziehen sich auch auf die KiSt (verfassungsrechtl Bedenken s *Felix* BB 95, 1929). Der ArbG errechnet unter Zugrundelegung der LStAbzugsmerkmale die auf den stpfl ArbLohn entfallende LSt (s § 39b) und zahlt den um diese LSt gekürzten ArbLohn an den ArbN aus. Reichen die Mittel des ArbG zur Zahlung des vollen Lohns nicht aus, hat er die LSt von dem gezahlten niedrigeren Betrag zu errechnen und einzubehalten. Zum LSt-Abzug nach Beendigung des DienstVerh s *BMF* BStBl I 25, 64 Rn. 60 ff. § 38 III 3 betrifft die Auszahlung von Wertguthaben bei Arbeitszeitkonten. Die DRV ist bei Leistungen aus den auf sie übertragenen Wertguthaben zum LStAbzug verpflichtet.

2. Lohnsteuerabzugspflicht Dritter, § 38 IIIa 1. Inl Dritte, die tarifvertragl 16 Ansprüche von ArbN durch Zahlung von Geldleistungen erfüllen, zB die als gemeinsame Einrichtung der Tarifparteien bestehende Lohnausgleichskasse der Bauwirtschaft (ULAG), werden durch § 38 IIIa 1 zum LStabzug verpflichtet, ohne selbst ArbG zu sein. Die Vorschrift wurde aufgrund der Entscheidung BFH VI R 74/00, BStBl II 03, 496 geschaffen. Zu Folgeänderungen s § 39c III und § 42d IX (Haftung, → § 42d Rn. 76).

3. Übertragung lohnsteuerrechtlicher Pflichten auf Dritte, § 38 IIIa 2 ff. 17 Das FA kann auf (formlosen schriftl) Antrag zulassen, dass ein Dritter die ArbG-Pflichten im eigenen Namen erfüllt. Die LStAbzugspflicht kann damit vom ArbG auf einen Dritten übertragen werden, wenn dieser sich ggü dem ArbG verpflichtet, den Lohn auszahlt oder die ArbG-Pflichten für von ihm vermittelte ArbN übernimmt und die Steuererhebung nicht beeinträchtigt wird. Die Übertragung der ArbG-Pflichten auf den Dritten bedarf der Zustimmung des BetriebsstättenFA des Dritten und wird nur im Einvernehmen mit dem BetriebsstättenFA des ArbG erteilt. Sie darf mit Nebenbestimmungen versehen werden, die einer Beeinträchtigung der LStErhebung entgegenwirken. – Zu Haftungsfolgen s § 42d IX 4 ff.

IV. Fehlende Barmittel; Anzeigepflichten, § 38 IV

Werden neben Barlohn hohe Sachbezüge gewährt oder hat der ArbG Abschlag- 18 zahlungen nach § 39b V geleistet, kann bei der Lohnabrechnung der LStAbzug höher sein als der Barlohn bzw der nach den Abschlagzahlungen noch ausstehende ArbLohn. Gleiches kann eintreten bei Lohnzahlungen durch Dritte (s FG Hmb EFG 97, 1414). In diesen Fällen hat der ArbG zunächst die Barmittel (stpfl und stfreie Bezüge, zB Reisekostenersatz) für den LStAbzug zurückzubehalten. Ob bei Abtretung einer

Geldforderung ein Fall fehlender Barmittel gegeben ist, hat BFH VI R 112/99, BStBl II 02, 884 offengelassen (dazu *MIT* DStR 02, 2169). Ist die einzubehaltende Steuer immer noch höher als die zurückbehaltenen Beträge, ist der ArbN verpflichtet, dem ArbG den Fehlbetrag zur Verfügung zu stellen. Entzieht sich der ArbN dieser Verpflichtung, hat dies der ArbG dem BetriebsstättenFA anzuzeigen. Durch die Anzeige, die die Erfüllung der Einbehaltungspflichten ersetzt, kann der ArbG seine Haftung vermeiden; bei unterlassener Anzeige haftet er (BFH VI R 112/99, BStBl II 02, 884; dagegen *Eisgruber* DStR 03, 141; *Nacke* DStR 05, 1297 (1298)). Das FA fordert die LSt in diesem Falle vom ArbN nach. Die Bagatellgrenze von 10 € (§ 42d V) gilt hier nicht. Zum Inhalt der Anzeige und zum weiteren Verfahren durch das FA vgl LStR 41c.2. – Zu **§ 38 IV 3** (Anzeigepflichten) → Rn. 6, 7.

V. Billigkeitsmaßnahmen im Lohnsteuerverfahren

20 Solche Maßnahmen (zB Stundung, Erlass; s *von Groll* DStJG 9, 447 ff) kommen **ggü dem ArbG** grds nicht in Betracht („Abführung von Fremdgeldern", *OFD Mbg* DB 93, 814; *KKM* § 38 Rn. D 10). Wohl aber ist eine Stundung **ggü dem ArbN** im Grundsatz mögl. Die Stundung kann in der Weise erfolgen, dass der ArbN seinem WohnsitzFA eine Bescheinigung seines ArbG über die jeweils einbehaltene und für seine Rechnung abgeführte LSt vorlegt und das WohnsitzFA die Steuer gem § 37 II AO erstattet (ausführl BFH VI R 71/90, BStBl II 93, 479). Ermessensfehlerfrei ist aber die Ablehnung einer sog *Verrechnungsstundung* (*FM Thür* DStR 97, 1371; s aber *Carl/Klos* DB 95, 1146; *Rößler* DB 95, 2038). Damit ist iErg praktisch nur die Stundung aus persönl Härtegründen mögl (s auch *Anm* HFR 93, 366; gegen diese Einschränkung *Schäfer* DB 93, 2205). Soweit § 222 S 3 AO eine Stundung im LStAbzugsverfahren generell und damit auch in Härtefällen ausschließt, ist die Vorschrift verfwidrig (ausführl und überzeugend *T/K* § 222 AO Rn. 6). Ein Erlass der Vorauszahlungsschuld scheidet mE aus, da durch Stundung bis zum Ablauf des Kj die Interessen des ArbN gewahrt werden können; erst dann ist über den Erlass der Jahressteuer zu befinden (weitergehend *Schick* BB 84, 733 (736 f); *Schuhmann* BB 85, 184).

VI. Rechtsweg

21 Ein nach Ansicht des ArbN zu hoher LStEinbehalt ist ggü dem FA auf dem Finanzrechtsweg und nicht ggü dem ArbG geltend zu machen (FG MV EFG 93, 744). Für eine Klage des ArbN gegen den ArbG über das Bestehen einer Nettolohnvereinbarung ist der Finanzrechtsweg demggü nicht gegeben (BFH VI B 108/92, BStBl II 93, 760; BFH VI B 108/07, BFH/NV 09, 175); ebenso nicht bei Streitigkeiten mit dem ArbG über den LStAbzug (FG Bdg EFG 97, 358; FG Hmb DStRE 03, 1390). Nach BAG 5 AZB 1/03, HFR 03, 1209 soll bei Klage auf Berichtigung der LStBescheinigung indes der Finanzrechtsweg gegeben sein (ebenso BAG 10 AZB 8/13, DStR 13, 1345; LAG MV DStR 25, 174; dagegen FG Mchn DStRE 08, 194; FG Mster EFG 11, 1735). Zu dem insoweit bestehenden negativen Kompetenzkonflikt s BFH VI S 17/05, BFH/NV 06, 329 (Anm *MIT* DStRE 06, 441). – Zur **Anfechtung der LStAnmeldung** durch ArbG und ArbN → § 41a Rn. 5.

§ 38a Höhe der Lohnsteuer

(1) **[1]Die Jahreslohnsteuer bemisst sich nach dem Arbeitslohn, den der Arbeitnehmer im Kalenderjahr bezieht (Jahresarbeitslohn). [2]Laufender Arbeitslohn gilt in dem Kalenderjahr als bezogen, in dem der Lohnzahlungszeitraum endet; in den Fällen des § 39b Absatz 5 Satz 1 tritt der Lohnabrechnungszeitraum an die Stelle des Lohnzahlungszeitraums. [3]Arbeitslohn, der nicht als laufender Arbeitslohn gezahlt wird (sonstige Bezüge), wird in dem Kalenderjahr bezogen, in dem er dem Arbeitnehmer zufließt.**

(2) **Die Jahreslohnsteuer wird nach dem Jahresarbeitslohn so bemessen, dass sie der Einkommensteuer entspricht, die der Arbeitnehmer schuldet, wenn er ausschließlich Einkünfte aus nichtselbständiger Arbeit erzielt.**

(3) [1]**Vom laufenden Arbeitslohn wird die Lohnsteuer jeweils mit dem auf den Lohnzahlungszeitraum fallenden Teilbetrag der Jahreslohnsteuer erhoben, die sich bei Umrechnung des laufenden Arbeitslohns auf einen Jahresarbeitslohn ergibt.** [2]**Von sonstigen Bezügen wird die Lohnsteuer mit dem Betrag erhoben, der zusammen mit der Lohnsteuer für den laufenden Arbeitslohn des Kalenderjahres und für etwa im Kalenderjahr bereits gezahlte sonstige Bezüge die voraussichtliche Jahreslohnsteuer ergibt.**

(4) **Bei der Ermittlung der Lohnsteuer werden die Besteuerungsgrundlagen des Einzelfalls durch die Einreihung der Arbeitnehmer in Steuerklassen (§ 38b), Feststellung von Freibeträgen und Hinzurechnungsbeträgen (§ 39a) sowie Bereitstellung von elektronischen Lohnsteuerabzugsmerkmalen (§ 39e) oder Ausstellung von entsprechenden Bescheinigungen für den Lohnsteuerabzug (§ 39 Absatz 3 und § 39e Absatz 7 und 8) berücksichtigt.**

1. Jahreslohnsteuer, § 38a I. Der JahresArbLohn umfasst nur den ArbLohn, der bei dem jeweiligen ArbG dem LStAbzug unterliegt (→ § 38 Rn. 5 f). Ist der ArbN bei mehreren ArbG tätig, ist der JahresArbLohn für jedes ArbVerh gesondert zu bestimmen. Die Berechnung der LSt iEinz ist in § 39b und § 39c geregelt. 1

a) Zeitliche Zuordnung des Arbeitslohns, § 38a I 2 und 3. Es ist zu unterscheiden zw **laufendem Arbeitslohn** (der dem ArbN regelmäßig zufließt, s LStR 39b.2 I) und **sonstigen Bezügen** (die nicht als lfd ArbLohn gezahlt werden, s LStR 39b.2 II; zB unregelmäßig gezahlte Gratifikationen, 13. Monatsgehalt; Dezemberlohn, der erst nach dem 21.1. des Folgejahres zufließt, dazu auch *Hartmann* INF 99, 737 (741); Ausgleichszahlungen bei vorzeitiger Beendigung eines Altersteilzeitarbeitsverhältnisses, BFH VI R 26/11, BStBl II 12, 415). Sonstige Bezüge liegen vor, wenn deren Zahlungszeiträume von dem als Regel vorgesehenen Zahlungsturnus nicht nur unehebl abweichen (BSG B 10 EG 7/17 R, DStR 18, 819). Für lfd (regelmäßig zufließenden) ArbLohn durchbricht § 38a I 2 das Zuflussprinzip des § 11; auf den zeitl Zufluss der Zahlung beim ArbN kommt es nicht an. Wird zB lfd ArbLohn am 28.12. für den Lohnzahlungszeitraum Januar gezahlt, gilt der Lohn als erst im folgenden Kj bezogen; denn der Lohnzahlungszeitraum endet erst im folgenden Kj (s aber FG Mster EFG 91, 567, zutr). Auch § 38a I 2 setzt aber den tatsächl Zufluss iSv § 11 I voraus (*HHR/Tillmann* § 38a Rn. 16). Nur zugeflossener ArbLohn unterliegt der ESt und dem LStAbzug. § 38a I 2 macht davon keine Ausnahme; er dient nur der Vereinfachung des LStAbzugsverfahrens, indem lfd ArbLohn zeitl zugeordnet wird (BFH VI R 57/05, BStBl II 09, 147). Für sonstige Bezüge gilt dagegen weiterhin § 11 I 1, nicht aber § 11 I 2 (BFH VI R 58/15, DStR 17, 2541). § 38a I 2, 3 erfasst nur solche Lohnbestandteile, die zu Lohnzahlungszeiträumen um den Jahreswechsel gehören, nicht aber Lohnnachzahlungen für Lohnzahlungszeiträume bereits abgelaufener oder noch früherer Jahre (BFH VI R 104/92, BStBl II 93, 795; BFH VI B 275/97, BFH/NV 98, 1477). 2

b) Lohnzahlungszeitraum. Das ist der Zeitraum, für den der lfd ArbLohn gezahlt wird (zB Tageslohn, Wochenlohn, Monatslohn). Er kann auch in zwei Kj reichen (zB vom 20.12. bis 19.1.; BFH VI R 67/68, BStBl II 70, 664). Die Lohnzahlungszeiträume können wechseln (zB zunächst nach Monaten, anschließend nach Wochen). Wird der ArbLohn für einen bestimmten Zeitraum zwischen ArbN und ArbG abgerechnet und gezahlt, so sind Lohnzahlungszeitraum und **Lohnabrechnungszeitraum** identisch. Sie fallen aber auseinander, wenn der ArbG zunächst nur zB wöchentl Abschlagszahlungen in ungefährer Höhe vorauszahlt und die Lohnabrechnung für einen Lohnabrechnungszeitraum (zB 1 Monat) vorgenommen wird. 3

Voraussetzung hierfür ist, dass der Lohnabrechnungszeitraum 5 Wochen nicht übersteigt und dass die Lohnabrechnung innerhalb von 3 Wochen nach Ablauf des Lohnabrechnungszeitraums erfolgt (§ 39b V). Zum Lohnauszahlungszeitraum bei Beginn der EStPfl im Laufe eines Kalendermonats s BFH VI R 27/99, BFH/NV 04, 1239. Zu unplanmäßigen Lohnzahlungen s *HHR/Tillmann* § 38a Rn. 18. Arbeitstage, an denen der ArbN Lohn bezogen hat, der nicht dem inl LStAbzug unterliegt, sollen bei der Bestimmung des Lohnzahlungszeitraums nicht mitzählen (LStR 39b.5 II 4), was zu einer höheren LSt führt. LStR 39b.5 II 4 widerspricht aber § 39b II 1 (ebenso *Niermann* DB 22, 2177).

4 **2. Bemessung der Jahreslohnsteuer, § 38a II.** Die Jahreslohnsteuer entspricht der ESt, die der ArbN schuldet, wenn er ausschließl Einkünfte aus nichtselbständiger Arbeit erzielt (§ 38a II). Die LStAbzugsbeträge sind daher Vorauszahlungen auf die Jahressteuerschuld (→ § 38 Rn. 1).

5 **3. Erhebung der Lohnsteuer, § 38a III.** Die Vorschrift unterstellt für die Einbehaltung der LSt vom lfd ArbLohn (§ 38a III 1), dass der in dem betr Lohnzahlungszeitraum bezogene ArbLohn in gleicher Höhe auch in den folgenden (gleichlangen) Lohnzahlungszeiträumen des Kj zufließen wird. Daher kann es bei schwankendem ArbLohn oder Arbeitslosenzeiten zu LStÜberzahlungen kommen. Dies wird beim sog permanenten LStJA vermieden (§ 39b II 12). Bei sonstigen Bezügen ergibt sich die LSt aus der Differenz zw der JahresLSt aus dem (ggf hochgerechneten) lfd ArbLohn des Kj einschließl bereits ausgezahlter sonstiger Bezüge und der wie vor berechneten JahresLSt ohne den sonstigen Bezug, für den die LSt erhoben werden soll (§ 38a III 2).

6 **4. Besteuerungsgrundlagen, § 38a IV.** Die Vorschrift zählt deklaratorisch die Elemente auf, die bei der LStErmittlung im Einzelfall zu berücksichtigen sind.

§ 38b Lohnsteuerklassen, Zahl der Kinderfreibeträge

(1) **[1]Für die Durchführung des Lohnsteuerabzugs werden Arbeitnehmer in Steuerklassen eingereiht. [2]Dabei gilt Folgendes:**

1. In die Steuerklasse I gehören Arbeitnehmer, die
   a) unbeschränkt einkommensteuerpflichtig und
      aa) ledig sind,
      bb) verheiratet, verwitwet oder geschieden sind und bei denen die Voraussetzungen für die Steuerklasse III oder IV nicht erfüllt sind; oder
   b) beschränkt einkommensteuerpflichtig sind;

2. in die Steuerklasse II gehören die unter Nummer 1 Buchstabe a bezeichneten Arbeitnehmer, wenn bei ihnen der Entlastungsbetrag für Alleinerziehende (§ 24b) zu berücksichtigen ist;

3. in die Steuerklasse III gehören Arbeitnehmer,
   a) die verheiratet sind, wenn beide Ehegatten unbeschränkt einkommensteuerpflichtig sind und nicht dauernd getrennt leben und der Ehegatte des Arbeitnehmers auf Antrag beider Ehegatten in die Steuerklasse V eingereiht wird,
   b) die verwitwet sind, wenn sie und ihr verstorbener Ehegatte im Zeitpunkt seines Todes unbeschränkt einkommensteuerpflichtig waren und in diesem Zeitpunkt nicht dauernd getrennt gelebt haben, für das Kalenderjahr, das dem Kalenderjahr folgt, in dem der Ehegatte verstorben ist,
   c) deren Ehe aufgelöst worden ist, wenn
      aa) im Kalenderjahr der Auflösung der Ehe beide Ehegatten unbeschränkt einkommensteuerpflichtig waren und nicht dauernd getrennt gelebt haben und

bb) der andere Ehegatte wieder geheiratet hat, von seinem neuen Ehegatten nicht dauernd getrennt lebt und er und sein neuer Ehegatte unbeschränkt einkommensteuerpflichtig sind,

für das Kalenderjahr, in dem die Ehe aufgelöst worden ist;

4. in die Steuerklasse IV gehören Arbeitnehmer, die verheiratet sind, wenn beide Ehegatten unbeschränkt einkommensteuerpflichtig sind und nicht dauernd getrennt leben; dies gilt auch, wenn einer der Ehegatten keinen Arbeitslohn bezieht und kein Antrag nach Nummer 3 Buchstabe a gestellt worden ist;

5. in die Steuerklasse V gehören die unter Nummer 4 bezeichneten Arbeitnehmer, wenn der Ehegatte des Arbeitnehmers auf Antrag beider Ehegatten in die Steuerklasse III eingereiht wird;

6. die Steuerklasse VI gilt bei Arbeitnehmern, die nebeneinander von mehreren Arbeitgebern Arbeitslohn beziehen, für die Einbehaltung der Lohnsteuer vom Arbeitslohn aus dem zweiten und einem weiteren Dienstverhältnis sowie in den Fällen des § 39c.

[3]Als unbeschränkt einkommensteuerpflichtig im Sinne der Nummern 3 und 4 gelten nur Personen, die die Voraussetzungen des § 1 Absatz 1 oder 2 oder des § 1a erfüllen.

(2) **[1]Für ein minderjähriges und nach § 1 Absatz 1 unbeschränkt einkommensteuerpflichtiges Kind im Sinne des § 32 Absatz 1 Nummer 1 und Absatz 3 werden bei der Anwendung der Steuerklassen I bis IV die Kinderfreibeträge als Lohnsteuerabzugsmerkmal nach § 39 Absatz 1 wie folgt berücksichtigt:**

1. mit Zähler 0,5, wenn dem Arbeitnehmer der Kinderfreibetrag nach § 32 Absatz 6 Satz 1 zusteht, oder

2. mit Zähler 1, wenn dem Arbeitnehmer der Kinderfreibetrag zusteht, weil

a) die Voraussetzungen des § 32 Absatz 6 Satz 2 vorliegen oder

b) der andere Elternteil vor dem Beginn des Kalenderjahres verstorben ist oder

c) der Arbeitnehmer allein das Kind angenommen hat.

[2]Soweit dem Arbeitnehmer Kinderfreibeträge nach § 32 Absatz 1 bis 6 zustehen, die nicht nach Satz 1 berücksichtigt werden, ist die Zahl der Kinderfreibeträge auf Antrag vorbehaltlich des § 39a Absatz 1 Nummer 6 zu Grunde zu legen. [3]In den Fällen des Satzes 2 können die Kinderfreibeträge für mehrere Jahre gelten, wenn nach den tatsächlichen Verhältnissen zu erwarten ist, dass die Voraussetzungen bestehen bleiben. [4]Bei Anwendung der Steuerklassen III und IV sind auch Kinder des Ehegatten bei der Zahl der Kinderfreibeträge zu berücksichtigen. [5]Der Antrag kann nur nach amtlich vorgeschriebenem Vordruck gestellt werden.

(3) **[1]Auf Antrag des Arbeitnehmers kann abweichend von Absatz 1 oder 2 eine für ihn ungünstigere Steuerklasse oder geringere Zahl der Kinderfreibeträge als Lohnsteuerabzugsmerkmal gebildet werden. [2]Der Wechsel von der Steuerklasse III oder V in die Steuerklasse IV ist auch auf Antrag nur eines Ehegatten möglich mit der Folge, dass beide Ehegatten in die Steuerklasse IV eingereiht werden. [3]Diese Anträge sind nach amtlich vorgeschriebenem Vordruck zu stellen und vom Antragsteller eigenhändig zu unterschreiben.**

Lohnsteuer-Richtlinien: LStH 38b.

1. Steuerklasseneinteilung, § 38b I. Sie gilt sowohl für unbeschr als auch für 1
beschr stpfl ArbN, sodass sämtl Regelungen zur Einreihung der ArbN in Steuerklassen in § 38b I zusammengefasst sind. Von der **Wahl der StKlassen bei arbeitenden Ehegatten** hängt ab, ob es nach Ablauf des Kj zu LStNachzahlungen oder LStErstattungen kommt. Die **Kombination IV/IV,** die bei verheirateten StPfl die Regel ist, sofern nicht die Kombination III/V oder das Faktorverfahren gewählt wird, unterstellt, dass beide Ehegatten gleichviel verdienen. Bei dieser Wahl kann es nicht zu Nachzahlungen kommen. Hier kommt es zu StÜberzahlungen, wenn die ArbLöhne

der Ehegatten unterschiedl hoch sind. Die Überzahlungen sind umso höher, je mehr die ArbLöhne der Ehegatten voneinander abweichen. Die Wahl der StKlassenkombination III/V kann bei Beantragung der getrennten Veranlagung missbräuchl iSv § 42 AO sein, wenn hierdurch die Durchsetzung der ESt vereitelt werden soll (BFH III R 66/98, BFH/NV 05, 186; FG BW AO-StB 11, 296). Zum Wechsel der StKlasse als Gestaltungsprinzip s auch LAG RhPf DB 05, 2587. Das Recht zur Wahl der StKlasse IV steht gem § 38b III 3 idF StUmgBG (BGBl I 17, 1682) jedem Ehegatten zu. LSt-Klassenwechsel zur Erlangung eines höheren Elterngeldes ist zul (BSG B 10 EG 3/08 R ua, DStR 09, 2263). Zur Wahl einer ungünstigeren LStKlasse in Gläubigerbenachteiligungsabsicht s BGH VII ZB 26/05, DStR 05, 2096. Das Recht der StKlassenwahl geht auch im Insolvenzverfahren nicht auf den Verwalter über (BFH VI R 9/11, BFH/NV 11, 2111, zur StKlassenwahl im Insolvenzverfahren s auch *Kahlert* DB 11, 2516).

2 **2. Kinderfreibeträge, § 38b II.** Die Vorschrift regelt die Berücksichtigung von Kinderfreibeträgen als LSt-Abzugsmerkmale. Die Kinderfreibeträge sind nur für die Bemessung der Zuschlagssteuern zur LSt (KiSt, SolZ) bedeutsam. Für die Bildung von Kinderfreibeträgen als LSt-Abzugsmerkmal gelten die allg Vorschriften zur Bildung und Bekanntgabe der Merkmale in § 39 I. Die Kinderfreibetragszähler sollen regelmäßig ab der Geburt des Kindes bis zur Vollendung des 18. Lebensjahres automatisiert gebildet und berücksichtigt werden. Der Zähler pro Kind beträgt 0,5 gem § 38b II 1 Nr 1 (bei § 32 VI 1) und 1,0 gem § 38b II 1 Nr 2 (bei § 32 VI 2, 3). Soweit Kinderfreibeträge nicht automatisiert nach § 38b II 1 berücksichtigt werden (zB bei Pflegekindern), muss der ArbN einen Antrag nach amtl Vordruck stellen, damit die Kinderfreibeträge als LSt-Abzugsmerkmal zu Grunde gelegt werden. Diese Kinderfreibeträge können unter den Voraussetzungen des § 38b II 3 auch für mehrere Jahre gelten (*BMF* BStBl I 25, 64 Rn. 32). Durch die Einführung der ELStAM wird das Jahresprinzip, das sich bisher aus der jährl Ausstellung der LStKarte ergab, aufgehoben. ELStAM können unverändert jahrelang gelten.

3 **3. Wahl der Steuerklasse, § 38b III.** Das Gesetz gestattet dem ArbN die Wahl einer für ihn ungünstigeren StKlasse oder einer geringeren Anzahl von Kinderfreibeträgen als LSt-Abzugsmerkmal. Ein solcher Antrag kommt zB für ArbN in Betracht, die dem ArbG ihren Familienstand nicht mitteilen möchten.

§ 39 Lohnsteuerabzugsmerkmale

(1) [1]**Für die Durchführung des Lohnsteuerabzugs werden auf Veranlassung des Arbeitnehmers Lohnsteuerabzugsmerkmale gebildet (§ 39a Absatz 1 und 4, § 39e Absatz 1 in Verbindung mit § 39e Absatz 4 Satz 1 und nach § 39e Absatz 8).** [2]**Soweit Lohnsteuerabzugsmerkmale nicht nach § 39e Absatz 1 Satz 1 automatisiert gebildet werden oder davon abweichend zu bilden sind, ist das Finanzamt für die Bildung der Lohnsteuerabzugsmerkmale nach den §§ 38b und 39a und die Bestimmung ihrer Geltungsdauer zuständig.** [3]**Für die Bildung der Lohnsteuerabzugsmerkmale sind die von den Meldebehörden nach § 39e Absatz 2 Satz 2 mitgeteilten Daten vorbehaltlich einer nach Satz 2 abweichenden Bildung durch das Finanzamt bindend.** [4]**Die Bildung der Lohnsteuerabzugsmerkmale ist eine gesonderte Feststellung von Besteuerungsgrundlagen im Sinne des § 179 Absatz 1 der Abgabenordnung, die unter dem Vorbehalt der Nachprüfung steht.** [5]**Die Bildung und die Änderung der Lohnsteuerabzugsmerkmale sind dem Arbeitnehmer bekannt zu geben.** [6]**Die Bekanntgabe richtet sich nach § 119 Absatz 2 der Abgabenordnung und § 39e Absatz 6.** [7]**Der Bekanntgabe braucht keine Belehrung über den zulässigen Rechtsbehelf beigefügt zu werden.** [8]**Ein schriftlicher Bescheid mit einer Belehrung über den zulässigen Rechtsbehelf ist jedoch zu erteilen, wenn einem Antrag des Arbeitnehmers auf Bildung oder Änderung der Lohnsteuerabzugsmerkmale nicht oder nicht in vollem Umfang entsprochen wird oder der**

Arbeitnehmer die Erteilung eines Bescheids beantragt. [9]Vorbehaltlich des Absatzes 5 ist § 153 Absatz 2 der Abgabenordnung nicht anzuwenden.

(2) **[1]Für die Bildung und die Änderung der Lohnsteuerabzugsmerkmale nach Absatz 1 Satz 2 des nach § 1 Absatz 1 unbeschränkt einkommensteuerpflichtigen Arbeitnehmers ist das Wohnsitzfinanzamt im Sinne des § 19 Absatz 1 Satz 1 und 2 der Abgabenordnung und in den Fällen des Absatzes 4 Nummer 5 das Betriebsstättenfinanzamt nach § 41a Absatz 1 Satz 1 Nummer 1 zuständig. [2]Ist der Arbeitnehmer nach § 1 Absatz 2 unbeschränkt einkommensteuerpflichtig, nach § 1 Absatz 3 als unbeschränkt einkommensteuerpflichtig zu behandeln oder beschränkt einkommensteuerpflichtig, ist das Betriebsstättenfinanzamt für die Bildung und die Änderung der Lohnsteuerabzugsmerkmale zuständig. [3]Ist der nach § 1 Absatz 3 als unbeschränkt einkommensteuerpflichtig zu behandelnde Arbeitnehmer gleichzeitig bei mehreren inländischen Arbeitgebern tätig, ist für die Bildung der weiteren Lohnsteuerabzugsmerkmale das Betriebsstättenfinanzamt zuständig, das erstmals Lohnsteuerabzugsmerkmale gebildet hat. [4]Bei Ehegatten, die beide Arbeitslohn von inländischen Arbeitgebern beziehen, ist das Betriebsstättenfinanzamt des älteren Ehegatten zuständig.**

(3) **[1]In den Fällen des Absatzes 2 Satz 1 hat der Arbeitnehmer den Antrag für die erstmalige Zuteilung einer Identifikationsnummer (§ 139b der Abgabenordnung) beim Wohnsitzfinanzamt und in den Fällen des Absatzes 2 Satz 2 beim Betriebsstättenfinanzamt zu stellen. [2]Die Zuteilung einer Identifikationsnummer kann auch der Arbeitgeber beantragen, wenn ihn der Arbeitnehmer dazu nach § 80 Absatz 1 der Abgabenordnung bevollmächtigt hat. [3]Ist dem Arbeitnehmer in den Fällen des Absatzes 2 Satz 1 und 2 bereits eine Identifikationsnummer zugeteilt worden, teilt das zuständige Finanzamt diese auf Anfrage des Arbeitnehmers mit. [4]Eine Anfrage nach Satz 3 kann auch der Arbeitgeber im Namen des Arbeitnehmers stellen. [5]Wird einem Arbeitnehmer in den Fällen des Satzes 1 keine Identifikationsnummer zugeteilt, gilt § 39e Absatz 8 sinngemäß. [6]Hat der Arbeitgeber für den Arbeitnehmer für das Jahr 2022 eine Lohnsteuerbescheinigung übermittelt und versichert der Arbeitgeber, dass das Dienstverhältnis nach Ablauf des Jahres 2022 fortbestanden und der Arbeitnehmer trotz Aufforderung pflichtwidrig seine Identifikationsnummer bisher nicht mitgeteilt hat, teilt das zuständige Finanzamt die Identifikationsnummer des Arbeitnehmers auf Anfrage des Arbeitgebers mit.**

(4) **Lohnsteuerabzugsmerkmale sind**

1. **Steuerklasse (§ 38b Absatz 1) und Faktor (§ 39f),**
2. **Zahl der Kinderfreibeträge bei den Steuerklassen I bis IV (§ 38b Absatz 2),**
3. **Freibetrag und Hinzurechnungsbetrag (§ 39a),**
4. **Höhe der monatlichen Beiträge**
   a) **für eine private Krankenversicherung und für eine private Pflege-Pflichtversicherung, wenn die Voraussetzungen für die Gewährung eines nach § 3 Nummer 62 steuerfreien Zuschusses für diese Beiträge vorliegen,**
   b) **für eine private Krankenversicherung und für eine private Pflege-Pflichtversicherung im Sinne des § 10 Absatz 1 Nummer 3 Satz 1,**
5. **Mitteilung, dass der von einem Arbeitgeber gezahlte Arbeitslohn nach einem Abkommen zur Vermeidung der Doppelbesteuerung von der Lohnsteuer freizustellen ist, wenn der Arbeitnehmer oder der Arbeitgeber dies beantragt.**

(4a) **[1]Das Versicherungsunternehmen als mitteilungspflichtige Stelle hat dem Bundeszentralamt für Steuern nach Maßgabe des § 93c der Abgabenordnung die in Absatz 4 Nummer 4 genannten Beiträge unter Angabe der Vertrags- oder der Versicherungsdaten zu übermitteln, soweit der Versicherungsnehmer dieser Übermittlung nicht gegenüber dem Versicherungsunternehmen widerspricht; das Bundeszentralamt für Steuern bildet aus den automatisiert übermittelten Da-**

ten die entsprechenden Lohnsteuerabzugsmerkmale. [2]Abweichend von § 93c Absatz 1 Nummer 1 der Abgabenordnung sind die Daten bis zum 20. November des Vorjahres, für das die Beiträge maßgeblich sind, zu übermitteln. [3]Bei unterjährigen Beitragsänderungen sind die Daten dem Bundeszentralamt für Steuern zeitgleich mit der Mitteilung der Beitragsänderung an den Versicherungsnehmer zu übermitteln. [4]Ändern sich die nach Satz 2 übermittelten Daten infolge von Beitragsvorausleistungen, sind die geänderten Daten bis zum letzten Tag des Monats Februar des laufenden Jahres dem Bundeszentralamt für Steuern zu übermitteln.

(5) **[1]Treten bei einem Arbeitnehmer die Voraussetzungen für eine für ihn ungünstigere Steuerklasse oder geringere Zahl der Kinderfreibeträge ein, ist der Arbeitnehmer verpflichtet, dem Finanzamt dies mitzuteilen und die Steuerklasse und die Zahl der Kinderfreibeträge umgehend ändern zu lassen. [2]Dies gilt insbesondere, wenn die Voraussetzungen für die Berücksichtigung des Entlastungsbetrags für Alleinerziehende, für die die Steuerklasse II zur Anwendung kommt, entfallen. [3]Eine Mitteilung ist nicht erforderlich, wenn die Abweichung einen Sachverhalt betrifft, der zu einer Änderung der Daten führt, die nach § 39e Absatz 2 Satz 2 von den Meldebehörden zu übermitteln sind. [4]Kommt der Arbeitnehmer seiner Verpflichtung nicht nach, ändert das Finanzamt die Steuerklasse und die Zahl der Kinderfreibeträge von Amts wegen. [5]Unterbleibt die Änderung der Lohnsteuerabzugsmerkmale, hat das Finanzamt zu wenig erhobene Lohnsteuer vom Arbeitnehmer nachzufordern, wenn diese 10 Euro übersteigt.**

(6) **[1]Ändern sich die Voraussetzungen für die Steuerklasse oder für die Zahl der Kinderfreibeträge zu Gunsten des Arbeitnehmers, kann dieser beim Finanzamt die Änderung der Lohnsteuerabzugsmerkmale beantragen. [2]Die Änderung ist mit Wirkung von dem ersten Tag des Monats an vorzunehmen, in dem erstmals die Voraussetzungen für die Änderung vorlagen. [3]Ehegatten können im Laufe des Kalenderjahres beim Finanzamt die Änderung der Steuerklassen beantragen. [4]Dies gilt unabhängig von der automatisierten Bildung der Steuerklassen nach § 39e Absatz 3 Satz 3 sowie einer von den Ehegatten gewünschten Änderung dieser automatisierten Bildung. [5]Das Finanzamt hat eine Änderung nach Satz 3 mit Wirkung vom Beginn des Kalendermonats vorzunehmen, der auf die Antragstellung folgt. [6]Für eine Berücksichtigung der Änderung im laufenden Kalenderjahr ist der Antrag nach Satz 1 oder 3 spätestens bis zum 30. November zu stellen.**

(7) **[1]Wird ein unbeschränkt einkommensteuerpflichtiger Arbeitnehmer beschränkt einkommensteuerpflichtig, hat er dies dem Finanzamt unverzüglich mitzuteilen. [2]Das Finanzamt hat die Lohnsteuerabzugsmerkmale vom Zeitpunkt des Eintritts der beschränkten Einkommensteuerpflicht an zu ändern. [3]Absatz 1 Satz 5 bis 8 gilt entsprechend. [4]Unterbleibt die Mitteilung, hat das Finanzamt zu wenig erhobene Lohnsteuer vom Arbeitnehmer nachzufordern, wenn diese 10 Euro übersteigt.**

(8) **Ohne Einwilligung des Arbeitnehmers und soweit gesetzlich nichts anderes zugelassen ist, darf der Arbeitgeber die Lohnsteuerabzugsmerkmale nur für die Einbehaltung der Lohn- und Kirchensteuer verarbeiten.**

(9) *(aufgehoben)*

Lohnsteuer-Richtlinien: LStR 39.2–39.4; LStH 39.1, 39.4 – **Verwaltungsanweisungen:** *BMF* BStBl I 25, 64; *BMF* BStBl I 25, 1454.

1 **1. Allgemeines.** Der LStAbzug erfolgt (teilw bereits seit 2013) nurmehr anhand der ELStAM.

2 **2. Bildung der Lohnsteuerabzugsmerkmale, § 39 I.** Die ELStAM werden auf Veranlassung des ArbN (idR automatisiert) gebildet (*BMF* BStBl I 25, 64 Rn. 4 ff).

Grundlage sind die von den Meldebehörden an die FinVerw übermittelten melderechtl Daten (zB Familienstand, Kinder, Religionszugehörigkeit). Die FinVerw ist grds an diese Daten gebunden. Das FA kann im Einzelfall aber (zB bei entspr substantiierten Vortrag des ArbN) deren Überprüfung durch die Meldebehörde anregen oder selbst eine Prüfung der melderechtl Daten vornehmen und bei abw Feststellungen eine eigene Entscheidung für Besteuerungszwecke treffen (*Paintner* DStR 12, 105 (108); *BMF* BStBl I 25, 64 Rn. 11). § 39 I 3 gibt dem FA die Möglichkeit, LSt-Abzugsmerkmale abw von der ELStAM-Datenbank selbst zu bilden. Das FA stellt dann eine jahresbezogene Bescheinigung für den LSt-Abzug aus; der Abruf der ELStAM wird zugleich für den Gültigkeitszeitraum der Bescheinigung allg gesperrt. Der ArbG hat die Bescheinigung in das ArbN-Lohnkonto zu übernehmen, dem LSt-Abzug zugrunde zu legen und § 39e VI 8 (LSt-Abzug nach StKlasse VI) nicht anzuwenden (*BMF* BStBl I 25, 64 Rn. 36). Der ArbN kann beim zuständigen FA (→ Rn. 3) einen Antrag stellen, ihm seine ELStAM mitzuteilen; daraufhin werden diese (ggf erstmalig) gebildet und dem ArbN mitgeteilt. Die erstmalige Bildung der ELStAM erfolgt ferner auf Anfrage des ArbG bei der FinVerw. Hierzu muss der ArbN dem ArbG seine IdentifikationsNr und sein Geburtsdatum mitteilen. Falls der ArbG nicht am elektronischen Verfahren teilnehmen kann (§ 39e VII), wird ein Ersatzverfahren in Papierform angewendet. Bildung und Änderung der LSt-Abzugsmerkmale sind gesonderte Feststellungen von Besteuerungsgrundlagen nach § 179 I AO unter Nachprüfungsvorbehalt, deren Bekanntgabe elektronisch, schriftl, mündl oder auf andere Weise erfolgen kann (s auch *BMF* BStBl I 25, 64 Rn. 108).

3. Örtliche Zuständigkeit, § 39 II. Für die Bildung und Änderung der LSt-Abzugsmerkmale bei nach **§ 1 I unbeschr stpfl ArbN** ist das Wohnsitz-FA (§ 19 I 1 und 2 AO) zuständig (→ § 1 Rn. 20 ff). Für die Bildung und Änderung der LSt-Abzugsmerkmale der nach anderen Vorschriften unbeschr und **beschr stpfl ArbN** ist das Betriebsstätten-FA zuständig (iEinz *LfSt Bay* BeckVerw 525218). Die Zuständigkeit richtet sich nach den örtl Verhältnissen zur Zeit der Bildung bzw Änderung der LSt-Abzugsmerkmale. Welcher ArbG den LStAbzug vorzunehmen hat, regelt § 38. 3

4. Arbeitnehmer ohne Identifikations-Nr, § 39 III. Die Vorschrift beschreibt das Verfahren der Zuteilung einer IdNr durch das Wohnsitz-FA bei nach § 1 I unbeschr stpfl ArbN und durch das Betriebsstätten-FA bei nach **§ 1 II unbeschr stpfl ArbN,** nach **§ 1 III als unbeschr stpfl geltenden ArbN** und **beschr stpfl ArbN.** Weil diese Personen im Inl idR nicht meldepflichtig sind, muss der ArbN die Zuteilung einer IdNr beim Betriebsstätten-FA des ArbG beantragen. Der ArbN kann den ArbG auch zur Beantragung bevollmächtigen. Ist dem ArbN bereits eine IdNr erteilt worden, teilt das zuständige FA diese auf Anfrage des ArbN oder des bevollmächtigten ArbG mit. Kann dem ArbN keine IdNr zugeteilt werden, hat das Betriebsstätten-FA auf Antrag des ArbN weiterhin eine Papierbescheinigung entspr § 39e VIII für den LSt-Abzug auszustellen (→ § 39e Rn. 11). S 6 idF **WachstChG** (BGBl I 24 Nr 108) gestattet es dem FA ab dem VZ 2024, dem ArbG auf Anfrage die IdNr des ArbN mitzuteilen; dies ließ die *FinVerw* im Vorgriff auf die gesetzl Regelung schon vorher zu (*BMF* BStBl I 24, 211). Die IdNr benötigt der ArbG, um die elektronische LSt-Bescheinigung ab 2023 zu übermitteln (→ auch § 41b Rn. 1). 4

5. Lohnsteuerabzugsmerkmale, § 39 IV, IVa (ab 1.1.26). Die LSt-Abzugsmerkmale sind in § 39 IV aufgezählt. Hierzu gehören auch die Beiträge des ArbN zu einer privaten Kranken- und Pflegeversicherung. Diese wurden bis 31.12.25 nur auf Antrag des ArbN berücksichtigt (s *OFD NRW* DB 13, 2892). Da die hierzu erforderl Daten nach § 10 II idR erst nach Jahresabschluss übermittelt werden, durchbracht § 39 IV Nr 4 bis VZ 2025 die im LSt-Recht übl Jahresgrenze und ließ es zu, diese Beiträge für die Dauer von 12 Monaten über die Jahresgrenze hinweg zu berücksichtigen. Nach Ablauf dieses Zeitraums war eine erneute Bescheinigung des Versiche- 5 rungsunternehmens über die Beiträge erforderl. Erhöhen sich die Beiträge des ArbN in dem 12 Monatszeitraum, zB wegen der Geburt eines Kindes, ist eine Anpassung des LSt-Abzugsmerkmals mögl. Durch das JStG 2020 (BGBl I 20, 3096) wurde § 39 IV Nr 4 neu gefasst und § 39 IVa eingeführt. Diese Änderungen treten zum 1.1.26 in Kraft (Art 20 Nr 3 Buchst c KrZwFördG, BGBl I 23 Nr. 411). Hierdurch soll **ab 1.1.26** ein elektronischer Datenaustausch und die automatisierte Bildung der ELStAM auch bei eigenen Beiträgen zur privaten KV/PflV mögl werden (dazu ausführl *BMF* BStBl I 25, 1454). IRe Pilotprojekts konnte die geänderte Fassung des § 39 IV Nr 4, IVa bereits ab 1.1.23 angewendet werden (Art. 20 Nr 3 Buchst c KrZwFördG). Sollen an ausl Versicherungsunternehmen oder ausl SV-Träger gezahlte Beiträge stfrei belassen werden, muss der ArbN dem ArbG regelmäßig Bescheinigungen für diese Beiträge vorlegen, da hierfür keine ELStAM-Daten bestehen (*BMF* BStBl I 25, 1454 Rn. 84, 90 und 93; s dazu auch die Anwendungsvorschrift in § 52 XXXVI und *BMF* BStBl I 25, 64 Rn. 5, 7, 134 ff). Ist für den ArbN ein Freibetrag aufgrund einer ausl Versicherung eingetragen, ergibt sich bei Überschreitung der Arbeitslohngrenze (§§ 46 II Nr 4 oder 50 II 2 Nr 4 Buchst. a)) eine Erklärungspflicht (*BMF* BStBl I 25, 1454, Rn. 93). Zu den LSt-Abzugsmerkmalen gehören auch die KiSt-Abzugsmerkmale, § 39e III 1.

6 **6. Änderung der Lohnsteuerabzugsmerkmale zuungunsten des Arbeitnehmers, § 39 V.** Der ArbN ist nach § 39 V anzeigepflichtig, wenn die Voraussetzungen für eine ungünstigere StKlasse oder eine geringere Zahl von Kinderfreibeträgen eintreten (zu Meldepflichten des ArbN s auch *BMF* BStBl I 25, 64 Rn. 70 ff). Die Meldepflicht besteht nicht, wenn die Änderung von den Meldebehörden nach § 39e II 2 zu übermittelnde Daten betrifft (Religionszugehörigkeit, Familienstand, Kinder). Anders verhält es sich bei der Änderung von Umständen, die nicht im Melderegister erfasst werden (zB dauerndes Getrenntleben, Entfallen des Entlastungsbetrags für Alleinerziehende, § 24b). Solche Änderungen sind weiterhin dem FA mitzuteilen. Verletzt der ArbN die Anzeigepflicht, muss das FA die LSt-Abzugsmerkmale auch von Amts wegen ändern. Erfolgt dies nicht, hat das FA vom ArbN zuwenig erhobene LSt nachzufordern, wenn sie eine Bagatellgrenze von 10 € übersteigt.

7 **7. Änderung von Lohnsteuerabzugsmerkmalen zugunsten des Arbeitnehmers, § 39 VI.** Ändern sich die Voraussetzungen für die StKlasse oder die Kinderfreibeträge zugunsten des ArbN, kann er beim zuständigen FA (→ Rn. 3) die Änderung der LSt-Abzugsmerkmale beantragen. Der Antrag kann jederzeit gestellt werden. Die Änderung ist zum ersten Tag des Monats vorzunehmen, in dem erstmals die Voraussetzungen für die Änderung vorlagen, sodass auch Änderungen mit Wirkung für die Vergangenheit beantragt werden können. Für eine Berücksichtigung im lfd Kj muss der Antrag aber bis zum 30.11. gestellt sein. Ehegatten konnten bis VZ 19 im Laufe des Kj beim zuständigen FA (→ Rn. 3) einmal den Wechsel der StKlassen für die Zukunft beantragen (BFH VI S 21/16 (PKH), BFH/NV 17, 904); ab VZ 20 ist der StKlassenwechsel mehrmals im Kj zul. Der StKlassenwechsel ist ab VZ 2018 gem § 39 VI 3 auch mögl, wenn nur ein Ehegatte ArbLohn bezieht (auch → § 38b Rn. 1). Dies gilt unabhängig von der automatisierten Bildung der StKlassen nach § 39e III 3 sowie einer von den Ehegatten gewünschten Änderung der automatisiert gebildeten StKlassen. Der Antrag muss bis zum 30.11. gestellt sein, wenn er noch im lfd Kj berücksichtigt werden soll (s auch BFH VI B 16/07, BFH/NV 07, 1649). Das Recht auf StKlassenwechsel wird nicht verbraucht, wenn der Antrag erfolgt, weil ein ArbN keinen ArbLohn mehr bezieht (zB Antrag während der Arbeitslosigkeit; FG Ddorf EFG 03, 1104) oder weil Ehegatten sich getrennt haben.

8 **8. Wechsel zur beschränkten Steuerpflicht, § 39 VII.** Der ArbN muss dem FA auch den Wechsel von der unbeschr zur beschr StPfl unverzügl mitteilen, damit das FA die LSt-Abzugsmerkmale vom Zeitpunkt des Eintritts der beschr StPfl, also auch rückwirkend, ändern kann. Unterbleibt die Mitteilung, hat das FA vom ArbN

zu wenig erhobene LSt nachzufordern. Zur LStNachforderung bei irrtüml Annahme der unbeschr StPfl → § 50 Rn. 32.

9. Verwendung der Lohnsteuerabzugsmerkmale durch Arbeitgeber, § 39 VIII. Die Vorschrift dient dem Schutz des ArbN vor missbräuchl Verwendung der LSt-Abzugsmerkmale durch den ArbG. Dieser darf die LSt-Abzugsmerkmale nur zur Einbehaltung der LSt und KiSt verwenden. 9

10. Rechtsbehelfe. Bildung und Änderung von LSt-Abzugsmerkmalen sind gem § 39 I 4 gesonderte Feststellungen von Besteuerungsgrundlagen iSd § 179 I AO unter Nachprüfungsvorbehalt. Gegen die Bildung oder die Ablehnung der Bildung/Änderung von LSt-Abzugsmerkmalen ist der Einspruch gegeben. Der Einspruch ist gegen das FA zu richten. Nach § 39 I 7 braucht der Bekanntgabe der LSt-Abzugsmerkmale **keine Belehrung über den zulässigen Rechtsbehelf** beigefügt zu werden. Daher kann der Einspruch binnen eines Jahres seit Bekanntgabe der Eintragung eingelegt werden (§ 356 II AO). Ein schriftl Bescheid mit Rechtsbehelfsbelehrung ist jedoch zu erteilen, wenn der ArbN dies beantragt oder dem Antrag des ArbN auf Bildung oder Änderung von LSt-Abzugsmerkmalen nicht vollständig entsprochen wird. Nach erfolglosem Einspruch kann **Anfechtungsklage** erhoben werden (BFH VI B 116/72, BStBl II 73, 667). Vorläufiger Rechtsschutz erfolgt im AdV-Verfahren jedenfalls bei Änderung von LSt-Abzugsmerkmalen (zum Verfahren *BMF* BStBl I 25, 64 Rn. 108 ff; s auch BFH III B 210/10, BFH/NV 11, 1692). Zum Rechtsschutzbedürfnis nach Ablauf des Kj des LStAbzugs auch → § 39a Rn. 13. 10

§ 39a Freibetrag und Hinzurechnungsbetrag

(1) [1]**Auf Antrag des unbeschränkt einkommensteuerpflichtigen Arbeitnehmers ermittelt das Finanzamt die Höhe eines vom Arbeitslohn insgesamt abzuziehenden Freibetrags aus der Summe der folgenden Beträge:**

1. **Werbungskosten, die bei den Einkünften aus nichtselbständiger Arbeit anfallen, soweit sie den Arbeitnehmer-Pauschbetrag (§ 9a Satz 1 Nummer 1 Buchstabe a) oder bei Versorgungsbezügen den Pauschbetrag (§ 9a Satz 1 Nummer 1 Buchstabe b) übersteigen,**

1a. **Sonderausgaben im Sinne des § 10 Absatz 1 Nummer 3 Satz 1 unter den Voraussetzungen des § 10 Absatz 2, wenn die Beiträge an Versicherungsunternehmen oder Sozialversicherungsträger geleistet werden, die ihren Sitz oder ihre Geschäftsleitung nicht im Inland haben,**

2. **Sonderausgaben im Sinne des § 10 Absatz 1 Nummer 4, 5, 7 und 9 sowie Absatz 1a und des § 10b, soweit sie den Sonderausgaben-Pauschbetrag von 36 Euro übersteigen,**

3. **der Betrag, der nach den §§ 33, 33a und 33b Absatz 6 wegen außergewöhnlicher Belastungen zu gewähren ist,**

4. **die Pauschbeträge für Menschen mit Behinderungen und Hinterbliebene (§ 33b Absatz 1 bis 5),**

4a. **der Erhöhungsbetrag nach § 24b Absatz 2 Satz 2,**

5. **die folgenden Beträge, wie sie nach § 37 Absatz 3 bei der Festsetzung von Einkommensteuer-Vorauszahlungen zu berücksichtigen sind:**
   a) **die Beträge, die nach § 10d Absatz 2, §§ 10e, 10f, 10g, 10h, 10i, nach § 15b des Berlinförderungsgesetzes abgezogen werden können,**
   b) **die negative Summe der Einkünfte im Sinne des § 2 Absatz 1 Satz 1 Nummer 1 bis 3, 6 und 7 und der negativen Einkünfte im Sinne des § 2 Absatz 1 Satz 1 Nummer 5,**
   c) **das Vierfache der Steuerermäßigung nach den §§ 34f, 35a und 35c,**

6. **die Freibeträge nach § 32 Absatz 6 für jedes Kind im Sinne des § 32 Absatz 1 bis 4, für das kein Anspruch auf Kindergeld besteht.** [2]**Soweit für diese Kinder**

Kinderfreibeträge nach § 38b Absatz 2 berücksichtigt worden sind, ist die Zahl der Kinderfreibeträge entsprechend zu vermindern. [3]Der Arbeitnehmer ist verpflichtet, den nach Satz 1 ermittelten Freibetrag ändern zu lassen, wenn für das Kind ein Kinderfreibetrag nach § 38b Absatz 2 berücksichtigt wird,

7. **ein Betrag für ein zweites oder ein weiteres Dienstverhältnis insgesamt bis zur Höhe der Summe aus dem Grundfreibetrag (§ 32a Absatz 1 Satz 2 Nummer 1), dem Arbeitnehmer-Pauschbetrag (§ 9a Satz 1 Nummer 1 Buchstabe a) und dem Sonderausgaben-Pauschbetrag (§ 10c Satz 1), wenn im ersten Dienstverhältnis die Steuerklasse I oder IV maßgeblich ist, sowie zusätzlich dem Entlastungsbetrag für Alleinerziehende (§ 24b Absatz 2 Satz 1), wenn im ersten Dienstverhältnis die Steuerklasse II maßgeblich ist; ist im ersten Dienstverhältnis die Steuerklasse III maßgeblich, sind der doppelte Grundfreibetrag, der Arbeitnehmer-Pauschbetrag und der Sonderausgaben-Pauschbetrag anzusetzen; ist im ersten Dienstverhältnis die Steuerklasse V maßgeblich, sind der Arbeitnehmer-Pauschbetrag und der Sonderausgaben-Pauschbetrag anzusetzen. [2]Voraussetzung ist, dass**
   a) **der Jahresarbeitslohn aus dem ersten Dienstverhältnis geringer ist als der nach Satz 1 maßgebende Betrag und**
   b) **in Höhe des Betrags für ein zweites oder ein weiteres Dienstverhältnis zugleich für das erste Dienstverhältnis ein Betrag ermittelt wird, der dem Arbeitslohn hinzuzurechnen ist (Hinzurechnungsbetrag).**

   [3]Soll für das erste Dienstverhältnis auch ein Freibetrag nach den Nummern 1 bis 6, 8 und 9 ermittelt werden, ist nur der diesen Freibetrag übersteigende Betrag als Hinzurechnungsbetrag zu berücksichtigen. [4]Ist der Freibetrag höher als der Hinzurechnungsbetrag, ist nur der den Hinzurechnungsbetrag übersteigende Freibetrag zu berücksichtigen,
8. **der Entlastungsbetrag für Alleinerziehende (§ 24b) bei Verwitweten, die nicht in Steuerklasse II gehören,**
9. **der anteilige Entlastungsbetrag für Alleinerziehende (§ 24b Absatz 4) bei dauerndem Getrenntleben der Ehegatten, ab dem Monat der Trennung bis zum Ende des Kalenderjahres und soweit die übrigen Voraussetzungen des § 24b erfüllt sind.**

[2]Der insgesamt abzuziehende Freibetrag und der Hinzurechnungsbetrag gelten mit Ausnahme von Satz 1 Nummer 4 und vorbehaltlich der Sätze 3 bis 5 für die gesamte Dauer eines Kalenderjahres. [3]Die Summe der nach Satz 1 Nummer 1 bis 3 sowie 4a bis 9 ermittelten Beträge wird längstens für einen Zeitraum von zwei Kalenderjahren ab Beginn des Kalenderjahres, für das der Freibetrag erstmals gilt oder geändert wird, berücksichtigt. [4]Der Arbeitnehmer kann eine Änderung des Freibetrags innerhalb dieses Zeitraums beantragen, wenn sich die Verhältnisse zu seinen Gunsten ändern. [5]Ändern sich die Verhältnisse zu seinen Ungunsten, ist er verpflichtet, dies dem Finanzamt umgehend anzuzeigen.

(2) **[1]Der Antrag nach Absatz 1 ist nach amtlich vorgeschriebenem Vordruck zu stellen und vom Arbeitnehmer eigenhändig zu unterschreiben. [2]Die Frist für die Antragstellung beginnt am 1. November des Vorjahres, für das der Freibetrag gelten soll. [3]Sie endet am 30. November des Kalenderjahres, in dem der Freibetrag gilt. [4]Der Antrag ist hinsichtlich eines Freibetrags aus der Summe der nach Absatz 1 Satz 1 Nummer 1 bis 3, 8 und 9 in Betracht kommenden Aufwendungen und Beträge unzulässig, wenn die Aufwendungen im Sinne des § 9, soweit sie den Arbeitnehmer-Pauschbetrag übersteigen, die Aufwendungen im Sinne des § 10 Absatz 1 Nummer 3 Satz 1, Nummer 4, 5, 7 und 9 sowie Absatz 1a, der §§ 10b und 33 sowie die abziehbaren Beträge nach den §§ 24b, 33a und 33b Absatz 6 insgesamt 600 Euro nicht übersteigen. [5]Das Finanzamt kann auf nähere Angaben des Arbeitnehmers verzichten, wenn er**

1. höchstens den Freibetrag beantragt, der für das vorangegangene Kalenderjahr ermittelt wurde, und
2. versichert, dass sich die maßgebenden Verhältnisse nicht wesentlich geändert haben.

[6]Das Finanzamt hat den Freibetrag durch Aufteilung in Monatsfreibeträge, falls erforderlich in Wochen- und Tagesfreibeträge, jeweils auf die der Antragstellung folgenden Monate des Kalenderjahres gleichmäßig zu verteilen. [7]Abweichend hiervon darf ein Freibetrag, der im Monat Januar eines Kalenderjahres beantragt wird, mit Wirkung vom 1. Januar dieses Kalenderjahres an berücksichtigt werden. [8]Ist der Arbeitnehmer beschränkt einkommensteuerpflichtig, hat das Finanzamt den nach Absatz 4 ermittelten Freibetrag durch Aufteilung in Monatsbeträge, falls erforderlich in Wochen- und Tagesbeträge, jeweils auf die voraussichtliche Dauer des Dienstverhältnisses im Kalenderjahr gleichmäßig zu verteilen. [9]Die Sätze 5 bis 8 gelten für den Hinzurechnungsbetrag nach Absatz 1 Satz 1 Nummer 7 entsprechend.

(3) **[1]Für Ehegatten, die beide unbeschränkt einkommensteuerpflichtig sind und nicht dauernd getrennt leben, ist jeweils die Summe der nach Absatz 1 Satz 1 Nummer 2 bis 4 und 5 in Betracht kommenden Beträge gemeinsam zu ermitteln; der in Absatz 1 Satz 1 Nummer 2 genannte Betrag ist zu verdoppeln. [2]Für die Anwendung des Absatzes 2 Satz 4 ist die Summe der für beide Ehegatten in Betracht kommenden Aufwendungen im Sinne des § 9, soweit sie jeweils den Arbeitnehmer-Pauschbetrag übersteigen, und der Aufwendungen im Sinne des § 10 Absatz 1 Nummer 3 Satz 1, Nummer 4, 5, 7 und 9 sowie Absatz 1a, der §§ 10b und 33 sowie der abziehbaren Beträge nach den §§ 24b, 33a und 33b Absatz 6 maßgebend. [3]Die nach Satz 1 ermittelte Summe ist je zur Hälfte auf die Ehegatten aufzuteilen, wenn für jeden Ehegatten Lohnsteuerabzugsmerkmale gebildet werden und die Ehegatten keine andere Aufteilung beantragen. [4]Für eine andere Aufteilung gilt Absatz 1 Satz 2 entsprechend. [5]Für einen Arbeitnehmer, dessen Ehe in dem Kalenderjahr, für das der Freibetrag gilt, aufgelöst worden ist und dessen bisheriger Ehegatte in demselben Kalenderjahr wieder geheiratet hat, sind die nach Absatz 1 in Betracht kommenden Beträge ausschließlich auf Grund der in seiner Person erfüllten Voraussetzungen zu ermitteln. [6]Satz 1 zweiter Halbsatz ist auch anzuwenden, wenn die tarifliche Einkommensteuer nach § 32a Absatz 6 zu ermitteln ist.**

(4) **[1]Für einen beschränkt einkommensteuerpflichtigen Arbeitnehmer, für den § 50 Absatz 1 Satz 5 anzuwenden ist, ermittelt das Finanzamt auf Antrag einen Freibetrag, der vom Arbeitslohn insgesamt abzuziehen ist, aus der Summe der folgenden Beträge:**

1. Werbungskosten, die bei den Einkünften aus nichtselbständiger Arbeit anfallen, soweit sie den Arbeitnehmer-Pauschbetrag (§ 9a Satz 1 Nummer 1 Buchstabe a) oder bei Versorgungsbezügen den Pauschbetrag (§ 9a Satz 1 Nummer 1 Buchstabe b) übersteigen,
1a. Sonderausgaben im Sinne des § 10 Absatz 1 Nummer 3 Satz 1 unter den Voraussetzungen des § 10 Absatz 2, wenn die Beiträge an Versicherungsunternehmen oder Sozialversicherungsträger geleistet werden, die ihren Sitz oder ihre Geschäftsleitung nicht im Inland haben,
2. Sonderausgaben im Sinne des § 10b, soweit sie den Sonderausgaben-Pauschbetrag (§ 10c) übersteigen, und die wie Sonderausgaben abziehbaren Beträge nach § 10e oder § 10i, jedoch erst nach Fertigstellung oder Anschaffung des begünstigten Objekts oder nach Fertigstellung der begünstigten Maßnahme,
3. den Freibetrag oder den Hinzurechnungsbetrag nach Absatz 1 Satz 1 Nummer 7.

[2]Der Antrag kann nur nach amtlich vorgeschriebenem Vordruck bis zum Ablauf des Kalenderjahres gestellt werden, für das die Lohnsteuerabzugsmerkmale gelten.

(5) **Ist zu wenig Lohnsteuer erhoben worden, weil ein Freibetrag unzutreffend als Lohnsteuerabzugsmerkmal ermittelt worden ist, hat das Finanzamt den Fehlbetrag vom Arbeitnehmer nachzufordern, wenn er 10 Euro übersteigt.**

Lohnsteuer-Richtlinien: LStR 39a.1–39a.3 und LStH 39a.1–39a.3; *BMF* BStBl I 25, 64, Rn. 123 ff.

Übersicht Rn.

I. Allgemeines

1 Die Vorschrift soll den ArbN davor bewahren, dass er im LStAbzug erhöhte Vorauszahlungen leistet, die er erst bei der Veranlagung zurückerhält. ArbN haben im LStAbzugsverfahren hiernach keine wesentl schlechtere Stellung mehr als andere StPfl iRd § 37. Schlechterstellungen ergeben sich vor allem aus dem monatl LStEinbehalt ggü der vierteljährl Vorauszahlungspflicht bei § 37. Dieser Nachteil ist im Interesse eines praktikablen LStAbzugsverfahrens hinzunehmen.

II. Abzug des Freibetrags, § 39a I

2 **1. Kein Freibetrag von Amts wegen.** Der Freibetrag wird nach § 39a I nur auf Antrag des ArbN berücksichtigt. Der ArbN hat die Richtigkeit der Angaben zur Berücksichtigung des Freibetrags auf Verlangen glaubhaft zu machen (BFH VI R 284/69, BStBl II 72, 139).

3 **2. Abzugspositionen, § 39a I 1 Nr 1–9.** Die einzelnen Abzugspositionen sind in § 39a I 1 Nr 1–9 abschließend aufgeführt.

4 **a) Abzugsbeträge nach § 39a I 1 Nr 1–4a.** Auf Antrag des ArbN werden WK, die bei den Einkünften aus nichtselbständiger Arbeit anfallen (Nr 1), die in Nr 1a (ab 1.1.26, s Art 20 Nr 3 Buchst c **KrZwFördG,** BGBl I 23 Nr 411; KV, PflV) und in Nr 2 genannten SA, sowie agB nach §§ 33, 33a, 33b VI (Nr 3) insoweit als Abzugsbetrag berücksichtigt, als sie den ArbN-Pauschbetrag und SA-Pauschbeträge bzw die zumutbare Eigenbelastung (§ 33) übersteigen. Gem Nr 1 sind auch sog **negative Einnahmen** als werbungskostenähnl Aufwendungen neben dem WK-Pauschbetrag zu berücksichtigen (ebenso *BH/Wackerbeck* § 39a Rn. 35, str). Nach Nr 4 sind die

Pauschbeträge für behinderte Menschen und Hinterbliebene sowie nach Nr 4a der Erhöhungsbetrag nach § 24b II 2 als Abzugsbetrag zu berücksichtigen. **Vorsorgeaufwendungen** iSd § 10 I Nr 2 können bei § 39a demggü nicht angesetzt werden, weil ArbN hierfür die Vorsorgepauschale (§ 39b II 5 Nr 3) erhalten (BFH VI R 55/08, BStBl II 17, 715; zur VerfMäßigkeit des Ausschlusses unter Geltung des AltereinkünfteG BFH X R 28/07, BStBl II 10, 348; BVerfG 2 BvR 323/10, DStR 16, 1731). Zur Geltendmachung von Vorsorgeaufwendungen iÜ → § 39b Rn. 3.

b) Abzugsbetrag nach § 39a I 1 Nr 5. ArbN und Vorauszahlungspflichtige iSd § 37 werden nach Nr 5 im Wesentlichen gleich behandelt. Der Abzugsbetrag richtet sich nach den Regeln des § 37 (→ § 37 Rn. 12 ff). Dies gilt auch bei Eintragung eines Betrages nach § 10f (s SächsFG EFG 12, 1883). Die Berücksichtigung des Abzugs nach Nr 5 soll eine Ermessensentscheidung des FA sein (FG Hmb EFG 11, 1425, zweifelhaft, Beschwerde aber unbegr BFH IX B 72/11, BFH/NV 11, 1880). Wird nachträgl festgestellt, dass die negative Summe der Einkünfte zu hoch angesetzt wurde, sind entspr ESt-Vorauszahlungen ergänzend zum LStAbzug festzusetzen. Bei der Berücksichtigung von negativen Einkünften sind auch die Verlustabzugsbeschränkungen (§ 10d II) zu beachten (*OFD Nbg* DB 99, 2387). Vorjahresverluste können angesetzt werden, ohne dass sie nach § 10d IV besonders festgestellt worden sind (FG Saarl EFG 03, 323, aufgehoben aus anderen Gründen durch BFH VIII B 116/03, BFH/NV 05, 1108). Nach Nr 5c kann das Vierfache der StErmäßigung nach § 35a berücksichtigt werden (→ § 35a Rn. 30; s auch *OFD Rheinland* DB 09, 2462). 5

c) Kinderfreibeträge, § 39a I 1 Nr 6. Die Vorschrift betrifft unbeschr estpfl **Ausländer** mit Kindern im Inl ohne Aufenthaltserlaubnis oder -berechtigung sowie unbeschr EStPfl mit Kindern im Ausl außerhalb eines EU- oder EWR-Staates. Diese StPfl haben keinen Anspruch auf KiGeld. Daher ist es sachgerecht, die StBelastung durch Berücksichtigung eines Kinderfreibetrages zu senken (Folge: Pflichtveranlagung). Um die doppelte Berücksichtigung von Kinderfreibeträgen beim Solidaritätszuschlag zu vermeiden, ist eine bereits berücksichtigte Zahl der Kinderfreibeträge entspr zu mindern (§ 39a I 1 Nr 6 S 2). § 39a I 1 Nr 6 S 3 soll verhindern, dass ein Kind doppelt berücksichtigt wird. Bei der automatischen Bildung des Kinderfreibetrags aufgrund der Übermittlung der Meldedaten durch die Gemeinde (zB bei Zuzug eines Kindes aus dem Ausl) kann nicht geprüft werden, ob für das Kind bereits ein Abzugsbetrag nach 39a I 1 Nr 6 S 1 gebildet und dem ArbG mitgeteilt worden ist. Deshalb ist der ArbN verpflichtet, dem FA eine doppelte Berücksichtigung mitzuteilen. 6

d) Mehrere Dienstverhältnisse, § 39a I 1 Nr 7. Es soll für geringverdienende ArbN mit mehreren Beschäftigungsverhältnissen die Möglichkeit eröffnet werden, für ein **zweites** oder ein **weiteres Dienstverhältnis** einen Freibetrag bis zu der Höhe zu berücksichtigen, die dem zu versteuernden Jahresbetrag entspricht, bis zu dem für das erste DienstVerh noch keine LSt zu erheben ist. Hierdurch wird vermieden, dass aus den weiteren DienstVerh LSt überzahlt wird. Damit dem ArbN aber keine unberechtigten Vorteile erwachsen, ist iHd Betrags für das zweite oder weitere DienstVerh zugleich für das erste DienstVerh ein entspr **Hinzurechnungsbetrag** zu ermitteln. § 39a I 1 Nr 7 übernimmt die neue Systematik der Ermittlung der ArbLohnGrenzen in § 46 II Nr 3 und Nr 4. Es wird nicht mehr zw aktiven Lohneinkünften und Versorgungsbezügen unterschieden; Vorsorgeaufwendungen werden nicht mehr berücksichtigt. Dies mindert oder vermeidet Nachzahlungen iRd in diesen Fällen gem § 46 II Nr 2 obligatorischen EStVeranlagung. 7

e) (Anteiliger) Entlastungsbetrag für Alleinerziehende, § 39a I 1 Nr 8 und 9. 8
Für verwitwete ArbN (Nr 8) ist im Kj des Todes des Ehegatten und im Folgejahr die Wahl des Splittingverfahrens mögl (→ § 26 Rn. 21), womit die StKlasse III gilt. Da hier – anders als bei der StKlasse II – der Entlastungsbetrag für Alleinerziehende

(§ 24b) nicht eingearbeitet ist, ist für diese StPfl das Freibetragsverfahren erforderl. Berücksichtigt werden kann nach Nr 9 **ab VZ 2024** (JStG 2024 BGBl I 24 Nr 387) bei dauerndem Getrenntleben der Ehegatten der anteilige Entlastungsbetrag (§ 24b IV) ab dem Monat der Trennung bis zum Ende des KJ und soweit die übrigen Voraussetzungen des § 24b erfüllt sind (RegE JStG 2024 BT-Drs 20/12780, 123).

9 **3. Zeitliche Wirksamkeit, § 39a I 2–5.** § 39a I 2 führt die jahresbezogene Betrachtung für den Freibetrag vorbehaltl der S 3–5 fort und begrenzt dessen Geltungsdauer sowie die eines Hinzurechnungsbetrags auf ein Kj. Hiervon sind die Pauschbeträge für Behinderte und Hinterbliebene ausgenommen. Gem § 39a I 3 gelten der Freibetrag und der Hinzurechnungsbetrag zwei Kj. Der ArbN kann aber jederzeit Änderung beantragen, wenn sich die Verhältnisse zu seinen Gunsten ändern (§ 39a I 4). Andererseits trifft ihn eine Anzeigepflicht, wenn sich die Verhältnisse zu seinen Ungunsten ändern (§ 39a I 5).

III. Antragsverfahren, § 39a II

10 **1. Form und Frist, § 39a II 1–3.** Der Antrag ist vom ArbN nach amtl vorgeschriebenem Vordruck zu stellen. Für die Ermittlung des beim LStAbzug zu berücksichtigenden Freibetrags ist nur das FA zuständig. Zur örtl Zuständigkeit s § 39 II (→ § 39 Rn. 3). Entscheidend sind die Verhältnisse im Zeitpunkt der Bildung oder Änderung des als LSt-Abzugsmerkmal zu berücksichtigenden Freibetrags bzw der Nachforderung nach § 39a V. Die Zuständigkeit des FA kann sich also mit der Änderung der örtl Verhältnisse des ArbN ändern. Die Aufhebung eines VA, der nicht nichtig ist, kann indes nicht allein auf die Verletzung der Vorschriften über die örtl Zuständigkeit gestützt werden, wenn keine andere Entscheidung in der Sache hätte getroffen werden können (§ 127 AO). § 127 AO findet auf Ermessensentscheidungen, die auch bei § 39a I 1 Nr 5 vorliegen sollen (→ Rn. 5), aber grds keine Anwendung (BFH V R 77/97, BFH/NV 99, 585); es sei denn, das Ermessen ist auf Null reduziert (FG Mster EFG 92, 107). Die Antragstellung ist vom 1.11. (Art 3 Nr 10 JStG 2024 BGBl I 24 Nr 387, ab VZ 2024; zur Begründung RegE JStG 2024 BT-Drs 20/12780, 124) des Vorjahres bis zum 30.11. des Kj zul, in dem der Freibetrag gilt. Sollten LSt-Ermäßigungsanträge schon vor dem 1.10. beim FA eingehen, wird das FA diese Anträge idR aber dennoch bearbeiten und nicht aus formalen Gründen ablehnen. Der ArbN, der die Berücksichtigung eines Freibetrages beantragt, hat die Richtigkeit seiner Angaben auf Verlangen nachzuweisen bzw glaubhaft zu machen (BFH VI R 284/69, BStBl II 72, 139).

11 **2. Abzugsbeträge mit Mindestgrenze, § 39a II 4.** Die Eintragung der in § 39a I 1 Nr 1–3, 8 und 9 genannten Beträge (→ Rn. 4, 8) kann der ArbN nur begehren, wenn sie insgesamt 600 € übersteigen. Die Grenze ist verfgemäß (FG Mchn EFG 91, 568); sie ist auch bei § 37 – was SA und agB betrifft – zu beachten. Die Grenze gilt nur für die erstmalige Eintragung, nicht für spätere Änderungen (*KS/Eisgruber* § 39a Rn. 6). Für die **Berechnung** der 600 €-Grenze sind die tatsächl iRd § 9 (soweit der ArbN-Pauschbetrag überschritten ist) und §§ 10, 24b, 33, 33a, 33b VI abzugsfähigen Aufwendungen anzusetzen. AgB nach § 33 sind *für die Berechnung der 600 €-Grenze* nicht um die zumutbare Belastung zu kürzen. Ist die 600 €-Grenze nach vorstehender Berechnung überschritten, kann ein Freibetrag für die genannten Aufwendungen berücksichtigt werden. Bei der sich nun *anschließenden Berechnung der Höhe* des Freibetrages ist von den tatsächl Aufwendungen bei agB iSd § 33 die zumutbare Eigenbelastung abzuziehen. Der sich dann ergebende Betrag ist zuzügl etwaiger unbegrenzt eintragungsfähiger Aufwendungen als Freibetrag zu berücksichtigen (Einzelheiten zur Berechnung s LStR 39a.1).

12 **3. Vereinfachtes Eintragungsverfahren, § 39a II 5.** Das FA kann auf nähere Angaben des ArbN verzichten, wenn er keinen höheren Freibetrag als im Vorjahr be-

antragt und versichert, dass sich die Verhältnisse nicht wesentl geändert haben. Es hat dann eine Veranlagung von Amts wegen zu erfolgen (§ 46 II Nr 4). Das vereinfachte Verfahren ist auch bei der zweijährigen Geltung des Freibetrags möglich.

4. Zeitliche Aufteilung des Freibetrags, § 39a II 6–9. Das FA teilt den Jahresbetrag gleichmäßig auf die Zeit vom Beginn des auf die Antragstellung folgenden Monats in Monatsfreibeträge (ggf in Wochen- und Tagesfreibeträge) auf. Für die Berechnungen im LSt-Ermäßigungsverfahren nach § 39a II ist auch bei zweijähriger Geltung des Freibetrags weiterhin eine jährl Betrachtungsweise maßgebl. **Einzelheiten der Aufteilung** (auch bei wiederholter Antragstellung) s LStR 39a.1 VII, VIII. Eine rückwirkende Eintragung (und zwar auf den 1.1.) gibt es nur, wenn der Freibetrag im Monat Januar beantragt worden ist (§ 39a II 7). Das Verbot rückwirkender Eintragung ist verfrechtl bedenkl (FG Mchn EFG 95, 268, bestätigt durch BFH VI B 8/95, BFH/NV 95, 877; s auch *Arnold* DStR 95, 1142). Bei beschr estpfl ArbN ist der Freibetrag durch Aufteilung in Monatsbeträge (ggf in Wochen- und Tagesbeträge) auf die voraussichtl Dauer des DienstVerh im Kj gleichmäßig zu verteilen (§ 39a II 8). Nach § 39a II 9 ist § 39a II 5–8 auch im Fall des § 39a I 1 Nr 7 (mehrere Dienstverhältnisse) anwendbar. – Die **Verteilung eines herabgesetzten Freibetrages** ist gesetzl nicht geregelt (zutr *BH/Wackerbeck* § 39a Rn. 74). Um möglichst rückwirkend Änderungen zu vermeiden, sollte die Summe der bereits verbrauchten Freibeträge von dem herabgesetzten Freibetrag abgezogen werden. Der Restbetrag sollte auf die folgenden Monate des Kj gleichmäßig verteilt werden. Eine rückwirkende Änderung kommt somit nur in Betracht, wenn die bereits verbrauchten Freibeträge den neu berechneten Freibetrag übersteigen. In diesem Fall richtet sich das weitere Verfahren nach § 41c I Nr 1. 13

IV. Besonderheiten bei Ehegatten, § 39a III

Bei Ehegatten, die beide unbeschr StPfl sind und nicht dauernd getrennt leben, ergeben sich Besonderheiten: Es ist unerhebl, in wessen Person die Voraussetzungen der SA und der agB erfüllt sind. Der Freibetrag wird aus der Summe der bei beiden Ehegatten berücksichtigungsfähigen Beträge ermittelt. Nur **WK** bei den Einkünften aus **nichtselbständiger Arbeit** sind für jeden Ehegatten *gesondert* zu ermitteln; sie dürfen auch nur bei demjenigen Ehegatten berücksichtigt werden, dem sie voraussichtl entstehen werden. IÜ kann der Freibetrag für dessen Geltungsdauer (dazu → Rn. 9) auf Antrag beliebig unter den Ehegatten aufgeteilt werden; zB auch, was negative Einkünfte aus anderen Einkunftsarten anbelangt. Die Aufteilung kann später wieder auf Antrag geändert werden; bereits verbrauchte Teile des Freibetrages sind dann aber bei der erneuten Aufteilung abzusetzen. Zur Übertragung der Pauschbeträge für körperbehinderte Kinder s § 33b V. 15

V. Freibeträge bei beschränkt einkommensteuerpflichtigem Arbeitnehmer, § 39a IV

Andere als die in § 39a IV genannten Freibeträge können für beschr estpfl ArbN nicht als LSt-Abzugsmerkmal berücksichtigt werden. Der Antrag kann bis zum Ablauf des Kj gestellt werden, für das die LSt-Abzugsmerkmale gelten sollen. Zu viel einbehaltene LSt kann gem § 41c I oder durch einen Erstattungsanspruch (§ 37 II AO) ausgeglichen werden. Die Antragsgrenze des § 39a II 4 gilt nicht. Zur FA-Zuständigkeit s *LfSt Bay* BeckVerw 525218. 17

VI. Nachforderung, § 39a V

Das FA hat zu wenig erhobene LSt vom ArbN nachzufordern, wenn der zu geringe LStAbzug auf einer unzutr Ermittlung des Freibetrags als LSt-Abzugsmerkmal 18 beruht. Diese Nachforderung ist Teil des Vorauszahlungsverfahrens. Sie ist daher nach Erlass eines Jahressteuerbescheides ohne Bescheidänderung nicht mehr mögl. Im Veranlagungsverfahren gilt die 10 €-Grenze nicht. Der ArbN hat aber keine Anzeigepflicht nach § 153 II AO, wenn die Voraussetzungen, die der Berücksichtigung eines Freibetrages zugrunde lagen, *nachträgl* unrichtig geworden sind (zB der ArbN führt ab einem Stellenwechsel keine Fahrten mehr zw Wohnung und Arbeitsstätte durch, was bei Berücksichtigung des Freibetrages nicht vorhersehbar war; auch → § 37 Rn. 5). § 153 I AO ist demggü anwendbar, dh, wenn der ArbN bereits bei Beantragung des Freibetrags die Erklärungen unrichtig oder unvollständig gemacht hat, ist er anzeigepflichtig. Zur Anzeigepflicht nach § 39a I 5 → Rn. 9.

VII. Verfahrensgrundsätze

20 **1. Rechtsnatur und Änderungsmöglichkeiten.** Die Bildung des Freibetrags als LSt-Abzugsmerkmal (→ § 39 Rn. 2) ist **Grundlagenbescheid** für die LStAnmeldung und die LStNachforderung gegen den ArbN während des laufenden Abzugsjahres, nicht hingegen für die *Jahressteuer*festsetzung (*Drenseck* DStJG 9, 384 f). Der Freibetrag kann jederzeit auch rückwirkend geändert werden. Gleiches gilt für die Korrektur des ursprüngl Freibetrages (BFH VI R 64/79, BStBl II 83, 60). Wie nach einer Änderung während des lfd Abzugsjahres zu verfahren ist, → Rn. 13. Nach Ablauf des Abzugsjahres kann das FA nur noch mit einem Nachforderungsbescheid (*HHR/Tillmann* § 39a Rn. 66) gegen den ArbN vorgehen, sofern die Veranlagung noch nicht durchgeführt ist. Der ArbN kann nach Ablauf des Kj keinen Erstattungsanspruch nach § 37 II AO mehr geltend machen, da die Erstattungsansprüche aus der Veranlagung vorgehen.

21 **2. Rechtsbehelfsverfahren.** Auch → § 39 Rn. 10. Richtige Klageart ist die Anfechtungsklage (s *KKM* § 39a A 66–71). Auch nach Ablauf des Kj kann über eine bereits anhängige Klage noch entschieden werden. Da sich nach Ablauf des Monats Februar des dem Abzugsjahr folgenden Kj (jedenfalls aber nach Einleitung des LStJA-bzw Veranlagungsverfahrens) die Feststellung eines Freibetrags beim LStAbzug nicht mehr auswirken kann (s § 42b III), ist das Anfechtungsverfahren in die **Fortsetzungsfeststellungsklage nach § 100 I 4 FGO** überzuleiten (BFH VI R 131/00, BStBl II 02, 300). Es wird dann nur noch darüber entschieden, ob die Ablehnung der Berücksichtigung des Freibetrags als LSt-Abzugsmerkmal rechtswidrig war, falls der ArbN an dieser Feststellung ein berechtigtes Interesse hat (BFH III R 4/05, BStBl II 07, 637, mwN). Das berechtigte Interesse besteht nicht, wenn die Veranlagung durchgeführt ist und es wegen geänderter Sach- und Rechtslage auf die im LStAbzugsverfahren streitige Rechtsfrage nicht mehr ankommt (BFH X R 156/97, BFH/NV 01, 476; BFH VI B 66/05, BFH/NV 06, 1335); auch wird der ESt-Bescheid nicht zum Gegenstand des Klageverfahrens wegen der Feststellung eines Freibetrages (NdsFG EFG 08, 1989).

22 **3. Vorläufiger Rechtsschutz.** Wird die Berücksichtigung eines Freibetrages ganz oder teilweise versagt, kann vorläufiger Rechtsschutz durch AdV gewährt werden (BFH VI B 152/91, BStBl II 92, 752, mwN; BFH X S 20/93, BFH/NV 94, 783; BFH IX B 72/11, BFH/NV 11, 1880). Dies gilt auch bei ernstl verfassungsrechtl Bedenken gegen eine Rechtsnorm (BFH VI B 42/07, BStBl II 07, 799, Eintragung wegen Entfernungspauschale; BFH VI B 69/09, BStBl II 09, 826 für Freibeträge wegen des häusl Arbeitszimmers). Hat das FA nach Ablauf des Kj (jedenfalls aber nach Einleitung des Veranlagungsverfahrens) über einen Antrag auf Berücksichtigung eines Freibetrages noch nicht entschieden und kann sich der Freibetrag im LStAbzugsverfahren nicht mehr auswirken, entfällt das **Rechtsschutzbedürfnis** für die Berücksichtigung des Freibetrages und damit auch für den vorläufigen Rechtsschutz (BFH X S 20/93, BFH/NV 94, 783). Der ArbN muss seine Rechte dann bei der Veranlagung geltend machen (BFH VI R 36/96, BFH/NV 02, 340).

§ 39b Einbehaltung der Lohnsteuer

(1) Bei unbeschränkt und beschränkt einkommensteuerpflichtigen Arbeitnehmern hat der Arbeitgeber den Lohnsteuerabzug nach Maßgabe der Absätze 2 bis 6 durchzuführen.

(2) [1]Für die Einbehaltung der Lohnsteuer vom laufenden Arbeitslohn hat der Arbeitgeber die Höhe des laufenden Arbeitslohns im Lohnzahlungszeitraum festzustellen und auf einen Jahresarbeitslohn hochzurechnen. [2]Der Arbeitslohn eines monatlichen Lohnzahlungszeitraums ist mit zwölf, der Arbeitslohn eines wöchentlichen Lohnzahlungszeitraums mit $^{360}/_{7}$ und der Arbeitslohn eines täglichen Lohnzahlungszeitraums mit 360 zu vervielfältigen. [3]Von dem hochgerechneten Jahresarbeitslohn sind ein etwaiger Versorgungsfreibetrag (§ 19 Absatz 2) und Altersentlastungsbetrag (§ 24a) abzuziehen. [4]Außerdem ist der hochgerechnete Jahresarbeitslohn um einen etwaigen als Lohnsteuerabzugsmerkmal für den Lohnzahlungszeitraum mitgeteilten Freibetrag (§ 39a Absatz 1) oder Hinzurechnungsbetrag (§ 39a Absatz 1 Satz 1 Nummer 7), vervielfältigt unter sinngemäßer Anwendung von Satz 2, zu vermindern oder zu erhöhen. [5]Der so verminderte oder erhöhte hochgerechnete Jahresarbeitslohn, vermindert um

1. den Arbeitnehmer-Pauschbetrag (§ 9a Satz 1 Nummer 1 Buchstabe a) oder bei Versorgungsbezügen den Pauschbetrag (§ 9a Satz 1 Nummer 1 Buchstabe b) und den Zuschlag zum Versorgungsfreibetrag (§ 19 Absatz 2) in den Steuerklassen I bis V,

2. den Sonderausgaben-Pauschbetrag (§ 10c Satz 1) in den Steuerklassen I bis V,

3. eine Vorsorgepauschale aus den Teilbeträgen

a) für die Rentenversicherung bei Arbeitnehmern, die in der gesetzlichen Rentenversicherung pflichtversichert oder von der gesetzlichen Rentenversicherung nach § 6 Absatz 1 Nummer 1 des Sechsten Buches Sozialgesetzbuch befreit sind, in den Steuerklassen I bis VI in Höhe des Betrags, der bezogen auf den Arbeitslohn 50 Prozent des Beitrags in der allgemeinen Rentenversicherung unter Berücksichtigung der jeweiligen Beitragsbemessungsgrenzen entspricht,

b) für die Krankenversicherung bei Arbeitnehmern, die in der gesetzlichen Krankenversicherung versichert sind, in den Steuerklassen I bis VI in Höhe des Betrags, der bezogen auf den Arbeitslohn unter Berücksichtigung der Beitragsbemessungsgrenze, den ermäßigten Beitragssatz (§ 243 des Fünften Buches Sozialgesetzbuch) und den Zusatzbeitragssatz der Krankenkasse (§ 242 des Fünften Buches Sozialgesetzbuch) dem Arbeitnehmeranteil eines pflichtversicherten Arbeitnehmers entspricht,

c) für die Pflegeversicherung bei Arbeitnehmern, die in der sozialen Pflegeversicherung versichert sind, in den Steuerklassen I bis VI in Höhe des Betrags, der bezogen auf den Arbeitslohn unter Berücksichtigung der Beitragsbemessungsgrenze und den bundeseinheitlichen Beitragssatz dem Arbeitnehmeranteil eines pflichtversicherten Arbeitnehmers entspricht, erhöht um den Beitragszuschlag und vermindert um die Abschläge des Arbeitnehmers nach § 55 Absatz 3 des Elften Buches Sozialgesetzbuch, wenn die Voraussetzungen dafür vorliegen,

d) für die Krankenversicherung und für die private Pflege-Pflichtversicherung bei Arbeitnehmern, die nicht unter die Buchstaben b und c fallen, in den Steuerklassen I bis V in Höhe der dem Arbeitgeber als Lohnsteuerabzugsmerkmal bereitgestellten Beiträge nach § 39 Absatz 4 Nummer 4 Buchstabe b, etwaig vervielfältigt unter sinngemäßer Anwendung von Satz 2 auf einen Jahresbetrag, vermindert um die nach § 3 Nummer 62 steuerfreien Zuschüsse, die unter Berücksichtigung der als Lohnsteuerabzugsmerkmal be-

reitgestellten Beiträge nach § 39 Absatz 4 Nummer 4 Buchstabe a ermittelt wurden;

e) für die Versicherung gegen Arbeitslosigkeit bei Arbeitnehmern, die in der Arbeitslosenversicherung (Drittes Buch Sozialgesetzbuch) versichert sind, in den Steuerklassen I bis V in Höhe des Betrags, der bezogen auf den Arbeitslohn unter Berücksichtigung der jeweiligen Beitragsbemessungsgrenze und den bundeseinheitlichen Beitragssatz, dem Arbeitnehmeranteil eines pflichtversicherten Arbeitnehmers entspricht; der Teilbetrag ist jedoch nur anzusetzen, soweit er zusammen mit den Teilbeträgen nach den Buchstaben b bis d einen Betrag in Höhe von 1900 Euro nicht übersteigt;

Entschädigungen im Sinne des § 24 Nummer 1 sind bei Anwendung der Buchstaben a bis c und e nicht zu berücksichtigen,

4. den Entlastungsbetrag für Alleinerziehende für ein Kind (§ 24b Absatz 2 Satz 1) in der Steuerklasse II,

ergibt den zu versteuernden Jahresbetrag. [6]Für den zu versteuernden Jahresbetrag ist die Jahreslohnsteuer in den Steuerklassen I, II und IV nach § 32a Absatz 1 sowie in der Steuerklasse III nach § 32a Absatz 5 zu berechnen. [7]In den Steuerklassen V und VI ist die Jahreslohnsteuer zu berechnen, die sich aus dem Zweifachen des Unterschiedsbetrags zwischen dem Steuerbetrag für das Eineinviertelfache und dem Steuerbetrag für das Dreiviertelfache des zu versteuernden Jahresbetrags nach § 32a Absatz 1 ergibt; die Jahreslohnsteuer beträgt jedoch mindestens 14 Prozent des zu versteuernden Jahresbetrags, für den 14 071 Euro übersteigenden Teil des zu versteuernden Jahresbetrags höchstens 42 Prozent, für den 34 939 Euro übersteigenden Teil des zu versteuernden Jahresbetrags 42 Prozent und für den 222 260 Euro übersteigenden Teil des zu versteuernden Jahresbetrags 45 Prozent. [8]Für die Lohnsteuerberechnung ist die als Lohnsteuerabzugsmerkmal mitgeteilte oder die nach § 39c Absatz 1 oder Absatz 2 oder nach § 39e Absatz 5a oder Absatz 6 Satz 8 anzuwendende Steuerklasse maßgebend. [9]Die monatliche Lohnsteuer ist 1/12, die wöchentliche Lohnsteuer sind 7/360 und die tägliche Lohnsteuer ist 1/360 der Jahreslohnsteuer. [10]Bruchteile eines Cents, die sich bei der Berechnung nach den Sätzen 2 und 9 ergeben, bleiben jeweils außer Ansatz. [11]Die auf den Lohnzahlungszeitraum entfallende Lohnsteuer ist vom Arbeitslohn einzubehalten. [12]Das Betriebsstättenfinanzamt kann allgemein oder auf Antrag zulassen, dass die Lohnsteuer unter den Voraussetzungen des §42b Absatz 1 nach dem voraussichtlichen Jahresarbeitslohn ermittelt wird, wenn gewährleistet ist, dass die zutreffende Jahreslohnsteuer (§ 38a Absatz 2) nicht unterschritten wird. [13]Darüber hinaus kann das Betriebsstättenfinanzamt auf Antrag zulassen, dass bei nach § 1 Absatz 1 unbeschränkt einkommensteuerpflichtigen Arbeitnehmern mit Steuerklasse VI und ohne Freibetrag nach § 39a, die bei dem Arbeitgeber gelegentlich, nicht regelmäßig wiederkehrend beschäftigt werden und deren Dauer der Beschäftigung 24 zusammenhängende Arbeitstage nicht übersteigt, der während der Beschäftigung erzielte Arbeitslohn auf einen Jahresbetrag hochgerechnet und die sich ergebende Lohnsteuer auf den Lohnabrechnungszeitraum zurückgerechnet wird, wobei als Lohnabrechnungszeitraum der Zeitraum vom Beginn des Kalenderjahres bis zum Ende der Beschäftigung gilt. [14]Bei Anwendung des Satzes 13 sind auch der im Kalenderjahr in etwaigen vorangegangenen und beendeten weiteren Dienstverhältnissen in der Steuerklasse VI bezogene Arbeitslohn und die darauf erhobene Lohnsteuer einzubeziehen, soweit dort bereits Satz 13 angewandt wurde. [15]Voraussetzung für die Anwendung des Verfahrens nach Satz 13 ist zudem, dass der Arbeitnehmer vor Aufnahme der Beschäftigung

1. unter Angabe seiner Identifikationsnummer gegenüber dem Arbeitgeber schriftlich zustimmt,
2. mit der Zustimmung den nach Satz 14 einzubeziehenden Arbeitslohn und die darauf erhobene Lohnsteuer erklärt und

3. mit der Zustimmung versichert, dass ihm der Pflichtveranlagungstatbestand nach § 46 Absatz 2 Nummer 2 und 3a bekannt ist.

[16]Die Zustimmungserklärung des Arbeitnehmers ist zum Lohnkonto zu nehmen.

(3) **[1]Für die Einbehaltung der Lohnsteuer von einem sonstigen Bezug hat der Arbeitgeber den voraussichtlichen Jahresarbeitslohn ohne den sonstigen Bezug festzustellen. [2]Hat der Arbeitnehmer Lohnsteuerbescheinigungen aus früheren Dienstverhältnissen des Kalenderjahres nicht vorgelegt, so ist bei der Ermittlung des voraussichtlichen Jahresarbeitslohns der Arbeitslohn für Beschäftigungszeiten bei früheren Arbeitgebern mit dem Betrag anzusetzen, der sich ergibt, wenn der laufende Arbeitslohn im Monat der Zahlung des sonstigen Bezugs entsprechend der Beschäftigungsdauer bei früheren Arbeitgebern hochgerechnet wird. [3]Der voraussichtliche Jahresarbeitslohn ist um den Versorgungsfreibetrag (§ 19 Absatz 2) und den Altersentlastungsbetrag (§ 24a), wenn die Voraussetzungen für den Abzug dieser Beträge jeweils erfüllt sind, sowie um einen etwaigen als Lohnsteuerabzugsmerkmal mitgeteilten Jahresfreibetrag zu vermindern und um einen etwaigen Jahreshinzurechnungsbetrag zu erhöhen. [4]Für den so ermittelten Jahresarbeitslohn (maßgebender Jahresarbeitslohn) ist die Lohnsteuer nach Maßgabe des Absatzes 2 Satz 5 bis 7 zu ermitteln. [5]Außerdem ist die Jahreslohnsteuer für den maßgebenden Jahresarbeitlohn unter Einbeziehung des sonstigen Bezugs zu ermitteln. [6]Dabei ist der sonstige Bezug um den Versorgungsfreibetrag und den Altersentlastungsbetrag zu vermindern, wenn die Voraussetzungen für den Abzug dieser Beträge jeweils erfüllt sind und soweit sie nicht bei der Steuerberechnung für den maßgebenden Jahresarbeitslohn berücksichtigt worden sind. [7]Für die Lohnsteuerberechnung ist die als Lohnsteuerabzugsmerkmal mitgeteilte oder die nach § 39c Absatz 1 oder Absatz 2 oder nach § 39e Absatz 5a oder Absatz 6 Satz 8 anzuwendende Steuerklasse maßgebend. [8]Der Unterschiedsbetrag zwischen den ermittelten Jahreslohnsteuerbeträgen ist die Lohnsteuer, die vom sonstigen Bezug einzubehalten ist.**

(4) *(aufgehoben)*

(5) **[1]Wenn der Arbeitgeber für den Lohnzahlungszeitraum lediglich Abschlagszahlungen leistet und eine Lohnabrechnung für einen längeren Zeitraum (Lohnabrechnungszeitraum) vornimmt, kann er den Lohnabrechnungszeitraum als Lohnzahlungszeitraum behandeln und die Lohnsteuer abweichend von § 38 Absatz 3 bei der Lohnabrechnung einbehalten. [2]Satz 1 gilt nicht, wenn der Lohnabrechnungszeitraum fünf Wochen übersteigt oder die Lohnabrechnung nicht innerhalb von drei Wochen nach dessen Ablauf erfolgt. [3]Das Betriebsstättenfinanzamt kann anordnen, dass die Lohnsteuer von den Abschlagszahlungen einzubehalten ist, wenn die Erhebung der Lohnsteuer sonst nicht gesichert erscheint. [4]Wenn wegen einer besonderen Entlohnungsart weder ein Lohnzahlungszeitraum noch ein Lohnabrechnungszeitraum festgestellt werden kann, gilt als Lohnzahlungszeitraum die Summe der tatsächlichen Arbeitstage oder Arbeitswochen.**

(6) **[1]Das Bundesministerium der Finanzen hat im Einvernehmen mit den obersten Finanzbehörden der Länder auf der Grundlage der Absätze 2 und 3 einen Programmablaufplan für die maschinelle Berechnung der Lohnsteuer aufzustellen und bekannt zu machen. [2]Im Programmablaufplan kann von den Regelungen in den Absätzen 2 und 3 abgewichen werden, wenn sich das Ergebnis der maschinellen Berechnung der Lohnsteuer an das Ergebnis einer Veranlagung zur Einkommensteuer anlehnt.**

(7) *(weggefallen)*

Lohnsteuer-Richtlinien: LStR 39b.2–39b.9; LStH 39b.5–39b.7, 39b.9.

Übersicht

1 **1. Allgemeines, § 39b I.** Der ArbG hat den LStAbzug bei **unbeschr** und **beschr stpfl ArbN** nach § 39b II–VI durchzuführen.

2 **2. Lohnsteuerabzug vom Arbeitslohn, § 39b II.** Lfd ArbLohn ist der stpfl Lohn, der dem ArbN regelmäßig zufließt, zB Monatsgehalt, Wochen- oder Tageslohn, Überstundenvergütung, lfd gezahlte Zulagen oder Zuschläge, geldwerte Vorteile aus regelmäßigen Sachbezügen. Er kann der Höhe nach schwanken. Nachzahlungen und Vorauszahlungen gehören ebenfalls zum lfd ArbLohn, wenn sie sich ausschließl auf Lohnzahlungszeiträume des lfd Kj beziehen. Sie sind für den LStAbzug den Lohnzahlungszeiträumen hinzuzurechnen, zu denen sie gehören (s hierzu das Beispiel in LStH 39b.5). Neben der Höhe des stpfl lfd ArbLohns hat der ArbG den Lohnzahlungszeitraum (→ § 38a Rn. 3) festzustellen.

3 **a) Berechnung des Lohnsteuerabzugs, § 39b II 1–11.** Der stpfl ArbLohn ist ggf zu kürzen um einen anteiligen Versorgungsfreibetrag (§ 19 II EStG; LStR 39b.3) und einen anteiligen Altersentlastungsbetrag (§ 24a EStG; LStR 39b.4). Nach Abzug der vorstehenden Freibeträge ist noch ein als LSt-Abzugsmerkmal mitgeteilter Freibetrag (§ 39a) abzuziehen und ein Hinzurechnungsbetrag (§ 39a I 1 Nr 7) hinzuzurechnen. Der so hochgerechnete ArbLohn ist zu vermindern um die Pauschbeträge des § 9a und den Zuschlag zum Versorgungsfreibetrag (§ 19 II), den SA-Pauschbetrag (§ 10c), den Entlastungsbetrag für Alleinerziehende für ein Kind in StKlasse II (§ 24b II 1) sowie eine **Vorsorgepauschale in sämtl StKlassen** (§ 39b II 5 Nr 3; *Seifert* DStZ 14, 837 (842) zur Änderung von § 39b II 5 Nr 3b durch das KroatAnpG). Die Vorsorgepauschale ist nur beim LStAbzug zu berücksichtigen. Über diese Pauschale hinaus sind beim LStAbzug keine weiteren Vorsorgeaufwendungen zu berücksichtigen (*BMF* BStBl I 25, 1628, Rn. 2; zur Anwendung der Vorsorgepauschale gem § 39b II 5 und zur rückwirkenden Korrektur der PV-Beiträge für 2023–2025 s *BMF* BStBl I 25, 2012). Die Mindestvorsorgepauschale (§ 39b II 5 Nr 3 Teilsatz 3 aF) ist **ab 2026** nicht mehr zu berücksichtigen, da die Beiträge für eine private KV und eine private PV nunmehr nach den tatsächl Gegebenheiten sowie ggf die Arbeitnehmerbeiträge zur ArbeitslosenVers in pauschalierter Weise über die entsprechenden Teilbeträge der Vorsorgepauschale berücksichtigt werden (*BMF* BStBl I 25, 1628, Rn. 25). Höhere Aufwendungen und auch die Günstigerprüfung können iRd ESt-Veranlagung geltend gemacht werden. Zur Bildung eines LSt-Abzugsmerkmals für Beiträge zu einer privaten KV und PflV → § 39 Rn. 5. Zur Untergliederung der Vorsorgepauschale in Teilbeträge für RV, gesetzl KV, soziale PflV; Berücksichtigung der tätsächl Beiträge für die private BasisKV und PflV s ausführl *BMF* BStBl I 25, 1628 mit zahlreichen Beispielen). Für den so ermittelten stpfl ArbLohn ist unter Beachtung der persönl LSt-Abzugsmerkmale die LSt zu ermitteln. – Zum LStAbzug bei Zahlung lfd ArbLohns nach **Beendigung des DienstVerh** s *BMF* BStBl I 25, 64 Rn. 60.

4 **b) Permanenter Lohnsteuerjahresausgleich, § 39b II 12–16.** Im Hinblick auf die **maschinelle Lohnabrechnung** lässt § 39b II 12 den sog permanenten LStJA zu (iEinz s LStR 39b.8). Dabei wird bei jedem Lohnzahlungszeitraum für den einzelnen ArbN der bisherige ArbLohn auf einen voraussichtl Jahresarbeitslohn hochgerechnet und die darauf entfallende LSt ermittelt. Diese LSt wird sodann auf die bisherigen

Lohnzahlungszeiträume umgerechnet. Auf die sich ergebende zeitanteilige JahresLSt wird die bisher einbehaltene LSt angerechnet. Der verbleibende Betrag ist die für den Lohnzahlungszeitraum einzubehaltende LSt. Durch dieses in LStR 39b.8 erläuterte und bei jeder LStKlasse anwendbare Verfahren werden bei schwankendem ArbLohn LStÜberzahlungen vermieden, die sonst erst bei der Veranlagung erstattet werden können. Durch § 39b II 13–16 idF StUmgBG (BGBl I 17, 1682) wird ab VZ 2018 die gesetzl Grundlage geschaffen, den permanenten LStJA auch für kurzfristige ArbVerh mit StKlasse VI zu ermöglichen (s LStR 39b.8 II).

3. Lohnsteuerabzug von sonstigen Bezügen, § 39b III. Stpfl ArbLohn, der nicht als lfd ArbLohn gezahlt wird, ist ein sonstiger Bezug (dazu LStR 39b.2 II). Hierzu zählen einmalige neben dem laufenden ArbLohn zugewendete Bezüge, wie zB 13. und 14. Monatsgehälter, einmalige Abfindungen und Entschädigungen, nicht fortlaufend gezahlte Tantiemen und Gratifikationen, Jubiläumszuwendungen, Urlaubs- und Weihnachtszuwendungen, unregelmäßig gezahlte Erfindervergütungen, Nachzahlungen und Vorauszahlungen, die ganz oder teilweise auf Lohnzahlungszeiträume anderer Kj entfallen. Die Unterscheidung zwischen lfd ArbLohn und sonstigem Bezug ist bedeutsam im Hinblick auf den **Zuflusszeitpunkt** (→ § 38a Rn. 2; wird zB das 13. Gehalt mit dem Dezemberlohn im Januar ausgezahlt, so ist es dem neuen Kj, der Dezemberlohn dagegen dem alten Kj zuzurechnen), im Hinblick auf **§ 40 I Nr 1** und im Hinblick auf die **Art des LStAbzugs.** 5

a) Berechnung des Lohnsteuerabzugs. Der LStAbzug von sonstigen Bezügen ist anders geregelt als der LStAbzug vom lfd ArbLohn. Zunächst muss der ArbG den voraussichtl Jahresarbeitslohn ohne den sonstigen Bezug feststellen (zur Ermittlung des voraussichtl ArbLohns s LStR 39b.6 II; FG Mster EFG 85, 561; *Niermann* DB 04, 2118 (2123)). Bei Ausscheiden aus dem ArbVerh kann der ArbG eine Arbeitslosigkeit des ArbN beachten. Zur Ermittlung des lfd stpfl ArbLohns bei Bonuszahlungen im Jahr des Zusammentreffens der unbeschr und beschr StPfl s BFH I R 33/08, BStBl II 10, 150. Der voraussichtl Jahresarbeitslohn ist um den Versorgungsfreibetrag (§ 19 II) und den Altersentlastungsbetrag (§ 24a), wenn die Voraussetzungen für den Abzug dieser Beträge erfüllt sind, sowie um einen als LSt-Abzugsmerkmal mitgeteilten Jahresfreibetrag zu vermindern und um einen Hinzurechnungsbetrag zu erhöhen. Für diesen maßgebenden Jahresarbeitslohn ist die LSt zu ermitteln. Anschließend ist die LSt für den maßgebenden Jahresarbeitslohn unter Einbeziehung des sonstigen Bezugs nach § 39b III 5–8 zu ermitteln. Der Unterschiedsbetrag zwischen den so ermittelten LSt-Beträgen ist die LSt, die vom sonstigen Bezug einzubehalten ist. 6

b) Entlohnung für mehrere Jahre. Stellt ein sonstiger Bezug eine Entlohnung für mehrere Jahre dar, wurde die durch diese geballte Lohnzahlung auftretende Tarifprogression bis VZ 2024 durch die Fünftelungsregelung nach § 39b III 9, 10 gemildert. Nach dem **WachstChG** (BGBl I 24 Nr 108) ist **ab VZ 2025** die Fünftelregelung im LStAbzugsverfahren nicht mehr anzuwenden. Beschr und unbeschr StPfl (→ § 50 Rn. 36) können die Tarifermäßigung dann nur noch im Veranlagungsverfahren geltend machen. 7

c) Ausscheiden aus dem Dienstverhältnis. Zur Behandlung sonstiger Bezüge, die nach Ausscheiden aus dem DienstVerh gezahlt werden (§ 39b III 2), s LStR 39b.6 III; *BMF* BStBl I 25, 64 Rn. 61; *Schramm/Harder-Buschner* NWB 13, 348 (358); *Plenker* DB 14, 1103 (1107)). 8

4. Wiederaufrollung abgelaufener Lohnzahlungszeiträume. In den Fällen der §§ 39c I, II, 41c I kann es zu einer Neuberechnung der LSt für abgelaufene Lohnzahlungszeiträume kommen. Das Gleiche gilt, wenn Nachzahlungen von ArbLohn als laufender ArbLohn zu behandeln sind. Eine Neuberechnung eines abgelaufenen Lohnzahlungszeitraums kann auch dann erfolgen, wenn der **ArbN irrtüml zu hohen Lohn bezogen** hat und diesen Lohn im gleichen Kj an seinen ArbG, bei dem 10 er noch beschäftigt ist, zurückzahlt. Hier kann der Ausgleich aber auch dadurch vorgenommen werden, dass der ArbG im späteren Lohnzahlungszeitraum die Überzahlung (brutto) vom ArbLohn absetzt und den so gekürzten ArbLohn dem Steuerabzug unterwirft (**aA** *KKM* § 39b Rn. B 26: Erstattungsanspruch). Kommt es **nach Ablauf des Kj zur Rückzahlung,** scheidet eine Wiederaufrollung der Lohnzahlungszeiträume des Vorjahres aus (BFH VI R 2/05, BStBl II 07, 315). Hier kann der Rückzahlungsbetrag (brutto) vom laufenden ArbLohn abgesetzt und der LStAbzug vom so verminderten ArbLohn vorgenommen werden. Steht der **ArbN im Zeitpunkt der Rückzahlung in einem anderen DienstVerh,** kann die Rückzahlung nur bei der Veranlagung oder schon durch Ansatz eines Freibetrages („negative Einnahmen") als LSt-Abzugsmerkmal berücksichtigt werden (auch → § 9 Rn. 108; → § 39a Rn. 3).

12 **5. Nettolohnvereinbarung.** Diese ist im EStG nicht geregelt (umfassend zu strechtl Fragen iZm Nettolohnvereinbarungen, insb zu EStErstattungen nach Wegfall einer unbeschr StPfl, s *OFD NRW* 15.8.18 BeckVerw 439048). – **a) Inhalt.** Der Unterschied zwischen **Brutto- und Nettolohnabrede** liegt ausschließl in der Art der Ermittlung des stpfl ArbLohns (*KKM* § 39b Rn. B 4). – Grds schuldet der ArbG eine Bruttolohnvergütung. Die gesetzl Abgaben wie LSt, KiSt, ArbN-Anteile zur Kranken-, Renten- und Arbeitslosenversicherung hat der ArbN selbst zu tragen. Abw hiervon kann vereinbart werden, dass das Arbeitsentgelt als Nettolohn gezahlt wird, der ArbN also den als Nettolohn vereinbarten Betrag ungekürzt durch sämtl oder bestimmte gesetzl Abgaben erhält, während sich der ArbG verpflichtet, diese Beträge für den ArbN zu tragen (BFH VI B 144/12, BFH/NV 14, 181; BAG 5 AZR 616/08, BeckRS 2010, 71478). Die vom ArbG übernommenen Abgaben stellen ArbLohn dar. Es wird also ein bestimmter Bruttobetrag mit der Abrede vereinbart, dass dieser so zu bemessen ist, dass dem ArbN der im Voraus festgelegte Nettobetrag verbleibt **(abgeleitete Nettolohnvereinbarung).** Bei der **originären Nettolohnvereinbarung** wird der ausgezahlte Lohn als konstante Größe geschuldet, ohne dass ein Bruttolohn Geschäftsgrundlage der Vereinbarung ist (*Kaiser/Sigrist* DB 94, 178, mwN). Strechtl sind beide Arten gleich zu behandeln. Dieser so vereinbarte bzw heraufgerechnete Bruttolohn bildet das arbeitsvertragl vereinbarte Entgelt (BAG 5 AZR 616/08, BeckRS 2010, 71478) und ist damit auch die Grundlage für den LStAbzug (BFH VI R 29/06, BStBl II 10, 148). Zur **Hochrechnung des Nettolohns** auf den für den LStAbzug maßgebl Bruttobetrag beim lfd ArbLohn und bei sonstigen Bezügen s LStR 39b.9; *Plenker* DB 14, 1103 (1107).

13 **b) Nachweis; Rechtsfolgen.** Beruft sich der ArbN auf eine Nettolohnvereinbarung, hat er sie einwandfrei nachzuweisen (BFH VI R 146/87, BStBl II 92, 733; BFH VI B 144/12, BFH/NV 14, 181); denn bei der Nettolohnvereinbarung kommt es regelmäßig dazu, dass die LStBeträge *unabhängig von der Abführung durch den ArbG* bei der Jahressteuerfestsetzung des ArbN angerechnet werden (s dazu weiter unten und → § 42d Rn. 21). Dies ist die Hauptrechtsfolge der Nettolohnvereinbarung (ausführl BFH VI R 122/89, BStBl II 92, 441), die aber ohne Mitteilung der Daten nach § 39c I 1 für den Abruf der LSt-Abzugsmerkmale nicht eintritt (s BFH VI B 46/07, BFH/NV 07, 2109, noch zur Vorlage der LStKarte). Erklärt sich ein ausl, nicht zum LStAbzug verpflichteter ArbG ggü einem unbeschr estpfl ArbN bereit, die auf den Lohn entfallende Steuer zu tragen, liegt darin keine Nettolohnvereinbarung. Allein die Zusage des ArbG rechtfertigt auch bei der Veranlagung des ArbN nicht eine Hochrechnung auf einen Bruttolohn (BFH VI R 122/89, BStBl II 92, 441). Die Nettolohnvereinbarung führt dazu, dass im wirtschaftl Ergebnis ESt auf ESt zu entrichten ist (BFH VI R 1/14, BStBl II 16, 31; BFH VI R 26/21, BStBl II 24, 574 zur Abtretung des KiGeld an den ArbG iRe Nettolohnvereinbarung). Sie ist zu unterscheiden von der **Übernahme der LSt bei einer Pauschalbesteuerung** (BFH VI R 270/69, BStBl II 73, 128). Bei einer fehlgeschlagenen Pauschalierung nach § 40 II oder § 40a kann keine Nettolohnvereinbarung unterstellt werden (zB BFH VI R 48/94, BStBl II 97, 331); ebenso nicht im Fall späterer Über-

nahme von LSt durch den ArbG (FG BW EFG 90, 620). **Streitigkeiten zw ArbN und ArbG** aus einer Nettolohnvereinbarung sind vor den Arbeitsgerichten auszutragen, wenn es um die Zahlung zusätzl Nettolöhne geht (BFH VI R 57/04, BStBl II 08, 434, mwN; *Bergkemper* FR 08, 724, mwN; auch → § 41b Rn. 1). Durch die Nettolohnvereinbarung wird das Schuldverhältnis zw StGläubiger und StSchuldner nicht berührt (*Giloy* DStJG 9, 215); der ArbN bleibt **Steuerschuldner.** Ihm stehen etwaige **Erstattungsansprüche** zu (BFH IV R 168/68, BStBl II 72, 816; *KKM* § 39b Rn. B 11). Der Nettolohn ist in die Jahressteuerfestsetzung des ArbN einzubeziehen (Progressionswirkung; Vorteil bei hohen anderweitigen negativen Einkünften); dabei ist der Nettolohn um die vom ArbG übernommenen und einbehaltenen Abzüge zu erhöhen (BFH VI R 123/78, BStBl II 82, 403, mwN; s auch BFH I R 102/99, BStBl II 01, 195), und zwar auch dann, wenn der ArbG die Lohnabzüge nicht abgeführt hatte (BFH VI R 4/84, BFH/NV 88, 566; s auch BFH VI R 137/82, BStBl II 85, 660). Kann der ArbN für die nichtabgeführten LSt nicht in Anspruch genommen werden (→ § 42d Rn. 20), sind die einbehaltenen LSt im Abrechnungsverfahren dennoch zu seinen Gunsten als abgeführt anzusetzen (BFH VI R 238/80, BStBl II 86, 186).

c) Abtretung von Erstattungsansprüchen an den ArbG. Hat der ArbN solche Ansprüche an den ArbG abgetreten, wird dadurch der anzusetzende Lohn nicht beeinflusst (BFH VI R 13/77, BStBl II 79, 771). Wird der Erstattungsbetrag in einem späteren Jahr an den ArbG erstattet, kann dies nicht rückwirkend bei der Veranlagung des Jahres des LStAbzugs steuermindernd berücksichtigt werden. Im Jahr der Erstattung ist der Erstattungsbetrag aber als negative Einnahme (oder WK, → § 9 Rn. 108) vom Bruttolohn abzusetzen (BFH VI R 29/06, BStBl II 10, 148; *Geserich* HFR 09, 1205; gegen BFH *Paus* DStZ 10, 50). Dies gilt auch für als StVergütung (§ 31 S 3) gezahltes KiGeld, das der ArbN iRd Nettolohnvereinbarung an den ArbG abgetreten hat (BFH VI R 26/21, BStBl II 24, 574). Eine ESt-Nachzahlung ist auf den Bruttolohn hochzurechnen; denn die Übernahme der privaten ESt-Schuld des ArbN durch den ArbG führt iHd nachgezahlten ESt zur ArbLohn, der wie jede andere Lohnzahlung auch der LSt zu unterwerfen ist (BFH VI R 1/14, BStBl II 16, 31). Zur Frage der Erstattung von SV-Leistungen bei ausl ArbN s *OFD NRW* BeckVerw 439048 Nr 10 und FG Ddorf EFG 98, 1678; zur Anwendung des § 10d in vorstehenden Erstattungsfällen s *OFD NRW* BeckVerw 439048. Lässt der ArbG, dem der Erstattungsanspruch abgetreten ist, die EStErklärung des ArbN erstellen, sind die von ihm dafür getragenen StB-Kosten im überwiegend eigenen Interesse aufgewandt und führen **nicht** zum Lohn des ArbN (BFH VI R 28/17, DStR 19, 1742). 14

d) Verabredung von „Schwarzlohnzahlungen". Sie ist keine Nettolohnvereinbarung (*KKM* § 39b Rn. B 8); die Beteiligten gehen davon aus, dass sie keine Steuern zahlen, so dass eine Übernahmeentscheidung des ArbG nicht vorliegt. Daher ist der Lohn im Zeitpunkt der Lohnzahlung noch nicht um LSt und Gesamtsozialversicherung zu erhöhen; auch die LSt auf die Gesamtsozialversicherung entsteht erst im Zeitpunkt der Inanspruchnahme des ArbG durch die AOK (ausführl BFH VI R 54/03, BStBl II 08, 58). Die Nettolohnfiktion des § 14 II 2 SGB IV gilt im LStR nicht (dazu auch *Geserich* NWB 09, 3649; s aber BGH 1 StR 416/08, BStBl II 09, 934). Zu beachten ist in diesem Zusammenhang, dass der wirtschaftl Vorteil, der in der Nichteinbehaltung von LSt liegt, dem ArbN *nicht im Zeitpunkt der Lohnzahlung* zufließt. Denn ebenso wie der ArbG nur für den nicht einbehaltenen LStBetrag haftet, kann der ArbN nur für diesen, auf den zugeflossenen Bruttolohn enthaltenen LStBetrag in Anspruch genommen werden (so zutr FG Hmb EFG 92, 689 (691)). 15

e) Hochrechnung von Lohnsteuer auf Lohnsteuer nicht in Regressfällen. 16 Außer im Fall der Nettolohnvereinbarung kommt eine Hochrechnung von LSt auf LSt nicht in Betracht; auch nicht bei der Veranlagung des ArbN (BFH VI R 12/96, BFH/NV 97, 656). Auch wenn der ArbG nach einer LStAußenprüfung erklärt, seine

ArbN nicht für die LSt in Regress zu nehmen, ist die Höhe der Haftungsschuld nicht nach einem höheren NettoStSatz zu berechnen. Das Gleiche gilt, wenn aus anderen Gründen feststeht, dass ein Ausgleichsanspruch nach der LStAbführung nicht geltend gemacht wird. Denn ein Lohnzufluss in Gestalt der vom ArbG getragenen LSt kann erst angenommen werden, wenn der ArbG die LSt, für die er haftet, auch gezahlt hat, weil erst diese Zahlung das Erlöschen der StSchuld des ArbN und das Entstehen eines Ausgleichsanspruchs des ArbG bewirkt. Erst im Verzicht auf diesen Ausgleichsanspruch kann ein erneuter Lohnzufluss liegen (ausführl BFH VI R 26/92, BStBl II 94, 197; *Anm* HFR 94, 228); dazu ist aber nicht etwa ein Erlassvertrag erforderl (BFH VI B 41/06, BFH/NV 07, 1122). Das FA wird daher nach der Zahlung der Haftungsschuld prüfen müssen, ob es einen weiteren Haftungsbescheid erlässt, weil der ArbG – wie bereits bei der LStAußenprüfung angekündigt – auf Rückbelastung der ArbN verzichtet hat (*OFD Cott* FR 96, 606). Verwehren tarifvertragl Ausschlussklauseln den Rückgriff, ist zweifelhaft, ob im unterlassenen Regress ein Lohnzufluss gesehen werden kann (*MIT* DStR 94, 172; aber → § 42d Rn. 82).

17 **f) Anrechnung der Lohnsteuer.** Die Frage der Anrechnung der vom ArbG einzubehaltenden LSt berührt die Rechtmäßigkeit der Steuerfestsetzung (Veranlagung) nicht. Über die Anrechnung ist durch Abrechnungsbescheid (§ 218 II AO) und nicht im Anfechtungsverfahren gegen die Steuerfestsetzung zu entscheiden (BFH VI R 123/78, BStBl II 82, 403; *Anm* HFR 82, 306). Behauptet ein ArbN im Veranlagungsverfahren aber eine Nettolohnvereinbarung und begehrt er die Anrechnung der LSt, kann dies nur im Verfahren gegen den StBescheid durch gleichzeitiges Begehren auf Ansatz des um die LSt heraufgerechneten Lohns verfolgt werden (BFH VI R 238/80, BStBl II 86, 186; BFH VI R 4/84, BFH/NV 88, 566). Daher sind auch bei der Änderung eines StBescheides wegen einer nachträgl behaupteten Nettolohnvereinbarung die anzurechnenden Abzugsbeträge im Rahmen der §§ 172, 173 AO zu berücksichtigen (BFH VI R 90/86, BStBl II 90, 610).

22 **6. Lohnsteuerberechnung bei Abschlagszahlungen, § 39b V. – a) Abschlagszahlungen.** S LStR 39b.5 V. Nach § 38 III 1 hat der ArbG die LSt bei jeder Lohnzahlung einzubehalten. Aus Vereinfachungsgründen wird dem ArbG, der mit kurzen Lohnzahlungszeiträumen (Tag, Woche) arbeitet, die Lohnabrechnung aber für einen längeren Zeitraum vornimmt und daher seinen ArbN jeweils Abschlagszahlungen leistet, gestattet, den Lohnabrechnungszeitraum als Lohnzahlungszeitraum zu behandeln und die LSt erst bei der Lohnabrechnung einzubehalten. Der Entstehungszeitpunkt der LSt (§ 38 II 2) wird hierdurch aber nicht berührt. Endet der verlängerte Lohnabrechnungszeitraum im folgenden Kj, ist der ArbLohn dem FolgeKj zuzuordnen (§ 38a I 2). Endet der verlängerte Lohnabrechnungszeitraum dagegen im abgelaufenen Kj, ist der ArbLohn dem abgelaufenen Kj zuzuordnen, wenn die Lohnabrechnung innerhalb von 3 Wochen nach Ablauf des Lohnabrechnungszeitraums vorgenommen wird. § 39b V gilt nicht, wenn der ArbG zB bei monatl Lohnzahlungszeitraum (1.–30.) am 20. einen Abschlag leistet, Anfang des Folgemonats den Rest ausbezahlt und für den Monat abrechnet. Denn hier wird nicht für einen längeren Zeitraum als den Lohnzahlungszeitraum abgerechnet; der ArbG hat hier also schon am 20. die entspr LSt einzubehalten. Die Lohnabrechnung ist erfolgt (§ 39b V 2), wenn die Zahlungsbelege den Bereich des ArbG verlassen haben. § 39b V gilt nicht für sonstige Bezüge.

23 **b) Vorschüsse.** Von den unter § 39b V fallenden Abschlagszahlungen sind **Vorschüsse,** also Zahlungen zu unterscheiden, auf die erst in der Zukunft ein Anspruch des ArbN entsteht. Auch hier entsteht die LSt im Zeitpunkt der Zahlung (§ 38 II 2). Bei kleineren, bald zu verrechnenden Vorschüssen wird es nicht beanstandet, wenn die LSt erst bei der Verrechnung des Vorschusses einbehalten und abgeführt wird. Werden größere Beträge als Vorschüsse gezahlt, ist die LSt bei der Zahlung einzubehalten. Nach **aA** werden Vorschüsse auf künftige Lohnzahlungszeiträume generell

nicht von § 39b V erfasst (*KKM* § 39b Rn. E 4). – Treffen ArbG und ArbN bezügl des Vorschusses eine **Darlehensvereinbarung** und werden in einem solchen Fall später Tilgungs- oder Zinsbeträge mit Arbeitslohn verrechnet, ist die LSt vom ungekürzten Arbeitslohn einzubehalten und abzuführen.

7. Programmablaufplan, § 39b VI. Das *BMF* gibt ab 2001 keine amtl LSt-Tabellen mehr heraus. Es ist aber ermächtigt (§ 51 IV Nr 1a), auf der Grundlage des § 32a und des § 39b einen Programmablauf für LSt-Tabellen zur Berechnung der LSt zu erstellen; Programmablaufpläne für die Erstellung von LSt-Tabellen für 2024 s *BMF* BStBl I 23, 1879, für 2025 *BMF* BStBl I 24, 1434 und *BMF* BStBl I 25, 313. Die Programmablaufpläne dürfen von den Regelungen des § 39b II, III abweichen, wenn die maschinelle Berechnung der LSt dem Ergebnis einer ESt-Veranlagung näher kommt. 24

8. Arbeitslohn nach Doppelbesteuerungsabkommen. Bei stpfl und stfrei ArbLohn (nach DBA und nach dem Auslandstätigkeitserlass *BMF* BStBl I 22, 997 – Tätigkeit für einen EU-/EWR-ArbG) ist der jeweilige Lohn nach der entspr Zahl der Arbeitstage zu ermitteln (iEinz *BMF* BStBl I 23, 2179; *BMF* BStBl I 24, 1308). – Durch das **BeitrRLUmsG** (BGBl I 11, 2592) wurde der bisherige Abs 6 (= Abs 7 aF) aufgehoben und durch die Regelung in § 39 IV Nr 5 ersetzt (→ § 39 Rn 5). 25

§ 39c Einbehaltung der Lohnsteuer ohne Lohnsteuerabzugsmerkmale

(1) [1]**Solange der Arbeitnehmer dem Arbeitgeber zum Zweck des Abrufs der elektronischen Lohnsteuerabzugsmerkmale (§ 39e Absatz 4 Satz 1) die ihm zugeteilte Identifikationsnummer sowie den Tag der Geburt schuldhaft nicht mitteilt oder das Bundeszentralamt für Steuern die Mitteilung elektronischer Lohnsteuerabzugsmerkmale ablehnt, hat der Arbeitgeber die Lohnsteuer nach Steuerklasse VI zu ermitteln.** [2]**Kann der Arbeitgeber die elektronischen Lohnsteuerabzugsmerkmale wegen technischer Störungen nicht abrufen oder hat der Arbeitnehmer die fehlende Mitteilung der ihm zuzuteilenden Identifikationsnummer nicht zu vertreten, hat der Arbeitgeber für die Lohnsteuerberechnung die voraussichtlichen Lohnsteuerabzugsmerkmale im Sinne des § 38b längstens für die Dauer von drei Kalendermonaten zu Grunde zu legen.** [3]**Hat nach Ablauf der drei Kalendermonate der Arbeitnehmer die Identifikationsnummer sowie den Tag der Geburt nicht mitgeteilt, ist rückwirkend Satz 1 anzuwenden.** [4]**Sobald dem Arbeitgeber in den Fällen des Satzes 2 die elektronischen Lohnsteuerabzugsmerkmale vorliegen, sind die Lohnsteuerermittlungen für die vorangegangenen Monate zu überprüfen und, falls erforderlich, zu ändern.** [5]**Die zu wenig oder zu viel einbehaltene Lohnsteuer ist jeweils bei der nächsten Lohnabrechnung auszugleichen.**

(2) [1]**Ist ein Antrag nach § 39 Absatz 3 Satz 1 oder § 39e Absatz 8 nicht gestellt, hat der Arbeitgeber die Lohnsteuer nach Steuerklasse VI zu ermitteln.** [2]**Legt der Arbeitnehmer binnen sechs Wochen nach Eintritt in das Dienstverhältnis oder nach Beginn des Kalenderjahres eine Bescheinigung für den Lohnsteuerabzug vor, ist Absatz 1 Satz 4 und 5 sinngemäß anzuwenden.**

(3) [1]**In den Fällen des § 38 Absatz 3a Satz 1 kann der Dritte die Lohnsteuer für einen sonstigen Bezug mit 20 Prozent unabhängig von den Lohnsteuerabzugsmerkmalen des Arbeitnehmers ermitteln, wenn der maßgebende Jahresarbeitslohn nach § 39b Absatz 3 zuzüglich des sonstigen Bezugs 10 000 Euro nicht übersteigt.** [2]**Bei der Feststellung des maßgebenden Jahresarbeitslohns sind nur die Lohnzahlungen des Dritten zu berücksichtigen.**

Lohnsteuer-Richtlinien: LStR 39c; LStH 39c.

1. Allgemeines. Die Vorschrift regelt die Einbehaltung der LSt, wenn dem ArbG keine ELStAM vorliegen. 1

2 **2. Lohnsteuerabzug nach Steuerklasse VI, § 39c I. – a) Fehlende Mitteilung der Identifikationsnummer.** Durch das Druckmittel des § 39c – Ermittlung der LSt nach der ungünstigen StKlasse VI – soll der ArbN zur Mitteilung der für den Abruf der ELStAM erforderl Daten angehalten werden. § 39c gilt für alle ArbN, bei denen nicht auf den Abruf von ELStAM oder die Vorlage einer Bescheinigung für den LStAbzug verzichtet werden kann (also nicht für Teilzeitbeschäftigte bei LSt-Pauschalierung, s § 40a). Ohne Mitteilung der IdNr und des Geburtstags des ArbN kann der ArbG die ELStAM nicht abrufen, sodass ein zutr LStAbzug nicht gewährleistet ist. Gleiches gilt, wenn das BZSt die Mitteilung der ELStAM ablehnt, weil zB der ArbN die Übermittlung für den ArbG gesperrt hat (§ 39e VI 6 Nr 1) oder der ArbN beantragt hat, für ihn keine LSt-Abzugsmerkmale (mehr) zu bilden (§ 39e VI 6 Nr 2). Bei der Veranlagung sind die tatsächl Verhältnisse des ArbN zugrunde zu legen; § 39c hat daher nur Auswirkungen auf den LStAbzug des laufenden Kj. Nach Ablauf des Kj kann der ArbG aus der Nichtbeachtung des § 39c zwar im Wege der Haftung in Anspruch genommen werden (BFH VI R 102/98, BStBl II 03, 151; BFH VI B 99/08, BFH/NV 09, 1809; FG Bln-Bbg DStRE 18, 646; NdsFG DStRE 25, 1476, rkr). Der ArbG kann aber ggü dem Haftungsbescheid nachweisen, dass eine StVerkürzung nicht eingetreten ist; denn es gilt der Grundsatz der Akzessorietät der Haftung ggü der StSchuld des ArbN (→ § 42d Rn. 1; FG Bln-Bbg DStRE 18, 646, rkr). Ob für einen solchen Nachweis eine ESt-Berechnung ausreichend ist (so wohl: *HHR/Bleschick* § 42d Rn. 20), sich aus dem Arbeitsvertrag ergibt, dass nur die tatsächl abgeführte LSt geschuldet war (so FG Bln-Bbg DStRE 18, 646, rkr;) oder ob ein ESt-Bescheid vorgelegt werden muss (so NdsFG EFG 25, 1322, Rev VI R 8/25, NdsFG DStRE 25, 1476; *Kreft* DB 25, 2536), hängt davon ab, wie weit der Grundsatz der Akzessorietät reicht (→ § 42d Rn. 1). Während des lfd Kj kann das FA den ArbG indes ohne Weiteres iHd aus der Nichtbeachtung des § 39c zu niedrig einbehaltenen Steuer in Anspruch nehmen.

3 **b) Verschulden des Arbeitnehmers.** Voraussetzung für die Besteuerung nach Abs 1 ist, dass den ArbN am Fehlen der LSt-Abzugsmerkmale ein Verschulden trifft (Vorsatz oder Fahrlässigkeit). Gründe für ein unverschuldetes Fehlen der LSt-Abzugsmerkmale können zB technische Schwierigkeiten bei Anforderung und Abruf, Bereitstellung oder Übermittlung der ELStAM oder eine verzögerte Ausstellung der Papierbescheinigung für den LStAbzug durch das FA sein. Kann der ArbG die LSt-Abzugsmerkmale wegen technischer Störungen nicht abrufen oder kann der ArbN seine IdNr schuldlos nicht angeben, weil ihm zB noch keine zugeteilt wurde oder es zu vom ArbN nicht zu vertretenden Verzögerungen bei der Vergabe kam, ist der betroffene ArbN zunächst nicht nach StKlasse VI, sondern nach den voraussichtl LSt-Abzugsmerkmalen zu besteuern (*BMF* BStBl I 25, 64 Rn. 88). Die *FinVerw* legt den Begriff der technischen Störung zugunsten der StPfl weit aus. Eine solche soll auch vorliegen, wenn dem ArbG ohne sein Zutun unzutreffende ELStAM bereitgestellt werden (*BMF* BStBl I 25, 64 Rn. 90–92). Die Ausnahme ist allerdings auf drei Monate beschränkt. Nach Ablauf der Frist ist der LStAbzug rückwirkend nach StKlasse VI vorzunehmen und die LSt für die ersten drei Monate zu korrigieren, wenn auch bis dahin die LStAbzugsmerkmale für den ArbG nicht verfügbar sind (s BT-Drs 17/6263, 54; *BMF* BStBl I 25, 64 Rn. 95; NdsFG DStRE 25, 1476, rkr; *Kreft* DB 25, 2536). Dem ArbG ist zu raten, Unterlagen zum Lohnkonto zu nehmen, aus denen sich ergibt, dass der ArbN das Fehlen der LSt-Abzugsmerkmale nicht zu vertreten hatte. Stehen die LSt-Abzugsmerkmale nach erfolgtem LStAbzug gem § 39c I 2 später doch noch zur Verfügung, ist eine Korrektur der Lohnabrechnungen für bis zu drei zurückliegende Monate vorgesehen (*Paintner* DStR 11, 105 (110)). IÜ kann die erhöht einbehaltene LSt gem § 41c ausgeglichen werden.

4 **3. Arbeitnehmer ohne Identifikationsnummer, § 39c II.** Die Vorschrift betrifft Fälle, in denen ein ArbN ohne IdNr dem ArbG die vom Betriebsstätten-FA des ArbG auszustellende Bescheinigung für den LStAbzug schuldhaft nicht vorlegt (un-

terlassener Antrag nach § 39 III 1 oder § 39e VIII). Da der ArbG ohne die Bescheinigung den LStAbzug nicht korrekt vornehmen kann, hat er den LStAbzug nach StKlasse VI durchzuführen. Die Vorschriften über die Korrektur des LStAbzugs in § 39c I 4 und 5 gelten sinngemäß, wenn der ArbN die Bescheinigung später noch vorlegt.

4. Lohnsteuerabzug durch Dritte, § 39c III. Es handelt sich um eine Folgeänderung zu § 38 IIIa 1 (→ § 38 Rn. 16). Die Vorschrift soll den zum LStAbzug **verpflichteten Dritten** (zB Lohnausgleichskasse der Bauwirtschaft – ULAG) den LStAbzug erleichtern. Wenn der von dem Dritten an den einzelnen ArbN gezahlte Jahreslohn nicht mehr als 10 000 € beträgt, kann die LSt für den sonstigen Bezug mit einem festen StSatz von 20% unabhängig von den LSt-Abzugsmerkmalen erhoben werden (LStR 39c). Diese pauschale St ist keine PauschalSt iSd §§ 40 ff; der ArbN bleibt StSchuldner der PauschalSt; der ArbLohn ist bei der Veranlagung zu erfassen und die PauschalSt auf die EStSchuld anzurechnen (Pflichtveranlagung, § 46 II Nr 5). 5

§ 39d *(aufgehoben)*

§ 39e Verfahren zur Bildung und Anwendung der elektronischen Lohnsteuerabzugsmerkmale

(1) [1]**Das Bundeszentralamt für Steuern bildet für jeden Arbeitnehmer grundsätzlich automatisiert die Steuerklasse und für die bei den Steuerklassen I bis IV zu berücksichtigenden Kinder die Zahl der Kinderfreibeträge nach § 38b Absatz 2 Satz 1 als Lohnsteuerabzugsmerkmale (§ 39 Absatz 4 Satz 1 Nummer 1 und 2); für Änderungen gilt § 39 Absatz 2 entsprechend.** [2]**Soweit das Finanzamt Lohnsteuerabzugsmerkmale nach § 39 bildet, teilt es sie dem Bundeszentralamt für Steuern zum Zweck der Bereitstellung für den automatisierten Abruf durch den Arbeitgeber mit.** [3]**Lohnsteuerabzugsmerkmale sind frühestens bereitzustellen mit Wirkung von Beginn des Kalenderjahres an, für das sie anzuwenden sind, jedoch nicht für einen Zeitpunkt vor Beginn des Dienstverhältnisses.**

(2) [1]**Das Bundeszentralamt für Steuern speichert zum Zweck der Bereitstellung automatisiert abrufbarer Lohnsteuerabzugsmerkmale für den Arbeitgeber die Lohnsteuerabzugsmerkmale unter Angabe der Identifikationsnummer sowie für jeden Steuerpflichtigen folgende Daten zu den in § 139b Absatz 3 der Abgabenordnung genannten Daten hinzu:**

1. **rechtliche Zugehörigkeit zu einer steuererhebenden Religionsgemeinschaft sowie Datum des Eintritts und Austritts,**
2. **melderechtlichen Familienstand sowie den Tag der Begründung oder Auflösung des Familienstands und bei Verheirateten die Identifikationsnummer des Ehegatten,**
3. **Kinder mit ihrer Identifikationsnummer,**
4. **bei Verheirateten, ob und in welchem Zeitraum der Ehegatte im Inland nicht meldepflichtig ist oder die Ehegatten dauernd getrennt leben,**
5. **die Bildung einer geringeren Zahl der Kinderfreibeträge als Lohnsteuerabzugsmerkmal (§ 38b Absatz 3) bei einer Pflicht der Meldebehörden zur Mitteilung der in Nummer 3 genannten Daten,**
6. **Beträge nach §39a Absatz 1 Satz 1,**
7. **Grad der Behinderung sowie den Gültigkeitszeitraum,**
8. **ob und in welchem Zeitraum der Arbeitnehmer die Voraussetzungen des § 33b Absatz 4 (Hinterbliebenen-Pauschbetrag) erfüllt,**
9. **Datum, ab dem die elektronischen Lohnsteuerabzugsmerkmale dem Arbeitgeber zum Abruf bereitgestellt werden (Referenzdatum des Arbeitgebers).**

²Die nach Landesrecht für das Meldewesen zuständigen Behörden (Meldebehörden) haben dem Bundeszentralamt für Steuern unter Angabe der Identifikationsnummer und des Tages der Geburt die in Satz 1 Nummer 1 bis 3 bezeichneten Daten und deren Änderungen im Melderegister mitzuteilen. ³In den Fällen des Satzes 1 Nummer 3 besteht die Mitteilungspflicht nur, wenn das Kind mit Hauptwohnsitz oder alleinigem Wohnsitz im Zuständigkeitsbereich der Meldebehörde gemeldet ist und solange das Kind das 18. Lebensjahr noch nicht vollendet hat. ⁴Sofern die Identifikationsnummer noch nicht zugeteilt wurde, teilt die Meldebehörde die Daten unter Angabe des Vorläufigen Bearbeitungsmerkmals nach § 139b Absatz 6 Satz 2 der Abgabenordnung mit. ⁵Für die Datenübermittlung gelten die §§ 2 und 3 der Zweiten Bundesmeldedatenübermittlungsverordnung vom 1. Dezember 2014 (BGBl. I S. 1950) in der jeweils geltenden Fassung entsprechend. ⁶Das nach § 19 der Abgabenordnung zuständige Finanzamt hat dem Bundeszentralamt für Steuern unter Angabe der Identifikationsnummer des Steuerpflichtigen die in Satz 1 Nummer 4 bis 9 bezeichneten Daten und deren Änderungen automatisiert mitzuteilen und trägt die Verantwortung für die Rechtmäßigkeit der übermittelten Daten. ⁷Das in Satz 6 genannte Finanzamt kann die nach Satz 1 Nummer 4 bis 9 bezeichneten Daten automatisiert abrufen.

(3) ¹Das Bundeszentralamt für Steuern hält die Identifikationsnummer, den Tag der Geburt, Merkmale für den Kirchensteuerabzug und die Lohnsteuerabzugsmerkmale des Arbeitnehmers nach § 39 Absatz 4 zum unentgeltlichen automatisierten Abruf durch den Arbeitgeber nach amtlich vorgeschriebenem Datensatz bereit (elektronische Lohnsteuerabzugsmerkmale). ²Bezieht ein Arbeitnehmer nebeneinander von mehreren Arbeitgebern Arbeitslohn, sind für jedes weitere Dienstverhältnis elektronische Lohnsteuerabzugsmerkmale zu bilden. ³Bei Eheschließung wird für jeden Ehegatten automatisiert die Steuerklasse IV gebildet, wenn zum Zeitpunkt der Eheschließung die Voraussetzungen des § 38b Absatz 1 Satz 2 Nummer 4 vorliegen. ⁴Das Bundeszentralamt für Steuern führt die elektronischen Lohnsteuerabzugsmerkmale des Arbeitnehmers zum Zweck ihrer Bereitstellung nach Satz 1 mit der Wirtschafts-Identifikationsnummer (§ 139c der Abgabenordnung) des Arbeitgebers zusammen.

(4) ¹Der Arbeitnehmer hat jedem seiner Arbeitgeber bei Eintritt in das Dienstverhältnis zum Zweck des Abrufs der Lohnsteuerabzugsmerkmale mitzuteilen,

1. wie die Identifikationsnummer sowie der Tag der Geburt lauten,
2. ob es sich um das erste oder ein weiteres Dienstverhältnis handelt (§ 38b Absatz 1 Satz 2 Nummer 6) und
3. ob und in welcher Höhe ein nach § 39a Absatz 1 Satz 1 Nummer 7 festgestellter Freibetrag abgerufen werden soll.

²Der Arbeitgeber hat bei Beginn des Dienstverhältnisses die elektronischen Lohnsteuerabzugsmerkmale für den Arbeitnehmer beim Bundeszentralamt für Steuern durch Datenfernübertragung abzurufen und sie in das Lohnkonto für den Arbeitnehmer zu übernehmen. ³Für den Abruf der elektronischen Lohnsteuerabzugsmerkmale hat sich der Arbeitgeber zu authentifizieren und seine Wirtschafts-Identifikationsnummer, die Daten des Arbeitnehmers nach Satz 1 Nummer 1 und 2, den Tag des Beginns des Dienstverhältnisses und etwaige Angaben nach Satz 1 Nummer 3 mitzuteilen. ⁴Zur Plausibilitätsprüfung der Identifikationsnummer hält das Bundeszentralamt für Steuern für den Arbeitgeber entsprechende Regeln bereit. ⁵Der Arbeitgeber hat den Tag der Beendigung des Dienstverhältnisses unverzüglich dem Bundeszentralamt für Steuern durch Datenfernübertragung mitzuteilen. ⁶Beauftragt der Arbeitgeber einen Dritten mit der Durchführung des Lohnsteuerabzugs, hat sich der Dritte für den Datenabruf zu authentifizieren und zusätzlich seine Wirtschafts-Identifikationsnummer mitzuteilen. ⁷Für die Verarbeitung der elektronischen Lohnsteuerabzugsmerkmale gilt § 39 Absatz 8 entsprechend.

(5) [1]**Die abgerufenen elektronischen Lohnsteuerabzugsmerkmale sind vom Arbeitgeber für die Durchführung des Lohnsteuerabzugs des Arbeitnehmers anzuwenden, bis**

1. ihm das Bundeszentralamt für Steuern geänderte elektronische Lohnsteuerabzugsmerkmale zum Abruf bereitstellt oder

2. der Arbeitgeber dem Bundeszentralamt für Steuern die Beendigung des Dienstverhältnisses mitteilt.

[2]**Sie sind in der üblichen Lohnabrechnung anzugeben.** [3]**Der Arbeitgeber ist verpflichtet, die vom Bundeszentralamt für Steuern bereitgestellten Mitteilungen und elektronischen Lohnsteuerabzugsmerkmale monatlich anzufragen und abzurufen.** [4]**Kommt der Arbeitgeber seinen Verpflichtungen nach den Sätzen 1 und 3 sowie nach Absatz 4 Satz 2, 3 und 5 nicht nach, ist das Betriebsstättenfinanzamt für die Aufforderung zum Abruf und zur Anwendung der Lohnsteuerabzugsmerkmale sowie zur Mitteilung der Beendigung des Dienstverhältnisses und für die Androhung und Festsetzung von Zwangsmitteln zuständig.**

(5a) [1]**Zahlt der Arbeitgeber, ein von diesem beauftragter Dritter in dessen Namen oder ein Dritter im Sinne des § 38 Absatz 3a verschiedenartige Bezüge als Arbeitslohn, kann der Arbeitgeber oder der Dritte die Lohnsteuer für den zweiten und jeden weiteren Bezug abweichend von Absatz 5 ohne Abruf weiterer elektronischer Lohnsteuerabzugsmerkmale nach der Steuerklasse VI einbehalten.** [2]**Verschiedenartige Bezüge liegen vor, wenn der Arbeitnehmer vom Arbeitgeber folgenden Arbeitslohn bezieht:**

1. neben dem Arbeitslohn für ein aktives Dienstverhältnis auch Versorgungsbezüge,

2. neben Versorgungsbezügen, Bezügen und Vorteilen aus seinem früheren Dienstverhältnis auch andere Versorgungsbezüge oder

3. neben Bezügen und Vorteilen während der Elternzeit oder vergleichbaren Unterbrechungszeiten des aktiven Dienstverhältnisses auch Arbeitslohn für ein weiteres befristetes aktives Dienstverhältnis.

[3]**§ 46 Absatz 2 Nummer 2 ist entsprechend anzuwenden.**

(6) [1]**Gegenüber dem Arbeitgeber gelten die Lohnsteuerabzugsmerkmale (§ 39 Absatz 4) mit dem Abruf der elektronischen Lohnsteuerabzugsmerkmale als bekannt gegeben.** [2]**Einer Rechtsbehelfsbelehrung bedarf es nicht.** [3]**Die Lohnsteuerabzugsmerkmale gelten gegenüber dem Arbeitnehmer als bekannt gegeben, sobald der Arbeitgeber dem Arbeitnehmer den Ausdruck der Lohnabrechnung mit den nach Absatz 5 Satz 2 darin ausgewiesenen elektronischen Lohnsteuerabzugsmerkmalen ausgehändigt oder elektronisch bereitgestellt hat.** [4]**Die elektronischen Lohnsteuerabzugsmerkmale sind dem Steuerpflichtigen auf Antrag vom zuständigen Finanzamt mitzuteilen oder elektronisch bereitzustellen.** [5]**Wird dem Arbeitnehmer bekannt, dass die elektronischen Lohnsteuerabzugsmerkmale zu seinen Gunsten von den nach § 39 zu bildenden Lohnsteuerabzugsmerkmalen abweichen, ist er verpflichtet, dies dem Finanzamt unverzüglich mitzuteilen.** [6]**Der Steuerpflichtige kann beim zuständigen Finanzamt**

1. den Arbeitgeber benennen, der zum Abruf von elektronischen Lohnsteuerabzugsmerkmalen berechtigt ist (Positivliste) oder nicht berechtigt ist (Negativliste). [2]**Hierfür hat der Arbeitgeber dem Arbeitnehmer seine Wirtschafts-Identifikationsnummer mitzuteilen.** [3]**Für die Verarbeitung der Wirtschafts-Identifikationsnummer gilt § 39 Absatz 8 entsprechend; oder**

2. die Bildung oder die Bereitstellung der elektronischen Lohnsteuerabzugsmerkmale allgemein sperren oder allgemein freischalten lassen.

[7]**Macht der Steuerpflichtige von seinem Recht nach Satz 6 Gebrauch, hat er die Positivliste, die Negativliste, die allgemeine Sperrung oder die allgemeine Freischaltung in einem bereitgestellten elektronischen Verfahren oder nach amtlich**

vorgeschriebenem Vordruck dem Finanzamt zu übermitteln. [8]Werden wegen einer Sperrung nach Satz 6 einem Arbeitgeber, der Daten abrufen möchte, keine elektronischen Lohnsteuerabzugsmerkmale bereitgestellt, wird dem Arbeitgeber die Sperrung mitgeteilt und dieser hat die Lohnsteuer nach Steuerklasse VI zu ermitteln.

(7) **[1]Auf Antrag des Arbeitgebers kann das Betriebsstättenfinanzamt zur Vermeidung unbilliger Härten zulassen, dass er nicht am Abrufverfahren teilnimmt. [2]Dem Antrag eines Arbeitgebers ohne maschinelle Lohnabrechnung, der ausschließlich Arbeitnehmer im Rahmen einer geringfügigen Beschäftigung in seinem Privathaushalt im Sinne des § 8a des Vierten Buches Sozialgesetzbuch beschäftigt, ist stattzugeben. [3]Der Arbeitgeber hat dem Antrag unter Angabe seiner Wirtschafts-Identifikationsnummer ein Verzeichnis der beschäftigten Arbeitnehmer mit Angabe der jeweiligen Identifikationsnummer und des Tages der Geburt des Arbeitnehmers beizufügen. [4]Der Antrag ist nach amtlich vorgeschriebenem Vordruck jährlich zu stellen und vom Arbeitgeber zu unterschreiben. [5]Das Betriebsstättenfinanzamt übermittelt dem Arbeitgeber für die Durchführung des Lohnsteuerabzugs für ein Kalenderjahr eine arbeitgeberbezogene Bescheinigung mit den Lohnsteuerabzugsmerkmalen des Arbeitnehmers (Bescheinigung für den Lohnsteuerabzug) sowie etwaige Änderungen. [6]Diese Bescheinigung sowie die Änderungsmitteilungen sind als Belege zum Lohnkonto zu nehmen und bis zum Ablauf des Kalenderjahres aufzubewahren. [7]Absatz 5 Satz 1 und 2 sowie Absatz 6 Satz 3 gelten entsprechend. [8]Der Arbeitgeber hat den Tag der Beendigung des Dienstverhältnisses unverzüglich dem Betriebsstättenfinanzamt mitzuteilen.**

(8) **[1]Ist einem nach § 1 Absatz 1 unbeschränkt einkommensteuerpflichtigen Arbeitnehmer keine Identifikationsnummer zugeteilt, hat das Wohnsitzfinanzamt auf Antrag eine Bescheinigung für den Lohnsteuerabzug für die Dauer eines Kalenderjahres auszustellen. [2]Die Bescheinigung kann auch der Arbeitgeber beantragen, wenn ihn der Arbeitnehmer dazu nach § 80 Absatz 1 der Abgabenordnung bevollmächtigt hat. [3]Diese Bescheinigung ersetzt die Verpflichtung und Berechtigung des Arbeitgebers zum Abruf der elektronischen Lohnsteuerabzugsmerkmale (Absätze 4 und 6). [4]In diesem Fall tritt an die Stelle der Identifikationsnummer das lohnsteuerliche Ordnungsmerkmal nach § 41b Absatz 2 Satz 1 und 2. [5]Für die Durchführung des Lohnsteuerabzugs hat der Arbeitnehmer seinem Arbeitgeber vor Beginn des Kalenderjahres oder bei Eintritt in das Dienstverhältnis die nach Satz 1 ausgestellte Bescheinigung für den Lohnsteuerabzug vorzulegen. [6]§ 39c Absatz 1 Satz 2 bis 5 ist sinngemäß anzuwenden. [7]Der Arbeitgeber hat die Bescheinigung für den Lohnsteuerabzug entgegenzunehmen und während des Dienstverhältnisses, längstens bis zum Ablauf des jeweiligen Kalenderjahres, aufzubewahren.**

(9) **Ist die Wirtschafts-Identifikationsnummer noch nicht oder nicht vollständig eingeführt, tritt an ihre Stelle die Steuernummer der Betriebsstätte oder des Teils des Betriebs des Arbeitgebers, in dem der für den Lohnsteuerabzug maßgebende Arbeitslohn des Arbeitnehmers ermittelt wird (§ 41 Absatz 2).**

(10) **Die beim Bundeszentralamt für Steuern nach Absatz 2 Satz 1 gespeicherten Daten können auch zur Prüfung und Durchführung der Einkommensbesteuerung (§ 2) des Steuerpflichtigen für Veranlagungszeiträume ab 2005, zur Ermittlung des reduzierten Beitragssatzes nach § 55 Absatz 3 Satz 3 bis 5 des Elften Buches Sozialgesetzbuch, zur Ermittlung des Einkommens nach § 97a des Sechsten Buches Sozialgesetzbuch und zur Prüfung eines Anspruchs auf Kindergeld verarbeitet werden.**

Verwaltungsanweisungen: *BMF* BStBl I 25, 64.

1. Allgemeines. § 39e regelt – in Abgrenzung zu der materiell-rechtlichen Vorschrift des § 39 – das technische Verfahren zur automatisierten Bildung der LSt-Abzugsmerkmale (§ 39) und der (umfassenderen) elektronischen LSt-Abzugsmerkmale (ELStAM → Rn. 4). 1

2. Bildung von Lohnsteuerabzugsmerkmalen, § 39e I. Das BZSt hat die StKlasse und die Zahl der Kinderfreibeträge für die StKlassen I–IV automatisiert als LSt-Abzugsmerkmale zusammenzustellen. Für die Änderung dieser LSt-Abzugsmerkmale sowie die Bildung der übrigen LSt-Abzugsmerkmale ist jedoch das FA zuständig. Das FA hat von ihm nach § 39 gebildete LSt-Abzugsmerkmale dem BZSt mitzuteilen, damit das BZSt auch diese LSt-Abzugsmerkmale dem ArbG zum elektronischen Abruf bereitstellen kann. LSt-Abzugsmerkmale werden für jedes DienstVerh des ArbN gebildet, also für ein erstes DienstVerh und für jedes weitere (→ Rn. 4). 2

3. Speicherung der Lohnsteuerabzugsmerkmale, § 39e II. Die Zuständigkeit für die Speicherung der LSt-Abzugsmerkmale liegt beim BZSt. Die Meldebehörden haben dem BZSt die in § 39e II 1 Nr 1 bis Nr 9 (Nr 4 bis 9 angefügt durch **JStG 2024** BGBl I 24 Nr 387 ab 2024; zur Begründung RegE JStG 2024 BT-Drs 20/12780, 124, 126) genannten Daten und ihre Änderung mitzuteilen. Die Meldebehörden sind dabei nicht mehr als Finanzbehörden tätig. Die Zuteilung und Speicherung einer IdNr des ArbN durch das BZSt ist verfgemäß (BFH II R 49/10, BStBl II 12, 168). Zu datenschutzrechtl Aspekten s *Pospischil* DStZ 14, 393; *BH/Thürmer* § 39e Rn. 72). 3

4. Bereitstellung der elektronischen Lohnsteuerabzugsmerkmale, § 39e III. Das BZSt muss die elektronischen LSt-Abzugsmerkmale (IdNr, Tag der Geburt, Merkmale für den KiStAbzug und die LSt-Abzugsmerkmale nach § 39 III I, 39 IV) zum unentgeltl automatisierten Abruf durch den ArbG bereitstellen (*BMF* BStBl I 25, 64 Rn. 4 f). Bezieht ein ArbN nebeneinander von mehreren ArbG ArbLohn, sind LSt-Abzugsmerkmale für jedes DienstVerh zu bilden und zum Abruf bereitzustellen (§ 39e III 2). § 39e III 3 regelt die automatisierte Bildung von LSt-Abzugsmerkmalen im Fall der Heirat von ArbN, um eine familiengerechte Besteuerung im LSt-Abzugsverfahren zu gewährleisten. Ehegatten werden bei Heirat programmgesteuert stets in die StKlasse IV eingereiht. Sie können aber eine andere als die automatisiert gebildete StKlassen-Kombination beim zuständigen Wohnsitz-FA beantragen. Ein solcher Antrag gilt nicht als Änderung der StKlasse gem § 39 VI 3, sodass das Recht, einmal jährl die StKlasse zu wechseln, durch die Änderung der automatisiert gebildeten StKlassen nicht verloren geht (*BMF* BStBl I 25, 64 Rn. 18). 4

5. Abruf der Lohnsteuerabzugsmerkmale, § 39e IV. – a) Mitteilungspflichten des Arbeitnehmers bei Eintritt in das Dienstverhältnis. Der ArbG hat die ELStAM beim BZSt elektronisch abzurufen und in das Lohnkonto des ArbN zu übernehmen, damit er den LSt-Abzug korrekt durchführen kann (*BMF* BStBl I 25, 64 Rn. 2, 46 f). Hierzu hat sich der ArbG über die im ElsterOnline-Portal vorgesehenen Wege zu authentifizieren und seine Wirtschafts-IdNr anzugeben (aber → Rn. 11). Ferner muss für den ArbG bei der FinVerw ein ArbG-Signal angelegt sein (Einzelheiten zur Anmeldung und zum Abruf der ELStAM s *BMF* BStBl I 25, 64 Rn. 34 ff). Da bei mehreren DienstVerh für jedes DienstVerh ELStAM zu bilden sind (→ Rn. 4), muss der ArbN dem ArbG nach § 39e IV 1 Nr 2 zur Anforderung der zutr LSt-Abzugsmerkmale auch mitteilen, ob es sich um das erste oder ein weiteres DienstVerh handelt. Der ArbN darf dabei selbst festlegen, welches DienstVerh das erste und welches ein weiteres sein soll. Eine obj Einordnung, zB nach Verdienst oder Arbeitszeit, existiert nicht (*Schramm/Harder-Buschner* NWB 13, 348 (356)). Macht der ArbN nach § 39e IV 1 Nr 2 keine Angaben, ob es sich um ein erstes oder ein weiteres DienstVerh handelt, wird programmgesteuert letzteres unterstellt (*BMF* BStBl I 25, 64 Rn. 49). Der ArbG darf die ELStAM nur für die bei ihm beschäftigten 5

ArbN abrufen (*BMF* BStBl I 25, 64 Rn. 2). Er hat der FinVerw das Ende des DienstVerh unverzügl mitzuteilen, § 39e IV 5.

6 **b) Abruf des Freibetrags.** Der ArbN kann nach § 39e IV 1 Nr 3 entscheiden, ob und in welcher Höhe der ArbG einen nach § 39a I 1 Nr 7 ermittelten Freibetrag abrufen soll, ohne zuvor einen Antrag beim FA stellen zu müssen. Hierdurch kann ArbLohn, der in einem DienstVerh nicht mit LSt belastet ist, auf ein oder mehrere weitere DienstVerh übertragen werden, sodass auch dort keine oder nur eine geringere LSt zu erheben ist. Für das erste DienstVerh wird ein entspr Hinzurechnungsbetrag gebildet (→ § 39a Rn. 7). Nach Prüfung des übermittelten Betrags hat das BZSt dem ArbG den tatsächl zu berücksichtigenden Freibetrag als LSt-Abzugsmerkmal zum Abruf bereit zu stellen. Für den ArbG ist nur dieser Freibetrag maßgebl und für den LSt-Abzug zu verwenden.

7 **6. Anwendung der Lohnsteuerabzugsmerkmale, § 39e V.** Der ArbG hat die ELStAM beim BZSt monatl abzurufen und für den LStAbzug anzuwenden. Der ArbG muss die LSt-Abzugsmerkmale in der Lohnabrechnung angeben, damit der ArbN die Berücksichtigung der zutreffenden ELStAM überprüfen kann (s § 39 I 5 und → Rn. 8). Gerade bei kleineren ArbG werden sich die ELStAM der ArbN nicht monatl ändern. Das BZSt teilt dem ArbG in diesem Fall auf seine Anfrage mit, dass keine neuen oder geänderten ELStAM zum Abruf zur Verfügung stehen. Zur Vermeidung solcher Anfragen hat die FinVerw einen Mitteilungsservice im Elster-Online-Portal eingerichtet, der den ArbG auf Antrag per E-Mail über die Bereitstellung neuer ELStAM informiert, die der ArbG dann abzurufen hat (*BMF* BStBl I 25, 64 Rn. 53). § 39e V 4 (idF des ModBestVerfG, BGBl I 16, 1679) stellt klar, dass für die Aufforderung des ArbG zum Abruf und zur Anwendung der ELStAM, zur Beachtung der weiteren Verpflichtungen aus dem ELStAM-Verfahren und für das Zwangsgeldverfahren das Betriebsstätten-FA zuständig ist.

8 **7. Lohnsteuerabzug bei verschiedenartigen Bezügen, § 39e Va.** Die zum 1.1.17 neu eingefügte Vorschrift lässt eine getrennte Abrechnung verschiedenartiger Bezüge zu. Neben den abgerufenen ELStAM darf der ArbG für die in Nr 1–Nr 3 genannten Bezüge die StKlasse VI anwenden, wenn der ArbN nicht widerspricht. Der ArbG ist jedoch verpflichtet, bei Beendigung des ArbVerh oder am Ende des Kj die verschiedenartigen Bezüge zusammenzufassen und die JahresLSt nach den für den ersten Bezug im Kj zuletzt abgerufenen ELStAM zu erheben. Die so ermittelte LSt ist der insgesamt einbehaltenen LSt gegenüberzustellen. Hat der ArbG zu viel LSt einbehalten, ist sie dem ArbN zu erstatten. War der LSt-Abzug zu gering, ist die LSt nachträgl einzubehalten. Der ArbG wird hiernach auch bei getrennter Abrechnung verschiedenartiger Bezüge während des Kj die LSt im Ergebnis in zutreffender Höhe einbehalten. Für den ArbN entfällt eine besondere Verpflichtung zur Abgabe einer ESt-Erklärung (§ 46 II Nr 2 Hs 2).

9 **8. Bekanntgabe der Lohnsteuerabzugsmerkmale, § 39e VI.** Die LSt-Abzugsmerkmale gelten ggü dem ArbG mit Abruf beim BZSt und ggü dem ArbN durch Aushändigung oder elektronische Bereitstellung der Lohnabrechnung mit den darin ausgewiesenen LSt-Abzugsmerkmalen als bekannt gegeben (s § 39 I 5 und → Rn. 7). Einer Rechtsbehelfsbelehrung bedarf es nicht, sodass der ArbN die LSt-Abzugsmerkmale innerhalb eines Jahres anfechten kann (→ § 39 Rn. 10). Der ArbN ist verpflichtet, das FA unverzügl zu informieren, wenn ihm bekannt wird, dass die dem LSt-Abzug vom ArbG zugrunde gelegten LSt-Abzugsmerkmale von den nach § 39 zu bildenden LSt-Abzugsmerkmalen zu seinen Gunsten abweichen. Diese Mitteilungspflicht des ArbN soll den zutr LStAbzug durch den ArbG sicherstellen. Der ArbN kann über eine Positiv- oder Negativliste selbst entscheiden, welche ArbG zum Abruf seiner ELStAM berechtigt sind (Einzelheiten s *BMF* BStBl I 25, 64 Rn. 77 ff). Die Sperrung des ArbG führt aber zum LStAbzug nach der für den ArbN ungünstigen St-Klasse VI (→ § 39c Rn. 2).

9. Härtefallregelung, § 39e VII. Das BetriebsstättenFA kann dem ArbG zur Vermeidung unbilliger Härten gestatten, nicht am Abrufverfahren teilzunehmen (s auch *BMF* BStBl I 25, 64 Rn. 112 ff). § 39e VII 2 enthält eine ermessensleitende Vorschrift für die geringfügige Beschäftigung von ArbN in Privathaushalten. Die Bestimmung verdeutlicht außerdem, welche Fälle der Gesetzgeber bei der Härtefallregelung im Auge hatte, sodass die FinVerw diese Kriterien (zB kleinerer ArbG, keine maschinelle Lohnabrechnung) auch bei der Ermessensausübung nach § 39e VII 1 in ihre Erwägungen einzubeziehen hat. Der ArbG muss auch bei Anwendung der Härtefallregelung die ihm vom Betriebsstätten-FA für ein Kj ausgestellte Bescheinigung für den LSt-Abzug sowie evtl Änderungsmitteilungen zum Lohnkonto nehmen und bis zum Ablauf des Kj aufbewahren. § 39e VII 7 legt durch Verweis auf die entspr Vorschriften des Abrufverfahrens fest, dass der ArbG auch bei Anwendung der Härtefallregelung die LSt-Abzugsmerkmale in der Lohnabrechnung auszuweisen hat, die dem ArbN mit Aushändigung oder Bereitstellung der Abrechnung als bekannt gegeben gelten. 10

10. Unbeschränkt steuerpflichtige Arbeitnehmer ohne Identifikationsnummer, § 39e VIII. Solche ArbN benötigen eine vom Wohnsitz-FA auszustellende besondere Bescheinigung mit den LSt-Abzugsmerkmalen. § 39e VIII regelt das Antrags- und Bescheinigungsverfahren sowie die Pflichten des ArbG für den LStAbzug bei Vorlage einer solchen Bescheinigung. Das FA hat dem Antrag des ArbN, dem noch keine Identifikationsnummer zugeteilt wurde, grds stattzugeben. Die Bescheinigung wird nicht arbeitgeberbezogen ausgestellt. Der ArbN muss sie im Falle eines ArbG-Wechsels auch dem neuen ArbG vorlegen. Abw von § 39e VII (Papierverfahren auf Antrag des ArbG) werden die nach § 39e VIII bescheinigten LSt-Abzugsmerkmale nur auf Antrag des ArbN und nicht von Amts wegen geändert. 11

11. Wirtschaftsidentifikationsnummer, § 39e IX. Solange die Wirtschafts-IdNr noch nicht (vollständig) eingeführt ist, tritt an ihre Stelle für die Abfrage der ELStAM durch den ArbG die StNr der lstl Betriebsstätte. 12

12. Datenzugriff, § 39e X. Die beim BZSt für den LStAbzug gespeicherten Daten dürfen auch zur Prüfung und Durchführung der Einkommensbesteuerung der ArbN, nach dem GrundRentG ab 1.1.21 zur Ermittlung des Einkommens nach § 97a SGB VI, ab 2023 zur Prüfung des KiGeld-Anspruchs und nach dem **WachstChG** (BGBl I 24 Nr 108, 10) ab dem 28.3.24 auch zur Ermittlung des reduzierten Beitragssatzes nach § 55 III SGB XI verwendet werden. 13

§ 39f Faktorverfahren anstelle Steuerklassenkombination III/V

(1) [1]**Bei Ehegatten, die in die Steuerklasse IV gehören (§ 38b Absatz 1 Satz 2 Nummer 4 erster Halbsatz), hat das Finanzamt auf Antrag beider Ehegatten nach § 39a anstelle der Steuerklassenkombination III/V (§ 38b Absatz 1 Satz 2 Nummer 5) als Lohnsteuerabzugsmerkmal jeweils die Steuerklasse IV in Verbindung mit einem Faktor zur Ermittlung der Lohnsteuer zu bilden, wenn der Faktor kleiner als 1 ist. [2]Der Faktor ist Y: X und vom Finanzamt mit drei Nachkommastellen ohne Rundung zu berechnen. [3]„Y" ist die voraussichtliche Einkommensteuer für beide Ehegatten nach dem Splittingverfahren (§ 32a Absatz 5) unter Berücksichtigung der in § 39b Absatz 2 genannten Abzugsbeträge. [4]„X" ist die Summe der voraussichtlichen Lohnsteuer bei Anwendung der Steuerklasse IV für jeden Ehegatten. [5]Maßgeblich sind die Steuerbeträge des Kalenderjahres, für das der Faktor erstmals gelten soll. [6]In die Bemessungsgrundlage für Y werden jeweils neben den Jahresarbeitslöhnen der ersten Dienstverhältnisse zusätzlich nur Beträge einbezogen, die nach § 39a Absatz 1 Satz 1 Nummer 1 bis 6 als Freibetrag ermittelt und als Lohnsteuerabzugsmerkmal gebildet werden könnten; Freibeträge werden neben dem Faktor nicht als Lohnsteuerabzugsmerkmal gebildet.**

[7]In den Fällen des § 39a Absatz 1 Satz 1 Nummer 7 sind bei der Ermittlung von Y und X die Hinzurechnungsbeträge zu berücksichtigen; die Hinzurechnungsbeträge sind zusätzlich als Lohnsteuerabzugsmerkmal für das erste Dienstverhältnis zu bilden. [8]Arbeitslöhne aus zweiten und weiteren Dienstverhältnissen (Steuerklasse VI) sind im Faktorverfahren nicht zu berücksichtigen. [9]Der nach Satz 1 gebildete Faktor gilt bis zum Ablauf des Kalenderjahres, das auf das Kalenderjahr folgt, in dem der Faktor erstmals gilt oder zuletzt geändert worden ist. [10]Die Ehegatten können eine Änderung des Faktors beantragen, wenn sich die für die Ermittlung des Faktors maßgeblichen Jahresarbeitslöhne im Sinne des Satzes 6 ändern. [11]Besteht eine Anzeigepflicht nach § 39a Absatz 1 Satz 5 oder wird eine Änderung des Freibetrags nach § 39a Absatz 1 Satz 4 beantragt, gilt die Anzeige oder der Antrag auf Änderung des Freibetrags zugleich als Antrag auf Anpassung des Faktors.

(2) **Für die Einbehaltung der Lohnsteuer vom Arbeitslohn hat der Arbeitgeber Steuerklasse IV und den Faktor anzuwenden.**

(3) **[1]§ 39 Absatz 6 Satz 3 und 5 gilt mit der Maßgabe, dass die Änderungen nach Absatz 1 Satz 10 und 11 keine Änderungen im Sinne des § 39 Absatz 6 Satz 3 sind. [2]§ 39a ist anzuwenden mit der Maßgabe, dass ein Antrag nach amtlich vorgeschriebenem Vordruck (§ 39a Absatz 2) nur erforderlich ist, wenn bei der Faktorermittlung zugleich Beträge nach § 39a Absatz 1 Satz 1 Nummer 1 bis 6 berücksichtigt werden sollen.**

(4) **Das Faktorverfahren ist im Programmablaufplan für die maschinelle Berechnung der Lohnsteuer (§ 39b Absatz 6) zu berücksichtigen.**

1 **1. Geltungsbereich und Rechtsfolgen des Faktorverfahrens, § 39f I 1.** Ehegatten und Lebenspartner (§ 2 VIII) können sich anstelle der Steuerklassenkombinationen III/V auf gemeinsamen Antrag auch für das sog Faktorverfahren entscheiden (krit *KKM* § 39f Rn. A2 f). Das Faktorverfahren führt zu einem genaueren Einbehalt der LSt und damit zu genaueren Vorauszahlungen auf die EStJahresschuld, sofern bei der Berechnung des Faktors die zu erwartenden Bruttolöhne und die im Einzelfall in Betracht kommenden StErmäßigungen zutreffend prognostiziert werden. In gewissen Fällen hat das Faktorverfahren für die StPfl auch einen günstigen Einfluss auf die Höhe der Lohnersatzleistungen (zB höheres Arbeitslosengeld; s *Sell/Sommer* DStR 08, 1953; *Beyer-Petz/Ende* DStR 09, 2583). – Das Faktorverfahren führt zu einem Ausschluss des LStJA durch den ArbG (§ 42b I 1 Nr 3b) und zur Amtsveranlagung (§ 46 I 1 Nr 3a).

2 **2. Berechnung des Faktors, § 39f I 2–8.** Das Faktorverfahren läuft wie folgt ab: (1) Das FA ermittelt die voraussichtl Bruttolöhne der Ehegatten, wobei es grds die Angaben der StPfl zugrunde legt (*HHR/Wagner* § 39f Rn. 9), und die in Betracht kommenden StErmäßigungen für das jeweils erste DienstVerh und berechnet die sich nach der Splittingtabelle für die Ehegatten ergebende JahresESt. Der Faktor wird auf der Grundlage der Einkommensverhältnisse des Kj ermittelt, für das der Faktor erstmals gelten soll. (2) Diese ESt wird ins Verhältnis gesetzt zu der Summe der LSt für beide Ehegatten bei Anwendung der LStKlasse IV (*KKM* § 39f Rn. C 1). (3) Der sich ergebende Faktor (stets kleiner als eins) wird vom FA als LSt-Abzugsmerkmal beider Ehegatten gebildet (§ 39 I 2, IV Nr 1). – Die Ehegatten können bei der Ermittlung des Faktors über die gesetzl Pauschbeträge hinaus auch nach den Grundsätzen des § 39a steuermindernde Beträge geltend machen, was über den kleineren Faktor zu einem geringeren LStAbzug führt. Um zu vermeiden, dass sich die steuermindernden Beträge doppelt auswirken, ist die Berücksichtigung von Freibeträgen als LSt-Abzugsmerkmal neben dem Faktor ausgeschlossen.

3 **3. Geltungsdauer des Faktors, § 39f I 9–11.** Der Faktor ist längstens 2 Kj gültig. Eine Anpassung des Faktors ist auf Antrag möglich, sofern sich die Verhältnisse der

Ehegatten zu ihren Gunsten oder Ungunsten ändern. Eine Antragspflicht besteht aber nicht. Ändert sich ein Freibetrag, müssen die Ehegatten auch bezügl des Faktors erklären, ob sie eine Änderung beantragen, weil der Freibetrag zwingender Bestandteil der Faktorregelung ist (*FB Hbg* DStR 16, 537). Dasselbe gilt, wenn eine Anpassung des Faktors beantragt wird; hier muss erklärt werden, ob ein Freibetrag mit eingerechnet werden muss bzw ob ein bestehender Freibetrag unverändert fortgelten soll.

4. Berechnung der Lohnsteuer durch Arbeitgeber, § 39f II. Die ArbG ermitteln für die bei ihnen beschäftigten Ehegatten die LSt (wie bisher) nach der LStKlasse IV und wenden darauf den Faktor an. Bei beiden Ehegatten ergibt sich als LStSumme die voraussichtl JahresEStSchuld (ausführl Beispiel *Niermann* DB 09, 138 (140); wN → 43. Aufl 2024, § 39f Rn 4). 4

5. Änderung des Faktors, § 39f III. Die Ehegatten können gem § 39f III 1 gemeinsam einmal im Kj bis zum 30.11. die Anwendung oder Änderung des Faktors mit Wirkung ab Beginn des nächsten Monats beantragen. Dies gilt nicht als Wechsel der StKlasse. § 39f III 2 regelt iEinz des Antragsverfahrens. 5

6. Programmablaufplan, § 39f IV. Das *BMF* hat auch für das Faktorverfahren einen Programmablaufplan für die Berechnung der LSt aufzustellen und bekannt zu geben (→ § 39b Rn. 24). 6

§ 40 Pauschalierung der Lohnsteuer in besonderen Fällen

(1) [1]**Das Betriebsstättenfinanzamt (§ 41a Absatz 1 Satz 1 Nummer 1) kann auf Antrag des Arbeitgebers zulassen, dass die Lohnsteuer mit einem unter Berücksichtigung der Vorschriften des § 38a zu ermittelnden Pauschsteuersatz erhoben wird, soweit**

1. von dem Arbeitgeber sonstige Bezüge in einer größeren Zahl von Fällen gewährt werden oder

2. in einer größeren Zahl von Fällen Lohnsteuer nachzuerheben ist, weil der Arbeitgeber die Lohnsteuer nicht vorschriftsmäßig einbehalten hat.

[2]**Bei der Ermittlung des Pauschsteuersatzes ist zu berücksichtigen, dass die in Absatz 3 vorgeschriebene Übernahme der pauschalen Lohnsteuer durch den Arbeitgeber für den Arbeitnehmer eine in Geldeswert bestehende Einnahme im Sinne des § 8 Absatz 1 darstellt (Nettosteuersatz).** [3]**Die Pauschalierung ist in den Fällen des Satzes 1 Nummer 1 ausgeschlossen, soweit der Arbeitgeber einem Arbeitnehmer sonstige Bezüge von mehr als 1000 Euro im Kalenderjahr gewährt.** [4]**Der Arbeitgeber hat dem Antrag eine Berechnung beizufügen, aus der sich der durchschnittliche Steuersatz unter Zugrundelegung der durchschnittlichen Jahresarbeitslöhne und der durchschnittlichen Jahreslohnsteuer in jeder Steuerklasse für diejenigen Arbeitnehmer ergibt, denen die Bezüge gewährt werden sollen oder gewährt worden sind.**

(2) [1]**Abweichend von Absatz 1 kann der Arbeitgeber die Lohnsteuer mit einem Pauschsteuersatz von 25 Prozent erheben, soweit er**

1. arbeitstäglich Mahlzeiten im Betrieb an die Arbeitnehmer unentgeltlich oder verbilligt abgibt oder Barzuschüsse an ein anderes Unternehmen leistet, das arbeitstäglich Mahlzeiten an die Arbeitnehmer unentgeltlich oder verbilligt abgibt. [2]**Voraussetzung ist, dass die Mahlzeiten nicht als Lohnbestandteile vereinbart sind,**

1a. oder auf seine Veranlassung ein Dritter den Arbeitnehmern anlässlich einer beruflichen Tätigkeit außerhalb seiner Wohnung und ersten Tätigkeitsstätte Mahlzeiten zur Verfügung stellt, die nach § 8 Absatz 2 Satz 8 und 9 mit dem Sachbezugswert anzusetzen sind,

2. Arbeitslohn aus Anlass von Betriebsveranstaltungen zahlt, wenn die Teilnahme an der Betriebsveranstaltung allen Angehörigen des Betriebs oder eines Betriebsteils offensteht,

3. Erholungsbeihilfen gewährt, wenn diese zusammen mit Erholungsbeihilfen, die in demselben Kalenderjahr früher gewährt worden sind, 156 Euro für den Arbeitnehmer, 104 Euro für dessen Ehegatten und 52 Euro für jedes Kind nicht übersteigen und der Arbeitgeber sicherstellt, dass die Beihilfen zu Erholungszwecken verwendet werden,

4. Vergütungen für Verpflegungsmehraufwendungen anlässlich einer Tätigkeit im Sinne des § 9 Absatz 4a Satz 2 oder Satz 4 zahlt, soweit die Vergütungen die nach § 9 Absatz 4a Satz 3, 5 und 6 zustehenden Pauschalen um nicht mehr als 100 Prozent übersteigen,

5. den Arbeitnehmern zusätzlich zum ohnehin geschuldeten Arbeitslohn unentgeltlich oder verbilligt Datenverarbeitungsgeräte übereignet; das gilt auch für Zubehör und Internetzugang. [2]Das Gleiche gilt für Zuschüsse des Arbeitgebers, die zusätzlich zum ohnehin geschuldeten Arbeitslohn zu den Aufwendungen des Arbeitnehmers für die Internetnutzung gezahlt werden,

6. den Arbeitnehmern zusätzlich zum ohnehin geschuldeten Arbeitslohn unentgeltlich oder verbilligt die Ladevorrichtung für Elektrofahrzeuge oder Hybridelektrofahrzeuge im Sinne des § 6 Absatz 1 Nummer 4 Satz 2 zweiter Halbsatz übereignet. [2]Das Gleiche gilt für Zuschüsse des Arbeitgebers, die zusätzlich zum ohnehin geschuldeten Arbeitslohn zu den Aufwendungen des Arbeitnehmers für den Erwerb und die Nutzung dieser Ladevorrichtung gezahlt werden,

7. den Arbeitnehmern zusätzlich zum ohnehin geschuldeten Arbeitslohn unentgeltlich oder verbilligt ein betriebliches Fahrrad, das kein Kraftfahrzeug im Sinne des § 6 Absatz 1 Nummer 4 Satz 2 ist, übereignet.

[2]Der Arbeitgeber kann die Lohnsteuer mit folgenden Pauschsteuersätzen erheben:

1. mit einem Pauschsteuersatz von 15 Prozent für die nicht nach § 3 Nummer 15 steuerfreien
   a) Sachbezüge in Form einer unentgeltlichen oder verbilligten Beförderung eines Arbeitnehmers zwischen Wohnung und erster Tätigkeitsstätte sowie Fahrten nach § 9 Absatz 1 Satz 3 Nummer 4a Satz 3 oder
   b) Zuschüsse zu den Aufwendungen des Arbeitnehmers für Fahrten zwischen Wohnung und erster Tätigkeitsstätte oder Fahrten nach § 9 Absatz 1 Satz 3 Nummer 4a Satz 3, die zusätzlich zum ohnehin geschuldeten Arbeitslohn geleistet werden,

   soweit die Bezüge den Betrag nicht übersteigen, den der Arbeitnehmer nach § 9 Absatz 1 Satz 3 Nummer 4 und Absatz 2 als Werbungskosten geltend machen könnte, wenn die Bezüge nicht pauschal besteuert würden; diese pauschal besteuerten Bezüge mindern die nach § 9 Absatz 1 Satz 3 Nummer 4 Satz 2 und Absatz 2 abziehbaren Werbungskosten oder

2. mit einem Pauschsteuersatz von 25 Prozent anstelle der Steuerfreiheit nach § 3 Nummer 15 einheitlich für alle dort genannten Bezüge eines Kalenderjahres, auch wenn die Bezüge dem Arbeitnehmer nicht zusätzlich zum ohnehin geschuldeten Arbeitslohn gewährt werden; für diese pauschal besteuerten Bezüge unterbleibt eine Minderung der nach § 9 Absatz 1 Satz 3 Nummer 4 Satz 2 und Absatz 2 abziehbaren Werbungskosten oder

3. mit einem Pauschsteuersatz von 25 Prozent für die Freifahrtberechtigungen, die Soldaten nach § 30 Absatz 6 des Soldatengesetzes erhalten; für diese pauschal besteuerten Bezüge unterbleibt eine Minderung der nach § 9 Absatz 1 Satz 3 Nummer 4 Satz 2 sowie Nummer 5 Satz 6 abziehbaren Werbungskosten.

[3]Die nach Satz 2 pauschalbesteuerten Bezüge bleiben bei der Anwendung des § 40a Absatz 1 bis 4 außer Ansatz. [4]Bemessungsgrundlage der pauschalen Lohnsteuer sind in den Fällen des Satzes 2 Nummer 2 und 3 die Aufwendungen des Arbeitgebers einschließlich Umsatzsteuer.

(3) **[1]Der Arbeitgeber hat die pauschale Lohnsteuer zu übernehmen. [2]Er ist Schuldner der pauschalen Lohnsteuer; auf den Arbeitnehmer abgewälzte pauschale Lohnsteuer gilt als zugeflossener Arbeitslohn und mindert nicht die Bemessungsgrundlage. [3]Der pauschal besteuerte Arbeitslohn und die pauschale Lohnsteuer bleiben bei einer Veranlagung zur Einkommensteuer und beim Lohnsteuer-Jahresausgleich außer Ansatz. [4]Die pauschale Lohnsteuer ist weder auf die Einkommensteuer noch auf die Jahreslohnsteuer anzurechnen.**

(4) **[1]Das Pauschalierungswahlrecht des Arbeitgebers ist durch Übermittlung oder Abgabe einer Lohnsteuer-Anmeldung, in der die pauschale Lohnsteuer angegeben wird, auszuüben. [2]Abweichend von Satz 1 kann der Arbeitgeber für den Prüfungszeitraum einer Lohnsteuer-Außenprüfung das Pauschalierungswahlrecht durch schriftliche oder elektronische Erklärung gegenüber dem Betriebsstättenfinanzamt ausüben. [3]Die Erklärung nach Satz 2 ist spätestens bis zur Bestandskraft der auf Grund der Lohnsteuer-Außenprüfung erlassenen Bescheide abzugeben. [4]Im Fall des Satzes 2 wird die pauschale Lohnsteuer vom Betriebsstättenfinanzamt durch Steuerbescheid festgesetzt.**

Lohnsteuer-Richtlinien: LStR 40.1, 40.2; LStH 40.1, 40.2.

Übersicht Rn.

I. Allgemeines

1. Besonderes Besteuerungsverfahren. Die §§ 40–40b regeln ein Besteuerungsverfahren besonderer Art. Die Vorschriften weisen Unterschiede auf; während § 40 I noch an eine individuelle LSt der *ArbN-Gruppe* anknüpft (→ Rn. 6), haben die festen Pauschsteuersätze der §§ 40 II, 40a, 40b keinen Bezug zu einer individuellen LSt der ArbN. Auch sind die Bescheide inhaltl unterschiedlich. Während der Bescheid nach § 40 I ein einheitl Bescheid im Hinblick auf die Steuer *der gesamten ArbN-Gruppe* ist, wird im Bescheid nach §§ 40 II, 40a, 40b jeweils eine pauschale Steuer im Hinblick *auf jeden einzelnen ArbN* festgesetzt (Sammelbescheid; Auswirkungen s BFH VI R 21/85, BStBl II 89, 193; auch → Rn. 27). 1

2 **2. Schuldner der pauschalen Lohnsteuer.** Dies ist der ArbG (§ 40 III). Dennoch handelt es sich bei der pauschalen LSt um eine Steuer, die auf Grund einer Tatbestandsverwirklichung durch den ArbN entsteht, also um eine *von der Steuer des ArbN abgeleitete Steuer;* die StSchuldnerschaft des ArbG ist steuertechnischer (formeller) Art (ausführl BFH VI R 47/93, BStBl II 94, 715; auch → Rn. 25). Der ArbN ist am Pauschalierungsverfahren selbst aber nicht beteiligt (BFH VI R 270/69, BStBl II 73, 128). Die pauschalbesteuerten Bezüge und die pauschale LSt sind bei der Veranlagung außer Ansatz zu lassen.

3 **3. Zuschlagsteuern; Nebenabgaben.** Wird die LSt pauschaliert, ist auch die **LohnKiSt** nach einem Pauschsteuersatz (idR 1–2% niedriger als die normalen KiSt-Sätze; dazu auch → § 40a Rn. 1) zu erheben. Auf eine Kirchenmitgliedschaft des ArbG kommt es nicht an. Die pauschale LohnKiSt kann aber nur für solche ArbN anfallen, die persönl kistpfl sind (vom ArbN abgeleitete Steuer; BFH I R 24/93, BStBl II 95, 507; zust *Wagner* FR 96, 161; wN → 43. Aufl 2024, § 40 Rn. 3). Eine pauschale LohnKiSt kann also nicht anfallen für ArbN, die *nachgewiesenermaßen* keiner kisterhebungsberechtigten Körperschaft angehören; dieser Nachweis fällt in den Verantwortungsbereich des ArbG (ausführl BFH I R 14/87, BStBl II 90, 993; zum Nachweis *GLE* BStBl I 16, 773; wN → 43. Aufl 2024, § 40 Rn. 3). Die FinVerw bietet ein vereinfachtes Verfahren an: Beim Nachweis, dass ein Teil der ArbN nicht zu einer KiSt erhebenden Körperschaft gehört, wird für die übrigen ArbN die KiSt mit dem vollen KiStSatz erhoben; werden sämtl ArbN in die KiStPauschalierung einbezogen, gilt der ermäßigte StSatz (s *GLE* BStBl I 16, 773). Zur formellen Rechtmäßigkeit eines KiStPauschalierungsbescheids s BFH I R 309/82, BStBl II 86, 42: aus dem Bescheid muss sich ergeben, für welche Konfessionszugehörigkeit KiSt erhoben wird. Zur Erhebung des **SolZ** auf pauschale LSt → § 51a Rn. 4. Zu **Prozesszinsen** bei Herabsetzung einer pauschalierten LSt s FG Mster, EFG 84, 196; ferner FG Hmb EFG 87, 222, Prozesszinsen bei fälschlicherweise durch Haftungsbescheid geltend gemachter StSchuld. Zur Entstehung von **Hinterziehungszinsen** bei Nacherhebung hinterzogener LSt im Wege der LStPauschalierung nach § 40 I 1 Nr 2, wenn ArbG eine GmbH ist, s BFH VI R 16/93, BStBl II 94, 557.

II. Pauschalierungsvoraussetzungen, § 40 I, II

4 **1. Antragsverfahren.** Die Pauschalierung nach § 40 I setzt einen **Antrag** des ArbG und eine **Zulassung** (vorherige Einwilligung oder nachträgl Genehmigung) durch das BetriebsstättenFA voraus (zum Rechtscharakter s *HHR/Wagner* § 40 Rn. 16). Ein Pauschalierungsbescheid ohne Antrag ist zwar rechtswidrig, aber nicht nichtig (BFH VI R 80/00, BStBl II 02, 438). Nach den Regeln der Anscheinsvollmacht ist auch eine für den ArbG auftretende Person zur Antragstellung befugt (BFH VI R 13/01, BStBl II 03, 156). Ein Pauschalierungszwang besteht nicht (NdsFG DStRE 03, 213); die Pauschalierung kann dem ArbG vom FA nicht aufgezwungen werden (BFH VI R 28/73, BStBl II 76, 134). Der ArbG kann einen Pauschalierungsantrag bis zum Abschluss der mündl Verhandlung vor dem FG gegen einen Haftungsbescheid stellen (BFH VI R 88/86, BFH/NV 90, 639, ab VZ 2024 → aber → § 40 Rn. 31; **aA** FG Nbg EFG 15, 732, nur bis zur Ausschreibung oder Übermittlung der LSt-Bescheinigung nach § 41c III, mE unzutr, s auch BFH VI R 10/99, BStBl II 04, 195). Sobald der Pauschalierungsbescheid wirksam wird (§ 124 AO), ist der ArbG an seinen **Antrag gebunden** (BFH VI R 79/91, BStBl II 93, 692; **aA** *Heuermann* DB 94, 2411 (2414); *KKM* § 40 Rn. A 93: erst mit Bestandskraft). Bis zum Ergehen der Einspruchsentscheidung hat das FA aber iRd Ermessens zu entscheiden, ob es gerechtfertigt ist, den ArbG an seinem Antrag festzuhalten (BFH VI R 79/91, BStBl II 93, 692). Sind die Voraussetzungen des § 40 erfüllt, hat das FA die Genehmigung grds zu erteilen (Ermessensreduzierung auf Null; HessFG EFG 85, 312; s auch *HHR/Wagner* § 40 Rn. 16; *KKM* § 40 Rn. B 12; offengelassen BFH VI R 72/82, BStBl II 85,

170); das FA darf den ArbG gegen dessen Willen dann nicht durch Haftungsbescheid in Anspruch nehmen (HessFG EFG 85, 312). Allerdings wird das FA wegen des Ausscheidens der ArbN als StSchuldner die Pauschalierung wegen fehlender Bonität das ArbG ablehnen können (zutr *Littmann* § 40 Rn. 64; *HHR/Wagner* § 40 Rn. 16; *BH/Böwing-Schmalenbrock* § 40 Rn. 35); ebenso, wenn entspr BFH VII R 108/88, BStBl II 90, 767 durch die Pauschalierung der Zugriff auf die Personen des § 69 AO versperrt würde (aber → Rn. 30). Die Genehmigung ist ein begünstigender VA. Sie kann für einmalige und wiederkehrende (dann VA mit Dauerwirkung, *BH/Böwing-Schmalenbrock* § 40 Rn. 36; **aA** *HHR/Wagner* § 40 Rn. 16) gleichgelagerte Sachverhalte erteilt werden. Gegen eine ablehnende Entscheidung ist der **Einspruch** gegeben; *ArbN* ist aber nicht anfechtungsberechtigt (s *KKM* § 40 Rn. A 125). – Auch nach einer erteilten Genehmigung kann der ArbG die LSt nach allg Grundsätzen (§§ 39b–39d) erheben (*HHR/Wagner* § 40 Rn. 16a). Macht der ArbG von der pauschalen Besteuerung Gebrauch, sind sämtl ArbN, für die der PauschStSatz ermittelt worden ist, in das pauschale Verfahren einzubeziehen. Es ist unzul, einige dieser ArbN individuell, andere dagegen pauschal zu besteuern (aber → § 40a Rn. 1).

2. Pauschalierung steuerpflichtiger sonstiger Bezüge, § 40 I 1 Nr 1. Zum Begriff sonstiger Bezüge → § 39b Rn. 5. Eine **größere Zahl** wird stets ab 20 ArbN ohne Prüfung anerkannt; bei weniger als 20 ArbN kommt es für die Entscheidung auf die ArbG-Verhältnisse und den erzielbaren Vereinfachungseffekt an (LStR 40.1 I; s auch FG Mster EFG 98, 822). Es ist unerhebl, ob die LStErmittlung im normalen Verfahren schwierig ist oder einen unverhältnismäßigen Aufwand erfordert. Die Überschreitung der 1000 €-Grenze (§ 40 I 3) bei einigen ArbN schränkt die Pauschalierungsmöglichkeit bei den anderen ArbN nicht ein, sofern das Tatbestandsmerkmal „größere Zahl" noch gegeben ist. Die Pauschalierung ist nur für den Teil der sonstigen Bezüge unzul, der den Betrag von 1000 € übersteigt („soweit"). Die nach anderen Vorschriften (zB § 40 II) besteuerten sonstigen Bezüge zählen für die 1000 €-Grenze nicht mit (LStR 40.2 II). 6

3. Nacherhebung von Lohnsteuer, § 40 I 1 Nr 2. Die Pauschalierungsmöglichkeit kommt insb nach LStAußenprüfungen in Betracht. Zum Erfordernis einer größeren Zahl von Fällen → Rn. 6. Gleichgültig ist, ob lfd ArbLohn oder sonstige Bezüge unzutreffend besteuert worden sind. Es können auch Bezüge erfasst werden, die nach anderen Vorschriften pauschal besteuert werden könnten; ebenso Bezüge, die unter § 41c I fallen. Die 1000 €-Grenze gilt hier nicht. Hält ein ArbG bewusst vom lfd ArbLohn (zB bei regelmäßigem Sachbezug wie im Fall des FG Mster EFG 81, 416) keine LSt ein, um nach einer LStAußenprüfung das Verfahren nach § 40 I 1 Nr 2 zu beantragen, kann der Antrag abgelehnt werden (**Rechtsmissbrauch;** s auch *FB Hbg* DStR 95, 1676; ebenso *HHR/Wagner* § 40 Rn. 16). Stellt der ArbG in Nacherhebungsfällen den Antrag, ergeht gegen ihn ein Steuerbescheid (§ 40 III), mit dem die LSt iSd § 40 I 1 Nr 2 angefordert wird. Ein **Regress gegen ArbN** scheidet regelmäßig aus. 7

4. Berechnung des Pauschsteuersatzes. Sie ist ausführl in LStR 40.1 III dargestellt (Errechnung des durchschnittl StSatzes). Diese Berechnung ist von BFH VI R 106/84, BStBl II 88, 726 (iE ebenso *HHR/Wagner* § 40 Rn. 28; *BH/Böwing-Schmalenbrock* § 40 Rn. 51) weitgehend bestätigt worden. Die pauschale LSt knüpft an die für ArbN im Abzugsverfahren entstehende individuelle LSt an; der Pauschsteuersatz soll weder zu einer geringeren noch zu einer höheren Steuer als die Summe der für jeden ArbN gesondert ermittelten Steuer auf die zusätzl Bezüge führen. Allerdings wird die pauschale LSt niemals der Summe der individuellen LSt der ArbN entsprechen, es ist aber jedes Verfahren zul, das dieses Ziel soweit wie mögl verwirklicht. Dies bedeutet auch, dass die pauschale LSt für jedes Kj getrennt zu ermitteln ist (glA FG Mster EFG 97, 608; *HHR/Wagner* § 40 Rn. 18). Bei der Pauschalierung sind Kinderfreibeträge nicht zu berücksichtigen (BFH VI R 48/03, BStBl II 07, 844). Die 9

FinVerw lässt es aus Vereinfachungsgründen zu, KiSt und SolZ dem zu versteuernden Betrag nicht hinzuzurechnen (*FM BW* DStR 11, 1182).

10 **5. Entstehung der pauschalen Lohnsteuer.** Die pauschale LSt entsteht im Zeitpunkt des Zuflusses des ArbLohns beim ArbN (BFH VI R 47/93, BStBl II 94, 715; dazu *OFD Erf* DStR 96, 670). Da die pauschale LSt eine von der LSt des ArbN abgeleitete Steuer ist, ist auch für die Frage der Verjährung auf die Entstehung der LSt (§ 38 II 2) abzustellen (§ 170 II Nr 1 AO). Aus BFH VI R 47/93, BStBl II 94, 715 folgt indes nicht, dass die Inanspruchnahme des ArbG für jegl LSt regelmäßig später als vier Jahre nach Ende des Zuflussjahres nicht mehr mögl ist und auch eine LStAußenprüfung ggü dem ArbG keine Ablaufhemmung mehr bewirkt. Nach § 171 XV AO endet die Festsetzungsfrist ggü dem Steuerschuldner (ArbN) nicht vor Ablauf der ggü dem Entrichtungspflichtigen (ArbG) geltenden Festsetzungsfrist. – Die Angabe eines **unrichtigen Entstehungszeitraums** macht den Pauschalierungsbescheid nicht rechtswidrig (FG Mchn EFG 93, 195).

11 **6. Pauschalierungen nach § 40 II. – a) Allgemeines.** Die Pauschalierung ist ohne Genehmigung des FA zul. Es kommt auch nicht darauf an, dass die zu pauschalierenden Lohnzuwendungen in einer größeren Zahl von Fällen gewährt werden. – Str, aber mE zu bejahen ist, ob ein Wahlrecht zwischen § 40 I und § 40 II besteht (ebenso *BH/Böwing-Schmalenbrock* § 40 Rn. 56; *HHR/Wagner* § 40 Rn. 33; *KKM* § 40 Rn. A 12). Das Wahlrecht und die Pauschalierung nach § 40 II werden durch die Anmeldung der mit dem Pauschsteuersatz erhobenen LSt ausgeübt (BFH VI R 69/14, BFH/NV 16, 131). Zur Übernahme der pauschalen Steuer durch den ArbN → Rn. 26.

12 **b) Mahlzeiten im Betrieb, § 40 II 1 Nr 1.** Der Vorteil aus der unentgeltl oder verbilligten Mahlzeitengestellung an ArbN gehört zum ArbLohn (→ § 19 Rn. 100 „Mahlzeiten" mwN). Die Pauschalierung ist nicht nur bei arbeitstägl verbilligter Mahlzeitenabgabe im Betrieb selbst, sondern auch bei Gewährung von Barzuschüssen an andere Unternehmen zur Mahlzeitengestellung mögl. Letztere kann auch durch Abgabe von Essensmarken an die ArbN zur Einlösung bei anderen Unternehmen erfolgen (*BH/Böwing-Schmalenbrock* § 40 Rn. 59). Zur Bewertung der Mahlzeitengestellung s LStR 8.1 VII; → § 8 Rn. 61, 63; *Liess* NWB 13, 543. Der ArbG hat die Wahl zw der Bewertung nach § 8 III verbunden mit dem normalen LStAbzug unter Berücksichtigung des Rabattfreibetrages und der Bewertung nach § 8 II (Sachbezugswerte) verbunden mit der Pauschalierung nach § 40 II 1 Nr 1. Der ArbG kann aber auch zunächst bis zur Ausschöpfung des Rabattfreibetrages nach § 8 III verfahren und anschließend für die übersteigenden Zuwendungen das Verfahren nach § 8 II iVm § 40 II 1 Nr 1 anwenden (*Drenseck* FR 89, 266 f; *HHR/Wagner* § 40 Rn. 35, aE). – Weitere Einzelheiten s LStR 40.2 I Nr 1.

13 **c) Mahlzeiten bei Auswärtstätigkeit, § 40 II 1 Nr 1a.** Die Regelung ermöglicht dem ArbG, die Besteuerung übl Mahlzeiten, die anlässl einer Auswärtstätigkeit unentgeltl oder verbilligt zur Verfügung gestellt werden und deren Besteuerung nicht nach § 8 II 9 (→ § 8 Rn. 63) unterbleiben kann, pauschal durchzuführen. Diese Möglichkeit besteht zB, wenn bei eintägiger Auswärtstätigkeit die Mindestabwesenheitszeit nicht erreicht wird oder vom ArbG nicht aufgezeichnet wird (s auch *Wirfler* DStR 13, 2660 (2668); *Niermann* DB 13, 1015 (1021)).

14 **d) Betriebsveranstaltungen, § 40 II 1 Nr 2.** Die Vorschrift setzt das Vorliegen einer Betriebsveranstaltung voraus, die zum Lohnzufluss führt (→ § 19 Rn. 77 ff; *BMF* BStBl I 15, 832). Die Veranstaltung muss allen Angehörigen des Betriebs oder Betriebsteils offen stehen, wie das **StÄndG 2025** (BGBl I 25, 363) nunmehr ausdrückl **ab VZ 2026** vorschreibt, wenn der ArbG die Zuwendungen anlässl der Betriebsveranstaltung pauschal versteuern will (zustimmend *Niermann* DB 26, 20 (22)). Damit ist die entgegenstehende Rspr in BFH VI R 5/22, BStBl II 24, 748 überholt

(→ § 19 Rn. 79; zutr dagegen schon bisher FG Mster EFG 20, 682). Pauschal besteuert werden kann nicht nur der Wert der Betriebsveranstaltung als solcher, sondern auch der Lohn, der *aus Anlass* der Betriebsveranstaltung zugewendet wird (unübl Zuwendungen). Das sind aber nur solche Zuwendungen, die durch die Betriebsveranstaltung ausgelöst worden sind (zB Gewinn eines PKW aus einer Tombola; nicht aber hohe Reisegewinne bei einer Verlosung ohne „Nieten“ FG Mchn EFG 12, 2313). Nicht pauschal besteuert werden können solche Lohnbestandteile, die nur *bei Gelegenheit* einer Betriebsveranstaltung überreicht werden: zB finanzielle Belohnung für besondere Leistungen, Abfindungszahlungen an ausscheidende Mitarbeiter, Übergabe von Jubiläumsgeldern, Weihnachtsgeldern oder Goldmünzen (BFH VI R 58/04, BStBl II 07, 128), Tantiemen, Prämierung von Verbesserungsvorschlägen (BFH VI R 3/96, BStBl II 97, 365); hier besteht aber die Pauschalierungsmöglichkeit nach § 40 I 1 Nr 1 oder sofern es sich um Sachzuwendungen handelt nach § 37b. Barabfindungen anstelle der Teilnahme an der Betriebsveranstaltung können ebenfalls nicht nach § 40 II 1 Nr 2 pauschaliert werden; gleiches gilt für Wertgutscheine zur Bewirtung als Ersatz für die Nichtteilnahme (FG Mchn EFG 11, 138). Zur LSt-Pauschalierung bei der Teilnahme von LeihArbN und ArbN konzernangehöriger Unternehmen s *Plenker* DB 15, 2530 (2534).

e) Erholungsbeihilfen, § 40 II 1 Nr 3. S auch LStR 3.11 und LStR 40.2 III. 15
Dies sind Leistungen zum Zweck der Erholung. Der ArbG muss überprüfen, ob die ArbN die Leistungen auch tatsächl zu diesem Zweck verwenden (BFH VI R 55/11, BStBl II 13, 398; NdsFG EFG 15, 1257). Nach der *FinVerw* reicht indes ein zeitl Zusammenhang mit einem Urlaub (LStR 40.2 III 4; s auch *Seifert* DStZ 15, 199 (210)). Übersteigen die Erholungsbeihilfen die Höchstgrenzen (sie sind für ArbN, Ehegatten, Kinder jeweils gesondert zu betrachten), können die Erholungsbeihilfen in voller Höhe nicht mehr nach § 40 II pauschal besteuert werden. Es ist dann nach § 39b III oder § 40 I 1 zu verfahren. Eine Verteilung der Erholungsbeihilfen auf mehrere Kj ist auch dann nicht mögl, wenn dem ArbN nur alle zwei oder mehrere Jahre Beihilfe bekommt (BFH VI 104/57 U, BStBl III 58, 257).

f) Verpflegungsmehraufwendungen bei Auswärtstätigkeit, § 40 II 1 Nr 4. 16
Der ArbG darf in Fällen der Auswärtstätigkeit des ArbN (auch bei Auslandseinsätzen) den von ihm vergüteten Verpflegungsmehraufwand, soweit die Vergütung nicht bereits nach § 3 Nr 13 bzw Nr 16 stfrei ist und sie die gesetzl Pauschbeträge um nicht mehr als 100% übersteigt, pauschal versteuern. *Soweit* auch die 100%-Grenze überschritten wird, ist dieser Lohnteil individuell zu versteuern; hier kommt aber die Pauschalierung nach § 40 I 1 Nr 1 (LStR 40.2 IV 2) in Betracht. Die Pauschalierungsmöglichkeit besteht nicht im Fall der doppelten Haushaltsführung (LStR 40.2 I Nr 4) und auch dann nicht, wenn ein Verpflegungsmehraufwand nach dem Gesetz gar nicht geltend gemacht werden kann (zB Grundabwesenheitszeit von 8 Stunden wird nicht erreicht oder nach Ablauf von 3 Monaten an derselben Tätigkeitsstätte). – FinVerw lässt zur Ermittlung des stfreien Vergütungsbetrages die Zusammenrechnung der einzelnen Aufwendungsarten (Fahrt-, Verpflegungs- und Übernachtungskosten) zu; der den stfreien Vergütungsbetrag übersteigende Betrag kann als Vergütung für Verpflegung § 40 II 1 Nr 4 zugeordnet werden (LStH 40.2 „Pauschalversteuerung von Reisekosten“).

g) Übereignung von Datenverarbeitungsgeräten; Zubehör und Internetzugang sowie entsprechende Zuschüsse, § 40 II 1 Nr 5. S LStR 40.2 V. *Übereignen* ArbG die genannten WG ihren ArbN, liegt hierin unabhängig davon, ob die WG der privaten Nutzung dienen oder vom ArbN für berufl Zwecke genutzt werden sollen, eine Lohnzuwendung (→ § 19 Rn. 67, 69; teilweise **aA** *FM MV* DStR 14, 1391, keine stbare Einnahme, wenn das Gerät nur berufl genutzt werden darf). Im letzteren Fall kommt ein WK-Abzug über die AfA in Betracht. Der ArbG kann diese Lohnzuwendung pauschal mit 25% besteuern. Alle Datenverarbeitungsgeräte werden von 17 der Vorschrift erfasst. – Eine pauschale Besteuerung kommt auch für Zuschüsse des ArbG zu den lfd Aufwendungen oder zu den Kosten der Einrichtung für einen Internetzugang des ArbN in Betracht. Bis 50 € monatl kann der Zuschuss des ArbG ohne weiteren Nachweis pauschaliert werden; hier erfolgt keine Anrechnung auf den WK-Abzug des ArbN (LStR 40.2 V 7). Bei höheren Beträgen muss ein Nachweis für einen repräsentativen Zeitraum (drei Monate) geführt werden. Bei betriebl Nutzung der Geräte kommt ein stfreier Auslagenersatz (bis 20 € LStR 3.50 II 4) neben der Pauschalierung (50 €) in Betracht. – Voraussetzung für die pauschale Besteuerung ist, dass die Zuwendungen **zusätzl zum ohnehin geschuldeten ArbLohn** geleistet werden (ab VZ 2020 → § 8 Rn. 80 ff).

Eine **Barlohnumwandlung** ist ausgeschlossen (*HHR/Wagner* § 40 Rn. 44). Ob eine solche vorliegt, ist nach der zutr BFH-Rspr im Zeitpunkt der Lohnzahlung zu prüfen (BFH VI R 32/18, BStBl II 20, 106; BFH VI R 40/17, BFH/NV 19, 1341; **aA** *Briese* DStR 19, 2458; *Briese* DStR 21, 83). Ein arbeitsvertragl vor der Lohnzahlung vereinbarter Lohnformwechsel ist daher begünstigungsunschädl. Die gegenteilige Auffassung ist mit dem das LSt-Recht beherrschenden Zuflussprinzip unvereinbar. Eine schädl Gehaltsumwandlung liegt daher (nur) vor, wenn eine Leistung auf den (unverändert fortbestehenden) ArbLohnanspruch ledigl angerechnet wird oder eine bloße Umwidmung/Umwandlung des (unverändert) vereinbarten ArbLohns erfolgt (so auch BT-Drs 16/10189, 47). Die *FinVerw* wendet die BFH-Rspr abweichend von ihrer ursprüngl ablehnenden Auffassung bis VZ 2019 (*BMF* BStBl I 22, 61). Ab VZ 2020 gilt § 8 IV (→ § 8 Rn. 80 ff).

18 **h) Förderung der Elektromobilität, § 40 II 1 Nr 6.** Der ArbG kann geldwerte Vorteile aus der unentgeltl oder verbilligten Übereignung einer privat genutzten Ladevorrichtung für Elektrofahrzeuge, Hybridelektrofahrzeuge oder als Kfz einzustufende Elektrofahrräder mit einer Geschwindigkeit von mehr als 25 km/h an den ArbN pauschal lohnversteuern (s auch *BMF* BStBl I 25, 1929 Rn. 32 f). Trägt der ArbN die Aufwendungen für den Erwerb und den Betrieb der (privaten) *Ladevorrichtung* selbst, kann der ArbG diese bezuschussen (*BMF* BStBl I 25, 1929 Rn. 34 ff). Voraussetzung ist, dass die Übereignung und die Zuschüsse zusätzl zum ohnehin geschuldeten ArbLohn erfolgen (→ § 8 Rn. 80 ff).

19 **i) Übereignung betrieblicher (Elektro-)Fahrräder, § 40 II 1 Nr 7.** Der ArbG kann ab VZ 2020 geldwerte Vorteile aus der Übereignung betriebl Fahrräder mit 25% pauschal versteuern. Dies gilt auch für E-Bikes, sofern diese verkehrsrechtl nicht als Kfz einzuordnen sind (Unterstützung bis 25 km/h). Die Übereignung muss zusätzl zum ohnehin geschuldeten ArbLohn erfolgen (→ § 8 Rn. 80 ff).

20 **j) Fahrten zwischen Wohnung und erster Tätigkeitsstätte, § 40 II 2 Nr 1.** Die Pauschalierungsmöglichkeit gem § 40 II 2 Nr 1 iHv 15% gilt nach Nr 1 Buchst a für *Sachbezüge zur Beförderung* eines ArbN (zB *Gestellung eines Kfz oder Job-Tickets*) und nach Nr 1 Buchst b bei *Barzuschüssen zu den Fahrtkosten* des ArbN bei Fahrten zw Wohnung und erster Tätigkeitsstätte oder Sammelpunkt/weiträumigem Tätigkeitsgebiet, die bei Nr 1 Buchst b zusätzl zum ohnehin geschuldeten ArbLohn geleistet werden müssen (→ § 8 Rn. 80 ff); allerdings nur iHd Beträge, die der ArbN nach § 9 I 3 Nr 4, II als WK absetzen könnte. Der darüber hinausgehende Betrag ist dem normalen LStAbzug zu unterwerfen oder nach § 40 I 1 Nr 1 zu pauschalieren (*HHR/Wagner* § 40 Rn. 45 ff, 48). Einzelheiten LStR 40.2 VI; *BMF* BStBl I 21, 2315 Rn. 32 ff). Stellt sich die LStPauschalierung nachträgl als zu hoch heraus, ist eine Nachversteuerung im Veranlagungsverfahren vorzunehmen (*BMF* BStBl I 21, 2315 Rn. 33; *Seifert* DStZ 22, 153 (163)). Auch geldwerte Vorteile für den **Unfallkostenersatz** des ArbG können nach § 40 II 2 Nr 1 Buchst b pauschal besteuert werden (*Offerhaus* BB 91, 25; *HHR/Wagner* § 40 Rn. 47). Gleiches gilt für Zuschüsse zu einem **Job-Ticket;** zur StFreiheit ab VZ 2019 gem § 3 Nr 15 → § 3 Rn. 63. Zur Kombination von § 40 II und § 8 II 11 → § 8 Rn. 68. – **Fahrtkostenzuschüsse** bei **Auswärtstätigkeit** können stfrei nach § 3 Nr 16 erstattet werden; es kommt daher von vornherein nicht zu einer Pauschalierung. – Die pauschal besteuerten Bezüge

mindern die nach § 9 I 3 Nr 4, II abziehbaren WK. Zur Pauschalversteuerung als Gestaltungsmittel s *Hüsing* DB 01, 1585; *Nacke* NWB 13, 1645 (1655).

k) Fahrten mit öffentlichen Verkehrsmitteln im Linienverkehr zwischen Wohnung und erster Tätigkeitsstätte, § 40 II 2 Nr 2. Die Vorschrift schafft eine zusätzl Wahlmöglichkeit des ArbG zur StFreistellung nach § 3 Nr 15. Sie soll die Attraktivität von **Job-Tickets** für ArbN und ArbG erhöhen. Anders als bei § 40 II 2 Nr 1 beträgt der Pauschsteuersatz 25%, allerdings ohne Minderung der beim ArbN als WK abziehbaren Entfernungspauschale. Die nach § 40 II 2 Nr 2 pauschal versteuerten Bezüge müssen deshalb auch nicht in der LSt-Bescheinigung ausgewiesen werden. Eine Zuordnung zum einzelnen ArbN ist ebenfalls nicht erforderlich. Die Pauschalierung setzt anders als § 3 Nr 15 und § 40 II 2 Nr 1 Buchst b nicht voraus, dass der Vorteil zusätzl zum ohnehin geschuldeten ArbLohn gewährt wird. Wählt der ArbG die Pauschalierung nach § 40 II 2 Nr 2, ist sie einheitl für alle in § 3 Nr 15 genannten Bezüge anzuwenden, die der ArbG dem ArbN innerhalb des Kj gewährt. 21

l) Freifahrtberechtigungen der Soldaten, § 40 II 2 Nr 3. Gem § 30 VI SG erhalten Soldaten in Uniform unter bestimmten Voraussetzungen Freifahrtberechtigungen für den Nah- und Fernverkehr der Eisenbahn. Um eine individuelle Versteuerung dieser Freifahrten bei den Soldaten zu vermeiden, ermöglicht § 40 II 2 Nr 3 ab VZ 2021 eine Pauschalbesteuerung durch den Dienstherrn. Eine Minderung der Entfernungspauschale bei den Soldaten ist nicht vorzunehmen. Die pauschal versteuerten Bezüge müssen deshalb auch nicht in der LSt-Bescheinigung ausgewiesen werden. 22

m) Verhältnis zu § 40a und Bemessungsgrundlage, § 40 II 3, 4. Satz 3 der Vorschrift bringt eine Vergünstigung in Fällen der Pauschalierungsarbeitsverhältnisse nach § 40a. Der ArbG kann neben den laufenden Lohnzuwendungen auch die Fahrtkostenzuschüsse ohne Anrechnung auf die Pauschalierungsgrenzen des § 40a pauschal besteuern (auch → § 40a Rn. 3). – Nach Satz 4 sind Bemessungsgrundlage für die pauschale LSt gem § 40 II 2 Nr 2 und 3 abweichend von den allg Grundsätzen in § 8 die Aufwendungen des ArbG einschl USt. Dies dient der Bewertungsvereinfachung, insb wenn der ArbG Sachbezüge für viele ArbN im Paket zum Pauschalpreis erwirbt. 23

7. Aufzeichnungspflichten. Diese ergeben sich aus § 41 I 4 EStG iVm § 4 II Nr 8 LStDV; LStR 41.1, s aber zur Pauschalierung nach § 40 II 2 Nr 2 und Nr 3 → Rn. 21 f. 24

III. Rechtsfolgen der Pauschalierung, § 40 III

1. Übernahme der Lohnsteuer. Die pauschale LSt ist eine von der Steuer des ArbN abgeleitete Steuer, die der ArbG zu übernehmen hat (BFH VI R 47/93, BStBl II 94, 715, mwN; BFH VII R 32/20, BStBl II 22, 537 auch zur Geschäftsführerhaftung nach § 69 AO). Sowohl der pauschal besteuerte ArbLohn als auch die pauschale LSt bleiben bei der Besteuerung des ArbN außer Ansatz. Diese Rechtsfolge tritt aber nur ein, wenn die Pauschalierung tatsächl vorgenommen wurde und dem Gesetz entspricht (BFH VI B 49/15, BFH/NV 16, 38). Bei einer nicht dem Gesetz entspr Pauschalierung kann der ArbG nicht StSchuldner werden (FG Mster DStRE 21, 1355, rkr). Dies gilt für §§ 40 II, 40a, 40b (→ § 40a Rn. 12). Nach Aufhebung eines Pauschalierungsbescheids kann der ArbN in Anspruch genommen werden (BFH VI B 140/89, BStBl II 91, 309). Bei **fehlgeschlagener Pauschalierung** ist der ArbLohn in die EStVeranlagung des ArbN einzubeziehen, ohne dass die vom ArbG abgeführte pauschale LSt auf die EStSchuld anzurechnen ist (BFH VII B 230/05, BFH/NV 06, 1292). Dies hat das Wohnsitz-FA des ArbN bei der ESt-Veranlagung eigenständig ohne verfahrensrechtl Bindung zu überprüfen (BFH VI B 9/17, BFH/NV 18, 200). Eine pauschale Steuer kann nicht mehr für solche Sachverhalte entstehen, hinsichtl derer bereits Verjährung eingetreten war; denn ihre 25

Entstehung ist an die Entstehung der LSt gekoppelt (*Kruse* FS K. Tipke 1995, 277 (289)). Ein Anspruch auf Erstattung der pauschalen LSt steht dem ArbG zu. Die Festsetzung einer negativen pauschalen LSt kommt aber nicht in Betracht (BFH VI R 18/15, BFH/NV 16, 1631). Zu den Rechtsfolgen einer fehlerhaften Pauschalierung auch → § 40a Rn. 12. Da die pauschale LSt nichts anderes als eine besonders berechnete LSt ist, darf sie nur für solche Einkünfte erhoben werden, die dem LSt-Abzug unterlägen, wenn der ArbG keinen Pauschalierungsantrag gestellt hätte (BFH VI R 10/98, BFH/NV 01, 35; s auch BFH VI R 23/02, BStBl II 06, 210; Anm *MIT* in DStRE 06, 271 zum Verhältnis zw Anrufungsauskunft und LSt-Pauschalierung).

26 **2. Überwälzung der pauschalen Steuer auf Arbeitnehmer.** Der ArbG kann ein Interesse haben, im Innenverhältnis zum ArbN die pauschale LSt erstattet zu erhalten, um von der Steuer wirtschaftl entlastet zu werden; ein entspr Vereinbarung ist zul (*HHR/Wagner* § 40 Rn. 54). Die abgewälzte pauschale LSt gilt als zugeflossener Lohn mit der Folge, dass die pauschale LSt aus diesem vollen Lohn zu berechnen ist (§ 40 III 2). Keine Abwälzung der pauschalen LSt soll vorliegen, wenn bei Neufestsetzung des künftigen ArbLohns alle rechtl und wirtschaftl Folgen dergestalt gezogen werden, dass der geminderte Lohn zB Bemessungsgrundlage für zukünftige Lohnerhöhungen ist (*BMF* BStBl I 00, 138). Zur zivilrechtl Zulässigkeit der Überwälzung der pauschalen LSt auf den ArbN s BAG 5 AZR 628/04, DB 06, 1059. S auch LStH 40.2.

27 **3. Festsetzung der pauschalen Lohnsteuer.** Die pauschale LSt kann durch Pauschalierungsbescheid, aber nicht durch Haftungsbescheid geltend gemacht werden (BFH VI R 69/14, BFH/NV 16, 131).

Haftungs- und Pauschalierungsbescheid können indes auf einem Vordruck verbunden werden, wenn die nur rein äußerl Zusammenfassung eindeutig erkennbar ist (BFH VI R 176/82, BStBl II 85, 266; BFH VI R 38/19, BFH/NV 22, 321). Wird in einem solchen Fall nur der Haftungsbescheid angefochten, erwächst der Pauschalierungsbescheid in Bestandskraft. Gleiches gilt für den umgekehrten Fall (BFH VI R 102/81, BFH/NV 86, 56). Eine unschädl Zusammenfassung zweier Bescheide kann vorliegen, wenn der VA als StBescheid *und* Haftungsbescheid bezeichnet ist und sich aus den Anlagen des Bescheids eindeutig entnehmen lässt, ob und in welcher Höhe eine Steuer- *und* eine Haftungsschuld festgesetzt werden sollte (BFH VI R 28/79, BStBl II 85, 664 zu III 1). Haftungs- und Pauschalierungsschuld dürfen in einem Haftungsbescheid hingegen *nicht als ein* Nachforderungsbetrag festgesetzt werden. Bezügl der Pauschalierungsschuld fehlt es dann an dem erforderl Pauschalierungsbescheid; soweit die Haftungsschuld reicht, hat der Haftungsbescheid Bestand (BFH VI R 35/78, BStBl II 83, 472). Ein Bescheid ist aber insgesamt aufzuheben, wenn der Tenor einen Gesamtbetrag ausweist und nach Bezeichnung und Inhalt des Bescheides unklar ist, ob das FA eine LStHaftungsschuld oder eine pauschale LStSchuld festsetzen wollte (BFH VI R 47/80, BStBl II 84, 362). Zur Auslegung ist auch ein dem Bescheid beigefügter Prüfungsbericht heranzuziehen (BFH VI R 18/82, BFH/NV 86, 308; BFH VI R 146/80, BFH/NV 86, 517); gleiches gilt bei Bezugnahme auf einen bereits bekannt gegebenen Bericht. Ebenso ist ein Bescheid aufzuheben, wenn sich Tenor (LSt-Haftungsschuld) und Begründung des Bescheids (LSt-Pauschalierungsschuld) widersprechen (BFH VI R 30/81, BStBl II 85, 581; Anm HFR 85, 358). Unerhebl soll hingegen sein, was das FA in der Einspruchsentscheidung ausgeführt hat (BFH VI R 22/81, BFH/NV 85, 55, zweifelhaft).

Der **Grundsatz der inhaltl Bestimmtheit** eines LStPauschalierungsbescheids nach § 40 I macht eine Aufgliederung nach ArbN nicht erforderl (*Littmann* § 40 Rn. 78); für die Bescheide nach §§ 40 II, 40a, 40b gelten mE aber die zum Haftungsbescheid entwickelten Grundsätze entspr (→ § 42d Rn. 46 ff). IÜ erfordert die inhaltl Bestimmtheit eines LStPauschalierungsbescheides nicht eine Aufteilung nach Jahren; es reicht die Angabe des Sachverhaltskomplexes aus (ausführl BFH VI R 115/87, BStBl II 91, 488). Die Angabe eines falschen Entstehungszeitraums kann unschädl sein (FG Mchn EFG 93, 195).

28 **a) Umdeutung.** Die Umdeutung eines Nachforderungs- in einen Haftungsbescheid und umgekehrt ist nicht zul (BFH VI R 72/82, BStBl II 85, 170; *Drenseck*

DStJG 9, 401). – ME kann im Fall der Ersetzung eines LStPauschalierungsbescheids durch einen Haftungsbescheid und umgekehrt **§ 68 FGO** angewendet werden, da es nicht auf die Identität der Streitgegenstände ankommt (BFH IV R 73/06, BStBl II 10, 40; **aA** *Littmann* § 40 Rn. 76). S aber HessFG EFG 89, 608, zur Frage des Wiederauflebens eines durch Haftungsbescheid ersetzten LSt Pauschalierungsbescheides nach Aufhebung des Haftungsbescheides.

b) Bescheidänderung. LStPauschalierungsbescheide können nach §§ 172 ff AO (zur Änderungssperre nach § 173 II AO → § 41a Rn. 7 und → § 42f Rn. 9) geändert werden. Wird nach einer LStAußenprüfung eine pauschale LSt in einem Haftungsbescheid (formell unzutr) geltend gemacht und deshalb der Haftungsbescheid aufgehoben, tritt mit der Aufhebung die Unanfechtbarkeit iSd § 171 IV 1 AO und damit das Ende der Hemmung des Ablaufs der Festsetzungsfrist auf Grund der LSt-Ap ein. Das FA darf zur Vermeidung von Rechtsverlusten den (formell inkorrekten) Haftungsbescheid erst aufheben, wenn zuvor der (formell korrekte) Pauschalierungsbescheid erlassen ist (ausführl BFH VI R 47/93, BStBl II 94, 715). – Die LStPauschalierungsschuld kann **gestundet** werden (*Rosenbaum* DStZ 94, 97 (109)). 29

4. Haftung für pauschale Lohnsteuer. Personen iSd § 69 AO haften im Grundsatz für die pauschale LSt des ArbG nur insoweit, als sie das FA hinsichtl der festgesetzten pauschalen LSt nach deren Fälligkeit ggü anderen Gläubigern des ArbG benachteiligt haben. Haben diese Personen (zB Geschäftsführer einer GmbH) schuldhaft iSd § 69 AO die LSt unzutr einbehalten oder nicht abgeführt, kommt es für ihre Inanspruchnahme hierauf an (**aA** BFH VII R 108/88, BStBl II 90, 767, wo zu Unrecht an die durch BFH VI R 47/93, BStBl II 94, 715 überholten Grundsätze von BFH VI R 219/80, BStBl II 83, 91 angeknüpft wird). Das Gleiche gilt, wenn vorgenannte Personen pauschale LSt iSd §§ 40 II, 40a, 40b nicht ordnungsgemäß abgeführt haben. 30

IV. Ausübung des Pauschalierungswahlrechts, § 40 IV

Nach § 40 IV 1 idF JStG 2024 (BGBl I 24 Nr 387) ist das Pauschalierungswahlrecht des ArbG durch Übermittlung oder Abgabe einer LStAnmeldung, in der die pauschale LSt angegeben wird, auszuüben. Abw kann nach § 40 IV 2 für den Prüfungszeitraum einer LStAußenprüfung das Wahlrecht durch schriftl oder elektronische Erklärung ggü dem BetriebsstättenFA ausgeübt werden. Die Erklärung ist spätestens bis zur Bestandskraft der Bescheide abzugeben (§ 40 IV 3); die pauschale LSt wird durch StBescheid festgesetzt (§ 40 IV 4). § 40 IV trägt der BFH-Rspr (BFH VI R 38/19, BFH/NV 22, 321) Rechnung (RegE JStG 2024 BT-Drs 20/12780, 127). 31

§ 40a Pauschalierung der Lohnsteuer für Teilzeitbeschäftigte und geringfügig Beschäftigte

(1) [1]**Der Arbeitgeber kann unter Verzicht auf den Abruf von elektronischen Lohnsteuerabzugsmerkmalen (§ 39e Absatz 4 Satz 2) oder die Vorlage einer Bescheinigung für den Lohnsteuerabzug (§ 39 Absatz 3 oder § 39e Absatz 7 oder Absatz 8) bei Arbeitnehmern, die nur kurzfristig beschäftigt werden, die Lohnsteuer mit einem Pauschsteuersatz von 25 Prozent des Arbeitslohns erheben.** [2]**Eine kurzfristige Beschäftigung liegt vor, wenn der Arbeitnehmer bei dem Arbeitgeber gelegentlich, nicht regelmäßig wiederkehrend beschäftigt wird, die Dauer der Beschäftigung 18 zusammenhängende Arbeitstage nicht übersteigt und**

1. **der Arbeitslohn während der Beschäftigungsdauer 150 Euro durchschnittlich je Arbeitstag nicht übersteigt oder**

2. die Beschäftigung zu einem unvorhersehbaren Zeitpunkt sofort erforderlich wird.

(2) **Der Arbeitgeber kann unter Verzicht auf den Abruf von elektronischen Lohnsteuerabzugsmerkmalen (§ 39e Absatz 4 Satz 2) oder die Vorlage einer Bescheinigung für den Lohnsteuerabzug (§ 39 Absatz 3 oder § 39e Absatz 7 oder Absatz 8) die Lohnsteuer einschließlich Solidaritätszuschlag und Kirchensteuern (einheitliche Pauschsteuer) für das Arbeitsentgelt aus geringfügigen Beschäftigungen im Sinne des § 8 Absatz 1 Nummer 1 oder des § 8a des Vierten Buches Sozialgesetzbuch, für das er Beiträge nach § 168 Absatz 1 Nummer 1b oder 1c (geringfügig versicherungspflichtig Beschäftigte) oder nach § 172 Absatz 3 oder 3a (versicherungsfrei oder von der Versicherungspflicht befreite geringfügig Beschäftigte) oder nach § 276a Absatz 1 (versicherungsfrei geringfügig Beschäftigte) des Sechsten Buches Sozialgesetzbuch zu entrichten hat, mit einem einheitlichen Pauschsteuersatz in Höhe von insgesamt 2 Prozent des Arbeitsentgelts erheben.**

(2a) **Hat der Arbeitgeber in den Fällen des Absatzes 2 keine Beiträge nach § 168 Absatz 1 Nummer 1b oder 1c oder nach § 172 Absatz 3 oder 3a oder nach § 276a Absatz 1 des Sechsten Buches Sozialgesetzbuch zu entrichten, kann er unter Verzicht auf den Abruf von elektronischen Lohnsteuerabzugsmerkmalen (§ 39e Absatz 4 Satz 2) oder die Vorlage einer Bescheinigung für den Lohnsteuerabzug (§ 39 Absatz 3 oder § 39e Absatz 7 oder Absatz 8) die Lohnsteuer mit einem Pauschsteuersatz in Höhe von 20 Prozent des Arbeitsentgelts erheben.**

(3) **[1]Abweichend von den Absätzen 1 und 2a kann der Arbeitgeber unter Verzicht auf den Abruf von elektronischen Lohnsteuerabzugsmerkmalen (§ 39e Absatz 4 Satz 2) oder die Vorlage einer Bescheinigung für den Lohnsteuerabzug (§ 39 Absatz 3 oder § 39e Absatz 7 oder Absatz 8) bei Aushilfskräften, die in Betrieben der Land- und Forstwirtschaft im Sinne des § 13 Absatz 1 Nummer 1 bis 4 ausschließlich mit typisch land- oder forstwirtschaftlichen Arbeiten beschäftigt werden, die Lohnsteuer mit einem Pauschsteuersatz von 5 Prozent des Arbeitslohns erheben. [2]Aushilfskräfte im Sinne dieser Vorschrift sind Personen, die für die Ausführung und für die Dauer von Arbeiten, die nicht ganzjährig anfallen, beschäftigt werden; eine Beschäftigung mit anderen land- und forstwirtschaftlichen Arbeiten ist unschädlich, wenn deren Dauer 25 Prozent der Gesamtbeschäftigungsdauer nicht überschreitet. [3]Aushilfskräfte sind nicht Arbeitnehmer, die zu den land- und forstwirtschaftlichen Fachkräften gehören oder die der Arbeitgeber mehr als 180 Tage im Kalenderjahr beschäftigt.**

(4) **Die Pauschalierungen nach den Absätzen 1 und 3 sind unzulässig**

1. **bei Arbeitnehmern, deren Arbeitslohn während der Beschäftigungsdauer durchschnittlich je Arbeitsstunde 19 Euro übersteigt,**
2. **bei Arbeitnehmern, die für eine andere Beschäftigung von demselben Arbeitgeber Arbeitslohn beziehen, der nach § 39b oder § 39c dem Lohnsteuerabzug unterworfen wird.**

(5) **[1]Auf die Pauschalierungen nach den Absätzen 1 bis 3 und 7 ist § 40 Absatz 3 anzuwenden. [2]Auf die Pauschalierungen nach den Absätzen 1, 2a, 3 und 7 ist § 40 Absatz 4 entsprechend anzuwenden.**

(6) **[1]Für die Erhebung der einheitlichen Pauschsteuer nach Absatz 2 ist die Deutsche Rentenversicherung Knappschaft-Bahn-See zuständig. [2]Die Regelungen zum Steuerabzug vom Arbeitslohn sind entsprechend anzuwenden. [3]Für die Anmeldung, Abführung und Vollstreckung der einheitlichen Pauschsteuer sowie die Erhebung eines Säumniszuschlags und das Mahnverfahren für die einheitliche Pauschsteuer gelten dabei die Regelungen für die Beiträge nach § 168 Absatz 1 Nummer 1b oder 1c oder nach § 172 Absatz 3 oder 3a oder nach § 276a Absatz 1 des Sechsten Buches Sozialgesetzbuch. [4]Die Deutsche Rentenversicherung Knappschaft-Bahn-See hat die einheitliche Pauschsteuer auf die erhebungs-**

berechtigten Körperschaften aufzuteilen; dabei entfallen aus Vereinfachungsgründen 90 Prozent der einheitlichen Pauschsteuer auf die Lohnsteuer, 5 Prozent auf den Solidaritätszuschlag und 5 Prozent auf die Kirchensteuern. [5]Die erhebungsberechtigten Kirchen haben sich auf eine Aufteilung des Kirchensteueranteils zu verständigen und diesen der Deutschen Rentenversicherung Knappschaft-Bahn-See mitzuteilen. [6]Die Deutsche Rentenversicherung Knappschaft-Bahn-See ist berechtigt, die einheitliche Pauschsteuer nach Absatz 2 zusammen mit den Sozialversicherungsbeiträgen beim Arbeitgeber einzuziehen.

(7) **[1]Der Arbeitgeber kann unter Verzicht auf den Abruf von elektronischen Lohnsteuerabzugsmerkmalen (§ 39e Absatz 4 Satz 2) die Lohnsteuer für Bezüge von kurzfristigen, im Inland ausgeübten Tätigkeiten beschränkt steuerpflichtiger Arbeitnehmer, die einer ausländischen Betriebsstätte dieses Arbeitgebers zugeordnet sind, mit einem Pauschsteuersatz von 30 Prozent des Arbeitslohns erheben. [2]Eine kurzfristige Tätigkeit im Sinne des Satzes 1 liegt nur vor, wenn die im Inland ausgeübte Tätigkeit 18 zusammenhängende Arbeitstage nicht übersteigt.**

Lohnsteuer-Richtlinien: LStR 40a.1, 40a.2; LStH 40a.1, 40a.2.

I. Allgemeines

1. Zielsetzung der Vorschrift und Verfahren. Die Vorschrift soll die LStErhebung beim ArbG erleichtern. Sie regelt ein Besteuerungsverfahren eigener Art, bei der der ArbG **Steuerschuldner** der LSt ist und bei der sowohl der pauschale Lohn als auch die pauschale LSt bei einer Veranlagung des ArbN außer Betracht bleiben **(§ 40a V iVm § 40 III).** Die Anwendung des § 40a schließt daher auch den WK-Abzug sowie den Abzug von Freibeträgen wie den ArbN-Pauschbetrag, die mit diesen Einnahmen zusammenhängen, aus (BFH VI R 157/87, BStBl II 89, 1032; FG Hmb EFG 81, 621). Die auf den Lohnzahlungszeitraum entfallende LStPauschalierungsschuld entsteht mit Ablauf dieses Lohnzahlungszeitraums, jedoch auflösend bedingt durch eine **Überschreitung der Pauschalierungsgrenzen** (BFH VI R 157/87, BStBl II 89, 1032); dies ist bei späteren Sonderzahlungen zu beachten (→ Rn. 2). Etwaige **Erstattungsansprüche** stehen dem ArbG und nicht dem ArbN zu (BFH VI R 270/69, BStBl II 73, 128). Die Pauschalierung ist **ohne Antrag und Genehmigung** durch das FA zul (BFH VI R 10/99, BStBl II 04, 195). Die Entscheidung, ob pauschaliert werden soll, liegt allein beim ArbG. Hat dieser sich nicht eindeutig erklärt, kann nicht pauschaliert werden. Der ArbG kann selbst bestimmen, bei welchen ArbN er auf den Abruf der ELStAM oder die Vorlage einer Bescheinigung über den LStAbzug verzichtet. Ein ständiger **Wechsel zwischen Pauschalierung und normalem LStAbzug** während des laufenden Jahres mit dem *alleinigen* Ziel den ArbN-Pauschbetrag auszunutzen, ist jedoch rechtsmissbräuchl (BFH VI R 32/89, BStBl II 92, 695; *HHR/Wagner* § 40a Rn. 6). Kein Gestaltungsmissbrauch liegt hingegen vor, wenn der ArbG nach Ablauf des Jahres die zunächst vorgenommene Pauschalierung rückgängig macht und es damit zur Lohn-Regelbesteuerung kommt (BFH VI R 10/99, BStBl II 04, 195). Nach FG Nbg EFG 15, 732, soll ein Wechsel zur Pauschalversteuerung nur bis zur Ausschreibung oder Übermittlung der LSt-Bescheinigung nach § 41c III zul sein. Dies ist mE unzutr (s auch BFH VI R 88/86, BFH/NV 90, 639, Pauschalierungsantrag noch im Klageverfahren vor dem FG zul). – Zur **Abführung der KiSt** ist der ArbG nur verpflichtet, wenn der ArbN einer KiSt-erhebungsberechtigten Religionsgemeinschaft angehört. 1

2. Bemessungsgrundlage für die Pauschalierung. Dies ist der stpfl ArbLohn; die PauschSt ist nicht hinzuzurechnen. Die Abgrenzung zu stfreien Bezügen (zB Reisekosten, Auslagenersatz usw) richtet sich nach allg Grundsätzen (BFH VI R 146/69, BStBl II 73, 421). **Sachbezüge iSd § 8 II 11** gehören nicht zur Bemessungsgrundlage des § 40a. **Zukunftssicherungsleistungen** iSd § 40b sind bei 2 der Prüfung der Lohngrenzen iRd § 40a zu berücksichtigen (BFH VI R 66/87, BStBl II 89, 1030). **Sonderzahlungen** (zB Weihnachtsgeld) sind auf die Lohnzahlungszeiträume rechnerisch zu verteilen, für die sie erbracht worden sind (BFH VI R 157/87, BStBl II 89, 1032; BFH VI R 57/05, BStBl II 09, 147; FG BW EFG 06, 332). Sonderzahlungen nach Ablauf des Kj sind nach dem Zuflussprinzip aber nicht mehr Lohnzahlungszeiträumen des früheren Kj zuzurechnen. Die für Aushilfskräfte entrichteten SV-Beiträge sind nicht Teil des ArbLohns iSd § 40a (→ § 19 Rn. 100 „Sozialversicherungsbeiträge"; **aA** *HHR/Wagner* § 40a Rn. 22; wohl auch HessFG EFG 94, 394).

II. Regelungen im Einzelnen

3 **1. Kurzfristig beschäftigte Arbeitnehmer, § 40a I.** Der PauschStSatz von 25% setzt eine gelegentl Tätigkeit voraus. Feste Wiederholungsabsicht steht ihr entgegen (LStR 40a.1 II). Dies gilt zB für eine regelmäßig wiederkehrende Beschäftigung des ArbN jeweils an Wochenenden. Bei der Berechnung des 18-Tages-Zeitraums sind nur die Arbeitstage zu zählen (FG Hmb EFG 78, 335). Zur Beschäftigung gehören aber auch solche Tage, an denen der ArbLohn wegen Urlaub, Krankheit, gesetzl Feiertage fortgezahlt wird (LStR 40a.1 V 3). Bei **§ 40a I Nr 1** kommt es auf den **durchschnittl Tageslohn** der einzelnen Beschäftigungsperiode an. Arbeitstag kann auch eine sich auf zwei Kalendertage erstreckende Nachtschicht sein (BFH VI R 51/93, BStBl II 94, 421). Der durchschnittl Tageslohn braucht in Fällen des **§ 40a I Nr 2** nicht beachtet zu werden; die Beschäftigung muss aber zu einem **unvorhersehbaren Zeitpunkt** sofort erforderl sein (zB bei krankheitsbedingten Ausfällen; s auch FG Hmb EFG 91, 755: Gaststättengewerbe; FG BW EFG 91, 628: Bedarf erst in 3 Tagen). Das ist nicht der Fall, wenn der Einsatz von Aushilfskräften schon längere Zeit feststeht (zB bei Messen oder Volksfesten) oder wenn der ArbG regelmäßig mit rufbereiten ArbN arbeitet (NdsFG EFG 93, 344, Mietwagenunternehmer). Fallen aber bestellte Aushilfskräfte plötzl aus oder ergibt sich plötzl ein größerer Bedarf an Aushilfskräften als angenommen, ist § 40a I Nr 2 insoweit anwendbar. Stets ist zu beachten, dass der **durchschnittl Stundenlohn** während der Beschäftigungsperiode 19 € (15 € von VZ 2020 bis 2022) nicht überschreiten darf (§ 40a IV Nr 1). Die Überschreitung der Stundenlohngrenze macht die *gesamte* Pauschalierung der Beschäftigungsperiode unwirksam. **Arbeitsstunde** ist die Zeitstunde (BFH VI R 89/88, BStBl II 90, 1092). Maßgebl ist die reine Arbeitszeit ohne *außervertragl* Vorbereitungszeiten (BFH VI R 23/80, BFH/NV 86, 492).

4 **2. Geringfügig Beschäftigte, § 40a II.** Der ArbG kann (Wahlrecht, das für jeden ArbN gesondert ausgeübt werden kann, BAG 8 AZR 817/13, DStR 15, 433) in den Fällen des § 8 I Nr 1 SGB IV (geringfügige Beschäftigung, Entgeltgeringfügigkeit) und des § 8a SGB IV (geringfügige Beschäftigung in Privathaushalten; „Minijob") vom LStAbzug unter Zugrundelegung von LSt-Abzugsmerkmalen absehen und eine Pauschalversteuerung iHv 2% vornehmen, mit der auch die KiSt und der SolZ abgegolten ist. Für die Merkmale der geringfügigen Beschäftigung kommt es auf die sozialversicherungsrechtl Maßstäbe an (BFH VI R 57/05, BStBl II 09, 147; BFH VI B 1/23, BFH/NV 23, 1189). Sind die dort genannten Voraussetzungen für eine geringfügige Beschäftigung nicht erfüllt, scheidet auch eine Pauschalierung nach § 40a II aus (FG Bln-Bbg EFG 23, 436, rkr). Die Pauschalversteuerung setzt also insb ein sozialversicherungspflichtiges ArbVerh voraus. Fehlt dies, zB bei einem Ges'ter-Geschäftsführer, ist die Pauschalierung nicht mögl (Sächs FG DStRE 24, 1167, rkr); dies ist verfrechtl unbedenkl. – **Geringfügige Beschäftigung nach § 8 I Nr 1 SGB IV** liegt vor, wenn das *Arbeitsentgelt* aus dieser Beschäftigung **regelmäßig im Monat 603 €** (Mindestlohn ab 1.1.26: 13,90 € x 130: 3 gerundet auf volle €; bis 31.12.25: **556 €;** bis 31.12.24: **538 €;** bis 31.12.23: **520 €;** bis 30.9.22: **450 €;** und ab 1.1.27: **633 €** (Mindestlohn 14,60 € x 130: 3 gerundet auf volle €) nicht über-

steigt. Die Verdienstgrenze ist seit dem 1.10.2022 dynamisch am Mindestlohn orientiert (s *FBeh Hmb* DStR 23, 2571; *Christmann* DStR 24, 47); die Stundenlohngrenze des § 40a IV Nr 1 gilt nicht. Für das Tatbestandsmerkmal „regelmäßig" ist eine vorausschauende Betrachtung erforderl. Eine nur gelegentl Tätigkeit fällt nicht unter § 8 I Nr 1 SGB IV. Ausreichend ist aber eine auf ständige Wiederholung angelegte Tätigkeit, zB auf Grund einer Rahmenvereinbarung (BSG B 12 KR 16/15 R, NZS 18, 591). Auf Zeitgrenzen kommt es nicht an; entscheidend ist die Entgeltgrenze. Dabei müssen Lohnzahlungen vom selben ArbG aber zusammengerechnet, selbst wenn sie zivilrechtl auf verschiedenen ArbVerh beruhen (FG Bln-Bbg EFG 23, 436, rkr). – **Geringfügige Beschäftigung in Privathaushalten nach § 8a SGB IV** ist nur dann gegeben, wenn die Beschäftigung ausschließl im Privathaushalt (also nicht in einer Serviceagentur) ausgeübt wird. Das ist dann der Fall, wenn die Tätigkeit durch einen privaten Haushalt begründet ist und die Tätigkeit sonst gewöhnl durch Mitglieder des privaten Haushalts erledigt wird. Es muss sich um typische Haushaltsarbeit (auch Gartenarbeit) handeln (auch → § 35a Rn. 7). – Die Entgeltgrenze von 603 € bezieht sich nur auf das stpfl und sozialversicherungspflichtige *Arbeitsentgelt.* Daher können **stfreie und sozialversicherungsfreie Zusatzleistungen** ohne Beeinträchtigung der 603 €-Grenze gewährt werden, zB Sachleistungen nach § 8 II 11, Rabattfreibetrag nach § 8 III, betriebl Telekommunikationsgeräte/Personalcomputer nach § 3 Nr 45, sog Übungsleiterpauschale gem § 3 Nr 26, 26a (s die Beispiele bei *Plenker/Schaffhausen* DB 03, 957; *Sprenger* INF 03, 586 (589); *Pfeiffer* NWB 13, 2658). – Bemessungsgrundlage ist das sozialversicherungsrechtl Arbeitsentgelt. Lohnbestandteile, die nicht dazu gehören, bleiben also unversteuert. Tarifvertragl Urlaubsgeld ist aber in die Geringfügigkeitsgrenze einzubeziehen (BFH VI R 57/05, BStBl II 09, 147).

3. Pauschsteuersatz von 20%, § 40a IIa. Wenn der *ArbG* keine *pauschalen* SV- 5
Beiträge für die geringfügig entlohnte Beschäftigung iSv § 8 I Nr 1 und § 8a SGB IV zu zahlen hat (sondern die vollen Sozialabgaben), gilt ein PauschStSatz von 20% des Arbeitsentgelts. Dieser Fall tritt ein, wenn die Geringfügigkeitsgrenze zB infolge mehrerer geringfügiger Beschäftigungen überschritten wird und damit der ArbG die vollen ArbG-Anteile zur SV zu zahlen hat. SV-Pflicht ist auch hier Voraussetzung für die Pauschalierung (FG RhPf EFG 14, 961). – § 40a IIa kann auch eingreifen, wenn neben einer Hauptbeschäftigung (normale Besteuerung) mehrere Nebenbeschäftigungen von jeweils unter 603 € ausgeübt werden: Dann gilt *eine* Nebenbeschäftigung als geringfügige Beschäftigung (§ 40 II), die weiteren Nebenbeschäftigungen (sozialrechtl volle Abgabenpflicht des ArbG) können – weil jeweils unter 603 € – unter § 40a IIa fallen. *Zur Klarstellung:* Bei einer Beschäftigung, die über 603 € liegt, greift § 40a IIa nicht, also normaler LStAbzug. – Die pauschale LSt nach § 40a IIa ist nicht an die Stelle des § 40a VI abzuführen, sondern in die LStAnmeldung aufzunehmen und an das BetriebsstättenFA abzuführen (s auch *Niermann/Plenker* DB 03, 304 (306)).

4. Aushilfskräfte in der Land- und Forstwirtschaft, § 40a III. Der Pausch- 6
steuersatz von 5% berücksichtigt, dass ansonsten oft einkommenslose Kräfte (zB Ferienarbeit von Schülern) in der LuF aushelfen (zu Entwicklung und Hintergrund s *von Twickel* DB 06, Beil 6, S 66). – Die Aushilfskräfte müssen in einem **LuF-Betrieb** iSd § 13 I Nr 1–4 tätig sein; hierzu zählt auch ein Betrieb, der nur wegen seiner Rechtsform als GewBetr gilt (BFH VI R 183/77, BStBl II 81, 76; BFH VI R 89/98, BStBl II 06, 92, zu § 15 III Nr 1; *Heuermann* StBP 05, 368); anders, wenn der Betrieb (auch Teil- oder Nebenbetrieb) *kraft Tätigkeit* als GewBetr gilt (BFH VI R 22/89, BStBl II 90, 1002). – Die Aushilfskräfte müssen **typische land- und forstwirtschaftl Tätigkeiten** ausführen, wozu auch der Wegebau (BFH VI R 167/83, BStBl II 86, 681), nicht aber das Spargelschälen gehören (BFH VI R 76/04, BStBl II 09, 40, weil geschälter Spargel keine Urproduktion ist). – Die Aushilfsarbeiten dürfen nach § 40a III 2 nicht ganzjährig anfallen **(saisonbedingte Arbeiten);** sie müssen wegen der Abhängigkeit vom Lebensrhythmus der Pflanzen/Tiere einen erkenn-

baren Abschluss in sich tragen (BFH VI R 60/03, BStBl II 06, 206). Reinigungsarbeiten, die während des ganzen Jahres anfallen, sind keine saisonbedingten Arbeiten (BFH VI R 59/03, BStBl II 06, 204). Die Beschäftigung mit anderen *land- und forstwirtschaftl* Arbeiten *(also ganzjährig anfallende Arbeiten)* ist bei einem Anteil von nicht mehr als 25% der Gesamttätigkeit unschädl; dann unterliegt die gesamte Tätigkeit der Pauschalierung nach § 40a III.

Nicht land- und forstwirtschaftl Arbeiten stehen aber auch bei geringem Anteil (Gesetzeswortlaut: *ausschließl*) einer Pauschalierung nach § 40a III stets entgegen (BFH VI R 60/03, BStBl II 06, 206; *von Twickel* DB 06, Beil 6, 70). – Luf **Fachkräfte** oder ArbN, die der ArbG **mehr als 180 Tage** im Kj beschäftigt, können nicht nach § 40a III besteuert werden (§ 40a III 3). Fachkraft ist sowohl eine Person, die eine entspr Berufsausbildung aufweist, als auch eine angelernte Kraft, die in der Lage ist, ohne weitere Anleitung eine Fachkraft zu ersetzen. Letztere muss aber anstelle einer Fachkraft eingesetzt sein, was dann der Fall ist, wenn mehr als 25% der zu beurteilenden Tätigkeiten Fachkraft-Kenntnisse erfordern (BFH VI R 77/02, BStBl II 06, 208; BFH VI R 59/03, BStBl II 06, 204, Bedienung eines Traktors als Zugfahrzeug mit landwirtschaftl Maschinen). Ein im Vorjahr als angelernte Fachkraft beschäftigter ArbN wird nicht zwangsläufig zur Fachkraft im Folgejahr; es kommt auch im Folgejahr auf die jeweiligen Tätigkeiten an (*Greite* HFR 06, 476; *von Twickel* DB 06, Beil 6, 71).

Die zeitl und betragsmäßigen Beschränkungen der § 40a I und II gelten bei § 40a III nicht; allerdings darf der **durchschnittl Stundenlohn** des § 40a IV Nr 1 nicht überschritten werden. Liegen die Voraussetzungen des § 40a III nicht vor, kann immer noch eine Pauschalierung nach § 40a I oder II in Frage kommen; der ArbG muss sich aber eindeutig erklären, ob er ggf auch Schuldner einer pauschalen LSt nach § 40a I oder II sein will (BFH VI R 223/80, BStBl II 84, 569).

7 **5. Unzulässige Pauschalierung, § 40a IV.** Die Pauschalierung nach § 40a I und III ist unzul, wenn der ArbLohn während der Beschäftigung durchschnittl je Arbeitsstunde 19 € übersteigt (§ 40a IV Nr 1). – § 40a IV Nr 2 schließt die LStPauschalierung in den Fällen des § 40a I und III aus, wenn der ArbN für eine andere *Beschäftigung* von demselben ArbG Lohn bezieht, der dem normalen LStAbzug unterworfen wird. Eine einheitl Beschäftigung soll nicht in ein dem normalen LStAbzug und ein der Pauschalierung unterliegendes Beschäftigungsverhältnis aufgespalten werden (BFH VI R 78/91, BFH/NV 94, 22; BFH VI R 94/93, BStBl II 94, 944, aE). § 40a IV Nr 2 soll Gestaltungen verhindern und die schwierige Feststellung vermeiden, ob die Beschäftigung bei einem ArbG in eine Haupt- und Nebentätigkeit aufgeteilt werden kann (BR-Drs 171/95, 138). Bei Beschäftigung eines ArbN in zwei Betrieben desselben Inhabers liegt aber kein einheitl Beschäftigungsverhältnis vor (FG Mster EFG 03, 864). Auch kann der Teilzeitlohn eines früher beim ArbG beschäftigten Ruheständlers pauschal besteuert werden (BFH VI R 20/89, BStBl II 90, 931), § 40a IV Nr 2 steht nicht entgegen (s auch *HHR/Wagner* § 40a Rn. 56).

8 **6. Übernahme der pauschalen Lohnsteuer durch den Arbeitgeber, § 40a V.** Satz 1 der Vorschrift verweist für die LStPauschalierung nach § 40a I–III und VII auf § 40 III (dazu iEinz → § 40 Rn. 25 ff). Bei den LStPauschalierungen nach § 40a I, IIa, III und VII ist § 40 IV entspr anzuwenden (§ 40a V 2 idF JStG 2024 BGBl I 24 Nr 387; ab VZ 2024); dazu iEinz → § 40 Rn. 31.

9 **7. Zuständige Einzugsstelle, § 40a VI.** Dies ist für die geringfügig entlohnte Beschäftigung (§ 40a II) die Deutsche Rentenversicherung Knappschaft-Bahn-See. Die Einzugsstelle ist nach § 40a VI 3 neben der Erhebung der Pauschsteuer nach § 40a II auch für die Erhebung des Säumniszuschlags und das Mahnverfahren zuständig. Verfahrensrechtl gilt gem § 40a VI 3 SozR, sodass zB § 168 AO auf die Anmeldung der PauschalSt nicht anwendbar ist (ebenso *HHR/Wagner* § 40a Rn. 62; *Frotscher/Geurts* § 40a Rn. 59a; **aA** FG Köln EFG 15, 2086, mit Anm *Pfützenreuter* EFG 15, 2087, rkr). Die Erstattung zu Unrecht gezahlter PauschalSt richtet sich nach § 26 II SGB IV. – Wegen der pauschalen StZahlung hat der ArbG auf dem Beitrags-

nachweis oder dem für haushaltsnahe Beschäftigungen vorgesehenen Haushaltsscheck auch seine StNummer anzugeben.

8. Kurzfristige Tätigkeiten im Inland, § 40a VII. Die ab VZ 2020 geltende Regelung soll die LSt-Erhebung bei beschr stpfl ArbN vereinfachen. Das Besteuerungsrecht steht Deutschland indessen auch bei kurzfristiger Inlandstätigkeit und Zuordnung des ArbN zu einer ausl Betriebsstätte nicht zu, da die Betriebsstätte selbst nicht ArbG sein kann (BFH VI R 25/22, BStBl II 25, 507). Nach § 40a VII erfolgt die LSt-Erhebung (noch) aufgrund einer Papierbescheinigung des Betriebsstätten-FA. Die als Wahlmöglichkeit ausgestaltete LSt-Pauschalierung erleichtert die Übernahme der LSt durch den ArbG. Sie ist aber nur für kurzfristige Inlandstätigkeiten iSv § 40 VII 2 zul. Die pauschal besteuerten Bezüge und die pauschale LSt sind im Lohnkonto aufzuzeichnen (§ 4 II Nr 8 LStDV). S iEinz *Hick* DB 20, 23. 10

9. Aufzeichnungspflichten. Sie ergeben sich aus § 4 II Nr 8 LStDV (s § 41). Als Beschäftigungsdauer ist jeweils die Zahl der tatsächl Arbeitsstunden in dem jeweiligen Lohnzahlungs- oder Lohnabrechnungszeitraum aufzuzeichnen (BFH VI R 220/75, BStBl II 77, 17). Pauschale Angaben über die im Lohnabrechnungszeitraum geleisteten Arbeitsstunden genügen nicht (FG BW EFG 84, 86; FG RhPf EFG 88, 260). Es soll nicht erforderl sein, die Dauer der Beschäftigung für jede Woche gesondert aufzuzeichnen (FG RhPf EFG 87, 377). Bei fehlerhaften Aufzeichnungen ist die Pauschalierung nur zul, wenn die Voraussetzungen auf andere Weise nachgewiesen werden (BFH VI R 167/83, BStBl II 86, 681). Ist das nicht mögl (zB bei nach Jahren aus dem Gedächtnis angefertigten Aufzeichnungen, HessFG EFG 93, 610), ist die LSt nach allg Grundsätzen zu schätzen (§§ 39b–39d) und durch Haftungsbescheid vom ArbG nachzuerheben (Durchschnittssteuersatz → § 42d Rn. 50). Der ArbG kann aber eine Pauschalierung nach § 40 I Nr 2 beantragen. 11

10. Fehlerhafte Pauschalierung. Bei fehlerhafter Pauschalierung (zB Nichtbeachtung von Pauschalierungsgrenzen) ist die Nachversteuerung nach §§ 39b–39d (Haftung des ArbG) vorzunehmen; ggf ist zu schätzen (BFH VI R 167/73, BStBl II 75, 297). Bei Haftungsinanspruchnahme ist der Bruttosteuersatz anzuwenden (BFH VI R 84/94, BFH/NV 95, 783; auch → § 39b Rn. 14). – Das WohnsitzFA des ArbN ist an Entscheidungen im LStPauschalierungsverfahren nicht gebunden; es hat daher bei der Veranlagung das Recht, die Zulässigkeit der Pauschalierung zu überprüfen, zumindest, wenn bisher außer der LStAnmeldung kein gesonderter Pauschalierungs-StBescheid ergangen ist (BFH III R 232/84, BStBl II 88, 981; BFH VI R 66/87, BStBl II 89, 1030). Ist hingegen ein PauschalierungsStBescheid ergangen, wird das WohnsitzFA die pauschal besteuerten Löhne erst nach Aufhebung des PauschalierungsStBescheides in die Veranlagung einbeziehen dürfen (BFH VI B 140/89, BStBl II 91, 309; FG RhPf EFG 14, 961). 12

§ 40b Pauschalierung der Lohnsteuer bei bestimmten Zukunftssicherungsleistungen

(1) **Der Arbeitgeber kann die Lohnsteuer von den Zuwendungen zum Aufbau einer nicht kapitalgedeckten betrieblichen Altersversorgung an eine Pensionskasse mit einem Pauschsteuersatz von 20 Prozent der Zuwendungen erheben.**

(2) **[1]Absatz 1 gilt nicht, soweit die zu besteuernden Zuwendungen des Arbeitgebers für den Arbeitnehmer 1752 Euro im Kalenderjahr übersteigen oder nicht aus seinem ersten Dienstverhältnis bezogen werden. [2]Sind mehrere Arbeitnehmer gemeinsam in der Pensionskasse versichert, so gilt als Zuwendung für den einzelnen Arbeitnehmer der Teilbetrag, der sich bei einer Aufteilung der gesamten Zuwendungen durch die Zahl der begünstigten Arbeitnehmer ergibt, wenn dieser Teilbetrag 1752 Euro nicht übersteigt; hierbei sind Arbeitnehmer, für die Zuwendungen von mehr als 2148 Euro im Kalenderjahr geleistet werden, nicht einzube-**

ziehen. [3]Für Zuwendungen, die der Arbeitgeber für den Arbeitnehmer aus Anlass der Beendigung des Dienstverhältnisses erbracht hat, vervielfältigt sich der Betrag von 1752 Euro mit der Anzahl der Kalenderjahre, in denen das Dienstverhältnis des Arbeitnehmers zu dem Arbeitgeber bestanden hat; in diesem Fall ist Satz 2 nicht anzuwenden. [4]Der vervielfältigte Betrag vermindert sich um die nach Absatz 1 pauschal besteuerten Zuwendungen, die der Arbeitgeber in dem Kalenderjahr, in dem das Dienstverhältnis beendet wird, und in den sechs vorangegangenen Kalenderjahren erbracht hat.

(3) **Von den Beiträgen für eine Unfallversicherung des Arbeitnehmers kann der Arbeitgeber die Lohnsteuer mit einem Pauschsteuersatz von 20 Prozent der Beiträge erheben, wenn mehrere Arbeitnehmer gemeinsam in einem Unfallversicherungsvertrag versichert sind.**

(4) **In den Fällen des § 19 Absatz 1 Satz 1 Nummer 3 Satz 2 hat der Arbeitgeber die Lohnsteuer mit einem Pauschsteuersatz in Höhe von 15 Prozent der Sonderzahlungen zu erheben.**

(5) **[1]§ 40 Absatz 3 und 4 ist anzuwenden. [2]Die Anwendung des § 40 Absatz 1 Satz 1 Nummer 1 auf Bezüge im Sinne des Absatzes 1, des Absatzes 3 und des Absatzes 4 ist ausgeschlossen.**

Lohnsteuer-Durchführungsverordnung:

§ 5 LStDV ***Besondere Aufzeichnungs- und Mitteilungspflichten im Rahmen der betrieblichen Altersversorgung***

(abgedruckt bei § 3 EStG)

Lohnsteuer-Richtlinien: LStR 40b.1, 40b.2/LStH 40b.1, 40b.2.

Schrifttum: S bei § 4b, § 4c.

1 **1. Allgemeines.** Für nach dem 31.12.04 ausgesprochene Versorgungszusagen *(Neuverträge)* ist eine Pauschalversteuerung mit 20% nur noch bei Zuwendungen an eine *Pensionskasse* zum Aufbau einer *umlagefinanzierten* betriebl Altersvorsorge mögl.

Neue *kapitalgedeckte* Versorgungszusagen können nicht mehr pauschal besteuert werden, da solche Versorgungszusagen nicht in das neue Besteuerungssystem der nachgelagerten Besteuerung passen. Die Abgrenzung von Alt- und Neuzusagen richtet sich danach, zu welchem Zeitpunkt der ArbG die zu einem Rechtsanspruch führende Verpflichtungserklärung abgegeben hat; besteht bereits eine Altzusage, hängt das Vorliegen einer Neuzusage nicht zwingend von der Versicherung eines zusätzl biometrischen Risikos ab (BFH VI R 21/19, BStBl II 22, 233). Unter die Pauschalierungsmöglichkeit **ab 1.1.05** fallen vor allem die *umlagefinanzierten Zusatzversorgungseinrichtungen des öffentl Dienstes,* wie zB die VBL bzw kommunale oder kirchl Zusatzversorgungskassen (s auch *Niermann* DB 04, 1449 (1453); *Hartman* INF 05, 56 (59 ff); *BMF* BStBl I 10, 270 Rn. 304; → § 4c Rn. 2, 11). Zur Übergangsregelung für Altverträge s für VZ bis 2017 *BMF* BStBl I 13, 1022 Rn. 349–368; ab VZ 2018 s *BMF* BStBl I 21, 1050 Rn. 85–99 zu den vereinfachten Voraussetzungen für die Weiteranwendung des § 40b aF durch § 52 XL 1 idF BRSG und zum Verhältnis von § 40b aF zu § 3 Nr. 63; s auch *Harder-Buschner* NWB 17, 2417; *Veh* DStR 20, 1101.

2 **a) Steuerfreiheit der Arbeitgeberbeiträge.** Ab 2002 werden ArbG-Beiträge an **Pensionskassen** bis 4% und ab 2018 bis zu 8% der Beitragsbemessungsgrenze zur gesetzl RV stfrei gestellt (§ 3 Nr 63); ferner hat der ArbN einen Rechtsanspruch auf Barlohnumwandlung hinsichtl zukünftiger Gehaltsansprüche und zugleich die Möglichkeit, die StFreiheit „abzuwählen“, um statt dessen iRd privaten Altersvorsorge die Altersvorsorgezulage (§§ 79 ff) bzw den SA-Abzug (§ 10a) in Anspruch zu nehmen. Entrichtet der ArbG über die 4/8 %-Grenze hinaus weitere Beiträge an die Pensionskasse, so können diese bis zu 1752 € nach § 40b pauschal besteuert werden; darüber

noch hinausgehende Beiträge unterliegen der normalen Besteuerung (*Niermann* DB 01, 1380). – **Direktversicherungsbeiträge** (Altverträge) vor 2005 → 35. Aufl 2016, § 40b Rn. 2.

3 **b) Einzelfragen.** Die **KiSt** ist ebenfalls zu pauschalieren (→ § 40 Rn. 2). Eine Nachholung der Pauschalierung iRd Jahresbesteuerung des ArbN ist nicht mögl (BFH VI B 78/88, BStBl II 90, 344). § 40b findet auch bei einem steuerl anzuerkennenden **ArbVerh zw Ehegatten** (→ § 4b Rn. 12 ff) oder mit Kindern (BFH I R 135/80, BStBl II 83, 173) Anwendung.

5 **2. Begünstigte Leistungen, § 40b I.** Pauschalierungsfähig sind nur Zuwendungen an eine Pensionskasse. Barzuwendungen des ArbG an den ArbN können nicht nach § 40b besteuert werden, selbst wenn sie der ArbN zu seiner Altersversorgung verwendet. Unschädl ist, wenn der ArbN neben dem ArbG Zahlungen an die Versorgungseinrichtung erbringt, um zB eine höhere Leistung zu erlangen (beim ArbN uU SA nach § 10). Die Eigenanteile des ArbN sind kein Lohn, damit fällt auch insoweit keine PauschalSt an (s auch BFH VI R 57/08, BFH/NV 11, 890; BFH VI R 23/09, BFH/NV 11, 972). – Verlust des durch eine DirektVers eingeräumten Bezugsrechts bei Insolvenz des ArbG löst keine lstrechtl Folgen aus (BFH VI R 58/05, BStBl II 07, 774).

6 **a) Barlohnumwandlung und Lohnrückzahlung.** Zul ist es auch, den stpfl Barlohn vertragl soweit herabzusetzen, dass aus dem Herabsetzungsbetrag Zukunftssicherungsleistungen einschließl pauschaler Steuer bestritten werden können (*OFD NRW* DB 15, 2179; *Niermann* DB 01, 2415 (2418)). Zur Barlohnumwandlung bei Leistungen an eine Pensionskasse s BFH VI R 61/88, BStBl II 91, 647 (Anm *Ahrend/Heger* DStR 91, 1008). – Hatte der ArbG die Beiträge für eine Direktversicherung pauschal besteuert und lässt er sich später das Deckungskapital auszahlen, liegt nicht etwa eine **Lohnrückzahlung** vor, die dem ArbG einen Anspruch auf Erstattung der pauschalen LSt verschafft; die Kürzung bzw der Entzug der Versicherungsansprüche ist ein neuer Sachverhalt, der die ursprüngl pauschale Besteuerung unberührt lässt; daher hat der ArbG keinen Erstattungsanspruch (ebenso NdsFG EFG 15, 957). – *Gewinnausschüttungen* einer Versorgungskasse an das Trägerunternehmen (ArbG) sind keine Lohnrückzahlungen (BFH VI R 20/07, BStBl II 10, 845; *Schneider* HFR 10, 373; *Bergkemper* FR 10, 487; krit *Höfer* DB 10, 2360); die FinVerw wendet diese Rspr für nach dem 31.12.10 erfolgte Gewinnausschüttungen an (*BMF* BStBl I 10, 760). Damit kann auch allein der *Verlust eines Bezugsrechts* nicht mehr zu einer ArbLohnrückzahlung führen (s aber LStR 40b.1 XIII). – Zur Rechtslage bei Umstellung der Versorgung von einer mittelbaren zu einer unmittelbaren Versorgungszusage s FG Köln EFG 09, 1394. – Zu Rückflüssen aus einer DirektVers und Überführung in eine betriebl Altersversorgung durch eine Versorgungskasse s FG Mchn EFG 09, 1010.

7 **b) Pensionskasse.** S § 4c und LStR 40b.1 IV. Sie kann auch eine nicht rechtsfähige Zusatzversorgungseinrichtung des öffentl Dienstes sein (BFH VI R 52/95, BStBl II 96, 136; s auch BFH IV R 8/02, BFH/NV 04, 1246). Im Unterschied zu einer Pensionskasse gewähren **Unterstützungskassen** (§ 4d) keinen Rechtsanspruch auf Leistungen. Daher sind auch die Zuführungen zur Unterstützungskasse kein gegenwärtiger ArbLohn (s auch *HHR/Lammers* § 19 Rn. 149; *Portner* FR 14, 91).

8 **3. Pauschalierungsgrenze, § 40b II. – a) Grenzbetrag; nur im Rahmen des ersten Dienstverhältnisses, § 40b II 1.** Die für den einzelnen ArbN erbrachte Leistung iSd § 40b I kann höchstens **bis zu 1752 €** jährlich vom ArbG pauschal besteuert werden. Der diese Grenze übersteigende Teil der Leistung unterliegt dem normalen LStAbzug. Pauschaliert werden kann nur im Jahr der Bewirkung der Leistung, rückwirkend erbrachte Zukunftssicherungsleistungen führen nicht zur Vervielfältigung des Grenzbetrages (BFH VI R 171/85, BFH/NV 89, 23). Eine Vervielfältigung tritt

auch dann nicht ein, wenn Beiträge für zurückliegende Jahre nachzuzahlen sind (BFH VI R 204/83, BStBl II 88, 379; krit *KKM* § 40b Rn. C 5). Die Pauschalierung der Leistungen nach § 40b I ist nur iRd **ersten DienstVerh** (nicht bei LStAbzug mit der StKlasse VI, BFH VI R 27/96, BStBl II 97, 143) zul. Wechselt der ArbN im Laufe des Jahres das DienstVerh, steht er nacheinander in einem ersten DienstVerh, so dass § 40b anwendbar ist. Ein ArbG darf nach § 40b auch dann noch pauschalieren, soweit er Leistungen iSd § 40b I für einen (zurückliegenden) Zeitraum erbringt, in dem der (inzwischen ausgeschiedene und in einem anderen DienstVerh stehende) ArbN bei ihm in einem ersten DienstVerh stand (BFH VI R 245/80, BStBl II 88, 554).

9 **b) Durchschnittsberechnung, § 40b II 2.** Sie kommt nur in Betracht, wenn mehrere ArbN gemeinsam in einer Pensionskasse versichert sind (Gruppenversicherung; es genügt ein Rahmenvertrag, in dem die versicherten Personen und die versicherten Wagnisse bezeichnet sind; NdsFG EFG 80, 453). Zur Art der Berechnung s LStR 40b.1 IX. Die Durchschnittsberechnung kann dazu führen, dass auf einen ArbN, für den ein höherer Betrag als 1752 € aufgewendet wird, ein Durchschnittsbetrag von bis zu 1752 € entfällt. Dies ist vom Gesetzgeber beabsichtigt, um die Möglichkeit zu eröffnen, für ältere ArbN höhere Leistungen als 1752 € ohne zusätzl Belastung zu erbringen. Daher ist die Durchschnittsberechnung auch vorzunehmen, wenn zB nur zwei ArbN gemeinsam versichert sind und feststeht oder leicht feststellbar ist, dass der zugunsten eines ArbN gezahlte Betrag zwar 1752 € nicht aber 2148 € übersteigt (NdsFG EFG 80, 453; s auch FG Mchn EFG 02, 912, zur Rechtslage bei verdeckter Überschreitung der 2148 €-Grenze). Die 2148 €-Grenze ist nur überschritten, wenn der vom ArbG als Lohn zu qualifizierende Beitrag den Grenzbetrag übersteigt; Eigenanteile des ArbN sind – da kein Lohn – nicht schädl. Stfrei gezahlte Beiträge des ArbG an eine Pensionskasse (§ 3 Nr 63) bleiben bei der Berechnung der Grenze unberücksichtigt. Gleiches gilt, wenn die Beiträge des ArbG wegen Option des ArbN zur Riester-Rente individuell besteuert werden. Beiträge zu einer Einzeldirektversicherung (Altvertrag) können nicht in die Durchschnittsberechnung einbezogen werden (BFH VI R 9/08, BStBl II 11, 183); es sei denn, die Einzel-Vers wird in einem Rahmenvertrag mit dem Gruppenversicherungsvertrag zusammengefasst (*Schneider* BFH/PR 10, 328; *Schwenke* HFR 10, 827).

10 **c) Beendigung des Dienstverhältnisses, § 40b II 3, 4.** Die Vorschrift ermöglicht die Nachholung einer angemessenen Altersversorgung bei Beendigung des DienstVerh (zur Frage der Beendigung bei Weiterbeschäftigung als Berater s BFH VI R 53/05, BStBl II 09, 162; dazu *Schneider* HFR 09, 135); die Vervielfältigungsregelung gilt auch bei Barlohnumwandlung LStR 40b.1 XI 3). Zur Frage des engen zeitl Zusammenhangs zwischen Beitragsleistung und Beendigung des DienstVerh s LStR 40b.1 XI 1; im Fall eines sachl Zusammenhangs mit der Auflösung des DienstVerh kann die Vervielfältigung ohne zeitl Beschränkung angewandt werden (LStR 40b.1 XI 2). Angefangene Jahre zählen voll. Eine Durchschnittsberechnung nach § 40b II 2 ist hier nicht zul. Zur Übertragung der Direktversicherung beim Ausscheiden des ArbN s LStR 40b.1 VI 5. § 40b II 3 kann nicht entspr auf eine Nachentrichtung für zurückliegende Jahre angewendet werden (BFH VI R 204/83, BStBl II 88, 379).

11 **4. Unfallversicherung, § 40b III.** Diese Regelung soll verhindern, dass ArbG-Beiträge zur Gruppenunfallversicherung, die keine Direktversicherung ist (BFH VI R 49/89, BFH/NV 92, 242), voll als ArbLohn (dazu → § 19 Rn. 100 „Unfallversicherung") versteuert werden müssen. Es handelt sich um eine eigenständige Pauschalierungsregelung, die bis VZ 2023 auf eine durchschnittl Beitragsleistung für die in der Gruppenunfallversicherung versicherten ArbN von 100 € (62 € bis VZ 2019) jährl begrenzt war. Durch das **WachstChG** (BGBl I 24 Nr 108) ist die Begrenzung ab VZ 2024 entfallen.

5. Pflichtsteuerschuld bei § 19 I 1 Nr 3 S 2, § 40b IV. Der Gesetzgeber hat in § 19 I Nr 3 für Sonderzahlungen des ArbG an betriebl Zusatzversorgungskassen einen fiktiven ArbLohn eingeführt und daran in § 40b IV eine PflichtStSchuld des ArbG geknüpft (Pauschalbesteuerung mit Abgeltungscharakter). Nach der Gesetzesbegründung (s BT-Drs 16/2712, 45 f, 57) soll diese PflichtStSchuld die Durchführung der Besteuerung wesentl vereinfachen und der Tatsache Rechnung tragen, dass durch die Sonderzahlungen vorrangig die Sicherung der bereits bestehenden, nicht aber der Erwerb neuer Ansprüche finanziert wird und der ArbG die Sonderzahlungen ausgelöst hat. 12

Dieser Vorgang ist im EStRecht singulär. Die Sonderzahlung stellt materiell-rechtl schon gar keinen steuererhebl Vorgang dar, denn sie ist kein ArbLohn. Sie dient – so auch die Gesetzesbegründung – der Sicherstellung bereits bestehender Ansprüche des ArbN. Eine derartige vom ArbG selbst ausgelöste Finanzierungsmaßnahme ggü der Versorgungskasse kann nicht zum Lohn des ArbN führen (s auch *Bergkemper* HFR 06, 452, unter 3. aE; *ders* FR 07, 974; *ders* FR 11, 1043; → § 19 Rn. 88). Weder § 19 I 1 Nr 3 S 2 noch § 40b IV können um der materiellen Gerechtigkeit willen eingeführt worden sein, sondern *allein zur Einnahmevermehrung des Fiskus.* Es handelt sich *materiell-rechtl* um eine *im EStG versteckte VerkehrSt* (s auch *Birk/Specker* DB 08, 488). Die Besteuerung unabhängig von der Erhöhung der Leistungsfähigkeit ist verfrechtl äußerst fragwürdig (s auch *Glaser* BB 06, 2217; ferner → § 19 Rn. 88). Nach zutr Ansicht des BFH ist die Vorschrift wegen Verstoßes gegen Art 3 I GG verfwidrig (BFH VI R 49/12, BFH/NV 14, 418; Az BVerfG 2 BvL 7/14; ebenso *Sonnleitner/Engels/Winkelhog* BB 14, 791; *Schneider* DStR 18, 2295). – Die Pflichtpauschalierung gilt für Sonderzahlungen ab 24.8.2006; auch hierin liegt eine unzulässige steuerbegründende (nicht nur stverschärfende) gesetzl Rückwirkung (auch → § 19 Rn. 88). – Das Gesetz ist iÜ im Hinblick auf die eigene Zielsetzung misslungen: die pauschale LSt von 15% sollte nur für Sonderzahlungen iSd § 19 I 1 Nr 3 S 2 Buchst a und b gelten; nach dem Wortlaut des § 40b IV sind sämtl Sonderzahlungen des § 19 I 1 Nr 3 S 2 und damit auch solche mit 15% zu besteuern, die bei Beendigung des Beschäftigungsverhältnisses gezahlt werden (*Hartmann* INF 07, 20 Tz 1.4).

6. Steuerschuldnerschaft; Konkurrenzen, § 40b V. Zu den Besonderheiten, die sich aus der Anwendung des § 40 III ergeben, → § 40 Rn. 25 ff. Da die Zuwendungen bei der Veranlagung außer Ansatz bleiben, kann sie der ArbN auch nicht als SA absetzen (*HHR/Wagner* § 40b Rn. 10; teilw **aA** *KKM* § 40b Rn. A 4). Nach dem eindeutigen Wortlaut des § 40b V 2 können, auch soweit der Höchstbetrag nach § 40b II überschritten ist, Zuwendungen an Pensionskassen nicht nach § 40 I 1 Nr 1 und 2 pauschal besteuert werden. Sonstige Zukunftssicherungsleistungen können dagegen nach § 40 I 1 Nr 1 pauschal besteuert werden. Hierzu zählen auch die Direktversicherungen, die wegen Fehlens der Altersvoraussetzung oder wegen Verstoßes gegen das Kündigungsverbot des § 40b I 2 (idF bis 31.12.04) nicht unter § 40b fallen. Zum **Konkurrenzverhältnis zwischen § 40a und § 40b** zunächst → § 40a Rn. 3. Eine Pauschalierung nach § 40b ist auch iRe Teilzeitarbeitsverhältnisses zul; der ArbG hat aber nachzuweisen, dass dies das erste e ArbVerh des ArbN ist (BFH VI R 165/86, BStBl II 90, 398). 13

7. Aufzeichnungspflichten. Sie folgen (auch für § 40b) aus § 4 II Nr 8 LStDV (→ § 41 Rn. 1). 14

§ 41 Aufzeichnungspflichten beim Lohnsteuerabzug

(1) [1]**Der Arbeitgeber hat am Ort der Betriebsstätte (Absatz 2) für jeden Arbeitnehmer und jedes Kalenderjahr ein Lohnkonto zu führen.** [2]**In das Lohnkonto sind die nach § 39e Absatz 4 Satz 2 und Absatz 5 Satz 3 abgerufenen elektronischen Lohnsteuerabzugsmerkmale sowie die für den Lohnsteuerabzug erforderlichen Merkmale aus der vom Finanzamt ausgestellten Bescheinigung für den Lohnsteuerabzug (§ 39 Absatz 3 oder § 39e Absatz 7 oder Absatz 8) zu übernehmen.** [3]**Bei jeder Lohnzahlung für das Kalenderjahr, für das das Lohnkonto gilt, sind im Lohnkonto die Art und Höhe des gezahlten Arbeitslohns einschließlich der steuerfreien**

Bezüge sowie die einbehaltene oder übernommene Lohnsteuer einzutragen; an die Stelle der Lohnzahlung tritt in den Fällen des § 39b Absatz 5 Satz 1 die Lohnabrechnung. [4]Ferner sind das Kurzarbeitergeld, das Qualifizierungsgeld, der Zuschuss zum Mutterschaftsgeld nach dem Mutterschutzgesetz, der Zuschuss bei Beschäftigungsverboten für die Zeit vor oder nach einer Entbindung sowie für den Entbindungstag während einer Elternzeit nach beamtenrechtlichen Vorschriften, die Entschädigungen für Verdienstausfall nach dem Infektionsschutzgesetz, die nach § 3 Nummer 21 steuerfreien Einnahmen, die nach § 3 Nummer 28 steuerfreien Aufstockungsbeträge oder Zuschläge und die nach § 3 Nummer 28a steuerfreien Zuschüsse einzutragen. [5]Ist während der Dauer des Dienstverhältnisses in anderen Fällen als in denen des Satzes 4 der Anspruch auf Arbeitslohn für mindestens fünf aufeinander folgende Arbeitstage im Wesentlichen weggefallen, so ist dies jeweils durch Eintragung des Großbuchstabens U zu vermerken. [6]Hat der Arbeitgeber die Lohnsteuer von einem sonstigen Bezug im ersten Dienstverhältnis berechnet und ist dabei der Arbeitslohn aus früheren Dienstverhältnissen des Kalenderjahres außer Betracht geblieben, so ist dies durch Eintragung des Großbuchstabens S zu vermerken. [7]Die Bundesregierung wird ermächtigt, durch Rechtsverordnung mit Zustimmung des Bundesrates vorzuschreiben, welche Einzelangaben im Lohnkonto aufzuzeichnen sind und Einzelheiten für eine elektronische Bereitstellung dieser Daten im Rahmen einer Lohnsteuer-Außenprüfung oder einer Lohnsteuer-Nachschau durch die Einrichtung einer einheitlichen digitalen Schnittstelle zu regeln. [8]Dabei können für Arbeitnehmer mit geringem Arbeitslohn und für die Fälle der §§ 40 bis 40b Aufzeichnungserleichterungen sowie für steuerfreie Bezüge Aufzeichnungen außerhalb des Lohnkontos zugelassen werden. [9]Die Lohnkonten sind bis zum Ablauf des sechsten Kalenderjahres, das auf die zuletzt eingetragene Lohnzahlung folgt, aufzubewahren. [10]Die Aufbewahrungsfrist nach Satz 9 gilt abweichend von § 93c Absatz 1 Nummer 4 der Abgabenordnung auch für die dort genannten Aufzeichnungen und Unterlagen.

(2) **[1]Betriebsstätte ist der Betrieb oder Teil des Betriebs des Arbeitgebers, in dem der für die Durchführung des Lohnsteuerabzugs maßgebende Arbeitslohn ermittelt wird. [2]Wird der maßgebende Arbeitslohn nicht in dem Betrieb oder einem Teil des Betriebs des Arbeitgebers oder nicht im Inland ermittelt, so gilt als Betriebsstätte der Mittelpunkt der geschäftlichen Leitung des Arbeitgebers im Inland; im Fall des § 38 Absatz 1 Satz 1 Nummer 2 gilt als Betriebsstätte der Ort im Inland, an dem die Arbeitsleistung ganz oder vorwiegend stattfindet. [3]Als Betriebsstätte gilt auch der inländische Heimathafen deutscher Handelsschiffe, wenn die Reederei im Inland keine Niederlassung hat.**

Lohnsteuer-Durchführungsverordnung:

§ 4 LStDV *Lohnkonto*

(1) **Der Arbeitgeber hat im Lohnkonto des Arbeitnehmers Folgendes aufzuzeichnen:**

1. **den Vornamen, den Familiennamen, den Tag der Geburt, den Wohnort, die Wohnung sowie die in einer vom Finanzamt ausgestellten Bescheinigung für den Lohnsteuerabzug eingetragenen allgemeinen Besteuerungsmerkmale. [2]Ändern sich im Laufe des Jahres die in einer Bescheinigung für den Lohnsteuerabzug eingetragenen allgemeinen Besteuerungsmerkmale, so ist auch der Zeitpunkt anzugeben, von dem an die Änderungen gelten;**
2. **den Jahresfreibetrag oder den Jahreshinzurechnungsbetrag sowie den Monatsbetrag, Wochenbetrag oder Tagesbetrag, der in einer vom Finanzamt ausgestellten Bescheinigung für den Lohnsteuerabzug eingetragen ist, und den Zeitraum, für den die Eintragungen gelten;**

3. bei einem Arbeitnehmer, der dem Arbeitgeber eine Bescheinigung nach § 39b Abs. 6 des Einkommensteuergesetzes in der am 31. Dezember 2010 geltenden Fassung (Freistellungsbescheinigung) vorgelegt hat, einen Hinweis darauf, daß eine Bescheinigung vorliegt, den Zeitraum, für den die Lohnsteuerbefreiung gilt, das Finanzamt, das die Bescheinigung ausgestellt hat, und den Tag der Ausstellung;
4. in den Fällen des § 19 Abs. 2 des Einkommensteuergesetzes die für die zutreffende Berechnung des Versorgungsfreibetrags und des Zuschlags zum Versorgungsfreibetrag erforderlichen Angaben.

(2) **Bei jeder Lohnabrechnung ist im Lohnkonto folgendes aufzuzeichnen:**

1. der Tag der Lohnzahlung und der Lohnzahlungszeitraum;
2. in den Fällen des § 41 Absatz 1 Satz 5 des Einkommensteuergesetzes jeweils der Großbuchstabe U;
3. der Arbeitslohn, getrennt nach Barlohn und Sachbezügen, und die davon einbehaltene Lohnsteuer. [2]Dabei sind die Sachbezüge einzeln zu bezeichnen und – unter Angabe des Abgabetags oder bei laufenden Sachbezügen des Abgabezeitraums, des Abgabeorts und des Entgelts – mit dem nach § 8 Abs. 2 oder 3 des Einkommensteuergesetzes maßgebenden und um das Entgelt geminderten Wert zu erfassen. [3]Sachbezüge im Sinne des § 8 Abs. 3 des Einkommensteuergesetzes und Versorgungsbezüge sind jeweils als solche kenntlich zu machen und ohne Kürzung um Freibeträge nach § 8 Abs. 3 oder § 19 Abs. 2 des Einkommensteuergesetzes einzutragen. [4]Trägt der Arbeitgeber im Falle der Nettolohnzahlung die auf den Arbeitslohn entfallende Steuer selbst, ist in jedem Fall der Bruttoarbeitslohn einzutragen, die nach den Nummern 4 bis 8 gesondert aufzuzeichnenden Beträge sind nicht mitzuzählen;
4. steuerfreie Bezüge mit Ausnahme der Vorteile im Sinne des § 3 Nummer 37, 45, 46 und 51 des Einkommensteuergesetzes. [2]Das Betriebsstättenfinanzamt kann zulassen, daß auch andere nach § 3 des Einkommensteuergesetzes steuerfreie Bezüge nicht angegeben werden, wenn es sich um Fälle von geringer Bedeutung handelt oder wenn die Möglichkeit zur Nachprüfung in anderer Weise sichergestellt ist;
5. Bezüge, die nach einem Abkommen zur Vermeidung der Doppelbesteuerung oder unter Progressionsvorbehalt nach § 34c Abs. 5 des Einkommensteuergesetzes von der Lohnsteuer freigestellt sind;
6. außerordentliche Einkünfte im Sinne des § 34 Abs. 1 und 2 Nr. 2 und 4 des Einkommensteuergesetzes und die davon nach § 39b Abs. 3 Satz 9 des Einkommensteuergesetzes einbehaltene Lohnsteuer;
7. das Vorliegen der Voraussetzungen für den Förderbetrag nach § 100 des Einkommensteuergesetzes;
8. Bezüge, die nach den §§ 40 bis 40b des Einkommensteuergesetzes pauschal besteuert worden sind, und die darauf entfallende Lohnsteuer. [2]Lassen sich in den Fällen des § 40 Absatz 1 Satz 1 Nummer 2 und Absatz 2 des Einkommensteuergesetzes die auf den einzelnen Arbeitnehmer entfallenden Beträge nicht ohne weiteres ermitteln, so sind sie in einem Sammelkonto anzuschreiben. [3]Das Sammelkonto muß die folgenden Angaben enthalten: Tag der Zahlung, Zahl der bedachten Arbeitnehmer, Summe der insgesamt gezahlten Bezüge, Höhe der Lohnsteuer sowie Hinweise auf die als Belege zum Sammelkonto aufzubewahrenden Unterlagen, insbesondere Zahlungsnachweise, Bestätigung des Finanzamts über die Zulassung der Lohnsteuerpauschalierung. [4]In den Fällen des § 40a des Einkommensteuergesetzes genügt es, wenn der Arbeitgeber Aufzeichnungen führt, aus denen sich für die einzelnen Arbeitnehmer Name und Anschrift, Dauer der Beschäftigung, Tag der Zahlung, Höhe des Arbeitslohns und in den Fällen des § 40a Abs. 3 des Einkommensteuergesetzes auch die Art der Beschäftigung ergeben. [5]Sind in den Fällen der Sätze 3 und 4 Bezüge nicht

mit dem ermäßigten Kirchensteuersatz besteuert worden, so ist zusätzlich der fehlende Kirchensteuerabzug aufzuzeichnen und auf die als Beleg aufzubewahrende Unterlage hinzuweisen, aus der hervorgeht, daß der Arbeitnehmer keiner Religionsgemeinschaft angehört, für die die Kirchensteuer von den Finanzbehörden erhoben wird.

(2a) [1]**Der Arbeitgeber hat die nach den Absätzen 1 und 2, die nach § 41 des Einkommensteuergesetzes aufzuzeichnenden Daten sowie die hierfür mittels Vor- und Nebensystemen ermittelten und verwendeten Daten der Finanzbehörde nach einer amtlich vorgeschriebenen einheitlichen Form über eine digitale Schnittstelle elektronisch bereitzustellen.** [2]**Die Übermittlung der Daten für dieselbe Betriebsstätte hat zusammengefasst in einem Datenbestand je Haupt-, Vor- und Nebensystem zu erfolgen.** [3]**Auf Antrag des Arbeitgebers kann das Betriebsstättenfinanzamt zur Vermeidung unbilliger Härten zulassen, dass der Arbeitgeber die Daten in anderer auswertbarer Form bereitstellt.**

(3) [1]**Das Betriebsstättenfinanzamt kann bei Arbeitgebern, die für die Lohnabrechnung ein maschinelles Verfahren anwenden, Ausnahmen von den Vorschriften der Absätze 1 und 2 zulassen, wenn die Möglichkeit zur Nachprüfung in anderer Weise sichergestellt ist.** [2]**Das Betriebsstättenfinanzamt soll zulassen, daß Sachbezüge im Sinne des § 8 Absatz 2 Satz 11 und Absatz 3 des Einkommensteuergesetzes für solche Arbeitnehmer nicht aufzuzeichnen sind, für die durch betriebliche Regelungen und entsprechende Überwachungsmaßnahmen gewährleistet ist, daß die in § 8 Absatz 2 Satz 11 oder Absatz 3 des Einkommensteuergesetzes genannten Beträge nicht überschritten werden.**

(4) [1]**In den Fällen des § 38 Abs. 3a des Einkommensteuergesetzes ist ein Lohnkonto vom Dritten zu führen.** [2]**In den Fällen des § 38 Abs. 3a Satz 2 ist der Arbeitgeber anzugeben und auch der Arbeitslohn einzutragen, der nicht vom Dritten, sondern vom Arbeitgeber selbst gezahlt wird.** [3]**In den Fällen des § 38 Abs. 3a Satz 7 ist der Arbeitslohn für jedes Dienstverhältnis gesondert aufzuzeichnen.**

§ 5 LStDV ***Besondere Aufzeichnungs- und Mitteilungspflichten im Rahmen der betrieblichen Altersversorgung***

(abgedruckt bei § 3 EStG)

Lohnsteuer-Richtlinien: LStR 41.1–41.3; LStH 41.3.

1 **1. Umfang der Aufzeichnungspflichten.** Zuwendungen, die nicht den Lohnbegriff erfüllen, müssen im Lohnkonto nicht angegeben werden. Das gilt auch für Trinkgelder, für die der ArbG keine LSt einzubehalten hat (→ § 19 Rn. 70). Leistungen iSd § 41 I 4 sind demggü einzutragen. § 41 I 5 soll im Hinblick auf § 32b sicherstellen, dass bestimmte Lohnersatzleistungen vom FA erkannt werden. Wegen mögl stfreier Lohnersatzleistungen (zB Insolvenzgeld, Arbeitslosengeld) ist für Arbeitsunterbrechungen der Großbuchstabe U zu vermerken (LStR 41.2). Die Aufbewahrungsfrist des § 41 I 9 gilt auch für Belege, die zum **Lohnkonto** zu nehmen sind (zB abgerufene ELStAM) und für die in § 93c I Nr 4 AO genannten Unterlagen. Pauschal versteuerte Bezüge iSd § 40a I 1 Nr 1 und Zukunftssicherungsleistungen iSd § 40b dürfen nur nach Maßgabe des § 4 II Nr 8 Satz 2 ff LStDV in einem Sammelkonto aufgezeichnet werden.

2 **2. Erfüllungsort der Aufzeichnungspflichten.** Das Lohnkonto ist am Ort der Betriebsstätte zu führen. Für das LStVerfahren gilt ein von § 12 AO abweichender Betriebsstättenbegriff (§ 41 II). Für die Bestimmung der Betriebsstätte kommt es allein darauf an, wo der maßgebende ArbLohn insgesamt ermittelt wird. Ohne Bedeutung sind der Ort der Berechnung der LSt oder der Aufbewahrung der Bescheinigung über die LSt-Abzugsmerkmale. Der ArbLohn wird dort ermittelt, wo die Teile des Arb-

Lohns zusammengestellt werden, die für den LStAbzug bedeutsam sind; bei maschineller Lohnabrechnung also dort, wo die maßgebenden Eingabewerte zusammengefasst werden (LStR 41.3 S 1). Durch die **Betriebsstätte** wird das zuständige FA bestimmt. Es liegt im Ermessen des ArbG, der in mehreren Teilbetrieben ArbN beschäftigt, ob er eine oder mehrere Betriebsstätten iSd § 41 II einrichtet. Zur Betriebsstätte bei Konzernunternehmen s *OFD Mbg* BB 94, 772; bei Wohnungseigentümergemeinschaften s *OFD Brem* DB 97, 1744. § 41 II 2 enthält einen Auffangtatbestand.

3. Ausländischer Arbeitnehmerverleiher. Für ausl ArbN-Verleiher, die im Inl 3
oft keinen Ort haben, an dem der für den LStAbzug maßgebende ArbLohn ermittelt wird, war eine Betriebsstättenfiktion zur Bestimmung des zuständigen FA erforderl. Die Zuständigkeit richtet sich nach dem Ort, an dem die Arbeitsleistung ganz oder vorwiegend stattfindet (§ 41 II 2, letzter Hs). Unklar ist, welcher Ort die Betriebsstätte ist, wenn der Verleiher zB mehrere ArbN-Kolonnen an verschiedenen Orten eingesetzt hat oder wenn zB eine Kolonne im Laufe des Jahres den Einsatzort ständig wechselt. ME sollte jedes FA, in dessen Bezirk LeihArbN tätig werden, seine Zuständigkeit zunächst annehmen, damit nicht aus einer Unklarheit unrechtmäßige Vorteile gezogen werden können. Zum ständigen Vertreter bei ausl ArbG s LStR 41.3 S 3. Handelt es sich um ArbG, die Bauleistungen erbringen (§ 48), so gilt die abw Zuständigkeitsregelung des § 20a, 21 I 2 AO (auch → § 48 Rn. 2; *BMF* BStBl I 22, 1229, Rn. 97 ff).

§ 41a Anmeldung und Abführung der Lohnsteuer

(1) [1]**Der Arbeitgeber hat spätestens am zehnten Tag nach Ablauf eines jeden Lohnsteuer-Anmeldungszeitraums**

1. **dem Finanzamt, in dessen Bezirk sich die Betriebsstätte (§ 41 Absatz 2) befindet (Betriebsstättenfinanzamt), eine Steuererklärung einzureichen, in der er die Summen der im Lohnsteuer-Anmeldungszeitraum einzubehaltenden und zu übernehmenden Lohnsteuer, getrennt nach den Kalenderjahren, in denen der Arbeitslohn bezogen wird oder als bezogen gilt, angibt (Lohnsteuer-Anmeldung),**
2. **die im Lohnsteuer-Anmeldungszeitraum insgesamt einbehaltene und übernommene Lohnsteuer an das Betriebsstättenfinanzamt abzuführen.**

[2]**Die Lohnsteuer-Anmeldung ist nach amtlich vorgeschriebenem Datensatz durch Datenfernübertragung zu übermitteln.** [3]**Auf Antrag kann das Finanzamt zur Vermeidung unbilliger Härten auf eine elektronische Übermittlung verzichten; in diesem Fall ist die Lohnsteuer-Anmeldung nach amtlich vorgeschriebenem Vordruck abzugeben und vom Arbeitgeber oder von einer zu seiner Vertretung berechtigten Person zu unterschreiben.** [4]**Der Arbeitgeber wird von der Verpflichtung zur Abgabe weiterer Lohnsteuer-Anmeldungen befreit, wenn er Arbeitnehmer, für die er Lohnsteuer einzubehalten oder zu übernehmen hat, nicht mehr beschäftigt und das dem Finanzamt mitteilt.**

(2) [1]**Lohnsteuer-Anmeldungszeitraum ist grundsätzlich der Kalendermonat.** [2]**Lohnsteuer-Anmeldungszeitraum ist das Kalendervierteljahr, wenn die abzuführende Lohnsteuer für das vorangegangene Kalenderjahr mehr als 1080 Euro, aber nicht mehr als 5000 Euro betragen hat; Lohnsteuer-Anmeldungszeitraum ist das Kalenderjahr, wenn die abzuführende Lohnsteuer für das vorangegangene Kalenderjahr nicht mehr als 1080 Euro betragen hat.** [3]**Hat die Betriebsstätte nicht während des ganzen vorangegangenen Kalenderjahres bestanden, so ist die für das vorangegangene Kalenderjahr abzuführende Lohnsteuer für die Feststellung des Lohnsteuer-Anmeldungszeitraums auf einen Jahresbetrag umzurechnen.** [4]**Wenn die Betriebsstätte im vorangegangenen Kalenderjahr noch nicht bestanden hat, ist die auf einen Jahresbetrag umgerechnete für den ersten vollen Kalendermonat nach der Eröffnung der Betriebsstätte abzuführende Lohnsteuer maßgebend.**

(3) [1]**Die oberste Finanzbehörde des Landes kann bestimmen, dass die Lohnsteuer nicht dem Betriebsstättenfinanzamt, sondern einer anderen öffentlichen Kasse anzumelden und an diese abzuführen ist; die Kasse erhält insoweit die Stellung einer Landesfinanzbehörde.** [2]**Das Betriebsstättenfinanzamt oder die zuständige andere öffentliche Kasse können anordnen, dass die Lohnsteuer abweichend von dem nach Absatz 1 maßgebenden Zeitpunkt anzumelden und abzuführen ist, wenn die Abführung der Lohnsteuer nicht gesichert erscheint.**

(4) [1]**Arbeitgeber, die eigene oder gecharterte Handelsschiffe betreiben, dürfen die anzumeldende und abzuführende Lohnsteuer abziehen und einbehalten, die auf den Arbeitslohn entfällt, der an die Besatzungsmitglieder für die Beschäftigungszeiten auf diesen Schiffen gezahlt wird.** [2]**Die Handelsschiffe müssen in einem Seeschiffsregister eines Mitgliedstaates der Europäischen Union oder eines Staates, auf den das Abkommen über den Europäischen Wirtschaftsraum anwendbar ist, eingetragen sein, die Flagge eines dieser Staaten führen und zur Beförderung von Personen oder Gütern im Verkehr mit oder zwischen ausländischen Häfen, innerhalb eines ausländischen Hafens oder zwischen einem ausländischen Hafen und der Hohen See betrieben werden.** [3]**Die Sätze 1 und 2 sind entsprechend anzuwenden, wenn Seeschiffe im Wirtschaftsjahr überwiegend außerhalb der deutschen Hoheitsgewässer zum Schleppen, Bergen oder zur Aufsuchung von Bodenschätzen oder zur Vermessung von Energielagerstätten unter dem Meeresboden eingesetzt werden.** [4]**Bei Besatzungsmitgliedern, die auf Schiffen, einschließlich Ro-Ro-Fahrgastschiffen, arbeiten, die im regelmäßigen Personenbeförderungsdienst zwischen Häfen im Hoheitsgebiet der Mitgliedstaaten der Europäischen Union eingesetzt werden, gelten die Sätze 1 und 2 nur, wenn die Besatzungsmitglieder Staatsangehörige eines Mitgliedstaates der Europäischen Union oder eines Staates sind, auf den das Abkommen über den Europäischen Wirtschaftsraum anwendbar ist.** [5]**Bei Seeschiffen, die für Schlepp- und Baggerarbeiten genutzt werden, gelten die Sätze 1 und 2 nur, wenn es sich um seetüchtige Schlepper und Baggerschiffe mit Eigenantrieb handelt und die Schiffe während mindestens 50 Prozent ihrer Betriebszeit für Tätigkeiten auf See eingesetzt werden.** [6]**Ist für den Lohnsteuerabzug die Lohnsteuer nach der Steuerklasse V oder VI zu ermitteln, bemisst sich der Betrag nach Satz 1 nach der Lohnsteuer der Steuerklasse I.**

Lohnsteuer-Richtlinien: LStR 41a.1, 41a.2; LStH 41a.1.

1 **1. Rechtsnatur.** Die LStAnmeldung ist eine StErklärung iSd § 150 I 2 AO, in der der ArbG die Steuer selbst zu berechnen hat; der ArbG hat die LSt einzubehalten, anzumelden und abzuführen (§ 38 III 1; § 41a I 1). Die Anmeldung steht einer StFestsetzung unter dem Vorbehalt der Nachprüfung gleich (§§ 167, 168 AO) und kann, solange der Vorbehalt wirksam ist, aufgehoben oder geändert werden (§ 164 II AO; BFH VI R 10/05, BStBl II 09, 354). Ergibt sich auf Grund der LStAnmeldung ein Erstattungsanspruch des ArbG (zB infolge Zahlung von Zulagen), tritt die Wirkung der Vorbehaltsfestsetzung erst nach Zustimmung des FA (zB konkludent durch Auszahlung) ein (§ 168 S 2 AO). Für den Rechtscharakter einer vom FA akzeptierten LStAnmeldung als StFestsetzung unter Nachprüfungsvorbehalt ist unerhebl, dass der ArbG StSchuldner nur bezügl der zu übernehmenden LSt (§§ 40–40b) ist, während er bezügl der einzubehaltenden LSt nur als Haftungs- oder Entrichtungsschuldner in Anspruch genommen werden kann. ME sind Überlegungen schon im Ansatz verfehlt, nach denen die LStAnmeldung bezügl der einzubehaltenden LSt nicht als eine StFestsetzung, sondern als fiktiver Haftungsbescheid zu qualifizieren sei, weil der ArbG für einzubehaltende LSt nur hafte. Der ArbG begleicht bei Abführung der *angemeldeten* LSt keine Haftungsschuld, sondern seine eigene StSchuld, näml seine Entrichtungssteuerschuld (ausführl *Heuermann* StuW 06, 332; s auch *Drenseck* DStJG 9, 387). Dies hat Auswirkungen auf die Änderungsvorschriften in §§ 172 ff AO und auf

die Verjährungsvorschriften (s BFH I B 151/98, BStBl II 01, 556, für die KapESt). – Gibt zB der ArbG die LStAnmeldung nicht ab oder meldet er LSt zu niedrig an, kann ihn das FA nach Schätzung (formell) durch StBescheid in Anspruch nehmen (BFH VI R 171/00, BStBl II 04, 1087; BFH I R 61/99, BStBl II 01, 67, zur KapESt). Da auch materiell kein Haftungs-, sondern ein Entrichtungsanspruch geltend gemacht wird, sind die Grundsätze des Haftungsverfahrens nicht zu beachten (ebenso *Nacke* DStR 05, 1297 (1298); *HHR/Reuss* § 41a Rn. 6; offen gelassen in BFH VI R 10/05, BStBl II 09, 354; *Schneider* BFH/PR 09, 177; **aA** *Drüen* DB 05, 299; *Heuermann* StuW 06, 332 (334 ff)).

2. Anmeldung, § 41a I. Der ArbG hat die LStAnmeldung dem FA grds auf elektronischem Weg zu übermitteln. Zur Vermeidung von unbilligen Härten kann das FA Ausnahmen zulassen (§ 41a I 3); dies ist eine Ermessensentscheidung. Dem Antrag ist zu entsprechen, wenn dem ArbG die Schaffung technischer Mittel nicht zuzumuten ist, zB kleiner Betrieb, der die technischen Mittel auch sonst nicht benötigt, oder älterer ArbG, der vor der Betriebsaufgabe steht und dem die neue Technik nicht zuzumuten ist (FG Hmb EFG 05, 992). Ferner kann eine Ausnahme wegen technischer Risiken geboten sein (*Betzwieser* DStR 05, 463). 2

a) Betriebsstättenbezug; Lohnsteuerarten. Der ArbG hat für jede Betriebsstätte (§ 41 II) und jeden Anmeldungszeitraum eine LStAnmeldung abzugeben; zur Anmeldung/Abführung an ein unzuständiges FA s *FM SchlH* DB 10, 1207. Anzumelden sind einzubehaltende (dazu zählt auch die bei einer Nettolohnvereinbarung anfallende LSt) und zu übernehmende (§§ 40–40b) LSt; die beiden LStArten sind getrennt auszuweisen. Maßgebend war bis VZ 2019 der Zeitpunkt der Entstehung der LSt (§ 38 II 2); nach der Neufassung der Nr 1 durch das „JStG 2019" (BGBl I 19, 2451) ist ab VZ 2020 die LSt nach dem Kj des Bezugs des ArbLohns (§ 38a I 2 und 3) aufzuschlüsseln. Hierdurch wird ein Gleichlauf von LSt-Anmeldung und LSt-Bescheinigung erreicht. Solange ein ArbG noch ArbN beschäftigt, für die er LSt einzubehalten/zu übernehmen hat, muss er LStAnmeldungen abgeben. Die gem § 42b erstattete LSt ist gesondert anzugeben (§ 42b III 2). 3

b) Zeitraumbezogenheit; Sachverhaltsbezogenheit. Die LStAnmeldung hat nach § 41a I Nr 1 alle lstpfl Sachverhalte zeitraumbezogen zu erfassen. Wird ein bislang zu Unrecht nicht erfasster Sachverhalt erstmalig in einem Pauschalierungs-/Haftungsbescheid geregelt, bedeutet dies eine Änderung der LStAnmeldung. Dies gilt auch, wenn das FA ggü dem ArbG sachverhaltsbezogen die Entrichtungsschuld abw von der LStAnmeldung festsetzt (**aA** NdsFG EFG 12, 2015, Rev aus anderen Gründen unbegr: BFH VI R 47/12, BStBl II 15, 490). Diese Bescheide sind keine Ergänzungsbescheide iSd § 179 III AO, weil eine vorhandene StFestsetzung (LSt-Anmeldung) in ihrer Höhe geändert wird (BFH VI R 183/88, BStBl II 93, 829; BFH VI R 106/88, BStBl II 93, 840). Nach einer LStAnmeldung ergangene Haftungs-/Pauschalierungsbescheide sind daher keine Erst-, sondern Änderungsbescheide, was zum Eingreifen des § 176 II AO führen kann (BFH VI R 65/91, BStBl II 93, 844). – Wird nach einer LStAußenprüfung der Vorbehalt der Nachprüfung für die LStAnmeldung ohne Einschränkung oder Bedingung aufgehoben, greift die Änderungssperre des § 173 II AO zugunsten des ArbG ein (BFH VI R 83/04, BStBl II 09, 703; *Drüen* FR 19, 1019 (1025)). Ein Haftungsbescheid kann auch dann nicht mehr ergehen, wenn die StErhebung beim ArbN nicht (mehr) mögl ist (zu den Folgerungen der *FM Sachs* s DStR 98, 1307). Zur Drittwirkung der LStAnmeldung (§ 166 AO) ggü dem Haftenden s ThürFG EFG 99, 1208; BFH VII R 50/03, BStBl II 05, 127. 4

c) Abführung der Lohnsteuer. § 41a I bestimmt den Fälligkeitszeitpunkt. Bei nicht rechtzeitiger Abführung der LSt sind Säumniszuschläge verwirkt (§ 240 AO). Nach § 240 I 3 AO tritt die Säumnis allerdings nicht ein, bevor die LSt angemeldet worden ist. Erst dann beginnt die Schonfrist des § 240 III 1 AO. Verspätete oder unvollständige Abführung kann als Ordnungswidrigkeit geahndet werden (§ 380 AO). 5

Für den Anspruch des ArbN gegen den ArbG auf Abführung der LSt ist der Finanzrechtsweg nicht gegeben (BFH VI B 108/92, BStBl II 93, 760).

6 **3. Anmeldungszeitraum, § 41a II.** Dies ist der Kalendermonat, das Kalendervierteljahr oder das Kj. Die Betragsgrenze für den einjährigen Anmeldungszeitraum (§ 41a II 2) beträgt ab 2015 1080 € (vorher 1000 €). Bei den nach § 41a II 2 maßgebenden Beträgen handelt es sich um die Summe der einbehaltenen und übernommenen LSt ohne Kürzung um ausgezahlte Zulagen (zB die Berlinzulage, BFH VI R 39/79, BStBl II 82, 223). Die Anmeldung kann mit **Zwangsmitteln** durchgesetzt werden (§§ 328 ff AO). Bei verspäteter Anmeldung ist ein **Verspätungszuschlag** festzusetzen (§ 152 II AO mit Rückausnahme in § 152 III AO)..

7 **4. Abweichende Bestimmung des Anmeldungsempfängers und des Anmeldungszeitpunkts, § 41a III.** Die oberste Landes-FinBeh kann bestimmen, dass die LSt bei einer anderen öffentl Kasse anzumelden und an diese abzuführen ist. Das BetriebsstättenFA oder die andere öffentl Kasse können (nach pflichtgemäßen Ermessen) zur Sicherung der LSt auch einen von Abs 1 abw Anmeldungs- und Abführungszeitpunkt festlegen.

8 **5. Einbehaltung nach § 41a IV; Handelsschiffe.** Diese Regelung, die durch Gesetz v 12.5.21 (BGBl I 21, 989) und v. 19.6.22 (BGBl I 22, 911) für Lohnzahlungszeiträume ab Juni 2021 geändert wurde (beihilferechtl Genehmigung der EU-Kommission v 22.6.21), begünstigt Reeder ggü anderen Transportunternehmen (*HHR/Reuss* § 41a Rn. 20); sie soll aber dennoch verfgemäß sein (NdsFG EFG 04, 1456). Zu Einzelheiten s LStR 41a.1 V; *BH/Heuermann* § 41a Rn. 40 ff. ArbG iSv § 41a IV ist der zum LSt-Einbehalt nach § 38 III Verpflichtete; ein abw ArbG-Begriff kommt nicht in Betracht. Voraussetzung der Begünstigung ist, dass ein ArbN auf eigenen oder gecharterten Handelsschiffen des ArbG tätig ist (BFH VI R 84/10, BStBl II 11, 986) und das Schiff im jeweiligen Lohnzahlungszeitraum tatsächl zu den im Gesetz genannten Zwecken eingesetzt war (BFH VI R 30/17, BStBl II 20, 289).

Durch § 52 XLa idF des Gesetzes zur Erhöhung des LSt-Einbehalts in der Seeschifffahrt wurde die Begünstigung durch eine vom 1.6.16 auf 60 Monate befristete Erhöhung des LSt-Einbehalts von 40% auf 100% und den Entfall der 183-Tage-Regel weiter ausgebaut (BT-Drs 18/6679; *Urbahns* NWB 16, 1578; zu Einschränkungen dieser Begünstigung in Einzelfällen s *BMF* BGBl I 16, 1248). Sie wurde durch § 52 XLa idF BGBl I 22, 911 in leicht modifizierter Form (ab Juni 2021) um 72 Monate verlängert und auf Handelsschiffe unter der Flagge eines Mitgliedsstaats der EU und des EWR ausgedehnt. An die Stelle der Eintragung in einem inl Seeschiffsregister tritt die Eintragung in einem Seeschiffsregister eines EU/EWR-Mitgliedstaates.

9 **6. Rechtsschutz des Arbeitgebers.** Erkennt der ArbG, dass die LStAnmeldung fehlerhaft ist, bestehen folgende **Änderungsmöglichkeiten:** – ***(1)*** Änderung des LStAbzugs nach § 41c. Diese Möglichkeit ist aber zeitl begrenzt (§ 41c III). Ferner greift diese Vorschrift nicht ein, wenn der ArbG irrtüml für einen nicht mehr bei ihm beschäftigten ArbN LSt angemeldet hat. – ***(2)*** Der ArbG kann gegen die LStAnmeldung innerhalb der Rechtsbehelfsfrist Einspruch einlegen und AdV beantragen (*Drenseck* DB 83, 2326, mwN); Beiladung des ArbN nicht notwendig (FG Brem EFG 95, 484 rkr, *HHR/Reuss* § 41a Rn. 11; mE zweifelhaft, → Rn. 10). Durch die Anfechtung eines LStHaftungsbescheids werden aber nicht zugleich auch die LStAnmeldungen für den Haftungszeitraum angefochten (BFH VI R 13/21, BFH/NV 23, 745). – ***(3)*** Antrag auf Änderung gem § 164 II 2 AO. – ***(4)*** Abgabe einer berichtigten LStAnmeldung, die ebenfalls die Wirkung des § 168 AO entfalten soll (*Schwarz* DStR 80, 480 (483 f); *HHS* § 168 Rn. 13; *BeckOK AO* § 168 AO Rn. 65). Führt die berichtigte LStAnmeldung aber zu einer Herabsetzung des ursprüngl Anmeldungsbetrages, bedarf sie der Zustimmung des FA (§ 168 S 2 AO). Von der Zustimmung des FA hängt die Fälligkeit des Erstattungsanspruchs und damit die Möglichkeit ab, zB gegen andere StForderungen aufzurechnen.

7. Anfechtungsbefugnis des Arbeitnehmers. Auch der ArbN ist, da er als StSchuldner die Einbehaltung/Abführung der LSt dulden muss (Drittbetroffener), zur Anfechtung der LSt-Anmeldung befugt (BFH VI R 165/01, BStBl II 05, 890; zust *Heuermann* DStR 24, 2401, **aA** *KKM* § 41a Rn. A 39) und kann gegen das BetriebsstättenFA einen Erstattungsanspruch geltend machen (BFH I R 70/08, BFH/NV 10, 350); auch er kann die AdV der LStAnmeldung begehren (*Drenseck* DStJG 9, 389 f, mwN; *Schuhmann* BB 85, 187; **aA** FG BW EFG 92, 110; *Giloy* BB 93, 1410). Der ArbG ist notwendig beizuladen (BFH VI B 66/15, BFH/NV 15, 1600). Ficht der ArbN eine LStAnmeldung nicht an, steht dies einem Erstattungsanspruch nach § 37 II AO entgegen (BFH I B 183/94, BStBl II 95, 781 zu § 50a IV; BFH I R 39/95, BStBl II 96, 87 zu § 50d). Nach Ergehen des ESt-Bescheides kann ein Erstattungsanspruch grds nur noch über die Anfechtung dieses Bescheides verfolgt werden (BFH I R 39/95, BStBl II 96, 87); eine Anfechtungsklage des ArbN gegen die LSt-Anmeldung erledigt sich durch den EStBescheid (BFH VI R 165/01, BStBl II 05, 890, Fortsetzungsfeststellungsklage). Zu beachten ist, dass Entscheidungen im Vorauszahlungsverfahren keine Bindungswirkung für das Veranlagungsverfahren erzeugen. Nach Ablauf des Abzugsjahres kann der ArbN nur noch im Wege der Veranlagung die Erstattung einbehaltener LSt begehren (auch → § 39a Rn. 12). 10

§ 41b Abschluss des Lohnsteuerabzugs

(1) [1]**Bei Beendigung eines Dienstverhältnisses oder am Ende des Kalenderjahres hat der Arbeitgeber das Lohnkonto des Arbeitnehmers abzuschließen.** [2]**Auf Grund der Aufzeichnungen im Lohnkonto hat der Arbeitgeber nach Abschluss des Lohnkontos für jeden Arbeitnehmer der für dessen Besteuerung nach dem Einkommen zuständigen Finanzbehörde nach Maßgabe des § 93c der Abgabenordnung neben den in § 93c Absatz 1 der Abgabenordnung genannten Daten insbesondere folgende Angaben zu übermitteln (elektronische Lohnsteuerbescheinigung):**

1. **die abgerufenen elektronischen Lohnsteuerabzugsmerkmale oder die auf der entsprechenden Bescheinigung für den Lohnsteuerabzug eingetragenen Lohnsteuerabzugsmerkmale sowie die Bezeichnung und die Nummer des Finanzamts, an das die Lohnsteuer abgeführt worden ist,**
2. **die Dauer des Dienstverhältnisses während des Kalenderjahres sowie die Anzahl der nach § 41 Absatz 1 Satz 5 vermerkten Großbuchstaben U,**
3. **die Art und Höhe des gezahlten Arbeitslohns sowie den nach § 41 Absatz 1 Satz 6 vermerkten Großbuchstaben S,**
4. **die einbehaltene Lohnsteuer, den Solidaritätszuschlag und die Kirchensteuer,**
5. **das Kurzarbeitergeld, das Qualifizierungsgeld, den Zuschuss zum Mutterschaftsgeld nach dem Mutterschutzgesetz, die Entschädigungen für Verdienstausfall nach dem Infektionsschutzgesetz, die nach § 3 Nummer 21 steuerfreien Einnahmen, die nach § 3 Nummer 28 steuerfreien Aufstockungsbeträge oder Zuschläge sowie die nach § 3 Nummer 28a steuerfreien Zuschüsse,**
6. **die auf die Entfernungspauschale nach § 3 Nummer 15 Satz 3 und § 9 Absatz 1 Satz 3 Nummer 4 Satz 5 anzurechnenden steuerfreien Arbeitgeberleistungen,**
7. **die auf die Entfernungspauschale nach § 40 Absatz 2 Satz 2 Nummer 1 2. Halbsatz anzurechnenden pauschal besteuerten Arbeitgeberleistungen,**
8. **für die dem Arbeitnehmer zur Verfügung gestellten Mahlzeiten nach § 8 Absatz 2 Satz 8 den Großbuchstaben M,**
9. **für die steuerfreie Sammelbeförderung nach § 3 Nummer 32 den Großbuchstaben F,**
10. **die nach § 3 Nummer 13 und 16 steuerfrei gezahlten Verpflegungszuschüsse und Vergütungen bei doppelter Haushaltsführung,**

11. **Beiträge zu den gesetzlichen Rentenversicherungen und an berufsständische Versorgungseinrichtungen, getrennt nach Arbeitgeber- und Arbeitnehmeranteil,**
12. **die nach § 3 Nummer 62 gezahlten Zuschüsse zur Kranken- und Pflegeversicherung,**
13. **die Beiträge des Arbeitnehmers zur gesetzlichen Krankenversicherung und zur sozialen Pflegeversicherung,**
14. **die Beiträge des Arbeitnehmers zur Arbeitslosenversicherung.**

[3]Der Arbeitgeber hat dem Arbeitnehmer die elektronische Lohnsteuerbescheinigung nach amtlich vorgeschriebenem Muster binnen angemessener Frist als Ausdruck auszuhändigen oder elektronisch bereitzustellen. [4]Soweit der Arbeitgeber nicht zur elektronischen Übermittlung nach Absatz 1 Satz 2 verpflichtet ist, hat er nach Ablauf des Kalenderjahres oder wenn das Dienstverhältnis vor Ablauf des Kalenderjahres beendet wird, eine Lohnsteuerbescheinigung nach amtlich vorgeschriebenem Muster auszustellen und an das Betriebsstättenfinanzamt bis zum letzten Tag des Monats Februar des auf den Abschluss des Lohnkontos folgenden Kalenderjahres zu übersenden. [5]Er hat dem Arbeitnehmer eine Zweitausfertigung dieser Bescheinigung auszuhändigen. [6]Nicht ausgehändigte Lohnsteuerbescheinigungen hat der Arbeitgeber dem Betriebsstättenfinanzamt einzureichen.

(2) **[1]Ist dem Arbeitgeber die Identifikationsnummer (§ 139b der Abgabenordnung) des Arbeitnehmers nicht bekannt, hat er bis zum Veranlagungszeitraum 2022 für die Datenübermittlung nach Absatz 1 Satz 2 aus dem Namen, Vornamen und Geburtsdatum des Arbeitnehmers ein Ordnungsmerkmal nach amtlich festgelegter Regel für den Arbeitnehmer zu bilden und das Ordnungsmerkmal zu verwenden. [2]Er darf das lohnsteuerliche Ordnungsmerkmal nur für die Zuordnung der elektronischen Lohnsteuerbescheinigung oder sonstiger für das Besteuerungsverfahren erforderlicher Daten zu einem bestimmten Steuerpflichtigen und für Zwecke des Besteuerungsverfahrens verarbeiten oder bilden.**

(2a) *(aufgehoben)*

(3) **[1]Ein Arbeitgeber ohne maschinelle Lohnabrechnung, der ausschließlich Arbeitnehmer im Rahmen einer geringfügigen Beschäftigung in seinem Privathaushalt im Sinne des § 8a des Vierten Buches Sozialgesetzbuch beschäftigt und keine elektronische Lohnsteuerbescheinigung erteilt, hat anstelle der elektronischen Lohnsteuerbescheinigung eine entsprechende Lohnsteuerbescheinigung nach amtlich vorgeschriebenem Muster auszustellen und an das Betriebsstättenfinanzamt bis zum letzten Tag des Monats Februar des auf den Abschluss des Lohnkontos folgenden Kalenderjahres zu übersenden. [2]Der Arbeitgeber hat dem Arbeitnehmer nach Ablauf des Kalenderjahres oder nach Beendigung des Dienstverhältnisses, wenn es vor Ablauf des Kalenderjahres beendet wird, eine Zweitausfertigung der Lohnsteuerbescheinigung auszuhändigen. [3]Nicht ausgehändigte Lohnsteuerbescheinigungen hat der Arbeitgeber dem Betriebsstättenfinanzamt einzureichen.**

(4) **[1]In den Fällen des Absatzes 1 ist für die Anwendung des § 72a Absatz 4 und des § 93c Absatz 4 Satz 1 der Abgabenordnung sowie für die Anwendung des Absatzes 2a das Betriebsstättenfinanzamt des Arbeitgebers zuständig. [2]Sind für einen Arbeitgeber mehrere Betriebsstättenfinanzämter zuständig, so ist das Finanzamt zuständig, in dessen Bezirk sich die Geschäftsleitung des Arbeitgebers im Inland befindet. [3]Ist dieses Finanzamt kein Betriebsstättenfinanzamt, so ist das Finanzamt zuständig, in dessen Bezirk sich die Betriebsstätte mit den meisten Arbeitnehmern befindet.**

(5) **[1]Die nach Absatz 1 übermittelten Daten können durch das nach Absatz 4 zuständige Finanzamt zum Zweck der Anwendung des § 72a Absatz 4 und des § 93c Absatz 4 Satz 1 der Abgabenordnung verarbeitet werden. [2]Zur Überprüfung**

der Ordnungsmäßigkeit der Einbehaltung und Abführung der Lohnsteuer können diese Daten auch von den hierfür zuständigen Finanzbehörden bei den für die Besteuerung der Arbeitnehmer nach dem Einkommen zuständigen Finanzbehörden verarbeitet werden.

(6) **Die Absätze 1 bis 5 gelten nicht für Arbeitnehmer, soweit sie Arbeitslohn bezogen haben, der nach den §§ 40 bis 40b pauschal besteuert worden ist.**

Lohnsteuer-Richtlinien: LStR 41b, LStH 41b.

1. Abschluss des Lohnsteuerabzugs. Bei Abschluss des Lohnkontos (Beendigung des DienstVerh oder Ende des Kj) hat der ArbG spätestens bis zum 28.2. des Folgejahres der zuständigen Finanzbehörde eine elektronische LSt-Bescheinigung nach amtl vorgeschriebenem Datensatz zu übermitteln (*BMF* BStBl I 24, 1255). Die erforderl Angaben sind in § 41b I 2 Nr 1–14 geregelt. Die jährl Abrechnung nach § 41b I ist auch unverzichtbar bei Zahlung pauschaler Zuschläge zum ArbLohn für Sonntags-, Feiertags- und Nachtarbeit. Denn die Steuerfreiheit dieser Zuschläge ist nur insoweit gegeben, als sie für tatsächl geleistete Stunden zu den von § 3b begünstigten Zeiten gezahlt wurden. Dies ist durch die Abrechnung nach § 41b I zu belegen (BFH VI R 18/11, BStBl II 12, 291; BFH VI R 31/19, BFH/NV 22, 112). Soweit der ArbG nicht zur elektronischen Übermittlung verpflichtet ist (Einzelheiten für 2020 bis 2024 s *BMF* BStBl I 19, 911, ab 2025: *BMF* BStBl I 24, 1255), hat er auf der vom FA ausgestellten Bescheinigung für den LStAbzug eine LSt-Bescheinigung auszustellen und (ab VZ 2020) bis zum 28.2. des Folgejahres an das Betriebsstätten FA zu übersenden. Dem ArbN ist eine Zweitausfertigung auszuhändigen (Vorjahre → 38. Aufl 2019, § 41b Rn. 1). **Ab VZ 2023** ist die Möglichkeit nach § 41b II entfallen, zur Übermittlung der elektronische LStBescheinigung die eTIN zu verwenden. Teilt der ArbN dem ArbG seine IdentNr nicht mit (aber → § 39 Rn. 4), darf der ArbG die LStBeschenigung 2023 ausnahmsweise noch in Papierform einreichen (*FinBeh Hmb* BeckVerw 627984). Außerdem kann der ArbG bei seinem BetriebsstättenFA die IdNr des ArbN erfragen (*BMF* BStBl I 24, 211). Ohne diese ist der LStAbzug nach StKlasse VI vorzunehmen. Nach Abschluss des Lohnkontos ist eine Änderung des LStAbzugs unzul; etwaige Fehler beim LStAbzug können dann nur noch iRd EStVeranlagung berichtigt werden (BFH III R 50/09, BFH/NV 11, 786); für eine Berichtigung der LStBescheinigung besteht nach diesem Zeitpunkt kein Rechtsschutzbedürfnis mehr (BFH III B 30/13, BFH/NV 13, 1625). Über die Eintragungen auf den LStBescheinigungen und sonstige in der Praxis auftretende Fragen s LStR 41b. 1

2. Verfahren. Die in § 41b aufgeführten Pflichten können nach den §§ 328 ff AO erzwungen werden. Der ArbN hat gegen den ArbG einen *vor den Arbeitsgerichten* verfolgbaren Anspruch auf Erteilung, Ergänzung oder Berichtigung der LStBescheinigungen (BFH VI R 57/04, BStBl II 08, 434; zum negativen Kompetenzkonflikt → § 38 Rn. 21); der Anspruch besteht aber nur bis Ende Februar des dem Abzugsjahr folgenden Jahres (s BFH VI R 36/96, BFH/NV 02, 340). Bei der Veranlagung gibt es keine Bindung an den Inhalt der LStBescheinigung (BFH VII B 205/99, BFH/NV 00, 1080). 2

§ 41c Änderung des Lohnsteuerabzugs

(1) [1]**Der Arbeitgeber ist berechtigt, bei der jeweils nächstfolgenden Lohnzahlung bisher erhobene Lohnsteuer zu erstatten oder noch nicht erhobene Lohnsteuer nachträglich einzubehalten,**

1. **wenn ihm elektronische Lohnsteuerabzugsmerkmale zum Abruf zur Verfügung gestellt werden oder ihm der Arbeitnehmer eine Bescheinigung für den Lohnsteuerabzug mit Eintragungen vorlegt, die auf einen Zeitpunkt vor**

Abruf der Lohnsteuerabzugsmerkmale oder vor Vorlage der Bescheinigung für den Lohnsteuerabzug zurückwirken, oder

2. wenn er erkennt, dass er die Lohnsteuer bisher nicht vorschriftsmäßig einbehalten hat; dies gilt auch bei rückwirkender Gesetzesänderung.

[2]In den Fällen des Satzes 1 Nummer 1, wenn es sich um Lohnsteuerabzugsmerkmale nach § 39 Absatz 4 Nummer 4 handelt, und in den Fällen des Satzes 1 Nummer 2 ist der Arbeitgeber jedoch verpflichtet, wenn ihm dies wirtschaftlich zumutbar ist.

(2) **[1]Die zu erstattende Lohnsteuer ist dem Betrag zu entnehmen, den der Arbeitgeber für seine Arbeitnehmer insgesamt an Lohnsteuer einbehalten oder übernommen hat. [2]Wenn die zu erstattende Lohnsteuer aus dem Betrag nicht gedeckt werden kann, der insgesamt an Lohnsteuer einzubehalten oder zu übernehmen ist, wird der Fehlbetrag dem Arbeitgeber auf Antrag vom Betriebsstättenfinanzamt ersetzt.**

(3) **[1]Nach Ablauf des Kalenderjahres oder, wenn das Dienstverhältnis vor Ablauf des Kalenderjahres endet, nach Beendigung des Dienstverhältnisses, ist die Änderung des Lohnsteuerabzugs nur bis zur Übermittlung oder Ausschreibung der Lohnsteuerbescheinigung zulässig. [2]Bei Änderung des Lohnsteuerabzugs nach Ablauf des Kalenderjahres ist die nachträglich einzubehaltende Lohnsteuer nach dem Jahresarbeitslohn zu ermitteln. [3]Eine Erstattung von Lohnsteuer ist nach Ablauf des Kalenderjahres nur im Wege des Lohnsteuer-Jahresausgleichs nach § 42b zulässig. [4]Eine Minderung der einzubehaltenden und zu übernehmenden Lohnsteuer (§ 41a Absatz 1 Satz 1 Nummer 1) nach § 164 Absatz 2 Satz 1 der Abgabenordnung ist nach der Übermittlung oder Ausschreibung der Lohnsteuerbescheinigung nur dann zulässig, wenn sich der Arbeitnehmer ohne vertraglichen Anspruch und gegen den Willen des Arbeitgebers Beträge verschafft hat, für die Lohnsteuer einbehalten wurde. [5]In diesem Fall hat der Arbeitgeber die bereits übermittelte oder ausgestellte Lohnsteuerbescheinigung zu berichtigen und sie als geändert gekennzeichnet an die Finanzverwaltung zu übermitteln; § 41b Absatz 1 gilt entsprechend. [6]Der Arbeitgeber hat seinen Antrag zu begründen und die Lohnsteuer-Anmeldung (§ 41a Absatz 1 Satz 1) zu berichtigen.**

(4) **[1]Der Arbeitgeber hat die Fälle, in denen er die Lohnsteuer nach Absatz 1 nicht nachträglich einbehält oder die Lohnsteuer nicht nachträglich einbehalten kann, weil**

1. der Arbeitnehmer vom Arbeitgeber Arbeitslohn nicht mehr bezieht oder

2. der Arbeitgeber nach Ablauf des Kalenderjahres bereits die Lohnsteuerbescheinigung übermittelt oder ausgeschrieben hat,

dem Betriebsstättenfinanzamt unverzüglich elektronisch anzuzeigen. [2]Das Finanzamt hat die zu wenig erhobene Lohnsteuer vom Arbeitnehmer nachzufordern, wenn der nachzufordernde Betrag 10 Euro übersteigt. [3]§ 42d bleibt unberührt.

Lohnsteuer-Richtlinien: LStR 41c.1–41c.3; LStH 41c.1, 41c.3.

1 **1. Änderungsbefugnis des Arbeitgebers, § 41c I.** Abs 1 gibt dem ArbG in den dort genannten Fällen ein Recht zur Änderung des LStAbzugs für abgelaufene Lohnzahlungszeiträume. Der ArbG ist zur Änderung des LStAbzugs in den Fällen des § 41c I 1 Nr 2 und ab 1.1.2024 auch in den Fällen des § 41c I 1 Nr 1, wenn es sich um LStAbzugsmerkmale nach § 39 IV Nr 4 handelt, verpflichtet, wenn ihm dies wirtschaftl zumutbar ist (ArbG mit maschineller Lohnabrechnung, die eine rückwirkende Neuberechnung ermöglicht, s BT-Drs 16/11740, 26). Nimmt der ArbG keine Änderung vor, ist er anzeigepflichtig (§ 41c IV), wenn die Änderung zu einer nachträgl Einbehaltung führen würde. Macht der ArbG im Fall einer sich ergebenden Erstattung von dem Änderungsrecht keinen Gebrauch, kann der ArbN bis zum Ablauf des Kj ge-

gen das BetriebsstättenFA einen Erstattungsanspruch nach § 37 II AO geltend machen (aber → § 41a Rn. 10) oder er kann bis zur Veranlagung abwarten. Nach dem Wortlaut des Gesetzes darf die Änderung nur bei der auf die Zurverfügungstellung der ELStAM zum Abruf bzw Vorlage der Bescheinigung zum LStAbzug (§ 41c I 1 Nr 1) oder dem Zeitpunkt des Erkennens (§ 41c I 1 Nr 2) nächstfolgenden Lohnzahlung vorgenommen werden (zu Pfändungsfreigrenzen bei nachträgl Einbehaltung s LStR 41c.1 IV 3; *Niermann/Plenker* DB 10, 2127 (2136)). Das Änderungsrecht bezieht sich nach hM nur auf Lohnabrechnungen, die der ArbG selbst vorgenommen hatte. § 41c I kommt nicht zur Anwendung, wenn der ArbG irrtüml für einen nicht mehr bei ihm beschäftigten ArbN LSt abgeführt hat; hier hat der ArbG nur die zu → § 41a Rn. 9 aufgezeigten Möglichkeiten (Erstattungsanspruch, dessen Geltendmachung die vorherige Beseitigung der LStAnmeldung erfordert). Bei zu übernehmender LSt (§§ 40–40b) sollte § 41c analog angewendet werden (glA *KKM* § 41c Rn. A 5).

2. Rückwirkende Lohnsteuerabzugsmerkmale, § 41c I 1 Nr 1. Nr 1 gilt 2
auch in den Fällen, in denen der ArbN aus irgendwelchen Gründen versäumt hatte, dem ArbG die Bescheinigung für den LStAbzug (§ 39e VIII) rechtzeitig vor der Lohnabrechnung vorzulegen.

3. Fehlerhafter Lohnsteuerabzug, § 41c I 1 Nr 2. Nr 2 setzt voraus, dass der 3
ArbG oder Hilfspersonen den nicht vorschriftsgemäßen LStAbzug erkennt, also ursprüngl Unkenntnis vom zutr LSt-Einbehalt bestand. Der ArbG ist zur Änderung nicht befugt, wenn er die LSt bewusst fehlerhaft einbehalten hat (BFH VI R 29/08, BStBl II 10, 833). Wodurch dem ArbG die Kenntnis über den zutr LSt-Einbehalt vermittelt wird, ist ohne Bedeutung (*BH/Heuermann* § 41c Rn. 13); die Änderung ist daher auch noch mögl, wenn der LSt-Prüfer den ArbG auf den Fehler aufmerksam gemacht hat (**aA** *KS/Eisgruber* § 41c Rn. 5; *BH/Heuermann* § 41c Rn. 13). Die Verpflichtung gem § 41c I 1 Nr 2 Halbsatz 2 im Fall rückwirkender belastender Gesetzesänderung erscheint bedenkl.

4. Zu erstattende Lohnsteuer, § 41c II. Diese LSt hat der ArbG dem Betrag zu 4
entnehmen, den er insgesamt an LSt einbehalten oder übernommen hat. Den Erstattungsanspruch muss er folgl zunächst aus der abzuführenden LSt des LStAnmeldungszeitraums decken, in den die Änderung des LStAbzugs fällt. Ist dies nicht mögl, wird der Fehlbetrag dem ArbG auf Antrag vom Betriebsstätten-FA ersetzt. Hierzu reicht es aus, wenn in der LStAnmeldung der Erstattungsbetrag kenntl gemacht wird (LStR 41c.1 V 2).

5. Änderungszeitraum, § 41c III. Abs 3 regelt, bis zu welchem Zeitpunkt die 5
Änderung vorgenommen werden kann. Nach Übermittlung oder Ausschreiben der LStBescheinigung ist jegl Änderung des LStAbzugs unzul, da ansonsten der Inhalt der LStBelege unrichtig würde. Daher kann der ArbN nach Übermittlung der LStBescheinigung deren Berichtigung nicht mehr verlangen (BFH VI R 57/04, BStBl II 08, 434). Keine Änderung des LStAbzugs lag aber nach der Rechtslage bis 2016 vor, wenn der ArbG eine LSt-Bescheinigung berichtigt, die weder einbehaltene noch abgeführte LSt unzutreffend als solche auswies (BFH VII B 9/11, BFH/NV 11, 2042). Dies ist im Hinblick auf den sich aus § 93c III AO, § 175b AO iVm. § 41b bei elektronisch übermittelten Daten ergebenden Normkontext richtigerweise allerdings überholt (*BH/Heuermann* § 41c Rn. 27). Nach Ablauf des Kj kann es zu einer Erstattung nur im LStJA durch den ArbG (§ 42b) kommen. § 41c III kann nicht zugunsten des ArbG durchbrochen werden, wenn ein ArbN sich in betrügerischer Weise einen höheren Lohn ausweist und zur Verschleierung eine zu hohe LSt für den ArbG abführt (*Haase* DStZ 05, 602). Indes ist der tatsächl LStAbzug, der durch die LSt-Bescheinigung dokumentiert wird, nicht von Bedeutung, wenn es um die Entrichtungsschuld des ArbG geht, die einen zutreffend zu ermittelnden Sollbetrag zum Gegenstand hat. Dieser wird nicht durch den in der LSt-Bescheinigung dokumentierten Istbetrag bestimmt. Daher konnte eine LSt-Festsetzung auch dann noch geändert werden, wenn

eine Änderung des LStAbzugs nach § 41c III ausscheidet (BFH VI R 38/11, BFH/NV 13, 647; BFH VI R 34/18, BStBl II 21, 446; FG Ddorf EFG 16, 1791). § 41c III 4 idF KroatienAnpG (BGBl I 14, 1266) schränkt die Änderung nach § 164 II AO für Lohnzahlungszeiträume nach dem 31.12.13 allerdings ein. Sie ist nur noch zulässig, wenn sich der ArbN ohne vertragl Anspruch gegen den Willen des ArbG Beträge verschafft hat, für die LSt einbehalten wurde (*Seifert* DStZ 14, 837 (842)). § 41c III 4 steht einer Änderung der LStAnmeldung nach den allg Korrekturvorschriften der §§ 172 ff AO aber nicht entgegen (BFH VI R 34/18, BStBl II 21, 446). § 41c III 5, 6 regelt näheres zum Verfahren. – Dass der ArbG die LStBescheinigung nicht mehr ändern kann, führt nicht zu einer Bindung im Veranlagungsverfahren oder bei Geltendmachung eines Erstattungsanspruchs, wenn die Bescheinigung fehlerhaft ist (BFH VII B 9/11, BFH/NV 11, 2042). Dies verkennt BFH VI R 46/07, BStBl II 10, 72; denn das FA kann Fehler des LStAbzugs bei der Veranlagung des ArbN oder auch im Nachforderungsverfahren korrigieren (auch → § 36 Rn. 11; → § 38 Rn. 1). Davon zu unterscheiden ist die Haftung des ArbG, falls die unrichtige LStBescheinigung zu nachteiligen Folgen für den StAnspruch geführt hat.

6 **6. Anzeigepflicht des Arbeitgebers, § 41c IV.** Abs 4 hat in der Praxis erhebl Bedeutung, weil die Anzeige die Haftung des ArbG ausschließt (§ 42d II Nr 1). Der ArbG hat, wenn er von seiner Änderungsbefugnis nach § 41c I keinen Gebrauch macht oder die LSt aus den in § 41c IV Nr 1–2 genannten Gründen nicht einbehalten kann, dem BetriebsstättenFA unverzügl, also ohne schuldhafte Verzögerung, Anzeige zu erstatten. Die Anzeige muss so umfassend sein, dass das FA in der Lage ist, die LSt vom ArbN nachzufordern; sie muss insb die IdNr und die LStAbzugsmerkmale des ArbN enthalten (LStR 41c.2 II). Die Anzeige hat auch Bedeutung für die Festsetzungsverjährung. Die Festsetzungsfrist beginnt nach § 170 II 1 Nr 1 AO erst mit Ablauf des Kj, in dem der ArbG die Anzeige erstattet hat (BFH VI R 11/11, BStBl II 13, 190). Weicht der ArbG von einer ihm erteilten Anrufungsauskunft ab, so kann er nicht dadurch einen Haftungsausschluss bewirken, dass er die Abweichung und die steuerl Daten dem BetriebsstättenFA anzeigt (BFH VI R 95/92, BStBl II 93, 687). – In Fällen rückwirkender Gesetzesänderung (→ Rn. 3) ergibt sich mE keine Haftung des ArbG bei Versäumung einer **unverzügl** und ab 2026 zusätzl auch **elektronischen** (**JStG 2024** BGBl I 24 Nr 387) Anzeige; insb wenn der ArbN bei Inkrafttreten der rückwirkenden Gesetzesänderung bereits ausgeschieden war. Zur Anzeigepflicht bei behördl Erstattungen für Verdienstausfallentschädigungen nach § 56 IfSG s *BMF* BStBl I 23, 207.

§§ 42, 42a *(weggefallen)*

§ 42b Lohnsteuer-Jahresausgleich durch den Arbeitgeber

(1) **[1]Der Arbeitgeber ist berechtigt, seinen Arbeitnehmern, die während des abgelaufenen Kalenderjahres (Ausgleichsjahr) ständig in einem zu ihm bestehenden Dienstverhältnis gestanden haben, die für das Ausgleichsjahr einbehaltene Lohnsteuer insoweit zu erstatten, als sie die auf den Jahresarbeitslohn entfallende Jahreslohnsteuer übersteigt (Lohnsteuer-Jahresausgleich). [2]Er ist zur Durchführung des Lohnsteuer-Jahresausgleichs verpflichtet, wenn er am 31. Dezember des Ausgleichsjahres mindestens zehn Arbeitnehmer beschäftigt. [3]Der Arbeitgeber darf den Lohnsteuer-Jahresausgleich nicht durchführen, wenn**

1. **der Arbeitnehmer es beantragt oder**
2. **der Arbeitnehmer für das Ausgleichsjahr oder für einen Teil des Ausgleichsjahres nach den Steuerklassen V oder VI zu besteuern war oder**
3. **der Arbeitnehmer für einen Teil des Ausgleichsjahres nach den Steuerklassen II, III oder IV zu besteuern war oder**

3a. bei der Lohnsteuerberechnung ein Freibetrag oder Hinzurechnungsbetrag zu berücksichtigen war oder
3b. das Faktorverfahren angewandt wurde oder
4. der Arbeitnehmer im Ausgleichsjahr Kurzarbeitergeld, Qualifizierungsgeld, Zuschuss zum Mutterschaftsgeld nach dem Mutterschutzgesetz, Zuschuss bei Beschäftigungsverboten für die Zeit vor oder nach einer Entbindung sowie für den Entbindungstag während einer Elternzeit nach beamtenrechtlichen Vorschriften, Entschädigungen für Verdienstausfall nach dem Infektionsschutzgesetz, nach § 3 Nummer 21 steuerfreien Einnahmen, nach § 3 Nummer 28 steuerfreie Aufstockungsbeträge oder Zuschläge oder nach § 3 Nummer 28a steuerfreie Zuschüsse bezogen hat oder
4a. die Anzahl der im Lohnkonto oder in der Lohnsteuerbescheinigung eingetragenen Großbuchstaben U mindestens eins beträgt oder
5. für den Arbeitnehmer im Ausgleichsjahr im Rahmen der Vorsorgepauschale jeweils nur zeitweise Beträge nach § 39b Absatz 2 Satz 5 Nummer 3 Buchstabe a bis e oder der Beitragszuschlag nach § 39b Absatz 2 Satz 5 Nummer 3 Buchstabe c berücksichtigt wurden oder sich im Ausgleichsjahr der Zusatzbeitragssatz (§ 39b Absatz 2 Satz 5 Nummer 3 Buchstabe b) geändert hat oder
5a. für den Arbeitnehmer im Ausgleichsjahr im Rahmen der Vorsorgepauschale im Zusammenhang mit der Pflegeversicherung unterschiedliche Abschläge (§ 39b Absatz 2 Satz 5 Nummer 3 Buchstabe c) berücksichtigt wurden oder
6. der Arbeitnehmer im Ausgleichsjahr ausländische Einkünfte aus nichtselbständiger Arbeit bezogen hat, von denen keine inländische Lohnsteuer einbehalten wurde.

[4]Bei der Anwendung von Satz 3 bleiben die Verhältnisse aus einem Dienstverhältnis zu einem anderen Arbeitgeber unberücksichtigt.

(2) [1]Für den Lohnsteuer-Jahresausgleich hat der Arbeitgeber den Jahresarbeitslohn aus dem zu ihm bestehenden Dienstverhältnis festzustellen. [2]Vom Jahresarbeitslohn sind der etwa in Betracht kommende Versorgungsfreibetrag und Zuschlag zum Versorgungsfreibetrag und der etwa in Betracht kommende Altersentlastungsbetrag abzuziehen. [3]Für den so geminderten Jahresarbeitslohn ist die Jahreslohnsteuer nach § 39b Absatz 2 Satz 6 und 7 zu ermitteln nach Maßgabe der Steuerklasse, die für den letzten Lohnzahlungszeitraum des Ausgleichsjahres als elektronisches Lohnsteuerabzugsmerkmal abgerufen oder auf der Bescheinigung für den Lohnsteuerabzug oder etwaigen Mitteilungen über Änderungen zuletzt eingetragen wurde. [4]Den Betrag, um den die sich hiernach ergebende Jahreslohnsteuer die Lohnsteuer unterschreitet, die von dem zugrunde gelegten Jahresarbeitslohn insgesamt erhoben worden ist, hat der Arbeitgeber dem Arbeitnehmer zu erstatten.

(3) [1]Der Arbeitgeber darf den Lohnsteuer-Jahresausgleich frühestens bei der Lohnabrechnung für den letzten im Ausgleichsjahr endenden Lohnzahlungszeitraum, spätestens bei der Lohnabrechnung für den letzten Lohnzahlungszeitraum, der im Monat Februar des dem Ausgleichsjahr folgenden Kalenderjahres endet, durchführen. [2]Die zu erstattende Lohnsteuer ist dem Betrag zu entnehmen, den der Arbeitgeber für seine Arbeitnehmer für den Lohnzahlungszeitraum insgesamt an Lohnsteuer erhoben hat. [3]§ 41c Absatz 2 Satz 2 ist anzuwenden.

(4) [1]Im Lohnkonto für das Ausgleichsjahr ist die im Lohnsteuer-Jahresausgleich erstattete Lohnsteuer gesondert einzutragen. [2]In der Lohnsteuerbescheinigung für das Ausgleichsjahr ist der sich nach Verrechnung der erhobenen Lohnsteuer mit der erstatteten Lohnsteuer ergebende Betrag als erhobene Lohnsteuer einzutragen.

Lohnsteuer-Richtlinien: LStR 42b; LStH 42b.

1 **1. Allgemeines.** Der LStJA nach § 42b ist der letzte Akt des LStAbzugsverfahrens und damit dem Vorauszahlungsverfahren zuzurechnen (*HHR/Fissenewert* § 42b Rn. 3). Er wird ohne Antrag des ArbN durchgeführt und soll bezwecken, dass der ArbN die LSt frühzeitig zurückerhält, die infolge schwankenden ArbLohns oder Änderungen der LSt-Abzugsmerkmale während des Ausgleichsjahres zu viel erhoben worden ist. Der LStJA durch den ArbG ist nichts anderes als eine Änderung des LStAbzugs iSd § 41c (*Drenseck* DStJG 9, 386; *KKM* § 42b Rn. A 5). Nach BFH VII R 29/77, BStBl II 80, 488 umfasst eine **Gehaltsabtretung** zugleich auch die Abtretung etwaiger LStErstattungsansprüche gegen das FA. Gleiches muss auch für den Erstattungsanspruch aus dem LStJA nach § 42b gelten (*BH/Heuermann* § 42b Rn. 33).

2 **2. Berechtigung, Verpflichtung und Verbot zur Durchführung des Lohnsteuerjahresausgleichs, § 42b I.** Beschäftigt der ArbG am 31.12. mindestens 10 ArbN (hierzu zählen auch Teilzeitbeschäftigte und gering entlohnte ArbN, von deren Lohn keine LSt einzubehalten war), ist er zur Durchführung des LStJA verpflichtet. Beschäftigt er weniger als 10 ArbN, ist er zur Durchführung des LStJA berechtigt. Der LStJA darf aber nur für solche ArbN durchgeführt werden, die am 31.12. bei ihm beschäftigt sind und während des Ausgleichsjahres ständig in einem DienstVerh zu ihm gestanden haben. Das Erfordernis der unbeschr StPfl wurde durch das **„JStG 2019“** (BGBl I 19, 2451) ab VZ 2020 gestrichen. Hat der ArbN nacheinander in mehreren DienstVerh bei verschiedenen ArbG gestanden, ist der LStJA nach § 42b nicht möglich (*BMF* BStBl I 25, 64 Rn. 122). – Ein **LStJA** darf **nicht durchgeführt** werden in den in § 42b I 3 Nr 1–6 genannten Fällen. Nach § 42b I 3 Nr 5a idF JStG 2024 (BGBl I 24 Nr 387) wird ein LStJA ab 1.1.2024 ausgeschlossen, wenn für den ArbN im Ausgleichsjahr im Rahmen der Vorsorgepauschale iZm der PflV unterschiedl Abschläge (§ 39b II 5 Nr 3 Buchst c) berücksichtigt wurden. Dies vermeidet in den entsprechenden Fällen eine unzutreffende JahresLSt und gilt auch für den permanenten LStA (§ 39b II 12, *BMF* BStBl I 25, 1628, Rn. 26). Nach § 42b I 4 idF JStG 2024 bleiben Verhältnisse aus einem Dienstverhältnis zu einem anderen ArbG unberücksichtigt (RegE JStG 2024 BT-Drs 20/12780, 119).

3 **3. Durchführung des Lohnsteuerjahresausgleichs, § 42b II.** Der ArbG hat zunächst den Jahresarbeitslohn zu ermitteln (§ 42b II 1) und die in § 42b II 2 genannten Beträge abzuziehen. Für den so ermittelten ArbLohn ist die Jahreslohnsteuer zu berechnen und die Differenz ggü der LSt, die von dem zugrunde gelegten Jahresarbeitslohn insgesamt erhoben worden ist, an den ArbN zu erstatten (§ 42b II 3,4). Gehaltsnachzahlungen für mehrere Jahre (§ 34 III 1) sind nach dem WachstChG (BGBl I 24 Nr 108) **ab VZ 2025** beim LStAbzug und damit auch beim LStJA nicht mehr zu berücksichtigen.

4 **4. Erstattung und Abzugspflichten, § 42b III, IV.** Der Zeitpunkt des LStJA ergibt sich aus § 42b III. Die die Jahreslohnsteuer übersteigenden Abzugsbeträge sind dem ArbN zu erstatten. Der ArbG kann ohne Einwilligung seines ArbN gegen dessen Erstattungsanspruch nicht mit einer gegen ihn gerichteten Forderung aufrechnen, da Schuldner des Erstattungsanspruchs nicht der ArbG, sondern der Steuergläubiger ist (BFH VI 301/60 U, BStBl III 61, 372; *TK* § 46 AO Rn. 36). Die dem ArbN zu erstattenden Beträge kann der ArbG dem Betrag entnehmen, den er für seine ArbN für den Lohnzahlungszeitraum, in den die Erstattung fällt, insgesamt an LSt erhoben hat. Reicht der Betrag nicht aus, so wird der Fehlbetrag dem ArbG auf Antrag vom BetriebsstättenFA ersetzt (§ 42b III 2 und 3). Der an den ArbN erstattete Betrag muss im Lohnkonto besonders aufgezeichnet werden (§ 42b IV). Die vom ArbG im LStJA zu Unrecht erstattete LSt kann vom ArbN nachgefordert werden (→ § 42d Rn. 24). Mit der LSt ist auch die **LohnKiSt** auszugleichen. Der ArbG wendet dabei den KiSt-Satz des Ortes der Betriebsstätte an.

§ 42c *(weggefallen)*

§ 42d Haftung des Arbeitgebers und Haftung bei Arbeitnehmerüberlassung

(1) **Der Arbeitgeber haftet**

1. für die Lohnsteuer, die er einzubehalten und abzuführen hat,

2. für die Lohnsteuer, die er beim Lohnsteuer-Jahresausgleich zu Unrecht erstattet hat,

3. für die Einkommensteuer (Lohnsteuer), die auf Grund fehlerhafter Angaben im Lohnkonto oder in der Lohnsteuerbescheinigung verkürzt wird,

4. für die Lohnsteuer, die in den Fällen des § 38 Absatz 3a der Dritte zu übernehmen hat.

(2) **Der Arbeitgeber haftet nicht, soweit Lohnsteuer nach § 39 Absatz 5 oder § 39a Absatz 5 nachzufordern ist und in den vom Arbeitgeber angezeigten Fällen des § 38 Absatz 4 Satz 2 und 3 und des § 41c Absatz 4.**

(3) **[1]Soweit die Haftung des Arbeitgebers reicht, sind der Arbeitgeber und der Arbeitnehmer Gesamtschuldner. [2]Das Betriebsstättenfinanzamt kann die Steuerschuld oder Haftungsschuld nach pflichtgemäßem Ermessen gegenüber jedem Gesamtschuldner geltend machen. [3]Der Arbeitgeber kann auch dann in Anspruch genommen werden, wenn der Arbeitnehmer zur Einkommensteuer veranlagt wird. [4]Der Arbeitnehmer kann im Rahmen der Gesamtschuldnerschaft nur in Anspruch genommen werden,**

1. wenn der Arbeitgeber die Lohnsteuer nicht vorschriftsmäßig vom Arbeitslohn einbehalten hat,

2. wenn der Arbeitnehmer weiß, dass der Arbeitgeber die einbehaltene Lohnsteuer nicht vorschriftsmäßig angemeldet hat. [2]Dies gilt nicht, wenn der Arbeitnehmer den Sachverhalt dem Finanzamt unverzüglich mitgeteilt hat.

(4) **[1]Für die Inanspruchnahme des Arbeitgebers bedarf es keines Haftungsbescheids und keines Leistungsgebots, soweit der Arbeitgeber**

1. die einzubehaltende Lohnsteuer angemeldet hat oder

2. nach Abschluss einer Lohnsteuer-Außenprüfung seine Zahlungsverpflichtung schriftlich anerkennt.

[2]Satz 1 gilt entsprechend für die Nachforderung zu übernehmender pauschaler Lohnsteuer.

(5) **Von der Geltendmachung der Steuernachforderung oder Haftungsforderung ist abzusehen, wenn diese insgesamt 10 Euro nicht übersteigt.**

(6) **[1]Soweit einem Dritten (Entleiher) Arbeitnehmer im Sinne des § 1 Absatz 1 Satz 1 des Arbeitnehmerüberlassungsgesetzes in der Fassung der Bekanntmachung vom 3. Februar 1995 (BGBl. I S. 158), das zuletzt durch Artikel 26 des Gesetzes vom 20. Dezember 2011 (BGBl. I S. 2854) geändert worden ist, zur Arbeitsleistung überlassen werden, haftet er mit Ausnahme der Fälle, in denen eine Arbeitnehmerüberlassung nach § 1 Absatz 3 des Arbeitnehmerüberlassungsgesetzes vorliegt, neben dem Arbeitgeber. [2]Der Entleiher haftet nicht, wenn der Überlassung eine Erlaubnis nach § 1 des Arbeitnehmerüberlassungsgesetzes in der jeweils geltenden Fassung zugrunde liegt und soweit er nachweist, dass er den nach § 51 Absatz 1 Nummer 2 Buchstabe d vorgesehenen Mitwirkungspflichten nachgekommen ist. [3]Der Entleiher haftet ferner nicht, wenn er über das Vorliegen einer Arbeitnehmerüberlassung ohne Verschulden irrte. [4]Die Haftung beschränkt sich auf die Lohnsteuer für die Zeit, für die ihm der Arbeitnehmer überlassen worden ist. [5]Soweit die Haftung des Entleihers reicht, sind der Arbeitgeber, der Entleiher und der Arbeitnehmer Gesamtschuldner. [6]Der Entleiher darf auf Zahlung nur in Anspruch genommen werden, soweit die Vollstreckung in das inländi-**

sche bewegliche Vermögen des Arbeitgebers fehlgeschlagen ist oder keinen Erfolg verspricht; § 219 Satz 2 der Abgabenordnung ist entsprechend anzuwenden. [7]Ist durch die Umstände der Arbeitnehmerüberlassung die Lohnsteuer schwer zu ermitteln, so ist die Haftungsschuld mit 15 Prozent des zwischen Verleiher und Entleiher vereinbarten Entgelts ohne Umsatzsteuer anzunehmen, solange der Entleiher nicht glaubhaft macht, dass die Lohnsteuer, für die er haftet, niedriger ist. [8]Die Absätze 1 bis 5 sind entsprechend anzuwenden. [9]Die Zuständigkeit des Finanzamts richtet sich nach dem Ort der Betriebsstätte des Verleihers.

(7) **Soweit der Entleiher Arbeitgeber ist, haftet der Verleiher wie ein Entleiher nach Absatz 6.**

(8) **[1]Das Finanzamt kann hinsichtlich der Lohnsteuer der Leiharbeitnehmer anordnen, dass der Entleiher einen bestimmten Teil des mit dem Verleiher vereinbarten Entgelts einzubehalten und abzuführen hat, wenn dies zur Sicherung des Steueranspruchs notwendig ist; Absatz 6 Satz 4 ist anzuwenden. [2]Der Verwaltungsakt kann auch mündlich erlassen werden. [3]Die Höhe des einzubehaltenden und abzuführenden Teils des Entgelts bedarf keiner Begründung, wenn der in Absatz 6 Satz 7 genannte Prozentsatz nicht überschritten wird.**

(9) **[1]Der Arbeitgeber haftet auch dann, wenn ein Dritter nach § 38 Absatz 3a dessen Pflichten trägt. [2]In diesen Fällen haftet der Dritte neben dem Arbeitgeber. [3]Soweit die Haftung des Dritten reicht, sind der Arbeitgeber, der Dritte und der Arbeitnehmer Gesamtschuldner. [4]Absatz 3 Satz 2 bis 4 ist anzuwenden; Absatz 4 gilt auch für die Inanspruchnahme des Dritten. [5]Im Fall des § 38 Absatz 3a Satz 2 beschränkt sich die Haftung des Dritten auf die Lohnsteuer, die für die Zeit zu erheben ist, für die er sich gegenüber dem Arbeitgeber zur Vornahme des Lohnsteuerabzugs verpflichtet hat; der maßgebende Zeitraum endet nicht, bevor der Dritte seinem Betriebsstättenfinanzamt die Beendigung seiner Verpflichtung gegenüber dem Arbeitgeber angezeigt hat. [6]In den Fällen des § 38 Absatz 3a Satz 7 ist als Haftungsschuld der Betrag zu ermitteln, um den die Lohnsteuer, die für den gesamten Arbeitslohn des Lohnzahlungszeitraums zu berechnen und einzubehalten ist, die insgesamt tatsächlich einbehaltene Lohnsteuer übersteigt. [7]Betrifft die Haftungsschuld mehrere Arbeitgeber, so ist sie bei fehlerhafter Lohnsteuerberechnung nach dem Verhältnis der Arbeitslöhne und für nachträglich zu erfassende Arbeitslohnbeträge nach dem Verhältnis dieser Beträge auf die Arbeitgeber aufzuteilen. [8]In den Fällen des § 38 Absatz 3a ist das Betriebsstättenfinanzamt des Dritten für die Geltendmachung der Steuer- oder Haftungsschuld zuständig.**

Lohnsteuer-Richtlinien: LStR 42d.1–42d.3; LStH 42d.1–42d.3.

Übersicht Rn.

I. Die einzelnen Haftungstatbestände, § 42d I

1. Zielsetzung der Arbeitgeberhaftung. Durch die Haftung des ArbG soll die Steuerforderung gegen den ArbN abgesichert werden, um Steuerausfälle zu verhindern. Die ArbG-Haftung ist **verfgemäß** (BFH VI 270/62 U, BStBl III 63, 468; BFH VI R 82/73, BStBl II 76, 104; BVerfG in BVerfGE 44, 103). Tatbestandsvoraussetzung der Haftung ist eine Steuerschuld des ArbN **(Akzessorietät der Haftung).** Die Haftung hat **Schadensersatzcharakter;** daher kann nur für gesetzl geschuldete LSt gehaftet werden (BFH VI R 116/90, BStBl II 93, 775). 1

Str ist, ob sich die **Haftung** auf die *vorläufig entstandene LStSchuld* (so BFH VI R 24/69, BStBl II 74, 756; NdsFG 25, 1322, Rev VI R 8/25; wohl auch BFH VI R 5/05, BStBl II 08, 597; BFH VI R 3/15, BFH/NV 16, 994; NdsFG DStRE 25, 1476, rkr) oder auf die *endgültige EStSchuld* des ArbN bezieht (FG Bln-Bbg DStRE 18, 646, rkr; FG Bln-Bbg EFG 19, 123, rkr; *Fichtelmann* DStR 74, 76 f; *Lang* StuW 75, 130 ff; *Gast-de Haan* DStJG 9, 158 f). Dabei ist Folgendes zu beachten: Die LSt wird grds zum Zweck der Vorauszahlung einbehalten und abgeführt. Sie wird gem § 36 I Nr 2 Buchst a auf die ESt angerechnet, soweit sie auf bei der Veranlagung erfasste Einkünfte entfällt (→ § 36 Rn. 11). Nur wenn keine EStVeranlagung in Betracht kommt, gilt die ESt, die auf die Einkünfte aus § 19 entfällt, durch den LStAbzug als abgegolten (→ § 46 Rn. 2). Der ArbG kann nach § 42d III 3 aber auch dann als Haftender in Anspruch genommen werden, wenn der ArbN zur ESt veranlagt wird. Danach ist wie folgt zu differenzieren: Nach § 42d I Nr 1–4 haftet der ArbG für die LSt und nicht für die veranlagte ESt, die auf die Einkünfte aus § 19 entfällt. Betrifft die Inanspruchnahme des ArbG einen Abführungszeitraum des lfd Kj, kann sich die Haftung folgl nur auf die für diesen Abführungszeitraum entstandene LSt (= Vorauszahlung) erstrecken. *Nach Durchführung der EStVeranlagung* wird die LSt aber hinfällig. Ebenso wie die EStVorauszahlungen erledigt sich die LSt mit Ergehen des JahresEStBescheids auf sonstige Weise (§ 124 II AO), soweit die Anrechnung reicht (s BFH VII R 42/10, BStBl II 11, 607; BFH I R 43/12, BFH/NV 15, 306). § 42d III 3 gestattet dessen ungeachtet die Inanspruchnahme des ArbG als Haftender. Diese Inanspruchnahme kann sich allerdings nicht mehr auf die erledigte LStSchuld (Vorauszahlungsschuld) erstrecken. Mit Erlass des EStBescheids erledigt sich die LSt iSd § 124 II AO auf andere Weise und verliert ihre Wirksamkeit (zutr BSG B 10 EG 3/19 R, DStR 20, 2204). Daher ist der Haftungsumfang des ArbG für die LSt nach Ablauf des Kj im Falle der Veranlagung des ArbN auf dessen endgültige EStSchuld zu begrenzen (glA FG Bln-Bbg DStRE 18, 646, rkr; zur Haftung für VersSt: BFH II R 26/10, BStBl II 13, 596; *Lang* RdA 99, 64 ff; *HHR/Bleschick* § 42d Rn. 22; *KKM* § 42d Rn. A 60; *Drenseck* StuW 00, 452 (455); *Drüen* DStJG 31, 189 f; iErg ebenso *BH/Wagner* § 42d Rn. 35 ff; **aA** *Thomas* DStR 95, 273, auch → Rn. 60). Allerdings obliegt es dem ArbG substantiiert dazulegen, dass die EStSchuld des ArbN hinter dem Haftungsbetrag zurückbleibt bzw in vollem Umfang beglichen ist (BFH VI R 177/88, BStBl II 92, 696; FG Bln-Bbg DStRE 18, 646, rkr; NdsFG DStRE 25, 1476, rkr; ähnl BFH VII B 30/06, BFH/NV 07, 204; *Gehm* StBP 16, 315).

Kein Fall der Haftung ist die StSchuldnerschaft des ArbG nach §§ 40–40b (Verhältnis zu § 42d s *HHR/Bleschick* § 42d Rn. 13; *Bergkemper* FR 09, 624).

3 **2. Einbehaltung und Abführung der Lohnsteuer, § 42d I Nr 1.** Der ArbG behält die LSt richtig ein, wenn er sie nach den gesetzl Vorgaben unter Berücksichtigung der ELStAM ermittelt. Außerdem muss er die LSt bei Fälligkeit abführen. Der Haftungstatbestand ist folgl erfüllt, wenn der ArbG nicht die richtige LSt einbehalten und abgeführt hat. Der ArbG trägt insoweit grds auch die Verantwortung für seine mit der Lohnverwaltung zuständigen ArbN (BFH VI R 29/08, BStBl II 10, 833). Das Haftungsrisiko wird durch § 42e gemildert. Ist der ArbG entspr einer ihm oder dem ArbN erteilten **Anrufungsauskunft** oder entspr einer **verbindl Zusage** (§§ 204 ff AO) verfahren, hat er als „Beauftragter" die Weisungen und Vorschriften des „Auftraggebers" (FA) beachtet und damit die LSt vorschriftsmäßig einbehalten und abgeführt. Der Haftungstatbestand ist in diesen Fällen nicht erfüllt (*BH/Wagner* § 42d Rn. 51; s auch BFH VI R 23/02, BStBl II 06, 210 zur LSt-Pauschalierung, und → § 42e Rn. 9). Die **Nichtabführung einbehaltener LSt** erfüllt stets den Haftungstatbestand.

4 **3. Erstattung der Lohnsteuer beim Lohnsteuerjahresausgleich, § 42d I Nr 2.** Die Vorschrift dient der Klarstellung. Der LStJA durch den ArbG (§ 42b) ist der letzte Akt des LStAbzugs. Die **unrichtige Erstattung** fällt daher auch unter § 42d I Nr 1 (s BFH VI R 121/72, BStBl II 75, 420).

5 **4. Fehlerhafte Angaben im Lohnkonto, § 42d I Nr 3.** Wird auf Grund unrichtiger Angaben im Lohnkonto oder in der LStBescheinigung die ESt vom FA iRd Veranlagung zu niedrig festgesetzt, ist der Haftungstatbestand erfüllt. Die Haftung des ArbG wird durch § 42d I Nr 3 auf das Veranlagungsverfahren ausgedehnt. Die ESt-Verkürzung ist tatbestandl Voraussetzung der Haftung (BFH VI R 116/90, BStBl II 93, 775).

6 **5. Zu übernehmende Lohnsteuer, § 42d I Nr 4.** Die Vorschrift stellt klar, dass der ArbG auch für die vom Dritten gem § 38 IIIa zu übernehmende LSt haftet.

7 **6. Verschuldensunabhängigkeit der Haftung.** Die Haftung des ArbG setzt kein Verschulden voraus (ThürFG EFG 10, 59). Der Grad des Verschuldens und ein Mitverschulden des FA können aber iRd Ermessensausübung Bedeutung erlangen (*KKM* § 42d Rn. B 13 ff; *BH/Wagner* § 42d Rn. 58 ff mwN; *Bruschke* StB 14, 76 und Rspr, → Rn. 26, 28).

10 **7. Entstehung und Erlöschen des Haftungsanspruchs.** Der Haftungsanspruch entsteht (§ 38 AO), sobald die einzubehaltene LSt zum Fälligkeitszeitpunkt nicht an das FA abgeführt wird (*KKM* § 42d Rn. A 132; **aA** *BH/Wagner* § 42d Rn. 69, Entstehung mit fehlerhaftem Steuereinbehalt); es bedarf hierzu nicht des Erlasses eines Haftungsbescheids (BFH VII R 46/96, BStBl II 97, 171; *Rößler* DStZ 97, 575). Die Erlöschensgründe sind in § 47 AO aufgezählt.

11 **a) Erfüllung des Haftungsanspruchs.** Gem § 44 II AO wirkt die Erfüllung durch einen Gesamtschuldner auch für die übrigen Schuldner. Andere Tatsachen (zB Verjährung) wirken nur für und gegen den Gesamtschuldner, in dessen Person sie

eintreten. Die Zahlung eines Gesamtschuldners verringert somit die StSchuld und damit die Haftungsschuld eines weiteren Gesamtschuldners. Daher hat das FA *bis zum Ergehen der Einspruchsentscheidung* Zahlungen auf die Steuerschuld durch einen anderen Gesamtschuldner zu berücksichtigen (BFH VII R 37/06, BFH/NV 08, 526, mwN). Zahlungen und Zahlungsverjährung (BFH VII B 295/04, BFH/NV 05, 1748) *nach Ergehen der Einspruchsentscheidung* führen jedoch nicht zur Herabsetzung des Haftungsbetrages (BFH VI R 136/77, BStBl II 81, 138) oder zur Rechtswidrigkeit des Haftungsbescheids (BFH VII R 28/99, BStBl II 02, 267). In diesem Fall kann der Gesamtschuldner aber zur Klärung etwaiger Zahlungen eines Dritten vom FA einen Bescheid nach § 218 II AO oder Widerruf des Haftungsbescheides nach § 131 I AO auch nach Ablauf der Festsetzungsfrist verlangen (BFH VII R 107/96, BStBl II 98, 131). Gleiches gilt bei Teilerlass der Haftungsschuld (BFH VII R 134/81, BFH/NV 87, 205).

b) Verjährung. Es ist zu unterscheiden zw **Festsetzungsverjährung** (§§ 191 III, 12
169 ff AO) und **Zahlungsverjährung** (§§ 228 ff AO). § 191 III 4 AO verhindert, dass die Festsetzungsfrist für den Haftungsbescheid vor Ablauf der für die LStFestsetzung geltenden Festsetzungsfrist endet. Ein Haftungsbescheid darf nach § 191 V 1 Nr 1 AO nicht mehr ergehen, soweit die LSt gegen den ArbN als StSchuldner nicht festgesetzt worden ist und wegen Ablaufs der Festsetzungsfrist auch nicht mehr festgesetzt werden kann (BFH VI R 3/15, BFH/NV 16, 994). LSt- und Haftungsschuld stehen nicht im Verhältnis von Grundlagen- und Folgebescheid, sodass § 171 X AO nicht gilt (BFH VII R 7/04, BStBl II 06, 343; *Jatzke* HFR 05, 935). Nach § 171 XV AO idF AmtshilfeRLUmsG (BGBl I 13, 1809) endet die Festsetzungsfrist ggü dem ArbN allerdings nicht vor Ablauf der ggü dem ArbG als Entrichtungspflichtigen geltenden Festsetzungsfrist. Hierdurch soll ein Gleichlauf der Festsetzungsfristen beim Steuerschuldner und beim Entrichtungspflichtigen hergestellt werden (*Buse* DB 16, 1712). Zum Ablauf der Festsetzungsfrist bei *gerichtl* Aufhebung eines Haftungsbescheids und Erlass eines neuen Haftungsbescheides s BFH VII R 38/92, BStBl II 93, 581; zur Aufhebung eines Haftungsbescheides *durch das FA selbst* s BFH VII R 77/03, BStBl II 05, 122; s auch BFH VII R 18/03, BStBl II 05, 323 zur Geltung des § 171 IIIa AO im Falle der Rücknahme des angefochtenen Haftungsbescheids und der *zeitgleich* erfolgten Ersetzung durch einen neuen Haftungsbescheid während des gerichtl Verfahrens. Durch zugunsten des FA ergangenes Sachurteil wird zugleich darüber entschieden, dass Zahlungsverjährung bis zum Tag der Entscheidung des FG nicht eingetreten ist (BFH VIII B 42/07, BFH/NV 08, 802).

II. Haftungsausschluss, § 42d II

Die Vorschrift nennt zT deklaratorisch Tatbestände, in denen der ArbG nicht haf- 14
tet. In den Fällen des § 39 V und § 39a V hat der ArbG die LSt gem den ELStAM und somit zutr einbehalten, selbst wenn die ELStAM materiell unzutr sein sollten. § 42d I ist folgl nicht erfüllt. In den Fällen des § 38 IV 2 und 3 kann der ArbG die LSt mangels hinreichenden Barlohns gar nicht in zutr Höhe einbehalten und haftet deshalb ebenfalls nicht. Haftungsbegründend ist diesen Fällen aber das Unterlassen der Anzeige, da diese zum ordnungsgemäßen LStEinbehalt gehört (*BH/Wagner* § 42d Rn. 75). Ein echter Haftungsausschluss ist in § 42d II für den Fall des § 41c IV geregelt. Erkennt der ArbG (dazu → § 41c Rn. 3 und *HHR/Bleschick* § 42d Rn. 56), dass er die LSt nicht vorschriftsmäßig einbehalten hat und zeigt er dies dem FA unverzügl an, ist seine Haftung ausgeschlossen.

Hat sich der ArbG überhaupt nicht über die richtige Einbehaltung der Steuer unterrichtet und ist sein Verhalten völlig willkürl, kann die Berufung auf den Haftungsausschluss eine unzulässige Rechtsausübung sein. Auch nach einer Anrufungsauskunft kann der ArbG durch eine Anzeige gem § 41c IV keinen Haftungsausschluss erreichen, wenn er von der Auskunft abweicht.

III. Inanspruchnahme von Arbeitnehmern, Arbeitgebern und anderen Personen, § 42d III

16 **1. Gesamtschuldnerische Haftung und Ermessensentscheidung, § 42d III 1, 2.** ArbG und ArbN sind Gesamtschuldner, soweit die ArbG-Haftung reicht (§ 42d III 1). Die Prüfung der Inanspruchnahme eines Haftungsschuldners erfolgt zweigliedrig (BFH X R 36/15, BFH/NV 17, 593; FG Hmb EFG 11, 598): Zunächst ist zu prüfen, ob und in welcher Höhe der Haftungstatbestand erfüllt ist (voll überprüfbare Rechtsentscheidung; s auch BFH VII R 53/96, BFH/NV 97, 386); sodann ist zu entscheiden, ob und wer als Haftungsschuldner in Anspruch genommen werden soll (Ermessensentscheidung). Das FA kann die Haftungsschuld nach pflichtgemäßem **Ermessen** (§ 5 AO) ggü jedem Gesamtschuldner festsetzen (§ 42d III 2). Das FA muss sein Ermessen spätestens mit der Einspruchsentscheidung ausüben. Im Verfahren vor dem FG kann es seine Ermessenserwägungen nach § 102 S 2 FGO nur noch ergänzen, im Revisionsverfahren können neue Ermessenserwägungen gar nicht mehr berücksichtigt werden (BFH VI R 28/12, BFH/NV 13, 1728). Der ArbN als Steuerschuldner kann bis auf die bei → Rn. 19 abgehandelten Ausnahmen stets in Anspruch genommen werden, wenn die LSt nicht ordnungsgemäß einbehalten worden ist (BFH VI R 62/09, BFH/NV 11, 751; BFH VI B 14/16, BFH/NV 16, 1540). Seine Inanspruchnahme durch StBescheid ist keine Ermessensentscheidung (BFH VI R 137/82, BStBl II 85, 660; BFH VI B 14/16, BFH/NV 16, 1540). Er kann nicht vortragen, der ArbG als der Haftende sei vorrangig in Anspruch zu nehmen oder er könne deshalb nicht in Anspruch genommen werden, weil die Inanspruchnahme des ArbG gegen Treu und Glauben verstoßen würde (BFH VI R 126/87, BStBl II 91, 720).

17 **2. Zuständigkeit, § 42d III 2.** Das BetriebsstättenFA ist zuständig für sämtl Fälle der Inanspruchnahme des ArbG. Für die Inanspruchnahme des ArbN ist das BetriebsstättenFA zuständig, wenn die *Vorauszahlungsschuld* durch LStNachforderungsbescheid geltend gemacht wird, selbst wenn dies nach Ablauf des Kj erfolgt (ebenso *von Bornhaupt* FR 91, 365 (366)). Gleiches gilt wegen der Abgeltungswirkung des § 50 II 1 in Fällen beschr stpfl ArbN (BFH I R 157/87, BStBl II 92, 43). IÜ ist ggü dem ArbN das WohnsitzFA zuständig (FG Brem EFG 94, 944; auch → Rn. 18 ff, 22 ff), insb wenn die Nachforderung gegen den ArbN die Änderung eines zuvor ergangenen EStBescheides voraussetzt (BFH VI R 141/88, BStBl II 92, 565). § 42d III 2 bezieht sich erkennbar auf das laufende LStAbzugsverfahren (BFH VI R 141/88, BStBl II 92, 565; FG Brem EFG 94, 944). Folgen der Verletzung der Zuständigkeit → § 39a Rn. 15.

18 **3. Inanspruchnahme des Arbeitgebers bei Veranlagung des Arbeitnehmers, § 42d III 3.** Der ArbG kann iRd pflichtgemäßen Ermessens (§ 5 AO, iEinz → Rn. 26 ff) auch in Anspruch genommen werden, wenn der ArbN zu veranlagen ist. Seine Inanspruchnahme kann aber ermessensfehlerhaft sein, wenn die Steuer vom ArbN ebenso schnell und einfach nacherhoben werden kann, weil er zB zu veranlagen ist (BFH VI 164/65, BStBl III 67, 331; BFH VI R 117/66, BStBl II 68, 324), oder wenn der ArbN aus dem Betrieb ausgeschieden ist (BFH VI R 23/66, BStBl III 67, 469). Dies gilt insb dann, wenn die Berechnung der LSt für den ArbG wegen Fehlens der LSt-Abzugsmerkmale ausgeschiedener ArbN einen höheren Verwaltungsaufwand verursachen würde als der Versand von Kontrollmitteilungen durch das FA (BFH VI B 28/95, BFH/NV 96, 32). Der ArbG, der sich auf die mögl Veranlagung des ArbN beruft, muss aber von sich aus die erforderl Angaben machen (BFH I R 159/76, BStBl II 79, 182, aE). Eine vorrangige Inanspruchnahme des ArbN kann auch dann geboten sein, wenn er im Betrieb des ArbG selbst für den LStAbzug verantwortl war (FG Mster EFG 76, 309) oder wenn damit gerechnet werden kann, dass die Einkünfte der ArbN unter der stpfl Grenze liegen, vorausgesetzt, die Nachforderung betrifft nur einen oder wenige langfristig Beschäftigte mit ihrer Anschrift

bekannte ArbN und das Verhalten des ArbG war nicht grob leichtfertig (BFH VI R 48/79, BStBl II 82, 710, unter 2b). Eine vorrangige Inanspruchnahme des StPfl kann ferner dann geboten sein, wenn zweifelhaft ist, ob er überhaupt ArbN ist. Hatte das FA es schuldhaft versäumt, den ArbN rechtzeitig vorrangig in Anspruch zu nehmen, kann die spätere Inanspruchnahme des ArbG ebenfalls ermessensfehlerhaft sein. Zur Verwirkung des Haftungsanspruchs bei zögerl Verhalten des FA s BFH II R 34/81, BStBl II 83, 135.

4. Arbeitnehmerinanspruchnahme während des laufenden Kalenderjahrs, § 42d III 4. Die Inanspruchnahme des ArbN erfolgt während des laufenden Kj durch LStNachforderungsbescheid. Sie setzt voraus, dass die LSt nicht vorschriftsmäßig einbehalten wurde (§ 42d III 4 Nr 1). Diese Voraussetzung ist nicht erfüllt, wenn der ArbG eine (materiell unrichtige) Anrufungsauskunft (§ 42e) beachtet hat (BFH VI R 44/12, BFH/NV 14, 229; BFH VI R 43/13, BFH/NV 14, 1150). Die infolgedessen zu niedrig einbehaltene LSt kann *während* des lfd Kj (also während des Vorauszahlungsverfahrens) ggü dem ArbN nicht nachgefordert werden (→ § 42e Rn. 8, 9). Da die Auskunft aber nur Bindungen für das Vorauszahlungsverfahren erzeugt, kann die materiell richtige Steuer, soweit sie die als Vorauszahlungsschuld „vorschriftsmäßig" einbehaltene und abgeführte LSt übersteigt, *nach Ablauf* des Kj gegen den ArbN im Veranlagungsverfahren geltend gemacht werden (→ Rn. 24; *Geserich* HFR 14, 133). Der Nachweis über die Begleichung des Nachforderungsbetrages ist bei der Veranlagung als Ergänzung der LSt-Bescheinigung (§ 41b I 2) zu beachten. 19

a) Ausschluss der Inanspruchnahme des Arbeitnehmers. Jegl Inanspruchnahme des ArbN (auch nach Ablauf des Kj) ist ausgeschlossen, wenn der ArbG die LSt materiell vorschriftsmäßig einbehalten hat (so schon BFH IV R 168/68, BStBl II 72, 816). Damit hat der ArbN seine Vorauszahlungspflicht erfüllt; er ist iHd einbehaltenen LSt belastet (*Bruschke* StB 14, 76). Wenn der ArbG als „Beauftragter" des FA ohne Wissen des ArbN die einbehaltene LSt nicht anmeldet, hat das FA das Risiko der Nichtabführung allein zu tragen (**Umkehrschluss aus § 42d III 4 Nr 2;** dieser Grundsatz gilt aber nicht, wenn der *ArbN* im Wege der Vollstreckung seine titulierten Lohnansprüche gegen den ArbG durchsetzt, s auch BFH VI R 67/90, BStBl II 94, 182). Der ArbN kann weder iRd LStVorauszahlungsverfahrens noch nach Ablauf des Kj für diese einbehaltenen, aber nicht angemeldeten und nicht abgeführten LSt in Anspruch genommen werden. Dies bedeutet aber nicht, dass die Lohnteile, auf die die LSt einbehalten (aber nicht abgeführt) worden ist, nicht in einer Jahressteuerfestsetzung (Veranlagung) erfasst werden dürften; erst bei der der Festsetzung nachfolgenden Abrechnung gelten die einbehaltenen (aber nicht abgeführten) LStBeträge als vorausgezahlt (BFH VI R 61/09, BStBl II 11, 479). Weiß **(positive Kenntnis)** der ArbN aber, dass der ArbG die einbehaltene LSt nicht angemeldet hat, kann er in Anspruch genommen werden (§ 42d III 4 Nr 2). Bei der dem EStBescheid nachfolgenden Abrechnung sind die Beträge dann nicht wie abgeführt zu behandeln (BFH VII R 51/98, BFH/NV 00, 46, zur Rechtslage bei verdecktem ArbVerh), es sei denn, er hat dem BetriebsstättenFA den Sachverhalt unverzügl (ohne schuldhafte Verzögerung) mitgeteilt. Weiß der ArbN hingegen nicht, dass der ArbG die einbehaltene LSt nicht angemeldet hat, weiß er aber, dass die LSt nicht ans FA abgeführt wurde, kann er nicht in Anspruch genommen werden. 20

b) Nettolohnvereinbarung. Auch im Fall einer klaren und eindeutig feststellbaren Nettolohnvereinbarung hat der ArbG aus der Sicht des ArbN den Bruttoarbeitslohn mit der Auszahlung des Nettolohns vorschriftsmäßig gekürzt. Daher kann der ArbN nur in Anspruch genommen werden, wenn er positive Kenntnis davon hat, dass der ArbG die LSt nicht angemeldet hat (BFH VI R 238/80, BStBl II 86, 186). Da die Nettolohnvereinbarung einen Sonderfall des LStAbzugs darstellt, darf der ArbN von einer vorschriftsmäßigen Einbehaltung der LSt iSv § 42d III 4 Nr 2 aber nur ausgehen, wenn er dem ArbG die für die Anwendung der ELStAM erforderl 21

Angaben macht (§ 39e IV) und den Abruf der ELStAM durch den ArbG nicht sperrt (s BFH VI B 144/12, BFH/NV 14, 181). IÜ ist es idR ermessensgerecht, wenn das FA den ArbG bei einer Nettolohnvereinbarung vorrangig in Anspruch nimmt (LStR 42d.1 IV 5).

22 **5. Arbeitnehmerinanspruchnahme nach Ablauf des Kalenderjahrs.** Auch nach Ablauf des Kj kann bis zum Ende der Festsetzungsfrist (§ 169 AO) gegen den ArbN ein LSt-Nachforderungsbescheid ergehen, selbst wenn der ArbN nicht zur ESt veranlagt werden darf (Nds FG DStRE 23, 974). Dieser Bescheid ist ebenfalls ein Vorauszahlungsbescheid, wenn das zuständige BetriebsstättenFA (→ Rn. 17) *nur die Steuer des fehlerhaften Abführungszeitraums* festsetzt. Der ArbN kann einwenden, dass sich der Fehler des Abführungszeitraumes wegen anderer steuermindernder Merkmale (zB hohe WK) iRd Jahressteuer nicht auswirkt. Das FA wird dann eine Jahressteuerberechnung vornehmen müssen (*Drenseck* DStJG 9, 422 ff). Wird der ArbN aber nicht von Amts wegen veranlagt und ist die Frist für die Beantragung der Veranlagung versäumt, kann der ArbN mit seinen steuermindernden Einwendungen allenfalls die Nachforderung zu Fall bringen. Er kann dann keine Erstattung zu viel einbehaltener LSt verlangen (BFH VI R 136/69, BStBl II 73, 423; s auch FG Hmb EFG 92, 692).

23 **a) Inanspruchnahme im Veranlagungsverfahren.** Ist bereits eine Veranlagung durchgeführt worden, kann die Nachforderung nur im Wege der Änderung des ESt-Bescheids geltend gemacht werden (BFH VI R 141/88, BStBl II 92, 565). Ergeht im Verlauf des Veranlagungsverfahrens, aber vor Erlass des EStBescheids ein Nachforderungsbescheid, sollte dieser Bescheid in das Veranlagungsverfahren einbezogen werden (*Martens* StuW 70, 131 f).

24 **b) Zulässigkeit der Inanspruchnahme.** Verfahrensvorschriften (zB §§ 172 ff AO) dürfen der Inanspruchnahme des ArbN nicht entgegen stehen, Gegen seine uneingeschränkte Inanspruchnahme spricht aber nicht die Verwendung des Wortes „nur" in § 42d III 4. Diese Formulierung ist irreführend und kann sich allenfalls auf Maßnahmen im LStAbzugsverfahren (Vorauszahlungsverfahren) beziehen. Sie gilt nicht, wenn es um die Geltendmachung der *Jahressteuerschuld* geht (BFH VI R 61/09, BStBl II 11, 479; FG BW EFG 86, 23, rkr). Von der Inanspruchnahme des ArbN als Schuldner der LSt gibt es nur die Ausnahme, dass der ArbN *nicht* weiß, dass die einbehaltene LSt nicht angemeldet worden ist (§ 42d III 4 Nr 2; → Rn. 20). Aus dem Gleichmäßigkeitsgrundsatz der Besteuerung folgt auch, dass das FA *nach Ablauf* des Kj an eine dem ArbN oder dem ArbG erteilte **Anrufungsauskunft** im Veranlagungsverfahren nicht gebunden ist; die Bindung besteht nur während des LStAbzugsverfahrens (BFH VI R 44/12, BFH/NV 14, 229; auch → § 42e Rn. 9). Die **vom ArbG im LStJA (§ 42b) zu Unrecht erstattete LSt** kann vom ArbN nachgefordert werden; denn durch die fehlerhafte Erstattung ist die LSt (Vorauszahlungsschuld) iErg nicht vorschriftsmäßig einbehalten worden (*Gast-de Haan* DStJG 9, 168).

26 **6. Arbeitgeberinanspruchnahme; Entschließungsermessen.** Ist ein Haftungstatbestand erfüllt (→ Rn. 3 ff) und greift kein Haftungsausschluss (→ Rn. 14) ein (dies sind Rechtsentscheidungen, die das FG in vollem Umfang überprüfen muss; BFH I R 193/79, BStBl II 83, 544; BFH X R 36/15, BFH/NV 17, 593, hierzu auch → Rn. 16), hat das FA zunächst zu prüfen, ob der ArbG überhaupt in Anspruch genommen werden soll (Entschließungsermessen). Eine Inanspruchnahme des ArbG kann insb dann von vornherein ermessensfehlerhaft sein, wenn die **Ursachen für die fehlerhafte Einbehaltung der LSt** in der Sphäre des FA liegen; der ArbG ist aber beweispflichtig (BFH VI R 177/88, BStBl II 92, 696).

So kann die Inanspruchnahme des ArbG unbillig sein, wenn er den LStAbzug gem einer Verwaltungsvorschrift, zB einem BMF-Schrb, vorgenommen hat (BFH VI R 17/12, BStBl II 14, 340), wenn er in einem **entschuldbaren Rechtsirrtum** den Steuerabzug unterlassen hat (zum Verschulden → Rn. 7) und er in seinem Rechtsirrtum durch Äußerung eines amtl Prüfers bestärkt worden ist (BFH VI 167/61 U, BStBl III 63, 23; Billigung bei früherer LSt-Außenprüfung, FG BW EFG 80, 342), die str Frage Gegenstand wiederholter Prüfungen gewesen ist (BFH VI 259/63 U, BStBl III 65, 355), wenn das FA selbst durch seine Sachbehandlung bzw durch eine unklare Auskunft den ArbG in Unklarheit über die Rechtslage versetzt hat (BFH VI 297/61 U, BStBl III 62, 284; BFH VI 183/59 S, BStBl III 62, 37), den ArbG auf seinen Fehler nicht hingewiesen hat (BFH VI 80/62 U, BStBl III 63, 574), der ArbG auf unklare LStR verweisen kann (BFH VI R 44/77, BStBl II 81, 801) oder der ArbG sich entspr einer bisherigen und für ihn nicht erkennbar aufgegebenen Rspr und Verwaltungsauffassung verhalten hatte (NdsFG EFG 92, 365). Ist der ArbG entspr einer OFD-Vfg oder einer sonstigen amtl Verlautbarung verfahren, ist seine Inanspruchnahme unabhängig davon ermessensfehlerhaft, ob er die Vfg gekannt hat oder nicht (BFH VI R 130/82, BStBl II 86, 98); auch wenn die amtl Verlautbarung erst nach dem Zeitpunkt des LStAbzugs erfolgt ist (BFH VI R 18/96, BStBl II 97, 413). S auch LStH 42d.1 „Ermessensausübung". Ein Rechtsirrtum kann auch dann entschuldbar sein, wenn der ArbG auf die in einem Tarifvertrag geäußerte Auffassung zur Steuerfreiheit bestimmter Bezüge vertraut hat und vertrauen konnte (BFH VI R 44/77, BStBl II 81, 801). Die falsche Auslegung einer eindeutigen Regelung eines Tarifvertrags geht aber zu Lasten des ArbG (BFH VI R 17/83, BFH/NV 86, 372). Ähnliches gilt im Fall eines **Tatsachenirrtums** des ArbG (*Offerhaus* StbJb 83/84, 314).

a) Ermessensausübung; Anrufungsauskunft. Hat der ArbG sich an eine unrichtige Anrufungsauskunft (§ 42e) gehalten, ist schon der Haftungstatbestand nicht erfüllt (→ Rn. 3). Ist der ArbG entspr einer unrichtigen Anrufungsauskunft eines BetriebsstättenFA auch in anderen Betriebsstätten verfahren, ist in Bezug auf diese anderen Betriebsstätten zwar der Haftungstatbestand erfüllt, der ArbG kann aber nicht in Anspruch genommen werden, da die Ursache für die fehlerhafte Einbehaltung der LSt in der Sphäre der *FinVerw* liegt (§ 42e S 2–4, zentrales AuskunftsFA). Ist der ArbG entspr einer ihm früher erteilten Auskunft oder einer allg Verwaltungsübung verfahren, ist nach einer Änderung des Gesetzes oder der VerwAnweisung zu prüfen, ob der ArbG einem entschuldbaren Rechtsirrtum erlegen ist. Es ist bei der Ermessensentscheidung auch zu beachten, dass der ArbG idR kein Steuerfachmann ist und bei immer komplizierter werdendem LStRecht im öffentl Interesse unentgeltl eine nicht unerhebl Belastung auf sich nehmen muss. Man kann von dem ArbG kein strechtl Wissen verlangen, das selbst der amtl Fachprüfer nicht hat (BFH VI 109/62 U, BStBl III 65, 426). Andererseits ist zu beachten, dass der ArbG die Möglichkeit der Anrufungsauskunft hat. Daher kann im Einzelfall eine nicht hinreichende Unterrichtung nicht nur bei rechtl einfach gelagerten Fällen schädl sein, sondern der Verzicht auf eine Anrufungsauskunft kann gerade in schwierigen Fällen vorwerfbar sein (BFH VI R 32/03, BStBl II 06, 30; BFH VI R 11/07, BStBl II 08, 933). IdR ist die ArbG-Inanspruchnahme bei Nichtbeachtung einer erteilten Anrufungsauskunft ermessensgerecht (ThürFG EFG 10, 59). 27

b) Mitverschulden. Im Einzelfall kann es in Anwendung des in § 254 BGB (Mitverschulden) zum Ausdruck kommenden Rechtsgrundsatzes auch geboten sein, den Haftungsanspruch nicht in voller Höhe geltend zu machen (fehlerhaftes Verhalten sowohl in der Sphäre des ArbG als auch des FA; aber nur bei erhebl Fehlverhalten des FA, BFH VII R 61/04, BFH/NV 06, 232; BFH VII B 85/09, BFH/NV 10, 11). Dem FA kann aber nicht vorgehalten werden, es habe über einen längeren Zeitraum von seinen Befugnissen zur Überwachung des LStAbzugs und zur Beitreibung der LStAbzugsbeträge keinen Gebrauch gemacht (BFH VI R 169/75, BStBl II 78, 683) oder es habe nicht in angemessener Zeit über den Einspruch entschieden (BFH VII B 171/97, BFH/NV 99, 3; also **keine Verwirkung** des Haftungsanspruchs). Die Höhe des Haftungsanspruchs hat auf die Ausübung des Ermessens grds keinen Einfluss (BFH VII R 61/87, BStBl II 89, 979). 28

c) Unbilligkeit der Inanspruchnahme. Die Inanspruchnahme des ArbG ist idR unbillig, wenn die Steuer beim ArbN deshalb nicht nachgefordert werden kann, weil seine Veranlagung zur ESt bestandskräftig ist und die für die Änderung des EStBescheides erforderl Voraussetzungen (§ 173 AO) nicht erfüllt sind (BFH VI R 47/91, BStBl II 93, 169; FG BW EFG 93, 411). – Ist eine Veranlagung bereits 29 durchgeführt, kann aber die Steuerforderung gegen den ArbN nicht durchgesetzt werden, zB weil er vermögenslos ist, kann der ArbG als Haftender in Anspruch genommen werden. – IÜ setzt die Inanspruchnahme des Haftungsschuldners nicht die vorherige Festsetzung der Steuerschuld voraus (BFH V B 212/03, BFH/NV 04, 1368).

32 **7. Arbeitgeberinanspruchnahme; Auswahlermessen.** Wenn grds eine Haftung des ArbG zu bejahen ist, stellt sich die Frage, ob nicht zunächst der ArbN als der Steuerschuldner in Anspruch zu nehmen ist (Auswahlermessen). Ein allg Grundsatz, dass zunächst der ArbN als Steuerschuldner in Anspruch zu nehmen ist, besteht nicht (BFH VI 183/57 U, BStBl III 59, 292; *Bruschke* StB 14, 76). Es kommt vielmehr auf die jeweiligen Umstände des Einzelfalles an. – Hat der ArbG die einbehaltenen **LStAbzugsbeträge nicht** an das FA **abgeführt,** ist seine Inanspruchnahme regelmäßig gerechtfertigt. Gleiches gilt, wenn der Steuerabzug bewusst oder leichtfertig versäumt worden ist (BFH VI R 40/07, BStBl II 09, 478). Das FA handelt auch dann iRd billigen Ermessens, wenn es zur Vereinfachung des Verfahrens den ArbG in Anspruch nimmt, falls nach einer LStPrüfung viele LStBeträge auf Grund von im wesentl gleich liegenden Sachverhalten nachzuzahlen sind (BFH VI R 65/77, BStBl II 80, 289). Bei LStNachforderung für mehr als 40 ArbN ist die Inanspruchnahme des ArbG regelmäßig gerechtfertigt (BFH VI R 177/88, BStBl II 92, 696). Dies gilt auch dann, wenn die ArbN zu veranlagen sind, aber die sofortige Inanspruchnahme des ArbG für die Vielzahl meist kleiner LStBeträge der Vereinfachung dient (BFH VI R 24/69, BStBl II 74, 756, unter IV), insb wenn die Steuer von den ArbN schwerer zu erlangen wäre (BFH VI R 8/70, BStBl II 74, 8). Zweckmäßigkeitsgesichtspunkte sind aber nur *ein* Ermessenskriterium; insb bei schuldlosem Verhalten des ArbG reichen die Zweckmäßigkeitsgesichtspunkte allein zur Inanspruchnahme des ArbG nicht aus (*Offerhaus* BB 82, 793 (796)). Das FA hat in diesen Fällen seine Ermessenserwägungen ausführl darzulegen, insb wenn der ArbG für namentl und anschriftenmäßig bekannte ArbN in Anspruch genommen werden soll (BFH VI R 45/82, BFH/NV 86, 240).

35 **8. Haftung anderer Personen.** Neben dem ArbG als dem Haftenden und dem ArbN als dem StSchuldner können insb die in §§ 69, 34, 35, 71, 75 AO genannten Personen als Haftende in Frage kommen, also gesetzl Vertreter natürl oder juristischer Personen, Geschäftsführer nicht rechtsfähiger Personenvereinigungen und Vermögensmassen, faktische Geschäftsführer (NdsFG EFG 09, 1610), Vermögensverwalter (Insolvenzverwalter, Zwangsverwalter, Nachlassverwalter, Liquidatoren, Testamentsvollstrecker, Sequester s FG LSA EFG 09, 302), Verfügungsberechtigte (BFH VII R 20/89, BStBl II 91, 284; zB Prokurist); Duldungsbevollmächtigte (NdsFG EFG 92, 239), Steuerhinterzieher, Betriebsübernehmer. Kommt die Haftung solcher Personen in Betracht, muss dass FA die Inanspruchnahme dieser Personen prüfen und bei seinen Ermessenserwägungen berücksichtigen (BFH VI R 47/18, BFH/NV 22, 99). Zur **Haftung bei Steuern iSd § 40 III** → § 40 Rn. 27.

40 **9. Umfang der Haftung.** Zur Anknüpfung der Haftung an die vorläufig entstandene LStSchuld oder an die endgültige EStSchuld des ArbN → Rn. 1. Der Höhe nach erstreckt sich die Haftung auf die LSt/ESt, die für den ausgezahlten Lohn entsteht. Die Höhe der LSt ist trotz des damit verbundenen Arbeitsaufwands grds individuell zu ermitteln (BFH VI R 120/92, BStBl II 1994, 536). Die Grundsätze der anteiligen Tilgung bei nicht ausreichenden Mitteln gelten iRd § 42d nicht (*BH/Wagner* § 42d Rn. 67). LSt als treuhänderisch verwaltete Fremdgelder sind vorrangig vor sonstigen Verbindlichkeiten an das FA abzuführen (BFH VII R 110/99, BStBl II 01, 271, unter II. 3). Wenn die Mittel zur Zahlung des vollen ArbLohns einschließl des StAnteils nicht ausreichen, darf der Lohn nur gekürzt ausgezahlt werden. Aus den restl Mitteln ist die LSt an das FA abführen. Verweigert ein vorläufiger (schwacher) Insolvenzverwalter die Zustimmung zur Abführung der LSt, darf auch der ArbLohn

nicht ausgezahlt werden (FG Köln EFG 14, 1350). Soweit die für die Höhe der LSt-Haftungsschuld maßgebl Besteuerungsgrundlagen nicht ermittelt oder berechnet werden können, hat sie das FA bzw das FG gem § 162 AO zu schätzen (instruktiv BFH VI R 11/07, BStBl II 08, 933).

10. Feststellungslast. Diese trifft für das Entstehen und die Höhe des LSt-Anspruchs und des daran anknüpfenden Haftungsanspruchs grds das FA. Die Feststellungslast kehrt sich aber um, wenn der Haftungsschuldner behauptet, die Löhne seien nicht entspr der LSt-Anmeldung ausgezahlt worden (BFH VII R 3/85, BFH/NV 89, 7; BFH VII B 252/00, BFH/NV 01, 1222). Der in Anspruch genommene Steuerschuldner (Haftungsschuldner) trägt außerdem die Feststellungslast für Tatsachen, die eine StBefreiung oder -ermäßigung (Haftungsbefreiung oder -ermäßigung) begründen. 42

IV. Haftungsbescheid, § 42d IV

1. Form, Schriftlichkeitserfordernis. Grds erfolgt die Inanspruchnahme des Haftungsschuldners durch **Haftungsbescheid.** Der Haftungsbescheid ergeht schriftl (§ 191 I 2 AO). Er muss klar erkennen lassen, dass der Adressat als Haftungsschuldner in Anspruch genommen werden soll (BFH I R 139/85, BFH/NV 91, 497; auch → § 40 Rn. 27). Durch einen Haftungsbescheid wird vermieden, dass die früheren LStAnmeldungen einzeln geändert werden müssen; diese Bescheide enthalten sachverhaltsbezogene Berichtigungen der früheren LStAnmeldungen, was zur Folge hat, dass auch nur über diese Sachkomplexe gestritten werden kann (*Thomas* DStR 92, 837 (843)). – Der einem LSt-Haftungsbescheid beigefügte Vorläufigkeitsvermerk soll nichtig sein (FG Ddorf EFG 95, 530). – **Zuständig** für den Haftungsbescheid ist das BetriebsstättenFA. 45

2. Inhalt. Der Haftungsbescheid, durch den ein ArbG für die LSt mehrerer ArbN in Anspruch genommen wird, ist ein **Sammelbescheid,** in dem die auf den einzelnen ArbN entfallenden Beträge zusammengefasst sind (BFH VI R 182/80, BStBl II 86, 921; ferner *HHR/Bleschick* § 42d Rn. 100). Die Haftungsbeträge sind nach Steuerarten (LSt, ev und rk LohnKiSt, SolZ) aufzugliedern. Grds sind die Angaben im Haftungsbescheid auch noch **für jeden ArbN aufzugliedern** (BFH I B 44/96, BStBl II 97, 306; BFH I B 114/96, BFH/NV 97, 826; ThürFG EFG 97, 1417; ferner → Rn. 47). Hiervon soll es nach BFH VI R 169/77, BStBl II 80, 669 nur dann eine Ausnahme geben, wenn die Aufgliederung auf die einzelnen ArbN entweder objektiv unmögl ist oder dem FA nach den Grundsätzen von Recht und Billigkeit nicht zumutbar ist. Dies dürfte nur dann der Fall sein, wenn sich auf Grund einer LStAußenprüfung bei einer Vielzahl von ArbN gleichartige Ansprüche von jeweils nur geringer lsteuerrechtl Auswirkung ergeben (ebenso NdsFG DStRE 25, 1476, rkr; vgl demggü die wohl strengere Auffassung in BFH II R 127/77, BStBl II 81, 84; BFH II R 5/04, BStBl II 07, 472, wonach eine Aufgliederung von mehr als 200 bzw 100 Steuertatbeständen verlangt wird; ebenso FG Ddorf EFG 87, 591, bei 160–180 ArbN Aufteilung zumutbar). Aufteilung der Steuer auf einzelne ArbN ist auch dann nicht erforderl, wenn der ArbG von vornherein bei seinen ArbN keinen Regress nehmen will (BFH VI R 72/82, BStBl II 85, 170; zB bei Nettolohnvereinbarung BFH VI R 237/80, BStBl II 86, 274); ebenfalls nicht, wenn der ArbN dem FA die Namen der ArbN vorenthalten hat (BFH VI R 237/80, BStBl II 86, 274). Ist aber eine Aufteilung für den ArbG von Bedeutung, zB weil er bei allen oder einigen ArbN Rückgriff nehmen will, wird das FA eine Aufgliederung auf die einzelnen ArbN auch bei erhebl zeitl Aufwand vornehmen müssen. Die **Höhe der LSt** ist trotz des damit verbundenen Arbeitsaufwandes grds individuell zu ermitteln und nicht mit einem durchschnittl StSatz zu schätzen. Etwas anderes gilt nur dann, wenn entweder die Voraussetzungen des § 162 AO für eine Schätzung der LSt vorliegen (→ Rn. 50) oder der ArbG mit der Berechnung der Haftungsschuld mit einem durchschnittlichen 46

Steuersatz einverstanden ist (BFH VI R 120/92, BStBl II 94, 53). Eine tatsächl Verständigung über einen **Durchschnittssteuersatz** ist zul. Kommt es nicht zu einer solchen Verständigung, müssen vor Anwendung eines Durchschnittssteuersatzes alle Möglichkeiten einer individuellen Ermittlung der LSt untersucht und ggf. dargelegt werden, weshalb eine wirklichkeitsnähere Abbildung der Verhältnisse nicht zu erreichen war, selbst wenn der ArbG gar keine oder keine ordnungsgemäßen Lohnkonten geführt hat (BFH VI R 11/07, BStBl II 08, 933).

47 **a) Begründung.** Ergeht nach Ablauf des Kj ein LStHaftungsbescheid, ist die **Aufteilung der LStBeträge nach Monaten** nicht erforderl (BFH VI R 208/82, BStBl II 86, 152; BFH VII R 175/82, BFH/NV 86, 313; erforderl ist nur die Angabe des lstpfl Sachverhalts). Auf die Aufgliederung des Haftungsbetrages nach Anmeldungszeiträumen kann auch verzichtet werden, wenn für den Haftungsschuldner keine Zweifel bestehen, für welche Sachverhalte er mit dem in einer Summe ausgewiesenen Betrag als Haftender in Anspruch genommen werden soll; auch eine **Aufgliederung nach Jahren** ist dann nicht erforderl (BFH VII R 6/87, BStBl II 88, 480). Die Aufteilung nach Jahren und grds auch nach ArbN ist eine Frage der Begründung und nicht der inhaltl Bestimmtheit des Haftungsbescheids. Der inhaltl Bestimmtheit ist genügt, wenn erkennbar ist, wofür der ArbG in Anspruch genommen wird (BFH VII R 59/91, BFH/NV 93, 146). Dazu reicht es aus, dass der *Sachkomplex* bezeichnet wird, bezügl dessen der ArbG die LSt fehlerhaft einbehalten und abgeführt haben soll (BFH VI R 120/92, BStBl II 94, 536; konkrete Sachverhalte, die zu Lohnzuflüssen geführt haben, und der Zeitraum der Lohnzuflüsse müssen bezeichnet sein). Ein Haftungsbescheid, der infolge fehlender Aufgliederung des Haftungsbetrages nicht erkennen lässt, in welcher Höhe die als Haftungsschuld festgesetzte LSt dem einzelnen ArbN zugeordnet werden kann, ist daher nicht etwa wegen mangelnder inhaltl Bestimmtheit nichtig, sondern allenfalls materiell-rechtl fehlerhaft (BFH VI R 120/92, BStBl II 94, 536). Nichtigkeit tritt aber bei fehlender Aufteilung der Haftsumme nach StArten ein. Der Haftungsbescheid ist *sachverhalts-* und *nicht* wie der EStBescheid *zeitraumbezogen* (BFH I B 140/04, BStBl II 06, 530; BFH VI R 20/05, BFH/NV 09, 904). Zum Sonderfall eines Haftungsbescheids ohne Angabe des Haftungszeitraums s BFH VII R 114/88, BFH/NV 91, 137. Für inhaltl Bestimmtheit des Haftungsbescheids reicht es aus, wenn auf einen zuvor oder gleichzeitig mit dem Bescheid übersandten Bp-Bericht Bezug genommen wird (BFH VI R 55/87, BFH/NV 91, 600, mwN; *BH/Wagner* § 42d Rn. 137). Zum Bestimmtheitserfordernis eines an zwei Personen gerichteten Haftungsbescheides s FG Hmb EFG 83, 210.

48 **b) Darlegung der Ermessenserwägungen.** Der Haftungsbescheid muss ferner die für die Ermessensausübung maßgebl Gründe enthalten (*Ergänzung* bis zum Ende der mündl Verhandlung vor dem FG gem § 102 S 2 FGO mögl, BFH VII R 52/02, BStBl II 04, 579), und zwar grds auch dann, wenn die einzelnen Punkte in der Schlussbesprechung erörtert worden sind (FG BW EFG 83, 519) oder wenn ein Haftungsbescheid nach der Schlussbesprechung erbeten wird (FG BW EFG 85, 258; zur Ermessensdarlegung im Hinblick auf das Steuergeheimnis s FG Hmb EFG 85, 322). Es genügt nicht, dass die Ermessenserwägungen sonst aus den Akten ersichtl sind; floskelhafte Feststellungen über Billigkeit und Zweckmäßigkeit der Inanspruchnahme eines Haftungsschuldners reichen nicht aus (BFH VI R 44/77, BStBl II 81, 801; *BH/Wagner* § 42d Rn. 138). S auch § 121 II Nr 2 AO. Ist die einbehaltene LSt nicht abgeführt worden, ist die Inanspruchnahme des ArbG (oder anderer Personen) idR gerechtfertigt. Hier kann davon ausgegangen werden, dass das FA stillschweigend von seinem Ermessen sachgerecht Gebrauch gemacht hat (in derartigen Fällen wird eine Inanspruchnahme des ArbN regelmäßig ausgeschlossen sein; → Rn. 20; FG Hmb EFG 86, 364). Die Ermessensausübung muss überprüfbar sein (BFH VI R 48/79, BStBl II 82, 710 zu 2.). Dies gilt auch, wenn der ArbG leichtfertig oder gar vorsätzl den LStAbzug unterlassen hat (BFH VII R 3/90, BFH/NV 91, 504) oder der ArbG den Haftungsbescheid selbst beantragt hat (FG Hmb EFG 80, 342; BFH

VI R 93/80, BStBl II 85, 644). Dies gilt ferner, wenn der ArbG zum Ausdruck gebracht hat, dass er bei seinen ArbN keinen Regress nehmen will (BFH VI R 72/82, BStBl II 85, 170 zu 2b, dd). Sind die erforderl Ermessenserwägungen aus dem Haftungsbescheid oder der Einspruchsentscheidung nicht erkennbar, ist der Haftungsbescheid (nicht etwa nur die Einspruchsentscheidung, auch wenn das FA spätestens in dieser die Ermessenserwägungen darlegen muss, BFH VII R 48/84, BStBl II 88, 170; BFH VII R 159/84, BFH/NV 88, 139) aufzuheben (BFH VII R 86/78, BStBl II 81, 493); es sei denn, dem Betroffenen war die Auffassung des FA ohne Weiteres erkennbar (BFH I R 248/81, BStBl II 86, 178; BFH I R 61/85, BStBl II 89, 99). Der Haftungsbescheid ist aber nicht nichtig (BFH VI R 44/77, BStBl II 81, 801).

c) Umfassende Sachaufklärung. Eine ordnungsgemäße Ermessensentscheidung erfordert auch eine einwandfreie und vollständige Sachaufklärung (ausführl BFH VII R 53/96, BFH/NV 97, 386; → Rn. 16). Die Ermessensentscheidung ist fehlerhaft, wenn das FA Gesichtspunkte tatsächl oder rechtl Art, die nach Sinn und Zweck der Ermessensvorschrift zu berücksichtigen wären, außer Acht lässt. Merkmale des Haftungstatbestands und außertatbestandl Gesichtspunkte müssen daher bei der Ermessensentscheidung nur dann berücksichtigt werden, wenn sie nach Sinn und Zweck der Ermessensvorschrift für die Ermessensausübung von Bedeutung sind (BFH VII R 2/12, BFH/NV 13, 1543). Falls keine Ausnahme eingreift (→ Rn. 48) müssen die zur Begründung des Haftungsbescheids erforderl Angaben (Steuer, Ermessenserwägungen usw) im Haftungsbescheid selbst enthalten sein; auch der ArbN hat nach hM ein Anfechtungsrecht (→ Rn. 58). Eine Bezugnahme auf den Prüfungsbericht soll, wenn es um die Aufgliederung der LStBeträge geht, nicht ausreichen (FG Köln EFG 85, 213); es sei denn, er ist Anlage des Haftungsbescheids. 49

d) Schätzung der Lohnsteuer. Bei einer ggf notwendigen Schätzung muss das FA alle bedeutsamen Umstände beachten (instruktiv BFH VI R 11/07, BStBl II 08, 933). Ausnahmsweise kann auch eine Schätzung der LSt nach einer branchenübl Nettolohnquote in Betracht kommen (BGH 1 StR 283/09, NStZ 10, 635; FG Mster EFG 16, 261). Der ArbG hat iRd ihm obliegenden Mitwirkungspflichten bei der Ermittlung der LSt aber angemessene und zumutbare Hilfestellung zu leisten (BFH VI R 101/93, BFH/NV 95, 297). Die der Haftung zugrunde gelegte LSt ist nach der **Steuerklasse VI** zu bemessen, wenn dem ArbG die zum Abruf der ELStAM benötigten Angaben nicht mitgeteilt werden (§ 39e I), keine Ersatzbescheinigung vorgelegt wird, der ArbG vom Abruf der ELStAM gesperrt ist oder der ArbG überhaupt keine Lohnversteuerung vorgenommen hat (BFH VI B 9/12, BFH/NV 12, 1961, mwN; NdsFG EFG 25, 1322, Rev VI R 8/25). Zur Schätzung eines **Durchschnittssteuersatzes** → Rn. 46. 50

e) Haftungsschuld; Pauschalierungsschuld. Diese müssen getrennt festgesetzt werden (→ § 40 Rn. 27). Es ist aber zul, dass das FA auf einem einheitl Vordruck ledigl äußerl zusammengefasst einen Haftungs- und einen Pauschalierungsbescheid erlässt (BFH VI R 38/19, BFH/NV 22, 321). Hat das FA einen Haftungsbescheid erlassen, darf das FG im Klageverfahren zwar die Haftungsschuld herabsetzen, diese aber nicht gegen einen Nachforderungsbetrag oder gegen eine Pauschalierungsschuld austauschen (BFH VI R 69/14, BFH/NV 16, 131). – Zur **Umdeutung** eines Haftungsbescheides → § 40 Rn. 27. 51

3. Entbehrlichkeit des Haftungsbescheids in Sonderfällen. Eines Haftungsbescheids bedarf es ausnahmsweise nicht, soweit der ArbG die einbehaltene **LSt angemeldet** hat (§ 42d IV 1 Nr 1). Eines Haftungsbescheides bedarf es ferner nicht, soweit der ArbG nach einer LStAußenprüfung seine Zahlungsverpflichtung **schriftl anerkennt** (§ 42d IV 1 Nr 2). Das Anerkenntnis gilt als StAnmeldung (§ 167 I 3 AO) und steht damit einer StFestsetzung unter dem Vorbehalt der Nachprüfung gleich. Unter den gleichen Voraussetzungen ist auch der Erlass eines Nachforderungsbescheids über pauschale LSt entbehrl (§ 42d IV 2). 52

55 **4. Änderungen.** Sie richten sich nach §§ 130 ff AO, nicht nach §§ 172 ff AO. Ein bestandskräftiger Haftungsbescheid steht dem Erlass eines weiteren den gleichen Haftungsgegenstand betreffenden Haftungsbescheides entgegen (BFH VII R 29/02, BStBl II 05, 3). Ein Ergänzen des Haftungsbescheids ist aber zul, wenn die Erhöhung der Schuld auf neuen Tatsachen beruht, die das FA mangels Kenntnis im ersten Haftungsbescheid nicht berücksichtigen konnte (BFH VII R 66/10, BStBl II 11, 534). Infolge der *Sachverhaltsbezogenheit* des Haftungsbescheides kann zu jedem anderen noch nicht erfassten Sachkomplex ein zusätzl Haftungsbescheid ergehen, ohne dass sich die Regelungsinhalte dieser Haftungsbescheide überschnitten (BFH I B 140/04, BStBl II 06, 530); wohl aber greift jeder dieser Haftungsbescheide in den Regelungsinhalt früherer LStAnmeldungen ein (*Thomas* DStR 92, 837 (841)). Entsprechendes gilt für Pauschalierungsbescheide. – Ein herabsetzender Änderungsbescheid bedeutet eine Teilrücknahme, die den ursprüngl Haftungsbescheid in dem von der Teilrücknahme nicht betroffenen Umfang nicht berührt (BFH VII B 156/07, BFH/NV 08, 967). Die ersatzlose Aufhebung eines Haftungsbescheides kann uU als Freistellung von der Haftung ausgelegt werden, sodass das FA am Erlass eines erneuten Haftungsbescheides gehindert ist (Empfängerhorizont; BFH VI R 216/83, BStBl II 86, 779; s auch BFH VII R 112/81, BStBl II 85, 562). Dies gilt nicht, wenn das FA einen Haftungsbescheid erkennbar wegen fehlender Begründung der Ermessensentscheidung (BFH VII B 237/91, BFH/NV 92, 639) oder wegen dessen angebl Nichtigkeit aufgehoben hatte (BFH VI R 105/83, BStBl II 86, 775; *Rößler* DStR 86, 714). Es gilt auch nicht, wenn im Aufhebungsbescheid zugleich der neue Haftungsbescheid enthalten ist (BFH VII R 112/81, BStBl II 85, 562 zu II 1b, aa). – Zu Änderungsmöglichkeiten nach Zahlung durch den StSchuldner → Rn. 11.

56 **5. Sonstiges.** Der Haftungsanspruch kann **gestundet** werden (*Carl* DB 88, 826). Hat der ArbG die LSt ggü dem ArbN zwar einbehalten, aber nicht an das FA abgeführt, lässt § 222 S 4 AO eine Stundung einbehaltener LStBeträge, für die gehaftet wird, allerdings nicht zu (dagegen mit verfrechtl Gründen *T/K* § 222 AO Rn. 7; s ferner *Carl/Klos* DB 95, 1146; *Rößler* DB 95, 2038). – Auf Haftungsschulden fallen Säumniszuschläge an (§ 240 I 2 AO). – Nach Aufhebung eines Haftungsbescheids erstattete LStHaftungsbeträge sind nicht nach §§ 233a, 236 AO zu verzinsen (NdsFG DStRE 12, 507).

58 **6. Rechtsbehelfe.** Der Haftungsbescheid kann mit Einspruch (§ 348 I Nr 4 und 1 AO) und Klage angefochten werden.

59 **a) Anfechtungsberechtigte.** Anfechtungsberechtigt sind die Personen, gegen die sich der Bescheid richtet. Ficht der ArbG einen Haftungsbescheid an, werden hierdurch nicht auch (inzident) die LStAnmeldungen für den Haftungszeitraum angefochten (BFH VI R 13/21, BFH/NV 23, 745). Nach hM kann auch der ArbN den gegen den ArbG gerichteten Haftungsbescheid anfechten, wenn er persönl für die nachgeforderte Steuer in Anspruch genommen werden kann (BFH VI R 311/69, BStBl II 73, 780; FG Mster EFG 97, 783; *BH/Wagner* § 42d Rn. 159; *KKM* § 42d Rn. A 175, mwN). Hat der ArbN den Haftungsbescheid angefochten, ist der ArbG notwendig beizuladen, § 360 III AO, § 60 III FGO (BFH VI R 311/69, BStBl II 73, 780). Folgt man der hM, muss der ArbN auch die an die Stelle des Haftungsbescheides getretene LStAnmeldung und das Anerkenntnis des ArbG (§ 42d IV) anfechten können. Da dem ArbN der Haftungsbescheid idR nicht bekannt gegeben wird, ist die Anfechtung grds innerhalb der Jahresfrist des § 356 II AO zul. Zum Umfang des Rechts eines anfechtenden ArbN auf Akteneinsicht s BFH I R 189/70, BStBl II 73, 119. Zu einem Rechtsbehelfsverfahren des ArbG gegen den Haftungsbescheid kann der ArbN beigeladen werden, wenn seine rechtl Interessen berührt werden (aber keine notwendige Beiladung, BFH VI B 97/79, BStBl II 80, 210). Ist der ArbN an einem Rechtsbehelfsverfahren gegen den Haftungsbescheid als Anfechtender oder Beigeladener beteiligt, erstreckt sich die Rechtskraft der Rechtsbehelfsentscheidung

auch auf den ArbN, sodass er die gleichen Rechtsfragen nicht in einem Erstattungsverfahren (§ 37 AO) nochmals aufwerfen kann. Eine Bindung für die Veranlagung tritt aber nicht ein. Daher ist mE auch nicht das WohnsitzFA des ArbN an dem Rechtsbehelfsverfahren zu beteiligen.

b) Einwendungen gegen den Haftungsbescheid. Der ArbG kann insb einwenden, es habe kein ArbVerh bestanden, der LStAbzug sei zutr erfolgt, seine Inanspruchnahme sei ermessensfehlerhaft. Er kann auch einwenden – hat dies aber bis zum Ergehen der Einspruchsentscheidung konkret und unter Darlegung der Einzelheiten darzutun –, dass die der Haftung zugrunde gelegten Löhne bereits bei den Jahressteuerfestsetzungen der ArbN versteuert worden sind (BFH VI R 177/88, BStBl II 92, 696, auch → Rn. 1). Str ist, ob der ArbG auch solche materiellen Einwendungen geltend machen kann, die der ArbN im Falle seiner Inanspruchnahme hätte vorbringen können (zB Geltendmachung von WK, SA usw). Nach der Rspr des BFH können die zum LStNachforderungsverfahren gegen den ArbN entwickelten Grundsätze (s BFH VI R 136/69, BStBl II 73, 423) nicht auf das Haftungsverfahren gegen den ArbG übertragen werden. Der BFH betont, dass für die Haftung des ArbG von den LSt-Abzugsmerkmalen auszugehen ist und der ArbG daher keine steuermindernden Umstände des ArbN (höhere WK, SA usw) einwenden kann (BFH VI R 5/05, BStBl II 08, 597, unter II.2). Eine Ausnahme von diesem Grundsatz hat der BFH nur dann zugelassen, wenn ArbG und ArbN entschuldbar über die Zugehörigkeit von Bezügen zum ArbLohn und damit auch über die Notwendigkeit der Geltendmachung eines entspr Freibetrags als LSt-Abzugsmerkmal hinsichtl der mit diesen Bezügen zusammenhängenden WK irrten. Hier kann sich der ArbG ohne Rücksicht auf etwa abgelaufene Fristen für die Veranlagung auf die höheren WK berufen (BFH VI R 207/68, BStBl II 72, 137, mwN). Die BFH-Rspr ist in der Literatur zu Recht auf Kritik gestoßen (*Lang* StuW 75, 131; wN → 43. Aufl 2024 § 42d Rn. 60; s auch FG BW EFG 97, 1193). Der ArbG muss mE jedenfalls bei Inanspruchnahme nach Ablauf des Kj alle Einwendungen geltend machen können, die auch dem ArbN zustehen würden. Zu den Ungereimtheiten, die sich auf der Grundlage der BFH-Rspr ergeben, s insb *Fichtelmann* DStR 74, 77. Es obliegt aber dem ArbG, sämtl Tatsachen für die steuermindernden Umstände vorzutragen. Das BetriebsstättenFA muss nicht von sich aus nachforschen (auch → Rn. 1). Zu den Einwendungen eines Haftungsschuldners bei Zahlung durch einen anderen Schuldner → Rn. 11. – Zur **Feststellungslast** → Rn. 42. 60

c) Sonstiges. Wird ein Haftungsbescheid nur bezügl bestimmter Haftungskomplexe angefochten, so erwachsen die übrigen in Bestandskraft (BFH VI R 182/80, BStBl II 86, 921). Eine überhöhte Haftungsschuld des einen Haftungskomplexes kann nicht mit einer zu niedrigen Haftungsschuld eines anderen Haftungskomplexes saldiert werden (*Drenseck* DStJG 9, 398 f). Ferner kann einem Haftungskomplex nicht ein anderer Sachverhalt unterlegt werden. Während des Einspruchsverfahrens ist die Auswechslung der Haftungsnorm aber zul (BFH VII R 1/93, BFH/NV 95, 657, Haftung als Steuerhinterzieher statt als Geschäftsführer), nicht hingegen erst im Klageverfahren (FG Ddorf EFG 01, 754). – Zur Anwendung des **§ 68 FGO** bei Ersetzen eines Haftungsbescheides durch einen neuen s BFH I R 29/08, BStBl II 09, 539 (zweifelhaft, soweit in dem ersetzenden Haftungsbescheid erstmalige Ermessenserwägungen enthalten sind); zur Teilrücknahme eines Haftungsbescheides s BFH VII R 77/95, BStBl II 97, 79. Zur Ersetzung eines Haftungsbescheids durch einen Nachforderungsbescheid s BFH VIII R 1/18, DStRE 21, 1038: kein Fall des § 68 FGO sondern Hauptsacheerledigung. Bei Rechtsstreitigkeiten über Haftungsbescheide sind keine **Prozesszinsen** zu zahlen (BFH VII R 39/86, BStBl II 89, 821; NdsFG EFG 11, 1587; **aA** *Tannert* NWB 09, 3987). Auch **Aussetzungszinsen** fallen nicht an (NdsFG EFG 11, 504). 61

V. Bagatellgrenze, § 42d V

65 Sie gilt sowohl bei Nachforderung ggü dem ArbN als auch ggü dem ArbG. Abzustellen ist auf den Gesamtbetrag der geltend zu machenden Nachforderung oder Haftungssumme (*BH/Wagner* § 42d Rn. 214). Diese Frage kann erhebl Auswirkung erlangen, wenn auf zahlreiche ArbN nur ein Nachforderungsbetrag von jeweils unter 10 € entfällt. Die hier vertretene Meinung führt in diesen Fällen dazu, dass das FA zwar nicht den einzelnen ArbN, wohl aber den ArbG in Anspruch nehmen darf. Der ArbG wird in diesen Fällen nicht gehindert sein, gegen seine ArbN Ausgleichsansprüche von jeweils unter 10 € geltend zu machen; denn die Bagatellgrenze soll nicht den Interessen des ArbN, sondern denen des FA (Verwaltungsökonomie) dienen. Verzichtet der ArbG auf einen Rückgriff, wird man dies nicht als Lohnzufluss mit der Folge eines Nettosteuersatzes ansehen dürfen (glA *BH/Wagner* § 42d Rn. 224).

VI. Haftung bei Arbeitnehmerüberlassung, § 42d VI–IX, § 38 IIIa

66 **1. Haftung bei Arbeitnehmerüberlassung, § 42d VI–VIII.** Gem § 42d VI kann der Entleiher für die LSt der bei ihm tätigen LeihArbN in Anspruch genommen werden, weil insb bei der **illegalen ArbN-Überlassung** und bei der **Verleihung aus dem Ausl** die LSt oft nicht einbehalten wird (*KKM* § 42d Rn. G 2). Nach § 9 I Nr 1 AÜG sind Verträge zwischen dem Verleiher und den Leih-ArbN grds unwirksam, wenn der Verleiher nicht die nach § 1 AÜG erforderl Erlaubnis besitzt. Hierdurch wird der Entleiher strechtl aber noch nicht zum ArbG der entliehenen ArbN. § 42d VI–VIII gehen zur Schließung der sich daraus ergebenden Regelungslücke beim LSt-Abzug von folgendem Grundsatz aus: Sowohl bei der *unerlaubten* wie auch bei der *erlaubten* ArbN-Überlassung besteht die Möglichkeit, den Entleiher als Haftenden in Anspruch zu nehmen. Im Fall der *erlaubten* ArbN-Überlassung haftet der Entleiher aber dann nicht, wenn er bestimmte Mitwirkungspflichten erfüllt (→ Rn. 69 f). Sollte ausnahmsweise bei einer unerlaubten ArbN-Überlassung der Entleiher entspr der BFH-Rspr als ArbG der LeihArbN zu qualifizieren sein (s BFH VI R 34/79, BStBl II 82, 502), kann neben ihm auch der Verleiher als Haftender in Anspruch genommen werden (§ 42d VII). Beachte die Sperrwirkung des § 48 IV Nr 2, wenn die Bauabzugssteuer angemeldet und abgeführt worden ist (keine Haftung mehr nach § 42d VI, VIII).

67 **a) Haftungstatbestand; Entleiher als Haftender, § 42d VI 1.** Die Haftung des Entleihers setzt, da sie akzessorisch ist, eine **Schuld des Verleihers** voraus. Dies kann einmal eine Haftungsschuld des Verleihers sein, die wiederum voraussetzt, dass eine Steuerschuld des ArbN besteht. Dies kann aber auch eine eigene Steuerschuld des Verleihers sein (Fälle der LStPauschalierung, §§ 40–40b; **aA** *BH/Wagner* § 42d Rn. 216). Eine gewerbsmäßige ArbN-Überlassung erfordert die Haftung nicht. § 42d VI 1 verweist auf § 1 I 1 AÜG; der von dieser Vorschrift erfasste Personenkreis beschränkt sich nicht auf gewerbsmäßige ArbN-Verleiher. Es werden sämtl natürl und juristischen Personen erfasst, die eine **wirtschaftl Tätigkeit** ausüben, unabhängig davon, sie Erwerbszwecke verfolgen oder nicht.

68 **Vermutung des § 1 II AÜG:** Werden ArbN Dritten (Entleiher) überlassen und übernimmt der Verleiher nicht die übl ArbG-Pflichten oder das ArbG-Risiko (§ 3 I Nr 1–3 AÜG), so wird gem § 1 II AÜG vermutet, dass der Überlassende (Verleiher) eine (unerlaubte) Arbeitsvermittlung betreibt. Auch in diesen Fällen ändert sich an der Haftung des Entleihers gem § 42d VI 1 nichts. – Von vornherein keine Haftung besteht gem § 42b VI 1 aber in **Fällen des § 1 III AÜG** (*BH/Wagner* § 42d Rn. 219).

69 **b) Haftungsausschluss, § 42d VI 2, 3.** Satz 2 gilt nur im Fall der **erlaubten ArbN-Überlassung.** Der Entleiher muss nachweisen (Glaubhaftmachung reicht nicht aus; Umkehrschluss aus § 42d VI 7), dass er den gesetzl Mitwirkungspflichten nachgekommen ist. Diese Enthaftungsmöglichkeit des Entleihers ist für Fälle gedacht,

in denen der Verleiher zwar eine Erlaubnis nach § 1 AÜG besitzt, aber weitere ArbN „schwarz" tätig werden lässt.

aa) Mitwirkungspflicht nach § 51 I Nr 2 Buchst d iVm § 42d VI 2. Diese kommt bei im Ausland ansässigen, aber im Inland tätigen LeihArbN in Betracht (s *Reinhart* BB 86, 500 (502)); bei diesen ArbN soll sichergestellt sein, dass die ordnungsgemäße Besteuerung im Ausland gewährleistet ist (Verhinderung von Konkurrenzvorteilen bei Einsatz von im Ausland ansässigen ArbN). Die Erfüllung dieser Mitwirkungspflicht als Voraussetzung für den Haftungsausschluss ist allerdings noch bedeutungslos, da eine RVO noch nicht erlassen ist (*HHR/Bleschick* § 42d Rn. 117). 70

bb) Schuldloser Irrtum über Arbeitnehmerüberlassung, § 42d VI 3. Dieser Haftungsausschluss gilt bei *erlaubter* wie *unerlaubter* ArbN-Überlassung. Eine Haftung des Entleihers scheidet aus, wenn dieser über das Vorliegen einer ArbN-Überlassung ohne Verschulden irrte. Ein Irrtum führt nicht zum Haftungsausschluss, wenn er auf nur geringem Verschulden beruht; leichte Fahrlässigkeit entschuldigt nicht (*BH/Wagner* § 42d Rn. 226; *HHR/Bleschick* § 42d Rn. 118). Auch das Unterlassen einer gebotenen Erkundigung (beim FA oder Arbeitsamt) ist schuldhaft. Wenn dem Entleiher auch nur die geringsten Zweifel bei der Auslegung des Vertrages kommen mussten, hat er schuldhaft geirrt (strenger Maßstab, s LStR 42d.2 IV 7). Der Entleiher ist **nachweispflichtig.** 71

c) Haftsumme, § 42d VI 4, 7. Der Entleiher haftet nur für die LSt, die auf die Zeit der Überlassung der ArbN entfällt (§ 42d VI 4); also zB nicht für Lohnfortzahlung im Krankheitsfall oder bei Urlaub des ArbN (*Reinhart* BB 86, 500 (504)). Oft (insb in Fällen unerlaubter ArbN-Überlassung) wird sich die LSt nicht mehr genau ermitteln lassen, wenn zB der ArbLohn, der Familienstand der ArbN, die StPfl der Bezüge oder (bei Einsatz ausl ArbN) das Besteuerungsrecht Deutschlands unklar sind. Ist in diesen Fällen die LSt aus *tatsächl* (nicht dagegen aus rechtl) Gründen schwer zu ermitteln, sieht § 42d VI 7 einen Durchschnittssteuersatz vor. Der Entleiher hat aber die Möglichkeit, glaubhaft zu machen, dass die LSt niedriger ist. 72

d) Gesamtschuldnerische Inanspruchnahme, § 42d VI 5, 6. Entleiher und Verleiher sind Gesamtschuldner. Der Verleiher kann ohne Weiteres durch Haftungsbescheid (ggf PauschalierungsStBescheid in den Fällen der §§ 40–40b) in Anspruch genommen werden (aber Ermessensentscheidung, ob nicht die ArbN vorrangig in Anspruch zu nehmen sind). Auch gegen den Entleiher kann sofort ein Haftungsbescheid ergehen; aus diesem kann er aber erst dann auf Zahlung in Anspruch genommen werden, wenn die Vollstreckung in das *inländische* bewegl Vermögen des Verleihers fehlgeschlagen ist oder keinen Erfolg verspricht. – Diese Subsidiarität der Haftung des Entleihers gilt aber nicht im Verhältnis zum ArbN als dem StSchuldner. Daher muss der Haftungsbescheid auch regelmäßig Ermessenserwägungen darüber enthalten, warum nicht der ArbN als der StSchuldner in Anspruch genommen worden ist. 73

e) Sonderfall: Entleiher als Arbeitgeber der Leiharbeitnehmer, § 42d VII. Dieser Fall kann nach der BFH-Rspr (s BFH VI R 34/79, BStBl II 82, 502) bei *unerlaubter* ArbN-Überlassung eingreifen, wenn der Entleiher die Löhne im eigenen Namen und auf eigene Rechnung an die Leih-ArbN auszahlt (→ Rn. 66). Voraussetzung wird aber sein, dass entspr Vereinbarungen zw Entleiher und Verleiher bestehen und dies auch den ArbN bewusst geworden ist. – Bei *erlaubter* ArbN-Überlassung wird dieser Fall nicht eintreten; zahlt hier der Entleiher die Löhne aus, handelt es sich regelmäßig um eine echte Lohnzahlung durch Dritte (→ § 38 Rn. 6). – Ist der Entleiher im Ausnahmefall als ArbG anzusehen, haftet der Verleiher wie der Entleiher nach Abs 6 (s auch *Reinhart* BB 86, 500 (505)). 74

f) Sicherungsanordnung, § 42d VIII. Die Anordnung darf (Ermessensentscheidung) nur erfolgen, wenn dies zur Sicherung des StAnspruchs erforderl ist (zB 75 weil der Verleiher ein säumiger Zahler ist). Die Anordnung kann auch auf Anregung des Entleihers erfolgen, zB bei Gefahr, dass für ihn ein Haftungsrisiko entsteht, wenn er das volle vertragl vereinbarte Entgelt an den Verleiher auszahlt. Die Sicherungsanordnung ist, da sie in die Rechtsbeziehungen zw Verleiher und Entleiher gestaltend eingreift (Entleiher wird insoweit von seiner Zahlungspflicht ggü dem Verleiher frei), ein VA mit Drittwirkung. Die Sicherungsanordnung kann daher sowohl vom Entleiher als auch vom Verleiher durch Einspruch angefochten werden (*HHR/Bleschick* § 42d Rn. 131).

76 **2. Haftung in Fällen des § 38 IIIa, § 42d IX.** S LStR 42d.3. In den Fällen der LStAbzugspflicht Dritter (§ 38 IIIa 1) und der Übertragung lstrechtl Pflichten auf Dritte (§ 38 IIIa 2 ff) haftet der ArbG weiterhin neben dem Dritten. ArbG, Dritter und ArbN sind insoweit Gesamtschuldner. Bei der Ermessensentscheidung, welcher der Gesamtschuldner in Anspruch genommen werden soll, ist zu berücksichtigen, wer den LStFehlbetrag zu vertreten hat. – Die Überprüfung des Dritten obliegt dem BetriebsstättenFA; dieses erlässt den Haftungsbescheid; dieses ist auch zuständig für die Überprüfung des ArbG (ebenso SächsFG EFG 13, 1524, offen gelassen von BFH VI R 43/13, BFH/NV 14, 1150). An dessen Mitwirkungspflichten ändert sich nichts.

VII. Erstattungsansprüche und Rückgriffsrechte

80 **1. Erstattungsansprüche.** Erstattungsberechtigt ist nicht derjenige, der tatsächl gezahlt hat, sondern derjenige, auf dessen Rechnung die Zahlung bewirkt worden ist (§ 37 II AO). Da der **ArbN** StSchuldner ist (Ausnahme: §§ 40–40b) und die LSt-Abzugsbeträge aus seinem Lohn stammen, steht ihm regelmäßig der Erstattungsanspruch auf überzahlte LSt zu (BFH VI R 46/07, BStBl II 10, 72; BFH VI B 1/20, BFH/NV 21, 13). Dies gilt auch im Fall der Nettolohnvereinbarung (BFH VI 92/60 U, BStBl III 61, 170; vgl auch BFH II 189/56 U, BStBl III 60, 180 zur Erstattungsberechtigung bei Scheinverträgen). Dem **ArbG** als dem Entrichtungsverpflichteten steht ausnahmsweise der Erstattungsanspruch zu, wenn er versehentl LSt abgeführt hat. *Beispiele:* Der ArbN war gar nicht mehr beim ArbG beschäftigt; der ArbG hat kein Gehalt bezahlt (BFH VII B 155/99, BFH/NV 00, 547; BFH VI B 1/20, BFH/NV 21, 13); der ArbG hat die LSt doppelt abgeführt; der ArbG hat bis zur gerichtl Klärung seiner LStAbführungspflicht die LSt ohne Belastung des ArbN vorläufig getragen. Nach BFH VI 3/62 U, BStBl III 63, 226 soll der Erstattungsanspruch dem ArbG auch dann zustehen, wenn dieser die Aufhebung eines gegen ihn gerichteten Haftungsbescheides erreicht hat. Dabei muss nicht geprüft werden, ob und in welchem Umfang der ArbG vom ArbN Ersatz für die auf Grund des Haftungsbescheides gezahlte LSt erhalten hat (zweifelhaft). – Zu den Rechtsfolgen nach Einbehaltung und Abführung von LSt, obwohl keine unbeschr StPfl mehr bestand, s BFH VII R 3/00, BStBl II 00, 581 (Anrechnung der LSt auf die festgesetzte ESt aus allg Billigkeitserwägungen; krit *Gosch* StBP 00, 374).

82 **2. Rückgriffsrecht Arbeitgeber gegen Arbeitnehmer.** Da den ArbN iErg die LStLast trifft (*Ausnahme:* Nettolohnvereinbarung), steht dem ArbG, wenn er als Haftender in Anspruch genommen wurde, ein Rückgriffsanspruch gegen den ArbN zu (BAG 5 AZR 301/17, DStR 19, 1218; LAG BaWü DStR 23, 1019, rkr). Diese Rechtsbeziehungen sind zivilrechtl Art (BFH IV R 168/68, BStBl II 72, 816; BAG 3 AZR 371/75, BStBl II 77, 581; *BH/Wagner* § 42d Rn. 122, mwN). Der ArbN hat keine Einwendungen gegen den Regress des ArbG, er muss seine Rechte ggü dem FA geltend machen (BAG 5 AZR 301/17, DStR 19, 1218). Die Ansprüche des ArbN werden ggf von tarifl Ausschlussfristen erfasst (BAG 5 AZR 301/17, DStR 19, 1218), wobei der Wortlaut der jeweiligen Verfallklausel zu beachten ist (BAG 5 AZR 538/17, DStR 19, 700). **Verzichtet** der **ArbG** (nach Zahlung) **auf die Geltendmachung des Rückgriffsanspruchs,** wird dadurch dem ArbN *im Zeitpunkt*

des Regressverzichtes ein Vorteil zugewendet. Kein ArbLohn liegt aber vor, wenn der Rückgriff unmögl oder unwirtschaftl ist, zB wenn die Unterlagen durch höhere Gewalt vernichtet wurden (*Offerhaus* DB 85, 631 (632)), der Lohn unpfändbar ist oder wenn auf Grund tarifvertragl Ausschlussfristen oder gewerkschaftl Drucks ein Rückgriff ausgeschlossen ist. Zu diesem Problemkreis auch → § 19 Rn. 100 „LSt-Nachforderung".

§ 42e Anrufungsauskunft

[1]Das Betriebsstättenfinanzamt hat auf Anfrage eines Beteiligten darüber Auskunft zu geben, ob und inwieweit im einzelnen Fall die Vorschriften über die Lohnsteuer anzuwenden sind. [2]Sind für einen Arbeitgeber mehrere Betriebsstättenfinanzämter zuständig, so erteilt das Finanzamt die Auskunft, in dessen Bezirk sich die Geschäftsleitung (§ 10 der Abgabenordnung) des Arbeitgebers im Inland befindet. [3]Ist dieses Finanzamt kein Betriebsstättenfinanzamt, so ist das Finanzamt zuständig, in dessen Bezirk sich die Betriebsstätte mit den meisten Arbeitnehmern befindet. [4]In den Fällen der Sätze 2 und 3 hat der Arbeitgeber sämtliche Betriebsstättenfinanzämter, das Finanzamt der Geschäftsleitung und erforderlichenfalls die Betriebsstätte mit den meisten Arbeitnehmern anzugeben sowie zu erklären, für welche Betriebsstätten die Auskunft von Bedeutung ist.

Verwaltungsanweisungen: *BMF* BStBl I 17, 1656.

1. Zweck der Vorschrift. Der ArbG steht in einem öffentl-rechtl Auftragsverhältnis (→ § 38 Rn. 1); ihm droht ständig das Haftungsrisiko. Daher entspricht es der Fürsorgepflicht des öffentl-rechtl Auftraggebers, dem ArbG auf Anfrage verbindl Auskunft über alles mit dessen Pflichten Zusammenhängende zu erteilen (BFH VI R 54/07, BStBl II 10, 996 mwN). Dieser Zweck wird durch die Verbindlichkeit der Auskunft für das LStAbzugsverfahren erfüllt (BFH VI R 61/09, BStBl II 11, 479 mit Anm *Heuermann* StBp 11, 150). Die Anrufungsauskunft bindet auch im LStNachforderungsverfahren als Fortsetzung des LSt-Abzugsverfahrens (BFH VI R 44/12, BFH/NV 14, 229). § 42e hat Haftungsauswirkung (→ § 42d Rn. 3, 27). 1

2. Beteiligte. Auskunftsberechtigt sind der ArbG, der Dritte iSd § 38 IIIa und alle Personen, die als Haftende in Frage kommen können (→ § 42d Rn. 35). Nach hM ist auch der ArbN auskunftsberechtigt (BFH VI R 97/90, BStBl II 93, 166 zu 3c, bb mwN; *BMF* BStBl I 17, 1656 Rn. 1; *Bruschke* DStZ 11, 491 (492); *Martin* NWB 12, 3700 (3701)). Dem ist zuzustimmen, denn das Gesetz spricht von Beteiligten, nicht dagegen von ArbG oder Haftenden (auch → Rn. 10). 2

3. Zuständigkeit. Die Auskunft kann nur vom BetriebsstättenFA des ArbG oder des Dritten iSd § 38 IIIa (§ 41 II), nicht vom WohnsitzFA des ArbN oder ArbG verlangt werden. Sie wird vom LStInnendienst, nicht vom LStAußenprüfer erteilt (aber → Rn. 9 sowie → § 42f Rn. 10). Das BetriebsstättenFA kann nur für seinen örtl Zuständigkeitsbereich eine verbindl Auskunft erteilten. Für ArbG mit **mehreren Betriebsstätten** ist die Anrufungsauskunft zentralisiert (§ 42e S 2–4; zum Verfahren *BMF* BStBl I 17, 1656 Rn. 3); zur Zuständigkeit bei Konzernunternehmen s *BMF* BStBl I 17, 1656 Rn. 4. Die vom zuständigen FA erteilte Auskunft bindet auch die FÄ der anderen Betriebsstätten und führt zum Haftungsausschluss. 3

4. Form. Eine Form ist nicht vorgeschrieben. Unklarheiten und Beweisschwierigkeiten gehen aber zu Lasten dessen, der sich auf die Auskunft beruft. Diesem Risiko muss ein Auskunftsberechtigter ausweichen können; daher hat jeder Beteiligte einen Anspruch auf schriftl Auskunft. Ebenso kann das FA eine schriftl Formulierung des Auskunftsbegehrens verlangen (Ermessen). 4

5 **5. Rechtsanspruch.** Die Beteiligten haben einen Rechtsanspruch auf Erteilung einer ohne Vorbehalte versehenen verbindl eindeutigen Auskunft. Die Auskunft muss außerdem inhaltl richtig sein (BFH VI R 54/07, BStBl II 10, 996; *Heuermann* DStR 24, 2401). Soweit der BFH meint, eine Anrufungsauskunft sei nur daraufhin zu überprüfen, ob das FA den Sachverhalt zutr erfasst hat und die rechtl Beurteilung nicht evident fehlerhaft ist (BFH VI R 23/13, BFH/NV 14, 1141; ebenso *BMF* BStBl I 17, 1656 Rn. 17; NdsFG EFG 17, 1751), vermag dies nicht zu überzeugen (so auch *TK* § 89 AO Rn. 104; *HHR/Bleschick* § 42e Rn. 29; *BH/Heuermann* § 42e Rn. 6; *Prusko* DB 18, 1044; **aA** *Hettler* HFR 14, 620; *Geserich* NWB 14, 1866), auch wenn die Anrufungsauskunft eine eingehende Prüfung der lstrechtl Fragen erfordert (BFH VI R 19/19, BStBl II 22, 136). Der ArbG hat den LStAbzug ungeachtet des Charakters der LSt als EStVorauszahlung in zutr Höhe vorzunehmen. Dies kann er aber gerade bei zweifelhafter Rechtslage nur, wenn ihm auch eine inhaltl richtige Auskunft erteilt wird. Angesichts der finanziellen Risiken, die der LStAbzug dem ArbG aufbürdet, ist es nicht angemessen, ihn auf das Haftungsverfahren oder auf die Anfechtung der eigenen LStAnmeldung zu verweisen. Die Anrufungsauskunft gibt daher anders als die verbindl Auskunft nach § 89 AO nicht ledigl einen Anspruch auf eine schlüssige und nicht evident rechtsfehlerhafte Auskunft des FA; sie soll den ArbG bei der Wahrnehmung seiner Funktion bei der LStErhebung für den Staat unterstützen (BFH IX R 11/11, BStBl II 12, 651). Auf einen bestimmten Inhalt der Auskunft besteht indes kein Rechtsanspruch (auch → Rn. 14).

6 Der **Auskunftsgegenstand** wird bestimmt durch den Zweck des § 42e und durch die Zuständigkeit des FA. Die Anfrage muss auf einen konkreten betriebl Vorgang bezogen sein. Sie kann sich auf alles beziehen, was mit der *Einbehaltung und Abführung der LSt* zusammenhängt (*Bruschke* DStZ 11, 491 (493)). *Beispiele:* Sämtl Fragen zu Form und Inhalt der Lohnbuchführung, ArbN-Eigenschaft bestimmter Personen, Behandlung geldwerter Vorteile, Pauschalierungsfragen, Behandlung von Entschädigungen wie Auslösung, Reisekosten, Beihilfen, Zukunftssicherungen usw. – Kein Auskunftsgegenstand kann sein, was mit der Einbehaltung und Abführung der LSt nicht zusammenhängt, zB die Frage, ob bestimmte Aufwendungen des ArbN WK, SA oder agB sind (*Martin* NWB 12, 3700 (3701)). Insoweit ist das BetriebsstättenFA nicht zuständig. Diese Entscheidungen werden vom WohnsitzFA bei der Veranlagung oder im Verfahren des § 39a getroffen.

7 **6. Rechtsnatur.** Die Anrufungsauskunft ist nach zutr Auffassung (BFH VI R 54/07, BStBl II 10, 996) keine Wissenserklärung, sondern ein **feststellender VA** iSd § 118 S 1 AO, der das FA dahingehend bindet, weder durch Nachforderungsbescheid noch durch Haftungsbescheid LSt zu erheben, wenn sich der ArbG der Anrufungsauskunft entspr verhält (BFH VI R 44/12, BFH/NV 14, 229). Diese Selbstbindung folgt aus § 42e. Entspr dem Zweck der Anrufungsauskunft (→ Rn. 1) trifft der VA nicht nur eine Regelung dahin, wie das FA den dargestellten Sachverhalt gegenwärtig beurteilt (so aber BFH VI R 28/13, BFH/NV 14, 1734). Das FA hat vielmehr festzustellen, wie der Sachverhalt lstrechtl zutr zu beurteilen ist (s auch *Golombek* BB 15, 1946 zur verbindl Auskunft).

8 **7. Rechtswirkungen.** Unerhebl ist, ob die Auskunft ggü dem ArbG oder dem ArbN erteilt worden ist.

9 **a) Bindung im Lohnsteuerabzugsverfahren bei einer Auskunft gegenüber Arbeitgeber.** Das BetriebsstättenFA ist an die Auskunft gebunden (BFH VI R 61/09, BStBl II 11, 479). Der ArbG muss sich nicht daran zu halten (**aA** *KKM* § 42e Rn. B 3; *BH/Heuermann* § 42e Rn. 35, Pflicht zur Beachtung); er geht dann aber ein Haftungsrisiko ein. Hält sich der ArbG an die Auskunft, hat er die LSt auch dann vorschriftsmäßig iSv § 42d III 4 Nr 1 einbehalten, wenn die Auskunft unrichtig war. Denn der ArbG ist dem „Auftrag" des „Auftraggebers" entspr verfahren. *Rechtsfolge:* Der ArbG haftet nicht; er kann auch nicht gem § 40 I 1 Nr 2 durch LStPauscha-

lierungsbescheid in Anspruch genommen werden (BFH VI R 23/02, BStBl II 06, 210, Anm *MIT* DStR 06, 271; FG Ddorf EFG 08, 1290). Das BetriebsstättenFA ist iRd *LStAbzugsverfahrens* (also des Vorauszahlungsverfahrens) einschließl des *LStNachforderungsverfahrens* auch ggü dem ArbN gebunden (*Dißars* INF 03, 862 (865)). Dieser kann daher iRd LStAbzugsverfahrens nicht nach § 42d III 4 Nr 1 in Anspruch genommen werden (BFH VI R 44/12, BFH/NV 14, 229, VA mit Drittwirkung; *TK* § 89 AO Rn. 109). *Nach Abschluss des LStAbzugsverfahrens* kann das FA vom ArbN die zu niedrig einbehaltene LSt nachfordern (→ § 42d Rn. 24). Die Bindung des BetriebsstättenFA setzt aber voraus, dass der Sachverhalt wie in der Anfrage geschildert tatsächl verwirklicht wird. Weicht die Wirklichkeit in maßgebl Punkten von dem in der Anfrage dargelegten Sachverhalt ab, besteht keine Bindungswirkung (instruktiv FG Mchn EFG 12, 2313).

b) Bindung im Lohnsteuerabzugsverfahren bei Auskunft gegenüber dem Arbeitnehmer. Erhält der ArbN eine für ihn ungünstige Auskunft, wird er den ArbG wegen dessen Haftungsrisiko kaum veranlassen können, entgegen der Auskunft zu verfahren. Erhält der ArbN eine günstige Auskunft, hat er einen zivilrechtl Anspruch ggü seinem ArbG, entspr der Auskunft zu verfahren (**aA** *KKM* § 42e Rn. A 20). Der ArbG kann sich nicht mit Erfolg weigern, da er wegen der Auskunft des BetriebsstättenFA – auch wenn sie ggü dem ArbN erfolgt ist – kein Haftungsrisiko läuft (VA mit Drittwirkung; ebenso *BH/Heuermann* § 42e Rn. 36; *Martin* NWB 12, 3700 (3705)). Diese Rechtsfolge rechtfertigt es, auch dem ArbN einen Anspruch auf Auskunftserteilung zuzubilligen (→ Rn. 2). 10

c) Keine Bindung bei der Veranlagung des Arbeitnehmers. Eine dem *ArbG* erteilte Anrufungsauskunft bindet nicht das VeranlagungsFA (BFH VI R 61/09, BStBl II 11, 479; BFH VI R 44/12, BFH/NV 14, 229). Nach zutr Rspr (BFH VI R 97/90, BStBl II 93, 166) hat die Anrufungsauskunft in keinem Fall – *auch nicht, wenn sie dem ArbN erteilt worden ist* – irgendwelche Bindungswirkungen im Veranlagungsverfahren des ArbN (*TK* § 89 AO Rn. 108; aber → Rn. 13). 11

d) Dauer der Wirksamkeit. Die Bindung erstreckt sich auch auf bereits abgeschlossene Geschehensabläufe. Eine Disposition der Beteiligten ist nicht erforderl. IÜ ist § 207 AO analog anwendbar. Das BetriebsstättenFA kann die Anrufungsauskunft nach pflichtgemäßem Ermessen analog § 207 II AO für die Zukunft aufheben oder ändern, wenn sich Gesetzeslage, Rspr oder Verwaltungsauffassung ändern (BFH VI R 19/19, BStBl II 22, 136; *BMF* BStBl I 17, 1656 Rn. 11; *BH/Heuermann* § 42e Rn. 40). Die Beteiligten sind aber allg nach Treu und Glauben schutzwürdig. 12

8. Sonstige Zusagen. §§ 89, 204 ff AO und § 42e sind nebeneinander anwendbar. Eine Bindung kann sich unabhängig von § 42e EStG oder § 204 AO auch aus Treu und Glauben ergeben, wenn zB das WohnsitzFA dem ArbN eine Auskunft erteilt und diese Auskunft für eine steuererhebl Disposition des ArbN kausal war. Hier kann eine Bindung bis in die Veranlagung reichen. 13

9. Rechtsbehelfe. ArbG und ArbN haben einen **Rechtsanspruch auf Erteilung einer verbindl** (gebührenfreien; *TK* § 89 AO Rn. 97) **Auskunft** in Form des Erlasses eines feststellenden VA, der ggf nach Einspruch mit der Verpflichtungsklage durchgesetzt werden kann (*Heuermann* DStR 24, 2401). Dabei tritt das FG in eine *umfassende inhaltl Überprüfung* der erteilten Anrufungsauskunft ein (BFH VI R 19/19, BStBl II 22, 139; aber → Rn. 5); dies gewährleistet einen effektiven Rechtsschutz durch frühestmögliche Klärung lohnstrechtl Zweifelsfragen (BFH VI R 54/07, BStBl II 10, 996 zu II. 4.; s auch *TK* § 89 AO Rn. 104, 106). – Für die **Aufhebung der erteilten Anrufungsauskunft** ist § 207 AO entspr anwendbar (BFH VI R 19/19, BStBl II 22, 139). Ebenso wie sich nach einer BP für das FA eine erhöhte Sorgfaltspflicht ggü dem StPfl ergibt, folgt eine solche Fürsorgepflicht bereits aus dem öffentl-rechtl Pflichtverhältnis des ArbG (→ Rn. 1); § 42e und §§ 204 ff AO 14 weisen somit ähnl Interessenlagen auf. Das *BetriebsstättenFA als Herr des LStAbzugsverfahrens* muss die Anrufungsauskunft widerrufen oder modifizieren können (dazu passen die Korrekturvorschriften der §§ 130 ff AO nicht; insoweit bietet sich die analoge Anwendung des § 207 AO an, *TK* § 89 AO Rn. 112). Dem sind BFH VI R 3/09, BStBl II 11, 233 und BFH VI R 19/19, BStBl II 22, 139 gefolgt (Aufhebung für die Zukunft bei Ausübung des Ermessens). **Widerruf/Modifizierung** der **Anrufungsauskunft** stellen **ebenfalls einen VA** dar, der nach Einspruch und Anfechtungsklage in vollem Umfang vom FG auch inhaltl überprüft wird. Da die Anrufungsauskunft ein feststellender VA ist (→ Rn. 7), kommt ggü ihrem Widerruf aber keine AdV in Betracht (BFH VI B 103/14, BStBl II 15, 447).

§ 42f Lohnsteuer-Außenprüfung

(1) **Für die Außenprüfung der Einbehaltung oder Übernahme und Abführung der Lohnsteuer ist das Betriebsstättenfinanzamt zuständig.**

(2) **[1]Für die Mitwirkungspflicht des Arbeitgebers bei der Außenprüfung gilt § 200 der Abgabenordnung. [2]Darüber hinaus haben die Arbeitnehmer des Arbeitgebers dem mit der Prüfung Beauftragten jede gewünschte Auskunft über Art und Höhe ihrer Einnahmen zu geben und auf Verlangen die etwa in ihrem Besitz befindlichen Bescheinigungen für den Lohnsteuerabzug sowie die Belege über bereits entrichtete Lohnsteuer vorzulegen. [3]Dies gilt auch für Personen, bei denen es streitig ist, ob sie Arbeitnehmer des Arbeitgebers sind oder waren.**

(3) **[1]In den Fällen des § 38 Absatz 3a ist für die Außenprüfung das Betriebsstättenfinanzamt des Dritten zuständig; § 195 Satz 2 der Abgabenordnung bleibt unberührt. [2]Die Außenprüfung ist auch beim Arbeitgeber zulässig; dessen Mitwirkungspflichten bleiben neben den Pflichten des Dritten bestehen.**

(4) **Auf Verlangen des Arbeitgebers können die Außenprüfung und die Prüfung durch die Träger der Rentenversicherung (§ 28p des Vierten Buches Sozialgesetzbuch) zur gleichen Zeit durchgeführt werden.**

Lohnsteuer-Richtlinien: LStR 42f; LStH 42f.

1 **1. Allgemeines, § 42f I.** Die LStAußenprüfung ist eine Prüfung iSd §§ 193 ff AO und eine abschließende Prüfung iSd § 164 AO. Daher ist nach einer Prüfung der Vorbehalt der Nachprüfung, unter der die LStAnmeldung steht (§ 168 AO), aufzuheben (Haftung des ArbG wird dadurch nicht beeinflusst). Eine Aufhebung des Nachprüfungsvorbehalts erfolgt auch im Falle des § 202 I 3 AO (§ 164 III 3 AO). Die Prüfung erstreckt sich ebenfalls auf KiSt, SolZ, ArbNSparzulage, Berlinzulage, Bergmannsprämien; ebenso auf die Feststellung der ArbG-Eigenschaft (BFH VI R 26/85, BFH/NV 87, 77) und die Pauschalierung nach § 37a und § 37b, die als LSt gelten (→ § 37a Rn. 8). Auf USt darf sich die LStAußenprüfung indes nicht erstrecken (FG Bln-Bbg EFG 14, 1077). Mit der LStAußenprüfung wird oft die Prüfung der KapESt (§ 50b) und des StAbzugs iSv § 50a EStG (§ 73d EStDV) verbunden; dies ist keine Rasterfahndung (BFH VI B 102/04, BFH/NV 05, 1224). Der *Prüfungszeitraum* kann auch mehr als drei Jahre umfassen (ThürFG EFG 98, 984). Zum *Ort* der LStAußenprüfung s BFH VI B 33/06, BFH/NV 07, 646.

2 **a) Zuständigkeit.** Zuständig ist das BetriebsstättenFA (§ 41 II) des ArbG oder des Dritten iSd § 38 IIIa (s § 42f III).

3 **b) Geprüfter Personenkreis (§ 193 AO).** Geprüft werden kann jede Person, die ArbN beschäftigt oder zu beschäftigten scheint; also auch private Haushalte (diese sollen aber idR nicht geprüft werden, LStR 42 f. III 2).

4 **2. Rechte und Pflichten der Beteiligten, § 42f II. – a) Prüfungsanordnung.** Die Entscheidung, ob die Prüfung stattfinden soll, ist eine Ermessensentscheidung

(BFH VI B 89/05, BFH/NV 06, 964; BFH VIII B 114/08, BFH/NV 09, 887). Zur Begründung der Prüfungsanordnung s BFH IV R 255/82, BStBl II 83, 621 und FG RhPf EFG 84, 9. Die vor der Prüfung zu erteilende (FG Mchn EFG 82, 336; FG RhPf EFG 84, 380) schriftl Prüfungsanordnung (§ 196 AO) bestimmt den Prüfungsumfang, der zeitl und sachl nach pflichtgemäßem Ermessen geändert werden kann (BFH IV R 104/79, BStBl II 83, 286). Der ArbG kann die Prüfungsanordnung anfechten; in diesem Verfahren ist eine Beiladung weder der ArbN noch der RV-Träger notwendig (BFH VI B 13/15, BFH/NV 15, 1672). Die Prüfungsanordnung kann in ihrer Vollziehung ausgesetzt werden (§ 361 AO; keine Verwirkung des Einspruchs durch rügelose Mitwirkung BFH IV R 6/85, BStBl II 86, 435). Nur bei einer für rechtswidrig erklärten Anordnung besteht ein Verwertungsverbot (BFH VIII B 210/08, BFH/NV 09, 1396; s aber auch BFH I R 106/08, BFH/NV 10, 5). Ein trotz Verwertungsverbots ergangener Haftungsbescheid ist nicht nichtig (BFH VI R 143/84, BFH/NV 88, 284). Ein Verwertungsverbot hindert nicht die Inanspruchnahme des ArbN (BFH VI R 157/83, BStBl II 85, 191). Die Duldung der LStAußenprüfung kann erzwungen werden (§ 328 AO). Zur Unterscheidung zwischen Prüfungsunterbrechung und Abschluss der Prüfung s FG Hmb EFG 87, 253 (iE zutr). Zur Wiederholung einer Prüfung nach Aufhebung einer früheren Prüfungsanordnung wegen formeller Mängel s FG Köln EFG 04, 1184, zutr.

b) Mitwirkungspflichten. Der ArbG und der Dritte iSd § 38 IIIa haben umfassende Mitwirkungspflichten (Überblick *Mösbauer* DB 98, 1303; *BeckOK EStG* § 42 f Rn. 42 ff). Das Verlangen des Prüfers auf En-bloc-Vorlegung von Akten, die nicht nur lohnsteuerrechtl Inhalts sind, kann aber ermessensfehlerhaft sein (BFH VII 243/63, BStBl II 68, 592). Auch der ArbN hat Mitwirkungspflichten (*BeckOK EStG* § 42 f Rn. 46 ff). Er sollte aber erst dann eingeschaltet werden, wenn dies zur weiteren Aufklärung erforderl ist. Zur Mitwirkungspflicht potentieller ArbN s § 42f II 3. Die Pflichten des ArbN erstrecken sich auch auf den ArbLohn aus einem vorangegangenen DienstVerh (wenn dies iRd § 42b von Bedeutung sein kann) sowie auf ArbLohn iSd § 38 I 2. Die Auskunftspflicht erstreckt sich nicht auf Einnahmen aus anderen Einkunftsarten (Umkehrschluss aus § 193 II Nr 2 AO). 5

c) Schlussbesprechung; Prüfungsbericht. §§ 201, 202 AO enthalten Regelungen über die Schlussbesprechung und den Prüfungsbericht. Gegen den BP-Bericht ist kein Rechtsbehelf gegeben (*TK* § 202 AO Rn. 14). 6

3. Lohnsteueraußenprüfung bei Lohnsteuerabzug durch Dritte, § 42f III. In Fällen des § 38 IIIa kann das BetriebsstättenFA des Dritten auch beim ArbG prüfen; es kann aber auch das BetriebsstättenFA des ArbG mit dieser Prüfung beauftragen, weil zB der zu prüfende ArbG in dessen Bezirk ansässig ist (§ 195 S 2 AO). 7

4. Lohnsteueraußenprüfung und Prüfung durch Rentenversicherungsträger, § 42f IV. Auf formlosen Antrag des ArbG können die LStAußenprüfung und die Prüfung des RV-Trägers zeitgleich durchgeführt werden. Die Entscheidung ist eine Ermessensentscheidung. Die zeitgleiche Prüfung ist aber keine einheitl Prüfung. Normzweck ist (nur), die durch zwei zeitl getrennte Prüfungen entstehenden Belastungen des ArbG zu mindern (*BH/Heuermann* § 42f Rn. 27). 8

5. Folgen der Lohnsteueraußenprüfung. – a) Festsetzungsverjährung. Durch die LStAußenprüfung wird die Festsetzungsfrist in Bezug auf den ESt-Anspruch gegen den ArbN nicht gehemmt (BFH VI R 151/86, BStBl II 90, 526; BFH VI R 87/89, BStBl II 90, 608). Nach § 171 XV AO idF AmtshilfeRLUmsG (BGBl I 13, 1809) läuft die Festsetzungsfrist ggü dem Steuerschuldner (ArbN) indes nicht vor Ablauf der ggü dem Entrichtungspflichtigen (ArbG) geltenden Festsetzungsfrist ab. Hierdurch wird ein Gleichlauf der Festsetzungsfristen hergestellt. 9

b) Änderungssperre des § 173 II AO. LStAußenprüfung durchbricht nicht eine bereits beim ArbN auf Grund einer *bei ihm* durchgeführten Betriebsprüfung eingetre- 10 tene Änderungssperre (BFH VI R 153/85, BStBl II 89, 447). Ist auf Grund der LStAußenprüfung *gegen den ArbN* ein Bescheid (oder eine Mitteilung nach § 202 I 3 AO) ergangen, kann der Bescheid später nur unter den Voraussetzungen des § 173 II AO geändert werden. Entscheidend für den Umfang der Änderungssperre ist der Inhalt der Prüfungsanordnung, nicht dagegen, worauf sich die Prüfung tatsächl nur erstreckt hat oder was im Betriebsprüfungsbericht abgehandelt worden ist (*TK* § 173 AO Rn. 93; ausführl *von Groll* DStJG 9, 440 ff). Ein nachträgl bekannt gewordener Sachverhalt, auf den sich die Prüfung tatsächl nicht erstreckt hat, nach der Prüfungsordnung aber hätte erstrecken können, rechtfertigt daher keine Änderung des auf Grund der Prüfung ergangenen Bescheides. Die gleichen Grundsätze gelten auch, wenn **nach der Außenprüfung** *ggü dem ArbG* ein Bescheid ergangen ist: Wird nach der Prüfung der Vorbehalt der Nachprüfung der den Prüfungszeitraum betr LStAnmeldungen aufgehoben, steht dem späteren Erlass eines Pauschalierungsbescheides oder LStHaftungsbescheides für einen den Prüfungszeitraum betreffenden Sachverhalt die **Änderungssperre des § 173 II AO** entgegen (BFH VI R 83/04, BStBl II 09, 703; auch → § 41a Rn. 7). Da der Prüfungsvorbehalt auf Grund einer Außenprüfung entfallen ist, handelt es sich nunmehr bei den vorbehaltlosen LStAnmeldungen um Prüfungsfolgebescheide (BFH VI R 52/94, BStBl II 95, 555). Zur gesamten Problematik der Prüfungsfolgebescheide s *Thomas* DStR 92, 842 f; *Lohmeyer* INF 95, 236. – Die Änderungssperre nach einer LSt-Außenprüfung kann aber nicht auf den Fall ausgedehnt werden, dass im Rahmen der LStAußenprüfung zB ein ArbVerh des ArbG zu seinem Ehegatten unbeanstandet bleibt, bei einer späteren allg Betriebsprüfung aber nicht anerkannt wird (BFH X R 123/94, BFH/NV 97, 161). Denn die Änderungssperre betrifft allein das LSt-Rechtsverhältnis, nicht aber die ESt-Veranlagung. – Zur Änderungssperre nach § 173 II AO im Verhältnis LStAußenprüfung und StFahndung s FG RhPf EFG 96, 574.

11 **c) Folgen für die Zukunft.** Grds soll sich aus dem Verhalten des Prüfers keine unmittelbare Bindung für die Zukunft ergeben (BFH VI 167/61 U, BStBl III 63, 23). Eine solche soll nur aus einer Anrufungsauskunft (§ 42e) oder verbindl Zusage (§§ 204 ff AO) folgen. Wenn aber der Prüfer Fehler erkennt, sie nicht beanstandet und der ArbG daher seine Handlungsweise für zutr hält, kann die Inanspruchnahme des ArbG nach späterer Prüfung ermessensfehlerhaft sein (→ § 42d Rn. 26).

§ 42g Lohnsteuer-Nachschau

(1) [1]**Die Lohnsteuer-Nachschau dient der Sicherstellung einer ordnungsgemäßen Einbehaltung und Abführung der Lohnsteuer.** [2]**Sie ist ein besonderes Verfahren zur zeitnahen Aufklärung steuererheblicher Sachverhalte.**

(2) [1]**Eine Lohnsteuer-Nachschau findet während der üblichen Geschäfts- und Arbeitszeiten statt.** [2]**Dazu können die mit der Nachschau Beauftragten ohne vorherige Ankündigung und außerhalb einer Lohnsteuer-Außenprüfung Grundstücke und Räume von Personen, die eine gewerbliche oder berufliche Tätigkeit ausüben, betreten.** [3]**Wohnräume dürfen gegen den Willen des Inhabers nur zur Verhütung dringender Gefahren für die öffentliche Sicherheit und Ordnung betreten werden.**

(3) [1]**Die von der Lohnsteuer-Nachschau betroffenen Personen haben dem mit der Nachschau Beauftragten auf Verlangen Lohn- und Gehaltsunterlagen, Aufzeichnungen, Bücher, Geschäftspapiere und andere Urkunden über die der Lohnsteuer-Nachschau unterliegenden Sachverhalte vorzulegen und Auskünfte zu erteilen, soweit dies zur Feststellung einer steuerlichen Erheblichkeit zweckdienlich ist.** [2]**§ 42f Absatz 2 Satz 2 und 3 gilt singemäß.**

(4) [1]**Wenn die bei der Lohnsteuer-Nachschau getroffenen Feststellungen hierzu Anlass geben, kann ohne vorherige Prüfungsanordnung (§ 196 der Abgabenord-**

nung) zu einer Lohnsteuer-Außenprüfung nach § 42f übergegangen werden. [2]Auf den Übergang zur Außenprüfung wird schriftlich hingewiesen.

(5) **Werden anlässlich einer Lohnsteuer-Nachschau Verhältnisse festgestellt, die für die Festsetzung und Erhebung anderer Steuern erheblich sein können, so ist die Auswertung der Feststellungen insoweit zulässig, als ihre Kenntnis für die Besteuerung der in Absatz 2 genannten Personen oder anderer Personen von Bedeutung sein kann.**

Lohnsteuer-Richtlinien: LStH 42g – **Verwaltungsanweisungen:** *BMF* BStBl 14, 1408.

1 **1. Allgemeines.** Die LSt-Nachschau soll der Sicherstellung einer ordnungsgemäßen Einbehaltung und Abführung der LSt durch zeitnahe Aufklärung steuererhebl Sachverhalte dienen; sie ist ihrer Art nach eine Vorstufe der LSt-Außenprüfung (§ 42g IV). § 42g ist der Regelung über die USt-Nachschau in § 27b UStG nachgebildet, die sich ihrerseits an § 210 AO orientiert. Mögl verfassungsrechtl Bedenken gegen § 42g sind mE iErg unbegründet (s zur USt-Nachschau *Bunjes* UStG § 27b Rn. 7, 10; *Sölch/Ringleb* UStG § 27b Rn. 22; s auch BVerfG 1 BvR 280/66, BVerfGE 32, 54 und BFH VII R 59/86, NJW 89, 855). Der Vorteil der LSt-Nachschau ggü der LSt-Außenprüfung und der allg Außenprüfung besteht für die *FinVerw* darin, ohne Ankündigung Grundstücke und Räume von gewerbl oder berufl Tätigen während der übl Geschäfts- und Arbeitszeiten betreten zu dürfen. Das Betreten ist anders als bei § 99 AO (s § 99 II AO) auch zul, um unbekannte Sachverhalte zu erforschen. Die Rechtswirkungen einer (LSt-)Außenprüfung erzeugt die LSt-Nachschau indes nicht (*Apitz* StBP 14, 33; *Bergan/Jahn* NWB 15, 579). Sie hemmt also nicht den Ablauf der Festsetzungsfrist (§ 171 IV AO) und führt auch nicht zu einer Änderungssperre nach § 173 II AO (dazu → § 42f Rn. 8). Die *FinVerw* kann aber gem § 42g IV zu einer LSt-Außenprüfung übergehen mit der Folge, dass zum Zeitpunkt des Übergangs die LSt-Festsetzungsfrist gehemmt ist. Dies führt nach § 171 XV AO idF AmtshilfeRLUmsG (BGBl I 13, 1809) dazu, dass auch die Festsetzungsfrist ggü dem StSchuldner (ArbN) nicht abläuft. Da die LSt-Nachschau keine (LSt-)Außenprüfung ist, finden die §§ 193 ff AO keine Anwendung (*BMF* BStBl I 14, 1408 Rn. 2); insb muss weder eine Schlussbesprechung (§ 201 AO) durchgeführt noch ein Prüfungsbericht (§ 202 AO) erstellt werden. Die LSt-Nachschau ist aber eine Prüfung iSv § 371 II Nr 1a AO, sodass mit Erscheinen des Amtsträgers eine Straffreiheit durch Selbstanzeige ausscheidet (*BH/Wagner* § 42g Rn. 18; *BeckOK EStG* § 42g Rn. 20, ebenso für die USt-Nachschau *Sölch/Ringleb* UStG § 27b Rn. 7 mwN, str). Maßgebl für den Umfang der Sperrwirkung ist der Auftrag des Prüfers, wie er sich aus der Anordnung über die LSt-Nachschau ergibt.

3 **2. Zulässigkeit der Lohnsteuernachschau, § 42g I.** Die LSt-Nachschau dient der Sicherstellung einer ordnungsgemäßen Einbehaltung und Abführung der LSt (*BMF* BStBl I 14, 1408 Rn. 1; *Buse* DB 16, 1152). Daraus folgt, dass die *FinVerw* die LSt-Nachschau nicht beliebig durchführen kann. Vielmehr darf sie eine LSt-Nachschau nach pflichtgemäßem Ermessen (§ 5 AO) nur anordnen, wenn dies zur Erreichung des vorgenannten Gesetzeszwecks erforderl und auch iÜ verhältnismäßig ist (Beispiele s *BMF* BStBl I 14, 1408 Rn. 4). Eine LSt-Nachschau „ins Blaue hinen" ist nicht zul (*BH/Wagner* § 42g Rn. 23); ein konkreter Anlass für die LSt-Nachschau ist allerdings nicht notwendig (auch → Rn. 1). Aus dem Verweis in § 42g III 2 auf § 42f II 3 ergibt sich, dass die LSt-Nachschau auch zul ist, um Ermittlungen darüber anzustellen, ob Personen überhaupt ArbN des ArbG sind oder waren (*HHR/Fissenewert* § 42g Rn. 22). Eine Beschränkung der LSt-Nachschau auf aktuelle Lohnabrechnungszeiträume enthält § 42g nicht (**aA** *Janssen-Heid/Hilbert* BB 15, 598; *Buse* DB 16, 1152). Da die LSt-Nachschau (nur) der Sicherstellung des ordnungsgemäßen LSt-Abzugs dient, darf sie sich auf die Verhältnisse der ArbN nur insoweit erstrecken, als diese für den LSt-Abzug von Bedeutung sind (*BH/Wagner* § 42g Rn. 15).

4 **Anordnung der Lohnsteuernachschau.** Sie muss durch die zuständige Finanzbehörde (idR das BetriebsstättenFA, → § 41a Rn. 2) angeordnet werden (*HHR/Fissenewert* § 42g Rn. 23), auch wenn eine Ankündigung nicht erforderl ist. Die Anordnung kann auch mündl erfolgen (*BMF* BStBl I 14, 1408 Rn. 6); der Betroffene hat dann aber Anspruch auf schriftl Bestätigung gem § 119 II 2 AO (*Bergan/Jahn* NWB 15, 579). Die Anordnung muss die wesentl Angaben enthalten, insb Adressat, Prüfungsgegenstand und Begründung. Auf die zu § 196 AO entwickelten Grundsätze kann insoweit zurückgegriffen werden.

6 **3. Durchführung der Lohnsteuernachschau, § 42g II.** Die Vorschrift regelt, bei wem, durch wen, wann und wo eine LSt-Nachschau durchzuführen ist.

7 **a) Betroffene Personen.** Dies sind solche Personen, die eine gewerbl oder berufl Tätigkeit ausüben (*KKM* § 42g Rn. D 1). Die LSt-Nachschau kann mithin insb ggü ArbG und Dritten (§ 38 IIIa) angeordnet werden, die gewerbl, freiberufl oder land- und forstwirtschaftl tätig sind (*HHR/Fissenewert* § 42g Rn. 33). Personen, die nur im Privathaushalt ArbN beschäftigen, sind hiernach grds nicht verpflichtet, eine LSt-Nachschau zu dulden (*Janssen-Heid/Hilbert* BB 15, 598). Sie kann auch angeordnet werden, wenn unklar oder str ist, ob die gewerbl oder berufl tätige Person lstrechtl ArbG ist (→ Rn. 3). Der Gesetzeswortlaut verlangt nicht, dass die berufl Tätigkeit selbständig ausgeübt wird. Hiernach kommt eine LSt-Nachschau grds auch ggü ArbN in Betracht, sofern die Voraussetzungen iÜ vorliegen.

8 **b) Betretungsberechtigte Personen.** Dies sind die mit der LSt-Nachschau beauftragten Amtsträger (§ 7 AO) der *FinVerw*. Hierbei wird es sich idR um die LSt-Außenprüfer des BetriebsstättenFA handeln (*BH/Wagner* § 42g Rn. 28). Die Beauftragung kann durch interne Dienstanweisung erfolgen (*Buse* DB 16, 1152). Die Angabe des Namens des Beauftragten ist nicht notwendiger Bestandteil der Anordnung über die LSt-Nachschau. Die Beauftragten können ohne vorherige Ankündigung tätig werden (*HHR/Fissenewert* § 42g Rn. 32).

9 **c) Zeitliche Beschränkung.** Die LSt-Nachschau ist nur während der übl Geschäfts- und Arbeitszeiten zul. Da auch Geschäfts- und Betriebsräume in den Schutzbereich von Art 13 GG einbezogen sind, ist das Betreten und die Vornahme von Besichtigungen und Prüfungen nur zu den Zeiten statthaft, zu denen die Räume normalerweise für die jeweilige geschäftl oder betriebl Nutzung zur Verfügung stehen (BVerfG 1 BvR 280/66, BVerfGE 32, 54; *Bergan/Jahn* NWB 15, 579; *Janssen-Heid/Hilbert* BB 15, 598). Die *FinVerw* vertritt demggü die Auffassung, dass das Betretungsrecht auch außerhalb der übl Geschäftszeiten besteht, wenn in den betreffenden Räumen schon oder noch gearbeitet wird (*BMF* BStBl I 14, 1408 Rn. 10; zust *Bunjes* UStG § 27b Rn. 9; *Sölch/Ringleb* UStG § 27b Rn. 16; *Apitz* StBP 14, 33). Dieser am Gesetzeszweck orientierten Auffassung ist mE angesichts des eindeutigen Wortlauts von § 42g II für die LSt-Nachschau grds nicht zu folgen (ebenso *HHR/Fissenewert* § 42g Rn. 5, Rn. 30; *Buse* DB 16, 1152). Etwas anderes mag zur Feststellung der ArbN-Eigenschaft gelten.

10 **d) Ort der Lohnsteuernachschau.** Die mit der LSt-Nachschau beauftragten Amtsträger haben das Recht, Grundstücke und Räume von gewerbl oder berufl tätigen Personen zu betreten. Die Grundstücke und Räume müssen den gewerbl oder berufl Zwecken eindeutig dienen (*Dißars* NWB 13, 3210 (3213)); sie brauchen aber nicht im (wirtschaftl) Eigentum der betroffenen Personen stehen. Die gewerbl oder berufl tätige Person muss ledigl die tatsächl Verfügungsgewalt, zB aufgrund eines Mietverhältnisses, ausüben (*Koenig* AO § 210 Rn. 5). Entscheidend ist, ob die Grundstücke und Räume durch den Verfügungsberechtigten „nach außen geöffnet" wurden (*HHS* AO § 210 Rn. 13). Eine solche Öffnung nach außen wird bei gemischt berufl und privat genutzten Räumen idR nicht vorliegen, sodass eine LSt-Nachschau in solchen Räumen nach § 42g II 1 unzul ist (*Janssen-Heid/Hilbert* BB 15, 598). Dies

gilt insb für häusl Arbeitszimmer (ebenso *Bergan/Jahn* NWB 15, 579; *Buse* DB 16, 1152; **aA** *BMF* BStBl I 14, 1408 Rn. 9; für die USt-Nachschau wie hier *Sölch/Ringleb* UStG § 27b Rn. 18). Auch nach Auffassung des BVerfG sind Betretungsrechte bei Wohnräumen, in denen auch eine geschäftl/berufl Tätigkeit ausgeübt wird, grds ausgeschlossen (BVerfG 1 BvR 280/66, BVerfGE 32, 54 zu Art 13 I GG).

aa) Wohnräume. Sie dürfen gegen den Willen des Inhabers nur unter den in 11
§ 42g II 2 genannten engen Voraussetzungen betreten werden. Diese Voraussetzungen sind Art 13 VII GG geschuldet. Eine Gefahr für die öffentl Sicherheit ist auch bei einer (drohenden) Verletzung der Steuergesetze gegeben, da zur öffentl Sicherheit die Unversehrtheit der gesamten obj Rechtsordnung gehört. Die Gefahr muss aber dringend sein. Eine solche Gefahr liegt vor, wenn ohne ihre Abwehr wesentl Rechtsgüter verletzt werden (*HHR/Fissenewert* § 42g Rn. 35). Von Bedeutung sind außerdem die zeitl Nähe und die Wahrscheinlichkeit eines Schadenseintritts sowie die Schwere des drohenden Schadens. Auch wenn die Sicherung des Steueraufkommens ein hohes Rechtsgut darstellt, wird das Betreten von Wohnräumen gegen den Willen des Inhabers im Hinblick auf die prinzipielle Unverletztlichkeit der Wohnung nur in Ausnahmefällen in Betracht kommen (*Bunjes* UStG § 27b Rn. 11).

bb) Betretungsrecht; Besichtigungsrecht. § 42g II gibt ledigl ein Recht zum 12
Betreten der Grundstücke und Räume. LSt-Nachschau beschränkt sich deshalb auf die Besichtigung der Räume; Durchsuchungen sind unzul (*BMF* BStBl I 14, 1408 Rn. 11; *KKM* § 42g Rn. C 1; *Apitz* StBP 14, 33; s auch BFH VII R 59/86, NJW 89, 855).

cc) Zwangsmittel. Wird das Betreten der Grundstücke und Räume verweigert, 13
dürfen sich die mit der Nachschau beauftragten Amtsträger den Zutritt nicht selbst gewaltsam verschaffen. Das Betretungsrecht kann aber mit Zwangsmitteln (§ 328 AO) nach vorheriger Androhung, insb mit Zwangsgeld und als letztes Mittel mit unmittelbarem Zwang, durchgesetzt werden (*BMF* BStBl I 14, 1408 Rn. 21; *Sölch/Ringleb* UStG § 27b Rn. 17; *Bergan/Jahn* NWB 15, 579; *Hentschel* NJW 02, 1703 (1704); **aA** *Dißars* NWB 13, 3210; *Apitz* StBP 14, 33).

4. Vorlage von Urkunden; Erteilung von Auskünften, § 42g III. Die von der 15
LSt-Nachschau betroffenen Personen haben dem beauftragten Amtsträger auf Verlangen die im Gesetz bezeichneten Unterlagen und Aufzeichnungen vorzulegen. Außerdem sind sie verpflichtet, Auskünfte zu erteilen, soweit dies zur Feststellung einer steuerl Erheblichkeit zweckdienl ist. Die Zweckdienlichkeit muss sich aus obj Gesichtspunkten ergeben (*HHR/Fissenewert* § 42g Rn. 42). Ein digitaler Datenzugriff ist iRd LSt-Nachschau ohne Zustimmung des ArbG nicht gestattet (*BMF* BStBl I 14, 1408 Rn. 14; *BH/Wagner* § 42g Rn. 42; *Apitz* StBP 14, 33). Nach § 42g III 2 iVm § 42f II 2 haben auch die ArbN des von der LSt-Nachschau betroffenen ArbG dem beauftragten Amtsträger Auskunft über Art und Höhe ihrer Einnahmen zu geben und auf Verlangen Bescheinigungen über den LSt-Abzug vorzulegen. Dies gilt ebenso für Personen, bei denen str ist, ob sie überhaupt ArbN des ArbG sind oder waren (§ 42g III 2 iVm § 42f II 3).

5. Übergang zur Lohnsteueraußenprüfung, § 42g IV. Die Nachschau kann 17
ohne vorherige Prüfungsanordnung (§ 196 AO) in eine LSt-Außenprüfung übergehen. Ob zu einer LSt-Außenprüfung übergegangen wird, ist eine Ermessensentscheidung (§ 5 AO), die gerichtl nur eingeschränkt überprüfbar ist (§ 102 FGO; s auch *Bergan/Jahn* NWB 15, 571). Auf den Übergang muss schriftl hingewiesen werden (*BeckOK EStG* § 42g Rn. 70). Der Hinweis, der dem Adressaten bekannt gegeben werden muss (*Apitz* StBP 14, 33), muss Angaben zum zeitl und gegenständl Umfang der LSt-Außenprüfung enthalten (*BH/Wagner* § 42g Rn. 47). Außerdem ist der Anlass für den Übergang zur LSt-Außenprüfung anzugeben (*HHR/Fissenewert* § 42g Rn. 53). Nach § 42g IV kann nur auf die Prüfungsanordnung verzichtet werden, iÜ

sind die Voraussetzungen und Vorschriften über die LSt-Außenprüfung zu beachten (s § 42f).

19 **6. Auswertung der Feststellungen, § 42g V.** Die iRd LSt-Nachschau gewonnenen Erkenntnisse darf die FinVerw nicht nur ggü den von der LSt-Nachschau betroffenen Personen (→ Rn. 7) in Bezug auf die LSt verwenden. § 42g V lässt die Auswertung der Feststellungen auch für die Festsetzung und Erhebung anderer Steuern (zB KiSt, GewSt, USt) und ggü anderen Personen (zB ArbN bei deren ESt-Veranlagung) zu.

21 **7. Rechtsbehelfe.** Die Anordnung der LSt-Nachschau (→ Rn. 4) sowie Vorlage- und Auskunftsverlangen iRd LSt-Nachschau (→ Rn. 15) sind VAe (s auch NdsFG EFG 12, 1519; *Buse* DB 16, 1152), die mit Einspruch und Klage angefochten werden können (*BMF* BStBl I 14, 1408 Rn. 22; *HHR/Fissenewert* § 42g Rn. 16; *Apitz* StBP 14, 33; *Bergan/Jahn* NWB 15, 579). Aufschiebende Wirkung haben diese Rechtsbehelfe nicht. Durchführung/Fortsetzung der LSt-Nachschau kann nur durch AdV verhindert werden. Nach Abschluss der LSt-Nachschau muss der Betroffene zur Fortsetzungsfeststellungsklage übergehen (*Janssen-Heid/Hilbert* BB 15, 598). Das für diese Klageart erforderl berechtigte Interesse kann zB in der Wiederholungsgefahr oder darin bestehen, die Verwertung der bei der LSt-Nachschau gewonnenen Erkenntnisse zu verhindern.

3. Steuerabzug vom Kapitalertrag (Kapitalertragsteuer)

§ 43 Kapitalerträge mit Steuerabzug

(1) [1]**Bei den folgenden inländischen und in den Fällen der Nummern 5 bis 7 Buchstabe a und Nummern 8 bis 12 sowie Satz 2 auch ausländischen Kapitalerträgen wird die Einkommensteuer durch Abzug vom Kapitalertrag (Kapitalertragsteuer) erhoben:**

1. **Kapitalerträgen im Sinne des § 20 Absatz 1 Nummer 1, soweit diese nicht nachfolgend in Nummer 1a gesondert genannt sind, und Kapitalerträgen im Sinne des § 20 Absatz 1 Nummer 2.** [2]**Entsprechendes gilt für Kapitalerträge im Sinne des § 20 Absatz 2 Satz 1 Nummer 2 Buchstabe a und Nummer 2 Satz 2;**

1a. **Kapitalerträgen im Sinne des § 20 Absatz 1 Nummer 1 aus Aktien und Genussscheinen,**
   a) **die gemäß § 5 des Depotgesetzes zur Sammelverwahrung durch eine Wertpapiersammelbank zugelassen sind und dieser zur Sammelverwahrung im Inland anvertraut wurden,**
   b) **bei denen eine Sonderverwahrung gemäß § 2 Satz 1 des Depotgesetzes erfolgt,**
   c) **bei denen die Erträge gegen Aushändigung der Dividendenscheine oder sonstiger Erträgnisscheine ausgezahlt oder gutgeschrieben werden oder**
   d) **die in ein elektronisches Wertpapierregister im Sinne des § 4 Absatz 1 des Gesetzes über elektronische Wertpapiere eingetragen sind;**

2. **Zinsen aus Teilschuldverschreibungen, bei denen neben der festen Verzinsung ein Recht auf Umtausch in Gesellschaftsanteile (Wandelanleihen) oder eine Zusatzverzinsung, die sich nach der Höhe der Gewinnausschüttungen des Schuldners richtet (Gewinnobligationen), eingeräumt ist, und Zinsen aus Genussrechten, die nicht in § 20 Absatz 1 Nummer 1 genannt sind.** [2]**Zu den Gewinnobligationen gehören nicht solche Teilschuldverschreibungen, bei denen der Zinsfuß nur vorübergehend herabgesetzt und gleichzeitig eine von dem jeweiligen Gewinnergebnis des Unternehmens abhängige Zusatz-**

verzinsung bis zur Höhe des ursprünglichen Zinsfußes festgelegt worden ist. [3]Zu den Kapitalerträgen im Sinne des Satzes 1 gehören nicht die Bundesbankgenussrechte im Sinne des § 3 Absatz 1 des Gesetzes über die Liquidation der Deutschen Reichsbank und der Deutschen Golddiskontbank in der im Bundesgesetzblatt Teil III, Gliederungsnummer 7620-6, veröffentlichten bereinigten Fassung, das zuletzt durch das Gesetz vom 17. Dezember 1975 (BGBl. I S. 3123) geändert worden ist. [4]Beim Steuerabzug auf Kapitalerträge sind die für den Steuerabzug nach Nummer 1a geltenden Vorschriften entsprechend anzuwenden, wenn

a) die Teilschuldverschreibungen und Genussrechte gemäß § 5 des Depotgesetzes zur Sammelverwahrung durch eine Wertpapiersammelbank zugelassen sind und dieser zur Sammelverwahrung im Inland anvertraut wurden,

b) die Teilschuldverschreibungen und Genussrechte gemäß § 2 Satz 1 des Depotgesetzes gesondert aufbewahrt werden,

c) die Erträge der Teilschuldverschreibungen und Genussrechte gegen Aushändigung der Erträgnisscheine ausgezahlt oder gutgeschrieben werden oder

d) die Teilschuldverschreibungen in ein elektronisches Wertpapierregister im Sinne des § 4 Absatz 1 des Gesetzes über elektronische Wertpapiere eingetragen sind;

3. Kapitalerträgen im Sinne des § 20 Absatz 1 Nummer 4, außer bei Kapitalerträgen im Sinne der Nummer 8a;

4. Kapitalerträgen im Sinne des § 20 Absatz 1 Nummer 6 Satz 1 bis 6; § 20 Absatz 1 Nummer 6 Satz 2 und 3 in der am 1. Januar 2008 anzuwendenden Fassung bleiben für Zwecke der Kapitalertragsteuer unberücksichtigt. [2]Der Steuerabzug vom Kapitalertrag ist in den Fällen des § 20 Absatz 1 Nummer 6 Satz 4 in der am 31. Dezember 2004 geltenden Fassung nur vorzunehmen, wenn das Versicherungsunternehmen auf Grund einer Mitteilung des Finanzamts weiß oder infolge der Verletzung eigener Anzeigeverpflichtungen nicht weiß, dass die Kapitalerträge nach dieser Vorschrift zu den Einkünften aus Kapitalvermögen gehören;

5. Kapitalerträgen im Sinne des § 20 Absatz 1 Nummer 3 mit Ausnahme der Gewinne aus der Veräußerung von Anteilen an Investmentfonds im Sinne des § 16 Absatz 1 Nummer 3 in Verbindung mit § 2 Absatz 13 des Investmentsteuergesetzes;

6. ausländischen Kapitalerträgen im Sinne der Nummern 1 und 1a;

7. Kapitalerträgen im Sinne des § 20 Absatz 1 Nummer 7, außer bei Kapitalerträgen im Sinne der Nummern 2 und 8a, wenn

a) es sich um Zinsen aus Anleihen und Forderungen handelt, die in ein öffentliches Schuldbuch, ein elektronisches Wertpapierregister im Sinne des § 4 Absatz 1 des Gesetzes über elektronische Wertpapiere oder in ein ausländisches Register eingetragen oder über die Sammelurkunden im Sinne des § 9a des Depotgesetzes oder Teilschuldverschreibungen ausgegeben sind;

b) der Schuldner der nicht in Buchstabe a genannten Kapitalerträge ein inländisches Kreditinstitut oder ein inländisches Finanzdienstleistungsinstitut im Sinne des Gesetzes über das Kreditwesen oder ein Wertpapierinstitut im Sinne des Wertpapierinstitutsgesetzes ist. [2]Kreditinstitut in diesem Sinne ist auch die Kreditanstalt für Wiederaufbau, eine Bausparkasse, ein Versicherungsunternehmen für Erträge aus Kapitalanlagen, die mit Einlagegeschäften bei Kreditinstituten vergleichbar sind, die Deutsche Bundesbank bei Geschäften mit jedermann einschließlich ihrer Betriebsangehörigen im Sinne der §§ 22 und 25 des Gesetzes über die Deutsche Bundesbank und eine inländische Zweigstelle oder Zweigniederlassung

eines ausländischen Unternehmens im Sinne der §§ 53 und 53b des Gesetzes über das Kreditwesen, nicht aber eine ausländische Zweigstelle eines inländischen Kredit-, Finanzdienstleistungs- oder Wertpapierinstituts. [3]Die inländische Zweigstelle oder Zweigniederlassung gilt anstelle des ausländischen Unternehmens als Schuldner der Kapitalerträge;

c) *(aufgehoben);*

7a. Kapitalerträgen im Sinne des § 20 Absatz 1 Nummer 9;

7b. Kapitalerträgen im Sinne des § 20 Absatz 1 Nummer 10 Buchstabe a;

7c. Kapitalerträgen im Sinne des § 20 Absatz 1 Nummer 10 Buchstabe b;

8. Kapitalerträgen im Sinne des § 20 Absatz 1 Nummer 11;

8a. Kapitalerträgen im Sinne des § 20 Absatz 1 Nummer 4 und 7, wenn es sich um Zinsen aus Forderungen handelt, die über eine Internet-Dienstleistungsplattform erworben wurden. [2]Eine Internet-Dienstleistungsplattform in diesem Sinne ist ein webbasiertes Medium, das Kauf- und Verkaufsaufträge in Aktien und anderen Finanzinstrumenten sowie Darlehensnehmer und Darlehensgeber zusammenführt und so einen Vertragsabschluss vermittelt;

9. Kapitalerträgen im Sinne des § 20 Absatz 2 Satz 1 Nummer 1 und Gewinnen aus der Veräußerung von Anteilen an Investmentfonds im Sinne des § 16 Absatz 1 Nummer 3 in Verbindung mit § 2 Absatz 13 des Investmentsteuergesetzes;

10. Kapitalerträgen im Sinne des § 20 Absatz 2 Satz 1 Nummer 2 Buchstabe b und Nummer 7;

11. Kapitalerträgen im Sinne des § 20 Absatz 2 Satz 1 Nummer 3;

12. Kapitalerträgen im Sinne des § 20 Absatz 2 Satz 1 Nummer 8.

[2]Dem Steuerabzug unterliegen auch Kapitalerträge im Sinne des § 20 Absatz 3, die neben den in den Nummern 1 bis 12 bezeichneten Kapitalerträgen oder an deren Stelle gewährt werden. [3]Der Steuerabzug ist ungeachtet des § 3 Nummer 40 und des § 8b des Körperschaftsteuergesetzes vorzunehmen. [4]Für Zwecke des Kapitalertragsteuerabzugs gilt die Übertragung eines von einer auszahlenden Stelle verwahrten oder verwalteten Wirtschaftsguts im Sinne des § 20 Absatz 2 auf einen anderen Gläubiger als Veräußerung des Wirtschaftsguts. [5]Satz 4 gilt nicht, wenn der Steuerpflichtige der auszahlenden Stelle unter Benennung der in Satz 6 Nummer 4 bis 6 bezeichneten Daten mitteilt, dass es sich um eine unentgeltliche Übertragung handelt. [6]Die auszahlende Stelle hat in den Fällen des Satzes 5 folgende Daten dem für sie zuständigen Betriebsstättenfinanzamt bis zum 31. Mai des jeweiligen Folgejahres nach Maßgabe des § 93c der Abgabenordnung mitzuteilen:

1. Bezeichnung der auszahlenden Stelle,
2. das zuständige Betriebsstättenfinanzamt,
3. das übertragene Wirtschaftsgut, den Übertragungszeitpunkt, den Wert zum Übertragungszeitpunkt und die Anschaffungskosten des Wirtschaftsguts,
4. Name, Geburtsdatum, Anschrift und Identifikationsnummer des Übertragenden,
5. Name, Geburtsdatum, Anschrift und Identifikationsnummer des Empfängers sowie die Bezeichnung des Kreditinstituts, der Nummer des Depots, des Kontos oder des Schuldbuchkontos. [2]Sofern die Identifikationsnummer des Empfängers nicht bereits bekannt ist, kann die auszahlende Stelle diese in einem maschinellen Verfahren nach amtlich vorgeschriebenem Datensatz beim Bundeszentralamt für Steuern erfragen. [3]In der Anfrage dürfen nur die in § 139b Absatz 3 der Abgabenordnung genannten Daten der betroffenen Person angegeben werden. [4]Das Bundeszentralamt für Steuern teilt der auszahlenden Stelle die Identifikationsnummer der betroffenen Person mit, sofern die übermittelten Daten mit den nach § 139b Absatz 3 der Abgabenordnung beim Bundeszentralamt für Steuern gespeicherten Daten übereinstimmen. [5]Ist eine eindeu-

tige Zuordnung des Empfängers nicht möglich, ist die Depotübertragung als kapitalertragsteuerpflichtiger Vorgang nach Satz 4 dieses Absatzes zu behandeln,

6. soweit bekannt, das persönliche Verhältnis (Verwandtschaftsverhältnis, Ehe, Lebenspartnerschaft) zwischen Übertragendem und Empfänger.

[7]§ 72a Absatz 4, § 93c Absatz 4 und § 203a der Abgabenordnung finden keine Anwendung.

(1a) *(aufgehoben)*

(2) **[1]Der Steuerabzug ist außer in den Fällen des Absatzes 1 Satz 1 Nummer 1a und 7c nicht vorzunehmen, wenn Gläubiger und Schuldner der Kapitalerträge (Schuldner) oder die auszahlende Stelle im Zeitpunkt des Zufließens dieselbe Person sind. [2]Der Steuerabzug ist außerdem nicht vorzunehmen, wenn in den Fällen des Absatzes 1 Satz 1 Nummer 5 bis 7 und 8 bis 12 Gläubiger der Kapitalerträge ein inländisches Kredit-, Finanzdienstleistungs- oder Wertpapierinstitut nach Absatz 1 Satz 1 Nummer 7 Buchstabe b oder eine inländische Kapitalverwaltungsgesellschaft ist. [3]Bei Kapitalerträgen im Sinne des Absatzes 1 Satz 1 Nummer 6 und 8 bis 12 ist ebenfalls kein Steuerabzug vorzunehmen, wenn**

1. eine unbeschränkt steuerpflichtige Körperschaft, Personenvereinigung oder Vermögensmasse, die nicht unter Satz 2 oder § 44a Absatz 4 Satz 1 fällt, Gläubigerin der Kapitalerträge ist, oder

2. die Kapitalerträge Betriebseinnahmen eines inländischen Betriebs sind und der Gläubiger der Kapitalerträge dies gegenüber der auszahlenden Stelle nach amtlich vorgeschriebenem Muster erklärt; dies gilt entsprechend für Kapitalerträge aus Options- und Termingeschäften im Sinne des Absatzes 1 Satz 1 Nummer 8 und 11, wenn sie zu den Einkünften aus Vermietung und Verpachtung gehören.

[4]Im Fall des § 1 Absatz 1 Nummer 4 und 5 des Körperschaftsteuergesetzes ist Satz 3 Nummer 1 nur anzuwenden, wenn die Körperschaft, Personenvereinigung oder Vermögensmasse durch eine Bescheinigung des für sie zuständigen Finanzamts ihre Zugehörigkeit zu dieser Gruppe von Steuerpflichtigen nachweist. [5]Die Bescheinigung ist unter dem Vorbehalt des Widerrufs auszustellen. [6]Die Fälle des Satzes 3 Nummer 2 hat die auszahlende Stelle gesondert aufzuzeichnen und die Erklärung der Zugehörigkeit der Kapitalerträge zu den Betriebseinnahmen oder zu den Einnahmen aus Vermietung und Verpachtung sechs Jahre aufzubewahren; die Frist beginnt mit dem Schluss des Kalenderjahres, in dem die Freistellung letztmalig berücksichtigt wird.

(3) **[1]Kapitalerträge im Sinne des Absatzes 1 Satz 1 Nummer 1 Satz 1 sowie Nummer 1a bis 4 sind inländische, wenn der Schuldner Wohnsitz, Geschäftsleitung oder Sitz im Inland hat; Kapitalerträge im Sinne des Absatzes 1 Satz 1 Nummer 4 sind auch dann inländische, wenn der Schuldner eine Niederlassung im Sinne der §§ 61, 65 oder des § 68 des Versicherungsaufsichtsgesetzes im Inland hat. [2]Kapitalerträge im Sinne des Absatzes 1 Satz 1 Nummer 1 Satz 2 sind inländische, wenn der Schuldner der veräußerten Ansprüche die Voraussetzungen des Satzes 1 erfüllt. [3]Kapitalerträge im Sinne des § 20 Absatz 1 Nummer 1 Satz 4 sind inländische, wenn der Emittent der Aktien Geschäftsleitung oder Sitz im Inland hat. [4]Kapitalerträge im Sinne des Absatzes 1 Satz 1 Nummer 6 sind ausländische, wenn weder die Voraussetzungen nach Satz 1 noch nach Satz 2 vorliegen.**

(4) **Der Steuerabzug ist auch dann vorzunehmen, wenn die Kapitalerträge beim Gläubiger zu den Einkünften aus Land- und Forstwirtschaft, aus Gewerbebetrieb, aus selbständiger Arbeit oder aus Vermietung und Verpachtung gehören.**

(5) **[1]Für Kapitalerträge im Sinne des § 20, soweit sie der Kapitalertragsteuer unterlegen haben, ist die Einkommensteuer mit dem Steuerabzug abgegolten; die**

Abgeltungswirkung des Steuerabzugs tritt nicht ein, wenn der Gläubiger nach § 44 Absatz 1 Satz 10 und 11 und Absatz 5 in Anspruch genommen werden kann. [2]Dies gilt nicht in Fällen des § 32d Absatz 2 und für Kapitalerträge, die zu den Einkünften aus Land- und Forstwirtschaft, aus Gewerbebetrieb, aus selbständiger Arbeit oder aus Vermietung und Verpachtung gehören. [3]Auf Antrag des Gläubigers werden Kapitalerträge im Sinne des Satzes 1 in die besondere Besteuerung von Kapitalerträgen nach § 32d einbezogen. [4]Eine vorläufige Festsetzung der Einkommensteuer im Sinne des § 165 Absatz 1 Satz 2 Nummer 2 bis 4 der Abgabenordnung umfasst auch Einkünfte im Sinne des Satzes 1, für die der Antrag nach Satz 3 nicht gestellt worden ist.

Einkommensteuer-Richtlinien: EStH 43 – **Verwaltungsanweisungen:** *BMF* BStBl I 19, 527 (Investmentfonds) mit Folgeschreiben; *BMF* BStBl I 25, 1330 Rn. 151a–183.

Übersicht Rn.

I. Allgemeines

1 **1. Wesen der Kapitalertragsteuer. – a) Funktion; Objektsteuer.** Die KapESt ist die Erhebungsform der ESt/KSt und der ZuschlagSt für *KapErträge.* StSchuldner ist der Gläubiger der KapErträge (§ 44 I 1). Der *StEntrichtungspflichtige* muss die KapESt als fremde StSchuld im maßgebl Entstehungszeitpunkt (§ 44 I 2) für Rechnung des Gläubigers in der zutr Höhe (idR der Brutto-KapErtrag, § 43a II 1) einbehalten, abführen (§ 44 I 3, 4), anmelden und (elektronisch) bescheinigen (§ 45a, künftig auch § 45b, § 45c). Die KapESt wird ohne Beachtung subjektiver und sachl StBefreiungen des Gläubigers oder des KapErtrags ähnl einer ObjektSt erhoben (s § 43 I 3, § 43 IV). – Sie setzt auch den QuellenStAbzug für inl stbare KapErträge

beschr StPfl iSd § 49 I Nr 2a, 5 (→ § 49 Rn. 96 ff; → § 43b Rn. 1–3) iVm § 45a, § 45b, § 50c, § 50d und § 50g, § 50j um. Sie ist keine Nachlassverbindlichkeit iSd § 10 V Nr 1 ErbStG (FG Mster EFG 24, 156, rkr).

b) Zuschlagsteuern. Solidaritätszuschlag ist auch auf die KapESt zu erheben (§ 3 I Nr 5 SolZG, § 4 SolZG) und einzubehalten; die Abgeltungswirkung gem § 43 V 1 greift auch insoweit. Die **KiSt** wird iRd KapEStAbzugs erhoben und abgegolten (§ 51a IIb–IIe, → § 51a Rn. 3); zur Höhe s § 43a I 1–3 (§ 43a 1). Sie ist keine SA (§ 10 I Nr 4 Hs 2, → § 10 Rn. 61). 2

c) Abgeltung; Anrechnung; Erstattung. Im System der AbgeltungSt ist die Bedeutung der KapESt gestiegen, da sie in vielen Fällen als endgültige StFestsetzung fungiert. § 43 IV, V regeln die Reichweite der Abgeltungswirkung. Kommt es kraft Gesetzes oder auf Antrag (s § 43 V 1 Hs 2, V 2 und 3) zur Veranlagung der KapErträge, kann die KapESt unter den Voraussetzungen des § 36 II Nr 2 (ggf auch des § 36a) auf die festzusetzende Steuer (ESt/KSt/SolZ) angerechnet werden. Innerhalb des StAbzugssystems kann die KapESt gem § 44a, § 44b, § 50c nicht erhoben oder erstattet werden. 3

2. System des Kapitalertragsteuerabzugs. Die in §§ 43 ff verwendeten Begriffe **„Schuldner"** und **„Gläubiger"** beziehen sich im Zweifel nicht auf die KapESt, sondern auf die KapErträge. – § 43 regelt als Grundtatbestand den **StEinbehalt** von bestimmten KapErträgen iSd § 20 I–III. Er wird durch die Regelungen zur **Bemessung** (§§ 43a ff), **Entrichtung** (§ 44; Entstehung, Einbehalt, Abführung) der KapESt ergänzt. Vom KapESt-Abzug ist abzusehen in den Fällen der **Befreiung** (§ 43 II), **Abstandnahme** (s § 43 II, § 44a) und **Freistellung, Erstattung** (zu beschr stpfl Gläubigern s § 43b, § 50c II, III und zu unbeschr stpfl Gläubigern s § 44b V, VI), zum **Erlass** gem § 227 AO s NdsFG EFG 18, 432, rkr. Zu den Pflichten des StEntrichtungspflichtigen → Rn. 1. **Haftungsgrundlagen** bei Pflichtverletzungen des StEntrichtungspflichtigen enthalten § 44 V (ggf iVm § 167 I 1, Alt 2 AO), § 44 VI 2, § 44b VI, § 45a VII (s jeweils dort). Die KapESt kann bei fehlendem Einbehalt uU vom Gläubiger nachgefordert werden (§ 44 V 2). Zur **KapESt-(Sonder-)Prüfung** beim Schuldner und Dritten s § 194 I 4 AO; § 50b. 4

3. Missbräuchliche Kapitalertragsteueranrechnung. Zur Bekämpfung von **Cum/Ex-Geschäften** mit sammelverwahrten Aktien s bei § 20 I Nr 1 S 4 (Dividendenkompensationszahlung als stpfl KapErtrag),, § 44 I 4 Nr 3 (KapEStEinbehalt durch die letzte inl Stelle, die die Beträge an eine ausl Depotbank weiterleitet) sowie bei § 44 Ia, § 45a III 1 (Abführung/Bescheinigung der KapESt durch die Depotbank) und § 45b. Zur Aufarbeitung früherer Cum/Ex-Geschäfte (iZm Leerverkäufen) s *BeckOK EStG* § 43 Rn. 43–45, 53–55 mwN; BFH I R 22/20, BStBl II 22, 324; BFH VIII B 17/24, DStR 25, 1939; zum Zivilrecht → § 44 Rn. 6 und zum Strafrecht BGH 1 StR 519/20, DStR 21, 2453; BGH 1 StR 484/24, DStR 25, 2571. – Zur Bekämpfung von **Cum/Cum-Geschäften** mit sammelverwahrten Aktien s iEinz bei § 36a und § 50j. – Zur KapESt-Erstattung iZm unzutr Bescheinigungen (§ 45a) für tatsächl nicht hinterlegte Aktien **(Depositary Receipts)** s *BMF* BStBl I 13, 718, *BMF* BStBl I 18, 1400 (sog „cum fake", dazu *Westermann* DStZ 19, 467; *Helios/Gieffers* DB 19, 263; *Weber/Krauß* DStR 19, 960) und § 45b III nF. 5

4. Verhältnis zum Zivilrecht; Kapitalertrag. – ***(1)* Zivilrecht.** Durch Auszahlung des um die einbehaltene KapESt gekürzten KapErtrags erfüllt der Schuldner den Anspruch des Gläubigers iSd § 362 BGB (BGH XI ZR 573/15, NJW 17, 2104; *Hoffmann* DStR 16, 1848). – **Einzelfragen:** Zur Rückabwicklung von LV s *BMF* Beck-Verw 319196; zu widerrufenen Kreditverträgen in Altfällen s BGH XI ZR 108/16, NJW 17, 2102 (zu Recht krit *Jooß* WM 21, 1212), → § 20 Rn. 118, 190. – ***(2)* Kapitalertrag.** Die KapESt ist eine stpfl Einnahme iSv § 8 I und Teil des Kapital- 6 ertrags, wenn sie tatsächl einbehalten worden ist (BFH VIII B 17/24, DStR 25, 1939).

7 **5. Inpflichtnahme Dritter.** Die StEntrichtungspflichtigen fungieren iRe Indienstnahmedreiecks als Organe der StErhebung (s § 44 I 3, *BMF* BStBl I 22, 742 Rn. 151a). Diese Inpflichtnahme ist grds verfmäßig (BVerfG 1 BvR 175/66, BVerfGE 22, 380), wird aber zutr als unverhältnismäßig angesehen, soweit § 45b II Nr 5–8 nF neue Informationspflichten schafft und § 45a VII nF eine Ausstellerhaftung ohne Exkulpation vorsieht (*Drüen* FR 21, 605; *ders* FR 21, 671 ff mwN). Das Ausfallrisiko für nicht abgeführte KapESt hat der Fiskus zu tragen (BFH VIII R 17/17, BStBl II 21, 468).

II. Umfang des Kapitalertragsteuerabzugs, § 43 I, § 43 III

8 **1. Regelungssystem des § 43.** § 43 I unterwirft in einem abschließenden Katalog bestimmte *inl und ausl KapErträge* ohne vollständige Übereinstimmung mit § 20 I–III dem KapESt-Abzug. § 43 III regelt, welche KapErträge als inl/ausl Erträge iSd Regelung gelten. § 43 II normiert einzelne Fälle, in denen ein StAbzug nicht vorzunehmen ist (s zur Abstandnahme auch § 44a). § 43 IV, § 43 V sowie § 50 II regeln die Abgeltungswirkung des KapESt-Abzugs für ESt-pflichtige Personen; § 31, § 32 KStG, § 7 InvStG, § 20 REITG enthalten ergänzende Regelungen für KSt-Subjekte und Fonds.

9 **2. Begriff und Umfang des Kapitalertrags, § 43 I.** – ***(1)* Steuerpflichtige Kapitalerträge, § 43 I 1.** Der Katalog in § 43 I 1 normiert „abzugspflichtige" KapErträge; dies gilt auch bei materiell vorrangiger Zuordnung zu einer anderen Einkunftsart (§ 20 VIII iVm § 43 IV), da die Einkünftezuordnung beim *Gläubiger* ohne Bedeutung ist (→ Rn. 1, → Rn. 26). Erforderl ist aber die materielle StPflicht des KapErtrags (BFH I R 77/71, BStBl II 73, 452; BFH I R 97/66, BStBl II 70, 464). KapESt ist daher nur für stbare inl KapErträge iSd § 49 I Nr 5 einzubehalten (*BMF* BStBl I 25, 1330 Rn. 312 ff; → § 49 Rn. 106 zur Erstattung gem § 155 I 3, § 37 II AO). – ***(2)* Besondere Entgelte iSd § 20 III, § 43 I 2.** Zu § 20 III bei → § 20 Rn. 190. Auch diese unterliegen grds dem StAbzug, soweit § 44 I 3, 4 einen StEntrichtungsplichtigen bestimmen (→ § 44 Rn. 10). – ***(3)* Nichtberücksichtigung von Steuerbefreiungen; Abzugsposten.** Die technischen StBefreiungen in § 3 Nr 40, § 8b KStG sind iRd KapESt-Abzugs gem § 43 I 3 nicht anzuwenden. Gleiches (s § 43 I Nr 4 S 1 Hs 2) gilt für § 20 I Nr 6 S 2, S 3, dh der LV-Nehmer (StPfl) muss die StBefreiung gem § 32d II, IV, VI iRd Veranlagung beantragen (→ § 32d Rn. 16).

10 **3. Abgrenzung inländischer und ausländischer Kapitalerträge, § 43 I, § 43 III.** – ***(1)* Inländische Kapitalerträge.** Diese unterliegen dem KapEStAbzug in vollem Umfang. Nach **§ 43 III 1–3** ist für den Inlandsbezug abzustellen: – ***(a)*** bei KapErträgen iSd Abs 1 S 1 Nr 1 S 1 (§ 20 I Nr 1 und 2: Dividenden, Liquidationsausschüttungen, vGA) sowie iSd Abs 1 Nr 1a bis Nr 4 (sammelverwahrte Aktien, Teilschuldverschreibungen, stille Ges, partiarische Darlehen, LV) auf den *Schuldner* der Erträge. Dieser muss Wohnsitz, Geschäftsleitung, Sitz im Inland haben. Dies kann auch bei ausl KapGes der Fall sein, wenn sie nur einem inl Geschäftsleitungssitz haben (FG Mchn DStRK 23, 281, rkr). – KapErträge gem Abs 1 Nr 4 (§ 20 I Nr 6) sind auch inl, wenn das Versicherungsunternehmen eine inl Niederlassung hat (*BMF* BStBl I 25,1330 Rn. 180, 181), – ***(b)*** bei KapErträgen iSd § 43 I 1 Nr 1 S 2 (Dividendenscheine; Zinsscheine) auf den Schuldner der veräußerten Ansprüche, – ***(c)*** bei KapErträgen iSd § 20 I Nr 1 S 4 auf den Aktienemittenten, s auch § 44 Ia. – ***(2)* Ausländische Kapitalerträge.** Diese unterliegen dem KapESt-Abzug, wenn es sich um solche nach § 43 I Nr 5 bis Nr 7a, Nr 8–Nr 12 handelt. KapErträge iSd § 43 I 1 Nr 6 sind ausl (§ 43 III 4), wenn die Voraussetzungen der § 43 III 1, 2 nicht erfüllt sind. Andere KapErträge sind ausl, wenn sie keine inl KapErträge gem Abs 3 S 1, 2 sind

(*BeckOK EStG* § 43 Rn. 67). – ***(3)* Zeitpunkt.** Maßgebl ist die Entstehung der KapESt (§ 44 I 2).

4. Die einzelnen Kapitalertragsteuer-Tatbestände. – a) Einbehaltungspflichtige Kapitalerträge. Vgl zu den einzelnen Tatbeständen des § 43 I die Kommentierung zu § 20 I, II; *BeckOK EStG* § 43 Rn. 81 ff; *BeckOK EStG* § 44 Rn. 53 ff; *BMF* BStBl I 25, 1330, Rn. 159–161. 11

Legende zur Übersicht: Schuldner = Schuldner der KapErträge; auszahlende Stelle = ein Kredit-, Finanzdienstleistungs- oder Wertpapierinstitut iSd § 44 I 3, 4 (→ § 44 Rn. 9 f).

Abs 1 Nr	Art des Kapitalertrags	§ 43a II %	Abzugsverpflichteter gem § 44
1	**S 1:** Inl Gewinnausschüttungen iSd § 20 I Nr 1 (auch vGA; *BMF* BStBl I 13, 71); auch KapErträge iRe Auflösung gem § 20 I Nr 2; KapErträge iSd § 1a III KStG. **S 2** aus veräußerten Dividendenscheinen (§ 20 II 1 Nr 2a) und Forderungen (§ 20 II Nr 2 S 2)	25	**Abs 1 S 1:** Schuldner (ausschüttende Körperschaft), **Abs 1 S 2:** die für den Verkäufer den Verkaufsauftrag ausführende Stelle (§ 44 I 3).
1a	**Buchst a–b:** Inl Bezüge gem § 20 I Nr 1 aus sammelverwahrten Papieren (idR Aktien), eigenkapitalähnl Genussscheinen, Einlösung von Dividenden- und Erträgnisscheinen. **Buchst c:** KapErträge aus Kryptoaktien (§ 10 VI AktG, § 1 eWpG)	25	§ 44 I S 3, S 4 Nr 3 – *Buchst a:* die die KapErträge auszahlende Verwahrstelle; – *Buchst b* die Wertpapiersammelbank bei Auszahlung an ausl Stellen; – *Buchst c aa:* der Schuldner der KapErträge, wenn kein Abzug durch Wertpapiersammelbank; – *Buchst c bb:* bei Kryptoaktien der Schuldner, wenn die grds vorrangige (§ 44 I 4 Nr 6) registerführende Stelle keinen Abzug vornimmt.
2	**Buchst a–c:** Inl Zinsen aus Wandelanleihen, Teil- = Gewinnschuldverschreibungen, schulrechtl Genussrechten **Buchst d:** Abzugspflicht für Bezüge aus elektronischen Teil- = Gewinnschuldverschreibungen (§ 16 eWpG)	25	**§ 44 I 1, 2:** Schuldner (idR der Emittent); bei elektronischen Teilschuldverschreibungen gem **§ 44 I 4 Nr 6** die registerführende Stelle
3	Laufende inl Vergütungen aus einer typisch stillen Beteiligung und Unterbeteiligung, partiarischem Darlehen, es sei denn, Nr 8a greift	25	§ 44 I 1: Schuldner (Geschäftsinhaber, Darlehensnehmer)
4	Inl KapErträge aus nach dem 31.12.04 abgeschlossenen RV/LV (ohne Verkaufserlöse); Abzug vom Bruttobetrag ohne StBefreiung, s § 43 I Nr 4 S 1 Hs 2; StAbzug bei Alt-RV/LV (Abschluss vor 1.1.05) nur in den Fällen des § 43 I Nr 4 S 2	25	§ 44 I 1: Schuldner (idR das Versicherungsunternehmen)
5	Inl und ausl Investmenterträge iSd § 16 I Nr 1, Nr 2 InvStG [Ausschüttungen, Vorabpauschale] gem § 20 I Nr 3, aber ohne Ver-	25	Inl Institut iSd § 44 I 4 Nr 1a aa/bb; bei Vorabpauschale inl Institut, das die Anteile verwahrt oder verwaltet (§ 44 I 4 Nr 4); gem § 44

Abs 1 Nr	Art des Kapitalertrags	§ 43a II %	Abzugsverpflichteter gem § 44
	äußerungserlöse gem § 19 InvStG, (s zu diesen S Nr 9); kein KapESt-Abzug ggü beschr stpfl Anlegern.		I 4 Nr 5 bei nicht verwahrten Anteilen der Fonds selbst
6	ausl Dividenden uä Bezüge iSd Nr 1 und Nr 1a	25	Nur inl auszahlende Stelle iSd § 43 I 4 Nr 4 Buchst a aa, bb (Territorialitätsprinzip)
7, Buchst a, b	Inl und ausl KapErträge aus sonstigen Forderungen iSd § 20 I Nr 7, § 43 I Nr 7 Buchst a und Buchst b (*BMF* BStBl I 25, 1330 Rn. 159 bis 161 zu Einzelfragen)	25	**Buchst a:** bei elektronischer Registrierung und Verbriefung die auszahlende, iSd § 44 I 4 Nr 4 Buchst a, b; **Buchst b:** auszahlende Stelle iSd § 44 I 4 Nr 2 subsidiär gem **§ 44 I 4 Nr 6** bei elektronischer Schuldverschreibung die registerführende Stelle
7a	Ausschüttungen gem § 20 I Nr 9 aus KSt-Subjekten gem § 1 I Nr 1–3 KStG	25	Schuldner = ausschüttende Körperschaft
7b	Leistungen eines Betriebe gewerbl Art iSd § 20 I Nr 10 Buchst a (*BMF* BStBl I 19, 97 Rn. 3, 4, 9–12) ggf Abstandnahme gem § 44a VII	15	Schuldner (der Betriebe gewerbl Art = die TochterGes)
7c	Erträge iSd § 20 I Nr 10 Buchst b (*BMF* BStBl I 19, 97 Rn. 3, 4, 59–64)	15	§ 44 VI 1: der Betrieb gewerbl Art (Regiebetrieb) als Schuldner
8	Inl und ausl Stillhalterprämien (§ 20 I Nr 11)	25	auszahlende Stelle iSd § 44 I 4 Nr 1a
8a	Vergütungen aus Forderungen, die über eine Internet-Dienstleistungsplattform erworben werden (ua Crowdlending); Geltung für nach dem 31.12.22 erzielte KapErträge (§ 52 I 3). S BT-Drs 20/3789, S. 94 f.; *Huertas/Link* RdF 24, 24 (29 f).	25	Plattformbetreiber; oder dessen Zahlungsabwickler; oder der Schuldner der KapErträge (§ 44 I 4 Nr 2a)
9	Inl und ausl Erträge aus der Veräußerung Anteilen iSd § 20 II Nr 1 und von Investmentanteilen (§§ 19, 22 InvStG; zu gleichgestellten Realisationsvorgängen s § 2 Abs 13 InvStG; kein Einbehalt iRd Wegzugsbesteuerung gem § 19 III InvStG, § 49 V InvStG nF (§ 19 III 5, § 49 V 7 InvStG)	25	auszahlende Stelle iSd § 44 I 4 Nr 1 Buchst a; s auch oben Nr 5 zu § 44 I Nr 4, Nr 5
10	Inl und ausl Erträge aus der Veräußerung sonstiger Kapitalforderungen (§ 20 II 1 und S 2) und aus Zinsscheinen/-forderungen	25	auszahlende Stelle iSd § 44 I 4 Nr 1 Buchst a, ggf auch Buchst b
11	Inl und ausl KapErträge aus Termingeschäften/Finanzinstrumenten	25	auszahlende Stelle iSd § 44 I 4 Nr 1 Buchst a

Abs 1 Nr	Art des Kapitalertrags	§ 43a II %	Abzugsverpflichteter gem § 44
12	KapErträge aus der Übertragung von Rechtspositionen iS § 20 I Nr 9 (§ 20 II Nr 8)	25	auszahlende Stelle iSd § 44 I 4 Nr 1 Buchst a
§ 43 I 2	Besondere Entgelte iSd § 20 III	25	auszahlende Stelle iSd § 44 I 3, Alt 3 iVm § 44 I 4 Nr 1 (s *Koßmann/Pfleger* DStR 25, 1667 ff zu Zweifelsfragen)
§ 44 Ia	Freiwillige Dividendenkompensationszahlung des ausl Leerverkäufers für Dividenden und Zinsen aus Wandelanleihen, Gewinnobligationen	25	Inl Wertpapiersammelbank; einbehalten wird auf den Brutto-KapErtrag

b) Wesentliche Ausnahmen. KapEinkünfte iSv § 20 I Nr 5, Nr 8, Veräuße- 12
rungsgewinne gem § 20 II 1 Nr 4, Nr 6, Nr 7 (zur Aufrechnung des Ges'ters mit GmbH FG LSA DStRK 24, 33, rkr; zu Entschädigung für die Beendigung einer typisch stillen Ges, dh Abgrenzung zw § 20 I Nr 4 iVm § 43 I Nr 3 und § 20 II Nr 4 s FG Köln EFG 23,1329, rkr), private Zinsen (Umkehrschluss aus § 43 I 1 Nr 7 Buchst b) unterliegen **nicht** dem KapEStAbzug. Gleiches gilt für Auszahlungen aus einem RV-/LV-Vertrag gem § 22 Nr 5 (→ § 22 Rn. 170).

5. Unentgeltliche Depotübertragung von Kapitalanlagen iSd § 20 II zwi- 15
schen verschiedenen Gläubigern, § 43 I 4–7. Schrifttum: *Anemüller* ErbStB 22, 311 (313); *Haase* Ubg 25, 365. – **a) Veräußerungsfiktion.** Die **unentgeltl** Übertragung von KapAnlagen, die nach dem 31.12.08 erworben wurden, auf einen anderen Gläubiger (Rechtsträgerwechsel) gilt gem § 43 I 4 für Zwecke des KapESt-Einbehalts *als Veräußerung;* für entgeltl Übertragungen bedarf es keiner Fiktion (glA *Haase* Ubg 25, 365). Ist die fingierte Veräußerung stpfl, unterliegt der KapErtrag dem StAbzug (§ 43 I 1 Nr 1 S 2, § 43 I 1 Nr 9–12) beim StEntrichtungspflichtigen des (fiktiven) *Veräußerers* (zur Ermittlung des Veräußerungsentgelts s § 43a II 8–13 und § 44 I 7–9 zur Nachforderung der KapESt beim „Veräußerer"). S iEinz *BMF* BStBl I 25, 1330, Rn. 162–164, 169; zur Wertpapierleihe ua Rn. 170 ff)). Die Einbuchung der KapAnlage beim *Erwerber/Übernehmer* regeln iEinz § 43a II 4, 5 und S 11–13. – Die Veräußerungsfiktion **gilt nicht** für eine *Depotübertragung ohne Gläubigerwechsel,* dh zw verschiedenen Depots desselben StPfl (§ 43a III 6). Zur Depotspende s *Wallenhorst* DStR 16, 111.

b) Ausnahmen, § 43 I 5–7. – ***(1)*** **Mitteilung des „übertragenden" Gläubi-** 16
gers. Keine fiktive Veräußerung liegt vor (s § 43 I 5), wenn der übertragende Gläubiger der auszahlenden Stelle unter Angabe der nach Abs 1 S 6 Nr 4–6 erforderl Daten (Gläubiger, Empfänger, persönl Verhältnis) mitteilt, dass eine **unentgeltl Übertragung** vorliegt (*BMF* BStBl I 25, 1330 Rn. 166: auf Antrag kann beim BZSt eine StId-Nummer beantragt werden). – Teilt der Übertragende nicht alle erforderl Daten mit oder ist dies unzul (s § 43a II 3–7, zB für Übertragungen aus dem Ausl in das Inl iSd § 43a II 5 und zu StAusländer-Erblasser *BMF* BStBl I 25, 1330 Rn. 165, 193), ist eine unentgeltl Übertragung als fiktive Veräußerung iSv § 43 I 4 zu behandeln. Um die Mitteilung zu erleichtern, können die Entrichtungspflichtigen die relevanten Empfängerdaten bereits ab 1.1.20 beim BZSt abfragen (§ 43 I 6 Nr 5 S 2; § 52 XLII 5). – ***(2)*** **Einzelfragen.** S zu *Ehegatten BMF* BStBl I 25, 1330 Rn 168; zu offenen *Treuhandkonten* und Erben *BMF* BStBl I 25, 1330 Rn 165. – ***(3)*** **Mitteilungspflichten des Entrichtungspflichtigen, § 43 I 6, 7.** Die beim Depotwechsel elektronisch zu übermittelnden Daten sind weitergehend als beim Gläubiger und ergeben sich iEinz aus § 43 I 6 Nr 1–5 EStG iVm § 93c AO. Nach § 43 I 7 finden bei Verstößen, Fehlern § 72a IV AO (Haftung), § 93c IV AO (FA-Ermittlung) und § 203 AO (ab-

gekürzte AP) keine Anwendung. – ***(4)* Antrag nach § 32d IV.** Ist wegen einer Veräußerung nach Abs 1 S 4 KapESt einbehalten worden, ist der KapErtrag zu erklären und ein Antrag gem § 32d IV zu stellen, um die KapESt anrechnen zu können, da kein stbarer Vorgang gegeben ist (→ § 32d Rn. 24).

III. Ausnahmen vom Kapitalertragsteuerabzug, § 43 II

19 **1. Personenidentität, § 43 II 1.** Der StAbzug unterbleibt, wenn der StEntrichtungspflichtige und der Gläubiger der KapErträge am Zuflusstag (§ 11, § 44 I 2) dieselbe Person sind (Gläubiger-Zahlstellenidentität). In den Fällen des Abs 1 S 1 Nr 1a (sammelverwahrte Anteile) und Nr 7c (s § 44 VI 1) bleibt es trotz Personengleichheit beim StAbzug. – *Beispiele:* Gläubiger als Erbe des Schuldners; eigene Wertpapiere der Bank; eigene Aktien und Treuhanddepots werden von Abs 2 S 1 nicht erfasst (*BMF* BStBl I 25, 1330 Rn. 152 ff).

20 **2. Interbankenprivileg, § 43 II 2.** KapESt ist gem S 2 nicht einzubehalten, wenn der Gläubiger von KapErträgen gem Abs 1 S 1 Nr 5–7 und Nr 8–12 ein inl Kredit- oder Finanzdienstleistungsinstitut oder eine inl KapitalanlageGes ist (s dort auch zu Bundesbank-/Zweigstellenfällen und *BMF* BStBl I 25, 1330, Rn. 174 ua zu *verwahrten* Investmentanteilen).

21 **3. Kein Steuerabzug bei Kapitalerträgen bestimmter Gläubiger, § 43 II 3–8. – a) Übersicht.** Abs 2 S 3–6 gelten für ausl Bezüge iSd § 43 I Nr 1, Nr 1a (§ 43 I Nr 6) und für KapErträge gem § 43 I Nr 8 bis Nr 12. – § 43 II 7, 8 werden für **ab VZ 2025** zufließende KapErträge (§ 52 XLII) zur Bürokratieentlastung (BüroEntlG IV BGBl I 24, Nr. 323) gestrichen (BR-Drs 129/24, 3 f). Die Anmeldepflicht für diese KapErträge bleibt bestehen (§ 45a I 2).

22 **b) Unbeschränkt steuerpflichtige Körperschaftsteuersubjekte iSd § 1 KStG, § 43 II 4 Nr 1.** Der StAbzug darf uU für die unter → Rn. 21 genannten KapErträge bei bestimmten inl und ausl KSt-Subjekten unterbleiben (*BMF* BStBl I 25, 1330, Rn. 175); für solche gem § 1 I Nr 4, Nr 5 (zB Stiftungen) gilt dies nur, wenn sie eine (widerrufbare) Bescheinigung ihres FA iSd § 43 II 4, S 5 vorlegen.

23 **c) Betriebliche und andere Gläubiger, § 43 II 3 Nr 2.** Der StAbzug kann ferner unterbleiben, wenn betriebl Gläubiger ggü der auszahlenden Stelle auf amtlichen Vordruck erklären, dass die KapErträge BE sind, für die der KapESt-Einbehalt keine Abgeltungswirkung entfaltet (Nr 2 Hs 1 iVm § 20 VIII, § 43 V 2); nach Hs 2 gilt dies auch für KapErträge iSd § 43 I Nr 8, 11 (insb aus Termingeschäften), die gem § 20 VIII vorrangig den Einkünften **gem § 21** zuzuordnen sind (→ § 20 Rn. 254). Zu den Einzelheiten *BMF* BStBl I 25, 1330, Rn. 176 ff (auch zu OptionsGes). Zur besonderen Aufzeichnungs- und Aufbewahrungspflicht der auszahlende Stelle s Abs 2 S 5; zu offen gelegten CTA-Konstruktionen s *BMF* BStBl I 25, 1330 Rn. 156: BV des Treugebers und BMF BStBl I 25, 1330 Rn 157 zu anderen Fällen. Die Abstandnahme vom StAbzug bei betriebl KapErträgen regelt § 44a V.

IV. Steuerabzug bei subsidiären Kapitalerträgen, § 43 IV

26 **1. Erfasste Kapitalerträge. – *(1)* Grundaussage.** § 43 IV regelt zur Verfahrensvereinfachung, dass der StAbzug für sämtl KapErträge iSd § 43 I grds auch durchzuführen ist, wenn es sich um KapErträge handelt, die gem § 20 VIII S 1 BE oder Einnahmen gem § 21 sind. Die Regelung ist Folge des ObjektSt-Charakters der KapESt (→ Rn. 1). – ***(2)* Ausnahmen.** → Rn. 23.

27 **2. Rechtsfolgen. – *(1)* Keine Abgeltung.** Der KapESt-Einbehalt hat bei subsidiären KapErträgen keine abgeltende Wirkung (§ 43 V 2). Für Ausschüttungen iSd § 43 I Nr 1, Nr 1a, die BE sind, erfolgt der StAbzug von den Bruttoeinnahmen (§ 43

I 3, dh keine Anwendung der § 3 Nr 40 EStG/§ 8b KStG, s auch die Übersichten zu → § 43b Rn. 1, 2). – ***(2)* Unbeschränkte Steuerpflicht.** Subsidiäre KapErträge sind von unbeschr StPfl (natürl Personen; KSt-Subjekten) grds zu erklären und unter Anrechnung der KapESt zu veranlagen (§ 25 I Hs 2, § 36 II Nr 2). – ***(3)* Beschränkte Steuerpflicht.** Bei beschr StPfl ist für die Einordnung als betriebl KapErträge die isolierende Betrachtungsweise zu beachten (§ 49 II, → § 49 Rn. 96, 133). Es ist iEinz zu prüfen, ob die KapErträge unter Anrechnung der KapESt zu veranlagen sind oder der KapEStAbzug abgeltende Wirkung hat (§ 50 II 1, iEinz → § 50 Rn. 27 ff; für KSt-Subjekte s § 2 Nr 2, ggf § 5 II Nr 1 iVm § 31, § 32 KStG). – Zu inl KSt-Subj iSd § 2 Nr 1 KStG s ebenfalls § 32 KStG: – In Betracht kommt ferner, dass die KapESt gem § 50c (ggf iVm § 43b, → § 43b Rn. 3), § 50g (Zinsen) nicht zu erheben oder zu erstatten (s § 44a IX, § 50c, § 32 V KStG) ist.

V. Abgeltungswirkung des Steuerabzugs, § 43 V

1. Schedulenbildung. § 2 Vb nimmt KapErträge *des PV* iSd § 20 iVm „§ 32d I 29
und § 43 V“, die unter die Abgeltungswirkung nach Abs 5 S 1 fallen, materiell aus den Größen gem § 2 II–V und aus dem zu versteuernden Einkommen aus, das die Grundlage der tarifl Besteuerung gem § 32a bildet (→ § 20 Rn. 8). Sie unterliegen grds nicht der Veranlagung (§ 25 I Hs 2). Der KapESt-Einbehalt ist anknüpfend daran als tendenziell endgültige StFestsetzung konzipiert, wobei die Kreditinstitute als Organe der StErhebung fungieren (→ Rn. 7). Nur soweit die Abgeltungswirkung kraft Gesetzes oder aufgrund eines Veranlagungswahlrechts gem § 32d II Nr 3 IV, VI nicht greift (s § 43 IV, 43 V 2), ist die einbehaltene KapESt eine ESt/KSt-Vorauszahlung für Rechnung des StPfl als Gläubigers der KapErträge (auch → Rn. 1–3). Eine Reduzierung der KapESt kann iRd des StAbzugs ohne Veranlagung erreicht werden, wenn eine Abstandnahme vom StAbzug oder die Erstattung der KapESt mögl ist (§ 44a, § 44b, s zB für gem § 5 KStG stbefreite KSt-Subjekte § 44a VII, § 44b II iVm § 36a).

2. Abgeltungswirkung, § 43 V 1. – a) Überblick. Ob die Abgeltungswirkung 30
(§ 43 V 1) greift, richtet sich nach der Pflicht zum und der Durchführung des StAbzugs. – **Fallgruppen:** – *(1)* Nicht von der Pflicht zum StAbzug gem § 43 I erfasste KapErträge (→ § 43 Rn. 12; ausl Erträge, Fälle des § 43 II) sind *im PV* (s § 32d III, → § 32d Rn. 22), *betriebl* KapErträge ohnehin (→ Rn. 27) zu erklären und zu veranlagen. – *(2)* Handelt es sich um abzugspflichtige KapErträge, kommt es für die Abgeltungswirkung darauf an, ob der KapESt-Abzug tatsächl und in zutr Höhe durchgeführt worden ist (dazu → Rn. 31) und ob die Abgeltungswirkung aufgrund einer gesetzl Rückausnahme nicht eintritt (§ 43 V 1 Hs 1 oder S 2) oder durch Ausübung eines Veranlagungswahlrechts gem § 32d IV, VI ausgeschlossen wird (Abs 5 S 3). IEinz → Rn. 33 ff. Str ist, ob bei fehlendem StEinbehalt ggü einer vermögensverwaltenden PersGes als Gläubigern die KapErträge einheitl und gesondert gem § 179 II, 180 I Nr 2 Buchst a AO festgestellt werden können (*BMF* BStBl I 25, 1330, Rn. 287; → § 20 Rn. 144); dies bej FG Mster EFG 25, 934, Rev VIII R 7/25.

**b) Unterliegenserfordernis, § 43 V 1. – aa) Positive Kapitalerträge iSd § 20 31
I–III.** Diese „unterliegen“ dem StAbzug iSd § 43 I, V 1, wenn – *(1)* ein Einbehalt der KapESt gem § 43 ff tatsächl erfolgt. Dies ist bei Auszahlung eines vom Bruttobetrag gekürzten Netto-KapErtrags an den Gläubiger der Fall. Die Abführung der einbehaltenen KapESt an das FA, deren Anmeldung und der Besitz einer Bescheinigung (§ 44, § 45a) sind für die Abgeltungswirkung nicht erforderl (BFH VIII R 17/17, BStBl II 21, 468 zum vorgetäuschten StAbzug), denn auch für die Anrechnung ist die KapESt im Fall des tatsächl Einbehalts ohne Abführung „erhoben“ (→ § 36 Rn. 9). Wenn dem Gläubiger ein ungekürzter KapErtrag gutgeschrieben und der Einbehalt nur bescheinigt wird, unterliegt der KapErtrag dem StAbzug iSd Abs 5 S 1 nicht und wird die KapESt nicht „erhoben“; die KapESt gehört dann nicht zu den stpfl Einnahmen (→ Rn. 6;

BGH 1 StR 519/20, DStR 21, 2453; BFH I R 22/20, BStBl I 22, 324). Ferner muss – *(2)* die iRd KapESt-Einbehalts angewendete Bemessungsgrundlage (§ 43 I, § 43a II) dem Betrag des obj gem § 20 I–III stpfl KapErtrags entsprechen; sonst („soweit") tritt die Abgeltungswirkung nur teilweise ein. Bei *zu niedrigem KapESt-Einbehalt* muss der KapErtrag vom StPfl (Gläubiger) in zutr Höhe erklärt (§ 32d III 1) und veranlagt werden (→ Rn 30); bei *zu hohem KapESt-Einbehalt* muss der StPfl iRd Veranlagung (ggf punktuell für den KapErtrag) einen Antrag gem § 43 V 2 iVm § 32d IV stellen (*BMF* BStBl I 25, 1330 Rn. 182 f mit Billigkeitsregelung (500 €); → § 32d Rn. 23).

32 **bb) Negative Kapitalerträge.** Negative KapErträge (idR solche gem § 20 II) „unterliegen" nicht iSd § 43 V 1 der KapESt, da ein StAbzug gem § 43a II 1 nur von positiven Einnahmen iSd § 43 I vorzunehmen ist. § 20 VI 7 nimmt jedoch auch auf *Verluste, die der KapESt unterliegen,* Bezug. Verluste sind gem § 43a III 2 iRd KapESt-Abzugs zu berücksichtigen, wenn sie aus Sicht des *BMF* stbar sind (§ 44 I 3), dh als positive KapErträge dem KapESt-Einbehalt zu unterwerfen wären. Sie wirken sich gem § 43a III 2 ff iRd KapESt-Abzugs aus, wenn sie „auf der Depotebene" mit positiven KapErträgen verrechnet oder in einem Verlustverrechnungstopf vorgetragen werden. Werden negative KapErträge iRd § 43a III 2 *tatsächl* berücksichtigt, haben sie eine „Quasi-Abgeltungswirkung", dh sie sind iSd § 2 Vb materiell aus dem zu versteuernden Einkommen ausgeschlossen, nicht gem § 32d III zu erklären und nicht zu veranlagen. Zur Korrektur der Verrechnung iRd KapESt-Einbehalts muss der StPfl die KapErträge gem § 43 V 2 iVm § 32d IV, § 32d VI unter Beifügung der Verlustbescheinigung iSd § 43a III 4 erklären (→ § 32d Rn. 23). Dürfen negative KapErträge gem § 44 I 3 iRd KapESt-Einbehalts nicht berücksichtigt werden, müssen sie gem § 43 V 2 iVm § 32d IV, VI erklärt werden. Die Vorlage der Bescheinigungen gem § 43a III 4 iVm § 20 VI 7, § 20 IIIa S 2 kann uU entbehrl sein (→ § 32d Rn. 23; → § 20 Rn. 200, 249). S iEinz *BMF* BStBl I 25, 1330 Rn. 233 ff.

33 **3. Gesetzliche Rückausnahmen, § 43 V 1–3. – a) Inanspruchnahme des Gläubigers für die Kapitalertragsteuer, § 43 V 1, Hs 2.** Die Abgeltungswirkung tritt nicht ein, wenn der Gläubiger dem StEntrichtungspflichtigen die Mittel für den KapESt-Abzug zur Verfügung stellen muss (§ 44 I 7), dies nicht geschieht und die KapESt vom FA gem § 44 I 10, 11 (geändert im JStG 2022 BGBl I 22, 2294) beim StPfl als StSchuldner der KapESt (§ 44 I 1) nachgefordert werden kann (→ § 44 Rn. 14). Gleiches gilt, wenn der StPfl positive Kenntnis eines ungenügenden StAbzugs hat und dies dem FA nicht unverzügl mitteilt (§ 43 V 1 iVm § 44 V 1, → § 44 Rn. 16). Statt die KapESt nachzufordern (§ 155 I 1 AO), kann das zuständige FA den Gläubiger (StSchuldner) unter Anrechnung der KapESt veranlagen (*BeckOK EStG* § 43 Rn. 273).

34 **b) Gesetzlicher Ausschluss der Abgeltungswirkung, § 43 V 2. – *(1)* Fälle des § 32d II.** Die Abgeltungswirkung tritt gem § 43 V 2 in den Fällen des § 32d II Nr 1–4 (dazu iEinz → § 32d Rn. 6–21) nicht ein, iRd Veranlagung der tarifl KapErträge ist die KapESt gem § 36 II Nr 2 anzurechnen. – ***(2)* Subsidiäre Kapitalerträge.** IEinz → Rn. 26, 27, 30.

35 **c) Ausübung eines Veranlagungswahlrechts iSd § 32d, § 43 V 3.** Schließl durchbricht ein Antrag des StPfl gem § 32d IV, VI die Abgeltungswirkung. Die KapErträge sind zu erklären, die KapESt ist iRd der Veranlagung anzurechnen (s § 36 II Nr 2 S 3 zur Bescheinigung gem § 45a, iÜ → § 32d Rn. 24).

36 **4. Abgeltender Kapitalertragsteuerabzug auf der Fondseingangsseite bei Investmentfonds. – *(1)* Kapitalerträge.** Zu diesen gehören bei *Publikumsfonds* die in § 6 III–V InvStG genannten KapErträge iSd § 43; nach § 6 III 1 Nr 2 InvStG auch Entgelte aus Wertpapierleih- und Wertpapierpensionsgeschäften (s iEinz *BMF* BStBl I 19, 527 Rn. 6.5, 6.7, 6.10, 6.35). Soweit KSt/SolZ gem § 7 II InvStG durch den KapESt-Abzug ggü dem Fonds abgegolten sind, schließen § 6 VII 3 InvStG den

WK-Abzug und § 6 VII 2 InvStG die Verlustverrechnung aus (*BMF* BStBl I 19, 527 Rn. 6.40, 6,44, 6.48, 6.50). Für die stpfl sonstigen inl KapErträge iSd § 6 V Nr 1 InvStG iVm § 49 I Nr 5 und für die auf der Fondseingangsseite nicht stbaren inl, ausl KapErträge verdrängt § 6 VII InvStG § 20 IX, dh WK iZm nicht stbaren Fondseinnahmen sind nicht abziehbar (*BMF* BStBl I 19, 527 Rn. 6.39). – ***(2)* Abgeltender Steuereinbehalt, § 7 InvStG.** S *BMF* BStBl I 19, 527 in Rn. 7.1, 7.12, 7.14, 7.19. Den KapESt-Einbehalt **ggü dem Fonds als Gläubiger** der KapErträge regeln die ggü § 43 spezielleren § 7 I, II InvStG. Wenn diese nicht greifen, ist ggü Investmentfonds keine KapESt zu erheben (§ 7 I 4 InvStG). Der StSatz beträgt statt 25% nur 15% (§ 7 I 1); ist SolZ geschuldet, insgesamt 15% (§ 7 I 3 InvStG). Der KapESt-Einbehalt hat für *inl Beteiligungseinnahmen des Fonds iSd § 6 II, III Nr 1* abgeltende Wirkung (§ 7 II InvStG), dh für diese ist keine KSt-Veranlagung durchzuführen. Eine Erstattung der KapESt ist ausgeschlossen (§ 44a IX 1), da der StSatz 15% beträgt (§ 7 I 2 InvStG, auch → § 43b Rn. 2). Voraussetzung für den niedrigeren Einbehalt ist, dass dem StEntrichtungspflichtigen im Zeitpunkt des Einbehalts eine Statusbescheinigung vorliegt (s iEinz § 7 III, IV InvStG). – ***(3)* Erstattung von Kapitalertragsteuer.** *BMF* BStBl I 19, 527 Rn. 7.23 ff – *(a)* durch den *StEntrichtungspflichtigen.* Gem § 7 IV 3, V InvStG kann dieser seit dem 1.7.21 (§ 57 III InvStG) nur noch unbeschr stpfl Fonds bei Vorlage der Statusbescheinigung innerhalb von 18 Monaten nach dem Zufluss den Teil der KapESt erstatten, der den Einbehalt von 15% übersteigt. – *(b)* durch das *BZSt/BetriebsstättenFA*. Gem § 11 I 1 Nr 1, Nr 2, Nr 3 InvStG hat das zuständige Betriebsstätten-FA unbeschr stpfl Fonds seit dem 1.7.21 (§ 57 III InvStG) einbehaltene KapESt zu erstatten, wenn KapESt für KapErträge einbehalten wurde, die nicht gem § 6 II InvStG stpfl sind (Nr 1), der Einbehalt 15% übersteigt (Nr 2) und (Nr 3) im Umfang der Beteiligung stbegünstigter Anleger (§ 8, § 10 InvStG) nicht vom Einbehalt Abstand genommen wurde (→ § 43b Rn. 2). – *Beschr stpfl Fonds* haben seit dem 1.7.21 unter Vorlage der erforderl StBescheinigungen (§ 45a) und Erklärungen den Erstattungsantrag beim BZSt zu stellen (§ 11 I 3 InvStG); ab VZ 2027 bedarf es der Datenübermittlung iSd § 45a IIa (§ 11 I 4 InvStG). § 11 II enthält die relevanten Verfahrensvorschriften. S iEinz *BMF* BStBl I 19, 527 Rn. 7.27, 11.2 bis 11.11. – ***(4)* Spezialfonds.** Bei *Spezial-Investmentfonds,* die die Transparenzoption (§ 30 I InvStG) ausüben, richten sich die Folgen nach § 31 InvStG. Die **Anleger** gelten als Gläubiger der KapErträge. Bei unzureichendem KapESt-Einbehalt trifft den *Anleger* eine Anzeige- und Nachzahlungspflicht (§ 31 III 2 InvStG). Die KapESt kann sonst mit einer StBescheinigung (§ 31 I 2 InvStG) unter den Voraussetzungen des § 36a I–III angerechnet werden (§ 31 III 1 InvStG). S iEinz *BMF* BStBl I 21, 156. – ***(5)* Fondsausgangsseite.** S zum StAbzug ggü dem Anleger § 43 I Nr 5, Nr 9 (→ § 43 Rn. 11; → § 43a Rn. 3 sowie § 50 iVm §§ 35, 36 InvStG.

5. Geltung vorläufiger Einkommensteuerfestsetzungen für die Kapitalertragsteuer, § 43 V 4. S 4 nimmt Bezug auf Vorläufigkeitsvermerke gem § 165 I 2 Nr 2–4 AO (§ 165 I 2 Nr 2 AO: Unvereinbarkeitsfeststellung gem § 31 BVerfGG; § 165 I 2 Nr 3 AO: Verfahren vor dem BVerfG/EuGH; § 165 I 2 Nr. 4 AO: Verfahren vor dem BFH) in ESt-Bescheiden. Hat ein Musterverfahren zu nicht veranlagten KapErträgen Erfolg, kann der StPfl gem § 165 II AO iVm einem Antrag gem § 32d IV, VI die Änderung des ESt-Bescheids verlangen (→ § 32d Rn. 24, 28). 37

§ 43a Bemessung der Kapitalertragsteuer

(1) [1]**Die Kapitalertragsteuer beträgt**

1. **in den Fällen des § 43 Absatz 1 Satz 1 Nummer 1 bis 7a und 8 bis 12 sowie Satz 2:**
   25 Prozent des Kapitalertrags;
2. **in den Fällen des § 43 Absatz 1 Satz 1 Nummer 7b und 7c:**
   15 Prozent des Kapitalertrags.

[2]Im Fall einer Kirchensteuerpflicht ermäßigt sich die Kapitalertragsteuer um 25 Prozent der auf die Kapitalerträge entfallenden Kirchensteuer. [3]§ 32d Absatz 1 Satz 4 und 5 gilt entsprechend.

(2) **[1]Dem Steuerabzug unterliegen die vollen Kapitalerträge ohne Abzug; dies gilt nicht für Erträge aus Investmentfonds nach § 16 Absatz 1 des Investmentsteuergesetzes, auf die nach § 20 des Investmentsteuergesetzes eine Teilfreistellung anzuwenden ist; § 20 Absatz 1 Satz 2 bis 4 des Investmentsteuergesetzes sind beim Steuerabzug nicht anzuwenden. [2]In den Fällen des § 43 Absatz 1 Satz 1 Nummer 9 bis 12 bemisst sich der Steuerabzug**

1. **bei Gewinnen aus der Veräußerung von Anteilen an Investmentfonds im Sinne des § 16 Absatz 1 Nummer 3 in Verbindung mit § 2 Absatz 13 des Investmentsteuergesetzes nach § 19 des Investmentsteuergesetzes und**
2. **in allen übrigen Fällen nach § 20 Absatz 4 und 4a,**

wenn die Wirtschaftsgüter von der die Kapitalerträge auszahlenden Stelle erworben oder veräußert und seitdem verwahrt oder verwaltet worden sind. [3]Überträgt der Steuerpflichtige die Wirtschaftsgüter auf ein anderes Depot, hat die abgebende inländische auszahlende Stelle der übernehmenden inländischen auszahlenden Stelle die Anschaffungsdaten mitzuteilen. [4]Satz 3 gilt in den Fällen des § 43 Absatz 1 Satz 5 entsprechend. [5]Handelt es sich bei der abgebenden auszahlenden Stelle um ein Kreditinstitut, ein Finanzdienstleistungsinstitut oder ein Wertpapierinstitut mit Sitz in einem anderen Mitgliedstaat der Europäischen Union, in einem anderen Vertragsstaat des EWR-Abkommens vom 3. Januar 1994 (ABl. EG Nr. L 1 S. 3) in der jeweils geltenden Fassung oder in einem anderen Vertragsstaat nach Artikel 17 Absatz 2 Ziffer i der Richtlinie 2003/48/EG vom 3. Juni 2003 im Bereich der Besteuerung von Zinserträgen (ABl. EU Nr. L 157 S. 38), kann der Steuerpflichtige den Nachweis nur durch eine Bescheinigung des ausländischen Instituts führen; dies gilt entsprechend für eine in diesem Gebiet belegene Zweigstelle eines inländischen Kreditinstituts, Finanzdienstleistungsinstituts oder einem inländischen Wertpapierinstitut.[1] [6]In allen anderen Fällen ist ein Nachweis der Anschaffungsdaten nicht zulässig. [7]Sind die Anschaffungsdaten nicht nachgewiesen, bemisst sich der Steuerabzug nach 30 Prozent der Einnahmen aus der Veräußerung oder Einlösung der Wirtschaftsgüter. [8]In den Fällen des § 43 Absatz 1 Satz 4 gelten der Börsenpreis zum Zeitpunkt der Übertragung zuzüglich Stückzinsen als Einnahmen aus der Veräußerung und die mit dem Depotübertrag verbundenen Kosten als Veräußerungskosten im Sinne des § 20 Absatz 4 Satz 1. [9]Zur Ermittlung des Börsenpreises ist der niedrigste am Vortag der Übertragung im regulierten Markt notierte Kurs anzusetzen; liegt am Vortag eine Notierung nicht vor, so werden die Wirtschaftsgüter mit dem letzten innerhalb von 30 Tagen vor dem Übertragungstag im regulierten Markt notierten Kurs angesetzt; Entsprechendes gilt für Wertpapiere, die im Inland in den Freiverkehr einbezogen sind oder in einem anderen Staat des Europäischen Wirtschaftsraums zum Handel an einem geregelten Markt im Sinne des Artikels 1 Nummer 13 der Richtlinie 93/22/EWG des Rates vom 10. Mai 1993 über Wertpapierdienstleistungen (ABl. EG Nr. L 141 S. 27) zugelassen sind. [10]Liegt ein Börsenpreis nicht vor, bemisst sich die Steuer nach 30 Prozent der Anschaffungskosten. [11]Die übernehmende auszahlende Stelle hat als Anschaffungskosten den von der abgebenden Stelle angesetzten Börsenpreis anzusetzen und die bei der Übertragung als Einnahmen aus der Veräußerung angesetzten Stückzinsen nach Absatz 3 zu berücksichtigen. [12]Satz 9 gilt entsprechend. [13]Liegt ein Börsenpreis nicht vor, bemisst sich der Steuerabzug nach 30 Prozent der Einnahmen aus der Veräußerung oder Einlösung der Wirtschaftsgüter. [14]Hat die auszahlende Stelle die Wirtschaftsgüter vor dem 1. Januar 1994 erworben oder veräußert und seitdem verwahrt oder verwaltet, kann sie den Steuer-

[1] Richtig wohl: „eines inländischen Wertpapierinstituts".

abzug nach 30 Prozent der Einnahmen aus der Veräußerung oder Einlösung der Wertpapiere und Kapitalforderungen bemessen. [15]Abweichend von den Sätzen 2 bis 14 bemisst sich der Steuerabzug bei Kapitalerträgen aus nicht für einen marktmäßigen Handel bestimmten schuldbuchfähigen Wertpapieren des Bundes und der Länder oder bei Kapitalerträgen im Sinne des § 43 Absatz 1 Satz 1 Nummer 7 Buchstabe b aus nicht in Inhaber- oder Orderschuldverschreibungen verbrieften Kapitalforderungen nach dem vollen Kapitalertrag ohne jeden Abzug.

(3) **[1]Die auszahlende Stelle hat ausländische Steuern auf Kapitalerträge nach Maßgabe des § 32d Absatz 5 zu berücksichtigen. [2]Sie hat unter Berücksichtigung des § 20 Absatz 6 Satz 4 im Kalenderjahr negative Kapitalerträge einschließlich gezahlter Stückzinsen bis zur Höhe der positiven Kapitalerträge auszugleichen; liegt ein gemeinsamer Freistellungsauftrag im Sinne des § 44a Absatz 2 Satz 1 Nummer 1 in Verbindung mit § 20 Absatz 9 Satz 2 vor, erfolgt ein gemeinsamer Ausgleich. [3]Der nicht ausgeglichene Verlust ist auf das nächste Kalenderjahr zu übertragen. [4]Auf Verlangen des Gläubigers der Kapitalerträge hat sie über die Höhe eines nicht ausgeglichenen Verlusts eine Bescheinigung nach amtlich vorgeschriebenem Muster zu erteilen; der Verlustübertrag entfällt in diesem Fall. [5]Der unwiderrufliche Antrag auf Erteilung der Bescheinigung muss bis zum 15. Dezember des laufenden Jahres der auszahlenden Stelle zugehen. [6]Überträgt der Gläubiger der Kapitalerträge seine im Depot befindlichen Wirtschaftsgüter vollständig auf ein anderes Depot, hat die abgebende auszahlende Stelle der übernehmenden auszahlenden Stelle auf Verlangen des Gläubigers der Kapitalerträge die Höhe des nicht ausgeglichenen Verlusts mitzuteilen; eine Bescheinigung nach Satz 4 darf in diesem Fall nicht erteilt werden. [7]Erfährt die auszahlende Stelle nach Ablauf des Kalenderjahres von der Veränderung einer Bemessungsgrundlage oder einer zu erhebenden Kapitalertragsteuer, hat sie die entsprechende Korrektur erst zum Zeitpunkt ihrer Kenntnisnahme vorzunehmen; § 44 Absatz 5 bleibt unberührt. [8]Die vorstehenden Sätze gelten nicht in den Fällen des § 20 Absatz 8 und des § 44 Absatz 1 Satz 4 Nummer 1 Buchstabe a Doppelbuchstabe bb sowie bei Körperschaften, Personenvereinigungen oder Vermögensmassen.**

(4) **[1]Die Absätze 2 und 3 gelten entsprechend für die das Bundesschuldbuch führende Stelle oder eine Landesschuldenverwaltung als auszahlende Stelle. [2]Werden die Wertpapiere oder Forderungen von einem Kreditinstitut, Finanzdienstleistungsinstitut oder einem Wertpapierinstitut mit der Maßgabe der Verwahrung und Verwaltung durch die das Bundesschuldbuch führende Stelle oder eine Landesschuldenverwaltung erworben, hat das Kreditinstitut, das Finanzdienstleistungsinstitut oder das Wertpapierinstitut der das Bundesschuldbuch führenden Stelle oder einer Landesschuldenverwaltung zusammen mit den im Schuldbuch einzutragenden Wertpapieren und Forderungen den Erwerbszeitpunkt und die Anschaffungsdaten sowie in Fällen des Absatzes 2 den Erwerbspreis der für einen marktmäßigen Handel bestimmten schuldbuchfähigen Wertpapiere des Bundes oder der Länder und außerdem mitzuteilen, dass es diese Wertpapiere und Forderungen erworben oder veräußert und seitdem verwahrt oder verwaltet hat.**

Einkommensteuer-Richtlinien: EStH 43a – **Verwaltungsanweisungen:** *BMF* BStBl I 25, 1330 Rn. 183a f; *BMF* BStBl I 19, 527 (Investmentfonds) mit Folgeschreiben.

1. Steuersatz für den Kapitalertragsteuerabzug und KiSt, § 43a I. – 1
(1) **Einbindung in das Kapitalertragsteuersystem.** § 43a I 1 ergänzt § 43 I und bestimmt die iRd StAbzugs maßgebl StSätze für die einzelnen KapESt-Tatbestände. Für *lfd KapErträge* iSd § 43 I Nr 1–7a, Nr 8 und für KapErträge *aus einer Veräußerung* gem § 43 I Nr 9–12 gilt ein einheitl StSatz iHv 25% des Brutto-KapErtrags. Auf Leistungen bzw den Gewinntransfer von Betrieben gewerbl Art iSd § 43 I 1 Nr 7b, Nr 7c

wird ein StSatz von 15% erhoben. – *(2)* **Ermäßigung um die Kirchensteuer.** Gem Abs 1 S 2 ermäßigt sich bei KiStPfl die KapESt um 25% der auf die KapErträge entfallenden KiSt; gem § 10 I Nr 4 S 2 kein Abzug mehr als SA iRd Veranlagung (→ § 10 Rn. 61). Auch → § 32d Rn. 3. – *(3)* **SolZ.** → § 43 Rn. 2; keine Änderung ab VZ 2021.

2 **2. Bemessungsgrundlage, § 43a II. – a) Grundsatz, § 43a II 1 Hs 1.** Der KapESt unterliegt grds der Bruttoertrag ohne Berücksichtigung von StBefreiungen (→ § 43 Rn. 9). Ausschüttungen aufgrund der Gutschrift entnahmefähiger Gewinnanteile einer OptionsGes (§ 20 I Nr 1 iVm § 1a III KStG) sind idR BruttoKapErträge iSd § 43a I 1 Nr 1 (s *Wacker/Krüger ua* DStR-Beih 21, 3 (26); *BMF* BStBl I 21, 2212 Rn. 76). – Zur Übernahme der StSchuld durch den Schuldner s *BMF* BStBl I 25, 1330 Rn. 183a.

3 **b) Ausnahmen. – aa) Investmentfondserträge. –** ***(1)*** **Laufende Erträge iSd § 16 I Nr 1 und I Nr 2 InvStG, § 43a II 1 Hs 2.** Ausschüttungen und Vorabpauschalen (→ § 20 Rn. 80, 83) unterliegen dem KapEStAbzug (§ 43 I Nr 5). Bemessungsgrundlage ist der Bruttoertrag, der für alle Anlegergruppen um den gem § 20 InvStG für die jeweilige Fondsart einschlägigen Teilfreistellungssatz unbeschr stpfl Privatanleger zu kürzen ist. Entfaltet der StAbzug Abgeltungswirkung (§ 43 V 1), ist die KapESt-Belastung definitiv; iRe Veranlagung (§ 43 V 2) ist ein zutr höherer Teilfreistellungssatz zu berücksichtigen (*BMF* BStBl I 19, 527 Rn. 20.5, 20.6). – ***(2)*** **Veräußerungsgewinne iSd § 2 XIII iVm 16 I Nr 3 InvStG, § 43a II 2 Nr 1.** Zu den erfassten Gewinnen (§ 43 I Nr 9) → § 43 Rn. 11. Bemessungsgrundlage ist iRd KapESt-Abzugs der für Privatanleger zu ermittelnde Gewinn (*BMF* BStBl I 19, 527 Rn. 19.1, 19.2, 19.4 ff, 19.13, 20.6; *BH/Mann* § 20 InvStG 2018 Rn. 12), Erforderl ist die durchgehende Verwaltung und Verwahrung der Anteile durch die auszahlende Stelle zw Erwerb und Veräußerung.

4 **bb) Sonstige Veräußerungsgewinne, § 43a II 2 Nr 2. –** ***(1)*** **Bemessungsgrundlage nach § 20 IV, IVa.** § 43a II 2 Nr 2 bestimmt die Bemessungsgrundlage für die KapESt für alle sonstigen kapestpfl Veräußerungsgewinne iSd § 20 II 1, 2. Voraussetzung ist die durchgehende Verwaltung/Verwahrung der KapAnlage durch die auszahlende Stelle zw Erwerb und Veräußerung. Die der auszahlenden Stelle seit dem Erwerb bekannten Anschaffungs- und Veräußerungskosten können berücksichtigt werden; auch § 20 IV 5 (Termingeschäfte) und IV 8 (Währungsgewinn/-verlust) sind anzuwenden. – ***(2)*** **Übertragung zwischen Depots desselben Steuerpflichtigen, § 43a II 3–6.** S iEinz *Anemüller* ErbStB 22, 311 (313). – ***(a)*** **Keine fiktive Veräußerung.** § 43 I 4 fingiert Veräußerungen nur bei Depotübertragungen mit Rechtsträgerwechsel (→ § 43 Rn. 15). Die *Anschaffungsdaten* sind gem **S 3** von der abgebenden inl an die übernehmende auszahlende inl Stelle zu übermitteln. Der Nachweis der Anschaffungsdaten darf gem **S 5** auch bei einer Übertragung aus dem Depot eines EU/EWR-Instituts und der in der Norm genannten anderen Staaten (ua Schweiz) in das Inl durch dessen **Bescheinigung** geführt werden (auch die elektronische-Übermittlung mit Versicherung des abgebenden ausl Instituts kann zul sein nach *BMF* BStBl I 25, 1330 Rn. 193), nicht aber bei Depotübertragungen aus Drittstaaten in das Inl **(S 6).** – ***(b)*** **Ersatzbemessungsgrundlage für spätere Veräußerung, § 43a II 7.** Werden die Anschaffungsdaten nicht übermittelt oder darf dies nach S 6 nicht geschehen, hat die übernehmende auszahlende Stelle bei einer späteren Veräußerung iRd Ersatzbemessungsgrundlage den kapestpfl Veräußerungsgewinn pauschal iHv 30% der Einnahmen aus der Veräußerung/Einlösung anzusetzen (s auch *BMF* BStBl I 25, 1330 Rn. 195 [nicht ermittelbare Daten]; Rn. 196 [Leerverkauf]). Ist dieser KapErtrag zu niedrig, ist der tatsächl Gewinn gem § 32d III vom StPfl zu erklären; ist er zu hoch, muss ein Antrag gem § 32d IV gestellt werden, um zur zutr Besteuerung zu gelangen (→ § 32d Rn. 23, *BMF* BStBl I 25, 1330 Rn. 145, 194, auch zu Verlustverkäufen). – ***(3)*** **Unentgeltliche Depotübertragung**

auf anderen Gläubiger, § 43a II 4–6. Bei einer unentgeltl Übertragung mit Gläubigerwechsel gelten S 3, S 5–6 entspr: Übermittlung der Anschaffungsdaten, soweit zulässig, ansonsten Anwendung der Ersatzbemessungsgrundlage bei späterer Veräußerung
und Beachtung der § 32d III, IV. S iEinz *BMF* BStBl I 25, 1330 Rn. 184a–193. – ***(4)* Bemessungsgrundlage bei fiktiver Veräußerung gem § 43 I 4, § 43a II 8–10.** S *BMF* BStBl I 25, 1330 Rn. 194–200. Gem **S 8** gilt der *Börsenpreis* zuzügl Stückzinsen **iSd S 9** für den Veräußerer als Gewinn, hilfsweise 30% der AK **(S 10).** – Zu den AK des Erwerbers s § 43a III 11, 12, dh grds der Börsenpreis. Liegt *kein Börsenpreis* vor, ist für eine spätere Veräußerung des Erwerbers der StAbzug gem **S 13 und S 14** bei ursprüngl vor 1994 erworbenen/veräußerten WG iHv 30% der Einnahmen zu bemessen; gem **S 15** ist bei den dort genannten KapForderungen der volle KapErtrag anzusetzen. Zur Korrektur iRd Veranlagung → § 32d Rn. 23.

3. Umsetzung des Kapitalertragsteuerabzugs, § 43a III. – a) Berücksichtigung ausländischer Quellensteuer, § 43 III 1. Unterliegen ausl KapErträge iSd § 43 III gem § 43 I dem KapEStAbzug, ist nach § 43a III 1 ausl QuellenSt iRd KapEStAbzugs nach den Vorgaben in § 32d I 2, V 1–3 (→ § 32d Rn. 26) anzurechnen S *BMF* BStBl I 25, 1330 Rn. 201–211, 276 zum Umfang der anrechenbaren ausl Steuern; Rn. 241c zur Umsetzung durch einen jahresbezogenen Quellensteuertopf; Einstellung von Positiv-/Negativbeträgen; Auflösung am Ende des VZ). Eine *ehegattenübergreifende Anrechnung* ausl QuellenSt bei derselben auszahlenden Stelle erfolgt bei gemeinsamem Freistellungsauftrag (*BMF* BStBl I 25, 1330 Rn. 276). Nacherhobene KapESt iRd des Verfahrens gem Abs 3 S 7 nach einer überhöhten Anrechnung im Zuflussjahr kann iRd Veranlagung (→ § 32d Rn. 23) oder iRe Abrechnungsbescheids nur angerechnet werden, wenn sie in der StBescheinigung (als negative angerechnete QuellenSt) ausgewiesen wird (*BMF* BStBl I 25, 1330 Rn. 241c; *Levedag* RdF 23, 188 (189)). 5

b) Verlustverrechnung, 43a III 2–6. – aa) Regelungsinhalt; System. – ***(1)* Inhalt.** Um eine Veranlagung negativer KapErträge und deren gesonderte Feststellung (§ 10d iVm § 20 VI) zu erübrigen, regeln Abs 3 S 2–6 den **Ausgleich** negativer KapErträge mit positiven KapErträgen samt des **Verlustvortrags** iRd StAbzugs auf der Depotebene, die Erteilung einer **Verlustbescheinigung** für die Veranlagung (→ Rn. 8) und die Fortführung des Verlustverrechnungstopfes im Fall eines sämtl Wertpapiere umfassenden **Depotwechsels** desselben StPfl (Gläubigers) durch das übernehmende Kreditinstitut auf Antrag (*BMF* BStBl I 25, 1330 Rn. 235). Zur Abgeltungswirkung der Verlustverrechnung iRd StAbzugs → § 43 Rn. 32. – ***(2)* System.** Unterjährige Bildung eines Verrechnungskontos für StPfl mit KapErträgen im PV (Ausnahme: Körperschaften) mit separaten Verlustverrechnungstöpfen für sonstige Verluste (§ 20 VI 2) und Aktienveräußerungsverluste (§ 20 VI 4). Da die Verluste unterjährig laufend zu verrechnen sind, kann die Depotbank für den StPfl ein internes Verrechnungskonto führen und StGutschriften erteilen oder Nachbelastungen vornehmen (*BMF* BStBl I 25, 1330, Rn. 212). Zur ehegattenübergreifenden Verrechnung, wenn ein gemeinsamer Freistellungsauftrag bei derselben auszahlenden Stelle vorliegt, s *BMF* BStBl I 25, 1330 Rn. 219, 261 ff, 266 ff. 6

bb) Verlustverrechnung im Einzelnen. S *BMF* BStBl I 25, 1330 Rn. 212 ff, 228–230. – ***(1)* Verlustkategorien.** IRd StAbzugs sind nach Abs 3 S 2 die Verlustverrechnungstöpfe und Verrechnungsmöglichkeiten gem § 20 VI 3 und 4 maßgebl. Die gestrichenen § 20 VI 5, 6 aF waren zuvor iRd StAbzugs unerhebl (→ § 20 Rn. 246 ff). *BMF* BStBl I 25, 1330 Rn. 325 gestattet auf der Depotebene die Abwicklung der VZ 2024 und 2025 nach der Handhabung in *BMF* BStBl I 22, 742 Rn. 299a (Nichtbeanstandungsregelung). Bei **zu niedriger Verrechnung iRd StAbzugs** können Verluste durch einen Antrag gem § 32d IV in der Veranlagung ab- 7 gezogen werden. Bei **zu hoher Verrechnung** iRd StAbzugs sind die KapErträge gem § 32d III 1 zu erklären (→ § 32d Rn. 23, 24). IEinz gilt iRd StAbzugs:

	Verlustkategorien/Verlustverrechnungstöpfe
Abs 6 S 4	**Aktienveräußerungsverluste:** IRd StAbzugs nur mit **Aktienveräußerungsgewinnen** verrechenbar; der Verlust aus der Übertragung einer wertlosen Aktie ist idR ein Veräußerungsverlust gem S 4; dies gilt nunmehr auch für Ausbuchungs- und Ausfallverluste von Aktien (Insolvenz; Liquidation) → § 20 Rn. 245. *BMF* BStBl I 25, 1330 Rn. 118 lässt es zu, Ausfall- und Ausbuchungsverluste von Aktien für VZ vor 2026 in den Topf für sonstige Verluste nach Abs 6 S 2 zu übernehmen. Zu den Praxisfragen *Herold* GStB 25, 224 ff.
Abs 6 S 2	Sonstige Verluste (einschließl Termingeschäfts-, anderer Ausfall-, Übertragungs- und Ausbuchungsverlusten iSd § 20 VI S 5, 6 aF und der Substanzverluste aus **KapAnlagen** sind untereinander verrechenbar und vortragsfähig; Verrechenbarkeit auch mit Aktienveräußerungs- und Termingeschäftsgewinnen (→ § 20 Rn. 245 f).

(2) **Sparerpauschbetrag.** Er ist gem § 44a I (durch Abstandnahme) erst zu berücksichtigen, wenn nach dem Verlustausgleich ein verbleibender positiver KapErtrag vorhanden ist (*BMF* BStBl I 25, 1330 Rn. 230 ff).

8 **cc) Verlustbescheinigung, § 43a III 4.** S zur grds Erforderlichkeit der Bescheinigung für die Veranlagung § 20 VI 5 (→ § 20 Rn. 249, auch zur Entbehrlichkeit). Sie ist für den nicht ausgeglichenen Verlust iSd Abs 6 S 2 oder S 4 vom *Gläubiger* bis zum 15.12. des VZ bei der auszahlenden Stelle unwiderrufl zu beantragen. Der Antrag kann für jeden Verlusttopf (→ Rn. 7) separat gestellt werden (zu Einzelfragen *BMF* BStBl I 25, 1330 Rn. 234 [Gläubigerbegriff], Rn. 237 [automatische Erteilung bei Tod des StPfl], Rn 235, 236 [Depotübertrag]; s auch FG Mster DStRE 22, 724, rkr). – Verluste iSd § 20 VI 5,6 aF auf der Depotebene wurden ohne Antrag bescheinigt (*BMF* BStBl I 22, 742 Rn. 233), dies ist für VZ 2024 und VZ 2025 noch zul (Nichtbeanstandung des *BMF* → Rn 7). – Die Verlustverrechnungstöpfe sind bei Erteilung der Bescheinigung bei der auszahlenden Stelle zu schließen. – Wenn ein Antrag gem § 32d IV, VI gestellt wird, ist der bescheinigte Verlust iRd Veranlagung gem § 20 VI zu verrechnen oder gesondert festzustellen (→ § 20 Rn. 243 ff). IRd Veranlagung besteht aber keine Bindung an den bescheinigten nicht ausgeglichenen Verlust, dh die Art und Weise der Verrechnung iRd KapESt-Abzugs kann (auch depotübergreifend) korrigiert werden (BFH VIII R 23/15, BStBl II 19, 54; *BMF* BStBl I 25,1330, Rn. 119).

9 **c) Korrektur des Kapitalertragsteuerabzugs, § 43a III 7.** Der StEntrichtungspflichtige **ist gem S 7 Hs 1** zur Korrektur eines fehlerhaften KapESt-Abzugs, insb aufgrund einer veränderten (Ersatz-)Bemessungsgrundlage (s § 43a II, auch der AK des Erwerbers) oder bei nicht erkannter StBarkeit eines KapErtrags iSd § 43 I verpflichtet. Die Korrektur ist als sog Delta-Korrektur nicht rückwirkend im VZ der Entstehung der KapESt (§ 44 I 2), sondern erst bei Kenntnisnahme vorzunehmen (→ § 20 Rn. 199, auch zu § 20 IIIa; *BMF* BStBl I 25, 1330 Rn. 241 ff). Eine Haftung gem § 44 V bleibt daneben mögl **(S 7 Hs 2).**

10 **d) Ausnahmen von § 43a III 2–7, § 43a III 8.** Keine Verpflichtung zur Anrechnung ausl QuellenSt, zur Bildung und Führung eines Verlustverrechnungstopfes iRd KapEStAbzugs und zur Korrektur gem Abs 3 S 7 besteht für zu veranlagende KapErträge ohne Abgeltungswirkung (§ 20 VIII iVm § 43 V 2: Korrektur iRd StFestsetzung), bei KapErträgen, die Körperschaften, Personenvereinigungen, Vermögensmassen als Gläubigern zufließen (*BMF* BStBl I 25, 1330 Rn. 215 f, 240) und für auszahlende Stellen in den Fällen des § 44 I 4 Buchst a aa.

4. Bundeswertpapier- und Landesschuldenverwaltung, § 43a IV. S 1, 2 enthalten **Sonderregelungen,** wenn die das Bundesschuldbuch führende Stelle oder eine Landesschuldenverwaltung die auszahlende Stelle iSd § 44 ist. 11

§ 43b Bemessung der Kapitalertragsteuer bei bestimmten Gesellschaften

(1) **[1]Auf Antrag wird die Kapitalertragsteuer für Kapitalerträge im Sinne des § 20 Absatz 1 Nummer 1, die einer Muttergesellschaft, die weder ihren Sitz noch ihre Geschäftsleitung im Inland hat, oder einer in einem anderen Mitgliedstaat der Europäischen Union gelegenen Betriebsstätte dieser Muttergesellschaft, aus Ausschüttungen einer Tochtergesellschaft zufließen, nicht erhoben; § 50d Absatz 3 gilt entsprechend. [2]Satz 1 gilt auch für Ausschüttungen einer Tochtergesellschaft, die einer in einem anderen Mitgliedstaat der Europäischen Union gelegenen Betriebsstätte einer unbeschränkt steuerpflichtigen Muttergesellschaft zufließen. [3]Ein Zufluss an die Betriebsstätte liegt nur vor, wenn die Beteiligung an der Tochtergesellschaft tatsächlich zu dem Betriebsvermögen der Betriebsstätte gehört. [4]Die Sätze 1 bis 3 gelten nicht für Kapitalerträge im Sinne des § 20 Absatz 1 Nummer 1, die anlässlich der Liquidation oder Umwandlung einer Tochtergesellschaft zufließen.**

(2) **[1]Muttergesellschaft im Sinne des Absatzes 1 ist jede Gesellschaft, die**

1. **die in der Anlage 2 zu diesem Gesetz bezeichneten Voraussetzungen erfüllt und**
2. **nach Artikel 3 Absatz 1 Buchstabe a der Richtlinie 2011/96/EU des Rates vom 30. November 2011 über das gemeinsame Steuersystem der Mutter- und Tochtergesellschaften verschiedener Mitgliedstaaten (ABl. L 345 vom 29.12.2011, S. 8), die zuletzt durch die Richtlinie 2014/86/EU (ABl. L 219 vom 25.7.2014, S. 40) geändert worden ist, zum Zeitpunkt der Entstehung der Kapitalertragsteuer gemäß § 44 Absatz 1 Satz 2 nachweislich mindestens zu 10 Prozent unmittelbar am Kapital der Tochtergesellschaft beteiligt ist (Mindestbeteiligung).**

[2]Ist die Mindestbeteiligung zu diesem Zeitpunkt nicht erfüllt, ist der Zeitpunkt des Gewinnverteilungsbeschlusses maßgeblich. [3]Tochtergesellschaft im Sinne des Absatzes 1 sowie des Satzes 1 ist jede unbeschränkt steuerpflichtige Gesellschaft, die die in der Anlage 2 zu diesem Gesetz und in Artikel 3 Absatz 1 Buchstabe b der Richtlinie 2011/96/EU bezeichneten Voraussetzungen erfüllt. [4]Weitere Voraussetzung ist, dass die Beteiligung nachweislich ununterbrochen zwölf Monate besteht. [5]Wird dieser Beteiligungszeitraum nach dem Zeitpunkt der Entstehung der Kapitalertragsteuer gemäß § 44 Absatz 1 Satz 2 vollendet, ist die einbehaltene und abgeführte Kapitalertragsteuer nach § 50c Absatz 3 zu erstatten; das Freistellungsverfahren nach § 50c Absatz 2 ist ausgeschlossen.

(2a) **Betriebsstätte im Sinne der Absätze 1 und 2 ist eine feste Geschäftseinrichtung in einem anderen Mitgliedstaat der Europäischen Union, durch die die Tätigkeit der Muttergesellschaft ganz oder teilweise ausgeübt wird, wenn das Besteuerungsrecht für die Gewinne dieser Geschäftseinrichtung nach dem jeweils geltenden Abkommen zur Vermeidung der Doppelbesteuerung dem Staat, in dem sie gelegen ist, zugewiesen wird und diese Gewinne in diesem Staat der Besteuerung unterliegen.**

(3) *(aufgehoben)*

Anlage 2 (zu § 43b) *hier nicht abgedruckt;* s hierzu ua Beck'sche Textausgabe „Aktuelle Steuertexte 2026". **Einkommensteuer-Richtlinien:** EStH 43b – **Verwaltungsanweisungen:** *BMF* BStBl I 18, 589.

1. Kapitalertragsteuerabzug bei Gewinnausschüttungen iSd § 43 I Nr 1, Nr 1a zwischen Körperschaften. – a) Kapitalertragsteuerabzug auf Ebene einer inländischen Tochter-Körperschaft.

1

Grundfall: Ausschüttung einer inl TochterGes iSd § 1 I Nr 1 bis Nr 3 KStG (KapErträge iSd § 43 I Nr 1)	**StAbzug** iHv 25% des Bruttobetrags [§ 43 I Nr 1, § 43a I 1 Nr 1, II; keine Anwendung von § 8b I KStG iRd StAbzugs (§ 43 I 3)]; *Ausnahme:* Abstandnahme bei Dauerüberzahler (§ 44a V). Entstehung KapESt gem § 44 II; Entrichtungspflichtiger: TochterGes ist zur Anmeldung, Abführung der KapESt (§ 44 I 3) und Ausstellung der Bescheinigung verpfl [§ 45a I, II 1 Nr 1]; ebenso für den SolZ (§ 3 I Nr 5, § 4 SolZG)
Ausschüttung einer inl AG mit sammelverwahrten, elektronischen Aktien (KapErträge iSd § 43 I Nr 1a)	**StAbzug** iHv 25% des Bruttobetrags [§ 43 I Nr 1a, § 43a I 1 Nr 1, keine Anwendung des § 8b I KStG iRd StAbzugs (§ 43 I 3)]; **Entstehung KapESt** gem § 44 II; **Entrichtungspflichtiger:** Auszahlende Stelle/Verwahrer, ggf Wertpapiersammelbank (nicht die AG!) ist zur Anmeldung, Abführung der KapESt (§ 44 I 3, 4 Nr 3 Buchst a, b; für elektronische Aktien § 44 I 4 Nr 6, § 44 I 4 Nr 3 Buchst c: grds registerführende Stelle, subsidiär die AG), und Ausstellung der Bescheinigung verpflichtet [§ 45a I, II 1 Nr 2, III]; ebenso für den **SolZ** (§ 3 I Nr 5, § 4 SolZG) – Keine Dauerüberzahlungsbescheinigung (§ 44a V) mögl.
Besonderheit: Stbegünstigte Körperschaft (§ 5 I Nr 9 S 1 KStG) als Anteilseignerin der TochterGes oder AG (KapErträge iSd § 43 I Nr 1, Nr 1a)	***(1)* Bei Bezügen iSd § 43 I Nr 1:** Grds KapESt-Abzug bei der TochterGes iHv 25% des KapErtrags wie im Grundfall; aber: volle *Abstandnahme* vom StAbzug gem § 44a VII 1 Nr 1, S 2 bei der *TochterGes* und *Erstattung* einbehaltener KapESt gem § 44b VI, § 44b VI 1 Nr 3, § 44b V 1 sind mögl; – ***(2)* Bei Bezügen iSd § 43 I Nr 1a:** KapESt-Abzug wie oben; **vollständige Abstandnahme** vom KapESt-Abzug (§ 44a X 1 Nr 3) ist mögl (→ § 44a Rn. 18); ansonsten KapESt-Abzug iHv 3/5 des KapErtrags; ggf auch **Erstattung** einbehaltener KapESt (§ 44b II iVm § 36a I–III, → § 36a Rn. 9, 10; → § 44b Rn. 3).

b) Behandlung der Kapitalerträge bei inländischen Anteilseigner-Körperschaften.

2

Anteilseigner-Körperschaft	**Behandlung**
Körperschaft iSd § 1 I Nr 1–3 KStG mit gewerbl Bezügen (§ 8 II, IV KStG)	***(1)* KapErtrag gem § 43 I Nr 1:** keine Abgeltungswirkung des StAbzugs (§ 43 V 2); KSt-Veranlagung; bei Beteiligung von mindestens 10% grds Freistellung des KapErtrags; iHv 5% nichtabzugsfähige BA iRd Einkünfteermittlung [§ 8b I, V; Ausnahmen: § 8b VII, VIII, XI KStG: volle StPflicht des KapErtrags]; *Anrechnung* der KapESt auf KSt/SolZ [§ 36 II Nr 2 EStG iVm § 31 I 1 KStG]; – ***(2)* Streubesitz.** Bei Beteiligung < 10% (§ 8b IV KStG): volle StPflicht des KapErtrags; Veranlagung und *Anrechnung* der KapESt auf KSt/SolZ – ***(3)* KapErtrag gem § 43 I Nr 1a:** Einkommensermittlung wie unter *(1), (2);* Veranlagung, aber *Anrechnung* der KapESt nur, wenn auch § 36a I–III oder V erfüllt sind.
Körperschaft iSd § 1 I Nr 4 KStG mit Einkünften gem § 20 I Nr 1 (zB Stiftung)	***(1)* KapErtrag gem § 43 I Nr 1, Nr 1a:** Veranlagung und Einkünfteermittlung grds wie oben unter *(1)* und *(2),* s aber § 8 X 2 KStG (→ § 20 Rn. 4). – ***(2)* Veranlagung und Anrechnung:** KapESt gem § 36 II Nr 2; bei KapErträgen gem § 43 I Nr 1a nur, wenn § 36a I–III, V erfüllt sind.
Steuerbegünstigte Körperschaft, § 5 I Nr 9 S 1, 2; § 5 I Nr 9 S 2 KStG:	***(1)* Abgeltung von KSt/SolZ:** S § 5 II Nr 1, § 32 II Nr 1 KStG: Abgeltung KSt, Solz durch StAbzug. – ***(2)* Keine Anrechnung:** Nur Abstandnahme vom KapESt-Abzug oder Erstattung der KapESt (§ 43 I Nr 1, § 44a VII, § 44b→ Rn. 1); – ***(3)* Wirtschaftl Geschäftsbetrieb (§ 5 I Nr 9 S 2 KStG):** Veranlagung, Anrech-

Anteilseigner-Körperschaft	Behandlung
	nung wie oben unbeschr stpfl KapGes. Volle Abstandnahme für Gewinntransfer (§ 20 I Nr 10 Buchst b S 4; § 43 I Nr 7c, § 44a VII).
Inl Investmentfonds (auch → § 43 Rn. 36)	*(1)* **Beteiligungseinnahmen** aus inl Körperschaften iSd § 43 I 1 Nr 1, Nr 1a sind Teil des stpfl Einkommens; § 8b I KStG ist ausgeschlossen (§ 6 III 1 Nr 1, § 6 VI InvStG). – ***(2)* Abgeltender Abzug für KSt/SolZ:** Erhebung von 15% KapESt (§ 43a II 2) auf den Bruttobetrag ./. SolZ [14,218%], aber Berücksichtigung der Teilfreistellungen gem § 20 InvStG (s iEinz § 7 I–IV InvStG, → § 43 Rn. 36); ggf Erstattung der KapESt gem § 7 V InvStG; – ***(3)* Steuerbegünstigte Anleger:** anteilige oder volle StBefreiung der KapErträge beim Fonds gem § 8, § 10, § 11 I InvStG iVm § 36a mit Erstattung KapESt (s iEinz *BMF* BStBl I 19, 527) – ***(4)* Spezialfonds:** bei Transparenzoption s § 30 I InvStG (*BMF* BStBl I 21, 156); zu StAbzug und Anrechnung s § 31 InvStG (→ § 43 Rn. 36).

c) Behandlung der Ausschüttungen bei beschränkt steuerpflichtigen Anteilseigner-Körperschaften.

3

Empfängerin	Behandlung
EU-KapGes mit mindestens 10%-Beteiligung am Kapital der TochterGes	***(1)* § 43b:** Zwar grds Abgeltung von KSt/SolZ auf die Dividende (§ 49 I Nr 5 Buchst a, § 49 II) durch KapESt bei Tochter-Ges iHv 25% auf den BruttoKapErtrag (§ 43 V, § 32 I Nr 2 KStG); die KapESt darf aber nur (§ 50c I 1) mit Freistellungsbescheinigung (§ 50c II 1 Nr 1) nicht erhoben werden (Abstandnahme) oder ist nach Einbehalt wie unter *(2)* zu erstatten (→ Rn. 4 ff); – ***(2)* Zweigeteiltes Verfahren:** Ohne Freistellungsbescheinigung KapESt-Einbehalt mit Erstattung der KapESt (§ 43b II 5 iVm § 50c III) auf Antrag. – Zur Missbrauchsabwehr s § 50d III iVm § 43b I 1 Hs 2 (→ § 50d Rn. 15 f). IEinz → § 50c Rn. 10 ff, 24 ff.
EU-Betriebsstätte einer zu mindestens 10% am Kapital beteiligten EU-/EWR- oder einer solchen inl MutterGes	***(1)* § 43b:** keine Abgeltungswirkung des KapESt-Einbehalts der TochterGes, da KapErträge BE sind (§ 43 V 2 EStG; § 32 I Nr 2 KStG); die KapESt darf gem § 43b I 1, 2 nicht erhoben werden (→ Rn. 4 ff) – ***(2)* Verfahren:** S die Ausführungen zu mindestens 10%-beteiligten MutterGes. – **(3) Dauerüberzahler.** ggf Abstandnahme gem § 44a V (→ § 44 Rn. 12).
MutterGes mit DBA-Schutz gem Art 10 II OECD-MA	***(1)* Bei DBA Schachtelprivileg** QuellenSt-Befreiung oder -Reduzierung (idR auf 5%); bei niedrigerer Beteiligung ggf durch das DBA **QuellenSt-Reduktion** (idR auf 15%); – ***(2)* Verfahren:** Durchführung des KapESt-Abzugs iHv 25% des Brutto-KapErtrags (§ 50c I 1) bei TochterGes, aber Antrag auf Freistellung (§ 50c II 1 Hs 2) oder Erstattung der KapESt (§ 50c III) auf Antrag. Zur vollen Erstattung der KapESt an DrittstaatenGes BFH VIII R 21/22, BStBl II 25, 685; Az EuGH C-533/25; Anm *Levedag* HFR 26, 47 (57)).
MutterGes im Nicht-DBA-Fall	*(1)* Durchführung des KapESt-Abzugs iHv 25% des Brutto-KapErtrags (§ 50c I 1) bei TochterGes, **Abstandnahme** gem § 44a IX iHv 2/5 des Bruttobetrags mögl; – ***(2)* Verfahren:** Antrag auf Erstattung (§ 44a IX 2 iVm § 50c III, V und § 50d III).
Sonstige beschr stpfl MutterGes mit Beteiligung < 10%	*(1)* Durchführung des abgeltenden KapESt-Abzugs iHv 25% des Brutto-KapErtrags bei TochterGes (§ 32 I Nr 2 KStG); zu unionsrechtl Zweifeln, wenn inl Mutter-Ges bei kstl Verlusten die KapESt erstattet, angerechnet erhält oder vom Einbehalt Abstand genommen wird s EuGH C-575/17, DStRE 19, 760; EuGH

Empfängerin	Behandlung
	C 601/23, BeckRS 2024, 35981; *Hummel* IStR 26, 37; – ***(2)*** **Erstattung der KapESt** (§ 32 V KStG) für § 8b I KStG unterfallende Dividenden außerhalb des § 43b (EuGH C-572/20, IStR 22, 727, nachgehend FG Köln EFG 24, 663, Rev VIII R 42/23; FG Köln EFG 24, 405, Rev VIII R 43/23: unionsrechtskonforme Auslegung); zu ausl Pensionsfonds FG Mchn EFG 22, 609, rkr; BFH I R 22/20, BStBl II 22, 324; zu ausl LV-Unternehmen (§ 8b VIII KStG) s FG Köln EFG 24, 65, Rev VIII R 40/23. – Zur Erstattung der KapESt wegen Verstoßes gegen die Kapitalverkehrsfreiheit BFH I R 31/18, DStR 21, 2114 – ***(3)*** **Verfahren:** Freistellungsbescheid des BZSt auf Antrag (§ 32 V 3 KStG iVm § 155 I 3 AO).
Ausländische Investmentfonds; ausl gemeinnützige KSt-Subjekte	**Investmentfonds:** – ***(1)*** Durchführung des KapESt-Abzugs bei inl TochterGes iHv 15% **ohne Teilfreistellung** (§ 43a II 2 EStG, § 20 InvStG, → § 20 Rn. 80). – ***(2)*** Abgeltungswirkung des StAbzugs ohne Abstandnahme, Erstattung. – Zum unionsrechtswidrigen InvStG 2004 BFH I R 23/23, DStR 24, 226; BFH I R 1/20, BStBl I 25, 193; zu Bedenken zum InvStG 2018 *Stöber* DB 24, 2385 zu Pensionsfonds) sowie *Rötting/Kraft* RdF 25,36. **Gemeinützige KSt-Subjekte:** Erstattungsanspruch gem § 32 VI KStG mit Verweis auf § 50j EStG; Anwendung in allen offenen Fällen gem § 34 Xa KStG (WachstChG BGBl I 24 Nr. 108)
Besonderheit bei Ausschüttung auf sammelverwahrte Aktien, § 43 I Nr 1a	KapESt-Reduzierung aufgrund eines DBA im Wege der Erstattung nur, wenn die Voraussetzungen gem § 50j zusätzl erfüllt sind [ausl MutterGes, Körperschaft mit Beteiligung < 10% am Kapital der inl AG]

4 **2. Umsetzung der Mutter/TochterRL.** – ***(1)*** **EU-Sekundärrecht.** § 43b setzt die Mutter-/Tochter-RL 2011/96/EU (MTRL) in dt Recht um. Gewinne einer EU-ausl TochterGes sollen nur von dieser (und nicht auch bei der MutterGes als Anteilseignerin) besteuert werden. Dies wird iRd sog Befreiungssystems (s EuGH C-295/21, DStRE 23, 129) durch die kstliche Besteuerung von Gewinnen der TochterGes und die Befreiung der MutterGes vom QuellenSt-Abzug im Ansässigkeitsstaat der TochterGes verwirklicht (s Art 4, 5 MTRL); günstigere DBA-Regelungen gehen vor (s Art 7 II MTRL). Deutschland setzt diese Vorgaben iRd unionsrechtskonformen **zweigeteilten Verfahrens** aus Einbehalt der KapESt mit anschließender Erstattung um; bei einer Freistellungsbescheinigung kann vom Einbehalt Abstand genommen werden (vgl BFH I R 1/20, BStBl I 25, 193; BFH VIII R 32/21, DStR 25, 1138; → § 50c Rn. 4). – ***(2)*** **Brexit.** § 43b II 1 Nr 2 ist mit Ablauf des 31. 12. 20 nicht mehr für UK-Körperschaften anzuwenden.

6 **3. Persönliche und sachliche Voraussetzungen der Quellensteuerbefreiung, § 43b I. II, IIa.** – **a) Ausschüttende Tochtergesellschaft.** Sie muss im Inl unbeschr stpfl iSv § 1 I Nr 1 KStG sein (§ 43b I, II 3, mit Verweis auf Anlage 2) und begünstigte Bezüge ausschütten. Keine KapGes iS der Anlage 2 ist eine inl OptionsGes iSd § 1a KStG (str, zutr *BMF* BStBl I 21, 2212 Rn. 52, 73; **aA** *Prinz/Ekinci* FR 23, 552).

7 **b) Ausschüttungsempfänger.** – ***(1)*** **Mutterkapitalgesellschaft.** Die MutterGes muss gem § 43b I 1 – *(a)* eine Ges der in Anl 2 zu § 43b aufgeführten Rechtsformen sein (s BFH I R 25/10, DStR 12, 742) – *(b)* in einem anderen EU-Staat ansässig sein, dh ihre Geschäftsleitung haben, vgl Anl 2 und Art 2b MTRL sowie – *(c)* dort einer der in Anl 2 zu § 43b aufgeführten oder einer entspr Steuer unterliegen (*BMF* DStR 13, 2762). – Zu **EU-Stiftungen** s *Kunert/Rothe* ISR 23, 417. – ***(2)*** **Betriebsstätte.** Gem § 43b I 1 sind auch Ausschüttungen an **EU-/EWR-Betriebsstätten** (zum Begriff s § 43b IIa) einer ausl MutterGes iSd Abs 2 begünstigt; § 43b I 2 begüns-

tigt den Fall, dass die Ausschüttung der zwischengeschalteten EU-/EWR-Betriebsstätte einer inl MutterGes zufließt. In beiden Fällen muss die Beteiligung der ausl Betriebsstätte tatsächl zuzuordnen sein (§ 43b I 3).

c) Mindestbeteiligung an der Tochtergesellschaft. Es muss eine unmittelbare Beteiligung iHv mindestens 10% am Nennkapital der TochterGes bestehen (§ 43b II). Unmittelbar sind wegen § 39 II Nr. 2 AO auch Beteiligungen über eine ausl vermögensverwaltende GbR (BFH I R 77/17, BStBl 22, 114). Die Beteiligung muss grds im Zeitpunkt der KapESt-Entstehung für die Ausschüttung gegeben sein, dh bei Zufluss (§ 44 I 2) oder gem § 43b II 2 im Zeitpunkt des Gewinnverteilungsbeschlusses. 8

d) Beteiligungsdauer. § 43b II 4 verlangt, dass die Beteiligung im Zeitpunkt des Entstehens der KapESt ununterbrochen zwölf Monate besteht. Wird diese Haltedauer erst nach Entstehung der KapESt erreicht, kann die KapESt erstattet werden (**§ 43b II 5 Hs 1** iVm § 50c III). 9

e) Entlastungsberechtigung. § 43b I 1, Hs 2 verlangt, dass die Voraussetzungen des § 50d III idF AbzStEntModG (BGBl I 21, 1259) erfüllt sind. Letzterer findet unmittelbar nur noch auf DBA-Ermäßigungen Anwendung. Die entspr Anwendung erfordert, dass bei einem hypothetischen Direktbezug die Entlastung dem jeweiligen Anteilseigner der ausl Empfänger-KapGes selbst *nach § 43b* zustünde (§ 50d III Nr 1) oder dass die Voraussetzungen in § 50d III Nr 2 erfüllt sind oder der Motivtest gem § 50d III 2 geführt werden kann. Ausführl → § 50d III Rn. 15–32. 10

4. Rechtsfolgen und Verfahren. Die **KapESt** und der **SolZ** (§ 3 I Nr 5 SolZG) werden entweder nicht erhoben (Abstandnahme) oder erstattet. Zum **Verfahren** s die Übersicht in → Rn. 1, 3, und → § 50c Rn. 10 ff, 24 ff. Auf Grundlage der am 10.12.24 verabschiedeten EU-FASTER-Richtlinie sind mittelfristig Änderungen im Entlastungsverfahren zu erwarten (zum Inhalt *Fieß/Neijenhuis* RdF 24, 267; zu Vorschlägen der Expertenkommission des BMF *Schanz* FR 24, 976 (978 f). Zum digitalen Meldeverfahren *MikaDiv* der auszahlenden Stellen s bei § 45b V. 11

Ein Erstattungsanspruch ist weder nach der MTR, dem nationalem Umsetzungsrecht (§ 43b) noch der AO (§ 233 I 2 AO) zu verzinsen [Ausnahme Prozesszinsen gem § 236 AO]). BFH VIII R 32/21, DStR 25, 1138 hat für das unionsrechtswidrige Verweigern einer Erstattung iZm § 43b einen **unionsrechtl Verzinsungsanspruch** anerkannt. Zu den Einzelfragen [Verzinsungszeitraum; Berechnung] → § 50a Rn. 43; *Levedag* HFR 25, 636 (642). 12

§ 44 Entrichtung der Kapitalertragsteuer

(1) [1]**Schuldner der Kapitalertragsteuer ist in den Fällen des § 43 Absatz 1 Satz 1 Nummer 1 bis 7b und 8 bis 12 sowie Satz 2 der Gläubiger der Kapitalerträge. [2]Die Kapitalertragsteuer entsteht in dem Zeitpunkt, in dem die Kapitalerträge dem Gläubiger zufließen. [3]In diesem Zeitpunkt haben in den Fällen des § 43 Absatz 1 Satz 1 Nummer 1, 2 bis 4 sowie 7a und 7b der Schuldner der Kapitalerträge, jedoch in den Fällen des § 43 Absatz 1 Satz 1 Nummer 1 Satz 2 die für den Verkäufer der Wertpapiere den Verkaufsauftrag ausführende Stelle im Sinne des Satzes 4 Nummer 1, und in den Fällen des § 43 Absatz 1 Satz 1 Nummer 1a, 5 bis 7 und 8 bis 12 sowie Satz 2 die die Kapitalerträge auszahlende Stelle den Steuerabzug unter Beachtung der im Bundessteuerblatt veröffentlichten Auslegungsvorschriften der Finanzverwaltung für Rechnung des Gläubigers der Kapitalerträge vorzunehmen. [4]Die die Kapitalerträge auszahlende Stelle ist**

1. **in den Fällen des § 43 Absatz 1 Satz 1 Nummer 5 bis 7 Buchstabe a und Nummer 8 bis 12 sowie Satz 2**

a) das inländische Kredit-, Finanzdienstleistungs- oder Wertpapierinstitut im Sinne des § 43 Absatz 1 Satz 1 Nummer 7 Buchstabe b,

aa) das die Teilschuldverschreibungen, die Anteile an einer Sammelschuldbuchforderung, die Wertrechte, die Zinsscheine, die Anteile an Investmentfonds im Sinne des Investmentsteuergesetzes, die elektronischen Wertpapiere im Sinne des § 2 des Gesetzes über elektronische Wertpapiere oder sonstigen Wirtschaftsgüter verwahrt oder verwaltet oder deren Veräußerung durchführt und die Kapitalerträge auszahlt oder gutschreibt oder in den Fällen des § 43 Absatz 1 Satz 1 Nummer 8 und 11 die Kapitalerträge auszahlt oder gutschreibt,

bb) das die Kapitalerträge gegen Aushändigung der Zinsscheine oder der Teilschuldverschreibungen einem anderen als einem ausländischen Kredit-, Finanzdienstleistungs- oder Wertpapierinstitut auszahlt oder gutschreibt;

b) der Schuldner der Kapitalerträge in den Fällen des § 43 Absatz 1 Satz 1 Nummer 7 Buchstabe a und Nummer 10 unter den Voraussetzungen des Buchstabens a, wenn kein inländisches Kredit-, Finanzdienstleistungs- oder Wertpapierinstitut die die Kapitalerträge auszahlende Stelle ist;

2. in den Fällen des § 43 Absatz 1 Satz 1 Nummer 7 Buchstabe b das inländische Kredit-, Finanzdienstleistungs- oder Wertpapierinstitut, das die Kapitalerträge als Schuldner auszahlt oder gutschreibt;

2a. in den Fällen des § 43 Absatz 1 Satz 1 Nummer 8a

a) der inländische Betreiber oder die inländische Zweigniederlassung eines ausländischen Betreibers einer Internet-Dienstleistungsplattform im Sinne des § 43 Absatz 1 Satz 1 Nummer 8a Satz 2, der die Kapitalerträge an den Gläubiger auszahlt oder gutschreibt,

b) das inländische Kredit-, Finanzdienstleistungs- oder Wertpapierinstitut im Sinne des § 43 Absatz 1 Satz 1 Nummer 7 Buchstabe b, das inländische Zahlungsinstitut im Sinne des § 1 Absatz 1 Satz 1 Nummer 1 des Zahlungsdiensteaufsichtsgesetzes oder das inländische E-Geld-Institut im Sinne des § 1 Absatz 1 Satz 1 Nummer 2 des Zahlungsdiensteaufsichtsgesetzes, das die Kapitalerträge im Auftrag des inländischen oder ausländischen Betreibers einer Internet-Dienstleistungsplattform im Sinne des § 43 Absatz 1 Satz 1 Nummer 8a Satz 2 oder nach Vermittlung der Kapitalforderung durch eine Internet-Dienstleistungsplattform für den Schuldner der Kapitalerträge an den Gläubiger auszahlt oder gutschreibt,

c) der Schuldner der Kapitalerträge, wenn es keinen inländischen Abzugsverpflichteten nach Buchstabe a oder b gibt. [2]Der inländische Betreiber oder die inländische Zweigniederlassung eines ausländischen Betreibers einer Internet-Dienstleistungsplattform im Sinne des § 43 Absatz 1 Satz 1 Nummer 8a Satz 2 (Plattformbetreiber) haftet in diesem Fall für die nicht einbehaltenen Steuern oder zu Unrecht gewährten Steuervorteile. [3]Der Plattformbetreiber haftet nicht nach Satz 2, wenn er den Schuldner der Kapitalerträge auf seine Verpflichtung, die Kapitalertragsteuer einzubehalten und abzuführen hingewiesen und dies dokumentiert hat;

3. in den Fällen des § 43 Absatz 1 Satz 1 Nummer 1a

a) das inländische Kredit-, Finanzdienstleistungs- oder Wertpapierinstitut im Sinne des § 43 Absatz 1 Satz 1 Nummer 7 Buchstabe b, welche die Anteile verwahrt oder verwaltet und die Kapitalerträge auszahlt oder gutschreibt oder die Kapitalerträge gegen Aushändigung der Dividendenscheine auszahlt oder gutschreibt oder die Kapitalerträge an eine ausländische Stelle auszahlt,

b) die Wertpapiersammelbank, der die Anteile zur Sammelverwahrung anvertraut wurden, wenn sie die Kapitalerträge an eine ausländische Stelle auszahlt,

c) der Schuldner der Kapitalerträge,

aa) soweit die Wertpapiersammelbank, der die Anteile zur Sammelverwahrung anvertraut wurden, keine Dividendenregulierung vornimmt; die Wertpapiersammelbank hat dem Schuldner der Kapitalerträge den Umfang der Bestände ohne Dividendenregulierung mitzuteilen,

bb) soweit im Fall elektronischer Aktien die registerführende Stelle gemäß § 12 Absatz 2 oder § 16 Absatz 2 des Gesetzes über elektronische Wertpapiere, die das Register führt, in das die Aktien eingetragen sind, keine Dividendenregulierung vornimmt; die registerführende Stelle hat dem Schuldner der Kapitalerträge den Umfang der Bestände ohne Dividendenregulierung mitzuteilen.

4. in den Fällen des § 43 Absatz 1 Satz 1 Nummer 5, soweit es sich um die Vorabpauschale nach § 16 Absatz 1 Nummer 2 des Investmentsteuergesetzes handelt, das inländische Kredit-, Finanzdienstleistungs- oder Wertpapierinstitut im Sinne des § 43 Absatz 1 Satz 1 Nummer 7 Buchstabe b, welches die Anteile an dem Investmentfonds im Sinne des Investmentsteuergesetzes verwahrt oder verwaltet;

5. in den Fällen des § 43 Absatz 1 Satz 1 Nummer 5 der Investmentfonds, wenn es sich um Kapitalerträge aus Anteilen an inländischen Investmentfonds handelt, die nicht von einem inländischen oder ausländischen Kredit-, Finanzdienstleistungs- oder Wertpapierinstitut im Sinne des § 43 Absatz 1 Satz 1 Nummer 7 Buchstabe b, verwahrt oder verwaltet werden.

6. für Kapitalerträge aus Kryptowertpapieren im Sinne des § 4 Absatz 3 des Gesetzes über elektronische Wertpapiere, in den Fällen des § 43 Absatz 1 Satz 1 Nummer 1a, 2, 5, 7 Buchstabe a, Nummer 8 und 9 bis 12 die registerführende Stelle nach § 16 Absatz 2 des Gesetzes über elektronische Wertpapiere, sofern sich keine auszahlende Stelle aus den Nummern 1, 3, 4 und 5 ergibt.

[5]Die innerhalb eines Kalendermonats einbehaltene Steuer ist jeweils bis zum zehnten des folgenden Monats an das Finanzamt abzuführen, das für die Besteuerung

1. des Schuldners der Kapitalerträge,
2. der den Verkaufsauftrag ausführenden Stelle oder
3. der die Kapitalerträge auszahlenden Stelle

nach dem Einkommen zuständig ist; bei Kapitalerträgen im Sinne des § 43 Absatz 1 Satz 1 Nummer 1 ist die einbehaltene Steuer in dem Zeitpunkt abzuführen, in dem die Kapitalerträge dem Gläubiger zufließen. [6]Dabei ist die Kapitalertragsteuer, die zu demselben Zeitpunkt abzuführen ist, jeweils auf den nächsten vollen Eurobetrag abzurunden. [7]Wenn Kapitalerträge ganz oder teilweise nicht in Geld bestehen (§ 8 Absatz 2) und der in Geld geleistete Kapitalertrag nicht zur Deckung der Kapitalertragsteuer ausreicht, hat der Gläubiger der Kapitalerträge dem zum Steuerabzug Verpflichteten den Fehlbetrag zur Verfügung zu stellen. [8]Zu diesem Zweck kann der zum Steuerabzug Verpflichtete den Fehlbetrag von einem bei ihm unterhaltenen und auf den Namen des Gläubigers der Kapitalerträge lautenden Konto, ohne Einwilligung des Gläubigers, einziehen. [9]Soweit der Gläubiger nicht vor Zufluss der Kapitalerträge widerspricht, darf der zum Steuerabzug Verpflichtete auch insoweit die Geldbeträge von einem auf den Namen des Gläubigers der Kapitalerträge lautenden Konto einziehen, wie ein mit dem Gläubiger vereinbarter Kontokorrentkredit für dieses Konto nicht in Anspruch genommen wurde. [10]Soweit der Gläubiger seiner Verpflichtung nicht nachkommt, hat der zum Steuerabzug Verpflichtete dies dem für ihn zuständigen Betriebsstättenfinanzamt nach Maßgabe des § 93c der Abgabenordnung anzuzeigen und neben den in § 93c Absatz 1 der Abgabenordnung genannten Angaben folgende Daten zu übermitteln:

1. das Datum der Gutschrift des Kapitalertrags,
2. die Bezeichnung und die Internationale Wertpapierkennnummer der Wertpapiergattung sowie die dem Kapitalertrag zugrundeliegende Stückzahl der Wertpapiere soweit vorhanden, ansonsten die Bezeichnung des betroffenen Kapitalertrags,
3. sofern ermittelbar, die Höhe des Kapitalertrags, für den der Steuereinbehalt fehlgeschlagen ist.

[11]Das Wohnsitz-Finanzamt hat die zu wenig erhobene Kapitalertragsteuer vom Gläubiger der Kapitalerträge nach § 32d Absatz 3 in der Veranlagung nachzufordern.

(1a) [1]Werden inländische Aktien über eine ausländische Stelle mit Dividendenberechtigung erworben, aber ohne Dividendenanspruch geliefert und leitet die ausländische Stelle auf die Erträge im Sinne des § 20 Absatz 1 Nummer 1 Satz 4 einen einbehaltenen Steuerbetrag im Sinne des § 43a Absatz 1 Satz 1 Nummer 1 an eine inländische Wertpapiersammelbank weiter, ist diese zur Abführung der einbehaltenen Steuer verpflichtet. [2]Bei Kapitalerträgen im Sinne des § 43 Absatz 1 Satz 1 Nummer 1 und 2 gilt Satz 1 entsprechend.

(1b) [1]Bei inländischen und ausländischen Investmentfonds ist für die Vorabpauschale nach § 16 Absatz 1 Nummer 2 des Investmentsteuergesetzes Absatz 1 Satz 7 bis 11 entsprechend anzuwenden.

(2) [1]Gewinnanteile (Dividenden) und andere Kapitalerträge im Sinne des § 43 Absatz 1 Satz 1 Nummer 1, deren Ausschüttung von einer Körperschaft beschlossen wird, fließen dem Gläubiger der Kapitalerträge an dem Tag zu (Absatz 1), der im Beschluss als Tag der Auszahlung bestimmt worden ist. [2]Ist die Ausschüttung nur festgesetzt, ohne dass über den Zeitpunkt der Auszahlung ein Beschluss gefasst worden ist, so gilt als Zeitpunkt des Zufließens der Tag nach der Beschlussfassung; ist durch Gesetz eine abweichende Fälligkeit des Auszahlungsanspruchs bestimmt oder lässt das Gesetz eine abweichende Bestimmung der Fälligkeit durch Satzungsregelung zu, gilt als Zeitpunkt des Zufließens der Tag der Fälligkeit. [3]Für Kapitalerträge im Sinne des § 20 Absatz 1 Nummer 1 Satz 4 gelten diese Zuflusszeitpunkte entsprechend.

(3) [1]Ist bei Einnahmen aus der Beteiligung an einem Handelsgewerbe als stiller Gesellschafter in dem Beteiligungsvertrag über den Zeitpunkt der Ausschüttung keine Vereinbarung getroffen, so gilt der Kapitalertrag am Tag nach der Aufstellung der Bilanz oder einer sonstigen Feststellung des Gewinnanteils des stillen Gesellschafters, spätestens jedoch sechs Monate nach Ablauf des Wirtschaftsjahres, für das der Kapitalertrag ausgeschüttet oder gutgeschrieben werden soll, als zugeflossen. [2]Bei Zinsen aus partiarischen Darlehen gilt Satz 1 entsprechend.

(4) Haben Gläubiger und Schuldner der Kapitalerträge vor dem Zufließen ausdrücklich Stundung des Kapitalertrags vereinbart, weil der Schuldner vorübergehend zur Zahlung nicht in der Lage ist, so ist der Steuerabzug erst mit Ablauf der Stundungsfrist vorzunehmen.

(5) [1]Die Schuldner der Kapitalerträge, die den Verkaufsauftrag ausführenden Stellen oder die die Kapitalerträge auszahlenden Stellen haften für die Kapitalertragsteuer, die sie einzubehalten und abzuführen haben, es sei denn, sie weisen nach, dass sie die ihnen auferlegten Pflichten weder vorsätzlich noch grob fahrlässig verletzt haben. [2]Der Gläubiger der Kapitalerträge wird nur in Anspruch genommen, wenn

1. der Schuldner, die den Verkaufsauftrag ausführende Stelle oder die die Kapitalerträge auszahlende Stelle die Kapitalerträge nicht vorschriftsmäßig gekürzt hat,
2. der Gläubiger weiß, dass der Schuldner, die den Verkaufsauftrag ausführende Stelle oder die die Kapitalerträge auszahlende Stelle die einbehaltene Kapital-

ertragsteuer nicht vorschriftsmäßig abgeführt hat, und dies dem Finanzamt nicht unverzüglich mitteilt oder

3. das die Kapitalerträge auszahlende inländische Kredit-, Finanzdienstleistungs- oder Wertpapierinstitut die Kapitalerträge zu Unrecht ohne Abzug der Kapitalertragsteuer ausgezahlt hat.

[3]Für die Inanspruchnahme des Schuldners der Kapitalerträge, der den Verkaufsauftrag ausführenden Stelle und der die Kapitalerträge auszahlenden Stelle bedarf es keines Haftungsbescheids, soweit der Schuldner, die den Verkaufsauftrag ausführende Stelle oder die die Kapitalerträge auszahlende Stelle die einbehaltene Kapitalertragsteuer richtig angemeldet hat oder soweit sie ihre Zahlungsverpflichtungen gegenüber dem Finanzamt oder dem Prüfungsbeamten des Finanzamts schriftlich anerkennen.

(6) **[1]In den Fällen des § 43 Absatz 1 Satz 1 Nummer 7c gilt die juristische Person des öffentlichen Rechts und die von der Körperschaftsteuer befreite Körperschaft, Personenvereinigung oder Vermögensmasse als Gläubiger und der Betrieb gewerblicher Art und der wirtschaftliche Geschäftsbetrieb als Schuldner der Kapitalerträge. [2]Die Kapitalertragsteuer entsteht, auch soweit sie auf verdeckte Gewinnausschüttungen entfällt, die im abgelaufenen Wirtschaftsjahr vorgenommen worden sind, im Zeitpunkt der Bilanzerstellung; sie entsteht spätestens acht Monate nach Ablauf des Wirtschaftsjahres; in den Fällen des § 20 Absatz 1 Nummer 10 Buchstabe b Satz 2 am Tag nach der Beschlussfassung über die Verwendung und in den Fällen des § 22 Absatz 4 des Umwandlungssteuergesetzes am Tag nach der Veräußerung. [3]Die Kapitalertragsteuer entsteht in den Fällen des § 20 Absatz 1 Nummer 10 Buchstabe b Satz 3 zum Ende des Wirtschaftsjahres. [4]Die Absätze 1 bis 4 und 5 Satz 2 sind entsprechend anzuwenden. [5]Der Schuldner der Kapitalerträge haftet für die Kapitalertragsteuer, soweit sie auf verdeckte Gewinnausschüttungen und auf Veräußerungen im Sinne des § 22 Absatz 4 des Umwandlungssteuergesetzes entfällt.**

(7) **[1]In den Fällen des § 14 Absatz 3 des Körperschaftsteuergesetzes entsteht die Kapitalertragsteuer in dem Zeitpunkt der Feststellung der Handelsbilanz der Organgesellschaft; sie entsteht spätestens acht Monate nach Ablauf des Wirtschaftsjahres der Organgesellschaft. [2]Die entstandene Kapitalertragsteuer ist an dem auf den Entstehungszeitpunkt nachfolgenden Werktag an das Finanzamt abzuführen, das für die Besteuerung der Organgesellschaft nach dem Einkommen zuständig ist. [3]Im Übrigen sind die Absätze 1 bis 4 entsprechend anzuwenden.**

Einkommensteuer-Richtlinien: EStH 44 – **Verwaltungsanweisungen:** s § 43.

Übersicht

1. Überblick. § 44 regelt die Entrichtung der KapESt, dh wer wann die KapESt (§ 43) an das FA abzuführen hat. Der Gläubiger der Erträge ist Schuldner der KapESt (§ 44 I 1). § 44 bestimmt auch den Entstehungszeitpunkt der KapESt (§ 44 I 2, II–IV), 1 die Vornahme des StAbzugs, die StEntrichtungspflichtigen (s § 44 I 3, 4, Ia), die Technik der Abführung, den Zeitpunkt (§ 44 I 5, 6) und die Ersatzvornahme (§ 44 Ib). Nach § 44 V 1 haftet der StEntrichtungspflichtige für nicht einbehaltene und abgeführte KapESt. Bei unterlassener Anmeldung kann die KapESt bei ihm als Haftungsschuldner durch StBescheid nacherhoben werden (§ 167 I 1 Alt 2 AO). Beim Gläubiger kann die KapESt gem § 44 V 2 EStG iVm § 155 I 1 AO und gem § 44 I 7–11 KapESt nachgefordert werden. § 44 VI enthält eine Sonderregelung für Betriebe gewerbl Art, § 44 VII für vororganschaftl Mehrabführungen.

2 **2. Steuerschuldner und Entrichtungspflichtiger, § 44 I 1. – a) Steuerschuldner.** Jeder dem StAbzug unterliegende KapErtrag (s § 43 I) löst KapESt aus. Die KapESt ist von positiven KapErträgen (Ausnahme: § 43a III) einzubehalten, abzuführen und sachverhalts- und zeitraumbezogen anzumelden (BFH I R 275/82, BStBl II 86, 193; BFH I R 108/09, BStBl II 13, 328, → § 45a Rn. 2; HessFG EFG 17, 656, rkr). – StSchuldner (§ 37 I AO) ist der Gläubiger der KapErträge. Der Begriff ist steuerrechtl, nicht zivilrechtl auszulegen. Gläubiger ist derjenige, der die KapErträge steuerl erzielt (s auch § 20 V). Zu vermögensverwaltenden PersGes → § 20 Rn. 153; zu MUerschaften BFH I R 5/94, BStBl II 95, 255; FG Mster EFG 20, 284 rkr; zur Insolvenz s HessFG EFG 19, 226, rkr. Zivilrechtl ist die für den PersGes'ter anrechenbare KapESt eine Entnahme (BGH II ZR 62/15, DStR 16, 1273; *Kruth* DStR 16, 1871).

3 **b) Entrichtungspflicht.** Der StEntrichtungspflichtige führt die einbehaltene KapESt auf die fremde StSchuld des Gläubigers ab. Die aufgrund der Anmeldung (§ 168 I AO) entstehende Festsetzung begründet eine Entrichtungs-, aber keine StSchuld iSd § 37 I AO (BFH I R 120/97, BStBl II 99, 3; BFH I R 11/13, BFH/NV 15, 950; BFH VIII R 44/15, BStBl II 19, 306, s auch bei § 44b V). Zur Haftung → Rn. 15 ff. Zivilrechtl kann der Entrichtungspflichtige uU beim Gläubiger (StSchuldner) Rückgriff nehmen (BFH I R 166/72, BStBl II 75, 273).

4 **c) Vornahme des Abzugs, § 44 I 3.** Der StEntrichtungspflichtige hat die KapESt nach der im BStBl veröffentlichten Auslegung des *BMF* anzumelden (wohl nicht bei einer evident rechtswidrigen Auslegung); bei fehlender BMF-Äußerung auch in Zweifelsfällen. Die ggü der Entrichtungsschuld ggf geringere materiell-rechtl zutr KapESt ist unerhebl (krit *Heuermann* DStR 24, 2401). *Einbehalten* (erhoben) ist die KapESt, wenn der Entrichtungspflichtige den dem Gläubiger geschuldeten Brutto-KapErtrag um die KapESt gekürzt als Netto-KapErtrag auszahlt, für die KapESt haftet oder diese nacherhoben wird (auch → § 36 Rn. 9, → § 43 Rn. 4, 31). Die *Abführung* umfasst die Auszahlung der KapESt an den Fiskus. Zudem sind KapErtrag, KapESt anzumelden (§ 45a).

5 **3. Entstehungszeitpunkt der Kapitalertragsteuer, § 44 I 2, II–IV. – a) Grundregel, § 44 I 2.** Die KapESt entsteht grds in dem Zeitpunkt, in dem die KapErträge iSd § 43 dem Gläubiger zufließen (§ 44 I 2; Sondervorschrift zu § 36 I 1 → § 36 Rn. 8). Zum (kapestrechtl) Zufluss s *BMF* BStBl I 25, 1330, Rn. 242; ebenso bei Bilanzierenden (*Rogall/Dreßler* DStR 15, 449 (454); zu Ausgleichszahlungen iRd Organschaft *Scheuch* FR 25, 169 (175)).

6 **b) Zuflussfiktion bei Gewinnanteilen, § 44 II. – *(1)* Ausschüttungen.** Die Fiktion des **§ 44 II** gilt nur für die Entstehung der KapESt, nicht für den Zufluss gem § 11 (BFH VIII R 24/98, BStBl II 99, 223 zum beherrschenden Ges'ter einer KapGes, auch → § 20 Rn. 22). Aus dem Verweis in § 44 II 1 auf inl Erträge iSd § 43 I 1 Nr 1 folgt, dass nur inl Ausschüttungen, die *gesellschaftsrechtl beschlossen* werden, von Abs 2 erfasst sind (zur Vorabausschüttung BFH I R 21/92, BFH/NV 94, 83, zu Wahldividenden *Schmidtmann* DB 17, 2695). – Maßgebl Entstehungszeitpunkt ist gem **§ 44 II 1** der im Gewinnverwendungsbeschluss *taggenau* bestimmte Auszahlungstag (BFH I R 13/06, BStBl II 07, 616), auch bei fehlender betragl Festlegung der

Höhe (BFH I R 30/02, BFH/NV 03, 1301). Wird kein solcher Zeitpunkt *im Beschluss* festgelegt, gilt gem **§ 44 II 2 Hs 1** der *Tag nach der Beschlussfassung* als Zuflusstag. Ordnet das *Gesetz* **(S 2 Hs 2 Alt 1)** abw von § 271 I BGB keine sofortige Fälligkeit des Auszahlungsanspruchs an (zB § 58 IV 2 AktG: dritter Geschäftstag nach dem Hauptversammlungsbeschluss) oder wird der Fälligkeitszeitpunkt *per Satzung* der ausschüttenden Körperschaft anders bestimmt **(S 2 Hs 2 Alt 2),** ist dieser Fälligkeitstag gem **§ 44 II 2 Hs 2** vorrangig (BT-Drs 18/6094, 83). – Anzumelden und abzuführen ist die KapESt **gem § 44 I 5 Hs 2** am Zuflusstag iSd § 44 II (sog Tagesanmeldung). Abs 2 S 2 ist auf Dividendenkompensationszahlungen iSd § 20 I Nr 1 S 4 entspr anzuwenden (§ 44 II 3, s *BeckOK EStG* § 44 Rn. 133). – ***(2)* Einzelfragen.** Bei einer Sachausschüttung iRe *Abspaltung* gilt **§ 44 I 2,** dh Entstehung der KapESt mit Eintragung (BFH VIII R 59/14, BStBl II 18, 163). – Bei *vGA* ist der Zufluss entscheidend (BFH I R 29/07, BStBl II 10, 142); bei vGA wegen eines Dauerverlusts die Verlustentstehung, § 44 II ist unmaßgebl (BFH VIII R 44/15, BStBl II 21, 374). – Entnahmen iSd § 20 V UmwStG *im Rückwirkungszeitraum* sind keine Ausschüttungen (BFH VIII R 35/19, BStBl II 23,394). – Zur zu niedrigen oder iHV Null bescheinigten Einlagenrückgewähr s BFH VIII R 14/18, BStBl II 22, 643: Entstehung der KapESt gem § 44 II. – Die KapESt auf Ausschüttungen einer **OptionsGes** (§ 20 I Nr 1 EStG iVm § 1a III 2 Nr 1 KStG) entsteht mit Auszahlung des Gewinnanteils (§ 44 I 2 EStG iVm § 1a III 5 KStG) und ist von der OptionsGes einzubehalten → § 20 Rn. 31; zum Teil überholt: *BMF* BStBl I 21, 2212 Rn. 52, 73; → § 43a Rn. 2.

c) Zufluss bei stiller Beteiligung, § 44 III. Bei fehlender Vereinbarung gilt der 7
Gewinnanteil am Tag nach der Feststellung, spätestens 6 Monate nach Ablauf des Wj als zugeflossen. S BFH I R 25/09, BFH/NV 10, 620 zur Geltung des Abs 3 nur für die Entstehung der KapESt, iÜ → § 20 Rn. 93.

d) Stundung der Kapitalerträge, § 44 IV. Diese schiebt die Fälligkeit der 8
KapESt hinaus; zur Stundung der KapESt durch das FA vgl BFH I R 113/98, BFH/NV 00, 1066; idR kein erhebl Härte (BFH I R 107/98, BStBl II 01, 742).

4. Steuerentrichtungspflichtige, § 44 I 4; Ia, Ib. – a) Grundprinzip. StEnt- 9
richtungspflichtige für die einzelnen KapESt-Tatbestände sind die in § 44 I 3, I 4, Ia, Ib genannten Personen (iEinz bei → § 43 Rn. 11). Ist für einen bestimmten KapErtrag der gesetzl vorgesehene StEntrichtungspflichtige nicht vorhanden, unterbleibt der KapESt-Abzug; die KapErträge sind (ggf gem § 32d III) zu erklären (→ § 43 Rn. 12, ausl Bank- und Finanzdienstleistungsinstitute und Zweigstellen, s auch BFH I R 85/08, BStBl II 11, 758).

b) Einzelfragen, § 44 I 4 Nr 1–6. – *(1)* Überblick. Die Regelungen in **§ 44 I 4** 10
Nr 1–5 tragen dem Umstand Rechnung, dass für die dort erfassten KapAnlagen eine Heranziehung des Schuldners der KapErträge (Emittent; Anleiheschuldner) idR unpraktikabel wäre. Die entspr KapAnlagen werden von den genannten Instituten, dh inl Kredit- und Finanzdienstleistungsinstituten – zur fehlenden Erlaubnis s BFH VIII R 17/17, BStBl II 21, 468, – Wertpapierhandelsunternehmen und -banken, – der Wertpapiersammelbank Clearstream sowie – inl Wertpapierinstituten iSd § 2, § 3 WPIG verwahrt/verwaltet *und* die KapErträge dem Gläubiger *ausgezahlt/gutgeschrieben.* Sammelverwahrte Aktien, Genussscheine iSd § 43 I Nr 1a werden idR über Verwahrketten gehalten (Grundlagen: Globalurkunde oder Wertrecht, s § 2, § 5, § 6, § 9a, § 22 DepotG, uU unter Verwahrung durch ausl Institute). Der Gläubiger ist Miteigentümer am Sammelbestand und Hinterleger iRe mehrstufigen Besitzmittlungsverhältnisses; der Miteigentumsanteil/die Mitberichtigung ist in seinem Depot ausgewiesen (BFH I R 22/20, BStBl II 22, 324). **§ 44 I 4 Nr 1 Buchst a aa, Nr 3 Buchst c bb, § 44 I 4 Nr 6,** enthalten Regelungen für KapErträge aus elektronischen Aktien und Schuldverschreibungen. **§ 44 I 4 Nr 2a** definiert Internetdienst-Plattformen als auszahlende Stellen; **§ 44 I 4 Nr 5** den Investmentfonds – ***(2)* Auszahlende Stellen.** § 44 I 3, 4 Nr 1–4 bestimmen unter unterschiedl Voraussetzungen die den KapErtrag

an den Gläubiger *auszahlende Stelle* zum StEntrichtungspflichtigen (Zahlstellensystem). – Bei *Verwahrketten* ist dies idR gem **§ 44 I 4 Nr 3a** diejenige depotführende Stelle, die als letzte inl Stelle die Wertpapiere für den Gläubiger verwahrt oder verwaltet und dessen persönl Verhältnisse kennt (*BMF* BStBl I 25, 1330 Rn. 248; dazu FG RhPf EFG 24, 1681, Rev VIII R 18/24: keine Identität von Hinterleger und Verwahrer bei einem Kreditinstitut denkbar). – § 44 I 4 Nr 3 gilt insb bei Ausschüttungen, Kompensationszahlungen (§ 20 I Nr 1 S 4) sowie Anteilsverkäufen (auszahlende Stelle ist die den Verkaufsauftrag durchführende Stelle, § 44 I 4 Nr 1 Buchst a). S iEinz *BeckOK EStG* § 44 Rn. 29 ff. – Gem § 44 I 4 Nr 6, § 44 I 4 Nr 1 Buchst a aa, Nr 3 Buchst c bb sind für KapErträge aus Kryptoaktien und -schuldverschreibungen auszahlende Stellen entweder vorrangig das verwahrende Institut, der Schuldner; subsidiär die registerführenden Stellen. S dazu *Rathke/Tüllmann* RdF 24, 97.

11 **c) Steuerabzug bei bestimmten Cum-/Ex-Geschäften, § 44 Ia.** Bei Lieferung einer Aktie ohne Dividendenberechtigung (ex), trotz Erwerbs mit Dividendenanspruch (cum) über ein *ausl Depot* erhält der inl (Leer-)Käufer zur Dividendenregulierung eine Kompensationszahlung des (Leer-)Verkäufers (§ 20 I Nr 1 S 4, → § 20 Rn. 70). Behält das ausl Institut des inl Käufers hiervon KapESt ein und leitet es diese an die inl Wertpapiersammelbank (Clearstream, auch → Rn. 10) weiter, ist diese (§ 44 Ia 1) für Rechnung des inl Käufers zur Abführung verpflichtet (zur StBescheinigung s § 45a II; *BMF* BStBl I 25, 1388 Rn. 68 ff). Für KapErträge gem § 43 I 1 Nr 1, Nr 2 gilt dies entspr (§ 44 Ia 2).

12 **d) Vorabpauschale, § 44 Ib.** Für die Entstehung gilt die Zuflussfiktion gem § 18 III InvStG (1. Werktag des Folgejahrs). KapESt wird trotz des fehlenden Liquiditätszuflusses erhoben. § 44 I 7 ff gelten entspr (→ Rn. 14). S *BMF* BStBl I 19, 527 Rn. 18.1 ff. Auch → § 43a Rn. 3.

13 **5. Technik der Abführung, § 44 I 5–11.** – **a) Abführung.** Nach § 44 I 5 Hs 1 monatl bis zum 10. des Folgemonats an das für den Schuldner bzw die Auszahlungsstelle zuständige FA (§ 19, § 20 AO), bei **Ausschüttungen** von Erträgen iSd § 43 I 1 Nr 1 im Zeitpunkt des Zuflusses beim Gläubiger (§ 44 I 5 Hs 2). Der stpfl Betrag ist auf volle Euro abzurunden (s § 44 I 6).

14 **b) Fehlende Deckung.** Bei Sachbezügen oder fehlender Deckung durch die KapErträge hat der Gläubiger (StSchuldner, → Rn. 3) den Fehlbetrag zur Verfügung zu stellen (§ 44 I 7; *BMF* BStBl I 25, 1330, Rn. 251a–251d). Der StEntrichtungpflichtige kann dessen Konto belasten: – *§ 44 I 8* ermächtigt das Institut zum Einzug der für den StAbzug erforderl Geldbeträge („widerspruchslose Einziehungsermächtigung"), insb bei unbaren Kapitalmaßnahmen. – *§ 44 I 9* erlaubt, Kontokorrentlinien auszunutzen; ein Widerspruch des Gläubigers im Vorhinein ist aber mögl. Misslingt die Abführung, besteht eine Mitteilungspflicht des StEntrichtungspflichtigen ggü dem FA (Abs 1 S 10). Dieses kann die KapESt vom Gläubiger nacherheben (§ 44 I 11 iVm § 155 AO) oder diesen veranlagen. Ab VZ 25 besteht (insbes wegen der Vorabpauschalen gem § 18 InvStG, s BT-Drs 20/3789, S. 102) eine Pflicht zur Veranlagung (§ 32d III, s § 44 I 11 iVm § 52 Abs 44). Es tritt keine Abgeltungswirkung ein (§ 43 V 1). Zur Anrechnung nachbelasteter KapESt gem § 36 II s BFH VII R 65/18, BFH/NV 22, 1284.

15 **6. Haftung des Steuerentrichtungspflichtigen.** – **a) Rechtsgrundlagen.** – ***(1)* Kapitalertragsteuerrecht.** Der StEntrichtungspflichtige haftet iRd **§ 44 V** für den unterlassenen, unzutr Einbehalt und/oder die unterbliebene Abführung der KapESt. Ob eine Einbehaltungs- und Abführungspflicht besteht, richtet sich zwar grds nach der Auslegung der *FinVerw* (§ 44 I 3, → Rn. 4). Der StEntrichtungspflichtige kann aber geltend machen, die KapESt sei niedriger als die anzumeldende Entrichtungsschuld (*Heuermann* DStR 24, 2401 (2405)). Er kann **durch KapESt-Haftungsbescheid** (§ 191 I AO iVm **§ 44 V 1**) oder bei gänzl unterbliebener (wohl

auch inhaltl fehlerhafter) Anmeldung durch **KapESt-Nacherhebungsbescheid** (§ 167 I 1 AO) in Anspruch genommen werden (BFH I R 61/99, BStBl II 01, 67; BFH VIII R 59/14, BStBl II 18, 163: Wahlrecht des FA). Unabhängig von der Handlungsform wird bei beiden Vorgehensweisen vom FA materiell ein Haftungsanspruch geltend gemacht, sodass jeweils die Exkulpation gem § 44 V 1 Hs 2 geltend gemacht werden kann (→ Rn. 19). Zum Erlass erweiternder Haftungsbescheide zutr FG Hmb EFG 25, 1193 (AdV). – ***(2)* Änderung der KapEStAnmeldung.** Das FA kann für einen angemeldeten KapErtrag ggü dem StEntrichtungspflichtigen die KapESt-Festsetzung in Gestalt der Anmeldung ändern und erhöhen (§§ 164 II, 168 AO). § 44 V 1 muss hier nicht erfüllt sein (BFH I R 51/12, BStBl II 14, 982: Änderung ist keine Nacherhebung gem § 167 I 1 AO; **aA** zB *TK* § 167 Rn. 6–9; *Jachmann-Michel* Ubg 25, 39 (44): statt Änderung wohl nur Nacherhebungs- oder Haftungsbescheid). Für die Änderung der KapEStAnmeldung setzt deren Sachverhaltsbezogenheit den zul Rahmen (→ Rn. 2). Der angemeldete KapErtrag umfasst den zugrundeliegenden Lebenssachverhalt, sodass innerhalb dieses Rahmens die KapEStPflicht auf unterschiedl Vorgänge gestützt werden darf (BFH VIII R 43/15, DStR 19, 1145). Unzul ist es aber, einen unzutr angemeldeten KapErtrag saldierend durch einen unzutr nicht angemeldeten KapErtrag für einen anderen Sachverhalt zu ersetzen (BFH I R 108/09, BStBl II 13, 328). – ***(3)* § 69; § 14b IV AO.** Der GmbH-Ges'terGeschäftsführer haftet bei vorsätzl und grob fahrlässiger Verletzung der Abführungspflicht, auch soweit diese auf KapErträge entfällt, für die er Gläubiger ist (BFH I R 30/02, BFH/NV 03, 1301); uU aber WK-Abzug (BFH VI R 19/20, BStBl II 22, 633 zur LSt). Für die einzubehaltende KapESt einer zugezogenen AuslandsGes haftet mE gem § 14b IV AO der Anteilseigner (Durchgriff). – ***(4)* Überhöht bescheinigte Einlagenrückgewähr, § 27 V 4 KStG.** Nach BFH VIII R 35/20, DStR 24, 2747 ist die KapESt nur durch Haftungsbescheid geltend zu machen (keine Nacherhebung). Die Haftung ist verschuldensunabhängig, dh keine Exkulpation mögl (anders → Rn. 19). Zur Vermeidung ist die StBescheinigung zu berichtigen (§ 27 V 5 KStG). – ***(5)* Fehlende Bescheinigung, § 27 V 2 KStG.** Zur Nacherhebung, Haftung s BFH VIII R 14/18, BStBl II 22, 643. – ***(6)* § 44 I IV Nr 2a Buchst c S 2:** Haftung für ein Aufklärungsverschulden der Betreiber von Internet-Dienstleistungsplattformen ab VZ 2023 (BT-Drs 20/3879, 94; *Huertas/Link* RdF 24, 24 (29 f)).

b) Haftung nach § 44 V EStG und § 167 I 1 AO. – aa) Pflichtverletzung. 16
Der StEntrichtungspflichtige als Haftungsschuldner muss die gesetzl Anmelde-, Einbehaltungs- oder Abführungspflicht schuldhaft verletzen. Es kommt wegen § 44 I 3 nur auf die nach Auffassung der FinVerw entstandene Entrichtungspflicht an. Die materielle StPflicht des KapErtrags kann der StEntrichtungspflichtige erst iRd Anfechtung der KapEStAnmeldung (§ 45a), iRd Erstattung (§ 44b V 1) oder eines Haftungs-, Nacherhebungsbescheids überprüfen lassen (→ Rn. 4). Das Verschulden wird vermutet und kann widerlegt werden (→ Rn. 19).

bb) Bestehende Entrichtungsschuld. Die Entrichtungsschuld ist von der 17
KapESt als eigentl StSchuld abzugrenzen (§ 43 S 2 AO). Sie darf wie auch die KapESt als Primärschuld (zu dieser → Rn. 18) bei der Inanspruchnahme nicht (insb wegen Ablaufs der Festsetzungsfrist) erloschen sein (zum Haftungsbescheid s § 191 III, 1, 4 AO; zum Nacherhebungsbescheid gem § 167 I 1 AO s BFH VIII R 59/14, BStBl II 18, 163). § 171 XV AO stellt insoweit eine Verknüpfung der Festsetzungsverjährungen *„in beide Richtungen"* her. IRd § 171 XV sind sämtl Hemmungstatbestände gem § 171 AO auf Ebene des StSchuldners zu Lasten des Entrichtungspflichtigen zu berücksichtigen, sodass § 191 V 1 AO die Haftung, Nacherhebung der KapESt bei diesem nicht hindert.

Die **Verletzung der Anmeldepflicht** gem § 45a I führt zur Anlaufhemmung (§ 170 II 1 Nr 1 AO). Zur Ablaufhemmung (§ 171 IV AO) nach einer KapESt-Außenprüfung s BFH I R 66/85, BFH/NV 90, 433; zur Anwendung des § 174 III 3 AO auf die Entrichtungsschuld s BFH VIII R 59/14, BStBl II 18, 163. S auch bei → Rn. 18.

18 **cc) Bestehender Steueranspruch, § 191 V 1 Nr 1 AO.** – ***(1)* Akzessorietät.** Die KapESt-Schuld des Gläubigers (nicht dessen ESt!) ist die maßgebl Primärschuld. Sie muss bei Erlass des Haftungs- oder Nacherhebungsbescheids entstanden (→ Rn. 15 f) und darf bei Bescheiderlass nicht erloschen sein (BFH VIII R 59/14, BStBl II 18, 163). Bei Überprüfung des Haftungsbescheids im Einspruchs-, Klageverfahren kommt es trotz § 44 I 3 mE auf die materielle StPflicht des KapErtrags an (→ Rn. 4). Ist der KapErtrag nach einer vorrangigen (→ Rn. 20) bestandskräftigen Veranlagung des *Gläubigers* nicht stpfl, fehlt die Primärschuld (s auch BFH I R 97/66, BStBl II 70, 464). Das Erlöschen (§ 47 AO) der KapESt-Schuld kann insb durch Ablauf der Festsetzungsfrist, Zahlung, Aufrechnung, Zahlungsverjährung oder Erlass eintreten – ***(2)* Festsetzungsverjährung.** – ***(a)* Fristbeginn.** S BFH I R 10/02, BStBl II 03, 687, BFH VIII R 59/14, BStBl II 18,163: Die Nichtabgabe der StAnmeldung bewirkt eine Anlaufhemmung gem § 170 II 1 Nr 1 AO für den StEntrichtungspflichtigen und den Gläubiger (**aA** *Drüen* DB 23,1242). – ***(b)* Fristablauf.** Gem § 171 XV AO kein Eintritt der Festsetzungsverjährung für die KapESt-Schuld, solange diese für die Entrichtungsschuld nicht abläuft (→ Rn. 17). Eine anderweitig bestehende Ablaufhemmung beim StEntrichtungspflichtigen hemmt umgekehrt auch den Verjährungseintritt für eine Nachforderung der KapESt gem § 44 V 2 [→ Rn. 21] beim StSchuldner (*Drüen* DB 23, 1242 (1249); BFH VIII R 23/24, BStBl II 25, 504).

19 **dd) Verschulden; Exkulpation.** Gehaftet wird bei grob fahrlässiger und vorsätzl Pflichtverletzung (§ 44 V 1). Die unterbliebene Anmeldung samt Einbehalt, die fehlende Abführung indizieren das Verschulden aber. Der StEntrichtungspflichtige kann sich exkulpieren (§ 44 V 1 Hs 2, zum uU entschuldbaren Rechtsirrtum vgl → § 42d Rn. 26, → § 50a Rn. 35). Maßstab und Zeitpunkt für die Prüfung der groben Fahrlässigkeit sind in der Rspr nicht vollständig geklärt, jedenfalls sind bei Ungewissheit und Zweifeln über die KapEStPfl der unterlassene Einbehalt und die fehlende Abführung grob fahrlässig (BFH I R 98/09, BStBl II 11, 416; BFH I R 29/07, BStBl II 10, 142). Bei Nichtanmeldung wegen einer angenommenen Einlagenrückgewähr kann zwar im Zeitpunkt der KapESt-Entstehung das Verschulden fehlen, es kann wegen der Bescheinigungspflichten (§ 27 III KStG) aber auch danach eintreten (BFH VIII R 14/18, BStBl II 22, 643). – Bei einer Nacherhebung der KapESt wegen unterbliebener Anmeldung (§ 167 I 1 AO) ist § 44 V 1 Hs 2 entspr anzuwenden (BFH VIII R 59/14, BStBl II 18, 163).

20 **c) Ermessen.** Haftungs- und StSchuldner sind Gesamtschuldner (§ 44 AO). IRd § 44 V 2 Nr 1–3 liegt es grds im Ermessen des FA (Auswahlermessen), ob es den StEntrichtungspflichtigen oder den Gläubiger (StSchuldner) in Anspruch nehmen will. – IRd Nacherhebung gem § 167 I 1 AO ist aber keine Ermessensentscheidung zu treffen (BFH I R 61/99, BStBl II 01, 67). – Es besteht grds ein *Vorrang* der Nachforderung beim Gläubiger oder iRd Veranlagung (→ Rn. 21). Dies gilt aber nicht, wenn der KapEStAbzug Abgeltungswirkung (§ 43 V) hat (zutr *BeckOK EStG* § 44 Rn. 186 mwN; s auch BFH I R 42/04, BFH/NV 05, 1073). – Bei nachträgl erkannter vGA werden die KapErträge ohne Nacherhebung der KapESt bei der KapGes vorrangig iRd Veranlagung beim Ges'ter versteuert (BFH I 40/60, BStBl III 62, 107; zur Übernahme der KapESt als weitere Einnahme iRd vGA s *BMF* BStBl I 25, 1330,, Rn. 183a). – Die **Anmeldung** der KapESt und **schriftl Anerkennung der Abführungspflicht** machen die Haftung oder Nacherhebung entbehrl **(§ 44 V 3).** – S zur Haftung bei „Cum/Ex" und „Cum/Cum" in Altfällen *BeckOK EStG* § 44 Rn. 156a mwN und → Rn. 21.

21 **7. Inanspruchnahme des Gläubigers, § 44 V 2.** Die KapESt kann beim Gläubiger durch **Nachforderungsbescheid** (§ 155 I 1 AO) erhoben werden – *(1)* gem Abs 5 S 2 *Nr 1 und Nr 3* bei ungenügendem Einbehalt durch den StEntrichtungspflichtigen (Bruttoauszahlung, ggf nach Erstattung gem § 44b VI); – *(2)* gem *Nr 2* bei Kenntnis, dass der StEntrichtungspflichtige einbehaltene KapESt nicht abgeführt und

der Gläubiger seine unverzügl Mitteilungspflicht verletzt hat; und – *(3)* in den Fällen des § 44 I 11 (→ Rn. 14). Zur Abzugspflicht s § 44 I 3 (→ Rn. 4). Auf die materielle StPflicht des KapErtrags kommt es erst iRd Bescheidanfechtung an. – Ferner kann der Gläubiger unmittelbar iRd ESt/KSt veranlagt werden (genereller Vorrang vor der Haftung, s zB BFH I R 97/66, BStBl II 70, 464; BFH I R 5/78, BStBl II 82, 374; → Rn. 20 zur vGA). – Zur Abgrenzung des Nachforderungs- vom Haftungsbescheid FG Hmb EFG 25, 1193 (AdV). – Der *Erlass* eines ESt-Bescheids ggü dem StSchuldner, idR die StPflicht des KapErtrags nach § 32d IV überprüft wird, erledigt einen ggü dem Entrichtungspflichtigen ergangenen Haftungs- oder Nacherhebungsbescheid (sinngem BFH VIII R 45/15, BStBl II 19, 306; glA *Winkler* AO-StB 20, 292 (294); iErg auch *Süß/Ellenrieder* DStR 20, 630 (632)). – Schließl kommt insb in Cum/Ex – und Cum/Cum – Fällen eine Rücknahme der Anrechnungsverfügung (§ 130 II AO) in Betracht (zB HessFG EFG 24, 1233, nachgehend BFH VIII B 121/23 (AdV), BeckRS 2024, 39488) oder ein Widerruf gem § 131 II 1 Nr 3 AO (BFH VIII B 17/24, DStR 25, 1930; *BeckOK EStG* § 44 Rn. 156a mwN).

8. Entsprechende Anwendung bei Betrieben gewerblicher Art ua, § 44 VI. 22
– **a) Zweck.** Im Fall des **§ 43 I 1 Nr 7c (Betrieb gewerbl Art ohne eigene Rechtspersönlichkeit)** fallen der Gläubiger der KapErträge und Entrichtungsschuldner (die Trägerkörperschaft) zusammen, daher durch Abs 6 Fiktion getrennter StPfl und Ausschluss des § 43 II 1, der bei Personenidentität grds vom StAbzug befreit (*BMF* BStBl I 19, 97 Rn. 62, 64). Der Betrieb gewerbl Art ist iRd Fiktion StEntrichtungspflichtiger, die Trägerkörperschaft Empfängerin der Leistung gem § 20 I Nr 10 Buchst b und StSchuldnerin. Abs 6 gilt auch für **wirtschaftl Geschäftsbetriebe.**

b) Entsprechende Anwendung von § 44 I–IV. – aa) Entstehung der Kapitalertragsteuer. Abzuführen ist hier keine einzubehaltende, sondern die (gem § 44 I 3, → Rn. 4) entstandene KapESt (*BMF* BStBl I 19, 97 Rn. 64). **§ 44 VI** regelt deren Entstehung speziell ggü § 44 I 2, II. Die KapESt entsteht für den Gewinn eines Regiebetriebs für das abgelaufene Wj und bei vGA grds *im Zeitpunkt der Bilanzerstellung* (*BMF* BStBl I 19, 97 Rn. 59: gemeint ist die Bilanzfeststellung; für Eigenbetriebe nur, wenn die Abführung an die Trägerkörperschaft beschlossen wird), sonst (nicht bilanzierender Betrieb gewerbl Art) entsteht sie *spätestens 8 Monate nach Ende des Wj* (Abs 6 S 2 Hs 1). Beim nicht bilanzierenden MUer-Regiebetrieb kommt es auf den auszahlbaren Gewinnanteil aus der PersGes im Wj der Gewinnfeststellung an; die KapESt entsteht 8 Monate nach dem Ende des Wj des Regiebetriebs (BFH VIII R 45/15, BFH/NV 19, 1414). Bei *Rücklagenauflösung* entsteht die KapESt am Tage nach der Beschlussfassung über die Verwendung (Abs 6 S 2 Hs 2). Zu § 22 IV UmwStG-Anteilen s § 44 VI 2 Hs 2 (*BMF* BStBl I 19, 97 Rn. 60) und zu Ausschüttungen iSd § 20 I Nr 10b 3 s *BMF* BStBl I 19, 97 Rn. 61. 23

bb) Haftung; Nacherhebung; Nachforderung. – *(1)* Entrichtungspflichtiger. Der **Betrieb gewerbl Art** kann **nur** für nicht abgeführte KapESt iZm vGA/§ 22 IV UmwStG-Anteilen haften; zum wirtschaftl Geschäftsbetrieb s zutr FG Bbg EFG 24, 239, Rev VIII 23/24. Die Inhaftungnahme ist auch hier durch Haftungs- (§ 44 VI 4, 5 iVm V 1) oder Nacherhebungsbescheid (§ 167 I 1 AO) mögl (→ Rn. 15). Ist ein KapErtrag unzutr angemeldet worden, kann die StAnmeldung gem § 168 iVm § 164 II AO geändert werden (→ Rn. 15; FG Ddorf EFG 21, 1027, rkr). – ***(2)* Gläubiger.** Bei der **Trägerkörperschaft** als StSchuldnerin kann KapESt gem § 44a VI 4 iVm § 44 I 11, § 44 V 2 durch KapESt-Bescheid (§ 155 I 1 AO) nachgefordert werden (→ Rn. 21, *BMF* BStBl I 19, 97 Rn. 64). – ***(3)* Bestimmtheit.** Obwohl als Person stets die Trägerkörperschaft in Anspruch genommen wird, ist iRd Verfahrensrechts stets zu unterscheiden, ob sie als StEntrichtungspflichtiger oder StSchuldnerin betroffen ist (zu Bestimmtheit, Bescheidauslegung, § 68 FGO s BFH VIII R 1/18, BStBl II 21, 655; BFH VIII R 75/13, BStBl II 19, 91; zur Festsetzungsverjährung iZm § 171 XV AO BFH VIII R 23/24, BStBl II 25, 502). 24

25 **9. Entrichtung bei Mehrabführungen, § 44 VII.** Abs 7 S 1–3 regelt den Zeitpunkt der Entstehung und der Abführung der KapESt bei **vororganschaftl verursachten Mehrabführungen** gem § 14 III KStG und die entspr Anwendung der § 44 I–IV. Entstehung der KapESt bei Feststellung der HB der OrganGes, spätestens 8 Monate nach Ablauf von deren Wj.

§ 44a Abstandnahme vom Steuerabzug

(1) [1]**Soweit die Kapitalerträge, die einem unbeschränkt einkommensteuerpflichtigen Gläubiger zufließen, zusammen mit den Kapitalerträgen, für die die Kapitalertragsteuer nach § 44b zu erstatten ist oder nach Absatz 10 kein Steuerabzug vorzunehmen ist, den Sparer-Pauschbetrag nach § 20 Absatz 9 nicht übersteigen, ist ein Steuerabzug nicht vorzunehmen bei Kapitalerträgen im Sinne des**

1. **§ 43 Absatz 1 Satz 1 Nummer 1 und 2 aus Genussrechten oder**
2. **§ 43 Absatz 1 Satz 1 Nummer 1 und 2 aus Anteilen, die von einer Kapitalgesellschaft ihren Arbeitnehmern überlassen worden sind und von ihr, einem von der Kapitalgesellschaft bestellten Treuhänder, einem inländischen Kreditinstitut oder einer inländischen Zweigniederlassung einer der in § 53b Absatz 1 oder 7 des Kreditwesengesetzes genannten Unternehmen verwahrt werden, und**
3. **§ 43 Absatz 1 Satz 1 Nummer 3 bis 7 und 8 bis 12 sowie Satz 2.**

[2]**Den Arbeitnehmern im Sinne des Satzes 1 stehen Arbeitnehmer eines mit der Kapitalgesellschaft verbundenen Unternehmens nach § 15 des Aktiengesetzes sowie frühere Arbeitnehmer der Kapitalgesellschaft oder eines mit ihr verbundenen Unternehmens gleich.** [3]**Den von der Kapitalgesellschaft überlassenen Anteilen stehen Aktien gleich, die den Arbeitnehmern bei einer Kapitalerhöhung auf Grund ihres Bezugsrechts aus den von der Kapitalgesellschaft überlassenen Aktien zugeteilt worden sind oder die den Arbeitnehmern auf Grund einer Kapitalerhöhung aus Gesellschaftsmitteln gehören.** [4]**Bei Kapitalerträgen im Sinne des § 43 Absatz 1 Satz 1 Nummer 1, 2 bis 7 und 8 bis 12 sowie Satz 2, die einem unbeschränkt einkommensteuerpflichtigen Gläubiger zufließen, ist der Steuerabzug nicht vorzunehmen, wenn anzunehmen ist, dass auch für Fälle der Günstigerprüfung nach § 32d Absatz 6 keine Steuer entsteht.**

(2) [1]**Voraussetzung für die Abstandnahme vom Steuerabzug nach Absatz 1 ist, dass dem nach § 44 Absatz 1 zum Steuerabzug Verpflichteten in den Fällen**

1. **des Absatzes 1 Satz 1 ein Freistellungsauftrag des Gläubigers der Kapitalerträge nach amtlich vorgeschriebenem Muster oder**
2. **des Absatzes 1 Satz 4 eine Nichtveranlagungs-Bescheinigung des für den Gläubiger zuständigen Wohnsitzfinanzamts**

vorliegt. [2]**In den Fällen des Satzes 1 Nummer 2 ist die Bescheinigung unter dem Vorbehalt des Widerrufs auszustellen.** [3]**Ihre Geltungsdauer darf höchstens drei Jahre betragen und muss am Schluss eines Kalenderjahres enden.** [4]**Fordert das Finanzamt die Bescheinigung zurück oder erkennt der Gläubiger, dass die Voraussetzungen für ihre Erteilung weggefallen sind, so hat er dem Finanzamt die Bescheinigung zurückzugeben.**

(2a) [1]**Ein Freistellungsauftrag kann nur erteilt werden, wenn der Gläubiger der Kapitalerträge seine Identifikationsnummer (§ 139b der Abgabenordnung) und bei gemeinsamen Freistellungsaufträgen auch die Identifikationsnummer des Ehegatten mitteilt.** [2]**Ein Freistellungsauftrag ist ab dem 1. Januar 2016 unwirksam, wenn der Meldestelle im Sinne des § 45d Absatz 1 Satz 1 keine Identifikationsnummer des Gläubigers der Kapitalerträge und bei gemeinsamen Freistellungsaufträgen auch keine des Ehegatten vorliegen.** [3]**Sofern der Meldestelle im Sinne des § 45d Absatz 1 Satz 1 die Identifikationsnummer nicht bereits bekannt ist,**

kann sie diese beim Bundeszentralamt für Steuern abfragen. [4]In der Anfrage dürfen nur die in § 139b Absatz 3 der Abgabenordnung genannten Daten des Gläubigers der Kapitalerträge und bei gemeinsamen Freistellungsaufträgen die des Ehegatten angegeben werden, soweit sie der Meldestelle bekannt sind. [5]Die Anfrage hat nach amtlich vorgeschriebenem Datensatz durch Datenfernübertragung zu erfolgen. [6]Das Bundeszentralamt für Steuern teilt der Meldestelle die Identifikationsnummer mit, sofern die übermittelten Daten mit den nach § 139b Absatz 3 der Abgabenordnung beim Bundeszentralamt für Steuern gespeicherten Daten übereinstimmen. [7]Die Meldestelle darf die Identifikationsnummer nur verarbeiten, soweit dies zur Erfüllung von steuerlichen Pflichten erforderlich ist.

(3) **Der nach § 44 Absatz 1 zum Steuerabzug Verpflichtete hat in seinen Unterlagen das Finanzamt, das die Bescheinigung erteilt hat, den Tag der Ausstellung der Bescheinigung und die in der Bescheinigung angegebene Steuer- und Listennummer zu vermerken sowie die Freistellungsaufträge aufzubewahren.**

(4) **[1]Ist der Gläubiger**

1. **eine von der Körperschaftsteuer befreite inländische Körperschaft, Personenvereinigung oder Vermögensmasse oder**
2. **eine inländische juristische Person des öffentlichen Rechts,**

so ist der Steuerabzug bei Kapitalerträgen im Sinne des § 43 Absatz 1 Satz 1 Nummer 4 bis 7 und 8 bis 12 sowie Satz 2 nicht vorzunehmen. [2]Dies gilt auch, wenn es sich bei den Kapitalerträgen um Bezüge im Sinne des § 20 Absatz 1 Nummer 1 und 2 handelt, die der Gläubiger von einer von der Körperschaftsteuer befreiten Körperschaft bezieht. [3]Voraussetzung ist, dass der Gläubiger dem Schuldner oder dem die Kapitalerträge auszahlenden inländischen Kredit-, Finanzdienstleistungs- oder Wertpapierinstitut durch eine Bescheinigung des für seine Geschäftsleitung oder seinen Sitz zuständigen Finanzamts nachweist, dass er eine Körperschaft, Personenvereinigung oder Vermögensmasse im Sinne des Satzes 1 Nummer 1 oder 2 ist. [4]Absatz 2 Satz 2 bis 4 und Absatz 3 gelten entsprechend. [5]Die in Satz 3 bezeichnete Bescheinigung wird nicht erteilt, wenn die Kapitalerträge in den Fällen des Satzes 1 Nummer 1 in einem wirtschaftlichen Geschäftsbetrieb anfallen, für den die Befreiung von der Körperschaftsteuer ausgeschlossen ist, oder wenn sie in den Fällen des Satzes 1 Nummer 2 in einem nicht von der Körperschaftsteuer befreiten Betrieb gewerblicher Art anfallen. [6]Ein Steuerabzug ist auch nicht vorzunehmen bei Kapitalerträgen im Sinne des § 49 Absatz 1 Nummer 5 Buchstabe c und d, die einem Anleger zufließen, der eine nach den Rechtsvorschriften eines Mitgliedstaates der Europäischen Union oder des Europäischen Wirtschaftsraums gegründete Gesellschaft im Sinne des Artikels 54 des Vertrags über die Arbeitsweise der Europäischen Union oder des Artikels 34 des Abkommens über den Europäischen Wirtschaftsraum mit Sitz und Ort der Geschäftsleitung innerhalb des Hoheitsgebietes eines dieser Staaten ist, und der einer Körperschaft im Sinne des § 5 Absatz 1 Nummer 3 des Körperschaftsteuergesetzes vergleichbar ist; soweit es sich um eine nach den Rechtsvorschriften eines Mitgliedstaates des Europäischen Wirtschaftsraums gegründete Gesellschaft oder eine Gesellschaft mit Ort und Geschäftsleitung in diesem Staat handelt, ist zusätzlich Voraussetzung, dass mit diesem Staat ein Amtshilfeabkommen besteht.

(4a) **[1]Absatz 4 ist entsprechend auf Personengesellschaften im Sinne des § 212 Absatz 1 des Fünften Buches Sozialgesetzbuch anzuwenden. [2]Dabei tritt die Personengesellschaft an die Stelle des Gläubigers der Kapitalerträge.**

(4b) **[1]Werden Kapitalerträge im Sinne des § 43 Absatz 1 Satz 1 Nummer 1 von einer Genossenschaft an ihre Mitglieder gezahlt, hat sie den Steuerabzug nicht vorzunehmen, wenn ihr für das jeweilige Mitglied**

1. **eine Nichtveranlagungs-Bescheinigung nach Absatz 2 Satz 1 Nummer 2,**
2. **eine Bescheinigung nach Absatz 5 Satz 4,**

3. eine Bescheinigung nach Absatz 7 Satz 2 oder
4. eine Bescheinigung nach Absatz 8 Satz 2 vorliegt; in diesen Fällen ist ein Steuereinbehalt in Höhe von drei Fünfteln vorzunehmen.

[2]Eine Genossenschaft hat keinen Steuerabzug vorzunehmen, wenn ihr ein Freistellungsauftrag erteilt wurde, der auch Kapitalerträge im Sinne des Satzes 1 erfasst, soweit die Kapitalerträge zusammen mit den Kapitalerträgen, für die nach Absatz 1 kein Steuerabzug vorzunehmen ist oder für die die Kapitalertragsteuer nach § 44b zu erstatten ist, den mit dem Freistellungsauftrag beantragten Freibetrag nicht übersteigen. [3]Dies gilt auch, wenn die Genossenschaft einen Verlustausgleich nach § 43a Absatz 3 Satz 2 unter Einbeziehung von Kapitalerträgen im Sinne des Satzes 1 durchgeführt hat.

(5) **[1]Bei Kapitalerträgen im Sinne des § 43 Absatz 1 Satz 1 Nummer 1, 2, 5 bis 7 und 8 bis 12 sowie Satz 2, die einem unbeschränkt oder beschränkt einkommensteuerpflichtigen Gläubiger zufließen, ist der Steuerabzug nicht vorzunehmen, wenn die Kapitalerträge Betriebseinnahmen des Gläubigers sind und die Kapitalertragsteuer bei ihm auf Grund der Art seiner Geschäfte auf Dauer höher wäre als die gesamte festzusetzende Einkommensteuer oder Körperschaftsteuer. [2]Ist der Gläubiger ein Lebens- oder Krankenversicherungsunternehmen als Organgesellschaft, ist für die Anwendung des Satzes 1 eine bestehende Organschaft im Sinne des § 14 des Körperschaftsteuergesetzes nicht zu berücksichtigen, wenn die beim Organträger anzurechnende Kapitalertragsteuer, einschließlich der Kapitalertragsteuer des Lebens- oder Krankenversicherungsunternehmens, die auf Grund von § 19 Absatz 5 des Körperschaftsteuergesetzes anzurechnen wäre, höher wäre, als die gesamte festzusetzende Körperschaftsteuer. [3]Für die Prüfung der Voraussetzung des Satzes 2 ist auf die Verhältnisse der dem Antrag auf Erteilung einer Bescheinigung im Sinne des Satzes 4 vorangehenden drei Veranlagungszeiträume abzustellen. [4]Die Voraussetzung des Satzes 1 ist durch eine Bescheinigung des für den Gläubiger zuständigen Finanzamts nachzuweisen. [5]Die Bescheinigung ist unter dem Vorbehalt des Widerrufs auszustellen. [6]Die Voraussetzung des Satzes 2 ist gegenüber dem für den Gläubiger zuständigen Finanzamt durch eine Bescheinigung des für den Organträger zuständigen Finanzamts nachzuweisen.**

(6) **[1]Voraussetzung für die Abstandnahme vom Steuerabzug nach den Absätzen 1, 4 und 5 bei Kapitalerträgen im Sinne des § 43 Absatz 1 Satz 1 Nummer 6, 7 und 8 bis 12 sowie Satz 2 ist, dass die Teilschuldverschreibungen, die Anteile an der Sammelschuldbuchforderung, die Wertrechte, die Einlagen und Guthaben oder sonstigen Wirtschaftsgüter im Zeitpunkt des Zufließens der Einnahmen unter dem Namen des Gläubigers der Kapitalerträge bei der die Kapitalerträge auszahlenden Stelle verwahrt oder verwaltet werden. [2]Ist dies nicht der Fall, ist die Bescheinigung nach § 45a Absatz 2 durch einen entsprechenden Hinweis zu kennzeichnen. [3]Wird bei einem inländischen Kredit- oder Finanzdienstleistungsinstitut oder bei einem inländischen Wertpapierinstitut im Sinne des § 43 Absatz 1 Satz 1 Nummer 7 Buchstabe b ein Konto oder Depot für eine gemäß § 5 Absatz 1 Nummer 9 des Körperschaftsteuergesetzes befreite Stiftung im Sinne des § 1 Absatz 1 Nummer 5 des Körperschaftsteuergesetzes auf den Namen eines anderen Berechtigten geführt und ist das Konto oder Depot durch einen Zusatz zur Bezeichnung eindeutig sowohl vom übrigen Vermögen des anderen Berechtigten zu unterscheiden als auch steuerlich der Stiftung zuzuordnen, so gilt es für die Anwendung des Absatzes 4, des Absatzes 7, des Absatzes 10 Satz 1 Nummer 2 und des § 44b Absatz 6 in Verbindung mit Absatz 7 als im Namen der Stiftung geführt.**

(7) **[1]Ist der Gläubiger eine inländische**

1. Körperschaft, Personenvereinigung oder Vermögensmasse im Sinne des § 5 Absatz 1 Nummer 9 des Körperschaftsteuergesetzes oder

2. Stiftung des öffentlichen Rechts, die ausschließlich und unmittelbar gemeinnützigen oder mildtätigen Zwecken dient, oder
3. juristische Person des öffentlichen Rechts, die ausschließlich und unmittelbar kirchlichen Zwecken dient,

so ist der Steuerabzug bei Kapitalerträgen im Sinne des § 43 Absatz 1 Satz 1 Nummer 1, 2, 3 und 7a bis 7c nicht vorzunehmen. [2]Voraussetzung für die Anwendung des Satzes 1 ist, dass der Gläubiger durch eine Bescheinigung des für seine Geschäftsleitung oder seinen Sitz zuständigen Finanzamts nachweist, dass er eine Körperschaft, Personenvereinigung oder Vermögensmasse nach Satz 1 ist. [3]Absatz 4 gilt entsprechend.

(8) [1]Ist der Gläubiger

1. eine nach § 5 Absatz 1 mit Ausnahme der Nummer 9 des Körperschaftsteuergesetzes oder nach anderen Gesetzen von der Körperschaftsteuer befreite Körperschaft, Personenvereinigung oder Vermögensmasse oder
2. eine inländische juristische Person des öffentlichen Rechts, die nicht in Absatz 7 bezeichnet ist,

so ist der Steuerabzug bei Kapitalerträgen im Sinne des § 43 Absatz 1 Satz 1 Nummer 1, 2, 3 und 7a nur in Höhe von drei Fünfteln vorzunehmen. [2]Voraussetzung für die Anwendung des Satzes 1 ist, dass der Gläubiger durch eine Bescheinigung des für seine Geschäftsleitung oder seinen Sitz zuständigen Finanzamts nachweist, dass er eine Körperschaft, Personenvereinigung oder Vermögensmasse im Sinne des Satzes 1 ist. [3]Absatz 4 gilt entsprechend.

(8a) [1]Absatz 8 ist entsprechend auf Personengesellschaften im Sinne des § 212 Absatz 1 des Fünften Buches Sozialgesetzbuch anzuwenden. [2]Dabei tritt die Personengesellschaft an die Stelle des Gläubigers der Kapitalerträge.

(9) [1]Ist der Gläubiger der Kapitalerträge im Sinne des § 43 Absatz 1 eine beschränkt steuerpflichtige Körperschaft im Sinne des § 2 Nummer 1 des Körperschaftsteuergesetzes, so werden zwei Fünftel der einbehaltenen und abgeführten Kapitalertragsteuer erstattet. [2]§ 50c Absatz 3 und 5 sowie § 50d Absatz 3 sind entsprechend anzuwenden. [3]Weitergehende Ansprüche aus § 43b oder § 50g oder einem Abkommen zur Vermeidung der Doppelbesteuerung bleiben unberührt. [4]Verfahren nach den vorstehenden Sätzen und nach § 50c Absatz 3 soll das Bundeszentralamt für Steuern verbinden.

(10) [1]Werden Kapitalerträge im Sinne des § 43 Absatz 1 Satz 1 Nummer 1a gezahlt, hat die auszahlende Stelle keinen Steuerabzug vorzunehmen, wenn

1. der auszahlenden Stelle eine Nichtveranlagungs-Bescheinigung nach Absatz 2 Satz 1 Nummer 2 für den Gläubiger vorgelegt wird,
2. der auszahlenden Stelle eine Bescheinigung nach Absatz 7 Satz 2 für den Gläubiger vorgelegt wird; soweit die Kapitalerträge einen Betrag von 20 000 Euro übersteigen, ist bei Gläubigern nach Absatz 7 Satz 1 Nummer 1 abweichend vom ersten Halbsatz ein Steuerabzug in Höhe von drei Fünfteln vorzunehmen, wenn der Gläubiger bei Zufluss der Kapitalerträge nicht seit mindestens einem Jahr ununterbrochen wirtschaftlicher Eigentümer der Aktien oder Genussscheine ist oder
3. der auszahlenden Stelle eine Bescheinigung nach Absatz 8 Satz 2 für den Gläubiger vorgelegt wird; in diesen Fällen ist ein Steuereinbehalt in Höhe von drei Fünfteln vorzunehmen.

[2]Wird der auszahlenden Stelle ein Freistellungsauftrag erteilt, der auch Kapitalerträge im Sinne des Satzes 1 erfasst, oder führt diese einen Verlustausgleich nach § 43a Absatz 3 Satz 2 unter Einbeziehung von Kapitalerträgen im Sinne des Satzes 1 durch, so hat sie den Steuerabzug nicht vorzunehmen, soweit die Kapitalerträge zusammen mit den Kapitalerträgen, für die nach Absatz 1 kein Steuer-

abzug vorzunehmen ist oder die Kapitalertragsteuer nach § 44b zu erstatten ist, den mit dem Freistellungsauftrag beantragten Freistellungsbetrag nicht übersteigen. [3]Absatz 6 ist entsprechend anzuwenden. [4]Werden Kapitalerträge im Sinne des § 43 Absatz 1 Satz 1 Nummer 1a von einer auszahlenden Stelle im Sinne des § 44 Absatz 1 Satz 4 Nummer 3 an eine ausländische Stelle ausgezahlt, hat diese auszahlende Stelle über den von ihr vor der Zahlung in das Ausland von diesen Kapitalerträgen vorgenommenen Steuerabzug der letzten inländischen auszahlenden Stelle in der Wertpapierverwahrkette, welche die Kapitalerträge auszahlt oder gutschreibt, auf deren Antrag eine Sammel-Steuerbescheinigung für die Summe der eigenen und der für Kunden verwahrten Aktien nach amtlich vorgeschriebenem Muster auszustellen. [5]Der Antrag darf nur für Aktien gestellt werden, die mit Dividendenberechtigung erworben und mit Dividendenanspruch geliefert wurden. [6]Wird eine solche Sammel-Steuerbescheinigung beantragt, ist die Ausstellung von Einzel-Steuerbescheinigungen oder die Weiterleitung eines Antrags auf Ausstellung einer Einzel-Steuerbescheinigung über den Steuerabzug von denselben Kapitalerträgen ausgeschlossen; die Sammel-Steuerbescheinigung ist als solche zu kennzeichnen. [7]Auf die ihr ausgestellte Sammel-Steuerbescheinigung wendet die letzte inländische auszahlende Stelle § 44b Absatz 6 mit der Maßgabe an, dass sie von den ihr nach dieser Vorschrift eingeräumten Möglichkeiten Gebrauch zu machen hat.

Einkommensteuer-Richtlinien: EStH 44a – **Verwaltungsanweisungen:** *BMF* BStBl I 25, 1330 Rn. 252–306.

Übersicht

1 **1. Überblick.** – ***(1)*** **Einbindung in System.** § 44a enthält mehrere unterschiedl Tatbestände, nach denen für bestimmte Gläubiger und bestimmte KapErträge kein StAbzug vorzunehmen ist. Dadurch wird eine spätere Erstattung (§ 44b) und Veranlagung der KapErträge obsolet. § 44b steht neben § 43 II sowie den Freistellungsverfahren gem § 50c iVm § 43b (→ § 43b Rn. 1–3) und iVm § 50g (Zinsen) – ***(2)*** **Regelungsinhalt.** Abstandnahme vom StAbzug bei: – *(a)* Freistellungsauftrag, § 44a I 1, II 1 Nr 1 – *(b)* (fiktiver) Nichtveranlagung (§ 44a I 4, II Nr 2), – *(c)* KStbefreiten Gebilden iSd § 5 KStG, juristischen Personen döR, die nicht gemeinnützig sind und gleichgestellten PersGes (§ 44a IV, IVa, VIII, VIIIa), – *(d)* Genossenschaften als Schuldnern des KapErtrags (§ 44a IVb) – *(e)* Dauerüberzahlern (§ 44a V), – *(f)* Gemeinnützigen KSt-Subjekten (§ 44a VII), – *(g)* beschr stpfl Körperschaften (§ 44a IX), und – *(h)* Gläubigern sammelverwahrter Aktien/Genussscheinen (§ 44a X iVm § 43 I Nr 1a). § 44a VI untersagt die Abstandnahme für sog Tafelgeschäfte. – ***(3)*** **Meldepflichten.** Ab VZ 2027 sind die Anforderungen aus § 45b VI zu beachten (*BMF* BStBl I 25, 987, Rn 96 bis 107 zu beachten.

2. Abstandnahme bei unbeschränkt steuerpflichtigen Personen, § 44a I. – a) Persönlicher und sachlicher Geltungsbereich. Hierzu gehören natürl Personen und *nicht* gem § 5 KStG stbefreite KSt-Subjekte (*BMF* BStBl I 25, Rn. 280 ff, auch zur NV3B-Bescheinigung; → § 20 Rn. 4), für die § 8 II KStG nicht gilt und die Einkünfte gem § 20 erzielen. Eine Abstandnahme ist bei Freistellung, Nichtveranlagung für die in § 44a I 1 Nr 1–3 aufgeführten KapErträge (insb aus ArbN-KapBeteiligungen) mögl; § 44 IVb erweitert dies auf Ausschüttungen von Genossenschaften. Erfolgt gleichwohl ein KapEStAbzug, handelt es sich um einen Abzug ohne rechtl Grund. Der StEntrichtungspflichtige hat die KapErträge nach § 45a I 2 anzumelden, die gem § 44a III notwendigen Angaben und Aufzeichnungen zu führen und eine Mitteilung an das BZSt gem § 45d I abzugeben. 2

b) Freistellungsauftrag, § 44a I 1, II 1 Nr 1, IIa, III. Die Abstandnahme aufgrund eines **Freistellungsauftrags** erfordert, dass die gesamten KapErträge des Gläubigers iSd § 44a I Nr 1–3 (mit KapErträgen nach § 44a X und KapErträgen, für die gem § 44b die KapESt erstattet wird), den Betrag des Sparer-Pauschbetrags iHv **1000 €** nicht überschreiten und dem StEntrichtungspflichtigen ein privatschriftl Freistellungsauftrag erteilt wurde. Die **betragsmäßige Begrenzung** auf jeden niedrigeren Betrag ist zul, ebenso die Verteilung des Volumens auf mehrere Banken. *Ehegatten* können derselben auszahlenden Stelle *einen gemeinsamen Freistellungsauftrag* **(2000 €)** erteilen, der zugl Voraussetzung der ehegattenübergreifenden Verlustverrechnung und QuellenSt-Anrechnung iRd StAbzugs ist (*BMF* BStBl I 25, 1330 Rn. 261 ff, 266 ff iVm Rn. 219, auch → § 43a Rn. 5 ff). – Zum Verfahren (Verwendung eines Musters; Übermittlung der St-ID; Änderungen) s iEinz § 44a IIa (*BMF* BStBl I 25, 1330, Rn. 257 ff). 3

c) Nichtveranlagungsbescheinigung, § 44a I 4, II 1 Nr 2, IIa, III. – ***(1)* Voraussetzungen; Rechtsnatur.** Vom StAbzug ist Abstand zu nehmen, wenn anzunehmen ist, dass im Falle der Günstigerprüfung nach § 32d VI keine ESt für die KapErträge entstehen wird (§ 44a I 4). Trotz der Bezugnahme auf § 32d VI können auch stpfl KSt-Gebilde eine NV-Bescheinigung (sog NVB3) erhalten, wenn ihnen der Freibetrag gem § 24 KStG zusteht und das Einkommen den Freibetrag von 5000 € nicht übersteigt (*BMF* BStBl I 25, 1330 Rn. 280 ff). Die **NV-Bescheinigung** ist eine Bescheinigung des Wohnsitz-FA, mit dem Inhalt, dass eine Veranlagung voraussichtl nicht in Betracht kommt; ist dies nicht der Fall, darf sie nicht erteilt werden (§ 44a II 1 Nr 2). – **Geltungsdauer** bis 3 Jahre (§ 44a II 2, 3; die Anfechtung eines Widerrufs des FA mit dem Einspruch ist mögl); bei Wegfall der Voraussetzungen Rückgabepflicht (§ 44a II 2–4). – **Rechtsnatur:** Nach BFH I R 65/90, BStBl II 92, 322 kein Freistellungsbescheid iSv § 155 I 3 AO, sondern ein sonstiger begünstigender VA (§ 130 II AO)). – ***(2)* Verfahren.** Die **NV-Bescheinigung** ist vom StPfl zu beantragen und dem Schuldner im Original oder Kopie (*BMF* BStBl I 25, 1330 Rn. 303) vorzulegen. Bei minderjährigen **Kindern:** Antrag der Eltern als gesetzl Vertreter. Bei **Tod eines Ehegatten** entfällt die Bescheinigungswirkung nur für dessen Konten und Gemeinschaftskonten; im Todesjahr bleiben gemeinsamer Freistellungsauftrag und NV-Bescheinigung noch wirksam; auch ein neuer Freistellungsauftrag ist mögl (*BMF* BStBl I 25, 1330 Rn. 278 f). – ***(3)* Frist.** Vorlage bis zur Entstehung der KapESt gem § 44 I 2 (→ § 44 Rn. 5 f). Bei verspäteter Vorlage Erstattung nach § 44b V oder Veranlagung gem § 32d IV. 4

3. Abstandnahme bei nach § 5 KStG steuerbefreiten (nicht gemeinnützigen) Gebilden, Einrichtungen und Personengesellschaften, § 44a IV, IVa, VIII, VIIIa. *BMF* BStBl I 25, 1330 Rn. 295–300b. – **a) Erfasste Kapitalerträge.** Vom StAbzug für KapErträge gem § 43 I Nr 4–7 und gem Nr 8–12 sowie für Ausschüttungen einer stbefreiten Körperschaft kann eine *vollständige* Abstandnahme (Abs 4 S 1, 2); für KapErträge gem § 43 I 1 Nr 1 (Ausschüttungen), KapErträge gem Nr 2, Nr 3, Nr 7a; für Ausschüttungen aus sammelverwahrten Aktien, Genussschei- 5 nen iSd § 43 I Nr 1a kann eine *teilweise Abstandnahme* durch einen KapEStAbzug iHv 3/5 der KapErträge erfolgen (Abs 8 Nr 1, Abs 10 S 1 Nr 3; zur Erstattung § 44b II iVm § 36a). § 44a sieht die vollständige oder teilw Abstandnahme vor, da der KapESt-Abzug iHv 25% gem § 5 II 1 Nr 1 iVm § 32 I Nr 1 KStG für diese KSt-Subjekte abgeltende Wirkung für die KSt hat; eine Veranlagung mit Anrechnung der KapESt ist ausgeschlossen (zur Verfmäßigkeit BFH VIII R 2/18, BStBl II 22, 685).

6 **b) Erfasste Steuersubjekte.** § 44a IV gilt für nach § 5 KStG kstbefreite inl KSt-Subjekte gem § 1, § 3 KStG mit Einkünften aus § 20 und für alle inl juristischen Personen döR sowie für spezielle PersGes iSd § 212 I SGB V (§ 44 IVa). S auch die Erweiterung gem § 44a IV 6 auf im EU/EWR-Ausl ansässige Pensions-, Sterbe- und Krankenkassen mit inl KapErträgen gem § 49 I Nr 5 Buchst c, d.

7 **c) Vollständige Abstandnahme mit Bescheinigung nach § 44a IV 3.** Hierfür muss der StPfl eine sog NV 2 – Bescheinigung iSd Abs 4 S 3 vorlegen. Für deren Erteilung gelten die formalen Anforderungen, die Befristungsregelung gem Abs 2 S 2–4 (→ Rn. 4) entspr (zu alternativen Nachweisen *BMF* BStBl I 25, 1330 Rn. 295–298a; die Nachweise genügen auch iRd § 44a IV) und die Aufbewahrungspflichten gem § 44a III. Die Erteilung der Bescheinigung ist unzul, wenn die Erträge in einem wirtschaftl Geschäftsbetrieb anfallen, für den die Befreiung gem § 5 KStG ausgeschlossen ist. Liegt die Bescheinigung bei Vornahme des StAbzugs nicht vor, kann die KapESt auf Antrag außerhalb des § 44b V erstattet werden (s iEinz *BMF* BStBl I 25,1330 Rn. 299–300b).

8 **d) Teilweise Abstandnahme mit Bescheinigung nach § 44a VIII 2.** Zu den erfassten KapErträgen → Rn. 5. Erforderl ist wie bei Abs 4 eine NV 2 – Bescheinigung (→ Rn. 7).

9 **e) Teilweise Abstandnahme bei sammelverwahrten Anteilen, § 44a X 1 Nr 3.** Wird eine Bescheinigung gem § 44a VIII 2 vorgelegt, kann auch für diese KapErträge gem § 43 I 1 Nr 1 eine Abstandnahme vom StAbzug iHv 2/5 der KapErträge beansprucht werden (auch → Rn. 18). Zum Verfahren → Rn. 4.

10 **4. Abstandnahme bei Dauerüberzahlern, § 44a V a) Erfasste Kapitalerträge.** Die Abstandnahme kommt bei KapErträgen gem § 43 I 1 Nr 1, 2, 5 bis 7, 8–12 sowie KapErträge gem § 43 II 2 in Betracht. Die Regelung ist insb für Ausschüttungen auf Anteile und beteiligungsähnl Genussscheine, vGA gem § 20 I Nr 1 und für Zinsen relevant. Für KapErträge iSd § 43 I 1 Nr 1a gilt Abs 5 nicht mehr (zu Cum-Cum mit Dauerüberzahlern s *BMF* BStBl I 21, 995 Rn. 35 ff). Dies gilt auch, wenn die zugrundeliegenden Aktien in abgesetzten Beständen verwahrt werden (FG Hmb EFG 24, 825, rkr).

11 **b) Dauerüberzahler.** – ***(1)* Voraussetzungen.** Es ist gem § 44a V kein StAbzug vorzunehmen, wenn gem Abs 5 S 1 der Gläubiger der KapErträge (s *(2)*), durch Vorlage einer Bescheinigung (→ Rn. 12) nachweist, dass bei ihm *auf Grund der Art seiner Geschäfte* (und nicht der individuellen Geschäftsentwicklung und -führung), die KapESt *auf Dauer* höher als die gesamte festzusetzende ESt, KSt wäre (s BFH I R 32/99, BStBl II 00, 95; BFH I R 22/97, BStBl II 97, 817; BFH I R 118/94, BStBl II 96, 199; BFH VIII R 31/21, BStBl II 24, 520). Bei Organschaften iSd Abs 5 S 2 sind gem Abs 5 S 3 für den Nachweis die letzten drei VZ vor der Antragstellung heranzuziehen. Der Begriff der *Überzahlung* erfasst nicht jede Gewinnlosigkeit, sondern nur die Sonderfälle einer vornherein feststehenden strukturellen und dauerhaften Überbesteuerung. Die rein potenziell zul Erweiterung des Geschäftsgegenstands nach der Satzung schließt die strukturelle Überzahlungssituation nicht aus (BFH VIII R 31/21, BStBl II 24, 520). – ***(2)* Gläubiger.** Gläubiger iSd Abs 5 sind KSt-Subjekte, natürl Personen und (zB Holding-)PersGes (FG Hmb EFG 18, 130, rkr), bei denen **die KapErträge BE** sind. Die Gläubiger können unbeschr und beschr Stpfl sein, (ggf § 49 I Nr 2 Buchst a, zu unionsrechtl Zweifeln s *Kollruss* IStR 21,

470). Zur Abstandnahme ggü einer PersGes aufgrund der mittelbar beteiligten Gläubiger FG Mster EFG 20, 284, rkr. – Durch die Anknüpfung an erforderl BE können Körperschaften/Vermögensmassen, die nicht unter § 8 II KStG fallen (insbes Stiftungen), keine Bescheinigung erhalten (mE eine zweifelhafte Ungleichbehandlung). – ***(3)* Einzelfragen.** S *OFD Ffm* DStR 19, 2539: zB Weitergabe von Wertpapiererträgen an Dritte mit entspr BA-Abzug, zB bei LV-Ges oder Urheberrechtsverwertungs-Ges (GEMA, VG Wort uÄ); zur § 8b-HoldingGes (BFH VIII R 31/21, BStBl II 24, 520), zur Organschaft (Abs 5 S 2) s *Krauß/Meichelbeck* DStR 15, 333; *Jesse* FR 15, 249; *vern* für kommunale Verkehrs- und Abwasserbetriebe (HessFG EFG 13, 1047, rkr; BFH I R 32/99, BStBl II 00, 95) und für StPfl, die unter § 8b VII KStG fallen.

c) Bescheinigung des Finanzamts, § 44a V 4, 5; Rechtsschutz. Die Bescheinigung ist von dem Veranlagungsteilbezirk, der für die jeweilige Körperschaft zuständig ist, unter dem Vorbehalt des Widerrufs auszustellen (*OFD Ffm* DStR 19, 2539). Zur Ausstellung für PersGes s FG Mster EFG 20, 284, rkr. S auch § 44a V 2, 3, 6 zu Versicherungen iZm einer Organschaft. – Bei Ablehnung der Bescheinigung keine Erledigung für zurückliegende Zeiträume im Zeitpunkt der gerichtl Entscheidung, da die Erteilung der Bescheinigung *unbefristet* für die Zukunft beantragt wird (BFH VIII R 31/21, BStBl II 24, 520). 12

5. Ausnahmen von der Abstandnahme, § 44a VI. *BMF* BStBl I 25, 1330 Rn. 301 f. – **a) Regelungsinhalt.** Bei Erträgen iSd § 43 I Nr 7 und Nr 8 ist die Abstandnahme **nach § 44a I, IV und V** davon abhängig, dass die Einlagen, Wertpapiere, Kapitalforderungen *unter dem Namen des Gläubigers* bei der auszahlenden Stelle verwahrt oder verwaltet werden, dh Gläubiger und Kontoinhaber müssen identisch sein (*BMF* BStBl I 25, 1330 Rn. 301). **Anonyme Tafelgeschäfte** sind daher von der Abstandnahme ausgeschlossen. Stimmen Gläubiger und Kontoinhaber nicht überein, ist die StBescheinigung nach § 45a II zum Zweck der Nachprüfung im Veranlagungsverfahren besonders zu kennzeichnen (§ 44a VI 2); in diesen Fällen keine Erstattung nach § 44b. 13

b) Einzelfragen. – ***(1)* Gläubigerbegriff.** Gläubiger der KapErträge bei einem auf den Namen einer PersGes geführten Konto sind die Ges'ter. Zu PersGes, Ges'ter, Insolvenzverwalter → § 44 Rn. 2. – ***(2)* Beispiele zur Kennzeichnungspflicht gem § 44a VI 2:** Gläubigervorbehaltskonten auf den Namen Dritter, Treuhand- und Nießbrauchskonten, Mietkautionskonten, Notarkonten uä Anderkonten; – ***(3)* Erstattung der Kapitalertragsteuer aus Billigkeitsgründen.** Dies ist mögl bei Erträgen einer juristischen Person döR aus Treuhandkonten und bei privaten nichtrechtsfähigen Treuhandstiftungen (*BMF* BStBl I 25, 1330, Rn. 302: Antrag). 14

6. Abstandnahme bei juristischen Personen des öffentlichen Rechts mit steuerbegünstigten Zwecken und bei gem § 5 I Nr 9 KStG steuerbefreiten Gläubigern, § 44a VII. – a) Erfasste Kapitalerträge und Gläubiger. Bei Erträgen iSd *§ 43 I 1 Nr 1, 2, 3, 7a–7c* kann für die in Abs 7 genannten Gläubiger (gemeinnützige Körperschaften; inl juristische Personen döR, die kirchl Zwecken dienen), eine **vollständige Abstandnahme** vom StAbzug erfolgen (Abs 7 S 1). S zu dieser Begünstigung BFH VIII R 2/18, BStBl II 22, 685. – Für KapErträge *gem § 43a I Nr 1a* wird gem § 44a X 1 Nr 3 für gemeinnützige Gläubiger iSd § 5 I Nr 9 S 1 KStG die KapESt grds iHv 3/5 (= 15% des KapErtrags) einbehalten (**nur noch teilweise Abstandnahme iHv 2/5**), es sei denn, die Aktien wurden seit einem Jahr ununterbrochen gehalten und der KapErtrag überschreitet den Freibetrag iHv 20 000 € je VZ nicht. Um eine vollständige Abstandnahme zu erreichen, muss gem § 44b II die Erstattung der KapESt beantragt werden; hierzu müssen die Voraussetzungen gem § 36a I–III erfüllt sein (→ § 36a Rn. 11, 12). – Bei stpfl wirtschaftl Geschäftsbetrieben (§ 5 I Nr 9 S 2 KStG) Abstandnahme nur für den Gewinntransfer an den Träger (→ § 43b Rn. 2 mwN; *BMF* BStBl I 16, 685). 15

16 **b) Bescheinigung gem § 44a VII 2, 3.** Der Gläubiger muss seinen Status entspr Abs 4 nachweisen (VII 2; Vordruck NV 2 – B oder Freistellungsbescheid, → Rn. 4; auch eine amtl beglaubigte Kopie Bescheids gem § 60a AO genügt); Verzicht auf Bescheinigung bei wiGB in Fällen des § 5 I Nr 9 S 2 KStG (*BMF* BStBl I 16, 685; *BMF* BStBl I 25, 1330 Rn. 297–298a).

17 **7. Erstattung der Kapitalertragsteuer an beschränkt steuerpflichtige Körperschaften, § 44a IX.** Zur Gleichbehandlung mit inl Körperschaften, Personenvereinigungen und Vermögensmassen, bei denen der KapEStAbzug abgeltende Wirkung hat, wird der StAbzug für die Belastung der ausl Körperschaften mit KapESt im ersten Schritt durch eine Erstattung von ⅖ von 25% (Rest = 15%) der einbehaltenen und abgeführten KapESt gemindert. Weitergehende Entlastungen nach § 43b, § 50g, DBA bleiben unberührt (Abs 9 S 3). Zu Voraussetzungen und Verfahren verweisen Abs 9 S 2, 4 auf § 50c. Zudem gilt auch hier § 50d III idF AbzStEntlModG (BGBl I 21, 1498) entspr (→ § 43b Rn. 10; → § 50d Rz 15 ff). Gläubiger iSd Abs 9 ist bei Bezug über eine vermögensverwaltende PersGes deren Ges'ter (vgl BFH I R 77/17, BStBl II 22, 114). Relevant ist Abs 9 insb im Nicht-DBA-Fall (Übersicht bei → § 43b Rn. 3).

18 **8. Abstandnahme bei Kapitalerträgen iSd § 43 I 1 Nr 1a, § 44a X.** – ***(1)* Regelungsinhalt.** Abs 10 regelt die Abstandnahme für KapErträge gem § 43 I 1 Nr 1a. Zu § 44a V → Rn. 11. – ***(2)* Vollständige Abstandnahme.** Diese ist für Gläubiger mit einer NV-Bescheinigung gem § 44a II Nr 2 *(Abs 10 S 1 Nr 1)* mögl und für eine inl juristische Person des öffentl Rechts mit stbegünstigten Zwecken iSd Abs 7 S 1 Nr 2, Nr 3, die über die Bescheinigung gem Abs 7 S 2 verfügt *(Abs 10 S 1 Nr 2 Hs 1).* Für die KapErträge von gem § 5 I Nr 9 KStG stbefreiten gemeinnützigen Gläubigern iSd Abs 7 S 1 Nr 1 mit NV-Bescheinigung erfolgt die vollständige Abstandnahme nur noch bei einer ununterbrochenen Haltedauer von mindestens 1 Jahr oder wenn die KapErträge im VZ 20 000 € nicht übersteigen *(Abs 10 S 1 Nr 2 Hs 2).* S auch *Abs 10 S 2:* vollständige Abstandnahme, wenn sämtl KapErträge einschließl der KapErträge iSd § 43 I Nr 1a (ggf nach einem Verlustausgleich gem § 43a III 2) den bei der auszahlenden Stelle beantragten Freistellungsbetrag (→ Rn. 3) unterschreiten – ***(3)* Teilweise Abstandnahme.** – ***(a)* § 44a VII 1 Nr 1.** Ist bei gemeinnützigen stbefreiten Gläubigern die Haltedauer nicht erfüllt, ist gem *Abs 10 S 1 Nr 2 Hs 2* KapESt iHv ⅗ auf den 20 000 € übersteigenden KapErtrag iSd § 43 I Nr 1a einzubehalten (→ Rn. 15); zur Erstattung s § 44b II. – ***(b)* § 44a VIII.** KapEStAbzug ggü diesen Gläubigern (→ Rn. 6) iHv ⅗ *(Abs 10 S 1 Nr 3,* → Rn. 9). – ***(4)* Keine Abstandnahme nach § 44a VI** bei fehlender Gläubiger-Konto-Identität (→ Rn. 13). – ***(5)* Verwahrketten.** § 44a X 4–6 verlangt in Verwahrketten mit ausl Beteiligten eine besonders zu kennzeichnende Sammelsteuerbescheinigung („Earmarking") der letzten inl auszahlenden Stelle; § 44a X 7 verweist auf die Erstattungsmöglichkeit des § 44b VI (dazu *BMF* BStBl I 25, 987, Rn. 98 ff)

§ 44b Erstattung der Kapitalertragsteuer

(1) **Nach Ablauf eines Kalenderjahres hat der zum Steuerabzug Verpflichtete die im vorangegangenen Kalenderjahr abgeführte Steuer auf Ausschüttungen eines Investmentfonds zu erstatten, soweit die Ausschüttungen nach § 17 des Investmentsteuergesetzes nicht als Ertrag gelten.**

(2) **Ist bei Gläubigern nach § 44a Absatz 7 Satz 1 Nummer 1 gemäß § 44a Absatz 10 Satz 1 Nummer 2 Kapitalertragsteuer einbehalten und abgeführt worden, wird auf Antrag durch das Finanzamt, in dessen Bezirk sich die Geschäftsleitung oder der Sitz des Gläubigers befindet, die Kapitalertragsteuer erstattet, wenn der Gläubiger die Voraussetzungen nach § 36a Absatz 1 bis 3 erfüllt.**

(3), (4) *(aufgehoben)*

(5) [1]**Ist Kapitalertragsteuer einbehalten oder abgeführt worden, obwohl eine Verpflichtung hierzu nicht bestand, oder hat der Gläubiger dem nach § 44 Absatz 1 zum Steuerabzug Verpflichteten die Bescheinigung nach § 43 Absatz 2 Satz 4, den Freistellungsauftrag, die Nichtveranlagungs-Bescheinigung oder die Bescheinigungen nach § 44a Absatz 4 oder Absatz 5 erst zu einem Zeitpunkt vorgelegt, zu dem die Kapitalertragsteuer bereits abgeführt war, oder nach diesem Zeitpunkt erst die Erklärung nach § 43 Absatz 2 Satz 3 Nummer 2 abgegeben, ist auf Antrag des nach § 44 Absatz 1 zum Steuerabzug Verpflichteten die Steueranmeldung (§ 45a Absatz 1) insoweit zu ändern; stattdessen kann der zum Steuerabzug Verpflichtete bei der folgenden Steueranmeldung die abzuführende Kapitalertragsteuer entsprechend kürzen. [2]Erstattungsberechtigt ist der Antragsteller. [3]Solange noch keine Steuerbescheinigung nach § 45a erteilt ist, hat der zum Steuerabzug Verpflichtete das Verfahren nach Satz 1 zu betreiben. [4]Die vorstehenden Sätze sind in den Fällen des Absatzes 6 nicht anzuwenden.**

(6) [1]**Werden Kapitalerträge im Sinne des § 43 Absatz 1 Satz 1 Nummer 1 und 2 durch ein inländisches Kredit-, Finanzdienstleistungs- oder Wertpapierinstitut im Sinne des § 43 Absatz 1 Satz 1 Nummer 7 Buchstabe b, das die Wertpapiere, Wertrechte oder sonstigen Wirtschaftsgüter unter dem Namen des Gläubigers verwahrt oder verwaltet, als Schuldner der Kapitalerträge oder für Rechnung des Schuldners gezahlt, kann das Kredit-, Finanzdienstleistungs- oder Wertpapierinstitut die einbehaltene und abgeführte Kapitalertragsteuer dem Gläubiger der Kapitalerträge bis zur Ausstellung einer Steuerbescheinigung, längstens bis zum 31. März des auf den Zufluss der Kapitalerträge folgenden Kalenderjahres, unter den folgenden Voraussetzungen erstatten:**

1. **dem Kredit-, Finanzdienstleistungs- oder Wertpapierinstitut wird eine Nichtveranlagungs-Bescheinigung nach § 44a Absatz 2 Satz 1 Nummer 2 für den Gläubiger vorgelegt,**
2. **dem Kredit-, Finanzdienstleistungs- oder Wertpapierinstitut wird eine Bescheinigung nach § 44a Absatz 5 für den Gläubiger vorgelegt,**
3. **dem Kredit-, Finanzdienstleistungs- oder Wertpapierinstitut wird eine Bescheinigung nach § 44a Absatz 7 Satz 2 für den Gläubiger vorgelegt und eine Abstandnahme war nicht möglich oder**
4. **dem Kredit-, Finanzdienstleistungs- oder Wertpapierinstitut wird eine Bescheinigung nach § 44a Absatz 8 Satz 2 für den Gläubiger vorgelegt und die teilweise Abstandnahme war nicht möglich; in diesen Fällen darf die Kapitalertragsteuer nur in Höhe von zwei Fünfteln erstattet werden.**

[2]**Das erstattende Kredit- oder Finanzdienstleistungsinstitut oder das erstattende Wertpapierinstitut haftet in sinngemäßer Anwendung des § 44 Absatz 5 für zu Unrecht vorgenommene Erstattungen; für die Zahlungsaufforderung gilt § 219 Satz 2 der Abgabenordnung entsprechend. [3]Das Kredit- oder Finanzdienstleistungsinstitut oder das Wertpapierinstitut hat die Summe der Erstattungsbeträge in der Steueranmeldung gesondert anzugeben und von der von ihm abzuführenden Kapitalertragsteuer abzusetzen. [4]Wird dem Kredit-, Finanzdienstleistungs- oder Wertpapierinstitut ein Freistellungsauftrag erteilt, der auch Kapitalerträge im Sinne des Satzes 1 erfasst, oder führt das Institut oder das Wertpapierinstitut einen Verlustausgleich nach § 43a Absatz 3 Satz 2 unter Einbeziehung von Kapitalerträgen im Sinne des Satzes 1 aus, so hat es bis zur Ausstellung der Steuerbescheinigung, längstens bis zum 31. März des auf den Zufluss der Kapitalerträge folgenden Kalenderjahres, die einbehaltene und abgeführte Kapitalertragsteuer auf diese Kapitalerträge zu erstatten; Satz 2 ist entsprechend anzuwenden.**

(7) [1]**Eine Gesamthandsgemeinschaft kann für ihre Mitglieder im Sinne des § 44a Absatz 7 oder Absatz 8 eine Erstattung der Kapitalertragsteuer bei dem für die gesonderte Feststellung ihrer Einkünfte zuständigen Finanzamt beantragen. [2]Die Erstattung ist unter den Voraussetzungen des § 44a Absatz 4, 7 oder Absatz 8**

und in dem dort bestimmten Umfang zu gewähren. [3]Kapitalertragsteuer, die nach § 43 Absatz 1 Satz 1 Nummer 1a einbehalten wurde, ist unter den Voraussetzungen des § 44a Absatz 10 und in dem dort bestimmten Umfang zu erstatten, wenn der Gläubiger die Voraussetzungen nach § 36a Absatz 1 bis 3 erfüllt.

Einkommensteuer-Richtlinien: EStR 44b.1, 44b.2; EStH 44b.1 – **Verwaltungsanweisungen:** *BMF* BStBl I 25, 1330, Rn. 307.

1 **1. Allgemeines.** § 44b regelt die **Erstattung von KapESt** und ergänzt § 44a (Abstandnahme vom StAbzug). Zweck der Norm ist, die Veranlagung und Anrechnung zu erübrigen sowie eine temporäre Überbesteuerung zu vermeiden. Das Erstattungsverfahren ist in den Fällen der Abs 1–6 nur noch auf der Ebene des StEntrichtungspfl mögl, iRd Abs 7 auch durch das FA. Weitere Erstattungsansprüche enthalten § 7, § 11 InvStG (→ § 43 Rn. 36), § 44a IX und § 43b iVm § 50c (→ § 43b Rn. 1–3).

2 **2. Erstattung in den Fällen des § 17 InvStG, § 44b I.** Abs 1 regelt die Erstattung von KapESt, die auf Ausschüttungen eines Investmentfonds in dessen Liquidationsphase einbehalten wird, wenn es sich um KapRückzahlungen handelt, die mit den AK der Anteile zu verrechnen sind (s iEinz *BMF* BStBl I 25, 1330, Rn. 308a, 308b; → § 20 Rn. 80). Sind die AK unbekannt, kann nicht iRd StAbzugs erstattet werden (*BMF* BStBl 21, 156, Rn. 17.17 f).

3 **3. Erstattung bei gemeinnützigen Gläubigern iSd § 44a VII 1 Nr 1, § 44b II.** Abs 2 ergänzt § 44a X 1 Nr 2 (→ § 44a Rn. 11, 18). Die auf Ausschüttungen iSd § 43 I Nr 1a einzubehaltene KapESt kann erstattet werden, wenn die Voraussetzungen des § 36a I–III erfüllt sind. → § 44a Rn. 15, → § 36a Rn. 9 f.

4 **4. Korrektur des rechtsgrundlosen Kapitalertragsteuerabzugs und bei nachträglicher Vorlage bestimmter Bescheinigungen, § 44b V.** – ***(1)*** **Regelungsinhalt.** § 44b V 1 regelt für sämtl KapErträge die Korrektur des gem § 44 I 3 (→ § 44 Rn. 3) vorzunehmenden StAbzugs durch den *StEntrichtungspflichtigen* iSv § 44 I 4 in **zwei Alternativen:** – ***(a)*** Fehlende rechtl Verpflichtung zum StAbzug für den KapErtrag (Grund oder Höhe) nach den §§ 43 ff, *Abs 5 S 1, Alt 1;* insoweit materielle Prüfung der StPflicht (→ § 44 Rn. 4, 16). – ***(b)*** Nächträgl Vorlage bestimmter Bescheinigungen beim StEntrichtungspflichtigen, *Abs 5 S 1, Alt 2:* NV-Bescheinigung, Freistellungsauftrag (§ 44a II 1 Nr 1, Nr 2, → § 44a Rn. 2–4), Bescheinigung gem § 43 II 4 (→ § 43 Rn. 22), Bescheinigungen nach § 44a IV (→ § 44a Rn. 7, 8) und die Dauerüberzahlerbescheinigung (§ 44a V, → § 44a Rn. 12). – ***(2)*** **Korrekturtechnik.** Der StEntrichtungspflichtige muss bei Kenntnis eines Korrekturgrunds bis zum 31.1. des Folgejahres die Änderung der StAnmeldung des Zuflusszeitraums beantragen (§ 164 II AO); bei Ablehnung negativer Freistellungsbescheid, § 155 I 3 AO; bei späterer Kenntnis muss er bis zur Erteilung der StBescheinigung (§ 45a I) für das Zuflussjahr die folgende StAnmeldung kürzen (§ 44b V 3), danach *kann* er die Folgeanmeldung kürzen (*BMF* BStBl I 25, 1330, Rn. 307a). IRd Korrektur nach Abs 5 S 1 ist nur er erstattungsberechtigt (Abs 5 S 2) und hat die Erstattung an den Gläubiger weiterzuleiten. S iEinz *BeckOK EStG* § 45d Rn. 15–22b. – Außerhalb des § 44b V kann der StEntrichtungspflichtige die eigene StAnmeldung mit Einspruch/Klage (ggf auch AdV) anfechten (BFH I B 76/20 (AdV) DStR 21, 2389; BFH VIII R 35/19, BStBl II 23,394). – ***(3)*** **Erstattung an den Gläubiger.** Es besteht grds ein Vorrang der Korrektur iRd Veranlagung des KapErtrags durch Anrechnung der KapESt, falls diese mögl ist (BFH VIII R 20/22, DStR 24, 2170 zu § 32d IV; → § 45a Rn. 2). Die Korrektur des StAbzugs nach Abs 5 S 1 ggü dem Entrichtungspflichtigen hat Vorrang vor der Erstattung an den Gläubiger (glA *BMF* BStBl I 25, 1330, Rn. 307). Unterbleibt diese, kann der Gläubiger als StSchuldner (§ 44 I) die Erstattung der KapESt gem § 37 II AO beim Betriebsstätten-FA der Depotbank erreichen, wenn ihm ein Freistellungsbescheid erteilt wird (§ 155 I 3 Alt 1 AO) oder die StAnmeldung geändert wird (BFH I R 11/13, BFH/NV 15, 950; BFH I R 47/05,

BFH/NV 07, 2; insoweit unklar *Fölsing* DStR 25, 1134). S zu Härtefällen (Billigkeit) *BMF* BStBl I 25, 1330 Rn. 300–300b; *BeckOK EStG* § 45d Rn. 21–21.3. Hierunter fällt ua, dass der StPfl als Erbe eingesetzt wurde, der StAbzug aber mangels Vorlage der Bescheinigung noch ggü dem Erblasser stattgefunden hat. FG Mster EFG 25, 342, rkr vern jedoch die Erstattung gem § 227 AO, wenn der Erbe ein StPfl iSv § 44a VII ist und damit erst nach Erhalt der KapErträge die zur Abstandnahme erforderl Bescheinigung (→ § 44a Rn. 16). beantragt werden kann.

5. Erstattung bei Verwahrung, § 44b VI. Abs 6 ist ggü Abs 5 vorrangig (Abs 5 5
S 4). Das verwahrende Institut kann die KapESt unter den sachl Voraussetzungen und Fristen der § 44b VI 1 Nr 1–3, 3, 4 erstatten. Nach § 44b VI 2, 4 haftet es für fehlerhafte Erstattungen. Eine Exkulpation ist in entspr Anwendung von § 44 V mögl. S iEinz *BeckOK EStG* § 44b Rn. 23–32g.

6. Gesamthandsgemeinschaft, § 44b VII. Eine Gesamthand kann für ihre 6
stbegünstigten Mitglieder iSd § 44a VII oder § 44a VIII eine Erstattung der KapESt bei dem für die gesonderte Feststellung der Einkünfte zuständigen FA beantragen (zur materiellen Zurechnung der KapErträge BFH I R 77/17, BStBl II 22, 114). Die Erstattung richtet sich nach dem Umfang der gem § 44a mögl Abstandnahme. Abs 7 S 3 stellt sicher, dass die KapESt auch in den Fällen des § 44a X erstattet werden kann (BT-Drs 20/3879).

§ 45 Ausschluss der Erstattung von Kapitalertragsteuer

[1]In den Fällen, in denen die Dividende an einen anderen als an den Anteilseigner ausgezahlt wird, ist die Erstattung oder Anrechnung von Kapitalertragsteuer für den Zahlungsempfänger ausgeschlossen. [2]Satz 1 gilt nicht für den Erwerber eines Dividendenscheines oder sonstigen Anspruches in den Fällen des § 20 Absatz 2 Satz 1 Nummer 2 Buchstabe a Satz 2; beim Erwerber sind drei Fünftel der Kapitalertragsteuer nicht anzurechnen oder zu erstatten. [3]In den Fällen des § 20 Absatz 2 Satz 1 Nummer 2 Buchstabe b ist die Erstattung von Kapitalertragsteuer an den Erwerber von Zinsscheinen nach § 37 Absatz 2 der Abgabenordnung ausgeschlossen.

1. Ausschluss der Erstattung; Anrechnung. § 45 ergänzt § 44b V und § 37 II 1 1
AO. **S 1** enthält die **Grundregel:** Eine Erstattung/Anrechnung von KapESt für eine Ausschüttung/Zinszahlung kann nur der Anteilseigner (§ 20 V) oder Anleiheinhaber verlangen, da er den KapErtrag trotz Gutschrift beim Erwerber erzielt (→ § 20 Rn. 14, 231). Der Erwerber eines Dividenden-/Zinsscheines/Dividendenanspruchs zieht nur Zahlungen ein (BFH I 250/64, BStBl II 69, 188).

2. Dividendenscheine. § 45 S 2 Hs 1 enthält eine Rückausnahme von S 1 für 2
Erwerber von Dividendenscheinen und sonstigen Ansprüchen, wenn der den Dividendenanspruch veräußernde Aktionär mit dem Veräußerungsgewinn dem KapEStAbzug gem § 43 I Nr 1 S 2 unterlegen hat (→ § 20 Rn. 160). KapESt wird auch auf die spätere Ausschüttung gem § 43 I 1 Nr 1 einbehalten, diese ist wegen der Surrogationsbesteuerung gem § 20 II Nr 2 Buchst a S 2 für den Anteilseigner aber nicht stbar. Gem **§ 45 Hs 2** kann dann der Erwerber des Ausschüttungsanspruchs, obwohl nicht Einkünfteerzieler der Dividende, die Erstattung gem § 37 II AO und die Anrechnung der KapESt iHv ⅖ beanspruchen (Zweck: keine Umgehung des § 36a, s BT-Drs 19/4455, 42).

3. Zinsscheine. § 45 S 3 versagt dem *Zinsscheinerwerber* nach § 20 II 1 Nr 2 3
Buchst b eine Erstattung der einzubehaltenden KapESt (§ 43 I 1 Nr 7, 10) gem § 37 II AO, da eine § 20 II 1 Nr 2a S 2 vergleichbare Regelung zur Surrogationsbesteuerung fehlt. Die Veräußerung des Zinsscheins und die Zinszahlung sind für den *Inhaber* (Ver-

äußerer) der Anleihe stpfl (→ § 20 Rn. 162). Die Erstattung/Anrechnung der KapESt kann nur er beanspruchen.

§ 45a Anmeldung und Bescheinigung der Kapitalertragsteuer

(1) [1]Die Anmeldung der einbehaltenen Kapitalertragsteuer ist dem Finanzamt innerhalb der in § 44 Absatz 1 oder Absatz 7 bestimmten Frist nach amtlich vorgeschriebenem Vordruck auf elektronischem Weg zu übermitteln; die auszahlende Stelle hat die Kapitalertragsteuer auf die Erträge im Sinne des § 43 Absatz 1 Satz 1 Nummer 1a jeweils gesondert für das Land, in dem sich der Ort der Geschäftsleitung des Schuldners der Kapitalerträge befindet, anzugeben. [2]Satz 1 gilt entsprechend, wenn ein Steuerabzug nicht oder nicht in voller Höhe vorzunehmen ist. [3]Der Grund für die Nichtabführung ist anzugeben. [4]Auf Antrag kann das Finanzamt zur Vermeidung unbilliger Härten auf eine elektronische Übermittlung verzichten; in diesem Fall ist die Kapitalertragsteuer-Anmeldung von dem Schuldner, der den Verkaufsauftrag ausführenden Stelle, der auszahlenden Stelle oder einer vertretungsberechtigten Person zu unterschreiben.

(2) [1]Folgende Stellen sind verpflichtet, dem Gläubiger der Kapitalerträge auf Verlangen eine Bescheinigung nach amtlich vorgeschriebenem Muster auszustellen, die die nach § 32d erforderlichen Angaben enthält; bei Vorliegen der Voraussetzungen des

1. § 43 Absatz 1 Satz 1 Nummer 1, 2 bis 4, 7a und 7b der Schuldner der Kapitalerträge,
2. § 43 Absatz 1 Satz 1 Nummer 1a, 5 bis 7 und 8 bis 12 sowie Satz 2 die die Kapitalerträge auszahlende Stelle vorbehaltlich des Absatzes 3,
3. § 44 Absatz 1a die zur Abführung der Steuer verpflichtete Stelle und
4. § 44 Absatz 1 Satz 4 Nummer 5 der Investmentfonds.

[2]Die Bescheinigung kann elektronisch übermittelt werden; auf Anforderung des Gläubigers der Kapitalerträge ist sie auf Papier zu übersenden. [3]Die Bescheinigung braucht nicht unterschrieben zu werden, wenn sie in einem maschinellen Verfahren ausgedruckt worden ist und den Aussteller erkennen lässt. [4]§ 44a Absatz 6 gilt sinngemäß; über die zu kennzeichnenden Bescheinigungen haben die genannten Institute und Unternehmen Aufzeichnungen zu führen. [5]Diese müssen einen Hinweis auf den Buchungsbeleg über die Auszahlung an den Empfänger der Bescheinigung enthalten.

[ab 1. 1. 2027:

(2a) Ist der Gläubiger der Kapitalerträge beschränkt steuerpflichtig, tritt in den Fällen des § 43 Absatz 1 Satz 1 Nummer 1a und 2 Satz 4 an die Stelle der Bescheinigung nach Absatz 2 Satz 1 die Übermittlung der Angaben gemäß § 45b Absatz 5.]

(3) [1]Werden Kapitalerträge für Rechnung des Schuldners durch ein inländisches Kreditinstitut, ein inländisches Finanzdienstleistungsinstitut oder ein inländisches Wertpapierinstitut gezahlt, so hat anstelle des Schuldners das Kreditinstitut, das Finanzdienstleistungsinstitut oder das Wertpapierinstitut die Bescheinigung zu erteilen, sofern nicht die Voraussetzungen des Absatzes 2 Satz 1 erfüllt sind. [2]Satz 1 gilt in den Fällen des § 20 Absatz 1 Nummer 1 Satz 4 entsprechend; der Emittent der Aktien gilt insoweit als Schuldner der Kapitalerträge.

(4) [1]Eine Bescheinigung nach Absatz 2 oder Absatz 3 ist auch zu erteilen, wenn in Vertretung des Gläubigers ein Antrag auf Erstattung der Kapitalertragsteuer nach § 44b gestellt worden ist oder gestellt wird. [2]Satz 1 gilt entsprechend, wenn nach § 44a Absatz 8 Satz 1 der Steuerabzug nicht in voller Höhe vorgenommen worden ist.

(5) [1]**Eine Bescheinigung, die den Absätzen 2 bis 4 nicht entspricht, hat der Aussteller unverzüglich durch eine berichtigte Bescheinigung zu ersetzen. [2]Die berichtigte Bescheinigung ist als solche zu kennzeichnen. [3]Der Aussteller hat dem für ihn zuständigen Betriebsstättenfinanzamt unverzüglich nach Maßgabe des § 93c der Abgabenordnung neben den in § 93c Absatz 1 der Abgabenordnung genannten Angaben folgende Daten zu übermitteln:**

1. **den Anlass für die Ausstellung der berichtigten Bescheinigung und deren Ausstellungsdatum,**
2. **die ursprünglichen und die berichtigten Angaben in der Bescheinigung sowie**
3. **in den Fällen des Gläubigerwechsels die Identifikationsnummer, den Namen und die Anschrift des bisherigen Gläubigers der Kapitalerträge.**

[4]**Bei Steuerpflichtigen, die nicht unbeschränkt steuerpflichtig sind, findet Satz 3 mit der Maßgabe Anwendung, dass der Aussteller die Daten an das Bundeszentralamt für Steuern zu übermitteln hat.**[1]

(6)[2] [1]**Der Aussteller einer Bescheinigung, die den Absätzen 2 bis 4 nicht entspricht, haftet für die auf Grund der Bescheinigung verkürzten Steuern oder zu Unrecht gewährten Steuervorteile; dies gilt entsprechend für die die Kapitalerträge auszahlende Stelle und die Zwischenverwahrstellen nach § 45b Absatz 7 bei der Übermittlung fehlerhafter Angaben im Rahmen der Meldepflichten nach § 45b Absatz 2 in Verbindung mit den Absätzen 4 bis 6 Satz 1 und 2 sowie Absatz 7. [2]Ist die Bescheinigung nach Absatz 3 durch ein inländisches Kredit-, Finanzdienstleistungs- oder Wertpapierinstitut auszustellen, so haftet der Schuldner auch, wenn er zum Zweck der Bescheinigung unrichtige Angaben macht.**

Einkommensteuer-Richtlinien: EStH 45a; – **Verwaltungsanweisungen:** *BMF* BStBl I 25, 987; *BMF* BStBl I 25, 1388. – **Schrifttum:** Zum Umgang mit der StBescheinigung iRd Veranlagung *Anemüller* ErbSt 25, 61.

1. Überblick; Entwicklung. § 45a regelt die **Anmeldung** der KapESt durch die StEntrichtungspflichtigen iSd § 44 I beim **FA** (§ 45a I) und die **Bescheinigung** des KapESt-Einbehalts für den Gläubiger sowie Haftungstatbestände (§ 45a II–VI). Im **BüroEntlG IV** (BGBl I 24 Nr 323) wurde der bisherige Abs 5 gestrichen; er ist gem § 52 XLVa 5 nur noch für Ersatzbescheinigungen anzuwenden, die **vor dem 1. 1. 25** ausgestellt werden. Im **JStG 2024** (BGBl I 24 Nr 387) wurde der aufgerückte § 45a VI (zuvor § 45a VII) zur Haftung um weitere Meldepflichtverletzungen erweitert mit Geltung für KapErträge, die **nach dem 31. 12. 26** zufließen (Art 3 Nr 18, Art. 3 Nr. 25 Buchst i iVm § 52 XLIVa 3 idF JStG 2024). 1

2. Anmeldung, § 45a I. – ***(1)* Anmeldung.** Der StEntrichtungspflichtige hat die abzugspflichtigen (dazu § 44 I 3, → § 44 Rn. 4) KapErträge samt der einbehaltenen KapESt bei dem für *seine* Veranlagung zuständigen FA (§ 44 I 5; § 19, § 20 AO) elektronisch anzumelden (§ 45a I 1; bei unbilliger Härte Ausnahme gem Abs 1 S 4). Die Pflicht besteht obj auch dann, wenn irrtüml eine Einlagenrückgewähr angenommen wird (BFH VIII R 14/18, BStBl II 22, 643); zur Abgabe-Aufforderung durch das FA gem § 149 I 2 AO s FG Mchn DStRE 23, 969, rkr. – **Fristen** wie bei § 44 I 5 Hs 1, Hs 2 bzw § 44 VII (→ § 44 Rn. 6, 13). Die Anmeldung muss die Höhe der einbehaltenen KapErträge, die KapESt, bei KapErträgen iSd § 43 I Nr 1a deren Herkunft (per country des Schuldners, Abs 1 Hs 2) und Angaben zum unterbliebenen StAbzug (nach § 43 II, § 43b oder § 44a) umfassen (Abs 1 S 2, 3). – ***(2)* Rechtsnatur.** Die Anmeldung hat die Wirkung einer StFestsetzung unter dem Vorbehalt der Nachprüfung (§ 150 I, § 168 AO). Sie ist sachverhalts- und (nicht zeitraum-)bezogen (→ § 44 2

[1] § 45a VI neu gef. durch JStG 2020 (BGBl I 20, 3096); zur Anwendung s § 52 XLIVa S 2.

[2] § 45a VII 1 als Abs 6 neu gef. mWv 1. 1. 25, § 45a VII 3 aF aufgeh. mWv 1. 1. 24 durch AbzStEntModG (BGBl I 21, 1259); zur Anwendung s § 52 XLIVa 3, 4.

Rn. 3), dh die angemeldeten einzelnen abzugspflichtigen KapErträge sind nicht Besteuerungsgrundlagen einer einheitl Jahressteuer; die Anmeldung mit mehreren KapErträgen ist ein Sammelbescheid. Zur Änderbarkeit bei → § 44 Rn. 15 ff. – ***(3)* Behaltensgrund, § 37 II AO.** – ***(a)* StEntrichtungspflichtiger.** Die StAnmeldung ist Behaltensgrund für die Entrichtungsschuld (→ § 44 Rn. 4). Zur Erstattung muss der StEntrichtungspflichtige die StAnmeldung anfechten (BFH I B 76/20 (AdV), DStR 21, 2389; BFH VIII R 35/19, BStBl II 23, 394) oder iRd Verfahrens gem § 44b V 1, 2 vorgehen. – ***(b)* Gläubiger.** Die StAnmeldung ist auch KapESt-Behaltensgrund ggü dem Gläubiger als StSchuldner (BFH I R 1/20, IStR 24, 725). Prüfungsmaßstab iRe Drittanfechtung ist nicht die materielle StPflicht des KapErtrags, sondern, ob die KapESt gem § 44 I 3 nach der maßgebl *BMF*-Auffassung (§ 44 I 3, → § 44 Rn. 4) einbehalten werden musste (nicht bei *eindeutig* gesetzwidriger BMF-Auffassung, s BFH I R 27/12, BStBl II 13, 682; *Werth* HFR 19, 477). – Die Drittanfechtung der StAnmeldung ist zwar zul, aber ggü der Veranlagung (insb iVm § 32d IV, § 20 IIIa) nachrangig (→ § 44b Rn. 4). Zur Erledigung der Anmeldung (§ 124 II AO) s BFH VIII R 45/15, BStBl II 19, 306; → § 44b Rn. 4).

3 **3. Bescheinigung der Kapitalertragsteuer, § 45a II–V. – a) Aussteller; Verfahren.** Aussteller ist idR der StEntrichtungspflichtige für den jeweiligen KapErtrag [(der Schuldner der KapErträge (II 1 Nr 1), die auszahlende Stelle (II 1 Nr 2), die inl Wertpapiersammelbank in den Fällen des § 44 Ia (II 1 Nr 3; s auch HessFG EFG 21, 1400, rkr) und der Investmentfonds (§ 44 I 4 Nr 5 iVm § 44 II 1 Nr 4)]. – Wenn eine depotführende Stelle als auszahlende Stelle StEntrichtungspflichtiger ist (§ 44 I 4, → § 44 Rn. 10), ist grds sie zuständige Ausstellerin **(§ 45a III 1).** Bei Kompensationszahlungen iSd § 20 I Nr 1 S 4 gilt der Aktienemittent auch als deren Schuldner, sodass dessen auszahlende Stelle zutr Aussteller ist **(§ 45a III 2, Hs 1, 2)** – Dem Gläubiger der KapErträge ist nur *auf Verlangen* eine Bescheinigung nach amtl vorgeschriebenem Muster auszustellen. Sie kann elektronisch, auf Anforderung auch auf Papier an den Gläubiger übermittelt bzw übersandt werden **(§ 45a II 2).** Es sind zu verwenden: **Muster I** für Privatkonten („Jahressteuerbescheinigung" mit den für § 32d erforderl Angaben) und für Verlustbescheinigungen (§ 43a III 4, *BMF* BStBl I 25, 1388, Rn. 9 ff); **Muster II,** wenn der Aussteller kein Kredit-, Finanzdienstleistungs- oder Wertpapierinstitut ist (*BMF* BStBl I 25, 1388, Rn. 43 ff) und **Muster III** bei betriebl KapErträgen und solchen aus § 21 (*BMF* BStBl I 25, 1335, Rn. 57 ff). – Wird vom StEntrichtungspflichtigen die Erstattung der KapESt (§ 44b V 1) betrieben, darf die StBescheinigung dem Gläubiger ausgestellt werden (**§ 45a IV;** s auch § 44b V 3). –

4 **b) Verhältnis zu anderen Vorschriften.** – ***(1)* § 45b, § 45c.** Die formellen Pflichten und Mitteilungspflichten iZm StBescheinigungen wurden durch das AbzStEntModG (BGBl I 21, 1259) deutl erweitert. Die Einführung des **neuen Meldeverfahrens** gilt nunmehr erst für KapErträge, die **nach dem 31.12.26** zufließen (§ 52 XLIVb und XLIVc idF JStG 2024 BGBl I 24 Nr 387; *BMF* BStBl I 24, 1138 → § 45b Rn. 1). S zur Haftung → Rn. 8. – ***(2)* Anrechnung, § 36 II Nr 2.** Die Vorlage der StBescheinigung ist Anrechnungsvoraussetzung (→ § 36 Rn. 12); künftig die Datenübermittlung gem Abs 2a. Die StBescheinigung erbringt idR zwar den Vollbeweis für die tatsächl Erhebung der KapESt, nicht aber für Leerkäufer iRv Cum Ex (zB HessFG EFG 21, 1400, rkr; HessFG EFG 16, 761, rkr; HessFG EFG 24, 1233, nachgehend BFH VIII B 121/23 (AdV); BFH/NV 25, 276; BGH 1 StR 519/20, DStR 21, 2453; BFH I R 22/20, BStBl II 22, 324).

5 **c) Datenübermittlung nach Abs 2a.** Durch das AbzStEntModG (BGBl I 21, 1259) sind für **nach dem 31.12.24** (§ 52 XLIVa 3) zufließende KapErträge gem § 43 I Nr 1a und gem § 43 I Nr 2 S 4 (Ausschüttungen aus sammelverwahrten Aktien, Genussscheinen, Erträge aus Teilschuldverschreibungen) *beschr stpfl Gläubigern* keine StBescheinigungen mehr auszustellen. Die Daten sind mit den Zusatzangaben gem § 45b V elektronisch an das BZSt zu übermitteln (sog **MikaDiv-Verfahren**

(s § 52 XLVII 3: einstweilen Fortführung des DTV-Verfahrens, BT-Drs 20/3879, 97). – Für beschr StPfl gilt das Meldeverfahren nunmehr erst für KapErträge, die **nach dem 31.12.26** zufließen (→ Rn. 1; zum aktuellen Stand *Watzlaw/Lofing* RdF 25, 271 ff). S zu Haftung → Rn. 8.

4. Berichtigung; Haftung von Aussteller und Schuldner, § 45a V, VI. – **a) Berichtigungspflicht, § 45a V.** Eine objektiv unrichtige StBescheinigung ist vom Gläubiger zurückzufordern und durch eine zutr, als berichtigt ausgewiesene StBescheinigung zu ersetzen; ein Misserfolg ist dem FA mitzuteilen. **Ab VZ 2023** (s § 52 XLIVa 2) sind die Mitteilungspflichten ggü dem FA oder BZSt deutl verschärft worden (*BMF* BStBl I 25, 1388, Rn. 68: Annahme elektronischer Meldungen und Berichtigungen ab 10.7.23). Die berichtige Bescheinigung ist besonders zu kennzeichnen. 6

b) Ausstellerhaftung, § 45a VI 1. Der Aussteller/die auszahlende Stelle haftet (Haftungsbescheid) bei einer inhaltl fehlerhaften oder zu Unrecht ausgestellten Bescheinigung verschuldensunabhängig, wenn hierdurch (kausal) eine StVerkürzung eintritt oder nicht gerechtfertigte StVorteile (die Anrechnung der KapESt) genutzt werden. Im **JStG 2024** (BGBl I 24 Nr 387 → Rn. 1) ist der Tatbestand für die Fälle der unzutr Übermittlung der nach § 45b II, IV an das BZSt für beschr Stpfl zu machenden Mitteilungen erweitert und in persönl Hinsicht auf die Zwischenverwahrstellen in einer Verwahrkette ausgeweitet worden. § 45b ist umfassend an die künftigen Meldepflichten unter der FASTER Richtlinie im JStG 2024 (BGBl I 24 Nr 387) angepasst worden. Ob Abs 6 S 1 nur für die Erweiterungen oder für den gesamten Satz 1 erst für KapErträge nach dem 31.12.26 gilt, ist nicht eindeutig. § 52 XLIVa 3 idF JStG 2024 nimmt im Wortlaut den gesamten S 1 in Bezug (mE Redaktionsversehen). – Der bisherige S 3 zur Exkulpation ist ab VZ 2024 entfallen (§ 52 XLIVa 4 idF JStG 2024). – Die **Verfassungsmäßigkeit** der Ausstellerhaftung ohne Exkulpation wird zu Recht bezweifelt, da der Aussteller die geforderten Zusatzangaben nach § 45b II zT kaum ermitteln kann (s *Florstedt* BB 21, 1757) und trotz erfüllter Melde- und Berichtigungspflicht nach Abs 5 eine Exkulpation ausgeschlossen ist (s *Drüen* FR 21, 605; *ders* FR 21, 671 (672) mwN). 7

c) Schuldnerhaftung, § 45a VI 2. Er haftet ggf auch und ohne Exkulpation, wenn die KapESt von einer auszahlenden Stelle für seine Rechnung einbehalten wurde, diese gem § 45 III zuständiger Aussteller (→ Rn. 3) ist und er der auszahlenden Stelle unrichtige Angaben übermittelt hat. 8

§ 45b Angaben zur Bescheinigung und Abführung der Kapitalertragsteuer

[ab 1.1.2027:

(1) **Die die Kapitalerträge auszahlende Stelle weist jeder nach Maßgabe des § 45a Absatz 2 zu erteilenden Bescheinigung und jedem nach § 45b Absatz 5 zu übermittelnden Datensatz eine nach amtlichem Muster zu erstellende Ordnungsnummer zu.**

(2) [1]**Wird dem Gläubiger der Kapitalerträge nach Maßgabe des § 45a Absatz 2 Satz 1 eine Steuerbescheinigung erteilt, übermittelt die auszahlende Stelle bei Kapitalerträgen im Sinne des § 43 Absatz 1 Satz 1 Nummer 1a und 2 Satz 4 nach amtlich vorgeschriebenem Datensatz durch Datenfernübertragung über die amtlich bestimmte Schnittstelle folgende Angaben an das Bundeszentralamt für Steuern:**

1. Angaben zur auszahlenden Stelle:

a) den Namen, die Anschrift, das Ordnungsmerkmal und die Kontaktdaten,

b) das Identifikationsmerkmal nach den §§ 139a bis 139c der Abgabenordnung oder, soweit dieses nicht vergeben wurde, den Legal Entity Identifier (LEI)

oder die europäische einheitliche Kennung (EUID) gemäß Artikel 16 der Richtlinie (EU) 2017/1132 des Europäischen Parlaments und des Rates oder die Steuernummer,

c) hat die auszahlende Stelle einen Auftragnehmer im Sinne des § 87d der Abgabenordnung mit der Datenübermittlung beauftragt, so sind die Angaben nach den Buchstaben a und b auch für den Auftragnehmer anzugeben;

2. Angaben zum Gläubiger der Kapitalerträge:

a) den Familiennamen, den Vornamen, den Tag der Geburt, die Anschrift und die Identifikationsnummer nach § 139b der Abgabenordnung bei natürlichen Personen,

b) die Firma oder den Namen, die Anschrift, sofern es sich bei dem Gläubiger der Kapitalerträge nicht um eine natürliche Person handelt, sowie die Wirtschafts-Identifikationsnummer nach § 139c der Abgabenordnung oder, wenn die Wirtschafts-Identifikationsnummer noch nicht vergeben wurde, den Legal Entity Identifier (LEI) oder die europäische einheitliche Kennung (EUID) gemäß Artikel 16 der Richtlinie (EU) 2017/1132 des Europäischen Parlaments und des Rates oder die Steuernummer,

c) den Ansässigkeitsstaat des Gläubigers der Kapitalerträge, sofern der Gläubiger der Kapitalerträge seinen Wohn- oder Geschäftssitz nicht im Inland hat,

d) die durch den Ansässigkeitsstaat vergebene Steueridentifikationsnummer oder die Rechtsform sowie das Datum des Gründungsaktes der Körperschaft, Personenvereinigung oder Vermögensmasse, sofern durch den Ansässigkeitsstaat kein Identifikationsmerkmal vergeben wurde,

e) die Konto- oder Depotnummer des Gläubigers der Kapitalerträge, verbunden mit der Angabe zur Art des nach Artikel 38 der Verordnung (EU) Nr. 909/2014 des Europäischen Parlaments und des Rates vom 23. Juli 2014 geführten Depotkontos oder zur Art des sonstigen Depotkontos; werden die Wertpapiere durch einen Treuhänder für den Gläubiger der Kapitalerträge verwahrt, sind die Konto- oder Depotnummer des Treuhänders sowie die Angaben zu Buchstabe a oder Buchstabe b auch für den Treuhänder anzugeben; dies gilt entsprechend, wenn die Kapitalerträge einem Nießbraucher oder Pfandgläubiger zuzurechnen sind;

3. Angaben zu den in die Verwahrkette eingebundenen Verwahrstellen:

a) die Firma, die Anschrift und den Legal Entity Identifier (LEI) oder die europäische einheitliche Kennung (EUID) gemäß Artikel 16 der Richtlinie (EU) 2017/1132 des Europäischen Parlaments und des Rates der jeweils in die Verwahrkette nacheinander eingebundenen Zwischenverwahrstellen der Wertpapiere sowie der Depotbank, die die Wertpapiere für den Gläubiger der Kapitalerträge unmittelbar verwahrt,

b) die durch den Ansässigkeitsstaat des Zwischenverwahrers oder der Depotbank vergebene Steueridentifikationsnummer,

c) den Ansässigkeitsstaat des Zwischenverwahrers oder der Depotbank,

d) die jeweiligen Konto- oder Depotnummern der durch die Zwischenverwahrstellen und von der Depotbank geführten Depotkonten, in denen die Wertpapiere verwahrt werden, verbunden mit der Angabe zur Art des nach Artikel 38 der Verordnung (EU) Nr. 909/2014 des Europäischen Parlaments und des Rates vom 23. Juli 2014 geführten Depotkontos oder sonstigen Depotkontos;

4. Angaben zum Kapitalertrag:

a) die Firma, die Anschrift, den Legal Entity Identifier (LEI) oder die europäische einheitliche Kennung (EUID) gemäß Artikel 16 der Richtlinie (EU) 2017/1132 des Europäischen Parlaments und des Rates der die Kapitalerträge ausschüttenden Gesellschaft und die internationale Wertpapierkennnummer und die Art des Wertpapiers,

b) die Stückzahl der Wertpapiere je Wertpapiergattung und Zahlungstag,

c) den Bruttobetrag und den Nettobetrag der auf den Gläubiger entfallenden Kapitalerträge je Wertpapiergattung und Zahlungstag,

d) den Betrag, der je Wertpapiergattung und Zahlungstag einbehaltenen und abgeführten Kapitalertragsteuer und den Betrag der einbehaltenen und abgeführten Zuschlagsteuern; die Ermäßigung der Kapitalertragsteuer um die auf die Kapitalerträge entfallende Kirchensteuer ist nicht zu berücksichtigen; sind die Kapitalerträge nach Maßgabe des § 43a Absatz 3 Satz 2 mit negativen Kapitalerträgen auszugleichen, sind statt der Beträge der abgeführten Steuern der Betrag der einbehaltenen und auf die Kapitalerträge entfallenden Kapitalertragsteuer vor Durchführung des Verlustausgleiches, vor Berücksichtigung ausländischer Steuern und vor Berücksichtigung des Sparer-Pauschbetrages sowie der Betrag der darauf entfallenden Zuschlagsteuern anzugeben,

e) der jeweils angewendete Steuersatz und die Rechtsgrundlage für den Steuerabzug oder für die Abstandnahme vom Steuerabzug,

f) die IBAN des Kontos, zu dessen Gunsten die Gutschrift der Erträge erfolgte,

g) das zur Identifikation der Ausschüttung vergebene Merkmal,

h) die Art der Gutschrift, insbesondere ob eine Bardividende oder eine Sachdividende gutgeschrieben wurde,

i) für den Fall der Ausstellung einer Steuerbescheinigung das Datum der Ausstellung und die für die Steuerbescheinigung vergebene Ordnungsnummer;

5. Angaben zu den dem Kapitalertrag zugrundeliegenden Wertpapieren:

a) die Anzahl der Wertpapiere, die mehr als fünf Tage vor dem auf den Tag der Hauptversammlung folgenden Geschäftstag erworben wurden und die Anzahl der Aktien, die innerhalb dieses Zeitraumes erworben wurden,

b) die Anzahl der Wertpapiere, die mit einer Finanzvereinbarung verbunden sind und die Anzahl der Wertpapiere, die nicht mit einer Finanzvereinbarung verbunden sind,

c) das Datum des Handelstags, das Datum des vereinbarten Abwicklungstags und das Datum des tatsächlichen Abwicklungstags sowie die jeweilige Stückzahl, verbunden mit der Angabe, ob der Transaktion ein Kauf, eine Übertragung auf Grund einer Wertpapierleihe oder auf Grund eines Wertpapierpensionsgeschäftes zugrunde lag, sofern die Wertpapiere innerhalb eines Jahres vor dem zweiten auf den Tag der Hauptversammlung folgenden Geschäftstag angeschafft oder sonst übertragen wurden,

d) das Datum des Handelstags, das Datum des vereinbarten Abwicklungstags und das Datum des tatsächlichen Abwicklungstags sowie die jeweilige Stückzahl, verbunden mit der Angabe, ob der Transaktion ein Verkauf, eine Rückübertragung aufgrund einer Wertpapierleihe oder auf Grund eines Wertpapierpensionsgeschäftes zugrunde lag, sofern die Wertpapiere innerhalb von 47 Tagen nach dem Tag der Hauptversammlung veräußert oder übertragen wurden;

6. Ergänzende Angaben bei Hinterlegungsscheinen:

a) die Bezeichnung und die Internationale Wertpapierkennnummer der hinterlegten Wertpapiere,

b) das in den Emissionsbedingungen des Hinterlegungsscheines festgelegte Verhältnis der Hinterlegungsscheine zu den durch die inländische Hinterlegungsstelle verwahrten inländischen Wertpapieren,

c) die Gesamtzahl ausgegebener Hinterlegungsscheine sowie die Gesamtzahl der hinterlegten Wertpapiere, jeweils zum Zeitpunkt des zweiten auf den Tag der Hauptversammlung folgenden Geschäftstages,

d) die Anzahl der Hinterlegungsscheine des Gläubigers der Kapitalerträge,

e) der Name und die Wirtschafts-Identifikationsnummer nach § 139c der Abgabenordnung, der Legal Entity Identifier (LEI) oder die europäische einheitliche Kennung (EUID) gemäß Artikel 16 der Richtlinie (EU) 2017/1132

des Europäischen Parlaments und des Rates der Hinterlegungsstelle der inländischen Wertpapiere.

[2]Die auszahlende Stelle hat den Gläubiger der Kapitalerträge darüber zu unterrichten, dass Angaben zur Art der bezogenen Kapitalerträge, zu den Verwahrstellen der jeweiligen Wertpapiere, zum Erwerb und der Veräußerung der Wertpapiere sowie zu in Zusammenhang mit den jeweiligen Wertpapieren stehenden Finanzvereinbarungen an das Bundeszentralamt für Steuern übermittelt werden.

(3) **[1]Eine Finanzvereinbarung nach Absatz 2 Satz 1 Nummer 5 Buchstabe b ist jede Vereinbarung oder vertragliche Verpflichtung zwischen dem Empfänger der Dividendenzahlung und einer verbundenen oder unabhängigen Partei, die den vollständigen oder teilweisen Ausgleich der Dividende zwischen den Parteien zur Folge hat oder dauerhaft oder vorübergehend zu einer vollständigen oder teilweisen Übertragung der mit dem Eigentum an der Aktie verbundenen Rechte führt oder führen kann. [2]Finanzvereinbarungen sind insbesondere Wertpapierleihgeschäfte, Wertpapierkauf- und Rückkaufgeschäfte oder Termingeschäfte. [3]Bei Hinterlegungsscheinen beziehen sich die Angaben nach Absatz 2 Satz 1 Nummer 1 bis 5 auf den Hinterlegungsschein.**

(4) **[1]Die Datenübermittlung der auszahlenden Stelle nach Absatz 2 Satz 1 hat abweichend von § 93c Absatz 1 Nummer 1 der Abgabenordnung bis spätestens zum 31. März des auf den Zufluss des Kapitalertrages folgenden Kalenderjahres zu erfolgen. [2]Sind die Kapitalerträge nach Maßgabe des § 43a Absatz 3 Satz 2 mit negativen Kapitalerträgen auszugleichen, so sind neben den Angaben nach Absatz 2 Satz 1 der Betrag der auf der nach amtlichem Muster erteilten Bescheinigung für den Gläubiger der Kapitalerträge ausgewiesenen Kapitalertragsteuer und der Betrag der ausgewiesenen Zuschlagsteuern zu übermitteln.**

(5) **In den Fällen des § 45a Absatz 2a hat die die Kapitalerträge auszahlende Stelle auf Verlangen des Gläubigers der Kapitalerträge dem Bundeszentralamt für Steuern für jeden Zufluss unverzüglich elektronisch die in Absatz 2 Satz 1 genannten Angaben unter Ergänzung der nach Absatz 1 vergebenen Ordnungsnummer zu übermitteln.**

(6) **[1]Wurde für Kapitalerträge im Sinne des § 43 Absatz 1 Satz 1 Nummer 1a oder Nummer 2 Satz 4 durch die auszahlende Stelle keine Steuerbescheinigung erteilt oder kein Datensatz nach Maßgabe des Absatzes 5 an das Bundeszentralamt für Steuern übermittelt, sind die Angaben nach Absatz 2 Satz 1 Nummer 1, 2 und 4 für den bei der auszahlenden Stelle geführten Depotinhaber zu übermitteln. [2]Im Falle einer Abstandnahme vom Steuerabzug sind die Angaben nach Absatz 2 Satz 1 Nummer 1 bis 6 unter Angabe des Namens oder der Firma desjenigen zu übermitteln, für dessen Rechnung vom Steuerabzug Abstand genommen wurde. [3]Dies gilt auch für Wertpapierbestände, die in einem allgemeinen Konto, das für Rechnung Dritter geführt wird, enthalten sind. [4]Die Datenübermittlung der auszahlenden Stelle hat abweichend von § 93c Absatz 1 Nummer 1 der Abgabenordnung spätestens bis zum 30. April des auf den Zufluss des Kapitalertrages folgenden Kalenderjahres zu erfolgen.]**

(7) **[1]Die inländischen und ausländischen Zwischenverwahrstellen sowie die Depotbank und der Treuhänder, die die Wertpapiere für den Gläubiger der Kapitalerträge unmittelbar verwahren, sind für die Zwecke der Absätze 2 bis 5 verpflichtet, ihrer jeweiligen Verwahrstelle die Angaben nach Absatz 2 Satz 1 Nummer 2 bis 6 vollständig und richtig mitzuteilen. [2]Die Angaben nach Absatz 2 Satz 1 Nummer 4 Buchstabe d und e sind durch die auszahlende Stelle zu ergänzen. [3]Die Bescheinigung nach § 45a Absatz 2 darf erst erteilt und die Angaben gemäß § 45a Absatz 2a dürfen erst übermittelt werden, wenn der die Kapitalerträge auszahlenden Stelle die Angaben nach Absatz 2 Satz 1 vollständig vorliegen.**

(8) **In den Fällen der Absätze 4 bis 6 gilt Folgendes:**

1. **§ 93c Absatz 3 der Abgabenordnung ist mit der Maßgabe anzuwenden, dass der übermittelte Datensatz unabhängig davon zu korrigieren oder zu stornieren ist, wann die die Kapitalerträge auszahlende Stelle die Feststellung im Sinne des § 93c Absatz 3 Satz 1 Nummer 1 oder Nummer 2 der Abgabenordnung trifft; die die Kapitalerträge auszahlende Stelle ist unabhängig von der in § 93c Absatz 3 der Abgabenordnung genannten Frist verpflichtet, einen Datensatz zu übermitteln, wenn sie nachträglich erkennt, dass sie zur Übermittlung eines Datensatzes verpflichtet war und der Datensatz nicht übermittelt wurde;**
2. **§ 171 Absatz 10a der Abgabenordnung ist mit der Maßgabe anzuwenden, dass die Festsetzungsfrist unabhängig vom Zeitpunkt des Zugangs der Daten bei dem Bundeszentralamt für Steuern nicht vor Ablauf von zwei Jahren nach Zugang der Daten endet.**

(9) **Inländische börsennotierte Gesellschaften haben gemäß § 67d des Aktiengesetzes Informationen über die Identität ihrer Aktionäre zum Zeitpunkt ihres Gewinnverteilungsbeschlusses zu verlangen und die ihnen übermittelten Informationen elektronisch nach Maßgabe des § 93c der Abgabenordnung unverzüglich elektronisch an das Bundeszentralamt für Steuern zu übermitteln.**

(10) [1]**Das Bundeszentralamt für Steuern speichert die nach den Absätzen 4 bis 6 und 9 übermittelten Daten zur Ermittlung der auf die Kapitalerträge einbehaltenen und abgeführten Kapitalertragsteuer und analysiert diese im Hinblick auf missbräuchliche Steuergestaltungsmodelle, die die Erlangung eines Steuervorteils aus der Erhebung oder Entlastung von Kapitalertragsteuer mit erheblicher Bedeutung zum Gegenstand haben.** [2]**Es darf dazu auch ihm nach Maßgabe dieser Absätze übermittelte personenbezogene Daten verarbeiten, soweit dies zur Erfüllung der Aufgabe nach Satz 1 erforderlich ist.**

Verwaltungsanweisungen: *BMF* BStBl I 25, 987 [zu § 45b und § 45c], dazu *Watzlaw/Lofing* RdF 25, 217; zur FASTER-RL 2025/50/EU: *Fieß/Neijenhuis* RdF 24, 267; *Frey/Schober* DStR 24, 2732; *Tschatsch/Schuska* FR 25, 677.

1. Allgemeines; Regelungsinhalt. – a) Inkrafttreten; Verhältnis zu anderen Vorschriften. § 45b gilt nunmehr insgesamt erst für **nach dem 31.12.26** zufließende KapErträge (§ 52 XLIVb idF **JStG 2024** BGBl I 24 Nr 387, Art 3 Nr 19: im Wesentl Änderung von § 45b II-VII samt Übergangsbestimmung; *BMF* BStBl I 25, 987, Rn. 126). Die Regelung ergänzt **für die Aussteller von StBescheinigungen** und weitere Verpflichtete die Anforderungen der § 45a II–VII und wirkt damit auf die Anrechnungsvoraussetzungen ein. – Für beschr stpfl Gläubiger ist die Pflicht zur Datenübermittlung auf dessen Verlangen nach § 45a IIa iVm § 45b Voraussetzung des (elektronischen) Erstattungsverfahrens nach § 50c III 3; zudem wurde eine **zentrale Zuständigkeit des BZSt** für deren KapESt-Entlastung geschaffen (s § 5 FVG). – Zur verschärften Haftung des Ausstellers/Datenübermittlers bei fehlenden oder fehlerhaften Angaben gem § 45b I–IV s § 45a VII (→ § 45a Rn. 8). – Neben den in § 45b geregelten einzelnen gläubiger- und depotbezogenen Angaben verlangt § 45c künftig bestimmte **zusammenfassende Mitteilungen der auszahlenden Stellen** (→ § 45c Rn. 2). Die erforderl Angaben wurden im JStG 2024 (BGBl I 24 Nr 387) an die künftigen Anforderungen der **FASTER-Richtlinie** angepasst, die bis zum 1.1.28 in nationales Recht umzusetzen ist, um die doppelte Umstellung auf das **neue nationale Meldesystem** nach dem AbzEntStModG (BGBl I 21, 1259) und anschließend an FASTER innerhalb eines kurzen Zeitraums zu vermeiden (BT-Drs 20/13419, 227; *Frey/Schober* DStR 24, 2731 (2734)). Zu den meldebezogenen Anforderungen und dem Verfahren der FASTER-Richtlinie s *Fieß/Neijenhuis* RdF 24, 267 (270); *Tschatsch/Schuska* FR 25, 677 (685 ff)). – Die **elektronischen Meldungen** und die **Datenübermittlung** (*MikaDiv*-Standard) sind erst ab nach dem 31.12.26 zu machen (*BMF* BStBl I 25, 987, Rn.126). – **Zu Bußgeldern** s § 50e II. 1

2 **b) StBescheinigungen unbeschränkt steuerpflichtiger Gläubiger, § 45b I, II bis IV, VI.** Die Regelung richtet sich an die *auszahlenden Stellen,* wenn diese Aussteller von StBescheinigungen (§ 45a II 1 Nr 2) für *unbeschr stpfl Gläubiger* sind. Nach Inkrafttreten des § 45b ist für jede StBescheinigung eine eindeutige OrdnungsNr zu vergeben (Abs 1; *BMF* BStBl I 25, 1388 Rn. 68). Soweit diese Gläubiger KapErträge gem § 43 I Nr 1a und § 43 I Nr 2 S 4 (Ausschüttungen aus sammelverwahrten Aktien, Genussscheinen, Erträgen aus Teilschuldverschreibungen) erzielen (s auch § 45a III zur Ausstellereigenschaft), sind nunmehr wegen des für die ganze Norm verschobenen Anwendungszeitraums für **nach dem 31. 12. 26** erzielte Kapitalerträge in der StAnmeldung Angaben zur Herkunft der KapErträge zu machen (§ 45a I 1) und müssen die in § 45b II 2 Nr 1 bis Nr 6 gläubiger-, wertpapier- und depotbezogenen Zusatzangaben in der StBescheinigung enthalten sein Die erforderlichen Zusatzangaben zu „Finanzvereinbarungen" (§ 45b III) werden in *BMF* BStBl I 25, 987, Rn. 4, 80 ff konkretisiert (zur weiten Auslegung *Watzlaw/Lofing* RdF 25, 271 (275 ff)). Die *StBescheinigung* darf erst erteilt werden, wenn der auszahlenden Stelle die notwendigen Angaben der Zwischenverwahrer nach Abs 7 vorliegen (→ Rn. 4). *Hinzu* treten die elektronische Meldepflichten an das BZSt, wenn Angaben nach Abs 2 und Abs 3 zu machen sind (zu dieser Entkopplung *Watzlaw/Lofing* RdF 25, 271 (274 f)). Der **neue Stichtag** für die Meldepflicht (31.3. des dem Zufluss folgenden Kj) wurde von der Erteilung der StBescheinigung entkoppelt (*Frey/Schober* DStR 24, 2731 (2735)). Die weitere Meldepflicht nach Abs 6, wenn dem Gläubiger keine StBescheinigung ausgestellt wird, umfasst nach Abs 6 S 1 gläubiger-, wertpapier- und kontobezogene Angaben und zur *Abführung* der KapESt, wenn die KapErträge zT oder vollständig der Abstandnahme unterlegen haben (Abs 6 S 2: OrdnungsNr und Rechtsgrundlage, auch → § 45a Rn. 2 zur StAnmeldung). Der Gläubiger ist nach Abs 4 iVm § 93c I Nr 3 AO von der auszahlenden Stelle über die zu meldenden Daten zu informieren. Der Stichtag ist der 30.4. des auf den Zufluss des KapErtrags folgenden Kj.

3 **c) Datenübermittlung für beschränkt steuerpflichtige Gläubiger, § 45b I, V, VI.** Die Übermittlung eines Datensatzes für KapErträge nach § 43 I Nr 1a, § 43 I Nr 2 S 4 gem § 45a IIa auf Verlangen des Gläubigers an das BZSt durch die auszahlenden Stellen ist mit einer OrdnungsNr zu versehen **(Abs 1)** und muss die Angaben nach § 45b II und III enthalten **(Abs 5).** Wenn der Gläubiger keine Datenübermittlung verlangt, ist dies dem BZSt **gem Abs 6 S 1** elektronisch mit den dort genannten weiteren Angaben zum Gläubiger zu melden. Dem Gläubiger ist nach Abs 5 S 2 iVm § 93c I Nr 3 AO von der auszahlenden Stelle mitzuteilen, welche Daten übermittelt wurden. Weiterhin erhalten diese Gläubiger keine StBescheinigungen gem § 45a mehr. Zum Verfahren *BMF* BStBl I 25, 987, Rn. 83–84, 91–106.

4 **d) Angaben von Zwischenverwahrern, § 45b VII und börsennotierten AG, § 45b IX.** Inl und ausl Zwischenverwahrer und die übrigen dort genannten Stellen haben **nach Abs 7** der auszahlenden Stelle Angaben über die Verwahrkette zu machen, damit diese wiederum Angaben nach § 45b II Nr 8 machen kann. Es handelt sich ggü ausl Instituten aber um eine nicht durchsetzbare Auskunftspflicht (zum Bußgeld s § 50e II Nr 3 Buchst a und b). Börsennotierten inl AG wird eine Beschaffungspflicht von Daten zu den im Zeitpunkt des Gewinnverteilungsbeschlusses (Entstehung der KapESt, → § 44 Rn. 6) beteiligten Aktionären auferlegt (§ 67d AktG). Sie müssen diese Angaben an das BZSt elektronisch übermitteln. S *BMF* BStBl I 25, 987, Rn. 108 ff. Zur Kritik an Abs 7 und Abs 9 s *Florstedt* BB 21, 1757 (1759); *Beckert/Schober* RdF 21, 49 (53); *Watzlaw/Lofing* RdF 22, 48 (53).

5 **e) Datenkorrektur und Speicherung beim BZSt, § 45b VIII, X. § 45b VIII** regelt eine **Korrekturpflicht** (Richtigstellung; Stornierung) der auszahlenden Stellen zu den meldepflichtigen Datensätzen nach Abs 4 bis Abs 6. Zur Korrekturtechnik *BMF* BStBl I 25, 987, Rn. 85–87 und Rn. 89 für fehlerhafte Bescheinigungen. Die Korrekturfrist endet abw von § 93c III AO nicht sieben Jahre nach dem Zufluss des

KapErtrags, sondern gilt unbefristet (Abs 8 Nr 1). Zudem ist die ohnehin schon bedenkl lange Ablaufhemmung des § 171 Xa AO (*Klein* § 171 AO Rn. 110) für StBescheide des Gläubigers der KapErträge „quasi" unbefristet, da dem FA nach Korrektur der Daten noch ein Auswertungszeitraum von 2 Jahren bleibt (Abs 8 Nr 2). **§ 45b X** räumt dem BZSt die Befugnis zur **Speicherung, Verarbeitung und Datenanalyse** ein. S auch *BMF* BStBl I 25, 987, Rn. 111.

2. Einzelfragen. – a) Pflichtangaben nach § 45b II, III. Für **unbeschr stpfl Gläubiger** sind von der auszahlenden Stelle bei KapErträgen nach § 43 I Nr 1a, § 43 I Nr 2 S 4 ab Inkrafttreten der Regelung **neben der StBescheinigung** zusätzl detaillierte Angaben zur auszahlenden Stelle, zu den Gläubiger- und Kontodaten (Abs 2 Nr 1 und Nr 2); zusätzl Kapitalertrags- und KapEStdaten (s Abs 2 Nr 4, zur KapESt s Nr 3: KapErtrag vor einer Verlustverrechnung gem § 43a III 2; Höhe des angewendeten StSatzes nach § 43a), zusätzl Wertpapier-, Handelsdaten, auch zu Wertpapierleihen (Abs 2 Nr 5) und zusätzl Daten zu Verwahrketten (Abs 2 Nr 3) aufzunehmen. Diese Angaben sind nach § 45b IV an das BZSt elektronisch zu übermitteln (zu den Sorgfaltspflichten s *BMF* BStBl I 25, 987, Rn. 2–8; krit zur Verschärfung *Watzlaw/Lofing* RdF 25, 271 (272 ff)). 6

Die zusätzl Pflichtangaben zu **Hinterlegungsscheinen** in Abs 2 Nr 6 dienen der Bekämpfung sog *cum/fake* – Gestaltungen (dazu → § 43 Rn. 5). S dazu *BMF* BStBl I 25, 987, Rn. 68 ff). 7

b) Zusammenfassende Übersicht zu den elektronischen Meldepflichten nach § 45b IV, VI. Relevant sind diese für nach dem 31.12.26 erzielte KapErträge gem § 43 I Nr 1a, § 43 I Nr 2 S 4 (iEinz *BMF* BStBl I 25, 987 Rn. 1; *Ausnahme:* KapErträge gem § 20 III, IVa EStG; § 6 III Nr 2 InvStG; zum Inhalt des Meldedatensatzes *BMF* BStBl I 25, 987 Rn. 9–78): 8

	Inhalt	Für wen/was?	Frist
§ 45b IV	Zusatzangaben zur StBescheinigung in Abs 2, 3	unbeschr stpfl Gläubiger mit StBescheinigung	31.3. des Folgejahres des Zuflusses (BT-Drs 20/13419, 231)
§ 45b V	Datensatz nach § 45a IIa iVm § 45b II, III, unverändert (BT-Drs 20/13419, 231)	beschr stpfl Gläubiger	unverzügl für jeden Zufluss nach Verlangen des Gläubigers
§ 45b VI 1	Meldung unterbliebener StBescheinigungen, Datenübermittlungen	unbeschr und beschr stpfl Gläubiger	30.4. des Folgejahres des Zuflusses
§ 45b VI 2	Meldung einer Abstandnahme	unbeschr stpfl Gläubiger	30.4. des Folgejahres des Zuflusses

§ 45c[1] Zusammengefasste Mitteilung zur Bescheinigung und Abführung der Kapitalertragsteuer

[ab 1. 1. 2027:]

(1) **[1]Die die Kapitalerträge auszahlende Stelle hat dem Bundeszentralamt für Steuern bis zum 31. Juli des auf den Zufluss der Kapitalerträge folgenden Kalenderjahres folgende Daten zu übermitteln:**

1. die Summe der in einem Kalenderjahr je Wertpapiergattung und Zahlungstag durch die die Kapitalerträge auszahlende Stelle berücksichtigten Bruttoerträge im Sinne des § 43 Absatz 1 Satz 1 Nummer 1a und 2 Satz 4;
2. den Betrag der auf diese Kapitalerträge einbehaltenen und abgeführten Kapitalertragsteuer und den Betrag der einbehaltenen und abgeführten Zuschlagsteuern;
3. die für diese Kapitalerträge nach § 45a Absatz 2 bescheinigte oder gemäß § 45a Absatz 2a angegebene Kapitalertragsteuer und Zuschlagsteuern; sind die Kapitalerträge nach Maßgabe des § 43a Absatz 3 Satz 2 mit negativen Kapitalerträgen auszugleichen, sind der Betrag der einbehaltenen und auf die Kapitalerträge entfallenden Kapitalertragsteuer vor Durchführung des Verlustausgleiches und vor Berücksichtigung des Sparer-Pauschbetrages sowie der Betrag der darauf entfallenden Zuschlagsteuern zu übermitteln;
4. die diesen Kapitalerträgen zugrunde liegende Stückzahl der Wertpapiere und
5. die Bezeichnung und die Internationale Wertpapierkennnummer der Wertpapiergattung.

[2]Satz 1 gilt entsprechend für die Summe der gutgeschriebenen Kapitalerträge, bei denen ein Steuerabzug nicht oder nicht in voller Höhe vorgenommen wurde. [3]Die Rechtsgrundlage für die Abstandnahme vom Steuerabzug und die darauf entfallenden Beträge sind anzugeben.

(2) **[1]Die inländische Wertpapiersammelbank hat dem Bundeszentralamt für Steuern bis zum 31. Juli des auf den Zufluss der Kapitalerträge folgenden Kalenderjahres folgende Daten je Wertpapiergattung und Kundendepot unter Angabe der Internationalen Wertpapierkennnummer und der Stückzahl der Wertpapiere zu übermitteln:**

1. die in § 45b Absatz 2 Nummer 1 genannten Angaben zum Depotinhaber; verfügt der Depotinhaber nicht über eine inländische Steuernummer, so ist die durch seinen Ansässigkeitsstaat vergebene Steueridentifikationsnummer anzugeben;
2. die Konto- oder Depotnummer;
3. die Summe der in einem Kalenderjahr am Zahlungstag gutgeschriebenen Kapitalerträge im Sinne des § 43 Absatz 1 Satz 1 Nummer 1a und 2 Satz 4, die auf Grund eines gebuchten Bestandes am Dividendenstichtag gutgeschrieben wurden;
4. die Summe der in einem Kalenderjahr gutgeschriebenen Kompensationszahlungen;
5. die Summe der in einem Kalenderjahr belasteten Kompensationszahlungen;
6. den Saldo aus der Summe der gutgeschriebenen Kapitalerträge zuzüglich der Summe der gutgeschriebenen Kompensationszahlungen und der Summe der belasteten Kompensationszahlungen;
7. den Betrag der einbehaltenen und abgeführten Kapitalertragsteuer und den Betrag der einbehaltenen und abgeführten Zuschlagsteuern auf die Beträge nach den Nummern 3 und 4;

[1] Zur Anwendung s § 52 XLIVc idF JStG 2024 BGBl I 24 Nr 387.

8. die Stückzahl der Wertpapiere, für die die Wertpapiersammelbank keine Dividendenregulierung vorgenommen hat.

[2]Die Pflicht zur Datenübermittlung nach Satz 1 mit Ausnahme der Angabe nach Satz 1 Nummer 8 gilt entsprechend für die die Kapitalerträge auszahlenden Stellen nach § 44 Absatz 1 Satz 4 Nummer 3. [3]Dem Bundeszentralamt für Steuern sind bis zum 31. Juli des auf die Abführung des Steuerbetrages folgenden Kalenderjahres der Betrag der nach § 44 Absatz 1a abgeführten Kapitalertragsteuer sowie die nach § 45a Absatz 2 Satz 1 Nummer 3 bescheinigten Angaben zu übermitteln.

(3) **[1]§ 93c der Abgabenordnung ist mit Ausnahme von dessen Absatz 1 Nummer 2 Buchstabe c und d und Nummer 3 entsprechend anzuwenden. [2]§ 45b Absatz 8 gilt entsprechend.**

(4) **[1]Das Bundeszentralamt für Steuern speichert die ihm nach den Absätzen 1 und 2 übermittelten Daten zur Ermittlung der auf diese Kapitalerträge einbehaltenen und bescheinigten Kapitalertragsteuer und analysiert diese im Hinblick auf missbräuchliche Steuergestaltungsmodelle, die die Erlangung eines Steuervorteils aus der Erhebung oder Entlastung von Kapitalertragsteuer mit erheblicher Bedeutung zum Gegenstand haben. [2]Es darf dazu ihm nach Maßgabe der Absätze 1 und 2 übermittelte personenbezogene Daten verarbeiten, soweit dies zur Erfüllung der Aufgabe nach Satz 1 erforderlich ist.**

Verwaltungsanweisungen: *BMF* BStBl I 25, 987 [zu § 45b und § 45c]; dazu *Watzlaw/Lofing* RdF 25, 271 ff.

1. Allgemeines. § 45c gilt für **nach dem 31. 12. 26** zufließende KapErträge gem § 43 I Nr 1a, § 43 I Nr 2 S 4 (§ 52 XLIVc); wegen der Fristen des Abs 1, 2 müssen die Mitteilungen erstmals am 31.7.27 vorliegen (*BMF* BStBl I 25, 987, Rn. 126). – Ein Verstoß der auszahlenden Stellen gegen die Pflichten nach § 45c I, II ist bußgeldbewehrt (§ 50e II Nr 2), kann aber keine Haftung nach § 45a VII auslösen. – Der Nutzen der aufwändig zu ermittelnden Daten für das BZSt wird im Schrifttum bezweifelt (*Watzlaw/Lofing* RdF 24, 48 (53)). Trotz des gesetzgeberischen Ziels, die Meldedaten und -pflichten im JStG 2024 (BGBl I 24 Nr 387) bereits an der FASTER-Richtlinie auszurichten, wurde § 45c weder gestrichen noch geändert, obwohl Zusammenfassende Meldungen in der Richtlinie nicht vorgesehen sind (*Frey/Schober* DStR 24, 2732 (2735)). 1

2. Zusammengefasste Mitteilungen nach § 45c I. § 45c I regelt für KapErträge gem § 43 I Nr 1a und § 43a I Nr 2 S 4 ergänzend zu den iRd StBescheinigung, Datenübermittlungen gem § 45a II–VII und § 45b I–IV erforderl Angaben zum individuellen Gläubiger/KapErtrag weitergehende meldepflichtige Angaben, die die auszahlenden Stellen (Depotbanken) an das BZSt übermitteln müssen. Es handelt sich um zusammenfassende (aggregierte) und gattungsbezogene Mitteilungen zu den BruttoKapErträgen (Nr 1), zur insges einbehaltenen KapESt/ZuschlagSt (Nr 2), zur insges bescheinigten KapESt/ZuschlagSt (ggf um eine Verlustverrechnung gem § 43a III 2 bereinigt, Nr 3) und die Stückzahl der der Ausschüttung zugrunde liegenden Wertpapiere samt deren Gattung (Abs 2 Nr 3, Nr 4). Die Angaben müssen bis zum 31.7. des Folgejahrs des Zuflusses elektronisch übermittelt werden (Abs 3 S 1 iVm § 93c AO). Fehlerhafte Daten sind fristunabhängig zu korrigieren oder zu stornieren (Abs 3 S 2 iVm § 45b VIII). Sie werden beim BZSt gespeichert und ausgewertet (Abs 4). S *BMF* BStBl I 25, 987, Rn. 112–116. 2

3. Zusammengefasste Mitteilungen nach § 45c II. Die Mitteilungspflichten nach **§ 45c II** treffen die inl Wertpapiersammelbank als auszahlende Stelle (§ 44 I 4 Nr 3 Buchst b, auch iVm § 44 Ia, s *Altvater* DStR 21, 261 (264)) und idR auszahlende Stellen nach § 44 I 4 Nr 3 Buchst c. Die erforderl aggregierten Angaben zu Ausschüttungen und Kompensationszahlungen (§ 20 I Nr 1 S 1, S 4) sind im Abs 2 Nr 1 bis 3

Nr 8 angeführt (iEinz *BMF* BStBl I 25, 987, Rn. 117–124). Die Angaben sind elektronisch an das BZSt bis zum 31.7. des dem Zufluss folgenden Jahres zu übermitteln (Abs. 3 S 1) und ggf zu korrigieren (Abs 3 S 2 iVm § 45b Abs 8; s *BMF* BStBl I 25, 987 Rn. 111). Zur Speicherung und Auswertung s Abs 4.

§ 45d Mitteilungen an das Bundeszentralamt für Steuern

(1) [1]**Wer nach § 44 Absatz 1 dieses Gesetzes und nach § 7 des Investmentsteuergesetzes zum Steuerabzug verpflichtet ist, hat dem Bundeszentralamt für Steuern nach Maßgabe des § 93c der Abgabenordnung neben den in § 93c Absatz 1 der Abgabenordnung genannten Angaben folgende Daten zu übermitteln:**

1. **bei den Kapitalerträgen, für die ein Freistellungsauftrag erteilt worden ist,**
   a) **die Kapitalerträge, bei denen vom Steuerabzug Abstand genommen worden ist oder bei denen Kapitalertragsteuer auf Grund des Freistellungsauftrags gemäß § 44b Absatz 6 Satz 4 dieses Gesetzes oder gemäß § 7 Absatz 5 Satz 1 des Investmentsteuergesetzes erstattet wurde,**
   b) **die Kapitalerträge, bei denen die Erstattung von Kapitalertragsteuer beim Bundeszentralamt für Steuern beantragt worden ist,**
2. **die Kapitalerträge, bei denen auf Grund einer Nichtveranlagungs-Bescheinigung einer natürlichen Person nach § 44a Absatz 2 Satz 1 Nummer 2 vom Steuerabzug Abstand genommen oder eine Erstattung vorgenommen wurde.**

[2]**Bei einem gemeinsamen Freistellungsauftrag sind die Daten beider Ehegatten zu übermitteln.** [3]**§ 72a Absatz 4, § 93c Absatz 1 Nummer 3 und § 203a der Abgabenordnung finden keine Anwendung.**

(2) [1]**Das Bundeszentralamt für Steuern darf den Sozialleistungsträgern die Daten nach Absatz 1 mitteilen, soweit dies zur Überprüfung des bei der Sozialleistung zu berücksichtigenden Einkommens oder Vermögens erforderlich ist oder die betroffene Person zustimmt.** [2]**Für Zwecke des Satzes 1 ist das Bundeszentralamt für Steuern berechtigt, die ihm von den Sozialleistungsträgern übermittelten Daten mit den vorhandenen Daten nach Absatz 1 im Wege des automatisierten Datenabgleichs zu überprüfen und das Ergebnis den Sozialleistungsträgern mitzuteilen.**

1 **1. BZSt-Mitteilungen. – a) Zweck.** § 45d soll den zutr KapEStAbzug sichern (insb iZm dem Sparer-Pauschbetrag und mit NV-Bescheinigungen). Er verlangt, dass StEntrichtungspfl dem BZSt nach amtl vorgeschriebenem Datensatz auf amtl vorgeschriebenen Datenträgern die gesetzl vorgeschriebenen Daten iSd § 93c AO mitteilen. Daneben stehen die Angaben an das BZSt nach § 45b und § 45c. Zum Auskunftsanspruch des StPfl iVm § 45d aF s BFH VII B 21/99, BFH/NV 00, 1335. Zu **Bußgeldern** → § 50e Rn. 1 ff.

2 **b) Inhalt der Mitteilung.** Neben den Daten nach § 93c I AO sind bei erteiltem Freistellungsauftrag der Umfang der Inanspruchnahme (§ 45d I 1 Nr 1) und bei erteilter NV-Bescheinigung der Umfang der Abstandnahme (§ 45d I 1 Nr 2) zu melden.

3 **2. Weiterleitung, § 45d II.** Das BZSt ist über § 31 AO hinaus berechtigt, allen Sozialversicherungsträgern (nicht nur der Bundesanstalt für Arbeit, sondern auch zB den RV-Trägern) über die ihm nach § 45d I zur Kenntnis gelangten Daten Mitteilung zu machen (zur Meldung iRd BaFöG VG Chemnitz FamRZ 25,901).

§ 45e Ermächtigung für Zinsinformationsverordnung

[1]Die Bundesregierung wird ermächtigt, durch Rechtsverordnung mit Zustimmung des Bundesrates die Richtlinie 2003/48/EG des Rates vom 3. Juni 2003 (ABl. EU Nr. L 157, S. 38) in der jeweils geltenden Fassung im Bereich der Besteuerung von Zinserträgen umzusetzen. [2]§ 45d Absatz 1 Satz 2 und Absatz 2 ist entsprechend anzuwenden.

Einkommensteuer-Richtlinien: EStH 45e – **Verwaltungsanweisungen:** *BMF* BStBl I 08, 320; *BMF* BStBl I 17, 704 (grds Anwendung der ZIV und Fortgeltung für Aruba, Jersey ua); *BMF* BStBl I 25, 1440 (Staatenaustauschliste 2025 – FKAustG).

1. Rechtsgrundlagen der ZIV. § 45e ist Rechtsgrundlage für die **ZinsinformationsVO – ZIV** – (BGBl I 04, 128), mit der die Umsetzung der RL 2003/48/EG (ZinsRL; ABl EU 2003 Nr L 157 S 38) erfolgt ist. S 2 erlaubt Datenübertragungen und -abgleiche. S auch § 50e. 1

2. Erweiterung des automatischen Informationsaustausches. Einzelheiten zur ZIV → 35. Aufl 2016, § 45e Rn. 1. Gem § 17 I ZIV idF 3. ÄndVO (BGBl I 16, 1722) erfasste die ZIV grds nur noch für Zinszahlungen, die bis 31.12.15 zugeflossen waren. Dies beruht auf der **Aufhebung der ZinsRL,** die durch die RL 2011/16/EU und die (ergänzende) RL 2014/107/EU (automatischer Informationsaustausch) ersetzt wurde. 2

Umsetzungsgesetz ist das FKAustG (idF der Änderung v. 22.12.25 (BGBl I 25 Nr 352 Es gilt für EU-Staaten und Drittstaaten (§ 1 I FKAustG). Zur Verwaltungsauffassung s *BMF* BStBl I 25, 1440 (Staatenaustauschliste 2025). BFH IX R 36/21, BFH/NV 24, 642 bej die Verfassungsmäßigkeit. 3

4. Veranlagung von Steuerpflichtigen mit steuerabzugspflichtigen Einkünften

§ 46 Veranlagung bei Bezug von Einkünften aus nichtselbständiger Arbeit

(1) *(weggefallen)*

(2) **Besteht das Einkommen ganz oder teilweise aus Einkünften aus nichtselbständiger Arbeit, von denen ein Steuerabzug vorgenommen worden ist, so wird eine Veranlagung nur durchgeführt,**

1. **wenn die positive Summe der einkommensteuerpflichtigen Einkünfte, die nicht dem Steuerabzug vom Arbeitslohn zu unterwerfen waren, vermindert um die darauf entfallenden Beträge nach § 13 Absatz 3 und § 24a, oder die positive Summe der Einkünfte und Leistungen, die dem Progressionsvorbehalt unterliegen, jeweils mehr als 410 Euro beträgt;**
2. **wenn der Steuerpflichtige nebeneinander von mehreren Arbeitgebern Arbeitslohn bezogen hat; das gilt nicht, soweit nach § 38 Absatz 3a Satz 7 Arbeitslohn von mehreren Arbeitgebern für den Lohnsteuerabzug zusammengerechnet worden ist;**
3. **wenn Beiträge zu Krankenversicherungen und gesetzlichen Pflegeversicherungen im Sinne des § 10 Absatz 1 Nummer 3 erstattet wurden, die Erstattung mehr als 410 Euro betrug und der im Kalenderjahr erzielte Arbeitslohn höher ist als die Summe aus dem Grundfreibetrag (§ 32a Absatz 1 Satz 2 Nummer 1), dem Arbeitnehmer-Pauschbetrag (§ 9a Satz 1 Nummer 1 Buchstabe a) und dem Sonderausgaben-Pauschbetrag (§ 10c Satz 1) oder bei Ehegatten, die die Voraussetzungen des § 26 Absatz 1 erfüllen, höher ist als die Summe aus dem doppelten Grundfreibetrag, dem Arbeitnehmer-Pauschbetrag und dem doppelten Sonderausgaben-Pauschbetrag;**

3a. wenn von Ehegatten, die nach den §§ 26, 26b zusammen zur Einkommensteuer zu veranlagen sind, beide Arbeitslohn bezogen haben und einer für den Veranlagungszeitraum oder einen Teil davon nach der Steuerklasse V oder VI besteuert oder bei Steuerklasse IV der Faktor (§ 39f) eingetragen worden ist;

4. wenn für einen Steuerpflichtigen ein Freibetrag im Sinne des § 39a Absatz 1 Satz 1 Nummer 1 bis 3, 5 oder Nummer 6 ermittelt worden ist und der im Kalenderjahr insgesamt erzielte Arbeitslohn höher ist als die Summe aus dem Grundfreibetrag (§ 32a Absatz 1 Satz 2 Nummer 1), dem Arbeitnehmer-Pauschbetrag (§ 9a Satz 1 Nummer 1 Buchstabe a) und dem Sonderausgaben-Pauschbetrag (§ 10c Satz 1) oder bei Ehegatten, die die Voraussetzungen des § 26 Absatz 1 erfüllen, höher ist als die Summe aus dem doppelten Grundfreibetrag, dem Arbeitnehmer-Pauschbetrag und dem doppelten Sonderausgaben-Pauschbetrag; dasselbe gilt für einen Steuerpflichtigen, der zum Personenkreis des § 1 Absatz 2 gehört;

4a. wenn bei einem Elternpaar, bei dem die Voraussetzungen des § 26 Absatz 1 Satz 1 nicht vorliegen,

a) bis c) *(weggefallen)*

d) im Fall des § 33a Absatz 2 Satz 5 das Elternpaar gemeinsam eine Aufteilung des Abzugsbetrags in einem anderen Verhältnis als je zur Hälfte beantragt oder

e) im Fall des § 33b Absatz 5 Satz 3 das Elternpaar gemeinsam eine Aufteilung des Pauschbetrags für Menschen mit Behinderungen oder des Pauschbetrags für Hinterbliebene in einem anderen Verhältnis als je zur Hälfte beantragt.

[2]Die Veranlagungspflicht besteht für jeden Elternteil, der Einkünfte aus nichtselbständiger Arbeit bezogen hat;

5. wenn bei einem Steuerpflichtigen die Lohnsteuer für einen sonstigen Bezug nach § 39c Absatz 3 ermittelt wurde;

5a. wenn der Arbeitgeber die Lohnsteuer von einem sonstigen Bezug berechnet hat und dabei der Arbeitslohn aus früheren Dienstverhältnissen des Kalenderjahres außer Betracht geblieben ist (§ 39b Absatz 3 Satz 2, § 41 Absatz 1 Satz 6, Großbuchstabe S);

6. wenn die Ehe des Arbeitnehmers im Veranlagungszeitraum durch Tod, Scheidung oder Aufhebung aufgelöst worden ist und er oder sein Ehegatte der aufgelösten Ehe im Veranlagungszeitraum wieder geheiratet hat;

7. wenn

a) für einen unbeschränkt Steuerpflichtigen im Sinne des § 1 Absatz 1 bei der Bildung der Lohnsteuerabzugsmerkmale (§ 39) ein Ehegatte im Sinne des § 1a Absatz 1 Nummer 2 berücksichtigt worden ist oder

b) für einen Steuerpflichtigen, der zum Personenkreis des § 1 Absatz 3 oder des § 1a gehört, Lohnsteuerabzugsmerkmale nach § 39 Absatz 2 gebildet worden sind; das nach § 39 Absatz 2 Satz 2 bis 4 zuständige Betriebsstättenfinanzamt ist dann auch für die Veranlagung zuständig;

8. wenn die Veranlagung beantragt wird, insbesondere zur Anrechnung von Lohnsteuer auf die Einkommensteuer. [2]Der Antrag ist durch Abgabe einer Einkommensteuererklärung zu stellen;

9. wenn ein Antrag im Sinne der Nummer 8 gestellt wird und daneben beantragt wird, als unbeschränkt Steuerpflichtiger im Sinne des § 1 Absatz 3 behandelt zu werden; die Zuständigkeit liegt beim lohnsteuerlichen Betriebsstättenfinanzamt des Arbeitgebers.

(3) **[1]In den Fällen des Absatzes 2 ist ein Betrag in Höhe der einkommensteuerpflichtigen Einkünfte, von denen der Steuerabzug vom Arbeitslohn nicht vorgenommen worden ist und die nicht nach § 32d Absatz 6 der tariflichen Einkom-**

mensteuer unterworfen wurden, vom Einkommen abzuziehen, wenn diese Einkünfte insgesamt nicht mehr als 410 Euro betragen. [2]Der Betrag nach Satz 1 vermindert sich um den Altersentlastungsbetrag, soweit dieser den unter Verwendung des nach § 24a Satz 5 maßgebenden Prozentsatzes zu ermittelnden Anteil des Arbeitslohns mit Ausnahme der Versorgungsbezüge im Sinne des § 19 Absatz 2 übersteigt, und um den nach § 13 Absatz 3 zu berücksichtigenden Betrag.

(4) **[1]Kommt nach Absatz 2 eine Veranlagung zur Einkommensteuer nicht in Betracht, so gilt die Einkommensteuer, die auf die Einkünfte aus nichtselbständiger Arbeit entfällt, für den Steuerpflichtigen durch den Lohnsteuerabzug als abgegolten, soweit er nicht für zuwenig erhobene Lohnsteuer in Anspruch genommen werden kann. [2]§ 42b bleibt unberührt.**

(5) **Durch Rechtsverordnung kann in den Fällen des Absatzes 2 Nummer 1, in denen die einkommensteuerpflichtigen Einkünfte, von denen der Steuerabzug vom Arbeitslohn nicht vorgenommen worden ist und die nicht nach § 32d Absatz 6 der tariflichen Einkommensteuer unterworfen wurden, den Betrag von 410 Euro übersteigen, die Besteuerung so gemildert werden, dass auf die volle Besteuerung dieser Einkünfte stufenweise übergeleitet wird.**

Einkommensteuer-Durchführungsverordnung:

§ 70 EStDV *Ausgleich von Härten in bestimmten Fällen*

[1]Betragen in den Fällen des § 46 Absatz 2 Nummer 1 bis 7 des Gesetzes die einkommensteuerpflichtigen Einkünfte, von denen der Steuerabzug vom Arbeitslohn nicht vorgenommen worden ist und die nicht nach § 32d Absatz 6 des Gesetzes der tariflichen Einkommensteuer unterworfen wurden, insgesamt mehr als 410 Euro, so ist vom Einkommen der Betrag abzuziehen, um den die bezeichneten Einkünfte, vermindert um den auf sie entfallenden Altersentlastungsbetrag (§ 24a des Gesetzes) und den nach § 13 Absatz 3 des Gesetzes zu berücksichtigenden Betrag, niedriger als 820 Euro sind (Härteausgleichsbetrag). [2]Der Härteausgleichsbetrag darf nicht höher sein als die nach Satz 1 verminderten Einkünfte.

Einkommensteuer-/Lohnsteuer-Richtlinien: EStR 46.1, 46.2; EStH 46.1–46.3; LStH 46.

Übersicht Rn.

I. Gemeinsame Erläuterungen zu den Veranlagungsgründen

1 **1. Stellung des § 46 im System der Steuererhebung. – a) Verhältnis zwischen Veranlagungsverfahren und Steuerabzugsverfahren.** Grds wird die ESt im Wege der Veranlagung erhoben (§ 25); ggf sind Vorauszahlungen zu leisten (§ 37). In bestimmten, gesetzl geregelten Fällen erfolgt jedoch ein StAbzug an der Quelle (LSt nach §§ 38–42g; KapESt nach §§ 43–45e; StAbzug bei beschr StPfl nach § 50a). Die **Abgeltungswirkung des Steuerabzugs** ist unterschiedl: Bei beschr StPfl sieht das Gesetz grds eine vollständige Abgeltung der ESt durch die verschiedenen Abzugssteuern vor (§ 50 II 1); dann unterbleibt jegl Veranlagung mit diesen Einkünften. Bei Vornahme eines KapEStAbzugs ist die ESt in den meisten Fällen ebenfalls abgegolten (BFH VIII R 17/17, BStBl I 21, 468: auch dann, wenn die KapESt weder angemeldet noch abgeführt wird); § 43 V enthält aber Ausnahmen. Wenn stpfl KapErträge erzielt wurden, die nicht der KapSt unterlegen haben, ist stets eine Veranlagung durchzuführen (§ 32d III 3).

2 **b) Abgeltungswirkung des Lohnsteuerabzugs, § 46 IV.** Für **ArbN** sieht § 46 IV 1 eine Abgeltung der auf die Einkünfte aus § 19 entfallenden ESt durch den LStAbzug vor, sofern der StPfl weder nach § 46 II Nr 1–7 von Amts wegen zu veranlagen ist noch einen Antrag nach § 46 II Nr 8, 9 stellt. In diesen Fällen besteht ein **Veranlagungsverbot** (zutr NdsFG EFG 22, 1693, rkr). Eine Haftungsinanspruchnahme des ArbG (§ 42d), die Nachforderung beim ArbN (§ 46 IV 1 Hs 2) und ein LStJA durch den ArbG (§ 46 IV 2 iVm § 42b) bleiben aber mögl. – **Amts- und Antragsveranlagung.** Die Veranlagungstatbestände des § 46 II Nr 1–7 sind von Amts wegen zu beachten; die zeitl Grenze wird allein durch die Festsetzungsfrist gezogen. Diese Tatbestände sind dadurch gekennzeichnet, dass die einbehaltene LSt die entstandene ESt möglicherweise nicht in vollem Umfang abdeckt (BFH VI R 43/15, BStBl II 17, 1046 Rn. 23). Sie unterliegen häufigen gesetzl Änderungen (zur Rechtsentwicklung ausführl *KKM* § 46 Rn. A 56 ff; *HHR/Tillmann* § 46 Rn. 2). Darüber hinaus ermöglichen § 46 II Nr 8, 9 die Veranlagung **auf Antrag** des StPfl, der zeitl ebenfalls nur durch die Festsetzungsfrist begrenzt wird.

3 **c) Verhältnis zwischen § 46 und dem Lohnsteuerverfahren.** Der Gesetzgeber hat das LStVerfahren (StAbzug durch den ArbG nach § 38; Nachforderung vom ArbN nach § 39 V 5, § 39a V; Haftung des ArbG nach § 42d) vom Veranlagungsverfahren getrennt. Die LStErhebung erfolgt unabhängig davon, ob später eine Veranlagung durchzuführen ist; die rechtl Beurteilung in diesem Verfahren hat grds keine Bindungswirkung für ein späteres Veranlagungsverfahren. Umgekehrt berührt die Durchführung oder der Ausschluss des Veranlagungsverfahrens nicht das LStVerfahren, sodass eine LStHaftung des *ArbG* trotz durchgeführter EStVeranlagung mögl

bleibt (§ 42d III 3); eine LStNachforderung gegen den *ArbN* ist dann aber im Veranlagungsverfahren geltend zu machen (→ § 42d Rn. 23). – **Im Veranlagungsfall** ist die tatsächl abgezogene LSt nach § 36 II Nr 2 auf die unter Einbeziehung der ArbN-Einkünfte zu ermittelnde ESt anzurechnen. Dies gilt auch bei Nettolohnvereinbarungen (→ § 39b Rn. 12, 16), bei nachgeforderter und vom ArbG durch Haftungsbescheid erhobener Steuer; nicht jedoch bei LStPauschalierung (§ 40 III 3; näher → § 40 Rn. 24 ff).

2. Gemeinsame Voraussetzungen der Veranlagungstatbestände des § 46 II. 4
Neben den besonderen Merkmalen der Nr 1–9 müssen jeweils die folgenden Voraussetzungen erfüllt sein: – **a) Einkünfte aus nichtselbständiger Arbeit.** Der StPfl muss Einkünfte aus § 19 erzielt haben, wobei die materiell-rechtl *zutreffende* Einordnung der Einkünfte maßgebl ist (BFH IV 209/58 U, BStBl III 59, 348: nicht bei LStAbzug von der Tätigkeitsvergütung eines MUers; **aA** *KKM* § 46 Rn. A 12). Es kommt weder auf die *Höhe* der Einkünfte aus § 19 noch auf ihr Verhältnis zu den Einkünften aus anderen Einkunftsarten an. Aus dem Begriff „Einkünfte" folgt, dass § 46 II nicht anwendbar ist, wenn ausschließl **stfreie Einnahmen** bezogen werden.

b) Vornahme des Lohnsteuerabzugs. Ein LStAbzug beim ArbN ist zwingende 5
Voraussetzung für die Anwendung des § 46 II. Die *Abführung* der LSt durch den ArbG an das FA ist hingegen ebenso wenig erforderl wie die Ermittlung eines LStBetrags, der 0 € übersteigt (zB wenn der Lohn unterhalb der zu berücksichtigenden Freibeträge liegt).

aa) Zu Unrecht unterbliebener Lohnsteuerabzug. In diesen Fällen (zB 6
Schwarzarbeit) ist die LSt zwar grds nachzuerheben (außerhalb des Veranlagungsverfahrens; ausführl → § 42d Rn. 16 ff). Der Wortlaut des Einleitungssatzes des § 46 II ist aber nicht erfüllt, weil „Steuerabzug" iSd § 46 II nur der „Abzug vom ArbLohn" (§ 38 I 1), nicht aber die LStHaftung und -Nacherhebung iSd § 42d ist. Daher tritt die Veranlagungssperre des § 46 IV nicht ein, sodass eine Veranlagung nach § 25 vorzunehmen ist (BFH VI B 4/22, BFH/NV 23, 546, unter zutr Abgrenzung zu BFH VI R 4/84, BFH/NV 88, 566, das zu einer anderen Gesetzesfassung ergangen ist; ausführl → 41. Aufl 2022, § 46 Rn. 6 mwN).

bb) Ausländischer Arbeitgeber. Dann ist § 46 nicht anwendbar, weil der 7
LStAbzug einen inl ArbG voraussetzt (§ 38 I). Daher ist eine Veranlagung nach § 25 durchzuführen (BFH VI R 165/72, BStBl II 75, 642 zu 1.), bei der aber der Härteausgleich des § 46 III, V entspr anzuwenden ist (→ Rn. 43 mwN).

c) Anwendung bei beschränkter Steuerpflicht. Unmittelbar gilt § 46 nur für 8
unbeschr StPfl. Bei beschr stpfl ArbN entfaltet der LStAbzug grds Abgeltungswirkung, ohne dass § 46 II zu berücksichtigen ist (§ 50 II 1, der insoweit als lex specialis zu § 46 wirkt; zutr *Bordewin/Brandt* § 46 Rn. 29). Wenn beschr StPfl aber einen Freibetrag für den LStAbzug in Anspruch nehmen (§ 39a IV), führt § 50 II 2 Nr 4 Buchst a zur Veranlagung (vergleichbar mit § 46 II Nr 4). Ferner gelten die Veranlagungstatbestände nach § 46 II Nr 2, 5, 5a seit VZ 2020 auch für beschr StPfl (§ 50 II 2 Nr 4 Buchst c; dazu *Kraft/Muscheites* DB 20, 644). Zudem können ArbN aus EU-/EWR-Staaten (und der Schweiz, s EuGH C-627/22, DStR 24, 1347) die Veranlagung nach § 46 II Nr 8 beantragen (§ 50 II 2 Nr 4 Buchst b; → § 50 Rn. 35 ff). Zu fiktiv unbeschr StPfl nach § 1 III (zB Grenzgänger) → Rn. 27, 38.

II. Besondere Voraussetzungen für eine Veranlagung von Amts wegen, § 46 II Nr 1–7

**1. Positive Summe der Einkünfte ohne Lohnsteuerpflicht oder mit Pro- 9
gressionsvorbehalt über 410 €, § 46 II Nr 1.** Die Regelung enthält zwei selbständige Tatbestände. Eine Veranlagung ist bereits dann vorzunehmen, wenn die

positive Summe der Einkünfte aus *einer* der beiden Gruppen die **410 €-Grenze übersteigt.** Ein Vorrang der Nr 1 ggü anderen Veranlagungstatbeständen besteht nicht (BFH X R 36/19, BStBl II 21, 841 Rn. 32).

10 **a) Summe der Einkünfte ohne Lohnsteuerpflicht. – aa) Begriff der Einkünfte.** Maßgebl ist § 2 II (BFH IV R 8/73, BStBl II 76, 413; BFH VI R 22/11, BStBl II 13, 631). Stfreie Einnahmen sind deshalb nicht anzusetzen; Freibeträge und WK-Pauschbeträge, die bereits die *Einkünfte* mindern, sind abzuziehen. Entscheidend ist die Summe der miteinander *verrechneten* Einkünfte (Verlustausgleich, → Rn. 44). Der Freibetrag für LuF ist gem § 13 III nicht bei der Ermittlung der Einkünfte, sondern erst beim Gesamtbetrag der Einkünfte zu berücksichtigen und bleibt daher für § 46 II Nr 1 außer Betracht (BFH IV R 8/73, BStBl II 76, 413). Negative Einkünfte, die einem Verlustausgleichsverbot unterliegen (zB § 23), sind auch für Zwecke der Einkünfteermittlung nach Nr 1 nicht in den Verlustausgleich einzubeziehen (zutr BFH VI R 22/11, BStBl II 13, 631). Ein bestehender einkunftsartbezogener Verlustvortrag (zB bei § 23) ist zunächst mit späteren positiven Einkünften aus dieser Einkunftsart zu verrechnen; erst auf den verbleibenden Betrag ist die in Nr 1 genannte Betragsgrenze anzuwenden (zutr FG Köln EFG 15, 1373, rkr). – **Kapitaleinkünfte, die der AbgeltungSt unterliegen.** Sie sind nicht in die Summe der Einkünfte einzubeziehen (§ 2 Vb). Allein ihr Vorhandensein führt daher nicht zur Pflichtveranlagung, zumal auch der Zweck der Nr 1 nicht erfüllt ist, da die KapErträge bereits besteuert werden. Wird die Einbeziehung in die Veranlagung beantragt (§ 32d IV, VI), kann die 410 €-Grenze zwar überschritten werden; ein solcher Antrag muss aber vor Ablauf der 4-jährigen Festsetzungsfrist gestellt werden; die zusätzl 3-jährige Anlaufhemmung ist hier nicht anzuwenden, weil bis zum Ablauf der 4-jährigen Festsetzungsfrist keine Pflicht zur Abgabe einer EStErklärung bestand (zutr BFH VI R 17/23, DStRE 25, 1429 Rn. 14). Umgekehrt ist bei KapErträgen, die *nicht* der AbgeltungSt unterlegen haben, ab VZ 2019 eine Pflichtveranlagung auch beim Nichterreichen der 410 €-Grenze der Nr 1 durchzuführen (§ 32d III 3); auch bis VZ 2018 waren sie in die Prüfung der 410 €-Grenze einzubeziehen (BFH VI R 17/23, DStRE 25, 1429 Rn. 28).

11 **bb) Negative Summe der Nebeneinkünfte.** Hier kommt eine Veranlagung nach Nr 1 nicht in Betracht. Diese Regelung ist verfgemäß (BFH VI R 3/13, BFH/NV 14, 1739). Eine Pflichtveranlagung kann auch nicht dadurch erreicht werden, dass ein Feststellungsbescheid über negative Einkünfte ergeht, da § 175 I 1 Nr 1 AO insoweit durch § 46 verdrängt wird (BFH VI R 82/10, BFH/NV 11, 1504 zu II.2.; BFH VI R 34/11, BStBl II 12, 750 Rn. 16).

12 **cc) Nicht dem Lohnsteuerabzug unterworfene Einkünfte.** Gemeint sind Einkünfte aus *anderen* Einkunftsarten als § 19 (jedoch ohne Einnahmen mit *abgeltendem* StAbzug, → Rn. 1, 10) sowie solche Einkünfte aus nichtselbständiger Arbeit, die (ausnahmsweise) nicht dem LStAbzug unterliegen (BFH VI R 74/00, BStBl II 03, 496 zu 2.b). Nach dem Wortlaut kommt es nicht darauf an, ob *tatsächl* ein LStAbzug vorgenommen worden ist, sondern nur darauf, ob ein solcher vorzunehmen gewesen *wäre*.

13 **b) Dem Progressionsvorbehalt unterliegende Einkünfte.** Ausführl → § 32b Rn. 10 ff. Hat ein Ehegatte ausschließl stpfl ArbLohn bezogen und der andere ausschließl Einkünfte, die stfrei sind, aber dem Progressionsvorbehalt unterliegen, kann sich der Antrag auf Einzelveranlagung von Ehegatten (§ 26a) empfehlen, da bei einer Pflichtveranlagung in Form der Zusammenveranlagung der StSatz für die Einkünfte des erstgenannten Ehegatten deutl steigen würde (s BFH I R 181/87, BStBl II 91, 84 unter II.2.b cc).

14 **c) Grenzbetrag von 410 €.** Dieser stellt einen *Jahresbetrag* dar, auch wenn die StPfl nur während eines Teils des Kj besteht. Er soll aus Vereinfachungsgründen Pflichtveranlagungen, die allenfalls zu geringen StNachforderungen führen könnten,

vermeiden (BT-Drs 11/2157, 164). – **Ehegatten.** Bei Zusammenveranlagung sind die Einkünfte beider Ehegatten miteinander zu verrechnen; der Grenzbetrag verdoppelt sich aber nicht (BFH VI 193/62 U, BStBl III 64, 244; krit *KKM* § 46 Rn. B 26). – **Härteausgleich.** Übersteigen die in Nr 1 *Hs 1* (dh nicht bei Progressionsvorbehalt) genannten Einkünfte den Grenzbetrag *nicht,* ist eine Veranlagung aber aus *anderen* Gründen durchzuführen, wird der entspr Betrag vom Einkommen abgezogen (Abs 3; → Rn. 41 ff). Liegen die in Nr 1 *Hs 1* genannten Einkünfte zw 410 und 820 €, wird die Besteuerung gemildert (Abs 5).

2. Mehrere Arbeitsverhältnisse *eines* Steuerpflichtigen, § 46 II Nr 2. Sie führen ebenfalls zur Pflichtveranlagung. Allerdings muss der ArbLohn (zu dem auch Versorgungsbezüge gehören) dem LStAbzug unterliegen (ansonsten ist Nr 1 anwendbar); dies ist bei pauschal versteuertem ArbLohn nicht der Fall (FG Köln EFG 05, 1778, rkr). Die Vorschrift soll der Progressionsverschärfung Rechnung tragen, die bei mehreren ArbVerh eintreten, im LStVerfahren aber nicht berücksichtigt werden kann. Sie ist nicht anzuwenden, wenn der ArbLohn aus mehreren Dienstverhältnissen bereits im LStAbzugsverfahren zusammengerechnet wird (§ 38 IIIa 7; → § 38 Rn. 17). Umgekehrt soll Nr 2 nach Verwaltungsauffassung aber (über den Wortlaut hinaus, dh analog) gelten, wenn der StPfl zwar nur in *einem* Dienstverhältnis steht, die Bezüge aber von *mehreren* öffentl Kassen mit jeweils gesondertem LStEinbehalt gezahlt werden (EStR 46.1; **aA** *KKM* § 46 Rn. B 38). 16

3. Beitragserstattungen, § 46 II Nr 3. Die Pflichtveranlagung ist durchzuführen, wenn Beiträge zur Basis-KV/PflV (§ 10 I Nr 3) von mehr als 410 € erstattet wurden. Es gilt dieselbe **Bagatellgrenze** wie in Nr 4, die sicherstellen soll, dass keine Pflichtveranlagung durchgeführt werden muss, wenn die ESt wegen zu geringen ArbLohns ohnehin 0 € beträgt (→ Rn. 20). 17

Rechtslage bis VZ 2025 (zur letztmaligen Anwendung s § 52 XXXVI 3). Es kam zur Pflichtveranlagung, wenn die Vorsorgepauschale für KV- und PflV-Aufwendungen (§ 39b II 5 Nr 3 Buchst b–d aF, dazu → § 39b Rn. 3) höher war als die nach § 10 I Nr 3, 3a, IV tatsächl abziehbaren Aufwendungen, zB bei Beitragsrückerstattungen (BFH X R 6/14, BStBl II 16, 933 Rn. 24). Damit der ArbN erkennen konnte, ob er den Veranlagungstatbestand erfüllte, musste die LStBescheinigung die Höhe der berücksichtigten KV- und PflV-Beiträge sowie der entspr Teilbeträge der Vorsorgepauschale enthalten (§ 41b I 2 Nr 13, 15 aF).

4. Bezug von Arbeitslohn durch zusammenveranlagte Ehegatten, § 46 II Nr 3a. Dies führt zur Pflichtveranlagung, wenn *beide* Ehegatten ArbLohn bezogen haben (pauschal versteuerter ArbLohn nach §§ 40–40b genügt nicht, → Rn. 16) und einer der Ehegatten zumindest während eines *Teils* des VZ entweder in StKlasse V/VI eingereiht war oder (bei Wahl der StKlassenkombination IV/IV, die ansonsten nicht zur Pflichtveranlagung führt) die Ehegatten das Faktorverfahren nach § 39f gewählt haben. – **Zweck:** Sowohl die StKlassenkombination III/V als auch das Faktorverfahren können in bestimmten Fällen zu einer zu niedrigen Summe der beiden LStTeilbeträge führen. Im Wege der Pflichtveranlagung soll dann die materiell zutr JahresESt festgesetzt werden. 19

5. Ermittlung von Freibeträgen für den Lohnsteuerabzug, § 46 II Nr 4. 20
Die Pflichtveranlagung ist nur bei Freibeträgen iSd § 39a I 1 Nr 1–3, 5 oder 6 durchzuführen; nicht hingegen bei Freibeträgen nach § 39a I 1 Nr 4, 7, 8 (Einzelheiten → § 39a Rn. 3–8). Dem Freibetrag als LSt-Abzugsmerkmal (§ 39a) ist bei StPfl ohne Identifikationsnummer in den Fällen des § 1 II (Deutsche im Ausl mit ArbLohn aus einer inl öffentl Kasse) ein Freibetrag auf der Bescheinigung nach § 39 III 1 gleichgestellt (§ 46 II Nr 4 Hs 2). Ansonsten ist bei beschr stpfl ArbN mit Freibetrag eine Veranlagung nach § 50 II 2 Nr 4 Buchst a durchzuführen (→ Rn. 8). – **Bagatellgrenze.** Die Pflichtveranlagung unterbleibt, wenn der ArbLohn so niedrig ist, dass ohnehin keine ESt festgesetzt wird (BT-Drs 20/3496, 24). Bis VZ 2022 waren die (jährl erhöhten) Grenzbeträge im Gesetzeswortlaut genannt (Beträge → 41. Aufl

2022, § 46 Rn. 20); **ab VZ 2023** wird nur noch abstrakt die Summe aus Grundfreibetrag, SA-Pauschbetrag und ArbN-Pauschbetrag genannt (bei Ehegatten Verdoppelung der beiden erstgenannten Positionen). Die konkreten Beträge sind unter **„bmf-steuerrechner.de"** abrufbar (in der Rubrik „Berechnungen zur Lohnsteuer"). – **Zweck.** Die Pflichtveranlagung soll sicherstellen, dass die Verhältnisse, die im Vorhinein zur Eintragung des Freibetrags geführt haben, nach Ablauf des VZ überprüft werden können. Auch wenn möglicherweise einzelne StPfl der StErklärungspflicht nicht nachkommen, besteht kein verfwidriges strukturelles Vollzugsdefizit (zutr FG Ddorf EFG 10, 878, rkr).

21 **6. Abweichende Aufteilung bestimmter Freibeträge und Pauschbeträge bei Elternpaaren, § 46 II Nr 4a.** Unter Nr 4a fallen nur Elternpaare, bei denen die Voraussetzungen des § 26 I 1 *nicht* gegeben sind (dh unverheiratet oder dauernd getrennt lebend). Diese müssen für ein gemeinsames Kind die Verteilung des ihnen zustehenden Ausbildungsfreibetrags (§ 33a II) oder des auf sie übertragenen Behinderten- oder Hinterbliebenen-Pauschbetrags des Kindes (§ 33b V) abw vom gesetzl Regelfall (50/50) beantragt haben. – **Zweck.** Nr 4a stellt sicher, dass auch derjenige Elternteil, auf den der geringere Teil des Frei-/Pauschbetrags entfällt, veranlagt wird, zumal die Eintragung des Freibetrags nach § 33b V *nicht* zur Veranlagung nach Nr 4 führt (Nr 4 iVm § 39a I Nr 4). Die Veranlagungspflicht besteht immer für *beide* Elternteile (§ 46 II Nr 4a S 2).

22 **7. Tarifermäßigung bei Ermittlung der Lohnsteuer für einen sonstigen Bezug durch Dritte, § 46 II Nr 5. Seit VZ 2025** beschränkt sich die Regelung auf Fälle, in denen die Lohnversteuerung eines sonstigen Bezugs unabhängig von den LSt-Abzugsmerkmalen durch *Dritte* vorgenommen wird (§ 46 II Nr 5 Hs 2 aF iVm § 39c III; → § 39c Rn. 5). – **Bis VZ 2024** waren darüber hinaus auch Fälle erfasst, in denen ArbN Entschädigungen oder Vergütungen für mehrjährige Tätigkeiten (§ 34 II Nr 2, 4) bezogen hatten und die Tarifermäßigung bereits beim LSt-Abzug berücksichtigt worden war (§ 39b III 9 aF). Da die Tarifermäßigung seit VZ 2025 nicht mehr beim LSt-Abzug berücksichtigt werden kann, wurde auch der entspr Pflichtveranlagungstatbestand aufgehoben.

23 **8. Ermittlung der Lohnsteuer für einen sonstigen Bezug ohne Berücksichtigung früherer Dienstverhältnisse, § 46 II Nr 5a.** Ist die LSt von einem sonstigen Bezug zu ermitteln, hat der ArbN aber die LStBescheinigung aus einem früheren Dienstverhältnis desselben Kj nicht vorgelegt (§ 39b III 2) und ist im Lohnkonto daher der Großbuchstabe S aufgezeichnet (§ 41 I 6), führt Nr 5a zur Pflichtveranlagung. Dies dient der nachträgl Korrektur der in diesen Fällen ungenauen LStErmittlung.

24 **9. Eheauflösung und Wiederheirat im selben Veranlagungszeitraum, § 46 II Nr 6.** Die Regelung ist anwendbar, wenn ein ArbN im VZ zunächst verheiratet war (die Voraussetzungen des § 26 I müssen allerdings nicht vorliegen; auch Getrenntleben genügt), dann die Ehe aufgelöst wird (durch Tod, Scheidung oder Aufhebung) und noch im selben VZ der ArbN oder sein Ehegatte wieder heiratet. Die Veranlagungspflicht erstreckt sich auf *beide* frühere Ehegatten. Sie soll sicherstellen, dass die Veränderungen, die durch Eheauflösung und Wiederheirat eingetreten sind, berücksichtigt werden. Für den Ehegatten der früheren Ehe kann trotz Einzelveranlagung noch der Splittingtarif in Betracht kommen (§ 32a VI).

26 **10. Splittingtarif bei EU-/EWR-Ehegatten, § 46 II Nr 7 Buchst a.** Die LSt eines unbeschr StPfl kann nach dem Splittingtarif bemessen werden, wenn dessen Ehegatte zwar selbst nicht unbeschr stpfl, aber Staatsangehöriger eines EU-/EWR-Staats ist und die gemeinsamen Einkünfte im Wesentlichen aus dem Inl stammen (§ 1a I Nr 2). Die Pflichtveranlagung stellt dann sicher, dass unabhängig von der LStVergünstigung das Gesamteinkommen erfasst wird.

11. Fiktive unbeschränkte Steuerpflicht, § 46 II Nr 7 Buchst b. ArbN, die nach § 1 III als fiktiv unbeschr stpfl gelten (dh weder Wohnsitz noch gewöhnl Aufenthalt im Inl, aber mindestens 90% inl Einkünfte; zB Grenzgänger aus dem Ausl), können ebenfalls die Bildung von LSt-Abzugsmerkmalen (Freibeträgen) beanspruchen (§ 39 II). Dies führt zur Pflichtveranlagung. Zuständig für die Veranlagung ist dann das BetriebsstättenFA, das die LSt-Abzugsmerkmale gebildet hat. Wird der Antrag nach § 1 III erst nach Abschluss des LSt-Abzugs gestellt, gilt Nr 9 (→ Rn. 38). 27

III. Besondere Voraussetzungen für Antragsveranlagung, § 46 II Nr 8, 9

1. Antragsveranlagung nach § 46 II Nr 8. Auch wenn keiner der Pflichtveranlagungsgründe der Nr 1–7 gegeben ist, kann der StPfl eine Veranlagung beantragen (ausführl *Paschmanns* KÖSDI 24, 23897). – **a) Gründe für den Antrag.** Sie sind unbeachtl; das Gesetz nennt ledigl beispielhaft die Anrechnung von LSt (damit entspricht Nr 8 dem früheren LStJA). Gleiches gilt für die Anrechnung von QuellenSt nach DBA. § 50 II 2 Nr 4 Buchst b verweist für die Antragsveranlagung von beschr stpfl ArbN auf § 46 II Nr 8 (→ § 50 Rn. 35 f). Mit dem Antrag bezweckt der StPfl idR die Erlangung einer StErstattung. 30

b) Rücknahme des Antrags. Dies ist mögl (zB im Fall einer StNachzahlung), wenn der Bescheid verfahrensrechtl noch aufgehoben werden kann (rechtzeitiger Einspruch; Vorbehalts- oder Vorläufigkeitsvermerk; s BT-Drs 12/1506, 175; HessFG EFG 89, 116, rkr; beiläufig auch BFH VII R 114/97, BStBl II 99, 84 unter II.4.). Eine Antragsrücknahme geht jedoch ins Leere, wenn dem FA bekannt geworden ist, dass ein anderer Veranlagungsgrund vorliegt oder eine LStNachforderung durchzuführen ist (→ § 42d Rn. 16 ff). 31

c) Verhältnis zum Recht von Ehegatten auf Wahl der Veranlagungsform. Der Ablauf der Antragsfrist nach § 46 beschränkt die Wahlmöglichkeiten nach § 26 nicht. Auch bei Wahl der Einzelveranlagung von Ehegatten (§ 26a) sind *beide* Ehegatten zu veranlagen, wenn für *einen* der Ehegatten ein Veranlagungsgrund vorliegt (BFH VI R 80/04, BStBl II 07, 11, Anm *Bergkemper* FR 07, 149; **aA** *HHR/Tillmann* § 46 Rn. 57). Die Veranlagung für den zweiten Ehegatten ist selbst dann durchzuführen, wenn der erste Ehegatte keinen Pflichtveranlagungsgrund hat, das FA aber auf einen unwirksamen Antrag nach Nr 8 für diesen (obj zu Unrecht) einen EStBescheid erlässt, der bestandskräftig wird (BFH III R 195/86, BStBl II 91, 451). 32

2. Form. Der Antrag ist nicht formfrei, sondern kann nur durch **Abgabe einer ESt-Erklärung** gestellt werden (Nr 8 S 2). Diese muss formal wirksam sein (BFH VI R 82/13, BStBl II 15, 359 Rn. 13), was die eigenhändige Unterschrift (§ 25 III 4) und die Erfüllung der Anforderungen des § 150 AO voraussetzt. – Ein fotokopierter oder **privat gedruckter Vordruck** genügt, wenn er dem amtl Muster entspricht (BFH VI R 15/02, BStBl II 07, 2: einseitiger Druck und Verwendung der Vordrucke eines anderen Bundeslandes sind unschädl). – **Unvollständige StErklärung.** Es ist zwar nicht erforderl, dass bereits mit Einreichung der EStErklärung sämtl materiellrechtl wesentl Angaben gemacht werden; die Einreichung ledigl des **Mantelbogens** ohne die einkunftsartbezogenen Anlagen genügt jedoch nicht (FG Bln EFG 03, 398, rkr; FG Bbg EFG 06, 1759, Erledigung während des Revisionsverfahrens VI R 54/06); ebenso wenig die Ergänzung um eine Anlage N, in der der ArbLohn nicht angegeben ist (BFH VI R 49/04, BStBl II 06, 808 unter B.IV.2.b). Es genügt, wenn der StPfl das Deckblatt der ESt-Erklärung unterschreibt und dies dem FA per Telefax übermittelt, auch wenn er den Rest der (von einem StB erstellten) Erklärung nicht gesehen hat (BFH VI R 82/13, BStBl II 15, 359 Rn. 18: der StPfl hat trotzdem die Verantwortung für den gesamten Inhalt der StErklärung übernommen). – **Elektronisch übermittelte StErklärung.** Sie ist grds nur bei Nutzung der qualifizierten elektronischen Signatur oder ähnl sicheren Authentifizierungsverfahren sofort wirk- 33 sam (§ 87a III AO). Fehlt es daran (zB in einer bis VZ 2019 angebotenen Version des Elster-Verfahrens, wenn der StPfl sich dort gegen die elektronische Authentifizierung entschied), ist erst der unterschriebene komprimierte Erklärungsvordruck fristwahrend (zutr FG BW EFG 15, 1815, rkr; *OFD Mbg* DStR 05, 832; *Frotscher/Geurts* § 46 Rn. 67c).

34 **3. Antragsberechtigung.** Wegen des Erfordernisses der eigenhändigen Unterschrift darf den Antrag grds nur der **StPfl persönl** stellen (zur ausnahmsweisen Zulässigkeit der Unterzeichnung durch einen Vertreter bei längerfristigem Auslandsaufenthalt des StPfl s BFH VI R 66/98, BStBl II 02, 455). Ein **Pfändungspfandgläubiger,** der sich den EStErstattungsanspruch hat überweisen lassen, ist nicht antragsberechtigt (BFH VII R 114/97, BStBl II 99, 84; BFH VII R 109/98, BStBl II 00, 573). Dieser muss den StPfl vielmehr zivilrechtl auf Abgabe der StErklärung in Anspruch nehmen (so auch BGH VII ZB 70/06, BGHZ 176, 79, unter Aufgabe früherer anderslautender Rspr; krit *KKM* § 46 Rn. A 31 ff; krit *HHR/Tillmann* § 46 Rn. 14). – Der **Insolvenzverwalter** ist hingegen antragsbefugt (BFH VI R 5/23, DStR 26, 215), da ihn auch die StErklärungspflicht nach § 25 III trifft (→ § 25 Rn. 15 mwN).

35 **4. Frist.** Zu beachten ist nur die allgemeine, **vierjährige Festsetzungsfrist** (ausführl Rspr-Überblick bei *Geserich* NWB 12, 2210). Es genügt, wenn der Antrag am Tag des Ablaufs der Festsetzungsfrist um 24 Uhr beim FA eingeht (BFH VI R 37/17, BStBl II 21, 856 Rn. 21). Allerdings wahrt nur ein Eingang beim *zuständigen* FA die Frist (BFH VI R 37/17, BStBl II 21, 856 Rn. 22 ff).

36 **a) Keine Anlaufhemmung.** Die in Fällen der Pflichtveranlagung geltende, maximal 3-jährige Anlaufhemmung nach § 170 II AO ist hier mangels gesetzl Steuererklärungspflicht nicht anwendbar, sofern das FA keine individuelle Aufforderung zur Abgabe einer Steuererklärung ausspricht (zutr BFH VI R 53/10, BStBl II 11, 746 Rn. 13 ff; BFH X R 35/20, BFH/NV 22, 1 Rn. 30; EStR 46.2 II 2; AEAO § 170 Nr 3). Diese Differenzierung hinsichtl der Anlaufhemmung ist **verfgemäß** (ausführl BVerfG 1 BvR 924/12, HFR 13, 1157); insb betrifft die Versagung der Anlaufhemmung nicht nur ArbN, sondern eine Vielzahl von StPfl, sodass nicht von einer gezielten Diskriminierung von ArbN die Rede sein kann (glA nunmehr BFH VI R 53/10, BStBl II 11, 746). Wird die EStErklärung erst nach Ablauf der (ohne Anlaufhemmung ermittelten) Festsetzungsfrist abgegeben, gilt die Frist auch dann nicht als rückwirkend gewahrt, wenn in der EStErklärung ein Antrag auf Übertragung des Haushaltsfreibetrags gestellt und damit zugleich ein Veranlagungsgrund (Nr 4a) mit Anlaufhemmung geschaffen wird (BFH VI R 68/10, BStBl II 12, 711). Zur Feststellungsfrist bei „freiwillig" abgegebenen Verlustfeststellungserklärungen (zB Studenten, die der Ansicht sind, ihre Studienkosten seien WK) → § 10d Rn. 49. – **Anlaufhemmung bei Verlusten.** Ist der StPfl zur Abgabe einer Verlustfeststellungserklärung verpflichtet, gilt stets die Anlaufhemmung und damit eine 7-jährige Festsetzungsfrist (BFH IX R 90/07, BStBl II 09, 816 unter II.2.a aa). Wenn für das Vorjahr ein Verlustvortrag festgestellt wurde, ist (allerdings nur für das unmittelbare Folgejahr) zwingend eine ESt-Erklärung abzugeben (§ 56 S 2 EStDV), sodass die Anlaufhemmung insoweit ebenfalls gilt (zutr BFH VI R 43/15, BStBl II 17, 1046 Rn. 11 ff, 34).

37 **b) Ablaufhemmung.** Die Abgabe einer ESt-Erklärung zur Antragsveranlagung löst (im Gegensatz zu Pflicht-StErklärungen) die Ablaufhemmung nach § 171 III AO aus (zutr BFH VI R 14/15, BStBl II 16, 380 Rn. 15). Dies gilt auch für ESt-Erklärungen, für die wegen vorhandener Verlustvorträge (§ 56 S 2 EStDV) eine Abgabepflicht besteht, weil zw der Erklärungspflicht und den Veranlagungstatbeständen des Abs 2 zu differenzieren ist (zutr BFH VI R 43/15, BStBl II 17, 1046 Rn. 30 f). – Außerdem bewirkt § 171 XV AO eine Ablaufhemmung bis zum Ende der für den *ArbG* geltenden Festsetzungsfrist.

5. Zusätzlicher Antrag nach § 1 III (§ 46 II Nr 9). Ab VZ 2020 enthält Nr 9 eine Sonderregelung für Fälle, in denen neben dem Antrag auf Veranlagung nach Nr 8 auch noch ein Antrag auf Behandlung als fiktiv unbeschr StPfl nach § 1 III gestellt wird. Zuständig für die Veranlagung ist dann das BetriebsstättenFA des ArbG. Damit gilt dieselbe Zuständigkeit wie in den Fällen der Nr 7 Buchst b (Stellung des Antrags nach § 1 III bereits im LSt-Abzugsverfahren; s BT-Drs 19/13436, 118). Systematisch gehört die Regelung nicht in § 46, sondern in § 19 AO. 38

IV. Härteausgleich, § 46 III, V

1. Abzugsbetrag nach § 46 III. Werden ArbN nach Abs 2 zur ESt veranlagt und belaufen sich die saldierten Nebeneinkünfte insgesamt auf **nicht mehr als 410 €,** ist ein Betrag in Höhe dieses Saldos vom Einkommen abzuziehen. Der Betrag von 410 € verdoppelt sich bei Zusammenveranlagung von **Ehegatten** nicht (auch → Rn. 14). Abs 3 wirkt iErg wie eine **Freigrenze** für Nebeneinkünfte. – Die mit dem RefEntw des StModG noch geplante ersatzlose Abschaffung der Abs 3, 5 zum VZ 2017 ist nicht in das endgültige Gesetz übernommen worden. 41

a) Zweck. Die Regelung bewirkt die Gleichbehandlung derjenigen ArbN, die gem Abs 2 Nr 2–7 einer Pflichtveranlagung zu unterwerfen sind (und daher an sich sämtl Nebeneinkünfte zu versteuern hätten), mit ArbN ohne solche Veranlagungsgründe, bei denen Nebeneinkünfte bis 410 € wegen der Einkunftsgrenze des Abs 2 Nr 1 iErg steuerfrei bleiben (BFH VI R 74/00, BStBl II 03, 496 zu 3.; BFH I R 69/13, BStBl II 15, 793 Rn. 10). 42

b) Anwendungsbereich. Abs 3 bezieht sich auf **sämtl Veranlagungsgründe des Abs 2** (auch die Antragsveranlagungen nach Nr 8, 9, was nicht zwingend geboten gewesen wäre). – § 46 III, V sind aus Gleichbehandlungsgründen **analog** anzuwenden, wenn **kein LSt-Abzug vorzunehmen** war und die Veranlagung daher nicht auf § 46 II, sondern auf der Grundnorm des § 25 beruht. Dies gilt insb für ArbN, die bei einem **ausl ArbG** beschäftigt waren (zB Grenzgänger; BFH VI R 117/90, BStBl II 92, 720 zu 4.; BFH I R 69/13, BStBl II 15, 793 Rn. 11), aber auch beim Bezug einer Entschädigungszahlung einer überbetriebl Ausgleichskasse für verfallene Urlaubsansprüche (BFH VI R 74/00, BStBl II 03, 496). – **Einkünfte aus KapVerm.** Wurde die AbgeltungsSt oder der 25%-StSatz nach § 32d I angewendet, sind diese Einkünfte schon wegen § 2 Vb nicht in den Härteausgleich einzubeziehen (zutr FG Nbg EFG 17, 730, rkr). Wurde die Tarifbesteuerung nach § 32d VI beantragt, fallen sie ab VZ 2014 ebenfalls nicht mehr in den Anwendungsbereich des Härteausgleichs. Dies soll verhindern, dass der Antrag nach § 32d VI nur deshalb gestellt wird, um in den Genuss des Härteausgleichs zu kommen (BT-Drs 18/1995, 106; *Hörster* NWB 14, 2243 (2247)). 43

c) Ermittlung des in § 46 III 3 für die „Einkünfte insgesamt" genannten Betrags. Zunächst sind positive und negative Einkünfte miteinander zu verrechnen (Verlustausgleich; BFH VI 246/60 U, BStBl III 61, 310). Sind allerdings die positiven Nebeneinkünfte nach § 34 tarifbegünstigt, ist zur Erreichung des für den StPfl günstigsten Ergebnisses die Tarifbegünstigung auf den *Gesamtbetrag* der positiven Nebeneinkünfte (abzügl des Abzugsbetrags nach Abs 3) zu gewähren; die negativen Nebeneinkünfte sind gesondert mit den übrigen tarifbesteuerten Einkünften zu verrechnen (BFH IV R 142/70, BStBl II 72, 278). Um zu sinnvollen Ergebnissen zu gelangen, sind die Beträge nach §§ 13 III, 24a bereits bei der Ermittlung der genannten „Einkünfte" abzuziehen (s Beispiel EStH 46.3), obwohl der (von Abs 2 Nr 1 und § 70 EStDV abw) Wortlaut des Abs 3 eher für das Gegenteil spricht. Das Ergebnis ist mit dem Höchstbetrag von 410 € zu vergleichen. 44

d) Rechtsfolge. Ein Betrag iHd saldierten Nebeneinkünfte ist vom Einkommen abzuziehen; ein Antrag ist nicht erforderl. Einkünfte, die als solche stfrei sind und le- 45 digl dem Progressionsvorbehalt unterliegen, sind nach dem Wortlaut und dem ausdrückl Willen des Gesetzgebers (BT-Drs 11/2157, 164) nicht erfasst; die Rspr lehnt eine ausdehnende Auslegung ab (BFH VI R 90/93, BStBl II 94, 654; hätte mE auch gegenteilig entschieden werden können). Soweit die Nebeneinkünfte außerhalb der Ermittlung der Summe der Einkünfte schon durch Abzug des Altersentlastungsbetrags (§ 24a) oder des Freibetrags für LuF (§ 13 III) gemindert worden sind, vermeidet § 46 III 2 eine Doppelbegünstigung.

47 **2. Gleitender Übergang nach § 46 V iVm § 70 EStDV.** Diese Regelungen sollen den bei einer geringfügigen Überschreitung der Freigrenze des Abs 3 eintretenden *vollen* Steuerzugriff auf die Nebeneinkünfte durch Schaffung einer Übergangszone abmildern.

48 **a) Anwendungsbereich.** § 70 EStDV erfasst **sämtl Pflichtveranlagungen nach § 46 II *Nr 1–7*** (dh nicht die Antragsveranlagungen nach Nr 8, 9). Die Ermächtigungsgrundlage des § 46 V ist hingegen auf Fälle des Abs 2 *Nr 1* (dh Pflichtveranlagung wegen Nebeneinkünften von mehr als 410 €) beschränkt. Damit geht die VO zwar formal über ihre Ermächtigungsgrundlage hinaus. Materiell liegt darin aber kein Problem, da in den Fällen des Abs 5 (der Nebeneinkünfte von mehr als 410 € voraussetzt) *immer* der Pflichtveranlagungsgrund nach Abs 2 Nr 1 gegeben ist und es daher auf die übrigen Pflichtveranlagungsgründe sowie die Antragsveranlagung nicht mehr ankommt (BFH X R 36/19, BStBl II 21, 841 Rn. 32; s auch BT-Drs 12/1506, 175). – Abw vom Wortlaut des Abs 2 Nr 1 (Einkünfte, die nicht dem LStAbzug „zu unterwerfen waren") erfassen § 46 V und § 70 EStDV alle Einkünfte, von denen kein LStAbzug „vorgenommen worden ist". Bei zutr Auslegung ist der **Abzugsbetrag für nicht der LSt unterworfenen ArbLohn** aber nur zu gewähren, wenn *materiell-rechtl* keine LStPflicht bestand (FG Mster EFG 00, 1330, rkr). – Auch hier sind seit VZ 2014 nach § 32d VI besteuerte **Nebeneinkünfte aus KapVerm** ausgenommen (→ Rn. 43).

49 **b) Rechtsfolge.** Der Differenzbetrag zw den saldierten Nebeneinkünften (nach Abzug der Beträge nach §§ 13 III, 24a) und dem Betrag von 820 €, ab dem endgültig die Regelbesteuerung anzuwenden ist, ist vom Einkommen abzuziehen. Der Härteausgleichsbetrag darf die um die Beträge nach §§ 13 III, 24a verminderten Nebeneinkünfte nicht übersteigen (§ 70 S 2 EStDV).

Berechnungsbeispiele:

Nebeneinkünfte ./.	Abzugsbetrag	= zu versteuernde Nebeneinkünfte
411	409 (820 ./. 411)	= 2 (411 ./. 409)
500	320 (820 ./. 500)	= 180
820	0	= 820

§ 47 *(weggefallen)*

VII. Steuerabzug bei Bauleistungen

§ 48 Steuerabzug

(1) [1]**Erbringt jemand im Inland eine Bauleistung (Leistender) an einen Unternehmer im Sinne des § 2 des Umsatzsteuergesetzes oder an eine juristische Person des öffentlichen Rechts (Leistungsempfänger), ist der Leistungsempfänger verpflichtet, von der Gegenleistung einen Steuerabzug in Höhe von 15 Prozent für Rechnung des Leistenden vorzunehmen.** [2]**Vermietet der Leistungsempfänger Wohnungen, so ist Satz 1 nicht auf Bauleistungen für diese Wohnungen anzuwenden, wenn er nicht mehr als zwei Wohnungen vermietet.** [3]**Bauleistungen sind alle**

Leistungen, die der Herstellung, Instandsetzung, Instandhaltung, Änderung oder Beseitigung von Bauwerken dienen. [4]Als Leistender gilt auch derjenige, der über eine Leistung abrechnet, ohne sie erbracht zu haben.

(2) **[1]Der Steuerabzug muss nicht vorgenommen werden, wenn der Leistende dem Leistungsempfänger eine im Zeitpunkt der Gegenleistung gültige Freistellungsbescheinigung nach § 48b Absatz 1 Satz 1 vorlegt oder die Gegenleistung im laufenden Kalenderjahr den folgenden Betrag voraussichtlich nicht übersteigen wird:**

1. **15 000 Euro, wenn der Leistungsempfänger ausschließlich steuerfreie Umsätze nach § 4 Nummer 12 Satz 1 des Umsatzsteuergesetzes ausführt,**
2. **5000 Euro in den übrigen Fällen.**

[2]Für die Ermittlung des Betrags sind die für denselben Leistungsempfänger erbrachten und voraussichtlich zu erbringenden Bauleistungen zusammenzurechnen.

(3) **Gegenleistung im Sinne des Absatzes 1 ist das Entgelt zuzüglich Umsatzsteuer.**

(4) **Wenn der Leistungsempfänger den Steuerabzugsbetrag angemeldet und abgeführt hat,**

1. **ist § 160 Absatz 1 Satz 1 der Abgabenordnung nicht anzuwenden,**
2. **sind § 42d Absatz 6 und 8 und § 50a Absatz 7 nicht anzuwenden.**

Einkommensteuer-Richtlinien: EStH 48 – **Verwaltungsanweisungen:** *BMF* BStBl I 22, 1229.

Übersicht

I. Zweck der Bauabzugssteuer

1. Hintergrund; Bedeutung. Zur Eindämmung der illegalen Beschäftigung ist an die Stelle der Abzugspflicht nach dem früheren 50a VII (aufgehoben wegen eines Vertragsverletzungsverfahrens durch die EU-Kommission, s BT-Drs 14/4658, 8) die Abzugspflicht nach §§ 48–48d getreten, die für **von In- und Ausländern** erbrachte **Bauleistungen** gilt (FG Ddorf EFG 02, 688, rkr). Die Regelung ist verfgemäß (str – glA: *HHR/Apitz* § 48 Rn. 4; wohl **aA** *KKM* § 48 Rn. A 48) und unionsrechtskonform (BFH I R 46/17, BStBl II 20, 552 Rn. 64 mwN, VerfBeschw nicht angenommen). – Es handelt sich um eine **Entrichtungssteuer** (wie LSt und KapESt; BFH I R 46/17, BStBl II 20, 552 Rn. 36; **aA** *Diebold* DStZ 02, 25 ff; offen gelassen in FG Mster EFG 12, 1938, rkr). 1

Die Abzugspflicht greift für alle **nach dem 31. 12. 01** auf die Bauleistung erbrachte Gegenleistungen; war die Bauleistung vor dem 1.1.02 erbracht worden, erfolgte die Gegenleistung (Zahlung der Baurechnung) aber erst in 2002, war bereits die Abzugspflicht zu beachten.

2. Zuständigkeit. Für **inl Bauunternehmer** ist das Wohnsitz-/BetriebsFA zuständig. Die örtl Zuständigkeit für **ausl Bauunternehmer** richtet sich nach § 20a, § 21 I 2 AO iVm § 1 UStZustV (*BMF* BStBl I 22, 1229 Rn. 97–101). 2

II. Tatbestand und Ausnahmen, § 48 I–III

1. Haupttatbestandsmerkmale. Unternehmerisch tätige Empfänger von Bauleistungen (Leistungsempfänger) im Inl haben einen StAbzug von 15% der Gegenleistung (Leistungsentgelt) für Rechnung des Leistenden (derjenige, der die Bauleis- 4 tung erbringt) vorzunehmen und an das zuständige FA abzuführen, es sei denn, es liegen Befreiungstatbestände vor.

5 **a) Leistender. – aa) Erbringer von Bauleistungen.** Jeder („jemand"), der im Inl eine Bauleistung erbringt, ist Leistender iSd § 48 I 1, gleichgültig, ob er In- oder Ausländer ist, ob er regelmäßig oder nur gelegentl Bauleistungen erbringt oder ob er Unternehmer iSd § 2 UStG ist oder nicht (str, wie hier *Korn* § 48 Rn. 25; **aA** *BH/Einsfelder* § 48 Rn. 79 mwN). Auch der gelegentl Schwarzarbeiter kann Leistender sein (**aA** *Apitz* FR 02, 10). – Dass der Leistende im Inl stpfl ist, wird nicht vorausgesetzt (BFH I R 46/17, BStBl II 20, 552); das folgt mE bereits aus § 48b II und § 48c II, die insoweit abschließende Regelungen enthalten.

6 **bb) Zusammenschlüsse.** Eine PersGes (OHG, KG, GbR) oder Arbeitsgemeinschaft kann ebenso Leistender sein wie eine OrganGes, die Bauleistungen außerhalb des Organkreises erbringt (*BMF* BStBl I 22, 1229 Rn. 26).

7 **cc) Abrechnen über Leistungen.** Erfasst wird nach **§ 48 I 4** zB auch ein Generalunternehmer, der nicht selbst als Bauunternehmer tätig wird, aber mit dem Leistungsempfänger die Leistungen der beauftragten Subunternehmer abrechnet (BMF BStBl I 22, 1229 Rn. 24). Zu **DomizilGes/Briefkastenfirma** → Rn. 30.

10 **b) Leistungsgegenstand. – aa) Bauleistung im Inland.** Die Bauleistung ist in § 48 I 3 definiert. Die zivilrechtl Einordnung (Werkvertrag, Werklieferungsvertrag) ist unerhebl, ebenso die umsatzsteuerrechtl iZm § 13b I Nr 4 S 1 UStG (BFH I R 46/17, BStBl II 20, 552 Rn. 18). Die Definition entspricht der Regelung in § 101 II 2 SGB III bzw § 211 I 2 SGB III aF iVm der BaubetriebeVO. Ausgehend vom Zweck des BauabzugSt ist der Begriff **„Bauwerk"** weit auszulegen und weder auf Gebäude noch allg auf unbewegl WG beschränkt; auch Scheinbestandteile iSv § 95 BGB (**aA** FG Bln-Bbg EFG 22, 1909, Rev III R 44/22), Betriebsvorrichtungen iSv § 68 II 1 Nr 2 BewG und technische Anlagen können demnach „Bauwerke" iSv § 48 I 3 sein (BFH I R 46/17, BStBl II 20, 552 Rn. 17: Errichtung einer Freiland Photovoltaikanlage). – Erfasst werden über die Errichtung hinaus auch Tätigkeiten, die im **Zusammenhang mit einem Bauwerk** ausgeführt werden und unmittelbar auf dessen Substanz einwirken. Auch Erhaltungsmaßnahmen und Schönheitsreparaturen zählen dazu, ebenso die Lieferung und der Einbau fest eingebauter Einrichtungsgegenstände (Ladeneinbauten, Schaufensteranlagen, Einbauküchen; s *BMF* BStBl I 22, 1229 Rn. 4 ff). Die Rspr orientiert sich an der BaubetriebeVO und an der Klassifikation der Wirtschaftszweige des Statistischen Bundesamtes, Abschnitt F (s BFH I R 46/17, BStBl II 20, 552 Rn. 24). S auch *Strecker* KÖSDI 23, 23270.

11 **bb) Abgrenzung. Keine Bauleistungen** sind reine Bodenarbeiten (Gartenanlagen; *Apitz* FR 02, 12), bloße Reinigungsarbeiten (anders bei Abstrahlungen), reine Wartungsarbeiten (zB an der Heizungs- oder Aufzugsanlage) sowie Materiallieferungen (*BMF* BStBl I 22, 1229 Rn. 7 ff) oder Gewährleistungen (*Hoor ua* BB 03, 709). – Auch **planerische Leistungen** (Architekt, Statiker, Vermessungs-, Bauingenieure) sollen keine Bauleistungen darstellen (*BMF* BStBl I 22, 1229 Rn. 6; BGH VII ZR 430/02, DStRE 05, 1333).

12 **cc) Mehrere Leistungen.** Beinhaltet ein Vertragsverhältnis auch Nicht-Bauleistungen (zB Vorplanungen), ist entscheidend, ob die Bauleistung als **Hauptleistung** anzusehen ist (Beispiele bei *BMF* BStBl I 22, 1229 Rn. 12). – **ArbN-Überlassung** ist auch dann keine Bauleistung, wenn die überlassenen ArbN für Entleiher Bauleistungen erbringen (*BMF* BStBl I 22, 1229 Rn. 8; auch → Rn. 30).

15 **c) Leistungsempfänger (Abzugsverpflichteter).** Leistungsempfänger ist derjenige, demgegenüber die Leistung erbracht wird (Bauherr). Dazu zählt auch jede juristische Person des öffentl Rechts (zB Gemeinde, Land, Bund, Religionsgemeinschaft, Rundfunkanstalten, Sparkassen, Handelskammern usw; *OFD Bln* DStZ 02,

619). Ferner ist abzugsverpflichtet **jeder Unternehmer iSd § 2 UStG** (= gewerbl oder berufl Tätigkeit, die selbständig und nachhaltig zur Erzielung von Einnahmen ausgeübt wird, ohne dass es auf eine Gewinnerzielungsabsicht ankäme), auch der Kleinunternehmer, der pauschalierende Land- und Forstwirt, derjenige, der strechtl eine Liebhaberei ausübt, und auch derjenige, der stfreie Umsätze (VuV; Einzelvermieter oder Grundstücksgemeinschaft) ausführt, sofern die Bauleistung den **unternehmerischen** Bereich betrifft. Für Bauleistungen, die ausschließl den nichtunternehmerischen Bereich betreffen (zB die selbst bewohnte Wohnung), besteht keine StAbzugspflicht.

Betreffen die Bauleistungen ein Bauwerk, das unternehmerischen *und* nichtunternehmerischen Zwecken dient (zB Miethaus, in dem der Vermieter eine Wohnung selbst bewohnt; Wohnung, in der ein selbständig Tätiger – also nicht ein ArbN – ein häusl Arbeitszimmer nutzt), besteht die Abzugspflicht für den Teil der Bauleistung, der dem unternehmerischen Teil des Bauwerks zugeordnet werden kann (zB Reparatur betrifft das häusl Arbeitszimmer des freiberufl Tätigen). 16

Kann die Bauleistung nicht allein einem Teilbereich zugeordnet werden, ist sie dem überwiegenden Zweckbereich (Wohn-/Nutzflächenverhältnisse) zuzuordnen (Beispiele: *BMF* BStBl I 22, 1229 Rn. 15). 17

Generalunternehmer gilt im Verhältnis zum Auftraggeber als Leistender (s Abs 1 S 4) und im Verhältnis zu den Subunternehmern als Leistungsempfänger (also StAbzugspflicht; *BMF* BStBl I 22, 1229 Rn. 17). Zur Rechtslage bei **Organschaft** s *BMF* BStBl I 22, 1229 Rn. 20. 18

d) Steuerabzug; Bemessungsgrundlage. Die Steuer entsteht mit dem Abfluss der Gegenleistung (BFH I R 67/17, BFH/NV 20, 681). Der StAbzug beträgt 15% von der **Gegenleistung** (= Entgelt zuzügl USt für die Bauleistung abzügl Skonti); wer die USt gem § 13b UStG schuldet, ist unerhebl (BFH I R 46/17, BStBl II 20, 552 Rn. 33). Eine vGA ist nicht Teil der Gegenleistung (*Stickan/Martin* DB 01, 1446; *Apitz* FR 02, 13). – Ein SolZ wird nicht erhoben (*BMF* BStBl I 22, 1229 Rn. 79). – Wird die Gegenleistung durch **Aufrechnung** oder durch **Tausch** erbracht, entspricht die Bemessungsgrundlage dem Wert des Abzugsbetrags bzw dem Wert des Tauschgegenstandes (*Seifert* INF 01, 579; *BMF* BStBl I 22, 1229 Rn. 63, 83); verbleibt in diesen Fällen kein oder kein ausreichender Barzahlungsbetrag für den StAbzug, muss der Abzugsverpflichtete den StAbzugsbetrag zuschießen (**aA** *Stickan/Martin* DB 01, 1446: analoge Anwendung des § 38 IV 1; *Apitz* FR 02, 13; *BH/Einsfelder* § 48 Rn. 177: StAbzug geht „ins Leere"). 20

Nachträgl Minderung der Bemessungsgrundlage (zB Gutschrift) führt nicht zur Korrektur des früheren StAbzugs (*BMF* BStBl I 22, 1229 Rn. 68; s aber *Seifert* INF 01, 579, negative AbzugsSt; **aA** auch *BH/Einsfelder* § 48 Rn. 179). Bei versehentl vollständiger Zahlung besteht ggf Erstattungsanspruch (s BGH VII ZR 2/13, NZBau 13, 760). 21

Mit dem StAbzug sollen die aus der Bauleistung resultierenden untersten denkbaren StAnsprüche (LSt, ESt, KSt) gesichert werden (BT-Drs 14/4658 S 10 f). 22

2. Befreiung vom Steuerabzug, § 48 I 2, II. – a) Kleinvermietung, § 48 I 2. Diese Befreiung bezieht sich ausschließl auf Wohnungsvermietung (Begriff „Wohnung": § 181 IX BewG). Vermietet der Leistungsempfänger zB eine Wohnung *und* ein Ladenlokal, besteht Abzugspflicht. Der Befreiungstatbestand greift unabhängig davon ein, ob der Leistungsempfänger wegen VuV oder aus anderen Gründen Unternehmereigenschaft besitzt. S iÜ *BMF* BStBl I 22, 1229 Rn. 53 ff. 25

b) Freistellungsbescheinigung, § 48 II 1. Liegt dem Leistungsempfänger zum Zeitpunkt der Begleichung (Zahlung, Aufrechnung) der Gegenleistung eine Freistellungsbescheinigung vor (s dazu § 48b), besteht keine StAbzugspflicht. Der Empfänger der Bauleistung sollte zur Vermeidung von Problemen stets auf Vorlage der Freistel- 26 lungsbescheinigung bestehen (*BMF* BStBl I 22, 1229 Rn. 41 ff); diese ist unbedingt zu den Akten zu nehmen.

27 **c) Bagatellgrenzen, § 48 II 1, 2.** Liegen die Befreiungstatbestände zu a) und b) nicht vor, besteht dann keine StAbzugspflicht, wenn die Gegenleistungen (Zahlungen) im lfd Kj voraussichtl die **Freigrenzen von 15 000 € bzw 5000 €** nicht überschreiten. Die höhere Freigrenze von 15 000 € gilt nur dann, wenn der Leistungsempfänger **ausschließl ustfreie Vermietungsumsätze** (§ 4 Nr 12 UStG) ausführt; führt er daneben andere ustfreie/ustpfl Umsätze aus, gilt – wie in den übrigen Fällen auch – die Freigrenze von 5000 € (*BMF* BStBl I 22, 1229 Rn. 47).

28 Der Leistungsempfänger muss eine **Prognoseentscheidung** treffen, ob die an den konkret Leistenden (nicht an andere Leistende) zu bewirkende Gegenleistung (Zahlung) für Bauleistungen im Kj voraussichtl die Freigrenzen übersteigen wird; trifft dies zu, ist bereits bei der ersten Gegenleistung des Kj auch dann ein StAbzug vorzunehmen, wenn die Freigrenzen noch nicht erreicht sind. – Durfte der Leistungsempfänger davon ausgehen, dass die Freigrenzen im Kj nicht überschritten würden, hat er deshalb zu Recht keinen StAbzug vorgenommen und führen weitere Bauleistungen zu einem **Überschreiten der Freigrenzen,** ist mE nur für die spätere Gegenleistung der StAbzug vorzunehmen (glA *BH/Einsfelder* § 48 Rn. 147). Soweit das *BMF* BStBl I 22, 1229 Rn. 51 f verlangt, dass der früher unterbliebene StAbzug iZm der späteren Gegenleistung nachzuerheben ist, ist dies durch das Gesetz nicht gedeckt.

29 Da die Freigrenzen **Kj-bezogen** sind, kann durch Verschiebung einer Gegenleistung (Zahlung) in das neue Kj uU ein Überschreiten der Freigrenzen im alten Kj vermieden werden.

III. Folgen des Steuerabzugs, § 48 IV

30 Ist der StAbzugsbetrag angemeldet und abgeführt worden, greifen § 160 I 1 AO (also WK-/BA-Abzug nicht eingeschränkt), § 42d VI, VIII (keine Entleiherhaftung) und § 50a VII nicht ein. Damit sind auch Zahlungen an **DomizilGes/Scheinfirmen** als BA/WK abziehbar (BFH IV R 4/20, BStBl II 22, 721; krit *Fischer* jurisPR-StR 44/2022). Der Anwendungsausschluss gilt auch bei verspäteter Anmeldung/Abführung; denn die Vorschrift ist kein Druckmittel zur Einhaltung der verfahrensrechtl Anforderungen (*KKM* § 48 Rn. E 2). Das gilt ferner, wenn der Leistungsempfänger im Haftungswege erfolgreich in Anspruch genommen worden ist; denn damit ist der Sicherungszweck des Abs 4 erfüllt (*KKM* § 48 Rn. E 2). – Diese Rechtsfolgen treten auch ein, wenn der StAbzug wegen einer Freistellungsbescheinigung nicht durchgeführt worden ist (§ 48b V; BFH IV R 4/20, BStBl II 22, 721; *BMF* BStBl I 22, 1229 Rn. 94–96, auch zur Entleiherhaftung; *Apitz* FR 02, 20). – Zur **Anfechtbarkeit nach § 131 I Nr 1 InsO** s OLG Saarl DStR 12, 2288. Zu **Erstattungsansprüchen** gegen den Erbringer der Bauleistungen bei Überzahlung s BGH VII ZR 2/13, NJW 14, 55.

§ 48a Verfahren

(1) [1]Der Leistungsempfänger hat bis zum zehnten Tag nach Ablauf des Monats, in dem die Gegenleistung im Sinne des § 48 erbracht wird, eine elektronische Anmeldung, in der er den Steuerabzug für den Anmeldungszeitraum selbst zu berechnen hat, nach amtlich vorgeschriebenem Datensatz über die amtlich vorgeschriebene Schnittstelle zu übermitteln. [2]Auf Antrag kann das Finanzamt zur Vermeidung unbilliger Härten auf die Übermittlung nach amtlich vorgeschriebenem Datensatz über die amtlich vorgeschriebene Schnittstelle verzichten; in diesem Fall ist die Anmeldung vom Leistungsempfänger nach amtlich vorgeschriebenem Vordruck abzugeben. [3]Der Abzugsbetrag ist am zehnten Tag nach Ablauf

des Anmeldungszeitraums fällig und an das für den Leistenden zuständige Finanzamt für Rechnung des Leistenden abzuführen. [4]Die Anmeldung des Abzugsbetrags steht einer Steueranmeldung gleich.

(2) **Der Leistungsempfänger hat mit dem Leistenden unter Angabe**

1. **des Namens und der Anschrift des Leistenden,**
2. **des Rechnungsbetrags, des Rechnungsdatums und des Zahlungstags,**
3. **der Höhe des Steuerabzugs und**
4. **des Finanzamts, bei dem der Abzugsbetrag angemeldet worden ist,**

über den Steuerabzug abzurechnen.

(3) **[1]Der Leistungsempfänger haftet für einen nicht oder zu niedrig abgeführten Abzugsbetrag. [2]Der Leistungsempfänger haftet nicht, wenn ihm im Zeitpunkt der Gegenleistung eine Freistellungsbescheinigung (§ 48b) vorgelegen hat, auf deren Rechtmäßigkeit er vertrauen konnte. [3]Er darf insbesondere dann nicht auf eine Freistellungsbescheinigung vertrauen, wenn diese durch unlautere Mittel oder durch falsche Angaben erwirkt wurde und ihm dies bekannt oder infolge grober Fahrlässigkeit nicht bekannt war. [4]Den Haftungsbescheid erlässt das für den Leistenden zuständige Finanzamt.**

(4) **§ 50b gilt entsprechend.**

1. Anmeldung und Abführung, § 48a I. Anmeldungszeitraum ist der **Kalendermonat;** er bestimmt sich nach den Angaben des Leistungsempfängers in der Anmeldung (BFH I R 67/17, BFH/NV 20, 681: keine Umdeutung). Die innerhalb des Monats einbehaltenen StAbzugsbeträge sind bis zum 10. des Folgemonats anzumelden und bis zu diesem Tage an das für den Leistenden zuständige FA (→ § 48 Rn. 2) abzuführen. Es muss für *jeden Leistenden* eine *gesonderte* Anmeldung abgegeben werden. Bei verspäteter Erfüllung der Verpflichtungen können Verspätungszuschläge und/oder Säumniszuschläge verlangt werden. Weitere Einzelheiten s *BMF* BStBl I 22, 1229 Rn. 63 ff. Die Anmeldung steht einer StAnmeldung gleich (§§ 167, 168 AO). Die Ausführungen zu § 41a gelten entspr. Die Abführung durch den Leistungsempfänger bewirkt die Erfüllung der zugrunde liegenden Werklohnforderung (BGH VII ZR 97/04, DStRE 05, 1334). – **Seit 1.1.25** ist die Anmeldung **elektronisch** über das Portal „Mein Elster" zu übermitteln, soweit kein Härtefall vorliegt (§ 48a I 1 und 2 idF des JStG 2022 (BGBl I 22, 2294); BT-Drs 20/3879, 109 f: Erleichterung für Unternehmer und FA). 1

2. Abrechnung gegenüber dem Leistenden, § 48a II. Diese ist für den Leistenden wegen der Anrechnung bzw Erstattung gem § 48c von Bedeutung. Der Leistende hat einen zivilrechtl Anspruch auf die Abrechnung (BGH VII ZR 2/13, NZBau 13, 760); ggf kann auch das FA die Abrechnung mit Zwangsmitteln durchsetzen. Da die FinVerw als Abrechnung auch die Überlassung der Durchschrift der Anmeldung nach Abs 1 betrachtet (*BMF* BStBl I 22, 1229 Rn. 69), kann bei beharrl Abrechungsverweigerung das FA iRd § 48c die ihm eingereichte Steueranmeldung zugunsten des Leistenden verwerten. 2

3. Haftung, § 48a III. Die Haftung des Abzugsverpflichteten ist begrenzt auf den nicht oder zu niedrig abgeführten StAbzug; eine weitergehende Haftung für StAusfälle auf Seiten des Leistenden kommt nicht in Betracht (*Apitz* FR 01, 21). Die Steuer muss entstanden sein und noch bestehen (Akzessorietät der Haftungsschuld); dies bezieht sich auf die geschuldete Bauabzugsteuer (BFH I R 46/17, BStBl II 20, 552 Rn. 42: nicht auf die KSt-Schuld des Leistenden). – Lag im Zeitpunkt der Gegenleistung (Zahlung) eine gültige **Freistellungsbescheinigung** vor, scheidet eine Haftung aus (§ 48 II 1; *OFD Mster* DStR 02, 453: keine elektronische Abfrage gem § 48b VI erforderl). Darüber hinaus sind dem BFH zufolge grds **keine besonderen Ermessenserwägungen** im Hinblick auf das Bestehen von StAnsprüchen gegen 3 den Leistenden anzustellen (BFH I R 46/17, BStBl II 20, 552 Rn. 45 unter Hinweis auf § 48d I 6). Ob etwas anderes gilt, wenn eine inl StPfl des Leistenden zweifellos ausgeschlossen ist, hat der BFH offen gelassen (s aber *BMF* BStBl I 22, 1229 Rn. 71; FG Mchn EFG 10, 147, rkr: Haftung auch bei Insolvenz des Leistenden). – Weitere Einzelheiten s *BMF* BStBl I 22, 1229 Rn. 70 ff.

4 Die Inanspruchnahme wird regelmäßig im Wege eines **Haftungsbescheids** gem § 191 AO erfolgen (FG Mster EFG 12, 1938, rkr). Aus dem Haftungsbescheid muss erkennbar sein, für welchen Leistenden und für welche Gegenleistung der Abführungsverpflichtete in Anspruch genommen wird. Das FA sollte möglichst Sammelhaftungsbescheide vermeiden. Gegen den Haftungsbescheid ist Einspruch und ggf Klage zum FA gegeben. – Daneben ist auch eine Inanspruchnahme durch **Nachforderungsbescheid** mögl; die tatbestandl Voraussetzungen des § 48a III sind dabei zu berücksichtigen (BFH I R 46/17, BStBl II 20, 552 Rn. 37 mwN: Wahlrecht; s aber auch FG RhPf EFG 20, 785, rkr: Bindung an den gewählten Verfahrensweg). Zur Möglichkeit eines **Billigkeitserlasses** s allg BVerfG 1 BvR 891/13, HFR 14, 440 Rn. 8 mwN. – Zum **zuständigen FA** → § 48 Rn. 2 und BFH I R 46/17, BStBl II 20, 552 Rn. 49.

5 **4. Besonderes Prüfungsrecht, § 48a IV.** § 50b gilt entspr und gewährt dem FA weitere Prüfungsrechte als bei einer allgemeinen Außenprüfung (→ § 50b Rn. 1; *Apitz* FR 02, 20 f).

§ 48b Freistellungsbescheinigung

(1) [1]**Auf Antrag des Leistenden hat das für ihn zuständige Finanzamt, wenn der zu sichernde Steueranspruch nicht gefährdet erscheint und ein inländischer Empfangsbevollmächtigter bestellt ist, eine Bescheinigung nach amtlich vorgeschriebenem Vordruck zu erteilen, die den Leistungsempfänger von der Pflicht zum Steuerabzug befreit.** [2]**Eine Gefährdung kommt insbesondere dann in Betracht, wenn der Leistende**

1. **Anzeigepflichten nach § 138 der Abgabenordnung nicht erfüllt,**
2. **seiner Auskunfts- und Mitwirkungspflicht nach § 90 der Abgabenordnung nicht nachkommt,**
3. **den Nachweis der steuerlichen Ansässigkeit durch Bescheinigung der zuständigen ausländischen Steuerbehörde nicht erbringt.**

(2) **Eine Bescheinigung soll erteilt werden, wenn der Leistende glaubhaft macht, dass keine zu sichernden Steueransprüche bestehen.**

(3) [1]**In der Bescheinigung sind anzugeben:**

1. **Name, Anschrift und Steuernummer des Leistenden,**
2. **Geltungsdauer der Bescheinigung,**
3. **Umfang der Freistellung sowie der Leistungsempfänger, wenn sie nur für bestimmte Bauleistungen gilt,**
4. **das ausstellende Finanzamt.**

[2]**Der Antragsteller ist über die Verarbeitung der in Satz 1 genannten Daten durch das Bundeszentralamt für Steuern gemäß Absatz 6 zu informieren.**

(4) **Wird eine Freistellungsbescheinigung aufgehoben, die nur für bestimmte Bauleistungen gilt, ist dies den betroffenen Leistungsempfängern mitzuteilen.**

(5) **Wenn eine Freistellungsbescheinigung vorliegt, gilt § 48 Absatz 4 entsprechend.**

(6) [1]**Das Bundeszentralamt für Steuern speichert die Daten nach Absatz 3 Satz 1.** [2]**Es erteilt dem Leistungsempfänger im Sinne des § 48 Absatz 1 Satz 1 im Wege einer elektronischen Abfrage Auskunft über die beim Bundeszentralamt für Steuern gespeicherten Freistellungsbescheinigungen.**

1. Keine Gefährdung von Steueransprüchen, § 48b I. Nach § 48b I ist die Freistellungsbescheinigung dem Leistenden (→ § 48 Rn. 5–7) zu erteilen, wenn dieser seine steuerl Pflichten zuverlässig erfüllt und daher der StAnspruch nicht gefährdet erscheint (nicht zu verwechseln mit der Bescheinigung nach § 13b V 2 Hs 2 UStG). Die Voraussetzungen sind im Gesetz hinreichend eindeutig genannt. Die zu sichernden StAnsprüche ergeben sich mE aus § 48c I 1 Nr 1–3, dazu zählt die LSt (FG Ddorf EFG 02, 688, rkr; zweifelnde Anm *Herlinghaus* mwN), nicht aber die USt (FG Hmb DStRE 03, 928, rkr). Die Aufzählung der **Gefährdungstatbestände** in § 48b I 2 ist beispielhaft (SächsFG BeckRS 2022, 45220, rkr). Auch das Bestehen nachhaltiger StRückstände oder wiederholte unkorrekte Angaben in StErklärungen kann den Gefährdungstatbestand erfüllen (HessFG DStRE 03, 656, rkr; *BMF* BStBl I 22, 1229 Rn. 32), wobei auch vor dem Inkrafttreten des Gesetzes liegendes Verhalten des Leistenden berücksichtigt werden kann (FG Ddorf EFG 02, 1604, rkr; FG Hmb DStRE 03, 928, rkr); ebenso kann das Verhalten eines Einfluss nehmenden Dritten berücksichtigt werden (FG Hmb EFG 10, 1517, rkr). Die Freistellungsbescheinigung darf vom FA nicht als Druckmittel zur Eintreibung noch ausstehender Steuern eingesetzt werden (FG Bln EFG 02, 330, rkr). – Zu **§ 13b UStG** s BFH XI R 21/11, BStBl II 14, 425. 1

Die Benennung eines **inl Empfangsbevollmächtigten** (jede natürl oder juristische Person mit Wohnsitz/Sitz im Inl) soll die Bekanntgabe und Aufhebung der Freistellungsbescheinigung gewährleisten; diese Regelung gilt nur in Fällen, in denen der Leistende im Ausl ansässig ist (BFH I B 147/02, BStBl II 03, 716). 2

Bei **im Ausland ansässigen Leistenden** muss eine Bestätigung der ausl StBehörde über die steuerl Erfassung des Leistenden im Sitzstaat vorgelegt werden; in Zweifelsfällen kommt auch ein qualifizierte Sitzbescheinigung über den Ort der Geschäftsleitung und die wirtschaftl Aktivitäten in Betracht (*BMF* BStBl I 22, 1229 Rn. 31). – Zu Freistellungsbescheinigungen an Arbeitsgemeinschaften *BMF* BStBl I 22, 1229 Rn. 32. 3

2. Existenzgründer (etc); Insolvenz, § 48b II. Im Fall des § 48b II ist eine Freistellungsbescheinigung zu erteilen (kein Ermessen des FA), zB bei Existenzgründern oder bei nur kurzfristigen Tätigkeiten im Inl (*BMF* BStBl I 22, 1229 Rn. 33) oder auch, wenn der Leistende ohne Einkunftserzielungsabsicht tätig wird (offengelassen FG Ddorf EFG 02, 688, rkr). Sie ist ebenfalls zu erteilen, wenn über das Vermögen des Leistenden das **Insolvenzverfahren** eröffnet worden ist, da wegen des Vorrangs der gleichmäßigen Befriedigung der Insolvenzgläubiger aus der Insolvenzmasse der StAnspruch durch Freistellungsbescheinigung nicht gefährdet wäre (BFH I B 147/02, BStBl II 03, 716; *Buciek* HFR 03, 360; *BMF* BStBl I 22, 1229 Rn. 32). 4

3. Inhalt der Bescheinigung, § 48b III. § 48b III 3 regelt den Inhalt der Bescheinigung. Sie wird **auf bestimmte Zeit** (längstens für drei Jahre, *BMF* BStBl I 22, 1229 Rn. 35) oder auch nur bezogen auf einen **bestimmten Auftrag** erteilt (zB bei nur vorübergehender Tätigkeit im Inl, *BMF* BStBl I 22, 1229 Rn. 35; SächsFG BeckRS 2022, 45220, rkr). Eine kürzere Dauer als die Regelzeit von drei Jahren kann auch bei ausl Leistungen in Betracht kommen, wenn nicht ausgeschlossen werden kann, dass der Leistende im Inl stpfl wird (zB Bauzeitverlängerung mit Begründung einer Betriebsstätte, *BMF* BStBl I 22, 1229 Rn. 34). Zur Erteilung einer **Folgebescheinigung** s *BMF* BStBl I 22, 1229 Rn. 26. – Zur Ergänzung durch das 2. DSAnpUG-EU (BGBl I 17, 2097) → Rn. 6 aE. 5

4. Wirkung und Rechtsschutz, § 48b IV–VI. Die Freistellungsbescheinigung ist kein StBescheid, sondern ein **sonstiger VA;** für ihre Aufhebung gelten §§ 130, 131 AO. Bei Aufhebung einer auftragsbezogenen Freistellungsbescheinigung ist der Leistungsempfänger zu unterrichten **(§ 48b IV).** Weitere Einzelheiten s *BMF* BStBl I 22, 1229 Rn. 77 f. – Ist eine Bescheinigung erteilt worden, greifen § 160 I 1 AO (also WK-/BA-Abzug nicht eingeschränkt), § 42d VI, VIII (keine Entleiherhaftung) und 6

§ 50a VII nicht ein (**§ 48b V** iVm § 48 IV, → § 48 Rn. 30; BFH IV R 4/20, BStBl II 22, 721). – Gegen die Ablehnung oder die Aufhebung einer Freistellungsbescheinigung sind Einspruch und ggf Klage ans FG gegeben. – **Vorläufiger Rechtsschutz** wird durch einstweilige Anordnung (§ 114 FGO) gewährt (*Littmann* § 48b Rn. 8 ff: ggf gegen Sicherheitsleistung oder als vorläufige Bescheinigung; **aA** *BH/Einsfelder* § 48b Rn. 97: Vorwegnahme der Hauptsache). Eine unbefristete Freistellungserklärung (→ Rn. 5) kann nicht begehrt werden, da dadurch das Ergebnis der Hauptverhandlung vorweggenommen würde. Wohl aber kann eine objekt- oder auftragsbezogene Freistellungsbescheinigung in Betracht kommen (FG Bln EFG 02, 330, rkr). Voraussetzung ist, dass schlüssig dargelegt wird, dass die Existenz des Leistenden ohne vorläufigen Rechtsschutz ernstl gefährdet wäre. Dazu reichen allg Wettbewerbsnachteile nicht aus (BFH I B 86/02, BFH/NV 03, 166; BFH I B 132/02, BFH/NV 03, 313). Vielmehr muss glaubhaft gemacht werden, wie sich die Kundenstruktur zusammensetzt und dass verschiedene Auftraggeber die Auftragsvergabe von der Vorlage einer Freistellungsbescheinigung abhängig gemacht haben (BFH I B 132/02, BFH/NV 03, 313; FG Bln EFG 02, 330, rkr; NdsFG EFG 02, 1613, rkr). – Gem **§ 48b VI 1** idF des **DSAnpUG-EU** (BGBl I 17, 2097) darf das BZSt (wie bisher) die ihm vom zuständigen FA übermittelten Daten nach § 48b III 1 speichern, um dem Leistungsempfänger Auskunft über die erteilten Freistellungsbescheinigungen geben zu können. Der Leistende ist gem **§ 48b III 2** über die Verarbeitung der Daten durch das BZSt zu informieren und zwar bereits in der ihm vom zuständigen FA erteilten Bescheinigung (BT-Drs 19/4674, S 298: **unionsrechtl Transparenzgebot**).

§ 48c Anrechnung

(1) [1]Soweit der Abzugsbetrag einbehalten und angemeldet worden ist, wird er auf vom Leistenden zu entrichtende Steuern nacheinander wie folgt angerechnet:

1. die nach § 41a Absatz 1 einbehaltene und angemeldete Lohnsteuer,
2. die Vorauszahlungen auf die Einkommen- oder Körperschaftsteuer,
3. die Einkommen- oder Körperschaftsteuer des Besteuerungs- oder Veranlagungszeitraums, in dem die Leistung erbracht worden ist, und
4. die vom Leistenden im Sinne der §§ 48, 48a anzumeldenden und abzuführenden Abzugsbeträge.

[2]Die Anrechnung nach Satz 1 Nummer 2 kann nur für Vorauszahlungszeiträume innerhalb des Besteuerungs- oder Veranlagungszeitraums erfolgen, in dem die Leistung erbracht worden ist. [3]Die Anrechnung nach Satz 1 Nummer 2 darf nicht zu einer Erstattung führen.

(2) [1]Auf Antrag des Leistenden erstattet das nach § 20a Absatz 1 der Abgabenordnung zuständige Finanzamt den Abzugsbetrag. [2]Die Erstattung setzt voraus, dass der Leistende nicht zur Abgabe von Lohnsteueranmeldungen verpflichtet ist und eine Veranlagung zur Einkommen- oder Körperschaftsteuer nicht in Betracht kommt oder der Leistende glaubhaft macht, dass im Veranlagungszeitraum keine zu sichernden Steueransprüche entstehen werden. [3]Der elektronische Antrag ist nach amtlich vorgeschriebenem Datensatz über die amtlich vorgeschriebene Schnittstelle bis zum Ablauf des zweiten Kalenderjahres zu übermitteln, das auf das Jahr folgt, in dem der Abzugsbetrag angemeldet worden ist; weitergehende Fristen nach einem Abkommen zur Vermeidung der Doppelbesteuerung bleiben unberührt. [4]Auf Antrag kann das Finanzamt zur Vermeidung unbilliger Härten auf eine elektronische Übermittlung des Antrags verzichten. [5]In diesem Fall ist der Antrag auf Erstattung des Abzugsbetrags vom Leistenden nach amtlich vorgeschriebenem Muster zu stellen.

(3) Das Finanzamt kann die Anrechnung ablehnen, soweit der angemeldete Abzugsbetrag nicht abgeführt worden ist und Anlass zu der Annahme besteht, dass ein Missbrauch vorliegt.

1. Anrechnung, § 48c I, III. Hat der Leistungsempfänger (Abzugsverpflichtete) den Abzugsbetrag einbehalten und angemeldet, hat der Leistende seinerseits gegen das FA einen Anspruch auf Anrechnung des Abzugsbetrages auf die **in § 48c I 1 Nr 1–4** genannten eigenen StZahlungspflichten. Die Reihenfolge der Anrechnung ist zwingend. Die **Abführung** durch den Abzugsverpflichteten an das FA ist **nicht Voraussetzung für die Anrechnung.** Dies ist konsequent: Der Abzugsverpflichtete hat ggü dem Leistenden auf dessen Rechnung einbehalten; das FA muss sich an den Abzugsverpflichteten als den Abführungsschuldner halten. Nur wenn ein Missbrauch zu befürchten ist, kann das FA die Anrechnung ablehnen **(§ 48c III).** Liegt ein Missbrauch nicht vor, *ist* anzurechnen. – Zur Prüfung der Anrechnung sollte der Leistende dem FA die Abrechnungsbelege iSv § 48a II vorlegen. 1

Ist nach Anrechnung auf die LSt gem **§ 48c I 1 Nr 1** ein Guthaben vorhanden, werden als nächstes gem **§ 48c I 1 Nr 2** Vorauszahlungen zur ESt/KSt angerechnet, die für den VZ der Erbringung der Bauleistung festgesetzt worden sind **(§ 48c I 2).** Das danach verbleibende Guthaben wird nicht etwa erstattet **(§ 48c I 3),** sondern kann erst auf das Ergebnis der Veranlagung zur ESt/KSt des Jahres angerechnet werden, in dem die Bauleistung erbracht wird (= Übergabe der fertigen Bauleistung an Leistungsempfänger; denn erst dann ist Gewinnrealisierung eingetreten; s *BMF* BStBl I 22, 1229 Rn. 87, mit Hinweisen zu Großbauwerken, die sich über mehrere Jahre hinziehen). – Zur Anrechnung, wenn Leistender eine Personenmehrheit (PersGes) ist, s *BMF* BStBl I 22, 1229 Rn. 88. – StAbzugsbeträge, die auf vor Eröffnung des Insolvenzverfahrens ausgeführten Bauleistungen beruhen und nach Insolvenzeröffnung vom Leistungsempfänger an das FA gezahlt werden, sind an die Insolvenzmasse auszukehren (*BMF* BStBl I 22, 1229 Rn. 86). 2

2. Erstattungsverfahren, § 48c II. Es wird auf Antrag (amtl vorgeschriebenes Muster) durchgeführt und setzt voraus, dass der Leistende nicht zur Abgabe von LStAnmeldungen verpflichtet ist und eine ESt/KStVeranlagung nicht in Betracht kommt oder glaubhaft gemacht wird, dass im VZ keine zu sichernden StAnsprüche entstehen werden (*BMF* BStBl I 22, 1229 Rn. 90). Es gilt gem § 48c II 3 eine **Zweijahresfrist,** die weitergehende Fristen nach DBA aber nicht berührt. – **Seit 1.1.26** muss der Erstattungsantrag **elektronisch** (§ 87a VI AO) gestellt werden (§ 48c II 3 idF des JStG 2024, BGBl I 24 Nr 387); entspr Formulare finden sich auf ELSTER. Ausnahme: es liegt ein Härtefall vor (§ 48c II 4 und5); § 150 VIII AO gilt entspr (→ § 5b Rn. 5 mwN). 3

3. Rechtsschutz. Anrechnung und Erstattung sind StVerwaltungsakte, die mit Einspruch und Klage zum FG angefochten werden können. 4

§ 48d Besonderheiten im Fall von Doppelbesteuerungsabkommen

(1) [1]**Können Einkünfte, die dem Steuerabzug nach § 48 unterliegen, nach einem Abkommen zur Vermeidung der Doppelbesteuerung nicht besteuert werden, so sind die Vorschriften über die Einbehaltung, Abführung und Anmeldung der Steuer durch den Schuldner der Gegenleistung ungeachtet des Abkommens anzuwenden.** [2]**Unberührt bleibt der Anspruch des Gläubigers der Gegenleistung auf Erstattung der einbehaltenen und abgeführten Steuer.** [3]**Der Anspruch ist durch Antrag nach § 48c Absatz 2 geltend zu machen.** [4]**Der Gläubiger der Gegenleistung hat durch eine Bestätigung der für ihn zuständigen Steuerbehörde des anderen Staates nachzuweisen, dass er dort ansässig ist.** [5]**§ 48b gilt entsprechend.** [6]**Der Leistungsempfänger kann sich im Haftungsverfahren nicht auf die Rechte des Gläubigers aus dem Abkommen berufen.**

(2) **Unbeschadet des § 5 Absatz 1 Nummer 2 des Finanzverwaltungsgesetzes liegt die Zuständigkeit für Entlastungsmaßnahmen nach Absatz 1 bei dem nach § 20a der Abgabenordnung zuständigen Finanzamt.**

1 Unterliegt ein ausl Leistender mit Gewinnen aus Bauleistungen der beschr StPfl, kann sich aus DBA ergeben, dass diese Einkünfte im Inl nicht besteuert werden dürfen, zB weil der Leistende im Inl BRD nicht über eine entspr Betriebsstätte verfügt.
2 Dennoch ist vom Leistungsempfänger der StAbzug vorzunehmen, sofern der Leistende keine Freistellungsbescheinigung (s Abs 1 S 4 iVm § 48b) vorgelegt hat. Für diesen Fall regelt § 48d ein besonderes Erstattungsverfahren (*BMF* BStBl I 22, 1229 Rn. 85; *Apitz* FR 02, 23 f).

VIII. Besteuerung beschränkt Steuerpflichtiger

§ 49 Beschränkt steuerpflichtige Einkünfte

(1) Inländische Einkünfte im Sinne der beschränkten Einkommensteuerpflicht (§ 1 Absatz 4) sind

1. Einkünfte aus einer im Inland betriebenen Land- und Forstwirtschaft (§§ 13, 14);

2. Einkünfte aus Gewerbebetrieb (§§ 15 bis 17),

a) für den im Inland eine Betriebsstätte unterhalten wird oder ein ständiger Vertreter bestellt ist,

b) die durch den Betrieb eigener oder gecharterter Seeschiffe oder Luftfahrzeuge aus Beförderungen zwischen inländischen und von inländischen zu ausländischen Häfen erzielt werden, einschließlich der Einkünfte aus anderen mit solchen Beförderungen zusammenhängenden, sich auf das Inland erstreckenden Beförderungsleistungen,

c) die von einem Unternehmen im Rahmen einer internationalen Betriebsgemeinschaft oder eines Pool-Abkommens, bei denen ein Unternehmen mit Sitz oder Geschäftsleitung im Inland die Beförderung durchführt, aus Beförderungen und Beförderungsleistungen nach Buchstabe b erzielt werden,

d) die, soweit sie nicht zu den Einkünften im Sinne der Nummern 3 und 4 gehören, durch im Inland ausgeübte oder verwertete künstlerische, sportliche, artistische, unterhaltende oder ähnliche Darbietungen erzielt werden, einschließlich der Einkünfte aus anderen mit diesen Leistungen zusammenhängenden Leistungen, unabhängig davon, wem die Einnahmen zufließen,

e) die unter den Voraussetzungen des § 17 erzielt werden, wenn es sich um Anteile an einer Kapitalgesellschaft handelt,

aa) die ihren Sitz oder ihre Geschäftsleitung im Inland hat,

bb) bei deren Erwerb auf Grund eines Antrags nach § 13 Absatz 2 oder § 21 Absatz 2 Satz 3 Nummer 2 des Umwandlungssteuergesetzes nicht der gemeine Wert der eingebrachten Anteile angesetzt worden ist oder auf die § 17 Absatz 5 Satz 2 anzuwenden war oder

cc) deren Anteilswert zu irgendeinem Zeitpunkt während der 365 Tage vor der Veräußerung unmittelbar oder mittelbar zu mehr als 50 Prozent auf inländischem unbeweglichem Vermögen beruhte und die Anteile dem Veräußerer zu diesem Zeitpunkt zuzurechnen waren; für die Ermittlung dieser Quote sind die aktiven Wirtschaftsgüter des Betriebsvermögens mit den Buchwerten, die zu diesem Zeitpunkt anzusetzen gewesen wären, zugrunde zu legen,

f) die, soweit sie nicht zu den Einkünften im Sinne des Buchstaben a gehören, durch

aa) Vermietung und Verpachtung oder

bb) Veräußerung

von inländischem unbeweglichem Vermögen, von Sachinbegriffen oder Rechten im Sinne des § 21 Absatz 1 Satz 1 Nummer 1 oder sonstigen Rechten, insbesondere Patentrechten, Markenrechten oder Sortenrechten, die im Inland belegen oder in ein inländisches öffentliches Buch oder Register eingetragen sind oder deren Verwertung in einer inländischen Betriebsstätte oder anderen Einrichtung erfolgt, erzielt werden. [2]Bei sonstigen Rechten, bei denen Einkünfte nur auf Grund der Eintragung in ein inländisches öffentliches Buch oder Register vorliegen, liegen Einkünfte abweichend von Satz 1 nicht vor, wenn die Vermietung und Verpachtung oder die Veräußerung nicht zwischen nahestehenden Personen im Sinne des § 1 Absatz 2 des Außensteuergesetzes erfolgt oder der Besteuerung der Einkünfte die Bestimmungen eines Abkommens zur Vermeidung der Doppelbesteuerung unter Berücksichtigung der ihre Anwendung regelnden Vorschriften dieses Gesetzes entgegenstehen. [3]§ 23 Absatz 1 Satz 4 gilt entsprechend. [4]Als Einkünfte aus Gewerbebetrieb gelten auch die Einkünfte aus Tätigkeiten im Sinne dieses Buchstabens, die von einer Körperschaft im Sinne des § 2 Nummer 1 des Körperschaftsteuergesetzes erzielt werden, die mit einer Kapitalgesellschaft oder sonstigen juristischen Person im Sinne des § 1 Absatz 1 Nummer 1 bis 3 des Körperschaftsteuergesetzes vergleichbar ist. [5]Zu den Einkünften aus der Veräußerung von inländischem unbeweglichem Vermögen im Sinne dieses Buchstabens gehören auch Wertveränderungen von Wirtschaftsgütern, die mit diesem Vermögen in wirtschaftlichem Zusammenhang stehen, oder

g) die aus der Verschaffung der Gelegenheit erzielt werden, einen Berufssportler als solchen im Inland vertraglich zu verpflichten; dies gilt nur, wenn die Gesamteinnahmen 10 000 Euro übersteigen;

3. Einkünfte aus selbständiger Arbeit (§ 18), die im Inland ausgeübt oder verwertet wird oder worden ist, oder für die im Inland eine feste Einrichtung oder eine Betriebsstätte unterhalten wird;

4. Einkünfte aus nichtselbständiger Arbeit (§ 19), die

   a) im Inland ausgeübt oder verwertet wird oder worden ist. [2]Die nichtselbständige Arbeit gilt dabei auch als im Inland ausgeübt oder verwertet, soweit die Tätigkeit im Ansässigkeitsstaat des Steuerpflichtigen oder in einem oder mehreren anderen Staaten ausgeübt wird und ein mit dem Ansässigkeitsstaat abgeschlossenes Abkommen zur Vermeidung der Doppelbesteuerung oder eine zwischenstaatliche Vereinbarung für diese im Ansässigkeitsstaat oder in einem oder mehreren anderen Staaten ausgeübte Tätigkeit Deutschland ein Besteuerungsrecht zuweist. [3]Satz 2 gilt nicht für Deutschland entsprechend Satz 2 zugewiesener Besteuerungsrechte hinsichtlich der Einkünfte aus einer an Bord eines Schiffes im internationalen Verkehr ausgeübten nichtselbständigen Arbeit,

   b) aus inländischen öffentlichen Kassen einschließlich der Kassen des Bundeseisenbahnvermögens und der Deutschen Bundesbank mit Rücksicht auf ein gegenwärtiges oder früheres Dienstverhältnis gewährt werden, ohne dass ein Zahlungsanspruch gegenüber der inländischen öffentlichen Kasse bestehen muss; dies gilt nicht, wenn das Dienstverhältnis im Tätigkeitsstaat oder einem anderen ausländischen Staat begründet wurde, der Arbeitnehmer keinen inländischen Wohnsitz oder gewöhnlichen Aufenthalt auf Grund des Dienstverhältnisses oder eines vorangegangenen vergleichbaren Dienstverhältnisses aufgegeben hat und mit dem Tätigkeitsstaat kein Abkommen zur Vermeidung der Doppelbesteuerung besteht,

   c) als Vergütung für eine Tätigkeit als Geschäftsführer, Prokurist oder Vorstandsmitglied einer Gesellschaft mit Geschäftsleitung im Inland bezogen werden,

d) als Entschädigung im Sinne des § 24 Nummer 1 für die Auflösung eines Dienstverhältnisses gezahlt werden, soweit die für die zuvor ausgeübte Tätigkeit bezogenen Einkünfte der inländischen Besteuerung unterlegen haben,

e) an Bord eines im internationalen Luftverkehr eingesetzten Luftfahrzeugs ausgeübt wird, das von einem Unternehmen mit Geschäftsleitung im Inland betrieben wird,

f) für Zeiten der widerruflichen oder unwiderruflichen Arbeitsfreistellung im Zusammenhang mit der Beendigung des Arbeitsverhältnisses gewährt werden, soweit ohne die Freistellung die Arbeit während dieser Zeiten im Inland ausgeübt worden wäre;

5. Einkünfte aus Kapitalvermögen im Sinne des

a) § 20 Absatz 1 Nummer 1, 2, 4, 6 und 9, wenn

aa) der Schuldner Wohnsitz, Geschäftsleitung oder Sitz im Inland hat,

bb) in den Fällen des § 20 Absatz 1 Nummer 1 Satz 4 der Emittent der Aktien Geschäftsleitung oder Sitz im Inland hat oder

cc) es sich um Fälle des § 44 Absatz 1 Satz 4 Nummer 1 Buchstabe a Doppelbuchstabe bb handelt;

dies gilt auch für Erträge aus Wandelanleihen und Gewinnobligationen,

b) *(aufgehoben)*

c) § 20 Absatz 1 Nummer 5 und 7, wenn

aa) das Kapitalvermögen durch inländischen Grundbesitz, durch inländische Rechte, die den Vorschriften des bürgerlichen Rechts über Grundstücke unterliegen, oder durch Schiffe, die in ein inländisches Schiffsregister eingetragen sind, unmittelbar oder mittelbar gesichert ist. [2]Ausgenommen sind Zinsen aus Anleihen und Forderungen, die in ein öffentliches Schuldbuch eingetragen oder über die Sammelurkunden im Sinne des § 9a des Depotgesetzes oder Teilschuldverschreibungen, soweit es sich nicht um Wandelanleihen oder Gewinnobligationen handelt, ausgegeben sind, oder

bb) das Kapitalvermögen aus Genussrechten besteht, die nicht in § 20 Absatz 1 Nummer 1 genannt sind,

d) § 43 Absatz 1 Satz 1 Nummer 7 Buchstabe a, Nummer 9 und 10 sowie Satz 2, wenn sie von einem Schuldner oder von einem inländischen Kreditinstitut oder einem inländischen Finanzdienstleistungsinstitut oder einem inländischen Wertpapierinstitut im Sinne des § 43 Absatz 1 Satz 1 Nummer 7 Buchstabe b einem anderen als einem ausländischen Kreditinstitut oder einem ausländischen Finanzdienstleistungsinstitut oder einem ausländischen Wertpapierinstitut

aa) gegen Aushändigung der Zinsscheine ausgezahlt oder gutgeschrieben werden und die Teilschuldverschreibungen nicht von dem Schuldner, dem inländischen Kreditinstitut, dem inländischen Finanzdienstleistungsinstitut oder dem inländischen Wertpapierinstitut verwahrt werden oder

bb) gegen Übergabe der Wertpapiere ausgezahlt oder gutgeschrieben werden und diese vom Kreditinstitut weder verwahrt noch verwaltet werden.

[2]§ 20 Absatz 3 gilt entsprechend;

6. Einkünfte aus Vermietung und Verpachtung (§ 21), soweit sie nicht zu den Einkünften im Sinne der Nummern 1 bis 5 gehören, wenn das unbewegliche Vermögen, die Sachinbegriffe oder Rechte im Sinne des § 21 Absatz 1 Satz 1 Nummer 1 oder sonstige Rechte, insbesondere Patentrechte, Markenrechte oder Sortenrechte, im Inland belegen oder in ein inländisches öffentliches Buch oder Register eingetragen sind oder in einer inländischen Betriebsstätte oder in einer anderen Einrichtung verwertet werden. [2]Bei sonstigen

Rechten, bei denen Einkünfte nur auf Grund der Eintragung in ein inländisches öffentliches Buch oder Register vorliegen, liegen Einkünfte abweichend von Satz 1 nicht vor, wenn die Vermietung und Verpachtung nicht zwischen nahestehenden Personen im Sinne des § 1 Absatz 2 des Außensteuergesetzes erfolgt oder der Besteuerung der Einkünfte die Bestimmungen eines Abkommens zur Vermeidung der Doppelbesteuerung unter Berücksichtigung der ihre Anwendung regelnden Vorschriften dieses Gesetzes entgegenstehen;

7. sonstige Einkünfte im Sinne des § 22 Nummer 1 Satz 3 Buchstabe a, die von den inländischen gesetzlichen Rentenversicherungsträgern, der inländischen landwirtschaftlichen Alterskasse, den inländischen berufsständischen Versorgungseinrichtungen, den inländischen Versicherungsunternehmen oder sonstigen inländischen Zahlstellen gewährt werden; dies gilt entsprechend für Leibrenten und andere Leistungen ausländischer Zahlstellen, wenn die Beiträge, die den Leistungen zugrunde liegen, nach § 10 Absatz 1 Nummer 2 ganz oder teilweise bei der Ermittlung der Sonderausgaben berücksichtigt wurden;

8. sonstige Einkünfte im Sinne des § 22 Nummer 2, soweit es sich um private Veräußerungsgeschäfte handelt, mit
a) inländischen Grundstücken oder
b) inländischen Rechten, die den Vorschriften des bürgerlichen Rechts über Grundstücke unterliegen;

8a. sonstige Einkünfte im Sinne des § 22 Nummer 4;

9. sonstige Einkünfte im Sinne des § 22 Nummer 3, auch wenn sie bei Anwendung dieser Vorschrift einer anderen Einkunftsart zuzurechnen wären, soweit es sich um Einkünfte aus inländischen unterhaltenden Darbietungen, aus der Nutzung beweglicher Sachen im Inland oder aus der Überlassung der Nutzung oder des Rechts auf Nutzung von gewerblichen, technischen, wissenschaftlichen und ähnlichen Erfahrungen, Kenntnissen und Fertigkeiten, zum Beispiel Plänen, Mustern und Verfahren, handelt, die im Inland genutzt werden oder worden sind; dies gilt nicht, soweit es sich um steuerpflichtige Einkünfte im Sinne der Nummern 1 bis 8 handelt;

10. sonstige Einkünfte im Sinne des § 22 Nummer 5; dies gilt auch für Leistungen ausländischer Zahlstellen, soweit die Leistungen bei einem unbeschränkt Steuerpflichtigen zu Einkünften nach § 22 Nummer 5 Satz 1 führen würden oder wenn die Beiträge, die den Leistungen zugrunde liegen, nach § 10 Absatz 1 Nummer 2 ganz oder teilweise bei der Ermittlung der Sonderausgaben berücksichtigt wurden.

11. Einkünfte aus der Beteiligung an einer Personengesellschaft oder Gemeinschaft, die ihren Sitz oder ihre Geschäftsleitung im Inland hat oder in ein inländisches Register eingetragen ist, soweit diese Einkünfte
a) in dem Staat, in dem der Beteiligte seinen Wohnsitz oder gewöhnlichen Aufenthalt hat, aufgrund einer vom deutschen Recht abweichenden steuerlichen Behandlung der Personengesellschaft oder Gemeinschaft keiner Besteuerung unterliegen,
b) nicht bereits als Einkünfte im Sinne der Nummern 1 bis 10 einer Besteuerung unterliegen und
c) in keinem anderen Staat einer Besteuerung unterliegen.

[2]Satz 1 gilt nur, wenn dem Beteiligten allein oder zusammen mit ihm nahestehenden Personen im Sinne des § 1 Absatz 2 des Außensteuergesetzes, die keiner unbeschränkten Steuerpflicht im Inland nach § 1 Absatz 1 oder nach § 1 des Körperschaftsteuergesetzes unterliegen, mehr als die Hälfte der Stimmrechte oder mehr als die Hälfte der Anteile am Kapital unmittelbar oder mittelbar zuzurechnen sind oder unmittelbar oder mittelbar ein Anspruch auf mehr als die Hälfte des Gewinns oder des Liquidationserlöses

der Personengesellschaft oder Gemeinschaft zusteht; eine Beteiligung in diesem Sinne setzt nicht die Stellung als Gesellschafter oder Gemeinschafter voraus. [3]Die Sätze 1 und 2 gelten nicht, wenn es sich bei der Personengesellschaft oder Gemeinschaft um einen Altersvorsorgevermögensfonds im Sinne des § 53 des Investmentsteuergesetzes handelt oder die Einkünfte auch bei einer nicht vom deutschen Recht abweichenden Behandlung der Personengesellschaft oder Gemeinschaft im ausländischen Staat keiner Besteuerung unterliegen würden. [4]Die Besteuerung nach den vorstehenden Sätzen erfolgt ungeachtet der Bestimmungen eines Abkommens zur Vermeidung der Doppelbesteuerung.

(2) **Im Ausland gegebene Besteuerungsmerkmale bleiben außer Betracht, soweit bei ihrer Berücksichtigung inländische Einkünfte im Sinne des Absatzes 1 nicht angenommen werden könnten.**

(3) **[1]Bei Schifffahrt- und Luftfahrtunternehmen sind die Einkünfte im Sinne des Absatzes 1 Nummer 2 Buchstabe b mit 5 Prozent der für diese Beförderungsleistungen vereinbarten Entgelte anzusetzen. [2]Das gilt auch, wenn solche Einkünfte durch eine inländische Betriebsstätte oder einen inländischen ständigen Vertreter erzielt werden (Absatz 1 Nummer 2 Buchstabe a). [3]Das gilt nicht in den Fällen des Absatzes 1 Nummer 2 Buchstabe c oder soweit das deutsche Besteuerungsrecht nach einem Abkommen zur Vermeidung der Doppelbesteuerung ohne Begrenzung des Steuersatzes aufrechterhalten bleibt.**

(4) **[1]Abweichend von Absatz 1 Nummer 2 sind Einkünfte steuerfrei, die ein beschränkt Steuerpflichtiger mit Wohnsitz oder gewöhnlichem Aufenthalt in einem ausländischen Staat durch den Betrieb eigener oder gecharterter Schiffe oder Luftfahrzeuge aus einem Unternehmen bezieht, dessen Geschäftsleitung sich in dem ausländischen Staat befindet. [2]Voraussetzung für die Steuerbefreiung ist, dass dieser ausländische Staat Steuerpflichtigen mit Wohnsitz oder gewöhnlichem Aufenthalt im Geltungsbereich dieses Gesetzes eine entsprechende Steuerbefreiung für derartige Einkünfte gewährt und dass das Bundesministerium für Verkehr und digitale Infrastruktur die Steuerbefreiung nach Satz 1 für verkehrspolitisch unbedenklich erklärt hat.**

Einkommensteuer-Richtlinien: EStR 49.1–49.3/EStH 49.1–49.4.

Übersicht

I. Allgemeines

1. Bedeutung; Aufbau. Die §§ 49 ff knüpfen an die in § 1 getroffene Unterscheidung zw unbeschr und beschr StPfl an (→ Rn. 6 und → § 1 Rn. 2 f) und regeln die Einzelheiten der beschr StPfl: **§ 49** bestimmt, welche inl Einkünfte eine beschr StPfl iSv § 1 IV begründen. **§ 50** legt Einzelheiten zur Ermittlung der beschr stpfl Einkünfte und des zu versteuernden Einkommens sowie den StTarif fest und bestimmt den Umfang der Abgeltungswirkung des StAbzugs. **§ 50a** und **§ 50c** regeln als Verfahrensvorschriften die StErhebung durch StAbzug (wie § 39d und § 44 für LSt bzw KapESt), die Haftung des Vergütungsschuldners sowie Ausnahmen von der StAbzugspflicht und die Voraussetzungen einer Erstattung. **§ 50d** enthält besondere Regelungen (auch) für das Zusammenspiel von beschr StPfl und DBA. Ergänzende Regelungen finden sich in **§§ 73a ff EStDV.** – Als Ausgangsvorschrift definiert **§ 49 I** in einer abschließenden Aufzählung die einzelnen beschr stpfl (inl) Einkünfte. **§ 49 II** normiert den Grundsatz der sog isolierenden Betrachtungsweise. **§ 49 III und IV** enthalten Sonderregelungen zur Besteuerung von Schifffahrt- und Luftfahrtunternehmen. 1

Personen ohne Wohnsitz oder gewöhnl Aufenthalt im Inl sind *nur dann* beschr stpfl, wenn sie **bestimmte inl Einkünfte** iSv § 49 erzielen (§ 1 IV). Anknüpfungspunkt der Besteuerung sind weniger persönl Merkmale des Einkommensbeziehers als die inl Quelle, aus der die Einkünfte fließen (zB *inl* Betriebsstätte bei gewerbl Einkünften iSv § 49 I Nr 2 oder *inl* Tätigkeit bei § 49 I Nr 3 und 4 etc; → Rn. 12). Das zeigt auch der StAbzug nach § 50a. Persönl Verhältnisse bleiben dementspr gem § 50 grds unberücksichtigt. Abw von der unbeschr StPfl iSv § 1 I–III ist damit der Charakter der ESt als **PersonenSt** bei der beschr StPfl zwar nicht verloren gegangen (s § 50 I 2 StProgression, § 50 I 4, II 2 Nr 4 Besteuerung von beschr stpfl ArbN); dieser wird aber wesentl mitbestimmt durch **objektsteuerartige Züge** (BFH I R 32/10, BStBl II 14, 513, unter II.2.a; *Schaumburg* Rn. 6.129 ff). Verstärkt wird diese Tendenz durch die sog isolierende Betrachtungsweise (§ 49 II, → Rn. 140). – Zur **Rechtfertigung** der beschr StPfl s *Lüdicke* DStR-Beih 08, 25 (26).

2. Persönlicher Anwendungsbereich. § 49 gilt grds für alle **natürl Personen** ohne Wohnsitz oder gewöhnl Aufenthalt im Inl (§ 1 IV); Ausnahme: Grenzpendler, die einen Antrag gem § 1 III gestellt haben (→ § 1 Rn. 41 ff; zu § 2 AStG → Rn. 5). Bei **PersGes** sind StSchuldner die (ggf ausl) Ges'ter; maßgebl ist der Wohnsitz des jeweiligen Ges'ters, nicht der Sitz der Ges (→ Rn. 25). Auf beschr stpfl **juristische Personen** (§ 2 KStG) ist § 49 über § 8 I KStG anwendbar. 2

Zu **EU-Bediensteten** → § 1 Rn. 38; zu Mitarbeitern der EZB s *Neyer* BB 13, 1244. Zu **Diplomaten/Konsuln** etc (Art 37 III WüD/Art 49 I WÜK: kein inl Wohnsitz) → § 3 Rn. 104 und BFH I R 119/95, BFH/NV 97, 664. Zu Angehörigen der **NATO** s BFH I R 47/04, BStBl II 06, 374. – Ob es sich bei einer **ausl Ges** (mit inl Einkünften) um eine PersGes oder um eine KapGes handelt, bestimmt sich nach inl Recht (sog „Typenvergleich", s BFH I R 47/19, BStBl II 23, 443; → § 15 Rn. 173, → § 17 Rn. 48 f).

3. Neuere Rechtsentwicklung. Mit dem **WachstChG** (BGBl I 24 Nr 108) ist der sachl Anwendungsbereich des § 49 I Nr 4 Buchst a erweitert worden (geringfügige Auslandstätigkeit von ArbN → Rn. 86). Mit dem **JStG 2024** (BGBl I 24 Nr 387) ist § 49 I Nr 4 Buchst f neu angefügt worden (Arbeitsfreistellung → Rn. 92). – S iÜ *BH/Reimer* § 49 Rn. 5 ff. 3

4. Verfassungsrecht; Unionsrecht. Die einzelnen Tatbestandsmerkmale des § 49, die einen Inlandsbezug herstellen und damit die beschr StPfl überhaupt erst be- 4 gründen (→Rn. 11), sind sehr unterschiedl ausgeprägt. Insb zw § 49 I Nr 2 (Gewerbebetrieb) und Nr 3 (selbständige Arbeit), aber auch im Hinblick auf Nr 5 (Zinseinkünfte), kommt es aufgrund der unterschiedl gesetzl Anforderungen zu sachl kaum noch erklärbaren **Besteuerungsunterschieden** und zu **Besteuerungslücken,** die die Besteuerung nach § 49 teilweise willkürl erscheinen lassen (Art 3 I GG). – Die Regelung verstößt hingegen nicht gegen **EU-** oder **EWR-Recht** (iEinz →§ 1 Rn. 4 ff, →§ 50a Rn. 3.).

Krit auch *Schaumburg* Rn. 4.9 ff, 6.150 ff; *BH/Reimer* § 49 Rn. 25; *KS/Gosch* § 49 Rn. 3; *KKM* § 49 Rn. D 318. – **aA** BVerfG 1 BvR 2328/73, BVerfGE 43, 1 und BVerfG 1 BvR 228/65, BVerfGE 19, 119; BFH I R 219/82, BStBl II 90, 701 mwN; *BeckOK EStG* § 49 Rn. 57; *HHR/Bärsch* § 49 Rn. 10 mwN.

5 **5. Verhältnis zu anderen Vorschriften/DBA. – a) Unilaterale Bestimmungen.** Während die §§ 49 ff die Besteuerung *inl Einkünfte* von *ausl StPfl* regeln, richtet sich die Erfassung *ausl Einkünfte* von *inl StPfl* iRd StErmäßigung gem § 34c nach **§ 34d.** Welche Vorschriften bei der Veranlagung beschr StPfl *nicht* anzuwenden sind, bestimmt § 50 I 4 (→§ 50 Rn. 13 ff). Die **§§ 50, 50a** setzen ihrerseits das Vorliegen beschr stpfl Einkünfte nach § 49 voraus (→§ 50 Rn. 6 und →§ 50a Rn. 1). Zu **§ 4h** →Rn. 59; zum Bezug von KiGeld nach **§ 62 I Nr 2 Buchst b** s BFH III R 31/20, BStBl II 23, 348, Rn. 12 mwN. – Beschr StPfl unterliegen gem **§ 2 Nr 1 SolZG** dem SolZ (BFH I R 10/95, BStBl II 95, 868). – **§ 2 AStG** verdrängt als *lex specialis* § 49 (BFH I R 19/06, BStBl II 10, 398 (401); *BMF* BStBl I 10, 368; →§ 1 Rn. 75); nicht ausl Einkünfte iSd Regelung sind aber auch Einkünfte iSd § 49 (BFH I R 19/06, BStBl II 10, 398). § 49 I Nr 2 Buchst e bleibt von **§ 6 AStG** unberührt (s *BH/Pohl* AStG § 6 Rn. 69 f; *Kraft* AStG § 6 Rn. 45; s aber auch *Wassermeyer* IStR 13, 1). Die **§§ 7 ff AStG** gelten nur für unbeschr StPfl (§ 7 I AStG; zu ausl Zwischen-Ges s *Kraft* AStG § 7 Rn. 35). Zu **§ 10 StAbwG** →Rn. 12 aE. – Bezugnahme auf § 49 in §§ 6, 33 InvStG (bis VZ 2017 →Rn. 98). – **§ 42 AO** ist auch auf beschr StPfl anwendbar (BFH I R 65/10, BFH/NV 12, 924 mwN).

6 **b) Doppelbesteuerungsabkommen.** Sind die tatbestandl Voraussetzungen des § 49 erfüllt und liegt eine beschr StPfl somit vor, wird die inl Besteuerung häufig durch DBA ausgeschlossen oder beschränkt. DBA haben als *leges speciales,* soweit ihr Regelungsinhalt reicht (und wenn sie nicht durch andere Regelungen überlagert werden, sog *treaty override*), **Vorrang vor § 49** (§ 2 AO; *TK* § 2 AO Rn. 5 f; *Klein* § 2 AO Rn. 3). Allerdings können sie eine inl StPfl weder begründen noch erweitern, sondern ledigl eine bestehende StPfl durch Freistellung oder Anrechnung überlagern bzw modifizieren (BFH VI R 22/19, BStBl II 22, 562; BFH I R 50/15, BStBl II 17, 230 Rn. 15; BFH I R 81/07, BStBl II 09, 632 Rn. 23; BFH I R 153/77, BStBl II 81, 517; str, s *Vogel/Lehner* DBA Grundlagen Rn. 87 mwN). Daher ist in der Praxis idR auch nur dann, wenn eine beschr StPfl nach § 49 gegeben ist, das inl Besteuerungsrecht nach DBA zu prüfen (*Schönfeld/Ditz* DBA, Systematik Rn. 26 f). Allerdings kehren Regelungen wie § 49 I Nr 2 Buchst f S 2 (→Rn. 57) und § 49 I Nr 4 Buchst a S 2 (→Rn. 86) diese grds Systematik und damit auch die praktische Prüfungsreihenfolge um.

DBA-Beschränkungen sind **von Amts wegen** zu beachten. Unerhebl ist, ob der ausl Staat *tatsächl* von seinem Besteuerungsrecht Gebrauch macht, es sei denn, es bestehen **Rückfallklauseln** (Subject-to-tax-/switch-over-Klauseln) nach DBA oder innerstaatl Recht (zB § 50d III, VIII, IX und X). – Die Liste der aktuell geltenden DBA wird jährl im BStBl I veröffentlicht (**2025:** *BMF* BStBl I 25, 291; **2026:** *BMF* v. 7.1.26, BStBl I 26, 132). Ist mit dem betr Land kein DBA geschlossen worden, richtet sich die Besteuerung allein nach §§ 49 ff. Zur **DBA-Auslegung** s *Vogel/Lehner* DBA Grundlagen Rn. 95 ff.

II. Beschränkt steuerpflichtige Einkünfte, § 49 I

1. Begriff „inländische Einkünfte". § 49 I enthält eine Legaldefinition für den in § 1 IV verwendeten Begriff „inl Einkünfte". Die Aufzählung ist abschließend, wird aber durch den StGesetzgeber ständig erweitert. 10

a) Tatbestandsmäßigkeit der Besteuerung. Die einzelnen Regelungen in § 49 I knüpfen an bestimmte **Einkunftsarten des § 2 I** an. Eine Besteuerung nach § 49 ist daher nur mögl, wenn zunächst alle tatbestandl Voraussetzungen der jeweils in § 49 I Nr 1–11 in Bezug genommenen Einkunftsarten iSv §§ 13–23 in der Person des StPfl erfüllt sind (BFH VIII R 21/19, BStBl II 23, 567: keine Erweiterung des Einkünftebegriffs). Ob das der Fall ist, bestimmt sich allein nach **inl Recht** (unter Berücksichtigung des gesamten im Inl und Ausl verwirklichten Sachverhalts). Weder § 49 II noch § 50a I kommt eine darüber hinausgehende steuerbegründende Wirkung zu (BFH I R 217/71, BStBl II 74, 511; auch → Rn. 140). 11

Daher muss zB die Frage, ob bestimmte Leistungen der **Einkunftserzielung** dienen oder als **„Liebhaberei"** einzuordnen sind, auch bei beschr StPfl nach denselben Kriterien beurteilt werden wie bei unbeschr StPfl (BFH I R 14/01, BStBl II 02, 861 – Nichtanwendungserlass in *BMF* BStBl I 02, 1394 durch *BMF* BStBl I 10, 1350 Rn. 118 aufgehoben, s aber dort auch Rn. 15: Nachweis; BFH I R 35/21, BStBl II 24, 343 Rn. 26 ff: Abgrenzung, VerfBeschw BVerfG 2 BvR 555/24).

b) Inlandsbezug. Zusätzl werden in § 49 I für die einzelnen Einkunftsarten weitere tatbestandl Voraussetzungen normiert, die einen Inlandsbezug herstellen und die jeweiligen Einkünfte damit überhaupt erst zu „inländischen" iSd Regelung machen (zB § 49 I Nr 2 Buchst a: Unterhalten einer Betriebsstätte *im Inland;* BFH I R 22/12, BStBl II 13, 728). Ein solcher Inlandsbezug ist notwendig, um den **Besteuerungszugriff** des inl Fiskus zu rechtfertigen; denn nach den allg Regeln des Völkerrechts (Art 25 GG) darf ein Staat nur solche Einkünfte besteuern, die einen besonderen räuml oder persönl Bezug *(genuine link)* zu ihm aufweisen, sog **Territorialitätsprinzip** (BVerfG 2 BvR 475/78, BVerfGE 63, 343 zu B. II.4.b: „sachgerechte Anknüpfungsmomente"; *Schönfeld/Sendke* IStR 24, 786; *Schönfeld/Ellenrieder* IStR 20, 567; *Schön* IStR 23, 480 (484): „folgerichtige Ausgestaltung", Art. 3 I GG; *Schaumburg* Rn. 6.1 und 6.126 ff;). 12

Einen eigenen InlBezug schafft **§ 10 StAbwG,** der mit Wirkung **ab VZ 2022** über § 49 hinaus (subsidiär, *BMF* BStBl I 24, 1086 Rn. 34) eine Art erweiterter beschr StPfl für bestimmte Einkünfte begründet, wenn ein unbeschr StPfl Zahlungen als BA/WK geltend macht, die er an eine in einem **nicht kooperativen Staat** ansässige Person (keine inl Betriebsstätte erforderl) gezahlt hat (s *Pinkernell/Schlotter* FR 21, 909 (917); *Benz/Böhmer* DB 21, 1630 (1635)). Erfasst werden auch sog **Registerfälle** (§ 10 I 1 Nr 5 StAbwG; → Rn. 57). Diese Einkünfte unterliegen dem StAbzug (→ § 50a Rn. 4). S iEinz *BMF* BStBl I 24, 1086 Rn. 30 ff; *Gebhardt ua* IWB 24, 741 (747).

c) Sachliche Zuordnung. Wegen des **objektsteuerartigen Charakters** der beschr StPfl (→ Rn. 1 aE) richtet sich die Zuordnung zu einer der in § 49 I genannten Einkunftsarten nach dem obj Erscheinungsbild der jeweiligen (im Inl verwirklichten und aus dem Inl bezogenen) Einkünfte (BFH I R 32/10, BStBl II 14, 513). Für das **Verhältnis der Tatbestände** des § 49 I zueinander gelten die allg Vorschriften der §§ 13 ff. Während einige sich gegenseitig ausschließen (zB § 49 I Nr 1–4), stehen andere im Verhältnis der **Subsidiarität** zueinander (§ 49 I Nr 5–9, vgl § 20 VIII, § 21 III, § 22 Nr 1 S 1 und Nr 3 S 1, § 23 II, ausdrückl § 49 I Nr 6 und Nr 9 letzter Hs). Allerdings kommt im Hinblick auf auslandsbezogene Qualifikationsmerkmale die **isolierende Betrachtungsweise** (§ 49 II, → Rn. 140 f) zum Tragen. – Einheitl Leistungen sind ggf **aufzuteilen,** wenn sie zu unterschiedl Einkünften führen, soweit diesen nicht nur untergeordnete Bedeutung zukommt (insb wegen StAbzug gem § 50a, s BFH I B 157/10, BStBl II 12, 590: Aufteilung eines Pauschalhonorars für 13

Dienstleistungen und Rechteverwertung; BFH I R 73/02, BStBl II 05, 550: Aufteilung eines einheitl Leistungspakets in gewerbl Einkünfte und Einkünfte aus VuV; dazu *Gosch* FS Wassermeyer, S 263 (270); krit *Lüdicke* DStR-Beih 08, 25 (29)). – Die einzelnen **Tatbestände** sind durch FA und FG grds **austauschbar,** im Haftungsverfahren jedoch nur, soweit die Ermessensentscheidung hiervon nicht berührt wird (→ § 50a Rn. 37).

14 **d) Zeitliche Zuordnung. – aa) Jahressteuerprinzip.** Auch für beschr stpfl Einkünfte gilt das Jahressteuerprinzip (§ 2 VII 1). Zum **Wechsel der persönl StPfl** im Laufe eines VZ (Verlegung des Wohnsitzes etc) → § 1 Rn. 77, → § 2 Rn. 69 und → § 36 Rn. 19. Zu **vorab entstandenen/nachträgl BA oder WK** → § 50 Rn. 9 (→ § 4 Rn. 484 und → § 9 Rn. 94 ff).

15 **bb) Nachträgliche Einnahmen.** Auch nach Wechsel der persönl StPfl (zB nach Wegzug) können nachträgl Einnahmen aus einer inl Quelle (§ 24 Nr 1 und 2) unter den Voraussetzungen des § 49 grds wie die ursprüngl Einnahmen nach inl Recht stpfl sein, sei es als unmittelbarer Ausfluss der bisherigen Tätigkeit (s Wortlaut § 49 I Nr 3 und 4: „… oder worden ist") oder auf Grund eines neuen Besteuerungstatbestandes (zB Verwertung statt bisher Ausübung). Entscheidend für die Zuordnung ist der **wirtschaftl Zusammenhang** mit der (früheren) inl Einkunftsquelle (BFH I R 28/08, BFH/NV 10, 432: nachträgl Betriebsstätteneinkünfte iSv § 49 I Nr 2 Buchst a; str, s FG BW EFG 25, 1003 Rn. 19 mwN, Rev I R 2/25; *Eisenmann* IStR 25, 840 (847) mwN). Deshalb können zB auch Veräußerungsgewinne eines ehemals inl Betriebs nach Verlegung von Wohnsitz und Betrieb ins Ausl als inl Einkünfte der beschr StPfl unterfallen, wenn dabei im Inl entstandene stille Reserven realisiert werden (BFH I R 99/08, BStBl II 11, 1019: Aufgabe der sog Theorie der finalen Betriebsaufgabe; krit *Wassermeyer* IStR 10, 461; *ders* IStR 11, 361; *Mitschke* FR 10, 187; → § 4 Rn. 241 und → § 16 Rn. 196). Allerdings ist daneben stets DBA-Recht zu prüfen (→ Rn. 6; BFH I R 99/08, BStBl II 11, 1019 Rn. 27: Zuordnung nach dem Veranlassungsprinzip).

Beispiele: Ruhegelder als **nachträgl Sondervergütung** (BFH I R 5/11, BFH/NV 12, 556, krit Anm *Wassermeyer* IStR 12, 222); Nachzahlung von **Arbeitslohn** (BFH I R 63/00, BStBl II 03, 302); **Erfindervergütung** nach Beendigung des ArbVerh und Wegzug (BFH I R 70/08, BStBl II 12, 493); nachträgl realisierte Erträge eines ArbN aus **Aktienoptionen** (BFH I R 100/98, BStBl II 01, 509; BFH I R 119/98, BStBl II 01, 512: ggf zeitl Aufteilung nach DBA). – **Weitere Beispiele** → 39. Aufl 2020, § 49 Rn. 15 aE; zu **Abfindungen** → Rn. 90 und 93.

18 **2. Landwirtschaft und Forstwirtschaft, § 49 I Nr 1.** Begriff → § 13 Rn. 6 ff. Zusätzl muss die LuF **im Inl betrieben** werden, dh nur der inl Teil eines Betriebs unterliegt der beschr StPfl. Auf den Ort der Betriebsleitung kommt es nicht an (BFH I R 95/96, BStBl II 98, 260, Anm *FW* IStR 98, 213), ebenso wenig auf die Person des Betreibers (Eigentümer, Pächter etc). Erfasst werden auch Veräußerungsgewinne, ggf anteilig (Begünstigung: → § 50 Rn. 19), und Gewinne aus Verpachtung der LuF ohne Betriebsaufgabe (→ § 13 Rn. 112 ff). – Durch **DBA** wird die Besteuerung idR weder ausgeschlossen noch beschränkt (Belegenheitsprinzip, s Art 6 und 13 OECD-MA). Die **StErhebung** erfolgt nicht durch StAbzug, sondern durch Veranlagung (§ 50 II 2 Nr 1), uU nach § 13a (s BFH I R 95/96, BStBl II 98, 260: Berücksichtigung nur der inl Verhältnisse). § 32c gilt auch für beschr StPfl (→ § 32c Rn. 1 aE). S iÜ auch *Debatin* DB 1988, 1285.

20 **3. Gewerbebetrieb, § 49 I Nr 2.** Begriff → § 15 Rn. 8 ff; die Verweisung auf §§ 15 ff umfasst alle dort angeführten Einzeltatbestände (BFH I R 58/15, BStBl II 25, 660: zu § 15 III Nr 2). Die Besteuerung des ausl Unternehmens hängt zusätzl davon ab, ob und in welchem Umfang die ausgeübte Tätigkeit einen der in Nr 2 Buchst a–g aufgeführten **Inlandsbezüge** aufweist. Besteuert wird nur der Gewinnanteil, für den diese Voraussetzungen gegeben sind (ggf Aufteilung nach dem „Quel-

lenprinzip“, BFH I R 95/84, BStBl II 88, 663 zu II.2.d; BFH I R 76/14, BStBl II 17, 704).

a) Betriebsstätte; ständiger Vertreter, § 49 I Nr 2 Buchst a. Wichtigster und vorrangiger Anknüpfungspunkt für gewerbl Einkünfte eines beschr StPfl ist die im Inl unterhaltene Betriebsstätte. Zum Begriff „Inland“ → § 1 Rn. 30. Zur Gewinnermittlung (durch Veranlagung) → § 49 Rn. 29 und → § 50 Rn. 28 ff. Zu vorab entstandenen und vergebl BA → § 50 Rn. 9 mwN; zu nachträgl BE → Rn. 15. 21

Verwaltungsanweisungen: *BMF* BStBl I 99, 1076, geändert durch *BMF* BStBl I 00, 1509 und *BMF* BStBl I 09, 888 (Betriebsstätten-Verwaltungsgrundsätze), ergänzt durch *BMF* BStBl I 17, 182 und *BMF* BStBl I 20, 84.

aa) Betriebsstätte. Betriebsstätte iSv § 49 I Nr 2 Buchst a ist jede **feste Geschäftseinrichtung oder Anlage,** die eine feste Beziehung zur Erdoberfläche hat, der Tätigkeit des Unternehmens dient und über die der StPfl eine nicht nur vorübergehende Verfügungsmacht hat (stRspr, BFH I R 47/20, DStR 23, 1923, Rn. 21 mwN). Die Begriffsbestimmung richtet sich nach § 12 AO (BFH I R 58/15, BStBl II 25, 660 Rn. 20, mwN), nicht nach dem enger gefassten Art 5 OECD-MA (oder § 41 II). Gleichwohl greift der BFH auch in DBA-Fällen auf seine Rspr zu § 12 AO zurück (s BFH I R 47/21, DStR 25, 1013 Rn. 19), so dass diese Rspr wiederum iZm § 49 I Nr 2 herangezogen werden kann (s auch *Prinz/Cleve* DB 25, 1651: „spiegelbildl“ Beurteilung). – Die Aufzählung in § 12 AO ist beispielhaft (s iEinz Kommentierungen zu § 12 AO). Gewerbl Unternehmen müssen wenigstens eine **(Geschäftsleitungs-)Betriebsstätte** haben (ggf in der Wohnung des Unternehmers); betriebsstättenlose Einkünfte *(floating income)* sind grds zu vermeiden (str, s BFH I R 19/06, BStBl II 10, 398 Rn. 47 mwN; s aber BFH I R 39/21, DStR 25, 1019 Rn. 28: ggf Besteuerung im Ansässigkeitsstaat; *Haase/Brändel* StuW 11, 49; **aA** *Kramer* DB 11, 1882; zu betriebsstättenlosen Einkünften nach § 10 StAbwG → Rn. 12 aE). – Zur **Aufteilung** bei mehreren Betriebsstätten im Inl/Ausl s BFH I R 15/93, BStBl II 94, 148; *Wassermeyer* IStR 04, 676, entgegen *Kramer* IStR 04, 672 (677). 22

Die in § 12 S 2 AO aufgeführten Beispielsfälle setzen nicht notwendig eine feste Geschäftseinrichtung voraus; das gilt insb für die **Geschäftsleitungsbetriebsstätte** gem § 12 S 2 Nr 1, aber auch für die Montagebetriebsstätte gem § 12 S 2 Nr 8 (stRspr, s BFH I R 58/15, BStBl II 25, 660 Rn. 23 mwN; *TK* § 12 AO Rn. 23; **aA** *HHR/Bärsch* § 49 Rn. 205). – Einer Empfehlung der OECD vom 3.4.20 zufolge sollte eine verstärkte Nutzung des **Homeoffice** wegen **Corona** abkommensrechtl keine Betriebsstätte begründen (s *Höppner/Melkonyan* IStR 20, 735, und ISR 20, 181; *Frank-Fahle* PIStB 20, 150; allg auch *Geils* IWB 19, 433); das gilt auch iZm § 49 I Nr 2 Buchst a (vgl BFH III R 8/00, BStBl II 02, 512; BFH I B 156/58 S, BStBl III 62, 227; *Pesch/Busemann* IWB 21, 276 (282)). Umgekehrt wurde mE allein durch den pandemiebedingten **Lockdown** die Existenz einer Betriebsstätte nicht in Frage gestellt (auch → Rn. 26; iErg wohl ebenso *Pesch/Busemann* IWB 21, 276).

(1) Bezug zum Inland. Die feste Geschäftseinrichtung oder Anlage muss einen nicht nur vorübergehenden **räuml und zeitl** Bezug zum Inl schaffen (BFH I R 80–81/91, BStBl II 93, 462 mwN). Eine feste Verbindung mit der Erdoberfläche genügt jedenfalls (BFH I R 80–81/91, BStBl II 93, 462), ist aber nicht zwingend (BFH I R 15/93, BStBl II 94, 148: Verkaufswagen; s aber auch BFH I R 12/02, BStBl II 04, 396). Je geringer der räuml Bezug desto wichtiger ist die zeitl Komponente. Bei von Anfang an zeitl begrenzten Tätigkeiten kann auf die **6-Monatsfrist** für Bauausführungen und Montagen (§ 12 S 2 Nr 8 AO) zurückgegriffen werden (so jetzt BFH I R 39/21, DStR 25, 1019, zu DBA GB; str, s auch *HHR/Bärsch* § 49 Rn. 196 mwN). Ob diese eine Betriebsstätte begründen, hängt allein von der Dauer der einzelnen Unternehmung ab; mehrere Unternehmungen sind in zeitl Hinsicht *nicht* zusammenzurechnen (BFH I R 3/02, BStBl II 04, 932 mwN, Anm *KB* IStR 04, 204). Maßgebl ist die **Dauer der unternehmerischen Tätigkeit** in der Betriebsstätte, nicht das Vorhalten der betr Einrichtung; das gilt auch im Fall eines Unterneh- 23 mens, das nur weniger als sechs Monate bestanden hat (BFH I R 39/21, DStR 25, 1019: keine „hinreichende Verwurzelung“, zu DBA GB; zust *Prinz/Cleve* DB 25, 1651 (1655 f)).

Beispiele für Betriebsstätten: Stätte der Geschäftsleitung, Zweigniederlassung (s BFH I R 5/04, BStBl II 09, 100; BFH I R 54/92, BStBl II 93, 483), Geschäftsstelle (s BFH I B 101/98, BFH/NV 99, 753 mwN), Fabrikations- oder Werkstätte, Warenlager, Ein- oder Verkaufsstelle, Bergwerk, Steinbruch oder andere stehende, örtl fortschreitende oder schwimmende Stätten zur Gewinnung von Bodenschätzen, Bauausführungen oder Montagen (s iEinz § 12 AO); weitere Beispiele → 40. Aufl 2021, § 49 Rn. 23. – Zu Anfang und Ende eine **Montagebetriebsstätte** s BFH I R 99/97, BStBl II 99, 694 und *Kahle/Kindich* DStZ 15, 751; zu mehreren Bauausführungen s BFH I R 47/00, BStBl II 02, 846; zur Anwendung von § 42 AO bei Aufteilung auf mehrere Bauunternehmungen s BFH I B 113/98, BFH/NV 1999, 1314: nicht abschließend geklärt; zu Reparaturarbeiten s BFH I R 4/02, BFH/NV 04, 83 (keine Montage); zu Montageüberwachung s *Schieber* IStR 94, 521, und *Münch* RIW 95, 398.

24 **(2) Verfügungsmacht.** Der Unternehmer muss eine **hinreichende,** nicht nur vorübergehende **eigene** Verfügungsmacht über die von ihm genutzte Einrichtung ausüben (BFH I R 30/07, BStBl II 08, 922). Das ist nur dann der Fall, wenn er eine Rechtsposition innehat, die ohne seine Mitwirkung nicht mehr ohne weiteres entzogen oder verändert werden kann (BFH I R 80–81/91, BStBl II 93, 462). Ob sie auf Eigentum oder auf einer entgeltl bzw unentgeltl Nutzungsüberlassung beruht, ist gleichgültig (BFH I R 80–81/91, BStBl II 93, 462). Es kann sich demnach um eigene, gemietete oder unentgeltl überlassene Räumlichkeiten oder Anlagen handeln (BFH I R 189/79, BStBl II 82, 624). Das Verfügungsrecht muss **nicht ausdrückl vereinbart,** rechtl abgesichert oder lokal festgelegt sein (BFH I R 106/03, BFH/NV 05, 154 mwN); es kann auch von Dritten abgeleitet werden (s BFH I R 85/91, BStBl II 92, 937 und I R 165/90, BStBl II 93, 577) oder auf der **Identität der handelnden Organe** von überlassender und nutzender Ges beruhen (BFH I R 58/15, BStBl II 25, 660 Rn. 23). Das **bloßes Tätigwerden** in den Räumlichkeiten des Vertragspartners **genügt** hingegen **nicht** (mehr), auch nicht über mehrere Jahre hinweg (BFH I R 30/07, BStBl II 08, 922, Abgrenzung zu BFH I R 106/03, BFH/NV 05, 154; BFH I B 196/08, BFH/NV 09, 1588; Anm *KB* IStR 08, 703: wer nur „Gast“ in einem fremden Unternehmen ist, unterhält keine Betriebsstätte; *Gosch* BFH-PR 08, 524; s aber FG Köln EFG 14, 2115, rkr: unentgeltl Raumnutzung durch Versicherungsvermittler; *Kahle/Schulz* DStZ 08, 784 (788); *Rautenstrauch/Binger* Ubg 09, 619; *Lühn* BB 09, 700). Daher werden idR auch ausl selbständige **Pflegekräfte,** die im Haushalt der Pflegeperson untergebracht sind, dort keine Betriebsstätte unterhalten (Verfügungsmacht bleibt beim Auftraggeber). – Zu **Coworking Spaces** und **Desk Sharing/Hot Desking** s *Prinz/Cleve* DB 25, 1651 (1654).

Beispiele – ***Hinreichende Verfügungsmacht bejaht:*** mitgenutzter Büroraum einer Taxizentrale (BFH I R 47/21, DStR 25, 1013 Rn. 28 ff, zu Art 5 I DBA CH, → Rn. 22); Spind und Schließfach in Gemeinschaftsräumen auf Flughafengelände (BFH I R 47/20, DStR 23, 1923); Räumlichkeiten auf Kasernengelände (BFH I R 106/03, BFH/NV 05, 154: trotz Personenkontrolle) oder einer eingeschalteten ManagementGes (BFH I R 46/10, BStBl II 14, 764, und BFH I R 52/10, BFH/NV 11, 1354; *Kaminski* Stbg 12, 354); Wohnhaus eines fremden Geschäftsleiters (BFH I R 15/93, BStBl II 94, 148: muss nicht BV des Unternehmers sein); Büro eines Angestellten (BFH I R 90/75, BStBl II 78, 205; s aber FG Mchn EFG 97, 1482, rkr: bei bestrittener Verfügungsmacht des ArbG). – ***Hinreichende Verfügungsmacht verneint:*** Nutzung von Räumen und Hallen auf NATO-Flughafen durch Subunternehmer (BFH I R 30/07, BStBl II 08, 922; *Lühn* BB 09, 700; *Korff* IStR 09, 231); Besprechungsräume einer anderen GmbH (BFH I R 77/88, BStBl II 90, 166; BFH IV R 168/72, BStBl II 76, 365). – Ob FG Mster EFG 01, 234, rkr (Arbeitstische auf **Schlachthof**) nach BFH I R 30/07, BStBl II 08, 922 noch Bestand haben kann, ist mE fragl (glA *Beduhn/Staudler* IStR 15, 937 (942)). Allerdings hat ThürFG in einem ähnl Fall das Unterhalten einer Betriebsstätte bejaht (ThürFG EFG 15, 1496, NZB unzul, s BFH I B 99/15, BFH/NV 16, 1168; mE ist fragl, ob hier wirkl eine *eigene* Verfügungsmacht der ungarischen Ges begründet wurde).

(3) Dienende Funktion. Der Tätigkeit des Unternehmens dient eine Einrichtung oder Anlage vor allem dann, wenn der Unternehmer, seine ArbN oder andere weisungsgebundenen Personen **Betriebshandlungen irgendwelcher Art** darin vornehmen. Dabei genügen auch nebensächl oder untergeordnete Betriebshandlungen, solange sie dem Betrieb nur unmittelbar dienen (BFH I R 130/83, BFH/NV 88, 119). – Ein **vermietetes Grundstück,** das zu einem ausl BV gehört, begründet hingegen noch keine Betriebsstätte (BFH VIII R 159/84, BStBl II 88, 653 zu § 3 ZRF; BFH IV R 24/73, BStBl II 79, 18 zu § 14 BerlinFG; s aber § 49 I Nr 2 Buchst f), ebenso wenig die Betriebsstätte einer inl GmbH als Besitz-Ges im Falle einer **BetrAufsp** (BFH I R 196/79, BStBl II 83, 77). 25

Beispiele für hinreichende Tätigkeiten: Aufbewahrung von Kontoauszügen (BFH I R 130/83, BFH/NV 88, 119); feste Trainingseinrichtung eines Berufssportlers und Wettkampfplanung (FG Mster EFG 06, 1677, rkr).

(4) Personaleinsatz. Der Einsatz von Personal ist nicht zwingend erforderl (sehr str). Daher kann zB eine unterirdisch verlaufende Rohrleitung eine feste Geschäftseinrichtung sein und somit eine Betriebsstätte begründen (so BFH II R 12/92, BStBl II 97, 12 zu BewG; BFH I B 26/97, BFH/NV 98, 19 zu DBA; *Blumers* DB 23, 1121; *Buciek* DStZ 03, 142; *Schaumburg* Rn. 6.166; **aA** *FW* IStR 97, 149; *KS/Gosch* § 49 Rn. 13). Für Offshore-Windparks auf dem dt Festlandsockel (§ 1 I 2, → § 1 Rn. 34) oÄ gilt das gleichermaßen, ebenso für KI-gesteuerte Produktionsstätten (*Blumers/Kahle* DB 24, 3057). 26

Weitere Nachweise, insb zu **Internet** und **E-Commerce** → 44. Aufl 2025, § 49 Rn. 26; zu **Softwareüberlassung** → Rn. 56 und *BMF* BStBl I 17, 1448.

(5) Unterhalten. Eine Betriebsstätte wird unabhängig vom Ort der Geschäftsleitung (§§ 10, 12 Nr 1 AO) am Belegenheitsort, der Ausübung der Tätigkeit oder der Erbringung der Leistung unterhalten (wie § 18 I Nr 2 AO, § 2a I Nr 2). Beginn/Ende durch Tätigkeitsaufnahme/Einstellung der Betriebsstätte (vgl BGH 5 StR 134/94, HFR 95, 476). Die **Verlegung** des Betriebs führt nicht zur Betriebsaufgabe, auch nicht bei vorübergehender Betriebseinstellung; das gilt insb bei Verlegung ins Ausl (keine Besteuerung der im Inl entstandenen stillen Reserven, → Rn. 15; zur Gewinnrealisierung durch „Steuerentstrickung" aber → § 4 Rn. 244 ff). 27

(6) Personengesellschaft. Bei einer PersGes werden eine inl Betriebsstätte und die darauf entfallenden Einkünfte einem ausl Ges'ter anteilig zugerechnet, ohne dass der Ges'ter weitere Voraussetzungen erfüllen muss (BFH I R 1/19, BStBl II 23, 16; BFH I R 74/09, BStBl II 14, 788 mwN). Das gilt jedoch nicht für *ehemalige* Ges'ter (BFH I R 106/09, BStBl II 14, 759; *Kessler/Moritz* IStR 11, 158 mwN). WG und Gewinne sind nach dem **Erwirtschaftungsprinzip** zuzuordnen (→ § 50 Rn. 28 ff; BFH I B 47/05, BStBl II 09, 766 mwN). – **Sondervergütungen** → § 15 Rn. 565 und → § 50d Rn. 60 ff; **Sonder-BA** (§ 15 I 1 Nr 2), die der inl Betriebsstätte zuzurechnen sind, gehen in die Bemessungsgrundlage der beschr stpfl Einkünfte ein (BFH I R 92/12, BStBl II 22, 123). – Ist an einer inl PersGes mit **ausl Betriebsstätte** ein ausl Ges'ter beteiligt, wird dessen Gewinnanteil, soweit dieser auf die ausl Betriebsstätte entfällt, nicht erfasst (BFH I R 95/84, BStBl II 88, 663: keine inl Quelle). 28

IÜ → § 15 Rn. 173 und → Rn. 353 (atypische stille Beteiligung); *BMF* BStBl I 14, 1258; *Lüdicke* PersGes im Internationalen StRecht, GS Knobbe-Keuk S 95 ff (2011); *WRS* Rn. 6.86 ff. Zur „Unterbetriebsstätte" einer mehrstöckigen PerGes s *Haase* StuW 23, 356. – Weitere Beispiele → 39. Aufl 2020, § 49 Rn. 28 aE.

(7) Gewinnermittlung. Sie richtet sich nach den allg Vorschriften (→ § 50 Rn. 29 ff). Der Gewinn aus der **Veräußerung** oder **Aufgabe** der inl Betriebsstätte eines ausl GewBetr führt ebenfalls zu beschr stpfl Einkünften iSd § 49 I Nr 2 Buchst a, ebenso die Veräußerung des Anteils an einer inl PersGes oder einer inl Betriebsstätte. §§ 16 und 34 gelten auch bei beschr StPfl (Ausnahme: § 16 IV, vgl § 50 29

I 3; → § 16 Rn. 6, → § 34 Rn. 4 und → § 50 Rn. 14 und 19). Zu **StEntstrickung** → § 4 Rn. 240 ff (insb Überführung von WG ins Ausl) und → § 16 Rn. 175 (Verlegung einer inl Betriebsstätte ins Ausl).

Zu **Buchführungspflichten** aufgrund ausl Rechts s BFH IV R 3/20, BStBl II 23, 703 (**aA** *Drüen* IStR 19, 833); BFH I R 81/16, BStBl II 19, 390 mwN. Übt der **ausl Ges'ter einer inl PersGes** im Ausl eine eigene unternehmerische Tätigkeit aus, sind WG nach dem Veranlassungsprinzip zuzuordnen (BFH I R 58/15, BStBl II 25, 660 Rn. 26 ff; Anm *Wacker* FR 18, 558 (564); *Meretzki* ISR 18, 271). Zur Behandlung von **Dotationskapital** s BFH I B 169/10, BFH/NV 11, 2119 mwN. Zu **§ 5a** s BFH I R 67/12, BStBl II 14, 172, und BFH I R 67/12, BStBl II 14, 172.

30 **bb) Ständiger Vertreter.** Zum Begriff s § 13 AO. Die Prüfung ist nur dann vorzunehmen, wenn keine inl Betriebsstätte vorliegt. Der Vertreter muss **nachhaltig,** also nicht nur gelegentl oder vorübergehend tätig werden (BFH I R 54/16, BStBl II 19, 365 Rn. 22: über einen längeren Zeitraum hinweg jede Woche oder mehrmals im Monat; BFH I R 87/04, BStBl II 06, 220: 6 Monate); er muss **Geschäfte des Unternehmens** besorgen. Es kann sich um einen ArbN oder um einen selbständigen Gewerbetreibenden handeln (vgl BFH I R 152/73, BStBl II 75, 626; BFH X R 82/89, BStBl II 91, 395: nicht bei eigenen Geschäften), auch um das **Organ einer KapGes** (BFH I R 54/16, BStBl II 19, 365 mwN; *Höpfner/Stahnke* IStR 20, 539) oder um eine **juristische Person** (zB Tochtergesellschaft, s BFH I R 116/93, BStBl II 95, 238). Der Vertreter muss seinerseits über eine Betriebsstätte oder feste Einrichtung im Inl verfügen, der die Einkünfte zuzurechnen sind (str, **aA** *HHR/Bärsch* § 49 Rn. 226). Zur Gewinnzuordnung s *Griemla* IStR 05, 857. – **Beispiele** s § 13 AO, EStR 49.1 I (zutr krit *Schaumburg* Rn. 6.180) und → 39. Aufl 2020, § 49 Rn. 30 aE.

31 **cc) DBA-Beschränkungen.** Das Besteuerungsrecht (einschließl Betriebsveräußerung) ist gem Art 7 OECD-MA idR dem Staat der Betriebsstätte zugewiesen, sodass § 49 I Nr 2 Buchst a hier nur ausnahmsweise eingeschränkt wird; das gilt allerdings nicht für ständige Vertreter (s iEinz *Vogel/Lehner* Art 5 Rn. 112 ff und 146 ff), wobei dem BFH zufolge auch abkommensrechtl das Organ einer KapGes eine sog Vertreterbetriebsstätte begründen kann (str, s BFH I R 54/16, BStBl II 19, 365 Rn. 26 mwN). – Auch abkommensrechtl (→ Rn. 25) sind **Betriebsstätten einer PersGes** den Ges'tern als eigene zuzurechnen (BFH I R 74/09, BStBl II 14, 788; BFH I R 17/01, BStBl II 03, 631 mwN: gilt auch für doppelstöckige PersGes).

Verwaltungsanweisungen: *BMF* BStBl I 14, 1258 Tz 5. – **Schrifttum:** *Hruschka* DStR 10, 1357; *Schmitt-Homann* DStR 10, 2545; *Wassermeyer* IStR 07, 413; *Lang* IStR 07, 606; *Hoheisel* IWB F 10 Gr 2, 2009.

32 **dd) Verfahren.** StErhebung erfolgt grds durch Veranlagung (§ 50 I, II 2 Nr 1).

33 **b) Seeschiffe; Luftfahrzeuge, § 49 I Nr 2 Buchst b.** Der Betrieb von Seeschiffen oder Luftfahrzeugen im Inl begründet für den ausl Unternehmer keine inl Betriebsstätte iSd Buchst a (s *BMF* BStBl I 99, 1076 Tz 4.5 mwN), kann aber gleichwohl zu beschr stpfl Einkünften nach Buchst b führen. – Erfasst werden Einkünfte durch den Betrieb eigener oder gecharterter Seeschiffe oder Luftfahrzeuge zur Beförderung von Personen und Sachen. Den Aufzählungen in § 3 SchiffRegO und § 1 LuftVG und ebenso der Eintragung ins See- oder Binnenschiffsregister kommt ledigl indizielle Wirkung zu; entscheidend ist, wie das jeweilige Gefährt tatsächl genutzt wird und ob die Einkünfte durch den Beförderungsbetrieb erzielt werden. **„Durch den Betrieb"** erzielt werden praktisch alle Gewinne, die durch den Einsatz des Schiffes/Luftfahrzeugs anfallen (vgl BFH IV R 59/70, BStBl II 73, 610). Der erforderl **Inlandsbezug** wird durch die Beschränkung auf Beförderungen zw inl (vgl FG Bln IStR 00, 688, rkr, mit Anm *Hensel*) oder von inl zu ausl Häfen hergestellt (BFH I R 57/84, BStBl II 88, 596: Aufteilung einheitl Beförderungsleistung; FG Hmb EFG 84, 354, rkr: Durchfrachtbeförderung zw ausl Häfen; FG Bln EFG 93, 83, rkr:

Rettungsflug). – Daneben werden mit solchen Beförderungen **zusammenhängende Beförderungsleistungen** erfasst, wenn und soweit sie sich auf das Inl erstrecken. Es muss sich in Bezug auf die eigentl Beförderung um „dienende", also vorbereitende oder unterstützende Leistungen handeln (insb Zubringertransport, Anschlussbeförderung).

Zu **Pauschalierung/Freistellung** gem § 49 III und IV → Rn. 142. Zur **Geschäftsleitung** s *BMF* BStBl I 99, 1076 und BFH IV R 58/95, BStBl II 98, 86; EStR 49.1 II. Zu Aufgabe des inl Wohnsitzes → § 1 Rn. 24; zu DBA s BFH I R 42/94, BStBl II 95, 405.

c) Internationale Betriebsgemeinschaften; Pool-Abkommen, § 49 I Nr 2 Buchst c. Besteuert werden auch Unternehmen, die nicht selbst die Voraussetzungen des § 49 erfüllen, aber über internationale Vertragsbeziehungen an Beförderungserträgen eines inl Unternehmens beteiligt sind, ohne dass es darauf ankommt, ob das die Beförderung durchführende inl Unternehmen als ständiger Vertreter des ausl Unternehmens anzusehen ist (ansonsten Buchst a, EStR 49.1 II 2). 34

d) Darbietungen, § 49 I Nr 2 Buchst d. Erfasst werden die gewerbl Ausübung und Verwertung bestimmter Tätigkeiten von **Künstlern, Berufssportlern, Artisten** etc und damit zusammenhängende Leistungen (ohne inl Betriebsstätte, sonst Buchst a). Sämtl tatbestandl Merkmale des § 15 müssen vorliegen (→ Rn. 11; BFH I B 99/98, BStBl II 00, 254). Die Betätigung darf nicht unter § 49 I Nr 3 oder 4 fallen. Die Regelung gilt auch für ausl Unternehmen, die ohne inl Betriebsstätte oder ständigen Vertreter (s oben) *ausl oder inl* Künstler, Sportler und Artisten etc vermitteln (zB Künstlerverleih, Konzertdirektion, Promotion-Agentur) oder Rechte iZm entspr Veranstaltungen vermarkten (BFH I R 41/11, BStBl II 12, 880). Wem die Einnahmen zufließen, ist unerhebl; der StPfl muss nicht der Darbietende sein. Es kann sich um Einzel- oder Gemeinschaftsdarbietungen handeln, unabhängig von der Rechtsform des Darbietenden (FG Ddorf EFG 13, 1132 rkr, mwN). 36

Zum **Hintergrund** → 39. Aufl 2020, § 49 Rn. 36 aE. – *Verwaltungsanweisungen: BMF* BStBl I 09, 362 (ausl Fotomodelle) und *BMF* BStBl I 10, 1350 (StAbzug).

aa) Begriff „Darbietung". Darbietung ist die **unterhaltende Präsentation** eigener oder fremder Werke, Kenntnisse oder Fähigkeiten vor oder für Publikum. Es kann sich um öffentl (zB Konzerte, Theateraufführungen, Shows, Turniere und Wettkämpfe, s *BMF* BStBl I 10, 1350 Rn. 17) und nichtöffentl Präsentationen handeln, um Live-Auftritte (auch unter Playback-Einsatz) oder um Rundfunk-, Film- und Fernsehaufzeichnungen etc. Nur die unter Buchst d aufgeführten Darbietungen werden erfasst (abschließende Aufzählung), nicht wie nach einzelnen DBA jedwede (zB auch die unterrichtende) Tätigkeit eines Künstlers, Sportlers etc; ggf ist aber zu prüfen, ob eine mit den genannten Darbietungen zusammenhängende Leistung vorliegt (→ Rn. 43). Rein **sachl Darbietungen** ohne persönl Aktivitäten (zB Verkaufsvernissage eines Malers durch KapGes) fallen ebenfalls unter Buchst d. 37

Werbung unter Ausnutzung des Bekanntheitsgrads eines Künstlers, Sportlers etc ist idR *keine* künstlerische oder sportl Darbietung iSd § 49 I Nr 2 Buchst d; Ausnahme → Rn. 43 („zusammenhängende Leistung", BFH I R 73/02, BStBl II 05, 550 Rn. 15). Bei Rechteüberlassung greift uU § 49 I Nr 6 ein (s BFH I R 73/02, BStBl II 05, 550).

(1) Künstlerisch. Eine Darbietung ist künstlerisch, wenn sie eine **eigenschöpferische Leistung** darstellt (iEinz → § 18 Rn. 66). Der Begriff ist eng auszulegen (wie bei Art 17 OECD-MA): Nur *darbietende* Künstler fallen darunter, also vor allem Bühnen-, Film-, Rundfunk-, Fernsehkünstler (zB Schauspieler, Sänger, Balletttänzer uÄ, Musiker, Dirigent etc), nicht hingegen *schaffende* Künstler (zB Maler, Bildhauer, Komponist, Schriftsteller, Kunsthandwerker, Fotograf), es sei denn, sie bieten ihre Werke selbst künstlerisch dar (zB Musikvortrag durch Komponisten, Dichterlesung etc; aber Vorrang von § 49 I Nr 3, auch → § 18 Rn. 77 f) oder lassen dies durch Dritte tun (zB ausl KapGes). 38

Beispiele – ***künstlerische Darbietung bejaht:*** Feuerwerksshow mit Musikuntermalung (FG Bln-Bbg EFG 17, 665, rkr; krit *Holthaus* IWB 17, 540). – ***Nicht erfasst werden:*** Tänzerinnen, die „sich zu Musik … entkleiden" (BFH I R 81, 82/06, BFH/NV 08, 356), aber → Rn. 41; Regisseure und Bühnenbildner (BFH I R 26/01, BStBl II 02, 410 zu Art 17 OECD-MA; BFH I R 51/96, BStBl II 97, 679); ebenso Kameramann, Cutter, Tontechniker, Choreograph und Produzent; „Bühnenshow" eines Technikerteams (BFH I R 20/04, BFH/NV 05, 892: keine „unabhängige" Darbietung; BFH I R 65/10, BFH/NV 12, 924); unterrichtender Tänzer (FG Bbg EFG 01, 1284, rkr); Fotomodell (FG Nbg EFG 98, 951, rkr). – Zu Diskjockeys s *Grams* FR 99, 747. Zu technischen Hilfskräften → Rn. 43.

39 **(2) Sportlich.** Eine Darbietung ist sportl, wenn sie auf **körperl Bewegung** in Form von Spiel, Einzel- oder Wettkampfleistungen und auf eine über den alltägl Rahmen hinausgehenden **körperl Anstrengungen** der beteiligten Menschen ausgerichtet ist. Zw Berufssportler und Amateur wird nicht unterschieden; Startgelder, die nicht nur Aufwandsersatz sind, indizieren Gewinnerzielungsabsicht (*Schaumburg* Rn. 6.197). Ob auch **geistige Tätigkeiten** unter den Begriff „sportlich" fallen („Denksport"), ist str (abl FG Mchn IStR 95, 537 für Berufsschachspieler; **aA** *KS/Gosch* § 49 Rn. 26 – zu DBA s *Vogel/Lehner* Art 17 Rn. 32). Jedenfalls wird man bei „geistigen Wettkämpfen" uÄ vor oder für Publikum ab VZ 2009 eine unterhaltende Darbietung (→ Rn. 37, 41) annehmen können.

Beispiele: Berufssportler erzielen gewerbl Einkünfte (stRspr, s BFH I R 44–51/99, BStBl II 02, 271 mwN), wenn sie nicht ArbN sind (FG BW EFG 07, 1879, rkr). – **Nicht erfasst:** Teilnahme an Pferderennen (BFH I R 14/01, BStBl II 02, 861: keine Gewinnerzielungsabsicht; **aA** FG Hmb EFG 00, 14, rkr); Schiedsrichter (NdsFG EFG 05, 766, rkr); Fußballtrainer (FG Köln EFG 98, 744, rkr); Sportlehrgänge (*FW* IStR 93, 69); nicht eingesetzte Ersatzspieler (*Killius* FR 95, 721 (724). – Zu **Werbung** → Rn. 37. Zu StErlass → § 50 Rn. 47.

40 **(3) Artistisch.** Darunter fallen Darbietungen im Zirkus, Varieté uä Veranstaltungen, die ein besonderes körperl Geschick erfordern, zB durch Jongleure, Dompteure, Seiltänzer, Fakire, Zauberer, Clowns, Bauchredner und Film-Stuntmen; nicht hingegen Wahrsager und Hellseher (aber → Rn. 41). Zur gewerbl Tätigkeit selbständiger Artisten: BFH I R 96/92, BFH/NV 93, 716.

41 **(4) Unterhaltend.** Auch Darbietungen ohne spezifisch künstlerischen, sportl oder artistischen Gehalt begründen (seit VZ 2009) eine beschr StPfl, wenn sie „unterhaltend" sind (Auffangtatbestand). Im Grunde handelt es sich um eine Tautologie, da der unterhaltende Charakter bereits zum Begriff „Darbietung" gehört (→ Rn. 37). Erfasst werden sollen Veranstaltungen auch jenseits der von BFH I R 81, 82/06, BFH/NV 08, 356 aufgezeigten Grenze eigenschöpferischer Gestaltung (s BT-Drs 16/10189, 58: Anpassung an DBA-Regelungen). – Dem Begriff **„ähnl Darbietung"** kommt mE daneben keine eigenständige Bedeutung mehr zu (s aber *HHR/Rehfeld* § 49 Rn. 536: Auslegungsregel für einen weiten Darbietungsbegriff). Auf die Vergleichbarkeit mit künstlerischen etc Darbietungen kommt es nicht (mehr) an.

Beispiele: Tänzerinnen, die „sich zu Musik … entkleiden" (BFH I R 81, 82/06, BFH/NV 08, 356); **Gang über den „roten Teppich"** mit Posieren und (kleinen) Interviews gegen ein *appearance-fee* (s FG Köln IStR 19, 421, rkr; diff *Holthaus* IStR 19, 423); **Ritterspiele** und mittelalterl **Handwerksmarkt** (ThürFG EFG 01, 74, rkr); Auftritte von **Prominenten** (nicht nur Künstler und Sportler) auf Benefizveranstaltungen uÄ mit Unterhaltungscharakter; **Teilnahme an Talkshows** (abl zum alten Recht noch BFH I B 99/98, BStBl II 00, 254), ebenso an **Casting-Shows,** Quizsendungen, Interviews oder sog Homestories; Hellseher, Astrologen und Wahrsager; Büttenredner. Zu sog **Influencern** und **Bloggern** s *Kunz/Leitsch* FR 24, 289; *Scheerer/Wionzeck* DStR 21, 1449; *Pinkernell/Schlotter,* FR 2020, 681; *Höppner* PIStB 21, 22. – **Nicht erfasst** werden weiterhin: Vorträge und Seminare (es sei denn, der unterhaltende Charakter überwiegt, zB „Wissenschaftsshow"); Werbeaufnahmen von Fotomodellen etc (FG Nbg EFG 98, 951, rkr).

bb) Inlandsbezug. Eine Tätigkeit wird im Inl **ausgeübt,** wenn sich der beschr StPfl dort physisch aufhält und persönl etwas vorführt bzw an einer unterhaltenden Darbietung teilnimmt (auch → Rn. 73). – **Verwertet** wird die Tätigkeit, wenn durch zusätzl Handlungen finanzieller Nutzen daraus gezogen wird (→ Rn. 74), zB durch die Überlassung von (Nutzungs-)Rechten (s BFH I R 6/07, BStBl II 09, 625: Vermarktung). Die Verwertungshandlung muss einen unmittelbaren sachl Zusammenhang zur Darbietung aufweisen (BFH I R 6/07, BStBl II 09, 625; s auch BFH I R 64/99, BStBl II 03, 641). Fehlt es daran, ist zu prüfen, ob Einkünfte aus „zusammenhängenden Leistungen" vorliegen (s unten). Ob es sich um eine **Auslands- oder Inlandsdarbietung** handelt, ist unerhebl, wenn nur die Verwertung im Inl erfolgt (seit 1999; zur früheren Rechtslage: BFH I R 18/97, BStBl II 98, 440; s auch *Wassermeyer* IStR 98, 372; *Kumpf/Roth* DB 99, 1132; → 23. Aufl 2004, § 49 Rn. 32 mwN). Wann das der Fall ist, ist nach wie vor nicht abschließend geklärt, bei Nutzung von überlassenen Rechten im Inl aber wohl jedenfalls zu bejahen (BFH I R 6/07, BStBl II 09, 625 Rn. 29 mwN). 42

Beispiele: Streaming von Musik im Inl (s *Pinkernell* Ubg 12, 331 (335 f)); Überlassung von **Fernsehübertragungsrechten** zu inl Sportveranstaltungen durch ausl Verein an inl Rundfunkanstalt (BFH I R 6/07, BStBl II 09, 625; s auch BFH I R 41/11, BStBl II 12, 880; ferner *Schauhoff/Schlotter* IStR 09, 751, auch zu Konzertveranstaltungen); (Neben-)Leistungen zu **Inlandstournee** ausl Musiker (BFH I R 19/04, BStBl II 08, 228). – **Nicht erfasst:** die von einer zwischengeschalteten ausl Ges eingeräumte Möglichkeit der **Bandenwerbung** bei Sportveranstaltung (BFH I R 64/99, BStBl II 03, 641, Anm *FW* IStR 01, 782). – Änderung der Rspr zu **Sportler-Werbeverträgen:** BFH I R 19/06, BStBl II 10, 398 mwN (Abgrenzung zu BFH I R 73/02, BStBl II 05, 550), Anm *Schauhoff/Idler* IStR 08, 341; *Gosch* BFH-PR 08, 234.

cc) Zusammenhängende Leistungen. Darüber hinaus werden auch Leistungen erfasst, die selbst keine künstlerische, sportl etc Darbietung darstellen, diese aber vorbereiten, unterstützen oder nachbereiten (gesamte technische und kfm Organisation wie Vermittlung, Transport, Hotelbuchung, Aufbau, Materialbeschaffung, Kartenverkauf, Werbung für die Veranstaltung und Merchandising, Künstlerbetreuung, Bühnenbild, Tontechnik, Beleuchtung, Abrechnung etc); gleichermaßen erfasst werden „begleitende" Leistungen wie Ausrüstungsverträge (Sponsoring), Werbeverträge, Vergütungen für Autogrammstunden und Interviews (*BMF* BStBl I 10, 1350 Rn. 31 ff). Erforderl ist ein **tatsächl konkreter und untrennbarer Zusammenhang** mit der Darbietung (s auch BFH I R 93/09, BFH/NV 10, 2263 mwN: „Konnexitätsklausel"). Verhindert werden soll, dass durch Aufteilung an sich zusammenhängender Leistungen auf jeweils gesonderte Verträge einzelne Bereiche eines einheitl Leistungsgefüges (teilweise) der beschr StPfl entzogen werden (BT-Drs 10/1636, 64). – Die Rspr setzt zudem **personelle Identität** voraus: Derselbe Anbieter muss zugleich eine dem § 49 I Nr 2 Buchst d unterfallende Hauptleistung erbringen (BFH I R 93/09, BFH/NV 10, 2263 mwN: „aus einer Hand"; BFH I R 65/10, BFH/NV 12, 924: „Gesamtleistung" des Darbietenden, enge Auslegung hinsichtlich der Funktion des Abzugsverfahrens nach § 50a; s auch *Lamprecht* IStR 12, 378; *Ehlig* IStR 10, 504). Trennbare Leistungen (unabhängiger) Dritter aufgrund besonderer Verträge werden aber nicht erfasst, auch nicht bei Beteiligung des Darbietenden oder nahestehender Personen am Unternehmen, das die weiteren Leistungen erbringt. Dass der Darbietende „unmittelbaren Einfluss auf Wahl und Umfang der Leistungen des Dritten ausüben kann", genügt nicht (so *BMF* BStBl I 10, 1350 Rn. 34; wie hier: *KS/Gosch* § 49 Rn. 30). 43

Beispiele: Werbung auf Helmen und Anzügen eines ausl Motorsportteams (BFH I R 3/11, BFH/NV 12, 2038: Einheit von sportl Darbietung und Werbeleistung, eigenständige Darbietung des „Rennteams"; s Anm *Gosels* BFH/PR 13, 13). – **Nicht erfasst werden:** Bereitstellung von **Musikanlage und Transportfahrzeugen** durch GmbH der Ehefrauen (BFH I R 93/09, BFH/NV 10, 2263: Ausgliederung technischer Dienstleistungen, keine missbräuchl Gestaltung; tendenziell eher weiter wohl FG Köln EFG 09, 255, rkr: „wirtschaftl Betrachtungsweise"; s auch FG Mchn EFG 02, 835, rkr); **„Bühnenshow" eines Technikerteams** (BFH I R 65/10, BFH/NV 12, 924: selbständige, unabhängige Ges mit eigenem Personal; s auch BFH I R 20/04,

BFH/NV 05, 892); **Werbung durch unabhängige Dritte** während oder anlässl von Sportveranstaltungen (BFH I R 64/99, BStBl II 03, 641); **Überlassung von Rechten** (Bild und Namen) an der Person eines Sportlers (BFH I R 73/02, BStBl II 05, 550: § 49 I Nr 6, jetzt § 49 I Nr 2 Buchst f; s auch *BMF* BStBl I 05, 844). – Das **Erfordernis personeller Identität** schließt es mE aus, Regisseure, Choreographen, Komponisten, Bühnenbildner, Autoren etc, die selbst *keine* künstlerische Darbietung erbringen, über das Tatbestandsmerkmal der „zusammenhängenden Leistung" der beschr StPfl zu unterwerfen (so aber *Krabbe* FR 86, 425 (426); *Kessler* BB 86, 1890 (1897); *HHR/Rehfeld* § 49 Rn. 549; *KS/Gosch* § 49 Rn. 30).

44 **dd) Zufluss der Einnahmen.** Ob die Einnahmen dem Darbietenden oder Verwertenden selbst oder aber einem Dritten zufließen, ist unerhebl (s letzter Hs der Regelung); die jeweilige Zahlung muss ledigl in einem kausalen Zusammenhang zu der Ausübung oder Verwertung einer Darbietung im Inl stehen (BFH I B 143/93, BFH/NV 94, 864: „durch").

45 **ee) DBA-Beschränkungen.** Nach Art 17 OECD-MA keine Beschränkung bei inl Darbietung für (persönl) Ausübungseinkünfte; vorausgesetzt wird ein (unmittelbarer oder mittelbarer) Zusammenhang mit einer konkreten öffentl Darbietung (s iEinz *Vogel/Lehner* Art. 17 Rn. 6). Dagegen können Verwertungseinkünfte idR nur im Ansässigkeitsstaat besteuert werden (Art. 12 OECD-MA; zur Abgrenzung s BFH I R 41/11, BStBl II 12, 880; ferner *Vogel/Lehner* Art 17 Rn. 13 und 43). Mit der Darbietung zusammenhängende organisatorische oder technische etc Leistungen (→ Rn. 43) werden idR nicht erfasst (s BFH I R 59/15, BStBl II 18, 624 Rn. 30: ggf Aufteilung; Abgrenzung: BFH I R 35/21, BStBl II 24, 343 Rn. 29, VerfBeschw BVerfG 2 BvR 555/24).

46 **ff) Verfahren.** Die **Steuererhebung** erfolgt gem § 50a I und § 50 II 1 im Wege des **Brutto-StAbzugs** durch den inl Vergütungsschuldner, grds mit abgeltender Wirkung ohne BA-Abzug (→ § 50 Rn. 27, → § 50a Rn. 10 ff; Ausnahmen: § 50 II 2 Nr 4b und 5, erweiterte beschr StPfl gem § 2 V AStG), oder durch **Nachforderungsbescheid** an den beschr StPfl (§ 50a V 6, → § 50a Rn. 38). Ggf Veranlagung (→ § 50 Rn. 42), aber Antragsbeschränkung gem § 50 II 7, 8 (EU-/EWR-Staatsangehörige, Schweiz) → Rn. 47. – **Höhe des StAbzugs** seit **2009: 15 %** (Geringfügigkeitsgrenze: 250 €, § 50a II) oder **Netto-StAbzug von 30 %** (§ 50a III).

48 **e) Veräußerung von Kapitalgesellschaftsanteilen, § 49 I Nr 2 Buchst e.** Was Anteile an einer KapGes sind, regelt § 17 I 3 (→ § 17 Rn. 44 ff); zu sonstigen Anteilen → Rn. 102 (§ 49 I Nr 5 Buchst d iVm § 43 I Nr 9). Auch die übrigen tatbestandl Voraussetzungen des § 17 müssen erfüllt sein. Gehören die Anteile zum BV einer inl Betriebsstätte, gilt Buchst a (→ § 17 Rn. 10 und 42). Dagegen ist unerhebl, ob die Anteile im Ausl im **BV oder PV** gehalten werden (Folge der isolierenden Betrachtungsweise, → Rn. 140 f; s auch BFH I 35/64, BStBl III 67, 45).

Gehören die Anteile zum Gesamthandsvermögen einer **vermögensverwaltenden PersGes,** fällt die Veräußerung von Anteilen am Gesamthandsvermögen ebenfalls unter Buchst e (wegen Zurechnung gem § 39 II Nr 2 AO, → § 17 Rn. 41).

49 **aa) Inlandsbezug (allgemein).** Die KapGes, deren Anteile veräußert werden, muss grds **Sitz oder Geschäftsleitung im Inl** haben **(Buchst e aa).** Dies genügt für die Begründung der beschr StPfl. Die Veräußerung kann im Inl oder Ausl und an einen inl oder ausl Erwerber erfolgen. Erfasst werden alle Vorgänge, die § 17 unterfallen, also neben Veräußerung von Anteilen und verdeckter Einlage (§ 17 I 2) auch Auflösung einer KapGes, KapHerabsetzung, Verzicht auf Teilnahme an der KapErhöhung (BFH I R 47/19, BStBl II 23, 443; zust *Ott* StuB 23, 294) etc; iEinz → § 17 Rn. 206 ff.

Zu **Wegzug** ins Ausl → § 17 Rn. 17. Bei einer beschr stpfl KapGes ohne inl Betriebsstätte oder ständigen Vertreter greift die **Schachtelstrafe gem § 8b III 1 KStG** nicht (BFH I R 37/15, BStBl II 18, 144 mwN). Zu **§ 23** s BFH I R 25/86, BStBl II 90, 1056. Zu ausl **FondsGes** s *Stoll/Schuh* BB 11, 2330.

bb) Nachversteuerung stiller Reserven (Buchst e bb). Seit VZ 2006 (§ 52 LVII aF) soll die Regelung eine Nachversteuerung eingefrorener stiller Reserven **bei späterer Veräußerung** durch Anteilseigner ohne Wohnsitz/Sitz im Inl (Anzeigepflicht gem § 54 IV EStDV) in folgenden Fällen sichern: *(1)* Buchwertansatz nach **Verschmelzung** aufgrund eines Antrags nach **§ 13 II UmwStG** (keine Gewinnrealisierung trotz Veräußerungsfiktion des § 13 I UmwStG, wenn das dt Besteuerungsrecht hinsichtl der Anteile nicht beschr wird oder der Vorgang nach Art 8 FusionsRiLi nicht besteuert werden darf). – *(2)* Buch- oder Zwischenwertansatz bei **qualifiziertem Anteilstausch** aufgrund eines Antrags nach **§ 21 II 3 Nr 2 UmwStG** (Anteilstausch darf wiederum gem Art 8 FusionsRiLi nicht besteuert werden). – *(3)* Ausnahme von der Veräußerungsfiktion des § 17 V 1 bei **Sitzverlegung einer EG-Ges** gem **§ 17 V 2** (→ § 17 Rn. 240 f). 50

cc) Inländisches Grundvermögen (Buchst e cc). Werden Anteile an einer KapGes **ohne Sitz oder Geschäftsleitung im Inl** (ansonsten Buchst e aa, → Rn. 49) veräußert und fällt die Veräußerung unter § 17 (alle Tatbestandsalternativen, → Rn. 49), führt dies ebenfalls zu beschr stpfl Einkünften, wenn der **Wert der Anteile** unmittelbar oder mittelbar zu *mehr als 50%* auf **inl unbewegl Vermögen** beruht. Dabei genügt es, wenn diese Voraussetzung zu irgendeinem Zeitpunkt während eines Zeitraums von **365 Tagen** vor der Veräußerung erfüllt war *und* dem Veräußerer die Anteile an der Ges zu diesem Zeitpunkt zuzurechnen waren (§ 39 AO); eine bestimmte Dauer setzt die Regelung hierfür nicht voraus. Ebenfalls nicht vorausgesetzt wird, dass der Veräußerer *zu diesem Zeitpunkt* zu mindestens 1% (unmittelbar oder mittelbar, → § 17 Rn. 51 ff) an der KapGes beteiligt war; eine Veräußerung von Anteilen unterhalb dieser Quote wird nicht erfasst. Es müssen also *zwei* zeitraum-bezogene Prüfungen durchgeführt werden („365 Tage“: Anteil des inl unbewegl Vermögens am Gesamtwert der veräußerten Anteile; und „5 Jahre“: relevante Beteiligung nach § 17 I 1, 4). – **Wertvergleich:** Der Wert des inl unbewegl Vermögens (Begriff → § 21 Rn. 101) ist ins Verhältnis zu setzen zum gesamten Vermögen der KapGes. Die Quote ist gem § 49 I Nr 2 Buchst e bb Hs 2 **anhand der Buchwerte** der aktiven WG zu ermitteln; Passivposten bleiben unberücksichtigt. Ist die KapGes ihrerseits an einer (oder mehreren) Ges mit inl unbewegl Vermögen beteiligt, muss eine **Gesamtquote** aller aktiven WG gebildet werden. – Die Regelung gilt gem § 52 XLVa 1 erstmals für Gewinne aus Veräußerungen **nach dem 31.12.18;** die Gewinne werden auch nur insoweit erfasst, als ihnen nach dem 31.12.18 entstandene **Wertveränderungen** zugrunde liegen. 51

Die Regelung soll das dt Besteuerungsrecht in Anlehnung an die Neufassung von **Art 13 IV OECD-MA** erweitern; mit dem 365-Tage-Prüfungszeitraum soll **Gestaltungen** kurz vor Anteilsveräußerung entgegengewirkt werden (s BT-Drs 19/4455, S 48). Im Ergebnis wird die Anteilsveräußerung so besteuert, als wäre inl Grundvermögen veräußert worden. Zu der (abkommensrechtl) Problematik der Berücksichtigung von **technischen Anlagen und Maschinen** eines produzierenden Gewerbebetriebs als unbewegl Vermögen s *Plewka/Beck* IStR 07, 125. Krit hinsichtl Prüfungsaufwand insb von Konzernen mit inl Grundbesitz, strukturellem Erhebungsdefizit und mögl Mehrfachbesteuerung: *Kempf ua* IStR 18, 527; *Weiss/Brühl* BB 18, 2135. Zu Remittance-Base-Klauseln s *Meier/Weider* ISR 20, 386.

dd) DBA-Beschränkungen. Gem Art 13 V OECD-MA Besteuerung im Ansässigkeitsstaat des Veräußerers; s iEinz *Vogel/Lehner* Art 13 Rn. 190 ff und 199 ff (Wegzugsfälle). Vgl iÜ auch BFH I R 39/87, BStBl II 90, 379 und BFH I R 40/87, BStBl II 90, 381. 52

ee) Verfahren. Die **StErhebung** erfolgt durch Veranlagung unter Berücksichtigung von § 17 II (Veräußerungsgewinn) und III (Freibetrag) sowie § 34 I (Tarifermäßigung); → § 50 Rn. 19. Kein StAbzug, wenn die Anteile in einem inl Depot liegen, auch nicht bei Beteiligung von mind 1% (s *BMF* BStBl I 25, 1330 Rn. 315). 53

54 **f) Vermietung, Verpachtung und sonstige Veräußerung, § 49 I Nr 2 Buchst f. – aa) Gewerblichkeit, Abgrenzung, § 49 I Nr 2 Buchst f S 1.** Auch hier müssen in Bezug auf die VuV bzw die Veräußerung von inl unbewegl **Vermögen, Sachinbegriffen** oder **Rechten** (zum sachl Anwendungsbereich → § 21 Rn. 101 ff) sämtl Merkmale des § 15 vorliegen (→ Rn. 55). Ferner darf der Tatbestand von Nr 2 Buchst a nicht erfüllt sein; dh, die Einkünfte aus VuV/Veräußerung dürfen im Inl keiner Betriebsstätte und keinem ständigen Vertreter zuzurechnen sein (Vorrang von Buchst a). Im Umkehrschluss können allein der Umstand einer VuV oder Veräußerung im Inl für sich genommen (noch) keine inl Betriebsstätte begründen, auch nicht bei langfristiger VuV (s auch BFH I R 84/05, BStBl II 07, 94: verpachteter Betrieb ist keine Betriebsstätte des Verpächters; BFH VIII R 271/84, BStBl II 91, 126). – Zum Hintergrund der Regelung iÜ → 39. Aufl 2020, § 49 Rn. 54 aE.

Verwaltungsanweisungen: BMF BStBl I 21, 301; *BMF* BStBl I 21, 1005 und *BMF* BStBl I 22, 957 (Registerfälle); *BMF* BStBl I 11, 530 (Buchführungspflichten, Gewinnermittlung, Besteuerung); *BMF* BStBl I 09, 362 (Fotomodelle).

55 **(1) Vermietung, Verpachtung, Veräußerung.** Vermietung und Verpachtung ist die **zeitl begrenzte Überlassung** eines WG gegen Entgelt (→ § 21 Rn. 4). Veräußerung ist die **entgeltl Übertragung** auf einen anderen Rechtsträger (→ § 6b Rn. 26 ff; s auch BFH I R 81/00, BStBl II 04, 344 mwN: verdeckte Einlage in KapGes ist keine Veräußerung). – Soweit nicht die Gewerblichkeitsfiktion (→ Rn. 58) Anwendung findet, muss nach inl Maßstäben eine **gewerbl Tätigkeit** vorliegen (→ Rn. 10), zB gewerbl Grundstückhandel oder gewerbl Vermietung (→ § 15 Rn. 47 und 80 ff). Bei der Prüfung, ob ein **gewerbl Grundstückshandel** vorliegt, sind auch ausl Grundstücksverkäufe zu berücksichtigen; § 49 II steht dem nicht entgegen (so zutr *Bornheim* DStR 98, 1773; *Schaumburg* Rn. 6.215). Natürl Personen, die ein inl Grundstück vermieten, erzielen idR Einkünfte aus § 49 I Nr 6 (*Wassermeyer* IStR 09, 238; *Bron* DB 09, 592). – Erfasst wird auch die **verbrauchende Rechteüberlassung** (seit 2007; vorher: BFH I R 19/06, BStBl II 10, 398), die sich zB in der ausschließl, einmaligen oder wiederholenden Nutzung zu Werbezwecken erschöpft (zB exklusive Nutzungs- und Werberechtsverkäufe an inl Unternehmen gegen Einmalzahlung zur Bandenwerbung bei Sportveranstaltung oder Fernsehwerbung uÄ, *Dörr* IStR 06, 583; *Cordewener/Dörr* GRUR Int 05, 674, auch zu fortbestehenden DBA-rechtl Problemen). – Einschr zur grenzüberschreitenden Überlassung von **Software und Datenbanken** *BMF* BStBl I 17, 1448: Nur die Einräumung umfassender Nutzungsrechte („insb Vervielfältigungs-, Bearbeitungs-, Verbreitungs- oder Veröffentlichungsrechte") zur wirtschaftl Weiterverwertung begründet inl Einkünfte, nicht die schlichte „Überlassung zum bestimmungsgemäßen Gebrauch" (einschließl Installation, Herunterladen in Arbeitsspeicher, Anwendung und Anpassung); keine Unterscheidung zw Standard- und Individualsoftware (s auch *Roder-Hießerich* CR 21, 374; *Schnitger/Oskamp* IStR 17, 616; *Pinkernell* Ubg 17, 497; *Maßbaum/Imhof* FR 18, 6; krit *Holthaus* IStR 17, 729; *ders* DStZ 18, 68; ferner *Behnes ua* CR 16, 281; zu mehrstufigen Vertragsverhältnissen s *Frey/Schmid* IStR 23, 853). Zu **§ 69a V UrhG** s *BMF* BStBl I 22, 1253 und → § 50a Rn. 15 mwN. – Zu **„BetrAufsp über die Grenze"** → § 15 Rn. 862; zu **Forderungsverzicht** *Schmid/Renner* FR 12, 463.

56 **(2) Inlandsbezug.** Bei Grundstücken etc und Sachinbegriffen wird der erforderl Inlandsbezug durch die **Belegenheit im Inl** und bei Rechten durch **Eintragung** in inl öffentl Bücher oder Register (zB Patent-, Markenschutz- oder Gebrauchsmusterregister) hergestellt, ferner durch Verwertung von vermieteten, verpachteten oder veräußerten Sachinbegriffen oder Rechten in der **inl Betriebsstätte/Einrichtung eines Dritten** (s BFH I R 69/18, BStBl II 19, 401 mwN: Ort der Geschäftsleitung maßgebl; bei Verwertung in *eigener* inl Betriebsstätte des beschr StPfl: Buchst a); zu Verwertung in öffentl-rechtl Rundfunkanstalt s EStR 50a.1. – Dem *BMF* zufolge ist

in den sog **Registerfällen** (Überlassung von Rechten, die in ein inl Register eingetragen sind) grds kein weiterer Inlandsbezug erforderl (*BMF* BStBl I 20, 1060). Das ist in dieser Allgemeinheit unzutr, hätte es doch zur Folge, dass weltweit Rechteüberlassungen zu einer beschr StPfl im Inl führen könnten, auch **ohne inl Verwertung oder Wertschöpfung** (ausführl *Schön* IStR 23, 453: territoriale Zuordnung von Schutzrechten); auch hätte das FA im Zweifel keine Möglichkeit, einen solchen StAnspruch effektiv zu vollziehen (so zutr *Altenburg* IStR 20, 561; s auch *Andresen* ua IStR 20, 833; *Frey/Schmidt/Schwarz* IStR 21, 427 und 464; **aA** *KS/Gosch* § 49 Rn. 86c; *Gosch* DK 20, 344; *Cloer/Heckeroth* FR 21, 709). Das *BMF* geht gleichwohl, soweit nicht § 49 I Nr 2 Buchst f S 2 eine beschr StPfl ausschließt, bei zeitl befristeter Überlassung von Rechten von der Verpflichtung zum **StAbzug** nach § 50a I Nr 3 und bei der Veräußerung von Rechten von einer **Erklärungspflicht** aus (*BMF* BStBl I 21, 301). – Ungeachtet dessen sind aber bei Ermittlung der **Bemessungsgrundlage** nur diejenigen Einkünfte zu erfassen, die mit der Eintragung der Rechte in einem Veranlassungszusammenhang stehen (so zutr *Ehlermann/Wehnert* ISR 22, 348; s auch *Kraft* IWB 21, 228; *Schönfeld ua* IStR 21, 299 (306 f); *Rasch ua* ISR 22, 173; *Martini* Ubg 21, 230; ausführl und noch stärker einschr *Schön* IStR 24, 829 und 872: „einkommensbasierte" Ermittlung einer anteiligen Lizenzgebühr nach marktübl Vergleichswerten). – Zu **Verfahrensfragen** (vor allem Festsetzungsverjährung) → § 50a Rn. 33 mwN.

Das *BMF* hat für Vergütungen, die vor dem 1.7.23 zugeflossen sind, **„Vereinfachungsregelungen"** geschaffen. Entspr Anträge „auf Freistellung vom StAbzug analog" § 50d II 1 bzw § 50c II 1 Nr 1 waren bis zum 30.6.23 beim *BZSt* zu stellen (*BMF* BStBl I 21, 301 und *BMF* BStBl I 21, 1005; verlängert durch *BMF* BStBl I 22, 957; s auch *Ehlermann/Wehnert* ISR 22, 309 [Teil 1]; *Schulz-Trieglaff* Ubg 21, 231). – S iÜ auch *Schön* IStR 23, 480: **Verstoß gegen Art. 3 I GG** wegen willkürl Differenzierung zw eingetragenen und nicht eingetragenen Immaterialgüterrechten, unterschiedl Behandlung von ausl Einheitsunternehmen und ausl Konzernen sowie Privilegierung sog Drittlizenzen; ferner zu den verfassungs- und unionsrechtl Fragen: *Schönfeld/Ellenrieder* IStR 21, 831 und *dies* IStR 20, 567; *Pinkernell/Schlotter* FR 21, 909; *Reichwein* IStR 24, 633. – Zur Abgrenzung bei Eintragungen im **Unionsmarkenregister** und im Markenregister der **WIPO** (World Intellectual Property Organization) s *Linn ua* IStR 23, 297; einschr zu europäischen Patenten: *Fischer/Ritter/Willam* IStR 24, 208.

bb) Beschränkung der „Registerfälle", § 49 I Nr 2 Buchst f S 2. Mit dem **JStG 2022** (BGBl I 22, 2294) ist der Anwendungsbereich des § 49 I Nr 2 Buchst f S 1 hinsichtl sonstiger Rechte, die keine grundstücksgleichen Rechte iSv § 21 I 1 Nr 1 (→ § 21 Rn. 101 aE) sind, in zweifacher Hinsicht eingeschränkt worden: – *(1)* Beschr stpfl Einkünfte liegen nur vor, wenn die VuV/Veräußerung zw **nahestehenden Personen iSv § 1 II AStG** erfolgt (so iErg Buchst f S 2 Alt 1), also nicht in sog Drittlizenzfällen. Dies gilt **rückwirkend** für alle noch offenen Verfahren (§ 52 XLVa 2 Hs 1). – *(2)* Soweit diese Voraussetzung erfüllt ist, liegen gleichwohl *keine* beschr stpfl Einkünfte vor, wenn die Einkünfte **nach einem DBA** und unter Berücksichtigung der Regelungen zu deren Anwendung im EStG (insb § 50d III und XIa) im Inl nicht besteuert werden (Fälle ohne StAufkommen, Buchst f S 2 Alt 2). Die DBA-rechtl Behandlung der Einkünfte wird hier also bereits auf der Tatbestandsebene des § 49 I Nr 2 Buchst f S 1 berücksichtigt (→ Rn. 6). Das hat insb zur Folge, dass in den entspr Fällen kein StAbzug vorzunehmen ist, ohne dass es auf das Vorliegen einer **Freistellungsbescheinigung** (§ 50c II) ankommt (aber: in Zweifelsfällen StAbzug → § 50a Rn. 32). Diese Regelung gilt für alle Veräußerungen, die nach dem 31.12.22 erfolgen, und für alle Vergütungen, die **nach dem 31.12.22** zufließen (§ 52 XLVa 2 Hs 2). 57

Veräußerungen zw nahestehenden Personen iSv § 1 II AStG, die **vor dem 1.1.23** erfolgt sind, und Vergütungen, die vor dem 1.1.23 zugeflossen sind, sind damit weiterhin nach § 49 I Nr 2 Buchst f S 1 zu behandeln, dh ohne die Einschränkungen des § 49 I Nr 2 Buchst f S 2 nF. Sie führen nach Auffassung der FinVerw grds zu beschr stpfl Einkünften und unterliegen dem StAbzug (→ Rn. 56). – Zu StPfl und StAbzug gem **§ 10 I 1 Nr 5, II StAbwG,** wenn der Vergütungsgläubiger seinen Wohnsitz oder Sitz in einem nicht kooperativen StHoheitsgebiet iSv § 2 StAbwG hat s *BMF* BStBl I 24, 1086 Rn. 60; *Kraft* NWB 23, 247; *Grotherr* NWB 23, 193.

58 **cc) Mittelbare Veräußerungsvorgänge, § 49 I Nr 2 Buchst f S 3.** Die Veräußerung von Anteilen an einer PersGes mit inl Grundbesitz führte ursprüngl nicht zu beschr stpfl Einkünften (so zutr FG Mchn EFG 13, 1852, rkr, mwN; s auch *Haase* IStR 14, 170; *Podewils* jurisPR-SteuerR 46/2013 Anm 3). Mit Wirkung ab VZ 2017 werden mit Buchst f S 3 über die Verweisung auf § 23 I 4 auch mittelbare Veräußerungsvorgänge erfasst (bruchteilsmäßiger Durchgriff durch die vermögensverwaltende PersGes, → § 23 Rn. 44 mwN; s auch BT-Drs 18/8739, 116 f).

59 **dd) Gewerblichkeitsfiktion, § 49 I Nr 2 Buchst f S 4.** Die Regelung fingiert für den Regelungsbereich (entgegen § 49 II) gewerbl Einkünfte, wenn es sich um entspr Einkünfte einer beschr stpfl Körperschaft handelt, die mit einer KapGes iSd § 1 I Nr 1–3 KStG vergleichbar ist (Typenvergleich, s BFH I R 47/19, BStBl II 23, 443; → § 17 Rn. 48; Umqualifizierung bislang als Überschusseinkünfte iSv § 49 I Nr 6 erfasster Einkünfte). Betroffen sind davon insb Immobilienvermögen verwaltende ausl KapGes (zB niederländische B.V., vgl BFH I R 6/06, BStBl II 07, 163). Die Fiktion hat nicht zur Folge, dass eine (fiktive) inl Betriebsstätte angenommen wird (BFH I R 76/14, BStBl II 17, 704 mwN; s auch *Wassermeyer* IStR 09, 238).

Zum nach **§ 42 AO** missbräuchl Einsatz einer ausl BasisGes s BFH I R 8/97, BStBl II 98, 163 und BFH I R 35/96, BStBl II 98, 235 (Folgeurteil: FG Köln EFG 03, 1705, rkr; *Jegzentis/Kahl* IStR 01, 131).

60 **ee) Wertveränderungen von Wirtschaftsgütern, § 49 I Nr 2 Buchst f S 5.** Kommt es zu einer Veräußerung von inl unbewegl Vermögen und führt diese zu beschr stpfl Einkünften nach Nr 2 Buchst f S 1–3, gehören zu diesen Einkünften nach der mit „JStG 2018" (BGBl I 18, 2338) geschaffenen Regelung auch **Wertveränderungen von WG,** die mit dem veräußerten Vermögen in **wirtschaftl Zusammenhang** (s § 50 I 1) stehen; maßgebl ist der Zeitpunkt der Veräußerung (zutr *Cloer ua* BB 18, 1751 (1754)). Die Regelung zielt vor allem auf die estl Erfassung von Erträgen ab, die aus dem gläubigerseitigen Verzicht auf Rückzahlung von Darlehen resultieren, mit denen der Erwerb des veräußerten Vermögens finanziert worden ist (s BT-Drs 19/4455, S 49 f: Gleichstellung mit inl StPfl). Es werden aber grds auch sonstige Wertveränderungen an anderen aktiven/passiven WG erfasst (Nr 2 Buchst f S 5 enthält anders als Nr 2 Buchst e cc keine Beschränkung auf aktive WG; s auch *Wagner* DB 18, 2659 (2662)), aber nur iZm Veräußerungseinkünften, nicht iZm VuV-Einkünften (jeweils gesonderte, objektbezogene Gewinnermittlung, → Rn. 59) und auch nicht bezogen auf das veräußerte inl unbewegl Vermögen (zutr *Cloer ua* BB 18, 1751 (1754)). Die Regelung ist eine Reaktion auf BFH I R 76/14, BStBl II 17, 704 (→ Rn. 59). Sie gilt gem § 52 XLVa 2 für Wertveränderungen nach dem 31.12.18. – **Kritik** s *Cloer ua* BB 18, 1751 (1755 f) (mangelnde Folgerichtigkeit, Doppelbesteuerungsrisiken); *Wagner* DB 18, 2659 (2663 f) („abstrakte" Rspr-Korrektur ohne wirkl Ertrag).

61 **ff) Gewinnermittlung.** Sie erfolgt nach §§ 4 ff (BFH I R 76/14, BStBl II 17, 704; BFH I R 81/00, BStBl II 04, 344; Anm *Lüdicke* IStR 02, 673, auch zu § 2 III aF), aber **jeweils gesondert,** da es sich wegen des **objektsteuerartigen Charakters** des § 49 (→ Rn. 13) um jeweils eigenständige Einkünfte-Tatbestände handelt (str, offen gelassen in BFH I R 76/14, BStBl II 17, 704 mwN; **aA** *BMF* BStBl I 11, 530 Rn. 8 f); dafür spricht auch Buchst f S 5 (→ Rn. 60), der mE eine Trennung zw Veräußerungseinkünften und VuV-Einkünften voraussetzt. – Für **Einkünfte aus VuV** ist ein Vermögensvergleich zw Anfangs- und Endbestand eines fiktiven BV durchzuführen (s iEinz BFH I R 76/14, BStBl II 17, 704 Rn. 24 f mwN). Ausgangsgröße für den **Veräußerungsgewinn** ist der Veräußerungspreis; von diesem werden die AK/HK und die Veräußerungskosten abgezogen. Im Inl in Anspruch genommene AfA min-

dert die AK/HK (BFH I R 105/00, BFH/NV 02, 1433). Bei Anschaffung vor 1994 ist vom TW zum 1.1.94 auszugehen (BFH I R 6/06, BStBl II 07, 163: „Quasi-Einlage“; FG Ddorf EFG 03, 1388 rkr). Zu Buchführungs-/Anzeigepflichten und AfA s iÜ *BMF* BStBl I 11, 530, hinsichtl der **Buchführungspflicht** aufgrund ausl Rechts bestätigt durch BFH I R 81/16, BStBl II 19, 390 mwN; s auch *Drüen* IStR 19, 833.

Ein Ertrag aus **Darlehensverzicht** wurde bis einschließl 31.12.2018 (→ Rn. 60) von § 49 I Nr 2 Buchst f nicht erfasst (BFH I R 76/14, BStBl II 17, 704; auch → Rn. 20 „Quellenprinzip“; ebenso für Teilwertabschreibung: FG Hmb DStRE 25, 897, rkr). Spezielle **betriebsbezogene Regelungen** wie § 4h sind nicht anwendbar (kein Betrieb, *Huschke/Hartwig,* IStR 08, 745 (749); *Bron* IStR 08, 14 (18); *Schaumburg* Rn. 6.217; **aA** *Kröner/Bolik* DStR 08, 1309; ebenso, jedenfalls für ausl KapGes, *BMF* BStBl I 11, 530 Rn. 9; s dazu auch *Schuck/Faller* DB 12, 1893).

gg) Verfahren, DBA-Beschränkungen. Die Einkünfte unterliegen grds nur iRd § 50a I 1 Nr 3 dem **StAbzug** (→ § 50a Rn. 13), ggf auch nach § 50a VII. Verpflichtung zur Abgabe von StAnmeldung/StErklärung: s *BMF* BStBl I 20, 1060. – **DBA:** VuV und Veräußerung von inl Grundvermögen werden im Inl besteuert („Belegenheitsprinzip“, s Art. 6 I und 13 I OECD-MA); § 49 I Nr 2 Buchst f wird insoweit nicht eingeschränkt. Dagegen unterliegen die Gewinne aus der Veräußerung von Schiffen und Luftfahrzeugen (Art 13 III OECD-MA), sonstige Veräußerungsgewinne (Art 13 II OECD-MA) und Einkünfte aus VuV von Sachinbegriffen und Rechten idR nicht der inl Besteuerung. 62

g) Vermittlung von Berufssportlern, § 49 I Nr 2 Buchst g. Sog **Transferleistungen** eines inl Sportvereins an einen nicht im Inl ansässigen Verein für die vertragl Verpflichtung eines Sportlers unterliegen (erst) mit Wirkung ab VZ 2010 der beschr StPfl. Beschr StPfl ist der **Empfänger** der Transferleistung. Zu den rechtl Grundlagen von „Spielerleihe/-transfer“ s *Schlotter/Degenhart* IStR 11, 457. Zur Aktivierung von Transferleistungen s BFH I R 24/91, BStBl II 92, 977. Zum Hintergrund der Regelung → 39. Aufl 2020, § 49 Rn. 63 (mit Literaturhinweisen). 63

aa) Verpflichtung eines Berufssportlers. Die gesetzl Regelung knüpft an die vertragl Verpflichtung eines Berufssportlers an. Dieser kann gewerbl oder als ArbN tätig sein (→ § 15 Rn. 150 „Berufssportler“, → § 18 Rn. 132 und → § 19 Rn. 35 „Sportler“). Die Abgrenzung zum Amateursportler richtet sich mE *nicht* nach den Statuten der Sportverbände; Berufssportler idS ist vielmehr, wer entweder nachhaltig und mit Gewinnerzielungsabsicht (etc) iSd § 15 tätig ist oder aber als ArbN iSd § 19 beschäftigt wird. Maßgebl wird hier iErg letztl die Freigrenze von 10 000 € (→ Rn. 66) sein. – Die Regelung stellt nicht auf eine bestimmte Form/Dauer der **vertragl Verpflichtung** des Sportlers ab. Sie gilt für die zeitl begrenzte „Spielerleihe“ und für den endgültigen Spielertransfer. – Die adverbiale Bestimmung **„im Inland“** bezieht sich mE nicht auf den Ort des Vertragsschlusses bzw der Verschaffung der Gelegenheit dazu (so wohl *KS/Gosch* § 49 Rn. 49d; *Schlotter/Degenhart* IStR 11, 457 (462)), sondern auf den Gegenstand der vertragl Verpflichtung, näml die Verpflichtung des Sportlers, *für* einen inl Sportverein oder Veranstalter zu spielen bzw anzutreten; auch die Entstehungsgeschichte der Norm legt mE einen solchen Schluss nahe (ebenso *BH/Reimer* § 49 Rn. 197; *HHR/Link/Hagena* § 49 Rn. 638b; krit *Kraft* IStR 11, 486 (490 f): kein hinreichender Inlandsbezug – mE unzutr, s zum Territorialitätsprinzip als „völkerrechtl Minimalschranke“ *Schaumburg* Rn. 6.128). – Der Sportler muss **„als solcher“** verpflichtet werden; dh der Vertrag muss auf die Erbringung sportl Leistungen gerichtet sein. Die Vermittlung von Werbeverträgen uÄ fällt nicht darunter. 64

bb) Verschaffung der Gelegenheit. Besteuert werden Einkünfte aus der „Verschaffung der Gelegenheit“, einen Berufssportler im Inl vertragl zu verpflichten. Die Regelung lässt offen, wer Empfänger der Transferleistung ist. Sie knüpft nicht an die Übertragung oder Überlassung von Rechten durch den abgebenden Sportverein an. Daher werden mE auch Leistungen an Spielervermittler oder -berater etc erfasst. 65

Der Gesetzentwurf bezieht sich auf „Spielertransfers im allgemeinen Sinne"; jedoch ist dort auch die Rede von „Entschädigungszahlungen an den abgebenden Verein" (BT-Drs 17/2249, 62 f). Dem Wortlaut der Regelung lässt sich eine entspr Beschränkung allerdings nicht entnehmen; die Möglichkeit von Umgehungsgestaltungen spricht mE gegen eine enge Auslegung (str – wie hier: *Kraft* IStR 11, 486 (488); *BH/Reimer* § 49 Rn. 197; **aA** *Schlotter/Degenhart* IStR 11, 457 (461); *HHR/Link/Hagena* § 49 Rn. 638a).

66 **cc) Freigrenze.** Der Betrag von 10 000 € in Hs 2 ist eine Freigrenze (s BT-Drs 17/2249, 63: „zugunsten des Amateursports"; gilt aber tatbestandl für Berufssportler, → Rn. 64). Auch bei nur geringfügigem Überschreiten unterliegt die gesamte Transferleistung der beschr StPfl.

67 **dd) DBA-Beschränkungen.** Da die Vermittlungsleistungen eines Dritten tatbestandl nicht unter Art 17 OECD-MA fallen, wird Art 7 OECD-MA eine Besteuerung im Inl idR ausschließen (iEinz *Schlotter/Degenhart* IStR 11, 457 (463 f); diff *Kraft* IStR 11, 486 (490)). Zu Freistellung und Erstattung s § 50d.

68 **ee) Verfahren.** Nur die „Spielerleihe" unterliegt gem § 50a I Nr 3 dem **StAbzug,** nicht dagegen die Verschaffung der Gelegenheit zu einer zeitl unbegrenzten vertragl Verpflichtung (also insoweit Veranlagung); zur Abgrenzung s *Schlotter/Degenhart* IStR 11, 457 (462 f.)

72 **4. Selbständige Arbeit, § 49 I Nr 3. – a) Begriff.** Sämtl tatbestandl Merkmale des § 18 müssen vorliegen (→ § 18 Rn. 5 f). Die Abgrenzung zu nichtselbständiger Arbeit (→ § 18 Rn. 7 ff) und zu gewerbl Tätigkeit (→ § 18 Rn. 15 ff) erfolgt nach inl Recht (→ Rn. 10). Zusätzl muss der Berufsträger die Arbeit **im Inl** (→ § 1 Rn. 30) ausüben oder verwerten oder dort eine feste Einrichtung oder Betriebsstätte unterhalten. Nur der Teil der Einkünfte, der einen solchen Inlandsbezug aufweist, unterliegt der beschr StPfl. Zu nachträgl Einkünften → Rn. 74. – Nur **natürl Personen** fallen unter die Regelung; **ausl KapGes** können *per se* keine freiberufl Einkünfte erzielen (trotz § 49 II, BFH I R 238/81, BStBl II 83, 213 mwN).

Zur **Aufteilung** verschiedenartiger Leistungen bei einheitl Vergütung s EStR 49.3 III (mit Vereinfachungsregelung). – Kritik zur Ungleichbehandlung von freiberufl/gewerbl Einkünften s *Schaumburg* Rn. 6.224 (gleichheitswidrige Differenzierung) und → 39. Aufl 2020, § 49 Rn. 72 aE).

73 **b) Ausübung.** Eine selbständige Tätigkeit wird vor allem dann im Inl ausgeübt, wenn sich der beschr stpfl Berufsträger dort physisch aufhält und die Arbeitsleistung persönl erbringt. Die Tätigkeit kann allerdings auch durch **fachl vorgebildete Arbeitskräfte** (vgl § 18 I 3) im Inl ausgeübt werden, ohne dass sich der Berufsträger selbst dort aufhalten muss (→ § 18 Rn. 23; s aber BFH VIII R 32/75, BStBl II 81, 170: grds engere Grenzen bei künstlerischer Tätigkeit). – Das für die Auslegung von (älteren) DBA entwickelte **Arbeitsortsprinzip** gilt auch iRd § 49 I Nr 3 (BFH I R 268/83, BStBl II 87, 372 unter 3.; BFH I R 82/86, BFH/NV 91, 143: Arbeitsort eines Erfinders). Bei der Bestimmung des Arbeitsorts muss die Eigenart der jeweiligen Tätigkeit berücksichtigt werden. Bei rein geistigen oder künstlerischen Tätigkeiten kommt es darauf an, wo sich der eigentl „schöpferische" Akt vollzieht, nicht darauf, wo er vorbereitet wird. Vorübergehende oder gelegentl Ausübung im Inl genügt (anders als bei § 49 I Nr 2 Buchst a), eine nur „virtuelle Präsenz" per Videokonferenz oÄ hingegen nicht (*HHR/Haiß* § 49 Rn. 670). Passive Tätigkeit (Sich-zur-Verfügung-Halten) wird idR am Aufenthaltsort erbracht (BFH I R 19/69, BStBl II 70, 867). – Bei nur **teilweiser Ausübung im Inl** unterliegt nur der auf die inl Tätigkeit entfallende Anteil der beschr StPfl.

Beispiele: Inlandsauftritt eines ausl **Künstlers** (zB Musiker, BFH I R 104/08, BFH/NV 10, 1814; BFH I R 22/81, BFH/NV 85, 17: Orchesterleiter mit angestellten Ensemblemitgliedern) oder **Amateursportlers;** inl Operation des ausl **Arztes;** inl Prozessvertretung oder Beratung durch ausl **Anwalt;** ausl **Dozent** hält Vortrag im Inl (EStR 49.2); ausl **Komponist** schreibt Musikstück oder ausl **Schriftsteller** einen Text oder ein Gedicht im Inl (vgl BFH I R 268/83,

BStBl II 87, 372, und BFH I R 145/70, BStBl II 73, 660); **Beirat** einer KG (BFH I R 34/02, BStBl II 04, 773).

c) Verwertung. Eine selbständige Tätigkeit wird im Inl verwertet, wenn der beschr stpfl Berufsträger durch zusätzl Handlungen finanziellen Nutzen aus seiner Arbeit zieht, zB durch Einräumung von Nutzungsrechten (BFH I R 6/07, BStBl II 09, 625 zu § 49 I Nr 2 mwN: „Vermarktung"). § 49 I Nr 3 (und Nr 4) enthält keine gesetzl Definition und abw von § 49 I Nr 2 auch keine tatbestandl Beschränkungen (→ Rn. 45). Erfasst werden insb Verwertungshandlungen iSv § 15 UrhG (Vervielfältigung, Verbreitung, Ausstellung etc) und § 22 KunstUrhG (Bildveröffentlichung). – **Personengleichheit:** Verwerten iSv § 49 I Nr 3 (und Nr 4) kann nur derjenige, der die verwertete Leistung *selbst* erbracht hat, nicht ein Dritter, der seinerseits das Ergebnis einer selbständigen Tätigkeit erworben hat. Der Berufsträger muss daher selbst durch einen über die Arbeitsleistung hinausgehenden Vorgang ein körperl oder geistiges Arbeitsprodukt dem Inl zuführen (so BFH I R 38/83, BStBl II 87, 377 zu § 49 I Nr 4). Dass die Vergütung von einem inl Auftraggeber gezahlt wird (vgl § 49 I Nr 4 Buchst b), genügt nicht. 74

Beispiele: Lizenzeinnahmen eines im Ausl lebenden **Erfinders** von inl Lizenznehmern (BFH I R 99/08, BStBl II 11, 1019; s auch BFH I R 41/92, BStBl II 93, 407: bei Verwertung fremder Erfindungen VuV, § 49 I Nr 6); Verkauf im Ausl gemalter **Bilder** im Inl (*OFD Ffm* BB 04, 1016 mit Abgrenzung zu Verkauf im Ausl an inl Galerie); Verwertung von **Autorenrechten** (BFH I R 174/85, BStBl II 89, 87: idR am Ort der Geschäftsleitung des Verlags); IÜ → 39. Aufl 2020, § 49 Rn. 74 aE.

d) Abgrenzung. Die bloße Arbeitsleistung ist keiner Verwertung zugängl; das gilt nicht nur bei körperl Leistungen. So erschöpft sich zB die Tätigkeit eines Bauingenieurs grds in der Ausübung (vgl BFH I R 192/85, BStBl II 87, 383 zu § 49 I Nr 4). Unterschieden wird wie folgt: 75

aa) Ausübung als Grundtatbestand. Stammen Einkünfte aus einer selbständigen Arbeit, die **im Inl sowohl ausgeübt als auch verwertet** wird oder worden ist, bleibt für den Verwertungstatbestand kein Raum. Jede Art der späteren Verwertung der im Inl ausgeübten Tätigkeit führt zu Ausübungseinkünften, unabhängig von Art und Zeitpunkt der Verwertung oder ihrer Voraussehbarkeit. Das gilt auch bei Ausübung als unbeschr StPfl und Verwertung als beschr StPfl (BFH I R 268/83, BStBl II 87, 372: Vergabe von Filmrechten an einem Buch, das ein Schriftsteller vor 13 Jahren im Inl geschrieben hatte). 76

bb) Subsidiarität der Verwertung. Der Verwertungstatbestand hat nur dann eine eigenständige Bedeutung, wenn eine **im Ausl ausgeübte Tätigkeit** durch eine zusätzl Handlung **im Inl verwertet** wird (BFH I R 268/83, BStBl II 87, 372). – Weder Ausübung noch Verwertung: Talkshowteilnahme eines Künstlers oder Schriftstellers (BFH I B 99/98, BStBl II 00, 254 – aber ab VZ 2009 → Rn. 42). 77

e) Feste Einrichtung; Betriebsstätte. Da eine gesetzl Definition fehlt, ist in Anlehnung an DBA-Recht von einer **festen Einrichtung** auszugehen, wenn die selbständige Tätigkeit durch eine Geschäftseinrichtung mit fester örtl Bindung und von gewisser Dauer ausgeübt wird (BFH I R 92/05, BStBl II 07, 100 mwN: mehr als 6 Monate „verfügbar"; **aA** *Vogel/Lehner* Art 14 Rn. 24: kein Mindestzeitraum). Zum Begriff **Betriebsstätte** s § 12 AO und → Rn. 20 ff. Beide Begriffe entsprechen einander weitgehend (s iEinz *Vogel/Lehner* Art 14 Rn. 21 ff, auch zu den Unterschieden). In beiden Fällen werden nur diejenigen Einkünfte erfasst, die der festen Einrichtung/Betriebsstätte auch tatsächl zugerechnet werden können (s § 49 I Nr 3: „für die"); ihr kommt **keine Attraktivkraft** für andere inl Einkünfte zu. 78

Beispiele: Inl Zweigniederlassung eines ausl Anwalts (BFH I R 63/10, BStBl II 11, 747), Praxisraum eines Arztes, Büro eines Architekten oder Ingenieurs, Studio eines Fotografen.

79 **f) Freiberufliche Personengesellschaft.** Zunächst → § 18 Rn. 39 ff. Die ausl Ges'ter unterliegen der beschr StPfl mit ihren Gewinnanteilen, soweit diese der festen Einrichtung/Betriebsstätte im Inl zuzurechnen sind. Ob sie selbst im Inl tätig geworden sind, ist unerhebl. Zu Einzelheiten s *WRS* Rn. 7.33 ff.

80 **g) Aufgabe; Veräußerung.** Die Aufgabe einer selbständigen Tätigkeit im Inl und die Veräußerung einer inl festen Einrichtung (zB Praxis) werden ebenfalls von § 49 I Nr 3 erfasst. Die Besteuerung beruht dabei jeweils auf der Ausübung, nicht auf der Verwertung der Tätigkeit (vgl BFH I R 69/75, BStBl II 79, 64).

81 **h) Nachträgliche Einkünfte.** Beruhen die Einkünfte auf einer im Inl ausgeübten selbständigen Arbeit, unterliegen sie im Jahr des Zuflusses ebenfalls der beschr StPfl (Wortlaut: „... oder worden ist"). Das gilt auch bei *späterer* Veräußerung eines Betriebs durch einen ursprüngl unbeschr stpfl Betriebsinhaber, soweit mit der Veräußerung im Inl gebildete stille Reserve realisiert werden (so BFH I R 99/08, BStBl II 11, 1019 mwN: Veräußerungsgewinn eines Erfinders nach Verlegung von Betrieb und Wohnsitz ins Ausl; Rspr-Änderung, → Rn. 15).

Weitere Beispiele: Erfinder veräußert Lizenzrechte gegen Leibrente (BFH I R 126/88, BStBl II 90, 377); Veräußerung inl Praxis gegen Beteiligung an künftigen Honorareinnahmen (BFH I R 69/75, BStBl II 79, 64).

82 **i) DBA-Beschränkungen.** Gem Art 14 OECD-MA (aF) erfolgt die Besteuerung grds durch den **Wohnsitzstaat,** wenn nicht der beschr StPfl über eine feste Einrichtung im Inl verfügt. Ältere (dt) DBA folgen allerdings dem Arbeitsortsprinzip; eine inl Besteuerung nach § 49 I Nr 3 ist (nur dann) ausgeschlossen, wenn sich der beschr StPfl ledigl für eine bestimmte Zeit im Inl aufhält (idR nicht mehr als 183 Tage). – Für **Aufsichts- und Verwaltungsräte** sowie für **Künstler** und **Sportler** gelten (vorrangige) Sonderregelungen (Art 16 und 17 OECD-MA), ebenso für **Lizenzgebühren** (Art. 12 OECD-MA).

83 **j) Verfahren.** Die StErhebung erfolgt in den Fällen des § 50a I, VII durch **StAbzug** an der Quelle (StSatz seit VZ 2009 15%, § 50a II 1; iEinz → § 50a Rn. 19 ff); iÜ Veranlagung des beschr StPfl gem § 50.

84 **5. Nichtselbständige Arbeit, § 49 I Nr 4.** Begriff → § 19 Rn. 1, 10 ff; die Abgrenzung zu selbständiger Arbeit (→ § 18 Rn. 7 ff) erfolgt nach inl Recht (→ Rn. 11). Zusätzl muss die Tätigkeit des ArbN einen der in Buchst a bis f aufgeführten Inlandsbezüge aufweisen. Erfasst werden (wie auch sonst) **alle Güter in Geld** oder **Geldeswert,** die durch das individuelle DienstVerh veranlasst sind (→ § 19 Rn. 10, 40 ff).

85 **a) Ausübung/Verwertung im Inland, § 49 I Nr 4 Buchst a S 1.** Die Tatbestandsmerkmale „ausgeübt" und „verwertet" stimmen mit § 49 I Nr 3 überein (→ Rn. 73 ff, auch zur Abgrenzung der beiden Begriffe); der ArbN verwertet das Ergebnis seiner nichtselbständigen Arbeit dann und dort, wenn und wo er es seinem ArbG zuführt (BFH I R 69/83, BStBl II 87, 379; LStR 39.4 II). Verwerten kann iÜ nur der ArbN selbst (BFH I R 38/83, BStBl II 87, 377). Es kommt nicht darauf an, ob der ArbLohn zu Lasten eines inl ArbG gezahlt wird (LStR 39d I). Zum **Inl** → § 1 Rn. 30. – Kurzfristige oder vorübergehende Tätigkeit im Inl genügt grds (vgl BFH I R 22/85, BStBl II 86, 479, zu § 34d). Wird eine Tätigkeit im Ausl *und* im Inl ausgeübt, sind die Einnahmen entspr **aufzuteilen** (zB bei inl Dienstreisen, s BFH VI R 25/22, BStBl II 25, 507); maßgebl ist der Veranlassungszusammenhang (ggf Aufteilung nach Tagen oder Stunden, BFH I R 22/85, BStBl II 86, 479; s auch *BMF* BStBl I 23, 2179 Rn. 244: „untertägig"). **Nachträgl Einkünfte** werden erfasst („worden ist", s Beispiele), ebenso vor Arbeitsvertragsschluss geleistete Handgelder und Antrittsprämien (s BFH I R 5/16, BStBl II 18, 761 Rn. 21; aber → § 50 Rn. 9) und Lohnfortzahlung im Krankheitsfall (FG Köln EFG 07, 1446). Zu **Bereitschaftsdienst** s *BMF* BStBl I 26, 20; Rn. 361; zu **Arbeitsfreistellung** → Rn. 92. – Steu-

ererlass und Pauschalierung → § 50 Rn. 51, LStR 39d II und *BMF* BStBl I 22, 997 („Auslandstätigkeitserlass" bei inl Verwertung der im Ausl ausgeübten Tätigkeit; bis VZ 2022: *BMF* BStBl I 83, 470).

Beispiele – ***„Ausübung":*** Bauingenieur (BFH I R 192/85, BStBl II 87, 383); Kapitän (BFH I R 38/83, BStBl II 87, 377). – ***„Verwertung":*** Lieferung von Marktanalyse-/Forschungsberichten (BFH I R 69/83, BStBl II 87, 379; BFH I R 144/80, BFH/NV 87, 761). – ***Nachträgl Einkünfte:*** Bonuszahlungen aus Aktienoptionen, die teilweise im Inl erdient wurden (BFH I R 11/20, BStBl II 23, 825; *Preising/Pavlovits* DB 23, 796); Erfindervergütung (BFH I R 70/08, BStBl II 12, 493). – Weitere Beispiele → 39. Aufl 2020, § 49 Rn. 86 aE.

b) Geringfügige Auslandstätigkeit, § 49 I Nr 4 Buchst a S 2, 3. Einkünfte 86
von ArbN ohne Wohnsitz oder gewöhnl Aufenthalt im Inl, die **nach dem 31.12.23** zufließen (§ 52 XLVa 4 idF WachstChG BGBl I 24 Nr 108), unterliegen auch dann aufgrund gesetzl Fiktion („gilt") der beschr StPfl, wenn die Tätigkeit zwar tatsächl nicht im Inl ausgeübt wird, aber ein DBA oder eine sonstige zwischenstaatl Vereinbarung Deutschland ein Besteuerungsrecht zuweist. Hier knüpft also anders als sonst (→ Rn. 6) die inl StPfl an die Aufteilung der Besteuerungsbefugnisse nach DBA an. Betroffen sind vor allem ArbN, deren (grenzüberschreitende) Tätigkeit an sich unter § 49 I Nr 4 Buchst a S 1 fällt, die aber (vorübergehend) nicht in Inl tätig sind, weil sie zB im (ausl) **Homeoffice** arbeiten oder sich auf einer **Dienstreise** (im Ausl) befinden (s BT-Drs 20/8628, 138 f). Es findet in solchen Fällen (entgegen → Rn. 85) **keine Aufteilung** der Einnahmen statt (zB Art 15 Ia DBA LUX: Auslandstätigkeit von weniger als 35 Tagen im Kj; s auch *BMF* BStBl I 24, 201, unter III.). Auch sonstige Formen der **mobilen Arbeit** (zB in einer Ferienwohnung, nicht notwendig im Ansässigkeitsstaat) können mE unter die Regelung fallen (ausführl *Grotherr* IWB 23, 826; *Niermann* DB 23, 1944 (1946); *Mader* B+P 23, 615 (618)). Zu entspr Regelungen aufgrund von Konsultationsvereinbarungen während der *Corona-Pandemie* → Rn. 93. – Ausgenommen von der Fiktion sind gem § 49 I Nr 4 Buchst a S 3 im Ausl ansässige ArbN, die **an Bord eines Schiffes** im internationalen Verkehr tätig sind (vgl Art 15 III OECD-MA; BT-Drs 20, 9396, 24; *Urbahns* DStR 24, 1171). – Für **Flugpersonal** gilt weiterhin § 49 I Nr 4 Buchst e (→ Rn. 91).

c) Zahlung inl öffentlichen Kassen, § 49 I Nr 4 Buchst b. – aa) Kassen- 87
staatsprinzip. Bezüge, die den inl Haushalt belasten (zB von Diplomaten), sollen grds unabhängig vom Ort der Ausübung der nichtselbständigen Tätigkeit im Inl besteuert werden (sog Kassenstaatsprinzip, unionsrechtl bedenkl). Die Regelung gilt nicht für andere Einkunftsarten (gleichheitsrechtl bedenkl). Zum Begriff **„öffentl Kasse"** → § 3 Rn. 55, LStH 3.11 und *BMF* BStBl I 19, 1082 Rn. 4. – Zum Begriff **DienstVerh** → § 19 Rn. 3. Es muss sich (anders als bei § 1 II 1 Nr 2) nicht zwingend um ein DienstVerh *zum* inl Kassenträger handeln (BFH I R 65/95, BStBl II 98, 21: dt Schule in Spanien als ausl ArbG; BFH I B 53/98, BFH/NV 99, 458). Ferner muss kein (unmittelbarer) Zahlungsanspruch ggü der inl öffentl Kassen bestehen (Wortlaut: „ohne dass …"; BT-Drs 13/5952, 49: Klarstellung; *BMF* BStBl I 19, 1082 Rn. 8). Gleichwohl setzt die Regelung voraus, dass *„Einkünfte … aus inl öffentl Kassen … gewährt"* werden; es muss also ein **konkreter Bezug** zw den Einkünften des StPfl und der öffentl Kasse bestehen (*HHR/Haiß* § 49 Rn. 761: „enger Zusammenhang" zw Auszahlung und Erstattung; Beispiele s *BMF* BStBl I 19, 1082 Rn. 5 ff). Das ist der Fall, wenn das DienstVerh auslösendes Moment für die Gewährung der Zahlung ist; eine betragsmäßige Übereinstimmung ist nicht erforderl (BFH I R 42/16, BStBl II 19, 671: nachträgl Erstattung von Projektmitteln eines privaten Unternehmens; Anm *Kempermann* FR 18, 968 (971)). – Werden die Bezüge **anteilig aus anderen Kassen** finanziert, kommt nur *insoweit* eine Besteuerung nicht in Betracht (BFH I R 42/16, BStBl II 19, 671: EU-Mittel). – Inl Besteuerung nach **DBA** → § 50d Rn. 35; **Antragsveranlagung** bei Belastung mit ausl ESt → § 50 Rn. 38 und → § 50d Rn. 36.

Beispiele: Zahlungen der **katholischen Kirche** an einen im Ausl tätigen Priester (BFH VI R 35/21, BStBl II 24, 710: beschr StPfl bejaht, kein Verstoß gegen Art. 140 GG; **aA** *BH/Reimer* § 49 Rn. 224; krit auch *Kappelmann* ISR 24, 382); **GIZ, DAAD, Goethe-Institut** etc (*BMF* BStBl I 19, 1082; BFH I R 60/05, BStBl II 07, 106; BFH IV R 228/82, BStBl II 86, 848; FG Ddorf EFG 12, 1167, rkr, s dazu auch *Gosch* IWB 13, 179; ferner *Bublitz* IStR 14, 140; *ders* IStR 07, 77 (79)). – Zur **unbeschr StPfl** nach § 1 II und III → § 1 Rn. 35 ff. Zur StFreistellung von Zuschlägen etc gem **§ 3 Nr 64 S 2** → § 3 Rn. 218.

88 **bb) Lokal Beschäftigte.** Um Doppelbesteuerung zu vermeiden, unterliegen sog lokal Beschäftigte (zB Bedienstete von Auslandsvertretungen oder iRd Entwicklungszusammenarbeit) in Tätigkeitsstaaten, mit denen **kein DBA** besteht, nicht der beschr StPfl (Einschränkung des Kassenstaatsprinzips, BT-Drs 19/13436, 119; *BMF* BStBl I 19, 1082 Rn. 14 ff). Die Regelung gilt **ab VZ 2020** für alle ArbN, die vor Ort oder aus der Region des Tätigkeitsstaats (oder aus einem anderen Land) gewonnen worden sind und somit im Gegensatz zu den aus Deutschland entsandten Beschäftigten keinen Wohnsitz oder gewöhnl Aufenthalt in Deutschland wegen dieser oder einer vergleichbaren vorangegangenen Beschäftigung aufgegeben haben (krit *Holthaus* IStR 20, 341). Die Besteuerung bleibt in solchen Fällen dem Wohnsitz- oder Tätigkeitsstaat überlassen. – Soweit mit dem Tätigkeitsstaat ein DBA besteht, bedarf es keiner Ausnahme von der beschr StPfl; die Doppelbesteuerung wird durch das DBA vermieden.

89 **d) Geschäftsführer; Prokurist; Vorstandsmitglied, § 49 I Nr 4 Buchst c.** Die Regelung begründet eine **Fiktion des Tätigkeitsorts** (BFH I R 81/04, BStBl II 10, 778 zu DBA Schweiz) und beruht auf der Vorstellung, dass Tätigkeiten, die typischerweise in der Erteilung von Weisungen bestehen, letztl dort ausgeübt werden, wo die Weisungen empfangen und umgesetzt werden. Ob bzw wie lange sich die jeweilige Person tatsächl im Inl aufhält, ist unerhebl. Betroffen sind (seit VZ 2002) alle im Ausl ansässigen und tätigen (sonst Nr 4 Buchst a) Geschäftsführer, Prokuristen und Vorstandsmitglieder einer Ges mit Geschäftsleitung (§ 10 AO, nicht Sitz!) im Inl. Von wem die Vergütung gezahlt wird (zB innerhalb eines Konzerns), ist unerhebl. § 34c/§ 34d Nr 5 enthalten keine entspr Regelung.

Beispiele: Geschäftsführer einer GmbH (§ 35 GmbHG); Vorstand einer AG (§ 76 AktG); Prokurist (§ 48 HGB) einer KapGes oder PersGes (ebenso *BH/Reimer* § 49 Rn. 227; **aA** *Frotscher/Geurts* § 49 Rn. 263). Bei einer PersGes darf der Geschäftsführer/Prokurist allerdings nicht zugleich Ges'ter sein (keine Einkünfte aus nichtselbständiger Arbeit, § 15 I 1 Nr 2 und 3/§ 49 I Nr 2; Abgrenzung: BFH VI R 22/19, BStBl II 22, 562 Rn. 34 ff). – **Nicht erfasst:** Aufsichts- und Verwaltungsräte (*BMF* BStBl I 23, 2179 Rn. 354: § 49 I Nr 3); Stiftungs- oder Vereinsvorstand (BFH I R 93/06, BFH/NV 08, 206 zu Art 16 DBA Türkei). – **Literatur:** *Cordes/Kraft* FR 20, 885; iÜ → 35. Aufl 2016, § 49 Rn. 89.

90 **e) Entschädigungen, § 49 I Nr 4 Buchst d.** Erfasst werden Ausgleichszahlungen iSv § 24 Nr 1 (zu Voraussetzungen iEinz → § 24 Rn. 4 ff), soweit sie **für die Auflösung** eines DienstVerh mit im Inl unbeschr oder beschr stpfl ArbLohn gezahlt werden (nicht erfasst daher: Wettbewerbsverbote etc, str). Das sollte nach der Gesetzesbegründung die frühere Rspr zu nachträgl Lohnzahlungen kodifizieren, hat aber tatsächl (ab VZ 2004) einen neuen Besteuerungstatbestand geschaffen (vgl auch BFH I R 81/07, BStBl II 09, 632, Anm *Kempermann* FR 09, 475). Die Einkünfte müssen ggf **aufgeteilt** werden („soweit …"; FG BW EFG 18, 1470, rkr; *Neyer* IStR 04, 403); der BFH hat jetzt eine Aufteilung nach Monaten bestätigt (BFH VI R 52/20, DStR 24, 2469 Rn 34, ohne Begründung; andere Möglichkeit: Aufteilung nach Arbeitstagen, entspr *BMF* BStBl I 23, 2179 Rn. 233 ff). Lässt sich kein Aufteilungsmaßstab mehr ermitteln, ist zu schätzen (so iErg auch *BMF* BStBl I 23, 2179 Rn. 257). – Auf die **tatsächl Besteuerung** kommt es nicht an (so zutr FG BW EFG 18, 1470, rkr; offen gelassen in BFH VI R 52/20, DStR 24, 2469).

Nach Streichung von § 50 I 3 aF ist die **Fünftelregelung** nach § 34 anwendbar (JStG 2008; auch → § 34 Rn. 4). Das Besteuerungsrecht ist abkommensrechtl häufig anderen Staaten zugewiesen (→ Rn. 93); seit VZ 2017 gilt § 50d XII (→ § 50d Rn. 70 f). – Weitere Nachweise: → 43. Aufl 2024, § 49 Rn. 90 aE.

f) Bordpersonal von Luftfahrzeugen, § 49 I Nr 4 Buchst e. Im Ausl ansässiges Bordpersonal (Piloten, Stewardessen etc) eines im **internationalen Luftverkehr** eingesetzten Luftfahrzeugs (→ Rn. 33) unterliegt der beschr StPfl, wenn das Luftfahrzeug von einem Unternehmen mit Geschäftsleitung (§ 10 AO) im Inl betrieben wird (Inlandsbezug; s auch BFH VI R 32/21, BStBl II 25, 182). Einsatz nur im Ausl bzw nur im (ausl) Ansässigkeitsstaat begründet kein Besteuerungsrechts nach § 49 I Nr 4 Buchst e. – **Rechtslage bis 2006** → 43. Aufl 2024, § 49 Rn. 91 (Besteuerung nur des sog Inlandsanteils). 91

„Stand-by-Wohnungen“ von Flugpersonal sind grds Wohnsitz iSd § 1 I und führen zu unbeschr StPfl (HessFG EFG 11, 133, rkr; FG Hmb BeckRS 2008, 26026186, rkr; *Eich* EStB 11, 269); zu gemeinsamer Nutzung mit weiteren ArbN s BFH I R 50/12, BFH/NV 13, 1909. – Piloten, die im internationalen Luftverkehr eingesetzt sind, sind **keine Grenzgänger** (BFH VI R 32/21, BStBl II 25, 182).

g) Arbeitsfreistellung, § 49 I Nr 4 Buchst f. ArbN ohne Wohnsitz oder gewöhnl Aufenthalt im Inl unterliegen **ab VZ 2024** (Art 56 I JStG 2024, BGBl I 24 Nr 387) auch dann der beschr StPfl, wenn sie Einkünfte für Zeiten einer widerrufl oder unwiderrufl Arbeitsfreistellung iZm der **Beendigung des Arbeitsverhältnisses** beziehen, soweit ohne die Freistellung die Arbeit während dieser Zeiten im Inl ausgeübt worden wäre (entspr Art 15 Ziff 2.6 Kommentar zu OECD-MA; anders noch *BMF* BStBl I 23, 2179 Rn. 361 f; s jetzt *BMF* BStBl I 26, 20; Rn. 351g). Der Inlandsbezug ergibt sich hier als Vor- oder Nachwirkung einer im Inl ausgeübten oder auszuübenden Tätigkeit (ähnl wie bei nachträgl Einkünften, → Rn. 85; krit *Schmiedchen* IStR 25, 297). Allerdings setzt die Regelung dem Wortlaut nach nicht voraus, dass die Arbeit bereits tatsächl (überhaupt bzw über eine gewisse Zeit) im Inl ausgeübt worden ist; mE ist fragl, ob man nicht wegen des grds erforderl Zusammenhangs mit einer inl Einkunftsquelle (→ Rn. 15) eine vorherige, tatsächl im Inl ausgeübte Tätigkeit wird verlangen müssen. – Für **DBA** ist in **§ 50d XV** eine ergänzende Regelung geschaffen worden (→ § 50d Rn. 80). 92

Nach bisheriger Rechtslage stand das Besteuerungsrecht in der Freistellungsphase eines ArbVerh ausschließl dem Ansässigkeitsstaat zu, da Abfindungszahlungen nicht für eine ausgeübte Tätigkeit gezahlt werden, sondern für den Verlust des Arbeitsplatzes (s BFH VI R 23/22, DStR 24, 2307 Rn. 45 mwN). S iÜ auch *Kraft ua* IStR 25, 126.

h) DBA-Beschränkungen. Für die Ausübung nichtselbständiger Tätigkeiten gilt grds das durch die 183-Tage Regel modifizierte **„Arbeitsortsprinzip“** (§ 15 I, II OECD-MA), für öffentl Dienst das **„Kassenstaatsprinzip“** (§ 19 OECD-MA; allerdings *treaty override* durch § 50d VII, → § 50d Rn. 36). Ebenso wird die Besteuerung von Flugpersonal idR nicht durch DBA beschränkt (Art 15 III OECD-MA). Dagegen erfolgt die Besteuerung von **Verwertungseinkünften** idR durch den Wohnsitzstaat, ebenso die Besteuerung von **Grenzgängern** (zB Art 15a DBA-Schweiz; BFH I R 84/08, BStBl II 10, 390; BFH I R 69/08, BFH/NV 10, 1634). S iEinz *BMF* BStBl I 23, 2179 und *BMF* BStBl I 26, 20; zu grenznahen Tätigkeiten: *BMF* BStBl I 24, 29. – **Abfindungen** anlässl der Beendigung des Dienstverhältnisses sind grds im Ansässigkeitsstaat zu besteuern (Art 15 I 1 und 2 OECD-MA); bei abw DBA-Regelung kann das Arbeitsortprinzip gelten (zu DBA Frankreich s BFH VI R 52/20, DStR 24, 2469 Rn. 38 mwN: Aufteilung, und BFH I R 8/13, BStBl II 14, 929; zu DBA Polen s BFH I R 76/17, BStBl II 21, 275). **Ab VZ 2017** → § 50d Rn. 70 f. 93

Betriebsstätten sind keine ArbG iSd Abkommensrechts (BFH VI R 25/22, BStBl II 25, 507). Zu **Entwicklungshelferklausel** („erweiterte Kassenstaatsklausel“) s BFH I R 17/18, BStBl II 25, 274; HessFG EFG 18, 1200, rkr; *BMF* BStBl I 19, 1082 Rn. 18 ff. Zu **Aktienoptio-**

nen s *Hasbergen* ua IStR 07, 380. Zum Verhältnis zw **LStAbzug** und DBA s BFH I R 93/06, BFH/NV 08, 206. – Für Grenzgänger sollte eine erhöhte Anzahl von **Homeoffice-Tagen** wegen **Corona** zu keiner Änderung des Besteuerungsrechts führen (zu entspr Vereinbarungen mit Nachbarstaaten s *Höppner/Melkonyan* IStR 20, 735; *Mick/Dyckmans/Klein* COVuR 20, 235 (240); *Bruns* ISR 20, 228; *Steinhauser/Höppner* FR 20, 500; krit *Riehm* ISR 23, 329); **ab VZ 2024** → Rn. 86.

94 **i) Verfahren.** StErhebung durch **StAbzug** (§ 39d iVm § 38) mit WK-Eintrag (grds abgeltend gem § 50 II 1, Veranlagung nach § 50 I 4 und 5, II 2 Nr 4 nur für EU-ArbN; problematisch, → § 50 Rn. 47). Verpflichtung des ArbG zum **LSt-Einbehalt** gem § 38 I 1 iVm III 1; **Haftung** gem § 42d I Nr 1. Nachforderung beim ArbN gem § 42d III 1 und 4 (BFH I R 68/10, BFH/NV 11, 737: keine Verzinsung bei späterer Erstattung). S auch LStR 39.4; Artisten s LStR 39d VI. – Zu **Erlass** und **Pauschalierung** → § 50 Rn. 51.

96 **6. Kapitalvermögen, § 49 I Nr 5.** Begriff → § 20 Rn. 14. Die Regelung ist sehr unübersichtl. Teils knüpft sie an Tatbestände des § 20 an, teils an die der §§ 43, 44. Der erforderl **Inlandsbezug** wird zT durch die Person des Schuldners der KapErträge und zT durch sachl Anknüpfungspunkte hergestellt. Maßgebl ist jeweils der Zeitpunkt, zu dem die Einkünfte zu erfassen sind (BFH I R 129/79, BStBl II 84, 620; BFH I R 87/84, BFH/NV 85, 104). Die **Subsidiaritätsklausel** des § 20 VIII gilt auch hier (ohne ausdrückl Verweisung); dh § 49 I Nr 1–3 und 6 sind vorrangig zu prüfen. Einschränkungen ergeben sich aufgrund der isolierenden Betrachtungsweise (§ 49 II, → Rn. 140 f). – Zur Feststellung der Ausländereigenschaft, zur Berücksichtigung ausl Wohnsitzbescheinigungen und zu Wegzug ins Ausl s *BMF* BStBl I 25, 1330 Rn. 314.

Auch für beschr StPfl gelten grds **§ 3 Nr 40 EStG und § 8b KStG** (→ § 3 Rn. 135). Der Gleichbehandlung mit unbeschr StPfl steht jedoch der abgeltende StAbzug nach § 50 II 1 bei Fehlen einer inl Betriebsstätte entgegen (ausführl *Fock* FR 06, 369; *Dautzenberg* BB 01, 2137: EU-rechtswidrig). – **Nicht erfasst** werden Diskontbeträge von Wechseln uÄ iSv § 20 I Nr 8 (→ § 20 Rn. 125) und Leistungen nach § 20 I Nr 10 (Betriebe gewerbl Art uÄ, → § 20 Rn. 135 ff; zur Erstattung von KapESt im letztgenannten Fall s *Wassermeyer* IStR 03, 94; **aA** *Ramackers* IStR 03, 383).

97 **a) Inländischer Schuldner, § 49 I Nr 5 S 1 Buchst a.** KapEinkünfte iSv § 20 I Nr 1, 2, 4, 6 und 9 unterliegen der beschr StPfl grds dann, wenn der Schuldner (nicht notwendig der Zahlende) der KapErträge Wohnsitz (→ § 1 Rn. 20, § 8 AO), Geschäftsleitung oder Sitz (§§ 10, 11 AO) im Inl hat. Kompensationszahlungen nach § 20 I Nr 1 S 4 (→ § 20 Rn. 70) werden erfasst, wenn sich Geschäftsleitung oder Sitz des Emittenten der Anteile, auf die sich die Kompensationszahlung bezieht, im Inl befindet (wie bei § 43 III 3); auf Wohnsitz, Geschäftsleitung oder Sitz des Schuldners kommt es insoweit nicht an (BT-Drs 19/14909, 46). Bei sog anonymen Tafelgeschäften iSd § 44 I 4 Nr 1 Buchst a bb ergibt sich der Inlandsbezug durch die inl Zahlstelle (→ § 44 Rn. 10). – Erfasst werden neben offenen Gewinnausschüttungen (BFH I R 30/10, BFH/NV 12, 105) auch vGA (§ 20 I Nr 1 S 2), nicht hingegen zurückgewährte Einlagen (vgl § 20 I Nr 1 S 3). Ausdrückl ausgenommen sind bislang Investmentanteile iSd § 2 InvStG (→ Rn. 98). – Gem Hs 2 richtet sich die beschr StPfl von Erträgen aus **Wandelanleihen und Gewinnobligationen** ebenfalls allein nach § 49 I Nr 5 S 1 Buchst a (str bis VZ 2019, → 38. Aufl 2019, § 49 Rn. 99 mwN; bestätigt durch BFH I R 6/18, BStBl II 22, 24). Zur **Sperrwirkung** von § 20 II 1 Nr 2 Buchst a S 2 s BFH VIII R 21/19, BStBl II 23, 567. – IÜ: → 39. Aufl 2020, § 49 Rn. 97 aE.

98 **b) Investmenterträge, § 49 I Nr 5 S 1 Buchst b aF.** Ab **VZ 2018** fallen Investmenterträge unter § 20 I Nr 3 und Nr 3a (→ § 20 Rn. 77 ff). § 49 I Nr 5 S 1 Buchst a ist entspr geändert und Buchst b ist gestrichen worden (zur früheren Rechtslage → 42. Aufl 2023, § 49 Rn. 98). Beides gilt für KapErträge, die **ab dem 1.1.18** zufließen (§ 52 XLVa).

c) Grundpfandrechte; sonstige Kapitalerträge, § 49 I Nr 5 S 1 Buchst c. Zinseinkünfte und sonstige Erträge iSv § 20 I Nr 5 und 7, die nicht unter Nr 5 Buchst a oder Buchst b fallen, brauchen einen **zusätzl sachl Inlandsbezug.** Sie unterliegen nur in den abschließend in Buchst c und (ab 2009) d aufgeführten Fällen der beschr StPfl. – Ausgenommen sind hiervon **Wandelanleihen** und **Gewinnobligationen;** die Besteuerung richtet sich allein nach § 49 I Nr 5 S 1 Buchst a (→ Rn. 97). 99

aa) Dingliche Sicherung. Das beschr stpfl KapVerm muss nach Nr 5 Buchst c aa **im Inl** dingl gesichert sein (Eintragung der Sicherheit im Grundbuch oder Schiffsregister; nicht in öffentl Schuldbuch, s § 49 I Nr 5c Doppelbuchst aa S 2). Die Sicherung muss im Zeitpunkt des Zuflusses bestehen (BFH I R 129/79, BStBl II 84, 620; BFH I R 87/84, BFH/NV 85, 104). Eine Absicherung im wirtschaftl Sinne genügt (BFH I R 97/93, BStBl II 94, 743; BFH I R 11/99, BStBl II 01, 822: mittelbare Besicherung). Betroffen sind Zinsen aus Hypotheken/Grundschulden sowie Renten aus Rentenschulden. Auf die dingl Sicherung *der Zinsen* kommt es nicht an (vgl BFH I R 129/79, BStBl II 84, 620). Krit *Haase/Dorn* IStR 12, 180. 100

bb) Nicht verbriefte Genussrechte. Diese werden gem Nr 5 Buchst c bb nur erfasst, wenn der Schuldner Wohnsitz, Geschäftsleitung oder Sitz im Inl hat (Analogie zu Nr 5 Buchst a wegen planwidriger Regelungslücke, so auch FG Köln EFG 24, 2059, Rev I R 15/24; glA *BH/Reimer* § 49 Rn. 271; **aA** *Jahn* IStR 21, 396: verfwidrig). 101

d) Tafelgeschäfte, § 49 I Nr 5 S 1 Buchst d. Erfasst werden Erträge aus verbrieften und registrierten KapForderungen (§ 20 I Nr 7/§ 43 I 1 Nr 7 Buchst a), Gewinne aus Anteilsveräußerungen (§ 20 II 1 Nr 1/§ 43 I 1 Nr 9, → § 20 Rn. 156 f), Gewinne aus der Veräußerung von Dividendenscheinen und sonstigen KapForderungen iSv § 20 I Nr 7 (§ 20 II 1 Nr 2 Buchst b und Nr 7/§ 43 I 1 Nr 10, → § 20 Rn. 160 und 182) und besondere zusätzl gewährte Entgelte oder Vorteile (§ 20 III/§ 43 I 2). Der Anwendungsbereich der Regelung ist durch das JStG 2009 (BGBl I 08, 2794) **ab VZ 2009** auf Tafelgeschäfte beschränkt worden, bei denen die Erträge einem nicht nach § 154 AO legitimierten (unbekannten) Depotinhaber ausgezahlt werden (BT-Drs 16/11108, 28: „Schaltergeschäfte"; *Kahle/Schulz* DStZ 08, 784 (794)). Der erforderl Inlandsbezug besteht darin, dass die Erträge von einer inl Zahlstelle ausgezahlt oder gutgeschrieben worden sein müssen; dass auch der Schuldner im Inl ansässig ist, wird *nicht* verlangt. Nicht erfasst werden Auszahlungen und Gutschriften an ausl Kredit- oder Finanzdienstleistungsinstitute. 102

e) Besondere Entgelte und Vorteile, § 49 I Nr 5 S 2. Ohne weitere sachl Voraussetzungen unterliegen auch Einkünfte iSd § 20 III der beschr StPfl. Die Regelung enthält keinen selbständigen Besteuerungstatbestand, sondern ergänzt nur die übrigen Tatbestände (→ § 20 Rn. 190 mit Beispielen). Dementspr wird auch kein eigenständiger Inlandsbezug verlangt; dieser ergibt sich vielmehr daraus, dass die Entgelte und Vorteile gem § 20 III iVm § 49 Nr 5 S 2 *neben* einem der übrigen in § 49 Nr 5 S 1 genannten beschr stpfl KapErträge gewährt sein müssen, also über den jeweils dort normierten Inlandsbezug. 103

f) Einkünfteermittlung. Der Abzug von WK ist seit VZ 2009 ausgeschlossen; das gilt auch für beschr StPfl (§ 20 IX 1; zu beschr StPfl KapGes s *HHR/Klein/Link* Rn. 865). Der Sparer-Pauschbetrag wird grds auch beschr StPfl gewährt (ebenfalls seit VZ 2009, → § 50 Rn. 14); aber → Rn. 106. 104

g) DBA-Beschränkungen. Das Besteuerungsrecht ist grds dem Wohnsitzstaat des Empfängers der KapEinkünfte zugewiesen, häufig verbunden mit einer der Höhe nach begrenzten Quellenbesteuerung im Ansässigkeitsstaat des Leistenden (bei Dividenden idR bis zu 15%, s Art 10 OECD-MA; bei Zinsen idR bis zu 10%, s Art 11 OECD-MA; s *Vogel/Lehner* Vor Art 10–12 Rn. 55 ff). Die Ermäßigung erfolgt im Wege der Erstattung der zunächst voll abzuziehenden KapESt durch das 105

BZSt (§ 50c I, III). Eine verbleibende Doppelbesteuerung wird idR durch StAnrechnung ausgeglichen. Für Zinsen hat Deutschland weitgehend auf eine Besteuerung als Quellenstaat verzichtet (s *Vogel/Lehner* Art 11 Rn. 48 ff; BFH I R 48/12, BStBl II 14, 367, zu DBA USA).

106 **h) Steuererhebung.** Die KapEinkünfte unterliegen gem §§ 43 ff dem **KapEStAbzug** und zwar gem § 50 II 1 grds mit abgeltender Wirkung (zur Problematik der Überbesteuerung s *Schaumburg* Rn. 6.139 ff, 6.247), es sei denn, die Einkünfte sind einer inl Betriebsstätte zuzuordnen, § 50 II 2 (→ § 50 Rn. 28 ff; s iEinz auch *BMF* BStBl I 25, 1330 Rn. 312 ff). Unterliegen KapEinkünfte **nicht** der **beschr StPfl,** ist von der auszahlenden Stelle keine KapESt einzubehalten (*BMF* BStBl I 25, 1330 Rn. 313); gleichwohl einbehaltene KapESt ist nach § 37 II AO zu erstatten (*HHR/Klein/Link* Rn. 810: formloser Antrag).

109 **7. Vermietung und Verpachtung, § 49 I Nr 6. – a) Begriff.** Unter die Regelung fallen VuV (→ § 21 Rn. 4 ff.) von unbewegl Vermögen (§ 21 I 1 Nr 1: Grundstücke, Gebäude, Gebäudeteile, im Register eingetragene Schiffe und grundstücksgleiche Rechte), von Sachinbegriffen (§ 21 I 1 Nr 2) und Rechten (§ 21 I 1 Nr 3) und von Miet- und Pachtzinsforderungen (§ 21 I Nr 4); iEinz → § 21 Rn. 101 ff. Der erforderl **Inlandsbezug** wird entweder durch die Belegenheit im Inl (Grundstücke etc und Sachinbegriffe) oder durch Eintragung in inl öffentl Bücher und Register wie Grundbuch, Schiffsregister, Patent-, Markenschutz- oder Gebrauchsmusterregister (Schiffe und Rechte) oder durch Verwertung in einer inl Betriebsstätte oder Einrichtung eines Dritten hergestellt.

110 **aa) Abgrenzung.** Einzelne **bewegl Sachen** fallen nicht unter § 49 I Nr 6, sondern unter § 49 I Nr 9 (subsidiärer Auffangtatbestand); ebenso **Know-how** (→ Rn. 125). – **Rechte** iSd § 21 I Nr 3 sind insb die dort genannten schriftstellerischen, künstlerischen und gewerbl Urheberrechte und gewerbl Erfahrungen etc (→ § 21 Rn. 103); die Aufzählung ist nicht abschließend (BFH I R 86/07, BStBl II 10, 120). Erfasst wird auch die Überlassung von Persönlichkeitsrechten am eigenen Namen und Bild durch den Rechteinhaber (BFH I R 19/06, BStBl II 10, 398).

111 **bb) Inlandsbezug.** – ***(1)*** **Inländische Verwertung.** Zu **Betriebsstätte** → Rn. 22. **Einrichtung** meint eine feste Geschäftseinrichtung oder Anlage, → Rn. 78. Zu **Verwertung** → Rn. 42 und 74 (BFH I R 19/06, BStBl II 10, 398 Rn. 49 f mwN: Selbstvermarktung eines Berufssportlers; ferner *Schmidt-Heß* IStR 06, 690). Es muss sich nicht unbedingt um eine Betriebsstätte/Einrichtung des Vergütungsschuldners handeln (wird in der Praxis aber häufig der Fall sein, vgl BFH I R 76/10, BFH/NV 12, 1444); ob der Inhaber der Betriebsstätte/Einrichtung unbeschr oder beschr stpfl ist, ist unerhebl. Die Verwertung in einer *eigenen* Betriebsstätte/Einrichtung des beschr StPfl (Vergütungsgläubiger) fällt dagegen schon tatbestandl nicht unter § 49 I Nr 6, sondern ggf unter § 49 I Nr 2 Buchst a oder Nr 3. – ***(2)* „Registerfälle".** Auch im nichtgewerbl Bereich führt die zeitl begrenzte Überlassung von Rechten, die in ein inl öffentl Buch oder Register eingetragen sind, grds zu beschr stpfl Einkünften, die dem StAbzug unterliegen (§ 50a I Nr 3). Auch hier gelten die **„Vereinfachungsregeln" des BMF** und die tatbestandl Einschränkungen durch das **JStG 2022** (BGBl I 22, 2294) nach § 49 I Nr 6 S 2 (nF); iEinz → Rn. 56 f mwN.

112 **cc) Subsidiarität.** Die Regelung ist nur anzuwenden, soweit Einkünfte nicht § 49 I Nr 1–5 zugeordnet werden können; insb im Anwendungsbereich des § 49 I Nr 2 Buchst f ist dieser vorrangig (ab VZ 2009, → Rn. 54). Zur Abgrenzung zw § 49 I Nr 3 und Nr 6 s BFH I R 41/92, BStBl II 93, 407.

113 **b) Nutzungseinkünfte.** § 49 I Nr 6 betrifft (anders als Nr 2 und 3) nur Einkünfte aus der Nutzung durch **zeitl begrenzte Überlassung** eines WG, nicht solche aus der Veräußerung der Vermögenssubstanz bzw der endgültigen Rechteübertragung. Das Nutzungsverhältnis kann dingl oder obligatorischer Art sein (BFH

I R 54/75, BStBl II 78, 355). Vorausgesetzt wird der Fortbestand einer eigenständigen Rechtsposition beim Überlassenden (BFH I R 86/07, BStBl II 10, 120). An einer zeitl begrenzten Überlassung von Rechten iSd § 49 I Nr 6 fehlt es, wenn eine Rückübertragung oder ein Rückfall des Rechts bei Vertragsbeginn praktisch ausgeschlossen ist, weil sich der wirtschaftl Wert des überlassenen Rechts während der Nutzungsdauer erschöpft (zu Sport-Bandenwerbung s BFH I R 64/99, BStBl II 03, 641: „verbrauchende Rechteüberlassung"). Die **Dauer** der Überlassung braucht nicht festzustehen, soweit eine zeitl Begrenzung *mögl* ist. Auch eine langfristige, uU zeitl unbegrenzte Rechtebestellung kann ein Nutzungsverhältnis begründen. Die zeitl Begrenzung des gesetzl Rechtsschutzes schließt andererseits die Möglichkeit der Übertragung des Vollrechts nicht aus (Veräußerung statt Nutzung, s zu Patentrecht FG Mchn EFG 83, 353, rkr, str).

Beispiele: – ***(1)* Einkünfte aus VuV bejaht für: Werbeaktivitäten** eines Berufssportlers (BFH I R 19/06, BStBl II 10, 398, mwN und mit Abgrenzung zu BFH I R 73/02, BStBl II 05, 550; *BMF* BStBl I 05, 844; EStH 50a.1; krit *Schauhoff/Idler* IStR 08, 341; *Schmidt-Heß* IStR 06, 690); Lizenzzahlungen für **Standardsoftware** (BFH I R 62/01, BFH/NV 02, 1142); **Filmverwertungsrechte** (FG Mchn EFG 01, 571, rkr; s aber auch BFH I B 11/82, BStBl II 83, 367 mwN); **Lizenzen** für Arzneimittelrezepturen (BFH I R 41/92, BStBl II 93, 407); **Patente und Warenzeichen** (BFH I R 54/75, BStBl II 78, 355); **Know-how** (BFH I R 211/74, BStBl II 77, 623; offen gelassen in BFH I B 210/08, BFH/NV 09, 1237; auch → Rn. 125); **Entschädigungen** gem § 7 VII VermG (FG Bln-Bbg EFG 10, 1107, rkr). – ***(2)* Einkünfte aus VuV verneint für:** „Spielerleihe" (BFH I R 86/07, BStBl II 10, 120; jetzt → Rn. 63); Überlassung eines **Satellitentransponders** (BFH I R 130/97, BFH/NV 00, 1182; *Kessler ua* IStR 00, 425; *Rabe* RIW 92, 135). – **Weitere Beispiele** → 39. Aufl 2020, § 49 Rn. 113 aE.

c) Einkünfteermittlung. Zu Bemessung von AfA, Bewertung des Vermögens und Zuständigkeit im Falle der Veranlagung s *BMF* BStBl I 11, 530 Rn. 10 ff. 114

d) Verfahren. StErhebung in Fällen des § 50a I Nr 3 durch StAbzug idR mit abgeltender Wirkung (§ 50 II 1, → § 50 Rn. 27 ff), sonst durch Veranlagung. 115

e) DBA. Bei unbewegl Vermögen wird das Besteuerungsrecht grds dem Belegenheitsstaat zugewiesen (Art 6 I OECD-MA). Einkünfte aus VuV von Sachinbegriffen werden abkommensrechtl den Lizenzgebühren zugeordnet; das Besteuerungsrecht steht idR dem Wohnsitzstaat des Lizenzgebers zu (Art 12 OECD-MA). Zu betriebl Nutzung über PersGes (DBA Schweiz) s BFH I R 71/92, BStBl II 94, 91 Rn. 40. 116

8. Leibrenten und andere Leistungen, § 49 I Nr 7. Das **Besteuerungsrecht für Ruhegehälter** etc wird zwar idR durch DBA dem Wohnsitzstaat zugewiesen, unabhängig davon, wo früher eine Erwerbstätigkeit ausgeübt wurde (Art 18 und 21 OECD-MA; bei Nichtbesteuerung im Ausl ggf Rückfall des Besteuerungsrecht, s BFH X R 1/24, DStRE 26, 65). Jedoch steht nach einigen DBA auch **Deutschland als Quellenstaat** das Besteuerungsrecht zu (Kassenstaatsprinzip, s Art 17 der dt DBA-Verhandlungsgrundlage). Für diesen Fall ist mit § 49 I Nr 7 ein Besteuerungstatbestand geschaffen worden (BT-Drs 15/2150, 45; s BFH I R 9/16, BStBl II 18, 439 zu DBA Kanada, VerfBeschw nicht angenommen; krit *Lüdicke,* Überlegungen zur dt DBA-Politik, 2008, S 153 ff). – Gem **§ 49 Nr 7 Hs 1** werden (seit VZ 2005) alle im Ausl lebenden **Rentner** erfasst, die Leibrenten und andere Leistungen iSv § 22 Nr 1 S 3 Buchst a von einer der genannten inl Versicherungen und Einrichtungen beziehen (→ § 22 Rn. 88 ff; BFH I B 159/11, BFH/NV 12, 417; zu Leistungen aus dem Versorgungswerk einer RA-Kammer s BFH X R 1/DStRE 26, 65). – Gem **§ 49 I Nr 7 Hs 2** ist (seit VZ 2010) die beschr StPfl auf entspr Leistungen ausl Zahlstellen ausgedehnt worden, wenn die Leistungen auf Beiträgen nach § 10 I Nr 2 beruhen, die ganz oder teilweise **als SA berücksichtigt** wurden (Förderstaatsprinzip). Dem Wortlaut nach kommt es hier allein auf die *tatsächl* Berücksichtigung („wurden") bei der Ermittlung der SA und auf den rechtl Zusammenhang („zugrunde liegen") zw den berücksichtigten Beiträgen und den Rentenzahlungen an; ob und in welcher Höhe sich der SA- 119

Abzug steuerl ausgewirkt hat, soll unerhebl sein (s BT-Drs 17/506, 33). – Ein **StAbzug** ist für beide Fälle nicht vorgesehen. Die Betroffenen müssen gem § 25 III eine Erklärung zur beschr StPfl nach § 50 I oder ggf einen Antrag nach §§ 1 III, 1a abgeben (vgl etwa FG Köln EFG 09, 1911, rkr). Zur Quellenbesteuerung für Sozialversicherungsleistungen s *Vogel/Lehner* Art 18 Rn. 82 ff.

Zuständigkeit, soweit ausschließl Einkünfte iSd § 49 I Nr 7 und 10 zu veranlagen sind: FA Neubrandenburg (§ 1 EStZustVO; zu den Folgen des Zuständigkeitswechsels s BFH I R 43/12, BFH/NV 15, 306). – **Beamtenpensionen** sind als ArbLohn nach § 49 I Nr 4 stbar. – Zur Gleichbehandlung von Ruhegehalt und aktiven Lohnbezügen s EuGH C-520/04, IWB F 11A S 1123 – *Turpeinen* mit Anm *Wilke*. – S iÜ *Mundt* ISR 24, 27; *Hensel* PISTB 10, 83; *Decker/Looser* IStR 09, 652 (655).

120 **9. Private Veräußerungsgeschäfte, § 49 I Nr 8.** Der beschr StPfl unterliegt auch die private Veräußerung von inl Grundstücken oder grundstücksgleichen Rechten iSv §§ 22 Nr 2, 23 I 1 Nr 1, wenn zw Anschaffung und Veräußerung nicht mehr als 10 Jahre liegen (iEinz → § 23 Rn. 12 und → § 23 Rn. 16 ff); zum Begriff Veräußerung → § 23 Rn. 48 ff. – Die Veräußerung von KapGesAnteilen fällt seit VZ 2009 nicht mehr unter § 49 I Nr 8 (ggf § 49 I Nr 2 Buchst e oder Nr 5 Bucht d). Bei Zuordnung zu einer inl Betriebsstätte richtet sich die beschr StPfl (nur) nach § 49 I Nr 2 Buchst e und f (§ 23 II; glA *HHR/Kuhn* § 49 Rn. 1029; **aA** FG Hmb EFG 98, 39, rkr); ebenfalls nicht von § 49 I Nr 8 erfasst werden gewerbl Grundstückshandel und BetrAufsp über die Grenze (→ Rn. 56). – Die **Einkünfteermittlung** erfolgt nach § 23 III 1; die Freigrenze des § 23 III 5 gilt auch für beschr StPfl (glA *BH/Reimer* § 49 Rn. 303). – **DBA-Beschränkungen** ergeben sich nicht (Art 13 I OECD-MA: Besteuerung durch den Belegenheitsstaat). – **StErhebung** durch Veranlagung (StErklärungspflicht s BFH I R 45/96, BFH/NV 98, 14); ggf § 50a VII.

121 **10. Abgeordnetenbezüge, § 49 I Nr 8a.** Abgeordnetenbezüge fallen als sonstige Einkünfte iSd § 22 Nr 4 ohne weitere Voraussetzung unter die beschr StPfl nach § 49 I Nr 8a. **StErhebung** durch Veranlagung. **DBA-Beschränkungen:** Die Besteuerung erfolgt idR durch den Wohnsitzstaat (Art 21 OECD-MA).

122 **11. Sonstige Leistungen, § 49 I Nr 9. – a) Begriff.** § 22 Nr 3 erfasst entgeltl Leistungen im Privatbereich, die weder Veräußerung noch veräußerungsähnl Vorgänge sind (BFH IX R 39/06, BStBl II 08, 469: Teilnahme an einer Fernsehshow; → § 22 Rn. 130 ff). Der beschr StPfl unterliegen gem § 49 I Nr 9 **nur bestimmte Leistungen** iSd § 22 Nr 3. Das bedeutet einerseits, dass nicht alle Vorgänge, die unter § 22 Nr 3 fallen, eine beschr StPfl nach § 49 I Nr 9 auslösen, sondern nur die hier genannten; andererseits können aber Vorgänge, die tatbestandl nicht unter § 22 Nr 3 fallen, auch nicht von § 49 I Nr 9 erfasst werden (→ Rn. 11; glA *Frotscher/Geurts* § 49 Rn. 407; **aA** *KS/Gosch* § 49 Rn. 94). Letzteres gilt insb auch für Veräußerungsvorgänge (FG Mchn EFG 13, 1412, rkr).

123 **aa) Unterhaltende Darbietungen.** → Rn. 41; § 49 I Nr 2 Buchst d geht vor. Eine Beschränkung auf Künstler (vgl BT-Drs 16/10189, 59) lässt sich dem Wortlaut der Regelung nicht entnehmen; entscheidend ist allein der unterhaltende Charakter der Darbietung (so auch *BMF* BStBl I 10, 1350 Rn. 17; **aA** *HHR/Zimmerl* § 49 Rn. 1100). **Inländisch** ist die Darbietung mE, wenn sich der Darbietende physisch im Inl aufhält. Die Tatbestandsalternative gilt ab VZ 2009.

124 **bb) Nutzung beweglicher Sachen.** Sachen sind nur körperl Gegenstände (§ 90 BGB); die Regelung gilt für Einzelgegenstände, nicht für Sachinbegriffe (→ Rn. 110). Erfasst werden zudem nur Entgelte für die Gebrauchsüberlassung zur Nutzung, den Verzicht auf eine Nutzungsmöglichkeit oder deren Beschränkung, nicht aber Entgelte, die als Ausgleich für den endgültigen Verlust eines WG gezahlt werden; maßgebl ist der wirtschaftl Gehalt der zugrunde liegenden Vereinbarung (→ § 22 Rn. 136).

Zu **Nutzung durch Vermietung** s BFH I R 22/12, BStBl II 13, 728, mwN: beschr stpfl Einkünfte nur insoweit, als die bewegl Sache *tatsächl* im Inl genutzt wird (Anm *Klein/Jacob* FR 13, 958; krit → 39. Aufl 2020, § 49 Rn. 124 aE und *Haberland* DStR 12, 1115). – Ob das **Leasing** von Einzelgegenständen aus dem Ausl erfasst wird, ist Tatfrage (zur Einordnung → § 5 Rn. 721 ff; abl für verkaufsähnl Vergütung FG Mchn EFG 90, 242, rkr; *Roser* RIW 90, 393). **Wertpapierleihe** fällt im Zweifel nicht unter § 49 I Nr 9 (→ § 5 Rn. 270 „Wertpapierleihe"). Zu **Satellitendienst,** Überlassung von **Standard-Software** und **Internetgeschäften** s *Kessler* IStR 00, 70, und *ders* IStR 00, 98 (grds weder § 49 I Nr 2f noch Nr 6 oder 9); zu Ausnahmen nach § 49 I Nr 6 s BFH I R 62/01, BFH/NV 02, 1142; *Kessler/Maywald/Peter* IStR 00, 425 (Lösung vom engen Wortlaut des § 49 I Nr 9).

cc) Überlassung von Know-how. Unter diese Tatbestandsalternative fällt die Überlassung nicht nur von Spezialwissen als Ergebnis erfinderischer Tätigkeit, sondern auch von sonstigem Erfahrungswissen, dessen Wert darin besteht, einem Dritten, dem es vermittelt wird, Zeit und Kosten zu ersparen (so BFH I R 90/01, BStBl II 03, 249 mwN; zu § 22 Nr 3 s BFH IX R 53/02, BStBl II 05, 167: „werthaltige Tipps"; ferner FG Bln-Bbg EFG 13, 934, rkr, mit Anm *Bozza-Bodden:* Abgrenzung zum Rechtskauf). Handelt es sich um Wissen, dass urheberrechtl Schutz genießt, ist § 49 I Nr 6 einschlägig (glA *Petersen/Herbst* IStR 21, 745; s aber BFH I R 81/11, BFH/NV 13, 698 Rn. 12: „jedenfalls" Nr 9). Anders als § 21 I Nr 3 iVm § 49 I Nr 6 setzt § 49 I Nr 9 tatbestandl **keine zeitl Begrenzung** der Überlassung voraus (glA BFH I R 18/18, BStBl II 22, 376; zur vertragl Gestaltung s *Bärsch/Klein* IStR 22, 494). – Der Wortlaut des § 49 I Nr 9 („im Inl genutzt werden oder worden ist") setzt mE eine **tatsächl Nutzung** im Inl voraus; denn erst durch diese wird überhaupt der erforderl Inlandsbezug hergestellt (glA *Drüen* DStR 22, 822 (827), unter Hinweis auf § 38 AO; offen gelassen in BFH I R 112/04, BFH/NV 05, 1756, unter II.5.b, zu § 49 I Nr 4). Dementspr lehnt etwa die hA auch eine Berücksichtigung vergebl Aufwendungen ab (s *BH/Reimer* § 49 Rn. 66; *HHR/Bärsch* § 49 Rn. 53; → 39. Aufl 2020, § 50 Rn. 9 aE; **aA** *KS/Gosch* § 49 Rn. 107). Allerdings genügt es der Rspr zufolge bereits, wenn eine Nutzung im Inl erfolgen „soll" (s BFH I R 18/18, BStBl II 22, 376 Rn. 28; krit Anm *Kempermann* Ubg 22, 327; *Holthaus* Ubg 22, 327; *Binnewies* Ubg 22, 328; Gestaltungsüberlegung: *Strahl* NWB 22, 1087 (1089): Verschiebung der Zahlung). Ob die tatsächl Nutzung die Erwartungen des Vergütungsschuldners erfüllt, ist jedenfalls unerhebl (so zutr BFH I R 18/18, BStBl II 22, 376 Rn. 27). – Zum Schutz von Know-how durch das **GeschGehG** (BGBl I 19, 466) s *Petersen/Herbst* IStR 21, 745; *Pinkernell* IStR 22, 561 (564). – **Beispiele** → 42. Aufl 2023, § 49 Rn. 125. 125

b) Subsidiarität. § 49 I Nr 9 ist eine subsidiäre **Auffangklausel.** Sie gilt gem § 49 I Nr 9 Hs 2 nur dann nicht, wenn *stpfl* Einkünfte iSv § 49 I Nr 1–8 vorliegen. Zur Aufteilung einer gemischten Vergütung s EStR 49.3 III (mit Vereinfachungsregelung). Dass die Einkünfte bei unbeschr StPfl unter eine ggü § 22 Nr 3 vorrangige Einkunftsart fallen würden, steht der (subsidiären) Besteuerung nach § 49 I Nr 9 nicht entgegen (s Wortlaut in Hs 1: „auch wenn …"). Damit zielt die Regelung insb auf die estl Erfassung von Einkünften aus der Nutzung bewegl Sachen und aus Know-how-Überlassung ohne inl Betriebsstätte. 126

c) Verfahren; DBA. Die **Freigrenze** des **§ 22 Nr 3** ist mE mangels Ausschluss in § 50 zu beachten (str), zwar nicht beim StAbzug, aber durch Erstattung (→ § 50a Rn. 41; glA *BH/Reimer* § 49 Rn. 313); aus § 50a I Nr 3, II 1 ergibt sich nichts anderes, da diese Regelungen als Verfahrensvorschriften keine beschr StPfl begründen können (→ Rn. 11). – Die **StErhebung** erfolgt durch StAbzug gem § 50a I Nr 3. – Die meisten **DBA** beschränken die Besteuerung von Vergütungen für die Überlassung von Lizenzen oder Know-how auf den Staat, in dem der Vergütungsgläubiger ansässig ist (Art 12 OECD-MA). 127

128 **12. Altersversorgung, § 49 I Nr 10.** Die Regelung gilt für ArbN, die nach Eintritt in den Ruhestand ins Ausl ziehen und damit nicht mehr unbeschr estpfl sind („Auslandsrentner", ähnl § 49 I Nr 7; seit VZ 2009 bzw VZ 2010, → 42. Aufl 2023, § 49 Rn. 128). Erfasst werden Leistungen aus **Altersvorsorgeverträgen, Pensionsfonds, Pensionskassen und Direktversicherungen** (zB Riesterrente), die in der Ansparphase im Inl stfrei gestellt oder bei der Ermittlung der SA nach § 10 I Nr 2 berücksichtigt worden sind (Förderstaatsprinzip, BT-Drs 17/506, 33). Der Umfang der Besteuerung richtet sich nach dem Umfang der StFreistellung bzw der Förderung (→ § 22 Rn. 170). – **Zuständigkeit** soweit ausschließl Einkünfte iSd § 49 I Nr 7 und 10 zu veranlagen sind: FA Neu-Brandenburg (§ 1 EStZustVO). – Nach **DBA-Recht,** können die Leistungen idR nur im Ansässigkeitsstaat des Leistungsempfängers besteuert werden (Art. 18 OECD-MA; *Vogel/Lehner* Art. 18 Rn. 30; insoweit zutr krit *Lüdicke,* Überlegungen zur dt DBA-Politik, 2008, S 153 ff).

130 **13. Umgekehrt hybride Rechtsträger, § 49 I Nr 11.** Die mit dem ATAD-UmsG (BGBl I 21, 2035) geschaffene Regelung richtet sich gegen sog umgekehrt hybride Gestaltungen *(reverse hybrids),* dh gegen Unternehmen, die im Staat ihrer Errichtung als *transparent* (→ § 15 Rn. 160) und im Staat der unmittelbar oder mittelbar beteiligten Personen als *intransparent* behandelt werden (→ § 4k Rn. 1 und 26). Die Einkünfte, die ein solches Unternehmen erzielt, werden im Ansässigkeitsstaat des Unternehmens den Anteilseignern zugerechnet, im Ansässigkeitsstaat der Anteilseigner hingegen dem Unternehmen selbst. Das kann dazu führen, dass die Einkünfte **in keinem Staat estl berücksichtigt** werden. Dies soll § 49 I Nr 11 verhindern (BT-Drs 19/29848, 58; *Zinowsky/Jochimsen* ISR 17, 325; *Köhler* ISR 18, 250; *SED* Rn. 17.100 f; *Kofler/Schnitger* BEPS-Handbuch Rn. C.17 128 ff).

131 **a) Beteiligungseinkünfte, § 49 I Nr 11 S 1. – aa) Inländische Einkünfte.** Anders als die übrigen Regelungen des § 49 I Nr 1–10 knüpft § 49 I Nr 11 dem Wortlaut nach an keine bestimmte Einkunftsart des § 2 I an. Aus der Funktion der Regelung (→ Rn. 130) und aus der systematischen Bezugnahme auf die „Einkünfte iSd Nr 1–10" in § 49 I Nr 11 S 1 Buchst b (→ Rn. 133 *(2)*) folgt aber mE, dass auch im Fall des § 49 I Nr 11 eine Besteuerung nur mögl ist, wenn zunächst alle tatbestandl Voraussetzungen einer (gesellschaftl/gemeinschaftl erzielten) Einkunftsart iSv §§ 13–23 in der Person des StPfl erfüllt sind, sog **Tatbestandsmäßigkeit der Besteuerung** (→ Rn. 11). § 49 I Nr 11 schafft keine *neue* Einkunftsart (glA *BeckOK EStG* § 49 Rn. 641).

132 **bb) Inlandsbezug; Rechtsfolge.** Im Fall einer PersGes oder Gemeinschaft mit Sitz oder Geschäftsleitung im Inl oder mit Eintragung in ein inl Register unterliegen Beteiligungseinkünfte (im weitesten Sinne, → Rn. 134) unter den in § 49 I Nr 11 S 1 genannten Voraussetzungen der beschr StPfl iSv § 1 IV. Dies gilt erstmals für Einkünfte, die **nach dem 31.12.21** zufließen (§ 52 XLVa 4). – Die Registereintragung muss die PersGes/Gemeinschaft als solche betreffen (zB Eintragung einer inl Zweigniederlassung); dass sie als Rechtsinhaberin eingetragen ist (zB Grundbuch, Patent-/Markenregister etc) genügt mE nicht (zutr *BH/Reimer* § 49 Rn. 317b). – Zum **persönl Anwendungsbereich** der Regelung → Rn. 134. Die Einkünfte einer PersGes, die gem **§ 1a KStG** zur KSt optiert hat, sind keine Beteiligungseinkünfte iSv § 49 I Nr 11.

In den **Gesetzesmaterialien** heißt es, die Regelung setze Art 9a ATAD um (BT-Drs 19/29848, 58). Das ist mE unzutr; denn Art 9a ATAD sieht für umgekehrt hybride Rechtsträger „ledigl" eine Ansässigkeitsfiktion vor (*Kofler/Schnitger* BEPS-Handbuch Rn. C.17 143 f; *Musil/Weber-Grellet* Europäisches StRecht Art 9a ATAD Rn. 6), aber keine Begründung einer beschr StPfl der Anteilseigner (str, s *Krechel/Strüder* FR 21, 884 mwN). Bei der Auslegung von § 49 I Nr 11 kann daher mE auch nicht auf die ATAD zurückgegriffen werden (keine RL-konforme Auslegung, dazu → § 4k Rn. 6; **aA** *BeckOK EStG* § 49 Rn. 641).

cc) Besteuerungsvorbehalte. Die beschr StPfl nach § 49 I Nr 11 S 1 steht unter einem dreifachen negativen Vorbehalt, der durch „und" verknüpft ist; dh, nur wenn alle (negativen) Voraussetzungen erfüllt sind, sind die Beteiligungseinkünfte beschr stpfl. Der dreifache Vorbehalt wird mit *„soweit"* eingeleitet; dies erfordert mE eine **auf den jeweiligen Ges'ter** bezogene Prüfung (glA *Krechel/Strüder* FR 21, 884 (889); **aA** *BH/Reimer* § 49 Rn. 317b: abstellen auf einzelne Einkunftsbestandteile iSe *itemization*). – ***(1)*** Die Beteiligungseinkünfte dürfen gem § 49 I Nr 11 S 1 Buchst a in dem Staat, in dem der Beteiligte seinen Wohnsitz (§ 8 AO) oder seinen gewöhnl Aufenthalt (§ 9 AO) hat, **keiner Besteuerung** unterliegen und dieser Umstand *muss* in der abw steuerl Behandlung der PersGes/Gemeinschaft begründet sein (Wortlaut: „aufgrund"). Beruht die Nichtbesteuerung auf anderen Gründen (StFreistellung, Verlustvortrag etc), greift die Rechtsfolge des § 49 I Nr 11 S 1 nicht ein; dh, die Beteiligungseinkünfte unterliegen nicht der beschr StPfl. – ***(2)*** Es handelt sich um eine **subsidiäre Auffangklausel.** Gem § 49 I Nr 11 S 1 Buchst b greift die Regelung nur dann ein, wenn die Beteiligungseinkünfte nicht bereits als Einkünfte iSv Nr 1–10 einer Besteuerung unterliegen. Die Anwendung des § 49 I Nr 11 S 1 ist damit auch dann ausgeschlossen, wenn die Einkünfte von § 49 I Nr 1–10 erfasst werden, die Besteuerung im Inl aber durch ein DBA beschränkt oder ausgeschlossen wird (BT-Drs 19/29848, 58 f). – ***(3)*** Die Beteiligungseinkünfte sind gem § 49 I Nr 11 S 1 Buchst c dann nicht beschr stpfl, wenn sie in irgendeinem anderen Staat der Besteuerung unterliegen (zB im Staat eines mittelbar beteiligten Ges'ters). 133

b) Persönlicher Anwendungsbereich, § 49 I Nr 11 S 2. Die in § 49 I Nr 11 S 1 vorgesehene Rechtsfolge einer beschr StPfl der „Einkünfte aus der Beteiligung" setzt gem § 49 I Nr 11 S 2 Hs 2 **nicht** voraus, dass dem StPfl selbst die **Stellung eines Ges'ters/Gemeinschafters** zukommt. Es genügt gem § 49 I Nr 11 S 2 Hs 1, dass ihm, entweder allein oder zusammen mit einer ebenfalls nicht unbeschr estpfl/kstpfl nahestehenden Person (§ 1 II AStG), mehr als die Hälfte der **Stimmrechte** oder der **Anteile am Kapital** der PersGes/Gemeinschaft unmittelbar oder mittelbar zuzurechnen sind oder dass ihm mehr als die Hälfte des **Gewinns oder Liquidationserlöses** der PersGes/Gemeinschaft unmittelbar oder mittelbar zustehen. Unbeschr estpfl/kstpfl Personen bleiben unberücksichtigt. 134

c) Altersvorsorgevermögensfonds; Kausalitätserfordernis, § 49 I Nr 11 S 3. Einkünfte aus der Beteiligung an einem Altersvorsorgevermögensfonds iSv § 53 InvStG sind von der Regelung ausgenommen (BT-Drs 19/29848, 59: Umsetzung von Art 9a II ATAD; aber → Rn. 130 aE). – Die weitere Einschränkung in § 49 I Nr 11 S 3 Hs 2, derzufolge die vorgenannten Regelungen nicht gelten (also: keine Begründung einer beschr StPfl), wenn die Einkünfte auch bei einer nicht vom dt Recht abw Behandlung der PersGes/Gemeinschaft im ausl Staat keiner Besteuerung unterliegen würden, ist mE redundant; denn dies ergibt sich bereits aus dem „aufgrund" in § 49 I Nr 1 S 1 Buchst a (→ Rn. 133 *(1)*). 135

d) Treaty override, § 49 I Nr 11 S 4. Die Anwendung der genannten Regelungen erfolgt ohne Rücksicht auf ein DBA. Dies gilt mE auch für DBA, die nach Inkrafttreten des § 49 I Nr 11 geschlossen werden (BFH I R 64/13, BStBl II 17, 1185; **aA** *BH/Reimer* § 49 Rn. 319). 136

III. Isolierende Betrachtungsweise, § 49 II

1. Hintergrund. Die Rspr hatte den Grundsatz der isolierenden Betrachtungsweise über den früheren Gesetzeswortlaut hinaus in Anknüpfung an den objektsteuerartigen Charakter der beschr StPfl (→ Rn. 1) entwickelt. Er besagte, dass die Zuordnung von Einkünften gem § 49 I grds nach den Verhältnissen im Inl zu beurteilen ist (grundlegend BFH I R 140/66, BStBl II 70, 428; ausführl *HHR/Clausen* § 49 Rn. 1200 ff: § 49 II als Korrektur der BFH-Rspr). – Der BFH hatte es zutr stets ab- 140 gelehnt, eine *wesensmäßige Einkünfteveränderung* (§ 2 II Nr 1) auf die isolierende Betrachtungsweise zu stützen und etwa ihrer Art nach gewerbl Einkünfte iSv § 15 in selbständige Einkünfte iSv §§ 18/49 I Nr 3 umzuqualifizieren, bloß weil die Voraussetzungen des § 49 I Nr 2 nicht vorlagen (glA *BH/Reimer* § 49 Rn. 323 mwN).

141 **2. Außerachtlassung ausl Besteuerungsmerkmale.** Die Bedeutung des § 49 II ist nach wie vor nicht abschließend geklärt (*Lüdicke* DStR-Beih 08, 25 (29); *Gosch* FS Wassermeyer, S 263), aber seit 1986 lfd durch **Sonderregelungen** abgeschwächt worden (zB **§ 49 I Nr 2d, g** und **Nr 9**). Die Prüfung, ob beschr stpfl Einkünfte iSd § 49 I vorliegen erfolgt – und nur dann – allein anhand des im Inl verwirklichten Sachverhalts, wenn sich dieser „isoliert betrachtet" einer der dort aufgeführten Regelungen zuordnen lässt und nur bei Berücksichtigung der im Ausl gegebenen Umstände eine beschr StPfl an sich zu verneinen wäre (BFH I B 11/82, BStBl II 83, 367: Priorität des inl Sachverhalts bei der Bestimmung der Einkunftsart; BFH I R 14/01, BStBl II 02, 861). So sind etwa Dividendenzahlungen einer inl KapGes an einen im Ausl gewerbl tätigen StPfl ohne inl Betriebsstätte gem § 49 II als Einkünfte iSd § 49 I Nr 5 Buchst a beschr stpfl; der Umstand, dass an sich gewerbl Einkünfte vorliegen, die mangels einer Betriebsstätte im Inl von § 49 I Nr 2 Buchst a nicht erfasst würden, bleibt außer Betracht (s *Frotscher* Internationales StRecht, 5. Aufl Rn. 196: zweistufige Prüfung). Im Erg lässt damit das Gesetz den Inlandsbezug, der sich aus dem im Inl verwirklichten Sachverhalt ergibt, zur Begründung einer beschr StPfl genügen. § 49 II ist somit nicht auf die in § 49 I und §§ 13 ff geregelten Rechtsfolgen ausgerichtet, sondern auf den der Subsumtion zugrunde zu legenden Sachverhalt (*Schaumburg* Rn. 6.154 f: iErg Suspendierung der Subsidiaritätsklauseln). Das bedeutet jedoch nicht, dass im Ausl verwirklichte Sachverhalte generell vernachlässigt werden könnten; § 49 II gilt nicht, wenn bereits bei Berücksichtigung der ausl Besteuerungsmerkmale inl Einkünfte iSv § 49 I vorliegen (BFH I R 73/02, BStBl II 05, 550). Darüber hinaus kommt § 49 II keine Bedeutung zu; die Regelung lässt insb keine von §§ 13 ff abw Besteuerung zu. Deshalb ist § 49 I Nr 2 ohne Gewinnerzielungsabsicht nicht anwendbar (s unten und → Rn. 11); deshalb waren die früheren Verwaltungsanweisungen zur Überlassung von Künstlern durch ausl KapGes bis zur Gesetzesänderung durch **§ 49 I Nr 2d** oder zur Erfassung von Veräußerungsvorgängen nach **§ 49 I Nr 9** bedenklich (glA BFH I R 64/99, BStBl II 03, 641). Selbst die als solche nicht steuerbegründenden Gesetzesmotive rechtfertigen keine abw Auslegung (s Wortlaut der Gesetzesbegründung in FG Mchn EFG 82, 351, insoweit bestätigt durch BFH I B 11/82, BStBl II 83, 367).

Bei der Frage nach der **Einkunftserzielungsabsicht** ist eine isolierte Betrachtung der inl Tätigkeit grds unzulässig (BFH I R 14/01, BStBl II 02, 861, zu Preisgeld für Teilnahme an einem inl Pferdeturnier; Anm *Kempermann* FR 02, 637; *Gosch/Lüdicke* DStR 02, 671; *KB* IStR 02, 310; *Haase* IStR 20, 287; zu Feststellungslast und Mitwirkungspflicht *Hruschka* IStR 02, 753; Nichtanwendungserlass in *BMF* BStBl I 02, 1394 durch *BMF* BStBl I 10, 1350 Rn. 118 *aufgehoben*). – **Weitere Beispiele:** *HHR/Clausen* § 49 Rn. 1245 ff.

IV. Schifffahrtunternehmen; Luftfahrtunternehmen, § 49 III, IV

142 **1. Pauschale Besteuerung, § 49 III.** Die Regelung knüpft an die Besteuerung von beschr stpfl Einkünften aus dem Betrieb von Seeschiffen und Luftfahrzeugen nach § 49 I Nr 2 Buchst b an (→ Rn. 33). Diese Einkünfte werden grds mit 5% der für die betr Beförderungsleistungen vereinbarten Entgelte pauschal besteuert; BA (und damit auch Verluste) werden nicht berücksichtigt. Dies sollte der Rspr zufolge verfgemäß sein (s FG Hmb EFG 99, 1230, BVerfG 1 BvR 722/01, StEd 01, 738; mE zweifelhaft, zu Ges aus anderen EU-/EWR-Staaten s auch BVerfG 1 BvR 1916/09, NJW 11, 3428; **aA** auch *HHR/Rehfeld* § 49 Rn. 1302, vor allem für Verlustfälle); zu abkommensrechtl Grenzen (Verstoß gegen Diskriminierungsverbot) s BFH I R 54/96, DStRE 98, 590 (Anm *Wassermeyer* IStR 98, 504). Die Pauschalierung gilt

gem § 49 III 3 nicht für Einkünfte iSd § 49 I Nr 2 Buchst c und ferner dann nicht, wenn das dt Besteuerungsrecht durch ein DBA weder ausgeschlossen noch beschränkt wird (BFH I R 1/19, BStBl II 23, 16: inl Anschlusstransporte; krit *Rauert* ISR 22, 370).

2. Steuerfreistellung, § 49 IV. Teilweise sind die Einkünfte stfrei; das setzt aber Gegenseitigkeit voraus (zB *BMF* BStBl I 18, 1036: Freistellung für Luft- und Schifffahrtunternehmen mit Oman). 143

§ 50 Sondervorschriften für beschränkt Steuerpflichtige

(1) [1]**Beschränkt Steuerpflichtige dürfen Betriebsausgaben (§ 4 Absatz 4 bis 8) oder Werbungskosten (§ 9) nur insoweit abziehen, als sie mit inländischen Einkünften in wirtschaftlichem Zusammenhang stehen.** [2]**§ 32a Absatz 1 ist mit der Maßgabe anzuwenden, dass das zu versteuernde Einkommen um den Grundfreibetrag des § 32a Absatz 1 Satz 2 Nummer 1 erhöht wird; dies gilt bei Einkünften nach § 49 Absatz 1 Nummer 4 nur in Höhe des diese Einkünfte abzüglich der nach Satz 5 abzuziehenden Aufwendungen übersteigenden Teils des Grundfreibetrags.** [3]**Wenn für das um den Grundfreibetrag erhöhte zu versteuernde Einkommen ein besonderer Steuersatz nach § 32b Absatz 2 oder nach § 2 Absatz 5 des Außensteuergesetzes gilt, ist dieser auf das zu versteuernde Einkommen anzuwenden.** [4]**§ 10 Absatz 1, 1a Nummer 1, 3 und 4, Absatz 2 bis 6, die §§ 10a, 10c, 16 Absatz 4, die §§ 24b, 32, 32a Absatz 6, die §§ 33, 33a, 33b, 35a und 35c sind nicht anzuwenden.** [5]**Hiervon abweichend sind bei Arbeitnehmern, die Einkünfte aus nichtselbständiger Arbeit im Sinne des § 49 Absatz 1 Nummer 4 beziehen, § 10 Absatz 1 Nummer 2 Buchstabe a, Nummer 3 und Absatz 3 sowie § 10c anzuwenden, soweit die Aufwendungen auf die Zeit entfallen, in der Einkünfte im Sinne des § 49 Absatz 1 Nummer 4 erzielt wurden**[1] **und die Einkünfte nach § 49 Absatz 1 Nummer 4 nicht übersteigen.** [6]**Die Jahres- und Monatsbeträge der Pauschalen nach § 9a Satz 1 Nummer 1 und § 10c ermäßigen sich zeitanteilig, wenn Einkünfte im Sinne des § 49 Absatz 1 Nummer 4 nicht während eines vollen Kalenderjahres oder Kalendermonats zugeflossen sind.**

(1a) [1]**Abweichend von Absatz 1 Satz 4 ist § 10 Absatz 1 Nummer 2 Buchstabe a sowie Absatz 2 und 3 auf Beiträge an berufsständische Versorgungseinrichtungen anzuwenden, wenn eine gesetzliche Pflichtmitgliedschaft in der Versorgungseinrichtung besteht, die auf einer für die inländische Berufsausübung erforderlichen Zulassung beruht.** [2]**Dies gilt nur für Staatsangehörige**

1. **eines Mitgliedstaates der Europäischen Union oder eines Staates, auf den das Abkommen über den Europäischen Wirtschaftsraum Anwendung findet, und die im Hoheitsgebiet eines dieser Staaten oder der Schweiz ihren Wohnsitz oder gewöhnlichen Aufenthalt haben, sowie**
2. **der Schweizerischen Eidgenossenschaft, die ihren Wohnsitz oder gewöhnlichen Aufenthalt im Hoheitsgebiet eines Mitgliedstaates der Europäischen Union oder der Schweiz haben.**

[3]**Die Beiträge können nur als Sonderausgaben abgezogen werden, soweit sie in unmittelbarem wirtschaftlichem Zusammenhang mit inländischen Einkünften nach § 49 Absatz 1 Nummer 2 oder 3 stehen, die aus der durch die Zulassung ermöglichten Berufsausübung erzielt werden.** [4]**Der Abzug der Beiträge erfolgt entsprechend dem Anteil der inländischen Einkünfte im Sinne des Satzes 3 an dem Gesamtbetrag der positiven in- und ausländischen Einkünfte aus der durch die Zulassung ermöglichten Berufsausübung.** [5]**Der Abzug der Beiträge ist ausgeschlossen, soweit sie im Rahmen der Einkommensbesteuerung des Steuer-**

[1] Redaktionelles Versehen des Gesetzgebers: Hier fehlt ein Komma.

pflichtigen in einem Staat, in dem er seinen Wohnsitz oder gewöhnlichen Aufenthalt hat, abgezogen worden sind oder sie die Einkünfte nach Satz 3 übersteigen.

(2) [1]**Die Einkommensteuer für Einkünfte, die dem Steuerabzug vom Arbeitslohn oder vom Kapitalertrag oder dem Steuerabzug auf Grund des § 50a unterliegen, gilt bei beschränkt Steuerpflichtigen durch den Steuerabzug als abgegolten.** [2]**Satz 1 gilt nicht**

1. **für Einkünfte eines inländischen Betriebs;**
2. **wenn nachträglich festgestellt wird, dass die Voraussetzungen der unbeschränkten Einkommensteuerpflicht im Sinne des § 1 Absatz 2 oder Absatz 3 oder des § 1a nicht vorgelegen haben; § 39 Absatz 7 ist sinngemäß anzuwenden;**
3. **in Fällen des § 2 Absatz 7 Satz 3;**
4. **für Einkünfte aus nichtselbständiger Arbeit im Sinne des § 49 Absatz 1 Nummer 4,**
   a) **wenn als Lohnsteuerabzugsmerkmal ein Freibetrag nach § 39a Absatz 4 gebildet worden ist und der im Kalenderjahr insgesamt erzielte Arbeitslohn höher ist als die Summe aus dem Grundfreibetrag (§ 32a Absatz 1 Satz 2 Nummer 1), dem Arbeitnehmer-Pauschbetrag (§ 9a Satz 1 Nummer 1 Buchstabe a) und dem Sonderausgaben-Pauschbetrag (§ 10c Satz 1),**
   b) **wenn die Veranlagung zur Einkommensteuer beantragt wird (§ 46 Absatz 2 Nummer 8),**
   c) **in den Fällen des § 46 Absatz 2 Nummer 2, 5 und 5a,**
   d) **wenn außerordentliche Einkünfte im Sinne des § 34 Absatz 1 und 2 Nummer 2 und 4 bezogen worden sind und in diesem Zusammenhang die Veranlagung zur Einkommensteuer beantragt wird (§ 46 Absatz 2 Nummer 8) oder**
   e) **wenn die Anrechnung einer ausländischen Steuer nach § 50d Absatz 7 Satz 2 beantragt wird;**
5. **für Einkünfte im Sinne des § 50a Absatz 1 Nummer 1, 2 und 4, wenn die Veranlagung zur Einkommensteuer beantragt wird;**
6. **für Einkünfte aus Kapitalvermögen im Sinne des § 49 Absatz 1 Nummer 5 Satz 1 Buchstabe a, auf die § 20 Absatz 1 Nummer 6 Satz 2 anzuwenden ist, wenn die Veranlagung zur Einkommensteuer beantragt wird.**

[3]**In den Fällen des Satzes 2 Nummer 4 erfolgt die Veranlagung durch das Betriebsstättenfinanzamt, das nach § 39 Absatz 2 Satz 2 oder Satz 4 für die Bildung und die Änderung der Lohnsteuerabzugsmerkmale zuständig ist.** [4]**Bei mehreren Betriebsstättenfinanzämtern ist das Betriebsstättenfinanzamt zuständig, in dessen Bezirk der Arbeitnehmer zuletzt beschäftigt war.** [5]**Bei Arbeitnehmern mit Steuerklasse VI ist das Betriebsstättenfinanzamt zuständig, in dessen Bezirk der Arbeitnehmer zuletzt unter Anwendung der Steuerklasse I beschäftigt war.** [6]**Hat der Arbeitgeber für den Arbeitnehmer keine elektronischen Lohnsteuerabzugsmerkmale (§ 39e Absatz 4 Satz 2) abgerufen und wurde keine Bescheinigung für den Lohnsteuerabzug nach § 39 Absatz 3 oder § 39e Absatz 7 Satz 5 ausgestellt, ist das Betriebsstättenfinanzamt zuständig, in dessen Bezirk der Arbeitnehmer zuletzt beschäftigt war.** [7]**Satz 2 Nummer 4 Buchstabe b und Nummer 5 gilt nur für Staatsangehörige eines Mitgliedstaats der Europäischen Union oder eines anderen Staates, auf den das Abkommen über den Europäischen Wirtschaftsraum Anwendung findet, die im Hoheitsgebiet eines dieser Staaten ihren Wohnsitz oder gewöhnlichen Aufenthalt haben.** [8]**Satz 2 Nummer 4 Buchstabe b gilt darüber hinaus auch für Staatsangehörige eines Mitgliedstaates der Europäischen Union oder eines Staates, auf den das Abkommen über den Europäischen Wirtschaftsraum Anwendung findet, die in der Schweiz ihren Wohnsitz oder gewöhnlichen Aufenthalt haben, sowie für Staatsangehörige der Schweizerischen Eidgenossenschaft, die ihren Wohnsitz oder gewöhnlichen Aufenthalt im Hoheitsgebiet eines**

Mitgliedstaates der Europäischen Union oder der Schweiz haben.[2] **[9]In den Fällen des Satzes 2 Nummer 5 erfolgt die Veranlagung durch das Bundeszentralamt für Steuern. [10]In den Fällen des Satzes 2 Nummer 6 ist für die Besteuerung des Gläubigers nach dem Einkommen das Finanzamt zuständig, das auch für die Besteuerung des Schuldners nach dem Einkommen zuständig ist; bei mehreren Schuldnern ist das Finanzamt zuständig, das für den Schuldner, dessen Leistung dem Gläubiger im Veranlagungszeitraum zuerst zufloss, zuständig ist. [11]Werden im Rahmen einer Veranlagung Einkünfte aus nichtselbständiger Arbeit im Sinne des § 49 Absatz 1 Nummer 4 bei der Ermittlung des zu versteuernden Einkommens berücksichtigt, gilt § 46 Absatz 3 und 5 entsprechend.**

(3) **§ 34c Absatz 1 bis 3 ist bei Einkünften aus Land- und Forstwirtschaft, Gewerbebetrieb oder selbständiger Arbeit, für die im Inland ein Betrieb unterhalten wird, entsprechend anzuwenden, soweit darin nicht Einkünfte aus einem ausländischen Staat enthalten sind, mit denen der beschränkt Steuerpflichtige dort in einem der unbeschränkten Steuerpflicht ähnlichen Umfang zu einer Steuer vom Einkommen herangezogen wird.**

(4) **Die obersten Finanzbehörden der Länder oder die von ihnen beauftragten Finanzbehörden können mit Zustimmung des Bundesministeriums der Finanzen die Einkommensteuer bei beschränkt Steuerpflichtigen ganz oder zum Teil erlassen oder in einem Pauschbetrag festsetzen, wenn dies im besonderen öffentlichen Interesse liegt; ein besonderes öffentliches Interesse besteht**

1. **an der inländischen Veranstaltung international bedeutsamer kultureller und sportlicher Ereignisse, um deren Ausrichtung ein internationaler Wettbewerb stattfindet, oder**
2. **am inländischen Auftritt einer ausländischen Kulturvereinigung, wenn ihr Auftritt wesentlich aus öffentlichen Mitteln gefördert wird.**

Einkommensteuer-Richtlinien: EStR 50; EStH 50.

Übersicht Rn.

[2] Zur Anwendung von § 50 II 8 in allen offenen Fällen s § 52 XLVI 4.

I. Allgemeines

1 **1. Bedeutung; Aufbau.** Zur Systematik → § 49 Rn. 1. Die Sondervorschriften der §§ 50, 50a bestimmen, ob und in welcher Weise beschr StPfl mit ihren inl Einkünften iSd § 49 zu veranlagen sind. **§ 50 I** legt durch Ausschluss und Modifikation einzelner Regelungen fest, wie die festzusetzende ESt auf beschr stpfl Einkünfte zu ermitteln ist. **§ 50 II** normiert, in welchem Umfang dem in anderen Vorschriften geregelten StAbzugsverfahren abgeltende Wirkung zukommt (mit der Folge, dass eine Veranlagung nach § 50 I ausscheidet). **§ 50 III** behandelt die Anrechnung und den Abzug ausl Steuern bei inl Gewinneinkünften. **§ 50 IV** ermächtigt die FinVerw, die ESt unter bestimmten Voraussetzungen zu pauschalieren oder ganz oder teilweise zu erlassen.

2 **2. Neue Rechtsentwicklung.** Mit dem **WachstChG** (BGBl I 24 Nr 108) ist in § 50 II 2 Nr 4 Buchst d (→ Rn. 37) eine weitere Ausnahme von der Abgeltungswirkung des § 50 II 1 für beschr stpfl ArbN mit ao Einkünften geschaffen worden und ebenso mit dem **JStG 2024** (BGBl I 24 Nr 387) in § 50 II 2 Nr 4 Buchst e (→ Rn. 38) für den Fall des § 50d VII 2; außerdem ist mit § 50 II 8 der Kreis der Begünstigten iSv § 50 II 2 Nr 4 Buchst b und Nr 5 auf die *Schweiz* erweitert worden (→ Rn. 47). – S iÜ → 42. Aufl 2023, § 50 Rn. 2 und *BH/Reimer* § 50 Rn. 5 ff.

3 **3. Verfassungsrecht; Unionsrecht.** Die meisten verfassungs- und gemeinschafts-/unionsrechtl Bedenken ggü den früheren Regelungen haben sich mit der Neufassung des § 50 durch das **JStG 2009** (BGBl I 08, 2794) erübrigt (s *Lüdicke* DStR-Beih 08, 25 (30)); zu weiterhin bestehenden Bedenken s *Schaumburg* ISR 21, 135; *BH/Reimer* § 50 Rn. 15 ff; *HHR/Herkenroth/Striegel* § 50 Rn. 6 f. Zur generellen Vereinbarkeit des StAbzugsverfahrens in seiner jetzigen Form mit Verfassungsrecht/Unionsrecht → § 50a Rn. 3; zu § 50 I 2 s FG BW EFG 12, 1932, rkr (weder verfwidrig noch unionsrechtswidrig) und zu § 50 II 1 s FG Saarl EFG 23, 1388 (KapErträge). Der Ausschluss des SA-Abzugs gem § 50 I 3 ist **europarechtswidrig** (→ Rn. 16). Die unterschiedl Behandlung von beschr stpfl ArbN und sonstigen beschr StPfl ist verfrechtl gerechtfertigt (BVerfG 2 BvR 1178/07, IStR 10, 327). Zur Gleichstellung Drittstaatsangehöriger nach DBA (Art 24 OECD MA) s *Vogel/Lehner* Art 24 Rn. 53 f.

4 **4. Verhältnis zu anderen Vorschriften.** Zu Grenzpendlern (§ 1 III) → § 1 Rn. 41 ff; zu erweiterter beschr StPfl nach § 2 AStG nach Wegzug s § 2 V 2 AStG und → § 1 Rn. 75. Ein Sonderfall des (vorläufigen) Sicherungsabzugs ist die BauabzugSt nach §§ 48 ff, die auch für beschr StPfl gilt (BMF BStBl I 22, 1229; zur Problematik *Diebold* DStZ 02, 252; *ders* DStZ 02, 471; DB 03, 1134). IÜ → § 50a Rn. 4.

II. Veranlagung beschränkt Steuerpflichtiger, § 50 I

6 **1. Überblick.** Die Anwendung der Sonderregelungen in § 50 I setzt zweierlei voraus: das Vorliegen beschr stpfl Einkünfte nach § 49 und eine Veranlagung des beschr StPfl. Das bedeutet, nur in den Fällen, in denen beschr stpfl Einkünfte **nicht dem StAbzug mit Abgeltungswirkung** nach § 50 II 1 unterliegen oder aber (trotz Abgeltungswirkung) eine der Ausnahmen des § 50 II 2 eingreift (→ Rn. 28 ff), ist ein **Veranlagungsverfahren** durchzuführen, bei dem die materiellen Bestimmungen des § 50 I zur Anwendung kommen. Welche Einkünfte dabei anzusetzen sind, ergibt sich (nur) aus § 49. Zum Sonderfall des **§ 2 VII 3** → Rn. 33.

Nachträgl Einnahmen aus inl Quellen werden idR erfasst (→ § 49 Rn. 15); zu vorweggenommenen/nachträgl BA/WK → Rn. 10. StBefreiungen gem **§ 3** sind auch bei beschr StPfl zu berücksichtigen (vgl BFH I R 28/87, BStBl II 89, 449).

2. Betriebsausgaben; Werbungskosten, § 50 I 1. – a) Objektives Nettoprinzip; Veranlassungsprinzip. Für die Veranlagung beschr StPfl gelten grds das obj Nettoprinzip (→ § 2 Rn. 10) und das Veranlassungsprinzip (→ § 4 Rn. 480 ff, → § 9 Rn. 40 ff). BA und WK sind abzuziehen, soweit sie in **wirtschaftl Zusammenhang** mit den jeweiligen inl Einkünften iSd § 49 stehen (s dagegen § 3c und § 50 V 2 Nr 3 aF, die einen *unmittelbaren* wirtschaftl Zusammenhang voraussetzen). Dies muss der beschr StPfl hinreichend konkret darlegen und ggf anhand obj Tatsachen nachweisen; Zweifel gehen zu seinen Lasten (→ § 4 Rn. 31). Unerhebl ist, ob die Aufwendungen im Inl oder Ausl anfallen (BFH I R 49/84, BStBl II 89, 140). Unterlagen über BA/WK müssen nicht im Inl aufbewahrt werden; § 90 II AO ist aber zu beachten. Aufwendungen, die gleichermaßen in wirtschaftl Zusammenhang mit Einkünften iSd § 49 und solchen ohne Inlandsbezug stehen, sind (ggf im Schätzungswege) aufzuteilen und anteilig abzuziehen. Vorrangiger Zusammenhang mit nicht stpfl Einkünften schließt eine Berücksichtigung aus (BFH I R 59/05, BStBl II 07, 756, auch zu § 32b). Tritt die **Abgeltungswirkung** (§ 50 II 1) ein, bleiben BA und WK ebenfalls unberücksichtigt. – Zu BA einer inl Betriebsstätte → Rn. 28 ff; zu BA/WK iZm stfreien Auslandseinkünften → § 3c Rn. 5. 7

b) Abzugsverbote; Abzugsbeschränkungen. Die §§ 3c, 4 IV a–VI, 4h, 4i und 4j, 9 II, V sowie § 12 gelten auch für beschr StPfl. Zu **Pausch-/Freibeträgen** etc (§ 9a, § 20 IV aF bzw § 20 IX nF, § 24a) → Rn. 14. **§ 4g** ist auf beschr StPfl nicht anwendbar (§ 4g I 1). **Verluste** → Rn. 27. 8

c) Vorweggenommene und nachträgliche Betriebsausgaben/Werbungskosten. Sowohl vorweggenommene als auch nachträgl BA oder WK (→ § 4 Rn. 484, → § 9 Rn. 94 ff) sind grds abziehbar, soweit sie mit Einkünften iSd § 49 in einem (nachweisbaren) wirtschaftl Zusammenhang stehen. Das setzt auch hier einen **konkreten Bezug** der Aufwendungen zu einer *bestimmten* Tätigkeit voraus. Es genügt nicht, dass der StPfl im Zeitpunkt der Aufwendungen eine im Inl stpfl Tätigkeit ausübt, wenn die Aufwendungen im Hinblick auf eine spätere Tätigkeit ohne Inlandsbezug entstanden sind (FG Hmb EFG 89, 225; zur mögl Berücksichtigung iRd § 32b s BFH I R 59/05, BStBl II 07, 756). An einem konkreten Zusammenhang fehlt es ferner, wenn nur *allg* die Absicht besteht, zu einem späteren Zeitpunkt Einkünfte iSd § 49 zu erzielen, und zwar auch dann, wenn in der Folgezeit tatsächl solche Einkünfte erzielt werden (BFH I R 112/04, BFH/NV 05, 1756; FG Hmb EFG 07, 1440, rkr, und FG Hmb EFG 06, 1565, rkr). – Zur Bedeutung des Grundsatzes der Abschnittsbesteuerung → 39. Aufl 2020, § 50 Rn. 9 aE mwN. Zu **§ 2 VII 3** → Rn. 33. 9

3. Steuertarif; Steuersatz, § 50 I 2 und 3. Die Steuer auf beschr stpfl Einkünfte richtet sich (seit VZ 2009) gem § 50 I 2 nach **§ 32a I,** jedoch grds ohne Berücksichtigung des Grundfreibetrags. Die Anwendung des Splittingtarifs (§ 32a V, VI) bleibt ausgeschlossen (→ Rn. 18). Zum Progressionsvorbehalt → § 32b Rn. 12. S iÜ *Schön* IStR 04, 289 (293). 10

a) Grundfreibetrag, § 50 I 2. Die Veranlagung beschr StPfl erfolgt gem § 50 I 2 Hs 1 vom **Grundsatz** her ohne Berücksichtigung eines Grundfreibetrags. Dies ist unionsrechtskonform (EuGH C-234/01, BStBl II 03, 859 Rn. 47 ff – Gerritse; EuGH C-169/03, IStR 04, 688 Rn. 16 f – Wallentin; ggf Besteuerung nach § 1 III, auch → Rn. 14). Technisch erfolgt die Nicht-Berücksichtigung dadurch, dass das zu versteuernde Einkommen des beschr StPfl um den Grundfreibetrag gem § 32a I 2 Nr 1 erhöht wird. Dies wirkt sich *nur* auf den StSatz aus. Es führt *nicht* zu einer Besteuerung tatsächl nicht erzielter Einkünfte; denn die Erhöhung wird iRd StBerechnung „intern" wieder korrigiert durch die in § 32a I 3 und 4 bzw I 2 Nr 4 und 5 vorgesehenen Abzugsbeträge (FG BW EFG 12, 1932, rkr; krit *Grams/Schön* IStR 08, 656 (659); abl *Kudert/Höppner/Porebski* StuW 22, 258: Übermaßbesteuerung). Die Erhöhung ist auch dann vorzunehmen, wenn die beschr stpfl Einkünfte unterhalb 11 des Grundfreibetrags liegen (Beispiele →39. Aufl 2020, § 50 Rn. 11 aE). – Bei **beschr stpfl ArbN** ist seit VZ 2011 das zu versteuernde Einkommen gem § 50 I 2 Hs 2 nur um den Betrag zu erhöhen, um den der Grundfreibetrag die um die Abzüge nach § 50 I 5 verminderten Einkünfte iSd § 49 I Nr 4 übersteigt (s BT-Drs 17/6263, 59: Verhinderung missbräuchl Gestaltungen).

12 **b) Besonderer Steuersatz, § 50 I 3.** Die Regelung soll eine Übermaßbesteuerung in Fällen vermeiden, in denen ein beschr StPfl neben inl Einkünften auch Einkünfte erzielt, die dem Progressionsvorbehalt unterliegen (s BT-Drs 19/22850, 86). Zu diesem Zweck ist der sich aus § 32b II EStG oder § 2 V AStG besondere StSatz (nur) auf das zu versteuernde Einkommen anzuwenden, also ohne Erhöhung um den Grundfreibetrag (glA FG Mster DStRE 22, 1254 rkr). Anwendung: in allen offen Fällen (§ 52 XLVI 1).

13 **4. Nicht anzuwendende Vorschriften, § 50 I 4.** Der Anwendungsausschluss erfasst Vorschriften, die sich (mehr oder weniger) auf **persönl Verhältnisse** des StPfl beziehen. Die Berücksichtigung solcher Verhältnisse ist nach allg Verständnis grds Aufgabe des Wohnsitzstaates, nicht des Quellenstaates (EuGH C-391/97, BStBl II 99, 841 – *Gschwind; Lüdicke* DStR-Beih 08, 25 (30) mwN). Gleichwohl kann der Ausschluss im Einzelfall unionsrechtl problematisch sein (zu § 10 I Nr 1a aF und Nr 6 aF →Rn. 16). Soweit eine Berücksichtigung im Wohnsitzstaat mangels dort stpfl Einkünfte ausscheidet, ist die Möglichkeit einer Veranlagung nach **§§ 1 III, 1a** zu prüfen (→§ 1 Rn. 42). **Nicht ausgeschlossene Vorschriften** sind grds anzuwenden. Für beschr stpfl ArbN wird der Anwendungsausschluss in § 50 I 5 mit Wirkung ab VZ 2010 teilweise wieder zurückgenommen (→Rn. 21).

14 **a) Pauschbeträge; Freibeträge; Freigrenzen.** Nicht abziehbar ist der Freibetrag nach **§ 16 IV** (ggf iVm § 18 III; FG Ddorf EFG 09, 2024, rkr: kein Verstoß gegen EU-Recht; **aA** *SED* Rn. 10.35). Der seit VZ 2009 geltende Sparer-Pauschbetrag gem § 20 IX ist hingegen zu berücksichtigen (zu § 20 IV aF s BFH I R 71/10, BStBl II 15, 361 unter II.4.d). – Die WK-Pauschbeträge des **§ 9a** sind seit VZ 2009 von der Anwendung **nicht mehr ausgeschlossen** und somit zu berücksichtigen. Zur zeitanteiligen Kürzung dieser Beträge gem § 50 I 6 →Rn. 22. Zu § 22 Nr 3 →§ 49 Rn. 127.

15 **b) Entlastungsbeträge.** Der Entlastungsbetrag für **Alleinerziehende** (§ 24b) ist nicht anzuwenden, der **Altersentlastungsbetrag** (§ 24a) hingegen schon (kein Ausschluss wie nach § 50 I 3 aF, bis VZ 2008).

16 **c) Sonderausgaben.** SA gem § 10, § 10a und § 10c sollen grds nicht berücksichtigt werden (Ausnahmen für ArbN →Rn. 21). Anwendbar sind dagegen § 10b und grds auch §§ 10e–10g (wie bei allen beschr StPfl, s FG Köln EFG 95, 71, rkr), die jedoch Eigennutzung von Inlandsobjekten und damit idR unbeschr StPfl voraussetzen (zu einer mögl Einbeziehung von Auslandsobjekten s BFH X R 4/21, BStBl II 23, 870 Rn. 30 ff (zu § 10f)). – Der Ausschluss des SA-Abzugs **verstößt gegen Unionsrecht,** soweit er über den eng zu fassenden Kreis personen- und familienbezogener Besteuerungsmerkmale hinaus Wirkung entfaltet (s *Schön* IStR 04, 289 (292) mwN). Das hat der EuGH bereits wiederholt zu § 10 I Nr 1a aF (jetzt: § 10 Ia Nr 2) entschieden (EuGH C-559/13, DStR 15, 474 – Grünewald: **unmittelbarer Zusammenhang mit der Einkünfteerzielung;** EuGH C-450/09, DStR 11, 664 – Schröder; krit Anm *P. Fischer* FR 11, 535; s auch *Stein* DStR 11, 1165; *Krumm* IWB 11, 456). Diese Rspr ist in allen noch offenen Verfahren zu berücksichtigen, auch bei beschr StPfl aus Drittstaaten (s *BMF* BStBl I 15, 1088: beim Empfänger aber trotzdem nicht stpfl). „Minimalinvasiv" hat der Gesetzgeber reagiert und den SA-Abzug für Versorgungsleistungen zugelassen, die nach dem 31.12.16 geleistet werden (s § 52 XLVI 1, auch →Rn. 2). – Zu **§ 10 I Nr 2** hat der **EuGH** seine Rspr fortgeführt und entschieden, dass die Abzugsbeschränkung in Bezug auf **Pflichtbeiträge** zu einer berufsstän-

dischen Altersversorgungseinrichtung (hier: Versorgungswerk der Rechtsanwälte NRW) **EU-rechtswidrig** ist; für *freiwillige* Beiträge gilt dies nicht (EuGH C-480/17, IStR 19, 27 – **Frank Montag**). Der SA-Abzug ist entspr auch beschr StPfl aus EU-/EWR-Mitgliedstaaten und der Schweiz zu gewähren (s iEinz *BMF* BStBl I 19, 624); für nach dem 31.12.20 geleistete Beiträge s **§ 50 Ia** (→ Rn. 24). – Weitere Nachweise → 39. Aufl 2020, § 50 Rn. 16 aE.

d) Außergewöhnliche Belastungen. AgB nach **§§ 33, 33a, 33b** sind gem § 50 I 4 *nicht* abziehbar. 17

e) Familienleistungsausgleich; Ehegattensplitting. Die Freibeträge für Kinder gem § 32 bleiben unberücksichtigt. Zu KiGeld → § 62 Rn. 5. Das Ehegattensplitting (§ 32a V) ist unanwendbar, weil es über §§ 26, 26b die unbeschr StPfl beider Ehegatten/LPartner voraussetzt (s aber zum Freizügigkeitsabkommen mit der Schweiz EuGH C-425/11, BStBl II 13, 896; zu Erlass der Steuer nach §§ 163, 227 AO s BFH I R 219/82, BStBl II 90, 701; *Schaumburg* Rn. 6.278). Die Anwendung von § 32a VI (Verwitwetensplitting) ist nach § 50 I 3 ausgeschlossen. 18

f) Tarifvergünstigungen. Zu berücksichtigen sind alle Regelungen, die weder nach § 50 I 3 noch durch norminterne Beschränkung auf unbeschr StPfl von der Anwendung ausgeschlossen sind. So gilt die Fünftelregelung des § 34 I auch für beschr stpfl Abfindungen (→ Rn. 36). Anwendbar ist ferner die Begünstigung nicht entnommener Gewinne nach **§ 34a** (→ § 34a Rn. 38; *BMF* BStBl I 25, 671 Rn. 3); ebenfalls **§ 34b** und **§ 32c.** Zu **§ 34c** → Rn. 42. 19

g) Steuerermäßigungen. Der Ausschluss des **§ 35a** gilt seit VZ 2009. Der Gesetzgeber will den Anwendungsbereich der Vorschrift beschränken, nachdem das Tatbestandsmerkmals „*inl* Haushalt" in § 35a durch das JStG 2008 aufgegeben worden ist (BT-Drs 16/10189, 59). Eine Berücksichtigung ist nur noch iRd § 1 III mögl. Der Ausschluss könnte im Hinblick auf EuGH C-209/01, DStRE 03, 1437 (zu § 10 I Nr 8 aF) problematisch sein. Ebenfalls ausgeschlossen ist **§ 35c.** – **§ 34g** und **§ 35** sind anwendbar (→ § 34g Rn. 4, → § 35 Rn. 3). 20

5. Beschränkt steuerpflichtige Arbeitnehmer, 50 I 5. Seit VZ 2011 steht beschr stpfl ArbN grds ein **SA-Abzug** für (tatsächl angefallene/nachgewiesene) **Altersvorsorgeaufwendungen** gem § 10 I Nr 2 Buchst a und für **KV-/PflV-Beiträge** gem § 10 I Nr 3 (nach Maßgabe von § 10 III) zu, soweit diese auf die **Beschäftigungszeit im Inl** entfallen. Ebenfalls zu berücksichtigen sind Zuwendungen gem § 10b (kein Ausschluss nach § 50 I 3). Alternativ kann der SA-Pauschbetrag gem § 10c geltend gemacht werden. Die genannten Aufwendungen dürfen aber die nach § 49 I Nr 4 beschr stpfl Einkünfte nicht übersteigen (s BT-Drs 17/6263, 59: Verhinderung missbräuchl Gestaltungen). Diese Regelung gilt (wie § 50 I 2 Hs 2) für ***alle* beschr stpfl ArbN,** nicht nur für solche aus EU-/EWR-Staaten und der Schweiz; § 50 II 7, 8 beziehen sich nur auf § 50 II 2 Nr 4 Buchst b und Nr 5. 21

6. Zeitanteilige Kürzung, § 50 I 6. Die **Pauschbeträge** nach § 9a I Nr 1 und § 10c stehen beschr stpfl ArbN nur für Zeiträume zu, in denen sie Einkünfte iSd § 49 I Nr 4 bezogen haben. Die nach § 50 I 5 vorgegebene Kürzung muss nach dem Gesetzeswortlaut nicht nur monatsweise, sondern **taggenau** vorgenommen werden („nicht während eines vollen … Kalendermonats zugeflossen"). 22

III. Pflichtbeiträge an Versorgungseinrichtungen, § 50 Ia

Pflichtbeiträge an berufsständische Versorgungseinrichtungen iSv § 10 I Nr 2 Buchst a, II und III (→ § 10 Rn. 34) sind gem § 50 Ia als SA abzugsfähig, wenn und soweit sie in einem **unmittelbaren wirtschaftl Zusammenhang** (§ 50a I 3) mit inl Einkünften iSv § 49 I Nr 2 oder 3 stehen (für § 49 I Nr 4: § 50 I 5); für entspr freiwillige Beiträge gilt dies nicht (zum Hintergrund: → Rn. 16 und BT-Drs 19/22850, 24

94 f). Zum Erfordernis des unmittelbaren wirtschaftl Zusammenhang s auch EuGH C-480/17, IStR 19, 27 – *Frank Montag* (Rn. 32 f und 40 ff), und BFH X R 62/09, BStBl II 12, 721 (Rn. 17: „durch dasselbe Ereignis veranlasst"). Persönl Anwendungsbereich (§ 50 Ia 2): EU-/EWR-Angehörige und Schweizer mit Wohnsitz/gewöhnl Aufenthalt in der EU/Schweiz. – Der Abzug erfolgt ggf **anteilig** im Verhältnis der inl Einkünfte zum Gesamtbetrag der positiven inl und ausl Einkünfte, die mit den Pflichtbeiträgen in einem unmittelbaren wirtschaftl Zusammenhang stehen (§ 50 Ia 4; s EuGH C-480/17, IStR 19, 27 Rn. 46 ff). Ein Abzug ist ausgeschlossen, soweit die Beiträge bereits bei der Besteuerung des beschr StPfl im Staat des Wohnsitzes/gewöhnl Aufenthalts berücksichtigt worden sind; außerdem ist ein Abzug der danach grds zu berücksichtigenden Beiträge nur bis zur Höhe der im Inl beschr stpfl Einkünfte mögl (§ 50 Ia 5). – Die Regelungen gelten gem § 52 XLVI 2 für **nach dem 31. 12. 20 geleistete Beiträge;** davor: *BMF* BStBl I 19, 624 (→ Rn. 16).

IV. Steuerabzug mit abgeltender Wirkung, § 50 II

26 **1. Persönlicher und sachlicher Anwendungsbereich.** Die Regelung gilt für beschr StPfl mit Einkünften iSd § 49, (nur) soweit diese Einkünfte dem StAbzug vom **Arbeitslohn** (s unten), vom **Kapitalertrag** (§§ 43 ff) oder nach **§ 50a** unterliegen. Sie erfasst über § 3 I Nr 6 SolZG auch den **SolZ.** Zur Beschränkung von § 50 II 2 Nr 4 Buchst b und Nr 5 auf EU-/EWR-Staatsangehörige und Schweiz → Rn. 47. – Nicht erfasst werden Einkünfte, für die ein Sicherungsabzug nach § 50a VII angeordnet worden ist (§ 50a VII 4), ebenso wenig sonstige Einkünfte, für die Vorauszahlungen iSd § 37 geleistet worden sind. **§ 2 V 2 AStG** hebt für erweitert beschr StPfl die Abgeltungswirkung des StAbzugs gem § 50a auf (s *BH/Lampert* § 2 AStG Rn. 42).

Einkünfte **beschr stpfl ArbN** unterliegen dem LSt-Abzug, wenn der ArbLohn von einem inl ArbG oder einem ausl Verleiher gezahlt wird (§ 38 I 1 Nr 1 und 2; → § 38 Rn. 3 f). LSt-Klasse: I (§ 38b I 2 Nr 1 Buchst b) oder VI (§ 38b I 2 Nr 6). Versehentl **zu viel einbehaltener LSt** ist auch bei beschr stpfl ArbN nach § 41c I 1 Nr 2 zu erstatten; zu DBA-rechtl Erstattung s *BMF* BStBl I 22, 956 und → § 50c Rn. 24.

27 **2. Grundsatz: keine Veranlagung, § 50 II 1.** Die angeordnete abgeltende Wirkung des StAbzugs bedeutet, dass die betroffenen Einkünfte keine Veranlagung des beschr StPfl auslösen können und im Falle einer aus anderen Gründen durchzuführenden Veranlagung dort nicht berücksichtigt werden. Das gilt auch dann, wenn der StAbzug tatsächl nicht vorgenommen wurde (BFH I R 97/76, BStBl II 78, 628), und bei Ergehen eines Nachforderungsbescheids, da die Nachforderung dem StAbzug gleichsteht (BFH I R 21/93, BStBl II 94, 697). Ein LStJA wird nicht durchgeführt (§ 42b I 1). BA/WK, SA und agB bleiben unberücksichtigt. **Verluste** können mit Einkünften, die nicht dem StAbzug unterliegen, nicht verrechnet werden (krit *Cordewener* DStJG 28 [2005], 255 (275 f) mwN; *Lüdicke* Verluste im Steuerrecht [2010], 266 ff). Eine Anrechnung von Steuern, die im Wege des StAbzugs einbehalten worden sind (§ 36), ist ausgeschlossen.

28 **3. Ausnahmen, § 50 II 2. – a) Veranlagung inländischer Betriebe, § 50 II 2 Nr 1. – aa) Anwendungsbereich.** Einkünfte, die nach § 49 einem inl Betrieb zuzuordnen sind, werden gem § 50 II 2 Nr 1 durch Veranlagung nach § 50 I ermittelt. Soweit KapESt (Anteile im BV, § 43 IV), ESt nach § 50a oder Steuer bei Bauleistungen nach §§ 48 ff abgezogen worden ist, wird diese bei der Veranlagung angerechnet (§ 36 II Nr 2, § 48c, § 50a VII 4); Ausnahme: § 2 V 2 AStG. – **„Inl Betrieb"** können sein: luf Betrieb, inl Betriebsstätte oder ständiger Vertreter iSd § 49 I Nr 2a (s BFH I R 86/89, BStBl II 92, 185) sowie die feste Einrichtung eines Freiberuflers (§ 49 I Nr 3; FG Köln EFG 03, 1013, rkr). Schon dem Wortlaut nach ist der sachl Anwendungsbereich der Regelung nicht auf gewerbl Betriebe beschränkt (str, glA *Korn* § 50

Rn. 47; *BH/Reimer* § 50 Rn. 68; **aA** *Lademann* § 50 Rn. 93: nur gewerbl Einkünfte). Nicht erfasst werden die bloße Ausübung/Darbietung iSv § 49 I Nr 2d oder Veräußerungen iSv § 49 I Nr 2e, f. Im Fall der Gewinnermittlung nach § 4 III muss ein inl Betrieb im Zeitpunkt des Zuflusses der beschr stpfl Einnahmen vorgelegen haben, damit der Ausschluss der Abgeltungswirkung eingreift (FG Köln EFG 03, 1013, rkr).

bb) Gewinnermittlung. Für die Gewinnermittlung gelten neben § 50 I die allg 29
Vorschriften (zB §§ 4, 5, 13a EStG und §§ 140 ff AO; BFH I R 95/96, BStBl II 98, 260; ausführl *Schaumburg* Rn. 21.3 ff; *HHR/Bärsch* § 49 Rn. 240 ff; zu **Buchführungspflichten** aufgrund ausl Rechts s BFH I R 81/16, BStBl II 19, 390 mwN; BFH IV R 3/20, BStBl II 23, 703 (**aA** *Drüen* IStR 19, 833). Das **BMF** hat hierzu **Betriebsstätten-Verwaltungsgrundsätze** erlassen (*BMF* BStBl I 99, 1076; geändert durch *BMF* BStBl I 00, 1509, *BMF* BStBl I 09, 888, *BMF* BStBl I 10, 354 Tz 7, *BMF* BStBl I 13, 980, *BMF* BStBl I 14, 1258 Tz 7 und *BMF* BStBl I 17, 182; krit *Ditz/Schneider* DStR 10, 81), die auch auf selbständig Tätige angewendet werden (*BMF* BStBl I 99, 1076 Tz 6.1). Welche Gewinne dabei dem inl Betrieb und welche ggf dem ausl Stammhaus zugerechnet werden, richtet sich auch hier (→ Rn. 7) nach dem **wirtschaftl Zusammenhang** (veranlassungsbezogene Gewinnermittlung, s auch BFH I R 45/22, DStR 25, 1081 Rn. 13 mwN). Ob Gewinne/Verluste im Inl oder im Ausl angefallen sind, ist ebenso unerhebl wie die Frage, wer sie getragen hat (s iEinz BFH I R 59/95, IStR 97, 145 unter II.2.a; BFH I R 49/84, BStBl II 89, 140; BFH I R 19/06, BStBl II 10, 398: keine „betriebsstättenlosen" gewerbl Einkünfte, mwN).

§ 1 V AStG ist keine eigenständige Regelung zur Betriebsstättengewinnermittlung, sondern (nur) eine Einkünftekorrekturnorm (BFH I R 45/22, DStR 25, 1081); s auch *Ditz/Quilitzsch* FR 25, 729; *Kraft* AStG § 1 Rn. 564, 580 ff, *BH/Reimer* § 49 Rn. 117 ff und *BH/Pohl* § 1 AStG Rn. 191, 195 ff; *BMF* BStBl I 17, 182 und *BMF* BStBl I 20, 84 (Betriebsstätten ohne Personalfunktion; dazu *Ditz/Tcherveniachki* ISR 20, 145); *BMF* BStBl I 14, 1258 (Anwendung der DBA auf PersGes) Tz 2.2.4.1.

(1) Direkte Methode. Soweit nicht ein DBA besondere Ermittlungsmethoden 30
vorschreibt, ist der Gewinn möglichst nach der sog direkten Methode zu ermitteln (*separate accounting;* HessFG EFG 03, 1191 mwN, rkr; *Schaumburg* Rn. 21.37 ff mwN). Das Gesamtergebnis eines Unternehmens (bzw eines StPfl) soll dem inl Betrieb insoweit zugerechnet werden, als es durch diesen erwirtschaftet worden ist (BFH I R 49/84, BStBl II 89, 140). Zu diesem Zweck wird der inl Betrieb wirtschaftl **wie ein eigenständiges Unternehmen** mit eigener Buchführung behandelt (Art 7 II OECD-MA; BFH II R 107/97, BFH/NV 00, 688: Abgrenzung nach dem *dealing at arm's length*-Prinzip). Fehlt eine eigene Buchführung, muss der Gewinn so geschätzt werden, wie er sich aus einer eigenen Buchführung ergäbe (*Debatin* DB 89, 1692 (1698)). Die jeweiligen Geschäftsvorfälle werden dabei einzeln (transaktionsbezogen) erfasst und den Betrieben/Betriebsteilen zugeordnet; bei Verstoß gegen § 90 II AO ist von dem Sachverhalt auszugehen, für den die größte Wahrscheinlichkeit spricht (BFH I R 92/01, IStR 03, 388). Gewinnverteilungsabreden bleiben unberücksichtigt. – S iÜ *Vogel/Lehner* DBA Art 7 Rn. 73 ff, 101 ff; *Wassermeyer* OECD-MA Art 7 Rn. 190 ff; *Ditz/Schneider* DStR 10, 81 mwN.

Bei Prüfung eines entspr Sachverhalts, lautet die übergeordnete Frage (vgl auch Art 7 II OECD-MA): Welchen Gewinn hätte der inl Betrieb erzielt, wenn die gleiche Tätigkeit unter gleichen Bedingungen in Form eines selbständigen Unternehmens ausgeübt worden wäre? Hinsichtl der einzelnen Geschäftsvorfälle ist zu fragen: Auf welche Tätigkeiten bzw WG sind BE/BA zurückzuführen? Wer hat die Tätigkeit ausgeübt? Sind die Tätigkeiten/WG dem inl Betrieb zuzuordnen? – Vgl BFH I R 92/01, IStR 03, 388 Rn. 21.

(2) Indirekte Methode. Dagegen sieht die indirekte Methode – hilfsweise – eine 31
Aufteilung des Gesamtgewinns eines Unternehmens **im Schätzungswege** vor (*BMF* BStBl I 99, 1076 Rn. 2.3.2; zB bei reiner Geschäftsleitungs-Betriebsstätte im

Ausl, s *FW* IStR 94, 28 zu BFH I R 15/93, BStBl II 94, 148; zu fehlenden Aufzeichnungen für direkte Methode s FG Bln IStR 00, 688, rkr, Anm *Hensel* IStR 00, 692).

32 **b) Nachträgliche Feststellung beschränkter Steuerpflicht, § 50 II 2 Nr 2.** Ist ein beschr StPfl iRd StAbzugs unzutr als unbeschr stpfl gem § 1 II, III oder § 1a behandelt worden und stellt sich dies nach Ablauf des VZ heraus (FG Ddorf EFG 03, 979, rkr), wird die Abgeltungswirkung gem § 50 II 2 Nr 2 aufgehoben. Dies betrifft vor allem **beschr stpfl ArbN,** bei denen die LSt zu Unrecht nicht nach § 39a IV, sondern insb unter Berücksichtigung des Ehegattensplittings (§ 39b II 6) einbehalten worden ist (ggf Anzeigepflicht des ArbN: § 39 VII 1). Stellt dies das FA nachträgl fest, kann es die LSt bei Vorliegen der tatbestandl Voraussetzungen des § 39 VII nachfordern, wenn eine Korrektur im LStAbzugsverfahren nicht mehr mögl oder tatsächl nicht erfolgt ist (BFH I R 65/07, BStBl II 09, 666: Rechtsgrundverweisung). Die Nachforderung setzt weder voraus, dass sich die tatsächl Verhältnisse nachträgl geändert haben, noch, dass der ArbN die Anzeige vorsätzl oder fahrlässig unterlassen hat (BFH I R 65/07, BStBl II 09, 666; **aA** *Wüllenkemper* EFG 07, 1852). Wird eine Veranlagung durchgeführt, kann die Korrektur iRd Veranlagung erfolgen; eine Nachforderung erübrigt sich (BFH I R 63/14, BFH/NV 16, 161). – Die Vorschrift hebt nur die Abgeltungswirkung des StAbzugs auf. Sie ermöglicht *keine* Korrektur, wenn ein beschr StPfl unzutr wie ein unbeschr StPfl *veranlagt* worden ist.

33 **c) Wechsel unbeschränkte/beschränkte Steuerpflicht, § 50 II 2 Nr 3.** Bei einem Statuswechsel während des Kj sind die während der beschr StPfl erzielten inl Einkünfte gem § 2 VII 3 in die Veranlagung zur unbeschr EStPfl einzubeziehen (→ § 2 Rn. 69; → § 36 Rn. 19). Die Regelung hat ledigl klarstellende Bedeutung (→ 41. Aufl 2022, § 50 Rn. 33).

34 **d) Veranlagung beschränkt steuerpflichtiger Arbeitnehmer, § 50 II 2 Nr 4. – aa) Pflichtveranlagung, § 50 II 2 Nr 4 Buchst a.** Sind bei einem beschr stpfl ArbN, der dem LSt-Abzug unterliegt (→ Rn. 26), **Eintragungen nach § 39a IV** vorgenommen worden (WK, bestimmte SA, Frei-/Hinzurechnungsbetrag nach § 39a I Nr 7) und übersteigen die nach § 49 I Nr 4 beschr stpfl Einkünfte die sog **Arbeitslohngrenze,** dh die Summe aus Grundfreibetrag (§ 32a I 2 Nr 1), dem ArbN-Pauschbetrag (§ 9a S 1 Nr 1 Buchst a) und dem SA-Pauschbetrag (§ 10c S 1), entfällt die Abgeltungswirkung; es ist zwingend eine Veranlagung vorzunehmen.

Im **VZ 2026** beträgt die Arbeitslohngrenze **13 614 €** (www.bmf-steuerrechner.de; Stand: 1.2.26); damit soll es bei der Abgeltungswirkung für ArbN-Einkommen bleiben, bei denen die ESt idR 0 € beträgt (s BR-Drs 458/22, 20); krit zu den Folgen: *Holthaus* IStR 20, 341.

35 **bb) Antragsveranlagung, § 50 II 2 Nr 4 Buchst b.** Beschr stpfl ArbN können die Abgeltungswirkung des § 50 II 1 durch einen Antrag auf Veranlagung nach § 50 II 2 Nr 4 Buchst b iVm § 46 II Nr 8 ausschließen (Hintergrund → 27. Aufl 2008, § 50 Rn. 12). Auf die Höhe der inl Einkünfte kommt es (anders als nach § 1 III) nicht an. **Antragsberechtigung** → Rn. 47. Im Revisionsverfahren kann der Antrag auf Veranlagung nicht mehr gestellt werden (BFH I R 65/95, BStBl II 98, 21).

36 **cc) Pflichtveranlagung in sonstigen Fällen, § 50 II 2 Nr 4 Buchst c.** Mit dem „JStG 2019" (BGBl I 19, 2451) ist die Pflichtveranlagung auch auf die Fälle des § 46 II Nr 2, 5 und 5a erstreckt worden. Betroffen sind hiervon ArbN mit **mehreren ArbVerh** (→ § 46 Rn. 16), die zu beschr stpfl Einkünften iSv § 49 I Nr 4 führen, und mit sonstigen Bezügen in Form von **außerordentl Einkünften** wie Entschädigungen und Vergütungen für mehrjährige Tätigkeiten (→ § 46 Rn. 22 f), soweit diese der beschr StPfl nach § 49 I Nr 4 unterliegen (zu den Folgen insb für sog Expats s *Kraft/Muscheites* DB 20, 644). Die Regelung gilt ab VZ 2020 (s BT-Drs 19/13436, 120 f: „zutr Berücksichtigung der StProgression", „Gleichbehandlung mit unbeschr stpfl ArbN").

dd) Arbeitnehmer mit außerordentlichen Einkünften, § 50 II 2 Nr 4 Buchst d. Beschr stpfl ArbN mit ao Einkünften iSv § 34 I, II Nr 2 (begünstigte Entschädigungen) *oder* § 34 II Nr 4 (Vergütungen für mehrjährige Tätigkeit) können **ab VZ 2025** (Art. 35 Abs. 6 WachstChG, BGBl I 24 Nr 108) die Abgeltungswirkung des § 50 II 1 durch einen **Antrag auf Veranlagung** (Abgabe der StErklärung, vgl § 46 II Nr 8 S 2) ausschließen und die Tarifermäßigung im Veranlagungsverfahren geltend machen (Folgeänderung zur Aufhebung von § 39b III 9 und 10 im LStAbzugsverfahren, s BT-Drs 20/8628, 137 und 139). Die Beschränkung gem § 50 II 7, 8 (EU-/EWR-Staatsangehörige, Schweiz) gilt hier nicht. S iÜ *Niermann* DB 23, 1944; *Rösch ua* DB 23, 2660. 37

ee) Anrechnung ausländischer Steuer (§ 50d VII 2), § 50 II 2 Nr 4 Buchst e. Auf **Antrag** (Abgabe der StErklärung, vgl § 46 II Nr 8 S 2) entfällt **ab VZ 2025** (Art 56 VII JStG 2024, BGBl I 24 Nr 387) die Abgeltungswirkung des § 50 II 1 bei gem § 49 I Nr 4 beschr stpfl ArbN, die unter den neu gefassten § 50d VII 1 zu **DBA-Kassenstaatsklauseln** fallen und bei denen die Einkünfte aus einer inl Kasse einer juristischen Person des öffentl Rechts sowohl in Deutschland als auch im Tätigkeitsstaat besteuert werden. Für diesen Fall sieht § 50d VII 2 eine Anrechnung der auf die betr Einkünfte entfallende ausl Steuer vor (→ § 50d Rn. 36 mwN). Die Beschränkung gem § 50 II 7, 8 (EU-/EWR-Staatsangehörige, Schweiz) gilt hier ebenfalls nicht. 38

ff) Verfahren. Die Veranlagung erfolgt nach den Grundsätzen des § 50 I (→ Rn. 7 ff). Die **Frist** nach § 50 V 2 Nr 2 S 2 aF iVm § 46 II Nr 8 ist entfallen. Zur **Zuständigkeit** → Rn. 40. Zum **Härteausgleich** (§ 46 III, V) → Rn. 49. – Eine dem § 50 V 2 Nr 2 S 6 aF entspr Regelung, derzufolge Einkünfte, die dem **KapEStAbzug** oder dem **StAbzug nach § 50a IV** unterliegen, von der Veranlagung ausgeschlossen sind, ist in § 50 II 2 Nr 4 nicht enthalten. Der Ausschluss dieser Einkünfte von der Veranlagung ergibt sich aber mE schon aus § 50 II 1 (→ Rn. 27) iVm dem Wortlaut des § 50 II 2 Nr 4: Ausschluss der Abgeltungswirkung (nur) für ArbN-Einkünfte. Andere dem StAbzug unterliegende Einkünfte können (unabhängig von DBA-Regelungen) nur über den Progressionsvorbehalt berücksichtigt werden (§ 32b I, Einleitungssatz). 39

e) Veranlagung in sonstigen Fällen, § 50 II 2 Nr 5. Beschr StPfl, die mit ihren Einkünften nach § 50a I Nr 1, 2 und 4 dem StAbzug unterliegen, können ab VZ 2009 die Abgeltungswirkung des StAbzugs dadurch ausschließen, dass sie die Veranlagung zur ESt beantragen. **Antragsbeschränkung** gem § 50 II 7, 8 (EU-/EWR-Staatsangehörige, Schweiz) → Rn. 47. – S iÜ auch *BMF* BStBl I 10, 1350 Rn. 72 f (für beschr StPfl mit Einkünften aus künstlerischen, sportl, artistischen, unterhaltenden oder ähnl Darbietungen; ergänzt durch *BMF* BStBl I 14, 887). 42

f) Einkünfte aus Kapitalvermögen, § 50 II 2 Nr 6. KapErträge aus LV und RV iSv § 20 I Nr 6 (nach dem 31.12.04 abgeschlossene Verträge, → § 20 Rn. 102 ff) sind gem § 49 I Nr 5 S 1 Buchst a beschr stpfl, wenn der Schuldner Wohnsitz, Geschäftsleitung oder Sitz im Inl hat. Da unter den Voraussetzungen des § 20 I Nr 6 S 2 **nur die hälftige Bemessungsgrundlage** anzusetzen ist („technische" StBefreiung, → § 20 Rn. 108), die ESt aber durch den KapEStAbzug (§ 43 I Nr 4) gem § 50 II 1 als abgegolten gilt und die Freistellung für die Bemessung der KapESt unberücksichtigt bleibt (§ 43 I Nr 4 S 1 Hs 2), gibt § 50 II 2 Nr 6 dem beschr StPfl die Möglichkeit, im Wege der Antragsveranlagung in den Genuss der hälftigen Freistellung gem § 20 I Nr 6 S 2 zu kommen. Die Regelung gilt für KapErträge, die nach dem 31.12.16 zufließen (§ 52 XLVI 3). 43

4. Zuständigkeit für Arbeitnehmer, § 50 II 3–6. Beschr stpfl ArbN werden gem § 50 II 3 grds durch das nach § 39 II 2 oder 4 zuständige **BetriebsstättenFA** veranlagt (→ § 39 Rn. 3), ansonsten durch das BetriebsstättenFA, in dessen Bezirk 46 der ArbN zuletzt beschäftigt war (§ 50 II 4–6; *LfSt Bayern* BeckVerw 662397: *„jahresübergreifende Betrachtung“*).

47 **5. Antragsberechtigung: EU, EWR, Schweiz, § 50 II 7, 8.** Wie bereits nach § 50 V 2 Nr 2 aF ist gem **§ 50 II 7** der Kreis der StPfl, die durch Antrag auf Veranlagung zur ESt die Abgeltungswirkung des § 50 II 1 bei Einkünften im Fall des § 50 II 2 Nr 4 Buchst b und Nr 5 ausschließen können, grds auf **EU-/EWR-Staatsangehörige** mit Wohnsitz oder gewöhnl Aufenthalt in einem EU-/EWR-Mitgliedstaat beschränkt. Angehörigen von Drittstaaten bzw dort Ansässigen bleibt nur die Möglichkeit der sog Grenzpendlerbesteuerung, soweit sie die Voraussetzungen der §§ 1 III, 1a erfüllen (→ § 1 Rn. 41). Das ist im Hinblick auf das abkommensrechtl **Diskriminierungsverbot** (s Art 24 OECD-MA) problematisch (*Lüdicke* IStR 17, 289; *Gosch* DStR 07, 1553 (1560)) und müsste ggf durch Billigkeitsmaßnahmen abgemildert werden (so zutr *Schaumburg* Rn. 6.241; *ders* ISR 21, 135 (138)); **aA** aber BFH I R 80/16, BStBl II 21, 237 Rn. 27 ff mwN (mit zust Anm *Wacker* DStR 20, 2853 – VerfBeschw nicht angenommen). – Der **EuGH** hat einen Verstoß des § 50 II 7 gegen das Freizügigkeitsabkommen mit der **Schweiz** bejaht (EuGH C-627/22, DStR 24, 1347). Mit dem JStG 2024 (BGBl I 24 Nr 387) ist daher durch **§ 50 II 8** der Kreis der Berechtigten erweitert worden: zum einen auf EU-/EWR-Staatsangehörige mit Wohnsitz oder gewöhnl Aufenthalt in der Schweiz und zum anderen auf Schweizer Staatsangehörige mit Wohnsitz oder gewöhnl Aufenthalt in einem EU-Mitgliedstaat. Die Regelung ist in allen noch offenen Fällen anzuwenden (§ 52 XLVI 4).

48 **6. Zuständigkeit bei Antragsveranlagung, § 50 II 9, 10.** Für die Veranlagung nach § 50 II 2 Nr 5 ist gem § 50 II 8 das **BZSt** zuständig (seit VZ 2014, → 39. Aufl 2020, § 50 Rn. 38). Für die Veranlagung nach § 50 II 2 Nr 6 ist gem § 50 II 9 das **FA des Schuldners** der KapErträge zuständig, auch für den beschr stpfl Gläubiger (entspr § 44 I 5 Nr 1).

49 **7. Geringfügige Einkünfte, § 50 II 11.** Der Härteausgleich gem § 46 III, V gilt **seit VZ 2021** auch für beschr stpfl ArbN (iEinz → § 46 Rn. 41 ff); das entspricht der bisherigen Verwaltungspraxis (BT-Drs 19/22850, 96).

V. Anrechnung und Abzug ausländischer Steuern, § 50 III

50 **Entspr Anwendung von § 34c I–III.** Die Anrechnung eigener inl AbzugSt iSv § 36 II Nr 2 entfällt bei Vorrangigkeit des abgeltenden Abzugsverfahrens (§ 50 II 1, → Rn. 27 ff). Ausnahmen: Bei Veranlagung sind diese Abzugsbeträge und ggf geleistete EStVorauszahlungen iSv § 36 II Nr 1, § 37 anzurechnen. S auch § 48c. § 50 III sieht unter bestimmten Voraussetzungen (Einkünfte aus LuF, Gewerbebetrieb oder selbständiger Arbeit mit inl Betrieb, → Rn. 28) auch bei beschr StPfl StErmäßigungen um entspr AuslandSt nach § 34c I–III vor (→ § 34c Rn. 6 ff, und EStR 50.2; *Haase* IStR 10, 45).

VI. Steuererlass; Steuerpauschalierung, § 50 IV

51 Erlass und Pauschalierung gem § 50 IV setzen ein **besonderes öffentl Interesse** an der jeweiligen Veranstaltung voraus (BT-Drs 17/3549, 26). Dies wird in zwei Tatbestandsalternativen konkretisiert: – ***(1)*** international bedeutsame kulturelle und sportl Ereignisse, um deren Ausrichtung ein internationaler Wettbewerb stattfindet (zB Fußball-EM 2024, s BT-Drs 19/2323, 3), und – ***(2)*** inl Auftritt ausl Kulturvereinigung, der wesentl aus öffentl Mitteln gefördert wird (als wesentl wurde früher die Deckung wenigstens eines Drittels der Kosten des inl Auftritts verstanden, *BMF* BStBl I 83, 382). Die Konkretisierung ist abschließend (Streichung des Adverbs „insbesondere“ durch JStG 2010 BGBl I 10, 1768), sodass sich die früher

geäußerten Bedenken hinsichtl der Frage nach der **hinreichenden Bestimmtheit** der Rechtsgrundlage (*Anzinger* FR 06, 857; BVerfG 2 BvL 2/75, BStBl II 78, 548 zu § 34c V) mE erübrigt haben (zur Auslegung von § 50 IV Nr 1: BT-Drs 17/13499). – Erlass und Pauschalierung sind **Billigkeitsmaßnahmen** (s *Gosch* DStZ 88, 136). Sie stehen im Ermessen der zuständigen Behörde (§ 5 AO). Das Ermessen ist allerdings nur eröffnet, wenn die tatbestandl Voraussetzungen des § 50 IV erfüllt sind (BFH I R 98/05, BStBl II 08, 186). – **Zuständigkeit:** Oberste LandesFinBeh mit Delegationsmöglichkeit auf die FÄ; die Zustimmung des BMF ist erforderl.

Verfahren: Die Entscheidung über Erlass und Pauschalierung ist **VA** und kann mit Einspruch und Klage angefochten werden, allerdings nur durch den Vergütungsgläubiger und uU durch drittbetroffene Wettbewerber (zutr *KS/Gosch* § 50 Rn. 32); Rechte des Vergütungsschuldners werden nicht berührt (BFH I B 124/06, BFH/NV 07, 1905). Bei Ensembles sind die Mitglieder klagebefugt (BFH I R 80/03, BFH/NV 05, 26; BFH I R 98/05, BStBl II 08, 186 mwN; abl *Holthaus* IWB F 3 Gr 3, 1479). Die Gerichte können die behördl Entscheidung nur in dem eingeschränkten Rahmen des § 102 FGO überprüfen (tatbestandl Voraussetzungen des § 50 IV, Ermessensüberschreitung/-fehlgebrauch; BFH I R 98/05, BStBl II 08, 186, unter III.3.d). Zur Anfechtung des Widerrufs s BFH I R 22/80, BStBl II 85, 5.

§ 50a Steuerabzug bei beschränkt Steuerpflichtigen

(1) **Die Einkommensteuer wird bei beschränkt Steuerpflichtigen im Wege des Steuerabzugs erhoben**

1. **bei Einkünften, die durch im Inland ausgeübte künstlerische, sportliche, artistische, unterhaltende oder ähnliche Darbietungen erzielt werden, einschließlich der Einkünfte aus anderen mit diesen Leistungen zusammenhängenden Leistungen, unabhängig davon, wem die Einkünfte zufließen (§ 49 Absatz 1 Nummer 2 bis 4 und 9), es sei denn, es handelt sich um Einkünfte aus nichtselbständiger Arbeit, die bereits dem Steuerabzug vom Arbeitslohn nach § 38 Absatz 1 Satz 1 Nummer 1 unterliegen,**
2. **bei Einkünften aus der inländischen Verwertung von Darbietungen im Sinne der Nummer 1 (§ 49 Absatz 1 Nummer 2 bis 4 und 6),**
3. **bei Einkünften, die aus Vergütungen für die Überlassung der Nutzung oder des Rechts auf Nutzung von Rechten, insbesondere von Urheberrechten und gewerblichen Schutzrechten, von gewerblichen, technischen, wissenschaftlichen und ähnlichen Erfahrungen, Kenntnissen und Fertigkeiten, zum Beispiel Plänen, Mustern und Verfahren, herrühren, sowie bei Einkünften, die aus der Verschaffung der Gelegenheit erzielt werden, einen Berufssportler über einen begrenzten Zeitraum vertraglich zu verpflichten (§ 49 Absatz 1 Nummer 2, 3, 6 und 9),**
4. **bei Einkünften, die Mitgliedern des Aufsichtsrats, Verwaltungsrats oder anderen mit der Überwachung der Geschäftsführung von Körperschaften, Personenvereinigungen und Vermögensmassen im Sinne des § 1 des Körperschaftsteuergesetzes beauftragten Personen sowie von anderen inländischen Personenvereinigungen des privaten und öffentlichen Rechts, bei denen die Gesellschafter nicht als Unternehmer (Mitunternehmer) anzusehen sind, für die Überwachung der Geschäftsführung gewährt werden (§ 49 Absatz 1 Nummer 3).**

(2) [1]**Der Steuerabzug beträgt 15 Prozent, in den Fällen des Absatzes 1 Nummer 4 beträgt er 30 Prozent der gesamten Einnahmen.** [2]**Vom Schuldner der Vergütung ersetzte oder übernommene Reisekosten gehören nur insoweit zu den Einnahmen, als die Fahrt- und Übernachtungsauslagen die tatsächlichen Kosten und die Vergütungen für Verpflegungsmehraufwand die Pauschbeträge nach § 4 Absatz 5 Satz 1 Nummer 5 übersteigen.** [3]**Bei Einkünften im Sinne des Absatzes 1**

Nummer 1 wird ein Steuerabzug nicht erhoben, wenn die Einnahmen je Darbietung 250 Euro nicht übersteigen.

(3) [1]**Der Schuldner der Vergütung kann von den Einnahmen in den Fällen des Absatzes 1 Nummer 1, 2 und 4 mit ihnen in unmittelbarem wirtschaftlichem Zusammenhang stehende Betriebsausgaben oder Werbungskosten abziehen, die ihm ein beschränkt Steuerpflichtiger in einer für das Bundeszentralamt für Steuern nachprüfbaren Form nachgewiesen hat oder die vom Schuldner der Vergütung übernommen worden sind.** [2]**Das gilt nur, wenn der beschränkt Steuerpflichtige Staatsangehöriger eines Mitgliedstaats der Europäischen Union oder eines anderen Staates ist, auf den das Abkommen über den Europäischen Wirtschaftsraum Anwendung findet, und im Hoheitsgebiet eines dieser Staaten seinen Wohnsitz oder gewöhnlichen Aufenthalt hat.** [3]**Es gilt entsprechend bei einer beschränkt steuerpflichtigen Körperschaft, Personenvereinigung oder Vermögensmasse im Sinne des § 32 Absatz 4 des Körperschaftsteuergesetzes.** [4]**In diesen Fällen beträgt der Steuerabzug von den nach Abzug der Betriebsausgaben oder Werbungskosten verbleibenden Einnahmen (Nettoeinnahmen), wenn**

1. **Gläubiger der Vergütung eine natürliche Person ist, 30 Prozent,**
2. **Gläubiger der Vergütung eine Körperschaft, Personenvereinigung oder Vermögensmasse ist, 15 Prozent.**

(4) [1]**Hat der Gläubiger einer Vergütung seinerseits Steuern für Rechnung eines anderen beschränkt steuerpflichtigen Gläubigers einzubehalten (zweite Stufe), kann er vom Steuerabzug absehen, wenn seine Einnahmen bereits dem Steuerabzug nach Absatz 2 unterlegen haben.** [2]**Wenn der Schuldner der Vergütung auf zweiter Stufe Betriebsausgaben oder Werbungskosten nach Absatz 3 geltend macht, die Veranlagung nach § 50 Absatz 2 Satz 2 Nummer 5 beantragt oder die Erstattung der Abzugsteuer nach § 50c Absatz 3 oder einer anderen Vorschrift beantragt, hat er die sich nach Absatz 2 oder Absatz 3 ergebende Steuer zu diesem Zeitpunkt zu entrichten; Absatz 5 gilt entsprechend.**

(5) [1]**Die Steuer entsteht in dem Zeitpunkt, in dem die Vergütung dem Gläubiger zufließt.** [2]**In diesem Zeitpunkt hat der Schuldner der Vergütung den Steuerabzug für Rechnung des Gläubigers (Steuerschuldner) vorzunehmen.** [3]**Er hat die innerhalb eines Kalendervierteljahres einzubehaltene Steuer jeweils bis zum zehnten des dem Kalendervierteljahr folgenden Monats beim Bundeszentralamt für Steuern anzumelden und die einbehaltene Steuer an das Bundeszentralamt für Steuern abzuführen.** [4]**Eine Anmeldungsverpflichtung beim Bundeszentralamt für Steuern besteht auch, wenn ein Steuerabzug auf Grund des Absatzes 2 Satz 3 oder des Absatzes 4 Satz 1 nicht vorzunehmen ist oder auf Grund des § 50c Absatz 2 nicht oder nicht in voller Höhe vorzunehmen ist; Satz 3 gilt insoweit entsprechend.** [5]**Der Schuldner der Vergütung haftet für die Einbehaltung und Abführung der Steuer.** [6]**Der Steuerschuldner kann in Anspruch genommen werden, wenn der Schuldner der Vergütung den Steuerabzug nicht vorschriftsmäßig vorgenommen hat.** [7]**Der Schuldner der Vergütung ist verpflichtet, dem Gläubiger auf Verlangen die folgenden Angaben nach amtlich vorgeschriebenem Muster zu bescheinigen:**

1. **den Namen und die Anschrift des Gläubigers,**
2. **die Art der Tätigkeit und Höhe der Vergütung in Euro,**
3. **den Zahlungstag,**
4. **den Betrag der einbehaltenen und abgeführten Steuer nach Absatz 2 oder Absatz 3.**

(6) **Die Bundesregierung kann durch Rechtsverordnung mit Zustimmung des Bundesrates bestimmen, dass bei Vergütungen für die Nutzung oder das Recht auf Nutzung von Urheberrechten (Absatz 1 Nummer 3), die nicht unmittelbar an den Gläubiger, sondern an einen Beauftragten geleistet werden, anstelle des**

Schuldners der Vergütung der Beauftragte die Steuer einzubehalten und abzuführen hat und für die Einbehaltung und Abführung haftet.

(7) [1]**Das Finanzamt des Vergütungsgläubigers kann anordnen, dass der Schuldner der Vergütung für Rechnung des Gläubigers (Steuerschuldner) die Einkommensteuer von beschränkt steuerpflichtigen Einkünften, soweit diese nicht bereits dem Steuerabzug unterliegen, im Wege des Steuerabzugs einzubehalten und abzuführen hat, wenn dies zur Sicherung des Steueranspruchs zweckmäßig ist.** [2]**Der Steuerabzug beträgt 25 Prozent der gesamten Einnahmen, bei Körperschaften, Personenvereinigungen oder Vermögensmassen 15 Prozent der gesamten Einnahmen; das Finanzamt kann die Höhe des Steuerabzugs hiervon abweichend an die voraussichtlich geschuldete Steuer anpassen.** [3]**Absatz 5 gilt entsprechend mit der Maßgabe, dass die Steuer bei dem Finanzamt anzumelden und abzuführen ist, das den Steuerabzug angeordnet hat; das Finanzamt kann anordnen, dass die innerhalb eines Monats einbehaltene Steuer jeweils bis zum zehnten des Folgemonats anzumelden und abzuführen ist.** [4]**§ 50 Absatz 2 Satz 1 ist nicht anzuwenden.** [5]**Ist für Einkünfte im Sinne des § 49 Absatz 1 Nummer 7 und 10 der Steuerabzug einbehalten und abgeführt worden, obwohl eine Verpflichtung hierzu nicht bestand, ist auf Antrag des Schuldners der Vergütung die Anmeldung über den Steuerabzug insoweit zu ändern; stattdessen kann der Schuldner der Vergütung, sobald er erkennt, dass er den Steuerabzug ohne Verpflichtung einbehalten und abgeführt hat, bei der folgenden Steueranmeldung den abzuführenden Steuerabzug entsprechend kürzen; erstattungsberechtigt ist der Schuldner der Vergütung; die nach Absatz 5 Satz 7 erteilte Bescheinigung ist durch eine berichtigte Bescheinigung zu ersetzen und im Fall der Übermittlung in Papierform zurückzufordern.** [6]**Die Anrechnung der durch Steuerabzug erhobenen Einkommensteuer nach § 36 Absatz 2 Nummer 2 Buchstabe a richtet sich nach der Höhe der in der Rentenbezugsmitteilung nach § 22a ausgewiesenen einbehaltenen Steuerabzugsbeträge.** [7]**Wird eine Rentenbezugsmitteilung wegen einbehaltener Steuerabzugsbeträge korrigiert, ist die Anrechnung insoweit nachzuholen oder zu ändern.**

Einkommensteuer-Durchführungsverordnung:

§ 73a EStDV *Begriffsbestimmungen*

(1) **Inländisch im Sinne des § 50a Abs. 1 Nr. 4 des Gesetzes sind solche Personenvereinigungen, die ihre Geschäftsleitung oder ihren Sitz im Geltungsbereich des Gesetzes haben.**

(2) **Urheberrechte im Sinne des § 50a Abs. 1 Nr. 3 des Gesetzes sind Rechte, die nach Maßgabe des Urheberrechtsgesetzes geschützt sind.**

(3) **Gewerbliche Schutzrechte im Sinne des § 50a Absatz 1 Nummer 3 des Gesetzes sind Rechte, die nach Maßgabe**
1. **des Designgesetzes,**
2. **des Patentgesetzes,**
3. **des Gebrauchsmustergesetzes oder**
4. **des Markengesetzes**

geschützt sind.

§ 73b EStDV

(weggefallen)

§ 73c EStDV *Zeitpunkt des Zufließens im Sinne des § 50a Abs. 5 Satz 1 des Gesetzes*

Die Vergütungen im Sinne des § 50a Abs. 1 des Gesetzes fließen dem Gläubiger zu
1. im Fall der Zahlung, Verrechnung oder Gutschrift: bei Zahlung, Verrechnung oder Gutschrift;
2. im Fall der Hinausschiebung der Zahlung wegen vorübergehender Zahlungsunfähigkeit des Schuldners: bei Zahlung, Verrechnung oder Gutschrift;
3. im Fall der Gewährung von Vorschüssen: bei Zahlung, Verrechnung oder Gutschrift der Vorschüsse.

§ 73d EStDV *Aufzeichnungen, Aufbewahrungspflichten, Steueraufsicht*

(1) [1]**Der Schuldner der Vergütungen im Sinne des § 50a Abs. 1 des Gesetzes (Schuldner) hat besondere Aufzeichnungen zu führen.** [2]**Aus den Aufzeichnungen müssen ersichtlich sein:**
1. Name und Wohnung des beschränkt steuerpflichtigen Gläubigers (Steuerschuldners),
2. Höhe der Vergütungen in Euro,
3. Höhe und Art der von der Bemessungsgrundlage des Steuerabzugs abgezogenen Betriebsausgaben oder Werbungskosten,
4. Tag, an dem die Vergütungen dem Steuerschuldner zugeflossen sind,
5. Höhe und Zeitpunkt der Abführung der einbehaltenen Steuer.

[3]**Er hat in Fällen des § 50a Abs. 3 des Gesetzes die von der Bemessungsgrundlage des Steuerabzugs abgezogenen Betriebsausgaben oder Werbungskosten und die Staatsangehörigkeit des beschränkt steuerpflichtigen Gläubigers in einer für das Bundeszentralamt für Steuern nachprüfbaren Form zu dokumentieren.**

(2) **Bei der Veranlagung des Schuldners zur Einkommensteuer (Körperschaftsteuer) und bei Außenprüfungen, die bei dem Schuldner vorgenommen werden, ist auch zu prüfen, ob die Steuern ordnungsmäßig einbehalten und abgeführt worden sind.**

§ 73e EStDV *Einbehaltung, Abführung und Anmeldung der Steuer von Vergütungen im Sinne des § 50a Abs. 1 und 7 des Gesetzes (§ 50a Abs. 5 des Gesetzes)*

[1]**Der Schuldner hat die innerhalb eines Kalendervierteljahrs einbehaltene Steuer von Vergütungen im Sinne des § 50a Absatz 1 des Gesetzes unter der Bezeichnung „Steuerabzug von Vergütungen im Sinne des § 50a Absatz 1 des Einkommensteuergesetzes" jeweils bis zum zehnten des dem Kalendervierteljahr folgenden Monats an das Bundeszentralamt für Steuern abzuführen.** [2]**Bis zum gleichen Zeitpunkt hat der Schuldner dem Bundeszentralamt für Steuern eine Steueranmeldung über den Gläubiger, die Höhe der Vergütungen im Sinne des § 50a Absatz 1 des Gesetzes, die Höhe und Art der von der Bemessungsgrundlage des Steuerabzugs abgezogenen Betriebsausgaben oder Werbungskosten und die Höhe des Steuerabzugs zu übersenden.** [3]**Satz 2 gilt entsprechend, wenn ein Steuerabzug auf Grund des § 50a Absatz 2 Satz 3 oder Absatz 4 Satz 1 des Gesetzes nicht vorzunehmen ist oder auf Grund des § 50c Absatz 2 des Gesetzes nicht oder nicht in voller Höhe vorzunehmen ist.** [4]**Die Steueranmeldung ist nach amtlich vorgeschriebenem Datensatz durch Datenfernübertragung zu übermitteln.** [5]**Auf Antrag kann das Bundeszentralamt für Steuern zur Vermeidung unbilliger Härten auf eine elektronische Übermittlung verzichten; in diesem Fall ist die Steueranmeldung vom Schuldner oder von einem zu seiner Vertretung Berechtigten zu unterschreiben.** [6]**Ist es zweifelhaft, ob der Gläubiger beschränkt oder unbeschränkt steuerpflichtig ist, so darf der Schuldner die Einbehaltung der Steuer nur dann unterlassen, wenn der Gläubiger durch eine Bescheinigung des nach**

den abgabenrechtlichen Vorschriften für die Besteuerung seines Einkommens zuständigen Finanzamts nachweist, dass er unbeschränkt steuerpflichtig ist. [7]Die Sätze 1, 2, 4 und 5 gelten entsprechend für die Steuer nach § 50a Absatz 7 des Gesetzes mit der Maßgabe, dass

1. **die Steuer an das Finanzamt abzuführen und bei dem Finanzamt anzumelden ist, das den Steuerabzug angeordnet hat,**
2. **bei entsprechender Anordnung die innerhalb eines Monats einbehaltene Steuer jeweils bis zum zehnten des Folgemonats anzumelden und abzuführen ist, und**
3. **der Schuldner bei Anordnung des Steuerabzugs für Einkünfte im Sinne des § 49 Absatz 1 Nummer 7 und 10 des Einkommensteuergesetzes berechtigt ist, ohne die Angaben im Sinne des Satzes 2 die Höhe der Steuerabzüge für mehrere Gläubiger in einer Summe anzumelden (Sammelanmeldung).**

§ 73f EStDV *Steuerabzug in den Fällen des § 50a Abs. 6 des Gesetzes*

[1]Der Schuldner der Vergütungen für die Nutzung oder das Recht auf Nutzung von Urheberrechten im Sinne des § 50a Abs. 1 Nr. 3 des Gesetzes braucht den Steuerabzug nicht vorzunehmen, wenn er diese Vergütungen auf Grund eines Übereinkommens nicht an den beschränkt steuerpflichtigen Gläubiger (Steuerschuldner), sondern an die Gesellschaft für musikalische Aufführungs- und mechanische Vervielfältigungsrechte (Gema) oder an einen anderen Rechtsträger abführt und die obersten Finanzbehörden der Länder mit Zustimmung des Bundesministeriums der Finanzen einwilligen, dass dieser andere Rechtsträger an die Stelle des Schuldners tritt. [2]In diesem Fall hat die Gema oder der andere Rechtsträger den Steuerabzug vorzunehmen; § 50a Abs. 5 des Gesetzes sowie die §§ 73d und 73e gelten entsprechend.

§ 73g EStDV *Haftungsbescheid*

(1) **Ist die Steuer nicht ordnungsmäßig einbehalten oder abgeführt, so hat das Bundeszentralamt für Steuern oder das zuständige Finanzamt die Steuer von dem Schuldner, in den Fällen des § 73f von dem dort bezeichneten Rechtsträger, durch Haftungsbescheid oder von dem Steuerschuldner durch Steuerbescheid anzufordern.**

(2) **Der Zustellung des Haftungsbescheids an den Schuldner bedarf es nicht, wenn der Schuldner die einbehaltene Steuer dem Bundeszentralamt für Steuern oder dem Finanzamt ordnungsmäßig angemeldet hat (§ 73e) oder wenn er vor dem Bundeszentralamt für Steuern oder dem Finanzamt oder einem Prüfungsbeamten des Bundeszentralamts für Steuern oder des Finanzamts seine Verpflichtung zur Zahlung der Steuer schriftlich anerkannt hat.**

Einkommensteuer-Richtlinien: EStR 50a.1; EStH 50a.1, 50a.2. – **Verwaltungsanweisungen:** *BMF* BStBl I 14, 887 (BA-/WK-Abzug bei § 50a I Nr 3); *BMF* BStBl I 10, 1350 (StAbzug bei künstlerischen, sportl, artistischen, unterhaltenden und ähnl Darbietungen – mit Beispielen); *BMF* BStBl I 09, 362 (Fotomodelle); *OFD Ka* DStR 14, 1554 (Fotomodelle, Regisseure, Journalisten und Bildberichterstatter).

Übersicht

I. Allgemeines

1 **1. Bedeutung; Aufbau.** Zur Systematik → § 49 Rn. 1. § 50a sichert in bestimmten Fällen die Besteuerung beschr StPfl durch das Verfahren des StAbzugs. Die Vorschrift betrifft die StErhebung einschließl Nachforderung und Haftung (Verhältnis zur Veranlagung → § 50 Rn. 6). Sie begründet keine StPfl, sondern setzt diese voraus (→ § 49 Rn. 11). – **§ 50a I** bestimmt, welche Einkünfte dem StAbzug unterliegenden. **§ 50a II** legt die Bemessungsgrundlage, den StSatz und eine Geringfügigkeitsgrenze fest (Bruttobesteuerung). **§ 50a III** lässt unter bestimmten Voraussetzungen den Abzug von BA/WK bei einem erhöhten StSatz zu (Nettobesteuerung). **§ 50a IV** regelt den StAbzug bei mehreren Vergütungsschuldnern („StAbzug auf der zweiten Stufe"). **§ 50a V** enthält Verfahrensvorschriften (Entstehung, Abzug, Anmeldung, Abführung). **§ 50a VI** eröffnet die Möglichkeit der Abstandnahme vom StAbzug bei Vergütungen, die an einen Beauftragten (zB Gema) geleistet werden. **§ 50a VII** ermächtigt das FA, den StAbzug in weiteren Fällen anzuordnen.

2 **2. Neue Rechtsentwicklung.** → 44. Aufl 2024, § 50a Rn. 2. S iÜ *BH/Reimer* § 50a Rn. 4 ff.

3 **3. Verfassungsrecht; Unionsrecht.** Die Vereinbarkeit des StAbzugsverfahrens nach § 50a mit Verfassungs- und Unionsrecht ist umstr, auch nach Neufassung der Vorschrift durch das JStG 2009, BGBl I 08, 2794 (*Nacke* NWB 11, 607 f). Die Regelungen sind mE gleichwohl grds **verfassungs- und unionsrechtskonform** (zur unionsrechtkonformen Einschränkung der Bruttobesteuerung vor Neufassung der Vorschrift s BFH I R 35/21, BStBl II 24, 343 Rn. 45, VerfBeschw BVerfG 2 BvR 555/24; zum KapESt-Abzug s BFH VIII R 32/21, DStR 25, 1138). Die Ungleichbehandlung (Art 3 I GG) beschr StPfl im Verhältnis zu anderen StPfl hinsichtl der dem StAbzug unterliegenden Einkünfte ist durch die besonderen Schwierigkeiten einer StErhebung bei Personen gerechtfertigt, die sich idR nur gelegentlich oder

nur für kurze Zeit, uU auch nur für einen Tag, im Inl aufhalten (s EuGH C-498/10, IStR 13, 26 – X: StAbzug als geeignetes Mittel zur Gewährleistung der Beitreibung der geschuldeten Steuer; BFH I R 104/08, BFH/NV 10, 1814 Rn. 29 ff, unter Hinweis auf EuGH C-282/07, IStR 09, 135 – Truck Center; BFH I B 91/13, BFH/NV 15, 204: auch nach Vorlagebeschluss des BFH zum *treaty override,* BFH I R 66/09, DStR 12, 949, jetzt → § 50d Rn. 38; ferner *Kempermann* FR 08, 591 (596); *BH/Reimer* § 50a Rn. 13 ff; krit *HHR/Quenzel/Wedermeier* § 50a Rn. 4). Die Belange des Unionsrechts werden durch die mit §§ 50, 50a geschaffenen Alternativen zur früheren Bruttobesteuerung (Nettobesteuerung zu 30%, Antragsveranlagung gem § 50 II 2 Nr 4b und Nr 5 nF) und durch die Modifizierung der Brutto-StAbzugs (Berücksichtigung bestimmter Aufwendungen, StSatz von 15%) hinreichend berücksichtigt. Das gilt insb auch für den Fall, dass die dem StAbzug unterworfenen Einkünfte tatsächl steuerfrei sind (→ § 50c Rn. 4 mwN).

Zum **Hintergrund** → 39. Aufl 2020, § 50a Rn. 3 aE. – Die Regelungen über die **zwischenstaatl Amtshilfe** zur Beitreibung steuerl Forderungen stellen die Unionsrechtmäßigkeit des StAbzugsverfahrens nicht in Frage. Das hat der BFH jedenfalls für das Jahr 2007 so entschieden (BFH I R 104/08, BFH/NV 10, 1814, und BFH I R 105/08, BFH/NV 10, 2043; BFH I B 181/07, BStBl II 08, 195; BFH I R 76/10, BFH/NV 12, 1444; für 1996 bis 1999 s BFH I R 35/21, BStBl II 24, 343, VerfBeschw BVerfG 2 BvR 556/24; für 2000 s BFH I R 8/18, BFH/NV 24, 514, VerfBeschw BVerfG 2 BvR 556/24; für 2004–2006 s FG Ddorf EFG 12, 127, rkr; zust: *-sch* DStR 08, 44; *Kempermann* FR 08, 595, der allerdings auf die Notwendigkeit eines erneuten Vorabentscheidungsersuchens hinweist; *Holthaus* DStZ 08, 741; **aA** etwa *Grams* IStR 08, 114 (115); *Rüping* IStR 08, 575 (578); *Grams/Schön* IStR 08, 656). Der **EuGH** hat dies bestätigt: Die **EG-BeitreibungsRL 2008/55/EG** (seit 2012: EU-BeitreibungsRL 2010/24/EU) ist nicht dazu bestimmt, an die Stelle des StAbzugs an der Quelle als Erhebungstechnik zu treten; ob der gebietsfremde Dienstleistungserbringer die einbehaltene Steuer seinerseits von der Steuer, die er in seinem Niederlassungsmitgliedstaat zu entrichten habe, abziehen könne, ist unerhebl (EuGH C-498/10, IStR 13, 26 Rn. 47 und 56 – *X;* krit *Müller* IWB 12, 843). – Zu verfrechtl Zweifel an der **Nacherhebung** nicht entrichteter AbzugSt, die den Vergütungsschuldner endgültig belasten, s aber BVerfG 1 BvR 891/13, HFR 14, 440 (→ Rn. 37). – Zum Freizügigkeitsabkommen mit der **Schweiz** → Rn. 25.

4. Verhältnis zu anderen Vorschriften. Allg → § 49 Rn. 1; zur Abgeltungswirkung des StAbzugs → § 50 Rn. 27. – **LStAbzug:** Bei beschr stpfl ArbN richtet sich der StAbzug vorrangig nach §§ 38 ff (→ Rn. 11). **KapESt** und **BauabzugSt** werden neben dem StAbzug gem § 50a erhoben (keine Konkurrenz; ggf Sicherungseinbehalt gem § 50a VII → § 48 Rn. 30. **Solidaritätszuschlag** ist auf AbzugSt für Vergütungszahlungen zusätzl einzubehalten (§ 3 I Nr 6 und §§ 4, 5 SolZG; ggf Abgeltung, s § 1 III SolZG). Freistellung nach **DBA** schließt StAbzug nicht aus (iEinz → § 50c Rn. 8). **§ 10 StAbwG** unterwirft weitere Einkünfte aus grenzüberschreitenden Direktgeschäften und gewerbl Dienstleistungen dem StAbzug, ohne das Erfordernis einer Betriebsstätte und ohne Bagatellgrenze (*Euler/Maier/Schanz* DStR 21, 1257 (1264); *Pinkernell/Schlotter* FR 21, 909 (917); AEAStG *BMF* BStBl I 23, SonderNr 1, 2 Rn. 13 und 36). Gem § 2 I 3 MV besteht bei Durchführung des StAbzugs keine **Mitteilungspflicht nach § 93a AO** (*BMF* BStBl I 22, 848 Rn. 31 f). 4

II. Voraussetzungen und Durchführung des Steuerabzugs

1. Persönlicher Anwendungsbereich. Dem StAbzug unterliegen gem § 50a I **beschr StPfl.** Das können natürl Personen (§ 1 IV), über §§ 8, 31 KStG auch beschr stpfl Körperschaften sein. Erfasst werden nach § 1 III fiktiv unbeschr (s § 1 III 6) und erweitert beschr StPfl iSd § 2 AStG (§ 2 V 2 AStG). 6

2. Steuerschuldner; Abzugsverpflichteter. Das Gesetz unterscheidet zw dem Steuerschuldner, der zB als Künstler, Sportler, Aufsichtsratsmitglied (etc) beschr stpfl Einkünfte erzielt, und dem Abzugsverpflichteten, von dem diese Einkünfte stammen (idR der Veranstalter, der den beschr StPfl engagiert hat und die Darbietung organisa- 7 torisch und finanziell trägt, bzw die Körperschaft, zu der der Aufsichtsrat gehört). Zu **mehreren Abzugsverpflichteten** (sog StAbzug auf der zweiten Stufe) → Rn. 28 f.

8 **a) Steuerschuldner.** StSchuldner ist der beschr StPfl. Er ist idR der zivilrechtl „Gläubiger der Vergütung", auf den sich das Gesetz in § 50a III–V bezieht (s § 50a V 2); zu Ausnahmen s BFH I R 35/96, BStBl II 98, 235 (§ 42 AO). Zu **Zweifeln** hinsichtl der beschr StPfl des StSchuldners → Rn. 32. Zum StSchuldner als „Eigenveranstalter" s *BMF* BStBl I 10, 1350 Rn. 42 (Nachforderungsbescheid); krit *Nacke* NWB 11, 607 (612).

9 **b) Abzugsverpflichteter.** Zum StAbzug verpflichtet ist der Schuldner der Vergütungen (§ 50a V 2). Er kann als **Haftungsschuldner** in Anspruch genommen werden (§ 50a V 5). Die Rechtslage entspricht insoweit der beim LSt-/KapEStAbzug. Vergütungsschuldner kann **jede (teil-)rechtsfähige Person** sein (→ § 38 Rn. 2 zu ArbG, zur OHG/KG s BFH I R 174/85, BStBl II 89, 87; zu BGB-Ges als ArbG/LStHaftungsschuldner s BFH VI R 41/92, BStBl II 95, 390; *BMF* BStBl I 10, 1350 Rn. 41; ferner BFH I R 174/85, BStBl II 89, 87), uU auch ein Sponsor (*BMF* BStBl I 10, 1350 Tz 6, Beispiel 2). Zur Zwischenschaltung eines Vermittlers s FG Köln EFG 02, 1457, rkr; BFH I R 93/09, BFH/NV 10, 2263: wirtschaftl Gründe (Verhinderung von Unregelmäßigkeiten iRd StAbzugs). – Der Schuldner braucht **nicht im Inl stpfl** zu sein; die Beschränkung auf inl ArbG in § 38 I gilt nicht für § 50a I. Der erforderl Inlandsbezug (→ § 49 Rn. 12) wird über die beschr StPfl des StSchuldners hergestellt (BFH I R 35/21, BStBl II 24, 343, VerfBeschw BVerfG 2 BvR 555/24; BFH I R 8/18, BFH/NV 24, 514, VerfBeschw BVerfG 2 BvR 556/24); dies war lange str (BFH I R 46/02, BStBl II 08, 190 mwN, VerfBeschw nicht angenommen; einschr BVerfG 1 BvR 891/13, HFR 14, 440, *nur* für den Fall, dass der Vergütungsschuldner einen Erstattungsanspruch nicht mehr erlangen kann).

Die **Einschaltung eines inl Vertreters** schließt die Verpflichtung zum StAbzug nicht aus (BFH I B 157/10, BStBl II 12, 590). Zum StAbzug beim **Beauftragten** → Rn. 42. – Zu (begrenzten) **Aufklärungspflichten** des Abzugsverpflichteten ggü dem StSchuldner vgl BGH III ZR 165/07, DB 08, 860 (ggf Haftung, Schadensersatz).

10 **3. Sachlicher Anwendungsbereich, § 50a I.** Die dem StAbzug unterliegenden Einkünfte sind durch das JStG 2009 (BGBl I 08, 2794) in § 50a I zusammengefasst worden (BT-Drs 16/10189, 62: Angleichung des StAbzugs an DBA-Recht). Unterliegen Leistungen nur teilweise dem StAbzug, muss eine (einheitl) Vergütung **aufgeteilt** werden, ggf im Schätzungswege (BFH I R 73/02, BStBl II 05, 550; BFH I R 3/11, BStBl II 13, 430 Rn. 20). Bei **Liebhaberei** muss kein StAbzug vorgenommen werden (BFH I R 14/01, BStBl II 02, 861, auch zu Segmentierung; BFH I B 191/09, BStBl II 11, 156 mwN; s aber *BMF* BStBl I 10, 1350 Rn. 14 ff: Nachweis; **aA** NdsFG IStR 22, 695, rkr); allerdings entbindet in Zweifelsfällen der Hinweis auf eine (vermeintl) fehlende Gewinnerzielungsabsicht nicht von der Abzugsverpflichtung (BFH I R 35/21, BStBl II 24, 343 Rn. 29, VerfBeschw BVerfG 2 BvR 555/24, auch zur Bedeutung staatl Subventionen). **Zuständigkeit** → Rn. 31. – Zur Kritik → 39. Aufl 2020, § 50a Rn. 10 sowie *Lüdicke* IStR 09, 206, und *Grams/Schön* IStR 08, 656.

11 **a) Darbietungen, § 50a I Nr 1.** Künstlerische, sportl, artistische und ähnl Darbietungen unterliegen dem StAbzug, wenn sie im Inl erbracht werden; die Regelung knüpft an § 49 I Nr 2 Buchst d an (iEinz → § 49 Rn. 36 ff). Dasselbe gilt für unterhaltende Darbietungen iSd § 49 I Nr 2 Buchst d und Nr 9, dh Darbietungen ohne spezifisch künstlerischen, sportl etc Gehalt (zB Teilnahme an Talkshow, Quizsendung, Interview, Homestory uÄ; → § 49 Rn. 41). Neben gewerbl Darbietungen werden auch solche erfasst, die in Form einer freiberufl oder nichtselbständigen Tätigkeit oder als sonstige Leistung iSd § 22 Nr 3 erbracht werden. – Unterliegen die Einkünfte

dem **LStAbzug** (§ 38 I, vor allem: inl ArbG), wird der StAbzug *nur* nach §§ 38 ff vorgenommen (**Subsidiarität** des StAbzugs nach § 50a I Nr 1; *BMF* BStBl I 10, 1350 Rn. 38 f). – **Nebenleistungen** unterliegen ebenfalls dem StAbzug (zB Transport-, Ton- und Bühnentechnik, BFH I R 93/09, BFH/NV 10, 2263: sachl und personeller Zusammenhang, Leistungen „aus einer Hand", nicht bei Nebenleistungen aufgrund besonderer Verträge; BFH I R 19/04, BStBl II 08, 228 mwN: nicht bei Leistungen durch unabhängige Dritte; BFH I R 65/10, BFH/NV 12, 924: enge Auslegung zur Entlastung des Vergütungsschuldners, auch zu § 42 AO; BFH I B 178/10, BFH/NV 11, 1132: Probe und Auftritt als einheitl Gesamtleistung; iÜ auch → § 49 Rn. 43, und *Kudert/Jarzynska* RIW 12, 380; *Grams/Ulbricht* IStR 11, 37 (40); *Ehlig* IStR 10, 504; *Nacke* NWB 11, 607 (610); gegen „Vertragssplitting": *BMF* BStBl I 10, 1350 Rn. 34). Unerhebl ist, wem die Einnahmen als **Empfänger** zufließen (zB einer KapGes für Künstlervermittlung; FG Köln EFG 09, 255, rkr).

Nicht mehr dem StAbzug unterliegen sog werkschaffende Künstler (zB Verkauf eines Bildes im Inl) und die übrigen in § 50a I Nr 2 aF aufgeführten Berufe (Schriftsteller, Journalisten, Bildberichterstatter), soweit die betr Tätigkeit nicht einem anderen Tatbestand des § 50a I unterfällt (zB Darbietung oder Nr 3). – Zu Abgrenzungsschwierigkeiten s *Holthaus* IWB 13, 303; *ders* IWB 17, 540 (entgegen *BMF* BStBl I 10, 1350 Rn. 17). Zu **E-Sportlern** s *Spatscheck/Wimmer* PStR 22, 38.

b) Verwertung von Darbietungen, § 50a I Nr 2. Die Regelung bezieht sich auf die Verwertung von Darbietungen iSd Nr 1, also auf die finanzielle Ausnutzung der Darbietungsleistung in grds jeder Form (Abgrenzung → § 49 Rn. 42: unmittelbarer sachl Zusammenhang; BFH I R 6/07, BStBl II 09, 625). Sie setzt einen **doppelten Inlandsbezug** voraus: Es muss sich um die *inl* Verwertung einer im *Inl* erbrachten Darbietungen handeln (vgl FG Mchn EFG 24, 1372 Rn. 18, Rev VI R 12/24). Die Verwertung ausl Darbietungen unterliegt nicht mehr dem StAbzug (→ 32. Aufl 2013, § 50a Rn. 2). – Fragl ist, ob die Regelung nur die eigene Verwertung durch den beschr stpfl Künstler, Sportler etc dem StAbzug unterwirft oder auch die Verwertung **durch Dritte** (zB eine zwischengeschaltete KünstlerverleihGes). Den Gesetzesmaterialien zufolge scheint eine diesbezügl Einschränkung mit der Übernahme der Verwertungseinkünfte in § 50a I Nr 2 (wohl) nicht beabsichtigt gewesen zu sein (BR-Drs 16/10189, 62: „… auch künftig …"). Ebenso sprechen die Bezugnahme auf § 50a I Nr 1 und der Regelungszusammenhang zw den beiden Tatbestandsalternativen dafür, den Anwendungsbereich des § 50a I Nr 2 weit aufzufassen und Verwertungshandlungen Dritter einzubeziehen (so auch *BMF* BStBl I 10, 1350 Rn. 20); das gilt aber nur für Verwertungseinkünfte iSd § 49 I Nr 2 und Nr 6 (→ § 49 Rn. 42), nicht hingegen für solche iSd § 49 I Nr 3 und 4 (ebenso *HHR/Quenzel/Wedermeier* § 50a Rn. 47; auch → § 49 Rn. 74). 12

c) Nutzungsvergütungen, § 50a I Nr 3. Bestimmte Einkünfte iSv § 49 I 2, 3, 6 und 9, die aus der (zeitl befristeten) Überlassung von **Rechten** und sog **Know-how** herrühren, unterliegen (wie nach § 50a IV 1 Nr 3 aF) dem StAbzug. Entfallen ist dagegen der StAbzug für Einkünfte aus der Überlassung von bewegl Sachen und Sachgesamtheiten (Vermietung, Leasing; *Böhl ua* IStR 08, 651) sowie aus der Veräußerung von Rechten. Dies gilt für Vergütungen, die nach dem 31.12.08 zufließen. 13

aa) Immaterialgüterrechte. Unter die Regelung fallen zum einen **geschützte Rechte** wie schriftstellerische, künstlerische und gewerbl (vgl § 21 I Nr 3) Urheberrechte nach dem UrhG (§ 73a II EStDV) und gewerbl Schutzrechte nach dem GeschmMG, GebrMG, MarkenG oder PatG (§ 73a III EStDV) und zum anderen **ungeschützte Rechte** wie Erfahrungen, Kenntnisse, Fertigkeiten (Pläne, Muster, Verfahren etc; → § 49 Rn. 125 „Know-how"). Die Aufzählung ist nicht abschließend („insbesondere", BFH I R 86/07, BStBl II 10, 120). Sie gilt auch für die Überlassung von Persönlichkeitsrechten (Recht am eigenen Bild, §§ 22 ff KunstUrhG) und Namensrechten (§ 12 BGB; BFH I R 19/06, BStBl II 10, 398); → § 21 Rn. 103. Da- 14 gegen werden Vergütungen an ausl Plattformbetreiber und Internetdienstleister für **Online-Werbung** nicht erfasst (*BMF* BStBl I 19, 256: keine Verpflichtung zum StAbzug; Hintergrund: *Haase* DStR 19, 761; ausführl auch *Pinkernell/Schlotter* FR 20, 681 (687 f) mwN).

15 **bb) Überlassung.** Erfasst wird nur (noch) die **zeitl begrenzte Nutzungsüberlassung.** Bei Rechteveräußerung hingegen liegt keine „Überlassung" idS vor; ebenso wenig, wenn das überlassene Recht während der eingeräumten Nutzung wirtschaftl vollständig verbraucht wird (BFH I R 64/99, BStBl II 03, 641, → § 49 Rn. 113; Abgrenzung: BFH I R 73/02, BStBl II 05, 550, Prominenten-Werbeverwertungsrechten; Anm *Wild ua* DB 03, 1867; *Wild ua* IStR 06, 181; BFH IV R 32/19, BStBl II 22, 832, Filmverwertungsrechte; *BMF* BStBl I 10, 1350 Rn. 23); zu den sog **Registerfällen** → § 49 Rn. 56 f. Die Überlassung kann allerdings auch dann „zeitl begrenzt" sein, wenn bei Vertragsschluss noch ungewiss ist, ob und wann sie endet, wie zB bei unbefristeten Überlassungsverträgen (BFH IX R 57/99, BFH/NV 03, 1311, unter II.1.a.aa mwN; → § 21 Rn. 104); das trifft grds auch im Fall eines sog ***„total buy out"*** gegen einmalige Pauschalvergütung zu (BFH I R 69/16, BStBl II 19, 401: Verpflichtung zum StAbzug bejaht, krit *Pinkernell/Schlotter* FR 20, 681 (684 f); BFH I R 83/16, BFH/NV 19, 522; zust *Wehmhörner* ISR 20, 35; krit Anm *Pohl* IStR 19, 425 (428) – s § 40a I 1 UrhG: Begrenzung auf 10 Jahre).

Zu **Software-Überlassung** s *BMF* BStBl I 17, 1448 Rn. 9 ff (diff und zT **aA** *Pinkernell/Schlotter* FR 20, 681 (685 ff) mwN) und *BMF* BStBl I 22, 1253: mögl Ausschluss des StAbzugs wegen **§ 69a V UrhG,** Anwendung auf nach dem 6.6.21 abgeschlossene Verträge und zugeflossene Zahlungen (s auch *Kraft* NWB 22, 2958; *Ferstl* GStB 22, 52; *Haverkamp ua* IWB 22, 802). Zu sog **Influencern** und **Bloggern** s *Busemann/Gilson* DStR 19, 2178; *Pinkernell/Schlotter* FR 20, 681 (689); *Scheerer/Wionzeck* DStR 21, 1449; *Keuper/Kölbl* IWB 22, 503. – Zum Grundsatz der **Subsidiarität** → § 49 Rn. 13, 112 und 126.

16 **cc) Transferleistungen.** Ebenfalls erfasst werden (ab VZ 2010) sog Transferleistungen für die vertragl Verpflichtung von Berufssportlern (§ 49 I Nr 2 Buchst g); dies betrifft hier aber nur die „Spielerleihe" (auch → § 49 Rn. 63).

17 **dd) Beispiele** – ***kein Steuerabzug:*** Durchführung einer **klinischen Studie** durch ausl Ärzte (FG Mchn EFG 13, 1412, rkr); **Bandenwerbung** bei Sportveranstaltung (BFH I R 64/99, BStBl II 03, 641); Überlassung von **Kundenadressen** (BFH I R 90/01, BStBl II 03, 249); **Forschungsgelder** aufgrund eines Forschungsvertrags (FG Hmb EFG 01, 289); Überlassung von **Autorenrechten** (BFH I R 174/85, BStBl II 89, 87); **Beratungsleistungen,** selbst wenn sie auf eigenem „Know-how" beruhen (HessFG EFG 73, 496, rkr; *Bendixen* DB 83, 203). – Zu **Lizenzgebühren** (§§ 50g, 50h) s *Cordewener/Dörr* GRUR Int 06, 447; zur Abzugsverpflichtung inl Nutzer **ausl Datenbanken** s *Holthaus/Volkmann* DStZ 15, 550 und *Maßbaum/Müller* BB 15, 3031; zu **Unterlizenzverträgen** s BFH I R 32/10, BStBl II 14, 513; zur Abgrenzung ggü **konzerninterner Weiterbelastung** (sog Recharge) s *Haase* IStR 13, 61. Zu Leistungen an die Gema → Rn. 42. Zu **Rundfunk-/Fernsehübertragungen** *BMF* BStBl I 10, 1350 Rn. 26 ff. Zu IT-Leistungen mittels **Cloud-Computing** s *Heinsen/Voß* DB 12, 1231.

18 **d) Aufsichtsratsvergütungen, § 50a I Nr 4.** Vergütungen, die eine der in § 50a I aufgezählten inl (nicht unbedingt persönl stpfl) Körperschaften beschr stpfl Mitgliedern des Aufsichtsrates (auch ArbN-Aufsichtsrat) oder des Verwaltungsrates für die Überwachung der Geschäftsführung gewährt, unterliegen als selbständige Einkünfte der beschr StPfl nach §§ 18 I Nr 3, 49 I Nr 3. Zu „inländisch" s § 73a I EStDV. Der **Begriff** „Aufsichtsratsvergütungen" entspricht dem des § 10 Nr 4 KStG (*Gosch* KStG § 10 Rn. 41 f); die Zahlung kann auch an einen Dritten geleistet werden (FG Mster EFG 21, 1171 Rn. 56, rkr; *BH/Reimer* § 50a Rn. 56). Die Tätigkeit wird uU, je nach DBA, im Inl am Sitz der Körperschaft ausgeübt (→ § 49 Rn. 73 und 89 – § 49 I Nr 4 Buchst c ist nicht auf Aufsichtsräte übertragbar). Andere als Überwachungstätigkeiten werden nicht erfasst (zB nicht Beratung, Geschäftsführung durch GmbH-Angestellte oder AG-Vorstand; s BFH IV R 1/03, BStBl II 04, 112);

bei Doppeltätigkeit Vergütungsaufteilung (BFH I 265/62, BStBl III 66, 688). Zu Wegzug/Zuzug s *Strothenke* IStR 10, 350. Zu den Folgen einer Umwandlung s *BMF* BStBl I 25, 92 Rn. 237.

4. Grundsatz: Bruttobesteuerung, § 50a II. – a) Steuersatz, § 50a II 1. Die AbzugSt, die der Vergütungsschuldner gem § 50a V einzubehalten und abzuführen hat, ist grds eine BruttoSt. Der StSatz beträgt 15% für Einkünfte aus Darbietungen, Verwertungen und der Überlassung von Rechten iSd § 50a I Nr 1–3 und 30% für Aufsichtsratsvergütungen iSd § 50a I Nr 4. Der StSatz von 15% soll pauschal die Nichtberücksichtigung von BA und WK kompensieren. Er gilt für alle Vergütungen, die dem beschr StPfl nach dem 31.12.08 zufließen (→ 32. Aufl 2013, § 50a Rn. 2). **Alternativen:** Nettobesteuerung (→ Rn. 22) und Antragsveranlagung (→ § 50 Rn. 42 und 47). 19

b) Bemessungsgrundlage, § 50a II 2. Bemessungsgrundlage sind die **Bruttoeinnahmen** abzgl der vom Vergütungsschuldner ersetzten oder übernommenen Reisekosten. Der Abzug der **Reisekosten** ist der Höhe nach begrenzt: auf die tatsächl Kosten im Fall von Fahrt- und Übernachtungsauslagen und auf die Pauschbeträge des § 4 V 1 Nr 5 im Fall von Vergütungen für Verpflegungsmehraufwand. Zu den Reisekosten gehören Fahrt- und Flugkosten (ggf auch für Zwischenheimfahrten), Übernachtungskosten, Reiseneben- und Transportkosten sowie Verpflegungsmehraufwendungen (→ § 9 Rn. 311; zu unentgeltl Verpflegung durch Veranstalter s *Holthaus* IWB 13, 303 (306)). Berücksichtigt werden **„ersetzte" und „übernommene"** Reisekosten, also Kosten, die zunächst der beschr StPfl getragen hat und die ihm vom Vergütungsschuldner erstattet worden sind, und Kosten, die der Vergütungsschuldner unmittelbar selbst für den beschr StPfl getragen hat (*Holthaus* DStZ 08, 741 (744) mit Beispielen; *ders* IWB 13, 303, auch zu Reisekosten Dritter, entgegen *BMF* BStBl I 10, 1350 Rn. 44). Aufwendungen, die der Vergütungsschuldner im **überwiegend eigenbetriebl Interesse** tätigt (zB für „Tourbegleiter"), gehören nicht zu den Einnahmen des Vergütungsgläubigers (BFH I R 104/08, BFH/NV 10, 1814 mwN). 20

Die **USt** gehört zur Bemessungsgrundlage (BFH I R 39/04, BStBl II 08, 95 (97) mwN; BFH I R 104/08, BFH/NV 10, 1814, und BFH I R 105/08, BFH/NV 10, 2043; s auch BFH XI R 40/09, BFH/NV 12, 798), es sei denn, sie wird gem § 13b UStG vom Vergütungsschuldner als inl Leistungsempfänger getragen (sog „Reverse-Charge-Verfahren", *BMF* BStBl I 10, 1350 Rn. 45; *Lüdicke* IStR 02, 18; zu Bedenken *Hidien* RIW 02, 208; *Dautzenberg* StuB 02, 469; *Kahl* DB 02, 13). – Zur **Ausgliederung von Kosten** für technische Nebenleistungen durch Übertragung auf eine KapGes vgl BFH I B 69/02, BStBl II 03, 189.

c) Geringfügigkeitsgrenze, § 50a II 3. Die Geringfügigkeitsgrenze von 250 € gilt nur für Einkünfte iSd § 50a I Nr 1, und zwar „je Darbietung", dh bezogen auf den einzelnen Auftritt. Das muss mE dem Wortlaut nach auch bei **mehreren Darbietungen** (nicht: Probe; BFH I B 178/10, BFH/NV 11, 1132) an einem Tag gelten, selbst wenn diese durch denselben Veranstalter organisiert werden (glA *HHR/Quenzel/Wedermeier* § 50a Rn. 98; *BMF* I 10, 1350 Rn. 55). Auf die Verwertung von Darbietungen iSd § 50a I Nr 2 ist die Regelung nicht anwendbar. Der Betrag könnte großzügiger bemessen sein (zutr *Kempermann* FR 08, 597). – Da der StAbzug den Charakter der ESt als PersonenSt (→ § 1 Rn. 1) unberührt lässt und somit auch der Freibetrag des § 50a II 3 personenbezogen gewährt wird, ist die Gesamtvergütung bei **mehreren Personen** idR nach Köpfen aufzuteilen, wenn kein anderer Aufteilungsmaßstab dargelegt wird (so auch *BMF* BStBl I 10, 1350 Rn. 54). Das gilt jedoch nicht, wenn der StSchuldner eine beschr stpfl Körperschaft ist (zB ein Fußballverein oder ein entspr organisierter Chor, ein Orchester, eine Künstlerverleihfirma etc). – Die Geringfügigkeitsgrenze gilt nur für die Bruttobesteuerung nach § 50a II. Sie ist weder im Fall der Nettobesteuerung nach § 50a III 3, noch bei einer Veranlagung nach § 50 II 2 anwendbar. – Die vorgesehene Rechtsfolge ist, dass **kein** 21

StAbzug erhoben wird. Das bedeutet mE, dass die Einkünfte *überhaupt nicht erfasst* werden; es findet also auch keine Veranlagung statt (s *HHR/Quenzel/Wedermeier* § 50a Rn. 102: Abgeltung ohne StAbzug, Verwaltungsvereinfachung; **aA** *Lüdicke* IStR 09, 206). Aber: **Anmeldepflicht** des Veranstalters (Vergütungsschuldner) gem § 50a V 4 →Rn. 33.

22 **5. Ausnahme: Nettobesteuerung, § 50a III.** Abweichend von § 50a II kann der Vergütungsschuldner die nach § 50a V einzubehaltende und abzuführende AbzugSt auch auf der Grundlage eines Nettobetrags ermitteln. **Sachl** gilt die Nettobesteuerung nur für Einkünfte iSd § 50a I Nr 1, 2 und 4; allerdings ist die Regelung aus unionsrechtl Gründen auch auf § 50a I Nr 3 anzuwenden (*BMF* BStBl I 14, 887 Rn. 7; BFH I R 32/10, BStBl II 14, 513 mwN; krit *Lüdicke* IStR 17, 289 (298)). **Persönl** ist der Anwendungsbereich (gleichheitsrechtl problematisch) auf EU-/EWR-Staatsangehörige innerhalb der EU bzw des EWR sowie auf bestimmte (beschr stpfl) KSt-Subjekte beschränkt (→Rn. 25). Des Weiteren werden nur BA und WK berücksichtigt, die in einem *unmittelbaren* wirtschaftl Zusammenhang mit den betr Einkünften stehen. Die Kehrseite der Nettobesteuerung ist zudem ein für natürl Personen **erhöhter StSatz** von 30%.

23 **a) Betriebsausgaben; Werbungskosten, § 50a III 1. – aa) Unmittelbarer wirtschaftlicher Zusammenhang.** BA/WK stehen nach der Rspr in einem unmittelbaren wirtschaftl Zusammenhang mit beschr stpfl Einnahmen, wenn sie von diesen nicht getrennt werden können bzw ohne diese nicht angefallen wären. Es muss mögl sein, die einzelnen Aufwendungen (etwa wie bei Reise-/Transport-/Unterkunftskosten) bestimmten Bezügen konkret zuzuordnen; ein bloßer Veranlassungszusammenhang genügt nicht. Auf die Rspr zu § 3c kann insoweit zurückgegriffen werden (BFH I R 93/03, BStBl II 08, 132 Rn. 19 mwN; EuGH C-345/04, IStR 07, 212 Rn. 25 und 27). Sind diese Voraussetzungen erfüllt, ist allein der (konkrete) Sachzusammenhang maßgebl. Es kommt weder auf den Ort noch den Zeitpunkt der Kostenentstehung an (BFH I R 93/03, BStBl II 08, 132; EuGH C-345/04, IStR 07, 212). Demnach sind gleichermaßen **inl** wie **ausl** und mE auch **vorweggenommene** und **nachträgl** Aufwendungen zu berücksichtigen (→Rn. 24; ebenso *HHR/Quenzel/Wedermeier* § 50a Rn. 106; enger dagegen *BMF* BStBl I 10, 1350 Rn. 48: bei nachträgl BA/WK Berücksichtigung im Abflusszeitpunkt durch Korrektur der StAnmeldung/Veranlagung).

Beispiele – ***konkreter Sachzusammenhang im Zweifel zu bejahen:*** Reise-, Transport- und Unterkunftskosten (s. o.); Aufwendungen für Ton- und Lichtanlage und Bühne, ggf auch *konkret zurechenbare* Aufwendungen für Telefon und Personal (*Cordewener* ua IStR 06, 739 (741)); Lizenzgebühren, die der Vergütungsgläubiger an (inl) Rechteinhaber zahlt (BFH I R 76/10, BFH/NV 12, 1444; ebenso für Unterlizenzen: BFH I R 32/10, BStBl II 14, 513). – ***Nicht hingegen:*** allg Personal- und Verwaltungskosten, lfd Unterhaltskosten, AfA („Sowieso"-Kosten, BFH I R 93/03, BStBl II 08, 132).

24 **bb) Nachweis; Übernahme durch den Vergütungsschuldner.** Der Vergütungsschuldner darf nur solche BA und WK von den Einnahmen abziehen, die ihm der beschr StPfl in einer **„nachprüfbaren Form"** nachgewiesen hat (§ 73d I 3 EStDV). Die Regelung ist verunglückt; denn der Vergütungsschuldner muss bei Vornahme des StAbzugs entscheiden, was für das BZSt nachprüfbar ist und was nicht (mit dem Risiko der Haftung). ME begründet das jedenfalls keine zusätzl Anforderungen an den Nachweis von BA/WK, die über die regulären Nachweiserfordernisse hinausgehen (so auch *Nacke* DB 08, 799 (800); *HHR/Quenzel/Wedermeier* § 50a Rn. 107). Eine Schätzung kommt hingegen nicht in Betracht (s BFH I R 104/08, BFH/NV 10, 1814 Rn. 23). Ungeachtet dessen können BA und WK jedenfalls dann berücksichtigt werden, wenn sie **vom Vergütungsschuldner übernommen** worden sind (→Rn. 20). Im Zweifelsfall ist dies der sicherste Weg. – Zu Vorauszahlungen iRd Netto-StAbzugs gem § 50a III s *Cordewener ua* IStR 06, 739 (741).

b) Beschränkung auf EU/EWR, § 50a III 2, 3. Ist der beschr StPfl eine **natürl Person,** muss es sich gem § 50a III 2 um den Angehörigen eines EU-/EWR-Staats mit Wohnsitz *oder* gewöhnl Aufenthalt innerhalb von EU/EWR handeln. Angehörige von Drittstaaten sind unabhängig von Wohnsitz und gewöhnl Aufenthalt von der Möglichkeit der Nettobesteuerung ausgeschlossen, ebenso EU-/EWR-Staatsangehörige mit Wohnsitz und gewöhnl Aufenthalt in Drittstaaten. – Beschr stpfl **Körperschaften** (etc) iSd § 32 IV KStG sind solche, bei denen sich Sitz und Ort der Geschäftsleitung in einem EU-/EWR-Staat befinden. – **Dokumentation** s § 73d I 3 EStDV. 25

Im Hinblick auf EuGH C-627/22, DStR 24, 1347 (→ § 50 Rn. 47; *Meinert/Blaurock* GPR 25, 10) müsste wegen des **Freizügigkeitsabkommens** mit der **Schweiz** die Möglichkeit der Nettobesteuerung auch auf EU-/EWR-Staatsangehörige mit Wohnsitz oder gewöhnl Aufenthalt in der Schweiz und ebenso auf Schweizer Staatsangehörige mit Wohnsitz oder gewöhnl Aufenthalt in der Schweiz oder in einem EU-/EWR-Mitgliedstaat ausgedehnt werden (s auch Vorlage des FG Köln EFG 25, 793 zu § 35a, EuGH C-223/25). Die anders lautende Entscheidung BFH I B 157/10 (BStBl II 12, 590) ist mE durch das EuGH-Urteil überholt.

c) Steuersatz, § 50a III 4. Ist der beschr StPfl eine natürl Person, gilt ein erhöhter StSatz von 30%. Für beschr stpfl Körperschaft bleibt es beim StSatz von 15%. Rechtfertigung der unterschiedl StSätze: BT-Drs 16/10189, 63. 26

6. Steuerabzug auf der „zweiten Stufe", § 50a IV. Die Bestimmung enthält Sonderregelungen für den Fall, dass das Dreiecksverhältnis „FA-StSchuldner-Vergütungsgläubiger" um eine (oder mehrere) Personen erweitert wird. Grds unterliegt jede Zahlung einer Vergütung, die tatbestandl § 50a I unterfällt, in einer solchen Leistungskette dem StAbzug (HessFG EFG 10, 1323 rkr, auch zur Berücksichtigung der jeweiligen Aufwendungen). Soweit dies nach früherem Recht zu einer Überbesteuerung („Kaskadeneffekt") führte, kamen (allenfalls) Billigkeitsmaßnahmen in Betracht (→ 40. Aufl 2021, § 50a Rn. 28 mwN; s auch BFH I R 35/21, BStBl II 24, 343 Rn. 37 ff, VerfBeschw BVerfG 2 BvR 555/24). 28

Beispiel: Die österr Konzertdirektion *Ö* schließt mit dem inl Konzertveranstalter *K* einen Werkvertrag über den Auftritt des ausl Gitarristen *G*. Auf der **ersten Stufe** ist *K* Vergütungsschuldner und *Ö* Vergütungsgläubiger. *Ö* erhält von *K* die vereinbarte, um den StAbzug nach § 50a II gekürzte Vergütung. Auf der **zweiten Stufe** ist *Ö* Vergütungsschuldner und *G* Vergütungsgläubiger. Zahlt *Ö* an *G* die diesem zugesagte Vergütung aus, war *Ö* nach früher geltendem Recht ebenfalls zur Vornahme des StAbzugs verpflichtet (BFH I R 46/02, BStBl II 08, 190).

a) Absehen vom Steuerabzug, § 50a IV 1. Für diesen Fall gestattet § 50a IV 1 dem Vergütungs*gläubiger* der ersten Stufe (im Beispiel *Ö*), in seiner Funktion als Vergütungs*schuldner* der zweiten Stufe vom StAbzug dann abzusehen, wenn auf der ersten Stufe die AbzugSt gem § 50a II von den Bruttoeinnahmen erhoben worden ist. Das gilt ggf auch für jede weitere Stufe. Da die Regelung an die Person des Vergütungsgläubigers der ersten Stufe anknüpft, dabei aber seine Pflichten als Vergütungsschuldner der zweiten Stufe modifiziert, ist sie mE auf alle Vergütungen anzuwenden, die dem Vergütungsgläubiger der zweiten (bzw jeder weiteren) Stufe zufließen. Aber: **Anmeldepflicht** des Veranstalters (Vergütungsschuldner) gem § 50a V 4 → Rn. 33. 29

b) Betriebsausgaben; Werbungskosten, § 50a IV 2. Gem § 50a IV 2 lebt die Verpflichtung des Vergütungsschuldners auf der zweiten Stufe (im Beispiel *Ö*) zur Vornahme des StAbzugs in drei Fällen wieder auf: wenn er ***(1)*** iRd Netto-StAbzugs gem § 50a III BA/WK geltend macht, ***(2)*** die Veranlagung nach § 50 II 2 Nr 5 beantragt (nur als EU-/EWR-Angehöriger und Schweiz, → § 50 Rn. 47) oder ***(3)*** die Erstattung der AbzugSt nach § 50d I oder einer anderen Vorschrift beantragt. Die erste Alternative ist missverständl formuliert, kann sich mE aber nur auf das Verfahren der ersten Stufe beziehen, da bei Wegfall des StAbzugs auf der zweiten Stufe gem § 50a IV 1 keine Notwendigkeit besteht, in diesem Verfahren BA/WK geltend zu 30 machen (so iErg wohl auch *Holthaus* DStR 08, 741 (745) mit Beispiel, auch zu der Gefahr einer höheren Gesamtsteuerbelastung). – Lebt die Verpflichtung zum StAbzug nach § 50a IV 2 wieder auf, richtet sich gem Halbsatz 2 das Verfahren nach § 50a V.

31 **7. Verfahren, § 50a V.** Die AbzugSt muss durch den Vergütungsschuldner einbehalten *und* abgeführt werden. Hat dieser keine oder eine zu geringe AbzugSt einbehalten und/oder abgeführt, gibt es drei Möglichkeiten: **Haftung** des Vergütungsschuldners, **Nacherhebung** bei diesem (→ Rn. 34 ff) oder **Nachforderung** beim StSchuldner (→ Rn. 38). Das Unterlassen des StAbzugs führt (jenseits des § 50 II 2) *nicht* zur Veranlagung. Rechtsschutz → Rn. 40. – **Zuständigkeit: BZSt** (§ 16 AO iVm § 5 I 1 Nr 12 FVG; bis 31.12.13: FA). Allerdings bleiben die FÄ weiterhin für die Anordnung und Durchführung von Außenprüfungen zuständig, auch wenn es um den StAbzug gem § 50a geht (BFH I R 21/21, BStBl II 24, 592, VerfBeschw nicht angenommen; *Grams* IStR 24, 396 (399); *Pinkernell/Schlotter* FR 21, 909 (917); *TK* § 5 FVG Rn. 13). Zu den **prozessualen Folgen** eines Beteiligtenwechsel s BFH I R 1/20, BStBl II 25, 193 Rn. 12 f.

32 **a) Entstehung; Einbehaltung, § 50a V 1, 2.** Die Steuer entsteht abw von § 38 AO (wie LSt § 38 II 2, KapESt § 44 I) im **Zeitpunkt des Zuflusses** der Vergütung (§ 73c EStDV: Zahlung, Verrechnung, Gutschrift – auch bei Vorschüssen). Sie muss mit der Entstehung einbehalten werden (keine Stundung, s § 222 S 3 AO); der Vergütungsschuldner darf nur den Nettobetrag an den beschr StPfl auszahlen. Ob die Gegenleistung vertragsgemäß erbracht wird, ist mE gem § 50 I 2 unerhebl (offengelassen in BFH I R 18/18, BStBl II 22, 376). Zum SolZ → Rn. 4. Aufzeichnungs- und Aufbewahrungspflichten s § 73d EStDV (Rechtsgrundlage: § 51 I Nr 1 Buchst d). – Hat der Vergütungsschuldner **Zweifel,** ob der Vergütungsgläubiger beschr stpfl (StAbzug) oder unbeschr stpfl (kein StAbzug) ist, *muss* er den StAbzug gem § 73e S 6 EStDV gleichwohl vornehmen, es sei denn, der Vergütungsschuldner legt eine **amtl Bescheinigung** vor, aus der sich seine unbeschr StPfl ergibt (BFH I R 19/04, BStBl II 08, 228, unter III.1; aber kein StAbzug bei **Liebhaberei** → Rn. 10; zur Vereinbarung einer sog Nettoklausel s *Pinkernell/Schlotter* FR 20, 681 (691)). Sind die Vergütungen nach einem **DBA** nicht oder nach einem niedrigeren StSatz zu besteuern, darf der Vergütungsschuldner den StAbzug nur dann unterlassen bzw nach dem geringeren StSatz vornehmen, wenn eine **Bescheinigung des BZSt** nach § 50d II aF bzw § 50c II 1 Nr 1 vorliegt (s § 50d I 1 aF bzw § 50c I 1; FG Bln-Bbg EFG 12, 1352 Rn. 16, rkr). – Durch **privatrechtl Vereinbarungen** kann die Pflicht zum StAbzug nicht suspendiert werden (BFH I R 81/11, BFH/NV 13, 698; BFH I B 210/08, BFH/NV 09, 1237).

33 **b) Abführung; Anmeldung, § 50a V 3, 4. Abführungszeitraum** ist das Kalendervierteljahr, Abführungszeitpunkt (spätestens) der 10. des Monats, der dem Kalendervierteljahr folgt. Die Vergütungen sind an das BZSt abzuführen (§ 73e S 1 EStDV, § 224 AO; *BMF* BStBl I 10, 1350 Rn. 59 ff). – Binnen gleicher Frist hat der Vergütungsschuldner die Steuer beim BZSt unter Angabe des Gläubigers, der Höhe der Vergütung, der Höhe und Art der ggf abgezogenen BA/WK und der Höhe des StAbzugs **anzumelden** (§ 73e S 2 EStDV); idR elektronische Anmeldung (§ 73e S 4 und 5 EStDV). Diese Pflicht besteht (nur bei Zufluss, → Rn. 32) gem § 73e S 3 EStDV in den dort genannten Fällen unabhängig von der Vornahme des StAbzugs. – Anzumelden war ursprüngl nicht die Soll-Steuer, sondern die abgeführte **Ist-Steuer** (BFH I B 69/02, BStBl II 03, 189; abl *Grams* DStR 03, 1245; **aA** jetzt wohl BFH I R 18/18, BStBl II 22, 376 Rn. 36; zutr krit dagegen *Drüen* DStR 22, 822 (828); dagegen wiederum *Liebl* HFR 22, 533 (537); *Grotherr* DB 22, 2881 (2884 ff)). S ausführl auch *Drüen* DB 23, 1182; *ders* DB 23, 1242: keine Anlaufhemmung der **Festsetzungsverjährung** für den Vergütungsgläubiger nach § 170 II AO, mE zutr. – Gem **§ 50a V 3** idF des AbzStEntlModG (BGBl I 21, 1259) ist erstmals für Vergütungen,

die **ab dem 9. 6. 21** zufließen (→ Rn. 2), die **Soll-Steuer** anzumelden und abzuführen (zu den Folgen s *Pinkernell/Schlotter* FR 21, 909 f: Verspätungszuschlag, bei Selbstanzeige kein Vollständigkeitsprinzip). Die Anmeldepflicht gilt gem **§ 50a V 4** auch dann, wenn ein StAbzug bei geringfügigen Einkünften aus Darbietungen iSv § 50a I Nr 1, II 3 (→ Rn. 21) oder beim StAbzug auf der 2. Stufe iSv § 50a IV 1 (→ Rn. 29) nicht vorzunehmen ist, und ebenso, wenn der StAbzug aufgrund § 50c II nicht oder nicht in voller Höhe vorzunehmen ist (→ § 50c Rn. 13). – Die Anmeldung steht einer **StFestsetzung** unter Vorbehalt der Nachprüfung gleich, uU erst nach (formloser) Zustimmung des BZSt (§ 168 AO; zu Zustimmung durch Abrechnung vgl BFH V R 42/01, BStBl II 02, 642; zu fehlender Rechtsbehelfsbelehrung: BFH V R 29/02, BStBl II 03, 904; aber → Rn. 40).

c) Haftung des Vergütungsschuldners, § 50a V 5. Wenn der Vergütungsschuldner die AbzugSt nicht oder nicht vollständig einbehält und abführt, haftet er gem § 50a V 5, § 73g I EStDV, und zwar unmittelbar (§ 219 S 2 AO). Das gilt sowohl für die Bruttobesteuerung gem § 50a II als auch für die Nettobesteuerung gem § 50a III. Die Haftung verstößt nicht gegen Unionsrecht (BFH I R 46/02, BStBl II 08, 190). – S auch *BMF* BStBl I 10, 1350 Rn. 56 ff. Krit *Haase* IStR 21, 614. 34

aa) Inanspruchnahme. Die Inanspruchnahme erfolgt idR durch **Haftungsbescheid** (§ 191 AO), uU auch gem § 167 I 1 AO durch Nachforderungs- bzw **Nacherhebungsbescheid,** bei dem keine besonderen Ermessenserwägungen erforderl sind (Wahlrecht, s BFH I B 210/08, BFH/NV 09, 1237; BFH I R 81/11, BFH/NV 13, 698, VerfBeschw nicht angenommen; zur Unterscheidung s auch BFH VIII R 1/18, BStBl II 21, 655 Rn. 19 mwN, zu KapESt; krit *Drüen* DB 05, 299). Zur Ermessensausübung → Rn. 37. – Wie in § 42d IV, § 44 V 3 ersetzen die **Anmeldung oder schriftl Anerkennung** einen weiteren Bescheid (s § 167 I 3 AO; glA zu StAbzug *OFD Rhl* DB 07, 772). Grds entfällt die Haftung nur, wenn Einkünfte vorbehaltlos **stfrei** sind (BFH I R 261/82, BStBl II 87, 171) oder der StAnspruch oder Zahlungsanspruch bei Erlass des Haftungsbescheides **verjährt** sind (→ § 44 Rn. 18, BFH VII R 28/99, BStBl II 02, 267; anders bei Haftungsverjährung, s BFH VII R 7/04, BStBl II 06, 343; StAbzug und § 170 II 1 Nr 1 AO s *OFD Nbg* DStR 00, 248). Zur **Hemmung** der Verjährung s BFH I R 18/18, BStBl II 22, 376 Rn. 35 ff (krit *Drüen* DStR 22, 822 (828) mwN, mE zutr; *Klein* ISR 22, 216; **aA** *Grotherr* DB 22, 2881); zu entschuldbarem **Rechtsirrtum** → Rn. 37. Dagegen schließt die **Veranlagung** des Vergütungsgläubigers eine Haftung des Vergütungsschuldners nicht aus (BFH I B 157/10, BStBl II 12, 590 Rn. 27). 35

bb) Formelle Anforderungen. Das Verfahren richtet sich nach **§ 73g EStDV,** die Bestimmtheit und Form des Bescheides nach §§ 191, 119 AO. Der Gläubiger und die einzelnen Vergütungen sind für den Haftungsschuldner erkennbar zu **bezeichnen** (→ § 42d Rn. 46, 60; FG Mchn EFG 83, 129, rkr, mehrere Streitgegenstände; FG Mchn EFG 09, 119, bestätigt durch BFH I R 93/09, BFH/NV 10, 2263, Anm *Michow/Ulbricht* IStR 09, 400: fehlende Angabe des StSchuldners; BFH VI R 31/86, BStBl II 89, 909 mwN; zum **Austausch** der Besteuerungsgrundlagen → Rn. 37 aE). Die Bezeichnung als Haftungsbescheide „für ESt" statt KSt oder „für AbzugSt § 50a" genügte früher uU nicht (FG Mchn EFG 90, 244, rkr). BFH I B 114/96, BFH/NV 97, 826 lässt dagegen „Haftung für Steuer vom Ertrag" genügen; noch weiter bei KünstlerabzugSt FG Nbg EFG 98, 1412, rkr. Für die Haftung gelten iÜ die zur LSt- und KapEStHaftung entwickelten Grundsätze (s §§ 42d, 44 V). **Haftungsakzessorietät** mit Ausnahmen → § 42d Rn. 1, → § 44 Rn. 18, → § 50c Rn. 9 (Haftung trotz DBA-StFreiheit). – Die **Angabe des Vergütungsgläubigers (StSchuldner)** ist nicht zwingend erforderl, solange die Haftungsschuld in tatsächl und rechtl Hinsicht in anderer Weise ausreichend konkretisiert werden kann (s BFH I R 104/08, BFH/NV 10, 1814: Identifizierbarkeit genügt; ferner: BFH I B 44/96, BStBl II 97, 306; FG Köln EFG 99, 655, rkr). 36

37 **cc) Ermessen.** Das BZSt (→ Rn. 31 aE) trifft wie bei § 42d und § 44 V eine Ermessensentscheidung in mehrfacher Hinsicht (Nachprüfung: § 102 FGO). Das **Entschließungsermessen** ist vorgeprägt (s § 73g I EStDV: *„hat ... anzufordern"*). Zwar ist dem BVerfG zufolge auch zu berücksichtigen, ob der Vergütungsschuldner auf der Steuer „sitzen bleibt" (zB bei Insolvenz des StSchuldners/Vergütungsgläubigers); doch kann dies auch durch **Billigkeitsmaßnahmen** (§§ 163, 227 AO) geschehen (BVerfG 1 BvR 891/13, HFR 14, 440). Der BFH geht davon aus, dass grds *kein* Entschließungsermessen besteht (BFH I R 18/18, BStBl II 22, 376 Rn. 41); zwingend ist das mE nicht (s *Drüen* DStR 22, 822 (827 f)). Ggf ist aber die Haftungsschuld zu erlassen, zB bei DBA-Freistellung und Undurchführbarkeit des Erstattungsverfahrens wegen Insolvenz des Vergütungsgläubigers (BFH I R 18/18, BStBl II 22, 376 Rn. 50; *Kempermann* Ubg 22, 322 (327); *Binnewies* Ubg 22, 322 (330)). Ermessensfehlerhaft ist die Inanspruchnahme, wenn der Schuldner den Abzug wegen eines entschuldbaren **Rechtsirrtums** unterlassen hat (BFH I R 61/85, BStBl II 89, 99 unter 5c; einschr BFH I B 157/10, BStBl II 12, 590 Rn. 28: FA muss Irrtum hervorgerufen haben; ferner FG Mchn EFG 90, 245; Unkenntnis der beschr StPfl des Gläubigers: FG Mchn EFG 92, 276, rkr; § 44 V 1 zu KapESt). – Zur Begründung des **Auswahlermessens** (weshalb Haftung des Vergütungsschuldners und nicht Nachforderung beim StSchuldner/Vergütungsgläubiger?) genügt anders als bei LSt und KapESt (→ § 42d Rn. 32, → § 44 Rn. 20) idR der Hinweis auf die beschr StPfl des Vergütungsgläubigers (Schwierigkeiten bei Zustellung und Beitreibung im Ausl, s BFH I R 46/02, BStBl II 08, 190 Rn. 15 mwN). – Zur Ermessensausübung bei ausl Vergütungsschuldner s *Käshammer/Kindler* ISR 20, 344.

38 **d) Nachforderung beim Steuerschuldner, § 50a V 6.** Hat der Vergütungsschuldner die AbzugSt nicht oder nicht vollständig einbehalten und abgeführt, kann das BZSt den beschr StPfl als StSchuldner in Anspruch nehmen, den Gesetzesmaterialien zufolge in gleicher Weise wie den Vergütungsschuldner (seit 1.1.09, s BT-Drs 16/10189, 63). Dies wird man wohl einschränken müssen: Hat der Vergütungsschuldner die AbzugSt zwar einbehalten, aber nicht an das BZSt abgeführt, wird eine Inanspruchnahme des StSchuldners, der iHd StAbzugs bereits belastet ist, idR ermessensmissbräuchl sein. Zur Ermessensausübung iÜ → Rn. 37. – Die Inanspruchnahme des StSchuldners erfolgt durch **Nachforderungsbescheid,** nicht durch Veranlagung (abw vom LStAbzug). Für den Bescheid gelten die §§ 155 ff AO; Fälligkeit und Leistungsgebot s §§ 220, 254 AO. Zuständig ist das **BZSt** (→ Rn. 31 aE). Zur Frage der Aufrechnung s *Käshammer/Kindler* ISR 20, 344. – Bei einer **PersGes** sind grds die Ges'ter StSchuldner. Die Adressierung an die Ges ist mE nach Sinn und Zweck des Abzugsverfahrens gleichwohl unschädl, wenn die Ges bei Veranstaltung und Anmeldung als solche ohne Benennung der Ges'ter auftritt (zweifelnd BFH I B 200/94, BFH/NV 96, 311; wie hier *KS/Gosch* § 50a Rn. 44).

39 **e) Bescheinigung, § 50a V 7.** Der Vergütungsschuldner muss dem beschr stpfl Vergütungsgläubiger, wenn dieser es verlangt, die Einzelheiten des StAbzugs auf amtl Vordruck bescheinigen (Formular: *BfF* BStBl I 02, 904, Anlage; *www.bzst.de,* Suchbegriff: „Steuerbescheinigung"). In allen Fällen, in denen keine Abgeltungswirkung eintritt oder ein StAbzug zu Unrecht vorgenommen worden ist (→ Rn. 41), dient die Bescheinigung als Nachweis über die entrichtete AbzugSt. Vorlage im Erstattungsverfahren → § 50c Rn. 26.

40 **f) Rechtsschutz. – aa) Steueranmeldung.** Die **StAnmeldung** steht einer StFestsetzung gleich (→ Rn. 33). Sie kann durch Einspruch und Klage angefochten werden, sowohl durch den abzugsverpflichteten **Vergütungsschuldner,** der das Bestehen seiner eigenen StEntrichtungsschuld überprüfen lassen will (BFH I R 69/16, BStBl II 19, 401 Rn. 10 mwN), als auch durch den beschr stpfl **Vergütungsgläubiger/StSchuldner** (nur) als Drittbetroffener (nur) zur Überprüfung der Abzugsberechtigung des Vergütungsschuldners (BFH I R 19/04, BStBl II 08, 228; BFH

I B 30/97, BStBl II 97, 700: keine Prüfung, ob tatsächl beschr StPfl vorliegt, auch → Rn. 32 unter „Zweifel"; FG Ddorf EFG 13, 1132, rkr; *Dörr* BB 08, 599; krit *Cordewener* IStR 06, 158 (161 f)). Zur **Hinzuziehung/Beiladung** des Vergütungsschuldners bei Anfechtung durch den Vergütungsgläubiger s FG Mchn EFG 02, 629, rkr (zu LSt). Die **Frist** des § 355 I 2 AO läuft grds ohne Rechtsbehelfsbelehrung; nur eine schriftl Zustimmung des FA in den Fällen des § 168 S 2, § 355 I 2 AO muss eine Belehrung enthalten (zu USt: BFH V R 29/02, BStBl II 03, 904, § 356 AO). **AdV** können ebenfalls Vergütungsschuldner und -gläubiger beantragen (s aber BFH I B 30/97, BStBl II 97, 700 mwN: Erstattung aufgrund AdV nur an den Vergütungsschuldner).

Die **Aufforderung zur Anmeldung** ist idR kein anfechtbarer/aussetzbarer VA (FG Mchn EFG 95, 752, rkr; s aber FG Bbg EFG 96, 1107, rkr; BFH I R 72/96, BStBl II 97, 660; BFH I R 45/96, BFH/NV 98, 14). **Betriebsprüfungen** beim Vergütungsschuldner beschweren den Vergütungsgläubiger nur mittelbar (keine Bekanntgabe der Anordnung an ihn, keine Anfechtung durch ihn, vgl FG Mchn EFG 97, 1286, rkr); Zuständigkeit → Rn. 31. Für eine **Nichtigkeitsfeststellungsklage** gegen eine Prüfungsanordnung fehlt das besondere Feststellungsinteresse (§ 41 I FGO), wenn die Prüfungsergebnisse bereits bescheidmäßig umgesetzt worden sind (BFH IX R 30/22, BStBl II 25, 455).

bb) Haftungsbescheid. Der **Haftungsbescheid** kann durch Einspruch und Klage angefochten werden, entspr LStRspr auch durch den StSchuldner (BFH I R 39/04, BStBl II 08, 95 mwN; BFH I B 157/10, BStBl II 12, 590). Ebenso können beide einen **AdV-Antrag** stellen (BFH I B 75/20, BFH/NV 21, 1489: Vergütungsgläubiger; BFH I B 157/10, BStBl II 12, 590 Rn. 11: Gleichlauf von AdV-Verfahren und Hauptsacheverfahren; einschr für Aufhebung der Vollziehung: nur unter besonderen Voraussetzungen, zB bei Rückforderung durch den Haftungsschuldner, da dem StSchuldner ansonsten die Beschwer fehle; str, **aA** FG BW EFG 95, 812, rkr; ebenso *Ehlig* DStZ 11, 647 (653); offen gelassen in BFH I B 157/10, BStBl II 12, 590). Der Vergütungsgläubiger ist im Haftungsverfahren gegen den Vergütungsschuldner **nicht notwendig beizuladen** (BFH I R 39/04, BStBl II 08, 95 (97) mwN). Im Ausl ansässige **Zeugen** müssen vom Haftungsschuldner zur mündl Verhandlung vor dem FG mitgebracht werden (s BFH I B 124/14, BFH/NV 16, 207: erhöhte Mitwirkungspflicht bei AuslSachverhalten). 41

g) Erstattung. – aa) Anspruch des Vergütungsgläubigers. Ist die AbzugSt zu Unrecht einbehalten und abgeführt worden, hat der Vergütungsgläubiger einen Erstattungsanspruch gem **§ 37 II AO** gegen das BZSt (→ Rn. 31; zB keine Einkünfte iSv §§ 49, 50a I, vgl BFH I R 283/81, BStBl II 84, 828; stfreie Einnahmen gem § 3, vgl BFH I R 28/87, BStBl II 89, 449). Das gilt auch dann, wenn der Vergütungsgläubiger die StAnmeldung des Vergütungsschuldners nicht angefochten hat (BFH I R 19/04, BStBl II 08, 228: keine StFestsetzung gegen den Vergütungsgläubiger; BFH I B 28/10, BFH/NV 11, 971). – **Antragsfrist: 4 Jahre** (§ 169 II 1 Nr 2 AO, BFH I R 1/20, BStBl II 25, 193 Rn. 53). Das BZSt entscheidet durch Freistellungsbescheid (§ 157 AO) oder durch Abrechnungsbescheid (§ 218 II AO). Abw von § 44b V hat der Vergütungs*schuldner* keinen eigenen Erstattungsanspruch. **Anfechtung im An-/Abrechnungsverfahren** → § 36 Rn. 32. Zu Erstattung wegen **DBA-Befreiung** → § 50c Rn. 24. 42

Bei AbzugSt, die ohne rechtl Grund einbehalten wurden, hat der BFH in stRspr einen Erstattungsanspruch analog § 50d I 2 aF bejaht (BFH I R 1/20, BStBl II 25, 193 Rn. 43 ff mwN); für § 50c III 1 muss das auch gelten (→ § 50c Rn. 24 aE). Zur Abtretung des Vergütungsanspruchs s BFH I R 64/81, BStBl II 85, 330; zur Abtretung des Erstattungsanspruchs s BFH I R 62/81, BStBl II 86, 565.

bb) Verzinsung. Eine **Verzinsung** des Erstattungsanspruchs nach **§ 233a AO** hat der BFH zunächst verneint (BFH I R 15/05, BStBl II 08, 332, mwN, VerfBeschw nicht angenommen; dagegen bereits BFH VII R 32/14, BStBl II 16, 323), jetzt aber 43 für den Fall **unionsrechtswidrig** erhobener AbzugSt bejaht (BFH I R 1/20, BStBl II 25, 193, mit Anm *Patzner/Nagler; Ebner* IWB 24, 824; *Kleinert* FR 24, 951). Dem Zinsanspruch kann ein Verstoß gegen Primärrecht, Sekundärrecht oder allg Rechtsgrundsätze des Unionsrechts zugrunde liegen. Er setzt nicht voraus, dass die Unionsrechtswidrigkeit im Wege einer Klage verfolgt und die Erstattung der unionsrechtswidrig erhobenen Steuer gerichtl durchgesetzt wird; dass der unionsrechtl Verzinsungsanspruch damit über das nationale Recht hinausgeht, ist unerhebl (s iEinz BFH VIII R 32/21, DStR 25, 1138 Rn. 38 ff: Einspruchsverfahren genügt). – Die **Höhe** der Zinsen richtet sich grds nach § 238 AO. Allerdings hat der VIII. Senat iZm der Erstattung von unionsrechtwidrig einbehaltener KapESt eine *taggenaue* Verzinsung (bis zur Auszahlung) mit einem Zinssatz von **0,5 % pro Monat** vorgenommen (BFH VIII R 32/21, DStR 25, 1138: Äquivalenz- und Effektivitätsgrundsatz; offen gelassen in BFH I R 1/20, BStBl II 25, 193 Rn. 75 f mwN; s aber BFH VII R 24/18, IStR 20, 464: 0,5% pro *vollem* Monat). Ob das auch für Zinszeiträume ab dem 1.1.19 gilt, musste der VIII. Senat nicht entscheiden (abl *Patzner/Nagler* IStR 25, 476 (486), auch zu Drittstaatenfällen; *dies* IStR 24, 734 (738)). – Dem I. Senat zufolge beginnt der **Zinslauf** nicht generell mit dem StEinbehalt, sondern nach einer angemessene Bearbeitungszeit von sechs Monaten (BFH I R 1/20, I BStBl II 25, 193 Rn. 77 ff; BFH VII R 24/18, IStR 20, 464: für VerbrauchSt vier Monate und 10 Arbeitstage). Demgegenüber geht der VIII. Senat bei Erstattungen, denen kein Verfahren zur Erteilung einer Freistellungsbescheinigung vorausgegangen ist, von einer Bearbeitungszeit von drei Monaten nach Vorlage aller erforderl Nachweise aus (entspr § 50c II 6) und bei Erstattungen nach einer unionsrechtswidrig widerrufenen Freistellungsbescheinigung von einer Verzinsung ab StEinbehalt (BFH VIII R 32/21, DStR 25, 1138 Rn. 70, mit Anm *Jachmann; Levedag* HFR 25, 636 (642); ebenso FG Köln EFG 21, 117, iErg bestätigt durch BFH I B 60/20, BFH/NV 21, 1481; **aA** *Paar/Pignot* IStR 22, 500).

48 **8. Vergütung an Beauftragte, § 50a VI.** Im Fall des § 50a I Nr 3 trifft den Vergütungsschuldner keine Verpflichtung zum StAbzug, wenn Vergütungen an die **Gema** oä beauftragte (inl oder ausl) Rechtsträger abgeführt werden (Ausnahme zu § 50a V). Einzelheiten regelt § 73f EStDV. Der Beauftragte ist seinerseits zum StAbzug verpflichtet. Bemessungsgrundlage sind die nach Verteilungsplan zu zahlenden Beträge (BFH I 166/61 U, BStBl III 64, 544).

50 **9. Anordnung des Steuerabzugs und Alterseinkünfte, § 50a VII. – a) Sicherungseinbehalt, § 50a VII 1.** Der StAbzug kann über § 50a I hinaus *im Einzelfall* (konkret) für weitere Einkünfte iSd § 49 angeordnet werden. Zuständig ist das FA des beschr stpfl Vergütungsgläubigers (§§ 19 II 2, 20 IV AO). Die Entscheidung über die Anordnung ist VA (§§ 118 ff AO; kein StBescheid iSd § 155 AO), der im Ermessen des FA steht („kann"; krit *Streck* BB 84, 846). Die Anordnung hat sich am Zweck der Vorschrift **„Sicherung des Steueranspruchs"** zu orientieren (§ 5 AO) und ist entspr zu begründen.

Nicht ermessensgerecht wird es idR sein, einen StAbzug anzuordnen, wenn nach DBA **kein dt Besteuerungsrecht** besteht (zutr *KS/Gosch* § 50a Rn. 50; *HHR/Quenzel/Wedermeier* § 50a Rn. 185 mwN; einschr FG Mster EFG 04, 1777, rkr; offen gelassen in FG MV EFG 20, 124, rkr). Für **bereits gezahlte Vergütungen** darf der StAbzug nicht mehr angeordnet werden, für noch **ausstehende Teilzahlungen** hingegen schon (*BH/Reimer* § 50a Rn. 146 und Rn. 148: zeitl Grenze). Zur Sperrwirkung der **§§ 48 ff** s *BMF* BStBl I 22, 1229 Rn. 94 ff.

51 **b) Höhe des Steuerabzugs, § 50a VII 2.** Der StSatz beträgt unverändert 25% (keine Anpassung), für beschr stpfl Körperschaften 15% (seit VZ 2008). Bemessungsgrundlage sind die gesamten Einnahmen (einschließl USt, → Rn. 17) ohne Abzüge. Eine Anpassung an die Höhe der voraussichtl geschuldeten Steuer steht im Ermessen des FA. Bei Nachweis einer voraussichtl niedrigeren Steuer reduziert sich dieses Ermessen mE auf Null, sodass die Steuer anzupassen ist.

c) Zuständigkeit, § 50a VII 3. Das FA, das den StAbzug anordnet, ist auch für die Anmeldung und Abführung der AbzugSt zuständig. Beides richtet sich ebenso wie Haftung und Nachforderung nach § 50a V EStG iVm § 73e EStDV (§ 73e S 6 EStDV). Bei regelmäßigen monatl Zahlungen kann der StAbzug gem § 50a VII 3 Hs 2 EStG (iVm § 73e S 7 Nr 2 EStDV) ab 2015 (→ 35. Aufl 2016, § 50a Rn. 2) an den jeweiligen Zahlungsrhythmus angepasst werden; auch dies soll der Vereinfachung des Verfahrens dienen (s BT-Drs 18/1529, S 60). RV-Träger können nunmehr beim angeordneten StAbzug auf beschr stpfl Renten (§ 49 I Nr 7 und 10) monatl Sammelanmeldungen abgeben (BR-Drs 626/25, 31: Beschleunigung der Bearbeitung, automatische Zuordnung). 52

d) Keine Abgeltungswirkung, § 50a VII 4. Die Anordnung des StAbzugs nach § 50a VII ist eine vorläufige Maßnahmen; ihr kommt keine Abgeltungswirkung nach § 50 II 1 zu. Die Steuer ist gem § 36 II Nr 2 auf die ESt anzurechnen. 53

e) Rechtsschutz. Durch Einspruch und Anfechtungsklage; einspruchs- und klagebefugt ist nicht nur der Vergütungsschuldner als Adressat der Anordnung, sondern auch der beschr StPfl (StSchuldner/Vergütungsgläubiger) als beschwerter Dritter (Hinzuziehung/Beiladung gem §§ 360 III 1 AO, 60 III FGO; BFH I B 113/98, BFH/NV 99, 1314 mwN). AdV wird idR nur gegen Sicherheitsleistung gewährt (BFH I B 113/98, BFH/NV 99, 1314 Rn. 22 ff). 54

f) Alterseinkünfte, § 50a VII 5–7. Kommt es bei Einkünften nach § 49 I Nr 7 und 10 in Bezug auf StAbzugsbeträge, die im sog **Sammelanmeldeverfahren** nach § 50a VII einbehalten worden sind (s § 22a I 1 Nr 8), zu Überzahlungen (zB weil der RV-Träger nicht rechtzeitig vom Tod des beschr stpfl Rentenempfängers erfahren hat), ermöglicht § 50a VII 5 dem **RV-Träger** als Vergütungsschuldner und Abzugsverpflichtetem, die Überzahlung durch Verrechnung mit der nächsten Sammelanmeldung zu korrigieren; eine ggf nach § 50a V 7 erteilte Bescheinigung (→ Rn. 39) muss zurückgefordert und berichtigt werden. – Für die **Anrechnung nach § 36 II Nr 2 Buchst a** ist gem § 50a VII 6 allein die Rentenbezugsmitteilung nach § 22a maßgebl, nicht die Bescheinigung nach § 50a V 7. Für Rentenbezugsmitteilung nach § 22a enthält § 50a VII 7 eine spezielle **Korrekturvorschrift,** die §§ 130, 131 AO vorgeht. 55

IX. Sonstige Vorschriften, Bußgeld-, Ermächtigungs- und Schlussvorschriften

§ 50b Prüfungsrecht

[1]Die Finanzbehörden sind berechtigt, Verhältnisse, die für die Anrechnung oder Vergütung von Körperschaftsteuer, für die Anrechnung oder Erstattung von Kapitalertragsteuer, für die Nichtvornahme des Steuerabzugs, für die Ausstellung der Jahresbescheinigung nach § 24c oder für die Mitteilungen an das Bundeszentralamt für Steuern nach § 45e von Bedeutung sind oder der Aufklärung bedürfen, bei den am Verfahren Beteiligten zu prüfen. [2]Die §§ 193 bis 203 der Abgabenordnung gelten sinngemäß.

***(1)* Prüfungsgegenstände, § 50b S 1.** – Das Prüfungsrecht der FinVerw nach S 1 umfasst die Anrechnung, Vergütung von KSt (überholt), sowie die „Verhältnisse", die iRd des „KapESt-Verfahrens" zugrunde gelegt wurden, dh iEinz bei der Anrechnung von KapESt **(§ 36 II Nr 2, § 36a),** der Erstattung von KapESt **(§ 44b EStG, § 7 InvStG),** der Abstandnahme vom KapEStAbzug **(§ 44a EStG, § 11 II InvStG),** die ausgestellten Jahresbescheinigungen nach dem aufgehobenen **§ 24c** und die Beschei- 1 nigungen gem **§ 45a II, III** samt der ergänzenden Angaben **in § 45b, § 45c** und schließl die Verhältnisse zu Mitteilungen an das *BZSt* gem **§ 45d** und **§ 45e.** – Beteiligte sind über § 78 AO hinaus der StSchuldner der KapESt (Gläubiger), der StEntrichtungspflichtige iSd § 44 und andere unmittelbar, mittelbar an einem Verfahren iSd § 50b S 1 beteiligte Personen (HessFG BeckRS 2012, 96025 (AdV) zum Aussteller der StBescheinigung, krit dazu *Desens* FR 12, 946).

2 ***(2)* Verweis auf §§ 193 ff AO, § 50b S 2.** – Die Außenprüfung ist iÜ unter entspr Anwendung der §§ 193 ff AO anzuordnen, durchzuführen (zu Kontrollmitteilungen s § 194 III AO) und abzuschließen. S iEinz *BeckOK EStG* § 50b Rn. 20. § 50b ist lex specialis ggü § 30a AO und ermöglicht den Zugriff auf einzelne Kundendaten gem § 147 VI AO (HessFG WM 14, 1539, rkr; krit *Herzberg* DStR 14, 1535 (1537)). – Statt auf § 50b kann die KapESt-Prüfung auch auf §§ 193, 194 I 4 AO gestützt werden (s *Findeis* DB 09, 2397; *Schmidt/Eck* BB 11, 1751).

§ 50c Entlastung vom Steuerabzug in bestimmten Fällen

(1) [1]Soweit der Besteuerung von Einkünften, die der Kapitalertragsteuer oder dem Steuerabzug nach § 50a unterliegen, der § 43b, der § 50g oder ein Abkommen zur Vermeidung der Doppelbesteuerung entgegenstehen, sind dessen ungeachtet die Vorschriften zur Einbehaltung, Abführung und Anmeldung der Steuer anzuwenden. [2]Der zum Steuerabzug Verpflichtete kann sich vorbehaltlich des Absatzes 2 nicht auf die Rechte des Gläubigers der Kapitalerträge oder Vergütungen aus § 43b, § 50g oder dem Abkommen berufen.

(2) [1]Der Schuldner der Kapitalerträge oder Vergütungen ist zur Einbehaltung und Abführung der Steuer nicht verpflichtet,

1. **soweit dem Gläubiger der Kapitalerträge oder Vergütungen auf dessen Antrag (Freistellungsantrag) vom Bundeszentralamt für Steuern bescheinigt wird, dass § 43b, § 50g oder ein Abkommen zur Vermeidung der Doppelbesteuerung der Besteuerung der Einkünfte entgegensteht (Freistellungsbescheinigung), oder**
2. **soweit es sich um Einkünfte eines beschränkt Steuerpflichtigen im Sinne des § 50a Absatz 1 Nummer 3 handelt, der Besteuerung der Einkünfte ein Abkommen zur Vermeidung der Doppelbesteuerung entgegensteht und durch die Vergütung zuzüglich der dem beschränkt Steuerpflichtigen in demselben Kalenderjahr vom Schuldner bereits zugeflossenen Vergütungen 10 000 Euro nicht überschritten werden.**

[2]Der Schuldner ist zur Steueranmeldung auch dann verpflichtet, wenn er gemäß Satz 1 keine Steuer einzubehalten und abzuführen hat. [3]Eine Steueranmeldung kann auf der Grundlage des Satzes 1 nicht geändert werden, es sei denn, die Freistellungsbescheinigung ist zum Zeitpunkt der Anmeldung der Steuer noch nicht erteilt worden. [4]Eine Freistellungsbescheinigung ist auf einen Zeitraum von höchstens fünf Jahren frühestens ab dem Tag, an dem der Antrag beim Bundeszentralamt für Steuern eingeht, zu befristen und von der Einhaltung der Voraussetzungen ihrer Erteilung während ihrer Geltung abhängig zu machen; sie kann mit weiteren Nebenbestimmungen gemäß § 120 Absatz 2 der Abgabenordnung versehen werden. [5]Eine Freistellungsbescheinigung für die Kapitalertragsteuer auf Grund eines Abkommens zur Vermeidung der Doppelbesteuerung ist nur zu erteilen, wenn der Gläubiger der Kapitalerträge eine Kapitalgesellschaft ist, die im Staat ihrer Ansässigkeit den Steuern vom Einkommen oder Gewinn unterliegt, ohne davon befreit zu sein, und soweit dem Gläubiger Kapitalerträge von einer unbeschränkt steuerpflichtigen Kapitalgesellschaft im Sinne des § 1 Absatz 1 Nummer 1 des Körperschaftsteuergesetzes zufließen, an deren Nennkapital der Gläubiger zu mindestens einem Zehntel unmittelbar beteiligt ist. [6]Über einen Freistellungsantrag ist innerhalb von drei Monaten nach Vorlage aller erforderlichen Nachweise zu entscheiden.

(3) [1]**Dem beschränkt steuerpflichtigen Gläubiger der Kapitalerträge oder Vergütungen wird auf seinen fristgemäßen Antrag beim Bundeszentralamt für Steuern (Erstattungsantrag) auf der Grundlage eines Freistellungsbescheides die gemäß Absatz 1 Satz 1 einbehaltene und abgeführte oder auf Grund eines Haftungsbescheids oder Nachforderungsbescheids entrichtete Steuer erstattet, wenn die Steuer nicht nach § 36 Absatz 2 Nummer 2 auf die Einkommensteuer oder die Körperschaftsteuer des Gläubigers angerechnet werden kann. [2]Die Frist für einen Erstattungsantrag beträgt vier Jahre und beginnt mit Ablauf des Kalenderjahres, in dem die Kapitalerträge oder Vergütungen bezogen worden sind; sie endet nicht vor Ablauf eines Jahres seit dem Zeitpunkt der Entrichtung der Steuer und nicht vor Ablauf der im Abkommen zur Vermeidung der Doppelbesteuerung vorgesehenen Frist. [3]Ein Freistellungsbescheid für Kapitalertragsteuer wird nur erteilt, wenn die in § 45a Absatz 2 oder Absatz 3 bezeichnete Bescheinigung vorgelegt wurde oder die Angaben gemäß § 45a Absatz 2a übermittelt wurden; einem Antrag auf Erstattung der nach § 50a entrichteten Steuer ist die Bescheinigung nach § 50a Absatz 5 Satz 7 beizufügen. [4]Hat der Gläubiger nach § 50a Absatz 5 Steuern für Rechnung anderer beschränkt steuerpflichtiger Gläubiger einzubehalten, kann die Auszahlung des Erstattungsanspruchs davon abhängig gemacht werden, dass er die Zahlung der von ihm einzubehaltenden Steuer nachweist, hierfür Sicherheit leistet oder unwiderruflich die Zustimmung zur Verrechnung seines Erstattungsanspruchs mit dem Steueranspruch nach § 50a Absatz 5 Satz 3 erklärt.**

(4) [1]**Ein nach Absatz 3 in Verbindung mit § 50g zu erstattender Betrag ist nach Maßgabe der §§ 238 und 239 der Abgabenordnung zu verzinsen. [2]Die Festsetzungsfrist beginnt mit Ablauf des Kalenderjahres, in dem der Freistellungsbescheid erlassen, aufgehoben oder nach § 129 der Abgabenordnung berichtigt worden ist. [3]Der Zinslauf beginnt zwölf Monate nach Ablauf des Monats, in dem der Erstattungsantrag und alle für die Entscheidung erforderlichen Nachweise vorliegen, frühestens am Tag der Entrichtung der Steuer. [4]Der Zinslauf endet mit Ablauf des Tages, an dem der Freistellungsbescheid wirksam wird. [5]§ 233a Absatz 5 der Abgabenordnung gilt sinngemäß.**

(5) [1]**Der Freistellungsantrag und der Erstattungsantrag sind nach amtlich vorgeschriebenem Datensatz über die amtlich bestimmte Schnittstelle zu übermitteln. [2]Der Antragsteller hat durch eine Bestätigung der für ihn zuständigen Steuerbehörde des anderen Staates nachzuweisen, dass er dort ansässig ist oder in den Fällen des § 43b Absatz 1 Satz 1 zweite Alternative oder des § 50g Absatz 1 Satz 1 letzte Alternative dort eine Betriebsstätte hat. [3]Zur Vermeidung unbilliger Härten kann das Bundeszentralamt für Steuern auf Antrag auf eine Übermittlung gemäß Satz 1 verzichten; in diesem Fall ist der Freistellungsantrag oder der Erstattungsantrag nach amtlich vorgeschriebenem Vordruck zu stellen. [4]Die Entscheidung über einen Freistellungsantrag und die Entscheidung über einen Erstattungsantrag werden zum Datenabruf über die amtlich bestimmte Schnittstelle bereitgestellt, es sei denn, der Antrag war nach amtlich vorgeschriebenem Vordruck zu stellen; § 122a Absatz 3 und 4 der Abgabenordnung ist entsprechend anzuwenden.**

Übersicht

Verwaltung: S Erläuterungen des BZSt auf www.bzst.de (unter: Unternehmen – Abzugsteuern). – **Schrifttum:** *Hörster,* AbzStEntlModG – Teil 1, NWB 21, 1586; *Pinkernell/Schlotter,* Auswirkungen des AbzStEntModG und weitere aktuelle Entwicklungen beim StAbzug gem § 50a EStG, FR 21, 909.

1 **1. Allgemeines. – a) Bedeutung; Aufbau.** § 50c I knüpft systematisch an § 44 I 2 und § 50a V 1 an, nach denen die dem StAbzug unterliegenden Steuern in dem Zeitpunkt entstehen, in dem die KapErträge bzw Vergütungen dem Gläubiger zufließen. Zu diesem Zeitpunkt hat der Abzugsverpflichtete (→ Rn. 2) gem § 44 I 3 bzw § 50a V 2 den StAbzug für Rechnung des StSchuldners (des Gläubigers der KapErträge oder Vergütungen) vorzunehmen. – Gem **§ 50c I** besteht die Verpflichtung zum StAbzug auch dann, wenn es sich um Einkünfte handelt, sie nach § 43b, § 50g oder einem DBA ganz oder teilweise steuerfrei sind. **§ 50c II** sieht zwei Ausnahmen von dieser Verpflichtung vor (Freistellung vom StAbzug). **§ 50c III** bestimmt, unter welchen Voraussetzungen der Gläubiger der KapErträge oder Vergütungen die Erstattung der einbehaltenen und abgeführten Steuer beantragten kann. **§ 50c IV** regelt die (teilweise) Verzinsung des zu erstattenden Betrags und **§ 50c V** das Verfahren der Antragstellung. – Unterschieden wird nach wie vor zw der zeitl begrenzten **Freistellungsbescheinigung** zur Vermeidung der StAbzugspflicht *vor* Auszahlung der KapErträge oder Vergütungen (§ 50c II 1 Nr 1) und dem **Freistellungsbescheid** als Grundlage für die StErstattung *nach* Auszahlung unter Vornahme des StAbzugs (§ 50c III 3).

Mit dem **AbzStEntlModG** (BGBl I 21, 1259) hat der Gesetzgeber das bislang in § 50d I, Ia, II, IV, V und VI geregelte Entlastungsverfahren in modifizierter Form in den neuen § 50c übernommen (→ Rn. 3). Das **zweistufige Verfahren** ist beibehalten worden (erst StAbzug, dann – ggf – Erstattung, → Rn. 4). Die Neuregelung soll der Vereinfachung des Verfahrens, der Verhinderung von Missbräuchen und der Vorbereitung einer vollständig digitalisierten Antragsbearbeitung ab 2024 dienen (s BT-Drs 19/27632, 28, 48 ff). Eine **synoptische Übersicht** zu § 50d aF und § 50c findet sich in BT-Drs 19/27632, 49 f.

2 **b) Persönlicher Anwendungsbereich.** Die Regelungen unterscheiden zw dem **Abzugsverpflichteten,** also dem *Schuldner* der KapErträge oder Vergütungen, und dem **StSchuldner,** also dem *Gläubiger* der KapErträge und Vergütungen (auch → § 43 Rn. 1, → § 50a Rn. 7 ff). Der Abzugsverpflichtete kann unbeschr oder beschr stpfl sein (vgl → § 43b Rn. 1 ff, → § 50a Rn. 9). StSchuldner können eine MutterGes iSv § 43b (→ § 43b Rn. 6), ein Unternehmen iSv § 50g I 1 oder eine nach DBA abkommensberechtigte Person sein; ob es sich um einen beschr StPfl oder (bei Doppelansässigkeit) einen unbeschr StPfl handelt, ist für die Verpflichtung zum StAbzug unerhebl.

3 **c) Rechtsentwicklung; zeitlicher Anwendungsbereich.** Durch das **WachstChG** (BGBl I 24 Nr 108) ist die Betragsgrenze für den QuellenSt-Einbehalt in § 50c II 1 Nr 2 auf 10 000 € erhöht worden (→ Rn. 12); dies gilt für alle Einkünfte,

die dem beschr StPfl nach dem 31.12.23 zufließen (§ 52 XLVIIa 2 nF). Außerdem ist die Verweisung in § 50c III 3 richtiggestellt worden (→ Rn. 26). – Mit dem **BüroEntlG IV** (BGBl I 24 Nr 323) ist die maximale Geltungsdauer einer Freistellungsbescheinigung in § 50c II 4 mit Wirkung ab VZ 2025 (s Art 74 I BüroEntlG IV) auf fünf Jahre erhöht worden (→ Rn. 17).

§ 50c ist durch das **AbzStEntlModG** (BGBl I 21, 1259) neu geschaffen worden. Die Regelungen sind grds am 9.6.21 in Kraft getreten und somit von diesem Zeitpunkt an anzuwenden (**aA** *Kempf ua* ISR 25, 27: ab VZ 2021). Abweichend dazu bestimmt § 52 XLVIIa 1, dass **§ 50c II 1 Nr 2** erstmals auf Einkünfte anzuwenden war, die dem beschr stpfl Vergütungsgläubiger iSv § 50a I Nr 3 **nach dem 31.12.21** zugeflossen sind; Ermächtigungen gem **§ 50d V und VI aF,** die vor dem 9.6.21 erteilt worden sind, hatten noch bis zum 31.12.21 Geltung. Gem § 52 XLVIIa 3 ist § **50c V 1, 3 und 4** erstmals auf Anträge anzuwenden, die **nach dem 31.12.22** gestellt werden; für Freistellungs- und Erstattungsanträge nach § 50c II und III, die bis zu diesem Zeitpunkt gestellt worden sind, gilt das bisherige Verfahren (→ Rn. 34). – Die Regelung zur Korrektur der StAnmeldung in § 50c II 3 ist durch das **ATADUmsG** (BGBl I 21, 2035) geändert worden (→ Rn. 14).

d) Verfassungsrecht; Europarecht. Die Ungleichbehandlung (Art 3 I GG) beschr StPfl durch das zweistufige Verfahren von StAbzug und StErstattung ist **verfgemäß** (→ § 50a Rn. 3). Das gilt grds auch für die Einbindung Dritter als Abzugsverpflichtete (krit zur KapESt *Drüen* FR 21, 605 und *ders* FR 21, 671). Dass nur Erstattungsansprüche aus § 50g verzinst werden, verstößt ebenfalls nicht gegen Art. 3 I GG (vgl BFH I R 15/05, BStBl II 08, 332: Freistellungsverfahren als Möglichkeit der alternativen Sachverhaltsgestaltung, VerfBeschw nicht angenommen). – Der **EuGH** hat das Verfahren des StAbzugs mit Erstattungsmöglichkeit trotz StFreiheit ausdrückl gebilligt (EuGH C-115/16, C-118/16, C-119/16, C-299/16, IStR 19, 308 Rn. 160 mwN: „legitimes und geeignetes Mittel"; auch → § 50a Rn. 3 mwN). Es ist hier Sache des Gläubigers der Vergütungen/KapErträge, die Folgen des StAbzugs dadurch zu beseitigen, dass er selbst (zeitnah) die Freistellung (§ 50c II) und Erstattung (§ 50c III) der stfreien Einkünfte beantragt (BFH I R 59/15, BStBl II 18, 624 Rn. 39; ebenso zur KapESt: BFH I R 1/20, BStBl II 25, 193 Rn. 85; BFH VIII B 124/23, BFH/NV 25, 377 Rn. 15). 4

e) Verhältnis zu anderen Vorschriften. § 43b, § 50g EStG und **DBA** schließen den StAbzug nicht aus (→ Rn. 8); zu **§ 44 I 2, 3** und **§ 50a V 1, 2** → Rn. 1. **§ 50d III** schränkt den Entlastungsanspruch ein. Zur Einschränkung durch **§ 50j** → § 50j Rn. 1. § 50c gilt auch für den **SolZ** (→ § 50a Rn. 4). 5

2. Verpflichtung zum Steuerabzug, § 50c I. – a) Gesetzliche Anordnung. Der Schuldner der KapErträge oder Vergütungen muss gem der gesetzl Anordnung des § 50c I 1 als Abzugsverpflichteter (→ Rn. 2) die Steuer für Einkünfte, die der **KapESt** oder dem **StAbzug nach § 50a** unterliegen, auch dann einbehalten, abführen und anmelden, wenn die Erträge beim Gläubiger gem § 43b, § 50g oder nach einem DBA ganz bzw zT stfrei sind. Auf die sich aus diesen Regelungen ergebenden **Entlastungsansprüche** des Gläubigers (StSchuldners) kann er sich nicht berufen, auch wenn sie unstreitig sein mögen. Ausnahmen von dieser Verpflichtung ergeben sich allein aus § 50c II. – Die Verpflichtung zum StAbzug gem § 50c I setzt allerdings voraus, dass tatsächl Einkünfte vorliegen, die der KapESt bzw dem StAbzug nach § 50a unterliegen (vgl auch *BMF* BStBl I 16, 85 Rn. 313 ff zu § 50d aF). 8

Die StFreiheit der betr Einkünfte wird durch § 50c I nicht in Frage gestellt, lässt sich jedoch in den dort genannten Fällen nur durch Vorlage einer **Freistellungsbescheinigung** im Abzugsverfahren (§ 50c II) oder durch **Freistellungsbescheid** im Erstattungsverfahren (§ 50c III) durchsetzen. § 50c I 1 und 2 entsprechen im Wesentlichen § 50d I 1 und 13 aF. – Zur zivilrechtl Erfüllungswirkung des StAbzugs s BGH X ZR 13/99, BB 01, 2024.

9 **b) Folgen eines Verstoßes.** Der Abzugsverpflichtete **haftet** gem § 44 V 1 (→ § 44 Rn. 15 ff) bzw § 50 V 5 (→ § 50a Rn. 34 ff). Auch im Haftungsverfahren kann er sich nicht auf die Freistellung der Einkünfte berufen; der Grundsatz der Akzessorietät der Haftung (→ § 44 Rn. 18; → § 50a Rn. 36) wird durch § 50c durchbrochen (s BFH I R 18/18, BStBl II 22, 376 Rn. 44 ff zu § 50d I 1 aF; krit zu den Vereinfachungsregeln des BMF in den sog Registerfällen [→ § 49 Rn. 55] *Pinkernell/Schlotter* FR 21, 909). Eine Inanspruchnahme durch **Nacherhebungsbescheid** ist ebenfalls mögl (→ § 50a Rn. 35). In Zweifelsfällen kann nur der StSchuldner die Voraussetzungen für eine StBefreiung nachweisen; ihn trifft daher eine besondere **Mitwirkungspflicht** (§ 90 II AO, § 76 I 4 FGO). – Unter bestimmten Voraussetzungen kann auch der StSchuldner durch **Nachforderungsbescheid** in Anspruch genommen werden (→ § 44 Rn. 21; → § 50a Rn. 38).

10 **3. Abstandnahme vom Steuerabzug, § 50c II.** Die Befreiung von der Verpflichtung zum StAbzug ist auf die in § 50c II genannten Fälle beschränkt (für LSt: § 39 IV Nr 5). Sie gilt nur für den **Schuldner** der KapErträge oder Vergütungen; ist ein Dritter zum StAbzug verpflichtet (zB bei sammelverwahrten Aktien, → § 44 Rn. 10), ist eine Freistellung ausgeschlossen (wie bisher). – Die Befreiung betrifft nur die Pflicht zur Einbehaltung und Abführung der Steuer; die **Anmeldepflicht** bleibt gem § 50c II 2 bestehen (→ Rn. 13).

§ 50c II ersetzt § 50d II, V und VI aF. An die Stelle des *Kontrollmeldeverfahrens* (§ 50d V, VI aF) ist die Freistellung nach § 50c II 1 Nr 2 getreten, allerdings beschränkt auf Einkünfte iSv § 50a I Nr 3.

11 **a) Freistellung, § 50c II 1 Nr 1.** Der Abzugsverpflichtete kann auf eine Einbehaltung und Abführung der Steuer ganz oder teilweise verzichten, wenn und soweit das BZSt eine **Freistellungsbescheinigung** erteilt hat. Dies setzt einen **Antrag** des Gläubigers der KapErträge oder Vergütungen voraus; der Abzugsverpflichtete selbst ist nicht aus eigenem Recht antragsberechtigt (vgl auch BFH I R 6/07, BStBl II 09, 625, zu § 50d II 1 aF). Gegenstand der Bescheinigung kann eine vollständige Freistellung oder eine Besteuerung mit einem ggü dem regulären StAbzug (nur) verringerten StSatz sein; im zweiten Fall wird die Abzugsverpflichtung (→ Rn. 8) entspr reduziert. – Die Bescheinigung ist zu erteilen, wenn die betr KapErträge oder Vergütungen nach § 43b, § 50g oder einem DBA ganz oder teilweise stbefreit sind. Ob die Einkünfte dem StAbzug nach § 50a unterliegen, muss nicht mehr geprüft werden (s BT-Drs 19/27632, 50 aE; *Pinkernell/Schlotter* FR 21, 909 (912)).

Zur erforderl **Ansässigkeitsbescheinigung** → Rn. 35; zu einer entspr Anwendung in den sog **Registerfällen** s *BMF* BStBl I 21, 1005 (Kritik → § 49 Rn. 56). – Maßgebl ist die **tatsächl Erteilung** der Bescheinigung durch das BZSt; dass die tatbestandl Voraussetzungen für die Erteilung vorliegen, genügt nicht (vgl FG Bln-Bbg EFG 12, 1352, AdV, zu § 50d aF, mit Anm *Hoffmann*).

12 **b) Vergütung für Rechteüberlassung, § 50c II 1 Nr 2.** Eine weitere Ausnahme gilt für Nutzungsvergütungen iSv § 50a I Nr 3 (→ § 50a Rn. 13). Die Befreiung bezieht sich nur auf **beschr StPfl** und nur auf (vollständige oder teilweise) Entlastungen aufgrund eines **DBA.** Die Prüfung nimmt der Abzugsverpflichtete selbst vor (ohne Antrag); eine Bescheinigung durch das BZSt ist nicht erforderl (Grund: Massenverfahren, zB bei der Überlassung von Bildrechten, s BT-Drs 19/27632, 51). – Die Freistellung wird nur gewährt, **„soweit"** die jeweilige Vergütung zuzügl der dem beschr stpfl Vergütungsgläubiger bereits in demselben Kj von *diesem* Vergütungsschuldner gezahlten Vergütungen **10 000 €** (brutto) nicht übersteigen (Verhinderung künstl Aufteilung); das gilt für Einkünfte, die nach dem 31.12.2023 zufließen (→ Rn. 3). Es soll sich den Gesetzesmaterialien zufolge um eine **Freigrenze** ohne Nacherhebungspflicht handeln (BT-Drs 20/8628, 127 f). Zwar bezieht sich mE das einleitende „soweit" in § 50c II 1 Nr 2 idF WachstChG (BGBl I 24 Nr 108) vom Satzbau her auch auf den letzten Nebensatz (sonst hätte dieser eigens mit „wenn" ein-

geleitet werden müssen; glA *KS/Gosch* § 50c Rn. 21). Damit wären aber die 10 000 € als **Freibetrag** zu behandeln und die Verpflichtung zum Einbehalt und zur Abführung der Steuer gälte nur für den Differenzbetrag, dh für denjenigen Betrag, mit dem die betr Vergütung, einzeln oder zusammen mit bereits zuvor gezahlten und angemeldeten Vergütungen, den Betrag von 10 000 € übersteigt (krit auch *BH/Wagner* § 50c Rn. 55). Diese Auslegung entspräche mE auch am ehesten dem Sinn und Zweck der Regelung, das StAbzugsverfahren zu vereinfachen und insb eine künstl Aufteilung der Vergütungen zu vermeiden. Allerdings ist dem *BZSt* zufolge bei **Überschreiten der „Freigrenze"** ein StAbzug (nur) für die Zahlung, mit der die Freigrenze überschritten wird, sowie für alle weiteren Zahlungen im lfd Kj an den betr Vergütungsgläubiger vorzunehmen, nicht hingegen für Zahlungen, die *vor* dem Überschreiten der Freigrenze getätigt worden sind (www.bzst.de, unter: „Unternehmen", „Abzugsteuern", „Freistellungsoption"; s auch *Holthaus* IWB 25, 439; glA *BeckOK EStG* § 50c Rn. 62; *Frotscher/Geurts* § 50c Rn. 27c).

Für Vergütungen, die **bis zum 31.12.23** zugeflossen sind, galt eine modifizierte Freigrenze von **5000 €** (→ 43. Aufl 2024, § 50c Rn. 12 mwN). Hier entfiel dem *BZSt* zufolge die Freistellung rückwirkend mit der Zahlung, mit der die Freigrenze überschritten wurde. Dem StAbzug unterlagen alle Zahlungen, auch die bereits erfolgten, an denselben Vergütungsgläubiger im lfd Kj; dh, für bereits erfolgte Zahlungen war die Steuer nachträgl abzuführen. – Die Regelung ersetzt das Kontrollmeldeverfahren gem § 50d V aF. Eine jährl Kontrollmeldung (§ 50d V 4 aF) gibt es nicht mehr. Eine Überprüfung ist aber aufgrund der gem § 50a V 3 iVm § 50c II 2 in jedem Fall abzugebenden **StAnmeldung** mögl. Zu den notwendigen **Nachweisen** s *Holthaus* IWB 25, 862 (wegen Haftung, § 50c V 5).

c) Verpflichtung zur Steueranmeldung, § 50c II 2. § 50c II 1 befreit nur von 13
der Verpflichtung zum Einbehalt und zur Abführung der Steuer. Eine StAnmeldung (§ 45a I 1, § 50a V 3 nF) muss der Abzugsverpflichtete gleichwohl abgeben, in beiden Fällen (§ 50c II 1 Nr 1 und 2). Das gilt nicht nur dann, wenn der StAbzug nach einem verringerten StSatz erfolgen darf, sondern auch bei gänzlicher Freistellung (Anmeldung von 0 €).

d) (Keine) Änderung der Steueranmeldung, § 50c II 3. Hat der Abzugsver- 14
pflichtete die Steuer angemeldet, obwohl zum Zeitpunkt der Anmeldung bereits eine Freistellungsbescheinigung vorlag, kann die Anmeldung **nicht mehr geändert** werden. Das ist die Grundaussage der Regelung (s BT-Drs 19/27632, 52: Verhinderung von Doppelerstattungen). Ob der Abzugsverpflichtete zum Zeitpunkt der Anmeldung von der bereits erteilten Bescheinigung wusste, ist unerhebl. Eine Berücksichtigung der StBefreiung ist dann nur noch im Wege der Erstattung (§ 50c III) oder Anrechnung (§ 36 II 2) mögl. – Dagegen ist eine **Änderung ausnahmsweise zulässig,** wenn zum Zeitpunkt der StAnmeldung eine Freistellungsbescheinigung bereits beantragt worden ist und die Erteilung zwar erst nach der Anmeldung, aber gem § 50 II 4 Hs 1 rückwirkend auf den Tag der Antragstellung erfolgt. Die Ausnahme in § 50c II 3 Hs 2 („es sei denn …") bezieht sich also nur auf den Zeitraum zw Antragstellung und Erteilung der Bescheinigung iSv § 50 II 4 Hs 1 (s BT-Drs 19/28925, 84, und 19/29848, 63; *Hörster* NWB 21, 1586 (1596)).

e) Erteilung der Freistellungsbescheinigung, § 50c II 4–6. Im Gegensatz 15
zum Freistellungsbescheid (§ 50c III) ist die Freistellungsbescheinigung kein StBescheid, aber VA iSv § 118 AO. Es gelten die §§ 130 II, 131 II AO; nicht anwendbar sind (ua) § 164, § 169 S 1 und §§ 172 ff AO (vgl BFH I R 34/99, BStBl II 01, 291, zu § 50d aF). Adressat der Bescheinigung ist der Vergütungsgläubiger; zur **Bekanntgabe** → Rn. 36. Zuständig ist das **BZSt** (§ 4 II FVG iVm § 50c II 1 Nr 1). Zu weiteren Voraussetzungen (insb Ansässigkeitsbescheinigung) s **§ 50c V** (→ Rn. 34 ff).

aa) Geltungsdauer; Nebenbestimmungen, § 50c II 4. Die Freistellungs- 17
bescheinigung ist gem § 50c II 4 Hs 1 mit Nebenbestimmungen (§ 120 AO) zu versehen. Sie wird nur befristet erteilt, für **höchstens fünf Jahre** (keine Mindestdauer

mehr; bis VZ 2024: drei Jahre → Rn. 3). Eine rückwirkende Erteilung frühestens auf den Tag der Antragstellung ist zulässig. Die Bescheinigung steht unter der **auflösenden Bedingung,** dass die Voraussetzungen der Freistellung während der gesamten Geltungsdauer erfüllt sind (zB § 50c V 2: Ansässigkeit; *Hörster* NWB 21, 1586 (1594)). – Gem § 50c II 4 Hs 2 kann die Bescheinigung mit weiteren Nebenbestimmungen versehen werden, zB mit **Auflagen** (zB die Verpflichtung, den Wegfall der Freistellungsvoraussetzungen unverzügl mitzuteilen, vgl § 50d II 4 Hs 3 aF), **Bedingungen** (zB Einhaltung der Beteiligungsvoraussetzungen gem § 43b II 1 Nr 2) oder einem **Widerrufsvorbehalt.**

Zu **Anfechtbarkeit von Nebenbestimmungen** s *Klein* § 120 AO Rn. 11. Ein Widerruf gilt nur für die Zukunft (§ 131 II AO) und ist ermessensfehlerhaft (§ 5 AO), wenn sogleich wieder eine Bescheinigung erteilt werden müsste (vgl BFH I R 6/07, BStBl II 09, 625).

18 **bb) Freistellung von Kapitalerträgen außerhalb der EU, § 50c II 5.** Entlastungsansprüche für KapESt, die nicht auf §§ 43b, 50g, sondern auf einem **DBA** beruhen, unterliegen besonderen Voraussetzungen: – ***(1)*** Die **TochterGes** muss eine unbeschr stpfl inl KapGes iSv § 1 I Nr 1 KStG sein (keine Bezugnahme auf § 43b II 3 mit Anl 2). – ***(2)*** Die **MutterGes** muss eine in einem DBA-Staat ansässige (Geschäftsleitung) KapGes sein. Sie muss dort ohne StBefreiung einer der KSt entspr Steuer unterliegen. – ***(3)*** **Unmittelbare Mindestbeteiligung** von 10% im Zeitpunkt der KapEStEntstehung (keine Mindestzeit entspr § 43b II 4). – **Rechtsfolge:** Begünstigt sind „Kapitalerträge" (keine Einschränkung), also alle KapErträge iSv § 43 I Nr 1 einschließl Liquidationsraten (str).

19 **cc) Entscheidungsfrist, § 50c II 6.** Das BZSt muss innerhalb von **drei Monaten** über den Freistellungsantrag (§ 50c II 1 Nr 1) entscheiden. Die Frist beginnt nicht notwendig mit der Antragstellung, sondern erst dann, wenn alle erforderl Nachweise vorliegen (Einschätzungsermessen → Rn. 31 aE; Untätigkeitseinspruch → Rn. 37).

24 **4. Steuererstattung, § 50c III. – a) Anspruchsgrundlage; Voraussetzungen, § 50c III 1.** Rechtsfolge des StAbzugs trotz StFreiheit (→ Rn. 8) ist materiellrechtl ein Erstattungsanspruch des Gläubigers. Dieser steht dem beschr stpfl **Gläubiger der KapErträge/Vergütungen** zu. Wer das ist, bestimmt sich nach dt Recht (§ 39 AO); maßgebl ist der Zeitpunkt des Gewinnverteilungsbeschlusses oder des Zuflusses (BFH I R 22/20, BStBl II 22, 324 Rn. 22 ff: Cum/Ex-Geschäft, kein wirtschaftl Eigentum, zu § 50d I 2 aF; Anm *Jachmann-Michel, Eisgruber* und *Schwedhelm/Mehlhaf* Ubg 22, 250). Verfahrensrecht setzt die Geltendmachung dieses Anspruchs *zwingend* die Erteilung eines **Freistellungsbescheids** voraus (§ 218 I 1 Hs 1 iVm § 155 I 3 AO; vgl auch BFH I R 33/04, BStBl II 06, 489, zu § 50d I 3 aF). – Erstattet werden kann nur eine Steuer, die **tatsächl entrichtet** worden ist (vgl BFH I R 85/10, BFH/NV 12, 559; BFH VII R 18/11, BFH/NV 13, 499), entweder durch Einbehalt und Abführung oder aufgrund eines Haftungs-/Nachforderungsbescheids (→ Rn. 9). Die Möglichkeit einer **Anrechnung** auf ESt/KSt im Wege der Veranlagung nach § 36 II Nr 2 (zuständig: FA; BT-Drs 19/27632, 54: größere Sachnähe) schließt eine Erstattung nach § 50c III aus. **Antragsberechtigt** ist der beschr stpfl Gläubiger. Dieser muss nicht notwendig zivilrechtl Gläubiger der KapErträge/Vergütungen sein (s BT-Drs 19/27632, 54). – Zu weiteren Voraussetzungen s **§ 50c V** (→ Rn. 34 ff) und **§ 50d III;** zum Erstattungsanspruch **hybrider Ges** s § 50d XIa.

Die Regelung ersetzt § 50d I 2 und 3 aF. – Da **unionsrechtswidrig** erhobene Steuern grds zu erstatten sind (zB EuGH C-310/09, HFR 11, 1257 Rn. 71 ff), hat der BFH in solchen Fällen bislang **§ 50d I 2 aF** analog angewendet (BFH I R 1/20, BStBl II 25, 193 Rn. 43 ff mwN; BFH I R 31/18, BFH/NV 21, 1349 Rn. 14: Erlass eines Freistellungsbescheids durch das zust FA, nicht das BZSt); für **§ 50c III 1** wird das mE auch gelten müssen (so auch *BMF* BStBl I 22, 956; krit *BeckOK EStG* § 50c Rn. 86a). Die Vorschriften über die Festsetzungsverjährung sind dabei zu beachten (BFH I R 1/20, BStBl II 25, 193 Rn. 52 ff). Ob auch die dreijährige Anlaufhemmung gem § 170 II 1 Nr 1 AO gilt (so *KS/Gosch* § 50c Rn. 28, mE zutr; *Schnitger* DB 12, 305), hat der

BFH bislang offen gelassen (BFH I R 1/20, BStBl II 25, 193 Rn. 59). **Verzinsung** → § 50a Rn. 41 mwN. Zu **Drittstaatengesellschaft** s FG Ddorf EFG 22, 598 und Vorlagebeschluss BFH VIII R 21/22, BStBl II 25, 685. Zu Erstattungsansprüchen nach § 37 II AO in **Treuhandfällen** s *BMF* BStBl I 22, 742 Rn. 309. – Ob sich auch bei nach DBA zu Unrecht **einbehaltener LSt** ein Erstattungsanspruch entspr **§ 50d I 2 aF** ergibt (so jedenfalls noch BFH I R 70/08, BStBl II 12, 493), hat der VI. BFH-Senat jetzt offengelassen (BFH VI R 35/21, BStBl II 24, 710 Rn. 15; BFH VI R 32/21, BStBl II 25, 182 Rn. 10).

25 **b) Erstattungsverfahren, § 50c III 2–4. – aa) Antragsfrist, § 50c III 2.** Der Antrag muss gem § 50c III 2 Hs 1 grds innerhalb von **vier Jahren** nach Ablauf Kj gestellt werden, in dem die KapErträge oder Vergütungen bezogen worden sind (vgl § 169 II Nr 1 AO; krit zu § 50d aF *Haase* DStZ 19, 240: unionsrechtl begründete Anlauf-/Ablaufhemmung; **aA** *Grieser/Faller* DB 12, 1296 (1298 f); zur Freistellungsfrist vor 2002 s BFH I R 10/02, BStBl II 03, 687: Ablaufhemmung für StSchuldner bei Nichteinreichung der StAnmeldung durch Vergütungsschuldner, Anm *sch* DStR 03, 1296). Ein Antrag auf Erteilung einer Freistellungsbescheinigung ist kein Erstattungsantrag und kann auch nicht in einen solchen umgedeutet werden (BFH VIII B 124/23, BFH/NV 25, 377 Rn. 19: „aliud“, zu § 50d II 1 aF). – Gem § 50c III 2 Hs 2 endet die Frist nicht vor Ablauf **eines Jahres nach StEntrichtung** (= Abführung an das BZSt; vgl auch FG Köln EFG 17, 842 rkr: auf StFestsetzung oder Bestandskraft kommt es nicht an). Wichtig ist dies in Fällen, in denen eine Abzugsverpflichtung erst nachträgl bekannt wird (zB nach Außenprüfung). – Sieht ein **DBA** eine längere Erstattungsfrist vor, ist diese maßgebl; beträgt die Erstattungsfrist nach DBA weniger als vier Jahre, bleibt es bei der vierjährigen Antragsfrist des § 50c III 2 Hs 1.

Der **zeitl Anwendungsbereich** dieser Regelungen folgt den (unterschiedl) zeitl Anwendungsbereichen der Regelungen über die Abstandnahme vom StAbzug in § 50c II (→ Rn. 3); er richtet sich folgl nach dem Zeitpunkt des Zuflusses der jeweiligen Einkünfte (**aA** *Kempf/Zuber/Gebhardt* ISR 25, 27: gilt für alle nach dem 31.12.20 gestellten Anträge).

26 **bb) Freistellungsbescheid, § 50c III 3.** Die Erteilung des Freistellungsbescheids für **KapESt** setzt gem § 50c III 3 Hs 1 die Vorlage einer Bescheinigung nach § 45a II oder III (im Original) oder (ab 1.1.25, → § 45a Rn. 5) die Übermittlung der Angaben gem § 45a IIa voraus. Die Vorlage ist materiell-rechtl Voraussetzung der Erstattung (wie bei § 36 II Nr 2, vgl → § 36 Rn. 18 mwN; BT-Drs 19/27632, 54: „unabdingbar“). – Beantragt der beschr StPfl eine Erstattung der **nach § 50a entrichteten Steuer,** muss er gem § 50c III 3 Hs 2 die Bescheinigung nach § 50a V 7 vorlegen. – Zur **Bekanntgabe** des Bescheids → Rn. 36.

Den **Gesetzesmaterialien** zufolge soll § 50c III 3 Hs 2 eine **„bloße Vorlagepflicht“** begründen (s BT-Drs 19/27632, 54) und somit (wohl) keine „unabdingbare Voraussetzung“ für die Erstattung sein. Aus dem Wortlaut der Regelung ergibt sich diese Unterscheidung mE nicht. Die Formulierung „wird nur erteilt, wenn …“ in Hs 1 ist nicht weniger direktiv als „ist … beizufügen“ in Hs 2 (keine Soll-Vorschrift).

27 **cc) Auszahlungsauflagen, § 50c III 4.** Das BZSt kann die Erstattung davon abhängig machen, dass der Gläubiger die Erfüllung *eigener* Abzugspflichten nach § 50a V nachweist, für diese **Sicherheit** leistet (§§ 241 ff AO) oder unwiderrufl einer **Verrechnung** zustimmt. Es handelt sich um eine Ermessensentscheidung („kann“; Folge: § 105 FGO).

30 **5. Verzinsung des Erstattungsbetrags, § 50c IV. – a) Voraussetzungen, § 50c IV 1.** Verzinst werden nur Erstattungsansprüche, die auf § 50c III iVm § 50g beruhen (wegen Art 1 XVI RL 2003/49/EG; → 40. Aufl 2021, § 50d Rn. 40). In den anderen Fällen der Erstattung nach § 50c III ist keine Verzinsung vorgesehen (vgl § 233a I 2 AO). – Die Verzinsung ist an den Erstattungsanspruch nach § 50c III geknüpft; dh, die Steuer muss tatsächl entrichtet worden sein und es darf keine Möglichkeit der Anrechnung nach § 36 II Nr 2 geben (in diesem Fall Verzinsung gem

§ 233a AO; s auch § 50g I 2). – Die Zinsen betragen für jeden vollen Monat 0,5% des auf den nächsten durch 50 € teilbaren abgerundeten Erstattungsbetrags (seit 1.1.19, s § 238 I AO; s iEinz *Klein* § 238 AO Rn. 6 ff). Die Zinsfestsetzung richtet sich nach § 239 AO. Sie erfolgt von Amts wegen (ohne Antrag) durch **Zinsbescheid** (mit Rechtsbehelfsbelehrung); dieser muss die Zinsen nach Art und Höhe ausweisen und den Schuldner bezeichnen (§ 239 I 1 iVm § 155 I, § 157 I AO). – Zur Verzinsung unionsrechtswidrig einbehaltener AbzugSt → § 50a Rn. 41 mwN.

31 **b) Festsetzungsfrist und Zinslauf, § 50c IV 2–4.** Die Festsetzungsfrist beträgt gem § 239 I 1 ein Jahr und beginnt gem § 50c IV 2 mit Ablauf des Kj, in dem der Freistellungsbescheid gem § 50c III erlassen, aufgehoben oder nach § 129 AO berichtigt worden ist. – Da die Erstattung antragsgebunden ist (§ 50c III 1), beginnt gem § 50c IV 3 der Zinslauf **12 Monate nach Ablauf des Antragsmonats,** wenn bis dahin alle erforderl Nachweise erbracht worden sind und die Abzugsteuer entrichtet worden ist (frühester Zeitpunkt). Der Zinslauf endet mit Ablauf des Tages, an dem der Freistellungsbescheid wirksam wird, also mit Ablauf des Tages der Bekanntgabe (§ 122 AO).

Dass der Zinslauf erst nach 12 Monaten beginnt, entspricht den Vorgaben des Art 1 XVI RL 2003/49/EG. – Was **„alle erforderl Nachweise"** sind, lässt § 50c IV 3 offen (Beispielhafte Aufzählung in BT-Drs. 15/3679, 19 zu § 50d Ia aF: Lizenz-/Oberlizenzverträge, Ansässigkeitsbestätigungen, Handelsregisterauszüge, Bilanzen, GuV, Mietverträge, Rechnungen als Belege für mündl geschlossene Verträge, Telefonabrechnungen). Dies wird von Fall zu Fall unterschiedl sein und unterliegt zunächst der Einschätzung des BZSt. Allerdings stellt Art 1 XVI RL 2003/49/EG auf die Angaben ab, die der Quellenstaat **„billigerweise verlangen kann".** Das gilt mE auch für § 50c IV 2 (RL-konforme Auslegung, allg → § 4k Rn. 6) und schränkt ggf das Einschätzungsermessen des BZSt ein (glA *BeckOK EStG* § 50c Rn. 89.1).

32 **c) Änderung des Freistellungsbescheids, § 50c IV 3.** Die spezielle Änderungsregelung des § 233a V AO gilt auch für die Zinsfestsetzung nach § 50c IV. Wird der Freistellungsbescheid aufgehoben, geändert oder nach § 129 AO berichtigt, ist auch die Zinsfestsetzung entspr zu ändern.

34 **6. Allgemeine Verfahrensvorschriften, § 50c V. – a) Elektronische Antragstellung, § 50c V 1 und 3.** Für Freistellungsanträge (§ 50c II 1 Nr 1) und Erstattungsanträge (§ 50c III 1), die **bis zum 31.12.22** gestellt wurden, war der amtl vorgeschriebene Vordruck zu verwenden (§ 52 XLVIIa 3 Hs 2); § 50d I 7 und 8 (Datenträgerverfahren für Dividendeneinkünfte, → 40. Aufl 2021, § 50d Rn. 37) waren in der bisherigen Fassung noch bis zum 31.12.24 anzuwenden (§ 52 XLVIIa 4 nF). Anträge, die **nach dem 31.12.22** gestellt werden, sind grds zwingend in elektronischer Form zu stellen (§ 52 XLVIIa 3 Hs 1). Zur Vermeidung unbilliger Härten (§ 150 VIII AO) kann das BZSt Ausnahmen zulassen (zur gerichtl Überprüfung vgl BFH VII R 14/17, BFH/NV 18, 1137 Rn. 19 ff); in diesem Fall ist weiterhin der amtl vorgeschriebene Vordruck zu verwenden.

35 **b) Ansässigkeitsbescheinigung, § 50c V 2.** Mit den Anträgen nach § 50c II 1 Nr 1 und § 50c III 1 muss der Antragsteller seine steuerl Ansässigkeit bzw den Sitz seiner Betriebsstätte (§ 43b I) durch eine Bestätigung der zuständigen ausl StBehörde nachweisen; eine Bestätigung durch andere Behörden genügt nicht. Ein dt amtl Vordruck muss hierfür nicht mehr verwendet werden (anders noch § 50d IV 1 aF).

36 **c) Elektronische Bereitstellung der Bescheide, § 50c V 4.** Freistellungsbescheid und Freistellungsbescheinigung werden mit Wirkung **ab 1.1.23** (§ 52 XLVIIa 3 Hs 1) grds nur noch elektronisch bereitgestellt. Die Regelung verdrängt § 122a I AO; eine Einwilligung des Antragstellers ist nicht erforderl (s BT-Drs 19/27632, 55: Erleichterung der Bekanntgabe im Ausl). Ist ein Antrag noch auf amtl Vordruck gestellt worden, erfolgt die Bekanntgabe durch regulären Bescheid (§ 122 AO).

7. Rechtsschutz. Das BZSt ist keine oberste Finanzbehörde des Bundes iSv § 348 Nr 3 AO. Gegen die **Ablehnung** eines Freistellungs- oder Erstattungsantrags sind Einspruch und Verpflichtungsklage gegeben; vorläufiger Rechtsschutz: einstweilige Anordnung (§ 114 FGO). Zum Rechtsschutzbedürfnis vgl BFH I R 59/15, BStBl II 18, 624 mwN. – Eine Erteilung **in abweichender Höhe** kann mit Einspruch und Anfechtungsklage angefochten werden (glA *KKM* § 50c Rn. D33; **aA** *BH/Wagner* § 50c Rn. 99: Verpflichtungsklage), ebenso eine **Änderung oder Aufhebung** der Freistellungsbescheinigung oder des Freistellungsbescheids; vorläufiger Rechtsschutz: AdV (§ 69 III, IV FGO). – Der **Untätigkeitseinspruch** (§ 347 I 2 AO) ist gegeben, wenn das BZSt nicht innerhalb der durch § 50c II 6 vorgegebenen Frist von drei Monaten entscheidet; eine Überschreitung dieser Frist ist unangemessen iSv § 347 I 2 AO. S iÜ *Klein* AO § 347 Rn. 20 ff. – Gegen den **Zinsbescheid** (→ Rn. 30) sind Einspruch und Anfechtungsklage gegeben; bei Ablehnung der Zinsfestsetzung: Einspruch und Verpflichtungsklage. – Zuständig für Klagen gegen das BZSt ist das **FG Köln** (§§ 35, 38 I FGO). 37

Den **Widerruf** einer zuvor erteilten Bescheinigung (→ Rn. 17) kann auch der Vergütungsschuldner anfechten (vgl BFH I R 6/07, BStBl II 09, 625). Ob dieser zusätzl die Versagung einer Bescheinigung anfechten könnte, hat der BFH offengelassen; mE ist er durch die Versagung und eine nur *potenzielle* spätere Haftung noch nicht beschwert (**aA** *KS/Gosch* § 50c Rn. 20). – Zum **Rechtsschutzbedürfnis** nach Ablauf des Freistellungszeitraums s FG Köln EFG 22, 1607 Rn. 44, rkr.

§ 50d Anwendung von Abkommen zur Vermeidung der Doppelbesteuerung

(1) bis (2) *(aufgehoben)*

(3) [1]**Eine Körperschaft, Personenvereinigung oder Vermögensmasse hat auf der Grundlage eines Abkommens zur Vermeidung der Doppelbesteuerung keinen Anspruch auf Entlastung von der Kapitalertragsteuer und vom Steuerabzug nach § 50a, soweit**

1. **Personen an ihr beteiligt oder durch die Satzung, das Stiftungsgeschäft oder die sonstige Verfassung begünstigt sind, denen dieser Anspruch nicht zustünde, wenn sie die Einkünfte unmittelbar erzielten, und**
2. **die Einkunftsquelle keinen wesentlichen Zusammenhang mit einer Wirtschaftstätigkeit dieser Körperschaft, Personenvereinigung oder Vermögensmasse aufweist; das Erzielen der Einkünfte, deren Weiterleitung an beteiligte oder begünstigte Personen sowie eine Tätigkeit, soweit sie mit einem für den Geschäftszweck nicht angemessen eingerichteten Geschäftsbetrieb ausgeübt wird, gelten nicht als Wirtschaftstätigkeit.**

[2]**Satz 1 findet keine Anwendung, soweit die Körperschaft, Personenvereinigung oder Vermögensmasse nachweist, dass keiner der Hauptzwecke ihrer Einschaltung die Erlangung eines steuerlichen Vorteils ist, oder wenn mit der Hauptgattung der Anteile an ihr ein wesentlicher und regelmäßiger Handel an einer anerkannten Börse stattfindet.** [3]**§ 42 der Abgabenordnung bleibt unberührt.**

(4) bis (6) *(aufgehoben)*

(7) [1]**Werden einem beschränkt Steuerpflichtigen Einkünfte im Sinne des § 49 Absatz 1 Nummer 4 aus einer inländischen Kasse einer juristischen Person des öffentlichen Rechts im Sinne der Vorschrift eines Abkommens zur Vermeidung der Doppelbesteuerung über den öffentlichen Dienst unmittelbar oder mittelbar gewährt und besteht insoweit zu dieser kein Dienstverhältnis, so gelten die Vergütungen für Zwecke der Anwendung des Abkommens als von der juristischen Person des öffentlichen Rechts für ihr gegenüber geleistete Dienste gezahlt.** [2]**Soweit diese Vergütungen sowohl nach Satz 1 als auch im anderen Vertragsstaat der Besteuerung unterliegen, ist die in diesem Staat auf diese Vergütungen fest-**

gesetzte und gezahlte und um einen entstandenen Ermäßigungsanspruch gekürzte, der deutschen Einkommensteuer entsprechende ausländische Steuer bis zur Höhe der anteilig auf diese Einkünfte entfallenden deutschen Einkommensteuer anzurechnen. [3]Die Sätze 1 und 2 sind bei einem unbeschränkt Steuerpflichtigen mit vergleichbaren Einkünften aus nichtselbständiger Arbeit (§ 19) entsprechend anzuwenden.

(8) **[1]Sind Einkünfte eines unbeschränkt Steuerpflichtigen aus nichtselbständiger Arbeit (§ 19) nach einem Abkommen zur Vermeidung der Doppelbesteuerung von der Bemessungsgrundlage der deutschen Steuer auszunehmen, wird die Freistellung bei der Veranlagung ungeachtet des Abkommens nur gewährt, soweit der Steuerpflichtige nachweist, dass der Staat, dem nach dem Abkommen das Besteuerungsrecht zusteht, auf dieses Besteuerungsrecht verzichtet hat oder dass die in diesem Staat auf die Einkünfte festgesetzten Steuern entrichtet wurden. [2]Wird ein solcher Nachweis erst geführt, nachdem die Einkünfte in eine Veranlagung zur Einkommensteuer einbezogen wurden, ist der Steuerbescheid insoweit zu ändern. [3]§ 175 Absatz 1 Satz 2 der Abgabenordnung ist entsprechend anzuwenden.**

(9) **[1]Sind Einkünfte eines unbeschränkt Steuerpflichtigen nach einem Abkommen zur Vermeidung der Doppelbesteuerung von der Bemessungsgrundlage der deutschen Steuer auszunehmen, so wird die Freistellung der Einkünfte ungeachtet des Abkommens nicht gewährt, soweit**

1. **der andere Staat die Bestimmungen des Abkommens so anwendet, dass die Einkünfte in diesem Staat von der Besteuerung auszunehmen sind oder nur zu einem durch das Abkommen begrenzten Steuersatz besteuert werden können,**
2. **die Einkünfte in dem anderen Staat nur deshalb nicht steuerpflichtig sind, weil sie von einer Person bezogen werden, die in diesem Staat nicht auf Grund ihres Wohnsitzes, ständigen Aufenthalts, des Ortes ihrer Geschäftsleitung, des Sitzes oder eines ähnlichen Merkmals unbeschränkt steuerpflichtig ist, oder**
3. **die Einkünfte in dem anderen Staat nur deshalb nicht steuerpflichtig sind, weil sie einer Betriebsstätte in einem anderen Staat zugeordnet werden oder auf Grund einer anzunehmenden schuldrechtlichen Beziehung die steuerliche Bemessungsgrundlage in dem anderen Staat gemindert wird.**

[2]Nummer 2 gilt nicht für Dividenden, die nach einem Abkommen zur Vermeidung der Doppelbesteuerung von der Bemessungsgrundlage der deutschen Steuer auszunehmen sind, es sei denn, die Dividenden sind bei der Ermittlung des Gewinns der ausschüttenden Gesellschaft abgezogen worden. [3]Bestimmungen eines Abkommens zur Vermeidung der Doppelbesteuerung sowie Absatz 8 und § 20 Absatz 2 des Außensteuergesetzes bleiben unberührt, soweit sie jeweils die Freistellung von Einkünften in einem weitergehenden Umfang einschränken. [4]Bestimmungen eines Abkommens zur Vermeidung der Doppelbesteuerung, nach denen Einkünfte aufgrund ihrer Behandlung im anderen Vertragsstaat nicht von der Bemessungsgrundlage der deutschen Steuer ausgenommen werden, sind auch auf Teile von Einkünften anzuwenden, soweit die Voraussetzungen der jeweiligen Bestimmung des Abkommens hinsichtlich dieser Einkunftsteile erfüllt sind.

(10) **[1]Sind auf eine Vergütung im Sinne des § 15 Absatz 1 Satz 1 Nummer 2 Satz 1 zweiter Halbsatz und Nummer 3 zweiter Halbsatz die Vorschriften eines Abkommens zur Vermeidung der Doppelbesteuerung anzuwenden und enthält das Abkommen keine solche Vergütungen betreffende ausdrückliche Regelung, gilt die Vergütung für Zwecke der Anwendung des Abkommens zur Vermeidung der Doppelbesteuerung ausschließlich als Teil des Unternehmensgewinns des vergütungsberechtigten Gesellschafters. [2]Satz 1 gilt auch für die durch das Sonderbetriebsvermögen veranlassten Erträge und Aufwendungen. [3]Die Vergütung des Gesellschafters ist ungeachtet der Vorschriften eines Abkommens zur Vermeidung der Doppelbesteuerung über die Zuordnung von Vermögenswerten zu einer Betriebsstätte derjenigen Betriebsstätte der Gesellschaft zuzurechnen, der**

der Aufwand für die der Vergütung zugrunde liegende Leistung zuzuordnen ist; die in Satz 2 genannten Erträge und Aufwendungen sind der Betriebsstätte zuzurechnen, der die Vergütung zuzuordnen ist. [4]Die Sätze 1 bis 3 gelten auch in den Fällen des § 15 Absatz 1 Satz 1 Nummer 2 Satz 2 sowie in den Fällen des § 15 Absatz 1 Satz 2 entsprechend. [5]Sind Einkünfte im Sinne der Sätze 1 bis 4 einer Person zuzurechnen, die nach einem Abkommen zur Vermeidung der Doppelbesteuerung als im anderen Staat ansässig gilt, und weist der Steuerpflichtige nach, dass der andere Staat die Einkünfte besteuert, ohne die darauf entfallende deutsche Steuer anzurechnen, ist die in diesem Staat nachweislich auf diese Einkünfte festgesetzte und gezahlte und um einen entstandenen Ermäßigungsanspruch gekürzte, der deutschen Einkommensteuer entsprechende, anteilige ausländische Steuer bis zur Höhe der anteilig auf diese Einkünfte entfallenden deutschen Einkommensteuer anzurechnen. [6]Satz 5 gilt nicht, wenn das Abkommen zur Vermeidung der Doppelbesteuerung eine ausdrückliche Regelung für solche Einkünfte enthält. [7]Die Sätze 1 bis 6

1. **sind nicht auf Gesellschaften im Sinne des § 15 Absatz 3 Nummer 2 anzuwenden;**
2. **gelten entsprechend, wenn die Einkünfte zu den Einkünften aus selbständiger Arbeit im Sinne des § 18 gehören; dabei tritt der Artikel über die selbständige Arbeit an die Stelle des Artikels über die Unternehmenseinkünfte, wenn das Abkommen zur Vermeidung der Doppelbesteuerung einen solchen Artikel enthält.**

[8]Absatz 9 Satz 1 Nummer 1 bleibt unberührt.

(11) **[1]Sind Dividenden bei einem unbeschränkt steuerpflichtigen Zahlungsempfänger nach einem Abkommen zur Vermeidung der Doppelbesteuerung von der Bemessungsgrundlage der deutschen Steuer auszunehmen, wird die Freistellung ungeachtet des Abkommens nur insoweit gewährt, als die Dividenden nach deutschem Steuerrecht nicht einer anderen Person zuzurechnen sind. [2]Soweit die Dividenden nach deutschem Steuerrecht einer anderen Person zuzurechnen sind, werden sie bei dieser Person freigestellt, wenn sie bei ihr als Zahlungsempfänger nach Maßgabe des Abkommens freigestellt würden.**

(11a) **Ist der Gläubiger der Kapitalerträge oder Vergütungen eine Person, der die Kapitalerträge oder Vergütungen nach diesem Gesetz oder nach dem Steuerrecht des anderen Vertragsstaats nicht zugerechnet werden, steht der Anspruch auf völlige oder teilweise Erstattung des Steuerabzugs vom Kapitalertrag oder nach § 50a auf Grund eines Abkommens zur Vermeidung der Doppelbesteuerung nur der Person zu, der die Kapitalerträge oder Vergütungen nach den Steuergesetzen des anderen Vertragsstaats als Einkünfte oder Gewinne einer ansässigen Person zugerechnet werden.**

(12) **[1]Abfindungen, die anlässlich der Beendigung eines Dienstverhältnisses gezahlt werden, gelten für Zwecke der Anwendung eines Abkommens zur Vermeidung der Doppelbesteuerung als für frühere Tätigkeit geleistetes zusätzliches Entgelt. [2]Dies gilt nicht, soweit das Abkommen in einer gesonderten, ausdrücklich solche Abfindungen betreffenden Vorschrift eine abweichende Regelung trifft. [3]Absatz 9 Satz 1 Nummer 1 sowie Rechtsverordnungen gemäß § 2 Absatz 2 Satz 1 der Abgabenordnung bleiben unberührt.**

(13) **Werden Aktien einer Gesellschaft mit Sitz oder Geschäftsleitung im Inland mit Dividendenberechtigung erworben, aber ohne Dividendenanspruch geliefert, sind vom Erwerber an Stelle von Dividenden erhaltene sonstige Bezüge für Zwecke der Anwendung eines Abkommens zur Vermeidung der Doppelbesteuerung den Dividenden, die von dieser Gesellschaft gezahlt werden, gleichgestellt.**

(14) **[1]Dem Gläubiger der Kapitalerträge im Sinne des § 20 Absatz 1 Nummer 1 und 2 aus Anteilen an einer optierenden Gesellschaft im Sinne des § 1a des Körper-**

schaftsteuergesetzes steht ungeachtet der Bestimmungen eines Abkommens zur Vermeidung der Doppelbesteuerung kein Anspruch auf Entlastung von der Kapitalertragsteuer zu, wenn die Kapitalerträge im anderen Staat aufgrund einer vom deutschen Recht abweichenden steuerlichen Behandlung der optierenden Gesellschaft nicht der Besteuerung unterliegen. [2]Gewinne aus der Veräußerung von Anteilen an einer optierenden Gesellschaft im Sinne des § 1a des Körperschaftsteuergesetzes sind ungeachtet der Bestimmungen eines Abkommens zur Vermeidung der Doppelbesteuerung zu versteuern, wenn sie im anderen Staat aufgrund einer vom deutschen Recht abweichenden steuerlichen Behandlung der optierenden Gesellschaft nicht der Besteuerung unterliegen.

(15) **[1]Arbeitslohn, der für Zeiten einer widerruflichen oder unwiderruflichen Arbeitsfreistellung im Zusammenhang mit der Beendigung des Arbeitsverhältnisses gezahlt wird, gilt für Zwecke der Anwendung eines Abkommens zur Vermeidung der Doppelbesteuerung als Vergütung, die für die Ausübung einer Tätigkeit in dem Staat gewährt wird, in dem die Tätigkeit ohne die Freistellung ausgeübt worden wäre. [2]Dies gilt nicht, soweit das Abkommen in einer gesonderten, ausdrücklich solchen Arbeitslohn betreffenden Vorschrift eine abweichende Regelung trifft. [3]Absatz 9 Satz 1 Nummer 1 sowie Rechtsverordnungen gemäß § 2 Absatz 2 Satz 1 der Abgabenordnung bleiben davon unberührt.**

Einkommensteuer-Richtlinien: EStH 50d – **Verwaltungsanweisungen:** *BMF* BStBl I 18, 643 (ArbLohn, § 50d VIII); *BMF* BStBl I 24, 1308 bzw [bis VZ 2024] *BMF* BStBl I 17, 473 (ArbLohn, § 50d VIII und IX); *BMF* BStBl I 14, 1258 (PersGes und DBA); *BMF* BStBl I 21, 2212 (OptionsGes gem § 1a KStG, § 50d XIV).

Übersicht

1. Allgemeines. – a) Bedeutung; Aufbau. Das Verfahren zur Entlastung beschr StPfl von der KapESt und vom StAbzug nach § 50a, das bis zum 9.6.2021 in § 50d I, Ia, II und IV-VI geregelt war, findet sich nun in modifizierter Form in **§ 50c.** – Die verbleibenden Regelungen enthalten materielle Vorschriften zur Anwendung von DBA: **§ 50d III** ist eine spezielle Missbrauchsvorschrift zum Ausschluss internationaler Umgehungsgestaltungen in Form des sog *Treaty Shopping* durch Zwischenschaltung einer ausl Ges. **§ 50d VII** fingiert ein Dienstverhältnis für Dienste, die im Wesentl aus öffentl Mitteln aufgebracht werden, um auf diese Weise die beschr StPfl in DBA-Fällen zu erhalten. **§ 50d VIII** soll in Form einer *Subject-to-Tax*-Klausel die einmalige Besteuerung für nach DBA stfreie Lohneinkünfte eines unbeschr StPfl sicherstellen (Verhinderung „weißer Einkünfte"). In ähnl Weise soll **§ 50d IX** als sog *Schwitch-over*-Klausel generell die Einmalbesteuerung von Einkünften unbeschr StPfl gewährleisten. **§ 50d X** ordnet im Wege der gesetzl Fiktion und in Form eines *treaty override* Sondervergütungen (§ 15 I 1 Nr 2) für Abkommenszwecke den Unternehmensgewinnen zu. **§ 50d XI** schließt das DBA-Schachtelprivileg aus, soweit die Dividenden letztl natürl Personen zuzurechnen sind. **§ 50d XIa** soll im Fall sog hybrider Gesellschaften gewährleisten, dass der Entlastungsanspruch aufgrund eines DBA demjenigen zukommt, dem die KapErträge oder Vergütungen nach dem Recht des anderen Staates auch tatsächl zugerechnet werden. Nach **§ 50d XII** können Abfindungen für eine ehemals im Inl ausgeübte Tätigkeit in Deutschland als vormaligem Tätigkeitsstaat besteuert werden. **§ 50d XIII** stellt Kompensations- und Ausgleichszahlungen, die vor allem bei Leerverkäufen als Ersatz für entgehende Dividendenerträge gezahlt werden, im Wege der gesetzl Fiktion für Zwecke der Anwendung von DBA einer Dividende gleich. **§ 50d XIV** soll für OptionsGes nach § 1a KStG im Wege eines weiteren *treaty override* die Besteuerung von Gewinnausschüttungen und Anteilsveräußerungsgewinnen ermöglichen. **§ 50d XV** sichert den inl StZugriff auf Einkünfte, die iZm einer Arbeitsfreistellung gezahlt werden. 1

b) Rechtsentwicklung; zeitlicher Anwendungsbereich. Durch das **JStG 2024** (BGBl I 24 Nr 387) ist mit Wirkung zum VZ 2024 § 50d XV (Arbeitsfreistellung → Rn. 80) neu angefügt und § 50d VII (Kassenstaatsklausel → Rn. 38) mit Wirkung zum VZ 2025 (Art 56 VII JStG 2024) neu gefasst worden. 2

Zur Aufhebung von **§ 50d I, Ia, II und IV–VI aF** und zur Fortgeltung des bisherigen Antragsverfahrens bis zum 31.12.24 → 44. Aufl 2025, § 50d Rn. 8 f. – S iÜ 43. Aufl 2024, § 50d Rn. 2; *BH/Wagner* § 50d Rn. 2 ff.

c) Verfassungsrecht; Europarecht. In seiner gegenwärtigen Fassung ist **§ 50d III** bei entspr Auslegung unionsrechtskonform (str, → Rn. 16); die bisherigen Fassungen waren hingegen unionsrechtswidrig (→ 40. Aufl 2021, § 50d Rn. 50 mwN). – 3

Der Überschreibung eines DBA durch ein sog ***treaty override,*** wie es sich in § 50d III und VIII ff findet, verstößt weder gegen den ungeschriebenen verfrechtl Grundsatz der Völkerrechtsfreundlichkeit noch gegen das Rechtsstaatsprinzip (BVerfG 2 BvL 1/12, DStR 16, 359, zu § 50d VIII). Auch ein Verstoß gegen Art 3 I GG liegt nicht vor (BFH I R 66/09, BFH/NV 16, 1688). S iÜ zu **§ 50d IX** → Rn. 47; zu **§ 50d X** → Rn. 59.

15 **2. Missbrauchsausschluss *(Treaty Shopping),* § 50d III. – a) Hintergrund; Bedeutung.** Die **Zwischenschaltung eines ausl Rechtsträgers** zur Erlangung abkommensrechtl Vorteile, die den hinter diesem Rechtsträger stehenden Personen an sich nicht zukommen, bezeichnet man als ***treaty shopping*** (s iEinz *Wassermeyer* Art 1 OECD-MA Rn. 65; *Schaumburg* IStR Rn. 19.127 ff). Hiergegen richtet sich § 50d III als unilaterale sog *Anti-Treaty-Shopping*-Klausel (s auch *Gosch* DStJG 36 [2013], S 214 f). Die Regelung soll verhindern, dass StPfl, denen selbst kein Anspruch auf Entlastung von der KapESt oder vom StAbzug gem § 50a nach einem DBA zusteht (durch Freistellung und Erstattung nach § 50c II und III), sich diese Entlastung dadurch verschaffen, dass sie *nur zu diesem Zweck* einen ausl Rechtsträger zwischenschalten.

Das *BZSt* hat ein **„Merkblatt zur Entlastungsberechtigung nach § 50d Abs. 3 EStG"** herausgegeben (DStZ 25, 363; Stand: 11/2025); s auch *Kraft* NWB 25, 1511; *Hahn* StuB 25, 544; *Behrens ua* RdF 25, 279.

16 **aa) Neufassung der Regelung.** Die früheren Fassungen des § 50d III verstießen gegen Unionsrecht (s EuGH C-440/17, DStR 18, 1479 – GS; BFH I B 60/20, BFH/NV 21, 1481; zur Vorgängerregelung: EuGH C-504/16 und C-613/16, DStR 18, 119 – Deister Holding; s auch BFH VIII R 32/21, DStR 25, 1138 Rn. 45 ff; FG Köln EFG 24, 405, Rev VIII R 43/23: geltungserhaltende Reduktion; FG Köln EFG 22, 1607 Rn. 59 ff, rkr; → 40. Aufl 2021, § 50d Rn. 45 und 50 mwN). Mit der **Neufassung durch das AbzStEntlModG** (BGBl I 21, 2035) verfolgt der Gesetzgeber vor allem drei Ziele: Anpassung an die durch die EuGH-Rspr konkretisierten unionsrechtl Vorgaben, ergänzende (dh zusätzl zu § 42 AO) spezialgesetzl Umsetzung von Art 6 iVm Art 1 I ATAD und Erfüllung des Mindeststandards zur Bekämpfung von Durchlauffinanzierungsstrukturen iSv Aktionspunkt 6 des BEPS-Aktionsplans von OECD und G20 (s BT-Drs 19/27632, 56 f; zur ATAD und zur BEPS-Kampagne auch → § 4k Rn. 1 aE). Insb soll einem ausl Rechtsträger nun ermöglicht werden, die Vermutung eines Gestaltungsmissbrauchs durch den **Nachweis der Gründe** für seine Einschaltung zu widerlegen (Einzelfallwürdigung, → Rn. 26); außerdem ist (wie bisher) eine Ausnahme für **börsennotierte Gesellschaften** vorgesehen (→ Rn. 27). – ME lässt § 50d III dem Rechtsanwender in seiner gegenwärtigen Fassung genügend Spielräume für eine **unionsrechtskonforme Auslegung** (insb → Rn. 22 und 29; str, glA *KKM* § 50d Rn. B8; **aA** *Haase/Blank* Ubg 21, 78 (82 f); *Jochimsen/Gsödl* IStR 21, 83; zweifelnd *Hölscher/Voß/Zöller* ISR 21, 156).

Der Gesetzentwurf der BReg (BT-Drs 19/27632, 57) nimmt ausdrückl (und ausführl) Bezug auf **Art 6 ATAD** und das **unionsrechtl Missbrauchsverbot** (unter Hinweise auf EuGH C-115/16, C-118/16, C-119/16, C-229/16, IStR 19, 308 – N Luxemburg 1 ua, und EuGH C-116/16, C-117/16, IStR 19, 266 – T Danmark ua). Eine steuerl Gestaltung ist danach rechtsmissbräuchl und daher nicht zu berücksichtigen, soweit sie nicht aus **„triftigen wirtschaftl Gründen"** erfolgt (Art 6 II ATAD) und einer der wesentl Zwecke die Erlangung eines steuerl Vorteils ist, der dem **„Zweck des geltenden StRechts"** zuwiderläuft (Art 6 I ATAD). Das wird man bei der Auslegung von Art 50d III berücksichtigen müssen (vgl → § 4k Rn. 6).

17 **bb) Zeitlicher Anwendungsbereich.** Die Neufassung ist gem § 52 XLVIIb grds **in allen noch offenen Fällen** anzuwenden, es sei denn, ein Entlastungsanspruch ergibt sich bereits aus der jeweils maßgebl Vorgängerregelung („Günstigerprüfung", s BFH VIII B 123/23, BFH/NV 25, 396; BFH I R 27/19, BFH/NV 22, 708 Rn. 34; FG Köln EFG 25, 578 rkr, zu ausl Familienstiftung; FG Köln EFG 22, 1607

rkr). Auf die Vorkommentierung wird Bezug genommen (→ 40. Aufl 2021, § 50d Rn. 45 ff). – Zur unionsrechtskonformen Auslegung von § 50d III aF s FG Köln EFG 24, 663, Rn. 74 ff., Rev VIII R 42/23, und FG Köln EFG 24, 405, Rn. 72 ff., Rev VIII R 43/23.

cc) Persönlicher und sachlicher Anwendungsbereich. Der Entlastungsausschluss betrifft grds alle Körperschaften, Personenvereinigungen und Vermögensmassen (auch Stiftungen, Trusts etc) als **ZwischenGes;** zu börsennotierten Ges → Rn. 31. Die Beschränkung auf „ausl" Gesellschaften ist entfallen; allerdings folgt aus der sachl Beschränkung auf **Entlastungsansprüche aus DBA,** dass inl Körperschaften idR nicht betroffen sind (Ausnahme: abkommensberechtigte doppelt ansässige Körperschaften, s *Schnitger/Gebhardt* IStR 21, 289). – Gem **§ 43b I 1 Hs 2, § 44a IX 2, § 50g IV EStG** sowie **§ 32 V 2 Nr 4 KStG** gilt § 50d III für die dort vorgesehene Entlastung vom StAbzug jeweils entspr. 18

§ 50d III soll auch dann anzuwenden sein, wenn das betr **DBA** eine **eigene Regelung zur Missbrauchsvermeidung** enthält oder seinerseits nationale Regelungen zur Missbrauchsvermeidung einschränkt (eventueller *treaty override,* BT-Drs 19/27632, 58; mE zweifelhaft; s auch *BeckOK EStG* § 50d Rn. 110 ff). Das wird wohl jedenfalls dann nicht gelten, wenn ein DBA seinerseits die Anwendung von § 50d III konkret ausschließt (vgl zB Ziff XV (3) des Protokolls zum DBA Niederlande, *Grotherr* DStR 21, 140 (149 f); zu § 50d III aF: BFH I R 21/07, BStBl II 08, 619; str, **aA** *KKM* § 50d Rn. B7).

b) Entlastungsausschluss, § 50d III 1. – aa) Gesetzliche Konstruktion. 19
§ 50d III 1 knüpft die Versagung des Entlastungsanspruchs an zwei tatbestandl Voraussetzungen (Nr 1 und 2), die durch *„und"* verknüpft sind. Daraus folgt, dass beide Voraussetzungen erfüllt sein müssen, damit es zum Entlastungsausschluss kommt. Positiv gewendet bedeutet das: ***(1.)*** Wären die an der ZwischenGes beteiligten bzw durch sie begünstigten Personen selbst entlastungsberechtigt, wenn ihnen die KapErträge oder Vergütungen unmittelbar zuflössen **(hypothetischer Entlastungsanspruch),** so ist auch die ZwischenGes entlastungsberechtigt; auf § 50d III 1 Nr 2 kommt es dann nicht mehr an. ***(2.)*** Ebenso ist die ZwischenGes entlastungsberechtigt, wenn die Einkünfte, die der KapESt oder dem StAbzug nach § 50a unterliegen, aus einer Einkunftsquelle stammen, die einen wesentl Zusammenhang mit der eigenen Wirtschaftstätigkeit der ZwischenGes etc aufweisen; auf § 50d III 1 Nr 1 kommt es dann nicht mehr an. – Sind diese Voraussetzungen nur teilweise erfüllt, ergibt sich aus dem einleitenden „soweit", dass eine **Quote** ermittelt werden muss, mit der die Höhe des anteiligen Entlastungsausschlusses bestimmt wird (→ Rn. 25). Das setzt allerdings voraus, dass die Anwendung von § 50d III 1 nicht durch **§ 50d III 2** ausgeschlossen ist (→ Rn. 26 ff). – Maßgebl **Prüfungszeitpunkt** ist die Entstehung der Steuer (§ 44 I 2 und § 50a V 1, → § 50c Rn. 1; ausführl *Grotherr* DStZ 21, 87 (91)).

Die **Beweislast** trifft zwar grds das FA, wenn es sich auf den Entlastungsausschluss des § 50d III 1 beruft. Allerdings muss die ausl Ges ihre Beteiligungsverhältnisse darlegen und ggf nachweisen; ihr kommt wegen des Auslandssachverhalts eine erhöhte **Mitwirkungspflicht** zu und sie trägt die Feststellungslast, soweit die Beteiligungsverhältnisse nicht aufklärbar sind (§ 90 II AO, § 76 I FGO; FG Köln EFG 22, 1607 Rn. 88, rkr). Zu den Besonderheiten des **Motivtests** (Negativbeweis) und den ggf erforderl **Ermittlungen zum ausl Recht** → Rn. 27.

bb) Hypothetischer Entlastungsanspruch, § 50d III 1 Nr 1. – (1) Beteiligte oder begünstigte Person. Zu berücksichtigen sind zunächst der oder die **Anteilseigner;** es kann sich um natürl oder um juristische Personen handeln. Eine Mindestbeteiligung wird nicht verlangt (krit *Grotherr* DStR 21, 1321 (1322)). Darüber hinaus muss auch ein hypothetischer Entlastungsanspruch sonstiger **begünstigter Personen** geprüft werden. Das sind gem § 50d III 1 Nr 1 Alt 2 alle Personen, denen die Einkünfte der ZwischenGes aufgrund ihrer Statuten letztl zugutekommen. Der Wortlaut ist sehr weit gefasst und verlangt ledigl eine statutarische Grundlage der Begünstigung (s *Grotherr* DStR 21, 1321 (1323): stille Beteiligung, Genussrechte, nicht aber Ges'ter- 20

Darlehen etc). – Die Prüfung erfolgt **für jeden Beteiligten/Begünstigten gesondert.** Ist ein Ges'ter über seinen Anteil an der ZwischenGes hinaus auch idS begünstigt, muss dies ebenfalls berücksichtigt werden. Die Beteiligungen der übrigen Ges'ter sind dann entspr zu korrigieren, da die Summe aus allen Anteilen und Begünstigungen auch in diesem Fall immer nur 1 bzw 100% betragen kann.

21 **(2) Mehrstufige Beteiligungsketten.** Sind an der ZwischenGes weitere Körperschaften, Personenvereinigungen oder Vermögensmassen beteiligt, ist bei der Prüfung des hypothetischen Entlastungsanspruchs des jeweiligen Beteiligten/Begünstigten ebenfalls § 50d III zu berücksichtigen (BT-Drs 19/27632, 58; *Schönfeld/Erdem* IStR 21, 189 (193 f): „verschachtelte Prüfung", mit Beispiel). Kommt danach einer beteiligten/begünstigten Körperschaft etc kein hypothetischer Entlastungsanspruch nach § 50d III 1 Nr 1 zu, ist ein hypothetischer Entlastungsanspruch der an dieser Körperschaft etc beteiligten oder durch sie begünstigten Personen *nicht* mehr zu berücksichtigen (kein „Durchgriff", s *Schönfeld/Erdem* IStR 21, 189 (194)).

22 **(3) Maßgeblicher Anspruch.** Der Gesetzesbegründung zufolge muss es sich um einen Entlastungsanspruch nach *derselben* Anspruchsnorm handeln (s BT-Drs 19/27632, 58). Ein vergleichbarer Entlastungsanspruch, etwa nach einem anderen DBA oder aufgrund von § 43b, soll nicht genügen (s BT-Drs 19/27632, 58 f). – **Stellungnahme:** Fragl ist allerdings, ob diese Ansicht auch tatsächl Gesetz geworden ist. Unterschieden werden muss mE zw *Anspruch* und *Anspruchsgrundlage.* Grammatikalisch bezieht sich der Satzteil „dieser Anspruch" in § 50d III 1 Nr 1 auf den im Einleitungssatz bezeichneten „Anspruch auf Entlastung von der KapESt und vom StAbzug nach § 50a". Eine Bezugnahme auf die Anspruchsgrundlagen, aus denen sich ein solcher Entlastungsanspruch ergeben kann, findet sich im Wortlaut der Regelung nicht. Anspruchsgrundlagen sind aber auswechselbar, ohne dass dies notwendig den Anspruch als solchen berührt. Sinn und Zweck der Regelung ist zudem die **Vermeidung eines Missbrauchs;** verhindert werden soll die Inanspruchnahme einer Entlastung, die einem Beteiligten/Begünstigten an sich nicht zusteht (→ Rn. 16). Steht aber dem Beteiligten/Begünstigten die Entlastung von der KapESt oder vom StAbzug nach § 50a tatsächl zu, egal aufgrund welcher Regelung, geht der Vorwurf des Missbrauchs ins Leere. Der Betreffende erlangt gerade keinen steuerl Vorteil, der iSv Art 6 I ATAD „dem Ziel oder Zweck des geltenden StRechts" zuwiderliefe. Nach dem objektivierten Willen des § 50d III 1 Nr 1 genügt daher mE ein **vergleichbarer Entlastungsanspruch** (so jetzt auch das *BZSt,* Merkblatt zu § 50d III, DStZ 25, 363; *Kraft* NWB 25, 1511, mit Beispiel; *Behrens ua* RdF 25, 279 (281) mwN; *FWDS* § 50d III Rn. 209; zweifelnd auch *Haase/Blank* Ubg 21, 78 (81); **aA** *Grotherr* DStR 21, 1321 (1323 ff); *Hörster* NWB 21, 1586 (1598); *BH/Wagner* § 50d Rn. 64c; *HHR/Hagena* § 50d Rn. 55; *KKM* § 50d Rn. B21; *KS/Gosch* § 50d Rn. 22; offen gelassen in FG Köln EFG 23, 1722 Rn. 66, Rev VIII R 36/24; *BeckOK EStG* § 50d Rn. 151 ff). Dieser führt in der jeweils maßgebl Höhe zu einem (ggf anteiligen) Entlastungsanspruch der ZwischenGes. – Dementspr ist eine persönl Entlastungsberechtigung mE auch bei sog **Mäanderstrukturen** nicht von vorneherein ausgeschlossen, also bei Beteiligung/Begünstigung einer im Inl ansässigen Person an der ausl ZwischenGes (**aA** *Grotherr* DStR 21, 1321 (1326); *ders* DStZ 21, 140 (142 ff)).

Demnach wäre das Gesetz hier „klüger als der Gesetzgeber"; das ist weder ausgeschlossen noch ungewöhnl. Soweit in der Gesetzesbegründung zur Rechtfertigung der Verengung der Regelung auf einen Entlastungsanspruch nach *derselben* Anspruchsnorm auf die Ausführungen des EuGH (C-116/16, C-117/16, IStR 19, 266 Rn. 107 ff – T Danmark ua) Bezug genommen wird (s BT-Drs 19/27632, 59: „zwingende Folge aus der Rspr des EuGH"), ist dies nicht nachvollziehbar; denn dem EuGH zufolge (aaO unter → Rn. 110) ist es gerade „durchaus denkbar", dass entspr Gestaltungen **„in keiner Weise rechtsmissbräuchl"** sind. Auch das Argument, die Zwischenschaltung widerspreche „offensichtl dem Ziel des Abkommens", die darin begründeten Vorteile nur den im jeweiligen Vertragsstaat Ansässigen zu gewähren (BT-Drs 19/27632, 58), ist mE nicht stichhaltig; denn Art 6 I ATAD stellt auf den **„Zweck des geltenden StRechts"** ab, nicht auf die Zwecke eines einzelnen DBA. Allein der Umstand, dass der Entlastungsanspruch des Beteiligten/Begünstigten auf einer anderen Anspruchsgrundlage beruht, rechtfertigt daher gerade nicht den Missbrauchsvorwurf (zutr auch die Kritik von *Schönfeld/Erdem* IStR 21, 189 (191 f); *Schnitger/Gebhardt* IStR 21, 289 (291 f)). – Folgt man dieser Ansicht, relativiert sich damit auch die ansonsten zentrale **Bedeutung des Motivtests *(Principal Purpose Test)*** gem § 50d III 2 (→ Rn. 26 ff).

cc) Sachliche Entlastungsberechtigung, § 50d III 1 Nr 2. – (1) Wesentlicher Zusammenhang. Der Begriff „Einkunftsquelle" bezieht sich auf die Beteiligungen, Lizenzen oÄ, die den KapErträgen oder Vergütungen iSv § 50a zugrunde liegen. Diese Einkunftsquelle muss einen wesentl Zusammenhang mit der Wirtschaftstätigkeit *dieser* ZwischenGes aufweisen, also derjenigen, die den Entlastungsanspruch geltend macht. Das setzt zunächst voraus, dass die ZwischenGes etc überhaupt eine **eigene operative Wirtschaftstätigkeit** konkret vorbereitet, ausübt oder ausgeübt hat (s BT-Drs 19/27632, 60: Zusammenhang mit früherer Wirtschaftstätigkeit kann genügen). Eine räuml Beschränkung sieht § 50d III 1 Nr 2 nicht vor (glA *Schnitger/Gebhardt* IStR 21, 289 (293 f); *Schönfeld/Erdem* IStR 21, 189 (194 f): tätigkeitsspezifische Prüfung). – Hinsichtl dieser Wirtschaftstätigkeit muss der Einkunftsquelle eine **wesentl Funktion** zukommen. Aus § 50d III 1 Nr 2 Hs 2 folgt, dass jedenfalls der Bezug und die Weiterleitung der Einkünfte keine Wirtschaftstätigkeit idS begründen (passive Beteiligungsverwaltung oder „Weiterleitungsgesellschaft", EuGH C-116/16, C-117/16, IStR 19, 266 Rn. 104 – T Danmark ua). Andererseits kann bei einer ZwischenGes, die in Form der **aktiven Beteiligungsverwaltung** als HoldingGes in geschäftsleitender Funktion die Geschicke ihrer TochterGes „planmäßig steuert", auch dann noch ein wesentl Zusammenhang mit der eigenen Wirtschaftstätigkeit bestehen, wenn die Einkünfte der ZwischenGes allein aus den Dividenden der TochterGes bestehen (s BT-Drs 19/27632, 60; FG Köln EFG 22, 1607 Rn. 87, rkr). 23

Der Gesetzesbegründung zufolge soll das jedenfalls dann gelten, wenn es um die Verwaltung *mehrerer* Beteiligungen geht; mE schließt das nicht aus, dass auch bei **Verwaltung nur *einer* Beteiligung** eine hinreichende Wirtschaftstätigkeit vorliegt (zu § 50d III aF insoweit → 40. Aufl 2021, § 50d Rn. 47 (2) mwN; glA *Grotherr* GmbHR 21, 478, ausführl auch zur Abgrenzung zw aktiver und passiver Beteiligungsverwaltung; *HHR/Hagena* § 50d Rn. 56; krit hinsichtl des kategorischen Ausschlusses einer passiven Beteiligungsverwaltung *Schnitger/Gebhardt* IStR 21, 289 (293), unter Hinweis auf EuGH C-384/93, NJW 95, 2541 – Alpine Investments; **aA** *KS/Gosch* § 50d Rn. 27). – Die **Ausübung der wesentl Geschäftstätigkeit durch Dritte** ist nicht notwendig schädl (keine Übernahme von § 50d III 3 aF; glA FG Köln EFG 23, 1722, Rn. 67, Rev VIII R 36/24; *Schnitger/Gebhardt* IStR 21, 289 (293 f)); zur steuerl **Zurechnung unternehmerischer Tätigkeit** vgl auch BFH I R 61/09, BStBl II 11, 249 zu § 8 I Nr 3 AStG aF (Übertragung der Betriebsführung durch sog „Managementverträge"). – S iÜ zum Begriff der Wirtschaftstätigkeit *Grotherr* DStZ 21, 87 (94): Erbringung von Lieferungen und Leistungen, einschließl Dienstleistungen (zB Beratung).

(2) Angemessen eingerichteter Geschäftsbetrieb. Tätigkeiten, die mit einem bezogen auf den Geschäftszweck nicht angemessen eingerichteten Geschäftsbetrieb ausgeübt werden, bleiben insoweit unberücksichtigt. Maßgebl Kriterien werden insb das Vorhandensein ausreichender Geschäftsräume, die Anwesenheit von entspr ausgebildetem Personal (in ausreichender Stärke) und die Verfügbarkeit der nötigen technischen Kommunikationsmittel sein (vgl BFH I R 38/00, BStBl II 02, 819; BFH I R 61/09, BStBl II 11, 249 zu § 8 I Nr 3 AStG: „personelle und sachl Mindestausstattung"). 24

dd) Quotaler Entlastungsausschluss. Da die Ausschlussgründe in § 50d III 1 Nr 1 und 2 mit „soweit" eingeleitet werden, muss die Entlastungsberechtigung in Bezug auf jeden (unmittelbar oder mittelbar, → Rn. 21) Beteiligten/Begünstigten gesondert geprüft werden (glA *KKM* § 50d Rn. B82 mwN). Fällt das Ergebnis dieser Prüfung bei den einzelnen Beteiligten/Begünstigten unterschiedl aus, müssen Quo- 25 ten anhand der Beteiligungs-/Begünstigungsverhältnisse gebildet werden. Die Höhe des Entlastungsanspruchs der ZwischenGes ergibt sich aus der Summe der hypothetischen Entlastungsansprüche der Beteiligten/Begünstigten (s iEinz *Grotherr* DStZ 21, 140 (147 f), mit Beispiel).

26 **c) Erhalt des Entlastungsanspruchs, § 50d III 2. – aa) Motivtest, § 50d III 2 Alt 1.** Gem § 50d III 2 Hs 1 bleibt der Entlastungsanspruch erhalten, soweit die ZwischenGes durch einen **umgekehrten *Principal Purpose Test*** nachweist, dass „*keiner* der Hauptzwecke ihrer Einschaltung die Erlangung eines steuerl Vorteils" ist.

27 **(1) Negativbeweise.** Da ein solcher Negativbeweis niemals lückenlos geführt werden kann (s zB BFH X B 160/18, X B 3–10/19, BFH/NV 20, 5 Rn. 28), wird man hier mE wie folgt vorgehen müssen: Es ist zunächst Aufgabe der ZwischenGes, die außersteuerl Gründe für ihre Zwischenschaltung substantiiert darzulegen. Hat sie dies getan, muss das FA substantiiert darlegen, warum es entweder diese Gründe für nicht stichhaltig hält oder warum es der Auffassung ist, dass schädl (→ Rn. 29) steuerl Gründe überwiegen (s allg auch BFH IV R 2/12, BFH/NV 15, 1331 Rn. 26 mwN).

Das ist wohl auch nach der **Gesetzesbegründung** so angelegt; denn es heißt dort, die sich aus § 50d III 1 ergebende Missbrauchsvermutung könne die ZwischenGes durch Nachweis der Gründe für ihre Einschaltung widerlegen (s BT-Drs 19/27632, 60 aE). Dabei wird auch zu berücksichtigen sein, dass **Ermittlungen zum ausl Recht** dem FA (und ggf dem FG) obliegen (von Amts wegen, s BFH IV R 37/16, BFH/NV 18, 440 Rn. 59; glA *HHR/Hagena* § 50d Rn. 60); den StPfl trifft insoweit keine Darlegungs- oder Mitwirkungspflicht, insb auch nicht aus § 90 II AO (BFH I R 33/16, BFH/NV 20, 201; auch → § 4k Rn. 8).

28 **(2) Außersteuerliche Zwecke.** Diese können rechtl, wirtschaftl, politischer oder religiöser Art sein (zB Standortvorteil, Tradition etc; s *BMF* BStBl I 12, 171 Tz 6 zu § 50d III aF). Zu berücksichtigen sind auch (entgegen § 50d III 2 aF) organisatorische, wirtschaftl oder sonst beachtl **Merkmale der Unternehmensgruppe,** zu der die ZwischenGes gehört, sowie Strukturen und Strategien dieser Gruppe (s BT-Drs 19/27632, 60, wegen EuGH C-440/17, DStR 18, 1479 Rn. 57 – GS; *KKM* § 50d Rn. B 65 mwN). Was der/die Hauptzweck/-e für die Zwischenschaltung einer ZwischenGes sind, kann nur im Wege einer umfassenden Würdigung sämtl rechtl und tatsächl Umstände des Einzelfalls ermittelt werden. Bei dieser Wertung wird man mE der ZwischenGes auch **unternehmerische Beurteilungsspielräume** zugestehen müssen (glA FG Köln EFG 23, 1722, Rn. 69 ff, Rev VIII R 36/24).

29 **(3) Steuerliche Vorteile.** Schädl ist gem § 50d III 2 die Erlangung „*eines* steuerl Vorteils"; es geht demzufolge nicht allein um den Vorteil, der sich aus dem Entlastungsanspruch der ZwischenGes ergibt (krit *Grotherr* DStZ 21, 140 (145 f)). Es wird auch nicht zw **inl und ausl steuerl Vorteilen** unterschieden (hinsichtl der Darlegungserfordernisse zum ausl Recht → Rn. 27 aE). Allerdings darf mE nicht jeder steuerl Vorteil *per se* negativ gewichtet werden. Denn der ATAD (→ Rn. 16) zufolge, hat jeder StPfl das Recht, die „steuereffizienteste Struktur für seine geschäftl Angelegenheiten zu wählen" (s Erwägungsgrund (11) zur RL (EU) 2016/1164); daher sind nur solche steuerl Vorteile schädl, die dem **„Zweck des geltenden StRechts"** zuwiderlaufen (vgl Art 6 I ATAD; glA *HHR/Hagena* § 50d Rn. 60; *KKM* § 50d Rn. B 56 und B 62 f; s auch *Grotherr* DStR 21, 140 (146 f); gegen die Einbeziehung ausl StVorteile: *FWDS* § 50d III Rn. 540; *Mössner* SteuerR Rn. 10.100). Man wird also den sehr weit gefassten Wortlaut des § 50d III 2 im Wege der **RL-konformen Auslegung** (→ § 4k Rn. 6) teleologisch reduzieren und eine Wertung vornehmen müssen, um zw schädl und unschädl steuerl Vorteilen zu unterscheiden (diff *Behrens ua* RdF 25, 279 (283) mwN).

30 **(4) Quotale Betrachtung.** Auch § 50d III 2 Alt 1 wird mit „soweit" eingeleitet, so dass auch hier eine nur quotale Berücksichtigung mögl ist (zB: für den Erwerb

einer Beteiligung werden außersteuerl Gründe nachgewiesen, nicht aber für ihre Aufstockung, vgl BT-Drs 19/27632, 60 aE).

bb) Börsennotierte Gesellschaften, § 50d III 2 Alt 2. Handelt es sich bei der ZwischenGes um eine börsennotierte Ges, ist § 50d III 1 dann nicht anwendbar, wenn mit der Hauptgattung ihrer Anteile an einer anerkannten Börse **wesentl und regelmäßig gehandelt** wird. Erfüllt eine der beteiligten/begünstigten Personen (→ Rn. 20) die Voraussetzungen des § 50d III 2 Alt 2, sollte bislang iRd der Prüfung einer hypothetischen Entlastungsberechtigung § 50d III keine Anwendung finden (s BT-Drs 19/27632, 61). An dieser Auffassung hält das BZSt allerdings nicht mehr fest (s *Kraft* NWB 25, 1511 (1516 mwN)). – Für **Investmentgesellschaften** gilt keine Ausnahme mehr (anders als nach § 50d IIII 5 aF). 31

Hinsichtl des Begriffs **„anerkannte Börse"** verweist *BMF* BStBl I 12, 171 Rn. 9.1 auf den Begriff des „organisierten Marktes" iSv § 2 V WpHG aF, jetzt: **§ 2 XI WpHG.**

d) Allgemeine Missbrauchsklausel (§ 42 AO), § 50d III 3. § 42 AO wird als allgemeine Missbrauchsklausel durch die spezielle Missbrauchsregelungen des § 50d III nicht verdrängt. Grund für diese Regelung sind die in den Vorlagebeschlüssen des FG Köln EFG 16, 1801, und FG Köln EFG 17, 51, geäußerten diesbezügl Zweifel (s BT-Drs 19/27632, 61). 32

3. DBA-Kassenstaatsklauseln, § 50d VII. – a) Fingiertes Dienstverhältnis, § 50d VII 1. Die Regelung enthält ein *treaty override* (BFH I R 17/18, BStBl II 25, 274 Rn. 21 ff) in Form einer gesetzl verbindl Interpretation von DBA-Kassenstaatsklauseln iSd Art 19 OECD-MA (entspr § 49 I Nr 4 Buchst b) für privatrechtl organisierte, **unmittelbar oder mittelbar** aus inl öffentl Kassen (LStH 3.11; *BMF* BStBl I 19, 1082 Rn. 4) einer juristischen Person des öffentl Rechts finanzierte ArbVerh (zB Goethe-Institute, Auslandsschulen, GIZ → § 1 Rn. 35, → § 49 Rn. 56; zur Bedeutung für § 1 II s FG Ddorf EFG 98, 1069, rkr). Für die daraus resultierenden Einkünfte wird im Wege einer gesetzl Fiktion („gelten … als") das Besteuerungsrecht Deutschland zugewiesen, wenn der **beschr stpfl ArbN** seine Dienste zwar nicht gegenüber dem Kassenstaat oder der Gebietskörperschaft erbringt, aber die Vergütungen aus öffentl Mitteln aufgebracht werden. Dies gilt für sämtl Einkünfte, die aus inl Kassen von juristischen Personen des öffentl Rechts (unmittelbar oder mittelbar) gewährt werden, bei Mischfinanzierung *anteilig* in dem Umfang, in dem die Einkünfte aus inl öffentl Kassen gewährt werden (s auch *Kappelmann* ISR 24, 269). Die nur anteilige Erfassung der Einkünfte folgt zwar nicht aus dem Wortlaut der Regelung, der zufolge „die Vergütungen" (ohne Einschränkung) der Fiktion unterworfen werden, aber aus dem systematischen Zusammenhang und der Funktion der Kassenstaatsklausel (ebenso: BT-Drs 20/12780, 130; s auch BFH I R 42/16, BStBl II 19, 671, Rn. 13: Korrespondenz zw Besteuerungszugriff und Belastung des inl öffentl Haushalts). 35

Die Regelung ist grds auch auf **später geschlossene DBA** anwendbar (BFH I R 17/18, BStBl II 25, 274 Rn. 25; zust *Kempermann* ISR 22, 148; **aA** *Danz/Reichenberger* ISR 19, 92; auch → Rn. 38 mwN). Zum Hintergrund → 23. Aufl 2004, § 49 Rn. 56; *Bublitz* IStR 07, 77. Zur **StBefreiung** von Auslandszuschlägen und Kaufkraftausgleich s § 3 Nr 64. – Die Voraussetzung, dass die Vergütungen *„ganz oder im Wesentlichen"* aus öffentl Mitteln aufgebracht werden müssen, ist mit der Neufassung der Regelung durch das **JStG 2024** (BGBl I 24 Nr 387 → Rn. 3) mit Wirkung ab VZ 2025 entfallen. Dem BFH zufolge sollte diese Voraussetzung bei einem inl Finanzierungsanteil von wenigstens 75% erfüllt sein (BFH I R 42/16, BStBl II 19, 671; krit *Danz/Reichenberger* ISR 19, 92). Diese Regelung galt nur für beschr stpfl ArbN (s auch FG Köln EFG 22, 1531 mwN, rkr).

b) Antragsveranlagung und Anrechnung, § 50d VII 2. Besteuert der andere Staat die betr Einkünfte ebenfalls (Doppelbesteuerung), ist auf Antrag des beschr stpfl ArbN gem § 50d VII 2 iVm **§ 50 II 2 Nr 4 Buchst e** eine Veranlagung durchzuführen (→ § 50 Rn. 38: Ausnahme von der Abgeltungswirkung des StAbzugs). Hierbei 36 wird die im Ausl festgesetzte und entrichtete, um einen Ermäßigungsanspruch geminderte der dt ESt entspr ausl Steuer (iEinz → § 34c Rn. 7) auf die dt ESt angerechnet, soweit diese auf die betr ArbN-Einkünfte entfällt. Die Anrechnung ist also der Höhe nach auf die entspr (ggf anteilige) dt ESt begrenzt. – Kommt es bei Beschäftigten in **Staaten ohne DBA** zu einer tatsächl Doppelbesteuerung der Einkünfte, kann ein StErlass gem § 227 AO beantragt werden (*BMF* BStBl I 19, 1082 Rn. 17).

37 **c) Unbeschränkt steuerpflichtige Arbeitnehmer, § 50d VII 3.** Für unbeschr stpfl ArbN gelten diese Regelung entspr. Das soll verhindern, dass der dt StZugriff bei beschr StPfl über den StZugriff bei unbeschr StPfl hinausgeht (BT-Drs 20/12780, 129).

4. Nach DBA steuerfreier Arbeitslohn, § 50d VIII

Verwaltungsanweisungen: *BMF* BStBl I 23, 2179 Rn. 83 ff (Behandlung von ArbLohn nach DBA).

38 **a) Hintergrund; Bedeutung.** Die Regelung soll (seit VZ 2004) als **unilaterale Rückfallklausel** (*treaty override* in Form einer *subject-to-tax rule*) die einmalige Besteuerung für nach DBA stfreie Lohneinkünfte bei unbeschr StPfl sicherstellen (Verhinderung „weißer Einkünfte"). Das BVerfG hat dies für **verfgemäß** erklärt (BVerfG 2 BvL 1/12, DStR 16, 359, abw Meinung *König* DStR 16, 372; BFH I R 66/09, BFH/NV 16, 1688: auch kein Verstoß gegen Art 3 I GG; weitere Nachweise → 40. Aufl 2021, § 50d Rn. 52). Durch Regelungen eines **später erlassenen DBA** wird § 50d VIII nicht verdrängt (BFH I R 64/13, BStBl II 17, 1185 mwN: lex-posterior-Grundsatz kommt nicht zum Tragen; zust *Kempermann* ISR 2016, 361; *Mitschke* IStR 16, 773; diff *TK* § 2 AO Rn. 6b).

39 **aa) Sachlicher und persönlicher Anwendungsbereich.** § 50d VIII hat einen eng begrenzten Anwendungsbereich und gilt *nur* für **Einkünfte aus nichtselbständiger Arbeit** (§ 19; tatsächl Besteuerung schwer nachvollziehbar), *nur* für **DBA-Staaten** (für Nicht-DBA-Staaten → § 34c Rn. 23 mwN: Auslandstätigkeitserlass) und *nur* für **unbeschr StPfl** (BFH I R 90/08, BStBl II 10, 394 zu § 50d IX: keine Erstreckung auf § 1 III; BFH I B 139/11, BFH/NV 16, 1453: abkommensrechtl Ansässigkeit wird nicht verlangt; zust *BMF* BStBl I 23, 2179 Rn. 60; krit *KS/Gosch* § 50d Rn. 35). **Ausnahme von § 50d VIII:** stfreie Vergütungen von Ortskräften ausl Vertretungen im Inl (*OFD Rhl* IStR 07, 520). – Zur Anwendung s *BMF* BStBl I 23, 2179 Rn. 59 ff.; zum LSt-Abzugsverfahren → Rn. 42.

§ 50d VIII hatte nach ursprüngl hM **als speziellere Norm § 50d IX verdrängt;** dh, hatte der StPfl den Nachweis gem § 50d VIII 1 erbracht, konnte eine Versagung der Freistellung nicht auf § 50d IX gestützt werden (BFH I R 27/11, DStR 12, 689, mwN; Anm *Sedemund/Hegner* IStR 12, 315: Wettbewerbsnachteil für dt Unternehmen). Dies ist durch § 50d IX 3 korrigiert worden (→ Rn. 54).

40 **bb) Funktion der Regelung.** Systematisch gehört die Regelung zu §§ 34c, 34d. Sie soll grds die einmalige Besteuerung unbeschr stpfl ArbN sicherstellen, insb verhindern, dass der StPfl seine Einkünfte pflichtwidrig in dem anderen Staat nicht deklariert (vgl BFH I B 119/09, BFH/NV 10, 2055; s aber BFH I R 66/09, BFH/NV 15, 1250 Rn. 6: nur „vorgetäuschtes" Motiv des Gesetzgebers). Die Einschränkung der DBA-StFreiheit in Fällen ohne Rückfallklausel durch die Nachweispflicht hat der BFH gebilligt (vgl BFH I R 38/00, BStBl II 02, 819). Vgl auch die Ergänzungen zur Anrechnung von Auslandsteuer durch § 34c I 3, VI 3 idF StVergAbG (BGBl I 03, 660) ab 2003.

41 **b) Voraussetzungen der Freistellung, § 50d VIII 1.** Im Ausl erzielter ArbLohn von im Inl ansässigen und daher **unbeschr stpfl** ArbN ist unter bestimmten, je nach DBA unterschiedl Voraussetzungen im Inl stfrei und nur in den Progressionsvorbehalt einzubeziehen. Die Ermittlung erfolgt grds nach dt Recht (*BMF* BStBl I 23, 2179

Rn. 64). Gem § 50d VIII 1 wird eine Freistellung im Inl (seit 2004) unabhängig von DBA-Rückfallklauseln nur noch dann gewährt, wenn der StPfl nachweist, dass er entweder die auf die freigestellten Einkünfte entfallende Auslandsteuer **tatsächl gezahlt** hat oder dass der Staat, dem die Besteuerung nach DBA zusteht, effektiv auf sein Besteuerungsrecht **verzichtet** (s BFH I R 30/18, BStBl II 23, 29: „Dreieckskonstellation", DBA Schweiz/Frankreich; *Rüsch* ISR 19, 350 (354)). Es kommt weder auf die Form des Verzichts (BFH I B 139/11, BFH/NV 16, 1453 Rn. 14) noch auf die Ausgestaltung der Besteuerung in dem anderen Staat an (vgl FG Mster EFG 19, 958, rkr; *BMF* BStBl I 23, 2179, Rn. 67 aE: PauschalSt). Unkenntnis der ausl StBehörden von dem maßgebl Sachverhalt ist *kein* Verzicht auf das Besteuerungsrecht (zutr FG Köln BeckRS 2021, 10656, rkr). – Der **Nachweis** ist grds durch Vorlage des ausl StBescheids und eines Zahlungsbelegs zu erbringen (vgl BFH I R 54, 55/07, BFH/NV 08, 1487; *BMF* BStBl I 23, 2179, Rn. 66 f.: ggf auch ArbG-Bescheinigung). Der Nachweis, dass Steuern in einem *dritten* Staat gezahlt worden sind, genügt nicht; **Festsetzungsverjährung** im Tätigkeitsstaat ist kein Verzicht iSd § 50d VIII 1 (zu beidem s BFH I R 67/16, BFH/NV 19, 394 Rn. 25; Anm *Hagemann* IStR 19, 387). Was ohnehin feststeht, muss dabei nicht gesondert nachgewiesen werden (BFH I R 27/11, DStR 12, 689 Rn. 12; FG Hmb EFG 17, 1176, Rev VI R 26/25 (I R 30/17); idS wohl auch *BMF* BStBl I 23, 2179 Rn. 70). Nur **vorübergehender LSt-Einbehalt** schließt die Anwendung des § 50d VIII 1 nicht aus (BFH I R 86/13, BStBl II 15, 18 Rn. 13, neues Az VI R 25/25 → Rn. 47). – Bei ArbLohn von **nicht mehr als 10 000 €** (pro VZ, nicht pro Staat, nach dt Recht ermittelt) verzichtet die FinVerw auf Nachweise (s *BMF* BStBl I 23, 2179 Rn. 78; zutr krit *Rüsch* ISR 19, 350: fehlende gesetzl Ermächtigung).

Beispiele – kein Nachweis: Nettolohnvereinbarung (FG Köln EFG 16, 1711, rkr: betragsmäßiger Nachweis erforderl, krit Anm *Hagemann* IWB 17, 34); Bescheinigung einer StBeraterin (FG Brem EFG 11, 1431, rkr; **aA** FG Mster EFG 20, 1084, rkr; FG BW EFG 11, 1629, rkr) oder des ArbG (HessFG EFG 24, 747, Rev VI R 1/25). – Zu **praktischen Schwierigkeiten,** entspr Nachweise zu erlangen, s FG Ddorf EFG 17, 1356 mwN, rkr: Plausibilitätsprüfung ersetzt nicht Nachweis. Zur **Ermittlungspflicht** des FG s BFH I R 27/13, BStBl II 15, 448.

c) Verfahren, § 50d VIII 2 und 3. Erbringt der StPfl den Nachweis gem § 50d VIII 1 erst *nach* Bestandskraft der inl Veranlagung, ist diese zu ändern, um eine Doppelbesteuerung zu vermeiden (§ 50d VIII 2). Es handelt sich um eine eigenständige, **punktuelle Korrekturvorschrift,** die einerseits kein rückwirkendes Ereignis iSv § 175 I 1 Nr 2 AO voraussetzt und andererseits keine vollumfängl Überprüfung der StFestsetzung erlaubt (BFH VI R 34/21, BStBl II 25, 46: keine Korrektur wegen Rechtsfehler/Rechtsirrtum bei Anwendung des DBA). Die Festsetzungsfrist beginnt erst mit Ablauf des Kj, in dem der Nachweis erbracht wird (§ 50d VIII 3 iVm § 175 I 2 AO). 42

§ 50d VIII greift nur im **Veranlagungsverfahren** und beschneidet nicht die StFreiheit im LStAbzugsverfahren bei Freistellungsnachweis (s auch HessFG EFG 24, 747, Rev VI R 1/25; s *BMF* BStBl I 23, 2179 Rn. 63 und *BMF* BStBl I 24, 1308 Rn. 27 bzw [bis VZ 2024] *BMF* BStBl I 17, 473 Rn. 27). Zur **Verzinsung** nach § 233a s SächsFG EFG 17, 712, rkr.

5. Ausschluss doppelter DBA-Steuerbefreiung, § 50d IX

Verwaltungsanweisungen: *BMF* BStBl I 23, 2179 Rn. 59 ff (Behandlung von ArbLohn nach DBA).

a) Hintergrund; Bedeutung. Die DBA-Freistellungsmethode soll eine Doppelbesteuerung verhindern. Die Einkünfte werden in einem Staat freigestellt, weil sie grds im anderen Staat besteuert werden. Entfällt die Besteuerung im anderen Staat, entfällt auch der Freistellungsgrund im ersten Staat (vgl Kommentar zum OECD-MA Tz 32.6 zu Art 23; → Rn. 38 zu § 50d VIII). Gleichwohl ist die **Einmalbesteuerung** nicht in allen DBA sichergestellt und war ursprüngl nicht Voraussetzung für die 44

Freistellung (vgl *Suchanek* IStR 07, 654). Diese Lücke soll für die in § 50d IX 1 Nr 1 bis 3 genannten Fälle geschlossen werden. StBefreiungen nach inl StRecht bleiben unberührt (zB § 3 Nr 40 EStG; § 8b I KStG).

45 **aa) Persönlicher und sachlicher Anwendungsbereich.** § 50d IX erfasst wie § 50d VIII nur **unbeschr StPfl** (BFH I R 90/08, BStBl II 10, 394: nicht § 1 III). Betroffen sind Fälle der Nicht- oder Minderbesteuerung positiver wie negativer (s BFH I R 52/16, BStBl II 19, 105, Anm *Kahlenberg* ISR 19, 129) nach DBA im Inl stfreier Einkünfte aller Einkunftsarten, und zwar für ESt, KSt (§ 8 I 1 KStG) und GewSt (§ 7 GewStG); Konkurrenz zu § 50d VIII → Rn. 54. Im Ausl nicht abziehbare **Verluste** werden trotz Freistellung im Inl unabhängig von § 2a abziehbar, wohl nach § 50d IX 1 Nr 1 und Nr 2. Dagegen ist § 50d IX nicht anwendbar, wenn positive Einkünfte im anderen Staat nur wegen Verlustverrechnung nicht besteuert oder gar nicht erst erklärt werden (vgl BFH I B 119/09, BFH/NV 10, 2055; aber ggf § 50d VIII prüfen). Str war, ob Einkünfte einer im Ausl nur *teilweise* besteuerten Einkunftsart (nach DBA) unter § 50d IX fallen; § 50d IX ist diesbezügl mit Wirkung ab 1.1.2017 geändert worden (→ Rn. 52). Zu **LSt-Abzugsverfahren** s *BMF* BStBl I 24, 1308 Rn. 27 bzw [bis VZ 2024] *BMF* BStBl I 17, 473 Rn. 27: grds keine Anwendung.

46 **bb) Zeitlicher Anwendungsbereich.** Die Regelung gilt grds **ab 2007.** Allerdings sollte § 50d IX 1 Nr 1 auf alle noch nicht bestandskräftigen StBescheide anzuwenden sein (§ 52 LIXa 6 aF). Grund: Bei Qualifikationskonflikten sollte § 50d IX nur klarstellender Natur sein, weil Nr 1 nur Sinn und Zweck der DBA-Freistellungsmethode verdeutliche (so BT-Drs 16/2712); → Rn. 47..

47 **cc) Verfassungsmäßigkeit.** Der BFH hat die Regelung für **verfwidrig** gehalten (BFH I R 86/13, BStBl II 15, 18) und dem BVerfG vorgelegt (s auch *Gosch* BFH/PR 15, 36; *Oellerich* ISR 15, 337; **aA** *Mitschke* FR 15, 94; *Kube* StuW 23, 18 (28); offen gelassen in BFH I R 30/18, BStBl II 23, 29). Das BVerfG ist dem allerdings iZm § 50d VIII nicht gefolgt (→ Rn. 38) und hat jetzt die Vorlage des BFH zu § 50d IX als **unzulässig** verworfen (BVerfG 2 BvL 21/14, DStR 25, 2647, Anm *de Weerth* IStR 25, 903, neues Az: BFH VI R 25/25; krit *Gosch* FR 25, 1105). Einen Verstoß gegen das Rückwirkungsverbot in Bezug auf § 50d IX 1 Nr 1 hat der BFH hingegen verneint (BFH I R 52/16, BStBl II 19, 105). Zu § 50d IX 3 → Rn. 54.

48 **b) Switch-Over-Klausel, § 50d IX 1 und 4.** DBA-Freistellungen werden nicht gewährt, wenn *eine* der in Nr 1–3 genannten Voraussetzungen vorliegt; Folge: unilateral angeordneter Wechsel *(switch-over)* von der Freistellungs- zur Anrechnungsmethode (BFH I R 46/10, BStBl II 14, 764; vgl BT-Drs 16/2712, 61). Den StPfl treffen anders als nach § 50d VIII **keine Nachweispflichten** (Amtsermittlung der ausl Besteuerung durch die FinVerw unter Mitwirkungspflicht des StPfl nach **§ 90 II AO;** zur Reichweite s FG Bln-Bbg EFG 18, 1993 rkr, mit Anm *Weinschütz*).

49 **aa) Qualifikationskonflikte iwS, § 50d IX 1 Nr 1.** Zum Begriff s *Vogel/Lehner* Grundlagen Rn. 96b ff (mit Beispielen). Zur Nichtbesteuerung kann es kommen, wenn DBA-Staaten Einkünfte unterschiedl DBA-Bestimmungen zuordnen, weil sie von unterschiedl Sachverhalten ausgehen oder DBA-Bestimmungen bzw Abkommensbegriffe nach nationalem Recht unterschiedl auslegen. Dann ist die Besteuerung im Inl trotz Freistellung unabhängig von Art 23 OECD-MA mögl (s zu § 20 II, III AStG EuGH C-298/05, DStR 07, 2308 – Columbus mit Anm *Rainer* IStR 08, 63; *Thömmes* IWB F 11 A, 1169; *Cloer/Lavrelashvili* EWS 07, 221; zu Anrechnung bei Minderbesteuerung gem § 34c VI 5 → § 34c Rn. 29). – Unschädl ist hingegen eine **Steuerfreistellung nach innerstaatl Recht** des anderen Staates; denn sie beruht nicht auf der Anwendung von „Bestimmungen des Abkommens" (vgl BFH I R 61/17, DStRE 21, 1153 Rn. 54 mwN: Verzicht auf das DBA-rechtl zugewiesene Besteuerungsrecht; BFH I R 6, 8/11, BStBl II 13, 111; BFH I R 46/10, BStBl II 14, 764 mwN). Unschädl ist ferner ein **Vollzugsdefizit** (FG Mster EFG 09, 1222, rkr;

FG RhPf EFG 16, 1594, rkr). Zum **Vertrauensschutz** nach § 176 II AO s BFH I R 49/09, BStBl II 11, 482; Anm *Gosch* BFH/PR 11, 206; zur Rückwirkung gem § 52 LIXa 6 aF s FG Mster EFG 14, 2043.

bb) Ausfall mangels persönlicher Steuerpflicht, § 50d IX 1 Nr 2. Einkünfte können auch deshalb unbesteuert bleiben, weil sie im Inl nach DBA stfrei und im Ausl zwar grds stpfl sind (sonst allenfalls Nr 1), dort die Besteuerung aber an der fehlenden unbeschr StPfl scheitert (zB keine DBA-Ansässigkeit) und die Einkünfte bei beschr StPfl nicht erfasst werden. In solchen Fällen soll § 50d IX 1 Nr 2 bewirken, dass das Besteuerungsrecht an Deutschland zurückfällt (BFH I B 109/13, DStR 14, 363 Rn. 9; FG Hmb EFG 17, 1176, Rev VI R 26/25 (I R 30/17): Einkünfte unterhalb des ausl Grundfreibetrags; FG Hmb EFG 19, 1366, Rev VI R 27/25 (I R 28/19): Schiffspersonal eines in Zypern nicht registrierten Schiffs; krit Anm *Hagemann* IStR 19, 870). Daran fehlt es, wenn die Besteuerung wegen der Grenzgängerregelung in einem Drittstaaten-DBA entfällt (BFH I R 30/18, BStBl II 23, 29; *Kudert/Höppner* IWB 19, 185). – Die Einkünfte sind auch dann iSv § 50d IX 1 Nr 2 „nicht stpfl", wenn sie zunächst dem StAbzug unterworfen werden, aber ein **Erstattungsanspruch** besteht, auch wenn die Erstattung antragsgebunden ist (BFH I R 86/13, BStBl II 15, 18: Abstellen auf die *abstrakte* StPfl, anders bei StAbzug mit abgeltender Wirkung, neues Az: BFH VI R 25/25, → Rn. 47; BFH I B 121/15, BFH/NV 16, 376: auch bei Erstattung in einem späteren VZ). Die sich hier ergebende temporäre (durch den StAbzug) oder ggf auch finale (bei nicht gestelltem Erstattungsantrag) doppelte Besteuerung hindert die Anwendung des § 50d IX 1 Nr 2 nicht (BFH I R 27/11, DStR 12, 689; ebenso: *BMF* BStBl I 23, 2179 Rn. 86). 50

cc) Hybride Betriebsstätten; anzunehmende schuldrechtliche Beziehungen, § 50d IX 1 Nr 3. Die Regelung entspricht der Empfehlung 1.1 des OECD-Berichts zur Neutralisierung der Effekte sog **„hybrid branches"** (s BT-Drs 19/28652, 41; zu hybriden Gestaltungen allg → § 4k Rn. 1). Darunter versteht man feste Geschäftseinrichtungen, die aus Sicht des Staates des Stammhauses als steuerl Betriebsstätte angesehen und von der Besteuerung freigestellt werden, während der Staat, in dem sich die feste Geschäftseinrichtung befindet, die Einrichtung nicht als steuerl Betriebsstätte betrachtet und die Einkünfte daher ebenfalls nicht besteuert (s *Kahlenberg* IStR 18, 93; *Köhler* ISR 18, 250 (259); *Kofler/Schnitger* BEPS-Handbuch Rn. C.229 ff; *SED* Rn. 17.83 ff; krit *Haase* IStR 23, 813). Für diesen Fall bestimmt § 50d IX 1 Nr 3 Alt 1, dass die Freistellung zu versagen ist, wenn Deutschland der Stammhausstaat ist. – Dasselbe gilt gem § 50d IX 1 Nr 3 Alt 2, wenn aufgrund einer **anzunehmenden schuldrechtl Beziehung** (vgl → § 4k Rn. 20) der Betriebsstättenstaat von fiktiven Aufwendungen ausgeht, die die steuerl Bemessungsgrundlage mindern. – Die Regelung ist zum **1. 7. 21** in Kraft getreten. 51

dd) Einkunftsteile. Dass Einkünfte **nur teilweise besteuert** werden, genügte zunächst für die Anwendung der Regelung nicht (→ 39. Aufl 2020, § 50d Rn. 57 mwN; s auch BFH I R 42/20, DStR 24, 1071). Mit Wirkung **ab VZ 2017** ist § 50d IX 1 geändert worden (BT-Drs 18/9536, 56: „für die Zukunft"); das „wenn" ist durch ein „soweit" ersetzt worden. Entspr der Auffassung des *BMF* schließt damit § 50d IX 1 künftig eine Anwendung der Freistellungsmethode auch dann aus, wenn die Einkünfte im anderen Staat nur *teilweise nicht* oder *nur gering besteuert* werden (vgl BT-Drs 18/9536, 56) –. In die gleiche Richtung zielt der neu eingefügte **§ 50d IX 4** für *abkommensrechtl* Einschränkungen der Freistellungsmethode in Form von Subject-to-tax- oder Switch-over-Klauseln, soweit diese an die Behandlung der Einkünfte in dem anderen Vertragsstaat anknüpfen (BT-Drs 18/9536, 57). Der Ausschluss der Freistellungsmethode gilt nur für die unbesteuerten Einkunftsteile, nicht für die betr Einkünfte insgesamt. Was „Teile von Einkünften" sind, ist gesetzl nicht geregelt. Entscheidend wird sein, ob sich Einkunftsteile **nach obj Kriterien** sachl oder zeitl von den übrigen Einkunftsteilen abgrenzen lassen. Das FG RhPf hat das jetzt für **stfreie** 52

Überstundenvergütungen bejaht, die *neben* der Hauptvergütung gezahlt und in der LSt-Bescheinigung gesondert ausgewiesen werden (mE zutr, s FG RhPf IStR 26, 65, Rev VI R 15/25; FG RhPf BeckRS 2025, 32592, Rev VI R 16/25), ebenso für eine *neben* dem regulären ArbLohn vom ArbG gezahlte **Beteiligungsprämie,** die zu 50% von der ausl ESt befreit ist (FG RhPf EFG 26, 109, rkr, Anm *Nitzsche;* FG RhPf BeckRS 2025, 32594, BFH I B 37/25 (AdV)).

Die gesetzl Formulierung ist denkbar weit und erschwert damit die Anwendung der Regelung erhebl (zutr krit *Schnitger* IStR 16, 637: „exakte Nachvollziehung" der Einkünfteermittlung nach ausl Recht erforderl; *Lüdicke* IStR-Beihefter 2013, 26 (38 f); *Bärsch/Böhmer* DB 17, 567 (571)). Die administrativen Vorteile des Freistellungsverfahrens gehen damit verloren. – Dem VI. Senat des BFH zufolge ist eine pauschalierte Erstattung von Aufwendungen (30% des ArbLohns) keine partielle Nichtbesteuerung iSv Art. 22 I Buchst a DBA-NL; auf § 50d IX 4 kam es daher nicht an (BFH VI R 29/22, BStBl II 25, 594: niederländische „Experten-Regelung", Freistellung von 30% des ArbLohns, Anm *Geserich* HFR 25, 716 (718); **aA** *BMF* BStBl I 23, 2179 Rn. 421).

53 **c) Ausnahme für Dividenden, § 50d IX 2.** S 1 Nr 2 bezieht sich nicht auf Dividenden, die nach DBA (Schachtelprivileg) von der dt KSt/GewSt auszunehmen sind. Grund: Besteuerung auf Ebene der ausschüttenden Ges. Darunter fallen auch **vGA.** Hier bleibt die DBA-StBefreiung (und nicht nur die nach § 8b I KStG) grds erhalten. Ausnahme: § 50d IX 1 Nr 2 ist anwendbar, soweit Dividenden bei der Gewinnermittlung der ausschüttenden Ges abgezogen wurden (zB als BA abziehbare Vergütungen stiller Ges'ter); s auch § 8b I 3 KStG.

54 **d) Verhältnis zu sonstigen Regelungen, § 50d IX 3.** Entspr Rückfall- bzw Subject-to-tax- oder Switch-over-Klauseln können sich aus DBA, aus § 50d VIII oder § 20 II AStG ergeben (Bezug von Zwischeneinkünften durch ausl DBA-Betriebsstätte). Diese (uU weitergehenden) Regelungen werden durch § 50d IX nicht in Frage gestellt. Daraus hat der BFH geschlossen, dass § 50d VIII in seinem Anwendungsbereich als speziellere und somit vorrangige Vorschrift **§ 50d IX verdrängt** (BFH I R 27/11, DStR 12, 689 Rn. 13: unbeschr stpfl Pilot einer irischen Fluggesellschaft); soweit der BFH einen verbleibenden Anwendungsbereich für § 50d IX 1 Nr 2 für Fälle gesehen hat, in denen ein Besteuerungsverzicht des anderen Staates nur einen Teil der betr Einkünfte erfasst, ist das FG Köln 14 K 584/13, BeckRS 2013, 95569 dem nicht gefolgt (offen gelassen in BFH I B 109/13, DStR 14, 363 Rn. 11). – Vor diesem Hintergrund ist **§ 50d IX 3** mit dem **AmtshilfeRLUmsG** (BGBl I 13, 1809) neu gefasst worden mit dem Ziel, dass § 50d IX *neben* § 50d VIII und § 20 II AStG anwendbar bleibt (vgl BR-Drs 302/12, S 49 f zum JStG 2013). Dies ist mE trotz der umständl Formulierung, die sich an die Entscheidungsgründe des BFH (BFH I R 27/11, DStR 12, 689) anlehnt, letztl gelungen (so auch BFH I R 86/13, BStBl II 15, 18, mwN, neues Az: BFH VI R 25/25 → Rn. 47; glA *Schnitger* in: ifst-Schrift Nr 492, S 79; **aA** *HHR/Hagena* § 50d Rn. 124; *Hagena/Klein* ISR 13, 267 (273)). Dh, soweit eine Freistellung nach den letztgenannten Vorschriften nicht ausgeschlossen wird, muss nunmehr **ergänzend geprüft** werden, ob ein **Ausschluss nach § 50d IX** greift (glA *BMF* BStBl I 23, 2179 Rn. 87 und *BMF* BStBl I 14, 1467 Tz 2.4, mit Beispiel).

Die Änderung soll gem § 52 LIXa 9 aF für *alle noch offenen Verfahren* gelten. Dies ist ein Verstoß gegen das **Verbot der echten Rückwirkung** (so zutr BFH I R 86/13, BStBl II 15, 18 Rn. 37 ff; s auch BFH I R 68/14, BStBl II 16, 90; FG Köln EFG 14, 204; **aA** FG Bln-Bbg EFG 14, 1278, Anm *Weinschütz* IStR 14, 534, aufgehoben durch BFH I R 41/14, BFH/NV 16, 570). Da jedoch das BVerfG die Vorlage des BFH verworfen hat (→ Rn. 47), bleibt die Rückwirkungsproblematik vorerst ungeklärt.

6. Sondervergütungen als Unternehmensgewinne, § 50d X

Verwaltungsanweisungen: *BMF* BStBl I 14, 1258 (DBA-Anwendung PersGes). – **Schrifttum:** → 35. Aufl 2016, § 50d Rn. 60.

a) Bedeutung; Hintergrund. § 50d X ordnet Sondervergütungen und SonderBE im Wege einer **gesetzl Fiktion** dem abkommensrechtl Unternehmensgewinn des vergütungsberechtigten Ges'ters zu (zu internationalen MUerschaften → § 15 Rn. 173; zu Sondervergütungen → § 15 Rn. 565). Auf diese Weise soll eine abkommensrechtl nicht nachvollzogene Umqualifizierung von Sondervergütungen und SonderBE in gewerbl Einkünfte durchgesetzt werden (s auch BFH I R 13/22, DStR 25, 2885 Rn. 27). Es handelt sich um ein ***treaty override,*** da die abkommensrechtl Zuordnung der Vergütungen und die Subsidiaritätsklausel des Art. 7 IV bzw VII OECD-MA überschrieben werden (zutr die Kritik von *KS/Gosch* § 50d Rn. 44b; s auch *HHR/Hagena* § 50d Rn. 133b: dt „Mentalreservation" bei DBA-Abschluss). – Die Regelung gilt sowohl für im Inl ansässige Ges'ter einer ausl PersGes (Typenvergleich → § 15 Rn. 173 *(3)(a)*) als auch für im Ausl ansässige Ges'ter einer inl PersGes; ebenso für persönl haftende Ges'ter einer KGaA. Zu mittelbarer Beteiligung → Rn. 63. 58

Dem BFH zufolge fallen Sondervergütungen iSv § 15 I 1 Nr 2 S 1 Hs 2 (für Dienstleistungen, Darlehen, Nutzungsüberlassung), die ein im Ausl ansässiger Ges'ter von einer inl PersGes erhält, abkommensrechtl grds nicht unter Art 7 OECD-MA, sondern unter Art 11, 12 und 15 OECD-MA; die Zinsen mindern zwar den im Inl zu versteuernden Gewinn der Ges, dürfen jedoch als Einkünfte des ausl Ges'ters im Inl nicht besteuert werden (BFH I R 5/06, BStBl II 09, 356 mwN, zu Darlehenszinsen, Art. 11 DBA USA; zur entspr *Outbound*-Gestaltung s BFH II R 59/05, BStBl II 09, 758). Die gegenteilige Auffassung der FinVerw (*BMF* BStBl I 99, 1076 Tz 1.2.3) sollte mit § 50d X idF des **JStG 2009** (BGBl I 08, 2794) gesetzl festgeschrieben werden (*BMF* BStBl I 10, 354 Tz 5.1). Allerdings entschied der BFH, dass die gesetzl Fiktion „zu kurz" greife, weil es an einer abkommensrechtl Betriebsstätte fehle, der die fingierten Unternehmensgewinne hätten zugerechnet werden können (BFH I R 74/09, BStBl II 14, 788; BFH I R 5/11, IStR 12, 222). Zu § 50d X aF → 44. Aufl 2025, § 50d Rn. 61 f.

b) Rückwirkung; treaty override. Mit dem **AmtshilfeRLUmsG** (BGBl I 13, 1809) hat der Gesetzgeber § 50d X neu gefasst und die Anwendung der Neuregelung in allen noch offenen Verfahren angeordnet (§ 52 LIXa 10 aF; s *Hruschka* IStR 14, 785). Die sich daraus ergebende **echte Rückwirkung** soll ausnahmsweise zulässig sein: Für den Zeitraum bis zum Ergehen von BFH I R 74/09, BStBl II 14, 788 habe angesichts der „klar zu Ausdruck gebrachten gesetzgeberischen Zielsetzung" zu § 50d X aF kein schutzwürdiges Vertrauen bestanden; und für die Zeiträume nach Ergehen des Urteils habe es an der erforderl gefestigten, langjährigen höchstrichterl Rspr gefehlt (so BR-Drs 139/13, S 148, unter Hinweis auf BT-Drs 16/11108, S 23; zust *Mitschke* FR 13, 694 (696)). 59

Kritik: Das trifft mE nicht zu; denn die BFH-Rspr zur abkommensrechtl Qualifikation grenzüberschreitender SonderBE reicht in sog *Outbound-Fällen* bis ins Jahr 1991 zurück (BFH I R 15/89, BStBl II 91, 444), die Übertragung dieser Rspr auf sog *Inbound-Fälle* immerhin bis ins Jahr 2007 (BFH I R 5/06, BStBl II 09, 356). Es handelt sich damit um gefestigte Rspr-Grundsätze (glA *Pinkernell* IStR 13, 47 (52); *Schmidt* DStR 13, 1704; *Kudert/Kahlenberg* IStR 13, 801 (802); *Micker* IWB 13, 6 (9); ferner FG Mster EFG 13, 1418, NZB I B 18/25 (I B 142/13)). Dementspr hat auch der BFH einen **Verstoß gegen das Rückwirkungsverbot** angenommen; außerdem war er der Auffassung, dass § 50d X (in beiden Fassungen) als abkommensverdrängendes *treaty override* völkerrechts- und verfwidrig ist (s Vorlagebeschluss BFH I R 4/13, BStBl II 14, 791 Rn. 49 ff; offen gelassen in BFH I R 49/14, BStBl II 17, 107; BFH I R 92/12, BStBl II 22, 123).

Das BVerfG hat zwischenzeitl die **verfrechtl Zulässigkeit des *treaty override*** bejaht (iZm § 50d VIII → Rn. 38; zust *Kube* StuW 23, 18 (27 f)). Seinen Vorlagebeschluss zu § 50d X hat der BFH nach einem Hinweis des BVerfG wieder aufgehoben (BFH 4.6.25, nv neues Az: BFH I R 13/25) und das BVerfG hat das Verfahren eingestellt (BVerfG 2 BvL 15/14, IStR 25, 563, zust Anm *Mitschke* IStR 25; krit

Gosch FR 25, 1105). Das Problem der echten Rückwirkung bleibt also auch hier (→ Rn. 54 aE) vorerst ungeklärt.

60 **c) Grenzüberschreitende Sondervergütungen, § 50d X 1.** Grenzüberschreitende Sondervergütungen iSd § 15 I 1 Nr 2 S 1 und Nr 3 werden nach der gesetzl Fiktion des § 50d X 1 (nur) für Zwecke des DBA in einen **„Teil des Unternehmensgewinns"** des betreffenden Ges'ters umqualifiziert (also entspr Art 7 I OECD-MA, s auch BFH I R 4/13, BStBl II 14, 791 Rn. 22); ggf rückwirkend (→ Rn. 59). Die Regelung setzt die Anwendung eines DBA voraus (ohne DBA kein § 50d X) und dieses DBA darf selbst keine eigenen Bestimmungen zu Sondervergütungen enthalten (solche Bestimmungen sind eher selten: *BMF* BStBl I 14, 1258 Rn. 5.2; *Vogel/Lehner* Art 7 Rn. 61; krit *Schnitger* ifst-Schrift Nr 492, S 81). Es müssen abkommensrechtl Unternehmensgewinne vorliegen, denen die Sondervergütungen als „Teil" zugeordnet werden können; auf PerGes, die solche Gewinne nicht erzielen (zB vermögensverwaltende PersGes), ist § 50d X nicht anwendbar (BFH I R 13/22, DStR 25, 2885 Rn. 27 mwN). Dasselbe gilt, wenn keine Vergütungen geleistet werden (unentgeltl Tätigkeit/Überlassung); bei teilentgeltl Überlassung gilt § 50d X nur für den entgeltl Teil (*BMF* BStBl I 14, 1258 Rn. 5.1.1). – Zur erforderl (→ Rn. 58 aE) Betriebsstättenzurechnung → Rn. 62.

Zu **§ 4i** → § 4i Rn. 2 mwN; zu **§ 4h** s *Boller ua* IStR 09, 109 (113); *Lohbeck/Wagner* DB 09, 423. Zu § 1 V AStG s *HHR/Hagena* § 50d Rn. 131 aE. 1596Bei Ermittlung des Gewerbeertrags ist § 50d X gem **§ 7 S 6 GewStG** entspr anzuwenden (ebenfalls rückwirkend: § 36 V 2 GewStG).

61 **d) Erträge und Aufwendungen, § 50d X 2.** In Form einer **Rechtsfolgenverweisung** erstreckt § 50d X 2 die gesetzl Fiktion des § 50d X 1 auf die durch das SonderBV veranlassten Erträge und Aufwendungen. Auch diese werden (nur) für Zwecke des DBA dem abkommensrechtl Unternehmensgewinn des Ges'ters zugerechnet (s BFH I R 4/13, BStBl II 14, 791 Rn. 26: abkommensrechtl Umqualifikation, zB Darlehensverbindlichkeit ggü Ges'ter, neues Az: I R 13/25 → Rn. 59). Erfasst werden grds gleichermaßen SonderBV I und SonderBV II (keine gesetzl Differenzierung); allerdings folgt aus dem systematischen Zusammenhang mit § 50d X 1, dass auch § 50d X 2 nicht anwendbar ist, wenn keine Sondervergütungen geleistet werden (zutr FG Ddorf IStR 15, 828, rkr, mit Anm *Kahlenberg* und *Gebhardt* IStR 15, 808). Es muss also ein wirtschaftl Zusammenhang mit grenzüberschreitenden Sondervergütungen bestehen (str, glA *HHR/Hagena* § 50d Rn. 133; **aA** *KS/Gosch* § 50d Rn. 45b mwN); und (nur) unter dieser Voraussetzung gilt mE § 50d X 2 nicht nur für lfd Erträge, sondern auch für Veräußerungsgewinne/-verluste (s auch *BMF* BStBl I 14, 1258 Rn. 5.1.2). – Zu Mitveranlassung s *Schmidt* DStR 13, 1704 (1706).

62 **e) Zurechnung, § 50d X 3.** Sowohl die grenzüberschreitenden Sondervergütungen iSv § 50d X 1 (Hs 1) als auch die durch das SonderBV veranlassten Erträge und Aufwendungen iSv § 50d X 2 (Hs 2) werden im Wege einer weiteren gesetzl Fiktion derjenigen **Betriebsstätte** zugerechnet, der der entspr Aufwand zuzuordnen ist (zB Zinsaufwand für ein Ges'ter-Darlehen), idR der Geschäftsleitungsbetriebsstätte, ohne Rücksicht auf die *abkommensrechtl* Betriebsstättenzurechnung. Damit erreicht die Regelung in der jetzigen Fassung (→ Rn. 59) den angestrebten Zweck, an ausl Ges'ter gezahlte Sondervergütungen im Inl als Teil des abkommensrechtl Unternehmensgewinns zu erfassen (BFH I R 4/13, BStBl II 14, 791 Rn. 21 ff, neues Az: I R 13/25 → Rn. 59). – Unberührt von dieser Fiktion bleibt die Frage der **Zuordnung von WG des SonderBV;** hierzu ist in § 50d X 3 nichts geregelt. Es gelten die allg Verursachungs-/Veranlassungskriterien (s BFH I R 74/09, BStBl II 14, 788 Rn. 14 und 19 mwN: autonome Abkommensauslegung, wirtschaftl-tatsächl Zuordnung, Ansatz als Aktivposten; bestätigt durch BFH I R 4/13, BStBl II 14, 791 Rn. 18, neues Az: I R 13/25 → Rn. 59; zust auch *Schmidt* DStR 10, 2436; *Häck* IStR 11, 71; *Wassermeyer* IStR 11, 85 (89); abl *Kammeter* IStR 11, 35; *Mitschke* FR 11, 182; einschr auch *Hruschka* IStR 14, 785 (789 f)). Der BFH hat es daher zutr abgelehnt, Lizenzzah-

lungen an eine ausl KapGes als Ges'ter der (Inlands-)Betriebsstätte der PersGes zuzuordnen. Im Falle einer natürl Person als Ges'ter wird man dies ebenso sehen müssen (s auch *Wassermeyer* IStR 10, 37 (40)).

f) Mittelbare Beteiligungen und nachträgliche Einkünfte, § 50d X 4. Die Umqualifizierung gem § 50d X 1, 2 und die Zurechnung gem § 50d X 3 gelten auch für mittelbare Beteiligungen iSv § 15 I 1 Nr 2 S 2 (doppel-/mehrstöckige PersGes) und für nachträgl Einkünfte iSv § 15 I 2 (Reaktion des Gesetzgebers auf BFH I R 106/09, BStBl II 14, 759, und BFH I R 5/11, BFH/NV 12, 556). 63

g) Steueranrechnung, § 50d X 5, 6. Aufgrund der gesetzl vorgesehenen fiktiven Zuordnung können die an den ausl Ges'ter einer inl PersGes gezahlten Sondervergütungen sowohl im Ausl (zB als Zinsen iSd Art 11 DBA-MA) als auch im Inl (als Unternehmensgewinne iSd Art 7 DBA-MA) besteuert werden. Zur **Vermeidung einer Doppelbesteuerung** ist gem **§ 50d X 5** die im Ausl nachweisl festgesetzte und gezahlte Steuer auf die dt Steuer anzurechnen (krit *Kudert/Kahlenberg* IStR 13, 801 (805 f)). Den Nachweis muss der StPfl führen. Zur gebotenen, aber fehlenden Anrechnung auf die GewSt s *Schnitger* ifst-Schrift Nr 492, S 82 (mwN in Fn 169). – Die Funktion von **§ 50d X 6** ist nicht ganz klar, da im Falle von ausdrückl Regelungen für Sondervergütungen wegen des Vorbehalts in § 50d X 1 die gesamte Regelung ohnehin nicht anwendbar ist (zutr *Pohl* DB 13, 1572 (1576); **aA** *Salzmann* IWB 13, 405). 64

h) Korrektur des Anwendungsbereichs, § 50d X 7. Sondervergütungen und Erträge/Aufwendungen von **gewerbl geprägten PersGes** iSv § 15 III Nr 2 (→ § 15 Rn. 211 ff) sind gem § 50d X 7 Nr 1 vom Anwendungsbereich des § 50d X ausgeschlossen (zu Altfällen s § 50i). – Einkünfte aus **selbständiger Arbeit** (§ 18) werden hingegen gem § 50d X 7 Nr 2 ebenfalls von der Fiktion erfasst (zu Problemen *Pohl* DB 13, 1572 (1577)). 65

i) Outbound-Fälle, § 50d X 8. Im Fall von Sondervergütungen, die eine ausl PersGes an einen im Inl ansässigen Ges'ter zahlt, soll § 50d X 8 das Entstehen sog „weißer Einkünfte" (doppelte Nichtbesteuerung) verhindern. § 50d IX 1 Nr 1 bleibt in diesen Fällen neben § 50d X anwendbar mit der Folge, dass ggf die Freistellung des Unternehmensgewinns versagt und eine ggf anfallende ausl Steuer auf die dt Steuer angerechnet wird (s auch *BMF* BStBl I 14, 1258 Rn. 5.1.2, Beispiel 4). 66

7. Ausschluss des DBA-Schachtelprivilegs, § 50d XI. Eine weitere Reaktion des Gesetzgebers auf die Rspr des BFH ist der mit dem **GemFinRefG** (BGBl I 12, 1030) geschaffene § 50d XI. Der BFH hatte 2010 entschieden, dass es für die Anwendung des DBA-Schachtelprivilegs nach Art 20 DBA Frankreich allein auf die zivilrechtl Einordnung einer KGaA als juristische Person ankommt, nicht auf die innergesellschaftl Organisationsstruktur bzw die wirtschaftl oder strechtl Zurechnung der Dividendenzahlung (BFH I R 62/09, DStR 10, 1712; s auch *Drüen/von Heek* DStR 12, 541, mwN; *Breuninger* JbFfSt 2012/2013, S 361: verfrechtl Zweifel; *Stöber* IStR 25, 685 (690): „Leerlauf"). Zur abkommensrechtl Verankerung s *Lüdicke* DStR-Beih 13, 26 ff (35). Die Regelung soll für alle Zahlungen gelten, die nach dem 31.12.11 erfolgen (§ 52 LIXa 9 aF); ob dies verfrechtl zulässig ist, hat der BFH offen gelassen (BFH I R 12–13/21, DStRE 25, 785 Rn. 41 ff). – **Zweck des § 50d XI** ist es, der unbeschr stpfl KapGes als Zahlungsempfängerin der Dividenden das abkommensrechtl Schachtelprivileg nur insoweit zukommen zu lassen, als ihr die Dividenden nach dt StRecht auch tatsächl zuzurechnen sind; soweit die Dividenden hingegen natürl Personen zugerechnet werden, soll die Anwendung des Schachtelprivileg ausgeschlossen sein (BT-Drs 17/8867, S 13: Verhinderung von StAusfällen; krit *Kollruss/Weißert* IStR 20, 402; s iÜ auch *Lehner* IStR 12, 389 (396)). Betroffen sind sog „hybride" (Misch-)Gesellschaftsformen wie die KGaA oder die GmbH & atypisch Still, in denen sich Elemente von PersGes und KapGes vereinen (zum Be- 68 griff: → § 4i Rn. 1; *Rüsch* ISR 19, 419 (422) mwN). – Dass es sich um **im Inl ansässige StPfl** handeln muss, die von ihren im Ausl ansässigen Ges Dividendeneinkünfte erhalten, ist mit der Änderung von § 50d XI 1 durch das **AbzStEntlModG** (BGBl I 21, 1259) klargestellt worden (s BT-Drs 19/27632, 61). – Weitere Nachweise → 39. Aufl 2020, § 50d Rn. 68 aE.

69 **8. Hybride Gesellschaften, § 50d XIa.** Die Regelung wurde zunächst mit dem AhRLUmsG als § 50d I 11 eingefügt und durch das AbzStEntModG (BGBl I 21, 1259) inhaltl unverändert nach § 50d XIa übernommen. Sie enthält eine Ausnahmeregelung für **hybride Ges,** also für Rechtsgebilde, die nach dt und ausl StRecht jeweils unterschiedl als transparent oder intransparent behandelt werden (zu US-amerikanische „S-Corporation" s BFH I R 48/12, BStBl II 14, 367; ferner *Schnitger* in *EJGK* DBA Deutschland/USA Art 1 Rn. 54 ff; zu DBA-NL: *Jochum* IStR 14, 1; *Eilers* ISR 12, 10 (14); zur fehlenden Berücksichtigung in der Verhandlungsgrundlage des BMF für DBA s *Lüdicke* DStR-Beih 13, 26 ff (43 f)). Die Regelung soll verhindern, dass der Erstattungsanspruch aufgrund der unterschiedl Qualifikation des Vergütungsgläubigers ins Leere läuft (so BT-Drs 17/10000, 59, zum JStG 2013). Sie bestimmt für Zahlungen, die nach dem 30.6.13 erfolgen (§ 52 LIXa 7 aF), dass der Erstattungsanspruch „nur" der Person zusteht, der die Zahlungen (KapErträge oder Vergütungen) nach dem **Recht des anderen Staates** „als Einkünfte oder Gewinn einer ansässigen Person zugerechnet" werden. Die Regelung geht von dem **Bestehen eines abkommensrechtl Erstattungsanspruchs** aus (s Rechtsfolge im Hauptsatz: „steht *der* Anspruch … zu"); sie begründet somit keinen eigenen, zusätzl Erstattungsanspruch, sondern bewirkt ledigl, dass ein bestehender Anspruch auf eine andere Person übergeht (str, glA FG Köln EFG 23, 658, zu § 50d I 11 aF, Rev I R 13/23; *Viebrock ua* Ubg 14, 765: nur verfahrensrechtl Wirkung; **aA** *Frotscher/Geurts* § 50d Rn. 285 f; diff *HHR/Hagena* § 50d Rn. 146b mwN). „Person" in diesem Sinne ist auch eine PersGes (nach dt Verständnis), wenn sie nach dem Recht des anderen Staates als intransparent behandelt wird. Der Erstattungsanspruch des an sich erstattungsberechtigten Ges'ters wird in diesem Fall ausgeschlossen; seine StSchuldnerschaft bleibt davon unberührt. Da die Regelung explizit nur für das Erstattungsverfahren gilt, nicht auch für das Freistellungsverfahren (BT-Drs 17/10000, 72; tendenziell **aA** *Viebrock ua* Ubg 13, 485 (492)), kann der ausgeschlossene Ges'ter weiterhin einen Freistellungsantrag stellen (zutr allerdings die Kritik von *Schnitger* ifst-Schrift Nr 492, S 90: „Fußangel"). Vorausgesetzt wird eine **unterschiedl Qualifikation des Vergütungsgläubigers** durch die beteiligten Staaten; das „oder" im (ersten) Relativsatz des § 50d XIa ist mE *disjunktiv* (ausschließend, so zutr *Lüdicke* ifst-Schrift Nr 480, S 57); der Tatbestand ist somit nicht erfüllt, wenn Wohnsitz- *und* Ansässigkeitsstaat eine Ges einheitl als transparent bzw intransparent behandeln (ebenso *Schnitger* ifst-Schrift Nr 492, S 90; *Viebrock ua* Ubg 13, 485 (487); **aA:** *Hagena/Klein* ISR 13, 267 (270: analoge Anwendung)). Bei **Dreistaatensachverhalten** müssen daher die tatbestandl Voraussetzungen des § 50d XIa für jedes DBA gesondert geprüft werden, also „streng" bilateral; das kann uU zu einem Nebeneinander von Erstattungsansprüchen führen (so mE zutr *Schnitger* ifst-Schrift Nr 492, S 90 f; s zu dieser Problematik auch *Viebrock ua* Ubg 13, 485 (489 f); *dies* Ubg 14, 765; allg auch *Schönfeld/Ditz* DBA, Art 1 Rn. 64; ferner *BMF* BStBl I 14, 1258 Tz 2.1.2.).

9. Abfindungen, § 50d XII

Verwaltungsanweisungen: *BMF* BStBl I 23, 2179 Rn. 254 ff (Behandlung von ArbLohn nach DBA).

70 **a) Bedeutung.** Abfindungen für eine ehemals im Inl ausgeübte Tätigkeit können nach § 50d XII mit Wirkung **ab VZ 2017** in Deutschland als vormaligem Tätigkeitsstaat besteuert werden (*treaty override,* BT-Drs 18/10506, 86: Erhalt des inl StSubstrats und Vermeidung der „vollständigen Nichtbesteuerung"). Dies ist verfrechtl unbedenkl (FG Mster EFG 23, 57, rkr). Maßgebl ist der Zeitpunkt des Zuflusses (§ 11 I 1;

HessFG EFG 20, 1251, rkr), auch bei einer früher vereinbarte Abfindung, bei der die ursprüngl vereinbarte Fälligkeit einvernehml hinausgeschoben wird (→ § 11 Rn. 10 mwN; mE zutr HessFG EFG 24, 397, Rev VI R 3/24). Die Regelung gilt für **unbeschr** und **beschr stpfl ArbN.** – Zum Hintergrund (Rechtslage bis VZ 2016) → 39. Aufl 2020, § 50d Rn. 70.

b) Zusätzliches Entgelt für frühere Tätigkeit. Im Wege der gesetzl Fiktion werden Abfindungen, die *anlässl* der Beendigung eines DienstVerh gezahlt worden sind, nach **§ 50d XII 1** abkommensrechtl als „für frühere Tätigkeit geleistetes zusätzl Entgelt" behandelt (s auch Nr. 2.7 des Musterkommentars zu Art 15 OECD-MA 2014). Damit wird das Besteuerungsrecht dem (früheren) Tätigkeitsstaat zugewiesen (*BMF* BStBl I 23, 2179 Rn. 255; krit *Kraft/Muscheites* DStR 19, 544: im Inbound-Fall wegen Art 15 I OECD-MA idR nicht anwendbar). Bei Tätigkeit in mehreren Staaten ist die Abfindung entspr der jeweiligen **Tätigkeitsdauer** aufzuteilen (*BMF* BStBl I 23, 2179 Rn. 257; **aA** HessFG EFG 20, 1251, rkr: Tage und Einkommenshöhe, mit Anm *Wackerbeck*). Abfindungen, die aus anderem Anlass gezahlt werden (zB Wettbewerbsverbot oder Abfindungen mit Versorgungscharakter), fallen nicht unter die Regelung (s auch *BMF* BStBl I 23, 2179 Rn. 259 ff). In Zweifelsfällen sollte eine (kostenfreie) **Anrufungsauskunft gem § 42e** eingeholt werden (→ § 42e Rn. 6). – Sind in dem einschlägigen DBA Sonderregelungen für Abfindungen anlässl der Beendigung eines DienstVerh enthalten, gehen diese gem **§ 50d XII 2** vor; § 50d XII 1 ist nicht anzuwenden. – Gem **§ 50d XII 3** bleiben § 50d IX 1 Nr 1 und RVO nach § 2 II 1 AO „unberührt"; dh, im Falle eines negative Qualifikationskonflikts (→ Rn. 49) muss geprüft werden, ob die tatbestandl Voraussetzungen des § 50d IX 1 Nr 1 bzw der RVO iVm § 2 II 1 AO erfüllt sind (krit *Mroz/Schade* IStR 19, 207 mwN). Trifft dies zu, so richtet sich die Rechtsfolge nach diesen Bestimmungen, nicht nach § 50d XII 1 (s auch für einen Grenzgänger nach DBA Schweiz: FG BW EFG 25, 787). 71

10. Dividendenkompensationszahlungen, § 50d XIII. Entgelte, die vor allem bei Leerverkäufen als Ersatz für entgehende Dividendenerträge gezahlt werden (sog Kompensations- oder Ausgleichszahlungen, → § 20 Rn. 70), unterliegen gem § 49 I Nr 5 Buchst a Doppelbuchst bb iVm § 20 I Nr 1 S 4 der beschr StPfl, wenn die Gesellschaft, die die Aktien ausgegeben hat, Geschäftsleitung oder Sitz im Inland hat (Neuregelung durch „JStG 2019" mit Wirkung ab VZ 2020, → 40. Aufl 2021, § 49 Rn. 3). Diese Ausgleichszahlungen werden in Fällen des Erwerbs *mit* Dividendenberechtigung („cum"), aber Lieferung *ohne* Dividendenanspruch („ex") gem § 50d XIII für Zwecke der Anwendung von DBA den von dieser Gesellschaft gezahlten Dividenden gleichgestellt (Dividendenfiktion), unabhängig davon, wer die Ausgleichszahlung geleistet hat und wo der Zahlende seine Geschäftsleitung oder seinen Sitz hat. Ziel der Regelung ist es, die Besteuerung der Ausgleichszahlungen auch in DBA-Fällen sicherzustellen (s BT-Drs 19/14909, 46 – wohl unabhängig von der Existenz und/oder dem Verständnis einer Regelung zur verbindl Dividendenqualifikation durch den Quellenstaat wie in Art 10 III OECD-MA; s dazu *Schönfeld/Ditz* DBA, 2. Aufl, Art 10 Rn. 179; *Wassermeyer* Art 10 Rn. 149; *Schaumburg* IStR Rn. 19.341). 72

11. Entlastungsausschluss für Optionsgesellschaften (§ 1a KStG), § 50d XIV. – a) Hintergrund; Bedeutung. Sog OptionsGes werden gem § 1a KStG im Wege der ertragsteuerl Fiktion als eigenständige StSubjekte der KSt unterworfen (s iEinz *Wacker/Krüger ua* DStR-Beih 21, 3). Sie sind damit nach dt Verständnis auch abkommensberechtigt (s *Brühl/Weiss* DStR 21, 1617 (1620); *Lüdicke/Eiling* BB 21, 1439 (1440); *Haase* Ubg 21, 193 (196); ebenso: *BMF* BStBl I 21, 2212 Rn. 54). Im Fall einer inl OptionsGes mit ausl Ges'tern, die aufgrund eines **Qualifikationskonflikts** (zum Begriff s *Vogel/Lehner* Grundlagen Rn. 96b ff) im Ansässigkeitsstaat der Ges'ter weiterhin als transparent behandelt wird, besteht die Gefahr, dass Einkünfte 74 der ausl Ges'ter teilweise oder vollständig unversteuert bleiben. Dies soll § 50d XIV im Wege eines *treaty override* verhindern (s BT-Drs 19/29843, 44; *Prinz* FR 23, 1).

75 **b) Entlastungsausschluss für Dividenden, § 50d XIV 1.** Für Ausschüttungen einer inl OptionsGes an ihre ausl Ges'ter sehen Art 10 II 1 Buchst a und b OECD-MA eine **Reduzierung des Quellensteuerabzugs** vor. Behandelt nun der Ansässigkeitsstaat eines ausl Ges'ters die OptionsGes weiterhin als transparent und verzichtet er daher selbst auf eine Besteuerung der Ausschüttung, weil nach seinem Verständnis die Besteuerung der Gewinne der OptionsGes nach dem Betriebsstättenprinzip (Art. 7 OECD-MA) Deutschland zusteht, unterläge die Ausschüttung letztl nur teilweise, iHd des verbleibenden Quellensteuerabzugs, der Besteuerung. Für diesen Fall schließt § 50d XIV 1 den abkommensrechtl Entlastungsanspruch des ausl Ges'ters aus (s *BMF* BStBl I 21, 2212 Rn. 79: Entlastungsanspruch nach § 44a IX wird davon nicht berührt; *Rein* IStR 23, 149). – Die Regelung greift aber nur dann ein, wenn die Nichtbesteuerung auf einer „vom dt Recht abweichenden steuerl Behandlung" beruht. Dieses Tatbestandsmerkmal bezieht sich ausgehend vom Sinn und Zweck des § 50d Abs XIV 1 allein auf die **Behandlung der OptionsGes als „intransparent"** nach § 1a KStG (glA *Böhmer/Schewe* FR 22, 69 (74)). Hat die Nichtbesteuerung im Ansässigkeitsstaat andere Gründe, ist der Tatbestand des § 50d XIV 1 EStG nicht erfüllt; es kommt nicht zum Entlastungsausschluss (s auch *Brühl/Weiss* DStR 21, 1617 (1620 f)).

76 **c) Veräußerungsgewinne, § 50d XIV 2.** Gewinne aus der Veräußerung von Anteilen an einer inl KapGes können abkommensrechtl idR nur im Ansässigkeitsstaat des veräußernden Ges'ters besteuert werden (vgl Art 13 V OECD-MA; s *Wassermeyer* OECD-MA Art 13 Rn. 135). Behandelt der Ansässigkeitsstaat des ausl Ges'ters die inl OptionsGes weiterhin als transparent, steht aus seiner Sicht das Besteuerungsrecht für eine Veräußerung des Ges'ter-Anteils dem Betriebsstättenstaat zu (Art 13 II OECD-MA), bei einer inl OptionsGes also Deutschland. Der Veräußerungsgewinn bliebe somit unversteuert. Um dies zu verhindern, wird mit § 50d XIV 2 die abkommensrechtl Rechtsfolge des Art. 13 V OECD-MA überschrieben und eine Versteuerung im Inland (§ 49 I Nr 2 Buchst e) angeordnet. – Auch diese Regelung greift nur dann ein, wenn die Nichtbesteuerung auf einer „vom dt Recht abweichenden steuerl Behandlung" beruht (dazu → Rn. 75). Zur Berücksichtigung iZm § 1 IV 1 Nr 2 Buchst b UmwStG s *Schnitger/Krüger* DB 22, 418.

80 **12. Arbeitsfreistellung, § 50d XV.** ArbLohn, den ein von seiner Tätigkeit freigestellter ArbN iZm mit der Beendigung seines ArbVerh für Zeiten einer Arbeitsfreistellung (widerrufl oder unwiderrufl) erhält, unterliegt, wenn der ArbN keinen Wohnsitz oder gewöhnl Aufenthalt im Inl hat, ab VZ 2024 der **beschr StPfl** gem § 49 I Nr 4 Buchst f, *soweit* (also ggf anteilig) der ArbN die Arbeit ohne die Freistellung während dieser Zeiten im Inl ausgeübt hätte (→ § 49 Rn. 92). Ergänzend hierzu bestimmt **§ 50d XV 1** im Wege einer gesetzl Fiktion, ebenfalls mit Wirkung **ab VZ 2024** (→ Rn. 3), dass diese Einkünfte im DBA-Fall wie eine Vergütung zu behandeln sind, die der ArbN für die reguläre Ausübung seiner Tätigkeit erhalten hätte. Damit wird das Besteuerungsrecht dem (hypothetischen) Tätigkeitsstaat zugewiesen (BT-Drs 20/12780, 130: Anpassung an Art 15 Ziff 2.6 Kommentar zu OECD-MA; *Becht/Heithausen* ISR 15, 201 (209); zu einem Inlandsfall s auch BFH VI R 33/21, BFH/NV 25, 506; krit *Apel/Reinhold* IStR 15, 533 (537); anders noch *BMF* BStBl I 23, 2179 Rn. 361 f). Wurde die bisherige Tätigkeit teilweise im Inl und teilweise im Ansässigkeitsstaat oder in einem Drittstaat ausgeübt, sind die Einkünfte entspr aufzuteilen. – Gem **§ 50d XV 2** ist § 50d XV 1 ggü speziellen DBA-Regelungen zu Arbeitsfreistellungen **subsidiär.** – Gem **§ 50d VI 3** ist § 50d XV 1 auch **subsidiär** ggü § 50d IX 1 Nr 1 (→ Rn. 49) und ggü RVO gem § 2 II 1 AO (Konsultationsvereinbarungen; Hintergrund: *Ismer* IStR 09, 370; *Vogel/Lehner* Art 25 Rz 155 ff).

§ 50e Bußgeldvorschriften; Nichtverfolgung von Steuerstraftaten bei geringfügiger Beschäftigung in Privathaushalten

(1) **Ordnungswidrig handelt, wer vorsätzlich oder leichtfertig entgegen § 45d Absatz 1 Satz 1, der nach § 45e erlassenen Rechtsverordnung oder den unmittelbar geltenden Verträgen mit den in Artikel 17 der Richtlinie 2003/48/EG genannten Staaten und Gebieten eine Mitteilung nicht, nicht richtig, nicht vollständig oder nicht rechtzeitig abgibt.**

***[Fassung von Abs. 2 und 3 ab 1. 1. 2027:**[1]*

(2) **Ordnungswidrig handelt, wer vorsätzlich oder leichtfertig**

1. **entgegen § 45b Absatz 2 in Verbindung mit Absatz 4 eine dort genannte Angabe oder dort genannte Daten nicht richtig oder nicht vollständig übermittelt,**
2. **entgegen § 45b Absatz 5 oder Absatz 6 Satz 1 oder 2, § 45c Absatz 1 Satz 1, auch in Verbindung mit Satz 2, oder § 45c Absatz 2 Satz 1, auch in Verbindung mit Satz 2, eine dort genannte Angabe oder dort genannte Daten nicht richtig oder nicht vollständig übermittelt oder**
3. **entgegen § 45b Absatz 7 Satz 1 oder 2 eine Mitteilung nicht richtig oder nicht vollständig macht und dadurch ermöglicht, Steuern zu verkürzen oder nicht gerechtfertigte Steuervorteile zu erlangen.**

(3) **In den Fällen des Absatzes 2 Nummer 3 kann die Ordnungswidrigkeit auch dann geahndet werden, wenn sie nicht im Geltungsbereich dieses Gesetzes begangen wird.]**

(4) **Die Ordnungswidrigkeit kann in den Fällen des Absatzes 2 mit einer Geldbuße bis zu zwanzigtausend Euro, in den Fällen des Absatzes 1 mit einer Geldbuße bis zu fünftausend Euro geahndet werden.**

(5) **Verwaltungsbehörde im Sinne des § 36 Absatz 1 Nummer 1 des Gesetzes über Ordnungswidrigkeiten ist das Bundeszentralamt für Steuern.**

(6) **[1]Liegen die Voraussetzungen des § 40a Absatz 2 vor, werden Steuerstraftaten (§§ 369 bis 376 der Abgabenordnung) als solche nicht verfolgt, wenn der Arbeitgeber in den Fällen des § 8a des Vierten Buches Sozialgesetzbuch entgegen § 41a Absatz 1 Nummer 1, auch in Verbindung mit Absatz 2 und 3 und § 51a, und § 40a Absatz 6 Satz 3 dieses Gesetzes in Verbindung mit § 28a Absatz 7 Satz 1 des Vierten Buches Sozialgesetzbuch für das Arbeitsentgelt die Lohnsteuer-Anmeldung und die Anmeldung der einheitlichen Pauschsteuer nicht oder nicht rechtzeitig durchführt und dadurch Steuern verkürzt oder für sich oder einen anderen nicht gerechtfertigte Steuervorteile erlangt. [2]Die Freistellung von der Verfolgung nach Satz 1 gilt auch für den Arbeitnehmer einer in Satz 1 genannten Beschäftigung, der die Finanzbehörde pflichtwidrig über steuerlich erhebliche Tatsachen aus dieser Beschäftigung in Unkenntnis lässt. [3]Die Bußgeldvorschriften der §§ 377 bis 384 der Abgabenordnung bleiben mit der Maßgabe anwendbar, dass § 378 der Abgabenordnung auch bei vorsätzlichem Handeln anwendbar ist.**

1. Mitteilungspflichten, § 50e I, IV, V. § 50e I iVm IV Alt 2 ahndet eine unterlassene, unvollständige oder verspätete Mitteilung nach § 45d, der ZIV nach § 45e bzw der RL 2003/48/EG mit einer **Geldbuße von bis zu 5000 €** (bzgl ZIV und RL 2003/48/EG nur noch für Altfälle; stattdessen: § 28 FKAustG; s auch *KKM* § 50e B1 und B5). Auf die Erläut zu § 45d, § 45e und *BMF* BStBl I 08, 320 und *BMF* BStBl I 13, 1182 wird verwiesen. Die die KapErträge auszahlenden Stellen sol- 1

[1] Zur Anwendung ab 1.1.27 s § 52 XLVIIc 2 idF des JStG 2024 (BGBl I 24 Nr 387) und → Rn. 2.

len angehalten werden, die Freistellungsanträge aufzubewahren und die geforderten Mitteilungen nach § 45d, § 45e an das BZSt abzugeben. Betroffen werden idR die für die Geschäftsführung verantwortl Personen sein. Durch das JStG 2009 (BGBl I 08, 2794) ist die Regelung um den Verweis auf § 45d III 1 (Mitteilungspflichten inl Versicherungsvermittler) erweitert worden. Sachl zuständig für die Verfolgung der StOrdnungswidrigkeiten nach 50e I ist gem **§ 50e V** das *BZSt;* die FinVerw hatte dies auch bisher schon angenommen (sinngemäße Anwendung von § 36 I Nr 1 OWiG iVm § 409 S 1, § 387 I AO, s BT-Drs 18/1529, 60). – § 50e I und IV-VI sind **ab 1.1.22** anzuwenden (§ 52 XLVIIc 1).

2 **2. Informations- und Übermittlungspflichten, § 50e II, III.** Verstöße gegen die sich aus §§ 45b und 45c ergebenden erweiterten Informations- und Übermittlungspflichten (→ § 45b Rn. 1 und → § 45c Rn. 1) können gem **§ 50e II und III iVm IV Alt 1** mit einer **Geldbuße von bis zu 20 000 €** geahndet werden. Auch ausl Depotbanken und Zwischenverwaltungsstellen sind hiervon betroffen (§ 50e III iVm II Nr 2). Diese Regelungen sind allerdings **erstmals** auf KapErträge anzuwenden, die dem Gläubiger **nach dem 31.12.26** zufließen (§ 52 XLVIIc 2 idF des JStG 2024, BGBl I 24 Nr 387). Grund dafür ist, dass auch die Anwendung von §§ 45b, 45c auf diesen Zeitpunkt hinausgeschoben wurde (§ 52 XLIVb und § 52 XLIVc; s auch *Heuermann* DStR 24, 2401). Die zunächst mit Wirkung ab 1.1.25 durch das **AbzStEntModG** (BGBl I 21, 1259) vorgesehene Fassung von Abs 2 kommt aufgrund der Änderungen durch das JStG 2024 überhaupt nicht zur Anwendung und ist **obsolet.**

3 **3. Nichtverfolgung von Steuerstraftaten bei geringfügiger Beschäftigung in Privathaushalten, § 50 VI.** Die Regelung soll verhindern, dass die Strafbewehrung nach dem **SchwarzArbG** (BGBl I 04, 1842; dazu *Spatscheck/Wulf/Fraedrich* DStR 05, 129) auf geringfügig Privathaushaltsbeschäftigte iSv § 8a SGB IV (→ § 35a Rn. 5 ff), für die eine Pauschalierung nach § 40a II mögl ist, durchschlägt. Das gilt für ArbG und ArbN. Die Bußgeldvorschriften der §§ 377–384 AO bleiben grds anwendbar.

§ 50f Bußgeldvorschriften

(1) **Ordnungswidrig handelt, wer vorsätzlich oder leichtfertig entgegen § 22a Absatz 1 Satz 1 dort genannte Daten nicht, nicht vollständig oder nicht rechtzeitig übermittelt oder eine dort genannte Mitteilung nicht, nicht vollständig oder nicht rechtzeitig macht.**

(2) **Die Ordnungswidrigkeit kann mit einer Geldbuße bis zu fünfzigtausend Euro geahndet werden.**

(3) **Verwaltungsbehörde im Sinne des § 36 Absatz 1 Nummer 1 des Gesetzes über Ordnungswidrigkeiten ist die zentrale Stelle nach § 81.**

1 **Bußgeldtatbestand.** Die Regelung (idF des 2. DSAnpUG-EU, BGBl I 19, 1626) belegt ab dem VZ 2019 Mängel iZm der Übermittlung von Rentenbezugsmitteilungen mit einem Bußgeld. § 50f soll als Bußgeldtatbestand die mitteilungspflichtigen Stellen anhalten, die erforderl Daten/Mitteilungen gesetzeskonform an die *FinVerw* zu übermitteln (BT-Drs 19/4674, 298 f). Tatbestandsmäßig sind die in Abs 1 genannten vorsätzl/leichtfertigen Handlungen in Bezug auf „Daten" und auf (Rentenbezugs-)„Mitteilungen" iSd § 22a I 1. **§ 50f II** sieht eine **Ermessensentscheidung** in Bezug auf das „Ob" und die Höhe des Bußgeldes vor; dabei sind das vorwerfbare Verhalten und der Grad der Mangelhaftigkeit der übermittelten Rentenbezugsmitteilungen zu berücksichtigen (s iEinz BFH X R 28/17, BStBl II 19, 430).

2 **Einzelheiten.** Zuständig ist die **DRV Bund** (§ 81 iVm § 50f III). – Während die Festsetzung eines Verspätungsgeldes gem § 22a V allein eine Fristüberschreitung

voraussetzt (→ § 22a Rn. 5), kommt ein Bußgeld nur bei vorsätzl oder leichtfertigen Verstößen in Betracht. – Die kumulative „Ahndung" desselben Verstoßes (zB nicht rechtzeitige Übermittlung) durch § 50f und ein Verspätungsgeld verstößt nicht gegen das **„Doppelbestrafungsverbot"**, weil es sich zum einen um die Sanktionierung eines ordnungswidrigen Verhaltens und zum anderen um die Abgeltung zusätzl Verwaltungsaufwandes handelt (*KKM* § 22a Rn. A 26).

§ 50g Entlastung vom Steuerabzug bei Zahlungen von Zinsen und Lizenzgebühren zwischen verbundenen Unternehmen verschiedener Mitgliedstaaten der Europäischen Union

(1) [1]**Auf Antrag werden die Kapitalertragsteuer für Zinsen und die Steuer auf Grund des § 50a für Lizenzgebühren, die von einem Unternehmen der Bundesrepublik Deutschland oder einer dort gelegenen Betriebsstätte eines Unternehmens eines anderen Mitgliedstaates der Europäischen Union als Schuldner an ein Unternehmen eines anderen Mitgliedstaates der Europäischen Union oder an eine in einem anderen Mitgliedstaat der Europäischen Union gelegene Betriebsstätte eines Unternehmens eines Mitgliedstaates der Europäischen Union als Gläubiger gezahlt werden, nicht erhoben. [2]Erfolgt die Besteuerung durch Veranlagung, werden die Zinsen und Lizenzgebühren bei der Ermittlung der Einkünfte nicht erfasst. [3]Voraussetzung für die Anwendung der Sätze 1 und 2 ist, dass der Gläubiger der Zinsen oder Lizenzgebühren ein mit dem Schuldner verbundenes Unternehmen oder dessen Betriebsstätte ist. [4]Die Sätze 1 bis 3 sind nicht anzuwenden, wenn die Zinsen oder Lizenzgebühren an eine Betriebsstätte eines Unternehmens eines Mitgliedstaates der Europäischen Union als Gläubiger gezahlt werden, die in einem Staat außerhalb der Europäischen Union oder im Inland gelegen ist und in der die Tätigkeit des Unternehmens ganz oder teilweise ausgeübt wird.**

(2) **Absatz 1 ist nicht anzuwenden auf die Zahlung von**

1. **Zinsen,**
   a) **die nach deutschem Recht als Gewinnausschüttung behandelt werden (§ 20 Absatz 1 Nummer 1 Satz 2) oder**
   b) **die auf Forderungen beruhen, die einen Anspruch auf Beteiligung am Gewinn des Schuldners begründen;**
2. **Zinsen oder Lizenzgebühren, die den Betrag übersteigen, den der Schuldner und der Gläubiger ohne besondere Beziehungen, die zwischen den beiden oder einem von ihnen und einem Dritten auf Grund von Absatz 3 Nummer 5 Buchstabe b bestehen, vereinbart hätten.**

(3) **Für die Anwendung der Absätze 1 und 2 gelten die folgenden Begriffsbestimmungen und Beschränkungen:**

1. [1]**Der Gläubiger muss der Nutzungsberechtigte sein.** [2]**Nutzungsberechtigter ist**
   a) **ein Unternehmen, wenn es die Einkünfte im Sinne von § 2 Absatz 1 erzielt;**
   b) **eine Betriebsstätte, wenn**
      aa) **die Forderung, das Recht oder der Gebrauch von Informationen, auf Grund derer/dessen Zahlungen von Zinsen oder Lizenzgebühren geleistet werden, tatsächlich zu der Betriebsstätte gehört und**
      bb) **die Zahlungen der Zinsen oder Lizenzgebühren Einkünfte darstellen, auf Grund derer die Gewinne der Betriebsstätte in dem Mitgliedstaat der Europäischen Union, in dem sie gelegen ist, zu einer der in Nummer 5 Satz 1 Buchstabe a Doppelbuchstabe cc genannten Steuer beziehungsweise im Fall Belgiens dem „impôt des non-résidents/belasting der nietverblijfhouders" beziehungsweise im Fall Spaniens dem „Impuesto sobre la Renta de no Residentes" oder zu einer mit diesen Steuern identischen oder weitgehend ähnlichen Steuer herangezogen werden, die nach dem jeweiligen Zeitpunkt des Inkrafttretens der**

Richtlinie 2003/49/EG des Rates vom 3. Juni 2003 über eine gemeinsame Steuerregelung für Zahlungen von Zinsen und Lizenzgebühren zwischen verbundenen Unternehmen verschiedener Mitgliedstaaten (ABl. L 157 vom 26.6.2003, S. 49), die zuletzt durch die Richtlinie 2013/13/EU (ABl. L 141 vom 28.5.2013, S. 30) geändert worden ist, anstelle der bestehenden Steuern oder ergänzend zu ihnen eingeführt wird.

2. **Eine Betriebsstätte gilt nur dann als Schuldner der Zinsen oder Lizenzgebühren, wenn die Zahlung bei der Ermittlung des Gewinns der Betriebsstätte eine steuerlich abzugsfähige Betriebsausgabe ist.**
3. **Gilt eine Betriebsstätte eines Unternehmens eines Mitgliedstaates der Europäischen Union als Schuldner oder Gläubiger von Zinsen oder Lizenzgebühren, so wird kein anderer Teil des Unternehmens als Schuldner oder Gläubiger der Zinsen oder Lizenzgebühren angesehen.**
4. **Im Sinne des Absatzes 1 sind**
   a) **„Zinsen" Einkünfte aus Forderungen jeder Art, auch wenn die Forderungen durch Pfandrechte an Grundstücken gesichert sind, insbesondere Einkünfte aus öffentlichen Anleihen und aus Obligationen einschließlich der damit verbundenen Aufgelder und der Gewinne aus Losanleihen; Zuschläge für verspätete Zahlung und die Rückzahlung von Kapital gelten nicht als Zinsen;**
   b) **„Lizenzgebühren" Vergütungen jeder Art, die für die Nutzung oder für das Recht auf Nutzung von Urheberrechten an literarischen, künstlerischen oder wissenschaftlichen Werken, einschließlich kinematografischer Filme und Software, von Patenten, Marken, Mustern oder Modellen, Plänen, geheimen Formeln oder Verfahren oder für die Mitteilung gewerblicher, kaufmännischer oder wissenschaftlicher Erfahrungen gezahlt werden; Zahlungen für die Nutzung oder das Recht auf Nutzung gewerblicher, kaufmännischer oder wissenschaftlicher Ausrüstungen gelten als Lizenzgebühren.**
5. **Die Ausdrücke „Unternehmen eines Mitgliedstaates der Europäischen Union", „verbundenes Unternehmen" und „Betriebsstätte" bedeuten:**
   a) **„Unternehmen eines Mitgliedstaates der Europäischen Union" jedes Unternehmen, das**
      aa) **eine der in Anlage 3 Nummer 1 zu diesem Gesetz aufgeführten Rechtsformen aufweist und**
      bb) **nach dem Steuerrecht eines Mitgliedstaates in diesem Mitgliedstaat ansässig ist und nicht nach einem zwischen dem betreffenden Staat und einem Staat außerhalb der Europäischen Union geschlossenen Abkommen zur Vermeidung der Doppelbesteuerung von Einkünften für steuerliche Zwecke als außerhalb der Gemeinschaft ansässig gilt und**
      cc) **einer der in Anlage 3 Nummer 2 zu diesem Gesetz aufgeführten Steuern unterliegt und nicht von ihr befreit ist. [2]Entsprechendes gilt für eine mit diesen Steuern identische oder weitgehend ähnliche Steuer, die nach dem jeweiligen Zeitpunkt des Inkrafttretens der Richtlinie 2003/49/EG des Rates vom 3. Juni 2003 (ABl. L 157 vom 26.6.2003, S. 49), zuletzt geändert durch die Richtlinie 2013/13/EU des Rates (ABl. L 141 vom 28.5.2013, S. 30) anstelle der bestehenden Steuern oder ergänzend zu ihnen eingeführt wird.**

   [2]Ein Unternehmen ist im Sinne von Doppelbuchstabe bb in einem Mitgliedstaat der Europäischen Union ansässig, wenn es der unbeschränkten Steuerpflicht im Inland oder einer vergleichbaren Besteuerung in einem anderen Mitgliedstaat der Europäischen Union nach dessen Rechtsvorschriften unterliegt.

b) „Verbundenes Unternehmen" jedes Unternehmen, das dadurch mit einem zweiten Unternehmen verbunden ist, dass
aa) das erste Unternehmen unmittelbar mindestens zu 25 Prozent an dem Kapital des zweiten Unternehmens beteiligt ist oder
bb) das zweite Unternehmen unmittelbar mindestens zu 25 Prozent an dem Kapital des ersten Unternehmens beteiligt ist oder
cc) ein drittes Unternehmen unmittelbar mindestens zu 25 Prozent an dem Kapital des ersten Unternehmens und dem Kapital des zweiten Unternehmens beteiligt ist.
[2]Die Beteiligungen dürfen nur zwischen Unternehmen bestehen, die in einem Mitgliedstaat der Europäischen Union ansässig sind.
c) „Betriebsstätte" eine feste Geschäftseinrichtung in einem Mitgliedstaat der Europäischen Union, in der die Tätigkeit eines Unternehmens eines anderen Mitgliedstaates der Europäischen Union ganz oder teilweise ausgeübt wird.

(4) **§ 50d Absatz 3 gilt entsprechend.**

(5) **Entlastungen von der Kapitalertragsteuer für Zinsen und der Steuer auf Grund des § 50a nach einem Abkommen zur Vermeidung der Doppelbesteuerung, die weiter gehen als die nach Absatz 1 gewährten, werden durch Absatz 1 nicht eingeschränkt.**

(6) **[1]Ist im Fall des Absatzes 1 Satz 1 eines der Unternehmen ein Unternehmen der Schweizerischen Eidgenossenschaft oder ist eine in der Schweizerischen Eidgenossenschaft gelegene Betriebsstätte eines Unternehmens eines anderen Mitgliedstaats der Europäischen Union Gläubiger der Zinsen oder Lizenzgebühren, gelten die Absätze 1 bis 5 entsprechend mit der Maßgabe, dass die Schweizerische Eidgenossenschaft insoweit einem Mitgliedstaat der Europäischen Union gleichgestellt ist. [2]Absatz 3 Nummer 5 Buchstabe a gilt entsprechend mit der Maßgabe, dass ein Unternehmen der Schweizerischen Eidgenossenschaft jedes Unternehmen ist, das**

1. eine der folgenden Rechtsformen aufweist:
– Aktiengesellschaft/société anonyme/società anonima;
– Gesellschaft mit beschränkter Haftung/société à responsabilité limitée/ società á responsabilità limitata;
– Kommanditaktiengesellschaft/société en commandite par actions/società in accomandita per azioni, und

2. nach dem Steuerrecht der Schweizerischen Eidgenossenschaft dort ansässig ist und nicht nach einem zwischen der Schweizerischen Eidgenossenschaft und einem Staat außerhalb der Europäischen Union geschlossenen Abkommen zur Vermeidung der Doppelbesteuerung von Einkünften für steuerliche Zwecke als außerhalb der Gemeinschaft oder der Schweizerischen Eidgenossenschaft ansässig gilt, und

3. unbeschränkt der schweizerischen Körperschaftsteuer unterliegt, ohne von ihr befreit zu sein.

Anlage 3 (zu § 50g) *hier nicht abgedruckt;* s hierzu Beck'sche Textausgabe „Aktuelle Steuergesetze 2026".

1. Nichterhebung von Quellensteuern auf Zinsen und Lizenzeinnahmen, § 50g I. – a) Norminhalt. – *(1)* **Steuerbefreiungstatbestand.** § 50g enthält eine StBefreiung für KapESt auf beschr stpfl Zinsen und Lizenzeinnahmen beim Empfänger (s § 4j zum inl Lizenznehmer). Die Regelung setzt die Zins- und Lizenzrichtlinie um (zur aktuellen Fassung s Abs 3 Nr 1 Buchst b bb); zur Erweiterung auf die **Schweiz** Abs 6. Gem **Abs 1** sind nach den Vorgaben der Richtlinie konzerninterne Zins- und Lizenzzahlungen idR vom inl StAbzug gem § 43 I 1 Nr 7 *(Zinsen)* und gem § 50a I Nr 3 *(Lizenzeinnahmen)* befreit. Abs 3 Nr 4 enthält eine normspezifische 1

Legaldefinition dieser Einnahmen. Zu den unionsrechtl und DBA-Streitfragen iRd Art 11, 12 OECD-MA und zur Bedeutung des § 50g s *BeckOK EStG* § 50g Rn. 3a, Rn. 13–15, 91, Rn. 103. – **Abs 3** enthält die für die Anwendung der Abs 1, 2 notwendigen Definitionen (Gläubiger, Nutzungsberechtigter, Schuldner, Zinsen, Lizenzgebühren, verbundene Unternehmen, Betriebsstätte). Der Begriff des Nutzungsberechtigten setzt iSd abkommensrechtl Begriffe (Art 10–12 OECD-MA) voraus, dass der Empfänger die wirtschaftl Verfügungsmacht hat (EuGH C-116/16, C 117/16, IStR 19, 266 – *Danish Cases;* → § 50d Rn. 16) – **Anlage 3/3a** listen diejenigen EU-Unternehmen/Steuern auf, denen diese im Ansässigkeitsstaat unterliegen müssen. – **Abs 4** regelt die Anforderungen an die persönl und sachl Erstattungsberechtigung; § 50d III gilt entspr. – **Abs 5** bestimmt, dass weitergehende Entlastungen nach einem DBA Vorrang haben. – **Abs 6** dehnt die Befreiung auf Zins- und Lizenzzahlungen an schweiz Unternehmen und Betriebsstätten aus. – ***(2)* Verfahrensrecht.** Der StAbzug ist gem § 50c I 1 grds ungeachtet der StBefreiung in § 50g durchzuführen („zweigeteiltes Verfahren"). Die StBefreiung ist entweder nachträgl im Wege der *Erstattung* (§ 50c III mit Verzinsung gem § 50c IV, vgl → § 50c Rn. 24) oder durch *Freistellung* iRd StAbzugs (§ 50d II, → § 50c Rn. 10 ff) durchzusetzen. S auch § 50c V zur elektronischen Übermittlung und dessen S 2 zu den erforderl Ansässigkeitsbescheinigungen für Betriebsstätten.

2 **b) Befreiungsvoraussetzungen; Rechtsfolgen, § 50g I.** Erforderl ist ein **Antrag** des Gläubigers **beim BZSt** iRd Erstattungs- oder Freistellungsverfahrens gem § 50c (→ Rn. 1; → § 50d Rn 15). Er muss ein verbundenes Unternehmen des Schuldners oder dessen Betriebsstätte iSd Abs 3 sein (zu Rückausnahmen s § 50g I 4). Greift § 50g, ist die einbehaltene QuellenSt gem § 50c III, IV (Freistellungsbescheid) zu erstatten oder hat der StAbzug aufgrund einer Freistellungsbescheinigung gem § 50c II 1 Nr 1 zu unterbleiben (Abstandnahme). IRe Veranlagung des beschr stpfl Empfängers werden die Zins-/Lizenz-Einkünfte nicht angesetzt (Abs 1 S 2). Nach § 50c IV wird der Erstattungsanspruch verzinst (→ § 50a Rn. 43).

3 **2. Ausnahmen, § 50g II.** Nicht stfrei gestellt werden *Zinsen,* die nach innerstaatl Verständnis als vGA zu qualifizieren (Abs 2 Nr 1 Buchst a), „gewinnabhängige" Zinsen (Abs 2 Nr 1 Buchst b) und nicht fremdübl *Zinsen/Lizenzen* sind (Abs 2 Nr 2). S iEinz *BeckOK EStG* § 50g Rn. 31 ff.

4 **3. Verweis auf § 50d III, § 50g IV.** § 50g IV verweist auf § 50d III idF des AbzStEntModG (BGBl I 21, 1259). Dieser ist in allen offenen Fällen anzuwenden (BFH I R 27/19, DStR 22, 1038). § 50d III erfasst eigentl nur eine QuellenSt-Entlastung nach einem DBA für Dividenden, ist aufgrund des Verweises aber auch für Zinsen und Lizenzeinnahmen anzuwenden (zu Zinsen FG Köln EFG 23, 1722, Rev VIII R 36/24). IRd *entspr Anwendung* des Abs 4 müssen der Anteilseigner der die Zins- oder Lizenzzahlung beziehenden ausl Empfänger-KapGes bei einem hypothetischen Direktbezug die Voraussetzungen des § 50g selbst erfüllen, die sachl Erstattungsberechtigung vorliegen oder der Motivtest positiv ausfallen (*Grotherr* DStR 21, 1321 (1322 f, 1325); *Haase* IStR 23, 544; → § 50d Rn. 15 ff).

§ 50h Bestätigung für Zwecke der Entlastung von Quellensteuern in einem anderen Mitgliedstaat der Europäischen Union oder der Schweizerischen Eidgenossenschaft

Auf Antrag hat das Finanzamt, das für die Besteuerung eines Unternehmens der Bundesrepublik Deutschland oder einer dort gelegenen Betriebsstätte eines Unternehmens eines anderen Mitgliedstaats der Europäischen Union im Sinne des § 50g Absatz 3 Nummer 5 oder eines Unternehmens der Schweizerischen Eidgenossenschaft im Sinne des § 50g Absatz 6 Satz 2 zuständig ist, für die Entlastung von der Quellensteuer dieses Staats auf Zinsen oder Lizenzgebühren im Sinne des

§ 50g zu bescheinigen, dass das empfangende Unternehmen steuerlich im Inland ansässig ist oder die Betriebsstätte im Inland gelegen ist.

1. Zweck der Ansässigkeitsbescheinigung. § 50h räumt inl *und* EU-/Schweiz 1
Unternehmen mit einer inl Betriebsstätte einen gebundenen Anspruch (kein Ermessen) auf Erteilung einer Ansässigkeitsbescheinigung ein (s auch § 50c V 2 und → § 50g Rn. 1).

2. Voraussetzungen. Die Bescheinigung ist kein feststellender VA (s iEinz 2
BeckOK EStG § 50h Rn. 6–8). Zum Verfahren s *OFD NRW* IStR 20, 435.

§ 50i Besteuerung bestimmter Einkünfte und Anwendung von Doppelbesteuerungsabkommen

(1) [1]**Sind Wirtschaftsgüter des Betriebsvermögens oder sind Anteile im Sinne des § 17**

1. **vor dem 29. Juni 2013 in das Betriebsvermögen einer Personengesellschaft im Sinne des § 15 Absatz 3 übertragen oder überführt worden,**
2. **ist eine Besteuerung der stillen Reserven im Zeitpunkt der Übertragung oder Überführung unterblieben, und**
3. **ist das Recht der Bundesrepublik Deutschland hinsichtlich der Besteuerung des Gewinns aus der Veräußerung oder Entnahme dieser Wirtschaftsgüter oder Anteile ungeachtet der Anwendung dieses Absatzes vor dem 1. Januar 2017 ausgeschlossen oder beschränkt worden,**

so ist der Gewinn, den ein Steuerpflichtiger, der im Sinne eines Abkommens zur Vermeidung der Doppelbesteuerung im anderen Vertragsstaat ansässig ist, aus der späteren Veräußerung oder Entnahme dieser Wirtschaftsgüter oder Anteile erzielt, ungeachtet entgegenstehender Bestimmungen des Abkommens zur Vermeidung der Doppelbesteuerung zu versteuern. [2]**Als Übertragung oder Überführung von Anteilen im Sinne des § 17 in das Betriebsvermögen einer Personengesellschaft gilt auch die Gewährung neuer Anteile an eine Personengesellschaft, die bisher auch eine Tätigkeit im Sinne des § 15 Absatz 1 Satz 1 Nummer 1 ausgeübt hat oder gewerbliche Einkünfte im Sinne des § 15 Absatz 1 Satz 1 Nummer 2 bezogen hat, im Rahmen der Einbringung eines Betriebs oder Teilbetriebs oder eines Mitunternehmeranteils dieser Personengesellschaft in eine Körperschaft nach § 20 des Umwandlungssteuergesetzes, wenn**

1. **der Einbringungszeitpunkt vor dem 29. Juni 2013 liegt,**
2. **die Personengesellschaft nach der Einbringung als Personengesellschaft im Sinne des § 15 Absatz 3 fortbesteht und**
3. **das Recht der Bundesrepublik Deutschland hinsichtlich der Besteuerung des Gewinns aus der Veräußerung oder Entnahme der neuen Anteile ungeachtet der Anwendung dieses Absatzes bereits im Einbringungszeitpunkt ausgeschlossen oder beschränkt ist oder vor dem 1. Januar 2017 ausgeschlossen oder beschränkt worden ist.**

[3]**Auch die laufenden Einkünfte aus der Beteiligung an der Personengesellschaft, auf die die in Satz 1 genannten Wirtschaftsgüter oder Anteile übertragen oder überführt oder der im Sinne des Satzes 2 neue Anteile gewährt wurden, sind ungeachtet entgegenstehender Bestimmungen des Abkommens zur Vermeidung der Doppelbesteuerung zu versteuern.** [4]**Die Sätze 1 und 3 gelten sinngemäß, wenn Wirtschaftsgüter vor dem 29. Juni 2013 Betriebsvermögen eines Einzelunternehmens oder einer Personengesellschaft geworden sind, die deswegen Einkünfte aus Gewerbebetrieb erzielen, weil der Steuerpflichtige sowohl im überlassenden Betrieb als auch im nutzenden Betrieb allein oder zusammen mit anderen Gesellschaftern einen einheitlichen geschäftlichen Betätigungswillen durchsetzen**

kann und dem nutzenden Betrieb eine wesentliche Betriebsgrundlage zur Nutzung überlässt.

(2) **Bei Einbringung nach § 20 des Umwandlungssteuergesetzes sind die Wirtschaftsgüter und Anteile im Sinne des Absatzes 1 abweichend von § 20 Absatz 2 Satz 2 des Umwandlungssteuergesetzes stets mit dem gemeinen Wert anzusetzen, soweit das Recht der Bundesrepublik Deutschland hinsichtlich der Besteuerung des Gewinns aus der Veräußerung der erhaltenen Anteile oder hinsichtlich der mit diesen im Zusammenhang stehenden Anteile im Sinne des § 22 Absatz 7 des Umwandlungssteuergesetzes ausgeschlossen oder beschränkt ist.**

ESt-Richtlinien: EStH 50i – **Verwaltungsanweisungen:** *BMF* BStBl I 17, 32; *BMF* BStBl I 14, 1258 Rn. 2.3.3 (Anwendung der DBA auf PersGes).

1 **1. Allgemeines. – a) Bedeutung; Hintergrund.** Mit § 50i hat der Gesetzgeber weitere Regelungen geschaffen, die ein *treaty override* enthalten (→ Rn. 3). Sie dienen vor allem der steuerl Erfassung von Veräußerungs- und Entnahmegewinnen sowie von lfd Einkünften aus der Beteiligung eines in einem anderen DBA-Staat ansässigen Ges'ters an einer gewerbl geprägten oder infizierten PersGes (zB GmbH & Co. KG), wenn **vor dem 29.6.13** (Tag der Gesetzesverkündung) WG des BV oder Anteile iSd § 17 in das BV der Ges eingelegt worden sind und wenn dadurch **bis einschließl 31.12.16** ein inl Besteuerungsrecht ausgeschlossen oder beschränkt worden ist. § 50i soll inl StSubstrat sichern und „Steuerausfälle in Mrd-Höhe" verhindern (BR-Drs 139/13, 142).

S iÜ zu **Hintergrund** und **Rechtsentwicklung** → 38. Aufl 2019, § 50i Rn. 1 f und BFH I R 13/22, DStR 25, 2885 Rn. 36. – Die Expertenkommission „Vereinfachte Unternehmensteuer" hat gefordert, § 50i als **Wahlrecht** auszugestalten (*Schnitger* FR 25, 208 (213)). – *Weitere Nachweise* → 44. Aufl 2025, § 50i Rn. 1 aE.

2 **b) Zeitlicher Anwendungsbereich.** § 50i I 1 und 2 gelten für alle Veräußerungen und Entnahmen von WG oder Anteilen, die **nach dem 29.6.13** erfolgen (§ 52 XLVIII 1; einschr zu § 50i I 2 *HHR/Rehfeld* § 50i Rn. 4). § 50i I 3 gilt für lfd Einkünfte in allen noch offenen Verfahren (§ 52 XLVIII 2; krit *HHR/Rehfeld* § 50i Rn. 4). § 50i I 4 erfasst Vorgänge, die sich nach dem 31.12.13 ereignen (§ 52 XLVIII 2). § 50i II ersetzt rückwirkend die frühere Fassung und gilt für alle Einbringungen, bei denen Einbringungsverträge nach dem 31.12.13 geschlossen wurden (§ 52 XLVIII 4 – zugunsten des StPfl und damit verfrechtl unproblematisch). – In allen Fällen bezieht sich die aktuelle Fassung des § 50i nur (noch) auf Sachverhalte, bei denen ein Ausschluss oder eine Beschränkung des inl Besteuerungsrecht **vor dem 1.1.2017** eingetreten ist. Auf spätere Vorgänge ist § 50i nicht mehr anwendbar; die Besteuerung richtet sich dann nach allg Regeln (§ 4 I 3 und 4; § 16 IIIa EStG; § 12 I KStG; Wegfall des *„Entstrickungsschutzes", Liekenbrock* DStR 17, 177; BT-Drs 18/9956, 6). – Zur ergänzende Anpassung von § 6 III → § 6 Rn. 724; zur Gefahr der Doppelbesteuerung → 44. Aufl 2025, § 50i Rn. 2 aE.

3 **c) Verfassungsrecht; Europarecht.** Ebenso wie bei § 50d VIII, IX und X bestanden auch in Bezug auf § 50i erhebl Zweifel an der Völkerrechts- und VerfMäßigkeit des ***treaty override*** (*Prinz* DB 13, 1378 (1382); *Liekenbrock* IStR 13, 690 (697); **aA** *Mitschke* FR 13, 694 (698)); allerdings hat das BVerfG die verfrechtl Zulässigkeit iZm § 50d VIII grds bejaht (BVerfG 2 BvL 1/12, DStR 16, 359). Darüber hinaus wirft die steuerl Erfassung ursprüngl stfrei realisierbarer Wertzuwächse die Frage nach einem Verstoß gegen das **Rückwirkungsverbot** auf (s *FWDS* § 50i Rn. 16 ff und 33 ff; einschr *HHR/Rehfeld* § 50i Rn. 4: nur bezügl der Erfassung lfd Einkünfte; glA *BH/Pohl* § 50i Rn. 7; zu § 50i I 2 → Rn. 9). Allerdings spricht einiges dafür, dass das Vertrauen der StPfl auf eine stfreie Realisierung von Wertzuwächsen im Hinblick auf die von ihnen gewählten Gestaltungen und die damit intendierten Rechtsfolgen (→ Rn. 1) **nicht schützenswert** ist (s auch *KS/Gosch* § 50i Rn. 4a). – Die geänder-

ten Regelungen sind mE jedenfalls insoweit **nicht unionsrechtswidrig,** als sie eine an sich zulässige, aber unterlassene Besteuerung stiller Reserven nachholen (→ Rn. 1; **aA** *Müller* DB 17, 96 unter Berufung auf EuGH C-503/14, IStR 17, 69, mit Anm *Mitschke*). Zu unionsrechtl Zweifeln hinsichtl ursprüngl Regelung → 35. Aufl 2016, § 50i Rn. 3 mwN.

d) Verhältnis zu anderen Vorschriften. § 50i verdrängt in seinem zeitl Anwendungsbereich als speziellere Regelung § 4 I 3 und 4; iÜ → Rn. 8. Zu § 1 AStG und § 50d X EStG s *Prinz* DB 13, 1378 (1381 f: „harmonisches Gesamtbild nicht erkennbar"). Ggü DBA-Vorschriften ist § 50i als *treaty override* vorrangig (zur Frage der VerfMäßigkeit → Rn. 3). 4

2. Persönlicher Anwendungsbereich. § 50i gilt für (beschr und unbeschr) StPfl, die abkommensrechtl in einem anderen DBA-Staat ansässig (Art 4 OECD-MA) und Ges'ter einer PersGes iSd § 15 III (S 1–3) oder einer Besitz-PersGes iRe BetrAufsp sind (S 4). Es kann sich um **natürl Personen** oder (über § 8 I KStG) um **juristische Personen** handeln. Wann die abkommensrechtl Ansässigkeit in einem anderen DBA-Staat begründet worden bzw ob der Ges'ter überhaupt jemals im Inl ansässig gewesen ist, war nach der ursprüngl Fassung unerhebl und ein „Wegzug" aus dem Inl ist nach wie vor *kein* Tatbestandsmerkmal der Regelung (was im Hinblick auf die erklärten Regelungsziele verwunderl war, so zutr *WRS* Rn. 14.12 und 14.38). Allerdings geht mit der 2016 eingefügten sachl Beschränkung in § 50i I 1 Nr 3 und S 2 Nr 3 (Verlust des Besteuerungsrechts) eine persönl Beschränkung auf Wegzugfälle einher (auch → Rn. 6). – Die **Regelung des § 50i II** ist zwar so formuliert, dass, geht man nur vom Wortlaut aus, sich keine entspr Einschränkung des persönl Anwendungsbereichs ergibt. Allerdings folgt mE sowohl aus dem systematischen Zusammenhang der beiden Absätze des § 50i als auch aus der Bezugnahme auf „WG und Anteile iSd Abs 1" sowie schließl aus dem Regelungszweck der Vorschrift (→ Rn. 1), dass sich § 50i I und II hinsichtl des persönl Anwendungsbereich decken (so zur bisherigen Regelung auch *Bodden* DB 14, 2371 (2374); *WRS* Rn. 14.56 f, auch zu den sich daraus ergebenden unionsrechtl und verfrechtl Problemen; *Rödder* DB 15, 1422 (1424)). – Im Falle der unentgeltl Übertragung ohne Aufdeckung der stillen Reserven setzt sich eine „§ 50i-Verhaftung" beim **Rechtsnachfolger** fort (BFH I R 13/22, DStR 25, 2885 Rn. 46 ff). 5

3. Veräußerung und Entnahme, § 50i I 1. – a) Keine Besteuerung stiller Reserven. § 50i I 1 setzt dreierlei voraus: – ***(Nr 1)*** WG des BV oder Anteile iSd § 17 (→ § 17 Rn. 12 ff) müssen **vor dem 29. 6. 13** in das BV (auch SonderBV) einer PersGes iSd § 15 III (gewerbl infiziert oder gewerbl geprägt, → § 15 Rn. 185 ff, 211 ff) übertragen oder überführt worden sein. Die Übertragung muss „von außen" in das BV erfolgen; ein Transfer von WG innerhalb des BV derselben PersGes (zw Gesamthands-BV und SonderBV oder zw verschiedenen SonderBV) wird nicht erfasst (BFH I R 13/22, DStR 25, 2885 Rn. 37). – ***(Nr 2)*** Im Zeitpunkt der Übertragung (Rechtsträgerwechsel, ohne Rücksicht auf Entgeltlichkeit) bzw Überführung (kein Rechtsträgerwechsel) ist *keine* Besteuerung der stillen Reserven erfolgt (zur Folge einer Besteuerung stiller Reserven im Ausl s *WRS* Rn. 14.12 Fn 34). Das setzt implizit voraus, dass das WG im Zeitpunkt seiner Übertragung stille Reserven enthält (BFH I R 13/22, DStR 25, 2885 Rn. 38 ff). – ***(Nr 3)*** Das Recht zur inl Besteuerung des Gewinns aus der Veräußerung/Entnahme der WG oder Anteile muss vor dem 1. 1. 17 ausgeschlossen oder beschränkt worden sein, wobei § 50i I insoweit unberücksichtigt bleibt. Alle drei Voraussetzungen müssen erfüllt sein (Verknüpfung mit „und"). – Ausschließl gewerbl tätige PersGes werden von der Regelung nicht erfasst (glA *BH/Pohl* § 50i Rn. 21). Bei Doppel-/Mehrstöckigen PersGes ist § 50i auf jeder Ebene gesondert zu prüfen (s iEinz *FWDS* § 50i Rn. 64 ff; *WRS* Rn. 14.25). Warum eine Besteuerung der stillen Reserven unterblieben ist, ist unerhebl; die Regelung stellt nur auf das Ergebnis ab. – Der FinVerw zufolge sollen auch alteinbringungs- 6 geborene Anteile unter die Regelung fallen (so *BMF* BStBl I 14, 1258 Rn. 2.3.3; dagegen mit guten Gründen *Liekenbrock* IStR 13, 690 (693): kein Anteil iSd § 17).

Bei der Prüfung, ob es sich um Anteile iSv § 17 handelt, ist auf die im Zeitpunkt der Übertragung/Überführung jeweils gültige Fassung des § 17 abzustellen (BFH I R 13/22, DStR 25, 2885).

7 **b) Steuerliche Erfassung des Gewinns.** Im Falle einer **späteren Veräußerung oder Entnahme** des WG oder der Anteile (dh nach dem 29.6.13, s § 52 XLVIII 1; str, wie hier: *WRS* Rn. 14.13) ist der daraus resultierende Gewinn im Inl zu versteuern; auf die Zuweisung des Besteuerungsrechts nach DBA kommt es nicht an (*treaty override;* einschr *KS/Gosch* § 50i Rn. 10: fehlende „Doppelfiktion" bezügl Betriebsstätte iSv Art 5 OECD-MA und Zuordnung zu dieser Betriebsstätte, wie bei § 50d X aF; s aber *WRS* Rn. 14.43: § 50i suspendiert DBA-Anwendung schon dem Grunde nach, ggf Prüfung von § 12 AO). Für die Veräußerung eines MUeranteils wird dies wegen des Transparenzprinzips ebenfalls gelten (*BMF* BStBl I 14, 1258 Rn. 2.3.3.3; *BH/Pohl* § 50i Rn. 29; *Hruschka* IStR 14, 785 (787); einschr *Liekenbrock* IStR 13, 690 (696); **aA** *KS/Gosch* § 50i Rn. 14). – Der **Begriff „Gewinn"** ist im allg Sinne zu verstehen und umfasst auch Verluste (→ § 4 Rn. 2 aE und → § 17 Rn. 131; ebenso: *Pohl* IStR 13, 699 (701); *Prinz* DB 13, 1378 (1380); *BH/Pohl* § 50i Rn. 31; *WRS* Rn. 14.48; iErg ebenso *HHR/Rehfeld* § 50i Rn. 17; **aA** *KS/Gosch* § 50i Rn. 22). – Stille Reserven, die uU erst **nach dem Wegzug** des Ges'ters entstehen, werden, da dem Gesetz insoweit keine Differenzierung zu entnehmen ist, in die Besteuerung einbezogen (zu Recht krit *Liekenbrock* IStR 13, 690 (697)); dies gilt bedauerlicherweise auch noch nach der geänderten Fassung des § 50i I. – Zum **Verständigungsverfahren** bei Doppelbesteuerung s *BMF* BStBl I 14, 1258 Rn. 2.3.3.6.

Während es nach dem Wortlaut der ursprüngl Regelung nicht darauf ankam, ob für die Gewinne, die damit steuerl erfasst werden, überhaupt jemals ein **inl Besteuerungsrecht** bestanden hat (s *FWDS* § 50i EStG Rn. 57; keine teleologische Reduktion, str, → 35. Aufl 2016, Rn. 7; ebenso: *KS/Gosch* § 50i Rn. 3; *WRS* Rn. 14.12 und 14.38; **aA** – für eine einschr Auslegung – *Pohl* IStR 13, 699 (702); *Bron* DStR 14, 1849 (1852); *HHR/Rehfeld* § 50i Anm 17; s auch *Töben* IStR 13, 682 (684)), ist dieser Missstand mit § 50i I 1 Nr 3 behoben worden.

8 **c) Keine Anwendung des § 50i I 1.** Sind WG/Anteile nach dem 28.6.13 in das BV einer PersGes iSd § 15 III übertragen oder überführt worden, ist der Tatbestand des § 50i I 1 nicht erfüllt; in diesem Fall muss allerdings geprüft werden, ob allg Entstrickungsregeln (§ 4 I 3 und 4; § 6 V 1 Hs 2; § 12 KStG; § 6 AStG) zum Tragen kommen. Darüber hinaus ist § 50i I 1 auch dann nicht anwendbar, wenn die Veräußerung oder Entnahmen von WG oder Anteilen vor dem 30.6.13 erfolgt ist (§ 52 XLVIII 1, → Rn. 2); in diesem Fall sind auch nach Auffassung der FinVerw die Rechtsgrundsätze der BFH-Rspr (BFH I R 81/09, BStBl II 14, 754) anzuwenden (s *BMF* BStBl I 14, 1258 Rn. 2.3.3.7, auch zur Erfassung nach § 4 I 3 und 4 bei noch nicht bestandskräftiger Veranlagung). Schließl ist § 50i I 1 nicht anwendbar, wenn bzw soweit es zu keinem Verlust inl Besteuerungsrechte vor dem 1.1.2017 gekommen ist. Die letztgenannte Regelung bietet mE auch einen Ansatz für die Beantwortung der Frage, was passiert, wenn der StPfl vor einer Veräußerung oder Entnahme des WG bzw Anteils zurück ins Inl zieht; denn mit dem Rückzug wird der inl StZugriff wieder eröffnet (*actus contrarius* zu § 50i I 1 Nr 3 und S 2 Nr 3), sodass man den Anwendungsbereich der Vorschrift insoweit einschränken sollte.

9 **4. Einbringung nach § 20 UmwStG, § 50i I 2.** Im Wege einer **gesetzl Fiktion** werden Buchwerteinbringungen iSd § 20 UmwStG in die Regelung des S 1 mit einbezogen. Eine Einbringung nach § 20 UmwStG liegt mE auch in den Fällen der §§ 24, 25 UmwStG vor (str, s *Rödder/Kuhr/Heimig* Ubg 14, 477 (483 f); *Bron* DStR 14, 1849). Der Einbringungszeitpunkt muss vor dem 29.6.13 liegen und es muss sich um eine PersGes handeln, die zuvor zumindest „auch" eine originär gewerbl Tätigkeit iSd § 15 I 1 Nr 1 ausgeübt hat oder MUerin gewesen ist (§ 50i I 2

Nr 1 und 2). Als weitere Voraussetzung kommt hinzu, dass auch hier (→ Rn. 6) gem § 50i I 2 Nr 3 das Recht zur inl Besteuerung des Gewinns aus der Veräußerung oder Entnahme der neuen Anteile entweder bereits im Einbringungszeitpunkt oder zu einem späteren Zeitpunkt bis einschließl 31.12.16 ausgeschlossen oder beschränkt worden sein muss, wobei wiederum § 50i I insoweit unberücksichtigt bleibt. Rechtsfolge ist auch in diesem Fall die steuerl Erfassung stiller Reserven bei einer späteren Veräußerung (S 1); darüber hinaus sind auch die lfd Einkünfte zu versteuern (S 3).

Nach den *Gesetzesmaterialien* zur ursprüngl Fassung der Regelung sollte es sich ledigl um eine Klarstellung handeln (s BT-Drs 18/1995, 107 f); dagegen mit guten Gründen *FWDS* § 50i Rn. 28 ff mwN und ebenso *Prinz* GmbHR 14, R241 (unter Hinweis auf BVerfG 1 BvL 5/08, NJW 14, 1581).

5. Laufende Einkünfte, § 50i I 3. § 50i I 3 knüpft an den Tatbestand des S 1 an; 10
die dort aufgeführten tatbestandl Voraussetzungen müssen also allesamt erfüllt sein. Die Regelung bestimmt als **weitere Rechtsfolge,** dass auch die lfd Einkünfte, die der nach abkommensrechtl Maßstäben in einem anderen DBA-Staat ansässige Ges'ter aus der gewerbl infizierten oder geprägten PersGes erzielt, im Inl versteuert werden müssen; auf die Zuweisung des Besteuerungsrechts nach DBA kommt es auch hier nicht an. Die Rechtsfolge „sind … zu versteuern" bezieht sich **ohne Differenzierung** auf „die" lfd Einkünfte aus der Beteiligung; dh es erfolgt keine Beschränkung auf Einkünfte, die iZm dem übertragenen WG oder Anteil stehen (str, glA *WRS* Rn. 14.50; *KS/Gosch* § 50i Rn. 15; **aA** – für eine teleologische Reduktion – *Pohl* IStR 14, 699 (702); *Korn* § 50i Rn. 63; *Bodden* DStR 15, 150 (156); *HHR/Rehfeld* § 50i Anm 21). Allerdings ist aufgrund des systematischen Zusammenhangs mit S 1 von einer **zeitl Begrenzung** dergestalt auszugehen, dass eine Besteuerung lfd Einkünfte nicht mehr in Betracht kommt, wenn die nach S 1 maßgebl WG oder Anteile aus dem BV der PersGes ausgeschieden sind oder die PersGes eine originär gewerbl Tätigkeit aufnimmt (so zutr *Liekenbrock* IStR 13, 690 (698); grds ebenso *BMF* BStBl I 14, 1258 Rn. 2.3.3.5, einschr hinsichtl § 21 UmwStG). Das Gleiche gilt mE bei **Rückzug des StPfl** vor Veräußerung Entnahme der WG oder Anteile (der Rückzug kehrt den Tatbestand des § 50i I 1 Nr 3 um, → Rn. 8). – Erfasst werden von S 3 alle noch **nicht bestandskräftigen** StFestsetzungen (§ 52 XLVIII 2; krit *HHR/Rehfeld* § 50i Rn. 4).

6. Betriebsaufspaltung, § 50i I 4. Die in § 50i I 1 und 3 angeordneten Rechts- 11
folgen treten auch dann ein, wenn ein WG veräußert wird, das vor dem 29.6.13 in das BV einer **Besitz-PerGes** oder (bei Veräußerungen ab VZ 2014, s § 52 XLVIII 3) eines **Besitz-Einzelunternehmens** iRe Betriebsaufspaltung übertragen oder überführt worden ist. Es handelt sich um eine modifizierte Rechtsgrundverweisung; alle weiteren in § 50i I 1 genannten Tatbestandsmerkmale müssen auch bei der Prüfung des § 50i I 4 erfüllt sein (BFH I R 13/22, DStR 25, 2885 Rn. 30 ff). Dh, auch in diesem Fall muss im Zeitpunkt der Übertragung oder Überführung der WG eine **Besteuerung der stillen Reserven unterblieben** und es muss vor dem 1.1.2017 zu einem **Verlust des inl Besteuerungsrechts** gekommen sein (geänderte Fassung von § 50i I 1, → Rn. 6). Ferner muss auch die Betriebsaufspaltung vor dem 29.6.13 begründet worden sein. Schließl muss der StPfl bei der Veräußerung oder Entnahme (§ 50i I 1) bzw bei Zufluss des lfd Ertrags (§ 50i I 3) in einem anderen Vertragsstaat ansässig sein (BFH I R 13/22, DStR 25, 2885 Rn. 32). – Rechtsfolge ist auch hier die steuerl Erfassung eines Veräußerungs-/Entnahmegewinns im Wege des ***treaty override.*** Wegen der Verweisung auf S 3 werden in diesem Fall ebenfalls die **lfd Einkünfte** eines im Ausl ansässigen Ges'ters erfasst.

7. Einbringung nach § 20 UmwStG, § 50i II. Mit der geänderten Fassung des 12
§ 50i II ist die stark überschießende Wirkung der ursprüngl Regelungen (→ 35. Aufl 2016, § 50i Rn. 12 ff mwN) beseitigt worden, und zwar **rückwirkend** (s auch *BMF* BStBl I 17, 32) sowie hinsichtl der eigenen Anwendung **zeitl beschränkt** (→ Rn. 2).

Tatbestand und Rechtsfolge sind auf den eigentl Sinn und Zweck der Bestimmung begrenzt worden, steuergestalterische Umgehungen des § 50i I über § 20 UmwStG auszuschließen (s BT-Drs 18/9956, 6). – Zum **persönl Anwendungsbereich** → Rn. 5 (einschr *HHR/Rehfeld* § 50i Rn. 27: auf Rückzugsfälle nicht anwendbar; mE zutr, → Rn. 8 aE). – In den **sachl Anwendungsbereich** der geänderten Regelung fallen Einbringungen iSv § 20 UmwStG (Einbringung von Betrieben, Teilbetrieben und MUeranteilen in eine KapGes oder eine Genossenschaft). Aus der Bezugnahme auf „WG und Anteile iSd Abs 1" folgt zum einen, dass es sich um einen Betrieb, Teilbetrieb oder MUeranteil handeln muss, in dem WG oder Anteile iSd § 50i I enthalten sind. Zum andern gilt damit auch § 50i II nF nur für solche Fälle, in denen zuvor das inl Besteuerungsrecht durch einen der in § 50i I 1 und 2 genannten Vorgänge ausgeschlossen oder beschränkt worden ist (s § 50i I 1 Nr 3 bzw S 2 Nr 3; *Liekenbrock* DStR 17, 177 (181); unionsrechtl Bedenken: *Bärsch/Böhmer* DB 17, 567 (569)). – Rechtsfolge ist der Ausschluss von § 20 II 2 UmwStG und damit der **Ansatz mit dem gemeinen Wert.** Diese Rechtsfolge bezieht sich anders als die vorherige Fassung des § 50i II nur noch auf „*die* WG und Anteile iSd Abs 1", also nicht mehr auf die eingebrachte Sachgesamtheit als solche (zum Streit um die frühere Regelung → 35. Aufl 2016, § 50i Rn. 12); und sie bezieht sich nur auf den im DBA-Ausl ansässigen Ges'ter (insoweit). IÜ gelten die allg Entstrickungsregelungen; zu § 6 III 1 nF → § 6 Rn. 724. – Mit der Einbringung **endet die § 50i-Verhaftung** der betroffenen WG/Anteile, da nunmehr eine Besteuerung der darin enthaltenen stillen Reserven erfolgt ist (vgl *FWDS* § 50i Rn. 173; *Korn* § 50i Rn. 82). Das gilt mE auch für die Erfassung lfd Einkünfte nach § 50i I 3.

§ 50j Versagung der Entlastung von Kapitalertragsteuern in bestimmten Fällen

(1) [1]Ein Gläubiger von Kapitalerträgen im Sinne des § 43 Absatz 1 Satz 1 Nummer 1a, die nach einem Abkommen zur Vermeidung der Doppelbesteuerung nicht oder nur nach einem Steuersatz unterhalb des Steuersatzes des § 43a Absatz 1 Satz 1 Nummer 1 besteuert werden, hat ungeachtet dieses Abkommens nur dann Anspruch auf völlige oder teilweise Entlastung nach § 50c Absatz 3, wenn er

1. während der Mindesthaltedauer nach Absatz 2 hinsichtlich der diesen Kapitalerträgen zugrunde liegenden Anteile oder Genussscheine ununterbrochen wirtschaftlicher Eigentümer ist,

2. während der Mindesthaltedauer nach Absatz 2 ununterbrochen das Mindestwertänderungsrisiko nach Absatz 3 trägt und

3. nicht verpflichtet ist, die Kapitalerträge im Sinne des § 43 Absatz 1 Satz 1 Nummer 1a ganz oder überwiegend, unmittelbar oder mittelbar anderen Personen zu vergüten.

[2]Satz 1 gilt entsprechend für Anteile oder Genussscheine, die zu inländischen Kapitalerträgen im Sinne des § 43 Absatz 3 Satz 1 führen und einer Wertpapiersammelbank im Ausland zur Verwahrung anvertraut sind.

(2) [1]Die Mindesthaltedauer umfasst 45 Tage und muss innerhalb eines Zeitraums von 45 Tagen vor und 45 Tagen nach der Fälligkeit der Kapitalerträge erreicht werden. [2]Bei Anschaffungen und Veräußerungen ist zu unterstellen, dass die zuerst angeschafften Anteile oder Genussscheine zuerst veräußert wurden.

(3) [1]Der Gläubiger der Kapitalerträge muss unter Berücksichtigung von gegenläufigen Ansprüchen und Ansprüchen nahe stehender Personen das Risiko aus einem sinkenden Wert der Anteile oder Genussscheine im Umfang von mindestens 70 Prozent tragen (Mindestwertänderungsrisiko). [2]Kein hinreichendes Mindestwertänderungsrisiko liegt insbesondere dann vor, wenn der Gläubiger der Kapitalerträge oder eine ihm nahe stehende Person Kurssicherungsgeschäfte abgeschlossen hat, die das Wertänderungsrisiko der Anteile oder Genussscheine unmittelbar oder mittelbar um mehr als 30 Prozent mindern.

(4) [1]**Die Absätze 1 bis 3 sind nur anzuwenden, wenn**

1. **die Steuer auf die dem Antrag zu Grunde liegenden Kapitalerträge nach einem Abkommen zur Vermeidung der Doppelbesteuerung 15 Prozent des Bruttobetrags der Kapitalerträge im Sinne des § 43 Absatz 1 Satz 1 Nummer 1a und des Absatzes 1 Satz 2 unterschreitet und**
2. **es sich nicht um Kapitalerträge handelt, die einer beschränkt steuerpflichtigen Kapitalgesellschaft, die am Nennkapital einer unbeschränkt steuerpflichtigen Kapitalgesellschaft im Sinne des § 1 Absatz 1 Nummer 1 des Körperschaftsteuergesetzes zu mindestens einem Zehntel unmittelbar beteiligt ist und im Staat ihrer Ansässigkeit den Steuern vom Einkommen oder Gewinn unterliegt, ohne davon befreit zu sein, von der unbeschränkt steuerpflichtigen Kapitalgesellschaft zufließen.**

[2]**Die Absätze 1 bis 3 sind nicht anzuwenden, wenn der Gläubiger der Kapitalerträge im Sinne des § 43 Absatz 1 Satz 1 Nummer 1a und des Absatzes 1 Satz 2 bei Zufluss seit mindestens einem Jahr ununterbrochen wirtschaftlicher Eigentümer der Aktien oder Genussscheine ist; Absatz 2 Satz 2 gilt entsprechend.**

(5) **Bestimmungen eines Abkommens zur Vermeidung der Doppelbesteuerung, § 42 der Abgabenordnung und andere steuerliche Vorschriften bleiben unberührt, soweit sie jeweils die Entlastung in einem weitergehenden Umfang einschränken.**

1. Anwendungsbereich. § 50j beschr die Erstattung inl QuellenSt gem § 50c III. 1
Er soll als typisierende Missbrauchsregelung (*Jachmann-Michel* DB 24, 817 (819)) Gestaltungen entgegenwirken, in denen sich bestimmte im Inl oder sämtl im Ausl ansässiger Empfänger einer aus Deutschland fließenden Dividende aus sammelverwahrten Aktien/Genussscheinen (§ 43 I 1 Nr 1a) den Ansatz eines niedrigeren DBA-QuellenStSatzes „verschaffen" wollen und hierzu die Anteile auf einen ausl Zwischenerwerber übertragen, der gegen eine Vergütung auf Basis eines günstigeren DBA die Erstattung gem § 50c III beantragt („Vermittlung einer QuellenSt-Reduktion"; „Cum/Cum Treaty Shopping", vgl BT-Drs 18/8739, 90; → § 36a Rn. 2, dortige Fallgruppe 1). – Im Rahmen des Erstattungsanspruchs für beschr stpfl stbefreite Körperschaften (5 I Nr 9 KStG) ist § 50j inzident zu prüfen (§ 32 VI S 2 Nr 2 KStG, BT-Drs 20/8628, 196).

2. Zusätzliche Voraussetzungen für die Kapitalertragsteuerentlastung, § 50j I. – a) Voraussetzungen; Verfahren. – ***(1)*** **Betroffene Anteile/Ausschüttungen/gleichgestellte Bezüge, § 43 I 1 Nr 1a.** § 50j gilt für Ausschüttungen aus sammelverwahrten Anteilen/Genussscheinen und gleichgestellten Bezügen. IEinz → § 36a Rn. 3 – ***(2)*** **Zusätzliche Voraussetzungen iRd Erstattungsverfahrens; § 50j I 1.** S zu den Erstattungsvoraussetzungen aufgrund eines DBA gem § 50c III bei → § 50c Rn. 24 ff (§ 50j ist für das Freistellungsverfahren gem § 50c II unbeachtl). – *S 1 Nr 1, Nr 2:* Der Gläubiger der KapErträge (Zwischenerwerber) muss während der Mindesthaltedauer gem Abs 2 nach innerstaatl Maßstäben ununterbrochen wirtschaftl Eigentümer der Anteile (→ § 36a Rn. 4 f) sein; eine abkommensrechtl Stellung als Nutzungsberechtigter ist unbeachtl. Zudem muss er während dieses Zeitraums ununterbrochen das Mindestwertänderungsrisiko iSd Abs 3 zu mindestens 70 % tragen. – *S 3 Nr 3:* Ferner darf der Gläubiger nicht verpflichtet sein, die KapErträge iSd Nr 3 einer anderen Person zu vergüten oder an diese weiterzuleiten (vgl → § 36a Rn. 6). – ***(3)*** **Weitere Voraussetzungen, § 50j IV 1.** Der laut DBA des Sitzstaats des Zwischenerwerbers anzuwendende QuellenSt-Satz muss *< 26,375 %* (Abs 1 S 1) und *< 15 % der Brutto-KapErträge* sein (IV 1 Nr 1). Gem Abs 4 S 1 Nr 2 darf der Zwischenerwerber keine beschr stpfl KapGes sein, die zu mindestens 10 % an einer ausschüttenden unbeschr stpfl KapGes iSd § 1 I Nr 1 KStG beteiligt und in ihrem Ansässigkeitsstaat stpfl ist. – ***(4)*** **Verfahren.** Die Voraussetzungen sind im Antragsverfahren gem § 50c III beim BZSt nachzuweisen (s iEinz *BeckOK EStG* § 50j Rn. 217 ff).

3 **b) Rechtsfolgen.** Greift § 50j, ist die Erstattung der QuellenSt gem § 50c III vollständig (auch iHd des Anspruchs laut DBA) ausgeschlossen. Erstattungen gem § 43b, § 44 IX können ohne die Voraussetzungen des § 50j beantragt werden. S iEinz *BeckOK EStG* § 50j Rn. 174, 185 ff.

4 **3. Mindesthaltedauer; Mindesthaltezeitraum, § 50j II; Mindestwertänderungsrisiko, § 50j III.** → § 36a Rn. 6, 9, 10.

5 **4. Ausnahmen, § 50j IV 2.** Abs 4 S 2 Hs 1 enthält Ausnahmen zu § 50j I–III, die denen des § 36a V nachgebildet sind. Der geänderte Verweis auf Abs 1 S 2 beseitigt einen Fehlverweis (BT-Drs. 19/27632, 62). Auch bei → § 36a Rn. 9, 13.

6 **5. Konkurrenzen.** Gem Abs 5 sind weitergehende DBA-Missbrauchsregelungen neben § 50j anwendbar. Zu § 42 AO bei → § 36a Rn. 15.

§ 51 Ermächtigungen

(1) **Die Bundesregierung wird ermächtigt, mit Zustimmung des Bundesrates**

1. zur Durchführung dieses Gesetzes Rechtsverordnungen zu erlassen, soweit dies zur Wahrung der Gleichmäßigkeit bei der Besteuerung, zur Beseitigung von Unbilligkeiten in Härtefällen, zur Steuerfreistellung des Existenzminimums oder zur Vereinfachung des Besteuerungsverfahrens erforderlich ist, und zwar:

a) über die Abgrenzung der Steuerpflicht, die Beschränkung der Steuererklärungspflicht auf die Fälle, in denen eine Veranlagung in Betracht kommt, über die den Einkommensteuererklärungen beizufügenden Unterlagen und über die Beistandspflichten Dritter;

b) über die Ermittlung der Einkünfte und die Feststellung des Einkommens einschließlich der abzugsfähigen Beträge;

c) über die Höhe von besonderen Betriebsausgaben-Pauschbeträgen für Gruppen von Betrieben, bei denen hinsichtlich der Besteuerungsgrundlagen annähernd gleiche Verhältnisse vorliegen, wenn der Steuerpflichtige Einkünfte aus Gewerbebetrieb (§ 15) oder selbständiger Arbeit (§ 18) erzielt, in Höhe eines Prozentsatzes der Umsätze im Sinne des § 1 Absatz 1 Nummer 1 des Umsatzsteuergesetzes; Umsätze aus der Veräußerung von Wirtschaftsgütern des Anlagevermögens sind nicht zu berücksichtigen. [2]Einen besonderen Betriebsausgaben-Pauschbetrag dürfen nur Steuerpflichtige in Anspruch nehmen, die ihren Gewinn durch Einnahme-Überschussrechnung nach § 4 Absatz 3 ermitteln. [3]Bei der Festlegung der Höhe des besonderen Betriebsausgaben-Pauschbetrags ist der Zuordnung der Betriebe entsprechend der Klassifikation der Wirtschaftszweige, Fassung für Steuerstatistiken, Rechnung zu tragen. [4]Bei der Ermittlung der besonderen Betriebsausgaben-Pauschbeträge sind alle Betriebsausgaben mit Ausnahme der an das Finanzamt gezahlten Umsatzsteuer zu berücksichtigen. [5]Bei der Veräußerung oder Entnahme von Wirtschaftsgütern des Anlagevermögens sind die Anschaffungs- oder Herstellungskosten, vermindert um die Absetzungen für Abnutzung nach § 7 Absatz 1 oder 4 sowie die Veräußerungskosten neben dem besonderen Betriebsausgaben-Pauschbetrag abzugsfähig. [6]Der Steuerpflichtige kann im folgenden Veranlagungszeitraum zur Ermittlung der tatsächlichen Betriebsausgaben übergehen. [7]Wechselt der Steuerpflichtige zur Ermittlung der tatsächlichen Betriebsausgaben, sind die abnutzbaren Wirtschaftsgüter des Anlagevermögens mit ihren Anschaffungs- oder Herstellungskosten, vermindert um die Absetzungen für Abnutzung nach

§ 7 Absatz 1 oder 4, in ein laufend zu führendes Verzeichnis aufzunehmen. [8]§ 4 Absatz 3 Satz 5 bleibt unberührt. [9]Nach dem Wechsel zur Ermittlung der tatsächlichen Betriebsausgaben ist eine erneute Inanspruchnahme des besonderen Betriebsausgaben-Pauschbetrags erst nach Ablauf der folgenden vier Veranlagungszeiträume zulässig; die §§ 140 und 141 der Abgabenordnung bleiben unberührt;

d) über die Veranlagung, die Anwendung der Tarifvorschriften und die Regelung der Steuerentrichtung einschließlich der Steuerabzüge;

e) über die Besteuerung der beschränkt Steuerpflichtigen einschließlich eines Steuerabzugs;

f) *(aufgehoben)*

2. Vorschriften durch Rechtsverordnung zu erlassen

a) über die sich aus der Aufhebung oder Änderung von Vorschriften dieses Gesetzes ergebenden Rechtsfolgen, soweit dies zur Wahrung der Gleichmäßigkeit bei der Besteuerung oder zur Beseitigung von Unbilligkeiten in Härtefällen erforderlich ist;

b) *(weggefallen)*

c) über den Nachweis von Zuwendungen im Sinne des § 10b einschließlich erleichterter Nachweisanforderungen;

d) über Verfahren, die in den Fällen des § 38 Absatz 1 Satz 1 Nummer 2 den Steueranspruch der Bundesrepublik Deutschland sichern oder die sicherstellen, dass bei Befreiungen im Ausland ansässiger Leiharbeitnehmer von der Steuer der Bundesrepublik Deutschland auf Grund von Abkommen zur Vermeidung der Doppelbesteuerung die ordnungsgemäße Besteuerung im Ausland gewährleistet ist. [2]Hierzu kann nach Maßgabe zwischenstaatlicher Regelungen bestimmt werden, dass

aa) der Entleiher in dem hierzu notwendigen Umfang an derartigen Verfahren mitwirkt,

bb) er sich im Haftungsverfahren nicht auf die Freistellungsbestimmungen des Abkommens berufen kann, wenn er seine Mitwirkungspflichten verletzt;

e) bis **m)** *(weggefallen)*

n) über Sonderabschreibungen

aa) im Tiefbaubetrieb des Steinkohlen-, Pechkohlen-, Braunkohlen- und Erzbergbaues bei Wirtschaftsgütern des Anlagevermögens unter Tage und bei bestimmten mit dem Grubenbetrieb unter Tage in unmittelbarem Zusammenhang stehenden, der Förderung, Seilfahrt, Wasserhaltung und Wetterführung sowie der Aufbereitung des Minerals dienenden Wirtschaftsgütern des Anlagevermögens über Tage, soweit die Wirtschaftsgüter

für die Errichtung von neuen Förderschachtanlagen, auch in Form von Anschlussschachtanlagen,

für die Errichtung neuer Schächte sowie die Erweiterung des Grubengebäudes und den durch Wasserzuflüsse aus stillliegenden Anlagen bedingten Ausbau der Wasserhaltung bestehender Schachtanlagen,

für Rationalisierungsmaßnahmen in der Hauptschacht-, Blindschacht-, Strecken- und Abbauförderung, im Streckenvortrieb, in der Gewinnung, Versatzwirtschaft, Seilfahrt, Wetterführung und Wasserhaltung sowie in der Aufbereitung,

für die Zusammenfassung von mehreren Förderschachtanlagen zu einer einheitlichen Förderschachtanlage und

für den Wiederaufschluss stillliegender Grubenfelder und Feldesteile,

bb) im Tagebaubetrieb des Braunkohlen- und Erzbergbaues bei bestimmten Wirtschaftsgütern des beweglichen Anlagevermögens (Grubenaufschluss, Entwässerungsanlagen, Großgeräte sowie Einrichtungen des

Grubenrettungswesens und der Ersten Hilfe und im Erzbergbau auch Aufbereitungsanlagen), die
für die Erschließung neuer Tagebaue, auch in Form von Anschlusstagebauen, für Rationalisierungsmaßnahmen bei laufenden Tagebauen, beim Übergang zum Tieftagebau für die Freilegung und Gewinnung der Lagerstätte und
für die Wiederinbetriebnahme stillgelegter Tagebaue

von Steuerpflichtigen, die den Gewinn nach § 5 ermitteln, vor dem 1. Januar 1990 angeschafft oder hergestellt werden. [2]Die Sonderabschreibungen können bereits für Anzahlungen auf Anschaffungskosten und für Teilherstellungskosten zugelassen werden. [3]Hat der Steuerpflichtige vor dem 1. Januar 1990 die Wirtschaftsgüter bestellt oder mit ihrer Herstellung begonnen, so können die Sonderabschreibungen auch für nach dem 31. Dezember 1989 und vor dem 1. Januar 1991 angeschaffte oder hergestellte Wirtschaftsgüter sowie für vor dem 1. Januar 1991 geleistete Anzahlungen auf Anschaffungskosten und entstandene Teilherstellungskosten in Anspruch genommen werden. [4]Voraussetzung für die Inanspruchnahme der Sonderabschreibungen ist, dass die Förderungswürdigkeit der bezeichneten Vorhaben von der obersten Landesbehörde für Wirtschaft im Einvernehmen mit dem Bundesministerium für Wirtschaft und Energie bescheinigt worden ist. [5]Die Sonderabschreibungen können im Wirtschaftsjahr der Anschaffung oder Herstellung und in den vier folgenden Wirtschaftsjahren in Anspruch genommen werden, und zwar bei beweglichen Wirtschaftsgütern des Anlagevermögens bis zu insgesamt 50 Prozent, bei unbeweglichen Wirtschaftsgütern des Anlagevermögens bis zu insgesamt 30 Prozent der Anschaffungs- oder Herstellungskosten. [6]Bei den begünstigten Vorhaben im Tagebaubetrieb des Braunkohlen- und Erzbergbaues kann außerdem zugelassen werden, dass die vor dem 1. Januar 1991 aufgewendeten Kosten für den Vorabraum bis zu 50 Prozent als sofort abzugsfähige Betriebsausgaben behandelt werden;

o) *(weggefallen)*

p) über die Bemessung der Absetzungen für Abnutzung oder Substanzverringerung bei nicht zu einem Betriebsvermögen gehörenden Wirtschaftsgütern, die vor dem 21. Juni 1948 angeschafft oder hergestellt oder die unentgeltlich erworben sind. [2]Hierbei kann bestimmt werden, dass die Absetzungen für Abnutzung oder Substanzverringerung nicht nach den Anschaffungs- oder Herstellungskosten, sondern nach Hilfswerten (am 21. Juni 1948 maßgebender Einheitswert, Anschaffungs- oder Herstellungskosten des Rechtsvorgängers abzüglich der von ihm vorgenommenen Absetzungen, fiktive Anschaffungskosten an einem noch zu bestimmenden Stichtag) zu bemessen sind. [3]Zur Vermeidung von Härten kann zugelassen werden, dass anstelle der Absetzungen für Abnutzung, die nach dem am 21. Juni 1948 maßgebenden Einheitswert zu bemessen sind, der Betrag abgezogen wird, der für das Wirtschaftsgut in dem Veranlagungszeitraum 1947 als Absetzung für Abnutzung geltend gemacht werden konnte. [4]Für das Land Berlin tritt in den Sätzen 1 bis 3 an die Stelle des 21. Juni 1948 jeweils der 1. April 1949;

q) über erhöhte Absetzungen bei Herstellungskosten

aa) für Maßnahmen, die für den Anschluss eines im Inland belegenen Gebäudes an eine Fernwärmeversorgung einschließlich der Anbindung an das Heizsystem erforderlich sind, wenn die Fernwärmeversorgung überwiegend aus Anlagen der Kraft-Wärme-Kopplung, zur Verbrennung von Müll oder zur Verwertung von Abwärme gespeist wird,

bb) für den Einbau von Wärmepumpenanlagen, Solaranlagen und Anlagen zur Wärmerückgewinnung in einem im Inland belegenen Gebäude einschließlich der Anbindung an das Heizsystem,

cc) für die Errichtung von Windkraftanlagen, wenn die mit diesen Anlagen erzeugte Energie überwiegend entweder unmittelbar oder durch Verrechnung mit Elektrizitätsbezügen des Steuerpflichtigen von einem Elektrizitätsversorgungsunternehmen zur Versorgung eines im Inland belegenen Gebäudes des Steuerpflichtigen verwendet wird, einschließlich der Anbindung an das Versorgungssystem des Gebäudes,

dd) für die Errichtung von Anlagen zur Gewinnung von Gas, das aus pflanzlichen oder tierischen Abfallstoffen durch Gärung unter Sauerstoffabschluss entsteht, wenn dieses Gas zur Beheizung eines im Inland belegenen Gebäudes des Steuerpflichtigen oder zur Warmwasserbereitung in einem solchen Gebäude des Steuerpflichtigen verwendet wird, einschließlich der Anbindung an das Versorgungssystem des Gebäudes,

ee) für den Einbau einer Warmwasseranlage zur Versorgung von mehr als einer Zapfstelle und einer zentralen Heizungsanlage oder bei einer zentralen Heizungs- und Warmwasseranlage für den Einbau eines Heizkessels, eines Brenners, einer zentralen Steuerungseinrichtung, einer Wärmeabgabeeinrichtung und eine Änderung der Abgasanlage in einem im Inland belegenen Gebäude oder in einer im Inland belegenen Eigentumswohnung, wenn mit dem Einbau nicht vor Ablauf von zehn Jahren seit Fertigstellung dieses Gebäudes begonnen worden ist und der Einbau nach dem 30. Juni 1985 fertiggestellt worden ist; Entsprechendes gilt bei Anschaffungskosten für neue Einzelöfen, wenn keine Zentralheizung vorhanden ist.

[2]Voraussetzung für die Gewährung der erhöhten Absetzungen ist, dass die Maßnahmen vor dem 1. Januar 1992 fertiggestellt worden sind; in den Fällen des Satzes 1 Doppelbuchstabe aa müssen die Gebäude vor dem 1. Juli 1983 fertiggestellt worden sein, es sei denn, dass der Anschluss nicht schon im Zusammenhang mit der Errichtung des Gebäudes möglich war. [3]Die erhöhten Absetzungen dürfen jährlich 10 Prozent der Aufwendungen nicht übersteigen. [4]Sie dürfen nicht gewährt werden, wenn für dieselbe Maßnahme eine Investitionszulage in Anspruch genommen wird. [5]Sind die Aufwendungen Erhaltungsaufwand und entstehen sie bei einer zu eigenen Wohnzwecken genutzten Wohnung im eigenen Haus, für die der Nutzungswert nicht mehr besteuert wird, und liegen in den Fällen des Satzes 1 Doppelbuchstabe aa die Voraussetzungen des Satzes 2 zweiter Halbsatz vor, so kann der Abzug dieser Aufwendungen wie Sonderausgaben mit gleichmäßiger Verteilung auf das Kalenderjahr, in dem die Arbeiten abgeschlossen worden sind, und die neun folgenden Kalenderjahre zugelassen werden, wenn die Maßnahme vor dem 1. Januar 1992 abgeschlossen worden ist;

r) nach denen Steuerpflichtige größere Aufwendungen

aa) für die Erhaltung von nicht zu einem Betriebsvermögen gehörenden Gebäuden, die überwiegend Wohnzwecken dienen,

bb) zur Erhaltung eines Gebäudes in einem förmlich festgelegten Sanierungsgebiet oder städtebaulichen Entwicklungsbereich, die für Maßnahmen im Sinne des § 177 des Baugesetzbuchs sowie für bestimmte Maßnahmen, die der Erhaltung, Erneuerung und funktionsgerechten Verwendung eines Gebäudes dienen, das wegen seiner geschichtlichen, künstlerischen oder städtebaulichen Bedeutung erhalten bleiben soll, und zu deren Durchführung sich der Eigentümer neben bestimmten Modernisierungsmaßnahmen gegenüber der Gemeinde verpflichtet hat, aufgewendet worden sind,

cc) zur Erhaltung von Gebäuden, die nach den jeweiligen landesrechtlichen Vorschriften Baudenkmale sind, soweit die Aufwendungen nach Art und Umfang zur Erhaltung des Gebäudes als Baudenkmal und zu seiner sinnvollen Nutzung erforderlich sind, auf zwei bis fünf Jahre gleichmäßig verteilen können. [2]In den Fällen der Doppelbuchstaben bb und cc ist Voraussetzung, dass der Erhaltungsaufwand vor dem 1. Januar 1990 entstanden ist. [3]In den Fällen von Doppelbuchstabe cc sind die Denkmaleigenschaft des Gebäudes und die Voraussetzung, dass die Aufwendungen nach Art und Umfang zur Erhaltung des Gebäudes als Baudenkmal und zu seiner sinnvollen Nutzung erforderlich sind, durch eine Bescheinigung der nach Landesrecht zuständigen oder von der Landesregierung bestimmten Stelle nachzuweisen;

s) nach denen bei Anschaffung oder Herstellung von abnutzbaren beweglichen und bei Herstellung von abnutzbaren unbeweglichen Wirtschaftsgütern des Anlagevermögens auf Antrag ein Abzug von der Einkommensteuer für den Veranlagungszeitraum der Anschaffung oder Herstellung bis zur Höhe von 7,5 Prozent der Anschaffungs- oder Herstellungskosten dieser Wirtschaftsgüter vorgenommen werden kann, wenn eine Störung des gesamtwirtschaftlichen Gleichgewichts eingetreten ist oder sich abzeichnet, die eine nachhaltige Verringerung der Umsätze oder der Beschäftigung zur Folge hatte oder erwarten lässt, insbesondere bei einem erheblichen Rückgang der Nachfrage nach Investitionsgütern oder Bauleistungen. [2]Bei der Bemessung des von der Einkommensteuer abzugsfähigen Betrags dürfen nur berücksichtigt werden

aa) die Anschaffungs- oder Herstellungskosten von beweglichen Wirtschaftsgütern, die innerhalb eines jeweils festzusetzenden Zeitraums, der ein Jahr nicht übersteigen darf (Begünstigungszeitraum), angeschafft oder hergestellt werden,

bb) die Anschaffungs- oder Herstellungskosten von beweglichen Wirtschaftsgütern, die innerhalb des Begünstigungszeitraums bestellt und angezahlt werden oder mit deren Herstellung innerhalb des Begünstigungszeitraums begonnen wird, wenn sie innerhalb eines Jahres, bei Schiffen innerhalb zweier Jahre nach Ablauf des Begünstigungszeitraums geliefert oder fertiggestellt werden. [2]Soweit bewegliche Wirtschaftsgüter im Sinne des Satzes 1 mit Ausnahme von Schiffen nach Ablauf eines Jahres, aber vor Ablauf zweier Jahre nach dem Ende des Begünstigungszeitraums geliefert oder fertiggestellt werden, dürfen bei Bemessung des Abzugs von der Einkommensteuer die bis zum Ablauf eines Jahres nach dem Ende des Begünstigungszeitraums aufgewendeten Anzahlungen und Teilherstellungskosten berücksichtigt werden,

cc) die Herstellungskosten von Gebäuden, bei denen innerhalb des Begünstigungszeitraums der Antrag auf Baugenehmigung gestellt wird, wenn sie bis zum Ablauf von zwei Jahren nach dem Ende des Begünstigungszeitraums fertiggestellt werden;

dabei scheiden geringwertige Wirtschaftsgüter im Sinne des § 6 Absatz 2 und Wirtschaftsgüter, die in gebrauchtem Zustand erworben werden, aus. [3]Von der Begünstigung können außerdem Wirtschaftsgüter ausgeschlossen werden, für die Sonderabschreibungen, erhöhte Absetzungen oder die Investitionszulage nach § 19 des Berlinförderungsgesetzes in Anspruch genommen werden. [4]In den Fällen des Satzes 2 Doppelbuchstabe bb und cc können bei Bemessung des von der Einkommensteuer abzugsfähigen Betrags bereits die im Begünstigungszeitraum, im Fall des Satzes 2 Doppelbuchstabe bb Satz 2 auch die bis zum Ablauf eines Jahres nach dem Ende des Begünstigungszeitraums aufgewendeten Anzahlungen und Teilherstellungskosten berücksichtigt werden; der Abzug von der Einkommensteuer kann insoweit schon für den Veranlagungszeitraum vorgenommen werden, in dem die Anzahlungen oder Teilherstellungskosten aufgewendet worden sind. [5]Übersteigt der von der Einkommensteuer abzugsfähige Betrag die

für den Veranlagungszeitraum der Anschaffung oder Herstellung geschuldete Einkommensteuer, so kann der übersteigende Betrag von der Einkommensteuer für den darauf folgenden Veranlagungszeitraum abgezogen werden. 6Entsprechendes gilt, wenn in den Fällen des Satzes 2 Doppelbuchstabe bb und cc der Abzug von der Einkommensteuer bereits für Anzahlungen oder Teilherstellungskosten geltend gemacht wird. 7Der Abzug von der Einkommensteuer darf jedoch die für den Veranlagungszeitraum der Anschaffung oder Herstellung und den folgenden Veranlagungszeitraum insgesamt zu entrichtende Einkommensteuer nicht übersteigen. 8In den Fällen des Satzes 2 Doppelbuchstabe bb Satz 2 gilt dies mit der Maßgabe, dass an die Stelle des Veranlagungszeitraums der Anschaffung oder Herstellung der Veranlagungszeitraum tritt, in dem zuletzt Anzahlungen oder Teilherstellungskosten aufgewendet worden sind. 9Werden begünstigte Wirtschaftsgüter von Gesellschaften im Sinne des § 15 Absatz 1 Satz 1 Nummer 2 und 3 angeschafft oder hergestellt, so ist der abzugsfähige Betrag nach dem Verhältnis der Gewinnanteile einschließlich der Vergütungen aufzuteilen. 10Die Anschaffungs- oder Herstellungskosten der Wirtschaftsgüter, die bei Bemessung des von der Einkommensteuer abzugsfähigen Betrags berücksichtigt worden sind, werden durch den Abzug von der Einkommensteuer nicht gemindert. 11Rechtsverordnungen auf Grund dieser Ermächtigung bedürfen der Zustimmung des Bundestages. 12Die Zustimmung gilt als erteilt, wenn der Bundestag nicht binnen vier Wochen nach Eingang der Vorlage der Bundesregierung die Zustimmung verweigert hat;

t) *(weggefallen)*

u) **über Sonderabschreibungen bei abnutzbaren Wirtschaftsgütern des Anlagevermögens, die der Forschung oder Entwicklung dienen und nach dem 18. Mai 1983 und vor dem 1. Januar 1990 angeschafft oder hergestellt werden. 2Voraussetzung für die Inanspruchnahme der Sonderabschreibungen ist, dass die beweglichen Wirtschaftsgüter ausschließlich und die unbeweglichen Wirtschaftsgüter zu mehr als 33⅓ Prozent der Forschung oder Entwicklung dienen. 3Die Sonderabschreibungen können auch für Ausbauten und Erweiterungen an bestehenden Gebäuden, Gebäudeteilen, Eigentumswohnungen oder im Teileigentum stehenden Räumen zugelassen werden, wenn die ausgebauten oder neu hergestellten Gebäudeteile zu mehr als 33⅓ Prozent der Forschung oder Entwicklung dienen. 4Die Wirtschaftsgüter dienen der Forschung oder Entwicklung, wenn sie verwendet werden**

aa) **zur Gewinnung von neuen wissenschaftlichen oder technischen Erkenntnissen und Erfahrungen allgemeiner Art (Grundlagenforschung) oder**

bb) **zur Neuentwicklung von Erzeugnissen oder Herstellungsverfahren oder**

cc) **zur Weiterentwicklung von Erzeugnissen oder Herstellungsverfahren, soweit wesentliche Änderungen dieser Erzeugnisse oder Verfahren entwickelt werden.**

5Die Sonderabschreibungen können im Wirtschaftsjahr der Anschaffung oder Herstellung und in den vier folgenden Wirtschaftsjahren in Anspruch genommen werden, und zwar

aa) **bei beweglichen Wirtschaftsgütern des Anlagevermögens bis zu insgesamt 40 Prozent,**

bb) **bei unbeweglichen Wirtschaftsgütern des Anlagevermögens, die zu mehr als 66⅔ Prozent der Forschung oder Entwicklung dienen, bis zu insgesamt 15 Prozent, die nicht zu mehr als 66⅔ Prozent, aber zu mehr als 33⅓ Prozent der Forschung oder Entwicklung dienen, bis zu insgesamt 10 Prozent,**

cc) bei Ausbauten und Erweiterungen an bestehenden Gebäuden, Gebäudeteilen, Eigentumswohnungen oder im Teileigentum stehenden Räumen, wenn die ausgebauten oder neu hergestellten Gebäudeteile zu mehr als 66⅔ Prozent der Forschung oder Entwicklung dienen, bis zu insgesamt 15 Prozent, zu nicht mehr als 66⅔ Prozent, aber zu mehr als 33⅓ Prozent der Forschung oder Entwicklung dienen, bis zu insgesamt 10 Prozent

der Anschaffungs- oder Herstellungskosten. [6]Sie können bereits für Anzahlungen auf Anschaffungskosten und für Teilherstellungskosten zugelassen werden. [7]Die Sonderabschreibungen sind nur unter der Bedingung zuzulassen, dass die Wirtschaftsgüter und die ausgebauten oder neu hergestellten Gebäudeteile mindestens drei Jahre nach ihrer Anschaffung oder Herstellung in dem erforderlichen Umfang der Forschung oder Entwicklung in einer inländischen Betriebsstätte des Steuerpflichtigen dienen;

v) *(weggefallen)*

w) über Sonderabschreibungen bei Handelsschiffen, die auf Grund eines vor dem 25. April 1996 abgeschlossenen Schiffbauvertrags hergestellt, in einem inländischen Seeschiffsregister eingetragen und vor dem 1. Januar 1999 von Steuerpflichtigen angeschafft oder hergestellt worden sind, die den Gewinn nach § 5 ermitteln. [2]Im Fall der Anschaffung eines Handelsschiffes ist weitere Voraussetzung, dass das Schiff vor dem 1. Januar 1996 in ungebrauchtem Zustand vom Hersteller oder nach dem 31. Dezember 1995 auf Grund eines vor dem 25. April 1996 abgeschlossenen Kaufvertrags bis zum Ablauf des vierten auf das Jahr der Fertigstellung folgenden Jahres erworben worden ist. [3]Bei Steuerpflichtigen, die in eine Gesellschaft im Sinne des § 15 Absatz 1 Satz 1 Nummer 2 und Absatz 3 nach Abschluss des Schiffbauvertrags (Unterzeichnung des Hauptvertrags) eingetreten sind, dürfen Sonderabschreibungen nur zugelassen werden, wenn sie der Gesellschaft vor dem 1. Januar 1999 beitreten. [4]Die Sonderabschreibungen können im Wirtschaftsjahr der Anschaffung oder Herstellung und in den vier folgenden Wirtschaftsjahren bis zu insgesamt 40 Prozent der Anschaffungs- oder Herstellungskosten in Anspruch genommen werden. [5]Sie können bereits für Anzahlungen auf Anschaffungskosten und für Teilherstellungskosten zugelassen werden. [6]Die Sonderabschreibungen sind nur unter der Bedingung zuzulassen, dass die Handelsschiffe innerhalb eines Zeitraums von acht Jahren nach ihrer Anschaffung oder Herstellung nicht veräußert werden; für Anteile an einem Handelsschiff gilt dies entsprechend. [7]Die Sätze 1 bis 6 gelten für Schiffe, die der Seefischerei dienen, entsprechend. [8]Für Luftfahrzeuge, die vom Steuerpflichtigen hergestellt oder in ungebrauchtem Zustand vom Hersteller erworben worden sind und die zur gewerbsmäßigen Beförderung von Personen oder Sachen im internationalen Luftverkehr oder zur Verwendung zu sonstigen gewerblichen Zwecken im Ausland bestimmt sind, gelten die Sätze 1 bis 4 und 6 mit der Maßgabe entsprechend, dass an die Stelle der Eintragung in ein inländisches Seeschiffsregister die Eintragung in die deutsche Luftfahrzeugrolle, an die Stelle des Höchstsatzes von 40 Prozent ein Höchstsatz von 30 Prozent und bei der Vorschrift des Satzes 6 an die Stelle des Zeitraums von acht Jahren ein Zeitraum von sechs Jahren treten;

x) über erhöhte Absetzungen bei Herstellungskosten für Modernisierungs- und Instandsetzungsmaßnahmen im Sinne des § 177 des Baugesetzbuchs sowie für bestimmte Maßnahmen, die der Erhaltung, Erneuerung und funktionsgerechten Verwendung eines Gebäudes dienen, das wegen seiner geschichtlichen, künstlerischen oder städtebaulichen Bedeutung erhalten bleiben soll, und zu deren Durchführung sich der Eigentümer neben bestimmten Modernisierungsmaßnahmen gegenüber der Gemeinde ver-

pflichtet hat, die für Gebäude in einem förmlich festgelegten Sanierungsgebiet oder städtebaulichen Entwicklungsbereich aufgewendet worden sind; Voraussetzung ist, dass die Maßnahmen vor dem 1. Januar 1991 abgeschlossen worden sind. [2]Die erhöhten Absetzungen dürfen jährlich 10 Prozent der Aufwendungen nicht übersteigen;

y) über erhöhte Absetzungen für Herstellungskosten an Gebäuden, die nach den jeweiligen landesrechtlichen Vorschriften Baudenkmale sind, soweit die Aufwendungen nach Art und Umfang zur Erhaltung des Gebäudes als Baudenkmal und zu seiner sinnvollen Nutzung erforderlich sind; Voraussetzung ist, dass die Maßnahmen vor dem 1. Januar 1991 abgeschlossen worden sind. [2]Die Denkmaleigenschaft des Gebäudes und die Voraussetzung, dass die Aufwendungen nach Art und Umfang zur Erhaltung des Gebäudes als Baudenkmal und zu seiner sinnvollen Nutzung erforderlich sind, sind durch eine Bescheinigung der nach Landesrecht zuständigen oder von der Landesregierung bestimmten Stelle nachzuweisen. [3]Die erhöhten Absetzungen dürfen jährlich 10 Prozent der Aufwendungen nicht übersteigen;

3. die in § 4a Absatz 1 Satz 2 Nummer 1, § 10 Absatz 5, § 22 Nummer 1 Satz 3 Buchstabe a, § 26a Absatz 3, § 34c Absatz 7, § 46 Absatz 5 und § 50a Absatz 6 vorgesehenen Rechtsverordnungen zu erlassen.

(2) [1]Die Bundesregierung wird ermächtigt, durch Rechtsverordnung Vorschriften zu erlassen, nach denen die Inanspruchnahme von Sonderabschreibungen und erhöhten Absetzungen sowie die Bemessung der Absetzung für Abnutzung in fallenden Jahresbeträgen ganz oder teilweise ausgeschlossen werden können, wenn eine Störung des gesamtwirtschaftlichen Gleichgewichts eingetreten ist oder sich abzeichnet, die erhebliche Preissteigerungen mit sich gebracht hat oder erwarten lässt, insbesondere, wenn die Inlandsnachfrage nach Investitionsgütern oder Bauleistungen das Angebot wesentlich übersteigt. [2]Die Inanspruchnahme von Sonderabschreibungen und erhöhten Absetzungen sowie die Bemessung der Absetzung für Abnutzung in fallenden Jahresbeträgen darf nur ausgeschlossen werden

1. für bewegliche Wirtschaftsgüter, die innerhalb eines jeweils festzusetzenden Zeitraums, der frühestens mit dem Tage beginnt, an dem die Bundesregierung ihren Beschluss über die Verordnung bekannt gibt, und der ein Jahr nicht übersteigen darf, angeschafft oder hergestellt werden. [2]Für bewegliche Wirtschaftsgüter, die vor Beginn dieses Zeitraums bestellt und angezahlt worden sind oder mit deren Herstellung vor Beginn dieses Zeitraums angefangen worden ist, darf jedoch die Inanspruchnahme von Sonderabschreibungen und erhöhten Absetzungen sowie die Bemessung der Absetzung für Abnutzung in fallenden Jahresbeträgen nicht ausgeschlossen werden;
2. für bewegliche Wirtschaftsgüter und für Gebäude, die in dem in Nummer 1 bezeichneten Zeitraum bestellt werden oder mit deren Herstellung in diesem Zeitraum begonnen wird. [2]Als Beginn der Herstellung gilt bei Gebäuden der Zeitpunkt, in dem der Antrag auf Baugenehmigung gestellt wird.

[3]Rechtsverordnungen auf Grund dieser Ermächtigung bedürfen der Zustimmung des Bundestages und des Bundesrates. [4]Die Zustimmung gilt als erteilt, wenn der Bundesrat nicht binnen drei Wochen, der Bundestag nicht binnen vier Wochen nach Eingang der Vorlage der Bundesregierung die Zustimmung verweigert hat.

(3) [1]Die Bundesregierung wird ermächtigt, durch Rechtsverordnung mit Zustimmung des Bundesrates Vorschriften zu erlassen, nach denen die Einkommensteuer einschließlich des Steuerabzugs vom Arbeitslohn, des Steuerabzugs vom Kapitalertrag und des Steuerabzugs bei beschränkt Steuerpflichtigen

1. um höchstens 10 Prozent herabgesetzt werden kann. [2]Der Zeitraum, für den die Herabsetzung gilt, darf ein Jahr nicht übersteigen; er soll sich mit dem Ka-

lenderjahr decken. [3]Voraussetzung ist, dass eine Störung des gesamtwirtschaftlichen Gleichgewichts eingetreten ist oder sich abzeichnet, die eine nachhaltige Verringerung der Umsätze oder der Beschäftigung zur Folge hatte oder erwarten lässt, insbesondere bei einem erheblichen Rückgang der Nachfrage nach Investitionsgütern und Bauleistungen oder Verbrauchsgütern;

2. um höchstens 10 Prozent erhöht werden kann. [2]Der Zeitraum, für den die Erhöhung gilt, darf ein Jahr nicht übersteigen; er soll sich mit dem Kalenderjahr decken. [3]Voraussetzung ist, dass eine Störung des gesamtwirtschaftlichen Gleichgewichts eingetreten ist oder sich abzeichnet, die erhebliche Preissteigerungen mit sich gebracht hat oder erwarten lässt, insbesondere, wenn die Nachfrage nach Investitionsgütern und Bauleistungen oder Verbrauchsgütern das Angebot wesentlich übersteigt.

[2]Rechtsverordnungen auf Grund dieser Ermächtigung bedürfen der Zustimmung des Bundestages.

(4) **Das Bundesministerium der Finanzen wird ermächtigt,**

1. im Einvernehmen mit den obersten Finanzbehörden der Länder die Vordrucke für
   a) *(weggefallen)*
   b) die Erklärungen zur Einkommensbesteuerung,
   c) die Anträge nach § 38b Absatz 2, nach § 39a Absatz 2, in dessen Vordrucke der Antrag nach § 39f einzubeziehen ist, die Anträge nach § 39a Absatz 4 sowie die Anträge zu den elektronischen Lohnsteuerabzugsmerkmalen (§ 38b Absatz 3 und § 39e Absatz 6 Satz 7),
   d) die Lohnsteuer-Anmeldung (§ 41a Absatz 1),
   e) die Anmeldung der Kapitalertragsteuer (§ 45a Absatz 1) und den Freistellungsauftrag nach § 44a Absatz 2 Satz 1 Nummer 1,
   f) die Anmeldung des Abzugsbetrags (§ 48a),
   g) die Erteilung der Freistellungsbescheinigung (§ 48b),
   h) die Anmeldung der Abzugsteuer (§ 50a Absatz 7),
   i) *(aufgehoben)*

   und die Muster der Bescheinigungen für den Lohnsteuerabzug nach § 39 Absatz 3 und § 39e Absatz 7 Satz 5, des Ausdrucks der elektronischen Lohnsteuerbescheinigung (§ 41b Absatz 1), das Muster der Lohnsteuerbescheinigung nach § 41b Absatz 3 Satz 1, der Anträge auf Erteilung einer Bescheinigung für den Lohnsteuerabzug nach § 39 Absatz 3 und § 39e Absatz 7 Satz 1 sowie der in § 45a Absatz 2 und 3 vorgesehenen Bescheinigungen zu bestimmen;

1a. im Einvernehmen mit den obersten Finanzbehörden der Länder auf der Basis der §§ 32a und 39b einen Programmablaufplan für die Herstellung von Lohnsteuertabellen zur manuellen Berechnung der Lohnsteuer aufzustellen und bekannt zu machen. [2]Der Lohnstufenabstand beträgt bei den Jahrestabellen 36. [3]Die in den Tabellenstufen auszuweisende Lohnsteuer ist aus der Obergrenze der Tabellenstufen zu berechnen und muss an der Obergrenze mit der maschinell berechneten Lohnsteuer übereinstimmen. [4]Die Monats-, Wochen- und Tagestabellen sind aus den Jahrestabellen abzuleiten;

1b. im Einvernehmen mit den obersten Finanzbehörden der Länder den Mindestumfang der nach § 5b elektronisch zu übermittelnden Daten zu bestimmen;

1c. durch Rechtsverordnung zur Durchführung dieses Gesetzes mit Zustimmung des Bundesrates Vorschriften über einen von dem vorgesehenen erstmaligen Anwendungszeitpunkt gemäß § 52 Absatz 15a in der Fassung des Artikels 1 des Gesetzes vom 20. Dezember 2008 (BGBl. I S. 2850) abweichenden späteren Anwendungszeitpunkt zu erlassen, wenn bis zum 31. Dezember 2010 erkennbar ist, dass die technischen oder organisatorischen Vorausset-

zungen für eine Umsetzung der in § 5b Absatz 1 in der Fassung des Artikels 1 des Gesetzes vom 20. Dezember 2008 (BGBl. I S. 2850) vorgesehenen Verpflichtung nicht ausreichen;

1d. die Vordrucke für die Anmeldung des Steuerabzugs von Vergütungen im Sinne des § 50a Absatz 1 sowie das amtlich vorgeschriebene Muster nach § 50a Absatz 5 Satz 7 zu bestimmen;

1e. im Einvernehmen mit den obersten Finanzbehörden der Länder die Vorgaben für die Zuweisung der Ordnungsnummer nach § 45b Absatz 1 zu bestimmen;

2. den Wortlaut dieses Gesetzes und der zu diesem Gesetz erlassenen Rechtsverordnungen in der jeweils geltenden Fassung satzweise nummeriert mit neuem Datum und in neuer Paragraphenfolge bekannt zu machen und dabei Unstimmigkeiten im Wortlaut zu beseitigen.

§ 81 EStDV (hier nicht abgedruckt, da ohne aktuelle Bedeutung)

§ 51 enthält zahlreiche Ermächtigungen, ua zum Erlass von **Rechtsverordnun-** 1
gen (Abs 1–3), zur Herausgabe von **Vordrucken und Mustern** (Abs 4 Nr 1; Nr 1d), zur Festlegung technischer Einzelheiten (Abs. 4 Nr 1a–1c, 1e) und zur **Neubekanntmachung** des Gesetzestextes (Abs 4 Nr 2). Soweit von diesen Ermächtigungen Gebrauch gemacht wurde, insb in der EStDV, und die einschlägigen Normen allg Bedeutung haben, sind diese im jeweiligen Sachzusammenhang abgedruckt.

§ 51a Festsetzung und Erhebung von Zuschlagsteuern

(1) [1]**Auf die Festsetzung und Erhebung von Steuern, die nach der Einkommensteuer bemessen werden (Zuschlagsteuern), sind die Vorschriften dieses Gesetzes mit Ausnahme des § 36a entsprechend anzuwenden.** [2]**Wird Einkommensteuer im Wege des Steuerabzugs erhoben, dürfen die zu diesem Zweck verarbeiteten personenbezogenen Daten auch für die Erhebung einer Zuschlagsteuer im Wege des Steuerabzugs verarbeitet werden.**

(2) [1]**Bemessungsgrundlage ist die Einkommensteuer, die abweichend von § 2 Absatz 6 unter Berücksichtigung von Freibeträgen nach § 32 Absatz 6 in allen Fällen des § 32 festzusetzen wäre.** [2]**Zur Ermittlung der Einkommensteuer im Sinne des Satzes 1 ist das zu versteuernde Einkommen um die nach § 3 Nummer 40 steuerfreien Beträge zu erhöhen und um die nach § 3c Absatz 2 nicht abziehbaren Beträge zu mindern.** [3]**§ 35 ist bei der Ermittlung der festzusetzenden Einkommensteuer nach Satz 1 nicht anzuwenden.**

(2a) [1]**Vorbehaltlich des § 40a Absatz 2 ist beim Steuerabzug vom Arbeitslohn Bemessungsgrundlage die Lohnsteuer; beim Steuerabzug vom laufenden Arbeitslohn und beim Jahresausgleich ist die Lohnsteuer maßgebend, die sich ergibt, wenn der nach § 39b Absatz 2 Satz 5 zu versteuernde Jahresbetrag für die Steuerklassen I, II und III um den doppelten Kinderfreibetrag sowie den doppelten Freibetrag für den Betreuungs- und Erziehungs- oder Ausbildungsbedarf und für die Steuerklasse IV um den Kinderfreibetrag sowie den Freibetrag für den Betreuungs- und Erziehungs- oder Ausbildungsbedarf (§ 32 Absatz 6 Satz 1) für jedes Kind vermindert wird, für das eine Kürzung der Freibeträge für Kinder nach § 32 Absatz 6 Satz 4 nicht in Betracht kommt.** [2]**Bei der Anwendung des § 39b für die Ermittlung der Zuschlagsteuern ist die als Lohnsteuerabzugsmerkmal gebildete Zahl der Kinderfreibeträge maßgebend.** [3]**Bei Anwendung des § 39f ist beim Steuerabzug vom laufenden Arbeitslohn die Lohnsteuer maßgebend, die sich bei Anwendung des nach § 39f Absatz 1 ermittelten Faktors auf den nach den Sätzen 1 und 2 ermittelten Betrag ergibt.**

(2b) [1]**Wird die Einkommensteuer nach § 43 Absatz 1 durch Abzug vom Kapitalertrag (Kapitalertragsteuer) erhoben, wird die darauf entfallende Kirchensteuer nach dem Kirchensteuersatz der Religionsgemeinschaft, der der Kirchensteuerpflichtige angehört, als Zuschlag zur Kapitalertragsteuer erhoben.** [2]**Satz 1 ist nicht anzuwenden, wenn die Kapitalerträge zu den Einkünften aus Land- und Forstwirtschaft, aus Gewerbebetrieb, aus selbständiger Arbeit oder aus Vermietung und Verpachtung gehören.**

(2c) [1]**Der zur Vornahme des Steuerabzugs vom Kapitalertrag Verpflichtete (Kirchensteuerabzugsverpflichteter) hat die auf die Kapitalertragsteuer nach Absatz 2b entfallende Kirchensteuer nach folgenden Maßgaben einzubehalten:**

1. [1]**Das Bundeszentralamt für Steuern speichert unabhängig von und zusätzlich zu den in § 139b Absatz 3 der Abgabenordnung genannten und nach § 39e gespeicherten Daten des Steuerpflichtigen den Kirchensteuersatz der steuererhebenden Religionsgemeinschaft des Kirchensteuerpflichtigen sowie die ortsbezogenen Daten, mit deren Hilfe der Kirchensteuerpflichtige seiner Religionsgemeinschaft zugeordnet werden kann.** [2]**Die Daten werden als automatisiert abrufbares Merkmal für den Kirchensteuerabzug bereitgestellt;**
2. **sofern dem Kirchensteuerabzugsverpflichteten die Identifikationsnummer des Schuldners der Kapitalertragsteuer nicht bereits bekannt ist, kann er sie beim Bundeszentralamt für Steuern anfragen.** [2]**In der Anfrage dürfen nur die in § 139b Absatz 3 der Abgabenordnung genannten Daten des Schuldners der Kapitalertragsteuer angegeben werden, soweit sie dem Kirchensteuerabzugsverpflichteten bekannt sind.** [3]**Die Anfrage hat nach amtlich vorgeschriebenem Datensatz durch Datenfernübertragung zu erfolgen.** [4]**Das Bundeszentralamt für Steuern teilt dem Kirchensteuerabzugsverpflichteten die Identifikationsnummer mit, sofern die übermittelten Daten mit den nach § 139b Absatz 3 der Abgabenordnung beim Bundeszentralamt für Steuern gespeicherten Daten übereinstimmen;**
3. **der Kirchensteuerabzugsverpflichtete hat unter Angabe der Identifikationsnummer und des Geburtsdatums des Schuldners der Kapitalertragsteuer bei Begründung einer rechtlichen Verbindung beim Bundeszentralamt für Steuern anzufragen, ob der Schuldner der Kapitalertragsteuer kirchensteuerpflichtig ist (Anlassabfrage), und einmal jährlich im Zeitraum vom 1. September bis 31. Oktober beim Bundeszentralamt für Steuern anzufragen, ob der Schuldner der Kapitalertragsteuer am 31. August des betreffenden Jahres (Stichtag) kirchensteuerpflichtig ist (Regelabfrage).** [2]**Für Kapitalerträge im Sinne des § 43 Absatz 1 Nummer 4 aus Versicherungsverträgen hat der Kirchensteuerabzugsverpflichtete eine auf den Zuflusszeitpunkt der Kapitalerträge bezogene Abfrage (Anlassabfrage) an das Bundeszentralamt für Steuern zu richten.** [3]**Im Übrigen kann der Kirchensteuerabzugsverpflichtete eine Anlassabfrage auf Veranlassung des Schuldners der Kapitalertragsteuer an das Bundeszentralamt für Steuern richten.** [4]**Auf die Anfrage hin teilt das Bundeszentralamt für Steuern dem Kirchensteuerabzugsverpflichteten die rechtliche Zugehörigkeit zu einer steuererhebenden Religionsgemeinschaft und den für die Religionsgemeinschaft geltenden Kirchensteuersatz zum Zeitpunkt der Anfrage als automatisiert abrufbares Merkmal nach Nummer 1 mit.** [5]**Bei Begründung einer rechtlichen Verbindung ist der Schuldner der Kapitalertragsteuer vom Kirchensteuerabzugsverpflichteten auf die Datenabfrage sowie das Antragsrecht nach Absatz 2e Satz 1 in geeigneter Form hinzuweisen.** [6]**Anträge auf das Setzen der Sperrvermerke, die im aktuellen Kalenderjahr für eine Regelabfrage berücksichtigt werden sollen, müssen bis zum 30. Juni beim Bundeszentralamt für Steuern eingegangen sein.** [7]**Alle übrigen Sperrvermerke können nur berücksichtigt werden, wenn sie spätestens zwei Monate vor der Abfrage des Kirchensteuerabzugsverpflichteten eingegangen sind.** [8]**Dies gilt**

für den Widerruf entsprechend. [9]Gehört der Schuldner der Kapitalertragsteuer keiner steuererhebenden Religionsgemeinschaft an oder hat er dem Abruf von Daten zur Religionszugehörigkeit widersprochen (Sperrvermerk), so teilt das Bundeszentralamt für Steuern dem Kirchensteuerabzugsverpflichteten zur Religionszugehörigkeit einen neutralen Wert (Nullwert) mit. [10]Der Kirchensteuerabzugsverpflichtete hat die vorhandenen Daten zur Religionszugehörigkeit unverzüglich zu löschen, wenn ein Nullwert übermittelt wurde;

4. **im Falle einer am Stichtag oder im Zuflusszeitpunkt bestehenden Kirchensteuerpflicht hat der Kirchensteuerverpflichtete den Kirchensteuerabzug für die steuererhebende Religionsgemeinschaft durchzuführen und den Kirchensteuerbetrag an das für ihn zuständige Finanzamt abzuführen. [2]§ 45a Absatz 1 gilt entsprechend; in der Steueranmeldung sind die nach Satz 1 einbehaltenen Kirchensteuerbeträge für jede steuerhebende Religionsgemeinschaft jeweils als Summe anzumelden. [3]Die auf Grund der Regelabfrage vom Bundeszentralamt für Steuer bestätigte Kirchensteuerpflicht hat der Kirchensteuerabzugsverpflichtete dem Kirchensteuerabzug des auf den Stichtag folgenden Kalenderjahres zu Grunde zu legen. [4]Das Ergebnis einer Anlassabfrage wirkt anlassbezogen.**

[2]Die Daten gemäß Nummer 3 sind nach amtlich vorgeschriebenem Datensatz durch Datenfernübertragung zu übermitteln. [3]Die Verbindung der Anfrage nach Nummer 2 mit der Anfrage nach Nummer 3 zu einer Anfrage ist zulässig. [4]Auf Antrag kann das Bundeszentralamt für Steuern zur Vermeidung unbilliger Härten auf eine elektronische Übermittlung verzichten. [5]§ 44 Absatz 5 ist mit der Maßgabe anzuwenden, dass der Haftungsbescheid von dem für den Kirchensteuerabzugsverpflichteten zuständigen Finanzamt erlassen wird. [6]§ 45a Absatz 2 ist mit der Maßgabe anzuwenden, dass die steuererhebende Religionsgemeinschaft angegeben wird. [7]Sind an den Kapitalerträgen ausschließlich Ehegatten beteiligt, wird der Anteil an der Kapitalertragsteuer hälftig ermittelt. [8]Der Kirchensteuerabzugsverpflichtete darf die von ihm für die Durchführung des Kirchensteuerabzugs erhobenen Daten ausschließlich für diesen Zweck verarbeiten. [9]Er hat organisatorisch dafür Sorge zu tragen, dass ein Zugriff auf diese Daten für andere Zwecke gesperrt ist. [10]Ohne Einwilligung der oder des Kirchensteuerpflichtigen und soweit gesetzlich nichts anderes zugelassen ist, dürfen der Kirchensteuerabzugsverpflichtete und die beteiligte Finanzbehörde die Daten nach Satz 8 nicht für andere Zwecke verarbeiten.

(2d) **[1]Wird die nach Absatz 2b zu erhebende Kirchensteuer nicht nach Absatz 2c als Kirchensteuerabzug vom Kirchensteuerabzugsverpflichteten einbehalten, wird sie nach Ablauf des Kalenderjahres nach dem Kapitalertragsteuerbetrag veranlagt, der sich ergibt, wenn die Steuer auf Kapitalerträge nach § 32d Absatz 1 Satz 4 und 5 errechnet wird; wenn Kirchensteuer als Kirchensteuerabzug nach Absatz 2c erhoben wurde, wird eine Veranlagung auf Antrag des Steuerpflichtigen durchgeführt. [2]Der Abzugsverpflichtete hat dem Kirchensteuerpflichtigen auf dessen Verlangen hin eine Bescheinigung über die einbehaltene Kapitalertragsteuer zu erteilen. [3]Der Kirchensteuerpflichtige hat die erhobene Kapitalertragsteuer zu erklären und die Bescheinigung nach Satz 2 oder nach § 45a Absatz 2 oder 3 vorzulegen.**

(2e) **[1]Der Schuldner der Kapitalertragsteuer kann unter Angabe seiner Identifikationsnummer nach amtlich vorgeschriebenem Vordruck schriftlich beim Bundeszentralamt für Steuern beantragen, dass der automatisierte Datenabruf seiner rechtlichen Zugehörigkeit zu einer steuererhebenden Religionsgemeinschaft bis auf schriftlichen Widerruf unterbleibt (Sperrvermerk). [2]Das Bundeszentralamt für Steuern kann für die Abgabe der Erklärungen nach Satz 1 ein anderes sicheres Verfahren zur Verfügung stellen. [3]Der Sperrvermerk verpflichtet den Kirchensteuerpflichtigen für jeden Veranlagungszeitraum, in dem die Kapitalertragsteuer einbehalten worden ist, zur Abgabe einer Steuererklärung zum Zwecke der Ver-**

anlagung nach Absatz 2d Satz 1. [4]Das Bundeszentralamt für Steuern übermittelt für jeden Veranlagungszeitraum, für den ein Sperrvermerk abgerufen worden ist, an das Wohnsitzfinanzamt des Schuldners der Kapitalertragsteuer Name und Anschrift des Kirchensteuerabzugsverpflichteten, dem im Fall des Absatzes 2c Satz 1 Nummer 3 auf Grund des Sperrvermerks ein Nullwert im Sinne des Absatzes 2c Satz 1 Nummer 3 Satz 9 mitgeteilt worden ist. [5]Das Wohnsitzfinanzamt fordert den Kirchensteuerpflichtigen zur Abgabe einer Steuererklärung nach § 149 Absatz 1 Satz 1 und 2 der Abgabenordnung auf.

(3) **Ist die Einkommensteuer für Einkünfte, die dem Steuerabzug unterliegen, durch den Steuerabzug abgegolten oder werden solche Einkünfte bei der Veranlagung zur Einkommensteuer oder beim Lohnsteuer-Jahresausgleich nicht erfasst, gilt dies für die Zuschlagsteuer entsprechend.**

(4) **[1]Die Vorauszahlungen auf Zuschlagsteuern sind gleichzeitig mit den festgesetzten Vorauszahlungen auf die Einkommensteuer zu entrichten; § 37 Absatz 5 ist nicht anzuwenden. [2]Solange ein Bescheid über die Vorauszahlungen auf Zuschlagsteuern nicht erteilt worden ist, sind die Vorauszahlungen ohne besondere Aufforderung nach Maßgabe der für die Zuschlagsteuern geltenden Vorschriften zu entrichten. [3]§ 240 Absatz 1 Satz 3 der Abgabenordnung ist insoweit nicht anzuwenden; § 254 Absatz 2 der Abgabenordnung gilt insoweit sinngemäß.**

(5) **[1]Mit einem Rechtsbehelf gegen die Zuschlagsteuer kann weder die Bemessungsgrundlage noch die Höhe des zu versteuernden Einkommens angegriffen werden. [2]Wird die Bemessungsgrundlage geändert, ändert sich die Zuschlagsteuer entsprechend.**

(6) **Die Absätze 1 bis 5 gelten für die Kirchensteuern nach Maßgabe landesrechtlicher Vorschriften.**

1 **1. Zuschlagsteuern, § 51a I.** § 51a regelt die Festsetzung und Erhebung von ZuschlagSt, dh von Steuern, die nach der ESt bemessen werden. Allerdings enthalten §§ 1 ff SolzG eigenständige Regelungen, so dass § 51a keinen eigenen Anwendungsbereich hat; die **VerfBeschw gegen das SolzG** hat das BVerfG als unbegründet zurückgewiesen (BVerfG 2 BvR 1505/20, DStR 25, 761). – Nur mittelbare Bedeutung (weil dem Bund insoweit keine Gesetzgebungskompetenz zusteht, → Rn. 7) hat § 51a für die **KiSt der Länder,** die die Regelung des § 51a übernommen haben..

Personenbezogene Daten, die zur Erhebung von ESt/KSt durch StAbzug verarbeitet werden, dürfen gem § 51a I 2 idF des 2. DSAnpUG-EU (BGBl I 19, 1626) auch für die Erhebung der KiSt durch StAbzug verarbeitet werden (wie bisher). Das gilt gem **§ 51a IIc 8** aber nur für Zwecke des KiStAbzugs bzw für andere Zwecke gem **§ 51a IIc 10** nur mit Einwilligung des KiStPfl (s auch BT-Drs 19/4674, S 298: Anpassung an das **unionsrechtl Transparenzgebot** *ohne* Erweiterung der Verarbeitungsbefugnisse). IÜ → Rn. 3.

2 **2. Bemessungsgrundlage, § 51a II, IIa.** Die ZuschlagSt (KiSt, SolZ) werden auf der Grundlage der ESt/LSt bemessen, die sich nach Abzug von *Kinderfreibeträgen* und *Betreuungsfreibeträgen* (§ 32 VI 1) ergäbe; dh, beide Freibeträge mindern in der jeweils maßgebl Höhe die Bemessungsgrundlage für die ZuschlagSt (s auch *Giloy* FR 96, 409). – Auch bei den Vorauszahlungen und beim LStAbzug für ZuschlagSt werden Kinderfreibeträge und Betreuungsfreibeträge berücksichtigt. Durch § 51a II 2 und 3 soll sichergestellt werden, dass die erhebungsberechtigten Kirchengemeinden durch das Teileinkünfteverfahren und die Anrechnung der GewSt auf die EStSchuld keine StEinbußen erleiden (zur Kritik → 39. Aufl 2020, § 51a Rn. 2). – Die Hinzurechnung zur Bemessungsgrundlage von nach dem Halbeinkünfteverfahren stfreien Einkünften kann nicht durch Verrechnung mit im betr VZ nicht verbrauchten Verlustvorträgen neutralisiert werden (BFH I R 76/08, BStBl II 10, 1061; BFH I R 53/10, BFH/NV 12, 23; BVerwG 9 C 9.07 DStRE 09, 483; s auch *Homburg* DStR 09, 2179). Die Berücksichtigung von Veräußerungsgewinnen und Über-

gangsgewinnen bei der KiSt-Festsetzung ist nicht unbillig (BFH I R 81/08, BStBl II 11, 379). Bei Streit ist nicht das FA, sondern die Kirchenbehörde zuständig (BFH I R 99/06, BStBl II 11, 40, für NRW). Zur Möglichkeit, einen **Teilerlass** zu beantragen, s *Gummels* MBP 26, 12.

3. Kapitalerträge, § 51a IIb–IIe. § 51a IIb–IIe regeln die Einbehaltung und Abführung der KiSt zusammen mit der KapESt durch die auszahlende Stelle. – Für betriebl Konten wird gem § 51a IIb 2 nF **seit VZ 2023** auf die Vornahme des KiStAbzugs dauerhaft verzichtet (s auch BR-Drs 433/20, 18). IÜ werden nach dem 31.12.14 zufließende KapErträge (§ 52 XLIX) obligatorisch iRe **elektronischen KiSt-Abzugsverfahrens** erfasst und einbehalten (mit Abgeltungswirkung, § 43 V). – Die KiSt-Abzugsverpflichteten (Banken, Kreditinstitute, Versicherung etc, vgl § 44 I 3) haben iRe jährl **Regelabfrage** unter Angabe der Identifikationsnummer und des Geburtsdatums der kapestpfl Kunden beim BZSt anzufragen, ob eine KiSt-Pflicht besteht (Stichtag: 31.8., § 51a IIc 1 Nr 3 S 1). **Seit VZ 2022** ist die Regelabfrage um eine obligatorische Anlassabfrage bei Begründung der Geschäftsbeziehung erweitert worden (Nr 3 S 1 und 3 nF). Daneben besteht die Möglichkeit von **Anlassabfragen** (für KapErträge aus Versicherungsleistungen und auf Veranlassung des Kunden, § 51a IIc 1 Nr 3 S 2 und 3). Die Kunden müssen bei Begründung der Geschäftsbeziehung über die bevorstehende Datenabfrage und ihr **Widerspruchsrecht** ggü dem BZSt informiert werden (§ 51a IIc 1 Nr 3 S 5 nF; s auch BR-Drs 433/20, 18 f). Ist ein Sperrvermerk rechtzeitig (bis zum 30.6., s § 51a IIc 1 Nr 3 S 6) beantragt worden, wird keine KiSt einbehalten; der KiStPflichtige ist aber zur **Abgabe einer StErklärung** verpflichtet (§ 51a IIe 3). Weitere Einzelheiten s *GLE* BStBl I 21, 1014; *Anemüller* EStB 17, 368. Zum Antrag auf **Überprüfung des StEinbehalts** nach § 32d IV s *Anemüller* ErbStB 22, 81 (85). 3

4. Abgeltungswirkung, § 51a III. Eine im Wege des StAbzugs (LSt, KapESt) **überzahlte Ergänzungsabgabe** kann nur über die Veranlagung zurückerlangt werden (FG BW EFG 92, 245, rkr; s auch *Baum* DB 92, 1600; *Giloy* DB 92, 1602). Zum anderen ist aus § 51a III abzuleiten, dass auch auf **pauschale LSt** eine Ergänzungsabgabe erhoben werden kann (Anknüpfung an § 40 III 3; BFH VI R 171/98, BStBl II 02, 440; ebenso *HHR/Wagner* § 51a Rn. 41). 4

5. Vorauszahlungen, § 51a IV. Vorauszahlungen auf die Ergänzungsabgabe knüpfen an einen Vorauszahlungsbescheid zur ESt an. Dieser ist Grundlagenbescheid (BFH I R 123/95, BStBl II 96, 619, für KStVorauszahlungsbescheid). Solange ein solcher noch nicht ergangen ist, muss auch eine Ergänzungsabgabe nicht gezahlt werden (glA *BH/Ettlich* § 51a Rn. 117; *HHR/Wagner* § 51a Rn. 47). Ist ein EStVorauszahlungsbescheid ergangen, ist kraft Gesetzes die auf die EStVorauszahlung entfallende Ergänzungsabgabe (= Vorauszahlung zur Ergänzungsabgabe) zu zahlen, ohne dass es eines Vorauszahlungsbescheides zur Ergänzungsabgabe bedarf; ein solcher ist aber sinnvoll (s *HHR/Wagner* § 51a Rn. 47: systemwidrige Selbstberechnung). Säumnisfolgen treten ohne Ergehen eines entsprechenden Vorauszahlungsbescheids zur Ergänzungsabgabe ein (Ausschluss des § 240 I 3 AO; mE unangemessene gesetzgeberische Entscheidung; zust *BH/Ettlich* § 51a Rn. 118); die vorauszuzahlende Ergänzungsabgabe kann zusammen mit dem EStVorauszahlungsbescheid beigetrieben werden (analoge Anwendung des § 254 II AO). Wird die EStVorauszahlung herabgesetzt und führt dies zu einer entsprechenden Erstattung der ESt-Vorauszahlungen, ist die ebenfalls überzahlte Vorauszahlung zur Ergänzungsabgabe zu erstatten, ohne dass insoweit ein besonderer Bescheid ergehen muss. – Die **Jahres-Ergänzungsabgabe** ist nur nach Ergehen eines entsprechenden Ergänzungsabgabebescheids zu zahlen; die Erstattung zu viel vorausgezahlter Ergänzungsabgabe setzt einen Bescheid über die Jahres-Ergänzungsabgabe mit der entsprechenden Abrechnung der Vorauszahlungen zur Ergänzungsabgabe voraus. 5

6. Grundlagenbescheide, § 51a V. EStVorauszahlungsbescheid und EStJahresbescheid sind Grundlagenbescheide für die Ergänzungsabgabe (s auch BFH 6

I R 67/94, BStBl II 95, 305, und BFH I R 123/95, BStBl II 96, 619), allerdings nur hinsichtl solcher Besteuerungsgrundlagen, die für die Festsetzung der ESt als MaßstabSt relevant sind (vgl BFH I R 53/10, BFH/NV 12, 23 mwN). Dies gilt auch im Falle der Nichtberücksichtigung von Kinderfreibeträgen bei der Festsetzung der ZuschlagSt (FG Ddorf EFG 00, 439, rkr).

7 **7. Kirchensteuer, § 51a VI.** § 51a hat wegen der fehlenden Gesetzgebungskompetenz des Bundes keine unmittelbare Geltung für die von den Ländern erlassenen KiSt-Gesetze. Soweit diese vorsehen, dass die KiSt auch als Zuschlag zur ESt erhoben werden kann, bedienen sie sich jedoch dieser Vorschrift durch Verweise (s BT-Drs 17/2865, 5: Mustervorschrift für die Landesgesetzgeber; BT-Drs 18/4876, 2, zu Erhebung und Einzug der KiSt). S auch *Neufang* StB 22, 108.

8 **8. Rechtsschutz.** Streitet sich der StPfl mit dem FA über die Höhe der festzusetzenden Steuer (ESt, KapESt, KSt), muss er den **Klageantrag** entspr formulieren. Wird im Klageantrag der *SolZ ausdrückl genannt,* ist die Klage insoweit **unzulässig;** denn gem § 1 V 1 SolZG kann (entspr § 51a V 1) mit einem Rechtsbehelf gegen die ZuschlagSt weder die Bemessungsgrundlage noch die Höhe des zu versteuernden Einkommens angegriffen werden. Eine einschr Auslegung des Klageantrags lehnt die Rspr jedenfalls bei fachkundig vertretenen StPfl ab (s BFH I R 52/20, BStBl II 23, 501, Rn. 17 mwN; s aber NdsFG EFG 22, 877 rkr, Sonderfall zur Haftung für KiSt).

§ 52 Anwendungsvorschriften

(1) [1]**Diese Fassung des Gesetzes ist, soweit in den folgenden Absätzen nichts anderes bestimmt ist, erstmals für den Veranlagungszeitraum 2026 anzuwenden.** [2]**Beim Steuerabzug vom Arbeitslohn gilt Satz 1 mit der Maßgabe, dass diese Fassung erstmals auf den laufenden Arbeitslohn anzuwenden ist, der für einen nach dem 31. Dezember 2025 endenden Lohnzahlungszeitraum gezahlt wird, und auf sonstige Bezüge, die nach dem 31. Dezember 2025 zufließen.** [3]**Beim Steuerabzug vom Kapitalertrag gilt Satz 1 mit der Maßgabe, dass diese Fassung des Gesetzes erstmals auf Kapitalerträge anzuwenden ist, die dem Gläubiger nach dem 31. Dezember 2025 zufließen.**

(2) [1]**§ 2a Absatz 1 Satz 1 Nummer 6 Buchstabe b in der am 1. Januar 2000 geltenden Fassung ist erstmals auf negative Einkünfte eines Steuerpflichtigen anzuwenden, die er aus einer entgeltlichen Überlassung von Schiffen auf Grund eines nach dem 31. Dezember 1999 rechtswirksam abgeschlossenen obligatorischen Vertrags oder gleichstehenden Rechtsakts erzielt.** [2]**Für negative Einkünfte im Sinne des § 2a Absatz 1 und 2 in der am 24. Dezember 2008 geltenden Fassung, die vor dem 25. Dezember 2008 nach § 2a Absatz 1 Satz 5 bestandskräftig gesondert festgestellt wurden, ist § 2a Absatz 1 Satz 3 bis 5 in der am 24. Dezember 2008 geltenden Fassung weiter anzuwenden.** [3]**§ 2a Absatz 3 Satz 3, 5 und 6 in der am 29. April 1997 geltenden Fassung ist für Veranlagungszeiträume ab 1999 weiter anzuwenden, soweit sich ein positiver Betrag im Sinne des § 2a Absatz 3 Satz 3 in der am 29. April 1997 geltenden Fassung ergibt oder soweit eine in einem ausländischen Staat belegene Betriebsstätte im Sinne des § 2a Absatz 4 in der Fassung des § 52 Absatz 3 Satz 8 in der am 30. Juli 2014 geltenden Fassung in eine Kapitalgesellschaft umgewandelt, übertragen oder aufgegeben wird.** [4]**Insoweit ist in § 2a Absatz 3 Satz 5 letzter Halbsatz in der am 29. April 1997 geltenden Fassung die Angabe „§ 10d Absatz 3" durch die Angabe „§ 10d Absatz 4" zu ersetzen.**

(3) **§ 2b in der Fassung der Bekanntmachung vom 19. Oktober 2002 (BGBl. I S. 4210; 2003 I S. 179) ist weiterhin für Einkünfte aus einer Einkunftsquelle im Sinne des § 2b anzuwenden, die der Steuerpflichtige nach dem 4. März 1999 und vor dem 11. November 2005 rechtswirksam erworben oder begründet hat.**

(4) [1]§ 3 Nummer 5 in der am 30. Juni 2013 geltenden Fassung ist vorbehaltlich des Satzes 2 erstmals für den Veranlagungszeitraum 2013 anzuwenden. [2]§ 3 Nummer 5 in der am 29. Juni 2013 geltenden Fassung ist weiterhin anzuwenden für freiwillig Wehrdienst Leistende, die das Dienstverhältnis vor dem 1. Januar 2014 begonnen haben. [3]§ 3 Nummer 10 in der am 31. Dezember 2005 geltenden Fassung ist weiter anzuwenden für ausgezahlte Übergangsbeihilfen an Soldatinnen auf Zeit und Soldaten auf Zeit, wenn das Dienstverhältnis vor dem 1. Januar 2006 begründet worden ist. [4]§ 3 Nummer 11b in der Fassung des Artikels 1 des Gesetzes vom 19. Juni 2022 (BGBl. I S. 911) ist erstmals für den Veranlagungszeitraum 2021 anzuwenden. [5]§ 3 Nummer 14a in der Fassung des Artikels 3 des Gesetzes vom 16. Dezember 2022 (BGBl. I S. 2294) ist erstmals für den Veranlagungszeitraum 2021 anzuwenden. [6]Ist in der für das jeweilige Leistungsjahr zuletzt übermittelten Rentenbezugsmitteilung im Sinne des § 22a in den nach § 22a Absatz 1 Satz 1 Nummer 2 zu übermittelnden Daten der Zuschlag an Entgeltpunkten für langjährige Versicherung nach dem Sechsten Buch Sozialgesetzbuch enthalten, haben die Träger der gesetzlichen Rentenversicherung als mitteilungspflichtige Stelle im Sinne des § 22a bis zum letzten Tag des Monats Februar 2024 für das jeweilige Leistungsjahr eine insoweit korrigierte Rentenbezugsmitteilung zu übermitteln. [7]Ein Einkommensteuerbescheid ist infolge einer nach Satz 6 korrigierten Rentenbezugsmitteilung insoweit zu ändern. [8]Das gilt auch, wenn der Einkommensteuerbescheid bereits bestandskräftig ist; andere Änderungsvorschriften bleiben unberührt. [9]Auf fortlaufende Leistungen nach dem Gesetz über die Heimkehrerstiftung vom 21. Dezember 1992 (BGBl. I S. 2094, 2101), das zuletzt durch Artikel 1 des Gesetzes vom 10. Dezember 2007 (BGBl. I S. 2830) geändert worden ist, in der jeweils geltenden Fassung ist § 3 Nummer 19 in der am 31. Dezember 2010 geltenden Fassung weiter anzuwenden. [10]§ 3 Nummer 26 und 26a in der Fassung des Artikels 1 des Gesetzes vom 22. Dezember 2025 (BGBl. 2025 I Nr. 363) ist in allen offenen Fällen anzuwenden. [11]Für die Anwendung des § 3 Nummer 34 in der Fassung des Artikels 3 des Gesetzes vom 11. Dezember 2018 (BGBl. I S. 2338) ist das Zertifizierungserfordernis nach § 20 Absatz 2 Satz 2 in Verbindung mit § 20 Absatz 5 des Fünften Buches Sozialgesetzbuch für bereits vor dem 1. Januar 2019 begonnene unzertifizierte Gesundheitsmaßnahmen erstmals maßgeblich für Sachbezüge, die nach dem 31. Dezember 2019 gewährt werden. [12]§ 3 Nummer 37 in der Fassung des Artikels 3 des Gesetzes vom 11. Dezember 2018 (BGBl. I S. 2338) ist letztmals für den Veranlagungszeitraum 2030 anzuwenden, sowie beim Steuerabzug vom Arbeitslohn auf Vorteile, die in einem vor dem 1. Januar 2031 endenden Lohnzahlungszeitraum oder als sonstige Bezüge vor dem 1. Januar 2031 zugewendet werden. [13]§ 3 Nummer 40 ist erstmals anzuwenden für

1. **Gewinnausschüttungen, auf die bei der ausschüttenden Körperschaft der nach Artikel 3 des Gesetzes vom 23. Oktober 2000 (BGBl. I S. 1433) aufgehobene Vierte Teil des Körperschaftsteuergesetzes nicht mehr anzuwenden ist; für die übrigen in § 3 Nummer 40 genannten Erträge im Sinne des § 20 gilt Entsprechendes;**
2. **Erträge im Sinne des § 3 Nummer 40 Satz 1 Buchstabe a, b, c und j nach Ablauf des ersten Wirtschaftsjahres der Gesellschaft, an der die Anteile bestehen, für das das Körperschaftsteuergesetz in der Fassung des Artikels 3 des Gesetzes vom 23. Oktober 2000 (BGBl. I S. 1433) erstmals anzuwenden ist.**

[14]§ 3 Nummer 40 Satz 1 Buchstabe d Satz 3 in der Fassung des Artikels 1 des Gesetzes vom 25. Juni 2021 (BGBl. I S. 2035) ist erstmals für Bezüge anzuwenden, die nach dem 31. Dezember 2019 zufließen. [15]§ 3 Nummer 40 Satz 3 und 4 in der am 12. Dezember 2006 geltenden Fassung ist für Anteile, die einbringungsgeboren im Sinne des § 21 des Umwandlungssteuergesetzes in der am 12. Dezember 2006 geltenden Fassung sind, weiter anzuwenden. [16]§ 3 Nummer 40 Satz 3 erster

Halbsatz in der am 1. Januar 2017 geltenden Fassung ist erstmals für den Veranlagungszeitraum 2017 anzuwenden; der zweite Halbsatz ist anzuwenden auf Anteile, die nach dem 31. Dezember 2016 dem Betriebsvermögen zugehen. [17]Bei vom Kalenderjahr abweichenden Wirtschaftsjahren ist § 3 Nummer 40 Buchstabe d Satz 2 in der am 30. Juni 2013 geltenden Fassung erstmals für den Veranlagungszeitraum anzuwenden, in dem das Wirtschaftsjahr endet, das nach dem 31. Dezember 2013 begonnen hat. [18]§ 3 Nummer 40a in der am 6. August 2004 geltenden Fassung ist auf Vergütungen im Sinne des § 18 Absatz 1 Nummer 4 anzuwenden, wenn die vermögensverwaltende Gesellschaft oder Gemeinschaft nach dem 31. März 2002 und vor dem 1. Januar 2009 gegründet worden ist oder soweit die Vergütungen in Zusammenhang mit der Veräußerung von Anteilen an Kapitalgesellschaften stehen, die nach dem 7. November 2003 und vor dem 1. Januar 2009 erworben worden sind. [19]§ 3 Nummer 40a in der am 19. August 2008 geltenden Fassung ist erstmals auf Vergütungen im Sinne des § 18 Absatz 1 Nummer 4 anzuwenden, wenn die vermögensverwaltende Gesellschaft oder Gemeinschaft nach dem 31. Dezember 2008 gegründet worden ist. [20]§ 3 Nummer 41 in der am 30. Juni 2021 geltenden Fassung ist letztmals für den Veranlagungszeitraum 2021 anzuwenden. [21]§ 3 Nummer 46 in der am 17. November 2016 geltenden Fassung ist erstmals anzuwenden auf Vorteile, die in einem nach dem 31. Dezember 2016 endenden Lohnzahlungszeitraum oder als sonstige Bezüge nach dem 31. Dezember 2016 zugewendet werden, und letztmals anzuwenden auf Vorteile, die in einem vor dem 1. Januar 2031 endenden Lohnzahlungszeitraum oder als sonstige Bezüge vor dem 1. Januar 2031 zugewendet werden. [22]§ 3 Nummer 60 in der am 13. August 2020 geltenden Fassung ist weiterhin anzuwenden für Anpassungsgelder an Arbeitnehmer im Steinkohlenbergbau bis zum Auslaufen dieser öffentlichen Mittel im Jahr 2027. [23]Der Höchstbetrag nach § 3 Nummer 63 Satz 1 verringert sich um Zuwendungen, auf die § 40b Absatz 1 und 2 Satz 1 und 2 in der am 31. Dezember 2004 geltenden Fassung angewendet wird. [24]§ 3 Nummer 63 Satz 3 in der ab dem 1. Januar 2018 geltenden Fassung ist nicht anzuwenden, soweit § 40b Absatz 1 und 2 Satz 3 und 4 in der am 31. Dezember 2004 geltenden Fassung angewendet wird. [25]§ 3 Nummer 71 in der am 31. Dezember 2014 geltenden Fassung ist erstmals für den Veranlagungszeitraum 2013 anzuwenden. [26]§ 3 Nummer 71 in der Fassung des Artikels 1 des Gesetzes vom 27. Juni 2017 (BGBl. I S. 2074) ist erstmals für den Veranlagungszeitraum 2017 anzuwenden. [27]§ 3 Nummer 71 in der Fassung des Artikels 17 des Gesetzes vom 11. Dezember 2023 (BGBl. 2023 I Nr. 354) ist erstmals für den Veranlagungszeitraum 2023 anzuwenden. [28]§ 3 Nummer 72 in der Fassung des Artikels 1 des Gesetzes vom 16. Dezember 2022 (BGBl. I S. 2294) ist für Einnahmen und Entnahmen anzuwenden, die nach dem 31. Dezember 2021 erzielt oder getätigt werden. [29]§ 3 Nummer 72 in der Fassung des Artikels 3 des Gesetzes vom 2. Dezember 2024 (BGBl. 2024 I Nr. 387) ist erstmals für Photovoltaikanlagen anzuwenden, die nach dem 31. Dezember 2024 angeschafft, in Betrieb genommen oder erweitert werden.

(4a) [1]§ 3a in der Fassung des Artikels 2 des Gesetzes vom 27. Juni 2017 (BGBl. I S. 2074) ist erstmals in den Fällen anzuwenden, in denen die Schulden ganz oder teilweise nach dem 8. Februar 2017 erlassen wurden. [2]Satz 1 gilt bei einem Schulderlass nach dem 8. Februar 2017 nicht, wenn dem Steuerpflichtigen auf Antrag Billigkeitsmaßnahmen aus Gründen des Vertrauensschutzes für einen Sanierungsertrag auf Grundlage von § 163 Absatz 1 Satz 2 und den §§ 222, 227 der Abgabenordnung zu gewähren sind. [3]Auf Antrag des Steuerpflichtigen ist § 3a auch in den Fällen anzuwenden, in denen die Schulden vor dem 9. Februar 2017 erlassen wurden. [4]Satz 1 gilt auch für § 3a Absatz 3a in der Fassung des Artikels 1 des Gesetzes vom 12. Dezember 2019 (BGBl. I S. 2451).

(5) [1]§ 3c Absatz 2 Satz 3 und 4 in der am 12. Dezember 2006 geltenden Fassung ist für Anteile, die einbringungsgeboren im Sinne des § 21 des Umwandlungssteu-

ergesetzes in der am 12. Dezember 2006 geltenden Fassung sind, weiter anzuwenden. [2]§ 3c Absatz 2 in der am 31. Dezember 2014 geltenden Fassung ist erstmals für Wirtschaftsjahre anzuwenden, die nach dem 31. Dezember 2014 beginnen. [3]§ 3c Absatz 4 in der Fassung des Artikels 2 des Gesetzes vom 27. Juni 2017 (BGBl. I S. 2074) ist für Betriebsvermögensminderungen oder Betriebsausgaben in unmittelbarem wirtschaftlichem Zusammenhang mit einem Schuldenerlass nach dem 8. Februar 2017 anzuwenden, für den § 3a angewendet wird. [4]§ 3c Absatz 4 ist auch in den Fällen anzuwenden, in denen dem Steuerpflichtigen die Steuerbefreiung des § 3a auf Grund eines Antrags nach Absatz 4a Satz 3 gewährt wird.

(6) **[1]§ 4 Absatz 1 Satz 3 in der Fassung des Artikels 1 des Gesetzes vom 25. Juni 2021 (BGBl. I S. 2035) ist erstmals für nach dem 31. Dezember 2019 endende Wirtschaftsjahre anzuwenden. [2]§ 4 Absatz 1 Satz 4 in der Fassung des Artikels 1 des Gesetzes vom 8. Dezember 2010 (BGBl. I S. 1768) gilt in allen Fällen, in denen § 4 Absatz 1 Satz 3 anzuwenden ist. [3]§ 4 Absatz 1 Satz 9 in der Fassung des Artikels 1 des Gesetzes vom 25. Juni 2021 (BGBl. I S. 2035) ist erstmals für nach dem 31. Dezember 2019 endende Wirtschaftsjahre anzuwenden. [4]§ 4 Absatz 3 Satz 4 ist nicht anzuwenden, soweit die Anschaffungs- oder Herstellungskosten vor dem 1. Januar 1971 als Betriebsausgaben abgesetzt worden sind. [5]§ 4 Absatz 3 Satz 4 und 5 in der Fassung des Artikels 1 des Gesetzes vom 28. April 2006 (BGBl. I S. 1095) ist erstmals für Wirtschaftsgüter anzuwenden, die nach dem 5. Mai 2006 angeschafft, hergestellt oder in das Betriebsvermögen eingelegt werden. [6]Die Anschaffungs- oder Herstellungskosten für nicht abnutzbare Wirtschaftsgüter des Anlagevermögens, die vor dem 5. Mai 2006 angeschafft, hergestellt oder in das Betriebsvermögen eingelegt wurden, sind erst im Zeitpunkt des Zuflusses des Veräußerungserlöses oder im Zeitpunkt der Entnahme als Betriebsausgaben zu berücksichtigen. [7]§ 4 Absatz 4a in der Fassung des Gesetzes vom 22. Dezember 1999 (BGBl. I S. 2601) ist erstmals für das Wirtschaftsjahr anzuwenden, das nach dem 31. Dezember 1998 endet. [8]Über- und Unterentnahmen vorangegangener Wirtschaftsjahre bleiben unberücksichtigt. [9]Bei vor dem 1. Januar 1999 eröffneten Betrieben sind im Fall der Betriebsaufgabe bei der Überführung von Wirtschaftsgütern aus dem Betriebsvermögen in das Privatvermögen die Buchwerte nicht als Entnahme anzusetzen; im Fall der Betriebsveräußerung ist nur der Veräußerungsgewinn als Entnahme anzusetzen. [10]§ 4 Absatz 5 Satz 1 Nummer 1 in der Fassung des Artikels 2 des Gesetzes vom 27. März 2024 (BGBl. 2024 I Nr. 108) ist erstmals für das Wirtschaftsjahr anzuwenden, das nach dem 31. Dezember 2023 beginnt. [11]§ 4 Absatz 5 Satz 1 Nummer 5 in der Fassung des Artikels 1 des Gesetzes vom 20. Februar 2013 (BGBl. I S. 285) ist erstmals ab dem 1. Januar 2014 anzuwenden. [12]§ 4 Absatz 5 Satz 1 Nummer 6a in der Fassung des Artikels 1 des Gesetzes vom 20. Februar 2013 (BGBl. I S. 285) ist erstmals ab dem 1. Januar 2014 anzuwenden. [13]§ 4 Absatz 5 Satz 1 Nummer 6b und 6c in der Fassung des Artikels 1 des Gesetzes vom 16. Dezember 2022 (BGBl. I S. 2294) ist für nach dem 31. Dezember 2022 in der häuslichen Wohnung ausgeübte Tätigkeiten anzuwenden. [14]§ 4 Absatz 5 Satz 1 Nummer 8 in der Fassung des Artikels 1 des Gesetzes vom 12. Dezember 2019 (BGBl. I S. 2451) ist erstmals anzuwenden auf nach dem 31. Dezember 2018 festgesetzte Geldbußen, Ordnungsgelder und Verwarnungsgelder sowie auf nach dem 31. Dezember 2018 entstandene mit der Geldbuße, dem Ordnungsgeld oder dem Verwarnungsgeld zusammenhängende Aufwendungen. [15]§ 4 Absatz 5 Satz 1 Nummer 8a in der Fassung des Artikels 1 des Gesetzes vom 12. Dezember 2019 (BGBl. I S. 2451) ist erstmals anzuwenden auf nach dem 31. Dezember 2018 festgesetzte Zinsen im Sinne der Vorschrift. [16]§ 4 Absatz 10 in der Fassung des Artikels 2 des Gesetzes vom 12. Dezember 2019 (BGBl. I S. 2451) ist erstmals anzuwenden auf nach dem 31. Dezember 2019 durchgeführte Übernachtungen im Sinne der Vorschrift. [17]§ 4 Absatz 5 Satz 1**

Nummer 6b Satz 4 in der Fassung des Artikels 1 des Gesetzes vom 21. Dezember 2020 (BGBl. I S. 3096) ist für nach dem 31. Dezember 2019 und vor dem 1. Januar 2023 in der häuslichen Wohnung ausgeübte Tätigkeiten anzuwenden.

(7) [1]**§ 4d Absatz 1 Satz 1 Nummer 1 Satz 3 in der Fassung des Artikels 2 des Gesetzes vom 2. Dezember 2024 (BGBl. 2024 I Nr. 387) ist bei Grundbesitz anzuwenden, der der Kasse erstmals nach dem 31. Dezember 2023 zuzurechnen ist. [2]Vor dem 1. Januar 2024 vorhandener Grundbesitz ist mit dem Wert anzusetzen, der bei der Ermittlung des Kassenvermögens in dem letzten vor dem 1. Januar 2024 endenden Wirtschaftsjahr maßgebend war. [3]Führen in den Fällen des Satzes 2 Baumaßnahmen nach dem 31. Dezember 2023 zu Herstellungskosten, sind neben dem Wert nach Satz 2 auch diese Herstellungskosten anzusetzen.**

(8) [1]**§ 4f in der Fassung des Gesetzes vom 18. Dezember 2013 (BGBl. I S. 4318) ist erstmals für Wirtschaftsjahre anzuwenden, die nach dem 28. November 2013 enden. [2]§ 4f Absatz 1 Satz 3 in der Fassung des Artikels 1 des Gesetzes vom 21. Dezember 2020 (BGBl. I S. 3096) ist erstmals für Wirtschaftsjahre anzuwenden, die nach dem 31. Dezember 2019 enden; bei nach § 4a vom Kalenderjahr abweichenden Wirtschaftsjahren ist § 4f Absatz 1 Satz 3 spätestens für Wirtschaftsjahre anzuwenden, die nach dem 17. Juli 2020 enden.**

(8a) **§ 4g Absatz 1 in der Fassung des Artikels 3 des Gesetzes vom 2. Dezember 2024 (BGBl. 2024 I Nr. 387) ist in allen offenen Fällen anzuwenden.**

(8b) **§ 4h in der Fassung des Artikels 20 des Gesetzes vom 22. Dezember 2023 (BGBl. 2023 I Nr. 411) ist erstmals für Wirtschaftsjahre anzuwenden, die nach dem 14. Dezember 2023 beginnen und nicht vor dem 1. Januar 2024 enden.**

(8c) [1]**§ 4j in der Fassung des Artikels 1 des Gesetzes vom 27. Juni 2017 (BGBl. I S. 2074) ist erstmals für Aufwendungen anzuwenden, die nach dem 31. Dezember 2017 entstehen. [2]§ 4j Absatz 2 Satz 1 und Absatz 3 Satz 2 in der Fassung des Artikels 4 des Gesetzes vom 21. Dezember 2023 (BGBl. 2023 I Nr. 397) sind erstmals für Aufwendungen anzuwenden, die nach dem 31. Dezember 2023 entstehen. [3]§ 4j ist letztmals für den Veranlagungszeitraum 2024 anzuwenden.**

(8d) [1]**§ 4k in der Fassung des Artikels 1 des Gesetzes vom 25. Juni 2021 (BGBl. I S. 2035) ist erstmals für Aufwendungen anzuwenden, die nach dem 31. Dezember 2019 entstehen. [2]Aufwendungen, die rechtlich bereits vor dem 1. Januar 2020 verursacht wurden, gelten bei der Anwendung des Satzes 1 nur insoweit als nach dem 31. Dezember 2019 entstanden, als ihnen ein Dauerschuldverhältnis zugrunde liegt und sie ab diesem Zeitpunkt ohne wesentliche Nachteile hätten vermieden werden können. [3]Ein Nachteil ist insbesondere dann wesentlich im Sinne des Satzes 2, wenn sämtliche mit der Vermeidung der Aufwendungen verbundenen Kosten den steuerlichen Vorteil infolge der Besteuerungsinkongruenz übersteigen. [4]Satz 2 gilt nicht, wenn das Dauerschuldverhältnis nach dem 31. Dezember 2019 wesentlich geändert wurde.**

(9) [1]**§ 5 Absatz 5 Satz 2 in der Fassung des Artikels 1 des Gesetzes vom 16. Dezember 2022 (BGBl. I S. 2294) ist erstmals für Wirtschaftsjahre anzuwenden, die nach dem 31. Dezember 2021 enden. [2]§ 5 Absatz 7 in der Fassung des Gesetzes vom 18. Dezember 2013 (BGBl. I S. 4318) ist erstmals für Wirtschaftsjahre anzuwenden, die nach dem 28. November 2013 enden. [3]Auf Antrag kann § 5 Absatz 7 auch für frühere Wirtschaftsjahre angewendet werden. [4]Bei Schuldübertragungen, Schuldbeitritten und Erfüllungsübernahmen, die vor dem 14. Dezember 2011 vereinbart wurden, ist § 5 Absatz 7 Satz 5 mit der Maßgabe anzuwenden, dass für einen Gewinn, der sich aus der Anwendung von § 5 Absatz 7 Satz 1 bis 3 ergibt, jeweils in Höhe von 19 Zwanzigsteln eine gewinnmindernde Rücklage gebildet werden kann, die in den folgenden 19 Wirtschaftsjahren jeweils mit mindestens einem Neunzehntel gewinnerhöhend aufzulösen ist.**

(10) [1]§ 5a Absatz 3 in der Fassung des Artikels 9 des Gesetzes vom 29. Dezember 2003 (BGBl. I S. 3076) ist erstmals für das Wirtschaftsjahr anzuwenden, das nach dem 31. Dezember 2005 endet. [2]§ 5a Absatz 3 Satz 1 in der am 31. Dezember 2003 geltenden Fassung ist weiterhin anzuwenden, wenn der Steuerpflichtige im Fall der Anschaffung das Handelsschiff auf Grund eines vor dem 1. Januar 2006 rechtswirksam abgeschlossenen schuldrechtlichen Vertrags oder gleichgestellten Rechtsakts angeschafft oder im Fall der Herstellung mit der Herstellung des Handelsschiffs vor dem 1. Januar 2006 begonnen hat. [3]In Fällen des Satzes 2 muss der Antrag auf Anwendung des § 5a Absatz 1 spätestens bis zum Ablauf des Wirtschaftsjahres gestellt werden, das vor dem 1. Januar 2008 endet. [4]§ 5a Absatz 4 Satz 5 bis 7 in der Fassung des Artikels 1 des Gesetzes vom 2. Juni 2021 (BGBl. I S. 1259) ist erstmals auf Wirtschaftsjahre anzuwenden, die nach dem 31. Dezember 1998 beginnen. [5]Soweit Ansparabschreibungen im Sinne des § 7g Absatz 3 in der am 17. August 2007 geltenden Fassung zum Zeitpunkt des Übergangs zur Gewinnermittlung nach § 5a Absatz 1 noch nicht gewinnerhöhend aufgelöst worden sind, ist § 5a Absatz 5 Satz 3 in der am 17. August 2007 geltenden Fassung weiter anzuwenden. [6]§ 5a Absatz 6 in der durch Artikel 1 des Gesetzes vom 12. Dezember 2019 (BGBl. I S. 2451) geänderten Fassung ist erstmals für Wirtschaftsjahre anzuwenden, die nach dem 31. Dezember 2018 beginnen.

(11) [1]§ 5b in der Fassung des Artikels 1 des Gesetzes vom 20. Dezember 2008 (BGBl. I S. 2850) ist erstmals für Wirtschaftsjahre anzuwenden, die nach dem 31. Dezember 2010 beginnen. [2]§ 5b Absatz 1 Satz 1 in der Fassung des Artikels 4 des Gesetzes vom 2. Dezember 2024 (BGBl. 2024 I Nr. 387) ist, soweit er sich auf die Übermittlung von Kontennachweisen bezieht, erstmals für Wirtschaftsjahre anzuwenden, die nach dem 31. Dezember 2024 beginnen. [3]§ 5b Absatz 1 Satz 1 in der Fassung des Artikels 4 des Gesetzes vom 2. Dezember 2024 (BGBl. 2024 I Nr. 387), soweit er sich auf die Übermittlung von Anlagenspiegel und Anlagenverzeichnis bezieht, sowie § 5b Absatz 1 Satz 5 und 6 in der Fassung des Artikels 4 des Gesetzes vom 2. Dezember 2024 (BGBl. 2024 I Nr. 387) sind erstmals für Wirtschaftsjahre anzuwenden, die nach dem 31. Dezember 2027 beginnen.

(12) [1]§ 6 Absatz 1 Nummer 1b kann auch für Wirtschaftsjahre angewendet werden, die vor dem 23. Juli 2016 enden. [2]§ 6 Absatz 1 Nummer 3 und 3a Buchstabe e in der Fassung des Artikels 3 des Gesetzes vom 19. Juni 2022 (BGBl. I S. 911) ist erstmals für Wirtschaftsjahre anzuwenden, die nach dem 31. Dezember 2022 enden. [3]Auf Antrag kann § 6 Absatz 1 Nummer 3 und 3a Buchstabe e in der Fassung des Artikels 3 des Gesetzes vom 19. Juni 2022 (BGBl. I S. 911) auch für frühere Wirtschaftsjahre angewendet werden. [4]§ 6 Absatz 1 Nummer 4 Satz 2 Nummer 3 und Satz 3 Nummer 3 in der Fassung des Artikels 1 des Gesetzes vom 29. Juni 2020 (BGBl. I S. 1512) ist bereits ab dem 1. Januar 2020 anzuwenden. [5]§ 6 Absatz 1 Nummer 4 Satz 2 Nummer 3 und Satz 3 Nummer 3 in der Fassung des Artikels 3 des Gesetzes vom 27. März 2024 (BGBl. 2024 I Nr. 108) ist erstmals für Kraftfahrzeuge anzuwenden, die nach dem 31. Dezember 2023 angeschafft werden. [6]§ 6 Absatz 1 Nummer 4 Satz 2 Nummer 3 und Satz 3 Nummer 3 in der Fassung des Artikels 1 des Gesetzes vom 14. Juli 2025 (BGBl. 2025 I Nr. 161) ist erstmals für Kraftfahrzeuge anzuwenden, die nach dem 30. Juni 2025 angeschafft werden. [7]§ 6 Absatz 1 Nummer 5 Satz 1 Buchstabe a in der Fassung des Artikels 3 des Gesetzes vom 27. März 2024 (BGBl. 2024 I Nr. 108) ist erstmals auf Wirtschaftsgüter anzuwenden, die nach dem 27. März 2024 eingelegt werden. [8]§ 6 Absatz 1 Nummer 4 Satz 6 ist bis zum 31. Dezember 2030 anzuwenden. [9]§ 6 Absatz 1 Nummer 5 Satz 1 Buchstabe c in der Fassung des Artikels 2 des Gesetzes vom 11. Dezember 2018 (BGBl. I S. 2338) ist erstmals bei Wirtschaftsgütern anzuwenden, die nach dem 31. Dezember 2017 in ein Betriebsvermögen eingelegt werden. [10]§ 6 Absatz 2 Satz 4 in der Fassung des Artikels 4 des Gesetzes vom 30. Juni 2017 (BGBl. I S. 2143) ist erstmals bei Wirtschaftsgütern anzuwenden,

die nach dem 31. Dezember 2017 angeschafft, hergestellt oder in das Betriebsvermögen eingelegt werden. [11]§ 6 Absatz 2 Satz 1 in der Fassung des Artikels 1 des Gesetzes vom 27. Juni 2017 (BGBl. I S. 2074) ist erstmals bei Wirtschaftsgütern anzuwenden, die nach dem 31. Dezember 2017 angeschafft, hergestellt oder in das Betriebsvermögen eingelegt werden. [12]§ 6 Absatz 5 Satz 1 zweiter Halbsatz in der am 14. Dezember 2010 geltenden Fassung gilt in allen Fällen, in denen § 4 Absatz 1 Satz 3 anzuwenden ist. [13]§ 6 Absatz 2a in der Fassung des Artikels 1 des Gesetzes vom 27. Juni 2017 (BGBl. I S. 2074) ist erstmals bei Wirtschaftsgütern anzuwenden, die nach dem 31. Dezember 2017 angeschafft, hergestellt oder in das Betriebsvermögen eingelegt werden. [14]§ 6 Absatz 1 Nummer 4 Satz 1 zweiter Halbsatz, Nummer 5a zweiter Halbsatz und Nummer 5b in der Fassung des Artikels 1 des Gesetzes vom 25. Juni 2021 (BGBl. I S. 2035) ist erstmals für nach dem 31. Dezember 2019 endende Wirtschaftsjahre anzuwenden. [15]§ 6 Absatz 5 Satz 3 Nummer 4 ist in allen offenen Fällen anzuwenden. [16]Für Übertragungen vor dem 12. Januar 2024 sind Feststellungsbescheide im Sinne des § 180 Absatz 1 Satz 1 Nummer 2 Buchstabe a der Abgabenordnung zur Umsetzung des Buchwertansatzes bei der übernehmenden Mitunternehmerschaft in entsprechender Anwendung des § 174 Absatz 4 der Abgabenordnung zu ändern. [17]§ 176 Absatz 1 Satz 1 Nummer 1 der Abgabenordnung steht dem Buchwertansatz bei der übernehmenden Mitunternehmerschaft für Übertragungen vor dem 12. Januar 2024 nicht entgegen. [18]Auf gemeinsamen Antrag der Mitunternehmer zum Zeitpunkt der Übertragung kann aus Vertrauensschutzgründen für Übertragungen vor dem 12. Januar 2024 von einer Anwendung des § 6 Absatz 5 Satz 3 Nummer 4 abgesehen werden. [19]§ 6 Absatz 5 Satz 7 und § 16 Absatz 3 Satz 5 in der Fassung des Artikels 3 des Gesetzes vom 2. Dezember 2024 (BGBl. 2024 I Nr. 387) sind für Übertragungen von Wirtschaftsgütern anzuwenden, die nach dem 18. Oktober 2024 stattfinden.

(13) *(aufgehoben)*

(14) **[1]§ 6b Absatz 2a in der am 6. November 2015 geltenden Fassung ist auch auf Gewinne im Sinne des § 6b Absatz 2 anzuwenden, die vor dem 6. November 2015 entstanden sind. [2]§ 6b Absatz 10 Satz 11 in der am 12. Dezember 2006 geltenden Fassung ist für Anteile, die einbringungsgeboren im Sinne des § 21 des Umwandlungssteuergesetzes in der am 12. Dezember 2006 geltenden Fassung sind, weiter anzuwenden. [3]§ 6b Absatz 2a in der Fassung des Artikels 1 des Gesetzes vom 11. Dezember 2018 (BGBl. I S. 2338) ist erstmals auf Gewinne im Sinne des § 6b Absatz 2 anzuwenden, die in nach dem 31. Dezember 2017 beginnenden Wirtschaftsjahren entstanden sind. [4]Die Fristen des § 6b Absatz 3 Satz 2, 3 und 5, Absatz 8 Satz 1 Nummer 1 sowie Absatz 10 Satz 1 und 8 verlängern sich jeweils um drei Jahre, wenn die Rücklage wegen § 6b Absatz 3 Satz 5, Absatz 8 Satz 1 Nummer 1 in Verbindung mit Absatz 3 Satz 5 oder Absatz 10 Satz 8 am Schluss des nach dem 29. Februar 2020 und vor dem 1. Januar 2021 endenden Wirtschaftsjahres aufzulösen wäre. [5]Die in Satz 4 genannten Fristen verlängern sich um zwei Jahre, wenn die Rücklage wegen § 6b Absatz 3 Satz 5, Absatz 8 Satz 1 Nummer 1 in Verbindung mit Absatz 3 Satz 5 oder Absatz 10 Satz 8 am Schluss des nach dem 31. Dezember 2020 und vor dem 1. Januar 2022 endenden Wirtschaftsjahres aufzulösen wäre. [6]Die in Satz 4 genannten Fristen verlängern sich um ein Jahr, wenn die Rücklage wegen § 6b Absatz 3 Satz 5, Absatz 8 Satz 1 Nummer 1 in Verbindung mit Absatz 3 Satz 5 oder Absatz 10 Satz 8 am Schluss des nach dem 31. Dezember 2021 und vor dem 1. Januar 2023 endenden Wirtschaftsjahres aufzulösen wäre. [7]§ 6b Absatz 10 Satz 1 in der am 10. Februar 2026 geltenden Fassung ist erstmals auf Gewinne aus der Veräußerung von Anteilen an Kapitalgesellschaften anzuwenden, die in nach dem 10. Februar 2026 beginnenden Wirtschaftsjahren entstanden sind.**

(14a) § 6e in der Fassung des Artikels 1 des Gesetzes vom 12. Dezember 2019 (BGBl. I S. 2451) ist auch in Wirtschaftsjahren anzuwenden, die vor dem 18. Dezember 2019 enden.

(15) [1]Bei Wirtschaftsgütern, die vor dem 1. Januar 2001 angeschafft oder hergestellt worden sind, ist § 7 Absatz 2 Satz 2 in der Fassung des Gesetzes vom 22. Dezember 1999 (BGBl. I S. 2601) weiter anzuwenden. [2]Bei Gebäuden, soweit sie zu einem Betriebsvermögen gehören und nicht Wohnzwecken dienen, ist § 7 Absatz 4 Satz 1 und 2 in der am 31. Dezember 2000 geltenden Fassung weiter anzuwenden, wenn der Steuerpflichtige im Fall der Herstellung vor dem 1. Januar 2001 mit der Herstellung des Gebäudes begonnen hat oder im Fall der Anschaffung das Objekt auf Grund eines vor dem 1. Januar 2001 rechtswirksam abgeschlossenen obligatorischen Vertrags oder gleichstehenden Rechtsakts angeschafft hat. [3]Als Beginn der Herstellung im Sinne des Satzes 2 gilt bei Gebäuden, für die eine Baugenehmigung erforderlich ist, der Zeitpunkt, in dem der Bauantrag gestellt wird; bei baugenehmigungsfreien Gebäuden, für die Bauunterlagen einzureichen sind, der Zeitpunkt, in dem die Bauunterlagen eingereicht werden. [4]Bei Wirtschaftsgütern, die nach dem 31. Dezember 2019 und vor dem 1. Januar 2023 oder nach dem 31. März 2024 und vor dem 1. Januar 2025 angeschafft oder hergestellt worden sind, ist § 7 Absatz 2 in der Fassung des Gesetzes vom 27. März 2024 (BGBl. 2024 I Nr. 108) weiter anzuwenden.

(15a) [1]Die Inanspruchnahme der Sonderabschreibungen nach § 7b in der Fassung des Artikels 1 des Gesetzes vom 4. August 2019 (BGBl. I S. 1122) kann erstmalig für den Veranlagungszeitraum 2018 und letztmalig für den Veranlagungszeitraum 2026, in den Fällen des § 4a letztmalig für Wirtschaftsjahre, die vor dem 1. Januar 2027 enden, geltend gemacht werden. [2]Das gilt auch dann, wenn der Abschreibungszeitraum nach § 7b Absatz 1 noch nicht abgelaufen ist. [3]§ 7b Absatz 5 in der Fassung des Artikels 4 des Gesetzes vom 16. Dezember 2022 (BGBl. I S. 2294) gilt für Sonderabschreibungen, die für neue Wohnungen in Anspruch genommen werden, die aufgrund eines nach dem 31. Dezember 2022 und vor dem 1. Oktober 2029 gestellten Bauantrags oder einer in diesem Zeitraum getätigten Bauanzeige hergestellt werden.

(15b) § 7c in der Fassung des Artikels 2 des Gesetzes vom 12. Dezember 2019 (BGBl. I S. 2451) ist für nach dem 31. Dezember 2019 und vor dem 1. Januar 2031 angeschaffte neue Elektrolieferfahrzeuge anzuwenden.

(16) [1]§ 7g Absatz 1 Satz 1, 2 Nummer 1, Absatz 2 Satz 1 und 3, Absatz 4 Satz 1 sowie Absatz 6 in der Fassung des Artikels 1 des Gesetzes vom 21. Dezember 2020 (BGBl. I S. 3096) ist erstmals für Investitionsabzugsbeträge und Sonderabschreibungen anzuwenden, die in nach dem 31. Dezember 2019 endenden Wirtschaftsjahren in Anspruch genommen werden; bei nach § 4a vom Kalenderjahr abweichenden Wirtschaftsjahren ist § 7g Absatz 1 Satz 2 Nummer 1 und Absatz 6 Nummer 1 spätestens für Investitionsabzugsbeträge und Sonderabschreibungen anzuwenden, die in nach dem 17. Juli 2020 endenden Wirtschaftsjahren in Anspruch genommen werden. [2]§ 7g Absatz 2 Satz 2 und Absatz 7 in der Fassung des Artikels 1 des Gesetzes vom 21. Dezember 2020 (BGBl. I S. 3096) ist erstmals für Investitionsabzugsbeträge anzuwenden, die in nach dem 31. Dezember 2020 endenden Wirtschaftsjahren in Anspruch genommen werden. [3]Bei in nach dem 31. Dezember 2016 und vor dem 1. Januar 2018 endenden Wirtschaftsjahren beanspruchten Investitionsabzugsbeträgen endet die Investitionsfrist abweichend von § 7g Absatz 3 Satz 1 erst zum Ende des sechsten auf das Wirtschaftsjahr des Abzugs folgenden Wirtschaftsjahres. [4]Bei in nach dem 31. Dezember 2017 und vor dem 1. Januar 2019 endenden Wirtschaftsjahren beanspruchten Investitionsabzugsbeträgen endet die Investitionsfrist abweichend von § 7g Absatz 3 Satz 1 erst zum Ende des fünften auf das Wirtschaftsjahr des Abzugs folgenden Wirtschaftsjahres. [5]Bei in nach dem 31. Dezember 2018 und vor dem 1. Januar 2020 en-

denden Wirtschaftsjahren beanspruchten Investitionsabzugsbeträgen endet die Investitionsfrist abweichend von § 7g Absatz 3 Satz 1 erst zum Ende des vierten auf das Wirtschaftsjahr des Abzugs folgenden Wirtschaftsjahres. [6]§ 7g Absatz 5 in der Fassung des Artikels 3 des Gesetzes vom 27. März 2024 (BGBl. 2024 I Nr. 108) ist erstmals für abnutzbare bewegliche Wirtschaftsgüter des Anlagevermögens anzuwenden, die nach dem 31. Dezember 2023 angeschafft oder hergestellt werden.

(16a) **[1]§ 7h Absatz 1a in der Fassung des Artikels 1 des Gesetzes vom 12. Dezember 2019 (BGBl. I S. 2451) ist erstmals auf Baumaßnahmen anzuwenden, mit denen nach dem 31. Dezember 2018 begonnen wurde. [2]Als Beginn der Baumaßnahmen am Gebäude, für die eine Baugenehmigung erforderlich ist, gilt der Zeitpunkt, in dem der Bauantrag gestellt wurde. [3]Bei baugenehmigungsfreien Baumaßnahmen, für die Bauunterlagen einzureichen sind, gilt als Beginn der Baumaßnahmen der Zeitpunkt, in dem die Bauunterlagen eingereicht werden. [4]§ 7h Absatz 2 Satz 1 in der Fassung des Artikels 1 des Gesetzes vom 21. Dezember 2020 (BGBl. I S. 3096) ist erstmals anzuwenden auf Bescheinigungen der zuständigen Gemeindebehörde, die nach dem 31. Dezember 2020 erteilt werden. [5]§ 7h Absatz 2 Satz 1 letzter Halbsatz in der Fassung des Artikels 1 des Gesetzes vom 12. Dezember 2019 (BGBl. I S. 2451) ist erstmals anzuwenden auf Bescheinigungen der zuständigen Gemeindebehörde, die nach dem 31. Dezember 2018 erteilt werden. [6]§ 7h Absatz 3 in der Fassung des Artikels 1 des Gesetzes vom 12. Dezember 2019 (BGBl. I S. 2451) ist erstmals anzuwenden auf Baumaßnahmen, mit denen nach dem 31. Dezember 2018 begonnen wurde sowie auf Bescheinigungen, die nach dem 31. Dezember 2018 erteilt werden. [7]§ 7i Absatz 2 Satz 1 in der Fassung des Artikels 1 des Gesetzes vom 21. Dezember 2020 (BGBl. I S. 3096) ist erstmals anzuwenden auf Bescheinigungen der nach Landesrecht zuständigen oder von der Landesregierung bestimmten Stelle, die nach dem 31. Dezember 2020 erteilt werden.**

(16b) **[1]§ 9 Absatz 1 Satz 3 Nummer 7 Satz 1 in der Fassung des Artikels 1 des Gesetzes vom 12. Dezember 2019 (BGBl. I S. 2451) ist erstmals anzuwenden auf Sonderabschreibungen nach § 7b in der Fassung des Artikels 1 des Gesetzes vom 4. August 2019 (BGBl. I S. 1122). [2]§ 9 Absatz 5 Satz 2 in der Fassung des Artikels 1 des Gesetzes vom 27. Juni 2017 (BGBl. I S. 2074) ist erstmals für Aufwendungen im Sinne des § 4j in der Fassung des Artikels 1 des Gesetzes vom 27. Juni 2017 (BGBl. I S. 2074) anzuwenden, die nach dem 31. Dezember 2017 entstehen. [3]§ 9 Absatz 5 Satz 2 in der Fassung des Artikels 1 des Gesetzes vom 12. Dezember 2019 (BGBl. I S. 2451) ist auch für Veranlagungszeiträume vor 2019 anzuwenden. [4]§ 9 Absatz 5 Satz 2 in der Fassung des Artikels 1 des Gesetzes vom 25. Juni 2021 (BGBl. I S. 2035) ist erstmals für Aufwendungen im Sinne des § 4k anzuwenden, die nach dem 31. Dezember 2019 entstehen. [5]§ 9 Absatz 5 Satz 2 in der Fassung des Artikels 4 des Gesetzes vom 22. Dezember 2025 (BGBl. 2025 I Nr. 353) ist erstmals für den Veranlagungszeitraum 2025 anzuwenden.**

(17) **§ 9b Absatz 2 in der Fassung des Artikels 11 des Gesetzes vom 18. Dezember 2013 (BGBl. I S. 4318) ist auf Mehr- und Minderbeträge infolge von Änderungen der Verhältnisse im Sinne von § 15a des Umsatzsteuergesetzes anzuwenden, die nach dem 28. November 2013 eingetreten sind.**

(18) **[1]§ 10 Absatz 1a Nummer 2 in der am 1. Januar 2015 geltenden Fassung ist auf alle Versorgungsleistungen anzuwenden, die auf Vermögensübertragungen beruhen, die nach dem 31. Dezember 2007 vereinbart worden sind. [2]Für Versorgungsleistungen, die auf Vermögensübertragungen beruhen, die vor dem 1. Januar 2008 vereinbart worden sind, gilt dies nur, wenn das übertragene Vermögen nur deshalb einen ausreichenden Ertrag bringt, weil ersparte Aufwendungen, mit Ausnahme des Nutzungsvorteils eines vom Vermögensübernehmer zu eigenen Zwecken genutzten Grundstücks, zu den Erträgen des Vermögens gerechnet werden. [3]§ 10 Absatz 1 Nummer 5 in der am 1. Januar 2012 geltenden Fassung gilt auch für Kinder, die wegen einer vor dem 1. Januar 2007 in der Zeit ab Vollendung**

des 25. Lebensjahres und vor Vollendung des 27. Lebensjahres eingetretenen körperlichen, geistigen oder seelischen Behinderung außerstande sind, sich selbst zu unterhalten. [4]§ 10 Absatz 2 Satz 1 Nummer 1 in der Fassung des Artikels 3 des Gesetzes vom 2. Dezember 2024 (BGBl. 2024 I Nr. 387) ist in allen offenen Fällen anzuwenden. [5]§ 10 Absatz 2c in der Fassung des Artikels 3 des Gesetzes vom 2. Dezember 2024 (BGBl. 2024 I Nr. 387) ist erstmals auf Vorsorgeaufwendungen anzuwenden, die nach dem 31. Dezember 2027 an die mitteilungspflichtige Stelle geleistet oder an den Steuerpflichtigen erstattet werden. [6]§ 10 Absatz 4b Satz 4 bis 6 in der am 30. Juni 2013 geltenden Fassung ist erstmals für die Übermittlung der Daten des Veranlagungszeitraums 2016 anzuwenden. [7]§ 10 Absatz 5 in der am 31. Dezember 2009 geltenden Fassung ist auf Beiträge zu Versicherungen im Sinne des § 10 Absatz 1 Nummer 2 Buchstabe b Doppelbuchstabe bb bis dd in der am 31. Dezember 2004 geltenden Fassung weiterhin anzuwenden, wenn die Laufzeit dieser Versicherungen vor dem 1. Januar 2005 begonnen hat und ein Versicherungsbeitrag bis zum 31. Dezember 2004 entrichtet wurde.

(18a) **§ 10b Absatz 1 Satz 8 in der Fassung des Artikels 2 des Gesetzes vom 12. Dezember 2019 (BGBl. I S. 2451) ist erstmals auf Mitgliedsbeiträge anzuwenden, die nach dem 31. Dezember 2019 gezahlt werden.**

(18b) **[1]§ 10d Absatz 1 Satz 1 in der Fassung des Artikels 1 des Gesetzes vom 10. März 2021 (BGBl. I S. 330) ist für die Veranlagungszeiträume 2020 und 2021 anzuwenden. [2]§ 10d Absatz 1 in der Fassung des Artikels 3 des Gesetzes vom 19. Juni 2022 (BGBl. I S. 911) ist erstmals für den Veranlagungszeitraum 2022 anzuwenden. [3]§ 10d Absatz 2 in der Fassung des Artikels 2 des Gesetzes vom 27. März 2024 (BGBl. 2024 I Nr. 108) ist erstmals für den Veranlagungszeitraum 2024 anzuwenden. [4]§ 10d Absatz 2 Satz 1 in der Fassung des Artikels 6 des Gesetzes vom 27. März 2024 (BGBl. 2024 I Nr. 108) ist erstmals für den Veranlagungszeitraum 2028 anzuwenden.**

(19) **[1]Für nach dem 31. Dezember 1986 und vor dem 1. Januar 1991 hergestellte oder angeschaffte Wohnungen im eigenen Haus oder Eigentumswohnungen sowie in diesem Zeitraum fertiggestellte Ausbauten oder Erweiterungen ist § 10e in der am 30. Dezember 1989 geltenden Fassung weiter anzuwenden. [2]Für nach dem 31. Dezember 1990 hergestellte oder angeschaffte Wohnungen im eigenen Haus oder Eigentumswohnungen sowie in diesem Zeitraum fertiggestellte Ausbauten oder Erweiterungen ist § 10e in der am 28. Juni 1991 geltenden Fassung weiter anzuwenden. [3]Abweichend von Satz 2 ist § 10e Absatz 1 bis 5 und 6 bis 7 in der am 28. Juni 1991 geltenden Fassung erstmals für den Veranlagungszeitraum 1991 bei Objekten im Sinne des § 10e Absatz 1 und 2 anzuwenden, wenn im Fall der Herstellung der Steuerpflichtige nach dem 30. September 1991 den Bauantrag gestellt oder mit der Herstellung des Objekts begonnen hat oder im Fall der Anschaffung der Steuerpflichtige das Objekt nach dem 30. September 1991 auf Grund eines nach diesem Zeitpunkt rechtswirksam abgeschlossenen obligatorischen Vertrags oder gleichstehenden Rechtsakts angeschafft hat oder mit der Herstellung des Objekts nach dem 30. September 1991 begonnen worden ist. [4]§ 10e Absatz 5a ist erstmals bei den in § 10e Absatz 1 und 2 bezeichneten Objekten anzuwenden, wenn im Fall der Herstellung der Steuerpflichtige den Bauantrag nach dem 31. Dezember 1991 gestellt oder, falls ein solcher nicht erforderlich ist, mit der Herstellung nach diesem Zeitpunkt begonnen hat, oder im Fall der Anschaffung der Steuerpflichtige das Objekt auf Grund eines nach dem 31. Dezember 1991 rechtswirksam abgeschlossenen obligatorischen Vertrags oder gleichstehenden Rechtsakts angeschafft hat. [5]§ 10e Absatz 1 Satz 4 in der am 27. Juni 1993 geltenden Fassung und § 10e Absatz 6 Satz 3 in der am 30. Dezember 1993 geltenden Fassung sind erstmals anzuwenden, wenn der Steuerpflichtige das Objekt auf Grund eines nach dem 31. Dezember 1993 rechtswirksam abgeschlossenen obligatorischen Vertrags oder gleichstehenden Rechtsakts angeschafft hat. [6]§ 10e ist**

letztmals anzuwenden, wenn der Steuerpflichtige im Fall der Herstellung vor dem 1. Januar 1996 mit der Herstellung des Objekts begonnen hat oder im Fall der Anschaffung das Objekt auf Grund eines vor dem 1. Januar 1996 rechtswirksam abgeschlossenen obligatorischen Vertrags oder gleichstehenden Rechtsakts angeschafft hat. [7]Als Beginn der Herstellung gilt bei Objekten, für die eine Baugenehmigung erforderlich ist, der Zeitpunkt, in dem der Bauantrag gestellt wird; bei baugenehmigungsfreien Objekten, für die Bauunterlagen einzureichen sind, gilt als Beginn der Herstellung der Zeitpunkt, in dem die Bauunterlagen eingereicht werden.

(20) **§ 12 Nummer 4 in der Fassung des Artikels 1 des Gesetzes vom 12. Dezember 2019 (BGBl. I. S. 2451) ist erstmals anzuwenden auf nach dem 31. Dezember 2018 festgesetzte Geldstrafen, sonstige Rechtsfolgen vermögensrechtlicher Art, bei denen der Strafcharakter überwiegt, und Leistungen zur Erfüllung von Auflagen oder Weisungen, soweit die Auflagen oder Weisungen nicht lediglich der Wiedergutmachung des durch die Tat verursachten Schadens dienen, sowie auf nach dem 31. Dezember 2018 entstandene damit zusammenhängende Aufwendungen.**

(21) *(aufgehoben)*

(22) **Für die Anwendung des § 13 Absatz 7 in der am 31. Dezember 2005 geltenden Fassung gilt Absatz 25 entsprechend.**

(22a) **[1]§ 13a in der am 31. Dezember 2014 geltenden Fassung ist letztmals für das Wirtschaftsjahr anzuwenden, das vor dem 31. Dezember 2015 endet. [2]§ 13a in der am 1. Januar 2015 geltenden Fassung ist erstmals für das Wirtschaftsjahr anzuwenden, das nach dem 30. Dezember 2015 endet. [3]Die Bindungsfrist auf Grund des § 13a Absatz 2 Satz 1 in der am 31. Dezember 2014 geltenden Fassung bleibt bestehen.**

(22b) **[1]§ 13b in der Fassung des Artikels 5 des Gesetzes vom 12. Dezember 2019 (BGBl. I S. 2451) ist erstmals für das Wirtschaftsjahr anzuwenden, das nach dem 31. Dezember 2024 beginnt. [2]Für gemeinschaftliche Tierhaltungen gemäß § 51a des Bewertungsgesetzes gelten für einkommensteuerrechtliche Zwecke die zu Beginn des Wirtschaftsjahres 2024/2025 noch gültigen Vorschriften der §§ 51, 51a des Bewertungsgesetzes bis zum Ablauf des Wirtschaftsjahres 2024/2025 fort.**

(22c) **[1]§ 14 Absatz 3 ist erstmals auf Fälle anzuwenden, in denen die Übertragung oder Überführung der Grundstücke nach dem 16. Dezember 2020 stattgefunden hat. [2]Auf unwiderruflichen Antrag des jeweiligen Mitunternehmers ist § 14 Absatz 3 auch für Übertragungen oder Überführungen vor dem 17. Dezember 2020 anzuwenden. [3]Der Antrag ist bei dem Finanzamt zu stellen, das für die einheitliche und gesonderte Feststellung der Einkünfte der Mitunternehmerschaft zuständig ist.**

(23) **[1]§ 15 Absatz 3 Nummer 1 Satz 2 ist auch für Veranlagungszeiträume vor 2019 anzuwenden. [2]§ 15 Absatz 4 Satz 2 und 7 in der am 30. Juni 2013 geltenden Fassung ist in allen Fällen anzuwenden, in denen am 30. Juni 2013 die Feststellungsfrist noch nicht abgelaufen ist.**

(24) **[1]§ 15a ist nicht auf Verluste anzuwenden, soweit sie**

1. **durch Sonderabschreibungen nach § 82f der Einkommensteuer-Durchführungsverordnung,**
2. **durch Absetzungen für Abnutzung in fallenden Jahresbeträgen nach § 7 Absatz 2 von den Herstellungskosten oder von den Anschaffungskosten von in ungebrauchtem Zustand vom Hersteller erworbenen Seeschiffen, die in einem inländischen Seeschiffsregister eingetragen sind,**

entstehen; Nummer 1 gilt nur bei Schiffen, deren Anschaffungs- oder Herstellungskosten zu mindestens 30 Prozent durch Mittel finanziert werden, die weder

unmittelbar noch mittelbar in wirtschaftlichem Zusammenhang mit der Aufnahme von Krediten durch den Gewerbebetrieb stehen, zu dessen Betriebsvermögen das Schiff gehört. [2]§ 15a ist in diesen Fällen erstmals anzuwenden auf Verluste, die in nach dem 31. Dezember 1999 beginnenden Wirtschaftsjahren entstehen, wenn der Schiffbauvertrag vor dem 25. April 1996 abgeschlossen worden ist und der Gesellschafter der Gesellschaft vor dem 1. Januar 1999 beigetreten ist; soweit Verluste, die in dem Betrieb der Gesellschaft entstehen und nach Satz 1 oder nach § 15a Absatz 1 Satz 1 ausgleichsfähig oder abzugsfähig sind, zusammen das Eineinviertelfache der insgesamt geleisteten Einlage übersteigen, ist § 15a auf Verluste anzuwenden, die in nach dem 31. Dezember 1994 beginnenden Wirtschaftsjahren entstehen. [3]Scheidet ein Kommanditist oder ein anderer Mitunternehmer, dessen Haftung der eines Kommanditisten vergleichbar ist und dessen Kapitalkonto in der Steuerbilanz der Gesellschaft auf Grund von ausgleichs- oder abzugsfähigen Verlusten negativ geworden ist, aus der Gesellschaft aus oder wird in einem solchen Fall die Gesellschaft aufgelöst, so gilt der Betrag, den der Mitunternehmer nicht ausgleichen muss, als Veräußerungsgewinn im Sinne des § 16. [4]In Höhe der nach Satz 3 als Gewinn zuzurechnenden Beträge sind bei den anderen Mitunternehmern unter Berücksichtigung der für die Zurechnung von Verlusten geltenden Grundsätze Verlustanteile anzusetzen. [5]Bei der Anwendung des § 15a Absatz 3 sind nur Verluste zu berücksichtigen, auf die § 15a Absatz 1 anzuwenden ist.

(25) **[1]§ 15b in der Fassung des Artikels 1 des Gesetzes vom 22. Dezember 2005 (BGBl. I S. 3683) ist nur auf Verluste der dort bezeichneten Steuerstundungsmodelle anzuwenden, denen der Steuerpflichtige nach dem 10. November 2005 beigetreten ist oder für die nach dem 10. November 2005 mit dem Außenvertrieb begonnen wurde. [2]Der Außenvertrieb beginnt in dem Zeitpunkt, in dem die Voraussetzungen für die Veräußerung der konkret bestimmbaren Fondsanteile erfüllt sind und die Gesellschaft selbst oder über ein Vertriebsunternehmen mit Außenwirkung an den Markt herangetreten ist. [3]Dem Beginn des Außenvertriebs stehen der Beschluss von Kapitalerhöhungen und die Reinvestition von Erlösen in neue Projekte gleich. [4]Besteht das Steuerstundungsmodell nicht im Erwerb eines Anteils an einem geschlossenen Fonds, ist § 15b in der Fassung des Artikels 1 des Gesetzes vom 22. Dezember 2005 (BGBl. I S. 3683) anzuwenden, wenn die Investition nach dem 10. November 2005 rechtsverbindlich getätigt wurde. [5]§ 15b Absatz 3a ist erstmals auf Verluste der dort bezeichneten Steuerstundungsmodelle anzuwenden, bei denen Wirtschaftsgüter des Umlaufvermögens nach dem 28. November 2013 angeschafft, hergestellt oder in das Betriebsvermögen eingelegt werden.**

(25a) **[1]§ 17 Absatz 2a in der Fassung des Artikels 2 des Gesetzes vom 12. Dezember 2019 (BGBl. I S. 2451) ist erstmals für Veräußerungen im Sinne von § 17 Absatz 1, 4 oder 5 nach dem 31. Juli 2019 anzuwenden. [2]Auf Antrag des Steuerpflichtigen ist § 17 Absatz 2a Satz 1 bis 4 auch für Veräußerungen im Sinne von § 17 Absatz 1, 4 oder 5 vor dem 31. Juli 2019 anzuwenden.**

(26) **Für die Anwendung des § 18 Absatz 4 Satz 2 in der Fassung des Artikels 1 des Gesetzes vom 22. Dezember 2005 (BGBl. I S. 3683) gilt Absatz 25 entsprechend.**

(26a) **§ 19 Absatz 2 Satz 3 und § 24a Satz 5 in der Fassung des Artikels 1 des Gesetzes vom 27. März 2024 (BGBl. 2024 I Nr. 108) sind beim Steuerabzug vom Arbeitslohn erstmals ab dem 1. Januar 2025 anzuwenden.**

(27) *(aufgehoben)*

(28) **[1]Für die Anwendung des § 20 Absatz 1 Nummer 4 Satz 2 in der am 31. Dezember 2005 geltenden Fassung gilt Absatz 25 entsprechend. [2]Für die Anwendung von § 20 Absatz 1 Nummer 4 Satz 2 und Absatz 2b in der am 1. Januar 2007 gel-**

tenden Fassung gilt Absatz 25 entsprechend. [3]§ 20 Absatz 1 Nummer 6 in der Fassung des Gesetzes vom 7. September 1990 (BGBl. I S. 1898) ist erstmals auf nach dem 31. Dezember 1974 zugeflossene Zinsen aus Versicherungsverträgen anzuwenden, die nach dem 31. Dezember 1973 abgeschlossen worden sind. [4]§ 20 Absatz 1 Nummer 6 in der Fassung des Gesetzes vom 20. Dezember 1996 (BGBl. I S. 2049) ist erstmals auf Zinsen aus Versicherungsverträgen anzuwenden, bei denen die Ansprüche nach dem 31. Dezember 1996 entgeltlich erworben worden sind. [5]Für Leistungen aus Rentenversicherungen mit Kapitalwahlrecht, soweit die Kapitalauszahlung gewählt wird, sowie aus Kapitalversicherungen mit Sparanteil ist, wenn die Leistungen auf einem vor dem 1. Januar 2005 abgeschlossenen Versicherungsvertrag beruhen, § 20 Absatz 1 Nummer 6 in der am 31. Dezember 2004 geltenden Fassung, auch in allen offenen Fällen, mit der Maßgabe weiterhin anzuwenden, dass in Satz 3 die Wörter „§ 10 Absatz 1 Nummer 2 Buchstabe b Satz 5“ durch die Wörter „§ 10 Absatz 1 Nummer 2 Buchstabe b Satz 6“ ersetzt werden; für Rentenzahlungen aus diesen Versicherungsverträgen ist § 22 Nummer 1 Satz 3 Buchstabe a Doppelbuchstabe bb anzuwenden. [6]§ 20 Absatz 1 Nummer 6 Satz 3 in der Fassung des Artikels 1 des Gesetzes vom 13. Dezember 2006 (BGBl. I S. 2878) ist erstmals anzuwenden auf Versicherungsleistungen im Erlebensfall bei Versicherungsverträgen, die nach dem 31. Dezember 2006 abgeschlossen werden, und auf Versicherungsleistungen bei Rückkauf eines Vertrages nach dem 31. Dezember 2006. [7]§ 20 Absatz 1 Nummer 6 Satz 2 ist für Vertragsabschlüsse nach dem 31. Dezember 2011 mit der Maßgabe anzuwenden, dass die Versicherungsleistung nach Vollendung des 62. Lebensjahres des Steuerpflichtigen ausgezahlt wird. [8]§ 20 Absatz 1 Nummer 6 Satz 6 in der Fassung des Artikels 1 des Gesetzes vom 19. Dezember 2008 (BGBl. I S. 2794) ist für alle Versicherungsverträge anzuwenden, die nach dem 31. März 2009 abgeschlossen werden oder bei denen die erstmalige Beitragsleistung nach dem 31. März 2009 erfolgt. [9]Wird auf Grund einer internen Teilung nach § 10 des Versorgungsausgleichsgesetzes oder einer externen Teilung nach § 14 des Versorgungsausgleichsgesetzes ein Anrecht in Form eines Versicherungsvertrags zugunsten der ausgleichsberechtigten Person begründet, so gilt dieser Vertrag insoweit zu dem gleichen Zeitpunkt als abgeschlossen wie derjenige der ausgleichspflichtigen Person. [10]§ 20 Absatz 1 Nummer 6 Satz 7 und 8 ist auf Versicherungsleistungen anzuwenden, die auf Grund eines nach dem 31. Dezember 2014 eingetretenen Versicherungsfalles ausgezahlt werden. [11]§ 20 Absatz 2 Satz 1 Nummer 1 in der am 18. August 2007 geltenden Fassung ist erstmals auf Gewinne aus der Veräußerung von Anteilen anzuwenden, die nach dem 31. Dezember 2008 erworben wurden. [12]§ 20 Absatz 2 Satz 1 Nummer 3 in der am 18. August 2007 geltenden Fassung ist erstmals auf Gewinne aus Termingeschäften anzuwenden, bei denen der Rechtserwerb nach dem 31. Dezember 2008 stattgefunden hat. [13]§ 20 Absatz 2 Satz 1 Nummer 4, 5 und 8 in der am 18. August 2007 geltenden Fassung ist erstmals auf Gewinne anzuwenden, bei denen die zugrunde liegenden Wirtschaftsgüter, Rechte oder Rechtspositionen nach dem 31. Dezember 2008 erworben oder geschaffen wurden. [14]§ 20 Absatz 2 Satz 1 Nummer 6 in der am 18. August 2007 geltenden Fassung ist erstmals auf die Veräußerung von Ansprüchen nach dem 31. Dezember 2008 anzuwenden, bei denen der Versicherungsvertrag nach dem 31. Dezember 2004 abgeschlossen wurde; dies gilt auch für Versicherungsverträge, die vor dem 1. Januar 2005 abgeschlossen wurden, sofern bei einem Rückkauf zum Veräußerungszeitpunkt die Erträge nach § 20 Absatz 1 Nummer 6 in der am 31. Dezember 2004 geltenden Fassung steuerpflichtig wären. [15]§ 20 Absatz 2 Satz 1 Nummer 7 in der Fassung des Artikels 1 des Gesetzes vom 14. August 2007 (BGBl. I S. 1912) ist erstmals auf nach dem 31. Dezember 2008 zufließende Kapitalerträge aus der Veräußerung sonstiger Kapitalforderungen anzuwenden. [16]Für Kapitalerträge aus Kapitalforderungen, die zum Zeitpunkt des vor dem 1. Januar 2009 erfolgten Erwerbs zwar Kapitalforderungen im Sinne des § 20 Absatz 1

Nummer 7 in der am 31. Dezember 2008 anzuwendenden Fassung, aber nicht Kapitalforderungen im Sinne des § 20 Absatz 2 Satz 1 Nummer 4 in der am 31. Dezember 2008 anzuwendenden Fassung sind, ist § 20 Absatz 2 Satz 1 Nummer 7 nicht anzuwenden; für die bei der Veräußerung in Rechnung gestellten Stückzinsen ist Satz 15 anzuwenden; Kapitalforderungen im Sinne des § 20 Absatz 2 Satz 1 Nummer 4 in der am 31. Dezember 2008 anzuwendenden Fassung liegen auch vor, wenn die Rückzahlung nur teilweise garantiert ist oder wenn eine Trennung zwischen Ertrags- und Vermögensebene möglich erscheint. [17]Bei Kapitalforderungen, die zwar nicht die Voraussetzungen von § 20 Absatz 1 Nummer 7 in der am 31. Dezember 2008 geltenden Fassung, aber die Voraussetzungen von § 20 Absatz 1 Nummer 7 in der am 18. August 2007 geltenden Fassung erfüllen, ist § 20 Absatz 2 Satz 1 Nummer 7 in Verbindung mit § 20 Absatz 1 Nummer 7 vorbehaltlich der Regelung in Absatz 31 Satz 2 und 3 auf alle nach dem 30. Juni 2009 zufließenden Kapitalerträge anzuwenden, es sei denn, die Kapitalforderung wurde vor dem 15. März 2007 angeschafft. [18]§ 20 Absatz 4a Satz 3 in der Fassung des Artikels 1 des Gesetzes vom 8. Dezember 2010 (BGBl. I S. 1768) ist erstmals für Wertpapiere anzuwenden, die nach dem 31. Dezember 2009 geliefert wurden, sofern für die Lieferung § 20 Absatz 4 anzuwenden ist. [19]§ 20 Absatz 4a Satz 3 in der Fassung des Artikels 1 des Gesetzes vom 21. Dezember 2020 (BGBl. I S. 3096) ist für die Andienung von Wertpapieren anzuwenden, wenn diese nach dem 31. Dezember 2020 erfolgt. [20]§ 20 Absatz 4a Satz 5 in der Fassung des Artikels 1 des Gesetzes vom 21. Dezember 2020 (BGBl. I S. 3096) ist für die Zuteilung von Anteilen anzuwenden, wenn diese nach dem 31. Dezember 2020 erfolgt und die die Zuteilung begründenden Anteile nach dem 31. Dezember 2008 angeschafft worden sind. [21]§ 20 Absatz 2 und 4 in der am 27. Juli 2016 geltenden Fassung ist erstmals ab dem 1. Januar 2017 anzuwenden. [22]§ 20 Absatz 1 in der am 27. Juli 2016 geltenden Fassung ist erstmals ab dem 1. Januar 2018 anzuwenden. [23]Investmenterträge nach § 20 Absatz 1 Nummer 6 Satz 9 sind

1. **die nach dem 31. Dezember 2017 zugeflossenen Ausschüttungen nach § 2 Absatz 11 des Investmentsteuergesetzes,**
2. **die realisierten oder unrealisierten Wertveränderungen aus Investmentanteilen nach § 2 Absatz 4 Satz 1 des Investmentsteuergesetzes, die das Versicherungsunternehmen nach dem 31. Dezember 2017 dem Sicherungsvermögen zur Sicherung der Ansprüche des Steuerpflichtigen zugeführt hat, und**
3. **die realisierten oder unrealisierten Wertveränderungen aus Investmentanteilen nach § 2 Absatz 4 Satz 1 des Investmentsteuergesetzes, die das Versicherungsunternehmen vor dem 1. Januar 2018 dem Sicherungsvermögen zur Sicherung der Ansprüche des Steuerpflichtigen zugeführt hat, soweit Wertveränderungen gegenüber dem letzten im Kalenderjahr 2017 festgesetzten Rücknahmepreis des Investmentanteils eingetreten sind.**

[24]Wird kein Rücknahmepreis festgesetzt, tritt der Börsen- oder Marktpreis an die Stelle des Rücknahmepreises. [25]§ 20 Absatz 6 Satz 5 in der Fassung des Artikels 1 des Gesetzes vom 21. Dezember 2020 (BGBl. I S. 3096) ist auf alle offenen Fälle nicht mehr anzuwenden. [26]§ 20 Absatz 6 Satz 6 in der Fassung des Artikels 1 des Gesetzes vom 21. Dezember 2020 (BGBl. I S. 3096) ist auf alle offenen Fälle nicht mehr anzuwenden.

(29) **Für die Anwendung des § 21 Absatz 1 Satz 2 in der am 31. Dezember 2005 geltenden Fassung gilt Absatz 25 entsprechend.**

(30) **Für die Anwendung des § 22 Nummer 1 Satz 1 zweiter Halbsatz in der am 31. Dezember 2005 geltenden Fassung gilt Absatz 25 entsprechend.**

(30a) **§ 22a Absatz 2 Satz 2 in der am 1. Januar 2017 geltenden Fassung ist erstmals für die Übermittlung von Daten ab dem 1. Januar 2019 anzuwenden.**

(30b) [1]**Die mitteilungspflichtige Stelle nach § 22a Absatz 1 kann die Identifikationsnummer im Sinne des § 139b der Abgabenordnung ihrer Kunden, bei denen das Versicherungs- oder Vertragsverhältnis vor dem 1. Januar 2027 bestand, abweichend von § 22a Absatz 2 Satz 1 und 2 zur Durchführung des Rentenübersichtsgesetzes beim Bundeszentralamt für Steuern bereits vor dem Leistungsbezug erheben. [2]Das Bundeszentralamt für Steuern teilt der mitteilungspflichtigen Stelle die Identifikationsnummer des Versicherten nur mit, wenn die von der mitteilungspflichtigen Stelle übermittelten Daten mit den nach § 139b Absatz 3 der Abgabenordnung beim Bundeszentralamt für Steuern gespeicherten Daten im maschinellen Datenabgleich übereinstimmen. [3]Für Versicherungsverhältnisse und Mitgliedschaften bei Trägern der Basisversorgung im Sinne des § 10 Absatz 1 Nummer 2 Buchstabe a, die vor dem 1. Januar 2026 bestanden haben, ist § 10 Absatz 2c Satz 3 mit der Maßgabe anzuwenden, dass die mitteilungspflichtige Stelle die für die Datenübermittlung nach § 10 Absatz 2c in Verbindung mit § 93c Absatz 1 Nummer 2 Buchstabe a der Abgabenordnung erforderliche Identifikationsnummer (§ 139b der Abgabenordnung) des Steuerpflichtigen abweichend von § 22a Absatz 2 Satz 1 und 2 beim Bundeszentralamt für Steuern erheben kann. [4]Das Bundeszentralamt für Steuern teilt der übermittelnden Stelle die Identifikationsnummer des Steuerpflichtigen nur mit, wenn die übermittelten Daten mit den nach § 139b Absatz 3 der Abgabenordnung beim Bundeszentralamt für Steuern gespeicherten Daten im maschinellen Verfahren übereinstimmen. [5]Stimmen die Daten nicht überein, findet § 22a Absatz 2 Satz 1 und 2 Anwendung.**

(31) [1]**§ 23 Absatz 1 Satz 1 Nummer 2 in der am 18. August 2007 geltenden Fassung ist erstmals auf Veräußerungsgeschäfte anzuwenden, bei denen die Wirtschaftsgüter nach dem 31. Dezember 2008 auf Grund eines nach diesem Zeitpunkt rechtswirksam abgeschlossenen obligatorischen Vertrags oder gleichstehenden Rechtsakts angeschafft wurden; § 23 Absatz 1 Satz 1 Nummer 2 Satz 2 in der am 14. Dezember 2010 geltenden Fassung ist erstmals auf Veräußerungsgeschäfte anzuwenden, bei denen die Gegenstände des täglichen Gebrauchs auf Grund eines nach dem 13. Dezember 2010 rechtskräftig abgeschlossenen Vertrags oder gleichstehenden Rechtsakts angeschafft wurden. [2]§ 23 Absatz 1 Satz 1 Nummer 2 in der am 1. Januar 1999 geltenden Fassung ist letztmals auf Veräußerungsgeschäfte anzuwenden, 4bei denen die Wirtschaftsgüter vor dem 1. Januar 2009 erworben wurden. [3]§ 23 Absatz 1 Satz 1 Nummer 3 in der Fassung des Artikels 7 des Gesetzes vom 20. Dezember 2016 (BGBl. I S. 3000) ist erstmals auf Veräußerungsgeschäfte anzuwenden, bei denen die Veräußerung auf einem nach dem 23. Dezember 2016 rechtswirksam abgeschlossenen obligatorischen Vertrag oder gleichstehenden Rechtsakt beruht. [4]§ 23 Absatz 1 Satz 1 Nummer 4 ist auf Termingeschäfte anzuwenden, bei denen der Erwerb des Rechts auf einen Differenzausgleich, Geldbetrag oder Vorteil nach dem 31. Dezember 1998 und vor dem 1. Januar 2009 erfolgt. [5]§ 23 Absatz 3 Satz 4 in der am 1. Januar 2000 geltenden Fassung ist auf Veräußerungsgeschäfte anzuwenden, bei denen der Steuerpflichtige das Wirtschaftsgut nach dem 31. Juli 1995 und vor dem 1. Januar 2009 angeschafft oder nach dem 31. Dezember 1998 und vor dem 1. Januar 2009 fertiggestellt hat; § 23 Absatz 3 Satz 4 in der am 1. Januar 2009 geltenden Fassung ist auf Veräußerungsgeschäfte anzuwenden, bei denen der Steuerpflichtige das Wirtschaftsgut nach dem 31. Dezember 2008 angeschafft oder fertiggestellt hat. [6]§ 23 Absatz 1 Satz 2 und 3 sowie Absatz 3 Satz 3 in der am 12. Dezember 2006 geltenden Fassung sind für Anteile, die einbringungsgeboren im Sinne des § 21 des Umwandlungssteuergesetzes in der am 12. Dezember 2006 geltenden Fassung sind, weiter anzuwenden. [7]§ 23 Absatz 1 Satz 4 in der Fassung des Artikels 3 des Gesetzes vom 2. Dezember 2024 (BGBl. 2024 I Nr. 387) ist in allen offenen Fällen anzuwenden.**

(32) [1]§ 32 Absatz 4 Satz 1 Nummer 3 in der Fassung des Artikels 1 des Gesetzes vom 19. Juli 2006 (BGBl. I S. 1652) ist erstmals für Kinder anzuwenden, die im Veranlagungszeitraum 2007 wegen einer vor Vollendung des 25. Lebensjahres eingetretenen körperlichen, geistigen oder seelischen Behinderung außerstande sind, sich selbst zu unterhalten; für Kinder, die wegen einer vor dem 1. Januar 2007 in der Zeit ab der Vollendung des 25. Lebensjahres und vor Vollendung des 27. Lebensjahres eingetretenen körperlichen, geistigen oder seelischen Behinderung außerstande sind, sich selbst zu unterhalten, ist § 32 Absatz 4 Satz 1 Nummer 3 weiterhin in der bis zum 31. Dezember 2006 geltenden Fassung anzuwenden. [2]§ 32 Absatz 5 ist nur noch anzuwenden, wenn das Kind den Dienst oder die Tätigkeit vor dem 1. Juli 2011 angetreten hat. [3]Für die nach § 10 Absatz 1 Nummer 2 Buchstabe b und den §§ 10a, 82 begünstigten Verträge, die vor dem 1. Januar 2007 abgeschlossen wurden, gelten für das Vorliegen einer begünstigten Hinterbliebenenversorgung die Altersgrenzen des § 32 in der am 31. Dezember 2006 geltenden Fassung. [4]Dies gilt entsprechend für die Anwendung des § 93 Absatz 1 Satz 3 Buchstabe b. [5]§ 32 Absatz 6 Satz 1 in der Fassung des Artikels 1 des Gesetzes vom 8. Dezember 2022 (BGBI. I S. 2230) ist beim Steuerabzug vom Arbeitslohn ab dem 1. Januar 2023 anzuwenden.

(32a) [1]§ 32a Absatz 1, § 39b Absatz 2 Satz 7 zweiter Halbsatz und § 51a Absatz 2a Satz 1 in Verbindung mit § 32 Absatz 6 Satz 1 in der am 6. Dezember 2024 geltenden Fassung sind beim Steuerabzug vom Arbeitslohn erstmals anzuwenden auf laufenden Arbeitslohn, der für einen nach dem 30. November 2024 endenden Lohnzahlungszeitraum gezahlt wird, und auf sonstige Bezüge, die nach dem 30. November 2024 zufließen. [2]Bei der Lohnsteuerberechnung auf laufenden Arbeitslohn, der für einen nach dem 30. November 2024 aber vor dem 1. Januar 2025 endenden täglichen, wöchentlichen und monatlichen Lohnzahlungszeitraum gezahlt wird, ist zu berücksichtigen, dass § 32a Absatz 1, § 39b Absatz 2 Satz 7 zweiter Halbsatz und § 51a Absatz 2a Satz 1 in Verbindung mit § 32 Absatz 6 Satz 1 in der am 6. Dezember 2024 geltenden Fassung bis zum 30. November 2024 nicht angewandt wurden (Nachholung). [3]Das Bundesministerium der Finanzen hat im Einvernehmen mit den obersten Finanzbehörden der Länder entsprechende Programmablaufpläne aufzustellen und bekannt zu machen (§ 39b Absatz 6 und § 51 Absatz 4 Nummer 1a).

(33) [1]§ 32b Absatz 2 Satz 1 Nummer 2 Satz 2 Buchstabe c ist erstmals auf Wirtschaftsgüter des Umlaufvermögens anzuwenden, die nach dem 28. Februar 2013 angeschafft, hergestellt oder in das Betriebsvermögen eingelegt werden. [2]§ 32b Absatz 1 Satz 3 in der Fassung des Artikels 11 des Gesetzes vom 18. Dezember 2013 (BGBl. I S. 4318) ist in allen offenen Fällen anzuwenden. [3]§ 32b Absatz 3 bis 5 in der am 1. Januar 2017 geltenden Fassung ist erstmals für ab dem 1. Januar 2018 gewährte Leistungen anzuwenden.

(33a) [1]§ 32c in der Fassung des Artikels 4 des Gesetzes vom 12. Dezember 2019 (BGBl. I S. 2451) ist erstmals für den Veranlagungszeitraum 2016 anzuwenden. [2]§ 32c ist im Veranlagungszeitraum 2016 mit der Maßgabe anzuwenden, dass der erste Betrachtungszeitraum die Veranlagungszeiträume 2014 bis 2016 umfasst. [3]Die weiteren Betrachtungszeiträume umfassen die Veranlagungszeiträume 2017 bis 2019 und 2020 bis 2022. [4]§ 32c in der Fassung des Artikels 4 des Gesetzes vom 12. Dezember 2019 (BGBl. I S. 2451) ist letztmalig für den Veranlagungszeitraum 2022 anzuwenden. [5]§ 32c in der Fassung des Artikels 1 des Gesetzes vom 23. Oktober 2024 (BGBl. 2024 I Nr. 321) ist erstmals für den Veranlagungszeitraum 2023 mit der Maßgabe anzuwenden, dass der erste Betrachtungszeitraum 2023 bis 2025 und der letzte Betrachtungszeitraum 2026 bis 2028 ist. [6]§ 32c findet auf die Veranlagungszeiträume 2023 bis 2028 vorbehaltlich des Satzes 7 nur auf Einkünfte als Landwirt im Sinne des Artikels 211 Absatz 3 der Verordnung (EU) Nr. 1308/2013 des Europäischen Parlaments und des Rates, die zuletzt durch die

Verordnung (EU) 2024/1143 (ABl. L, 2024/1143, 23.4.2024) geändert worden ist, Anwendung. [7]Nach einem Beschluss der Europäischen Kommission, der feststellt, dass die Regelungen des § 32c, soweit andere Einkünfte gemäß § 13 betroffen sind, entweder keine oder mit dem Binnenmarkt vereinbare Beihilfen darstellen, findet § 32c in der Fassung des Artikels 1 des Gesetzes vom 23. Oktober 2024 (BGBl. 2024 I Nr. 321) ab dem Folgetag ohne die Einschränkung nach Satz 6 Anwendung. [8]Der Tag des Beschlusses der Europäischen Kommission wird vom Bundesministerium der Finanzen gesondert im Bundessteuerblatt bekannt gemacht.

(33b) **[1]§ 32d Absatz 2 Nummer 1 Buchstabe b in der Fassung des Artikels 1 des Gesetzes vom 21. Dezember 2020 (BGBl. I S. 3096) ist auf Kapitalerträge anzuwenden, die nach dem 31. Dezember 2020 erzielt werden. [2]Auf Kapitalerträge aus Darlehen an die Kapitalgesellschaft oder Genossenschaft, deren rechtliche Grundlage vor dem 1. Januar 2021 begründet wurde, ist § 32d Absatz 2 Nummer 1 Buchstabe b in der Fassung des Artikels 1 des Gesetzes vom 21. Dezember 2020 (BGBl. I S. 3096) ab dem Veranlagungszeitraum 2024 anzuwenden. [3]§ 32d Absatz 2 Satz 1 Buchstabe b in der Fassung des Artikels 7 des Gesetzes vom 20. Dezember 2016 (BGBl. I S. 3000) ist erstmals auf Anträge für den Veranlagungszeitraum 2017 anzuwenden.**

(33c) **Die §§ 33 und 33b in der Fassung des Artikels 1 des Gesetzes vom 9. Dezember 2020 (BGBl. I S. 2770) sind erstmals für den Veranlagungszeitraum 2021 anzuwenden.**

(34) **[1]§ 34a in der Fassung des Artikels 1 des Gesetzes vom 19. Dezember 2008 (BGBl. I S. 2794) ist erstmals für den Veranlagungszeitraum 2008 anzuwenden. [2]§ 34a Absatz 6 Satz 1 Nummer 3 und Satz 2 in der Fassung des Artikels 1 des Gesetzes vom 27. Juni 2017 (BGBl. I S. 2074) ist erstmals für unentgeltliche Übertragungen nach dem 5. Juli 2017 anzuwenden. [3]§ 34a in der Fassung des Artikels 3 des Gesetzes vom 27. März 2024 (BGBl. 2024 I Nr. 108) ist erstmals für den Veranlagungszeitraum 2024 anzuwenden.**

(34a) **Für Veranlagungszeiträume bis einschließlich 2014 ist § 34c Absatz 1 Satz 2 in der bis zum 31. Dezember 2014 geltenden Fassung in allen Fällen, in denen die Einkommensteuer noch nicht bestandskräftig festgesetzt ist, mit der Maßgabe anzuwenden, dass an die Stelle der Wörter „Summe der Einkünfte" die Wörter „Summe der Einkünfte abzüglich des Altersentlastungsbetrages (§ 24a), des Entlastungsbetrages für Alleinerziehende (§ 24b), der Sonderausgaben (§§ 10, 10a, 10b, 10c), der außergewöhnlichen Belastungen (§§ 33 bis 33b), der berücksichtigten Freibeträge für Kinder (§§ 31, 32 Absatz 6) und des Grundfreibetrages (§ 32a Absatz 1 Satz 2 Nummer 1)" treten.**

(34b) **[1]§ 34d Nummer 4 Buchstabe b Doppelbuchstabe bb in der Fassung des Artikels 3 des Gesetzes vom 11. Dezember 2018 (BGBl. I S. 2338) ist erstmals auf Gewinne aus der Veräußerung von Anteilen anzuwenden, bei denen die Veräußerung nach dem 31. Dezember 2018 erfolgt, und nur soweit den Gewinnen nach dem 31. Dezember 2018 eingetretene Wertveränderungen zugrunde liegen. [2]§ 34d Nummer 7 in der Fassung des Artikels 3 des Gesetzes vom 11. Dezember 2018 (BGBl. I S. 2338) ist erstmals auf Wertveränderungen anzuwenden, die nach dem 31. Dezember 2018 eintreten.**

(35) **[1]§ 34f Absatz 3 und 4 Satz 2 in der Fassung des Gesetzes vom 25. Februar 1992 (BGBl. I S. 297) ist erstmals anzuwenden bei Inanspruchnahme der Steuerbegünstigung nach § 10e Absatz 1 bis 5 in der Fassung des Gesetzes vom 25. Februar 1992 (BGBl. I S. 297). [2]§ 34f Absatz 4 Satz 1 ist erstmals anzuwenden bei Inanspruchnahme der Steuerbegünstigung nach § 10e Absatz 1 bis 5 oder nach § 15b des Berlinförderungsgesetzes für nach dem 31. Dezember 1991 hergestellte oder angeschaffte Objekte.**

(35a) [1]**§ 35c ist erstmals auf energetische Maßnahmen anzuwenden, mit deren Durchführung nach dem 31. Dezember 2019 begonnen wurde und die vor dem 1. Januar 2030 abgeschlossen sind. [2]Als Beginn gilt bei energetischen Maßnahmen, für die eine Baugenehmigung erforderlich ist, der Zeitpunkt, in dem der Bauantrag gestellt wird. [3]Bei nicht genehmigungsbedürftigen Vorhaben für solche Vorhaben, die nach Maßgabe des Bauordnungsrechts der zuständigen Behörde zur Kenntnis zu geben sind, gilt als Beginn der Zeitpunkt des Eingangs der Kenntnisgabe bei der zuständigen Behörde und für sonstige nicht genehmigungsbedürftige, insbesondere genehmigungs-, anzeige- und verfahrensfreie Vorhaben, der Zeitpunkt des Beginns der Bauausführung.**

(35b) [1]**§ 36 Absatz 2 Nummer 2 Satz 5 in der Fassung des Artikels 2 des Gesetzes vom 21. Dezember 2020 (BGBl. I S. 3096) ist erstmals auf Kapitalerträge anzuwenden, die nach dem 31. Dezember 2020 zufließen. [2]§ 36 Absatz 2 Nummer 4 in der Fassung des Artikels 2 des Gesetzes vom 21. Dezember 2020 (BGBl. I S. 3096) ist erstmals für den Veranlagungszeitraum 2016 und letztmalig für den Veranlagungszeitraum 2028 anzuwenden.**

(35c) [1]**§ 36a in der am 27. Juli 2016 geltenden Fassung ist erstmals auf Kapitalerträge anzuwenden, die ab dem 1. Januar 2016 zufließen. [2]§ 36a in der Fassung des Artikels 1 des Gesetzes vom 12. Dezember 2019 (BGBl. I S. 2451) ist erstmals auf Kapitalerträge anzuwenden, die ab dem 1. Januar 2019 zufließen.**

(35d) **§ 37 Absatz 3 Satz 3 ist auf Antrag des Steuerpflichtigen mit der Maßgabe anzuwenden, dass**

1. **für den Veranlagungszeitraum 2019 an die Stelle des 15. Kalendermonats der 21. Kalendermonat und an die Stelle des 23. Kalendermonats der 28. Kalendermonat,**
2. **für die Veranlagungszeiträume 2020 und 2021 an die Stelle des 15. Kalendermonats der 21. Kalendermonat und an die Stelle des 23. Kalendermonats der 29. Kalendermonat,**
3. **für den Veranlagungszeitraum 2022 an die Stelle des 15. Kalendermonats der 20. Kalendermonat und an die Stelle des 23. Kalendermonats der 28. Kalendermonat,**
4. **für den Veranlagungszeitraum 2023 an die Stelle des 15. Kalendermonats der 18. Kalendermonat und an die Stelle des 23. Kalendermonats der 26. Kalendermonat und**
5. **für den Veranlagungszeitraum 2024 an die Stelle des 15. Kalendermonats der 17. Kalendermonat und an die Stelle des 23. Kalendermonats der 25. Kalendermonat**

tritt.

(36) [1]**Das Bundesministerium der Finanzen kann im Einvernehmen mit den obersten Finanzbehörden der Länder in einem Schreiben mitteilen, wann das in § 39 Absatz 4 Nummer 5 genannte Lohnsteuerabzugsmerkmal erstmals abgerufen werden kann (§ 39e Absatz 3 Satz 1). [2]Dieses Schreiben ist im Bundessteuerblatt zu veröffentlichen. [3]§ 39 in der Fassung des Artikels 4 des Gesetzes vom 21. Dezember 2020 (BGBl. I S. 3096), geändert durch Artikel 4 des Gesetzes vom 16. Dezember 2022 (BGBl. I S. 2294), § 39a Absatz 1 Satz 1 Nummer 1a, Absatz 2 Satz 4, Absatz 3 Satz 2 und Absatz 4 Satz 1 Nummer 1a in der Fassung des Artikels 4 des Gesetzes vom 21. Dezember 2020 (BGBl. I S. 3096), geändert durch Artikel 6 des Gesetzes vom 16. Dezember 2022 (BGBl. I S. 2294), § 39b Absatz 2 Satz 5 Nummer 3, § 41b Absatz 1 Satz 2, § 41c Absatz 1 Satz 2, § 42b Absatz 1 Satz 3 Nummer 5 in der Fassung des Artikels 5 des Gesetzes vom 21. Dezember 2020 (BGBl. I S. 3096) und § 46 Absatz 2 Nummer 3 in der Fassung des Artikels 3 des Gesetzes vom 8. Dezember 2022 (BGBl. I S. 2230) sind erstmals ab dem 1. Januar 2026 anzuwenden. [4]§ 39 in der Fassung des Artikels 4 des Gesetzes vom 21. De-**

zember 2020 (BGBl. I S. 3096), geändert durch Artikel 4 des Gesetzes vom 16. Dezember 2022 (BGBl. I S. 2294), kann im Rahmen eines Pilotprojekts mit Echtdaten bereits ab dem 1. Januar 2023 angewendet werden.

(37) [1]**Das Bundesministerium der Finanzen kann im Einvernehmen mit den obersten Finanzbehörden der Länder in einem Schreiben mitteilen, ab wann die Regelungen in § 39a Absatz 1 Satz 3 bis 5 erstmals anzuwenden sind.** [2]**Dieses Schreiben ist im Bundessteuerblatt zu veröffentlichen.**

(37a) **§ 39f Absatz 1 Satz 9 bis 11 und Absatz 3 Satz 1 ist erstmals für den Veranlagungszeitraum 2019 anzuwenden.**

(37b) *(aufgehoben)*

(37c) [1]**§ 40 Absatz 2 Satz 1 Nummer 6 in der am 17. November 2016 geltenden Fassung ist erstmals anzuwenden auf Vorteile, die in einem nach dem 31. Dezember 2016 endenden Lohnzahlungszeitraum oder als sonstige Bezüge nach dem 31. Dezember 2016 zugewendet werden, und letztmals anzuwenden auf Vorteile, die in einem vor dem 1. Januar 2031 endenden Lohnzahlungszeitraum oder als sonstige Bezüge vor dem 1. Januar 2031 zugewendet werden.** [2]**§ 40 Absatz 2 Satz 2 Nummer 3 und Satz 4 in der Fassung des Artikels 2 des Gesetzes vom 21. Dezember 2020 (BGBl. I S. 3096) ist erstmals auf Freifahrtberechtigungen anzuwenden, die nach dem 31. Dezember 2020 gewährt werden.** [3]**§ 37a Absatz 2 Satz 1, § 37b Absatz 3 Satz 2, § 40 Absatz 4, § 40a Absatz 5 Satz 2 und § 40b Absatz 5 Satz 1 in der Fassung des Artikels 3 des Gesetzes vom 2. Dezember 2024 (BGBl. 2024 I Nr. 387) sind in allen offenen Fällen anzuwenden.**

(38) **§ 40a Absatz 2, 2a und 6 in der am 31. Juli 2014 geltenden Fassung ist erstmals ab dem Kalenderjahr 2013 anzuwenden.**

(39) *(aufgehoben)*

(40) **§ 40b Absatz 1 und 2 in der am 31. Dezember 2004 geltenden Fassung ist weiter anzuwenden auf Beiträge für eine Direktversicherung des Arbeitnehmers und Zuwendungen an eine Pensionskasse, wenn vor dem 1. Januar 2018 mindestens ein Beitrag nach § 40b Absatz 1 und 2 in einer vor dem 1. Januar 2005 geltenden Fassung pauschal besteuert wurde.**

(40a) [1]**§ 41a Absatz 1 Satz 1 Nummer 1 in der Fassung des Artikels 2 des Gesetzes vom 12. Dezember 2019 (BGBl. I S. 2451) ist erstmals für Lohnzahlungszeiträume anzuwenden, die nach dem 31. Dezember 2020 enden.** [2]**§ 41a Absatz 4 Satz 1 in der Fassung des Artikels 1 des Gesetzes vom 24. Februar 2016 (BGBl. I S. 310) gilt für eine Dauer von 60 Monaten und ist erstmals für laufenden Arbeitslohn anzuwenden, der für den Lohnzahlungszeitraum gezahlt wird, der nach dem Kalendermonat folgt, in dem die Europäische Kommission die Genehmigung zu diesem Änderungsgesetz erteilt hat; die Regelung ist erstmals für sonstige Bezüge anzuwenden, die nach dem Monat zufließen, in dem die Europäische Kommission die Genehmigung zu diesem Änderungsgesetz erteilt hat.** [3]**§ 41a Absatz 4 in der Fassung des Artikels 3 des Gesetzes vom 19. Juni 2022 (BGBl. I S. 911) gilt für eine Dauer von 72 Monaten und ist erstmals für laufenden Arbeitslohn anzuwenden, der für einen ab dem 1. Juni 2021 endenden Lohnzahlungszeitraum gezahlt wird, und für sonstige Bezüge, die ab dem 1. Juni 2021 zufließen.**

(41) **Bei der Veräußerung oder Einlösung von Wertpapieren und Kapitalforderungen, die von der das Bundesschuldbuch führenden Stelle oder einer Landesschuldenverwaltung verwahrt oder verwaltet werden können, bemisst sich der Steuerabzug nach den bis zum 31. Dezember 1993 geltenden Vorschriften, wenn die Wertpapier- und Kapitalforderungen vor dem 1. Januar 1994 emittiert worden sind; dies gilt nicht für besonders in Rechnung gestellte Stückzinsen.**

(42) [1]**§ 43 Absatz 1 Satz 1 Nummer 7 Buchstabe b Satz 2 in der Fassung des Artikels 1 des Gesetzes vom 13. Dezember 2006 (BGBl. I S. 2878) ist erstmals auf**

Verträge anzuwenden, die nach dem 31. Dezember 2006 abgeschlossen werden. [2]§ 43 Absatz 1 Satz 1 Nummer 7 Buchstabe c in der Fassung des Artikels 2 des Gesetzes vom 12. Dezember 2019 (BGBl. I S. 2451) ist erstmals auf Kapitalerträge anzuwenden, die dem Gläubiger nach dem 31. Dezember 2020 zufließen. [3]§ 43 Absatz 1 Satz 6 und Absatz 2 Satz 7 und 8 in der am 1. Januar 2017 geltenden Fassung ist erstmals anzuwenden auf Kapitalerträge, die dem Gläubiger nach dem 31. Dezember 2016 zufließen. [4]§ 43 in der Fassung des Artikels 3 des Gesetzes vom 19. Juli 2016 (BGBl. I S. 1730) ist erstmals ab dem 1. Januar 2018 anzuwenden. [5]§ 43 Absatz 1 Satz 6 Nummer 5 in der Fassung des Artikels 1 des Gesetzes vom 2. Juni 2021 (BGBl. I S. 1259) ist erstmals auf Kapitalerträge anzuwenden, die nach dem 31. Dezember 2019 zufließen. [6]§ 43 Absatz 2 Satz 7 und 8 in der am 29. Oktober 2024 geltenden Fassung ist letztmals für Kapitalerträge anzuwenden, die vor dem 1. Januar 2025 zufließen.

(42a) **§ 43a in der Fassung des Artikels 3 des Gesetzes vom 19. Juli 2016 (BGBl. I S. 1730) ist erstmals ab dem 1. Januar 2018 anzuwenden.**

(42b) **§ 43b und Anlage 2 (zu § 43b) in der am 1. Januar 2016 geltenden Fassung sind erstmals auf Ausschüttungen anzuwenden, die nach dem 31. Dezember 2015 zufließen.**

(43) **[1]Ist ein Freistellungsauftrag im Sinne des § 44a vor dem 1. Januar 2023 unter Beachtung des § 20 Absatz 9 in der bis dahin geltenden Fassung erteilt worden, hat der nach § 44 Absatz 1 zum Steuerabzug Verpflichtete den angegebenen Freistellungsbetrag um 24,844 Prozent zu erhöhen. [2]Ist in dem Freistellungsauftrag der gesamte Sparer-Pauschbetrag angegeben, ist der Erhöhungsbetrag in voller Höhe zu berücksichtigen.**

(44) **[1]§ 44 Absatz 1 Satz 4 Nummer 2a in der Fassung des Artikels 2 des Gesetzes vom 12. Dezember 2019 (BGBl. I S. 2451) ist erstmals auf Kapitalerträge anzuwenden, die dem Gläubiger nach dem 31. Dezember 2020 zufließen. [2]§ 44 Absatz 6 Satz 2 und 5 in der am 12. Dezember 2006 geltenden Fassung ist für Anteile, die einbringungsgeboren im Sinne des § 21 des Umwandlungssteuergesetzes in der am 12. Dezember 2006 geltenden Fassung sind, weiter anzuwenden. [3]§ 44 in der Fassung des Artikels 3 des Gesetzes vom 19. Juli 2016 (BGBl. I S. 1730) ist erstmals ab dem 1. Januar 2018 anzuwenden. [4]§ 44 Absatz 1 in der Fassung des Artikels 1 des Gesetzes vom 21. Dezember 2020 (BGBl. I S. 3096) ist erstmals auf Kapitalerträge anzuwenden, die dem Gläubiger nach dem 29. Dezember 2020 zufließen. [5]§ 44 Absatz 1 Satz 10 und 11 in der Fassung des Artikels 6 des Gesetzes vom 16. Dezember 2022 (BGBl. I S. 2294) ist auf Kapitalerträge anzuwenden, die nach dem 31. Dezember 2024 zufließen oder als zugeflossen gelten.**

(44a) **[1]§ 45a Absatz 2 Satz 1 in der Fassung des Artikels 1 des Gesetzes vom 21. Dezember 2020 (BGBl. I S. 3096) ist erstmals auf Kapitalerträge anzuwenden, die dem Gläubiger nach dem 29. Dezember 2020 zufließen. [2]§ 45a Absatz 6 in der Fassung des Artikels 2 des Gesetzes vom 21. Dezember 2020 (BGBl. I S. 3096) ist auf Kapitalerträge anzuwenden, die nach dem 31. Dezember 2022 zufließen. [3]§ 45a Absatz 2a und 7 Satz 1 in der Fassung des Artikels 1 des Gesetzes vom 2. Juni 2021 (BGBl I S. 1259), das zuletzt durch Artikel 3 des Gesetzes vom 2. Dezember 2024 (BGBl. 2024 I Nr. 387) geändert worden ist, ist erstmals anzuwenden auf Kapitalerträge, die dem Gläubiger nach dem 31. Dezember 2026 zufließen. [4]§ 45a Absatz 7 Satz 3 in der am 8. Juni 2021 geltenden Fassung ist letztmals anzuwenden für Kapitalerträge, die vor dem 1. Januar 2024 zufließen. [5]§ 45a Absatz 5 in der am 29. Oktober 2024 geltenden Fassung ist letztmals für Ersatzbescheinigungen anzuwenden, die vor dem 1. Januar 2025 ausgestellt werden.**

(44b) **§ 45b Absatz 1 und 8 bis 10 in der Fassung des Artikels 1 des Gesetzes vom 2. Juni 2021 (BGBl. I S. 1259) und § 45b Absatz 2 bis 7 in der Fassung des Artikels 3 des Gesetzes vom 2. Dezember 2024 (BGBl. 2024 I Nr. 387) sind erst-**

mals auf Kapitalerträge anzuwenden, die dem Gläubiger nach dem 31. Dezember 2026 zufließen.

(44c) **§ 45c in der Fassung des Artikels 1 des Gesetzes vom 2. Juni 2021 (BGBl. I S. 1259) ist erstmals auf Kapitalerträge anzuwenden, die dem Gläubiger nach dem 31. Dezember 2026 zufließen.**

(45) [1]**§ 45d Absatz 1 in der am 14. Dezember 2010 geltenden Fassung ist erstmals für Kapitalerträge anzuwenden, die ab dem 1. Januar 2013 zufließen; eine Übermittlung der Identifikationsnummer hat für Kapitalerträge, die vor dem 1. Januar 2016 zufließen, nur zu erfolgen, wenn die Identifikationsnummer der Meldestelle vorliegt.** [2]**§ 45d Absatz 1 in der am 1. Januar 2017 geltenden Fassung ist erstmals anzuwenden auf Kapitalerträge, die dem Gläubiger nach dem 31. Dezember 2016 zufließen.** [3]**§ 45d Absatz 3 in der am 1. Januar 2017 geltenden Fassung ist letztmals für Versicherungsverträge anzuwenden, die nach dem 31. Dezember 2016 und vor dem 1. Januar 2025 abgeschlossen werden.**

(45a) [1]**§ 49 Absatz 1 Nummer 2 Buchstabe e Doppelbuchstabe cc in der Fassung des Artikels 3 des Gesetzes vom 11. Dezember 2018 (BGBl. I S. 2338) ist erstmals auf Gewinne aus der Veräußerung von Anteilen anzuwenden, bei denen die Veräußerung nach dem 31. Dezember 2018 erfolgt, und nur soweit den Gewinnen nach dem 31. Dezember 2018 eingetretene Wertveränderungen zugrunde liegen.** [2]**§ 49 Absatz 1 Nummer 2 Buchstabe f in der Fassung des Artikels 3 des Gesetzes vom 11. Dezember 2018 (BGBl. I S. 2338) ist erstmals auf Wertveränderungen anzuwenden, die nach dem 31. Dezember 2018 eintreten.** [3]**§ 49 Absatz 1 Nummer 2 Buchstabe f Satz 1 und 2 und Nummer 6 in der am 20. Dezember 2022 geltenden Fassung ist, soweit die Vermietung und Verpachtung oder die Veräußerung von sonstigen Rechten, bei denen Einkünfte nur auf Grund der Eintragung in ein inländisches öffentliches Buch oder Register vorliegen, nicht zwischen nahestehenden Personen im Sinne des § 1 Absatz 2 des Außensteuergesetzes erfolgt, auf alle offene Fälle anzuwenden; im Übrigen ist § 49 Absatz 1 Nummer 2 Buchstabe f Satz 1 und 2 und Nummer 6 in der am 20. Dezember 2022 geltenden Fassung auf Veräußerungen, die nach dem 31. Dezember 2022 erfolgen oder auf Vergütungen, die nach dem 31. Dezember 2022 zufließen, anzuwenden.** [4]**§ 49 Absatz 1 Nummer 4 Buchstabe a in der Fassung des Artikels 2 des Gesetzes vom 27. März 2024 (BGBl. 2024 I Nr. 108) ist erstmals auf nichtselbständige Einkünfte anzuwenden, die nach dem 31. Dezember 2023 zufließen.** [5]**§ 49 Absatz 1 Nummer 5 in der am 27. Juli 2016 geltenden Fassung ist erstmals auf Kapitalerträge anzuwenden, die ab dem 1. Januar 2018 zufließen.** [6]**§ 49 Absatz 1 Nummer 11 in der am 1. Juli 2021 geltenden Fassung ist erstmals auf Einkünfte anzuwenden, die nach dem 31. Dezember 2021 zufließen.**

(46) [1]**§ 50 Absatz 1 Satz 3 in der Fassung des Artikels 1 des Gesetzes vom 21. Dezember 2020 (BGBl. I S. 3096) ist in allen offenen Fällen anzuwenden.** [2]**§ 50 Absatz 1a in der Fassung des Artikels 2 des Gesetzes vom 21. Dezember 2020 (BGBl. I S. 3096) ist erstmals auf Beiträge an berufsständische Versorgungseinrichtungen anzuwenden, die nach dem 31. Dezember 2020 geleistet werden.** [3]**§ 50 Absatz 2 Satz 2 Nummer 6 in der Fassung des Artikels 1 des Gesetzes vom 12. Dezember 2019 (BGBl. I S. 2451) ist erstmals auf Kapitalerträge anzuwenden, die nach dem 31. Dezember 2016 zufließen.** [4]**§ 50 Absatz 2 Satz 8 in der Fassung des Artikels 3 des Gesetzes vom 2. Dezember 2024 (BGBl. 2024 I Nr. 387) ist in allen offenen Fällen anzuwenden.** [5]**§ 50 Absatz 4 in der am 1. Januar 2016 geltenden Fassung ist in allen offenen Fällen anzuwenden.** [6]**§ 50 Absatz 1 Satz 2 in der Fassung des Artikels 1 des Gesetzes vom 2. Juni 2021 (BGBl. I S. 1259) ist in allen offenen Fällen anzuwenden.**

(47) [1]**Der Zeitpunkt der erstmaligen Anwendung des § 50a Absatz 3 und 5 in der am 18. August 2009 geltenden Fassung wird durch eine Rechtsverordnung**

der Bundesregierung bestimmt, die der Zustimmung des Bundesrates bedarf; dieser Zeitpunkt darf nicht vor dem 31. Dezember 2011 liegen. [2] 50a Absatz 7 in der am 31. Juli 2014 geltenden Fassung ist erstmals auf Vergütungen anzuwenden, für die der Steuerabzug nach dem 31. Dezember 2014 angeordnet worden ist.

(47a) [1]§ 50c Absatz 2 Satz 1 Nummer 2 in der Fassung des Artikels 1 des Gesetzes vom 2. Juni 2021 (BGBl. I S. 1259) ist erstmals auf Einkünfte anzuwenden, die dem beschränkt Steuerpflichtigen nach dem 31. Dezember 2021 zufließen; die Geltung von Ermächtigungen nach § 50d Absatz 5 und 6 des Gesetzes in der Fassung, die vor dem Inkrafttreten des Artikels 1 des Gesetzes vom 2. Juni 2021 (BGBl. I S. 1259) galt, endet spätestens zu diesem Zeitpunkt. [2]§ 50c Absatz 2 Satz 1 Nummer 2 in der Fassung des Artikels 2 des Gesetzes vom 27. März 2024 (BGBl. 2024 I Nr. 108) ist erstmals auf Einkünfte anzuwenden, die dem beschränkt Steuerpflichtigen nach dem 31. Dezember 2023 zufließen. [3]§ 50c Absatz 5 Satz 1, 3 und 4 in der Fassung des Artikels 1 des Gesetzes vom 2. Juni 2021 (BGBl. I S. 1259) ist erstmals auf Anträge anzuwenden, die nach dem 31. Dezember 2022 gestellt werden; für Anträge, die gemäß § 50c Absatz 2 oder 3 bis zu diesem Zeitpunkt gestellt werden, ist der amtlich vorgeschriebene Vordruck zu verwenden. [4]§ 50d Absatz 1 Satz 7 und 8 in der vor dem 9. Juni 2021 geltenden Fassung ist bis zum 31. Dezember 2024 anzuwenden.

(47b) § 50d Absatz 3 in der Fassung des Artikels 1 des Gesetzes vom 2. Juni 2021 (BGBl. I S. 1259) ist in allen offenen Fällen anzuwenden, es sei denn, § 50d Absatz 3 in der Fassung, die zu diesem Zeitpunkt galt, in dem die Einkünfte zugeflossen sind, steht dem Anspruch auf Entlastung nicht entgegen.

(47c) [1]§ 50e Absatz 1 und 4 bis 6 in der Fassung des Artikels 1 des Gesetzes vom 2. Juni 2021 (BGBl. I S. 1259) ist ab dem 1. Januar 2022 anzuwenden. [2]50e Absatz 2 und 3 in der Fassung des Artikels 1 des Gesetzes vom 2. Juni 2021 (BGBl. I S. 1259), das zuletzt durch Artikel 3 des Gesetzes vom 2. Dezember 2024 (BGBl. 2024 I Nr. 387) geändert worden ist, ist erstmals anzuwenden auf Kapitalerträge, die dem Gläubiger nach dem 31. Dezember 2026 zufließen.

(48) [1]§ 50i Absatz 1 Satz 1 und 2 ist auf die Veräußerung oder Entnahme von Wirtschaftsgütern oder Anteilen anzuwenden, die nach dem 29. Juni 2013 stattfindet. [2]Hinsichtlich der laufenden Einkünfte aus der Beteiligung an der Personengesellschaft ist die Vorschrift in allen Fällen anzuwenden, in denen die Einkommensteuer noch nicht bestandskräftig festgesetzt worden ist. [3]§ 50i Absatz 1 Satz 4 in der am 31. Juli 2014 geltenden Fassung ist erstmals auf die Veräußerung oder Entnahme von Wirtschaftsgütern oder Anteilen anzuwenden, die nach dem 31. Dezember 2013 stattfindet. [4]§ 50i Absatz 2 in der Fassung des Artikels 7 des Gesetzes vom 20. Dezember 2016 (BGBl. I S. 3000) ist erstmals für Einbringungen anzuwenden, bei denen der Einbringungsvertrag nach dem 31. Dezember 2013 geschlossen worden ist.

(48a) § 51 in der Fassung des Artikels 1 des Gesetzes vom 2. Juni 2021 (BGBl. I S. 1259) gilt erstmals für die Vergabe von Ordnungsnummern zu Steuerbescheinigungen für Kapitalerträge, die nach dem 31. Dezember 2023 zufließen.

(49) § 51a Absatz 2c und 2e in der am 30. Juni 2013 geltenden Fassung ist erstmals auf nach dem 31. Dezember 2014 zufließende Kapitalerträge anzuwenden.

(49a) [1]§ 62 Absatz 1a in der am 18. Juli 2019 geltenden Fassung ist für Kindergeldfestsetzungen anzuwenden, die Zeiträume betreffen, die nach dem 31. Juli 2019 beginnen. [2]§ 62 Absatz 2 Nummer 1 bis 4 in der Fassung des Artikels 3 des Gesetzes vom 12. Dezember 2019 (BGBl. I S. 2451) ist für Kindergeldfestsetzungen anzuwenden, die Zeiträume betreffen, die nach dem 29. Februar 2020 beginnen. [3]§ 62 Absatz 2 Nummer 2 Buchstabe c in der Fassung des Artikels 11 Nummer 2 des Gesetzes vom 23. Mai 2022 (BGBl. I S. 760) ist für Kindergeldfestsetzungen anzuwenden, die Zeiträume betreffen, die nach dem 31. Mai 2022 be-

ginnen. [4]§ 62 Absatz 2 Nummer 2 Buchstabe a und b in der Fassung des Artikels 3 des Gesetzes vom 2. Dezember 2024 (BGBl. 2024 I Nr. 387) ist für Kindergeldfestsetzungen anzuwenden, die Zeiträume betreffen, die nach dem 31. Mai 2024 beginnen. [5]§ 62 Absatz 2 Nummer 5 in der Fassung des Artikels 3 des Gesetzes vom 12. Dezember 2019 (BGBl. I S. 2451) ist für Kindergeldfestsetzungen anzuwenden, die Zeiträume betreffen, die nach dem 31. Dezember 2019 beginnen. [6]Die §§ 62, 63 und 67 in der am 9. Dezember 2014 geltenden Fassung sind für Kindergeldfestsetzungen anzuwenden, die Zeiträume betreffen, die nach dem 31. Dezember 2015 beginnen. [7]Die §§ 62, 63 und 67 in der am 9. Dezember 2014 geltenden Fassung sind auch für Kindergeldfestsetzungen anzuwenden, die Zeiträume betreffen, die vor dem 1. Januar 2016 liegen, der Antrag auf Kindergeld aber erst nach dem 31. Dezember 2015 gestellt wird. [8]§ 66 Absatz 1 in der am 23. Juli 2015 geltenden Fassung ist für Kindergeldfestsetzungen anzuwenden, die Zeiträume betreffen, die nach dem 31. Dezember 2014 beginnen. [9]§ 66 Absatz 1 in der am 1. Januar 2016 geltenden Fassung ist für Kindergeldfestsetzungen anzuwenden, die Zeiträume betreffen, die nach dem 31. Dezember 2015 beginnen. [10]§ 66 Absatz 1 in der am 1. Januar 2017 geltenden Fassung ist für Kindergeldfestsetzungen anzuwenden, die Zeiträume betreffen, die nach dem 31. Dezember 2016 beginnen. [11]§ 66 Absatz 1 in der am 1. Januar 2018 geltenden Fassung ist für Kindergeldfestsetzungen anzuwenden, die Zeiträume betreffen, die nach dem 31. Dezember 2017 beginnen. [12]§ 66 Absatz 3 ist auf Anträge anzuwenden, die nach dem 31. Dezember 2017 und vor dem 18. Juli 2019 eingehen. [13]§ 69 in der am 1. Januar 2018 geltenden Fassung ist erstmals am 1. November 2019 anzuwenden. [14]§ 66 Absatz 1 in der Fassung des Artikels 2 des Gesetzes vom 29. November 2018 (BGBl. I S. 2210) ist für Kindergeldfestsetzungen anzuwenden, die Zeiträume betreffen, die nach dem 30. Juni 2019 beginnen. [15]§ 66 Absatz 1 in der Fassung des Artikels 1 des Gesetzes vom 1. Dezember 2020 (BGBl. I S. 2616) ist für Kindergeldfestsetzungen anzuwenden, die Zeiträume betreffen, die nach dem 31. Dezember 2020 beginnen. [16]§ 69 Satz 1 in der Fassung des Artikels 4 des Gesetzes vom 16. Dezember 2022 (BGBl. I S. 2294) ist erstmals am 1. Januar 2024 anzuwenden. [17]§ 69 Satz 2 in der Fassung des Artikels 4 des Gesetzes vom 16. Dezember 2022 (BGBl. I S. 2294) ist erstmals für den Veranlagungszeitraum 2024 anzuwenden. [18]§ 69 Satz 3 in der Fassung des Artikels 4 des Gesetzes vom 16. Dezember 2022 (BGBl. I S. 2294) ist erstmals anzuwenden für Kinder, deren Geburt nach dem 31. Dezember 2023 erfolgt. [19]§ 67 Satz 1 in der Fassung des Artikels 3 des Gesetzes vom 2. Dezember 2024 (BGBl. 2024 I Nr. 387) ist auf Anträge anzuwenden, die nach dem 5. Dezember 2024 eingehen.

(50) **[1]§ 70 Absatz 1 Satz 2 ist auf Anträge anzuwenden, die nach dem 18. Juli 2019 eingehen. [2]§ 70 Absatz 4 in der am 31. Dezember 2011 geltenden Fassung ist weiter für Kindergeldfestsetzungen anzuwenden, die Zeiträume betreffen, die vor dem 1. Januar 2012 enden.**

(51) **[1]§ 89 Absatz 2 Satz 1 in der am 1. Januar 2017 geltenden Fassung ist erstmals für die Übermittlung von Daten ab dem 1. Januar 2017 anzuwenden. [2]§ 89 Absatz 2 Satz 1 in der Fassung des Artikels 3 des Gesetzes vom 11. Dezember 2018 (BGBl. I S. 2338) ist erstmals für die Übermittlung von Daten ab dem 1. Januar 2020 anzuwenden.**

(51a) **[1]Auf Stundungsfälle, bei denen der Beginn der Auszahlungsphase vor dem 1. Januar 2023 liegt, findet § 95 Absatz 2 Satz 2 bis 5 in der bis zum 31. Dezember 2022 geltenden Fassung weiter Anwendung. [2]Bei Stundungsfällen, bei denen der Rückzahlungsbetrag nach § 95 Absatz 2 Satz 1 in der bis zum 31. Dezember 2022 geltenden Fassung gestundet wurde und der Beginn der Auszahlungsphase nach dem 31. Dezember 2022 liegt, sind die Stundungszinsen zu erlassen und ist § 95 in der jeweils geltenden Fassung anzuwenden.**

(52) **§ 110 in der Fassung des Artikels 1 des Gesetzes vom 10. März 2021 (BGBl. I S. 330) ist für den Veranlagungszeitraum 2019 anzuwenden.**

(53) **§ 111 in der Fassung des Artikels 1 des Gesetzes vom 10. März 2021 (BGBl. I S. 330) ist für die Veranlagungszeiträume 2019 und 2020 anzuwenden.**

[bis 31. 12. 2024: (54) Für Personen, die Leistungen nach dem Soldatenversorgungsgesetz in der Fassung der Bekanntmachung vom 16. September 2009 (BGBl. I S. 3054), das zuletzt durch Artikel 19 des Gesetzes vom 4. August 2019 (BGBl. I S. 1147) geändert worden ist, in Verbindung mit dem Bundesversorgungsgesetz in der Fassung der Bekanntmachung vom 22. Januar 1982 (BGBl. I S. 21), das zuletzt durch Artikel 1 der Verordnung vom 13. Juni 2019 (BGBl. I S. 793) geändert worden ist, erhalten, gelten die Vorschriften des § 3 Nummer 6 Satz 2, des § 32b Absatz 1 Satz 1 Nummer 1 Buchstabe f und des § 33b Absatz 4 Satz 1 Nummer 1 in der am 31. Dezember 2023 geltenden Fassung weiter.]

Einkommensteuer-Durchführungsverordnung:

§ 84 EStDV *Anwendungsvorschriften*

(1) **Die vorstehende Fassung dieser Verordnung ist, soweit in den folgenden Absätzen nichts anderes bestimmt ist, erstmals für den Veranlagungszeitraum 2020 anzuwenden.**

(1a) **§ 1 in der Fassung des Artikels 2 des Gesetzes vom 18. Juli 2014 (BGBl. I S. 1042) ist in allen Fällen anzuwenden, in denen die Einkommensteuer noch nicht bestandskräftig festgesetzt ist.**

(1b) **§ 7 der Einkommensteuer-Durchführungsverordnung 1997 in der Fassung der Bekanntmachung vom 18. Juni 1997 (BGBl. I S. 1558) ist letztmals für das Wirtschaftsjahr anzuwenden, das vor dem 1. Januar 1999 endet.**

(1c) **Die §§ 8 und 8a der Einkommensteuer-Durchführungsverordnung 1986 in der Fassung der Bekanntmachung vom 24. Juli 1986 (BGBl. I S. 1239) sind letztmals für das Wirtschaftsjahr anzuwenden, das vor dem 1. Januar 1990 endet.**

(1d) **[1]§ 8 Satz 1 in der am 30. Dezember 2025 geltenden Fassung ist in allen offenen Fällen anzuwenden. [2]§ 8 Satz 2 in der am 30. Dezember 2025 geltenden Fassung ist erstmals für Wirtschaftsjahre anzuwenden, die nach dem 31. Dezember 2025 beginnen.**

(2) **§ 8c Absatz 2 Satz 1 in der Fassung des Artikels 1 der Verordnung vom 25. Juni 2020 (BGBl. I S. 1495) kann erstmals für Wirtschaftsjahre angewendet werden, die nach dem 31. Dezember 2018 beginnen.**

(2a) **§ 11c Abs. 2 Satz 3 ist erstmals für das nach dem 31. Dezember 1998 endende Wirtschaftsjahr anzuwenden.**

(2b) **§ 29 Abs. 1 ist auch für Veranlagungszeiträume vor 1996 anzuwenden, soweit die Fälle, in denen Ansprüche aus Versicherungsverträgen nach dem 13. Februar 1992 zur Tilgung oder Sicherung von Darlehen eingesetzt wurden, noch nicht angezeigt worden sind.**

(2c) **§ 50 in der am 1. Januar 2020 geltenden Fassung ist erstmals auf Zuwendungen anzuwenden, die dem Zuwendungsempfänger nach dem 31. Dezember 2019 zufließen.**

(2d) **§ 50 in der Fassung des Artikels 9 des Gesetzes vom 27. März 2024 (BGBl. 2024 I Nr. 108) ist erstmals auf Zuwendungen anzuwenden, die dem Zuwendungsempfänger nach dem 31. Dezember 2024 zufließen.**

(3) **§ 29 Abs. 3 bis 6, §§ 31 und 32 sind in der vor dem 1. Januar 1996 geltenden Fassung für vor diesem Zeitpunkt an Bausparkassen geleistete Beiträge letztmals für den Veranlagungszeitraum 2005 anzuwenden.**

(3a) **§ 51 in der Fassung des Artikels 2 des Gesetzes vom 1. November 2011 (BGBl. I S. 2131) ist erstmals für das Wirtschaftsjahr anzuwenden, das nach dem 31. Dezember 2011 beginnt.**

(3b) **[1]§ 52 ist erstmals für den übernächsten Veranlagungszeitraum anzuwenden, der auf den Veranlagungszeitraum folgt, in dem die für die Anwendung erforderlichen technischen und organisatorischen Voraussetzungen in der Finanzverwaltung für eine Umsetzung der Regelung vorliegen. [2]Das Bundesministerium der Finanzen gibt im Einvernehmen mit dem Bundesministerium für Ernährung und Landwirtschaft sowie den obersten Finanzbehörden der Länder im Bundessteuerblatt den Veranlagungszeitraum bekannt, ab dem die Regelung des § 52 erstmals anzuwenden ist. [3]Bisher schon bestehende Mitteilungspflichten sind für die Veranlagungszeiträume vor erstmaliger Anwendung des § 52 weiter zu erfüllen.**

(3c) **[1]§ 54 Abs. 1 Satz 2 in der Fassung des Artikels 1a des Gesetzes vom 20. Dezember 2007 (BGBl. I S. 3150) ist erstmals für Vorgänge nach dem 31. Dezember 2007 anzuwenden. [2]§ 54 Abs. 4 in der Fassung des Artikels 2 des Gesetzes vom 7. Dezember 2006 (BGBl. I S. 2782) ist erstmals auf Verfügungen über Anteile an Kapitalgesellschaften anzuwenden, die nach dem 31. Dezember 2006 beurkundet werden.**

(3d) **§ 56 in der Fassung des Artikels 10 des Gesetzes vom 29. Dezember 2003 (BGBl. I S. 3076) ist erstmals für den Veranlagungszeitraum 2004 anzuwenden.**

(3e) **§ 60 Abs. 1 und 4 in der Fassung des Artikels 2 des Gesetzes vom 20. Dezember 2008 (BGBl. I S. 2850) ist erstmals für Wirtschaftsjahre (Gewinnermittlungszeiträume) anzuwenden, die nach dem 31. Dezember 2010 beginnen.**

(3f) **§ 60 Absatz 1 Satz 1 in der am 30. Dezember 2025 geltenden Fassung ist, soweit er sich auf die Übermittlung des Anlagenverzeichnisses bezieht, erstmals auf Wirtschaftsjahre anzuwenden, die nach dem 31. Dezember 2027 beginnen.**

(3g) **§ 62d Abs. 2 Satz 2 in der Fassung des Artikels 2 des Gesetzes vom 22. Dezember 2003 (BGBl. I S. 2840) ist erstmals auf Verluste anzuwenden, die aus dem Veranlagungszeitraum 2004 in den Veranlagungszeitraum 2003 zurückgetragen werden.**

(3h) **[1]§ 65 Absatz 1 in der Fassung des Artikels 10 des Gesetzes vom 2. Juni 2021 (BGBl. I S. 1259) ist erstmals für den Veranlagungszeitraum 2021 anzuwenden. [2]§ 65 Absatz 3a ist erstmals für den Veranlagungszeitraum anzuwenden, der auf den Veranlagungszeitraum folgt, in dem die für die Anwendung erforderlichen Programmierarbeiten für das elektronische Datenübermittlungsverfahren abgeschlossen sind. [3]Das Bundesministerium der Finanzen gibt im Einvernehmen mit den obersten Finanzbehörden der Länder im Bundessteuerblatt Teil I den Veranlagungszeitraum bekannt, ab dem die Regelung des § 65 Absatz 3a erstmals anzuwenden ist. [4]Mit der Anwendung von § 65 Absatz 3a ist § 65 Absatz 1 Nummer 1 und 2 Buchstabe a, Absatz 2 Satz 1 und 2 zweiter Halbsatz nicht weiter anzuwenden. [5]Der Anwendungsbereich des § 65 Absatz 3 wird auf die Fälle des § 65 Absatz 1 Nummer 2 Buchstabe b beschränkt. [6]Zu diesem Zeitpunkt noch gültige und dem Finanzamt vorliegende Feststellungen über eine Behinderung werden bis zum Ende ihrer Gültigkeit weiter berücksichtigt, es sei denn, die Feststellungen ändern sich vor Ablauf der Gültigkeit.**

(3i) **§ 70 in der Fassung des Artikels 24 des Gesetzes vom 25. Juli 2014 (BGBl. I S. 1266) ist erstmals ab dem Veranlagungszeitraum 2014 anzuwenden.**

(3j) **[1]Die §§ 73a, 73c, 73d Abs. 1 sowie die §§ 73e und 73 f Satz 1 in der Fassung des Artikels 2 des Gesetzes vom 19. Dezember 2008 (BGBl. I S. 2794) sind erstmals auf Vergütungen anzuwenden, die nach dem 31. Dezember 2008 zufließen. [2]Abweichend von Satz 1 ist § 73e Satz 4 und 5 in der Fassung des Artikels 2 des Geset-**

zes vom 19. Dezember 2008 (BGBl. I S. 2794) erstmals auf Vergütungen anzuwenden, die nach dem 31. Dezember 2009 zufließen. [3]§ 73e Satz 4 in der Fassung der Bekanntmachung vom 10. Mai 2000 (BGBl. I S. 717) ist letztmals auf Vergütungen anzuwenden, die vor dem 1. Januar 2010 zufließen. [4]§ 73d Absatz 1 Satz 3, § 73e Satz 1, 2 und 5 sowie § 73g Absatz 1 und 2 in der Fassung des Artikels 9 des Gesetzes vom 10. August 2009 (BGBl. I S. 2702) sind erstmals auf Vergütungen anzuwenden, die nach dem 31. Dezember 2013 zufließen. [5]§ 73e Satz 7 in der am 31. Juli 2014 geltenden Fassung ist erstmals auf Vergütungen anzuwenden, für die der Steuerabzug nach dem 31. Dezember 2014 angeordnet worden ist. [6]§ 73a Absatz 3 in der am 30. Dezember 2014 geltenden Fassung ist erstmals ab dem 1. Januar 2014 anzuwenden.

(3k) **§ 80 der Einkommensteuer-Durchführungsverordnung 1997 in der Fassung der Bekanntmachung vom 18. Juni 1997 (BGBl. I S. 1558) ist letztmals für das Wirtschaftsjahr anzuwenden, das vor dem 1. Januar 1999 endet.** |

(4) **[1]§ 82a ist auf Tatbestände anzuwenden, die in dem in Artikel 3 des Einigungsvertrages genannten Gebiet nach dem 31. Dezember 1990 und vor dem 1. Januar 1992 verwirklicht worden sind. [2]Auf Tatbestände, die im Geltungsbereich dieser Verordnung ausschließlich des in Artikel 3 des Einigungsvertrages genannten Gebiets verwirklicht worden sind, ist**

1. **§ 82a Abs. 1 und 2 bei Herstellungskosten für Einbauten von Anlagen und Einrichtungen im Sinne von dessen Absatz 1 Nr. 1 bis 5 anzuwenden, die nach dem 30. Juni 1985 und vor dem 1. Januar 1992 fertiggestellt worden sind,**
2. **§ 82a Abs. 3 Satz 1 ab dem Veranlagungszeitraum 1987 bei Erhaltungsaufwand für Arbeiten anzuwenden, die vor dem 1. Januar 1992 abgeschlossen worden sind,**
3. **§ 82a Abs. 3 Satz 2 ab dem Veranlagungszeitraum 1987 bei Aufwendungen für Einzelöfen anzuwenden, die vor dem 1. Januar 1992 angeschafft worden sind,**
4. **§ 82a Abs. 3 Satz 1 in der Fassung der Bekanntmachung vom 24. Juli 1986 für Veranlagungszeiträume vor 1987 bei Erhaltungsaufwand für Arbeiten anzuwenden, die nach dem 30. Juni 1985 abgeschlossen worden sind,**
5. **§ 82a Abs. 3 Satz 2 in der Fassung der Bekanntmachung vom 24. Juli 1986 für Veranlagungszeiträume vor 1987 bei Aufwendungen für Einzelöfen anzuwenden, die nach dem 30. Juni 1985 angeschafft worden sind,**
6. **§ 82a bei Aufwendungen für vor dem 1. Juli 1985 fertiggestellte Anlagen und Einrichtungen in den vor diesem Zeitpunkt geltenden Fassungen weiter anzuwenden.**

(4a) **[1]§ 82b der Einkommensteuer-Durchführungsverordnung 1997 in der Fassung der Bekanntmachung vom 18. Juni 1997 (BGBl. I S. 1558) ist letztmals auf Erhaltungsaufwand anzuwenden, der vor dem 1. Januar 1999 entstanden ist. [2]§ 82b in der Fassung des Artikels 10 des Gesetzes vom 29. Dezember 2003 (BGBl. I S. 3076) ist erstmals auf Erhaltungsaufwand anzuwenden, der nach dem 31. Dezember 2003 entstanden ist.**

(4b) **§ 82d der Einkommensteuer-Durchführungsverordnung 1986 ist auf Wirtschaftsgüter sowie auf ausgebaute und neu hergestellte Gebäudeteile anzuwenden, die im Geltungsbereich dieser Verordnung ausschließlich des in Artikel 3 des Einigungsvertrages genannten Gebiets nach dem 18. Mai 1983 und vor dem 1. Januar 1990 hergestellt oder angeschafft worden sind.**

(5) **§ 82f Abs. 5 und Abs. 7 Satz 1 der Einkommensteuer-Durchführungsverordnung 1979 in der Fassung der Bekanntmachung vom 24. September 1980 (BGBl. I S. 1801) ist letztmals für das Wirtschaftsjahr anzuwenden, das dem Wirtschaftsjahr vorangeht, für das § 15a des Gesetzes erstmals anzuwenden ist.**

(6) **[1]§ 82g ist auf Maßnahmen anzuwenden, die nach dem 30. Juni 1987 und vor dem 1. Januar 1991 in dem Geltungsbereich dieser Verordnung ausschließlich des**

in Artikel 3 des Einigungsvertrages genannten Gebiets abgeschlossen worden sind. [2]Auf Maßnahmen, die vor dem 1. Juli 1987 in dem Geltungsbereich dieser Verordnung ausschließlich des in Artikel 3 des Einigungsvertrages genannten Gebiets abgeschlossen worden sind, ist § 82g in der vor diesem Zeitpunkt geltenden Fassung weiter anzuwenden.

(7) [1]§ 82h in der durch die Verordnung vom 19. Dezember 1988 (BGBl. I S. 2301) geänderten Fassung ist erstmals auf Maßnahmen, die nach dem 30. Juni 1987 in dem Geltungsbereich dieser Verordnung ausschließlich des in Artikel 3 des Einigungsvertrages genannten Gebiets abgeschlossen worden sind, und letztmals auf Erhaltungsaufwand, der vor dem 1. Januar 1990 in dem Geltungsbereich dieser Verordnung ausschließlich des in Artikel 3 des Einigungsvertrages genannten Gebiets entstanden ist, mit der Maßgabe anzuwenden, dass der noch nicht berücksichtigte Teil des Erhaltungsaufwands in dem Jahr, in dem das Gebäude letztmals zur Einkunftserzielung genutzt wird, als Betriebsausgaben oder Werbungskosten abzusetzen ist. [2]Auf Maßnahmen, die vor dem 1. Juli 1987 in dem Geltungsbereich dieser Verordnung ausschließlich des in Artikel 3 des Einigungsvertrages genannten Gebiets abgeschlossen worden sind, ist § 82h in der vor diesem Zeitpunkt geltenden Fassung weiter anzuwenden.

(8) § 82i ist auf Herstellungskosten für Baumaßnahmen anzuwenden, die nach dem 31. Dezember 1977 und vor dem 1. Januar 1991 in dem Geltungsbereich dieser Verordnung ausschließlich des in Artikel 3 des Einigungsvertrages genannten Gebiets abgeschlossen worden sind.

(9) § 82k der Einkommensteuer-Durchführungsverordnung 1986 ist auf Erhaltungsaufwand, der vor dem 1. Januar 1990 in dem Geltungsbereich dieser Verordnung ausschließlich des in Artikel 3 des Einigungsvertrages genannten Gebiets entstanden ist, mit der Maßgabe anzuwenden, dass der noch nicht berücksichtigte Teil des Erhaltungsaufwands in dem Jahr, in dem das Gebäude letztmals zur Einkunftserzielung genutzt wird, als Betriebsausgaben oder Werbungskosten abzusetzen ist.

(10) [1]In Anlage 3 (zu § 80 Abs. 1) ist die Nummer 26 erstmals für das Wirtschaftsjahr anzuwenden, das nach dem 31. Dezember 1990 beginnt. [2]Für Wirtschaftsjahre, die vor dem 1. Januar 1991 beginnen, ist die Nummer 26 in Anlage 3 in der vor diesem Zeitpunkt geltenden Fassung anzuwenden.

(11) § 56 Satz 1 Nummer 1, die §§ 61 und 62d in der Fassung des Artikels 2 des Gesetzes vom 1. November 2011 (BGBl. I S. 2131) sind erstmals für den Veranlagungszeitraum 2013 anzuwenden.

§ 85 EStDV *(gegenstandslos)*

Lohnsteuer-Durchführungsverordnung:

§ 8 LStDV *Anwendungszeitraum*

(1) Die Vorschriften dieser Verordnung in der Fassung des Artikels 2 des Gesetzes vom 13. Dezember 2006 (BGBl. I S. 2878) sind erstmals anzuwenden auf laufenden Arbeitslohn, der für einen nach dem 31. Dezember 2006 endenden Lohnzahlungszeitraum gezahlt wird, und auf sonstige Bezüge, die nach dem 31. Dezember 2006 zufließen.

(2) [1]§ 6 Abs. 3 und 4 sowie § 7 in der am 31. Dezember 2001 geltenden Fassung sind weiter anzuwenden im Falle einer schädlichen Verfügung vor dem 1. Januar 2002. [2]Die Nachversteuerung nach § 7 Abs. 1 Satz 1 unterbleibt, wenn der nachzufordernde Betrag 10 Euro nicht übersteigt.

(3) [1]**§ 4 Absatz 2a in der am 31. Dezember 2024 geltenden Fassung ist für die ab 1. Januar 2018 bis 31. Dezember 2026 im Lohnkonto aufzuzeichnenden Daten anzuwenden.** [2]**§ 4 Absatz 2a in der am 30. Dezember 2025 geltenden Fassung ist für die ab dem 1. Januar 2027 im Lohnkonto aufzuzeichnenden Daten anzuwenden.**

Anmerkungen zu § 52 EStG, § 84 EStDV, § 8 LStDV

1. Anwendung in zeitlicher Hinsicht. § 52 regelt – entspr Art 82 II GG – primär in zeitl Hinsicht, für welche VZ die einzelnen Normen der EStG in der jeweiligen Fassung erstmals oder letztmals anzuwenden sind (VZ-bezogene Betrachtungsweise, BFH IV R 53/09, DStR 11, 2091; BR-Drs 171/95, 141; *HHR/Hey* Rn. 3). § 52 muss daher sicherstellen, dass die Anwendung nicht zu einer echten Rückwirkung führt (vgl BFH XI B 151/00, BStBl II 01, 552). Die Grundregel (§ 52 I) bestimmt, dass das Gesetz erstmals für den lfd VZ anzuwenden ist, soweit in den folgenden Absätzen nichts anderes bestimmt ist (vgl etwa FinA BT-Drs 16/11108, 9 f). – §§ 52, 52a sind durch das Kroat-AnpG (BGBl I 14, 1266) bereinigt worden (→ § 52a Rn. 1); etl Übergangsvorschriften sind in der neuen Fassung nicht mehr enthalten (dazu → Rn. 2), zT in die Stammvorschrift überführt worden (etwa § 10a). Von der (zeitl) Anwendung von Normen (§ 52) ist das **Inkrafttreten** von Normen (vgl zB Art 11 Gesetz v 8. 12. 16, BGBl I 16, 2835 zur Beendigung der Sonderzuständigkeit der öffentl-rechtl Bundes-FamKassen) zu unterscheiden. 1

2. Grundsätze. Die Neufassung folgt folgenden Grundsätzen (BT-Drs 18/1529, 60): – ***(1)*** Die allg Anwendungsregelung des § 52 I wird auf den VZ 2026 bzw. nach dem 31. 12. 25 endende Lohnzahlungszeiträume fortgeschrieben. Nach § 52 I 3 ist diese Fassung des Gesetzes – vorbehaltl der besonderen Regelungen in den folgenden Absätzen – erstmals auf KapErträge anzuwenden, die dem Gläubiger nach dem 31. 12. 25 zufließen. – ***(2)*** Regelungen, die durch Zeitablauf erledigt sind, werden gestrichen, insb iZm erstmaliger Anwendung. – ***(3)*** Noch erforderl Regelungen, die nicht die zeitl Anwendung betreffen, werden grds in die jeweilige Stammvorschrift übernommen (ohne inhaltl Änderungen). – ***(4)*** Noch erforderl Regelungen zur zeitl Anwendung werden in der Neufassung des § 52 fortgeführt. Alle für eine Vorschrift maßgebl Übergangsregelungen sind in einem einzigen Absatz enthalten (s zB § 52 VI für § 4). – ***(5)*** Die noch erforderl Regelungen des § 52a (→ Rn. 1) wurden in § 52 in der Gesetzesreihenfolge übernommen. 2

3. Rückwirkung. Rückwirkende (Steuer-)Gesetze sind grds unzulässig (iEinz → § 2 Rn. 41; *HHR/Hey* Rn. 3). Die Anwendungsvorschriften gelten auch dann weiter, wenn sie in späteren Gesetzesfassungen nicht mehr enthalten sind (BFH XI R 36/89, BStBl II 92, 26). 3

4. Verweisung. Der jeweilige zeitl Anwendungsbereich einer Norm ist, soweit von allg Bedeutung, iRd Erläut der jeweiligen Norm berücksichtigt. – Soweit § 52 auch (systemwidrig) Regelungen mit allg materiellen Inhalt enthält, sind diese im jeweiligen Sachzusammenhang erläutert. 4

§ 52a *Anwendungsvorschriften zur Einführung einer Abgeltungsteuer auf Kapitalerträge und Veräußerungsgewinne*

Hinweis: § 52a ist durch das Kroat-AnpG (BGBl I 14, 1266) mit Wirkung **ab VZ 2014 aufgehoben** worden. § 52a enthielt Anwendungsvorschriften zur Einführung der AbgeltungSt auf KapErträge und Veräußerungsgewinne, die zu einem relativ komplizierten Nebeneinander von Alt- und Neuregelungen führten, um verfrechtl Rückwirkungsprobleme zu vermeiden (*Helios/Link* DStR 08, 386). *Abs 1* bestimmte, dass die in den §§ 43–45e enthaltenen überarbeiteten Regelungen zum Einbehalt von KapESt iRd AbgeltungSt grds auf ab 1. 1. 09 zufließende Kapitalerträge anzuwenden sind (BR-Drs 220/07, 119). *Abs 2–7* enthielten Änderungen zu den §§ 2–10. *Abs 8* bezog sich auf § 20 I Nr 7; *Abs 9* betraf § 20 I Nr 11 und *Abs 10* vor allem die An- 1 wendung des § 20 II (Veräußerungstatbestände; → 33. Aufl 2014, § 52a Rn. 4–7). *Abs 11*–16b regelten insb die Anwendung der §§ 23, 24c, 32d (→ 33. Aufl 2014, § 52a Rn. 8–10).

§§ 52b, 53, 54 *(weggefallen)*

§ 55 *Schlussvorschriften (Sondervorschriften für die Gewinnermittlung nach § 4 oder nach Durchschnittssätzen bei vor dem 1. Juli 1970 angeschafftem Grund und Boden)*

1 **Hinweis:** § 55 I–IV regelten in einem pauschalierenden Verfahren die erstmalige Bewertung des luf GuB zum 30.6.70, der bis dahin nicht steuerverstrickt war. Nach § 55 V konnte bis 31.12.75 ein Antrag auf Feststellung des höheren TW gestellt werden. Verluste, die bei der Veräußerung oder Entnahme von pauschal bewertetem GuB (nicht bei Einzelfeststellung des TW) entstehen, können nicht abgezogen werden (§ 55 VI). Da es sich bei § 55 (mit Ausnahme der Verlustklausel des Abs 6) um **ausgelaufenes Recht** handelt, wird auf einen Abdruck des Gesetzestextes verzichtet und auf → 39. Aufl 2020, § 55 Rn. 1 ff verwiesen.

§ 56 Sondervorschriften für Steuerpflichtige in dem in Artikel 3 des Einigungsvertrages genannten Gebiet

Bei Steuerpflichtigen, die am 31. Dezember 1990 einen Wohnsitz oder ihren gewöhnlichen Aufenthalt in dem in Artikel 3 des Einigungsvertrages genannten Gebiet und im Jahre 1990 keinen Wohnsitz oder gewöhnlichen Aufenthalt im bisherigen Geltungsbereich dieses Gesetzes hatten, gilt Folgendes:
§ 7 Absatz 5 ist auf Gebäude anzuwenden, die in dem in Artikel 3 des Einigungsvertrages genannten Gebiet nach dem 31. Dezember 1990 angeschafft oder hergestellt worden sind.

Hinweis: Erläuterungen zuletzt → 25. Aufl 2006, § 56 Rn. 1 ff.

§ 57 Besondere Anwendungsregeln aus Anlass der Herstellung der Einheit Deutschlands

(1) **Die §§ 7c, 7f, 7g, 7k und 10e dieses Gesetzes, die §§ 76, 78, 82a und 82 f der Einkommensteuer-Durchführungsverordnung sowie die §§ 7 und 12 Absatz 3 des Schutzbaugesetzes sind auf Tatbestände anzuwenden, die in dem in Artikel 3 des Einigungsvertrages genannten Gebiet nach dem 31. Dezember 1990 verwirklicht worden sind.**

(2) **Die §§ 7b und 7d dieses Gesetzes sowie die §§ 81, 82d, 82g und 82i der Einkommensteuer-Durchführungsverordnung sind nicht auf Tatbestände anzuwenden, die in dem in Artikel 3 des Einigungsvertrages genannten Gebiet verwirklicht worden sind.**

(3) *(aufgehoben)*

(4) [1]**§ 10d Absatz 1 ist mit der Maßgabe anzuwenden, dass der Sonderausgabenabzug erstmals von dem für die zweite Hälfte des Veranlagungszeitraums 1990 ermittelten Gesamtbetrag der Einkünfte vorzunehmen ist.** [2]**§ 10d Absatz 2 und 3 ist auch für Verluste anzuwenden, die in dem in Artikel 3 des Einigungsvertrages genannten Gebiet im Veranlagungszeitraum 1990 entstanden sind.**

(5) **§ 22 Nummer 4 ist auf vergleichbare Bezüge anzuwenden, die auf Grund des Gesetzes über Rechtsverhältnisse der Abgeordneten der Volkskammer der Deutschen Demokratischen Republik vom 31. Mai 1990 (GBl. I Nr. 30 S. 274) gezahlt worden sind.**

(6) **§ 34f Absatz 3 Satz 3 ist erstmals auf die in dem in Artikel 3 des Einigungsvertrags genannten Gebiet für die zweite Hälfte des Veranlagungszeitraums 1990 festgesetzte Einkommensteuer anzuwenden.**

Hinweis: Erläuterungen zuletzt → 25. Aufl 2006, § 57 Rn. 1 ff.

§ 58 Weitere Anwendung von Rechtsvorschriften, die vor Herstellung der Einheit Deutschlands in dem in Artikel 3 des Einigungsvertrages genannten Gebiet gegolten haben

(1) **Die Vorschriften über Sonderabschreibungen nach § 3 Absatz 1 des Steueränderungsgesetzes vom 6. März 1990 (GBl. I Nr. 17 S. 136) in Verbindung mit § 7 der Durchführungsbestimmung zum Gesetz zur Änderung der Rechtsvorschriften über die Einkommen-, Körperschaft- und Vermögensteuer – Steueränderungsgesetz – vom 16. März 1990 (GBl. I Nr. 21 S. 195) sind auf Wirtschaftsgüter weiter anzuwenden, die nach dem 31. Dezember 1989 und vor dem 1. Januar 1991 in dem in Artikel 3 des Einigungsvertrages genannten Gebiet angeschafft oder hergestellt worden sind.**

(2) **[1]Rücklagen nach § 3 Absatz 2 des Steueränderungsgesetzes vom 6. März 1990 (GBl. I Nr. 17 S. 136) in Verbindung mit § 8 der Durchführungsbestimmung zum Gesetz zur Änderung der Rechtsvorschriften über die Einkommen-, Körperschaft- und Vermögensteuer – Steueränderungsgesetz – vom 16. März 1990 (GBl. I Nr. 21 S. 195) dürfen, soweit sie zum 31. Dezember 1990 zulässigerweise gebildet worden sind, auch nach diesem Zeitpunkt fortgeführt werden. [2]Sie sind spätestens im Veranlagungszeitraum 1995 gewinn- oder sonst einkünfteerhöhend aufzulösen. [3]Sind vor dieser Auflösung begünstigte Wirtschaftsgüter angeschafft oder hergestellt worden, sind die in Rücklage eingestellten Beträge von den Anschaffungs- oder Herstellungskosten abzuziehen; die Rücklage ist in Höhe des abgezogenen Betrags im Veranlagungszeitraum der Anschaffung oder Herstellung gewinn- oder sonst einkünfteerhöhend aufzulösen.**

(3) **Die Vorschrift über den Steuerabzugsbetrag nach § 9 Absatz 1 der Durchführungsbestimmung zum Gesetz zur Änderung der Rechtsvorschriften über die Einkommen-, Körperschaft- und Vermögensteuer – Steueränderungsgesetz – vom 16. März 1990 (GBl. I Nr. 21 S. 195) ist für Steuerpflichtige weiter anzuwenden, die vor dem 1. Januar 1991 in dem in Artikel 3 des Einigungsvertrages genannten Gebiet eine Betriebsstätte begründet haben, wenn sie von dem Tag der Begründung der Betriebsstätte an zwei Jahre lang die Tätigkeit ausüben, die Gegenstand der Betriebsstätte ist.**

Gesetz zur Änderung der Rechtsvorschriften über die Einkommen-, Körperschaft- und Vermögensteuer (Steueränderungsgesetz)

Vom 6. März 1990 (GBl. I Nr. 17 S. 136). Geändert durch Steueranpassungsgesetz vom 22. Juni 1990 (GBl. Sonderdruck Nr. 1427 S. 3)

– Auszug –

§ 3 Steuervergünstigungen. (1) Für Investitionen, die für die wirtschaftliche Entwicklung besonderen Vorrang haben, können Sonderabschreibungen gewährt werden.

(2) Steuerpflichtige, die Einkommen bzw. Gewinn aus den im § 1 Abs. 1 Ziff. 1 bis 3 genannten Betrieben bzw. Tätigkeiten erzielen, können für Zwecke der Akkumulation eine steuerfreie Rücklage in Höhe von 20% des jährlichen Einkommens bzw. Gewinns, höchstens 50 000 M, bilden.

Durchführungsbestimmung zum Gesetz zur Änderung der Rechtsvorschriften über die Einkommen-, Körperschaft- und Vermögensteuer

Vom 16. März 1990 (DDR-GBl. I Nr. 21 S. 195).
Geändert durch Steueranpassungsgesetz vom 22. Juni 1990 (GBl. Sonderdruck Nr. 1427 S. 3)

– Auszug –

Zu § 3 des Steueränderungsgesetzes:

§ 7 Sonderabschreibungen. (1) Sonderabschreibungen werden gewährt für Grundmittel, die
– der Entwicklung und Einführung von Verfahren und Erzeugnissen auf hohem wissenschaftlich-technischen Niveau dienen;
– zu höheren Lieferungen und Leistungen für den Export führen;
– der Schaffung neuer Arbeitsplätze in bestehenden Betrieben oder Unternehmen dienen oder
– zur Realisierung von Umweltschutzmaßnahmen angeschafft oder hergestellt werden.

(2) Sonderabschreibungen können im
– ersten Jahr bis 50 vom Hundert,
– zweiten Jahr bis 30 vom Hundert,
– dritten Jahr 20 vom Hundert

der Anschaffungs- oder Herstellungskosten betragen.

(3) Werden die im Abs. 1 genannten Grundmittelanschaffungen über einen aufgenommenen Kredit finanziert, können die Sonderabschreibungen in Höhe der jährlichen Kredittilgungsrate in Anspruch genommen werden.

§ 8 Steuerfreie Rücklage. (1) [1]Die steuerfreie Rücklage und ihre Verwendung sind im Rechnungswesen gesondert auszuweisen. [2]Nicht für die Akkumulation verbrauchte Rücklagen sind nach Ablauf von 5 Jahren gewinnerhöhend aufzulösen.

(2) Der Anteil der Investitionsfinanzierung aus der Rücklage ist im Anlagennachweis als Verschleiß zu behandeln.

§ 9 Gewährung von Steuervergünstigungen und Ausgleichszahlungen. (1) [1]Bei Neueröffnung eines Handwerks-, Handels- oder Gewerbebetriebes wird dem Inhaber eine einmalige Steuerbefreiung für 2 Jahre höchstens bis 10 000 Mark gewährt. [2]Sind mehrere Inhaber vorhanden, kann die Steuerbefreiung nur einmal in Anspruch genommen werden. [3]Die einmalige Steuerbefreiung wird auch bei Aufnahme einer hauptberuflichen selbständigen oder freiberuflichen Tätigkeit gewährt.

(2) [1]Inhaber von Handwerks-, Handels- oder Gewerbebetrieben, die ihre Einnahmen zu staatlich festgelegten Preisen realisieren, in denen die zw den Tarifpartnern vereinbarten Lohn- und Gehaltserhöhungen für die Beschäftigten noch nicht enthalten sind, können Ausgleichszahlungen beantragen, wenn die Einkünfte (Gewinne) aus dem Betrieb 50 000 Mark im Veranlagungsjahr nicht übersteigen. [2]Die Ausgleichszahlungen sind im Rechnungswesen als Einnahmen zu behandeln. [3]Das gilt auch für hauptberuflich selbständig bzw. freiberuflich Tätige.

(3) Mit der Einführung günstiger steuerlicher Regelungen nach dem Steueränderungsgesetz entfallen leistungsbezogene Steuervergünstigungen bzw. Prämien, die bisher
– zur Anwendung des § 3 Abs. 4 des PGH-Steuergesetzes vom 30. November 1962 (GBl. I Nr. 13 S. 119),
– zur Förderung der Reparatur-, Dienst- und Versorgungsleistungen des genossenschaftlichen und privaten Handwerks sowie anderer Gewerbebetriebe gegenüber der Bevölkerung und
– zur weiteren Steigerung des Leistungsvermögens privater Einzelhändler und Gastwirte und zur Erhöhung ihrer Versorgungsleistungen für die Bevölkerung

gewährt wurden.

(4) Soweit in Einzelfällen durch den Wegfall bisheriger Steuervergünstigungen unter Berücksichtigung der Steuerminderung nach dem Steueränderungsgesetz sich eine Nettoeinkommensminderung ergibt, ist der Differenzbetrag personengebunden bis zum 31. Dezember 1990 als Steuerermäßigung durch die Abteilung Finanzen des Rates des Kreises weiter zu gewähren.

Hinweis: Erläuterungen → 25. Aufl 2006, § 58 Rn. 1 ff.

§§ 59–61 *(weggefallen)*

X. Kindergeld

Verwaltungsanweisungen: *BZSt* BStBl I 23, 1676 (Liste der festsetzenden Familienkassen); *BZSt* BStBl I 25, 1018 (DA-KG 2025), *BZSt* https://www.bzst.de (Merkblatt zum KiGeld 2025).

§ 62 Anspruchsberechtigte

(1) [1]Für Kinder im Sinne des § 63 hat Anspruch auf Kindergeld nach diesem Gesetz, wer

1. im Inland einen Wohnsitz oder seinen gewöhnlichen Aufenthalt hat oder
2. ohne Wohnsitz oder gewöhnlichen Aufenthalt im Inland
a) nach § 1 Absatz 2 unbeschränkt einkommensteuerpflichtig ist oder
b) nach § 1 Absatz 3 als unbeschränkt einkommensteuerpflichtig behandelt wird.

[2]Voraussetzung für den Anspruch nach Satz 1 ist, dass der Berechtigte durch die an ihn vergebene Identifikationsnummer (§ 139b der Abgabenordnung) identifiziert wird. [3]Die nachträgliche Vergabe der Identifikationsnummer wirkt auf Monate zurück, in denen die Voraussetzungen des Satzes 1 vorliegen.

(1a) [1]Begründet ein Staatsangehöriger eines anderen Mitgliedstaates der Europäischen Union oder eines Staates, auf den das Abkommen über den Europäischen Wirtschaftsraum Anwendung findet, im Inland einen Wohnsitz oder gewöhnlichen Aufenthalt, so hat er für die ersten drei Monate ab Begründung des Wohnsitzes oder des gewöhnlichen Aufenthalts keinen Anspruch auf Kindergeld. [2]Dies gilt nicht, wenn er nachweist, dass er inländische Einkünfte im Sinne des § 2 Absatz 1 Satz 1 Nummer 1 bis 4 mit Ausnahme von Einkünften nach § 19 Absatz 1 Satz 1 Nummer 2 erzielt. [3]Nach Ablauf des in Satz 1 genannten Zeitraums hat er Anspruch auf Kindergeld, es sei denn, die Voraussetzungen des § 2 Absatz 2 oder Absatz 3 des Freizügigkeitsgesetzes/EU liegen nicht vor oder es sind nur die Voraussetzungen des § 2 Absatz 2 Nummer 1a des Freizügigkeitsgesetzes/EU erfüllt, ohne dass vorher eine andere der in § 2 Absatz 2 des Freizügigkeitsgesetzes/EU genannten Voraussetzungen erfüllt war. [4]Die Prüfung, ob die Voraussetzungen für einen Anspruch auf Kindergeld gemäß Satz 2 vorliegen oder gemäß Satz 3 nicht gegeben sind, führt die Familienkasse in eigener Zuständigkeit durch. [5]Lehnt die Familienkasse eine Kindergeldfestsetzung in diesem Fall ab, hat sie ihre Entscheidung der zuständigen Ausländerbehörde mitzuteilen. [6]Wurde das Vorliegen der Anspruchsvoraussetzungen durch die Verwendung gefälschter oder verfälschter Dokumente oder durch Vorspiegelung falscher Tatsachen vorgetäuscht, hat die Familienkasse die zuständige Ausländerbehörde unverzüglich zu unterrichten.

(2) Ein nicht freizügigkeitsberechtigter Ausländer erhält Kindergeld nur, wenn er

1. eine Niederlassungserlaubnis oder eine Erlaubnis zum Daueraufenthalt-EU besitzt,
2. eine Blaue Karte EU, eine ICT-Karte, eine Mobiler-ICT-Karte oder eine Aufenthaltserlaubnis besitzt, die für einen Zeitraum von mindestens sechs Monaten zur Ausübung einer Erwerbstätigkeit berechtigen oder berechtigt haben oder diese erlauben, es sei denn, die Aufenthaltserlaubnis wurde
a) nach § 16e des Aufenthaltsgesetzes zu Ausbildungszwecken, nach § 19c Absatz 1 des Aufenthaltsgesetzes zum Zweck der Beschäftigung als Au-Pair oder zum Zweck der Saisonbeschäftigung, nach § 19e des Aufenthaltsgeset-

zes zum Zweck der Teilnahme an einem Europäischen Freiwilligendienst oder nach § 20a Absatz 5 Satz 1 des Aufenthaltsgesetzes zur Suche nach einer Erwerbstätigkeit oder nach Maßnahmen zur Anerkennung ausländischer Berufsqualifikationen erteilt,

b) nach § 16b des Aufenthaltsgesetzes zum Zweck eines Studiums, nach § 16d des Aufenthaltsgesetzes für Maßnahmen zur Anerkennung ausländischer Berufsqualifikationen, nach § 20 des Aufenthaltsgesetzes zur Suche nach einer Erwerbstätigkeit oder nach § 20a Absatz 5 Satz 2 des Aufenthaltsgesetzes zur Suche nach einer Erwerbstätigkeit oder nach Maßnahmen zur Anerkennung ausländischer Berufsqualifikationen erteilt und er ist weder erwerbstätig noch nimmt er Elternzeit nach § 15 des Bundeselterngeld- und Elternzeitgesetzes oder laufende Geldleistungen nach dem Dritten Buch Sozialgesetzbuch in Anspruch,

c) nach § 23 Absatz 1 des Aufenthaltsgesetzes wegen eines Krieges in seinem Heimatland oder nach den § 23a oder § 25 Absatz 3 bis 5 des Aufenthaltsgesetzes erteilt,

3. eine in Nummer 2 Buchstabe c genannte Aufenthaltserlaubnis besitzt und im Bundesgebiet berechtigt erwerbstätig ist oder Elternzeit nach § 15 des Bundeselterngeld- und Elternzeitgesetzes oder laufende Geldleistungen nach dem Dritten Buch Sozialgesetzbuch in Anspruch nimmt,

4. eine in Nummer 2 Buchstabe c genannte Aufenthaltserlaubnis besitzt und sich seit mindestens 15 Monaten erlaubt, gestattet oder geduldet im Bundesgebiet aufhält oder

5. eine Beschäftigungsduldung gemäß § 60d in Verbindung mit § 60a Absatz 2 Satz 3 des Aufenthaltsgesetzes besitzt.

Einkommensteuer-Richtlinien/Verwaltungsanweisungen: EStH 62; A1–A6 DA-KG 2025.

Übersicht

1 **1. Grundaussage. – a) Struktur.** Die im X. Abschnitt enthaltenen §§ 62–78 sind den KiGeld-Regelungen des BKGG idF bis VZ 1995 nachgebildet (die Gesetzgebungskompetenz ergibt sich mE aus Art 105 II GG; *Kube* GS Musil, 2024, 63); §§ 62–66 enthalten materiellrechtl, §§ 67–78 verfahrensrechtl Regelungen. Im Jahr 2024 wurden durch die 15 Familienkassen der Bundesagentur für Arbeit 54,5 Mrd € KiGeld für ca 17,6 Mio Kinder gezahlt; die Durchführung des Familienleistungsausgleichs obliegt (nach Aufhebung des § 72) ab 1.1.24 allein der **Bundesagentur für Arbeit.** – Berechtigte, die nach § 1 EStG in Deutschland **unbeschr stpfl** sind (§ 1 I–III; BFH III R 21/12, BStBl II 15, 135), erhalten für Kinder iSd § 63 ab 1.1.96 KiGeld nach dem EStG; diese Anknüpfung ist nicht verfwidrig (BVerfG 1 BvR 1765/09, HFR 11, 812; *HHR/Wendl* Vorb §§ 62–78 Rn. 11) und verstößt nicht gegen EU-Recht (BFH III B 17/08, BFH/NV 09, 380). Das Unionsrecht lässt die Zuständigkeit der Mitgliedstaaten zur Ausgestaltung ihrer Systeme der sozialen Sicherheit unberührt (BFH III R 31/23, BStBl II 25, 83) Im BKGG ist nur noch das sog Rest-KiGeld geregelt (§ 1 BKGG). – Das *BZSt* hat eine einheitl DA erlassen – DA-KG 2025 (BStBl I 25, 1018).

Geplant war (ab 2025) eine Neuregelung durch das **Gesetz zur Einführung einer Kindergrundsicherung** (RegEntw BT-Drs 20/9092); das KiGeld sollte durch den Kindergarantiebetrag ersetzt werden. Durch die geplanten Änderungen, die keine inhaltl Änderung enthielten, sollten sämtl Regelungen des EStG, die sich auf das bisherige KiGeld nach dem X. Abschnitt bezogen, künftig auch für den Kindergarantiebetrag gelten (BT-Drs 20/9092, 130). Das Gesetzgebungsverfahren hat sich vorläufig erledigt.

b) Gesetzestechnik. KiGeld und Kinderfreibetrag **(duales System)** können ab 1996 nur noch **alternativ** in Anspruch genommen werden (§ 2 V, VI; § 31); infolge der monatl Auszahlung des KiGeldes geht dieses dem Kinderfreibetrag zunächst vor. Die Voraussetzungen sind unterschiedl (vgl zB → § 63 Rn. 4 und → § 32 Rn. 77, 58). Nach § 31 wird die steuerl Freistellung durch den Kinderfreibetrag nach § 32 oder durch das KiGeld nach §§ 62 ff bewirkt (zum Verhältnis von § 32 und §§ 62 ff vgl iEinz → § 31 Rn. 10 f; BFH VI R 182/98, DStRE 00, 80). Im lfd Kj wird zunächst das KiGeld als StVergütung gezahlt. Das FA prüft bei der EStVeranlagung von Amts wegen, ob das KiGeld die steuerl Wirkung des Kinderfreibetrags ausgleicht (*BMF* BStBl I 1995, 805 Tz 1); ggf wird das zustehende KiGeld mit der EStSchuld des KiGeld-Berechtigten verrechnet. Dies gilt selbst dann, wenn kein KiGeld beantragt wurde. Der EStBescheid des Kindes ist kein Grundlagenbescheid für die KiGeld-Festsetzung (BFH XI R 26/12, BFH/NV 14, 313). 2

c) Aufbau. Kern des KiGeld-Rechts sind die **§§ 62 und 63,** sie regeln die Anspruchsvoraussetzungen. **§§ 64, 65** enthalten Ausschlusstatbestände, **§ 66** bestimmt die Höhe und die **§§ 67–78** regeln das Verfahren und bestimmte Auszahlungsmodalitäten. Vereinfacht lautet die **Grundregel:** Wer im Inl wohnt, erhält für abhängige Kinder (§ 32 III f) KiGeld. – Das KiGeld wird zur StFreistellung des elterl Einkommens iHd Existenzminimums eines Kindes gezahlt; es dient ggf auch der **Förderung der Familie** (BFH III B 58/12, BFH/NV 12, 1977). 3

d) Festsetzung. Das KiGeld wird durch **selbständigen Bescheid** festgesetzt (§ 70 I), auf den (nur) die für die Steuerfestsetzung geltenden Vorschriften der AO sinngemäß anwendbar sind (§ 155 IV AO; BFH III R 108/06, BFH/NV 09, 357), ebenso das Recht auf Akteneinsicht (BFH III R 59/19, BStBl II 21, 467) und die Verjährungsvorschriften, §§ 169 f AO (BFH V R 13/15, BFH/NV 16, 534). Die unionsrechtl Familienbetrachtung gilt auch für die Festsetzungsverjährung (BFH III R 10/20, BStBl II 22, 186). Zuständig für die Festsetzung sind die Familienkassen (§§ 70). Die Bundesagentur für Arbeit stellt dem BZSt zur Durchführung dieser Aufgaben ihre Behörden **(Arbeitsagenturen)** als Familienkassen zur Verfügung (Organleihe); die Fachaufsicht obliegt dem BZSt (§ 5 I Nr 11 FVG); die KiGeld-Kassen sind auch für das Erhebungsverfahren zuständig (ua BFH III R 2/22, BStBl II 23, 626: „Gesamtzuständigkeit" der Wohnsitzfamilienkasse; kein „Inkasso-Service"); die Familienkasse Zentraler KiGeld-Service („Kind mit Behinderung") wurde bei der Arbeitsagentur SA Nord wirksam errichtet (BFH III R 11/23, BStBl II 25, 207; BFH III R 30/24, BFH/NV 25, 1185; *Selder* jurisPR-StR 17/25 Anm 4). Gegen die KiGeld-Festsetzung (bzw Nichtfestsetzung) ist der Einspruch gegeben (§ 77). Klage ist vor dem FG zu erheben (§ 33 I Nr 1 FGO; BFH VIII R 60/99, BFH/NV 04, 320); Klagegegner ist die jeweilige Familienkasse (§ 63 I FGO). Ausgezahlt wurde das KiGeld im öffentl Dienst bis 2023 auch durch den ArbG (§ 72 aF). – Der KiGeld-Anspruch wird nicht nach § 233a AO verzinst (BFH III R 64/04, BStBl II 07, 240); zu Prozesszinsen BFH III R 85/06, BStBl II 07, 598. 4

2. Kindergeldberechtigung, § 62 I. § 62 legt den Personenkreis fest, der KiGeld erhält *(Anspruchsberechtigte)*. Den Kindern selbst steht der Anspruch auf KiGeld nicht zu. – Anspruchsvoraussetzung ist auch die Angabe der jeweiligen steuerl Identifikationsmerkmale des Antragstellers (§ 62 I 2, 3; A 3 DA-KG 2025) und des Kindes (§ 63 I 3; A 22 DA-KG 2025) zur Verhinderung ungerechtfertigter Doppelzahlungen. 5

6 **a) Anspruchsberechtigung bei inländischem Wohnsitz/inländischem gewöhnlichen Aufenthalt.** § 62 I knüpft die Anspruchsberechtigung für dt Staatsangehörige und Ausländer (unter den zusätzl Voraussetzungen der Abs 1a, 2) an einen inl Wohnsitz oder inl gewöhnl Aufenthalt (**§ 62 I 1 Nr 1;** §§ 8, 9 AO; BFH III R 12/20, BStBl II 22, 681; A 2.1 DA-KG 2025); das Territorialitätsprinzip ist sachgerecht und verfgemäß (BFH III R 77/09, BFH/NV 11, 1351). Zum Merkmal ‚Wohnsitz' vgl → § 1 Rn. 20 f. Kein Anspruch bei unklarem Wohnsitz/gewöhnl Aufenthalt im Inl (BFH XI R 37/11, BStBl II 14, 831). Bei **Zweitwohnsitz** besteht Anspruch auf Differenz-KiGeld (BFH III R 44/12, BStBl II 15, 143; → § 65 Rn. 6). – Gewöhnl Aufenthalt im Bereich der EU genügt (FG Mster 6 K 514/23 Kg, BeckRS 2023, 51186, rkr; → § 1 Rn. 27 f). Mehrere Entsendungen können gewöhnl Aufenthalt begründen (BFH III B 143/14, BFH/NV 15, 1386) – Bei fehlendem Wohnsitz oder gewöhnl Aufenthalt im Inl kann einen KiGeld-Anspruch haben, *(1)* wer nach § 1 II (bei Dienst-Verh zu inl öffentl Kasse; dazu → § 1 Rn. 35 f) unbeschr estpfl ist **(§ 62 I 1 Nr 2 Buchst a)** oder *(2)* wer nach § 1 III (dazu → § 1 Rn. 41 f) als estpfl behandelt wird (**§ 62 I 1 Nr 2 Buchst b;** BFH III R 7/20, BFH/NV 22, 739); Buchst b verlangt inl Einkünfte iSd § 49 (BFH III R 23/20, BFH/NV 21, 1344). – Auch sog **Ortskraft** kann KiGeld-Anspruch haben (BFH XI R 9/12, BFH/NV 13, 1077), nicht unechte Ortskraft, da nicht in das dt SV-System eingegliedert (BFH III R 20/12, BFH/NV 14, 684). – KiGeld kann nur für die Monate des Bestehens des Wohnsitzes und des Bezugs inl Einkünfte verlangt werden (BFH XI R 8/12, BFH/NV 14, 495).

7 **b) Weitere Voraussetzungen.** Welche Kinder berücksichtigt werden, regelt § 63 (→ § 63 Rn. 4). – Die Anspruchsvoraussetzungen für minderjährige (§§ 62, 63, 32 III) und für volljährige Kinder (§§ 62, 63, 32 IV) sind getrennt voneinander zu beurteilen (BFH VI R 162/98, BStBl II 00, 459; vgl → § 32 Rn. 19, 21 ff). – Juristische Personen sind (mangels Kindschaftsverhältnisses) nicht anspruchsberechtigt. Dies gilt selbst dann, wenn sie ausschließl oder überwiegend für den Unterhalt eines Kindes sorgen.

8 **3. Kindergeldberechtigung von EU-/EWR-Ausländern, § 62 Ia.** – *(Freizügigkeitsberechtigte)* EU- und EWR-Ausländer nebst Angehörigen erhalten KiGeld nur, sofern die Voraussetzungen des § 62 Ia erfüllt sind. – **a) EU-Rechtslage.** VO (EWG) 1408/71 wurde ab 1.5.10 ersetzt durch **VO (EG) 883/04** (ABl EU 2004 L 166, 1 – VO zur Koordinierung der Sozialsysteme) iVm VO (EG) 987/09 (ABl EU 2009 L 284, 1 – DurchführungsVO; BFH III R 10/11, BStBl II 14, 706; iEinz *HHR/Wendl* Vorb v §§ 62–78 Rn. 16 ff). Nach Art 11 I 1 VO (EG) 883/04 unterliegen Personen den Rechtsvorschriften nur eines Mitgliedstaates. Welcher Mitgliedstaat dies ist, wird durch Art 11 III iVm Art 12–16 VO (EG) 883/04 geregelt. – Art 67 VO (EG) 883/04 begrenzt den Anspruch auf KiGeld nicht auf ArbN (EuGH C-322/17, FamRZ 19, 653 – *Bogatu*).

9 **b) Nationale Rechtslage.** § 62 Ia (idF BGBl I 19, 1066; zur Begründung s BT-Drs 19/8691, 63) regelt, dass für EU-/EWR-Ausländer, die im Inl einen Wohnsitz oder ihren gewöhnl Aufenthalt begründen, ein KiGeld-Anspruch nur unter § 62 I einschränkenden Voraussetzungen) besteht (*HHR/Wendl* § 62 Rn. 10). – ***(1)* Erste 3 Monate.** Für die ersten 3 Monate nach Begründung des Wohnsitzes bzw des gewöhnl Aufenthalts im Inl schließt § 62 Ia 1 einen KiGeld-Anspruch für die genannten zugezogenen Personen grundsätzl aus (ausgenommen sind zugezogene Personen, die inl Einkünfte nach §§ 13–19 erzielen; § 62 Ia 2). – ***(2)* Ab dem 4. Monat.** Für Zeiträume ab dem 4. Monat macht § 62 Ia 3 den KiGeld-Anspruch von einem hierfür ausreichenden Aufenthaltsrecht abhängig (Anknüpfung an **§ 2 FreizügG/EU;** BT-Drs 19/8691, 63; SächsFG EFG 24, 1655, Rev III R 8/24). Eine freizügigkeitsberechtigte Person hat danach einen KiGeld-Anspruch, wenn sie (inl) **ArbN** (§ 2 II Nr 1 FreizügG/EU), selbständiger Erwerbstätiger (§ 2 II Nr 2, 3 FreizügG/EU) oder

Empfänger von Dienstleistungen (§ 2 II Nr 4 FreizügG/EU) ist, bei ausreichendem Krankenversicherungsschutz und eigenen Mitteln (§ 2 II Nr 5 FreizügG/EU), als Familienangehörige (§ 2 II Nr 6 FreizügG/EU), mit Daueraufenthaltsrecht (§ 2 II Nr 7 FreizügG/EU); ArbN auch während Mutterschutz (FG Ddorf DStRE 24, 1178, Rev III R 27/24). Bestimmte **Hindernisse** (vorübergehende Erwerbsminderung, unfreiwillige Arbeitslosigkeit, Berufsausbildung) sind unschädl (§ 2 III FreizügG/EU); Arbeitssuche allein reicht nicht (§ 62 Ia 3 Hs 2). Über Abs 1a S 3 hinaus kann ggf abgeleitetes Freizügigkeitsrecht bestehen (FG Ddorf DStRE 24, 394, rkr).

Die Beschränkung des § 62 Ia 1, 2 (Notwendigkeit wirtschaftl Aktivitäten) verstößt gegen das Gebot der Gleichbehandlung des Art 4 VO (EG) 883/04 (EuGH C-411/20, DStRK 22, 228; *Leopold* jM 23, 154; *Röhner* NJW 23, 646; ähnl BVerfG 2 Bvl 9/14, DStRK 22, 247; dazu *Kluth* ZAR 22, 323; zur Anwendung s Anm vor A 4.2 I DA-KG 2025); KiGeld ist keine Sozialleistung. Fragl ist, ob § 62 Ia 3 ebenfalls unionsrechtswidrig ist; eine Rev ist anhängig (BFH III R 8/24; dazu *Wackerbeck* EFG 24, 1656; krit *Helmke/Bauer,* Familienleistungsausgleich *(zit. Helmke)* § 62 Rn. 48.3); nach FG Mster EFG 25, 1012, rkr dürfen die Mitgliedstaaten den Zugang zu Familienleistungen wie dem KiGeld an einen rechtmäßigen Aufenthalt knüpfen.

– ***(3)* Prüfungskompetenz der Familienkasse.** § 62 Ia 4 räumt der Familienkasse die (volle) Prüfungskompetenz hinsichtl des Vorliegens der Voraussetzungen des § 2 II, III FreizügG/EU ein (BT-Drs 19/8691, 63; BFH III R 36/23, BStBl II 24, 597). – ***(4)* Information der Ausländerbehörde (§ 62 Ia 5).** Die Familienkasse hat die zuständige AuslBehörde (im Hinblick auf etwaige aufenthaltsrechtl Auswirkungen) über die ablehnende Entscheidung zu informieren, auch in den Fällen des § 62 Ia 6. – ***(5)* Anwendung.** § 62 Ia ist für KiGeld-Festsetzungen anzuwenden, die Zeiträume betreffen, die nach dem 31.7.19 beginnen. – ***(6)* Keine Kürzung.** Für Kinder, die in einem anderen Mitgliedstaat wohnen, darf das KiGeld nicht gekürzt werden (EuGH C-328/20, EuZW 2022, 806).

c) Fiktion des Wohnsitzes. Der EU-Wohnsitz (aller Beteiligter) wird als inl fingiert (= inl Wohnsituation) und führt (bei Aufnahme des Kindes) zu einem **vorrangigen KiGeld-Anspruch** des in einem anderen EU-Mitgliedstaat wohnenden Elternteils (EuGH C-378/14, DStRE 15, 1501 – *Trapkowski:* Auslegung des Art 60 I VO (EG) 987/09; BFH III R 71/18, BStBl II 22, 180 [Familienbetrachtung]; *Wendl* HFR 22, 739 (s auch A 4.2 DA-KG 2025). Diese **weitgehende Fiktion** führt zu erhebl Vereinfachung (zur früheren Situation → 35. Aufl 2016, § 62 Rn. 6 f). Zu Nicht-Freizügigkeitsberechtigten → Rn. 14 f. 10

Beispiele: – **Fall 1:** Eltern und Kinder leben in Polen: kein dt KiGeld, da kein Bezug zum dt Sozialsystem. – **Fall 2:** Vater arbeitet in BRD; (geschiedene) Ehefrau (oder Mutter) lebt mit Kind in Polen: kein KiGeld-Anspruch des Vaters, selbst wenn Frau keinen Antrag gestellt hat; wenn Frau Antrag stellt, ggf Anrechnung des polnischen KiGeldes (BFH III R 12/19, BFH/NV 21, 940); anders wenn in Polen (vorrangiger Staat) kein Anspruch besteht; dann voller KiGeld-Anspruch des Vaters in BRD (BFH III R 27/19, BStBl II 22, 183; BFH III R 2/20, BFH/NV 21, 110; zur Anspruchskonkurrenz (auch wegen sog Familienbetrachtung) BFH III R 71/18, BStBl II 22, 180; *Wendl* HFR 21, 675. – **Fall 3:** Kläger lebt in BRD, Töchter bei Großmutter in Griechenland: KiGeld-Anspruch der Großmutter.

d) Wanderarbeitnehmer/Entsendung. Nach EuGH C-611/10, DStRE 12, 999 können auch „WanderArbN" (zB Handwerker, Kraftfahrer, Saisonarbeiter) grds KiGeld beziehen (Art 67 VO (EG) 883/04, ABl 04 L 166, 1; Art 60 I VO (EG) 987/09, ABl 09 L 284, 1; EuGH C-378/14, NJW 16, 1147). Deutschland muss **KiGeld an polnische Saisonarbeiter** zahlen; das in Polen gezahlte KiGeld ist anzurechnen (EuGH C-611/10, DStRE 12, 999). Dieser Auffassung hat sich der BFH angeschlossen (BFH V R 38/11, BFH/NV 14, 837). Die Anspruchsberechtigung richtet sich insoweit allein nach dt Recht. § 65 I 1 Nr 2 führt ggf zur Kürzung. – Der EU-WanderArbN ohne Wohnsitz und gewöhnl Aufenthalt im Inl muss mE nicht § 1 III erfüllen; die Fiktion des inl Wohnsitzes macht § 1 III entbehrl (iEinz *Weber-Grellet* FR 18, 761 [Bestätigung mE durch EuGH C-322/17, FamRZ 19, 653 – *Bo-* 11 *gatu*]; **aA** BFH III R 5/17, BStBl II 18, 482; *HHR/Wendl* § 62 Rn. 7). – Ein (aus Polen) entsandter ArbN unterliegt weiterhin den Vorschriften des Entsendestaats (BFH III R 4/20, BFH/NV 23, 953 zur Koordinierung von Familienleistungen bei Entsendung ins Inland; *Görke* BFH/PR 21, 69); ggf besteht ein Anspruch auf Differenz-KiGeld (iEinz BFH III R 4/20, BFH/NV 23, 953; → § 65 Rn. 6). Der Anspruch kann ggf auch dem anderen Elternteil zustehen (BFH III R 13/19, BFH/NV 21, 453). Besteht kein ausl Anspruch, ist der Anspruch im nachrangigen Staat nicht nach Art 68 II 3 VO (EG) 883/04 ausgeschlossen (BFH III R 27/19, BStBl II 22, 183; BFH III R 31/20, BStBl II 23, 348). Allerdings besteht ggf eine beschränkte Rückforderungsmöglichkeit des nachrangig ggü dem vorrangig verpflichteten Staat; die zuständigen Träger müssen den Antrag gemeinsam erledigen (Grundsatz der loyalen Zusammenarbeit; EuGH C-36/23, DStR 24, 1237).

12 **e) Kindergeld bei Assoziierung.** Wie Freizügigkeitsberechtigte zu behandeln sind auch – zT – **schweizer und britische ArbN** (A 4.2 I, II DA-KG 2025); türkische ArbN auf Grund EU-Assoziierungsrecht (A 4.5 II DA-KG 2025); zu sog Abkommensstaaten → Rn. 13; *Görke* BFH/PR 21, 69).

13 **4. Kindergeldberechtigung bei Sozialabkommen.** Der Besitz eines in § 62 II genannten Aufenthaltstitels (→ Rn. 14 f) ist nicht erforderl bei ArbN aus Staaten, mit denen zwischenstaatl Abkommen bestehen (vgl BFH III R 61/04, BFH/NV 08, 769; *HHR/Wendl* § 62 Rn. 22); den Abkommen liegt ein enger ArbN-Begriff zugrunde (BFH V R 61/10, BStBl II 14, 475). Abkommensstaaten sind Bosnien und Herzegowina, Kosovo, Marokko, Montenegro, Serbien, Türkei und Tunesien (Abkommen über soziale Sicherheit und andere zwischenstaatl Abkommen; dokumentiert in BArbBl 04, 11; A 4.5 I DA-KG 2025). Diese Abkommen sehen ein sog (geringeres) Vertrags-KiGeld für AuslKinder vor (Abkommens-KiGeld) und sollen die Kumulierung von Rechten und Pflichten verhindern (*BMF* BStBl I 95, 805; BFH III R 6/08, BStBl II 12, 883). Die Assoziations-Abkommen gelten auch für **Asylfälle** (BFH III R 42/09, BStBl II 18, 392 für türkischen Asylbewerber); kein KiGeld vor Abschluss des Asylverfahrens (BFH III R 19/20, BFH/NV 22, 1306). Kein KiGeld für Rentner nach Türkei-Sozialabkommen (BFH III B 113/07, BFH/NV 09, 146); kein KiGeld für Türken mit türkischem öffentl ArbGeb (FG Mster EFG 15, 490); kein KiGeld nach Art 33 SozSichAbk Türkei für dt Staatsangehörigen türkischer Abstammung (BFH III R 55/10, BStBl II 14, 473).

14 **5. Kindergeldberechtigung von anderen Ausländern mit Aufenthaltstitel, § 62 II. – a) Regelungsinhalt und Entwicklung.** § 62 II (idF des JStG 2024, BGBl I 24 Nr 387) enthält als sog **„Ausländerklausel“** zusätzl Voraussetzungen, die nicht freizügigkeitsberechtigte Ausländer bei der Inanspruchnahme von KiGeld erfüllen müssen (RegEntw JStG 2024, BR-Drs 369/24, 139; krit zur Verfassungsmäßigkeit *Helmke* aaO § 62 Rn. 50); zur Rechtsentwicklung → 44. Aufl 2025, § 62 Rn. 14; *HHR/Wendl* § 62 Rn. 2; zur EU- und Verf-Konformität der aF FG Mster EFG 25, 1012, rkr.

15 **b) Niederlassungserlaubnis, § 62 II Nr 1.** Neben der Niederlassungserlaubnis berechtigt nunmehr auch die Erlaubnis zum Daueraufenthalt-EU zum KiGeld-Bezug. Die Erlaubnis zum Daueraufenthalt-EU ist ein unbefristeter Aufenthaltstitel, der zur Ausübung einer Erwerbstätigkeit berechtigt und nach § 9a AufenthG der Niederlassungserlaubnis gleichgestellt ist, soweit es um die Inanspruchnahme von Familienleistungen geht.

16 **c) Weitere Aufenthaltserlaubnisse, § 62 II Nr 2. – aa) Berechtigung zur Ausübung einer Erwerbstätigkeit.** Auch die Blaue Karte EU, die ICT-Karte und die Mobiler-ICT-Karte berechtigen grds zum KiGeld-Bezug (iEinz *BZSt* BStBl I 20, 661). Die Klarstellung war erforderl, da es sich bei den hinzugefügten Aufenthaltstiteln nicht um Aufenthaltserlaubnisse handelt (BT-Drs 19/13436, 124). Mit der

Maßnahme wird Art 12 I Buchst e RL 2011/98/EU umgesetzt. Bei Inhabern einer Mobiler-ICT-Karte als Aufenthaltstitel und einer Aufenthaltserlaubnis für mobile Forscher nach § 18f AufenthaltsG ist ein doppelter Leistungsanspruch in dem anderen Mitgliedstaat der EU und im Inl ausgeschlossen. – **bb) Ausschlusstatbestände.** – ***(1)* II Nr 2 Buchst a –** Bei den genannten Aufenthaltstiteln ist davon auszugehen, dass sich die Inhaber in der Regel nicht dauerhaft in Deutschland aufhalten und deshalb ein KiGeld-Anspruch nicht angezeigt ist, zB bei einem Aufenthalt zu Ausbildungszwecken, zur Arbeitsplatzsuche, zum Zweck der Teilnahme an Sprachkursen und Schulbesuch (BFH III R 51/19, BStBl II 21, 23 zum Freiwilligendienst „Erasmus+"). Die bisherigen Regelungen des § 20 I, II AufenthG werden weitestgehend durch § 20a AufenthG abgelöst und erweitert (RegEntw JStG 2024: BR-Drs 369/24, 139). Da diese Aufenthaltstitel nicht zur Erwerbstätigkeit berechtigen, fallen sie nicht in den Katalog der begünstigten Aufenthaltsberechtigungen. – ***(2)* II Nr 2 Buchst b –** Die Regelung sieht einen Ausschluss vom KiGeld-Bezug für Personen vor bei einer Aufenthaltsberechtigung zum Zweck des Vollzeitstudiums an einer staatl Hochschule oder vergleichbaren Ausbildungseinrichtungen. Zusätzl Voraussetzung für den Ausschluss ist, dass die Person weder erwerbstätig ist noch Elternzeit oder laufende Geldleistungen nach dem SGB III in Anspruch nimmt (BT-Drs 19/13436, 124). – ***(3)* II Nr 2 Buchst c –** Personen, die aus völkerrechtl oder humanitären Gründen eine Aufenthaltserlaubnis besitzen, haben grds keinen Anspruch auf KiGeld. **Ukraine-Flüchtlinge** haben ggf Anspruch auf KiGeld, wenn sie eine Aufenthaltserlaubnis nach § 24 AufenthG besitzen (*BMF* BStBl I 22, 955).

d) Rückausnahme bei berechtigter Erwerbstätigkeit, § 62 II Nr 3. Für die 17
hier genannte Personengruppe wird die Mindestaufenthaltsdauer von bisher drei Jahren gestrichen. IdR ergeben sich aus der Erwerbstätigkeit Beiträge zu SozVers und Steuern, sodass eine Wartezeit als zusätzl Anspruchsvoraussetzung nicht angezeigt ist (BT-Drs 19/13436, 125).

e) Rückausnahme bei mindestens 15 Monaten Aufenthalt, § 62 II Nr 4. 18
Ausnahmsweise erhalten Drittstaatsangehörige, die eine in II Nr 2 Buchst c genannte Aufenthaltserlaubnis besitzen, aus verfrechtl Gründen (BVerfG 1 BvL 2/10 ua, BVerfGE 132, 72) einen Anspruch auf KiGeld, wenn sie sich 15 Monate erlaubt, gestattet oder geduldet im Bundesgebiet aufhalten. Die Mindestaufenthaltsdauer von 15 Monaten entspricht den Regelungen für Drittstaatsangehörige in anderen Gesetzen. Der Aufenthalt der betroffenen Drittstaatsangehörigen ist häufig nicht nur vorübergehender Natur (BT-Drs 19/13436, 125).

f) Beschäftigungsduldung, § 62 II Nr 5. Personen, denen eine Beschäftigungs- 19
duldung erteilt wurde, erhalten ebenfalls einen KiGeld-Anspruch, da eine Beschäftigungsduldung nur unter engen Voraussetzungen gewährt wird. Die Beschäftigungsduldung führt perspektivisch zu einer Aufenthaltserlaubnis und ist damit zu einer erleichterten Fachkräftegewinnung geeignet (BT-Drs 19/13436, 125).

6. Ausländische Organisationen. Für Personen, die ausl Organisationen 20
(NATO; diplomatische Missionen, konsularische Vertretungen, internationale Organisationen) angehören, gelten die allg Grundsätze; sie können im Einzelfall (ggf nach Wiener Übereinkommen und VO (EG) 883/04 von der KiGeld-Berechtigung ausgeschlossen sein (vgl A 5 DA-KG 2025; FG Köln EFG 09, 939). – Hauspersonal einer Botschaft mit „gelbem Ausweis" ist KiGeld-berechtigt (BFH III R 55/02, BStBl II 08, 758).

7. Rückforderung. Die Rückforderung von KiGeld richtet sich nur nach der 21
AO (§ 37 II AO; BFH III R 1/20, BStBl II 21, 700; ferner → § 64 Rn. 5; → § 68 Rn. 1; → § 70 Rn. 9; → § 74 Rn. 7); maßgebl sind die konkreten Bescheide (BFH III R 36/20, BStBl II 22, 337). Das KiGeld kann auch bei Auszahlung an ein Kind vom Berechtigten zurückgefordert werden (BFH III R 29/15, BFH/NV 16, 1278).

§ 63 Kinder

(1) [1]**Als Kinder werden berücksichtigt**
1. **Kinder im Sinne des § 32 Absatz 1,**
2. **vom Berechtigten in seinen Haushalt aufgenommene Kinder seines Ehegatten,**
3. **vom Berechtigten in seinen Haushalt aufgenommene Enkel.**

[2]**§ 32 Absatz 3 bis 5 gilt entsprechend.** [3]**Voraussetzung für die Berücksichtigung ist die Identifizierung des Kindes durch die an dieses Kind vergebene Identifikationsnummer (§ 139b der Abgabenordnung).** [4]**Ist das Kind nicht nach einem Steuergesetz steuerpflichtig (§ 139a Absatz 2 der Abgabenordnung), ist es in anderer geeigneter Weise zu identifizieren.** [5]**Die nachträgliche Identifizierung oder nachträgliche Vergabe der Identifikationsnummer wirkt auf Monate zurück, in denen die Voraussetzungen der Sätze 1 bis 4 vorliegen.** [6]**Kinder, die weder einen Wohnsitz noch ihren gewöhnlichen Aufenthalt im Inland, in einem Mitgliedstaat der Europäischen Union oder in einem Staat, auf den das Abkommen über den Europäischen Wirtschaftsraum Anwendung findet, haben, werden nicht berücksichtigt, es sei denn, sie leben im Haushalt eines Berechtigten im Sinne des § 62 Absatz 1 Satz 1 Nummer 2 Buchstabe a.** [7]**Kinder im Sinne von § 2 Absatz 4 Satz 2 des Bundeskindergeldgesetzes werden nicht berücksichtigt.**

(2) **Die Bundesregierung wird ermächtigt, durch Rechtsverordnung, die nicht der Zustimmung des Bundesrates bedarf, zu bestimmen, dass einem Berechtigten, der im Inland erwerbstätig ist oder sonst seine hauptsächlichen Einkünfte erzielt, für seine in Absatz 1 Satz 3 erster Halbsatz bezeichneten Kinder Kindergeld ganz oder teilweise zu leisten ist, soweit dies mit Rücksicht auf die durchschnittlichen Lebenshaltungskosten für Kinder in deren Wohnsitzstaat und auf die dort gewährten dem Kindergeld vergleichbaren Leistungen geboten ist.**

Einkommensteuer-Richtlinien/Verwaltungsanweisungen: EStH 63; A7–A 23 DA-KG 2025.

1 **1. Zu berücksichtigende Kinder. § 63 I** regelt, für welche Kinder der Berechtigte (§ 62 I) KiGeld erhalten kann. Das Kind muss durch seine IdNr oder ggf in anderer Weise (zB durch Ausweisdokumente, ausl Urkunden oder die Angabe eines ausl Personenkennzeichens) identifiziert werden können (§ 63 I 3–5; BR-Drs 394/14, 25; *BZSt* BStBl I 16, 12, BStBl I 16, 801 mit Beispielen; BFH III R 22/19, BStBl II 22, 176; *HHR/Wendl* § 63 Rn. 14 f → § 62 Rn. 5). Die nachträgl Identifizierung wirkt zurück (§ 63 I 5). § 63 I 7 stellt sicher, dass Ansprüche nach dem EStG bei Bezug von KiGeld nach § 2 IV 2 BKGG ausgeschlossen sind. **Seit 1.1.26** gibt es für jedes Kind einheitl **259 Euro** (in 2025: 255 Euro) **pro Monat.** Die frühere Zählkinderregelung, die die Erhöhung des Anspruchs für jüngere Zahlkinder bewirkte, ist hinfällig (zur früheren Rechtslage → 42. Aufl 2023, § 63 Rn. 1).

2 **2. Kinder im Sinne des § 63 I.** Das sind **leibliche Kinder** und **Pflegekinder** (§ 32 I Nr 1, 2; BFH XI R 1/16, BFH/NV 17, 298; A 10, A 11 DA-KG 2025; *HHR/Wendl* § 63 Rn. 5 f), die im Haushalt aufgenommenen Kinder des Ehegatten (§ 63 I Nr 2), die im Haushalt aufgenommenen Enkel (§ 63 I Nr 3). Kein Pflegekindschaftsverhältnis (zum Onkel) besteht bei fortbestehendem Kontakt zur leibl Mutter (FG Mster EFG 07, 1180). Unerhebl ist, ob die Eltern miteinander verheiratet, voneinander getrennt oder geschieden sind (BFH III R 7/20, BFH/NV 22, 739). Zur gleichgeschlechtl Ehe → § 2 Rn. 71. Vermisste Kinder werden bis zum 18 Lebensjahr berücksichtigt (A 7 III DA-KG 2025). Geschwister können nur dann berücksichtigt werden, wenn sie zugleich Pflegekinder sind.

3 **a) Alter.** ersmäßig werden Kinder vom Monat der Geburt an bis zu dem Monat berücksichtigt, in dem das **18. Lebensjahr** noch nicht vollendet ist (Monatsprinzip;

§ 63 I 2 iVm § 32 III; BT-Drs 13/1558, 161; BFH XI R 7/12, BStBl II 14, 37; → § 32 Rn. 20). Unter den Voraussetzungen des § 63 I 2 iVm **§ 32 IV, V** können Kinder über die Vollendung des 18. Lebensjahres hinaus berücksichtigt werden (dazu iEinz → § 32 Rn. 21 ff; *HHR/Wendl* § 63 Rn. 12 f; A 14 – A 20 DA-KG 2025).

b) Aufenthaltsort. – aa) Wohnsitzprinzip. Grds werden nur Kinder, die im Inl, in der EU oder in einem EWR-Staat leben (**§ 63 I 6;** BFH III R 73/07, BFH/NV 10, 1429; BFH III B 123/20, DStRE 21, 1243; A 23 DA-KG 2025; *HHR/Wendl* § 63 Rn. 18 f), berücksichtigt (sog **doppeltes Wohnsitzprinzip:** der Anspruchsberechtigte [§ 62 I] und das Kind [§ 63 I 6]); die Regelung ist verfgemäß (BFH V R 13/15, BFH/NV 16, 534; FG Mchn IStR 15, 179; *KKM* § 63 Rn. C 2). Minderjährige teilen grds den Wohnsitz ihrer Eltern (BFH III R 12/20, BStBl II 22, 681). Kinder, die im EU-Ausl leben, sind Kindern mit inl Wohnsitz gleichgestellt (BFH III R 27/13, BFH/NV 17, 299). Ggf kommt der Kinderfreibetrag in Betracht (→ § 32 Rn. 76, 80). Kinder teilen den Wohnsitz der Eltern, solange sie sich noch nicht vom Elternhaus getrennt haben (FG Ddorf EFG 99, 716). Daher zB kein Ki-Geld bei Wohnsitz in USA (BFH XI R 8/15, BStBl II 16, 952) oder bei längerem (nicht unterbrochenen) ausl Studienaufenthalt (iEinz BFH III R 32/23, DStRE 25, 1025), wohl aber bei längerer Rundreise (SchlHFG DStRE 24, 1281, rkr) oder bei Verbringung von mehr als der Hälfte der ausbildungsfreien Zeit in elterl Wohnung (BFH III R 11/21, DStR 23, 1707; *Köhler* HFR 23, 985). – **Ausnahmen** (A 23.2 DA-KG 2025): – *(1)* Kinder, die im Haushalt eines erweitert unbeschr Stpfl (§ 63 I 6 Hs 2; § 1 II) leben, – *(2)* ggf aufgrund von Sozialabkommen (→ § 62 Rn. 13; *Korn* § 63 Rn. 18), nicht bei kroatischem Sozialabkommen (BFH V B 36/13, BFH/NV 14, 680). 4

bb) Faktische Bestimmung. Wohnsitz und gewöhnl Aufenthalt (§§ 8, 9 AO; → § 62 Rn. 6 f) sollen rein tatsächl zu bestimmen sein (BFH III B 92/16, BFH/NV 17, 1179). Der Wohnsitz ist im Heimatland, wenn der InlAufenthalt (wegen fehlender Mittel) unterbleibt (FG Köln EFG 07, 1174) oder wenn nur Ferienbesuch im Inl (FG Mchn EFG 07, 857); er bleibt aber im Inl bei begrenztem Aufenthalt im Heimatland (NdsFG EFG 01, 514). – Die territoriale Anknüpfung nach § 63 I 6 ist irrelevant für die Freibeträge nach § 32 VI (*Dürr* jurisPR-StR 7/15 Rn. 2). 5

3. Stiefkinder; Enkel, § 63 I 1 Nr 2, Nr 3. – a) Haushaltsaufnahme. Stiefkinder und Enkel sind nur dann zu berücksichtigen, wenn sie der Berechtigte in seinen Haushalt aufgenommen hat (**§ 63 I 1 Nr 2, 3;** BFH V R 41/11, BStBl II 14, 34); auch der mehrmonatige Aufenthalt eines Enkels kann noch Besuchscharakter haben (BFH VI B 13/12, BFH/NV 12, 1599). – Eine Haushaltsaufnahme liegt vor, wenn das (auch volljährige; BFH III B 69/07, BFH/NV 08, 948) Kind bewusst in die Obhut der Familiengemeinschaft mit einem auf längere Dauer gerichteten Betreuungs- und Erziehungsverhältnis familienhafter Art aufgenommen wird (Lebensmittelpunkt; BFH V R 41/11, BStBl II 14, 34); das Sorgerecht ist nicht entscheidend (BFH III B 192/10, BFH/NV 11, 2043; A 9 I DA-KG 2025); ein bloßes Dulden des Mitlebens reicht nicht aus, wohl aber ein Aufenthalt von mehr als 3 Monaten bei offener Rückkehr (BFH V B 130/11, BFH/NV 12, 1136). Obj Beweislast bei Antragsteller (FG Mchn EFG 14, 216). – Der Widerspruch der Sorgeberechtigten ist unerhebl (NdsFG EFG 00, 796). Aus Besuchs- kann Daueraufenthalt werden (FG Mster EFG 04, 1226). Bei *mehrfacher Haushaltsaufnahme* (zB bei getrennt lebenden Eltern) ist auf die überwiegende Betreuung und auf den Lebensmittelpunkt abzustellen oder – besser – § 64 II 2–4 entspr anzuwenden (so wohl auch BFH V R 41/11, BStBl II 14, 34). 6

b) Voraussetzungen. Die Haushaltsaufnahme, die materielle, immaterielle und örtl Elemente enthält, umfasst den Unterhalt und die Versorgung des Kindes; eine wesentl Unterhaltsgewährung ist nicht erforderl (vgl § 32 I Nr 2; BSG 12 RJ 90/74, BSGE 39, 207). Der Berechtigte muss dem Kind seine Fürsorge durch Erziehung, Beaufsichtigung und Pflege zukommen lassen. 7

8 **c) Lebensmittelpunkt.** Der Haushalt muss den örtl Mittelpunkt der Lebensinteressen bilden; das Kind muss jedoch nicht ständig in dem Haushalt leben. Eine vorübergehende anderweitige Unterbringung des Kindes (zB bei den Großeltern; dazu FG Mster EFG 10, 1796) ändert an der Haushaltsaufnahme dann nichts, wenn der Zusammenhang mit dem Haushalt nicht unterbrochen wird (zB iRd Schul- oder Berufsausbildung oder beim vorübergehenden Aufenthalt in einer Erziehungsanstalt; vgl FG Köln EFG 02, 1181; *KKM* § 63 Rn. C 13). Anders verhält es sich zB bei einer dauernden Heimunterbringung oder Fürsorgeerziehung auf Kosten Dritter. – Wiederholte Inhaftierung ist schädl (FG LSA EFG 08, 1393), nicht aber kurzfristige (FG RhPf EFG 13, 868).

9 **d) Haushalt des Antragstellers.** Auf die Eigentums- und Besitzverhältnisse an der Wohnung oder dem Hausrat oder auf die Kostentragung kommt es nicht entscheidend an (BFH VI B 236/97, BFH/NV 99, 177). Ein gemeinsamer Haushalt (zB der Großeltern und eines Elternteils) kann genügen (vgl § 64 II 2, 5).

10 **e) Beendigung.** Bei **Ehescheidung** und Auflösung des gemeinsamen Haushalts verliert der Elternteil, der keinen eigenen Haushalt mehr hat, in den das Kind aufgenommen wird, den Anspruch auf KiGeld; bei Trennung von „Tisch und Bett" besteht mE weiterhin ein Haushalt (iErg ähnl FG Köln EFG 02, 1183). Trennt sich die Mutter vom Stiefvater, ist eine Aufnahme in dessen Haushalt nicht mehr gegeben (FG BW EFG 00, 795).

11 **f) Haushaltswechsel.** Die Festsetzung des KiGeldes ist auf den Zeitpunkt der Veränderung aufzuheben (→ § 64 Rn. 4) und das KiGeld zurückzufordern (BFH VI B 256/00, BFH/NV 01, 1117; → § 64 Rn. 4; → § 70 Rn. 6).

12 **4. Verordnungsermächtigung, § 63 II.** Abs 2 enthält eine an die BReg gerichtete (und noch nicht genutzte) VO-Ermächtigung in Bezug auf die Berücksichtigung von im Ausl lebenden Kindern (dazu BT-Drs 7/2032, 9; → Rn. 4).

§ 64 Zusammentreffen mehrerer Ansprüche

(1) **Für jedes Kind wird nur einem Berechtigten Kindergeld gezahlt.**

(2) [1]**Bei mehreren Berechtigten wird das Kindergeld demjenigen gezahlt, der das Kind in seinen Haushalt aufgenommen hat.** [2]**Ist ein Kind in den gemeinsamen Haushalt von Eltern, einem Elternteil und dessen Ehegatten, Pflegeeltern oder Großeltern aufgenommen worden, so bestimmen diese untereinander den Berechtigten.** [3]**Wird eine Bestimmung nicht getroffen, so bestimmt das Familiengericht auf Antrag den Berechtigten.** [4]**Den Antrag kann stellen, wer ein berechtigtes Interesse an der Zahlung des Kindergeldes hat.** [5]**Lebt ein Kind im gemeinsamen Haushalt von Eltern und Großeltern, so wird das Kindergeld vorrangig einem Elternteil gezahlt; es wird an einen Großelternteil gezahlt, wenn der Elternteil gegenüber der zuständigen Stelle auf seinen Vorrang schriftlich verzichtet hat.**

(3) [1]**Ist das Kind nicht in den Haushalt eines Berechtigten aufgenommen, so erhält das Kindergeld derjenige, der dem Kind eine Unterhaltsrente zahlt.** [2]**Zahlen mehrere Berechtigte dem Kind Unterhaltsrenten, so erhält das Kindergeld derjenige, der dem Kind die höchste Unterhaltsrente zahlt.** [3]**Werden gleich hohe Unterhaltsrenten gezahlt oder zahlt keiner der Berechtigten dem Kind Unterhalt, so bestimmen die Berechtigten untereinander, wer das Kindergeld erhalten soll.** [4]**Wird eine Bestimmung nicht getroffen, so gilt Absatz 2 Satz 3 und 4 entsprechend.**

Einkommensteuer-Richtlinien: EStH 64 – **Verwaltungsanweisungen:** A 24–A 27; V 35–V 37 DA-KG 2025.

1. Verbot der Doppelleistung, § 64 I. Für jedes Kind wird nur einer Person KiGeld gewährt (BT-Drs 13/1558, 161; keine Aufteilung); nicht verfwidrig (BFH XI S 25/11 (PKH), BFH/NV 12, 1133). 1

2. Mehrere Berechtigte, § 64 II 1. – a) Obhutsprinzip. § 64 II 1 greift ein, wenn zwei inl KiGeld-Ansprüche konkurrieren (BFH III R 43/14, BFH/NV 16, 1713). Bei mehreren Berechtigten ist die **Haushaltsaufnahme** (→ § 63 Rn. 6 f) Anspruchsvoraussetzung und Konkurrenzlösung (Obhutsprinzip; zur VerfMäßigkeit BFH VIII R 106/03, BStBl II 08, 762); der Aufnehmende trägt den Hauptteil der kindbezogenen Belastungen. Das gilt auch, wenn die Berechtigten zivilrechtl etwas anderes vereinbart haben (BFH V R 19/15, BStBl II 16, 958). Der Wechsel im lfd Monat ist im Folgemonat zu berücksichtigen (FG Mster EFG 12, 1561), auch bei einem Wechsel von einem Fall des § 64 III zu einem des § 64 II (BFH III R 5/23, BStBl II 24, 365; *Wendl* BFH/PR 24, 163). Mehrere Berechtigte sind zB getrennt lebende Eltern (BFH VI B 259/98, BFH/NV 99, 1331); zweifelhaft bei vorübergehender Unterkunft in der Wohnung der Großeltern (BFH VI B 175/00, BFH/NV 01, 1253). Auf die konkrete Antragstellung des vorrangig Berechtigten kommt es nicht an (FG Brem EFG 00, 879). Eine Aufteilung des KiGeldes ist nicht zul (BFH VIII R 106/03, BStBl II 08, 762). Bei gleichwertiger Aufnahme in getrennten Haushalten ist die Berechtigtenbestimmung maßgebl (BFH V R 41/11, BStBl II 14, 34). – Eine vormalige Berechtigtenbestimmung wird (und bleibt) mit der Auflösung des vormals gemeinsamen Haushalts gegenstandslos (BFH V B 31/13, BFH/NV 14, 522), auch bei erneutem Zusammenziehen (BFH III R 11/15, BStBl II 17, 1199). 2

b) Haushaltsaufnahme in Kindergeldfällen mit Auslandsbezug. Es besteht ein Vorrang des im EU-Ausl lebenden (Groß-)Elternteils, wenn das Kind in dessen Haushalt aufgenommen ist (Art 60 I 2 VO (EG) 987/09); nunmehr einheitl Rspr (statt vieler BFH III R 12/19, BFH/NV 21, 940; auch → § 62 Rn. 10, → § 65 Rn. 6); das gilt auch für Pflegeeltern (BFH III R 60/12, BStBl II 16, 889; → § 63 Rn. 2). 3

3. Gemeinsamer Haushalt, § 64 II 2. – a) Bestimmungsrecht. Bei einem gemeinsamen Haushalt (→ § 63 Rn. 6 f) mehrerer Berechtigter können diese den Empfänger durch (formfreie empfangsbedürftige rechtsgestaltende) Willenserklärung ggü der Familienkasse bestimmen (BFH V R 41/11, BStBl II 14, 34; *KKM* § 64 Rn. C 30). Einvernehmen erforderl (BFH III R 31/21, BFH/NV 23, 1405); entspr Antrag ist elektronisch oder schriftl zu stellen (A 25.1 III, II DA-KG 2025). Anderenfalls muss das Familiengericht (Amtsgericht, § 35 FGG) entscheiden, aber grds Vorrang der Eltern ggü den Großeltern (II 3–5; schriftl Verzicht mögl). Änderung ist mögl, solange noch kein KiGeld festsetzt ist (BFH III R 42/10, BStBl II 13, 21). – Bei Heimunterbringung eines Kindes bleibt Zugehörigkeit zum Elternhaushalt erhalten, wenn die Betreuung im Haushalt einen zeitl bedeutsamen Umfang hat (BFH VIII R 91/98, BFH/NV 04, 324). Bei Wechsel der Haushaltszugehörigkeit gilt Entsprechendes (*Korn* § 64 Rn. 14), ggf Umstände des Einzelfalls maßgebl (FG Köln EFG 10, 337). Änderungen im Laufe eines Monats sind vom Beginn des Folgemonats an zu berücksichtigen (§ 66 II; BFH VIII R 76/99, BFH/NV 04, 933). In Trennungsfällen kann ein gemeinsamer Haushalt noch mögl sein (SchlHFG EFG 02, 337); erst die Beendigung der Haushaltszugehörigkeit führt zum Anspruchsverlust des ausziehenden Elternteils (HessFG EFG 00, 2). Kein Obhutsverhältnis nach widerrechtl Kindesentziehung (FG Ddorf DStRE 04, 1459; ähnl FG BW EFG 07, 778). Die obj Beweislast trägt der KiGeld-Berechtigte (BFH V S 10/12 (PKH), BFH/NV 12, 1774). 4

b) Wechsel der Obhutsverhältnisse. In diesem Fall ist das KiGeld rückwirkend zurückzufordern (BFH VI B 271/00, BFH/NV 01, 1254); zur **Rückforderung** ferner BFH VIII R 64/00, BFH/NV 02, 1425 (bei Mitwirkungspflichtverletzung); iEinz (auch zum Weiterleitungseinwand) → § 70 Rn. 6, 8, 9, 10. 5

6 **c) Widerruf der Bestimmung.** Die einvernehml Bestimmung kann widerrufen werden (*KKM* § 64 Rn. C 34). Die Berechtigtenbestimmung kann nicht rückwirkend geändert werden (BFH V R 21/15, BFH/NV 16, 1274).

7 **d) Berechtigtenwechsel.** Dieser kann sich ergeben durch Änderung der familiären Verhältnisse, durch abw Berechtigtenbestimmung und durch Verzicht auf Vorrang. Die entspr Festsetzungen sind zu ändern; ggf auch Weiterleitung (V 35–37 DA-KG 2025).

8 **4. Bestimmung durch das Familiengericht, § 64 II 3, 4; III 4.** Ggf muss das Familiengericht entscheiden (Vorrangbestimmungsverfahren; A 25.1 VI, VII DA-KG 2025); grds bindet die Gerichtsentscheidung die Familienkasse für die Zukunft (FG BW EFG 09, 350); keine Bindung bei Verstoß gegen die Verfahrensgrundordnung (BFH III R 3/13, BStBl II 14, 576). Die Entscheidung wird gegenstandslos, wenn sich die Grundlagen verändern, zB die Anspruchsberechtigung nachträgl entfällt. Die Familienkasse hat mitzuwirken (BFH III R 3/13, BStBl II 14, 576). Zum Verfahren vgl FG RhPf DStRE 01, 134; *KKM* § 64 Rn. D 14 f; A 26 III DA-KG 2025.

9 **5. Keine Haushaltsaufnahme, § 64 III.** Ist das Kind nicht im Haushalt eines Berechtigten aufgenommen, erhält das KiGeld der, der eine (ggf die höhere) Unterhaltsrente zahlt; zur Unterhaltsrente iSd III 1 gehören nur regelmäßige monatl Zahlungen (BFH III R 45/17, BStBl II 19, 323). Werden gleich hohe Unterhaltsrenten gezahlt oder zahlt keiner der Berechtigten dem Kind Unterhalt, können die Berechtigten untereinander bestimmen, wer das KiGeld erhalten soll. – Nachzahlungen sind nicht zu berücksichtigen (BFH III R 30/15, BFH/NV 16, 1272).

§ 65 Andere Leistungen für Kinder

[1]Kindergeld wird nicht für ein Kind gezahlt, für das eine der folgenden Leistungen zu zahlen ist oder bei entsprechender Antragstellung zu zahlen wäre:

1. **Leistungen für Kinder, die im Ausland gewährt werden und dem Kindergeld oder der Kinderzulage aus der gesetzlichen Unfallversicherung nach § 217 Absatz 3 des Siebten Buches Sozialgesetzbuch in der bis zum 30. Juni 2020 geltenden Fassung oder dem Kinderzuschuss aus der gesetzlichen Rentenversicherung nach § 270 des Sechsten Buches Sozialgesetzbuch in der bis zum 16. November 2016 geltenden Fassung vergleichbar sind,**
2. **Leistungen für Kinder, die von einer zwischen- oder überstaatlichen Einrichtung gewährt werden und dem Kindergeld vergleichbar sind.**

[2]Soweit es für die Anwendung von Vorschriften dieses Gesetzes auf den Erhalt von Kindergeld ankommt, stehen die Leistungen nach Satz 1 dem Kindergeld gleich. [3]Steht ein Berechtigter in einem Versicherungspflichtverhältnis zur Bundesagentur für Arbeit nach § 24 des Dritten Buches Sozialgesetzbuch oder ist er versicherungsfrei nach § 28 Absatz 1 Nummer 1 des Dritten Buches Sozialgesetzbuch oder steht er im Inland in einem öffentlich-rechtlichen Dienst- oder Amtsverhältnis, so wird sein Anspruch auf Kindergeld für ein Kind nicht nach Satz 1 Nummer 2 mit Rücksicht darauf ausgeschlossen, dass sein Ehegatte als Beamter, Ruhestandsbeamter oder sonstiger Bediensteter der Europäischen Union für das Kind Anspruch auf Kinderzulage hat.

Einkommensteuer-Richtlinien: EStH 65; **Verwaltungsanweisungen:** A 28–A 29 DA-KG 2025.

1 **1. Ausschluss von Kindergeld.** § 65 I regelt die Anspruchskonkurrenz von KiGeld zu kindergeldähnl Leistungen (**Kumulationsverbot; Vermeidung kindbezogener Doppelleistungen;** *BH/Treiber* § 65 Rn. 4; A 28.1 DA-KG 2025). Werden

für ein Kind die abschließend aufgezählten Leistungen nach § 65 S 1 Nr 1–2 gewährt, ist der Anspruch auf KiGeld ausgeschlossen (**Subsidiarität** des Familienleistungsausgleichs; zB HessFG EFG 07, 1527); die materiellrechtl Richtigkeit ist irrelevant (BFH VI R 18/99, BStBl II 02, 81); kein Ausschluss zB bei Waisenrente, bei nicht staatl Leistungen, beim Familienzuschlag der Beamten (*KKM* § 65 Rn. B 30 f). Der Ausschluss wirkt nicht nur ggü derjenigen Person, der die Leistung selbst zusteht, sondern auch ggü anderen Personen, zu denen das Kind in einem Kindschaftsverhältnis nach § 63 I steht (BFH III R 56/08, BFH/NV 12, 395). Beim Anspruchsausschluss kommt es nicht darauf an, ob die andere Leistung tatsächl gezahlt worden ist (§ 65 S 1: … ist … oder zu zahlen wäre …), sondern nur darauf, ob der Rechtsanspruch auf die andere Leistung besteht und dieser in zumutbarer Weise auch realisiert werden kann. Die früheren § 65 I Nr 1, II (kein KiGeld bei Kinderzulagen/-zuschüssen) sind wegen Bedeutungslosigkeit durch das JStG 2022 (BGBl I 22, 2294) gestrichen worden (RegE BT-Drs 20/3879, 87; zu § 65 aF → 41. Aufl 2022, § 65 Rn. 2).

2. Vorrang ausländischer Leistungen, § 65 S 1 Nr 1. – a) Grundsatz. Die Regelung bezweckt – ebenso wie Art 68 VO (EG) 883/04 – eine **„Antikumulierung“** (BFH III R 87/09, BStBl II 13, 1030; FG Köln EFG 13, 801; → § 62 Rn. 8). Bei Anspruch auf ausl Leistungen besteht kein Anspruch auf dt KiGeld (Prioritätsregel); das folgt auch bereits aus dem sog doppelten Wohnsitzprinzip (→ § 63 Rn. 4). Das gilt auch, wenn der Anspruchsteller wegen Nichtversicherung in einem SozVers-System nicht von der VO (EG) 883/04 erfasst wird (BFH III R 1/13, BStBl II 18, 394). – Wegen des Wegfalls der Nr 1 aF sind die zu vergleichenden Regelungen nunmehr direkt zu benennen (RegEntw BT-Drs 20/3879, 88). 3

b) Vergleichbarkeit. Die ausl Leistungen müssen dem KiGeld oder den Kinderzulagen aus der gesetzl Unfallversicherung bzw den Kinderzuschüssen aus den gesetzl RV (nur) vergleichbar sein (BFH III R 97/08, BStBl II 13, 24). US-childbenefit (BFH VIII R 104/01, BFH/NV 05, 341) und US Child Tax Credit (*BMF* BStBl I 21, 2274) sind vergleichbare Leistungen, evtl auch britisches Child Benefit (vgl BFH III R 10/17, BStBl II 18, 717); Aufstellung vergleichbarer Leistungen in *BZSt* BStBl I 24, 1143 und nicht vergleichbarer Leistungen in A 28.2 II DA-KG 2025. 4

c) Keine Geltung für EU/EWR-Staaten, aber Anrechnung. § 65 S 1 Nr 1 gilt nicht für EU- und EWR-Staaten (EuGH C-352/06, HFR 08, 877 – *Bosmann;* EuGH C-611/10, DStRE 12, 999 – *Hudzinski;* BFH VI R 68/11, BStBl II 16, 945; *HHR/Wendl* § 65 Rn. 9); Koordinierungsverfahren nach Art 68 VO (EG) 883/04 (nur bei konkurrierenden Ansprüchen; BFH III R 40/22, BFH/NV 24, 383); Ansprüche auf Familienleistungen können in mehreren Mitgliedstaaten bestehen (BFH III R 45/20, BFH/NV 22, 1181). **Vorrangig** verpflichtet ist der Staat, in dem ein Elternteil eine Erwerbstätigkeit ausübt, **nachrangig** der Staat, in dem der KiGeld-Berechtigte wohnt (BFH III R 73/18, BStBl II 22, 178; FG RhPf BeckRS 2022, 46630, Rev III R 7/23). Auf einen inl KiGeld-Anspruch (FG Ddorf EFG 14, 53; *BH/Treiber* § 65 Rn. 7, 41 f) ist die EU-/EWR- Leistung anzurechnen (BFH III R 54/11, BFH/NV 15, 477; BFH VI R 68/11, BStBl II 16, 945), sodass im Ergebnis nur ein **Differenz-KiGeld** gezahlt wird; eine doppelte Leistung ist (natürl) ausgeschlossen. 6

Der Anspruch auf Familienleistungen ruht, wenn im Wohnmitgliedstaat kein Antrag gestellt wurde (BFH III R 40/09, BStBl II 17, 118, im Anschluss an EuGH C-4/13). Art 68 I VO (EG) 883/04 regelt die Prioritäten bei Zusammentreffen von Ansprüchen (BFH III R 10/17, BStBl II 18, 717; instruktiv BFH III R 71/18, BStBl II 22, 180); ggf Vorrang der Entscheidung einer ausl Behörde (BFH III R 18/16, BStBl II 17, 1237; *Selder* jurisPR-StR 50/17 Anm 5). Kein Anspruch auf Differenz-KiGeld bei ausschl durch Wohnort (nicht durch inl Tätigkeit) ausgelöstem KiGeld-Anspruch (Art 68 II 3 VO (EG) 883/04; BFH III R 10/17, BStBl II 18, 717). – Nicht im Auslandsstaat beantragte und bezogene Familienleistungen sind auf das deutsche KiGeld (nachträgl) anzurechnen (BFH III R 31/18, BFH/NV 21, 771).

Die einzelnen Konstellationen sind von dem Beschäftigungsstatus der Kindseltern und dem Wohnstaat des Kindes abhängig (BFH III R 71/18, BStBl II 22, 180; *Wendl* DStRE 21, 178). Die Berechnung hat **kindbezogen** (nicht familienbezogen) zu erfolgen (BFH III R 9/15, BStBl II 17, 121). Dem Umstand, dass kein Antrag gestellt wurde, steht der Anrechnung nicht entgegen (EuGH C-378/14, DStRE 15, 1501; der Antrag im vorrangig zuständigen Staat wird nach Art 68 III Buchst b VO (EG) 883/04 fingiert (BFH III R 73/18, BStBl II 22, 178). – Die ausl Leistungen sind in Euro umzurechnen (zum amtl **Wechselkurs** am Zahlungstag; EuGH C-250/13, BeckRS 2014, 80755).

Bei der Berechnung des Differenzbetrags sind nur gleichartige Familienleistungen zu berücksichtigen (EuGH C-347/12, StEd 14, 306); die **Antikumulierung** ist nunmehr in VO (EG) 883/04 und VO (EG) 987/09 (EuGH C-347/12, StE 14, 306).

Entsprechendes gilt mE für **Sozialabkommen** (→ § 62 Rn. 13; *BH/Treiber* § 65 Rn. 9; *Korn* § 65 Rn. 10 (16) und für EU-Freizügigkeitsabkommen mit Schweiz (FG Hmb EFG 13, 1056). – **Differenz-KiGeld** auch gegeben, wenn beide Eltern Schweizer Grenzgänger sind (BFH III R 32/11, BStBl II 16, 1005, unter Aufgabe der bish Rspr; *Selder* jurisPR-StR 6/14 Anm 3; *Wd* DStRE 14, 211); kein KiGeld bei in der Schweiz arbeitenden Drittstaatsangehörigen (FG BW EFG 11, 1266). – Ab 1.3.99 Abkommen Deutschland/Schweiz (*BfF* BStBl I 99, 452; A 29 DA-KG 2025; *Korn* § 65 Rn. 15); zur Berechnung FG BW EFG 06, 54. – Schweizer Kinderrente ist anzurechnen (BFH III R 3/17, BFH/NV 18, 726).

7 **d) Einzelfälle (zur Anrechnung).** Niederländisches KiGeld (BFH III R 71/11, BFH/NV 14, 24); slowakisches KiGeld (FG Mchn EFG 13, 460); österreichisches KiGeld (BFH III R 87/09, BStBl II 13, 1030); griechisches KiGeld (BFH III R 76/10, BStBl II 13, 1033); polnisches KiGeld (BFH III R 16/14, BFH/NV 16, 911; auch Zulage für Alleinerziehende, BFH XI R 10/13, BFH/NV 16, 543; BFH III R 34/18, BStBl II 21, 20, sog 500+; *Selder* jurisPR-StR 6/20 Anm 3).

8 **e) Verfahrensrecht.** Das FG hat das maßgebende ausl Recht zu ermitteln (BFH III R 6/14, BFH/NV 15, 1237; *Selder* jurisPR-StR 45/13 Anm 5); der Kläger ist nicht zu dessen Darlegung verpflichtet (BFH III R 10/11, BStBl II 14, 706). – Für Anspruchsteller besteht eine erhöhte Mitwirkungspflicht (§ 90 II AO; FG Mster EFG 11, 552, für polnischen Selbständigen), ggf auch zur Antragstellung (*BH/Treiber* § 65 Rn. 13, 50 f). – Die Entscheidung der ausl Behörde ist grds zu beachten (BFH III R 55/08, BStBl II 13, 619). Die Familienkasse ist nicht an die ESt-Feststellungen gebunden (BFH III R 9/09, BStBl II 14, 802).

9 **3. Vorrang zwischenstaatlicher/überstaatlicher Einrichtungen, § 65 S 1 Nr 2.** Kein KiGeld-Anspruch besteht bei **vergleichbaren Leistungen** für Kinder von einer zwischen-/überstaatl Einrichtung (§ 65 S 1 Nr 2; A 28.3 II DA-KG 2025; *BH/Treiber* § 65 Rn. 26). Hierzu zählen etwa die *Kinderzulagen* nach Art 67 Ib des Statuts der Beamten der EG (nicht jedoch die Kinderzulagen zum Waisengeld nach Art 80 I, II des Statuts); die *Unterhaltsberechtigtenzulagen* nach Art 69 des Statuts der Beamten des Europäischen Patentamtes; die einem zivilen NATO-Angestellten aufgrund Art 29 der NATO-Sicherheits-/Personalvorschriften zustehenden *Beihilfen* für unterhaltsberechtigte Kinder (vgl ferner *KKM* § 65 Rn. B 14 f), auch Zahlungen nach dem (das Familienbudget entlastenden) NL-TOG 2000 (BFH III R 36/05, BStBl II 09, 921), ebenso UN-Leistungen (FG Köln EFG 12, 1077). **Nicht vergleichbar** sind Rentenzahlungen aus NATO-Gruppenversicherung (BFH VIII R 91/01, BFH/NV 02, 1431) oder eine von einem privaten Schweizer ArbG gezahlte Familienzulage (FG BaWü DStRE 23, 853, rkr).

10 **4. Ergänzende Regelungen.** § 65 S 2 stellt die Leistungen nach S 1 dem KiGeld gleich, sodass sie auch im Rahmen anderer Vorschriften (zB §§ 31, 36 II 1; § 33 III 2) zu beachten sind. Nach § 65 S 3 darf die KiGeld-Zahlung für bestimmte Fallgruppen nicht mit Rücksicht auf erhaltene EU-Familienzulagen ausgeschlossen werden, auch nicht wenn die Eltern unverheiratet oder geschieden sind (dazu BFH XI R 16/15, BStBl II 16, 955; *BH/Treiber* § 65 Rn. 32; A 28.3 IV 2 DA-KG 2025).

5. Teilkindergeld, § 65 II aF. Infolge der Aufhebung des § 65 I 1 Nr 1 aF konnte auch § 65 II aufgehoben werden (RegE BT-Drs 20/3879, 88). 11

§ 66 Höhe des Kindergeldes, Zahlungszeitraum

(1) **Das Kindergeld beträgt monatlich für jedes Kind 259 Euro.**

(2) **Das Kindergeld wird monatlich vom Beginn des Monats an gezahlt, in dem die Anspruchsvoraussetzungen erfüllt sind, bis zum Ende des Monats, in dem die Anspruchsvoraussetzungen wegfallen.**

(3) [1]**Werden die Freibeträge für Kinder nach § 31 Satz 1 in Verbindung mit § 32 Absatz 6 Satz 1 angehoben, wird das Kindergeld entsprechend erhöht.** [2]**Das Kindergeld ist dabei auf volle Euro kaufmännisch zu runden.**

Einkommensteuer-Richtlinien: EStH 66 – **Verwaltungsanweisungen:** A 30–A 31 DA-KG 2025.

1. Bemessung, § 66 I. Die Höhe der KiGeld-Beträge richtete sich bis 2022 nach der **Ordnungszahl** der Kinder (erstes, zweites usw Kind). **Seit 1.1.26** gibt es nach dem **SteFeG** (BGBl I 24 Nr 449) für jedes Kind einheitl **259 Euro** pro Monat (in 2025: 255 Euro); infolge der einheitl Höhe ist die Zählkinderregelung hinfällig geworden; zur bisherigen Regelung → 42. Aufl 2023, § 66 Rn. 1). Die Regelung bezweckt die Freistellung des Existenzminimums (§ 31) und ist verfgemäß (*HHR/Wendl* § 66 Rn. 4); es besteht kein verfrechtl Anspruch auf bestimmte Höhe (BFH III B 105/09, BFH/NV 10, 884). Zu den **Corona-bedingten Kinderboni** in den Jahren 2020 bis 2022 → 44. Aufl 2025, § 66 Rn. 1, 3. 1

2. Höhe. Die Höhe des KiGeldes wird regelmäßig angepasst (zuletzt durch das **SteFeG** BGBl I 24 Nr 449). – Nach Aufhebung des früheren § 32 VI 2 steht **behinderten Kindern** das volle KiGeld zu (BT-Drs 14/6160, 22). Zur KiGeld-Höhe in den einzelnen Jahren s Tabelle (in €): 2

Zeitraum	**1. und 2. Kind**	**3. Kind**	**4. und jedes weitere Kind**
Ab 1.1.2018	194	200	225
Ab 1.7.2019	204	210	235
Ab 1.1.2021	219	225	250
Ab 1.1.2023	250	250	250
Ab 1.1.2025	255	255	255
Ab 1.1.2026	**259**	**259**	**259**

3. Kinder im Ausland (→ § 62 Rn. 7). Die gleichen Beträge gelten für Personen aus EU-Mitgliedstaaten, aus Island, Norwegen, Schweiz (BGBl II 90, 199), deren Kinder in einem dieser Staaten wohnen (*BH/Treiber* § 66 Rn. 13). ArbN aus Staaten, mit denen Sozialabkommen bestehen (→ § 62 Rn. 13), erhalten für Kinder, die sich im Heimatland aufhalten, ein erhebl geringeres KiGeld, das in den jeweiligen Sozialabkommen geregelt ist (BFH III B 103/12, BFH/NV 13, 552; *OFD Bln* FR 97, 501; *HHR/Wendl* § 66 Rn. 11). 3

4. Leistungszeitraum, § 66 II. Der Leistungszeitraum für das KiGeld ist nach Monaten bemessen, **Monatsprinzip** (BFH III R 37/22, BStBl II 24, 99; *HHR/Wendl* § 66 Rn. 16). Es wird für jeden Monat gewährt, in dem wenigstens an einem Tage die Anspruchsvoraussetzungen vorgelegen haben (BFH VIII B 185/01, BFH/NV 02, 1289; *HHR/Wendl* § 66 Rn. 15); gezahlt wird monatl. Für die Berechnung und Bestimmung von Fristen und Terminen gelten gem § 108 I AO die einschlägigen BGB-Vorschriften (§§ 187–193 BGB). 4

Wenn ein Kind, für das bisher KiGeld in der durch ein Sozialabkommen bestimmten Höhe gezahlt worden ist, im Bundesgebiet seinen gewöhnl Aufenthalt begründet, ist KiGeld von dem Einreisemonat an zu zahlen (A 31 II DA-KG 2025). Das Gleiche gilt für ein Kind, das im Laufe eines Monats seinen gewöhnl Aufenthalt im Bundesgebiet aufgibt, für den Ausreisemonat.

Ein gem § 1 III unbeschr estpfl polnischer Saisonarbeiter hat Anspruch auf KiGeld nur für die Monate des Jahres, in denen er Einkünfte iSd § 49 erzielt hat (BFH III R 14/14, BStBl II 15, 850); abzustellen ist – jedenfalls bei § 15-Einkünften – auf den Zeitpunkt der Tätigkeit (BFH III R 5/17, BStBl II 18, 482; monatsbezogene Betrachtung).

5 **5. Altersgrenze.** Kinder, die am ersten Tag eines Monats geboren sind, vollenden ihr 18. (bzw 25. Lebensjahr; § 32 III, IV) mit Ablauf des dem Geburtsmonat vorangehenden Monats (BFH V B 147/16, HFR 17, 732).

6 **6. Rückwirkende Antragstellung.** Der frühere § 66 III ist durch G v. 11.7.19 (BGBl I 19, 1066) aufgehoben und (als Teil des Erhebungsverfahrens) in § 70 I aufgenommen worden (BT-Drs 19/8691, 65; *HHR/Wendl* § 66 Rn. 17). § 66 III aF verstieß nicht gegen Unionsrecht, auch nicht bezügl WanderArbN (BFH III R 31/23, BStBl II 25, 83; *Selder* jurisPR-StR 2/25 Anm 2). Wird ein noch nicht festsetzungsverjährter KiGeld-Anspruch nach § 66 III aF ausgeschlossen, ist er auch bei § 31 S 4 nur iHv 0 € zu berücksichtigen (BFH III R 50/19, BFH/NV 22, 68; *Wendl* HFR 22, 31).

7 **7. Automatische Anpassung des KiGeld, § 66 III.** § 66 III idF SteFeG (BGBl I 24 Nr 449) trägt dem Zusammenhang von Kinderfreibetrag und KiGeld Rechnung; das KiGeld wird regelmäßig entspr der prozentualen Entwicklung der Freibeträge für Kinder nach § 31 S 1 iVm § 32 VI 1 mit zeitgleicher Wirkung angepasst; die konkrete Höhe des monatl Kindergeldes wird weiterhin in § 66 I betragsmäßig ausgewiesen (BT-Drs 20,12278, 64).

§ 67 Antrag

[1]Das Kindergeld ist bei der zuständigen Familienkasse elektronisch nach amtlich vorgeschriebenem Datensatz über die amtlich vorgeschriebene Schnittstelle zu beantragen; die Familienkasse kann auf die elektronische Antragstellung verzichten, wenn das Kindergeld schriftlich beantragt und der Antrag vom Berechtigten eigenhändig unterschrieben wird. [2]Den Antrag kann außer dem Berechtigten auch stellen, wer ein berechtigtes Interesse an der Leistung des Kindergeldes hat. [3]In Fällen des Satzes 2 ist § 62 Absatz 1 Satz 2 bis 3 anzuwenden. [4]Der Berechtigte ist zu diesem Zweck verpflichtet, demjenigen, der ein berechtigtes Interesse an der Leistung des Kindergeldes hat, seine an ihn vergebene Identifikationsnummer (§ 139b der Abgabenordnung) mitzuteilen. [5]Kommt der Berechtigte dieser Verpflichtung nicht nach, teilt die zuständige Familienkasse demjenigen, der ein berechtigtes Interesse an der Leistung des Kindergeldes hat, auf seine Anfrage die Identifikationsnummer des Berechtigten mit.

Einkommensteuer-Richtlinien: EStH 67 – **Verwaltungsanweisungen:** V 5.2 DA-KG 2025.

1 **1. Antragsabhängigkeit des Kindergelds.** § 67 sieht für die erstmalige Zahlung von steuerl KiGeld einen Antrag bei der Familienkasse (auch Außenstelle; BFH III R 25/13, BStBl II 15, 847) vor; verfrechtl unbedenkl (*KKM* § 67 Rn. A 11); ohne Antrag gibt es kein KiGeld (*HHR/Wendl* § 67 Rn. 8). Nach § 67 S 1 idF **JStG 2024** (BGBl I 24 Nr 387) ist das KiGeld bei der zuständigen Familienkasse grds elektronisch nach amtl vorgeschriebenem Datensatz über die amtl vorgeschriebene Schnittstelle zu beantragen; die Familienkasse kann auf die elektronische Antragstellung verzichten, wenn das KiGeld schriftl beantragt und der Antrag vom Berechtigten eigenhändig unterschrieben wird (V 5.1 II, V 5.2 I DA-KG 2025; zur alten Rechts-

lage → 43. Aufl 2024, § 67 Rn. 1). – Ein zeitl nicht beschränkter Antrag ist weit auszulegen (BFH V R 56/10, BFH/NV 12, 1775). Die Antragstellung zählt nicht zu den materiellrechtl Voraussetzungen des KiGeld-Anspruchs, sodass KiGeld, wenn die Voraussetzungen vorliegen, auch rückwirkend zu gewähren ist. Bei einem Wechsel der Zuständigkeit vom öffentl ArbG auf die Familienkasse der Arbeitsagentur (→ § 62 Rn. 4) ist kein neuer Antrag notwendig (V 5.2 IV DA-KG 2025). Ein neuer Antrag ist zu stellen, wenn die Anspruchsvoraussetzungen für KiGeld wenigstens für einen vollen Kalendermonat weggefallen sind und danach erneut KiGeld begehrt wird *HHR/Wendl* § 67 Rn. 7). Ein bestandskräftiger Ablehnungsbescheid kann Sperrwirkung entfalten (FG Köln EFG 04, 1227), bis zum Ende des Monats seiner Bekanntgabe (BFH VI R 35/14, BFH/NV 16, 178); das gilt auch bei Fehlen einer Einspruchsentscheidung (BFH III R 25/15, DStRE 18, 724). Ein „wiederholender VA" hat keinen eigenen Regelungsgehalt (BFH III R 14/14, BStBl II 15, 850). Mit Vollendung des 18. Lebensjahres muss ein neuer Antrag gestellt werden (V 5.4 DA-KG 2025). – KiGeld-Anspruch ist nicht ausgeschlossen bei unterbliebener Antragstellung im Mitgliedstaat der Beschäftigung (BFH XI R 52/10, BFH/NV 14, 33).

2. Örtliche Zuständigkeit der Familienkasse. Diese bestimmt sich nach den Vorschriften der AO (BT-Drs 13/1558, 161), also dem Wohnsitz (§ 19 AO); iEinz V 2 DA-KG 2025; → § 70 Rn. 4). Für den Antrag auf KiGeld bei Angehörigen des öffentl Dienstes galt bis Ende 2023 § 72 aF. 2

3. Berechtigung. Antragsberechtigt (§ 67 S 2) ist der KiGeld-Berechtigte und auch der, der ein berechtigtes Interesse an der Leistung des KiGeldes hat (*HHR/Wendl* § 67 Rn. 9). Dazu gehört insb, wer dem Kind ggü unterhaltsverpflichtet ist oder zu dessen Gunsten eine Auszahlung erfolgen könnte, zB der Ehegatte des Anspruchsberechtigten und die Sozialleistungsträger sowie Pfandgläubiger und Abtretungsempfänger, §§ 74, 76 EStG; § 46 AO (BFH III R 31/13, BStBl II 15, 1017; BFH III R 28/17, BFH/NV 20, 1135; §§ 48 ff SGB I; V 5.3 DA-KG 2025). – Antragsberechtigt ist ggf auch ein abzweigungsberechtigtes Kind (→ § 74 Rn. 7), aber nicht nach rkr abgelehntem Antrag (BFH III R 67/07, BStBl II 10, 476). – Der eigentl Berechtigte ist verpflichtet, seine IdNr nach § 139b AO demjenigen mitzuteilen, der stattdessen den Anspruch geltend macht; ggf hat die Familienkasse dessen IdNr mitzuteilen (§ 67 S 3–5; → § 62 Rn. 4). 3

4. Rückwirkende Antragstellung. Verjährung ist mögl (→ § 62 Rn. 4). Der Antrag wird idR auch für die Vergangenheit bis zur Grenze der Festsetzungsverjährung gestellt (BFH III B 94/10, BFH/NV 12, 1147). Bei befristeter Festsetzung muss rechtzeitig ein neuer Antrag gestellt werden (BFH III R 6/13, BStBl II 15, 149). 4

§ 68 Besondere Mitwirkungspflichten und Offenbarungsbefugnis

(1) [1]**Wer Kindergeld beantragt oder erhält, hat Änderungen in den Verhältnissen, die für die Leistung erheblich sind oder über die im Zusammenhang mit der Leistung Erklärungen abgegeben worden sind, unverzüglich der zuständigen Familienkasse mitzuteilen.** [2]**Ein Kind, das das 18. Lebensjahr vollendet hat, ist auf Verlangen der Familienkasse verpflichtet, an der Aufklärung des für die Kindergeldzahlung maßgebenden Sachverhalts mitzuwirken; § 101 der Abgabenordnung findet insoweit keine Anwendung.**

(2) *(weggefallen)*

(3) **Auf Antrag des Berechtigten erteilt die das Kindergeld auszahlende Stelle eine Bescheinigung über das für das Kalenderjahr ausgezahlte Kindergeld.**

(4) [1]**Die Familienkassen dürfen den Stellen, die die Bezüge im öffentlichen Dienst anweisen, den für die jeweilige Kindergeldzahlung maßgebenden Sachverhalt durch automatisierte Abrufverfahren bereitstellen oder Auskunft über diesen**

Sachverhalt erteilen. [2]Das Bundesministerium der Finanzen wird ermächtigt, durch Rechtsverordnung ohne Zustimmung des Bundesrates zur Durchführung von automatisierten Abrufen nach Satz 1 die Voraussetzungen, unter denen ein Datenabruf erfolgen darf, festzulegen.

(5) **[1]Zur Erfüllung der in § 31a Absatz 2 der Abgabenordnung genannten Mitteilungspflichten und zur Prüfung der jeweiligen Anspruchsvoraussetzungen und zur Bemessung der jeweiligen Leistung dürfen die Familienkassen den Leistungsträgern, die für Leistungen der Arbeitsförderung nach § 19 Absatz 2, für Leistungen der Grundsicherung für Arbeitsuchende nach § 19a Absatz 2, für Kindergeld, Kinderzuschlag, Leistungen für Bildung und Teilhabe und Elterngeld nach § 25 Absatz 3 oder für Leistungen der Sozialhilfe nach § 28 Absatz 2 des Ersten Buches Sozialgesetzbuch zuständig sind, und den nach § 9 Absatz 1 Satz 2 des Unterhaltsvorschussgesetzes zuständigen Stellen den für die jeweilige Kindergeldzahlung maßgebenden Sachverhalt in einem automatisierten Abrufverfahren übermitteln. [2]Das Bundesministerium der Finanzen wird ermächtigt, durch Rechtsverordnung mit Zustimmung des Bundesrates zur Durchführung von automatisierten Abrufen nach Satz 1 die Voraussetzungen, unter denen ein Datenabruf erfolgen darf, festzulegen.**

(6) **[1]Zur Prüfung und Bemessung der in Artikel 3 Absatz 1 Buchstabe j in Verbindung mit Artikel 1 Buchstabe z der Verordnung (EG) Nr. 883/2004 des Europäischen Parlaments und des Rates vom 29. April 2004 zur Koordinierung der Systeme der sozialen Sicherheit (ABl. L 166 vom 30.4.2004, S. 1), die zuletzt durch die Verordnung (EU) 2017/492 (ABl. L 76 vom 22.3.2017, S. 13) geändert worden ist, genannten Familienleistungen dürfen die Familienkassen den zuständigen öffentlichen Stellen eines Mitgliedstaates der Europäischen Union den für die jeweilige Kindergeldzahlung maßgebenden Sachverhalt durch automatisierte Abrufverfahren bereitstellen. [2]Das Bundesministerium der Finanzen wird ermächtigt, durch Rechtsverordnung ohne Zustimmung des Bundesrates zur Durchführung von automatisierten Abrufen nach Satz 1 die Voraussetzungen, unter denen ein Datenabruf erfolgen darf, festzulegen.**

(7) **[1]Die Datenstelle der Rentenversicherung darf den Familienkassen in einem automatisierten Abrufverfahren die zur Überprüfung des Anspruchs auf Kindergeld nach § 62 Absatz 1a und 2 erforderlichen Daten übermitteln; § 79 Absatz 2 bis 4 des Zehnten Buches Sozialgesetzbuch gilt entsprechend. [2]Die Träger der Leistungen nach dem Zweiten und Dritten Buch Sozialgesetzbuch dürfen den Familienkassen in einem automatisierten Abrufverfahren die zur Überprüfung des Anspruchs auf Kindergeld nach § 62 erforderlichen Daten übermitteln. [3]Das Bundesministerium für Arbeit und Soziales wird ermächtigt, durch Rechtsverordnung mit Zustimmung des Bundesrates die Voraussetzungen für das Abrufverfahren und Regelungen zu den Kosten des Verfahrens nach Satz 2 festzulegen.**

Einkommensteuer-Richtlinien: EStH 68; **Verwaltungsanweisungen:** V 7.1 DA-KG 2025.

1 **1. Pflicht zur Mitteilung von Änderungen.** § 68 I normiert eine ggü § 153 AO selbständige Verpflichtung zur **Mitteilung geänderter Verhältnisse** (BT-Drs 13/1558, 161; BFH III B 163/11, BFH/NV 12, 1118; V 7.1.4 DA-KG 2025). Die sich aus § 88 AO ergebende Aufklärungspflicht der Familienkassen wird durch die Mitwirkungspflicht des KiGeld-Berechtigten begrenzt (BFH III B 33/16, BFH/NV 16, 1750). Die Verletzung dieser Verpflichtung kann zu einer Steuerhinterziehung (§ 370 I, IV 2 AO) führen (*Helmke* aaO § 68 Rn. 18) und steht einem Billigkeitserlass regelmäßig entgegen (BFH III R 45/19, DStRE 21, 282; BFH III R 24/22, BFH/NV 25, 17); eine Berufung auf Vertrauensschutz ist ausgeschlossen (BFH VIII R 77/01, BFH/NV 04, 14). § 68 I 2 stellt die (detaillierte) Mitwirkungs-

pflicht des Kindes sicher (BFH VI S 2/00, BStBl II 01, 439; V 7.2 DA-KG 2025); kein Zeugnisverweigerungsrecht vor dem FG (BFH III R 58/18, BFH/NV 20, 1286). Hauptanwendungsfall der Regelung ist die Änderung der tatsächl Verhältnisse, zB Haushaltswechsel eines Kindes. Die Verletzung der Mitwirkungspflicht kann eine Rückforderung nach § 37 II AO (BFH III B 108/08, BFH/NV 10, 641), eine rückwirkende Korrektur der KiGeld-Festsetzung (FG Ddorf EFG 09, 1519), strafrechtl Konsequenzen und Schadenersatzpflicht (§ 823 II BGB) zur Folge haben (V 7.1.4 III DA-KG 2025; *KKM* § 68 Rn. B 16). Die Mitteilung führt nicht zur Anlaufhemmung (BFH III R 80/04, BStBl II 08, 371). Die Verpflichtung betrifft auch den Abzweigungsempfänger gem § 74 I (FG Hmb DStRE 04, 323). – Eine nach § 32 IV 1 Nr 3 ggf erforderl Untersuchung wird von § 68 I nicht erfasst (→ § 32 Rn. 39).

2. Antrag auf Bescheinigung über das ausgezahlte KiGeld, § 68 III. Eine solche Bescheinigung soll nur **auf Antrag** ausgestellt werden, da die Höhe des ausgezahlten KiGeldes nur in wenigen Fällen im Besteuerungsverfahren von Bedeutung ist (O 4.3 DA-KG 2025); grds KiGeld-Berechtigung reicht, also auch nachrangig Berechtigter (BFH III R 40/13, BStBl II 14, 783; *Bauhaus* EFG 13, 1867). – Die KiGeld-Akte eines anderen Berechtigten ist nicht vorzulegen (BFH III S 38/11, BFH/NV 13, 701). 2

3. Weitergabe von Daten. § 68 IV entbindet von der Wahrung des StGeheimnisses und ermöglicht eine umfassende **Weitergabe von Daten** durch die Familienkassen an die Stellen, die die Bezüge im öffentl Dienst anweisen (BT-Drs 13/3084, 72; BT-Drs 18/9441, 16; O 4.4 DA-KG 2025). Zu den Voraussetzungen der Weitergabe (Berechtigung, Verfahren) s VO BStBl I 18, 1022. 3

4. Weitere Fälle befugter Offenbarung von Daten, § 68 V–VII. Nach § 68 V 1 (idF JStG 2024, BGBl I 24 Nr 387) dürfen die Familienkassen bestimmten Sozialleistungsträgern zur Erfüllung der in § 31a II AO genannten Mitteilungspflichten und zur Prüfung der jeweiligen Anspruchsvoraussetzungen und zur Bemessung der jeweiligen Leistung den für die jeweilige KiGeld-Zahlung maßgebenden Sachverhalt in einem automatisierten Abrufverfahren übermitteln (VO-Ermächtigung für BMF, § 68 V 2; Kinderzuschlag-Datenabrufverordnung – KiZDAV BGBl I 23, 376; RegEntw JStG 2024, BR-Drs 369/24, 141). – Die Familienkassen dürfen nach § 68 VI 1 zur Prüfung von Familienleistungen den zuständigen öffentl Stellen eines Mitgliedstaats der EU den für die jeweilige KiGeld-Zahlung maßgebenden Sachverhalt durch automatisierte Abrufverfahren bereitstellen (VO-Ermächtigung für BMF, § 68 VI 2). – Die Datenstelle der RV und die Träger der Leistungen nach dem SGB II und SGB III dürfen nach § 68 VII 1, 2 den Familienkassen in einem automatisierten Abrufverfahren die zur Überprüfung des Anspruchs auf KiGeld nach § 62 Ia, II erforderl Daten übermitteln (VO-Ermächtigung für BMAS, § 68 VII 3). 4

§ 69 Datenübermittlung an die Familienkassen

[1]Erfährt das Bundeszentralamt für Steuern, dass ein Kind, für das Kindergeld gezahlt wird, verzogen ist oder von Amts wegen von der Meldebehörde abgemeldet wurde, hat es der zuständigen Familienkasse unverzüglich die in § 139b Absatz 3 Nummer 1, 3, 5, 8 und 14 der Abgabenordnung genannten Daten zum Zweck der Prüfung der Rechtmäßigkeit des Bezugs von Kindergeld zu übermitteln. [2]Die beim Bundeszentralamt für Steuern gespeicherten Daten für ein Kind, für das Kindergeld gezahlt wird, werden auf Anfrage auch den Finanzämtern zur Prüfung der Rechtmäßigkeit der Berücksichtigung der Freibeträge nach § 32 Absatz 6 zur Verfügung gestellt. [3]Erteilt das Bundeszentralamt für Steuern auf Grund der Geburt eines Kindes eine neue Identifikationsnummer nach § 139b der Abgabenordnung, übermittelt es der zuständigen Familienkasse zum Zweck der Prüfung des Bezugs von Kindergeld unverzüglich

1. die in § 139b Absatz 3 Nummer 1, 3, 5, 8 und 10 der Abgabenordnung genannten Daten des Kindes sowie
2. soweit vorhanden, die in § 139b Absatz 3 Nummer 1, 3, 5, 8 und 10 und Absatz 3a der Abgabenordnung genannten Daten der Personen, bei denen für dieses Kind nach § 39e Absatz 1 ein Kinderfreibetrag berücksichtigt wird.

1 **Verpflichtung des Bundeszentralamts für Steuern zur Datenübermittlung.** Die Regelung stellt sicher, dass die Familienkasse schnellstmögl Kenntnis von der Änderung erhält (*HHR/Wendl* § 69 Rn. 3). Das BZSt erhält die Daten von den Meldebehörden übermittelt und hat IdNr, Familienname, Vornamen, Tag und Ort der Geburt sowie Tag des Auszugs an die zuständige Familienkasse zu übermitteln. Die zu übermittelnden Daten sind wegen der Anbindung an die IdNr auf das Kind bezogen. Damit kann die Familienkasse beurteilen, ob der KiGeld-Anspruch weiterbesteht.

2 **Auskunftssperren** nach dem Bundesmeldegesetz (BMG) sind bereits nach § 139b V AO zu übermitteln (BT-Drs 18/12127, 62). Durch den Wegfall des Auslandsbezugs werden **seit 1. 1. 24** (§ 52 XLIXa 15–17) alle Änderungen des Wohnsitzes des Kindes, von denen das BZSt erfährt, an die Familienkasse übermittelt. Die Familienkasse überprüft die örtl Zuständigkeit und zieht auch weitere Folgen, wenn sich aus dem Umzug des Kindes in einen anderen Haushalt eine Auswirkung auf die KiGeld-Berechtigung nach § 64 ergibt (RegEntw BT-Drs 20/3879, 101).

§ 70 Festsetzung und Zahlung des Kindergeldes

(1) [1]**Das Kindergeld nach § 62 wird von den Familienkassen durch Bescheid festgesetzt und ausgezahlt. [2]Die Auszahlung von festgesetztem Kindergeld erfolgt rückwirkend nur für die letzten sechs Monate vor Beginn des Monats, in dem der Antrag auf Kindergeld eingegangen ist. [3]Der Anspruch auf Kindergeld nach § 62 bleibt von dieser Auszahlungsbeschränkung unberührt.**

(2) [1]**Soweit in den Verhältnissen, die für den Anspruch auf Kindergeld erheblich sind, Änderungen eintreten, ist die Festsetzung des Kindergeldes mit Wirkung vom Zeitpunkt der Änderung der Verhältnisse aufzuheben oder zu ändern. [2]Ist die Änderung einer Kindergeldfestsetzung nur wegen einer Anhebung der in § 66 Absatz 1 genannten Kindergeldbeträge erforderlich, kann von der Erteilung eines schriftlichen Änderungsbescheides abgesehen werden.**

(3) [1]**Materielle Fehler der letzten Festsetzung können durch Aufhebung oder Änderung der Festsetzung mit Wirkung ab dem auf die Bekanntgabe der Aufhebung oder Änderung der Festsetzung folgenden Monat beseitigt werden. [2]Bei der Aufhebung oder Änderung der Festsetzung nach Satz 1 ist § 176 der Abgabenordnung entsprechend anzuwenden; dies gilt nicht für Monate, die nach der Verkündung der maßgeblichen Entscheidung eines obersten Bundesgerichts beginnen.**

Verwaltungsanweisungen: V 10 DA-KG 2025.

1 **1. Grundaussage.** § 70 ist die zentrale verfahrensrechtl Regelung für die Festsetzung von KiGeld. Neben der Festsetzung und Auszahlung enthält § 70 auch – über §§ 172 ff AO hinaus – spezielle Änderungstatbestände (→ Rn. 5 f).

2 **2. Festsetzung; Monatsprinzip; schriftlicher Bescheid, § 70 I. – a) Dauerverwaltungsakt.** Das KiGeld wird jeweils für einzelne Monate (§ 31 S 3, § 66; BFH III R 10/12, BFH/NV 14, 491) durch selbständigen begünstigenden schriftl Bescheid festgesetzt (V 10 I DA-KG 2025; *Görke* BFH/PR 14, 132); die Voraussetzungen sind nach Maßgabe des einzelnen Monats zu prüfen (§ 63 I 2). Die KiGeld-Festsetzung ist ein DauerVA, der monatl Einzelregelungen umfasst (zB BFH

III B 189/04, BFH/NV 05, 1305). Streitgegenstand reicht bis zur Einspruchsentscheidung (BFH XI R 24/12, BFH/NV 13, 1920); Überschreiten des Klagebegehrens verstößt gegen § 96 I 2 FGO (BFH III R 36/12, BStBl II 15, 286). Klageerweiterung ist grds unzul (FG RhPf EFG 13, 880). Bindungswirkung für die Zukunft haben nur positive KiGeld-Festsetzungen (BFH III R 54/09, BFH/NV 11, 1858), Ablehnung nur bis zum Ende des Monats der Bekanntgabe (BFH VI R 35/14, BFH/NV 16, 178). – Nur bei KiGeld-Anhebung ist ein schriftl Bescheid nicht erforderl (§ 70 II 2). Einsicht in KiGeld-Akten ist mögl (BFH III R 59/19, BStBl II 21, 467).

Die KiGeld-Festsetzung ist nicht Teil des EStBescheides. Im Hinblick auf die Anwendung des § 31 (alternative Gewährung des Kinderfreibetrags) und des § 36 II 1 (Hinzurechnung des KiGeldes) hat der Bescheid bezügl der Höhe des KiGeldes Grundlagenfunktion (§ 171 X AO; *HHR/Wendl* § 70 Rn. 6); → Rn. 7. Da das KiGeld eine StVergütung (!) ist (§ 31 S 3), finden nach § 155 IV AO die für die StFestsetzung geltenden Vorschriften sinngemäß Anwendung, also zB auch §§ 164, 165 AO (BFH VI R 125/00, BStBl II 02, 296).

Bei (teilweiser) **Ablehnung** sind Einspruch (§ 347 I 1 Nr 1 AO) und Verpflichtungsklage vor dem **FG** (§ 40 FGO) statthaft; grds keine notwendige Beiladung im KiGeld-Verfahren (BFH VIII R 91/98, BFH/NV 04, 324); Ausnahme bei Abzweigungsbegehren (BFH III R 71/09, BFH/NV 10, 1291), bei Klage des Kindes (BFH III R 105/07, BFH/NV 09, 193), → § 74 Rn. 7. Klagegegner ist die jeweilige Familienkasse (§ 63 I FGO). – Einstweiliger Rechtsschutz nur nach § 114 FGO (BFH VIII R 142/00, FR 02, 1318). Die Ablehnung bzw die (entbehrl) Nullfestsetzung nach Aufhebung **bindet** nur bis zum Ende des Monats der Bescheid-Bekanntgabe (stRspr; BFH V R 58/10, BFH/NV 12, 1953), ggf der Einspruchsentscheidung (BFH III R 56/13, BFH/NV 15, 206); für die Zeit danach kann KiGeld wieder – auch rückwirkend – bewilligt werden. Der **zeitl Regelungsumfang eines Aufhebungsbescheids** ist auf die Monate der Aufhebung beschränkt; die Familienkasse kann eine abw zeitl Regelung treffen (BFH III R 87/07, BStBl II 10, 429; *Selder* jurisPR-StR 15/10 Anm 1). Die Zahlung für künftigen Zeitraum kann konkludente Ablehnung für früheren Zeitraum bedeuten (BFH V R 56/10, BFH/NV 12, 1775); Auslegung erforderl (BFH III R 45/10, BStBl II 13, 1028). – **Keine Bindung** durch „wichtigen Hinweis" (BFH III R 39/06, BFH/NV 07, 1459) oder an die KiGeld-Bewilligung anderer Behörden (FG Bln EFG 00, 748). – Auch der Leistungsträger ist zur Anfechtung des KiGeld-Bescheides befugt (BFH VI R 181/97, BStBl II 01, 443; BFH III R 28/17, BStBl II 21, 807); zur Klagebefugnis in Erstattungsfällen → § 74 Rn. 12. – Keine Klagebefugnis des anderen Ehegatten gegen positiven KiGeld-Bescheid (BFH III B 149/12, BFH/NV 13, 1602).

b) Auszahlung. Das KiGeld wird von der Familienkasse ausgezahlt, soweit nicht anderes bestimmt ist. Die bisher in § 66 III geregelte **Auszahlungsbeschränkung** wurde aufgehoben und aus Gründen der Klarstellung (Erhebungsverfahren) in § 70 I 2, 3 aufgenommen (BT-Drs 19/8691, 65 (67); *BZSt* BStBl I 19, 846). Grds sollen die bisherigen VerwAnweisungen weitergelten. § 70 I 2, 3 ist auf Anträge anzuwenden, die nach dem 18.7.19 eingehen (*BZSt* BStBl I 19, 846; BFH III R 38/21, BStBl II 24, 517; BFH III R 27/22, BStBl II 25, 81). Die Regelung soll verhindern, dass für einen mehrjährigen Zeitraum in der Vergangenheit rückwirkend KiGeld ausgezahlt wird; das KiGeld soll von seiner Zwecksetzung her die steuerl Freistellung des Existenzminimums eines Kindes im lfd Kj sicherstellen. Abw von der regulären vierjährigen Festsetzungsfrist kann KiGeld nur noch sechs Monate rückwirkend ausgezahlt werden (§ 70 I 2; BFH III R 21/21, BFH/NV 23, 86; iEinz *Wendl* DStR 18, 2065, DStRK 23, 20, insb auch im Hinblick auf § 31; → § 31 Rn. 11); zur Wahrung der Frist des § 70 I 2 BFH III R 23/21 BStBl II 23, 338, *Selder* jurisPR-StR 2/23 Anm 5, speziell zu WanderArbN BFH III R 28/21, BStBl II 23, 32 (Prinzip der EU-weiten Antragstellung). Der materiell-rechtl Anspruch wird durch die Auszahlungsbeschränkung nicht berührt (§ 70 I 3), was insb für an das KiGeld anknüpfende An- 3 nexleistungen im außersteuerl Bereich von Bedeutung ist (BT-Drs 18/12127, 62); iEinz *BZSt* BStBl I 17, 1540. Bei Neuanträgen ist das KiGeld stets für den gesamten beantragten Zeitraum (ggf auch über den Sechs-Monats-Zeitraum hinaus) festzusetzen (*BZSt* BStBl I 19, 846). – § 70 I 2 ist mit GG und EU-Recht vereinbar (BFH III R19/22, BStBl II 25, 156).

4 **3. Zuständigkeit.** Das KiGeld ist bei der örtl zuständigen Familienkasse zu beantragen. Die Bundesagentur für Arbeit stellt dem BZSt ihre Behörden (die bisherigen KiGeld-Kassen) als Familienkassen zur Verfügung (O 2 DA-KG 2025). Die örtl zuständige Familienkasse (Arbeitsagentur) setzt das KiGeld durch Bescheid fest (zu Fragen der sachl Zuständigkeit → § 62 Rn. 4). Die früheren 102 selbständigen Familienkassen der Bundesagentur sind ab 1.5.13 in zZt **15 Familienkassen** (mit 115 lokalen Standorten) zusammengefasst (ggf gesetzl Beteiligtenwechsel; BFH V B 36/13, BFH/NV 14, 680). Auslandsfälle sind auf bestimmte Familienkassen konzentriert (BFH III R 31/15, BStBl II 17, 642).

5 **4. Änderung der Festsetzung, § 70 II, III.** Das Korrektursystem der AO ist nicht auf DauerVA zugeschnitten (BT-Drs 13/3084, 73); daher enthalten § 70 II, III **für die Zukunft** (ab Änderung der Verhältnisse bzw ab dem der Änderung folgenden Monat) unbeschr Änderungsmöglichkeiten. Bereits ergangene Festsetzungen sind nach §§ 172 ff AO zu ändern. Bei Doppelzahlung (zB durch öffentl ArbG und Familienkasse) Aufhebung mögl (ggf gem § 70 II, §§ 172, 174 AO; s BFH III R 33/15, BStBl II 17, 997). Sog Null-Festsetzungen (der Sache nach Ablehnung) und abgelehnte Festsetzungen sind keine negativen (Dauer-)Festsetzungen; die Ablehnung erstreckt sich auf die Vergangenheit und den Monat der Bekanntgabe (BFH VI R 35/14, BFH/NV 16, 178; *BfF* BStBl I 01, 615); zur Billigkeits-Änderung bei fehlerhafter Null-Festsetzung s *BfF* BStBl I 00, 1555); § 155 I 3 AO gilt nicht für Dauer-VA; zur rückwirkenden Antragstellung → § 67 Rn. 4. – Keine Änderung nach § 70 II bei **Änderung der Rechtsauffassung** (BFH III R 74/09, BFH/NV 11, 250); keine Aufhebung nach Festsetzungsverjährung (BFH XI R 9/14, BFH/NV 16, 166).

6 **a) Änderung der Verhältnisse.** § 70 II (wie auch § 70 III) enthält eine eigenständige Änderungsnorm iSd § 172 I 1 Nr 2 Buchst d AO (BFH III R 13/06, BStBl II 07, 714), nach der die Festsetzung des jeweiligen monatl KiGeldes mit **Wirkung vom Zeitpunkt der Änderung** an (also auch rückwirkend, aber in den Grenzen der Verjährung; BFH III R 11/08, BStBl II 11, 722; *HHR/Wendl* § 70 Rn. 13) aufgehoben/geändert wird.

Beispiele: Bei Zuständigkeitswechsel (BFH III R 33/15, BStBl II 17, 997; *Selder* jurisPR-StR 44/17 Anm 6), bei vorgreifl Entscheidung einer anderen Behörde (BFH VI R 18/99, BStBl II 02, 81; BFH IIII R 34/18, BStBl II 21, 20), bei Änderung der gesetzl Voraussetzungen (*Korn* § 70 Rn. 15), zB bei doppelter Haushaltsführung (*BfF* BStBl I 04, 431), bei Aufgabe des inl Wohnsitzes (BFH III R 53/05, BFH/NV 09, 564). – Die Behörde trägt die Feststellungslast (FG Bbg EFG 02, 479).

Nachträgl Erkenntnisse (zB wegen unterlassener Mitwirkung) werden nicht erfasst (*Felix* FR 01, 674). § 70 II erfasst nur Änderungen, die nach Ergehen des (ursprüngl) Bescheids eintreten („neue Tatsachen"; FinA BT-Drs 13/1558, 161, § 155 IV AO, BFH VI B 251/99, BFH/NV 00, 1204). – Zur Änderung bei Überschreitung der Einkommensgrenze → Rn. 8. – Bei späterer Kenntnis ist nicht notwendig, die Änderung für die Vergangenheit und die Zukunft in einem Bescheid zusammenzufassen (so aber FG Köln EFG 01, 1224). – Treu und Glauben kann Rückforderung entgegenstehen (BFH VI R 67/11, BFH/NV 14, 20).

7 **b) Materielle Fehler, § 70 III.** – (Nur) Für die **Zukunft** (§ 70 III; BFH III R 13/06, BStBl II 07, 714; *KKM* § 70 Rn. D 1) müssen (kein Ermessen, BFH III R 14/17, BStBl II 18, 481) erkannte **materielle Fehler** (zB Rechtsfehler; aber

auch falsche Sachverhalte) gem **§ 70 III** (zugunsten und zulasten) durch Aufhebung oder Änderung der Festsetzung beseitigt werden (*KKM* § 70 Rn. D 6); die sog Null-Festsetzung steht der Aufhebung gleich (BFH VI R 78/98, BStBl II 02, 88). – Vertrauensschutz nach § 176 AO ist nur dem Monatsprinzip entspr zu gewähren (III 2). Bei einer bestehenden Festsetzung, die einen materiellen Fehler enthält, erfolgt keine Neufestsetzung (doppelte Festsetzung), sondern die bestehende Festsetzung wird geändert (BReg BR-Drs 432/14, 58).

c) Änderung nach §§ 172 ff AO. Daneben kann ein ergangener KiGeld-Bescheid (unter Beachtung des Monatsprinzips; → § 66 Rn. 4) ggf nach §§ 172 ff AO geändert werden (BFH VIII R 67/01, BFH/NV 02, 1294; BFH XI R 9/14, BFH/NV 16, 166; so auch V 16–V 22 DA-KG 2025; *Helmke* aaO § 70 Rn. 19 f). Eine bestandskräftig aufgehobene KiGeld-Festsetzung kann nach **§ 173 AO** geändert werden (zB bei nachträgl Zweifeln an der Vaterschaft, FG Mster EFG 08, 764); eine Änderung nach § 175 I Nr 1 AO scheidet aus; der EStBescheid ist kein Grundlagenbescheid für das KiGeld (BFH III B 4/05, BFH/NV 06, 1055). Rechtsfehler sind kein rückwirkendes Ereignis (FG Ddorf DStRE 00, 317), wohl aber der Umstand des Überschreitens von Einkommensgrenzen (FG LSA EFG 00, 797). Der aufgrund fehlerhafter Einkunftsprognose ergangene KiGeld-Bescheid kann gem § 175 I Nr 2 AO rückwirkend geändert werden (FG Köln EFG 05, 415). Auch eine „etappenweise" Änderung ist zul (BFH VI R 102/99, BFH/NV 02, 178). 8

d) Rückforderung. Rechtsgrundlos gezahltes KiGeld (auch „aufgedrängtes") ist vom KiGeld-Berechtigten nach § 37 II AO zurückzufordern (BFH V B 133/11, BFH/NV 13, 933; BFH III R 1/20, BStBl II 21, 700); auch eine Änderung berechtigt grds zur Rückforderung gem § 37 II AO (BFH III B 177/10, BFH/NV 11, 1507); das KiGeld kann nach Geltendmachung des Erstattungsanspruchs durch Sozialbehörde rückgefordert werden (HessFG EFG 04, 1783); kein besonderer Vertrauensschutz (BFH VIII R 64/01, BFH/NV 03, 905). Das KiGeld kann auch bei Auszahlung an Kind vom Berechtigten rückgefordert werden (BFH III R 29/15, BFH/NV 16, 1278). Rückzahlungsverpflichtung auch bei bloßer Abzweigungslage (keine Veränderung der Empfangsberechtigung; BFH III R 1/20, BStBl II 21, 700). Zum Verfahren bei Antrag auf Erlass einer Rückforderung s BFH III R 16/22, BFH/NV 24, 187. – Bei (EU-)grenzüberschreitendem Sachverhalt steht ein Erstattungsanspruch gegen den ausl Leistungsträger der Rückforderung nicht entgegen (BFH III R 36/20, BStBl II 22, 337). – Bei **Doppelfestsetzung** (zB durch öffentl ArbG und Familienkasse) ist Aufhebung mögl (ggf gem §§ 172, 174 AO, § 70 II; s BFH III R 13/14, BFH/NV 15, 948). Die Zahlungsverjährung (§ 228 AO) des Rückforderungsanspruchs beginnt nicht vor Ablauf des Kj, in dem die Aufhebung wirksam geworden ist (BFH XI R 42/11, BStBl II 14, 840). 9

e) Weiterleitungseinwand. Die Weiterleitung kann von der Familienkasse aus Vereinfachungsgründen als Erfüllung des Rückforderungsanspruchs berücksichtigt werden, soweit der vorrangig Berechtigte erklärt, dass er seinen Anspruch als erfüllt anerkennt (BFH III B 94/09, BFH/NV 10, 2062; zum Erlass BFH III R 16/20, BFH/NV 22, 1160); Bescheinigung des Berechtigten ist erforderl, „faktische Weiterleitung" reicht nicht (BFH III S 68/08, BFH/NV 10, 874); die Weiterleitung wirkt ex nunc (BFH III R 37/22, BStBl II 24, 99). Der Erstattungsanspruch der Familienkasse wird nicht durch eine zivilrechtl Unterhaltsregelung zw den Eltern berührt (BFH VI B 93/99, BFH/NV 01, 33), auch nicht durch bisherige BSHG-Anrechnung (BFH III R 54/05, BFH/NV 07, 1298). – Vor Verzicht auf die Rückforderung (im Billigkeitsweg; BFH III B 41/14, BFH/NV 15, 658) kann die Familienkasse eine Erklärung des vorrangig Berechtigten verlangen, dass er das KiGeld durch Weiterleitung erlangt hat und seinen Anspruch als erfüllt ansieht (BFH III B 192/10, BFH/NV 11, 2043). Die Abhebung von Geld durch den Berechtigten von einem Konto, auf das KiGeld gezahlt wurde, ist keine Weiterleitung (BFH VI B 308/00, BFH/NV 01, 1387). Der Nachweis der Weiterleitung obliegt dem, der sich darauf beruft (NdsFG EFG 03, 471). IÜ ist es nicht Sache der Familienkasse, im sog Weiterleitungsverfahren Vereinbarungen und Zahlungen zu prüfen (BFH VIII B 172/01, BFH/NV 03, 306). Die Weiterleitungsbestätigung ist nicht widerrufl (FG Mchn EFG 06, 790). 10

11 **f) Verwirkung der Rückforderung.** Sie kommt nur bei Vorliegen besonderer Umstände in Betracht (BFH III R 1/20, BStBl II 21, 700); Weiterzahlung reicht nicht (BFH VI B 147/11, BFH/NV 12, 944). Ein Billigkeitserlass der Rückforderung ist nach § 227 AO zu beurteilen (BFH III R 16/19, BFH/NV 20, 926; BFH III R 16/20, BFH/NV 22, 1160), insb bei Versäumnissen der Familienkasse (BFH III R 31/17, BFH/NV 19, 557). Zu den Voraussetzungen von Treu und Glauben vgl iÜ *TK* § 4 AO Rn. 138 ff; FG Bbg EFG 04, 314.

12 **5. Auswirkung auf bestandskräftige Einkommensteuerbescheide.** Diese sind wegen rückwirkender KiGeld-Gewährung nicht zu ändern (BFH I R 29/11, BFH/NV 12, 921).

§ 71 Vorläufige Einstellung der Zahlung des Kindergeldes

(1) **Die Familienkasse kann die Zahlung des Kindergeldes ohne Erteilung eines Bescheides vorläufig einstellen, wenn**

1. sie Kenntnis von Tatsachen erhält, die kraft Gesetzes zum Ruhen oder zum Wegfall des Anspruchs führen, und
2. die Festsetzung, aus der sich der Anspruch ergibt, deshalb mit Wirkung für die Vergangenheit aufzuheben ist.

(2) [1]**Soweit die Kenntnis der Familienkasse nicht auf Angaben des Berechtigten beruht, der das Kindergeld erhält, sind dem Berechtigten unverzüglich die vorläufige Einstellung der Zahlung des Kindergeldes sowie die dafür maßgeblichen Gründe mitzuteilen.** [2]**Ihm ist Gelegenheit zu geben, sich zu äußern.**

(3) **Die Familienkasse hat die vorläufig eingestellte Zahlung des Kindergeldes unverzüglich nachzuholen, soweit die Festsetzung, aus der sich der Anspruch ergibt, zwei Monate nach der vorläufigen Einstellung der Zahlung nicht mit Wirkung für die Vergangenheit aufgehoben oder geändert wird.**

1 **1. Grundaussage.** § 71 ermöglicht, lfd KiGeld-Zahlungen bei Bekanntwerden entscheidungserhebl Änderungen vorläufig einzustellen; es handelt sich um ein **zeitl begrenztes Zurückbehaltungsrecht,** das insb Leistungsmissbrauch (Überzahlungen) verhindern soll (BT-Drs 19/8691, 67; *HHR/Wendl* § 71 Rn. 3); die Regelung ist ab 18.7.19 anzuwenden (*BZSt* BStBl I 19, 846).

2 **2. Vorläufige Zahlungseinstellung, § 71 I.** Diese kommt in Betracht, wenn die Familienkasse Kenntnis von Tatsachen erhält, die zu einer rückwirkenden Aufhebung der KiGeld-Festsetzung führen, insb wenn die Familienkasse erfährt, dass die bisherigen Anspruchsvoraussetzungen nicht mehr erfüllt sind, aber weitere Unklarheiten bestehen (Zeitpunkt des Wegfalls, Anspruch aus anderen Gründen), zB wenn der Berechtigte unter der angegebenen inl Adresse tatsächl nicht wohnt oder wenn die Ausländerbehörde mitteilt, dass dem Berechtigten das Freizügigkeitsrecht aberkannt wurde. – Unzul ist die Einstellung bei fehlender Mitwirkung (bei fehlenden Unterlagen), sofern keine konkreten (positiven) Hinweise auf das Nichtbestehen des KiGeld-Anspruchs bestehen oder bei entscheidungsreifem Sachverhalt.

3 **3. Mitteilung der maßgeblichen Gründe, § 71 II 1.** Dem Berechtigten sind unverzügl die vorläufige Zahlungseinstellung sowie die dafür maßgebl Gründe mitzuteilen, soweit die Kenntnis der Familienkasse nicht auf Angaben des Berechtigten beruht. Dem Berechtigten ist Gelegenheit zu geben, sich zu den entscheidungserhebl Tatsachen zu äußern (§ 71 II 2).

4 **4. Nachholung der Zahlung, § 71 III.** Innerhalb von 2 Monaten nach der vorläufigen Zahlungseinstellung ist die zugrundeliegende Festsetzung zu ändern bzw aufzuheben oder die ausstehende KiGeld-Zahlung unverzügl nachzuholen (*BZSt* BStBl I 19, 846).

§ 72 *Festsetzung und Zahlung des Kindergeldes an Angehörige des öffentlichen Dienstes*

(weggefallen)[1]

Hinweis: Die Vorschrift regelte die Zahlung von KiGeld an Angehörige des öffentl Dienstes. Für diesen Personenkreis war für die Festsetzung und Zahlung des KiGeldes der Dienstherr zuständig. 1

Die Sonderzuständigkeit der öffentl-rechtl ArbG hatte sich nicht bewährt und ist **mWv 1.1.24 aufgehoben** worden (Art 6 Nr 5, Art 43 VIII JStG 2022, BGBl I 22, 2294); die Durchführung des Familienleistungsausgleichs obliegt ab 1.1.24 der **Bundesagentur für Arbeit** (zur Rechtslage bis 31.12.23 → 42. Aufl 2023, § 72 Rn. 1 ff).

§ 73 *(weggefallen)*

§ 74 Zahlung des Kindergeldes in Sonderfällen

(1) [1]**Das für ein Kind festgesetzte Kindergeld nach § 66 Absatz 1 kann an das Kind ausgezahlt werden, wenn der Kindergeldberechtigte ihm gegenüber seiner gesetzlichen Unterhaltspflicht nicht nachkommt. [2]Dies gilt auch, wenn der Kindergeldberechtigte mangels Leistungsfähigkeit nicht unterhaltspflichtig ist oder nur Unterhalt in Höhe eines Betrags zu leisten braucht, der geringer ist als das für die Auszahlung in Betracht kommende Kindergeld. [3]Die Auszahlung kann auch an die Person oder Stelle erfolgen, die dem Kind Unterhalt gewährt.**

(2) **Für Erstattungsansprüche der Träger von Sozialleistungen gegen die Familienkasse gelten die §§ 102 bis 109 und 111 bis 113 des Zehnten Buches Sozialgesetzbuch entsprechend.**

Einkommensteuer-Richtlinien: EStH 74; **Verwaltungsanweisungen:** V 33, 34 DA-KG 2025.

1. Grundaussage. Das KiGeld soll direkt in die richtigen Hände kommen (*KKM* § 74 Rn. B 1); daher eröffnet die **Abzweigung** (§ 74 I) die Möglichkeit, das KiGeld nicht an die KiGeld-Berechtigten (idR die Eltern) auszuzahlen, sondern an das Kind selbst (§ 74 I 1, 2) oder an den tatsächl Unterhaltsgewährenden (§ 74 I 3: Person oder Stelle; V 33 DA-KG 2025), und zwar **(1)** bei Nichterfüllung der Unterhaltspflicht (§ 74 I 1) oder **(2)** bei Fehlen einer Unterhaltsverpflichtung (§ 74 I 2 Alt 1) oder **(3)** bei betragsmäßigem Zurückbleiben der Unterhaltsverpflichtung (§ 74 I 2 Alt 2; *Reuß* EFG 09, 494). Bei der **Aufhebung des § 74 I 2 aF** durch das **JStG 2024** (BGBl I 24 Nr 387) handelt es sich um eine *redaktionelle Folgeänderung* aufgrund des Wegfalls des sog. „Zählkindvorteils" durch die einheitl Kindergeldhöhe ab 1.1.23 und der darauf zurückzuführenden Anpassung des § 76 (RegEntw JStG 2024: BR-Drs 369/24, 141). § 74 II regelt die **Erstattung** an Sozialleistungsträger (BT-Drs 13/1558, 162). – (Vorherige) Abzweigung und (nachträgl) Erstattung stehen nebeneinander (BFH VI B 272/99, BFH/NV 01, 898); eine Abzweigung kann ggf auch noch nach einer Erstattung (gem § 74 II) nachgeholt werden (BFH V R 25/12, BFH/NV 14, 322). 1

2. Abzweigung, § 74 I. – a) Unterhaltspflichtverletzung, § 74 I 1. In diesen Fällen (§§ 1360 ff, 1601 ff BGB; V 33.2 DA-KG 2025; BFH III B 135/05, BFH/NV 06, 1285) kann das KiGeld an das **Kind** bzw an den **tatsächl Unterhalt Gewährenden** ausgezahlt werden („Auszahlungskorrektur": zB BFH III R 31/13, BStBl II 15, 1017). Die Auszahlung betrifft nicht die Anspruchs-, sondern die Empfangsberechtigung (BFH III R 3/13, BStBl II 14, 576). Die Abzweigung ist eine Soforthilfemaßnahme, um die Auswirkungen einer Unterhaltspflichtverletzung zu be- 2

[1] § 72 aufgehoben mWv VZ 2024 durch JStG 2022 (BGBl. I 22, 2294).

grenzen (*Löcher* TuP 10, 94). Die Regelung bezweckt, dem Kind des Berechtigten das KiGeld zugutekommen zu lassen, ohne dass dieses den Zivilrechtsweg beschreiten muss; zum (berechtigten) Weiterleitungseinwand FG Köln EFG 03, 101; → § 70 Rn. 10. Die Abzweigung (und auch die Entscheidung über deren Höhe) ist eine Ermessensentscheidung (BFH III R 89/09, BStBl II 13, 695; die Unterhaltsleistungen sind vollständig zu erfassen (BFH III R 41/12, DStRE 15, 84). Geringe Leistungen der Eltern und auch rückwirkend gezahlter Unterhalt sind zu berücksichtigen (BFH III R 16/08, BStBl II 13, 617). Die Abzweigung wirkt bis zur KiGeld-Aufhebung (BFH III R 29/15, BFH/NV 16, 1278); KiGeld-Anspruch erlischt erst bei Bestandskraft des Abzweigungsbescheides (BFH V R 18/15, BStBl II 16, 960). – **Keine Abzweigung** bereits ausgezahlten KiGeldes (BFH III R 21/08, BStBl II 13, 583); relevant ist mE auch die Bestandskraft der KiGeld-Festsetzung (so auch FG LSA EFG 12, 1483). Keine Abzweigung bei erhebl Betreuungsaufwand der Unterhaltspflichtigen (FG Mster EFG 11, 1727). Keine Abzweigung des Kinderbonus (BFH III R 2/11, BStBl II 13, 584).

4 **b) Mangelnde Leistungsfähigkeit, § 74 I 2. Abzweigung ist auch mögl,** wenn der KiGeld-Berechtigte mangels Leistungsfähigkeit nicht unterhaltspflichtig ist (BFH III B 131/11, BFH/NV 12, 1129; FG Mster EFG 12, 2228 bei Wohngemeinschaft behinderter Erwachsener). Die Regelung entspricht § 48 SGB I (BT-Drs 13/1558, 162). § 74 I 2 berücksichtigt die fehlende Leistungsfähigkeit des Unterhaltsverpflichteten (BFH III B 124/14, BFH/NV 15, 837).

5 **3. Auszahlung an unterhaltsgewährende Stelle, § 74 I 3. – a) Abzweigung bei Unterhaltsgewährung.** Nach § 74 I 3 kann das KiGeld – auch ohne Pflichtverletzung (FG Bln EFG 05, 1219) – an die **unterhaltsgewährende Stelle ausgezahlt** werden, zB an den Ehegatten, an Verwandte, Nachbarn; Abzweigung evtl auch bei Internatsunterbringung (BFH VI B 57/01, BFH/NV 02, 482), bei mehreren Kindern nach Kopfteilen (ThürFG EFG 02, 1463), ggf Ermessensreduzierung (FG Bbg EFG 04, 1635), zB bei gänzl fehlenden Kontaktpflege-Kosten; Aufteilung mögl (FG LSA EFG 12, 1570; mit Anm *Siegers* EFG 12, 1574), auch bei vollstationärer Unterbringung (ThürFG EFG 08, 865), ggf zu trennen zw KiGeld nach § 66 und nach dt-türkischem DBA (BFH III R 44/08, BStBl II 13, 580).

6 **b) Abzweigung an Sozialleistungsträger.** Diese kommt in Betracht, wenn die Eltern keine oder nur noch geringe Aufwendungen für ihr grundsicherungsberechtigtes Kind haben; eine Abzweigung an den Grundsicherungsträger ist nicht zul, wenn die Leistungen der Eltern KiGeld-Höhe erreichen (BFH VIII R 58/03, BStBl II 06, 130, BFH III R 37/07, BStBl II 09, 928; gegen „kleinliche" Abzweigung ausführl FG LSA EFG 12, 629). Abzweigung an den Sozialleistungsträger aber, wenn der KiGeld-Berechtigte nicht zum Unterhalt eines volljährigen behinderten Kindes verpflichtet ist (und auch nicht beiträgt), weil es Grundsicherung nach §§ 41 ff SGB VIII bezieht (BFH III B 124/14, BFH/NV 15, 837); hingegen keine Abzweigung bei Erbringung eigener Unterhaltsleistungen über KiGeld (BFH V R 48/11, BStBl II 13, 697); keine Abzweigung bei teilstationärer Unterbringung eines behinderten Kindes (BFH III R 24/13, BFH/NV 14, 504); keine Abzweigung von KiGeld an ein volljähriges Kind bei mangelnder Unterhaltsbedürftigkeit des Kindes (BFH III R 10/24, BStBl II 25, 457; gegen FA).

7 **c) Verfahren.** Die Abzweigung durch die Familienkasse erfolgt von Amts wegen (BFH III R 16/06, BFH/NV 09, 164); der Berechtigte bleibt Inhaber des Anspruchs, ist aber nicht Leistungsempfänger; er ist mithin auch nicht Adressat eines mögl **Rückforderungsanspruchs** (BFH III R 29/15, BFH/NV 16, 1278). Der Abzweigungsberechtigte ist antragsbefugt (BFH VI B 310/00, BFH/NV 01, 896); Beiladung des KiGeld-Berechtigten bzw des Sozialleistungsträgers notwendig (BFH XI B 145/13, BFH/NV 14, 1223); zum Verfahren *Helmke* aaO § 74 Rn. 22 f. – Keine rückwirkende Abzweigung nach KiGeld-Auszahlung (BFH V R 25/12,

BFH/NV 14, 322). Unterbliebene Abzweigung soll allerdings nach Erstattung nachgeholt werden können (BFH V S 29/12 (PKH), BFH/NV 13, 1414). – Zur Nicht-Aufhebung einer Abzweigungsentscheidung FG Mster EFG 08, 922; Bekanntgabe der Aufhebung an KiGeld-Berechtigten nicht erforderl (FG LSA EFG 10, 1800).

4. Erstattungsansprüche gegen Familienkasse, §74 II. §§ 102 ff SGB X regeln den Ausgleich zwischen den Leistungsträgern und begründen entspr Erstattungsansprüche. §74 II gilt nur für die Erstattungsansprüche der Sozialleistungsträger gegen die Familienkasse und bezieht die KiGeld-Zahlung in das Ausgleichssystem der verschiedenen Leistungsträger ein. Der Erstattungsanspruch führt zum Erlöschen des KiGeld-Anspruchs (BFH III R 9/21, BStBl II 22, 840). 10

a) Erstattungsanspruch des nachrangigen Leistungsträgers. §104 SGB X verpflichtet die Familienkasse als vorrangigen Leistungsträger bei **Gleichartigkeit** der Leistung zur Erstattung (BFH V R 25/12, BFH/NV 14, 322; iEinz V 34 DA-KG 2025; *Helmke* aaO §74 Rn. 35 f). Die Familienkasse hat kein Ermessen (BFH III B 133/12, BFH/NV 13, 921) und kann nicht mit dem ihr gegen die KiGeld-Berechtigte zustehenden Rückforderungsanspruch aufrechnen (BFH III R 88/09, BFH/NV 11, 1326). Besteht ein Erstattungsanspruch, gilt der KiGeld-Anspruch der Eltern etc durch Zahlung an den Leistungsträger als erfüllt (§107 SGB X; BFH III R 40/20, BFH/NV 22, 1310, BFH III R 9/21, BStBl II 22, 840); der Erstattungsanspruch besteht auch bei nachträgl KiGeld-Festsetzung (BFH VI R 15/12, BStBl II 15, 145). Der KiGeld-Anspruch kann durch Leistungen des (früheren) Jobcenters erfüllt sein und zu entspr Erstattungsansprüchen führen (BFH III R 38/20, BFH/NV 23, 35). Auch wenn das Kind im eigenen Haushalt lebt, hat der Sozialleistungsträger einen Erstattungsanspruch, wenn auch der KiGeld-berechtigte Elternteil (nachrangige) Sozialleistungen nach SGB II bezieht (BFH III R 24/11, BStBl II 14, 32). Dem Einkommen des Kindes kann das KiGeld nur zugeordnet werden, wenn es ihm aufgrund einer förml Abzweigung ausgezahlt wird. 11

b) Erstattung bei Kostenbeiträgen. Ein Erstattungsanspruch des Sozialleistungsträgers nach §104 I 4 SGB X (bei fehlender Nachrangigkeit und Gleichartigkeit) setzt einen **Kostenbeitragsbescheid** voraus, den der KiGeld-Berechtigte ganz oder zT nicht erfüllt hat (BFH III R 85/09, BStBl II 13, 19; V 34.3 DA-KG 2025). Der Erstattungsanspruch des Trägers wird betragsmäßig durch den Bescheid begrenzt. – Der Grundsicherungsträger hat keinen Erstattungsanspruch (FG Ddorf EFG 05, 55). Heimerziehung-Sachleistungen sind nicht gleichartig (BFH VIII R 57/04, BFH/NV 05, 862). 12

5. Finanzrechtsweg. Für **Klagen des Sozialleistungsträgers** (zB Jugendamt) auf Erstattung ist der Finanzrechtsweg gegeben (allg Leistungsklage; BFH III R 36/21, BStBl II 23, 711; *Köhler* HFR 23, 881). Im Erstattungsverfahren besteht eine Bindung an die ggü dem nachrangig verpflichteten Leistungsträger ergangene Entscheidung über den KiGeld-Anspruch (BFH VIII R 88/01, BFH/NV 02, 1156). Eine Rückforderung nach §112 SGB X ist nicht durch VA, sondern durch allg Leistungsklage geltend zu machen (BFH III R 89/03, BStBl II 06, 544). 13

§75 Aufrechnung

(1) **Mit Ansprüchen auf Erstattung von Kindergeld kann die Familienkasse gegen Ansprüche auf Kindergeld bis zu deren Hälfte aufrechnen, wenn der Leistungsberechtigte nicht nachweist, dass er dadurch hilfebedürftig im Sinne der Vorschriften des Zwölften Buches Sozialgesetzbuch über die Hilfe zum Lebensunterhalt oder im Sinne der Vorschriften des Zweiten Buches Sozialgesetzbuch über die Leistungen zur Sicherung des Lebensunterhalts wird.**

(2) **Absatz 1 gilt für die Aufrechnung eines Anspruchs auf Erstattung von Kindergeld gegen einen späteren Kindergeldanspruch eines mit dem Erstattungspflichtigen in Haushaltsgemeinschaft lebenden Berechtigten entsprechend, soweit es sich um laufendes Kindergeld für ein Kind handelt, das bei beiden berücksichtigt werden kann oder konnte.**

Einkommensteuer-Richtlinien: EStH 75; **Verwaltungsanweisungen:** V 28 DA-KG 2025.

1 **1. Begrenzte Aufrechnungsbefugnis der Familienkasse.** Gegen den KiGeld-Anspruch des Berechtigten kann die Familienkasse mit einen **Erstattungsanspruch aufrechnen** (zB bei Doppelzahlung; NdsFG EFG 01, 197); § 75 I (angepasst an § 12 BKGG iVm § 51 SGB I) durchbricht das grds Aufrechnungsverbot zugunsten der Familienkassen (*Helmke* aaO § 75 Rn. 2). Die Aufrechnung ist von vornherein auf die Hälfte des KiGeld-Anspruchs begrenzt und scheidet ganz aus bei Hilfsbedürftigkeit iSd §§ 1 ff SGB XII. Aufrechnung auch mit EStNachforderungen aus Wegfall von Kinderfreibeträgen (FG Ddorf EFG 02, 1351). – Anwendung auch bei Aufrechnung gegen KiGeld-*Nach*zahlungen (SächsFG BeckRS 2011, 96005; *HHR/Wendl* § 75 Rn. 4 aE; **aA** FG Hmb EFG 05, 1250). Aufrechnung ist eine Ermessensentscheidung (SächsFG BeckRS 2011, 96005). Zum Zusammentreffen einer Aufrechnung mit anderen Verfügungen über den KiGeld-Anspruch s V 28.2 DA-KG 2025, zur Vollstreckung einer Erstattungsforderung V 32.2 DA-KG 2025.

2 **2. Erweiterung.** § 75 II enthält eine (eng begrenzte) **Ausnahme** vom Prinzip der Gegenseitigkeit (V 28.1 II DA-KG 2025); die Regelung soll verhindern, dass sich Eltern der Realisierung eines Erstattungsanspruchs missbräuchl entziehen.

§ 76 Pfändung

Der Anspruch auf Kindergeld kann nur wegen gesetzlicher Unterhaltsansprüche eines Kindes, für das Kindergeld festgesetzt und dem Berechtigten ausgezahlt wird, gepfändet werden.

Einkommensteuer-Richtlinien: EStH 76; **Verwaltungsanweisungen:** V 24 DA-KG 2025.

1 **1. Pfändung.** § 76 erlaubt die Pfändung des idR den Eltern (§ 64 II) zustehenden steuerl KiGeldes nur wegen gesetzl Unterhaltsansprüche der gesetzl unterhaltsberechtigten Kinder (BT-Drs 13/1558, 162). Die Regelung bewirkt (ähnl wie § 74), dass das Kind in den Genuss der ihm zugedachten Leistung kommt (*HHR/Wendl* § 76 Rn. 3). Die Finanzbehörden können den KiGeld-Anspruch nicht pfänden. Dies ergibt sich aus § 76 EStG iVm § 319 AO. Die Regelung entspricht § 54 V SGB I; iEinz V 24 DA-KG 2025. Infolge des **Wegfalls** des sog. **„Zählkindvorteils"** durch die einheitl KiGeld-Höhe erübrigen sich Bestimmungen zur Ermittlung des Anteils am Erhöhungsbetrag; § 76 ist entspr angepasst worden (JStG 2024, BGBl I 24, Nr 387; zur bisherigen Rechtslage → 43. Aufl 2024, § 76 Rn. 1).

2 **2. Abtretung; Verpfändung.** Der Anspruch auf KiGeld als StVergütung (§ 31 S 3) kann an einen Dritten abgetreten werden (§ 46 AO; §§ 398 ff BGB), soweit er der Pfändung unterliegt (§ 400 BGB; *KS/Avvento* § 76 Rn. 1); übertragen werden kann nur der Zahlungsanspruch im Auszahlungs-, nicht die Antragsberechtigung im Festsetzungsverfahren (BFH V R 19/15, BStBl II 16, 958).

§ 76a *(aufgehoben)*

§ 77 Erstattung von Kosten im Vorverfahren

(1) [1]**Soweit der Einspruch gegen die Kindergeldfestsetzung erfolgreich ist, hat die Familienkasse demjenigen, der den Einspruch erhoben hat, die zur zweckentsprechenden Rechtsverfolgung oder Rechtsverteidigung notwendigen Aufwendungen zu erstatten.** [2]**Dies gilt auch, wenn der Einspruch nur deshalb keinen Erfolg hat, weil die Verletzung einer Verfahrens- oder Formvorschrift nach § 126 der Abgabenordnung unbeachtlich ist.** [3]**Aufwendungen, die durch das Verschulden eines Erstattungsberechtigten entstanden sind, hat dieser selbst zu tragen; das Verschulden eines Vertreters ist dem Vertretenen zuzurechnen.**

(2) **Die Gebühren und Auslagen eines Bevollmächtigten oder Beistandes, der nach den Vorschriften des Steuerberatungsgesetzes zur geschäftsmäßigen Hilfeleistung in Steuersachen befugt ist, sind erstattungsfähig, wenn dessen Zuziehung notwendig war.**

(3) [1]**Die Familienkasse setzt auf Antrag den Betrag der zu erstattenden Aufwendungen fest.** [2]**Die Kostenentscheidung bestimmt auch, ob die Zuziehung eines Bevollmächtigten oder Beistandes im Sinne des Absatzes 2 notwendig war.**

Einkommensteuer-Richtlinien: EStH 77; **Verwaltungsanweisungen:** R 6.5 DA-KG 2025.

1. Regelungszweck. Mit der Regelung wird eine **Schlechterstellung** ggü dem bisherigen Recht **vermieden** (BT-Drs 13/1558, 162). Die Regelung entspricht § 63 SGB X. 1

2. Erstattung von Kosten im Vorverfahren. Anders als das außergerichtl Rechtsbehelfsverfahren nach der AO sieht § 77 bei **erfolgreichem Einspruch** (auch gegen Aufhebung einer KiGeld-Festsetzung; BFH VIII R 73/00, BFH/NV 03, 25, auch zu § 77 II) und in den Fällen des § 77 I 2 grds eine **Erstattung von Kosten** im außergerichtl Rechtsbehelfsverfahren vor (NdsFG EFG 99, 905); auch bei erfolgreichem Tätigwerden nach Untätigkeitseinspruch (FG Ddorf EFG 12, 529), (analog) für Fälle der Abzweigung (BFH XI R 24–25/14, BFH/NV 16, 418) und für Abrechnungsbescheide (BFH III R 31/14, BStBl II 16, 26). Keine Erstattung wird gewährt bei Verletzung der Mitwirkungspflicht (BFH XI B 2/14, BFH/NV 14, 1049), bei Billigkeitsentscheidungen (FG Mster EFG 07, 1533), in Weiterleitungsfällen (BFH III B 115/09, BFH/NV 11, 434) und bei Festsetzung von Hinterziehungszinsen wegen unberechtigt erhaltener KiGeld-Zahlungen (BFH III R 18/21, BStBl II 22, 117; *Siegers* HFR 22, 33). Erforderl ist ein erkennbares Tätigwerden des Bevollmächtigten (FG Köln EFG 10, 1446). Festgesetzt wird der Betrag der zu erstattenden Aufwendungen durch die Familienkasse (§ 77 III). 2

§ 78 Übergangsregelungen

(1) bis (4) *(weggefallen)*

(5) [1]**Abweichend von § 64 Absatz 2 und 3 steht Berechtigten, die für Dezember 1990 für ihre Kinder Kindergeld in dem in Artikel 3 des Einigungsvertrages genannten Gebiet bezogen haben, das Kindergeld für diese Kinder auch für die folgende Zeit zu, solange sie ihren Wohnsitz oder gewöhnlichen Aufenthalt in diesem Gebiet beibehalten und die Kinder die Voraussetzungen ihrer Berücksichtigung weiterhin erfüllen.** [2]**§ 64 Absatz 2 und 3 ist insoweit erst für die Zeit vom Beginn des Monats an anzuwenden, in dem ein hierauf gerichteter Antrag bei der**

zuständigen Stelle eingegangen ist; der hiernach Berechtigte muss die nach Satz 1 geleisteten Zahlungen gegen sich gelten lassen.

Einkommensteuer-Richtlinien: EStH 78; **Verwaltungsanweisungen:** A 27 DA-KG 2025.

1 § 78 I–IV sind **aufgehoben** worden (zur alten Rechtslage → 34. Aufl 2015, § 78 Rn. 1). – § 78 V hat sich durch Zeitablauf erledigt (zum Inhalt s A 27 DA-KG 2025, → 41. Aufl 2022, § 78 Rn. 1).

XI. Altersvorsorgezulage

§ 79 Zulageberechtigte

[1]Die in § 10a Absatz 1 genannten Personen haben Anspruch auf eine Altersvorsorgezulage (Zulage). [2]Ist nur ein Ehegatte nach Satz 1 begünstigt, so ist auch der andere Ehegatte zulageberechtigt, wenn

1. beide Ehegatten nicht dauernd getrennt leben (§ 26 Absatz 1),
2. beide Ehegatten ihren Wohnsitz oder gewöhnlichen Aufenthalt in einem Mitgliedstaat der Europäischen Union oder einem Staat haben, auf den das Abkommen über den Europäischen Wirtschaftsraum anwendbar ist,
3. ein auf den Namen des anderen Ehegatten lautender Altersvorsorgevertrag besteht,
4. der andere Ehegatte zugunsten des Altersvorsorgevertrags nach Nummer 3 im jeweiligen Beitragsjahr mindestens 60 Euro geleistet hat und
5. die Auszahlungsphase des Altersvorsorgevertrags nach Nummer 3 noch nicht begonnen hat.

[3]Satz 1 gilt entsprechend für die in § 10a Absatz 6 Satz 1 und 2 genannten Personen, sofern sie unbeschränkt steuerpflichtig sind oder für das Beitragsjahr nach § 1 Absatz 3 als unbeschränkt steuerpflichtig behandelt werden.

Einkommensteuer-Richtlinien: EStH 79 – **Verwaltungsanweisungen:** *BMF* BStBl I 18, 93; *BMF* BStBl I 23, 1726 (private Altersvorsorge); *BMF* BStBl I 21, 1050; *BMF* BStBl I 22, 333 (betriebl Altersvorsorge).

Schrifttum: → § 10a vor Rn. 1.

1 **1. Allgemeines.** §§ 10a und 79 ff regeln die steuerl Förderung für eine zusätzl **private Altersvorsorge** als Ausgleich für die schrittweise Absenkung des Rentenniveaus aus der gesetzl RV. Die steuerl Förderung der privaten Altersvorsorge erfolgt durch Kombination einer progressionsunabhängigen **Altersvorsorgezulage** (§§ 79 ff) und durch einen **SA-Abzug,** sofern dieser günstiger ist (Prüfung von Amts wegen durch das FA). Die Inanspruchnahme der steuerl Förderung führt dazu, dass die späteren Rentenleistungen aus dem Altersvorsorgevertrag in voller Höhe – also nicht nur mit dem Ertragsanteil – **zu versteuern** sind (§ 22 Nr 5); das Gleiche gilt für den **Verminderungsbetrag** nach § 92a II 5 und den **Auflösungsbetrag** nach § 92a III 5 (§ 22 Nr 5 S 4).

2 **2. Personenkreis. – a) Grundsätze.** Begünstigt sind vor allem StPfl, die von der Absenkung des Rentenniveaus aus der gesetzl RV betroffen sind. Zum Personenkreis iEinz → § 10a Rn. 8 ff. Die Beschränkung ist verfgemäß (BFH X R 37/17, BFH/NV 19, 199). Soweit § 79 S 1 an die unbeschr StPfl anknüpfte, war die Regelung europarechtswidrig; dies ist nun bereinigt (FG Bln-Bbg EFG 16, 1694, rkr: rückwirkend). Zur Nichtbegünstigung ausl RV-Systeme s BFH X R 11/15,

BFH/NV 17, 300 (Schweiz); BFH X R 33, 34/18, BFH/NV 20, 678 (Österreich); zum Bestandsschutz bei ausl Alterssicherungssystemen s § 52 LXIIIa aF; § 79 S 3 nF; *BMF* BStBl I 23, 1726 Rn. 19 ff.

b) Ehegatten; Lebenspartner. Gehören *beide* Ehegatten zum begünstigten Personenkreis, steht beiden die Förderung zu. Durch § 2 VIII sind *Lebenspartner* (iSd LPartG) den Ehegatten rückwirkend (§ 52 IIa aF) gleichgestellt worden; zur Umwandlung der Lebenspartnerschaft in eine Ehe s § 17a LPartG. Gehört nur *ein Ehegatte* zum begünstigten Personenkreis (s. BFH X R 20/14, BStBl II 15, 709; BFH 33, 34/18, BFH/NV 20, 678; BFH X B 24/18, BFH/NV 18, 1148 zur Einwilligung in die Datenübermittlung), eröffnet **§ 79 S 2** (ab VZ 2013) dem anderen (**mittelbar** zulagenberechtigten) Ehegatten durch Abschluss eines *eigenen* Altersvorsorgevertrags die steuerl Förderung; hierzu zählt jedoch nicht die eigene betriebl Altersversorgung des anderen Ehegatten (BFH X R 33/07, BStBl II 09, 995; *Risthaus* DB 09, 2185) sowie der zusätzl SA-Abzug des anderen Ehegatten nach § 10a (FG Mster DStRE 23, 519, rkr). Die mittelbare Förderung greift auch nicht ein, wenn der zum begünstigten Personenkreis gehörende Ehegatte für sich keinen Altersvorsorgevertrag abgeschlossen hat, da er schon mangels Vorsorgevertrag keinen Zulagenanspruch hat (*BMF* BStBl I 23, 1726 Rn. 27; nicht eindeutig BFH X B 24/18, BFH/NV 18, 1148; zum Mindesteigenbeitrag s BFH X R 49/14, BFH/NV 16, 1152; *Nöcker* HFR 16, 790). Ist zB der Ehemann Selbständiger (also nicht begünstigt) und die Ehefrau geringfügig mit Verzicht auf die Versicherungsfreiheit beschäftigt, kann der Ehemann durch Abschluss eines eigenen Vorsorgevertrages in die Zulagebegünstigung eintreten. Voraussetzung für den abgeleiteten Zulagenanspruch ist ua, dass der Ehegatte einer versicherungspflichtigen Tätigkeit nachgeht und die Ehegatten nicht dauernd getrennt leben, ab VZ 2013 zudem, dass der Altersvorsorgevertrag des mittelbar Begünstigten sich noch nicht in der Auszahlungsphase befindet (§ 79 S 2 Nr 5). 3

3. Mindestbeitrag. § 79 S 2 Nr 4 sieht einen dem Sockelbetrag gem § 86 I 4 entspr Mindestbeitrag iHv 60 € je Beitragsjahr vor, um dann, wenn die *unmittelbare* Zulagenberechtigung zB des kindererziehenden Ehegatten *verkannt* wird, eine Rückforderung der Zulagen zu vermeiden (BT-Drs 17/6263). Zu Einzelheiten – einschließl verfahrensrechtl Fragen – s *Myßen ua* NWB 11, 4390. 4

§ 80 Anbieter

Anbieter im Sinne dieses Gesetzes sind Anbieter von Altersvorsorgeverträgen gemäß § 1 Absatz 2 des Altersvorsorgeverträge-Zertifizierungsgesetzes sowie die in § 82 Absatz 2 genannten Versorgungseinrichtungen.

Zertifizierungsfähige Zusagen. Sie können nur abgegeben werden von Lebensversicherungsunternehmen, Kreditinstituten, Bausparkassen, externen KapitalverwaltungsGes und Genossenschaften, sofern sie die in § 1 I AltZertG geforderten Voraussetzungen erfüllen. Dies braucht der Anleger nicht zu prüfen. Die Anbieter unterliegen einer besonderen staatl Aufsicht. Die Zertifizierung ist ua daran gebunden, dass zu Beginn der Auszahlungsphase zumindest die eingezahlten Altersvorsorgebeiträge zur Verfügung stehen und für die Leistungserbringung genutzt werden (§ 1 I 1 Nr 3 AltZertG; Ausnahme: Absicherung von Erwerbs-/Dienstunfähigkeit oder Hinterbliebenenversorgung ab VZ 2014 iHv 20%, zuvor: 15%). Wird die Zertifizierung erteilt (§ 1 III AltZertG), kann der Anleger davon ausgehen, dass die gesetzl Anforderungen erfüllt sind (s auch § 82 I 2). 1

§ 81 Zentrale Stelle

Zentrale Stelle im Sinne dieses Gesetzes ist die Deutsche Rentenversicherung Bund.

1 Die **DRV Bund** (Zentrale Zulagenstelle für Altersvermögen – ZfA) ermittelt im Wege der Organleihe (§ 5 I Nr 18 S 2 FVG; BFH X R 2/19, BStBl II 22, 157; BFH X R 41/13, BStBl II 16, 525 verfgem) den Zulageanspruch (§ 90 I); sie veranlasst die Auszahlung der Zulage an den Anbieter (§ 90 II), überwacht die Zulageberechtigung (§§ 90 III, 91) und setzt ggf die Zulage fest (§ 90 IV). Bei ihr ist die Verwendung von Kapital für eine eigenen Wohnzwecken dienende Wohnung im eigenen Haus zu beantragen (§ 92b); sie leitet das Verfahren im Falle schädl Verwendung von Altersvorsorgevermögen (§ 94).

§ 81a Zuständige Stelle

[1]Zuständige Stelle ist bei einem

1. Empfänger von Besoldung nach dem Bundesbesoldungsgesetz oder einem Landesbesoldungsgesetz die die Besoldung anordnende Stelle,
2. Empfänger von Amtsbezügen im Sinne des § 10a Absatz 1 Satz 1 Nummer 2 die die Amtsbezüge anordnende Stelle,
3. versicherungsfrei Beschäftigten sowie bei einem von der Versicherungspflicht befreiten Beschäftigten im Sinne des § 10a Absatz 1 Satz 1 Nummer 3 der die Versorgung gewährleistende Arbeitgeber der rentenversicherungsfreien Beschäftigung,
4. Beamten, Richter, Berufssoldaten und Soldaten auf Zeit im Sinne des § 10a Absatz 1 Satz 1 Nummer 4 der zur Zahlung des Arbeitsentgelts verpflichtete Arbeitgeber und
5. Empfänger einer Versorgung im Sinne des § 10a Absatz 1 Satz 4 die die Versorgung anordnende Stelle.

[2]Für die in § 10a Absatz 1 Satz 1 Nummer 5 genannten Steuerpflichtigen gilt Satz 1 entsprechend.

§ 82 Altersvorsorgebeiträge

(1) **[1]Geförderte Altersvorsorgebeiträge sind im Rahmen des in § 10a Absatz 1 Satz 1 genannten Höchstbetrags**

1. Beiträge,
2. Tilgungsleistungen,

die der Zulageberechtigte (§ 79) bis zum Beginn der Auszahlungsphase zugunsten eines auf seinen Namen lautenden Vertrags leistet, der nach § 5 des Altersvorsorgeverträge-Zertifizierungsgesetzes zertifiziert ist (Altersvorsorgevertrag). [2]Die Zertifizierung ist Grundlagenbescheid im Sinne des § 171 Absatz 10 der Abgabenordnung. [3]Als Tilgungsleistungen gelten auch Beiträge, die vom Zulageberechtigten zugunsten eines auf seinen Namen lautenden Altersvorsorgevertrags im Sinne des § 1 Absatz 1a Satz 1 Nummer 3 des Altersvorsorgeverträge-Zertifizierungsgesetzes erbracht wurden und die zur Tilgung eines im Rahmen des Altersvorsorgevertrags abgeschlossenen Darlehens abgetreten wurden. [4]Im Fall der Übertragung von gefördertem Altersvorsorgevermögen nach § 1 Absatz 1 Satz 1 Nummer 10 Buchstabe b des Altersvorsorgeverträge-Zertifizierungsgesetzes in einen Altersvorsorgevertrag im Sinne des § 1 Absatz 1a Satz 1 Nummer 3 des Altersvorsorgeverträge-Zertifizierungsgesetzes gelten die Beiträge nach Satz 1 Nummer 1 ab dem Zeitpunkt der Übertragung als Tilgungsleistungen nach Satz 3; eine erneute Förderung nach § 10a oder Abschnitt XI erfolgt insoweit nicht. [5]Tilgungsleistungen nach den Sätzen 1 und 3 werden nur berücksichtigt, wenn das zugrunde liegende Darlehen für eine nach dem 31. Dezember 2007 vorgenommene wohnungswirtschaftliche Verwendung im Sinne des § 92a Absatz 1 Satz 1 eingesetzt wurde. [6]Bei einer Aufgabe der Selbstnutzung nach § 92a Absatz 3 Satz 1 gelten im Beitragsjahr der Aufgabe der Selbstnutzung auch die nach der

Aufgabe der Selbstnutzung geleisteten Beiträge oder Tilgungsleistungen als Altersvorsorgebeiträge nach Satz 1. [7]Bei einer Reinvestition nach § 92a Absatz 3 Satz 9 Nummer 1 gelten im Beitragsjahr der Reinvestition auch die davor geleisteten Beiträge oder Tilgungsleistungen als Altersvorsorgebeiträge nach Satz 1. [8]Bei einem beruflich bedingten Umzug nach § 92a Absatz 4 gelten

1. im Beitragsjahr des Wegzugs auch die nach dem Wegzug und

2. im Beitragsjahr des Wiedereinzugs auch die vor dem Wiedereinzug

geleisteten Beiträge und Tilgungsleistungen als Altersvorsorgebeiträge nach Satz 1.

(2) **[1]Zu den Altersvorsorgebeiträgen gehören auch**

a) die aus dem individuell versteuerten Arbeitslohn des Arbeitnehmers geleisteten Beiträge an einen Pensionsfonds, eine Pensionskasse oder eine Direktversicherung zum Aufbau einer kapitalgedeckten betrieblichen Altersversorgung und

b) Beiträge des Arbeitnehmers und des ausgeschiedenen Arbeitnehmers, die dieser im Fall der zunächst durch Entgeltumwandlung (§ 1a des Betriebsrentengesetzes) finanzierten und nach § 3 Nummer 63 oder § 10a und diesem Abschnitt geförderten kapitalgedeckten betrieblichen Altersversorgung nach Maßgabe des § 1a Absatz 4, des § 1b Absatz 5 Satz 1 Nummer 2 und des § 22 Absatz 3 Nummer 1 Buchstabe a des Betriebsrentengesetzes selbst erbringt.

[2]Satz 1 gilt nur, wenn

1. a) vereinbart ist, dass die zugesagten Altersversorgungsleistungen als monatliche Leistungen in Form einer lebenslangen Leibrente oder als Ratenzahlungen im Rahmen eines Auszahlungsplans mit einer anschließenden Teilkapitalverrentung ab spätestens dem 85. Lebensjahr ausgezahlt werden und die Leistungen während der gesamten Auszahlungsphase gleich bleiben oder steigen; dabei können bis zu zwölf Monatsleistungen in einer Auszahlung zusammengefasst und bis zu 30 Prozent des zu Beginn der Auszahlungsphase zur Verfügung stehenden Kapitals außerhalb der monatlichen Leistungen ausgezahlt werden, und

b) ein vereinbartes Kapitalwahlrecht nicht oder nicht außerhalb des letzten Jahres vor dem vertraglich vorgesehenen Beginn der Altersversorgungsleistung ausgeübt wurde, oder

2. bei einer reinen Beitragszusage nach § 1 Absatz 2 Nummer 2a des Betriebsrentengesetzes der Pensionsfonds, die Pensionskasse oder die Direktversicherung eine lebenslange Zahlung als Altersversorgungsleistung zu erbringen hat.

[3]Die §§ 3 und 4 des Betriebsrentengesetzes stehen dem vorbehaltlich des § 93 nicht entgegen.

(3) **Zu den Altersvorsorgebeiträgen gehören auch die Beitragsanteile, die zur Absicherung der verminderten Erwerbsfähigkeit des Zulageberechtigten und zur Hinterbliebenenversorgung verwendet werden, wenn in der Leistungsphase die Auszahlung in Form einer Rente erfolgt.**

(4) **Nicht zu den Altersvorsorgebeiträgen zählen**

1. Aufwendungen, die vermögenswirksame Leistungen nach dem Fünften Vermögensbildungsgesetz in der jeweils geltenden Fassung darstellen,

2. prämienbegünstigte Aufwendungen nach dem Wohnungsbau-Prämiengesetz in der Fassung der Bekanntmachung vom 30. Oktober 1997 (BGBl. I S. 2678), zuletzt geändert durch Artikel 5 des Gesetzes vom 29. Juli 2008 (BGBl. I S. 1509), in der jeweils geltenden Fassung,

3. Aufwendungen, die im Rahmen des § 10 als Sonderausgaben geltend gemacht werden,

4. Zahlungen nach § 92a Absatz 2 Satz 4 Nummer 1 und Absatz 3 Satz 9 Nummer 2 oder

5. Übertragungen im Sinne des § 3 Nummer 55 bis 55c.

(5) **[1]Der Zulageberechtigte kann für ein abgelaufenes Beitragsjahr bis zum Beitragsjahr 2011 Altersvorsorgebeiträge auf einen auf seinen Namen laufenden Altersvorsorgevertrag leisten, wenn**

1. der Anbieter des Altersvorsorgevertrags davon Kenntnis erhält, in welcher Höhe und für welches Beitragsjahr die Altersvorsorgebeiträge berücksichtigt werden sollen,
2. in dem Beitragsjahr, für das die Altersvorsorgebeiträge berücksichtigt werden sollen, ein Altersvorsorgevertrag bestanden hat,
3. im fristgerechten Antrag auf Zulage für dieses Beitragsjahr eine Zulageberechtigung nach § 79 Satz 2 angegeben wurde, aber tatsächlich eine Zulageberechtigung nach § 79 Satz 1 vorliegt,
4. die Zahlung der Altersvorsorgebeiträge für abgelaufene Beitragsjahre bis zum Ablauf von zwei Jahren nach Erteilung der Bescheinigung nach § 92, mit der zuletzt Ermittlungsergebnisse für dieses Beitragsjahr bescheinigt wurden, längstens jedoch bis zum Beginn der Auszahlungsphase des Altersvorsorgevertrages erfolgt und
5. der Zulageberechtigte vom Anbieter in hervorgehobener Weise darüber informiert wurde oder dem Anbieter seine Kenntnis darüber versichert, dass die Leistungen aus diesen Altersvorsorgebeiträgen der vollen nachgelagerten Besteuerung nach § 22 Nummer 5 Satz 1 unterliegen.

[2]Wurden die Altersvorsorgebeiträge dem Altersvorsorgevertrag gutgeschrieben und sind die Voraussetzungen nach Satz 1 erfüllt, so hat der Anbieter der zentralen Stelle (§ 81) die entsprechenden Daten nach § 89 Absatz 2 Satz 1 für das zurückliegende Beitragsjahr nach einem mit der zentralen Stelle abgestimmten Verfahren mitzuteilen. [3]Die Beträge nach Satz 1 gelten für die Ermittlung der zu zahlenden Altersvorsorgezulage nach § 83 als Altersvorsorgebeiträge für das Beitragsjahr, für das sie gezahlt wurden. [4]Für die Anwendung des § 10a Absatz 1 Satz 1 sowie bei der Ermittlung der dem Steuerpflichtigen zustehenden Zulage im Rahmen des § 2 Absatz 6 und des § 10a sind die nach Satz 1 gezahlten Altersvorsorgebeiträge weder für das Beitragsjahr nach Satz 1 Nummer 2 noch für das Beitragsjahr der Zahlung zu berücksichtigen.

Verwaltungsanweisungen: *BMF* BStBl I 23, 1726; *BMF* BStBl I 21, 1050.

1 **1. Altersvorsorgebeiträge.** Dies sind die lfd Zahlungen **(Beiträge),** die auf einen zertifizierten Altersvorsorgevertrag geleistet werden und idR nicht über die vertragliche Begrenzung auf einen Höchstbetrag hinausgehen (*BMF* BStBl I 23, 1726 Rn. 43); ferner **Tilgungsleistungen** auf Darlehen (einschließl Kombi-Verträge gem § 1 Ia 1 Nr 3 AltZertG iVm § 82 I 3: Darlehens- und Sparvertrag) für eine nach dem 31.12.2007 vorgenommene wohnwirtschaftl Verwendung iSv § 92a I 1. Nicht jedoch die dem Altersvorsorgevertrag gutgeschriebenen Anlagezinsen (BFH X R 41/13, BStBl II 16, 525; *Myßen* DB 15, 2967). – Nach dem mit AltvVerbG (BGBl I 13, 1667) eingeführten § 82 I 6 werden **ab VZ 2014** (§ 52 XXIIIh) aus Vereinfachungsgründen (BT-Drs 17/12219, 17) bei Aufgabe der Selbstnutzung einer Wohnung oder der Reinvestition auch die im Beitragsjahr der Aufgabe der Selbstnutzung oder Reinvestition geleisteten Beiträge gefördert; sie werden zugleich auf dem Wohnförderkonto erfasst (§ 92a II 3). Entspr gilt ab VZ 14 nach § 82 I 8 bei berufl bedingtem Umzug. – Altersvorsorgebeiträge nach Beginn der Auszahlungsphase sind ab 2010 nicht mehr steuerl begünstigt (*BMF* BStBl I 23, 1726 Rn. 41). – Die Beträge können im abgekürzten Zahlungsweg auch von einem Dritten gezahlt werden (*FM SchlH* DStR 03, 2020). Zur Zahlung um den Jahreswechsel s *FM SchlH* DStR 03, 2020 (es gilt § 11; Zahlungen bis zum 10.1. des Folgejahres werden dem Vorjahr zugerechnet). – Zur Sicherung der Anleger werden die Produkte (RV, Bankensparpläne

etc) auf Antrag des Anbieters vom BZSt (Zertifizierungsstelle, Art 4 AltZertG) darauf geprüft (und zertifiziert), ob sie den Anforderungen des AltZertG entsprechen. Der Anleger kann hierauf vertrauen; die Zertifizierung ist **Grundlagenbescheid** (I 2).

Hinweis: Die Zertifizierung sagt nichts darüber aus, ob der Altersvorsorgevertrag wirtschaftl sinnvoll ist, insb ob die zugesagten Renditen gesichert sind; dieses Risiko trägt der Anleger allein. Gesichert ist aber, dass zu Beginn der späteren Auszahlungsphase das eingezahlte Kapital zur Auszahlung der Altersversorgung in Form einer lebenslangen gleich bleibenden oder steigenden monatl Leibrente zur Verfügung steht. Zur Produktinformation s *BMF* BStBl I 19, 230. 2

2. Leibrentenzahlung als Voraussetzung für staatliche Förderung. Auch bereits vor dem 1.1.02 abgeschlossene **Altverträge** können förderfähig sein, wenn sie an die Bedingungen des § 1 I AltZertG angepasst werden. In der späteren Auszahlungsphase sind die Leistungen aus dem Vertrag aber in zwei unterschiedl zu behandelnde Teile zu zerlegen und unterschiedl zu besteuern (→ § 22 Rn. 172 f; *Risthaus* DB 01, 1276). 3

3. Betriebliche Altersvorsorge, § 82 II. Abs 2 ermöglicht auch die Förderung von Zahlungen in Pensionsfonds, Pensionskassen oder DirektVers als Altersvorsorgebeiträge, wenn die Zahlungen aus individuell versteuertem ArbLohn des ArbN geleistet werden und wenn eine lebenslange Altersversorgung durch Rentenzahlungen gewährleistet ist. Begünstigt sind gem Abs 2 S 1 Buchst b ua Beiträge aus Entgeltumwandlungen; nach Änderung durch das „JStG 2018" (BGBl I 18, 2338; Art 1 iVm Art 20 II: ab 1.1.18) bei Beendigung des ArbVerh auch die Fortsetzung einer reinen Beitragszusage durch eigene ArbN-Beiträge (§ 22 III Nr 1a BetrAVG; BT-Drs 19/4455, 38). Zugleich wurden mit dem „JStG 2018" die Anforderungen an die ratierliche Auszahlung in § 82 II 2 neu gefasst und die bisherige Verwaltungsansicht (*BMF* BStBl I 18, 147 Rn. 68) zum vertragl Recht auf Einmalkapitalauszahlung (Nr 1 Buchst b) sowie der Förderung reiner ArbG-Beitragszusagen (Nr 2) gesetzlich festgeschrieben (iEinz BT-Drs 19/4455, 45; *BMF* BStBl I 21, 1050 Rn. 68; *Hörster* NWB 18, 2393; *Briese* DStR 20, 521). 4

a) Pensionsfonds; Pensionskassen; Direktversicherung. Soweit Beiträge des ArbG hierzu gem § 3 Nr 63 stfrei geleistet oder (bei kapitalgedeckten Pensionskassen) nach § 40b aF pauschal besteuert werden, muss aus der StFreiheit bzw der Pauschalbesteuerung in die individuelle Besteuerung optiert werden (§ 82 II 1 Buchst a). Zu Einzelheiten s *BMF* BStBl I 21, 1050 Rn. 66 ff. Zu Alt-Direktversicherungen/Zuwendungen an Pensionskassen → 36. Aufl 2017, § 82 Rn. 5. 5

b) Abfindung. Wird bei Beendigung eines DienstVerh ein unverfallbarer Anspruch des ArbN auf betriebl Altersversorgung abgefunden, bleiben die steuerl Vergünstigungen erhalten, wenn der Abfindungsbetrag zum Aufbau einer begünstigten Altersversorgung verwendet oder der Barwert einer Versorgungsanwartschaft auf den neuen ArbG oder dessen Versorgungswerk übertragen wird (§ 4 IV BetrAVG iVm § 93 II). 6

4. Verminderte Erwerbsfähigkeit, § 82 III. Abs. 3 lässt es zu, dass ein Teil der Beiträge zur Absicherung der verminderten Erwerbsfähigkeit des Anlegers oder zur Hinterbliebenenversorgung verwendet wird. Voraussetzung für die StVergünstigungen ist auch hier die Auszahlung einer Rente in der Leistungsphase. 7

5. Doppelbegünstigungsausschluss, § 82 IV. Abs 4 verhindert eine Förderung der in Nr 1–5 aufgeführten Aufwendungen. Dadurch soll eine Doppelbegünstigung ausgeschlossen werden (BFH X R 41/13, BStBl II 16, 525). Ab VZ 2005 kommt es bei Nr 1 und Nr 2 nicht mehr darauf an, ob eine ArbN-Sparzulage oder eine WoP *gewährt* wird. § 82 IV Nr 5 ist durch BeitrRLUmsG (BGBl I 11, 2592) eingefügt worden und am 14.12.11 in Kraft getreten (Art 25 IV BeitrRLUmsG). Die Regelung knüpft an die StFreistellung aus der Übertragung von Altersvorsorgevermögen gem 8

§ 3 Nr 55–55c (→ § 3 Rn. 180 ff) an mit der Folge, dass eine steuerl Förderung des übertragenen Betrags ausgeschlossen wird (BT-Drs 17/7524; *Myßen ua* NWB 11, 4390 (4403)).

9 **6. § 82 V.** Die Vorschrift übernimmt unverändert § 52 LXIIIb aF (Beitragsentrichtung für Jahre bis einschl 2011). Dazu → § 79 Rn. 4; *BH/Vogel* § 82 Rn. 66 gf.

§ 83 Altersvorsorgezulage

In Abhängigkeit von den geleisteten Altersvorsorgebeiträgen wird eine Zulage gezahlt, die sich aus einer Grundzulage (§ 84) und einer Kinderzulage (§ 85) zusammensetzt.

§ 84 Grundzulage

[1]Jeder Zulageberechtigte erhält eine Grundzulage; diese beträgt ab dem Beitragsjahr 2018 jährlich 175 Euro. [2]Für Zulageberechtigte nach § 79 Satz 1, die zu Beginn des Beitragsjahres (§ 88) das 25. Lebensjahr noch nicht vollendet haben, erhöht sich die Grundzulage nach Satz 1 um einmalig 200 Euro. [3]Die Erhöhung nach Satz 2 ist für das erste nach dem 31. Dezember 2007 beginnende Beitragsjahr zu gewähren, für das eine Altersvorsorgezulage beantragt wird.

§ 85 Kinderzulage

(1) [1]Die Kinderzulage beträgt für jedes Kind, für das gegenüber dem Zulageberechtigten Kindergeld festgesetzt wird, jährlich 185 Euro. [2]Für ein nach dem 31. Dezember 2007 geborenes Kind erhöht sich die Kinderzulage nach Satz 1 auf 300 Euro. [3]Der Anspruch auf Kinderzulage entfällt für den Veranlagungszeitraum, für den das Kindergeld insgesamt zurückgefordert wird. [4]Erhalten mehrere Zulageberechtigte für dasselbe Kind Kindergeld, steht die Kinderzulage demjenigen zu, dem gegenüber für den ersten Anspruchszeitraum (§ 66 Absatz 2) im Kalenderjahr Kindergeld festgesetzt worden ist.

(2) [1]Bei Eltern verschiedenen Geschlechts, die miteinander verheiratet sind, nicht dauernd getrennt leben (§ 26 Absatz 1) und ihren Wohnsitz oder gewöhnlichen Aufenthalt in einem Mitgliedstaat der Europäischen Union oder einem Staat haben, auf den das Abkommen über den Europäischen Wirtschaftsraum (EWR-Abkommen) anwendbar ist, wird die Kinderzulage der Mutter zugeordnet, auf Antrag beider Eltern dem Vater. [2]Bei Eltern gleichen Geschlechts, die miteinander verheiratet sind oder eine Lebenspartnerschaft führen, nicht dauernd getrennt leben (§ 26 Absatz 1) und ihren Wohnsitz oder gewöhnlichen Aufenthalt in einem Mitgliedstaat der Europäischen Union oder einem Staat haben, auf den das EWR-Abkommen anwendbar ist, ist die Kinderzulage dem Elternteil zuzuordnen, dem gegenüber das Kindergeld festgesetzt wird, auf Antrag beider Eltern dem anderen Elternteil. [3]Der Antrag kann für ein abgelaufenes Beitragsjahr nicht zurückgenommen werden.

Verwaltungsanweisungen: *BMF* BStBl I 23, 1726.

Anmerkungen zu §§ 83–85

1 **1. Altersvorsorgezulage.** Jeder, der die Förderungsvoraussetzungen erfüllt, erhält die Altersvorsorgezulage, die aus **Grundzulage** (§ 84) und **Kinderzulage** (§ 85) besteht. Zu beachten ist die Öffnungsklausel zur sog mittelbaren Zulagenberechtigung (→ § 79 Rn. 3). Die Grundzulage wurde durch das BetrRentStG (BGBl I 17, 3214; BT-Drs 18/12612: Anreiz für Geringverdiener) ab 2018 auf 175 € jährl (bisher:

154 €) erhöht. Für **Berufseinsteiger** (= Zulageberechtigte bis zum 25. Lebensjahr) erhöht sich die Zulage *einmalig* um weitere 200 € (§ 84 S 2). Die Zulagen werden von der DRV Bund (§ 81) direkt an den Anbieter überwiesen und von diesem auf den Altersvorsorgevertrag verbucht. Sie gelten als Altersvorsorgebeiträge, für die – sofern dies günstiger ist – der SA-Abzug in Betracht kommt (§ 10a; *BMF* BStBl I 23, 1726 Rn. 91 ff).

2. Kinderzulage. Durch das BetrRentStG (BGBl I 17, 3214) wurde in § 85 ab 2018 ferner geregelt, dass es im Einklang mit bisheriger Verwaltungspraxis und Rspr (iEinz BFH X R 25/16, BFH/NV 18, 723) auf die KiGeld-Festsetzung ankommt. 2

a) Ehegatten verschiedenen Geschlechts (§ 26). Auch in diesem Fall (§ 82 II 1) erhält nur *ein* Ehegatte die Kinderzulage; dies ist die Mutter und nur auf gemeinsamen, nicht zurücknehmbaren und für jedes Beitragsjahr zu erneuernden Antrag der Vater (§ 85 II 1). Ist nur ein Elternteil zulagebegünstigt, muss darauf geachtet werden, dass dieser Elternteil kindergeldberechtigt ist (§ 64 I). Bei *zwei* oder mehr *Kindern* kann die Kinderzulage für ein Kind bei der Mutter verbleiben und die Kinderzulage für ein anderes Kind dem Vater zugeordnet werden (glA *Risthaus* DB 01, 1273; **aA** *Lindberg* DStR 01, 2059). Es wird näml eine Kinderzulage für jedes Kind gewährt; dies hat Auswirkungen für die Berechnung des Mindesteigenbeitrages (§ 86). 3

b) Gleichgeschlechtliche Ehegatten/Lebenspartner (iSd LPartG). Letztere sind durch § 2 VIII den Ehegatten gleichgestellt worden. Zur Umwandlung der Lebenspartnerschaft in eine Ehe s § 17a LPartG (*OFD NRW* DB 18, 606: keine Rückwirkung). § 85 II 2 enthält eine den Grundsätzen zu → Rn. 3 entspr Zulage-Zuordnungsregel. 4

c) Rückforderung. Wird das KiGeld für den gesamten VZ zurückgefordert, entfällt die Zulage (§ 90 III; *BMF* BStBl I 23, 1726 Rn. 61). 5

§ 86 Mindesteigenbeitrag

(1) [1]**Die Zulage nach den §§ 84 und 85 wird gekürzt, wenn der Zulageberechtigte nicht den Mindesteigenbeitrag leistet. [2]Dieser beträgt jährlich 4 Prozent der Summe der in dem dem Kalenderjahr vorangegangenen Kalenderjahr**

1. **erzielten beitragspflichtigen Einnahmen im Sinne des Sechsten Buches Sozialgesetzbuch,**
2. **bezogenen Besoldung und Amtsbezüge,**
3. **in den Fällen des § 10a Absatz 1 Satz 1 Nummer 3 und Nummer 4 erzielten Einnahmen, die beitragspflichtig wären, wenn die Versicherungsfreiheit in der gesetzlichen Rentenversicherung nicht bestehen würde und**
4. **bezogenen Rente wegen voller Erwerbsminderung oder Erwerbsunfähigkeit oder bezogenen Versorgungsbezüge wegen Dienstunfähigkeit in den Fällen des § 10a Absatz 1 Satz 4,**

jedoch nicht mehr als der in § 10a Absatz 1 Satz 1 genannte Höchstbetrag, vermindert um die Zulage nach den §§ 84 und 85; gehört der Ehegatte zum Personenkreis nach § 79 Satz 2, berechnet sich der Mindesteigenbeitrag des nach § 79 Satz 1 Begünstigten unter Berücksichtigung der den Ehegatten insgesamt zustehenden Zulagen. [3]Auslandsbezogene Bestandteile nach den §§ 52 ff. des Bundesbesoldungsgesetzes oder entsprechender Regelungen eines Landesbesoldungsgesetzes bleiben unberücksichtigt. [4]Als Sockelbetrag sind ab dem Jahr 2005 jährlich 60 Euro zu leisten. [5]Ist der Sockelbetrag höher als der Mindesteigenbeitrag nach Satz 2, so ist der Sockelbetrag als Mindesteigenbeitrag zu leisten. [6]Die Kürzung der Zulage ermittelt sich nach dem Verhältnis der Altersvorsorgebeiträge zum Mindesteigenbeitrag.

(2) [1]**Ein nach § 79 Satz 2 begünstigter Ehegatte hat Anspruch auf eine ungekürzte Zulage, wenn der zum begünstigten Personenkreis nach § 79 Satz 1 gehörende Ehegatte seinen geförderten Mindesteigenbeitrag unter Berücksichtigung der den Ehegatten insgesamt zustehenden Zulagen erbracht hat. [2]Werden bei einer in der gesetzlichen Rentenversicherung pflichtversicherten Person beitragspflichtige Einnahmen zu Grunde gelegt, die höher sind als das tatsächlich erzielte Entgelt oder die Entgeltersatzleistung, ist das tatsächlich erzielte Entgelt oder der Zahlbetrag der Entgeltersatzleistung für die Berechnung des Mindesteigenbeitrags zu berücksichtigen. [3]Für die nicht erwerbsmäßig ausgeübte Pflegetätigkeit einer nach § 3 Satz 1 Nummer 1a des Sechsten Buches Sozialgesetzbuch rentenversicherungspflichtigen Person ist für die Berechnung des Mindesteigenbeitrags ein tatsächlich erzieltes Entgelt von 0 Euro zu berücksichtigen.**

(3) [1]**Für Versicherungspflichtige nach dem Gesetz über die Alterssicherung der Landwirte ist Absatz 1 mit der Maßgabe anzuwenden, dass auch die Einkünfte aus Land- und Forstwirtschaft im Sinne des § 13 des zweiten dem Beitragsjahr vorangegangenen Veranlagungszeitraums als beitragspflichtige Einnahmen des vorangegangenen Kalenderjahres gelten. [2]Negative Einkünfte im Sinne des Satzes 1 bleiben unberücksichtigt, wenn weitere nach Absatz 1 oder Absatz 2 zu berücksichtigende Einnahmen erzielt werden.**

(4) **Wird nach Ablauf des Beitragsjahres festgestellt, dass die Voraussetzungen für die Gewährung einer Kinderzulage nicht vorgelegen haben, ändert sich dadurch die Berechnung des Mindesteigenbeitrags für dieses Beitragsjahr nicht.**

(5) **Bei den in § 10a Absatz 6 Satz 1 und 2 genannten Personen ist der Summe nach Absatz 1 Satz 2 die Summe folgender Einnahmen und Leistungen aus dem dem Kalenderjahr vorangegangenen Kalenderjahr hinzuzurechnen:**

1. **die erzielten Einnahmen aus der Tätigkeit, die die Zugehörigkeit zum Personenkreis des § 10a Absatz 6 Satz 1 begründet, und**
2. **die bezogenen Leistungen im Sinne des § 10a Absatz 6 Satz 2 Nummer 1.**

Verwaltungsanweisungen: ***BMF*** **BStBl I 23, 1726.**

1 **1. Allgemeines.** Um die volle Zulage (Grund-/Kinderzulage) zu erhalten, muss der Anleger einen gewissen **Mindesteigenbeitrag** leisten. Dies wird verlangt, weil eine Privatvorsorge gefördert, aber nicht eine staatl finanzierte Grundrente eingeführt werden soll. Beteiligt sich der Berechtigte nicht in ausreichendem Maße durch den Mindesteigenbeitrag bzw mindestens durch den **Sockelbetrag** (→ Rn. 2 f), lässt dies zwar die Zulagenberechtigung dem Grunde nach unberührt (BFH X R 3/15, BFH/NV 17, 270), die Zulagen werden aber im Verhältnis der Altersvorsorgebeiträge zum Mindesteigenbeitrag gekürzt (§ 86 I 6; BFH X R 33, 34/18, BFH/NV 20, 678).

2 **2. Mindesteigenbeitragsbemessung.** Er bemisst sich nach dem im Gesetz genannten Prozentsatz, der in den dem Beitragsjahr vorangegangenen Kj erzielten beitragspflichtigen Einnahmen iSd SGB VI, **höchstens** (also Begrenzung nach oben hin) nach den in § 10a I 1 genannten Beträgen abzügl der Grund- und Kinderzulage. Zu Einnahmen-Hinzurechnungen s § 86 V. Wurden im Vorjahr keine oder keine beitragspflichtigen Einnahmen bezogen (zB noch kein ArbVerh), ist der Sockelbetrag als Mindesteigenbeitrag anzusetzen (→ Rn. 3). Bei *pflichtversicherten Landwirten* sind die Einkünfte aus LuF des zweiten dem Beitragsjahr vorangegangenen VZ einzubeziehen (§ 86 III). Bei einem Nebenerwerbslandwirt, der zusätzl ArbLohn bezieht, sind Einkünfte nach § 13 und § 19 (hier aber Vorjahr) zusammenzurechnen.

3 **a) Sockelbetrag.** Es ist stets *mindestens* der **Sockelbetrag** nach § 86 I 4 zu leisten, auch wenn er im Einzelfall höher sein sollte als der Mindesteigenbeitrag (§ 86 I 5). Der Sockelbetrag gilt dann als Mindesteigenbeitrag. Der Sockelbetrag soll verhin-

dern, dass bei Zulageberechtigten mit geringen beitragspflichtigen Einnahmen und einer großen Anzahl von Kindern die Vorsorgeleistung überwiegend durch die Zulagen erbracht wird (Berechnungsbeispiele s *BH/Vogel* § 86 Rn. 47 ff). Es gilt ein einheitl Sockelbetrag von 60 €; damit entfällt die bisherige Differenzierung beim Sockelbetrag nach der Zahl der zustehenden Kinderzulagen.

b) Behinderung. § 86 II 2, 3 trifft eine Sonderregelung für **behinderte Menschen,** die in anerkannten Werkstätten/Blindenheimen arbeiten, für Bezieher von Lohnersatzleistungen und für Wehr-/Zivildienstleistende. Nach § 86 II 3 ist für Personen, die Pflegebedürftige nicht erwerbsmäßig pflegen, bei der Berechnung des Mindesteigenbeitrags ein tatsächl Entgelt von 0 € anzusetzen, sodass sie vorbehaltl anderer relevanter Einnahme den Sockelbetrag (60 €; → Rn. 3) zu leisten haben. S iEinz *BH/Vogel* § 86 Rn. 65 ff. 4

c) Land- und Forstwirtschaft. Negative LuF-Einkünfte können gem § 86 III 2 von anderen bei Berechnung des Mindesteigenbetrags zugrunde zu legenden Einnahmen nicht abgezogen werden. 5

d) Kinderzulage. § 86 IV soll nachträgl Zulagenkürzungen wegen Unterschreitung des Mindesteigenbeitrages verhindern, wenn nach Ablauf des Beitragsjahres festgestellt wird, dass eine Kinderzulage nicht gewährt werden durfte. Hierdurch wird die Rückforderung der Kinderzulage nach § 85 I 3 aber nicht berührt. 6

e) Ehegatten. Gehören *beide* Ehegatten zum begünstigten Personenkreis (→ § 79 Rn. 2), ist für beide Ehegatten die Berechnung des Mindesteigenbeitrages getrennt durchzuführen. Gleiches gilt nach § 2 VIII für **Lebenspartner** (iSd LPartG). Wegen der Zuordnung der Kinderzulagen können sich für die Ehegatten unterschiedl Sockelbeträge ergeben; → §§ 83–85 Rn. 3 ff auch zu Lebenspartnern. Bezügl der Kinderzulage ist stets auf die Verhältnisse des Beitragsjahres abzustellen (aber → Rn. 6). – Gehört *nur ein* Ehegatte zum begünstigten Personenkreis, ist die Öffnungsklausel nach § 79 S 2 zu beachten. – Der Ehegatte mit dem **abgeleiteten Zulageanspruch** (§ 79 S 2) hatte nach *früherer Rechtslage* (§ 86 I 2 Hs 2, II 1) bereits dann einen Anspruch auf ungekürzte Zulage, wenn der Ehegatte iSd § 79 S 1 seinen Mindesteigenbeitrag unter Berücksichtigung der den Ehegatten insgesamt zustehenden Zulagen erbracht hatte (BFH X R 49/14, BFH/NV 16, 1152). Nach § 79 S 2 Nr 4 muss auch der nur mittelbar Zulageberechtigte einen Mindestbeitrag von jährl 60 € leisten (einschließl Beitragsnachentrichtung → § 79 Rn. 4). Entsprechendes gilt für **Lebenspartner** (§ 2 VIII). 7

§ 87 Zusammentreffen mehrerer Verträge

(1) [1]**Zahlt der nach § 79 Satz 1 Zulageberechtigte Altersvorsorgebeiträge zugunsten mehrerer Verträge, so wird die Zulage nur für zwei dieser Verträge gewährt.** [2]**Der insgesamt nach § 86 zu leistende Mindesteigenbeitrag muss zugunsten dieser Verträge geleistet worden sein.** [3]**Die Zulage ist entsprechend dem Verhältnis der auf diese Verträge geleisteten Beiträge zu verteilen.**

(2) [1]**Der nach § 79 Satz 2 Zulageberechtigte kann die Zulage für das jeweilige Beitragsjahr nicht auf mehrere Altersvorsorgeverträge verteilen.** [2]**Es ist nur der Altersvorsorgevertrag begünstigt, für den zuerst die Zulage beantragt wird.**

Verwaltungsanweisungen: *BMF* BStBl I 23, 1726.

Die Zulage wird **maximal für zwei Altersvorsorgeverträge** gewährt und ist entspr der auf diese Verträge geleisteten Beiträge zu verteilen. Beantragt der Zulageberechtigte die Zulage für mehr als zwei Verträge, so bestimmt die DRV Bund, dass die Zulage für die beiden Verträge mit den höchsten Altersvorsorgebeiträgen gewährt wird (§ 89 I 3). Zu beachten ist, dass auf die beiden Altersvorsorgeverträge insgesamt 1 der nach § 86 zu erbringende Mindesteigenbeitrag zugunsten dieser beiden Verträge geleistet worden ist; andernfalls tritt eine Kürzung der Zulage ein.

§ 88 Entstehung des Anspruchs auf Zulage

Der Anspruch auf die Zulage entsteht mit Ablauf des Kalenderjahres, in dem die Altersvorsorgebeiträge geleistet worden sind (Beitragsjahr).

1 Der Zulagenanspruch entsteht jeweils mit Ablauf jeden Beitragsjahres (31.12.). Zur Beitragsleistung – einschließl § 11 II – → § 82 Rn. 1.

§ 89 Antrag

(1) [1]Der Zulageberechtigte hat den Antrag auf Zulage nach amtlich vorgeschriebenem Vordruck bis zum Ablauf des zweiten Kalenderjahres, das auf das Beitragsjahr (§ 88) folgt, bei dem Anbieter seines Vertrages einzureichen; dies kann auch elektronisch unter Angabe der erforderlichen Antragsdaten erfolgen, wenn sowohl der Anbieter als auch der Zulageberechtigte mit diesem Verfahren einverstanden sind. [2]Hat der Zulageberechtigte im Beitragsjahr Altersvorsorgebeiträge für mehrere Verträge gezahlt, so hat er mit dem Zulageantrag zu bestimmen, auf welche Verträge die Zulage überwiesen werden soll. [3]Beantragt der Zulageberechtigte die Zulage für mehr als zwei Verträge, so wird die Zulage nur für die zwei Verträge mit den höchsten Altersvorsorgebeiträgen gewährt. [4]Sofern eine Zulagenummer (§ 90 Absatz 1 Satz 2) durch die zentrale Stelle (§ 81) oder eine Versicherungsnummer nach § 147 des Sechsten Buches Sozialgesetzbuch für den nach § 79 Satz 2 berechtigten Ehegatten noch nicht vergeben ist, hat dieser über seinen Anbieter eine Zulagenummer bei der zentralen Stelle zu beantragen. [5]Der Antragsteller ist verpflichtet, dem Anbieter unverzüglich eine Änderung der Verhältnisse mitzuteilen, die zu einer Minderung oder zum Wegfall des Zulageanspruchs führt; dies kann auch elektronisch erfolgen, wenn sowohl der Anbieter als auch der Zulageberechtigte mit diesem Verfahren einverstanden sind.

(1a) [1]Der Zulageberechtigte kann den Anbieter seines Vertrages unter Angabe der erforderlichen Antragsdaten schriftlich bevollmächtigen, für ihn abweichend von Absatz 1 die Zulage für jedes Beitragsjahr zu beantragen; dies kann auch elektronisch erfolgen, wenn sowohl der Anbieter als auch der Zulageberechtigte mit diesem Verfahren einverstanden sind. [2]Absatz 1 Satz 5 gilt mit Ausnahme der Mitteilung geänderter beitragspflichtiger Einnahmen im Sinne des Sechsten Buches Sozialgesetzbuch entsprechend; erlangt der Anbieter von einer Änderung der Verhältnisse Kenntnis, hat dieser die zentrale Stelle zu unterrichten. [3]Ein Widerruf der Vollmacht ist bis zum Ablauf des Beitragsjahres, für das der Anbieter keinen Antrag auf Zulage stellen soll, gegenüber dem Anbieter zu erklären.

(2) [1]Der Anbieter ist verpflichtet,

a) die Vertragsdaten,
b) die Identifikationsnummer, die Versicherungsnummer nach § 147 des Sechsten Buches Sozialgesetzbuch, die Zulagenummer des Zulageberechtigten und dessen Ehegatten oder einen Antrag auf Vergabe einer Zulagenummer eines nach § 79 Satz 2 berechtigten Ehegatten,
c) die vom Zulageberechtigten mitgeteilten Angaben zur Ermittlung des Mindesteigenbeitrags (§ 86),
d) die Identifikationsnummer des Kindes sowie die weiteren für die Gewährung der Kinderzulage erforderlichen Daten,
e) die Höhe der geleisteten Altersvorsorgebeiträge und
f) das Vorliegen einer nach Absatz 1a erteilten Vollmacht

als die für die Ermittlung und Überprüfung des Zulageanspruchs und Durchführung des Zulageverfahrens erforderlichen Daten zu erfassen. ²Er hat die Daten der bei ihm im Laufe eines Kalendervierteljahres eingegangenen Anträge bis zum Ende des folgenden Monats nach amtlich vorgeschriebenem Datensatz durch amtlich bestimmte Datenfernübertragung an die zentrale Stelle zu übermitteln. ³Dies gilt auch im Fall des Absatzes 1 Satz 5. ⁴§ 22a Absatz 2 gilt entsprechend.

(3) **¹Ist der Anbieter nach Absatz 1a Satz 1 bevollmächtigt worden, hat er der zentralen Stelle die nach Absatz 2 Satz 1 erforderlichen Angaben für jedes Kalenderjahr bis zum Ablauf des auf das Beitragsjahr folgenden Kalenderjahres zu übermitteln. ²Liegt die Bevollmächtigung erst nach dem im Satz 1 genannten Meldetermin vor, hat der Anbieter die Angaben bis zum Ende des folgenden Kalendervierteljahres nach der Bevollmächtigung, spätestens jedoch bis zum Ablauf der in Absatz 1 Satz 1 genannten Antragsfrist, zu übermitteln. ³Absatz 2 Satz 2 und 3 gilt sinngemäß.**

Die Zulage ist für jedes Beitragsjahr zu beantragen. Die **Zweijahresfrist** des § 89 I 1 ist eine nicht verlängerbare Ausschlussfrist, bei deren Versäumung Wiedereinsetzung in den vorigen Stand gewährt werden kann. Der Antrag ist bei dem/den Anbieter(n) einzureichen, bei dem/denen der Vorsorgevertrag/die Vorsorgeverträge abgeschlossen worden ist/sind (Versicherungsunternehmen, Bank, etc; sog **Anbieterverfahren**). Der SA-Abzug ist dagegen bei der Veranlagung vom FA zu prüfen. Der Antragsteller hat die Mitteilungspflichten aus § 89 I 5. Die Pflichten des Anbieters folgen aus § 89 II. Die Daten sind an die DRV Bund zu übermitteln, damit diese nach § 90 verfahren kann. Nach Abs 1a kann der Anbieter **bevollmächtigt** werden, in Zukunft die Zulage für den Zulageberechtigten dauerhaft zu beantragen. 1

§ 90 Verfahren

(1) **¹Die zentrale Stelle ermittelt auf Grund der von ihr erhobenen oder der ihr übermittelten Daten, ob und in welcher Höhe ein Zulageanspruch besteht. ²Soweit der zuständige Träger der Rentenversicherung keine Versicherungsnummer vergeben hat, vergibt die zentrale Stelle zur Erfüllung der ihr nach diesem Abschnitt zugewiesenen Aufgaben eine Zulagenummer. ³Die zentrale Stelle teilt im Fall eines Antrags nach § 10a Absatz 1b der zuständigen Stelle, im Fall eines Antrags nach § 89 Absatz 1 Satz 4 dem Anbieter die Zulagenummer mit; von dort wird sie an den Antragsteller weitergeleitet.**

(2) **¹Die zentrale Stelle veranlasst die Auszahlung an den Anbieter zugunsten der Zulageberechtigten durch die zuständige Kasse nach erfolgter Berechnung nach Absatz 1 und Überprüfung nach § 91. ²Ein gesonderter Bescheid ergeht vorbehaltlich des Absatzes 4 nicht. ³Der Anbieter hat die erhaltenen Zulagen unverzüglich den begünstigten Verträgen gutzuschreiben. ⁴Zulagen, die nach Beginn der Auszahlungsphase für das Altersvorsorgevermögen von der zentralen Stelle an den Anbieter überwiesen werden, können vom Anbieter an den Anleger ausgezahlt werden. ⁵Besteht kein Zulageanspruch, so teilt die zentrale Stelle dies dem Anbieter durch Datensatz mit. ⁶Die zentrale Stelle teilt dem Anbieter die Altersvorsorgebeiträge im Sinne des § 82, auf die § 10a oder dieser Abschnitt angewendet wurde, durch Datensatz mit.**

(3) **¹Erkennt die zentrale Stelle bis zum Ende des zweiten auf die Ermittlung der Zulage folgenden Jahres nachträglich auf Grund neuer, berichtigter oder stornierter Daten, dass der Zulageanspruch ganz oder teilweise nicht besteht oder weggefallen ist, so hat sie zu Unrecht gutgeschriebene oder ausgezahlte Zulagen bis zum Ablauf eines Jahres nach der Erkenntnis zurückzufordern und dies dem Zulageberechtigten durch Bescheid nach Absatz 4 Satz 1 Nummer 2 und dem Anbieter durch Datensatz mitzuteilen. ²Bei bestehendem Vertragsverhältnis hat**

der Anbieter das Konto zu belasten. [3]Die ihm im Kalendervierteljahr mitgeteilten Rückforderungsbeträge hat er bis zum zehnten Tag des dem Kalendervierteljahr folgenden Monats in einem Betrag bei der zentralen Stelle anzumelden und an diese abzuführen. [4]Die Anmeldung nach Satz 3 ist nach amtlich vorgeschriebenem Vordruck abzugeben. [5]Sie gilt als Steueranmeldung im Sinne der Abgabenordnung. [6]Abweichend von Satz 1 gilt die Ausschlussfrist für den Personenkreis der Kindererziehenden nach § 10a Absatz 1a und deren nach § 79 Satz 2 förderberechtigten Ehegatten nicht; die zentrale Stelle hat die Zulage des Zulageberechtigten als auch des nach § 79 Satz 2 förderberechtigten Ehegatten bis zur Vollendung des fünften Lebensjahres des Kindes, das für die Anerkennung der Förderberechtigung nach § 10a Absatz 1a maßgebend war, zurückzufordern, wenn die Kindererziehungszeiten bis zu diesem Zeitpunkt in der gesetzlichen Rentenversicherung nicht angerechnet wurden. [7]Hat der Zulageberechtigte die Kindererziehungszeiten innerhalb der in § 10a Absatz 1a genannten Frist beantragt, der zuständige Träger der gesetzlichen Rentenversicherung aber nicht innerhalb der Ausschlussfrist von Satz 6 darüber abschließend beschieden, verlängert sich die Ausschlussfrist um drei Monate nach Kenntniserlangung der zentralen Stelle vom Erlass des Bescheides.

(3a) [1]Erfolgt nach der Durchführung einer versorgungsrechtlichen Teilung eine Rückforderung von zu Unrecht gezahlten Zulagen, setzt die zentrale Stelle den Rückforderungsbetrag nach Absatz 3 unter Anrechnung bereits vom Anbieter einbehaltener und abgeführter Beträge gegenüber dem Zulageberechtigten fest, soweit

1. das Guthaben auf dem Vertrag des Zulageberechtigten zur Zahlung des Rückforderungsbetrags nach § 90 Absatz 3 Satz 1 nicht ausreicht und
2. im Rückforderungsbetrag ein Zulagebetrag enthalten ist, der in der Ehe- oder Lebenspartnerschaftszeit ausgezahlt wurde.

[2]Erfolgt nach einer Inanspruchnahme eines Altersvorsorge-Eigenheimbetrags im Sinne des § 92a Absatz 1 oder während einer Darlehenstilgung bei Altersvorsorgeverträgen nach § 1 Absatz 1a des Altersvorsorgeverträge-Zertifizierungsgesetzes eine Rückforderung zu Unrecht gezahlter Zulagen, setzt die zentrale Stelle den Rückforderungsbetrag nach Absatz 3 unter Anrechnung bereits von Anbieter einbehaltener und abgeführter Beträge gegenüber dem Zulageberechtigten fest, soweit das Guthaben auf dem Altersvorsorgevertrag des Zulageberechtigten zur Zahlung des Rückforderungsbetrags nicht ausreicht. [3]Der Anbieter hat in diesen Fällen der zentralen Stelle die nach Absatz 3 einbehaltenen und abgeführten Beträge nach amtlich vorgeschriebenem Datensatz durch amtlich bestimmte Datenfernübertragung mitzuteilen.

(4) [1]Eine Festsetzung der Zulage erfolgt

1. von Amts wegen, wenn die nach den vorliegenden Daten abschließend berechnete Zulage von der beantragten Zulage abweicht,
2. im Falle des Absatzes 3 von Amts wegen,
3. auf besonderen Antrag des Zulageberechtigten, sofern nicht bereits eine Festsetzung von Amts wegen erfolgt ist, oder
4. auf Anforderung des zuständigen Finanzamtes, wenn dessen Daten von den Daten der zentralen Stelle abweichen; eine gesonderte Festsetzung unterbleibt, wenn eine Festsetzung nach den Nummern 1 bis 3 bereits erfolgt ist, für das Beitragsjahr keine Zulage beantragt wurde oder die Frist nach Absatz 3 Satz 1 abgelaufen ist.

[2]Der Antrag nach Satz 1 Nummer 3 ist schriftlich oder elektronisch innerhalb eines Jahres vom Zulageberechtigten an die zentrale Stelle zu richten; die Frist beginnt mit der Erteilung der Bescheinigung nach § 92, die die Ermittlungsergebnisse für das Beitragsjahr enthält, für das eine Festsetzung der Zulage erfolgen

soll. [3]Der Anbieter teilt auf Anforderung der zentralen Stelle nach amtlich vorgeschriebenem Datensatz durch amtlich bestimmte Datenfernübertragung das Datum der Erteilung der nach Satz 2 maßgebenden Bescheinigung nach § 92 mit. [4]Er hat auf Anforderung weitere ihm vorliegende, für die Festsetzung erforderliche Unterlagen beizufügen; eine ergänzende Stellungnahme kann beigefügt werden; dies kann auch elektronisch erfolgen, wenn sowohl der Anbieter als auch die zentrale Stelle mit diesem Verfahren einverstanden sind. [5]Die zentrale Stelle teilt die Festsetzung auch dem Anbieter und die Festsetzung nach Satz 1 Nummer 4 auch dem Finanzamt mit; erfolgt keine Festsetzung nach Satz 1 Nummer 4, teilt dies die zentrale Stelle dem Finanzamt ebenfalls mit. [6]Im Übrigen gilt Absatz 3 entsprechend. [7]Satz 1 Nummer 1 gilt nicht, wenn der Datensatz nach § 89 Absatz 2 auf Grund von unzureichenden oder fehlerhaften Angaben des Zulageberechtigten abgewiesen sowie um eine Fehlermeldung ergänzt worden ist und die Angaben nicht innerhalb der Antragsfrist des § 89 Absatz 1 Satz 1 von dem Zulageberechtigten an den Anbieter nachgereicht werden.

(5) **[1]Im Rahmen des Festsetzungsverfahrens oder Einspruchsverfahrens kann der Zulageberechtigte bis zum rechtskräftigen Abschluss des Festsetzungsverfahrens oder Einspruchsverfahrens eine nicht fristgerecht abgegebene Einwilligung nach § 10a Absatz 1 Satz 1 Halbsatz 2 gegenüber der zuständigen Stelle nachholen. [2]Über die Nachholung hat er die zentrale Stelle unter Angabe des Datums der Erteilung der Einwilligung unmittelbar zu informieren. [3]Hat der Zulageberechtigte im Rahmen des Festsetzungsverfahrens oder Einspruchsverfahrens eine wirksame Einwilligung gegenüber der zuständigen Stelle erteilt, wird er so gestellt, als hätte er die Einwilligung innerhalb der Frist nach § 10a Absatz 1 Satz 1 Halbsatz 2 wirksam gestellt.**

Verwaltungsanweisungen: *BMF* BStBl I 23, 1726.

1. Allgemeines. Die DRV Bund **ermittelt** die Höhe der Zulage, veranlasst deren Auszahlung, fordert zu Unrecht gewährte Zulagen zurück und setzt ggf die Zulage (nur bei Antrag) durch Bescheid fest. Zu diesem dreistufigen Verfahrens s einschließl VerfMäßigkeit BFH X R 18/14, BStBl II, 15, 371; FG Mster EFG 20, 649, rkr. 1

2. Auszahlung der Zulage. Sie erfolgt an den Anbieter, der die Zulage dem Altersvorsorgevertrag des Anlegers gutschreibt (§ 90 II 3); es handelt sich nicht um einen VA, sondern um schlichtes Verwaltungshandeln (§ 90 II 2). **Ab VZ 2024** erfolgt die Auszahlung erst nach Berechnung und Überprüfung nach § 91, um die Zahl der Rückforderungsfälle zu reduzieren. 2

3. Keine Anspruchsberechtigung; Festsetzungsbescheid. Besteht **kein Anspruch auf Zulage,** teilt die DRV Bund dies dem Anbieter mit. Auch diese Mitteilung ist kein VA; eine Korrektur nach § 129 AO ist mithin ausgeschlossen (BFH X B 50/20, BFH/NV 21, 290). § 90 IV wurde durch das JStG 2022 (BGBl I 22, 2294) **ab VZ 2024** neu gefasst. § 90 IV 1 bestimmt, in welchen Fällen die Festsetzung der Zulage durch Bescheid zu erfolgen hat (iEinz *BMF* BStBl I 23, 1726 Rn. 299 ff). Auch das FA erhält nach § 90 IV 1 Nr 4 eine eigene Antragsbefugnis (zum Hintergrund → § 91 Rn. 1). § 90 IV 2 regelt das Festsetzungsverfahren auf Antrag des Zulageberechtigten, der **ab VZ 2024** an die ZfA zu stellen ist. Durch das BetrRentStG (BGBl I 17, 3214) wurde in § 90 V iZm der Verkürzung der Einwilligungsfrist in § 10a I 1 Hs 2 ab 2019 die Möglichkeit zu ihrer Nachholung eingeräumt (s iEinz BTDrs 18/12612, 35). Gegen den von der DRV Bund erlassen Festsetzungsbescheid (§ 90 IV) ist Einspruch und Klage ans FG gegeben (§ 98). 3

4. Rückforderung der Zulage. Sie erfolgt nach § 90 III, wenn die DRV Bund nachträgl erkennt, dass die Zulage zu Unrecht ausgezahlt worden war. Voraussetzung für die Rückforderung gem § 90 III ist ein (noch) bestehendes Vertragsverhältnis 4

(BFH X R 9/21, BFH/NV 23, 1333). Die Rückforderung ist ab dem VZ 2024 nur noch zulässig, wenn der Zulageanspruch nach der Auszahlung auf Grund neuer, berichtigter oder stornierter Daten ganz oder teilweise nicht besteht oder wegfällt. Hier belastet der Anbieter grds das Konto des Anlegers entspr (§ 90 III 2) und zahlt die Rückforderungsbeträge nach vierteljährl Anmeldung (= StAnmeldung iSd §§ 167, 168 AO) an die DRV Bund zurück (§ 90 III 3–5). Durch das **BetrRentStG** (→ Rn. 3) wurde zum einen erstmals ab 2019 eine Frist zur Überprüfung der Zulagenberechtigung (90 III 1) eingeführt und zum anderen (ab 2018) die Möglichkeit eröffnet, in bestimmten Fällen (zB scheidungsbedingte Teilung der Anwartschaften) die Zulagen direkt vom Berechtigten zurückzufordern (BT-Drs 18/12612; BR-Drs 780/16). Dies geschieht durch einen **Rückforderungsbescheid** (§ 37 AO) der DRV Bund (s hierzu BFH X R 35/17, BStBl II 19, 668; → § 96 Rn. 1). Durch das **JStG 2022** (BGBl I 22, 2294) wurde **ab VZ 2023** entspr der Neuregelung in § 10a Ia die Ausschlussfrist für die Rückforderung bei Kindererziehenden verlängert. Die ZfA hat die Zulage bis zur Vollendung des 5. Lebensjahres des Kindes zurückzufordern, wenn die Kindererziehungszeiten vom RV-Träger nicht anerkannt werden (*BMF* BStBl I 23, 1726 Rn. 316). Dessen rkr Entscheidung über die Förderberechtigung ist auch estrechtl maßgebl (s BT-Drs 20/3879, 100).

§ 91 Datenerhebung und Datenabgleich

(1) [1]**Für die Berechnung und Überprüfung der Zulage sowie die Überprüfung des Vorliegens der Voraussetzungen des Sonderausgabenabzugs nach § 10a übermitteln die Träger der gesetzlichen Rentenversicherung, die landwirtschaftliche Alterskasse, die Bundesagentur für Arbeit, die Meldebehörden, die Familienkassen und die Finanzämter der zentralen Stelle auf Anforderung unter Angabe der Identifikationsnummer (§ 139b der Abgabenordnung) des Steuerpflichtigen die bei ihnen vorhandenen Daten nach § 89 Absatz 2 durch Datenfernübertragung; für Zwecke der Berechnung des Mindesteigenbeitrags für ein Beitragsjahr darf die zentrale Stelle bei den Trägern der gesetzlichen Rentenversicherung und der landwirtschaftlichen Alterskasse die bei ihnen vorhandenen Daten zu den beitragspflichtigen Einnahmen sowie in den Fällen des § 10a Absatz 1 Satz 4 zur Höhe der bezogenen Rente wegen voller Erwerbsminderung oder Erwerbsunfähigkeit erheben, sofern diese nicht vom Anbieter nach § 89 übermittelt worden sind; im Datenabgleich mit den Familienkassen sind auch die Identifikationsnummern des Kindergeldberechtigten und des Kindes anzugeben.** [2]**Für Zwecke der Überprüfung nach Satz 1 darf die zentrale Stelle die ihr übermittelten Daten mit den ihr nach § 89 Absatz 2 übermittelten Daten automatisiert abgleichen.** [3]**Ergibt die Überprüfung eine Abweichung von dem in der Steuerfestsetzung berücksichtigten Sonderausgabenabzug nach § 10a oder der gesonderten Feststellung nach § 10a Absatz 4, ist dies dem Finanzamt mitzuteilen; die Steuerfestsetzung oder die gesonderte Feststellung ist insoweit zu ändern.** [4]**Ist die Zulage nach § 90 Absatz 4 von der zentralen Stelle unanfechtbar festgesetzt worden, sind diese gesondert festgesetzten Besteuerungsgrundlagen für das Finanzamt bindend und auch der gesonderten Feststellung nach § 10a Absatz 4 zu Grunde zu legen.**

(2) [1]**Die zuständige Stelle hat der zentralen Stelle die Daten nach § 10a Absatz 1 Satz 1 zweiter Halbsatz bis zum 31. März des dem Beitragsjahr folgenden Kalenderjahres durch Datenfernübertragung zu übermitteln.** [2]**Liegt die Einwilligung nach § 10a Absatz 1 Satz 1 zweiter Halbsatz erst nach dem in Satz 1 genannten Meldetermin vor, hat die zuständige Stelle die Daten spätestens bis zum Ende des folgenden Kalendervierteljahres nach Erteilung der Einwilligung nach Maßgabe von Satz 1 zu übermitteln.**

Damit die DRV Bund die erforderl Überprüfungen vornehmen kann, sind sämtl beteiligten Behörden zur Datenübermittlung an die DRV Bund **verpflichtet.** Trägerin der Alterssicherung der Landwirte ist nach der Neuordnung durch das LSV-NOG (BGBl I 12, 579) ab 1.1.13 die SV für Landwirtschaft, Forsten und Gartenbau (Bundesträger), die für Alterssicherungsangelegenheiten die Bezeichnung „landwirtschaftl Alterskasse" trägt. Führt die Überprüfung zu einer Änderung der Zulage oder des SA-Abzugs, so ist dies nicht nur dem Anbieter zur weiteren Veranlassung, sondern ggf auch dem FA allerdings ohne Bindungswirkung zur Überprüfung des SA-Abzugs mitzuteilen (iEinz BFH X R 2/19, BStBl II 22, 157; BFH X R 16/19, BFH/NV 21, 628). 1

Abweichend hiervon sind nach § 91 I 4 idF JStG 2022 (BGBl I 22, 2294) **ab VZ 2024** die von der ZfA festgesetzten Daten für das FA bindend und der gesonderten Feststellung nach § 10a IV zu Grunde zulegen. Das FA erhält aus diesem Grund ein eigenes Antragsrecht zur Durchführung des Festsetzungsverfahrens (→ § 90 Rn. 3). Liegt dagegen kein bestandskräftiger VA vor, hat das FA weiterhin eine eigene Prüfkompetenz. 2

§ 92 Bescheinigung

[1]Der Anbieter hat dem Zulageberechtigten jährlich bis zum Ablauf des auf das Beitragsjahr folgenden Jahres eine Bescheinigung nach amtlich vorgeschriebenem Muster zu erteilen über

1. **die Höhe der im abgelaufenen Beitragsjahr geleisteten Altersvorsorgebeiträge (Beiträge und Tilgungsleistungen),**
2. **die im abgelaufenen Beitragsjahr getroffenen, aufgehobenen oder geänderten Ermittlungsergebnisse (§ 90),**
3. **die Summe der bis zum Ende des abgelaufenen Beitragsjahres dem Vertrag gutgeschriebenen Zulagen,**
4. **die Summe der bis zum Ende des abgelaufenen Beitragsjahres geleisteten Altersvorsorgebeiträge (Beiträge und Tilgungsleistungen),**
5. **den Stand des Altersvorsorgevermögens,**
6. **den Stand des Wohnförderkontos (§ 92a Absatz 2 Satz 1), sofern er diesen von der zentralen Stelle mitgeteilt bekommen hat, und**
7. **die Bestätigung der durch den Anbieter erfolgten Datenübermittlung an die zentrale Stelle im Fall des § 10a Absatz 5 Satz 1.**

[2]Einer jährlichen Bescheinigung bedarf es nicht, wenn zu Satz 1 Nummer 1, 2, 6 und 7 keine Angaben erforderlich sind und sich zu Satz 1 Nummer 3 bis 5 keine Änderungen gegenüber der zuletzt erteilten Bescheinigung ergeben. [3]Liegen die Voraussetzungen des Satzes 2 nur hinsichtlich der Angabe nach Satz 1 Nummer 6 nicht vor und wurde die Geschäftsbeziehung im Hinblick auf den jeweiligen Altersvorsorgevertrag zwischen Zulageberechtigtem und Anbieter beendet, weil

1. **das angesparte Kapital vollständig aus dem Altersvorsorgevertrag entnommen wurde oder**
2. **das gewährte Darlehen vollständig getilgt wurde,**

bedarf es keiner jährlichen Bescheinigung, wenn der Anbieter dem Zulageberechtigten in einer Bescheinigung im Sinne dieser Vorschrift Folgendes mitteilt: „Das Wohnförderkonto erhöht sich bis zum Beginn der Auszahlungsphase jährlich um 2 Prozent, solange Sie keine Zahlungen zur Minderung des Wohnförderkontos leisten." [4]Der Anbieter kann dem Zulageberechtigten mit dessen Einverständnis die Bescheinigung auch elektronisch bereitstellen.

Damit der Anleger stets über den **aktuellen Stand** seines Vorsorgevertrages **unterrichtet ist,** *hat* ihm der Anbieter jährl bis zum Ablauf des Beitragsfolgejahres (§ 92 S 1 idF BetrRentStG, BGBl I 17, 3214) die Bescheinigung nach § 92 zu ertei- 1 len. Durch § 92 S 2 und 3 idF AltvVerbG (BGBl I 13, 1667) wurden ab VZ 2014 die Fälle des Verzichts auf die Erteilung der Bescheinigung an die Neuregelung in § 92a II (Führung des Wohnförderkontos durch die zentrale Stelle) angepasst (BT-Drs. 17/12219, 56 f).

§ 92a Verwendung für eine selbst genutzte Wohnung

(1) [1]Der Zulageberechtigte kann das in einem Altersvorsorgevertrag gebildete und nach § 10a oder nach diesem Abschnitt geförderte Kapital in vollem Umfang oder, wenn das verbleibende geförderte Restkapital mindestens 3000 Euro beträgt, teilweise wie folgt verwenden (Altersvorsorge-Eigenheimbetrag):

1. bis zum Beginn der Auszahlungsphase unmittelbar für die Anschaffung oder Herstellung einer Wohnung oder zur Tilgung eines zu diesem Zweck aufgenommenen Darlehens, wenn das dafür entnommene Kapital mindestens 3000 Euro beträgt, oder

2. bis zum Beginn der Auszahlungsphase unmittelbar für den Erwerb von Pflicht-Geschäftsanteilen an einer eingetragenen Genossenschaft für die Selbstnutzung einer Genossenschaftswohnung oder zur Tilgung eines zu diesem Zweck aufgenommenen Darlehens, wenn das dafür entnommene Kapital mindestens 3000 Euro beträgt, oder

3. bis zum Beginn der Auszahlungsphase unmittelbar für die Finanzierung eines Umbaus oder der energetischen Sanierung einer Wohnung, wenn

a) das dafür entnommene Kapital

aa) mindestens 6000 Euro beträgt und für einen innerhalb eines Zeitraums von drei Jahren nach der Anschaffung oder Herstellung der Wohnung vorgenommenen Umbau verwendet wird oder

bb) mindestens 20 000 Euro beträgt,

b) das dafür entnommene Kapital

aa) zu mindestens 50 Prozent auf Maßnahmen entfällt, die die Vorgaben der DIN 18040 Teil 2, Ausgabe September 2011, soweit baustrukturell möglich, erfüllen, und der verbleibende Teil der Kosten der Reduzierung von Barrieren in oder an der Wohnung dient; die zweckgerechte Verwendung ist durch einen Sachverständigen zu bestätigen; oder

bb) auf energetische Maßnahmen im Sinne des § 35c Absatz 1 Satz 3 und 4 entfällt, die von einem Fachunternehmen ausgeführt werden; § 35c Absatz 1 Satz 6 und 7 gilt entsprechend; und

c) der Zulageberechtigte oder ein Mitnutzer der Wohnung für die Umbaukosten weder eine Förderung durch Zuschüsse noch eine Steuerermäßigung nach den §§ 35a oder 35c in Anspruch nimmt oder nehmen wird noch die Berücksichtigung als Betriebsausgaben, Werbungskosten, Sonderausgaben oder außergewöhnliche Belastung nach § 33 beantragt hat oder beantragen wird und dies schriftlich oder elektronisch bestätigt. [2]Diese Bestätigung ist bei der Antragstellung nach § 92b Absatz 1 Satz 1 gegenüber der zentralen Stelle abzugeben. [3]Bei der Inanspruchnahme eines Darlehens im Rahmen eines Altersvorsorgevertrags nach § 1 Absatz 1a des Altersvorsorgeverträge-Zertifizierungsgesetzes hat der Zulageberechtigte die Bestätigung gegenüber seinem Anbieter abzugeben; dies kann auch elektronisch erfolgen, wenn sowohl der Anbieter als auch der Zulageberechtigte mit diesem Verfahren einverstanden sind.

[2]Die DIN 18040 ist im Beuth-Verlag GmbH, Berlin und Köln, erschienen und beim Deutschen Patent- und Markenamt in München archivmäßig gesichert niedergelegt. [3]Die technischen Mindestanforderungen für die Reduzierung von Barrieren in oder an der Wohnung nach Satz 1 Nummer 3 Buchstabe b werden durch das Bundesministerium des Innern, für Bau und Heimat im Einvernehmen mit

dem Bundesministerium der Finanzen festgelegt und im Bundesbaublatt veröffentlicht. [4]Sachverständige im Sinne dieser Vorschrift sind nach Landesrecht Bauvorlageberechtigte sowie nach § 91 Absatz 1 Nummer 8 der Handwerksordnung öffentlich bestellte und vereidigte Sachverständige, die für ein Sachgebiet bestellt sind, das die Barrierefreiheit und Barrierereduzierung in Wohngebäuden umfasst, und die eine besondere Sachkunde oder ergänzende Fortbildung auf diesem Gebiet nachweisen. [5]Eine nach Satz 1 begünstigte Wohnung ist

1. eine Wohnung in einem eigenen Haus oder
2. eine eigene Eigentumswohnung oder
3. eine Genossenschaftswohnung einer eingetragenen Genossenschaft,

wenn diese Wohnung in einem Mitgliedstaat der Europäischen Union oder in einem Staat, auf den das Abkommen über den Europäischen Wirtschaftsraum (EWR-Abkommen) anwendbar ist, belegen ist und die Hauptwohnung oder den Mittelpunkt der Lebensinteressen des Zulageberechtigten darstellt; dies gilt auch für eine im Vereinigten Königreich Großbritannien und Nordirland belegene Wohnung, die vor dem Zeitpunkt, ab dem das Vereinigte Königreich Großbritannien und Nordirland nicht mehr Mitgliedstaat der Europäischen Union ist und auch nicht wie ein solcher zu behandeln ist, bereits begünstigt war, soweit für diese Wohnung bereits vor diesem Zeitpunkt eine Verwendung nach Satz 1 erfolgt ist und keine erneute beantragt wird. [6]Einer Wohnung im Sinne des Satzes 5 steht ein eigentumsähnliches oder lebenslanges Dauerwohnrecht nach § 33 des Wohnungseigentumsgesetzes gleich, soweit Vereinbarungen nach § 39 des Wohnungseigentumsgesetzes getroffen werden. [7]Bei der Ermittlung des Restkapitals nach Satz 1 ist auf den Stand des geförderten Altersvorsorgevermögens zum Ablauf des Tages abzustellen, an dem die zentrale Stelle den Bescheid nach § 92b ausgestellt hat. [8]Der Altersvorsorge-Eigenheimbetrag gilt nicht als Leistung aus einem Altersvorsorgevertrag, die dem Zulageberechtigten im Zeitpunkt der Auszahlung zufließt.

(2) [1]Der Altersvorsorge-Eigenheimbetrag, die Tilgungsleistungen im Sinne des § 82 Absatz 1 Satz 1 Nummer 2 und die hierfür gewährten Zulagen sind durch die zentrale Stelle in Bezug auf den zugrunde liegenden Altersvorsorgevertrag gesondert zu erfassen (Wohnförderkonto); die zentrale Stelle teilt für jeden Altersvorsorgevertrag, für den sie ein Wohnförderkonto (Altersvorsorgevertrag mit Wohnförderkonto) führt, dem Anbieter jährlich den Stand des Wohnförderkontos nach amtlich vorgeschriebenem Datensatz durch Datenfernübertragung mit. [2]Beiträge, die nach § 82 Absatz 1 Satz 3 wie Tilgungsleistungen behandelt wurden, sind im Zeitpunkt der unmittelbaren Darlehenstilgung einschließlich der zur Tilgung eingesetzten Zulagen und Erträge in das Wohnförderkonto aufzunehmen; zur Tilgung eingesetzte ungeförderte Beiträge einschließlich der darauf entfallenden Erträge fließen dem Zulageberechtigten in diesem Zeitpunkt zu. [3]Nach Ablauf eines Beitragsjahres, letztmals für das Beitragsjahr des Beginns der Auszahlungsphase, ist der sich aus dem Wohnförderkonto ergebende Gesamtbetrag um 2 Prozent zu erhöhen. [4]Das Wohnförderkonto ist zu vermindern um

1. Zahlungen des Zulageberechtigten auf einen auf seinen Namen lautenden zertifizierten Altersvorsorgevertrag nach § 1 Absatz 1 des Altersvorsorgeverträge-Zertifizierungsgesetzes bis zum Beginn der Auszahlungsphase zur Minderung der in das Wohnförderkonto eingestellten Beträge; der Anbieter, bei dem die Einzahlung erfolgt, hat die Einzahlung der zentralen Stelle nach amtlich vorgeschriebenem Datensatz durch Datenfernübertragung mitzuteilen; erfolgt die Einzahlung nicht auf den Altersvorsorgevertrag mit Wohnförderkonto, hat der Zulageberechtigte dem Anbieter, bei dem die Einzahlung erfolgt, die Vertragsdaten des Altersvorsorgevertrags mit Wohnförderkonto mitzuteilen; diese hat der Anbieter der zentralen Stelle zusätzlich mitzuteilen;
2. den Verminderungsbetrag nach Satz 5.

[5]Verminderungsbetrag ist der sich mit Ablauf des Kalenderjahres des Beginns der Auszahlungsphase ergebende Stand des Wohnförderkontos dividiert durch die Anzahl der Jahre bis zur Vollendung des 85. Lebensjahres des Zulageberechtigten; als Beginn der Auszahlungsphase gilt der vom Zulageberechtigten und Anbieter vereinbarte Zeitpunkt, der zwischen der Vollendung des 60. Lebensjahres und des 68. Lebensjahres des Zulageberechtigten liegen muss; ist ein Auszahlungszeitpunkt nicht vereinbart, so gilt die Vollendung des 67. Lebensjahres als Beginn der Auszahlungsphase; die Verschiebung des Beginns der Auszahlungsphase über das 68. Lebensjahr des Zulageberechtigten hinaus ist unschädlich, sofern es sich um eine Verschiebung im Zusammenhang mit der Abfindung einer Kleinbetragsrente auf Grund des § 1 Absatz 1 Satz 1 Nummer 4 Buchstabe a des Altersvorsorgeverträge-Zertifizierungsgesetzes handelt. [6]Anstelle einer Verminderung nach Satz 5 kann der Zulageberechtigte jederzeit in der Auszahlungsphase von der zentralen Stelle die Auflösung des Wohnförderkontos verlangen (Auflösungsbetrag). [7]Der Anbieter hat im Zeitpunkt der unmittelbaren Darlehenstilgung die Beträge nach Satz 2 erster Halbsatz und der Anbieter eines Altersvorsorgevertrags mit Wohnförderkonto hat zu Beginn der Auszahlungsphase den Zeitpunkt des Beginns der Auszahlungsphase der zentralen Stelle nach amtlich vorgeschriebenem Datensatz durch Datenfernübertragung spätestens bis zum Ablauf des zweiten Monats, der auf den Monat der unmittelbaren Darlehenstilgung oder des Beginns der Auszahlungsphase folgt, mitzuteilen. [8]Wird gefördertes Altersvorsorgevermögen nach § 93 Absatz 2 Satz 1 von einem Anbieter auf einen anderen auf den Namen des Zulageberechtigten lautenden Altersvorsorgevertrag vollständig übertragen und hat die zentrale Stelle für den bisherigen Altersvorsorgevertrag ein Wohnförderkonto geführt, so schließt sie das Wohnförderkonto des bisherigen Vertrags und führt es zu dem neuen Altersvorsorgevertrag fort. [9]Erfolgt eine Zahlung nach Satz 4 Nummer 1 oder nach Absatz 3 Satz 9 Nummer 2 auf einen anderen Altersvorsorgevertrag als auf den Altersvorsorgevertrag mit Wohnförderkonto, schließt die zentrale Stelle das Wohnförderkonto des bisherigen Vertrags und führt es ab dem Zeitpunkt der Einzahlung für den Altersvorsorgevertrag fort, auf den die Einzahlung erfolgt ist. [10]Die zentrale Stelle teilt die Schließung des Wohnförderkontos dem Anbieter des bisherigen Altersvorsorgevertrags mit Wohnförderkonto mit.

(2a) **[1]Geht im Rahmen der Regelung von Scheidungsfolgen der Eigentumsanteil des Zulageberechtigten an der Wohnung im Sinne des Absatzes 1 Satz 5 ganz oder teilweise auf den anderen Ehegatten über, geht das Wohnförderkonto in Höhe des Anteils, der dem Verhältnis des übergegangenen Eigentumsanteils zum ursprünglichen Eigentumsanteil entspricht, mit allen Rechten und Pflichten auf den anderen Ehegatten über; dabei ist auf das Lebensalter des anderen Ehegatten abzustellen. [2]Hat der andere Ehegatte das Lebensalter für den vertraglich vereinbarten Beginn der Auszahlungsphase oder, soweit kein Beginn der Auszahlungsphase vereinbart wurde, das 67. Lebensjahr im Zeitpunkt des Übergangs des Wohnförderkontos bereits überschritten, so gilt als Beginn der Auszahlungsphase der Zeitpunkt des Übergangs des Wohnförderkontos. [3]Der Zulageberechtigte hat den Übergang des Eigentumsanteils der zentralen Stelle nachzuweisen. [4]Dazu hat er die für die Anlage eines Wohnförderkontos erforderlichen Daten des anderen Ehegatten mitzuteilen. [5]Die Sätze 1 bis 4 gelten entsprechend für Ehegatten, die im Zeitpunkt des Todes des Zulageberechtigten**

1. **nicht dauernd getrennt gelebt haben (§ 26 Absatz 1) und**
2. **ihren Wohnsitz oder gewöhnlichen Aufenthalt in einem Mitgliedstaat der Europäischen Union oder einem Staat hatten, auf den das Abkommen über den Europäischen Wirtschaftsraum anwendbar ist; dies gilt auch, wenn die Ehegatten ihren vor dem Zeitpunkt, ab dem das Vereinigte Königreich Großbritannien und Nordirland nicht mehr Mitgliedstaat der Europäischen Union**

ist und auch nicht wie ein solcher zu behandeln ist, begründeten Wohnsitz oder gewöhnlichen Aufenthalt im Vereinigte Königreich Großbritannien und Nordirland hatten und der Altersvorsorgevertrag vor dem 23. Juni 2016 abgeschlossen worden ist.

(3) **[1]Nutzt der Zulageberechtigte die Wohnung im Sinne des Absatzes 1 Satz 5, für die ein Altersvorsorge-Eigenheimbetrag verwendet oder für die eine Tilgungsförderung im Sinne des § 82 Absatz 1 in Anspruch genommen worden ist, nicht nur vorübergehend nicht mehr zu eigenen Wohnzwecken, hat er dies dem Anbieter, in der Auszahlungsphase der zentralen Stelle, unter Angabe des Zeitpunkts der Aufgabe der Selbstnutzung anzuzeigen. [2]Eine Aufgabe der Selbstnutzung liegt auch vor, soweit der Zulageberechtigte das Eigentum an der Wohnung aufgibt. [3]Die Anzeigepflicht gilt entsprechend für den Rechtsnachfolger der begünstigten Wohnung, wenn der Zulageberechtigte stirbt. [4]Die Anzeigepflicht entfällt, wenn das Wohnförderkonto vollständig zurückgeführt worden ist, es sei denn, es liegt ein Fall des § 22 Nummer 5 Satz 6 vor. [5]Im Fall des Satzes 1 gelten die im Wohnförderkonto erfassten Beträge als Leistungen aus einem Altersvorsorgevertrag, die dem Zulageberechtigten nach letztmaliger Erhöhung des Wohnförderkontos nach Absatz 2 Satz 3 zum Ende des Veranlagungszeitraums, in dem die Selbstnutzung aufgegeben wurde, zufließen; das Wohnförderkonto ist aufzulösen (Auflösungsbetrag). [6]Verstirbt der Zulageberechtigte, ist der Auflösungsbetrag ihm noch zuzurechnen. [7]Der Anbieter hat der zentralen Stelle den Zeitpunkt der Aufgabe nach amtlich vorgeschriebenem Datensatz durch Datenfernübertragung spätestens bis zum Ablauf des zweiten Monats, der auf den Monat der Anzeige des Zulagenberechtigten folgt, mitzuteilen. [8]Wurde im Fall des Satzes 1 eine Tilgungsförderung nach § 82 Absatz 1 Satz 3 in Anspruch genommen und erfolgte keine Einstellung in das Wohnförderkonto nach Absatz 2 Satz 2, sind die Beiträge, die nach § 82 Absatz 1 Satz 3 wie Tilgungsleistungen behandelt wurden, sowie die darauf entfallenden Zulagen und Erträge in ein Wohnförderkonto aufzunehmen und anschließend die weiteren Regelungen dieses Absatzes anzuwenden; Absatz 2 Satz 2 zweiter Halbsatz und Satz 7 gilt entsprechend. [9]Die Sätze 5 bis 7 sowie § 20 sind nicht anzuwenden, wenn**

1. **der Zulageberechtigte einen Betrag in Höhe des noch nicht zurückgeführten Betrags im Wohnförderkonto innerhalb von zwei Jahren vor dem Veranlagungszeitraum und von fünf Jahren nach Ablauf des Veranlagungszeitraums, in dem er die Wohnung letztmals zu eigenen Wohnzwecken genutzt hat, für eine weitere Wohnung im Sinne des Absatzes 1 Satz 5 verwendet,**
2. **der Zulageberechtigte einen Betrag in Höhe des noch nicht zurückgeführten Betrags im Wohnförderkonto innerhalb eines Jahres nach Ablauf des Veranlagungszeitraums, in dem er die Wohnung letztmals zu eigenen Wohnzwecken genutzt hat, auf einen auf seinen Namen lautenden zertifizierten Altersvorsorgevertrag zahlt; Absatz 2 Satz 4 Nummer 1 ist entsprechend anzuwenden,**
3. **die Ehewohnung auf Grund einer richterlichen Entscheidung nach § 1361b des Bürgerlichen Gesetzbuchs oder nach der Verordnung über die Behandlung der Ehewohnung und des Hausrats dem anderen Ehegatten zugewiesen wird,**
4. **der Zulageberechtigte krankheits- oder pflegebedingt die Wohnung nicht mehr bewohnt, sofern er Eigentümer dieser Wohnung bleibt, sie ihm weiterhin zur Selbstnutzung zur Verfügung steht und sie nicht von Dritten, mit Ausnahme seines Ehegatten, genutzt wird oder**
5. **der Zulageberechtigte innerhalb von fünf Jahren nach Ablauf des Veranlagungszeitraums, in dem er die Wohnung letztmals zu eigenen Wohnzwecken genutzt hat, die Selbstnutzung dieser Wohnung wieder aufnimmt.**

[10]Satz 9 Nummer 1 und 2 setzt voraus, dass der Zulageberechtigte dem Anbieter, in der Auszahlungsphase der zentralen Stelle, die fristgemäße Reinvestitionsabsicht im Rahmen der Anzeige nach Satz 1 und den Zeitpunkt der Reinvestition

oder die Aufgabe der Reinvestitionsabsicht anzeigt; in den Fällen des Absatzes 2a und des Satzes 9 Nummer 3 gelten die Sätze 1 bis 9 entsprechend für den anderen, geschiedenen oder überlebenden Ehegatten, wenn er die Wohnung nicht nur vorübergehend nicht mehr zu eigenen Wohnzwecken nutzt. [11]Satz 5 ist mit der Maßgabe anzuwenden, dass der Eingang der Anzeige der aufgegebenen Reinvestitionsabsicht, spätestens jedoch der 1. Januar

1. des sechsten Jahres nach dem Jahr der Aufgabe der Selbstnutzung bei einer Reinvestitionsabsicht nach Satz 9 Nummer 1 oder

2. des zweiten Jahres nach dem Jahr der Aufgabe der Selbstnutzung bei einer Reinvestitionsabsicht nach Satz 9 Nummer 2

als Zeitpunkt der Aufgabe gilt. [12]Satz 9 Nummer 5 setzt voraus, dass bei einer beabsichtigten Wiederaufnahme der Selbstnutzung der Zulageberechtigte dem Anbieter, in der Auszahlungsphase der zentralen Stelle, die Absicht der fristgemäßen Wiederaufnahme der Selbstnutzung im Rahmen der Anzeige nach Satz 1 und den Zeitpunkt oder die Aufgabe der Reinvestitionsabsicht nach Satz 10 angezeigt. [13]Satz 10 zweiter Halbsatz und Satz 11 gelten für die Anzeige der Absicht der fristgemäßen Wiederaufnahme der Selbstnutzung entsprechend.

(4) **[1]Absatz 3 sowie § 20 sind auf Antrag des Steuerpflichtigen nicht anzuwenden, wenn er**

1. die Wohnung im Sinne des Absatzes 1 Satz 5 auf Grund eines beruflich bedingten Umzugs für die Dauer der beruflich bedingten Abwesenheit nicht selbst nutzt; wird während dieser Zeit mit einer anderen Person ein Nutzungsrecht für diese Wohnung vereinbart, ist diese Vereinbarung von vorneherein entsprechend zu befristen,

2. beabsichtigt, die Selbstnutzung wieder aufzunehmen und

3. die Selbstnutzung spätestens mit der Vollendung seines 67. Lebensjahres aufnimmt.

[2]Der Steuerpflichtige hat den Antrag bei der zentralen Stelle zu stellen und dabei die notwendigen Nachweise zu erbringen. [3]Die zentrale Stelle erteilt dem Steuerpflichtigen einen Bescheid über die Bewilligung des Antrags und informiert den Anbieter des Altersvorsorgevertrags mit Wohnförderkonto des Zulageberechtigten über die Bewilligung, eine Wiederaufnahme der Selbstnutzung nach einem beruflich bedingten Umzug und den Wegfall der Voraussetzungen nach diesem Absatz; die Information hat nach amtlich vorgeschriebenem Datensatz durch Datenfernübertragung zu erfolgen. [4]Entfällt eine der in Satz 1 genannten Voraussetzungen, ist Absatz 3 mit der Maßgabe anzuwenden, dass bei einem Wegfall der Voraussetzung nach Satz 1 Nummer 1 als Zeitpunkt der Aufgabe der Zeitpunkt des Wegfalls der Voraussetzung und bei einem Wegfall der Voraussetzung nach Satz 1 Nummer 2 oder Nummer 3 der Eingang der Mitteilung des Steuerpflichtigen nach Absatz 3 als Zeitpunkt der Aufgabe gilt, spätestens jedoch die Vollendung des 67. Lebensjahres des Steuerpflichtigen.

Verwaltungsanweisungen: *BMF* BStBl I 23, 1726.

Schrifttum (Rechtslage ab VZ 2014/AltvVerbG; zuvor → 32. Aufl 2013, § 92a vor Rn. 1): *Myßen ua* NWB 13, 1977; *Franz* DB 13, 1988; *Schrehardt* DStR 13, 1240.

1 **1. Grundsätze.** Durch das EigRentG (BGBl I 08, 1509) hat der Gesetzgeber **ab VZ 2008** die Möglichkeit eröffnet, das in einem Riester-Vertrag angesparte Kapital zu entnehmen und für eine selbstgenutzte Wohnung („wohnungswirtschaftlich") zu verwenden (§ 92a I: Altersvorsorge-Eigenheimbetrag). Die Förderung des Wohneigentums in der **Ansparphase** (Zulagen gem §§ 84, 85 oder SA-Abzug gem § 10a) geht einher mit der nachgelagerten Besteuerung des sog Wohnförderkontos in der **(fiktiven) Auszahlungsphase** (nachgelagerte Besteuerung gem § 22 Nr 5). Letzteres gilt auch, wenn die Förderung für die Darlehenstilgung nach § 82 I 1 Nr 2 in

Anspruch genommen wurde. Die Vorschrift wurde mit Wirkung **ab VZ 2014** durch das **AltvVerbG** (BGBl I 13, 1667) vor allem mit dem Ziel neu gefasst, die förderunschädl Verwendung zu erweitern und die Besteuerung des Wohnförderkonto zu vereinfachen. Zu berücksichtigen ist ferner, dass die Ehegattenregelungen nach § 2 VIII ggf rückwirkend (§ 52 IIa aF) auch für **Lebenspartner** (iSd LPartG) anzuwenden sind.

a) Verwendung. Das entnommene Altersvorsorgevermögen kann in vollem 2
Umfang oder, wenn ein Mindestrestkapital von 3000 € verbleibt (*Grund:* Vermeidung von Kleinst-Rentenansprüchen), auch teilweise bis zum Beginn der vertragl zu vereinbarten Auszahlungsphase (vgl § 92a II 5: ansonsten Vollendung des 67. Lebensjahres; s unten) entweder *(1)* unmittelbar (ohne Zwischenschritte, FG Bln-Bbg EFG 26, 1) zur **Anschaffung/Herstellung** einer **selbstgenutzten Wohnung** (BFH X R 6/22, DStR 25, 1463; BFH X R 29/14, BFH/NV 16, 1541: einschließl nachträgl AK für GuB; FG Bln-Bbg EFG 26, 18; BFH X R 4/18, BFH/NV 19, 808: nicht jedoch für Wohnungserweiterung oder Genossenschaftswohnung (Erwerb von Geschäftsanteilen) oder *(2)* jederzeit (zB bei Ablauf von Zinsbindungen) bis zum Auszahlungsbeginn und unter Beachtung eines Mindestentnahmebetrag von 3000 € zur **Tilgung von Darlehen** (nicht jedoch von Darlehenszinsen, BFH X R 20/20, DStRE 22, 978) verwendet werden, die für die vorgenannte Zwecke aufgenommen worden sind. Nicht hierzu gehört jedoch die Einzahlung auf einem nicht zertifizierten Bausparvertrag (iEinz BFH X R 28/18, BStBl II 20, 496). Zur **Unmittelbarkeit** s betr AK/HK der Wohnung FG Bbg EFG 14, 206; betr Kredittilgung BFH X R 26/20, BStBl II 22, 611; zur Umschuldung s BFH X R 24/23, BStBl II 25, 681). Das Unmittelbarkeitserfordernis bezieht sich auf die Geldverwendung auf ein begünstigtes Förderobjekt. Eine starre Zeitgrenze für die Herstellung der begünstigten Wohnung kennt § 92a I 5 nicht (FG Bln-Bbg EFG 26, 18; **aA** *BMF* BStBl I 23, 1726, Rn. 258). Nicht begünstigt ist die Tilgung des Darlehns eines Ehepartners (BFH X R 6/22, BStBl II 25, 652). – Die **eigene Wohnung** (Einfamilienhaus, Eigentumswohnung, Wohnung einer eG; Dauerwohnrecht; § 92a I 5 f; BFH X R 23/14, BFH/NV 16, 1018: einschließl Anteil an PersGes, wenn Wohnung zu deren PV gehört) muss in einem **EU-EWR-Staat** belegen sein und als Hauptwohnsitz oder als Mittelpunkt der Lebensinteressen des Zulagenberechtigten dienen. Da eine Wohnung im Vereinigten Königreich mit dem Ausscheiden Großbritanniens und Nordirlands aus der EU **(„Brexit")** nicht mehr begünstigt ist, schützt § 92a I 5 idF Brexit-StBG, BGBl I 19, 357 für „Altfälle" die wohnungswirtschaftl Verwendung iSv Abs 1 vor den Folgen des § 93 (ua Rückzahlung der Zulagen; iEinz s BR-Drs 4/19). Nach dem Ausscheiden aus der EU ist eine Begünstigung iSd § 92 I (Neufälle) jedoch ausgeschlossen. – Auch die unmittelbare (S 1) Finanzierung eines **barrierereduzierenden Umbaus** und ab 2024 die **energetische Sanierung** einer solchen Wohnung sind begünstigt. Das dafür entnommene Kapital muss bei Umbau innerhalb von 3 Jahren nach Wohnungsanschaffung/-herstellung mindestens 6000 €, ansonsten mindestens 20 000 € betragen. Darüber hinaus sind baul Mindestanforderungen (gem DIN 18040 Teil 2; Reduzierung von Barrieren) zu wahren, die zweckgerechte Mittelverwendung durch einen Sachverständigen sowie durch den Zulageberechtigten zu bestätigen, dass er keine andere Begünstigung (zB Zuschüsse, §§ 35a, 33) in Anspruch nimmt (iEinz *BMF* BStBl I 23, 1726 Rn. 265 ff; *Myßen* DB 14, 617).

b) Auszahlungsphase. Auf dem von der zentralen Stelle (DRV Bund) geführten 3
Wohnförderkonto (§ 92a II) werden die in der selbstbewohnten Immobilie gebundenen steuerl geförderten Beträge erfasst (Entnahmebeträge, Tilgungsleistungen, Zulagen und – ab 2014 unverändert – jährl 2% Zinsen). Diese Beträge sind – abzügl der Zahlungen auf einem anderen Altersvorsorge-Vertrag (§ 92a II 4 Nr 1) – die Grundlage für die nachgelagerte Besteuerung in der fiktiven Auszahlungsphase. Deren **Beginn** darf vereinbarungsgemäß zw der Vollendung des 60. und 68. Lebensjahres des

StPfl liegen (Ausnahme: § 92a II 5 idF BetrRentStG BGBl I 17, 3214 (iVm „JStG 2018“, BGBl I 18, 2338: redaktionelle Korrektur) bei Abfindung für Kleinbetragsrenten); zur verschärften Mitteilungspflicht des Anbieters s § 92a II 7 idF BetrRentStG, BGBl I 17, 3214. Die Auszahlungsphase endet definitiv mit Vollendung des 85. Lebensjahres und umfasst soweit einen Zeitraum von maximal 25 Jahren; das Wohnförderkonto ist um den jährl gleich hohen und nach § 22 Nr 5 zu versteuernden Verminderungsbetrag zu verringern, sodass es bis zur Vollendung des 85. Lebensjahres auf 0 € zurückgeführt ist. Alternativ kann *jederzeit* die **Sofortbesteuerung** des Kontobestandes mit einem Abschlag von 30% (§ 22 Nr 5 S 5) beansprucht werden (§ 92a II 6).

4 **2. Einzelfragen.** § 92a IIa regelt zur Vermeidung einer Überbesteuerung des Wohnförderkontos den Übergang eines Objekts iRe **Scheidungsfolgenregelung** und den **Übergang des Wohnförderkontos** auf den anderen Ehegatten mit allen Rechten und Pflichten; sie gilt auch im Falle der Aufhebung einer Lebenspartnerschaft (§ 2 VIII). Nach § 92a IIa 5 gilt Entsprechendes bei **Tod** des Ehegatten/Lebenspartners. Nr 5 idF Brexit-StBG (BGBl I 19, 357) enthält eine Vertrauensschutzregelung bei Wohnsitz/gewöhnlichem Aufenthalt im Vereinigten Königreich Großbritannien oder Nordirland *vor* dem Brexit für *vor* dem **Brexit-Referendum** (23.6.16) abgeschlossene („Alt“-)Altersvorsorgeverträge (s iEinz BT-Drs 19/7959: „Vertrauensschutz“). – Bei nicht nur vorübergehender Selbstnutzungsaufgabe ist nach **§ 92a III 5** das **Wohnförderkonto** grds **aufzulösen,** das Behalten des Förderobjekts als Nebenwohnung ist nicht ausreichend (ab VZ 2014 zum Ende des betr VZ einschließl Erhöhung um 2%) und der Auflösungsbetrag zu versteuern (§ 22 Nr 5 S 4). Das Wohnförderkonto ab Aufgabe der Selbstnutzung kann folgl nicht mehr auf eine andere Person (zB den geschiedenen Ehepartner) übertragen werden (FG Bln-Bbg EFG 25, 1685, Rev X R 9/25). Gleiches gilt gem § 92a III 8 bei Förderung sog Kombiverträge nach § 82 I 3 vor Darlehenstilgung (BTDrs 17/10818, 20: Gleichstellung aller Eigenheimprodukte, dh Nachversteuerung anstelle Vorteilsrückforderung; *Ausnahme:* Übertragung auf anderen Altersvorsorgevertrag). – **Ausnahmen:** § 92a III 9 ff regeln die Fälle, in denen das Wohnförderkonto **nicht aufzulösen** ist und auch Zinseinkünfte nicht anfallen (*zB* Reinvestition mit ab VZ 2014 verlängerten Fristen; Einzahlung auf anderen Altersvorsorgevertrag). Hierzu gehört ab 2018 nach § 92a III 9 Nr 5 iVm S 12 idF BetrRentStG (BGBl I 17, 3214) auch der Sachverhalt, dass die Selbstnutzung zwar – unabhängig von berufl Gründen – aufgegeben, aber unter Beachtung entspr Anzeigepflichten innerhalb von 5 Jahren seit dem Ende des VZ der letzten Wohnnutzung wieder aufgenommen wird. Darüber hinaus kann nach **§ 92a IV** auf Antrag eine schädl Verwendung im Falle eines berufsbedingten Umzugs vermieden werden.

§ 92b Verfahren bei Verwendung für eine selbst genutzte Wohnung

(1) **[1]Der Zulageberechtigte hat die Verwendung des Kapitals nach § 92a Absatz 1 Satz 1 spätestens zehn Monate vor dem Beginn der Auszahlungsphase des Altersvorsorgevertrags im Sinne des § 1 Absatz 1 Nummer 2 des Altersvorsorgeverträge-Zertifizierungsgesetzes bei der zentralen Stelle zu beantragen und dabei die notwendigen Nachweise zu erbringen. [2]Er hat zu bestimmen, aus welchen Altersvorsorgeverträgen der Altersvorsorge-Eigenheimbetrag ausgezahlt werden soll. [3]Die zentrale Stelle teilt dem Zulageberechtigten durch Bescheid und den Anbietern der in Satz 2 genannten Altersvorsorgeverträge nach amtlich vorgeschriebenem Datensatz durch Datenfernübertragung mit, bis zu welcher Höhe eine wohnungswirtschaftliche Verwendung im Sinne des § 92a Absatz 1 Satz 1 vorliegen kann.**

(2) **[1]Die Anbieter der in Absatz 1 Satz 2 genannten Altersvorsorgeverträge dürfen den Altersvorsorge-Eigenheimbetrag auszahlen, sobald sie die Mitteilung**

nach Absatz 1 Satz 3 erhalten haben. [2]Sie haben der zentralen Stelle nach amtlich vorgeschriebenem Datensatz durch Datenfernübertragung Folgendes spätestens bis zum Ablauf des zweiten Monats, der auf den Monat der Auszahlung folgt, anzuzeigen:

1. **den Auszahlungszeitpunkt und den Auszahlungsbetrag,**
2. **die Summe der bis zum Auszahlungszeitpunkt dem Altersvorsorgevertrag gutgeschriebenen Zulagen,**
3. **die Summe der bis zum Auszahlungszeitpunkt geleisteten Altersvorsorgebeiträge und**
4. **den Stand des geförderten Altersvorsorgevermögens im Zeitpunkt der Auszahlung.**

(3) **[1]Die zentrale Stelle stellt zu Beginn der Auszahlungsphase und in den Fällen des § 92a Absatz 2a und 3 Satz 5 den Stand des Wohnförderkontos, soweit für die Besteuerung erforderlich, den Verminderungsbetrag und den Auflösungsbetrag von Amts wegen gesondert fest. [2]Die zentrale Stelle teilt die Feststellung dem Zulageberechtigten, in den Fällen des § 92a Absatz 2a Satz 1 auch dem anderen Ehegatten, durch Bescheid und dem Anbieter nach amtlich vorgeschriebenem Datensatz durch Datenfernübertragung mit. [3]Der Anbieter hat auf Anforderung der zentralen Stelle die zur Feststellung erforderlichen Unterlagen vorzulegen. [4]Auf Antrag des Zulageberechtigten stellt die zentrale Stelle den Stand des Wohnförderkontos gesondert fest. [5]§ 90 Absatz 4 Satz 2 bis 5 gilt entsprechend.**

Das Verfahren zur Inanspruchnahme des Altersvorsorge-Eigenheimbetrages ist in § 92b ausführl geregelt. Die wohnungswirtschaftl Verwendung ist spätestens 10 Monate vor Beginn der Auszahlungsphase bei der zentralen Stelle zu beantragen. 1

§ 93 Schädliche Verwendung

(1) **[1]Wird gefördertes Altersvorsorgevermögen nicht unter den in § 1 Absatz 1 Satz 1 Nummer 4 und 10 Buchstabe c des Altersvorsorgeverträge-Zertifizierungsgesetzes oder § 1 Absatz 1 Satz 1 Nummer 4, 5 und 10 Buchstabe c des Altersvorsorgeverträge-Zertifizierungsgesetzes in der bis zum 31. Dezember 2004 geltenden Fassung genannten Voraussetzungen an den Zulageberechtigten ausgezahlt (schädliche Verwendung), sind die auf das ausgezahlte geförderte Altersvorsorgevermögen entfallenden Zulagen und die nach § 10a Absatz 4 gesondert festgestellten Beträge (Rückzahlungsbetrag) zurückzuzahlen. [2]Dies gilt auch bei einer Auszahlung nach Beginn der Auszahlungsphase (§ 1 Absatz 1 Satz 1 Nummer 2 des Altervorsorgeverträge-Zertifizierungsgesetzes) und bei Auszahlungen im Fall des Todes des Zulageberechtigten. [3]Hat der Zulageberechtigte Zahlungen im Sinne des § 92a Absatz 2 Satz 4 Nummer 1 oder § 92a Absatz 3 Satz 9 Nummer 2 geleistet, dann handelt es sich bei dem hierauf beruhenden Altersvorsorgevermögen um gefördertes Altersvorsorgevermögen im Sinne des Satzes 1; der Rückzahlungsbetrag bestimmt sich insoweit nach der für die in das Wohnförderkonto eingestellten Beträge gewährten Förderung. [4]Eine Rückzahlungsverpflichtung besteht nicht für den Teil der Zulagen und der Steuerermäßigung,**

a) **der auf nach § 1 Absatz 1 Satz 1 Nummer 2 des Altersvorsorgeverträge-Zertifizierungsgesetzes angespartes gefördertes Altersvorsorgevermögen entfällt, wenn es in Form einer Hinterbliebenenrente an die dort genannten Hinterbliebenen ausgezahlt wird; dies gilt auch für Leistungen im Sinne des § 82 Absatz 3 an Hinterbliebene des Steuerpflichtigen;**
b) **der den Beitragsanteilen zuzuordnen ist, die für die zusätzliche Absicherung der verminderten Erwerbsfähigkeit und eine zusätzliche Hinterbliebenenabsicherung ohne Kapitalbildung verwendet worden sind;**

c) der auf gefördertes Altersvorsorgevermögen entfällt, das im Fall des Todes des Zulageberechtigten auf einen auf den Namen des Ehegatten lautenden Altersvorsorgevertrag übertragen wird, wenn die Ehegatten im Zeitpunkt des Todes des Zulageberechtigten nicht dauernd getrennt gelebt haben (§ 26 Absatz 1) und ihren Wohnsitz oder gewöhnlichen Aufenthalt in einem Mitgliedstaat der Europäischen Union oder einem Staat hatten, auf den das Abkommen über den Europäischen Wirtschaftsraum (EWR-Abkommen) anwendbar ist; dies gilt auch, wenn die Ehegatten ihren vor dem Zeitpunkt, ab dem das Vereinigte Königreich Großbritannien und Nordirland nicht mehr Mitgliedstaat der Europäischen Union ist und auch nicht wie ein solcher zu behandeln ist, begründeten Wohnsitz oder gewöhnlichen Aufenthalt im Vereinigten Königreich Großbritannien und Nordirland hatten und der Vertrag vor dem 23. Juni 2016 abgeschlossen worden ist;

d) der auf den Altersvorsorge-Eigenheimbetrag entfällt.

(1a) [1]**Eine schädliche Verwendung liegt nicht vor, wenn gefördertes Altersvorsorgevermögen auf Grund einer internen Teilung nach § 10 des Versorgungsausgleichsgesetzes oder auf Grund einer externen Teilung nach § 14 des Versorgungsausgleichsgesetzes auf einen zertifizierten Altersvorsorgevertrag oder eine nach § 82 Absatz 2 begünstigte betriebliche Altersversorgung übertragen wird; die auf das übertragene Anrecht entfallende steuerliche Förderung geht mit allen Rechten und Pflichten auf die ausgleichsberechtigte Person über.** [2]**Eine schädliche Verwendung liegt ebenfalls nicht vor, wenn gefördertes Altersvorsorgevermögen auf Grund einer externen Teilung nach § 14 des Versorgungsausgleichsgesetzes auf die Versorgungsausgleichskasse oder die gesetzliche Rentenversicherung übertragen wird; die Rechte und Pflichten der ausgleichspflichtigen Person aus der steuerlichen Förderung des übertragenen Anteils entfallen.** [3]**In den Fällen der Sätze 1 und 2 teilt die zentrale Stelle der ausgleichspflichtigen Person die Höhe der auf die Ehezeit im Sinne des § 3 Absatz 1 des Versorgungsausgleichsgesetzes oder die Lebenspartnerschaftszeit im Sinne des § 20 Absatz 2 des Lebenspartnerschaftsgesetzes entfallenden gesondert festgestellten Beträge nach § 10a Absatz 4 und die ermittelten Zulagen mit.** [4]**Die entsprechenden Beträge sind monatsweise zuzuordnen.** [5]**Die zentrale Stelle teilt die geänderte Zuordnung der gesondert festgestellten Beträge nach § 10a Absatz 4 sowie der ermittelten Zulagen der ausgleichspflichtigen und in den Fällen des Satzes 1 auch der ausgleichsberechtigten Person durch Feststellungsbescheid mit.** [6]**Nach Eintritt der Unanfechtbarkeit dieses Feststellungsbescheids informiert die zentrale Stelle den Anbieter durch einen Datensatz über die geänderte Zuordnung.**

(2) [1]**Die Übertragung von gefördertem Altersvorsorgevermögen auf einen anderen auf den Namen des Zulageberechtigten lautenden Altersvorsorgevertrag (§ 1 Absatz 1 Satz 1 Nummer 10 Buchstabe b des Altersvorsorgeverträge-Zertifizierungsgesetzes) stellt keine schädliche Verwendung dar.** [2]**Dies gilt sinngemäß in den Fällen des § 4 Absatz 2 und 3 des Betriebsrentengesetzes, wenn das geförderte Altersvorsorgevermögen auf eine der in § 82 Absatz 2 Buchstabe a genannten Einrichtungen der betrieblichen Altersversorgung zum Aufbau einer kapitalgedeckten betrieblichen Altersversorgung übertragen und eine lebenslange Altersversorgung entsprechend § 82 Absatz 2 Satz 2 vorgesehen ist, wie auch in den Fällen einer Übertragung nach § 3 Nummer 55c Satz 2 Buchstabe a.** [3]**In den übrigen Fällen der Abfindung von Anwartschaften der betrieblichen Altersversorgung gilt dies, soweit das geförderte Altersvorsorgevermögen zugunsten eines auf den Namen des Zulageberechtigten lautenden Altersvorsorgevertrages geleistet wird.** [4]**Auch keine schädliche Verwendung sind der gesetzliche Forderungs- und Vermögensübergang nach § 9 des Betriebsrentengesetzes und die gesetzlich vorgesehene schuldbefreiende Übertragung nach § 8 Absatz 1 des Betriebsrentengesetzes.**

(3) [1]**Auszahlungen zur Abfindung einer Kleinbetragsrente zu Beginn der Auszahlungsphase oder im darauffolgenden Jahr gelten nicht als schädliche Verwendung.** [2]**Eine Kleinbetragsrente ist eine Rente, die bei gleichmäßiger Verrentung des gesamten zu Beginn der Auszahlungsphase zur Verfügung stehenden Kapitals eine monatliche Rente ergibt, die 1 Prozent der monatlichen Bezugsgröße nach § 18 des Vierten Buches Sozialgesetzbuch nicht übersteigt.** [3]**Bei der Berechnung dieses Betrags sind alle bei einem Anbieter bestehenden Verträge des Zulageberechtigten insgesamt zu berücksichtigen, auf die nach diesem Abschnitt geförderte Altersvorsorgebeiträge geleistet wurden.** [4]**Die Sätze 1 bis 3 gelten entsprechend, wenn**

1. **nach dem Beginn der Auszahlungsphase ein Versorgungsausgleich durchgeführt wird und**
2. **sich dadurch die Rente verringert.**

(4) [1]**Wird bei einem einheitlichen Vertrag nach § 1 Absatz 1a Satz 1 Nummer 2 zweiter Halbsatz des Altersvorsorgeverträge-Zertifizierungsgesetzes das Darlehen nicht wohnungswirtschaftlich im Sinne des § 92a Absatz 1 Satz 1 verwendet, liegt zum Zeitpunkt der Darlehensauszahlung eine schädliche Verwendung des geförderten Altersvorsorgevermögens vor, es sei denn, das geförderte Altersvorsorgevermögen wird innerhalb eines Jahres nach Ablauf des Veranlagungszeitraums, in dem das Darlehen ausgezahlt wurde, auf einen anderen zertifizierten Altersvorsorgevertrag übertragen, der auf den Namen des Zulageberechtigten lautet.** [2]**Der Zulageberechtigte hat dem Anbieter die Absicht zur Kapitalübertragung, den Zeitpunkt der Kapitalübertragung bis zum Zeitpunkt der Darlehensauszahlung und die Aufgabe der Absicht zur Kapitalübertragung mitzuteilen.** [3]**Wird die Absicht zur Kapitalübertragung aufgegeben, tritt die schädliche Verwendung zu dem Zeitpunkt ein, zu dem die Mitteilung des Zulageberechtigten hierzu beim Anbieter eingeht, spätestens aber am 1. Januar des zweiten Jahres nach dem Jahr, in dem das Darlehen ausgezahlt wurde.**

Verwaltungsanweisungen: *BMF* BStBl I 23,1726.

1. Grundsätze. Das mit staatl Förderung während der Ansparphase angesammelte Kapital soll **zwingend** im Alter für eine **Rentenzahlung** eingesetzt werden. **Rechtsfolge:** Jede Verfügung über das staatl geförderte Altersvorsorgevermögen während der Anspar- und auch während der Auszahlungsphase (§ 93 I 2) ist daher grds eine schädl Verwendung, die zur Rückzahlung der gewährten StVorteile (Zulagen, SA-Abzug) und nach § 22 Nr 5 zur Versteuerung der auf das geförderte Altersvermögen entfallenden Zuwächse (Zinserträge, Kursgewinne usw) führt. Gleiches gilt bei Fehlern des Anbieters (BFH X R 11/19, BStBl II 20, 276). 1

a) Ausnahmen. Keine schädl Verwendung liegt vor bei Einsatz des Kapitals iRd Zwischenentnahmemodells (§ 92a) oder wenn das Kapital auf einen anderen Altersvorsorgevertrag des Anlegers übertragen wird (s dazu iEinz § 93 II). Ebenso wenig bei Rentenzahlungen in Fällen der Erwerbsminderung und bei Hinterbliebenenversorgung (§ 93 I 4). 2

b) Erbfall. Auch die Auszahlung des Kapitals bei Tod des **Zulageberechtigten** an dessen Erben ist eine schädl Verwendung; die Rechtsfolgen richten sich gegen die Erben. Eine Ausnahme gilt für den **überlebenden Ehegatten,** wenn im Todeszeitpunkt die Zusammenveranlagungsvoraussetzungen (§ 26 I) vorgelegen haben, die Ehegatten ihren Wohnsitz/gewöhnl Aufenthalt in einem EU/EWR-Staat hatten und der überlebende Ehegatte das ererbte geförderte Altersvorsorgevermögen auf einen eigenen Altersvorsorgevertrag überträgt (§ 93 I 4 Buchst c; s BFH X R 11/18, BFH/NV 19, 683). Mit der Ergänzung durch das **Brexit-StBG** (BGBl I 19, 357) soll für Altfälle (Wohnsitz/gewöhnl Aufenthalt im Vereinigten Königreich Großbritannien oder Nordirland vor dem Brexit *und* Vertragsabschluss *vor* dem Brexit-Referen- 3 dum am 23. 6. 16) das Recht zur förderunschädl Kapitalübertragung erhalten bleiben (s iEinz BR-Drs 4/19: Vertrauensschutz).

4 **2. Einzelfragen.** Die Zulagen sind nicht zurückzuzahlen, wenn iRe Scheidungsfolgenregelung das geförderte Altersvorsorgevermögen zugunsten zB eines Altersvorsorgevertrages des ausgleichsberechtigten Ehegatten aufgeteilt wird. Entspr gilt bei Aufhebung einer LPart (S 3). Auch die Übertragung von gefördertem Altersvorsorgevermögen auf die Vorsorgeausgleichskasse oder die gesetzl RV ist keine schädl Verwendung. – **§ 93 III** enthält eine Regelung zur unschädl Abfindung von Kleinbetragsrenten (zum Begriff vgl *Emser ua* NWB 17, 2490; § 1 I 1 Nr 4a AltZertG). Die Begünstigung wurde durch das BetrRentStG (BGBl I 17, 3214) ausgedehnt (§ 93 III 1 und 4) und ab 2018 um die ermäßigte Besteuerung auch bei vertragl vereinbarter Abfindung (§ 22 Nr 5 S 13 iVm § 34 I: Fünftelregelung) ergänzt (BR-Drs 780/16; *BMF* BStBl I 20, 213); zur Rechtslage bis 2017 s BFH X R 7/18, BStBl II 19, 583; BFH X R 39/17, BStBl II 20, 217; *Kulosa* HFR 19, 880: § 34 II Nr 4 nur bei „Atypik" der Abfindung; verneinend FG Bln-Bbg EFG 21, 275 rkr). – **§ 93 IV.** Die nicht wohnungswirtschaftl Verwendung eines Darlehens aus dem Altersvorsorgevertrag ist eine schädl Verwendung; hier kann aber innerhalb Jahresfrist das Kapital förderunschädl auf einen anderen zertifizierten Altersvorsorgevertrag übertragen werden. Da sog Kombiverträge durch das AltvVerbG der Neuregelung des § 92a III 8 unterstehen (→ § 92a Rn. 4: Erfassung iRd Wohnförderkontos), sind sie nunmehr von § 93 IV ausgenommen.

§ 94 Verfahren bei schädlicher Verwendung

(1) **[1]In den Fällen des § 93 Absatz 1 hat der Anbieter der zentralen Stelle vor der Auszahlung des geförderten Altersvorsorgevermögens die schädliche Verwendung nach amtlich vorgeschriebenem Datensatz durch amtlich bestimmte Datenfernübertragung anzuzeigen. [2]Die zentrale Stelle ermittelt den Rückzahlungsbetrag und teilt diesen dem Anbieter durch Datensatz mit. [3]Der Anbieter hat den Rückzahlungsbetrag einzubehalten, mit der nächsten Anmeldung nach § 90 Absatz 3 anzumelden und an die zentrale Stelle abzuführen. [4]Der Anbieter hat die einbehaltenen und abgeführten Beträge der zentralen Stelle nach amtlich vorgeschriebenem Datensatz durch amtlich bestimmte Datenfernübertragung mitzuteilen und diese Beträge dem Zulageberechtigten zu bescheinigen; mit Einverständnis des Zulageberechtigten kann die Bescheinigung elektronisch bereitgestellt werden. [5]In den Fällen des § 93 Absatz 3 gilt Satz 1 entsprechend.**

(2) **[1]Eine Festsetzung des Rückzahlungsbetrags erfolgt durch die zentrale Stelle auf besonderen Antrag des Zulageberechtigten oder sofern die Rückzahlung nach Absatz 1 ganz oder teilweise nicht möglich oder nicht erfolgt ist. [2]§ 90 Absatz 4 Satz 2 bis 6 gilt entsprechend; § 90 Absatz 4 Satz 5 gilt nicht, wenn die Geschäftsbeziehung im Hinblick auf den jeweiligen Altersvorsorgevertrag zwischen dem Zulageberechtigten und dem Anbieter beendet wurde. [3]Im Rückforderungsbescheid sind auf den Rückzahlungsbetrag die vom Anbieter bereits einbehaltenen und abgeführten Beträge nach Maßgabe der Bescheinigung nach Absatz 1 Satz 4 anzurechnen. [4]Der Zulageberechtigte hat den verbleibenden Rückzahlungsbetrag innerhalb eines Monats nach Bekanntgabe des Rückforderungsbescheids an die zuständige Kasse zu entrichten. [5]Die Frist für die Festsetzung des Rückzahlungsbetrags beträgt vier Jahre und beginnt mit Ablauf des Kalenderjahres, in dem die Auszahlung im Sinne des § 93 Absatz 1 erfolgt ist.**

(3) **[1]Sofern der zentralen Stelle für den Zulageberechtigten im Zeitpunkt der schädlichen Verwendung eine Meldung nach § 118 Absatz 1a des Zwölften Buches Sozialgesetzbuch zum erstmaligen Bezug von Hilfe zum Lebensunterhalt und von Grundsicherung im Alter und bei Erwerbsminderung vorliegt, teilt die zentrale Stelle zum Zeitpunkt der Mitteilung nach Absatz 1 Satz 2 der Datenstelle**

der Rentenversicherungsträger als Vermittlungsstelle die schädliche Verwendung durch Datenfernübertragung mit. [2]Dies gilt nicht, wenn das Ausscheiden aus diesem Hilfebezug nach § 118 Absatz 1a des Zwölften Buches Sozialgesetzbuch angezeigt wurde.

Der Anbieter hat die DRV Bund vor der Auszahlung des Kapitals an den Anleger 1
über die schädl Verwendung des Altersvorsorgevermögens **zu unterrichten** (§ 94 I). Die DRV Bund ermittelt den Rückforderungsbetrag (Zulagen, Vorteile aus dem SA-Abzug) und teilt diesen dem Anbieter mit, der dem Anleger nur das um den Rückforderungsbetrag verminderte Kapital auszahlen darf. Die DRV Bund unterrichtet das FA wegen der Versteuerung nach § 22 Nr 5. In der dem Zulageberechtigten vom Anbieter zu erteilenden ggf elektronischen Bescheinigung sind die Erträge nicht mehr auszuweisen (§ 94 I 4).

Ein **Rückforderungsbescheid** ergeht nur auf Antrag des Anbieters oder wenn 2
(wohl nur im Falle des § 92a) die Rückzahlung allein durch den Einbehalt ganz oder teilweise nicht mögl ist. Gegen den Rückforderungsbescheid sind Einspruch und Klage (§ 98) gegeben. Zu beachten ist die vierjährige Verjährungsfrist nach § 94 II 5 (dazu BFH X R 11/18, BFH/NV 19, 683 betr Erbfall). § 94 III stellt in Fällen des Sozialleistungsbezugs den Datenaustausch mit dem Sozialleistungsträger über die schädl Verwendung sicher.

§ 95 Sonderfälle der Rückzahlung

[1]Die §§ 93 und 94 gelten entsprechend, wenn sich der Wohnsitz oder gewöhnliche Aufenthalt des Zulageberechtigten ab Beginn der Auszahlungsphase außerhalb der Mitgliedstaaten der Europäischen Union und der Staaten befindet, auf die das Abkommen über den Europäischen Wirtschaftsraum (EWR-Abkommen) anwendbar ist, oder wenn der Zulageberechtigte ungeachtet eines Wohnsitzes oder gewöhnlichen Aufenthaltes in einem dieser Staaten nach einem Abkommen zur Vermeidung der Doppelbesteuerung mit einem dritten Staat als außerhalb des Hoheitsgebiets dieser Staaten ansässig gilt. [2]Satz 1 gilt nicht, sofern sich der Wohnsitz oder gewöhnliche Aufenthalt des Zulageberechtigten bereits seit dem 22. Juni 2016 ununterbrochen im Vereinigten Königreich Großbritannien und Nordirland befindet und der Vertrag vor dem 23. Juni 2016 abgeschlossen worden ist.

Verwaltungsanweisungen: *BMF* BStBl I 23, 1726.

Die Vorschrift wurde durch das JStG 2022 (BGBl I 22, 2294) **ab VZ 2023 we-** 1
sentl vereinfacht (zur Rechtslage bis VZ 2022 → 41. Aufl 2022, § 95 Rn. 1). Die bisherigen Abs 2 und 3 sind weggefallen. Der Sonderfall der Rückzahlung bei Aufenthalt im Ausl ist nach § 95 I 1 nur noch ab Beginn der Auszahlungsphase zu prüfen (iEinz *BMF* BStBl I 23, 1726 Rn. 238 ff). Die Neuregelung ermöglicht dem Zulageberechtigten damit in der Ansparphase die Wohnsitznahme auch außerhalb eines EU-/EWR-Staates. Es sind keine besonderen Mitteilungspflichten und Fristen mehr zu beachten.

UK-Altfälle. Nach der Sonderregelung des § 95 I 2 idF Brexit-StBG (BGBl I 19, 2
357) sind ferner „UK"-Altfälle (Vertragsschluss *vor* 23. 6. 16 [Brexit-Referendum] und ununterbrochener Wohnsitz/gewöhnl Aufenthalt im Vereinigten Königreich Großbritannien und Nordirland *seit* 22. 6. 16) vor einer schädl Verwendung geschützt (iEinz BR-Drs 4/19: Vertrauensschutz). Die begünstigte Immobilie muss aber selbst genutzt werden und die Hauptwohnung oder den Mittelpunkt der Lebensinteressen des Förderberechtigten darstellen.

§ 96 Anwendung der Abgabenordnung, allgemeine Vorschriften

(1) [1]**Auf die Zulagen und die Rückzahlungsbeträge sind die für Steuervergütungen geltenden Vorschriften der Abgabenordnung entsprechend anzuwenden.** [2]**Dies gilt nicht für § 163 der Abgabenordnung.**

(2) [1]**Hat der Anbieter vorsätzlich oder grob fahrlässig**

1. unrichtige oder unvollständige Daten übermittelt oder

2. Daten pflichtwidrig nicht übermittelt,

obwohl der Zulageberechtigte seiner Informationspflicht gegenüber dem Anbieter zutreffend und rechtzeitig nachgekommen ist, haftet der Anbieter für die entgangene Steuer und die zu Unrecht gewährte Steuervergünstigung. [2]**Dies gilt auch, wenn im Verhältnis zum Zulageberechtigten Festsetzungsverjährung eingetreten ist.** [3]**Der Zulageberechtigte haftet als Gesamtschuldner neben dem Anbieter, wenn er weiß, dass der Anbieter unrichtige oder unvollständige Daten übermittelt oder Daten pflichtwidrig nicht übermittelt hat.** [4]**Für die Inanspruchnahme des Anbieters ist die zentrale Stelle zuständig.**

(3) **Die zentrale Stelle hat auf Anfrage des Anbieters Auskunft über die Anwendung des Abschnitts XI zu geben.**

(4) [1]**Die zentrale Stelle kann beim Anbieter ermitteln, ob er seine Pflichten erfüllt hat.** [2]**Die §§ 193 bis 203 der Abgabenordnung gelten sinngemäß.** [3]**Auf Verlangen der zentralen Stelle hat der Anbieter ihr Unterlagen, soweit sie im Ausland geführt und aufbewahrt werden, verfügbar zu machen.**

(5) **Der Anbieter erhält vom Bund oder den Ländern keinen Ersatz für die ihm aus diesem Verfahren entstehenden Kosten.**

(6) [1]**Der Anbieter darf die im Zulageverfahren bekannt gewordenen Verhältnisse der Beteiligten nur für das Verfahren verwerten.** [2]**Er darf sie ohne Zustimmung der Beteiligten nur offenbaren, soweit dies gesetzlich zugelassen ist.**

(7) [1]**Für die Zulage gelten die Strafvorschriften des § 370 Absatz 1 bis 4, der §§ 371, 375 Absatz 1 und des § 376 sowie die Bußgeldvorschriften der §§ 378, 379 Absatz 1 und 4 und der §§ 383 und 384 der Abgabenordnung entsprechend.** [2]**Für das Strafverfahren wegen einer Straftat nach Satz 1 sowie der Begünstigung einer Person, die eine solche Tat begangen hat, gelten die §§ 385 bis 408, für das Bußgeldverfahren wegen einer Ordnungswidrigkeit nach Satz 1 die §§ 409 bis 412 der Abgabenordnung entsprechend.**

1 Es gelten sämtl **AO-Vorschriften entspr** (Ausnahme: § 96 I 2). Zur Rückforderung nach Vertragsende s **§ 37 II AO** s BFH X R 35/17, BStBl II 19, 668; BFH X R 9/21 BFH/NV 23, 1333. Die Haftung des Anbieters wurde durch das BetrRentStG (BGBl I 17, 3214) ab 2018 zur Verbesserung des Datenaustausches und zur Minimierung von Steuerausfällen verschärft (BR-Drs 780/16; *Emser ua* NWB 17, 2490 (2493)).

§ 97 Übertragbarkeit

[1]**Das nach § 10a oder Abschnitt XI geförderte Altersvorsorgevermögen einschließlich seiner Erträge, die geförderten laufenden Altersvorsorgebeiträge und der Anspruch auf die Zulage sind nicht übertragbar.** [2]**§ 93 Absatz 1a und § 4 des Betriebsrentengesetzes bleiben unberührt.**

1 Das angesammelte Kapital, soweit es der steuerl Förderung unterliegt, die damit zusammenhängenden Erträge, die lfd Altersvorsorgebeiträge und der Anspruch auf Zulage sind geschützt, also nicht übertragbar, nicht pfändbar und nicht verpfändbar

(*BMF* BStBl I 23, 1726 Rn. 290 ff; BGH IX ZR 21/17, DB 18, 116). Das darüber hinaus angesammelte Kapital und die darüber hinaus geleisteten Beiträge werden hingegen von § 97 nicht erfasst.

§ 98 Rechtsweg

In öffentlich-rechtlichen Streitigkeiten über die auf Grund des Abschnitts XI ergehenden Verwaltungsakte ist der Finanzrechtsweg gegeben.

Zuständig ist das FG Bln-Bbg (§ 38 I FGO; BFH X R 41/13, BStBl II 16, 525). 1

§ 99 Ermächtigung

(1) **Das Bundesministerium der Finanzen wird ermächtigt, die Vordrucke für die Anträge nach § 89, für die Anmeldung nach § 90 Absatz 3 und für die in den §§ 92 und 94 Absatz 1 Satz 4 vorgesehenen Bescheinigungen und im Einvernehmen mit den obersten Finanzbehörden der Länder das Muster für die nach § 22 Nummer 5 Satz 7 vorgesehene Bescheinigung und den Inhalt und Aufbau der für die Durchführung des Zulageverfahrens zu übermittelnden Datensätze zu bestimmen.**

(2) [1]**Das Bundesministerium der Finanzen wird ermächtigt, im Einvernehmen mit dem Bundesministerium für Arbeit und Soziales und dem Bundesministerium des Innern, für Bau und Heimat durch Rechtsverordnung mit Zustimmung des Bundesrates Vorschriften zur Durchführung dieses Gesetzes über das Verfahren für die Ermittlung, Festsetzung, Auszahlung, Rückzahlung und Rückforderung der Zulage sowie die Rückzahlung und Rückforderung der nach § 10a Absatz 4 festgestellten Beträge zu erlassen.** [2]**Hierzu gehören insbesondere**

1. **Vorschriften über Aufzeichnungs-, Aufbewahrungs-, Bescheinigungs- und Anzeigepflichten des Anbieters,**
2. **Grundsätze des vorgesehenen Datenaustausches zwischen den Anbietern, der zentralen Stelle, den Trägern der gesetzlichen Rentenversicherung, der Bundesagentur für Arbeit, den Meldebehörden, den Familienkassen, den zuständigen Stellen und den Finanzämtern und**
3. **Vorschriften über Mitteilungspflichten, die für die Erteilung der Bescheinigungen nach § 22 Nummer 5 Satz 7 und § 92 erforderlich sind.**

Aufgrund von § 99 II ist die Altersvorsorge-Durchführungsverordnung (AltvDV) 1
erlassen worden.

XII. Förderbetrag zur betrieblichen Altersversorgung

§ 100 Förderbetrag zur betrieblichen Altersversorgung

(1) [1]**Arbeitgeber im Sinne des § 38 Absatz 1 dürfen vom Gesamtbetrag der einzubehaltenden Lohnsteuer für jeden Arbeitnehmer mit einem ersten Dienstverhältnis einen Teilbetrag des Arbeitgeberbeitrags zur kapitalgedeckten betrieblichen Altersversorgung (Förderbetrag) entnehmen und bei der nächsten Lohnsteuer-Anmeldung gesondert absetzen.** [2]**Übersteigt der insgesamt zu gewährende Förderbetrag den Betrag, der insgesamt an Lohnsteuer abzuführen ist, so wird der übersteigende Betrag dem Arbeitgeber auf Antrag von dem Finanzamt, an das die Lohnsteuer abzuführen ist, aus den Einnahmen der Lohnsteuer ersetzt.**

(2) [1]**Der Förderbetrag beträgt im Kalenderjahr 30 Prozent des zusätzlichen Arbeitgeberbeitrags nach Absatz 3, höchstens** ***288 Euro*** **[ab 1.1.2027: 360 Euro].** [2]**In** |

Fällen, in denen der Arbeitgeber bereits im Jahr 2016 einen zusätzlichen Arbeitgeberbeitrag an einen Pensionsfonds, eine Pensionskasse oder für eine Direktversicherung geleistet hat, ist der jeweilige Förderbetrag auf den Betrag beschränkt, den der Arbeitgeber darüber hinaus leistet.

(3) **Voraussetzung für die Inanspruchnahme des Förderbetrags nach den Absätzen 1 und 2 ist, dass**

1. **der Arbeitslohn des Arbeitnehmers im Lohnzahlungszeitraum, für den der Förderbetrag geltend gemacht wird, im Inland dem Lohnsteuerabzug unterliegt;**
2. **der Arbeitgeber für den Arbeitnehmer zusätzlich zum ohnehin geschuldeten Arbeitslohn im Kalenderjahr mindestens einen Betrag in Höhe von 240 Euro an einen Pensionsfonds, eine Pensionskasse oder für eine Direktversicherung zahlt;**
3. ***im Zeitpunkt der Beitragsleistung der laufende Arbeitslohn (§ 39b Absatz 2 Satz 1 und 2), der pauschal besteuerte Arbeitslohn (§ 40a Absatz 1 und 3) oder das pauschal besteuerte Arbeitsentgelt (§ 40a Absatz 2 und 2a) nicht mehr beträgt als***
   a) 85,84 Euro bei einem täglichen Lohnzahlungszeitraum,
   b) 600,84 Euro bei einem wöchentlichen Lohnzahlungszeitraum,
   c) 2575 Euro bei einem monatlichen Lohnzahlungszeitraum oder
   d) 30 900 Euro bei einem jährlichen Lohnzahlungszeitraum;

   [Fassung von Abs. 3 Nr. 3 ab 1. 1. 2027:
3. **im Zeitpunkt der Beitragsleistung der laufende Arbeitslohn (§ 39b Absatz 2 Satz 1 und 2), der pauschal besteuerte Arbeitslohn (§ 40a Absatz 1 und 3) oder das pauschal besteuerte Arbeitsentgelt (§ 40a Absatz 2 und 2a) bei einem monatlichen Lohnzahlungszeitraum nicht mehr beträgt als 3 Prozent der Beitragsbemessungsgrenze in der allgemeinen Rentenversicherung; diese Arbeitslohngrenze ist bei einem täglichen Lohnzahlungszeitraum mit 1/30, bei einem wöchentlichen Lohnzahlungszeitraum mit 7/30 und bei einem jährlichen Lohnzahlungszeitraum mit 12 zu vervielfältigen,]***
4. **eine Auszahlung der zugesagten Alters-, Invaliditäts- oder Hinterbliebenenversorgungsleistungen entsprechend § 82 Absatz 2 Satz 2 vorgesehen ist;**
5. **sichergestellt ist, dass von den Beiträgen jeweils derselbe prozentuale Anteil zur Deckung der Vertriebskosten herangezogen wird; der Prozentsatz kann angepasst werden, wenn die Kalkulationsgrundlagen geändert werden, darf die ursprüngliche Höhe aber nicht überschreiten.**

(4) [1]**Für die Inanspruchnahme des Förderbetrags sind die Verhältnisse im Zeitpunkt der Beitragsleistung maßgeblich; spätere Änderungen der Verhältnisse sind unbeachtlich.** [2]**Abweichend davon sind die für den Arbeitnehmer nach Absatz 1 geltend gemachten Förderbeträge zurückzugewähren, wenn eine Anwartschaft auf Leistungen aus einer nach Absatz 1 geförderten betrieblichen Altersversorgung später verfällt und sich daraus eine Rückzahlung an den Arbeitgeber ergibt.** [3]**Der Förderbetrag ist nur zurückzugewähren, soweit er auf den Rückzahlungsbetrag entfällt.** [4]**Der Förderbetrag ist in der Lohnsteuer-Anmeldung für den Lohnzahlungszeitraum, in dem die Rückzahlung zufließt, der an das Betriebsstättenfinanzamt abzuführenden Lohnsteuer hinzuzurechnen.**

(5) **Für den Förderbetrag gelten entsprechend:**

1. **die §§ 41, 41a, 42e, 42f und 42g,**
2. **die für Steuervergütungen geltenden Vorschriften der Abgabenordnung mit Ausnahme des § 163 der Abgabenordnung und**
3. **die §§ 195 bis 203 der Abgabenordnung, die Strafvorschriften des § 370 Absatz 1 bis 4, der §§ 371, 375 Absatz 1 und des § 376, die Bußgeldvorschriften der §§ 378, 379 Absatz 1 und 4 und der §§ 383 und 384 der Abgabenordnung,**

---

* § 100 Abs. 3 Nr. 3 neu gef. mWv 1.1.27 durch BRSG II v. 16.1.26 (BGBl I 26 Nr 14).

die §§ 385 bis 408 für das Strafverfahren und die §§ 409 bis 412 der Abgabenordnung für das Bußgeldverfahren.

(6) [1]**Der Arbeitgeberbeitrag im Sinne des Absatzes 3 Nummer 2 ist steuerfrei, soweit er im Kalenderjahr *960 Euro* [ab 1.1.2027: 1 200 Euro] nicht übersteigt.** | [2]**Die Steuerfreistellung des § 3 Nummer 63 bleibt hiervon unberührt.**

Verwaltungsanweisungen: *BMF* BStBl I 18, 147 Rn. 100 ff; *BMF* BStBl I 19, 834; *BMF* BStBl I 21, 1050 Rn. 100 ff; *BMF* BStBl I 22, 333

Schrifttum: *Briese* Arbeitgeber-Förderbeitrag bei der betrieblichen Altersversorgung, DStR 19, 2510.

1. Allgemeines. Durch das BetrRentStG (BGBl I 17, 3214) wurde zum 1.1.18 ein Förderbetrag zur betriebl Altersversorgung eingeführt. Er ist ein staatl Zuschuss zu einem vom ArbG zusätzl zum ohnehin geschuldeten ArbLohn (→ § 8 Rn. 80 ff) geleisteten Beitrag zur Altersversorgung von ArbN mit geringem ArbLohn. Der Förderbetrag soll den Verbreitungsgrad der Altersversorgung erhöhen. Die Abwicklung erfolgt über die LStAnmeldung. 1

2. Voraussetzungen und Abwicklung, § 100 I. Die Vorschrift regelt die grds Voraussetzungen der Förderung und Entnahme des Förderbetrags bei der LStAnmeldung. 2

a) Förderbetrag. Die Förderung setzt einen zum LStAbzug verpflichteten ArbG voraus, also einen inl ArbG, einen ausl Verleiher oder bei Entsendung von ArbN ein inl aufnehmendes Unternehmen, das den ArbLohn wirtschaftl trägt oder nach Fremdvergleichsgrundsätzen hätte tragen müssen (*BMF* BStBl I 21, 1050 Rn. 103). Beim ArbN muss ein erstes DienstVerh vorliegen. Dies soll die mehrmalige Inanspruchnahme des Förderbetrags verhindern. Allerdings kann die Förderung bei einem ArbG-Wechsel für jedes erste DienstVerh geltend gemacht werden. Ein solches ist auch ein weiter bestehendes DienstVerh ohne ArbLohnanspruch, zB während der Eltern- oder Pflegezeit und des Bezugs von Krankengeld (*Harder-Buschner* NWB 17, 2417; BT-Drs 17/11286, 69). Gefördert wird nur eine kapitalgedeckte Altersversorgung. 3

b) Absetzung des Förderbetrags bei der Lohnsteueranmeldung. Der ArbG kann den Förderbetrag der von ihm einzubehaltenden LSt entnehmen und bei der nächsten LStAnmeldung gesondert absetzen. Ist keine LSt einzubehalten (zB bei stfreiem ArbLohn) oder ist die vom ArbG einzubehaltende LSt geringer als der Förderbetrag, kommt es mit der LSt-Anmeldung zu einer Erstattung durch das BetriebsstättenFA (*BMF* BStBl I 21, 1050 Rn. 102; *Meissner* DStR 17, 2633). 4

3. Höhe des Förderbetrags, § 100 II. Die Vorschrift regelt die Höhe des BAV-Förderbetrags. Es handelt sich um einen Jahresbetrag (*BMF* BStBl I 21, 1050 Rn. 119), der ab 19.8.20 durch das GrundRentG (BGBl I 20, 1879) von 144 € auf **288 €** erhöht wurde und **ab 1.1.27** durch das AktivRentG (BGBl I 26 Nr 14) auf **360 €** angehoben wird. Auf die Zahlungsweise kommt es aber nicht an. Für die Begrenzung der Förderung bei bereits bestehenden Versorgungsvereinbarungen wird auf das Referenzjahr 2016 abgestellt (s auch *BMF* BStBl I 21, 1050 Rn. 126 ff; *BMF* BStBl I 22, 333 Rn. 131; *Meissner* DStR 22, 917 zu den Aufzeichnungspflichten des ArbG). Abs 2 soll gewährleisten, dass es bei bereits bestehenden Versorgungsvereinbarungen durch den Zuschuss nicht zu einer Entlastung des ArbG kommt, ohne dass zusätzl Mittel mindestens iHd Zuschusses für die Altersversorgung des ArbN zur Verfügung gestellt werden (BT-Drs 17/12612, 35 f). 5

4. Inanspruchnahme des Förderbetrags, § 100 III. Die weiteren Voraussetzungen der Förderung sind in Abs 3 geregelt. 6

a) Lohnsteuerabzug im Inland, § 100 III Nr 1. Der ArbLohn muss im Inl dem LStAbzug unterliegen. Unerhebl ist, ob beschr oder unbeschr StPflicht vorliegt oder 7 der LStAbzug nach DBA im Inl begrenzt ist (BT-Drs 17/11286, 70; *Meissner* DStR 17, 2633).

8 **b) Beitrag zusätzlich zum ohnehin geschuldeten Arbeitslohn, § 100 III Nr 2.** Erforderl ist ein vom ArbG zusätzl zum ohnehin geschuldeten ArbLohn (dazu auch → § 40 Rn. 17 und → § 8 Rn. 80 ff) zu erbringender Beitrag iHv mindestens 240 € zu einer der im Gesetz genannten Wege der betriebl Altersversorgung. Barlohnumwandlungen sind daher ausgeschlossen. Ob eine solche vorliegt, ist jedenfalls bis VZ 19 im Zeitpunkt der Lohnzahlung zu prüfen (BFH VI R 32/18, BStBl II 20, 106; BFH VI R 40/17, BFH/NV 19, 1341; *Briese* DStR 19, 2510). Ein arbeitsvertragl vor der Lohnzahlung vereinbarter Lohnformwechsel ist daher begünstigungsunschädl. Ab VZ 20 ist aber § 8 IV zu beachten (→ § 8 Rn. 80 ff; *BMF* BStBl I 21, 1050 Rn. 111). Die zusätzl Beträge können (nach mE) zutr Auffassung der *FinVerw* tarif-, einzelvertragl oder durch Betriebsvereinbarung geregelt werden (*BMF* BStBl I 21, 1050 Rn. 111; *Harder-Buschner* NWB 17, 2417). Zusätzl Beiträge des ArbG liegen auch dann vor, wenn bei sog „Freiwilligen Matching-Modellen" die Höhe der arbeitgeberfinanzierten Beiträge in Anknüpfung an die Höhe der durch originäre Entgeltumwandlung (arbeitnehmer-)finanzierten Beiträge bemessen wird (*BMF* BStBl I 22, 333 Rn. 111; *Meissner* DStR 22, 917).

9 **c) Einkommensgrenzen, § 100 III Nr 3.** Die Vorschrift legt die Einkommensgrenzen fest, bis zu denen die Förderung gewährt wird. Diese wurden **ab 19.8.20** durch das **GrundRentG** (BGBl I 20, 1879) erhöht. Maßgebl ist jeweils der Zeitpunkt der Beitragsleistung (*Meissner* DStR 18, 99). Stfreier ArbLohn, sonstige Bezüge (§ 39b III), unter die Freigrenze des § 8 III 11 fallende Sachbezüge oder nach §§ 37a, 37b, 40, 40b pauschal besteuerter ArbLohn bleiben unberücksichtigt (BT-Drs 17/11286, 71; *BMF* BStBl I 21, 1050 Rn. 108). **Ab 1.1.27** (AktivRentG, BGBl I 26 Nr 14) gilt, dass lfd oder pauschal besteuerter ArbLohn oder pauschal besteuertes ArbEntgelt nicht mehr betragen dürfen als 3% der Beitragsbemessungsgrenze in der allgemeinen Rentenversicherung; diese ArbLohnGrenze ist bei einem täglichen Lohnzahlungszeitraum mit 1/30, bei einem wöchentl Lohnzahlungszeitraum mit 7/30 und bei einem jährlichen Lohnzahlungszeitraum mit 12 zu vervielfältigen. Die Einhaltung der Einkommensgrenzen im Zeitpunkt der Beitragsleistung ist im Lohnkonto zu dokumentieren (§ 4 II Nr 7 LStDV; *BMF* BStBl I 22, 333 Rn. 113).

10 **d) Auszahlung der Versorgungsleistungen, § 100 III Nr 4.** Die Vorschrift verweist auf § 82 II 2. Hiernach muss die Auszahlung in Form einer Rente oder eines Auszahlungsplans vorgesehen sein. Davon ist auch bei einer betriebl Altersversorgung in Form der reinen Beitragszusage (§§ 21 ff BetrAVG) auszugehen (BT-Drs 19/4455, 45). Bei Wahl einer Kapitalauszahlung anstelle lebenslanger Altersversorgungsleistungen entfällt von diesem Zeitpunkt an die Förderung und die Beitragsleistungen sind zu besteuern (*BMF* BStBl I 21, 1050 Rn. 136; *Briese* DStR 17, 2347). Erfolgt die Ausübung des Wahlrechts allerdings innerhalb des letzten Jahres vor dem altersbedingten Ausscheiden des ArbN aus dem Erwerbsleben, beanstandet es die *FinVerw* nicht, wenn die Beitragsleistungen weiterhin nach § 100 gefördert werden (*BMF* BStBl I 21, 1050, Rn. 136).

11 **e) Keine „Zillmerung", § 100 III Nr 5.** Die Abschluss- und Vertriebskosten der Altersversorgung dürfen nur als fester Anteil der lfd Beiträge einbehalten werden. Die Finanzierung dieser Kosten zulasten der ersten Beiträge („Zillmerung") ist förderschädl (*Plenker* DB 18, 81).

12 **5. Verhältnisse bei Beitragszahlung, § 100 IV.** Maßgebl für die Förderung sind nach Abs 4 S 1 grds die Verhältnisse im Zeitpunkt der Beitragsleistung. Abs 4 S 2–4 regeln Ausnahmen. Verfällt die Anwartschaft auf Leistungen aus einer geförderten Altersversorgung, zB wenn das DienstVerh vor Ablauf der Unverfallbarkeit endet (§ 1b I BetrAVG), und ergibt sich daraus eine Beitragsrückzahlung an den ArbG, sind die

entspr Förderbeträge ebenfalls zurück zu gewähren, soweit sie auf diesen Rückzahlungsbetrag entfallen. Die Rückgewährung des Förderbetrages erfolgt über die LStAnmeldung für den Lohnzahlungszeitraum, in dem die Rückzahlung zufließt. Der zurück zu gewährende Förderbetrag ist der an das BetriebsstättenFA abzuführenden LSt hinzuzurechnen (*BMF* BStBl I 21, 1050 Rn. 140).

6. Anwendbarkeit anderer Vorschriften, § 100 V. Die Regelung erklärt verschiedene Vorschriften für entspr anwendbar. Dies gilt insb für die LSt-Außenprüfung und die Anrufungsauskunft sowie die Vorschriften der AO über StVergütungen und das Straf- und Bußgeldverfahren. 13

7. Steuerfreiheit des Arbeitgeberbeitrags, § 100 VI. Der zusätzl ArbG-Beitrag zur Altersversorgung des ArbN ist ab 19.8.20 iHv maximal 960 € vorher 480 €) pro Jahr stfrei, wenn die Fördervoraussetzungen vorliegen. Ab VZ 2027 wird der stfreie Betrag auf 1 200 € angehoben (AktivRentG BGBl I 26 Nr 14). Die Dokumentation im Lohnkonto muss ebenfalls gewährleistet sein (*Meissner* DStR 18, 99). Diese StFreiheit hat Vorrang vor § 3 Nr 63. Ein über den Höchstbetrag hinaus gezahlter zusätzl ArbG-Beitrag ist daher nach § 3 Nr 63 stfrei, sofern das entspr Volumen des § 3 Nr. 63 noch nicht anderweitig ausgeschöpft wurde (*BMF* BStBl I 21, 1050 Rn. 144). 14

XIII. Mobilitätsprämie

Vorbemerkung: Die **ab VZ 2021** geltenden Vorschriften zur Mobilitätsprämie (§§ 101–109) wurden durch das KlimaSG (BGBl I 19, 2886) eingefügt. Die Regelungen sind ein Fremdkörper im EStG; sie sind kompliziert und schwer administrierbar. Sie sollten nicht als Vorbild für weitere Prämienregelungen innerhalb des EStG dienen. Die Entlastungswirkung der Prämie ist zudem gering und für die (potenziell) anspruchsberechtigten Personen stellt das Antragserfordernis eine erhebl Hürde da (krit auch *Gast* FR 23, 351).

§ 101 Bemessungsgrundlage und Höhe der Mobilitätsprämie

[1]Steuerpflichtige können neben der Berücksichtigung der Entfernungspauschalen ab dem 21. vollen Entfernungskilometer gemäß § 9 Absatz 1 Satz 3 Nummer 4 Satz 2, Nummer 5 Satz 6 und § 4 Absatz 5 Satz 1 Nummer 6 Satz 2 als Werbungskosten oder Betriebsausgaben eine Mobilitätsprämie beanspruchen. [2]Bemessungsgrundlage der Mobilitätsprämie sind die berücksichtigten Entfernungspauschalen im Sinne des Satzes 1, begrenzt auf den Betrag, um den das zu versteuernde Einkommen den Grundfreibetrag im Sinne des § 32a Absatz 1 Satz 2 Nummer 1 unterschreitet; bei Ehegatten, die nach den §§ 26, 26b zusammen zur Einkommensteuer veranlagt werden, sind das gemeinsame zu versteuernde Einkommen und der doppelte Grundfreibetrag maßgebend. [3]Bei Steuerpflichtigen mit Einkünften aus nichtselbständiger Arbeit gilt dies nur, soweit die Entfernungspauschalen im Sinne des Satzes 1 zusammen mit den übrigen zu berücksichtigenden Werbungskosten im Zusammenhang mit den Einnahmen aus nichtselbständiger Arbeit den Arbeitnehmer-Pauschbetrag nach § 9a Satz 1 Nummer 1 Buchstabe a übersteigen. [4]Die Mobilitätsprämie beträgt 14 Prozent dieser Bemessungsgrundlage.

1. Allgemeines. Für Personen, deren zu versteuerndes Einkommen den Grundfreibetrag nicht überschreitet und die daher keine ESt zahlen, wird die Möglichkeit geschaffen, anstelle der Entfernungspauschale (→ § 9 Rn. 248) eine Mobilitätsprämie iHv 14% der Pauschale zu erhalten. Ab **VZ 2026** wurde die zeitliche Befristung der Mobilitätsprämie auf die VZ 2021 bis 2026 durch das **StÄndG 2025** (BGBl I 25 1

Nr. 363) aufgehoben, sodass StPfl mit geringeren Einkünften auch nach 2026 weiterhin die Mobilitätsprämie erhalten können. Ein Anspruch besteht nur, soweit das zu versteuernde Einkommen, das sich unter Berücksichtigung der erhöhten Entfernungspauschale ergibt, unterhalb des Grundfreibetrags liegt. Bei zusammen veranlagten Ehegatten sind das gemeinsame zu versteuernde Einkommen und der doppelte Grundfreibetrag maßgebl.

2 **2. Bemessungsgrundlage.** Die Prämie wird für die Wege zw Wohnung und erster Tätigkeitsstätte/Betriebsstätte sowie für eine wöchentl Familienheimfahrt iRe doppelten Haushaltsführung gewährt. Bemessungsgrundlage ist grds die erhöhte Entfernungspauschale von 0,35 € (2021) und 0,38 € (2022–2025) sowie **ab 2026 ebenfalls 0,38 €** ab dem 21. Entfernungskilometer. Bei ArbN gilt dies wegen des ArbN-Pauschbetrags (§ 9a 1 Nr 1a) nur, soweit die erhöhten Pauschalen zusammen mit den übrigen WK iZm § 19 den Pauschbetrag überschreiten.

3 **3. Höhe der Prämie.** Sie beträgt 14% der Bemessungsgrundlage. Dies entspricht dem Eingangssteuersatz (Berechnungsbeispiele s BT-Drs 19/14338, 26).

§ 102 Anspruchsberechtigung

Anspruchsberechtigt sind unbeschränkt oder beschränkt Steuerpflichtige im Sinne des § 1.

1 Anspruch auf die Mobilitätsprämie haben sowohl unbeschr als auch beschr StPfl.

§ 103 Entstehung der Mobilitätsprämie

Der Anspruch auf die Mobilitätsprämie entsteht mit Ablauf des Kalenderjahres, in dem der Anspruchsberechtigte die erste Tätigkeitsstätte im Sinne des § 9 Absatz 4 oder eine Betriebsstätte im Sinne des § 4 Absatz 5 Satz 1 Nummer 6 aufgesucht oder Familienheimfahrten im Rahmen einer doppelten Haushaltsführung im Sinne des § 9 Absatz 1 Satz 3 Nummer 5 Satz 5 sowie des § 4 Absatz 5 Satz 1 Nummer 6 durchgeführt hat.

1 Die Prämie entsteht mit Ablauf des Kj, in dem die begünstigten Fahrten durchgeführt worden sind.

§ 104 Antrag auf die Mobilitätsprämie

(1) **Die Mobilitätsprämie wird auf Antrag gewährt.**

(2) [1]**Der Anspruchsberechtigte hat den Antrag auf die Mobilitätsprämie bis zum Ablauf des vierten Kalenderjahres, das auf das Kalenderjahr folgt, in dem nach § 103 die Mobilitätsprämie entsteht, zu stellen.** [2]**Der Antrag ist nach amtlich vorgeschriebenem Vordruck bei dem Finanzamt zu stellen, das für die Besteuerung des Anspruchsberechtigten nach dem Einkommen zuständig ist.**

1 Die Mobilitätsprämie ist **antragsgebunden.** Der Antrag muss bis zum Ablauf des vierten Kj gestellt werden, das auf das Kj der Entstehung der Prämie (→ § 103 Rn. 1) folgt. Der Antrag ist bei unbeschr StPfl beim zuständigen Wohnsitz-FA zu stellen; bei beschr StPfl idR bei dem FA, in dessen Bezirk der StPfl seine Tätigkeit vorwiegend ausübt (s § 19 AO). Für den Antrag ist ein amtl Vordruck zu verwenden. Dort werden insb Angaben zu den Einnahmen und den WK/BA für die Fahrten zw Wohnung und erster Tätigkeitsstätte/Betriebsstätte sowie für die Familienheimfahrten bei doppelter Haushaltsführung verlangt.

§ 105 Festsetzung und Auszahlung der Mobilitätsprämie

(1) [1]Die Mobilitätsprämie ist nach Ablauf des Kalenderjahres im Rahmen einer Einkommensteuerveranlagung festzusetzen. [2]Eine Festsetzung erfolgt nur, wenn die Mobilitätsprämie mindestens 10 Euro beträgt. [3]Die festgesetzte Mobilitätsprämie mindert die festgesetzte Einkommensteuer im Wege der Anrechnung. [4]Sie gilt insoweit als Steuervergütung. [5]Die Auszahlung erfolgt aus den Einnahmen an Einkommensteuer.

(2) [1]Besteht das Einkommen ganz oder teilweise aus Einkünften aus nichtselbständiger Arbeit, die dem Steuerabzug unterlegen haben, gilt der Antrag auf Mobilitätsprämie zugleich als ein Antrag auf Einkommensteuerveranlagung. [2]Besteht nach § 46 keine Pflicht zur Durchführung einer Veranlagung und wird keine Veranlagung, insbesondere zur Anrechnung von Lohnsteuer auf die Einkommensteuer nach § 46 Absatz 2 Nummer 8 beantragt, ist für die Festsetzung der Mobilitätsprämie die im Rahmen der Einkommensteuerveranlagung festgesetzte Einkommensteuer, die sich auf Grund des Antrags auf Mobilitätsprämie ergibt, mit Null Euro anzusetzen. [3]Auch in den Fällen des § 25 gilt, ungeachtet des § 56 Satz 1 der Einkommensteuer-Durchführungsverordnung, der Antrag auf Mobilitätsprämie zugleich als Abgabe einer Einkommensteuererklärung.

1. Festsetzung der Prämie, Abs. 1. Die Vorschrift wurde durch das JStG 2020 (BGBl I 20, 3096) neu gefasst. § 105 I ermöglicht es, die Mobilitätsprämie durch ESt-Bescheid festzusetzen. Dies soll die Umsetzung vereinfachen, weil die Festsetzung in das Verfahren der ESt-Festsetzung integriert wird. Die Mobilitätsprämie erfordert eine Schattenveranlagung, die insb bei estl bisher nicht geführten Personen mit einem erhebl Verwaltungsaufwand verbunden ist. Die Prämie wird nur festgesetzt, wenn sie mindestens 10 € beträgt. 1

2. Antragsverfahren, Abs. 2. Der Antrag auf die Mobilitätsprämie gilt zugleich als Antrag auf ESt-Veranlagung. Ist keine Pflichtveranlagung durchzuführen, ist die ESt iRd Festsetzung der Mobilitätsprämie auch dann mit 0 € anzusetzen, wenn sich im Einzelfall eine positive ESt ergeben würde. Dies gilt zB in Fällen, in denen das zu versteuernde Einkommen geringfügig unter dem Grundfreibetrag liegt und sich durch Lohnersatzleistungen eine festzusetzende ESt von mehr 0 € ergeben würde. 2

§ 106 Ertragsteuerliche Behandlung der Mobilitätsprämie

Die Mobilitätsprämie gehört nicht zu den steuerpflichtigen Einnahmen im Sinne des Einkommensteuergesetzes.

Die Mobilitätsprämie ist nicht steuerpflichtig. 1

§ 107 Anwendung der Abgabenordnung

Auf die Mobilitätsprämie sind die für Steuervergütungen geltenden Vorschriften der Abgabenordnung mit Ausnahme des § 163 der Abgabenordnung entsprechend anzuwenden.

Die Mobilitätsprämie wird verfahrensrechtl einer Steuervergütung gleichgestellt. Die diesbezügl Vorschriften der AO mit Ausnahme des § 163 AO (abweichende Steuerfestsetzung aus Billigkeitsgründen) gelten entspr. Bei Streitigkeiten über die Mobilitätsprämie ist der Finanzrechtsweg eröffnet. 1

§ 108 Anwendung von Straf- und Bußgeldvorschriften der Abgabenordnung

[1]Für die Mobilitätsprämie gelten die Strafvorschriften des § 370 Absatz 1 bis 4, der §§ 371, 375 Absatz 1 und des § 376 der Abgabenordnung sowie die Bußgeldvorschriften der §§ 378 und 379 Absatz 1 und 4 sowie der §§ 383 und 384 der Abgabenordnung entsprechend. [2]Für das Strafverfahren wegen einer Straftat nach Satz 1 sowie der Begünstigung einer Person, die eine solche Tat begangen hat, gelten die §§ 385 bis 408 der Abgabenordnung, für das Bußgeldverfahren wegen einer Ordnungswidrigkeit nach Satz 1 die §§ 409 bis 412 der Abgabenordnung entsprechend.

1 Die Straf- und Bußgeldvorschriften der AO sind auch auf die Mobilitätsprämie entspr anwendbar.

§ 109 Verordnungsermächtigung

Die Bundesregierung wird ermächtigt, durch Rechtsverordnung mit Zustimmung des Bundesrates das Verfahren bei der Festsetzung und der Auszahlung der Mobilitätsprämie näher zu regeln.

1 Das nähere Verfahren der Festsetzung und Auszahlung der Mobilitätsprämie soll durch eine noch zu erlassende RVO geregelt werden (s *BH/Böwing/Schmalenbrock* § 109 Rn. 3 ff).

XIV. Sondervorschriften zur Bewältigung der Corona-Pandemie

§ 110 Anpassung von Vorauszahlungen für den Veranlagungszeitraum 2019

(1) **[1]Auf Antrag wird der für die Bemessung der Vorauszahlungen für den Veranlagungszeitraum 2019 zugrunde gelegte Gesamtbetrag der Einkünfte pauschal um 30 Prozent gemindert. [2]Das gilt nicht, soweit in dem Gesamtbetrag der Einkünfte Einkünfte aus nichtselbständiger Arbeit (§ 19) enthalten sind. [3]Voraussetzung für die Anwendung des Satzes 1 ist, dass die Vorauszahlungen für 2020 auf 0 Euro herabgesetzt wurden.**

(2) **Abweichend von Absatz 1 wird der für die Bemessung der Vorauszahlungen für den Veranlagungszeitraum 2019 zugrunde gelegte Gesamtbetrag der Einkünfte um einen höheren Betrag als 30 Prozent gemindert, wenn der Steuerpflichtige einen voraussichtlichen Verlustrücktrag im Sinne des § 10d Absatz 1 Satz 1 für 2020 in dieser Höhe nachweisen kann.**

(3) **[1]Die Minderungen nach den Absätzen 1 und 2 dürfen insgesamt 10 000 000 Euro, bei Ehegatten, die nach den §§ 26 und 26b zusammenveranlagt werden, 20 000 000 Euro nicht überschreiten. [2]§ 37 Absatz 3, 5 und 6 ist entsprechend anzuwenden.**

1 Auf Grund der Corona-Krise verringerten sich im VZ 2020 viele Einkünfte im Vergleich zu VZ 2019 so erheblich, dass den betroffenen StPfl für den VZ 2020 nach § 10d I 1 rücktragbare Verluste drohten. Um dem Rechnung zu tragen, hatte der Gesetzgeber zur Liquiditätserhöhung außer der vorübergehenden Anhebung der Höchstbetragsgrenzen beim Verlustrücktrag für Verluste (§ 10d I 1, → § 10d Rn. 21) durch **§ 110** – über § 37 III hinaus – bereits vor Feststehen solcher Verluste **2020** eine zeitnahe ***pauschale*** Inanspruchnahme der erhöhten Beträge für eine **rückwirkende** Anpassung der *Vorauszahlungen* **2019** ermöglicht (entgegen § 111 IX – Veranlagungs-

verfahren – ohne Erweiterung auf Vorauszahlungen 2020 und Verluste 2021). Wegen Zeitablaufs sind §§ 110 und 111 inzwischen **weitgehend bedeutungslos.**

Zu ausführl Erläuterungen des § 110 s zuletzt → 44. Aufl 2025, § 110 Rn. 1 ff. 2

§ 111 Vorläufiger Verlustrücktrag für 2020 und 2021[1]

(1) [1]**Auf Antrag wird bei der Steuerfestsetzung für den Veranlagungszeitraum 2019 pauschal ein Betrag in Höhe von 30 Prozent des Gesamtbetrags der Einkünfte des Veranlagungszeitraums 2019 als Verlustrücktrag aus 2020 abgezogen (vorläufiger Verlustrücktrag für 2020).** [2]**Bei der Berechnung des vorläufigen Verlustrücktrags für 2020 sind Einkünfte aus nichtselbständiger Arbeit (§ 19) nicht zu berücksichtigen, die im Gesamtbetrag der Einkünfte enthalten sind.** [3]**Voraussetzung für die Anwendung des Satzes 1 ist, dass die Vorauszahlungen für den Veranlagungszeitraum 2020 auf 0 Euro herabgesetzt wurden.** [4]**Soweit bei der Steuerfestsetzung für den Veranlagungszeitraum 2019 der vorläufige Verlustrücktrag für 2020 abgezogen wird, ist § 233a Absatz 2a der Abgabenordnung entsprechend anzuwenden.**

(2) **Abweichend von Absatz 1 wird ein höherer Betrag als 30 Prozent vom Gesamtbetrag der Einkünfte abgezogen, wenn der Steuerpflichtige einen voraussichtlichen Verlustrücktrag im Sinne des § 10d Absatz 1 Satz 1 für 2020 in dieser Höhe nachweisen kann.**

(3) **Der vorläufige Verlustrücktrag für 2020 nach den Absätzen 1 und 2 kann insgesamt bis zu 10 000 000 Euro, bei Ehegatten, die nach den §§ 26 und 26b zusammenveranlagt werden, bis zu 20 000 000 Euro betragen.**

(4) [1]**Führt die Herabsetzung von Vorauszahlungen für den Veranlagungszeitraum 2019 auf Grund eines voraussichtlich erwarteten Verlustrücktrags für 2020 zu einer Nachzahlung bei der Steuerfestsetzung für den Veranlagungszeitraum 2019, so wird diese auf Antrag des Steuerpflichtigen bis zum Ablauf eines Monats nach Bekanntgabe der Steuerfestsetzung für den Veranlagungszeitraum 2020 gestundet.** [2]**Stundungszinsen werden nicht erhoben.**

(5) **Für den Veranlagungszeitraum 2020 ist bei Anwendung von Absatz 1 oder 2 eine Einkommensteuererklärung abzugeben.**

(6) [1]**Mit der Veranlagung für 2020 ist die Steuerfestsetzung für den Veranlagungszeitraum 2019 zu ändern; hierbei ist der bislang berücksichtigte vorläufige Verlustrücktrag für 2020 dem Gesamtbetrag der Einkünfte hinzuzurechnen.** [2]**Dies gilt auch dann, wenn der Steuerbescheid für den Veranlagungszeitraum 2019 bestandskräftig geworden ist; die Festsetzungsfrist endet insoweit nicht, bevor die Festsetzungsfrist für den Veranlagungszeitraum 2020 abgelaufen ist.** [3]**Soweit die Änderung der Steuerfestsetzung für den Veranlagungszeitraum 2019 auf der Hinzurechnung des vorläufigen Verlustrücktrags für 2020 beruht, ist § 233a Absatz 2a der Abgabenordnung entsprechend anzuwenden.**

(7) **Die Absätze 1 bis 3 sind nicht anzuwenden, wenn die Veranlagung für den Veranlagungszeitraum 2020 vor der Veranlagung für den Veranlagungszeitraum 2019 durchgeführt wird.**

(8) [1]**Wird der Einkommensteuerbescheid für 2019 vor dem 1. April 2021 bestandskräftig, kann bis zum 17. April 2021 nachträglich ein erstmaliger oder geänderter Antrag auf Berücksichtigung des vorläufigen Verlustrücktrags für 2020 gestellt werden.** [2]**Der Einkommensteuerbescheid für 2019 ist insoweit zu ändern.**

(9) **Die Absätze 1 bis 7 gelten für die Steuerfestsetzung für den Veranlagungszeitraum 2020 und die Berücksichtigung des Verlustrücktrags für 2021 entsprechend.**

---

[1] Keine Ausdehnung auf 2022 und keine Rücktragsverlängerung auf 2 Jahre wie in § 10d I aF.

1 Zum Hintergrund der §§ 110 und 111 → § 110 Rn. 1.
2 Zu ausführl Erläuterungen des § 111 s zuletzt → 44. Aufl 2025, § 111 Rn. 1 ff.

XV. Energiepreispauschale

§ 112 Veranlagungszeitraum, Höhe

(1) **Für den Veranlagungszeitraum 2022 wird Anspruchsberechtigten eine einmalige steuerpflichtige Energiepreispauschale gewährt.**

(2) **Die Höhe der Energiepreispauschale beträgt 300 Euro.**

1 **1. Allgemeines.** Die durch das StEntlG 2022 (BGBl I 22, 749) eingeführte Energiepreispauschale ist eine einmalige staatl Leistung, die **ausschließl für den VZ 2022** gewährt wird. Sie soll die kurzfristig stark gestiegenen erwerbsbedingten Wegeaufwendungen „aktiv tätiger Erwerbspersonen" ausgleichen (BT-Drs 20/1765, 23). Die Pauschale ist wie die im XIII. Abschnitt geregelte Mobilitätsprämie ein Fremdkörper im EStG, die nur rechtstechnisch als Steuervergütung behandelt wird, materiell aber eine Sozialleistung darstellt, die Subventionscharakter hat (s *BH/Horstmann* § 112 Rn. 1; *Bergan* DStR 22, 1017).

2 **2. Höhe der Pauschale.** Sie beträgt **300 €.** Es handelt sich um einen Bruttobetrag, da die Pauschale der tarifl ESt unterliegt. Der tatsächl Subventionsvorteil ist bei Überschreiten des Grundfreibetrags folgl geringer. Die StPflicht soll der sozialen Ausgewogenheit der Pauschale dienen (BT-Drs 20/1765, 23).

§ 113 Anspruchsberechtigung

Unbeschränkt Steuerpflichtige nach § 1 Absatz 1, die im Veranlagungszeitraum 2022 Einkünfte aus § 13, § 15, § 18 oder § 19 Absatz 1 Satz 1 Nummer 1 erzielen, haben Anspruch auf eine Energiepreispauschale.

1 **1. Unbeschränkte Steuerpflicht.** Anspruch auf die Pauschale haben **nur nach § 1 I unbeschr StPfl.** Gem § 1 II und § 1 III unbeschr StPfl sowie nach § 1a fiktiv unbeschr StPfl sind daher nicht anspruchsberechtigt. Dies begegnet unionsrechtl Bedenken, da ein Verstoß gegen die ArbN-Freizügigkeit aus Art 45 AEUV vorliegen dürfte (*BH/Horstmann* § 112 Rn. 10). Ein unterjähriger Wechsel der StPfl ist indes unschädl.

2 **2. Begrenzung auf bestimmte Einkunftsarten.** Der Anspruch auf die Pauschale setzt den **Bezug von Einkünften aus § 13, § 15, § 18 oder § 19 I 1 Nr 1 im VZ 2022** voraus. Dies entspricht dem Förderzweck (→ § 112 Rn. 1). Die Dauer der Einkunftserzielung ist unerhebl (*Zapf* BB 22, 1623; *Niermann* DB 22, 1664). Auch stfreie Einkünfte (zB nach § 3 EStG oder DBA) sind begünstigt. Besteht ein Zusammenhang mit einem aktiven DienstVerh, sind auch StPfl anspruchsberechtigt, die nur Lohnersatzleistungen beziehen, die dem Progressionsvorbehalt nach § 32b I 1 Nr 1 unterliegen. Anspruchsberechtigt sind damit auch StPfl, die Kurzarbeitergeld, Insolvenzgeld, Krankengeld, Mutterschaftsgeld, Elterngeld, Verdienstausfallentschädigungen nach IfSG oder Transferkurzarbeitergeld beziehen (*BH/Horstmann* § 113 Rn. 9). Gem § 113 nicht anspruchsberechtigte **Rentenbezieher und Versorgungsempfänger** sollen die Pauschale nach dem RentEPPG, dem VEPPGewG bzw entspr landesrechtl Vorschriften erhalten (s BT-Drs 20/3938; zur StPflicht s § 19 III und *BMF* BStBl I 22, 1530; zur Rspr der Verwaltungsgerichte zB *Bleschick* jurisPR-SteuerR 43/2024), **Studierende und Fachschüler** eine Energiepreispauschale iHv 200 €

nach dem EPPSG (s BT-Drs 20/4536); Stichtag für die Anspruchsberechtigung ist hier jeweils der 1.12.22

§ 114 Entstehung des Anspruchs

Der Anspruch auf die Energiepreispauschale entsteht am 1. September 2022.

Die Vorschrift bestimmt den Entstehungszeitpunkt des Anspruchs. Dieser ist weder für die Anspruchsberechtigung noch für den Auszahlungszeitpunkt von Bedeutung. 1

§ 115 Festsetzung mit der Einkommensteuerveranlagung

(1) **Die Energiepreispauschale wird mit der Einkommensteuerveranlagung für den Veranlagungszeitraum 2022 festgesetzt.**

(2) **Absatz 1 gilt nicht, wenn die Energiepreispauschale nach § 117 vom Arbeitgeber ausgezahlt wurde.**

1. Festsetzung der Energiepreispauschale, § 115 I. Die Festsetzung erfolgt vorbehaltl § 115 II **von Amts wegen** mit der ESt-Festsetzung. Voraussetzung ist die Veranlagung zur ESt. Diese muss im Falle der Antragsveranlagung daher durch Abgabe der ESt-Erklärung beantragt werden (→ § 46 Rn. 30 ff). 1

2. Auszahlung durch den Arbeitgeber, § 115 II. Das ist die **vorrangige Methode.** § 115 I greift nur ein, wenn die Auszahlung nicht nach § 117 durch den ArbG erfolgt, insb wenn am 1.9.22 kein DienstVerh bestand, der ArbG keine LStAnmeldung abgibt, der ArbN nur kurzfristig iSv § 40a I beschäftigt ist (→ § 40a Rn. 3) oder es sich nicht um einen inl ArbG handelt. Wird die Energiepreispauschale nicht gem § 115 II ausgezahlt, muss der ArbN nach § 115 I die Festsetzung iRd EStVeranlagung geltend machen; eine Klage gegen den ArbG auf Zahlung der Pauschale ist unzulässig (BFH VI S 24/23, DStRE 24, 631; FG Mster EFG 23, 1616, rkr). 2

§ 116 Anrechnung auf die Einkommensteuer

(1) [1]**Eine nach § 115 Absatz 1 festgesetzte Energiepreispauschale ist auf die festgesetzte Einkommensteuer anzurechnen.** [2]**Die festgesetzte Energiepreispauschale ist bei der Ermittlung des Unterschiedsbetrages nach § 233a Absatz 3 Satz 1 der Abgabenordnung entsprechend zu berücksichtigen.**

(2) **Ergibt sich nach der Anrechnung nach Absatz 1 ein Erstattungsbetrag, so wird dieser dem Anspruchsberechtigten ausgezahlt.**

Die Energiepreispauschale wird in den Fällen des § 115 I durch Anrechnung auf die ESt berücksichtigt. Die Anrechnungsverfügung ist ein **separater VA** im Erhebungsverfahrens (iEinz → § 36 Rn. 9 ff). Sie bewirkt die **Tilgung der ESt iHv 300 €.** Die Pauschale ist auch iRd Zinsfestsetzung bei der Ermittlung des Unterschiedsbetrags nach § 233a III 1 AO zu berücksichtigen. Ergibt sich durch die Anrechnung der Energiepreispauschale eine ESt-Erstattung, erfolgt eine Auszahlung gem § 36 IV 2. 1

§ 117 Auszahlung an Arbeitnehmer

(1) [1]**Arbeitnehmer erhalten die Energiepreispauschale vom Arbeitgeber, wenn sie am 1. September 2022**

1. in einem gegenwärtigen ersten Dienstverhältnis stehen und

2. in eine der Steuerklassen 1 bis 5 eingereiht sind oder nach § 40a Absatz 2 pauschal besteuerten Arbeitslohn beziehen.

[2]Satz 1 gilt nicht, wenn der Arbeitgeber keine Lohnsteuer-Anmeldung abgibt. [3]Satz 1 gilt in den Fällen der Pauschalbesteuerung nach § 40a Absatz 2 nur, wenn der Arbeitnehmer dem Arbeitgeber schriftlich bestätigt hat, dass es sich um das erste Dienstverhältnis handelt.

(2) **[1]Arbeitgeber im Sinne des § 38 Abs. 1 haben an Arbeitnehmer im Sinne des Absatzes 1 Satz 1 die Energiepreispauschale im September 2022 auszuzahlen. [2]Die Arbeitgeber haben hierbei die Energiepreispauschale gesondert vom Gesamtbetrag der einzubehaltenden Lohnsteuer zu entnehmen, die**

1. in den Fällen des § 41a Absatz 2 Satz 1 bis zum 10. September 2022,
2. in den Fällen des § 41a Absatz 2 Satz 2 Halbsatz 1 bis zum 10. Oktober 2022 und
3. in den Fällen des § 41a Absatz 2 Satz 2 Halbsatz 2 bis zum 10. Januar 2023

anzumelden und abzuführen ist. [3]Übersteigt die insgesamt zu gewährende Energiepreispauschale den Betrag, der insgesamt an Lohnsteuer abzuführen ist, wird der übersteigende Betrag dem Arbeitgeber vom Finanzamt, an das die Lohnsteuer abzuführen ist, aus den Einnahmen der Lohnsteuer ersetzt.

(3) **[1]Der Arbeitgeber kann in den Fällen des § 41a Absatz 2 Satz 2 Halbsatz 1 die Energiepreispauschale an den Arbeitnehmer abweichend von Absatz 2 Satz 1 im Oktober 2022 auszahlen. [2]Absatz 2 Satz 2 und 3 bleibt hiervon unberührt. [3]Der Arbeitgeber kann in den Fällen des § 41a Absatz 2 Satz 2 Halbsatz 2 auf die Auszahlung an den Arbeitnehmer verzichten.**

(4) **Eine vom Arbeitgeber ausgezahlte Energiepreispauschale ist in der elektronischen Lohnsteuerbescheinigung (§ 41b Absatz 1 Satz 2) mit dem Großbuchstaben E anzugeben.**

1 **1. Allgemeines.** Die Vorschrift regelt, in welchen Fällen die Energiepreispauschale des gem § 113 anspruchsberechtigten ArbN durch den ArbG ausgezahlt wird (auch → § 115 Rn. 2). Der ArbG soll hierdurch aber nicht finanziell belastet werden (zu Recht krit zum Umsetzungsaufwand und Haftungsrisiko des ArbG indessen *Endert* DStR 22, 1744). Er hat die Auszahlungen daher vom Gesamtbetrag der einzubehaltenden LSt zu entnehmen; übersteigende Beträge erhält er erstattet. Ein Antrag des ArbN auf Auszahlung der Pauschale ist nicht erforderl.

2 **2. Voraussetzungen der Zahlung durch den Arbeitgeber, § 117 I.** Die Zahlung durch den ArbG erfolgt, wenn der ArbN am **1.9.22** in einem gegenwärtigen, estl anzuerkennenden **ersten DienstVerh** steht, dementsprechend in die StKlassen 1 bis 5 eingereiht ist (→ § 38b Rn. 1) oder nach § 40a II pauschal besteuerten ArbLohn bezieht (→ § 40a Rn. 4). Dies gilt aber nur, wenn der ArbG eine LStAnmeldung abgibt. In den Fällen des § 40a II, in denen der ArbG keine ELStAM abruft, setzt die Zahlung der Pauschale an den ArbN ferner voraus, dass dieser dem ArbG vorher schriftl bestätigt, dass es sich um das erste DienstVerh handelt. Die Bestätigung ist zum Lohnkonto zu nehmen (*Bergan* DStR 22, 1017). **Geringfügig beschäftigte ArbN** müssen den Erhalt der Pauschale außerdem angeben, wenn sie für den VZ 2022 eine EStErklärung abgeben. Mangels LStBescheinigung, aus der sich die Auszahlung ergibt, würde das FA die Pauschale andernfalls zu Unrecht nach § 115 I festsetzen.

3 **3. Zahlungszeitpunkt, Entnahme von der Lohnsteuer, § 117 II.** Der ArbG ist vorbehaltl § 117 III (→ Rn. 4) verpflichtet, die Energiepreispauschale im September 2022 an anspruchsberechtigte ArbN **auszuzahlen.** Den Bruttobetrag für die auszuzahlende Pauschale hat er zu den in § 117 II 2 abschließend aufgeführten Zeitpunkten aus dem Gesamtbetrag der einzubehaltenden **LSt** zu entnehmen. Übersteigt die Summe der insgesamt zu gewährenden Pauschalen die abzuführende LSt, erfolgt

eine Erstattung zugunsten des ArbG durch das BetriebsstättenFA. Der ArbG hat hierzu eine negative LStAnmeldung abzugeben. Bei **Fehlern** iZm der Zahlung der Pauschale ist die ausgestellte LStAnmeldung zu berichtigen, eine zu Unrecht an den ArbN gezahlte Pauschale hat der ArbG zurückzufordern (iEinz s *Geserich* HFR 24, 438).

4. Spätere Auszahlung, Zahlungsverzicht, § 117 III. Ein ArbG, der die LSt quartalsweise gem § 41a II 2 Hs 1 anmeldet, kann die Auszahlung der Energiepreispauschale auf Oktober 2022 verschieben **(Wahlrecht).** Als Jahresanmelder (§ 41a II 2 Hs 2) kann der ArbG auch ganz auf die Auszahlung verzichten. Der ArbN kann die Energiepreispauschale dann nur mit der EStVeranlagung geltend machen (§ 115 I). 4

5. Lohnsteuerbescheinigung, § 117 IV. Die Auszahlung der Energiepreispauschale ist mit dem Großbuchstaben E in der elektronischen LStBescheinigung anzugeben. Für geringfügig beschäftigte ArbN ist auch bei Auszahlung der Energiepreispauschale keine LStBescheinigung auszustellen (hierzu → Rn. 2). 5

§ 118 Energiepreispauschale im Einkommensteuer-Vorauszahlungsverfahren

(1) [1]**Ist eine Einkommensteuer-Vorauszahlung auch für Einkünfte aus § 13, § 15 oder § 18 für den 10. September 2022 festgesetzt worden, dann ist diese Festsetzung um die Energiepreispauschale zu mindern.** [2]**Betragen die für den 10. September 2022 festgesetzten Vorauszahlungen weniger als 300 Euro, so mindert die Energiepreispauschale die Vorauszahlung auf 0 Euro.**

(2) [1]**Die Minderung der Einkommensteuer-Vorauszahlung für den 10. September 2022 nach Absatz 1 hat durch Allgemeinverfügung nach § 118 Satz 2 der Abgabenordnung oder durch geänderten Vorauszahlungsbescheid zu erfolgen.** [2]**Sachlich zuständig für den Erlass der Allgemeinverfügung ist jeweils die oberste Landesfinanzbehörde.** [3]**Die Allgemeinverfügung ist im Bundessteuerblatt und auf den Internetseiten des Bundesministeriums der Finanzen zu veröffentlichen.** [4]**Sie gilt am Tag nach der Herausgabe des Bundessteuerblattes, in dem sie veröffentlicht wird, als bekannt gegeben.** [5]**Abweichend von § 47 Absatz 1 der Finanzgerichtsordnung endet die Klagefrist mit Ablauf von drei Monaten nach dem Tag der Bekanntgabe der Allgemeinverfügung.** [6]**Die Klage ist nur gegen die oberste Finanzbehörde zu richten, die die Allgemeinverfügung erlassen hat.**

1. Minderung der Vorauszahlungsbeträge, § 118 I. Die **EStVorauszahlung** für den 10.9.22 wird bei StPfl, die **Einkünfte aus § 13, § 15 oder § 18** erzielen, um den vollen (Brutto-)Betrag der Energiepreispauschale **gemindert.** Hierdurch soll die Pauschale auch diesen StPfl bereits im September 2022 zugute kommen. Eine überhöhte Vorauszahlung, die der StPfl ohne Berücksichtigung der Minderung geleistet hat, ist nach § 37 AO von Amts wegen zu erstatten. Die Minderung nach § 118 I erfolgt ungeachtet des insoweit ungenauen Gesetzeswortlauts („auch") allerdings nicht, wenn der StPfl auch Einkünfte nach § 19 I 1 Nr 1 erzielt und deshalb eine Auszahlung durch den ArbG nach § 117 zu erfolgen hat. Die Vorauszahlung ist bis auf 0 € zu mindern, wenn der für den 10.9.22 festgesetzte Betrag die Energiepreispauschale unterschreitet. Eine vollständige Berücksichtigung der Pauschale erfolgt in diesen Fällen erst im Rahmen der Veranlagung. 1

2. Verwaltungsverfahren, § 118 II. Die Minderung der Vorauszahlung erfolgt entweder durch Allgemeinverfügung der obersten Landesfinanzbehörde oder durch individuelle Änderungsbescheide; eines Antrags des StPfl bedarf es hierzu nicht. Gegen die Allgemeinverfügung kann innerhalb von drei Monaten nach Bekanntgabe Klage erhoben werden; der Einspruch ist insoweit nicht gegeben (§ 348 Nr 3 AO). 2

Die individuellen Änderungsbescheide können nach allg Grundsätzen angefochten werden.

§ 119 Steuerpflicht

(1) [1]**Bei Anspruchsberechtigten, die im Veranlagungszeitraum 2022 Einkünfte aus nichtselbständiger Arbeit erzielt haben, ist die Energiepreispauschale stets als Einnahme nach § 19 Absatz 1 Satz 1 Nummer 1 für den Veranlagungszeitraum 2022 zu berücksichtigen.** [2]**Dies gilt nicht für pauschal besteuerten Arbeitslohn nach § 40a.** [3]**Im Lohnsteuerabzugsverfahren ist die Energiepreispauschale bei der Berechnung einer Vorsorgepauschale nach § 39b Absatz 2 Satz 5 Nummer 3 Buchstabe a bis c nicht zu berücksichtigen.**

(2) [1]**Bei den übrigen Anspruchsberechtigten gilt die Energiepreispauschale stets als Einnahme nach § 22 Nummer 3 für den Veranlagungszeitraum 2022.** [2]**Die Freigrenze nach § 22 Nummer 3 Satz 2 ist insoweit nicht anzuwenden.**

1 **1. Zuordnung zu den Einkünften aus nichtselbständiger Arbeit, § 119 I.** Die Vorschrift ordnet die Energiepreispauschale bei ArbN konstitutiv den **Einkünften aus § 19 I 1 Nr 1** zu (krit *Häsner* DB 23, 2647); dies ist verfgemäß (FG Mster EFG 24, 1140, Rev VI R 15/24; *Hübner ua* FR 24, 836). Es handelt sich lstrechtl um einen **sonstigen Bezug iSv § 38a I 3** (*Niermann* DB 22, 2367 (2369). Dies gilt unabhängig davon, ob auch andere Einkünfte bezogen werden. Die Pauschale ist für den VZ 2022 zu berücksichtigen. Auf den Zuflusszeitpunkt kommt es insoweit nicht an (*BeckOK EStG* § 119 Rn. 13), sofern der ArbN die Pauschale überhaupt erhalten hat. Bezieht der StPfl ausschließl pauschal besteuerten ArbLohn nach § 40a, wird die Pauschale nicht den Einkünften aus § 19 zugerechnet und ist auch sonst nicht stbar (BT-Drs 20/1765, 26). Beim LStAbzug ist die Energiepreispauschale iRd Berechnung der Vorsorgepauschale gem § 39b II 5 Nr 3 Buchst a–c nicht zu berücksichtigen, weil auf die entsprechenden Lohnbestandteile keine SV-Beiträge anfallen.

2 **2. Zuordnung zu den Einkünften aus Leistungen, § 119 II.** Sofern der StPfl keine Einkünfte aus § 19 I 1 Nr 1 erzielt, ist die Energiepreispauschale konstitutiv als **Einnahme gem § 22 Nr 3** für den VZ 2022 zu erfassen. Dies kann indes nur gelten, wenn der StPfl die Pauschale tatsächl erhält, und sei es auch in einem anderen VZ. Ansonsten fehlt es schon an der in § 119 II vorausgesetzten „Einnahme". Die Freigrenze in § 22 Nr 3 S 2 findet auf die Energiepreispauschale keine Anwendung. Dies führt iErg dazu, dass einerseits die Besteuerung nicht durch Verrechnung mit negativen Einkünften nach § 22 Nr 3 verhindert werden kann und andererseits andere Einkünfte aus § 22 Nr 3, die sich unterhalb der Freigrenze bewegen, durch die Pauschale nicht stpfl werden (ebenso *BH/Horstmann* § 119 Rn. 14).

§ 120 Anwendung der Abgabenordnung

(1) [1]**Auf die Energiepreispauschale sind die für Steuervergütungen geltenden Vorschriften der Abgabenordnung entsprechend anzuwenden.** [2]**§ 163 der Abgabenordnung gilt nicht.**

(2) **In öffentlich-rechtlichen Streitigkeiten über die zur Energiepreispauschale ergehenden Verwaltungsakte der Finanzbehörden ist der Finanzrechtsweg eröffnet.**

1 Die Vorschrift ordnet in Abs 1 die entsprechende Anwendung der für Steuervergütungen geltenden Vorschriften der **AO** an. Hiervon ausgenommen ist ledigl § 163 AO. Die Energiepreispauschale kann daher im Billigkeitswege nicht angepasst oder verändert werden. Nach § 120 II ist in öffentl-rechtl Streitigkeiten über die Pauschale der **Finanzrechtsweg** gegeben. Gleiches gilt für Klagen des ArbN auf Auszahlung

der Pauschale gegen den ArbG (BFH VI S 24/23, DStRE 24, 631; FG Mster EFG 23, 1616, rkr).

§ 121 Anwendung von Straf- und Bußgeldvorschriften der Abgabenordnung

(1) **Für die Energiepreispauschale gelten die Strafvorschriften des § 370 Absatz 1 bis 4 und 7, der §§ 371, 375 Absatz 1 und des § 376 der Abgabenordnung sowie die Bußgeldvorschriften der §§ 378 und 379 Absatz 1 und 4 sowie der §§ 383 und 384 der Abgabenordnung entsprechend.**

(2) **Für das Strafverfahren wegen einer Straftat nach Absatz 1 sowie der Begünstigung einer Person, die eine solche Tat begangen hat, gelten die §§ 385 bis 408 der Abgabenordnung entsprechend.**

(3) **Für das Bußgeldverfahren wegen einer Ordnungswidrigkeit nach Absatz 1 gelten die §§ 409 bis 412 der Abgabenordnung entsprechend.**

Für die Energiepreispauschale gelten die Straf- und Bußgeldvorschriften der AO entsprechend. Vorsätzl oder leichtfertig falsche Angaben des StPfl aber auch des ArbG, durch die der ArbN zu Unrecht die Pauschale erhält, sind damit straf- bzw bußgeldbewehrt. Ebenfalls entsprechend anwendbar sind die verfahrensrechtl Vorschriften der AO für das Straf- und Bußgeldverfahren. 1

§ 122 Nichtberücksichtigung als Einkommen bei Sozialleistungen, Unpfändbarkeit

[1]Die Energiepreispauschale ist bei einkommensabhängigen Sozialleistungen nicht als Einkommen zu berücksichtigen. [2]Die Energiepreispauschale ist in Höhe des in § 112 Absatz 2 genannten Betrages unpfändbar.

Damit die Energiepreispauschale auch für Bezieher von Sozialleistungen wirksam werden kann, ist sie bei einkommensabhängigen Sozialleistungen nicht als Einkommen zu berücksichtigen. Der Bruttobetrag der Pauschale ist außerdem unpfändbar. 1

XVI. Besteuerung der Gas-/Wärmepreisbremse[1]

§§ 123–126[1] *(aufgehoben)*

Hinweis: §§ 123 bis 126 (JStG 2022 BGBl I 22, 2294; z Begründung s FinA BT-Drs 20/4729, 152) regelten, dass alle im **Erdgas-Wärme-Soforthilfegesetz** (EWSG) benannten (einmaligen) Entlastungen der Besteuerung unterliegen ***(„Dezember-Soforthilfe“).*** § 123 enthielt den Grundsatz der Besteuerung (subsidiäre Erfassung unter § 22 Nr 3 S 1), die §§ 124 bis 126 regelten Einzelheiten. Durch Art 19, 36 KrZwFördG (BGBl I 23, Nr 411) sind die §§ 123 bis 126 (mit Wirkung vom 21.12.22) aufgehoben worden; auf die Besteuerung der Dezemberhilfe werde angesichts der Vollzugsaufwände der FinVerw und der zu erwartenden Steuermehreinnahmen verzichtet (BReg BT-Drs 20/8628, 15, 120); zur bisherigen Kommentierung → 42. Aufl 2023, § 123 Rn. 1 ff. – ME verstieß die Regelung gegen die Systematik des EStG (→ § 22 Rn. 1; krit auch *Horstmann* DStR 23, 48; *Mandler* FR 23, 294; *Kanzler* FR 22, 641 zu §§ 112 f). 1

Es war beabsichtigt, diese Besteuerung auch auf die bis Dezember 2023 geltende **Gas- und Wärmepreisbremse** anzuwenden (*BMWK* 31.10.23 FAQ-Liste zur Strompreisbremse, Nr 19; → 42. Aufl 2023, § 123 Rn. 2). – Nach Aufhebung der §§ 123 bis 126 kam es nicht mehr zu einer entspr Regelung. 2

---

[1] Abschn XVI. und §§ 123 bis 126 aufgehoben durch KrZwFördG (BGBl I 23 Nr 411).

Sachverzeichnis

Die fettgedruckten Buchstaben bezeichnen die Paragraphen,
die mageren Zahlen die Randnummern.